Pourquoi activer mon Code en ligne :

Selon mon édition, l'activation de mon Code me permet d'accéder aux enrichissements suivants, sur ordinateur, tablette et smartphone :

	CODE ÉDITION LIMITÉE*	CODE ÉDITION CLASSIQUE
Lettre d'actualité du Code	✓*	✓*
Accès aux codes officiels secs	✓	✓
Mise à jour en continu		✓
Liens vers la jurisprudence		✓
Accès aux commentaires et textes complémentaires		✓
Accès aux articles des revues Dalloz		✓

www.activation-dalloz.fr

La clé d'activation se trouve sous l'étiquette de couverture

* Disponible pour les titres suivants :
Code civil, Code de procédure civile, Code pénal, Code de procédure pénale, Code de commerce et Code du travail.

23e édition

CODE
DES
PROCÉDURES
COLLECTIVES

Annoté & commenté

Lefebvre Dalloz

DALLOZ

23e édition

Commentaires par

ALAIN LIENHARD
Docteur en droit
Rédacteur en chef du Recueil Dalloz

Annotations jurisprudentielles et bibliographiques par

PASCAL PISONI
Rédacteur aux Éditions Dalloz

Lefebvre Dalloz

DALLOZ

ÉDITIONS DALLOZ
Tour Lefebvre Dalloz - 10, place des Vosges
92072 Paris La Défense Cedex - CS 90358
Service relations clientèle : src@lefebvre-dalloz.fr

ISBN 978-2-247-23743-2
ISBN 978-2-247-24185-9 (epub)

Avant-propos

Le Code des procédures collectives Dalloz regroupe, autour du livre VI du code de commerce, consacré aux « difficultés des entreprises », l'ensemble des textes de la discipline assortis d'annotations jurisprudentielles et de notices bibliographiques détaillées.

L'ouvrage est enrichi de commentaires explicatifs des « grandes » réformes de 2005 (loi de sauvegarde des entreprises du 26 juillet), 2008 (ordonnance portant réforme du droit des entreprises en difficulté du 18 décembre), 2014 (ordonnances du 12 mars et du 26 septembre) et 2021 (ordonnance portant modification du livre VI du code de commerce). Des développements sont également consacrés aux nombreuses modifications issues de l'ordonnance du 9 décembre 2010 portant adaptation du droit des entreprises en difficulté à l'entrepreneur individuel à responsabilité limitée et de la loi du 12 mars 2012 relative aux mesures conservatoires en matière de procédures de sauvegarde, de redressement judiciaire ou de liquidation judiciaire, ainsi qu'aux apports de la loi « Macron » du 6 août 2015, de la loi du 18 novembre 2016 de modernisation de la justice du XXIe siècle, de la loi PACTE du 22 mai 2019 et de la loi du 14 février 2022 en faveur de l'activité professionnelle indépendante.

Le plan de l'ouvrage s'articule en deux parties :

- *La première partie est dédiée au livre VI du code de commerce. Les articles sont reproduits, successivement, dans leur rédaction en vigueur puis dans leur version antérieure à la loi du 26 juillet 2005, qui continue à régir les procédures en cours au 1er janvier 2006 ;*
- *La seconde partie réunit, au sein de quatre rubriques, les textes relatifs aux procédures d'insolvabilité européennes (règlement (UE) du 20 mai 2015, applicable depuis le 26 juin 2017, et règlement (CE) du 29 mai 2000, abrogé), ceux applicables aux administrateurs et mandataires judiciaires (livre VIII du code de commerce), ainsi qu'un ensemble de dispositions utiles à la prévention et au traitement des difficultés des entreprises.*

L'ouvrage est pourvu de plusieurs tables :

1° Une table des matières située en début d'ouvrage ;

2° Une table chronologique ;

3° Une table alphabétique pour le régime en vigueur renvoyant tant aux textes qu'à la jurisprudence ;

4° Une table alphabétique pour le régime antérieur à la réforme de 2005.

Les pictogrammes (jurisprudence), (doctrine des revues Dalloz) et (législation) signalent que les textes intégraux correspondants sont accessibles en hyperliens dans le supplément en ligne.

NOTA. Dans toutes les dispositions législatives et réglementaires en vigueur, la référence au gage et au créancier gagiste s'entend de la référence au nantissement et au créancier nanti lorsque la sûreté a pour objet un bien meuble incorporel. Réciproquement, la référence au nantissement et au créancier nanti s'entend de la référence au gage et au créancier gagiste lorsque la sûreté a pour objet un bien meuble corporel (Ord. n° 2006-346 du 23 mars 2006, art. 55, JO 24 mars).

L'ordonnance n° 2017-1386 du 22 septembre 2017 a fusionné les institutions représentatives du personnel au sein du « comité social et économique ». Les dispositions de cette ordonnance entrent en vigueur à la date d'entrée en vigueur des décrets pris pour leur application, et au plus tard le 1er janvier 2018, sous réserve des dispositions transitoires prévues par son article 9 (V. Ord. préc., art. 9, JO 23 sept.). Le décret n° 2017-1819 du 29 décembre 2017 relatif au comité social et économique est entré en vigueur le 1er janvier 2018, à l'exception des articles R. 2315-51 et R. 2315-52 qui sont entrés en vigueur le 1er janvier 2020 (Décr. préc., art. 6, JO 30 déc.).

Liste des abréviations

Hyperlien vers la décision intégrale accessible dans le supplément en ligne

Hyperlien vers un article de doctrine dans une revue Dalloz accessible dans le supplément en ligne

Hyperlien vers un texte complémentaire accessible dans le supplément en ligne

Administrer Revue Administrer
AJ Actualités jurisprudentielles
AJCA Actualité juridique Contrats d'affaires (Dalloz)
AJ contrat Actualité juridique contrat (Dalloz)
AJDA Actualité juridique Droit administratif (Dalloz)
AJDI Actualité juridique Droit immobilier (Dalloz)
AJ fam. Actualité juridique famille (Dalloz)
al. alinéa
ALD Actualité législative Dalloz (années 1983-1995)
AMF Autorité des marchés financiers
anc. ancien
Ann. loyers Annales des loyers
ANSA Association nationale des sociétés par actions
Arr. Arrêté
Art. Article
Ass. Assemblée
Ass. plén. Assemblée plénière de la Cour de cassation

B Arrêt publié au bulletin civil (depuis mi-juin 2021) ou au bulletin criminel (depuis fin juin 2021) de la Cour de cassation
Banque Revue Banque
Banque et Dr. Revue Banque et Droit
BIBL. Bibliographie
BIBL. GÉN. Bibliographie générale
BICC Bulletin d'information de la Cour de cassation
BJB Bulletin Joly Bourse et produits financiers
BJE Bulletin Joly Entreprises en difficulté
BJS Bulletin mensuel Joly d'information des sociétés
BOCC Bulletin officiel de la concurrence, de la consommation et de la répression des fraudes
BODACC Bulletin officiel des annonces civiles et commerciales
BRDA Bulletin rapide de droit des affaires
Bull. act. Lamy droit commercial Bulletin d'actualité Lamy droit commercial
Bull. Aix Bulletin d'Aix-en-Provence

Bull. civ.	Bulletin des arrêts des chambres civiles de la Cour de cassation
Bull. CNCC	Bulletin du Conseil national des commissaires aux comptes
Bull. COB	Bulletin de la Commission des opérations de bourse
Bull. crim.	Bulletin des arrêts de la chambre criminelle de la Cour de cassation

---

C.	Code
c/	Contre
CAA	Cour administrative d'appel
Cah. dr. aff.	Cahier droit des affaires du Recueil Dalloz
Cah. dr. entr.	Les Cahiers de droit de l'entreprise
Cah. jurispr. Aquitaine	Cahiers de jurisprudence d'Aquitaine
CASF	Code de l'action sociale et des familles Dalloz
Cass.	Cour de cassation
C. assur.	Code des assurances Dalloz
CCC	Contrats Concurrence Consommation
CCH	Code de la construction et de l'habitation Dalloz
C. civ.	Code civil Dalloz
C. com.	Code de commerce Dalloz
C. consom.	Code de la consommation Dalloz
C. copr.	Code de la copropriété Dalloz
CCRCS	Comité de coordination du registre du commerce et des sociétés
CE	Conseil d'État
CECEI	Comité des établissements de crédit et des entreprises d'investissement
CEDH	Cour européenne des droits de l'homme
C. envir.	Code de l'environnement Dalloz
CGCT	Code général des collectivités territoriales Dalloz
CGI	Code général des impôts Dalloz
ch.	Chambre
chap.	Chapitre
Ch. mixte	Chambre mixte de la Cour de cassation
Ch. réun.	Chambres réunies de la Cour de cassation
Chron.	Chronique
Circ.	Circulaire
Civ.	Chambre civile de la Cour de cassation
CJCE	Cour de justice des Communautés européennes
CJUE	Cour de justice de l'Union européenne
C. marchés	Code des marchés publics Dalloz (jusqu'en 2019 ; devenu Code de la commande publique)
C. mon. fin.	Code monétaire et financier Dalloz
CNAJMJ	Conseil national des administrateurs judiciaires et des mandataires judiciaires
COB	Commission des opérations de bourse
COJ	Code de l'organisation judiciaire
Com.	Chambre commerciale de la Cour de cassation
Comm.	Commentaire

Comm. CEE, Comm. CE	Commission des Communautés européennes
Comm. EDH	Commission européenne des droits de l'homme
Comp.	Comparez
concl.	Conclusions
conf.	Solution conforme
Cons. conc.	Conseil de la concurrence (remplacé par l'Autorité de la concurrence en mars 2009)
Cons. const.	Conseil constitutionnel
Contra	Solution contraire
Conv. EDH	Convention européenne de sauvegarde des droits de l'homme et des libertés fondamentales
CPCE	Code des postes et des communications électroniques
C. pén.	Code pénal Dalloz
CPI	Code de la propriété intellectuelle Dalloz
C. pr. civ.	Code de procédure civile Dalloz
C. pr. coll.	Code des procédures collectives Dalloz
C. pr. exéc.	Code des procédures civiles d'exécution Dalloz
C. pr. fisc.	Code de procédure fiscale Dalloz
C. pr. pén.	Code de procédure pénale Dalloz
CRB	Comité de la réglementation bancaire et financière
Crim.	Chambre criminelle de la Cour de cassation
C. rur.	Code rural et de la pêche maritime Dalloz
C. rur. et for.	Code rural et Code forestier Dalloz
C. sociétés	Code des sociétés Dalloz
CSS	Code de la sécurité sociale Dalloz
C. trav.	Code du travail Dalloz
C. urb.	Code de l'urbanisme Dalloz

D.	Recueil Dalloz
DA	Recueil analytique de jurisprudence et de législation Dalloz (années 1941 à 1944)
D. Affaires	Dalloz Affaires
DC	Recueil critique de jurisprudence et de législation Dalloz (années 1941 à 1944)
DDH	Déclaration des droits de l'homme et du citoyen de 1789
Décis.	Décision
Décr.	Décret
Décr.-L.	Décret-loi
Defrénois	Répertoire du notariat Defrénois
DGCCRF	Direction générale de la concurrence, de la consommation et de la répression des fraudes
DH	Recueil hebdomadaire de jurisprudence Dalloz (années antérieures à 1941)
Dir.	Directive
Doctr.	Doctrine
Dossier ANSA	Dossier publié par l'Association nationale des sociétés par actions
DP	Recueil périodique et critique mensuel Dalloz (années antérieures à 1941)
DP diff. entr.	Dictionnaire permanent difficultés des entreprises

Dr. adm.	Droit administratif
Dr. et patr.	Droit et patrimoine
Dr. et pr.	Droit et procédures (ancienne Revue des huissiers)
Dr. fam.	Droit de la famille
Dr. pénal	Droit pénal
Dr. soc.	Droit social
Dr. sociétés	Droit des sociétés
eod. loc.	Au même endroit
eod. v°, eisd. v^is	Même(s) mot(s) que celui (ceux) qui vient (viennent) d'être cité(s)
Err.	Erratum
esp.	Espèce
FCP	Fonds commun de placement
Gaz. Pal.	Gazette du Palais
GEIE	Groupement européen d'intérêt économique
ibid.	Au même endroit
infra	Ci-dessous
Instr.	Instruction
IR	Informations rapides du Recueil Dalloz
J.	Jurisprudence
JCP	Juris-classeur périodique (Semaine juridique, éd. gén.)
JCP E	Juris-classeur périodique, édition entreprise
JCP N	Juris-classeur périodique, édition notariale
JDI	Journal de droit international (Clunet)
JEX	Juge de l'exécution
JO	Journal officiel
JOAN Q, JO Sénat Q	Journal officiel, Assemblée nationale, édition Débats parlementaires, Questions
JOCE	Journal officiel des Communautés européennes
JOUE	Journal officiel de l'Union européenne
Journ. sociétés	Journal des sociétés
Justices	Revue générale de droit processuel Justices (Dalloz)
L.	Loi
Lebon	Recueil des arrêts du Conseil d'État Dalloz
LEDB	L'essentiel du droit bancaire
LEDEN	L'essentiel Droit des entreprises en difficulté
Liv.	Livre
Loyers et copr.	Loyers et copropriété
LPA	Les Petites Affiches
LPF	Livre des procédures fiscales
Mod.	Modifié

nº	Numéro
NCPC	Nouveau code de procédure civile (devenu code de procédure civile)
nouv.	Nouveau
obs.	Observations
Ord.	Ordonnance
P	Arrêt publié au bulletin civil (avant mi-juin 2021) ou au bulletin criminel (avant fin juin 2021) de la Cour de cassation
p.	Page
Pan.	Panorama
préc.	Précité
Procédures	Revue Procédures
QPC	Question prioritaire de constitutionnalité
Quot. jur.	Quotidien juridique
R.	Répertoire alphabétique de législation, de doctrine et de jurisprudence Dalloz (1845-1870)
rapp.	Rapport
rappr.	Rapprocher
RCA	Responsabilité civile et assurances
RCS	Registre du commerce et des sociétés
RDBB	Revue de droit bancaire et de la bourse
RDBF	Revue de droit bancaire et financier
RDC	Revue des contrats
RDI	Revue de droit immobilier (Dalloz)
RD imm.	Revue de droit immobilier Sirey
RD rur.	Revue de droit rural
RDSS	Revue de droit sanitaire et social (Dalloz)
Rec. jur. de l'Est	Recueil juridique de l'Est
Rect.	Rectificatif
réf.	Référé
Règl.	Règlement
Rép.	Réponse
Rép. C. cass.	Réponse de la Cour de cassation à une question posée par une juridiction du fond
RÉP. COM.	Répertoire de droit commercial Dalloz
RÉP. EUR.	Répertoire de droit européen Dalloz
Rép. min.	Réponse ministérielle
RÉP. PÉN.	Répertoire de droit pénal et de procédure pénale Dalloz
RÉP. SOCIÉTÉS	Répertoire des sociétés Dalloz
RÉP. TRAV.	Répertoire de droit du travail Dalloz
Req.	Chambre des requêtes de la Cour de cassation
req.	Requête
Rev. arb.	Revue de l'arbitrage
Rev. CMP	Revue Contrats et Marchés publics
Rev. crit. DIP	Revue critique de droit international privé (Dalloz)

Rev. dr. rur.	Revue du droit rural
Rev. fonds com.	Revue des fonds de commerce
Rev. huiss.	Revue des huissiers
Rev. loyers	Revue des loyers
Rev. sociétés	Revue des sociétés (Dalloz)
RF compt.	Revue française de comptabilité
RFDA	Revue française de droit administratif (Dalloz)
RG proc.	Revue générale des procédures
RJ com.	Revue de jurisprudence commerciale
RJDA	Revue de jurisprudence de droit des affaires
RJF	Revue de jurisprudence fiscale Francis Lefebvre
RJPF	Revue juridique personnes et famille
RJS	Revue de jurisprudence sociale
RLC	Revue Lamy de la concurrence
RLDA	Revue Lamy droit des affaires
RLDC	Revue Lamy droit civil
RPC	Revue des procédures collectives
RSC	Revue de science criminelle et de droit pénal comparé (Dalloz)
RTD civ.	Revue trimestrielle de droit civil (Dalloz)
RTD com.	Revue trimestrielle de droit commercial (Dalloz)
RTDF	Revue trimestrielle de droit financier

S.	Recueil Sirey
s.	et suivants
SDECC	Service de documentation et d'études de la Cour de cassation
Sect.	Section
Soc.	Chambre sociale de la Cour de cassation
sol. impl.	Solution implicite
Somm.	Sommaires
ss.	Sous
supra	Ci-dessus

---

t.	Tome
T. com.	Tribunal de commerce
T. confl.	Tribunal des conflits
TFUE	Traité sur le fonctionnement de l'Union européenne
TGI	Tribunal de grande instance
TI	Tribunal d'instance
TJ	Tribunal judiciaire
TPICE	Tribunal de première instance des Communautés européennes
Trav. Com. fr. DIP	Travaux du Comité français de droit international privé

V.	Voir
v° ou v^{is}	Mot ou mots

TABLE DES MATIÈRES

CODE DES PROCÉDURES COLLECTIVES

PREMIÈRE PARTIE

LIVRE VI DU CODE DE COMMERCE ET TEXTES D'APPLICATION

RÉGIME EN VIGUEUR

Loi n° 2005-845 du 26 juillet 2005, art. 165, 190 à 192 ... p. 7

Ordonnance n° 2008-1345 du 18 décembre 2008, art. 173 ... p. 9

Ordonnance n° 2014-326 du 12 mars 2014, art. 116 ... p. 9

Ordonnance n° 2021-1193 du 15 septembre 2021, art. 71 à 73 ... p. 9

Code de commerce, art. L. 610-1 à L. 696-1 ... p. 10

Code de commerce, art. R. 600-1 à R. 695-4 ... p. 947

Code de commerce, art. A. 623-1, A. 663-3 à A. 663-29 ... p. 1102

Circulaire du 22 juillet 2005 (mesures d'application immédiate de la loi du 26 juill. 2005) ... 🏛

Circulaire du 9 janvier 2006 (mesures de la loi du 26 juill. 2005 applicables aux procédures en cours) ... 🏛

Circulaire du 16 novembre 2006 (intervention des ordres professionnels ou des autorités compétentes dans les procédures ouvertes à l'égard de professionnels libéraux appartenant à des professions réglementées) . 🏛

Circulaire du 6 avril 2007 (application du décret n° 2006-1709 du 23 déc. 2006) ... 🏛

Ordonnance n° 2020-341 du 27 mars 2020 (adaptation des règles relatives aux difficultés des entreprises et des exploitations agricoles à l'urgence sanitaire) ... p. 1110

Circulaire du 30 mars 2020 (présentation des articles 1er, 2, 3 et 5 de l'ordonnance n° 2020-341 du 27 mars 2020) ... p. 1112

Ordonnance n° 2020-596 du 20 mai 2020 (adaptation des règles relatives aux difficultés des entreprises et des exploitations agricoles aux conséquences de l'épidémie de covid-19) ... p. 1117

Circulaire du 16 juin 2020 (présentation de l'ordonnance n° 2020-596 du 20 mai 2020) ... p. 1122

Ordonnance n° 2020-1443 du 25 novembre 2020 (adaptation des règles relatives aux difficultés des entreprises aux conséquences de l'épidémie de covid-19) ... p. 1130

Loi n° 2021-689 du 31 mai 2021 (gestion de la sortie de crise sanitaire) ... p. 1131

Décret n° 2021-1354 du 16 octobre 2021 (procédure de traitement de sortie de crise) .... p. 1133
Décret n° 2021-1355 du 16 octobre 2021 (diverses mesures d'application de la loi n° 2021-689 du 31 mai 2021) .... p. 1141
Arrêté du 5 novembre 2021 (tarifs applicables aux administrateurs judiciaires, mandataires judiciaires et commissaires à l'exécution du plan pour la procédure de traitement de sortie de crise) .... p. 1141
Loi n° 2023-1059 du 20 novembre 2023, art. 26 (expérimentation du tribunal des activités économiques) .... p. 1143
Arrêté du 5 juillet 2024 (expérimentation du tribunal des activités économiques) .... p. 1144

II RÉGIME ANTÉRIEUR À LA LOI DU 26 JUILLET 2005

Code de commerce, anciens art. L. 620-1 à L. 627-6 .... p. 1147
Décret n° 85-1388 du 27 décembre 1985 .... p. 1242

DEUXIÈME PARTIE

I DROIT EUROPÉEN

Règlement (UE) n° 2015-848 du 20 mai 2015 (procédures d'insolvabilité) .... p. 1295
Règlement (CE) n° 1346-2000 du 29 mai 2000 (procédures d'insolvabilité) .... p. 1340
Circulaire du 15 décembre 2006 (relative au Règlement n° 1346-2000 du 29 mai 2000) .... 🏛
Directive (UE) 2019/1023 du 20 juin 2019 (restructuration et insolvabilité) .... 🏛

II MANDATAIRES JUDICIAIRES

Code de commerce, art. L. 811-1 à L. 814-16 .... p. 1361
Code de commerce, art. R. 811-1 à R. 814-169 .... p. 1387
Code de commerce, art. A. 811-1 à A. 814-7 .... p. 1449

III PRÉVENTION DES DIFFICULTÉS DES ENTREPRISES

Code de commerce, art. L. 234-1 à L. 234-4 et R. 234-1 à R. 234-7 (procédure d'alerte dans les sociétés commerciales) .... p. 1465
Code de commerce, art. L. 251-15 et R. 251-3 (procédure d'alerte dans les GIE) .... p. 1471
Code du travail, art. L. 2312-63 à L. 2312-67, R. 2312-29, R. 2312-30 (droit d'alerte du comité social et économique) .... p. 1472
Code rural et de la pêche maritime, art. L. 351-1 à L. 351-7-1, R. 351-1 à R. 351-7 et D. 354-1 à D. 354-15 (exploitations agricoles en difficulté) .... p. 1474
Code civil, art. 1799-1 ; Décr. n° 99-658 du 30 juill. 1999, art. 1er (garantie de paiement des entrepreneurs) .... p. 1486

Code des assurances, art. L. 423-1 à L. 423-8 et R. 423-1 à R. 423-18 (garantie des assurés) .... p. 1488
Code monétaire et financier, art. L. 312-4 à L. 312-6-1, L. 312-16 à L. 312-18 ; Arr. du 27 oct. 2015 (garantie des déposants) .... p. 1496
Code monétaire et financier, art. L. 313-50 et L. 313-51, D. 313-26 à D. 313-31 ; Règl. CRBF n° 99-12 (garantie des cautions) .... p. 1510
Code monétaire et financier, art. L. 322-1 à L. 322-10 ; Arr. du 18 mars 2024 (garantie des investisseurs) .... p. 1514
Code civil, art. 2302 à 2304 (information des cautions) .... p. 1525
Code de commerce, art. L. 526-1 à L. 526-31, R. 526-1 à R. 526-14-1, R. 526-26, D. 526-28, D. 526-29, D. 526-31 et D. 526-32 ; Code civil, art. 1387-1 (protection de l'entrepreneur individuel) .... p. 1526
Décret n° 2007-686 du 4 mai 2007 ; Circulaire du 9 janvier 2015 (action des pouvoirs publics) .... p. 1544

IV TRAITEMENT DES DIFFICULTÉS DES ENTREPRISES

Code civil, art. 1844-7 (7°) (dissolution des sociétés) et 2488-9 à 2488-11 (agent des sûretés) .... p. 1555
Code général des impôts, art. 1756 (remise de pénalité) et 1929 *quater* (publicité du privilège du Trésor public) .... p. 1560
Livre des procédures fiscales, art. L. 269 A et L. 269 B (droit de poursuite individuelle de l'Administration fiscale en cas de liquidation judiciaire) .... p. 1564
Code des assurances, L. 132-14 et L. 132-17 (contrats d'assurance-vie), L. 443-1 (engagements de caution des entreprises d'assurance) .... p. 1564
Code de la sécurité sociale, art. L. 243-4 et L. 243-5 ; R. 243-23 et R. 243-24 ; D. 243-3 (privilège de la sécurité sociale, remise de dette, cession de rang de privilège ou d'hypothèque) .... p. 1565
Code des douanes, art. 379 *bis* ; Décr. n° 2007-568 du 17 avr. 2007 (publicité du privilège des douanes) .... p. 1570
Code du travail, art. L. 3253-5 (privilège du façonnier) .... p. 1572
Code de la propriété intellectuelle, art. L. 132-15 et L. 132-30 (contrats d'édition et de production audiovisuelle) .... p. 1573
Code monétaire et financier, art. L. 211-10 (procédure collective d'un intermédiaire habilité) .... p. 1574
Code monétaire et financier, art. L. 211-20 et D. 211-10 à D. 211-14-1 (nantissement de compte-titres et de titres financiers) .... p. 1574
Code monétaire et financier, art. L. 211-36 à L. 211-40 (opérations sur instruments financiers) .... p. 1578
Code monétaire et financier, art. L. 313-12 (crédit d'exploitation aux entreprises – rupture de crédit et crédit abusif) .... p. 1580
Code monétaire et financier, art. L. 313-22-1 (engagements de garantie des établissements de crédit et des sociétés de financement) .... p. 1597
Code monétaire et financier, art. L. 330-1, L. 330-2 et R. 330-1 à D. 330-5 (systèmes de règlements interbancaires et systèmes de règlement et de livraison d'instruments financiers) .... p. 1597
Code monétaire et financier, art. L. 440-7 à L. 440-9 (adhérents d'une chambre de compensation) .... p. 1603

Code monétaire et financier, art. L. 513-13 et L. 513-18 à L. 513-21 (sociétés de crédit foncier) ..... p. 1604

Code monétaire et financier, art. L. 613-24 à L. 613-31 et R. 613-19 à R. 613-23 (traitement des établissements de crédit, des sociétés de financement, des établissements de paiement, des établissements de monnaie électronique et des entreprises d'investissement en difficulté) .... p. 1605

Code monétaire et financier, art. L. 613-31-1 à L. 613-31-10, R. 613-24 à R. 613-26 (mesures d'assainissement et de liquidation des établissements de crédit et des entreprises d'investissement) ..... p. 1613

Loi n° 75-1334 du 31 décembre 1975, art. 12 (action directe du sous-traitant) ..... p. 1618

Loi n° 86-1067 du 30 septembre 1986, art. 42-12 (cession des entreprises titulaires d'une autorisation relative à un service de communication audiovisuelle) ..... p. 1618

CODE DES PROCÉDURES COLLECTIVES

PREMIÈRE PARTIE

LIVRE VI DU CODE DE COMMERCE ET TEXTES D'APPLICATION

I RÉGIME EN VIGUEUR

RÉP. COM. v° *Entreprise en difficulté : avant-propos,* par MOUIAL-BASSILANA.

DALLOZ ACTION *Droit et pratique des procédures collectives 2025/2026,* par LE CORRE.

BIBL. GÉN. ▶ Sur la L. du 26 juill. 2005 en général : LE CORRE, *D. 2005, Cah. dr. aff., suppl. au n° 33 ; RPC 2006. 336* (créanciers) ; *ibid. 2008. Dossier 14* (clôtures de la procédure). – VALLENS, *Bull. act. Lamy droit commercial sept. 2005* (présentation générale) ; *ibid., oct. 2005* (dispositions d'application immédiate) ; *RTD com. 2005. 849* (procédure) ; *ibid. 2007. 604* (« effets pervers » de la loi). – LAGARDE, *Gaz. Pal. 2005. Doctr. 3007* (situation du Trésor public). – SOINNE, *RPC 2005. 175.* – GORRIAS, *ibid. 194* (aspects procéduraux). – DUMONT, *ibid. 226* (droit des sociétés). – CROZE, *Procédures 2005. Étude 11* (panorama général et procédural). – PÉTEL, *JCP E 2005, n° 42, p. 1730.* – MORVAN, *ibid., p. 1751* (droit social). – HOULETTE, *ibid., p. 1772* (rôle du ministère public). – DAMMANN, *Banque et Dr. 9-10/2005. 16* (situation des banques titulaires de sûretés). – F.-X. LUCAS, *BJS 2005. 1181.* – LEGEAIS, *RDBF 2005, n° 162* (incidences en matière de garanties). – CHAPUT, *JCP 2005. I. 184.* – DEHARVENG, *RLDA déc. 2005. 4* (philosophie de la réforme et présentation du nouveau cadre juridique). – DELFOSSE et PÉNIGUEL, *JCP N 2005, n° 42, p. 1757* (administration de l'entreprise : cession de l'entreprise et des actifs du débiteur). – LÉGUEVAQUES, *RPC 2005. 296* (situation des cautions) ; *RDBF janv.-févr. 2006. 72* (même thème) ; *LPA, n° spéc., 17 févr. 2006, p. 63* (sort des créanciers). – SAINT-ALARY-HOUIN, *RPC 2005. 342* (généralités) ; *ibid. 2007. 13* (de nouvelles procédures pour de nouvelles stratégies). – J.-F. BARBIÈRI, *RPC 2005. 346* (choix des techniques de traitement) ; *LPA 30 sept. 2008* (dirigeants et associés d'une entreprise en difficulté : entre partenaires et débiteurs). – DUVAL, *RLDA, suppl. au n° 88, déc. 2005, p. 18* (extension des procédures collectives aux professions libérales). – PRIGENT, *LPA 9 janv. 2006, p. 5* (cautions, coobligés, garants autonomes et constituants d'une sûreté). – RONTCHEVSKY, *Banque et Dr. 1-2/2006. 17* (les sûretés personnelles à l'épreuve de la loi de sauvegarde). – SOUWEINE, *D. 2006. Chron. 501* (exercice de l'action civile). – Dossier « La loi de sauvegarde article par article », sous la direction de F.-X. LUCAS et LÉCUYER, *LPA, n° spéc., 8 et 9 févr. 2006.* – Dossier « Regards croisés de praticiens sur la loi de sauvegarde », *LPA, n° spéc., 17 févr. 2006.* – STOUFFLET et MATHEY, *RDBF janv.-févr. 2006. 54* (dispositions applicables aux concours financiers). – MACORIG-VENIER et SAINT-ALARY-HOUIN, *ibid. 60* (situation des créanciers). – SAINTOURENS, *RPC 2006. 40* (ouverture des procédures : conditions de fond). – STAES, *Dr. et patr. 3/2006. 60* (aspects procéduraux de la réforme). – CROCQ, *ibid. 90* (sort des créanciers munis de sûretés) ; *D. 2006. 1306* (réforme des procédures collectives et droit des sûretés). – RÉTIF, *Dr. et patr. 3/2006. 95 ; RPC 2006. 152* (extension des procédures collectives aux professions libérales). – MARTIN et NEVEU, *JCP E 2006, n° 19, p. 867* (application de la loi de sauvegarde à la profession d'avocat). – FAVARIO, *BJS 2006. 691* (application à l'avocat exerçant en nom). – VINCKEL, *LPA 12 juin 2006, p. 7* (option entre les procédures préventives : analyse des risques) ; *RPC 2007. 6* (droit d'action des créanciers chirographaires) - Colloque organisé par le Centre de recherche en droit privé de l'Université de Caen les 26 et 27 janv. 2006, *RPC 2006. 117.* - Teboul, *LPA 23 juin 2006, p. 13* (préservation des créances et sort des contrats). - Cerati-Gauthier, *Rev. sociétés 2006. 305* (l'associé dans la loi de sauvegarde des entreprises). - Castagné, *JCP N 2006, n° 25, p. 1208* (conjoint du débiteur). - Verger et Mignone, *D. 2006. 2234* (aspects pratiques de l'application de la loi aux professionnels libéraux). - Dorleac, *LPA 22 sept. 2006, p. 7* (le banquier et la loi du 26 juill. 2005). - Boulay, *JCP E 2006, n° 39, p. 1621* (créanciers antérieurs). - Colloque du 7 mars 2006, *LPA 21 sept. 2006* (la loi de sauvegarde en pratique). - Brocard, *LPA 24 nov. 2006, p. 7* (sûretés personnelles). - Lécuyer, *RPC 2006. 332* (les nouveaux débiteurs). - Douaoui, *LPA 8 janv. 2007, p. 4* (difficultés d'application). - Colloque des 27 et 28 févr. 2006, *LPA 20 mars 2007.* - Colloque du LDPA de Dijon du 10 mars 2006, *LPA 14 juin 2007* (attraits des nouveaux modes de traitement des entreprises en difficulté). - Valdman, *Gaz. Pal. 2008. Doctr. 73* (loi de sauvegarde : quelle procédure pour quelles difficultés ?). - Urban, *RPC 2008. 35* (implication des institutions représentatives du personnel). - Rossignol, *LPA 1er-2 mai 2008* (règlement des crédits-bailleurs). - Pérochon, *Dr. et patr. juill.-août 2008. 77* (procédures collectives et cautionnement). - Vallansan, *RPC 2008. Étude 14* (créanciers antérieurs). - Legrand et Staes, *ibid. Dossier 8* (détermination du patrimoine du débiteur). - Houin-Bressand, *ibid. Dossier 9* (cautions, garants et coobligés). - Bayle, *LPA 23 oct. 2008* (enchaînement des procédures de prévention et de traitement des difficultés). - Beaubrun, *Mél. Tricot, Dalloz-Litec, 2011, p. 395* (interprétation par la Cour de cassation des dispositions transitoires). - Dossier « La loi de sauvegarde a l'âge de raison », *Dr. et patr. 3/2013. 41.*

▶ Sur la réforme résultant de l'Ord. du 18 déc. 2008 : Lienhard, *D. 2009. Chron. 110*. - Dossier spécial, *D. 2009. 638.* - Roussel Galle, *LPA 24 déc. 2008 ; Rev. sociétés 2009. 249* (dispositions concernant les dirigeants sociaux). - Teboul, *Gaz. Pal. 2009. Doctr. 20* (prévention et sauvegarde) ; *ibid. 215* (redressement judiciaire, liquidation judiciaire et sanctions). - Pétel, *JCP E 2009. 1049.* - Saintourens, Dom et Vallansan, *APC 2009, nos 1 à 28.* - Froehlich, *BJS 2009. 198.* - Texier et Russo, *LPA 2 mars 2009.* - Saint-Alary-Houin, *Dr. et patr. 3/2009. 32.* - Dossier spécial, *RPC 2009. Dossier. 1 à 15.* - Legros, *Dr. sociétés 2009. Études 5 et 8.* - Dossier spécial, *Gaz. Pal. 2009. Doct. 739.* - Crocq, *JCP E 2009. 1313* (droit des sûretés). - H. Croze et C. Croze, *Procédures 2009. Étude 3* (dispositions procédurales). - S. Piedelièvre, *JCP N 2009. 1119.* - Gibirila, *Banque et Dr. 5-6/2009. 3.* - Borga, *RDBF 2009. Étude 20* (droit des sûretés). - Colloque du 13 mars 2009, *RLDA 2009, n° 39, p. 70.* - Dossier « Sûretés et procédures collectives », *Cah. dr. entr. 7-8/2009.* - Vallens, *RTD com. 2009. 458* (règles de procédure). - Berthelot, *Dr. et patr. 10/2009. 89* (traitement de la fiducie-sûreté). - Macorig-Venier, *ibid. janv. 2010. 26* (apports en matière de sûretés). - Mastrullo, *RPC 2010. Étude 7* (rapports de la saisie immobilière et du droit des procédures collectives depuis la réforme). - F.-X. Lucas, *LPA 22 avr. 2010.* - Couturier, *BJS 2010. 683* (les créanciers et la sauvegarde financière de l'entreprise en difficulté).

▶ Sur les modifications issues de la L. de régulation bancaire et financière du 22 oct. 2010 : Grelon, *Rev. sociétés 2011. 7*. - *BRDA 2010, n° 21, p. 22.* - Besse et Morelli, *RLDA déc. 2010. 23.* - Lebel, *Gaz. Pal. 2011. Doctr. 27* (innovations apportées aux plans de sauvegarde et de redressement).

▶ Sur les modifications issues de l'Ord. d'adaptation du droit des entreprises en difficulté à l'EIRL du 9 déc. 2010 : Le Corre, Legrand et Guesmi, *D. 2011. Dossier. 90.* - Roussel Galle, *DP diff. entr., Bull. n° 321.* - Dammann et Podeur, *Gaz. Pal. 2010. Doctr. 3386.* - Pétel, *JCP E 2011. 1071.* - Lebel, *RLDA févr. 2011. 21.* - S. Piedelièvre, *LPA 4 févr. 2011.* - *BRDA 2011, n° 2, p. 17.* - Dubuisson, *JCP N 2011. 1002.* - Vallansan, *RPC 2011. Étude 2.* - Monsèrié-Bon, *BJS 2011. 270.* - Vauvillé, *Defrénois 2011. 137.* - Dossier spécial, *RPC 2011. Dossiers 15 à 33.* - Saint-Alary-Houin, *Dr. et patr. 4/2011. 63.* - Saint-Alary-Houin et Mercier, *Gaz. Pal. 18-19 mai 2011, p. 33.* - Borga et Berthelot, *BJE 2011. 155.* - Dossier « EIRL et procédures collectives », *Cah. dr. entr. 5-6/2011.*

▶ Sur la L. du 12 mars 2012 relative aux mesures conservatoires : Le Corre, *Rev. sociétés 2012. 412*. - Roussel Galle, *JCP E 2012. Actu. 192 ; RPC 2012. Étude 16.* - Legros, *Dr. sociétés 2012, nos 85 à 88.* - S. Piedelièvre, *RDBF 2012, n° 93.* - Demeyere, *RLDA juill.-août 2012. 26.* - Morvan, *JCP E 2013. 1047* (la loi Petroplus et les salariés). - Laugier, *RLDA oct. 2013. 71 ; Dr. et patr. 1/2014. 37* (l'indisponibilité et les mesures conservatoires de la loi du 12 mars 2012). ▶ Sur le décret d'application : - Cagnoli, *APC 2012, nos 272 et 273.* - Demeyere, *RLDA déc. 2012. 17.* - Roussel Galle, *RPC 2012. Étude 40.* - Rossi, *BJE 2013. 104.*

▶ Sur la réforme issue de l'Ord. du 12 mars 2014 : Lienhard, *D. 2014. Actu. 661 à 664*. - Le Corre, *D. 2014. Chron. 733* (dispositions générales). - Dammann et Podeur, *ibid. 752* (rééquilibrage des pouvoirs au profit des créanciers). - Gailhbaud, *ibid. 755*, *err. 794* (dispositions concernant les salariés). - Roussel Galle, *Rev. sociétés 2014. 351*. - Martin-Serf, *RTD com. 2014. 409* (effets à l'égard des créanciers). - Vallens, *ibid. 418* (innovations procédurales) ; *ibid. 869* (groupes de sociétés) ; *RLDA mai 2014. 24.* – Pétel, *JCP E 2014. 1223.* – F.-X. Lucas, *BJE 2014. 111 ; BJS 2014. 403* (droit des sociétés). – Teboul, *Gaz. Pal. 2014. Doctr. 821* (un duel créanciers/débiteurs à armes égales ?). – Dossier spécial, *ibid. 6-8 avr. 2014.* – Rossi, *APC 2014, n°s 86 s.* – Fabre, *RDT 2014. 259* (aspects sociaux). – Numéro spécial, *DP diff. entr., Bull. n° 358-1.* – Dossier spécial, *RPC 2014. Dossiers 13 à 25.* – *BRDA 2014, n° 7, p. 18.* – Dossier spécial, *BJE 2014. 170 ; ibid. 2015. 390* . – Rolland, *Procédures 2014. Étude 7* (aspects procéduraux). – Legros, *Dr. sociétés 2014. Étude 11* (traitement des sociétés) ; *ibid. Étude 18* (traitement « procédural » des sociétés). – Dossier spécial, *Dr. et patr. juill.-août 2014. 39.* – Sortais, *BJE 2014. 278* (incidences en matière d'agriculture). – Colloque du CEDAG du 1er juill. 2014, *RPC 2014. Dossiers 26 à 41.* – Jacotot et Gailhbaud, *Gaz. Pal. 2014. Doctr. 2961* (apports en matière de droit du travail). – Vauvillé, *Defrénois 2014. 743* (regard notarial). – Dossier « Réforme du droit des entreprises en difficulté : nouveau rebond pour le débiteur ? », *Dr. et patr. 12/2014. 45.* – Boustani, *BJE 2015. 52* (aspects procéduraux de la contestation de créance). – Colloque du 10 oct. 2014, *Gaz. Pal. 2015. 655.* – Dossier spécial, *Cah. dr. entr. 1-2/2015.* – Ansault, *Journ. sociétés 7/2015. 26* (les restructurations d'entreprise à l'aune de l'Ord. du 12 mars 2014). ▶ Sur l'Ord. complémentaire du 26 sept. 2014 : Lienhard, *D. 2014. Actu. 1934.* – Henry, *Rev. sociétés 2014. 748* .

▶ Sur les modifications issues de la L. n° 2014-856 du 31 juill. 2014 : Lebel, *JCP E 2014. 1548.*

▶ Sur les modifications issues de la L. du 6 août 2015 pour la croissance, l'activité et l'égalité des chances économiques : Cerati-Gauthier, *JCP E 2015. Actu. 613.* – Perruchot-Triboulet, *Journ. sociétés 10/2015. 54.* – Le Corre, *Gaz. Pal. 18-20 oct. 2015, p. 7.* – Rossi, *RPC 2015. Étude 15.* – F.-X. Lucas, *BJE 2015. 317.* – Legros, *Dr. sociétés 2015. Étude 17* (sociétés en difficulté). – Dossier spécial, *BJE 2015. 395.*

▶ Sur les modifications issues de la loi du 18 nov. 2016 de modernisation de la justice du XXIe siècle : Roussel Galle et Bonneau, *RPC 2016. Étude 21.* – *BRDA 2017, n° 2, p. 25.* – Cerati-Gauthier, *Journ. sociétés 1/2017. 44.* – Rolland, *Procédures 2017. Étude 13.* – Legros, *Dr. sociétés 2017. Étude 3.* – Ansault, *Journ. sociétés 5/2017. 18* (opérations sur capital).

▶ Sur les modifications issues de la loi relative à la croissance et la transformation des entreprises (PACTE) : Roussel Galle, *Rev. sociétés 2019. 551* . – Allais et Houssin, *JCP E 2019. 1321.* – Legros, *JCP 2019. 819.* – Borga, *RJ com. 2019. 255.* – Martineau-Bourgninaud, *BJE 7-8/2019. 50.* – Dossier spécial, *RPC 2019. Dossiers 23 à 26.* – Legros, *Dr. sociétés 2019, n°s 153 à 158.* – Diesbecq, *RPC 2020. Étude 2* (impact sur les agriculteurs en difficulté).

▶ Sur les modifications issues de l'Ord. n° 2021-1193 du 15 sept. 2021 et de son décret d'application : Borga et Théron, *D. 2021. Chron. 1773* . – Vallens, *ibid. 2141* (aspects internationaux). – Lemercier et Mercier, *D. actu. 17 et 28 sept. 2021.* – Sautonie-Laguionie, *JCP E 2021. actu. 672.* – Favre-Rochex, *BJE 9-10/2021. 37.* – Dalmau et Vallens, *RLDA oct. 2021. 25.* – Numéro spécial, *DP diff. entr., Bull. n° 878-1.* – *BRDA 2021, n° 22, p. 18.* – Dossier spécial, *BJE 11-12/2021. 33.* – Dossier « Temps nouveaux pour l'entreprise en difficulté », *JCP E 2021. 1523 s.* – Dossier « Les procédures collectives après les ordonnances du 15 septembre 2021 », *RPC 2021. Dossiers 5 à 11.* – Poujade, *RTD com. 2021. 929* (plans de restructuration). – Dossier « La réforme des procédures collectives et la pratique notariale », *JCP N 2022. 1009 à 1014.* – Kendérian, *RPC 2022. Étude 1* (incidence en droit de baux). – Dossier « Regards croisés sur la réforme du droit des entreprises en difficulté », *ibid. Dossiers 1 à 11.* – Dossier « Ordonnances du 15 septembre 2021 : bilan et perspectives d'évolution du droit des entreprises en difficulté », *BJE 3-4/2022. 43.* – Mastrullo, *Rev. sociétés 2022. 391* . – Atsarias-Dumas et Dols-Magneville, *RPC 2022. Dossiers 20 à 22* (vérification du passif). – Bondat, *Dr. soc. 2023. 54* (droit du travail).

▶ Sûretés et procédures collectives : Vallens, *RLDA 2006, n° 7, p. 75* (modifications issues de l'Ord. du 23 mars 2006). – Roussel Galle, *RPC 2006. 260* (même thème). – Le Corre, *JCP E 2007. 1185* (incidence de la réforme des sûretés sur les créanciers confrontés aux procédures collectives). – Legeais, *Rev. sociétés 2007. 687* (réforme des sûretés, fiducie et procédures collectives). – Lefèvre, *LPA 27 mars 2008, p. 71* (conséquences de la réforme des sûretés sur les procédures collectives). – Crocq, *RLDA 2008, n° 27, p. 53* (saisie immobilière et procédures collectives). – Garaud, *LPA 17 juin 2009* (sûretés et procédures collectives : articulation des réformes). – Dossier « Les réformes des sûretés et l'entreprise : développement du crédit et anticipation des difficultés », *RPC 2009. Dossiers 16 à 20.* – Dammann, Hart de Keating et Lécuyer, *LPA 22 avr. 2010.* – Colloque du CRAJEFE-CERDP du 20 mars 2010, *LPA 11 févr. 2011* (sûretés réelles et droit des entreprises en difficulté). – S. Piedelièvre, *BRDA 2019, n° 4, p. 19* (quelle sûreté est la plus efficace en cas de procédure collective ?). – Pérochon, *BJE 9-10/2019. 72* (traitement des sûretés réelles dans les procédures collectives). – Favre-Rochex, *D. 2021. Chron. 190* (avant-projet de réforme des sûretés). – Dossier « Sûretés réelles pour autrui et procédures collectives, *RPC 2021. Dossiers 1 à 4.* – Ansault, *BJE 7-8/2021. 53* (même thème). – Robine, *RLDA nov. 2021, suppl., p. 52* (articulation du droit des sûretés avec le livre VI C. com.). – Lafaurie, *APC 2022, n° 1* (sort de la caution du débiteur libéré de ses dettes). – Dossier

« Réforme des sûretés », *D. 2022. 303* (classement des sûretés). – Borga, *RDBF 2022. Dossier 21* (réalisation des sûretés réelles dans une procédure collective). – Tota, *RPC 2022. Étude 6* (cautionnement réel) ; *ibid. Étude 9* (règles relatives à la discipline collective : un moyen de défense potentiel pour la caution) ; *ibid. Étude 10* (nouvel art. 2298, al. 2, C. civ.) ; *Gaz. Pal. 18 avr. 2023, p. 46* (articulation maladroite du droit des sûretés et des procédures collectives par les réformes du 15 sept. 2021) ; *ibid. 19 sept. 2023, p. 39* (notification des sûretés sur créances et procédures collectives : un régime à parfaire) ; *RPC 2023. Études 7 et 9* (le nantissement de créance de droit commun à l'épreuve du traitement de l'insolvabilité du constituant) ; *ibid. 2024. Étude 2* (sûretés réelles et droit de l'insolvabilité dans le projet de code européen des affaires) ; *JCP E 2024. 1217* (opposabilité des sûretés réelles dans les procédures collectives) ; *Gaz. Pal. 24 sept. 2024, p. 40* (sûretés réelles mobilières avec dépossession et procédures collectives). – Dossier « Le créancier muni de sûreté face à la procédure collective : quelles nouvelles règles du jeu ? », *RPC 2022. Dossiers 27 à 37*. – Brocard, *JCP E 2022. 1366* (réforme du cautionnement face à la réforme du droit des entreprises en difficulté). – Andreu et Roussel, *BJE 11-12/2022. 38* (créancier garanti par une sûreté pour autrui). – Bruschi et Feildel, *RPC 2023. Étude 8* (le garant réel pour autrui placé en procédure collective : l'inévitable retour du cautionnement réel ?). – Farhi, *RPC 2024. Étude 3* (confirmation de l'efficacité de la fiducie-sûreté en procédure collective).

▸ Réforme du droit des contrats et procédures « collectives » : Vallens, *RTD com. 2016. 558*. – Dupichot, Merly, Sénéchal et Kopf, *BJE 2016. 352*. – Ansault, *ibid. 2017. 148*. – Thullier, *BJE 2017. 240* (réforme du droit des contrats et cocontractants du débiteur en procédure collective). – Gorrias, *Journ. sociétés 5/2017. 82*. – Rohart-Messager, *JCP E 2018. 1328*. – Watrin, *RPC 2018. Étude 17* (l'exception d'inexécution anticipée : une menace contre l'efficacité des procédures amiables ?). – Buisine, *ibid. Étude 18* (imprévision).

▸ Aspects internationaux : Lévy, *RPC 2008. Dossier 17* (comparaison des lois ukrainienne, belge, allemande, espagnole, britannique et française relatives aux procédures d'insolvabilité tenant compte du règlement communautaire et de la jurisprudence de la CJCE). – Soupgui, *RPC 2009. Étude 28* (protection du créancier réservataire contre les difficultés des entreprises dans l'espace OHADA). – Nandjip Moneyang, *RPC 2010. Étude 22* (l'égalité des créanciers dans les procédures collectives OHADA). – Nammour, *ibid. Étude 24* (suspension des poursuites individuelles des créanciers en droit libanais). – Monsèrié-Bon, *RPC 2011. Étude 20* (aperçu du droit japonais). – Algadi, *Dr. et patr. 2/2012. 38* (l'alerte en droit OHADA) ; *BJS 2013. 604* (changement de la forme sociale dans le cadre du redressement de l'entreprise en droit OHADA). – Stankiewicz Murphy, *RLDA mars 2012. 76* (l'influence du droit américain et les créanciers en droit français : présent et futur). – Levoa Awona, *Banque et Dr. 7-8/2012. 6* (poursuite de la caution d'une entreprise en difficulté en droit OHADA). – N. Picod, *BJE 2012. 391* (nouveau droit espagnol de l'insolvabilité). – Fabbrini, *ibid. 2013. 311* (nouveau droit italien). – Delzant, *RPC 2014. Étude 3* (pratique des restructurations en France et en Allemagne). – Pirogova, *Gaz. Pal. 2015. 88* (statut légal des créanciers dans une procédure d'insolvabilité en droit russe). – Omar, *RPC 2016. Étude 4* (évolution du redressement depuis l'an deux-mille au Royaume-Uni).). – Takafo-Kenfack, *ibid. Étude 7* (alerte en droit OHADA) ; *BJE 2016. 292* (moralisation de la fonction de mandataire judiciaire en droit OHADA) ; *ibid. 2017. 45* (réglementation du rebond en droit OHADA) ; *ibid. 302* (rôle des créanciers dans le sauvetage des entreprises depuis la réforme OHADA). – Akono Adam, *Banque et Dr. 3-4/2018. 12* (les sûretés à l'épreuve de la réforme OHADA des procédures collectives du 10 sept. 2015). – Fénéon, *RPC 2020. Étude 26* (reconnaissance des procédures collectives françaises en Afrique). – Delzant, *BJE 3-4/2021. 64* (nouveau régime de la restructuration préventive en Allemagne). – Vallens, *RTD com. 2022. 225* (un code français de droit international privé pour les procédures collectives).

▸ Autres thèmes : Provansal, *Gaz. Pal. 2008. Doct. 2155* (entreprises en difficulté et marchés publics) ; *Gaz. Pal. 2007. Doctr. 2251* (exécution contre les cautions, les coobligés et garants autonomes des débiteurs en procédure collective). – Teboul, *Gaz. Pal. 15-17 mars 2009* (bonne foi et procédures collectives) ; *JCP E 2009. 2171* (la dépossession des actionnaires comme mode de traitement des difficultés des entreprises) ; *Gaz. Pal. 28-29 oct. 2015* (pistes pour renforcer la prévention et la sauvegarde). – Texier, *RTD com. 2008. 25* (effets sur le cautionnement de la remise de dette consentie au débiteur dans le cadre de procédures organisées). – Zabala, *JCP E 2008. 1598* (prévention des difficultés des entreprises et obligation d'information du public). – Colloque du 26 oct. 2007, *LPA 11 juin 2008* (procédures d'insolvabilité, aides publiques et droit de la concurrence). – Bissieux et Cuisinier, *Procédures 2008. Dossier 8* (voies d'exécution et procédures collectives). – Nemedeu, *RTD com. 2008. 241* (principe d'égalité des créanciers). – Henrot, *RDBF 2008. Dossier 20* (financement LBO et entreprises en difficulté). – Colloque de l'Association Droit et Commerce des 29 et 30 mars 2008, *LPA 25-26 juin 2008* (les entreprises en difficulté : terre de conflits). – Colloque du CRAJEFE des 16 et 17 mai 2008, *LPA 28 nov. 2008* (procédure civile et procédures collectives). – Grimaldi et Dammann, *D. 2009. 670* (fiducie). – de Frémont, *Gaz. Pal. 2009. Doctr. 104* (licenciements et procédures collectives : un compromis acceptable ?). – Soleilhac et Legrand, *RLDA 2009, n° 36, p. 87* (entreprises en difficulté et droit de l'environnement). – Arnault, *Dr. fam. 2009. Étude 21* (les libéralités du débiteur en difficulté après la loi du 26 juill. 2005). – Favario, *RPC 2009. Étude 18* (attractivité du droit des entreprises en difficulté) ; *ibid. 2017. Étude 17* (l'associé, financier de la société en difficulté). – Brandeau, *LPA 7 sept. 2009* (qualité pour agir et contentieux fiscal dans les procédures collectives). – Monsèrié-Bon, *Dr. et patr. 9/2009. 64* (l'effacement des dettes dans le droit des entreprises en difficulté). – Bompoint et Kopf, *Journ. sociétés 9/2009. 36* (sociétés cotées en bourse et procédures de sauvegarde et de redressement judiciaire). – Lebel, *Mél. Goubeaux, Dalloz-LGDJ, 2009, p. 331* (le principe de l'unité du patrimoine à l'épreuve des procédures collectives) ; *Dr. et patr. 1/2014. 34* (les indisponibilités du droit des procédures collectives) ; *Journ. sociétés 9/2014. 36* (particularités d'une association en difficulté). – Dossier « Entreprises en difficulté : pratiques innovantes – aspects de droit interne et international », *Cah. dr. entr. 9-10/2009*. – Vidal, *Gaz. Pal. 2009. Doctr. 2996* (procédure collective et procédure d'arbitrage). – Governatori, *ibid., p. 3001* (le droit administratif à l'épreuve du droit des procédures collectives). – Dossier « La loi de sauvegarde à l'épreuve du droit des sociétés », *BJS 2009. 1108*. – Minor, *RDBF 2010. Dossier 9* (droit bancaire, frontières et droit des procédures collectives). – Dossier « Les garanties du banquier face aux entreprises en difficulté », *RDBF 2010. Dossiers 11 à 16*. – Roussel Galle, Bourbouloux et Couturier, *LPA 22 avr. 2010* (le groupe de sociétés en procédure collective). – Pietrancosta et Vermeille, *RLDA 2010, n° 1, p. 4* ; *RJ com. 2010. 104* (le droit des procédures collectives à l'épreuve de l'analyse économique du droit – Perspectives d'avenir ?). – M. Sénéchal, *Dr. et patr. 4/2010. 89* (le patrimoine affecté à l'épreuve du droit des procédures collectives) ; *Mél. Le Cannu, Dalloz-LGDJ, 2014, p. 771* (sûreté et procédure collective, à la recherche d'un équilibre). – Antonini-Cochin, *JCP 2010. 584* (droits du conjoint du débiteur soumis à une procédure collective). – Saintourens, *Dr. et patr. juill.-août 2010. 80* (Conv. EDH et droit des procédures collectives). – Sortais, *RTD com. 2010. 267* (vides juridiques, impasses juridiques et procédures collectives). – Mason et Burgala, *RTDF 2010, n° 2, p. 23* (aspects de droit boursier des restructurations). – Zattara-Gros, *Journ. sociétés 10/2010. 38* (société civile immobilière et procédure collective) ; Mél. Tricot, *Dalloz-Litec, 2011, p. 623* (contractualisation du droit des entreprises en difficulté) ; *JCP N 2014. 1335* (le notaire et le chef d'entreprise en difficulté). – Colloque de Caen du 15 oct. 2010, *RPC 2010. Dossiers 1 à 13* (risques et responsabilités en droit des procédures collectives). – Houin-Bressand, Mél. Tricot, *Dalloz-Litec, 2011, p. 453* (la caution en difficulté). – Colloque de Toulouse du 10 sept. 2010, *RPC 2011. Dossiers 1 à 14* (périmètre du droit de la défaillance économique). – Rakotovahiny, *Dr. et patr. 3/2011. 26* (la fraude paulienne à l'épreuve des procédures collectives) ; *LPA 5 juill. 2011* (l'inopposabilité dans les procédures collectives) ; *RLDA avr. 2012. 65* (location-gérance d'un fonds et procédures collectives) ; *RLDA avr. 2014. 82* (clause de retour à meilleure fortune). – Brocard, *LPA 11 mai 2011* (stratégies de restructuration des entreprises en difficulté) ; *AJ fam. 2020. 232* (patrimoine du chef d'entreprise et procédures collectives *in* Dossier « Le divorce du chef d'entreprise »). – Cagnoli, *RPC 2011. Étude 12* (prescription et procédures collectives). – Soinne, *ibid. Étude 18* (application du droit des procédures collectives aux titulaires d'offices publics et ministériels – situation des huissiers de justice). – Mason et Burgala, *Cah. dr. entr. 7-8/2011* (aspects de droit boursier des restructurations). – Lecourt, *Dr. et patr. 10/2011. 59* (l'avocat, acteur et victime de le procédure collective) ; *RLDA nov. 2017. 32* (responsabilité du franchiseur et procédure collective du franchisé). – Dossier « Droit social et procédures collectives », *RPC 2012. Dossiers 1 à 11*. – Rémery, *D. 2012. Chron. 700* (ministère public et droit des entreprises en difficulté : un an de jurisprudence de la chambre commerciale [janv. 2011-févr. 2012]) ; *D. 2013. Chron. 1634* (location financière et ouverture d'une procédure collective dans la jurisprudence de la Cour de cassation) ; *D. 2015. Chron. 2453* (incidence de l'ouverture d'une procédure collective sur l'instance de cassation [civile]). – Colloque de Nanterre du 25 nov. 2011, *RPC 2012. Dossiers 12 à 21* (que reste-t-il des principes traditionnels des procédures collectives face au morcellement du traitement de la défaillance ?). – Saint-Alary-Houin et Dutot, *Journ. sociétés 7/2012. 22* (entreprise en difficulté et environnement durable). – Dossier « Le droit des entreprises en difficulté à l'épreuve de la crise économique », *BJE 2012. 306*. – Colloque de Strasbourg du 1er juin 2012, *RLDA oct. 2012. 55* (droits des salariés dans les procédures collectives : des finalités communes et des modalités différentes). – Dossier « L'actif au cœur du droit des entreprises en difficulté », *Journ. sociétés 10/2012. 9*. – Congrès du CNAJMJ des 14 et 15 juin 2012, *BJE 2012. 397* (les bonnes pratiques des professionnels). – Congrès de l'IFPPC des 27-30 sept. 2012, *RPC 2012. Dossiers 22 à 31* (acteurs judiciaires et sauvetage des entreprises en difficulté). – Dossier « Personne physique et procédures collectives », *RPC 2013. Dossiers 1 à 11*. – Puygauthier, *JCP N 2013. 1030* (cautionnement et procédures collectives). – Rolland, *BJE 2013. 184* (procédures collectives et droit de l'environnement). – Dossier « Les montages à l'épreuve et au service du droit des procédures collectives », *RPC 2013. Dossiers 12 à 22*. – Vauvillé, *Dr. et patr. 1/2014. 41* (la situation du conjoint *in bonis* face aux procédures collectives professionnelles). – Rubellin, *BJE 2014. 62* (statut du conjoint du débiteur commun en biens). – Delattre, *ibid. 130* (cadre d'intervention du commissaire au redressement productif) ; *RPC 2014. Étude 22* (les avis du ministère public) ; *ibid. 2017. Étude 3* (récusation du ministère public). – REILLE, *AJCA 2014. 65* (responsabilité du franchiseur dans le cadre de la procédure collective du franchisé). – TABOUROT-HYEST, *Mél. Le Cannu, Dalloz-LGDJ, 2014, p. 637* (instrumentalisation du droit de la faillite). – PODEUR, *D. 2014. Chron. 1653* (procédure collective du fiduciaire : quelles protections pour le constituant et le bénéficiaire ?). – DELPECH, *Juris assoc. 1er oct. 2014, p. 27* (procédures collectives appliquées aux associations). – BRIGNON et CERATI-GAUTHIER, *D. 2014. 2248* (les saisines d'office confrontées aux dernières réformes du droit des entreprises en difficulté). – ROSSI, *BJE 2015. 44* (pouvoir d'initiative du juge). – LESAULNIER, *Procédures 2015. Étude 3* (l'expert judiciaire et le droit des entreprises en difficulté). – DUPEYRON, *BRDA 2015, n° 10, p. 28* (principales interactions entre le droit des procédures collectives et l'arbitrage). – LE MESLE, *Cah. dr. entr. 9-10/2015. Dossier 38* (avis du ministère public en matière de procédures collectives). – LELIÈVRE, *ibid. Dossier 39* (rôle du ministère public dans la prévention des difficultés et les procédures collectives). – CLÉMENT, *Journ. sociétés 11/2015. 43* (le droit de l'environnement dans les procédures collectives). – Dossier « Le financement des entreprises en difficulté », *ibid. janv. 2016. 9*. – SCHILLER, *Rev. sociétés 2016. 75* (pactes d'actionnaires et droit des entreprises en difficulté). – Dossier « Trente ans déjà ! », *RPC 2016. Dossiers 1 à 21* (évolution des procédures collectives au cours des trente dernières années). – CERATI-GAUTHIER, *BJE 2016. 140* (la fusion, outil de redressement d'une entreprise en difficulté ?). – MENJUCQ, *LPA 28-29 mars 2016* (traitement de groupes : évolutions et révolutions) ; *BJE 1-2/2022. 59* (spécificités des procédures collectives dans le monde agricole, agroalimentaire et viticole). – Dossier « Échanges sur la hiérarchisation des intérêts dans les procédures collectives », *BJE 2016. 190*. – DAMMANN, *Gaz. Pal. 6 juin 2016, hors-série, p. 42* (responsabilité civile de l'actionnaire d'une entreprise en difficulté). – MERCIER et KOPF, *ibid., p. 47* (devoir de l'actionnaire de favoriser le redressement de l'entreprise : les mécanismes conventionnels). – F.-X. LUCAS, *ibid., p. 50* (devoir de l'actionnaire de favoriser le redressement de l'entreprise : les dispositifs légaux). – Dossier « Le dirigeant de l'entreprise en difficulté », *RPC 2016. Dossiers 23 à 27*. – LAROCHE, *JCP E 2016. 1458* (secret des affaires et droit des entreprises en difficulté) ; *D. 2019. Chron. 657* (digital et procédure collective : imagination et raison). – FIN-LANGER et JACOTOT, *RPC 2016. Étude 17 ; Dr. sociétés 2016. Étude 17* (loi « Travail » et droit des procédures collectives) ; *RPC 2017. Étude 21* (les ordonnances du 22 sept. 2017 et la rupture des contrats de travail dans une entreprise en difficulté). – MARTINEAU-BOURGNINAUD, *D. 2016. Chron. 2529* (remèdes à la souffrance du chef d'entreprise en difficulté). – KALAANI, *RLDA févr. 2017. 39* (effets d'une procédure collective sur une instance arbitrale). – DIESBECQ, *Actes pratiques janv.-févr. 2017. 21* (la sanction adéquate en droit des entreprises en difficulté). – OBAJTEK et PASCOËT, *AJ contrat 2017. 114* (la délicate appréhension du contrat cadre par le droit des procédures collectives). – VOINOT, *BJE 2017. 143* (clauses d'augmentation du passif de l'entreprise en difficulté). – STEFANIA, *JCP E 2017. 1213* (coopération du débiteur avec les organes de la procédure). – DAMMANN et BOCHÉ-ROBINET, *D. 2017. Chron. 1264* (transposition du projet de directive sur l'harmonisation des procédures de restructuration préventive en Europe). – VALLANSAN, *Dr. sociétés 2017. Dossier 14* (le groupe de sociétés en droit des entreprises en difficulté). – GALOKHO, *RPC 2017. Étude 11* (clauses aggravant la situation du débiteur du fait de l'ouverture d'une procédure préventive ou collective) ; *RTD com. 2017. 783* (rebond du débiteur de mauvaise foi). – Dossier « Le droit des entreprises en difficulté : le renouvellement des enjeux », *RPC 2017. Dossiers 1 à 12*. – FIN-LANGER, *APC 2017, n° 265* (difficultés liées à l'application des ruptures conventionnelles collectives en cas de procédure collective). – EECKHOUDT, *BJE 2017. 453* (le critère de la taille dans le droit des entreprises en difficulté). – Dossier « Propriété et procédures collectives », *RPC 2017. Dossiers 13 à 24*. – FAHRI, *Gaz. Pal. 16 janv. 2018, p. 81* (fiducie-sûreté et droit des entreprises en difficulté). – Dossier « Le sort de la caution en présence d'une procédure collective contre le débiteur principal », *RLDA févr. 2018*. – ROUSSEL GALLE, *JCP E 2018. 1175* (quelques « petites » idées de réforme à droit constant du droit des entreprises en difficulté). – Dossier « La restructuration financière d'un groupe en difficulté dans un contexte international : le droit en action », *BJE 2018. 284*. – HOUSSIN, *RPC 2018. Étude 19* (test du respect des intérêts des créanciers ou *best interest test*) ; *RLDA juill. 2020. 44* (protection des données personnelles dans la procédure collective). – Dossier « Procédures collectives et sûretés réelles : à la recherche d'équilibres et d'articulations », *ibid. Dossiers 15 à 26*. – Dossier « Sociétés et entreprises en difficulté », *LPA 31 juill. 2018*. – KUNTZ et GOTZORIDES, *BJE 2018. 371* (transaction et procédure collective). – Dossier « Les missions d'administrateurs judiciaires et mandataires judiciaires : morceaux choisis », *ibid. 377*. – Dossier « Les difficultés de l'entreprise agricole », *RPC 2018. Dossiers 27 à 41*. – VALLENS, *ibid. Étude 27* (ordre public et procédures collectives : le défi d'une justice sous contrôle) ; *ibid. 2020. Étude 18* (le droit des procédures collectives est-il conforme au principe de proportionnalité ?) ; *ibid. 2021. Étude 8* (procédures collectives et connaissance du droit étranger). – DREYFUSS, *RTD com. 2018. 869* (la cession Dailly à titre de garantie, une opération à l'épreuve des procédures collectives ?). – Dossier « Contrat(s) et entreprises en difficulté », *BJE 1-2/2019. 37*. – MARÉCHAL-POLLAUD-DULIAN, *AJDI 2019. 269* (l'immeuble dans les procédures de traitement des difficultés du débiteur).

– Dossier « Les créanciers publics face aux procédures collectives », *RPC 2019. Dossiers 27 à 37.* – Buisine, *ibid. Étude 15* (sociétés cotées en difficulté et information financière) ; *ibid. 2020. Étude 17* (droit de l'environnement et procédures collectives). – Dossier « Que reste-t-il du principe d'égalité des créanciers dans les procédures collectives ? », *BJE 11-12/2019. 42.* – Dossier « Responsabilité et entreprises en difficulté », *RPC 2020. Dossiers 1 à 8.* – Ferrari, *D. 2020. Chron. 548* (la qualité pour agir en procédure collective : quelle place pour le droit commun procédural ?). – Bléry et Teboul, *ibid. 554* (incidence de la nouvelle procédure civile). – Vincent, *ibid. 670* (les droits réels immobiliers de jouissance spéciale à l'épreuve du droit des entreprises en difficulté). – Besse, *JCP E 2020. 1191* (de la faiblesse des créanciers chirographaires à l'institution d'un échevinage inversé au royaume des procédures collectives). – André, *BJE 7-8/2020. 42* (appréhension des actifs incorporels de l'entreprise en difficulté). – Dossier « L'incidence du numérique sur le droit des entreprises en difficulté »), *RPC 2020. Dossier 9 à 14.* – Kalflèche et Macorig-Venier, *BJE 5-6/2021. 51* (loi ASAP, entreprise en difficulté et commande publique). – Giorgini, *Gaz. Pal. 26 oct. 2021, p. 50* (notion de « procédure en cours » au sens du droit des entreprises en difficulté). – Dossier « Les enjeux des rapports entre commande publique et entreprises en difficulté », *RPC 2022. Dossiers 17 à 19.* – Bellis, *RTD com. 2022. 213* (l'obligation naturelle en droit des entreprises en difficulté). – Dossier « Les intérêts contradictoires en procédures collectives », *RLDA juill.-août 2022, suppl.* – Favre-Rochex, *RTD com. 2022. 409* (le contrat irrégulièrement conclu en procédure collective). – Tota, *RPC 2023. Étude 2* (la délégation à l'épreuve du traitement de l'insolvabilité du délégant). – Gralitzer, *JCP E 2023. 1100* (droits des obligataires en cas de procédure collective de l'émetteur). – Dossier « Les actifs incorporels et l'entreprise en difficulté », *RPC 2023. Dossiers 26 à 30.* – Jouin et Sautonie-Laguionie, *D. 2024. Chron. 122* (pour une nouvelle approche de l'accompagnement des entreprises en difficulté à l'aune de la RSE). – Dossier « La défaillance économique : quelle définition pour quel traitement ? », *RPC 2024. Dossiers 5 à 15.* – Dossier « Banque et entreprise en difficulté », *ibid. Dossiers 16 à 24.* – Dossier « L'accompagnement de l'entrepreneur individuel face à la défaillance économique », *BJE 11-12/2024. 64.*

Loi n° 2005-845 du 26 juillet 2005,

De sauvegarde des entreprises.

Dispositions diverses et transitoires

Art. 165 **I. — Dans tous les textes législatifs et réglementaires, les références faites au : "règlement amiable" au sens du titre I du livre VI du code de commerce, dans sa rédaction antérieure à l'entrée en vigueur de la présente loi, sont remplacées par les références à la : "procédure de conciliation".**

II. — Dans tous les textes législatifs et réglementaires, à l'exception du livre VI du code de commerce, du troisième alinéa de l'article L. 143-11-1 et du chapitre I du titre II du livre III du code du travail, les références faites au redressement judiciaire et au plan de redressement sont remplacées, respectivement, par des références aux procédures de sauvegarde ou de redressement judiciaire, et aux plans de sauvegarde ou de redressement. Les références au plan de continuation sont remplacées par des références aux plans de sauvegarde ou de redressement judiciaire.

III. — Dans tous les textes législatifs et réglementaires, les références faites au : "représentant des créanciers" sont remplacées par des références au : "mandataire judiciaire".

IV. — Dans tous les textes législatifs et réglementaires, la référence à la cession de l'entreprise ordonnée en application de l'article L. 621-83 ou à la cession d'unités de production ordonnées en application de l'article L. 622-17 du code de commerce, dans sa rédaction antérieure à l'entrée en vigueur de la présente loi, est remplacée par une référence à la cession de l'entreprise ordonnée en application de l'article L. 642-5 du même code.

V. — Dans tous les textes législatifs ou réglementaires, les références faites au : "mandataire judiciaire au redressement et à la liquidation des entreprises" sont remplacées par des références au : "mandataire judiciaire".

....

Art. 190 **La présente loi entre en vigueur le 1er janvier 2006, à l'exception des dispositions suivantes qui sont applicables aux procédures et situations en cours dès sa publication :**

***a)* Dans toutes les dispositions prévoyant une incapacité, une interdiction ou une déchéance résultant d'une faillite personnelle ou d'une interdiction de gérer, ces mesu-**

res doivent être comprises comme ayant une durée maximale de quinze ans à compter du jour où la décision les ayant prononcées est devenue définitive ;

b) Les mesures de faillite personnelle et d'interdiction de gérer ainsi que les déchéances et interdictions qui en ont résulté prennent fin à la date de publication de la présente loi lorsque, à cette date, elles ont été prononcées plus de quinze années auparavant par une décision devenue définitive.

Toutefois, les poursuites déjà engagées au jour de la publication de la présente loi, sur le fondement de l'article L. 622-32 du code de commerce, ne sont pas, même si le délai de quinze années est expiré, affectées par les dispositions qui précèdent et les sommes perçues par les créanciers leur restent acquises ;

c) L'article L. 624-10 du code de commerce dans sa rédaction issue de la présente loi ;

d) L'article L. 643-9 du code de commerce ;

e) Le dernier alinéa de l'article L. 811-11 du code de commerce.

Pour des applications de l'art. 190 *a)* et *b)*, V. notes 1 et 2 ss. art. L. 653-11 et note 1 ss. art. L. 654-15 C. com.

Art. 191 Lors de son entrée en vigueur, la présente loi n'est pas applicable aux procédures en cours, à l'exception des dispositions suivantes résultant de la nouvelle rédaction du livre VI du code de commerce :

1° Le chapitre IV du titre IV ;

2° L'article L. 626-27. Cet article est applicable aux procédures de redressement judiciaire en cours ;

3° L'article L. 643-11. Cet article est applicable aux procédures de redressement ou de liquidation judiciaire en cours. Toutefois, les poursuites déjà engagées au jour de l'entrée en vigueur de cet article à l'égard de débiteurs ayant fait l'objet d'une interdiction de diriger ou de contrôler une entreprise commerciale ou une personne morale ne sont pas affectées et les sommes perçues par leurs créanciers restent acquises à ces derniers.

L'article L. 643-11 est également applicable aux procédures de règlement judiciaire ou de liquidation des biens en cours. Toutefois, les sommes perçues par les créanciers leur restent acquises ;

4° L'article L. 643-13 ;

5° Les chapitres Ier et II du titre V, à l'exception de l'article L. 651-2 ;

6° L'article L. 653-7 ;

7° L'article L. 653-11 ;

8° L'article L. 662-4.

COMMENTAIRE

L'article 191 donne une liste de dispositions qui, lors de l'entrée en vigueur différée de la loi, soit le 1er janvier 2006, s'appliqueront aux procédures en cours, c'est-à-dire aux procédures ouvertes par un jugement antérieur à cette date. Ces exceptions et dérogations (qui concernent les dispositions plus douces en matière de sanctions personnelles, les modifications purement formelles et certaines dispositions réputées plus efficaces que les anciennes), sont mentionnées et commentées sous chacun des articles du code qu'elles concernent.

Sur l'entrée en vigueur de la loi du 26 juillet 2005, voir aussi la circulaire du 22 juillet 2005 et celle du 9 janvier 2006 (reproduites à la fin du livre VI nouveau C. com.).

A la question de savoir si un tribunal, saisi par une assignation en redressement ou liquidation judiciaires antérieure au 1er janvier 2006 et qui a statué après cette date, devait faire application des dispositions de la loi du 26 juillet 2005, le service de documentation et d'études de la Cour de cassation a répondu positivement. Cette solution s'autorise d'une lecture *a contrario* de l'article 191 précité, dont il résulte que la loi nouvelle ne s'efface au profit de la loi ancienne que si, au 1er janvier 2006, une procédure collective est en cours ; dans les autres cas, la loi nouvelle s'applique, la date de l'assignation étant indifférente. Une même solution avait été retenue sous l'empire de la loi du 25 janvier 1985, dont les dispositions transitoires étaient rédigées en des termes assez proches de ceux de la loi de sauvegarde (Com. 29 mars 1989 : *Bull. civ. IV, n° 104* ; www.courdecassation.fr). ❑

1. Les dispositions de l'art. 191, en ce qu'elles se bornent à fixer le régime de la prescription applicable aux actions aux fins de sanction personnelle engagées contre les débiteurs mis en procédure collective après le 1er janv. 2006 ou contre les dirigeants de personnes morales mises en procédure collective après cette date, n'introduisent aucune distinction injustifiée de nature à priver les justiciables de garanties égales et ne méconnaissent pas, par elles-mêmes, le principe d'égalité, celui de la liberté d'entreprendre, ou celui de l'application immédiate de la loi plus douce (non-lieu à renvoi de la QPC au Conseil constitutionnel). • Com., QPC, 18 févr. 2011 : *RPC 2011, n° 102, obs. Martin-Serf.*

2. Pour des applications de l'art. 191, V. notes 1 et 6 ss. art. L. 626-27, note 1 ss. art. L. 643-11, note 2 ss. art. L. 651-2, notes 1 et 2 ss. art. L. 651-3, notes 10 et 11 ss. art. L. 653-1 et note 14 ss. art. L. 653-8 C. com.

Art. 192 **Les procédures ouvertes en vertu des articles L. 621-98, L. 624-1, L. 624-4 et L. 624-5 du code de commerce, dans leur rédaction antérieure à la présente loi, ne sont pas affectées par son entrée en vigueur.**

Pour l'application d'office des dispositions issues de la L. du 26 juill. 2005 dans l'hypothèse d'une erreur de visa, V. note 3 ss. art. L. 622-21 C. com.

Pour des applications de l'art. 192, V. note 18 ss. anc. art. L. 624-1, note 10 ss. anc. art. L. 624-4 et notes 30 s. ss. anc. art. L. 624-5 C. com.

Ordonnance n° 2008-1345 du 18 décembre 2008,

Portant réforme du droit des entreprises en difficulté.

Art. 173 **La présente ordonnance entre en vigueur le 15 février 2009, à l'exception de l'article 16** *[V. C. com., art. L. 621-9]*, **qui entre en vigueur le 1er janvier 2009.**

Elle n'est pas applicable aux procédures en cours au jour de son entrée en vigueur, sauf en ce qui concerne :

– les dispositions de l'article 16 ;

– les dispositions des articles 133 *[abrogeant les art. L. 652-1 à L. 652-5 C. com.]* **et 135** *[V. C. com., art. L. 653-4]*. **Les actions fondées sur l'obligation aux dettes sociales ne peuvent plus être engagées à compter de l'entrée en vigueur de la présente ordonnance. En revanche, les actions déjà engagées au jour de cette entrée en vigueur se poursuivent.**

Les dispositions du cinquième alinéa de l'article 63 *[V. C. com., art. L. 626-27]* **sont applicables aux plans de sauvegarde en cours d'exécution au jour de son entrée en vigueur.**

Ordonnance n° 2014-326 du 12 mars 2014,

Portant réforme de la prévention des difficultés des entreprises et des procédures collectives.

Art. 116 **La présente ordonnance entre en vigueur le 1er juillet 2014.**

Elle n'est pas applicable aux procédures en cours au jour de son entrée en vigueur, à l'exception des dispositions des articles 77 et 80 *[V. C. com., art. L. 643-9 et L. 643-13]*.

Ordonnance n° 2021-1193 du 15 septembre 2021,

Portant modification du livre VI du code de commerce.

Art. 71 **Dans toutes les dispositions législatives et réglementaires en vigueur, la référence aux articles du code de commerce qui font l'objet d'une nouvelle numérotation par la présente ordonnance s'entend des références aux nouveaux numéros résultant de celle-ci.**

Art. 72 **I. – La présente ordonnance est applicable à Wallis-et-Futuna.**

II. – Pour l'application de la présente ordonnance à Wallis-et-Futuna, le comité social et économique est remplacé par l'institution représentative des salariés localement compétente.

III. – *V. C. com., art. L. 950-1.* – ***C. com.***

Art. 73 I. – Les dispositions de la présente ordonnance entrent en vigueur le 1er octobre 2021. Elles ne sont pas applicables aux procédures en cours au jour de son entrée en vigueur.

II. – Par dérogation à la date d'entrée en vigueur prévue au I, l'article 27 entre en vigueur le 1er janvier 2022 et la référence faite à l'article L. 624-21 du code de commerce se lira jusqu'à cette date comme faite à l'article 2332-4 du code civil.

III. – En cas de modification du plan de sauvegarde ou du plan de redressement arrêté dans une procédure ouverte avant le 22 mai 2020, les dispositions de l'article L. 626-26 du code de commerce, dans sa rédaction résultant de l'article 36 de la présente ordonnance, sont applicables sans que le privilège prévu par ces dispositions n'affecte les droits des créanciers mentionnés aux 9° à 11° de l'article L. 643-8 du code de commerce, dans sa rédaction résultant de l'article 62 de la présente ordonnance.

IV. – Il est mis fin à compter du 1er octobre 2021, pour les procédures non encore ouvertes à cette date, à l'application des dispositions de l'article 3, du IV de l'article 5 et de l'article 6 de l'ordonnance *[nº 2020-596]* du 20 mai 2020 susvisée, prolongées par l'article 124 de la loi *[nº 2020-1525]* du 7 décembre 2020 susvisée.

Code de commerce

PREMIÈRE PARTIE : *LÉGISLATIVE*

LIVRE VI **DES DIFFICULTÉS DES ENTREPRISES**

Art. L. 610-1 *(L. nº 2005-845 du 26 juill. 2005, art. 2)* Un décret en Conseil d'État détermine, dans chaque département, le tribunal ou les tribunaux appelés à connaître des procédures prévues par le présent livre, ainsi que le ressort dans lequel ces tribunaux exercent les attributions qui leur sont dévolues.

V. art. R. 600-1 s.

COMMENTAIRE

JURIDICTIONS COMPÉTENTES

L'article L. 610-1, avatar de l'ancien article L. 621-5, atteste de la volonté du législateur de 2005 de prévoir la désignation d'un nombre restreint de tribunaux à compétence spéciale, compétents et « équipés » pour appliquer efficacement les règles de prévention et de traitement des difficultés des entreprises, et cela quelle que soit la taille de l'entreprise, la loi de 2005 ayant supprimé la distinction, fondée auparavant sur ce critère, entre procédure normale et procédure simplifiée. La liste de ces juridictions compétentes, qui figure désormais aux annexes 6-1 à 6-4 du code de commerce.

Ces tribunaux ont compétence exclusive tant pour les procédures collectives (sauvegarde, redressement judiciaire, liquidation judiciaire) que pour les mesures de prévention (mandat *ad hoc*, conciliation), mais pas s'agissant du pouvoir d'alerte du président du tribunal, pour lequel est compétent le président du tribunal du lieu du siège du débiteur (V. art. R. 600-2).

Pour les procédures ouvertes à compter du 1er mars 2016, la loi nº 2015-990 du 6 août 2015 a institué des tribunaux de commerce spécialisés, dont la liste a été fixée par le décret nº 2016-217 du 26 février 2016, pour connaître, notamment, des procédures prévues par le livre VI lorsque le débiteur est une entreprise dont le nombre de salariés est égal ou supérieur à 250 et dont le montant net du chiffre d'affaires est d'au moins 20 millions d'euros, une entreprise dont le montant net du chiffre d'affaires est d'au moins 40 millions d'euros, ou encore une société qui détient ou contrôle une autre société, dès lors que les seuils précités sont remplis pour l'ensemble des sociétés concernées. La loi du 6 août 2015 avait aussi prévu que ces tribunaux seraient compétents pour les procédures pour l'ouverture desquelles la compétence internationale du tribunal est déterminée en application des actes pris par l'Union européenne relatifs aux procédures d'insolvabilité, ou résulte de la présence dans son ressort du centre principal des intérêts du débiteur. Mais, après l'entrée en vigueur, le 26 juin 2017, du nouveau règlement européen du 20 mai 2015, l'ordonnance d'adaptation du 2 novembre 2017 est venue modifier le 2° de l'article L. 721-8 afin de réserver à ces tribunaux de commerce les procédures européennes complexes, c'est-à-dire soit les procédures d'insolvabilité principales ouvertes à l'égard d'un débiteur qui possède un établissement sur le territoire d'un autre État membre, soit les procédures d'insolvabilité secondaires, soit les procédures d'insolvabilité territoriales ouvertes sur le territoire national (V. C. com., art. L. 721-8, ss. art. L. 662-2).

Pareillement, s'agissant des tribunaux judiciaires, issus depuis le 1er janvier 2020 de la fusion des tribunaux de grande instance et des tribunaux d'instance, les tribunaux judiciaires spécialement désignés pour connaître des actions fondées sur les dispositions du livre VI du code de commerce le sont conformément à l'article L. 610-1 dudit code (COJ, art. R. 211-4, I, issu du Décr. n° 2019-912 du 30 août 2019). ❑

TITRE I DE LA PRÉVENTION DES DIFFICULTÉS DES ENTREPRISES

RÉP. COM. v^is *Entreprise en difficulté : détection des difficultés,* par Monsérié-Bon ; *Entreprise en difficulté : mandat ad hoc - conciliation,* par Monsérié-Bon.

BIBL. GÉN. ▶ Roussel Galle, *Dr. et pr. 2005. 260* (conciliation) ; *LPA 12 juill. 2006, p. 10* (mandat *ad hoc* et conciliation après le décret du 28 déc. 2005). - Montéran, *Gaz. Pal. 2005. Doctr. 2928* (prévention et conciliation). - Valliot, *JCP E 2005, n° 42, p. 1775* (mandat *ad hoc* et conciliation). - Croze, *Procédures 2005. Étude 12* (même thème). - Teboul, *LPA 19 oct. 2005, p. 3* (prévention). - Legros, *Dr. sociétés 2005. Étude 9.* - Macorig-Venier, *RTD com. 2005. 829* ; *RPC 2005. 352* (conciliation). - Reins, *RLDA, suppl. au n° 88, déc. 2005, p. 9* (même thème). - Habauzit-Detilleux et Michaud, *Gaz. Pal. 2006. Doctr. 138* (procédure de conciliation applicable à l'avocat en difficulté). - Kuntz, *LPA, n° spéc., 8 févr. 2006, p. 5* (commentaire article par article). - Thévenot, *ibid., 17 févr. 2006, p. 14* (mandat *ad hoc* et conciliation). - Saint-Alary-Houin, *RPC 2006. 169* (conciliation). - Schmitt, *ibid. 178* (conciliation : aspects pratiques). - Lafont de Sentenac, *BJS 2006. 1083* (rôle du commissaire aux comptes et de l'expert-comptable dans la détermination du passif du débiteur en conciliation). - Gandin, *JCP E 2006, n° 43-44, p. 1838* (information et consultation des représentants des salariés). - Lavigne, *LPA 20 mars 2007, p. 26* (conciliation). - Vallansan, *LPA 14 juin 2007, p. 9* (même thème). - Douhaire, *RJ com. 2008. 21* (aspects pratiques de la conciliation). - Macorig-Venier et Caviglioli, *RPC 2008. Dossier 2* (pratique et réforme de la conciliation). - Delattre, *RPC 2010. Étude 21* (cadre légal) ; *ibid. 2013. Étude 5* (pouvoir d'investigation du président du tribunal) ; *ibid. 2017. Étude 15* (le ministère public, organe de contrôle dans la procédure de conciliation) ; *ibid. 2021. Étude 9* (points de contrôle dans la procédure de conciliation : répartition des rôles entre le président et le ministère public). - Modat, *RPC 2011. Étude 10* (cellules de prévention). - Colloque du 15 nov. 2013, *RPC 2014. Dossiers 1 à 12* (la prévention et le traitement amiable des difficultés à la lumière de la réforme). - Dossier « Difficultés des associations : prévention, l'issue de secours », *Juris assoc. 1er oct. 2014.* - Lesaulnier, *RPC 2014. Étude 32* (diligences du greffier du tribunal de commerce dans le cadre de la détection des difficultés). - Sapin, *Cah. dr. entr. 7-8/2016. Dossier 30* (évolution de la conciliation au cours des dix dernières années). - Sautonie-Laguionie, *Mél. Vallens, Joly éditions, 2017, p. 231* (pour une dualité de la procédure de conciliation). - Borga, Niogret et Vuillermet, *RLDA mars 2018. 19* (mandat *ad hoc* et conciliation : trouver le point d'équilibre). - Buisine, *RPC 2018. Étude 16* (prévention des difficultés des entreprises : évolutions et prospective). - Zinty, *RPC 2019. Étude 21* (le vice d'abus de dépendance dans le traitement amiable des entreprises en difficulté). - Colloque de l'Association Droit & Commerce du 18 sept. 2020, *RJ com. 2020. 500* (efficacité des solutions en période de crise et perspectives à la veille des réformes). - Ghandour, *RPC 2021. Étude 13* (du rapport Richelme au plan d'action pour les entreprises : quelle réforme pour la détection des difficultés ?). - Cagnoli, *BJE 11-12/2023. 47* (principaux recours dans le cadre du mandat *ad hoc* et de la conciliation). - Martineau-Bourgninaud, *BJE 7-8/2024. 50* (stratégie juridique du livre VI C. com. pour prévenir les difficultés).

▶ Sur l'ordonnance du 18 déc. 2008 : Montéran, *D. 2009. 639* . - Delattre, *RPC 2009. Dossier 3.* - Rohart-Messager, *Gaz. Pal. 2009. Doctr. 741.* - Macorig-Venier, *RTD com. 2009. 436* .

▶ Sur l'ordonnance du 12 mars 2014 : Macorig-Venier, *RTD com. 2014. 395* et 855 (dispositions réglementaires). - Delattre et Étienne-Martin, *RPC 2014. Dossier 15.* - Ab-Der-Halden et Roussel Galle, *ibid. Dossier 29.* - Thullier, *BJE 2014. 174.* - Montéran, *Gaz. Pal. 2014. 1249.* - Saint-Alary-Houin, *Dr. et patr. juill.-août 2014. 40.* - Pérochon et Roussel Galle, *Gaz. Pal. 2015. 655.* - Lesaulnier, *RTD com. 2016. 225* (mandat *ad hoc*).

▸ Sur la loi du 18 nov. 2016 de modernisation de la justice du XXIe siècle : Macorig-Venier, *RTD com. 2017. 175*. – Malherbe, *JCP E 2017. 1300*.
▸ Sur l'ordonnance du 15 sept. 2021 : Macorig-Venier, *RTD com. 2021. 914*.

CHAPITRE I *DE LA PRÉVENTION DES DIFFICULTÉS DES ENTREPRISES, DU MANDAT AD HOC ET DE LA PROCÉDURE DE CONCILIATION*

Art. L. 611-1 *(L. n° 2003-721 du 1er août 2003, art. 10)* **« Toute personne immatriculée au registre du commerce et des sociétés ou au »** *(Ord. n° 2021-1189 du 15 sept. 2021, art. 12, en vigueur le 1er janv. 2023)* **« registre national des entreprises en tant qu'entreprise du secteur des métiers et de l'artisanat » ainsi que** *(Ord. n° 2010-1512 du 9 déc. 2010, art. 2-1°)* **« tout entrepreneur individuel à responsabilité limitée et » toute personne morale de droit privé peut adhérer à un groupement de prévention agréé par arrêté du représentant de l'État dans la région.**

Ce groupement a pour mission de fournir à ses adhérents, de façon confidentielle, une analyse des informations *(L. n° 2003-721 du 1er août 2003, art. 10)* **« économiques, comptables et financières » que ceux-ci s'engagent à lui transmettre régulièrement.**

Lorsque le groupement relève des indices de difficultés, il en informe le chef d'entreprise et peut lui proposer l'intervention d'un expert.

A la diligence du représentant de l'État, les administrations compétentes prêtent leur concours aux groupements de prévention agréés. Les services de la Banque de France peuvent également, suivant des modalités prévues par convention, être appelés à formuler des avis sur la situation financière des entreprises adhérentes. *(L. n° 2005-845 du 26 juill. 2005, art. 3)* **« Les groupements de prévention agréés peuvent aussi bénéficier d'aides des collectivités territoriales. »**

Les groupements de prévention agréés sont habilités à conclure, notamment avec les établissements de crédit *(Ord. n° 2013-544 du 27 juin 2013, art. 7-10°, en vigueur le 1er janv. 2014)* **« , les sociétés de financement » et les entreprises d'assurance, des conventions au profit de leurs adhérents.** – *[L. n° 84-148 du 1er mars 1984, art. 33.]*

V. art. D. 611-1 s.

Sur les avantages fiscaux liés à l'adhésion à un groupement de prévention agréé, V. L. n° 89-549 du 2 août 1989, art. 9 (D. et ALD 1989. 275).

COMMENTAIRE

La loi de sauvegarde n'a effectué qu'un simple toilettage du texte en supprimant les références à la loi de « décentralisation » du 2 mars 1982, les articles visés ayant été abrogés par la loi n° 96-142 du 21 février 1996 portant codification de la partie législative du code général des collectivités territoriales.

Sinon, la loi n'a pas touché, au fond, à l'article L. 611-1, il est vrai modifié peu de temps auparavant par la loi pour l'initiative économique du 1er août 2003 qui, répondant à une critique souvent faite, a ouvert l'accès aux groupements de prévention agréés aux entreprises sous forme individuelle (en même temps qu'elle a étendu la mission des groupements à l'analyse des informations économiques).

Reste que les groupements de prévention agréés sont peu utilisés. Aussi, la Commission des lois de l'Assemblée nationale avait-elle imaginé des avantages fiscaux et financiers pour les entreprises qui y adhéreraient lesquelles se verraient, notamment, éligibles à un organisme de caution mutuelle, comme il en existait autrefois et qui pourrait être implanté dans chaque bassin d'emploi. La garantie étant conditionnée à la production d'informations comptables, ces dernières auraient l'avantage de traduire, le cas échéant, les évolutions défavorables de la situation de l'entreprise et de provoquer le déclenchement d'une procédure d'alerte au terme de laquelle un expert indépendant interviendrait pour établir un diagnostic de la situation. A la suite de ce diagnostic, l'organisme de caution opterait alors entre la poursuite du programme de garantie sans modification, l'accroissement temporaire de sa garantie ou la résiliation de la garantie à son terme. Selon le rapporteur X. de Roux, ce dispositif mériterait d'être envisagé dans le cadre d'un projet de loi en faveur de l'entreprise, alors en cours d'élaboration (rapport n° 2095).

L'ordonnance du 9 décembre 2010 a étendu le dispositif aux entrepreneurs individuels à responsabilité limitée, y compris, contrairement au régime applicable aux autres personnes physiques, à ceux qui ne sont pas immatriculés au registre du commerce et des sociétés ou au répertoire des métiers. ❑

Art. L. 611-2 *(L. nº 2005-845 du 26 juill. 2005, art. 4)* **« I. » — Lorsqu'il résulte de tout acte, document ou procédure qu'une société commerciale, un groupement d'intérêt économique, ou une entreprise individuelle, commerciale ou artisanale connaît des difficultés de nature à compromettre la continuité de l'exploitation, ses dirigeants peuvent être convoqués par le président du tribunal de commerce pour que soient envisagées les mesures propres à redresser la situation.** — *Sur la compétence, à titre expérimental, du président du tribunal des activités économiques pour connaître de la convocation prévue à l'art. L. 611-2, I, al. 1er, V. L. nº 2023-1059 du 20 nov. 2023, art. 26, infra.*

(Ord. nº 2021-1193 du 15 sept. 2021, art. 2, en vigueur le 1er oct. 2021) **« Dès l'envoi de cette convocation », le président du tribunal peut, nonobstant toute disposition législative ou réglementaire contraire, obtenir communication, par les commissaires aux comptes, les membres** *(Ord. nº 2021-1193 du 15 sept. 2021, art. 2, en vigueur le 1er oct. 2021)* **« du comité social et économique », les administrations publiques, les organismes de sécurité et de prévoyance sociales ainsi que les services chargés de la centralisation des risques bancaires et des incidents de paiement, des renseignements de nature à lui donner une exacte information sur la situation économique et financière du débiteur.** — *[L. nº 84-148 du 1er mars 1984, art. 34.]*

(L. nº 2005-845 du 26 juill. 2005, art. 4) **« II. — Lorsque les dirigeants d'une société commerciale ne procèdent pas au dépôt des comptes annuels dans les délais prévus par les textes applicables, le président du tribunal peut** *(L. nº 2015-1268 du 14 oct. 2015, art. 2)* **« , le cas échéant sur demande du président d'un des observatoires mentionnés à l'article L. 910-1 A, » leur adresser une injonction de le faire à bref délai sous astreinte.**

« Si cette injonction n'est pas suivie d'effet dans un délai fixé par décret en Conseil d'État, le président du tribunal peut également faire application à leur égard des dispositions du deuxième alinéa du I. »

(Ord. nº 2010-1512 du 9 déc. 2010, art. 2-2º) **« Le II est applicable, dans les mêmes conditions, à tout entrepreneur individuel à responsabilité limitée qui ne procède pas au dépôt des comptes annuels ou documents mentionnés au premier alinéa de l'article L. 526-14, lorsque l'activité professionnelle à laquelle le patrimoine est affecté est commerciale ou artisanale. »**

Les dispositions de l'Ord. nº 2021-1193 du 15 sept. 2021 ne sont pas applicables aux procédures en cours au jour de son entrée en vigueur (Ord. préc., art. 73-I).

V. art. R. 600-2 et R. 611-10 s.

BIBL. ▸ ROHART-MESSAGER, *Gaz. Pal. 2010. Doctr. 54* (prévention-détection par les présidents des tribunaux de commerce).

Ancien art. L. 611-2 (al. 2) *A l'issue de cet entretien (L. nº 2005-845 du 26 juill. 2005, art. 4)* ***« ou si les dirigeants ne se sont pas rendus à sa convocation », le président du tribunal peut, nonobstant toute disposition législative ou réglementaire contraire, obtenir communication, par les commissaires aux comptes, les membres et représentants du personnel, les administrations publiques, les organismes de sécurité et de prévoyance sociales ainsi que les services chargés de la centralisation des risques bancaires et des incidents de paiement, des renseignements de nature à lui donner une exacte information sur la situation économique et financière du débiteur.***

COMMENTAIRE

I. COMMUNICATION DES RENSEIGNEMENTS

La loi du 26 juillet 2005 avait déjà augmenté les pouvoirs du président du tribunal quant à l'obtention des documents visés au deuxième alinéa. Elle avait autorisé que ce ne fût plus seulement à l'issue de l'entretien avec les dirigeants, mais également dans l'hypothèse où les dirigeants n'avaient pas déféré à la convocation que le président pût obtenir ces documents. Cette attitude de « déni » n'était en effet pas de bon augure, et il est sain que, dans ce cas de figure, le président disposât des moyens de s'informer sur la situation exacte du débiteur. Ce qui permettait, éventuellement, avant la décision du Conseil constitutionnel du 7 décembre 2012 (V. ss. art. L. 631-5), si celui-ci s'avérait en état de cessation des paiements, d'ouvrir d'office une procédure de redressement ou de liquidation judiciaires. Telle est d'ailleurs parfois l'issue de l'entretien.

Cela étant, la loi ne prévoit pas plus aujourd'hui qu'hier de véritable sanction à l'encontre du dirigeant qui ne se rendrait pas à la convocation. Peut-être cette attitude pourrait-elle révéler une faute de gestion (J.-P. Legros, La loi du 26 juillet 2005 de sauvegarde des entreprises, Les mesures de prévention du nouveau titre I du livre VI du code de commerce [1re partie], *Dr. sociétés 2005. Étude 9, n° 32*). Notons, à ce sujet, que l'article R. 611-10 impose la convocation par lettre recommandée avec demande d'avis de réception, doublée d'une lettre simple, procédé jugé par les acteurs mêmes de la prévention de nature à effrayer le chef d'entreprise (V. l'interview de P. Rey, *Dr. et patr. 3/2006, p. 10, spéc. p. 12*).

Franchissant opportunément un pas de plus dans l'efficacité de la prévention-détection, et répondant ainsi à une suggestion faite de longue date par des praticiens (V. not. G. Teboul, Le projet de loi de sauvegarde des entreprises diffusé par la Chancellerie le 12 mai 2004 : quoi de neuf ?, *LPA 29 juin 2004*), l'ordonnance du 15 septembre 2021 permet, à compter du 1er octobre 2021, au président du tribunal de commerce d'obtenir, non plus à l'issue, mais dès l'envoi de la convocation, la communication de tous renseignements de nature à lui donner une exacte information sur la situation économique et financière du débiteur. Comme l'indique le rapport au président de la République, cette nouveauté s'inscrit « dans les suites à donner au rapport déposé en février 2021 par M. Georges Richelme sur la prévention et la détection des difficultés des entreprises et leur accompagnement ».

Une dernière remarque, quant à l'application du I de l'article L. 611-2 à l'EIRL : à la différence du II de ce texte, elle ne supposait aucune adaptation du texte par l'ordonnance du 9 décembre 2010 puisque les dispositions concernent tous les entrepreneurs individuels.

II. INJONCTION DE DÉPOSER LES COMPTES ANNUELS

L'article L. 611-2, II, doit se lire dans le prolongement de la loi NRE du 15 mai 2001. Cette dernière a permis à tout intéressé ou au ministère public de demander au président du tribunal, statuant en référé, d'enjoindre sous astreinte au dirigeant de toute personne morale de procéder au dépôt des pièces et actes au registre du commerce et des sociétés auquel celle-ci est tenue par des dispositions législatives ou réglementaires (ou de désigner un mandataire chargé d'effectuer ces formalités : C. com., art. L. 123-5-1 ; V. A. Mignon-Colombet, L'exécution forcée en droit des sociétés, *Economica, 2004, n° 122*). Mais, jusque-là, le président du tribunal était privé du droit d'initiative en la matière. Ce qui était regrettable, le non-respect de l'obligation de déposer les comptes annuels comptant parmi les principaux « clignotants internes » signalant de sérieuses difficultés (au même titre que les inscriptions de privilèges, la perte de plus de la moitié du capital social, les capitaux propres inférieurs à 40 000 euros, les injonctions de payer répétées, les demandes de prorogation d'assemblées générales, etc.), même si, en pratique, ce seul manquement semble insuffisant pour provoquer une convocation (I. Rohart-Messager, La prévention-détection par les présidents des tribunaux de commerce, *Gaz. Pal. 8-9 janv. 2010, p. 5, spéc. p. 6*). Qui plus est, les statistiques révélaient que, depuis 2001, l'absence de dépôt des comptes annuels restait une pratique extrêmement répandue (en 2003, étaient ainsi en infraction 50,4 % des SA, 62,2 % des SARL et 87,7 % des SNC : *Rapp. Sénat, n° 335, p. 99*), pour des raisons d'ailleurs diverses, allant de la négligence à la volonté de garder secrets les mauvais résultats, voire les… trop bons résultats (V. N. Stolowy, De nouvelles injonctions en matière de publication des comptes pour les sociétés, *JCP 2006. I. 114, n° 11*). Ajoutons encore que, depuis l'introduction, par le décret du 11 décembre 2006, d'un nouvel article 246-1 au décret du 23 mars 1967 sur les sociétés commerciales, codifié sous l'article R. 247-3 du code de commerce, sont expressément rétablies des sanctions pénales (contraventions de cinquième classe) en cas de non-respect de l'obligation de publicité des comptes, ce qui met fin au doute créé par l'ordonnance de codification du 18 septembre 2000 (V. Douai, 3 déc. 2004 : *D. 2005. AJ 359, obs. Lienhard* ; *BJS 2005. 487, note Mascala*).

Désormais, il suffit que les dirigeants n'aient pas observé le délai de publicité, pour que le président puisse leur adresser une injonction, sous astreinte, de le faire « à bref délai » dit la loi, c'est-à-dire, précise le décret de 2005 (art. R. 611-13), dans un délai d'un mois. Si cette injonction n'est pas suivie d'effets dans ce délai (on peut se demander pourquoi ne pas avoir permis au président de fixer lui-même ce délai ? : V. G. Teboul, *préc.*), le président est autorisé à les convoquer pour un entretien confidentiel. Il faut noter ici la disposition énergique prévue par le décret (art. R. 611-14) en cas de retour de la lettre de notification de l'ordonnance portant injonction de faire avec une mention précisant que le destinataire ne se trouve plus à l'adresse indiquée : l'affaire est retirée du rôle par le président du tribunal et le greffier porte la mention de la cessation d'activité sur le registre du commerce et des sociétés. La loi Warsmann du 22 mars 2012 de simplification du droit est venue améliorer le dispositif en créant un nouvel article L. 232-24 obligeant le greffier, lorsqu'il constate l'inexécution du dépôt des comptes prévu au I des articles L. 232-21 à L. 232-23, à informer le président du tribunal de commerce pour qu'il puisse faire application du II de l'article L. 611-2.

Il est à noter que, sur ce point précis, s'agissant de cette disposition qui autorise le président du tribunal à se saisir d'office pour adresser, par une première ordonnance insusceptible de recours, aux dirigeants qui ne procèdent pas au dépôt des comptes annuels dans les délais prévus, une injonction de le faire à bref délai sous astreinte, sans avoir procédé à leur audition, la Cour de cassation, refusant de renvoyer une question prioritaire de constitutionnalité au Conseil constitutionnel, a estimé que le risque de préjugement de la part de ce magistrat est exclu, et que, en outre, la procédure garantit aux dirigeants sociaux un débat contradictoire au stade de la liquidation de l'astreinte et leur offre un recours en réformation ou en cassation, selon le montant de l'astreinte prononcée, à l'encontre de la décision de liquidation de celle-ci de nature à garantir les droits de la défense (Com. 3 sept. 2013 : *cité note 2*). Cependant, statuant quand même ultérieurement sur une QPC, renvoyée par le Conseil d'État, visant ces dispositions autorisant le même juge à se saisir d'office de la question de l'absence de dépôt par une société commerciale de ses comptes annuels, à prononcer une injonction sous astreinte de procéder à ce dépôt et à liquider l'astreinte, le Conseil constitutionnel a confirmé qu'elles ne méconnaissent pas le principe d'impartialité (Cons. const. 1er juill. 2016 : *cité note 2*). De même, le Conseil d'État a-t-il jugé que la faculté d'auto-saisine ne méconnaissait pas les dispositions de l'article 6 de la Convention européenne des droits de l'homme (CE 22 févr. 2017, n° 396634).

La Cour de cassation, quant à elle, a apporté deux précisions procédurales pratiques. D'une part, l'ordonnance qui liquide l'astreinte doit, à peine de nullité, comporter l'indication du nom et de la signature d'un greffier, par application des articles 456 et 458 du code de procédure civile (Com. 29 sept. 2009 : *cité note 4*). D'autre part, le représentant légal de la société étant condamné à titre personnel, le pourvoi en cassation contre l'ordonnance doit être formé à ce titre, et non en sa qualité de représentant légal de la société (Com. 7 mai 2019 : *cité note 4*).

Pour finir, signalons le dernier alinéa ajouté par l'ordonnance de 2010, dont l'objet est d'étendre le dispositif du II aux entrepreneurs individuels à responsabilité limitée, soumis, eux aussi, en vertu de l'article L. 526-14, à l'obligation de déposer les comptes annuels. Tout comme pour les autres entreprises visées par le I du texte, ne sont concernés que les EIRL exerçant une activité commerciale ou artisanale, à l'exclusion donc des activités libérales.

III. IMPARTIALITÉ DU JUGE

Le renforcement des pouvoirs du président du tribunal dans sa mission de détection des difficultés suppose une vigilance accrue quant au respect du principe d'impartialité du tribunal. Il semble, à cet égard, préférable d'éviter qu'un même juge intervienne dans le cadre de la prévention puis de la procédure collective d'une même entreprise (V. P. Roussel Galle, Réforme du droit des entreprises en difficulté, *Litec, 2e éd., 2007, n° 65* ; I. Rohart-Messager, *préc., spéc. p. 8*). Tel est aussi le sens de la circulaire du 18 avril 2006 sur l'action du Ministère public, estimant souhaitable l'absence du juge de la conciliation dans une procédure collective subséquente (n° CIV 2006-08 D4/18-04-2006, *BOMJ 1er avr.-30 juin 2006, n° 102, § 5*).

A cet égard, une réponse ministérielle a précisé que la participation du président à des « cellules » de prévention-détection, auxquelles participent également des représentants des administrations fiscales et sociales, des représentants de la Banque de France, et pouvant comprendre également des commissaires aux comptes, n'est pas susceptible de s'inscrire dans le prolongement des missions dont celui-ci est investi, en application du livre VI du code de commerce (Rép. min. n° 50929 : *JOAN Q, 11 mai 2010, p. 5356 ; D. 2010. Actu. 1551*). Cette pratique paraît, en effet, de nature à porter atteinte, à la fois, au principe du procès équitable en cas de saisine d'office ultérieure, désormais interdite depuis la décision du Conseil constitutionnel du 7 décembre 2012, et à l'égalité devant la loi (J.-L. Vallens, Les tribunaux de commerce peuvent-ils instituer des cellules de « prévention-détection » ?, *D. 2010. Point de vue 1723* ; comp. : P. Modat, Les cellules de prévention : l'efficacité n'est pas contraire à la loi, *RPC 2011. Étude 10*). Quoi qu'il en soit, depuis la loi n° 2016-1547 du 18 novembre 2016, le président du tribunal se voit interdire, à peine de nullité du jugement, de siéger dans les formations de jugement et de participer au délibéré de la procédure s'il a connu du débiteur en application des dispositions des articles L. 611-1 et suivants relatives à la prévention des difficultés des entreprises (V. art. L. 662-7, 1°). ❑

1. Art. L. 611-2, I. Il n'appartient pas au juge saisi en matière de référé de s'attribuer les pouvoirs propres du président de la juridiction et de procéder, quelle qu'en soit l'éventuelle opportunité, à l'entretien prévu par l'art. 34 [C. com., art. L. 611-2] ; il ne peut pas faire convoquer dans ce but le représentant légal de la personne morale à une audience publique, l'entretien devant conserver une certaine confidentialité. • Versailles, 26 janv. 1995 : *Gaz. Pal. 1995. 1. Somm. 71 ; JCP E 1995. Pan. 328 ; RJDA 1995, n° 884.*

2. Art. L. 611-2, II. Pour la conformité à la Constitution des dispositions de l'art. L. 611-2, II, V. • Cons. const. 1er juill. 2016, n° 2016-548 QPC : *D. 2016. Actu. 1428 ; Rev. sociétés 2017. 15, note Reygrobellet ; RTD com. 2017. 170, obs. Macorig-Venier ; JCP E 2016. 1546, n° 3, obs. Navarro ; RJDA 2016, n° 700 ; Journ. sociétés 10/2016. 51, obs. Lebel ; Dr. sociétés 2016, n° 187, note Roussille ; BJS 2016. 734, note Teller ; RPC 2016, n° 156, obs. Delattre.* – V. déjà • Com., QPC, 15 janv. 2013 : *Rev. sociétés 2013. 338, note Reygrobellet ; JCP E 2013. 1579, n° 2, obs. Navarro ; LEDEN 2/2013. 2, obs. Rubellin ; Dr. sociétés 2013, n° 69, note Legros ; BJS 2013. 270, note Parachkévova ; BJE 2013. 72, note Borga ; RJDA 2013, n° 333 ; RPC 2013, n° 26, obs. Delattre* • 3 sept. 2013 : *D. 2013. Actu. 2396 ; Dr. sociétés 2013, n° 201, note Gallois-Cochet ; RPC 2013, n° 153, obs. Delattre ; BJS 2014. 13, note Roussille ; ibid. 271, obs. Mpouki et Oudenot ; Gaz. Pal. 12-14 janv. 2014, p. 13, obs. Rohart-Messager.* ♦ ... Et l'absence de contrariété de ces dispositions à l'art. 6 de la Conv. EDH, V. • CE 22 févr. 2017, n° 396364 : *RPC 2017, n° 120, obs. Delattre.* ♦ S'il résulte de la jurisprudence de la CEDH que les données portant sur le patrimoine d'une personne physique relèvent de sa vie privée, les comptes annuels d'une société par actions simplifiée unipersonnelle ne constituent, toutefois, qu'un des éléments nécessaires à la détermination de la valeur des actions que possède son associé unique, dont le patrimoine, distinct de celui de la société, n'est qu'indirectement et partiellement révélé ; l'atteinte portée au droit à la protection des données à caractère personnel de cet associé pour la publication de ces comptes est donc proportionnée au but légitime de détection et de prévention des difficultés des entreprises, poursuivi par les dispositions de l'art. L. 611-2, II. • Com. 24 juin 2020, n° 19-14.098 P : *D. 2020. Chron. C. cass. 2480, obs. de Cabarrus ; Rev. sociétés 2020. 609, note Martial-Braz ; RTD com. 2021. 419, obs. Macorig-Venier ; LEDEN 9/2020. 1, obs. F.-X. Lucas ; Gaz. Pal. 29 sept. 2020, p. 76, obs. Roussille ; RJDA 2020, n° 503 ; Dr. sociétés 2020, n° 118, note Hamelin ; BJS 10/2020. 23, note Périn ; RJ com. 2020. 473, obs. Jambort.*

3. En ce sens que la procédure d'injonction de l'art. L. 611-2, II, ne constitue pas un préalable à la sanction pénale prévue par l'art. R. 247-3 C. com. pour non-dépôt des comptes sociaux, V. • T. pol. Valenciennes, 1er avr. 2011 : *RPC 2011, n° 152, obs. Delattre.*

4. L'ordonnance liquidant l'astreinte et condamnant le représentant légal à payer au Trésor public une certaine somme, rendue par le président du tribunal de commerce sur le fondement de l'art. L. 611-2, II, qui ne comporte ni l'indication du nom ni la signature d'un greffier, est nulle. • Com. 29 sept. 2009, n° 08-14.146 P : *D. 2009. AJ 2422, obs. Lienhard ; Rev. sociétés 2010. 90, note Poracchia ; JCP E 2009. 2067, note Roussel Galle ; DP diff. entr. 2009, Bull. n° 308, obs. Rémery ; BJS 2010. 130, note Lecourt ; RJ com. 2010. 175, note Messaï-Bahri.*

5. Il résulte des art. L. 611-2, II, R. 611-13, R. 611-14 et R. 611-16 que lorsque le président d'un tribunal de commerce, ayant enjoint sous astreinte au représentant légal d'une personne morale de déposer les comptes annuels, constate le défaut d'exécution et liquide l'astreinte, le représentant légal est condamné à titre personnel (déchéance du pourvoi en cassation formé par le dirigeant social contre l'ordonnance l'ayant condamné au titre de la liquidation de l'astreinte, faute de mémoire régulièrement déposé, celui-ci ayant été établi en qualité de représentant légal

de la société). • Com. 7 mai 2019, n° 17-21.047 P : *D. 2019. Actu. 988 ; RTD com. 2019. 977, obs. Macorig-Venier ; BJS 7-8/2019. 8, note Laroche ; Dr. sociétés 2019, n° 148, note Hamelin ; Gaz. Pal. 17 déc. 2019, p. 73, obs. Dalion ; RJDA 2020, n° 23 ; RPC 2020, n° 111, obs. Le Gueut.*

Art. L. 611-2-1 *(Ord. n° 2014-326 du 12 mars 2014, art. 2, en vigueur le 1er juill. 2014)* **Les dispositions du I de l'article L. 611-2 sont applicables, dans les mêmes conditions, aux personnes morales de droit privé et aux personnes physiques exerçant une activité professionnelle agricole ou indépendante, y compris une profession libérale soumise à un statut législatif ou réglementaire ou dont le titre est protégé. Pour l'application du présent article, le** *(Ord. n° 2019-964 du 18 sept. 2019, art. 35, en vigueur le 1er janv. 2020)* **« tribunal judiciaire » est compétent et son président exerce les mêmes pouvoirs que ceux conférés au président du tribunal de commerce.** – *Sur la compétence, à titre expérimental, du président du tribunal des activités économiques pour connaître de la convocation prévue à l'art. L. 611-2-1, al. 1er, V. L. n° 2023-1059 du 20 nov. 2023, art. 26, infra.*

Par exception, lorsque la personne physique ou morale concernée exerce la profession d'avocat, d'administrateur judiciaire, de mandataire judiciaire ou d'officier public ou ministériel, le président du *(Ord. n° 2019-964 du 18 sept. 2019, art. 35, en vigueur le 1er janv. 2020)* **« tribunal judiciaire » ne procède qu'à l'information de l'ordre professionnel ou de l'autorité compétente dont elle relève, sur les difficultés portées à sa connaissance relativement à la situation économique, sociale, financière et patrimoniale du professionnel.**

V. art. R. 611-10 s.

BIBL. ▸ Favario, *BJE 2014. 172.*

COMMENTAIRE

Conformément à l'article 2, 1°, *a*, de la loi d'habilitation n° 2014-1 du 2 janvier 2014, le nouvel article L. 611-2-1, issu de l'ordonnance de 2014, doit permettre au président du tribunal de grande instance (qui est devenu le président du tribunal judiciaire, depuis le 1er janv. 2020) de recourir au mécanisme de l'alerte.

L'intervention du président du tribunal de grande instance, en matière d'alerte, semblait, en effet, avoir été oubliée du législateur de 2005 (sans doute pas volontairement, en tout cas les travaux parlementaires étaient muets à cet égard), alors que l'ancien article L. 611-5 le dotait de cette compétence sur saisine du représentant de toute personne morale de droit privé (V. F. Macorig-Venier, *RTD com. 2005. 830*). Mais, pour le Service de documentation et d'études de la Cour de cassation, l'explication était plutôt que le législateur n'avait pas voulu créer un risque de conflit avec les autorités de tutelle des professionnels libéraux tels que les médecins, les avocats ou les notaires et qu'il avait évité d'organiser un contrôle judiciaire préalable sur le fonctionnement de groupements tels que les associations, syndicats ou partis politiques. S'agissant plus particulièrement des avocats, un auteur s'était demandé s'il n'incomberait pas à l'ordre de combler cette lacune en élaborant un système de détection des difficultés économiques (T. Favario, L'avocat en difficulté [application de la loi de sauvegarde à l'avocat exerçant en nom], *BJS. 2006. 691, n° 10*). Quoi qu'il en soit, les rédacteurs de l'ordonnance de 2008 n'avaient pas éprouvé le besoin de revenir sur cette question, alors qu'ils ont précisé la compétence en matière de mandat *ad hoc* (V. art. L. 611-3 ; F. Macorig-Venier, *RTD com. 2009. 436* , *spéc. 437*).

L'article L. 611-2-1 met fin à cette disparité de traitement des professionnels indépendants. Le texte procède à un alignement complet sur le régime prévu par l'article L. 611-2, I. La seule particularité concerne les professions « judiciaires », d'avocat, d'administrateur judiciaire, de mandataire judiciaire ou d'officier public et ministériel, pour lesquelles, a fin de protection de la confidentialité, le président du tribunal judiciaire se trouve privé du pouvoir de convocation à un entretien, ses prérogatives se limitant à l'information de l'ordre professionnel ou de l'autorité compétente, à qui il appartiendra donc de tirer les conséquences des difficultés portées à sa connaissance.

Reste que, en pratique, le président du tribunal judiciaire risque de manquer d'informations pour mener à bien sa mission, faute d'outil véritable de suivi des professions civiles (V. T. Favario, *BJE 2014. 172*).

Art. L. 611-2-2 *(Ord. n° 2021-1193 du 15 sept. 2021, art. 3, en vigueur le 1er oct. 2021)* **Lorsqu'il lui apparaît que l'urgence commande l'adoption de mesures immédiates et que le dirigeant s'y refuse ou fait savoir qu'il envisage des mesures que le commissaire aux comptes estime insuffisantes, ce dernier peut en informer le président du tribunal compétent dès la première information faite, en application des articles L. 234-1, L. 234-2, L. 251-15 et L. 612-3, au président du conseil d'administration ou de surveillance ou au dirigeant.**

Dans ce cas, le commissaire aux comptes informe par tout moyen et sans délai le président du tribunal de ses constats et démarches. Il peut lui adresser la copie de tous les documents utiles à cette information et lui expose les raisons qui l'ont conduit à constater l'insuffisance des décisions prises.

Le commissaire aux comptes peut, à son initiative ou à la demande du président du tribunal, transmettre à ce dernier tout renseignement complémentaire de nature à lui donner une exacte information sur la situation économique et financière de l'entreprise.

Le commissaire aux comptes peut également, à tout moment, demander à être entendu, avec les dirigeants, par le président du tribunal.

Pour les dispositions transitoires de l'Ord. n° 2021-1193 du 15 sept. 2021, V. note ss. art. L. 611-2.

COMMENTAIRE

L'article L. 611-2-2, applicable à compter du 1er octobre 2021, résulte de l'ordonnance du 15 septembre 2021.

Il s'agit là de la pérennisation, en substance, comme l'indique le rapport au président de la République, d'un dispositif, créé à titre temporaire durant la pandémie de covid-19, par l'article 1er de l'ordonnance n° 2020-596 du 20 mai 2020, destiné à accélérer le jeu du mécanisme d'alerte des commissaires aux comptes aux fins d'une information plus précoce du président du tribunal, dans l'hypothèse où l'urgence commande l'adoption de mesures immédiates et que le dirigeant s'y refuse ou fait savoir qu'il envisage des mesures que le commissaire aux comptes estime insuffisantes (V. P. Merle, Covid-19, les commissaires aux comptes et l'alerte, *D. 2020. 1117*).

De même que la modification apportée à l'article L. 611-2, ce nouvel article L. 611-2-2 peut être lu, ainsi que le souligne le rapport au président de la République, comme une des réponses à apporter au rapport Richelme, déposé en février 2021, relatif à la prévention et à la détection des difficultés des entreprises. ❑

Art. L. 611-3 *(Ord. n° 2008-1345 du 18 déc. 2008, art. 2)* **Le président du tribunal peut, à la demande d'un débiteur, désigner un mandataire *ad hoc* dont il détermine la mission. Le débiteur peut proposer le nom d'un mandataire *ad hoc*.** *(Ord. n° 2014-326 du 12 mars 2014, art. 3, en vigueur le 1er juill. 2014)* **« La décision nommant le mandataire *ad hoc* est communiquée pour information aux commissaires aux comptes lorsqu'il en a été désigné. »**

Le tribunal compétent est le tribunal de commerce si le débiteur exerce une activité commerciale ou artisanale et le *(Ord. n° 2019-964 du 18 sept. 2019, art. 35, en vigueur le 1er janv. 2020)* **« tribunal judiciaire » dans les autres cas.**

(L. n° 2016-1547 du 18 nov. 2016, art. 99-III-1°) **« Le débiteur n'est pas tenu d'informer le comité** *(Ord. n° 2021-1193 du 15 sept. 2021, art. 4, en vigueur le 1er oct. 2021)* **« social et économique » de la désignation d'un mandataire *ad hoc*. »** — *V. art. R. 611-18 s.*

Le III de l'art. 99 de la L. n° 2016-1547 du 18 nov. 2016 n'est pas applicable aux procédures en cours au jour de la publication de cette loi (L. préc., art. 114-XVI, JO 19 nov.).

Pour les dispositions transitoires de l'Ord. n° 2021-1193 du 15 sept. 2021, V. note ss. art. L. 611-2.

Sur la faculté de renvoi de l'affaire devant une autre juridiction, V. art. R. 662-8.

Sur la compétence, à titre expérimental, du président du tribunal des activités économiques pour connaître de la désignation d'un mandataire ad hoc, V. L. n° 2023-1059 du 20 nov. 2023, art. 26, infra.

Ancien art. L. 611-3 *[réd. issue de L. n° 2005-845 du 26 juill. 2005]* ***Le président du tribunal de commerce ou du tribunal de grande instance peut, à la demande du représentant de l'entreprise, désigner un mandataire ad hoc dont il détermine la mission.***

COMMENTAIRE

I. NOMINATION DU MANDATAIRE AD HOC

La loi de 2005 n'a rien apporté de très nouveau sur le fond quant au mandataire *ad hoc*. Ce mandat, non limité dans le temps, supposerait vraisemblablement, en toute orthodoxie juridique, que l'entreprise ne soit pas en cessation des paiements (sur l'assouplissement prévu pour la période d'urgence sanitaire résultant de l'épidémie de covid-19, V. Ord. n° 2020-341 du 27 mars 2020, art. 1er-1°). Mais, sur ce point, la pratique semble désormais fixée dans le sens d'une plus grande souplesse à cet égard, comme en atteste la circulaire prise à propos de l'ordonnance précitée du 27 mars 2020, dans le contexte de la crise sanitaire : « Bien évidemment, la nomination d'un mandataire *ad hoc*, qui n'est pas soumise par les textes à une condition précise relative à l'état de cessation des paiements, devra être décidée en considération des circonstances particulières de la crise » (Circ. CIV/03/20, 30 mars 2020, II, 1, a : NOR : JUSC2008794C).

Le mandat *ad hoc* est distinct de la procédure de conciliation, qu'il peut éventuellement précéder. Déjà connu de la pratique consulaire, il avait été légalisé par la loi du 10 juin 1994, du bout des lèvres, sous forme d'une incidente. L'institution se retrouve aujourd'hui mieux « assise », le législateur de 2005 ayant pleinement consacré l'article L. 611-3 au mandat *ad hoc*, et le décret de 2005 ayant cadré ses modalités de fonctionnement (précisant, notamment que, si la nomination du mandataire *ad hoc* n'intervient pas dans le délai d'un mois à compter de l'entretien sur convocation avec le président du tribunal, la demande est réputée non admise). Le texte remanié précise, désormais, que la nomination du mandataire *ad hoc* intervient à la demande du débiteur (terminologie issue de l'ordonnance du 18 déc. 2008 qui, de manière générale, a réintroduit ce terme de « débiteur », souvent abandonné par la loi de 2005 ; ici comme ailleurs approprié, quoique, peut-être, connoté négativement pour les chefs d'entreprise). Rien n'était dit auparavant ; si bien que, dans le silence des textes, la désignation était à la discrétion du président du tribunal qui pouvait, par exemple, y procéder sur la suggestion du comité d'entreprise. Il est ainsi mis fin à toute possibilité pour le président de « s'auto-saisir », même si cette faculté pouvait présenter quelque intérêt, dans le prolongement d'une convocation n'ayant pas abouti, ou dans le cas où l'abstention du chef d'entreprise résulterait de son ignorance de la loi ou de sa mauvaise appréciation de la situation plutôt que d'un refus explicite de se tourner vers le tribunal de commerce, fût-ce dans le cadre d'une « procédure » confidentielle et souple (*Rapp. AN n° 2095, p. 127*). La pratique de certains tribunaux qui permettaient au dirigeant de choisir le mandataire, sous le contrôle – bien entendu – du président (B. Feugère, *La Lettre de l'Observatoire consulaire des entreprises en difficulté, déc. 2004, p. 17*), a été fort opportunément consacrée par l'ordonnance de 2008 qui a prévu que le débiteur peut proposer le nom d'un mandataire *ad hoc*. En revanche, et à l'inverse, aucun droit de récusation n'est jamais accordé au demandeur (V. Ph. Roussel Galle, Réforme du droit des entreprises en difficulté, *Litec, 2005, n° 66*). La décision de nomination prendra la forme d'une ordonnance, qui, normalement, ne devrait pas être susceptible de recours ; alors que le refus de désignation peut être contesté par le demandeur (H. Croze, *préc., n° 11*), ce qu'a expressément confirmé le décret de 2009 en ouvrant à ce dernier l'appel (art. R. 611-20). Notons encore que ce même décret a supprimé, en abrogeant l'alinéa 2 de l'article R. 611-19, la possibilité, pour le juge, de refuser implicitement la désignation d'un mandataire *ad hoc*.

L'autonomisation textuelle du mandat *ad hoc*, seulement évoquée de façon incidente avant 2005, à propos du règlement amiable, devait logiquement conduire à en étendre le bénéfice aux professionnels indépendants et aux exploitants agricoles, et cela d'autant plus certainement qu'est prévue la compétence alternative du tribunal de grande instance, « dans les autres cas » que celui du débiteur qui exerce une activité commerciale ou artisanale, comme le précise l'ordonnance de 2008 (V. J. Deharveng, *in* La loi de sauvegarde des entreprises : quelles procédures ? quelles responsabilités ?, *Litec, 2007, p. 1, spéc. p. 2*). La technique du mandat *ad hoc* est ouverte également aux sociétés civiles.

Les praticiens se satisfont de la confidentialité (la décision de nomination n'est pas transmise au ministère public) et de la souplesse du mandat *ad hoc* (durée non limitée, en pratique souvent fixée à trois mois, parfois à un mois : J.-L. Vallens, *Lamy droit commercial 2010, n° 2755*), qui donnait de bons résultats déjà avant la loi de 2005 (V. ss. art. L. 611-4, III. Statistiques). Aussi faut-il se réjouir que le Gouvernement de l'époque ait abandonné l'idée, très critiquée (V., entre autres, J.-B. Drummen, *RLDA 2008, n° 28, p. 19* ; comp, plutôt favorable : G. Teboul, La nouvelle réforme du droit des entreprises en difficulté : le projet d'ordonnance, *Gaz. Pal. 6-8 avr. 2008, p. 2, spéc. p. 3*), qu'avait traduite l'avant-projet d'ordonnance de 2008, de rendre obligatoire la communication de la décision de désignation au ministère public. En revanche, la communication aux commissaires aux comptes a été rendue obligatoire par l'ordonnance du 12 mars 2014 (V. II, ci-dessous).

Comme on l'avait espéré, les premiers mois d'application de la loi du 26 juillet 2005 ont d'emblée confirmé (notamment à Paris) que la réforme a donné un nouvel élan au mandat *ad hoc*, qui peut servir aussi bien à préparer la conciliation (dont la durée, limitée, est assez courte) que la sauvegarde dont la réussite suppose une anticipation des réactions possibles des créanciers (V. *Rapp. AN, n° 3651, p. 40*). La crise financière devait encore, en 2009 et 2010, augmenter le nombre de missions (376 mandats *ad hoc* pour les tribunaux de Paris, Nanterre, Bobigny et Créteil, de févr. 2009 à 2010). Et, en 2016, environ 1 500 sociétés ont bénéficié d'un mandat *ad hoc*, selon le Conseil national des administrateurs judiciaires et des mandataires judiciaires (CNAJMJ), plus de la moitié de ces mandats *ad hoc* ayant débouché sur une issue positive (*Le Monde, 11 avr. 2017*). En 2018, le tribunal de commerce de Paris a nommé 106 mandataires *ad hoc*.

II. COMMUNICATION AUX COMMISSAIRES AUX COMPTES

Conformément à l'article 2, 1°, *a*, de la loi d'habilitation n° 2014-1 du 2 janvier 2014, l'ordonnance de 2014 tend à améliorer la procédure d'alerte par le commissaire aux comptes, en prévoyant la communication obligatoire de la décision de nomination du mandataire *ad hoc* aux commissaires aux comptes, lorsque le débiteur est soumis au contrôle légal de ses comptes. Sont donc ainsi visées toutes les sociétés anonymes et toutes les sociétés en commandite par actions, ainsi que, sous conditions de seuil, les sociétés en nom collectif, les sociétés en commandite simple, les sociétés à responsabilité limitée et les sociétés par actions simplifiées, de même que les groupements d'intérêt économique, ou encore les personnes morales de droit privé non commerçantes ayant une activité économique. Dans ces groupements, il existe déjà une procédure d'alerte à l'initiative du commissaire aux comptes (C. com., art. L. 234-1 s., L. 251-15 et L. 612-3). Et, depuis la loi du 26 juillet 2005, il était déjà prévu que le mécanisme d'alerte ne jouait pas en cas de procédure de conciliation ou de sauvegarde, ce qui est logique puisque, alors, les difficultés sont, par hypothèse, détectées, et en voie de traitement.

La problématique, s'agissant du mandat *ad hoc*, est différente puisque, jusqu'ici, à la différence des décisions d'ouverture des procédures de conciliation ou de sauvegarde, obligatoirement communiquées, le cas échéant, aux commissaires aux comptes, la décision de nomination du mandataire n'avait pas à être communiquée aux commissaires aux comptes. L'ordonnance du 12 mars 2014 procède donc à un alignement à cet égard. Ce qui pose la question de l'articulation du mandat *ad hoc* avec la procédure d'alerte engagée par le commissaire aux comptes (V. C. com., art. L. 234-1 s.) : celui-là dispense-t-il de celle-ci ou oblige-t-il, au contraire, à la déclencher ? Et risque de nuire à l'impératif de confidentialité du mandat *ad hoc*, si ce dernier est mentionné dans le rapport annuel du commissaire aux comptes, ce qui paraît inévitable.

III. INFORMATION DES INSTITUTIONS REPRÉSENTATIVES DU PERSONNEL

Afin de rassurer les praticiens, soucieux du risque de délit d'entrave au fonctionnement normal du comité d'entreprise, et de sécuriser les procédures de mandat *ad hoc*, pour la réussite desquelles la confidentialité est déterminante, la loi du 18 novembre 2016 est venue confirmer expressément que le débiteur n'est pas tenu d'informer le comité d'entreprise (désormais le comité social et économique, comme l'a actualisé expressément l'Ord. du 15 sept. 2021) de la désignation d'un mandataire *ad hoc* (V., pour une application à l'expert du comité de groupe, Soc. 9 oct. 2019 : *cité note 1 ss. art. L. 611-15*). ❑

1. Seul le débiteur a qualité pour demander la désignation d'un mandataire *ad hoc* ; il en résulte que la demande formée par le gérant de la société, en son nom personnel, est irrecevable. • TJ Bordeaux, ord., 11 mars 2021, n° 21/01491 : *BJE 5-6/2021. 12, note Saintourens.*

2. Pour l'irrecevabilité du recours du comité social et économique contre l'ordonnance désignant un mandataire *ad hoc*, V. • T. com. Bobigny, réf., 21 févr. 2019 : *RPC 2019, n° 155, obs. Delattre.*

3. La nomination d'un mandataire *ad hoc* ne dispense pas le dirigeant de procéder à la déclaration de la cessation des paiements lorsque ses conditions sont réunies, ni d'être sanctionné pour ne pas y avoir procédé. • Com. 10 mai 2005, n° 04-11.554 : *RJDA 2005, n° 1025 ; Dr. sociétés 2005, n° 174, note Legros.*

4. Sur la qualité de tiers saisi du mandataire *ad hoc*, tenu d'une obligation de renseignement à l'égard du créancier saisissant (C. pr. exéc., art. L. 211-3), V. • Civ. 2e, 26 mai 2011 : *LEDEN 7/2011. 2, obs. Rubellin.*

5. Pour un cas de dépassement fautif du mandat, V. • Com. 1er févr. 2011 : *RPC 2011, n° 166, obs. Delattre.*

6. Un créancier appelé à négocier dans le cadre d'une procédure de mandat *ad hoc* n'est pas tenu d'accepter les propositions du mandataire *ad hoc*. • Com. 22 sept. 2015, n° 14-17.377 P : *D. 2016. Pan. 1894, obs. F.-X. Lucas ; Rev. sociétés 2015. 761, obs. Roussel Galle ; RTD com. 2016. 189, obs. Macorig-Venier ; RTD civ. 2016. 114, obs. Barbier ; JCP E 2016. 1151, note Stefania ; APC 2015, n° 263, obs. Saintourens ; LEDEN 11/2015. 2, obs. Fort et Hart de Keating ; BJE 2015. 360, note Favario ; RPC 2015, n° 174, obs. Delattre ; RJDA 2016, n° 42 ; Gaz. Pal. 19 janv. 2016, p. 57, obs. Montéran.*

Art. L. 611-4 *(L. n° 2005-845 du 26 juill. 2005, art. 5)* **Il est institué, devant le tribunal de commerce, une procédure de conciliation dont peuvent bénéficier** *(Ord. n° 2010-1512 du 9 déc. 2010, art. 2-3°)* **« les débiteurs » exerçant une activité commerciale ou artisanale qui éprouvent une difficulté juridique, économique ou financière, avérée ou prévisible, et ne se trouvent pas en cessation des paiements depuis plus de quarante-cinq jours.**

Sur les mesures d'adaptation liées à l'urgence sanitaire (covid-19), V. Ord. n° 2020-596 du 20 mai 2020, art. 2.

La L. n° 88-1202 du 30 déc. 1988, codifiée partiellement au livre III du code rural et de la pêche maritime, a institué une procédure de règlement amiable destinée aux exploitations agricoles. — Toutefois, les sociétés commerciales exerçant une activité agricole demeurent soumises aux art. L. 611-4 s. — Sur cette procédure, V. C. rur., art. L. 351-1 s., 2e partie, III. Prévention des difficultés des entreprises.

Les dispositions, relatives au règlement des situations de surendettement des particuliers, du C. consom., art. L. 711-1 s., ne s'appliquent pas lorsque le débiteur relève des procédures instituées par le livre VI C. com. (C. consom., art. L. 711-3, al. 1er). — V. ces dispositions au **C. consom.**

Pour l'ouverture d'une procédure de conciliation à l'égard d'un établissement de crédit, d'une société de financement, d'un établissement de monnaie électronique, d'un établissement de paiement ou d'une entreprise d'investissement, subordonnée à un avis conforme de l'Autorité de contrôle prudentiel et de résolution, V. C. mon. fin., art. L. 613-27, 2e partie, IV. Traitement des difficultés des entreprises.

Pour l'inapplicabilité des dispositions du livre VI C. com. aux syndicats de copropriétaires, V. L. n° 65-557 du 10 juill. 1965, art. 29-15. — **C. copr.**

Sur la compétence, à titre expérimental, du tribunal des activités économiques pour connaître de la procédure de conciliation, V. L. n° 2023-1059 du 20 nov. 2023, art. 26, infra.

BIBL. ▶ PATRIZIO et PHALIPPOU, *LPA 2 juin 2017* (cessation des paiements survenue en cours de conciliation : quelle bonne pratique pour le dirigeant ?).

COMMENTAIRE

I. DOMAINE DE LA CONCILIATION

Comme l'ancienne procédure de règlement amiable, à laquelle elle se substitue, la procédure de conciliation, instituée par la loi du 26 juillet 2005, bénéficie aux personnes exerçant une activité commerciale et artisanale. Elle ne concerne donc pas les agriculteurs, soumis depuis la loi du 30 décembre 1988 aux dispositions spécifiques régissant les exploitations agricoles, que la loi de sauvegarde n'a quasiment pas modifiées, se contentant d'y renvoyer expressément (V. art. L. 611-5, al. 2). Mais les professions libérales en bénéficient désormais également (V. art. L. 611-5), de même qu'elles sont dorénavant éligibles aux procédures de sauvegarde, de redressement et de liquidation judiciaires (V. art. L. 620-2, L. 631-2 et L. 640-2).

II. DIFFICULTÉ OUVRANT DROIT À LA PROCÉDURE DE CONCILIATION

La loi de 2005 n'a pas apporté de modification notable par rapport à la définition, assez vague, donnée par la loi de 1994 quant à la nature de la difficulté requise. Il s'agit toujours d'une « difficulté juridique, économique ou financière ». Seulement est-il précisé par la réforme que la difficulté peut être « avérée ou prévisible », ce qui confirme la pratique de la plupart des tribunaux (G. Teboul, La réforme des procédures collectives : le retour, *LPA 4 nov. 2003*). Et qui constitue une différence avec la définition des conditions ouvrant droit à la procédure de sauvegarde (explicable, probablement, par le fait que cette dernière entraîne de plein droit la suspension provisoire des poursuites ; V. art. L. 620-1). Est supprimé l'autre cas d'ouverture (pas vraiment distinct, dans la réalité) que connaissait le texte ancien (les « besoins ne pouvant être couverts par un financement adapté »).

Cette définition apparaît suffisamment souple et élastique pour que, conformément aux vœux du législateur de 2005, la conciliation soit largement ouverte aux entreprises en difficulté. C'est dans cette finalité qu'après quelques hésitations, au stade de la genèse gouvernementale du texte, a été retirée la condition initialement envisagée que la difficulté soit « de nature à compromettre la continuité de l'exploitation ». A titre d'exemples, ont été cités : une incertitude majeure sur un contrat d'approvisionnement, un obstacle d'ordre statutaire s'agissant d'une profession réglementée, une évolution prévisible du marché d'un produit fabriqué par l'entreprise (*Rapp. AN n° 2095, p. 129*), la perte d'un client important, des difficultés d'ordre social *(Rapp. Sénat, n° 335, p. 105*), voire, dans le contexte particulier d'un LBO, la prévision de *cash-flow* insuffisants pour permettre à la *holding* d'acquisition de rembourser la prochaine échéance de sa dette (J.-F. Tessler et E. Cossé, La loi de sauvegarde des entreprises au secours des LBO en péril, *Décideurs, Stratégie, Finance, Droit, sept.-oct. 2005, p. 74*). En somme, de manière plus générale, la condition légale se ramène au constat d'une incapacité de financer le cycle normal d'exploitation de l'entreprise, quelle que soit la nature des difficultés (*DP diff. entr., Bull. n° 263, sept. 2005, p. 4988).* Avec, comme toujours, l'incertitude comme corollaire de la souplesse. Jusqu'où va le prévisible ? Pour un auteur, un an semble constituer un horizon raisonnable (A. Jacquemont, La future procédure de conciliation : une attractivité nouvelle pour l'entreprise en difficulté et ses créanciers, *RPC 2004, p. 290, n° 6*). Les difficultés doivent-elles nécessairement être susceptibles de conduire à la cessation des paiements ? Malgré le silence du texte comparé à la précision expresse en ce sens, qui figurait dans la version 2005 de l'article L. 620-1, relatif à la procédure de sauvegarde, ce même auteur suggère de considérer, qu'ici aussi, la condition est sous-entendue puisque l'objectif de la conciliation est précisément d'éviter le dépôt de bilan (A. Jacquemont, *préc., n° 6*).

La grande nouveauté, en la matière, véritable petite révolution quant à la portée de la « prévention-traitement », objet de beaucoup de débats et de controverses, réside, bien sûr, dans l'ouverture de la conciliation au débiteur en état de cessation des paiements depuis moins de quarante-cinq jours. Cette innovation, d'un point de vue technique, doit se lire en relation avec l'article L. 631-1, relatif à la définition de la cessation des paiements, et l'article L. 631-4, obligeant le débiteur en cessation des paiements à déposer le bilan dans le délai de quarante-cinq jours à moins qu'entre-temps il n'ait demandé l'ouverture d'une procédure de conciliation. Le délai de quarante-cinq jours a été fixé en considération du délai de paiement dans les relations clients/fournisseurs, souvent de trente jours, avec le souci d'éviter que le débiteur ne puisse bénéficier de la conciliation en raison d'un simple décalage chronologique (*Rapp. Sénat, n° 335, p. 105*).

Le choix dépendra, en pratique, du besoin qu'éprouvera le débiteur de bénéficier d'une mesure de suspension des poursuites (V. F. Vinckel, L'option entre les procédures préventives du nouveau droit des entreprises en difficulté : analyse des risques, *LPA 12 juin 2006, p. 7*). Celle-ci ne peut, en effet, plus être ordonnée dans le cadre du traitement amiable des difficultés, alors qu'elle est de droit en cas de sauvegarde ou de redressement judiciaire. Cette innovation interdira au tribunal d'ouvrir une procédure collective sur saisine d'office (ce qui était fréquent), pratique désormais interdite depuis la décision du Conseil constitutionnel du 7 décembre 2012 (V. ss. art. L. 631-5), sauf s'il apparaissait que l'état de cessation des paiements remontait à plus de quarante-cinq jours. Reste qu'en pratique, il est souvent difficile de vérifier précisément que le délai de quarante-cinq jours n'est pas dépassé. Cette confusion des genres a été critiquée, au motif qu'elle contribue à faire perdurer les dettes (B. Soinne, La réforme des procédures collectives : la confusion des objectifs et des procédures, *RPC 2004, p. 1, n° 4* ; H. Chriqui, Prévention des difficultés des entreprises : peut-on aller plus loin ?, *Gaz. Pal. 16-18 mai 2004, p. 2* ; C. Léguevaques, La réforme du droit des entreprises en difficulté [à propos de l'avant-projet de février 2004], *LPA 23 juin 2004, p. 3*). Cela d'autant plus que le président du tribunal n'a nullement, en théorie du moins et à s'en tenir au texte, le pouvoir de refuser l'ouverture d'une conciliation, fût-elle demandée par une entreprise n'ayant manifestement aucune chance d'aboutir à un accord. Mais rien, en pratique, ne devrait l'empêcher d'exercer un pouvoir d'appréciation (P. Le Cannu et D. Robine, Droit des entreprises en difficulté, *Dalloz, 9e éd., 2022, n° 130*). Et sans compter ce « piège » pour les créanciers : en cas d'échec de la prévention, ils ne pourront plus prétendre qu'ils ignoraient l'état de cessation des paiements (G. Teboul, Le projet de loi de sauvegarde des entreprises diffusé par la Chancellerie le 12 mai 2004 : quoi de neuf ?, *LPA 29 juin 2004, p. 4*). Aussi a-t-on pu craindre, qu'au rebours de l'objectif, confrontés à une entreprise souhaitant entamer une conciliation, des créanciers cherchent à se couvrir de nouvelles garanties ou à accélérer l'exécution de leurs créances (C. Saint-Alary-Houin, Le projet de loi sur la sauvegarde des entreprises : continuité, rupture ou retour en arrière ?, *Dr. et patr. 1/2005, p. 24, spéc. p. 28*).

Quoi qu'il en soit, la portée de la mesure n'est pas mince, dès lors qu'elle permet à l'entreprise d'échapper à toute procédure collective jusqu'à la conclusion de la conciliation, et, au maximum, pendant six mois et demi après la cessation des paiements (45 jours plus quatre mois de procédure, renouvelable pour un mois), puisque l'état de cessation des paiements survenu en cours de conciliation ne saurait obliger le débiteur à en faire déclaration (V. F. Patrizio et C. Phalippou, Cessation des paiements survenue en cours de conciliation : quelle bonne pratique pour le dirigeant ?, *LPA 2 juin 2017*). Mais il convient quand même de signaler une solution, qui pourrait faire jurisprudence, selon laquelle le recours à une mesure de conciliation en dehors des critères légaux constitue une faute de gestion, passible de la responsabilité pour insuffisance d'actif (T. com. Valenciennes, 2e ch., 12 juin 2017, n° 2013004412).

Il convient, enfin, de signaler l'assouplissement, quant à l'appréciation de la date de cessation des paiements, prévu pour la période d'urgence sanitaire résultant de l'épidémie de covid-19 (V. Ord. n° 2020-341 du 27 mars 2020, art. 1er, 1°).

Une autre difficulté a été envisagée : le cas d'un « concours » entre une demande d'ouverture d'une conciliation, effectuée dans le délai, et une assignation d'un créancier en redressement (voire en liquidation) judiciaire dans ce même délai. Dans cette hypothèse, qui n'a certainement rien de purement théorique, l'esprit de la loi milite en faveur d'une priorité donnée à la conciliation (A. Jacquemont, La future procédure de conciliation : une attractivité nouvelle pour l'entreprise en difficulté et ses créanciers, *RPC 2004, p. 290, n° 7*).

Dans ces conditions, on comprend sans peine que la loi ait prévu la communication obligatoire de la décision ouvrant la procédure de conciliation au procureur de la République (V. art. L. 611-6, al. 4). Il s'agit d'éviter les recours abusifs ou dilatoires à cette procédure « amiable ». Cependant, cette « immixtion » du ministère public peut dissuader de tenter un redressement amiable et, à rebours de l'objectif de la réforme, retarder l'ouverture d'une procédure qu'elle soit amiable ou judiciaire. En vérité, à travers le parquet, c'est surtout les sanctions personnelles et patrimoniales que les débiteurs, les dirigeants, redoutent. Partant de ce constat, l'Association syndicale professionnelle d'administrateurs judiciaires (ASPAJ) avait proposé une sorte de séparation des fonctions, qui ferait du tribunal de grande instance le juge des sanctions (*La Tribune, 3 nov. 2003, p. 23*).

III. SUBTILITÉS SÉMANTIQUES RÉSULTANT DE L'EIRL

L'ordonnance du 9 décembre 2010 a procédé à une substitution terminologique commandée par la nécessité de viser « les débiteurs » plutôt que « les personnes ». Aucune portée sur le fond, mais la modification permet que l'article L. 611-4 bénéficie à l'entreprise individuelle à responsabilité limitée, par le biais de l'adaptation des concepts prévue par l'article L. 680-4.

IV. STATISTIQUES

Jusqu'à la réforme, les procédures de « prévention-traitement » étaient peu utilisées : 1324 mandats *ad hoc* et règlements amiables en 2002, sur un échantillon de 78 tribunaux de commerce (ce nombre serait en baisse depuis, notamment à Paris ; seuls 200 règlements amiables, environ, auraient été homologués par an en moyenne : F.-X. Lucas, Aperçu de la réforme du droit des entreprises en difficulté par la loi de sauvegarde des entreprises du 26 juillet 2005, *BJS 2005. 1181, spéc. 1183, note 2*). Mais plutôt encourageantes par leurs effets : 95 % de réponses positives aux demandes présentées par les débiteurs, 60 % de cas de succès concrétisés par un accord avec les créanciers, deux tiers des entreprises toujours *in bonis* quatre ans plus tard (statistiques du tribunal de commerce de Paris : Rapport sur la prévention des difficultés des entreprises, Congrès national des tribunaux de commerce, 14 nov. 2003, *Les Annonces de la Seine, 17 nov. 2003, suppl.* ; V. aussi Rapp. CCIP du 24 avr. 2003 : www.cci-paris-idf.fr).

Après six mois d'application, les chiffres relatifs à la nouvelle procédure de conciliation apparaissaient encourageants, avec un nombre de désignations de quatre à cinq fois plus important que sur les quatre premiers mois de l'année 2005, pour l'ancien règlement amiable (Intervention de M. Lécué, Séminaire sur les six premiers mois d'application de la loi n° 2005-845 du 26 juillet 2005 de sauvegarde des entreprises, Cour de cassation, 23 juin 2006, www.courdecassation.fr ; V. aussi *Lettre de l'Observatoire consulaire des entreprises en difficultés, juill. 2006, p. 19*). Selon la Chancellerie environ 500 à 700 conciliations pourraient avoir été ouvertes en 2006, soit une progression de plus de 200 % (V. *Rapp. AN, n° 3651, p. 41* ; V. aussi *Lettre de l'Observatoire consulaire des entreprises en difficulté, juill. 2007, p. 10*). Et, en 2016, environ 800 sociétés ont bénéficié d'une conciliation, selon le Conseil national des administrateurs judiciaires et des mandataires judiciaires (CNAJMJ), 65 % de ces conciliations ayant débouché sur une issue positive *(Le Monde, 11 avr. 2017)*. En 2018, le tribunal de commerce de Paris a ouvert 143 procédures de conciliation.

V. ADAPTATION DE LA CONCILIATION À LA CRISE SANITAIRE

Afin de rendre plus efficace la procédure de conciliation durant la crise sanitaire du covid-19, l'ordonnance n° 2020-596 du 20 mai 2020 (art. 2, *infra*) prévoit quelques adaptations, applicables aux procédures en cours et jusqu'au 31 décembre 2020 inclus, dispositif prolongé jusqu'au 31 décembre 2021 par la loi n° 2020-1525 du 7 décembre 2020.

Le débiteur peut demander au président du tribunal d'ordonner un certain nombre de mesures proches de celles qui sont prévues en cas d'ouverture d'une procédure collective. Toutefois, ces mesures n'ont aucun caractère collectif et le juge peut prendre en considération, au cas par cas, à la fois la situation du débiteur et celle du créancier concerné. A la différence du III de l'article L. 622-21 du code de commerce, le texte d'exception ne prévoit pas une interruption des délais impartis à peine de déchéance ou de résolution des droits, mais une suspension.

Ces mesures de protection peuvent se cumuler avec la demande de délais de grâce, telle qu'elle est déjà prévue par l'article L. 611-7 du code de commerce. L'ordonnance rendue sur le fondement du cinquième alinéa de cet article, dans le cadre d'une procédure accélérée au fond, peut imposer des délais de paiement allant jusqu'à deux ans, et donc bien au-delà du temps de la négociation. L'article L. 611-7 précise que le débiteur peut saisir le juge pour qu'il fasse ainsi application des dispositions de l'article 1343-5 du code civil s'il est mis en demeure ou poursuivi. Durant la période d'exception, le débiteur peut saisir le juge à cette fin dès l'instant où le créancier aura, expressément ou tacitement, refusé la demande faite par le conciliateur de suspendre l'exigibilité de sa créance pendant la durée de la négociation. ❑

Conditions d'ouverture : date d'appréciation. Les deux conditions d'ouverture de la procédure de conciliation doivent être caractérisées à la date à laquelle il est statué sur la requête. • Versailles, 15 nov. 2022, n° 22/04167 : *RTD com. 2023. 725, obs. Macorig-Venier* ; *RPC 2022, n° 95, obs. Delattre ; LEDEN 1/2023. 1, obs. F.-X. Lucas ; Gaz. Pal. 18 avr. 2023, p. 59, obs. Rossi.*

♦ *Contra*, jugeant que la condition tenant au fait que le débiteur ne se trouve pas en cessation des paiements depuis plus de 45 jours doit être appréciée à la date du dépôt de la requête : • Grenoble, 8 juin 2023, n° 23/00783 : *RTD com. 2024. 739, obs. Macorig-Venier ; LEDEN 9/2023. 1, obs. F.-X. Lucas.*

Art. L. 611-5 *(L. n° 2005-845 du 26 juill. 2005, art. 5)* **La procédure de conciliation est applicable, dans les mêmes conditions, aux personnes morales de droit privé et aux personnes physiques exerçant une activité professionnelle indépendante, y compris une profession libérale soumise à un statut législatif ou réglementaire ou dont le titre est protégé. Pour l'application du présent article, le** *(Ord. n° 2019-964 du 18 sept. 2019, art. 35, en vigueur le 1er janv. 2020)* **« tribunal judiciaire » est compétent et son président exerce les mêmes pouvoirs que ceux attribués au président du tribunal de commerce.**

La procédure de conciliation n'est pas applicable aux *(L. n° 2019-486 du 22 mai 2019, art. 67)* **« personnes exerçant une activité agricole définie à l'article L. 311-1 du code rural et de la pêche maritime » qui bénéficient de la procédure prévue aux articles L. 351-1 à L. 351-7 du** *(L. n° 2019-486 du 22 mai 2019, art. 67)* **« même code ».**
— V. ces art., 2e partie, III. Prévention des difficultés des entreprises. — Pour les dispositions transitoires de la L. n° 2019-486 du 22 mai 2019, V. note ss. art. L. 626-12.

Sur les mesures d'adaptation liées à l'urgence sanitaire (covid-19), V. Ord. n° 2020-596 du 20 mai 2020, art. 2.

Sur la compétence, à titre expérimental, du tribunal des activités économiques pour connaître de la procédure de conciliation, V. L. n° 2023-1059 du 20 nov. 2023, art. 26, infra.

COMMENTAIRE

L'article L. 611-5 doit se lire comme un complément de l'article L. 611-4 quant au champ d'application personnel de la procédure de conciliation. Outre les entreprises commerciales et artisanales, celle-ci est donc applicable à des personnes non commerçantes : les personnes morales de droit privé (ce qui découlait auparavant de l'anc. art. L. 611-5) et les personnes physiques exerçant une activité professionnelle indépendante, en particulier les professions libérales. Cette dernière extension va logiquement de pair avec l'extension des procédures de traitement des difficultés à leur égard (V. art. L. 620-2, L. 631-2 et L. 640-2). De même, alors, que dans ces hypothèses d'ouverture de procédures de sauvegarde, de redressement ou de liquidation judiciaires, la désignation d'un mandataire *ad hoc* ou l'ouverture d'une conciliation est assortie d'un certain nombre de mesures spécifiques d'adaptation et de garanties procédurales, associant l'ordre professionnel (V. not. art. L. 611-6, al. 4, et L. 611-9, al. 1er).

L'exclusion, par l'article L. 611-5, des agriculteurs (désormais « personnes exerçant une activité agricole définie à l'article L. 311-1 du code rural et de la pêche maritime » ; V. comm. ss. art. L. 626-12) est logique, ces derniers étant soumis depuis la loi du 30 décembre 1988 aux dispositions spécifiques régissant les exploitations agricoles, que la loi de sauvegarde n'a pas modifiées, sauf l'article L. 351-7 du code rural et de la pêche maritime, afin, par mesure d'harmonisation avec l'article L. 611-15, de soumettre les personnes appelées à participer au règlement amiable agricole, ou en ayant eu connaissance par leurs fonctions, à une obligation de confidentialité (V. C. rur., art. L. 351-1 s., 2e partie, III. Prévention des difficultés des entreprises). Une réponse ministérielle est venue préciser que, même en cas d'homologation par le tribunal de l'accord amiable intervenu entre un agriculteur et ses créanciers, l'article L. 611-4 ne saurait s'appliquer (Rép. min. n° 86161 : *JOAN Q, 16 mai 2006, p. 5221*).

Pour toutes ces personnes exerçant une activité civile (par exemple, une SCI : Rennes, 18 oct. 2011 : V. note ci-dessous), la compétence appartient au tribunal judiciaire et à son président.

L'ouverture d'une procédure de conciliation à l'égard d'une société civile immobilière ne peut relever en aucun cas de la compétence du président du tribunal de commerce, quand bien même celui-ci aurait pu connaître quelques mois plus tôt d'une demande tendant aux mêmes fins formée par une société commerciale du même groupe. • Rennes, 18 oct. 2011 : *RTD com. 2012. 398, obs. Macorig-Venier ; RPC 2011, n° 207, obs. Lebel ; BJE 2012. 8, note Sortais ; LEDEN 2/2012. 2, obs. Rubellin ; Dr. sociétés 2012, n° 68, note Legros.*

Art. L. 611-6 *(Ord. n° 2008-1345 du 18 déc. 2008, art. 3)* **Le président du tribunal est saisi par une requête du débiteur exposant sa situation économique,** *(Ord. n° 2014-326 du 12 mars 2014, art. 4-1°, en vigueur le 1er juill. 2014)* **« financière, sociale et patrimoniale », ses besoins de financement ainsi que, le cas échéant, les moyens d'y faire face. Le débiteur peut proposer le nom d'un conciliateur.**

(Ord. n° 2014-326 du 12 mars 2014, art. 4-2°, en vigueur le 1er juill. 2014) **« La procédure de conciliation est ouverte par le président du tribunal qui désigne un conciliateur pour une période n'excédant pas quatre mois mais qu'il peut, par une décision motivée, proroger à la demande de ce dernier sans que la durée totale de la procédure de conciliation ne puisse excéder cinq mois. Si une demande de constatation ou d'homologation a été formée en application de l'article L. 611-8 avant l'expiration de cette période, la mission du conciliateur et la procédure sont prolongées jusqu'à la décision, selon le cas, du président du tribunal ou du tribunal. » A défaut, elles prennent fin de plein droit et une nouvelle conciliation ne peut être ouverte dans les trois mois qui suivent.**

La décision ouvrant la procédure de conciliation est communiquée au ministère public et, si le débiteur est soumis au contrôle légal de ses comptes, aux commissaires aux comptes. Lorsque le débiteur exerce une profession libérale soumise à un statut législatif ou réglementaire ou dont le titre est protégé, la décision est également communiquée à l'ordre professionnel ou à l'autorité compétente dont, le cas échéant, il relève. Elle est susceptible d'appel de la part du ministère public. *(L. n° 2016-1547 du 18 nov. 2016, art. 99-III-2°)* **« Le débiteur n'est pas tenu d'informer le comité** *(Ord. n° 2021-1193 du 15 sept. 2021, art. 4, en vigueur le 1er oct. 2021)* **« social et économique » de l'ouverture de la procédure. »** — *Sur les dispositions transitoires de la L. n° 2016-1547 du 18 nov. 2016, V. note ss. art. L. 611-3.*

Le débiteur peut récuser le conciliateur dans des conditions et délais fixés par décret en Conseil d'État.

(Ord. n° 2014-326 du 12 mars 2014, art. 4-3°, en vigueur le 1er juill. 2014) **« Après ouverture de la procédure de conciliation, le président du tribunal peut, nonobstant toute disposition législative ou réglementaire contraire, obtenir communication de tout renseignement lui permettant d'apprécier la situation économique, financière, sociale et patrimoniale du débiteur et ses perspectives de règlement, notamment par les commissaires aux comptes, les experts-comptables, les notaires, les membres et représentants du personnel, les administrations et organismes publics, les organismes de sécurité et de prévoyance sociales, les établissements de crédit, les sociétés de financement, les établissements de monnaie électronique, les établissements de paiement** *(L. n° 2019-486 du 22 mai 2019, art. 68)* **« , les entreprises d'assurance mentionnées à l'article L. 310-2 du code des assurances pratiquant des opérations d'assurance-crédit » ainsi que les services chargés de centraliser les risques bancaires et les incidents de paiement. En outre, il peut charger un expert de son choix d'établir un rapport sur la situation économique, financière, sociale et patrimoniale du débiteur. »**

Pour les dispositions transitoires de l'Ord. n° 2021-1193 du 15 sept. 2021, V. note ss. art. L. 611-2.

V. art. R. 611-22 s.

Sur les mesures d'adaptation liées à l'urgence sanitaire (covid-19), V., infra, Ord. n° 2020-341 du 27 mars 2020, art. 1er, et Ord n° 2020-1443 du 25 nov. 2020, art. 1er.

COMMENTAIRE

I. SAISINE DU PRÉSIDENT DU TRIBUNAL

S'agissant d'une procédure non contentieuse, mais gracieuse, le président du tribunal est logiquement saisi par voie de requête du débiteur (sans doute souvent sur la suggestion de ses créanciers), obéissant donc aux articles 874 à 876 du code de procédure civile devant le tribunal de commerce, et aux articles 812 et 813 de ce code devant le tribunal de grande instance. Tout aussi logiquement, cette requête doit-elle être motivée, ce qui suppose donc que le débiteur (qui, d'ailleurs, n'est pas forcément, en théorie, débiteur, lorsque l'entreprise n'est pas en cessation des paiements), non seulement, expose sa situation et précise la nature et la gravité des difficultés qu'il éprouve, mais aussi, de façon plus constructive, ses besoins de financement et, le cas échéant, les moyens de faire face à ses difficultés. L'article R. 611-22 précise quelles pièces doivent accompagner la requête. Certaines sont destinées à permettre une sorte de contrôle sur l'état éventuel de cessation des paiements (situation de l'actif réalisable et disponible, valeurs d'exploitation exclues, et du passif exigible des trois derniers exercices, si ces documents ont été établis). L'obligation de préciser, le cas échéant, la date de cessation des paiements permettra la constatation judiciaire de cette date, sans pour autant sans doute lui conférer autorité de la chose jugée sur ce point, à s'en tenir à la jurisprudence antérieure à la loi de 2005 (Com. 14 mai 2002 : *V. note 8 ss. anc. art. L. 621-7* ; F. Vinckel, Le nouveau régime de la période suspecte dans la loi n° 2005-845 du 26 juillet 2005 et le décret n° 2005-1677 du 28 décembre 2005 : une réforme en trompe l'œil, *JCP E 2006, n° 3, p. 129, spéc. n° 4*). Qu'il s'agisse de la conciliation (ou, du reste, de la sauvegarde : art. R. 621-1), le décret n'impose pas de joindre à la demande du débiteur le dépôt de comptes prévisionnels, « omission » que la commission tripartite de la profession d'avocats (CNB, conférence des bâtonniers, barreau de Paris), consultée sur l'avant-projet, avait suggéré de réparer *(La Tribune, 19 oct. 2005, p. 33)*. L'omission de telle ou telle mention ne devrait pas entraîner forcément l'irrecevabilité de la demande (Y. Chaput, Quelques clés réglementaires du Code de sauvegarde, A propos du décret n° 2005-1677 du 28 décembre 2005, *JCP 2006. I. 130, n° 6*).

L'ordonnance du 12 mars 2014 a étendu le périmètre des renseignements à fournir dans la requête du débiteur à la situation patrimoniale de ce dernier. Le texte vise désormais, dans cet ordre, la situation « économique, financière, sociale et patrimoniale ».

II. POUVOIRS D'INVESTIGATION DU PRÉSIDENT

Déjà dans le régime de la loi de 2005, le président disposait naturellement du pouvoir d'obtenir la communication des renseignements prévus par l'article L. 611-2. Mais ces pouvoirs d'investigation étaient renforcés, puisque le président, à l'instar des pouvoirs du tribunal en cas de sauvegarde, redressement ou liquidation judiciaires, se voyait reconnaître le pouvoir de désigner un expert chargé d'établir un rapport sur la situation économique, sociale et financière du débiteur. De même que la prérogative complémentaire d'obtenir des établissements bancaires et financiers tout renseignement de nature à préciser cette situation, sans que le secret bancaire puisse lui être opposé (sur l'absence de pouvoir coercitif du président, V. C. Saint-Alary-Houin, La procédure de conciliation, *RPC 2006. 169, n° 13*). Là encore, le texte ne fait que reprendre l'ancien article L. 611-3, alinéa 3.

L'ordonnance du 18 décembre 2008 a prévu expressément que ces pouvoirs n'existent qu'après l'ouverture de la conciliation. Ainsi, le président du tribunal ne pourra plus désigner d'expert qu'après sa décision d'ouvrir la conciliation. Ce changement dans la chronologie de la procédure n'est pas anodin ; selon la commission des lois de l'Assemblée nationale, il favorisera son accélération et, par voie de conséquence, son efficacité. De même, la collecte d'informations complémentaires auprès d'interlocuteurs ou d'administrations diverses au contact du débiteur interviendra également après l'ouverture de la conciliation, de sorte que le débiteur n'aura pas à craindre une forme d'inquisition judiciaire lorsqu'il se décidera à solliciter l'aide des juridictions commerciales. Cette évolution prend opportunément en compte la dimension psychologique sous-jacente à la problématique de l'anticipation et de la prévention des difficultés des entreprises. L'idée est évidemment d'inciter les chefs d'entreprise ou les professionnels concernés « à franchir le pas » *(Avis AN, n° 895, 15 mai 2008)*.

L'ordonnance de 2014 vient encore renforcer les pouvoirs du président. Pour cela, le texte ne renvoie plus à l'article L. 611-2, I, alinéa 2, relatif à la prévention-détection, mais se voit doté d'une disposition spécifique plus étoffée. D'une part, est étendue la liste des personnes et organismes dont le président peut obtenir communication de renseignements, qui vise désormais aussi les experts-comptables (ce qui a été critiqué, car il s'agit du conseil de l'entreprise : T. Montéran, *Gaz. Pal. 6-8 avr. 2014, p. 7*), les notaires, les organismes publics, les établissements de crédit, les établissements de monnaie électronique et les établissements de paiement (la loi PACTE du 22 mai 2019 y a ajouté les entreprises d'assurance pratiquant les opérations d'assurance-crédit). D'autre part, ces renseignements peuvent tendre aussi à apprécier la situation sociale et patrimoniale du débiteur et ses perspectives de règlement, et non plus seulement la situation économique et financière. Enfin, le rapport de l'expert, le cas échéant, peut dorénavant étudier également la situation patrimoniale du débiteur.

III. DÉSIGNATION DU CONCILIATEUR - DURÉE DE LA CONCILIATION

Le conciliateur est désigné pour une période de quatre mois maximum (allongement d'un mois par rapport au droit antérieur à 2005), prorogeable selon des modalités qui ont légèrement évolué depuis la loi de 2005, sur demande du conciliateur exclusivement. Il est expressément autorisé au débiteur (mais non pas aux créanciers, cette possibilité ayant été supprimée par le Sénat) de proposer une personne en particulier, suggestion qui, bien entendu, ne liera nullement le président (aucun critère particulier n'est prévu par les textes : V. M.-C. Habauzit-Detilleux et P. Michaud, La procédure de conciliation applicable à l'avocat en difficulté dans la loi de sauvegarde du 26 juillet 2005, *Gaz. Pal. 27-28 janv. 2006, p. 2, spéc. p. 4*). Dans un souci, là encore, de transparence, la décision de prorogation doit désormais être motivée. Dans le texte de 2005, il était précisé, sans nuance, que, à l'expiration de la période, éventuellement prorogée, la mission du conciliateur et la procédure prennent fin de droit. L'échéance de quatre mois agissait donc comme un couperet, l'idée étant que la procédure de redressement amiable ne doit pas constituer une mesure dilatoire tendant à repousser la fatalité de l'ouverture d'une procédure collective. Notons qu'il avait été suggéré, au contraire, de porter la durée maximale de la prolongation à trois mois afin de permettre au président du tribunal de moduler la durée totale de la mission du conciliateur en fonction de chaque situation concrète (Rapp. J.-J. Hyest, Prévention et traitement des difficultés des entreprises : une évaluation des procédures et de leur mise en œuvre, *Doc. AN, n° 3451, Doc. Sénat, n° 120, p. 27* ; T. Montéran, Projet de loi de sauvegarde des entreprises : le point de vue du praticien, *Gaz. Pal. 25-26 févr. 2005, p. 2, spéc. p. 7*), ou encore de permettre deux prorogations de deux mois chacune (A. Outin-Adam et S. Bienvenu, Relancer la réforme des textes sur la prévention et le traitement des difficultés des entreprises, *JCP E 2003, n° 27, p. 1113* ; Rapp. « Courtière » de la CCIP du 24 avr. 2003 : www.ccip.fr). Aussi, la pratique, dite du « mandat *ad hoc* préparatoire », en est-elle sortie renforcée, consistant à recourir successivement au mandat *ad hoc* puis à la conciliation. Rien ne s'oppose, non plus, à ce que la personne accomplisse, l'une après l'autre, ces deux missions, sous deux casquettes différentes (sous réserve, bien entendu, que soient remplies les exigences nouvelles posées par l'art. L. 611-13). Notons encore que l'opinion a été émise que le président, refusant d'ouvrir la procédure de conciliation, pourrait désigner un mandataire *ad hoc* (D. Vidal, Droit de l'entreprise en difficulté, *préc., n° 196*).

Cette échéance des quatre (ou cinq) mois s'était avérée gênante en pratique, en présence d'un nombre significatif de créanciers ou de banquiers répartis sur le territoire national, l'exercice devenant alors compliqué, voire impossible, dans les délais prescrits : il n'est pas forcément évident d'avoir bouclé tous les accords en quatre mois afin de réserver le cinquième mois aux aléas des transmissions postales, alors que l'alinéa 3 de l'article L. 611-6, joue comme un « couperet », en mettant fin de plein droit à la mission du conciliateur et à la procédure. Pour éviter ces difficultés, il avait été imaginé, notamment, d'insérer une clause en fin de chaque protocole, clause par laquelle le cocontractant du débiteur donne pouvoir à ce dernier de présenter requête au président du tribunal aux fins de donner force exécutoire à l'accord (s'agissant de l'option pour la simple constatation de l'accord). Mais, pour ce qui était de l'homologation, déjà il avait été suggéré, pour remédier au problème de la brièveté du délai de cinq mois, que le dépôt de la requête en homologation soit interruptif du délai de la procédure de conciliation (Intervention de M. Douhaire, Séminaire sur les six premiers mois d'application de la loi n° 2005-845 du 26 juillet 2005 de sauvegarde des entreprises, Cour de cassation, 23 juin 2006, www.courdecassation.fr). On aurait aussi pu concevoir que, en cas de demande d'homologation, le tribunal ait la possibilité de proroger la procédure, par exemple pour une durée de deux mois (voire, plus audacieusement encore, qu'il puisse prononcer une suspension des poursuites provisoires pendant ce délai, afin d'éviter les poursuites des créanciers récalcitrants).

Ce sont ces différentes idées, concourant toutes à la même fin, que, à sa manière, est venue consacrer l'ordonnance du 18 décembre 2008, puisque, depuis lors, l'article L. 611-6 prévoit une exception à la fin de plein droit de la mission du conciliateur et de la procédure lorsque le tribunal a été saisi d'une demande d'homologation formée en application de l'article L. 611-8, II, avant l'expiration de la période de quatre ou cinq mois. Cependant, cette exception ne valait donc qu'en cas d'option pour l'homologation, alors même que c'est plutôt la constatation, en raison de sa confidentialité, qui a les faveurs des chefs d'entreprise. Pour cette raison, l'ordonnance du 12 mars 2014 est venue gommer cette différence en alignant à cet égard la constatation sur l'homologation.

Sans modifier vraiment la durée maximale de la conciliation, l'ordonnance de 2014 ajoute une précision visant à clarifier celle-ci, en énonçant expressément que cette durée ne peut excéder cinq mois. Le conciliateur peut donc se voir confier une mission d'une durée de quatre mois au plus, laquelle peut être prorogée d'une durée, qui n'est plus précisée (susceptible dès lors de dépasser un mois si la mission initiale était d'une durée inférieure à quatre mois, pourvu que, au total, la conciliation ne dure pas plus de cinq mois).

Cette interruption du délai est sans limite, le tribunal ne se voyant enfermer dans aucune limite pour statuer sur la demande d'homologation (en pratique, à Paris, le délai serait de quatre à six semaines).

Par ailleurs, depuis l'ordonnance de 2008, le texte dispose qu'« une nouvelle conciliation ne peut être ouverte dans les trois mois qui suivent ». « Conciliation sur conciliation ne vaut », en quelque sorte. Cette précision, qui témoigne d'une forme de méfiance à l'égard de la conciliation, peut surprendre dès lors que l'ouverture de la conciliation procède toujours d'une décision du président du tribunal, à même, semble-t-il, d'apprécier l'opportunité, le cas échéant (et sans doute rare), d'ouvrir une nouvelle procédure (serait visée la pratique de la prolongation d'une conciliation inaboutie par un mandat *ad hoc* avant l'ouverture d'une nouvelle conciliation). Et cela d'autant plus que la conciliation ne protège pas des poursuites des créanciers (sous réserve de l'art. L. 611-7). Une incertitude : le point de départ du délai (notamment en cas d'examen de l'accord après la durée fixée par le tribunal). Mais ces critiques n'ont qu'une portée limitée du fait de la brièveté du délai (qui était de douze mois, et non de trois, dans l'avant-projet d'ordonnance ; la réduction de ce délai s'expliquant, selon certains, par la « crise actuelle qui peut amener à rencontrer des difficultés beaucoup plus rapidement » : C. Delattre, Prévention : amélioration de la conciliation, *RPC 2009. Dossier 3, n° 9*). Plus fondamentalement, un auteur a soulevé un doute quant à la portée exacte de cette nouvelle règle : doit-elle être limitée au cas où la procédure a pris fin de plein droit faute de demande d'homologation (ou de constatation désormais) formée avant l'expiration de la durée de la procédure, comme sa place dans le texte le suggérerait, ou faut-il lui donner une portée générale, comme y pousserait la lecture de l'article R. 611-22 et du Rapport au président de la République, qui ne comportent pas de restriction (V. F. Macorig-Venier, *RTD com. 2009. 436, spéc. 440* ; V., en faveur d'une lecture large, F. Pérochon, Entreprises en difficulté, *LGDJ, 11e éd., 2022, n° 227*).

IV. PÉRIODE D'URGENCE SANITAIRE

A titre temporaire, l'ordonnance n° 2020-1443 du 25 novembre 2020 a prévu que la durée de la conciliation peut être prorogée, une ou plusieurs fois, à la demande du conciliateur, par décision motivée du président du tribunal, sans que cette durée puisse excéder dix mois. Cette souplesse s'applique jusqu'au 31 décembre 2021 inclus, et concerne aussi les procédures en cours qui ont été ouvertes à compter du 24 août 2020 ainsi que celles qui sont ouvertes à compter de l'entrée en vigueur de ladite ordonnance. Cette mesure prend donc la suite de celle qu'avait prévue, selon des modalités légèrement différentes (prolongation de plein droit de cinq mois), l'ordonnance n° 2020-341 du 27 mars 2020, applicable jusqu'au 23 août 2020.

V. COMMUNICATION DE LA DÉCISION ET RECOURS

La décision de désignation d'un conciliateur doit être communiquée immédiatement au ministère public. Cette entorse à la règle de confidentialité absolue, voulue déjà par la loi de 2005, peut évidemment s'avérer problématique (V. le point de la vue de la CCIP : A. Outin-Adam et S. Bienvenu, *préc.* ; Rapport « Courtière » de la CCIP du 24 avril 2003, *préc.*). En tout cas, cela pouvait dissuader les entreprises en cessation des paiements depuis un certain temps de choisir cette voie de crainte que leur requête n'aboutisse, en définitive, à l'ouverture d'office d'un redressement ou d'une liquidation judiciaires, avant que cette pratique ne soit interdite par la décision du Conseil constitutionnel du 7 décembre 2012 (V. ss. art. L. 631-5). L'ordonnance de 2008 a ajouté une obligation de communication de la décision ouvrant la procédure de conciliation au commissaire aux comptes, lorsque le débiteur est soumis au contrôle légal des comptes.

Quand la requête émane d'un professionnel libéral, la décision de désignation du conciliateur est, en outre, communiquée, le cas échéant, à l'ordre professionnel ou à l'autorité de tutelle.

Enfin, en pratique, la désignation du conciliateur est, généralement, portée à la connaissance du Préfet pour assurer la liaison avec le CODEFI (C. Saint-Alary-Houin, La procédure de conciliation, *RPC 2006. 169, n° 15*).

Afin de ne pas bloquer la procédure, la loi de sauvegarde avait interdit tout recours contre la décision d'ouvrir la procédure de conciliation (la Cour d'appel de Douai a cependant jugé que la tierce opposition contre la décision de recourir à la conciliation est ouverte aux créanciers qui n'ont pas participé à cette décision d'ouverture : Douai, 27 mars 2007 : *BICC 2007, n° 1889* ; comp. : T. com. Paris, 2 mars 2018 : *BJE 2018. 180, note Thullier*). En revanche, s'il n'est pas fait droit à la demande de désignation d'un conciliateur ou de prorogation de la mission de celui-ci, une possibilité d'appel, réservée au débiteur, est organisée par l'article R. 611-26, modifié par le décret de 2009, qui présente cette particularité procédurale qu'il permet au président du tribunal de se rétracter ou de modifier d'office sa décision dans les cinq jours à compter de la déclaration d'appel. Mais l'ordonnance du 18 décembre 2008, soucieuse de la police de ces procédures amiables, a expressément ouvert l'appel au ministère public (conformément à la loi d'habilitation, le chargeant de renforcer le rôle du ministère public ; sur la question de savoir si l'appel est réservé au seul ministère public, V. O. Staes, Aspects de procédure et voies de recours, *RPC 2009. Dossier 5, n° 21*). Cet appel sera utile, notamment, en cas de non-respect du délai de « latence » de trois mois devant désormais séparer deux conciliations (V. III ci-dessus ; I. Rohart-Messager, L'amélioration de la prévention, *Gaz. Pal. 6-7 mars 2009, p. 5, spéc. p. 8*). Bien que l'article R. 611-26 modifié ne mentionne plus le délai de dix jours, ce dernier s'applique toujours, mais en vertu, désormais, de la disposition générale de l'article R. 661-3 (J.-P. Rémery, Les voies de recours dans la réforme de la loi de sauvegarde, *JCP 2009. I. 129, n° 5*).

VI. INFORMATION DES INSTITUTIONS REPRÉSENTATIVES DU PERSONNEL

Afin de rassurer les praticiens, soucieux du risque de délit d'entrave au fonctionnement normal du comité d'entreprise, et de sécuriser les procédures de conciliation, pour la réussite desquelles la confidentialité est déterminante, la loi du 18 novembre 2016 est venue confirmer expressément que le débiteur n'est pas tenu d'informer le comité d'entreprise (désormais le comité social et économique, comme l'a actualisé expressément l'Ord du 15 sept. 2021) de l'ouverture de la procédure.

A la différence du mandat *ad hoc* (V. art. L. 611-3), s'agissant de la conciliation, l'hésitation était survenue, de façon un peu paradoxale, de l'obligation d'information explicitement introduite par l'ordonnance du 12 mars 2014, le cas échéant, lors de la demande d'homologation de l'accord (V. art. L. 611-8-1).

VII. RÉCUSATION DU CONCILIATEUR

Autre innovation de la loi de 2005 destinée à inspirer confiance au débiteur : a été prévue la faculté, pour celui-ci, de récuser le conciliateur. Cette « soupape » paraît bienvenue compte tenu de l'extension de la mission du conciliateur (V. art. L. 611-7). Les cas de récusation (largement inspirés de l'article 341 C. pr. civ., relatif à la récusation des juges) sont précisés par l'article R. 611-27. La procédure de récusation est régie par les articles R. 611-28 à R. 611-34. Notons à ce sujet le caractère suspensif de la demande de récusation (art. R. 611-28) ainsi que la possibilité de faire appel de la décision de rejet (art. R. 611-33), qui, en pratique, devraient conduire, autant que possible, pour éviter ce type de contentieux, le président à désigner le conciliateur, le cas échéant, proposé par le débiteur (P. Roussel Galle et R. Girardin, Présentation du décret d'application de sauvegarde des entreprises, *JCP E 2006, n° 3, p. 111*). ❑

1. Ouverture de la conciliation. Si l'ouverture même de la procédure de conciliation n'est pas subordonnée à l'avis favorable du ministère public, il entre dans l'office de celui-ci d'attirer l'attention du président de la juridiction saisie sur l'obligation de contrôler les conditions d'ouverture de la procédure, lorsqu'il doit donner son avis conformément à l'art. R. 611-47-1 C. com., sur les conditions de rémunération du conciliateur avant l'ouverture de la procédure. • Toulouse, 11 juill. 2018, n° 18/01977 : *RTD com. 2019. 981, obs. Macorig-Venier* ; *JCP E 2018. 1413, note Delattre.*

2. Recours des créanciers. Jugé que la tierce opposition contre la décision de recourir à la conciliation est ouverte aux créanciers qui n'ont pas participé à cette décision d'ouverture. • Douai, 27 mars 2007 : *BICC 2007, n° 1889 ; RTD com. 2008. 413, obs. Macorig-Venier* ; *JCP E 2008. 1433, note Lebel ; RPC 2008, n° 104, obs. Delattre* – *Contra* : • T. com. Paris, 2 mars 2018 : *BJE 2018. 180, note Thullier* • 11 déc. 2023, n° 2023066622 : *RTD com. 2024. 740, obs. Macorig-Venier* ; *LEDEN 1/2024. 1, obs. F.-X. Lucas.*

3. Prorogation de la mission du conciliateur. Il ressort de l'art. L. 611-6, al. 2, que la demande de constatation de l'accord doit être déposée avant l'expiration de la durée totale de la procédure de conciliation, qui ne peut excéder cinq mois ; au-delà de ce délai, la prolongation supplémentaire de la procédure et de la mission du conciliateur a pour objet de permettre à la juridiction saisie d'une demande d'homologation ou de constatation de l'accord de formaliser la décision et non d'ouvrir un délai supplémentaire au débiteur et à ses créanciers en vue de parvenir à un accord. • Toulouse, 25 janv. 2023, n° 22/03665 : *RTD com. 2023. 728, obs. Macorig-Venier* ; *JCP E 2023. 1060, note Delattre ; APC 2023, n° 65, obs. Ghandour.*

Ancien art. L. 611-6 *[réd. issue de L. n° 2005-845 du 26 juill. 2005] Le président du tribunal est saisi par une requête du débiteur exposant sa situation économique, sociale et financière, ses besoins de financement ainsi que, le cas échéant, les moyens d'y faire face.*

Outre les pouvoirs qui lui sont attribués par le second alinéa du I de l'article L. 611-2, le président du tribunal peut charger un expert de son choix d'établir un rapport sur la situation économique, sociale et financière du débiteur et, nonobstant toute disposition législative et réglementaire contraire, obtenir des établissements bancaires ou financiers tout renseignement de nature à donner une exacte information sur la situation économique et financière de celui-ci.

La procédure de conciliation est ouverte par le président du tribunal, qui désigne un conciliateur pour une période n'excédant pas quatre mois mais qu'il peut, par une décision motivée, proroger d'un mois au plus à la demande de ce dernier. Le débiteur peut proposer un conciliateur à la désignation par le président du tribunal. A l'expiration de cette période, la mission du conciliateur et la procédure prennent fin de plein droit.

La décision ouvrant la procédure de conciliation n'est pas susceptible de recours. Elle est communiquée au ministère public. Lorsque le débiteur exerce une profession libérale soumise à un statut législatif ou réglementaire ou dont le titre est protégé, la décision est également communiquée à l'ordre professionnel ou à l'autorité compétente dont, le cas échéant, il relève.

Le débiteur peut récuser le conciliateur dans des conditions et délais fixés par décret en Conseil d'État.

Ancien art. L. 611-6 (al. 2) *[réd. issue de Ord. n° 2008-1345 du 18 déc. 2008] La procédure de conciliation est ouverte par le président du tribunal, qui désigne un conciliateur pour une période n'excédant pas quatre mois mais qu'il peut, par une décision motivée, proroger d'un mois au plus (Abrogé par Ord. n° 2009-112 du 30 janv. 2009, art. 11-I, à compter du 15 févr. 2009) « tard » à la demande de ce dernier. Si une demande d'homologation a été formée en application du II de l'article L. 611-8 avant l'expiration de cette période, la mission du conciliateur et la procédure sont prolongées jusqu'à la décision du tribunal. A défaut, elles prennent fin de plein droit et une nouvelle conciliation ne peut être ouverte dans les trois mois qui suivent.*

Art. L. 611-7 *(L. n° 2005-845 du 26 juill. 2005, art. 6)* Le conciliateur a pour mission de favoriser la conclusion entre le débiteur et ses principaux créanciers ainsi que, le cas échéant, ses cocontractants habituels, d'un accord amiable destiné à mettre fin aux difficultés de l'entreprise. Il peut également présenter toute proposition se rapportant à la sauvegarde de l'entreprise, à la poursuite de l'activité économique et au maintien de l'emploi. *(Ord. n° 2014-326 du 12 mars 2014, art. 5-1°, en vigueur le 1er juill. 2014)* « Il peut être chargé, à la demande du débiteur et après avis des créanciers participants, d'une mission ayant pour objet l'organisation d'une cession partielle ou totale de l'entreprise qui pourrait être mise en œuvre, le cas échéant, dans le cadre d'une procédure ultérieure de sauvegarde, de redressement judiciaire ou de liquidation judiciaire. » – *V. art. R. 611-26-2.*

Le conciliateur peut, *(Ord. n° 2014-326 du 12 mars 2014, art. 5-2°, en vigueur le 1er juill. 2014)* « pour exercer sa mission », obtenir du débiteur tout renseignement utile. Le président du tribunal communique au conciliateur les renseignements dont il dispose et, le cas échéant, les résultats de l'expertise mentionnée au *(Ord. n° 2008-1345 du 18 déc. 2008, art. 4)* « cinquième » alinéa de l'article L. 611-6.

Les administrations financières, les organismes de sécurité sociale, les institutions gérant le régime d'assurance chômage prévu par les articles *(Ord. n° 2007-329 du 12 mars 2007, art. 3, en vigueur le 1er mai 2008)* **« L. 5422-1 » et suivants du code du travail et les institutions régies par le livre IX du code de la sécurité sociale peuvent consentir des remises de dettes dans les conditions fixées à l'article L. 626-6 du présent code.** *(L. n° 2008-776 du 4 août 2008, art. 76-I)* **« Des cessions de rang de privilège ou d'hypothèque ou l'abandon de ces sûretés peuvent être consenties dans les mêmes conditions. »**

Le conciliateur rend compte au président du tribunal de l'état d'avancement de sa mission et formule toutes observations utiles sur les diligences du débiteur.

(Ord. n° 2021-1193 du 15 sept. 2021, art. 5, en vigueur le 1er oct. 2021) **« Au cours de la procédure, le débiteur peut demander au juge qui a ouvert celle-ci de faire application de l'article 1343-5 du code civil à l'égard d'un créancier qui l'a mis en demeure ou poursuivi, ou qui n'a pas accepté, dans le délai imparti par le conciliateur, la demande faite par ce dernier de suspendre l'exigibilité de la créance. Dans ce dernier cas, le juge peut, nonobstant les termes du premier alinéa de ce même article, reporter ou échelonner le règlement des créances non échues, dans la limite de la durée de la mission du conciliateur. »** *(Ord. n° 2014-326 du 12 mars 2014, art. 5-3°, en vigueur le 1er juill. 2014)* **« Le juge statue après avoir recueilli les observations du conciliateur. Il peut subordonner la durée des mesures ainsi prises à la conclusion de l'accord prévu au présent article. Dans ce cas, le créancier intéressé est informé de la décision selon des modalités fixées par décret en Conseil d'État. »**

En cas d'impossibilité de parvenir à un accord, le conciliateur présente sans délai un rapport au président du tribunal. Celui-ci met fin à sa mission et à la procédure de conciliation. Sa décision est notifiée au débiteur *(Ord. n° 2014-326 du 12 mars 2014, art. 5-4°, en vigueur le 1er juill. 2014)* **« et communiquée au ministère public ».**

Les contrats conclus avant l'entrée en vigueur de l'Ord. n° 2016-131 du 10 févr. 2016 [1er oct. 2016] demeurent soumis à la loi ancienne. Lorsqu'une instance a été introduite avant l'entrée en vigueur de l'Ord. préc., l'action est poursuivie et jugée conformément à la loi ancienne. Cette loi s'applique également en appel et en cassation (Ord. préc., art. 9).

Pour les dispositions transitoires de l'Ord. n° 2021-1193 du 15 sept. 2021, V. note ss. art. L. 611-2.

Sur les mesures d'adaptation liées à l'urgence sanitaire (covid-19), V. Ord. n° 2020-596 du 20 mai 2020, art. 2.

V. art. R. 611-35 s.

BIBL. ▸ Douaoui-Chamseddine, *JCP E 2013. 1688* (plaidoyer en faveur d'une conciliation à la majorité) ; *RLDA juin 2014. 69 (prepack cession)*. – Vincent, *D. 2015. Chron. 577* (la faillite du plan de cession [ou les incidences du *prepack cession*]). – Montéran et Mieulle, *BJE 2015. 164* (*vade mecum* du plan de cession « *prepack* »). – Rolland, *RPC 2015. Formule 2* (demande d'ouverture d'une procédure de sauvegarde suite à un *prepack cession*). – Guyomarc'h, *BJE 2015. 389* (risques du *prepack cession*). – Monsèrié-Bon, Amizet, Azam et Cavigliol, *ibid. 2016. 144* (*prepack cession* FRAM : expériences et enseignements). – Teboul, *RPC 2016. Étude 23* (*prepack cession* : quoi de neuf ?). – Podeur, *D. 2017. Chron. 1430* (accords de conciliation et plans de sauvegarde : les restructurations de dettes au confluent du contractuel et du judiciaire). – André, *RPC 2020. Étude 28* (*prepack cession* aux enchères). – Blondel, Lied et de Larivière, *BRDA 2021, n° 23, p. 28* (*prepack cession* : les associés ont-ils des droits ?). – Loste, *BJE 1-2/2022. 4* (modifications issues de l'Ord. du 15 sept. 2021). – Galokho, *RPC 2024. Étude 7* (*prepack cession* et contrôle des concentrations).

Ancien art. L. 611-7 (al. 5) *[réd. antérieure à Ord. n° 2021-1193 du 15 sept. 2021] (Ord. n° 2014-326 du 12 mars 2014, art. 5-3°, en vigueur le 1er juill. 2014)* ***« Au cours de la procédure, le débiteur mis en demeure ou poursuivi par un créancier peut demander au juge qui a ouvert celle-ci de faire application*** *(Ord. n° 2016-131 du 10 févr. 2016, art. 6-III-7°, en vigueur le 1er oct. 2016)* ***« de l'article 1343-5 » du code civil. Le juge statue après avoir recueilli les observations du conciliateur. Il peut subordonner la durée des mesures ainsi prises à la conclusion de l'accord prévu au présent article. Dans ce cas, le créancier intéressé est informé de la décision selon des modalités fixées par décret en Conseil d'État. »***

Ancien art. L. 611-7 (al. 5) *[réd. antérieure à Ord. n° 2014-326 du 12 mars 2014]* ***Si, au cours de la procédure, le débiteur est*** *(Ord. n° 2008-1345 du 18 déc. 2008, art. 4)* ***« mis en demeure ou » poursuivi par un créancier, le juge qui a ouvert cette procédure peut, à la demande du débiteur et après avoir été éclairé par le conciliateur, faire application des articles 1244-1 à 1244-3 du code civil.***

COMMENTAIRE

I. MISSION DU CONCILIATEUR

A. CONCLUSION D'UN ACCORD

La mission du conciliateur est définie par l'article L. 611-7. Par rapport à l'ancien article L. 611-4, d'avant 2005, le présent article s'avère un peu plus directif. La définition de la mission du conciliateur n'est plus laissée à la libre appréciation du président du tribunal, avec la seule indication législative, un peu molle et vague, d'un objet (plutôt une finalité : « favoriser le fonctionnement de l'entreprise et rechercher la conclusion d'un accord avec les créanciers »). La mission est dorénavant définie par la loi, mais avec une certaine souplesse. Il s'agit, pour lui, « de favoriser la conclusion entre le débiteur et ses principaux créanciers ainsi que, le cas échéant, ses cocontractants habituels, d'un accord amiable destiné à mettre fin aux difficultés de l'entreprise ». Bien que ce texte résulte, dans cette version, d'un amendement sénatorial, l'exposé des motifs de l'amendement de la commission des lois de l'Assemblée nationale, dont était issue la version votée par les députés, demeure éclairant : « l'accord de conciliation ne doit pas avoir l'ambition d'inclure la totalité des créanciers, ce qui est d'ailleurs impossible en l'absence d'une procédure préalable de vérification des créances. En revanche, il doit pouvoir inclure les garants, éventuellement concernés par l'octroi de délais de remboursement de concours existants, ou par l'extension de la garantie au *new money*. L'accord doit également ouvrir la possibilité de participer aux partenaires de l'entreprise, notamment ses fournisseurs, qui sont parfois, même si c'est de manière accessoire, des créanciers finançant leurs ventes à crédit ou avec des délais de paiement ». On peut songer aussi aux actionnaires, qui pourraient être amenés à consentir des abandons de créances en compte courant ou à procéder à la recapitalisation de la société (J.-M. Kuntz, *in* La loi de sauvegarde, article par article [1re partie], *LPA 8 févr. 2006, p. 12*). Dans l'hypothèse particulière de conciliation préparatoire à une sauvegarde financière accélérée, sans doute convient-il de n'appeler que les créanciers « financiers » au sens de l'article L. 628-1 ; et il en irait de même, le cas échéant, pour les seules « parties affectées » (mais la solution, qui ne présente pas que des avantages, est sujette à discussion : V. F. Pérochon, Entreprises en difficulté, *LGDJ, 2022, 11e éd., n° 270*).

Cela dit, la négociation incombe toujours, selon le cas, au débiteur autant qu'au conciliateur. Et l'art de négocier comptera évidemment pour beaucoup dans le succès des conciliations. Étant entendu que les créanciers, lorsque le débiteur n'est pas en cessation des paiements, devront mesurer la menace que celui-ci demande à bénéficier d'une procédure de sauvegarde, ce qui risque, pour eux, de modifier la donne du fait notamment de la prise de décision selon la loi de la majorité au sein, le cas échéant, des comités de créanciers (dans une moindre mesure, toutefois, maintenant que l'ordonnance du 18 décembre 2008 ne prévoit plus qu'une majorité calculée par rapport au montant des créances : V. art. L. 626-30-2).

Il appartient, par ailleurs, au conciliateur de formuler toute proposition se rapportant à la sauvegarde de l'entreprise, à la poursuite de l'activité économique et au maintien de l'emploi (dans ce dernier cas, il est possible que le fait que des licenciements pour motif économique soient opérés conformément aux propositions du conciliateur influe sur l'appréciation de la cause réelle et sérieuse : V. R. Vatinet, Sur la place faite aux salariés par la loi de sauvegarde des entreprises du 26 juillet 2005, *JCP S 2005. 1230, n° 4*). Il ne s'agit là, bien entendu, que d'un pouvoir de proposition, d'initiative, et non de décision. Même si la force de conviction du conciliateur se trouve certainement renforcée par la disposition de l'article R. 611-36 du code de commerce, qui permet à ce dernier de demander au président du tribunal de mettre fin à sa mission lorsqu'il estime indispensables les propositions qu'il a faites au débiteur et que celui-ci les a rejetées (V. art. R. 611-36 et R. 611-37). Pouvoir qui se traduit encore par la faculté qui lui est reconnue de formuler toutes observations utiles sur les diligences du débiteur (art. L. 611-7, al. 4).

B. CESSION DE L'ENTREPRISE

Il s'agit là d'une importante innovation de l'ordonnance de 2014 qui modifie sensiblement la philosophie de la conciliation. Désormais, en effet, le conciliateur peut se voir confier une mission « ayant pour objet l'organisation d'une cession partielle ou totale de l'entreprise qui pourrait être mise en œuvre, le cas échéant, dans le cadre d'une procédure ultérieure de sauvegarde, de redressement judiciaire ou de liquidation judiciaire ». Mais, bien évidemment, cette mission de préparation à la cession de l'entreprise relève de l'initiative du débiteur et suppose aussi l'avis des créanciers participants (pas forcément l'avis positif, mais on imagine que leur désapprobation compromettrait cette piste). Selon P.-M. Le Corre, « il faut comprendre, semble-t-il, que si le prix de cession est insuffisant au paiement des créanciers parties à la conciliation, les créanciers seront interrogés sur un abandon de créance, lequel ne peut ici leur être imposé » (*D. 2014. Chron. 733* , *n° 10*). En pratique, dans le silence des textes, rien n'interdisait jusque-là que le conciliateur soit investi d'une telle mission, la difficulté des cessions en conciliation étant, évidemment, le risque de remise en cause au titre des actes passés en période suspecte en cas de procédure collective subséquente. Mais ce n'est pas de cela qu'il s'agit, car ce n'est que la préparation de la cession que le texte autorise en conciliation. La « mise en œuvre » de la cession, autrement dit sa réalisation, n'interviendra, le cas échéant, que dans le cadre d'une procédure de sauvegarde, de redressement judiciaire ou de liquidation judiciaire (V., à ce sujet, l'art. L. 642-2, al. 2). Nouvelle illustration, en somme, de la technique du « *pre-pack* » (« *prepack cession* », selon l'expression de S. Gorrias, *Gaz. Pal. 6-8 avr. 2014, p. 39*), inspirée, dit-on, notamment, de la liquidation du groupe de librairies « Chapitre » (V. F. Gentin, *BJE 2014. 208*). Il conviendra, en pratique, d'exécuter cette mission, tout en respectant l'obligation de confidentialité inhérente à la conciliation (V. C. Delattre et E. Étienne-Martin, *RPC 2014. Dossier 15, n° 5* ; pour des études générales, V. M. Douaoui-Chamseddine, *RLDA juin 2014. 69* ; L. Assaya et M. Petitjean, *RTDF 2014, n° 2, p. 41*). Un an après son introduction en droit français, le « *prepack cession* » n'apparaissait pas comme un grand succès, même si en juin 2015, pour la première fois, avec la reprise de NextiraOne par Walter Butler, le mécanisme avait profité à un groupe (*Le Monde, 24 juin 2015, p. 5*). La loi du 18 novembre 2016 s'est contentée à cet égard d'améliorer la transparence de la mission (V. art. L. 642-2).

II. EXERCICE DE LA MISSION

Le conciliateur agit sous le contrôle du président du tribunal, auquel il rend compte de l'état d'avancement de sa mission (art. L. 611-7, al. 4). En plus des renseignements en la possession du président du tribunal, que ce dernier doit lui communiquer (V. art. L. 611-7, al. 2), le conciliateur peut obtenir du débiteur tout renseignement utile à sa mission. Sans toutefois, semble-t-il, disposer d'un véritable droit de communication ; la coopération du débiteur sera donc indispensable (A. Jacquemont, La future procédure de conciliation : une attractivité nouvelle pour l'entreprise en difficulté et ses créanciers, *RPC 2004, p. 290, n° 12*).

III. ÉCHEC DE LA MISSION

Si la conclusion d'un accord se révèle impossible, le conciliateur doit présenter sans délai un rapport au président. Le Sénat avait adopté un amendement prévoyant que ce rapport devait préciser si le débiteur était, ou non, en cessation des paiements. Mais la Commission mixte paritaire a préféré supprimer cette disposition, ne pas faire peser cette responsabilité sur le conciliateur (d'autant qu'elle a supprimé, en même temps, l'obligation, pour celui-ci, d'être obligatoirement couvert par une assurance de responsabilité civile), et s'en remettre ainsi au tribunal.

Le président mettra alors fin à la mission et à la procédure de conciliation, par une décision notifiée au débiteur. Le texte ne le dit pas, mais cet échec annoncera le plus souvent l'ouverture d'une procédure collective. Telle est malheureusement l'issue normale de l'échec de la tentative de négociation à l'amiable.

L'ordonnance de 2014 prévoit désormais que la décision mettant fin à la mission du conciliateur est communiquée au ministère public, ce qui lui permettra plus facilement de s'assurer qu'une nouvelle conciliation ne sera pas demandée par le débiteur dans les trois mois qui suivent (art. L. 611-6, al. 2).

IV. SUPPRESSION DE LA FACULTÉ DE SUSPENDRE LES POURSUITES

Il s'agit là probablement de la différence la plus spectaculaire avec l'ancien article L. 611-4. Le président du tribunal s'est vu retirer par la loi du 26 juillet 2005 le pouvoir de prononcer, sur la demande du conciliateur, la suspension provisoire des poursuites afin de faciliter la conclusion d'un accord avec les créanciers. Dans le schéma de la réforme, cette faculté ne cadrait plus avec le tour plus « contractuel » donné à la conciliation, qui suppose une certaine « déjudiciarisation » de la procédure. Désormais, comme le débiteur éligible à la procédure de conciliation a la possibilité d'opter aussi pour la soumission à la sauvegarde, dans les conditions de l'article L. 620-1 (ou la procédure de redressement judiciaire s'il est en cessation des paiements depuis moins de quarante-cinq jours), il devra préférer une de ces deux dernières voies s'il souhaite bénéficier d'une suspension provisoire des poursuites. Étant entendu que la finalité même de la suspension des poursuites est ambiguë, qui vise, tout à la fois, à donner un peu de répit au débiteur, à inciter les créanciers à négocier, tout en ayant pour effet de « divulguer » les difficultés de l'entreprise par la publicité qui l'accompagne nécessairement.

Cela dit, une espèce de suspension des poursuites existe quand même, puisque, par ailleurs, l'article L. 631-5 interdit de demander la mise en redressement judiciaire d'un débiteur bénéficiant d'une procédure de conciliation en cours (G. Teboul, La réforme des procédures collectives : le retour, *LPA 4 nov. 2003*). Pour la clarté des textes et des principes, mieux eût sans doute valu que cette exception figure directement dans les dispositions relatives à la conciliation. Reste, par ailleurs, à définir la qualification et la portée de cet « empêchement » : s'agit-il d'une fin de non-recevoir (on peut le penser), le tribunal peut-il la relever d'office (on peut le penser aussi, car, vu les enjeux de la conciliation, elle devrait s'analyser comme une fin de non-recevoir d'ordre public au sens de l'art. 125 C. pr. civ.) ? Ajoutons encore que cette « irrecevabilité » devrait concerner tous les créanciers (G. Teboul, Le projet de loi de sauvegarde des entreprises du 26 janvier 2004, *LPA 13 févr. 2004*). De surcroît, la suspension devrait, en pratique, être accordée de fait par les créanciers dès lors qu'ils acceptent le principe de la conciliation.

Une mesure semblable, quoique distincte, sera rétablie par l'ordonnance du 15 septembre 2021, sous forme de l'octroi de délais de paiement, en cas de refus par un créancier, dans le délai imparti par le conciliateur, de suspendre l'exigibilité de sa créance. Différente par sa technique, la mesure n'en a pas moins la même finalité, s'agissant de transposer l'obligation posée par la directive du 20 juin 2019, enjoignant aux États membres d'instituer une suspension des poursuites individuelles pour permettre le bon déroulement des négociations relatives à un plan de restructuration dans un cadre de restructuration préventive (V. *infra*, V).

V. DÉLAIS DE PAIEMENT

A. RÉGIME ANTÉRIEUR À L'ORDONNANCE DU 15 SEPTEMBRE 2021

Le texte permettrait (et permet toujours) expressément au juge qui a ouvert la procédure, saisi par le débiteur poursuivi par un créancier et après avis du conciliateur, d'accorder au débiteur des délais de paiement en vertu des articles 1244-1 à 1244-3 du code civil (devenus l'art. 1343-5 C. civ., depuis le 1er oct. 2016, en raison de l'Ord. du 10 févr. 2016). Cette mesure tend de toute évidence à pallier un peu la suppression de la faculté de suspendre les poursuites. Pour cette raison, elle ne saurait s'appliquer à un créancier qui, sans poursuivre le débiteur, lui refuse tout simplement de nouvelles avances (V. Orléans, 22 févr. 2007 : *BICC 2007, n° 1107*). En revanche, les juges sont souverains pour apprécier l'opportunité d'accorder des délais, les circonstances dans lesquelles des contrats ont été passés étant, notamment, sans incidence à cet égard (Paris, 1er juin 2007 : *BICC 2008, n° 875*).

A l'origine, faute de précision expresse en ce sens, ces délais, strictement personnels au débiteur, ne profitaient évidemment pas aux coobligés, aux personnes ayant consenti une sûreté personnelle et aux personnes ayant affecté ou cédé un bien en garantie. Mais l'ordonnance du 12 mars 2014 est venue réparer cette lacune par une modification explicite de l'article L. 611-10-2 à cette fin.

Concrètement, le débiteur doit assigner le créancier poursuivant devant le président du tribunal qui a ouvert la procédure de conciliation (V., pour la procédure applicable, art.

R. 611-35, qui prévoit, not., que la juridiction saisie des poursuites doit surseoir à statuer jusqu'à la décision se prononçant sur les délais, et ceci, le texte ne distinguant pas, même en cas de poursuites engagées antérieurement au jugement d'ouverture : Versailles, 19 oct. 2006 : *cité ss. cet art.* ; quoique, sur ce dernier point, le contraire ait été aussi jugé, à propos de poursuites diligentées à la veille de l'ouverture : Pau, 17 janv. 2008 : *V. note 1*). Intervenant pour la première fois, par la voix de la troisième chambre civile, la Cour de cassation a, fort logiquement, censuré un arrêt d'appel qui avait admis que des délais puissent être accordés après résolution d'un bail par acquisition de la clause résolutoire (Paris, 6 juill. 2007 : *APC 2007, n° 195, obs. Béhar-Touchais*). Il en résulte cette règle pratique, qui découle du fait que la procédure de conciliation n'entraîne pas la suspension des poursuites individuelles : de nouveaux délais ne peuvent être octroyés au débiteur dès lors que l'ordonnance ayant déjà accordé des délais de paiement et suspendu les effets de la clause résolutoire était passée en force de chose jugée, et que donc la clause résolutoire était acquise à la date de la première échéance non respectée (Civ. 3e, 10 déc. 2008 : *cité note 1*).

L'ordonnance du 18 décembre 2008 a étendu le mécanisme de protection du débiteur à l'hypothèse de la simple mise en demeure de ce dernier par un créancier (en amont donc des actes de poursuite proprement dits). De sorte que ce créancier ne peut plus patienter jusqu'au terme de la procédure de conciliation pour introduire aussitôt, après conclusion de l'accord, une action en paiement préparée par la mise en demeure (S. Golshani, D. Bordes et B. Cichostepski, Les délais de paiement : un instrument au service de la conciliation, *Journ. sociétés, sept. 2009, p. 11, spéc. p. 12*). Et cela d'autant plus depuis l'ordonnance du 12 mars 2014, qui permet désormais au débiteur mis en demeure ou poursuivi par un créancier non partie à l'accord de solliciter et d'obtenir du juge qui avait ouvert la conciliation des délais de paiement dans les conditions de droit commun des articles 1244-1 à 1244-3 du code civil (devenus l'art. 1343-5 C. civ., depuis le 1er oct. 2016, en raison de l'Ord. du 10 févr. 2016 ; V. art. L. 611-10-1).

Certaines cours d'appel avaient jugé que, faute de texte exprès le prévoyant et compte tenu de la rédaction restrictive de l'article L. 661-1, le créancier ne dispose pas du droit d'appel à l'encontre de la décision lui imposant des délais (Aix-en-Provence, 10 oct. 2013 : *LEDEN 11/2013. 1, obs. F.-X. Lucas* ; son seul recours étant alors l'appel-nullité : Reims, 31 janv. 2012 : *LEDEN 10/2012. 2, obs. Staes* ; voire, s'il conteste plus fondamentalement l'ouverture de la conciliation, la tierce opposition contre l'ordonnance : Douai, 27 mars 2007 : *V. note 2 ss. art. L. 611-6*). Mais cette solution, qu'une partie de la doctrine contestait (V., en ce sens que, faute de texte contraire, l'application du droit commun devrait ouvrir l'appel : P.-M. Le Corre, Droit et pratique des procédures collectives, *Dalloz Action, 2023/2024, 142.126* ; V. aussi J.-P. Sortais, Entreprises en difficulté. Les mécanismes d'alerte et de conciliation, *LGDJ, 2010, n° 49* ; comp., aussi, considérant cette solution comme caduque, sur le fondement – critiquable – des art. L. 661-1 et L. 661-2, mod. par l'Ord. de 2008 : S. Golshani, D. Bordes et B. Cichostepski, *préc., spéc. p. 14*), a été écartée par une décision de la cour d'appel de Rennes, à la motivation convaincante, aux termes de laquelle l'article L. 661-1 ne concernerait pas la conciliation (Rennes, 2 avr. 2013 : *BJE 2013. 214, note Hart de Keating*). La Cour de cassation a consacré cette solution par un arrêt du 25 octobre 2023 (V. note 1).

En cas d'échec de la conciliation, si les délais accordés sont d'une durée excédant celle de la mission du conciliateur, le président du tribunal ou le tribunal qui décide la résolution de l'accord peut aussi prononcer la déchéance de tout délai de paiement (V. art. L. 611-10-3). Mais si les délais, comme cela est vraisemblable, sont accordés pour la durée de la mission et qu'un accord est conclu, le créancier non signataire retrouve évidemment son droit de poursuite (Ph. Roussel Galle, Prévention, dynamique de l'anticipation : le mandat *ad hoc* et la conciliation après le décret du 28 décembre 2005, *LPA 12 juill. 2006, p. 10, n° 16* ; Réforme du droit des entreprises en difficulté, *Litec, 2007, 2e éd., n° 191* ; comp., envisageant des délais de paiement accordés avant homologation, octroyés au regard des impératifs de l'accord : S. Golshani, D. Bordes et B. Cichostepski, *préc., spéc. p. 16*). Le mieux serait certainement que les juges qui accordent les délais prévoient une déchéance du terme en cas d'absence d'accord (I. Rohart-Messager, L'amélioration de la prévention, *Gaz. Pal. 6-7 mars 2009, p. 5, spéc. p. 7*).

A cet égard, l'ordonnance du 12 mars 2014 améliore la situation des créanciers. La nouvelle rédaction du cinquième alinéa vise, en effet, à garantir l'information du créancier poursuivant lorsque la durée des mesures prises en application des articles 1244-1 à 1244-3 du code civil (devenus l'art. 1343-5 C. civ., depuis le 1er oct. 2016, en raison de l'Ord. du 10 févr. 2016) a été subordonnée à la conclusion de l'accord. Cette nouvelle rédaction (d'où disparaît la conjonction « si ») pourrait aussi modifier la portée du texte pour le débiteur, en supprimant la condition de concomitance de la mise en demeure ou de la poursuite du créancier, permettant au débiteur, mis en demeure ou poursuivi avant l'ouverture de la procédure, de solliciter des mesures ultérieurement, contrairement à ce qui avait parfois été jugé (V. Pau, 17 janv. 2008 : *cité note 1* ; T. Montéran, *Gaz. Pal. 6-8 avr. 2014, p. 7* ; P. Roussel Galle, *Rev. sociétés 2014. 351*).

B. RÉGIME ISSU DE L'ORDONNANCE DU 15 SEPTEMBRE 2021

La réécriture du début du cinquième alinéa de l'article L. 611-7 (les deux premières phrases, applicables aux procédures ouvertes à compter du 1er oct. 2021), par l'ordonnance du 15 septembre 2021, constitue la transposition de l'article 6 de la directive (UE) 2019/1023 du 20 juin 2019, relatif à la suspension des poursuites individuelles, « pour permettre le bon déroulement des négociations relatives à un plan de restructuration dans un cadre de restructuration préventive ». Il convient évidemment, ici, de garder à l'esprit que la conciliation, qui peut fonctionner comme une procédure autonome, se comprend aussi, et tel est le rôle que lui assigne principalement la réforme de 2021, comme une procédure préalable conditionnant le bénéfice subséquent d'une procédure de sauvegarde accélérée.

Comme l'explique le rapport au président de la République, la modification vise à permettre « la suspension temporaire du droit d'un créancier d'exiger le paiement d'une créance, serait-elle garantie par une sûreté », étant précisé que, « contrairement à la suspension des poursuites et l'arrêt des mesures d'exécution résultant de l'ouverture d'une procédure collective, [...] la mesure n'a aucun caractère d'automaticité ni collectif ».

Concrètement, le débiteur se voit désormais autorisé à solliciter l'application de l'article 1343-5 du code civil, autrement dit l'octroi de délais de paiement, dans la limite de deux années, même en l'absence de mise en demeure ou de poursuite du créancier, lorsque ce dernier n'a pas accepté, dans le délai imparti par le conciliateur, la demande faite par ce dernier de suspendre l'exigibilité de sa créance. Ce faisant, l'ordonnance du 15 septembre 2021 pérennise une mesure qu'avait prévue à titre temporaire, durant la pandémie de covid-19, l'article 2 de l'ordonnance n° 2020-596 du 20 mai 2020. Mais, par rapport à celle-ci, le pouvoir du juge se trouve accru, puisque la deuxième phrase de l'alinéa 5 de l'article L. 611-7, innovation de l'ordonnance de 2021, autorise le report ou l'échelonnement du règlement des créances, dans la limite de la durée de la procédure. Ainsi, comme le résument parfaitement Nicolas Borga et Julien Théron, « Le débiteur devra opérer un choix stratégique : soit attendre une initiative du créancier et solliciter un réaménagement d'une créance échue jusqu'à deux ans ; soit prendre les devants pour faire repousser l'exigibilité d'une créance non échue, pour une durée limitée à celle de la mission du conciliateur » (N. Borga et J. Théron, Ordonnance du 15 septembre 2021 réformant le droit des entreprises en difficulté, un tournant ?, *D. 2021. 1773*).

VI. CRÉANCIERS PUBLICS

Sur le champ de la faculté de remettre les dettes, voir sous l'article L. 626-6. Dans la rédaction datant de 2005, le renvoi ne visait pas le dernier alinéa de l'article L. 626-6, envisageant, outre la remise de dettes, les cessions de rang de privilège ou d'hypothèque ou l'abandon de ces sûretés (V. B. Lagarde, Le Trésor public, un créancier comme les autres, *Gaz. Pal. 9-10 sept. 2005, p. 28*). Mais la loi de modernisation de l'économie du 4 août 2008 est venue compléter directement l'article L. 611-7, prévoyant expressément cette possibilité (V. aussi, pour un moratoire sur les dettes fiscales garanti par une fiducie, *Les Échos, 8-9 févr. 2008, p. 4* ; R. Dammann, G. Podeur et V. Roussel, Fiducie-sûreté : première expérience avec Bercy, *Les Échos, 14 févr. 2008, p. 15*). ❑

1. Délais de paiement. **BIBL.** Golshani, Bordes et Cichostepski, *Journ. sociétés 9/2009. 11.* ♦ L'art. L. 611-7, al. 5, n'autorise, au cours de la procédure de conciliation, le juge qui a ouvert celle-ci, à prendre, en faveur du débiteur, les mesures prévues aux art. 1244-1 à 1244-3 [à l'art. 1343-5] C. civ.

que dans le seul cas de poursuite du débiteur par un créancier. • Orléans, 22 févr. 2007 : *BICC 2007, n° 1107 ; RJDA 2007, n° 636* • 20 déc. 2007 : *RJDA 2008, n° 434.* ♦ Le débiteur ne peut pas demander au président du tribunal l'octroi de délais de grâce sur le fondement de l'art. L. 611-7, al. 5, dès lors que, muni d'un titre exécutoire, le créancier a diligenté ses poursuites la veille de l'ouverture d'une procédure de conciliation, alors que le texte impose que cette demande intervienne en cours de conciliation et que le président du tribunal ait été éclairé par le conciliateur. • Pau, 17 janv. 2008 : *JCP E 2008. 2024 ; RPC 2008, n° 103, obs. Delattre ; RTD com. 2008. 848, obs. Macorig-Venier.* ♦ *Contra*, jugeant qu'il suffit que les poursuites soient en cours pendant la procédure de conciliation : • Aix-en-Provence, 26 févr. 2015 : *JCP E 2015. Actu. 326* • T. com. Nantes, 22 avr. 2014 : *LEDEN 7/2014. 2, obs. Cesbron Lavau ; RPC 2014, n° 144, obs. Delattre.* ♦ Le débiteur qui ne justifie aucunement de sa situation comptable actuelle ni des difficultés financières alléguées ne peut bénéficier de délais de paiement. • Aix-en-Provence, 26 févr. 2015 : *préc.* ♦ Dès lors qu'il apparaît qu'aucune conciliation dans les délais légaux n'est possible et qu'en réalité la demande de délais a pour seul objectif de différer une éventuelle cessation des paiements, et non de permettre un accord avec les autres créanciers, elle doit être rejetée. • Aix-en-Provence, 18 mars 2021, n° 20/06472 : *LEDEN 4/2021. 2, obs. Minet.* ♦ La procédure de conciliation instituée par les art. L. 611-4 s. C. com. n'entraîne pas la suspension des poursuites individuelles. • Civ. 3e, 10 déc. 2008, n° 07-19.899 P : *D. 2009. AJ 16, obs. Lienhard ; JCP E 2009. 1229, note P.-H. Brault ; Gaz. Pal. 26-28 avr. 2009, p. 8, note Le Corre ; RTD com. 2009. 448, obs. Macorig-Venier ; Defrénois 2009. 1403, obs. Gibirila ; APC 2009, n° 30, obs. Regnaut-Moutier* (cassation de l'arrêt qui avait accordé de nouveaux délais de paiement au débiteur, sur le fondement de l'art. L. 611-7, al. 5, alors que l'ordonnance ayant déjà accordé des délais et suspendu les effets de la clause résolutoire du bail était passée en force de chose jugée, et donc que cette clause était acquise à la date de la première échéance non respectée ; V. l'arrêt cassé : • Paris, 6 juill. 2007 : *APC 2007, n° 195, obs. Béhar-Touchais ; RTD com. 2008. 412, obs. Macorig-Venier ; RPC 2008, n° 101, obs. Delattre*). ♦ En l'absence de disposition du C. com. fermant au créancier l'appel de la décision du président du tribunal qui fait application des dispositions de l'art. 1343-5 C. civ., il résulte des art. 543 C. pr. civ. et R. 662-1 C. com. que cette voie lui est ouverte. • Com. 25 oct. 2023, n° 22-15.776 B : *D. 2023. Actu. 1901 ; Rev. sociétés 2023. 813, obs. Roussel Galle ; RTD com. 2024. 742, obs. Macorig-Venier ; APC 2023, n° 244, obs. F.-X. Lucas ; BJE 1-2/2024. 11, note Lemberg-Guez ; JCP E 2024. 1109, note Lebel ; RPC 2024, n° 69, obs. Cagnoli.*

2. *Condamnation au paiement.* La cour d'appel, comme le président du tribunal qui a ouvert la procédure de conciliation, ne peut être saisie, en la forme des référés, que d'une demande de délais à l'occasion de poursuites en paiement exercées par un créancier devant un autre juge et n'a pas le pouvoir de condamner le débiteur en conciliation à payer ses créanciers. • Orléans, 20 déc. 2007 : *préc. note 1.*

3. *Prepack cession.* Pour la mise en œuvre d'un *prepack* cession à la suite de la résolution d'un plan de redressement, et la question de la publicité de l'appel d'offres, V. • T. com. Lille 5 sept. 2017, n° 2017-699 : *RTD com. 2018. 457, obs. Macorig-Venier ; BJE 2017. 410, note Dubois ; LEDEN 1/2018. 2, obs. Delattre.*

4. Sur l'application, en cas de *prepack cession*, du régime de protection des travailleurs prévu aux art. 3 et 4 de la Dir. 2001/23/CE du 12 mars 2001, V., à propos du droit néerlandais : • CJUE 22 juin 2017, n° C-126/16 : *BJE 2017. 442, note Henry ; RPC 2018, n° 107, obs. Menjucq.* ♦ Comp. : • CJUE 28 avr. 2022, n° C-237/20 : *APC 2022, n° 149, obs. Fin-Langer.* ♦ Sur cette question, V. aussi Buisine, *RPC 2019. Étude 23.*

Art. L. 611-8 *(L. n° 2005-845 du 26 juill. 2005, art. 7)* **I. — Le président du tribunal, sur la requête conjointe des parties, constate leur accord et donne à celui-ci force exécutoire. Il statue au vu d'une déclaration certifiée du débiteur attestant qu'il ne se trouvait pas en cessation des paiements lors de la conclusion de l'accord, ou que ce dernier y met fin. La décision constatant l'accord n'est pas soumise à publication et n'est pas susceptible de recours. Elle met fin à la procédure de conciliation.**

II. — Toutefois, à la demande du débiteur, le tribunal homologue l'accord obtenu si les conditions suivantes sont réunies :

1° Le débiteur n'est pas en cessation des paiements ou l'accord conclu y met fin ;

2° Les termes de l'accord sont de nature à assurer la pérennité de l'activité de l'entreprise ;

3° L'accord ne porte pas atteinte aux intérêts des créanciers non signataires *(Abrogé par Ord. n° 2008-1345 du 18 déc. 2008, art. 5)* ***« , sans préjudice de l'application qui peut être faite des articles 1244-1 à 1244-3 du code civil ».***

(Ord. n° 2014-326 du 12 mars 2014, art. 6, en vigueur le 1er juill. 2014) **« III. — Lorsque le président du tribunal constate l'accord ou que le tribunal homologue celui-ci, il peut, à la demande du débiteur, désigner le conciliateur en tant que mandataire à**

l'exécution de l'accord pendant la durée de cette exécution. En cas de difficultés faisant obstacle à l'exécution de sa mission, le mandataire désigné présente sans délai un rapport, selon le cas, au président du tribunal ou au tribunal, qui peut alors mettre fin à sa mission par décision notifiée au débiteur. Ce dernier peut également, à tout moment, solliciter la fin de cette mission. »

V. art. R. 611-39 et R. 611-40-1.

Sur la rémunération du mandataire à l'exécution de l'accord, V. art. L. 611-14, R. 611-47, R. 611-50 et R. 611-52.

BIBL. ▸ SORTAIS, *RPC 2013. Étude 12* (sort des accords de conciliation en cas de refus d'homologation ou de constatation). - GORINS, *LPA 23 déc. 2014* (le protocole de conciliation : un contrat judiciaire).

COMMENTAIRE

I. OPTION POUR LA SIMPLE CONSTATATION DE L'ACCORD

La procédure d'homologation très solennelle par jugement du tribunal, avec publicité du jugement d'homologation, larges consultations à l'audience incluant les représentants des salariés, possibilité de consulter l'accord au greffe et recours en tierce opposition, que prévoyait, sans alternative, le projet de loi de sauvegarde, aurait présenté des inconvénients non négligeables en raison de la perte de confidentialité dont elle est nécessairement accompagnée. Aussi cette disposition avait-elle fait l'objet de vives critiques.

Répondant à cette légitime inquiétude, les députés ont adopté un amendement offrant au débiteur la possibilité d'opter pour une simple constatation de l'accord.

Le texte de l'article L. 611-8 (ainsi que celui de l'art. R. 611-39) affirme expressément le caractère exécutoire conféré à l'accord par l'ordonnance, par analogie avec le régime de la transaction de l'article 1441-4 du code de procédure civile. Autrement dit, le créancier se verra dispensé, en cas d'inexécution de l'accord, de saisir le tribunal pour faire constater celle-ci ; et, symétriquement, si besoin, le débiteur aura les moyens de faire exécuter l'accord, par exemple les promesses de financements (P.-M. Le Corre, Premiers regards sur la loi de sauvegarde des entreprises, *D. 2005. Chron. 2297, n° 59*). Il est prévu que le président statue au vu d'une déclaration certifiée du débiteur attestant qu'il ne se trouvait pas en cessation des paiements lors de la conclusion de l'accord, ou que ce dernier y met fin. Cette précision traduit le souci de responsabiliser le débiteur au regard du risque des nullités obligatoires ou facultatives de la période suspecte, s'il s'avérait ultérieurement qu'il était en cessation des paiements lors de la signature de l'accord. Cette « autocertification » (selon le mot d'un auteur : R. Dammann, La future procédure de conciliation, pierre angulaire du projet de loi de sauvegarde des entreprises, *Bull. act. Lamy droit commercial, juill. 2005*) ne saurait, en revanche, porter sur l'état du débiteur au moment de l'ouverture de la procédure, compte tenu du principe général nouveau suivant lequel la conciliation est également ouverte à un débiteur en cessation de paiement depuis moins de 45 jours. Selon l'exposé des motifs de cette disposition issue d'un sous-amendement, « demander au débiteur une attestation certifiant qu'au moment de la signature de l'accord, il n'était pas en cessation des paiements ou que l'accord permettrait d'y mettre fin, évitera que le juge se prête malgré lui à donner force exécutoire à un accord comprenant en lui-même des actes illicites et que le débiteur ne se retranche pas par la suite derrière lui ». Quoi qu'il en soit, cette attestation ne liera ni le juge pénal, ni le juge civil, et n'empêchera donc nullement de constater ultérieurement que la cessation des paiements préexistait (P.-M. Le Corre, *préc.*).

Plus généralement, on peut penser que l'esprit de la constatation implique une sorte de compétence liée pour le président, qui n'a, semble-t-il, pas le pouvoir de la refuser s'il estime que l'accord est déséquilibré ou préjudiciable pour une partie, sauf hypothèse de fraude. Mais, en pratique, il devrait être en mesure d'inviter les parties à renégocier tel ou tel point (J.-M. Kuntz, *in* La loi de sauvegarde, article par article [1re partie], *LPA 8 févr. 2006, p. 14*, qui estime qu'il eût été préférable de prévoir le dépôt de l'accord au rang des minutes d'un notaire).

Compte tenu du caractère confidentiel de l'accord et de sa procédure de constatation, ainsi que du fait que cette procédure de simple constatation n'emporte pas d'effet au regard des droits des tiers mais rend seulement l'accord exécutoire pour les parties, aucune voie de recours n'est ouverte (sous réserve, vraisemblablement, des recours-nullité : O. Staes, Aspects procéduraux de la réforme des difficultés des entreprises, *Dr. et patr. 3/2006, p. 60, spéc. p. 68*). L'accord ne bénéficie donc pas de la garantie contre les reports de la date de cessation des paiements accordée par l'article L. 631-8 aux accords homologués, ce qui constitue un indéniable facteur de fragilité (V. Martineau-Bougninaud, Le spectre de la cessation des paiements dans le projet de loi de sauvegarde des entreprises, *D. 2005. Chron. 1356, n° 9*).

Par application du droit commun, l'inexécution de l'accord devrait permettre à tout intéressé d'en demander la résolution, et, en cas de cessation des paiements, un redressement ou une liquidation judiciaire peut être ouvert.

En pratique, le choix de la constatation de l'accord paraît surtout adapté aux conciliations concernant peu de créanciers, dans lesquelles n'ont pas été consentis de nouveaux concours susceptibles de bénéficier du privilège de conciliation prévu par l'article L. 611-11 (les premières statistiques, pour les quatre tribunaux de la région parisienne, confirment la faveur pour la confidentialité que traduit la préférence donnée à la constatation : constat d'accord dans 90 % des affaires : *Lettre de l'Observatoire consulaire des entreprises en difficulté, juill. 2007, p. 10*). Il semblerait aussi que les réticences proviennent également de la volonté de certains créanciers titulaires de sûretés (des banquiers) de ne pas voir leurs créances primées par le privilège de conciliation en cas de procédure collective subséquente (P. Roussel Galle, Réforme du droit des entreprises en difficulté, *Litec, 2e éd., 2007, n° 241*). Mais la tendance paraît en voie de s'inverser depuis la réforme de 2008, les débiteurs optant de plus en plus pour l'homologation.
Étant entendu, quand même, que, en raison du caractère général de l'article L. 650-1, l'immunité du prêteur est acquise que l'accord ait été homologué ou non.

II. OPTION POUR L'HOMOLOGATION DE L'ACCORD

La procédure « lourde » d'homologation par jugement n'est donc prévue qu'à titre facultatif, par exemple lorsqu'il apparaîtra nécessaire de sécuriser des apports d'argent frais pour financer la pérennité de l'activité de l'entreprise. Le privilège ne peut en effet être accordé, et limiter les droits des autres créanciers, sans mesure de publicité et possibilité de recours (il n'est pas envisagé d'assouplissement sur ce point : V. *Rapp. AN, n° 3651, p. 48* ; V. cependant, N. Laurent et O. Assant, Bilan de l'efficacité du privilège de new money instauré par la loi de sauvegarde du 26 juillet 2005, *JCP 2008. I. 157, nos 12 s.*). Il est à noter que seul le débiteur a le pouvoir de demander cette homologation par jugement avec publicité, qui ne peut donc lui être imposée. En pratique, cependant, on peut imaginer que les établissements de crédit parties à l'accord amiable fassent pression sur le débiteur pour qu'il sollicite l'homologation, voire qu'ils signent l'accord sous condition expresse d'homologation.

Cela est d'autant plus opportun que la pratique des premiers mois d'application semble révéler des cas de mauvaise volonté du débiteur, refusant d'introduire la requête en homologation, une fois l'accord conclu.

III. CONDITIONS RELATIVES À L'HOMOLOGATION DE L'ACCORD

L'homologation ressortit, depuis la loi de 2005, à la compétence du tribunal. Le président demeure toutefois « l'interlocuteur » du conciliateur durant le cours de la procédure. C'est à lui, notamment, qu'il doit rendre compte de l'état d'avancement de sa mission et peut formuler toutes observations utiles sur les diligences du débiteur (art. L. 611-7). La loi de 2005 a posé des critères précis devant guider le tribunal dans sa décision : l'article L. 611-8 subordonne l'homologation à trois conditions qui, appliquées à la lettre, risquent d'aboutir à beaucoup de décisions de refus, à moins qu'elles ne poussent, dans la plupart des cas, le débiteur à opter pour la simple constatation, au risque de fragiliser l'accord.

A. ABSENCE DE CESSATION DES PAIEMENTS

Au moment où le tribunal statue le débiteur ne doit pas se trouver en état de cessation des paiements. C'est là, en quelque sorte, une condition de base, de recevabilité de la demande d'homologation. Deux cas de figure sont envisageables, qui dépendent essentiellement de la cause d'ouverture de la procédure de conciliation. Soit le débiteur, qui éprouvait une des difficultés visées par l'article L. 611-4, n'était pas en cessation des paiements lors de l'ouverture de la procédure ; il suffira alors qu'il ne le soit pas devenu en cours de mission du conciliateur (V., pour un exemple, Toulouse, 10 mai 2007 : *JCP E 2008. 1643, note Lebel*). Soit le débiteur était en état de cessation de paiement lors de l'ouverture (par hypothèse, depuis moins de quarante-cinq jours) ou est « tombé » dans cette situation en cours de procédure ; il faudra, alors, que l'accord conclu y mette fin. Autrement dit, il faudra qu'une partie du passif exigible soit effacée ou rééchelonnée. Cette possibilité avait déjà été implicitement admise par la Cour de cassation sous l'ancien régime (V. Com. 14 mai 2002 : *V. note 8 ss. anc. art. L. 621-7*).

B. PÉRENNITÉ DE L'ACTIVITÉ DE L'ENTREPRISE

L'accord ne saurait se limiter à un simple moratoire juste suffisant à faire disparaître provisoirement l'état de cessation des paiements. Autrement dit, la conciliation n'a pas vocation à permettre au débiteur d'effacer une partie substantielle de ses dettes afin de mieux pouvoir céder ensuite l'entreprise (P.-M. Le Corre, La situation générale du débiteur et des créanciers dans l'avant-projet de réforme des entreprises en difficulté, *Gaz. Pal. 10-11 déc. 2003, p. 25, 2e partie, n° 5*). Certains l'ont regretté, en ce sens que cette exigence risque d'empêcher les liquidations amiables négociées avec les créanciers qui évitaient le recours à une procédure judiciaire (à tout le moins, dans ce cas, les créanciers ne bénéficieront pas du privilège : C. Saint-Alary-Houin, *préc., spéc. p. 30*). Mais rien ne devrait empêcher un débiteur de proposer contractuellement la cessation ou la cession de branches d'activités (Y. Chaput, Une nouvelle architecture du droit français des procédures collectives, *JCP 2005. I. 184, n° 24*). Quoi qu'il en soit, la conciliation doit correspondre à l'« objectif-titre » de la loi de sauvegarde des entreprises, et « assurer la pérennité de l'entreprise ». Cette notion assez souple ou plutôt subjective, sinon divinatoire, laisse évidemment une large part à l'appréciation (à la « croyance » presque) du tribunal.

C. RESPECT DES INTÉRÊTS DES CRÉANCIERS NON SIGNATAIRES

La sauvegarde ne concerne pas que l'activité de l'entreprise ; la loi souhaite aussi sauvegarder les intérêts des créanciers, plus exactement ceux des créanciers non parties à l'accord, puisque les autres sont censés avoir signé l'accord en connaissance de cause des sacrifices consentis. Là encore, le pouvoir d'appréciation des juges est important.

Cela dit, en théorie, les créanciers refusant de négocier ne devraient pas être lésés, en ce sens qu'ils conservent leur droit de poursuite individuelle pour recouvrer leurs créances échues, aussi bien en cours de procédure qu'une fois l'accord, auxquels ils ne sont pas parties, signé (sous réserve, toutefois, depuis l'Ord. de 2014, de l'octroi au débiteur de délais de grâce : V. art. L. 611-10-3). Ce qui, d'une certaine manière, conduit au paradoxe d'avantager les créanciers « récalcitrants » (paradoxe peut-être plus apparent que réel, car les créanciers qui joueront le jeu seront souvent ceux qui, sinon, ne se verraient pas payés faute de trésorerie suffisante du débiteur et risqueraient, de surcroît, de perdre un bon client). Mais le tribunal devra vérifier que les garanties éventuellement prises par les signataires de l'accord ne sont pas disproportionnées par rapport aux efforts qu'ils auraient consentis, ce qui serait susceptible de rendre ineffectives les sûretés dont bénéficient des créanciers non signataires *(Rapp. Sénat, n° 335, p. 126)*. Du coup, cette vérification devrait protéger les créanciers au regard de la responsabilité pour garanties disproportionnées aux concours prévue par l'article L. 650-1 (V. ss. cet art.).

Dans sa rédaction de 2005, le 3° du II exigeait que « L'accord ne porte pas atteinte aux intérêts des créanciers non signataires, sans préjudice de l'application qui peut être faite des articles 1244-1 à 1244-3 du code civil ». Cette expression avait suscité beaucoup d'interrogations jusqu'à ce que l'ordonnance du 18 décembre 2008 vienne supprimer ce membre de phrase, faisant disparaître ainsi tout support légal à l'octroi de délais au stade de l'homologation (V. comm. dans l'éd. 2014).

En effet, comme l'a expliqué le Rapport au président de la République, il s'agissait là d'une « précision superflue [...], qui avait pu laisser croire que de tels délais pouvaient également être imposés dans le jugement homologuant l'accord de conciliation aux créanciers non signataires de cet accord ». Mais restait quand même à savoir quelle est la portée de cette nouvelle rédaction quant au pouvoir éventuel du tribunal d'accorder des délais de paiement pour les créances non incluses dans l'accord. A cet égard, il paraissait possible de soutenir que, faute d'exclusion expresse, le droit commun des articles 1244-1 à

1244-3 du code civil s'appliquerait (mais, pour cela, encore faudrait-il, là aussi, que le débiteur soit poursuivi). Depuis l'ordonnance du 12 mars 2014, la donne a encore changé, en raison de la possibilité désormais expressément offerte au débiteur mis en demeure ou poursuivi par un créancier non partie à l'accord d'obtenir du juge qui avait ouvert la conciliation des délais de paiement dans les conditions de droit commun des articles 1244-1 à 1244-3 du code civil (devenus l'art. 1343-5 C. civ., depuis le 1er oct. 2016, en raison de l'Ord. du 10 févr. 2016 ; V. art. L. 611-10-1).

IV. MANDATAIRE À L'EXÉCUTION DE L'ACCORD

L'ordonnance du 12 mars 2014 crée une nouvelle fonction en prévoyant la possibilité de désigner le conciliateur en tant que mandataire à l'exécution de l'accord, que ce dernier soit constaté ou homologué. Mais il ne s'agit pas vraiment d'un nouveau type de mandataire de justice, dans la mesure où seul le conciliateur peut remplir cette fonction, sans faculté pour le tribunal de désigner une autre personne. La procédure ne s'en trouve donc pas alourdie en aval. L'idée est simplement de faciliter et aussi de surveiller l'exécution de l'accord, sur le modèle, évidemment, du commissaire à l'exécution du plan. Cette création consacre, en quelque sorte, une pratique des conciliateurs, qui se réglait auparavant dans un protocole d'accord, avec des clauses de « rendez-vous ».

L'esprit de volontarisme de la conciliation est respecté puisque l'initiative de la désignation du mandataire à l'exécution de l'accord n'appartient qu'au débiteur. Les créanciers parties à l'accord ne peuvent présenter une telle demande, pas plus que le président ne dispose de la prérogative de l'imposer comme une condition de l'homologation de l'accord. De même, et symétriquement, le débiteur peut à tout moment solliciter la fin de la mission du mandataire à l'exécution de l'accord. Il paraît donc logique que le débiteur n'ait pas à motiver cette demande, que le président du tribunal ne saurait refuser.

La mission du mandataire à l'exécution de l'accord n'est pas définie par le texte, mais celle-ci découle, avec toute la souplesse voulue, de l'intitulé de sa fonction. Une indication résulte toutefois de l'article L. 611-10-1, alinéa 2, qui prévoit le recueil éventuel de ses observations par le juge en cas de demande de délais de paiement par le débiteur poursuivi en cours d'exécution de l'accord.

Cette mission est accomplie de façon autonome, en ce sens que le mandataire qui rencontre une difficulté (sous-entendu dans l'exécution de l'accord, de quelque nature qu'elle soit, par exemple de relations avec le débiteur) doit, sans délai, présenter un rapport au président du tribunal (ou au tribunal), lequel jugera alors s'il convient de mettre fin à sa mission. Une telle décision risque fort, en pratique, de préfigurer une inexécution des engagements de l'accord, qui entraînera sa résolution (V. art. L. 611-10-3). ❑

Art. L. 611-8-1 *(Ord. nº 2014-326 du 12 mars 2014, art. 7, en vigueur le 1er juill. 2014)* **Le comité** *(Ord. nº 2021-1193 du 15 sept. 2021, art. 6, en vigueur le 1er oct. 2021)* **« social et économique est informé » par le débiteur du contenu de l'accord lorsque celui-ci demande l'homologation.**

Pour les dispositions transitoires de l'Ord. nº 2021-1193 du 15 sept. 2021, V. note ss. art. L. 611-2.

COMMENTAIRE

L'article L. 611-8-1, issu de l'ordonnance de 2014, assure l'information des institutions représentatives du personnel en amont de l'audience d'homologation (V. art. L. 611-9). Cette précision semblait répondre à une interrogation de la pratique quant à la nécessité d'information ou de consultation des institutions représentatives du personnel en cas d'ouverture d'une procédure de conciliation. En effet, il pouvait paraître en résulter, en creux (et *a contrario*), que cette information n'est pas requise à l'ouverture de la procédure, ni en l'absence d'homologation de l'accord (F.-X. Lucas, *BJE 2014. 111* ; P. Pétel, *JCP E 2014. 1223, nº 5*). Ainsi se trouverait préservée la confidentialité de celle-ci. Mais cette lecture avait quand même quelque chose d'audacieux au regard des dispositions du code du travail concernant les attributions économiques du comité d'entreprise (V. C. Gailhbaud, *D. 2014. Chron. 755* ✐), lesquelles sont dévolues au comité social et économique à compter du 1er janvier 2018, en vertu de l'ordonnance nº 2017-1386 du 22 septembre 2017. Aussi la loi nº 2016-1547 du 18 novembre 2016 est-elle opportunément venue lever le doute sur ce point, en dispensant expressément le débiteur de toute consultation lors de l'ouverture de la procédure (V. art. L. 611-6). ❑

Art. L. 611-9 *(L. n° 2005-845 du 26 juill. 2005, art. 7)* **Le tribunal statue sur l'homologation après avoir entendu ou dûment appelé en chambre du conseil le débiteur, les créanciers parties à l'accord,** *(Ord. n° 2021-1193 du 15 sept. 2021, art. 6, en vigueur le 1er oct. 2021)* **« la ou les personnes désignées par le comité social et économique », le conciliateur et le ministère public. L'ordre professionnel ou l'autorité compétente dont relève, le cas échéant, le débiteur qui exerce une profession libérale soumise à un statut législatif ou réglementaire ou dont le titre est protégé, est entendu ou appelé dans les mêmes conditions.**

Le tribunal peut entendre toute autre personne dont l'audition lui paraît utile.

Pour les dispositions transitoires de l'Ord. n° 2021-1193 du 15 sept. 2021, V. note ss. art. L. 611-2.

V. art. R. 611-40.

COMMENTAIRE

DÉCISION D'HOMOLOGATION

La décision d'homologation est contradictoire. Avant de statuer, le tribunal doit obligatoirement entendre le débiteur, les créanciers parties à l'accord, les représentants du comité d'entreprise ou, à défaut les délégués du personnel (autrement dit, désormais, les représentants du comité social et économique). Le garde des Sceaux avait précisé, en 2005, devant les députés, qu'il en résultait, « sans hésitation possible que cette formule souvent utilisée vise deux hypothèses : d'une part, la carence dans la mise en place du comité d'entreprise ; d'autre part, le cas des entreprises de onze à cinquante salariés, qui n'ont pas de comité d'entreprise mais où sont élus des délégués du personnel » (sur les deux interprétations possibles, V. J.-P. Legros, La loi du 26 juillet 2005 de sauvegarde des entreprises, Les mesures de prévention du nouveau titre I du livre VI du code de commerce [1re partie], *Dr. sociétés 2005. Étude 9, n° 25*). Cette disposition concernait donc toutes les entreprises de onze salariés et plus (sur l'information au stade de la demande d'homologation, V. art. L. 611-8-1). Doivent également être entendus le ministère public et le conciliateur. Le tribunal a, en outre, la faculté d'entendre toute autre personne dont l'audition lui paraît utile (par exemple, un créancier non signataire, une caution ou un garant, l'expert désigné par le tribunal, en application de l'article L. 611-6, ou les salariés eux-mêmes en l'absence d'institution représentative du personnel). Quand le débiteur est un professionnel indépendant, le tribunal doit, le cas échéant, entendre l'ordre professionnel concerné ou l'autorité compétente.

La décision demeure cependant de nature gracieuse, faute de contentieux, ce qui devrait la priver de l'autorité de la chose jugée (P.-M. Le Corre, La situation générale du débiteur et des créanciers dans l'avant-projet de réforme des entreprises en difficulté, *Gaz. Pal. 10-11 déc. 2003, p. 25, 2e partie, n° 6*).

L'homologation intervient en chambre du conseil. La confidentialité devient néanmoins assez relative, en raison de l'audition des représentants du personnel (B. Sapin, Confidentialité et sécurité juridique, *RJ com., hors série 2004, p. 66*) et, surtout, de la publicité du jugement d'homologation. Le secret risque d'ailleurs d'être d'autant plus difficile à garder qu'au secret professionnel la loi de 2005 substitue une simple obligation de confidentialité (art. L. 611-15 ; Ph. Roussel-Galle, Bref aperçu sur les nouvelles procédures de conciliation et de sauvegarde, *Dr. et pr. 2005, p. 260, n° 19*). ❑

Art. L. 611-10 *(L. n° 2005-845 du 26 juill. 2005, art. 7)* **L'homologation de l'accord met fin à la procédure de conciliation.**

Lorsque le débiteur est soumis au contrôle légal de ses comptes, l'accord homologué est transmis à son commissaire aux comptes. Le jugement d'homologation est déposé au greffe où tout intéressé peut en prendre connaissance et fait l'objet d'une mesure de publicité. *(Ord. n° 2008-1345 du 18 déc. 2008, art. 6)* **« Il est susceptible d'appel de la part du ministère public et, en cas de contestation relative au privilège mentionné à l'article L. 611-11, de la part des parties à l'accord. Il peut également être frappé de**

tierce opposition. Le jugement rejetant l'homologation ne fait pas l'objet d'une publication. Il est susceptible d'appel. »

(Abrogé par Ord. n° 2008-1345 du 18 déc. 2008, art. 6) ***« L'accord homologué suspend, pendant la durée de son exécution, toute action en justice et toute poursuite individuelle tant sur les meubles que les immeubles du débiteur dans le but d'obtenir le paiement des créances qui en font l'objet. Il suspend, pour la même durée, les délais impartis aux créanciers parties à l'accord à peine de déchéance ou de résolution des droits afférents aux créances mentionnées par l'accord. Les coobligés et les personnes ayant consenti un cautionnement ou une garantie autonome peuvent se prévaloir des dispositions de l'accord homologué.***

« L'accord homologué entraîne la levée de plein droit de toute interdiction d'émettre des chèques conformément à l'article L. 131-73 du code monétaire et financier, mise en œuvre à l'occasion du rejet d'un chèque émis avant l'ouverture de la procédure de conciliation.

« Saisi par l'une des parties à l'accord homologué, le tribunal, s'il constate l'inexécution des engagements résultant de cet accord, prononce la résolution de celui-ci ainsi que la déchéance de tout délai de paiement accordé. »

V. art. R. 611-41 s.

COMMENTAIRE

L'ordonnance du 18 décembre 2008 a « retaillé » le texte de l'article L. 611-10. Désormais, les dispositions relatives à la portée de l'accord et aux conséquences de son éventuelle inexécution figurent aux nouveaux articles L. 611-10-1 à L. 610-11-3.

I. PORTÉE DE L'HOMOLOGATION

L'article L. 611-10, alinéa 1er, précise que l'homologation met fin à la procédure de conciliation.

Afin de sécuriser les créanciers signataires de l'accord (et les autres), la loi interdit au tribunal, en cas d'ouverture ultérieure d'une procédure collective, de faire remonter la période suspecte « à une date antérieure à la décision définitive ayant homologué un accord amiable, sauf en cas de fraude » (V. art. L. 631-8). Ce faisant, sans le dire explicitement, la loi confère l'autorité de la chose jugée au jugement d'homologation quant à la date de cessation des paiements.

L'absence d'homologation (alors que, par hypothèse, le débiteur l'avait souhaitée) ne prive pas l'accord de son efficacité. Comme tout contrat, les parties sont liées par leur engagement, en vertu de l'article 1134 du code civil (devenu l'art. 1103 C. civ., depuis le 1er oct. 2016, en raison de l'Ord. du 10 févr. 2016). A ce sujet, un auteur s'est demandé si le refus d'homologation après accord crée, à lui seul, un état de cessation des paiements (G. Teboul, Le projet de loi de sauvegarde des entreprises du 26 janvier 2004, *LPA 13 févr. 2004*). En pratique, tel sera vraisemblablement souvent le cas ; mais la preuve devra quand même en être rapportée, nulle présomption, fût-elle simple, ne pouvant être admise.

II. COMMUNICATION, PUBLICITÉ DE L'ACCORD ET VOIES DE RECOURS

Quand la société est pourvue d'un commissaire aux comptes, l'accord homologué lui est transmis par le greffier. Ce qui permettra au commissaire aux comptes d'en tenir compte, s'agissant éventuellement de déclencher la procédure d'alerte, s'il relève des faits de nature à compromettre la continuité de l'exploitation, en relation notamment avec l'exécution de l'accord (V. C. com., art. L. 234-1, 2e partie, III. Prévention des difficultés des entreprises).

La loi prévoit une double publicité. D'une part, le jugement d'homologation (et non plus, comme avant, l'accord homologué, ce qui est plus protecteur du débiteur, mais critiquable au nom des principes de sécurité et de transparence des affaires : P.-M. Le Corre, Du privilège occulte de la conciliation, *Gaz. Pal. 12-13 oct. 2012, p. 3*) doit être déposé au greffe où tout intéressé peut en prendre connaissance. D'autre part, « il fait l'objet d'une mesure de publicité », c'est-à-dire, plus précisément, d'un avis au BODACC, dont les mentions sont détaillées par l'article R. 611-43 (une modification a été suggérée, afin que la publication se fasse au RCS, accélérant ainsi utilement les délais, sachant que les hedge funds subordonnent généralement la délivrance des fonds nouveaux à l'homologation : V. *Rapp. AN, n° 3651, p. 48*). La lecture du jugement permettra aux tiers de connaître les garanties et privilèges constitués pour assurer l'exécution de l'accord et les montants garantis par le privilège de conciliation (V. art. R. 611-40). Ces mesures de publicité anéantissent certes toute confidentialité, mais, rappelons-le, la voie de l'homologation n'est pas obligatoire. De plus, l'article L. 611-10 dispense opportunément de publication le jugement rejetant l'homologation. Autant on voit mal comment rendre opposable un accord homologué sans publicité du jugement d'homologation ; autant il n'y a pas de raison de publier le jugement refusant à l'accord l'aval du tribunal, la publicité ne pouvant, alors, que nuire au crédit déjà mal en point du débiteur. Pour cette même raison, d'ailleurs, les jugements rejetant l'homologation ne sont, par exception à la règle générale, pas prononcés en audience publique (V. art. R. 662-13).

Le jugement d'homologation, aux termes d'un ajout résultant de l'ordonnance du 18 décembre 2008, est susceptible d'un appel restrictivement ouvert : seul le ministère public est visé, et, dans l'hypothèse particulière de contestation relative au privilège de conciliation (*new money*) prévu par l'article L. 611-11, les parties à l'accord, autrement dit le débiteur et les créanciers signataires. Le jugement d'homologation est également susceptible de tierce opposition. Quant au jugement rejetant l'homologation, l'appel est ouvert sans réserve dans les conditions prévues par l'article R. 611-42. On peut s'étonner que, sur le terrain parsemé de chausse-trapes que constituent les voies de recours, le législateur n'ait pas précisé les personnes ayant qualité pour exercer ces recours, comme le font les articles L. 661-1 et suivants en matière de procédures collectives. Mais l'appel devrait être ouvert aux créanciers signataires comme au débiteur.

S'agissant de la tierce opposition, on songe évidemment surtout aux créanciers tiers à l'accord homologué. Les tribunaux devront, à cet égard, faire preuve de vigilance quant au risque de recours abusifs (V. B. Feugère, *La Lettre de l'Observatoire consulaire des entreprises en difficulté, déc. 2004, p. 17 ;* un praticien avait d'ailleurs suggéré de limiter l'ouverture au cas de fraude : T. Montéran, Projet de loi de sauvegarde des entreprises : le point de vue du praticien, *Gaz. Pal. 25-26 févr. 2005, p. 2, spéc. p. 7*). A l'instar de la règle applicable en matière de procédure collective (art. R. 661-3), et afin de limiter la période de fragilité de l'accord homologué, le délai d'exercice de la tierce opposition n'est pas le délai trentenaire du droit commun (art. 586 C. pr. civ.), mais un délai réduit à dix jours à compter de la publicité (C. com., art. R. 661-2, mod. par le décret de 2009).

Quant à l'appel, tout dépend, une fois de plus ici, de la notion de « partie », cette qualité conditionnant l'ouverture de l'appel (art. 546 C. pr. civ. ; V. F. Derrida, *D. 1989. Chron. 77*). On peut penser que cette voie s'offrirait, non seulement au débiteur, mais aussi aux représentants du comité d'entreprise, au ministère public, au conciliateur ainsi qu'à toute personne convoquée.

Reste la question, sur laquelle sont muets les textes, d'un éventuel pourvoi en cassation (selon certains, ouvert aux parties à l'arrêt rendu sur l'appel du jugement d'homologation : V. O. Staes, Aspects de procédure et voie de recours, *RPC 2009. Dossier 5, n° 22* ; F. Macorig-Venier, *RTD com. 2009. 436, spéc. 444* ✎). ❑

Art. L. 611-10-1 *(Ord. n° 2008-1345 du 18 déc. 2008, art. 7)* **Pendant la durée de son exécution, l'accord constaté ou homologué interrompt ou interdit toute action en justice et arrête ou interdit toute poursuite individuelle tant sur les meubles que les immeubles du débiteur dans le but d'obtenir le paiement des créances qui en font l'objet** *(Ord. n° 2014-326 du 12 mars 2014, art. 8-1°, en vigueur le 1er juill. 2014)* **« ; nonobstant les dispositions de** *(Ord. n° 2016-131 du 10 févr. 2016, art. 6-III-8°, en vigueur le 1er oct. 2016)* **« l'article 1343-2** *[ancienne rédaction : l'article 1154]* **» du code civil, les intérêts échus de ces créances ne peuvent produire des intérêts ». Il interrompt, pour la même durée, les délais impartis aux créanciers parties à l'accord à peine de déchéance ou de résolution des droits afférents aux créances mentionnées par l'accord.**

(Ord. n° 2014-326 du 12 mars 2014, art. 8-2°, en vigueur le 1er juill. 2014) **« Si, au cours de cette même durée, le débiteur est mis en demeure ou poursuivi par l'un des créanciers appelés à la conciliation dans le but d'obtenir le paiement d'une créance qui n'a pas fait l'objet de l'accord, le juge qui a ouvert la procédure de conciliation peut, à la demande du débiteur et après avoir recueilli, le cas échéant, les observations du**

mandataire à l'exécution de l'accord, faire application des dispositions *(Ord. n° 2016-131 du 10 févr. 2016, art. 6-III-7°, en vigueur le 1er oct. 2016)* **« de l'article 1343-5** *[ancienne rédaction : des articles 1244-1 à 1244-3]* **» du code civil, en prenant en compte les conditions d'exécution de l'accord. Les dispositions du présent alinéa ne sont pas applicables aux créanciers mentionnés au troisième alinéa de l'article L. 611-7. »** – *V. art. R. 611-35.*

Sur les dispositions transitoires de l'Ord. n° 2016-131 du 10 févr. 2016, V. note ss. art. L. 611-7.

COMMENTAIRE

L'article L. 611-10-1, création de l'ordonnance du 18 décembre 2008, reprend, en les aménageant, les dispositions qui figuraient auparavant à l'alinéa 3 de l'article L. 611-10.

I. EFFETS DE L'ACCORD

La modification essentielle tient en ce que, désormais, l'accord constaté produit les même effets, ou presque, que l'accord homologué. En cela, l'ordonnance a tenu compte, à cet égard comme à d'autres (V. art. L. 611-10-2 et L. 611-10-3), du fait que la voie de la constatation est plus attrayante que celle de l'homologation, du fait de sa confidentialité.

Ainsi, depuis la réforme de 2008, ce n'est plus le seul accord homologué qui entraîne la suspension légale des poursuites pendant la durée de son exécution : l'accord constaté aussi bien que l'accord homologué interrompt (et non plus « suspend » : le texte unifie heureusement, et de manière générale, la terminologie de l'article L. 611-10-1 avec celle utilisée en cas de procédure collective : V. art. L. 622-21) ou interdit toute action en justice et arrête ou interdit toute poursuite individuelle tant sur les meubles que les immeubles du débiteur dans le but d'obtenir le paiement des créances qui en font l'objet (sur la question de savoir si la durée de la suspension est uniforme ou si elle est calquée sur celle de l'exécution de l'engagement pris par chaque créancier, V., en faveur du second terme de l'alternative, C. Saint-Alary-Houin, La procédure de conciliation, *RPC 2006. 169, n° 36*). Il s'agit là d'une disposition à visée, en quelque sorte, pédagogique, qui ne prête guère à discussion, la doctrine considérant unanimement que ce type de précision est inutile en raison de la force obligatoire de l'accord.

L'article L. 611-10-1 aurait surtout pour conséquence d'interdire aux cautions d'agir contre le débiteur, cette disposition spéciale faisant ainsi échec à l'article 2316 du code civil (anc. art. 2039), devenu l'article 2320, depuis l'ordonnance n° 2021-1192 du 15 septembre 2021, en vertu duquel la prorogation du terme d'une créance n'est pas opposable à la caution qui peut poursuivre le débiteur pour le forcer au paiement. Et ceci, dorénavant, même si l'accord a simplement été « constaté » par le président du tribunal (contrairement à la situation issue de la loi de 2005 : V. *Rapp. Sénat, n° 335, p. 130*). Mais cette analyse est réfutée par le professeur F. Pérochon, pour qui, dans le silence du texte, l'essence contractuelle de la conciliation s'oppose à ce que les cautions, si elles ne sont pas parties à l'accord, soient privées de recours du fait de celui-ci (F. Pérochon, Entreprises en difficulté, *LGDJ, 10e éd., 2014, n° 192*).

Quant à l'effet sur les délais impartis aux créanciers parties à l'accord aussi, l'article L. 611-10-1 aligne les régimes de l'accord constaté et de l'accord homologué : dans les deux cas, les délais sont interrompus (il ne sera pas tenu compte du temps déjà écoulé ; alors que le projet d'ordonnance avait envisagé que, s'agissant de l'accord constaté, les délais seraient simplement suspendus, c'est-à-dire qu'ils recommenceraient à courir après, compte tenu du temps déjà écoulé avant).

L'ordonnance du 12 mars 2014 a exclu l'application de l'article 1154 du code civil (devenu l'art. 1343-2 C. civ., depuis le 1er oct. 2016, en raison de l'Ord. du 10 févr. 2016), afin de préciser expressément que les intérêts échus des créances objets de l'accord qui ne peuvent être recouvrées pendant la durée de l'exécution de celui-ci ne produisent pas eux-mêmes des intérêts, selon la règle de la capitalisation des intérêts (dite anatocisme) prévue par ce texte.

II. POURSUITE DES CRÉANCIERS

Le second alinéa de l'article L. 611-10-1 constitue sans doute l'apport majeur de l'ordonnance du 12 mars 2014 à la procédure de conciliation. Afin d'augmenter la protection du débiteur durant l'exécution de l'accord, et donc d'accroître les chances de succès de ce dernier, le texte offre, en effet, au débiteur mis en demeure ou poursuivi par un créancier non partie à l'accord la faculté de solliciter et d'obtenir du juge qui avait ouvert la conciliation des délais de paiement dans les conditions de droit commun des articles 1244-1 à 1244-3 du code civil (devenus l'art. 1343-5 C. civ., depuis le 1er oct. 2016, en raison de l'Ord. du 10 févr. 2016), auxquels il est renvoyé.

Cette prérogative ne concerne toutefois pas les créanciers publics (administrations financières et organismes sociaux) mentionnés à l'article L. 611-7, alinéa 3. La décision du juge devra tenir compte des « conditions d'exécution » de l'accord. Ce qui laisse une large marge d'appréciation. Comme l'indique le Rapport au président de la République, « il s'agit de mesures accordées au cas par cas, et non d'un substitut à un plan imposé ».

Très opportune, cette mesure que la doctrine (V., par ex., P.-M. Le Corre, En avant pour une nouvelle réforme de la loi de sauvegarde, *LPA 9 déc. 2013, p. 3*), joignant sa voix à d'autres (V., par ex. Rapp. CCIP, 7 mars 2013), avait fortement suggérée, était attendue, d'autant que la loi d'habilitation du 2 janvier 2014 avait expressément prévu la modification des « conditions auxquelles des délais de grâce peuvent être accordés par le président du tribunal » (art. 2, 1°, *b*). Comme elle paraissait donc acquise, elle ne pourra que décevoir par son approche minimaliste, se contentant des conditions et surtout de la durée des délais envisagés par le code civil. L'on pouvait en effet s'attendre à une durée dérogatoire, excédant les deux années auxquelles l'article 1244-1 du code civil limitait les délais de paiement. P.-M. Le Corre (préc.), par exemple, de même que la CCIP (préc.) avaient prôné une durée maximale de trois ans. ❑

Délais de paiement. Sur la prise en compte, par le juge, du risque de perte de confiance des autres créanciers et d'une rupture d'égalité entre eux pour différer le règlement d'une dette, V. • Versailles, 12 déc. 2019, n° 18/08341 : *BJE 3-4/2020. 15, note Crumière ; RPC 2020, n° 139, obs. Delattre.* ♦ Sur la recevabilité de l'appel d'un créancier contre la décision accordant des délais de paiement, V. • Paris, 6 juill. 2023, n° 23/01257 : *LEDEN 10/2023 1, obs. F.-X. Lucas.*

Art. L. 611-10-2 *(Ord. nº 2008-1345 du 18 déc. 2008, art. 7)* **Les personnes coobligées ou ayant consenti une sûreté personnelle ou ayant affecté ou cédé un bien en garantie peuvent se prévaloir** *(Ord. nº 2014-326 du 12 mars 2014, art. 9, en vigueur le 1er juill. 2014)* **« des mesures accordées au débiteur en application du cinquième alinéa de l'article L. 611-7** *(Ord. nº 2021-1193 du 15 sept. 2021, art. 7, en vigueur le 1er oct. 2021)* **« ou du deuxième alinéa de l'article L. 611-10-1 » ainsi que » des dispositions de l'accord constaté ou homologué.**

L'accord homologué entraîne la levée de plein droit de toute interdiction d'émettre des chèques conformément à l'article L. 131-73 du code monétaire et financier, mise en œuvre à l'occasion du rejet d'un chèque émis avant l'ouverture de la procédure de conciliation. *(Ord. nº 2010-1512 du 9 déc. 2010, art. 2-4°)* **« Lorsque le débiteur est un entrepreneur individuel à responsabilité limitée, cette interdiction est levée sur les comptes afférents au patrimoine visé par la procédure. »** – *V. art. R. 611-45.*

Pour les dispositions transitoires de l'Ord. nº 2021-1193 du 15 sept. 2021, V. note ss. art. L. 611-2.

COMMENTAIRE

L'article L. 611-10-2, création de l'ordonnance du 18 décembre 2008, reprend, en les aménageant, les dispositions qui figuraient auparavant à la dernière phrase de l'alinéa 3 et à l'alinéa 4 de l'article L. 611-10.

I. COOBLIGÉS ET GARANTS

L'ordonnance de 2008 a apporté deux modifications au régime antérieur, correspondant à deux extensions.

D'abord, ici aussi, et pour les mêmes raisons de succès constaté de l'accord confidentiel que s'agissant, notamment, des effets de l'accord (V. ss. art. L. 611-10-1), la situation des coobligés et « garants » est uniformisée qu'il s'agisse d'un accord constaté ou homologué. Mesure qui devrait avoir un impact sensible. Auparavant, la protection légale, du reste moins étendue quant aux bénéficiaires (V. ci-dessous), ne visait pas le cas de l'accord constaté. Dans cette hypothèse ne jouait alors que la protection jurisprudentielle (Com. 5 mai 2004), valable bien qu'elle n'eût pas été intégrée dans la loi de 2005 (P. Roussel-Galle, Bref aperçu sur les nouvelles procédures de conciliation et de sauvegarde, *Dr. et pr. 2005, p. 260, n° 22*). Autrement dit, l'accord constaté ne profitait pas aux garants autonomes (P.-M. Le Corre, Premiers regards sur la loi de sauvegarde des entreprises, *D. 2005. Chron. 2297, n° 17* ; C. Saint-Alary-Houin, La procédure de conciliation, *RPC 2006. 169, n° 47*).

Par ailleurs, avant la réforme de 2008, même en cas d'accord homologué, l'article L. 611-10 ne bénéficiait qu'aux coobligés et aux personnes ayant consenti un cautionnement ou une garantie autonome. La protection était donc, bien qu'étendue par rapport au droit antérieur, encore restreinte. Elle ne concernait, par exemple, pas la garantie selon la technique de la délégation imparfaite, qui n'est pas assimilable juridiquement à une garantie autonome (R. Dammann, La situation des banques, titulaires de sûretés, après la loi de sauvegarde des entreprises, *Banque et Dr. 9-10/2005, p. 16, spéc. p. 17*), laquelle est définie par le nouvel art. 2321 du code civil, issu de l'ordonnance du 23 mars 2006, comme « l'engagement par lequel le garant s'oblige, en considération d'une obligation souscrite par un tiers, à verser une somme soit à première demande, soit suivant des modalités convenues ». Pour cette raison, et toujours dans le souci de rendre la conciliation encore plus attractive, le texte nouveau, par une formulation générique (V., sur la portée des énoncés généraux de la règle de droit en matière de sûreté, N. Borga, L'ordre public et les sûretés conventionnelles, Contribution à l'étude de la diversité des sûretés, *Dalloz, 2009, n°s 367 et 425*), couvre désormais toutes les sûretés, dont la fiducie, en visant « les personnes coobligées ou ayant consenti une sûreté personnelle ou ayant affecté ou cédé un bien en garantie » (s'agissant de la délégation imparfaite, cependant, la nouvelle définition n'ôte pas tout doute ; de même que pour la promesse de porte-fort exécution : V. J.-D. Pellier, La poursuite de la construction d'un régime des sûretés pour autrui, *D. 2014. Chron. 1054* ; D. Legeais, *RDBF 2008, n° 67* ; en revanche, il n'est pas discutable que les associés répondant indéfiniment des dettes sociales ne sauraient en bénéficier : V. P.-M. Le Corre, Droit et pratique des procédures collectives, *Dalloz Action, 2023/2024, 144.442*).

Comme avant 2008, le texte reste cependant cohérent avec le dispositif prévu en cas d'adoption d'un plan de sauvegarde (art. L. 626-11 ; V. comm. ss. cet art.), étendu dans les mêmes termes. Mais, moyennant toujours cet avantage supplémentaire à la conciliation, par rapport au plan de sauvegarde, puisque, faute de distinction ici, l'accord devrait profiter aux personnes morales aussi bien qu'aux personnes physiques (pour une critique de cette différence de traitement, V. P. Crocq, Réforme des procédures collectives et sort des créanciers munis de sûretés, *Dr. et patr., mars 2006, p. 90, spéc. p. 93*).

Notons que l'obligation de confidentialité (V. art. L. 611-15) risque de créer un problème s'agissant de l'information des cautions : le créancier doit-il informer les cautions sur la base des sommes réellement dues par le débiteur, du fait des remises consenties ? Selon le professeur Pierre-Michel Le Corre, répondre positivement consacrerait la déloyauté du créancier à l'égard des cautions (par hypothèse, non appelées à la conciliation) qui peuvent bénéficier de la conciliation homologuée et notamment des remises accordées dans l'accord de conciliation.

Pour le même auteur, par ailleurs, il ne devrait pas être possible de faire renoncer les coobligés, cautions et garants au bénéfice de l'accord de conciliation homologué. En revanche, faute, là, de texte impératif, cette renonciation paraissait concevable, avant la réforme de 2008, dans le cadre d'un accord de conciliation simplement constaté, mais plus depuis que l'ordonnance du 18 décembre 2008 a aligné le sort des garants d'un débiteur ayant obtenu un accord constaté sur ceux d'un débiteur ayant obtenu l'homologation de ce même accord (P.-M. Le Corre, Droit et pratique des procédures collectives, *Dalloz Action, 2023/2024, 144.442*).

Faute de précision expresse jusque-là, les délais de grâce accordés au débiteur pendant la procédure de conciliation ne profitaient pas aux garants. L'ordonnance du 12 mars 2014 vient réparer cette lacune en leur permettant explicitement de se prévaloir des mesures accordées au débiteur en application du cinquième alinéa de l'article L. 611-7. Et l'ordonnance du 15 septembre 2021 en fait de même, s'agissant des délais de paiement accordés après obtention d'un accord de conciliation, en application de l'alinéa 2 de l'article L. 611-10-1.

II. LEVÉE DE L'INTERDICTION D'ÉMETTRE DES CHÈQUES

L'article L. 611-10-2, alinéa 2, a repris, à l'identique, le texte de l'article L. 611-10 antérieur. Dans le souci de faciliter la poursuite de la vie professionnelle du débiteur étant parvenu à conclure un accord, cette disposition fait de l'homologation de l'accord une cause de levée de plein droit de l'interdiction d'émettre des chèques trouvant sa source dans un incident de paiement antérieur à l'ouverture de la procédure de conciliation. Une mesure identique est prévue en cas de sauvegarde ou redressement judiciaire (V. art. L. 626-13). Les modalités de la demande tendant à la levée de l'interdiction d'émission sont prévues par l'article R. 611-45.

Afin d'adapter le régime à l'entrepreneur individuel à responsabilité limitée, l'ordonnance du 9 décembre 2010 est venue préciser que la levée de l'interdiction ne visait que les comptes afférents au patrimoine visé par la procédure. Il s'agit là d'une application de la règle générale « un débiteur = un patrimoine » (affecté ou non ; V. ss. art. L. 680-2). ❑

Art. L. 611-10-3 *(Ord. n° 2008-1345 du 18 déc. 2008, art. 7)* **Saisi par l'une des parties à l'accord constaté, le président du tribunal, s'il constate l'inexécution des engagements résultant de cet accord, prononce la résolution de celui-ci.**

Dans les mêmes conditions, le tribunal prononce la résolution de l'accord homologué.

Le président du tribunal ou le tribunal qui décide la résolution de l'accord peut aussi prononcer la déchéance de tout délai de paiement accordé en application du cinquième alinéa de l'article L. 611-7 *(Ord. n° 2014-326 du 12 mars 2014, art. 10, en vigueur le 1er juill. 2014)* **« ou du second alinéa de l'article L. 611-10-1 ».**

V. art. R. 611-46.

BIBL. ▸ RAVENNE, *RPC 2009. Étude 30* (résolution de l'accord).

COMMENTAIRE

RÉSOLUTION DE L'ACCORD

L'article L. 611-10-3, création de l'ordonnance du 18 décembre 2008, reprend, en les aménageant, les dispositions qui figuraient auparavant au dernier alinéa de l'article L. 611-10.

Là encore, dans le souci constant de ne pas détourner de l'accord constaté qui a les faveurs des parties (V. aussi art. L. 611-10-1 et L. 611-10-2), l'ordonnance a aligné le régime de ce dernier et celui de l'accord homologué.

Ainsi, depuis la réforme de 2008, désormais, tout comme l'accord homologué, dont la résolution ne peut être prononcée que par le tribunal, l'accord constaté est de plein droit résolu, par le président du tribunal, si celui-ci constate l'inexécution des engagements. Autrement dit, comme avant, saisi par l'une des parties, le tribunal doit prononcer la résolution de l'accord en cas d'inexécution des engagements résultant de l'accord (V. art. R. 611-46 ; sur la question de savoir si le tribunal ou son président garde un pouvoir d'appréciation, V. F. Macorig-Venier, *RTD com. 2009. 436* ✎, *spéc. 445*). Si le débiteur est alors en cessation des paiements (ce qui est vraisemblable), il devra « déposer le bilan ». L'article L. 631-4 ou, le cas échéant, l'article L. 640-4 s'appliquera. Il dispose, pour cela, du délai de droit commun de quarante-cinq jours. Dans ce délai, le débiteur devrait normalement (du moins en théorie) disposer à nouveau de l'option entre une procédure de redressement judiciaire ou une procédure de conciliation. Sous la réserve, toutefois, introduite par l'ordonnance du 18 décembre 2008 à l'article L. 611-6, que la nouvelle conciliation n'intervienne pas dans les trois mois de la première. On imagine cependant assez mal, de toute manière, que le même tribunal ouvre une nouvelle procédure de ce dernier type. Si le débiteur n'est pas en état de cessation des paiements, il pourrait, du moins en théorie, demander l'ouverture d'une procédure de sauvegarde. La décision prononçant la résolution est publiée au *BODACC* (art. R. 611-46).

Il a été observé que le choix par le législateur de la résiliation, plutôt que de la résolution, eût peut-être été plus opportun, en ce sens que l'absence d'effet rétroactif eût évité de « reconstituer » rétrospectivement la cessation des paiements, sécurisant ainsi, dès la recherche d'un plan de sauvetage, la situation du chef d'entreprise (S. Giulj, Du redressement amiable prolongé au redressement judiciaire anticipé, *JCP E 2003, n° 51-52, p. 2029*). Mais il serait sans doute plus sage de considérer que la résolution n'atteint que les effets de l'homologation pour l'avenir, et que le constat par le tribunal d'une absence de cessation des paiements empêche la fixation d'une date de cessation des paiements antérieure (V. P. Le Cannu et D. Robine, Droit des entreprises en difficulté, *Dalloz, 9e éd., 2022, n° 923*). Pas de risque, en revanche, s'agissant des concours bancaires accordés dans l'accord, puisque l'immunité de l'article L. 650-1 s'applique dans tous les cas.

Quant à la déchéance des délais de paiement accordés résultant de la résolution, le nouveau texte a introduit une souplesse. Alors que, avant 2008, la déchéance était, elle aussi, automatiquement prononcée, l'article L. 611-10-3, dernier alinéa, laisse une marge d'appréciation au juge : le président ou le tribunal qui décide la résolution a seulement la faculté de prononcer aussi la déchéance de tout délai de paiement accordé en cours de procédure de conciliation. Et, fort logiquement, l'ordonnance du 12 mars 2014 a étendu la faculté du tribunal de prononcer la déchéance des délais de paiement à ceux qui peuvent désormais être accordés au débiteur en cours d'exécution de l'accord (V. art. L. 611-10-1, al. 2).

Ajoutons que la déchéance des délais de paiement accordés devrait entraîner également l'anéantissement des remises accordées (F. Macorig-Venier, *RTD com. 2005. 834* ; *Contra* : C. Saint-Alary-Houin, La procédure de conciliation, *RPC 2006. 169, n° 41*).

Le nouvel article L. 611-10-4, ajouté par l'ordonnance du 15 septembre 2021, précise, par ailleurs, désormais, pour les procédures ouvertes à compter du 1er octobre 2021, que la caducité ou la résolution de l'accord amiable ne prive pas d'effets les clauses dont l'objet est d'en organiser les conséquences.

Notons, pour finir, que la Cour de cassation a admis que la résolution de l'accord peut également intervenir de plein droit par l'effet d'une clause résolutoire insérée dans l'accord (Com. 27 sept. 2017). ❑

Art. L. 611-10-4 *(Ord. n° 2021-1193 du 15 sept. 2021, art. 8, en vigueur le 1er oct. 2021)* **La caducité ou la résolution de l'accord amiable ne prive pas d'effets les clauses dont l'objet est d'en organiser les conséquences.**

Pour les dispositions transitoires de l'Ord. n° 2021-1193 du 15 sept. 2021, V. note ss. art. L. 611-2.

BIBL. ▶ PODEUR, *D. 2022. Chron. 802* (comment aménager la caducité des accords de conciliation résultant de l'ouverture d'une procédure collective ?).

COMMENTAIRE

L'article L. 611-10-4, ajouté par l'ordonnance du 15 septembre 2021, pour les procédures ouvertes à compter du 1er octobre 2021, paraît de nature à faire obstacle à la jurisprudence très critiquée de la Cour de cassation, selon laquelle lorsqu'il est mis fin de plein droit à un accord de conciliation en raison de l'ouverture d'une procédure de sauvegarde, de redressement judiciaire ou de liquidation judiciaire du débiteur, le créancier qui a consenti à celui-ci des délais ou des remises de dettes dans le cadre de l'accord de conciliation recouvre l'intégralité de ses créances et des sûretés qui les garantissaient, sans conserver le bénéfice des nouvelles sûretés obtenues dans le cadre de l'accord (V. Com. 25 sept. 2019 : *cité note 3 ss. art. L. 611-12*).

Ainsi, seront maintenues les clauses aménageant les conséquences d'une caducité de l'accord, pour prévoir, par exemple, le maintien des nouvelles sûretés consenties (ce qui n'empêchera pas, comme le relèvent deux auteurs, le risque de contestation en cas de déséquilibre marqué au profit d'un créancier : N. Borga et J. Théron, Ordonnance du 15 septembre 2021 réformant le droit des entreprises en difficulté, un tournant ?, *D. 2021. 1773* ; sur la portée de ce texte, V. G. Podeur, Comment aménager la caducité des accords de conciliation résultant de l'ouverture d'une procédure collective ?, *D. 2022. 802*). Un arrêt ultérieur, du 26 octobre 2022, permet d'évaluer la portée de cette intervention législative (V. comm. ss. art. L. 611-12). ❑

Art. L. 611-11 *(Ord. n° 2008-1345 du 18 déc. 2008, art. 8)* **« En cas d'ouverture d'une procédure de sauvegarde, de redressement judiciaire ou de liquidation judiciaire, les personnes qui avaient consenti,** *(Ord. n° 2014-326 du 12 mars 2014, art. 11-1°, en* *vigueur le 1er juill. 2014)* **« dans le cadre d'une procédure de conciliation ayant donné lieu à l'accord homologué » mentionné au II de l'article L. 611-8, un nouvel apport en trésorerie au débiteur en vue d'assurer la poursuite d'activité de l'entreprise et sa pérennité, sont payées, pour le montant de cet apport, par privilège avant toutes les autres créances, selon le rang prévu au II de l'article L. 622-17 et au** *(Ord. n° 2021-1193 du 15 sept. 2021, art. 9, en vigueur le 1er oct. 2021)* **« I de l'article L. 643-8** *[ancienne rédaction : II de l'article L. 641-13]* **». Les personnes qui fournissent,** *(Ord. n° 2014-326 du 12 mars 2014, art. 11-2°, en vigueur le 1er juill. 2014)* **« dans le même cadre », un nouveau bien ou service en vue d'assurer la poursuite d'activité de l'entreprise et sa pérennité bénéficient du même privilège pour le prix de ce bien ou de ce service. »**

(L. n° 2005-845 du 26 juill. 2005, art. 8) **« Cette disposition ne s'applique pas aux apports consentis par les actionnaires et associés du débiteur dans le cadre d'une augmentation de capital.**

« Les créanciers signataires de l'accord ne peuvent bénéficier directement ou indirectement de cette disposition au titre de leurs concours antérieurs à l'ouverture de la conciliation. »

Pour les dispositions transitoires de l'Ord. n° 2021-1193 du 15 sept. 2021, V. note ss. art. L. 611-2.

BIBL. ▶ Le Corre, *Gaz. Pal. 2005. Doctr. 2966 ; ibid. 2014. 614* (privilège de la conciliation : questions-réponses). – Laurent et Assant, *JCP 2008. I. 157.* - Henry, *RPC 2008. Étude 15.* – Hameau, *Journ. sociétés 3/2012. 40.* – Fernández Torres et Monsèrié-Bon, *RPC 2012. Étude 28* (regards croisés France/Espagne). – F.-X. Lucas et Pérochon, *BJE 2012. 341* (argent frais : paiement hors plan ou selon le plan ?) ; *ibid. 2015. 192* (possibilité d'imposer des délais ou remises dans le cadre du plan). – Douaoui-Chamseddine, *RLDA févr. 2021. 30* (la créance d'argent frais d'un prêt garanti par l'État peut-elle bénéficier du privilège de *new money* ou de *post money* et de la garantie de l'État ?).

Ancien art. L. 611-11 (al. 1er) *[réd. issue de L. n° 2005-845 du 26 juill. 2005]* ***En cas d'ouverture d'une procédure de sauvegarde, de redressement ou de liquidation judiciaire subséquente, les personnes qui avaient consenti, dans l'accord homologué mentionné au II de l'article L. 611-8, un nouvel apport en trésorerie au débiteur en vue d'assurer la poursuite d'activité de l'entreprise et sa pérennité sont payées, pour le montant de cet apport, par privilège avant toutes créances nées antérieurement à l'ouverture de la conciliation, selon le rang prévu au II de l'article L. 622-17 et au II de l'article L. 641-13. Dans les mêmes conditions, les personnes qui fournissent, dans l'accord homologué, un nouveau bien ou service en vue d'assurer la poursuite d'activité de l'entreprise et sa pérennité sont payées, pour le prix de ce bien ou de ce service, par privilège avant toutes créances nées avant l'ouverture de la conciliation.***

COMMENTAIRE

I. PRIORITÉ DE PAIEMENT

A. ESPRIT DU PRIVILÈGE

Afin d'inciter les créanciers à financer la restructuration, la loi du 26 juillet 2005 a accordé une priorité de paiement, en cas d'échec de la conciliation et d'ouverture d'une procédure de sauvegarde, de redressement ou de liquidation judiciaires subséquente (terme qu'a supprimé l'ordonnance du 18 décembre 2008, sans que cette retouche n'entraîne d'effet particulier), selon la définition remaniée par l'Assemblée nationale après une longue discussion et de nombreux amendements, puis affinée encore par le Sénat et la Commission mixte paritaire, « aux personnes qui avaient consenti, dans l'accord homologué [...], un nouvel apport en trésorerie au débiteur en vue d'assurer la poursuite d'activité de l'entreprise et sa pérennité » ainsi qu'à celles « qui fournissent, dans l'accord homologué, un nouveau bien ou service en vue d'assurer la poursuite d'activité de l'entreprise et sa pérennité ». Selon la formule un peu remaniée en 2008, ces personnes se verront payées pour le montant de cet apport, ou pour le prix de ce bien ou de ce service, par privilège avant toutes les autres créances, « selon le rang prévu au II de l'article L. 622-17 et au II de l'article L. 641-13 ». Il s'agit là, bien sûr, d'une transposition à la procédure de conciliation de la faveur accordée aux créanciers de la procédure collective par les nouveaux articles L. 622-17 et L. 641-13, fruits de l'éclatement de l'ancien article L. 621-32, lui-même héritier du fameux « article 40 » de la loi de 1985. L'article L. 611-11 renvoie d'ailleurs expressément au « rang prévu au II de l'article L. 622-17 et au II de l'article L. 641-13 ». Et il résulte de ces derniers articles que, dans l'ordre de paiement à défaut de règlement à l'échéance, les « créanciers de la procédure de conciliation » primeront les « créanciers de la procédure de redressement ou de liquidation judiciaires » (V. ss. art. L. 622-17).

Ce dispositif, très critiqué par l'opposition parlementaire, a été validé par le Conseil constitutionnel, qui l'a jugé conforme au principe d'égalité (Décis. n° 2005-522 DC, 22 juill. 2005, *LPA 4 août 2005, p. 14, note J.-E. Schoettl* ; A. Reygrobellet, Brefs propos sur la décision du Conseil constitutionnel rejetant les recours contre la loi de sauvegarde, *in* Regards croisés de praticiens sur la loi de sauvegarde, *LPA 17 févr. 2006, p. 58*).

Mais, en pratique, l'avantage risque parfois illusoire, comme l'ont souligné des auteurs dès l'avant-projet de loi (J.-L. Vallens, Réforme des procédures collectives : premier commentaire de l'avant-projet de loi, *Bull. act. Lamy Droit commercial, nov. 2003, p. 1* ; C. Léguevaques, La réforme du droit des entreprises en difficulté [à propos de l'avant-projet de février 2004], *LPA 23 juin 2004*). En particulier, en raison de la supériorité d'un éventuel droit de rétention, à laquelle les créanciers privilégiés pourraient se heurter (P. Crocq, Réforme des procédures collectives et sort des créanciers munis de sûretés, *Dr. et patr. 3/2006, p. 90, spéc. p. 91*). Aussi, afin de renforcer la protection de ces créanciers, un autre auteur avait-il proposé qu'il soit interdit de payer une créance née après le jugement d'ouverture tant que les créanciers titulaires du droit de priorité de l'article L. 611-11 n'ont pas été payés (P.-M. Le Corre, La situation générale du débiteur et des créanciers dans l'avant-projet de réforme des entreprises en difficulté, *Gaz. Pal. 10-11 déc. 2003, p. 25, 2e partie, n° 8*). Mais telle, on l'a vu, n'est pas l'option finalement choisie par le législateur de 2005. Tout doute sur ce point a été levé par une retouche apportée par le Sénat, précisant que le paiement privilégié intervient « selon le rang prévu au II de l'article L. 622-17 et au II de l'article L. 641-13 [désormais, depuis l'ordonnance du 15 septembre 2021, le « I de l'article L. 643-8 » (alors que la rédaction issu de l'Assemblée nationale parlait d'un paiement « dans les conditions prévues aux articles L. 622-15 [L. 622-17] et L. 641-13 ») : pas question donc d'apurer, dès l'ouverture de la procédure, les dettes souscrites au cours de la phase de prévention (Rappr., à propos du projet de loi, B. Soinne, La réforme des procédures collectives : la confusion des objectifs et des procédures, *RPC 2004, p. 1, n°* 5 ; une décision illustre bien cette limite : T. com. Paris, 5 déc. 2011 : *LEDEN 2/2012. 5, obs. Borga*).

Les créanciers titulaires du privilège de conciliation primeront, à la fois, les créances antérieures à la conciliation, expression malheureuse qu'employait l'article issue de la loi de 2005 (V. Y. Chaput, Une nouvelle architecture du droit français des procédures collectives, *JCP 2005. I. 184, n° 26*), les créances postérieures à l'ouverture de la procédure collective, mais aussi les créances nées dans l'intervalle, entre l'accord de conciliation et le jugement d'ouverture. Ce qui apparaissait déjà logique après la loi de sauvegarde des entreprises (V. Ph. Pétel, Le nouveau droit des entreprises en difficulté, *JCP E 2005, n° 42, p. 1730, spéc. n° 80* ; A. Charvériat et S. Martin, Réforme des procédures collectives, *Dossiers pratiques Francis Lefebvre, 2006, n° 563* ; J. Stoufflet et N. Mathey, *préc., n° 20*), et qui s'impose absolument après l'ordonnance de 2008, qui a gommé cette référence malencontreuse aux « créances nées antérieurement à l'ouverture de la conciliation ». Pour autant, demeuraient des incertitudes nuisibles, qui expliquent en partie le peu de succès du mécanisme constaté après dix-huit mois d'application. Notamment en cas de plan de sauvegarde ou de redressement, les banquiers craignaient que le tribunal puisse imposer, au lieu du paiement à l'échéance, un remboursement sur dix ans *(Les Échos, 15 oct. 2007, p. 31* ; sur cette question, V. Argent frais : paiement hors plan ou selon le plan ?, Controverse entre F.-X. Lucas et F. Pérochon, *BJE 2012. 341*), crainte confirmée par un premier jugement ayant considéré que le créancier n'échappait pas à la règle de l'interdiction des paiements, était soumis aux délais du plan et ne bénéficiait de son privilège que dans le cadre d'une répartition d'actif (T. com. La Roche-sur-Yon, 17 oct. 2012 : *cité note 2* ; V., par ailleurs, pour un exemple de recours, s'agissant d'un groupe de sociétés en difficulté, à une fiducie-sûreté portant sur les titres de sociétés civiles, afin de garantir le remboursement d'une créance de « new money », couplée avec une fiducie-gestion destinée à garantir l'affectation partielle de la trésorerie générée par le groupe aux filiales nécessiteuses, R. Dammann et D. Valdman, Sauvetage d'un groupe de sociétés grâce à une double fiducie, *Gaz. Pal. 27-28 juill. 2011, p. 5*). Mais l'ordonnance du 12 mars 2014 est venue contrecarrer cette solution en ajoutant, à l'article L. 626-20, à la liste des créances ne pouvant faire l'objet de remises ou de délais non consentis les créances garanties par le privilège de conciliation (V. art. L. 626-20).

Notons encore que la cour d'appel de Paris a considéré que le privilège de conciliation survivait à la résolution du plan, en ce sens qu'il pouvait être invoqué dans la liquidation judiciaire ouverte après résolution du plan de sauvegarde (Paris, 6 oct. 2017 : *cité note 4*).

Quoi qu'il en soit, les créanciers titulaires du privilège devront déclarer leur créance dans la procédure collective subséquente, avec mention de ce privilège sous peine de ne pouvoir l'opposer, conformément à l'article L. 622-25.

B. DOMAINE DU PRIVILÈGE

Ce privilège ne doit concerner que les liquidités réellement apportées et utilisables immédiatement par l'entreprise, à l'exclusion de tout rééchelonnement ou réduction de dettes antérieures, de toute promesse conditionnelle. Pour cette raison, et afin d'ôter tout doute sur ce point (qui avait fait débat du temps du projet de loi : V. E. Jouffin, Le lancinant mouvement de balancier des procédures collectives, présentation de la seconde version de l'avant-projet de loi de sauvegarde des entreprises, *Cahiers de l'actualité Rép. com. Dalloz, mars 2004*), les députés ont substitué aux termes « crédit » et « avance », prévus par le texte soumis à l'Assemblée nationale, qui pouvaient sembler accorder également ce privilège à une promesse de mise à disposition de fonds ou à une garantie, l'expression « apport en trésorerie », qui signifie bien que l'apport des créanciers visé doit être « liquide » (pour une critique de cette approche trop restrictive, compte tenu notamment de l'utilité des simples promesses de découvert, V. R. Bonhomme, La place des établissements de crédit dans les nouvelles procédures collectives, *Mél. B. Bouloc, Dalloz, 2006, p. 59, n° 7*). De sorte que, rapporté à la notion de cessation des paiements, l'article L. 611-11, comme l'a fait remarquer un auteur, consacre la conception légaliste de celle-ci puisqu'il limite l'actif disponible aux seuls fonds nouveaux sans tenir compte des autres formes de crédit accordées à l'entreprise, délais ou garanties (V. Martineau-Bourgninaud, Le spectre de la cessation des paiements dans le projet de loi de sauvegarde des entreprises, *D. 2005. Chron. 1356, n° 15* ✎).

Et, afin de renforcer encore cette volonté de ne privilégier que « l'argent frais », le texte prend soin d'interdire expressément aux signataires de l'accord de bénéficier directement ou indirectement du privilège au titre de leurs « concours antérieurs à l'ouverture de la conciliation. » L'explication de cette précision, qui peut sembler redondante, donnée par l'avis rendu par la Commission des finances du Sénat (n° 355), est « d'éviter qu'un créancier antérieur puisse obtenir le remboursement d'une dette antérieure pour allouer un « vrai faux » nouveau concours similaire mais à des conditions plus onéreuses » (ce qui viserait le « refinancement » ou le « recyclage de dettes »). Précaution législative qui ne paraît cependant pas susceptible de priver du privilège un nouveau créancier qui aurait avancé au débiteur les fonds nécessaires pour éteindre, sans subrogation, une créance antérieure (Ph. Pétel, Le nouveau droit des entreprises en difficulté, *JCP E 2005, n° 42, p. 1730, spéc. n° 77*).

En application de cette disposition, il a été jugé que le privilège ne peut bénéficier aux créanciers qui avaient accordé des concours antérieurement à la procédure de conciliation, quand bien même, alors que le débiteur étant constitué d'un groupe de sociétés, ces concours auraient été, dans le cadre de l'accord de conciliation, transférés à d'autres sociétés du groupe que celles à qui ils avaient été initialement octroyés (Montpellier, 2 févr. 2010 : *V. note 1*).

Quoi qu'il en soit, seul l'apport nouveau est privilégié, non l'ensemble de la créance. En revanche, l'augmentation du montant d'un découvert d'un compte préexistant à l'ouverture de la conciliation devrait profiter du privilège, dès lors qu'il s'agit bien d'argent frais, interprétation au demeurant renforcée par la position de la Cour de cassation selon laquelle l'ouverture de crédit constitue une promesse de prêt donnant naissance à un prêt à concurrence des fonds utilisés par le client (Com. 21 janv. 2004 : *D. 2004. 1149, note Jamin* ✎ ; P.-M. Le Corre, Le privilège de conciliation, *Gaz. Pal. 7-8 sept. 2005, p. 50, spéc. p. 53*).

L'apport en trésorerie doit donc avoir pour finalité « la poursuite d'activité » ; sous cette condition fondamentale, le privilège n'est nullement réservé aux établissements de crédit ; et il joue pareillement quelles que soient la cause de l'opération – à titre onéreux ou à titre gratuit – ou ses modalités – court terme, moyen terme, etc. (A. Jacquemont, La future procédure de conciliation : une attractivité nouvelle pour l'entreprise en difficulté et ses créanciers, *RPC 2004, p. 290, n° 16* ; à l'exclusion, toutefois, selon cet auteur, des crédits servant à financer les investissements : A. Jacquemont, *J.-Cl. com., fasc. 2030, n° 35*). La condition liée à « la poursuite d'activité » de l'entreprise semble, en revanche, exclure les crédits à la consommation, les crédits immobiliers d'habitation et les contrats de location avec option d'achat consentis pour des besoins extraprofessionnels (P.-M. Le Corre, Le privilège de conciliation, *préc., spéc. p. 52*).

Ce privilège, comme le précise expressément l'article L. 611-11, alinéa 2, ne saurait profiter aux apports consentis par les actionnaires et associés de la société débitrice dans le cadre d'une augmentation de capital, qui ne s'analyse pas juridiquement comme un prêt. Ce dont il faudrait déduire, *a contrario*, qu'en bénéficient les apports financiers réalisés par un actionnaire sur son compte courant (correspondant bien à de l'argent frais ; V. P.-M. Le Corre, Premiers regards sur la loi de sauvegarde des entreprises, *D. 2005. Chron. 2297, n° 62*).

L'autre finalité imposée par la loi (assurer la « pérennité » de l'entreprise), conçue littéralement comme une condition cumulative avec la première, soulève aussi des questions. Comment juger de la pérennité sans aucun recul, cette notion supposant, sinon que l'entreprise dure toujours, du moins qu'elle dure très longtemps ? Certes, la loi demande seulement que la pérennité de l'entreprise ait animé le dispensateur de crédit...

Quant aux fournisseurs, il convient de préciser que le privilège leur est accordé indépendamment de tout octroi de délai ou de facilités de paiement au débiteur, dès lors que les nouveaux biens ou services sont destinés à assurer la poursuite d'activité de l'entreprise et sa pérennité (P.-M. Le Corre, Premiers regards sur la loi de sauvegarde des entreprises, *préc.*).

L'ordonnance du 12 mars 2014 est opportunément venue viser aussi les crédits ou avances consentis « dans le cadre d'une procédure de conciliation ayant donné lieu à l'accord homologué ». Se trouve ainsi réglée une question qui avait embarrassé auparavant la pratique et la doctrine, s'agissant du sort des crédits ou avances consentis pendant la négociation, c'est-à-dire avant l'accord. La prudence conduisait alors, dans la crainte que ne prévale une interprétation littérale du texte, à mentionner formellement ces crédits et avances dans l'accord final, en précisant leur affectation, de même que la valeur en principal des créances privilégiées ainsi que le taux d'intérêt pour les prêts ou avances (V. comm. dans l'éd. 2014).

Cette définition très restrictive du privilège risque de nuire aux débiteurs, et donc au succès même de la procédure de conciliation, dès lors que les créanciers se voient peu incités à accorder des délais de paiement, faute de contrepartie, d'autant plus que les éventuelles garanties qui pourraient leur être consenties ne seraient sécurisées contre les nullités de la période suspecte qu'à condition que l'accord soit en définitive homologué, ce qui ne sera pas forcément le cas. De plus l'incertitude à cet égard peut durer puisque la publication du jugement d'homologation peut prendre plus d'un mois (V. comm. ss. art. L. 611-8). En ce sens, le privilège de la conciliation a pu être qualifié d'illusoire, avec le recul de dix-huit mois d'application, révélant, au rebours des prévisions du législateur, la préférence des créanciers donnée à la confidentialité de l'accord, quitte à ne pas bénéficier alors du privilège. Il s'agirait alors bien là d'un « effet pervers » de la loi, sachant que certains créanciers, conscients de la fragilité du privilège, en viennent à exiger du débiteur l'ouverture d'une procédure collective avant de consentir un crédit ou de nouvelles fournitures, estimant encore plus sûre la garantie par le privilège de procédure accordé aux créanciers « méritants » par l'article L. 622-17 (V. J.-L. Vallens, Les « effets pervers » de la loi de sauvegarde des entreprises, *RTD com. 2007. 605*). Rappelons, à cet égard, que la loi du 2 janvier 2014 avait habilité le gouvernement à prendre des mesures par ordonnance afin « de faciliter la recherche de nouveaux financements de l'entreprise bénéficiant d'une procédure de conciliation et d'améliorer les garanties pouvant s'y rattacher, sans porter atteinte aux intérêts de l'association pour la gestion du régime de garantie des créances des salariés ni remettre en cause le privilège des créances des salariés » (L. n° 2014-1 du 2 janv. 2014, art. 2, 2°). Mais finalement, malgré d'audacieuses propositions doctrinales à cet égard (V. P.-M. Le Corre, En avant pour une nouvelle réforme de la loi de sauvegarde, *LPA, 9 déc. 2013, p. 3*), l'ordonnance du 12 mars 2014 s'est contentée d'introduire une exception à la règle des délais uniformes de paiement imposés aux créanciers récalcitrants dont l'échéance de la créance n'excède pas la durée du plan (V. art. L. 626-20), une protection complémentaire ayant été ultérieurement apportée, en cas de comités de créanciers, par la loi du 18 novembre 2016.

Toutefois, il faut remarquer que ne devrait pas pouvoir être étendue à la priorité de paiement des créanciers de la procédure de conciliation la jurisprudence, rendue à propos de la priorité de paiement profitant aux créanciers de la période d'observation, qui avait refusé de qualifier celle-ci de « privilège » (Com. 5 févr. 2002 : V. note *1 ss. anc. art. L. 621-32* ; sur les implications de ce refus, V. F. Pérochon et R. Bonhomme, Entreprises en difficulté, Instruments de crédit et de paiement, *LGDJ, 6e éd., 2003, nos 225-1 s.*). En effet, le législateur, dans le présent article L. 611-11, parle bien de payement « par privilège ». Son intention était vraisemblablement de faire échec à cette jurisprudence fort critiquée. Et, afin de rendre caduque, de manière générale, cette solution de la Cour de cassation, la loi modifie également le texte des dispositions désormais contenues dans les articles L. 622-17 et L. 641-13, qui parlent pareillement de « privilège ».

Il en résulte que ce « privilège » des créanciers de la procédure de conciliation survit à la « caducité » de plein droit causée par l'ouverture d'une procédure de sauvegarde, de redressement ou de liquidation judiciaires à l'égard du débiteur (V. art. L. 611-12).

II. CUMUL AVEC UNE AUTRE GARANTIE

Le bénéfice du privilège d'argent frais est-il exclusif de la prise d'une autre garantie ? Le texte ne dit rien à ce sujet. La difficulté ne viendrait pas tant de l'existence d'un cautionnement donné par un tiers, mais d'une sûreté réelle sur les biens du débiteur, qui avantagerait le créancier bénéficiaire, tant par rapport aux autres créanciers privilégiés, que par rapport aux créanciers non signataires. Un auteur suggère alors deux pistes : la non-homologation de l'accord en raison d'une atteinte portée aux intérêts des créanciers non signataires (art. L. 611-8, 3°) et la responsabilité pour garantie disproportionnée (art. L. 650-1 : V. P. Bouteiller, La loi relative à la sauvegarde des entreprises (1re partie), *Bull. act. Lamy droit du financement, nov. 2005, spéc. p. 5*), cette dernière étant peu probable en raison de l'effet de purge de l'homologation. ❑

1. Le privilège institué par l'art. L. 611-11 ne bénéficie pas aux créanciers qui ont accordé des concours antérieurement à la procédure de conciliation, quand bien même, alors que le débiteur étant constitué d'un groupe de sociétés, ces concours auraient été, dans le cadre de l'accord de conciliation, transférés à d'autres sociétés du groupe que celles à qui ils avaient été initialement octroyés. • Montpellier, 2 févr. 2010 : *BICC 2010, n° 1380 ; JCP E 2010. 1875, note Lebel.*

2. Les créances de l'art. L. 611-11, dès lors qu'elles sont antérieures au jugement d'ouverture de la procédure collective subséquente, sont soumises au principe de l'interdiction de paiement dans le cadre de la période d'observation. • T. com. La Roche-sur-Yon, 17 oct. 2012 : *LEDEN 10/2012. 1, obs. F.-X. Lucas.*

3. En ce sens qu'un créancier est recevable à interjeter appel du jugement d'homologation d'un accord de conciliation en vue de faire préciser par celui-ci les montants garantis par le privilège de l'art. L. 611-11, V. • Rennes, 1er déc. 2015, n° 14/01667 : *LEDEN 2/2016. 1, obs. F.-X. Lucas.*

4. Sur le sort du privilège de l'art. L. 611-11 en cas d'ouverture d'une procédure de liquidation judiciaire consécutivement à la résolution du plan de sauvegarde, V. • Paris, 6 oct. 2017, n° 16/20078 : *RTD com. 2018. 461, obs. Macorig-Venier ; RJDA 2018, n° 141.*

Art. L. 611-12 *(L. n° 2005-845 du 26 juill. 2005, art. 9)* **L'ouverture d'une procédure de sauvegarde, de redressement judiciaire ou de liquidation judiciaire met fin de plein droit à l'accord constaté ou homologué en application de l'article L. 611-8. En ce cas, les créanciers recouvrent l'intégralité de leurs créances et sûretés, déduction faite des sommes perçues, sans préjudice des dispositions prévues à l'article L. 611-11.**

BIBL. ▸ V. ss. art. L. 611-10-3.

COMMENTAIRE

Sous l'empire du texte antérieur à la loi de 2005, le redressement ou la liquidation judiciaires du débiteur entraînait la résolution judiciaire de l'accord (art. L. 621-3), bien que, dans cette hypothèse, le tribunal n'eût pas de pouvoir d'appréciation. L'article L. 611-12 prévoit, lui, que l'ouverture d'une procédure collective « met fin de plein droit à l'accord constaté ou homologué ». L'accord ne cesse donc de produire des effets que pour l'avenir. Sans rétroactivité. En réalité, l'accord est donc caduc (V. S. Ravenne, La résolution de l'accord de conciliation, *RPC 2009. Étude 30*). Ce qui veut dire que le tribunal n'a pas à « prononcer » la résolution de l'accord. C'est le sens de l'expression « de plein droit » ajoutée par le Sénat, qui vient ôter tout doute sur ce point (V., auparavant, A. Jacquemont, La future procédure de conciliation : une attractivité nouvelle pour l'entreprise en difficulté et ses créanciers, *RPC 2004, p. 290, n° 31*). La notion de caducité correspond mieux à la situation, car il n'y avait pas de raison de revenir sur les effets générés par l'accord avant l'ouverture de la procédure de sauvegarde, de redressement ou de liquidation judiciaires. La caducité se définit, rappelons-le, comme l'état d'un acte juridique valable mais privé d'effet en raison de la survenance d'un fait postérieurement à sa création (Lexique des termes juridiques, *Dalloz*).

Quant au sort des créanciers, l'article L. 611-12 présente une différence essentielle par rapport à l'ancien article L. 621-3 : les créanciers, même titulaires d'une sûreté, sont primés par les « créanciers de la procédure de conciliation » bénéficiant du privilège instauré par l'article L. 611-11.

Il résulte de l'article L. 611-12 que les remises de dettes consenties par les créanciers privés ou publics sont conditionnelles, subordonnées à la bonne exécution de l'accord conclu (sur les incidences comptables et fiscales, V. B. Lagarde, Le Trésor public, un créancier comme les autres, *Gaz. Pal. 9-10 sept. 2005, p. 28, spéc. p. 29*). A cet égard, la Cour de cassation était venue préciser que si, lorsqu'il est mis fin de plein droit à un accord de conciliation en raison de l'ouverture d'une procédure de sauvegarde, de redressement judiciaire ou de liquidation judiciaire du débiteur, le créancier qui a consenti à celui-ci des délais ou des remises de dettes dans le cadre de l'accord de conciliation recouvre l'intégralité de ses créances et des sûretés qui les garantissaient, il ne conserve pas le bénéfice des nouvelles sûretés obtenues dans le cadre de l'accord (Com. 25 sept. 2019 : *cité note 3*). Cette décision avait immédiatement été critiquée en ce qu'elle fragilisait les accords de conciliation. La solution avait cependant été réitérée (Com. 21 oct. 2020 : *cité note 3*). Mais elle devait, selon certains, être remise en cause sur le fondement de la directive (UE) 2019/1023 « Restructuration et Insolvabilité » du 20 juin 2019, lorsqu'elle sera transposée, puisque son principe dit du « *safe harbour* » est censé immuniser les financements nouveaux contre tout risque d'annulation en cas d'insolvabilité ultérieure du débiteur (V. aussi, en faveur du maintien des sûretés : F. Pérochon, *BJE 11-12/2019. 1* ; V., au contraire, justifiant et défendant la solution, tout en en précisant la portée, F.-X. Lucas, *D. 2020. Pan. 1857*). En attendant, la meilleure parade semblait être de stipuler les garanties complémentaires « totalement hors du cadre de l'accord ou en marge de celui-ci », selon la lecture avisée du conseiller doyen Jean-Pierre Rémery *(DP diff. entr., Bull. n°s 417/418)*. L'efficacité de la stipulation d'une clause de divisibilité, au sein de l'accord de conciliation, paraissait plus douteuse (R. Dammann et A. Alle, La fragilisation des accords de conciliation, *D. 2019. 2100*). De manière générale, l'article L. 611-12 ne paraissant pas être d'ordre public, la meilleure solution serait d'y déroger conventionnellement. Ou, tout simplement, comme l'a suggéré et expliqué un auteur, de ne faire ni constater, ni homologuer l'accord, sauf si d'autres considérations entrent en jeu, comme la nécessité d'obtenir le privilège de la conciliation, ou encore la nécessité de restructurer un prêt garanti par l'État (G. Podeur, Comment aménager la caducité des accords de conciliation résultant de l'ouverture d'une procédure collective ?, *D. 2022. 802*). Désormais, depuis l'ordonnance de transposition du 15 septembre 2021, applicable aux procédures ouvertes à compter du 1er octobre 2021, la donne semble modifiée, en raison du nouvel article L. 611-10-4, selon lequel « la caducité ou la résolution de l'accord amiable ne prive pas d'effets les clauses dont l'objet est d'en organiser les conséquences » (sur la portée de ce texte, V. G. Podeur, préc.).

Tout en réaffirmant sa solution, par un arrêt du 26 octobre 2022 (cité note 3), la Cour de cassation y a, tout de même, apporté un bémol, en précisant que le créancier, qui a consenti, pour les besoins de l'accord, une avance donnant naissance à une nouvelle créance, garantie par un cautionnement, est en mesure de demander l'exécution par la caution de cet engagement, en dépit de la caducité de l'accord. Comme l'expliquent deux auteurs, de cette interprétation *a contrario* de l'article L. 611-10-4 semble résulter l'impossibilité, pour les parties, de déroger intégralement à la caducité d'un accord de conciliation, seuls ses effets pouvant faire l'objet d'un aménagement contractuel, de même que paraît impossible de stipuler la survivance des sûretés complémentaires prises en contrepartie des abandons de créances qui sont annulés du fait de la caducité de l'accord (R. Dammann et H. Hamouda, La sécurisation des accords de conciliation constatés ou homologués, *D. 2023. 78*). ❑

1. En ce sens qu'en cas d'ouverture d'une procédure de conciliation à l'égard d'une société mère et de sa filiale, avec désignation d'un conciliateur unique, la mise sous sauvegarde de la société mère ne met pas fin à la procédure de conciliation qui s'est poursuivie au profit de la filiale, V. • Com. 12 juill. 2016, n° 14-27.983 P : *cité ss. anc. art. L. 628-1 ; RTD com. 2017. 173, obs. Macorig-Venier ; RJDA 2016, n° 704 ; Dr. sociétés 2016, n° 194, note Legros.*

2. Un créancier peut déclarer à la liquidation judiciaire de son débiteur des créances ayant fait l'objet d'abandons et de remises dans un accord de conciliation homologué antérieur à l'ouverture de la liquidation, dès lors que le non-respect des conditions d'exécution de l'accord par le débiteur a emporté la caducité des abandons et remises consentis. • Bordeaux, 24 sept. 2014 : *RTD com. 2015. 364, obs. Macorig-Venier .*

3. Si, selon l'art. L. 611-12, lorsqu'il est mis fin de plein droit à un accord de conciliation en raison de l'ouverture d'une procédure de sauvegarde, de redressement judiciaire ou de liquidation judiciaire du débiteur, le créancier qui a consenti à celui-ci des délais ou des remises de dettes dans le cadre de l'accord de conciliation recouvre l'intégralité de ses créances et des sûretés qui les garantissaient, il ne conserve pas le bénéfice des nouvelles sûretés obtenues dans le cadre de l'accord. • Com. 25 sept. 2019, n° 18-15.655 P : *D. 2020. Pan. 1857, obs. F.-X. Lucas ; Rev. sociétés 2019. 779, obs. Henry ; AJ contrat 2019. 498, obs. Houtcieff ; RTD com. 2020. 456, obs. Macorig-Venier ; JCP E 2019. 1551, n° 5, obs. Pétel ; ibid. 2020. 1022, note Bordais ; DP diff. entr., Bull. n°s 417/418, obs. Rémery ; LEDEN 11/2019. 1, obs. F.-X. Lucas ; APC 2019, n° 250, obs. Bennini ; Banque et Dr. 11-12/2019. 32, obs. Jacob ; RDBF 2019, n° 189, obs. Legeais ; BJE 1-2/2020. 12, note Bourbouloux, Fort et Fornacciari ; RJDA 2020, n° 106 ; RJ com. 2020. 259, obs. Borga.* – Dans le même sens, V. • Reims, 5 avr. 2022, n° 21/00822 : *LEDEN 10/2022. 2, obs. Lafaurie.* ♦ En revanche, le créancier, qui a consenti, pour les besoins de l'accord, une avance donnant naissance à une nouvelle créance, garantie par un cautionnement, est en mesure de demander l'exécution par la caution de cet engagement, en dépit de la caducité de l'accord. • Com. 26 oct. 2022, n° 21-12.085 B : *D. 2022. Chron. C. cass. 2322, obs. Barbot ; ibid. 2023. Pan. 1715, obs. F.-X. Lucas ; Rev. sociétés 2022. 704, obs. Henry ; RTD com. 2022. 852, obs. Macorig-Venier ; LEDEN 12/2022. 1, obs. F.-X. Lucas ; RJDA 2023, n° 39 ; Gaz. Pal. 17 janv. 2023, p. 24, note Helesbeux ; BJE 1-2/2023. 12, note Robine ; JCP E 2023. 1157, n° 3, obs. Pétel.* ♦ V. aussi, en faveur de la caducité de l'accord de conciliation : • Com. 21 oct. 2020, n° 17-31.663 : *BJE 1-2/2021. 10, note Fort et Fornacciari ; RJDA 2021, n° 33.* ♦ Dans le même sens, à propos d'un billet à ordre avalisé, V. • Com. 8 mars 2023, n° 21-19.202 : *RJDA 2023, n° 265.* ♦ Comp., depuis l'Ord. n° 2021-1193 du 15 sept. 2021 : art. L. 611-10-4.

Art. L. 611-13 *(L. n° 2005-845 du 26 juill. 2005, art. 10)* **Les missions de mandataire *ad hoc* ou de conciliateur ne peuvent être exercées par une personne ayant, au cours des vingt-quatre mois précédents, perçu, à quelque titre que ce soit, directement ou indirectement, une rémunération ou un paiement de la part du débiteur intéressé, de tout créancier du débiteur ou d'une personne qui en détient le contrôle ou est contrôlée par lui au sens de l'article L. 233-16, sauf s'il s'agit d'une rémunération perçue au titre d'un mandat *ad hoc*** *(Ord. n° 2014-326 du 12 mars 2014, art. 12, en vigueur le 1er juill. 2014)* **« ou d'un mandat de justice confié dans le cadre d'une procédure de règlement amiable ou d'une procédure de conciliation à l'égard du même débiteur ou du même créancier »** *(L. n° 2016-1547 du 18 nov. 2016, art. 99-III-3°)* **« ou de la rémunération perçue au titre d'un mandat de justice, autre que celui de commissaire à l'exécution du plan, confié dans le cadre d'une procédure de sauvegarde ou de redressement judiciaire ».** *(Ord. n° 2010-1512 du 9 déc. 2010, art. 2-5°)* **« L'existence d'une rémunération ou d'un paiement perçus de la part d'un débiteur entrepreneur individuel à responsabilité limitée** *(L. n° 2022-172 du 14 févr. 2022, art. 5, en vigueur le 15 mai 2022)* **« ou entrepreneur individuel relevant du statut défini à la section 3 du chapitre VI du titre II du livre V » est appréciée en considération de tous les patri-**

moines dont ce dernier est titulaire. » La personne ainsi désignée doit attester sur l'honneur, lors de l'acceptation de son mandat, qu'elle se conforme à ces interdictions.

Les missions de mandataire *ad hoc* ou de conciliateur ne peuvent être confiées à un juge consulaire en fonction ou ayant quitté ses fonctions depuis moins de cinq ans.

Sur les dispositions transitoires de la L. n° 2016-1547 du 18 nov. 2016, V. note ss. art. L. 611-3.

L'art. 5 de la L. n° 2022-172 du 14 févr. 2022 n'est pas applicable aux procédures en cours au jour de son entrée en vigueur (L. préc., art. 19-I).

COMMENTAIRE

Avec les deux suivants, l'article L. 611-13 tend à organiser un « mini-statut » des activités de mandataire *ad hoc* et de conciliateur, laissées à l'écart de toute réglementation jusqu'à la réforme de 2005 (sauf la soumission des conciliateurs au secret professionnel, désormais convertie en obligation de respecter la confidentialité : V. art. L. 611-15). Ces dispositions étaient d'autant plus indispensables que la réforme accroît sensiblement le rôle des conciliateurs (V. not. art. L. 611-7).

En écho aux propositions concordantes du MEDEF (« Pour une réforme du droit des entreprises en difficulté », www.medef.com/fr/) et du sénateur Hyest (Prévention et traitement des difficultés des entreprises : une évaluation des procédures et de leur mise en œuvre, *Doc. AN, n° 3451 ; Doc. Sénat, n° 120, p. 28*), l'article L. 611-13 a institué des incompatibilités. Ces incompatibilités sont les mêmes qu'il s'agisse des mandataires *ad hoc* ou des conciliateurs. Elles se cantonnent à essayer de limiter les conflits d'intérêts entre ces missions et les entreprises concernées.

I. CONFLITS D'INTÉRÊTS

Ainsi, la désignation pour ces missions suppose, depuis la loi de 2005, que la personne n'ait perçu aucune rémunération (de toute nature : honoraires, salaires et autres) ou paiement de la part de l'entreprise visée ou d'une personne qui contrôle celle-ci ou qui est contrôlée par elle dans les deux ans (vingt-quatre mois) précédents ; mais, non plus, de la part de tout créancier du débiteur (que celui-ci soit partie ou non à la procédure de conciliation). Il a été fait observer que l'interdiction des perceptions indirectes laisse une marge d'appréciation très importante au juge (A. Jacquemont, La future procédure de conciliation : une attractivité nouvelle pour l'entreprise en difficulté et ses créanciers, *RPC 2004, p. 290, n° 9*), qui, de toute façon, verrait sa tâche alourdie par les investigations que supposerait le contrôle réel de la mise en œuvre de cette disposition (C. Saint-Alary-Houin, Le projet de loi sur la sauvegarde des entreprises : continuité, rupture ou retour en arrière, *Dr. et patr. 1/2005, p. 24, spéc. p. 30*). Il faut dire que le texte apparaît particulièrement strict, notamment par la référence, pour le contrôle, à l'article L. 233-16, en tous ses paragraphes, y compris donc le IV relatif à l'influence notable (à la différence des art. L. 811-2 et L. 812-2, relatifs aux administrateurs judiciaires et mandataires judiciaires, qui ne se réfèrent qu'aux II et III de ce texte ; mais cette différence a été voulue : V. *Rapp. AN, n° 2095, p. 162*). Un doute existe toutefois, notons-le, sur la portée exacte de cette référence, quant au point de savoir si elle vise uniquement les personnes liées au débiteur (ce qui semblerait résulter d'une analyse purement grammaticale) ou aussi celles liées à un créancier (ce qui correspondrait mieux à l'esprit du texte : V. Ph. Pétel, Le nouveau droit des entreprises en difficulté, *JCP E 2005, n° 42, p. 1730, spéc. n° 27* ; V. aussi, dans l'hypothèse où le futur mandataire ou conciliateur a reçu une rémunération de la part d'une personne contrôlant directement le débiteur, P. Roussel Galle, Réforme du droit des entreprises en difficulté, *Litec, 2e éd., 2007, n° 117*).

Pour cette raison, par analogie avec la mesure prévue pour les experts en diagnostic d'entreprise (C. com., art. L. 813-1, al. 3), le texte prévoit une formalité simple, c'est-à-dire déclarative : la production d'une attestation écrite sur l'honneur (il a été conseillé, à cet égard, d'attester qu'il en est ainsi « à sa connaissance » : F. Pérochon, Entreprises en difficulté, *LGDJ, 11e éd., 2022, n° 200*).

Le texte prévoit une exception : la rémunération au titre d'un mandat *ad hoc* ou, selon la formule remaniée par l'ordonnance du 12 mars 2014, d'un mandat de justice confié dans le cadre d'une procédure de règlement amiable ou d'une procédure de conciliation à l'égard du même débiteur ou du même créancier. Ce qui permet donc à la même personne d'intervenir plusieurs fois, durant une période de deux ans, comme mandataire de la même entreprise, ou encore, conformément à la pratique dite du « mandat *ad hoc* préparatoire » (V. ss. art. L. 611-3), comme mandataire *ad hoc* puis comme conciliateur. Une autre exception a été ajoutée par la loi du 18 novembre 2016, dans un souci de souplesse, visant « la rémunération perçue au titre d'un mandat de justice, autre que celui de commissaire à l'exécution du plan, confié dans le cadre d'une procédure de sauvegarde ou de redressement judiciaire ». Le mandataire de justice qui est intervenu dans le cadre de ces procédures pourra ainsi être désigné mandataire *ad hoc* ou conciliateur en cas de difficultés rencontrées par l'entreprise au cours de la mise en œuvre du plan de sauvegarde ou de redressement.

Afin d'adapter le dispositif au régime issu de la loi du 15 juin 2010 relative à l'entrepreneur individuel à responsabilité limitée, qui permet à une même personne, grâce à la technique de l'affectation à une activité professionnelle, de posséder plusieurs patrimoines, l'ordonnance du 9 décembre 2010 est venue préciser que « l'existence d'une rémunération ou d'un paiement perçus de la part d'un débiteur entrepreneur individuel à responsabilité limitée est apprécié en considération de tous les patrimoines dont ce dernier est titulaire ». En effet, comme le souligne le Rapport au président de la République, la neutralité du mandataire *ad hoc* ou du conciliateur dépend des relations financières entretenues avec la personne de l'entrepreneur, peu important le patrimoine ayant supporté le paiement ou la rémunération. La loi du 14 février 2022 en faveur de l'activité professionnelle indépendante, applicable à compter du 15 mai 2022, ayant substitué à l'option pour le statut de l'EIRL une protection de plein droit du patrimoine personnel, seul le patrimoine professionnel étant engagé, est désormais également visé l'entrepreneur individuel relevant du statut défini, par ladite loi, à la section 3 du chapitre VI du titre II du livre V du code de commerce.

II. JUGES CONSULAIRES

Une incompatibilité est instituée entre les missions de mandataire *ad hoc* ou de conciliateur et les fonctions de juge consulaire, en exercice ou retiré depuis moins de cinq ans. Par ailleurs, des règles spéciales de compatibilité étaient déjà prévues avec les fonctions d'administrateur judiciaire (V. art. L. 811-10, al. 3) et de mandataire judiciaire (V. art. L. 812-8, al. 3 ; sur l'interprétation de ces textes, V. B. Soinne, Les mandataires de justice, *Litec, 2003, n°s 239 s.*). En pratique, les mandataires *ad hoc* sont souvent choisis parmi les administrateurs judiciaires. La conférence générale des tribunaux de commerce avait préconisé l'établissement d'une liste nationale spécifique à partir de critères bien déterminés « de compétence, de personnalité et de déontologie » (Rapport sur la prévention des difficultés des entreprises, Congrès national des tribunaux de commerce, 14 nov. 2003, *Les Annonces de la Seine, 17 nov. 2003, suppl.*).

III. OBLIGATION D'ASSURANCE

Aucune obligation d'assurance n'a été finalement instaurée par la loi de 2005. Mais le moins que l'on puisse dire, c'est que le Parlement s'est montré bien hésitant sur cette question. Supprimée par les députés, l'obligation d'assurance préalable prévue par le projet de loi pour les personnes susceptibles d'être désignées mandataires *ad hoc* ou conciliateurs avait été rétablie par les sénateurs, mais pour les conciliateurs seulement. En définitive, l'arbitrage de la Commission mixte paritaire a abouti à supprimer toute obligation d'assurance de responsabilité civile. ❑

Art. L. 611-14 *(Ord. nº 2014-326 du 12 mars 2014, art. 13, en vigueur le 1er juill. 2014)* **« Après avoir recueilli l'accord du débiteur et, en cas de recours à la conciliation et au mandat à l'exécution de l'accord, l'avis du ministère public dans les conditions fixées par décret en Conseil d'État, le président du tribunal fixe, au moment de leur désignation, les conditions de la rémunération du mandataire *ad hoc*, du conciliateur, du mandataire à l'exécution de l'accord et, le cas échéant, de l'expert, en fonction des diligences qu'implique l'accomplissement de leur mission. Leur rémunération est arrêtée à l'issue de celle-ci par ordonnance du président du tribunal qui est communiquée au ministère public. La rémunération ne peut être liée au montant des abandons de créances obtenus ni faire l'objet d'un forfait pour ouverture du dossier. »**

(L. n° 2005-845 du 26 juill. 2005, art. 10) **Les recours contre** *(Ord. n° 2008-1345 du 18 déc. 2008, art. 9)* **« la décision arrêtant la rémunération » sont portés devant le premier président de la cour d'appel dans un délai fixé par décret en Conseil d'État.**

V. art. R. 611-47 s.

BIBL. ▶ DELATTRE, *RPC 2014, n° 145* (avis du ministère public).

COMMENTAIRE

Avant la loi du 26 juillet 2005, les textes étaient muets sur la rémunération du mandataire *ad hoc*. Quant au conciliateur, l'article 37 (désormais abrogé) du décret d'application du 1er mars 1985 prévoyait seulement la fixation par le président du tribunal, en accord avec le demandeur, des conditions de la rémunération. Des difficultés pouvaient alors survenir, notamment, à défaut d'accord.

Les articles L. 611-14 et R. 611-47 à R. 611-50 ont aligné les conditions de rémunération du mandataire *ad hoc*, du conciliateur et, le cas échéant, de l'expert. Les conditions de la rémunération (comprenant les critères sur la base desquels elle est arrêtée, son montant maximal et le montant des provisions) sont donc fixées conformément à la pratique antérieure, c'est-à-dire par le président au moment où il désigne l'intéressé. L'accord préalable écrit du débiteur est requis, de sorte que ce dernier puisse ne pas recourir à une telle mission si le coût lui en paraît trop élevé. Afin de prévenir les dérives, la loi de 2005 a posé comme règle que la rémunération est fonction des « diligences nécessaires à l'accomplissement de la mission » (le projet de loi, plus sévère, parlait de diligences « strictement » nécessaires, mais les députés ont jugé cette précision source de contentieux inutile). Lorsque le mandataire *ad hoc*, le conciliateur ou l'expert estime au cours de sa mission que le montant maximal de la rémunération fixé par l'ordonnance qui l'a commis est insuffisant, il en informe le président du tribunal. Ce dernier fixe alors les nouvelles conditions de sa rémunération en accord, là aussi, avec le débiteur. A défaut d'accord, il est mis fin à la mission.

Le montant effectif retenu sera ensuite arrêté par le président, en fonction de la réalité des prestations rendues. Le texte de l'article L. 611-14 issu de la loi de 2005 prévoyait que, le cas échéant, les recours *contre ces décisions* seront portés devant le premier président de la cour d'appel (V. art. R. 611-20). La Cour de cassation avait déjà admis ce recours en l'absence de disposition expresse (Com. 17 févr. 1998 ; sur la portée de ce texte, V. P. Roussel Galle, Réforme du droit des entreprises en difficulté, *Litec, 2e éd., 2007, n° 132*). Mais, plus restrictive, l'ordonnance de 2008 est venue limiter le recours à la seule décision arrêtant la rémunération.

L'encadrement ainsi instauré par le législateur a le mérite de ménager le caractère contractuel de ces missions, qui implique que la rémunération résulte d'un accord, d'une négociation, et non d'un barème tarifaire. Le système de l'accord préalable écrit paraît toutefois inadapté aux cas de figure où le nom du mandataire *ad hoc* ou du conciliateur n'a pas été proposé par le débiteur, dans lesquels la discussion sur les conditions de rémunération en amont de la désignation n'est guère praticable.

La Cour de cassation, par un arrêt sévère, a décidé d'opérer un contrôle strict du dispositif légal, en jugeant qu'en l'absence d'indication d'un montant maximal, la rémunération du mandataire *ad hoc* ou du conciliateur ne peut être déterminée par référence à leurs propositions et à l'accord du débiteur, mais est arrêtée librement par le juge taxateur, en considération des seules diligences accomplies et des frais engagés (Com. 3 oct. 2018 : V. note 1 ci-dessous).

L'ordonnance de 2014 a renforcé l'encadrement de la rémunération du mandataire *ad hoc* et du conciliateur, à laquelle elle associe logiquement la rémunération des fonctions éventuelles de mandataire à l'exécution de l'accord qui peuvent désormais être confiées, dans un second temps, au conciliateur (art. L. 611-8, al. 2). Ce renforcement se traduit essentiellement par la présence dorénavant du ministère public, qui devra donner son avis sur les conditions de la rémunération avant que le président du tribunal ne les fixe, et auquel la décision, une fois prise, devra être communiquée. Afin de ne pas paralyser la procédure, le décret du 30 juin 2014 a précisé qu'en l'absence d'avis du ministère public, le président peut ouvrir la procédure de conciliation après l'expiration d'un délai de quarante-huit heures à compter de la transmission au ministère public des propositions faites par le conciliateur (art. R. 611-47-1). Par trois arrêts du 11 juillet 2018 *(JCP E 2018. 1413, note C. Delattre)*, la cour d'appel de Toulouse a jugé que le ministère public, consulté pour donner son avis sur la proposition de rémunération du conciliateur, peut émettre un avis sur les conditions d'ouverture de la conciliation en sa qualité de garant de l'ordre public économique.

Par ailleurs, afin d'accroître la transparence et la prévisibilité de la rémunération pour le débiteur, l'ordonnance a prohibé les rémunérations indexées sur le montant des abandons de créances obtenus, de même que les forfaits pour ouverture de dossier. Notons, à ce sujet, que le gouvernement avait été habilité par le législateur pour introduire des dispositions assurant la régulation des coûts [du mandat *ad hoc* et de la conciliation] et une prise en charge équilibrée des rémunérations allouées aux intervenants extérieurs (L. n° 2014-1 du 2 janv. 2014, art. 2, 1°, *b*).

Comme le rappelle P.-M. Le Corre, la pratique passait mal chez les créanciers, surtout les créanciers publics, qui comprenaient mal que « plus ils acceptaient de perdre de l'argent – par les remises de dettes –, plus le conciliateur pouvait en gagner » (P.-M. Le Corre, *D. 2014. Chron. 733, n° 14*).

Par un arrêt du 14 décembre 2022, la Cour de cassation a précisé que la régularité de l'ordonnance du président, qui peut être frappée par le débiteur, le conciliateur et le ministère public, du recours institué à l'article R. 611-50, n'est pas subordonnée à l'organisation préalable d'un débat contradictoire (V. note 2). ❑

1. Il résulte de la combinaison des art. L. 611-14 et R. 611-47 à R. 611-49 que le montant maximal de la rémunération du mandataire *ad hoc* ou du conciliateur est compris dans les conditions de celle-ci et doit donc figurer dans les propositions que ces derniers sont tenus d'adresser au débiteur sur leur rémunération ainsi que dans l'ordonnance du président les désignant, à laquelle l'accord du débiteur sur cette rémunération doit être annexé, de nouvelles conditions de rémunération devant être arrêtées en accord avec le débiteur lorsque le mandataire ou le conciliateur estiment que le montant maximal fixé par l'ordonnance est devenu insuffisant ; dès lors, en l'absence d'indication d'un montant maximal, la rémunération du mandataire *ad hoc* ou du conciliateur ne peut être déterminée par référence à leurs propositions et à l'accord du débiteur, mais est arrêtée librement par le juge taxateur, en considération des seules diligences accomplies et des frais engagés. • Com. 3 oct. 2018, n° 17-14.522 P : *D. 2018. Actu. 1966 ; Rev. sociétés 2018. 745, obs. Roussel Galle ; RTD com. 2019. 980, obs. Macorig-Venier ; JCP E 2019. 1034, note Berthelot ; LEDEN 11/2018. 2, obs. Cavelier ; APC 2018, n° 256, obs. Delattre ; RJDA 2019, n° 32 ; Gaz. Pal. 15 janv. 2019, p. 50, obs. Giorgini ; BJE 1-2/2019. 11, note Thullier ; RJ com. 2019. 261, obs. Favario.*

2. La régularité de l'ordonnance arrêtant la rémunération du conciliateur, qui peut être frappée par le débiteur, le conciliateur et le ministère public du recours institué à l'art. R. 611-50, n'étant pas subordonnée à l'organisation préalable d'un débat contradictoire, le premier président de la cour d'appel n'a pas à répondre au moyen inopérant tiré de l'absence d'un débat contradictoire devant le juge taxateur. • Com. 14 déc. 2022, n° 21-16.655 B : *D. 2023. Pan. 1717, obs. F.-X. Lucas ; RTD com. 2023. 729, obs. Macorig-Venier ; APC 2023, n° 19, obs. Ghandour ; RJDA 2023, n° 152 ; Gaz. Pal. 18 avr. 2023, p. 57, obs. Giorgini ; BJE 3-4/2023. 9, note J.-B. Barbièri.*

3. Sur le contrôle exercé par le ministère public, V. • T. com. Lille métropole, Ord. 22 juill. 2019 : *RPC 2020. Étude 21, obs. Delattre.*

Art. L. 611-15 *(L. n° 2005-845 du 26 juill. 2005, art. 10)* **Toute personne qui est appelée à la procédure de conciliation ou à un mandat *ad hoc* ou qui, par ses fonctions, en a connaissance est tenue à la confidentialité.**

BIBL. ▶ Delattre, *RPC 2018. Étude 26* (levée de la confidentialité : pour quoi faire ?). – Vermeille, *RTDF 2018, n° 4, p. 23* (effets pervers de la confidentialité).

COMMENTAIRE

Assouplissement depuis la loi de 2005 : désormais, les personnes appelées à la procédure de conciliation ou qui, par leurs fonctions, en ont connaissance, ne sont plus soumises au secret professionnel pénalement sanctionné, mais à la confidentialité, que ne sanctionnent que les règles de la responsabilité civile (l'art. 226-13 C. pén., sanctionnant pénalement le secret professionnel, demeurant cependant toujours applicable aux personnes s'y trouvant soumises en raison de leurs activités, tels, par exemple, les établissements de crédit et les avocats : *BRDA 2005, n° 18, p. 10, n° 16* ; V. aussi : T. Montéran, Présentation générale de la prévention et de la procédure de conciliation, *Gaz.*

Pal. 7-8 sept. 2005, p. 8, spéc. p. 11). Avec, dès lors, l'inconvénient inévitable d'un certain arbitraire dans la détermination du *quantum* de la sanction (A. Jacquemont, La future procédure de conciliation : une attractivité nouvelle pour l'entreprise en difficulté et ses créanciers, *RPC 2004, p. 290, n° 11*). A la différence du secret professionnel, la confidentialité peut être levée à la demande de l'entreprise bénéficiaire (ce qui est parfois jugé gênant : A. Charvériat et S. Martin, Réforme des procédures collectives, *Dossiers pratiques Francis Lefebvre, 2006, n° 501*). Ainsi en avait déjà jugé la Cour d'appel de Paris à propos du mandataire *ad hoc* (V. note 3 ss. anc. art. L. 611-3). Le caractère absolu du secret professionnel, appliqué si largement, présentait encore d'autres inconvénients révélés par la jurisprudence. Ainsi, le greffier se voyait-il entravé dans sa fonction de délivrance des documents. En outre, l'obligation au secret ne prenait pas fin avec l'ouverture d'une procédure collective. Cette modification ne fait pas toutefois pas l'unanimité (V. A. Outin-Adam et S. Bienvenu, Projet de loi de sauvegarde des entreprises : réaction de la Chambre de Commerce et d'Industrie de Paris, *JCP E 2004, n° 38, p. 1409, spéc. n° 14*).

Cette obligation civile de confidentialité a été étendue par l'Assemblée nationale au mandataire *ad hoc*, conformément aux vœux des praticiens (V., notamment, G. Teboul, Le projet de loi de sauvegarde des entreprises diffusé par la Chancellerie le 12 mai 2004 : quoi de neuf ?, *LPA 29 juin 2004, p. 4* ; en ce sens, V. la proposition 4 de l'Association Droit et commerce, *RJ com., hors série 2004, p. 180*).

La question avait pu se poser de la soumission des membres du comité d'entreprise à l'obligation de confidentialité, si jamais le chef d'entreprise devait les consulter avant de demander la désignation d'un conciliateur, sous peine de délit d'entrave (P. Morvan, Le droit social dans la réforme du droit des entreprises en difficulté, *JCP E 2005, n° 42, p. 1751, spéc., n° 14*). Mais cette question était devenue sans objet avec la dispense de consultation apportée, d'abord, par l'ordonnance du 12 mars 2014 (V. art. L. 611-8-1), puis confirmée de façon indubitable par la loi du 18 novembre 2016 (V. art. L. 611-6). La confidentialité est évidemment opposable à l'expert du comité de groupe, s'agissant notamment d'une demande de documents relatifs à un projet de cession (Soc. 9 oct. 2019 : *cité note 1*).

Quant au champ d'application, il a été jugé que l'obligation de confidentialité ne concerne pas que les tiers ; elle s'impose aussi aux parties à la conciliation (Com. 5 oct. 2022 : *cité note 3*).

Signalons encore une pratique, révélée pour la critiquer au regard de l'article L. 611-15 par un praticien, consistant, pour certains liquidateurs, à citer et communiquer, en cas d'échec de la conciliation, le rapport du conciliateur à l'appui de leur demande de sanctions contre les dirigeants (G. Teboul, Quelques aspects procéduraux de la réforme du droit des procédures collectives, *LPA 24 mars 2009, p. 3, spéc. p. 5*).

Pour finir, il convient d'indiquer que, contrairement aux vœux formulés par de nombreux praticiens, l'ordonnance du 12 mars 2014 n'a pas sanctionné la violation de l'obligation de confidentialité (V., not., D. Caramalli, Droit des entreprises en difficulté : quelques suggestions d'amélioration, *D. 2013. Chron. 2417*).

La Cour de cassation a fait usage de l'article L. 611-15 pour écarter des débats l'attestation remise à la caution de la société débitrice par le mandataire *ad hoc* de celle-ci, dans laquelle, au mépris de l'obligation de confidentialité, il stigmatisait l'attitude de la banque lors des négociations (V. Com. 22 sept. 2015 : *cité note 2*).

Par une décision beaucoup plus importante, elle a conféré toute sa portée à l'obligation de confidentialité en soumettant à ce texte les journalistes financiers, quitte à restreindre ainsi la liberté d'expression, pour leur interdire toute divulgation d'informations confidentielles relatives aux procédures de mandat *ad hoc* ou de conciliation, lesquelles ne relèvent pas d'un débat d'intérêt général (V. Com. 15 déc. 2015 : *cité note 1* ; et, dans la même affaire, rejetant le pourvoi contre l'arrêt de renvoi : Com. 13 févr. 2019 : *ibid.*). Cette solution a été reprise ultérieurement par le tribunal de commerce de Paris (T. com. Paris, 16 janv. 2018, n° 2018001979). Elle est confirmée par le refus de la Cour de cassation de renvoyer au Conseil constitutionnel une question prioritaire de constitutionnalité, jugée non sérieuse au motif que la confidentialité, qui cède lorsque la diffusion de telles informations contribue à l'information légitime du public sur un débat d'intérêt général, se justifie par la nécessaire protection due aux entreprises engagées dans un processus de négociation avec leurs créanciers, une telle divulgation étant de nature à compromettre le succès du processus en cours, voire la pérennité de l'entreprise, et que la condamnation à indemnisation qui pourrait être prononcée par le juge, en ce cas, est nécessairement proportionnée, car limitée, en vertu du principe de réparation intégrale du dommage, au préjudice que cette divulgation aura provoqué, qui devra faire l'objet d'une démonstration concrète et que l'organe de presse est en mesure d'apprécier avant de s'y livrer (Com. 4 oct. 2018 : *cité note 1*). Malgré tout, le caractère absolu de la règle de confidentialité telle qu'interprétée par la jurisprudence fait l'objet de certaines critiques, au nom des vertus de la transparence (S. Vermeille, Les effets pervers de la règle absolue de confidentialité applicable durant les procédures de prévention des difficultés, *RTDF 2018, n° 4, p. 23*). Notons que, dans une autre affaire, la cour d'appel de Paris a estimé que l'information, parue pareillement dans la presse financière, relative à un mandat *ad hoc*, contribuait à l'information nécessaire du public sur une question d'intérêt général (Paris, 6 juin 2019, pôle 1, ch. 2, RG 18/03363).

Quoi qu'il en soit, la Cour de cassation tend à assurer l'effectivité de la confidentialité des informations, laquelle, comme elle l'a affirmé, dans un autre arrêt de principe, ne serait pas assurée si ce texte ne conduisait pas à ériger en faute la divulgation, par des organes de presse, hormis dans l'hypothèse d'un débat d'intérêt général, des informations ainsi protégées. Partant, la chambre commerciale admet le principe de la responsabilité civile des sociétés de presse, c'est-à-dire l'application de l'article 1382, devenu 1240, du code civil, sous la seule réserve du contrôle du caractère proportionné de la réparation (Com. 13 juin 2019 : *cité note 1*).

Notons, pour finir, que la Cour européenne des droits de l'homme a validé cette jurisprudence nationale, refusant d'y voir une violation de l'article 10 de la Convention européenne des droits de l'homme relatif à la liberté d'expression (CEDH 16 mars 2023 : *cité note 1*).

1. Le caractère confidentiel des procédures de prévention des difficultés des entreprises, imposé par l'art. L. 611-15 pour protéger, notamment, les droits et libertés des entreprises recourant à ces procédures, fait obstacle à leur diffusion par voie de presse, à moins qu'elle ne contribue à la nécessité d'informer le public sur une question d'intérêt général. • Com. 15 déc. 2015, n° 14-11.500 P : *D. 2016. Actu. 5, obs. Lienhard ; ibid. Pan. 1895, obs. F.-X. Lucas ; Rev. sociétés 2016. 193, obs. Roussel Galle ; RTD com. 2016. 191, obs. Macorig-Venier ; JCP E 2016. 1085, note Stefania ; DP diff. entr., Bull. n° 377, obs. Roussel Galle ; LEDEN 1/2016. 2, obs. Rubellin ; APC 2016, n° 14, obs. Chaput ; RPC 2016, n° 1, obs. Delattre ; RJDA 2016, n° 210 ; BJE 2016. 92, note Doray ; LPA 7 avr. 2016, note Morelli ; RLDA avr. 2016. 39, obs. Monsèrié-Bon ; Dr. et patr. juill.-août 2016. 82, obs. Saint-Alary-Houin.* – V. Schmidt, *RJDA 2016. 169* ; Garinot et Cuisinier, *Dr. et patr. juill.-août 2016. 24.* ♦ Pour le non-renvoi au Conseil constitutionnel d'une QPC déposée à la suite de cet arrêt, V. • Com. 4 oct. 2018, n° 18-10.688 : *Rev. sociétés 2018. 743, obs. Henry ; JCP E 2019. 1053, note Stefania ; RPC 2018, n° 181, obs. Delattre ; Gaz. Pal. 15 janv. 2019, p. 51, obs. Giorgini.* ♦ Dans la même affaire, il a été jugé que des articles qui ont divulgué des données chiffrées confidentielles sur les difficultés des sociétés du groupe et les détails des négociations en cours que ces dernières menaient pour restructurer leur dette dans le cadre d'une procédure de conciliation couverte par la confidentialité prévue par l'art. L. 611-15, n'étaient pas de nature à nourrir un débat d'intérêt général sur les difficultés d'un grand groupe industriel et ses répercussions sur l'emploi et l'économie nationale, mais tendaient principalement à satisfaire les intérêts de ses abonnés, public spécialisé dans l'endettement des entreprises, et que leur publication risquait de causer un préjudice considérable aux sociétés du groupe ainsi qu'aux parties appelées à la procédure de prévention amiable et de compromettre gravement son déroulement et son issue : • Com. 13 févr. 2019, n° 17-18.049 P : *D. 2019. Pan. 1903, obs. F.-X. Lucas ; Rev. sociétés 2019. 691, note Reille ; RTD com. 2019. 978, obs. Macorig-Venier ; APC 2019, n° 73, obs. Thullier ; LEDEN 4/2019. 2, obs. Cavelier ; RLDA avr. 2019. 16, obs. Marmoz ; RJDA 2019, n° 351 ; Gaz. Pal. 16 avr. 2019, p. 58, obs. Giorgini ; BJE 5-6/2019. 12, note Monsèrié-Bon ; RJ com. 2019. 262, obs. Rocher ; RPC 2019, n° 157, obs. Delattre.* ♦ V. aussi : • Com. 13 juin 2019, n° 18-10.688 P : *D. 2019. Actu. 1279, obs. Lienhard ; ibid. Pan. 1903, obs. F.-X. Lucas ; Rev. sociétés 2019. 553, obs. Henry ; RTD com. 2019. 978, obs. Macorig-Venier ; APC 2019, n° 178, obs. Cagnoli ; RJDA 2019, n° 642 ; BJE 9-10/2019. 11, note Monsèrié-Bon ; Gaz. Pal. 15 oct. 2019, p. 50, obs. Giorgini* (V. l'arrêt confirmé, en particulier sur la question de l'évaluation du préjudice : • Versailles, 14 sept. 2017, n° 15/08941 : *RTD com. 2018. 460, obs. Macorig-Venier ; JCP 2017. 1237, obs. Lopez ; BJE 2017. 398, obs. Thullier ; LEDEN 10/2017. 1, obs. F.-X. Lucas).* ♦ V. encore, écartant en l'espèce une violation de l'art. 10 Conv. EDH relatif à la liberté d'expression : • CEDH 16 mars

2023, n° 64594/19 : *Rev. sociétés 2023. 398, obs. Reille ; RTD com. 2023. 726, obs. Macorig-Venier* . ♦ Pour un refus de communication opposé à l'expert du comité de groupe, en raison du caractère confidentiel s'attachant, notamment, aux documents relatifs aux cessions d'actifs envisagées, V. • Soc. 9 oct. 2019, n° 18-15.305 P : *D. 2019. Actu. 1989 ; Rev. sociétés 2019. 778, obs. Henry ; ibid. 2020. 118, note Vatinet ; RTD com. 2021. 423, obs. Macorig-Venier ; APC 2019, n° 249, obs. Fin-Langer ; LEDEN 12/2019. 2, obs. Dedessus-Le-Moustier ; JCP E 2020. 1272, note Marquet ; RJDA 2020, n° 86 ; RJ com. 2020. 257, obs. Dugourd.*

2. Doit être écartée des débats l'attestation remise à la caution de la société débitrice par le mandataire *ad hoc* de celle-ci, dans laquelle, au mépris de l'obligation de confidentialité qui le liait par application de l'art. L. 611-15, il stigmatisait l'attitude de la banque créancière lors des négociations. • Com. 22 sept. 2015, n° 14-17.377 P : *cité note 6 ss. art. L. 611-3.*

3. L'obligation de confidentialité ne s'applique pas qu'à l'égard des tiers à la procédure de conciliation ou au mandat *ad hoc*, mais également entre les parties. • Com. 5 oct. 2022, n° 21-13.108 B : *D. 2022. Actu. 1752 ; Rev. sociétés 2022. 706, obs. Roussel Galle ; RTD com. 2022. 850, obs. Macorig-Venier ; RTD civ. 2023. 170, obs. Klein ; LEDEN 11/2022. 1, obs. F.-X. Lucas ; APC 2022, n° 232, obs. Bennini ; BJE 11-12/2022. 9, note Guinamant ; RJDA 2023, n° 40 ; RPC 2022, n° 102, obs. Delattre ; Gaz. Pal. 18 avr. 2023, p. 56, obs. Giorgini ; JCP E 2023. 1157, n° 2, obs. Tehrani.*

4. Il résulte de l'art. L. 611-15 que la confidentialité de la procédure de conciliation couvre tant la décision d'ouverture de cette procédure et son existence que son contenu ; elle est opposable à toute personne qui, par ses fonctions, en a connaissance. • Com. 3 juill. 2024, n° 22-24.068 B : *D. 2024. Pan. 1691, obs. F.-X. Lucas ; Rev. sociétés 2024. 527, obs. Roussel Galle ; JCP E 2024. 1287, n° 1, obs. Pétel ; Gaz. Pal. 24 sept. 2024, p. 52, obs. Teboul ; APC 2024, n° 169, obs. Lemberg-Guez ; RJDA 2024, n° 601 ; BJE 11-12/2024. 10, note Monsèrié-Bon.* ♦ L'ouverture d'une procédure de conciliation, qui n'est pas l'un des signes d'absence probable de paiement par le débiteur visés à l'art. 178 du Règl. (UE) n° 575/2013 du 26 juin 2013, est une information confidentielle que la banque ne peut utiliser pour justifier une déclaration de défaut à la Banque de France, peu important que cette information lui ait été révélée par le bénéficiaire de cette procédure, de sorte qu'en procédant à une telle déclaration de défaut, la banque a causé un trouble manifestement illicite qu'il convient de faire cesser. • Même arrêt.

Art. L. 611-16 *(Ord. n° 2014-326 du 12 mars 2014, art. 14, en vigueur le 1er juill. 2014)* **Est réputée non écrite toute clause qui modifie les conditions de poursuite d'un contrat en cours en diminuant les droits ou en aggravant les obligations du débiteur du seul fait de la désignation d'un mandataire *ad hoc* en application de l'article L. 611-3 ou de l'ouverture d'une procédure de conciliation en application de l'article L. 611-6 ou d'une demande formée à cette fin.**

Est réputée non écrite toute clause mettant à la charge du débiteur, du seul fait de la désignation d'un mandataire *ad hoc* en application de l'article L. 611-3 ou de l'ouverture d'une procédure de conciliation en application de l'article L. 611-6, les honoraires du conseil auquel le créancier a fait appel dans le cadre de ces procédures pour la quote-part excédant la proportion fixée par arrêté du garde des sceaux, ministre de la justice. — *V. Arr. du 25 juill. 2014.*

COMMENTAIRE

L'article L. 611-16, introduit par l'ordonnance du 12 mars 2014, traduit très directement l'habilitation du gouvernement par la loi du 2 janvier 2014 à prendre des dispositions « réputant non écrites les clauses contractuelles qui font obstacle au recours à un mandat *ad hoc* ou à une conciliation ». De telles mesures existaient déjà s'agissant de la sauvegarde et du redressement judiciaires (V. art. L. 622-29 et L. 631-14). Malgré le caractère confidentiel de la conciliation, ces clauses n'y sont pas moins gênantes en pratique car, le plus souvent, elles ont été stipulées par des créanciers ayant vocation à être appelés à la négociation. Fréquentes sont ainsi les clauses dans les contrats de financement qui prévoient que l'ouverture d'une procédure de mandat *ad hoc* ou de conciliation constitue un cas de défaut susceptible d'entraîner l'exigibilité anticipée de la dette. Comme l'a très bien montré D. Caramalli, cette lacune de la loi accule le débiteur dans une véritable impasse, puisque ces mêmes contrats de financement stipulent, par ailleurs, que l'emprunteur peut renégocier ses ratios financiers (covenants) et que, en pratique, les ratios se négocient sous l'égide d'un mandataire *ad hoc* (V. D. Caramalli, Droit des entreprises en difficulté : quelques suggestions d'amélioration, *D. 2013. Chron. 2417*).

Le premier alinéa de l'article L. 611-16 apparaît donc particulièrement opportun. De même que le second qui encadre réglementairement la pratique, parfois abusive, consistant à prévoir que le débiteur supporte, le cas échéant, les honoraires du conseil que le créancier s'attache dans le cadre d'un mandat *ad hoc* ou d'une conciliation sollicité par le débiteur. Cette disposition s'oppose, en particulier, frontalement à la pratique de la réunion des obligataires en comité *ad hoc*, sans statut légal, qui entraîne la désignation d'un avocat et d'un conseil financier rémunérés par le débiteur (V., défendant cette pratique, S. Vermeille et F.-A. Papon, *La Tribune, 12 mars 2014* ; V. aussi, en ce sens qu'il suffirait alors de stipuler que les honoraires rémunèrent des diligences fournies pour le débiteur, F.-X. Lucas, *BJE 2014. 111*). ❑

Arrêté du 25 juillet 2014,

Pris pour la fixation de la quote-part mentionnée à l'article L. 611-16 du code de commerce dans sa rédaction issue de l'ordonnance n° 2014-326 du 12 mars 2014 portant réforme de la prévention des difficultés des entreprises et des procédures collectives.

BIBL. ▶ F.-X. Lucas, *LEDEN 10/2014. 2.* – Roussel Galle, *RJ com. 2014. 337.*

Art. 1er La quote-part incombant au débiteur au dessus *[au-dessus]* de laquelle est réputée non écrite pour la proportion l'excédant toute clause visée au deuxième alinéa de l'article L. 611-16 du code de commerce est fixée à trois quarts des honoraires de conseil auquel le créancier a fait appel.

La convention prévoyant cette obligation est portée par le débiteur à la connaissance du juge saisi de la demande de désignation d'un mandataire *ad hoc* ou d'ouverture de la procédure de conciliation.

Les honoraires mis à la charge du débiteur doivent être préalablement visés par le créancier.

Art. L. 611-17 *(L. n° 2022-172 du 14 févr. 2022, art. 5, en vigueur le 15 mai 2022)* **Le présent chapitre s'applique, sous réserve des conditions qu'il énonce, à l'entrepreneur dont le statut est défini à la section 3 du chapitre VI du titre II du livre V en ce qu'il concerne son patrimoine professionnel.**

Pour les dispositions transitoires de la L. n° 2022-172 du 14 févr. 2022, V. note ss. art. L. 611-13.

COMMENTAIRE

Le nouvel article L. 611-17 est une création de la loi du 14 février 2022 en faveur de l'activité professionnelle indépendante, applicable à compter du 15 mai 2022, qui a substitué à l'option pour le statut de l'entrepreneur à responsabilité limitée (EIRL) une protection de plein droit du patrimoine personnel. Cet article a pour objet d'accorder expressément à l'entrepreneur individuel relevant du statut défini, par ladite loi, à la section 3 du chapitre VI du titre II du livre V du code de commerce, mais uniquement en ce qui concerne son patrimoine professionnel, le bénéfice des mesures de prévention des difficultés des entreprises, du mandat *ad hoc* ainsi que de la procédure de conciliation. ❑

CHAPITRE II *DES DISPOSITIONS APPLICABLES AUX PERSONNES MORALES DE DROIT PRIVÉ NON COMMERÇANTES AYANT UNE ACTIVITÉ ÉCONOMIQUE*

BIBL. GÉN. ▶ F.-X. Lucas, *LPA, n° spéc., 8 févr. 2006, p. 20* (commentaire article par article).

Art. L. 612-1 Les personnes morales de droit privé non commerçantes ayant une activité économique dont le nombre de salariés, le montant hors taxes du chiffre d'affaires ou les ressources et le total du bilan dépassent, pour deux de ces critères, des seuils fixés par décret en Conseil d'État, doivent établir chaque année un bilan, un compte de résultat et une annexe. Les modalités d'établissement de ces documents sont précisées par décret. — *V. art. R. 612-1 et R. 612-2.*

Ces personnes morales sont tenues de nommer au moins un commissaire aux comptes et *(L. n° 2019-486 du 22 mai 2019, art. 27)* **« , lorsque les conditions définies au** *(Ord. n° 2023-1142 du 6 déc. 2023, art. 31, en vigueur le 1er janv. 2024)* **« troisième ali-**

néa du I de l'article L. 821-40 » sont réunies, » un suppléant *(Abrogé par L. n° 2005-845 du 26 juill. 2005, art. 11-I)* ***« choisis sur la liste mentionnée à l'article*** *(L. n° 2003-706 du 1er août 2003)* ***« L. 822-1 » qui exercent leurs fonctions dans les conditions prévues par le livre II, titres Ier et II, sous réserve des règles qui leur sont propres. Les dispositions de l'article L. 242-27 sont applicables ».***

(Ord. n° 2006-1225 du 5 oct. 2006, art. 6-III) « Pour les coopératives agricoles et sociétés d'intérêt collectif agricole qui n'ont pas la forme commerciale et *(Ord. n° 2009-80 du 22 janv. 2009, art. 9)* « dont les titres financiers ne sont pas admis aux négociations sur un marché réglementé », cette obligation peut être satisfaite, dans les conditions définies à l'article L. 527-1-1 du code rural et de la pêche maritime, par le recours au service d'une fédération agréée pour la révision mentionnée à l'article L. 527-1 du même code. » – *Les dispositions de l'Ord. n° 2009-80 du 22 janv. 2009 entrent en vigueur le 1er avr. 2009 (Ord. préc., art. 31).*

Les peines prévues par l'article L. 242-8 sont applicables aux dirigeants des personnes morales mentionnées au premier alinéa du présent article qui n'auront pas, chaque année, établi un bilan, un compte de résultat et une annexe.

(Abrogé par L. n° 2005-845 du 26 juill. 2005, art. 11-I) ***« Les dispositions des articles L. 242-25 et L. 242-28 sont également applicables à ces dirigeants. »***

Même si les seuils visés au premier alinéa ne sont pas atteints, les personnes morales de droit privé non commerçantes ayant une activité économique peuvent nommer un commissaire aux comptes et un suppléant dans les mêmes conditions que celles prévues au deuxième alinéa. Dans ce cas, le commissaire aux comptes et son suppléant sont soumis aux mêmes obligations, encourent les mêmes responsabilités civile et pénale et exercent les mêmes pouvoirs que s'ils avaient été désignés en application du premier alinéa. – *[L. n° 84-148 du 1er mars 1984, art. 27.]*

Art. L. 612-2 Les personnes morales de droit privé non commerçantes ayant une activité économique dont, soit le nombre de salariés, soit le montant hors taxes du chiffre d'affaires ou les ressources dépassent un seuil défini par décret en Conseil d'État, sont tenues d'établir une situation de l'actif réalisable et disponible, valeurs d'exploitation exclues, et du passif exigible, un compte de résultat prévisionnel, un tableau de financement et un plan de financement. – *V. art. R. 612-3.*

La périodicité, les délais et les modalités d'établissement de ces documents sont précisés par décret.

Ces documents sont analysés dans des rapports écrits sur l'évolution de la personne morale, établis par l'organe chargé de l'administration. Ces documents et rapports sont communiqués simultanément au commissaire aux comptes, au comité *(Ord. n° 2021-1193 du 15 sept. 2021, art. 10, en vigueur le 1er oct. 2021)* « social et économique » et à l'organe chargé de la surveillance, lorsqu'il en existe.

En cas de non-observation des dispositions prévues aux alinéas précédents ou si les informations données dans les rapports visés à l'alinéa précédent appellent des observations de sa part, le commissaire aux comptes le signale dans un rapport écrit qu'il communique à l'organe chargé de l'administration ou de la direction. Ce rapport est communiqué au comité *(Ord. n° 2021-1193 du 15 sept. 2021, art. 10, en vigueur le 1er oct. 2021)* « social et économique ». Il est donné connaissance de ce rapport à la prochaine réunion de l'organe délibérant. – *[L. n° 84-148 du 1er mars 1984, art. 28.]*

Pour les dispositions transitoires de l'Ord. n° 2021-1193 du 15 sept. 2021, V. note ss. art. L. 611-2.

Art. L. 612-3 Lorsque le commissaire aux comptes d'une personne morale visée *(L. n° 2005-845 du 26 juill. 2005, art. 11-III)* « aux articles L. 612-1 et L. 612-4 » relève, à l'occasion de l'exercice de sa mission, des faits de nature à compromettre la continuité de l'exploitation de cette personne morale, il en informe les dirigeants de la personne morale dans des conditions fixées par décret en Conseil d'État.

(L. n° 2005-845 du 26 juill. 2005, art. 11-III) « A défaut de réponse dans un délai fixé par décret en Conseil d'État, ou si celle-ci ne permet pas d'être assuré de la continuité de l'exploitation, le commissaire aux comptes invite, par un écrit dont la copie est transmise au président du *(Ord. n° 2019-964 du 18 sept. 2019, art. 35, en vigueur le 1er janv. 2020)* « tribunal judiciaire », les dirigeants à faire délibérer l'organe collégial

de la personne morale sur les faits relevés. Le commissaire aux comptes est convoqué à cette séance. La délibération de l'organe collégial est communiquée au comité *(Ord. n° 2021-1193 du 15 sept. 2021, art. 10, en vigueur le 1er oct. 2021)* **« social et économique » et au président du** *(Ord. n° 2019-964 du 18 sept. 2019, art. 35, en vigueur le 1er janv. 2020)* **« tribunal judiciaire ». »**

(L. n° 2011-525 du 17 mai 2011, art. 62-I-3°) **« Lorsque l'organe collégial de la personne morale n'a pas été réuni pour délibérer sur les faits relevés ou lorsque le commissaire aux comptes n'a pas été convoqué à cette séance »** *(L. n° 2005-845 du 26 juill. 2005, art. 11-III)* **« ou si le commissaire aux comptes constate qu'en dépit des décisions prises la continuité de l'exploitation demeure compromise, une assemblée générale est convoquée dans des conditions et délais fixés par décret en Conseil d'État. Le commissaire aux comptes établit un rapport spécial qui est présenté à cette assemblée. Ce rapport est communiqué au comité** *(Ord. n° 2021-1193 du 15 sept. 2021, art. 10, en vigueur le 1er oct. 2021)* **« social et économique ». »**

Si, à l'issue de la réunion de l'assemblée générale, le commissaire aux comptes constate que les décisions prises ne permettent pas d'assurer la continuité de l'exploitation, il informe de ses démarches le président du tribunal et lui en communique les résultats. – *[L. n° 84-148 du 1er mars 1984, art. 29.]*

(L. n° 2011-525 du 17 mai 2011, art. 62-I-3°) **« Dans un délai de six mois à compter du déclenchement de la procédure, le commissaire aux comptes peut en reprendre le cours au point où il avait estimé pouvoir y mettre un terme lorsque, en dépit des éléments ayant motivé son appréciation, la continuité de l'exploitation demeure compromise et que l'urgence commande l'adoption de mesures immédiates. »**

(L. n° 2005-845 du 26 juill. 2005, art. 11-III) **« Les dispositions du présent article ne sont pas applicables lorsqu'une procédure de conciliation ou de sauvegarde a été engagée** *(Ord. n° 2008-1345 du 18 déc. 2008, art. 10)* **« par le débiteur » en application des articles L. 611-6 et L. 620-1. »**

L'art. 62-I de la L. n° 2011-525 du 17 mai 2011 est applicable aux procédures en cours à la date de la publication de cette loi [JO 18 mai] (L. préc., art. 62-II).

Pour les dispositions transitoires de l'Ord. n° 2021-1193 du 15 sept. 2021, V. note ss. art. L. 611-2.

Sur l'information du président du tribunal par le commissaire aux comptes lorsque l'urgence commande l'adoption de mesures immédiates, V. art. L. 611-2-2.

Sur les mesures d'adaptation liées à l'urgence sanitaire (covid-19), V. Ord. n° 2020-596 du 20 mai 2020, art. 1er.

V. art. R. 612-4.

COMMENTAIRE

I. PROCÉDURE D'ALERTE EN TEMPS NORMAL

Les délais jalonnant les deux étapes de la procédure d'alerte sont, depuis la loi de 2005, fixés par décret en Conseil d'État (V. art. R. 612-4). Par ailleurs, la diffusion de la délibération de l'organe collégial est élargie : à défaut de comité d'entreprise (désormais de comité social et économique), la délibération doit être communiquée aux délégués du personnel, et, dans tous les cas, le président du tribunal judiciaire doit en être destinataire.

La deuxième phase de la procédure est accélérée. L'assemblée générale doit être convoquée spécialement, alors qu'auparavant le rapport spécial établi par le commissaire aux comptes était simplement présenté à la prochaine assemblée générale. Là aussi, faute de comité d'entreprise, le rapport est désormais communiqué aux délégués du personnel.

La procédure d'alerte ne s'applique pas lorsque est déjà engagée une procédure de conciliation ou de sauvegarde. Dans ce cas évidemment, le tribunal n'a plus besoin d'être alerté d'une situation dont il est déjà saisi ou a eu connaissance.

L'ordonnance du 18 décembre 2008 a gommé du dernier alinéa les mots « impropres » en ce contexte « par les dirigeants », que contenait la version de 2005 du texte, les remplaçant par « le débiteur ».

La loi de simplification et d'amélioration de la qualité du droit du 17 mai 2011 a inséré un alinéa à l'article L. 612-3. L'objectif poursuivi est de donner au commissaire aux comptes la possibilité de reprendre la procédure au stade où elle a été précédemment arrêtée. Afin de ne pas maintenir l'entreprise dans une période d'incertitude trop longue, la disposition limite toutefois la reprise de la procédure d'alerte aux cas dans lesquels, en dépit des mesures prises par la direction pour assurer la continuité d'exploitation, celle-ci demeure compromise et que l'urgence commande l'adoption de mesures immédiates. La possibilité de reprise de la procédure est en outre limitée dans le temps à un délai de six mois.

II. PROCÉDURE D'ALERTE DURANT LA CRISE SANITAIRE

Afin d'adapter la procédure à l'urgence de la crise sanitaire du covid-19, l'ordonnance n° 2020-596 du 20 mai 2020 (art. 1er, *infra*) a permis une transmission plus précoce et plus complète de l'information. Le dispositif a été prolongé d'un an par la loi n° 2020-1525 du 7 décembre 2020. Ainsi, pour les procédures en cours et jusqu'au 31 décembre 2021 inclus, le commissaire aux comptes peut, dès la première information faite au dirigeant puis à tout moment, s'il estime que l'urgence commande l'adoption de mesures immédiates et que le dirigeant s'y refuse ou adopte des mesures insuffisantes, informer le président du tribunal de commerce ou du tribunal judiciaire et lui transmettre toutes informations utiles sur la situation de l'entreprise. Cette transmission d'informations ne fait pas obstacle à la poursuite de la procédure d'alerte, ni à la transmission des informations sur la situation de l'entreprise aux étapes prévues par le droit commun. Cette mesure a été pérennisée par l'ordonnance du 15 septembre 2021 dans le nouvel article L. 611-2-1. ❑

Art. L. 612-4 *(Ord. n° 2005-856 du 28 juill. 2005, art. 5)* **« Toute association ayant reçu annuellement des autorités administratives, au sens de l'article 1er de la loi du 12 avril 2000, ou des établissements publics à caractère industriel et commercial une ou plusieurs subventions** *(L. n° 2014-856 du 31 juill. 2014, art. 60)* **« en numéraire » dont le montant global dépasse un seuil fixé par décret, doit établir des comptes annuels comprenant un bilan, un compte de résultat et une annexe dont les modalités d'établissement sont fixées par décret. Ces associations doivent assurer, dans des conditions déterminées par décret en Conseil d' État, la publicité de leurs comptes annuels et du rapport du commissaire aux comptes. »** — *V. art. D. 612-5. — Les dispositions de l'Ord. n° 2005-856 du 28 juill. 2005 sont applicables aux exercices comptables des associations ouverts à compter du 1er janv. 2006 (Ord. préc., art. 9). — Sur les obligations des associations et fondations relatives à la publicité de leurs comptes annuels, V. Décr. n° 2009-540 du 14 mai 2009.* — ***C. assoc.***

Ces mêmes associations sont tenues de nommer au moins un commissaire aux comptes et *(L. n° 2019-486 du 22 mai 2019, art. 27)* **« , lorsque les conditions définies au** *(Ord. n° 2023-1142 du 6 déc. 2023, art. 31, en vigueur le 1er janv. 2024)* **« troisième alinéa du I de l'article L. 821-40 » sont réunies, » un suppléant** *(Abrogé par L. n° 2005-845 du 26 juill. 2005, art. 11-IV)* ***« choisis sur la liste mentionnée à l'article*** *(L. n° 2003-706 du 1er août 2003)* ***« L. 822-1 » qui exercent leurs fonctions dans les conditions prévues par le livre II sous réserve des règles qui leur sont propres. Les dispositions de l'article L. 242-27 sont applicables. »*** — *[L. n° 84-148 du 1er mars 1984, art. 29 bis.]*

Al. 3 à 5 *abrogés par L. n° 2005-845 du 26 juill. 2005, art. 11-IV.*

(L. n° 2014-856 du 31 juill. 2014, art. 78) **« Les peines prévues à l'article L. 242-8 sont applicables aux dirigeants des associations mentionnées au premier alinéa du présent article qui n'ont pas, chaque année, établi un bilan, un compte de résultat et une annexe** *(L. n° 2021-1109 du 24 août 2021, art. 21)* **« ou assuré la publicité de leurs comptes annuels et du rapport du commissaire aux comptes ».**

« A la demande de tout intéressé *(L. n° 2021-1109 du 24 août 2021, art. 21)* **« ou du représentant de l'État dans le département du siège de l'association », le président du tribunal, statuant en référé, peut enjoindre sous astreinte aux dirigeants de toute association mentionnée au premier alinéa d'assurer la publicité des comptes annuels et du rapport du commissaire aux comptes. Le président peut, dans les mêmes conditions et à cette même fin, désigner un mandataire chargé d'effectuer ces formalités. »**

Art. L. 612-5 *(L. n° 2001-420 du 15 mai 2001)* **Le représentant légal ou, s'il en existe un, le commissaire aux comptes d'une personne morale de droit privé non commer-**

çante ayant une activité économique ou d'une association visée à l'article L. 612-4 présente à l'organe délibérant ou, en l'absence d'organe délibérant, joint aux documents communiqués aux adhérents un rapport sur les conventions passées directement ou par personne interposée entre la personne morale et l'un de ses administrateurs ou l'une des personnes assurant un rôle de mandataire social.

Il est de même des conventions passées entre cette personne morale et une *(Ord. n° 2008-1345 du 18 déc. 2008, art. 11)* « autre personne morale » dont un associé indéfiniment responsable, un gérant, un administrateur, le directeur général, un directeur général délégué, un membre du directoire ou du conseil de surveillance, un actionnaire disposant d'une fraction des droits de vote supérieure à 10 % est simultanément administrateur ou assure un rôle de mandataire social de ladite personne morale.

L'organe délibérant statue sur ce rapport.

Un décret en Conseil d'État précise les conditions dans lesquelles le rapport est établi. — *V. art. R. 612-6 et R. 612-7.*

Une convention non approuvée produit néanmoins ses effets. Les conséquences préjudiciables à la personne morale résultant d'une telle convention peuvent être mises à la charge, individuellement ou solidairement selon le cas, de l'administrateur ou de la personne assurant le rôle de mandataire social.

(L. n° 2003-706 du 1er août 2003) « Les dispositions du présent article ne sont pas applicables aux conventions courantes conclues à des conditions normales qui, en raison de leur objet ou de leurs implications financières, ne sont significatives pour aucune des parties. »

COMMENTAIRE

L'ordonnance du 18 décembre 2008 a substitué, au deuxième alinéa, les mots « autre personne morale » au mot « société », élargissant ainsi le champ des conventions visées.

Loi n° 84-148 du 1er mars 1984,

Relative à la prévention et au règlement amiable des difficultés des entreprises.

CHAPITRE VI. *INFORMATION FINANCIÈRE ET CONTRÔLE DES COMPTES DANS CERTAINES ENTREPRISES PUBLIQUES*

Art. 30 *(L. n° 2003-706 du 1er août 2003)* 1. Les établissements publics de l'État non soumis aux règles de la comptabilité publique sont tenus de désigner au moins un commissaire aux comptes et *(L. n° 2019-486 du 22 mai 2019, art. 27)* « , lorsque les conditions définies au deuxième alinéa du I de l'article L. 823-1 *[au troisième alinéa du I de l'article L. 821-40, à compter du 1er janv. 2024]* du code de commerce sont réunies, » un suppléant. Toutefois, cette obligation ne s'impose pas lorsque le nombre de salariés, le montant hors taxes du chiffre d'affaires ou des ressources ainsi que le total du bilan ne dépassent pas, pour deux de ces critères, des seuils fixés par décret en Conseil d'État.

Les établissements publics de l'État, qu'ils soient ou non soumis aux règles de la comptabilité publique, sont tenus de nommer au moins deux commissaires aux comptes et *(L. n° 2019-486 du 22 mai 2019, art. 27)* « , lorsque les conditions définies au deuxième alinéa du I de l'article L. 823-1 du code de commerce sont réunies, » deux suppléants lorsqu'ils établissent des comptes consolidés en application de l'article 13 de la loi n° 85-11 du 3 janvier 1985 relative aux comptes consolidés de certaines sociétés commerciales et entreprises publiques.

Néanmoins, quand les conditions posées aux premier et deuxième alinéas ne sont pas remplies, les établissements publics de l'État peuvent nommer au moins un commissaire aux comptes et *(L. n° 2019-486 du 22 mai 2019, art. 27)* « , lorsque les conditions définies au deuxième alinéa du I de l'article L. 823-1 du code de commerce sont réunies, » un suppléant. Il en va de même dans les groupements d'intérêt public dont l'État ou un établissement public de l'État est membre.

(L. n° 2014-1545 du 20 déc. 2014, art. 41) « 2. Les commissaires aux comptes des établissements publics de l'État sont désignés dans les conditions prévues à l'article L. 823-1 du code de commerce. Lorsque des titres financiers de l'établissement sont admis aux négo-

ciations sur un marché réglementé, cette désignation est effectuée après avis de l'Autorité des marchés financiers, dans des conditions fixées par décret. »

3. Abrogé par L. n° 2006-387 du 31 mars 2006, art. 26-XIII.

Les établissements publics de l'État, dès lors qu'ils contrôlent une ou plusieurs personnes morales ou qu'ils exercent une influence notable dans les conditions prévues aux art. L. 233-16 s. C. com., sont tenus d'établir, conformément à ces art., et de publier des comptes consolidés ainsi qu'un rapport sur la gestion du groupe. Toutefois, cette obligation ne s'impose pas lorsque l'ensemble constitué par l'établissement public et les personnes morales qu'il contrôle ne dépasse pas pendant deux exercices successifs sur la base des derniers comptes annuels arrêtés une taille déterminée par référence à deux des trois critères mentionnés à l'art. L. 123-16 dudit code, selon des modalités fixées par décret en Conseil d'État (L. n° 85-11 du 3 janv. 1985, art. 13, dans sa réd. issue de la L. n° 2003-706 du 1er août 2003). Le premier exercice d'application de ces dispositions aux établissements publics de l'État soumis aux règles de la comptabilité publique commence au plus tard le 1er janv. 2006 (L. n° 2003-706 du 1er août 2003, art. 136-II). L'établissement et la publication de comptes consolidés en application de l'art. 13 préc. sont obligatoires dès lors que les seuils de deux des trois critères mentionnés à l'art. L. 123-16 C. com. dépassent les chiffres suivants : a) Nombre moyen de salariés permanents : 250 ; b) Montant hors taxes du chiffre d'affaires : 30 000 000 euros ; c) total du bilan : 15 000 000 euros. Ces chiffres sont calculés globalement pour l'ensemble des entités concernées selon la méthode définie aux al. 2, 3 et 4 de l'art. D. 123-200 C. com. (Décr. n° 86-221 du 17 févr. 1986, art. 13). — V. art. D. 123-200. — ***C. com.***

Art. 31 Le commissaire aux comptes exerce ses fonctions dans les conditions prévues par la loi du 24 juillet 1966 précitée *[C. com., art. L. 821-1 s.]. (L. n° 85-98 du 25 janv. 1985)* « Les dispositions de l'article L. 242-27 du code de commerce *[abrogé par L. n° 2001-420 du 15 mai 2001 ; V., désormais, C. com., art. L. 820-7 et, à compter du 1er janv. 2024, art. L. 821-9]* sont applicables ».

Les missions temporaires définies à l'article L. 225-224, 4°, du code de commerce *[abrogé par L. n° 2001-420 du 15 mai 2001 ; V., désormais, C. com., art. L. 822-11 et, à compter du 1er janv. 2024, art. L. 821-28]* ne peuvent être confiées au commissaire aux comptes par l'établissement ou l'entreprise mentionné à l'article précédent qu'à la demande soit de la Cour des comptes, soit de l'autorité qui a désigné le commissaire aux comptes, soit de *(L. n° 2003-706 du 1er août 2003, art. 46-V)* « l'Autorité des marchés financiers » pour ceux qui font publiquement appel à l'épargne.

Art. 32 Dans les établissements et entreprises mentionnés à l'article 30 qui répondent à l'un des critères définis à l'article L. 232-2 du code de commerce, le conseil d'administration ou le directoire est tenu d'établir les documents mentionnés à cet article. Les dispositions de l'article L. 232-3 du code de commerce sont applicables.

Pour l'application des art. 30 à 32, V. Décr. n° 85-295 du 1er mars 1985, art. 33 et 34.

Décret n° 85-295 du 1er mars 1985,

Pris pour l'application de la loi n° 84-148 du 1er mars 1984 relative à la prévention et au règlement amiable des difficultés des entreprises.

CHAPITRE IV. *DISPOSITIONS APPLICABLES À CERTAINES ENTREPRISES PUBLIQUES*

Art. 33 *(Décr. n° 2005-747 du 1er juill. 2005)* 1. La désignation d'au moins un commissaire aux comptes et d'un suppléant prévue à l'article 30 de la loi n° 84-148 du 1er mars 1984 relative à la prévention et au règlement amiable des difficultés des entreprises est obligatoire dès lors que deux des trois seuils sont franchis :

a) Nombre moyen de salariés permanents : 50 ;

b) Montant hors taxes du chiffre d'affaires et des ressources liées à l'activité courante : 3 100 000 euros ;

c) Total du bilan : 1 550 000 euros.

Le nombre de salariés, le chiffre d'affaires et le total du bilan sont calculés selon la méthode définie aux alinéas 4, 5 et 6 de l'article R. 123-200 du code de commerce. — *V. ce texte au* ***C. com.***

Le montant des ressources comprend les subventions et produits de toute nature liés à l'activité courante.

Les établissements publics de l'État mentionnés au premier alinéa de l'article 30 de la loi du 1er mars 1984 précitée ne sont plus tenus de recourir à un commissaire aux comptes dès lors qu'ils n'ont pas dépassé les seuils de deux des trois critères fixés aux deuxième, troisième et quatrième alinéas du présent article pendant les deux exercices précédant l'expiration du mandat du commissaire aux comptes.

2. Lorsque *(Décr. n° 2009-557 du 19 mai 2009, art. 11)* « les titres financiers de l'établissement sont admis aux négociations sur un marché réglementé », le ministre chargé de l'économie saisit pour avis l'Autorité des marchés financiers avant de procéder à la nomination des commissaires aux comptes. A défaut de réponse de l'autorité dans un délai d'un mois, l'accord de cette dernière est réputé acquis.

Art. 34 Les établissements publics de l'État et les entreprises nationales mentionnés à l'article 30 de la loi du 1er mars 1984 précitée qui, à la clôture de l'exercice social, comptent *(Décr. n° 87-169 du 13 mars 1987)* « trois cents salariés » ou plus ou dont le montant hors taxes du chiffre d'affaires est supérieur ou égal à *(Décr. n° 2001-373 du 27 avr. 2001)* « dix-huit millions d'euros » sont tenus d'établir les documents mentionnés à l'article 340-1 de la loi sur les sociétés commerciales *[C. com., art. L. 232-2]* et les rapports correspondants. Ces critères sont définis selon les dispositions prévues aux alinéas 3 et 4 de l'article R. 232-2 du code de commerce. – *V. ce texte au* ***C. com.*** *ou* ***C. sociétés.***

Ils cessent d'être assujettis à cette obligation lorsqu'ils ne dépassent aucun des chiffres fixés pour ces critères pendant deux exercices successifs.

Le conseil d'administration ou l'organe qui en tient lieu établit et analyse ces documents dans les conditions prévues aux articles R. 232-3 à R. 232-6 du code de commerce. Il communique ces documents et les rapports correspondants, dans les délais prévus à ces articles, au commissaire aux comptes ainsi qu'au comité d'entreprise *[au comité social et économique]* et à l'organe chargé de la surveillance, lorsqu'il en existe.

Le commissaire aux comptes formule, le cas échéant, dans les conditions prévues à l'article R. 232-7 du code de commerce, ses observations dans un rapport écrit qu'il communique au conseil d'administration ou à l'organe qui en tient lieu et au comité d'entreprise *[au comité social et économique]*.

....

Art. 57 Le présent décret est applicable à Mayotte.

(Décr. n° 98-327 du 27 avr. 1998, art. 1er, en vigueur le 1er sept. 1998) « Les dispositions du présent décret sont également applicables dans les territoires de Nouvelle-Calédonie et des îles Wallis-et-Futuna à l'exception, d'une part, des deuxième et septième alinéas de l'article R. 524-10 du code rural institué par l'article 27, de l'article 31, de l'article R. 531-6 du code rural institué par l'article 32, du chapitre VI et des articles 42, 43, 52 et 53, d'autre part, pour le seul territoire de la Nouvelle-Calédonie, du chapitre V. »

TITRE II DE LA SAUVEGARDE

BIBL. GÉN. ▸ Voinot, *Gaz. Pal. 2005. Doctr. 2943.* - Roussel Galle, *Dr. et pr. 2005. 260 ; JCP E 2006, n° 40, p. 1679* (quand et pourquoi se mettre sous la protection de la justice ?). - Lebel, *RPC 2005. 197* (période d'observation). - Rey, *JCP E 2005, n° 42, p. 1770.* - Teboul, *LPA 24 oct. 2005, p. 9.* - Legros, *Dr. sociétés 2005. Étude 11.* - Croze, *Procédures 2005. Étude 13.* - Delfosse et Péniguel, *JCP N 2005, n° 40, p. 1626.* - Jazottes, *RPC 2005. 358* (innovations de la procédure de sauvegarde). - Chaput, *RLDA, suppl. au n° 88, déc. 2005, p. 13.* - Lécuyer, F.-X. Lucas, Roussel Galle, Becqué-Ickowicz et Blanc-Jouvan, *LPA, n° spéc., 8 févr. 2006, p. 23* (commentaire article par article). - Cavinglioli et Léguevacques, *ibid., 17 févr. 2006, p. 22* (aperçu de la procédure de sauvegarde à l'usage du chef d'entreprise). - Cayrol, *LPA 19 sept. 2006, p. 3* (nature de la procédure de sauvegarde). - Lafont de Sentenac, *BJS 2006. 1083* (rôle du commissaire aux comptes et de l'expert-comptable dans la détermination du passif du débiteur en sauvegarde). - Deharveng, *LPA 16 févr. 2007, p. 4* (théorie et pratique au terme d'une année d'application). - F. Dumont, *RPC 2007. 65* (cause économique du licenciement en procédure de sauvegarde). - Monsèrié-Bon, *LPA 14 juin 2007, p. 14.* - Martin-Serf, *ibid., p. 21.* - Saint-Alary-Houin, *RPC 2008. Dossier 3* (ouverture de la procédure : pratique et projet de réforme). - Monsèrié-Bon et Thévenot, *ibid. Dossier 6* (comment améliorer la procédure de sauvegarde ?). - Arseguel et Méteyé, *ibid. Dossier 10* (aspects sociaux). - Besse et Morelli, *JCP E 2009. 1628* (Le *prepackaged* plan à la française : pour une saine utilisation de la procédure de sauvegarde). - Arcelin Lécuyer, *D. 2011. Chron. 1441* (procédure de sauvegarde et concurrence : le divorce consommé - à propos de l'affaire « Cœur Défense »).

▸ Sur l'ordonnance du 18 déc. 2008 : Roussel Galle, *D. 2009. 644* (ouverture des procédures). - Saintourens, *RPC 2009. Dossier 4* (même thème). - Voinot, *Gaz. Pal. 2009.*

Doctr. 746 (même thème). – Lebel, *RPC 2009. Dossier 6* (mesures conservatoires). – Laugier-Taillard, *LPA 15 sept. 2009.*

Art. L. 620-1 *(Ord. nº 2008-1345 du 18 déc. 2008, art. 12)* **« Il est institué une procédure de sauvegarde ouverte sur demande d'un débiteur mentionné à l'article L. 620-2 qui, sans être en cessation des paiements, justifie de difficultés qu'il n'est pas en mesure de surmonter. »** *(L. nº 2005-845 du 26 juill. 2005, art. 12)* **« Cette procédure est destinée à faciliter la réorganisation de l'entreprise afin de permettre la poursuite de l'activité économique, le maintien de l'emploi et l'apurement du passif.**

« La procédure de sauvegarde donne lieu à un plan arrêté par jugement à l'issue d'une période d'observation et, le cas échéant, à la constitution de *(Ord. nº 2021-1193 du 15 sept. 2021, art. 11, en vigueur le 1er oct. 2021)* **« classes de parties affectées** *[ancienne rédaction : deux comités de créanciers]* **», conformément aux dispositions des articles L. 626-29 et L. 626-30. »**

Pour les dispositions transitoires de l'Ord. nº 2021-1193 du 15 sept. 2021, V. note ss. art. L. 611-2.

V., écartant l'application des dispositions du livre VI C. com. aux syndicats de copropriétaires, L. nº 65-557 du 10 juill. 1965, art. 29-15. — ***C. copr.***

V. aussi, écartant l'application des dispositions du code de la consommation relatives au règlement des situations de surendettement des particuliers lorsque le débiteur relève des procédures instituées par le livre VI C. com., C. consom., art. L. 711-3, al. 1er. — ***C. consom.*** *— V. notes 16 s. ss. art. L. 620-2.*

Pour l'ouverture d'une procédure collective à l'égard d'un établissement de crédit, d'une société de financement, d'un établissement de monnaie électronique, d'un établissement de paiement ou d'une entreprise d'investissement, subordonnée à un avis conforme de l'Autorité de contrôle prudentiel et de résolution, V. C. mon. fin., art. L. 613-27, 2e partie, IV. Traitement des difficultés des entreprises.

RÉP. COM. vº *Entreprise en difficulté : ouverture,* par G. Blanc.

BIBL. ▸ Grimonprez, *RLDA 2007, nº 21, p. 18* (l'entreprise en difficultés insurmontables). – Pérochon et Roussel Galle, *Mél. Vallens, Joly éditions, 2017, p. 133* (être ou ne pas être *in bonis*).

Ancien art. L. 620-1 (al. 1er, 1re phr.) *[réd. issue de L. nº 2005-845 du 26 juill. 2005]* ***Il est institué une procédure de sauvegarde ouverte sur demande d'un débiteur mentionné à l'article L. 620-2 qui justifie de difficultés, qu'il n'est pas en mesure de surmonter, de nature à le conduire à la cessation des paiements.***

COMMENTAIRE

I. INSTITUTION D'UNE PROCÉDURE DE SAUVEGARDE

A. GENÈSE DE LA SAUVEGARDE

L'innovation essentielle de la loi du 26 juillet 2005, de taille, provenait de l'éligibilité à une nouvelle procédure, dite de sauvegarde, du débiteur justifiant de « difficultés, qu'il n'est pas en mesure de surmonter, susceptibles de le conduire à la cessation des paiements ». Ce qui ressemblait bien, même si, la jugeant ambiguë et peu incitative, le Gouvernement avait abandonné l'expression entre l'avant-projet soumis à consultation et le projet présenté en conseil des ministres, à un « redressement judiciaire anticipé ».

Cette possibilité, pour les débiteurs en difficulté sérieuse, de se mettre à l'abri des poursuites de leurs créanciers s'inspirait, dans son esprit (mais avec des modalités sensiblement différentes), du fameux chapitre 11 du droit américain (lui-même modifié, dans le sens d'une plus grande sévérité, depuis le 17 oct. 2005 : *Les Échos, 16-17 sept. 2005, p. 28 ; Le Monde, 19 oct. 2005, p. 19* ; et dont l'efficacité n'est pas forcément celle que l'on prétend : V., notamment, M. Haravon, *Doing Business 2009* : mesurer l'efficacité des faillites ?, *D. 2009. Chron. 244*). Elle était souhaitée, notamment, par la CCIP *(rapp. préc., axe 8)*, et le rapport du sénateur Jean-Jacques Hyest (Prévention et traitement des difficultés des entreprises : une évaluation des procédures et de leur mise en œuvre, *Doc. AN, nº 3451 ; Doc. Sénat, nº 120, p. 51*), ainsi que par l'Institut français des praticiens des procédures collectives (IFPPC), qui avait proposé l'institution d'une procédure de « moratoire judiciaire » destinée à placer le débiteur sous « protection judiciaire » avec l'assistance de « curateurs » (IFPPC, Projet d'un nouveau droit des faillites, sept. 2003, www.ifppc.fr ; rappr., parlant, à propos de la sauvegarde, de « portage judiciaire du risque d'entreprise », D. Vidal, Droit de l'entreprise en difficulté, *Gualino, 3e éd., 2010, n° 290*). Et l'idée avait déjà donné lieu à une première concrétisation dans le « document préparatoire » de la chancellerie du 14 octobre 1998 (C. Saint-Alary-Houin, Les intentions de réforme des lois du 1er mars 1984 et du 25 janvier 1985, *Gaz. Pal. 6 sept. 2000, p. 64, n° 20*). Mais le reproche avait été adressé à cette innovation (notamment par la Fédération bancaire française : *Les Échos, 6 nov. 2003, p. 30* ; V. aussi l'audition de Mme A. Obolensky, Rapport de la mission d'information sur la réforme du droit des sociétés – traitement des entreprises en difficulté, *Doc. AN, n° 2094*) de ne pas autoriser les créanciers à agir lorsque le débiteur tarde à le faire. Dans cette situation, il avait été proposé de permettre aux « gros » créanciers (détenant par exemple plus de 15 % des créances) de suppléer l'inaction du débiteur. Seulement, dans le dispositif voulu par le Gouvernement, il était inconcevable que l'initiative de l'ouverture de la procédure de sauvegarde ne fût pas réservée au seul débiteur : il s'agit bien d'une procédure « volontariste » *(DP diff. entr., Bull. n° 263, sept. 2005, p. 4996*). Ce que, bien entendu, n'a pas manqué de confirmer la jurisprudence, qui rejette systématiquement les demandes émanant de créanciers (V., entre autres exemples, Paris, 2 oct. 2007 : *Gaz. Pal. 27-29 avr. 2008, p. 12, obs. Lebel*).

B. PREMIER BILAN DE LA SAUVEGARDE

Les premières statistiques sont d'emblée apparues plutôt encourageantes, même si, dans le premier tribunal de commerce de France, à Paris, il a fallu attendre le 18 avril 2006 pour fêter cet événement (T. Montéran, La procédure de sauvegarde en quelques chiffres, *Gaz. Pal. 23-24 janv. 2008, p. 21*), avant que des entreprises « célèbres » et médiatisées y recourent, telles *Eurotunnel* (ouverture le 2 août 2006) et *Libération* (ouverture le 4 oct. 2006) ; le nombre d'ouvertures de sauvegarde est en progression régulière depuis, le mouvement s'étant accéléré en 2008 en raison de la crise (708 pour 2008, 1 422 en 2009, 1 243 en 2010 et 1419 en 2011). Et, comme le législateur l'avait voulu, la sauvegarde a bénéficié, au début, largement aux petites et aux jeunes entreprises (en 2009, près d'une sauvegarde sur trois concerne une entreprise sans salarié : étude Altares du 13 oct. 2009 ; V. déjà * Rép. min. n° 23227, *JO Sénat Q, 6 juill. 2006, p. 1868* ; V. aussi T. Montéran, *préc.* ; pour une étude statistique plus approfondie, V. *Avis AN, n° 895, 15 mai 2008*).

Il n'en reste pas moins que rapidement un projet de « réforme de la réforme », à l'initiative du président de la République, a été annoncé, qui devait viser à rendre la sauvegarde plus attractive (sur les pistes de réforme de la CCIP, V. *La Tribune, 25 oct. 2007, p. 16* ; V. aussi T. Montéran, Pour améliorer le droit des entreprises en difficulté, osons la réforme, *Gaz. Pal. 23-24 janv. 2008, p. 3* ; G. Teboul, Faut-il encore réformer le droit des entreprises en difficulté ?, *LPA 26 oct. 2007*). Initiative concrétisée moins d'un an plus tard par l'habilitation donnée par le Parlement au Gouvernement, dans le cadre de la loi de modernisation de l'économie du 4 août 2008 (art. 74), de prendre par voie d'ordonnance les mesures, entre autres, nécessaires à « rendre la procédure de sauvegarde plus attractive pour le débiteur et plus efficace afin de favoriser le traitement anticipé des difficultés des entreprises ». Tel est l'objet de l'ordonnance du 18 décembre 2008, qui a modifié de nombreux articles du titre II du livre VI du code de commerce, à commencer par le présent article L. 620-1 (V. ci-dessous).

II. ÉLIGIBILITÉ À LA PROCÉDURE DE SAUVEGARDE

A. DÉFINITION ET APPRÉCIATION DES DIFFICULTÉS

1° DÉFINITION LÉGALE

Sont visés par l'article L. 620-1, tel que remanié (et desserré) par l'ordonnance de 2008, les débiteurs qui, sans être déjà en cessation des paiements, éprouvent de sérieuses difficultés, plus précisément, qui justifient de difficultés qu'ils ne sont pas en mesure de surmonter (la loi ne parle plus, depuis 2005, de « l'entreprise » ; c'est le retour du débiteur sujet, évolution terminologique jugée régressive et en décalage par rapport aux objectifs du texte par certains, et, qui plus est, fâcheuse, lorsque l'entreprise continue ses paiements : C. Saint-Alary-Houin, Le projet de loi sur la sauvegarde des entreprises : continuité, rupture ou retour en arrière ?, *Dr. et patr. 1/2005, p. 24, spéc. p. 28*). L'idée est d'éviter que les entreprises, comme cela a été exprimé avec beaucoup de réalisme, « rongent jusqu'au bout, et en pure perte, leur trésorerie disponible » (G. Teboul, La réforme des procédures collectives : le retour, *LPA 4 nov. 2003*). D'autres droits témoignaient déjà d'approches semblables : le droit allemand (avec la notion d' « insolvabilité imminente » ou « menaçante » ; V. M.-D. Schodermeier, *RJ com. sept. 2003. 62* ; E. Kurek, Les procédures d'insolvabilité en Allemagne, *LPA 23 mars 2005, p. 14*), le droit belge (avec la notion d'entreprise « menacée par des difficultés pouvant conduire à plus ou moins bref délai à une cessation des paiements » ; V. T. Bosly, *RJ com. sept. 2003. 56* ; C. Legros, Les procédures d'insolvabilité en Belgique, *LPA 23 mars 2005, p. 10 ;* et *Rapp. CCIP du 4 févr. 1999, p. 31*) et, depuis, le 1er septembre 2004, le droit espagnol (avec le « concurso volontario » ; V. Réforme des procédures collectives en Espagne, *BEI 2004, n° 1, p. 1*). Un rapprochement, enfin, peut également être opéré avec les procédures de surendettement des particuliers, et plus précisément avec la définition posée par l'article L. 330-1 C. consom. (issu de la loi Borloo du 1er août 2003, devenu l'art. L. 711-1), qui tient compte des « dettes non professionnelles exigibles et à échoir ».

Afin d'éviter tout risque de « fraude » ou de « chantage aux créanciers » (les « dépôts de bilan techniques » ou « dépôts de bilan-gestion »), les tribunaux, estimait-on déjà, devraient se montrer assez exigeants quant à la preuve, que le débiteur peut rapporter par tous moyens, qu'il remplit les conditions légales (V. D. Tricot, Auditions de la Commission des lois du Sénat, 22 déc. 2004). Les juges, dans l'exercice de leur pouvoir souverain d'appréciation (F.-X. Lucas, Du plan de continuation au plan de sauvegarde, la restructuration de l'entreprise, *in* La loi du 25 janvier 1985 a 20 ans ! Entre bilan et réforme, *RLDA, mars 2005, suppl., p. 35, spéc. p. 37*), doivent éviter deux écueils : d'une part, l'ouverture d'une sauvegarde à l'égard d'un débiteur n'éprouvant pas de difficultés suffisamment sérieuses ; d'autre part, et surtout, l'ouverture d'une sauvegarde à l'égard d'un débiteur déjà en cessation des paiements.

Quant au premier écueil, le Sénat avait opéré, en 2005, un « resserrement » du texte, d'une part, en posant la condition que le débiteur ne soit pas en mesure de surmonter les difficultés, approche subjective devant conduire à une appréciation *in concreto* de la capacité du débiteur (alors que si l'on avait retenu le terme « insurmontable », un moment envisagé, l'appréciation aurait dû se faire *in abstracto* : V. D. Voinot, Droit économique des entreprises en difficulté, *LGDJ, 2007, n° 108*) ; d'autre part, en substituant l'expression difficultés « de nature » à conduire à la cessation des paiements à l'expression difficultés « susceptibles » de conduire [...]. Cette définition devait ainsi donner aux tribunaux une arme légale pour refuser les demandes un peu hâtives de débiteurs encore capables d'honorer leurs dettes. Ce qui, notons-le, nous éloignait sérieusement du droit américain qui, même après la réforme entrée en vigueur le 17 octobre 2005, laisse toujours au dirigeant le soin d'apprécier si son entreprise se trouve dans une situation difficile, sous la seule réserve de la fraude (J. Hazaed, Les procédures d'insolvabilité aux États-Unis, *LPA 16 juin 2005, p. 12, spéc. p. 14*). Quant au second écueil, les tribunaux n'ont pas tardé à exiger du débiteur qu'il rapporte la preuve négative qu'il n'est pas en cessation des paiements (TGI Marseille, 28 mars 2006, RG n° 06/02529 : cité par C. Lebel, note ss. Lyon, 31 mai 2006 : *Gaz. Pal. 6-7 oct. 2006, p. 5, spéc. p. 8*). Preuve souvent difficile à fournir en pratique. Cependant, cette tendance jurisprudentielle, parfois fâcheuse, devrait se confirmer à l'avenir, et cela d'autant plus que, depuis l'ordonnance de 2008, elle repose sur un fondement légal. L'article modifié vise, en effet, désormais le débiteur qui, « *sans être en cessation des paiements*, justifie de difficultés qu'il n'est pas en mesure de surmonter », alors que le texte antérieur, bizarrement d'ailleurs, ne prévoyait pas expressément cette limite, mais, au contraire, de façon un peu paradoxale, visait des difficultés, que le « débiteur n'est pas en mesure de surmonter, *de nature à le conduire à la cessation des paiements* ».

Car la tentation, pour le dirigeant, de profiter des avantages de la procédure de sauvegarde risque d'être forte, tant les avantages sont réels par rapport au redressement judiciaire : possibilité de se prévaloir des remises accordées dans le cadre du plan de sauvegarde lorsqu'il a consenti une sûreté personnelle ou affecté ou cédé un bien en garantie, en vue de financer l'entreprise (V. art. L. 626-11), inapplication des nullités de la période suspecte, corollaire logique de la reconnaissance de l'état de non-cessation des paiements résultant du jugement d'ouverture, ce qui pourrait « figer » la période suspecte en cas d'ouverture ultérieure d'une liquidation judiciaire, par exemple. Cela dit, trop de sévérité serait nuisible aussi, qui risquerait alors d'ôter toute son utilité à la sauvegarde, pièce maîtresse de la réforme, un peu à la manière de la jurisprudence construite à propos de l'ancienne procédure de suspension provisoire des poursuites instaurée par l'ordonnance du 23 septembre 1967, pour laquelle la jurisprudence avait interprété de façon drastique la notion clé de ce texte, qui reposait sur l'existence d'une « situation financière difficile mais non encore irrémédiablement compromise » (D. Voinot, La nouvelle procédure de sauvegarde, *Gaz. Pal. 7-8 sept. 2005, p. 24, n° 29*). En pratique, la première expérience issue de la pratique de la loi paraît montrer que la sauvegarde n'a de chance de réussir que si la situation financière n'est pas trop dégradée (V., estimant, notamment, que l'entreprise ne peut avoir de dettes fiscales, sociales et, plus encore, salariales arriérées, et que l'échéance de ses dettes fournisseurs ne saurait dépasser quatre-vingt-dix jours, D. Valdman, Loi de sauvegarde : quelle procédure pour quelles difficultés des entreprises ?, *Gaz. Pal. 23-24 janv. 2008, p. 14*).

Dans un ordre d'idées voisin, un auteur a, par ailleurs, soutenu la nécessité d'une approche, non seulement comptable, mais aussi subjective, on pourrait ajouter humaine, tendant à tenir compte également d'éléments tels que la maladie, l'âge, le découragement du débiteur. Il ne s'agirait certes plus alors, par définition, de tendre à l'obtention d'un plan de sauvegarde, mais d'ouvrir la voie à une sorte de liquidation amiable, par le biais d'un plan d'apurement du passif, qui n'exclurait pas des remises et délais accordés par des créanciers publics (Y. Chaput, Une nouvelle architecture du droit français des procédures collectives, *JCP 2005. I. 184, n°s 30 et 36*). Cette lecture de la loi semble cependant s'éloigner beaucoup de l'objectif de sauvegarde par « la réorganisation de l'entreprise afin de permettre la poursuite de l'activité économique ».

2° PORTÉE DE LA DÉFINITION

Après quelques hésitations, aussi bien doctrinales que jurisprudentielles, la Cour de cassation est venue fixer la portée de l'article L. 620-1 dans le spectaculaire arrêt *Cœur Défense* du 8 mars 2011 (V. note 2), qui marque un nouveau départ pour la sauvegarde. La chambre commerciale lui restitue, en effet, toute sa portée, s'opposant avec une rare vigueur à toute restriction qui ne résulterait pas littéralement des conditions légales d'ouverture. Que la protection que cette procédure offre paraisse parfois excessive aux créanciers et trop opportune pour le débiteur ne la regarde pas, puisque telle est la volonté du législateur. Comme le précise l'arrêt, « si la procédure de sauvegarde est destinée à faciliter la réorganisation de l'entreprise afin, notamment, de permettre la poursuite de l'activité économique, il ne résulte pas de ce texte que l'ouverture de la procédure soit elle-même subordonnée à l'existence d'une difficulté affectant cette activité ». Sur ce point, la solution est très libérale, en ce que la Cour détache la condition unique de l'existence de difficultés insurmontables pour le débiteur, énoncée par la première phrase de l'alinéa 1er de l'article, de la finalité de la procédure, exprimée par la seconde phrase, expressément destinée à la réorganisation de l'entreprise (V. obs. Pétel, *JCP E 2011. 1263, n° 1*). Reste à confirmer que, à défaut d'exploiter une entreprise, les personnes morales peuvent bien bénéficier d'un plan de sauvegarde, ce qui n'apparaît plus tout à fait certain si l'on rapproche la solution de celle donnée ultérieurement par la Cour de cassation à propos du plan de redressement, lequel, selon un arrêt du 4 mai 2017 (V. note 22 ss. art. L. 631-1), ne peut avoir pour seul objet que l'apurement du passif que s'agissant d'un débiteur personne physique.

De même, la Cour de cassation refuse de confondre l'effet d'aubaine conféré par la loi au débiteur en difficulté soustrait aux poursuites individuelles de ses créanciers avec un prétendu « dévoiement » de la procédure. L'attendu de principe est clair : « hors le cas de fraude, l'ouverture de la procédure de sauvegarde ne peut être refusée au débiteur, au motif qu'il chercherait ainsi à échapper à ses obligations contractuelles, dès lors qu'il justifie, par ailleurs, de difficultés qu'il n'est pas en mesure de surmonter et qui sont de nature à le conduire à la cessation des paiements » (cette dernière condition ayant été supprimée par la réforme de 2008). Reste que, concrètement, cette fraude, distincte de la seule volonté de se soustraire à ses obligations contractuelles, sera bien difficile à cerner. La réserve paraît donc un peu théorique (selon un auteur, la fraude pourrait consister dans la création d'une apparence de difficultés, voire la création volontaire de difficultés afin d'échapper à des obligations contractuelles : M. Menjucq, *RPC 2011. Repère 2*). Ajoutons encore que, pareillement, ce même 8 mars 2011, par pure coïncidence, la cour d'appel de Toulouse s'est prononcée à l'unisson en jugeant que « la seule circonstance que l'ouverture d'une sauvegarde est intervenue en cours d'instance en référé et avant l'introduction d'une instance au fond ne constitue pas une fraude aux droits du créancier » (Toulouse, 8 mars 2011 : *cité note 2*). Et, contrairement à ce que l'on a pu lire parfois, l'instauration, par la réforme du droit des contrats issue de l'ordonnance du 10 février 2016, à compter du 1er octobre 2016, d'une possibilité pour le contractant en difficulté de demander la révision du contrat pour imprévision (C. civ., art. 1195) ne devrait rien changer à la donne (V., sur cette question, P. Delebecque, *BJE 2016. 209*).

Rien ne s'oppose donc à ce que la procédure profite à des holdings, à des sociétés *ad hoc*, simples véhicules d'acquisition (*special purpose vehicle*, SPV ; sur lesquels, V. N. Morelli, La sauvegarde du SPV, *Actes pratiques mars-avr. 2010)*, peu important que, derrière l'entreprise, soient protégés les actionnaires, ce qui ouvre grand la voie de la sauvegarde aux holdings d'acquisition dans les opérations de LBO (V., regrettant que le pourvoi n'ait pas permis à la Cour de cassation de casser l'arrêt pour manque de base légale plutôt que pour violation de la loi, en lui reprochant de n'avoir pas suffisamment vérifié si les sociétés débitrices constituaient ou non une entreprise : *F.-X. Lucas, D. 2011. Pan. 2069* ✐).

Pouvait alors se poser une autre question, soulevée par deux auteurs (R. Dammann et S. Schneider, La sauvegarde financière accélérée – analyses et perspectives d'avenir, *D. 2011. Chron. 1429* ✐*, spéc. 1439*), si l'on rapproche ce « résultat » jurisprudentiel du dispositif de sauvegarde financière accélérée, devenu effectif le 1er mars 2011 (une semaine avant l'arrêt *Cœur Défense*), qui est largement adapté aux LBO depuis qu'ont été modifiés les critères de taille des entreprises éligibles par la loi Warsmann du 22 mars 2012 relative à la simplification du droit et à l'allégement des démarches administratives, que n'avait pu adapter la loi Warsmann du 17 mai 2011, en raison de la censure du Conseil constitutionnel (V. ss. art. L. 628-1), dont les conditions peuvent apparaître plus strictes s'agissant de la restructuration négociée des dettes financières (conciliation préalable obligatoire, impossibilité d'imposer un plan de sauvegarde aux créanciers financiers majoritaires) : en cas d'ouverture d'une procédure de sauvegarde de droit commun, le tribunal pouvait-il arrêter un plan de sauvegarde élaboré exclusivement par le débiteur mais rejeté par une large majorité des créanciers financiers, sachant que la finalité du plan est, à la fois la poursuite de l'activité, le maintien de l'emploi et l'apurement du passif (V. III ci-dessous), alors que, en cas de restructuration purement financière, seul le remboursement du passif est un critère pertinent ?

La ferme prise de position de la Cour de cassation confortait l'approche des auteurs qui avaient proposé de se situer plus en aval au cours de la procédure, pour considérer que la véritable légitimité de la sauvegarde réside dans la contractualisation du plan élaboré et approuvé par une forte majorité des créanciers, étant entendu que, de toute manière, l'arrêté du plan adopté par les comités suppose la vérification, par le tribunal, de la protection suffisante des intérêts de tous les créanciers (R. Dammann et M. Robinet, La sauvegarde, un outil pour protéger les associés du débiteur ?, *BJS 2009. 1116*). La situation a quelque peu évolué avec l'ordonnance du 12 mars 2014, qui accorde désormais à tout créancier membre d'un comité un pouvoir concurrent du débiteur, s'agissant de soumettre un projet de plan (V. art. L. 626-30-2).

3° APPRÉCIATION DE LA SITUATION DU DÉBITEUR

Dans l'une des premières décisions de cours d'appel, rendue par la Cour de Versailles dans l'affaire *Photo Services*, à propos de difficultés nées de la chute de l'activité de développement de photographies argentiques en raison de l'expansion de la photographie numérique, il a été précisé que « les difficultés doivent être insurmontables pour le débiteur, avec ses seules ressources, sans qu'il y ait à y ajouter les capacités financières du groupe auquel il appartient, sauf à vérifier que les actionnaires n'ont pas diminué leurs concours » (Versailles, 13e ch., 15 juin 2006 : *cité note 3*). Solution tout à fait logique dès lors que la procédure collective ne concerne que la personne morale qui en fait l'objet, sauf extension de la procédure pour cause de confusion des patrimoines ou de fictivité (V., toutefois, estimant que la thèse rejetée était, non seulement défendable – en ce sens que l'associé d'une société à risques limités n'est pas tenu de soutenir sa société, mais que s'il ne le fait pas, il a vocation à perdre son apport car la société est vouée à la liquidation –, mais plus opportune : P. Pétel, *JCP E 2008. 1207, n° 2*). Ce qui n'empêche toutefois pas les juges de tenir compte, à un autre niveau, plus en amont, de l'impact du groupe pour apprécier les difficultés auxquelles se trouve confrontée une filiale (tel est notamment le cas dans l'affaire *Eurotunnel*, qui a vu l'ouverture d'une sauvegarde pour chacune des dix-sept sociétés du groupe). La Cour de cassation a d'ailleurs expressément fait sienne cette analyse indiscutable, non dans sa décision rejetant le pourvoi contre l'arrêt de la cour de Versailles, mais dans sa deuxième décision du 26 juin 2007 (arrêt *Schlumberger* ; V. note 4) : « la situation de la société débitrice doit être appréciée en elle-même, sans que soient prises en compte les capacités financières du groupe auquel elle appartient ». On le voit, les hauts magistrats gomment, au passage, la réserve, peu justifiée, de la cour d'appel de Versailles, relative à une éventuelle diminution des concours des actionnaires. L'arrêt *Cœur Défense* du 8 mars 2011 (préc.) confirme cette approche. Cette lecture est tout à fait justifiée car, comme un auteur l'a bien dit, la loi commande d'écarter toute approche « supra-débiteur » aussi bien qu'« infra-débiteur » (L. Arcellin-Lécuyer, Procédure de sauvegarde et concurrence : le divorce consommé, *D. 2011. Chron. 1441*). La même logique prévaut évidemment quand, la filiale étant en cessation des paiements, c'est l'ouverture d'un redressement ou d'une liquidation judiciaire qui est en jeu (V. Com. 3 juill. 2012 et 15 nov. 2017 : *cités note 5 ss. art. L. 631-1*).

A la différence de l'article L. 611-4, relatif à la conciliation, l'article L. 620-1 ne précise pas que ces difficultés peuvent être de nature « juridique, économique ou financière » ; mais, il n'est pas douteux que tous ces cas de figure sont envisageables (comme l'attestent d'ailleurs les premiers jugements d'ouverture, cités par C. Lebel, note ss. Lyon, 31 mai 2006 : *préc., spéc. p. 9*), bien qu'en pratique les difficultés financières dominent généralement (sur l'hypothèse de perte d'un procès entraînant de nombreuses indemnisations, V. D. Voinot, *préc.*). Ces difficultés doivent, bien entendu, être appréciées par le juge *in concreto*. Pour cela, la chambre commerciale a précisé, par les deux premiers arrêts qu'elle a rendus en la matière, que « les conditions d'ouverture de la procédure de sauvegarde doivent être appréciées au jour où il est procédé à cette ouverture », c'est-à-dire au jour du jugement d'ouverture, solution excluant par conséquent aussi bien de se placer au jour de la demande qu'à celui où la juridiction statue. Cette dernière solution, classique s'agissant de l'ouverture d'un redressement ou d'une liquidation judiciaires, et surtout de l'appréciation de l'état de cessation des paiements, aurait présenté l'inconvénient d'obliger, en cas d'appel, la cour d'appel à se placer au jour où elle se prononce. Ce qui aurait eu cet effet pervers souvent que le débiteur aurait risqué de se voir récompensé de son courage à anticiper par une infirmation du jugement d'ouverture lui accordant la protection contre les poursuites des créanciers antérieurs, ces efforts de redressement, le cas échéant, accomplis après et avant l'ouverture se trouvant réduits à néant, sans que ce redressement soit achevé. Autre intérêt : en cas de refus d'ouverture par le tribunal, la cour devra se placer, là, au jour où elle statue.

B. ASSOUPLISSEMENT DE LA DÉFINITION

Malgré cette opportune souplesse dans l'interprétation de la loi, celle-ci est apparue quand même encore trop stricte dans les conditions qu'elle pose pour que la sauvegarde puisse rencontrer le succès qu'elle mériterait. Dans la perspective de la réforme annoncée pour 2008, il avait donc été notamment suggéré, s'agissant des conditions d'ouverture, que soit supprimée celle de l'insurmontabilité des difficultés, voire qu'il suffise que le débiteur ne soit pas « apparemment » en état de cessation des paiements (T. Montéran, Pour améliorer le droit des entreprises en difficulté, osons la réforme, *Gaz. Pal. 23-24 janv. 2008, p. 3, spéc. p. 4* ; V. aussi, proposant de se limiter à exiger des difficultés « sérieuses », M.-H. Monsèrié-Bon et C. Saint-Alary-Houin, La loi de sauvegarde des entreprises : nécessité et intérêts d'une réforme annoncée, *D. 2008. Chron. 941* ; ou des difficultés graves : C. Saint-Alary-Houin, Entreprises en difficulté : un droit enfin arrivé à maturité, *Dr. et patr. 3/2009. 33, spéc. 36*). A cela s'ajoutait, plus fondamentalement, qu'il y avait comme un paradoxe dans cette définition de la sauvegarde, procédure que l'on veut préventive, et qui s'appuyait sur la notion de cessation des paiements (P. Le Cannu, *Rép. com. Dalloz*, v° *Entreprises en difficultés [Avant-propos], 2008, n° 20*). Mais cette vision avait fait l'objet de critiques, en ce que les deux premières années d'application de la loi de 2005 avaient surtout révélé que les tribunaux qui refusaient l'ouverture d'une sauvegarde fondaient pratiquement toujours ce refus sur le constat de l'état de cessation des paiements du débiteur et pas sur l'insuffisante gravité des difficultés invoquées, ce qui conduisait à penser que ce n'est pas l'exigence d'un risque de cessation des paiements qui restreignait l'accès à la sauvegarde, et que, partant, la suppression de cette condition ne permettait pas d'ouvrir plus de procédures (F.-X. Lucas, obs. ss. Com. 26 juin 2007 : *D. 2008. Pan. 570*). Telle est, pourtant, malgré tout, bien la voie qu'a suivie la réforme de 2008, qui a supprimé la condition que les difficultés soient « de nature à conduire à la cessation des paiements », faisant par là le pari que cette définition favoriserait la prévention par des initiatives plus en amont des difficultés (de façon plus fondamentale, comme cela a été fait remarquer, cette modification participe d'un mouvement, à la fois, plus large et plus profond, tendant à déconnecter l'ouverture d'une procédure collective « volontaire » de toute condition d'insolvabilité, qui rapproche à cet égard un peu plus le droit français du droit américain : V. J.-L. Vallens, De la cessation des paiements à l'insolvabilité, *JCP 2008. I. 148* ; mais, ce faisant, la sauvegarde s'éloignerait des procédures européennes d'insolvabilité de l'annexe A : Y. Chaput, *in* Procédures d'insolvabilité, aides publiques et droit de la concurrence, *LPA 11 juin 2008*).

Il en résulte que, désormais, le contrôle des juges devra exclusivement porter, pour éviter les demandes abusives, sur le caractère « insurmontable » des difficultés (V., considérant qu'encourager le recours à la sauvegarde présentait, de manière générale, un grand risque pour les cocontractants d'entreprises apparemment saines, B. Berger-Perrin, Lettre ouverte à Rachida Dati, A propos de la réforme de la loi de sauvegarde des entreprises, *Gaz. Pal. 28-29 nov. 2008, p. 4* ; V. aussi, estimant que la cessation des paiements ne peut être complètement absente du débat judiciaire mené lors de la demande d'ouverture, la protection judiciaire accordée au débiteur et les sacrifices imposés aux créanciers ne se concevant qu'en fonction de cet objectif essentiel : éviter la cessation des paiements, A. Jacquemont, N. Borga et T. Mastrullo, Droit des entreprises en difficulté, *Litec, 11e éd., 2019, n° 202*). Les juges devront, à cet égard, se montrer d'autant plus vigilants que, depuis l'ordonnance de 2008, à l'instar de celle d'un redressement judiciaire, l'ouverture d'une sauvegarde emporte automatiquement remise de certaines pénalités fiscales (art. 1756 CGI ; V. P. Pétel, Le nouveau droit des entreprises en difficulté : acte II, *JCP E 2009. 1049, n° 14*).

Un signal fort avait été donné à cet égard par la cour d'appel de Paris, dans l'affaire *Cœur Défense*, déjà évoquée, l'arrêt du 25 février 2010 (V. note 2) ayant infirmé le jugement qui avait ouvert la sauvegarde, au motif que la société débitrice « n'avait pas prétendu éprouver des difficultés à poursuivre son activité de bailleresse de bureaux mais seulement fait état de circonstances imprévues lui rendant plus onéreuse l'exécution de l'obligation contractuelle de couverture du risque de variation des taux d'intérêt, imposée par les contrats de prêt ayant originellement financé son acquisition ». Ce faisant, la cour avait voulu sanctionner ce qu'elle considérait comme une pratique de dévoiement, d'instrumentalisation de la procédure de sauvegarde, qui ne devait pas, à ses yeux, être regardée comme un moyen détourné d'obtenir un délai de grâce ou une suspension de certains effets d'un contrat (V. D. Dammann et G. Podeur, *obs. préc.*). Mais la cassation retentissante de cette décision par la chambre commerciale le 8 mars 2011 (V. note 2) a mis fin à toute faculté laissée aux juges du fond de porter un contrôle sur les motivations du débiteur éligible à la procédure de sauvegarde en raison de difficultés insurmontables : pour la Cour de cassation, hors le cas, un peu théorique (mais que l'on peut rencontrer quand même : Paris, 12 sept. 2017 : *cité note 2*), de « fraude », qu'importe que sa démarche ait pour seul but d'« échapper à ses obligations contractuelles » (V. A, 2°, ci-dessus). Notons, d'ailleurs, que la cour d'appel de Versailles, sur renvoi, retenant la compétence des tribunaux français pour statuer sur la demande de sauvegarde en raison d'un faisceau d'indices concordants démontrant que le centre des intérêts principaux, au sens du règlement 1346/2000, se situait à Paris, a confirmé l'ouverture de la sauvegarde de Hold et de Dame Luxembourg (Versailles, 19 janv. 2012, *SA Eurotitrisation c/ SAS Heart of La Defense : cité note 2*). Cependant, comme la décision arrêtant le plan avait fait l'objet d'un appel du ministère public, bien que la sauvegarde eût été confirmée, le plan demeurait suspendu dans l'attente de la décision de la cour sur ce point, intervenue le 28 février 2013 (Versailles, 28 févr. 2013 : *cité note 1 ss. art. L. 626-12*).

Comme le rapport au président de la République souligne la nécessité « de garantir que la sauvegarde ne sera pas utilisée pour se soustraire indûment aux règles de la libre concurrence », un auteur avait estimé légitime que le juge exerce un contrôle de la conformité de la sauvegarde au droit de la concurrence, en appliquant, notamment, les règles de l'abus de position dominante ou celles de la prohibition des aides publiques (D. Voinot,

L'ouverture des procédures collectives, *Gaz. Pal. 6-7 mars 2009, p. 10, spéc. p. 12*). Là encore, cependant, il convient d'observer que la position très libérale adoptée par la Cour de cassation dans l'affaire *Cœur Défense* s'apparente plutôt, ainsi qu'un auteur l'a qualifiée, à une « interprétation anticoncurrentielle » (L. Arcellin-Lécuyer, Procédure de sauvegarde et concurrence : le divorce consommé, *D. 2011. Chron. 1441*).

A titre d'exemple des effets de la nouvelle définition, dorénavant, le débiteur d'une dette de LBO, capable de faire face aux échéances des intérêts mais pas au remboursement à terme du principal, pourrait obtenir l'ouverture d'une sauvegarde pour renégocier sa dette (N. Laurent et J. de Michele, Le point de vue du praticien sur dix principales mesures du projet de réforme de la sauvegarde, *JCP 2008. I. 214, n° 2*).

Les premières statistiques font apparaître un succès immédiat de cet assouplissement des conditions d'ouverture puisque, le nombre de procédures de sauvegarde allait exploser en 2009 (+ 99,7 %) avant de reculer de 11 % en 2010. Sur 2011, les ouvertures de sauvegarde remontent de 14,2 % (1 419 procédures). Le recours à cette procédure préventive a très fortement augmenté pour les micro-entreprises sans salariés (+ 23 %) et celles employant un ou deux salariés (+ 17,7 %). Son succès dépasse le cadre de l'entreprise traditionnelle pour toucher désormais des structures telles que les sociétés civiles immobilières ou les associations qui représentent les deux tiers des autres formes juridiques l'ayant sollicitée. Les sauvegardes ouvertes sur ce type d'entreprises ont augmenté de 54 % en 2011 (étude Altares, 17 janv. 2012). En 2013, l'on recensait 2 267 demandes d'ouverture de sauvegarde.

C. SAUVEGARDE CONSÉCUTIVE À UN MANDAT AD HOC OU À UNE CONCILIATION – SAUVEGARDE ACCÉLÉRÉE

Les définitions des difficultés ouvrant droit à la conciliation et à la sauvegarde sont très proches, voisines, si bien qu'en réalité la loi semble offrir une véritable option au débiteur (V., pour une tentative de distinction s'appuyant sur la nuance entre les verbes « éprouver » et « justifier », employés respectivement par ces deux textes, C. Caviglioli et C. Léguevaques, *préc., spéc. p. 24*). Le choix dépendra, en pratique, du besoin qu'éprouvera ce dernier de bénéficier d'une mesure de suspension des poursuites (V. F. Vinckel, L'option entre les procédures préventives du nouveau droit des entreprises en difficulté : analyse des risques, *LPA 12 juin 2006, p. 7*). En tout cas, le recours à la sauvegarde n'est nullement subordonné à l'échec d'une mission de mandataire *ad hoc* ou d'une tentative de conciliation. Ce qui ne signifie bien sûr pas que le passage d'un mandat *ad hoc* ou d'une procédure de conciliation à une procédure de sauvegarde ne puisse se concevoir, en pratique. Car existe toujours la possibilité tactique du débiteur *in bonis* en cours de négociation ou de conciliation de brandir l'arme de la demande d'ouverture d'une procédure de sauvegarde, qui pourrait, dans certains cas, déranger les créanciers en raison du fonctionnement selon la loi de la majorité des comités de créanciers, remplacés par le mécanisme des classes de créanciers par l'ordonnance du 15 septembre 2021 (même si, depuis l'Ord. de 2014, les créanciers sont recevables à présenter des projets de plan alternatifs : V. art. L. 626-30-2).

Plus généralement, ce passage d'une conciliation à une sauvegarde a été organisé et encadré par le législateur, d'abord par une loi du 22 octobre, qui a créée la procédure de sauvegarde financière accélérée, puis par l'ordonnance du 12 mars 2014, qui a ouvert plus largement ce mécanisme de conciliation préparatoire à une sauvegarde par l'institution d'une procédure de sauvegarde accélérée « de droit commun », devenue l'unique procédure de ce type depuis l'ordonnance du 15 septembre 2021 (V. art. L. 628-1 s.).

Par ailleurs, il est intéressant de se demander si le recours à la procédure de sauvegarde ne pourrait pas parfois participer de la bonne gouvernance des entreprises en difficulté, ce qui signifierait alors qu'il serait concevable de reprocher une faute de gestion (par exemple, dans le cadre d'une action en comblement de passif) au dirigeant s'étant abstenu de mettre la société sous la protection de la justice (rappr. : P. Le Cannu, La responsabilité civile des dirigeants de personne morale après la loi de sauvegarde des entreprises du 26 juillet 2005, *Rev. sociétés 2005. 743, n° 28*). ❑

1. Conditions d'ouverture. Les conditions d'ouverture de la procédure de sauvegarde doivent être appréciées au jour où il est procédé à cette ouverture. • Com. 26 juin 2007 (2 arrêts), n° 06-17.821 P : *D. 2007. AJ 1864, obs. Lienhard ; ibid. Chron. C. cass. 2764, obs. Bélaval ; D. 2008. Pan. 570, obs. F.-X. Lucas ; JCP E 2007. 2120,* note Vallansan ; *ibid. 2008. 1207, n° 1, obs. Pétel; RDBF 2007, n° 158, obs. F.-X. Lucas; Dr. sociétés 2007, n° 177, note Legros; Gaz. Pal. 26-27 oct. 2007, p. 20, note Lebel; BJS 2007. 1167, note Regnaut-Moutier; RJ com. 2007. 359, note Roussel Galle; RPC 2007. 222, obs. Saintourens; Defrénois 2007. 1578, obs. Gibirila; Dr. et patr. juill.-août 2008. 103, obs. Saint-Alary-Houin.* – V. aussi Guyader, *RJDA févr. 2008, p. 103* ; Sonier et Ghalimi, *RPC 2008. 50.*

2. Si la procédure de sauvegarde est destinée à faciliter la réorganisation de l'entreprise afin, notamment, de permettre la poursuite de l'activité économique, il ne résulte pas de l'art. L. 620-1, al. 1er, C. com., dans sa rédaction antérieure à l'Ord. du 18 déc. 2008, que l'ouverture de la procédure soit elle-même subordonnée à l'existence d'une difficulté affectant cette activité. • Com. 8 mars 2011, n° 10-13.988 P : *D. 2011. 919, note Le Corre ; ibid. Pan. 2069, obs. F.-X. Lucas ; ibid. Actu. 743, obs. Lienhard ; RTD com. 2011. 420, obs. Vallens ; JCP E 2011. 1215, note Couret et Dondero; ibid. 1263, n° 1, obs. Pétel; Gaz. Pal. 1er-2 avr. 2011, p. 7, note Reille; LPA 14 mars 2011, note Teboul; 19 juill. 2011, note Thomassin; DP diff. entr., Bull. n° 324, obs. Roussel Galle; LEDEN 4/2011. 1, obs. Gorrias et Thévenot; APC 2011, n° 106, obs. Saintourens; RJDA 2011, n° 437; RLDA mai 2011. 20, obs. Cavet; Dr. sociétés 2011, n° 160, note Legros; Dr. et patr. 9/2011. 73, obs. Saint-Alary-Houin* (aff. « Cœur Défense »). – V. Rapp. Rémery, *RJDA mai 2011, p. 359.* – V. aussi Grelon, *Rev. sociétés 2011. 404* ; Menjucq, *RPC mars-avr. 2011* ; Gibirila, *Journ. sociétés 6/2011. 73.* ♦ Hors le cas de fraude, l'ouverture de la procédure de sauvegarde ne peut être refusée au débiteur, au motif qu'il chercherait ainsi à échapper à ses obligations contractuelles, dès lors qu'il justifie, par ailleurs, de difficultés qu'il n'est pas en mesure de surmonter et qui sont de nature à le conduire à la cessation des paiements. • Même arrêt. ♦ Si la société débitrice justifie de difficultés qu'elle n'est pas en mesure de surmonter et qui sont de nature à la conduire à la cessation des paiements, l'ouverture d'une procédure de sauvegarde ne peut lui être refusée au motif que ses associés ne seraient pas fondés à éviter, par ce moyen, d'en perdre le contrôle. • Même arrêt. ♦ V. l'arrêt cassé : • Paris, 25 févr. 2010 : *D. 2010. AJ 579, obs. Dammann et Podeur ; JCP E 2010. 1475, note Saintourens ; ibid. 1742, n° 1, obs. Pételo; LPA 9 mars 2010, obs. Teboul; DP diff. entr., Bull. n° 313, p. 3957, obs. Roussel Galle; LEDEN 4/2010. 1, obs. F.-X. Lucas; Gaz. Pal. 16-17 avr. 2010, obs. Le Corre; APC 2010, n° 112, obs. Saintourens; RTDF 2010, n° 1, p. 118, obs. Saint-Marc; RLDA mai 2010. 17, obs. Cavet; RJDA 2010, n° 645; Dr. et patr. 10/2010. 85, obs. Saint-Alary-Houin et Monsèrié-Bon.* ♦ Sur cet arrêt, V. aussi Menjucq, *RPC 2010. Étude 11.* ♦ Sur renvoi, après cassation, V. • Versailles, 19 janv. 2012 : *D. 2012. Actu. 433, obs. Lienhard ; Rev. sociétés 2012. 523, note Morelli ; JCP E 2012. Actu. 91, obs. Danis et du Bois de Gaudusson; LEDEN 2/2012. 1, obs. F.-X. Lucas; RPC 2012, n° 19, obs. Saintourens; BJS 2012. 329, note Dammann et de Germay; BRDA 2012, n° 5, p. 15; APC 2012, n° 50, obs. Henry; RJDA 2012, n° 522; Dr. et patr. 9/2012. 97, obs. Saint-Alary-Houin.* – V. Menjucq, *RPC 2012. Étude 7.* ♦ La seule circonstance que l'ouverture d'une sauvegarde est intervenue alors qu'une procédure contentieuse en référé avait été initiée contre le débiteur et avant l'introduction d'une instance au fond ne constitue pas une fraude aux droits du créancier. • Toulouse, 8 mars 2011 : *Rev. sociétés 2011. 384, obs. Roussel Galle .* ♦ Pour un exemple de fraude, V. • Paris, 12 sept. 2017, n° 17/08723 : *RJDA 2018, n° 42; RPC 2018, n° 21, obs. Saintourens; BJE 2018. 187, note Delattre.*

3. Justifie de difficultés qu'il n'est pas en mesure de surmonter, de nature à le conduire à la cessation des paiements, le débiteur exerçant une activité de développement de photographies argentiques exploitant 280 magasins et employant 2 000 personnes qui, du fait de l'expansion de la photographie numérique et de la diminution corrélative de son chiffre d'affaires, a vu son exploitation devenir largement déficitaire et qui se trouve dans l'obligation de modifier son activité et pour cela de procéder à des investissements importants qu'il n'est pas en mesure d'assumer. • Versailles, 15 juin 2006 : *BICC 2006, n° 2175; Gaz. Pal. 9-11 juill. 2006, p. 17; RJDA 2006, n° 1152,* conf. par • Com. 26 juin 2007 : *préc. note 1.* – V. aussi Fraimout, *RPC 2006. 225.* ♦ Pour un autre exemple, V. • Colmar, 26 sept. 2006 : *Gaz. Pal. 20-21 juill. 2007, p. 24, obs. Lebel,* , conf. par • Com. 26 juin 2007 : *cité note 4.*

4. La situation de la société débitrice doit être appréciée en elle-même, sans que soient prises en compte les capacités financières du groupe auquel elle appartient : • Com. 26 juin 2007, n° 06-20.820 P : *D. 2007. AJ 1864, obs. Lienhard (2e esp.) ; ibid. Chron. C. cass. 2764, obs. Bélaval ; D. 2008. Pan. 570, obs. F.-X. Lucas ; JCP E 2007. 2120, note Vallansan (1re esp.); ibid. 2008. 1207, n° 2, obs. Pétel; RDBF 2007, n° 158, obs. F.-X. Lucas; Dr. sociétés 2007, n° 177, note Legros (1re esp.); Gaz. Pal. 26-27 oct. 2007, p. 21, note Lebel; BJS 2007. 1165, note Regnaut-Moutier; RJ com. 2007. 361, note Roussel Galle; RPC 2007. 223, obs. Saintourens; Defrénois 2007. 1578, obs. Gibirila; Dr. et patr. juill.-août 2008. 103, obs. Saint-Alary-Houin.* – V. aussi Guyader, *RJDA févr. 2008, p. 103* ; Sonier et Ghalimi, *RPC 2008. 50.*

5. Le législateur n'a pas entendu imposer au débiteur de justifier de la réception de mises en demeure, de demandes de moratoires non satisfaites, ni de la mise en œuvre préalable d'une procédure de conciliation. • Lyon, 31 mai 2006 : *RPC 2006. 253, obs. Roussel Galle; Gaz. Pal. 6-*

7 oct. 2006, p. 5, note Lebel ; RTD com. 2006. 675, obs. Vallens ; RJ com. 2007. 71, obs. Sortais. ♦ Il convient à la juridiction saisie de la demande d'un débiteur d'apprécier *in concreto* le caractère insurmontable des difficultés exposées. • Même arrêt.

6. Demandeur. Pour l'irrecevabilité de la demande émanant d'un créancier, V. • Metz, 17 avr. 2007 : *Gaz. Pal. 20-21 juill. 2007, p. 24, obs. Lebel.*

7. Un débiteur assigné en liquidation judiciaire par un de ses créanciers ne peut solliciter devant la cour d'appel le bénéfice d'une procédure de sauvegarde, dès lors que celle-ci doit être demandée par le débiteur devant le tribunal et ne peut être ouverte sur l'assignation d'un créancier. • Paris, 2 oct. 2007 : *RTD com. 2008. 188, obs. Vallens ; Gaz. Pal. 27-29 avr. 2008, p. 12, obs. Lebel.*

8. Pour l'ouverture d'office d'une procédure de sauvegarde, V. • TGI Bressuire, 19 déc. 2007 : *D. 2008. AJ 84 ; Gaz. Pal. 27-29 avr. 2008, p. 11, obs. Lebel.*

Art. L. 620-2 *(L. nº 2005-845 du 26 juill. 2005, art. 13)* **La procédure de sauvegarde est applicable à** *(Ord. nº 2008-1345 du 18 déc. 2008, art. 164-I)* **« toute personne exerçant une activité commerciale »** *(L. nº 2019-486 du 22 mai 2019, art. 67)* **« , artisanale ou une activité agricole définie à l'article L. 311-1 du code rural et de la pêche maritime et » à toute autre personne physique exerçant une activité professionnelle indépendante, y compris une profession libérale soumise à un statut législatif ou réglementaire ou dont le titre est protégé, ainsi qu'à toute personne morale de droit privé.** — *V. ledit art. L. 311-1 au* **C. com.** *ou au* **C. rur.** — *Pour les dispositions transitoires de la L. nº 2019-486 du 22 mai 2019, V. note ss. art. L. 626-12.*

(Ord. nº 2010-1512 du 9 déc. 2010, art. 3-1º) **« A moins qu'il ne s'agisse de patrimoines distincts de l'entrepreneur** *(Abrogé par L. nº 2022-172 du 14 févr. 2022, art. 5, à compter du 15 mai 2022)* ***« individuel à responsabilité limitée »*, » il ne peut être ouvert de nouvelle procédure de sauvegarde à l'égard** *(Ord. nº 2010-1512 du 9 déc. 2010, art. 3-1º)* **« d'un débiteur déjà soumis » à une telle procédure, ou à une procédure de redressement judiciaire ou de liquidation judiciaire, tant qu'il n'a pas été mis fin aux opérations du plan qui en résulte ou que la procédure de liquidation n'a pas été clôturée.**

Pour les dispositions transitoires de la L. nº 2022-172 du 14 févr. 2022, V. note ss. art. L. 611-13.

RÉP. COM. vº *Entreprise en difficulté : ouverture,* par G. Blanc.

BIBL. ▸ Vallansan, *RLDA, suppl. au nº 80, mars 2005, p. 12* (évolution des personnes assujetties à la procédure collective : 1985-2005). – Lebel, *Gaz. Pal. 2008. 78* (le cotisant est-il un débiteur ? - à propos de l'art. R. 241-2 CSS). – Thomas, *D. 2008. 1632* (notaire associé et procédures collectives). – Cerati-Gauthier, *JCP E 2008. 2436* (application aux professions libérales). – SDECC, *BICC 1er févr. 2010* (même thème). – Gibirila, *Journ. sociétés 12/2014. 36* (cas du professionnel libéral exerçant en société). – Gjidara-Decaix, *Mél. Serlooten, Dalloz, 2015, p. 201* (éligibilité des personnes physiques aux procédures collectives commerciales et aux procédures de surendettement). – Vincent, *JCP E 2016. 1340* (qualité du débiteur dépourvu d'entreprise).

COMMENTAIRE

I. EXTENSION DES PROCÉDURES COLLECTIVES AUX PROFESSIONS INDÉPENDANTES

A. DISPOSITIF LÉGISLATIF

Après les artisans en 1985, les agriculteurs en 1988, la loi de 2005 a étendu aux professions libérales (et, plus généralement, à l'ensemble des professions indépendantes, ce qui permet d'éviter toute discussion axée sur la notion incertaine de profession libérale, toutefois définie désormais par l'art. 29 de la loi nº 2012-387 du 22 mars 2012) le bénéfice des procédures collectives. De toutes les procédures collectives : non seulement la sauvegarde, mais aussi le redressement judiciaire (art. L. 631-2) et la liquidation judiciaire (art. L. 640-2). Les professions libérales, qui étaient déjà concernées en cas d'exercice sous forme de sociétés (SCP, SEL), ne se sont pas vu dotées d'une procédure particulière, comme cela avait été un moment envisagé, mais se trouvent soumises au droit commun des procédures collectives. Tel est le sens de la formule un peu lourde et redondante des articles L. 620-2, L. 631-2 et L. 640-2 (P.-M. Le Corre, La situation générale du débiteur et des créanciers dans l'avant-projet de réforme des entreprises en difficulté, *Gaz. Pal. 10-11 déc. 2003, p. 13, 1re partie, nº 3* ; sur la portée de cette formule, V., plus spécialement, S. Rétif, L'extension des procédures collectives aux professions libérales, *Dr. et patr. 3/2006, p. 95, spéc. p. 96*). La réforme répondait ainsi à un vœu des professionnels. Car ceux-ci (qui représentent 25 % des « entreprises »), pourtant nombreux à connaître des difficultés, n'avaient avant la réforme, en effet, que la déconfiture pour horizon, pour reprendre une expression forte (V. B. Soinne, La procédure de rétablissement personnel, propos « introductif », *JCP 2003. Actu. 475, n° 4*).

Cette extension a été assortie d'un certain nombre de mesures spécifiques d'adaptation et de garanties procédurales, principalement caractérisées par le rôle confié, le cas échéant, à « l'ordre professionnel » ou à « l'autorité compétente » (V. notamment art. L. 621-1, L. 621-10, L. 622-6, L. 623-3, L. 642-2 ; V. aussi, pour la représentation de l'ordre ou de l'autorité, art. R. 662-11). Il a été remarqué que le texte ne définissait pas « l'ordre professionnel ou à l'autorité compétente », ce qui soulève quelques interrogations. Mais, vraisemblablement, cette notion suppose-t-elle la consécration de la loi ou d'un règlement. Ce qui, par exemple, suffirait à englober les associations professionnelles, agréées par l'Autorité des marchés financiers, auxquelles les conseillers en investissements financiers doivent adhérer, en vertu de l'article L. 541-4 du code monétaire et financier (Ph. Reigné, L'application aux professions libérales des procédures de prévention et de traitement des difficultés des entreprises, Colloque du CRAJEFE, Nice, 27 mars 2004, *LPA 10 juin 2004, p. 10, n° 16 ; in* La loi de sauvegarde des entreprises : quelles procédures ? quelles responsabilités ?, *Litec, 2007, p. 7, n° 13*). Cela dit, la circulaire d'application du 16 novembre 2006 (V. ci-dessous), qui indique la liste des professions ainsi que l'autorité concernées, se limite aux professions dont le statut est régi par un décret d'application de la loi du 29 novembre 1966, relative aux sociétés civiles professionnelles, ou par un décret d'application de la loi du 31 décembre 1990, relative aux sociétés d'exercice libéral (lois désormais remplacées par l'Ord. n° 2023-77 du 8 févr. 2023). Et c'est bien cette lecture qu'a confirmée le premier arrêt de la Cour de cassation sur la question, qui, à propos du redressement judiciaire d'un détective privé, a considéré que, l'Observatoire des détectives de France et la Confédération nationale des enquêteurs et détectives professionnels s'apparentant à des syndicats professionnels, ceux-ci ne pouvaient recevoir la qualification d'ordre professionnel et n'avaient donc pas à être appelés (Com. 27 mai 2008 : *cité note 6 ss. art. L. 621-1*). Cette interprétation stricte, fondée sur le critère de l' « autorité », répond, entre autres considérations, à la préoccupation d'éviter la concurrence possible entre plusieurs organisations conventionnelles (en l'espèce, déjà deux, auxquelles pourrait s'ajouter le Conseil national supérieur des agents de recherches privés), comme l'a souligné l'avocat général (R. Bonhomme, *JCP E 2008. I. 1870, n° 2* ; V., cependant, critiquant l'opportunité de ce critère de la représentation, Rétif, *APC 2008, n° 206*).

Mais toutes les mesures n'ont peut-être pas été prévues ; ainsi, par exemple, rien n'est dit quant aux modalités de gestion des cabinets en période de redressement judiciaire. De même, pourrait se poser la question de l'ordre compétent dans l'hypothèse d'un avocat possédant un bureau secondaire. Et, de surcroît, pour bien d'autres dispositions, incontestablement applicables sans adaptation par principe, la pratique est amenée à tenir compte de la spécificité du lien unissant les professionnels libéraux à leur clientèle. Ainsi, pour ne prendre qu'un exemple, n'imagine-t-on guère un administrateur exigeant la poursuite d'un contrat en cours entre un avocat et un client, comme s'il s'agissait d'un contrat avec un fournisseur (sur toutes ces questions, notamment, sur le mode d'intervention des ordres, les risques d'atteinte au secret professionnel, de régression déontologique, V. S. Rétif, *préc., spéc. p. 100 s. ; RPC 2006. 152, spéc. 153* ; R. Martin et P. Neveu, L'application à la profession d'avocat de la loi du 26 juillet 2005 sur la sauvegarde des entreprises, *JCP 2006. I. 125* ; T. Favario, L'avocat en difficulté [application de la loi de sauvegarde à l'avocat exerçant en nom], *BJS. 2006. 691* ; F. Verger et A. Mignone, Aspects pratiques de l'application de la loi du 26 juillet 2005 aux professionnels libéraux, *D. 2006. 2234*). Quoi qu'il en soit, pour l'essentiel, la loi est la même pour les professionnels libéraux, et les tribunaux judiciaires ne sauraient introduire des éléments d'interprétation spécifiques (V., pour un jugement rejetant la demande d'ouverture de redressement judiciaire d'un médecin en raison de sa mauvaise foi, TGI Clermont-Ferrand, 2 mars 2006 : *RDBF 2006, n° 164, note F.-X. Lucas*).

L'extension s'accompagne, par ailleurs, logiquement, de la soumission des membres des professions libérales concernés au régime de garantie des salaires par l'AGS (V. art.

L. 3253-8 C. trav. ss art. L. 625-9 C. com.), mais, bien évidemment, cette protection ne concerne pas les collaborateurs non salariés, dont les honoraires ne sont pas garantis.

Un premier bilan, six mois après l'entrée en vigueur de la réforme, faisait apparaître que la sauvegarde a rencontré un véritable succès auprès des avocats (près de 50 procédures étaient engagées à Paris ; *Les Échos, 4 juill. 2006, p. 2*). Beaucoup plus spectaculaires (et inquiétants) étaient les premiers chiffres relatifs aux assignations en liquidation judiciaire d'avocats, à l'initiative des créanciers sociaux ou publics, notamment dans le ressort du TGI de Paris (Intervention de M. Lécué, Séminaire sur les six premiers mois d'application de la loi n° 2005-845 du 26 juillet 2005 de sauvegarde des entreprises, Cour de cassation, 23 juin 2006, www.courdecassation.fr ; V. aussi *Dr. et patr. 2/2007. 6*), qui, toutefois, restent, semble-t-il, souvent sans suite, en raison d'un paiement comptant.

La Cour de cassation, par un arrêt du 19 octobre 2010, a refusé de transmettre au Conseil constitutionnel la question prioritaire de constitutionnalité relative à l'extension aux professionnels indépendants du champ d'application de la procédure de redressement judiciaire, estimant qu'elle ne présentait pas de caractère sérieux (Com. 19 oct. 2010 : *cité note 1 ss. art. L. 631-2*). Mais la chambre commerciale a eu l'occasion ultérieurement de se prononcer sur les effets de l'interdiction d'exercer en cas de liquidation judiciaire (Com. 31 mai 2012 : *cité note 99 ss. art. L. 641-9* ; V. comm. ss. cet art.).

B. DIFFICULTÉS JURISPRUDENTIELLES

1° GÉRANT MAJORITAIRE DE SARL

Quant à la première jurisprudence (sur laquelle, V. l'étude JURICA du service de documentation et d'étude de la Cour de cassation, *BICC, 1er févr. 2010, p. 59*), on retiendra les décisions, pleinement justifiées en raison de la théorie de la personnalité morale et de la représentation des sociétés, de cours d'appel ayant refusé de considérer les gérants majoritaires de SARL comme des personnes physiques exerçant une activité professionnelle indépendante, susceptibles d'être assignés en redressement ou en liquidation judiciaire par l'URSSAF, bien qu'ils soient considérés comme des travailleurs indépendants pour la législation sociale (Chambéry, 14 mai 2007 : *Gaz. Pal. 20-21 juill. 2007, p. 21, obs. Le Corre* ; Orléans, 31 janv. 2008 : *BICC 2009, n° 1323* ; Versailles, 11 sept. 2008, à propos du gérant d'une EURL, cité au *BICC, 1er févr. 2010, p. 61* ; V. aussi C. Lebel, Le cotisant est-il un débiteur ?, *Gaz. Pal. 23-24 janv. 2008, p. 19*). La Cour de cassation a fait sienne cette lecture, en posant ce principe : le gérant d'une SARL, qui agit au nom de la société qu'il représente et non en son nom personnel, n'exerce pas une activité professionnelle indépendante au sens de l'article L. 631-2 du code de commerce (Com. 12 nov. 2008 : *cité note 14*). La deuxième chambre civile s'est alignée, un an et quelque plus tard, jugeant que « la seule qualité de gérante d'une société, ne suffit pas à faire relever la personne concernée du régime des procédures collectives et à l'exclure du champ d'application des dispositions du code de la consommation relatives au surendettement des particuliers » (Civ. 2e, 21 janv. 2010 : *cité note 14*). Elle a ajouté, deux ans plus tard, que l'action en comblement de passif n'exclut pas en soi le bénéfice des mesures de traitement de surendettement (Civ. 2e, 12 avr. 2012 : *cité note 18*). Pour autant, le gérant ne bénéficiera pas forcément de cette procédure qui suppose que son insolvabilité ne procède pas de dettes professionnelles. Ce qui, le plus souvent, ne sera pas le cas, puisque, comme le montrent tant l'arrêt de 2008 que celui de 2010, le passif du gérant est généralement constitué des dettes de cotisations sociales dont il personnellement redevable. Or, ces dettes semblent ressortir à la catégorie des dettes professionnelles exclues par l'article L. 711-1 du code de la consommation (anc. art. L. 330-1 ; V., en ce sens, P. Cagnoli et K. Salhi, La répartition des procédures de surendettement et des procédures collectives d'entreprises, *RPC 2009. Étude 17, n° 10*). La même solution vaut, fort logiquement, pour l'associé unique gérant d'une EURL (Civ. 2e, 13 oct. 2016 : *cité note 14*).

Ce n'est donc que de façon tout à fait exceptionnelle que le gérant d'une SARL pourrait relever du livre VI du code de commerce, dans l'hypothèse, qu'a énoncée la Cour de cassation, de « l'exercice effectif par le débiteur d'une activité professionnelle indépendante, distincte de celle exercée pour le compte et au nom de la société dont il est le gérant et associé majoritaire » (Com. 20 sept. 2017 : *cité note 14*).

2º PROFESSIONNEL INDÉPENDANT ASSOCIÉ D'UNE SOCIÉTÉ D'EXERCICE PROFESSIONNEL

De même, a surgi rapidement la question du sort du professionnel indépendant (plus particulièrement de l'avocat) associé d'une société professionnelle.

Après quelques tâtonnements jurisprudentiels, la Cour de cassation a pris fermement position par trois arrêts de principe rendus le 9 février 2010. Trois règles s'en dégagent, qui visent expressément, selon les affaires, les sociétés civiles professionnelles (nº 08-17.670) et les sociétés d'exercice libéral (nº 08-15.191 et nº 08-17.144), le redressement judiciaire (nº 08-17.670) et la liquidation judiciaire (nº 08-15.191 et nº 08-17.144). La solution vaut évidemment pareillement pour les autres personnes exerçant une profession indépendante (par ex. un chirurgien-dentiste : V. Com. 16 sept. 2014 : *cité note 14*. – Civ. 2e, 1er juin 2017 : *ibid.*).

1. Principe majeur

« L'avocat, qui a cessé d'exercer son activité à titre individuel pour devenir associé d'une société civile professionnelle (ou d'une société d'exercice libéral), n'agit plus en son nom propre mais exerce ses fonctions au nom de la société. Il cesse dès lors d'exercer une activité professionnelle indépendante au sens de l'article L. 631-2 du code de commerce. » Voilà donc pour la situation « générale » du professionnel associé (avocat ou autre, bien entendu), auquel est interdit, par principe, le bénéfice d'une procédure de sauvegarde, de redressement ou de liquidation judiciaire. Certains regretteront cette lecture de la loi du 26 juillet 2005. Et, c'est vrai, le cas de figure de l'avocat associé se distingue de celui du gérant majoritaire de SARL, objet de l'arrêt du 12 novembre 2008 (V. I ci-dessus), non seulement parce que l'associé ne représente pas la personne morale, mais surtout parce qu'il peut être soutenu que l'avocat associé est à lui seul une entreprise libérale indépendamment du mode d'exercice de la profession (V. note A. Cerati-Gauthier, *JCP E 2010. 1267*).

Mais la Cour de cassation s'est sentie tenue par les dispositions régissant les SCP et les SEL, portées au visa des arrêts nº 08-17.670 (art. 43 à 45 du Décr. nº 92-680 du 20 juill. 1992, relatifs aux SCP d'avocats) et nº 08-17.144 (art. 20 à 22 du Décr. nº 93-492 du 25 mars 1993, relatifs au SEL d'avocats), qui posent le principe de l'exercice « au nom de la société » des fonctions d'avocat par l'avocat associé (V. concl. R. Bonhomme, *RPC 2010. Étude. 6*). D'où il a pu être déduit que la solution reposait sur une distinction entre l'indépendance « technique » de l'avocat, qui exerce son art en toute liberté, et la dépendance « juridique » (V. note J.-P. Legros, *Dr. sociétés 2010, nº 76*). Notons ici que ce n'est toutefois pas cette particularité de l'avocat associé qui fonde son maintien au tableau malgré la privation temporaire d'exercice de la profession résultant de l'article L. 641-9, III (V. Com. 5 avr. 2011 : *cité note 100 ss. art. L. 641-9*).

2. Tempérament

« Le tribunal peut ouvrir à son égard une procédure de redressement judiciaire (ou de liquidation judiciaire) après cette cessation d'activité, lorsque tout ou partie du passif provient de l'activité professionnelle antérieure ». Remarquable, car, comme l'a souligné l'« Étude Jurica » du Service de documentation et d'études de la Cour de cassation, tous les arrêts d'appel avaient affirmé que le fait d'exercer à titre individuel puis sous forme sociétale ne constituait pas une cessation d'activité, au sens des articles L. 631-3 et L. 641-3 (*BICC, 1er févr. 2010, p. 59, spéc. p. 65*). Et logique cependant : du moment que la chambre commerciale refuse de voir l'exercice en société comme une modalité d'exercice de la profession d'avocat, il était normal d'en déduire que le passage à l'exercice des fonctions au nom de la société rompt la continuité, autrement dit marque la cessation d'activité. Solution, au demeurant, plutôt favorable à l'avocat, puisqu'elle lui permettra, s'il est en état de cessation des paiements, de demander l'ouverture d'un redressement ou d'une liquidation judiciaire pour apurer son passif antérieur, à la seule condition que ce dernier provienne en totalité ou partiellement seulement de l'activité professionnelle cessée, et peu important la date à laquelle il a cessé son activité (V. ss. art. L. 631-3).

3. Dernière conséquence

« Toutefois, si la procédure est ouverte sur l'assignation d'un créancier, cette dernière doit intervenir dans le délai d'un an à compter de la cessation de l'activité individuelle. »

C'est là l'application, tout simplement, de la règle des articles L. 631-5 et L. 640-5, inéluctable dès lors que le passage en société est regardé comme une cessation de l'activité, comme le dit la Cour de cassation, en complétant le texte pour le faire coller à son interprétation, « de l'activité individuelle ». De la sorte, est déjoué le stratagème qui eût consisté, pour le professionnel indépendant, passible d'assignation en redressement ou liquidation judiciaire depuis le 1er janvier 2006, à se mettre en société pour échapper à ses créanciers, notamment sociaux et fiscaux. Encore l'avocat devenu associé se trouve-t-il tout de même, en quelque sorte, protégé par la brièveté du délai d'un an, qui suppose une certaine réactivité de la part des créanciers.

Il semble résulter des arrêts du 9 février 2010 que le point de départ du délai d'un an se situe à la date d'entrée de l'avocat dans la société. Autrement dit, et selon le cas, soit la date d'immatriculation de la société, soit, en cas d'entrée en cours de vie sociale, celle de la souscription de l'associé au capital de la société, s'il s'agit d'une augmentation de capital, ou celle du transfert de parts sociales, s'il s'agit d'une cession (V. note A. Cerati-Gauthier, *JCP E 2010. 1267*).

En définitive, le seul défaut de cette solution est l'impossibilité dans laquelle elle place le professionnel libéral exerçant en société de se voir appliquer le droit des procédures collectives pour ses dettes professionnelles personnelles. Reste, certes, en théorie, la procédure de surendettement des particuliers. Mais, réservée aux dettes non professionnelles, celle-ci ne convient guère, ce qu'a parfaitement admis, dans ses conclusions, l'avocat général R. Bonhomme (*préc., n° 37). S'ensuit donc une inégalité de traitement, relevée par l' « Étude Jurica » précitée, entre le professionnel exerçant en société et celui exerçant de manière indépendante. La supprimer relève maintenant du législateur. Une autre critique, plus fondamentale, faite à la Cour de cassation, tiendrait au manque global de cohérence de sa jurisprudence, sachant, que, dans le même temps (Com. 23 mars 2010 : *D. 2010. Actu. 889, obs. A. Lienhard* ⌀), malgré l'écran de la personnalité morale, elle a admis la responsabilité personnelle du commissaire aux comptes actionnaire d'une société commerciale à responsabilité limitée (V. note Daigre, *BJS 2010. 489*).

C. PORTÉE SUR LES ARTISANS DE FAIT

Implicitement mais nécessairement, se trouve également réglé, depuis 2005, le cas délicat des artisans dits de fait, qui entrent dans la nouvelle catégorie des personnes physiques exerçant une activité professionnelle indépendante. Cette faille du droit en vigueur résultait, en pratique, de la codification opérée en 2000 : l'article L. 620-2, issu de l'ordonnance n° 2000-912 du 18 septembre 2000, avait en effet substitué aux mots « les artisans », figurant à l'article 2 de la loi du 25 janvier 1985, les mots « *les personnes immatriculées au répertoire des métiers* » (V. A. Lienhard, *D. 2000, n° 38, Cah. dr. aff., p. III*). Mais, malgré cela, l'ordonnance du 18 décembre 2008 est revenue à la notion de « personne exerçant une activité artisanale » (V. ci-dessous, II).

En revanche, le même raisonnement ne saurait si évidemment profiter aux commerçants de fait, en raison de l'interdiction toujours faite par l'article L. 123-8 à un commerçant non immatriculé au RCS de se prévaloir de cette qualité (V. note 5 ; D. Voinot, La nouvelle procédure de sauvegarde, *Gaz. Pal. 7-8 sept. 2005, p. 24, n° 26*). A moins de considérer, comme le rapporteur devant l'Assemblée nationale, que le commerçant de fait devient un « indépendant de droit » (*Rapp. AN, n° 2095, p. 180 ;* V., en ce sens, Ph. Pétel, Le nouveau droit des entreprises en difficulté, *JCP E 2005, n° 42, p. 1730, spéc. n° 10*), interprétation qui, si elle était retenue, poserait d'autres questions (V. Ph. Roussel Galle, Réforme du droit des entreprises en difficulté, *Litec, 2005, n° 205*). Mais qui, incontestablement, correspond à l'intention du législateur de soumettre aux procédures collectives toutes les activités économiques. Et, là non plus, contrairement à ce qu'il était possible de penser, la référence désormais à « l'exercice d'une activité commerciale » n'a pas modifié la donne, notamment quant aux auto-entrepreneurs (appelés désormais micro-entrepreneurs) exerçant une activité commerciale, un temps légalement exemptés de l'obligation de s'immatriculer au RCS pour l'exercice de leur activité, avant que la loi n° 2014-626 du 18 juin 2014 ne vienne supprimer cette dérogation à compter du 1er janvier 2015 (V. II ci-dessous).

D. SORT DU CONJOINT DU DÉBITEUR

On peut regretter, toutefois, bien que le rapport ne soit pas juridiquement direct (mais, d'une certaine façon, il l'est sociologiquement), que le législateur ne se soit pas préoccupé, par ailleurs, à l'occasion de cette extension, du sort du conjoint du débiteur en redressement ou liquidation judiciaires. Ce conjoint, en l'état du droit, ne profite toujours pas de la procédure collective (V. Com. 11 févr. 2004 et 15 mars 2005 : *cités note 5*), pas plus que le tribunal ne peut lui étendre la procédure, sauf cas de confusion des patrimoines (V. Com. 15 mars 2005 : *préc.*). Il a été suggéré, pour remédier à cette difficulté, de permettre au conjoint *in bonis* de demander à être soumis à la procédure (P. Rubellin, Régimes matrimoniaux et procédures collectives, *Thèse, Strasbourg III, 1999 ;* F.-X. Lucas, L'attraction du conjoint *in bonis* dans la procédure collective, *LPA 24 avr. 2003, p. 4 ;* J. Vallansan, note ss. Angers, 11 mars 2003, *APC 2003 : n° 240*). On notera seulement, à ce sujet, la timide mesure réglementaire prévoyant l'audition du conjoint avant toute décision autorisant la vente des biens de la communauté (V. art. R. 624-12 et R. 631-30).

II. DISPENSE D'INSCRIPTION AU RÉPERTOIRE DES MÉTIERS - EXERCICE D'UNE ACTIVITÉ COMMERCIALE OU ARTISANALE - MICRO-ENTREPRENEURS

L'ordonnance du 18 décembre 2008 a substitué aux mots : « à tout commerçant, à toute personne immatriculée au répertoire des métiers » les mots : « à toute personne exerçant une activité commerciale ou artisanale ». Il s'agissait là de tenir compte de la possibilité, ouverte par la loi de modernisation de l'économie, d'exercer une activité artisanale en étant dispensé d'immatriculation au répertoire des métiers (V. B. Saintourens, *JCP E 2008. 2227, n° 1* ; sur les risques de cette facilité, V. L. Nurit-Pontier, Dispense d'immatriculation de l'auto-entrepreneur : une simplification non dénuée de risques, *D. 2009. Chron. 585* ✎), qu'a supprimée, par la suite, la loi n° 2014-626 du 18 juin 2014, à compter du 1er janvier 2015, sans incidence toutefois sur la terminologie du livre VI du code de commerce. Ces personnes doivent évidemment pouvoir aussi bénéficier des procédures de sauvegarde, de redressement ou de liquidation judiciaires. Notons à ce sujet que la loi de simplification du droit du 22 mars 2012, dite « Warsmann II », a clarifié et complété la définition de l'artisan (art. 31, II ; L. n° 96-603 du 5 juill. 1996, art. 21 mod., devenu, depuis le 1er juill. 2023, C. artisanat, art. L. 211-1 s.). Selon ce texte, de nouveau modifié par la loi du 18 juin 2014 : « Les personnes physiques et les dirigeants sociaux des personnes morales relevant du secteur de l'artisanat au sens du I de l'article 19 peuvent se prévaloir de la qualité d'artisan dès lors qu'ils justifient d'un diplôme, d'un titre ou d'une expérience professionnelle dans le métier qu'ils exercent, dans des conditions définies par décret en Conseil d'État. »

La nouvelle terminologie issue de l'ordonnance de 2008, qui a entraîné, par souci de symétrie, la substitution de la notion d'exercice d'une « activité commerciale » à celle de « commerçant », ne devait nullement modifier l'interprétation des conditions d'ouverture d'une procédure, notamment quant à l'obligation de s'immatriculer au registre du commerce et des sociétés (B. Saintourens, Les conditions d'ouverture des procédures après l'ordonnance du 18 décembre 2008 portant réforme du droit des entreprises en difficulté, *RPC 2009. Dossier 4, n° 5*). Mais cette opinion ne faisait pas l'unanimité, d'autres auteurs estimant que rien ne semblait plus interdire à un commerçant non immatriculé de solliciter le bénéfice d'une procédure de sauvegarde, de redressement judiciaire ou de liquidation judiciaire en saisissant le tribunal de commerce, seul compétent pour connaître des procédures collectives ouvertes contre le débiteur exerçant une activité commerciale. Aurait ainsi été concerné l'auto-entrepreneur exerçant une activité commerciale, légalement exempté de l'obligation de s'immatriculer au RCS pour l'exercice de son activité, sous le régime applicable jusqu'au 1er janvier 2015 (F. Vauvillé, Brèves observations sur le passif de l'auto-entrepreneur, *RPC 2010. Étude 3, nos 15 s.*). Le plus raisonnable et conforme à l'esprit des textes du livre VI paraît cependant d'admettre tout simplement aux bénéfices des procédures collectives toute personne exerçant une activité commerciale, qu'elle soit ou non inscrite au registre du commerce et des sociétés. Il n'est d'ailleurs pas douteux que le micro-entrepreneur relève des procédures collectives du code de commerce (V. Civ. 2e, 18 févr. 2016, nos 14-29.223 et 15-10.876 : *APC 2016, n° 61*).

De même, contrairement aux prévisions de la doctrine (V. P. Roussel Galle, L'ouverture des procédures, *D. 2009. Chron. 644, n° 4* ✎ ; O. Staes, Aspects de procédure et voies de recours, *RPC 2009. Dossier 5, n° 55, note 67*), et à la première jurisprudence (Paris, pôle 5, ch. 8, 6 juill. 2010 : *D. 2010. Actu. 2222, obs. Lienhard* ✎ ; *Rev. sociétés 2010. 534, obs. Roussel Galle* ✎ ; comp., à propos d'un associé commandité : Paris, pôle 5, ch. 9, 5 avr. 2012 : *JCP E 2012. 1736, note Legros*), cette nouvelle terminologie n'exclut pas désormais la soumission des associés en nom aux procédures collectives, dès lors qu'ils n'exercent pas, par ailleurs, une activité éligible à celles-ci.

Par un arrêt de la deuxième chambre civile, rendu le 5 décembre 2013 sur avis de la chambre commerciale (V. note 5 ss. art. L. 631-2), la Cour de cassation a en effet préféré maintenir la pleine portée de la fiction légale des associés de société en nom collectif commerçants. Pour cela, elle a posé, de façon purement prétorienne, une présomption irréfragable d'exercice d'une activité commerciale de ceux-ci, tirée de leur qualité de commerçants « de droit », autrement dit par détermination de la loi. Devraient logiquement être concernés par cette solution, au-delà des « associés gérants d'une société en nom collectif », seuls explicitement visés par l'arrêt de la deuxième chambre civile, tous les associés de SNC, comme il ressort des termes de l'avis de la chambre commerciale (encore cette extension est-elle discutée : V. F.-X. Lucas, *BJS 2014. 184* ; V. aussi, sur la portée de la qualité de commerçant « de droit », présumée pour un loueur de fonds de commerce inscrit au registre du commerce et des sociétés : Com. 17 févr. 2015 : *D. 2015. Actu. 487*).

Du fait que le texte nouveau n'exige pas que l'activité commerciale soit exercée à titre principal, un auteur s'est demandé si la personne exerçant à titre accessoire une telle activité pourrait entrer dans le champ des procédures collectives, désormais, par exemple, le cas échéant, le gérant d'une SARL, dont il a été jugé qu'il n'est pas un professionnel indépendant (Com. 12 nov. 2008 : *cité note 14* ; V. I ci-dessus ; D. Voinot, L'ouverture des procédures collectives, *Gaz. Pal. 6-7 mars 2009, p. 10, spéc. p. 15*). L'arrêt précité de la cour d'appel de Paris du 6 juillet 2010 pouvait paraître confirmer cette analyse, qui avait refusé l'ouverture du redressement judiciaire à l'associé d'une société en nom collectif après avoir relevé qu'il était « salarié intérimaire ». Mais, désormais, nous savons que la soumission du gérant aux procédures collectives, en raison d'une telle activité accessoire, supposerait, comme l'a énoncé la Cour de cassation, « l'exercice effectif par le débiteur d'une activité professionnelle indépendante, distincte de celle exercée pour le compte et au nom de la société dont il est le gérant et associé majoritaire » (Com. 20 sept. 2017 : *cité note 14*), condition qui semble ne pouvoir qu'exceptionnellement être remplie.

III. UNITÉ DU PATRIMOINE

Pour la première fois, avec la loi du 26 juillet 2005, le principe de l'unité du patrimoine, corollaire du vieil adage « faillite sur faillite ne vaut », et qui s'explique bien par la nature de saisie collective de la procédure collective (M. Sénéchal, L'effet réel de la procédure collective : essai sur la saisie collective du gage commun des créanciers, *Litec, 2002* ; F.-X. Lucas, L'ouverture de la procédure collective, Colloque du CRAJEFE, Nice, 27 mars 2004, *LPA 10 juin 2004, p. 4, n° 31*), trouve une consécration légale. La Cour de cassation le rappelait périodiquement (V. note 20). Et l'exception, énoncée peu de temps avant la réforme, lorsque la nouvelle procédure est prononcée à titre de sanction d'un dirigeant de personne morale, elle-même objet d'une procédure (Com. 4 janv. 2005 : *V. note 20*), ne devrait, en pratique, plus pouvoir jouer, la loi nouvelle supprimant par ailleurs les cas de procédures collectives-sanction (V. comm. précédant l'art. L. 651-1).

A l'article L. 620-2, alinéa 2, valant pour la procédure de sauvegarde, correspondent l'article L. 631-2, alinéa 2, pour le redressement judiciaire, et l'article L. 640-2, alinéa 2, pour la liquidation judiciaire.

La loi du 15 juin 2010 relative à l'entrepreneur individuel à responsabilité limitée, qui a permis, grâce à la technique de l'affectation à une activité professionnelle, à une même personne de posséder plusieurs patrimoines, avait logiquement conduit l'ordonnance du 9 décembre 2010 à prévoir une exception à la règle d'unicité de procédure pour un même débiteur. En effet, lorsque la procédure visait un des patrimoines d'un débiteur, rien n'interdisait qu'une autre procédure collective visât parallèlement le patrimoine personnel ou un autre patrimoine affecté de ce débiteur. Ultérieurement, la loi du 14 février 2022 en faveur de l'activité professionnelle indépendante, applicable à compter du 15 mai 2022, a substitué à l'option pour le statut de l'entrepreneur à responsabilité limitée (EIRL) une protection de plein droit du patrimoine personnel, seul le patrimoine professionnel étant engagé. Dès lors, afin de viser à la fois le cas résiduel de l'EIRL et celui de l'entrepreneur individuel relevant du nouveau statut, en ce qui concerne son patrimoine professionnel, la loi de 2022 a tout simplement gommé les mots « individuel à responsabilité limitée », visant ainsi, de façon générale, le cas des entrepreneurs, dotés d'un patrimoine professionnel et d'un patrimoine personnel. ❑

I. DOMAINE D'APPLICATION

A. PERSONNES PHYSIQUES

BIBL. Dekeuwer-Defossez, *LPA 16 mai 1986* (concubins coexploitants). – Cabrillac, *Mél. Honorat, Frison-Roche, 2000, p. 81* (extension de la procédure collective du commerçant à son conjoint collaborateur).

1° COMMERÇANTS

1. *Qualité de commerçant.* Sur la notion de commerçant, V. art. L. 121-1 et L. 121-2. – **C. com.** ♦ Sur la présomption de commercialité qu'emporte l'immatriculation au registre du commerce et des sociétés, V. • Com. 27 sept. 2016, n° 14-21.964 P : *D. 2016. Actu. 1998 ; RTD com. 2016. 679, obs. Saintourens ; JCP E 2016. 1651, note Lebel ; APC 2016, n° 255, obs. Petit ; Gaz. Pal. 10 janv. 2017, p. 56, obs. Reille ; BJE 2017. 20, note Vincent ; RJDA 2017, n° 96.*

2. Sur la qualité du conjoint du commerçant, V. art. L. 121-3. – **C. com.**

3. La procédure peut être ouverte en raison d'une dette civile contractée par le débiteur avant qu'il ne devienne commerçant, dès lors qu'à la date de l'ouverture de la procédure collective le débiteur avait effectivement cette dernière qualité. • Com. 22 juin 1993, n° 90-17.418 P : *D. 1993. Somm. 366, obs. Honorat* • Paris, 4 févr. 2000 : *RPC 2002. 51, obs. Deleneuville.* ♦ De même, en application du principe de l'unité du patrimoine, une dette, de nature civile, contractée par un ancien commerçant, antérieurement à l'exercice de son activité commerciale continue à grever son patrimoine lorsqu'il devient commerçant, et la nature de cette dette importe peu dès lors qu'à la date de l'ouverture de la procédure collective le débiteur est encore susceptible d'être poursuivi en sa qualité de commerçant. • Com. 3 févr. 1998, n° 96-10.158 P : *D. Affaires 1998. 383, obs. V. A.-R. ; LPA 28 juill. 1999, note Teilliais.*

4. *Majeur sous tutelle.* V. • Versailles, 19 mai 1988 : *RDBB 1988. 35, obs. Dekeuwer-Defossez.* ♦ V. aussi • Com. 8 déc. 1998 : *cité note 5 ss. anc. art. L. 624-1.*

5. *Opposabilité de la qualité de commerçant.* Une personne physique (ayant géré, en société créée de fait, un fonds de commerce) qui n'a jamais été inscrite au registre du commerce ne peut, sur sa demande, être admise au bénéfice du redressement judiciaire. • Com. 25 mars 1997, n° 95-11.278 P : *D. 1997. Somm. 311, obs. Honorat ; D. Affaires 1997. 541 ; Dr. sociétés 1997, n° 81, obs. Chaput ; BJS 1997. 589, note Vallansan ; Defrénois 1998. 248, obs. Le Cannu ; LPA 14 déc. 1998, note Gioanni.* ♦ Il en va de même du conjoint du commerçant objet de la procédure qui n'est pas immatriculé en qualité de commerçant. • Com. 11 févr. 2004, n° 01-00.430 P : *D. 2004. AJ 565, obs. Lienhard ; JCP E 2004, n° 22, p. 856, obs. Cabrillac ; ibid. n° 48, p. 1886, note Parachkevova ; APC 2004, n° 92, obs. F.-X. Lucas ; RTD com. 2004. 243, obs. Saintourens ; Dr. et patr. 6/2004. 101, obs. Monsèrié-Bon ; RJPF 2004, n° 6, p. 14, obs. Vauvillé ; BJS 2004. 784, note Léobon ; RPC 2004. 210, obs. Lebel ; ibid. 2005. 55, obs. Dumont ; Defrénois 2004. 1654, obs. Gibirila* • Rouen, 3 avr. 1997 : *RPC 2000. 123, obs. Deleneuville.* ♦ La mention de l'épouse du commerçant mis en liquidation judiciaire au RCS en qualité de coexploitante du fonds de commerce ne constitue qu'une présomption simple de commercialité qui peut être combattue par la preuve contraire. • Com. 15 mars 2005 : *cité note 9 ss. art. L. 621-2.*

6. *Associés en nom.* V. note 5 ss. art. L. 631-2.

2° ARTISANS

7. Peut être mise en liquidation judiciaire la débitrice qui poursuit une activité artisanale sous son nom. • Nancy, 13 mai 1987 : *RPC 1988. 35, obs. Didier.* ♦ Pour la détermination du domaine d'application des procédures collectives, il convient de se référer à la notion d'artisan conformément aux critères traditionnels, sans tenir compte de la définition administrative de cette activité, liée à l'immatriculation au répertoire des métiers. • Rouen, 10 oct. 1991 : *RJDA 1991, n° 960.* ♦ V. notes 42 s. ss. C. com., art. L. 110-1. – **C. com.** ♦ L'emploi d'un salarié, par un contrat de travail à durée indéterminée, pour effectuer la rénovation de locaux sur divers chantiers constitue l'exercice d'une activité rendant l'employeur justiciable de la loi du 25 janv. 1985 [C. com., art. L. 620-1 s.], nonobstant son absence d'inscription au registre des métiers. • Com. 25 nov. 1997 : *RJDA 1998, n° 448.*

8. Le tribunal judiciaire n'excède pas ses pouvoirs en examinant d'office, dans la phase de la vérification d'une créance, le point de savoir si le débiteur – exerçant en l'espèce une activité artisanale – relève ou non des dispositions d'ordre public du livre VI C. com. • Civ. 2e, 26 oct. 2023, n° 21-25.581 B : *D. actu. 20 nov. 2023, obs. Cerati.*

3° AGRICULTEURS

BIBL. Merle, *RTD com. 1989. 122 et 535.* – Haehl, *ibid. 28.* – Kerckhove, *RPC 1989. 113.* – Le Cannu, *BJS 1989. 113.* – Mathieu, *JCP E 1989. II. 15649.* – Ourliac et de Juglart, *JCP 1989. I. 3394.* – Hudault, *RPC 1989. 269.*

9. Sur la notion d'agriculteur, V. C. rur., art. L. 311-1. – **C. rur.**

10. L'ex-épouse d'un agriculteur n'est pas recevable à contester la qualité d'agricultrice qu'elle a elle-même revendiquée pour obtenir l'ouverture d'une procédure de redressement judiciaire en cosignant avec son époux la déclaration de cessation des paiements, en proposant, avec son époux, le plan de continuation de l'exploitation qui a été arrêté par le tribunal et en comparaissant aux audiences de la procédure collective sans jamais contester son application à son égard. • Com. 18 mai 2017, n° 15-26.866 : *BJE 2017. 256, note Ghandour.*

11. Le fait pour l'épouse d'un agriculteur d'aider son mari dans ses tâches agricoles, ne lui confère pas la qualité d'agriculteur, d'autant qu'elle ne cotise pas à la Caisse de la mutualité agricole et qu'elle relève de la fonction publique. • Caen, 16 mai 1991 : *JCP 1992. IV. 1303,* conf. par • Com. 5 avr. 1994, n° 91-18.766 P : *D. 1994. IR 109.*

12. Le mari d'une exploitante en difficulté qui, bien qu'officiellement retraité, continuait d'accomplir en permanence des actes de gestion, est fondé à demander l'ouverture à son profit d'une procédure de redressement judiciaire. • Poitiers, 6 juill. 1995 : *Rev. dr. rur. oct. 1995, p. 100.*

13. En ce sens qu'une procédure collective ne peut être ouverte à l'encontre de l'associé d'une société civile d'exploitation agricole sans qu'il soit établi que celui-ci exerçait personnellement et à titre de profession habituelle des activités agricoles au sens de l'art. L. 311-1 C. rur., V. • Com. 3 oct. 2000 : *APC 2000, n° 226, obs. Regnaut-Moutier.* ♦ V. aussi, pour l'inéligibilité aux procédures collectives : de l'associé-gérant d'une exploitation agricole à responsabilité limitée, • Com. 3 oct. 2018, n° 17-17.812 : *JCP E 2019. 1041, note Cerati-Gauthier ; LEDEN 1/2019. 2, obs. Diesbecq ; Gaz. Pal. 15 janv. 2019, p. 53, obs. Reille ; BJE 2019. 30, note Dols-Magneville ; Dr. sociétés 2019, n° 56, note Legros ; RPC 2019, n° 26, obs. Saintourens.* ♦ ... De l'associé d'un GAEC, • Toulouse, 29 janv. 2020, n° 19/02433 : *APC 2020, n° 64, obs. Petit.*

4° PROFESSIONNELS INDÉPENDANTS (L. DU 26 JUILL. 2005)

14. Le gérant d'une SARL, qui agit au nom de la société qu'il représente et non en son nom personnel, n'exerce pas une activité professionnelle indépendante au sens de l'art. L. 631-2 C. com. ; il s'ensuit que ce gérant ne peut être mis en redressement judiciaire. • Com. 12 nov. 2008, n° 07-16.998 P : *D. 2008. AJ 2929, obs. Lienhard ; APC 2008, n° 310, obs. Regnaut-Moutier ; JCP E 2009. 1023, note Lebel ; Dr. sociétés 2009, n° 15, note Legros ; BJS 2009. 278, note Le Corre ; Defrénois 2009. 1397, obs. Gibirila ; Dr. et patr. 9/2009. 106, obs. Monsèrié-Bon ; Rev. sociétés 2009. 607, note Roussel Galle ; RLDA 2009, n° 34, p. 19, obs. Vallens* • 15 nov. 2016, n° 14-29.043 P : *D. 2016. Actu. 2396, obs. Lienhard ; JCP E 2017. 1032, note Cerati-Gauthier ; BJS 2017. 38, note Saintourens ; Gaz. Pal. 10 janv. 2017, p. 59, obs. Reille ; RJDA 2017, n° 94 ; Dr. sociétés 2017, n° 45, note Coupet ; RPC 2017, n° 55, obs. Lebel ; RJ com. 2017. 353, obs. Roussel Galle.* ♦ De même, la deuxième chambre civile considère-t-elle que la seule qualité de gérante d'une société ne suffit pas à faire relever la personne concernée du régime des procédures collectives et à l'exclure du champ d'application des dispositions du code de la consommation relatives au surendettement des particuliers. • Civ. 2e, 21 janv. 2010, n° 08-19.984 P : *D. 2010. AJ 321, obs. Lienhard ; RTD com. 2010. 437, obs. Paisant ; JCP E 2010. 1296, n° 2, obs. Pétel ; ibid. 1357, note Lebel ; RPC 2010, n° 38, obs. Gjidara-Decaix ; ibid., n° 149, obs. Saintourens ; LEDEN 4/2010. 3, obs. Rubellin ; RJDA 2010, n° 404 ; Dr. et pr. 2010. 156, obs. Bazin ; RDBF 2010, n° 147, obs. S. Piedelièvre ; Dr. et patr. 10/2010. 93, obs. Macorig-Venier ; Defrénois 2010. 1472, obs. Gibirila ; RJ com. 2010. 305, note Sortais.* ♦ Dans le même sens, pour : l'associé unique gérant d'une entreprise unipersonnelle à responsabilité limitée, V. • Civ. 2e, 13 oct. 2016, n° 15-24.301 P : *D. 2016. 2602, note Borga ; JCP E 2016. 1650, note Cerati-Gauthier ; LEDEN 12/2016. 2, obs. Rubellin ; Dr. sociétés 2016, n° 206, note Roussille ; Gaz. Pal. 10 janv. 2017, p. 59, obs. Reille ; BJS 2017. 141, note Pelletier ; RPC 2017, n° 94, obs. Gjidara-Decaix.* ♦ ... L'associé d'une société civile immobilière, V. • Civ. 2e, 16 déc. 2021, n° 20-16.485 B : *D. 2022. Actu. 4 ; LEDEN 1/2022. 1, obs. F.-X. Lucas ; Dr. sociétés 2022, n° 28, note Jullian ; BJS 3/2022. 33, note T. de Ravel d'Esclapon ; RJDA 2022, n° 208 ; RPC 2022, n° 51, obs. Gjidara-Decaix.* ♦ ... Le membre d'un GAEC qui n'exerce pas individuellement une activité agricole distincte de l'exploitation du groupement, V. • Civ. 2e, 16 déc. 2021, n° 20-18.344 B : *ibid. ; LEDEN 1/2022. 2, obs. Rubellin ; BJE 5-6/2022. 20, note Lafaurie ; RPC 2022, n° 51, obs. Gjidara-Decaix ; JCP E 2022. 1363, n° 7, obs. Raffray.* ♦ Seul l'exercice effectif par le débiteur d'une activité professionnelle indépendante, distincte de celle exercée pour le compte et au nom de la société dont il est le gérant et associé majoritaire, permet d'ouvrir une procédure de redressement judiciaire à son encontre, lequel exercice ne peut se déduire de la seule inscription de l'intéressé au répertoire des entreprises et de leurs établissements tenu par l'INSEE. • Com. 20 sept. 2017, n° 15-24.644 P : *D. 2017. Actu. 1829, obs. Lienhard ; Rev. sociétés 2017. 733, obs. Roussel Galle ; JCP E 2017. 1643, note Cerati-Gauthier ; ibid. 1688, n° 1, obs. Tehrani ; APC 2017, n° 269, obs. Petit ; LEDEN 11/2017. 2, obs. Minet ; BJS 2017. 690, note Saintourens ; BJE 2017. 401, note Vincent ; Dr. sociétés 2017, n° 215, note Legros ; RJDA 2018, n° 41 ; Gaz. Pal. 16 janv. 2018, p. 61, obs. Lebel ; RPC 2018, n° 90, obs. Gjidara-Decaix.* – Dans le même sens, V. • Com. 3 avr. 2019, n° 17-27.885 : *BJE 7-8/2019. 18, note Vincent.* ♦ L'avocat qui a cessé d'exercer son activité à titre individuel pour devenir associé d'une société civile professionnelle (ou d'une société d'exercice libéral) n'agit plus en son nom propre mais exerce ses fonctions au nom de la société ; il cesse dès lors d'exercer une activité professionnelle indépendante au sens de l'art. L. 631-2. • Com. 9 févr. 2010, n° 08-17.670 P : *D. 2010. Chron. C. cass. 1113, obs. Orsini ; ibid.*

AJ 434, obs. Lienhard ; RTD com. 2010. 391, obs. Monsèrié-Bon ; JCP E 2010. 1267, note Cerati-Gauthier ; ibid. 1296, n° 1, obs. Pétel ; JCP 2010. 602, note J.-J. Barbièri ; LEDEN 3/2010. 1, obs. F.-X. Lucas ; APC 2010, n° 70, obs. Vallansan ; Dr. sociétés 2010, n° 76, note Legros ; Gaz. Pal. 14-16 mars 2010, p. 8, note Dumont-Lefrand ; ibid. 2-3 juill. 2010, p. 19, obs. Reille ; RJDA 2010, n° 538 ; BJS 2010. 489, note Daigre ; RPC 2010, n° 131, obs. Lebel ; ibid., n° 148, obs. Saintourens ; Dr. et patr. 10/2010. 83, obs. Saint-Alary-Houin et Monsèrié-Bon ; Defrénois 2010. 1474, obs. Gibirila ; BJE 2011. 12, note Martineau-Bourgninaud. – V. concl. Bonhomme, RPC 2010. Étude 6. – V. aussi Gibirila, RJDA juin 2010. 564. ♦ Dans le même sens : pour un chirurgien-dentiste ayant cessé d'exercer à titre individuel pour devenir associé unique d'une société d'exercice libéral, V. • Com. 16 sept. 2014, n° 13-17.147 P : D. 2014. Actu. 1869 ; JCP E 2014. 1550, note Cerati-Gauthier ; LEDEN 10/2014. 3, obs. Favario ; BJS 2014. 449, note Malet-Vigneaux ; APC 2014, n° 296, obs. Rétif ; Gaz. Pal. 18-20 janv. 2015, p. 14, obs. Reille ; RJDA 2015, n° 289 ; RPC 2015, n° 27, obs. Lebel. ♦ ... Pour un orthodontiste exerçant en qualité d'associé d'une société civile professionnelle, V. • Civ. 2e, 1er juin 2017, n° 16-17.077 P : D. 2017. Actu. 1188 ; RPC 2017, n° 94, obs. Gjidara-Decaix ; ibid. 2018, n° 16, obs. Saintourens ; RJDA 2017, n° 647 ; Journ. sociétés 9/2017. 59, obs. Gibirila ; Gaz. Pal. 10 oct. 2017, p. 62, obs. Lebel ; Dr. et pr. 2017. 193, note Valette-Ercole ; BJS 2017. 618, note Ansault. ♦ Pour l'ouverture d'une procédure collective à l'encontre d'un officier public ou ministériel auquel un suppléant a été désigné, V. note 1 ss. art. L. 631-1.

V. aussi note 6.

5° AUTO-ENTREPRENEURS

15. Pour l'ouverture d'une procédure collective à l'encontre d'un auto-entrepreneur dont le passif provenait, de façon résiduelle, de son activité professionnelle, V. • T. com. Caen, 12 janv. 2011 : D. 2011. Actu. 512, obs. Delpech ; Rev. sociétés 2011. 189, obs. Roussel Galle ; LEDEN 4/2011. 2, obs. Rubellin ; BJE 2011. 106, note V. Legrand.

6° REDRESSEMENT JUDICIAIRE CIVIL

BIBL. Sortais, *Mél. Honorat, Frison-Roche, 2000, p. 227* (« Faillite » et surendettement : quelques éléments pour une comparaison). – Pétel, *Liber amicorum J. Calais-Auloy, Dalloz, 2004, p. 835* (même thème). – Cagnoli et Salhi, *RPC 2009. Étude 17* (répartition des procédures de surendettement et des procédures collectives d'entreprises). – Maraud, *ibid. 2021. Étude 16* (surendettement et droit des entreprises en difficulté : une articulation à parfaire). – Mouial-Bassilana, *Gaz. Pal. 19 avr. 2022, p. 11* (redéfinition du surendettement des particuliers par l'inclusion des dettes professionnelles).

16. Une personne physique exerçant une activité professionnelle indépendante, y compris une profession libérale soumise à un statut législatif ou réglementaire ou dont le titre est protégé, relève, à compter du 1er janv. 2006, des procédures collectives de la loi du 26 juill. 2005 aux conditions prévues par cette loi ; il en résulte que cette personne se trouve dès lors exclue des dispositions relatives au traitement des situations de surendettement prévues aux art. L. 330-1 [L. 711-1] s. C. consom. • Com. 30 sept. 2008, n° 07-15.446 P : D. 2008. Chron. C. cass. 2749, obs. Bélaval ; ibid. AJ 2501, obs. Lienhard ; APC 2008, n° 277, obs. Salhi ; JCP E 2009. 1008, n° 1, obs. Pétel ; RDBF 2008, n° 180, obs. S. Piedelièvre ; Gaz. Pal. 21-22 janv. 2009, p. 25, obs. Lebel ; Defrénois 2009. 1394, obs. Gibirila ; LPA 13-14 août 2009, note Sortais • 17 mai 2011, n° 10-13.460 P : D. 2011. Actu. 1407, obs. Lienhard ; Rev. sociétés 2011. 519, obs. Roussel Galle ; LEDEN 6/2011. 4, obs. Rubellin ; APC 2011, n° 162, obs. Cagnoli ; RDBF 2011, n° 147, obs. S. Piedelièvre ; LPA 22 août 2011, note Diaka ; BJE 2011. 240, note Tagliarino-Vignal ; RPC 2011, n° 124, obs. Gjidara-Decaix ; ibid., n° 212, obs. Lebel ; RJDA 2012, n° 512. ♦ ... Sans qu'il y ait lieu de distinguer suivant la nature de l'endettement invoqué. • Civ. 2e, 18 févr. 2016, n° 14-29.223 : RPC 2016, n° 132, obs. Saintourens • Com. 17 juin 2020, n° 19-10.464 P : D. 2020. Actu. 1356 ; LEDEN 9/2020. 2, obs. Lafaurie ; APC 2020, n° 199, obs. Bennini ; Gaz. Pal. 13 oct. 2020, p. 60, obs. Reille ; BJE 9-10/2020. 14, note Martineau-Bourgninaud ; RJDA 2020, n° 577 ; RPC 2020, n° 136, obs. Lebel ; ♦ Tel est notamment le cas de l'agent commercial immatriculé au registre des agents commerciaux. • Civ. 2e, 23 juin 2016, n° 15-16.637 P : D. 2016. Actu. 1428 ; APC 2016, n° 178, obs. Fin-Langer ; LEDEN 10/2016. 2, obs. Rubellin ; RPC 2016, n° 133, obs. Saintourens ; BJE 2016. 402, note Vincent ; RJDA 2017, n° 194.

17. Ne peut prétendre au bénéfice de la procédure de surendettement des particuliers le débiteur dont le passif est inclus dans la procédure collective de son conjoint, sans qu'il y ait lieu de rechercher si ses dettes présentent un caractère professionnel. • Civ. 2e, 6 janv. 2011, n° 09-72.485 P : D. 2011. Actu. 158, obs. Lienhard ; LEDEN 2/2011. 2, obs. Mouial-Bassilana ; APC 2011, n° 65, obs. V. Legrand ; RPC 2011, n° 77, obs. Dumont-Lefrand ; RDBF 2011, n° 64, obs. S. Piedelièvre ; BJE 2011. 215, note Becqué-Ickowicz. ♦ L'époux codébiteur solidaire de dettes incorporées dans le plan de continuation de l'autre époux ne peut bénéficier de la procédure de surendettement des particuliers. • Civ. 1re, 11 oct. 2000, n° 99-04.091 P : APC 2000, n° 258, obs. crit. Regnaut-Moutier ; RTD com. 2001. 251, obs. Paisant . ♦ Mais l'épouse d'un commerçant en liquidation judiciaire ne saurait être exclue du bénéfice de la procédure de surendettement des particuliers sans qu'il soit constaté qu'elle était elle-même commerçante ou que l'ensemble de ses dettes avaient été incorporées dans la procédure collective du mari. • Civ. 1re, 22 janv. 2002, n° 01-04.020 P : *RTD com. 2002. 552, obs. Paisant*.

18. Doit être déclarée recevable la demande d'ouverture d'une procédure de règlement amiable formée par le gérant d'une société à responsabilité limitée, même si la société est en cours de liquidation judiciaire, dès lors qu'il n'est pas constaté que le tribunal de commerce a ouvert une procédure de redressement judiciaire à l'égard du gérant ou prononcé sa faillite personnelle. • Civ. 1re, 23 mars 1994, n° 93-04.014 P : *D. 1994. IR 105 ; JCP E 1994. II. 634, note Lecène-Marénaud* • 7 nov. 2000, n° 99-04.058 P : *Dr. sociétés 2001, n° 12, obs. Chaput ; Dr. et patr. 6/2001. 113, obs. Monsèrié-Bon* (pour un dirigeant de société anonyme) • Civ. 2e, 8 juill. 2004, n° 02-04.212 P : *D. 2004. 2991, note Hénaff ; BJS 2005. 237, note Saintourens ; RPC 2005. 237, obs. Dumont ; RJ com. 2005. 448, obs. Sortais.* ♦ L'action en comblement de passif n'exclut pas, en soi, le bénéfice des mesures de traitement du surendettement. • Civ. 2e, 12 avr. 2012, n° 11-10.228 P : *D. 2012. Actu. 1120, obs. Avena-Robardet ; Rev. sociétés 2012. 395, obs. Roussel Galle ; JCP E 2012. 1338, note Cerati-Gauthier ; LEDEN 5/2012. 2, obs. Rubellin ; BJE 2012. 208, note Favario ; Dr. sociétés 2012, n° 148, note Legros ; RPC 2012, n° 119, obs. Gjidara-Decaix ; RDBF 2012, n° 129, obs. S. Piedelièvre ; Gaz. Pal. 3-4 août 2012, p. 22, obs. Reille ; Dr. et patr. 9/2012. 105, obs. Macorig-Venier.*

19. C'est au jour où il statue que le tribunal doit se placer pour apprécier si le débiteur relève des procédures collectives (à propos d'un commerçant radié du registre du commerce depuis moins d'un an lors de la saisine de la commission de surendettement). • Civ. 1re, 30 mai 1995, n° 93-04.192 P. – V. aussi • Civ. 1re, 7 mars 1995, n° 93-04.148 P. • Com. 30 sept. 2008 : *préc. note 16.*

7° UNICITÉ DE PROCÉDURE

20. Le principe de l'unité du patrimoine des personnes juridiques interdit l'ouverture de deux procédures collectives contre un seul débiteur, même si celui-ci exerce des activités distinctes ou exploite plusieurs fonds. • Com. 19 févr. 2002, n° 96-22.702 P : *D. 2002. 2523, note Perdriau et Derrida ; Dr. et patr. 5/2002. 85, obs. Houtcieff ; Procédures 2002, n° 96, obs. Croze ; RTD com. 2002. 376, obs. Vallens* • 4 févr. 2003 : *APC 2003, n° 79, obs. F.-X. Lucas ; Dr. sociétés 2003, n° 168, note Legros ; LPA 16 févr. 2004, obs. Lécuyer.* – V. aussi • Com. 11 déc. 2001 : *D. 2002. 2523, note Perdriau et Derrida ; RPC 2003. 106, obs. Gorrias.* ♦ ... Peu important que la première de ces procédures ait été suspendue. • Com. 7 avr. 2004 : *D. 2004. AJ 1384 ; Dr. et pr. 2004. 264, obs. Crocq ; Dr. sociétés 2004, n° 189, note Legros.*

♦ Lorsqu'un débiteur déjà mis en redressement judiciaire par jugement d'un tribunal de commerce est mis ultérieurement en redressement judiciaire par jugement d'un tribunal de grande instance, ces deux décisions, dont aucune n'est susceptible d'un recours ordinaire, sont inconciliables au regard du principe de l'unicité des procédures collectives et il y a donc lieu d'annuler la seconde. • Com. 3 nov. 2010 : *D. 2010. Actu. 2768, obs. Lienhard*. ♦ Pour une autre application du principe d'unicité des procédures collectives, V. • Com. 2 mai 2024, n° 23-13.099 : *BJE 7-8/2024. 16, note Vincent ; Dr. sociétés 2024, n° 110, note Legros.* ♦ Toutefois, l'existence d'une procédure collective à l'égard d'une personne ne fait pas obstacle au prononcé, à titre de sanction, d'une nouvelle procédure collective à l'égard de la même personne prise en sa qualité de dirigeant d'une personne morale elle-même soumise à une procédure collective. • Com. 4 janv. 2005, n° 03-14.150 P : *D. 2005. AJ 215, obs. Lienhard ; ibid. Pan. 2011, obs. F.-X. Lucas ; APC 2005, n° 25, obs. Regnaut-Moutier ; JCP E 2005, n° 17, p. 712, obs. Pétel ; Dr. sociétés 2005, n° 69, note Legros ; Dr. et patr. 4/2005. 115, obs. Monsèrié-Bon ; Dr. et pr. 2005. 158, note Le Corre ; Gaz. Pal. 29-30 avr. 2005, p. 26, obs. F.-X. Lucas ; ibid., p. 52, obs. Montéran ; Defrénois 2005. 1000, obs. Gibirila ; BJS 2005. 571, note M. Sénéchal ; Rev. sociétés 2005. 451, note Bonneau ; RPC 2005. 232, obs. Dumont ; ibid. 385, obs. Martin-Serf.*

B. PERSONNES MORALES

1° GROUPEMENTS SOUMIS À LA LOI

a. Sociétés

21. Sociétés en formation. Une société en formation ne pouvait être assignée en règlement judiciaire ou en liquidation des biens, et l'acquisition ultérieure de la personnalité morale ne pouvait justifier le prononcé de l'une de ces mesures (loi de 1967). • Com. 10 mars 1987 : *D. 1987. Somm. 355, obs. Honorat ; JCP 1987. II. 20830, note Guyon ; Rev. sociétés 1987. 587, note Sortais.*

22. La demande d'ouverture d'une procédure collective doit être rejetée faute de preuve de la qualité de commerçant ou d'artisan exigée par l'art. 2 [C. com., art. L. 620-2], à l'égard de personnes ayant agi au nom d'une société commerciale en formation. • Paris, 14 janv. 1987 : *D. 1987. IR 38* • Douai, 14 janv. 1993 : *Dr. sociétés 1994, n° 9, obs. Chaput.* ♦ Mais la personne qui a effectué des actes de commerce à titre habituel au nom d'une société en formation qui n'a pas acquis la personnalité morale peut être mise en règlement judiciaire ou en liquidation des biens (loi de 1967). • Com. 15 janv. 1991 : *BJS 1991. 395, note Calendini.* – V. aussi • Com. 14 déc. 1993 : *Dr. sociétés 1994, n° 49, obs. Chaput.* ♦ V. note 21.

23. Sociétés non immatriculées. **BIBL.** Hallouin, *JCP 1989. I. 3414.* ♦ Une société qui n'a jamais été inscrite au registre du commerce et n'a de ce fait jamais acquis la personnalité morale, ne peut être mise en redressement judiciaire. • Paris, 22 sept. 1987 : *D. 1987. IR 212 ; Gaz. Pal. 1988. 1. 86 ; RTD com. 1988. 687, obs. Merle* • 3 déc. 1991 : *Dr. sociétés 1992, n° 49, obs. Chaput.* ♦ Une société créée de fait n'ayant pas la personnalité juridique ne peut être mise en procédure collective. • Com. 23 nov. 2004 : *Dr. sociétés 2005, n° 29, note Legros ; RPC 2005. 203, obs. Lebel.* – Dans le même sens, sur renvoi, V. • Paris, 7 févr. 2008 : *RPC 2008, n° 116, obs. Lebel.*

L'associé d'une société créée de fait ne peut faire l'objet d'une procédure collective que s'il est démontré qu'il a exercé des actes de commerce et en a fait sa profession habituelle ou qu'il a exploité lui-même l'entreprise commerciale, objet de la société. • Com. 27 avr. 1993, n° 91-14.882 P : *BJS 1993. 776, note Le Nabasque ; Dr. sociétés 1993, n° 135, note Bonneau* • Aix-en-Provence, 22 mai 2001 : *Dr. sociétés 2002, n° 26, obs. Legros ; RDBF 2002, n° 16, obs. F.-X. Lucas ; RJDA 2002, n° 762* • Poitiers, 14 mai 2002 : *Dr. sociétés 2003, n° 45, note F.-X. Lucas.* ♦ La seule signature des statuts portant nomination du gérant ne peut conférer la qualité de commerçant à l'associé d'une SARL même non immatriculée au RCS, en l'absence d'une participation personnelle à l'activité commerciale objet de la société (loi de 1967). • Com. 2 mai 1989 : *D. 1989. Somm. 283, obs. Honorat.*

24. Sociétés de fait. L'associé d'une société de fait ne peut faire l'objet d'une procédure collective que s'il est démontré qu'il a fait des actes de commerce dans le cadre de l'exploitation commune. • Metz, 8 avr. 1997 : *RPC 2000. 123, obs. Deleneuville.*

25. Sociétés absorbées. Une procédure collective ne peut être ouverte à l'encontre d'une société dont la personnalité morale a disparu à la suite de son absorption par une autre société, qui seule a la personnalité morale. • Com. 28 sept. 2004 : *APC 2004, n° 227, obs. Rétif.* – V. déjà, en ce sens, • Chambéry, 22 janv. 1990 : *Dr. sociétés 1992, n° 160, obs. Chaput* • Paris, 17 déc. 1993 : *Rev. sociétés 1994. 106, note Chaput.*

b. Autres groupements

26. Mutuelles. Le redressement judiciaire est applicable à une mutuelle comme à toute personne morale de droit privé. • Paris, 13 janv. 1988 : *Gaz. Pal. 1988. 1. Somm. 92 ; RPC 1988. 345, obs. Didier.*

27. Associations. Les associations sont soumises à la loi du 25 janv. 1985 en tant que personnes morales de droit privé et, spécialement, un tribunal de commerce est compétent pour ouvrir une procédure collective dès lors qu'une association a fait des actes de commerce. • Paris, 13 juin 1990 : *D. 1990. IR 192.* – Dans le même sens : • Paris, 3 févr. 1995 : *Dr. sociétés 1995, n° 74, obs. Chaput ; Rev. sociétés 1995. 367, obs. Guyon.* ♦ V. aussi note 1 ss. art. L. 621-2.

28. Syndicats professionnels. Les syndicats professionnels étant des personnes morales de droit privé, une procédure de liquidation judiciaire peut être ouverte à leur égard. • Com. 16 mars 2010, n° 09-12.539 P : *D. 2010. Actu. 887, obs. Lienhard ; Rev. sociétés 2010. 191, obs. Roussel Galle ; APC 2010, n° 97, obs. Cagnoli ; LEDEN 5/2010. 3, obs. Mouial-Bassilana ; Dr. sociétés 2010, n° 149, note Legros ; RJDA 2010, n° 771.*

29. Personnes morales de droit public. Les régies créées par les collectivités territoriales ou leurs établissements publics ne peuvent, lorsqu'elles sont structurellement déficitaires, invoquer les dispositions du code de commerce relatives aux procédures collectives. * Rép. min. n° 60394 : *JOAN Q, 23 févr. 2010, p. 1986 ; APC 2010, n° 96.* ♦ V. aussi • Paris, 15 févr. 1991 : *D. 1991. IR 104 ; Gaz. Pal. 1991. 1. 365, note Marchi ; BJS 1991. 427, note Auby.*

2° ÉVÉNEMENTS AFFECTANT LA PERSONNALITÉ MORALE

30. Nullité de la personne morale. Le prononcé de la nullité d'un groupement d'intérêt économique ne fait pas obstacle à l'ouverture à son égard d'une procédure de redressement judiciaire. • Com. 5 avr. 1994 : *BJS 1994. 662, note Le Cannu.*

31. Dissolution d'une société unipersonnelle. La transmission universelle de patrimoine consécutive à la dissolution d'une société unipersonnelle (C. civ., art. 1844-5, al. 3) n'ayant pas fait l'objet d'une inscription au registre du commerce et des sociétés, elle est inopposable aux créanciers qui demandent l'ouverture d'une procédure de liquidation judiciaire à l'encontre de cette société. • Com. 23 oct. 2019, n° 18-15.475 : *Dr. sociétés 2020, n° 26, note Legros ; RPC 2020, n° 109, obs. Lisanti.*

32. Radiation d'office. BIBL. Bonneau, *Dr. sociétés déc. 1994, p. 1.* ♦ La radiation d'office d'une société du RCS étant sans effet sur sa personnalité morale, une procédure de redressement ou de liquidation judiciaire peut être prononcée à son encontre. • Paris, 13 sept. 1994 : *Dr. sociétés déc. 1994, p. 1 ; JCP E 1995. II. 655, note Bonneau* • Besançon, 26 juin 2001 : *APC 2001, n° 215.*

II. FAILLITE INTERNATIONALE

RÉP. COM. v° *Entreprise en difficulté : droit international et européen,* par MASTRULLO.

BIBL. Dammann et Ollivry, *JCP E 2006, n° 46, p. 1938* (réflexions sur l'aménagement du principe d'universalité de la faillite).

33. Sous réserve des traités internationaux ou d'actes communautaires, et dans la mesure de l'acceptation par les ordres juridiques étrangers, le redressement judiciaire prononcé en France produit ses effets partout où le débiteur a des biens. • Civ. 1re, 19 nov. 2002, n° 00-22.334 P : *D. 2002.*

AJ 3341, obs. Lienhard ; D. 2003. 797, note Khairallah ; ibid. Somm. 1625, obs. Henry ; JCP 2002. II. 10201, concl. Sainte-Rose et note Chaillé de Néré ; JCP E 2003, n° 20, p. 848, obs. Pétel ; ibid., n° 42, p. 1675, note Menjucq ; RTD com. 2003. 169, obs. Vallens ; BJS 2003. 276, note Garaud ; Gaz. Pal. 2003. Somm. 1977, obs. Niboyet ; LPA 20 oct. 2003, note C. Legros. ♦ Réaffirmant ce principe à propos d'une procédure de liquidation judiciaire, la Chambre commerciale a précisé que l' acceptation par l'ordre juridique étranger des effets de la liquidation judiciaire prononcée par les juridictions françaises ne constitue pas une condition de l'ouverture de la procédure en France. • Com. 21 mars 2006, n° 04-17.869 P : *D. 2006. 1466, note Henry ; ibid. 914, obs. Lienhard ; ibid. Pan. 2251, obs. F.-X. Lucas ; Rev. crit. DIP 2007. 105, note Khairallah ; JCP E 2006, n° 27-28, p. 1227, note Legros ; APC 2006, n° 124, obs. Callé ; BJS 2006. 930, note Bureau ; Gaz. Pal. 14-18 juill. 2006, p. 12, obs. Mélin ; Banque et Dr. 9-10/2006. 81, obs. Urban ; Rev. sociétés 2006. 653, note Bollée .* ♦ L'art. 6, § 1, Conv. EDH ne saurait faire obstacle au principe d'universalité de la faillite ainsi qu'à celui d'égalité des créanciers chirographaires qui caractérise toute procédure collective et qui postule l'interdiction des poursuites individuelles et la soumission des créanciers aux obligations du plan de redressement. • Civ. 1re, 19 nov. 2002 : *préc.* ♦ La liquidation judiciaire d'une société française ne peut produire ses effets sur le compte de cette société ouvert en Suisse que dans la mesure de l'acceptation de l'ordre juridique suisse. • Versailles, 20 mars 2008 : *BICC 2009, n° 582 ; D. 2008. 1660, note Vallens ; Gaz. Pal. 27-29 avr. 2008, p. 8, obs. Mélin.*

34. L'ouverture à l'étranger d'une procédure collective à l'égard d'un débiteur ne met obstacle au prononcé en France du redressement judiciaire de ce même débiteur que si la décision étrangère doit y être reconnue de plein droit en vertu d'un traité ou a déjà reçu l'exequatur. • Com. 11 avr. 1995, n° 92-20.032 P : *D. 1995. 640, note Vasseur ; BJS 1995. 696, note Martin-Serf.* – V. déjà • Com. 19 janv. 1988 : *D. 1988. 565, note Rémery ; RPC 1988. 176, obs. Didier.* ♦ De même, en l'absence d'exequatur d'une décision de faillite prononcée en Angleterre, cette décision ne peut produire en France aucun effet de dessaisissement du débiteur, ni de suspension des poursuites individuelles. • Civ. 1re, 24 mars 1998, n° 96-10.171 P : *D. 1998. IR 108 ; JCP 1998. II. 10155, note Kerckhove.*

L'exequatur d'une décision étrangère ouvrant une procédure collective à l'égard d'un non-commerçant n'est pas contraire à la conception française de l'ordre public international. • Com. 18 janv. 2000, n° 97-11.906 P : *D. 2000. AJ 105, obs. Faddoul ; JCP E 2000, n° 14, p. 611, note Chaput ; ibid., n° 17, p. 699, obs. Pétel ; LPA 12 avr. 2000, note Vallens ; Dr. sociétés 2000, n° 73, obs. Chaput.*

Constitue une décision pouvant recevoir exequatur toute intervention du juge qui produit des effets à l'égard des personnes ou sur les biens, droits ou obligations. • Civ. 1re, 17 oct. 2000 : *D. 2001. 688, note Vallens ; APC 2001, n° 96, obs. Dom.* ♦ Tel est le cas de l'ordonnance rendue par un tribunal américain, dès lors que l'intervention du juge sur la déclaration de cessation des paiements de la société débitrice a eu pour effet de suspendre toute poursuite des créanciers. • Même arrêt.

L'application concrète d'un jugement espagnol en ce qui concerne la fixation de la période suspecte à une durée de vingt-trois mois avant le jugement d'ouverture entraîne un résultat admissible au regard de la sécurité du commerce et du crédit du débiteur, telle qu'elle est conçue dans l'ordre public international français. • Com. 5 févr. 2002, n° 98-22.683 P : *D. 2002. AJ 957, obs. Lienhard ; Procédures 2002, n° 75, obs. Croze ; RJ com. 2002. 162, note Menjucq ; JCP E 2003, n° 23, p. 955, note Raimon.*

L'art. 878 du code de commerce espagnol, selon lequel tous les actes de disposition et d'administration postérieurs à la date à laquelle rétroagissent les effets de la faillite sont atteints de nullité, à l'égard de toute personne même de bonne foi, n'est pas contraire à la conception française de l'ordre public international. • Com. 5 févr. 2002, n° 98-22.682 P : *RJ com. 2002. 162, note Menjucq ; Procédures 2002, n° 75, obs. Croze ; APC 2002, n° 92, obs. Dom ; JCP E 2003, n° 23, p. 955, note Raimon.*

Les liquidateurs d'une banque étrangère ayant des succursales en France ne peuvent être dispensés par une décision étrangère les habilitant à faire une déclaration collective, de respecter les exigences de formes et délais imposées par la loi française. • Com. 14 mai 1996, n° 94-16.186 P : *D. 1996. 586, note Vasseur ; D. Affaires 1996. 810 ; BJS 1996. 838, note Martin-Serf.*

35. Si l'art. 1er, al. 2, 2°, de la Convention de Bruxelles du 27 sept. 1968 exclut du champ d'application de celle-ci les faillites, concordats et autres procédures analogues, cette exclusion ne concerne que les actions qui dérivent directement de la faillite et s'insèrent étroitement dans le cadre de la procédure collective ; tel n'est pas le cas de l'action en recouvrement d'une créance de la société en liquidation judiciaire. • Com. 24 mai 2005, n° 03-14.099 P : *D. 2005. 2394, note Kessler ; ibid. AJ 1553, obs. Lienhard ; JCP E 2005, n° 29, p. 1225, note Mélin ; ibid., n° 36, p. 1422, obs. Pétel ; APC 2005, n° 147, obs. Coquelet ; RPC 2005. 243, obs. Menjucq ; Dr. et pr. 2005. 341, obs. Cuniberti.* ♦ Même solution pour l'application de la convention de Lugano du 16 sept. 1988 : • Com. 18 déc. 2007, n° 06-17.610 P : *D. 2008. AJ 158 ; JCP E 2008. 1397, note Mairot ; ibid. 1432, n° 3, obs. Pétel ; APC 2008, n° 34, obs.*

Dom ; Gaz. Pal. 27-29 avr. 2008, p. 8, obs. Mélin ; RJ com. 2008. 215, note Sortais ; Rev. crit. DIP 2008. 338, note Bureau .

36. Sur l'application de la convention franco-belge du 8 juill. 1899, V. • Civ. 1re, 27 janv. 1998, n° 95-20.181 P : *D. Affaires 1998. 379, obs. V. A.-R.* – V. Cass., rép., *BICC 1er mai 1996, p. 38.* ♦ V. aussi note 7 ss. art. R. 600-1. ♦ Sur l'application de la convention franco-italienne du 3 juin 1930, V. • Civ. 1re, 25 févr. 1997, n° 95-14.074 P : *D. 1997. IR 90 ; Rev. sociétés 1997. 602, note Beaubrun* • 11 juill. 2019, n° 18-14.186 P : *D. 2019. Actu. 1493 ; LEDEN 9/2019. 2, obs. Mélin ; APC 2019, n° 230, obs. V. Legrand ; Gaz. Pal. 15 oct. 2019, p. 49, obs. Giorgini* • Paris, 13 févr. 1996 : *JCP E 1996. Pan. 720* • 28 janv. 1998 : *D. Affaires 1998. 379, obs. V. A.-R.* ♦ Sur l'application de la convention franco-monégasque du 13 sept. 1950, V. • Civ. 1re, 24 nov. 1998 : *D. 1999. IR 10* • Soc. 2 oct. 2001, n° 99-44.808 P : *D. 2001. IR 3171 ; APC 2001, n° 242, obs. Regnaut-Moutier* • 14 oct. 2015, n° 14-17.622 P : *D. 2015. Actu. 2125 ; LEDEN 12/2015. 6, obs. Mélin ; RPC 2016, n° 178, obs. Mastrullo.*

37. V. Règl. (UE) 2015-848 du 20 mai 2015 relatif aux procédures d'insolvabilité, 2e partie, *Droit européen*.

V. aussi note 3 ss. art. L. 622-24, note 58 ss. art. L. 624-16 C. com. et notes 7 et 8 ss. art. L. 3253-6 C. trav. (ss. art. L. 625-9 C. com.).

CHAPITRE I *DE L'OUVERTURE DE LA PROCÉDURE*

RÉP. COM. v° *Entreprise en difficulté : ouverture,* par G. BLANC.

Art. L. 621-1 *(L. n° 2005-845 du 26 juill. 2005, art. 14)* **Le tribunal statue sur l'ouverture de la procédure, après avoir entendu ou dûment appelé en chambre du conseil le débiteur et** *(Ord. n° 2021-1193 du 15 sept. 2021, art. 12, en vigueur le 1er oct. 2021)* **« la ou les personnes désignées par le comité social et économique ».** *(Abrogé par Ord. n° 2014-326 du 12 mars 2014, art. 15, à compter du 1er juill. 2014)* ***« Il peut également entendre toute personne dont l'audition lui paraît utile. »*** *— V. l'art. L. 662-3 qui reprend désormais cette disposition.*

En outre, lorsque le débiteur exerce une profession libérale soumise à un statut législatif ou réglementaire ou dont le titre est protégé, le tribunal statue après avoir entendu ou dûment appelé, dans les mêmes conditions, l'ordre professionnel ou l'autorité compétente dont, le cas échéant, il relève.

(L. n° 2016-1547 du 18 nov. 2016, art. 99-IV-1°) **« Lorsque la situation du débiteur ne fait pas apparaître de difficultés qu'il ne serait pas en mesure de surmonter, le tribunal invite celui-ci à demander l'ouverture d'une procédure de conciliation au président du tribunal. Il statue ensuite sur la seule demande de sauvegarde. »** *— Sur les dispositions transitoires de la L. n° 2016-1547 du 18 nov. 2016, V. note ss. art. L. 621-3.*

Le tribunal peut, avant de statuer, commettre un juge pour recueillir tous renseignements sur la situation financière, économique et sociale de l'entreprise. Ce juge peut faire application des dispositions prévues à l'article L. 623-2. Il peut se faire assister de tout expert de son choix.

L'ouverture d'une procédure de sauvegarde à l'égard d'un débiteur qui bénéficie ou a bénéficié d'un mandat *ad hoc* ou d'une procédure de conciliation dans les dix-huit mois qui précèdent doit être examinée en présence du ministère public *(Ord. n° 2010-1512 du 9 déc. 2010, art. 3-2°)* **« , à moins qu'il ne s'agisse de patrimoines distincts d'un entrepreneur individuel à responsabilité limitée ».**

Dans ce cas, le tribunal peut, d'office ou à la demande du ministère public, obtenir communication des pièces et actes relatifs au mandat *ad hoc* ou à la conciliation, nonobstant les dispositions de l'article L. 611-15.

Pour les dispositions transitoires de l'Ord. n° 2021-1193 du 15 sept. 2021, V. note ss. art. L. 611-2.

V. art. R. 621-1 à R. 621-5.

COMMENTAIRE

I. AUDITIONS EN CHAMBRE DU CONSEIL

L'article L. 621-1, alinéa 1er, reprend, sans changement, les dispositions de l'ancien article L. 621-4, alinéa 1er et 2, dans sa rédaction antérieure à la réforme de 2005. L'ordonnance du 12 mars 2014 a supprimé la précision qui figurait dans la dernière phrase du premier alinéa, qu'elle a transférée dans la disposition de caractère général de l'article L. 662-3. Quant à cette faculté d'entendre toute personne dont l'audition paraît utile au tribunal, signalons d'ailleurs la pratique prétorienne consistant à entendre systématiquement le Trésor lorsque, en réponse à une assignation en liquidation judiciaire de ce dernier, le débiteur demande un renvoi à l'audience au motif qu'il a déposé (ou va le faire) une déclaration de cessation des paiements, et l'ouverture d'un redressement judiciaire hors la présence du Trésor, arguant qu'il a versé un acompte laissant croire que le redressement est possible (V. intervention de M.-C. Merchan de la Pena, Séminaire sur les six premiers mois d'application de la loi n° 2005-845 du 26 juillet 2005 de sauvegarde des entreprises, Cour de cassation, 23 juin 2006, www.courdecassation.fr).

L'article L. 621-1, alinéa 2, organise les modalités particulières d'ouverture de la sauvegarde (ainsi que du redressement et de la liquidation judiciaires, sur renvoi des art. L. 631-7 et L. 641-1) à l'égard d'un membre d'une profession libérale, en rendant obligatoire, le cas échéant, l'audition préalable (en chambre du conseil) de l'ordre ou de l'autorité de tutelle. Les dispositions réglementaires précisent par quel organe cette autorité s'exprime (V. art. R. 662-11 ; et, s'agissant du contrôleur de droit, art. R. 621-24). La Cour de cassation a logiquement refusé d'étendre cette obligation au jugement prononçant la liquidation judiciaire au cours de la procédure d'observation (Com. 6 juill. 2010 : *cité note 7*).

II. INCITATION À L'OUVERTURE D'UNE CONCILIATION

Afin d'inciter le débiteur en difficulté ne remplissant pas les conditions de l'article L. 621-1, la loi du 18 novembre 2016 a introduit la possibilité, pour le tribunal saisi d'une demande d'ouverture d'une procédure de sauvegarde, d'inviter le débiteur qui ne connaîtrait pas de difficultés qu'il ne puisse surmonter à demander, en substitution, au président du tribunal l'ouverture d'une procédure de conciliation, davantage adaptée à sa situation. Il s'agit là de favoriser le recours à la conciliation tant que le débiteur n'est pas en cessation des paiements.

III. RAPPORT SUR LA SITUATION FINANCIÈRE, ÉCONOMIQUE ET SOCIALE

La loi de 2005 a donné une base légale à la pratique (appelée parfois enquête de « préfaillite ») consistant, pour le tribunal, à commettre un juge pour établir un rapport sur la situation « financière, économique et sociale » de l'entreprise. Cette base légale permet à ce juge, dans l'exercice de sa mission, tout comme le juge-commissaire, d'obtenir des renseignements sans se voir opposer le secret bancaire ou d'autres secrets professionnels (V. art. L. 623-2). Le texte précise que le juge commis « peut se faire assister de tout expert de son choix », précision utile, car dans cette phase d'enquête antérieure au jugement d'ouverture, le juge commis par le président du tribunal (et non par le tribunal, sous peine d'excès de pouvoir : Reims, 14 mars 2011 : *cité note 11*) n'est pas nécessairement le juge-commissaire qui sera désigné pour la période d'observation par le jugement d'ouverture, même si la logique de la connaissance du dossier plaide plutôt en ce sens. Il ne peut donc s'appuyer sur la possibilité, reconnue par le nouvel article L. 621-9 au juge-commissaire, de désigner un technicien s'il l'estime nécessaire.

IV. PRÉSENCE DU MINISTÈRE PUBLIC

Dans un but de moralisation des procédures, les deux derniers alinéas visent à contrôler, par la présence notamment du ministère public, les circonstances des ouvertures de procédure de sauvegarde consécutives au recours à des procédés de traitement amiable des difficultés (mandat *ad hoc* ou conciliation). Et cela que le mandat *ad hoc* soit en cours au jour de la demande d'ouverture ou que le débiteur ait bénéficié d'un tel mandat ou d'une conciliation dans les dix-huit mois précédents (et cela, vraisemblablement, que ce mandat ou cette conciliation ait abouti ou non à un accord : comp., plus incertain, H. Lécuyer, *in* La loi de sauvegarde, article par article [1re partie], *LPA 8 févr. 2006, p. 27*). Il s'agit, par là, d'éviter tout risque de détournement de la procédure de sauvegarde. Cet automatisme est toutefois critiqué par certains qui croient y déceler une marque de méfiance à l'égard des mécanismes de prévention, d'autant plus que le parquet peut siéger quand il veut (G. Teboul, La réforme des procédures collectives : le retour, *LPA 4 nov. 2003, p. 3* ; Le projet de loi de sauvegarde des entreprises diffusé par la Chancellerie le 12 mai 2004 : quoi de neuf ?, *LPA 29 juin 2004, p. 4*), et que le texte ne se limite pas au cas de conclusion d'un accord amiable (P. Roussel Galle, Réforme du droit des entreprises en difficulté, *Litec, 2e éd., 2007, n° 357*). Le risque pratique pourrait consister, le cas échéant, en la « découverte » d'un état de cessation des paiements, avec remontée de la date pendant le mandat *ad hoc* (G. Teboul, Petit bréviaire de la loi sur la sauvegarde pour ceux qui souhaitent une information pratique, *LPA 19 oct. 2005, p. 3, spéc. p. 4*). D'autres, au contraire, jugent la présence du ministère public toujours souhaitable (T. Montéran, Projet de loi de sauvegarde des entreprises : le point de vue du praticien, *Gaz. Pal. 25-26 févr. 2005, p. 2, spéc. p. 8*).

Prolongeant cette perspective, l'article R. 621-1 exige que soit jointe à la demande une attestation sur l'honneur relative à l'absence de désignation d'un mandataire *ad hoc* ou d'ouverture d'une procédure de conciliation, dans les dix-huit mois précédant la date de la demande ou, dans le cas contraire, en faisant état et mentionnant la date de cette désignation ou de cette ouverture ainsi que l'autorité y ayant procédé.

Dans ce cas de procédure collective ouverte à l'égard d'un débiteur qui bénéficie ou a bénéficié d'un mandat *ad hoc* ou d'une procédure de conciliation dans les dix-huit mois qui précèdent, le ministère public peut s'opposer à ce que le mandataire *ad hoc* ou le conciliateur soit désigné en qualité d'administrateur ou de mandataire judiciaire (V. art. L. 621-4).

La loi du 15 juin 2010 relative à l'entrepreneur individuel à responsabilité limitée, qui permet, grâce à la technique de l'affectation à une activité professionnelle, à une même personne de posséder plusieurs patrimoines, a conduit l'ordonnance du 9 décembre 2010 à prévoir une exception à la règle prévue par l'alinéa 4. Mais, après tout, dans ce cas précis, s'agissant de limiter les risques d'instrumentalisation de la procédure de sauvegarde, il n'aurait pas semblé choquant que la surveillance du ministère public s'étende aux débiteurs ayant bénéficié d'un mandat *ad hoc* ou d'une conciliation sur un autre de leurs patrimoines.

V. CONSIGNATION DE FRAIS

Contrairement à ce qui est expressément prévu, depuis le décret du 23 décembre 2006 (art. R. 663-1), en cas de redressement ou de liquidation judiciaires, rien n'interdit de demander au débiteur, par hypothèse solvable, de consigner une avance de frais (J.-L. Vallens, Commentaire du décret du 23 décembre 2006, *RLDA 2007, n° 13, p. 21* ; P. Roussel Galle, *Rev. proc coll. 2007. 27*). ❑

1. Audition du débiteur. Le directeur général d'une société anonyme a qualité pour représenter la société devant le tribunal lors de son audition préalable au prononcé de la liquidation judiciaire. • Com. 12 juill. 1993, n° 91-18.786 P : *D. 1993. 549, note Merle ; Rev. sociétés 1993. 803, note Guyon ; LPA 28 juill. 1993, note P. M. ; BJS 1993. 1135, note Le Cannu ; JCP E Pan. 416, obs. de Vendeuil ; Dr. sociétés 1993, n° 227, note Le Nabasque.*

2. Les dispositions de l'art. 6 de la loi du 25 janv. 1985 [C. com., art. L. 621-1], prévoyant l'audition préalable en chambre du conseil de la personne à l'égard de laquelle une procédure collective est susceptible d'être ouverte, fût-ce sur le fondement d'une confusion des patrimoines ou en raison de la fictivité d'une personne morale, ne sont pas incompatibles avec l'art. 10 de la Déclaration universelle des droits de l'homme et l'art. 6-1 de la Conv. EDH (principe de publicité des débats). • Com. 26 mai 1998, n° 96-10.582 P : *D. 1998. IR 162 ; D. Affaires 1998, p. 1093, obs. A. L.*

3. Audition des représentants des salariés. Il résulte de l'esprit et de la lettre des dispositions de la loi du 25 janv. 1985 [C. com., art. L. 620-1 s.] et du décret subséquent qu'il n'est pas possible de procéder au redressement ou à la liquidation judiciaire d'une entreprise sans avoir invité les salariés, quel qu'en soit le nombre, à exprimer leur avis. • Versailles, 26 nov. 1986 : *Gaz. Pal. 1987. 1. 332, note de Guillenchmidt.* ♦ Cette disposition s'impose même s'il n'existe, en raison de la faible taille de l'entreprise, ni comité d'entreprise, ni délégués du personnel. • Même arrêt • Versailles, 14 janv. 1987 : *D. 1987. 249, note Derrida.*

4. Il suffit que les représentants des délégués du personnel aient été dûment appelés. • Paris, 20 mai 1986 : *RJ com. 1986. 3.*

5. Le représentant des salariés n'est désigné, dans le régime général ou la procédure simplifiée, qu'après l'ouverture du redressement judiciaire ; il n'a donc pas à être entendu sur ce point. • Com. 23 mai 1995, n° 92-19.088 P.

6. Audition de l'ordre professionnel (L. du 26 juill. 2005). Dès lors que l'Observatoire des détectives de France et la Confédération nationale des enquêteurs et détectives professionnels s'apparentent à des syndicats professionnels, ceux-ci ne peuvent recevoir la qualification d'ordre professionnel et n'ont donc pas à être appelés. • Com. 27 mai 2008, n° 07-13.131 P : *D. 2008. AJ 1616, obs. Lienhard ; JCP E 2008. 1870, note Bonhomme ; APC 2008, n° 206, obs. Rétif ; LPA 24 oct. 2008, note Legros.* – V. Lebel, *Gaz. Pal. 27-29 juill.*

2008, p. 21 ; Tagliarino-Vignal, *RLDA 2008, n° 30, p. 25.* ♦ La DDASS n'est pas une autorité compétente au sens de l'art. L. 621-1, al. 2. • Aix-en-Provence, 29 mai 2008 : *RPC 2009, n° 41, obs. Lebel.* ♦ Ni la loi du 2 janv. 1970 ni le décret du 20 juill. 1972 n'instituent d'ordre professionnel pour l'activité d'agent immobilier, ni ne font relever ces professionnels d'une « autorité » compétente, fût-ce une « fédération » professionnelle, pour contrôler leur activité ou l'exercice de leur profession. • Poitiers, 11 janv. 2011, n° 09/00168 : *RPC 2011, n° 117, obs. Lebel.*

7. Les dispositions des art. L. 621-1 et L. 641-1 C. com. relatives à la convocation et à l'audition de l'ordre professionnel dont relève le débiteur qui exerce une profession libérale ne s'appliquent qu'à l'ouverture de la liquidation judiciaire et non à son prononcé au cours de la période d'observation. • Com. 6 juill. 2010, n° 09-67.345 P : *D. 2010. Actu. 1781, obs. Lienhard ; JCP E 2011. 1030, n° 2, obs. Pétel ; LEDEN 9/2010. 2, obs. Couard ; DP diff. entr., Bull. n° 318, obs. Rémery ; RPC 2010, n° 198, obs. Lebel ; Gaz. Pal. 15-16 oct. 2010, p. 24, obs. Reille ; RJDA 2010, n° 1178 ; LPA 20 déc. 2010, obs. Roussel Galle ; BJE 2011. 39, note De Lajarte.*

8. Il résulte des art. L. 621-1, al. 2, et L. 621-2, al. 2, C. com. que le tribunal ne peut se prononcer sur l'extension d'une procédure collective qu'après avoir entendu ou dûment appelé l'ordre professionnel ou l'autorité compétente dont, le cas échéant, relève le débiteur visé par cette extension. • Com. 5 nov. 2013, n° 12-21.799 P : *D. 2013. Actu. 2692 ; ibid. 2014. Pan. 2150, obs. Le Corre ; Rev. sociétés 2013. 724, obs. Roussel Galle ; APC 2013, n° 278, obs. Cagnoli ; BJS 2013. 823, note F.-X. Lucas ; LEDEN 12/2013. 3, obs. Parachkévova ; Gaz. Pal. 12-14 janv. 2014, p. 14, obs. Reille ; BJE 2014. 15, note Favario ; Dr. sociétés 2014, n° 32, note Legros ; RJDA 2014, n° 138 ; RPC 2014, n° 48, obs. Saintourens.* ♦ Solution confirmée par l'art. L. 621-2, dernier al., dans sa réd. issue de l'Ord. n° 2014-326 du 12 mars 2014.

9. Sanction. L'absence d'audition ou de convocation de l'ordre professionnel entraîne la nullité du jugement d'ouverture de la liquidation judiciaire. • Com. 8 avr. 2015, n° 14-10.676 : *RJDA 2015, n° 842.* ♦ Dans ce cas, la cour d'appel, saisie de l'entier litige par l'effet dévolutif de l'appel, peut, sans méconnaître le principe d'impartialité garanti par l'art. 6, § 1, de la Conv. EDH, ouvrir elle-même la liquidation judiciaire, conformément aux dispositions de l'art. R. 640-2, al. 1er. • Même arrêt. ♦ V. déjà, sur le caractère d'ordre public des dispositions de l'art. L. 621-1, al. 1er : • Paris, 13 juin 1989 : *D. 1989. IR 219.*

10. Le débiteur n'a pas qualité pour invoquer le défaut de convocation des représentants du comité d'entreprise ou des délégués du personnel préalablement à la décision du tribunal sur l'ouverture de la procédure de redressement judiciaire. • Com. 24 oct. 1995 : *D. 1995. IR 245 ; D. Affaires 1995. 202.* – V. aussi • Com. 23 mai 1995 : *préc. note 5.*

11. Enquête préalable. La prérogative de commettre un juge pour recueillir tous renseignements sur la situation financière, économique et sociale de l'entreprise appartient au tribunal et non à son président. • Reims, 14 mars 2011 : *JCP E 2011. 1319, note Delattre ; BJE 2011. 207, note Sortais.* ♦ ... Non plus qu'au juge des référés. • Versailles, 26 janv. 1995 : *Gaz. Pal. 1995. 1. Somm. 71.* ♦ Sur l'impossibilité, pour une cour d'appel, de mettre en œuvre directement les dispositions relatives à l'enquête préalable, V. • Paris, 5 févr. 1986 : *Gaz. Pal. 1988. 2. Somm. 302.* ♦ Sur le caractère facultatif de la désignation d'un juge enquêteur, V. • Paris, 24 oct. 1989 : *Rev. dr. bancaire 1990. 86, obs. Campana et Calendini.* ♦ En désignant lui-même un expert pour assister le juge commis, le tribunal excède ses pouvoirs juridictionnels, seul le juge commis pouvant désigner un tel expert (recevabilité de l'appel-nullité du débiteur). • Paris, 12 juin 2018, n° 18/03952 : *JCP E 2018. 1467, note Delattre.* ♦ En ce sens que les dispositions relatives à l'enquête préalable n'excluent pas le recours à une mesure d'expertise du droit commun, dans les conditions des art. 265 s. C. pr. civ., V. • Com. 31 mars 1992, n° 90-13.217 P : *D. 1992. Somm. 376, obs. Honorat .* ♦ V. aussi notes ss. art. R. 621-3.

12. Communication de pièces. Il résulte des art. L. 621-1, al. 5 et 6, et L. 631-7 que le tribunal, saisi d'une demande d'ouverture d'une procédure de redressement judiciaire à l'égard d'un débiteur qui bénéficie ou a bénéficié d'un mandat *ad hoc* ou d'une procédure de conciliation dans les 18 mois qui précèdent, peut, d'office ou à la demande du ministère public, obtenir communication des pièces et actes relatifs au mandat *ad hoc* ou à la conciliation, nonobstant les dispositions de l'art. L. 611-15. • Com. 22 nov. 2023, n° 22-17.798 B : *D. 2023. Actu. 2132 ; Rev. sociétés 2023. 814, obs. Roussel Galle ; RTD com. 2024. 743, obs. Macorig-Venier ; RJDA 2024, n° 111 ; LEDEN 2/2024. 2, obs. Lemberg-Guez ; Gaz. Pal. 19 mars 2024, p. 59, obs. Giorgini ; RPC 2024, n° 42, obs. Delattre.* ♦ Les dispositions de l'art. L. 621-1 [al. 5 et 6] ne prévoient nullement que la communication des pièces relatives à la procédure de conciliation soit ordonnée avant de statuer sur l'ouverture de la procédure de sauvegarde ou de redressement judiciaire. • Douai, 7 juill. 2016, n° 15/004411 : *RPC 2016, n° 164, obs. Delattre.* ♦ En revanche, la levée de la confidentialité prévue à l'art. L. 611-15, qui n'est pas applicable à la suite de la procédure, ne peut être ordonnée au profit du juge-commissaire, des administrateurs et mandataires judiciaires ni au profit des formations de jugement ultérieures ou du ministère public appelé à intervenir dans la suite de la procédure. • Paris, 6 févr. 2024, n° 23/12128 : *RJDA 2024, n° 600.* ♦ V. aussi • Versailles, 24 mai 2022, n° 21/07444 : *LEDEN 7/2022. 2, obs. Allais ; RPC 2022, n° 101, obs. Delattre.*

13. Absence du ministère public à l'audience. Pour l'annulation du jugement d'ouverture d'une procédure de sauvegarde en raison de l'absence du ministère public à l'audience alors que sa présence était obligatoire en vertu de l'art. L. 621-1, al. 5, V. • Paris, 3 mai 2018, n° 18/00664 : *JCP E 2018. 1375, note Delattre.*

Art. L. 621-2 **Le tribunal compétent est le tribunal de commerce si le débiteur** *(Ord. n° 2008-1345 du 18 déc. 2008, art. 13)* **« exerce une activité commerciale ou artisanale ». Le** *(Ord. n° 2019-964 du 18 sept. 2019, art. 35, en vigueur le 1er janv. 2020)* **« tribunal judiciaire » est compétent dans les autres cas.** *(Abrogé par L. n° 2005-845 du 26 juill. 2005, art. 15)* ***« S'il se révèle que la procédure ouverte doit être étendue à une ou plusieurs autres personnes, le tribunal initialement saisi reste compétent. »***

(Ord. n° 2008-1345 du 18 déc. 2008, art. 13) **« A la demande de l'administrateur, du mandataire judiciaire,** *(Ord. n° 2014-326 du 12 mars 2014, art. 16-1°, en vigueur le 1er juill. 2014)* **« du débiteur ou du ministère public », la procédure ouverte »** *(L. n° 2005-845 du 26 juill. 2005, art. 13)* **« peut être étendue à une ou plusieurs autres personnes en cas de confusion de leur patrimoine avec celui du débiteur ou de fictivité de la personne morale.** *(Abrogé par Ord. n° 2014-326 du 12 mars 2014, art. 16-1°, à compter du 1er juill. 2014)* ***« A cette fin, le tribunal ayant ouvert la procédure initiale reste compétent. »*** *— V. art. R. 621-8-1.*

Al. abrogé par L. n° 2005-845 du 26 juill. 2005, art. 15.

(Ord. n° 2010-1512 du 9 déc. 2010, art. 3-3°) **« Dans les mêmes conditions, un ou plusieurs autres patrimoines du débiteur** *(Abrogé par L. n° 2022-172 du 14 févr. 2022, art. 5, à compter du 15 mai 2022)* ***« entrepreneur individuel à responsabilité limitée »*** **peuvent être réunis au patrimoine visé par la procédure, en cas de confusion avec celui-ci. Il en va de même lorsque le débiteur a commis un manquement grave** *(Abrogé par L. n° 2019-486 du 22 mai 2019, art. 7)* ***« aux règles prévues au deuxième alinéa de l'article L. 526-6 ou »*** **aux obligations prévues à l'article L. 526-13 ou encore une fraude à l'égard d'un créancier titulaire d'un droit de gage général sur le patrimoine visé par la procédure. »**

(L. n° 2012-346 du 12 mars 2012, art. 1er) **« Pour l'application des deuxième et troisième alinéas du présent article, le président du tribunal peut ordonner toute mesure conservatoire utile à l'égard des biens du défendeur à l'action mentionnée à ces mêmes alinéas, à la demande de l'administrateur, du mandataire judiciaire, du ministère public ou d'office. »** *— La L. n° 2012-346 du 12 mars 2012 est applicable aux procédures de sauvegarde, de redressement judiciaire ou de liquidation judiciaire en cours à la date de sa publication (L. préc., art. 6, JO 13 mars).*

(Ord. n° 2014-326 du 12 mars 2014, art. 16-2°, en vigueur le 1er juill. 2014) **« Le tribunal ayant ouvert la procédure initiale reste compétent pour ces demandes. Lorsque le débiteur soumis à la procédure initiale ou le débiteur visé par l'extension exerce une profession libérale soumise à un statut législatif ou réglementaire ou dont le titre est protégé, le tribunal statue en chambre du conseil après avoir entendu ou dûment appelé l'ordre professionnel ou l'autorité compétente dont, le cas échéant, il relève. »** *— V. art. L. 663-1-1, R. 621-8-2, R. 662-1-1 et R. 662-1-2.*

Sur les dispositions transitoires de la L. n° 2022-172 du 14 févr. 2022, V. note ss. art. L. 611-13.

Sur les tribunaux compétents, V. art. L. 610-1 et R. 600-1 s.

Sur la compétence, à titre expérimental, du tribunal des activités économiques pour connaître des procédures de sauvegarde, de redressement et de liquidation judiciaires, V. L. n° 2023-1059 du 20 nov. 2023, art. 26, infra.

Sur la faculté de renvoi de l'affaire, V. art. L. 662-2.

Sur la composition du tribunal, V. C. com., art. L. 722-2. — ***C. com.***

Sur les recours contre la décision statuant sur l'extension de la procédure, V. art. L. 661-1, I, 3°.

BIBL. ▸ DEMEYERE, *D. 2009. Chron. 2297* (maintien par l'Ord. du 18 déc. 2008 du dispositif de l'extension de procédure dans la sauvegarde : pour quoi faire ?). – VOINOT, *Procédures 2011. Dossier 12* (quelles compétences pour les tribunaux de commerce en matière de procédures collectives ?). – Pétel, *Mél. Merle, Dalloz, 2012, p. 577* (la vie après la confusion des patrimoines). – Saint-Alary-Houin, *ibid., p. 637* (action en extension dans les groupes de sociétés). – Firley, *RPC 2014. Étude 13* (extension de procédure à la demande du débiteur instaurée par l'Ord. du 12 mars 2014). – Morelli, *Rev. sociétés 2015. 433* (même thème). – Reille, *Gaz. Pal. 19 janv. 2016, p. 80* (conditions de l'extension : dix questions-réponses) ; *ibid. 18 oct. 2016, p. 71* (régime de l'extension : dix questions-réponses). – Dammann, *BJE 2017. 175* (faut-il encadrer davantage le recours à l'action en extension de procédure ?). – Vallens, *D. 2020. Chron. 2416* (les finalités incertaines de l'extension d'une procédure collective).

Ancien art. L. 621-2 (al. 2) *[réd. issue de L. n° 2005-845 du 26 juill. 2005]* ***La procédure ouverte peut être étendue à une ou plusieurs autres personnes en cas de confusion de leur patrimoine avec celui du débiteur ou de fictivité de la personne morale. A cette fin, le tribunal ayant ouvert la procédure initiale reste compétent.***

COMMENTAIRE

I. ACTIVITÉ ARTISANALE – ACTIVITÉ COMMERCIALE

Même lorsqu'elles étaient dispensées d'une inscription au répertoire des métiers, comme cela était possible depuis la loi de modernisation de l'économie du 4 août 2008 et jusqu'à la loi n° 2014-626 du 18 juin 2014 (applicable au 1er janv. 2015 à cet égard), il ressort de la modification apportée par l'ordonnance du 18 décembre 2008 que les personnes exerçant une activité artisanale étaient justiciables du tribunal de commerce, et non du tribunal de grande instance (V., regrettant la soustraction de ces personnes à leur juge naturel qu'est le juge civil, V. Saintourens, *JCP E 2008. 2227, n° 1*). On pouvait toutefois regretter l'absence d'harmonisation des textes, puisque, malgré la modification opérée par le décret n° 2009-1693 du 29 décembre 2009, relatif à la répartition des compétences entre le tribunal de grande instance et le tribunal d'instance (qui a mis en œuvre certaines propositions du rapport *Guinchard* du 30 juin 2008), puis celle du décret n° 2012-1515 du 28 décembre 2012, l'article R. 211-4 du code de l'organisation judiciaire continuait, s'agissant de la compétence exclusive du tribunal de grande instance, à se référer à l'immatriculation au répertoire des métiers. Évidemment, ce texte, de nature purement réglementaire et hors code de commerce, ne pouvait altérer la portée de l'article L. 621-2 (C. Lebel, Le maintien de la référence à l'immatriculation au répertoire des métiers !, *JCP E 2010. Actu. 94*). Mais cette anomalie a disparu, depuis le 1er janvier 2020, avec l'entrée en vigueur des nouveaux textes relatifs à la fusion des tribunaux de grande instance et des tribunaux d'instance au sein du tribunal judiciaire, puisque l'article R. 211-4, I, 6°, issu du décret n° 2019-912 du 30 août 2019, prévoit désormais qu'en matière civile, les tribunaux judiciaires spécialement désignés sur le fondement de l'article L. 211-9-3 connaissent seuls, dans l'ensemble du département, des actions fondées sur les dispositions du livre VI du code de commerce.

Par ailleurs, le critère de l'« activité commerciale », substitué à celui de « commerçant », pourrait modifier la jurisprudence quant à la compétence pour ouvrir une procédure à l'encontre d'une société commerciale par la forme mais civile par l'objet, exerçant une activité autre qu'artisanale, qui pourrait désormais relever du TGI (O. Staes, Aspects de procédure et voies de recours, *RPC 2009. Dossier 5, n° 56*). Mais, là encore, du défaut d'harmonisation de l'article R. 211-4 du COJ naissait la confusion, puisque ce dernier continuait, lui, à se référer, après les décrets précités des 29 décembre 2009 et 28 décembre 2012, au critère de la qualité de commerçant du débiteur, pour ce qui était de la compétence exclusive du TGI, notamment en cas de sauvegarde, redressement judiciaire et liquidation judiciaire. Si bien qu'à la lettre cumulée de l'article L. 621-2 du code de commerce et de l'article R. 211-4 du COJ, la SARL ou la SA exerçant une activité purement civile ne relevaient ni de la compétence du juge consulaire, ni de celle du juge civil. Face à cette aporie, mieux valait, comme l'avait suggéré un auteur, s'en tenir à la répartition traditionnelle : compétence du juge commercial pour les commerçants (personnes physiques et sociétés commerciales) et les artisans ; compétence du juge civil pour les autres débiteurs (J.-P. Legros, Remarques sur la compétence pour ouvrir une procédure collective d'une société commerciale par la forme, *Dr. sociétés 2010. Repère 4*). Cette difficulté aussi a disparu, depuis le 1er janvier 2020, avec la nouvelle formulation précitée de l'article R. 211-4, I, 6°.

Symétriquement, cette évolution terminologique permet d'englober les sociétés civiles par la forme exerçant une activité commerciale, comme les caisses de crédit agricole, ou encore les associations exerçant une activité commerciale (J.-P. Legros, L'ordonnance du 18 décembre 2008 réformant la loi de sauvegarde des entreprises, *Dr. sociétés 2009. Étude 5, n° 5*).

Notons que l'article 26 de la loi n° 2023-1059 du 20 novembre 2023 prévoit d'expérimenter, pour une durée de quatre ans, un tribunal des activités économiques (TAE) aux compétences élargies. Les TAE connaîtront, par exception, des procédures collectives, quels que soient le statut et l'activité du débiteur, à l'exception de celles ouvertes à l'égard des personnes exerçant l'une des professions (juridiques) mentionnées au second alinéa de l'article L. 722-6-1 du code de commerce.

II. PROFESSIONS LIBÉRALES

La nature civile des professions libérales, soumises aux procédures collectives par la loi du 26 juillet 2005 (V. art. L. 620-2), entraîne, fort logiquement, la compétence du tribunal de grande instance (devenu le tribunal judiciaire, depuis le 1er janv. 2020), quelle que soit la procédure en cause (mais notons quand même que des voix se sont élevées pour mettre fin à la dualité de compétence, souhaitant que les tribunaux de commerce deviennent les juridictions de l'entreprise, quelle que soit sa nature, civile ou commerciale : M.-H. Monsèrié-Bon et C. Saint-Alary-Houin, La loi de sauvegarde des entreprises : nécessité et intérêts d'une réforme annoncée, *D. 2008. Chron. 941*). Ce qui pourrait soulever des difficultés dans certains cas, par exemple dans celui d'un pharmacien exploitant une officine, s'agissant d'un commerçant appartenant à un ordre professionnel, ou encore d'une société anonyme d'architectes (Ph. Reigné, L'application aux professions libérales des procédures de prévention et de traitement des difficultés des entreprises, Colloque du CRAJEFE, Nice, 27 mars 2004, *LPA 10 juin 2004, p. 10, n° 9* ; *in* La loi de sauvegarde des entreprises : quelles procédures ? quelles responsabilités ?, *Litec, 2007, p. 7, n° 13*). Il s'agit alors de savoir si l'activité civile doit primer la forme commerciale (en faveur de cette seconde branche de l'alternative, V., par analogie, Com. 16 nov. 2004 : *D. 2004. AJ 3141, obs. A. Lienhard* ; *BJS 2005. 226, note Daigre*).

Un auteur avait regretté que le texte n'ait pas abordé la question de la compétence territoriale du tribunal devant ouvrir la procédure lorsque le professionnel libéral est un auxiliaire de justice. On pouvait penser que, dans cette hypothèse, l'article 47 du code de procédure civile s'applique, comme en avait jugé déjà la Cour de cassation en matière de sanctions (Com. 26 juin 2001 : V. note 3 ss. art. R. 651-1 ; V. T. Montéran, Projet de loi de sauvegarde des entreprises : le point de vue du praticien, *Gaz. Pal. 25-26 févr. 2005, p. 2, spéc. p. 4*), mais restait à savoir si l'ouverture d'une procédure peut être qualifiée de litige au sens de ce texte (V. aussi art. L. 662-2 ; V. F. Verger et A. Mignone, Aspects pratiques de l'application de la loi du 26 juillet 2005 aux professionnels libéraux, *D. 2006. 2234*). À cet égard, la Cour de cassation a affirmé que « les règles de compétence édictées par l'article R. 600-1 du code de commerce ne dérogent pas à l'application des dispositions de l'article 47 du code de procédure civile ». Au-delà de la lettre de l'article 47 (qui parle de « partie »), cette solution devrait valoir également lorsque c'est l'avocat qui prend l'initiative de l'ouverture de la procédure (V. aussi en ce sens : S. Rétif, *APC 2008, n° 320*). De façon peut-être plus étonnante, des arrêts ultérieurs avaient appliqué ce même raisonnement s'agissant de la compétence du juge-commissaire, alors que la cour d'appel de Paris avait considéré que l'article 47 n'est pas applicable devant cet organe de la procédure collective statuant dans les limites de ses attributions (Com. 12 oct. 2010 et 31 janv. 2012 : *cités note 12 ss. art. R. 600-1*). Malgré toutes les questions procédurales non résolues qu'elle posait (V. J.-L. Vallens, *RTD com. 2011. 180*), susceptibles de favoriser des pratiques dilatoires de la part de l'avocat assigné (qui, par hypothèse, n'a pas invoqué son privilège lors de l'ouverture de la procédure), la chambre commerciale avait maintenu fermement cette solution. Mais, comme l'avait suggéré, notamment, Natalie Fricero (V. note ss. Com. 12 oct. 2010 : *Gaz. Pal. 2011. 270*), c'est une modification de la partie réglementaire du livre VI du code de commerce qui est venue aménager ce privilège dans le contexte des procédures collectives, le nouvel article R. 662-3-1, issu du décret du 30 juin 2014, excluant expressément l'application de l'article 47 aux litiges qui relèvent de la seule compétence du juge-commissaire.

Notons encore que, dans la même logique, ce privilège peut être invoqué lors d'une demande de prorogation par le liquidateur du délai au terme duquel la clôture de la liquidation judiciaire doit être examinée (Com. 2 oct. 2012, n° 11-23.731).

III. EXTENSION DE LA PROCÉDURE

A. CONSÉCRATION GÉNÉRALE PAR LA LOI DE 2005

Le second alinéa de l'article L. 621-2, modifié par l'ordonnance du 18 décembre 2008, avait, en 2005, donné une base légale à la théorie prétorienne de l'extension de la procédure (V. notes 8 s.). Les arrêts de la Cour de cassation étaient déjà rendus au visa de l'article L. 621-5 (devenu l'art. L. 621-2), qui, pourtant, ne formulait expressément qu'une règle de compétence (maintien de la compétence du tribunal initialement saisi en cas d'extension), qu'a reprise l'article L. 621-2, alinéa 2, sous une formulation un peu différente (« tribunal ayant ouvert la procédure initiale »), destinée à écarter clairement la compétence du tribunal qui a ouvert la procédure de la personne objet de l'extension (V. *Rapp. AN, n° 2095, p. 186*), critère nouveau qui correspondait, du reste, à la règle de conflit de juridictions prévue par le règlement européen du 29 mai 2000.

Seul le principe a, bien entendu, été consacré par le législateur. Notons à ce sujet que, contrairement à la théorie soutenue par une partie de la doctrine, la rédaction du texte confirmait la position jurisprudentielle dominante admettant que la confusion des patrimoines peut exister entre deux personnes physiques (V. note 20). De même, s'est trouvée maintenue la distinction entre confusion des patrimoines et fictivité, pourtant souvent critiquée, notamment en ce que la fictivité est une notion de droit des sociétés, mal adaptée au droit des procédures collectives, qui repose plutôt sur des critères économiques (J. Vallansan, L'évolution des personnes assujetties à la procédure collective : 1985-2005, *in* La loi du 25 janvier 1985 a 20 ans ! Entre bilan et réforme, *RLDA mars 2005, suppl., p. 12, spéc. p. 18*).

Silence, bien sûr, sur les fondements de cette règle, désormais consacrée *de lege feranda* (V. pour des études, proposant, l'une un critère unique de la confusion des patrimoines, « le mélange inextricable des patrimoines », F. Reille, La notion de confusion des patrimoines, cause d'extension des procédures collectives, Thèse, Montpellier I, déc. 2005, l'autre un nouveau fondement, tiré de la solidarité, V. D. Robine, L'extension de la procédure de redressement ou de liquidation judiciaire, Mél. AEDBF, IV, *Banque éditeur, 2004, p. 325, spéc. n°s 11 s.* ; V. aussi C. Saint-Alary-Houin, L'action en extension d'une procédure collective dans les groupes de sociétés, une action à parfaire !, *Mél. P. Merle, Dalloz, 2012, p. 637*). Pour les implications de la règle, il convient de continuer à se référer à la jurisprudence, souvent subtile, développée par la Cour de cassation et les juges du fond (V. P. Delmotte, Les critères de la confusion des patrimoines dans la jurisprudence de la chambre commerciale de la Cour de cassation, *RJDA 2006, p. 539* ; B. Grelon et C. Dessus-Larrivé, La confusion des patrimoines au sein d'un groupe, *Rev. sociétés 2006. 281* ; D. Demeyere, Personnalité morale et droit des entreprises en difficulté, *Thèse, Paris X, déc. 2005, n°s 475 s.* ; V. aussi, pour les hypothèses de procédure débouchant sur un plan de redressement commun ou en cas de clôture pour extinction du passif, P. Pétel, La vie après la confusion de patrimoines, *Mél. P. Merle, Dalloz, 2012, p. 577*). La Cour de cassation ne cesse d'affiner sa définition. Dans une dernière décision, elle précise ainsi que les éléments caractéristiques de la confusion des patrimoines consistent en des « relations financières incompatibles avec des obligations contractuelles réciproques normales », critère qu'elle semble donc privilégier à celui de l'imbrication patrimoniale inextricable (V. Com. 27 sept. 2016 : *cité note 18*), ce que confirme un arrêt ultérieur rejetant la condition que les actifs et passifs des différentes sociétés soient imbriqués de manière inextricable (V. Com. 2 nov. 2016 : *cité note 15*). Cette évolution est critiquée par certains, souhaitant un retour à des critères plus stricts, un auteur suggérant notamment que l'action en extension ne puisse être engagée qu'à condition que les faits incriminés ne relèvent pas du champ d'application « naturel » de la responsabilité des dirigeants de droit ou de fait pour insuffisance d'actif, des actions en nullité des actes accomplis pendant la période suspecte ou de la responsabilité de droit commun, de même que la subordination de l'action à la preuve d'un comportement frauduleux du débiteur (R. Dammann, *BJE 2017. 175* ; V. aussi J.-L. Vallens, *D. 2020. 246*).

Dans l'architecture du livre VI issue de la loi de sauvegarde des entreprises, et, conformément aux solutions jurisprudentielles, la règle vaut pour le redressement comme pour la liquidation judiciaire (par renvoi des art. L. 631-7 et L. 641-1), mais, aussi, et formellement au premier chef, pour la sauvegarde.

Cela dit, et sous cette réserve, en vertu du principe d'unicité de procédure, l'extension d'une procédure de sauvegarde ne permettrait pas, en principe, de mettre en redressement ou en liquidation judiciaires la personne à laquelle la procédure est étendue. Sauf que les procédures de sauvegarde risquent de déboucher sur une procédure de redressement judiciaire, voire, après conversion, sur une procédure de liquidation judiciaire.

Par ailleurs, un changement était intervenu indirectement, s'agissant des modalités de saisine : les dispositions du nouvel article L. 622-20 devaient permettre aux contrôleurs, en cas de carence du mandataire judiciaire, de demander l'extension, ce que la jurisprudence leur avait toujours refusé, comme à tout créancier individuel (V. note 54). Un avis de la Cour de cassation, rendu le 3 juin 2013 (V. note 2 ss. art. L. 622-20), allait ultérieurement confirmer cette lecture, aussitôt appliquée par la cour d'appel de Paris (Paris, 1er oct. 2013 : *LEDEN 11/2013. 3, obs. Berthelot*). Approuvée par la majorité de la doctrine, la solution, désormais prétorienne, essuie quand même les critiques d'un auteur lui reprochant surtout de ne pas avoir tenu compte du caractère attitré de l'action découlant de l'article L. 621-2 (V. F.-X. Lucas, *D. 2013. Pan. 2366*).

Notons enfin, que, par un ajout à l'article 328 du décret du 28 décembre 2005 (désormais codifié à l'art. R. 661-1), le décret du 23 décembre 2006 est venu préciser que le premier président de la cour d'appel peut arrêter l'exécution provisoire des jugements étendant la procédure de sauvegarde, de redressement judiciaire ou de liquidation judiciaire à une ou plusieurs autres personnes que le débiteur.

B. MAINTIEN DE L'EXTENSION DE LA SAUVEGARDE PAR L'ORDONNANCE DE 2008

Que le législateur de 2005 ait voulu, ou non, permettre l'extension de la procédure en cas de sauvegarde, cette faculté, peut-être théorique (en tout cas, semble-t-il, quasiment jamais appliquée), risquait de s'avérer, entre autres dispositions, dissuasives pour le débiteur encore *in bonis*. Aussi, comme le but premier de l'ordonnance, tel qu'énoncé par la loi d'habilitation, est de « rendre la procédure de sauvegarde plus attractive pour le débiteur », semblait-il plus que logique que le Gouvernement supprime cette redoutable disposition (en ce sens, toutefois, que resterait possible l'application des règles générales en matière de droit des obligations ou de confusion et de fictivité des personnes morales, V. B. Soinne, Les modifications envisagées de la loi du 26 juillet 2005, *RPC 2008, Étude 12, n° 16*).

Et c'est bien ce que prévoyait l'avant-projet d'ordonnance, approuvé sur ce point par l'unanimité de la doctrine (qui transférait, en conséquence, le siège de la possibilité d'extension de la procédure à l'article L. 631-7, relatif au redressement judiciaire, et à l'article L. 641-1-1, relatif à la liquidation judiciaire).

Mais, contre toute attente donc, la version définitive de l'ordonnance a maintenu expressément la possibilité d'étendre la procédure de sauvegarde pour cause de confusion de patrimoine ou de fictivité. Cette option est difficile à approuver. Elle comporte, de surcroît, un potentiel d'effets pervers assez choquants, quand on pense, notamment, à la protection conférée par la suspension des poursuites individuelles dont bénéficiera la personne morale débitrice, ou encore aux mesures protectrices du dirigeant personne physique garant (D. Demeyere, Le maintien par l'ordonnance du 18 décembre 2008 du dispositif de l'extension de procédure dans la sauvegarde : pour quoi faire ?, *D. 2009. Chron. 2297*). Quoi qu'il en soit, cependant, aucun doute n'existe plus sur l'intention du « législateur » de donner ce redoutable pouvoir au tribunal.

De façon très prévisible, la Cour de cassation a refusé de transmettre une question prioritaire de constitutionnalité visant l'article L. 621-2, jugeant, notamment, la disposition « justifiée par l'intérêt général, dès lors qu'elle a pour but de rétablir le gage des créanciers compromis par la confusion de patrimoine ou la fictivité de la personne morale » (Com. 8 oct. 2012 : *pourvoi n° 12-40.058*).

Notons, pour finir, que l'instauration, par la loi du 12 mars 2012, de mesures conservatoires aux conséquences très lourdes, ne pourra que contribuer encore à faire du risque d'extension de la procédure un des aspects les plus dissuasifs de la procédure de sauvegarde (V. ss. art. L. 631-10-1).

C. ADAPTATION À L'EIRL ET À L'ENTREPRENEUR INDIVIDUEL

1° EIRL

La loi du 15 juin 2010 relative à l'entrepreneur individuel à responsabilité limitée, qui permettait, grâce à la technique de l'affectation à une activité professionnelle, à une même personne de posséder plusieurs patrimoines, avait logiquement conduit l'ordonnance du 9 décembre 2010 à prévoir expressément la réunion au patrimoine visé par la procédure d'un ou plusieurs autres patrimoines du débiteur entrepreneur individuel à responsabilité limitée, en cas de confusion (V. C. Regnaut-Moutier, EIRL : adaptation de la règle « faillite sur faillite ne vaut », *RPC 2011. Dossier 18*). Le risque principal, à cet égard, résidait évidemment dans les « relations financières anormales », traduites notamment par le flux de revenus entre le patrimoine affecté et le patrimoine non affecté, autorisé par l'article L. 526-12, mais également dans les opérations de désaffectation (sur ces questions, V. comm. ss. art. L. 680-6 ; V. aussi, de manière générale, M. Douaoui-Chamssedine, Les actions en responsabilité pour insuffisance d'actif et en extension s'appliqueront-elles à l'entrepreneur individuel à responsabilité limitée ?, *RLDA nov. 2010. 43*). L'expression « réunion », préférée ici à celle d'« extension », s'expliquait par l'absence de personnalité morale de l'EIRL. Cette réunion des patrimoines revenait à faire perdre au débiteur le bénéfice de la déclaration d'affectation : la procédure vise alors tous les patrimoines confondus.

Mais les rédacteurs de l'ordonnance de 2010 avaient souhaité aller plus loin, à deux égards.

D'une part, le mécanisme de réunion des patrimoines avait été étendu au cas de manquement grave aux règles d'affectation alors prévues au deuxième alinéa de l'article L. 526-6 ou aux obligations comptables prévues à l'article L. 526-13 (tenue d'une comptabilité autonome, ouverture d'un compte bancaire dédié). Par son premier arrêt se prononçant sur cette question, la Cour de cassation a jugé, de façon assez sévère, que le dépôt d'une déclaration d'affectation ne mentionnant aucun des éléments de l'état descriptif des biens, droits, obligations ou sûretés affectés à l'activité professionnelle, en nature, qualité, quantité et valeur constitue un tel manquement grave, de nature à justifier la réunion des patrimoines (Com. 7 févr. 2018 : *cité note 67*). En réaction à cette jurisprudence, la loi PACTE du 22 mai 2019, entre autres modifications du régime de l'EIRL, a supprimé des causes de réunion des patrimoines le manquement grave de l'entrepreneur aux règles d'affectation.

D'autre part, et de manière plus générale, débordant largement de la philosophie de l'extension de procédure pour confusion (qui, normalement, repose davantage sur un constat objectif de « mélange inextricable des patrimoines » (V. A. ci-dessus) que sur une intention dolosive du débiteur), à la manière de l'ancienne extension-sanction supprimée par la loi de 2005 (V. J. Vallansan, L'EIRL en difficulté, *RPC 2011. Étude 2, n° 30*), était ajouté le cas de « fraude à l'égard d'un créancier titulaire d'un droit de gage général sur le patrimoine visé par la procédure ». Là encore, il s'agissait de la transposition dans le champ des procédures collectives de l'hypothèse de responsabilité de l'entrepreneur sur la totalité de ses biens prévue par l'alinéa 5 de l'article L. 526-12. Transposition accompagnée d'une précision par rapport au texte issu de la loi du 15 juin 2010, qui parlait juste de « fraude ». Restait à savoir ce que cette fraude recouvrait réellement en pratique. L'idée était sans doute d'appréhender par là les déclarations d'affectation ne correspondant pas à l'exercice effectif d'une activité professionnelle, mais tendant uniquement à soustraire des éléments d'actif du droit de gage général des créanciers.

Réparant une lacune dans les dispositions d'adaptation à l'entrepreneur individuel à responsabilité limitée (EIRL) posées par l'ordonnance du 9 décembre 2010, l'ordonnance de 2014 avait ajouté la précision, calquée sur celle énoncée à l'alinéa 2 pour l'extension de procédure à une autre personne, que le tribunal ayant ouvert la procédure initiale visant un patrimoine restait compétent pour les demandes de réunion de patrimoines prévues par l'alinéa 3.

2° ENTREPRENEUR INDIVIDUEL

Ultérieurement, la loi du 14 février 2022 en faveur de l'activité professionnelle indépendante, applicable à compter du 15 mai 2022, a substitué à l'option pour le statut de l'entrepreneur à responsabilité limitée (EIRL) une protection de plein droit du patrimoine personnel, seul le patrimoine professionnel étant engagé. Dès lors, afin de viser à la fois le cas résiduel de l'EIRL et celui de l'entrepreneur individuel relevant du nouveau statut, en ce qui concerne son patrimoine professionnel, la loi de 2022 a tout simplement gommé les mots « entrepreneur individuel à responsabilité limitée », visant ainsi, de façon générale, le cas des débiteurs, dotés d'un patrimoine professionnel et d'un patrimoine personnel.

D. SAISINE DU TRIBUNAL

L'ordonnance du 18 décembre 2008 a complété le deuxième alinéa de l'article L. 621-2 afin d'apporter une précision concernant les demandeurs. Sont visés, parmi les organes de la procédure, l'administrateur et le mandataire judiciaire, ce qui correspond à la jurisprudence antérieure, confirmée récemment par un arrêt du 15 décembre 2009 (*D. 2010. AJ 86*) s'agissant de l'administrateur judiciaire (V. notes 53 s.). Le fait que ne soient pas visés les contrôleurs ne saurait interdire à ceux-ci d'agir en cas de carence du mandataire judiciaire, en raison de l'article L. 622-20, comme l'a précisé la Cour de cassation par un avis du 3 juin 2013 (V. note 2 ss. art. L. 622-20). La réforme y avait ajouté la saisine d'office, ce qui était plus nouveau, mais qui n'avait rien d'étonnant puisque la saisine d'office était possible pour l'ouverture du redressement ou de la liquidation judiciaires avant que le Conseil constitutionnel ne la déclarât contraire à la Constitution dans sa décision du 7 décembre 2012 (citée note 9 ss. art. L. 631-5) ; de même que la demande du ministère public, qui s'explique, là aussi, par la même raison d'analogie, et se justifie, de surcroît, par la prescription générale de la loi d'habilitation d'accroissement de l'emprise du ministère public.

Ultérieurement, comme l'y invitait, de manière générale, l'article 2, 7°, *f*, de la loi n° 2014-1 du 2 janvier 2014, et comme dans de nombreuses autres dispositions, l'ordonnance du 12 mars 2014 est venue tirer les conséquences de la décision précitée du 7 décembre 2012, prohibant la saisine d'office du tribunal de commerce. S'agissant ici de la saisine en vue de l'extension de la procédure, à la différence de la saisine en vue de l'ouverture d'un redressement judiciaire (V. art. L. 631-3-1) ou d'une liquidation judiciaire (V. art. L. 640-3-1), le texte ne prévoit pas de mesure de substitution, se contentant de rayer de l'article L. 621-2, alinéa 2, la possibilité d'une extension d'office.

Plus étonnante apparaît la possibilité qu'a accordée l'ordonnance de 2014 au débiteur aussi de solliciter l'extension de sa procédure, évolution qui montre que l'extension n'est pas qu'une sanction, et qu'elle peut aussi s'avérer utile dans la perspective de la restructuration de l'entreprise (de « conforter le périmètre de l'entité économique », selon les termes de G. Teboul, Le renforcement du rôle des créanciers dans le cadre de la nouvelle réforme du droit des entreprises en difficulté, 1re partie, *LPA 21 janv. 2014, p. 6*), Comme l'énonce le Rapport au président de la République, à cet égard, « l'appréhension de la réalité économique de l'entreprise est une première nécessité », qui ajoute que « le principe selon lequel nul ne peut invoquer sa propre fraude s'appliquera à ces demandes ».

E. PROFESSIONS LIBÉRALES

Selon une précision apportée par l'ordonnance de 2014, « lorsque le débiteur soumis à la procédure initiale ou le débiteur visé par l'extension exerce une profession libérale soumise à un statut législatif ou réglementaire ou dont le titre est protégé, le tribunal statue en chambre du conseil après avoir entendu ou dûment appelé l'ordre professionnel ou l'autorité compétente dont, le cas échéant, il relève ». Il s'agit là de la consécration, par le législateur, d'une solution que la Cour de cassation avait déjà posée récemment dans le silence alors des textes (Com. 5 nov. 2013 : *cité note 8 ss. art. L. 621-1*).

F. RECOURS CONTRE LES DÉCISIONS STATUANT SUR L'EXTENSION DE LA PROCÉDURE

L'ordonnance de 2008 a précisé le régime des recours contre les décisions statuant sur l'extension d'une procédure de sauvegarde, de redressement ou de liquidation judiciaire (V. art. L. 661-1, I-3°).

G. MESURES CONSERVATOIRES

Voir le commentaire sous l'article L. 631-10-1. ❑

I. TRIBUNAL COMPÉTENT

1. Associations. Le tribunal de commerce est compétent pour ouvrir un redressement judiciaire à l'égard d'une association exploitant à titre spéculatif une radio locale. • Dijon, 4 nov. 1987 : *D. 1988. Somm. 223, obs. Hassler.* ♦ ... Ou exerçant une activité dominante d'agence de voyages. • Toulouse, 19 déc. 1995 : *RPC 1999. 22, obs. Cadiou.* ♦ V. aussi • Paris, 13 juin 1990 : *D. 1990. IR 192.*

2. Sociétés civiles. Relève de la compétence du tribunal de grande instance l'ouverture d'une procédure collective à l'égard d'une société civile de construction-vente, soumise aux dispositions des art. L. 211-1 s. CCH, dont l'activité, consistant à édifier des immeubles dans le but de les revendre, est de nature civile ; le fait que cette société ait pour gérant une société commerciale est sans incidence sur sa nature civile. • Versailles, 15 oct. 2009 : *Dr. sociétés 2010, n° 34, note Legros ; RPC 2010, n° 124, obs. Lebel ; ibid., n° 150, obs. Saintourens.* ♦ Nonobstant sa nature civile et son objet social, une société civile immobilière immatriculée au RCS en précisant une activité de marchand de biens et ayant une activité portant sur l'acquisition de biens immobiliers destinés à la revente est justiciable du tribunal de commerce pour l'ouverture d'une procédure collective. • Paris, 5 sept. 2000 : *Dr. sociétés 2000, n° 177, obs. Chaput ; Banque et Dr. 1-2/2001. 37, obs. Storck.*

3. Sociétés d'exercice libéral. Sur l'incompétence du tribunal de commerce pour prononcer la liquidation judiciaire d'une société d'exercice libéral exerçant une activité de pharmacie (application de l'art. L. 721-5 C. com.), V. • T. com. Valenciennes, 22 août 2011, n° 11/1344 : *LEDEN 10/2011. 7, obs. Staes.*

4. Sur la compétence du tribunal de grande instance pour connaître de l'ouverture d'une procédure collective à l'encontre d'un négociateur immobilier exerçant sous le statut d'agent commercial, V. • Paris, 4 févr. 2010, n° 15-15.956 : *RPC 2010, n° 133, obs. Lebel.*

5. Compétence administrative. Sur l'articulation des compétences judiciaire et administrative pour le règlement des créances détenues par une personne morale de droit public contre une entreprise en redressement judiciaire, V. • CE 14 juin 2000 : *JCP E 2000, n° 27, p. 1066 ; RTD com. 2000. 1018, obs. Vallens ; ibid. 2001. 761, obs. Martin-Serf ; RJDA 2001, n° 475* • CE, avis, 20 janv. 1992 : *JO 23 févr. ; D. 1992. Somm. 251, obs. Derrida ; RTD com. 1992. 687, obs. Martin-Serf* • T. confl., 23 mai 2005 : *D. 2005. AJ 1696 ; Gaz. Pal. 4-5 nov. 2005, p. 42, obs. Le Corre.*

V. aussi note 6 ss. art. L. 622-23.

6. Saisine d'une juridiction incompétente : sanction. Constitue une fin de non-recevoir la saisine d'un tribunal incompétent pour connaître de la demande d'ouverture de la procédure collective formée par un débiteur ; le jugement rendu en méconnaissance de cette règle doit être réputé inexistant. • Douai, 28 mai 2009 : *D. 2009. AJ 1535.*

II. EXTENSION DE LA PROCÉDURE

A. CONSTITUTIONNALITÉ DE L'ART. L. 621-2

7. Pour le refus de transmettre au Conseil constitutionnel une QPC portant sur l'art. L. 621-2, al. 2, V. • Com., QPC, 8 oct. 2012, n° 12-40.058 : *Rev. sociétés 2012. 728, obs. Roussel Galle ; BJS 2012. 866, note Reille ; Dr. sociétés 2013, n° 53, note Legros.*

B. COMPÉTENCE DU TRIBUNAL INITIALEMENT SAISI EN CAS D'EXTENSION DE PROCÉDURE

8. Sur la compétence du tribunal initialement saisi lorsque l'extension de procédure est fondée sur la fictivité des personnes morales ou sur une confusion de patrimoines provenant de l'existence d'une société de façade, V., avant la consécration de cette règle par la loi du 26 juill. 2005, • Paris, 17 déc. 1986 : *D. 1987. IR 16 ; Gaz. Pal. 1987. 1. 256.* – V. conf. • Com. 8 nov. 1988 : *D. 1989. Somm. 372, obs. Honorat* (extension à une SCI) • 1er déc. 1992, n° 90-20.423 P : *D. 1993. Somm. 192, obs. Honorat ; BJS 1993. 261, note Daigre.* ♦ Sur la portée de la compétence du tribunal initialement saisi, V. • Com. 19 nov. 2013, n° 12-25.290 P : *D. 2013. Actu. 2766, obs. Lienhard ; RTD com. 2014. 193, obs. Vallens ; APC 2014, n° 4, obs. Cagnoli ; Gaz. Pal. 12-14 janv. 2014, p. 16, obs. Reille ; Procédures 2014, n° 51, note Rolland ; Dr. sociétés 2014, n° 52, note Legros ; BJE 2014. 76, note Monsèrié-Bon.*

9. Un groupe de sociétés n'ayant ni personnalité morale, ni siège propre, le tribunal de commerce du siège social d'une société en redressement judiciaire est compétent pour étendre par un seul et même jugement cette procédure à d'autres sociétés appartenant au même groupe mais ayant leur siège ailleurs. • Com. 19 oct. 1993, n° 91-13.657 P : *JCP 1993. IV. 2661.*

10. Le tribunal ayant ouvert la procédure initiale reste compétent pour la demande d'extension quelle que soit l'entreprise visée par cette demande (dans le cas où cette dernière relevait de la compétence d'un tribunal de commerce spécialisé, en application de l'art. L. 721-8 C. com.). • Com. 11 mars 2020, n° 18-22.960 P : *D. 2020. Actu. 1458 ; JCP E 2020. 1353, n° 2, obs. Pétel; LEDEN 4/2020. 2, obs. Bézert ; BJE 5-6/2020. 16, note Laroche ; RJDA 2020, n° 578 ; Dr. sociétés 2020, n° 134, note Legros.*

11. La liquidation judiciaire d'une personne morale ne peut être étendue à une autre qu'en cas de confusion de leurs patrimoines ou de fictivité de l'une d'entre elles. • Com. 20 oct. 1992, n° 90-21.070 P : *D. 1992. IR 265 ; Rev. sociétés 1993. 449*.

12. En l'absence de confusion des patrimoines, le tribunal doit, après avoir constaté l'état de cessation des paiements de chacune des personnes exploitant en commun un fonds de commerce, ouvrir autant de procédures distinctes que de personnes. • Com. 15 mars 2005, n° 03-19.359 P : *D. 2005. AJ 952, obs. Lienhard ; ibid. Pan. 2013, obs. F.-X. Lucas ; JCP E 2005, n° 49, p. 2098, note Léobon ; APC 2005, n° 81, obs. Vallansan ; Rev. sociétés 2005. 684, note Le Corre ; BJS 2005. 949, note Lécuyer ; Defrénois 2005. 1924, obs. Gibirila.* ♦ Viole les art. L. 620-2 et L. 621-5 [L. 621-2] C. com. la cour d'appel qui, après avoir reconnu la qualité de commerçante de l'épouse du commerçant exploitant le fonds de commerce objet de la liquidation judiciaire et avoir écarté l'existence d'une confusion des patrimoines entre les époux, étend à celle-ci la procédure de liquidation judiciaire ouverte à l'encontre de ce dernier. • Même arrêt.

C. CONFUSION DES PATRIMOINES

1° CONDITIONS

BIBL. Vaillant, *D. Affaires 1999. 154.*

13. Imbrication des patrimoines ou flux financiers anormaux. Ne caractérise pas une situation de confusion des patrimoines la cour d'appel qui relève l'existence entre deux sociétés d'une unicité et d'une imbrication d'intérêts résultant de l'interdépendance de leurs engagements financiers. • Com. 20 oct. 1992, n° 90-21.070 P : *D. 1992. IR 265 ; Rev. sociétés 1993. 449*. ♦ De même, ne suffisent pas à démontrer la confusion des patrimoines de deux sociétés, la présence de dirigeants ou d'associés communs, l'identité d'objets sociaux, la centralisation de la gestion en un même lieu, l'existence de relations commerciales constantes et la communauté de clientèle, dès lors que les sociétés conservaient une activité indépendante, un actif et un passif propres et qu'aucun flux financier anormal n'existait entre elles. • Com. 11 mai 1993, n° 91-10.569 P : *D. 1993. IR 195.* – V. aussi • Com. 16 nov. 1993 : *Rev. huiss. 1994. 226* • 5 avr. 1994 : *Rev. sociétés 1994. 318, note Guyon* • 9 mai 1995 : *Dr. sociétés 1995, n° 137, obs. Chaput* • 16 janv. 2001 : *Dr. et patr. 6/2001. 107, obs. Poracchia* • 16 oct. 2001 : *APC 2001, n° 256* • 8 janv. 2002 : *Dr. sociétés 2002, n° 110, note Legros* • Paris, 20 oct. 2000 : *Dr. sociétés 2001, n° 46, note F.-X. Lucas* (groupe de sociétés) • Versailles, 6 févr. 2003 : *RJDA 2004, n° 335* (même cas de figure). ♦ Comp., à propos de sociétés membres d'un GIE : • Versailles, 16 déc. 1987 : *D. 1988. Somm. 383, obs. Honorat.*

Pour des exemples de désordre généralisé des comptes et d'état d'imbrication inextricable entre deux sociétés caractérisant la confusion des patrimoines, V. • Com. 24 oct. 1995 : *D. 1995. IR 245 ; D. Affaires 1995. 202 ; Dr. sociétés 1995, n° 238, obs. Chaput ; BJS 1996. 158, note Scholer* • 3 avr. 2001 : *RJDA 2001, n° 874.*

Pour une confusion des patrimoines résultant de la mise à disposition de locaux sans contrepartie, V. • Com. 15 févr. 2005 : *RJDA 2005, n° 726.*

14. S'agissant d'un groupe de sociétés, sont impropres à caractériser la confusion des patrimoines des sociétés ou la fictivité de certaines d'entre elles, seules de nature à justifier, par voie d'extension, une procédure unique, l'existence d'une convention de trésorerie, d'activités communes, de contributions financières au profit de la société mère et le fait de présenter une demande de conciliation au niveau du groupe. • Com. 16 déc. 2014 : *D. 2015. Pan. 1970, obs. Le Corre ; Rev. sociétés 2015. 202, obs. Henry ; JCP E 2015. 1122, note Demeyere ; BJS 2015. 143, note Mouial-Bassilana ; RJDA 2015, n° 201 ; RLDA mars 2015. 10, obs. Cerati-Gauthier ; BJE 2015. 83, note Favario ; Dr. sociétés 2015, n° 136, note Legros ; Legros ; Dr. et patr. 9/2015. 92, obs. Monsèrié-Bon.* ♦ V. aussi, écartant la confusion des patrimoines d'une société mère et de sa filiale, en présence de conventions de gestion de trésorerie et de change, d'échanges de personnel et d'avances de fonds par la société mère : • Com. 19 avr. 2005, n° 05-10.094 P : *D. 2005. AJ 1225, obs. Lienhard ; ibid. Pan. 2013, obs. F.-X. Lucas ; APC 2005, n° 106, obs. Vallansan et Thiberge ; JCP 2005. II. 10088, note Bouru et Menjucq ; Banque et Dr. 5-6/2005. 56, obs. Urban ; BJS 2005. 690, note Saint-Alary-Houin ; Dr. sociétés 2005, n° 133, note Legros ; RPC 2005. 239, obs. Dumont ; RTD com. 2005. 541, obs. Champaud et Danet ; Gaz. Pal. 4-5 nov. 2005, p. 3, note Lebel ; ibid. 21-22 juin 2006, p. 39, obs. Robine ; Defrénois 2005. 1932, obs. Gibirila ; Rev. sociétés 2005. 897, note Marotte et Robine*. ♦ V., sur renvoi, confirmant cette solution, • Paris, 11 oct. 2005 : *D. 2005. AJ 2943, obs. Lienhard ; BJS 2006. 478, note Scholer.*

Pour l'absence de confusion des patrimoines de deux sociétés appartenant à un groupe, la première ayant fait profiter la seconde d'avances en compte courant par l'intermédiaire de la holding, dans le cadre d'une convention de trésorerie, ces avances n'ayant pas rompu l'équilibre entre les sociétés en cause, ni excédé leurs possibilités financières, V. • Versailles, 2 avr. 2002 : *D. 2002. Somm. 3266, obs. Hallouin ; JCP E 2002, n° 41, p. 1627, note Couret ; BJS 2002. 923, note Le Nabasque ; Dr. sociétés 2002, n° 221, note F.-X. Lucas ; Banque et Dr. 11-12/2002. 53, obs. Urban.* ♦ V. aussi, écartant la confusion des patrimoines d'une filiale et de la société holding qui lui avait consenti un abandon de créance correspondant au solde de son compte, • Paris, 7 sept. 2004 : *D. 2004. AJ 2500, obs. Lienhard ; BJS 2004. 1358, note Souleau-Travers et De Sentenac ; Banque et Dr. 11-12/2004. 44, obs. Urban* (affaire *AOM-Air Liberté* ; pourvoi rejeté par : • Com. 10 janv. 2006 :

RJDA 2006, n° 427 ; Gaz. Pal. 30 avr.-4 mai 2006, p. 21, obs. Lebel ; cité par Teboul, LPA 24 févr. 2006 ; Rev. sociétés 2006. 629, note Roussel Galle). – V. Soinne, *RPC 2004. 287.*

Comp., pour une confusion de patrimoines entre sociétés appartenant à un même groupe, en présence de flux financiers anormaux, V. • Com. 15 févr. 2000 : *RJDA 2000, n° 1003* • 2 nov. 2016, n° 15-10.727 : *Rev. sociétés 2017. 655, note Morelli* .

15. Pour caractériser des relations financières anormales constitutives d'une confusion de patrimoines, les juges du fond n'ont pas à rechercher si celles-ci ont augmenté, au préjudice de ses créanciers, le passif du débiteur soumis à la procédure collective dont l'extension est demandée. • Com. 16 juin 2015, n° 14-10.187 P : *D. 2015. Actu. 1366, obs. Lienhard ; Rev. sociétés 2015. 545, obs. Roussel Galle ; JCP E 2015. 1422, n° 1, obs. Pétel ; ibid. 1578, note Maraud ; Dr. sociétés 2015, n° 155, note Legros ; RJDA 2015, n° 677 ; BJS 2015. 458, note Mouial-Bassilana ; Gaz. Pal. 18-20 oct. 2015, p. 27, obs. Reille ; BJE 2015. 282, note Le Mesle.* ♦ ... Ni à constater que les actifs et passifs des différentes sociétés en cause sont imbriqués de manière inextricable. • Com. 2 nov. 2016, n° 15-13.006 : *D. 2016. Actu. 2278 ; Rev. sociétés 2017. 49, obs. Pisoni ; BJS 2017. 143, note Mouial-Bassilana ; Dr. sociétés 2017, n° 50, note Legros ; RPC 2017, n° 14, obs. Saintourens.*

16. Pour l'exigence d'anomalies procédant d'une volonté systématique pour caractériser l'existence de relations financières anormales constitutives d'une confusion des patrimoines, V. • Com. 11 févr. 2014, n° 13-12.270 : *BJE 2014. 147, note Favario ; BJS 2014. 339, note Rubellin.*

17. Le fait que les cogérants se soient attribués, pendant quatre ans et jusqu'à la déclaration de cessation des paiements de la société, une rémunération équivalent en moyenne à plus de 13 % du montant du chiffre d'affaires de la société et qu'ils aient fait prendre en charge par cette dernière leurs cotisations sociales personnelles, cependant que les fonds propres de la société étaient devenus négatifs, la perte cumulée sur quatre ans s'établissant à 771 245 euros, est impropre à caractériser des relations financières anormales constituant une confusion des patrimoines. • Com. 11 mars 2020, n° 18-24.052 : *BJS 7-8/2020. 22, note Cerati ; Gaz. Pal. 13 oct. 2020, p. 57, obs. Reille ; BJE 9-10/2020. 12, avis Guinamant.*

18. Société commerciale et SCI. Pour l'extension, pour cause de confusion des patrimoines, d'une procédure ouverte à l'égard d'une société commerciale, à l'encontre d'une société civile immobilière, V. • Com. 17 déc. 1991 : *JCP E 1992. I. 166, n° 1, obs. Pétel* • 12 oct. 1993, n° 89-17.509 P : *Rev. sociétés 1994. 326, note Saintourens* • 28 mars 1995, n° 92-20.316 P : *D. 1995. IR 140* • 23 janv. 1996 : *D. 1996. IR 134* • 1er oct. 1997 : *BJS 1997. 1089, note Daigre* • 17 mars 1998 : *D. Affaires 1998. 677* • 26 mai 1998, n° 96-10.528 P : *D. Affaires 1998. 1093, obs. A. L. ; Defrénois 1998. 1292, obs. Hovasse* • 24 nov. 1998 : *RJDA 1999, n° 62 ; RTD com. 1999. 189, obs. Laude* • 16 févr. 1999 : *BJS 1999. 535* • 7 janv. 2003, n° 00-13.192 P : *D. 2003. AJ 347 (3e esp.) ; BJS 2003. 405, note F.-X. Lucas ; Dr. et pr. 2003. 235, note Le Corre ; RPC 2004. 273, obs. Dumont ; Dr. sociétés 2005, n° 7, note Legros (1re esp.)* • 26 mai 2010, n° 09-66.615 : *Rev. sociétés 2011. 119, note Morelli* • 13 janv. 2015, n° 13-27.868 : *Rev. sociétés 2015. 313, note Saintourens* • 28 févr. 2018, n° 16-26.735 : *Rev. sociétés 2018. 410, obs. Reille ; ibid. 2019. 128, note Morelli ; JCP E 2018. 1573, n° 3, obs. Cerati-Gauthier ; BJS 2018. 357, note Pelletier ; RJDA 2018, n° 515 ; RPC 2018, n° 131, obs. Saintourens ; Dr. sociétés 2018, n° 173, note Legros* • Paris, 11 janv. 1994 : *BJS 1994. 317, note Pariente* • Versailles, 12 oct. 1995 : *RJDA 1995, n° 1372* • Reims, 27 janv. 1999 : *Dr. sociétés 2000, n° 37, obs. Chaput.* ♦ Comp., en l'absence d'imbrication des éléments d'actif et de passif : • Com. 31 janv. 1995 : *Rev. sociétés 1995. 757, note Randoux* • 14 mars 1995, n° 92-11.470 P : *D. 1995. IR 115* • 25 juin 1996, n° 93-11.264 P : *D. 1996. IR 234 ; D. Affaires 1996. 1134 ; JCP E 1997. I. 623, n° 1, obs. Pétel* • 11 juin 1996 : *BJS 1996. 954* • 6 juill. 1999 : *RJDA 1999, n° 1097 ; JCP E 2000, n° 12, p. 515, note Dias-Bidault* • 10 déc. 2002 : *BJS 2003. 273, note Couret ; Rev. sociétés 2003. 151, note Guyon* . ♦ Comp. également, en l'absence de flux financiers anormaux entre les sociétés : • Com. 15 mai 2019, n° 18-14.974 : *Rev. sociétés 2020. 112, note Morelli ; RJDA 2019, n° 517 ; BJS 9/2019. 58, note Reille ; Dr. sociétés 2019, n° 175, note Legros ; RPC 2020, n° 6, obs. Saintourens.* ♦ Sur cette question, V. Hovasse, *Defrénois 1996. 961* ; J.-P. Garçon, *BJS 1996. 901* ; Cutajar, *BJS 1999. 1057* ; Teboul, *Gaz. Pal. 2000. Doctr. 712.*

Pour l'hypothèse inverse (extension à une SARL de la procédure ouverte à l'encontre d'une SCI), V. • Com. 14 janv. 2004 : *Rev. sociétés 2004. 948, note Saintourens ; RJDA 2004, n° 587 ; AJDI 2004. 581, note Le Corre* .

L'établissement d'une comptabilité certifiée et approuvée ne permet pas d'établir l'absence de confusion des patrimoines entre la société bailleresse et la société locataire, dès lors qu'elle révèle l'existence de relations financières incompatibles avec des obligations contractuelles réciproques normales. • Com. 27 sept. 2016, n° 14-29.278 P : *D. 2016. Actu. 1996 ; Rev. sociétés 2017. 106, note Morelli ; APC 2016, n° 213, obs. Vallansan ; LEDEN 11/2016. 2, obs. Mouial-Bassilana ; BJS 2016. 745, note Moulin ; RJDA 2016, n° 880 ; Dr. sociétés 2017, n° 11, note Legros ; RLDA janv. 2017. 35, obs. Watrin ; Gaz. Pal. 10 janv. 2017, p. 57, obs. Reille.*

V. aussi note 43.

19. Location-gérance. Pour une confusion des patrimoines, entre une société locataire-gérant d'un fonds artisanal et son fondateur, ancien exploitant de ce fonds, la société ayant réglé les dettes de son fondateur et ne lui ayant versé ni les redevances de location-gérance ni le prix des stocks cédés, V. • Com. 14 mars 2000 : *RJDA 2000, n° 1132*. – V. aussi • Com. 5 févr. 2002 : *Dr. sociétés 2002, n° 132, note Legros.* ♦ Le fait qu'une société prenne en location-gérance un fonds de commerce appartenant à l'un de ses associés et assume la charge des travaux en vue de son développement ne constitue pas, en soi, la source de flux financiers anormaux qui sont de l'essence de la confusion des patrimoines. • Paris, 18 mai 2001 : *BJS 2001. 980, note Saintourens ; RJDA 2002, n° 44.*

20. Personnes physiques. Pour une confusion des patrimoines par l'existence, entre deux personnes physiques, d'une société créée de fait, V. • Paris, 22 janv. 1993 : *D. 1993. IR 117* • Aix-en-Provence, 27 mars 2002 : *Dr. sociétés 2002, n° 150, note crit. F.-X. Lucas.* – Comp. : • Toulouse, 16 nov. 1994 : *Dr. sociétés 1995, n° 117, obs. Chaput* • Paris, 6 avr. 1999 : *Dr. sociétés 2000, n° 107.* ♦ Pour d'autres exemples de confusion des patrimoines de deux personnes physiques (propriétaire et acquéreur d'un fonds de commerce), V. • Com. 28 mai 1996, n° 94-15.740 P. • Dijon, 2 juill. 1996 : *JCP 1997. IV. 290* • Douai, 13 mars 1997 : *D. 1997. 433, note Voinot*. – V. aussi • Poitiers, 10 oct. 2000 : *JCP E 2002, n° 7, p. 303* • Angers, 11 mars 2003 : *APC 2003, n° 240, obs. Vallansan ; RDBF 2004, n° 21, obs. F.-X. Lucas* (entre des époux exploitant un fonds de commerce). – Comp. : • Douai, 29 juin 2000 : *APC 2000, n° 255, obs. Regnaut-Moutier.* ♦ Pour un arrêt ayant écarté la possibilité d'une confusion des patrimoines entre deux personnes physiques, V. • Douai, 14 oct. 1999 : *D. 2000. AJ 115 ; APC 2000, n° 59, obs. Regnaut-Moutier.* ♦ Pour une confusion des patrimoines entre des époux, V. • Com. 15 févr. 2000 : *BJS 2000. 611, note Dom ; RJDA 2000, n° 682* (époux mariés sous le régime de la séparation de biens) • 10 juill. 2001 : *RJDA 2001, n° 989 ; RDBF 2001, n° 228, obs. F.-X. Lucas.* – Comp. : • Bourges, 13 déc. 2004 : *JCP E 2005, n° 14, p. 603* (époux mariés sous le régime de la communauté légale). ♦ Pour l'extension de procédure d'une société à un artisan, V. • Paris, 30 mai 1997 : *Dr. sociétés 1998, n° 42, obs. Chaput.* ♦ ... D'une société à son consultant, V. • Com. 7 déc. 2004 : *BJS 2005. 579, note Pétel.* ♦ ... D'une société à son bailleur, personne physique, qui était aussi son ancien gérant, V. • Com. 1er oct. 2013, n° 12-24.817 : *Rev. sociétés 2014. 227, note J.-J. Barbièri*. ♦ ... D'une société à ses deux associés, qui étaient bailleurs des locaux au sein desquels la société exploitait son fonds de commerce, V. • Com. 1er juill. 2020, n° 19-10.916 : *Rev. sociétés 2020. 502, obs. Pisoni ; BJE 11-12/2020. 12, note Bézert.* ♦ ... D'une société à l'égard d'un entrepreneur individuel, qui en était associé et gérant, V. • TGI Bordeaux, 22 juill. 2014, n° 13/05063 : *RPC 2017. Chron. 1, n° 3, obs. Saintourens.* ♦ ... Du patrimoine professionnel d'un entrepreneur individuel à son patrimoine personnel, V. • Reims, 19 sept. 2023, n° 23/00471 : *APC 2024, n° 43, obs. Lafaurie.*

La détention et l'utilisation par le conjoint du débiteur d'une carte bancaire attachée à l'entreprise individuelle de son époux n'est pas en elle-même suffisante pour caractériser des relations financières anormales constitutives d'une confusion des patrimoines. • Com. 12 juill. 2017, n° 16-15.354 : *LEDEN 10/2017. 2, obs. Favario ; RJDA 2017, n° 819.*

21. Associés. Le fait que les associés ont participé au financement de l'activité de la société en se portant caution de ses engagements et en effectuant un apport personnel important pour l'acquisition du stock et du petit outillage, le fait que l'un d'eux a personnellement apuré une partie du passif de la société, le fait, enfin, que la société a édifié des constructions sur un terrain, objet d'un bail à construction, appartenant à ces associés sont impropres à établir la confusion des patrimoines de la société et des associés. • Com. 1er oct. 1997 : *RJDA 1998, n° 449 ; BJS 1998. 550, note Daigre.* ♦ L'inscription au compte courant d'associé des virements et retraits d'espèces que l'associé-gérant a opéré à son profit sur les comptes de la société n'est, en l'absence de toute caractérisation d'une contrepartie les justifiant, pas de nature à en exclure l'anormalité. • Com. 13 sept. 2023, n° 21-21.693 : *RJDA 2023, n° 668 ; BJE 11-12/2023. 15, note Bézert ; BJS 1/2024. 35, note Reille.*

22. Associations. Pour la confusion des patrimoines de deux associations, l'une ayant apporté, sans aucune contrepartie financière, une importante créance en compte courant à l'autre, pour lui permettre de réaliser son objet, V. • Com. 5 juill. 2005 : *D. 2005. AJ 2219, obs. Lienhard ; Gaz. Pal. 4-5 nov. 2005, p. 60, obs. Montéran ; Rev. sociétés 2006. 182, note Sortais ; RPC 2006. 298, obs. Lebel.* ♦ V. aussi cet arrêt en ce qu'il juge que la perception de manière illicite des fonds constituant les actifs de l'association par deux de ses membres ne suffit pas à caractériser la confusion de leurs patrimoines.

Pour la confusion des patrimoines d'une association et de son dirigeant, V. • Com. 5 avr. 2011, n° 10-16.496 : *BJS 2011. 586, note Poracchia ; RJDA 2011, n° 640 ; RPC 2011, n° 114, obs. Lebel.*

23. Cessation des paiements. L'extension de la liquidation judiciaire à une société sur le fondement de la confusion des patrimoines n'exige pas que soit démontrée la cessation des paiements de la société à qui cette procédure est étendue. • Paris, 12 févr. 1991 : *D. 1991. IR 84* • Com. 24 oct. 1995 : *RPC 1996. 206, obs. Calendini* • 3 avr. 2001 : *préc. note 13.*

24. Date de la confusion des patrimoines. Seuls des faits antérieurs au jugement d'ouverture de la procédure collective d'une personne morale ou physique peuvent justifier l'extension de cette procédure à l'encontre d'une autre personne morale ou physique. • Com. 28 nov. 2000, n° 98-10.083 P : *D. 2001. AJ 309, obs. Lienhard ; APC 2001, n° 2, obs. Hannoun ; BJS 2001. 249, note Saintourens ; JCP E 2001, n° 18, p. 750, obs. Pétel* • 16 oct. 2012, n° 11-23.036 : *Gaz. Pal. 18-19 janv. 2013, p. 19, obs. Reille ; RJDA 2013, n° 51 ; RPC 2013, n° 3, obs. Saintourens ; LPA 8 mars 2013, note Gicquiaud.*

2° EFFETS

BIBL. Saint-Alary-Houin, *Mél. Jeantin, Dalloz, 1999, p. 453.* – Le Corre, *D. 2002. Chron. 1122* (sort des créances).

25. Option entre redressement et liquidation judiciaires. En cas de confusion des patrimoines, l'extension de la procédure de liquidation judiciaire à une autre société pouvait, déjà avant l'intervention de la loi du 10 juin 1994, être décidée, sans recourir préalablement à la procédure de redressement judiciaire. • Com. 15 janv. 1991, n° 89-13.380 P : *D. 1991. Somm. 240, obs. Honorat ; Rev. sociétés 1991. 386, note Honorat.* ♦ De même, en cas de confusion de patrimoines entre une société commerciale et un de ses dirigeants, la liquidation judiciaire de la société pouvait être étendue à celui-ci sans recourir préalablement à la procédure de redressement judiciaire. • Com. 15 oct. 1991, n° 90-10.930 P. • 16 mars 1993, n° 91-12.763 P : *D. 1993. IR 101.* ♦ Pour l'extension de la liquidation judiciaire d'une EURL au maître de l'affaire, V. • Paris, 13 juill. 1993 : *D. 1993. Somm. 368, obs. Honorat ; Rev. sociétés 1993. 874, note Honorat ; BJS 1993. 1250, note Le Nabasque.*

26. Unicité de procédure. Un tribunal de commerce ayant décidé que la procédure de redressement judiciaire ouverte à l'encontre d'une entreprise était étendue à une autre entreprise et que ces deux entreprises formaient une entreprise unique avec un seul patrimoine, une cour d'appel a, à bon droit, prononcé la liquidation judiciaire commune des deux entreprises en retenant que l'unicité de la procédure collective imposait qu'elles fussent mises dans une situation juridique identique. • Com. 17 nov. 1992, n° 90-22.130 P. • 22 oct. 1996 : *BJS 1997. 164, note Pétel.*

Après la constatation de la confusion des patrimoines des sociétés d'un groupe et le prononcé de leur redressement judiciaire commun, une procédure unique doit être suivie, interdisant la liquidation judiciaire partielle de l'entreprise. Doit donc être cassé l'arrêt ayant jugé que l'unicité de la procédure collective se justifie essentiellement par l'intérêt commun des créanciers ; qu'elle n'a pas pour effet de faire disparaître la personnalité morale des sociétés concernées ; qu'outre une liquidation judiciaire qui n'est évidemment pas exclue, elle ne fait pas obstacle à des solutions ultérieures différenciées, par cession ou continuation de sociétés ou groupes de sociétés constituant une ou plusieurs entreprises, dès lors que chaque solution respecte la lettre et est conforme à l'esprit de la loi et que, en cas de redressement par continuation, l'entreprise continuée prend en charge l'apurement de tout le passif commun : • Com. 17 févr. 1998, n° 97-13.098 P : *D. Affaires 1998. 426, obs. A. L. ; LPA 12 juin 1998, note Soinne ; BJS 1998. 658, note Pétel.* – Dans le même sens, V. • Com. 7 janv. 2003, n° 99-16.204 P : *D. 2003. AJ 347 (2e esp.) ; APC 2003, n° 31, obs. Vallansan ; JCP E 2003, n° 20, p. 849, obs. Pétel ; BJS 2003. 407, note F.-X. Lucas ; Dr. et pr. 2003. 235, note Le Corre ; RTD com. 2003. 813, obs. Saint-Alary-Houin ; RPC 2004. 273, obs. Dumont ; Dr. sociétés 2005, n° 7, note Legros (2e esp.).*

L'extension de procédure résultant de la confusion des patrimoines cesse avec le jugement prononçant la résolution du plan. • Com. 29 avr. 2014, n° 12-27.058 P : *D. 2014. Actu. 1038 ; Rev. sociétés 2014. 403, obs. Roussel Galle ; JCP E 2014. 1447, n° 3, obs Pétel ; LEDEN 6/2014. 3, obs. Mouial-Bassilana ; APC 2014, n° 189, obs. Thiberge ; BJE 2014. 233, note Favario ; Gaz. Pal. 5-7 oct. 2014, p. 26, obs. Reille ; RJDA 2014, n° 783 ; Dr. sociétés 2014, n° 151, note Legros ; RPC 2014, n° 162, obs. Fraimout.* ♦ Il en résulte que la solidarité existant entre les débiteurs dont le patrimoine a fait l'objet d'une confusion cesse à cette même date. • Caen, 23 mai 2019, n° 17/02314 : *APC 2019, n° 172, obs. Petit.*

La confusion de patrimoines ayant pour effet de créer une seule masse active et passive, prise en compte dans une procédure collective unique, le sort du plan de continuation adopté au profit des deux sociétés en cause est nécessairement commun (résolution du plan à la suite de la défaillance de l'une des sociétés, l'autre ayant refusé de régler la totalité de l'échéance impayée). • Com. 17 sept. 2013, n° 12-17-657 : *Gaz. Pal. 12-14 janv. 2014, p. 17, obs. Reille ; BJE 2014. 16, note Favario ; RPC 2014, n° 23, obs. Fraimout.* – V. déjà • Com. 23 juin 1998 : *D. Affaires 1998. 1364, obs. A. L. ; RTD com. 1998. 924, obs. Saint-Alary-Houin* • Montpellier, 5 oct. 2004 : *APC 2005, n° 124, obs. Regnaut-Moutier.*

27. La déclaration de créances faite par un créancier entre les mains du représentant des créanciers d'une société en redressement judiciaire vaut pour n'importe laquelle des sociétés du groupe dont les passifs ont été confondus. • Com. 1er oct. 1997 : *D. Affaires 1997. 1222 ; BJS 1997. 1087, note Daigre.* – Comp. : • Com. 19 févr. 2002, n° 98-22.011 P : *D. 2002. AJ 956, obs. Lienhard ; APC 2002, n° 71, obs. Regnaut-Moutier ; Procédures 2002, n° 99, obs. Laporte ; Dr. et pr. 2002. 227, obs. Crocq ; Dr. sociétés 2002, n° 133, note Legros ; BJS 2002. 782, note Pétel. – Contra,* • Paris, 28 mai 1999 : *RJDA 1999, n° 1226.* ♦ De même, dès lors que le redressement judiciaire d'une société a été étendu à deux autres sociétés, avec unité d'actif et de passif, le caractère privilégié d'une créance doit être retenu à l'égard des trois sociétés. • Com. 5 déc. 1995, n° 93-20.981 P : *D. 1996. IR 55.* ♦ V. aussi, en ce sens que le créancier forclos dans la procédure initiale qui, après extension de cette procédure à un codébiteur, a déclaré sa créance au passif de celui-ci, conserve ses droits dans cette procédure, • Com. 11 déc. 2001 : *cité note 38 ss. ancien art. L. 621-46.* ♦ Rappr., considérant que dès lors que la transmission universelle du patrimoine de la société à l'associé unique (en application de l'art. 1844-5 C. civ.) n'est pas intervenue au jour du jugement constatant la confusion de leurs patrimoines et étendant la sauvegarde du second à la première, un créancier de la société dissoute est recevable à déclarer sa créance dans le délai de deux mois suivant la publication du jugement d'extension : • Com. 25 mars 2020, n° 18-20.078 : *LEDEN 7/2020. 2, obs. Lafaurie ; BJS 9/2020. 39, note Fin-Langer.* ♦ Comp., • Lyon, 21 mai 1999 : *BICC 1999, n° 1442.*

Le jugement d'ouverture d'une procédure collective à l'encontre de plusieurs sociétés d'un groupe mentionnant que la procédure sera unique n'ayant pas pour effet d'entraîner la confusion des patrimoines, laquelle ne se présume pas, le juge-commissaire ne peut valablement admettre au passif de l'une des sociétés débitrices une déclaration de créance unique recouvrant l'ensemble des dettes des sociétés concernées : • Amiens, 25 mars 2004 : *BICC 2005, n° 439 ; JCP E 2005, n° 13, p. 553 ; RPC 2006. 49, obs. Lebel.*

Sur l'application de l'art. L. 621-32 [ancien] aux créances détenues contre la personne à laquelle la procédure est étendue, V. note 88 ss. cet art.

28. L'unicité de la procédure collective des sociétés dont la confusion est constatée implique que le juge, qui statue sur une demande de report de la date de cessation des paiements des sociétés concernées, détermine cette date à partir de la comparaison entre le passif exigible et l'actif disponible de ces sociétés, lesquelles constituent une même entreprise. • Com. 7 janv. 2003, n° 00-15.316 P : *D. 2003. AJ 347 (1re esp.) ; BJS 2003. 402, note F.-X. Lucas ; Dr. et pr. 2003. 235, note Le Corre ; RTD com. 2003. 813, obs. Saint-Alary-Houin ; RPC 2004. 273, obs. Dumont.* – V. aussi • Bourges, 31 août 2004 : *JCP E 2005, n° 14, p. 604 ; RJDA 2005, n° 1005.* – Comp. : • Com. 8 juin 1999 : *APC 1999, n° 172, obs. Regnaut-Moutier.* ♦ Sur la prise en compte d'une date de cessation des paiements unique pour l'application des nullités de la période suspecte, V. • Com. 16 juin 2004, n° 01-17.234 P : *D. 2004. AJ 1973 ; APC 2004, n° 193, obs. Regnaut-Moutier ; Dr. et patr., nov. 2004. 95, obs. Monsèrié-Bon.*

29. L'extension d'une procédure collective d'une société à une autre pour confusion de leurs patrimoines n'emporte pas création d'une indivision. • Civ. 1re, 20 mars 2001 : *Dr. sociétés 2001, n° 112, obs. Legros ; RTD com. 2001. 919, obs. Champaud et Danet.*

30. La garantie accordée par une caution, qui ne portait que sur les dettes propres d'une société mise en redressement judiciaire, ne saurait être étendue à ses filiales, peu important que celles-ci aient ensuite fait l'objet d'une procédure collective commune. • Com. 25 nov. 1997, n° 95-15.496 P : *D. Affaires 1998. 73, obs. J. F. ; BJS 1998. 109, note J.-F. Barbièri ; JCP E 1998, n° 17, p. 652, obs. Pétel.*

31. En cas d'ouverture d'une procédure collective à l'égard de la caution, par extension de la procédure ouverte contre le débiteur principal, l'obligation issue du cautionnement s'éteint par voie de confusion. • Com. 17 févr. 2009, n° 07-16.558 P : *D. 2009. 2207, note Dagorne-Labbe ; ibid. AJ 628 ; APC 2009, n° 96, obs. Cagnoli ; Banque et Dr. 3-4/2009. 51, obs. Rontchevsky ; Gaz. Pal. 26-28 avr. 2009, p. 17, obs. Reille ; LEDEN, avr. 2009, p. 4, obs. Mouial-Bassilana ; JCP E 2009. 1814, n° 15, obs. Cabrillac ; Dr. et patr. 9/2009. 110, obs. Saint-Alary-Houin ; RTD com. 2009. 615, obs. Martin-Serf ; RPC 2009, n° 103, obs. Saintourens.*

32. La confusion des patrimoines de plusieurs sociétés et le prononcé de leur redressement puis liquidation judiciaire commun est sans incidence sur l'action en paiement de la fraction non libérée du capital social dirigée par le liquidateur contre les anciens actionnaires d'une des sociétés tenus solidairement au paiement de la fraction non libérée du capital social. • Com. 26 mai 1999, n° 97-14.865 P : *D. 2000. Somm. 97, obs. Honorat ; D. Affaires 1999. 994, obs. A. L. ; APC 1999, n° 148, obs. Regnaut-Moutier ; Dr. sociétés 1999, n° 112, obs. Chaput ; BJS 1999. 971, note Saintourens ; Rev. sociétés 1999. 865, note Honorat.* – V. l'arrêt confirmé : • Paris, 18 mars 1997 : *Dr. sociétés 1997, n° 179, obs. Chaput.*

33. La confusion des patrimoines ayant été constatée, il convient de tenir compte de la « masse active et passive » totale, et dès lors qu'il n'existe pas de plan d'apurement concernant la globalité des personnes physiques et morales mises en cause, une cour d'appel confirme à bon droit le jugement prononçant la liquidation judiciaire des demandeurs. • Com. 11 févr. 1997 : *D. 1997. IR 87.*

34. Sur la condamnation au comblement de passif du dirigeant de la personne morale dont la procédure collective a été étendue à d'autres personnes morales sur le fondement d'une confusion des patrimoines, V. note 76 ss. art. L. 651-2.

35. Pour l'efficacité d'un avis à tiers détenteur portant sur une créance née entre le jugement d'ouverture de la procédure initiale et le jugement prononçant l'extension de la procédure à l'égard de la société débitrice, V. • Com. 16 juin 2004 : *préc. note 28 ; Dr. sociétés 2005, n° 28, note Legros (1re esp.).*

36. Absence d'effet rétroactif du jugement d'extension. Si, lorsque la procédure collective d'une personne physique ou morale a été prononcée par extension de la procédure collective d'une autre en raison de la confusion des patrimoines, il en résulte une procédure unique, le jugement la prononçant ne rétroagit pas au jour du jugement initial d'ouverture. • Com. 28 sept. 2004, n° 02-12.552 P : *D. 2004. AJ 2651, obs. Lienhard ; D. 2005. Pan. 292, obs. Le Corre ; JCP E 2005, n° 1-2, p. 25, obs. Pétel ; BJS 2005. 34, note F.-X. Lucas ; Dr. sociétés 2005, n° 28, note Legros (2e esp.) ; RJ com. 2005. 70, note Sortais ; Defrénois 2005. 983, obs. Gibirila ; Rev. sociétés 2005. 459, note Robine ; RPC 2005. 238, obs. Dumont.*

37. Incidence sur l'action en responsabilité pour soutien abusif. En ce sens que la responsabilité de la banque ayant octroyé un crédit à plusieurs sociétés d'un groupe dont la confusion des patrimoines a été prononcée doit être appréciée au regard de la situation de chacune des sociétés, à la date des décisions d'octroi des crédits, et non en fonction de la situation de l'ensemble du groupe, V. • Com. 30 sept. 2008 : *D. 2008. AJ 2596, obs. Lienhard ; APC 2008, n° 263, obs. Regnaut-Moutier ; JCP E 2009. 1008, n° 17, obs. Pétel ; Gaz. Pal. 21-22 janv. 2009, p. 26, obs. Reille ; Defrénois 2009. 1391, obs. Gibirila.*

D. FICTIVITÉ

1° SPÉCIFICITÉ DE LA NOTION

BIBL. Soinne, *LPA 6 déc. 1995.* – Le Corre, *D. 2002. Chron. 1122* (sort des créances).

38. Pour des arrêts distinguant clairement les notions de fictivité et de confusion des patrimoines, V. • Com. 8 nov. 1988 : *Rev. sociétés 1990. 71, note Honorat* • 8 févr. 1994 : *Rev. sociétés 1995. 100, note Honorat et Romani* • 9 avr. 1991, n° 89-17.525 P : *D. 1992. Somm. 3, obs. Derrida* • 21 nov. 1995 : *JCP E 1996. II. 852, note Daigre ; RJDA 1996, n° 118* • Aix-en-Provence, 17 oct. 2001 : *Dr. sociétés 2002, n° 114, note Legros* • Amiens, 17 juill. 2018, n° 18/00771 : *BJE 2018. 341, note Rossi.*

39. En ce sens que l'action en extension de la procédure collective fondée sur la fictivité d'une société n'est pas assimilable à une action en nullité de la société, V. • Com. 19 févr. 2002, n° 98-20.578 P : *D. 2002. AJ 1071 ; JCP E 2002, n° 39, p. 1520, obs. Pétel ; ibid., n° 42, p. 1677, note Legros ; Dr. et patr. juill.-août 2002. 104, obs. Poracchia.*

2° EXEMPLES

40. Dès lors qu'une société en sommeil, qui n'a aucun actif, dont l'associé majoritaire est en même temps le président-directeur général d'une société mise en liquidation judiciaire, a été réactivée uniquement pour poursuivre l'activité de la société liquidée en détournant les règles de la procédure collective, cette société est en réalité une société fictive, à laquelle doit être étendue la procédure de liquidation. • Paris, 29 sept. 1995 : *BJS 1995. 1080, note Prieto.*

Dès lors qu'il est établi qu'une société a été créée dans le but d'assurer dans un délai très court le règlement du passif d'une autre société, dont elle a continué l'activité dans les mêmes locaux, avec le même dirigeant, la même clientèle, les mêmes contrats de franchise et de partenariat, permettant ainsi à l'autre société de présenter un aspect de prospérité, de bénéficier de redevances sans assumer les dettes, de conserver son patrimoine immobilier à l'abri d'une éventuelle déconfiture, il y a lieu de prononcer l'extension de la procédure de redressement judiciaire pour fictivité et confusion des patrimoines. • Versailles, 6 mars 1997 : *BJS 1997. 683.* ♦ En revanche, sont impropres à caractériser la fictivité d'une société A, la similitude des sigles et l'identité des dirigeants et de siège avec une autre société (société B), le fait que la société A a pour activité le holding d'entreprises, notamment de la société B, jouant un rôle exclusivement financier et qu'elle a été incapable d'assumer ce rôle, ne présentant aucune utilité pour celle-ci dont elle dépendait totalement. • Com. 27 oct. 1998 : *D. 1998. IR 260 ; D. Affaires 1998. 1910.*

41. Pour l'extension de la procédure de liquidation judiciaire d'une EURL à son unique associé, les apports fictifs ou négatifs effectués par celui-ci démontrant le caractère fictif de la société, V. • Rouen, 16 déc. 1999 : *RJDA 2000, n° 552.*

42. Pour une extension de procédure fondée sur la fictivité d'une EIRL, V. • T. com. Dunkerque, 11 mars 2014 : *Gaz. Pal. 18-20 janv. 2015, p. 17, obs. Reille.*

43. Pour un exemple de fictivité entraînant extension de la procédure, s'agissant d'un montage juridique associant une société commerciale et une société civile immobilière, V. • Versailles, 30 oct. 1990 : *Dr. sociétés 1992, n° 108, obs. Chaput ; BJS 1991. 95, note Pétel.* ♦ Comp., cassant un arrêt ayant déduit la fictivité d'une SCI du seul fait que son actif ne comportait qu'un immeuble qu'elle louait à une SARL : • Com. 25 nov. 1997 : *D. Affaires 1998. 76, obs. Boizard ; Rev. sociétés 1998. 586, note Porteron.* ♦ V. aussi note 18.

44. La communauté de gérant et d'associés et la similitude des activités existant entre deux sociétés liées par un contrat de location-gérance ne suffisent pas à démontrer la fictivité de l'une par rapport à l'autre. • Com. 14 oct. 1997 : *BJS 1998. 56, note Daigre.* ♦ Par ailleurs, le transfert des salariés du fait de la location-gérance ne démontre pas la confusion de patrimoine ni la fictivité de la société, mais constitue un simple effet du contrat de location-gérance. • Même arrêt. ♦ V. aussi, refusant de considérer comme fictive la société constituée par un commerçant pour recevoir le fonds en location-gérance, au motif que le commerçant est resté propriétaire du fonds loué, excluant ainsi l'anormalité des flux financiers, et que les associés ont effectué les apports prévus dans les statuts, ont partagé les bénéfices et les pertes et n'étaient pas dépourvus d'*affectio societatis*, • Com. 3 févr. 1998, n° 95-21.174 P : *D. 1998. IR 61 ; D. Affaires 1998. 476, obs. J. F. ; BJS 1998. 654, note Daigre.* ♦ Comp., lorsque le principal associé continue à encaisser directement le produit de l'activité : • Com. 13 oct. 1998 : *RJDA 1998, n° 1360 ; BJS 1999. 58, note Serlooten ; Banque et Dr. 1-2/1999. 44, obs. Cutajar.* ♦ Comp., également, pour une extension de procédure fondée sur la fictivité d'une société à laquelle un entrepreneur avait donné son fonds de commerce en location-gérance : • Com. 15 oct. 2013, n° 12-24.389 : *Rev. sociétés 2014. 253, note Noirot ; Dr. sociétés 2014, n° 131, note Legros.*

45. La preuve de la fictivité d'une société n'est pas apportée par la seule absence de vie sociale dès lors que celle-ci s'explique par la santé de son gérant. • Com. 15 nov. 2017, n° 16-20.193 : *Rev. sociétés 2018. 233, note Daigre ; RTD com. 2018. 374, obs. A. Lecourt ; BJS 2018. 118, note Théron ; Dr. sociétés 2018, n° 53, note Legros ; ibid., n° 59, note Mortier ; RPC 2018, n° 54, obs. Saintourens.*

46. Pour l'impossibilité d'étendre la procédure de liquidation judiciaire d'une société à l'un de ses associés dont il n'est pas établi qu'il a été le maître de l'affaire sous couvert de la personne morale, V. • Com. 19 févr. 2002, n° 98-20.578 P : *D. 2002. AJ 1071 ; APC 2002, n° 82, obs. Gibirila ; JCP 2003. II. 10148, note Ayissi Manga ; RPC 2004. 274, obs. Dumont* • Aix-en-Provence, 6 mars 2002 : *Dr. sociétés 2002, n° 216, note Legros ; RTD com. 2003. 109, obs. Champaud et Danet.*

E. DEMANDE D'EXTENSION

1° MOMENT DE LA DEMANDE

47. Prescription. La prescription de trois ans prévue par les art. 180 et 182 [C. com., art. L. 651-2 et L. 624-5 ancien] concerne les sanctions édictées par ces textes et non l'extension d'une procédure collective à une autre personne en application de l'art. 7 [C. com., art. L. 621-2] qui n'est pas soumise à une prescription spéciale. • Paris, 6 avr. 1999 : *D. Affaires 1999. 907.*

48. Société déjà en redressement. Une procédure de redressement judiciaire peut être étendue, sur le fondement de la confusion des patrimoines ou de la fictivité de la personne morale, à une autre personne morale en redressement judiciaire sauf si un plan de redressement a été arrêté. Une procédure de liquidation judiciaire peut être étendue, sur le même fondement, à une autre personne morale en liquidation judiciaire ou en redressement judiciaire, sauf si un plan de redressement a été arrêté. • Com. 4 janv. 2000, n° 97-11.712 P : *D. 2000. AJ 72, obs. Lienhard ; JCP E 2000, n° 17, p. 698, obs. Pétel ; APC 2000, n° 24, obs. Regnaut-Moutier ; RTD com. 2000. 464, obs. Vallens.* – V. aussi • Com. 28 nov. 2000 : *RJDA 2001, n° 339* • 5 févr. 2002, n° 98-17.846 P : *JCP E 2002, n° 12, p. 501 ; APC 2002, n° 91, obs. Vallansan ; Dr. et patr. juill.-août 2002. 107, obs. Monsèrié-Bon* • Pau, 6 oct. 2015, n° 14/02615 : *BJS 2016. 163, note Camensuli-Feuillard* (extension de la procédure à des sociétés placées en liquidation judiciaire après résolution des plans de redressement). ♦ Le tribunal initialement saisi reste alors compétent. • Com., 5 févr. 2002 : *préc.* ♦ Rien ne s'oppose à une demande d'extension de procédure collective à l'égard d'une société qui se trouve déjà dans les liens d'une telle procédure. Si le principe de l'unicité de la procédure interdit l'ouverture d'une liquidation judiciaire distincte à l'égard d'une société déjà en liquidation judiciaire, en revanche, lorsque la juridiction saisie de la demande d'extension de liquidation y fait droit, celle-ci demeure compétente à l'égard de la société de laquelle l'extension est ordonnée, peu important que cette société ait précédemment fait l'objet d'un redressement judiciaire dès lors que cette décision n'est pas antérieure au jugement d'ouverture à l'égard de la société dont la liquidation judiciaire est étendue. Le tribunal qui a ouvert la procédure de redressement judiciaire doit alors s'abstenir de statuer sur les suites de sa décision. • Paris, 20 oct. 1995 : *D. 1995. IR 261 ; Dr. sociétés 1996, n° 30, obs. Chaput ; RJDA 1996, n° 274.* ♦ V. aussi note 8.

49. Plan de cession déjà arrêté. BIBL. Reille, *RPC 2021. Étude 11.* ♦ L'adoption d'un plan de cession totale de l'entreprise fait obstacle à l'extension à un tiers, pour confusion des patrimoines, de la procédure collective du débiteur. • Com. 5 avr. 2016, n° 14-19.869 P : *D. 2016. Actu. 838 ; JCP E 2016. 1465, n° 1, obs. Pétel ; APC 2016, n° 114, obs. Robine ; LEDEN 6/2016. 3, obs. Mouial-Bassilana ; RJDA 2016, n° 458 ; Gaz. Pal. 28 juin 2016, p. 45, obs. Reille ; BJS 2016. 417, note Mélin ; BJE 2016. 310, note Bézert ; Dr. sociétés 2016, n° 169, note Legros ; RPC 2016, n° 136, obs. Saintourens* • 27 sept. 2017, n° 16-16.670 P : *D. 2017. Actu. 1909, obs. Lienhard ; Rev. sociétés 2017. 735, obs. Henry ; RTD com. 2018. 207, obs. Saint-Alary-Houin ; LEDEN 11/2017. 2, obs. Houssin ; BJS 2017. 693, note Fin-Langer ; Dr. sociétés 2017, n° 214, note Legros ; Gaz. Pal. 16 janv. 2018, p. 62, obs. Reille ; BJE 2018. 23, note Favario ; RJDA 2018, n° 143 ; RPC 2018, n° 8, obs. Cagnoli ; ibid., n° 18, obs. Saintourens.* ♦ Il en va de même de l'adoption d'un plan de cession partielle. • Com. 5 déc. 2018, n° 17-25.664 P : *D. 2018. Actu. 2358, obs. Lienhard ; D. 2019. Pan. 1905, obs. F.-X. Lucas ; JCP E 2019. 1120, note Berthelot ; LEDEN 1/2019. 3, obs. Rubellin ; APC 2019, n° 16, obs. Saintourens ; BJS 2/2019. 40, note Fin-Langer ; RJDA 2019, n° 104 ; RPC 2019, n° 1, obs. Cagnoli ; Dr. sociétés 2019, n° 54, note Legros ; BJE 3-4/2019. 18, note Favario ; Gaz. Pal. 16 avr. 2019, p. 60, obs. Reille ; RJ com. 2019. 260, obs. Marmoz.*

50. Résolution du plan. Lorsqu'une procédure de redressement judiciaire a été étendue à d'autres débiteurs en application de l'art. L. 621-2, al. 2, et qu'un même plan a été arrêté en faveur des débiteurs soumis à la procédure unique, l'extension de procédure cesse lorsque ce plan est résolu ; si la jonction des procédures de liquidation judiciaire ouvertes après la résolution du plan peut être prononcée, c'est à la condition de caractériser l'existence d'une confusion des patrimoines par des faits postérieurs au jugement arrêtant le plan. • Com. 8 déc. 2021, n° 20-17.766 B : *D. 2021. Actu. 2228 ; Rev. sociétés 2022. 187, obs. Reille ; RTD com. 2022. 384, obs. Poujade ; JCP E 2022. 1092, note Houssin ; DP diff. entr., Bull. n° 443, obs. Remery ; LEDEN 1/2022. 2, obs. Bézert ; APC 2022, n° 16, obs. Lafaurie ; BJS 2/2022. 33, note Fin-Langer ; RJDA 2022, n° 158 ; Dr. sociétés 2022, n° 46, note Legros ; Gaz. Pal. 19 avr. 2022, p. 53, obs. Reille ; RPC 2022, n° 63, obs. Saintourens.*

51. Procédure déjà clôturée. Une procédure de liquidation judiciaire clôturée pour insuffisance d'actif ne peut, sauf si elle est reprise dans les conditions prévues par l'art. 170 [C. com., art. L. 643-13], être étendue à une autre personne sur le fondement d'une confusion des patrimoines. • Com. 11 juill. 1995, n° 93-15.525 P : *D. 1996. Somm. 84, obs. Honorat ; Dr. sociétés 1995, n° 188, obs. Chaput ; JCP E 1995. I. 513, n° 1, obs. Pételǃ; RPC 1996. 48, obs. Calendini.* ♦ En revanche, tant qu'elle n'est pas clôturée, la procédure de liquidation judiciaire d'une société peut être étendue à une autre société, peu important à cet égard que tout ou partie des actifs de la première aient été réalisés. • Com. 13 nov. 2002 : *Dr. sociétés 2003, n° 142, note Legros.*

2° MODE DE SAISINE DU TRIBUNAL

52. En ce sens que l'administrateur devrait agir par voie d'assignation, V. • Com. 30 mars 1999, n° 95-17.707 P : *D. Affaires 1999. 1044 ; RJDA 1999, n° 570.*

3° DEMANDEUR

Jurisprudence antérieure à l'Ord. n° 2008-1345 du 18 déc. 2008.

53. L'administrateur judiciaire a qualité pour exercer l'action, prévue à l'art. L. 621-2, al. 2, issu de la loi du 26 juill. 2005, aux fins d'extension de la procédure collective d'une personne à une autre sur le fondement de la confusion des patrimoines ou de la fictivité. • Com. 15 déc. 2009, n° 08-20.934 P : *D. 2010. AJ 86, obs. Lienhard ; Dr. sociétés 2010, n° 56, note Legros ; Procédures 2010, n° 41, obs. Rolland ; Gaz. Pal. 16-17 avr. 2010, p. 20, obs. Reille ; Dr. et patr. 10/2010. 88, obs. Saint-Alary-Houin et Monsèrié-Bon.* ♦ Solution confirmée par l'art. L. 621-2, al. 2, dans sa réd. issue de l'Ord. n° 2008-1345 du 18 déc. 2008. ♦ Il en va de même du représentant des créanciers, mais non du commissaire à l'exécution du plan. • Paris, 5 nov. 1993 : *RJ com. 1995. 69, note X. Vincent ; D. 1994. Somm. 41, obs. Derrida .* ♦ *Contra*, admettant l'action du commissaire à l'exécution du plan : • Rouen, 25 janv. 1996 : *RJDA 1996, n° 699.* ♦ V. aussi note 18 ss. art. L. 626-25. ♦ Sur la qualité à agir du liquidateur en cas de liquidation judiciaire ouverte après résolution du plan de redressement, V. • Com. 16 oct. 2012, n° 11-23.086 P : *D. 2012. Actu. 2514, obs. Lienhard ; JCP E 2012. 1757, n° 2, obs. Pétel ; BJE 2012. 356, note Le Mesle ; LEDEN 12/2012. 3, obs. Parachkévova ; APC 2012, n° 279, obs. Blanc ; Gaz. Pal. 18-19 janv. 2013, p. 17, obs. Reille ; RJDA 2013, n° 141 ; RPC 2013, n° 5, obs. Saintourens ; Dr. sociétés 2013, n° 209, note Legros.*

54. L'action tendant à l'extension de la procédure collective d'une personne à une autre sur le fondement de la confusion des patrimoines ou de la fictivité d'une personne morale n'est pas ouverte aux créanciers. • Com. 15 mai 2001, n° 98-14.560 P : *D. 2001. Somm. 3425, obs. Honorat ; ibid. AJ 1949, obs. Lienhard ; Dr. sociétés 2001, n° 129, note Legros ; BJS 2001. 979, note Pétel* • 19 févr. 2002 : *Dr. sociétés 2002, n° 134, note Legros.* – V. déjà • Com. 16 mars 1999, n° 96-19.537 P : *D. 1999. Somm. 349, obs. Honorat ; D. Affaires 1999. 635, obs. A. L. ; JCP E 1999, n° 39, p. 1529, obs. Cabrillac et Pétel.* ♦ Sur la qualité à agir d'un créancier nommé contrôleur, V. note 2 ss. art. L. 622-20. ♦ Pour l'irrecevabilité de l'intervention volontaire d'un créancier à l'instance en extension de la procédure, V. • Paris, 21 janv. 2014, n° 13/15887 : *LEDEN 2/2014. 1, obs. F.-X. Lucas.*

55. L'art. 1167 [1341-2] C. civ., relatif à l'action paulienne, ne peut servir de fondement à une action en extension. • Paris, 4 févr. 1994 : *D. 1994. IR 80.*

56. Sur l'irrecevabilité des demandes subsidiaires, tendant au paiement de sommes d'argent, V. note 6 ss. art. 7 du Décr. n° 85-1388 du 27 déc. 1985.

57. Sur les personnes ayant qualité pour agir, V. désormais art. L. 621-2, al. 2, dans sa réd. issue de l'Ord. n° 2008-1345 du 18 déc. 2008.

4° DÉFENDEUR

58. Une demande en justice tendant à la constatation de la confusion des patrimoines doit être dirigée contre les sociétés dont il est prétendu que le patrimoine ne fait qu'un avec la société en redressement judiciaire. La demande est nulle et ne saisit pas le juge lorsqu'elle est dirigée contre le dirigeant des sociétés attraites dans la cause afin de voir prononcer à leur encontre des sanctions patrimoniales et personnelles. • Paris, 8 mars 1994 : *BJS 1994. 681, note Saintourens.* ♦ La réunion de deux procédures collectives exige l'introduction d'une instance dirigée contre les sociétés concernées ; elle ne saurait résulter d'une simple procédure sur requête en jonction de procédures prise à l'initiative du mandataire-liquidateur desdites sociétés. • Paris, 13 sept. 1994 : *D. 1994. IR 238.* – V. aussi • Toulouse, 5 juill. 1995 : *BICC 1996, n° 265 ; Dr. sociétés 1996, n° 165, obs. Chaput.*

59. Le débiteur visé par l'extension n'a pas qualité pour invoquer, au lieu et place du débiteur initialement soumis à la procédure collective, l'absence de mise en cause de celui-ci. • Com. 13 sept. 2011, n° 10-24.536 : *RJDA 2011, n° 935 ; Gaz. Pal. 20-21 janv. 2012, p. 13, obs. Reille.*

60. Sur le droit d'appel du débiteur, V. note 37 ss. art. L. 661-1.

5° AUDITION DE L'ORDRE PROFESSIONNEL

61. V. art. L. 621-2, dernier al., et note 8 ss. art. L. 621-1.

6° ABUS DE DROIT

62. Pour un arrêt retenant la responsabilité du liquidateur ayant agi en extension de la procédure collective, en raison d'« un acharnement procédural constitutif d'une erreur grossière équipollente au dol », V. • Com. 31 janv. 2017, n° 15-17.287 : *LEDEN 3/2017. 2, obs. Favario.* – Comp. : • Com. 31 janv. 2017, n° 15-15.939 : *ibid.*

F. SOCIÉTÉS D'ASSURANCE

63. Sur le régime de l'action en extension de la procédure collective ouverte à l'encontre d'une société d'assurance après clôture de la liquidation spéciale prévue par le code des assurances, V. • Com. 26 janv. 2010, n° 08-70.369 P : *D. 2010. AJ 438 ; JCP E 2010. 1325, note Royer ; LEDEN 3/2010. 3, obs. Parachkévova ; Gaz. Pal. 16-17 avr. 2010, p. 18, obs. Reille ; RPC 2010, n° 138, obs. Bonneau ; Dr. sociétés 2010, n° 148, note Legros ; RJDA 2010, n° 768.*

G. RECOURS

64. Sur l'appel et le pourvoi en cassation, V. art. L. 661-1, I, 3°. ♦ Sur le droit des créanciers de former tierce opposition contre le jugement d'extension, V. • Com. 4 juill. 2000 : *cité note 38 ss. art. L. 661-1.* ♦ Sur le point de départ du délai de la tierce opposition, V. note 5 ss. art. R. 661-2.

H. DROIT TRANSITOIRE

65. En ce sens qu'est soumise au régime antérieur à la loi du 26 juill. 2005 la procédure collective ouverte par extension, sur le fondement de la confusion des patrimoines, de deux procédures collectives, l'une prononcée avant le 1er janv. 2006, date d'entrée en vigueur de la loi du 26 juill. 2005, l'autre prononcée après cette date, la procédure étant désormais commune aux trois débiteurs et soumise aux mêmes dispositions antérieures à la loi du 26 juill. 2005, V. • Com. 21 sept. 2010, n° 09-69.109 P : *D. 2010. Actu. 2288, obs. Lienhard ; Rev. sociétés 2010. 537, obs. Roussel Galle ; JCP E 2011. 1030, n° 1, obs. Pétel ; APC 2010, n° 242, obs. Vallansan ; LEDEN 11/2010. 4, obs. Parachkévova ; Gaz. Pal. 7-8 janv. 2011, p. 23, obs. Reille ; Dr. sociétés 2011, n° 57, note Legros ; BJE 2011. 43, note De Lajarte ; RJDA 2011, n° 256.* – V. Monsèrié-Bon, *RPC 2011. Étude 3.*

I. PROCÉDURES D'INSOLVABILITÉ

66. V. note 16 ss. art. 3 du Règl. (CE) n° 1346/2000 du 29 mai 2000, 2e partie, *I. Droit européen.*

III. RÉUNION DES PATRIMOINES (EIRL)

Jurisprudence antérieure à la L. n° 2019-486 du 22 mai 2019.

67. Le dépôt d'une déclaration d'affectation ne mentionnant aucun des éléments de l'état descriptif des biens, droits, obligations ou sûretés affectés à l'activité professionnelle, mentionné à l'art. L. 526-8 C. com., constitue un manquement grave, de nature à justifier la réunion des patrimoines sur le fondement de l'art. L. 621-2, al. 3. • Com. 7 févr. 2018, n° 16-24.481 P : *D. 2018. 594, note Tisseyre ; ibid. Pan. 1829, obs. F.-X. Lucas ; Rev. sociétés 2018. 311, note Grundeler ; JCP E 2018. 1159, n° 1, obs. Tehrani ; ibid. 1276, note Lebel ; LEDEN 3/2018. 5, obs. Rubellin ; DP diff. entr., Bull. n° 401, obs. Roussel Galle ; BJS 2018. 226, note Saintourens ; APC 2018, n° 76, obs. V. Legrand ; RJDA 2018, n° 444.*

Art. L. 621-3 *Al. 1er abrogé par L. n° 2005-845 du 26 juill. 2005, art. 16.*

(L. n° 2005-845 du 26 juill. 2005, art. 16) **« Le jugement ouvre une période d'observation d'une durée maximale de six mois qui peut être renouvelée une fois** *(L. n° 2016-1547 du 18 nov. 2016, art. 99-IV-2°)* **« , pour une durée maximale de six mois, » par décision** *(Ord. n° 2021-1193 du 15 sept. 2021, art. 13, en vigueur le 1er oct. 2021)* **« spécialement » motivée à la demande de l'administrateur, du débiteur ou du ministère public. »** *(Abrogé par Ord. n° 2021-1193 du 15 sept. 2021, art. 13, à compter du 1er oct. 2021)* ***« Elle peut en outre être exceptionnellement prolongée à la demande du procureur de la République par décision motivée du tribunal pour une durée*** *(L. n° 2016-1547 du 18 nov. 2016, art. 99-IV-2°)* ***« maximale de six mois. » »*** – *[C. com., anc. art. L. 621-6.]* – *V. art. R. 621-9.*

(L. n° 2005-845 du 26 juill. 2005, art. 16) **« Lorsqu'il s'agit d'une exploitation agricole, le tribunal peut proroger la durée de la période d'observation en fonction de l'année culturale en cours et des usages spécifiques aux productions de l'exploitation. »**
Dernier al. *abrogé par L. n° 2005-845 du 26 juill. 2005, art. 16.*

Le IV de l'art. 99 de la L. n° 2016-1547 du 18 nov. 2016 n'est pas applicable aux procédures en cours au jour de la publication de cette loi (L. préc., art. 114-XVI, JO 19 nov.).

Pour les dispositions transitoires de l'Ord. n° 2021-1193 du 15 sept. 2021, V. note ss. art. L. 611-2.

Sur les mesures d'adaptation liées à l'urgence sanitaire (covid-19), V. Ord. n° 2020-341 du 27 mars 2020, art. 2.

BIBL. ▶ Delattre, *RPC 2013. Étude 30* (dépassement des délais). – Kriegk et Étienne-Martin, *ibid. 2015. Étude 5* (le renouvellement par anticipation de la période d'observation : une voie d'accès aux marchés publics pour les entreprises en difficulté ?). – Berthelot, *ibid. Étude 9* (la période d'observation, une notion temporelle à l'acception atemporelle).

COMMENTAIRE

I. UNE PETITE RÉVOLUTION AVORTÉE EN 2005

L'article L. 621-3, applicable également au redressement judiciaire (sur renvoi de l'art. L. 631-7), issu des dispositions modifiées de l'ancien article L. 621-6, traduit, en creux et de prime abord, un des changements de cap les plus radicaux du législateur de 2005 par rapport à ces prédécesseurs de 1985 et 1994. Dorénavant, le texte ne prévoit plus que la période d'observation du redressement judiciaire peut déboucher sur des propositions « tendant à la continuation ou à la cession de l'entreprise ». Mutisme qu'il convient d'expliquer à travers les divers avatars du projet de loi.

Dans la philosophie initiale du projet, la continuation de l'entreprise devait devenir la seule voie de redressement possible, qui excluait donc le redressement judiciaire par voie de plan de cession. Cette vision radicale, par la suite, s'effrita face aux sévères critiques formulées tant par une partie de la doctrine que par de nombreux praticiens, jusqu'à devenir quasiment lettre morte après le passage du texte devant les députés. Si bien que les sénateurs, franchissant un pas de plus, ont gommé toute référence à une finalité de la procédure d'observation.

Sans doute fallait-il voir dans l'option de départ des auteurs de la réforme la réaction au « dévoiement » par la pratique du plan de cession, institution uniquement destinée, dans l'esprit de ses promoteurs, à assurer la survie de l'entreprise cédée (F. Derrida, A propos des plans de cession de l'entreprise : dévoiement..., *D. 1992. Chron. 301*). En vérité, toutefois, plus que d'une disparition, s'agissait-il, de toute façon, d'un déplacement plutôt, puisque la logique de plan de cession se retrouve en période de liquidation.

Mais c'est ce glissement, justement, qui pouvait sembler ambigu. Si la cession est regardée, aujourd'hui autant qu'hier, comme un moyen de redresser ou, pour reprendre le langage de la loi de 2005, de « sauvegarder » l'entreprise, la procédure de liquidation n'était peut-être pas le meilleur contexte pour la mener à bien (G. Teboul, La réforme des procédures collectives : le retour, *LPA 4 nov. 2003, p. 3* ; T. Montéran, Observations sur l'avant-projet de loi de sauvegarde des entreprises, *Gaz. Pal. 10-11 déc. 2003, p. 2* ; C. Saint-Alary-Houin, Le projet de loi sur la sauvegarde des entreprises : continuité, rupture ou retour en arrière ?, *Dr. et patr. 1/2005, p. 24, spéc. p. 37*). Et les plus pessimistes craignaient même que, cyniquement, les créanciers n'en fussent venus à regarder toutes les phases et procédures situées en amont de la liquidation comme une sorte de « grande période d'observation ». Plus critique encore, l'Association syndicale professionnelle des administrateurs judiciaires décelait dans ce projet de réforme un retour au système ancien du concordat ou de la liquidation des biens (avec « cession à forfait »), dénonçant le paradoxe d'une cession d'entreprise viable dans le cadre d'une procédure de liquidation, dans laquelle, de fait, la poursuite d'activité nécessaire à une cession dans de bonnes conditions eût été impossible. L'ASPAJ avait ainsi proposé l'exploration d'autres pistes conservant le plan de cession en phase de redressement judiciaire, en prévoyant, par exemple, que le plan de cession emportât dessaisissement du débiteur au bénéfice du commissaire à l'exécution du plan, les droits et actions non compris dans le dessaisissement étant, pour les personnes morales, exercés par les anciens dirigeants sociaux ou, à défaut, par un mandataire spécialement désigné (A. Géniteau, Sur l'avant-projet « de sauvegarde des entreprises », *Les Annonces de la Seine, 11 déc. 2003, p. 4 ; Rapp. ASPAJ, 31 mars 2004, n° 6*).

D'autres, au contraire, avaient approuvé cette évolution (conforme, du reste, à l'approche de certaines législations étrangères, tel le droit allemand dans lequel la cession n'est qu'une forme de liquidation), au nom de la cohérence, se réjouissant de la disparition de la fiction juridique que constitue la cession globale de l'entreprise en redressement judiciaire (X. de Roux, Rapport de la commission des lois, AN, n° 2095), de cette « curiosité juridique » qu'est le plan de cession de l'entreprise avec liquidation résiduelle (B. Soinne, La croisée des chemins : l'avant-projet de réforme, *APC 2003, n° 19*), ou mettant l'accent sur les bénéfices qui eussent résulté de ce que l'administrateur judiciaire, éventuellement nommé, n'eût eu pendant la période d'observation qu'une seule préoccupation : bâtir un plan de continuation (tout en reconnaissant que cela eût été encore plus vrai si les modalités de rémunération incitaient aussi les professionnels à œuvrer plus à la continuation qu'à la cession ou à la liquidation : P.-M. Le Corre, La situation générale du débiteur et des créanciers dans l'avant-projet de réforme des entreprises en difficulté, *Gaz. Pal. 10-11 déc. 2003, p. 13, 1re partie, n° 17*). Autre avantage : se seraient ainsi trouvées supprimées les incertitudes liées à la situation du dirigeant des personnes morales ou à l'étendue du dessaisissement du débiteur en cas de plan de cession-redressement.

Ce riche débat, toutefois, a vu la victoire incontestable des tenants du *statu quo*. Car, désormais, dans le silence de l'article L. 621-3, c'est l'article L. 631-22 qui donne la clé. Or, cette disposition essentielle du nouveau redressement judiciaire maintient expressément la possibilité, pour le tribunal, d'ordonner la cession totale de l'entreprise (V. ss. cet art.). Certes, la cession interviendra selon les dispositions désormais normalement prévues en cas de liquidation judiciaire. Mais c'est là, en définitive, la seule différence essentielle avec le régime antérieur. Bref, le changement consiste surtout en la disparition de cette fiction (de cette hypocrisie) qui voulait, dans l'esprit de la loi de 1985, que le plan de cession fût regardé comme un plan de redressement. C'est tout.

II. DURÉE DE LA PÉRIODE D'OBSERVATION

Depuis la réforme de 2005, c'est la loi, et non plus le décret comme auparavant, qui fixe la durée maximale de la période d'observation à six mois.

Le décret (art. R. 621-9) précisait, seulement sur renvoi de l'article L. 621-3, la durée maximale de prolongation exceptionnelle, à la demande du procureur de la République, de la période d'observation, fixée à six mois.

La loi du 18 novembre 2016 a apporté une légère retouche au texte. D'une part, elle précise que la première prorogation, à la demande de l'administrateur, du débiteur ou du ministère public, ne peut excéder six mois. D'autre part, elle inscrit directement dans l'article L. 621-3 également la durée maximale de six mois de la prolongation exceptionnelle.

L'ordonnance du 15 septembre 2021 a essayé (timidement) de limiter les renouvellements automatiques, en exigeant non plus une simple décision « motivée », mais une décision « spécialement motivée ». Plus énergiquement, l'ordonnance supprime, pour les procédures ouvertes à compter du 1er octobre 2021, la possibilité exceptionnelle, pour le procureur de la République, de demander la prolongation pour une nouvelle durée maximale de six mois. De la sorte, répondant à l'objectif de célérité des procédures de restructuration résultant de la directive du 20 juin 2019 (art. 6 et 25, b), le nouveau texte réduit la durée de la période d'observation à douze mois maximum.

Quant aux implications, pour les entreprises, de la période d'observation, il convient de préciser la portée de la cessation des paiements pour les PME emportant régulièrement des marchés publics, qui ne peuvent plus soumissionner durant la période d'observation : dès lors qu'elle est en état de cessation des paiements, l'entreprise ne peut plus bénéficier de l'attestation de régularité fiscale et sociale, indispensable pour concourir aux marchés publics (C. commande publ., art. L. 2141-3 ; *Lettre circ. ACOSS n° 2008-054 du 24 juin 2008*). Mais, fort heureusement, la deuxième chambre civile de la Cour de cassation, s'appuyant sur l'interdiction de paiement des créances antérieures posée par l'article

L. 622-7, dont il résulte que les cotisations et contributions sociales afférentes à la période antérieure au jugement d'ouverture ne sont plus exigibles, en a déduit, dès lors que, pendant la période d'observation, la société était à jour des cotisations dues pour ladite période, l'obligation pour l'URSSAF de délivrer l'attestation (Civ. 2e, 16 juin 2016 : *cité note 4 ss. art. L. 622-7*).

La position vaut donc aussi pour l'entreprise en liquidation judiciaire, en cas de continuation éventuelle de l'activité. En revanche, elle ne doit pas valoir en cas de procédure de sauvegarde, faute alors de cessation des paiements (mais elle vaudrait, pour cette même raison, en procédure de conciliation ouverte dans les 45 jours de la date de cessation des paiements). Ajoutons encore qu'à compter de l'adoption d'un plan de redressement de l'entreprise par le tribunal, la délivrance de l'attestation de régularité est possible.

Notons encore que, en raison des conséquences de la crise sanitaire, et jusqu'au 10 juillet 2021, les entreprises étaient admises à la procédure de redressement judiciaire sont admises, à titre exceptionnel, à la procédure de passation des marchés et des contrats de concessions lorsqu'elles bénéficient d'un plan de redressement (Ord. n° 2020-738 du 17 juin 2020, art. 1er). Cette souplesse a été, peu de temps après, pérennisée par la loi n° 2020-1525 du 7 décembre 2020 d'accélération et de simplification de l'action publique.

Par un arrêt du 10 juin 2008, la Cour de cassation a reconduit sa souple jurisprudence antérieure, refusant de sanctionner le dépassement de la durée légale de la période d'observation (V. note 1). Ultérieurement, la Cour de cassation a franchi un pas de plus, refusant de considérer que la prolongation exceptionnelle de la période d'observation (pour une période n'excédant pas six mois), malgré l'opposition du ministère public, était constitutive d'un excès de pouvoir, susceptible d'ouvrir une voie de recours à ce dernier (Com. 13 déc. 2017 : *cité note 1 ss. art. L. 661-7*). Notons encore que l'ordonnance du 15 septembre 2021, qui a réduit la durée maximale de la période d'observation à douze mois, n'a pas pour autant assorti celle-ci d'une sanction, de sorte que cette jurisprudence demeure valable sous le nouveau régime.

III. EXPLOITATIONS AGRICOLES

Comme le faisait l'ancien article L. 621-136, pour les exploitants agricoles soumis à un redressement judiciaire simplifié, l'article L. 621-3, alinéa 3, précise que la période d'observation (de la sauvegarde comme du redressement) peut être poursuivie jusqu'au terme de l'année culturale en cours et des usages spécifiques aux productions de l'exploitation.

IV. APPORT DE TRÉSORERIE PENDANT LA CRISE SANITAIRE

De toutes les mesures prises par l'ordonnance n° 2020-596 du 20 mai 2020 pour favoriser le sauvetage des entreprises durant la crise sanitaire du covid-19, la plus spectaculaire était sans doute celle de son article 5 (V. *infra*), qui a introduit temporairement un nouveau privilège, inspiré de l'article 17 de la directive du 20 juin 2019, que devait transposer pour le pérenniser l'ordonnance prévue par la loi PACTE n° 2019-486 du 22 mai 2019 (art. 60, I, 14°), ce que fera effectivement l'ordonnance du 15 septembre 2021 (V. art. L. 622-17, 2°, mod.). Le classement de ce privilège était prévu au même niveau que certaines créances nées après l'ouverture de la procédure collective, et relevant des dispositions des articles L. 622-17 ou L. 641-13, mais après le privilège dit de conciliation. Il permettait d'inciter des personnes à consentir un apport en trésorerie soit lors de la période d'observation, soit dans le cadre du plan de sauvegarde ou de redressement. A la différence des prêts consentis pendant la période d'observation, qui font également, le cas échéant, l'objet d'une autorisation du juge-commissaire, ces apports n'étaient pas restreints par le critère de la limite nécessaire à la poursuite de l'activité. Ils étaient, en outre, mentionnés dans le jugement qui arrête ou modifie le plan, ainsi que les apports en trésorerie destinés à permettre l'exécution du plan de sauvegarde ou de redressement.

Comme l'a relevé Pierre Cagnoli (*APC 2020, n° 144*), cette création anticipée, et en quelque sorte à titre expérimental, d'un privilège de « *post money* » constitue une innovation considérable, qui ne va pas sans soulever des interrogations, tant quant à son opportunité, surtout lorsqu'il profite au débiteur bénéficiaire d'un plan, et donc redevenu *in bonis*, au détriment des créanciers soumis au plan, qu'au contrôle de sa mise en œuvre, et notamment de la destination de l'apport en trésorerie.

Cette mesure devait s'appliquer aux procédures ouvertes entre la date d'entrée en vigueur de l'ordonnance du 20 mai 2020 et celle de l'entrée en vigueur de l'ordonnance de transposition prévue par l'article 196 de la loi précitée du 22 mai 2019, et au plus tard jusqu'au 17 juillet 2021 inclus. Mais elle a été reconduite par la loi n° 2020-1525 du 7 décembre 2020 jusqu'au 31 décembre 2021 inclus, étant précisé, par l'ordonnance du 15 septembre 2021 (art. 73, IV), qu'il y est mis fin à compter du 1er octobre 2021, pour les procédures non encore ouvertes à cette date. ❑

1. Dépassement de la période d'observation. La loi du 26 juill. 2005 et son décret d'application ne sanctionnent ni le dépassement des délais de la période d'observation ni sa prolongation exceptionnelle en l'absence de demande du procureur de la République. • Com. 10 juin 2008, n° 07-17.043 P : *D. 2008. AJ 1764, obs. Lienhard ; APC 2008, n° 202, obs. Delattre ; JCP E 2008. 2062, n° 3, obs. Cabrillac et Pétel ; RPC 2008, n° 119, obs. Lebel ; RTD com. 2008. 871, obs. Vallens*. – V. Le Corre, *Gaz. Pal. 27-29 juill. 2008, p. 20.* ♦ V. déjà, sous le régime antérieur, • Com. 26 oct. 1999 : *APC 1999, n° 265.* ♦ V. aussi note 1 ss. art. L. 661-7 et note 8 ss. art. 155 du Décr. du 27 déc. 1985.

2. Présentation du plan. Il résulte de l'art. 8 et de l'art. 24 [C. com., art. L. 621-3 et L. 626-5] que le projet de plan de continuation [sauvegarde ou redressement] doit impérativement être présenté avant l'expiration de la période d'observation « de droit commun » (avant prolongation éventuelle, à la requête du procureur) et dans un délai suffisant par rapport à l'expiration de cette période, de façon à permettre la consultation des créanciers sur le règlement des dettes. • Rouen, 19 déc. 1996 : *RJDA 1997, n° 572.* ♦ V. aussi note 1 ss. art. L. 626-5.

3. Prononcé de la liquidation judiciaire. Ne viole pas l'art. 8 [C. com., art. L. 621-3] la cour d'appel qui, n'étant pas tenue de prononcer la liquidation judiciaire pour le seul motif de l'expiration de la période d'observation, a justement décidé cette mesure après avoir relevé que, pendant la période d'activité de l'entreprise, le passif s'était aggravé, que la trésorerie n'avait pas permis de régler les charges sociales, et qu'aucun plan de cession, fondé sur des éléments sérieux, n'avait été présenté. • Com. 6 oct. 1992, n° 89-16.557 P : *JCP 1992. IV. 2982.*

4. Prolongation de la période d'observation. La période d'observation qui a été renouvelée une fois ne peut l'être de nouveau qu'à la demande du procureur de la République. • Paris, 5 févr. 2002 : *BICC 2002, n° 910.* ♦ Pour le refus de renvoyer au Conseil constitutionnel une QPC portant sur la conformité à la DDH de la disposition de l'art. L. 621-3 ouvrant au seul procureur de la République le droit de demander la prorogation de la période d'observation, V. • Com. 4 juin 2020, n° 20-40.002 : *LEDEN 7/2020. 4, obs. Maréchal-Pollaud-Dulian.* ♦ Pour une prolongation en vue de permettre l'élaboration d'un plan par le débiteur, V. les décisions citées par Monsèrié-Bon, *RPC 2000. 8.*

Art. L. 621-4 *(L. n° 2005-845 du 26 juill. 2005, art. 17)* **Dans le jugement d'ouverture, le tribunal désigne le juge-commissaire, dont les fonctions sont définies à l'article L. 621-9. Il peut, en cas de nécessité, en désigner plusieurs.** *(L. n° 2016-1547 du 18 nov. 2016, art. 99-IV-3°)* **« Le président du tribunal, s'il a connu du débiteur en application du titre I du présent livre, ne peut être désigné juge-commissaire. »**

Il invite le comité *(Ord. n° 2021-1193 du 15 sept. 2021, art. 14, en vigueur le 1er oct. 2021)* **« social et économique » à désigner un représentant parmi les salariés de l'entreprise. En l'absence de comité** *(Ord. n° 2021-1193 du 15 sept. 2021, art. 14, en vigueur le 1er oct. 2021)* **« social et économique », les salariés élisent leur représentant, qui exerce les fonctions dévolues à ces institutions par les dispositions du présent titre. Les modalités de désignation ou d'élection du représentant des salariés sont précisées par décret en Conseil d'État. Lorsque aucun représentant des salariés ne peut être désigné ou élu, un procès-verbal de carence est établi par le** *(Ord. n° 2008-1345 du 18 déc. 2008, art. 163-I)* **« débiteur ».** – *V. art. R. 621-14 s.*

Dans le même jugement, sans préjudice de la possibilité de nommer un ou plusieurs experts en vue d'une mission qu'il détermine, le tribunal désigne deux mandataires de justice qui sont le mandataire judiciaire et l'administrateur judiciaire, dont les fonctions sont respectivement définies à l'article L. 622-20 et à l'article L. 622-1. Il peut, *(L. n° 2015-990 du 6 août 2015, art. 237-1°)* **« d'office ou » à la demande du ministère public,** *(Ord. n° 2014-326 du 12 mars 2014, art. 17-1°, en vigueur le 1er juill. 2014 ; L. n° 2015-990 du 6 août 2015, art. 237-1°)* **« ou du débiteur et après avoir sollicité les observations du débiteur si celui-ci n'a pas formé la demande, » désigner plusieurs mandataires judiciaires ou plusieurs administrateurs judiciaires.** *(Abrogé par Ord. n° 2008-1345 du 18 déc. 2008, art. 14)* ***« Dans le cas prévu au quatrième alinéa de l'article L. 621-1, le ministère public peut s'opposer à la désignation de la personne antérieurement***

désignée en tant que mandataire ad hoc ou conciliateur dans le cadre d'un mandat ou d'une procédure concernant le même débiteur. »

Toutefois, le tribunal n'est pas tenu de désigner un administrateur judiciaire lorsque la procédure est ouverte au bénéfice *(Ord. nº 2010-1512 du 9 déc. 2010, art. 3-4º)* **« d'un débiteur » dont le nombre de salariés et le chiffre d'affaires hors taxes sont inférieurs à des seuils fixés par décret en Conseil d'État. Dans ce cas, les dispositions du chapitre VII du présent titre sont applicables. Jusqu'au jugement arrêtant le plan, le tribunal peut, à la demande du débiteur, du mandataire judiciaire ou du ministère public, décider de nommer un administrateur judiciaire.** – *V. art. R. 621-11.*

(Ord. nº 2014-326 du 12 mars 2014, art. 17-2º, en vigueur le 1er juill. 2014) **« Le ministère public peut soumettre à la désignation du tribunal le nom d'un ou** *[de]* **plusieurs administrateurs et mandataires judiciaires, sur lequel le tribunal sollicite les observations du débiteur. Le rejet de la proposition du ministère public est spécialement motivé. Le débiteur peut proposer le nom d'un ou plusieurs administrateurs. »** *(Ord. nº 2008-1345 du 18 déc. 2008, art. 14)* **« Lorsque la procédure est ouverte à l'égard d'un débiteur qui bénéficie ou a bénéficié d'un mandat *ad hoc* ou d'une procédure de conciliation dans les dix-huit mois qui précèdent, le ministère public peut en outre s'opposer à ce que le mandataire *ad hoc* ou le conciliateur soit désigné en qualité d'administrateur ou de mandataire judiciaire.** *(Ord. nº 2014-326 du 12 mars 2014, art. 17-2º, en vigueur le 1er juill. 2014)* **« Lorsque la procédure est ouverte à l'égard d'un débiteur dont le nombre de salariés est au moins égal à un seuil fixé par décret en Conseil d'État, le tribunal sollicite les observations des institutions mentionnées à l'article L. 3253-14 du code du travail sur la désignation du mandataire judiciaire »** *(L. nº 2016-1547 du 18 nov. 2016, art. 99-IV-3º)* **« et de l'administrateur judiciaire ».** – *V. art. R. 621-2-1.*

« Si le débiteur en fait la demande, le tribunal désigne, en considération de leurs attributions respectives telles qu'elles résultent des dispositions qui leur sont applicables, *(Ord. nº 2016-728 du 2 juin 2016, art. 23, en vigueur le 1er juill. 2022)* **« un commissaire de justice », un notaire ou un courtier en marchandises assermenté aux fins de réaliser l'inventaire prévu à l'article L. 622-6. Dans le cas contraire, l'article L. 622-6-1 est applicable. »** – *V. art. R. 621-7-1.*

(Ord. nº 2014-326 du 12 mars 2014, art. 17-3º, en vigueur le 1er juill. 2014) **« Les mandataires de justice et les personnes mentionnées à l'alinéa précédent font connaître sans délai au tribunal tout élément qui pourrait justifier leur remplacement. »**

Sur les dispositions transitoires de la L. nº 2016-1547 du 18 nov. 2016, V. note ss. art. L. 621-3.

Sur les dispositions transitoires de l'Ord. nº 2021-1193 du 15 sept. 2021, V. note ss. art. L. 611-2.

V. art. R. 621-10.

RÉP. COM. vº *Entreprise en difficulté : procédure et organes*, par CAGNOLI.

BIBL. ▸ Sur l'intervention du ministère public dans la désignation des organes de la procédure : DELATTRE, *RPC 2009. Étude 11 ; ibid. 2010. Étude 4* (désignation de l'administrateur et du mandataire judiciaire moins de 18 mois après une conciliation ou un mandat *ad hoc*) ; *ibid. 2012. Étude 10 ; ibid. 2018. Étude 24* (intervention nécessaire du ministère public en cas de risque d'action en responsabilité contre l'État). – GHALIMI, *RPC 2011. Étude 13* (désignation des organes de la procédure : portée de la faculté d'opposition du ministère public).
▸ Sur le statut du représentant des salariés : FIN-LANGER, *RPC 2013. Étude 14.*

Ancien art. L. 621-4 (dernier al.) *[réd. issue de L. nº 2005-845 du 26 juill. 2005]* ***Aux fins de réaliser l'inventaire et la prisée prévus à l'article L. 622-6, le tribunal désigne un commissaire-priseur judiciaire, un huissier, un notaire ou un courtier en marchandises assermenté.***

COMMENTAIRE

I. PLURALITÉ DE JUGES-COMMISSAIRES

Progressivement, le législateur a pris conscience de la charge de travail que requièrent certaines grosses « faillites ». Ainsi, la loi du 3 janvier 2003 avait-elle prévu la possibilité de désigner plusieurs administrateurs et plusieurs représentants des créanciers (mandataires judiciaires). La loi du 26 juillet 2005 a poursuivi dans cette direction en permettant, en cas de nécessité, la désignation de plusieurs juges-commissaires.

II. IMPARTIALITÉ DU JUGE-COMMISSAIRE

Poursuivant la construction du régime d'impartialité objective du juge-commissaire, la loi du 18 novembre 2016 introduit une interdiction, pour le président du tribunal, s'il a eu connaissance de la situation d'un débiteur dans le cadre d'une mesure de prévention (mandat *ad hoc*, conciliation), d'être désigné juge-commissaire dans une procédure de sauvegarde, de redressement judiciaire ou de liquidation judiciaire (V. aussi art. L. 641-1, pour la liquidation judiciaire).

III. REPRÉSENTANT DES SALARIÉS

Sans bouleversement par rapport au texte de l'ancien article L. 621-8, alinéa 1er, l'article L. 621-4, alinéa 2, issu de la loi de 2005, a réaménagé les modalités de désignation du représentant des salariés. L'absence de comité d'entreprise (désormais de comité social et économique, comme l'a actualisé l'Ord. du 15 sept. 2021) ouvrant la voie à l'élection par les salariés de leur représentant semble ne viser que le cas de l'inexistence de ces institutions et non par extension l'hypothèse où celles-ci ne parviendrait pas à désigner ce représentant (H. Lécuyer, *in* La loi de sauvegarde, article par article [1re partie], *LPA 8 févr. 2006, p. 32*).

A disparu en 2005 la précision légale selon laquelle l'élection devait se faire par vote secret au scrutin uninominal à un tour, qui, de nature réglementaire, se trouve reléguée à l'article R. 621-14 ; en revanche, est désormais prévu l'établissement, par le débiteur (terme qui remplace, depuis l'ordonnance du 18 décembre 2008, celui moins approprié de « chef d'entreprise »), d'un procès-verbal de carence (V., de manière générale, R. Vatinet, Le volet social de la loi de sauvegarde des entreprises précisé par son décret d'application, *JCP S 2006, n° 11, p. 9, spéc. n° 4*).

IV. SAISINE D'OFFICE

La saisine d'office du tribunal a été supprimée par la loi de sauvegarde des entreprises pour ce qui est de la désignation de plusieurs mandataires judiciaires ou de plusieurs administrateurs (l'initiative appartient au seul procureur de la République). La solution (critiquée par un auteur : P. Cagnoli, La qualité pour agir, questions procédurales, *RPC 2006. 209, spéc. 211*) ne vaut toutefois qu'en matière de sauvegarde, non de redressement judiciaire (V. art. L. 631-9). La loi n° 2015-990 du 6 août 2015 est venue rétablir la saisine d'office afin de désigner plusieurs administrateurs ou mandataires judiciaires, désignation d'office que n'interdit nullement la jurisprudence du Conseil constitutionnel relative à la prohibition des saisines d'office (V. comm. ss. art. L. 631-5).

V. NOMINATION D'EXPERT

Par une incidente à l'article L. 621-4, alinéa 3, le législateur de 2005 a consacré la possibilité, pour le tribunal, de désigner un ou des experts dont il détermine la mission. Cette nomination peut donc intervenir sans demande préalable de l'administrateur (V. aussi, pour la désignation d'un technicien par le juge-commissaire, art. L. 621-9).

Notons encore que la circulaire du 18 avril 2006 sur l'action du ministère public estime souhaitable l'absence du juge de la conciliation dans une procédure collective subséquente (n° CIV 2006-08 D4/18-04-2006, *BOMJ 1er avr.-30 juin 2006, n° 102, § 5*).

VI. SAUVEGARDE CONSÉCUTIVE À UN MANDAT AD HOC OU À UNE CONCILIATION

Dans un souci d'impartialité des organes de la procédure, lorsque, en application de l'article L. 621-1, la sauvegarde est ouverte moins de dix-huit mois après un mandat *ad hoc* ou une conciliation, qui ont donc échoué, le texte prévoyait, avant son passage au Sénat, le pouvoir, pour le ministère public, de récuser comme mandataire judiciaire ou administrateur la personne antérieurement désignée en tant que mandataire *ad hoc* ou conciliateur pour le même débiteur. Il s'agissait là de permettre au ministère public de sanctionner le mandataire ou le conciliateur qui n'aurait pas su gérer un dossier dans le cadre du mandat *ad hoc* ou de la conciliation.

Cette précision avait été supprimée par les sénateurs, avant de refaire surface sous la forme un peu émasculée, trouvée en guise de compromis par la Commission mixte paritaire, du droit, pour le ministère public, de s'opposer à cette désignation. L'ordonnance du 18 décembre 2008 a reformulé ce droit.

Prolongeant cette perspective, l'article R. 621-1 du code, issu de l'article 50 du décret de 2005, modifié par le décret du 23 décembre 2006, exige que soit jointe à la demande une attestation sur l'honneur certifiant l'absence de mandat *ad hoc* ou de procédure de conciliation, dans les dix-huit mois précédant la date de la demande ou, dans le cas contraire, mentionnant la date de la désignation du mandataire *ad hoc* ou de l'ouverture de la procédure de conciliation ainsi que l'autorité qui y a procédé.

La cour d'appel de Paris avait estimé que cette opposition s'imposait au tribunal « sans avoir à examiner le bien-fondé des motifs avancés par les parties » et en avait déduit que celle-ci interdisait « au tribunal de désigner cette personne, celui-ci ne disposant pas de la faculté de passer outre par une décision spécialement motivée » (Paris, 29 juin 2010 : *LEDEN 9/2010. 5, obs. F.-X. Lucas*).

Cette soumission du juge du siège, véritable « droit de veto *sui generis* », dépassant la simple « faculté de récusation », avait semblé exagérée au premier commentateur (F.-X. Lucas). Et la Cour de cassation l'a manifestement entendu, qui a cassé l'arrêt déféré, au visa de l'article L. 621-4, alinéa 5, ensemble l'article L. 661-7, alinéa 1er, du code de commerce, au motif qu'en s'interdisant de passer outre à cette opposition le tribunal avait commis un excès de pouvoir, en somme un « excès de pouvoir négatif ». Ainsi la chambre commerciale, dans cet arrêt du 31 janvier 2012 (V. note 1), prend-elle nettement position : le tribunal n'est pas obligé de se plier à l'opposition du ministère public, ce dont il faut sans doute déduire alors que, dans ce cas de figure aussi, tout comme dans l'hypothèse de rejet de la proposition du ministère public, sa décision devra être « spécialement » motivée.

VII. DÉSIGNATION FACULTATIVE D'UN ADMINISTRATEUR

La loi du 26 juillet 2005 a supprimé la procédure simplifiée (que régissaient les anciens art. L. 621-133 s.). Cette suppression était généralement souhaitée, dès lors que, dans les faits, statistiquement, le régime simplifié représentait la norme, et le régime général l'exception (moins de 2 % des procédures en 2000). Le système antérieur semblait d'autant moins adapté que, s'il était loisible au tribunal, jusqu'au jugement arrêtant le plan, de soumettre au régime général une entreprise normalement soumise au régime simplifié, l'inverse n'était pas possible, même si la procédure ne présentait aucune difficulté.

Mais la réforme a conservé cependant un traitement spécial, simplifié, pour les petites entreprises, objet de procédure de sauvegarde ou de redressement judiciaire (V. art. L. 631-9). Ces « dispositions particulières », comme le texte les nomme maintenant, figurent au chapitre VII du titre II du livre VI (art. L. 627-1 s.). Leur critère d'application est l'absence de désignation d'un administrateur de la procédure par le tribunal. C'est cette faculté qui est prévue par le quatrième alinéa de l'article L. 621-4 à condition que le débiteur soit une personne dont le nombre de salariés et le chiffre d'affaires sont inférieurs à des seuils fixés par décret en Conseil d'État. Ces seuils, dont on pensait qu'ils seraient les mêmes que ceux déterminant antérieurement l'application du redressement simplifié, sans administrateur (effectifs d'au moins 50 salariés ou chiffre d'affaires hors taxes supérieur à 3,1 millions d'euros), ont finalement été abaissés par le décret d'application du 28 décembre 2005, qui les a fixés (art. R. 621-11), pour le chiffre d'affaires hors taxes, à 3 000 000 d'euros, et, pour le nombre de salariés, à vingt (chiffre qui paraît constituer, de fait, le seuil de la petite entreprise, déjà retenu à ce titre par l'ordonnance n° 2005-893 du 2 août 2005 relative au contrat de travail « nouvelles embauches »). Initiative opportune, sachant que, comme l'a relevé un praticien, la présence d'un administrateur augmente certainement les chances de pouvoir présenter un plan de continuation (T. Montéran, Observations sur l'avant-projet de loi de sauvegarde des entreprises, *Gaz. Pal. 10-11 déc. 2003, p. 2*). Notons à ce sujet la pratique du tribunal de commerce de Paris consistant à nommer systématiquement un administrateur.

Cependant, jusqu'au jugement arrêtant le plan, le retour à la « procédure normale », c'est-à-dire désormais la nomination d'un administrateur, est possible. Notons à ce sujet que, comparé à l'ancien article L. 621-134 (dont le contexte était différent), on remarque, depuis 2005, d'une part, que le droit de demander la nomination d'un administrateur est accordé au mandataire judiciaire, et pas seulement au ministère public et au débiteur, d'autre part, que le tribunal ne peut pas prendre cette décision d'office.

Un mot d'explication sur la substitution des mots « une personne » par les mots « un débiteur » opérée par l'ordonnance du 9 décembre 2010 : aucune portée sur le fond, mais la modification permet que l'article L. 621-4 bénéficie à l'entrepreneur individuel à responsabilité limitée, par le biais de l'adaptation des concepts prévue par l'article L. 680-4.

VIII. INITIATIVE DU DÉBITEUR

A. ORDONNANCE DU 18 DÉCEMBRE 2008

Afin de rendre la sauvegarde plus attractive (en fait, moins inquiétante), l'ordonnance du 18 décembre 2008 a institué une mesure importante sur le plan psychologique : le débiteur s'est vu reconnaître le droit de proposer un administrateur à la désignation du tribunal. Il ne s'agit là évidemment que d'une faculté de proposition, que le tribunal ne sera nullement obligé de suivre. Mais il est inutile de souligner combien, en pratique, le succès de la sauvegarde est lié à la confiance existant entre le chef d'entreprise et l'administrateur qui l'assistera ou le surveillera durant la période d'observation. Le rejet de cette proposition n'aura pas à être spécialement motivé (et n'ouvrira aucun recours pour le débiteur ; pour une critique de cette innovation : B. Soinne, Prolégomènes sur l'ordonnance n° 2008-1345 du 18 décembre 2008 portant réforme du droit des entreprises en difficulté, *RPC 2009. Repère 1*). En revanche, aucune initiative n'est possible s'agissant de la personne du mandataire judiciaire (ce qui est normal). Mais l'ordonnance du 12 mars 2014 allait lui permettre de faire des observations (V. ci-dessous).

B. ORDONNANCE DU 12 MARS 2014

L'ordonnance du 12 mars 2014 a ouvert beaucoup plus largement l'initiative du débiteur. Outre que ce dernier peut désormais faire des observations lorsque le ministère public sollicite la désignation de plusieurs administrateurs ou mandataires judiciaires, son pouvoir de proposition des organes de la procédure est renforcé. A cet égard aussi, il peut faire des observations sur la désignation du mandataire judiciaire, et il peut, de manière générale, proposer plusieurs noms d'administrateurs judiciaires.

C. LOI DU 6 AOÛT 2015

Franchissant un pas de plus, la loi n° 2015-990 du 6 août 2015 a étendu le droit d'initiative du débiteur à la demande de désignation de plusieurs administrateurs ou mandataires judiciaires.

IX. INITIATIVE DU CRÉANCIER POURSUIVANT

La loi du 6 août 2015 a également étendu l'initiative de demander la désignation de plusieurs administrateurs ou mandataires judiciaires au créancier poursuivant (en cas de redressement judiciaire ; art. L. 631-9).

X. INITIATIVE DU MINISTÈRE PUBLIC

Une des nombreuses manifestations du renforcement, voulu par l'article 74 de la loi de modernisation de l'économie, du rôle du ministère public donne lieu à ce droit d'initiative reconnu par l'avant-dernier alinéa ajouté par l'ordonnance de 2008 : le ministère public peut maintenant proposer le nom d'un administrateur ou/et d'un mandataire judiciaire à la désignation du tribunal. On voit bien l'idée ici, qui est d'éviter certaines connivences possibles au sein des juridictions. Aussi est-il prévu que le tribunal devra suivre cette proposition, sauf à ce qu'il motive spécialement sa décision de refus. Selon l'opinion d'un magistrat du parquet, la demande du ministère public, elle-même, devrait être motivée et reposer sur des critères objectifs (statistiques reprenant le nombre de procédures et leur affectation par professionnel, compétence du professionnel au regard de la spécificité du dossier… : C. Delattre, L'intervention du ministère public dans la désignation des administrateurs et mandataires judiciaires, *RPC 2009. Étude 11, n° 24* ; pour une critique, au nom de la liberté et de l'indépendance de l'administrateur ou du mandataire, V. B.

Soinne, Les modifications envisagées de la loi du 26 juillet 2005, *RPC 2008, Étude 12, n° 18* ; V. aussi, entre autres observations, relatives notamment à l'éventuel recours contre une décision de refus, relevant une « incohérence » entre l'article L. 621-4 et l'article L. 621-7, le ministère public pouvant demander la nomination de plusieurs mandataires en cours de procédure mais pas lors de l'ouverture : S. Gorrias, Le mandataire judiciaire dans l'ordonnance du 18 décembre 2008 et le décret du 12 février 2009, *Gaz. Pal. 6-7 mars 2009, p. 21, spéc. p. 22*). Quant à la question du caractère suspensif, ou non, de l'appel éventuel du ministère public contre la décision de désignation lorsque celle-ci intervient dans le jugement d'ouverture, qui pourrait donner lieu à hésitation, en raison de la nécessité d'articuler les articles L. 661-1 et L. 661-6, il semble conforme à l'esprit de la loi de faire prévaloir le premier texte, prévoyant le caractère suspensif (C. Delattre, *préc., n° 24*).

La première jurisprudence à cet égard a confirmé que le tribunal peut fort bien ne pas suivre les réquisitions du ministère public tendant à la désignation d'un autre administrateur judiciaire, au motif, par exemple, que, « pour un traitement plus rapide de la procédure, il convient de nommer administrateur la personne précédemment nommée conciliateur » (T. com. Évry, 7 sept. 2009 : *RPC 2010. Étude 4, par C. Delattre*), ou encore, dans le cas où la proposition du parquet visait une société de mandataires judiciaires installée à Paris, motif pris de « la nécessaire proximité de l'étude du mandataire judiciaire avec le lieu du siège de l'association », sise à Évry (TGI Évry, 10 déc. 2009 : *APC 2010, n° 56, obs. Cagnoli*).

XI. INITIATIVE DE L'AGS

Innovant à cet égard, l'ordonnance du 12 mars 2014 a accordé à l'AGS, sous condition d'un seuil de cinquante salariés employés par l'entreprise, le droit, non pas de proposer le nom d'un ou plusieurs mandataires judiciaires, comme l'avait envisagé l'avant-projet d'ordonnance soumis à consultation publique, mais de faire des observations sur la désignation du mandataire judiciaire. Bien évidemment, le tribunal, là non plus, n'est nullement tenu (V., pour des premiers ex., T. com. Brest, 30 sept. 2014 et T. com. Douai, 15 oct. 2014 : *LEDEN nov. 2014, n° 157, obs. C. Delattre*).

La loi du 18 novembre 2016 a étendu cette prérogative à la nomination d'un administrateur judiciaire. Cet élargissement se justifie par le fait que l'administrateur peut se trouver chargé de l'élaboration d'un plan de sauvegarde de l'emploi susceptible d'avoir un impact financier sur l'AGS.

XII. DÉSIGNATION D'UNE PERSONNE HORS LISTE

L'ordonnance de 2008 a assoupli les conditions de la désignation comme administrateur ou mandataire judiciaire d'une personne non inscrite sur la liste, justifiant d'une expérience ou d'une qualification particulière au regard de la nature de l'affaire. Les articles L. 811-2 et L. 812-2 ne prévoient, en effet, désormais plus que cette désignation ne peut intervenir qu'à titre exceptionnel, ni que la décision doit être spécialement motivée. En revanche, la décision doit maintenant être spécialement motivée au regard de cette expérience ou de cette qualification particulière (V., sur la portée de cette modification, S. Gorrias, *préc., spéc. p. 24*).

XIII. RÉALISATION DE L'INVENTAIRE

La réalisation de l'inventaire étant obligatoire dès l'ouverture de la procédure (en vertu de l'art. L. 622-6), il était précisé, sous l'empire de la loi du 26 juillet 2005, que le tribunal devait désigner le professionnel qui en serait chargé (commissaire de justice, notaire ou courtier en marchandises assermenté). L'article L. 621-4, dernier alinéa, prolongeait ainsi le décret n° 2004-518 du 10 juin 2004 qui, déchargeant l'administrateur ou le représentant des créanciers, a chargé de l'inventaire des professionnels (à l'époque, les commissaires-priseurs, huissiers et notaires : V. anc. art. 51 du Décr. de 1985).

Des praticiens avaient suggéré que soit, purement et simplement, supprimée l'obligation de réaliser un inventaire, qui deviendrait facultatif (T. Montéran, Pour améliorer le droit des entreprises en difficulté, osons la réforme, *Gaz. Pal. 23-24 janv. 2008, p. 3, spéc. p. 6*). La voie retenue par l'ordonnance de 2008 est moins radicale. L'inventaire reste obligatoire. Mais la règle est désormais que l'inventaire est établi par le débiteur lui-même et certifié par un commissaire aux comptes ou attesté par un expert-comptable (V. art. L. 622-6-1). Aussi, logiquement, n'est-ce plus que si le débiteur en fait la demande que le tribunal doit désigner (en considération de leurs attributions respectives telles qu'elles résultent des dispositions qui leur sont applicables, précise le texte remanié), un commissaire de justice, notaire ou courtier en marchandises assermenté aux fins de réaliser l'inventaire.

Une réponse ministérielle a précisé qu'en redressement et en liquidation judiciaires, l'inventaire et la prisée sont donc indissociables et ne peuvent être confiés à des personnes autres que les officiers publics mentionnés par la loi, y compris lorsqu'il s'agit d'évaluer un bien immobilier. L'expert prévu par l'article L. 621-4, alinéa 3, n'a pas pour objet de compléter la liste des personnes habilitées à procéder à l'inventaire et, le cas échéant, à la prisée des actifs du débiteur. Un expert en estimation immobilière ne saurait donc être désigné au lieu et place de celles-ci pour procéder à l'évaluation d'un actif. Si des circonstances particulières exigent que l'évaluation faite par la personne chargée de l'inventaire soit complétée au cours de la procédure collective, il est loisible au juge-commissaire, en application de l'article L. 621-9, de désigner un technicien – qui peut être une personne inscrite sur la liste des experts près la cour d'appel – en vue d'accomplir une mission qu'il détermine (V. note 12).

Dans tous les cas, l'accord préalable du parquet n'est pas requis pour que la rémunération de « l'inventoriste » puisse être avancée par le Trésor public, en vertu de l'article L. 663-1, en cas d'insuffisance des fonds de la procédure (V. ce texte).

XIV. CONFLITS D'INTÉRÊTS

Par un nouvel alinéa, issu de l'ordonnance du 12 mars 2014, est posé le principe selon lequel les mandataires de justice et les professionnels désignés pour établir l'inventaire doivent faire connaître sans délai au tribunal tout élément qui pourrait justifier leur remplacement. Se trouve ainsi créée une obligation, pesant sur les professionnels eux-mêmes, de déclarer toute situation de conflit d'intérêts survenu en cours de procédure. A eux donc de prendre l'initiative de provoquer leur remplacement. ❑

I. DÉSIGNATION DES ORGANES DE LA PROCÉDURE

1. Liberté de choix des mandataires de justice. V. note 1 ss. l'art. L. 812-1. ♦ L'art. L. 621-4, al. 5, C. com., dans sa rédaction issue de l'Ord. du 18 déc. 2008, n'interdit pas au tribunal de désigner un conciliateur ou un mandataire *ad hoc* en qualité d'administrateur judiciaire au seul motif de l'opposition du ministère public à cette désignation. • Com. 31 janv. 2012, n° 10-24.019 P : *D. 2012. Chron. C. cass. 1224, obs. Arbellot ; ibid. Actu. 431, obs. Lienhard ; JCP E 2012. 1227, n° 2, obs. Pétel ; LEDEN 3/2012. 1, obs. F.-X. Lucas ; RPC 2012, n° 24, obs. Lebel ; APC 2012, n° 83, obs. Delattre ; Gaz. Pal. 27-28 avr. 2012, p. 17, obs. Bidan ; BJE 2012. 166, note Sortais.* – V. Ghalimi, *RPC 2012. Étude 26.*

2. Récusation du juge-commissaire. V. • Pau, 17 déc. 1997 : *JCP 1998. IV. 3231 ; RPC 2000. 188, obs. Soinne.* ♦ V. aussi art. 341 s. C. pr. civ. – **C. pr. civ.**

3. Remplacement du juge-commissaire. En cas de remplacement du juge-commissaire avant que la décision soit rendue, il convient de reprendre les débats devant le nouveau juge-commissaire (art. 444 et 447 C. pr. civ. combinés). • Civ. 2e, 24 sept. 1997, n° 95-17.976 P : *D. Affaires 1997. 1221 ; RPC 2000. 199, obs. Soinne.*

4. Convocation des salariés. Sont nulles et de nul effet les élections du représentant du personnel désigné en vertu de l'art. 10 [C. com., art. L. 621-4], les électeurs n'ayant pas été convoqués à cet effet, seuls ceux qui étaient présents le jour où il a été décidé de les organiser ayant voté, alors qu'il y a été procédé dans le but de faire élire un candidat en particulier. • TI Paris, 28 mars 1986 : *Gaz. Pal. 1986. 1. 329.*

5. Représentant des salariés. V. note 5 ss. art. L. 621-1. ♦ Lorsqu'au sein de la société soumise à une procédure de redressement judiciaire sont présents un délégué titulaire et un délégué suppléant du personnel, seuls ceux-ci ont qualité pour procéder à la désignation du représentant des salariés, à l'exclusion de toute élection par l'ensemble du personnel. • TI Mantes-La-Jolie, 13 sept. 1991 : *D. 1992. Somm. 86, obs. Derrida.* ♦ A défaut de possibilité de désignation par les délégués du personnel d'un seul représentant des salariés, cette désignation devra être effectuée par l'ensemble du personnel au sein duquel sera organisée dans les meilleurs délais une élection par vote secret au scrutin uninominal à un tour. • TI Chambéry, 14 mars 1986 : *Gaz. Pal. 1986. 1. Somm. 142.*

6. Un salarié licencié effectuant son préavis dans l'entreprise au jour du redressement judiciaire peut être élu en qualité de représentant des salariés. • Soc. 16 janv. 1991, n° 86-61.542 P : *D. 1991. IR 37 ; JCP E 1991. II. 208, note Serret.*

7. Le mandat de représentant des salariés prévu par l'art. L. 621-4 n'est pas incompatible avec celui de représentant du comité d'entreprise prévu par l'art. L. 661-10, non plus qu'avec un autre mandat de représentant des salariés exercé dans une autre entité juridique, fût-elle incluse dans une même unité économique et sociale. • Soc. 5 déc. 2012, n° 11-61.183 : *LEDEN 2/2013. 7, obs. G. Dedessus-Le-Moustier.*

8. Le représentant des salariés dispose d'attributions limitées aux seuls actes relatifs à la procédure collective ouverte à l'égard de l'entreprise qui l'emploie et ne peut dès lors être considéré comme une institution représentative du personnel au sens du code du travail. • Soc. 4 févr. 2003, n° 00-45.820 P : *APC 2003, n° 109, obs. Lebel.*

9. Sur la question de la validité d'une transaction conclue par le représentant des salariés et homologuée par le tribunal, V. • Soc. 31 mars 2009, n° 06-46.378 P : *D. 2009. AJ 1146 ; APC 2009, n° 145, obs. Fin-Langer ; JCP E 2009. 1814, n° 12, obs. Pétel ; RJ com. 2010. 163, note Boillot.*

10. Le représentant des salariés licencié avec l'autorisation de l'inspecteur du travail n'a plus le pouvoir d'agir en cette qualité après l'expiration du préavis qui met fin au mandat. • Soc. 4 juill. 2007, n° 05-19.112 P : *D. 2007. AJ 2109*. – V. Cerati-Gauthier, *RLDA 2007, n° 20, p. 23.*

II. EXPERTISE

11. L'expertise diligentée en application de l'art. 10 [C. com., art. L. 621-4] n'est pas une mesure d'instruction au sens des art. 232 s. NCPC [C. pr. civ.]. Par suite, les règles de l'expertise judiciaire (et notamment le principe du contradictoire) ne sont pas applicables. • Com. 16 févr. 1999 : *APC 1999, n° 109, obs. Regnaut-Moutier ; RTD com. 1999. 512, obs. Vallens*. ♦ V. note 8 ss. art. L. 621-9.

12. L'art. L. 621-4, al. 3, C. com. n'a pas pour objet de compléter la liste des personnes habilitées à procéder à l'inventaire et, le cas échéant, à la prisée des actifs du débiteur ; un expert en estimation immobilière ne saurait donc être désigné au lieu et place de celles-ci pour procéder à l'évaluation d'un actif (Rép. min. n° 90-963 : *JOAN Q, 8 mars 2011, p. 2312 ; D. 2011. Actu. 745*).

III. RESPONSABILITÉ DES MANDATAIRES JUDICIAIRES

13. Responsabilité civile de l'administrateur. Avant la modification de l'art. 37 [devenu C. com., art. L. 622-13] par la loi du 10 juin 1994, l'administrateur d'une société en redressement judiciaire ne pouvait être déclaré responsable du non-paiement d'une commande faite postérieurement à l'ouverture de la procédure collective en vue de permettre la poursuite des activités de l'entreprise, dès lors que, d'une part, lors de la conclusion du contrat, il avait conscience que la situation financière de la société n'était pas irrémédiablement compromise, et d'autre part, qu'il n'avait pas cherché à induire en erreur le fournisseur par des assurances imprudemment données. • Com. 20 oct. 1992, n° 90-19.631 P : *D. 1993. Somm. 73, obs. Honorat ; JCP E 1993. II. 472, note Rossi.* – Dans le même sens : • Com. 8 déc. 1998, n° 96-17.731 P : *D. 1999. Somm. 188, obs. Honorat ; D. Affaires 1999. 133 ; Quot. jur. 31 déc. 1998, p. 5, note P. M. ; RPC 2000. 78* • 26 mai 1999 : *RPC 2000. 79, obs. Soinne.* ♦ Sa responsabilité ne pouvait être engagée, sur le fondement de l'art. 1382 [1240] C. civ., qu'à charge pour le créancier d'établir une faute à l'origine du préjudice. • Douai, 11 juill. 1991 : *BICC 1991, n° 1880.* ♦ ... Par exemple, le fait qu'en apposant son visa sur les bons de commande, l'administrateur ne s'était pas assuré que les marchandises pourraient être payées. • Com. 2 févr. 1993, n° 91-10.861 P : *D. 1993. Somm. 193, obs. Honorat* • 5 oct. 1993, n° 91-14.361 P : *D. 1994. Somm. 81, obs. Honorat* • 30 nov. 1993, n° 91-16.735 P : *D. 1994. Somm. 179, obs. Honorat* • 11 juin 1996 : *RPC 1998. 190, obs. Soinne* • Nancy, 30 nov. 1993 : *Dr. sociétés 1994, n° 172, obs. Chaput* • Caen, 3 sept. 1996 : *JCP 1996. IV. 2528.* ♦ Comp., s'agissant de commandes de fournitures et de marchandises constituant des actes de gestion courante échappant normalement au visa du mandataire (loi de 1967) : • Com. 14 mars 1995, n° 92-21.027 P : *D. 1995. Somm. 305, obs. Honorat*. ♦ V. aussi, lorsque la situation financière et comptable de la société ne permettait pas de supposer que les commandes contresignées ne pourraient pas être payées, • Com. 19 mars 1996 : *RPC 1996. 247, obs. Soinne.* ♦ ... Ou que les livraisons non réglées ont été faites postérieurement à la période pour laquelle l'administrateur s'est engagé : • Com. 28 janv. 1997 : *RPC 1998. 190, obs. Soinne.*

L'apposition de la mention « Vu pour assistance » sur des bons de commande adressés à une entreprise en redressement judiciaire ne saurait avoir pour effet de constituer l'administrateur judiciaire caution personnelle de la société qu'il assiste. • Paris, 14 sept. 1995 : *D. 1995. 627, note Jeantin*. ♦ Dans le cadre de sa mission, l'administrateur doit simplement vérifier que les commandes entrent dans les prévisions de la poursuite de l'activité et sont compatibles avec la situation financière de l'entreprise. • Angers, 2 avr. 1997 : *Dr. sociétés 1998, n° 23, obs. Chaput.* ♦ Seule une obligation de moyen pèse sur lui et il ne peut lui être imposé de s'assurer de la disponibilité immédiate des fonds, puis de bloquer ceux-ci jusqu'à la date du paiement. Mais il doit veiller à ce que la situation de la trésorerie permette raisonnablement de considérer que le règlement pourra intervenir normalement et vérifier que les éléments comptables qui lui sont fournis correspondent à la réalité de la situation de l'entreprise. • Dijon, 14 mai 1996 : *Gaz. Pal. 1998. Somm. 277.*

Les créanciers de l'art. 40 [C. com., art. L. 622-17] ne peuvent engager la responsabilité de l'administrateur pour faute, en raison d'une commande impayée, dès lors qu'ils n'ont notamment pas sollicité son visa lors de la conclusion du contrat ou le paiement immédiat de la commande, d'autant que l'administrateur n'a pas été avisé par le débiteur de la conclusion du contrat et n'a donc pu vérifier si la situation de trésorerie permettait le paiement. • Grenoble, 10 oct. 2000 : *JCP E 2001, n° 17, p. 686.* – V. aussi • Paris, 9 oct. 2001 : *JCP E 2002, n° 24, p. 995, obs. Pasqualini et Pasqualini-Salerno.*

La faute de l'administrateur en raison du défaut de paiement de commandes passées par la société en redressement judiciaire doit être appréciée à la date à laquelle a pris naissance la créance du fournisseur, c'est-à-dire à la date de la commande. • Com. 6 févr. 2001, n° 98-10.978 P : *D. 2001. AJ 860 ; RJDA 2001, n° 708* • 15 oct. 2002 : *JCP E 2003, n° 27, p. 1142, obs. Pasqualini et Pasqualini-Salerno.* ♦ L'administrateur, chargé d'une mission d'assistance du débiteur, n'a commis aucune faute en apposant sa signature sur un chèque, qui n'a pas été payé faute de provision, dès lors qu'au jour de l'émission et dans les huit semaines qui ont suivi, le compte bancaire du débiteur offrait une provision suffisante et que la situation du débiteur n'était pas irrémédiablement compromise. • Com. 9 janv. 2001 : *RJDA 2001, n° 604.*

Le comportement de l'administrateur judiciaire s'apprécie au regard de l'ensemble des impératifs de la procédure collective et non seulement au vu de la considération de l'intérêt des créanciers. • TGI Paris, 3 févr. 1999 : *Dr. sociétés 2000, n° 55, obs. Chaput.* ♦ Le fait que l'administrateur ait demandé par deux fois la prolongation de la période d'observation et ait conclu, à cette occasion, de nouveaux contrats de location, avant de solliciter la conversion du redressement en liquidation judiciaire, ne suffit pas à caractériser sa faute : • Com. 15 oct. 2002 : *JCP E 2003, n° 27, p. 1142, obs. Pasqualini et Pasqualini-Salerno.* ♦ V. aussi, écartant la responsabilité de l'administrateur, dans l'hypothèse où le créancier avait accordé un moratoire au débiteur, alors même qu'il n'avait reçu aucune assurance de paiement, • Com. 13 mai 2003, n° 01-15.572 P : *D. 2003. AJ 2011* .

Pour la responsabilité d'un administrateur judiciaire qui, sachant qu'à la date de passation des commandes par le débiteur, la situation de la société était irrémédiablement compromise, n'avait pas alerté le fournisseur du risque de ne plus être honoré, V. • Com. 10 mai 2005 : *D. 2005. AJ 1475, obs. Lienhard ; Gaz. Pal. 4-5 nov. 2005, p. 18, obs. Bidan.*

L'administrateur judiciaire, qui a opté pour la poursuite d'un contrat en cours en présence d'une trésorerie suffisante, n'engage sa responsabilité que s'il laisse ensuite le contrat se poursuivre en sachant que les factures ne pourront plus être réglées. • Com. 5 avr. 2016, n° 14-21.664 P : *D. 2016. Pan. 1898, obs. F.-X. Lucas ; LEDEN 6/2016. 2, obs. Rubellin ; RJDA 2016, n° 463 ; BJE 2016. 263, note Laroche ; Gaz. Pal. 28 juin 2016, p. 58, obs. Bidan.*

L'administrateur judiciaire ne peut soutenir qu'il a demandé à une banque de maintenir une ligne de crédit à la suite d'un examen approfondi de la situation, dès lors qu'il a fait cette demande à la banque quelques jours après sa désignation, sans avoir disposé d'autres éléments que ceux fournis par le chef d'entreprise ou par la décision qui le désignait. • Versailles, 28 mai 1998 : *D. 1998. IR 997 ; D. Affaires 1998. 1589, obs. A. L.*

La volonté du juge-commissaire et du tribunal de ne pas tenir compte des difficultés de l'entreprise signalées par l'administrateur n'exonère pas celui-ci de la responsabilité qu'il a engagée en ne payant pas un nombre croissant de créances nées de la poursuite d'activité qu'il assumait seul. • Com. 18 janv. 2000 : *Dr. sociétés 2000, n° 55, obs. Chaput ; RPC 2000. 75, obs. Soinne.*

14. Il résulte de la combinaison de l'art. 1382, devenu 1240, C. civ. et des art. L. 620-1, L. 622-1 et L. 622-13 C. com. que l'administrateur qui n'a reçu qu'une mission de surveillance ne peut être tenu pour responsable de l'exécution ou de l'inexécution fautives du bail des locaux d'exploitation de l'entreprise, lequel s'est poursuivi de plein droit, tant qu'il n'a pas pris parti sur sa poursuite, dès lors que sa principale mission est d'établir le bilan économique de l'entreprise et de proposer un plan de sauvegarde. • Com. 7 oct. 2020, n° 19-14.807 P : *D. 2021. 276, note Lledo ; APC 2020, n° 239, obs. Fin-Langer ; LEDEN 11/2020. 6, obs. Maraud ; BJE 1-2/2021. 15, note Favario ; RJDA 2021, n° 35 ;*

15. Sur la responsabilité civile d'un administrateur judiciaire en raison : de l'acquisition d'un fonds de commerce dépendant de l'actif d'un groupe d'entreprises en liquidation judiciaire et de la poursuite d'une exploitation déficitaire ayant gravement compromis les chances de remboursement des créanciers de l'art. 40 [C. com., anc. art. L. 621-32], V. • Versailles, 6 juin 1991 : *D. 1991. Somm. 332, obs. Honorat ; Gaz. Pal. 1991. 2. 510, concl. Challe.* ♦ ... De la demande de poursuite de la période d'observation, et donc du maintien de l'exploitation de la société, sans s'être personnellement assuré de ce que les redevances dues à un franchiseur sur le fondement de l'art. 40 [C. com., art. L. 622-17] pourront être payées (perte d'une chance), V. • Paris, 12 oct. 1995 : *D. 1995. IR 245.* ♦ ... De l'option pour la poursuite d'un contrat de bail, alors qu'il ne dispose pas des fonds nécessaires pour payer les loyers, V. • Com. 26 mai 1998 : *APC 1998, n° 102 ; RPC 2000. 79, obs. Soinne.* ♦ ... De l'engagement imprudent envers le cocontractant du débiteur à signer les chèques de règlement de marchandises demeurées en définitive impayées, V. • Limoges, 10 mars 1999 : *BICC 1999, n° 1222.* ♦ ... Du non-respect des conditions d'un contrat pour la continuation duquel il a opté, V. • Douai, 23 sept. 1991 : *BICC 1992, n° 430.* ♦ V.

aussi notes 43 et 49 ss. art. L. 622-13. ♦ ... Du non-paiement de factures relatives à des commandes passées, pendant la période d'observation, par le gérant de la société administrée avec son autorisation, V. • Com. 11 déc. 2001 : *RJDA 2002, n° 406.* ♦ ... De la résistance aux tentatives d'expulsion et de recouvrement, après résiliation du contrat de crédit-bail immobilier, V. • Aix-en-Provence, 3 oct. 1996 : *BICC 1997, n° 230.* ♦ ... D'une déclaration inexacte faite au tribunal ayant arrêté le plan de redressement quant au montant du passif relevant de l'art. 40 [C. com., art. L. 622-17], V. • Paris, 11 sept. 2001 : *JCP E 2001, n° 40, p. 1554.* ♦ ... De la substitution de cessionnaire de l'entreprise, sans autorisation judiciaire, V. • Paris, 20 juin 1995 : *RPC 1996. 406, obs. Soinne.* ♦ ... De l'omission de répondre à la mise en demeure relative à la poursuite du bail, ayant entraîné sa résiliation de plein droit, préjudiciable au créancier nanti, V. • Nîmes, 2 avr. 1997 : *BICC 1997, n° 1117.* ♦ ... De l'absence de diligence pour restituer les locaux, le contrat de bail étant exclu du plan de cession, V. • Paris, 27 mars 1998 : *Loyers et copr. 1998, n° 218, obs. Brault et Mutelet.* ♦ ... D'un manquement à son obligation de surveillance des actes de gestion courante d'une entreprise de négoce de véhicules, dont certains ont été vendus grâce à des duplicata de cartes grises obtenues frauduleusement alors qu'il était en fonction, V. • Toulouse, 6 mai 1999 : *JCP E 2000, n° 4, p. 108.* ♦ ... Du défaut de paiement des primes dues en vertu d'un contrat d'assurance de groupe imposé par la convention collective, V. • Com. 11 déc. 2001 : *RJDA 2002, n° 408 ; RPC 2003. 134, obs. Soinne.* ♦ ... De la revente d'une marchandise grevée d'une clause de réserve de propriété, V. note 42 ss. art. L. 624-16. ♦ ... De la réformation d'une décision exécutoire de plein droit à titre provisoire, déjà exécutée, V. note 16 ss. art. 155 du Décr. n° 85-1388 du 27 déc. 1985, ss. art. R. 661-1. ♦ ... De la cessation des versements après autorisation de régler la créance d'un vendeur sous réserve de propriété, V. note 55 ss. art. L. 624-16. ♦ ... D'un paiement préférentiel prohibé, V. note 31 ss. art. L. 622-7.

L'administrateur qui, ayant d'abord opté pour la poursuite d'un bail commercial, a pris quatre mois plus tard la décision de mettre un terme à celui-ci n'engage pas sa responsabilité dès lors que, totalement informé de la situation de son administré, il a pris conscience que la poursuite de l'activité, notamment par cession, s'avérait impossible, et que le délai de quatre mois était tout à fait raisonnable puisque le bailleur bénéficiait d'un dépôt de garantie égal à trois mois de loyers et qu'il avait bénéficié sans contrepartie d'investissements faits par le locataire. • Versailles, 18 mars 1999 : *RJDA 1999, n° 802.*

Comp., désormais : art. 37 [C. com., art. L. 622-13], tel que modifié par la L. n° 94-475 du 10 juin 1994.

Sur la responsabilité résultant du défaut de licenciement des salariés non repris dans le cadre du plan de cession, V. • Soc. 14 mars 2000, n° 98-42.446 P : *RPC 2000. 113, obs. Taquet.*

16. *Préjudice.* Le préjudice du créancier est constitué du seul fait de l'absence de règlement des créances, relevant de l'art. 40 [C. com., art. L. 622-17], aux échéances indiquées par l'administrateur judiciaire. • Com. 25 nov. 1997 : *Dr. sociétés 1998, n° 23, obs. Chaput ; RPC 2000. 76, obs. Soinne.* ♦ L'administrateur judiciaire qui opte pour la continuation du bail alors qu'il ne dispose pas des fonds nécessaires au respect des obligations du preneur envers le propriétaire doit réparer le préjudice subi, qui correspond à la perte d'une chance de relouer les locaux. • Paris, 26 sept. 2001 : *JCP E 2002, n° 24, p. 996, obs. Pasqualini et Pasqualini-Salerno.* ♦ V. aussi • Com. 23 nov. 2022, n° 21-14.250 : *RJDA 2023, n° 98.*

17. *Absence de caractère subsidiaire.* En ce sens que la responsabilité personnelle du mandataire ne présente pas de caractère subsidiaire par rapport à l'action en paiement formée contre le débiteur et que sa recevabilité n'est pas subordonnée à l'obtention d'un titre exécutoire à son encontre, ni à sa défaillance dans l'exécution de cette condamnation, V. • Com. 6 juin 1995, n° 90-11.853 P : *D. 1996. Somm. 82, obs. Honorat ; RPC 1996. 245, obs. Soinne* (loi de 1967) • Paris, 26 mai 1998 : *Gaz. Pal. 1998. 2. Somm. 705.*

18. *Responsabilité civile du représentant des créanciers.* V. notes 29 et 30 ss. art. L. 622-20, note 7 ss. art. L. 626-9, note 5 ss. art. L. 624-1 et note 6 ss. art. 66 du Décr. n° 85-1388 du 27 déc. 1985.

19. *Exercice de l'action.* V. notes 29 et 30 ss. art. L. 622-20.

20. *Prescription de l'action.* L'action en responsabilité extra contractuelle engagée par un tiers à l'encontre d'un administrateur judiciaire est soumise à la prescription édictée par l'art. 2270-1 ancien C. civ. [devenu l'art. 2224]. • Com. 15 févr. 2011 : *Gaz. Pal. 1er-2 avr. 2011, p. 18, obs. Bidan.*

21. *Responsabilité pénale de l'administrateur judiciaire.* BIBL. Ruellan, *Dr. pénal 2000. Chron. 25 et 28.* – Bouloc, *Mél. Sortais, Bruylant, 2002, p. 21.* – V. aussi note 9 ss. art. L. 631-12.

22. *Délit de malversation.* V. art. L. 654-12.

23. *Prise illégale d'intérêts.* Les mandataires judiciaires sont des personnes chargées d'une mission de service public entrant dans les prévisions de l'art. 432-12 C. pén., qui n'exige pas que les personnes chargées d'une mission de service public qu'il vise disposent d'un pouvoir de décision au nom de la puissance publique. • Crim. 26 sept. 2001, n° 01-84.565 P : *D. 2002. Somm. 1800, obs. Segonds ; Rev. sociétés 2002. 342, note Bouloc ; APC 2001, n° 267, obs. Regnaut-Moutier ; Dr. pénal 2002, n° 34, note J.-H. Robert.*

Art. L. 621-4-1 *(L. nº 2015-990 du 6 août 2015, art. 235-I-1º)* **Le tribunal désigne au moins un deuxième administrateur judiciaire et un deuxième mandataire judiciaire dans le jugement d'ouverture de la procédure à l'encontre d'un débiteur lorsque ce dernier :**

1º Possède un nombre d'établissements secondaires situés dans le ressort d'un tribunal où il n'est pas immatriculé au moins égal à un seuil fixé par voie réglementaire ;

2º Ou détient ou contrôle, au sens des articles L. 233-1 ou L. 233-3, au moins deux sociétés à l'encontre desquelles est ouverte une procédure de sauvegarde, de redressement ou de liquidation judiciaire ;

3º Ou est détenu ou contrôlé, au sens des mêmes articles L. 233-1 ou L. 233-3, par une société à l'encontre de laquelle est ouverte une procédure de sauvegarde, de redressement ou de liquidation judiciaire, cette société détenant ou contrôlant elle-même au moins une autre société à l'encontre de laquelle est ouverte une telle procédure,

et lorsque le chiffre d'affaires du débiteur ou de l'une des sociétés mentionnées aux 2º ou 3º dépasse un seuil défini par voie réglementaire.

Ce deuxième administrateur et ce deuxième mandataire sont, chacun en ce qui le concerne, communs au débiteur et aux sociétés mentionnées aux mêmes 2º et 3º.

Les seuils mentionnés au 1º et au cinquième alinéa, ainsi que les conditions d'expérience et de moyens que doivent remplir le deuxième administrateur et le deuxième mandataire au regard de la complexité de la procédure ou de la taille des entreprises concernées sont précisés par décret en Conseil d'État. – *V. art. R. 621-11-1.*

BIBL. ▸ Benilsi, *BJE 2015. 426.*

COMMENTAIRE

La possibilité de désigner un second administrateur judiciaire ou un second mandataire judiciaire (art. L. 621-4) n'ayant que rarement été utilisée par les tribunaux jusque-là, la loi nº 2015-990 du 6 août 2015 vise à rendre obligatoire cette désignation dans les dossiers les plus complexes de sauvegarde (art. L. 621-4-1), de redressement judiciaire (art. L. 631-9, sur renvoi) ou de liquidation judiciaire (V. art. L. 641-1-2). Les seuils d'application de cette mesure ont été fixés par le décret nº 2016-400 du 1er avril 2016 (V. art. R. 621-11-1).

Notons que, dans l'hypothèse d'un groupe d'entreprises en difficulté, le second administrateur et le second mandataire seront, chacun en ce qui les concerne, communs au débiteur et aux sociétés du groupe concernées. ❑

Art. L. 621-5 *(L. nº 2005-845 du 26 juill. 2005, art. 17)* **Aucun parent ou allié, jusqu'au quatrième degré inclusivement, du** *(Ord. nº 2008-1345 du 18 déc. 2008, art. 163-II)* **« débiteur personne physique » ou des dirigeants, s'il s'agit d'une personne morale, ne peut être désigné à l'une des fonctions prévues à l'article L. 621-4 sauf dans les cas où cette disposition empêche la désignation d'un représentant des salariés.**

COMMENTAIRE

Cette disposition tend à assurer l'indépendance du représentant des salariés à l'égard du débiteur personne physique (terme qui remplace, depuis l'ordonnance du 18 décembre 2008, celui moins approprié de « chef d'entreprise ») ou du dirigeant. Seule exception : s'il n'existe pas de salarié autre que visé par l'interdiction. Mieux vaut un représentant des salariés proche parent que pas de représentant des salariés. Le conflit d'intérêts n'est, du reste, jamais certain. ❑

Art. L. 621-6 **Le représentant des salariés ainsi que les salariés participant à sa désignation ne doivent avoir encouru aucune des condamnations prévues par** *(L. nº 2005-845 du 26 juill. 2005, art. 18)* **« l'article L. 6 » du code électoral. Le représentant des salariés doit être âgé de dix-huit ans accomplis.**

Les contestations relatives à la désignation du représentant des salariés sont de la compétence du *(Ord. nº 2019-964 du 18 sept. 2019, art. 35, en vigueur le 1er janv. 2020)* **« tribunal judiciaire » qui statue en dernier ressort.** – *[C. com., anc. art. L. 621-9.] – V. art. R. 621-15.*

COMMENTAIRE

Ce texte, applicable également au redressement judiciaire (sur renvoi de l'art. L. 631-9), reprend les dispositions de l'ancien article L. 621-9.

Art. L. 621-7 *(Ord. nº 2008-1345 du 18 déc. 2008, art. 15)* **Le tribunal peut, soit d'office, soit sur proposition du juge-commissaire ou à la demande du ministère public, procéder au remplacement de l'administrateur, de l'expert ou du mandataire judiciaire ou encore adjoindre un ou plusieurs administrateurs ou mandataires judiciaires à ceux déjà nommés.**

L'administrateur, le mandataire judiciaire ou un créancier nommé contrôleur peut demander au juge-commissaire de saisir à cette fin le tribunal.

Lorsque le débiteur exerce une profession libérale soumise à un statut législatif ou réglementaire ou dont le titre est protégé, l'ordre professionnel ou l'autorité compétente dont, le cas échéant, il relève peut saisir le ministère public à cette même fin.

(Ord. nº 2014-326 du 12 mars 2014, art. 18, en vigueur le 1er juill. 2014) **« Le débiteur peut demander au juge-commissaire de saisir le tribunal aux fins de remplacer l'administrateur, le mandataire judiciaire ou l'expert. Dans les mêmes conditions, tout créancier peut demander le remplacement de l'administrateur ou du mandataire judiciaire.**

« Le juge-commissaire statue par ordonnance, dans les meilleurs délais, sur la demande de remplacement qui lui est adressée de saisir le tribunal à cette fin ».

Par dérogation aux alinéas qui précèdent, lorsque l'administrateur ou le mandataire judiciaire demande son remplacement, le président du tribunal, saisi à cette fin par le juge-commissaire, est compétent pour y procéder. Il statue par ordonnance sur requête.

Le comité *(Ord. nº 2021-1193 du 15 sept. 2021, art. 14, en vigueur le 1er oct. 2021)* **« social et économique » ou, à défaut, les salariés de l'entreprise peuvent seuls procéder au remplacement du représentant des salariés.** – *Pour les dispositions transitoires de l'Ord. nº 2021-1193 du 15 sept. 2021, V. note ss. art. L. 611-2.*

V. art. R. 621-17 et R. 621-18.

Ancien art. L. 621-7 *[réd. issue de L. nº 2005-845 du 26 juill. 2005]* ***Le tribunal peut, soit d'office, soit sur proposition du juge-commissaire ou à la demande du ministère public, procéder au remplacement de l'administrateur, de l'expert ou du mandataire judiciaire.***

Le tribunal peut adjoindre, dans les mêmes conditions, un ou plusieurs administrateurs ou mandataires judiciaires à ceux déjà nommés. L'administrateur, le mandataire judiciaire ou un créancier nommé contrôleur peut demander au juge-commissaire de saisir à cette fin le tribunal.

Lorsque le débiteur exerce une profession libérale soumise à un statut législatif ou réglementaire ou dont le titre est protégé, l'ordre professionnel ou l'autorité compétente dont, le cas échéant, il relève peut saisir le ministère public à cette même fin.

Le débiteur peut demander au juge-commissaire de saisir le tribunal aux fins de remplacer l'administrateur ou l'expert. Dans les mêmes conditions, les créanciers peuvent demander le remplacement du mandataire judiciaire.

Le comité d'entreprise ou, à défaut, les délégués du personnel ou, à défaut, les salariés de l'entreprise peuvent seuls procéder au remplacement du représentant des salariés. – *[C. com., anc. art. L. 621-10.]*

COMMENTAIRE

Ce texte, applicable également au redressement judiciaire (sur renvoi de l'art. L. 631-9), a repris, en les réécrivant et en les modifiant, les dispositions de l'ancien article L. 621-10, applicable avant la loi du 26 juillet 2005. Les remaniements, purement formels, apportés par l'ordonnance du 18 décembre 2008 aux alinéas 1er, 2 et 4 du texte ne sont que des améliorations rédactionnelles sans portée substantielle. A noter que la faculté de remplacement de l'expert ne devrait pas pouvoir s'appliquer au « technicien » prévu par l'article L. 621-9, alinéa 2, dont on peut alors se demander si, faute de texte la prévoyant, le juge-commissaire peut y procéder (H. Lécuyer, *in* La loi de sauvegarde, article par article [1re partie], *LPA 8 févr. 2006, p. 33*).

La prérogative accordée aux ordres professionnels par le troisième alinéa tend à protéger les membres des professions libérales, en particulier les avocats. Les remaniements formels déjà évoqués touchant les alinéas 1er et 2 ont fait disparaître la relative ambiguïté du texte initial : il n'est plus douteux que cette prérogative vise tout autant le remplacement que l'adjonction d'organe (sur l'hésitation permise auparavant, en raison de la possible interprétation strictement littérale du texte ancien, qui pouvait ne renvoyer qu'à l'al. 2, A. Charvériat et S. Martin, Réforme des procédures collectives, *Dossiers pratiques Francis Lefebvre, 2006, n° 2111*). Il s'agit de prévenir des possibles conflits d'intérêts ou des risques de manque d'impartialité de la part d'organes de la procédure ou d'experts ayant déjà eu à connaître de certaines affaires concernant le professionnel objet du redressement. Une disposition équivalente existe à l'égard des liquidateurs (V. art. L. 641-1-1).

L'avant-dernier alinéa, ajouté en 2008, offre une souplesse opportune lorsque la demande de remplacement émane de l'administrateur ou du mandataire judiciaire lui-même (pour quelque raison que ce soit : risque de conflit d'intérêts, mais aussi motif personnel). Dans ce cas, comme il s'agit d'une sorte de mesure d'administration judiciaire (même si le texte ne le dit pas ; à la différence de l'article L. 621-9, s'agissant du remplacement du juge-commissaire), la procédure est simplifiée : c'est le président du tribunal, et non le tribunal, qui statue (par ordonnance sur requête, saisi par le juge-commissaire).

L'ordonnance du 12 mars 2014 a étendu et unifié les droits du débiteur et des créanciers : chacun peut désormais demander le remplacement aussi bien de l'administrateur que du mandataire judiciaire.

Par ailleurs, il est désormais précisé que le juge-commissaire doit statuer dans les meilleurs délais sur la demande de remplacement. ❑

1. Pour le remplacement d'un mandataire judiciaire visant à mettre fin à un conflit d'intérêts (cumul par l'intéressé des fonctions de liquidateur de la personne morale et de mandataire judiciaire de l'ancien dirigeant), V. • T. com. Périgueux, 6 avr. 2010 : *cité par Delattre, RPC 2010. Étude 23.*

2. L'art. L. 621-7, qui ne vise que le remplacement des mandataires, administrateurs et experts désignés par le tribunal, n'est pas applicable au remplacement du commissaire-priseur désigné par ordonnance du juge-commissaire. • Paris, 18 oct. 2016, n° 16/08550 : *LEDEN 1/2017. 4, obs. Staes.*

Art. L. 621-8 L'administrateur et le mandataire judiciaire tiennent informés le juge-commissaire et le *(L. n° 2005-845 du 26 juill. 2005, art. 20)* **« ministère public » du déroulement de la procédure. Ceux-ci peuvent à toute époque requérir communication de tous actes ou documents relatifs à la procédure.**

Le *(L. n° 2005-845 du 26 juill. 2005, art. 20)* **« ministère public » communique au juge-commissaire sur la demande de celui-ci ou d'office, nonobstant toute disposition législative contraire, tous les renseignements qu'il détient et qui peuvent être utiles à la procédure.** – *[C. com., anc. art. L. 621-11.]*

V. art. R. 621-19 et R. 621-20.

COMMENTAIRE

Ce texte, applicable également au redressement judiciaire (sur renvoi de l'art. L. 631-9), reprend, en les modifiant, les dispositions de l'ancien article L. 621-11. ❑

Sur la communication par le ministère public de pièces issues d'une procédure pénale, V. • Com. 14 janv. 2014 : *JCP E 2014. 1376, note Delattre.*

Art. L. 621-9 Le juge-commissaire est chargé de veiller au déroulement rapide de la procédure et à la protection des intérêts en présence. – *[C. com., anc. art. L. 621-12.]*

(L. n° 2005-845 du 26 juill. 2005, art. 21) **« Lorsque la désignation d'un technicien est nécessaire, seul le juge-commissaire peut y procéder en vue d'une mission qu'il détermine, sans préjudice de la faculté pour le tribunal prévue à l'article L. 621-4 de désigner un ou plusieurs experts. Les conditions de la rémunération de ce technicien sont fixées par un décret en Conseil d'État. »** – *V. art. R. 621-23.*

(Ord. n° 2008-1345 du 18 déc. 2008, art. 16) **« Le président du tribunal est compétent pour remplacer le juge-commissaire empêché ou ayant cessé ses fonctions. L'ordonnance par laquelle il est pourvu au remplacement est une mesure d'administration judiciaire. »** – *Cette disposition entre en vigueur le 1er janv. 2009. Elle est applicable aux*

procédures en cours au jour de l'entrée en vigueur de l'Ord. n° 2008-1345 du 18 déc. 2008 [15 févr. 2009] (Ord. préc., art. 173).

BIBL. ▸ Dossier « Le juge-commissaire : un juge atypique », *RPC 2019. Dossiers 38 à 46.*

COMMENTAIRE

Ce texte, applicable également au redressement judiciaire (sur renvoi de l'art. L. 631-9), a repris, en les modifiant, les dispositions de l'ancien article L. 621-12.

La précision apportée par la loi du 26 juillet 2005 n'a fait que légaliser la jurisprudence qui avait déduit de l'ancien article L. 621-12 le pouvoir, pour le juge-commissaire, de désigner un expert chargé de procéder à diverses investigations, destinées souvent à préparer une action en responsabilité pour insuffisance d'actif contre les dirigeants (étant précisé que rien n'interdit cette désignation alors que l'exercice de cette action est en cours : Com. 13 sept. 2016 : *cité note 8*). La Cour de cassation avait refusé de soumettre ce technicien au régime des mesures d'instruction prévu par le code de procédure civile (V. note 9). Le législateur confère au juge-commissaire le monopole de la désignation d'un technicien au cours de la procédure, visant par là à mettre fin à la pratique de la sous-traitance de la part de certains mandataires de justice. Toutefois, ce monopole n'interdit pas la désignation d'un ou plusieurs experts par le tribunal, en application de l'article L. 621-4 (sur la possibilité de procéder au remplacement du technicien, V. comm. ss. art. L. 621-7). Ce monopole a conduit la Cour de cassation à déclarer désormais irrecevables les demandes de désignation d'un expert en vue d'une expertise *in futurum* sur le fondement de l'article 145 du code de procédure civile (V. Com. 17 sept. 2013 : *cité note 8*). Comme cela ressort du dispositif de cette décision, il appartient dorénavant à toute personne y ayant intérêt de saisir, non plus le juge des référés, mais le juge-commissaire, afin d'obtenir la nomination d'un technicien. Il aurait pu être déduit que cette demande ainsi que les effets de la désignation de l'expert seraient, par conséquent, soumis aux règles applicables devant le juge des référés, notamment au principe du contradictoire (P. Pétel, *JCP E 2014. 1020, n° 3*). Mais, au contraire, la cour d'appel de Paris, par plusieurs décisions ultérieures (V. Paris, 14 oct. 2014 et 15 janv. 2015 : *cités note 6*), aussi étonnantes que critiquables, fonde sur l'article L. 621-4 la compétence du tribunal pour nommer un expert *in futurum* sur le fondement de l'article 145 du code de procédure civile (V. F.-X. Lucas, *BJE 2015. 73*).

L'article L. 621-9 avait d'ailleurs fait l'objet d'une question prioritaire de constitutionnalité ainsi rédigée : « Quelle est la constitutionnalité de l'article L. 621-9 du code de commerce qui régit les expertises ordonnées par le juge-commissaire et ne les soumet pas aux dispositions du code de procédure civile et à l'appréciation de ses principes essentiels, s'agissant du débat contradictoire et de l'égalité des armes devant le juge ? » Mais la Cour de cassation a refusé de la transmettre au Conseil constitutionnel, estimant que « les dispositions de l'article L. 621-9, alinéa 2, du code de commerce, qui se bornent à conférer compétence au juge-commissaire pour désigner un technicien en vue d'une mission ne méconnaissent pas, par elles-mêmes, les droits de la défense, le principe de la contradiction ou celui de l'égalité des armes » (Com. 1er févr. 2011 : *cité note 8*). La question visait, en vérité, surtout la jurisprudence de la Cour de cassation, en quoi elle était prématurée puisque celle-ci ne s'est pas encore prononcée sur le fondement de l'article L. 621-9. A cet égard, la Cour de cassation a jugé que le technicien n'était pas tenu de procéder à un échange contradictoire sur les éléments qu'il avait réunis, ni de communiquer ses conclusions avant le dépôt de son rapport (Com. 22 mars 2016 : *cité note 9*). Cependant, sans que soit expressément imposée une contradiction lors de l'exécution des opérations, il résulte quand même de cet arrêt que la chambre commerciale exerce un contrôle léger, dans le contexte de l'espèce, sur l'association des intéressés à la mesure.

Le maintien de la compétence du juge-commissaire parallèlement à celle du tribunal se justifie par le souci d'éviter d'alourdir la procédure en imposant de réunir la juridiction à chaque fois que le recours à un sachant apparaît nécessaire.

L'ordonnance du 18 décembre 2008 a conféré au président du tribunal compétence pour remplacer le juge-commissaire empêché ou ayant cessé ses fonctions, mesure utile en pratique et qui ne saurait prêter à discussion. Si bien, d'ailleurs, que le texte qualifie justement l'ordonnance pourvoyant au remplacement de mesure d'administration judiciaire (insusceptible donc de tout recours, ce que confirme d'ailleurs l'art. L. 661-4 mod.). Par dérogation à la règle générale posée par l'article 173 de l'ordonnance de 2008, cette disposition est entrée en vigueur dès le 1er janvier 2009, date à laquelle elle s'est appliquée aux procédures en cours. Cette date coïncide avec l'entrée en vigueur de la carte judiciaire modifiée, qui a entraîné la suppression d'une cinquantaine de tribunaux de commerce, et, partant, le transfert des procédures en cours devant d'autres juridictions, impliquant la désignation de nouveaux juges-commissaires.

1. Continuation des contrats. Sur la compétence du juge-commissaire, V. notes 71 s. ss. art. L. 622-13.

2. Action en revendication. Sur la compétence du juge-commissaire, V. art. L. 624-17 et note 43 ss. art. L. 624-9.

3. Compétence concurrente du juge de l'exécution. BIBL. Liénard, *RPC 1995. 15.* ♦ Est de la compétence du juge de l'exécution, en application de l'art. L. 311-12-1 [L. 213-6] COJ, la demande qui ne porte pas sur le rang des créanciers entre eux, selon la valeur de leur opposition ou de leur privilège, mais sur la validité des mesures conservatoires ou des mesures d'exécution faites sur le prix de vente, d'un fonds de commerce. • TGI Paris, JEX, 12 janv. 1995 : *RPC 1996. 217, obs. Canet.* ♦ En revanche, le juge-commissaire est compétent pour la vente aux enchères publiques de meubles du locataire mis en liquidation judiciaire après son expulsion. • Bordeaux, 14 sept. 1995 : *RPC 1997. 34, obs. Canet.* ♦ ... De même, la collocation des créanciers et la répartition entre eux du prix provenant de la vente des biens exclus du plan de cession relève de la seule compétence du juge-commissaire. • Douai, 28 mars 1996 : *RPC 2000. 208, obs. Soinne.* ♦ Ne ressortit pas à la compétence du jex, mais à celle du tribunal de commerce, l'action en nullité, sur le fondement de l'art. 108 [C. com., art. L. 632-2], à l'égard du débiteur ayant fait l'objet d'une saisie-attribution avant le jugement d'ouverture. • Limoges, 20 févr. 1996 : *RPC 1997. 35, obs. Canet.*

Seul le juge de l'exécution est compétent pour assortir d'une astreinte une décision rendue par le juge-commissaire. • Com. 28 avr. 1998, nº 95-18.132 P : *D. 1998. IR 158 ; D. Affaires 1998. 956, obs. S. P. ; Defrénois 1998. 953, obs. Sénéchal ; JCP E 1998, nº 36, p. 1356, obs. Pétel ; RTD com. 1998. 690, obs. Vallens.*

En ce sens que le juge de l'exécution n'est pas compétent pour fixer le montant de la valeur représentative des marchandises dont la reprise a été autorisée par une ordonnance du juge-commissaire, V. • Civ. 2e, 11 juin 1997, nº 94-18.263 P : *D. Affaires 1997. 1122 ; RPC 2000. 208, obs. Soinne.*

4. Règlement des salaires. Sur la compétence du juge-commissaire, V. note 5 ss. art. L. 3253-21 C. trav., ss. art. L. 625-9.

5. Rémunération des mandataires judiciaires. Sur l'absence de compétence du juge-commissaire pour fixer la rémunération des mandataires judiciaires, V. • TGI Montbéliard, 26 juill. 2005 : *BICC 2005, nº 2072.*

6. Dépassement d'attributions. V. note 78 ss. art. L. 622-7 et note 9 ss. l'anc. art. L. 623-4.

7. Prise illégale d'intérêts. V., pour un exemple : • T. corr. Tarbes, 3 mars 2015, nº 348/2015 : *cité par Delattre, RPC 2016. Étude 19.*

8. Expertises. Les dispositions de l'art. L. 621-9, al. 2, qui se bornent à conférer compétence au juge-commissaire pour désigner un technicien en vue d'une mission ne méconnaissent pas, par elles-mêmes, les droits de la défense, le principe de la contradiction ou celui de l'égalité des armes (non-renvoi de la QPC). • Com., QPC, 1er févr. 2011 : *D. 2011. Actu. 513, obs. Lienhard ; Rev. sociétés 2016. 765, obs. Henry ; Rev. sociétés 2011. 193, obs. Roussel Galle ; DP diff. entr., Bull. nº 323, obs. Henry ; APC 2011, nº 95, obs. Delattre ; Dr. et pr. mai 2011. Chron. 6, obs. Reille ; BJE 2011. 204, note Rohart-Messager.* ♦ V. aussi note 9.

Le juge-commissaire trouve dans l'art. 14 [C. com., art. L. 621-9] tous pouvoirs pour désigner une personne qualifiée afin de mener des investigations en vue de rechercher des faits susceptibles d'établir la qualité de dirigeant et de révéler des fautes de gestion. • Com. 15 mai 2001, nº 98-15.002 P : *D. 2002. Somm. 83, obs. Derrida ; D. 2001. AJ 2031, obs. Lienhard ; Dr. sociétés 2001, nº 127, note Legros ; RPC 2001. 262, obs. Martin-Serf* (V. l'arrêt cassé : • Paris, 6 mars 1998 : *D. Affaires 1998. 913, obs. A. L.).* ♦ L'exercice par le liquidateur d'une action en responsabilité civile pour insuffisance d'actif ne prive pas le juge-commissaire de son pouvoir de désigner à tout moment un technicien en vue d'une mission qu'il détermine. • Com. 13 sept. 2016, nº 15-11.174 P : *D. 2016. Actu. 1814, obs. Lienhard ; Rev. sociétés 2016. 765, obs. Henry ; LEDEN 10/2016. 1, obs. F.-X. Lucas ; APC 2016, nº 216, obs. Vallansan ; BJS 2016. 675, note Couturier ; RJDA 2016, nº 891 ; Journ. sociétés 11/2016. 45, obs. Brignon ; Dr. sociétés 2016, nº 214, note Legros ; RPC 2017, nº 88, obs. Martin-Serf.* ♦ Sur le pouvoir de désigner un « expert » pour l'application des dispositions relatives aux sanctions, V. aussi notes 14 et 15 ss. anc. art. 164 du Décr. nº 85-1388 du 27 déc. 1985.

Sur l'incompétence du juge des référés pour ordonner, sur le fondement de l'art. 145 C. pr. civ. (expertise *in futurum*), une mesure d'instruction liée à la procédure collective, V. • Com. 17 sept. 2013, nº 12-17.741 P : *D. 2013. Actu. 2221, obs. Lienhard ; Rev. sociétés 2013. 731, obs. Henry ; JCP E 2014. 1020, nº 2, obs. Pétel ; LEDEN 11/2013. 6, obs. Roussel ; BJS 2013. 750, note Couturier ; APC 2013, nº 243, obs. Rolland ; RJDA 2013, nº 1031 ; BJE 2013. 391, note de Lajarte-Moukoko ; Dr. sociétés 2014, nº 33, note Legros ; RPC 2014, nº 2, obs. Cagnoli.* ♦ *Contra*, lorsque la mesure d'information a pour objet la recherche de la responsabilité du commissaire aux comptes de la société sous procédure collective : • Paris, 14 oct. 2014, n° 13/07899 : *BJS 2014. 720, note Merle* • 15 janv. 2015, n° 14/07270 : *cité par F.-X. Lucas, BJE 2015. 73.*

9. La mission que le juge-commissaire peut, en application de l'art. L. 621-9, al. 2, confier à un technicien n'est pas une mission d'expertise judiciaire soumise aux règles prévues par le code de procédure civile pour une telle expertise ; le technicien n'est pas tenu de procéder à un échange contradictoire sur les éléments qu'il a réunis, ni de communiquer ses conclusions avant le dépôt de son rapport. • Com. 22 mars 2016, n° 14-19.915 P : *D. 2016. Actu. 701 ; RTD com. 2016. 337, obs. Vallens ; DP diff. entr., Bull. n° 380, obs. Rémery ; LEDEN 5/2016. 4, obs. Berthelot ; BJE 2016. 330, note Hugon.* ♦ V. aussi • Com. 5 juill. 2023, n° 22-13.287 : *D. actu. 28 sept. 2023, obs. Berthelot* • 5 juill. 2023, n° 22-13.289 : *Dr. sociétés 2023, n° 129, note Legros.* ♦ Si la Cour de cassation juge que la mission que le juge-commissaire peut confier à un technicien n'est pas une mission d'expertise judiciaire soumise aux règles du C. pr. civ. et n'exige donc pas l'observation d'une contradiction permanente dans l'exécution des investigations, elle s'assure de l'association du débiteur ou du dirigeant aux opérations du technicien (non-lieu à renvoi de la QPC). • Com., QPC, 5 oct. 2022, n°s 22-13.287 et 22-13.290 B : *D. actu. 20 oct. 2022, obs. Goujon-Bethan ; Rev. sociétés 2022. 710, obs. Roussel Galle ; LEDEN 11/2022. 2, obs. Camensuli-Feuillard ; APC 2022, n° 237, obs. Ghandour ; BJS 1/2023. 52, note Grundeler.*

10. Sur les recours contre la décision de nomination ou de remplacement de l'expert, V. note 20 ss. art. L. 661-6.

11. V. aussi note 2 ss. art. L. 811-1.

12. Inventaire. Si, en application de l'art. L. 641-1, II, al. 7, il appartient au tribunal qui ouvre la liquidation judiciaire de désigner, aux fins de réaliser l'inventaire prévu à l'art. L. 622-6 et la prisée de l'actif du débiteur, un commissaire-priseur judiciaire, un huissier de justice, un notaire ou un courtier en marchandises assermenté, il résulte de la généralité de l'art. L. 621-9 qu'en cas de nécessité, le juge-commissaire a compétence pour résoudre les difficultés liées à l'établissement de l'inventaire en désignant un technicien aux fins de le compléter. • Com. 24 mai 2023, n° 20-21.949 B : *D. 2023. Actu. 1005 ; RTD com. 2023. 740, obs. Martin-Serf ; JCP E 2023. 1306, n° 2, obs. Tehrani ; APC 2023, n° 158, obs. Théron ; RJDA 2023, n° 441 ; RPC 2023, n° 63, obs. Lebel ; Gaz. Pal. 19 sept. 2023, p. 49, obs. Rossi ; BJE 9-10/2023. 35, note Saintourens.*

Art. L. 621-10 *(L. n° 2005-845 du 26 juill. 2005, art. 22)* **Le juge-commissaire désigne un à cinq contrôleurs parmi les créanciers qui lui en font la demande. Lorsqu'il désigne plusieurs contrôleurs, il veille à ce qu'au moins l'un d'entre eux soit choisi parmi les créanciers titulaires de sûretés et qu'un autre soit choisi parmi les créanciers chirographaires.**

(Ord. n° 2014-326 du 12 mars 2014, art. 19, en vigueur le 1er juill. 2014) **« Les administrations financières, les organismes et les institutions mentionnées** *[mentionnés]* **au premier alinéa de l'article L. 626-6 sont désignés contrôleurs s'ils en font la demande ; s'il est saisi de plusieurs demandes à ce titre, le juge-commissaire désigne un seul contrôleur parmi eux. Sont également désignées contrôleur, si elles en font la demande, les institutions mentionnées à l'article L. 3253-14 du code du travail. »**

Aucun parent ou allié jusqu'au quatrième degré inclusivement du *(Ord. n° 2008-1345 du 18 déc. 2008, art. 163-II)* **« débiteur personne physique » ou des dirigeants de la personne morale, ni aucune personne détenant directement ou indirectement tout ou partie du capital de la personne morale débitrice ou dont le capital est détenu en tout ou partie par cette même personne, ne peut être nommé contrôleur ou représentant d'une personne morale désignée comme contrôleur.**

Lorsque le débiteur exerce une profession libérale soumise à un statut législatif ou réglementaire ou dont le titre est protégé, l'ordre professionnel ou l'autorité compétente dont, le cas échéant, il relève est d'office contrôleur. Dans ce cas, le juge-commissaire ne peut désigner plus de quatre contrôleurs.

La responsabilité du contrôleur n'est engagée qu'en cas de faute lourde. Il peut se faire représenter par l'un de ses préposés ou par ministère d'avocat. Tout créancier nommé contrôleur peut être révoqué par le tribunal à la demande du ministère public.

V. art. R. 621-17, R. 621-24 et R. 621-25.

BIBL. ► Roussel Galle, *Gaz. Pal. 2005. Doctr. 2984.* – Ganaye, *Bull. act. Lamy droit commercial déc. 2005.* – Stefania, *JCP E 2013. 1471* (révocation des contrôleurs). – Delattre, *BJE 3-4/2020. 56* (le créancier contrôleur est-il un « cheval de Troie » ?).

COMMENTAIRE

Ce texte, applicable également au redressement judiciaire (sur renvoi de l'art. L. 631-9), a repris partiellement, en les modifiant, les dispositions de l'ancien article L. 621-13. Signalons que des praticiens s'étaient interrogés sur la nécessité, dans une procédure éminemment contractuelle, de faire nommer des contrôleurs, suggérant plutôt, par ailleurs, que ceux-ci soient, le cas échéant, directement élus par les comités de créanciers (T. Montéran, Projet de loi de sauvegarde des entreprises : le point de vue du praticien, *Gaz. Pal. 25-26 févr. 2005, p. 2, spéc. 10* ; Pour améliorer le droit des entreprises en difficulté, osons la réforme, *Gaz. Pal. 23-24 janv. 2008, p. 3, spéc. p. 6* ; G. Teboul, Quelques observations sur le projet de loi de sauvegarde des entreprises après le vote du 9 mars 2005, *Gaz. Pal. 22-23 avr. 2005, p. 14*). La commission des lois de l'Assemblée nationale semblait également douter de la pertinence de la nomination de contrôleurs en cas de sauvegarde *(Avis AN, n° 895, 15 mai 2008)*.

I. INCOMPATIBILITÉS

La loi de 2005 a comblé une lacune laissée par les textes précédents, s'agissant de la prévention des conflits d'intérêts. De même que pour les proches du débiteur personne physique (terme qui remplace, depuis l'ordonnance de 2008, celui moins approprié de « chef d'entreprise ») ou des dirigeants, l'accès à la qualité de contrôleur des personnes ayant des liens capitalistiques avec la personne morale objet de la sauvegarde ou du redressement judiciaire est interdit. Limitation à ranger parmi les mesures participant de la moralisation et de la transparence des procédures collectives.

Limitation, qui plus est, manifestement plus stricte encore que celle frappant les mandataires *ad hoc* et conciliateurs (V. art. L. 611-13), faute de référence, ici, à l'article L. 233-16, qui devrait donc viser, s'agissant de la détention de capital, même les actionnaires très minoritaires, dénués de tout pouvoir de contrôle *(Rapp. AN, n° 2095, p. 196)*.

II. ORDRE PROFESSIONNEL

La nomination d'office de l'ordre professionnel (lorsqu'un tel ordre existe) en qualité de contrôleur en cas de sauvegarde ou de redressement judiciaire d'un membre d'une profession libérale fait partie des différentes garanties dont la loi encadre l'extension des procédures collectives aux professions libérales. La mesure a ceci de remarquable et de dérogatoire que, contrairement aux autres contrôleurs, la qualité de créancier n'est pas exigée pour ce contrôleur « de plein droit ». Ce qui signifie aussi que ce contrôleur particulier ne peut être révoqué (d'où l'expression employée par le dernier alinéa, qui parle de « créancier nommé contrôleur »). Ce contrôleur « imposé » ne vient pas en plus des autres mais s'inscrit dans le maximum légal de cinq. L'ordre apparaît en réalité, selon l'expression d'un auteur, comme un « super-contrôleur ». En revanche, s'agissant par exemple de la sauvegarde ou du redressement judiciaire d'un avocat, certains considèrent qu'il serait délicat de nommer un créancier ordinaire comme le propriétaire des locaux ou le banquier (T. Montéran, Observations sur l'avant-projet de loi de sauvegarde des entreprises, *Gaz. Pal. 10-11 déc. 2003, p. 2*).

Quoi qu'il en soit, l'article L. 621-10, alinéa 3, contribue plus encore à l'ambiguïté de la fonction de contrôleur, qu'un auteur avait essayé de réduire en expliquant que le législateur reconnaît une certaine représentativité aux contrôleurs à raison du « phénomène de fragmentation continuelle de l'intérêt général et collectif » (M.-A. Frison-Roche, *LPA 14 juin 1995, p. 8, n° 15*). Pour cette raison, une autre voie avait été suggérée, qui eût sans doute permis d'atteindre les mêmes finalités protectrices des professionnels libéraux, consistant à établir une sorte de représentation de l'organe professionnel, un peu à la manière du représentant des salariés (B. Soinne, Réalisme et confusion [à propos de l'avant-projet de loi réformant le droit des procédures collectives], *D. 2004. Chron. 1506, n° 8*).

Comme tout contrôleur, l'ordre professionnel doit pouvoir se faire représenter par un préposé ou par ministère d'avocat ; la représentation par l'un des professionnels libéraux élus ou nommés à sa tête devrait aussi être admise (Ph. Reigné, L'application aux professions libérales des procédures de prévention et de traitement des difficultés des entreprises, Colloque du CRAJEFE, Nice, 27 mars 2004, *LPA 10 juin 2004, p. 10, n° 19*).

Le décret de 2005 n'a pas dit le contraire, qui a seulement demandé à l'ordre professionnel ou à l'autorité de faire la déclaration au greffe de la personne qu'il a désignée pour le représenter dans sa fonction de contrôleur, tout en précisant qu'en l'absence de cette déclaration, c'est à son représentant légal d'exercer cette fonction (art. R. 621-24 ; sur la représentation de l'Ordre des avocats, V. R. Martin et P. Neveu, L'application à la profession d'avocat de la loi du 26 juillet 2005 sur la sauvegarde des entreprises, *JCP 2006. I. 125, n° 21*).

Il convient de noter que la cour d'appel de Bordeaux a jugé que la désignation de l'ordre professionnel en qualité de contrôleur est d'ordre public (Bordeaux, 27 juin 2007 : *cité note 1*).

III. CRÉANCIERS PUBLICS

Par le nouvel alinéa 2 qu'elle a introduit, l'ordonnance du 12 mars 2014 a désormais prévu la possibilité, sur leur demande, de désigner en qualité de contrôleur des créanciers publics (administrations financières, organismes sociaux ...) ou l'AGS. Celle-ci, en pratique, avait déjà l'habitude de solliciter sa désignation dans les entreprises de cinquante salariés et plus. Mais, désormais, sa nomination est de droit si elle en fait la demande au juge-commissaire (C. Gailhbaud, *D. 2014. Chron. 755*).

IV. FONCTION DE CONTRÔLEUR

Plus encore, d'autres mesures importantes de la réforme de 2005 ont contribué à transformer la nature de la fonction de contrôleur. D'un côté, en effet, le législateur a revalorisé considérablement cette fonction, en conférant aux contrôleurs un rôle supplétif de celui du mandataire de justice pour la défense de l'intérêt collectif des créanciers (V. art. L. 622-20, L. 651-3 et L. 653-7). De l'autre, il les a frappés d'une interdiction absolue de présenter des offres de reprise de l'entreprise (V. art. L. 642-3). Si bien qu'il est apparu maintenant possible de considérer le contrôleur, sinon comme un véritable organe de la procédure, du moins comme un « mini-organe », selon l'expression du Professeur Le Corre (P.-M. Le Corre, La situation générale du débiteur et des créanciers dans l'avant-projet de réforme des entreprises en difficulté, *Gaz. Pal. 10-11 déc. 2003, 2e partie, p. 25, n° 38*), ou un « organe subsidiaire » (P. Roussel Galle, Les contrôleurs, gardiens de l'intérêt collectif, *Gaz. Pal. 9-10 sept. 2005, p. 3, n° 4* ; sur cette question, V. aussi comm. ss. art. L. 622-20), susceptible d'émettre des prétentions juridiques au sens de l'article 31 du code de procédure civile.

V. RÉVOCATION ET RESPONSABILITÉ

Autre changement sous forme de renforcement du pouvoir des contrôleurs, issu de la loi de 2005 : ceux-ci ne peuvent plus être révoqués qu'à la demande du ministère public (et non plus sur proposition du juge-commissaire ou du mandataire). Ce qui se comprend en raison du rôle supplétif du mandataire de justice que la réforme leur confie. La révocation ne peut frapper que les créanciers-contrôleurs, et non l'ordre professionnel. Par ailleurs, la Cour de cassation a précisé, par un arrêt de non-renvoi de question prioritaire de constitutionnalité, que « seule l'absence des conditions mises à leur nomination ou l'intérêt du bon déroulement de la procédure collective peuvent justifier la révocation des contrôleurs, au terme d'un débat contradictoire qui respecte leurs droits et intérêts » (Com. 21 oct. 2016, n° 16-40.238).

Leur responsabilité ne peut être engagée qu'en cas de faute lourde.

Sur la possibilité d'engager la responsabilité civile du contrôleur pour défaut d'action dans l'intérêt collectif des créanciers, en cas de carence du mandataire judiciaire, V. commentaire sous l'article L. 622-20.

VI. FIN DE LA MISSION

Dès lors que le plan de sauvegarde comme le plan de redressement font l'objet d'une clôture (V. art. L. 626-28), tant que celle-ci n'est pas intervenue, le contrôleur reste en fonction. A cet égard, l'article R. 621-25 prévoit que les fonctions des contrôleurs prennent fin au jour où le compte rendu de fin de mission de l'administrateur judiciaire, du mandataire judiciaire et le cas échéant du commissaire à l'exécution du plan a été approuvé. Ce qui explique, par exemple, que, dans le cadre d'une demande du chef d'entreprise tendant à obtenir une modification substantielle dans les objectifs et les moyens du plan de sauvegarde, l'article L. 626-26, alinéa 2, dispose que le tribunal ne pourra se prononcer que sur le rapport du commissaire à l'exécution du plan, après avoir appelé les contrôleurs. La mission des contrôleurs n'est donc pas terminée au jour de l'arrêté du plan de sauvegarde ou de redressement.

De même, en cas de liquidation judiciaire, l'article R. 641-13 recule la fin des fonctions des contrôleurs au jour où le compte-rendu de fin de mission du liquidateur a été approuvé, disposition qui est applicable aux procédures en cours au 1er janv. 2006 (art. 361, 3°, du décret du 28 déc. 2005). ❑

1. Ordre professionnel. Les dispositions relatives à la désignation de l'ordre professionnel en qualité de contrôleur sont d'ordre public et cette désignation s'impose lors de la conversion du redressement en liquidation judiciaire. • Bordeaux, 27 juin 2007 : *APC 2007, n° 203, obs. Rétif.* ♦ Pour la désignation du Conseil national de l'ordre des chirurgiens-dentistes en qualité de contrôleur dans une procédure collective ouverte à l'encontre d'une association gérant un centre de soins dentaires, V. • TGI Paris, 18 févr. 2016, n° 16/01741 : *BJE 2016. 333, note Favario.*

2. Créanciers pouvant être désignés. Il résulte de l'art. L. 621-10 que, si le juge-commissaire désigne un à cinq contrôleurs parmi les créanciers qui lui en font la demande, il n'est pas tenu de désigner tous ceux qui forment une telle demande, même s'ils ne sont pas plus de cinq ; le refus de nomination d'une société en qualité de contrôleur ne caractérise donc pas un excès de pouvoir rendant recevable l'appel-nullité. • Com. 29 sept. 2015, n° 14-15.619 P : *D. 2015. Actu. 2007 ; Rev. sociétés 2015. 762, obs. Roussel Galle ; JCP E 2015. 1596, note Stefania ; ibid. 2016. 1000, n° 1, obs. Pétel ; DP diff. entr., Bull. nos 373/374, obs. Rémery ; LEDEN 11/2015. 4, obs. Cagnoli.* ♦ En revanche, constitue un excès de pouvoir le refus de désigner contrôleur l'URSSAF, qui en a fait la demande. • Com. 25 oct. 2023, n° 22-16.907 B : *D. 2023. Actu. 1901 ; RJDA 2024, n° 46 ; APC 2023, n° 246, obs. Fin-Langer ; Dr. sociétés 2024, n° 23, note Legros ; BJE 1-2/2024. 20, note Duchesne ; JCP E 2024. 1116, n° 3, obs. Pétel.* ♦ V. aussi • Paris, 28 nov. 2023, n° 23/06806 : *LEDEN 6/2024. 1, obs. F.-X. Lucas ; Dr. sociétés 2024, n° 108, note Legros.* ♦ Les fonctions de contrôleur sont compatibles avec celle de créancier principal et privilégié et de banquier actuel du débiteur ainsi que celle de partie aux instances introduites devant diverses juridictions et tendant à appréhender les fonds provenant de la vente du fonds de commerce. • Reims, 12 févr. 1997 : *JCP E 1998, n° 17, p. 636.* ♦ V. aussi, pour la nomination d'un créancier en procès contre le débiteur, • Paris, 13 juin 2017, n° 16/24079 : *BJE 2017. 329, note F.-X. Lucas* • T. com. Paris, 7 nov. 1995 : *Banque et Dr. 5-6/1996. 37 ; RJ com. 1996. 291, obs. Gallet* • 26 mars 1996 : *RPC 1996. 330, obs. Soinne.* ♦ Pour des décisions ayant, au contraire, écarté la nomination d'un créancier en raison d'un contentieux important entre celui-ci et le débiteur, V. • T. com. Nanterre, 11 mai 1999 : *Gaz. Pal. 1999. 2. Somm. 776* • TGI Avesnes-sur-Helpe, 29 mai 2008 : *APC 2008, n° 246, obs. Vallansan* • T. com. Nantes, 15 juill. 2015 : *LEDEN 11/2015. 1, obs. F.-X. Lucas.*

Un salarié, titulaire d'une créance salariale, peut être nommé comme contrôleur, mais sa mission de contrôleur prend fin avec la perte de la qualité de créancier, c'est-à-dire à la date du paiement des salaires ou à celle du transfert de leur charge à l'AGS. • T. com. Paris, 7 juin 1996 : *JCP E 1996. Pan. 1081.* ♦ La désignation comme contrôleur d'un salarié à titre individuel, en raison de sa qualité de créancier ne peut donc être conçue comme un substitut à la représentation du personnel ou un palliatif de l'absence de tout représentant des salariés en tant que tel. • TGI Metz, 26 mars 1997 : *Gaz. Pal. 1998. 2. Somm. 571.*

Sur l'obligation de choisir au moins un contrôleur parmi les créanciers chirographaires, V. • T. com. Paris, 26 mars 1996 : *préc.*

Celui qui sollicite sa désignation en tant que contrôleur doit faire valoir une créance paraissant fondée en son principe telle celle qui lui permettrait de recourir à des mesures conservatoires. • TGI Metz, 26 mars 1997 : *préc.*

3. Révocation. Pour le non-renvoi d'une QPC portant sur la dernière phrase du dernier al. de l'art. L. 621-10 C. com., V. • Com., QPC, 21 oct. 2016, n° 16-40.238 : *Rev. sociétés 2016. 772, obs. Roussel Galle ; JCP E 2017. 1000, note Stefania.* ♦ Pour un exemple de révocation motivée par la mauvaise foi du contrôleur qui avait caché, lors de sa requête de candidature, qu'il avait intenté avant l'ouverture de la liquidation une action en résolution d'un fonds de commerce qu'il avait acquis du débiteur et que cette affaire faisait l'objet d'un appel, V. • T. com. Paris, 7 oct. 1994 : *RPC 1995. 292, obs. Dureuil.* ♦ V. aussi, pour la révocation d'un contrôleur motivée par ses nombreuses défaillances et ses tentatives d'obstruction au bon déroulement de la procédure : • T. com. Grenoble, 21 janv. 2020 : *BJE 11-12/2020. 34, note Delattre.*

Art. L. 621-11 *(L. n° 2005-845 du 26 juill. 2005, art. 22)* **Les contrôleurs assistent le mandataire judiciaire dans ses fonctions et le juge-commissaire dans sa mission de surveillance de l'administration de l'entreprise. Ils peuvent prendre connaissance de tous**

les documents transmis à l'administrateur et au mandataire judiciaire. Ils sont tenus à la confidentialité. Les fonctions de contrôleur sont gratuites.

Sur la suppléance du mandataire judiciaire, en cas de carence, V. art. L. 622-20.

COMMENTAIRE

Ce texte, applicable également au redressement judiciaire (sur renvoi de l'art. L. 631-9), a repris, en les modifiant, les dispositions des alinéas 3 et 4 de l'ancien article L. 621-13.

Comme en matière de conciliation (V. art. L. 611-15), le législateur de 2005 a substitué au secret professionnel, pénalement sanctionné, une obligation de confidentialité que ne sanctionnent que les règles de la responsabilité civile. La portée de cette modification risque toutefois d'être limitée, voire illusoire, puisqu'il est certain que le contrôleur représentant l'autorité professionnelle disciplinaire demeure soumis au secret professionnel, et que, s'agissant même du contrôleur créancier, la définition de l'article 226-13 du code pénal pourrait fonder une condamnation, qui vise « la révélation d'une information à caractère secret par une personne qui en est dépositaire [...] en raison d'une mission temporaire » (*Rapp. AN, n° 2095, p. 196* ; P. Roussel Galle, *in* La loi de sauvegarde, article par article [1re partie], *LPA 8 févr. 2006, p. 38*). ❑

1. Mission. En ce sens que l'intervention volontaire d'un contrôleur dans l'instance, au soutien des prétentions de créanciers, n'entre pas dans la mission définie par l'art. 15 [C. com., art. L. 621-11], V. • Com. 16 janv. 1996, n° 93-21.335 P : *D. 1996. IR 162*. – V. aussi • Toulouse, 29 mars 1999 (2e esp.) : *RJ com. 2000. 179, note Monsèrié-Bon* • Paris, 10 mai 2005 : *RTD com. 2005. 609, obs. Vallens*.

2. Accès à l'information. L'art. 15, al. 3 [C. com., art. L. 621-11], qui permet aux contrôleurs de « prendre connaissance de tous les documents transmis à l'administrateur et au représentant des créanciers », ne signifie pas que tous ces documents leur sont soumis. • T. com. Paris, 20 sept. 1996 : *LPA 6 juin 1997, note Leguevaques*.

3. Qualité et exercice des recours. V. notes 11, 17, 19, 32 et 34 ss. art. L. 661-6.

Art. L. 621-12 *(L. n° 2005-845 du 26 juill. 2005, art. 22)* **S'il apparaît, après l'ouverture de la procédure, que le débiteur était déjà en cessation des paiements au moment du prononcé du jugement,** *(Ord. n° 2008-1345 du 18 déc. 2008, art. 17)* **« le tribunal le constate et fixe la date de la cessation des paiements dans les conditions prévues à l'article L. 631-8 ». Il convertit la procédure de sauvegarde en une procédure de redressement judiciaire. Si nécessaire, il peut modifier la durée de la période d'observation restant à courir** *(L. n° 2016-1547 du 18 nov. 2016, art. 99-IV-4°)* **« ou la prolonger pour une durée maximale de six mois ».** *(Ord. n° 2008-1345 du 18 déc. 2008, art. 17)* **« Aux fins de réaliser la prisée des actifs du débiteur au vu de l'inventaire établi pendant la procédure de sauvegarde, il désigne, en considération de leurs attributions respectives telles qu'elles résultent des dispositions qui leur sont applicables,** *(Ord. n° 2016-728 du 2 juin 2016, art. 23, en vigueur le 1er juill. 2022)* **« un commissaire de justice », un notaire ou un courtier en marchandises assermenté. »**

Le tribunal est saisi par *(Ord. n° 2014-326 du 12 mars 2014, art. 20, en vigueur le 1er juill. 2014)* **« le débiteur, » l'administrateur, le mandataire judiciaire ou le ministère public.** *(Abrogé par Ord. n° 2014-1088 du 26 sept. 2014, art. 2, à compter du 28 sept. 2014)* ***« Il peut également se saisir d'office. »*** **Il se prononce après avoir entendu ou dûment appelé le débiteur.**

Les modifications issues de l'Ord. n° 2014-1088 du 26 sept. 2014 s'appliquent aux procédures de sauvegarde, de redressement judiciaire ou de liquidation judiciaire en cours au jour de son entrée en vigueur (Ord. préc., art. 13).

Sur les dispositions transitoires de la L. n° 2016-1547 du 18 nov. 2016, V. note ss. art. L. 621-3.

V. art. R. 621-26.

BIBL. ▸ Mastrullo, *RPC 2008. Étude 19.*

COMMENTAIRE

I. CONVERSION DE LA SAUVEGARDE EN REDRESSEMENT JUDICIAIRE

La procédure de sauvegarde suppose que le débiteur ne soit pas encore en cessation des paiements. Mais, si le texte remanié par l'ordonnance du 18 décembre 2008 n'exige plus que ses difficultés soient de nature à l'y conduire, il n'en est quand même jamais bien loin (art. L. 620-1). Dès lors, la vigilance est de mise pour le tribunal, afin d'éviter les détournements de procédure. Si le débiteur s'avère avoir déjà été en état de cessation des paiements au jour du jugement d'ouverture, les juges – qui, par hypothèse, avaient ouvert une procédure de sauvegarde – doivent convertir celle-ci en redressement judiciaire. Pour cette même raison, et compte tenu de l'incertitude bien connue de la notion même de cessation des paiements, cette faculté peu sécurisante risque d'être dissuasive pour les débiteurs de bonne foi ; aussi faut-il espérer une approche assez souple à cet égard des tribunaux, quant à la notion de passif exigible (G. Teboul, Le projet de loi de sauvegarde des entreprises diffusé par la Chancellerie le 12 mai 2004 : quoi de neuf ?, *LPA 29 juin 2004* ; V. aussi, plus généralement, T. Mastrullo, La conversion de la sauvegarde en redressement judiciaire, *RPC 2008. Étude 19*). Un arrêt de la cour d'appel d'Orléans, se plaçant au jour où elle statue pour apprécier la situation, a précisé, en accord avec la lettre tant que l'esprit du texte, que, dès lors que la loi postule que le débiteur se trouvait « déjà » en état de cessation des paiements au moment de l'ouverture de la procédure, c'est qu'il doit s'y trouver également après pour que l'application de l'article L. 621-12 présente un intérêt (Orléans, 28 juin 2012 : *APC 2012, n° 190*).

Une difficulté, qui peut-être avait plus animé la doctrine que perturbé la pratique naissante, était résultée de la version 2005 de l'article L. 621-12, qui prévoyait, dans cette hypothèse, que le tribunal fixe la date de cessation des paiements dans les conditions prévues à l'article L. 631-8, alinéa 2. Ce qui pouvait sembler, de prime abord et à la lettre, signifier que le délai de dix-huit mois se calculait en amont du jugement de conversion, bien que, par hypothèse, le débiteur fût déjà en cessation des paiements lors de l'ouverture de la sauvegarde (P. Roussel Galle, Réforme du droit des entreprises en difficulté, *Litec, 2e éd., 2007, n° 369*). Mais ce point de départ du compte à rebours des dix-huit mois était discutable en ce qu'il aurait conduit à permettre la remise en cause d'actes passés durant la période d'observation de la sauvegarde, ce qui aurait nui évidemment à la sécurité de ceux-là et, partant, au succès de cette procédure en raison de la défiance qu'elle serait légitimement venue à inspirer aux créanciers. Mieux valait donc considérer que le jugement de conversion constatait l'existence de la cessation des paiements au jour de l'ouverture de la sauvegarde, tout en en pouvant reporter la date dans la limite de dix-huit mois en amont du jugement qui avait, à tort, ouvert la sauvegarde (V., sur cette question, P. Roussel Galle, *préc., n° 373* ; E. Mouial-Bassilana, L'articulation de la période suspecte et des différentes procédures après la loi de sauvegarde du 26 juillet 2005, *D. 2006. Chron. 1959, n° 25 s.*).

L'ordonnance du 18 décembre 2008 a fait disparaître cette difficulté, en effaçant tout simplement du texte cette référence gênante à la fixation de la date de cessation des paiements. Désormais, dit l'article L. 621-12, le tribunal « le » constate (et non plus « la » constate), ce qui signifie (nuance voulue, qui a du sens) que le tribunal ne constate pas la cessation des paiements, mais qu'il constate le fait que le débiteur était déjà en cessation des paiements au moment du « prononcé » du jugement de sauvegarde (il aurait été plus juste de parler de « l'ouverture de la procédure de sauvegarde »).

S'agissant d'une conversion motivée par une erreur d'appréciation du tribunal, à l'origine, le texte permet opportunément à celui-ci, constatant son erreur passée, de modifier, si nécessaire, la durée de la période d'observation au moment de la conversion de la procédure, ce qui se comprend bien dans la mesure où le choix d'ouvrir une sauvegarde avec une période d'observation d'une durée donnée avait été effectué sur une base erronée (V. aussi F. Vinckel, L'option entre les procédures préventives du nouveau droit des entreprises en difficulté : analyse des risques, *LPA 12 juin 2006, p. 7, n° 20*). Cependant, cette durée, enserrée dans la limite de douze mois, peut s'avérer parfois trop courte, s'agissant notamment de la construction d'un plan d'apurement du passif ou de la recherche d'un acquéreur. Aussi la loi du 18 novembre 2016 a-t-elle prévu la possibilité de prolonger la période d'observation restant à courir de six mois.

Quant à la prisée des actifs, comme elle n'est plus prévue en cas de sauvegarde depuis l'ordonnance de 2008 (V. art. L. 622-6), mais qu'elle le demeure en cas de redressement judiciaire, le nouveau texte charge logiquement le tribunal de désigner un des professionnels habilités par la loi aux fins de la réaliser.

II. EFFETS DE LA CONVERSION

Ces effets sont nombreux ; ils résultent de l'application automatique de certaines dispositions de nature et d'esprit différents régissant la procédure de redressement. On peut relever les plus importantes (V. *Rapport Doc. AN, n° 2095, p. 198*) :

1° le dirigeant est dessaisi au profit de l'administrateur. Une fois la conversion opérée, l'article L. 631-12 permet au tribunal de redéfinir la mission de l'administrateur à tout moment ;

2° les personnes coobligées ou ayant consenti une sûreté personnelle ou ayant affecté ou cédé un bien en garantie ne pouvaient plus, dans le régime initial, bénéficier des dispositions du plan de redressement favorables au débiteur, puisque cet avantage était réservé au plan de sauvegarde pour inciter le chef d'entreprise à anticiper ses difficultés prévisibles (V. anc. art. L. 631-20). La question aurait pu se poser de l'opportunité de maintenir l'avantage de l'opposabilité du plan au profit des « garants » lorsque le redressement résulte de la conversion d'une sauvegarde. Mais, dans la mesure où cette conversion résulte essentiellement d'une erreur d'appréciation du tribunal, éventuellement peu éclairé par le débiteur, et où il convient d'éviter que le dirigeant, sachant la cessation de paiement imminente ou déjà arrivée, ne demande systématiquement l'ouverture d'une sauvegarde pour bénéficier, ultérieurement, de manière certaine de la protection que celle-ci offre aux cautions, le choix du législateur pouvait paraître sage. Enfin, la suspension de l'appel des « garants » était déjà prévue, pour la période d'observation, aussi bien pour le redressement que pour la sauvegarde, par l'article L. 622-28. Quoi qu'il en soit, cette question a disparu avec l'ordonnance du 15 septembre 2021 qui, pour les procédures ouvertes à compter du 1er octobre 2021, a supprimé cette distinction entre les deux procédures, permettant désormais aux garants de se prévaloir des dispositions du plan de redressement ;

3° en revanche, les licenciements économiques peuvent être opérés suivant les modalités simplifiées prévues pour le redressement par les articles L. 631-17 pendant la période d'observation, et L. 631-19 pour l'exécution du plan de redressement ;

4° de même, l'administrateur peut recevoir des offres d'acquisition totale ou partielle de l'entreprise, alors que l'article L. 626-1 ne prévoit, durant la période d'observation de la sauvegarde, que la possibilité d'offres d'acquisition de branches d'activité.

Par ailleurs, notons que, dès l'entrée en vigueur de la loi de 2005, par déclaration publique, l'AGS avait indiqué qu'en cas de conversion elle n'assurerait pas la prise en charge des dettes salariales. Cette position, qui n'avait pas de base légale directe évidente, privant l'entreprise placée en redressement judiciaire de ressources immédiates, conduisait inéluctablement à la liquidation judiciaire. Interrogé sur ce point, le Service de documentation et d'études de la Cour de cassation avait estimé qu'il appartient à l'AGS de s'expliquer sur cette position (*BICC 1er avr. 2006, p. 3*). Un auteur, quant à lui, avait considéré que, dans cette hypothèse, les créances salariales antérieures au jugement d'ouverture de la sauvegarde devaient être couvertes, puisque, par hypothèse, elles sont également antérieures au jugement de redressement ou de liquidation judiciaire, et donc visées par l'ancien article L. 143-11-1, alinéa 2, 1°, C. trav., devenu le nouvel article L. 3253-8, 1°, mais que, en revanche, les créances nées durant la période d'observation antérieure à la conversion ne sont pas couvertes au titre de ce texte, la conversion n'emportant pas ouverture d'une nouvelle procédure, mais sont garanties seulement dans les conditions plus restrictives de l'ancien article L. 143-11-1, alinéa 2, 2° et 3°, devenu le nouvel article L. 3253-8, 2° et 3° (Ph. Pétel, L'AGS et la réforme des procédures collectives, *RJ com. 2006. 174, n° 13* s.). Ce qui correspondait parfaitement, sur ce dernier point, à la lecture faite de la loi par l'AGS, laquelle s'appuyait essentiellement sur la considération qu'un jugement de conversion n'emporte pas ouverture d'une nouvelle procédure avec les effets d'un jugement initial (T. Météyé, L'intervention de l'AGS dans les procédures de sauvegarde, *Gaz. Pal. 14-18 juill. 2006, p. 3* ; L'AGS au secours des entreprises en difficulté, *Cah. dr. entr. mars 2007, p. 24* ; V. aussi, en ce sens que le jugement de conversion exclut la prise en charge des créances antérieures au jugement de sauvegarde, P.-M. Le Corre, Droit et pratique des procédures collectives, *Dalloz Action, 2013/2014, 693.11*).

Cette lecture restrictive avait conduit certains débiteurs à chercher une parade consistant à obtenir la clôture de la sauvegarde, avant de demander l'ouverture d'un redressement judiciaire. Cette manœuvre de « contournement », compréhensible quoique sans être à l'abri de critiques, supposait soit d'indiquer (à tort !) au tribunal que les difficultés à l'origine de la sauvegarde ont disparu, soit de s'abstenir de présenter un plan (V. art. L. 622-12 et R. 626-18 ; J.-L. Vallens, Les « effets pervers » de la loi de sauvegarde des entreprises, *RTD com. 2007. 604*). En tout cas, bien entendu, la possibilité accordée, depuis la réforme de 2008, au débiteur de demander la conversion de la sauvegarde en redressement judiciaire sans être encore en cessation des paiements (V. art. L. 622-10) n'a rien changé quant à la garantie de l'AGS.

Donnant tort à l'AGS, la chambre sociale de la Cour de cassation a tranché cette difficulté, dans un arrêt du 21 janvier 2014 (cité note 25 ss. art. L. 3253-8 C. trav., ss. art. L. 625-9 C. com.), énonçant, pour juger qu'en cas de conversion de la procédure de sauvegarde en redressement judiciaire les créances nées antérieurement à la procédure de sauvegarde doivent être garanties, que la garantie prévue par le 1° de l'article L. 3253-8 du code du travail ne dépendait que de la seule ouverture d'une procédure de redressement ou de liquidation judiciaire, sans qu'il y ait lieu d'établir de distinction entre les diverses causes d'ouverture de cette procédure.

III. SAISINE DU TRIBUNAL

Dans la version initiale de l'article L. 621-12, les personnes ayant qualité pour agir étaient calquées sur celles pouvant demander le report de la date de cessation des paiements (V. art. L. 631-8 ; anc. art. L. 621-7). La loi de 2005 a précisé expressément que le tribunal ne peut se prononcer qu'après avoir entendu ou dûment appelé le débiteur. Telle était déjà la position de la jurisprudence auparavant dans des situations comparables (V. note 11 ss. anc. art. L. 621-7 et note 5 ss. art. L. 631-12). Par analogie avec l'ouverture du redressement judiciaire, avant la décision du Conseil constitutionnel du 7 décembre 2012 (V. ss. art. L. 631-5), et contrairement à ce que prévoyait le projet de loi, il était permis au tribunal de se saisir d'office. Réparant un oubli de l'ordonnance du 12 mars 2014, à cet égard, l'ordonnance complémentaire du 26 septembre 2014 est venue supprimer, avec effet immédiat pour les procédures en cours, cette faculté de saisine d'office. Ce qui n'a pas empêché la Cour de cassation, quelques semaines plus tard, de renvoyer au Conseil constitutionnel une nouvelle question prioritaire de constitutionnalité visant cette dernière (Com. 21 oct. 2014, n° 14-40.038). Et ce n'est qu'une demi-surprise qu'a causée la décision du Conseil constitutionnel en validant la saisine d'office prévue dans le contexte de l'article L. 621-12, au motif que, en convertissant, après le jugement d'ouverture, la procédure de sauvegarde en une procédure de redressement judiciaire lorsqu'il apparaît que l'entreprise était déjà en cessation des paiements lors du jugement d'ouverture, le tribunal ne se saisit pas d'une nouvelle instance, mais qu'il exerce, dans le respect du principe du contradictoire, des pouvoirs afin d'éviter l'aggravation irrémédiable de la situation de l'entreprise (Cons. const. 16 janv. 2015 : V. note 1 ci-dessous). En effet, bien que l'on ait pu légitimement douter que le texte répondait suffisamment aux exigences de respect du contradictoire (P. Rossi, *BJE 2015. 44*), la solution était prévisible depuis que, par un raisonnement analogue, le Conseil avait validé la saisine d'office afin de prononcer la conversion d'un redressement judiciaire en liquidation judiciaire, prévue par l'article L. 631-15 (Cons. const. 6 juin 2014 : *cité note 2 ss. art. L. 631-15*). L'ordonnance du 26 septembre 2014 procédait donc, à cet égard, d'une sorte d'application « normative » du principe de précaution (rappr. : B. Brignon et A. Cerati-Gauthier, *D. 2014. 2248*).

Par ailleurs, l'ordonnance du 12 mars 2014 a ouvert la saisine au débiteur aussi, ce qui peut sembler étonnant. Mais, si c'est le débiteur qui, de bonne foi, s'aperçoit, en cours de procédure, qu'il était déjà en cessation des paiements lors de l'ouverture de celle-ci, pourquoi ne pas lui permettre de saisir lui-même le tribunal ? ❑

1. Conformité à la Constitution. Pour la conformité à la Constitution de la saisine d'office prévue par l'art. L. 621-12 dans sa rédaction antérieure à l'Ord. n° 2014-1088 du 26 sept. 2014, V.

• Cons. const. 16 janv. 2015, n° 2014-438-QPC : *D. 2015. Actu. 156 ; Rev. sociétés 2015. 201, obs. Henry ; JCP E 2015. 1067, note Brignon ; BJE 2015. 108, note Favario ; Procédures 2015, n° 131, note Rolland ; RPC 2015, n° 22, obs. Lebel ; RJDA 2015, n° 362 ; RJ com. 2015. 336, obs. Roussille.*

2. Prisée des actifs. Dès lors que l'huissier de justice a été désigné dans le cadre de la procédure de sauvegarde avec pour seule mission de dresser l'inventaire prévu à l'art. L. 626-6, la prisée ne peut être comprise, ne serait-ce qu'implicitement, dans sa mission après le jugement de conversion en redressement judiciaire, sans une décision expresse d'extension par le tribunal. • Com. 22 févr. 2017, n° 15-14.815 : *APC 2017, n° 70, obs. Vallansan ; RPC 2017, n° 20, obs. Lebel ; RJDA 2017, n° 350 ; BJE 2017. 220, note Favario ; Gaz. Pal. 27 juin 2017, p. 48, obs. Berthelot.*

CHAPITRE II *DE L'ENTREPRISE AU COURS DE LA PÉRIODE D'OBSERVATION*

RÉP. COM. v^is *Entreprise en difficulté : période d'observation,* par MONSÈRIÉ-BON ; *Entreprise en difficulté : situation des créanciers,* par MACORIG-VENIER.

Art. L. 622-1 *(L. n° 2005-845 du 26 juill. 2005, art. 23)* **« I. – L'administration de l'entreprise est assurée par son dirigeant.**

« II. – Lorsque le tribunal, en application des dispositions de l'article L. 621-4, désigne un ou plusieurs administrateurs, il les charge ensemble ou séparément de surveiller le débiteur dans sa gestion ou de l'assister pour tous les actes de gestion ou pour certains d'entre eux. »

III. – Dans sa mission *(Ord. n° 2008-1345 du 18 déc. 2008, art. 18)* **« d'assistance », l'administrateur est tenu au respect des obligations légales et conventionnelles incombant au chef d'entreprise.**

IV. – *(L. n° 2005-845 du 26 juill. 2005, art. 23)* **« A tout moment, le tribunal peut modifier la mission de l'administrateur sur la demande de celui-ci, du mandataire judiciaire ou du ministère public. »** – *V. art. R. 622-1.*

V. – L'administrateur peut faire fonctionner sous sa signature les comptes bancaires ou postaux dont le débiteur est titulaire si ce dernier a fait l'objet des interdictions prévues aux articles 65-2 et 68, troisième alinéa, du décret *[décret-loi]* **du 30 octobre 1935 unifiant le droit en matière de chèques** *[V. C. mon. fin., art. L. 131-72 et L. 163-6, al. 3. –* ***C. mon. fin.****]. – [C. com., anc. art. L. 621-22.]*

Pour une dérogation à l'art. L. 622-1 (II) ci-dessus lorsqu'un administrateur provisoire a été désigné par l'Autorité de contrôle prudentiel et de résolution en application de l'art. L. 612-34 C. mon. fin., V. C. mon. fin., art. L. 613-28, 2e partie, IV. Traitement des difficultés des entreprises.

Sur la participation des administrateurs judiciaires à la lutte contre le blanchiment de capitaux et le financement du terrorisme, V. C. mon. fin., art. L. 561-3. – ***C. mon. fin.***

BIBL. ▶ V. ss. art. L. 631-12.

COMMENTAIRE

I. ADMINISTRATION DE L'ENTREPRISE

Le débiteur, à l'origine de l'ouverture de la procédure de sauvegarde, n'est, par définition, pas en état de cessation des paiements. Par conséquent, il ne saurait se voir dessaisi par le jugement d'ouverture. Le principe est affirmé sans équivoque : l'administration de l'entreprise est assurée par son dirigeant, ce qui correspond un peu, a-t-on fait remarquer, au « debtor-in-possession » du « chapter eleven » américain (C. Léguevaques, La réforme du droit des entreprises en difficulté [à propos de l'avant-projet de février 2004], *LPA 23 juin 2004, p. 3* ; pour une appréciation critique du postulat du législateur français, V. A. Pietrancosta et S. Vermeille, Le droit des procédures collectives à l'épreuve de l'analyse économique du droit, perspectives d'avenir ?, *RTDF 2010, n° 1, p. 5, n°s 47 s.*). Il en découle, notamment, que le débiteur signe seul les chèques, sauf s'il a fait l'objet d'une interdiction (T. Montéran, Projet de loi de sauvegarde des entreprises : le point de vue du praticien, *Gaz. Pal. 25-26 févr. 2005, p. 2, spéc. p. 8*).

Cependant, s'agissant des entreprises d'une dimension les faisant échapper au « traitement simplifié », le ou les administrateurs désignés se voient confier une mission de surveillance, voire d'assistance, partielle ou totale.

Afin de rendre la procédure de sauvegarde plus attractive, certains praticiens avaient proposé, dans le cadre de la réforme de 2008, de supprimer la possibilité pour le tribunal de décider, dès l'ouverture de la sauvegarde, de confier à l'administrateur judiciaire une mission d'assistance, plus contraignante pour le dirigeant que la mission de surveillance. Cette suggestion semblait avoir été entendue par le Gouvernement, qui l'a traduite, dans l'avant-projet, par cette précision importante, selon laquelle « la mission d'assistance ne peut être décidée qu'à la demande du débiteur ou du ministère public ». Ainsi, la mission de surveillance serait devenue le principe, la mission d'assistance l'exception. Mais, finalement, l'idée a été abandonnée. Il est toutefois intéressant de noter que la cour d'appel de Paris a exigé du tribunal de caractériser en quoi une mission d'assistance s'impose plus qu'une mission de surveillance, estimant celle-ci suffisante dans une hypothèse où la situation de la société laissait augurer de l'issue favorable de la procédure de sauvegarde, et alors qu'aucun problème de confiance ou de compétence n'affectait son dirigeant (Paris, 25 oct. 2011 : *BJS 2012. 342, note Cerati-Gauthier*).

Quant à la mission de représentation, elle est absolument exclue. Étant observé, en pratique, que, en cas d'assistance, les contractants pourraient bien, malgré tout, exiger la signature de l'administrateur, voire solliciter le juge-commissaire, sachant que ce dernier est compétent, en vertu de l'article L. 622-7, II, pour autoriser le chef d'entreprise ou l'administrateur à faire un acte de disposition étranger à la gestion courante de l'entreprise (D. Voinot, La nouvelle procédure de sauvegarde, *Gaz. Pal. 7-8 sept. 2005, p. 24, n° 14*). En cas de mission d'assistance, évidemment, à l'instar de ce qui passe pour un débiteur en redressement judiciaire, les actes doivent être aussi dirigés contre l'administrateur désigné par le jugement d'ouverture (V., pour un pourvoi irrecevable formé contre la seule société débitrice, Civ. 1re, 5 juin 2008 : *Dr. sociétés 2008, n° 181, obs. Legros*).

Un peu curieusement, comme cela a été observé, malgré la disparition de la mission de représentation, la loi a maintenu, en cas de sauvegarde, la règle selon laquelle dans sa mission, l'administrateur est tenu au respect des obligations légales et conventionnelles incombant au chef d'entreprise, dont les conséquences que la Chambre criminelle avait tirées sur le plan de la responsabilité pénale (Crim. 21 juin 2000 : *cité note 7 ss. art. L. 631-12*) avaient ému la doctrine (A. Jacquemont, N. Borga et T. Mastrullo, Droit des entreprises en difficulté, *Litec, 11e éd., 2019, n° 337* ; V. aussi, estimant que la disposition n'a pas de sens en sauvegarde : G. Teboul, Défense de l'environnement et entreprises en difficulté, *LPA 16 mai 2006, p. 7, spéc. p. 10*). A tout le moins l'ordonnance du 18 décembre 2008 est-elle venue corriger un peu cette bizarrerie en cantonnant à l'hypothèse d'une mission d'assistance.

En revanche, comme l'a jugé la Cour de cassation, la mission de surveillance confiée à l'administrateur exclut que ce dernier puisse être tenu pour responsable de l'exécution ou de l'inexécution fautives du bail des locaux d'exploitation de l'entreprise, lequel s'est poursuivi de plein droit, tant qu'il n'a pas pris parti sur sa poursuite, dès lors que sa principale mission est d'établir le bilan économique de l'entreprise et de proposer un plan de sauvegarde (Com. 7 oct. 2020 : *cité note 14 ss. art. L. 621-4*).

L'idée est évidemment, par ce biais comme par d'autres, d'inciter le débiteur en difficulté à entamer une procédure de sauvegarde sans attendre de se retrouver en cessation des paiements.

Mais, quoi qu'il en soit, comme on l'a observé, rien ne devrait empêcher le tribunal de nommer un administrateur provisoire, conformément au droit commun (T. Montéran, Observations sur l'avant-projet de loi de sauvegarde des entreprises, *Gaz. Pal. 10-11 déc. 2003, p. 2*).

II. MODIFICATION DE LA MISSION DE L'ADMINISTRATEUR

Comme en d'autres situations (V. art. L. 621-4), la possibilité, pour le tribunal, de se saisir d'office pour modifier la mission de l'administrateur est limitée au cas où le débiteur est en état de cessation des paiements, à l'exclusion donc de l'hypothèse de sauvegarde (V., en cas de redressement judiciaire, art. L. 631-12). ❑

1. Mission d'assistance. En application des art. L. 622-1 C. com. et 974, 975 et 976 C. pr. civ., le pourvoi formé contre une société mise en procédure de sauvegarde est irrecevable dès lors que la déclaration de pourvoi déposée au greffe de la Cour de cassation n'est pas aussi dirigée contre l'administrateur désigné par le jugement d'ouverture avec la mission d'assister le débiteur pour tous les actes de gestion. • Civ. 1re, 5 juin 2008 : *Dr. sociétés 2008, n° 181, note Legros.* ♦ Lorsqu'un administrateur a été désigné pour assister le débiteur, à l'égard duquel une procédure de sauvegarde a été ouverte, pour tous les actes de gestion, le pourvoi en cassation formé par le débiteur seul n'est pas recevable, à moins que l'administrateur n'intervienne pour régulariser la procédure dans le délai ouvert pour le dépôt du mémoire en demande. • Com. 5 avr. 2016, n° 14-13.247 P : *cité note 4 ss. art. L. 624-17 ; Procédures 2016, n° 235, note Rolland ; RPC 2016, n° 110, obs. Lebel.* ♦ V. aussi note 14 ss. art. L. 621-4, note 7 ss. art. L. 622-3, note 6 ss. art. L. 624-3 et notes 1 et 2 ss. art. L. 631-12.

2. Mission de surveillance. Tenu de s'assurer que le débiteur respecte les obligations légales incombant au chef d'entreprise, l'administrateur judiciaire investi d'une mission de surveillance doit vérifier que le débiteur s'acquitte de son obligation de reverser aux caisses de retraite les cotisations qu'il prélève sur les salaires. • Com. 15 nov. 2016, n° 14-28.071 : *Gaz. Pal. 10 janv. 2017, p. 60, obs. Bidan ; LEDEN 2/2017. 3, obs. Favario ; RPC 2017, n° 21, obs. Lebel.*

3. Représentation en justice du débiteur. Si le débiteur en sauvegarde n'est pas légalement représenté par le mandataire judiciaire, il n'est pas interdit que tous les deux soient représentés en justice par le même avocat et quand deux parties sont représentées par le même avocat, les intérêts de ces parties seraient-ils divergents, il n'appartient pas au juge d'intervenir dans leur choix. • Com. 22 mars 2016, n° 14-20.077 P : *D. 2016. Actu. 702.*

4. Respect des obligations légales. V. note 2 ci-dessus et note 9 ss. art. L. 631-12.

5. Exercice des voies de recours. V. note 10 ss. art. L. 631-12 et note 5 ss. art. R. 624-7.

6. Interdiction d'émettre des chèques. V. art. L. 626-13.

Art. L. 622-2 *(Abrogé par Ord. n° 2008-1345 du 18 déc. 2008, art. 19) (L. n° 2003-7 du 3 janv. 2003, art. 42)* ***Le commissaire aux comptes du débiteur ne peut opposer le secret professionnel aux demandes du commissaire aux comptes de l'administrateur judiciaire tendant à la communication de tous renseignements ou documents relatifs au fonctionnement, à compter de la désignation de cet administrateur, des comptes bancaires ou postaux ouverts au nom du débiteur.*** – *[C. com., anc. art. L. 621-22-1.]*

COMMENTAIRE

L'abrogation, par l'ordonnance du 18 décembre 2008, de l'article L. 622-2 ne signifie pas la disparition de la disposition que ce texte contenait, relative à la communication de renseignements entre le commissaire aux comptes du débiteur et le commissaire aux comptes de l'administrateur judiciaire. Cette disposition se retrouve, désormais, à l'article L. 811-11-3, visant la situation du débiteur en sauvegarde, redressement judiciaire ou liquidation judiciaire. ❑

Art. L. 622-3 **Le débiteur continue à exercer sur son patrimoine les actes de disposition et d'administration, ainsi que les droits et actions qui ne sont pas compris dans la mission de l'administrateur.**

En outre, sous réserve des dispositions des articles L. 622-7 et L. 622-13, les actes de gestion courante qu'accomplit seul le débiteur sont réputés valables à l'égard des tiers de bonne foi. – *[C. com., anc. art. L. 621-23.]*

COMMENTAIRE

Simple adaptation des renvois à la nouvelle numérotation. ❑

1. Droits et actions non compris dans la mission de l'administrateur. V. note 10 ss. art. L. 631-12.

2. Activité professionnelle. En vertu du principe de l'unicité du patrimoine, les effets du jugement d'ouverture de la procédure collective s'étendent à l'intégralité du patrimoine du débiteur, patrimoine professionnel et patrimoine personnel • Versailles, 15 janv. 1998 : *D. Affaires 1998. 915.* ♦ Comp. : • T. com. Antibes, 19 déc. 1986 : *D. 1987. 372, note Derrida* • Poitiers, 10 nov. 1987 : *RPC 1988. 367, obs. Mestre et Delebecque.*

3. Acte de gestion courante. Constitue un acte de gestion courante, au sens de l'art. 32, al. 2 [C. com., art. L. 622-3] : la commande de marchandises destinées à être vendues dans une boutique, cette commande ayant été effectuée par le commerçant pour les besoins de son activité commerciale. • Com. 11 juin 1996 : *BRDA 1996, n° 15/16, p. 7.* ♦ ... Les contrats de vente passés à des acheteurs par l'intermédiaire d'un agent commercial. • Versailles, 28 nov. 1996 : *D. Affaires 1997. 222 ; RJDA 1997, n° 555.* ♦ ... La conclusion d'un contrat de transport, dès lors que l'acheminement de marchandises fabriquées auprès de sa clientèle constitue une activité quotidienne de la société débitrice. • Com. 9 janv. 2001 : *RPC 2002. 90, obs. Lebel.* ♦ ... La vente d'appartements, compte tenu de l'activité de construction-vente de la société débitrice. • Com. 27 nov. 2001, n° 99-10.378 P : *D. 2002. AJ 401, obs. Lienhard ; APC 2002, n° 2, obs. Vallansan ; Dr sociétés 2002, n° 40, note Legros ; Dr. et patr. 4/2002. 99, obs. Monsèrié-Bon ; JCP E 2002, n° 20, p. 805, obs. Cabrillac ; RPC 2003. 11, obs. Lebel.* ♦ ... La vente d'un véhicule utilitaire par une société exploitant un garage et un atelier de réparation automobile. • Com. 28 mai 2002 : *Dr. sociétés 2002, n° 218, note Legros ; RPC 2003. 15, obs. Lebel.* ♦ ... La souscription d'un contrat d'assurance. • Civ. 1re, 23 sept. 2003 : *APC 2003, n° 241.* ♦ ... La cession de créances professionnelles dans les formes prévues par la L. n° 81-1 du 2 janv. 1981 [désormais codifiée au C. mon. fin.]. • Versailles, 13 juin 1996 : *D. Affaires 1996. 1103.* ♦ ... La réception de la mise en demeure préalable notifiée par un organisme social qui, à la différence de la contrainte qui lui fait éventuellement suite, n'est pas de nature contentieuse. • Com. 12 janv. 2010, n° 08-20.659 P : *D. 2010. Chron. C. cass. 1110, obs. Bélaval ; ibid. AJ 264 ; JCP E 2010. 1296, n° 4, obs. Cabrillac ; RPC 2010, n° 54, obs. Lebel ; Gaz. Pal. 16-17 avr. 2010, p. 23, obs. Bidan ; RJDA 2010, n° 866 ; Dr. et patr. 10/2010. 90, obs. Saint-Alary-Houin et Monsèrié-Bon ; RJ com. 2010. 298, note Sortais.* ♦ ... Le paiement des cotisations sociales afférentes à des contrats de travail en cours via une autorisation de prélèvement automatique. • Amiens, 21 mars 2019, n° 18/03870 : *RPC 2019, n° 101, obs. Lebel.*

4. Il ne peut être sérieusement soutenu que l'action en justice, fût-ce pour recouvrer une créance, constitue un acte de gestion courante, c'est-à-dire une opération de type courant, habituellement pratiquée et d'un montant peu élevé, tel que visé à l'art. 32 [C. com., art. L. 622-3]. • Paris, 4 oct. 1996 : *D. Affaires 1996. 1395.* ♦ Comp. : • Paris, 10 janv. 2023, n° 22/04027 : *RPC 2023, n° 64, obs. Lebel.* ♦ L'irrégularité de fond résultant de la délivrance d'une assignation par le président-directeur général d'une société en redressement judiciaire sans être assisté des administrateurs judiciaires auxquels le jugement d'ouverture avait confié une mission d'assistance, dans la mesure où la régularisation n'est pas intervenue avant que le juge des référés ait statué, ne peut être couverte par la reprise d'instance, en cause d'appel, des commissaires à l'exécution du plan dont le pouvoir est limité, par application des dispositions impératives de l'al. 2 de l'art. 67 [C. com., art. L. 626-25], à la poursuite, avant le jugement qui arrête le plan, de l'action introduite par l'administrateur ou le représentant des créanciers. • Même arrêt.

La réception de la notification d'un acte de procédure (en l'espèce, de la dénonciation d'une saisie-attribution) ne peut être considérée comme un acte de gestion courante au sens de l'art. 32 [C. com., art. L. 622-3]. • Grenoble, 13 nov. 2001 : *Rev. huiss. 2002. 121, obs. Putman.* ♦ Il en va de même de la signification d'une mesure de saisie-attribution. • Poitiers, 12 sept. 2017, n° 16/02584 : *RPC 2018, n° 58, obs. Lebel.* ♦ V. aussi note 1 ss. art. L. 631-12.

5. Ne constitue pas un acte de gestion courante le mandat donné par le dirigeant d'une société en redressement judiciaire à un avocat de représenter la société dans des procédures opposant celle-ci à des créanciers, et la convention d'honoraires subséquentes, dès lors que les frais et honoraires dont le paiement est réclamé par l'avocat sont d'une « particulière importance » et sont de nature à grever d'autant la situation de la société au détriment des autres parties prenantes au nombre desquelles se trouvent les créanciers de celle-ci. • Civ. 1re, 13 nov. 1997 : *RJDA 1998, n° 456.*

6. L'audit des comptes d'une société en redressement en vue de l'adoption d'un plan de continuation n'entre pas au nombre des actes de gestion courante que l'art. L. 622-3 C. com. autorise le débiteur à accomplir seul. • Versailles, 20 févr. 2018, n° 17/02746 : *Dr. sociétés 2018, n° 154, note Legros.*

7. La conclusion d'un contrat de travail n'est pas un acte de gestion courante. • Soc. 30 mai 2001 : *APC 2001, n° 203, obs. Regnaut-Moutier.* ♦ V. aussi, s'agissant de l'engagement d'un salarié selon un contrat à durée déterminée de dix-sept mois [contrat de professionnalisation] : • Soc. 26 nov. 2015, n° 14-19.680 : *LEDEN 1/2016. 7, obs. Dedessus-Le-Moustier ; RPC 2016, n° 39, obs. Lebel ; ibid., n° 56, obs. Jacotot.* ♦ Un contrat de travail à durée déterminée, quoique conclu sans l'assistance de l'administrateur judiciaire, est opposable à la procédure collective dès lors qu'il a été ratifié par celui-ci. • Soc. 17 oct. 2006 : *RJDA 2006, n° 176 ; APC 2007, n° 9, obs. Fin-Langer.* ♦ Mais le règlement d'un salaire ne constitue pas de la part de l'administrateur judiciaire une approbation non équivoque de l'acte établi sans son assistance. • Soc. 7 nov. 2007 : *RJDA 2008, n° 436.* ♦ Le licenciement disciplinaire, qui n'est pas un acte de gestion courante, prononcé sans l'assistance de l'administrateur judiciaire chargé d'assister le débiteur pour tous les actes de gestion, est inopposable à la procédure collective, sauf s'il est ratifié par l'administrateur ou le liquidateur (admettant, en l'espèce, la ratification implicite). • Soc. 22 mars 2023, n° 21-21.315 : *BJE 7-8/2023. 45, note Donnette ; RPC 2023, n° 68, obs. Jacotot.*

8. Sur le pouvoir souverain d'appréciation des juges du fond, qui ont considéré, en l'espèce, que, au regard de la nature de l'activité de la société débitrice et du montant des marchés de travaux, l'émission d'une lettre de change constituait un acte de gestion courante n'exigeant pas le contreseing de l'administrateur judiciaire. V. • Com.

13 sept. 2011, n° 10-24.126 : *RJDA 2011, n° 938 ; BJE 2012. 12, note Delmotte ; Gaz. Pal. 20-21 janv. 2012, p. 15, obs. Bidan.* ♦ Le tiers de bonne foi, au sens de l'art. L. 622-3, al. 2, est celui qui ne connaissait pas les restrictions apportées aux pouvoirs du débiteur par le jugement d'ouverture de la procédure collective, cette absence de connaissance étant présumée et la seule connaissance par le tiers de la procédure collective ne démontrant pas sa mauvaise foi. • Même arrêt.

9. Action en responsabilité contractuelle. Le débiteur en redressement judiciaire a qualité pour exercer seul ou, lorsqu'il en a été désigné un, représenté ou assisté de son administrateur, une action en responsabilité civile contractuelle. • Com. 4 mars 2003 : *RPC 2004. 46, obs. Lebel.*

10. Sanction. Les actes juridiques accomplis par le débiteur au cours de la période d'observation du redressement judiciaire, n'étant pas frappés de nullité mais simplement d'inopposabilité à la procédure collective, il s'ensuit que l'employeur, qui succède à l'employeur en redressement judiciaire, ne peut opposer au salarié la méconnaissance de la règle de dessaisissement. • Soc. 5 nov. 2014 : *D. 2014. Actu. 2294 ; LEDEN 12/2014. 7, obs. Dedessus-Le-Moustier ; APC 2015, n° 4, obs. Pédemons ; Gaz. Pal. 18-20 janv. 2015, p. 32, obs. Gailhbaud ; RPC 2015, n° 1, obs. Fin-Langer ; RJDA 2015, n° 291.* ♦ Le licenciement pour faute lourde décidé par le débiteur seul, sans le concours de l'administrateur chargé de l'assister, n'est pas nul mais simplement inopposable à la procédure et conserve tous ses effets entre les parties. • Soc. 28 juin 2001 : *RPC 2002. 59, obs. Tacquet.* ♦ V. aussi, pour l'inopposabilité d'un bail conclu par le débiteur seul, • Versailles, 9 avr. 1998 : *D. Affaires 1998. 1051, obs. A. L.*

11. Information du cocontractant. Aucun texte n'oblige une entreprise à informer son cocontractant du fait qu'elle fait l'objet d'un redressement judiciaire. • Com. 24 sept. 2003 : *RJDA 2004, n° 189 ; RPC 2004. 220, obs. Lebel.*

12. Responsabilité civile de l'administrateur. V. note 13 ss. art. L. 621-4.

Art. L. 622-4 **Dès son entrée en fonction, l'administrateur est tenu de requérir du** *(Ord. n° 2008-1345 du 18 déc. 2008, art. 163-I)* **« débiteur » ou, selon le cas, de faire lui-même tous actes nécessaires à la conservation des droits de l'entreprise contre les débiteurs de celle-ci et à la préservation des capacités de production.**

L'administrateur a qualité pour inscrire au nom de l'entreprise tous hypothèques, nantissements, gages ou privilèges que le *(Ord. n° 2008-1345 du 18 déc. 2008, art. 163-I)* **« débiteur » aurait négligé de prendre ou de renouveler.** – *[C. com., anc. art. L. 621-16.]*

L'appel interjeté par l'administrateur du jugement qui l'a déclaré irrecevable en sa constitution de partie civile du chef d'abus de biens sociaux au nom de la société en redressement judiciaire, faute d'avoir été investi du pouvoir de représenter cette société, l'est valablement, celui-ci tenant de l'art. L. 621-16 [L. 622-4] la possibilité de faire tous actes nécessaires à la conservation des droits de l'entreprise contre les débiteurs de celle-ci. • Crim. 27 févr. 2002, n° 01-82.594 P : *D. 2002. AJ 2258 ; RJDA 2002, n° 776 ; BJS 2002. 777, note F.-X. Lucas.*

Art. L. 622-5 **Dès le jugement d'ouverture, tout tiers détenteur est tenu de remettre à l'administrateur ou, à défaut, au mandataire judiciaire, à la demande de celui-ci, les documents et livres comptables en vue de leur examen.** – *[C. com., anc. art. L. 621-17.]*

V. art. R. 622-3.

Art. L. 622-6 *(L. n° 2005-845 du 26 juill. 2005, art. 24)* **Dès l'ouverture de la procédure, il est dressé un inventaire** *(Abrogé par Ord. n° 2008-1345 du 18 déc. 2008, art. 20)* ***« et réalisé une prisée »*** **du patrimoine du débiteur** *(L. n° 2022-172 du 14 févr. 2022, art. 5, en vigueur le 15 mai 2022)* **« qui constitue le gage de ses créanciers professionnels » ainsi que des garanties qui le grèvent. Cet inventaire, remis à l'administrateur et au mandataire judiciaire, est complété par le débiteur par la mention des biens qu'il détient susceptibles d'être revendiqués par un tiers.** *(Ord. n° 2010-1512 du 9 déc. 2010, art. 3-5°)* **« Le débiteur entrepreneur** *(Abrogé par L. n° 2022-172 du 14 févr. 2022, art. 5, à compter du 15 mai 2022)* ***« individuel à responsabilité limitée »*** **y fait en outre figurer les biens détenus dans le cadre de l'activité à raison de laquelle la procédure a été ouverte qui sont compris dans un autre de ses patrimoines et dont il est susceptible de demander la reprise dans les conditions prévues par l'article L. 624-19. »**

Le débiteur remet à l'administrateur et au mandataire judiciaire *(L. n° 2022-172 du 14 févr. 2022, art. 5, en vigueur le 15 mai 2022)* **« , pour les besoins de l'exercice de leur mandat, » la liste de ses créanciers, du montant de ses dettes et des principaux contrats en cours. Il les informe des instances en cours auxquelles il est partie.**

L'administrateur ou, s'il n'en a pas été nommé, le mandataire judiciaire peut, nonobstant toute disposition législative ou réglementaire contraire, obtenir communication par les administrations et organismes publics, les organismes de prévoyance et de sécurité sociale, les établissements de crédit *(Ord. n° 2013-544 du 27 juin 2013, art. 7-11°, en vigueur le 1er janv. 2014)* **« , les sociétés de financement »** *(L. n° 2013-100 du 28 janv. 2013, art. 22)* **« , les établissements de monnaie électronique, les établissements de paiement » ainsi que les services chargés de centraliser les risques bancaires et les incidents de paiement, des renseignements de nature à lui donner une exacte information sur la situation patrimoniale du débiteur.**

Lorsque le débiteur exerce une profession libérale soumise à un statut législatif ou réglementaire ou dont le titre est protégé, l'inventaire est dressé en présence d'un représentant de l'ordre professionnel ou de l'autorité compétente dont, le cas échéant, il relève. En aucun cas l'inventaire ne peut porter atteinte au secret professionnel si le débiteur y est soumis.

L'absence d'inventaire ne fait pas obstacle à l'exercice des actions en revendication ou en restitution.

Un décret en Conseil d'État fixe les conditions d'application du présent article. – *V. art. R. 622-4 s.*

Pour les dispositions transitoires de la L. n° 2022-172 du 14 févr. 2022, V. note ss. art. L. 611-13.

Sur la sanction, V. art. L. 653-8, al. 2.

Sur le relevé de forclusion des créanciers, en cas d'omission du débiteur lors de l'établissement de la liste prévue à l'art. L. 622-6, al. 2, V. art. L. 622-26.

BIBL. ▸ DELATTRE, *RPC 2018. Étude 7* (contour de l'obligation de coopération).

COMMENTAIRE

La loi de 2005 a sérieusement étoffé la prescription de l'inventaire, passée d'une faculté à une obligation en 1994.

I. DOMAINE DE L'INVENTAIRE ET DE LA PRISÉE

Le domaine de l'inventaire réalisé sous seing privé (qui incombe au professionnel visé à l'art. L. 621-4, c'est-à-dire un commissaire de justice, un notaire ou un courtier en marchandises assermenté) apparaît élargi. D'abord par la substitution de la notion de « patrimoine » à celle de « biens ». Encore que la portée de cette modification soit loin d'être évidente. Ainsi peut-on penser, au-delà de la lettre du texte, comme auparavant et pour les mêmes raisons, que n'ont pas à y figurer les sommes déposées à la Caisse des dépôts et consignations, faute de risque de dissimulation dans ce cas. En revanche, avant l'ordonnance du 18 décembre 2008, il semblait que le caractère générique de l'expression employée dût conduire à décider que la prisée des immeubles du débiteur s'impose désormais. Ensuite, par son extension aux garanties grevant ce patrimoine. Cette innovation facilitera la tâche du mandataire chargé d'informer personnellement les créanciers titulaires d'une sûreté d'avoir à déclarer leurs créances (art. L. 622-24), sachant que la notion de garantie est plus large que celle de sûreté, en ce sens qu'elle vise aussi, par exemple, les biens objets d'un droit de rétention indépendant d'un gage ou des biens objets d'une clause de réserve de propriété non publiée (P.-M. Le Corre, La situation générale du débiteur et des créanciers dans l'avant-projet de réforme des entreprises en difficulté, *Gaz. Pal. 10-11 déc. 2003, p. 25, 2e partie, n° 17*).

Certains avaient suggéré que soit, purement et simplement, supprimée l'obligation de réaliser un inventaire et une prisée, qui deviendraient facultatifs (T. Montéran, Pour améliorer le droit des entreprises en difficulté, osons la réforme, *Gaz. Pal. 23-24 janv. 2008, p. 3, spéc. p. 6*). L'ordonnance du 18 décembre 2008 les a en partie écoutés : la prisée a été supprimée en cas de sauvegarde (pas en cas de redressement judiciaire), ce qui se comprend bien puisque la sauvegarde ne débouche normalement pas sur une cession des actifs ; quant à l'inventaire, il est désormais loisible au tribunal de le laisser établir par le débiteur, ce qui devrait devenir la norme (V. art. L. 622-6-1).

Autre élargissement de la loi de 2005 : la mention complémentaire requise des biens détenus susceptibles d'être revendiqués par des tiers. Comme le précise l'article R. 622-4, le débiteur doit remettre à la personne désignée pour dresser l'inventaire la liste des biens gagés, nantis ou placés sous sujétion douanière ainsi que celle des biens qu'il détient en dépôt, location ou crédit-bail, ou sous réserve de propriété ou, plus généralement, qui sont susceptibles d'être revendiqués par des tiers. Cette liste est annexée à l'inventaire. En réalité, ces dispositions ont surtout repris, en les renforçant et en les généralisant, celles que prévoyaient déjà l'article 51 du décret du 27 décembre 1985. Tenant compte, à la fois, de la loi du 1er août 2003 et de l'extension des procédures collectives aux professionnels indépendants, a ajouté que, le cas échéant, lorsque le débiteur n'est pas immatriculé au registre du commerce et des sociétés ou au répertoire des métiers, il informe le mandataire judiciaire de la déclaration d'insaisissabilité de l'immeuble où est fixée sa résidence principale, à laquelle il aurait procédé en application de l'article L. 526-1 du code de commerce.

II. COOPÉRATION DU DÉBITEUR OU DU DIRIGEANT

Cette coopération, qui ne concerne bien sûr pas l'hypothèse où l'inventaire est établi par le débiteur, se limite à l'obligation de compléter l'inventaire par la mention des biens qu'il détient susceptibles d'être revendiqués par un tiers. A défaut, le débiteur ou le dirigeant encourt une mesure d'interdiction de diriger (V. art. L. 653-8), voire de faillite personnelle, si son comportement s'inscrivait dans une attitude d'abstention volontaire de coopérer avec les organes de la procédure, faisant manifestement obstacle au bon déroulement de celle-ci (V. art. L. 653-5, 5°).

III. INFORMATION DUE PAR LE DÉBITEUR

L'obligation d'information et de communication de documents au bénéfice de l'administrateur et du mandataire judiciaire, pesant sur le débiteur (qui figurait à l'anc. art. L. 621-45), est, à la fois, allégée et renforcée par la loi de 2005.

Allégée, en ce que le texte n'exige plus que la liste des créanciers soit certifiée par un commissaire aux comptes ou un expert-comptable, formalité jugée « source de lourdeurs et de coûts inutiles ».

Mais surtout renforcée. S'ajoute, en effet, notamment la transmission (dans les huit jours suivant le jugement d'ouverture, précise l'art. R. 622-5) de la liste des « principaux contrats en cours ». Cette notion, un peu vague, que le décret ne précise pas, est d'une mise en œuvre assez délicate (P.-M. Le Corre, La situation générale du débiteur et des créanciers dans l'avant-projet de réforme des entreprises en difficulté, *Gaz. Pal. 10-11 déc. 2003, p. 25, 2e partie, n° 18*). En pratique, il s'agit surtout de ceux susceptibles d'être poursuivis dans les conditions prévues par l'article L. 622-13. Mais, dans la perspective consistant à donner au juge des renseignements utiles, transmettre l'ensemble des contrats en cours serait, en effet, excessif, puisque l'administrateur va signifier qu'il décide la poursuite de la plupart des contrats, notamment les plus courants (tels que les abonnements au téléphone, au gaz, à l'électricité...), par le seul fait que le cocontractant du débiteur sera payé. Ce qui lui importe de connaître à ce moment de la procédure c'est la liste des contrats essentiels qui devront engager la trésorerie de la période d'observation ou de ceux qu'il sera important de ne pas poursuivre faute de disposer des fonds nécessaires.

Depuis la réforme de 2005, le débiteur doit informer le mandataire de toutes les instances en cours au jour du jugement d'ouverture auxquelles il est partie (importantes ou non), et non plus seulement des seules instances en cours devant la juridiction prud'homale, comme le prévoyait déjà l'article 81 du décret du 27 décembre 1985.

En cas d'omission, le créancier qui aurait subi un préjudice ne pourrait engager la responsabilité civile du débiteur (V. note 5 ss. anc. art. L. 621-45). Mais, si cette omission se trouvait à l'origine d'un défaut de déclaration de créance, le créancier pourrait se voir relever de sa forclusion en vertu de l'article L. 622-26, alinéa 1er, modifié. Cette omission, par ailleurs, peut entraîner une mesure d'interdiction de diriger (V. art. L. 653-8).

IV. OBTENTION DE RENSEIGNEMENTS DE TIERS

L'article L. 622-6, alinéa 3, donne les moyens à l'administrateur (ou au mandataire judiciaire) d'obtenir les renseignements nécessaires sur la situation patrimoniale du débiteur en interdisant aux administrations, organismes de sécurité sociale et établissements de crédit d'opposer le secret professionnel à ses demandes.

V. PROFESSIONS LIBÉRALES

Pour des raisons déontologiques, là encore, la protection des débiteurs membres d'une profession libérale est renforcée. Au caractère contradictoire de l'établissement de l'inventaire, dont profitent tous les débiteurs (V. art. R. 622-4), s'ajoute la présence obligatoire d'un représentant de l'ordre professionnel ou de l'autorité dont il relève. En aucun cas, l'inventaire ne saurait porter atteinte au secret professionnel auquel serait, le cas échéant, soumis ce débiteur (sur cette question, V. R. Martin et P. Neveu, L'application à la profession d'avocat de la loi du 26 juillet 2005 sur la sauvegarde des entreprises, *JCP 2006. I. 125, n° 20*). Il s'agit ici de respecter l'esprit des articles 56-1 et 56-3 C. pén. (*Rapp. AN, n° 2095, p. 207*). Ce dont il se déduirait que l'inventaire devrait se borner à recenser le nombre de dossiers et à établir la liste des éléments corporels (V. T. Favario, L'avocat en difficulté [application de la loi de sauvegarde à l'avocat exerçant en nom], *BJS. 2006. 691, n° 22*). Cela étant, d'autres conséquences de l'extension des procédures collectives aux professions libérales sont mécaniquement porteuses en germe d'atteinte au secret professionnel, ne serait-ce que le caractère public de l'état des créances (V. S. Rétif, L'extension des procédures collectives aux professions libérales, *RPC 2006. 152, spéc. 154*).

VI. EIRL-ENTREPRENEUR INDIVIDUEL

La loi du 15 juin 2010 relative à l'entrepreneur individuel à responsabilité limitée, qui permettait, grâce à la technique de l'affectation à une activité professionnelle, à une même personne de posséder plusieurs patrimoines, avait logiquement conduit l'ordonnance du 9 décembre 2010 à prévoir, pour l'établissement de l'inventaire, le cas, certainement fréquent en pratique, où le débiteur exerçant en EIRL détenait dans son activité à l'origine de l'ouverture de la procédure des biens ne faisant pas partie du patrimoine affecté à celle-ci appréhendé par cette procédure. Il pouvait s'agir de biens appartenant à son patrimoine personnel ou à un autre patrimoine affecté (une voiture, un ordinateur). L'ordonnance prévoyait d'ailleurs un cas particulier de « revendication » (appelé « reprise ») pour le débiteur entrepreneur individuel à responsabilité limitée (V. art. L. 624-19).

Ultérieurement, la loi du 14 février 2022 en faveur de l'activité professionnelle indépendante, applicable à compter du 15 mai 2022, a substitué à l'option pour le statut de l'entrepreneur à responsabilité limitée (EIRL) une protection de plein droit du patrimoine personnel, seul le patrimoine professionnel étant engagé. Dès lors, afin de viser à la fois le cas résiduel de l'EIRL et celui de l'entrepreneur individuel relevant du nouveau statut, en ce qui concerne son patrimoine professionnel, la loi de 2022 a tout simplement gommé les mots « individuel à responsabilité limitée », visant ainsi, de façon générale, le cas des entrepreneurs, dotés d'un patrimoine professionnel et d'un patrimoine personnel. Pour la même raison, est-il précisé, désormais, s'agissant de l'inventaire du patrimoine du débiteur, que n'est concerné que le patrimoine qui constitue le gage des créanciers professionnels du débiteur.

Répond à la même finalité la précision, au deuxième alinéa, selon laquelle les documents à remettre à l'administrateur et au mandataire judiciaire ne s'entendent que de ceux se rapportant aux besoins de l'exercice du mandat de ces organes.

1. Défaut d'inventaire ou inventaire incomplet. La charge de prouver que les biens revendiqués, restés en la possession du débiteur lors du redressement judiciaire et de l'exécution du plan de continuation, n'existaient plus en nature au jour du prononcé de la liquidation judiciaire, incombe au liquidateur, représentant la société débitrice, en l'absence de réalisation de la formalité obligatoire de l'inventaire. • Com. 1er déc. 2009, n° 08-13.187 P : *D. 2010. AJ 12, obs. Lienhard ; RTD com. 2010. 424, obs. Martin-Serf ; JCP E 2010. 1296, n° 12, obs. Cabrillac ; LEDEN 1/2010. 2, obs. Rubellin ; Gaz. Pal. 16-17 avr. 2010, p. 42, obs. Pérochon ; RJDA 2010, n° 541 ; RTD civ. 2010. 361, obs. Crocq*. ♦ Dans le même sens, sur renvoi, V. • Toulouse, 8 nov. 2011 : *RJDA 2012, n° 317 ; BJE 2012. 93, note Laroche*. ♦ De même, en présence d'un inventaire incomplet, sommaire ou inexploitable, qui équivaut à l'absence d'inventaire obligatoire prévu par l'art. L. 622-6, la preuve que le bien revendiqué, précédemment détenu par le débiteur, n'existe plus en nature au jour du jugement d'ouverture incombe au liquidateur. • Com. 25 oct. 2017, n° 16-22.083 P : *D. 2017. Actu. 2149 ; Rev. sociétés 2017. 737, obs. Henry ; JCP E 2017. 1688, n° 9, obs. Pétel ; LEDEN 12/2017. 5, obs. Houssin ; APC 2017, n° 297, obs. Laroche ; Gaz. Pal. 16 janv. 2018, p. 77, obs. Le Corre-Broly ; BJE 2018. 38, note Macorig-Venier ; RJDA 2018, n° 157 ; RPC 2018, n° 28, obs. Aynès.* ♦ L'inventaire détaillant sur de nombreuses pages les biens d'exploitation et les stocks, son caractère incomplet ne peut être déduit du seul fait qu'il ne correspond pas à la liste des biens revendiqués, de sorte qu'il appartient au revendiquant d'établir l'existence en nature des biens non inventoriés qu'il revendique. • Com. 14 sept. 2022, n° 21-10.759 : *APC 2022, n° 223, obs. Thiberge ; RJDA 2022, n° 707.* ♦ Sur le contrôle exercé par la Cour de cassation, V. • Com. 8 mars 2023, n° 21-20.881 : *RTD com. 2023. 739, obs. Martin-Serf ; Gaz. Pal. 18 avr. 2023, p. 51, obs. Delmotte ; RJDA 2023, n° 329 ; BJE 5-6/2023. 25, note Laroche ; RPC 2023, n° 62, obs. Lebel.* ♦ V. aussi note 12 ss. art. L. 621-9.

2. Carence du débiteur. L'administrateur judiciaire n'a pas l'obligation de pallier la carence du débiteur dans l'établissement et le dépôt de l'inventaire prescrits par les art. L. 622-6 et R. 622-4. • Com. 27 sept. 2016, n° 14-24.993 : *RPC 2016, n° 181, obs. Lebel ; RJDA 2017, n° 31.* ♦ Le dirigeant qui n'a pas communiqué au liquidateur judiciaire les renseignements visés à l'art. L. 622-6 ne peut prétendre s'exonérer de la sanction personnelle encourue à ce titre en invoquant la rétention exercée par l'expert-comptable sur les documents. • Paris, 20 janv. 2011 : *RJDA 2011, n° 447.*

3. Responsabilité du commissaire-priseur. Il n'appartient pas au commissaire-priseur missionné pour établir un inventaire de l'actif et non aux fins de prisée d'apprécier l'opportunité de mentionner un bien en fonction de sa valeur. • Douai, 25 janv. 2024, n° 22/00415 : *RPC 2024, n° 72, obs. Lebel.* ♦ Sur l'obligation de moyens pesant sur le commissaire-priseur désigné pour établir l'inventaire, V. • Toulouse, 4 sept. 2012 : *RPC 2012, n° 193, obs. Lebel.*

Art. L. 622-6-1 *(Ord. n° 2008-1345 du 18 déc. 2008, art. 21)* **Sauf s'il a été procédé, dans le jugement d'ouverture de la procédure, à la désignation d'un officier public** *(L. n° 2011-850 du 20 juill. 2011, art. 37-XV, en vigueur le 1er sept. 2011)* **« ou d'un courtier de marchandises assermenté » chargé de dresser l'inventaire, celui-ci est établi par le débiteur et certifié par un commissaire aux comptes ou attesté par un expert-comptable. Les dispositions du quatrième alinéa de l'article L. 622-6 ne sont, en ce cas, pas applicables.**

Si le débiteur n'engage pas les opérations d'inventaire dans un délai de huit jours à compter du jugement d'ouverture ou ne les achève pas dans un délai fixé par ce jugement, le juge-commissaire désigne pour y procéder ou les achever *(Ord. n° 2016-728 du 2 juin 2016, art. 23, en vigueur le 1er juill. 2022)* **« un commissaire de justice », un notaire ou un courtier en marchandises assermenté en considération de leurs attributions respectives telles qu'elles résultent des dispositions qui leur sont applicables.** *(Ord. n° 2009-112 du 30 janv. 2009, art. 11-1, en vigueur le 15 févr. 2009)* **« Il est saisi par l'administrateur, le mandataire judiciaire ou le ministère public. Il peut également se saisir d'office. Le délai fixé pour achever les opérations d'inventaire peut être prorogé par le juge-commissaire. »**

V. art. R. 622-4-1.

COMMENTAIRE

L'article L. 622-6-1, ajouté par l'ordonnance du 18 décembre 2008, tend à simplifier la formalité de l'inventaire, qui demeure cependant obligatoire en cas d'ouverture d'une sauvegarde. Le tribunal garde la possibilité de désigner, dans le jugement d'ouverture, un officier public chargé de dresser l'inventaire. Il choisit alors, en fonction de leurs attributions légales respectives, entre un commissaire de justice, un notaire ou un courtier en marchandises assermenté. Mais, si le tribunal n'a pas jugé bon de procéder à cette désignation (qui devrait désormais devenir l'exception), ou si le débiteur ne l'a pas demandée, c'est à ce dernier qu'il incombe d'établir l'inventaire, qui sera certifié par un commissaire aux comptes ou attesté par un expert-comptable. Dans cette hypothèse, bien entendu, si le débiteur est un professionnel libéral, aucun risque d'atteinte au secret professionnel n'existant, la présence d'un représentant de l'ordre professionnel n'est pas nécessaire.

Afin que ces liberté et confiance laissées au débiteur ne se heurtent à sa lenteur (ou à sa mauvaise volonté), si les opérations d'inventaire ne sont pas engagées dans les huit jours du jugement d'ouverture, ou si elles se poursuivent au-delà d'un délai fixé par ce jugement, le juge-commissaire peut être saisi par l'administrateur, le mandataire judiciaire ou le ministère public, ou se saisir d'office. Il désigne alors un des officiers publics précités et le charge d'établir l'inventaire. Le juge-commissaire, saisi dans les mêmes conditions, peut également proroger le délai fixé pour achever les opérations d'inventaire. Il a été noté, pour le regretter, que le texte ne semble pas permettre au débiteur de demander au juge-commissaire une prorogation du délai (P.-M. Le Corre, Droit et pratique des procédures collectives, *Dalloz Action, 2023/2024, 462.326*).

Selon un auteur, le chef d'entreprise « honnête » pourrait avoir intérêt à renoncer à cette prérogative, offerte par l'ordonnance de 2008, source de difficultés, voire de responsabilité (P. Pétel, Le nouveau droit des entreprises en difficulté : acte II, *JCP E 2009. 1049, n° 15*). ❑

Art. L. 622-7 *(Ord. n° 2008-1345 du 18 déc. 2008, art. 22)* **I. — Le jugement ouvrant la procédure emporte, de plein droit, interdiction de payer toute créance née antérieurement au jugement d'ouverture, à l'exception du paiement par compensation de créances connexes. Il emporte également, de plein droit, interdiction de payer toute créance née après le jugement d'ouverture, non mentionnée au I de l'article L. 622-17. Ces interdictions ne sont pas applicables au paiement des créances alimentaires.**

De même, il emporte, de plein droit, inopposabilité du droit de rétention conféré par le 4° de l'article 2286 du code civil pendant la période d'observation et l'exécution du plan, sauf si le bien objet du gage est compris dans une cession d'activité décidée en application de l'article L. 626-1.

Il fait enfin obstacle à la conclusion et à la réalisation d'un pacte commissoire.

(Ord. n° 2021-1193 du 15 sept. 2021, art. 15, en vigueur le 1er oct. 2021) **« II. — Le juge-commissaire peut autoriser le débiteur à faire un acte de disposition étranger à la gestion courante de l'entreprise, à consentir une sûreté réelle conventionnelle en garantie d'une créance postérieure à l'ouverture de la procédure, à payer le transporteur exerçant une action au titre de l'article L. 132-8 du code de commerce ou à compromettre ou transiger. Néanmoins, si l'un de ces actes est susceptible d'avoir une incidence déterminante sur l'issue de la procédure, le juge-commissaire ne peut statuer qu'après avoir recueilli l'avis du ministère public.**

« Après avoir recueilli les observations du ministère public, le juge commissaire peut autoriser le débiteur à exercer le droit prévu à l'article 1699 du code civil. Il » peut aussi l'autoriser à payer des créances antérieures au jugement, pour retirer le gage ou une chose légitimement retenue ou encore pour obtenir le retour de biens et droits transférés à titre de garantie dans un patrimoine fiduciaire, lorsque ce retrait ou ce retour est justifié par la poursuite de l'activité. Ce paiement peut en outre être autorisé pour lever l'option d'achat d'un contrat de crédit-bail, lorsque cette levée d'option est justifiée par la poursuite de l'activité *(Abrogé par Ord. n° 2014-326 du 12 mars 2014, art. 21-2°, à compter du 1er juill. 2014)* ***« et que le paiement à intervenir est d'un montant inférieur à la valeur vénale du bien objet du contrat. »*** — *V. art. R. 622-6.*

III. — Tout acte ou tout paiement passé en violation des dispositions du présent article est annulé à la demande de tout intéressé ou du ministère public, présentée dans un délai de trois ans à compter de la conclusion de l'acte ou du paiement de la créance. Lorsque l'acte est soumis à publicité, le délai court à compter de celle-ci.

Pour les dispositions transitoires de l'Ord. n° 2021-1193 du 15 sept. 2021, V. note ss. art. L. 611-2.

BIBL. ▸ PÉROCHON, *D. 2009. 651* (interdictions de paiement et traitement des sûretés réelles). – LE CORRE, *Gaz. Pal. 2009. Doctr. 810* (l'interdiction des paiements après l'Ord. du 18 déc. 2008) ; *JCP E 2009. 1204* (efficacité des gages sans dépossession dans les procédures collectives) ; *Gaz. Pal. 2009. Doctr. 3017* (le créancier nanti sur compte-titres bénéficiaire d'un paiement provisionnel confronté au superprivilège des salaires). – A. AYNÈS, *JCP 2009. I. 119* (même thème). – BARAT, *RDBF 2010. Dossier 13* (levée d'option d'achat du crédit-bail). – KUNTZ et NURIT, *BJE 2011. 160* (paiement de dettes connexes et principe d'égalité des créanciers : l'éternelle incompatibilité). – PELLETIER et AYMAMI, *JCP E 2012. 1289* (compensation des créances de loyers et de restitution du dépôt de garantie). – ARROYO et TAY-PAMART, *Banque et Dr. 5-6/2013. 18* (efficacité du gage sans dépossession en cas de procédure collective). – DOUAOUI-CHAMSEDDINE,

RDBF 2023. Étude 8 (paiement en crypto-monnaie ou jetons de monnaie électronique et art. L. 622-7, I).

Ancien art. L. 622-7 (II) *[réd. antérieure à Ord. n° 2021-1193 du 15 sept. 2021]* ***Le juge-commissaire peut autoriser le débiteur à faire un acte de disposition étranger à la gestion courante de l'entreprise, à consentir une hypothèque, un gage ou un nantissement ou à compromettre ou transiger.*** *(Ord. n° 2014-326 du 12 mars 2014, art. 21-1°, en vigueur le 1er juill. 2014)* ***« Néanmoins, si cet acte est susceptible d'avoir une incidence déterminante sur l'issue de la procédure, le juge-commissaire ne peut statuer qu'après avoir recueilli l'avis du ministère public. »***

Ancien art. L. 622-7 *[réd. antérieure à Ord. n° 2008-1345 du 18 déc. 2008] (L. n° 2005-845 du 26 juill. 2005, art. 25)* ***« Le jugement ouvrant la procédure emporte, de plein droit, interdiction de payer toute créance née antérieurement au jugement d'ouverture, à l'exception du paiement par compensation de créances connexes. Il emporte également, de plein droit, interdiction de payer toute créance née après le jugement d'ouverture, non mentionnée au I de l'article L. 622-17, à l'exception des créances liées aux besoins de la vie courante du débiteur personne physique et des créances alimentaires. »*** *(Ord. n° 2006-346 du 23 mars 2006, art. 47)* ***« Il fait enfin obstacle à la conclusion et à la réalisation d'un pacte commissoire. »***

Le juge-commissaire peut autoriser le chef d'entreprise ou l'administrateur à faire un acte de disposition étranger à la gestion courante de l'entreprise, à consentir une hypothèque ou un nantissement ou à compromettre ou transiger.

Le juge-commissaire peut aussi les autoriser à payer des créances antérieures au jugement, pour retirer le gage ou une chose légitimement retenue, lorsque ce retrait est justifié par la poursuite de l'activité.

Tout acte ou tout paiement passé en violation des dispositions du présent article est annulé à la demande de tout intéressé *(L. n° 2005-845 du 26 juill. 2005, art. 25)* ***« ou du ministère public », présentée dans un délai de trois ans à compter de la conclusion de l'acte ou du paiement de la créance. Lorsque l'acte est soumis à publicité, le délai court à compter de celle-ci.*** – *[C. com., anc. art. L. 621-24.]*

COMMENTAIRE

I. INTERDICTION DE PAYER

Par rapport à l'ancien article L. 621-24, l'article L. 622-7, I, issu de la loi de 2005 (dont le principe même de l'application à la sauvegarde peut poser problème en pratique, les créanciers ne comprenant pas forcément qu'ils ne puissent être payés par une entreprise *in bonis*) frappe expressément d'interdiction de paiement les créances nées régulièrement après le jugement d'ouverture autres que celles couvertes par la priorité de paiement. Cette précision est judicieuse car, tout autant que la prohibition visant les créances antérieures, elle participe du respect de la règle d'égalité des créanciers, dès lors que les créances postérieures non privilégiées sont traitées comme des créances antérieures soumises à déclaration (V. art. L. 622-17 et L. 622-24).

La loi du 26 juillet 2005 n'avait posé que deux exceptions : les créances liées aux besoins de la vie courante du débiteur personne physique (relatives, par exemple, au loyer du logement familial ou à l'entretien et à l'éducation des enfants : il s'agissait là de ne pas « paralyser » complètement le débiteur ; en ce sens que ces créances devaient être maintenues dans une « enveloppe » tenant compte du montant global de la rémunération perçue par le débiteur, V. F. Pérochon et R. Bonhomme, *Entreprises en difficulté, Instruments de crédit et de paiement, LGDJ, 2006, 7e éd., n° 249*), et les créances alimentaires, précision qui tenait compte de la jurisprudence inaugurée par la Cour de cassation par deux arrêts de principe du 8 octobre 2003 (V. note 72 ss. art. L. 622-24), par ailleurs elle aussi consacrée désormais, semblait-il, par le législateur (V. art. L. 622-24). Ces créances pouvaient donc être payées à l'échéance (V., pour une première application par la Cour de cassation, Com. 3 nov. 2010 : *cité note 2*). Mais, telle que rédigée alors, la disposition soulevait des interrogations (V. comm. dans l'éd. 2014).

La question est aujourd'hui heureusement réglée par l'ordonnance du 18 décembre 2008, qui a reformulé l'exception dans la dernière phrase du I de l'alinéa 1er : « ces interdictions ne sont pas applicables au paiement des créances alimentaires ». Ce dont il résulte deux conséquences. D'abord, et surtout, une clarification de la situation des créances alimentaires, dans le sens de l'interprétation doctrinale majoritaire précitée : peuvent donc être payées aussi bien les créances alimentaires nées antérieurement que postérieurement au jugement d'ouverture (étant entendu que, pour ces dernières, pas plus que la loi de 2005, l'ordonnance de 2008 n'a repris la restriction prétorienne, selon laquelle les créances doivent être payées sur les fonds dont le débiteur conserve la libre disposition : F. Reille, Les retouches apportées au sort des créanciers postérieurs élus, *Gaz. Pal. 6-7 mars 2009, p. 38, n° 23* ; comp. : L.-C. Henry, Les modifications apportées par l'ordonnance du 18 décembre 2008 à la fixation du passif non salarial dans les procédures collectives, *Gaz. Pal. 8-10 mars 2009, p. 32, n° 12*). Et il aura fallu attendre plus de dix ans pour que la Cour de cassation vienne réaffirmer, par un arrêt sous forme de véritable *vade-mecum* de la créance alimentaire, cette limitation, sensible surtout en cas de liquidation judiciaire, ajoutant, pour ôter tout doute, à ce sujet, que le règlement de la créance ne peut intervenir sur les fonds disponibles dans la procédure (Com. 13 juin 2019 : *cité note 29*).

Ensuite, ce qui pouvait sembler plus étonnant, la disparition de tout sort particulier fait aux « créances liées aux besoins de la vie courante du débiteur personne physique », catégorie plus large que les créances alimentaires qui n'aura donc connu qu'une existence bien éphémère. Mais, dans la mesure où la condition de la nécessité de la créance postérieure pour « l'activité professionnelle » du débiteur est supprimée, à l'article L. 622-17, ces créances nées pour les besoins de la vie courante pourront toujours être payées à condition d'être nées en contrepartie d'une prestation fournie au débiteur. Elles seront alors traitées comme des créances prioritaires (P.-M. Le Corre, Les principales modifications de la procédure de sauvegarde dans le projet de réforme, *Gaz. Pal. 7-8 nov. 2008, p. 11, n° 39 ;* V. ss. art. L. 622-17).

II. COMPENSATION DE CRÉANCES CONNEXES

Selon un auteur, les créanciers postérieurs devaient désormais bénéficier de la possibilité de compensation des créances connexes lorsque la créance présentée en compensation est une créance postérieure non éligible au traitement préférentiel. Certes, la lettre du texte de l'article L. 622-7, alinéa 1er, devait conduire à une solution contraire, la compensation n'étant explicitement prévue par cette disposition que pour les créances antérieures. Cependant, cette lecture purement littérale paraît se heurter à la volonté du législateur de considérer ces créances en tous points comme des créances antérieures (P.-M. Le Corre, Droit et pratique des procédures collectives, *Dalloz Action, 2023/2024, 632.311*). La Cour de cassation semble avoir implicitement confirmé cette analyse dans un arrêt du 1er juillet 2020 (cité note 35).

Notons, par ailleurs, que, réaffirmant le caractère absolu de la condition de déclaration de créance, la Cour de cassation a refusé, dans un arrêt du 3 mai 2011 (V. note 64), de distinguer selon que l'exception de compensation de créances connexes s'analyse comme une simple défense au fond ou une demande reconventionnelle. Et ajoutons, encore, que, saisie dans le cadre d'une question prioritaire de constitutionnalité, la chambre commerciale a jugé que le mécanisme de compensation des créances connexes ne portait pas atteinte aux principes d'égalité et de sécurité juridique (Com. 14 sept. 2010 : *cité note 32*).

III. PACTE COMMISSOIRE ET FIDUCIE

L'ordonnance du 23 mars 2006 relative aux sûretés a complété l'article L. 622-7, pour préciser que le jugement d'ouverture fait obstacle à la conclusion et à la réalisation d'un pacte commissoire (ce dernier étant désormais prévu par l'art. 2365 C. civ.). Compte tenu de son contexte, cette nouvelle disposition ne devrait viser que le cas d'une procédure collective ouverte à l'égard du constituant (*BRDA 2006, n° 7, p. 12, n° 35*). Mais certainement ne faut-il pas, par analogie avec le champ de l'interdiction de payer, considérer que la prohibition ne viserait pas les sûretés consenties en garantie des créances postérieures privilégiées au titre de l'article L. 622-17, I (F. Macorig-Venier, Le pacte commissoire [et les sûretés réelles mobilières], *RLDA 2007, n° 14, p. 79, spéc. p. 82*).

Elle pourrait soulever une difficulté d'interprétation en matière de nantissement de compte si la banque créancière est titulaire du compte nanti. En effet, avant la réforme des sûretés, le banquier pouvait réaliser son gage par voie de compensation. Mais, cette solution devrait continuer à s'appliquer malgré la paralysie du pacte commissoire pendant la période d'observation. Car, comme l'a fait remarquer un auteur, il ne serait pas logique de pénaliser le banquier créancier et teneur du compte au motif qu'il dispose d'un nantissement sur ce compte, alors que la banque, simple teneur du compte, pourrait continuer à faire jouer la compensation (R. Dammann, La réforme des sûretés mobilières : une occasion manquée, *D. 2006. Chron. 1298, n° 5*). De manière plus générale, on ne peut manquer de s'étonner que le pacte commissoire se trouve curieusement, tout à la fois, validé et rendu totalement inefficace en cas d'ouverture d'une procédure collective (P. Crocq, La réforme des procédures collectives et le droit des sûretés, *D. 2006. Chron. 1306, n° 3*).

Pour le professeur F. Pérochon, cette interdiction n'ajouterait rien de nouveau s'agissant de la réalisation du pacte commissoire puisque celle-ci aboutit à un paiement, déjà prohibé (à moins de considérer que la « réalisation » correspond à la manifestation de la volonté du créancier de se prévaloir du pacte, dans le cas où le transfert de propriété et donc le paiement effectif sont contractuellement différés, la réalisation pouvant alors intervenir valablement avant le jugement d'ouverture : F. Pérochon, Les interdictions de paiement et le traitement des sûretés réelles, *D. 2009. Chron. 651, n° 12* ; F. Pérochon, Entreprises en difficulté, *LGDJ, 11e éd., 2022, n° 972*). Quant à la conclusion d'un tel pacte, l'auteur estime qu'elle devrait demeurer possible avec l'accord du juge-commissaire lorsque celui-ci autorise, en vertu de l'article L. 622-7, II, la constitution d'une sûreté, de sorte que seule serait interdite la stipulation d'un pacte commissoire dans un gage déjà conclu (F. Pérochon, *ibid.*).

Quant à la fiducie, instituée par la loi du 19 février 2007, il convenait, avait-on estimé logiquement, au lendemain de cette réforme, pour donner un sens à la fiducie-sûreté, de considérer que l'ouverture d'une procédure collective au bénéfice du constituant n'empêche pas la réalisation de la sûreté, dès lors que le bien objet du pacte ne fait plus partie du patrimoine du constituant (F. Barrière, La fiducie, *BJS 2007. 556, n° 36* ; et, cela, indépendamment de la question de l'opportunité même de la fiducie-sûreté, dans le paysage des procédures collectives, au regard des objectifs de la loi de sauvegarde des entreprises ; V. F.-X. Lucas et M. Sénéchal, Fiducie vs Sauvegarde, Fiducie ou sauvegarde, il faut choisir, *D. 2008. 29* ; et, pour la réponse, R. Dammann et G. Podeur, Fiducie et sauvegarde : deux réformes complémentaires, *BJS 2008. 88* ; R. Dammann, G. Podeur et V. Roussel, Fiducie-sûreté : première expérience avec Bercy, *Les Échos, 14 févr. 2008, p. 15*). Mais l'ordonnance du 18 décembre 2008, dans un souci d'équilibre des intérêts des créanciers garantis et de l'entreprise, a neutralisé les effets automatiques de la fiducie-sûreté après ouverture d'une procédure collective ou adoption d'un plan, du moins lorsque les biens ou droits sont laissés à la disposition du constituant (V. art. L. 622-23-1). En revanche, l'ordonnance de 2008 a complété le présent article L. 622-7, afin de permettre expressément au juge-commissaire d'autoriser le débiteur (terme qui remplace, depuis l'ordonnance de 2008, celui moins approprié de « chef d'entreprise ») à payer des créances antérieures pour obtenir le retour de biens et droits transférés à titre de garantie dans un patrimoine fiduciaire, lorsque ce retour est justifié par la poursuite de l'activité (la question restant de savoir si, en présence d'une fiducie-sûreté rechargeable, cette particularité pourrait tenir en échec le retour des biens dans le patrimoine du débiteur : V. P.-M. Le Corre, Droit et pratique des procédures collectives, *Dalloz Action, 2023/2024, 633.541*). Droit qui pourrait rester assez théorique, a-t-il été observé, du fait que les biens vraiment utiles auront normalement fait l'objet d'une convention de mise à disposition (F. Barrière, La fiducie-sûreté, *JCP E 2009. 1808, n° 42*).

Ces deux mesures sont complémentaires, visant l'une et l'autre à préserver l'actif du débiteur. Il en résulte donc que la meilleure des sûretés en cas de procédure collective est la fiducie-sûreté avec entiercement (P. Crocq, L'ordonnance du 18 décembre 2008 et le droit des sûretés, *RPC 2009. Dossier 10, n° 37*).

IV. AUTORISATION DONNÉE PAR LE JUGE-COMMISSAIRE

A. RÉGIME ANTÉRIEUR À L'ORDONNANCE DU 15 SEPTEMBRE 2021

L'apport de la réforme de 2008 a résidé surtout dans les deux nouveaux cas permettant de solliciter du juge-commissaire l'autorisation de payer des créances antérieures :
– celui relatif à la constitution d'une fiducie-sûreté évoquée ci-dessus ;
– le paiement en vue de lever l'option d'achat d'un contrat de crédit-bail, lorsque cette levée d'option est justifiée par la poursuite de l'activité et que, selon la précision que

prévoyait alors le texte, le paiement à intervenir est d'un montant inférieur à la valeur vénale du bien objet du contrat. Cet ajout, inspiré d'une suggestion d'Emmanuelle Le Corre-Broly, vient opportunément renverser la solution jurisprudentielle antérieure, fondée sur l'ancien article L. 621-24 (Com. 19 juin 2007 : *cité note 54 ss. art. L. 624-16* ; V., toutefois, estimant qu'il eût suffi et eût été plus opportun, hormis dans la liquidation, que la décision soit justifiée par la seule poursuite de l'activité, F. Pérochon, Les interdictions de paiement et le traitement des sûretés réelles, *D. 2009. Chron. 651, n° 29* ; V. aussi F. Barat, La levée d'option d'achat du crédit-bail par le preneur soumis à une procédure collective après l'ordonnance du 18 décembre 2008, *RDBF 2010. Dossier 13*).

L'ordonnance du 12 mars 2014 a élargi le domaine de l'autorisation de payer en supprimant la condition relative au montant du paiement inférieur à la valeur vénale du bien objet du contrat. Cet assouplissement répond aux critiques de la doctrine sur cette condition, qui n'avait que des inconvénients (F. Pérochon, Les interdictions de paiement et le traitement des sûretés réelles, *D. 2009. Chron. 651, n° 29*).

De manière plus générale, l'ordonnance de 2014 exige désormais l'avis préalable du ministère public si l'acte autorisé est susceptible d'avoir une incidence sur l'issue de la procédure.

Par ailleurs, l'ordonnance de 2008 a visé aussi le gage, à côté du nantissement (ce qui était nécessaire en raison de la réforme des sûretés opérée par l'ordonnance du 23 mars 2006, qui distingue entre le gage de meubles corporels et le nantissement de meubles incorporels). Mais, évidemment, le retrait contre paiement n'existe pas, s'agissant d'un gage sans dépossession, puisque, par hypothèse, le débiteur conserve le libre usage du bien et que le droit de rétention n'est pas opposable (V. ci-dessous ; A. Aynès, Précisions sur le sort du gage sans dépossession en cas de procédure collective, *JCP 2009. 119, n°s 4 et 5*).

Reste à savoir quelle sera la solution dans l'hypothèse où le créancier n'aura pas déclaré sa créance : la règle (en partie prétorienne) de l'inopposabilité à la procédure (V. ss. art. L. 622-26) fera-t-elle obstacle au jeu de l'autorisation de payer ou la Cour de cassation acceptera-t-elle une dérogation à la règle de l'inopposabilité qui autoriserait le règlement de ces créanciers, dans cette situation particulière où leur créance est garantie par le droit de propriété qu'ils ont acquis sur un bien du débiteur, bien qu'ils ne l'aient pas déclarée (V., le souhaitant, F.-X. Lucas, *D. 2011. Pan. 2077*) ?

B. RÉGIME ISSU DE L'ORDONNANCE DU 15 SEPTEMBRE 2021

Afin de mettre fin à toute discussion relative à la portée de l'énumération limitative figurant auparavant au II, alinéa 1er (hypothèque, gage, nantissement), l'ordonnance du 15 septembre 2021 a remplacé celle-ci par une formule générique, permettant au juge-commissaire d'autoriser la constitution de toute « sûreté réelle conventionnelle en garantie d'une créance postérieure à l'ouverture de la procédure » (sur la portée de cette formule, V., à propos des nullités de la période suspecte, comm. ss. art. L. 631-1, I, B). Supprimant toute ambiguïté à cet égard, la portée de la mesure est désormais expressément circonscrite aux créances postérieures, lesquelles doivent logiquement elles-mêmes être limitées aux créances postérieures privilégiées (N. Borga et J. Théron, Ordonnance du 15 septembre 2021 réformant le droit des entreprises en difficulté, un tournant ?, *D. 2021. 1773*).

Par ailleurs, le texte permet désormais également, pour les procédures ouvertes à compter du 1er octobre 2021, l'autorisation de payer le transporteur exerçant une action directe au titre de l'article L. 132-8 du code de commerce (V., auparavant, Com. 26 févr. 2020, n° 18-21.117 ; sur la pratique antérieure, consistant en une transaction avec le transporteur, V. N. Borga et J. Théron, *préc.*).

De même, le juge-commissaire peut-il dorénavant, conformément à la modification du second alinéa du II de l'article L. 622-7, autoriser le débiteur à exercer le droit de retrait litigieux prévu à l'article 1699 du code civil, ce que la jurisprudence lui interdisait logiquement auparavant, faute d'exception textuelle à l'interdiction de paiement (V. Com. 12 oct. 2004 : *cité note 23*).

Ces deux nouveaux pouvoirs accordés au juge-commissaire supposent, évidemment, eux aussi, le recueil préalable de l'avis du ministère public.

V. DROIT DE RÉTENTION

Une difficulté pouvait naître de la consécration, par l'ordonnance du 23 mars 2006, du droit de rétention, et, plus particulièrement, du nouvel article 2340 du code civil, relatif au gage de meubles corporels. Ce texte, en effet, qui autorise la constitution de gages successifs sur des meubles corporels, met fin à la primauté jusqu'alors absolue du rétenteur sur les autres créanciers, en disposant, dans l'hypothèse où un même bien fait successivement l'objet d'un gage sans dépossession puis d'un gage avec dépossession, que le droit du premier créancier gagiste (dépourvu de droit de rétention) est opposable au second « nonobstant le droit de rétention de ce dernier ». Or cette limite à l'opposabilité du droit de rétention, nécessaire pour assurer l'efficacité du nouveau gage de meubles corporels sans dépossession, risque de poser problème en cas de procédure collective : que faire, durant la période d'observation, si le bien gagé est nécessaire à la poursuite de l'activité ? Le retrait du bien retenu moyennant le désintéressement du second créancier gagiste, seul rétenteur, doit-il être subordonné au paiement préalable du créancier gagiste dont l'inscription est antérieure ? Cela ne va pas de soi, selon un auteur, sachant que la règle du retrait contre paiement (art. L. 622-7, al. 3) n'est normalement justifiée que par le pouvoir dont dispose le rétenteur d'empêcher l'usage du bien (A. Aynès, Consécration légale du droit de rétention, *D. 2006. Chron. 1301, n° 7*). Mais la loi de modernisation de l'économie du 4 août 2008 a reconnu un droit de rétention au gagiste sans dépossession (C. civ., art. 2286 ; droit de rétention fictif, qui n'est pas sans poser des problèmes : V. R. Dammann et G. Podeur, Le nouveau paysage du droit des sûretés : première étape de la réforme de la fiducie et du gage sans dépossession, *D. 2008. Chron. 2293* ; A. Aynès, L'extension du droit de rétention dans le projet de réforme des procédures collectives, *JCP 2008. Actu. 300* ; S. Piedelièvre, Le nouvel article 2286, 4°, du code civil, *D. 2008. 2950*). Pour tenir compte de cette évolution significative du droit de rétention, et éviter qu'elle ne nuise à la poursuite de l'activité du débiteur et à l'adoption d'un plan, l'ordonnance du 18 décembre 2008 a introduit une disposition de neutralisation dans l'article L. 622-7, I, alinéa 2. Il s'agit, comme le dit le Rapport au président de la République, de permettre au débiteur de continuer à faire usage du bien gagé, ce qui apparaît de nature à favoriser le maintien de l'exploitation : le jugement d'ouverture emporte, de plein droit, inopposabilité du droit de rétention prévu au 4° de l'article 2286 du code civil pendant la période d'observation et l'exécution du plan, sauf si le bien objet du gage est compris dans une cession d'activité décidée en application de l'article L. 626-1. Ainsi, le débiteur pourra, par exemple, utiliser les stocks grevés d'un gage sans dépossession soumis aux dispositions des articles L. 527-1 et suivants du code de commerce, ou encore le matériel ou l'outillage gagé. Mais, pour certains, cette précaution, due à l'ambiguïté du concept même du droit de rétention fictif, n'était peut-être pas même nécessaire, puisque, précisément, faute de dépossession, le créancier était, par définition, privé de pouvoir de blocage (P. Crocq, L'ordonnance du 18 décembre 2008 et le droit des sûretés, *RPC 2009. Dossier 10, n° 42 ; Cah. dr. entr. 7-8/2009. 21*). L'opinion n'est toutefois pas partagée par tous les auteurs, d'autres considérant que le créancier détient quand même un pouvoir de blocage, certes édulcoré, dans la mesure, notamment, où il peut refuser la radiation de l'inscription tant qu'il n'est pas totalement désintéressé (C. civ., art. 2339 ; Décr. n° 2006-1804 du 23 déc. 2006, art. 8 ; F. Pérochon, A propos de la réforme de la liquidation judiciaire par l'ordonnance du 18 décembre 2008, *Gaz. Pal. 8-10 mars 2009, p. 3, n° 30* ; V. aussi N. Borga, Regards sur les sûretés dans l'ordonnance du 18 décembre 2008, *RDBF, mai-juin 2009, p. 9, n° 12*). Quoi qu'il en soit, bien entendu, cette nouvelle disposition n'affecte nullement les droits de rétention institués par des textes spéciaux (par exemple, le gage grevant les véhicules automobiles). Il convient sans doute cependant de comprendre que, si l'inopposabilité autorise la vente du bien gagé pendant la période d'observation, le prix n'apparaît pas pour autant disponible entre les mains de l'administrateur ou du débiteur, si l'on admet que le gage, lui, conserve son efficacité, sous la seule réserve légale du droit de rétention : s'applique donc l'article L. 622-8, entraînant la consignation du prix, sauf recours, selon un auteur, à la technique, prévue par ce texte, de la substitution de garantie, possible, au regard de la jurisprudence de la Cour de cassation (Com. 4 juill. 2000 : *cité note 26*) si l'on considère que l'inopposabilité du droit de rétention équivaut à l'absence de droit de rétention (P.-M. Le Corre, La mesure de l'efficacité des gages sans dépossession dans les procédures collectives, *JCP E 2009. 1204, nos 20 s.*).

Mais l'inopposabilité du droit de rétention fictif cesse en cas de cession, le créancier pouvant donc l'opposer au cessionnaire (à supposer que cette opposabilité ne soit pas que théorique, comme le craint un auteur : A. Aynès, Précisions sur le sort du gage sans dépossession en cas de procédure collective, *JCP 2009. 119, n° 7*). A noter encore que, comme l'inopposabilité de ce droit de rétention n'est que temporaire, le créancier devra faire mention de ce dernier dans sa déclaration de créance pour pouvoir, le cas échéant, s'en prévaloir après la période d'observation et l'exécution du plan (F. Pérochon, Les interdictions de paiement et le traitement des sûretés réelles, *D. 2009. Chron. 651, n° 19*).

Se posait aussi une question de droit transitoire : certes, la paralysie du droit de rétention fictif ne concerne que les procédures ouvertes à compter du 15 février 2009, mais frappe-t-elle seulement les créanciers dont le gage est postérieur à la loi du 4 août 2008 ? La réponse prêtait à hésitation dans la mesure où, si les effets du contrat sont normalement régis par la loi en vigueur lors de sa conclusion, ce principe connaît des exceptions lorsque la loi nouvelle vient faire produire au contrat un effet légal (M.-H. Monsèrié-Bon, Les apports de la réforme du 18 décembre 2008 en matière de sûretés, *Dr. et patr. 1/2010, p. 26, spéc. p. 30*). Selon la cour d'appel de Versailles, les sûretés constituées avant le 6 août 2008, date d'entrée en vigueur du texte, restent soumises au droit antérieur : « aucune considération, particulièrement impérative, d'ordre public économique ou de protection, ne commande de conférer immédiatement un droit de rétention aux créanciers bénéficiant d'un nantissement octroyé avant le 6 août 2008 » (Versailles, 20 janv. 2011, RG n° 09/07588 : *BJE 2011. 120, note Macorig-Venier ; LEDEN 2011, n° 30, obs. F.-X. Lucas*). La solution avait été anticipée par la doctrine (V., entre autres, R. Dammann, Le droit des sûretés à l'épreuve des procédures collectives, *in* Crise du crédit et entreprises, ss. la dir. de J.-L. Vallens, *Lamy, Axe Droit, 2010, n° 122*).

VI. ATTRIBUTION JUDICIAIRE DE L'IMMEUBLE HYPOTHÉQUÉ

L'ancien article 2458 du code civil, issu de l'ordonnance du 23 mars 2006, a permis au créancier hypothécaire de demander l'attribution judiciaire de l'immeuble en paiement. Cette faculté se retrouve, depuis l'ordonnance n° 2021-1192 du 15 septembre 2021, au nouvel article 2451. Dans ce cas, il convient vraisemblablement, par analogie avec la solution posée pour l'attribution judiciaire du gage (V. note 19), de considérer que cette opération, analysable elle aussi comme une dation en paiement, est prohibée par l'article L. 622-7 (P.-M. Le Corre, *préc., n° 35*).

VII. ACTION EN NULLITÉ

Le ministère public s'est vu reconnaître expressément le droit d'agir en nullité des actes et paiements effectués en violation de l'article L. 622-7 par la loi de 2005. ❑

I. INTERDICTION DE PAYER LES CRÉANCES ANTÉRIEURES

1. Ordre public. V. note 3 ss. art. L. 622-21.

A. DOMAINE D'APPLICATION DE L'INTERDICTION

1° PAIEMENTS INTERDITS

2. Créances visées. Un virement porté au débit du compte du débiteur après le jugement d'ouverture de la procédure collective ne saurait être annulé sur le fondement de l'art. L. 622-7 sans qu'il soit constaté qu'il a permis le paiement, soit d'une créance née antérieurement au jugement d'ouverture, soit d'une créance née après le jugement d'ouverture, non mentionnée au I de l'art. L. 622-17, à l'exception de celles liées aux besoins de la vie courante du débiteur, et des créances alimentaires. • Com. 3 nov. 2010, n° 09-69.533 P : *D. 2010. Actu. 2644, obs. Lienhard ; RTD com. 2011. 638, obs. Martin-Serf ; JCP E 2011. 1002, note Lebel ; LEDEN 1/2011. 2, obs. Parachkévova ; Gaz. Pal. 7-8 janv. 2011, p. 35, obs. Roussel Galle ; RPC 2011, n° 76, obs. Dumont-Lefrand ; LPA 29 avr. 2011, obs. Zattara-Gros ; RJDA 2011, n° 438 ; LPA 26 juill. 2011, note Bénilsi.*

3. Il résulte des art. L. 622-7 et L. 622-17 que les créances nouvelles, nées après l'arrêté d'un plan de redressement du débiteur remis à la tête de ses biens, sont soumises au droit commun. • Com. 26 oct. 2022, n° 21-13.474 B : *D. 2022. Chron. C. cass. 2323, obs. Barbot ; Rev. sociétés 2022. 709, obs. Reille ; RTD com. 2023. 225, obs. Poujade ; APC 2022, n° 245, obs. Petit ; RJDA 2023, n° 45 ; BJE 1-2/2023. 21, note Favre-Rochex ; RPC 2023, n° 6, obs. Lafaurie ; Gaz. Pal. 18 avr. 2023, p. 64, obs. Lebel ; JCP E 2023. 1157, n° 6, obs. Tehrani.* ♦ Il résulte de l'art. 625 C. pr. civ. que lorsqu'est soumis à une procédure collective le débiteur d'une créance de restitution née d'un arrêt de cassation, la détermination de la date de naissance de cette créance dépend de la date de l'arrêt de cassation, et non de la date du paiement effectué en exécution de la décision cassée ; si l'arrêt de cassation est prononcé après l'arrêté du plan de redressement du débiteur, cette créance de restitution doit être payée conformément aux règles de droit commun. • Même arrêt.

4. Cotisations sociales. Le jugement ouvrant la procédure collective emporte de plein droit interdiction de payer toute créance née antérieurement et l'absence de règlement intégral des cotisations antérieures ne prive pas l'assuré ou ses ayants droit de tout droit aux prestations, mais a seulement pour effet d'exclure la période pendant laquelle les cotisations n'ont pas été payées du calcul du montant des prestations. • Com. 13 mars 2007, n° 05-20.396 P : *D. 2007. AJ 1083, obs. Lienhard ; APC 2007, n° 84, obs. Regnaut-Moutier, JCP E 2007. 2119, n° 6, obs. Pétel.* – Dans le même sens, V. • Com. 5 avr. 2016, n° 14-21.277 P : *D. 2016. Actu. 836, obs. Lienhard ; RTD com. 2016. 551, obs. Matin-Serf ; JCP E 2016. 1378, note Stefania ; APC 2016, n° 100, obs. Vallansan ; LEDEN 6/2016. 5, obs. Camensuli-Feuillard ; RJDA 2016, n° 462 ; Gaz. Pal. 28 juin 2016, p. 68, obs. Le Corre ; BJE 2016. 250, notye Benilsi.* ♦ V. aussi note 13 ss. ancien art. L. 621-32 et note 12 ss. art. L. 643-11.

En ce sens que l'interdiction des paiements justifie la rétention par le débiteur des cotisations ouvrières précomptées, V. • Crim. 24 janv. 2006 : *D. 2006. AJ 861, obs. Lienhard ; APC 2006, n° 77, obs. Fraimout ; Gaz. Pal. 30 avr.-4 mai 2006, p. 54, obs. Robaczewski ; RJ com. 2006. 235, note Sortais.*

Il résulte de l'art. L. 622-7 C. com. que les cotisations et contributions sociales afférentes à la période antérieure au jugement d'ouverture ne sont plus exigibles au sens de l'art. L. 243-15 CSS (obligation pour l'URSSAF de délivrer au débiteur l'attestation prévue par l'art. L. 243-15 CSS même si ce dernier ne s'est pas acquitté, avant l'ouverture de la procédure collective, de la totalité de ses cotisations et contributions à leur date d'exigibilité initiale, dès lors qu'il était à jour des cotisations dues pendant la période d'observation). • Civ. 2e, 16 juin 2016, n° 15-20.231 P : *D. 2016. Actu. 1374 ; JCP E 2016. 1472, note Ronet-Yague ; APC 2016, n° 184, obs. Fin-Langer ; RPC 2016, n° 193, obs. Taquet.*

La jeune entreprise innovante, à laquelle il est interdit de payer les cotisations et contributions sociales afférentes à la période antérieure au jugement d'ouverture d'une procédure de redressement judiciaire, est, à cette date, réputée, au sens de l'art. 131 de la L. n° 2003-1311 du 30 déc. 2003, avoir rempli ses obligations de déclaration et de paiement à l'égard de l'organisme de recouvrement des cotisations de sécurité sociale et d'allocations familiales. • Civ. 2e, 1er déc. 2022, n° 21-11.997 B : *D. 2022. Actu. 2221 ; LEDEN 1/2023. 3, obs. Lafaurie ; APC 2023, n° 35, obs. Fin-Langer.*

5. Primes d'assurance. Le liquidateur ayant réglé la fraction de primes relative à la période postérieure au jugement d'ouverture, la mise en demeure adressée par la société d'assurance postérieurement au jugement ayant prononcé la liquidation judiciaire pour le paiement de primes échues pour partie antérieurement à ce jugement est sans effet sur la résiliation du contrat. • Com. 17 nov. 2009, n° 08-19.537 P : *D. 2009. AJ 2862 ; Gaz. Pal. 8-9 janv. 2010, p. 20, obs. Kendérian ; RPC 2010, n° 59, obs. Roussel Galle ; RJDA 2010, n° 540.* ♦ V. déjà, pour l'absence d'effet d'une mise en demeure de payer les primes échues avant le jugement d'ouverture sous peine de déchéance de la garantie, • Com. 8 juin 1993, n° 90-13.821 P : *Rev. huiss. 1993. 1431, note Vidal.*

6. Paiement par chèque postdaté. Il résulte de la combinaison des art. L. 131-31 C. mon. fin. et L. 622-7 C. com. que la provision d'un chèque émis par un tireur avant d'être mis en redressement judiciaire n'est transférée au profit du bénéficiaire qu'autant qu'elle ait existé au jour du jugement d'ouverture. • Com. 12 janv. 2010, n° 08-20.241 P : *D. 2010. AJ 264 ; JCP E 2010. 1296, n° 3, obs. Cabrillac ; LEDEN 3/2010. 2, obs. Parachkévova ; APC 2010, n° 73, obs. Regnaut-Moutier ; RDBF 2010, n° 36, obs. Crédot et Samin ; Gaz. Pal. 16-17 avr. 2010, p. 36, obs. Bonhomme ; RLDA juin 2010. 27, obs. Gibirila ; Banque et Dr. 5-6/2010. 17, obs. Bonneau.*

7. Contre-passation pour défaut de provision. L'inscription provisoire des chèques au débit du compte, sous réserve d'une provision suffisante, ne constitue pas une facilité de caisse, de sorte que la banque n'a recouvré aucune créance en procédant, postérieurement à l'ouverture du redressement judiciaire de son client, à la contre-passation de ces écritures. • Com. 2 mars 2022, n° 20-20.181 : *APC 2022, n° 86, obs. Bonneau ; BJE 5-6/2022. 25, note Le Gueut ; JCP E 2022. 1370, n° 21, obs. Pétel.*

8. Fourniture de la provision de la lettre de change. L'exécution par le tireur de lettres de change, de l'obligation de fournir la provision en délivrant au tiré les choses vendues, n'est pas soumise aux dispositions de l'art. 33 [C. com., art. L. 622-7]. • Com. 5 oct. 1993 : *RJDA 1994, n° 206.*

9. Mandat de payer irrévocable antérieur à l'ouverture de la procédure. Est nul le paiement, après le jugement d'ouverture, d'une créance antérieure, fût-elle garantie par un nantissement, effectué en exécution d'un mandat irrévocable donné par le débiteur. • Com. 11 avr. 1995, n° 93-16.969 P : *JCP E 1995. I. 513, n° 4, obs. Pétel.* – Rappr. : • Com. 26 juin 2001 : *APC 2001, n° 205, obs. Regnaut-Moutier. – Contra :* • Com. 7 janv. 2003 : *JCP N 2003, n° 47, p. 1696, obs. Vauvillé ; JCP 2004. II. 10079, note Kéita ; RPC 2004. 214, obs. Lebel ; LPA 12 avr. 2005, note M. Sénéchal.*

10. Gage-espèces. Le gage-espèces constitué postérieurement à l'ouverture de la procédure collective ne peut avoir pour objet de garantir, au mépris de l'égalité entre créanciers, une créance antérieure. • Com. 3 avr. 2019, n° 18-11.281 P : *D. 2019. Actu. 757 ; RTD com. 2019. 990, obs. Martin-Serf ; JCP E 2019. 1375, n° 5, obs. Tehrani ; LEDEN 6/2019. 2, obs. Andreu ; RJDA 2019, n° 448 ; BJE 7-8/2019. 23, note Borga ; RDBF 2019, n° 138, obs. Houin-Bressand.*

11. Paiement par un tiers en vertu d'une délégation. Pour l'inapplicabilité des dispositions de l'art. L. 622-7 C. com. aux paiements faits par le délégué au délégataire, en cas de redressement judiciaire du délégant, V. • Com. 30 mars 2005 : *D. 2005. Pan. 2015, obs. F.-X. Lucas ; APC 2005, n° 98, obs. Regnaut-Moutier ; Banque et Dr. 7-8/2005. 64, obs. Rontchevsky.*

12. Cession « Dailly ». Pour l'efficacité d'une cession de loyers opérée par un bordereau « Dailly » portant une date antérieure à celle de l'ouverture de la procédure de sauvegarde du cédant, y compris pour les créances à échoir postérieurement au jugement d'ouverture au titre de baux en cours et celles résultant de baux à conclure, V. • Versailles, 28 févr. 2013, n° 12/06573 : *D. 2013. Actu. 829, obs. Dammann ; RTD com. 2013. 571, obs. Legeais ; BJS 2013. 345, note Laroche ; LEDEN 5/2013. 1, obs. F.-X. Lucas ; BJE 2013. 235, note Borga ; Dr. et patr. 9/2014. 97, obs. Saint-Alary-Houin.* – V. Kuntz et Nurit, *BJE 2014. 58.*

13. Paiement par le débiteur en qualité de mandataire. S'agissant d'un débiteur disposant d'une procuration sur le compte bancaire d'un tiers qui avait, après ouverture de son redressement judiciaire, émis, en paiement de fournitures, un chèque s'étant révélé sans provision, le tiers titulaire du compte, personnellement engagé par l'émission du chèque en application des règles du mandat, aucun dépassement de ses pouvoirs par le mandataire n'étant allégué et un concert frauduleux entre celui-ci et son bénéficiaire n'étant pas démontré, ne peut, bien que la cause du chèque réside dans l'activité commerciale du mandataire, invoquer à son profit les dispositions de l'art. 33 [C. com., art. L. 622-7] applicables à ce dernier qui faisait seul l'objet de la procédure collective. • Com. 5 oct. 1993 : *RJDA 1994, n° 331.*

14. Avis à tiers détenteur. Il résulte de l'art. L. 263 LPF [dans sa réd. antérieure à la L. n° 2017-1775 du 28 déc. 2017] que l'avis à tiers détenteur, portant sur une créance à exécution successive, pratiqué à l'encontre de son titulaire avant la survenance d'un jugement portant ouverture d'un redressement judiciaire ou d'une liquidation judiciaire de celui-ci, poursuit ses effets sur les sommes échues en vertu de cette créance, après ledit jugement. • Com. 8 juill. 2003, n° 00-13.309 P : *D. 2003. AJ 2094, obs. Lienhard ; APC 2003, n° 185, obs. Regnaut-Moutier ; RDBF 2003, n° 234, obs. F.-X. Lucas ; JCP E 2004, n° 6, p. 229, obs. Cabrillac ; Dr. et pr. 2004. 31, obs. Putman ; RTD com. 2004. 371, obs. Martin-Serf ; AJDI 2004. 401, obs. Le Corre.* ♦ *Contra*, auparavant, pour un avis à tiers détenteur notifié avant le 1er janv. 1993, date d'entrée en vigueur de la L. n° 91-650 du 9 juill. 1991 : • Com. 24 oct. 1995, n° 93-10.351 P : *D. 1996. 155, note Derrida ; JCP 1996. II. 22578, note Putman ; Defrénois 1996. 256, obs. Sénéchal ; RTD com. 1996. 526, obs. Martin-Serf.* ♦ V. aussi et Comp. notes 87 ss. art. L. 622-21.

15. Action directe du sous-traitant. Le paiement direct du maître de l'ouvrage au sous-traitant, en vertu de l'art. 12 de la loi du 31 déc. 1975, ne saurait constituer un paiement préférentiel prohibé. • Paris, 29 sept. 1992 : *D. 1993. IR 39.*

16. Restitution d'un paiement indu. Le droit à restitution d'une somme versée par un créancier, au titre de la liquidation d'une astreinte, naît avec l'arrêt infirmant l'ordonnance de référé qui avait condamné le créancier à payer. • Com. 8 déc. 1998, n° 96-21.540 P : *D. Affaires 1999. 133 ; JCP E 1999, n° 18-19, p. 814, obs. Cabrillac et Pétel ; APC 1999, n° 4, obs. Regnaut-Moutier ; RTD com. 1999. 975, obs. Martin-Serf.* ♦ Comp., considérant que l'origine de la créance d'indu étant le fait juridique du paiement, dès lors qu'une somme a été versée en exécution d'une ordonnance antérieure au jugement d'ouverture, mais postérieurement, le débiteur et le représentant des créanciers doivent restituer cette somme à l'assureur de la société à l'origine du sinistre : • Com. 24 nov. 1998, n° 96-17.100 P : *D. 1999. IR 15 ; D. Affaires 1999. 82, obs. P. P. ; JCP E 1999, n° 18-19, p. 814, obs. Cabrillac et Pétel ; RTD com. 1999. 975, obs. Martin-Serf.* ♦ Comp. aussi : note 43 ss. ancien art. L. 621-32.

17. Droit de rétention. V. note 81.

18. Redevances de crédit-bail. V. note 64 ss. art. L. 622-13.

19. Attribution judiciaire du gage. Sur l'exclusion de l'attribution judiciaire du gage avant tout jugement de liquidation judiciaire, V. • Com. 6 mars 1990 : *D. 1990. 311, note Derrida.* ♦ V. note ss. art. L. 642-20-1.

20. Intérêts d'une créance en compte courant. Dès lors que la créance d'intérêts est relative à une créance en compte courant antérieure au jugement d'ouverture, de sorte qu'elle a elle-même, par voie d'accessoire, la nature de créance antérieure, peu important qu'il s'agisse d'intérêts dont le cours n'a pas été arrêté postérieurement au jugement d'ouverture, son règlement se heurte à la règle de l'interdiction des paiements. • Com. 27 sept. 2017, n° 16-19.394 P : *D. 2017. Actu. 1972 ; Rev. sociétés 2017. 740, obs. Roussel Galle ; RTD com. 2017. 991, obs. Martin-Serf ; ibid. 2018. 205, obs. Poujade ; BJS 2017. 749, note Heinich ; RJDA 2018, n° 44 ; LEDEN 1/2018. 4, obs. Parachkévova ; Gaz. Pal. 16 janv. 2018, p. 73, obs. Boustani ; Dr. sociétés 2018, n° 14, note Legros.*

21. Contre-passation de factures en compte courant. Ayant été effectuée après la mise en liquidation judiciaire de la société, la contre-passation sur le compte courant de celle-ci des factures litigieuses, dont il n'est pas soutenu que le montant a été absorbé par le solde créditeur du compte, ne vaut pas paiement et, par voie de conséquence, n'a pas fait perdre la propriété des créances correspondantes à l'affactureur, qui avait seul le droit d'en poursuivre le recouvrement, tout en les déclarant à la procédure collective de la société. • Com. 29 avr. 2014, n° 13-13.630 P : *D. 2014. Actu. 1038 ; LEDEN 6/2014. 4, obs. Borga ; Gaz. Pal. 29 juin-1er juill. 2014, p. 34, obs. Bonhomme ; APC 2014, n° 198, obs. Petit ; Banque et Dr. 9-10/2014. 17, obs. Bonneau ; RDBF 2015, n° 30, obs. Crédot et Samin.* – V. Zinty, *RPC 2014. Étude 24.*

22. Arrêté de compte. **BIBL.** Gavalda, *JCP E 1988, n° spéc., 5 mai.* – Soinne, *LPA 10 janv. 1997.* ♦ Il n'y a pas infraction à l'art. 33 [C. com., art. L. 622-7] dès lors que la banque procède à un arrêté de compte dès le prononcé du redressement judiciaire permettant l'expression de la physionomie du compte à une date donnée et la séparation à cette date entre les opérations antérieures et postérieures, puis fait une déclaration de créance au représentant des créanciers, en maintenant en activité ce compte courant postérieurement. • T. com. Soissons, 7 sept. 1986 : *D. 1987. Somm. 95, obs. Derrida* • Limoges, 17 avr. 1986 : *Banque 1986. 713, obs. Rives-Lange* • 8 oct. 1986 : *ibid. 1986. 1134, obs. Rives-Lange.*

23. Retrait litigieux. **BIBL.** Lebel, *D. 2008. Chron. 2455*. – Durand, *LPA 10 nov. 2008.* ♦ Le jugement de redressement judiciaire proscrit l'exercice du retrait litigieux par le débiteur soumis à la procédure collective. • Com. 12 oct. 2004, n° 03-11.615 P : *D. 2004. AJ 2790 ; APC 2004, n° 218, obs. Regnaut-Moutier ; JCP E 2005, n° 1-2, p. 32, obs. Cabrillac et Pétel; LPA 11 avr. 2005, note Lécuyer.* ♦ Même solution en cas de liquidation judiciaire : • Com. 14 févr. 2006 : *D. 2006. AJ 916, obs. Lienhard* • 9 mai 2007, n° 06-11.275 P : *D. 2007. AJ 1509 ; RTD civ. 2007. 583, obs. P.-Y. Gautier*. ♦ Jurisprudence infirmée par l'art. L. 622-7, II, al. 2, dans sa rédaction issue de l'Ord. n° 2021-1193 du 15 sept. 2021.

24. Rente viagère. Pour l'application de l'art. L. 621-24 [L. 622-7] C. com. aux arrérages de la rente viagère réglés par l'épouse – mariée sous le régime de la communauté – après l'ouverture de la procédure collective de son mari, V. • Civ. 1re, 10 mai 2006 : *D. 2006. AJ 1452, obs. Lienhard ; ibid. Pan. 2254, obs. F.-X. Lucas ; APC 2006, n° 116, obs. Regnaut-Moutier ; LPA 22 juin 2007, note Antippas.*

25. Paiement effectué par les anciens dirigeants. Le paiement effectué par les anciens dirigeants d'une société qui a fait l'objet d'une procédure collective ne porte pas atteinte au principe de l'égalité des créanciers. • Com. 3 oct. 2006 : *D. 2006. AJ 2735, obs. Lienhard*.

26. Accord entre le débiteur et un créancier. Le créancier et le débiteur soumis à une procédure collective ne peuvent, par un accord conclu entre eux seuls, décider de ramener le montant d'une créance antérieure à une somme moindre que celle déclarée en contrepartie du paiement, dans un certain délai et à due concurrence, de la créance, au mépris de la règle d'ordre public de l'interdiction des paiements. • Com. 26 févr. 2020, n° 18-21.907 : *RTD com. 2020. 706, obs. Martin-Serf*.

27. Clause pénale. V. note 46 ss. art. L. 622-13.

2° CRÉANCES ALIMENTAIRES

28. Les créances alimentaires soustraites à l'interdiction des paiements par l'art. L. 622-7, I, al. 1er, sont celles qui sont issues d'une obligation alimentaire ; les créances salariales, qui ne sont pas fondées sur une telle obligation de l'employeur, ne sont pas assimilables à des créances alimentaires au sens du texte précité. • Com. 3 mai 2016, n° 14-24.855 P : *D. 2016. Actu. 997 ; RTD com. 2016. 552, obs. Martin-Serf ; APC 2016, n° 121, obs. Fin-Langer ; JCP E 2016. 1387, note Ronet-Yague ; ibid. 1465, n° 12, obs. Pétel ; LEDEN 7/2016. 7, obs. Dedessus-Le-Moustier ; BJE 2016. 262, note Le Mesle ; RJDA 2016, n° 707 ; Gaz. Pal. 18 oct. 2016, p. 53, obs. Boustani.*

29. La créance née d'une prestation compensatoire, qui présente, pour partie, un caractère alimentaire, si elle échappe à la règle de l'interdiction des paiements, demeure soumise à celle de l'interdiction des poursuites. Dès lors, en cas de liquidation judiciaire de son débiteur, elle doit, en principe, être payée hors procédure collective, c'est-à-dire sur les revenus dont celui-ci conserve la libre disposition, ou être recouvrée par la voie de la procédure de paiement direct ou de recouvrement public des pensions alimentaires, sans que son règlement puisse intervenir sur les fonds disponibles dans la procédure. Le créancier d'une prestation compensatoire peut cependant, et en outre, être admis aux répartitions, mais à la condition qu'il ait déclaré sa créance, comme il en a la faculté, la participation d'un créancier à la distribution de sommes par le liquidateur étant subordonnée à la déclaration de sa créance, sauf dérogation légale expresse, laquelle ne résulte pas de la simple absence de soumission des créances alimentaires aux dispositions de l'art. L. 622-24 prévue par le dernier al. de ce texte, ce dernier n'ayant ni pour objet ni pour effet de permettre à leur titulaire de concourir aux répartitions sans déclaration de créance. • Com. 13 juin 2019, n° 17-24.587 P : *D. 2019. Actu. 1278, obs. Lienhard ; ibid. Pan. 1907, obs. F.-X. Lucas ; Rev. sociétés 2019. 555, obs. Reille ; RTD com. 2019. 985, obs. Martin-Serf ; JCP E 2019. 1551, n° 11, obs. Tehrani ; LEDEN 7/2019. 3, obs. Rubellin ; RJDA 2019, n° 575 ; APC 2019, n° 206, obs. Vauvillé ; BJE 9-10/2019. 30, note Martineau-Bourgninaud ; Gaz. Pal. 15 oct. 2019, p. 66, obs. Siew-Guillemin ; RLDA oct. 2019. 49, obs. Alvarez Elorza ; RPC 2020, n° 83, obs. Dumont.*

3° RÉTRACTATION DU JUGEMENT D'OUVERTURE

30. L'art. 33 [C. com., art. L. 622-7] n'est pas applicable aux remises portées au crédit du compte de la société antérieurement à la date à laquelle le tribunal a rétracté, à la suite d'une tierce opposition, le jugement ouvrant la procédure de liquidation judiciaire de la société et ouvert à son égard une procédure de redressement judiciaire. • Com. 14 mai 2002, n° 99-12.449 P : *D. 2002. AJ 1904*.

B. RESPONSABILITÉ DU MANDATAIRE DE JUSTICE

31. Sur l'absence d'exonération de responsabilité personnelle encourue en cas de paiement préférentiel, du fait que les mandataires avaient sollicité l'autorisation du tribunal et du juge-commissaire, V. (loi de 1967) • Com. 20 févr. 1996, n° 92-20.852 P : *D. 1996. Somm. 337, obs. Honorat ; Dr. sociétés 1996, n° 77, obs. Chaput ; RPC 1996. 243, obs. Soinne.*

C. VALIDITÉ DES PAIEMENTS PAR COMPENSATION

BIBL. Martin-Serf, *RTD com. 1995. 196*. – Bac, *JCP E 1999, n° 7, p. 308* (compte courant). – Gallet, *Rev. loyers 1999. 138* (compensation entre loyers arriérés et dépôt de garantie). – Reifegerste, *LPA 4 avr. 2000* (connexité). – Toledo, *RTD civ. 2000. 265* (compensation conventionnelle). – Lutun, *JCP E 2003, n° 6, p. 260*. – Le Corre, *AJDI 2003. 657* (compensation entre dépôt de garantie et loyers impayés). – Kuntz et Nurit, *BJE 2011. 160* (paiement de dettes connexes et principe d'égalité des créanciers : l'éternelle incompatibilité). – Pelletier et Aymami, *JCP E 2012. 1289* (compensation des créances de loyers et de restitution du dépôt de garantie). – Houssin, *RTD com. 2021. 231* (analyse de la compensation de créances en procédure collective).

32. Conformité à la Constitution. Pour le refus de renvoyer au Conseil constitutionnel une question prioritaire de constitutionnalité visant à apprécier la conformité aux principes d'égalité et de sécurité juridique (art. 6 et 16 DDH) de l'art. L. 622-7, al. 1er, C. com., en ce qu'il fait échapper à l'interdiction des paiements ceux qui s'opèrent par compensation de créances connexes, V. • Com., QPC, 14 sept. 2010, n° 10-40.022 : *RTD com. 2011. 798, obs. Martin-Serf ; JCP E 2011. 1030, n° 3, obs. Pétel ; LEDEN 10/2010. 1, obs. F.-X. Lucas ; APC 2010, n° 226, obs. Cagnoli ; Procédures 2010, n° 408, note Roland ; LPA 20 déc. 2010, obs. Henry.*

33. Conformité au Règl. (CE) n° 1346/2000. Le Règl. (CE) n° 1346/2000 du 29 mai 2000 n'étant pas applicable à une situation juridique purement interne à un État membre et son art. 6, relatif à la compensation, n'ayant ni pour objet, ni pour effet d'unifier les règles matérielles de droit interne en cette matière, il n'y a pas lieu d'interpréter l'art. L. 622-7, al. 1er, C. com., dans sa rédaction antérieure à l'Ord. du 18 déc. 2008, à la lumière de ce texte, ni de saisir la CJUE à cette fin. • Com. 21 févr. 2012, n° 11-18.027 P : *D. 2012. Actu. 678, obs. Lienhard ; LEDEN 4/2012. 3, obs. Mouial-Bassilana ; Gaz. Pal. 27-28 avr. 2012, p. 28, obs. Roussel Galle ; RPC 2012, n° 187, obs. Menjucq.*

34. Créances antérieures et postérieures. L'interdiction du paiement des créances nées avant le jugement d'ouverture de la procédure collective ne fait pas obstacle à la compensation d'une telle créance avec une créance connexe du débiteur née postérieurement. • Com. 21 févr. 2012, n° 11-18.027 P : *D. 2012. Actu. 678, obs. Lienhard ; RTD com. 2012. 613, obs. Martin-Serf ; LEDEN 4/2012. 3, obs. Mouial-Bassilana ; Gaz. Pal. 27-28 avr. 2012, p. 28, obs. Roussel Galle.*

35. Compensation légale (créances postérieures). Il résulte de la combinaison des art. L. 641-13 et L. 622-7 C. com., ce dernier rendu applicable à la liquidation judiciaire par l'art. L. 641-3 du même code, et de l'art. 1290 C. civ. dans sa rédaction antérieure à celle issue de l'Ord. du 10 févr. 2016 que des créances nées régulièrement après l'ouverture de la procédure de liquidation judiciaire et payables à leur échéance, si elles remplissent les conditions du premier des textes préc., peuvent faire l'objet d'une compensation légale. • Com. 1er juill. 2020, n° 18-25.487 P : *D. 2020. Actu. 1458 ; Rev. sociétés 2020. 510, obs. Reille ; RTD com. 2020. 953, obs. Martin-Serf ; APC 2020, n° 200, obs. Fin-Langer ; Gaz. Pal. 13 oct. 2020, p. 64, obs. Boustani-Aufan ; BJE 9-10/2020. 31, note Lafaurie ; RJDA 2020, n° 583 ; RPC 2020, n° 154, obs. Saint-Alary-Houin ; RDBF 2020, n° 112, obs. Houin-Bressand.*

36. Compensation légale (cession de créances). Il résulte de la combinaison des art. 1324 et 1347 C. civ. et des art. L. 622-7 et R. 621-4 C. com. que la compensation légale ne peut s'opérer au profit du cessionnaire du chef d'une créance cédée qu'après la notification de la cession au débiteur, laquelle doit intervenir avant le jugement d'ouverture de la procédure collective de ce dernier qui prend effet dès le jour de son prononcé. • Com. 23 oct. 2024, n° 23-17.704 B : *D. 2024. Actu. 1861 ; APC 2024, n° 222, obs. Fin-Langer ; LEDEN 12/2024. 4, obs. Azevedo.*

37. Nécessité de créances connexes et réciproques. La Cour de cassation avait déjà, avant l'intervention de la loi du 10 juin 1994 [qui a précisé que l'interdiction des paiements ne fait pas obstacle au paiement par compensation de créances connexes], jugé qu'il résultait des dispositions combinées des art. 33 et 37, al. 4, de la loi du 25 janv. 1985, que l'interdiction de payer toute créance née antérieurement au jugement d'ouverture du redressement judiciaire ne faisait pas obstacle, même pendant la période d'observation, à ce que la compensation opérât entre dettes connexes. • Com. 2 mars 1993, n° 91-10.187 P : *D. 1993. 426, note Pédamon ; JCP 1993. II. 22169, note Montredon.* ♦ Un lien de connexité, issu d'un contrat de production de porcs charcutiers liant un agriculteur et une coopérative, existant entre la créance du débiteur au titre de livraisons d'animaux effectuées après le jugement d'ouverture du redressement judiciaire et la créance de la coopérative au titre de ses livraisons d'aliments pour animaux antérieures à cette décision, la compensation doit s'opérer entre ces deux sommes qui étaient l'une et l'autre exigibles. • Com. 19 mars 1991, n° 89-17.083 P : *D. 1991. 542, note Duboc ; D. 1992. Somm. 257 , et 1993. Somm. 11, obs. Derrida ; JCP 1991. II. 21726, note Montredon ; JCP E 1991. II. 174, note Legeais ; RTD com. 1991. 454, obs. Martin-Serf ; RJ com. 1992. 24, note Pédamon.* ♦ Par ailleurs, les dispositions légales prévoyant un ordre de paiement entre les créances nées régulièrement après le jugement d'ouverture de la procédure collective ne pouvaient mettre obstacle au jeu de la compensation entre les sommes, non sujettes à discussion quant à leur exigibilité et à leur montant, dont le producteur et la coopérative étaient débiteurs l'un envers l'autre au titre des livraisons réciproques d'animaux et d'aliments qui avaient eu lieu durant la poursuite d'activité. • Même arrêt.

38. A défaut d'obligations réciproques dérivant d'un même contrat, le lien de connexité entre les créances et dettes du débiteur et du créancier ne peut exister qu'entre des créances et dettes nées de ventes et achats conclus en exécution d'une convention ayant défini entre eux le cadre du développement de leurs affaires, ou constituant les éléments d'un ensemble contractuel unique servant de cadre général à ces relations. • Com. 5 avr. 1994, n° 92-13.989 P : *D. 1995. Somm. 215, obs. Honorat ; RJ com. 1995. 113, note Honorat ; JCP E 1994. I. 397, n° 20, obs. Cabrillac et Pétel.* – V. aussi • Com. 9 mai 1995, n° 93-11.724 P : *D. 1996. 322, note Loiseau ; JCP 1995. II. 22448, rapp. Rémery ; Dr. sociétés 1995, n° 137, obs. Chaput ; Rev. dr. bancaire 1995. 221, obs. Campana et Calendini* • 12 déc. 1995, n° 93-20.620 P : *Rev. dr. bancaire 1996. 64, obs. Campana et Calendini* • 1er avr. 1997 : *D. Affaires 1997. 663.* (contrat liant une centrale de référencement à ses adhérents) • 31 mars 1998 : *BRDA 1998, n° 8, p. 10* (diverses missions données à un expert-comptable) • 18 févr. 2003 : *RJDA 2003, n° 849* (contrat-cadre entre une centrale d'achat et l'un de ses fournisseurs) • 15 mars 2005, n° 02-19.129 P : *D. 2005. AJ 1025, obs. Lienhard ; APC 2005, n° 107, obs. Pétel ; Gaz. Pal. 6-7 juill. 2005, p. 21, obs. Le Corre ; ibid., p. 38, obs. Bonhomme ; RTD com. 2005. 843, obs. Martin-Serf* (contrat de collecte de lait).

39. Sur les conditions de validité des clauses conventionnelles de compensation entre les créances issues d'un prêt et celles issues d'une convention, V., en ce sens que serait inefficace la seule clause de compensation, • Com. 9 déc. 1997, n° 95-14.504 P : *D. 1998. Somm. 325, obs. Honorat ; D. Affaires 1998. 111, obs. A. L. ; JCP E 1998, n° 17, p. 657, obs. Cabrillac ; Rev. dr. bancaire 1998. 74, obs. Campana et Calendini.* ♦ Comp., sur l'efficacité de l'affectation spéciale en garantie d'un solde d'un compte particulier (la clause ayant été convenu et ayant commencé à fonctionner avant la période suspecte) : • Com. 9 déc. 1997, n° 95-12.651 P : *ibid.*

40. La créance d'une société correspondant, en partie à un dépôt de garantie, en partie à un excédent de cotisations et de ristournes sur les frais de fonctionnement d'une coopérative, qui s'inscrit dans le cadre de la convention liant la coopérative à ses adhérents en vue de centraliser les achats et règlements effectués auprès des fournisseurs attitrés, est connexe avec la créance de cette coopérative représentée par le montant de fournitures, de frais de fonctionnement et de publicité réglée par celle-ci pour le compte de la société adhérente. • Com. 23 nov. 1999 : *Dr. sociétés 2000, n° 24, obs. Chaput.*

41. En revanche, l'appartenance à un même groupe de sociétés est insuffisante à établir la connexité entre deux contrats distincts. • Paris, 17 mars 1994 : *Dr. sociétés 1994, n° 136, obs. Chaput.* ♦ De même, le fait que deux sociétés aient été en relations d'affaires, même importantes, et se soient mutuellement vendu des marchandises est insuffisant à caractériser une connexité entre leurs créances réciproques, en l'absence de circonstances établissant que les ventes et achats conclus entre les parties résultaient de la mise en œuvre d'une convention ayant défini entre elles le cadre du développement de leurs affaires. • Lyon, 13 oct. 1995 : *D. 1995. IR 257.*

42. Si le jugement d'ouverture de la procédure de redressement judiciaire du tireur d'une lettre de change non acceptée n'a pas pour effet de consolider les droits du tiers porteur de celle-ci sur la provision, et n'empêche pas le tiré, pour la partie non acceptée de la créance, d'opposer la compensation jusqu'à l'échéance, il ne le peut que si les conditions de la compensation légale ont été réunies avant l'ouverture de la procédure collective ou, à défaut, s'il existe entre les dettes respectives du tireur et du tiré un lien de connexité et si le tiré a déclaré au passif du redressement judiciaire du tireur sa créance d'origine antérieure. • Com. 22 févr. 1994, n° 92-14.438 P : *D. 1995. 27, note Honorat et Romani ; JCP 1994. II. 22267, rapp. Rémery.*

43. Sur la compensation de créances ayant fait l'objet d'une cession, V. • Com. 5 nov. 2013, n° 12-15.012 : *BJE 2014. 34, note Bonhomme* (2 arrêts).

44. Un solde débiteur correspondant à des pertes sur des opérations boursières et l'indemnisation due au client par le banquier intermédiaire pour lesdites pertes sont des créances connexes susceptibles de compensation. • Com. 6 janv. 1998 : *D. Affaires 1998. 382, obs. J. F. ; Rev. dr. bancaire 1998. 74, obs. Campana et Calendini.*

45. Les créances réciproques de loyers et de restitution du dépôt de garantie sont connexes comme ayant pris naissance à l'occasion du même contrat de bail. A défaut de compensation légale, les conditions de la compensation judiciaire sont réunies et le bailleur peut à bon droit imputer sa dette en restitution du dépôt de garantie due en raison de la résiliation du bail après le jugement d'ouverture sur sa créance de loyers, fût-elle antérieure au jugement d'ouverture, dès lors que cette créance a été régulièrement déclarée au passif de la procédure. • Versailles, 24 févr. 1995 : *RJDA 1995, n° 889* • Paris, 12 déc. 1996 : *Gaz. Pal. 1997. 2. 555, note Brault* • 14 janv. 1997 : *Loyers et copr. 1997, n° 201, obs. Brault et Mutelet* • 24 nov. 2000 : *Gaz. Pal. 2001. Somm. 1251, obs. Brault* • 17 oct. 2001 : *Loyers et copr. 2002, n° 66, obs. Brault et Pereira.* ♦ ... Peu important que le bailleur n'ait pas mentionné dans sa déclaration de créance l'existence du dépôt de garantie. • Com. 18 janv. 2005, n° 02-12.324 P : *D. 2005. 782, note Le Corre ; ibid. AJ 431, obs. Lienhard ; ibid. Pan. 2011, obs. F.-X. Lucas ; JCP E 2005, n° 17, p. 712, obs. Cabrillac ; RTD com. 2005. 413, obs. Martin-Serf ; RJ com. 2006. 49, note Sortais ; Gaz. Pal. 21-22 juin 2006, p. 41, obs. Robine.*

V., cassant un arrêt qui avait prononcé la compensation judiciaire entre une créance de restitution du dépôt de garantie et une créance de loyers impayés, à concurrence en priorité des loyers impayés avant le redressement judiciaire, alors que la compensation légale de la créance de restitution du dépôt de garantie et de la créance de loyers dus postérieurement au jugement d'ouverture s'était opérée de plein droit, • Com. 20 mars 2001, n° 98-14.124 P : *D. 2001. AJ 1391, obs. Lienhard ; JCP E 2001, n° 37, p. 1423, obs. Cabrillac et Pétel ; ibid. 2002, n° 5, p. 226, note Kéita ; RTD com. 2001. 765, obs. Martin-Serf .*

Sur la question de l'imputation du dépôt de garantie, V. aussi : • Com. 24 juin 2003 : *JCP E 2003, n° 48, p. 1915, obs. Kendérian ; ibid. 2004, n° 12, p. 469, note Kéita* • Paris, 16 mai 2001 : *RTD com. 2001. 765, obs. Martin-Serf .*

46. Pour la compensation entre la dette du bailleur correspondant à l'avance de travaux et sa créance de loyers sur la société bénéficiaire du plan de continuation, V. • Civ. 3e, 13 févr. 2002, n° 00-19.943 P : *D. 2002. AJ 887 .*

47. Pour la connexité entre une créance d'astreinte relative à l'obligation mise à la charge du bailleur de réaliser des travaux et une créance de loyers, V. • Com. 27 sept. 2016, n° 15-10.393 P : *D. 2016. Actu. 1997 ; RTD civ. 2016. 861, obs. Barbier ; RTD com. 2017. 183, obs. Martin-Serf ; JCP E 2016. 1661, n° 2, obs. Pétel ; APC 2016, n° 234, obs. Cagnoli ; LEDEN 12/2016. 4, obs. Camensuli-Feuillard ; Gaz. Pal. 10 janv. 2017, p. 63, obs. Kendérian ; BJE 2017. 30, note Benilsi.*

48. L'indemnité d'éviction due par le bailleur et l'indemnité d'occupation due par le preneur, nées de la situation constituée par la résiliation du bail commercial, sont connexes. • Civ. 1re, 9 mai 2001, n° 98-22.664 P : *APC 2001, n° 138, obs. Vallansan.*

49. La déductibilité de la TVA prévue aux art. 271 s. CGI, qui n'établit aucun lien de connexité entre une dette de TVA antérieure au jugement d'ouverture et un crédit de TVA afférent à des opérations postérieures à ce jugement, ne permet pas la compensation entre eux. • Com. 19 janv. 1999, n° 95-22.136 P : *D. 1999. IR 49 ; D. Affaires 1999. 296, obs. A. L. ; JCP E 1999, n° 18-19, p. 815, obs. Cabrillac ; APC 1999, n° 36, obs. Vallansan ; RTD com. 1999. 746, obs. Martin-Serf ; LPA 18 mai 1999, note Soinne ; ibid., 15 juin 1999, note Brandeau* (V. l'arrêt cassé : • Paris, 28 sept. 1995 : *D. 1995. IR 243 ; RJDA 1996, n° 261*).

50. La Caisse nationale des barreaux français (CNBF) n'ayant pas la qualité de contractant de l'avocat, il en résulte que la créance de cotisations de la CNBF et celle de l'avocat en redressement judiciaire au titre d'allocations pour invalidité temporaire, qui sont dépourvues de fondement contractuel, ne sont pas connexes et ne peuvent être compensées. • Com. 18 déc. 2018, n° 17-17.311 : *RTD com. 2019. 488, obs. Martin-Serf .*

51. Le solde débiteur du compte courant au jour du jugement d'ouverture et les sommes résultant de l'encaissement d'effets de commerce postérieurement à ce jugement ne sont pas connexes dès lors que celles-ci, qui ne pouvaient être inscrites par la banque au crédit du compte avant leur encaissement, n'étaient pas entrées en compte avant le jugement d'ouverture. • Com. 28 sept. 2004 : *RDBF 2005, n° 80, obs. Crédot.* ♦ Sur la possibilité de compenser des encours avec le solde d'un compte courant, V. • Com. 17 oct. 1995 : *RJDA 1996, n° 119 ; Rev. huiss. 1996. 306, note Hesbert.* ♦ Pour l'exclusion de la compensation du solde d'un compte courant avec la contre-valeur d'un compte-titres en exécution d'une clause d'unité de compte et de compensation, V. • Com. 16 déc. 2014, n° 13-17.046 P : *D. 2015. Actu. 68 ; APC 2015, n° 38, obs. Douville ; BJE 2015. 97, note Bonhomme ; RDBF 2015, n° 28, obs. Crédot et Samin ; RJ com. 2015. 342, obs. Lebel.* ♦ V. aussi note 21.

52. Le caractère autonome d'une garantie exclut la connexité entre la créance du garant à l'encontre du débiteur et toute créance de celui-ci à l'encontre du garant. • Com. 19 déc. 2006 : *cité note 63 ss. art. L. 622-24 ; RTD com. 2007. 450, obs. Martin-Serf .* ♦ V. déjà, s'agissant d'une contre-garantie à première demande, • Com. 6 mars 2001, n° 98-15.239 P : *D. 2001. AJ 1173, obs. Lienhard ; Banque et Dr. 5-6/2001. 51, obs.*

Prüm ; RDBF 2001, n° 116, obs. Cerles ; RTD com. 2001. 764, obs. Martin-Serf.

53. La créance de l'actionnaire contre la société constituée par le solde créditeur du compte ouvert à son nom dans les livres de la société (compte courant) est née du prêt consenti à celle-ci, tandis que la dette de l'actionnaire envers ladite société, au titre de l'obligation de libérer l'intégralité du capital social, dérive du contrat de société. A défaut de connexité, la compensation n'est pas possible. • Com. 20 mai 1997, n° 95-15.298 P : *D. Affaires 1997. 762 ; BJS 1997. 804, note Calendini* • 18 janv. 2000 : *RPC 2002. 179, obs. Lebel* • Paris, 3e ch. C, 30 avr. 1998 : *Dr. sociétés 1999, n° 12* • 25 janv. 2000 : *Dr. sociétés 2000, n° 74, obs. Chaput* • Versailles, 8 juin 2000 : *RTD com. 2000. 934, obs. Champaud et Danet ; ibid. 956, obs. Chazal et Reinhard* • Lyon, 11 févr. 2000 : *RTD com. 2001. 145, obs. Champaud et Danet.* – V., déjà en ce sens, • Paris, 30 sept. 1991 : *D. 1992. 140, note Derrida ; BJS 1991. 1021, note Pétel* • Versailles, 6 juin 1996 : *BICC 1996, n° 1273 ; RJDA 1997, n° 221. – Contra* : • Paris, 5e ch. B, 5 nov. 1998 : *D. Affaires 1999. 36.* ♦ V. aussi, pour l'absence de connexité entre la créance d'un actionnaire née d'un mandat et sa dette de libération du solde du capital social, • Com. 17 juill. 2001, n° 98-19.603 P : *D. 2001. AJ 2515, obs. Lienhard ; BJS 2001. 1089, note Dom ; JCP E 2002, n° 4, p. 175, obs. Cabrillac ; Dr. sociétés 2002, n° 25, note Legros ; RDBF 2002, n° 14, obs. Cerles ; LPA 8 mars 2002, note Cerati-Gauthier ; Rev. sociétés 2002. 336, note P. Didier ; RPC 2002. 179, obs. Lebel.* ♦ Sur la compensation de plein droit, avant le jugement d'ouverture, entre la créance de libération du capital social et la créance d'avance en compte courant, V. • Com. 8 janv. 2002, n° 98-22.976 P : *D. 2002. AJ 485, obs. Lienhard ; APC 2002, n° 59, obs. Boulay ; BJS 2002. 477, note F.-X. Lucas ; Dr. sociétés 2002, n° 112, note Legros ; RTD com. 2002. 371, obs. Martin-Serf.*

54. La dette de la coopérative liée au remboursement des parts sociales de l'associé coopérateur et la créance souscrite par celui-ci auprès de la coopérative pour l'utilisation du matériel sont connexes. • Civ. 3e, 14 déc. 2023, n° 22-15.598 B : *D. 2023. Actu. 2236 ; RTD com. 2024. 135, obs. Hiez ; JCP E 2024. 1093, note J.-B. Barbièri ; BJS 3/2024. 48, note Maraud ; Dr. sociétés 2024, n° 52, note Legros.*

55. Une créance résultant d'une surfacturation, procédant d'une exécution défectueuse du contrat, est connexe avec une créance née du même contrat. • Com. 27 janv. 2015 : *D. 2015. Actu. 318 ; RTD com. 2015. 372, obs. Martin-Serf ; LEDEN 3/2015. 2, obs. Aynès ; Gaz. Pal. 1er-5 mai 2015, p. 30, obs. Roussel Galle ; BJE 2015. 149, note Delrieu.* ♦ Comp., jugeant que la condition de connexité supposant que les créances aient un fondement contractuel, la compensation ne peut être retenue dès lors que l'une d'elles procède d'une escroquerie : • Com. 14 mai 1996, n° 94-15.919 P : *D. 1996. 502, rapp. Le Dauphin ; D. 1996. Somm. 332, obs. Delebecque ; D. 1996. Somm. 340, obs. Honorat ; RTD com. 1997. 680, obs. Martin-Serf.* ♦ Dans le même sens, pour une créance de loyer et une créance résultant d'un abus de contestation du droit au bail, V. • Com. 22 avr. 1997, n° 95-17.600 P : *D. Affaires 1997. 864 ; Rev. dr. bancaire 1997. 129, obs. Campana et Calendini ; JCP E 1997. I. 681, n° 18, obs. Pétel.* ♦ V. encore • Com. 18 sept. 2007 : *D. 2007. AJ 2476 ; JCP E 2008. 1207, n° 16, obs. Pétel* • 18 déc. 2012, n° 11-17.872 P : *D. 2013. Actu. 78 ; LEDEN 2/2013. 2, obs. Audras ; CCC 2013, n° 56, note Mathey.*

56. Sur l'impossibilité, pour un vendeur, de refuser de livrer à son acheteur en liquidation judiciaire des marchandises acquises et payées avant le jugement d'ouverture pour compenser d'autres commandes non payées, V. • Com. 7 juill. 1998 : *D. Affaires 1998. 1444, obs. V. A.-R. ; APC 1998, n° 92, obs. Regnaut-Moutier.*

57. Pour l'opposabilité à la procédure collective de l'adhérent à un contrat d'affacturage de la clause permettant à l'affactureur de porter au débit du compte courant ouvert par son client des créances acquises sur un autre adhérent, fournisseur du débiteur, cette entrée en compte courant réalisant la condition de connexité prévue à l'art. L. 621-24 [L. 622-7] C. com., V. • Com. 1er mars 2005 : *JCP E 2005, n° 23, p. 952, note Scholastique ; Gaz. Pal. 6-7 juill. 2005, p. 37, obs. Bonhomme ; RTD com. 2005. 841, obs. Martin-Serf. – Contra* : • Versailles, 13 févr. 2003 : *Gaz. Pal. 2003. Somm. 2589 ; LPA 17 mai 2004, note Sortais* • 18 déc. 2003 : *BICC 2004, n° 1466 ; JCP E 2005, n° 21, p. 870, obs. Dumoulin.* ♦ Pour la compensation entre la créance correspondant au solde débiteur du compte courant dont l'adhérent est redevable envers la société d'affacturage et la créance relative au solde du compte de garantie dû par cette dernière à l'adhérent après la résiliation du contrat d'affacturage, dès lors que ces créances réciproques sont connexes comme procédant du même contrat d'affacturage, V. • Com. 20 sept. 2017, n° 16-16.636 : *RTD com. 2018. 470, obs. Martin-Serf ; Gaz. Pal. 16 janv. 2018, p. 71, obs. Lasserre Capdeville ; RDBF 2018, n° 48, obs. Houin-Bressand.*

58. Sur l'appréciation de la condition de réciprocité des obligations, V. encore • Com. 5 févr. 2013, n° 12-12.808 P : *D. 2013. Actu. 431 ; Rev. sociétés 2013. 181, obs. Roussel Galle ; JCP E 2013. 1259, note Lebel ; DP diff. entr., Bull. n° 345, obs. Rémery ; APC 2013, n° 47, obs. Cagnoli ; LEDEN 3/2013. 2, obs. Mouial-Bassilana ; Gaz. Pal. 1er-4 mai 2013, p. 5, obs. Reille ; BJE 2013. 153, note Saint-Alary-Houin ; Dr. sociétés 2013, n° 108, note Legros.*

59. Connexité « provoquée » par les parties. Si l'interdiction de payer toute créance née antérieurement au jugement d'ouverture du redressement judiciaire ne fait pas obstacle à ce que la compensation opère entre des dettes connexes, encore faut-il que les parties n'aient pas délibérément provoqué cette connexité. • Com. 26 oct. 1999 : *RJDA 2000, n° 46* • Versailles, 14 févr. 2002 : *D. 2002. AJ 1486 ; RJDA 2003, n° 153.*

60. Compensation de créances avant l'ouverture de la procédure. La compensation s'opère de plein droit, même en l'absence de lien de connexité, entre les dettes réciproques des parties, dès lors qu'elles sont certaines liquides et exigibles, avant le prononcé du jugement d'ouverture de la procédure collective de l'une ou l'autre des parties, peu important le moment où elle est invoquée. • Com. 27 sept. 2011, n° 10-24.793 P : *D. 2011. Actu. 2466, obs. Lienhard ; RTD com. 2012. 614, obs. Martin-Serf ; LEDEN 11/2011. 2, obs. Rubellin ; RJDA 2012, n° 69 ; Gaz. Pal. 20-21 janv. 2012, p. 32, obs. Roussel Galle.* ♦ En présence d'une contestation du débiteur, la créance de pénalités de retard, qui constitue une clause pénale, n'est pas certaine, liquide et exigible. • Com. 24 mars 2015, n° 13-23.791 P : *D. 2015. Actu. 801 ; Gaz. Pal. 19-21 juill. 2015, p. 21, obs. Roussel Galle.*

61. Certitude, liquidité et exigibilité de la créance. La compensation fondée sur la connexité des créances, si elle requiert que la créance opposée au débiteur en procédure collective ou à son ayant droit soit certaine dans son principe et ne soit pas éteinte, n'exige pas la réunion des conditions de liquidité et d'exigibilité de cette créance. • Com. 28 avr. 2009 : *D. 2009. AJ 1353 ; Dr. sociétés 2009, n° 124, note Legros ; LEDEN, juill. 2009, p. 2, obs. Mouial-Bassilana ; RTD com. 2009. 805, obs. Martin-Serf.* ♦ Pour le caractère incertain d'une créance de pénalité, subordonnée à une déclaration de responsabilité, V. • Com. 21 janv. 1992, n° 90-13.548 P. ♦ V. aussi • Com. 6 févr. 1996, n° 93-15.736 P. (créances incertaines faute d'être entrées en compte courant). ♦ Comp., à propos de la créance, certaine bien que non encore exigible, d'une banque sur le débiteur, créance connexe de celles devant être inscrites en compte courant, du fait que les parties avaient fait de celui-ci le cadre de règlement de leurs créances réciproques : • Com. 6 févr. 1996, n° 93-19.601 P : *D. 1997. 353, note Boccara ; Banque mai 1996. 94, obs. Guillot ; Rev. dr. bancaire 1996. 62, obs. Campana et Calendini ; RTD com. 1996. 529, obs. Martin-Serf.* ♦ Sur l'incidence de la date d'entrée en compte de la somme (jour du règlement à la banque, et non date postérieure de régularisation comptable), V. • Com. 22 oct. 1996, n° 93-15.787 P : *D. Affaires 1997. 22 ; Rev. dr. bancaire 1996. 244, obs. Campana et Calendini.* – V. Soinne, *LPA 10 janv. 1997.*

62. Renonciation. Le paiement par un créancier d'une créance née après le jugement d'ouverture prouve la renonciation de ce créancier à la garantie attachée au caractère connexe de cette créance avec une créance née avant l'ouverture de la procédure. • Com. 17 juin 1997 : *D. Affaires 1997. 1155.*

63. Créances soumises aux délais fixés par un plan de continuation. Même dans le cas où, un plan de continuation de l'entreprise ayant été arrêté, la créance est soumise aux délais fixés par le plan, le débiteur d'une entreprise en redressement judiciaire est en droit d'opposer à cette dernière, pour résister à une demande en paiement, le principe de la compensation entre sa dette et une créance connexe déclarée au passif du redressement judiciaire. • Com. 24 oct. 1995, n° 93-13.229 P : *D. 1995. IR 244 ; D. Affaires 1995. 201 ; BJS 1996. 154, note Monsèrié.* (V. l'arrêt cassé : • Amiens, 22 janv. 1993 : *D. 1993. 254, note Derrida*). ♦ Dans le même sens, alors même que la dette du bénéficiaire du plan n'était pas définitivement fixée, V. • Com. 25 mars 1997 : *Rev. dr. bancaire 1997. 130, obs. Campana et Calendini.*

64. Obligation de déclaration au passif. Les règles fixées par la loi de 1985 et son décret d'application pour faire vérifier l'existence et le montant d'une créance, si elle n'est pas liquide à la date du jugement d'ouverture du redressement judiciaire, n'interdisent pas d'invoquer le principe de la compensation devant la juridiction saisie, en attendant qu'il soit statué sur la déclaration de créance faite au passif du redressement judiciaire. • Com. 27 avr. 1993, n° 91-13.267 P : *D. 1993. 426, note Pédamon* • 6 juin 1995 : *RJDA 1995, n° 1263.* ♦ Dans le même sens, pour une créance contestée : • Com. 25 mai 1993, n° 91-13.844 P : *D. 1993. IR 165.* ♦ Lorsque un créancier invoque la compensation d'une créance antérieure connexe déclarée pour s'opposer à la demande en paiement formée contre lui par un débiteur en procédure collective, le juge du fond saisi de cette demande doit d'abord se prononcer sur le caractère vraisemblable ou non de la créance ainsi invoquée, et, dans l'affirmative, ne peut qu'admettre le principe de la compensation et ordonner celle-ci à concurrence du montant de la créance à fixer par le juge-commissaire, sans que le créancier n'ait à prouver que sa créance a été admise à ce stade. • Com. 3 avr. 2019, n° 17-28.463 P : *D. 2019. Actu. 757 ; RTD com. 2019. 488, obs. Martin-Serf ; JCP E 2019. 1375, n° 4, obs. Tehrani ; LEDEN 6/2019. 5, obs. McGarvie-Munn ; RJDA 2019, n° 442 ; BJE 7-8/2019. 36, note Lafaurie ; RDBF 2019, n° 138, obs. Houin-Bressand.* – V. déjà • Com. 30 juin 2009, n° 08-15.631 P : *D. 2009. AJ 1892 ; RJDA 2009, n° 983 ; Gaz. Pal. 1er-3 nov. 2009, p. 24, obs. Roussel Galle ; RTD com. 2009. 805, obs. Martin-Serf ; RTD civ. 2009. 721, obs. Fages ; JCP E 2010. 1011, n° 9, obs. Cabrillac ; LPA 8 janv. 2010, note Tricoire.* ♦ L'admission définitive d'une créance au passif d'une société en redressement judiciaire ne fait pas obstacle à la possibilité d'une compensation pour connexité. Celle-ci peut être ordonnée dès lors que le droit au paiement des dettes réciproques est né pour chacune des parties avant la décision d'ouverture de la procédure collective, peu important que la liquidation des créances n'ait pu être effectuée qu'à une date postérieure à cette décision. • Paris, 31 oct. 1997 : *BICC 1998, n° 532.* ♦ La compensation pour dettes connexes ne peut être prononcée dès lors que le créancier n'a pas déclaré sa créance. • Com. 3 mai 2011, n° 10-16.758 P : *D. 2011. Actu. 1215, obs. Lienhard ; ibid. Pan. 2076, obs. F.-X. Lucas ; RTD com. 2011. 635, obs. Martin-Serf ; JCP E 2011. 1656, note Lebel ; ibid. 1596, n° 11, obs. Pétel ; APC 2011, n° 160, obs. Coquelet ; RLDA juill.-août 2011. 18, obs. Guyader ; RJDA 2011, n° 719 ; Dr. et patr. 9/2011. 72, obs. Monsèrié-Bon ; BJE 2011. 258, note Brena ; LPA 3 janv. 2012, obs. Reille ; RPC 2012, n° 10, obs. F. Legrand et M.-N. Legrand* • 19 juin 2012, n° 10-21.641 P : *D. 2012. Actu. 1669, obs. Lienhard ; Rev. sociétés 2012. 534, obs. Henry ; LEDEN 9/2012. 2, obs. Mouial-Bassilana ; Banque et Dr. 9-10/2012. 60, obs. Jacob ; RJDA 2012, n° 1092* (décisions rendues sous l'empire de la L. du 26 juill. 2005). – V. déjà • Com. 15 oct. 1991, n° 89-20.605 P. • 14 mars 1995, n° 91-20.806 P : *D. 1996. Somm. 82, obs. Honorat* • 4 févr. 1997 : *D. 1997. IR 66*. ♦ Dans la mesure de cette déclaration, l'exception de compensation est opposable au détenteur de la créance du cocontractant, que celui-ci ait été subrogé dans les droits de ce dernier ou qu'il en ait été cessionnaire, en l'absence d'acceptation de la cession. • Com. 1er déc. 1992, n° 90-19.343 P : *D. 1993. 513, note Sortais*. – V. aussi • Paris, 12 nov. 1997 : *JCP E 1997. Pan. 1309.* ♦ Il appartient au créancier de déclarer l'intégralité de sa créance au jour du jugement d'ouverture. • Com. 20 mars 2001, n° 98-16.256 P : *D. 2001. AJ 1468, obs. Lienhard ; ibid. 2002. Somm. 1482, obs. Honorat ; Procédures 2001, n° 127, obs. Laporte.*

Le débiteur cédé ne peut opposer au cessionnaire de créances professionnelles l'exception de compensation entre les créances cédées et une créance de dommages-intérêts détenue contre le cédant, dès lors que cette créance de dommages-intérêts n'a fait l'objet d'aucune déclaration au passif de la procédure collective du cédant. • Com. 21 nov. 2000 : *APC 2001, n° 7, obs. Vallansan.* – V. aussi • Com. 9 oct. 2001 : *RJDA 2002, n° 174.*

65. Caution. En application des art. 1294, al. 1er, et 2036 [2298] C. civ., la caution, même solidaire, peut opposer au créancier la compensation de ce qu'il doit au débiteur principal, même si celui-ci renonce à l'invoquer. • Com. 26 oct. 1999 : *JCP E 1999, n° 49, p. 1941 ; APC 1999, n° 241.*

66. Compensation sollicitée par voie d'action. L'art. L. 621-24 [L. 622-7] C. com. ne fait pas obstacle à ce que le créancier de l'entreprise en redressement judiciaire sollicite, par voie d'action, la compensation de sa créance née antérieurement au jugement d'ouverture avec sa propre dette née postérieurement à ce jugement à l'occasion de la poursuite de l'activité autorisée par le tribunal, sous réserve de la connexité de ces créances réciproques. • Com. 7 mars 2006 : *RJDA 2006, n° 805.*

67. Juridiction compétente. Il n'appartient qu'à la juridiction judiciaire de se prononcer sur l'existence d'une connexité existant éventuellement entre une créance née antérieurement au jugement ouvrant une procédure de redressement judiciaire et une créance née postérieurement à ce jugement ; il en va ainsi même si les créances dont il s'agit sont de nature fiscale et concernent un impôt dont le contentieux relève de la compétence de la juridiction administrative. • T. confl., 22 janv. 2001, n° 01-03.231 P : *RTD com. 2001. 511, obs. Martin-Serf ; RPC 2003. 105, obs. Gorrias.* – V. Lagarde, *LPA 24 juill. 2001.*

68. En l'absence d'une décision ayant déjà statué sur la compensation judiciaire, le juge de l'exécution est compétent pour se prononcer sur l'exception de compensation présentée à l'appui d'une demande de mainlevée de saisie. • Com. 21 févr. 2012 : *préc. note 34 ; APC 2012, n° 86, obs. Cagnoli ; RJDA 2012, n° 515.*

69. V. aussi note 44 ss. art. L. 622-13, note 9 ss. art. L. 622-22 et note 90 ss. art. L. 622-24.

II. ACTE DE DISPOSITION ÉTRANGER À LA GESTION COURANTE

BIBL. Félix, *Defrénois 1990. 424* (actes de cession).

70. Notion. L'autorisation du juge-commissaire, prévue à l'art. 33, al. 2 [C. com., art. L. 622-7, al. 2], est requise, que les biens dont le débiteur entend disposer soient ou non attachés à l'exploitation. • Com. 9 juin 1992 : *RJDA 1992, n° 950.*

71. Constituent des actes étrangers à la gestion courante au sens de l'art. L. 622-7, al. 2, C. com. : l'affectation de fonds pour l'acquisition d'un immeuble. • Civ. 1re, 27 janv. 2004 : *APC 2004, n° 90.* ♦ ... La réalisation d'une maison d'habitation appartenant à la société débitrice. • T. com. Melun, 27 mars 2001 : *RPC 2002. 90, obs. Lebel.* ♦ ... La cession d'actions. • Lyon, 30 juin 1995 : *Dr. sociétés 1996, n° 100, obs. Chaput.* ♦ ... Un engagement de caution. • Douai, 15 oct. 1998 : *RPC 1999. 219, obs. Saint-Alary-Houin.* ♦ ... La conclusion d'un contrat d'agent commercial exclusif prévoyant, en outre, un taux progressif de commissions, alors que l'entreprise n'a jamais recouru auparavant à ce mode de distribution de ses produits. • Orléans, 24 mars 2005 : *RJDA 2005, n° 844.* ♦ ... La résiliation du bail des locaux affectés à l'exploitation du fonds de commerce du débiteur. • Com. 8 sept. 2021, n° 20-12.340 : *RJDA 2022, n° 97.* ♦ En revanche, dès lors que le bail conclu par la société débitrice ne fait que constater la demande du bénéficiaire de la promesse de bail de bénéficier de celle-ci, il constitue un acte d'administration, et non un acte de disposition supposant l'autorisation du juge-commissaire. • Versailles, 9 avr. 1998 : *D. Affaires 1998. 1051, obs. A. L.* ♦ L'action en résolution d'une vente ne constitue pas un acte de disposition ou de cession. • Com. 3 févr. 1998 : *D. Affaires 1998. 538.*

72. La vente du fonds de commerce ne saurait être autorisée pendant la période d'observation, en ce qu'elle constitue une cession d'entreprise. • Toulouse, 13 mai 1987 : *Rev. dr. bancaire 1988. 136, obs. Dekeuwer-Défossez.*

73. En cas de redressement judiciaire simplifié, en l'absence d'administrateur, le débiteur exerce les fonctions dévolues à celui-ci, ce dont il se déduit qu'il a le pouvoir d'embaucher un salarié sans l'autorisation du juge-commissaire, un tel acte ne constituant pas un acte de disposition étranger à la gestion courante de l'entreprise. • Com. 2 oct. 2024, n° 23-11.022 : *Rev. sociétés 2024. 744, obs. Henry.* ♦ V. aussi, à propos d'un contrat de chauffeur-livreur conclu par une entreprise de transport routier, pour une courte durée afin de faire face à un surcroît d'activité : • Soc. 21 sept. 2005, n° 03-41.598 P : *D. 2005. AJ 2446, obs. Lienhard ; D. 2006. Pan. 79, obs. Le Corre ; JCP E 2006, n° 2, p. 71, obs. Pétel ; Procédures 2005, n° 255, note Laporte ; RJ com. 2006. 41, note Sortais.* ♦ Pour la conclusion d'un contrat d'apprentissage, V. • Rouen, 13 oct. 2009 : *RPC 2010, n° 157, obs. Lebel.* ♦ Comp. note 7 ss. art. L. 622-3.

74. Compromis et transaction. L'art. 33 [C. com., art. L. 622-7], qui soumet le compromis et la transaction à l'autorisation du juge-commissaire et qui dispose que tout acte passé en violation de ses dispositions est annulé à la demande de tout intéressé, ne distingue pas selon l'objet de la transaction. • Com. 5 janv. 1999, n° 96-20.561 P : *D. 1999. Somm. 350, obs. Honorat ; D. Affaires 1999. 174, obs. A. L. ; JCP E 1999, n° 18-19, p. 809, obs. Cabrillac ; APC 1999, n° 31, obs. Dom ; RPC 1999. 176, obs. Canet ; RJ com. 1999. 408, note Gallet.* – V. Courtier, *Dr. sociétés 1999. Chron. 22.* ♦ La transaction ne peut porter sur une créance soumise à l'interdiction de paiement préférentiel des créanciers antérieurs. • Lyon, 5 avr. 2018, n° 17/01840 : *LEDEN 6/2018. 4, obs. Staes.*

Le jugement de liquidation judiciaire, revêtu de l'exécution provisoire de droit en vertu de l'art. R. 661-1, al. 1er, a pour conséquence de faire perdre à l'administrateur judiciaire sa qualité pour demander l'autorisation de transiger, conjointement avec le débiteur, en application de l'art. L. 622-7, II. • Com. 26 févr. 2020, n° 18-21.117 : *RJDA 2020, n° 321 ; RPC 2020, n° 95, obs. Cerati.*

Pour l'efficacité de la rétractation de la proposition du bailleur de la société débitrice, portant sur une résiliation amiable du bail commercial, dès lors que cette rétractation est intervenue avant que le juge-commissaire n'autorise l'administrateur judiciaire et la société débitrice à accepter l'offre par voie de transaction, V. • Com. 20 janv. 2021, n° 19-20.076 P : *D. 2021. Actu. 285 ; Rev. sociétés 2021. 203, obs. Henry ; JCP E 2021. 1191, n° 5, obs. Tehrani ; APC 2021, n° 43, obs. Fin-Langer ; LEDEN 3/2021. 2, obs. Andreu ; BJE 5-6/2021. 20, note Lafaurie ; RJ com. 2021. 285, obs. André ; RJDA 2022, n° 349.*

V. aussi note 1 ss. art. R. 622-6.

75. Forme de l'autorisation du juge-commissaire. Le juge-commissaire ne peut, sauf à méconnaître ses pouvoirs, délivrer par lettre simple l'autorisation de faire un acte de disposition étranger à la gestion courante de l'entreprise. • Civ. 1re, 27 janv. 2004 : *préc. note 71.*

III. RETRAIT ET SUBSTITUTION DE MARCHANDISES

76. Le juge-commissaire ne peut, en application de l'art. 33 [C. com., art. L. 622-7], et sous peine de nullité, autoriser le paiement d'une créance née antérieurement à l'ouverture de la procédure collective qu'à la demande du chef d'entreprise ou de l'administrateur, et non d'un créancier. • Dijon, 23 mai 1995 : *Gaz. Pal. 1998. 1. Somm. 380.* ♦ Le représentant des créanciers n'a pas non plus qualité pour agir. • Com. 2 mars 1999 : *APC 1999, n° 90.* ♦ Par suite, le commissaire à l'exécution du plan ne peut poursuivre l'action en retrait du gage. • Même arrêt.

77. Sur la possibilité, pour le juge-commissaire, d'autoriser le paiement partiel d'une créance antérieure pour retirer les marchandises gagées, à condition d'y substituer d'autres marchandises, V. • T. com. Nancy, 22 mai 1986 : *RPC 1986, n° 4, p. 59, obs. Mestre et Delebecque.*

78. Méconnaît l'étendue de ses pouvoirs le juge-commissaire qui autorise l'administrateur judiciaire à vendre un bon de caisse détenu à titre de gage par un établissement de crédit, le prix devant être bloqué à la Caisse des dépôts et consignations, sans avoir au préalable autorisé le retrait du gage dans les conditions prévues à l'art. 33, al. 3 [C. com., art. L. 622-7, al. 3]. • Com. 11 mai 1999, n° 96-11.280 P : *D. 1999. IR 160 ; D. Affaires 1999. 943, obs. A. L. ; JCP E 1999, n° 39, p. 1532, obs. Cabrillac ; JCP 2000. II. 10278, note Le Maigat ; RTD com. 2000. 174, obs. Martin-Serf ; RDBF 2000, n° 22, obs. F.-X. Lucas.* – V. aussi Courtier, *RPC 1999. 210.*

79. Une société qui détient une machine appartenant à l'un de ses clients en vue de la réparer peut se prévaloir de son droit de rétention pour obtenir paiement du montant des réparations effectuées antérieurement au profit de ce même client et non payées dès lors qu'il existe un lien de connexité entre cette créance et le dépôt ; il en est ainsi lorsque la société a effectué les travaux pour le compte de son client en vertu d'un contrat global. • Rouen, 12 mars 1992 : *RJDA 1992, n° 391.* ♦ Le client ayant été mis en redressement puis en liquidation judiciaire, le liquidateur ne peut pas, en conséquence, revendiquer le matériel ainsi retenu sans payer la créance en vertu de laquelle le droit de rétention est exercé. • Même arrêt.

80. Le droit de rétention est opposable à la procédure (à propos d'un prêteur qui, au lieu de prendre l'inscription du gage spécifique aux véhicules automobiles, s'est fait remettre la carte grise). • Com. 31 mai 1994, n° 91-20.677 P : *JCP*

E 1995. I. 417, n° 18, obs. Cabrillac. ♦ Le droit de rétention confère à son titulaire le droit de refuser la restitution de la chose légitimement retenue jusqu'à complet paiement de sa créance, même en cas de redressement ou de liquidation judiciaire du débiteur, et la perte de ce droit nuit aux cautions (qui peuvent donc invoquer le bénéfice de l'art. 2037 [2314] C. civ.). • Com. 25 nov. 1997, n° 95-16.091 P : *D. 1998. 232, note François ; D. Affaires 1998. 78, obs. A. L. ; JCP E 1998, n° 17, p. 657, obs. Cabrillac ; RTD com. 1999. 192, obs. Martin-Serf* . ♦ La rétention, qui confère au créancier une situation privilégiée, ne peut s'analyser ni comme une action ni comme une voie d'exécution (interrompues ou interdites par l'art. L. 622-21) et n'entre pas dans le domaine de l'art. 57 [C. com., art. L. 622-30]. • Toulouse, 3 nov. 1999 : *RJDA 2000, n° 1170 ; RPC 2001. 248.* ♦ Le droit de rétention ne peut être limité par le pouvoir conféré au juge-commissaire par l'art. 34, al. 3 [C. com., art. L. 622-8, al. 3], d'imposer une substitution de garantie. • Com. 4 juill. 2000, n° 98-11.803 P : *D. 2001. 465, note Piedelièvre ; ibid. 2000. AJ 361, obs. Lienhard ; APC 2000, n° 176, obs. Legeais ; JCP E 2001, n° 4, p. 174, obs. Cabrillac ; RTD com. 2000. 1009, obs. Martin-Serf ; Banque et Dr. 1-2/2001. 44, obs. Jacob ; JCP 2001. I. 315, n° 15, obs. Delebecque ; LPA 8 juin 2001, note Narayan-Fourment.* – V. l'arrêt confirmé : • Toulouse, 1er déc. 1997 : *D. Affaires 1998. 1246, note Le Corre ; JCP 1998. IV. 2042.* ♦ V. aussi note ss. art. L. 622-5. ♦ Sur la neutralisation du droit de rétention « fictif », V. art. L. 622-7, al. 2, dans sa réd. issue de l'Ord. n° 2008-1345 du 18 déc. 2008. ♦ Sur l'absence de nécessité de déclarer le droit de rétention, V. note 11 ss. art. L. 622-25. ♦ Sur l'efficacité du droit de rétention en cas de plan de cession, V. note 8 ss. art. L. 642-12.

81. Dès lors qu'en application de l'art. 33, al. 1er, devenu l'art. L. 622-7, al. 1er, C. com., le paiement d'une créance antérieure au jugement d'ouverture est interdit et frappé de nullité, le commissionnaire ne peut valablement exercer son droit de rétention sur des marchandises confiées après le jugement d'ouverture pour obtenir le paiement de créances antérieures. • Com. 13 nov. 2001, n° 98-20.207 P : *D. 2001. AJ 3533, obs. Lienhard ; APC 2002, n° 3, obs. Vallansan ; Banque et Dr. 1-2/2002. 42, obs. Rontchevsky ; RDBF 2002, n° 17, obs. F.-X. Lucas ; JCP E 2002, nos 8-9, p. 373, note Piedelièvre ; ibid., n° 21, p. 855, obs. Cabrillac ; Rev. huiss. 2002. 97, obs. Courtier ; RTD com. 2002. 373, obs. Martin-Serf ; RPC 2002. 177, obs. Lebel ; ibid. 183, obs. Macorig-Venier* . ♦ Comp., pour la possibilité d'exercer le droit de rétention sur des marchandises confiées avant et après l'ouverture : • Toulouse, 3 nov. 1999 : *préc. note 80* • Besançon, 8 mars 2000 : *RPC 2001. 248, obs. Macorig-Venier.*

82. L'appréciation de la régularité du droit de rétention invoqué par un créancier n'entre pas dans les attributions du juge-commissaire, qui ne peut donc ordonner la restitution de documents (à propos de certificats d'immatriculation retenus par une banque en garantie d'un prêt pour l'achat de véhicules). • Com. 6 juin 1995, n° 93-14.702 P : *D. 1996. Somm. 86, obs. Honorat ; JCP E 1995. I. 513, n° 2, obs. Cabrillac ; RPC 1995. 291, obs. Dureuil.*

IV. SANCTIONS

83. Nature de la nullité. La sanction de l'excès de pouvoir du dirigeant, qui intervient quel que soit l'auteur de l'acte incriminé dans un délai préfix de trois ans, est la nullité absolue de l'acte. • Paris, 10 févr. 1994 : *D. 1994. IR 79* • Versailles, 15 janv. 1998 : *D. Affaires 1998. 915 ; RJDA 1998, n° 457.* ♦ Tout intéressé peut s'en prévaloir. • Bordeaux, 20 mai 1997 : *Banque et Dr. 9-10/1997. 40, obs. Guillot ; RJDA 1998, n° 308.*

84. Qualité pour agir. Le commissaire à l'exécution du plan est en droit de faire constater la nullité du paiement fait par l'administrateur d'une créance née antérieurement au jugement d'ouverture. • Com. 28 mai 2002 : *cité note 35 ss. ancien art. L. 621-32.*

85. Prescription. Aux termes de l'art. L. 621-24 C. com., dans sa rédaction antérieure à la loi du 26 juill. 2005 [désormais art. L. 622-7], l'action en annulation du paiement d'une créance née antérieurement au jugement d'ouverture de la procédure collective se prescrit par trois ans à compter du paiement ; il n'est pas fait exception à cette prescription lorsque le paiement a eu lieu par voie de compensation pour connexité et que les organes de la procédure collective prétendent que les conditions de cette compensation n'étaient pas réunies, faute pour le créancier d'avoir régulièrement déclaré sa créance connexe. • Com. 22 mars 2017, n° 15-13.072 : *RDBF 2017, n° 130, obs. Houin-Bressand.*

86. Il résulte de l'art. L. 622-7, III, que, le délai de prescription de trois ans de l'action en nullité du paiement d'une créance opéré en violation du I de ce texte courant à compter de ce paiement, l'action en nullité de plusieurs paiements d'échéances successives de remboursement d'un prêt doit être engagée dans le délai de trois ans suivant chaque paiement d'échéance argué de nullité. • Com. 16 juin 2021, n° 20-15.048 : *LEDEN 9/2021. 4, obs. Urbain ; RJDA 2021, n° 677 ; BJE 11-12/2021. 16, note Sahel ; RDBF 2021, n° 167, obs. Houin-Bressand.*

87. L'action tendant à l'annulation d'un paiement prohibé et à la restitution des fonds, qui ne constitue pas une action à laquelle peut donner lieu le contrat de transport au sens de l'art. L. 133-6 C. transp., est soumise, non à la prescription annale prévue par ce texte, mais à la prescription triennale prévue par l'art. L. 622-7 C. com. • Com. 20 oct. 2021, n° 20-16.231 B : *D. 2021. Actu. 1916 ; LEDEN 12/2021. 4, obs. J.-B. Barbièri ; APC 2021, n° 273, obs. Fin-Langer ; RJDA 2022, n° 26 ; JCP E 2022. 1010, n° 4, obs. Pétel ; BJE 1-2/2022. 25, note Lafaurie.*

88. Effets de la nullité. Sur l'effet rétroactif du jugement prononçant l'annulation de l'ordonnance du juge-commissaire ayant autorisé un paiement prohibé, V. • Com. 20 oct. 2021, n° 20-16.231 B : *préc. note 87.*

La nullité des paiements effectués par le débiteur après l'ouverture de son redressement judiciaire, au moyen des fonds que son fournisseur lui avait versés par chèque à titre d'avance sur ristournes, ne peut entraîner la restitution au profit de ce dernier de la somme correspondant au montant de la provision, la propriété de celle-ci ayant été transférée au bénéficiaire du chèque dès l'émission de l'effet. • Com. 4 févr. 1992 : *RJDA 1992, n° 284.*

L'exigence d'une société d'assurance de ne maintenir la couverture de prestations sociales légales ou conventionnelles, pour le débiteur, que contre paiement de sa créance de cotisations échues se heurtant à la règle de l'interdiction du paiement préférentiel, le représentant des créanciers est, ès *qualités,* fondé à solliciter le remboursement de la somme indûment versée avec intérêts au taux légal à compter de la date de son recours et avec capitalisation dans les conditions de l'art. 1154 [1343-2] C. civ. • Paris, 18 juin 1999 : *D. 1999. AJ 21.*

Dès lors qu'elle ne tend pas à obtenir la réintégration des sommes payées dans le patrimoine du débiteur, mais dans son patrimoine propre, l'action exercée par la banque, qui a procédé, postérieurement à l'ouverture de la procédure collective, au paiement d'une lettre de change, ne peut être accueillie. • Com. 3 oct. 2000 : *RJDA 2001, n° 185 ; RTD com. 2001. 513, obs. Martin-Serf ; RPC 2002. 91, obs. Lebel.*

89. Exclusion de la compensation. Les sommes recouvrées par le liquidateur au titre de la restitution par le créancier du montant des paiements opérés par le débiteur en violation des dispositions de l'art. L. 622-7, rendu applicable à la liquidation judiciaire par l'art. L. 641-3, entrent dans le patrimoine du débiteur et sont destinées à être réparties entre tous les créanciers ; toute compensation est donc exclue entre la dette de restitution consécutive à l'annulation d'un paiement et une créance admise au passif du débiteur. • Com. 16 juin 2021, n° 20-15.048 : *préc. note 86.*

90. Effets de l'absence d'annulation. Un acte de disposition étranger à la gestion courante n'en produit pas moins ses effets dès lors qu'il n'a pas fait l'objet de l'action en annulation ouverte par l'art. L. 622-7, al. 4, C. com. • Orléans, 24 mars 2005 : *préc. note 71.*

91. Responsabilité civile. Dès lors que le jugement ouvrant la procédure de redressement judiciaire n'a pas été publié et que la banque du débiteur n'a pas eu connaissance de la mise en redressement judiciaire de ce dernier, aucune faute ne peut être retenue à son encontre pour avoir, en qualité de mandataire du débiteur, effectué un paiement le jour même du prononcé du redressement judiciaire. • Com. 3 mars 1998, n° 95-20.917 P : *D. 1998. IR 90 ; D. Affaires 1998. 536, obs. A. L. ; Gaz. Pal. 2000. 1872, note Daniélou.*

92. Sanctions pénales. V. art. L. 654-8.

Art. L. 622-8 **En cas de vente d'un bien grevé** *(Ord. n° 2021-1193 du 15 sept. 2021, art. 16, en vigueur le 1er oct. 2021)* **« d'une sûreté réelle spéciale ou d'une hypothèque légale », la quote-part du prix correspondant aux créances garanties par ces sûretés est versée en compte de dépôt à la Caisse des dépôts et consignations. Après l'adoption du plan** *(Abrogé par L. n° 2005-845 du 26 juill. 2005, art. 26)* ***« de redressement ou en cas de liquidation »*, les créanciers bénéficiaires de ces sûretés ou titulaires d'un privilège général sont payés sur le prix suivant l'ordre de préférence existant entre eux et conformément à l'article L. 626-22 lorsqu'ils sont soumis aux délais du plan** *(Abrogé par L. n° 2005-845 du 26 juill. 2005, art. 26)* ***« de continuation »*.**

Le juge-commissaire peut ordonner le paiement provisionnel de tout ou partie de leur créance aux créanciers titulaires de sûretés sur le bien. Sauf décision spécialement motivée du juge-commissaire ou lorsqu'il intervient au bénéfice du Trésor ou des organismes sociaux ou organismes assimilés, ce paiement provisionnel est subordonné à la présentation par son bénéficiaire d'une garantie émanant d'un établissement de crédit *(Ord. n° 2013-544 du 27 juin 2013, art. 7-12°, en vigueur le 1er janv. 2014)* **« ou d'une société de financement ».**

Le débiteur *(Abrogé par Ord. n° 2008-1345 du 18 déc. 2008, art. 23)* ***« ou l'administrateur »*** **peut proposer aux créanciers, la substitution aux garanties qu'ils détiennent de garanties équivalentes. En l'absence d'accord, le juge-commissaire peut ordonner cette substitution. Le recours contre cette ordonnance est porté devant la cour d'appel. –** *[C. com., anc. art. L. 621-25.]*

Pour les dispositions transitoires de l'Ord. n° 2021-1193 du 15 sept. 2021, V. note ss. art. L. 611-2.

V. art. R. 622-7, R. 622-8 et R. 661-1.

BIBL. ▶ LE CORRE, *Gaz. Pal. 12 avr. 2016, p. 80.*

Ancien art. L. 622-8 (al. 1er, 1re phr.) *En cas de vente d'un bien grevé d'un privilège spécial,* (Ord. nº 2008-1345 du 18 déc. 2008, art. 165) *« d'un gage, » d'un nantissement ou d'une hypothèque, la quote-part du prix correspondant aux créances garanties par ces sûretés est versée en compte de dépôt à la Caisse des dépôts et consignations.*

COMMENTAIRE

A. RÉGIME ANTÉRIEUR À L'ORDONNANCE DU 15 SEPTEMBRE 2021

Dans sa rédaction issue de la loi du 26 juillet 2005, l'article L. 622-8 avait repris, moyennant de légères retouches terminologiques, les dispositions de l'ancien article L. 621-25.

Il convient de noter que, dans la nouvelle architecture des sûretés, issue de l'ordonnance du 23 mars 2006, l'antichrèse (qu'il convient de nommer « gage immobilier » depuis la loi de simplification du droit du 12 mai 2009), qui n'est plus considérée comme un nantissement, mais se voyait dotée d'une autonomie conceptuelle, semblait ne plus être visée par l'article L. 622-8 (N. Borga, L'autonomie conceptuelle de l'antichrèse, source d'effets imprévus, *D. 2006. 2090*).

A cet égard, l'ordonnance du 18 décembre 2008 s'était contentée de viser aussi le gage, à côté du nantissement (ce qui était nécessaire en raison de la réforme des sûretés opérée par l'ordonnance du 23 mars 2006, qui distingue entre le gage de meubles corporels et le nantissement de meubles incorporels).

Mais, avec la loi précitée de simplification du droit, la donne paraissait avoir changé. Par un effet, évidemment involontaire de la nouvelle terminologie voulue par le législateur, le texte de l'article L. 622-8 devait, de nouveau, pouvoir concerner le « gagiste immobilier » : faute de distinction, on ne voyait pas pourquoi le terme de gage employé par cet article n'aurait pas visé, à la fois, le classique gage mobilier et le « nouveau » gage immobilier (V. le blog de D. Houtcieff, LSD et droit des sûretés, 15 mai 2009, www.dimitri-houtcieff.fr).

B. RÉGIME ISSU DE L'ORDONNANCE DU 15 SEPTEMBRE 2021

Afin de mettre fin à toute discussion relative à la portée de l'ancienne énumération (vente d'un bien grevé d'un privilège spécial, d'un gage, d'un nantissement ou d'une hypothèque), l'ordonnance du 15 septembre 2021 a remplacé celle-ci par une formule générique visant les biens grevés d'une sûreté réelle spéciale ou d'une hypothèque légale (sur la portée de cette formule, V., à propos des nullités de la période suspecte, comm. ss. art. L. 631-1, I, B).

1. Gage. V. note 11 s. ss. art. L. 622-7.

2. Warrant agricole. Les dispositions de l'art. 8 de la loi du 30 avr. 1906, permettant à l'emprunteur, sous certaines conditions, de vendre les objets warrantés, ne peuvent prévaloir sur celles des art. 33, al. 1er, et 34, al. 1er, de la loi du 25 janv. 1985 [C. com., art. L. 622-7 et L. 622-8]. • Com. 9 avr. 1991, nº 89-19.642 P : *D. 1992. Somm. 256, obs. Derrida ; JCP E 1991. II. 232, note Le Corre.* ♦ Aussi, la quote-part du prix de vente d'une récolte correspondant à la créance garantie par le warrant agricole doit être versée en compte de dépôt à la Caisse des dépôts et consignations jusqu'à l'adoption du plan de redressement ou à la liquidation. • Même arrêt. ♦ Se rend coupable de détournement d'objet gagé (C. pén., art. 314-5) le dirigeant d'une société en redressement judiciaire qui vend, avec l'autorisation de l'administrateur judiciaire, des marchandises warrantées appartenant à la société. • Crim. 20 avr. 2017, nº 16-80.808 P : *D. 2017. Actu. 919 ; Dr. sociétés 2017, nº 112, note R. Salomon ; Gaz. Pal. 27 juin 2017, p. 72, obs. Robaczewski ; BJE 2017. 352, note Sordino ; RPC 2017, nº 139, obs. Lebel.*

3. Dividendes à échoir. Pour un arrêt faisant application de l'art. 78 [C. com., art. L. 626-22], al. 2, en fixant les dividendes à échoir au profit du créancier en fonction des paiements anticipés qu'il avait reçus, V. • Com. 20 janv. 1998, nº 94-16.821 P.

Art. L. 622-9 **L'activité de l'entreprise est poursuivie pendant la période d'observation, sous réserve des dispositions des articles** *(L. nº 2005-845 du 26 juill. 2005, art. 27)* **« L. 622-10 à L. 622-16 ».** – *[C. com., anc. art. L. 621-26.]*

V. art. R. 622-9.

COMMENTAIRE

L'article L. 622-9 reprend, moyennant de légères retouches terminologiques, les dispositions de l'ancien article L. 621-26. ❑

BIBL. ▸ Le Corre, *Gaz. Pal. 12 avr. 2016, p. 80.*

Art. L. 622-10 *(L. n° 2005-845 du 26 juill. 2005, art. 28)* **A tout moment de la période d'observation, le tribunal, à la demande du débiteur,** *(Abrogé par Ord. n° 2008-1345 du 18 déc. 2008, art. 24)* ***« de l'administrateur, du mandataire judiciaire, d'un contrôleur, du ministère public ou d'office, »*** **peut ordonner la cessation partielle de l'activité.**

Dans les mêmes conditions, *(Ord. n° 2008-1345 du 18 déc. 2008, art. 24)* **« à la demande du débiteur, de l'administrateur, du mandataire judiciaire, du ministère public ou d'office, » il convertit la procédure en un redressement judiciaire, si les conditions de l'article L. 631-1 sont réunies ou prononce la liquidation judiciaire, si les conditions de l'article L. 640-1 sont réunies.**

(Ord. n° 2008-1345 du 18 déc. 2008, art. 24) **« A la demande du débiteur** *(Ord. n° 2014-326 du 12 mars 2014, art. 22, en vigueur le 1er juill. 2014)* **« ou, à la demande de l'administrateur, du mandataire judiciaire ou du ministère public, lorsqu'** *[lorsque]* **aucun plan n'a été adopté conformément aux dispositions de l'article L. 626-30-2 et, le cas échéant, de l'article L. 626-32 par les** *(Ord. n° 2021-1193 du 15 sept. 2021, art. 17, en vigueur le 1er oct. 2021)* **« classes mentionnées » à la section 3 du chapitre VI du présent titre », il décide également la conversion en redressement judiciaire si l'adoption d'un plan de sauvegarde est manifestement impossible et si la clôture de la procédure conduirait, de manière certaine et à bref délai, à la cessation des paiements. »**

Il statue après avoir entendu ou dûment appelé le débiteur, l'administrateur, le mandataire judiciaire, les contrôleurs et *(Ord. n° 2021-1193 du 15 sept. 2021, art. 17, en vigueur le 1er oct. 2021)* **« la ou les personnes désignées par le comité social et économique » et avoir recueilli l'avis du ministère public.**

Lorsqu'il convertit la procédure de sauvegarde en procédure de redressement judiciaire, le tribunal peut, si nécessaire, modifier la durée de la période d'observation restant à courir *(L. n° 2016-1547 du 18 nov. 2016, art. 99-IV-5°)* **« ou la prolonger pour une durée maximale de six mois ».** *(Ord. n° 2021-1193 du 15 sept. 2021, art. 17, en vigueur le 1er oct. 2021)* **« Les classes déjà constituées avant cette conversion, conformément à la section 3 du chapitre VI du présent titre, sont conservées avec les mêmes modalités de répartition et de calcul des voix, sans préjudice des recours pendants. Les opérations de constitution des classes se poursuivent nonobstant la conversion. »** – *Sur les dispositions transitoires de la L. n° 2016-1547 du 18 nov. 2016, V. note ss. art. L. 621-3.*

(Ord. n° 2008-1345 du 18 déc. 2008, art. 24) **« Aux fins de réaliser la prisée des actifs du débiteur au vu de l'inventaire établi pendant la procédure de sauvegarde, il désigne, en considération de leurs attributions respectives telles qu'elles résultent des dispositions qui leur sont applicables,** *(Ord. n° 2016-728 du 2 juin 2016, art. 23, en vigueur le 1er juill. 2022)* **« un commissaire de justice », un notaire ou un courtier en marchandises assermenté. »**

Pour les dispositions transitoires de l'Ord. n° 2021-1193 du 15 sept. 2021, V. note ss. art. L. 611-2.

V. art. R. 622-10 et R. 622-11.

BIBL. ▸ Mastrullo, *RPC 2008. Étude 19.*

COMMENTAIRE

I. CESSATION DE L'ACTIVITÉ, REDRESSEMENT OU LIQUIDATION JUDICIAIRES

A tout moment de la période d'observation, pour toute raison motivée, et notamment à défaut de capacités de financement suffisantes, le tribunal, comme avant la réforme de 2005 pour le seul redressement judiciaire alors, dispose du pouvoir d'ordonner la cessation partielle de l'activité (dont l'ampleur découlera concrètement de la situation économique de l'entreprise et des perspectives ouvertes à son activité). Il s'agit là d'une faculté, dont les modalités sont prévues par les articles R. 622-10 et R. 622-11. Le texte originel de la loi de 2005 ouvrait la demande, à cette fin, non seulement au débiteur, mais aussi à l'administrateur, au mandataire judiciaire, à un contrôleur et au ministère public, tout en permettant la saisine d'office du tribunal. Dans le souci, général, de rendre la sauvegarde plus attractive, c'est-à-dire moins aléatoire quant à son issue, l'ordonnance du 18 décembre 2008 a réservé cette possibilité de demander la cessation partielle de l'activité au débiteur, ce qui semble logique dans une procédure volontariste ouverte à la demande d'un chef d'entreprise *in bonis*.

A cette possibilité se rajoute, dans le régime de la sauvegarde, l'obligation de convertir celle-ci en redressement judiciaire si les conditions prévues à cette fin par l'article L. 631-1 sont remplies (V. T. Mastrullo, La conversion de la sauvegarde en redressement judiciaire, *RPC 2008. Étude 19, p. 41*). Dans ce cas, le tribunal peut, si nécessaire, modifier la durée de la période d'observation restant à courir, voire, depuis la loi du 18 novembre 2016, la prolonger pour une durée maximale de six mois (V. comm. ss. art. L. 621-12). Silence, en revanche, sur l'éventuelle possibilité, dans ce cas, de reporter la date de cessation des paiements, qui se heurterait sans doute à l'autorité de la chose jugée, dès lors qu'ici (à la différence de l'hypothèse de l'art. L. 621-12), la cessation des paiements est postérieure à l'ouverture de la sauvegarde (P.-M. Le Corre, Droit et pratique des procédures collectives, *Dalloz Action, 2023/2024, 222.262* ; Ph. Roussel Galle, Réforme du droit des entreprises en difficulté, *Litec, 2007, n° 373*, à quoi l'on pourrait ajouter que la « surveillance judiciaire » du débiteur pendant la période d'observation de la sauvegarde rend peu vraisemblable, sinon juridiquement impossible, la commission d'actes frauduleux ; comp., mettant en garde contre les risques de la nullité de la période suspecte dans cette hypothèse : F. Vinckel, Le nouveau régime de la période suspecte dans la loi n° 2005-845 du 26 juillet 2005 et le décret n° 2005-1677 du 28 décembre 2005 : une réforme en trompe-l'œil, *JCP E 2006, n° 3, p. 129, spéc. n° 10*). Il est dommage que l'ordonnance du 18 décembre 2008, qui a réglé cette difficulté dans le cadre de l'article L. 621-12, en modifiant le texte, n'ait pas fait de même au présent article L. 622-10. La Cour de cassation a énoncé que la période suspecte, en cas de conversion, ne peut comprendre la période d'observation de la procédure de sauvegarde (V. Com. 18 mai 2016 : *cité note 4 ss. art. L. 632-2*).

A ce sujet, notons un arrêt de la cour d'appel de Besançon ayant jugé que, « s'agissant de la conversion d'une procédure de sauvegarde en redressement judiciaire, il appartient à la cour d'examiner la situation de la société au jour où elle statue, sans qu'il soit nécessaire, d'une part, de déterminer les causes de l'état de cessation des paiements allégué, d'autre part, de vérifier si la société était en état de cessation des paiements à la date du jugement d'ouverture de la procédure, tout en rappelant que s'agissant d'une personne morale distincte, même liée économiquement à d'autres sociétés formant un groupe, l'analyse de l'état de cessation des paiements ne saurait être uniquement globale » (Besançon, 28 déc. 2007 : *BICC 2008, n° 1269*). Et l'on peut ajouter ici cette intéressante précision apportée par la Cour de cassation, selon laquelle les dettes intra-groupe, entre les filiales, sont à prendre en compte, peu important que le paiement en ait été demandé, du moment qu'elles sont exigibles, « puisque les relations économiques de sociétés au sein d'un groupe ne sauraient conduire en droit chacune de celles-ci à renoncer à recouvrer ses créances » (Com. 24 mars 2009 : *BJS 2009. 691, note crit. F.-X. Lucas*). Mais cette solution, critiquée, ne semble pas devoir faire jurisprudence, puisque, peu de temps après, un autre arrêt est venu affirmer qu'« une avance en compte courant, qui n'est pas bloquée ou dont le remboursement n'a pas été demandé, constitue un actif disponible » (Com. 12 mai 2009 : *LEDEN 9/2009. 2, obs. F.-X. Lucas*). La question ne paraissait pas définitivement tranchée alors, en l'absence d'une décision de principe venant, notamment, préciser s'il résulte de la règle de l'interdiction de payer les dettes antérieures (art. L. 622-7) que les dettes en cause ne sont pas exigibles durant la période de sauvegarde, ou si, en tout cas, fussent-elles exigibles, elles ne sont pas visées par l'article L. 631-1, qui définit la cessation des paiements, puisque le débiteur n'a pas à y « faire face ». Toutefois, un nouvel arrêt, rendu cette fois au visa de l'article L. 631-1, tel que modifié par l'ordonnance de 2008 pour y consacrer la théorie de la réserve de crédit (V. ss. cet art.), a incontestablement renforcé la solution en la réitérant, même si la décision n'est pas publiée au *Bulletin* et qu'elle concerne la fixation de la date de cessation des paiements à propos d'un redressement judiciaire ouvert *ab initio* (Com. 16 nov.

2010 : *cité note 2 ss. art. L. 631-1*). Notons quand même les critiques qu'a suscitées la solution, notamment quant à la qualification d'« actif disponible » alors que, rappelle un auteur, « l'avance de trésorerie n'est fondamentalement rien d'autre qu'un prêt d'argent faisant naître une dette car, une fois qu'elle a été réalisée, celui qui la reçoit est tenu de la rembourser, dette qui doit être rangée dans son passif évidemment » (F.-X. Lucas, *D. 2011. Pan. 2069*, *spéc. 2072* ; V. aussi M. Buchberger, Avances de trésorerie, avances en compte courant et cessation des paiements, *BJE 2011. 286*). Un arrêt ultérieur semblerait en ce sens (V. Com. 10 janv. 2012 : *BJS 2012. 295, note F.-X. Lucas*).

Autre question non encore résolue : les dettes antérieures au jugement d'ouverture d'une sauvegarde doivent-elles, ou non, être prises en compte au titre du passif exigible pour caractériser un état de cessation des paiements, nécessaire à convertir cette procédure en redressement ou liquidation judiciaires. Dans le sens d'un auteur (F.-X. Lucas, *BJS, 2009. 692*), le tribunal de commerce de Paris a jugé que seul le passif non frappé par l'interdiction de payer, c'est-à-dire le passif postérieur, devait être considéré (T. com. Paris, 5 juill. 2018 : *cité note 1*). Mais d'autres auteurs sont hostiles à cette solution, dont le défaut majeur est de prolonger artificiellement la sauvegarde alors que la situation du débiteur se dégrade (F. Pérochon, Entreprises en difficulté, *LGDJ, 11e éd., 2022, no 665*).

De même, le tribunal doit-il prononcer la liquidation judiciaire dès lors que les conditions de l'article L. 640-1 sont réunies : d'une part, le débiteur doit être en cessation des paiements ; d'autre part, il doit se trouver dans l'impossibilité d'assurer, par l'élaboration d'un plan de redressement, la continuation de son entreprise.

En revanche, n'est plus prévue (par rapport à l'anc. art. L. 621-27), depuis la loi de 2005, la possibilité d'ordonner la cessation totale de l'activité. Pour cela, puisque le redressement par voie de cession n'existe plus, le prononcé de la liquidation judiciaire est nécessaire.

Les conditions de saisine du tribunal étaient restées inchangées en 2005 par rapport au texte de l'ancien article L. 621-27. L'ordonnance de 2008, elle, avait apporté une retouche, en retirant le droit d'agir au contrôleur : ainsi, désormais, la saisine, qui pouvait intervenir d'office (sous réserve toutefois de la constitutionnalité de cette faculté, que semble avoir confortée la décision du Conseil constitutionnel du 6 juin 2014 : V. comm. ss. art. L. 631-15 ; et que confirme, par son silence sur ce point, l'ordonnance complémentaire du 26 sept. 2014), doit, sinon, être à l'initiative du débiteur, de l'administrateur, du mandataire judiciaire ou du ministère public.

Ont été modifiées, en revanche, par la loi de 2005, les conditions du prononcé de la décision. Désormais, le tribunal devra entendre (outre le débiteur, l'administrateur, le mandataire judiciaire, la personne désignée par le comité social et économique) tous « les » contrôleurs (et non plus « un » contrôleur) et recueillir l'avis du ministère public (qui n'est pas requis en cas d'ouverture de la procédure). Curieusement, n'est pas prévue dans ce cas l'audition de l'ordre professionnel ou de l'autorité compétente dont relèverait un débiteur exerçant une profession libérale, ce qui s'explique probablement par une simple omission du législateur que les juges pourraient corriger d'eux-mêmes (V. S. Becqué-Ickowicz, *in* La loi de sauvegarde, article par article [1re partie], *LPA 8 févr. 2006, p. 47*). Par ailleurs, les auditions ne se font plus en chambre du conseil, mais sont publiques. Toutes ces mesures de la loi de 2005 tendent, on le voit, à lutter contre l'opacité des procédures collectives.

Dès lors que l'ordonnance de 2008 a supprimé la prisée en cas de sauvegarde mais non de redressement judiciaire (V. art. L. 622-6 et L. 622-6-1), le tribunal doit maintenant en cas de conversion désigner un officier public en vue de réaliser cette prisée des actifs du débiteur.

II. INITIATIVE DU DÉBITEUR

Évolution importante de l'ordonnance du 18 décembre 2008 : désormais, le débiteur peut également demander la conversion de la sauvegarde en redressement judiciaire, dans le cas précis où « l'adoption d'un plan de sauvegarde est manifestement impossible et si la clôture de la procédure conduirait, de manière certaine et à bref délai, à la cessation des paiements ». Le rapport au Président de la République explicite très bien la finalité de cette « passerelle » : « Cette hypothèse de conversion sera très utile lorsque la cession totale de l'entreprise apparaîtra au débiteur comme la seule possibilité de poursuivre l'activité. En effet, cette cession pourra être envisagée sans que le débiteur soit contraint de demander la clôture de la procédure de sauvegarde, puis d'attendre la survenue de la cessation des paiements pour bénéficier de l'ouverture d'un redressement judiciaire. Une telle rupture entre les procédures était jusqu'à présent préjudiciable tant au débiteur qu'aux créanciers. » (V. aussi M. Bayle, L'enchaînement des procédures de prévention et de traitement de la cessation des paiements, *LPA 23 oct. 2008, p. 3, spéc. p. 8*). La mesure aurait été instituée en réaction à l'une des difficultés rencontrées dans l'affaire *Smoby*, où les administrateurs judiciaires avaient demandé de leur propre chef la conversion de la sauvegarde en redressement judiciaire, privant ainsi le nouvel actionnaire du groupe de toute faculté de présenter un plan de sauvegarde (J.-P. Martel et S. Golshami, La réforme de la sauvegarde, état des lieux et premiers éléments de réponse, *Journ. sociétés, juill. 2009, p. 15* ; pour une première application, V. T. com. Bordeaux, 30 sept. 2009 : *RPC 2010, n° 50, obs. B. Saintourens*). L'innovation présente cependant un aspect révolutionnaire puisqu'elle aboutit à l'ouverture du redressement judiciaire d'une entreprise qui n'est pas en cessation des paiements (P. Roussel Galle, Premier aperçu sur l'ordonnance du 18 décembre 2008 réformant le droit des entreprises en difficulté, *LPA 24 déc. 2008, p. 3, n° 22*). De plus, en cas de conversion ultérieure de ce redressement judiciaire en liquidation judiciaire, cette dernière aussi, du fait de la rédaction de l'article L. 631-15, II, peut être prononcée sans que soit constaté l'état de la cessation des paiements, seule l'impossibilité manifeste du redressement devant être caractérisée (V. Com. 28 févr. 2018 : *cité note 1 ss. art. L. 631-15*).

Selon un auteur, la demande de conversion en redressement judiciaire pourrait également constituer une réponse du débiteur, à l'initiative d'un créancier demandant, le cas échéant, afin de reprendre ses poursuites individuelles, la clôture de la sauvegarde pour défaut de présentation d'un plan à l'issue de la période d'observation. Dans ce cas, le tribunal devrait déclarer irrecevable la demande du créancier, comme étant atteinte d'une fin de non-recevoir (P.-M. Le Corre, Droit et pratique des procédures collectives, *Dalloz Action, 2023/2024, 221.371 et 421.113*). Cette hypothèse atypique soulève d'autres interrogations, notamment celle de la possibilité, pour le tribunal, de faire remonter ultérieurement la cessation des paiements à une date antérieure à celle de la conversion. Pour ce même auteur, ce pouvoir devrait lui être reconnu, par analogie avec la situation dans laquelle le débiteur a obtenu l'ouverture d'une procédure de sauvegarde alors qu'il était déjà en état de cessation des paiements, le délai d'un an devant alors courir du jugement de conversion, à moins que la cessation des paiements, antérieure à la conversion, ne fût cependant postérieure à l'ouverture de la sauvegarde, ce qui replacerait le point de départ de l'action au jugement d'ouverture (V. art. L. 621-12 ; V. P.-M. Le Corre, *préc., 222.271*).

III. REJET DU PROJET DE PLAN DE SAUVEGARDE

Par une innovation assez audacieuse, l'ordonnance du 12 mars 2014 permet, à certaines conditions, la conversion de la sauvegarde en redressement judiciaire, en réaction à l'échec du projet de plan de sauvegarde, lorsque celui-ci n'aura pas été adopté par les deux comités de créanciers et, le cas échéant, par l'assemblée des obligataires. Dans cette hypothèse, au lieu que soit engagée une nouvelle consultation de tous les créanciers, de toute façon alors très théorique et aléatoire, l'article L. 622-10, alinéa 3, permet désormais à l'administrateur, au mandataire judiciaire ou au ministère public de solliciter la conversion en redressement judiciaire, à la même double condition que celle à laquelle est subordonnée la demande émanant du débiteur : que l'adoption d'un plan de sauvegarde soit manifestement impossible et que la clôture de la sauvegarde conduise, de manière certaine et à bref délai, à la cessation des paiements. Ces deux conditions – surtout la première – seront sans doute, dans ce cas de figure, le plus souvent remplies.

L'idée est, évidemment, de donner, aux organes de la procédure, un moyen de surmonter la mauvaise volonté du débiteur (et donc des actionnaires) qui, plutôt que de chercher à négocier, tenterait d'imposer un plan privilégiant les intérêts de l'actionnaire (V. R. Dammann et G. Podeur, *D. 2014. Chron. 752* ✎).

IV. VOIES DE RECOURS

Sur les voies de recours contre les décisions statuant sur la conversion de la procédure de sauvegarde en redressement judiciaire, et contre les décisions statuant sur le prononcé de la liquidation judiciaire au cours d'une période d'observation, voir l'article L. 661-1, I, 4° et 5°.

V. CLASSES DE CRÉANCIERS

La modification apportée par l'ordonnance du 15 septembre 2021 au cinquième alinéa vise à permettre de conserver les classes de parties affectées déjà constituées, en cas de conversion en procédure de redressement judiciaire. ❑

1. *Cessation des paiements.* En ce sens que, pour caractériser un état de cessation des paiements justifiant la conversion de la procédure de sauvegarde en application de l'art. L. 622-10, al. 2, seul le passif postérieur au jugement d'ouverture peut être pris en considération, V. • T. com. Paris, 5 juill. 2018 : *APC 2018, n° 198, obs. Petit.*

2. *Absence de vérification des créances.* La liquidation judiciaire peut être prononcée à tout moment, sans attendre l'issue de la procédure de vérification des créances. • Com. 30 oct. 2000, n° 97-18.820 : *APC 2000, n° 246.*

3. *Délai d'action.* Pour l'irrecevabilité de la demande du mandataire judiciaire tendant, sur le fondement de l'art. L. 622-10, à la conversion de la procédure de sauvegarde en procédure de liquidation judiciaire, alors que la période d'observation était déjà écoulée, V. • Bordeaux, 20 avr. 2011 : *RPC 2012, n° 21, obs. Saintourens.*

4. *Convocation du débiteur.* Lorsque la lettre recommandée portant convocation à l'audience destinée à statuer sur la conversion du redressement judiciaire en liquidation n'a pas atteint le débiteur, il appartient au greffier, à peine de nullité du jugement pour non-respect du contradictoire, de faire convoquer le débiteur par voie de signification d'huissier en application de l'art. 670-1 NCPC [C. pr. civ.]. • Besançon, 6 déc. 1996 : *RJ com. 1999. 80, note Haennig* • 20 déc. 1996 : *ibid.*

5. *Audition du débiteur.* Le directeur général d'une société anonyme a qualité pour représenter la société devant le tribunal lors de son audition préalable au prononcé de la liquidation judiciaire. • Com. 12 juill. 1993, n° 91-18.786 P : *D. 1993. 549, note Merle ; Rev. sociétés 1993. 803, note Guyon ; BJS 1993. 1135, note Le Cannu.*

6. *Audition de l'ordre professionnel.* Les dispositions des art. L. 622-10 et L. 631-15 relatives à la convocation et à l'audition de l'organisme professionnel désigné en qualité de contrôleur, préalablement au prononcé de la liquidation judiciaire, ne s'appliquent qu'à la procédure de première instance et ne concernent pas la procédure devant la cour d'appel. • Com. 6 juill. 2010 : *cité note 7 ss. art. L. 621-1.*

7. *Avis du ministère public.* Il résulte de la combinaison des art. L. 622-10 et L. 640-1 que le tribunal ne peut prononcer la liquidation judiciaire, à tout moment de la période d'observation, qu'après avoir recueilli l'avis du ministère public. • Com. 9 juill. 2019, n° 17-27.999 : *Dr. sociétés 2019, n° 204, note Legros ; JCP E 2020. 1035, note Delattre.*

8. *Rapport du juge-commissaire.* A défaut de rapport du juge-commissaire, le jugement doit être annulé, l'omission de la formalité, s'agissant d'une disposition d'ordre public, ne pouvant être réparée en cause d'appel. • Besançon, 22 mars 1995 : *RPC 1996. 52, obs. Dureuil.*

Art. L. 622-11 *(L. n° 2005-845 du 26 juill. 2005, art. 28)* **« Lorsque le tribunal prononce la liquidation, il met fin à la période d'observation et, sous réserve des dispositions de l'article L. 641-10, à la mission de l'administrateur. »** *(Ord. n° 2008-1345 du 18 déc. 2008, art. 25)* **« Dans les conditions prévues au dernier alinéa de l'article L. 622-10, il désigne une personne chargée de réaliser la prisée des actifs du débiteur. »**

COMMENTAIRE

Le prononcé de la liquidation judiciaire met fin à la période d'observation et à la mission de l'administrateur, sous réserve de la possibilité qu'a prévue la loi du 26 juillet 2005 (art. L. 641-10) de désigner un administrateur (ou de maintenir celui précédemment désigné), pour les entreprises dépassant le seuil légal ou « en cas de nécessité », dans l'hypothèse de maintien provisoire de l'activité en période de liquidation judiciaire. En revanche, en cas de conversion en redressement judiciaire, la période pourrait se poursuivre. Cette sorte de « passerelle » entre les deux procédures témoigne bien de leur parenté, de la nature de « redressement judiciaire anticipé » de la sauvegarde.

L'ordonnance du 18 décembre 2008 a logiquement prévu la désignation d'une personne chargée de réaliser la prisée, formalité supprimée en cas de sauvegarde (V. art. L. 622-6 et L. 622-6-1).

S'agissant de la possibilité de désignation exceptionnelle d'un administrateur, prévue par l'article L. 641-10, sous réserve de conditions de seuils, et bien que l'administrateur désigné soit alors, en pratique, s'il s'agit d'une conversion, celui précédemment désigné au cours de la sauvegarde ou du redressement judiciaire, à défaut de désignation expresse, dans le jugement de conversion, quand bien même l'entreprise remplirait ces conditions de seuils, l'administrateur de la procédure de sauvegarde, dont les pouvoirs ont pris fin avec la période d'observation, n'a plus qualité pour procéder à des licenciements, qui sont donc dépourvus de cause réelle et sérieuse (Soc. 15 nov. 2011 : V. note ci-dessous). ❑

Le licenciement prononcé par l'administrateur dont la mission a pris fin avec le prononcé de la liquidation judiciaire est dépourvu de cause réelle et sérieuse. • Soc. 15 nov. 2011, n° 10-17.015 P : *D. 2011. Actu. 2863, obs. Lienhard ; LEDEN 1/2012. 7, obs. G. Dedessus-Le-Moustier ; BJE 2012. 103, note Jacotot ; RPC 2012, n° 27, obs. Lebel.*

Art. L. 622-12 *(L. n° 2005-845 du 26 juill. 2005, art. 28)* **Lorsque les difficultés qui ont justifié l'ouverture de la procédure ont disparu, le tribunal y met fin à la demande du débiteur. Il statue dans les conditions prévues au** *(Ord. n° 2008-1345 du 18 déc. 2008, art. 26)* **« quatrième » alinéa de l'article L. 622-10.** – *V. art. R. 622-12.*

BIBL. ▶ Le Corre, *LPA 25 mars 2009*. - Kuntz et Nurit, *BJE 2013. 254* (une alternative au plan de sauvegarde : la négociation aboutissant à la disparition des difficultés du débiteur).

COMMENTAIRE

Cette disposition doit se lire comme le pendant symétrique de l'article L. 620-1. Le débiteur seul peut prendre l'initiative de demander l'ouverture d'une procédure de sauvegarde destinée à le placer à l'abri des poursuites individuelles de ses créanciers. Aussi est-il normal, si ses difficultés ont disparu en cours de procédure, qu'il puisse demander au tribunal d'y mettre fin (pour une application de ce « droit » du débiteur à sortir de la sauvegarde, V. T. com. Paris, 24 févr. 2010, RG 2010007590). Dans ce cas, bien évidemment, les effets de la procédure cessent - notamment la suspension des poursuites et l'interdiction de payer -, de même que la mission des mandataires de justice, le dirigeant recouvrant l'intégralité de sa responsabilité.

Mais cela suppose qu'il établisse que les difficultés à l'origine de sa requête initiale ont disparu. Et si, au contraire, elles s'étaient aggravées au point que survienne la cessation des paiements, et que le débiteur, paniqué, souhaitait faire marche arrière, ce serait trop tard. S'appliquerait, alors, l'article L. 622-10, et le tribunal pourrait prononcer la conversion en redressement ou en liquidation judiciaires. Reste l'hypothèse, peut-être un peu théorique, de la disparition des difficultés, mais de l'apparition de nouvelles, sans cessation des paiements, qui, à la lettre, ne devrait pas permettre au tribunal de refuser de mettre fin à la procédure, puisque celle-ci se caractérise par le « volontarisme » (P. Roussel Galle, Réforme du droit des entreprises en difficulté, *Litec, 2007, n° 424*).

Le tribunal statue après avoir entendu ou dûment appelé le débiteur, l'administrateur, le mandataire judiciaire, les contrôleurs et la personne désignée par le comité social et économique, et avoir recueilli l'avis du ministère public.

La clôture anticipée de la sauvegarde aura des effets à divers égards du point de vue des créanciers : pour ceux qui n'auraient pas déclaré leur créance, l'inopposabilité prévue par l'article L. 622-26 prendra fin, ceux dont la créance, déclarée sans qu'une décision ne soit intervenue quant à l'admission, pourront reprendre leurs poursuites individuelles, le créancier propriétaire, qui n'aurait pas revendiqué, ne se verra plus paralysé par l'inopposabilité du droit de propriété à la procédure (P.-M. Le Corre, Pour faciliter le rebond : les clôtures anticipées en période d'observation, *LPA 25 mars 2009, p. 3, spéc. p. 4*).

Notons, pour finir, une application intéressante de ce texte faite par un tribunal de commerce, qui a préféré prononcer la clôture anticipée plutôt que la liquidation judiciaire, dans une hypothèse où le débiteur (n'étant pas en cessation des paiements) pouvait rembourser ses créanciers grâce à la cession amiable de son fonds de commerce (T. com. Caen, 12 juin 2009 : *APC 2009, n° 222, obs. Fin-Langer*). ❑

Pour une application de l'art. L. 622-12, dans l'hypothèse où la vente amiable du fonds de commerce du débiteur avait permis de payer tous les créanciers ainsi que les frais de procédure, V. • T. com. Caen, 12 juin 2009 : *APC 2009, n° 222, obs. Fin-Langer.*

Art. L. 622-13 *(Ord. nº 2008-1345 du 18 déc. 2008, art. 27)* **I. — Nonobstant toute disposition légale ou toute clause contractuelle, aucune indivisibilité, résiliation ou résolution d'un contrat en cours ne peut résulter du seul fait de l'ouverture d'une procédure de sauvegarde.** — *Sur la validité des clauses de résiliation de plein droit dans les opérations sur instruments financiers, V. C. mon. fin., art. L. 211-36-1 et L. 211-40, 2e partie, IV. Traitement des difficultés des entreprises.*

Le cocontractant doit remplir ses obligations malgré le défaut d'exécution par le débiteur d'engagements antérieurs au jugement d'ouverture. Le défaut d'exécution de ces engagements n'ouvre droit au profit des créanciers qu'à déclaration au passif.

II. — L'administrateur a seul la faculté d'exiger l'exécution des contrats en cours en fournissant la prestation promise au cocontractant du débiteur.

(Ord. nº 2014-326 du 12 mars 2014, art. 23, en vigueur le 1er juill. 2014) **« Au vu des documents prévisionnels dont il dispose, l'administrateur s'assure, au moment où il demande l'exécution du contrat, qu'il disposera des fonds nécessaires pour assurer le paiement en résultant. » S'il s'agit d'un contrat à exécution ou paiement échelonnés dans le temps, l'administrateur y met fin s'il lui apparaît qu'il ne disposera pas des fonds nécessaires pour remplir les obligations du terme suivant.**

III. — Le contrat en cours est résilié de plein droit :

1° Après une mise en demeure de prendre parti sur la poursuite du contrat adressée par le cocontractant à l'administrateur et restée plus d'un mois sans réponse. Avant l'expiration de ce délai, le juge-commissaire peut impartir à l'administrateur un délai plus court ou lui accorder une prolongation, qui ne peut excéder deux mois, pour se prononcer ;

2° A défaut de paiement dans les conditions définies au II et d'accord du cocontractant pour poursuivre les relations contractuelles. En ce cas, le ministère public, l'administrateur, le mandataire judiciaire ou un contrôleur peut saisir le tribunal aux fins de mettre fin à la période d'observation.

IV. — A la demande de l'administrateur, la résiliation est prononcée par le juge-commissaire si elle est nécessaire à la sauvegarde du débiteur et ne porte pas une atteinte excessive aux intérêts du cocontractant.

V. — Si l'administrateur n'use pas de la faculté de poursuivre le contrat ou y met fin dans les conditions du II ou encore si la résiliation est prononcée en application du IV, l'inexécution peut donner lieu à des dommages et intérêts au profit du cocontractant, dont le montant doit être déclaré au passif. Le cocontractant peut néanmoins différer la restitution des sommes versées en excédent par le débiteur en exécution du contrat jusqu'à ce qu'il ait été statué sur les dommages et intérêts.

VI. — Les dispositions du présent article ne concernent pas les contrats de travail. Elles ne concernent pas non plus le contrat de fiducie, à l'exception de la convention en exécution de laquelle le débiteur conserve l'usage ou la jouissance de biens ou droits transférés dans un patrimoine fiduciaire.

Sur la continuation des contrats d'édition et de production audiovisuelle, V. CPI, art. L. 132-15 et L. 132-30, 2e partie, IV. Traitement des difficultés des entreprises. — ... Des garanties collectives de prévoyance à adhésion obligatoire, V. CSS, art. L. 932-10. — **CSS**.

Pour une dérogation à l'art. L. 622-13 ci-dessus, s'agissant des contrats qui prévoient la gestion ou le recouvrement, pour le compte d'une société de crédit foncier, des prêts, créances assimilées, titres et dépôts, obligations ou autres ressources prévues à l'art. L. 513-2 C. mon. fin., V. C. mon. fin., art. L. 513-21, 2e partie, IV. Traitement des difficultés des entreprises.

Lorsque les créances cédées à une société de crédit foncier résultent d'un contrat de crédit-bail, la survenance d'une procédure collective du crédit-bailleur cédant en cours de contrat ne peut remettre en cause la poursuite du contrat de crédit-bail (C. mon. fin., art. L. 513-13, al. 2).

V. art. R. 622-13.

BIBL. ▶ LE CORRE-BROLY, *D. 2009. 663* ; *Gaz. Pal. 15 oct. 2019, p. 74* (droit commun de la continuation des contrats en cours : questions-réponses). - ROUSSEL GALLE, *RPC 2009. Dossier 7.* - LE CORRE, *Gaz. Pal. 2014. 2470* (droit commun de la résiliation des contrats en cours : questions-réponses). - MONSÈRIÉ-BON, *Mél. Le Cannu, Dalloz-LGDJ, 2014, p. 209* (l'après-résiliation du contrat non continué). - DELATTRE, *BJE 2017. 300* (maintien des relations bancaires en cours de gré ou de force). - Dossier « Contrat(s) et entreprises en difficulté », *BJE*

2019. 37. – Dossier « La continuation des concours bancaires en droit des entreprises en difficulté », *RDBF 2021. Dossiers 27 à 30.* ▸ Modifications issues de l'ordonnance du 12 mars 2014 : Benilsi, *BJE 2014. 183.*

COMMENTAIRE

La loi du 26 juillet 2005 n'avait fait qu'effleurer le mécanisme de continuation des contrats en cours, qu'avait substantiellement retouché la réforme de 1994. Les retouches apportées par l'ordonnance du 18 décembre 2008 sont plus importantes. Celle-ci a, tout d'abord, procédé à la réorganisation du texte de l'article L. 622-13, afin d'améliorer la lisibilité du dispositif. Ainsi, fort logiquement, le nouveau I regroupe désormais, à droit constant, les dispositions posant le principe de la poursuite des contrats en cours, avant que le II ne traite des modalités de celle-ci. L'ordonnance du 12 mars 2014 a apporté un tempérament important, en supprimant l'obligation de paiement comptant en sauvegarde.

I. PRINCIPE DU PAIEMENT COMPTANT

Jusqu'à l'ordonnance du 12 mars 2014, il résultait de l'article L. 622-13, II, alinéa 2, que, sauf délais de paiement expressément accordés par le cocontractant, la poursuite supposait le paiement comptant. Autrement dit, cette règle avait pour effet mécanique de rendre exigibles des créances qui ne l'étaient pas encore. Aussi un auteur s'était-il demandé s'il n'y aurait pas lieu, en cas de sauvegarde, et afin de privilégier la liberté contractuelle, de maintenir, le cas échéant, l'application de stipulations contractuelles antérieures relatives à l'échéance, en les assimilant à des délais octroyés au sens du texte, soulignant que, de fait, l'administrateur judiciaire soucieux du succès de la procédure « saura s'abstenir d'exiger le paiement comptant prévu par la loi » (J.-L. Vallens, Les « effets pervers » de la loi de sauvegarde des entreprises, *RTD com. 2007. 604*).

L'avant-projet d'ordonnance de 2008 avait envisagé de donner force de loi à cette idée, mais, en définitive, le gouvernement avait préféré le *statu quo*, maintenant la règle du paiement comptant, commune donc à la sauvegarde, au redressement judiciaire (art. L. 631-14) et à la liquidation judiciaire (art. L. 641-11-1).

Fort heureusement, ce n'était là que partie remise, et, cinq ans plus tard, la réforme de 2014 est venue entériner cette évolution, en supprimant purement et simplement de l'article L. 622-13 la phrase selon laquelle : « Lorsque la prestation porte sur le paiement d'une somme d'argent, celui-ci doit se faire au comptant, sauf pour l'administrateur à obtenir l'acceptation, par le cocontractant du débiteur, de délais de paiement. » Phrase qui, en conséquence, est introduite à l'article L. 631-14, pour les besoins du redressement judiciaire.

Mais, naturellement, comme a eu l'occasion de le juger la Cour de cassation plus de trois ans après cette réforme, la règle du paiement comptant continue à s'appliquer aux procédures ouvertes avant le 1er juillet 2014 (Com. 20 sept. 2017 : *cité note 54*).

II. RÉSILIATION DU CONTRAT

Au-delà du jeu de la résiliation de plein droit des contrats en cours, désormais prévu, sans changement par le III de l'article L. 622-13, l'ordonnance de 2008 a institué (au IV) une faculté de résiliation judiciaire du contrat, par le juge-commissaire, à la demande de l'administrateur, à la condition que cette résiliation soit « nécessaire à la sauvegarde du débiteur et ne porte pas une atteinte excessive aux intérêts du cocontractant ». Il s'agit là d'empêcher que l'entreprise puisse se trouver prisonnière d'un contrat poursuivi qui ne lui serait plus d'aucune utilité. Cette nouvelle disposition est donc évidemment distincte du cas de résiliation déjà prévu (par le II, alinéa 2) lorsque l'administrateur ne dispose pas des fonds nécessaires pour remplir les obligations du terme suivant. Elle est utile, notamment, en cas de renonciation spontanée à la poursuite, qui n'entraîne pas la résiliation de plein droit du contrat (V. not. Com. 18 sept. 2007 : *cité note 43* ; en ce sens, qu'il aurait été préférable de prévoir un droit d'option spontanée pour la non-continuation valant résiliation du contrat, alors surtout que l'absence de réponse à une mise en demeure produit un effet de résiliation : P.-M. Le Corre, Droit et pratique des procédures collectives, *Dalloz Action, 2023/2024, 431.532*). Selon un auteur, l'hypothèse visée serait celle d'une obligation de faire à la charge du débiteur, au titre, par exemple, d'une location de matériel en cours, pour laquelle le locataire cocontractant n'a pas de raison de mettre fin à la relation contractuelle. Le juge-commissaire devrait alors constater que la revente par le débiteur du matériel récupéré suite à la résiliation du contrat de location lui permettra de financer la procédure de sauvegarde, et que la privation de la jouissance du matériel par le cocontractant « victime » du prononcé de la résiliation judiciaire ne sera pas excessivement préjudiciable pour lui (E. Le Corre-Broly, Les modifications apportées au droit commun de la continuation des contrats en cours, *D. 2009. Chron. 663, n° 8*). Quoi qu'il en soit, une chose paraît sûre : ce cas de résiliation ne manquera pas de générer des contentieux. A cet égard, signalons un premier arrêt, par lequel la cour d'appel de Paris a jugé non nécessaire à la sauvegarde et excessivement attentatoire aux intérêts du cocontractant la résiliation d'un compromis de vente motivée par le souhait de faire réaliser une meilleure opération financière au propriétaire sous sauvegarde, afin de valoriser ses actifs immobiliers au meilleur prix (Paris, 22 sept. 2011 : *cité note 38*).

Quant à la Cour de cassation, elle a estimé, dans une espèce particulière, que le tribunal de la procédure n'était pas compétent, s'agissant de juger des fautes contractuelles après la résiliation d'une convention de franchise par le juge-commissaire, préférant laisser jouer la clause attributive de compétence dès lors que la contestation n'était pas née de la procédure collective de la société franchisée et qu'elle n'était pas soumise à l'influence juridique de cette procédure (Com. 7 févr. 2012 : *cité note 27 ss. art. R. 662-3*).

III. CRÉANCE DE DOMMAGES-INTÉRÊTS

Depuis la loi du 26 juillet 2005, il est expressément précisé que, lorsque l'administrateur met fin à « un contrat à exécution ou paiement échelonnés dans le temps », comme le II, alinéa 2, lui en fait obligation « s'il lui apparaît qu'il ne disposera pas de fonds nécessaires pour remplir les obligations du terme suivant », les dommages et intérêts auxquels pourrait prétendre le cocontractant doivent être déclarés au passif de la procédure. Autrement dit, cette créance, bien qu'incontestablement née après le jugement d'ouverture, ne bénéficiera pas de la priorité de paiement. Précision qui eût été bienvenue sous l'empire du texte antérieur, où la position de la Cour de cassation (jamais vraiment saisie de cette question à notre connaissance) eût pu la conduire à juger qu'il s'agissait d'une créance de la procédure. Ce qui eût été contraire à la volonté du législateur, et peu conforme à la solution posée par la loi du 10 juin 1994 (et clarifiée par la jurisprudence puis le législateur de 2005) pour les indemnités et pénalités contractuelles dues en cas de résiliation d'un contrat régulièrement poursuivi (V. art. L. 622-17, III, 2° et L. 641-13, III, 3°). Précision aujourd'hui presque superfétatoire en raison du resserrement des conditions d'éligibilité au rang des créanciers prioritaires résultant de la réécriture des nouveaux articles L. 622-17 et L. 641-13 : de toute façon, ces dommages et intérêts ne pourraient être regardés comme une créance née « pour les besoins de la procédure ».

Le décret d'application du 28 décembre 2005 a précisé le délai de déclaration de cette créance : un mois à compter de la date de résiliation du contrat (art. R. 622-21).

Notons encore que, en cas de résiliation du contrat par le juge-commissaire motivée par « la sauvegarde du débiteur » (V. II ci-dessus), le cocontractant se voit, le cas échéant, reconnaître une créance de dommages-intérêts à déclarer dans les mêmes conditions (art. L. 622-13, V).

IV. POURSUITE DE L'ACTIVITÉ

Depuis la loi de sauvegarde des entreprises, seules les créances postérieures « utiles » bénéficient du paiement à l'échéance (V. art. L. 622-17). Ce dont on a pu déduire que, désormais, seuls les contrats assurant au cocontractant de percevoir la contrepartie de la poursuite du contrat peuvent être continués, autrement dit seuls les contrats nécessaires à la poursuite de l'activité, la remarque restant valable, pour la sauvegarde et le redressement judiciaire, après la réforme de 2008 (P.-M. Le Corre, Droit et pratique des procédures collectives, *Dalloz Action, 2023/2024, 431.251* ; comp., pour la liquidation judiciaire : comm. ss. art. L. 641-10).

V. FIDUCIE

La question s'était posée de savoir si la fiducie instituée par la loi du 19 février 2007, en cas de procédure collective ouverte à l'égard du constituant, était susceptible d'être considérée comme un contrat en cours. La réponse négative pouvait être déduite par analogie avec la jurisprudence refusant d'analyser ainsi la vente sous réserve de propriété (V. note 32 ss. art. L. 624-9). Quoi qu'il en soit, la non-continuation n'entraînant pas de plein droit la résiliation du contrat (hors mise en demeure émanant du fiduciaire ou du bénéficiaire, peu probable ; Com. 19 mai 2004 : *cité note 42*), il apparaissait que l'administrateur ne pourrait pas obtenir la restitution des biens transférés, sauf accord du bénéficiaire. En revanche, dans le cas, moins probable, d'ouverture d'une procédure collective à l'égard du fiduciaire, la fiducie pourrait être considérée comme un contrat en cours dans la mesure ou des obligations subsistent à la charge du fiduciaire (R. Dammann et G. Podeur, Fiducie-sûreté et droit des procédures collectives : évolution ou révolution, *D. 2007. Chron. 1359* ; La vraie révolution de la fiducie, *Les Échos, 8 mars 2007, p. 12* ; F. Barrière, La fiducie, *BJS 2007. 556, n° 24*).

Quant au contrat par lequel le fiduciaire mettrait, le cas échéant, à la disposition du constituant les biens objet de la fiducie, afin d'éviter qu'il soit considéré comme un contrat en cours au sens de l'article L. 622-13, la doctrine avait estimé qu'il serait opportun que le législateur prévoie une exception expresse à cet égard (tout en permettant la résiliation afin que le fiduciaire puisse exercer son droit de revendication ; V. comm. ss. art. L. 624-16).

L'ordonnance du 18 décembre 2008 a répondu expressément à ces deux difficultés d'articulation du régime de la fiducie-sûreté avec celui des contrats en cours en cas de procédure collective du constituant. Le VI de l'article L. 622-13 précise, en effet, que les dispositions de cet article « ne concernent pas [...] le contrat de fiducie à l'exception de la convention en exécution de laquelle le débiteur conserve l'usage ou la jouissance de biens ou droits transférés dans un patrimoine fiduciaire » (V., sur l'impossibilité de transférer cette dernière convention au cessionnaire, art. L. 642-7, dernier al.). Le législateur semble avoir trouvé là un point d'équilibre : l'administrateur peut mettre un terme au contrat de « mise à disposition » des biens transférés en fiducie-sûreté s'il estime que la continuation de ce contrat n'est pas utile pour le débiteur. En revanche, il ne peut pas porter atteinte à l'efficacité du transfert des actifs à titre de garantie en tant que tel (R. Dammann et G. Podeur, Fiducie et procédure de sauvegarde, un nouvel équilibre, *RLDC mai 2008*). Mais le bénéfice de l'article L. 622-13, pour ces conventions, est supprimé par l'article L. 631-14, alinéa 4, en cas de redressement judiciaire subséquent à la résolution d'un plan de sauvegarde pour inexécution des engagements (V. ce texte).

L'ordonnance du 18 décembre 2008 ne prévoit rien, en revanche, s'agissant de la fiducie-gestion (V., à ce propos, hésitant entre deux solutions, considérer que le contrat n'est plus en cours en raison, comme déjà évoqué, de la réalisation du transfert de propriété, ou, à l'inverse, considérer qu'il est en cours dans la mesure où la gestion des biens fiduciaires génère un passif éventuellement à la charge du constituant, B. Saintourens, F. Deboissy et G. Wicker, La fiducie dans le courant des réformes, *Actes pratiques nov.-déc. 2008. 93*). ❑

I. DOMAINE D'APPLICATION

A. CONTRATS CONCERNÉS

1. Notion de « contrats en cours ». BIBL. Derrida, *RJDA 1993, n° 6, p. 399*. – Bac, *JCP E 2000, n° 1-2, p. 22*. ♦ Le prêt consenti par un professionnel du crédit avant l'ouverture du redressement judiciaire de l'emprunteur n'est pas un contrat en cours au sens de l'art. L. 622-13 et ne peut donc être cédé au titre des contrats visés à l'art. L. 642-7. • Com. 9 févr. 2016, n° 14-23.219 P : *D. 2016. Actu. 423, obs. Lienhard ; RTD com. 2016. 554, obs. Martin-Serf ; JCP E 2016. 1280, note Stefania ; LEDEN 3/2016. 4, obs. Rubellin ; RJDA 2016, n° 379 ; RDBF 2016, n° 88, obs. Houin-Bressand ; BJE 2016. 175, note Reille ; RPC 2016, n° 85, obs. Fraimout.* ♦ Auparavant, la jurisprudence considérait qu'un contrat de prêt n'était pas un contrat en cours lorsque les fonds avaient été remis à l'emprunteur avant l'ouverture de son redressement judiciaire. • Com. 14 déc. 1993, n° 92-11.647 P. • 13 avr. 1999, n° 97-11.383 P : *D. 2000. 257, note Lipinski ; D. Affaires 1999. 801, obs. A. L.* • Versailles, 28 févr. 2013 : *D. 2013. Actu. 638*. – V. aussi • Com. 2 mars 1993, n° 90-21.353 P : *D. 1993. 572, note Devésa ; Rev. huiss. 1993. 1434, note Vidal* • 3 mars 1992, n° 90-12.304 P : *D. 1992. Somm. 260, obs. Derrida ; Defrénois 1992. 1371, obs. Le Cannu ; JCP E 1992. I. 192, n° 2, obs. crit. Pétel.*

2. Le contrat de vente d'un immeuble dont l'une des clauses subordonne le transfert de propriété au paiement intégral du prix est un contrat de vente à terme n'incluant pas un prêt. Ce contrat est en cours lors de l'ouverture de la procédure collective dès lors qu'une partie du prix reste à payer. • Com. 1er févr. 2000, n° 97-15.263 P : *D. 2000. AJ 144, obs. Lienhard ; RTD com. 2000. 444, obs. Laude ; RPC 2002. 182, obs. Macorig-*

Venier. ♦ Comp., pour la vente de biens mobiliers sous réserve de propriété : note 32 ss. art. L. 624-9.

Un contrat de vente en viager ne cesse pas d'être un contrat à exécution instantanée par le simple fait que les parties sont convenues d'un échelonnement partiel du prix, le transfert de propriété ayant eu lieu le jour de la vente, et il ne peut donc s'analyser comme un contrat en cours au sens de l'art. 37 [C. com., art. L. 622-13]. • Paris, 14 oct. 1997 : *D. Affaires 1997. 1427.* – V. aussi : • Com. 2 mars 1999 : *APC 1999, n° 91, obs. Vallansan ; LPA 1er févr. 2000, note Gallet* • Dijon, 3 déc. 1998 : *JCP E 1999, n° 49, p. 1944* • Paris, 9 mars 2000 : *D. 2000. AJ 202, obs. Pisoni* • Aix-en-Provence, 23 mai 2001 : *RPC 2002. 189, obs. Roussel Galle.* – V. Delattre, *Ann. loyers 2002. 137. – Contra :* • Agen, 5 sept. 1995 : *Cah. jurispr. Aquitaine 1995, n° 2, p. 89.* ♦ Dans le même sens, à propos d'une donation partage stipulant le versement par le donataire d'une rente viagère, V. • Agen, 8 mars 2004 : *RPC 2004. 223, obs. Roussel Galle.*

Pour un arrêt ayant jugé que la vente d'un terrain dont le paiement est assuré par une dation en paiement dont la réalisation est fixée dans le temps, étant un acte ponctuel détaché de toute connexité, ne peut constituer un contrat en cours, V. • Civ. 3e, 18 juill. 1995 : *D. 1996. 70, note crit. Derrida ; RTD com. 1996. 343, obs. Martin-Serf.*

En ce sens qu'une promesse unilatérale de vente d'immeuble est un contrat en cours lorsque le bénéficiaire de la promesse est mis en redressement judiciaire avant l'expiration du délai d'option, V. • Com. 1er févr. 2000 : *RPC 2003. 18, obs. Roussel Galle.*

3. Le bail commercial renouvelé après délivrance d'un congé est un nouveau bail, le précédent cessant par l'effet du congé, ce dont il résulte qu'il ne constitue pas un contrat en cours dont l'administrateur du redressement judiciaire du preneur peut exiger l'exécution (s'agissant d'un bail en cours à la date de l'ouverture de la procédure collective, mais arrivé à son terme par l'effet du congé au jour de la mise en demeure adressée par le bailleur à l'administrateur judiciaire pour qu'il exerce son option). • Cass. ass. plén. 7 mai 2004, n° 02-13.225 P : *BICC 15 juill. 2004, rapp. Gillet et avis de Gouttes ; D. 2004. AJ 1451, avis de Gouttes et obs. Lienhard ; ibid. Somm. 2142, obs. Le Corre ; JCP E 2004, n° 28-29, p. 1156, note Dumoustier ; ibid., n° 37, p. 1389, obs. Pétel ; APC 2004, n° 121, obs. Regnaut-Moutier ; RPC 2004. 222, obs. Roussel Galle ; Loyers et copr. 2004, n° 131, note Brault ; LPA 8 déc. 2004, note Serra ; ibid. 18 janv. 2005, p. 7, note Mercier ; Defrénois 2004. 1666, obs. Gibirila* (V. déjà, dans la même affaire, • Com. 17 févr. 1998, n° 95-13.296 P : *D. 1998. IR 82 ; D. Affaires 1998. 582, obs. A. L. ; JCP E 1998, n° 36, p. 1361, note Brault ; AJPI 1998. 1064, note Gallet*). – V. Pizon, *JCP E 2004, n° 51, p. 2008.*

Pour une promesse de bail constitutive d'un contrat en cours d'exécution, dès lors que le contrat de bail devait seulement recevoir sa formulation définitive par l'adjonction des clauses usuelles, V. • Com. 6 févr. 1996, n° 92-16.886 P : *D. 1996. IR 73 ; D. Affaires 1996. 422 ; Gaz. Pal. 1996. 1. Somm. 225, obs. Brault ; RPC 1996. 209, obs. Mestre et Laude.*

4. Dès lors que le transfert de propriété des parts d'une société civile immobilière que les porteurs se sont engagés à céder à une société mise en liquidation judiciaire ne s'est pas réalisé avant l'ouverture de la procédure collective le contrat de vente est en cours. • Com. 22 oct. 1996, n° 94-12.546 P : *D. 1996. IR 263 ; Defrénois 1997. 467, obs. Le Cannu ; RPC 1998. 290, obs. Macorig-Venier.* – V. aussi • Rouen, 6 mars 1997 : *RJDA 1997, n° 837.*

Le contrat par lequel une personne commet un commissionnaire en marchandises pour effectuer pour son compte une opération à terme ne s'achevant que par l'exécution, au terme prévu, de cette opération, ce contrat est soumis aux dispositions de l'art. 37 [C. com., art. L. 622-13] s'il est en cours lors de l'ouverture de la procédure collective du commissionnaire. • Com. 26 mai 1998 : *RJDA 1998, n° 1132 ; RPC 1999. 116, obs. Laude.*

Un contrat d'entreprise est un contrat en cours d'exécution dès lors qu'au jour du jugement d'ouverture subsiste notamment à la charge du cocontractant une obligation de fabrication et de livraison. • Reims, 14 févr. 2001 : *RPC 2002. 190, obs. Roussel Galle.*

En ce sens que le contrat de sous-traitance n'est pas un contrat en cours lorsque les travaux sous-traités ont été achevés avant l'ouverture de la procédure collective, peu important que la garantie ait été mise en jeu postérieurement à cette date, V. • Com. 19 janv. 1999 : *RJDA 1999, n° 307.*

5. Dès lors qu'un concessionnaire avait, contrairement à la convention conclue avec le concédant, revendu les véhicules que ce dernier lui livrait à un revendeur étranger à son réseau, qui les commercialisait, doit être rejetée la demande de ce concessionnaire tendant à la poursuite des livraisons. • Com. 11 oct. 1994, n° 92-17.599 P : *D. 1994. IR 242 ; JCP E 1995. II. 749, note J.-C. Fourgoux.* ♦ V. aussi note 52.

Sur la notion de « contrats en cours », V. égal. note 64 ss. art. L. 622-21.

6. Ne relève pas de l'exécution d'un contrat en cours au sens des art. L. 622-13 et L. 641-10 C. com., dans leur rédaction issue de la L. du 26 juill. 2005, l'obligation à paiement de commissions de courtage nées de l'apport de contrats d'assurance par un courtier d'assurance avant sa mise en liquidation judiciaire et portant sur des commissions dues postérieurement à celle-ci. • Civ. 1re, 24 oct. 2018, n° 16-16.743 P : *LEDEN 12/2018. 3, obs. Mélin ; APC 2018, n° 284, obs. Bennini.*

7. Bail commercial. V. note 3. ♦ Sur l'articulation des art. L. 622-13 et L. 622-14 dans le régime issu de la loi du 26 juill. 2005, V. note 1 ss. art. L. 622-14.

8. Concours bancaires. L'administrateur judiciaire a la faculté d'exiger l'exécution des contrats en cours lors du prononcé du redressement judiciaire sans qu'il puisse être fait de distinction selon que les contrats ont été ou non conclus en considération de la personne. • Com. 8 déc. 1987, n° 87-11.501 P : *D. 1988. 52, note Derrida ; JCP 1988. II. 20927, note Jeantin.* ♦ Il en résulte que l'administrateur doit, lorsqu'il le demande, obtenir la continuation, pendant la période d'observation, des conventions de compte courant, d'ouverture de crédits, de découvert ou d'autorisation d'escomptes en cours au jour du jugement de redressement judiciaire, sauf pour l'établissement financier à bénéficier des dispositions de l'art. 40 de la loi du 25 janv. 1985 [C. com., art. L. 622-17] et, s'il y a lieu, de celles de l'art. 60, al. 2, de la loi du 24 janv. 1984 [C. mon. fin., art. L. 313-12, App., v° *Banque et financement de l'entreprise*]. • Même arrêt. – V., sur renvoi, • Lyon, 5 déc. 1988 : *Banque 1989. 213, obs. Rives-Lange.* ♦ En effet, la continuation des concours bancaires, par application de l'art. 37 ci-dessus [C. com., art. L. 622-13], n'interdit pas que ces concours soient interrompus pendant la période d'observation si les conditions fixées par l'art. 60, al. 1er ou 2, de la loi du 24 janv. 1984 [C. mon. fin., art. L. 313-12] sont réalisées. • Com. 1er oct. 1991, n° 89-13.127 P : *D. 1992. Somm. 261 , et 1993. Somm. 10, obs. Derrida ; JCP 1992. II. 21854, note Jeantin* • 2 mars 1993, n° 91-10.181 P : *D. 1993. IR 91 ; Rev. dr. bancaire 1993. 228, note Gavalda ; RPC 1993. 532, obs. Mestre et Laude.* ♦ Mais, en présence d'une résiliation avec préavis, décidée par la banque le jour du jugement d'ouverture, et en l'absence de notification de la décision de résiliation à l'administrateur judiciaire, l'ordonnance du juge-commissaire enjoignant à la banque de poursuivre ses concours pendant la période d'observation doit recevoir son entier effet. • Com. 28 juin 1994, n° 92-10.830 P : *D. 1994. IR 205 ; Dr. sociétés 1994, n° 189, obs. Chaput ; Rev. dr. bancaire 1995. 83, obs. Campana et Calendini.* ♦ Sur l'application de l'art. 60 de la loi du 24 janv. 1984 [C. mon. fin., art. L. 313-12], V. aussi • TGI Laon, 9 mars 1988 : *JCP 1989. II. 21243, note Gavalda ; D. 1990. Somm. 11, obs. Derrida .*

Sur le contrôle exercé par la Cour de cassation, V. • Com. 1er juill. 1997, n° 95-15.440 P : *RTD com. 1997. 660, obs. Cabrillac ; RJDA 1997, n° 1540 ; RDBB 1998. 24, obs. Campana et Calendini.*

9. Sur l'absence d'exigibilité du solde débiteur du compte courant à l'égard de la caution, dès lors que l'ouverture ou le prononcé d'une liquidation judiciaire n'a pas pour effet d'entraîner la clôture du compte courant du débiteur, V. note 1 ss. art. L. 643-1.

10. Le changement de régime juridique de la procédure de redressement judiciaire passant de la période d'observation à la phase d'exécution du plan de continuation de l'entreprise ne suffit pas à légitimer la rupture brutale des concours bancaires précédemment accordés. • Agen, 2 avr. 1987 : *D. 1987. 592, note Derrida.* ♦ En ne donnant pas à l'entreprise le préavis raisonnable lui ménageant une transition indispensable entre les deux régimes, les banques ne peuvent ignorer les conséquences de la brusque rupture de leur soutien financier sur la survie de l'entreprise ; elles ne peuvent soutenir qu'est survenu l'un des événements mentionnés à l'al. 2 de l'art. 60 de la loi du 24 janv. 1984 [C. mon. fin., art. L. 313-12]. • Même arrêt. – Arrêt conf. par • Com. 14 févr. 1989 : *D. 1991. Somm. 11, obs. Derrida .*

11. Assurance maladie. Le régime d'assurance maladie et maternité des travailleurs non salariés des professions non agricoles est un statut légal obligatoire, peu important que les assurés puissent choisir, pour y adhérer, entre différents organismes conventionnés ; l'affiliation du commerçant et la perception de prestations qui en découle ne procèdent pas d'un contrat mais de l'application de ce statut (non-application de l'art. 37 [C. com., art. L. 622-13]). • Soc. 13 mars 1997 : *D. 1997. IR 83 ; D. Affaires 1997. 540.* ♦ De même, le régime d'affiliation des avocats à la CNBF imposé par l'art. L. 723-1 CSS est de source légale, de sorte que cette caisse n'a pas la qualité de contractant et que l'avocat ne peut, en conséquence, se prévaloir des dispositions de l'art. L. 622-13. • Com. 19 déc. 2018, n° 17-17.311 : *RJDA 2019, n° 208 ; Gaz. Pal. 16 avr. 2019, p. 65, obs. Kendérian ; RPC 2019, n° 114, obs. Lebel.*

12. Protection sociale complémentaire. Pour l'application du régime général des contrats en cours, sous réserve de la mise en œuvre du régime spécial de résiliation prévu par l'art. L. 932-10 CSS, V. • Com. 28 juin 2011, n° 09-16.646 P : *D. 2011. Actu. 1814 ; JCP E 2011. 1596, n° 9, obs. Pétel ; BJE 2011. 340, note Donnette ; BJS 2011. 1001, note Kessler ; RJDA 2011, n° 939.*

13. Garantie financière d'un agent immobilier. La finalité première de la loi du 25 janv. 1985 étant la survie de l'entreprise, la garantie financière fournie par une société d'assurance mutuelle à un de ses sociétaires, agent immobilier mis en redressement judiciaire, doit être maintenue à la demande de l'administrateur, nonobstant la clause des statuts de la société selon laquelle le jugement d'ouverture entraîne la perte de la qualité de sociétaire, clause qui tombe sous le coup de l'art. 37, al. 5 [7] [C. com., art. L. 622-13]. • T. com. Nice, 23 août 1991 : *D. 1992. Somm. 260, obs. Derrida .* – Comp. : • T. com. Antibes, 2 oct. 1992 : *Gaz. Pal. 1994. 1. Somm. 220, obs. Nakam.*

14. Crédit-bail. **BIBL.** Sur le crédit-bail immobilier : Marion-Fondaneche, *Gaz. Pal. 1986. 2. Doctr. 571.* – Sentex, *RJ com. 1986. 121.* – V. aussi • Versailles, 19 mars 1992 : *D. 1992. Somm. 259, obs. Derrida .* ♦ Sur l'incidence de l'application au crédit-bail mobilier du délai de revendication des meubles, avant l'intervention de la loi du 10 juin 1994, V. note 61, et notes 10 s. ss. art. L. 624-9.

15. Contrat de société. Le contrat de société liant un associé mis en procédure collective n'est pas un contrat en cours au sens de l'art. L. 621-28 [L. 622-13] C. com. • Com. 10 juill. 2007, n° 06-11.680 P : *D. 2007. AJ 2107, obs. Lienhard ; APC 2007, n° 163, obs. Regnaut-Moutier ; Gaz. Pal. 26-27 oct. 2007, p. 38, obs. Reille ; JCP E 2007. 2474, note Legros ; ibid. 2008. 1207, n° 12, obs. Pétel ; BJS 2008. 46, note F.-X. Lucas ; RPC 2008. 76, obs. Roussel Galle.*

16. Adhésion à une coopérative. Sur la qualification de contrat en cours du contrat d'adhésion, en raison des obligations réciproques existant entre l'associé-adhérent et le groupement, V. • T. com. Coutances, 29 juin 2021 : *APC 2021, n° 181, obs. Thiberge.*

17. Contrat d'apport. Le contrat d'apport [engagement d'apporter sa production souscrit par l'adhérent d'une coopérative agricole], fût-il lié au contrat de société, constitue un contrat en cours dont l'administrateur peut exiger la continuation ou la résiliation. • Com. 19 févr. 2013 : *D. 2013. 1600, note Buchberger ; Rev. sociétés 2013. 629, note Parleani ; JCP E 2013. 1216, n° 8, obs. Pétel ; ibid. 1277, note Legros ; BJE 2013. 138, note Monsèrié-Bon ; RJDA 2013, n° 534 ; BJS 2013. 417, note Dondero ; JCP E 2015. 1607, n° 13, obs. Hiez.*

18. Contrats administratifs. Pour l'application de l'art. L. 622-13 C. com. à ces contrats, V. • Com. 16 juin 2004 : *RPC 2004. 224, obs. Roussel Galle.*

19. Marchés publics. BIBL. Terneyre, *Cah. dr. entr. 1992, n° 4.* – V. * Rép. min. n° 18705 : *JO Sénat Q, 12 avr. 2012, p. 927.*

20. Adhésion à une association. L'adhésion à une association antérieurement au jugement d'ouverture, en vue d'assurer un revenu de substitution à un dirigeant de l'entreprise, constitue un contrat en cours au sens de l'art. L. 621-28 [L. 622-13] C. com., qui n'opère aucune distinction entre les contrats nécessaires à la poursuite de l'activité et les autres. • Com. 19 mai 2004 : *RPC 2004. 224, obs. Roussel Galle.*

21. Convention d'arbitrage. Il résulte de l'art. 1447 C. pr. civ. que la convention d'arbitrage, qui est indépendante du contrat auquel elle se rapporte, a pour objet le droit d'action attaché aux obligations découlant du contrat et non la création, la modification, la transmission ou l'extinction de ces obligations ; il se déduit de cet objet qu'elle n'est pas un contrat en cours, au sens de l'art. L. 622-13 C. com., dont l'exécution pourrait être ou non exigée par l'administrateur. • Com. 23 nov. 2022, n° 21-10.614 B : *D. 2023. Pan. 1718, obs. Cagnoli ; RTD civ. 2023. 87, obs. Barbier ; ibid. 177, obs. Théry JCP E 2023. 1157, n° 19, obs. Pétel ; APC 2023, n° 15, obs. F.-X. Lucas ; BJE 1-2/2023. 15, note Benilsi ; RPC 2023, n° 4, obs. Cagnoli ; RJDA 2023, n° 209.*

B. PROCÉDURES CONCERNÉES

22. V. art. L. 641-11-1 et L. 641-12.

II. OPTION DE L'ADMINISTRATEUR

BIBL. Haehl, *LPA 8 juill. 1996.* – Monsèrié, *ibid.* (continuation du contrat de bail).

A. CONTINUATION DU CONTRAT

23. Légitimité de la demande. Il incombe au mandataire de justice de s'assurer, lorsqu'il décide la poursuite d'un contrat, des possibilités financières immédiates et prévisibles de l'entreprise, pour en garantir l'exécution. • Versailles, 18 mars 1999 : *RJDA 1999, n° 802.* ♦ Dès lors que le liquidateur n'est plus en mesure de fournir la prestation promise, il y a lieu de rejeter la demande en continuation d'un contrat de concession exclusive en cours. • Com. 16 nov. 1993 : *RPC 1994. 45, obs. Mestre et Laude.* ♦ V. aussi note 3. ♦ D'autre part, dans le cas d'une action en résiliation engagée avant le jugement d'ouverture par le cocontractant, dès lors que la résiliation était demandée pour inexécution d'obligations de faire et non d'une obligation de payer une somme d'argent, le cours de l'instance ne peut en être arrêté ni par l'ouverture du redressement judiciaire du débiteur, ni par l'exercice de la faculté ouverte à l'administrateur par l'art. 37 [C. com., art. L. 622-13]. • Com. 28 mai 1996, n° 93-16.125 P : *JCP E 1996. I. 584, n° 13, obs. Pétel* • 26 oct. 1999, n° 96-21.745 P : *D. 1999. AJ 79 ; APC 1999, n° 249, obs. Vallansan ; Loyers et copr. 1999, n° 295, obs. Brault ; LPA 12 juin 2000, note Courtier ; AJDI 2000. 706, note Gallet.* – V. A. Pimbert, *RPC 2000. 41.* ♦ L'art. 37 [C. com., art. L. 622-13] ne fait pas obstacle à la poursuite de l'action en résiliation du bail pour une cause antérieure au jugement de redressement judiciaire, autre que le défaut de paiement d'une somme d'argent. • Civ. 3e, 21 juill. 1999 : *D. 1999. IR 229 ; D. Affaires 1999. 1443, obs. V. A.-R. ; JCP E 2000, n° 4, p. 126, obs. Pétel ; JCP 2000. II. 10391, note Roussel.* ♦ V. notes 60 s. ss. art. L. 622-21.

24. Modalités de la demande. Un contrat en cours au jour du jugement d'ouverture peut être continué sans que le contractant ait adressé la mise en demeure prévue par l'art. 37 [C. com., art. L. 622-13]. • Com. 20 juin 2000, n° 97-18.204 P : *D. 2000. AJ 343, obs. Pisoni ; Dr. et patr. 1/2001. 97, obs. Monsèrié-Bon ; RTD com. 2000. 1007, obs. Laude.* ♦ En réglant postérieurement au jugement d'ouverture une partie des échéances échues après cette date afin de pouvoir utiliser le matériel donné en location, l'administrateur exprime de façon non équivoque sa volonté de continuer le contrat. • Caen, 11 mars 1993 : *JCP 1993. IV. 1127.* ♦ En ce sens que le paiement d'un seul loyer par l'administrateur établit suffisamment sa volonté, V. • Com. 3 déc. 1996, n° 94-20.669 P :

RJDA 1997, n° 411. ♦ V. aussi notes 28 et 31.

V. encore, jugeant que le liquidateur du bailleur manifeste sa volonté de poursuivre le bail en demandant au notaire qui a encaissé les loyers de lui adresser le compte et en s'opposant à la consignation des loyers. • Com. 29 avr. 2002 : *cité note 38 ss. art. L. 622-21.*

En revanche, un courrier reçu de l'administrateur indiquant au cocontractant, agent commercial, à qui il devait facturer ses commissions pour les livraisons effectuées pendant la liquidation judiciaire et lui précisant qui, du débiteur, du liquidateur, voire d'un éventuel cessionnaire, devait lui payer ses commissions selon les évolutions à venir de la procédure ne traduit pas l'intention de l'administrateur d'exiger la continuation du contrat en cours. • Douai, 14 janv. 2021, n° 19/04417 : *APC 2021, n° 79, obs. Cagnoli.*

Comp., en ce sens que la poursuite du contrat a lieu de plein droit : • Versailles, 28 nov. 1996 : *D. 1997. 508, note Pérochon ; D. Affaires 1997. 222.* ♦ V. aussi note 55.

V. aussi, sur la règle selon laquelle il y a continuation de tous les contrats qui n'ont pas été expressément dénoncés, • Com. 28 janv. 1997 : *RPC 1998. 276, obs. Mestre et Laude.*

B. RENONCIATION À LA CONTINUATION

Jurisprudence antérieure à la loi du 10 juin 1994.

BIBL. Martin-Serf, *RJ com. nov. 1992. 8* (contrats en cours avant l'option). – Darrousez, *ibid. nov. 1992. 20* (option de l'administrateur).

25. Nécessité d'une mise en demeure. La renonciation présumée [ou, depuis la loi du 10 juin 1994, la résiliation de plein droit] ne peut résulter que d'une mise en demeure qui, si elle n'est soumise à aucune forme, doit être dépourvue de toute équivoque. • Paris, 26 févr. 1993 : *Loyers et copr. 1993, n° 268, obs. Brault ; RPC 1993. 531, obs. Mestre et Laude.* ♦ Ne saurait être assimilée à la mise en demeure exigée par la loi la déclaration unilatérale par laquelle le cocontractant annonce qu'il ne tient pas à poursuivre ses relations commerciales avec le débiteur. • Paris, 9 nov. 1994 : *D. 1995. IR 18.*

26. La lettre de mise en demeure adressée, non à l'administrateur, mais au juge-commissaire, qui n'a aucune compétence pour y répondre, ne peut faire courir le délai d'un mois de l'art. 37 [C. com., art. L. 622-13], al. 1er. • Versailles, 28 sept. 2000 : *RJDA 2001, n° 46 ; RPC 2002. 191, obs. Roussel Galle.*

27. En revanche, répond aux exigences de l'art. 37 [C. com., art. L. 622-13], la mise en demeure adressée au débiteur par lettre recommandée avec demande d'avis de réception. • Rouen, 3 déc. 1992 : *RJDA 1993, n° 60.* ♦ Il importe peu que, par le même courrier, ait été effectuée une déclaration de créance. • Aix-en-Provence, 29 févr. 1996 : *Gaz. Pal. 1996. 1. 262.*

28. Le liquidateur qui n'avait pas reçu du bailleur la mise en demeure prévue à l'art. 37 [C. com., art. L. 622-13] ne pouvait être présumé avoir renoncé à la poursuite du bail. S'il n'a jamais été sommé de prendre parti sur la continuation de la location, la demande de prorogation de délais qu'il a pu former devant le juge-commissaire, manifestant ainsi clairement sa volonté de poursuivre la convention, n'était pas indispensable, et c'est le premier alinéa dudit art. 37 qui lui donne la faculté de poursuivre seul l'exécution du contrat en cours, peu important, par conséquent, que l'ordonnance du magistrat lui accordant l'autorisation sollicitée ait été annulée. • Com. 19 oct. 1993, n° 91-15.310 P : *Rev. loyers 1995. 111, note Gallet.*

29. Modalités de la renonciation. V., sur l'insuffisance d'une simple déclaration d'intention de ne pas poursuivre les contrats de crédit-bail, de la part de l'administrateur, dès lors qu'il n'avait pas restitué les véhicules et qu'il avait obtenu une nouvelle prolongation de son délai d'option, • Com. 9 avr. 1991, n° 89-16.742 P : *D. 1993. Somm. 10, obs. Derrida ; JCP E 1992. I. 100, note Le Corre.* ♦ En revanche, la renonciation au contrat de bail peut être déduite de la remise volontaire des clés et des locaux par le mandataire-liquidateur. • Civ. 3e, 4 mars 1998 : *RJDA 1998, n° 759.*

30. Rôle du juge-commissaire dans la procédure simplifiée (jurisprudence antérieure à la L. du 26 juill. 2005). Dans la procédure simplifiée, en l'absence d'administrateur, l'autorisation du juge-commissaire n'est requise par l'art. 141 [C. com., ancien art. L. 621-137] que pour l'exercice par le débiteur de la faculté d'exiger l'exécution des contrats en cours et non pour renoncer à leur poursuite. • Com. 9 janv. 1996, n° 93-21.719 P : *D. 1996. IR 50 ; Quot. jur. 13 févr. 1996, p. 5, note P. M. ; JCP E 1996. I. 554, n° 21, obs. Cabrillac ; RPC 1996. 214, obs. Mestre et Laude* • 22 oct. 1996 : *RJDA 1997, n° 265 ; Loyers et copr. 1997, n° 114, note Brault.*

31. A défaut de l'autorisation prévue par l'art. 141 [C. com., ancien art. L. 621-137], la décision prise par le débiteur de continuer un contrat est nulle. • Com. 6 mai 1997, n° 95-10.933 P : *Quot. jur. 19 juin 1997, p. 8, note P. M. ; JCP E 1997. I. 681, n° 13, obs. Pétel ; Rev proc. coll. 1997. 444, obs. Mestre et Laude* • 6 juill. 1999 : *RJDA 1999, n° 1099.* – Comp. : • Com. 28 janv. 2004 : *APC 2004, n° 85, obs. Vallansan.* ♦ V. aussi note 62 *in fine* (Com. 11 juill. 1995 et 22 avr. 1997).

Comp., désormais, sur la poursuite des contrats en cours dans la procédure sans administrateur : art. L. 627-2 dans sa réd. issue de L. n° 2005-845 du 26 juill. 2005.

32. Conflit d'intérêts. Sur le conflit d'intérêts entre le droit du liquidateur d'une société bailleresse de renoncer à la continuation du bail et le droit du preneur de bénéficier de son bail commercial, V., donnant la préférence à ce dernier, • Paris, 24 avr. 1992 : *D. 1993. Somm. 4, obs. crit.*

Derrida, conf. par • Com. 6 févr. 1996 : *préc. note 3* • Caen, 11 mai 2001 : *APC 2001, n° 176, obs. Regnault-Moutier ; RJDA 2002, n° 171 ; Gaz. Pal. 2002. 68, note Brault ; RPC 2002. 192, obs. Roussel Galle* • Dijon, 13 févr. 2003 : *RPC 2004. 66, obs. Roussel Galle.*

33. Présomption de renonciation. La présomption de renonciation édictée par l'ancien art. 37, al. 3, avait un caractère irréfragable. • Com. 11 déc. 1990, n° 89-16.225 P : *D. 1991. IR 11 ; RTD com. 1991. 103, obs. Chaput* (confirmant • Aix-en-Provence, 3 févr. 1989 : *D. 1990. Somm. 10, obs. Derrida)* • 15 oct. 1991, n° 90-10.904 P : *Defrénois 1992. 581, obs. Le Cannu et Sénéchal ; D. 1992. Somm. 260, obs. Derrida* • 4 févr. 1992, n° 90-16.399 P : *D. 1993. Somm. 2, obs. Derrida* • 3 mars 1992 : *préc. note 1.* ♦ Pour la reconduction de cette jurisprudence après la loi du 10 juin 1994, V. • Paris, 26 sept. 2001 : *Loyers et copr. 2002, n° 118, note Brault.* ♦ Les juges du fond ne pouvaient mettre en échec ce caractère irréfragable en retenant que, pour être recevable, la demande tendant à faire prononcer la résiliation judiciaire du contrat ne devait pas être entachée d'abus de droit. • Com. 18 janv. 2000 : *RPC 2003. 18, obs. Roussel Galle.* ♦ *Contra*, concluant à la présomption simple réservant droit à la preuve contraire, V. • TI Angers, 25 juin 1986 : *D. 1987. Somm. 98, obs. Derrida* • TGI Tours, 20 janv. 1987 : *D. 1990. Somm. 10, obs. Derrida* • Paris, 14 janv. 1988 : *ibid.* • Caen, 27 mai 1993 : *JCP 1993. IV. 2476 ; RJ com. 1993. 100, note crit. Lévy.*

34. Notification aux créanciers inscrits. En cas de mise en demeure par le bailleur à l'administrateur, d'exercer son option, l'art. 14 de la loi du 17 mars 1909 [C. com., art. L. 143-2] n'est pas applicable. • Com. 11 déc. 1990, n° 89-16.225 P : *JCP E 1991. I. 46, n° 20, obs. Cabrillac.* • Paris, 28 juin 1991 : *D. 1992. Somm. 261, obs. Derrida.* ♦ En revanche, en cas de demande de résiliation judiciaire du bail, au vu de la renonciation du liquidateur à sa poursuite, le bailleur devait notifier sa demande aux créanciers inscrits. • Douai, 3 oct. 1991 : *BICC 1992, n° 328* • Com. 13 oct. 1998 : *D. 1999. Somm. 297, obs. Piedelièvre ; D. Affaires 1998. 1846, obs. A.-L. M.-D. ; APC 1998, n° 145 ; Gaz. Pal. 1999. 1. 167, note Brault ; LPA 20 mai 1999, note Jouffin ; JCP E 1999, n° 48, p. 1918, obs. Monéger.* ♦ De même, la notification aux créanciers nantis est obligatoire en cas de saisine du juge-commissaire pour lui faire constater la résiliation de plein droit du bail (dans le régime issu de la loi du 10 juin 1994). • TGI Béthune, 11 août 2004 : *D. 2004. AJ 2376 ; RJDA 2005, n° 418.* ♦ V. aussi note 5 ss. art. L. 622-14.

35. Prolongation du délai. Il appartient à l'administrateur de prouver que la prolongation de délai pour prendre parti a été demandée et obtenue du juge-commissaire dans le mois de la mise en demeure. • Com. 4 févr. 1992 : *préc. note 33.*

36. Le délai d'un mois n'est ni suspendu ni interrompu par le jugement qui, rendu avant son expiration, prononce la liquidation judiciaire et met fin aux fonctions de l'administrateur. Il continue à courir sans que le cocontractant ait à adresser au liquidateur une nouvelle mise en demeure. • Com. 23 mai 1995, n° 92-20.405 P : *D. 1995. Somm. 308, obs. Honorat ; JCP E 1995. I. 513, n° 15, obs. Cabrillac ; Gaz. Pal. 1996. 1. 132,* (confirmation de • Paris, 8 oct. 1992 : *D. 1993. Somm. 2, obs. Derrida*). ♦ Il appartient à l'administrateur, dont les fonctions prennent fin, d'informer le liquidateur de l'état des actions que l'entreprise débitrice a engagées ou dont elle a fait l'objet. • TGI Paris, réf., 13 juin 1994 : *Rev. loyers 1995. 420, note Gallet,* conf. par • Paris, 5 mai 1995 : *ibid. 1996. 182, note Gallet.* ♦ V. art. L. 641-5.

37. Sort du contrat pendant le délai d'option. Le défaut de règlement des loyers postérieurement au jugement d'ouverture, malgré la mise en demeure, autorise le crédit-bailleur à faire prononcer la résiliation et à faire valoir son droit de propriété sur les biens objet du contrat par une action en revendication. • Com. 30 mars 1999 : *APC 1999, n° 134.* – V. aussi • TGI Paris, 10 sept. 1992 : *D. 1993. Somm. 3, obs. crit. Derrida.*

38. Résiliation de l'art. L. 622-13, IV. Le souhait de l'administrateur judiciaire de faire réaliser une meilleure opération financière à son administrée, par rapport à celle qu'elle avait initialement souscrite avant de bénéficier d'une mesure de sauvegarde, comme celui de valoriser ses actifs immobiliers au meilleur prix, ne constituent pas des nécessités au sens de l'art. L. 622-13, IV. • Paris, 22 sept. 2011 : *RJDA 2012, n° 309.* ♦ V. aussi cet arrêt en ce qu'il retient par ailleurs l'existence d'une atteinte excessive aux intérêts du cocontractant au sens des mêmes dispositions précitées.

III. EFFETS DE L'OPTION

A. NON-CONTINUATION

BIBL. Campana, *LPA 8 juill. 1996* (résiliation de plein droit des contrats en cours).

39. Résiliation des contrats non poursuivis (jurisprudence antérieure à la loi du 10 juin 1994). Avant l'intervention de la loi du 10 juin 1994, lorsque l'administrateur renonçait à la continuation du bail, le bailleur acquérait du fait de cette renonciation, le droit de faire prononcer en justice la résiliation du contrat et ce droit ne pouvait être remis en cause par les dispositions du jugement arrêtant le plan de redressement de l'entreprise. • Com. 11 déc. 1990 : *préc. note 33* • 25 janv. 1994, n° 91-16.776 P : *D. 1994. IR 88 ; JCP 1994. II. 22290, note Lévy ; Loyers et copr. 1994, n° 196, note Brault* • 9 janv. 1996 : *préc. note 30* • 17 déc. 1996, n° 93-18.677 P : *Defrénois 1997. 936, obs. Sénéchal* • 28 avr. 1998, n° 95-21.865 P : *D. 1998. IR 163* • 13 oct. 1998, n° 96-15.062 P. – En ce sens déjà : • Com.

7 févr. 1989, n° 86-18.269 P : *D. 1989. IR 67.* ♦ Le mandataire ne pouvait pas s'y opposer. • Com. 13 oct. 1998 : *préc.* ♦ V. aussi : sur la possibilité pour le cocontractant de se prévaloir de la clause prévoyant la résiliation de plein droit du contrat, sans que ce droit pût être remis en cause par une décision du juge-commissaire postérieure à l'expiration du délai prévu à l'ancien art. 37, al. 3, accordant à l'administrateur une prolongation dudit délai pour prendre parti, • Com. 3 mars 1992 : *préc. note 1.* ♦ ... Et, pour une résiliation amiable, • Com. 3 mai 1994 : *RJDA 1994, n° 1072.* ♦ V. note 22 ss. art. L. 642-7.

40. La Cour de cassation avait d'abord décidé que la demande en résiliation, qui ne relevait pas de la compétence du juge-commissaire, dès lors qu'étaient en cause, non l'exercice de l'option réservée à l'administrateur par l'art. 37, al. 1er [C. com., art. L. 622-13], mais ses conséquences, pouvait être soumise au juge des référés. • Com. 25 janv. 1994 : *préc. note 39* • 20 févr. 1996, n° 93-18.713 P : *D. 1996. IR 90 ; D. Affaires 1996. 488 ; AJPI 1996. 305, note Blatter* • 26 mai 1998 : *Loyers et copr. 1998, n° 303, obs. Brault.* ♦ Puis, la Chambre commerciale a considéré que le juge des référés, s'il pouvait ordonner toutes les mesures qui ne se heurtaient à aucune contestation sérieuse ou que justifiait l'existence d'un différend, comme la restitution des clefs, ne pouvait ni prononcer la résiliation d'un contrat en raison de l'art. 484 NCPC [C. pr. civ.], ni constater la résiliation d'un bail non encore prononcée par le juge du fond. • Com. 13 oct. 1998 : *D. Affaires 1998. 1818 ; Procédures 1999, n° 35, obs. Laporte.*

Sur la notification aux créanciers inscrits, V. note 34.

41. La présomption de renonciation à la continuation rendait le débiteur sans droit ni titre à se maintenir dans les lieux par lui-même ou par des occupants de son chef. • Com. 31 mai 1994 : *Loyers et copr. 1995, n° 217.*

L'art. 37, al. 1er, de la loi du 25 janv. 1985, tel que modifié par la L. n° 94-475 du 10 juin 1994 [désormais, C. com., art. L. 622-13, III, 1°], a prévu la résiliation de plein droit du contrat, à défaut d'option pour la continuation ; V. aussi, art. R. 622-13, qui donne compétence au juge-commissaire pour constater la résiliation.

42. Résiliation de plein droit (jurisprudence postérieure à la loi du 10 juin 1994). L'administrateur ayant été mis en demeure de se prononcer sur la poursuite d'un contrat en cours, son refus exprès de poursuivre le contrat entraîne la résiliation de plein droit de celui-ci, à la date de réception par le cocontractant de ce refus, si celle-ci intervient dans le délai d'un mois prévu à l'art. 37 devenu l'art. L. 621-28 [L. 622-13] C. com. • Com. 18 mars 2003, n° 00-12.693 P : *D. 2003. AJ 972, obs. Lienhard ; APC 2003, n° 96, obs. Regnaut-Moutier ; JCP E 2003, n° 40, p. 1573, obs. Cabrillac ; RPC 2003. 234, obs. Roussel Galle ; Dr. et patr. 10/2003. 89, obs. Monsèrié-Bon ; RDBF 2003, n° 191, obs. F.-X. Lucas ; RTD com. 2004. 152, obs. Martin-Serf .* ♦ Il n'y a pas lieu de faire nécessairement constater cette résiliation par le juge-commissaire. • Même arrêt. ♦ En revanche, en l'absence de mise en demeure par le cocontractant, la renonciation de l'administrateur à la poursuite du contrat n'entraîne pas la résiliation de plein droit de la convention à son initiative mais confère au seul cocontractant le droit de la faire prononcer en justice ; une telle demande n'entre pas dans les attributions du juge-commissaire. • Com. 19 mai 2004, n° 01-13.542 P : *D. 2004. AJ 1668, obs. Lienhard ; APC 2004, n° 146, obs. Regnaut-Moutier ; JCP E 2004, n° 37, p. 1388, obs. Pétel ; LPA 6 août 2004, note Le Corre ; RPC 2004. 227, obs. Roussel Galle ; Dr. et patr. 10/2004. 117, obs. Monsèrié-Bon ; Loyers et copr. 2004, n° 208, obs. Brault* • 5 juill. 2005 : *D. 2005. AJ 2147, obs. Lienhard ; D. 2006. Pan. 80, obs. Le Corre ; Gaz. Pal. 4-5 nov. 2005, p. 24, obs. Dumont ; RDBF 2005, n° 176, obs. F.-X. Lucas ; RJ com. 2005. 444, note Sortais* (dans l'hypothèse d'une liquidation judiciaire) • 1er mars 2016, n° 14-19.875 P : *D. 2016. Actu. 599, obs. Lienhard ; Rev. sociétés 2016. 397, obs. Henry ; LEDEN 4/2016. 2, obs. Rubellin ; RPC 2016, n° 44, obs. Roussel Galle ; BJE 2016. 167, note Benilsi* (sol. reconduite sous le régime issu de l'Ord. du 18 déc. 2008).

Sur la faculté, pour l'administrateur, de demander la résiliation du contrat, V., désormais, art. L. 622-13, IV, dans sa réd. issue de l'Ord. n° 2008-1345 du 18 déc. 2008. ♦ Sur la portée de la renonciation spontanée, V. note 43. ♦ V. aussi note 10 ss. art. 66 du Décr. n° 85-1388 du 27 déc. 1985.

Sur les conséquences de la poursuite des relations contractuelles après la résiliation de plein droit du contrat consécutive au défaut de réponse de l'administrateur judiciaire à la mise en demeure adressée par le cocontractant, V. • Com. 11 avr. 2012, n° 10-20.505 P : *D. 2012. Actu. 1123 ; APC 2012, n° 129, obs. Cagnoli ; BJE 2012. 212, note Monsèrié-Bon ; RPC 2012, n° 127, obs. Pérochon ; Dr. et patr. 9/2012. 99, obs. Monsèrié-Bon ; RJDA 2012, n° 983.*

La seule mention de l'indemnité de résiliation dans la déclaration de créance, qui peut avoir été faite à titre conservatoire, ne vaut pas résiliation du contrat. • Versailles, 28 sept. 2000 : *préc. note 26.*

43. Loyers échus entre la renonciation et la résiliation. Le liquidateur ne peut être tenu de payer que les loyers afférents à la période comprise entre l'ouverture de la procédure et la date d'expiration du délai d'option, qui entrent seuls dans les prévisions de l'art. 40 [C. com., art. L. 622-17], dès lors que n'est pas relevée l'existence d'une faute commise par le liquidateur, d'un préjudice subi par le bailleur et d'un lien de causalité entre ces éléments. • Com. 2 févr. 1993, n° 91-10.463 P : *Gaz. Pal. 1993. 2. 570, note Brault ; JCP 1994. II. 22212, note Lévy ; Rev. loyers 1994. 157, note Gallet* • 20 janv. 1998 : *RJDA 1998, n° 617.*

♦ La renonciation du liquidateur à la poursuite du contrat de bail n'entraînant pas, par elle-même, la résiliation de la convention à son initiative, le mandataire ne peut être condamné, *ès qualités*, au paiement d'une certaine somme, au titre des loyers et indemnité d'occupation dus à compter de la date de sa réponse à la mise en demeure du bailleur. • Civ. 3e, 16 juill. 1998 : *Rev. loyers 1999. 228, note Gallet.* ♦ De même, lorsque l'administrateur a renoncé à la poursuite des contrats de crédit-bail sans avoir été mis en demeure, il ne peut être condamné au paiement au titre des loyers échus postérieurement à l'ouverture du redressement judiciaire, à l'exception de ceux afférents à la période comprise entre cette ouverture et la date de la renonciation, qui entrent seuls dans les prévisions de l'art. L. 621-32 C. com. dans sa rédaction antérieure à la loi du 26 juill. 2005, et non ceux échus postérieurement, sauf à relever à l'encontre du débiteur une faute ayant causé un préjudice aux bailleurs. • Com. 18 sept. 2007, nº 06-13.824 P : *D. 2007. AJ 2393, obs. Lienhard ; ibid. Chron. C. cass. 2767, obs. Orsini ; APC 2007, nº 197, obs. Regnaut-Moutier ; JCP E 2008. 1207, nº 13, obs. Pétel ; Gaz. Pal. 23-24 janv. 2008, p. 42, obs. Reille ; RPC 2008. 74, obs. Roussel-Galle.* ♦ Sur la responsabilité du mandataire liée à la continuation, ou non, du bail, V. Soinne, *RPC 1996. 353 ; ibid. 1998. 188.* ♦ V. aussi note 36 ss. ancien art. L. 621-32.

44. Dommages-intérêts. A défaut de poursuite du contrat, il appartient au créancier de déclarer dans le délai légal la créance dont il s'estime titulaire au titre de l'indemnité de résiliation d'une location-gérance et, en l'absence d'une telle déclaration, il ne peut invoquer le bénéfice de la compensation entre sa créance de dommages et intérêts et la dette de restitution du dépôt de garantie. • Com. 23 janv. 1990, nº 88-16.172 P : *D. 1990. IR 86.* ♦ Dans le même sens, pour une créance d'indemnité résultant de la résiliation de plein droit d'un contrat de bail non poursuivi, V. • Paris, 24 nov. 2000 : *Gaz. Pal. 2001. Somm. 1251, obs. Brault.*

Sur la possibilité, pour le cocontractant, soit de déclarer sa créance immédiatement, sans attendre la décision de l'administrateur, soit d'attendre cette décision, qui a pour effet de prolonger le délai de déclaration, V. note 10 ss. art. 66 du Décr. nº 85-1388 du 27 déc. 1985.

45. La créance fondée sur le manque à gagner résultant de la renonciation par le mandataire judiciaire à la poursuite de contrats de crédit-bail équivaut à une créance au titre de la résiliation de ces contrats, exclue de la priorité de paiement instituée par l'art. L. 621-32 C. com. dans sa rédaction antérieure à la loi du 26 juill. 2005, et doit être déclarée au passif de la procédure collective. • Com. 18 sept. 2007 : *préc. note 43.*

V. aussi notes 29 s. ss. ancien art. L. 621-32.

46. Clauses pénales. Le principe d'égalité des créanciers ne s'oppose à la validité au regard de la procédure collective d'une clause pénale convenue entre un créancier et le débiteur antérieurement à l'ouverture de la procédure collective que lorsqu'il résulte de cette clause une majoration des obligations du débiteur envers le créancier en cas de prononcé de son redressement judiciaire. • Com. 11 mai 1993, nº 91-11.379 P : *D. 1993. Somm. 368, obs. Honorat* • 5 janv. 1999 : *APC 1999, nº 47, obs. Fraimout.* ♦ De même, l'art. 37, al. 4 [6] [C. com., art. L. 622-13], ne prévoit pas que la clause déterminant le montant de l'indemnité destinée à réparer le préjudice causé au bailleur en cas de résiliation de la convention serait réputée non écrite après le prononcé du redressement judiciaire du locataire. Une telle clause, dont les parties peuvent librement convenir lors de la signature du contrat, sous réserve du pouvoir reconnu au juge par l'art. 1152 [1231-5], al. 2, C. civ., n'est pas contraire à l'égalité des créanciers. • Com. 10 déc. 1991, nº 90-11.145 P : *JCP E 1992. I. 138, nº 24, obs. Pétel ; RTD com. 1992. 686, obs. Martin-Serf* (V. l'arrêt cassé : • Angers, 27 nov. 1989 : *RTD com. 1991. 104, obs. Martin-Serf ; RJ com. 1990. 344, note Calendini*) • Com. 3 mai 1994 : *D. 1994. IR 153. – Contra :* • Rennes, 22 juill. 1987 : *RTD com. 1989. 317, obs. Martin-Serf* • Grenoble, 23 mai 1990 : *RPC 1991. 351, obs. Dureuil.* ♦ Si la décision de l'administrateur judiciaire de mettre fin à un contrat à exécution ou paiement échelonnés dans le temps, lorsqu'il lui apparaît qu'il ne disposera pas des fonds nécessaires pour remplir les obligations du terme suivant, peut donner lieu à des dommages-intérêts au profit du cocontractant, il résulte de l'art. 1103 C. civ. que leur montant ne peut être déterminé en application des clauses du contrat qu'autant que celles-ci l'auront expressément prévu pour le cas de résiliation en cause. • Com. 29 juin 2022, nº 21-11.674 : *BJE 9-10/2022. 8, note Lafaurie ; Gaz. Pal. 18 avr. 2023, p. 63, obs. Farhi.* ♦ V. aussi, sur la validité des clauses d'indemnisation pour rupture anticipée, • Com. 11 juill. 2000 : *APC 2000, nº 205, obs. Vallansan* • 15 mai 2019, nº 18-14.352 : *BJE 9-10/2019. 15, note Lafaurie ; Gaz. Pal. 15 oct. 2019, p. 54, obs. Kendérian.* ♦ Comp. note 34 ss. anc. art. L. 621-32.

47. Autres clauses contractuelles. Les clauses contractuelles sont opposables aux mandataires judiciaires qui renoncent aux contrats qu'ils ont poursuivis et ceux-ci sont tenus de restituer les biens en bon état ; la créance de réparation étant née postérieurement au jugement d'ouverture, elle constitue une créance de l'art. L. 621-32 C. com. dans sa rédaction antérieure à la loi du 26 juill. 2005. • Com. 18 sept. 2007 : *préc. note 43.*

48. Paiement du solde d'une commande. Le contrat ayant été résilié, le liquidateur de l'entrepreneur ne peut plus demander au cocontractant le paiement du solde de la commande correspondant aux travaux inexécutés. • Com. 24 sept. 2003, nº 01-00.572 P : *D. 2003. AJ 2503 ; JCP E 2003,* *n° 50, p. 2018, note Kéita ; ibid. 2004, n° 6, p. 226, obs. Pétel ; APC 2003, n° 244, obs. Boulay ; RPC 2004. 67, obs. Roussel Galle.*

49. Responsabilité de l'administrateur. Manque à son obligation de moyens l'administrateur qui, après avoir reçu la mise en demeure prévue par l'art. 37 [C. com., art. L. 622-13], ne s'est entouré d'aucun avis, n'a pas demandé une prolongation des délais impartis, n'a pas mené une véritable étude sur la réponse à fournir et a laissé s'éteindre les effets du contrat qui revêtait pour l'entreprise une importance primordiale puisqu'il lui permettait de vendre en exclusivité un produit recherché. • Com. 9 juin 1998, n° 95-12.338 P : *D. 1998. Somm. 329, obs. Honorat ; D. Affaires 1998. 1177, obs. A. L. ; RTD com. 1999. 190, obs. Laude ; RPC 2000. 78, obs. Soinne.*

B. CONTINUATION DU CONTRAT

50. Maintien des stipulations initiales. **BIBL.** Campana, *RJ com. nov. 1992. 55* (effets de la poursuite des contrats). ♦ Sur l'obligation faite au liquidateur du bailleur d'exécuter les réparations nécessaires autres que locatives, V. • Com. 29 avr. 2002 : *cité note 38 ss. art. L. 622-21.*

51. Les clauses résolutoires expresses fondées sur l'inexécution du contrat et qui auraient produit leurs effets avant l'ouverture de la procédure privent l'administrateur de sa faculté. • T. com. Paris, 11 déc. 1986 : *Gaz. Pal. 1987. 1. 376 ; Rev. dr. bancaire 1987. 100, obs. Dekeuwer-Defossez.* ♦ En revanche, le crédit-bailleur renonce implicitement au bénéfice d'une clause de résiliation de plein droit en mettant l'administrateur en demeure de se prononcer sur la poursuite du contrat. • Com. 21 janv. 1992, n° 90-11.510 P : *D. 1992. Somm. 259, obs. Derrida ; Defrénois 1992. 1375, obs. Le Cannu.* ♦ V. aussi note 4 ss. art. L. 622-14.

52. Dès lors que la radiation des dépôts de marques effectués par la société concessionnaire en violation de ses obligations contractuelles n'est intervenue que postérieurement à la date où l'administrateur a exigé l'exécution du contrat de concession, à défaut de fournir la prestation promise au cocontractant du débiteur, l'administrateur ne peut user de la faculté prévue par l'art. 37, al. 1er [C. com., art. L. 622-13]. • Com. 3 avr. 1990, n° 88-16.653 P : *D. 1991. Somm. 1, obs. Derrida.* ♦ V. aussi note 3.

La modification d'un élément du contrat tenant aux modalités de règlement du cocontractant est antinomique avec la continuation, prévue par la loi du 25 janv. 1985, d'un contrat en cours à l'ouverture du redressement judiciaire de l'autre partie. Le cocontractant est dès lors fondé à opposer l'exception d'inexécution. • Com. 17 févr. 1998 : *RJDA 1998, n° 758.*

53. Sur le maintien du dépôt de garantie, V. • Versailles, 25 oct. 2001 : *BICC 2002, n° 166.*

54. Paiement comptant. Il résultait de l'art. L. 622-13, II, al. 2, C. com., dans sa rédaction antérieure à l'Ord. n° 2014-326 du 12 mars 2014, que lorsque la prestation que doit le débiteur dans le cadre de l'exécution d'un contrat en cours porte sur le paiement d'une somme d'argent, celui-ci doit se faire au comptant ; la seule exception à cette règle consiste dans l'acceptation, par le cocontractant du débiteur, de délais de paiement, ce qui exclut, en cas de refus du cocontractant, toute survivance de tels délais convenus entre les parties dans le contrat en cours dont l'exécution est exigée. • Com. 20 sept. 2017, n° 14-17.225 P : *D. 2017. Actu. 1830, obs. Lienhard ; AJ contrat 2017. 498, obs. Mouial-Bassilana ; RTD com. 2018. 157, obs. Hiez ; JCP E 2017. 1688, n° 10, obs. Tehrani ; APC 2017, n° 267, obs. Roussel Galle ; LEDEN 11/2017. 5, obs. Rubellin ; BJE 2017. 407, note Benilsi ; RJDA 2018, n° 45 ; Gaz. Pal. 16 janv. 2018, p. 63, obs. Kendérian.*

55. Résiliation de plein droit pour défaut de paiement. La résiliation de plein droit prévue à l'art. L. 621-28, al. 3 [L. 622-13, III, 2°], C. com. en cas de non-paiement d'une somme d'argent, qui doit nécessairement être constatée par le juge-commissaire, suppose que l'administrateur ait opté expressément ou tacitement pour la continuation du contrat ; il s'ensuit qu'en l'absence d'option expresse ou tacite de la part de l'administrateur pour la continuation, le contrat non exécuté par celui-ci n'est pas résilié de plein droit. • Com. 7 nov. 2006, n° 05-17.112 P : *D. 2006. AJ 2846, obs. Lienhard ; D. 2007. Pan. 48, obs. Le Corre ; APC 2006, n° 236, obs. Roussel Galle ; JCP E 2007, n° 1, p. 25, obs. Cabrillac ; Gaz. Pal. 19-20 janv. 2007, p. 45, obs. Pérochon ; Defrénois 2007. 873, obs. Gibirila ; RTD com. 2007. 239, obs. Vallens ; RPC 2007. 225, obs. Monsèrié-Bon.* – V. Le Corre-Broly, *JCP E 2007, n° 1, p. 15.* ♦ Il résulte de l'art. L. 622-13, III, 2°, C. com., dans sa rédaction issue de l'Ord. n° 2008-1345 du 18 déc. 2008, et de l'art. R. 622-13 du même code, dans sa rédaction issue du Décr. n° 2009-160 du 12 févr. 2009, que lorsque ne sont pas payées à leur échéance, au cours de la période d'observation, des sommes dues en vertu d'un contrat de crédit-bail que l'administrateur a décidé de continuer, et à défaut d'accord du cocontractant pour poursuivre les relations contractuelles, la résiliation de plein droit de ce contrat doit, à la demande de tout intéressé, et peu important l'existence d'une clause résolutoire, être constatée par le juge-commissaire qui en fixe la date. • Com. 20 sept. 2017, n° 16-14.065 P : *D. 2017. Actu. 1831 ; JCP E 2018. 1000, note Brignon ; ibid. 1688, n° 11, obs. Pétel ; Journ. sociétés 11/2017. 60, obs. Cerati-Gauthier ; RDBF 2017, n° 264, obs. Houin-Bressand ; BJE 2018. 30, note Benilsi ; RJDA 2018, n° 147 ; RPC 2018, n° 64, obs. Roussel Galle* • 4 juill. 2018, n° 17-15.038 P : *D. 2018. Actu. 1487 ; Rev. sociétés 2018. 537, obs. Reille ; JCP E 2019. 1000, n° 13, obs. Pétel ; LEDEN 10/2018. 3, obs. Rubellin ; APC 2018, n° 227, obs. Houin-Bressand ; RJDA 2018, n° 851 ; Gaz. Pal. 9 oct.*

2018, p. 68, obs. Kendérian ; BJE 2018. 425, note Monsèrié-Bon.

56. Résiliation du bail. Rien n'oblige le mandataire liquidateur qui a opté pour la continuation du bail à le poursuivre jusqu'à son échéance contractuelle ou jusqu'à la prochaine échéance triennale, et ce, peu important qu'il ait opté pour la poursuite du bail avec ou sans réserve quant à la durée de celle-ci. • Paris, 16 mai 2001 : *Loyers et copr. 2002, n° 39, obs. Brault et Pereira.*

57. Rupture des concours bancaires. Les dispositions des art. L. 622-13 et L. 631-14 C. com. interdisent à la banque d'opposer à l'administrateur, qui entend poursuivre la convention d'ouverture de compte, des prétextes tirés d'une impossibilité organisationnelle, prétextes dissimulant la volonté de la banque de cesser tout concours avec une entreprise placée en redressement judiciaire. • Com. 4 juin 2013 : *cité note 1 s s. art. L. 631-12 ; Rev. sociétés 2013. 523, obs. Henry ; JCP E 2013. 1434, n° 8, obs. Pétel ; LEDEN 7/2013. 2, obs. Mouial-Bassilana ; Gaz. Pal. 29 sept.-1er oct. 2013, p. 18, obs. Bidan ; ibid. 8-9 nov. 2013, p. 15, obs. Houin-Bressand.*

58. Résiliation du contrat d'assurance. L'art. L. 622-13, al. 3, C. com., dans sa rédaction antérieure à l'Ord. n° 2008-1345 du 18 déc. 2008, n'exclut pas l'application de l'art. L. 113-3 C. assur. (relatif à la mise en demeure avant suspension de la garantie en cas de défaut de paiement d'une prime d'assurance) en cas de procédure collective de l'assuré. • Com. 15 nov. 2016, n° 14-27.045 P : *D. 2016. Actu. 2396 ; JCP E 2017. 1164, n° 14, obs. Pétel ; ibid. 1235, note Stefania ; LEDEN 1/2017. 4, obs. Couturier ; APC 2017, n° 1, obs. Roussel Galle ; Gaz. Pal. 10 janv. 2017, p. 66, obs. Kendérian.*

59. Aggravation des charges du débiteur. Est interdite toute clause qui modifie les conditions de poursuite d'un contrat en cours en diminuant les droits ou en aggravant les obligations du débiteur du seul fait de sa mise en redressement judiciaire. • Com. 14 janv. 2014, n° 12-22.909 P : *D. 2014. Actu. 206, obs. Lienhard ; ibid. Pan. 2150, obs. Le Corre ; Rev. sociétés 2014. 200, obs. Henry ; AJCA 2014. 34, obs. Delpech ; JCP E 2014. 1173, n° 7, obs. Pétel ; APC 2014, n° 53, obs. Roussel Galle ; LEDEN 3/2014. 2, obs. Mouial-Bassilana ; BJE 2014. 81, note Le Mesle ; RJDA 2014, n° 361 ; LPA 1er-2 mai 2014, note Stefania ; ibid. 7 mai 2014, note Teffo ; Gaz. Pal. 29 juin-1er juill. 2014, p. 23, obs. Kendérian ; Dr. et patr. 9/2014. 97, obs. Monsèrié-Bon.* ♦ Pour une application, à propos d'une clause stipulant le paiement d'une indemnité de recouvrement si le créancier était tenu de produire à un ordre de distribution quelconque, notamment en cas de redressement judiciaire, V. • Com. 22 févr. 2017, n° 15-15.942 P : *D. 2017. Pan. 1944, obs. Le Corre ; AJ contrat 2017. 234, obs. Mouial-Bassilana ; RTD com. 2017. 692, obs. Martin-Serf ; JCP E 2017. 1460, n° 18, obs. Tehrani ; JCP 2017. 279, obs. Dumery ; APC 2017, n° 103, obs. Gohlen ; LEDEN 4/2017. 2, obs. Andreu ; Journ. sociétés 4/2017. 69, obs. Perruchot-Triboulet ; BJE 2017. 190, note Voinot ; RJDA 2017, n° 478 ; RDBF 2017, n° 132, obs. Houin-Bressand ; RJ com. 2017. 358, obs. Lebel.*

60. Avis à tiers détenteur. Sur l'absence de transfert au Trésor d'une créance née de la continuation d'un contrat de location-gérance, malgré un avis à tiers détenteur, V. • Com. 26 juin 1990, n° 88-18.935 P : *D. 1991. Somm. 3, obs. Derrida .*

61. Reconnaissance du droit de propriété du crédit-bailleur. En ce sens qu'en exécutant les prestations du contrat de crédit-bail, l'administrateur optait pour la poursuite du contrat, et que cette continuation impliquait reconnaissance du droit de propriété du crédit-bailleur sur le matériel loué sans que celui-ci eût [avant l'intervention de la loi du 10 juin 1994] à exercer l'action en revendication prévue à l'art. 115 [devenu C. com., art. L. 624-9] : • Com. 6 déc. 1994, n° 92-18.722 P : *D. 1995. IR 18 ; LPA 23 janv. 1995, note Soinne ; Rev. huiss. 1995. 449, note Courtier ; JCP E 1995. II. 698, note Leveneur ; ibid. 1995. I. 457, n° 14, obs. Pétel.* – Dans le même sens : • Com. 9 janv. 1996, n° 93-16.113 P : *D. 1996. Somm. 213, obs. Pérochon .* ♦ V. aussi, en cas de reconnaissance non équivoque du droit de propriété du crédit-bailleur résultant d'une lettre de renonciation à la poursuite du contrat, • Com. 25 juin 1996 : *D. 1996. IR 186 ; D. Affaires 1996. 1102.* – Rappr. : • Com. 25 mars 1997 : *RPC 1997. 337, obs. Soinne.* ♦ Il en allait de même lorsque le liquidateur, après avoir renoncé à la faculté de poursuivre l'exécution du contrat, avait conclu un nouveau contrat de location du matériel objet de la convention initiale. • Com. 25 juin 1996, n° 94-19.846 P : *D. 1997. Somm. 255, obs. S. Piedelièvre ; D. Affaires 1996. 1102.* – V. aussi • Com. 11 févr. 1997 : *D. Affaires 1997. 347.* ♦ Sur le pouvoir souverain des juges du fond pour apprécier la reconnaissance non équivoque du droit de propriété par le preneur, V. • Com. 28 janv. 1997, n° 94-11.072 P : *D. Affaires 1997. 347.* ♦ Toutefois, en cas de procédure suivant le régime simplifié, la continuation pour laquelle avait opté le débiteur n'était opposable à la procédure qu'à condition qu'il eût obtenu l'autorisation du juge-commissaire. • Com. 11 juill. 1995 : *RPC 1995. 480, obs. Soinne* • 22 avr. 1997, n° 94-20.216 P : *D. 1997. IR 126 .* ♦ V. désormais art. L. 624-10. ♦ V. aussi note 18 ss. art. L. 624-9.

62. Responsabilité de l'administrateur. V. notes 13 et 15 ss. art. L. 621-4.

63. Défaut d'exécution par le débiteur d'engagements antérieurs au jugement d'ouverture. Il résulte de l'art. L. 622-13, al. 4, C. com., dans sa rédaction antérieure à l'Ord. du 18 déc. 2008, rendu applicable au redressement judiciaire par l'art. L. 631-14-I, que le cocontractant du débiteur doit remplir ses obligations malgré le défaut d'exécution par celui-ci d'engagements antérieurs au jugement d'ouverture (exclusion de l'exception d'inexécution). • Com. 28 juin 2011, n° 10-19.463 P : *D. 2011. Actu. 1813 ; JCP E 2011. 1713, note Lebel ; Gaz. Pal. 7-8 oct. 2011, p. 24, obs. Kendérian ; RJDA 2011, n° 942 ; RPC 2012, n° 129, obs. Roussel Galle.* ♦ En application de l'art. L. 622-13, I, le défaut d'exécution d'une transaction conclue avant la mise en redressement judiciaire du débiteur ne peut être invoqué par le créancier pour faire échec à l'autorité de la chose jugée qui s'y attache. • Civ. 1re, 10 sept. 2015, n° 14-20.917 P : *RTD civ. 2015. 897, obs. P.-Y. Gautier ; RTD com. 2016. 329, obs. Martin-Serf ; JCP E 2016. 1000, n° 7, obs. Pétel ; APC 2015, n° 244, obs. Vallansan ; LEDEN 10/2015. 3, obs. Rubellin ; Gaz. Pal. 19 janv. 2016, p. 60, obs. Kendérian ; RJDA 2016, n° 131.* ♦ V. aussi • Com. 28 mai 2002 : *cité note 31 ss. ancien art. L. 621-32.* ♦ V. encore note 23.

64. Pour un arrêt ayant jugé que le crédit-bailleur peut subordonner l'exercice de l'option d'achat par le preneur en liquidation judiciaire au règlement intégral des sommes dues (comme le prévoient les dispositions du contrat), y compris les loyers antérieurs au jugement d'ouverture, dès lors que cette option n'est pas inhérente à la continuation du contrat, V. • Com. 26 nov. 2002 : *D. 2003. 122, note Le Corre ; APC 2003, n° 14, obs. Boulay ; JCP E 2003, n° 20, p. 853, obs. Cabrillac ; RPC 2003. 236, obs. Roussel Galle.*

65. Garantie de paiement de l'art. 1799-1 C. civ. L'ouverture d'une procédure collective ne peut avoir pour effet de contraindre un entrepreneur ayant, avant cette ouverture, régulièrement notifié le sursis à l'exécution de ses travaux, à les reprendre sans obtenir la garantie financière édictée par l'art. 1799-1 C. civ. • Com. 10 oct. 2018, n° 17-18.547 P : *D. 2018. Actu. 2019 . 244, note Touzain ; RTD civ. 2018. 886, obs. Barbier ; Rev. sociétés 2019. 218, obs. Reille ; BJE 2018. 434, note Lafaurie ; APC 2018, n° 270, obs. Saint-Alary-Houin ; LEDEN 1/2019. 2, obs. Cavelier ; RJDA 2019, n° 353.*

66. Créances nées de l'exécution des contrats. V. art. L. 622-17 et notes 33 s. ss. ancien art. L. 621-32.

IV. PARALYSIE DES CLAUSES RÉSOLUTOIRES

BIBL. Sexer, *Dr. et patr. 9/1994. 20.*

67. Selon l'art. 37, devenu l'art. L. 621-28 [L. 622-13] C. com., aucune résiliation du contrat ne peut résulter du seul fait de l'ouverture d'une procédure de redressement judiciaire, à laquelle il y a lieu d'assimiler celle d'une procédure de liquidation judiciaire. • Com. 22 janv. 2002 : *APC 2002, n° 102.* ♦ Les dispositions de l'art. 37, al. 5 [6] [C. com., art. L. 622-13], excluent la validité d'une clause résolutoire fondée sur l'état de cessation des paiements du cocontractant dès lors que la constatation d'un tel état par le tribunal, saisi par la déclaration du débiteur ou par l'assignation du créancier ou encore par le procureur de la République ou sur saisine d'office, le conduit nécessairement à ouvrir la procédure de redressement judiciaire. • Com. 2 mars 1993, n° 90-21.849 P : *D. 1993. IR 77 ; Rev. huiss. 1993. 866, note Vidal.* ♦ Pour un autre exemple de clause nulle, V. • Paris, 21 mars 1997 : *D. 1997. IR 134 ; D. Affaires 1997. 702 ; RPC 1997. 447, obs. Mestre et Laude.* ♦ V. note 74.

68. L'impossibilité de mettre en œuvre, du seul fait de l'ouverture d'une procédure de redressement judiciaire, la clause de résolution d'un contrat, n'a été édictée que dans l'intérêt de l'entreprise en redressement ou en liquidation judiciaires pour permettre au débiteur autorisé par le juge-commissaire, à l'administrateur ou au liquidateur, d'exercer la faculté d'exiger l'exécution des contrats en cours. Le coassuré d'un débiteur en liquidation judiciaire ne peut se prévaloir, au lieu et place du liquidateur, de cette disposition. • Com. 19 déc. 1995, n° 93-20.398 P : *D. 1996. Somm. 283, obs. Honorat ; D. Affaires 1996. 181.* ♦ Dans le même sens, s'agissant d'un codébiteur solidaire du débiteur en liquidation judiciaire, V. • Com. 13 mars 2001 : *RJDA 2001, n° 877 ; RPC 2002. 189, obs. Roussel Galle.*

69. La résiliation du contrat de concession notifiée par le concédant quelques jours avant la mise en redressement judiciaire du concessionnaire, mais après que celui-ci a déclaré son état de cessation des paiements, n'est pas nulle dès lors que, fondée sur une autre cause que le dépôt de bilan, elle n'est pas entachée de mauvaise foi ou de fraude de la part du concédant, dont il n'est pas établi qu'il connaissait l'état de cessation des paiements ou sa déclaration au moment où il a mis en œuvre la clause résolutoire. • Com. 19 mars 2002 : *RJDA 2002, n° 908.*

70. La clause qui permet à l'organisme prêteur de « séquestrer » les fonds figurant sur les comptes de l'emprunteur aboutit à l'autoriser, alors même qu'il n'existe encore aucune mensualité impayée ni même aucune créance exigible en raison du différé prévu pour les remboursements, à prélever sur les comptes une partie du capital prêté par voie de compensation et opère comme une résiliation unilatérale du contrat de prêt en contrariété avec les dispositions de l'art. L. 622-13 ; est ainsi justifiée l'intervention du juge des référés afin de prendre les mesures propres à faire cesser un trouble manifestement illicite et à prévenir un dommage imminent, qui n'est autre que la liquidation judiciaire à venir en cas d'impossibilité pour l'entreprise de fonctionner faute de fonds disponibles. • Com. 22 janv. 2020, n° 18-21.647 P : *D. 2020 . Pan. 1859, obs. F.-X. Lucas ; RTD civ. 2020. 164, obs. Gijsbers ; JCP E 2020. 1119, note Favre-Rochex ; LEDEN 3/2020. 2, obs. Andreu ; APC 2020, n° 61, obs. Borga ; RJDA 2020, n° 244 ; Banque et Dr. 3-4/2020. 35, obs. Kilgus ; RJ* *com. 2020. 263, obs. Granier ; RPC 2020, n° 80, obs. Martin-Serf ; BJE 7-8/2020. 15, note Le Gueut.* ♦ V. aussi, pour l'inopposabilité à la procédure collective de la clause de blocage des comptes courants nantis du débiteur : • T. com. Nanterre, 25 mars 2021, n° 2020L03281 : *LEDEN 5/2021. 5, obs. Lafaurie.*

V. COMPÉTENCE JURIDICTIONNELLE

71. Compétence du juge-commissaire. La connaissance de la demande de l'administrateur tendant à obtenir la continuation d'une ouverture de crédit et d'un compte courant en cours au prononcé du jugement relève de la compétence exclusive du juge-commissaire. • Com. 8 déc. 1987, n° 87-10.716 P : *D. 1988. 52, note Derrida ; JCP 1988. II. 20927, note Jeantin* • 21 déc. 1987 : *D. 1988. IR 13* • Versailles, 9 oct. 1992 : *RPC 1993. 457, obs. Dureuil.* ♦ V. cependant, admettant la compétence du juge des référés, • Agen, 2 avr. 1987 : *préc. note 10.*

72. De même, le juge-commissaire est compétent pour connaître de la demande de l'administrateur d'enjoindre à la banque de fournir ses prestations et de continuer ses concours bancaires dans les termes de l'ordonnance du juge-commissaire qui avait autorisé l'ouverture de nouveaux comptes. • Com. 1er oct. 1991 : *préc. note 8.*

73. Compétence du juge des référés. Dès lors que la créance litigieuse est relative aux redevances impayées d'un contrat de crédit-bail échues postérieurement au jugement d'ouverture et que ce contrat a été poursuivi, le juge des référés de droit commun est compétent pour connaître de la demande des crédits-bailleurs tendant à l'acquisition de la clause résolutoire et au paiement d'une provision. • Com. 17 sept. 2013, n° 12-21.659 P : *D. 2013. Actu. 2221 ; LEDEN 11/2013. 5, obs. Kenderian ; RJDA 2013, n° 1032 ; BJE 2013. 376, note Le Corre-Broly.* – V. déjà • Com. 9 avr. 1991 : *préc. note 29* • 6 juin 1995, n° 93-14.356 P : *D. 1995. Somm. 307, obs. Honorat.*

74. Le juge des référés est également compétent pour annuler une résiliation unilatérale de contrat, dès lors que l'application de l'art. 37, al. 5 [7] [C. com., art. L. 622-13], n'est pas susceptible d'une contestation sérieuse lorsque le juge se borne à retenir que, nonobstant toute disposition légale ou clause contractuelle, aucune résiliation du contrat ne peut résulter du seul fait de l'ouverture d'une procédure de redressement judiciaire. • Com. 26 mai 1992, n° 90-13.008 P : *D. 1993. Somm. 2, obs. Derrida.*

75. Régime procédural. S'agissant d'une exception de procédure, l'incompétence du juge des référés doit, en vertu de l'art. 74 NCPC [C. pr. civ.] être soulevée, à peine d'irrecevabilité, avant toute défense au fond ; cette incompétence ne peut être relevée d'office en application de l'art. 92 NCPC [C. pr. civ.]. V. • Com. 26 mai 1992 : *préc. note 74.*

76. Recours. Sur la compétence du tribunal de commerce pour statuer sur les recours contre les ordonnances du juge-commissaire, V. note 1 ss. ancien art. 25 du Décr. n° 85-1388 du 27 déc. 1985.

Ancien art. L. 622-13 *L'administrateur a seul la faculté d'exiger l'exécution des contrats en cours en fournissant la prestation promise au cocontractant du débiteur. Le contrat est résilié de plein droit après une mise en demeure adressée à l'administrateur restée plus d'un mois sans réponse. Avant l'expiration de ce délai, le juge-commissaire peut impartir à l'administrateur un délai plus court ou lui accorder une prolongation, qui ne peut excéder deux mois, pour prendre parti.*

Lorsque la prestation porte sur le paiement d'une somme d'argent, celui-ci doit se faire au comptant, sauf pour l'administrateur à obtenir l'acceptation, par le cocontractant du débiteur, de délais de paiement. Au vu des documents prévisionnels dont il dispose, l'administrateur s'assure, au moment où il demande l'exécution, qu'il disposera des fonds nécessaires à cet effet. S'il s'agit d'un contrat à exécution ou paiement échelonnés dans le temps, l'administrateur y met fin s'il lui apparaît qu'il ne disposera pas des fonds nécessaires pour remplir les obligations du terme suivant.

A défaut de paiement dans les conditions définies à l'alinéa précédent et d'accord du cocontractant pour poursuivre les relations contractuelles, le contrat est résilié de plein droit et le parquet, l'administrateur, le mandataire judiciaire ou un contrôleur peut saisir le tribunal aux fins de mettre fin à la période d'observation.

Le cocontractant doit remplir ses obligations malgré le défaut d'exécution par le débiteur d'engagements antérieurs au jugement d'ouverture. Le défaut d'exécution de ces engagements n'ouvre droit au profit des créanciers qu'à déclaration au passif.

(L. n° 2005-845 du 26 juill. 2005, art. 29) *« Si l'administrateur n'use pas de la faculté de poursuivre le contrat ou y met fin dans les conditions du deuxième alinéa, l'inexécution peut donner lieu à des dommages et intérêts dont le montant doit être déclaré au passif au profit de l'autre partie contractante. » Celle-ci peut néanmoins différer la restitution des sommes versées en excédent par le débiteur en exécution du contrat jusqu'à ce qu'il ait été statué sur les* (L. n° 2005-845 du 26 juill. 2005, art. 29) *« dommages et intérêts ».*

Nonobstant toute disposition légale ou toute clause contractuelle, aucune indivisibilité, résiliation ou résolution du contrat ne peut résulter du seul fait de l'ouverture d'une** (L. n° 2005-845 du 26 juill. 2005, art. 29) **« procédure de sauvegarde ».

***Les dispositions du présent article ne concernent pas les contrats de travail.** – [C. com., anc. art. L. 621-28.]*

BIBL. ▶ Régime issu de la loi du 26 juill. 2005 : LE CORRE-BROLY, *D. 2009. 663* . – ROUSSEL GALLE, *RPC 2009. Dossier 7.*

Articulation avec l'art. L. 622-14. V. note 1 ss. cet art.

Art. L. 622-14 *(Ord. n° 2008-1345 du 18 déc. 2008, art. 28)* **« Sans préjudice de l'application du I et du II de l'article L. 622-13, la résiliation du bail des immeubles donnés à bail au débiteur et** *(Ord. n° 2010-1512 du 9 déc. 2010, art. 3-6°)* **« utilisés pour » l'activité de l'entreprise intervient dans les conditions suivantes :**

« 1° Au jour où le bailleur est informé de la décision de l'administrateur de ne pas continuer le bail. Dans ce cas, l'inexécution peut donner lieu à des dommages et intérêts au profit du cocontractant, dont le montant doit être déclaré au passif. Le cocontractant peut néanmoins différer la restitution des sommes versées en excédent par le débiteur en exécution du contrat jusqu'à ce qu'il ait été statué sur les dommages et intérêts ; »

(L. n° 2005-845 du 26 juill. 2005, art. 30) **« 2° Lorsque le bailleur demande la résiliation ou fait constater la résiliation du bail pour défaut de paiement des loyers et charges afférents à une occupation postérieure au jugement d'ouverture, le bailleur ne pouvant agir qu'au terme d'un délai de trois mois à compter dudit jugement.**

« Si le paiement des sommes dues intervient avant l'expiration de ce délai, il n'y a pas lieu à résiliation.

« Nonobstant toute clause contraire, le défaut d'exploitation pendant la période d'observation dans un ou plusieurs immeubles loués par l'entreprise n'entraîne pas résiliation du bail. »

V. art. R. 622-13.

BIBL. ▶ ROUSSEL GALLE, *RPC 2009. Dossier 7.* – KENDÉRIAN, *Gaz. Pal. 2009. Doctr. 765.* – FRADIN et MARTIN, *Procédures, juin 2009, p. 3* (l'Ord. du 18 déc. 2008 et la mise en demeure d'opter sur le sort du bail des immeubles affectés à l'activité de l'entreprise). – GALL-HENG, *Gaz. Pal. 2009. Doctr. 2391.* – CASTEL et ROMAIN-HUTTIN, *RLDA avr. 2010. 65.* – GORRIAS, *Journ. sociétés 4/2010. 48.* – KUNTZ et NURIT, *BJE 2012. 187* (sort du bail pendant la période d'observation et le plan). – MACORIG-VENIER et MONSÈRIÉ-BON, *Dr. et patr. 6/2012. 81* (bail commercial et procédures collectives : questions d'actualité). – LE CORRE, *Gaz. Pal. 2013. 591* (questions-réponses sur la résiliation du bail commercial). – AYNÈS, *BJE 2013. 321* (droits du bailleur commercial : pièges et incertitudes). – BÉRANGER, *Administrer 4/2014. 12* (sort du bail commercial). – LEMAY, *RLDA juill. 2020. 50* (le bail commercial à l'épreuve des difficultés économiques du locataire). – CERATI, *JCP E 2020. 1302* (locataire en liquidation judiciaire : dernières évolutions jurisprudentielles). – ROLAND, *RJDA avr. 2023. 7* (résiliation du bail commercial). – LEBEL, *Rev. loyers 2024. 55* (baux commerciaux et procédures collectives).

Ancien art. L. 622-14 (al. 1er et 2) *[réd. issue de L. n° 2005-845 du 26 juill. 2005]* ***La résiliation du bail des immeubles donnés à bail au débiteur et affectés à l'activité de l'entreprise est constatée ou prononcée :***

1° Lorsque l'administrateur décide de ne pas continuer le bail et demande la résiliation de celui-ci. Dans ce cas, la résiliation prend effet au jour de cette demande ;

BIBL. ▶ SAINTOURENS, *Loyers et copr. 2005. Étude 11.* – AUQUE, *RJ com. 2005. 478* ; *RPC 2006. 341.* – LE CORRE, *AJDI 2006. 175* . – V. aussi Bibl. ss. ancien art. L. 622-13.

COMMENTAIRE

En raison de l'importance essentielle de ce contrat pour le débiteur, le législateur a consacré un régime spécial à la résiliation du bail des immeubles utilisés pour (expression substituée par l'ordonnance du 9 décembre 2010 à l'expression « affectés à » afin d'éviter toute confusion avec la notion d'affectation au sens de la loi du 15 juin 2010, qui a introduit en droit français la technique du patrimoine d'affectation) l'activité de l'entreprise.

Ces dispositions sont plus protectrices que le régime général de la continuation des contrats en cours.

I. BAUX VISÉS PAR LE TEXTE

Pour manquer d'élégance, l'expression « bail des immeubles donnés à bail au débiteur », employée par la loi du 26 juillet 2005, n'est pas dénuée de portée. Elle aboutit en effet à renverser la solution jurisprudentielle qui avait implicitement appliqué le régime des contrats en cours au bailleur en redressement judiciaire (Com. 29 avr. 2002 : *cité note 40 ss. art. L. 622-21*), ce que la doctrine avait, en général, critiqué (V. F. Kendérian, Le bail commercial relève-t-il du régime des contrats en cours en cas de procédure collective du bailleur ? *D. 2003. Chron. 610*). La volonté du législateur à cet égard se trouve encore confirmée, s'agissant en tout cas de l'article L. 622-14, par le dernier alinéa, qui parle d'immeubles loués « par l'entreprise ». Certes, la clarification n'est peut-être que partielle, puisqu' il n'est pas expressément affirmé que l'article L. 622-13, lui, a vocation à s'appliquer au bailleur objet de la procédure, autrement dit, si l'administrateur peut renoncer au contrat en cours au détriment du preneur (V. S. Becqué-Ickowicz, *in* La loi de sauvegarde, article par article [1re partie], *LPA 8 févr. 2006, p. 50*). Mais les auteurs considèrent, en général, que rien ne s'oppose à l'application du droit commun de la poursuite des contrats en cours (V. P.-M. Le Corre, Droit et pratique des procédures collectives, *Dalloz Action, 2023/2024, 433. 111)*.

II. ARTICULATION DES ARTICLES L. 622-13 ET L. 622-14

A. LE DOUTE RÉSULTANT DE LA LOI DE 2005

Il n'a jamais été douteux que les deux textes s'articulaient, c'est-à-dire que les baux en cours étaient régis, à la fois, par l'ancien article L. 621-28 et l'ancien article L. 621-29 (devenus art. L. 622-13 et L. 622-14 ; V. note 1 ss. art. L. 622-14). Dans le souci de lever toute difficulté d'interprétation sur ce point, la loi du 26 juillet 2005 avait réécrit l'article L. 622-14, afin de préciser que « la résiliation du bail des immeubles donnés à bail au débiteur et affectés à l'activité de l'entreprise est constatée ou prononcée », notamment « lorsque l'administrateur décide de ne pas continuer le bail et demande la résiliation de celui-ci », étant ajouté que, « dans ce cas, la résiliation prend effet au jour de cette demande ». Mais, hélas, contrairement à la rédaction qu'avait adoptée l'Assemblée nationale, la rédaction finale n'affirmait plus expressément le caractère dérogatoire du texte spécial. Cette rédaction s'inspirait fortement de celle de l'ancien article L. 622-13 (elle-même reprise au nouvel art. L. 641-12), d'avant 2005, applicable à la liquidation judiciaire.

La doctrine interprétait déjà, avant la réforme de 2005, l'ancien article L. 621-29 comme un texte dérogatoire à l'ancien article L. 621-28, ce que la Cour de cassation était venue confirmer il y a quelque temps (Com. 16 mai 2006 : *V. note 1 ss. art. L. 622-14*). Quoi qu'il en soit, la rédaction de l'article L. 622-14 devait éviter le piège qui pouvait résulter, pour le preneur, surtout en régime simplifié, de l'absence de réponse dans le délai d'un mois de la mise en demeure du bailleur, ou encore d'une prise de position sans avoir obtenu l'autorisation du juge-commissaire, qui entraînaient la résiliation de plein droit du bail (P. Roussel Galle, Avant-projet de réforme, Contrats en cours, *RPC 2004. 63*). Devait aussi devenir caduque, s'agissant du moins du bail des immeubles affectés à l'activité de l'entreprise, la solution jurisprudentielle posée par la Cour de cassation le 19 mai 2004, réservant au cocontractant le droit de faire prononcer la résiliation en justice en cas de renonciation spontanée de l'administrateur, dont la portée a été heureusement précisée par un arrêt du 18 septembre 2007, faisant produire à celle-ci les effets d'une suspension de l'exécution du contrat (V. note 43 ss. art. L. 622-13). Dans cette hypothèse, en effet, selon le texte antérieur à l'ordonnance de 2008, c'est à ce dernier qu'il incombait de demander la résiliation, qui prenait alors effet, du simple fait de cette demande, au jour de celle-ci.

Un auteur avait clairement résumé l'interprétation qui découlerait de la thèse de la dérogation. Dans cette optique, l'administrateur pourrait continuer – expressément après mise en demeure ou tacitement – (art. L. 622-13) ou résilier le bail (art. L. 622-14). S'il le continuait mais ne payait pas les loyers, le bailleur pourrait alors demander la résiliation (art. L. 622-14, 2°). Une mise en demeure du bailleur serait sans effet particulier, puisqu'elle ne pourrait entraîner la résiliation de plein droit du contrat, cette résiliation n'étant possible qu'en cas de défaut de paiement des loyers. La résiliation du contrat de bail aurait donc, en somme, pour seul fondement l'article L. 622-14 (S. Becqué-Ickowicz, *préc., p. 47* ; dans le même sens : J.-L. Vallens, *Lamy droit commercial, 2008, n° 3144, et 2009, n° 3178* ; P.-M. Le Corre, Droit et pratique des procédures collectives, *Dalloz Action, 2012/2013, 433.21*). Mais cette interprétation ne pouvait pas être tenue pour acquise, les tenants de la thèse de la combinaison des deux textes ne manquant pas d'arguments non plus (V., notamment, F. Kendérian, Le sort du bail commercial dans les procédures collectives, *Litec, 3e éd., 2011, n° 65 ; J.-Cl. Bail à loyer, fasc. 1286-10, nos 48 s.*), et on ne pouvait que souhaiter une intervention rapide de la Cour de cassation sur ce point fondamental. D'autant plus que certaines décisions avaient effectivement fait jouer la résiliation de plein droit faute d'option pour la poursuite dans le délai d'un mois, dont une de la cour d'appel de Paris (Paris, 24 oct. 2008 : *JCP E 2008. 2475*). C'est précisément cette dernière qui allait permettre à la chambre commerciale de prendre position. Ce qu'elle fit, on ne peut plus clairement, par une décision de censure, affirmant, sous le visa des textes dans leur rédaction de 2005, exactement la solution qu'avait entre-temps posée l'ordonnance de 2008 : « en cas de redressement judiciaire du locataire, l'envoi par le bailleur d'un immeuble affecté à l'activité de l'entreprise à l'administrateur judiciaire d'une mise en demeure de prendre parti sur la poursuite du bail est sans effet et le bail n'est pas de plein droit résilié par l'absence de réponse à cette mise en demeure » (Com. 2 mars 2010 : *cité note 1 ss. art. L. 622-14*). Tout se passant alors comme si la réforme de 2008 avait eu une portée interprétative.

B. LA CLARIFICATION APPORTÉE PAR L'ORDONNANCE DE 2008

Avant donc que la Cour de cassation n'ait pu intervenir, l'ordonnance du 18 décembre 2008 avait été l'occasion pour le Gouvernement de parfaire la rédaction de l'article L. 622-14 afin de lever cette incertitude gênante. Ainsi, la nouvelle rédaction précise désormais explicitement que la résiliation du bail, en vertu de l'article L. 622-14, intervient « sans préjudice de l'application du I et du II de l'article L. 622-13 ». S'appliquent donc : la prohibition des clauses de résiliation ou de résolution du seul fait de l'ouverture de la procédure ; l'obligation pour le cocontractant de remplir ses obligations malgré le défaut d'exécution par le débiteur d'engagements antérieurs au jugement d'ouverture ; le principe du pouvoir exclusif de l'administrateur d'exiger l'exécution des contrats en cours en fournissant la prestation promise au cocontractant du débiteur ; le paiement au comptant (avant la suppression de cette règle par l'Ord. de 2014) ; l'obligation, pour l'administrateur, de s'assurer qu'il dispose des fonds nécessaires. Ainsi, plus de doutes, désormais, le bail n'est pas un contrat comme les autres.

Notons tout de même que, si tous les commentateurs de l'ordonnance du 18 décembre 2008 ont salué cette clarification, une voix s'est élevée pour regretter le choix du législateur d'avoir rompu « l'équilibre entre les droits du bailleur et du preneur en difficulté », en retirant au premier la faculté reconnue à tout cocontractant de mettre en demeure l'administrateur d'exercer son option pour la continuation ou la résiliation du contrat en cours (F. Kendérian, Le bail des locaux professionnels dans les procédures collectives après l'ordonnance du 18 décembre 2008, *Gaz. Pal. 6-7 mars 2009, p. 31, n° 19* ; V. aussi, pour une opinion en sens contraire, isolée et surprenante, considérant qu'est maintenu le droit de mettre en demeure d'opter, O. Fradin et P. Martin, Une clarification inachevée : l'ordonnance n° 2008-1345 du 18 décembre 2008 et la mise en demeure d'opter sur le sort du bail des immeubles affectés à l'activité de l'entreprise, *Procédures 2009. Focus 27*).

Par ailleurs, l'ordonnance a réécrit le 1° de l'article L. 622-14, afin que soient énoncées, directement et sans renvoi, les conséquences de la décision de l'administrateur de ne pas continuer le bail, qui reproduisent les dispositions du V de l'article L. 622-13 : « Dans ce cas, l'inexécution peut donner lieu à des dommages et intérêts au profit du cocontractant, dont le montant doit être déclaré au passif. Celui-ci peut néanmoins différer la restitution des sommes versées en excédent par le débiteur en exécution du contrat jusqu'à ce qu'il ait été statué sur les dommages et intérêts ».

III. ACTION EN RÉSILIATION DU BAILLEUR

La loi du 26 juillet 2005 a encore amélioré le sort de l'entreprise titulaire du bail en augmentant la durée de la paralysie de l'action en résiliation ou en constat de la résiliation de plein droit du bail pour défaut de paiement des loyers et des charges afférents à une occupation postérieure au jugement d'ouverture. Le délai passe en effet de deux à trois mois. Observons, en revanche, qu'en définitive, son point de départ a été maintenu au jour du jugement, par la Commission mixte paritaire, alors que le texte voté, par l'Assemblée nationale comme le Sénat, l'avait décalé à la date de publication du jugement. Cette augmentation participe d'une harmonisation avec le délai de revendication des biens meubles (art. L. 624-9), ce qui évitera au débiteur de trouver un local pour entreposer du matériel revendiqué le mois suivant (P. Bouteiller, La loi relative à la sauvegarde des entreprises (1re partie), *Bull. act. Lamy droit du financement, nov. 2005, spéc. p. 9*) ; mais, comme on vient de le voir, l'harmonisation, finalement, ne concerne pas les points de départ des délais, ce que l'on peut regretter (V. B. Soinne, La réforme des procédures collectives : la confusion des objectifs et des procédures [2e partie], *RPC 2004, p. 81, no 42* ; P. Roussel Galle, Réforme du droit des entreprises en difficulté, *Litec, 2e éd., 2007, no 454*).

Il convient ici d'ajouter que la Cour de cassation, admettant fort logiquement le cumul des protections résultant du droit commun des baux commerciaux et du livre VI, considère que le preneur peut bénéficier également du délai de grâce prévu par l'article L. 145-41 (Com. 6 déc. 2011 : *cité note 9*), quand il s'agit de la procédure devant le juge des référés, étant rappelé que ce délai dépend toujours de l'appréciation judiciaire et qu'en l'espèce c'est la perspective d'une cession rapide du fonds de commerce qui a influencé celle-ci. Reste à savoir si ce cumul conduira également la Cour de cassation à juger, dans une lecture optimisée de la protection du preneur, que l'envoi de la mise en demeure, requise par ledit article L. 145-41, qui ouvre le délai d'un mois à l'issue duquel la résiliation peut être constatée, n'est valable qu'une fois expiré le délai de trois mois de l'article L. 622-14. A cette question la cour d'appel de Dijon a répondu par la négative, jugeant que le bailleur peut délivrer le commandement de payer visant la clause résolutoire avant l'expiration de ce délai d'attente (Dijon, 10 avr. 2014 : *LEDEN juill. 2014, no 110, obs. Kendérian*).

En revanche, tranchant une question qui avait partagé jusque-là les cours d'appel et les auteurs, la Cour de cassation a jugé que, lorsque le bailleur agit devant le juge-commissaire pour lui demander la constatation de la résiliation de plein droit du bail, en application de l'article R. 641-21, alinéa 2, sans revendiquer le bénéfice d'une clause résolutoire, il n'est pas dans l'obligation de délivrer le commandement de payer exigé par l'article L. 145-41. La procédure sur le fondement des textes du livre VI du code de commerce, en effet, qui obéit à des conditions spécifiques, est distincte de la procédure prévue par l'article L. 145-41 (Com. 9 oct. 2019 : *cité note 7* ; V. aussi Com. 15 janv. 2020 : *ibid.*). Pour la même raison, il a été jugé que le juge-commissaire ne peut accorder les délais de paiement prévus par l'alinéa 2 de ce dernier texte, qui est inapplicable, ni même faire usage de la faculté d'accorder des délais de paiement en application de l'article 1343-5 du code civil, le seul délai opposable au bailleur étant le délai de trois mois prévu par l'article R. 641-21 du code de commerce, pendant lequel il ne peut agir (Com. 18 mai 2022 : *cité ss. art. R. 641-21*).

Notons, à cet égard, que la loi no 2023-1059 du 20 novembre 2023 prévoit d'expérimenter, pour une durée de quatre ans, un tribunal des activités économiques (TAE) aux compétences élargies. Les TAE connaîtront de toutes les procédures, amiables et collectives, quel que soit le domaine d'activité des agents économiques, et traiteront des litiges relatifs aux baux commerciaux présentant des « liens de connexité suffisants » avec la procédure (V. F. Kendérian, *D. 2024. Chron. 130*).

IV. RÉSILIATION POUR DÉFAUT DE PAIEMENT

Nouvelle dérogation au « droit commun » de la continuation des contrats organisée par la loi de 2005 : dès lors que le paiement des sommes dues au titre des loyers et des charges afférents à une occupation postérieure au jugement d'ouverture intervient avant l'expiration du délai de trois mois à compter du jugement, le bailleur ne peut se prévaloir de la résiliation de plein droit prévue par l'article L. 622-13, III, 2°, ni agir en résiliation judiciaire, en cas de défaut de paiement d'une « somme d'argent ». Cette précision est la bienvenue car cette disposition était inconciliable avec le mécanisme de paralysie de l'action en résiliation ou en constat de la résiliation de plein droit pour défaut de paiement de loyers institué par l'article L. 622-14 (V., estimant ces deux dispositions incompatibles, M.-H. Monsèrié-Bon, *Dr. et patr. juill.-août 2008. 106*). Elle est confortée par l'ordonnance de 2008, puisque celle-ci ne réserve pas l'application du III, 2°, de l'article L. 622-13. ❑

1. Articulation avec l'art. L. 622-13 (régime issu de la loi du 26 juill. 2005). Il résulte des art. L. 622-13, L. 622-14 et L. 631-14 dans leur rédaction antérieure à l'Ord. n° 2008-1345 du 18 déc. 2008 qu'en cas de redressement judiciaire du locataire, l'envoi par le bailleur d'un immeuble affecté à l'activité de l'entreprise à l'administrateur judiciaire d'une mise en demeure de prendre parti sur la poursuite du bail est sans effet et que le bail n'est pas de plein droit résilié par l'absence de réponse à cette mise en demeure. • Com. 2 mars 2010, n° 09-10.410 P : *D. 2010. AJ 649, obs. Lienhard ; RPC 2010, n° 61, obs. Roussel Galle ; Gaz. Pal. 2-3 juill. 2010, p. 24, obs. Kendérian ; RLDA avr. 2010. 17, obs. Vercken ; APC 2010, n° 95, obs. Blanc ; JCP E 2010. 1553, note Brault ; ibid. 1742, n° 11, obs. Cabrillac ; Rev. loyers 2010. 208, obs. C.-H. Gallet ; RJDA 2010, n° 647 ; Ann. Loyers 2010. 814, obs. Cerati-Gauthier ; Dr. et patr. 10/2010. 89, obs. Saint-Alary-Houin et Monsèrié-Bon ; Defrénois 2010. 1482, obs. Gibirila ; RJ com. 2010. 372, note Gourdon.* ♦ Comp., désormais : art. L. 622-14, al. 1er, dans sa réd. issue de l'Ord. n° 2008-1345 du 18 déc. 2008, rendant applicables les I et II de l'art. L. 622-13. ♦ Dans le régime antérieur à la loi du 26 juill. 2005, la jurisprudence avait admis que l'action en résiliation du bail prévue à l'ancien art. L. 621-29 C. com. n'était pas exclusive de la possibilité, appartenant à tout cocontractant du débiteur, de faire constater la résiliation de plein droit d'un contrat en cours dans les conditions prévues par l'ancien art. L. 621-28 C. com. • Com. 16 mai 2006 : *Gaz. Pal. 14-18 juill. 2006, p. 22, obs. Dumont ; RPC 2006. 266, obs. Roussel Galle.*

2. Bail des immeubles affectés à l'activité de l'entreprise. Dès lors que le contrat en cause n'est pas le bail des immeubles affectés à l'activité de l'entreprise, l'art. 38 [C. com., art. L. 622-14] ne s'applique pas. • Com. 9 mai 1995, n° 93-10.549 P : *D. 1995. IR 148.* ♦ Un contrat de crédit-bail ne pouvant être assimilé à un contrat de bail, il s'ensuit que l'art. 25 du Décr. du 30 sept. 1953 relatif aux baux commerciaux [C. com., art. L. 145-41] et l'art. 38 [C. com., art. L. 622-14] ci-dessus ne le concernent pas. • Com. 11 mars 1997 : *Dr. sociétés 1997, n° 82, obs. Chaput ; RJDA 1997, n° 953* • Dijon, 15 nov. 1994 : *BICC 1995, n° 976.* – V. aussi • Versailles, 19 mars 1992 : *D. 1992. Somm. 259, obs. Derrida*.

3. Compétence exclusive de l'administrateur. Il résulte des art. L. 622-14 et L. 631-14 C. com. qu'en cas de désignation d'un administrateur dans le cadre d'une procédure de redressement judiciaire, la décision de ne pas continuer le bail de l'immeuble, utilisé pour l'activité de l'entreprise en redressement, n'appartient qu'à lui, quelle que soit la nature de la mission qui lui a été confiée. • Com. 20 sept. 2017, n° 16-15.363 : *RJDA 2018, n° 148.*

4. Résiliation conventionnelle acquise. Le locataire et son administrateur judiciaire ne sauraient invoquer les art. 38 et 47 [C. com., art. L. 622-14 et L. 622-21] pour s'opposer à une expulsion en cours, dès lors que la clause résolutoire prévue au bail avait produit son effet avant l'intervention de la procédure collective et que l'expulsion ne constituait pas une voie d'exécution sur les meubles et les immeubles. • Civ. 3e, 21 févr. 1990, n° 88-13.644 P : *D. 1990. IR 73 ; RTD com. 1990. 478, obs. Chaput*. ♦ V., dans le même sens, • Aix-en-Provence, 22 déc. 1987 : *D. 1989. 45, note Putman* • Com. 12 mai 1992, n° 90-17.755 P : *D. 1992. IR 195 ; Rev. loyers 1993. 423, note Gallet* • Aix-en-Provence, 28 avr. 2000 : *APC 2001, n° 8.* ♦ Comp., classant les mesures d'expulsion parmi les procédures civiles d'exécution : L. n° 91-650 du 9 juill. 1991 (art. 61 s.), applicable depuis le 1er janv. 1993, et codifiée, à partir du 1er juin 2012, au C. pr. exéc. (art. L. 431-1 s.), **C. pr. civ.** (V. note Gallet, ss. • Paris, 19 mai 1992 : *Rev. loyers 1994. 27*). ♦ En ce sens qu'il n'y a pas lieu à suspendre les effets du commandement d'avoir à libérer les lieux, dès lors que l'expulsion a été ordonnée par une décision devenue exécutoire antérieurement au jugement de redressement judiciaire, V. • Civ. 2e, 10 déc. 1998 : *AJDI 1999. 794, obs. Gallet*. ♦ Dès lors qu'à la date du jugement d'ouverture, la décision ordonnant la résiliation du bail n'est pas encore passée en force de chose jugée, et qu'en application de la règle de l'arrêt des poursuites individuelles, édictée à l'art. 47 [C. com., art. L. 622-21], l'action tendant à la constatation de la résiliation ne peut plus être poursuivie, la demande introduite par le bailleur ne peut plus être accueillie au motif que cette action a pour cause des loyers échus antérieurement au jugement d'ouverture. • Com. 12 juin 1990, n° 88-19.808 P : *D. 1990. 450, note Derrida* • 14 mai 1991, n° 89-16.924 P : *Rev. loyers 1993. 397, note Gallet ; D. 1991. IR 165* • Civ. 3e, 26 juin 1991, n° 90-11.948 P : *D. 1991. IR 220* • 9 déc. 1997 : *Loyers et copr. 1998, n° 129, obs. Brault et Mutelet ; Rev. loyers 1999. 243, note Gallet* • 9 janv. 2008, n° 06-21.499 P : *D. 2008. AJ 291 ; APC 2008, n° 22, obs. Regnaut-Moutier ; Gaz. Pal. 27-29 avr. 2008, p. 20, obs. Reille ; Dr. et patr. juill.-août 2008. 106, obs. Monsèrié-Bon ; RPC 2008, n° 126, obs. Macorig-Venier* • Civ. 3e, 13 avr. 2022, n° 21-15.336 B : *D. 2022. Actu. 790 ; RTD com. 2022. 646, obs. Martin-Serf ; RJDA 2022, n° 703.* ♦ En revanche, la demande en constatation de l'acquisition de la clause résolutoire est recevable lorsque la clause était acquise avant l'ouverture de la procédure, faute pour le locataire d'avoir, à cette date, exécuté les obligations mises à sa charge par la décision ayant suspendu les effets de la clause. • Civ. 3e, 4 nov. 1998 : *RJDA 1998, n° 1385 ; Gaz. Pal. 30 juin-1er juill. 1999, p. 23, note Brault ; LPA 9 déc. 1999, note Gallet.* ♦ V. aussi, jugeant que le locataire qui n'a pas respecté les premières échéances fixées par l'ordonnance de référé ayant suspendu les effets de la clause résolutoire sous la condition du paiement aux dates prévues, ne peut invoquer utilement l'effet suspensif résultant du jugement d'ouverture de la procédure collective, rendu postérieurement à la date à laquelle la clause résolutoire a produit ses effets (soit un mois après la signification au locataire de l'ordonnance de référé), • Civ. 3e, 8 déc. 1999 : *D. 2000. AJ 99, obs. Lienhard ; APC 2000, n° 6, obs. Vallansan ; AJDI 2000. 819, note Gallet.* – Comp. : • Civ. 3e, 10 déc. 1997 : *Rev. loyers 1999. 248, note Gallet.*

La clause résolutoire d'un bail commercial pour défaut de paiement des loyers et charges n'est définitivement acquise, avant l'ouverture de la procédure collective du preneur, qu'en vertu d'une décision de justice passée en force de chose jugée avant la date d'ouverture. • Civ. 3e, 4 juill. 2019, n° 18-16.453 : *AJDI 2020. 210, obs. Haas ; JCP E 2019. 1579, note Lebel.* ♦ La règle selon laquelle a force de chose jugée le jugement qui n'est susceptible d'aucun recours suspensif d'exécution tandis que le jugement susceptible d'un tel recours acquiert la même force à l'expiration du délai de recours si celui-ci n'a pas été exercé dans le délai s'applique à l'ordonnance de référé, peu important l'absence au principal d'autorité de la chose jugée de cette ordonnance. • Com. 24 oct. 1995, n° 93-17.051 P • 11 janv. 1994, n° 92-11.288 P. ♦ Dès lors qu'au jour de l'ouverture du redressement judiciaire de la société, l'ordonnance de référé constatant l'acquisition de la clause résolutoire était frappée d'appel, l'acquisition de la clause résolutoire, pour défaut de paiement des loyers antérieurs à l'ouverture de la procédure soumise aux dispositions de la loi du 26 juill. 2005, n'a pas encore été constatée par une décision passée en force de chose jugée, de sorte que le bailleur ne peut plus poursuivre l'action antérieurement engagée, peu important à cet effet que l'ordonnance de référé soit exécutoire à titre provisoire. • Com. 28 oct. 2008, n° 07-17.662 P : *D. 2008. AJ 2865, obs. Lienhard ; Loyers et copr. 2008, n° 280, obs. P.-H. Brault ; Gaz. Pal. 21-22 janv. 2009, p. 32, obs. Kendérian ; ibid. 6-7 févr. 2009, p. 32, note C.-E. Brault ; JCP E 2009. 1382, note Bourgeois.*

5. La demande de constatation de l'acquisition de la clause résolutoire avant l'ouverture de la procédure doit être notifiée aux créanciers inscrits sur le fonds, en application de l'art. 14 de la loi du 17 mars 1909 [C. com., art. L. 143-2]. • Civ. 3e, 22 janv. 1997 : *Rev. loyers 1997. 254, note Gallet.*

6. Paiement partiel. L'application des dispositions de l'art. 38 [C. com., art. L. 622-13] n'est pas subordonnée à l'absence de paiement partiel effectué par les preneurs sur les loyers dus. • Com. 11 juin 1996 : *D. 1996. IR 186.*

7. Commandement de payer. Les dispositions de l'art. L. 622-14 C. com. ne dérogent pas aux dispositions de l'art. L. 145-41 prévoyant, en cas de clause résolutoire, la délivrance préalable d'un commandement (lorsque le bailleur se fonde sur une clause résolutoire, devant le juge des référés, selon la procédure de droit commun). • Com. 28 juin 2011 : *D. 2011. Actu. 1895 ; Gaz. Pal. 7-8 oct. 2011, p. 26, obs. Kendérian ; RJDA 2011, n° 1057.* ♦ En revanche, lorsque le juge-commissaire est saisi d'une demande de constat de la résiliation de plein droit du bail d'un immeuble utilisé pour l'activité de l'entreprise, en raison d'un défaut de paiement des loyers et charges afférents à une occupation postérieure au jugement de liquidation judiciaire du preneur, cette procédure, qui obéit à des conditions spécifiques, est distincte de celle qui tend, en application de l'art. L. 145-41 C. com., à faire constater l'acquisition de la clause résolutoire stipulée au contrat de bail, de sorte que le bailleur est dispensé de la délivrance d'un commandement de payer. • Com. 9 oct. 2019, n° 18-17.563 P : *cité note 6 ss. art. L. 641-12* (V. l'arrêt cassé : • Paris, 4 avr. 2018, n° 17/19289 : *D. 2018. Actu. 797 ; Gaz. Pal. 10 juill. 2018, p. 47, obs. Kendérian*) • 15 janv. 2020, n° 17-28.127 : *D. 2020. 1023, note Tisseyre ; AJ contrat 2020. 250, obs. Tirel.* ♦ Aucune disposition légale n'impose au bailleur de notifier au mandataire judiciaire un commandement de payer visant des loyers échus après le jugement d'ouverture du redressement judiciaire du preneur (dans le cas où un commandement de payer avait été signifié au gérant de la société débitrice au cours de la période d'observation). • Com. 15 nov. 2017, n° 16-13.219 P : *D. 2017. Actu. 2365, obs. Lienhard ; JCP E 2018. 1035, note Cerati-Gauthier ; ibid. 1159, n° 16, obs. Pétel ; APC 2017, n° 301, obs. Vallansan ; Gaz. Pal. 16 janv. 2018, p. 66, obs. Kendérian ; LEDEN 3/2018. 4, obs. Andreu ; Dr. et pr. 2018. 31, note Grand ; RJDA 2018, n° 264 ; RPC 2018, n° 66, obs. Roussel Galle.* – V. Rémery, *RJDA 2018. 235.*

8. Résiliation de plein droit (art. L. 622-14, 2°). La délivrance d'un commandement de payer visant la clause résolutoire ne peut tenir lieu de constatation de la résiliation du bail au sens de l'art. L. 622-14, 2°. • Paris, 15 janv. 2013, n° 12/17592 : *RJDA 2013, n° 347.* ♦ Le juge-commissaire, saisi par le bailleur d'une demande de constat de la résiliation du bail pour défaut de paiement des loyers et charges afférents à une occupation postérieure au jugement d'ouverture, doit s'assurer, au jour où il statue, que des loyers et charges afférents à une occupation postérieure au jugement d'ouverture demeurent impayés. • Com. 12 juin 2024, n° 22-24.177 B : *D. 2024. Actu. 1125 ; RTD com. 2024. 541, obs. Kendérian ; JCP E 2024. 1287, n° 18, obs. Tehrani ; Gaz. Pal. 24 sept. 2024, p. 56, obs. Almaseanu ; APC*

2024, n° 157, obs. Borga ; RJDA 2024, n° 603 ; BJE 11-12/2024. 28, note Lafaurie.

9. Délais de paiement. L'art. L. 622-14 C. com. n'interdit pas au liquidateur de se prévaloir des dispositions de l'article L. 145-41 et de solliciter des délais de paiement ainsi que la suspension des effets de la clause résolutoire tant que la résiliation du bail n'est pas constatée par une décision passée en force de chose jugée. • Com. 6 déc. 2011, n° 10-25.689 P : *D. 2012. Actu. 6, obs. Lienhard ; JCP E 2012. 1209, note Kendérian ; ibid. 1227, n° 11, obs. Pétel ; APC 2012, n° 10, obs. Vallansan ; RJDA 2012, n° 319 ; RLDA mars 2012. 19, obs. Vercken ; BJE 2012. 155, note Benilsi ; LPA 12 juill. 2012, note Kuntz et Nurit ; RPC 2012, n° 130, obs. Roussel Galle ; Defrénois 2012. 1020, obs. Vauvillé.*

10. Ancien délai de trois mois (jurisprudence antérieure à la loi du 10 juin 1994). Avant la loi du 10 juin 1994, le bailleur pouvait, à l'expiration du délai de trois mois suivant le jugement qui a ouvert le redressement judiciaire, agir en résiliation du bail pour défaut de paiement des loyers qui étaient échus postérieurement à l'ouverture de la procédure collective. • Com. 17 oct. 1989, n° 88-12.261 P : *Defrénois 1990. 731, obs. Bihr* • 2 févr. 1993, n° 91-10.463 P. • 2 févr. 1999 : *APC 1999, n° 77 ; Dr. sociétés 1999, n° 57, obs. Chaput (n° 96-19. 996)* • 2 févr. 1999 : *AJDI 2000. 232, note Gallet (n° 95-21. 625)*. ♦ Dès lors, ne constituait pas une contestation sérieuse de l'action en résiliation engagée par le bailleur le fait que la date d'exigibilité des loyers se situât dans le délai précité. • Com. 17 oct. 1989 : *préc.*

11. Le défaut de paiement des loyers échus depuis plus de trois mois après le jugement d'ouverture du redressement judiciaire devait être établi au jour de l'introduction ou de la poursuite de l'action en résiliation du bail des immeubles affectés à l'activité de l'entreprise ; il constituait une condition de fond de la résiliation et non de recevabilité de l'action. • Com. 2 nov. 1993, n° 91-14.669 P : *D. 1993. IR 261.*

12. C'est à bon droit qu'une cour d'appel avait constaté la résiliation d'un bail par acquisition de la clause résolutoire, à la suite de la délivrance par le bailleur d'un commandement de payer, dès lors, d'une part, que le bailleur pouvait, à l'expiration du délai de trois mois suivant le jugement d'ouverture du redressement judiciaire, agir en résiliation du bail pour défaut de paiement des loyers échus postérieurement à l'ouverture de la procédure collective, et, d'autre part, que l'arrêt attaqué, qui avait retenu que le commandement de payer invoquant la clause résolutoire avait été signifié au liquidateur plus de sept mois après la date de l'ouverture de la procédure collective pour défaut de paiement de loyers échus postérieurement à cette date, avait fait l'exacte application des dispositions de l'art. 38 de la loi du 25 janv. 1985 [C. com., ancien art. L. 621-29], en constatant que la résiliation du bail s'était réalisée un mois après le commandement de payer demeuré infructueux. • Com. 11 oct. 1994 : *Rev. loyers 1995. 520, note Gallet.*

Comp., désormais : art. L. 622-14, 2°, dans sa réd. issue de L. n° 2005-845 du 26 juill. 2005.

13. Loyers antérieurs (jurisprudence antérieure à la loi du 10 juin 1994). Le non-paiement des loyers antérieurs au jugement d'ouverture n'ouvre droit au profit des créanciers qu'à déclaration au passif. • Com. 3 nov. 1992, n° 90-18.698 P : *D. 1992. IR 277 ; JCP 1993. II. 22117, note crit. Boccara ; Rev. loyers 1993. 407, note Gallet.* ♦ Comp., en ce sens que le bailleur pouvait agir en résiliation pour défaut de paiement de loyers à l'expiration du délai de trois mois suivant le jugement d'ouverture, dès lors que les loyers impayés correspondaient, pour partie, à une période de jouissance postérieure à ce jugement, même si, à la date de celui-ci, le loyer d'un trimestre était déjà échu : • Com. 14 juin 1994, n° 92-13.204 P : *D. 1995. 105, rapp. Rémery, note crit. Derrida ; Rev. loyers 1995. 355, note Gallet.* – V. aussi • Civ. 3e, 9 oct. 1996 : *Gaz. Pal. 1997. 1. 214, note Brault ; Rev. huiss. 1997. 497, note R. Martin ; AJPI 1997. 935, note Gallet.*

Pour la validité d'un commandement dont les causes portaient à la fois sur des loyers et charges dus postérieurement à l'ouverture de la procédure collective et sur des sommes dues antérieurement, V. • Civ. 3e, 16 juin 2004 : *AJDI 2005. 132, obs. Le Corre.*

14. Faculté de résiliation à tout moment. Si l'art. L. 622-13, II, C. com. fait obligation à l'administrateur de résilier un contrat à exécution successive à défaut de fonds suffisants pour acquitter le terme suivant, cette obligation ne lui interdit pas de mettre un terme à tout moment à des contrats de bail, même si les loyers peuvent être payés à l'échéance. • Com. 24 janv. 2018, n° 16-13.333 P : *D. 2018. Pan. 1835, obs. Cagnoli ; AJDI 2018. 518, obs. Blatter ; JCP E 2018. 1159, n° 17, obs. Pétel ; ibid. 1202, note Cerati-Gauthier ; LEDEN 4/2018. 5, obs. Rubellin ; APC 2018, n° 63, obs. Thiberge ; RJDA 2018, n° 386.* ♦ La résiliation étant, par application de la loi, effective dès le jour où le bailleur en est informé, le fait que l'administrateur lui ait indiqué que la résiliation n'interviendrait qu'à une date ultérieure, n'a pas eu pour effet de la rendre irrégulière ni d'en différer la date. • Même arrêt.

15. Compétence juridictionnelle. Sur le régime antérieur à la réforme de 1994, V. Gallet, *Rev. loyers 1996. 71.* ♦ V. désormais art. R. 622-13. ♦ V. aussi note 15 ss. art. R. 662-3.

16. Application à la liquidation judiciaire (jurisprudence antérieure à la loi du 10 juin 1994). V. • Com. 12 févr. 1991, n° 89-16.860 P : *D. 1991. Somm. 241, obs. Honorat* • 5 déc. 1995 : *Rev. loyers 1996. 295, note Gallet ; Loyers et copr. 1996, n° 352, obs. Brault et Mutelet.* ♦ V. aussi note 22 ss. art. L. 622-13. ♦ Comp., désormais : art. L. 641-12.

17. Congé avec refus de renouvellement. V. note 72 ss. art. L. 622-21.

18. Résiliation pour défaut d'entretien. L'art. 38, al. 2 [C. com., art. L. 622-14, al. 5], ne fait pas obstacle à l'action en résiliation du bail pour un défaut d'entretien constaté antérieurement au jugement de redressement judiciaire. • Civ. 3e, 21 juill. 1999 : *D. 1999. IR 229 ; D. Affaires 1999. 1443, obs. V. A.-R ; JCP E 2000, n° 4, p. 126, obs. Pétel ; JCP 2000. II. 10391, note Roussel ; RPC 2000. 128, obs. Macorig-Venier.*

Art. L. 622-15 **En cas de cession du bail, toute clause imposant au cédant des dispositions solidaires avec le cessionnaire est** *(L. n° 2005-845 du 26 juill. 2005, art. 31)* **« réputée non écrite ».** – *[C. com., anc. art. L. 621-30.]*

COMMENTAIRE

Dans le régime antérieur à la loi du 26 juillet 2005, la clause de solidarité entre le cédant et le cessionnaire n'était, aux termes de la rédaction en vigueur de l'ancien article L. 621-30, inopposable qu'à l'administrateur. Ce qui, à s'en tenir à la lettre du texte (interprétation récusée par une partie de la doctrine), rendait inefficace au-delà de la période d'observation cette disposition dérogatoire tendant à faciliter la cession du bail en cas de procédure collective (en faveur de l'opposabilité au liquidateur, V. Paris, 26 févr. 1999 : *RJDA 1999, n° 1365*).

La rédaction du nouvel article L. 622-15, selon laquelle la clause de solidarité est « réputée non écrite », devrait résoudre le problème : désormais la clause ne pourra plus être opposée au mandataire-liquidateur. Ce qui, d'une certaine manière, est cohérent avec l'esprit de la loi de sauvegarde des entreprises qui ne conçoit plus de cession d'entreprise qu'en cas de liquidation judiciaire. Du reste, l'article L. 641-12, dans sa rédaction de 2005, rendait expressément applicable l'article L. 622-15 en cas de liquidation judiciaire (ce que ne prévoyait pas le texte du projet : V. T. Montéran, Observations sur l'avant-projet de loi de sauvegarde des entreprises, *Gaz. Pal. 10-11 déc. 2003, p. 2*) ; sans revenir sur cette solution, l'ordonnance du 18 décembre 2008 a préféré écrire directement cette règle dans le texte remanié de l'article L. 641-12. Autrement dit, cette garantie perdra son efficacité au moment même où le bailleur en aura le plus besoin (F. Vauvillé, La cession d'actifs après la réforme du 26 juillet 2005, *Dr. et patr. 3/2006, p. 80, spéc. p. 84*). ❑

Art. L. 622-16 **En cas de** *(L. n° 2005-845 du 26 juill. 2005, art. 32)* **« procédure de sauvegarde », le bailleur n'a privilège que pour les deux dernières années de loyers avant le jugement d'ouverture de la procédure.**

Si le bail est résilié, le bailleur a, en outre, privilège pour l'année courante, pour tout ce qui concerne l'exécution du bail et pour les *(L. n° 2005-845 du 26 juill. 2005, art. 32)* **« dommages et intérêts » qui pourront lui être alloués par les tribunaux.**

Si le bail n'est pas résilié, le bailleur ne peut exiger le paiement des loyers à échoir lorsque les sûretés qui lui ont été données lors du contrat sont maintenues ou lorsque celles qui ont été fournies depuis le jugement d'ouverture sont jugées suffisantes.

Le juge-commissaire peut autoriser le débiteur ou l'administrateur, selon le cas, à vendre des meubles garnissant les lieux loués soumis à dépérissement prochain, à dépréciation imminente ou dispendieux à conserver, ou dont la réalisation ne met pas en cause, soit l'existence du fonds, soit le maintien de garanties suffisantes pour le bailleur. – *[C. com., anc. art. L. 621-31.]*

COMMENTAIRE

L'article L. 622-16 s'applique à la procédure de redressement judiciaire aussi bien qu'à la procédure de sauvegarde (V. art. L. 631-14, I). ❑

1. Application à la liquidation judiciaire. V. art. L. 641-12, al. 5.

2. Créances garanties. Le privilège du bailleur d'immeuble s'applique à toute créance résultant de l'occupation des lieux à quelque titre que ce soit (à propos d'une créance d'indemnités d'occupation). • Com. 25 oct. 2011, n° 10-25.257 P : *D. 2011. Actu. 2653, obs. Lienhard ; JCP E 2012. 1000, n° 13, obs. Pétel ; LEDEN 12/2011. 5, obs. Berthelot ; Banque et Dr. 11-12/2011. 53, obs. Jacob ; Gaz. Pal. 20-21 janv. 2012, p. 21, obs. Kendérian ; BJE 2012. 92, note Macorig-Venier ; RPC 2012, n° 132, obs. Roussel Galle.*

3. Délai de deux ans. L'art. 39 [C. com., art. L. 622-16] donne au bailleur privilège pour les deux années de loyers antérieurs au jugement d'ouverture de la procédure collective et, en outre, en cas de résiliation, privilège pour l'année de loyers en cours et pour les dommages-intérêts qui peuvent lui être alloués. • Civ. 3e, 10 févr. 1999 : *Rev. loyers 1999. 294, note Gallet.*

4. Il résulte de l'art. 39 [C. com., art. L. 622-16] ci-dessus et de l'art. 1256 [1342-10] C. civ. que, lorsque la quittance ne porte aucune imputation et que les dettes sont d'égale nature, il y a lieu de considérer que le dernier versement effectué par le preneur durant le délai de deux ans doit s'imputer sur les sommes dues à la date d'expiration de ce délai. Et le solde de la créance du bailleur afférente à cette période doit être admis au passif du preneur à titre privilégié. • Rouen, 29 mars 1990 : *Rev. loyers 1994. 291, note Gallet.*

5. Saisie-attribution. Dès lors qu'il résulte de l'art. 43 de la loi du 9 juill. 1991 [C. pr. exéc., art. L. 211-2, à compter du 1er juin 2012] que l'acte de saisie emporte attribution immédiate au saisissant de la créance saisie « ainsi que de tous ses accessoires », y compris les garanties qui lui sont attachées, la créance de loyers attribuée par l'effet de la saisie a vocation, en cas d'ouverture d'une procédure collective à l'égard du locataire, tiers saisi, à bénéficier du privilège du bailleur dans la limite de deux ans fixée à l'art. 39 [C. com., art. L. 622-16]. • Orléans, 25 mai 2000 : *RJDA 2000, n° 1138.*

6. Déclaration de créance. Sur la nécessité pour le bailleur de mentionner son privilège dans sa déclaration de créance, V. • Com. 10 juill. 2001 : *RPC 2002. 94, obs. Legrand* • 7 déc. 2004 : *RJDA 2005, n° 426.*

Art. L. 622-17 *(L. n° 2005-845 du 26 juill. 2005, art. 33)* **« I. — Les créances nées régulièrement après le jugement d'ouverture pour les besoins du déroulement de la procédure ou de la période d'observation, ou en contrepartie d'une prestation fournie au débiteur** *(Abrogé par Ord. n° 2008-1345 du 18 déc. 2008, art. 29)* ***« , pour son activité professionnelle, »*** **pendant cette période, sont payées à leur échéance.**

« II. — Lorsqu'elles ne sont pas payées à l'échéance, ces créances sont payées par privilège avant toutes les autres créances, assorties ou non de privilèges ou sûretés, à l'exception de celles garanties par le privilège établi aux articles *(Ord. n° 2007-329 du 12 mars 2007, art. 3, en vigueur le 1er mai 2008)* **« L. 3253-2, L. 3253-3, L. 3253-4 et L. 7313-8 » du code du travail,** *(Ord. n° 2008-1345 du 18 déc. 2008, art. 29)* **« des frais de justice nés régulièrement après le jugement d'ouverture pour les besoins du déroulement de la procédure » et de celles garanties par le privilège établi par l'article L. 611-11 du présent code. »**

III. — Leur paiement se fait dans l'ordre suivant :

1° Les créances de salaires dont le montant n'a pas été avancé en application des articles *(Ord. n° 2007-329 du 12 mars 2007, art. 3, en vigueur le 1er mai 2008)* **« L. 3253-6 et L. 3253-8 à L. 3253-12 » du code du travail ;**

(Ord. n° 2021-1193 du 15 sept. 2021, art. 18, en vigueur le 1er oct. 2021) **« 2° Les créances résultant d'un nouvel apport de trésorerie consenti en vue d'assurer la poursuite de l'activité pour la durée de la procédure ;**

« 3° Les créances résultant de l'exécution des contrats poursuivis conformément aux dispositions de l'article L. 622-13 et dont le cocontractant accepte de recevoir un paiement différé ; — *V. art. R. 622-14.*

« 4° Les autres créances, selon leur rang.

« Les apports de trésorerie mentionnés au 2° et les délais de paiement mentionnés au 3° sont autorisés par le juge-commissaire dans la limite nécessaire à la poursuite de l'activité pendant la période d'observation et font l'objet d'une publicité. En cas de résiliation d'un contrat régulièrement poursuivi, les indemnités et pénalités sont exclues du bénéfice du présent article. »

(L. n° 2005-845 du 26 juill. 2005, art. 33) **« IV. — Les créances impayées perdent le privilège que leur confère le** *(Ord. n° 2008-1345 du 18 déc. 2008, art. 29)* **« II du » présent article si elles n'ont pas été portées à la connaissance** *(Ord. n° 2008-1345 du 18 déc. 2008, art. 29)* **« de l'administrateur et, à défaut, du mandataire judiciaire » ou, lorsque ces organes ont cessé leurs fonctions, du commissaire à l'exécution du plan ou du liquidateur, dans le délai d'un an à compter de la fin de la période d'observation. »** *(Ord. n° 2014-326 du 12 mars 2014, art. 24, en vigueur le 1er juill. 2014)* **« Lorsque cette information porte sur une créance déclarée pour le compte du créancier en application de l'article L. 622-24, elle rend caduque cette déclaration si le juge n'a pas statué sur l'admission de la créance. »** — *V. art. R. 622-15.*

Pour les dispositions transitoires de l'Ord. n° 2021-1193 du 15 sept. 2021, V. note ss. art. L. 611-2.

RÉP. COM. v° *Entreprise en difficulté : situation des créanciers*, par MACORIG-VENIER.

BIBL. ▶ REILLE, *Gaz. Pal. 2009. Doctr. 772.* - LE CORRE, *ibid. 2010. Doctr. 2770* (la taxe foncière, une créance postérieure méritante ?) ; *RPC 2012. Dossier 10* (coordination des art. L. 622-17 et L. 625-8) ; *Gaz. Pal. 16 avr. 2019, p. 49* (discussion sur la nature de créance postérieure éligible au traitement préférentiel). - BOUSTANI, *LPA 11 févr. 2011, p. 15* (conservation du privilège). - BERTHELOT, *RPC 2011. Dossiers 35 et 36* (créanciers postérieurs méritants) ; *Cah. dr. entr. 7-8/2016. Dossier 34* (même thème). - TEBOUL, *Gaz. Pal. 2011. Doctr. 2571* (créances utiles méritantes : tentative d'éclaircissement). - DEDEURWAERDER, *BJE 2012. 47* (fait générateur de l'impôt en cas de non-respect par le contribuable d'un engagement fiscal). - DONNETTE, *BJE 2012. 385* (notion de « créances de salaires »). - CAVALIER, *JCP E 2015. 1029* (paiement des créances fiscales). - GOUËZEL, *RPC 2017. Étude 8* (domaine du privilège d'argent frais et du privilège des créances postérieures en droit français et en droit OHADA). - RÉMERY, *RJDA mars 2023. 7* (utilité des créances postérieures). ▶ Modifications issues de l'ordonnance du 12 mars 2014 : BOUSTANI, *Gaz. Pal. 2014. 1284.* - LE CORRE, *BJE 2014. 191.* ▶ Modifications issues de l'ordonnance du 15 sept. 2021 : LASSERRE CAPDEVILLE, *BJE 1-2/2022. 35.*

Ancien art. L. 622-17 *[réd. antérieure à Ord. n° 2021-1193 du 15 sept. 2021] [...]*

III. — Leur paiement se fait dans l'ordre suivant :

[...]

(Ord. n° 2008-1345 du 18 déc. 2008, art. 29) ***« 2° » Les prêts consentis*** *(Abrogé par L. n° 2005-845 du 26 juill. 2005, art. 33)* ***« par les établissements de crédit » ainsi que les créances résultant de l'exécution des contrats poursuivis conformément aux dispositions de l'article L. 622-13 et dont le cocontractant accepte de recevoir un paiement différé ; ces prêts et délais de paiement sont autorisés par le juge-commissaire dans la limite nécessaire à la poursuite de l'activité pendant la période d'observation et font l'objet d'une publicité. En cas de résiliation d'un contrat régulièrement poursuivi, les indemnités et pénalités sont exclues du bénéfice*** *(L. n° 2005-845 du 26 juill. 2005, art. 33)* ***« du présent article » ;***

(Ord. n° 2008-1345 du 18 déc. 2008, art. 29) ***« 3° » Les autres créances, selon leur rang.***

[...]

Ancien art. L. 622-17 *[réd. antérieure à Ord. n° 2008-1345 du 18 déc. 2008] (L. n° 2005-845 du 26 juill. 2005, art. 33)* ***« I. — Les créances nées régulièrement après le jugement d'ouverture pour les besoins du déroulement de la procédure ou de la période d'observation, ou en contrepartie d'une prestation fournie au débiteur, pour son activité professionnelle, pendant cette période, sont payées à leur échéance.***

« II. — Lorsqu'elles ne sont pas payées à l'échéance, ces créances sont payées par privilège avant toutes les autres créances, assorties ou non de privilèges ou sûretés, à l'exception de celles garanties par le privilège établi aux articles L. 143-10 *[L. 3253-2 et L. 3253-3]*, ***L. 143-11*** *[L. 3253-4]*, ***L. 742-6 et L. 751-15*** *[L. 7313-8]* ***du code du travail, de celles garanties par le privilège des frais de justice et de celles garanties par le privilège établi par l'article L. 611-11 du présent code. »***

III. — Leur paiement se fait dans l'ordre suivant :

1° Les créances de salaires dont le montant n'a pas été avancé en application des articles L. 143-11-1 à L. 143-11-3 *[L. 3253-6 et L. 3253-8 à L. 3253-13]* ***du code du travail ;***

2° Les frais de justice ;

3° Les prêts consentis *(Abrogé par L. n° 2005-845 du 26 juill. 2005, art. 33)* ***« par les établissements de crédit » ainsi que les créances résultant de l'exécution des contrats poursuivis conformément aux dispositions de l'article L. 622-13 et dont le cocontractant accepte de recevoir un paiement différé ; ces prêts et délais de paiement sont autorisés par le juge-commissaire dans la limite nécessaire à la poursuite de l'activité pendant la période d'observation et font l'objet d'une publicité. En cas de résiliation d'un contrat régulièrement poursuivi, les indemnités et pénalités sont exclues du bénéfice*** *(L. n° 2005-845 du 26 juill. 2005, art. 33)* ***« du présent article » ;***

4° Les sommes dont le montant a été avancé en application du 3° de l'article L. 143-11-1 *[L. 3253-8, 4°]* ***du code du travail ;***

5° Les autres créances, selon leur rang. *— [C. com., anc. art. L. 621-32.]*

(L. n° 2005-845 du 26 juill. 2005, art. 33) ***« IV. — Les créances impayées perdent le privilège que leur confère le présent article si elles n'ont pas été portées à la connaissance du mandataire judiciaire et de l'administrateur lorsqu'il en a été désigné ou, lorsque ces organes ont cessé leurs fonctions, du commissaire à l'exécution du plan ou du liquidateur, dans le délai d'un an à compter de la fin de la période d'observation. »***

BIBL. ▶ PÉROCHON, *Gaz. Pal. 2005. Doctr. 2972.* - SAINT-ALARY-HOUIN, *RPC 2005. 221* ; *LPA 14 juin 2007, p. 70* - PÉTEL, *RPC 2006. 142.* - LIENHARD, *Mél. Simler, Litec-Dalloz, 2006, p. 475.*

- Gréau, *LPA 12 juin 2008*. - Henry, *RPC 2008. Étude 15*. - Pétel et Brénac, *ibid. Dossier 4*. - Le Corre, *D. 2009. Chron. 2172* (continuation des contrats en cours, date de naissance des créances et mandat).

COMMENTAIRE

I. ÉCLATEMENT DU TEXTE

Le législateur de 2005, appliquant à cette disposition-pivot l'option méthodologique retenue pour l'ensemble du livre VI, a éclaté l'ancien article L. 621-32 en deux textes distincts, afin de traiter séparément, au sein du titre consacré à chacune de ces procédures, les dispositions concernant respectivement, d'une part, la sauvegarde et le redressement judiciaire, assimilés à cet égard (art. L. 622-17 ; et renvoi de l'art. L. 631-14, I), d'autre part, la liquidation judiciaire (anc. art. L. 641-13 ; sur l'ensemble de la question, V. A. Lienhard, Le nouveau privilège de procédure : entre restauration et éclatement, *Mél. Simler, Litec-Dalloz, 2006, p. 475* ; F. Gréau, Pour un véritable privilège de procédure, *LPA 12 juin 2008* ; L.-C. Henry, La notion de privilège de procédure dans la loi de sauvegarde, *RPC 2008. Étude 15*). Cette distinction subsiste aujourd'hui, après l'ordonnance du 15 septembre 2021, venue réviser le dispositif, sur le fond, mais désormais, s'agissant de l'ordre des paiements, la partie concernant la liquidation judiciaire se trouve logée dans le nouvel article L. 643-8.

II. NOUVELLE DÉFINITION DES CRÉANCES DE LA PROCÉDURE

C'était prévisible et souhaitable : la loi du 26 juillet 2005 a modifié la définition des créances de la procédure. Non pas fondamentalement, en abandonnant, comme l'avait imaginé un auteur, l'exigence de postériorité des créances élues (M. Béhar-Touchais, La date de naissance de la créance issue d'un contrat synallagmatique à exécution successive, colloque du 25 mars 2004, *LPA 9 nov. 2004, p. 41, n°s 14 s.* ; V. aussi F. Pérochon, Le sort des créanciers antérieurs, colloque CRAJEFE du 27 mars 2004, *LPA 10 juin 2004, p. 17, n° 20*). Mais, au moyen d'une correction plus technique, s'agissant de la priorité de paiement, en ajoutant à la condition classique que les créances soient « nées régulièrement après le jugement d'ouverture », à l'instar de la suggestion du rapport de la Cour de cassation (en accord avec la majeure partie de la doctrine : V., par exemple, Ph. Pétel, Pour une relecture de l'article L. 621-32 du code de commerce [ancien article 40 de la loi du 25 janvier 1985], *Mél. Guyon, Dalloz, 2003, p. 917*), cette autre condition, qui change tout si on la rapporte à la dérive de la jurisprudence antérieure, que ces créances soient, de surcroît, nées « pour les besoins du déroulement de la procédure ou de la période d'observation, ou en contrepartie d'une prestation fournie au débiteur, pour son activité professionnelle pendant cette période ». L'ordonnance du 18 décembre 2008 allait quelque peu retoucher encore cette définition, en gommant les mots « pour son activité professionnelle ». Condition qui s'exprime un peu différemment, une fois adaptée au contexte de la liquidation judiciaire par l'article L. 641-13, remanié, lui aussi, par la réforme de 2008 (V. ci-dessous).

BESOINS DU DÉROULEMENT DE LA PROCÉDURE

La notion de « besoins du déroulement de la procédure » suscite, bien entendu, des interrogations (certains la considèrent même comme inutile a priori : F. Gréau, Pour un véritable privilège de procédure, *LPA 12 juin 2008, p. 4, n° 16*). Certainement convient-il de considérer que la procédure visée s'entend de toute la période postérieure au jugement d'ouverture (et non de la seule période d'observation, le sens de la formule n'est guère douteux, au-delà de sa rédaction maladroite, dès lors que la période d'observation fait nécessairement partie de la procédure). Avec un peu de recul, une analyse doctrinale est cependant venue légitimer cette distinction, au moyen d'une nouvelle clé de répartition au sein même des créances postérieures privilégiées : d'un côté, les créances « inhérentes » à la procédure, qui correspondraient au critère des « besoins du déroulement de la procédure », dont la particularité serait de n'être enfermées que dans le temps de la procédure ; de l'autre, les créances « contingentes » (dont rien, dans leur nature, n'empêcherait la naissance hors de toute procédure collective), qui correspondraient au critère des créances « nées pour les besoins de la période d'observation » ou, en cas de liquidation judiciaire, « pour les besoins du maintien provisoire de l'activité », dont la particularité serait d'être enfermées dans des limites temporelles. Ainsi, dans cette approche renouvelée, la notion de « créances nées pour les besoins du déroulement de la procédure » serait marquée par une double autonomie, à la fois « conceptuelle » et « temporelle » (P.-M. Le Corre, La taxe foncière, une créance postérieure méritante, *Gaz. Pal. 15-16 oct. 2010, p. 12* ; comp., pour une position ultérieure plus nuancée : P.-M. Le Corre, Droit et pratique des procédures collectives, *Dalloz Action, 2023/2024, 453.822*). Certaines créances entrent sans difficulté dans cette définition des créances nées pour les besoins du déroulement de la procédure : les frais de justice, les créances dues aux mandataires, avocats, experts, etc. Au-delà, plusieurs interprétations sont concevables.

Il paraîtrait assez conforme à l'esprit de la nouvelle loi de se demander, à chaque fois, si les créances sont « utiles », ou non, à la procédure, étant entendu que, pour laisser au privilège sa vertu incitative, il convient de mesurer plutôt l'utilité potentielle du fait générateur que son utilité réelle, regardée *a posteriori* (Ph. Pétel, Le nouveau droit des entreprises en difficulté, *JCP E 2005, n° 42, p. 1730, spéc. n° 83* ; V. Com. 9 mai 2018 : *cité note 22*). En ce sens, par exemple, les créances délictuelles ne bénéficieraient plus du privilège (V. note 9 ss. anc. art. L. 621-32). Sauf à considérer que l'appréciation doit se faire au regard du contexte plutôt qu'eu égard au seul critère du fait générateur, et à distinguer selon que la faute est commise dans le cadre d'une activité autorisée, ou non (Ph. Pétel, Procédures collectives, *Cours Dalloz, 11e éd., 2023, n° 213 ;* Le nouveau droit des entreprises en difficulté, *préc., n° 83*), ou, de façon plus stricte, comme cela été suggéré aussi, à réserver les faveurs du texte aux créances délictuelles « inhérentes à l'activité au cours de la procédure, parce qu'elle en constitue le moyen ou l'objet (ventes de produits issus de la contrefaçon, recours à des pratiques anticoncurrentielles pour écouler les stocks ou désorganiser un concurrent, etc. » (F. Pérochon, Les créanciers postérieurs et la réforme du 26 juillet 2005, *Gaz. Pal. 7-8 sept. 2005, p. 57, n° 33*).

Cette façon de voir pourrait alors aboutir, quant aux créances de frais et dépens, à un inattendu retour à une solution jurisprudentielle abandonnée depuis 2002 (V. note 53 ss. l'anc. art. L. 621-32), distinguant selon que le débiteur est en position de défendeur ou de demandeur (seul ce dernier cas générant une créance privilégiée ; V. M. Jazottes, Le privilège des créanciers postérieurs. Quel périmètre ?, *in* La loi du 25 janvier 1985 a 20 ans ! Entre bilan et réforme, *RLDA, mars 2005, suppl., p. 132, spéc. p. 136*). Malgré sa solution très circonstanciée, liée à l'espèce, un arrêt de rejet de la chambre commerciale de la Cour de cassation incline nettement en ce sens (Com. 15 oct. 2013 : *cité note 3 ss. anc. art. L. 641-13*). Mais, par ailleurs, s'agissant des créances d'honoraires d'avocat, rien ne permet par principe d'exclure la créance du seul fait que l'avocat a assisté le débiteur dans l'exercice de ses droits propres (Com. 1er déc. 2015 : *cité note 18*). La démarche à suivre, alors, par les juges du fond, consiste, pour chacune des procédures menées par la société dans l'exercice de ses droits propres, à apprécier le caractère proportionné de la créance et sa conformité aux besoins de la procédure (Com. 7 oct. 2020 : *cité note 18*). En revanche, ne saurait être utile à la procédure de sauvegarde une créance de frais irrépétibles issue de la condamnation au paiement des honoraires d'avocat d'une banque créancière (Com. 2 déc. 2014 : *cité note 17*). Autre conséquence : les indemnités de résiliation seraient susceptibles de répondre au critère, dès lors que le contrat dont elles procèdent n'était plus utile à la procédure. A l'exception, bien sûr, des exclusions expresses par le texte (art. L. 622-17, III, 2°), qui, du reste, ne feraient que confirmer que les autres indemnités entrent dans le champ de la disposition. Mais cette lecture, assez subtile du texte, ne se reflète pas dans la première jurisprudence de la Cour de cassation, dont un arrêt (non publié) du 5 octobre 2010 a considéré que la créance d'indemnités de rupture n'est pas née pour les besoins du déroulement de la procédure (Com. 5 oct. 2010 : *cité note 1*). En revanche, il n'est pas douteux que les créances d'indemnité de résiliation d'un contrat en cours sont exclues du bénéfice du paiement prioritaire et privilégié, peu important que la résiliation pût être nécessaire à la poursuite de l'activité de la société débitrice (V., pour une créance née de la révocation du dirigeant : Com. 12 juill. 2016 : *cité note 1*). Et, s'il était imaginable, au lendemain de la loi de sauvegarde, que les créances environnementales liées à la cessation de l'activité consécutive à la liquidation pourraient, elles aussi, bénéficier du traitement préférentiel (F. Pérochon, Les créanciers postérieurs et la réforme du 26 juillet 2005, *préc., p. 57, n° 34* ; V., en ce sens, Grenoble, 31 mai 2012 : *D. 2012. Pan. 2206, obs. Le Corre* ; comp. auparavant, sur le seul critère chronologique : Com. 17 sept. 2002 : *cité note 60 ss. anc. art. L. 621-32*), bien vite il est apparu que tel ne serait pas le cas, ce qu'est venu entériner un arrêt de la Cour de cassation une quinzaine d'années plus tard (V. Com. 5 févr. 2020 : *cité note 3 ss. anc. art. L. 641-13*).

De même, seraient alors exclues les créances fiscales, ce qui contribuerait notablement à alléger le passif de la procédure (sous réserve, peut-être, des créances directement issues d'opérations ou d'actes faits pour les besoins de la procédure : TVA générée par des ventes, fractions d'impôt sur les sociétés ou sur le revenu assis sur les revenus de la période d'observation ou de la procédure : V. F. Pérochon, Les créanciers postérieurs et la réforme du 26 juillet 2005, *préc., p. 57, n° 34* ; F. Macorig-Venier et C. Saint-Alary-Houin, La situation des créanciers dans la loi du 26 juillet 2005 de sauvegarde des entreprises, *RDBF janv.-févr. 2006, p. 60, n° 54* ; comp. estimant que les créances fiscales devraient continuer à être payées à leur échéance, J. Brandeau, La déclaration et l'admission des créances du Trésor public et la loi du 26 juillet 2005, *LPA 5 mai 2006, p. 5*. V., également, pour la taxe foncière, se fondant sur la distinction, ci-dessus exposée, entre créances « inhérentes » à la procédure et créances « contingentes », P.-M. Le Corre, La taxe foncière, une créance postérieure méritante, *Gaz. Pal. 15-16 oct. 2010, p. 12*). La première jurisprudence semblait faire sienne cette lecture doctrinale nuancée, s'agissant notamment de la créance d'impôt sur le revenu d'une personne physique, dont la partie postérieure au jugement d'ouverture serait jugée née pour les besoins de la période d'observation (TGI Toulouse, 2 mars 2009 : *cité note 2*). En revanche, s'agissant de la participation de l'employeur au développement de la formation professionnelle continue et de la taxe d'apprentissage, une cour d'appel a rejeté l'argumentation du service des impôts, selon laquelle relèveraient des dispositions de l'article L. 622-17 les créances assises sur les rémunérations, et partant générées par le travail effectué pour les besoins du déroulement de la procédure (Limoges, 4 févr. 2010 : *Rev. sociétés 2010. 197, obs. Roussel Galle* ✎). Mais la Cour de cassation est ensuite venue poser une solution plus claire, s'agissant des créances de cotisation sociales. Elle a en effet considéré, à propos d'une créance de cotisations d'assurance maladie et maternité des avocats, dont le paiement est une obligation légale prévue par l'article L. 613-1 du code de la sécurité sociale, qu'étant inhérente à l'exercice professionnel, elle entre dans les prévisions de l'article L. 622-17 lorsque cet exercice perdure après l'ouverture de la procédure collective (Civ. 2e, 16 sept. 2010 : *cité note 7* ; comp., s'agissant du fait générateur de la créance du CNBF, à propos du régime obligatoire d'assurances vieillesse et invalidité-décès des avocats : Com. 3 juill. 2012 : *ibid.*). La chambre commerciale a statué dans le même sens s'agissant de la contribution sociale de solidarité et de la contribution additionnelle (Com. 15 juin 2011 : *cité note 6* ; sur cette jurisprudence, V. G. Teboul, Le casse-tête des créances utiles méritantes : une tentative d'éclaircissement, *Gaz. Pal. 28 août-1er sept. 2011, p. 7*, qui plaide en faveur d'une appréciation plus stricte du critère de l'utilité), ainsi que pour la cotisation d'assurance chômage (Com. 17 sept. 2013 : *cité note 6*), de même que pour la taxe d'apprentissage et la participation au développement de la formation professionnelle (Com. 22 févr. 2017 : *cité note 4*), et, enfin, la créance d'impôt sur les sociétés, dont un arrêt a précisé qu'elle pesait sur la société mère en cas d'intégration fiscale (Com. 18 mai 2022 : *cité note 3*). Ce critère de la créance « inhérente à l'activité du débiteur », que la Cour de cassation prend bien soin de réserver aux obligations légales auxquelles ce dernier ne peut se soustraire, paraît susceptible de généralisation à toutes les cotisations sociales et les créances fiscales. Sa conformité à la lettre comme à l'esprit du texte prête sans doute à discussion ; toutefois cette lecture présente le mérite de ne pas avantager exagérément les entreprises *in bonis* bénéficiant d'une procédure de sauvegarde (V. M.-H. Monsèrié-Bon, *APC 2011, n° 209*). La volonté de la Cour de cassation de ne pas étendre excessivement cette solution est illustrée par son refus d'en faire bénéficier la créance de taxe foncière (Com. 14 oct. 2014 : *cité note 5 ss. anc. art. L. 641-13* ; étant entendu que, par définition, cette taxe constitue un impôt sur le patrimoine, non sur l'activité : V. F.-X. Lucas, *D. 2015. Pan. 1973*).

L'autre lecture, plus souple et favorable aux créanciers, qui conduirait à se demander, plutôt, si les créances ont, ou non, un « lien avec la procédure », semble devoir être écartée. Elle pouvait se concevoir dans la rédaction de l'avant-projet de loi de sauvegarde, qui ne visait que les « besoins de la procédure ». Mais beaucoup plus difficilement à la lumière de l'expression, plus restrictive, de « besoins du déroulement de la procédure ». Rien ne permet cependant de penser qu'en de telles subtiles nuances sémantiques les tribunaux trouvent une utile source d'inspiration. Aussi semble-t-il concevable, sans trahir la philosophie de l'article L. 622-17, de se laisser guider également par la définition qu'avait esquissée le professeur Philippe Pétel de la notion d'« opérations de la procédure » qu'il avait suggérée. Celle-ci permettrait d'englober toutes les créances découlant de la propriété des biens du débiteur ou nécessaires à leur conservation puisque ces biens sont affectés à la procédure. De même que toutes les créances engendrées par l'arrêt d'activité, la reconstitution de l'actif du débiteur et la réalisation de ses biens (Ph. Pétel, Pour une relecture de l'article L. 621-32 du code de commerce, *préc., n° 10* ; V. aussi, du même auteur, prônant une conception large du nouveau critère téléologique, Ph. Pétel, Les créanciers postérieurs, *RPC 2006. 142, n° 16*).

Quelle que soit l'approche théorique adoptée, la solution de la Cour de cassation consistant à exclure du traitement préférentiel la créance de loyer d'habitation du débiteur ne paraît pas discutable (V. Com. 12 mars 2013 : *cité ss. anc. art. L. 641-13*).

CONTREPARTIE D'UNE PRESTATION FOURNIE AU DÉBITEUR

Autant d'interrogations sourdent du critère, posé par le texte dans sa rédaction originelle, des créances nées en contrepartie d'une prestation fournie au débiteur « pour son activité professionnelle, pendant cette période », cette dernière couvrant, là aussi, bien entendu, au-delà de la période d'observation, toute la durée de la procédure depuis son ouverture.

Une question peut se poser : le critère de la contrepartie d'une prestation fournie au débiteur est-il alternatif ou cumulatif avec celui des besoins du déroulement de la procédure ? A laquelle il convient certainement de répondre que l'utilité de la créance née en contrepartie d'une prestation fournie au débiteur doit être présumée dans l'hypothèse, la plus fréquente, de poursuite d'un contrat (et cela même lorsque c'est le débiteur qui, en l'absence d'administrateur, a exercé l'option ; symétriquement, la créance devrait être écartée comme inutile en cas de décision expresse de non-continuation : F. Pérochon, Entreprises en difficulté, *LGDJ, 2022, 11ᵉ éd., n° 1317*).

En fait, cette catégorie de créances, qui recoupe pour partie celle des créances nées « pour les besoins du déroulement de la procédure ou de la période d'observation » (M. Jazottes, Le privilège des créanciers postérieurs. Quel périmètre ?, *préc., p. 132, spéc. p. 135*), est sujette à interprétation pour chacun des éléments qui la composent.

A commencer par la notion de « prestation », pour laquelle un auteur suggère une lecture large, y englobant autant la livraison d'une somme d'argent que d'un bien. De sorte qu'y entrerait, conformément aux objectifs du texte, la remise à l'emprunteur soumis à la procédure collective de fonds empruntés, bien que le contrat de prêt ait été conclu avant le jugement d'ouverture, et malgré la position jurisprudentielle relative à la date de naissance des créances de remboursement d'un crédit immobilier dont l'offre a été acceptée avant l'ouverture de la procédure (Com. 11 févr. 2004 : *cité note 50 ss. art. L. 622-24* ; F. Pérochon, Les créanciers postérieurs et la réforme du 26 juillet 2005, *préc., p. 57, n° 20*).

Le texte initial de l'article L. 622-17 exigeait que la prestation fût fournie, au débiteur, « pour son activité professionnelle ». L'activité visée devait alors s'entendre de l'activité de l'entreprise exploitée par le débiteur. Ce qui signifiait donc, pour un débiteur personne physique, sa seule activité professionnelle, comme l'avait précisé expressément un amendement adopté par le Sénat. Ou la seule activité touchée par la procédure, en cas de pluriactivité (cumul d'une activité indépendante et d'une activité salariée). Par ailleurs, au-delà du paradoxe apparent, il apparaissait conforme à la finalité du texte de considérer que le critère était satisfait dans des hypothèses mêmes où il avait été mis fin à l'activité de l'entreprise, par exemple pour le paiement des honoraires d'un avocat consulté pour des licenciements, pour des travaux de démontage de machines, des prestations de déménagement, de dépollution de site, etc. (F. Pérochon, Le sort des créanciers antérieurs, *préc., p. 17, n° 24* ; Les créanciers postérieurs et la réforme du 26 juillet 2005, *préc., p. 57, n° 29*). Mais toutes ces interrogations sont probablement aujourd'hui dépassées, puisque l'ordonnance du 18 décembre 2008 a purement et simplement supprimé cette condition tenant à l'activité professionnelle.

La catégorie des créances nées en contrepartie d'une prestation fournie au débiteur va au-delà, bien sûr, des créances strictement contractuelles, issues de la poursuite ou de la conclusion de contrats. La suppression de la condition liée à l'activité professionnelle du débiteur devrait avoir pour conséquence de rendre désormais éligibles au traitement préférentiel les créances « nées pour les besoins de la vie courante » (que visait l'art. L. 622-7 avant l'ordonnance de 2008) à condition qu'elles soient nées en contrepartie d'une prestation fournie au débiteur (V. ss. art. L. 622-7). Ce qui exclut donc, par exemple, les créances fiscales non professionnelles, telles que la taxe d'habitation. Malgré la simplification qu'elle opère, cette extension est jugée regrettable par certains, en ce qu'elle permettrait des dérives, qui ne pourraient être sanctionnées que par le recours, éventuellement, à la notion d'acte de disposition étranger à la gestion courante ou à la notion pénale de détournement d'actif (F. Pérochon, Les interdictions de paiement et le traitement des sûretés réelles, *D. 2009. Chron. 651, n° 35* ✎). Car il n'est guère discutable que le volume des créances privilégiées s'en trouve d'autant plus accru que la catégorie des créances nées en contrepartie d'une prestation fournie au débiteur en dehors de son activité professionnelle est plus riche que celles des créances nées pour les besoins de la vie courante. En effet, outre qu'on a pu aller jusqu'à soutenir que seraient dorénavant privilégiées les créances nées en contrepartie d'une prestation fournie au débiteur personne morale pour une activité « privée » afférente à l'exercice de ses droits propres, il faut bien considérer que, pour ces créances nées pour les besoins de la vie courante, aucun critère d'utilité n'est requis. La concurrence de ces créances avec les autres créanciers « méritants » risque donc d'être réelle, même si l'on peut imaginer que les créanciers en question, qui ne feront pas souvent crédit au débiteur, bénéficieront plus du paiement à l'échéance que du rang privilégié (F. Reille, Les retouches apportées au sort des créanciers postérieurs élus, *Gaz. Pal. 6-7 mars 2009, p. 38, n°s 11 s.*).

Dans une approche plus économique que juridique, pourraient être aussi concernées des « prestations » telles que des indemnités d'occupation, par nature « post-contractuelles », par exemple. Encore que cette interprétation, qui pouvait s'autoriser de la rédaction de l'avant-projet (« en raison d'une prestation fournie au débiteur »), procède plus difficilement du texte passé dans le droit positif (« en contrepartie d'une prestation fournie au débiteur »), qui postule une approche plus directe, plus synallagmatique, du rapport entre la créance et la prestation délivrée (rappr., excluant des pénalités contractuelles, Com. 18 juin 2013 : *cité note 12*). Cependant, un arrêt semble faire un pas en ce sens en admettant que la créance du bailleur relative aux travaux de remise en état constitue la contrepartie d'une prestation fournie au débiteur pendant la période d'observation, dès lors que les dégradations qui lui sont reprochées ont été commises pendant cette période (Com. 2 déc. 2014 : *cité note 8*).

Pas de doute, en revanche, pour d'autres catégories de créances contractuelles, certainement exclues. D'abord, cela va presque sans dire, et en raison du texte même des articles L. 622-17 et L. 641-13, les indemnités dues en cas de résiliation d'un contrat régulièrement poursuivi. Dans un autre ordre d'idées, devraient subir le même sort, parce qu'elles ne répondent pas aux besoins de la procédure, notamment les créances « en germe » ou encore les créances de restitution (sur ce dernier point, V. Com. 17 déc. 2013 : *cité note 13* ; et pour une créance de restitution née de la résolution d'un contrat antérieur, V. Com. 15 juin 2022 : *cité note 14*).

ADAPTATION DE LA DÉFINITION À LA LIQUIDATION JUDICIAIRE

Bien que décalquée de celle de l'article L. 622-17, la rédaction originelle de l'article L. 641-13 apparaissait entachée de plusieurs maladresses.

Une certaine confusion résultait, tout d'abord, du fait qu'elle traitait dans la même phrase unique du I du sort des créances nées après le jugement de liquidation judiciaire, qu'il intervienne *ab initio* ou sur conversion, et des créances nées, dans ce dernier cas, après le jugement d'ouverture de la sauvegarde ou du redressement judiciaire converti. La réécriture de l'article L. 641-13 par l'ordonnance du 18 décembre 2008 distingue maintenant nettement ces deux cas de figure, bien sûr cumulatifs, le cas échéant, de paiement à l'échéance des créances postérieures « utiles », au moyen de deux alinéas du I. Mais, fort opportunément, un arrêt de la chambre sociale a jugé que, déjà avant ce texte, étaient visées par la rédaction originelle du texte « les créances nées régulièrement après le jugement qui ouvre ou prononce la liquidation judiciaire, pour les besoins du déroulement de la procédure » (Soc. 16 juin 2010 : *cité note 1 ss. anc. art. L. 641-13*).

Le nouveau texte présente ensuite l'avantage de viser expressément, à côté des créances « nées régulièrement après le jugement qui ouvre ou prononce la liquidation judiciaire pour les besoins du déroulement de la procédure », les créances nées, dans les mêmes conditions, pour les besoins « du maintien provisoire de l'activité autorisé en application de l'article L. 641-10 ». Aussi est-il certain désormais (ce qui n'était, cela dit, nullement douteux auparavant) que sont prioritaires et privilégiées aussi (et donc jugée utiles) les créances nées postérieurement au jugement de liquidation judiciaire, dans la période de maintien de l'activité dans l'attente de la cession de l'entreprise (en même temps, et logiquement, est supprimée de l'article L. 641-10 la phrase, un peu maladroite, du fait de l'apparente automaticité qu'elle semblait impliquer, qui prévoyait que les dispositions de l'article L. 641-13 sont applicables aux créances nées pendant cette période). L'articulation, un peu mystérieuse, de ces deux critères a fait l'objet, récemment, de la part de P.-M. Le Corre, d'une analyse doctrinale renouvelée, conduisant à distinguer entre les créances « inhérentes » à la procédure, qui correspondraient au critère des « besoins du déroulement de la procédure », et les créances « contingentes », qui correspondraient au critère des créances « nées pour les besoins du maintien provisoire de l'activité » (V. II ci-dessus).

Enfin, la nouvelle rédaction est-elle particulièrement bienvenue s'agissant de la catégorie des créances en contrepartie d'une prestation fournie au débiteur. A deux égards. Premièrement, parce que le texte antérieur, en raison d'un manque de vigilance du législateur (F. Pérochon, Les créanciers postérieurs et la réforme du 26 juillet 2005, *préc., p. 57, nº 19*), avait conservé, à la différence de l'article L. 622-17, la rédaction de l'avant-projet (« en raison d'une prestation fournie au débiteur »). L'ordonnance de 2008 aligne donc l'article L. 641-13 sur l'article L. 622-17, en visant « la contrepartie d'une prestation fournie au débiteur », et, bien sûr, en supprimant, ici aussi, la référence à « l'activité professionnelle ». Deuxièmement, parce que, sur ce point pareillement, augmentant la précision du texte et son adéquation à la situation propre au débiteur en liquidation judiciaire, le texte vise spécialement la prestation fournie au débiteur « pendant ce maintien [provisoire] de l'activité ». Sur ce dernier point, cependant, il semblait possible, selon certains auteurs, de considérer, au regard notamment de l'intention supposée du « législateur » de 2008, que ne seraient pas exclues les prestations fournies après l'interruption de l'activité (V. F. Pérochon, Les interdictions de paiement et le traitement des sûretés réelles, *D. 2009. Chron. 651, nº 36* ✎). Il est vrai que prétendre le contraire, en s'en tenant à une approche strictement littérale, conduirait à traiter différemment le créancier qui, par exemple, aura fourni une prestation, dans le cadre de la vie privée du débiteur, selon que celui-ci fait l'objet d'une liquidation judiciaire avec maintien provisoire de l'activité ou de toute autre procédure, ce qui n'irait ni dans le sens de l'équité, ni dans celui de l'objectif, prôné par la loi d'habilitation du 4 août 2008, de simplification du régime des créances postérieures et de réduction de la « diversité des régimes applicables » (F. Reille, Les retouches apportées au sort des créanciers postérieurs élus, *Gaz. Pal. 6-7 mars 2009, p. 38, nº 17* ; comp., s'agissant des créances indemnitaires résultant d'un licenciement, sous l'empire de la rédaction originelle de l'art. L. 641-13 : Soc. 16 juin 2010 : *préc.*). Mais, implicitement, la Cour de cassation semble avoir écarté cette lecture en ne considérant une créance de loyer d'habitation née postérieurement à la fin du maintien de l'activité qu'au regard du critère des besoins du déroulement de la procédure (V. Com. 12 mars 2013 : *cité ss. anc. art. L. 641-13*).

Ce même arrêt avait révélé une lacune s'agissant des créances postérieures nées en contrepartie d'une prestation fournie au débiteur en dehors de son activité professionnelle, le cocontractant se trouvant dans l'impossibilité de se faire payer à l'échéance. C'est cette malfaçon de la loi que vient gommer l'ordonnance du 12 mars 2014 en faisant aussi bénéficier de la priorité de paiement deux autres catégories de créances. D'une part, les créances nées en exécution d'un contrat en cours décidée par le liquidateur. Cette formulation imparfaite (en ce qu'il apparaissait évident qu'il convenait d'assimiler le cas du contrat continué, antérieurement à la liquidation judiciaire, sur option du débiteur ou de son administrateur pendant la période d'observation : P.-M. Le Corre, *D. 2014. Chron. 733* ✎, *nº 59* ; V. aussi, sur cette nouvelle catégorie, D. Boustani, *Gaz. Pal. 6-8 avr. 2014, p. 43*) a été heureusement développée par la loi du 18 novembre 2016, afin de viser désormais l'exécution d'un contrat en cours « régulièrement décidée après le jugement d'ouverture de la procédure de sauvegarde ou de redressement judiciaire, s'il y a lieu, et après le jugement d'ouverture de la procédure de liquidation judiciaire ». D'autre part, les créances nées des besoins de la vie courante du débiteur, personne physique (par ex., taxe d'habitation ; pour une critique de cette faveur, jugée excessive, F.-X. Lucas,

BJE 2014. 111 ; mais non la taxe foncière, comme l'a jugé la Cour de cassation : Com. 24 mai 2023 : *cité ss. art. L. 641-13*).

Notons encore que, de manière plus générale et formelle, l'ordonnance de 2014 a structuré le I de l'article L. 641-13 en plusieurs alinéas énumérant autant de situations dans lesquelles les créances postérieures bénéficient du paiement prioritaire. L'ordonnance du 15 septembre 2021 n'a pas modifié cette partie du texte, à la différence des II, III et IV.

III. RESTAURATION DE LA QUALIFICATION DE PRIVILÈGE

La terminologie employée ici par le législateur de 2005 n'est pas anodine. En substituant l'expression « payées par privilège » à l'expression « payées par priorité » qu'employait l'ancien article L. 621-32, les articles L. 622-17 et L. 641-13 font expressément échec à la solution, souvent critiquée, de la Cour de cassation qui avait refusé de qualifier de « privilège au sens de l'article 2095 du code civil » la priorité de paiement de l'ancien article L. 621-32 (Com. 5 févr. 2002 : *V. note 1 ss. anc. art. L. 621-32*). Reste que la portée de la « restauration » de ce privilège est modeste (sur l'ensemble de la question, V. A. Lienhard, Le nouveau privilège de procédure : entre restauration et éclatement, *Mél. Simler, préc.*). Mais certains effets peuvent être escomptés quand même. D'abord, en cas d'ouverture d'une nouvelle procédure après résolution d'un plan de sauvegarde ou de redressement, les créances dites « antéro-postérieures » (c'est-à-dire bénéficiant de l'art. L. 622-17 dans la première procédure) devraient désormais conserver ce statut dans la deuxième procédure (encore fallait-il se montrer prudent, puisque la Cour de cassation n'avait pas expressément fondé la solution contraire sur la nature de la priorité de paiement [V. note 85 ss. anc. art. L. 621-32], et que la loi de 2005 n'affirmait pas non plus de manière générale la qualification de privilège). De toute manière, jusqu'à l'ordonnance du 12 mars 2014, ces créanciers, tout privilégiés qu'ils fussent, devaient déclarer leurs créances à la nouvelle procédure, dans laquelle ils apparaissent comme des créanciers antérieurs, en mentionnant leur privilège sous peine de ne pouvoir l'invoquer, en vertu de l'article L. 622-25 (sauf à adopter un raisonnement *a fortiori*, à partir de la dispense accordée par l'art. L. 626-27, III, aux créanciers soumis au plan : V. P.-M. Le Corre, Droit et pratique des procédures collectives, *Dalloz Action, 2023/2024, 524.352*). Mais, sur ce point, l'ordonnance de 2014 a, fort opportunément, sécurisé la situation des créanciers « antéro-postérieurs », en dispensant de déclaration, dans la nouvelle procédure, les créanciers postérieurs impayés de la première procédure qui ont informé l'organe de la procédure dans les conditions prévues par l'article L. 622-17, IV (V. art. L. 626-27, III).

Par ailleurs, cette situation risque d'entraîner un conflit entre créanciers postérieurs de la première procédure et créanciers postérieurs de la seconde procédure, qu'un auteur propose de régler par voie de concours entre les deux sortes, avec paiement, à l'intérieur de chacun des rangs institués, au marc le franc. Ce même auteur précisant que le maintien du privilège dans la seconde procédure ne devrait pas s'accompagner du droit de poursuite individuelle à l'échéance dans le cadre de cette seconde procédure (P.-M. Le Corre, Premiers regards sur la loi de sauvegarde des entreprises, *D. 2005. Chron. 2297, n° 46* ; Droit et pratique des procédures collectives, *Dalloz Action, 2023/2024, 524.352*).

Ensuite, en cas de vente d'un bien grevé, les créanciers de la procédure devraient être payés sur le prix de vente, conformément aux articles L. 622-8 et L. 626-22 (P.-M. Le Corre, Intervention à la Journée nationale du CRAJEFE du 27 mars 2004, *LPA, 10 juin 2004, p. 25*).

Notons encore que, s'agissant d'un privilège général, devrait s'appliquer le principe de subsidiarité, résultant de l'article 2376 du code civil, selon lequel les créanciers titulaires de privilèges généraux sont payés en priorité sur les meubles, et, si les actifs mobiliers sont insuffisants, sur le prix de vente des immeubles (V., par analogie, P.-M. Le Corre, Le privilège de conciliation, *Gaz. Pal. 7-8 sept. 2005, p. 50, spéc. p. 54*).

IV. SORT DES CRÉANCES POSTÉRIEURES NON PRIVILÉGIÉES

Les créances ne remplissant pas la condition téléologique sont tout simplement traitées à l'égal des créances antérieures. Elles sont donc, elles aussi, paralysées par la règle de l'arrêt des poursuites individuelles et de l'interdiction de payer, et soumises à déclaration, dans les formes et délai de « droit commun », moyennant ce seul aménagement, par rapport à ces dernières, que le délai de déclaration court à compter de la date d'exigibilité (V. art. L. 622-24).

A une exception près quand même : celle des créances alimentaires (auxquelles l'ordonnance de 2008 a renoncé d'assimiler les « créances liées aux besoins de la vie courante du débiteur personne physique ») qui, plutôt que constitutives d'une autre catégorie (ou sous-catégorie) encore, doivent être regardées comme hors catégorie, c'est-à-dire, littéralement, hors concours, en ce sens que, nées postérieurement au jugement d'ouverture de la procédure sans répondre aucunement aux besoins du déroulement de celle-ci, elles peuvent recevoir paiement à l'échéance mais ne sauraient bénéficier du privilège de l'article L. 622-17, sans pour autant procéder d'une naissance irrégulière ni se trouver ravalées au rang de créances antérieures sujettes à déclaration. C'est, en somme, un statut de neutralité au regard de la procédure que leur confère, au nom de la raison « humanitaire », l'article L. 622-7, les faisant échapper à l'interdiction de paiement qu'il édicte (sans pour autant, notons-le, que l'art. L. 622-21 autorise leurs titulaires à exercer des poursuites individuelles). Situation critiquée par un auteur, qui a émis le souhait que la jurisprudence restaure ce droit de poursuite pour que ces créanciers, à supposer qu'ils ne soient pas réglés à l'échéance, puissent demander à être payés sur les revenus du débiteur non soumis au dessaisissement, tels les subsides ou la fraction non saisissable de salaire (M.-P. Dumont-Lefrand, *J.-Cl. Com., fasc. 2152, n° 41*).

L'assimilation des créances postérieures ne remplissant pas les conditions d'élection posées par l'article L. 622-17, I, à des créances antérieures est judicieuse. Elle présente l'avantage de ne pas faire de ces créances des créances « hors procédure », solution qui apparaîtrait, là, injuste dans la mesure où il s'agit bien, par hypothèse, de créances nées régulièrement (ce qui ne correspond donc pas au critère utilisé par la Cour de cassation : Com. 5 juill. 2005 : *D. 2005. AJ 2146, obs. A. Lienhard*), dont les titulaires méritent de pouvoir participer aux répartitions et dividendes, pour peu, du moins, qu'ils se soient pliés à la discipline de la procédure par la formalité de la déclaration.

Cette assimilation pourrait cependant ne pas être totale. Ainsi, pour un auteur, la règle de l'arrêt du cours des intérêts n'aurait pas vocation à s'appliquer pour ce type de créance, faute de texte en ce sens. Le raisonnement s'appuie sur le postulat que l'égalité de traitement entre la créance postérieure et la créance antérieure résulte d'une fiction légale et que les fictions sont de droit strict (P.-M. Le Corre, Droit et pratique des procédures collectives, *Dalloz Action, 2023/2024, 454.111*).

V. ORDRE DE PRIORITÉ – CRÉANCIERS DE LA PROCÉDURE DE CONCILIATION – FRAIS DE JUSTICE – CRÉANCES SALARIALES

La loi du 26 juillet 2005 a ajouté à la liste des créances primant par exception les créances de la procédure, les créances garanties par le nouveau privilège résultant de l'article L. 611-11 visant les personnes qui, « en vue d'assurer la poursuite d'activité de l'entreprise et sa pérennité », avaient consenti « un nouvel apport en trésorerie » au débiteur dans le cadre de l'accord homologué de conciliation. Le législateur a opéré là, en quelque sorte, une hiérarchie entre deux sous-catégories de créanciers de la procédure, en donnant la préférence aux « créanciers de la procédure de conciliation » sur ceux de la « procédure de sauvegarde, de redressement ou de liquidation judiciaire ». Ce qui est tout à fait cohérent dans une optique de prévention et de sauvetage de l'entreprise en amont des difficultés les plus sérieuses (pour une opinion contraire, favorable à l'égalité absolue entre ces créances, voire à une priorité donnée aux créances de la période d'observation, V. T. Montéran, Observations sur l'avant-projet de loi de sauvegarde des entreprises, *Gaz. Pal. 10-11 déc. 2003, p. 2*), mais qui n'en revient pas moins, en cas de liquidation judiciaire, sur l'avancée effectuée en 1994 au profit des sûretés spéciales (P. Crocq, Le projet de loi sur la sauvegarde des entreprises et le respect des concepts du droit des sûretés, *Dr. et patr. 1/2005, p. 43, spéc. p. 45*). Le *« new money »* n'est primé que par le superprivilège des salaires et les frais de justice nés régulièrement pour les besoins du déroulement de la procédure.

Au sujet des frais de justice, un amendement adopté par le Sénat était venu corriger, en 2005, une incohérence et une imprécision qui dataient de l'article 40 de la loi de 1985, codifié à l'ancien article L. 621-32. D'une part, en effet, a été désormais harmonisée la situation entre les procédures de sauvegarde ou de redressement judiciaire et les procédures de liquidation judiciaire : dans les deux cas, le privilège des frais de justice prenait rang juste après le superprivilège des salariés. D'autre part, en substituant, au II, à l'expression « frais de justice » qu'employait l'ancien article L. 621-32, l'expression « privilège des frais de justice », la loi de 2005 visait alors, de façon indiscutable, les frais de justice antérieurs couverts par ce privilège ; ce qui, du coup, ne permettait plus de considérer, s'agissant du classement interne entre créances postérieures, prévu par le III, que le 2°, qui visait les « frais de justice », devait rester lettre morte (sur cette interprétation, que ne partageaient pas certains auteurs, V. F. Pérochon et R. Bonhomme, Entreprises en difficulté, instruments de crédit et de paiement, *LGDJ, 6e éd., 2003, no 402-2*). Il en résultait indubitablement que les frais de justice postérieurs ne passaient qu'après les créances de salaires postérieures dont le montant n'avait pas été avancé par l'AGS.

L'ordonnance du 18 décembre 2008 est revenue sur cette question de manière radicale. Désormais, renversant totalement la donne, le II de l'article L. 622-17 (et de l'art. L. 641-13) vise « les frais de justice nés régulièrement après le jugement d'ouverture pour les besoins du déroulement de la procédure », c'est-à-dire les frais de justice bénéficiant du privilège de procédure au sens de ces articles (honoraires dus aux mandataires de justice, honoraires des avocats, frais de greffe, etc.). En même temps, est logiquement supprimée des articles L. 622-17 et L. 641-13 la mention des « frais de justice », qui figuraient jusque-là au deuxième rang du classement interne des créanciers postérieurs. Plus de doute désormais : ces frais de justice viennent juste après le superprivilège des salaires, primant le privilège de la conciliation.

Par un arrêt ultérieur du 21 septembre 2010 (V. note 68 ss. anc. art. L. 621-32), la Cour de cassation a appliqué la même solution, il est vrai logique et plus satisfaisante pour l'esprit que l'autre branche de l'alternative doctrinale, s'agissant des procédures encore soumises à la loi du 25 janvier 1985.

Notons encore, pour finir, que, par une importante décision du 11 juin 2014, interprétant la portée de l'article L. 643-8, permettant la « distraction » des « frais et dépens de la liquidation judiciaire » avant toute répartition de l'actif, la chambre commerciale a refusé d'aligner cette notion sur celle plus large des frais de justice visés par l'article L. 641-13 (V. note ss. art. L. 643-8).

VI. ORDRE DE PRIORITÉ SPÉCIFIQUE EN CAS DE LIQUIDATION JUDICIAIRE (ART. L. 641-13, II)

En même temps qu'elle a réécrit entièrement l'article L. 643-8, pour y loger le classement des créanciers privilégiés, lorsqu'ils ne sont pas payés à l'échéance, l'ordonnance du 15 septembre 2021 a réduit le II de l'article L. 641-13 à un simple renvoi à l'ordre prévu par l'article L. 643-8.

VII. CLASSEMENT INTERNE AUX CRÉANCES POSTÉRIEURES

A. APPORTS DE LA LOI DU 26 JUILLET 2005

Au-delà de la contradiction fondamentale qui demeure entre le I du texte (paiement à l'échéance, qui aboutit au « paiement par le prix de la course », pratique toujours valable : V., par ex., Amiens, 5 mars 2009 : *JCP E 2009. 1877, note Le Corre*) et le III (hiérarchisation du paiement : V. P. Crocq, Le projet de loi sur la sauvegarde des entreprises et le respect des concepts du droit des sûretés, *Dr. et patr. 1/2005, p. 43, spéc. p. 45*), la loi du 26 juillet 2005 a apporté deux retouches au 3° du III.

La première concerne les prêteurs. Depuis lors, ce ne sont plus les seuls prêts consentis par les établissements de crédit, mais l'ensemble des prêts qui bénéficie de ce rang de classement (notons que la lettre, à cet égard un peu réductrice, de l'art. 89 du décret de 2005 a heureusement été gommée lors de la codification à l'art. R. 622-14, qui vise désormais aussi « le prêteur »).

La seconde concerne les bailleurs. Le législateur a corrigé une ambiguïté du texte de l'ancien article L. 621-32, qui avait entraîné une difficulté relative au sort des indemnités et pénalités subséquentes à la résiliation d'un contrat régulièrement poursuivi. Celles-ci sont bien exclues de la priorité de paiement, et doivent donc être déclarées (pour une application, V., par ex., Paris, 10 sept. 2009, *RG 08/12849*). Ainsi en avait déjà jugé la Cour de cassation (Com. 15 oct. 2002 : *cité note 34 ss. anc. art. L. 621-32*).

Reste à préciser le classement dans l'hypothèse de liquidation judiciaire consécutive à une période d'observation de sauvegarde ou de redressement judiciaire : dans ce cas, il résulte de l'article L. 641-13, I (et cela ne paraît pas avoir changé avec le remaniement textuel opéré par l'ordonnance de 2008), qu'aucune importance n'est attachée à la procédure au cours de laquelle les créances sont nées. Ainsi, par exemple, pour le classement interne du III (du I de l'art. L. 643-8, depuis l'Ord. du 15 sept. 2021), dans la procédure de liquidation judiciaire, viennent à égalité toutes les créances [de onzième rang (11°)], nées durant la liquidation judiciaire ou durant la période d'observation qui l'a précédée (F. Pérochon, Les créanciers postérieurs et la réforme du 26 juillet 2005, *Gaz. Pal. 7-8 sept. 2005, p. 57, n° 54*).

B. APPORTS DE L'ORDONNANCE DU 18 DÉCEMBRE 2008

L'ancien 4° du III de l'article L. 622-17 a été supprimé par l'ordonnance du 18 décembre 2008. Il ne s'agit que d'un toilettage. Étaient, en effet, visées là « les sommes dues dont le montant a été avancé en application du 3° de l'article L. 143-11-1 ». Or, par définition, ce 3° ne concernait que le cas où le tribunal prononce la liquidation judiciaire. Aussi ce rang est-il logiquement maintenu, en revanche, au III de l'article L. 641-13.

C. INCIDENCE DE L'ORDONNANCE DU 20 MAI 2020

Quant à l'incidence, dans le classement, du privilège accordé, dans le cadre de la crise sanitaire du covid-19, par l'ordonnance n° 2020-596 du 20 mai 2020, aux apporteurs en trésorerie soit lors de la période d'observation, soit dans le cadre du plan de sauvegarde ou de redressement, voir le commentaire (IV) sous l'article L. 621-3.

D. APPORTS DE L'ORDONNANCE DU 15 SEPTEMBRE 2021

Par une mesure pérennisant, en quelque sorte, l'instauration, à titre temporaire, le temps de la pandémie de covid-19, d'un privilège pour les apporteurs en trésorerie, par l'ordonnance du 20 mai 2020 (V. C ci-dessus et comm. (IV) ss. art. L. 621-3), l'ordonnance du 15 septembre 2021 institue en créances privilégiées de deuxième rang, juste après les créances salariales, les créances résultant d'un nouvel apport de trésorerie consenti en vue d'assurer la poursuite d'activité pour la durée de la procédure (sur la nécessaire exclusion implicite des apports en capital, V. N. Borga et J. Théron, Ordonnance du 15 septembre 2021 réformant le droit des entreprises en difficulté, un tournant ?, *D. 2021. 1773* ; sur la nécessaire inclusion du financement des immobilisations, V. P. Pétel, Les sûretés dans l'ordonnance modifiant le livre VI du code de commerce, *RPC 2021. Dossier 10, n° 17*).

Ces apports de trésorerie sont autorisés par le juge-commissaire, dans les mêmes conditions que les prêts qui étaient auparavant classés au 2° du III des articles L. 622-17 et L. 641-13, auxquels ils se substituent. Ce privilège bénéficie pareillement aux créances résultant d'un apport de trésorerie correspondant à un engagement mentionné dans le projet de plan, arrêté (art. L. 626-2 et L. 626-10) ou modifié (art. L. 626-26) par le tribunal. En présence de classes de parties affectées constituées, celles-ci seront amenées à se prononcer sur ce dernier apport de trésorerie.

Du fait du rang accordé à ces nouvelles créances privilégiées, les créances résultant de l'exécution des contrats poursuivis, dont le cocontractant accepte de recevoir un paiement différé, se trouvent primées, rétrogradant au troisième rang, alors qu'auparavant elles figuraient au deuxième rang au même niveau que les prêts, auxquels les apports de trésorerie se sont substitués.

VIII. DÉCHÉANCE DE LA PRIORITÉ

Autre forme d'encadrement de ces créanciers de la procédure : les créances impayées perdent leur rang prioritaire faute d'être portées à la connaissance, en cas de sauvegarde ou de redressement judiciaire, de l'administrateur et, à défaut, du mandataire judiciaire ou, lorsque ces organes ont cessé leurs fonctions, du commissaire à l'exécution du plan ou du liquidateur, dans le délai d'un an à compter de la fin de la période d'observation.

A. PORTÉE DE LA DÉCHÉANCE

Cette déchéance ou « péremption de privilège » rend le privilège de procédure inopposable, ce qui, bien que la loi soit muette sur les conséquences, pourrait, *a priori*, conduire à assimiler la créance à une créance antérieure, par hypothèse non déclarée, donc écartée des répartitions et dividendes (Comp. : P.-M. Le Corre, Droit et pratique des procédures collectives, *Dalloz Action, 2023/2024, 456.191*). Mais sans doute serait-il plus juste de considérer qu'il s'agit d'un créancier postérieur quand même, dont la créance, par hypothèse, remplissait les conditions de l'article L. 622-17, I, et qu'il conserve donc le droit de poursuite individuelle, bien qu'il n'ait, par hypothèse, pas fait usage du droit d'être payé à l'échéance (V. Ph. Pétel, Les créanciers postérieurs, *RPC 2006. 142, n°s 31 s.*). Cette analyse a été confirmée par la petite retouche rédactionnelle opérée par l'ordonnance de 2008, qui ne dit plus que les créances impayées perdent « le privilège que leur confère le présent article », mais qu'elles perdent « le privilège que leur confère le II du présent article ». En cas d'adoption d'un plan de sauvegarde ou de redressement, certains auteurs estiment que ce créancier pourrait tenter le recouvrement de sa créance, sauf prescription ou forclusion (P.-M. Le Corre et E. Le Corre-Broly, Droit des entreprises en difficulté, *2e éd., Sirey, 2006, n° 224*).

Notons cette importante exception apportée par l'ordonnance du 15 septembre 2021, mais uniquement en liquidation judiciaire, la retouche, effectuée à l'article L. 641-13, n'ayant pas affecté l'article L. 622-17, qui soustrait à la sanction de la déchéance les frais et dépens de la procédure, pour les procédures ouvertes à compter du 1er octobre 2021.

B. MODALITÉS DE L'INFORMATION

Aucun formalisme n'est requis pour cette « information », mais, bien entendu, la forme recommandée avec accusé de réception s'impose pour des raisons de preuve. Le créancier devra, en pratique, notamment préciser la date de naissance et la nature de la créance.

Il convient de noter la simplification apportée par l'ordonnance du 18 décembre 2008 quant aux destinataires de l'information. La loi du 26 juillet 2005, en effet, avait prévu une double information, du mandataire judiciaire et de l'administrateur, formalité inutilement lourde et qui risquait, de surcroît, d'être génératrice de contentieux et d'incertitude quant à la sanction, notamment dans l'hypothèse où le créancier n'informerait dans le délai que l'une des personnes visées par le texte (P.-M. Le Corre, La situation générale du débiteur et des créanciers dans l'avant-projet de réforme des entreprises en difficulté, *Gaz. Pal. 10-11 déc. 2003, p. 25, 2e partie, n° 35*). Un auteur avait d'ailleurs déjà suggéré, à cet égard, que l'information soit limitée à un seul des organes visés – le mandataire judiciaire ou l'administrateur – au lieu des deux, comme le voulait le texte adopté par le Parlement (F. Pérochon, Le sort des créanciers antérieurs, *préc., p. 17, n° 44, note 74*). Il avait aussi été avancé que les mandataires pourraient, en fin de période d'observation, faire le point des informations reçues par chacun ; dans ce cas, le fait que l'un porte à la connaissance de l'autre les créances dont il a été informé suffirait à compléter, le cas échéant, la démarche du créancier qui n'aurait informé qu'un des deux organes (P. Pétel et J.-L Brénac, Les créances de procédure, *RPC 2008. Dossier 7, p. 104, n° 9*).

L'information est aujourd'hui limitée à un seul destinataire, en sauvegarde et redressement judiciaire (V. ci-dessus), comme en liquidation judiciaire (V. ci-dessous).

Le texte est adapté par l'article L. 641-13, IV, en cas de liquidation judiciaire. L'information doit, désormais, alors être adressée à l'administrateur, lorsqu'il en a été désigné un, ou au liquidateur. Quant au délai, il est là, au maximum, de : « six mois à compter de la publication du jugement ouvrant ou prononçant la liquidation ou, à défaut, dans le délai d'un an à compter de celle du jugement arrêtant le plan de cession » (ce qui était déjà prévu avant 2008, l'ordonnance ayant seulement précisé que ce délai est un maximum, ce qui allait déjà de soi).

En cas de naissance de la créance après l'écoulement de ce délai, il a été suggéré que le créancier devrait alors pouvoir invoquer l'adage « *Contra non valentem...* » ; étant ajouté que, de toute manière, comme le créancier doit toujours, par définition, être payé à l'échéance, si le mandataire engageait une dépense pour les besoins de la procédure plus d'un an après la fin de la période d'observation, il lui appartiendrait, sous sa responsabilité, d'honorer sa dette (F. Pérochon, Le sort des créanciers antérieurs, colloque CRAJEFE du 27 mars 2004, *LPA 10 juin 2004, p. 17, n° 48* ; Les créanciers postérieurs et la réforme du 26 juillet 2005, *Gaz. Pal. 7-8 sept. 2005, p. 57, n° 62*). Ce même auteur estime aussi qu'en cas de chevauchement des hypothèses (c'est-à-dire en cas de liquidation judiciaire prononcée à l'issue de la période d'observation), le délai le plus long doit être retenu. Selon une autre approche, plus exégétique, de toute manière, la sanction par la « perte » du privilège, ne pouvant concerner qu'un privilège déjà né, ne saurait, par définition, frapper que les créances de la procédure existant à cette date, et non des créances à naître (P. Pétel et J.-L Brénac, Les créances de procédure, *RPC 2008. Dossier 7, n° 11*).

La situation, telle que résumée par le professeur Pierre-Michel Le Corre, aboutirait alors à considérer l'information accomplie :

– si la créance postérieure de la période d'observation est « déclarée » pendant la période d'observation, entre les mains de l'administrateur et, à défaut, du mandataire judiciaire ;

– si la créance postérieure de la période d'observation est « déclarée » entre les mains du liquidateur dans l'année de l'expiration de la période d'observation (art. L. 622-17, I) ; cette hypothèse semblait permettre d'englober le cas du plan de cession arrêté à l'issue de la période d'observation ;

– si la créance postérieure de la liquidation judiciaire est « déclarée » dans les six mois qui suivent la publication judiciaire au BODACC du jugement prononçant la liquidation (art. L. 641-13, IV), sauf en cas d'arrêté d'un plan de cession en liquidation judiciaire ; en cette hypothèse, la créance peut être « déclarée », entre les mains du liquidateur, dans l'année qui suit l'arrêté d'un plan de cession (P.-M. Le Corre, Droit et pratique des procédures collectives, *Dalloz Action, 2023/2024, 456.164* ; V. aussi P. Roussel Galle, Réforme du droit des entreprises en difficulté, *Litec, 2e éd., 2007, n° 474*).

Cette analyse reste valable après l'ordonnance de 2008, celle-ci n'étant finalement (contrairement à ce que prévoyait l'avant-projet) pas intervenue sur ce point (V., le regrettant, P. Pétel, Le nouveau droit des entreprises en difficulté : acte II, *JCP E 2009. 1049, n° 35*).

Les articles R. 622-15 et R. 641-39, issus des articles 90 et 250 du décret du 28 décembre 2005, et modifiés par les décrets de 2009 et de 2014, prévoient l'établissement (sans fixer de délai) d'une liste des créances mentionnées au I de l'article L. 622-17 ou au I de l'article L. 641-13, portées à la connaissance de l'administrateur, lorsqu'il en a été désigné, ou du liquidateur. Cette liste est déposée au greffe, dans les conditions prévues par ces articles. Tout intéressé (en pratique, les créanciers antérieurs ayant déclaré leur créance et les créanciers postérieurs figurant sur la liste) peut contester cette liste devant le juge-commissaire, dans un délai d'un mois à compter de la publication au BODACC. Tout comme l'ancienne liste des « créances de l'article 40 », cette liste ne devrait se voir reconnaître qu'une valeur indicative (V. note ss. art. 62-1 du Décr. du 27 déc. 1985). Ce qu'a confirmé la Cour de cassation, jugeant que l'absence d'inscription d'une créance sur cette liste des créances postérieures, qui n'est sanctionnée que par la perte du privilège du paiement prioritaire, est sans effet sur le droit de poursuite du créancier devant la juridiction de droit commun, lorsque sa créance répond aux conditions de l'article L. 622-17 (V. Com. 28 juin 2016 : *cité note 1 ss. art. R. 622-15*).

Notons encore que, bien que, à la différence des anciens articles 62-1 et 121-1 du décret de 1985, les articles R. 622-15 et R. 641-39 prévoient, de nouveau (comme avant 1994), la possibilité d'une contestation de la liste dans un délai d'un mois, la solution posée par la Cour de cassation le 4 octobre 2005 (V. note ss. art. 62-1 préc.) ne trouvera sans doute plus matière à s'appliquer directement, aucune mention de ce délai n'étant prévue dans l'insertion au BODACC. Les créances rejetées de cette liste sont réputées avoir été déclarées dans les conditions de l'article L. 622-24, mais on peut penser que cette règle ne vaut que si la créance n'est pas éligible au privilège de procédure et non dans l'hypothèse, par exemple, où la créance ne serait pas fondée ou pas née régulièrement, ou encore abusivement présentée comme née postérieurement alors qu'elle est née antérieurement et que le créancier est forclos (P. Roussel Galle, Réforme du droit des entreprises en difficulté, *Litec, 2e éd., 2007, n° 476*). La cour d'appel de Versailles a jugé que l'appréciation du bénéfice des dispositions de l'article L. 622-17 conférant à cette créance un privilège mais également une dispense de déclaration au passif relève de la compétence et des pouvoirs du juge-commissaire, saisi sur recours contre la liste « établie/complétée » (Versailles, 21 oct. 2010 : *cité note 23*). Il devrait en résulter, le cas échéant, une dispense de déclaration pour le créancier non inscrit sur la liste et dont le recours est rejeté par le juge-commissaire (P. Roussel Galle, *DP diff. entr., Veille permanente, 11 janv. 2011*).

C. CRÉANCE DÉCLARÉE POUR LE COMPTE DU DÉBITEUR

L'ordonnance du 12 mars 2014 est venue préciser que, lorsque l'information relative aux créances impayées porte sur une créance déclarée pour le compte du créancier en application de l'article L. 622-24, elle rend caduque cette déclaration si le juge n'a pas statué sur l'admission de la créance. Il s'agit là d'éviter que le débiteur, en déclarant, par erreur ou non, une créance postérieure privilégiée non payée, entraîne, en cas de décision d'admission de celle-ci, dégradation de cette créance en créance antérieure, en raison de l'autorité de chose jugée attachée à la décision d'admission, selon la jurisprudence de la Cour de cassation (Com. 3 mai 2011 : *RPC 2012, n° 3, obs. P. Cagnoli*).

1. Notion de créance postérieure privilégiée. Ayant relevé que la créance litigieuse était liée à la révocation de l'intéressé de ses fonctions de directeur général de la société débitrice, ce dont il résultait qu'il s'agissait d'une créance d'indemnité de résiliation d'un contrat en cours, une cour d'appel, qui n'avait pas à rechercher si cette résiliation était nécessaire à la poursuite de l'activité de la société, en a exactement déduit que cette créance étant exclue, par l'art. L. 622-17, III, 2°, du bénéfice des dispositions de ce texte, devait être déclarée en application des art. L. 622-24 et L. 631-14. • Com. 12 juill. 2016, n° 14-23.668 P : *D. 2016. Actu. 1644 ; Rev. sociétés 2016. 549, obs. Henry ; RTD com. 2016. 849, obs. Martin-Serf ; APC 2016, n° 219, obs. Pagnucco ; RJDA 2016, n° 708 ; Gaz. Pal. 18 oct. 2016, p. 54, obs. Boustani ; RTDF 2016, n° 3, p. 123, obs. Brignon ; BJE 2016. 423, note Cerati-Gauthier ; Dr. sociétés 2016, n° 215, note Legros ; RPC 2017, n° 144, obs. Houin-Bressand.* ♦ Comp., ayant retenu que la créance d'indemnités de rupture d'un contrat, n'étant pas née pour les besoins du déroulement de la procédure ou en contrepartie d'une prestation, est soumise aux dispositions de l'art. L. 622-24 : • Com. 5 oct. 2010 : *D. 2010. Actu. 2428, obs. Lienhard ; D. 2011. Pan. 2081, obs. Le Corre ; RTD com. 2011. 173, obs. Martin-Serf ; Gaz. Pal. 7-8 janv. 2011, p. 28, obs. Henry ; RPC 2011, n° 7, obs. Roussel Galle ; BJE 2011. 25, note Macorig-Venier ; RJDA 2011, n° 257.*

2. La créance de l'impôt sur le revenu des personnes physiques a pour fait générateur l'expiration de l'année civile de perception ; seule la partie postérieure au jugement d'ouverture est une créance postérieure née pour les besoins de la période d'observation, éligible au paiement à l'échéance et au privilège de procédure. • TGI Toulouse, 2 mars 2009 : *Gaz. Pal. 1er-3 nov. 2009, p. 15, obs. Henry.*

3. Il résulte de la combinaison des art. L. 622-17, I, C. com. et 38 CGI que, lorsque la clôture de l'exercice fiscal, qui, seule permet de déterminer le bénéfice net imposable, est postérieure au jugement d'ouverture de la procédure collective, le paiement de l'impôt sur les sociétés constitue pour les entreprises qui y sont assujetties une obligation légale inhérente à l'activité poursuivie après le jugement d'ouverture donnant naissance à une créance éligible aux dispositions du premier texte. • Com. 18 mai 2022, n° 20-21.852 B : *D. 2022. Actu. 990 ; Rev. sociétés 2022. 514, obs. Reille ; RTD com. 2022. 648, obs. Martin-Serf ; JCP E 2022. 1313, note Papagiannoulas ; LEDEN 6/2022. 3, obs. Pelletier ; APC 2022, n° 163, obs. Coquelet ; RJDA 2022, n° 495 ; Gaz. Pal. 27 sept. 2022, p. 45, obs. Vallens.*

4. Lorsque leur fait générateur se situe après le jugement d'ouverture de la procédure collective, la taxe d'apprentissage et la participation des employeurs à la formation professionnelle entrent dans les prévisions de l'art. L. 622-17. • Com. 22 févr. 2017, n° 15-17.166 P : *D. 2017. Actu. 452 ; RTD com. 2017. 995, obs. Martin-Serf ; JCP E 2017. 1341, note Lebel ; DP diff. entr., Bull. n° 390, obs. Rémery ; APC 2017, n° 99, obs. Vabres ; LEDEN 4/2017. 3, obs. Berthelot ; RJDA 2017, n° 352 ; Journ. sociétés 4/2017. 68, obs. Cerati-Gauthier ; BJE 2017. 204, note Dedeurwaerder ; Gaz. Pal. 27 juin 2017, p. 47, obs. Boustani ; RPC 2017, n° 146, obs. Saint-Alary-Houin.* ♦ Le fait générateur de ces créances fiscales se situe à la date à laquelle expire le délai qui est imparti aux employeurs pour procéder aux dépenses et investissements libératoires prévus par la loi, soit le 31 déc. de l'année considérée. • Même arrêt.

5. La cotisation foncière des entreprises constitue, pour celles qui y sont assujetties, une obligation légale et est inhérente à l'activité poursuivie après le jugement d'ouverture et entre, en conséquence, dans les prévisions de l'art. L. 622-17. • Com. 24 mars 2021, n° 20-13.832 P : *D. 2021. Pan. 1741, obs. F.-X. Lucas ; Rev. sociétés 2021. 403, obs. Reille ; RTD com. 2021. 434, obs. Martin-Serf ; JCP E 2021. 1424, n° 22, obs. Tehrani ; APC 2021, n° 100, obs. Petit ; LEDEN 5/2021. 6, obs. Sahel ; BJE 7-8/2021. 25, note Dedeurwaerder ; RPC 2021, n° 107, obs. Vabres ; RJDA 2021, n° 678.*

6. La contribution sociale de solidarité et la contribution additionnelle constituent pour les sociétés assujetties une obligation légale prévue par les art. L. 651-1 et L. 245-13 CSS et les créances en résultant, qui sont inhérentes à l'activité de la société, entrent dans les prévisions de l'art. L. 622-17 C. com. pour l'activité poursuivie postérieurement à l'ouverture de la procédure collective. • Com. 15 juin 2011, n° 10-18.726 P : *D. 2011.*

Chron. C. cass. 2691, obs. Guillou ; *ibid. Actu. 1677, obs. Lienhard* ; *RTD com. 2011. 640, obs. Martin-Serf* ; *JCP E 2011. 1596, n° 12, obs. Pétel* ; *LEDEN 7/2011. 4, obs. Mouial-Bassilana* ; *APC 2011, n° 209, obs. Monsèrié-Bon* ; *Gaz. Pal. 7-8 oct. 2011, p. 23, obs. Henry*; *BJE 2011. 312, note Benilsi* ; *RJDA 2011, n° 941*. ♦ Dans le même sens, pour des cotisations d'assurance chômage dues au titre de trimestres postérieurs à l'ouverture de la procédure collective, V. • Com. 17 sept. 2013 : *BJE 2013. 379, note Reille* ; *Journ. sociétés 3/2014. 47, obs. Cazajus*.

7. Le paiement des cotisations d'assurance maladie et maternité des avocats est une obligation légale qui, étant inhérente à l'exercice professionnel, entre dans les prévisions de l'art. L. 622-17 C. com. lorsque cet exercice perdure après l'ouverture de la procédure collective. • Civ. 2e, 16 sept. 2010 : *D. 2011. Pan. 2080, obs. Le Corre* ; *RTD com. 2011. 640, obs. Martin-Serf* ; *JCP E 2011. 1030, n° 11, obs. Pétel*; *RPC 2012, n° 49, obs. Saint-Alary-Houin*. ♦ Le fait générateur de la créance des cotisations perçues par la Caisse nationale des barreaux français est l'existence de l'inscription de l'avocat à une date donnée, de sorte que, pour ceux d'entre eux qui étaient inscrits au 1er janv., la créance naît à cette date pour l'année entière, sans avoir à distinguer entre les périodes antérieure et postérieure à l'ouverture de leur procédure collective. • Com. 3 juill. 2012, n° 11-22.922 P : *D. 2012. Pan. 2205, obs. Le Corre* ; *RTD com. 2013. 139, obs. Martin-Serf* ; *BJE 2012. 290, note Favario* ; *RJDA 2012, n° 875*.

8. La créance du bailleur relative aux travaux de remise en état n'est la contrepartie d'une prestation fournie au débiteur pendant la période d'observation, au sens des dispositions de l'art. L. 622-17, que si les dégradations qui lui sont reprochées ont été commises pendant cette période. • Com. 2 déc. 2014 : *D. 2014. Actu. 2518* ; *RTD com. 2015. 154, obs. Martin-Serf* ; *JCP E 2015. 1031, note Cerati-Gauthier* ; *ibid. 1204, n° 12, obs. Pétel* ; *APC 2015, n° 9, obs. Petit*; *LEDEN 2/2015. 4, obs. Pelletier*; *RJDA 2015, n° 203*; *BJE 2015. 101, note Rohart-Messager*; *Gaz. Pal. 1er-5 mai 2015, p. 25, obs. Boustani*; *RPC 2015, n° 115, obs. Saint-Alary-Houin*.

9. La créance de loyers postérieurs à la mise en liquidation judiciaire du débiteur constitue une créance utile payable à l'échéance, même en l'absence de poursuite d'activité, dès lors que le droit au bail constitue un élément essentiel du fonds de commerce pouvant être vendu par le liquidateur au titre des opérations de réalisation de l'actif. • Com. 18 mai 2022, n° 20-22.623 : *RTD com. 2022. 650, obs. Martin-Serf* ; *RJDA 2022, n° 496* ; *Gaz. Pal. 27 sept. 2022, p. 44, obs. Vallens*; *BJE 9-10/2022. 21, note Macorig-Venier*.

10. Une cour d'appel ne peut retenir que la créance née d'un sinistre survenu au cours de la période d'observation n'est pas une créance antérieure au sens de l'art. L. 622-24 et n'a pas à être déclarée, sans préciser si cette créance postérieure réunit ou non les conditions de son paiement à l'échéance. • Com. 17 oct. 2018, n° 17-17.672 P : *D. 2018. Actu. 2086* ; *RTD com. 2019. 215, obs. Martin-Serf* ; *RJDA 2018, n° 924* ; *Gaz. Pal. 15 janv. 2019, p. 63, obs. Vallens* ; *BJE 3-4/2019. 53, note Houssin* ; *RJ com. 2019. 275, obs. Garreau*.

11. La créance de dommages-intérêts née de la mauvaise exécution d'un contrat exécuté, pendant la période d'observation, par le débiteur, n'est pas une créance née en contrepartie d'une prestation au sens de l'art. L. 622-17. • Com. 10 mars 2021, n° 19-22.791 : *Rev. sociétés 2021. 401, obs. Reille* ; *RTD com. 2021. 927, obs. Martin-Serf* ; *Gaz. Pal. 13 juill. 2021, p. 54, obs. Vallens*; *RPC 2021, n° 62, obs. F. Legrand*; *BJE 9-10/2021. 28, note Jazottes*.

12. La créance relative au coût des travaux de reprise de malfaçons et de non-façons et à des pénalités de retard dues en application du contrat de construction exécuté par le débiteur après le jugement d'ouverture ne correspond pas à une contrepartie fournie au débiteur et ne peut donner lieu à condamnation en paiement. • Com. 18 juin 2013, n° 12-18.420 P : *D. 2013. Actu. 1617* ; *RTD com. 2013. 813, obs. Martin-Serf* ; *Rev. sociétés 2013. 524, obs. Henry* ; *JCP E 2013. 1434, n° 13, obs. Pétel* ; *RJDA 2013, n° 1034* ; *BJE 2013. 381, note Reille* ; *RPC 2015, n° 117, obs. Saint-Alary-Houin*.

13. La créance de restitution résultant de l'infirmation d'une décision de justice portant condamnation au profit du débiteur n'est pas née en contrepartie d'une prestation fournie à ce dernier et n'entre donc pas dans les prévisions de l'art. L. 622-17. • Com. 17 déc. 2013 : *RTD com. 2014. 691, obs. Martin-Serf* ; *APC 2014, n° 26, obs. Cagnoli* ; *JCP E 2014. 1173, n° 9, obs. Pétel* ; *RJDA 2014, n° 455* ; *Gaz. Pal. 29 juin-1er juill. 2014, p. 24, obs. Boustani*. ♦ Sur la date de naissance de la créance de restitution née d'un arrêt de cassation, V. note 3 ss. art. L. 622-7.

14. Il résulte des art. L. 622-17, L. 622-21, L. 641-3 et L. 641-13 que lorsqu'un contrat conclu avant l'ouverture de la procédure collective est résolu, après l'ouverture de cette procédure, pour inexécution d'une obligation autre qu'une obligation de payer une somme d'argent, la créance de restitution, bien que née postérieurement à l'ouverture de la procédure collective, ne peut bénéficier du traitement préférentiel prévu par ces dispositions, faute d'être née pour les besoins du déroulement de la procédure ou de la période d'observation ou en contrepartie d'une prestation fournie au débiteur pendant cette période. • Com. 15 juin 2022, n° 21-10.802 B : *D. 2022. Actu. 1149* ; *RTD com. 2023. 217, obs. Martin-Serf* ; *JCP E 2022. 1370, n° 9, obs. Pétel* ; *APC 2022, n° 199, obs. Lafaurie* ; *RJDA 2022, n° 647* ; *RPC 2023, n° 25, obs. Macorig-Venier*.

15. La créance de restitution née de la décision d'annulation d'une transaction non autorisée par le juge-commissaire, distincte de celle qui résulterait de l'exécution de la convention annulée, ne constitue pas une créance postérieure née régulièrement. • Com. 13 sept. 2023, n° 22-13.701 : *RTD com. 2024. 169, obs. Martin-Serf ; RJDA 2024, n° 116.*

16. V. encore, écartant du bénéfice de l'art. L. 622-17, I, la créance de restitution d'une société d'affacturage née du paiement par le débiteur cédé d'une créance entre les mains du cédant en liquidation judiciaire, • Com. 4 juin 2013, n° 12-14.561 : *RTD com. 2013. 814, obs. Martin-Serf ; LEDEN 10/2013. 4, obs. Rubellin ; BJE 2013. 289, note Borga, Err. 346 ; RDBF 2013, n° 208, obs. Houin-Bressand.*

17. Pour relever du traitement préférentiel prévu à l'art. L. 622-17, une créance de frais irrépétibles doit non seulement être postérieure au jugement d'ouverture, mais aussi respecter les autres critères fixés par ce texte. • Com. 2 déc. 2014 : *D. 2014. Actu. 2518 ; RTD com. 2015. 155, obs. Martin-Serf ; RJDA 2015, n° 292.* ♦ V. aussi note 3 ss. anc. art. L. 641-13.

18. Viole l'art. L. 622-17 la cour d'appel qui exclut par principe que la créance d'honoraires de l'avocat du débiteur assistant celui-ci dans l'exercice de ses droits propres puisse naître pour les besoins du déroulement de la procédure. • Com. 1er déc. 2015, n° 14-20.668 P : *D. 2015. Actu. 2558, obs. Lienhard ; D. 2016. Pan. 1899, obs. F.-X. Lucas ; Rev. sociétés 2016. 396, obs. Roussel Galle ; RTD com. 2016. 203, obs. Martin-Serf ; JCP E 2016. 1058, note Stefania ; ibid. 1198, n° 16, obs. Pétel ; LEDEN 1/2016. 3, obs. Favario ; BJE 2016. 102, note Benilsi ; Gaz. Pal. 12 avr. 2016, p. 63, obs. Boustani ; Dr. et patr. juill.-août 2016. 87, obs. Monsèrié-Bon ; RJDA 2016, n° 630.* ♦ L'exercice du droit propre du débiteur à relever appel du jugement arrêtant le plan de cession de son entreprise échappe, par principe, puisqu'il peut exercer seul un tel droit, à la répartition des pouvoirs entre le débiteur et les organes de sa procédure collective ; il en résulte que la créance d'honoraires de l'avocat du débiteur assistant celui-ci dans l'exercice de ses droits propres est toujours née régulièrement. • Com. 7 oct. 2020, n° 19-12.996 P : *D. 2021. Pan. 1741, obs. F.-X. Lucas ; Rev. sociétés 2020. 714, obs. Reille ; RTD com. 2021. 196, obs. Martin-Serf ; JCP E 2020. 1535, n° 19, obs. Tehrani ; LEDEN 11/2020. 4, obs. Minet ; RPC 2020, n° 146, obs. Saint-Alary-Houin ; RJDA 2021, n° 36 ; BJE 3-4/2021. 29, note Jazottes.* ♦ La cour d'appel, qui a indiqué précisément le montant des honoraires correspondant à chacune des procédures menées par la société débitrice dans l'exercice de ses droits propres, a souverainement apprécié le caractère proportionné de la créance et sa conformité aux besoins de la procédure. • Même arrêt.

19. Pour l'exclusion du bénéfice de l'art. L. 622-17, I, d'une créance de dividende d'un associé de la société débitrice, V. • Com. 11 oct. 2016, n° 14-20.581 : *JCP E 2016. 1681, note Lebel ; RDBF 2017, n° 89, obs. Houin-Bressand.*

20. L'appréciation du caractère utile d'une créance doit se faire en considération de l'utilité potentielle de l'opération et non de son utilité réelle appréciée *a posteriori*. • Com. 9 mai 2018, n° 16-24.065 P : *cité note 22 ; RTD com. 2018. 1019, obs. Martin-Serf ; JCP E 2018. 1429, n° 15, obs. Tehrani ; RPC 2020, n° 150, obs. Saint-Alary-Houin.* ♦ Pour le caractère utile d'une créance de cotisations afférentes à la souscription, antérieurement au jugement d'ouverture, de « cartes-sociétés » ouvrant droit, pour le débiteur, à des services et avantages, peu important que celui-ci n'ait pas bénéficié de ces prestations après le jugement d'ouverture, V. • Com. 29 mai 2019, n° 17-31.501 : *RJDA 2019, n° 572 ; Gaz. Pal. 15 oct. 2019, p. 55, obs. Vallens ; RPC 2020, n° 151, obs. Houin-Bressand.*

21. Plan de redressement. Les créances nées après l'adoption d'un plan de redressement, qui met fin à la période d'observation, ne peuvent bénéficier du privilège de l'art. L. 622-17 lorsqu'elles sont déclarées et admises à la nouvelle procédure collective ouverte après la résolution du plan. • Com. 6 mars 2024, n° 22-23.993 B : *D. 2024. Actu. 476 ; RTD com. 2024. 427, obs. Martin-Serf ; JCP E 2024. 1287, n° 22, obs. Pétel ; RJDA 2024, n° 352 ; RPC 2024, n° 54, obs. Lafaurie ; BJE 7-8/2024. 38, note Poujade.*

22. Droit de poursuite individuelle. Un créancier dont la créance bénéficie du traitement préférentiel prévu à l'art. L. 622-17, I, C. com., qui a le droit d'être payé à l'échéance, peut, dans l'exercice de son droit de poursuite individuelle, obtenir un titre exécutoire et faire exécuter ce titre indépendamment de l'ordre dans lequel s'exercent les privilèges. • Com. 7 sept. 2010 : *D. 2011. Pan. 2081, obs. Le Corre ; LEDEN 10/2010. 2, obs. Mouial-Bassilana ; RJDA 2011, n° 60 ; BJE 2011. 23, note Macorig-Venier* • 9 mai 2018, n° 16-24.065 P : *D. 2018. Actu. 1005 ; RTD com. 2018. 777, obs. Martin-Serf ; JCP E 2018. 1544, note Lebel ; LEDEN 7/2018. 3, obs. Andreu ; Gaz. Pal. 10 juill. 2018, p. 55, obs. Vallens ; BJE 2018. 253, note Bonhomme ; RJDA 2018, n° 657 ; APC 2018, n° 155, obs. Petit ; RDBF 2018, n° 135, obs. Houin-Bressand.* ♦ Jurisprudence confirmée par l'art. L. 622-21, II, dans sa réd. issue de l'Ord. n° 2021-1193 du 15 sept. 2021.

23. Recours. L'appréciation du bénéfice des dispositions de l'art. L. 622-17 au profit d'une créance née entre le jugement de redressement judiciaire et le jugement de liquidation judiciaire, conférant à cette créance un privilège mais également une dispense de déclaration au passif telle que prévue par l'art. L. 622-24, en cas de discussion, relève de la compétence et des pouvoirs du juge commissaire saisi sur recours contre la liste établie/complétée par le liquidateur. • Versailles, 21 oct. 2010 : *D. 2011. Pan. 2082, obs. Le Corre ; RPC 2012, n° 52, obs. Saint-Alary-Houin.*

Art. L. 622-18 **Toute somme perçue par l'administrateur ou le mandataire judiciaire qui n'est pas portée sur les comptes bancaires ou postaux du débiteur, pour les besoins de la poursuite d'activité, doit être versée immédiatement en compte de dépôt à la Caisse des dépôts et consignations.**

En cas de retard, l'administrateur ou le mandataire judiciaire doit, pour les sommes qu'il n'a pas versées, un intérêt dont le taux est égal au taux de l'intérêt légal majoré de cinq points. – *[C. com., anc. art. L. 621-33.]*

V. art. R. 622-16.

Pour l'insaisissabilité des sommes déposées à la Caisse des dépôts et consignations, V. art. L. 662-1.

COMMENTAIRE

Dès lors qu'en sauvegarde, la mission de l'administrateur ne peut être qu'une mission de surveillance ou une mission d'assistance, il a été suggéré que ce texte ne puisse s'appliquer dans cette procédure (T. Montéran, Pour améliorer le droit des entreprises en difficulté, osons la réforme, *Gaz. Pal. 23-24 janv. 2008, p. 3, spéc. p. 7*). ❑

Art. L. 622-19 **Toute somme versée par l'association mentionnée à l'article L. 143-11-4** *[L. 3253-14]* **du code du travail en application des articles L. 143-11-1 à L. 143-11-3** *[L. 3253-6 et L. 3253-8 à L. 3253-13]* **du même code donne lieu à déclaration à l'administration fiscale.** – *V. ces textes, ss. art. L. 625-9.* – *[C. com., anc. art. L. 621-38.]* – *V. art. R. 622-17.*

Art. L. 622-20 *(L. n° 2005-845 du 26 juill. 2005, art. 34)* **« Le mandataire judiciaire désigné par le tribunal a seul qualité pour agir au nom et dans l'intérêt collectif des créanciers. Toutefois, en cas de carence du mandataire judiciaire, tout créancier nommé contrôleur peut agir dans cet intérêt dans des conditions fixées par décret en Conseil d'État. »** – *V. art. R. 622-18.*

(Ord. n° 2014-326 du 12 mars 2014, art. 25, en vigueur le 1er juill. 2014) **« Le mandataire judiciaire a qualité pour mettre en demeure un associé ou un actionnaire de verser les sommes restant dues sur le montant des parts et actions souscrites par lui. »** – *V. art. R. 624-17 et R. 624-18.*

Le mandataire judiciaire communique au juge-commissaire et au *(L. n° 2005-845 du 26 juill. 2005, art. 34)* **« ministère public » les observations qui lui sont transmises à tout moment de la procédure par les contrôleurs.**

Les sommes recouvrées *(L. n° 2005-845 du 26 juill. 2005, art. 34)* **« à l'issue des actions introduites par le mandataire judiciaire ou, à défaut, par le ou les créanciers nommés contrôleurs, » entrent dans le patrimoine du débiteur et sont affectées en cas de continuation de l'entreprise selon les modalités prévues pour l'apurement du passif.** – *[C. com., anc. art. L. 621-39.]*

BIBL. ▸ MARÉCHAL, *RPC 2014. Étude 10* (intérêt collectif des créanciers). – SABRINNI, *ibid. 2020. Étude 4* (l'intérêt collectif des créanciers, un piège pour la Cour de cassation).

COMMENTAIRE

I. MISSION DU MANDATAIRE JUDICIAIRE

La loi du 26 juillet 2005 a harmonisé le fondement textuel de la mission légale du représentant des créanciers, rebaptisé mandataire judiciaire (V. art. L. 621-4), avec les acquis jurisprudentiels. La référence à l' « intérêt collectif des créanciers », substituée à la notion d' « intérêt des créanciers » traduit ainsi dans l'article L. 622-20 l'esprit des décisions de principe de la Cour de cassation, notamment les arrêts des 16 mars 1993 (V. note 5) et 3 juin 1997 (V. note 1), par lesquels, respectivement, la chambre commerciale avait précisé que le représentant des créanciers ne pouvait agir que dans l'intérêt de tous les créanciers et que, symétriquement, aucun créancier n'était habilité à agir au nom de l'ensemble des créanciers. Dernière solution d'ailleurs remise en cause, d'une certaine manière, par la réforme. Désormais, le périmètre du monopole d'action du mandataire judiciaire, au nom de l'intérêt collectif des créanciers, est défini de façon plus fonctionnelle par la Cour de cassation au moyen du critère de l'action visant à la protection ou à la reconstitution du gage commun des créanciers (Com. 2 juin 2015 : *cité note 21*).

Cet article, conçu pour la sauvegarde (ce que certains avaient critiqué, qui avaient proposé sa suppression dans ce cas : T. Montéran, Pour améliorer le droit des entreprises en difficulté, osons la réforme, *Gaz. Pal. 23-24 janv. 2008, p. 3, spéc. p. 7*), est, bien sûr, également applicable en redressement judiciaire (V. art. L. 631-14).

II. RECOUVREMENT DE LA CRÉANCE D'APPORT DES ASSOCIÉS

L'ordonnance du 12 mars 2014 a posé comme nouvelle règle que « le jugement d'ouverture rend immédiatement exigible le montant non libéré du capital social » (art. L. 624-20). En conséquence de cette règle, l'article L. 622-20 attribue expressément qualité au mandataire judiciaire pour agir en recouvrement de cette créance sociale résultant des sommes restant dues sur le montant des parts et actions souscrites par les associés ou actionnaires. Cette précision allait presque de soi dès lors que cette action participe indéniablement de l'intérêt collectif des créanciers (à moins de considérer que, les associés pouvant également être créanciers de la société, le mandataire judiciaire n'agirait pas, ce faisant, dans l'intérêt de tous les créanciers – selon l'analyse de la Cour de cassation tendant à confondre les notions d'intérêt collectif et d'intérêt commun : V., à ce sujet, à propos de l'opposabilité à la procédure de la déclaration d'insaisissabilité, comm. ss. art. L. 642-18 –, auquel cas il était prudent de faire de cette action une action attitrée). Peut-être aussi l'hésitation était-elle possible du fait que, en l'absence de déchéance du terme opéré par le jugement d'ouverture (situation qui constituait la règle avant la réforme de 2014), c'était à l'administrateur, et non au mandataire judiciaire, qu'il revenait de se substituer au dirigeant pour appeler le non-versé. Mais il est cependant indéniable que cette nouvelle disposition comporte une connotation « coercitive », qui ne correspond pas forcément à l'esprit d'origine de la sauvegarde (V. G. Teboul, Le renforcement du rôle des créanciers dans le cadre de la nouvelle réforme du droit des entreprises en difficulté, 1re partie, *LPA 21 janv. 2014, p. 6*)

III. SUPPLÉANCE DU MANDATAIRE JUDICIAIRE EN CAS DE CARENCE

Le caractère absolu du monopole de défense de l'intérêt collectif des créanciers conféré au mandataire par la Cour de cassation, avant 2005, présentait d'évidents inconvénients, pointés par la doctrine, en cas d'inertie du mandataire. Les créanciers n'avaient alors d'autre recours qu'une éventuelle, et bien aléatoire, action en responsabilité contre leur représentant (V. note 30).

La réforme du 26 juillet 2005 y a remédié en autorisant, en cas de carence du mandataire judiciaire, tout créancier – contrôleur à représenter et défendre l'intérêt collectif des créanciers. Solution qui apparaît comme un bon compromis entre la conception « totalitaire » du monopole du mandataire et la reconnaissance de l'action *ut singuli* exercée par un créancier. Et que reprennent, plus spécialement, à propos de l'exercice des actions en prononcé d'une sanction patrimoniale ou d'une mesure de faillite personnelle, les articles L. 651-3 et L. 653-7, et l'article L. 654-17 s'agissant des constitutions de partie civile (en ce sens que, plus généralement, les contrôleurs pourraient déclencher l'action publique pour les autres infractions, selon les mêmes modalités, V. C. Souweine, Action civile et procédures collectives après la loi du 26 juillet 2005, *D. 2006. Chron. 501, n° 14* ✎). L'on avait craint que cette brèche ouverte dans le monopole d'action du mandataire judiciaire n'entraîne une recrudescence d'actions en nullités de la période suspecte, en comblement de passif ou d'actions en responsabilité contre des tiers, notamment des fournisseurs de crédit, voire d'actions en extension de la procédure pour confusion des patrimoines ou fictivité. Il était, du reste, concevable qu'un établissement de crédit contrôleur, poursuivi en soutien abusif, soit tenté d'agir en comblement de passif avec l'espoir que l'établissement d'une faute de gestion du dirigeant ayant contribué à la création du passif lui permette de bénéficier d'une condamnation *in solidum* qui réduira, *in fine*, sa contribution. Pour les endiguer, un auteur avait suggéré que l'initiative procédurale des contrôleurs soit subordonnée à une mise en demeure préalable d'avoir à agir du mandataire judiciaire demeurée sans effet durant quatre mois (T. Montéran, Observations sur l'avant-projet de loi de sauvegarde des entreprises, *Gaz. Pal. 10-11 déc. 2003, p. 2*). Telle est la voie empruntée par l'article 93 du décret du 28 décembre 2005, devenu l'article R. 622-18 qui, alors que l'article L. 622-20 ne le prévoyait pas (à la différence des art. L. 651-3 et L. 653-7), dispose que l'action d'un créancier nommé contrôleur, dans l'intérêt collectif des créanciers, n'est recevable qu'après une mise en demeure adressée au mandataire judiciaire par lettre recommandée avec demande d'avis de réception restée infructueuse pendant deux mois à compter de celle-ci. Afin d'éviter de tels débordements, les articles L. 651-3, L. 653-7 et L. 654-17 exigent, de surcroît, une initiative émanant de la majorité des créanciers-contrôleurs (certains regrettent que cette exigence n'ait pas été généralisée, tout en observant que la recevabilité de l'action suppose que celle-ci serve bien l'intérêt collectif : V. P. Cagnoli, La qualité pour agir, questions procédurales, *RPC 2006. 209, spéc. 210*).

Par ailleurs, un jugement, rendu à propos de la demande par un créancier contrôleur de la résiliation de son bail commercial et de la conversion du redressement judiciaire du débiteur en liquidation judiciaire, et révoquant le contrôleur de ses fonctions, a posé cette règle, conforme à l'esprit de la loi, selon laquelle les pouvoirs des créanciers contrôleurs « ne sauraient servir des actions tendant à assouvir un intérêt personnel de nature à hypothéquer les chances de redressement du débiteur et donc à nuire aux autres créanciers, ainsi qu'aux salariés de l'entreprise » (T. com. Valenciennes, 7 juin 2010 : *LEDEN 9/2010. 5, obs. Couard*).

Notons que l'article R. 622-18 est expressément rendu applicable au redressement judiciaire par l'article R. 631-20, mais non à la liquidation judiciaire, ce qui ne saurait être que l'expression d'un oubli sans conséquence sur la technique procédurale à adopter pour caractériser la carence du liquidateur dans l'engagement des actions tendant à la défense de l'intérêt collectif des créanciers.

Les textes laissent sans réponse plusieurs difficultés procédurales. Ainsi, si la mise en demeure faite par un ou plusieurs contrôleurs au mandataire judiciaire ou au liquidateur intervient juste avant l'expiration d'un délai de prescription, l'action pouvant donc se retrouver prescrite au moment où expirera le délai de deux mois. Faut-il alors autoriser le ou les contrôleurs à lancer l'assignation avant l'expiration du délai de deux mois pour éviter la prescription ? La réponse positive s'impose, sur le fondement de l'article 126 du code de procédure civile, dès lors que l'on analyse la sanction de l'assignation lancée par le contrôleur avant l'expiration du délai de deux mois comme une fin de non-recevoir pour défaut de qualité, qui, par hypothèse, aurait disparu au jour où le juge statue. La même solution s'appliquerait dans la situation voisine, dans laquelle un seul contrôleur aurait assigné en sanction, alors que deux contrôleurs au moins, agissant à la majorité doivent effectuer la mise en demeure (art. R. 651-4 et R. 653-2) : il suffirait alors qu'après l'assignation et avant que le juge ne statue un autre contrôleur intervienne volontairement à l'instance, afin que soit respectée la règle de la pluralité de contrôleurs agissant à la majorité (P.-M. Le Corre, Droit et pratique des procédures collectives, *Dalloz Action, 2023/2024, 612.251*). C'est cette logique qui a inspiré la solution adoptée par la Cour de cassation dans un arrêt du 24 mai 2018 (V. comm. [I, C] ss. art. L. 651-3).

Selon un autre auteur, l'écoulement du délai ne suffirait pas, à lui seul, à caractériser la carence du mandataire si l'intérêt collectif paraît justifier sa position. D'où la question du juge de la recevabilité de l'action d'un contrôleur. Il semble concevable que le juge-commissaire soit chargé d'assurer un débat entre le contrôleur et le mandataire pour apprécier la pertinence de l'action engagée, et arbitrer si nécessaire dans le cadre de ses pouvoirs. La carence du mandataire ne serait alors effective que si l'action envisagée paraissait utile à l'intérêt des créanciers. Sinon le contrôleur engagerait sous sa propre responsabilité l'action qu'il juge nécessaire, réservant au tribunal saisi le soin de juger de sa recevabilité. Notons ici cette jurisprudence de cours d'appel considérant comme insurmontable le refus du mandataire de diligenter une action lorsqu'il répond dans le délai de deux mois (Colmar, 8 nov. 2011, n° 10/05697 ; Rouen, 28 mai 2009, n° 07/04900, cités par R. Dammann, Réforme de la loi de sauvegarde : vers un renforcement du rôle des contrôleurs ?, *BJE 2014. 74*).

Le droit d'agir reconnu aux contrôleurs doit logiquement impliquer celui également de former un recours. De sorte que le contrôleur, alors même qu'il n'aura pas pris l'initiative d'une action, disposera du droit d'exercer un recours, si le mandataire choisit de ne pas l'exercer. Cependant, dans le cas où le tribunal aurait rejeté la demande d'un mandataire, se posera le problème de la combinaison des délais de recours avec le délai de deux mois pour constater la carence du mandataire. Toujours selon le même auteur, il convient d'admettre que les contrôleurs puissent exercer un recours au moins à titre conservatoire, les délais de recours n'étant pas suspendus, avant d'avoir pu faire constater la carence du mandataire (J.-L. Vallens, Les voies de recours dans la loi de sauvegarde des entreprises, *RTD com. 2006. 219, spéc. 222* ; V. aussi, en faveur du droit d'exercer les voies de recours, justifié par l'analyse du droit d'agir comme une action en substitution, non comme une action subsidiaire mais concurrente, qui confère aux contrôleurs la qualité de partie, O. Staes, Aspects procéduraux de la réforme des difficultés des entreprises, *Dr. et patr. 3/2006. 60, spéc. 70*). En revanche, le contrôleur ne pouvant agir dans l'intérêt collectif des créanciers qu'en cas de carence du mandataire judiciaire ou du liquidateur, il n'a pas qualité pour former, sur le fondement de l'article R. 621-21, un recours contre une ordonnance rendue, à la demande du mandataire judiciaire ou du liquidateur, par le juge-commissaire (Com. 30 janv. 2019 : *cité note 3*).

Cette qualité à agir subsidiairement pour assurer la défense de l'intérêt collectif des créanciers confère au contrôleur les attributs d'un organe de la procédure, sans toutefois l'élever à ce rang ; il s'agit, en somme, d'une sorte d' « organe subsidiaire » (P.-M. Le Corre, La situation générale du débiteur et des créanciers dans l'avant-projet de réforme des entreprises en difficulté, *Gaz. Pal. 10-11 déc. 2003, 2e partie, p. 25, no 38* ; P. Roussel Galle, Les contrôleurs, gardiens de l'intérêt collectif, *Gaz. Pal. 9-10 sept. 2005, p. 3, no 18*).

Ce droit d'action subsidiaire peut-il se lire aussi comme une obligation ? Autrement dit : un contrôleur est-il susceptible de se voir mis en demeure d'agir et, à défaut, d'engager sa responsabilité civile ? La réponse serait négative si l'on part du principe que la véritable carence est imputable au mandataire, le contrôleur ne disposant que d'une faculté de suppléer ce dernier dans l'intérêt collectif des créanciers (en ce sens : P.-M. Le Corre, Les créanciers antérieurs dans le projet de sauvegarde des entreprises, colloque CRAJEFE du 27 mars 2004, *LPA 10 juin 2004, p. 25, no 23* ; E. Jouffin, Le sort des créanciers antérieurs dans la loi de sauvegarde, *Journ. sociétés, sept. 2005, p. 37, spéc. p. 48*). Reste peut-être le cas de faute lourde, prévue de manière générale par l'article L. 621-10, auquel pourraient correspondre des actions dilatoires ou abusives (P. Roussel Galle, Les contrôleurs, gardiens de l'intérêt collectif, *préc., p. 3, no 24*), mais, même dans ce cas, une éventuelle condamnation ne pèserait que sur les contrôleurs qui ont décidé d'agir, à l'exception de ceux qui se seraient désistés en cours d'instance (P. Le Cannu, La responsabilité civile des dirigeants de personne morale après la loi de sauvegarde des entreprises du 26 juillet 2005, *Rev. sociétés 2005. 743, no 10*).

Dernière question pratique : *quid* des frais de poursuite ? Tout pousse à croire qu'ils sont à la charge du contrôleur. On note à ce sujet que l'article L. 654-19 ne vise pas ce dernier au titre des frais de poursuite supportés par le Trésor public en cas de relaxe. Dans les autres hypothèses, comme le précise l'article L. 622-20, les sommes recouvrées entrent dans le patrimoine du débiteur, ce qui permettrait un remboursement du contrôleur. Mais, en cas d'échec, sans doute est-ce le contrôleur qui supporte finalement le risque de l'action (P. Roussel Galle, Les contrôleurs, gardiens de l'intérêt collectif, *préc., p. 3, no 27*). L'ordonnance du 18 décembre 2008 a cependant amélioré le sort des contrôleurs sur un point, à cet égard : en cas d'action en responsabilité pour insuffisance d'actif, l'article L. 651-3 prévoyant désormais que « les dépens et frais irrépétibles auxquels a été condamné le dirigeant sont payés par priorité sur les sommes versées pour combler le passif ».

IV. SORT DES SOMMES RECOUVRÉES

Par un important arrêt de revirement, la Cour de cassation a abandonné la solution qu'elle avait posée en 1995 (Com. 28 mars 1995 : *cité note 14*), et reconduite régulièrement depuis (V. Com. 7 avr. 2009 : *ibid.*), malgré les sévères critiques dont elle était l'objet, qui appliquait la répartition au marc le franc, en cas de cession ou de liquidation, aux sommes recouvrées à la suite des actions engagées par le mandataire judiciaire. Désormais, faute de support textuel lui permettant d'étendre au-delà de son champ la règle dérogatoire prévue par l'article L. 651-2 pour l'action en comblement de l'insuffisance d'actif, la chambre commerciale applique la règle de droit commun posée par l'article L. 643-8, et procède à une répartition en tenant compte du rang des créanciers (Com. 11 juin 2014 : *cité ss. art. L. 643-8*). ❑

1. *Monopole.* Seul le représentant des créanciers, dont les attributions sont ensuite dévolues au liquidateur, ayant qualité pour agir au nom et dans l'intérêt collectif des créanciers, un associé ou un créancier ne sont pas recevables à agir au nom des créanciers (s'agissant de la réparation du préjudice résultant de l'aggravation du passif). • Com. 3 juin 1997, no 95-15.681 P : *D. 1997.*

517, note Derrida ; D. Affaires 1997. 833 ; JCP E 1997. II. 988, note Béhar-Touchais ; Rev. dr. bancaire 1997. 175, obs. Campana et Calendini ; JCP E 1998. n° 1-2, p. 33, obs. Cabrillac ; RPC 1998. 113, obs. Martin-Serf. ♦ Il ne saurait être soutenu que tout créancier peut exercer *ut singuli* cette action dès lors que le représentant des créanciers n'a pas exercé les pouvoirs qu'il tient de l'art. 46 [C. com., art. L. 622-20]. • Même arrêt. ♦ Seul le représentant des créanciers, dont les attributions sont ensuite dévolues au liquidateur, ayant qualité pour agir au nom et dans l'intérêt collectif des créanciers, un associé ou un créancier ne sont pas recevables à agir individuellement en réparation d'un préjudice qui ne constitue qu'une fraction du passif collectif dont l'apurement est assuré par le gage commun des créanciers, qu'il appartient au seul mandataire de reconstituer. • Com. 26 juin 2024, n° 23-14.085 B : *D. 2024. Actu. 1229*. ♦ Sur l'exercice de l'action en responsabilité pour crédits abusifs, une fois la mission du représentant des créanciers achevée, par le commissaire à l'exécution du plan, V. note 18 ss. art. L. 626-25. ♦ ... Par le liquidateur, V. note 1 ss. art. L. 641-4. ♦ Sur cette action, V. notes 29 s. ss. C. mon. fin., art. L. 313-12, 2e partie, v° *Traitement des difficultés des entreprises*.

Sur la fin de non-recevoir d'ordre public tirée du défaut de qualité pour agir des créanciers, V. note 3 ss. art. L. 641-4. ♦ Comp., désormais, sur l'action des contrôleurs en cas de carence du mandataire judiciaire : art. L. 622-20, dans sa réd. issue de L. n° 2005-845 du 26 juill. 2005, et note 2 ci-dessous.

Sur le rôle des contrôleurs dans le régime antérieur, V. note 30 ; V. aussi note 34 ss. art. L. 661-6.

Sur la répartition des tâches entre plusieurs représentants des créanciers, V. note 96 ss. art. L. 622-24.

2. Qualité à agir du contrôleur. L'art. L. 622-20 confère au créancier nommé contrôleur, en cas de carence du mandataire judiciaire, qualité pour agir en extension d'une procédure collective sur le fondement de la confusion des patrimoines ou de la fictivité de la personne morale. • Cass., avis, 3 juin 2013, n° 13-70.003 P : *BICC 1er oct. 2013, rapp. Texier et concl. Bonhomme ; D. 2013. Pan. 2366, obs. F.-X. Lucas ; Rev. sociétés 2013. 520, obs. Roussel Galle ; APC 2013, n° 167, obs. Cagnoli ; BJS 2013. 578, note Parachkévova ; Dr. sociétés 2013, n° 166, note Legros ; Gaz. Pal. 29 sept.-1er oct. 2013, p. 7, note Reille ; RDBF 2013, n° 168, obs. Houin-Bressand ; RPC 2013, n° 117, obs. Saintourens.* – V. concl. Bonhomme, *RPC 2013. Étude 18.*

3. Le créancier nommé contrôleur ne pouvant agir dans l'intérêt collectif des créanciers qu'en cas de carence du mandataire judiciaire ou du liquidateur, il en résulte qu'il n'a pas qualité pour former, sur le fondement de l'art. R. 621-21, un recours contre une ordonnance rendue, à la demande du mandataire ou du liquidateur, par le juge-commissaire. • Com. 30 janv. 2019, n° 17-20.793 P : *D. 2019. Actu. 253 ; Rev. sociétés 2019. 216, obs. Roussel Galle ; JCP E 2019. 1206, n° 3, obs. Pétel ; ibid. 1225, note Berthelot ; LEDEN 3/2019. 2, obs. Cavelier ; RJDA 2019, n° 284 ; BJE 5-6/2019. 38, note Houssin ; Dr. sociétés 2019, n° 95, note Legros ; RPC 2019, n° 57, obs. Vallansan.*

4. Intérêt des créanciers. Le représentant des créanciers dispose du droit général d'agir au nom et dans l'intérêt des créanciers en vue notamment de la réparation du préjudice subi par eux collectivement et l'exercice de ce droit n'est pas enfermé dans la période d'observation. • Paris, 3 mai 1994 : *D. 1994. IR 157.*

5. Seul le représentant des créanciers, dont les attributions sont ensuite dévolues au liquidateur, a qualité pour agir au nom et dans l'intérêt des créanciers et, tenant de la loi le pouvoir de représenter l'ensemble de ceux-ci pour la défense de leur intérêt collectif, il n'a pas à indiquer au nom de quels créanciers il se présente dès lors qu'il ne peut légalement agir que dans l'intérêt de tous et non dans l'intérêt personnel d'un créancier ou d'un groupe de créanciers. • Com. 16 mars 1993, n° 90-20.188 P : *D. 1993. 583, note Derrida ; Rect. 612.* – V. aussi note 8 et • Com. 7 janv. 2003 : *cité note 5 ss. art. L. 624-1.* ♦ Il s'ensuit que le crédit-bailleur ne peut invoquer le bénéfice de l'exception prévue à l'art. 8 du Décr. n° 72-665 du 4 juill. 1972 qu'à la condition d'établir que chacun des créanciers du preneur a eu connaissance de l'existence de ses droits. • Com. 29 avr. 1997, n° 95-15.099 P : *D. 1997. IR 13 ; D. Affaires 1997. 835.*

Dès lors que le soutien abusif accordé par la banque à la société débitrice a porté préjudice aux seuls créanciers, l'action en réparation engagée par la société en redressement judiciaire assistée de son administrateur est irrecevable. • Com. 5 janv. 1999, n° 96-20.591 P : *D. Affaires 1999. 219, obs. A. L. ; LPA 20 janv. 1999, p. 8, note P. M. ; RJ com. 1999. 414, note Courtier.*

6. Sur la recevabilité de l'action en responsabilité pour contribution à la diminution de l'actif ou à l'aggravation du passif, exercée par le représentant des créanciers ou le liquidateur contre un des créanciers, V. note 1 ss. art. L. 641-4.

7. Sur l'exercice de l'action en extension de la procédure de redressement ou de liquidation judiciaire, V. note 53 ss. art. L. 621-2. ♦ Sur la constitution de partie civile pour banqueroute, V. art. L. 654-17. ♦ Sur l'appel-nullité, V. note 35 ss. art. L. 661-6.

8. Le représentant des créanciers ne pouvant légalement agir que dans l'intérêt de tous les créanciers et non dans l'intérêt personnel d'un créancier ou d'un groupe de créanciers, il n'est pas recevable à exercer à l'encontre du loueur une action sur le fondement de l'art. 8 de la loi du 20 mars 1956 devenu l'art. L. 144-7 C. com., instituée dans le seul intérêt des créanciers disposant d'une créance nécessaire à l'exploitation du fonds de commerce. • Com. 9 nov. 2004, n° 02-13.685 P : *D. 2004. AJ 3069, obs. Lienhard ; D. 2005. Pan. 296, obs. Le Corre ; APC 2004, n° 245, obs. Regnaut-Moutier ; LPA 13 avr. 2005, p. 4, note F.-X. Lucas ; Dr. et patr. 4/2005. 115, obs. Monsèrié-Bon ; Defrénois 2005. 993, obs. Gibirila. – Contra,* auparavant : • Com. 8 juill. 2003 : *LPA 18 févr. 2004, note F.-X. Lucas.*

9. Est irrecevable la tierce opposition à un jugement arrêtant un plan de cession totale d'une entreprise en liquidation judiciaire, formée par un créancier, dès lors que les critiques formulées à l'encontre du jugement se bornent à invoquer l'atteinte portée, en violation des dispositions légales, à l'intérêt collectif des créanciers dont le représentant des créanciers, partie au jugement frappé de tierce opposition, a seul la charge. • Com. 9 juill. 1996 : *D. 1996. IR 188 ; D. Affaires 1996. 1008.* ♦ Dans le même sens, pour une tierce opposition à un jugement prononcant la liquidation judiciaire, V. • Com. 18 janv. 2000 : *RPC 2000. 222, obs. Soinne.*

En revanche, le représentant des créanciers ne pouvant agir que dans l'intérêt collectif des créanciers, le créancier qui invoque un droit qui lui est propre ne peut être représenté par lui et est ainsi recevable à former tierce opposition. • Com. 14 nov. 2000 : *RJDA 2001, n° 183.* ♦ Ainsi, le créancier nanti sur fonds de commerce, qui dispose d'un droit propre pour s'opposer à la résiliation du bail en invoquant l'inobservation des formalités prévues par l'art. 14 de la loi du 17 mars 1909, devenu l'art. L. 143-2 C. com., est recevable en sa tierce opposition à l'ordonnance constatant la résiliation du bail commercial : • Com. 19 mai 2004 : *Loyers et copr. 2004, n° 188, note Brault.*

10. En application de l'art. 46, devenu l'art. L. 621-39 [L. 622-20] C. com., le droit conféré aux créanciers par l'art. 1167 [1341-2] C. civ. (action paulienne) peut également être exercé, en leur nom et dans leur intérêt collectif, par leur représentant. • Com. 13 nov. 2001 : *cité note 18 ss. art. L. 626-25.* ♦ ... Sans que l'action de celui-ci soit subordonnée à la condition que plusieurs créanciers puissent exercer l'action paulienne. • Civ. 1re, 29 mai 2013, n° 12-16.541 : *BJE 2013. 298, note Sautonie-Laguionie ; RJDA 2013, n° 938.* – Comp. : • Com. 23 avr. 2013 : *cité note 7 ss. art. L. 641-4.* ♦ Le droit exclusif que l'art. 46 [C. com., art. L. 622-20] confère au représentant des créanciers pour agir au nom et dans l'intérêt de ceux-ci ne fait pas obstacle à ce qu'un créancier exerce l'action de l'art. 1167 [1341-2] C. civ. contre tous les actes faits en fraude de ses droits par le débiteur. • Com. 8 oct. 1996, n° 93-14.068 P : *D. 1997. 87, note Derrida ; D. Affaires 1996. 1294. Rev. dr. bancaire 1996. 245, obs. Campana et Calendini ; JCP E 1997. II. 914, note Guyon.* (V. l'arrêt d'appel : • Versailles, 28 janv. 1993 : *D. 1993. IR 95).* ♦ Le représentant des créanciers ne peut avoir plus de droits que les créanciers eux-mêmes. • Com. 30 nov. 1993, n° 91-16.992 P : *D. 1994. 175, note Derrida et Sortais ; JCP 1994. IV. 359 ; Rev. huiss. 1995. 457, note Vidal.* ♦ Ainsi, lorsque les seuls créanciers invoqués, qui avaient introduit une instance en annulation d'une donation faite frauduleusement à leur égard, ont renoncé à leur droit d'agir par un désistement accepté, leur représentant, intervenant volontaire, ne peut prétendre exercer l'action paulienne en leur lieu et place. • Même arrêt. ♦ Sur l'action paulienne, V. Courtier, *LPA 3 mars 1995* ; Pizzio-Delaporte, *RTD com. 1995. 715*.

Nonobstant l'art. 46, al. 1er [C. com., art. L. 622-20], un des créanciers peut agir par la voie oblique (C. civ., art. 1341-1) s'il justifie d'un intérêt personnel à ce que les créances pour lesquelles il agit réintègrent le patrimoine de son débiteur. • Paris, 13 mars 1998 : *D. Affaires 1998. 673, obs. A. L. ; JCP E 1999, n° 14, p. 621, note Dubœuf-Hild.* ♦ Si ce créancier est titulaire de créances visées à l'art. 40 [C. com., art. L. 622-17], et qu'il entend obtenir paiement des sommes, réintégrées par la voie oblique dans le patrimoine de son débiteur, il doit appeler à la cause ce débiteur, sur la créance duquel il prétend se payer par l'action oblique exercée contre le sous-débiteur. • Même arrêt. ♦ Sur l'irrecevabilité de l'action oblique en cas de liquidation judiciaire, V. note 45 ss. art. L. 641-9.

11. Viole l'art. 46 [C. com., art. L. 622-20], l'arrêt qui condamne le débiteur, l'administrateur judiciaire ès qualités et aussi le représentant des créanciers ès qualités à payer au bailleur les loyers échus au créancier, alors que le représentant des créanciers, qui a pour mission de défendre l'intérêt collectif des créanciers, ne peut, en cette qualité, être condamné au paiement d'une telle somme. • Com. 31 mai 1994, n° 91-16.016 P : *D. 1994. IR 180.*

12. Compétence territoriale. Le tribunal de commerce saisi est territorialement compétent pour connaître de l'action en responsabilité délictuelle dirigée contre une banque, dès lors que ce tribunal est celui qui a ouvert le redressement judiciaire de sociétés et que c'est dans son ressort que le dommage invoqué, consistant en l'ouverture même de la procédure collective de ces sociétés à la suite de la rupture des concours de la banque, a été subi par la collectivité des créanciers au nom et dans l'intérêt de laquelle l'action a été engagée par le représentant des créanciers. • Com. 3 juin 1997, n° 95-13.981 P : *D. 1997. 517, note Derrida ; D. Affaires 1997. 834 ; RPC 1998. 115, obs. Martin-Serf.*

13. Étendue de la réparation pour crédits abusifs. La banque, responsable du préjudice collectif subi par les créanciers de la société en liquidation, est tenue de le réparer en totalité sauf son recours contre le créancier à qui elle impute une part de responsabilité dans la survenance de ce préjudice. • Com. 5 mars 1996, n° 94-13.583 P : *D. 1996. IR 105 ; D. Affaires 1996. 525.*

14. Sort des sommes recouvrées. Les sommes recouvrées par le représentant des créanciers à la suite des actions qu'il engage entrent dans le patrimoine du débiteur pour être affectées, en cas de continuation de l'entreprise, selon les modalités prévues pour l'apurement du passif et pour être réparties en cas de cession de l'entreprise ou de liquidation, entre tous les créanciers, au marc le franc. • Com. 28 mars 1995, n° 93-13.937 P : *D. 1995. 410, note Derrida ; Rev. dr. bancaire 1995. 118, obs. Campana et Calendini ; RTD com. 1996. 127, obs. Martin-Serf*. ♦ Ces règles faisant obstacle à ce que la compensation ait lieu entre la dette mise à la charge du créancier à la suite de l'action engagée par le représentant des créanciers du débiteur et la dette de ce dernier envers le créancier, un arrêt retient à bon droit la responsabilité du créancier et le condamne à ce titre au paiement d'une indemnité au représentant des créanciers, et condamne solidairement les cautions du débiteur, en cette qualité, à payer au créancier le reliquat de sa créance sur le débiteur, après distribution de la créance d'indemnité aux créanciers. • Même arrêt. – Dans le même sens, V. • Com. 6 mai 1997, n° 94-20.855 P : *D. Affaires 1997. 865 ; RPC 1997. 491, obs. Martin-Serf.* ♦ Confirmant cette solution sous l'empire de la loi du 26 juillet 2005, la Cour de cassation a précisé qu'il importe peu que l'instance ait été engagée par le créancier dès lors que le liquidateur a repris la demande reconventionnelle formulée par le débiteur. • Com. 7 avr. 2009 : *D. 2009. AJ 1203 ; Gaz. Pal. 26-28 juill. 2009, p. 26, obs. Rohart-Messager ; JCP E 2009. 1814, n° 14, obs. Cabrillac ; RJDA 2009, n° 874 ; RTD com. 2009. 809, obs. Martin-Serf*. ♦ Comp., désormais, pour la nécessité de tenir compte, lors de la répartition des sommes recouvrées, du rang des créanciers : note ss. art. L. 643-8.

15. Plan d'apurement du passif. Sur l'absence d'intérêt du représentant des créanciers à agir en nullité de la vente d'un bien du débiteur conclue après l'ouverture du redressement judiciaire, alors qu'il a été mis fin à cette procédure par un plan d'apurement du passif, V. • Com. 29 oct. 1991, n° 90-11.354 P.

16. Fin des fonctions. V. art. L. 626-24, al. 2.

17. Liquidation judiciaire. V. notes 1 s. ss. art. L. 641-4.

18. Préjudice personnel distinct. A subi un préjudice individuel fondé sur un intérêt distinct de celui des autres créanciers, l'entreprise qui a procédé à des travaux dans les locaux sinistrés par un incendie d'une société depuis en redressement judiciaire, dès lors que l'assureur de celle-ci, en ne remettant pas l'indemnité destinée en priorité au paiement de ces ouvrages, à la bénéficiaire de l'assurance ou à un mandataire dûment habilité, et le gestionnaire de la police, en détournant le montant de ce dédommagement par son affectation à un autre usage, ont privé la société en cause des fonds nécessaires pour régler l'entreprise avant l'ouverture du redressement judiciaire et ont fait perdre à cette créancière toute chance d'être intégralement désintéressée. • Com. 11 oct. 1994, n° 90-16.309 P : *Rev. huiss. 1995. 335, note Courtier ; JCP 1994. IV. 2491.* ♦ En revanche, doivent être déclarées irrecevables les actions individuelles en indemnisation engagées par des créanciers au titre de préjudices tenant à des pertes de rémunération, de valeur de leurs parts sociales ou actions, ainsi que des fonds de commerce et autres biens mis à la disposition des sociétés débitrices, dès lors que les préjudices énoncés sont subis indistinctement et collectivement par tous les créanciers ayant déclaré leurs créances. • Com. 14 déc. 1999, n° 97-14.500 P : *D. 2000. AJ 90, obs. Faddoul ; RPC 2000. 222, obs. Soinne ; ibid. 2002. 119, obs. Martin-Serf.* – Rappr. : • Com. 28 janv. 2014, n° 12-27.901 P : *D. 2014. Actu. 367 ; APC 2014, n° 83, obs. Regnaut-Moutier ; RLDA avr. 2014. 16, obs. Lebel ; LEDEN 4/2014. 5, obs. Rubellin ; BJS 2014. 261, note Parachkévova ; RJDA 2014, n° 461 ; Dr. sociétés 2014, n° 118, note Legros ; Journ. sociétés 7/2014. 50, obs. Teffo ; RPC 2015, n° 44, obs. Reille* • 18 janv. 2017, n° 15-13.392 : *Rev. sociétés 2017. 728, note Morelli*. ♦ V. déjà, sous l'empire de la loi de 1967, en ce sens qu'aucun créancier n'est recevable à agir lui-même contre un tiers pour demander réparation du préjudice constitué par l'immobilisation de sa créance et notamment par la perte des intérêts : • Cass., ass. plén., 9 juill. 1993, n° 89-19.211 P : *BICC 15 sept. 1993, concl. Jéol ; D. 1993. 469, concl. Jéol, note Derrida ; JCP 1993. II. 22122, concl. Jéol, note Pollaud-Dulian ; Dr. sociétés 1994, n° 26, obs. Chaput* • Com. 25 nov. 1986 : *D. 1987. Somm. 279, obs. Vasseur ; RTD com. 1987. 230, obs. Cabrillac et Teyssié.* (même affaire). – *Contra*, sur renvoi : • Toulouse, 26 juin 1989 : *D. 1989. 530, note Derrida ; RTD com. 1990. 71, obs. Cabrillac et Teyssié*. ♦ V. aussi : • Com. 19 déc. 1995, n° 93-19.854 P : *D. 1996. IR 48* • Paris, 20 juin 2000 : *D. 2000. AJ 382, obs. Pisoni*.

19. La recevabilité de l'action engagée par un créancier d'un débiteur en procédure collective contre un tiers dépend seulement du point de savoir s'il justifie d'un préjudice spécial et distinct de celui évoqué par les autres créanciers. • Soc. 14 nov. 2007, n° 05-21.239 P : *D. 2007. AJ 3075 ; JCP 2008. II. 10038, note Dumont ; BJS 2008. 223, note Saintourens ; RJ com. 2008. 225, note Sortais.* • Même arrêt.

20. Si le demandeur à l'action indemnitaire est un associé qui agit en responsabilité contre les dirigeants de la société débitrice, la recevabilité de son action est subordonnée à l'allégation d'un préjudice personnel et distinct de celui qui aurait pu être subi par la société elle-même. • Com. 2 juin 2021, n° 19-23.758 : *BJS 9/2021. 47, note Parachkévova-Racine ; Gaz. Pal. 26 oct. 2021, p. 71, obs. Boustani-Aufan.* ♦ Est recevable à agir en responsabilité contre le dirigeant de la société débitrice ou son expert-comptable un actionnaire ou un investisseur qui recherche la réparation du préjudice ayant résulté pour lui de la perte de ses apports, concours ou investissements réalisés sur la foi de la présentation de comptes annuels infidèles de cette société. • Com. 2 févr. 2022, n° 20-17.151 : *Rev. sociétés 2022. 627, note Mastrullo ; RJDA 2022, n° 354.*

21. L'action en réparation des préjudices invoqués par les salariés licenciés, étrangère à la protection et à la reconstitution du gage commun des créanciers, ne relève pas du monopole du commissaire à l'exécution du plan. • Com. 2 juin 2015, n° 13-24.714 P : *D. 2015. Chron. C. cass. 2207, obs. Tréard ; ibid. Actu. 1205, obs. Lienhard ; ibid. Pan. 1974, obs. Le Corre ; JCP E 2015. 1422, n° 7, obs. Pétel ; ibid. 1522, note Le Gac-Pech ; Gaz. Pal. 19-21 juill. 2015, p. 28, obs. Gailhbaud ; RJDA 2015, n° 678 ; Gaz. Pal. 18-20 oct. 2015, p. 29, obs. Rohart-Messager ; BJE 2015. 313, note Donnette-Boissière.* ♦ V. déjà, ayant jugé que le préjudice invoqué par les salariés résultant, à la suite de la cession de la filiale, de la perte de leur emploi ainsi que de la diminution de leur droit à participation dans la société et de la perte d'une chance de bénéficier des dispositions du plan social du groupe constitue un préjudice particulier et distinct de celui éprouvé par l'ensemble des créanciers de la procédure collective de la société cessionnaire, • Soc. 14 nov. 2007 : *préc. note 19.*

22. Le préjudice dont il est demandé réparation, consistant dans la perte de valeur vénale de l'immeuble fondée sur le défaut de restitution des lieux et la dégradation de l'immeuble après la décision de ne pas poursuivre le crédit-bail, est un préjudice personnel de la société demanderesse, seule propriétaire de l'immeuble, dont la réparation est, dès lors, étrangère à la reconstitution du gage commun, de sorte que cette société est recevable à en rechercher l'indemnisation auprès du liquidateur, en invoquant une faute personnelle de celui-ci, sans être tenue de déclarer la créance de dommages-intérêts correspondante. • Com. 6 mars 2019, n° 17-20.545 P : *D. 2019. Actu. 532 ; RTD com. 2019. 480, obs. Martin-Serf ; APC 2019, n° 84, obs. Petit ; RJDA 2019, n° 359 ; LEDEN 5/2019. 6, obs. Lafaurie ; RJ com. 2019. 271, obs. Dols-Magneville.* ♦ En revanche, le préjudice dont la société bailleresse demande réparation ne consistant que dans la perte d'une chance de recouvrer, grâce à l'extension aux cogérants de la liquidation judiciaire de la société, tout ou partie de sa créance sur cette société, cette action en réparation tend à la reconstitution du gage commun des créanciers et relève par conséquent du monopole du liquidateur. • Com. 28 juin 2016, n° 14-20.118 P : *D. 2016. Actu. 1495 ; LEDEN 9/2016. 2, obs. Camensuli-Feuillard ; RJDA 2016, n° 706 ; Dr. sociétés 2016, n° 196, note Legros ; BJE 2016. 431, note Favario ; RPC 2017, n° 41, obs. Reille.*

23. S'agissant de la demande de réparation de son préjudice financier formée par le dirigeant et principal actionnaire de la société débitrice contre une société tierce (à laquelle étaient imputés des actes de concurrence déloyale), il y a lieu de distinguer entre la perte du capital social qu'il a apporté, qui n'est qu'une fraction du préjudice collectif subi par l'ensemble des créanciers, et la perte pour l'avenir des rémunérations qu'il aurait pu percevoir en tant que dirigeant social, à l'origine d'un préjudice distinct qui lui est personnel. • Com. 29 sept. 2015, n° 13-27.587 P : *D. 2015. Chron. C. cass. 2207, obs. Tréard ; ibid. Actu. 2005, obs. Lienhard ; Rev. sociétés 2016. 287, note Schlumberger ; APC 2015, n° 287, obs. Pagnucco ; LEDEN 11/2015. 3, obs. Mouial-Bassilana ; BJS 2015. 661, note Parachkévova ; BJE 2016. 38, note Perruchot-Triboulet ; RJDA 2016, n° 132 ; RPC 2016, n° 15, obs. Reille ; Dr. sociétés 2016, n° 66, note Legros.* – Rappr. : • Civ. 1re, 3 févr. 2016, n° 14-25.695 P : *D. 2016. Actu. 374 ; BJS 2016. 222, note Mouial-Bassilana ; APC 2016, n° 67, obs. Vallansan ; RJDA 2016, n° 382 ; RDBF 2016, n° 154, obs. Crédot et Samin* • Com. 14 juin 2017, n° 15-26.953 P : *D. 2017. Pan. 1950, obs. F.-X. Lucas ; RTD com. 2018. 134, obs. A. Lecourt ; JCP E 2017. 1460, n° 22, obs. Tehrani ; ibid. 1581, note Lebel ; RLDA oct. 2017. 11, obs. Cerati-Gauthier ; RJ com. 2017. 504, obs. Nabet ; BJS 2017. 745, note Schlumberger ; RJDA 2018, n° 43 ; RPC 2018, n° 130, obs. Martin-Serf.*

24. Le principe de l'égalité des créanciers ne s'oppose pas à leur action individuelle contre les complices du banqueroutier qui ne font pas eux-mêmes l'objet d'une procédure collective et dont le patrimoine n'est pas en conséquence le gage de l'ensemble des créanciers. • Crim. 11 oct. 1993, n° 92-81.260 P : *D. 1994. IR 18 ; Rev. sociétés 1994. 303, note Bouloc .*

25. Pour la recevabilité de l'action en responsabilité diligentée par le représentant de la masse des obligataires contre le commissaire aux comptes de la société émettrice qui a délivré des informations comptables s'étant avérées fausses, dès lors que le préjudice des obligataires est spécifique puisqu'il ne résulte pas de l'insolvabilité de la société mais de la faute personnelle du commissaire aux comptes, sans laquelle les obligataires n'auraient pas soucrit, V. • Paris, 22 sept. 2016, n° 14/20448 : *Rev. sociétés 2017. 163, note Reygrobellet .*

26. Constitue un préjudice subi personnellement par une banque celui résultant du non-respect par un tiers d'une promesse d'apporter les fonds nécessaires au redressement financier d'une entreprise, dès lors que cette promesse, faite personnellement à la banque, l'a conduite à accorder des crédits supplémentaires à l'entreprise mise par la suite en redressement judiciaire. • Versailles, 9 mai 1996 : *RJDA 1996, n° 1392.* ♦ De même, un créancier peut être admis à poursuivre contre le commissaire aux comptes de la société en redressement judiciaire la réparation d'un préjudice personnel, distinct de celui des autres créanciers, qui découlerait d'une faute commise dans l'exercice de sa mission. • T. com. Paris, 20 févr. 1995 : *Gaz. Pal. 1996. 1. Somm. 53.*

27. Lorsque le créancier agit pour la défense de ses intérêts particuliers, aucun texte n'exige qu'il sollicite l'intervention du représentant des créanciers. • Paris, 8 déc. 1995 : *RPC 1998. 158, obs. Soinne.*

28. Action des créanciers d'une société civile. Les associés d'une société civile demeurent tenus personnellement à l'égard des créanciers sociaux même en cas de procédure collective de cette société ; dès lors, ni le représentant des créanciers [mandataire judiciaire] de la société, ni, en cas de liquidation judiciaire, le liquidateur n'ont qualité pour exercer l'action ouverte par l'art. 1857 à chacun des créanciers contre les associés. • Com. 24 janv. 2006, n° 04-19.061 P : *D. 2006. AJ 445, obs. Lienhard ; JCP E 2006, n°s 14-15, p. 672, obs. Cabrillac et Pétel ; APC 2006, n° 40, obs. Regnaut-Moutier ; LPA 28 avr. 2006, p. 14, note Gibirila ; BJS 2006. 588, note Daigre ; Dr. sociétés 2006, n° 73, note F.-X. Lucas ; Rev. sociétés 2006. 410, note J.-F. Barbièri ; RTD com. 2006. 435, obs. Monsèrié-Bon ; ibid. 916, obs. Martin-Serf ; Banque et Dr. 7-8/2006. 49, obs. Riassetto ; Rev. sociétés 2006. 637, note Bonneau* . – V. aussi F.-X. Lucas, *Dr. sociétés 2006. Étude 10.*

29. Responsabilité personnelle du dirigeant à l'égard des créanciers. La recevabilité d'une action en responsabilité personnelle engagée par un créancier à l'encontre du dirigeant d'une société mise en procédure collective, pour des faits antérieurs au jugement d'ouverture, est subordonnée à l'allégation d'un préjudice personnel distinct de celui des autres créanciers résultant d'une faute du dirigeant séparable de ses fonctions. • Com. 7 mars 2006, n° 04-16.536 P : *D. 2006. AJ 857, obs. Lienhard ; APC 2006, n° 102, obs. Vallansan ; JCP E 2006, n° 26, p. 1171, obs. Caussain, Deboissy et Wicker ; ibid., n° 37, p. 1536, obs. Cabrillac ; BJS 2006. 938, note F.-X. Lucas ; RTD com. 2006. 431, obs. Le Cannu ; RJ com. 2006. 207, obs. Ginestet ; Gaz. Pal. 14-18 juill. 2006, p. 31, obs. Roussel Galle ; Rev. sociétés 2006. 644, note J.-F. Barbièri* . – V. Jambort, *JCP E 2006, n° 51-52, p. 2204.* ♦ Tel n'est pas le cas lorsque le créancier sollicite le paiement du montant non recouvré de sa créance en réparation de la privation de la possibilité d'exercer son action en revendication des marchandises vendues sous réserve de propriété. • Même arrêt. ♦ V. aussi • Com. 24 mai 2023, n° 21-21.871 : *D. actu. 6 juill. 2023, obs. Maraud ; Gaz. Pal. 19 sept. 2023, p. 55, obs. Reille.*

30. Responsabilité civile du représentant des créanciers. Le représentant des créanciers agit au nom et dans l'intérêt des créanciers, avec l'assistance d'un contrôleur lorsqu'il en est désigné un ; dès lors, il commet une faute dont il doit réparation en n'engageant pas contre le dirigeant social, comme le lui demandait le contrôleur, une action à l'égard du dirigeant contre lequel, par la suite, ont été prononcé des condamnations judiciaires notamment pour présentation de bilan inexact. • Paris, 3 févr. 1998 : *D. 1998. IR 78 ; D. Affaires 1998. 478 ; RPC 2000. 83, obs. Soinne.*

31. Sur la prescription de l'action en responsabilité, V. note 20 ss. art. L. 641-4.

32. V. aussi note 59 ss. ancien art. L. 621-46, note 4 ss. art. L. 626-9, note 5 ss. art. L. 624-1 et note 6 ss. art. 66 du Décr. n° 85-1388 du 27 déc. 1985.

Art. L. 622-21 **I. — Le jugement d'ouverture** *(L. n° 2005-845 du 26 juill. 2005, art. 35)* **« interrompt » ou interdit toute action en justice de la part de tous les créanciers dont la créance** *(L. n° 2005-845 du 26 juill. 2005, art. 35)* **« n'est pas mentionnée au I de l'article L. 622-17 » et tendant :**

1° A la condamnation du débiteur au paiement d'une somme d'argent ;

2° A la résolution d'un contrat pour défaut de paiement d'une somme d'argent.

(Ord. n° 2021-1193 du 15 sept. 2021, art. 19, en vigueur le 1er oct. 2021) **« II. — Sans préjudice des droits des créanciers dont la créance est mentionnée au I de l'article L. 622-17, le jugement d'ouverture arrête ou interdit toute procédure d'exécution tant sur les meubles que sur les immeubles ainsi que toute procédure de distribution n'ayant pas produit un effet attributif avant le jugement d'ouverture. »** *— V. art. R. 622-19.*

III. — Les délais impartis à peine de déchéance ou de résolution des droits sont en conséquence *(Ord. n° 2008-1345 du 18 déc. 2008, art. 30)* **« interrompus ».** *— [C. com., anc. art. L. 621-40.]*

(Ord. n° 2021-1193 du 15 sept. 2021, art. 19, en vigueur le 1er oct. 2021) **« IV. — Le même jugement interdit également** *[,]* **de plein droit, tout accroissement de l'assiette d'une sûreté réelle conventionnelle ou d'un droit de rétention conventionnel, quelle qu'en soit la modalité, par ajout ou complément de biens ou droits, notamment par inscription de titres ou de fruits et produits venant compléter les titres figurant au compte mentionné à l'article L. 211-20 du code monétaire et financier, ou par transfert de biens ou droits du débiteur.**

« Toute disposition contraire, portant notamment sur un transfert de biens ou droits du débiteur non encore nés à la date du jugement d'ouverture, est inapplicable à compter du jour du prononcé du jugement d'ouverture.

« Toutefois, l'accroissement de l'assiette peut valablement résulter d'une cession de créance prévue à l'article L. 313-23 du code monétaire et financier lorsqu'elle est intervenue en exécution d'un contrat-cadre conclu antérieurement à l'ouverture de la procédure. Cet accroissement peut également résulter d'une disposition contraire du présent livre ou d'une dérogation expresse à son application prévue par le code monétaire et financier ou le code des assurances. »

Pour les dispositions transitoires de l'Ord. n° 2021-1193 du 15 sept. 2021, V. note ss. art. L. 611-2.

RÉP. COM. v° *Entreprise en difficulté : situation des créanciers,* par Macorig-Venier.

BIBL. ▶ Roussel Galle, *Gaz. Pal. 2009. Doctr. 806* (Ord. du 18 déc. 2008). – Rakotovahiny, *Dr. et patr. 5/2013. 34* (action directe en paiement et procédures collectives). – Lienhard, *Mél. Le Cannu, Dalloz-LGDJ, 2014, p. 601* (sort de la cession de créance de loyers en cas de procédure collective du cédant). – Vallansan, *RPC 2021. Étude 3* (quelques atteintes au droit de gage commun par l'exercice de droits réels à la lumière d'une jurisprudence récente). – Pellier, *D. 2022. 751* (accroissement d'une sûreté réelle conventionnelle : pour une lecture stricte de l'art. L. 622-21, IV).

Ancien art. L. 622-21 *[réd. antérieure à Ord. n° 2021-1193 du 15 sept. 2021] [...]*

(Ord. n° 2008-1345 du 18 déc. 2008, art. 30) ***« II. — Il arrête ou interdit également toute procédure d'exécution de la part de ces créanciers tant sur les meubles que sur les immeubles ainsi que toute procédure de distribution n'ayant pas produit un effet attributif avant le jugement d'ouverture. »***

[...]

Ancien art. L. 622-21 *[réd. antérieure à Ord. n° 2008-1345 du 18 déc. 2008] [...]*

II. — Il arrête ou interdit également toute voie d'exécution de la part de ces créanciers tant sur les meubles que sur les immeubles.

III. — Les délais impartis à peine de déchéance ou de résolution des droits sont en conséquence suspendus.

COMMENTAIRE

I. INTERRUPTION DES ACTIONS EN JUSTICE

Le remplacement de la notion de « suspension » par celle d' « interruption », opéré par la loi du 26 juillet 2005, qui correspond à la terminologie processuelle plus adéquate qu'emploie l'article 369 du code de procédure civile, est sans effet quant à la portée de la règle de l'arrêt des poursuites individuelles posée par l'article L. 622-21 (V. ss. art. L. 622-22).

Par ailleurs, en visant désormais, non plus la créance qui « a son origine antérieurement audit jugement », mais la créance qui « n'est pas mentionnée au I de l'article L. 622-17 », la loi a étendu logiquement la règle de l'arrêt des poursuites individuelles aux créances nées postérieurement au jugement d'ouverture, sans pour autant remplir les nouvelles conditions posées par cet article pour bénéficier du privilège de procédure. Ce qui s'explique parfaitement dès lors que les créances postérieures non privilégiées sont désormais traitées comme des créances antérieures soumises à déclaration (V. aussi art. L. 622-7 et L. 622-24).

Quant à la reprise des instances, la Cour de cassation a été amenée à se prononcer sur l'incidence de l'absence, désormais, d'extinction de la créance du créancier forclos. Dans son avis du 8 juin 2009, elle a logiquement estimé, tant au regard du texte inchangé sur ce point de l'article L. 622-21 que de la nécessaire soumission à la discipline collective que traduit la déclaration de créance, qu'en l'absence de celle-ci, les conditions de la reprise d'instance ne sont pas réunies (V. note 15 ss. art. L. 622-22).

II. PROCÉDURES D'EXÉCUTION

L'ordonnance du 18 décembre 2008 a substitué l'expression « procédure d'exécution » à l'expression « voie d'exécution ». Simple toilettage (qui aurait dû être fait depuis la loi du 9 juillet 1991).

Afin de lever toute ambiguïté, l'ordonnance du 15 septembre 2021 a précisé, au début du II de l'article L. 622-21, que la paralysie des procédures d'exécution ne concernait pas les créanciers postérieurs privilégiés (« créanciers dont la créance est mentionnée au I de l'article L. 622 17 »), ce que le texte, jusque-là, n'indiquait expressément qu'au I, à propos de la paralysie des actions en justice. Mais la solution n'était pas douteuse, laquelle correspond à la jurisprudence constante de la Cour de cassation (V. note 22 ss. art. L. 622-17).

Par une modification plus substantielle, en ne limitant plus la règle de l'arrêt et de l'interdiction des procédures d'exécution aux créanciers du débiteur, l'ordonnance du 15 septembre 2021 étend cette règle au bénéficiaire d'une sûreté réelle constituée par le débiteur en garantie de la dette d'autrui. Se trouve ainsi paralysée la jurisprudence antérieure qui permettait à ce créancier d'échapper à l'arrêt des voies d'exécution (Com. 25 nov. 2020 : *cité note 85*).

III. PROCÉDURES D'ORDRE EN COURS

Notons d'abord cet ajout logique, mais pas si anodin, semble-t-il, de l'ordonnance du 18 décembre 2008 au II de l'article L. 622-21, qui vise désormais aussi les procédures de distribution, le cas échéant, arrêtées ou interdites.

Par ailleurs, l'article R. 622-19 du code, issu de l'article 94 du décret du 28 décembre 2005, modifié par le décret du 27 juillet 2006, relatif à la réforme des saisies immobilières, prévoit désormais que, conformément au II de l'article L. 622-21, les procédures de distribution du prix de vente d'un immeuble et les procédures de distribution du prix de vente d'un meuble ne faisant pas suite à une procédure d'exécution ayant produit un effet attributif avant le jugement d'ouverture, en cours au jour de ce jugement, sont caduques. Ce texte précise également les modalités de remise des fonds aux mandataires. Le texte ancien de l'article 65-1 du décret du 27 décembre 1985 prévoyait que ces procédures d'ordre était seulement interrompues, la caducité n'intervenant qu'en cas d'arrêté d'un plan de redressement.

Cette disposition réglementaire devait mettre un terme à la jurisprudence (critiquée) de la chambre commerciale faisant échapper les fonds séquestrés à la procédure collective du vendeur (V., not., Com. 25 févr. 2004 : *cité note 39* ; Ph. Froehlich et M. Sénéchal, *in* La réforme des procédures collectives, La loi de sauvegarde article par article, *LGDJ, 2006, p. 294*). Selon certains auteurs, elle ne devait toutefois pas s'appliquer aux séquestres conventionnels (V. P.-M. Le Corre, Droit et pratique des procédures collectives, *Dalloz Action, 2023/2024, 456.323* ; J. Théron, Liquidation judiciaire et ventes de fonds de commerce, *RPC 2008. Dossier 13, n° 8* ; V. aussi, doutant de la légalité de l'art. R. 622-19, E. Fabriès-Lecea, *RPC 2012. Étude 19*). La jurisprudence des juges du fond s'est cependant avérée pour le moins incertaine, jusqu'à ce que la Cour de cassation intervienne par un arrêt du 8 juin 2010 (confirmé par un avis du 25 juin 2010 : V. note 1 ss. art. R. 622-19), jugeant que « la procédure de distribution du prix de cession d'un fonds de commerce ayant fait l'objet, avant le jugement d'ouverture, d'un séquestre conventionnel en cours à la date de ce jugement, constitue une procédure de distribution du prix de vente d'un meuble ne faisant pas suite à une procédure d'exécution ayant produit un effet attributif avant le jugement d'ouverture au sens des dispositions de l'article R. 622-19 » (Com. 8 juin 2010 : *cité note 1 ss. art. R. 622-19*). Se trouve donc définitivement désavouée la thèse s'opposant à la caducité, au motif que le séquestre conventionnel était investi d'un mandat irrévocable d'effectuer les paiements.

La solution prétorienne apparaît d'autant plus définitive qu'elle correspond à la nouvelle rédaction de l'article L. 622-21, telle que modifiée par l'ordonnance de 2008, qui vise désormais, sans distinction, les procédures de distribution, interdisant ainsi de faire échapper à la règle les séquestres conventionnels (P.-M. Le Corre, Droit et pratique des procédures collectives, *Dalloz Action, 2023/2024, 456.323*). Un arrêt ultérieur a, fort logiquement, appliqué l'article R. 622-19 à une procédure de liquidation judiciaire ouverte après 2006, concomitamment à la résolution d'un plan de continuation encore soumis au régime antérieur à la réforme de 2005 (Com. 13 sept. 2011 : *cité note 3 ss. art. R. 622-19*).

Par un arrêt du 27 mars 2012, rendu sous l'empire du droit antérieur à l'ordonnance de 2008, la Cour de cassation a, pour la première fois, fait application, sur le fond, des conditions de mise en œuvre de la règle, approuvant une cour d'appel qui avait soustrait à l'article R. 622-19 une saisie-vente après avoir constaté que l'effet attributif était intervenu avant le jugement d'ouverture, ce qui signifiait que les biens, définitivement sortis du patrimoine du débiteur, échappaient à l'effet réel de la procédure collective (V. note 2 ss. art. R. 622-19). Reste quelques interrogations, liées à la différence de rédaction entre l'article R. 622-19 et l'article L. 622-21 modifié par l'ordonnance de 2008, ce dernier visant désormais « toute procédure de distribution », à la différence de l'article R. 622-19 qui se réfère à un effet attributif lié aux procédures d'exécution (V. O. Staes, Critère de la caducité des procédures de distribution en cours : effet attributif des voies d'exécution ou de la distribution, *RPC 2012. Étude 18*). De même, s'agissant en l'espèce d'une saisie-vente, et non d'une saisie-attribution, la première à la différence de la seconde ne produisant pas d'effet attributif, la solution n'est pas exempte de critiques (V. obs. Cagnoli, *APC 2012, n° 141* ; Pétel, *JCP E 2012. 108, n° 2*).

IV. INTERRUPTION DES DÉLAIS

Il est désormais prévu, par le III du texte, que « les délais impartis à peine de déchéance ou de résolution des droits sont en conséquences interrompus » (et non plus « suspendus »), substitution de terminologie, opérée par l'ordonnance de 2008, qui n'est que mise en harmonie avec la terminologie employée depuis 2005, par le I, pour les actions en justice. Cependant, l'opinion a été émise que, s'agissant de la prescription, il serait préférable que la jurisprudence continue à raisonner en termes de suspension, plutôt que d'interruption, cette dernière s'avérant trop favorable pour les créanciers (P. Cagnoli, Prescription et procédures collectives, *RPC 2011. Étude 12, n° 16*).

V. ACCROISSEMENT DE L'ASSIETTE D'UNE SÛRETÉ

Le nouveau IV de l'article L. 622-21, ajouté par l'ordonnance du 15 septembre 2021, pose expressément l'interdiction de plein droit, résultant du jugement d'ouverture, de tout accroissement de l'assiette d'une sûreté réelle conventionnelle ou d'un droit de rétention conventionnel, quelle qu'en soit la modalité. Il s'agit là de lutter contre la pratique dite des « clauses d'arrosage ». A titre exemplatif (« notamment »), le texte indique que ce principe de non-accroissement de l'assiette des sûretés réelles conventionnelles s'applique au nantissement de compte-titres de l'article L. 211-20 du code monétaire et financier, l'accroissement pouvant intervenir par inscription de titres ou de fruits et produits venant compléter les titres nantis.

Il est précisé que toute disposition contraire, portant notamment sur un transfert de biens ou de droits du débiteur non encore nés à la date du jugement d'ouverture, doit être écartée à compter de cette date. L'objectif, comme le précise le rapport au président de la République, est de tenir compte de l'abrogation, par l'ordonnance portant réforme du droit des sûretés (n° 2021-1192 du 15 sept. 2021), du troisième alinéa de l'article 1323 et de l'article 2357 du code civil, portant respectivement sur la cession de créances futures à titre de garantie et le nantissement de créances futures. En droit commun, ces opérations produisent désormais leurs effets immédiatement, dès la date de l'acte de cession ou de nantissement, même si la créance sur laquelle elles portent ne naît qu'ultérieurement. L'application de cette solution en procédure collective serait inopportune et pourrait faire obstacle à la poursuite de l'activité de l'entreprise, privée d'une partie de sa trésorerie (V. toutefois, contestant cette lecture, J.-D. Pellier, Accroissement de l'assiette d'une sûreté : pour une lecture stricte de l'article L. 622-21, IV, du code de commerce, *D. 2022. 751*).

Des exceptions strictes à cette règle de non-accroissement de l'assiette sont limitativement prévues, par le dernier alinéa du IV, en particulier dans le cas d'une cession de créance en vertu de l'article L. 313-23 du code monétaire et financier (cession « Dailly »), intervenue en exécution d'un contrat-cadre conclu antérieurement à l'ouverture de la procédure (laquelle s'apparenterait alors plutôt à la constitution d'une nouvelle garantie : N. Borga et J. Théron, Ordonnance du 15 septembre 2021 réformant le droit des entreprises en difficulté, un tournant ?, *D. 2021. 1773*). ❑

I. GÉNÉRALITÉS

1. *Ordre public.* Le principe de suspension des poursuites individuelles en matière de faillite est à la fois d'ordre public interne et international. • Civ. 1re, 6 mai 2009, nº 08-10.281 P : *D. 2009. AJ 1422, obs. Delpech ; RTD com. 2009. 546, obs. Loquin ; APC 2009, nº 182, obs. Mastrullo ; Procédures 2009, nº 236, obs. Rolland ; LEDEN 7/2009. 5, obs. Mélin ; JCP E 2009. 1814, nº 2, obs. Pétel ; RPC 2010, nº 9, obs. Staes.* – V. déjà • Civ. 1re, 19 déc. 1995 : *D. Affaires 1996. 241.* ♦ Le principe de l'arrêt des poursuites individuelles, qui relève de l'ordre public international, interdit, après l'ouverture de la procédure collective du débiteur, la saisine d'un tribunal arbitral par un créancier dont la créance a son origine antérieurement au jugement d'ouverture et impose à ce créancier de déclarer sa créance et de se soumettre, au préalable, à la procédure de vérification des créances. • Com. 8 févr. 2023, nº 21-15.771 B : *D. 2023. Pan. 1717, obs. Cagnoli ; RTD com. 2023. 451, obs. Martin-Serf ; JCP E 2023. 1157, nº 4, obs. Tehrani ; APC 2023, nº 57, obs. Gosselin-Gorand ; DP diff. entr., Bull. nº 456, obs. Rémery ; BJE 5-6/2023. 35, note Saintourens ; RJDA 2023, nº 392.* ♦ L'exequatur d'une sentence arbitrale revêtue de l'autorité de chose jugée ne saurait, sans méconnaître le principe de l'arrêt des poursuites individuelles, rendre exécutoire une condamnation du débiteur à paiement de sommes d'argent. • Com. 12 nov. 2020, nº 19-18.849 P : *D. actu. 8 mars 2023, obs. Giorgini ; D. 2021. Pan. 1738, obs. Cagnoli ; RTD com. 2021. 192, obs. Martin-Serf ; RTD civ. 2021. 486, obs. Cayrol ; DP diff. entr., Bull. nº 431, obs. Vallens ; JCP E 2021. 1191, nº 10, obs. Tehrani ; APC 2021, nº 5, obs. Fin-Langer ; RJDA 2021, nº 105 ; BJE 3-4/2021. 17, note Henry ; LEDEN 4/2021. 2, obs. Marchadier ; RPC 2021, nº 119, obs. Menjucq.* ♦ En revanche, l'exequatur ne heurte pas le principe d'arrêt ou de suspension des poursuites individuelles dès lors qu'il n'est demandé qu'en vue d'une reconnaissance du montant de la créance établie par la sentence pour permettre de faire reconnaître ce droit de créance dans la procédure collective. • Civ. 1re, 15 mai 2024, nº 23-11.012 : *JCP E 2024. 1255, note Casson ; Gaz. Pal. 22 oct. 2024, p. 9, note Larribère ; RPC 2024, nº 112, obs. Macorig-Venier.*

2. La règle de l'arrêt des poursuites individuelles, consécutive à l'ouverture d'une procédure collective, constitue une fin de non-recevoir pouvant être proposée en tout état de cause dont le caractère d'ordre public impose au juge de la relever d'office. • Com. 12 janv. 2010 : *D. 2010. AJ 263, obs. Lienhard ; LEDEN 3/2010. 6, obs. Staes ; RJDA 2010, nº 544.*

3. S'agissant d'une procédure ouverte le 14 févr. 2006, il importe peu que la société en redressement judiciaire et son administrateur judiciaire n'aient soulevé l'irrecevabilité de l'action au visa des art. L. 622-7 et L. 622-21 C. com. ni dans l'assignation qu'ils ont fait délivrer au bailleur le 6 juin 2006, ni dans leurs conclusions du 21 août 2006, mais seulement dans leurs dernières conclusions du 29 août 2006, ces dispositions, qui sont d'ordre public, devant recevoir d'office application. • Paris, 13 oct. 2006 : *D. 2006. AJ 2669, obs. Lienhard.*

4. *Application à la liquidation judiciaire.* V. art. L. 641-3. ♦ V. déjà, avant la L. nº 94-475 du 10 juin 1994, dont était issu l'ancien art. L. 622-3 : • Com. 19 déc. 1995, nº 92-19.525 P : *D. 1996. 145, note Campana ; D. 1996. Somm. 390, obs. S. Piedelièvre ; JCP E 1996. I. 554, nº 21, obs. Cabrillac ; Defrénois 1996. 937, obs. Sénéchal ; RTD com. 1996. 533, obs. Martin-Serf ; RPC 1997. 51, obs. Macorig-Venier.*

5. *Plan de redressement.* La décision arrêtant le plan de redressement ne met pas fin à la suspension des poursuites individuelles. • Com. 29 avr. 2014 : *D. 2014. Actu. 1094* • 7 sept. 2022, nº 20-20.404 : *D. 2023. 447, note Robine ; RJDA 2023, nº 42 ; RPC 2023, nº 5, obs. Lafaurie.* ♦ En revanche, lorsque le plan de continuation est arrivé à son terme sans avoir fait l'objet d'une décision de résolution, le créancier recouvre son droit de poursuite individuelle contre le débiteur. • Com. 8 avr. 2015, nº 13-28.061 P : *D. 2015. Actu. 801, obs. Lienhard ; RTD com. 2015. 380, obs. Vallens ; JCP E 2015. 1422, nº 3, obs. Pétel ; JCP 2015. 625, note J.-J. Barbièri ; APC 2015, nº 131, obs. Jazottes ; LEDEN 5/2015. 4, obs. Mouial-Bassilana ; RJDA 2015, nº 445 ; RPC 2015, nº 106, obs. Macorig-Venier.* ♦ ... Seules les sommes dues en vertu de ce plan ou des accords auxquels il se réfère pouvant alors être réclamées. • Com. 13 sept. 2017, nº 15-23.044 : *BJE 2017. 424, note Poujade ; RPC 2018, nº 150, obs. Macorig-Venier.* ♦ V. aussi note 5 ss. art. L. 625-6.

6. *Nécessité d'un jugement d'ouverture.* La suspension de l'action en justice des créanciers visée à l'art. 47 [C. com., art. L. 622-21] procède de la seule autorité du jugement d'overture de la procédure de redressement judiciaire. • Com. 27 avr. 1993, nº 91-15.372 P.

7. *Existence d'une procédure antérieure.* L'art. 47 [C. com., art. L. 622-21], qui ne fait aucune distinction selon qu'il existe ou non une procédure antérieure, interdit toute voie d'exécution en vue du recouvrement des créances antérieures à cette nouvelle procédure collective (s'agissant de l'inexécution d'un plan de continuation ayant entraîné sa résolution et l'ouverture d'une nouvelle procédure). • Com. 10 oct. 1995 : *Dr. sociétés 1995, nº 241, obs. Chaput ; RPC 1996. 88, obs. Soinne.* ♦ V. aussi note 8 ss. ancien art. L. 621-82.

8. *Invocation devant la Cour de cassation.* Faute d'avoir informé la cour d'appel, par des conclusions antérieures à l'ordonnance de clôture, de sa mise en redressement judiciaire postérieurement à la naissance de la créance invoquée contre lui, le débiteur est irrecevable à présenter pour la première fois devant la Cour de cassation le moyen tiré du principe de la suspension des poursuites. • Com. 22 oct. 1996, nº 93-12.291 P.

9. *Délais de prescription.* Le délai de prescription qui court contre un débiteur n'est pas suspendu par sa mise en redressement ou liquidation judiciaires. • Com. 20 sept. 2005, nº 03-17.137 P : *D. 2005. AJ 2445, obs. Lienhard ; JCP E 2006, nº 2, p. 71, obs. Cabrillac ; BJS 2006. 202, note F.-X. Lucas ; Gaz. Pal. 10-11 févr. 2006, p. 28, obs. Roussel Galle.*

10. Le jugement de redressement judiciaire n'ayant d'effet interruptif que sur une instance déjà engagée, il ne suspend pas le délai dans lequel l'action en contestation de la validité d'un congé sans offre de renouvellement ni indemnité d'éviction peut être exercée par le locataire. • Civ. 3e, 8 oct. 2015, nº 14-18.881 P : *D. 2015. Actu. 2071 ; RTD com. 2016. 198, obs. Martin-Serf ; Gaz. Pal. 19 janv. 2016, p. 61, obs. Kendérian.*

11. *Fraude du débiteur.* La prétendue faute ou fraude commise par le débiteur, qui aurait sciemment omis d'alerter ses créanciers de sa mise en redressement judiciaire, à la supposer établie, n'est pas de nature à faire échec à la règle de l'interdiction des poursuites individuelles. • Com. 6 juin 2018, nº 16-23.996 P : *D. 2018. Actu. 1254 ; RTD com. 2018. 771, obs. Martin-Serf ; RJDA 2018, nº 658 ; LEDEN 10/2018. 3, obs. Minet ; RDBF 2018, nº 133, obs. Houin-Bressand ; RPC 2018, nº 149, obs. Macorig-Venier ; Gaz. Pal. 9 oct. 2018, p. 76, obs. Le Corre.*

12. *Procédure ouverte à l'étranger.* Il résulte de l'art. 509 C. pr. civ. que, en l'absence d'exequatur, une décision de mise en liquidation judiciaire prononcée à l'étranger ne peut produire, en France, aucun effet de suspension des poursuites individuelles. • Civ. 1re, 28 mars 2012 : *D. 2012. Actu. 942 ; Rev. sociétés 2012. 400, obs. Roussel Galle ; LEDEN 5/2012. 7, obs. Mélin ; APC 2012, nº 131, obs. V. Legrand ; RPC 2012, nº 192, obs. Menjucq.*

II. NATURE DES ACTIONS VISÉES

A. EXCLUSION DES ACTIONS CONTRE LES TIERS

13. Actions contre les dirigeants sociaux. Les dispositions de l'art. L. 622-21 ne profitant qu'au seul débiteur en procédure collective, les actions poursuivies contre les dirigeants sociaux, à raison de leurs fautes personnelles, ne sont pas soumises à la suspension des poursuites individuelles (s'agissant de l'action de l'administration des douanes exercée, sur le fondement des art. 1799 et 1799 A CGI, contre le dirigeant social en sa qualité de personne solidaire ayant permis de commettre ou de faciliter la fraude). • Com. 29 mars 2023, nº 21-21.005 B : *D. 2023. Actu. 644 ; JCP E 2023. 1306, nº 4, obs. Tehrani ; APC 2023, nº 122, obs. Bennini ; BJS 6/2023. 43, note Favario ; BJE 7-8/2023. 47, note Dedeurwaerder ; RJDA 2023, nº 442 ; RPC 2023, nº 75, obs. Favario ; Gaz. Pal. 19 sept. 2023, p. 57, obs. Tota ; Dr. sociétés 2023, nº 115, note Legros.* ♦ V. aussi, pour la recevabilité : de l'action fondée sur l'art. 52 de la L. du 24 juill. 1966 [C. com., art. L. 223-22] : • Paris, 8 mars 1991 : *D. 1991. IR 134.* ♦ Comp. note 8 ss. art. L. 651-2. ♦ ... De l'action engagée par le receveur principal sur le fondement de l'art. L. 267 LPF : • Versailles, 26 mars 1992 : *D. 1992. IR 165* • Com. 21 juin 1994 : *RJDA 1994, nº 1208.*

14. *Constitution de partie civile.* Est recevable l'action engagée par le créancier d'une société en redressement judiciaire contre l'un des dirigeants de celle-ci, complice d'escroquerie, dès lors que cette action est dirigée contre une personne étrangère à la procédure collective et dont le patrimoine n'est pas le gage des créanciers. • Crim. 24 janv. 1994 : *RJDA 1994, nº 590* • 3 avr. 1995 : *Dr. sociétés 1996, nº 57, obs. Chaput* • 23 mai 1995 : *RJDA 1996, nº 67.* – Rappr. : • Crim. 26 févr. 1998 : *Rev. sociétés 1998. 604, note Bouloc* • 27 avr. 2000 : *RJDA 2000, nº 1013.* ♦ V. note 33 et notes ss. art. L. 654-17.

15. Actions contre les cautions (jurisprudence antérieure à la loi du 10 juin 1994). BIBL. Campana, *Gaz. Pal. 1986. 2. Doctr. 717.* – Liénard, *RPC 1988. 121.* – Soinne, *ALD 1985. 99.* ♦ Avant la modification de l'art. 55 de la loi du 25 janv. 1985 [devenu C. com., art. L. 622-28] par la loi du 10 juin 1994, le redressement judiciaire du débiteur n'avait pas pour effet de suspendre les poursuites dirigées contre la caution solidaire. • Com. 16 févr. 1993, nº 90-19.979 P : *D. 1993. Somm. 310, obs. Aynès* • Civ. 1re, 31 mars 1998, nº 96-16.637 P : *D. 1998. IR 119 ; D. Affaires 1998. 805* • Com. 22 juin 1999, nº 97-11.772 P : *D. 1999. IR 194 ; APC 1999, nº 173, obs. Regnaut-Moutier ; RTD com. 1999. 984, obs. Vallens ; Procédures 2000, nº 10, obs. Laporte ; RPC 2000. 12, obs. Macorig-Venier* • Civ. 1re, 14 juin 2000, nº 98-10.577 P : *D. 2001. Somm. 696, obs. Aynès ; D. 2000. AJ 318, obs. Lienhard ; APC 2000, nº 165, obs. Regnaut-Moutier ; Dr. et patr. 1/2001. 96, obs. Monsèrié-Bon ; Defrénois 2001. 368, obs. Sénéchal* • Versailles, 4 oct. 1990 : *Gaz. Pal. 1991. 1. Somm. 226.* ♦ La caution, condamnée « *in solidum* » avec le débiteur principal, n'avait pas qualité pour critiquer la condamnation prononcée à l'égard de ce dernier en tant que cette condamnation serait contraire à la règle de l'arrêt des poursuites individuelles, applicable au seul débiteur principal. • Com. 11 mai 1993, nº 91-22.232 P. ♦ Comp., désormais : art. L. 622-28, al. 2, suspendant toute action contre les cautions personnes physiques jusqu'au jugement arrêtant le plan ou prononçant la liquidation.

16. *Actions contre le conjoint.* Le prêteur de deniers ne peut exercer des poursuites sur les biens communs, en sa qualité de créancier privilégié de l'épouse, en dehors des cas où les créanciers du mari peuvent eux-mêmes agir. • Com. 17 juin 1997 : *D. 1998. Somm. 107, obs. S. Piedelièvre ; D. Affaires 1997. 901 ; RTD civ. 1997. 709, obs. Bandrac et Crocq*. – V. Soinne, *LPA 8 août 1997*. ♦ V. déjà • Cass., ass. plén., 23 déc. 1994 : *cité note 15 ss. art. L. 641-9.*

V., estimant qu'une saisie-attribution des créances à exécution successive pratiquée à l'encontre de deux époux, communs en biens et codébiteurs solidaires, antérieurement à la mise en liquidation judiciaire de l'un d'eux sur les loyers d'un immeuble dépendant de la communauté poursuit ses effets sur les loyers échus après le jugement de liquidation : • Cass., avis, 16 déc. 1994 : *D. 1995. 166, note Derrida ; JCP 1995. II. 22409, note Grafmeyer ; JCP E 1995. II. 686, note R. Martin*. – V. Soinne, *LPA 1er nov. 1996.* ♦ Comp. note 14 ss. art. L. 622-7.

17. Bien qu'il ait déclaré sa créance à la procédure de l'époux en liquidation judiciaire, le créancier de l'époux *in bonis* ne peut exercer un droit de poursuite individuelle sur les biens communs qu'en démontrant qu'il est titulaire d'un privilège spécial, d'un nantissement ou d'une hypothèque. • Com. 2 févr. 1999 : *APC 1999, n° 80, obs. Vallansan ; RPC 2000. 11, obs. Macorig-Venier*. – V. Robinne, *Dr. et patr. 4/2000. 38.* ♦ Les salaires d'un époux marié sous un régime de communauté sont des biens communs frappés par la saisie collective au profit des créanciers de l'époux mis en procédure collective qui ne peuvent être saisis, pendant la durée de celle-ci, au profit d'un créancier de l'époux maître de ses biens. • Com. 16 nov. 2010, n° 09-68.459 P : *D. 2010. Actu. 2904, obs. Lienhard ; LEDEN 1/2011. 4, obs. M. Sénéchal ; Gaz. Pal. 7-8 janv. 2011, p. 43, obs. Antonini-Cochin ; RDBF 2011, n° 24, obs. S. Piedelièvre ; RJDA 2011, n° 333 ; RPC 2011, n° 70, obs. Dumont-Lefrand ; LPA 29 avr. 2011, obs. Henry ; BJE 2011. 150, note S. Cabrillac.*

18. La règle de l'interdiction des poursuites individuelles fait obstacle à ce qu'un créancier exerce contre le conjoint *in bonis* une action tendant à la résolution de la vente de biens communs, formant le gage de l'ensemble des créanciers. • Com. 16 déc. 2014 : *LEDEN 3/2015. 3, obs. Rubellin ; BJE 2015. 94, note Becqué-Ickowicz et Cabrillac.*

19. Actions contre l'ex-conjoint. L'interdiction des voies d'exécution à l'encontre de la personne en procédure collective est sans application à l'égard de l'ex-conjoint, maître de ses biens. • Com. 6 juill. 1999, n° 97-14.096 P : *D. 2000. Somm. 395, obs. Piedelièvre ; D. Affaires 1999. 1217, obs. A. L. ; APC 1999, n° 183, obs. Vallansan ; Procédures 1999, n° 251, obs. Laporte ; Defrénois 2000. 42, obs. Sénéchal ; RPC 2001. 8, obs. Macorig-Venier ; RTD com. 2001. 230, obs. Martin-Serf*.

20. Actions contre les héritiers. En ce sens que les héritiers bénéficient de l'arrêt des poursuites individuelles de la part des créanciers antérieurs à l'ouverture de la procédure collective de leur auteur, V. • Com. 4 janv. 2000, n° 96-12.981 P : *APC 2000, n° 21, obs. Regnaut-Moutier.*

21. Actions contre des associés. La suspension des instances ne fait pas obstacle à ce qu'un créancier poursuive à l'encontre d'associés d'un GAEC en redressement judiciaire le recouvrement de sa créance. • Com. 9 nov. 1993 : *Rev. huiss. 1993. 1442.*

22. Pour l'application de la règle de l'arrêt des poursuites individuelles au créancier d'une EURL en liquidation judiciaire et l'absence d'action directe du créancier contre l'associé unique, V. • T. com. Paris, 6 janv. 1998 : *Gaz. Pal. 1999. 2. Somm. 617.*

23. Un arrêt ne peut déclarer tenus solidairement les associés d'une société en participation du fait de malfaçons ou non-façons, alors que l'action dirigée contre l'associé en liquidation judiciaire est irrecevable. • Com. 14 mai 1996, n° 94-11.469 P : *Dr. sociétés 1996, n° 168, obs. Chaput.*

24. L'ouverture d'une procédure de redressement judiciaire à l'égard d'une société civile professionnelle d'avocats est sans incidence sur l'obligation de l'associé au paiement de ses cotisations, dès lors qu'il résulte des art. L. 613-1 et R. 241-2 CSS, dans leur rédaction alors applicable, que l'avocat, qui exerce son activité au sein d'une SCP, et qui relève, au titre de cette activité, du régime des travailleurs non-salariés des professions non agricoles, est seul redevable des cotisations sociales afférentes à cette activité. • Com. 21 nov. 2018, n° 17-18.306 P : *D. 2018. Actu. 2303 ; JCP E 2019. 1016, note Brignon ; BJS 2/2019. 43, note Rubellin ; RJDA 2019, n° 101 ; RPC 2019, n° 17, obs. Taquet.*

25. Indivision. Les créanciers de l'indivision préexistante à l'ouverture de la procédure collective de l'un des indivisaires, qui auraient pu agir sur les biens indivis avant qu'il y eût indivision, conservent leur droit de poursuivre la saisie de ces biens, malgré l'ouverture de cette procédure. • Civ. 1re, 13 déc. 2005, n° 02-17.778 P : *D. 2006. AJ 302, obs. Lienhard* • Com. 7 févr. 2012, n° 11-12.787 P : *D. 2012. Actu. 499 ; Gaz. Pal. 27-28 avr. 2012, p. 24, obs. Voinot ; RPC 2012, n° 110, obs. Dumont-Lefrand ; LPA 15 juin 2012, p. 4, obs. Henry*. – Rappr. : • Civ. 2e, 16 mai 2013, n° 12-16.216 P : *D. 2013. Actu. 1268 ; LEDEN 7/2013. 5, obs. Rubellin ; Gaz. Pal. 12-13 juill. 2013, p. 29, obs. Antonini-Cochin ; RJDA 2013, n° 926* • Civ. 1re, 24 mai 2018, n° 16-26.378 P : *AJDI 2019. 140, obs. Cohet ; JCP E 2018. 1429, n° 16, obs. Pétel ; LEDEN 7/2018. 4, obs. Allais ; RPC 2019, n° 49, obs. Dumont.* ♦ Dès lors que l'hypothèque a été constituée par tous les coïndivisaires sur un bien dont le caractère indivis préexistait à l'ouverture de la procédure collective de l'un d'eux, le créancier hypothécaire, fût-il créancier de l'un seulement des coïndivisaires, peut poursuivre la saisie et la vente de ce bien avant le partage de l'indivision en application des dispositions de l'art. 2125 [2412] C. civ., l'interdiction des voies d'exécution à l'encontre de la personne en procédure collective étant sans effet à l'égard du coïndivisaire, maître de ses biens. • Com. 19 déc. 2000, n° 97-17.728 P : *D. 2001. AJ 379 ; RPC 2001. 8, obs. Macorig-Venier ; Defrénois 2001. 943, obs. Théry.* – Dans le même sens : • Civ. 1re, 14 juin 2000 : *préc. note 13* • 28 juin 2005 : *RJDA 2005, n° 1294* • Toulouse, 1er déc. 1997 : *D. 1999. Somm. 243, obs. Revel.*

B. INTERRUPTION ET INTERDICTION DES ACTIONS EN JUSTICE

1° ACTIONS EN PAIEMENT

26. *Référé-provision.* L'instance en référé tendant à la condamnation du débiteur au paiement d'une provision n'est pas une instance en cours interrompue par l'ouverture de la procédure collective du débiteur, de sorte que la cour d'appel, statuant sur l'appel formé par ce dernier contre l'ordonnance l'ayant condamné au paiement d'une provision, doit infirmer cette ordonnance et dire n'y avoir lieu à référé, la demande en paiement étant devenue irrecevable en vertu de la règle de l'interdiction des poursuites édictée par l'art. L. 622-21 C. com. • Com. 19 sept. 2018, n° 17-13.210 P : *D. 2018. Actu. 1862 ; RTD com. 2019. 213, obs. Martin-Serf ; LEDEN 11/2018. 3, obs. Mélin ; RJDA 2018, n° 926 ; Gaz. Pal. 15 janv. 2019, p. 70, obs. Boustani ; BJE 1-2/2019. 21, note Houssin.*

27. *Demande d'expertise d'un créancier.* Ne contrevient pas à la règle de l'arrêt des poursuites individuelles la demande d'expertise, faite par un créancier dont la créance est née antérieurement à l'ouverture de la procédure collective, qui vise à établir la responsabilité du débiteur. • Com. 2 déc. 2014, n° 13-24.405 P : *D. 2014. Actu. 2519 ; RTD com. 2015. 151, obs. Martin-Serf ; Gaz. Pal. 1er-5 mai 2015, p. 28, obs. Rohart-Messager ; RJ com. 2015. 340, obs. Lebel ; RPC 2015, n° 102, obs. Macorig-Venier ; RJDA 2015, n° 769.*

28. *Dommages-intérêts.* Pour des exemples de demande en paiement de dommages-intérêts suspendue en vertu de l'art. 47 [C. com., art. L. 622-21], V. • Com. 12 févr. 1991, n° 89-15.165 P. • 26 oct. 1999 : *RJDA 1999, n° 1351* • Crim. 29 avr. 1996, n° 93-85.169 P (condamnation du paiement de droits fraudés au détriment du Trésor public).

L'art. L. 622-21 C. com., qui interdit toute action en justice tendant à la condamnation du débiteur au paiement d'une somme d'argent de la part de tous les créanciers dont la créance n'est pas mentionnée à l'art. L. 622-17, I, s'applique à la créance indemnitaire, mentionnée par l'art. L. 622-14, selon lequel une telle créance, fût-elle postérieure au jugement d'ouverture, doit être déclarée au passif. • Com. 24 janv. 2018, n° 16-14.705 : *RJDA 2018, n° 335.*

S'agissant de l'action en comblement du passif engagée à l'encontre d'un dirigeant soumis à une procédure collective, V. note 1 ss. art. R. 651-6.

29. *Créances salariales.* Il résulte de la combinaison des art. L. 622-21, II, L. 622-24, al. 1er, et L. 625-1 que, si les créances salariales ne doivent pas être déclarées au passif de la procédure collective, elles sont toutefois soumises à l'arrêt des poursuites individuelles et des procédures civiles d'exécution. • Com. 30 juin 2021, n° 20-15.690 B : *D. 2021. Pan. 1737, obs. Cagnoli ; RTD com. 2021. 924, obs. Martin-Serf ; JCP E 2021. 1432, note Donnette-Boissière ; LEDEN 9/2021. 4, obs. Ollu ; Dr. sociétés 2021, n° 111, note Legros ; APC 2021, n° 188, obs. Ghandour ; RJDA 2021, n° 679 ; Gaz. Pal. 26 oct. 2021, p. 72, obs. Lafaurie ; RPC 2021, n° 129, obs. Macorig-Venier.*

30. *Cautionnement pénal.* Si l'ouverture d'une procédure collective à l'encontre d'une personne mise en examen ne fait pas obstacle à l'application des art. 137 et 138-11° C. pr. pén., le cautionnement au versement duquel a été obligé un débiteur placé sous contrôle judiciaire par le juge d'instruction doit, après condamnation définitive, être versé, par application des art. 33, 47 et 48 de la loi du 25 janv. 1985 [C. com., art. L. 622-7, L. 622-21 et L. 622-22], entre les mains de l'administrateur ou du liquidateur judiciaire. • Crim. 29 avr. 1996, n° 95-85.159 P : *D. Affaires 1996. 1006.* ♦ V. aussi note 77 ss. art. L. 641-9.

31. *Restitution de biens ayant fait l'objet d'une saisie pénale.* La mise en liquidation judiciaire de la personne poursuivie, qui ne s'oppose pas à son éventuelle condamnation à une peine de confiscation et à une mesure préalable de saisie destinée à garantir l'exécution de celle-ci, la confiscation ne pouvant s'analyser comme une action en paiement, fait obstacle à toute demande de restitution au stade de l'information sur le fondement de l'art. 99 C. pr. pén. • Crim. 23 oct. 2019, n° 18-85.820 P : *D. 2019. Actu. 2093 ; AJ pénal 2020. 34, obs. Miranda ; LEDEN 12/2019. 5, obs. Ollu ; RPC 2020, n° 45, obs. Boustani.*

32. *Frais non recouvrables.* Les sommes allouées à la partie civile au titre de l'art. 475-1 C. pr. pén. ne sont pas des dommages-intérêts et ne sont donc pas soumises aux dispositions des art. 47 et 50 de la loi de 1985 [C. com., art. L. 622-21 et L. 622-24]. • Crim. 15 janv. 1998, n° 96-85.526 P • 24 févr. 1999, n° 98-81.945 P : *D. Affaires 1999. 764, obs. P. P. ; RPC 2000. 15, obs. Macorig-Venier.*

33. *Constitution de partie civile.* En cas de redressement ou de liquidation judiciaire de la personne poursuivie, la constitution de partie civile demeure recevable en ce qu'elle tend seulement à ce que soit fixé le montant du préjudice découlant des infractions poursuivies pour lequel le créancier doit déclarer. • Crim. 31 janv. 1996 : *D. Affaires 1996. 558.* – V. aussi • Crim. 10 mai 2023, n° 22-80.375 : *Rev. sociétés 2023. 545, obs. Reille ; RJDA 2023, n° 534.*

34. *Pénalités fiscales.* En matière de contributions indirectes, la mise en redressement judiciaire de la personne poursuivie ne fait pas obstacle à ce qu'elle puisse être condamnée, à la suite de poursuites de l'Administration, aux amende, pénalité proportionnelle et confiscation prévues par l'art. 1791 CGI. • Crim. 28 avr. 1997 : *D. Affaires 1997. 1008 ; RPC 2000. 16, obs. Macorig-Venier.* ♦ Les amendes et les pénalités fiscales prévues par l'art. 1791, qui ont le double caractère d'une peine et d'une réparation civile, ne sont pas soumises aux dispositions des art. 47 et 48 de la loi du 25 janv. 1985 [C. com., art. L. 622-21 et L. 622-22]. • Même arrêt.

V. aussi, pour des sanctions douanières, note 40 ss. art. L. 622-24.

35. Solidarité fiscale et contrainte par corps. La mise en liquidation judiciaire d'un prévenu ne s'oppose ni au prononcé de la solidarité prévue par l'art. 1745 CGI, mesure à caractère pénal, qui est sans incidence sur la détermination des droits dus et sur l'obligation pour l'Administration de déclarer sa créance, ni au prononcé de la contrainte par corps, cette mesure étant suspendue jusqu'à la clôture de la procédure collective. • Crim. 10 nov. 1999 : *Dr. sociétés 2000, n° 91, obs. Chaput.*

36. Action en recouvrement de l'impôt. En ce sens que l'ouverture d'une procédure collective à l'encontre du redevable principal de l'impôt suspend le cours de la prescription de l'action en recouvrement et que cette action, non prescrite à l'égard du débiteur, ne l'est pas davantage à l'égard de la caution solidaire de la dette fiscale, V. • Com. 12 oct. 1999 : *JCP E 2000, n° 41, p. 1626, note D. F.*

37. Astreinte. L'action en liquidation d'une astreinte prononcée par une décision antérieure au jugement d'ouverture de la procédure de redressement judiciaire qui a suivi la résolution du plan de continuation et en condamnation au paiement de l'astreinte liquidée est soumise à la suspension des poursuites individuelles sans distinguer selon la période, antérieure ou postérieure à ce jugement, pendant laquelle l'astreinte a couru. • Com. 21 janv. 2003, n° 01-01.761 P : *D. 2003. AJ 421, obs. Lienhard ; APC 2003, n° 55, obs. Voinot ; JCP E 2003, n° 20, p. 855, obs. Cabrillac ; RTD com. 2003. 371, obs. Martin-Serf ; RPC 2003. 145, obs. Saint-Alary-Houin ; ibid. 2004. 229, obs. Macorig-Venier.* – Dans le même sens, V. • Civ. 2e, 11 mai 2006, n° 04-15.918 P : *D. 2006. AJ 1530, obs. Lienhard.* ♦ La fixation d'une astreinte définitive pour contraindre à l'exécution d'une obligation de faire née antérieurement au jugement d'ouverture de la procédure collective du débiteur entraîne pour celui-ci le paiement d'une somme d'argent. • Même arrêt. ♦ *Contra*, pour l'action en fixation d'une astreinte provisoire : • Com. 11 sept. 2024, n° 23-15.441 B : *D. actu. 23 oct. 2024, obs. Lemberg-Guez ; LEDEN 12/2024. 4, obs. Rubellin.* ♦ Jugé également que l'ouverture du redressement judiciaire n'interdit pas à un conseil de prud'hommes d'ordonner au liquidateur judiciaire de l'employeur de remettre à un salarié une attestation destinée aux Assedic, sous astreinte provisoire, la demande du travailleur et l'astreinte ne tendant pas au paiement. • Soc. 17 oct. 1989, n° 87-45.033 P. • 12 juin 1991 : *RPC 1992. 107, obs. Dureuil.* ♦ Dans le même sens : pour des documents à remettre à un organisme de sécurité sociale : • Com. 12 juill. 1994, n° 92-19.745 P : *D. 1994. IR 253.* ♦ ... Pour la délivrance de lots gagnés par tirage au sort : • Com. 28 mars 1995, n° 92-17.805 P : *D. 1995. IR 107 ; RTD com. 1996. 338, obs. Martin-Serf.*

38. Contrainte. Si une contrainte peut être délivrée et validée postérieurement à l'ouverture de la procédure collective, en ce qu'elle constitue le titre exécutoire nécessaire à l'établissement définitif de la créance antérieure de la caisse de sécurité sociale, sa validation ne peut conduire à la condamnation du débiteur à paiement. • Com. 17 févr. 2015 : *D. 2015. Actu. 486 ; LEDEN 4/2015. 2, obs. Mouial-Bassilana ; Gaz. Pal. 1er-5 mai 2015, p. 35, obs. Le Corre ; RJDA 2015, n° 509 ; RPC 2015, n° 105, obs. Macorig-Venier.*

39. Action en restitution d'une somme séquestrée. Le séquestre conventionnel oblige le dépositaire, même en liquidation judiciaire, à rendre la chose contentieuse déposée entre ses mains à la personne qui sera jugée devoir l'obtenir, sans qu'il y ait lieu à concours sur cette somme entre les créanciers de ce dépositaire, de sorte que la demande de restitution de la somme séquestrée ne se heurte pas à l'interdiction de payer une créance antérieure, ni à l'interdiction de toute procédure de distribution n'ayant pas produit un effet attributif avant le jugement d'ouverture. • Com. 23 sept. 2020, n° 19-15.122 P : *D. 2020. Actu. 1886 ; Rev. sociétés 2020. 712, obs. Henry ; AJ contrat 2020. 569, obs. Lebel ; JCP E 2020. 1535, n° 3, obs. Pétel ; LEDEN 10/2020. 4, obs. Rubellin ; BJE 11-12/2020. 29, note Touzain ; RJDA 2020, n° 655 ; RDBF 2020, n° 140, obs. Houin-Bressand ; RJ com. 2021. 287, obs. Cazajus ; RPC 2021, n° 126, obs. Macorig-Venier.* ♦ V. déjà • Com. 20 juin 1995, n° 92-16.647 P : *D. 1995. IR 214 ; JCP E 1995. I. 513, n° 3, obs. Pétel ; Rev. dr. bancaire 1996. 61, obs. Campana et Calendini ; Defrénois 1996. 655, obs. J. Honorat* • 24 avr. 2007, n° 06-16.215 P : *D. 2007. AJ 1275, obs. Lienhard ; D. 2008. Pan. 573, obs. F.-X. Lucas ; APC 2007, n° 111, obs. Lebel ; JCP E 2007. 2119, n° 15, obs. Pétel ; RPC 2007. 125, obs. Lebel.* ♦ V. aussi note 92, et note 56 ss. art. L. 622-24. ♦ Comp. note 9 ss. art. L. 622-7. ♦ Comp. également : art. R. 622-19 C. com., dans sa réd. issue du Décr. n° 2006-936 du 27 juill. 2006.

40. Autres actions en exécution d'une obligation de faire. L'action exercée en vue de contraindre une personne mise en redressement judiciaire à exécuter l'obligation, qu'elle avait antérieurement contractée, de se substituer à une caution tend, sous couvert de l'exécution d'une obligation de faire, à obtenir la souscription par le débiteur en redressement judiciaire d'un engagement de payer une somme d'argent, et se trouve donc soumise à la règle de l'arrêt des poursuites individuelles. • Com. 6 juin 1995, n° 93-11.482 P : *D. 1995. IR 170 ; JCP E 1995. I. 513, n° 16, obs. Pétel ; RTD com. 1996. 336, obs. crit. Martin-Serf*.

De même, l'obligation de remise en état inhérente à la résolution du contrat ne saurait s'analyser en une prestation en nature de démolition et retrait des ouvrages édifiés ne tombant pas sous le coup de l'art. 47 [C. com., art. L. 622-21], alors que, sous couvert de la condamnation de la société à procéder à la démolition et à l'enlèvement d'une construction, la demande ne tend qu'au paiement d'une somme d'argent pour une cause antérieure à l'ouverture de la procédure collective. • Com. 9 juill. 1996, n° 94-18.676 P : *D. 1996. IR 203 ; D. 1997. IR 168 ; D. Affaires 1996. 1037 ; JCP E 1997. I. 623, n° 2, obs. Cabrillac.* ♦ Même solution pour la condamnation à réaliser un mur : • Com. 17 juin 1997, n° 94-14.109 P : *D. 1997. IR 168 ; D. 1997. Somm. 311, obs. Honorat ; D. Affaires 1997. 902 ; Quot. jur. 24 juill. 1997, p. 3, note P. M. ; RTD com. 1997. 684, obs. Martin-Serf ; RPC 1998. 282, obs. Macorig-Venier.* ♦ ... Pour la mise en œuvre de la garantie d'achèvement d'une maison, V. • Com. 8 janv. 2002 : *RPC 2002. 268, obs. Staes.* ♦ ... Pour la condamnation à exécuter une obligation de nettoiement des lieux : • Paris, 4 déc. 1998 : *RPC 2000. 13, obs. Macorig-Venier.* ♦ ... Pour la condamnation à remplacer un moteur pour défaut de conformité : • Com. 23 janv. 2001 : *Dr. sociétés 2001, n° 62, obs. Chaput ; RPC 2001. 247, obs. Macorig-Venier ; RTD com. 2002. 540, obs. Martin-Serf*. – V. Viala, *RPC 2002. 43.* ♦ ... Pour l'action en fixation d'une astreinte, V. note 37. ♦ ... La demande du bailleur tendant à obtenir le transfert de propriété de la licence IV à titre de dommages-intérêts : • Com. 17 mai 2017, n° 15-21.837 : *BJE 2017. 321, note Voinot.* ♦ V. aussi, sur l'obligation de déclarer la créance résultant de l'inexécution d'une obligation de faire du débiteur, • Com. 12 nov. 1996 : *RJDA 1997, n° 267.* ♦ *Contra*, accueillant des actions tendant à l'exécution d'une obligation de faire : • Angers, 10 févr. 1997 : *RPC 1999. 121, obs. Macorig-Venier* • Rennes, 9 oct. 1997 : *ibid.*

En revanche, l'action tendant à l'exécution de travaux par le bailleur ou le liquidateur qui le représente ne tombe par sous le coup de l'art. 47 [C. com., art. L. 622-21], dès lors que celui-ci doit pendant toute la durée du bail en cours toutes les réparations nécessaires autres que locatives, peu important que les preneurs aient déclaré leur créance au titre des travaux, cette déclaration ne valant pas abandon pour l'avenir de leur droit d'obtenir que le bailleur remplisse une de ses obligations résultant de la poursuite du contrat. • Com. 29 avr. 2002, n° 99-16.602 P : *D. 2002. AJ 1674, obs. Lienhard ; APC 2002, n° 141, obs. Vallansan ; RPC 2002. 193, obs. Roussel Galle.*

41. Remise en état d'une installation classée. Sur la possibilité pour l'Administration, nonobstant les dispositions des art. L. 621-40 [L. 622-21] s. C. com., d'imposer au liquidateur de l'exploitant d'une installation classée la consignation d'une somme en vue de la dépollution du site d'exploitation, V. • CE 29 sept. 2003 : *D. 2003. AJ 2574 ; APC 2003, n° 257, obs. Trébulle ; JCP E 2004, n° 5, p. 174, obs. Pétel.* – V. Saint-Alary-Houin, *RPC 2004. 146.*

42. Action en répétition de l'indu. L'action en répétition de l'indu est soumise à l'art. 47 [C. com., art. L. 622-21]. • Soc. 7 mars 1996 : *RPC 1997. 49, obs. Macorig-Venier.*

43. Procédure d'arbitrage. Le principe d'ordre public de l'arrêt des poursuites individuelles interdit, après l'ouverture de la procédure collective, la saisine du tribunal arbitral par un créancier dont la créance a son origine antérieurement au jugement d'ouverture, sans qu'il se soit soumis au préalable à la procédure de vérification des créances. • Com. 2 juin 2004, n° 02-13.940 P : *D. 2004. AJ 1732, obs. Lienhard ; ibid. Somm. 3184, obs. Clay ; JCP E 2004, n° 26, p. 1053, note N. S. ; LPA 21 juill. 2004, p. 15, note Touchent ; APC 2004, n° 158, obs. Vallansan ; RPC 2004. 235, obs. Staes ; RTD com. 2004. 439, obs. Loquin ; Rev. arb. 2004. 591, note Ancel ; RTD com. 2004. 808, obs. Martin-Serf ; Defrénois 2004. 1671, obs. Gibirila* (V. l'arrêt cassé : • Paris, 13 févr. 2002 : *BICC 2003, n° 63 ; RJDA 2002, n° 658 ; JCP E 2003, n° 12, p. 518, note P. M. ; RPC 2003. 310, obs. Staes*). – V. déjà, en ce sens • Paris, 3 mars 1998 : *D. 1998. IR 103 ; D. Affaires 1998. 846, obs. A. L.* • 8 sept. 1998 : *D. 1998. IR 235 ; D. Affaires 1998. 1646* • 30 mars 1999 : *D. 1999. IR 125.* ♦ V. aussi • Paris, 16 mars 1995 : *D. 1995. IR 103.* ♦ V. note 20 ss. art. L. 622-22.

44. Action en paiement de créances cédées. Il résulte des art. L. 313-23, L. 313-24 et L. 313-27 C. mon. fin. [relatifs à la cession de créances professionnelles] que, même si son exigibilité n'est pas encore déterminée, une créance peut être cédée et que, sortie du patrimoine du cédant, son paiement n'est pas affecté par l'ouverture de la procédure collective de ce dernier postérieurement à cette date. • Com. 7 déc. 2004, n° 02-20.732 P : *D. 2005. 230, note Larroumet (Rect. ibid. 376) ; ibid. AJ 77, obs. Lienhard ; ibid. Pan. 1426, obs. Boujeka, et 2014, obs. F.-X. Lucas ; JCP E 2005, n° 6, p. 231, note Raby ; ibid., n° 17, p. 707, obs. Pétel ; ibid. n° 21, p. 870, obs. Mathey ; APC 2005, n° 17, obs. Regnault-Moutier ; Defrénois 2005. 997, obs. Gibirila ; RTD com. 2005. 415, obs. Martin-Serf*. – Dans le même sens, V. • Com. 22 nov. 2005, n° 03-15.669 P : *D. 2005. AJ 3081, obs. Delpech ; APC 2006, n° 13, obs. Bonhomme ; JCP E 2006, n° 14-15, p. 673, obs. Cabrillac ; RDBF 2006, n° 16, obs. Cerles ; Banque et Dr. 3-4/2006. 67, obs. Bonneau.* – V. Tchotourian, *RJDA avr. 2006, p. 33.* ♦ Solution confirmée, pour les cessions de créances effectuées par un organisme de financement, V. art. L. 214-169 C. mon. fin. – **C. mon. fin.** ♦ V. aussi • Versailles, 28 févr. 2013 : *D. 2013. Actu. 829, obs. Dammann*. ♦ Auparavant, la Chambre commerciale avait au contraire considéré que le jugement d'ouverture de la procédure collective à l'égard du cédant faisait obstacle aux droits de la banque cessionnaire sur les créances nées de la poursuite d'un contrat à exécution successive postérieurement à ce jugement. • Com. 26 avr. 2000, n° 97-10.415 P : *D. 2000. 717, note Larroumet ; ibid., AJ 265, obs. Pisoni ; JCP E 2000, n° 28, p. 1134, note Legeais ; ibid., n° 40, p. 1560, obs. Pétel ; Dr. sociétés 2000, n° 174, obs. Chaput ; APC 2000, n° 146, obs. Regnaut-Moutier ; Procédures 2000, n° 165, obs. Croze*. – V. Likillimba, *RJDA 2001. 663* ; Soinne, *RPC 2000. 179*.

45. Sommation de payer préalable à la vente forcée d'un fonds de commerce. L'exigence de la délivrance d'une sommation de payer à l'encontre du débiteur en liquidation judiciaire, dans le cadre d'une interprétation purement littérale des dispositions de l'art. 16 de la loi du 17 mars 1909 [C. com., art. L. 143-5] (qui permet aux créanciers inscrits de demander la vente aux enchères publiques du fonds à défaut de paiement), serait contraire aux dispositions d'ordre public des art. 47 et 48 de la loi du 25 janv. 1985 [C. com., art. L. 622-21 et L. 622-22]. • Paris, 21 avr. 2000 : *D. 2000. AJ 313, obs. Monéger-Dupuis et Pisoni*.

46. Action en réduction du prix de vente d'un fonds de commerce. L'action en réduction du prix de vente d'un fonds de commerce pour inexactitude des mentions obligatoires n'entre pas dans le champ d'application de l'art. 47 [C. com., art. L. 622-21]. • Paris, 17 janv. 1994 : *RJDA 1994, n° 333*.

47. Attribution judiciaire d'un immeuble hypothéqué. La demande d'un créancier hypothécaire impayé tendant à ce que l'immeuble grevé lui demeure en paiement, par application de l'art. 2458 [2451] C. civ., tend au paiement d'une somme d'argent, au sens de l'art. L. 622-21 C. com., et, à défaut de disposition autorisant, par dérogation au principe de l'interdiction des poursuites posé par ce texte, la présentation d'une telle demande en cas de procédure collective, comme il en existe pour l'attribution judiciaire du gage, la demande d'attribution judiciaire de l'immeuble hypothéqué est irrecevable. • Com. 28 juin 2017, n° 16-10.591 P : *D. 2017. Actu. 1356, obs. Lienhard ; ibid. Pan. 1948, obs. Le Corre ; AJ contrat 2017. 397, obs. A. Lecourt ; RTD civ. 2017. 707, obs. Crocq ; RTD com. 2017. 993, obs. Martin-Serf ; JCP E 2017. 1460, n° 23, obs. Pétel ; ibid. 1656, note Lebel ; LEDEN 9/2017. 2, obs. Camensuli-Feuillard ; APC 2017, n° 236, obs. Alleaume ; Gaz. Pal. 10 oct. 2017, p. 51, obs. Boustani ; RPC 2017, n° 102, obs. Macorig-Venier ; RJDA 2017, n° 748 ; BJE 2017. 418, note Dols-Magneville*. – V. déjà • T. com. Saint-Pierre de la Réunion, 1er mars 2016, n° 2015/003678 : *D. 2016. 1185, note Boustani ; Gaz. Pal. 12 avr. 2016, obs. Le Corre ; RPC 2016, n° 120, obs. Macorig-Venier*.

48. Garantie des vices cachés. Échappe à la suspension des poursuites individuelles l'obligation de remplacer le matériel litigieux, invoquée par l'acheteur ayant introduit une instance sur le fondement de l'art. 1648 C. civ. à l'encontre du débiteur en redressement judiciaire dont l'entreprise a fait l'objet d'une cession. • Com. 28 mars 1995, n° 92-18.917 P : *D. 1995. IR 107*. ♦ En revanche, dès lors que le contrat de vente a été conclu avant le jugement d'ouverture de la liquidation judiciaire du vendeur, la demande de dommages-intérêts formée par l'acquéreur contre ce dernier, sur le fondement de l'action estimatoire, tout comme sa demande de dommages-intérêts pour perte de jouissance, sont irrecevables. • Com. 18 févr. 2003 : *RPC 2003. 312, obs. Staes*.

49. Action en nullité d'un contrat. V. note 66.

50. Action paulienne. BIBL. Courtier, *LPA 3 mars 1995*. – Pizzio-Delaporte, *RTD com. 1995. 715*. ♦ L'action fondée sur l'art. 1167 [1341-2] C. civ. qu'un créancier peut exercer contre tous les actes faits en fraude de ses droits par le débiteur n'est pas soumise aux dispositions de l'art. L. 621-40 [L. 622-21] C. com. • Com. 2 nov. 2005, n° 04-16.232 P : *D. 2005. AJ 2872, obs. Lienhard ; D. 2006. Pan. 83, obs. Le Corre ; APC 2005, n° 237, obs. Vallansan ; Gaz. Pal. 10-11 févr. 2006, p. 27, obs. Roussel Galle ; ibid. 26-27 juill. 2006, p. 22, note Daussy-Roman ; JCP E 2006, n° 14-15, p. 673, obs. Pétel ; RPC 2006. 276, obs. Blanc ; LPA 17 nov. 2006, p. 14, note Jambort*. ♦ L'inopposabilité de l'acte, résultant de l'admission de l'action paulienne exercée contre lui par un créancier, n'a d'effet qu'à l'égard de celui-ci. • Même arrêt. – V. déjà, en ce sens, • Paris, 4 févr. 1994 : *D. 1994. IR 80* • Lyon, 3 avr. 2003 : *BICC 2004, n° 1362*. ♦ V. encore note 55 ss. art. L. 621-2, note 10 ss. art. L. 622-20, note 16 ss. art. L. 632-4 et note 24 ss. art. L. 642-18.

51. Action oblique. Une telle action n'a pas pour objet principal d'obtenir le paiement du sous-débiteur par le créancier qui l'exerce mais seulement la réintégration dans le patrimoine du débiteur de celui-ci des créances que ce dernier néglige de recouvrer. • Paris, 13 mars 1998 : *D. Affaires. 1998. 673, obs. A. L. ; RPC 1999. 120, obs. Macorig-Venier*. ♦ Sur l'exercice de cette action, V. note 10 ss. art. L. 622-20 et note 45 ss. art. L. 641-9.

52. Action en dissolution d'une société. L'action en dissolution d'une société suite à la réunion de toutes les parts sociales en une seule main (art. 1844-5 C. civ.), ne tendant pas au paiement d'une somme d'argent, n'est pas paralysée par l'art. 47 [C. com., art. L. 622-21]. • Paris, 27 sept. 1996 : *Dr. sociétés 1996, n° 234, obs. Chaput*.

53. Créances d'aliments. BIBL. M. Storck, *RPC 1989. 1*. ♦ Échappe à la règle d'arrêt des poursuites individuelles prévue par l'art. 47 [C. com., art. L. 622-21], en vertu des art. 1er et 2 de la loi du 2 janv. 1973, l'action directe dont dispose le créancier d'aliments contre les tiers débiteurs de sommes liquides et exigibles envers la personne tenue au paiement de la pension. • Nancy, 30 avr. 1999 : *BICC 1999, n° 1302.* ♦ V. C. pr. exéc., art. L. 213-1. – **C. pr. exéc.** ♦ V. aussi note 72 ss. art. L. 622-24.

54. Cotisations dues aux caisses de congés payés. Sur la portée de l'art. L. 143-8 [L. 3253-23], 4°, C. trav. (privilège des caisses de congés payés pour le paiement des cotisations qui leur sont dues) au regard de la suspension des poursuites instituée par l'art. L. 621-40 [L. 622-21] C. com., V. • Com. 13 déc. 2005, n° 04-17.502 P : *D. 2006. AJ 227, obs. Lienhard ; JCP E 2006, n° 14-15, p. 674, obs. Cabrillac ; ibid., n° 19, p. 860, obs. Delebecque ; Gaz. Pal. 30 avr.-4 mai 2006, p. 40, obs. Roussel Galle.*

55. Fixation des honoraires d'avocat. En ce sens que le principe de l'arrêt des poursuites individuelles n'interdit pas au bâtonnier de statuer sur les contestations émises par le débiteur en ce qui concerne le montant des honoraires de son avocat, V. • Com. 24 janv. 2006, n° 02-20.095 P : *D. 2006. AJ 499, obs. Lienhard ; ibid. Pan. 2254, obs. F.-X. Lucas ; APC 2006, n° 57, obs. Le Corre ; Gaz. Pal. 30 avr.-4 mai 2006, p. 38, obs. Roussel Galle ; RPC 2007. 133, obs. Macorig-Venier.*

56. Contre-passation d'effets de commerce. La contre-passation d'un effet de commerce après l'ouverture de la procédure collective du tireur ne vaut pas paiement et n'en fait pas perdre la propriété au banquier escompteur. • Com. 11 juin 2014 : *D. 2014. Actu. 1325 ; Gaz. Pal. 5-7 oct. 2014, p. 41, obs. Bonhomme.*

57. Remise des fonds au nouveau syndic de copropriété. Lorsque le nouveau syndic demande à l'ancien syndic en liquidation judiciaire la remise des fonds, documents et archives du syndicat ainsi que l'état des comptes de ce dernier et de celui des copropriétaires, l'action qu'il exerce à cette fin en application de l'art. 18-2 de la L. n° 65-557 du 10 juill. 1965 échappe à l'interdiction des poursuites de l'art. L. 622-21-I, C. com., dès lors qu'elle tend au respect d'une obligation légale, inhérente à la profession de syndic, et non au paiement d'une somme d'argent. • Com. 20 mars 2019, n° 17-22.417 P : *D. 2019. Actu. 636 ; Rev. sociétés 2019. 427, obs. Roussel Galle ; RTD com. 2019. 763, obs. Martin-Serf ; JCP E 2019. 1375, n° 3, obs. Pétel ; LEDEN 5/2019. 3, obs. Roux ; APC 2019, n° 116, obs. Pétel ; RJDA 2019, n° 444 ; BJE 7-8/2019. 40, note Thullier ; RPC 2019, n° 119, obs. Lebel.*

58. Action en garantie dans le cadre d'un divorce. La demande de l'ex-épouse visant à être relevée et garantie par le débiteur en liquidation de sommes pouvant être mises à sa charge au titre de crédits et emprunts, fondée sur l'engagement pris par son ex-époux lors de son divorce, tend à la condamnation de ce dernier au paiement de sommes d'argent pour une cause antérieure à l'ouverture de la procédure collective, de sorte qu'elle est soumise à l'interdiction des poursuites. • Com. 29 mai 2019, n° 16-26.989 P : *D. 2019. Actu. 1166 ; Rev. sociétés 2019. 555, obs. Reille ; RTD com. 2019. 765, obs. Martin-Serf ; ibid. 771, obs. Vallens ; APC 2019, n° 170, obs. Petit ; LEDEN 7/2019. 4, obs. Lafaurie ; RJDA 2019, n° 573 ; Gaz. Pal. 15 oct. 2019, p. 59, obs. Boustani.*

59. Action liée à l'inopposabilité d'une déclaration d'insaisissabilité. V. note 5 ss. art. L. 526-1 C. com., 2e partie, *Prévention des difficultés des entreprises.*

2° ACTION EN RÉSOLUTION

60. Résolution pour défaut de paiement d'une somme d'argent. L'action en résolution d'un contrat pour défaut de paiement d'une somme d'argent à son échéance est une action fondée sur le défaut de paiement d'une somme d'argent au sens de l'art. L. 622-21 C. com., dans sa rédaction issue de l'Ord. du 18 déc. 2008 (irrecevabilité de la demande du bailleur tendant à la résiliation du contrat de bail pour paiement tardif des loyers antérieurs au jugement d'ouverture). • Com. 15 nov. 2016, n° 14-25.767 P : *D. 2016. Actu. 2334 ; RTD com. 2017. 185, obs. Martin-Serf ; JCP E 2017. 1164, n° 3, obs. Pétel ; Gaz. Pal. 10 janv. 2017, p. 65, obs. Kendérian ; RJDA 2017, n° 97 ; RPC 2017, n° 100, obs. Macorig-Venier.* ♦ De même sont irrecevables : l'action en résolution d'un contrat de vente pour défaut de paiement du prix. • Com. 31 mars 1992, n° 90-11.741 P : *D. 1992. IR 142.* ♦ ... La demande tendant à faire constater l'acquisition de la clause résolutoire d'un bail commercial pour non-payement d'un loyer antérieur au jugement d'ouverture : V. note 4 ss. art. L. 622-14. ♦ En revanche, l'art. L. 622-21 C. com. ne fait pas obstacle à l'action aux fins de constat de la résolution d'un contrat de crédit-bail immobilier par application d'une clause résolutoire de plein droit qui a produit ses effets avant le jugement d'ouverture de la liquidation judiciaire du crédit-preneur. • Com. 18 nov. 2014 : *D. 2014. Actu. 2405 ; LEDEN 1/2015. 2, obs. Le Corre-Broly ; RJDA 2015, n° 122 ; Defrénois 2015. 242, obs. Vauvillé ; RDBF 2015, n° 103, obs. Houin-Bressand ; RPC 2015, n° 103, obs. Macorig-Venier.* – V. déjà, en ce sens, • Com. 9 mai 1995, n° 93-10.549 P : *D. 1995. IR 148* • Civ. 3e, 11 juin 1997, n° 95-14.355 P : *AJPI 1998. 47, note Gallet.* ♦ Dans le même sens, pour la résolution de plein droit d'un contrat de location de véhicules, V. • Com. 13 sept. 2023, n° 22-12.047 B : *D. 2023. Actu. 1647 ; RTD com. 2024. 167, obs. Martin-Serf ; JCP E 2023. 1322, note Cerati ; APC 2023, n° 211, obs. Lafaurie ; RJDA 2023, n° 670 ; BJE 11-12/2023. 25, note Tisseyre ; Dr. sociétés 2024, n° 50, note Legros.* ♦ ... La résolution de plein droit d'un bail à construction, V. • Civ. 3e, 28 janv. 2004, n° 01-00.893 P : *D. 2004. AJ 502* ; *APC 2004, n° 56, obs. Vallansan ; Loyers et copr. 2004, n° 52, obs. Brault ; Dr. et pr. 2004. 209, note Putman ; Rev. contrats 2004. 711, obs. Seube ; RPC 2004. 233, obs. Macorig-Venier.* ♦ ... D'une vente de fonds de commerce, V. • Com. 25 nov. 1997, n° 95-15.885 P : *D. 1998. IR 8* ; *Rev. loyers 1998. 190, note Gallet.* ♦ Ni l'art. L. 622-21 C. com. ni l'art. 24 de la L. n° 89-462 du 6 juill. 1989 tendant à améliorer les rapports locatifs ne font obstacle à l'action aux fins de constat de la résolution d'un contrat de bail d'habitation par application d'une clause résolutoire de plein droit qui a produit ses effets avant le jugement de liquidation judiciaire, dès lors que le locataire n'a pas demandé de délais de paiement, cette circonstance permettant seule de suspendre les effets de la clause. • Com. 23 oct. 2019, n° 18-14.823 P : *D. 2019. Actu. 2086* ; *RTD com. 2020. 466, obs. Martin-Serf* ; *APC 2019, n° 262, obs. Petit ; LEDEN 12/2019. 4, obs. Lafaurie.*

61. L'art. L. 622-21, I, 2°, s'applique au contrat de vente assortie d'un paiement sous forme d'une rente viagère. • Com. 4 juill. 2018, n° 17-10.208 : *RTD com. 2019. 211, obs. Martin-Serf* . ♦ En revanche, la règle de la suspension des poursuites individuelles n'empêche pas la constatation de l'acquisition de la clause résolutoire du contrat au jour du jugement d'ouverture. • Com. 8 déc. 1998 : *APC 1999, n° 19.* – V. aussi note 62. ♦ Comp. : • Com. 2 mars 1999 : *APC 1999, n° 91, obs. Vallansan ; LPA 1er févr. 2000, p. 21, note Gallet ; RPC 2000. 13, obs. Macorig-Venier.* ♦ V. égal. Vauvillé, *Dr. et patr. 4/2001. 45* ; Delattre, *Ann. loyers 2002. 137.*

62. Pour la renonciation implicite d'un crédit-bailleur à se prévaloir d'une clause de résiliation de plein droit avant l'ouverture de la procédure, V. • Com. 21 janv. 1992, n° 90-11.510 P : *D. 1992. Somm. 259, obs. Derrida* ; *Defrénois 1992. 1375, obs. Sénéchal.*

63. Aucun texte, et spécialement l'art. 47 [C. com., art. L. 622-21], ne s'oppose à ce qu'un tribunal constate, après le jugement d'ouverture d'une procédure collective à l'encontre de l'acheteur, l'acquisition, pour défaut de paiement d'une fraction du prix, de la clause résolutoire insérée dans l'acte de vente de biens immobiliers, dès lors que n'est pas en cause la résiliation du bail d'un immeuble affecté à l'activité de l'entreprise en liquidation judiciaire. • Com. 5 avr. 1994 : *D. 1994. IR 174.* – Dans le même sens, V. • Paris, 24 mars 1998 : *D. Affaires 1998. 847 ; RPC 1999. 119, obs. Macorig-Venier.*

64. L'art. 47 [C. com., art. L. 622-21] interdit l'action résolutoire engagée par un vendeur dont les créances pour les sommes échues après le jugement d'ouverture avaient leur origine dans le contrat de vente et le contrat de prêt conclus antérieurement, et que ces contrats n'étaient plus en cours au sens de l'art. 37 [C. com., art. L. 622-13], le transfert de propriété des immeubles vendus s'étant réalisé dès la signature de l'acte de vente et le montant du prêt ayant été versé par le prêteur. • Com. 9 avr. 1991, n° 89-18.817 P : *D. 1992. Somm. 257, obs. Derrida* ; *RPC 1992. 165, obs. Saint-Alary-Houin.* ♦ Dans le même sens, pour une vente contre paiement d'une rente viagère, V. • Com. 28 févr. 1995, n° 94-12.108 P : *D. 1995. IR 89 ; Quot. jur. 21 mars 1995, p. 2* • Paris, 9 mars 2000 : *D. 2000. AJ 201, obs. Pisoni.*

65. L'art. L. 622-21, I, 2°, est applicable, en raison de sa généralité, à une action en résolution d'une vente consentie à deux acquéreurs solidaires, dont l'un a été mis en liquidation judiciaire. • Com. 20 mars 2019, n° 17-20.629 : *RJDA 2019, n° 443 ; BJE 9-10/2019. 25, note Lamy.*

66. Dès lors que les emprunteurs fondent leur demande d'annulation du contrat de vente sur la violation de l'art. L. 121-23 C. consom., dans sa rédaction antérieure à celle issue de l'Ord. n° 2016-301 du 14 mars 2016, et leur demande subsidiaire de résolution sur l'inexécution de prestations, sans demander de condamnation du vendeur au paiement d'une somme d'argent ni invoquer le défaut de paiement d'une telle somme, ni même réclamer la restitution du prix de vente, leurs demandes ne se heurtent pas à l'interdiction des poursuites. • Com. 7 oct. 2020, n° 19-14.422 P : *D. 2020. Actu. 2006* ; *Rev. sociétés 2020. 710, obs. Henry* ; *RTD com. 2021. 187, obs. Martin-Serf* ; *JCP E 2020. 1535, n° 5, obs. Tehrani ; LEDEN 11/2020. 3, obs. Lafaurie ; BJE 1-2/2021. 28, note J.-B. Barbièri ; RPC 2021, n° 125, obs. Macorig-Venier.* ♦ Dans le même sens, la demande étant en outre fondée sur des manœuvres dolosives reprochées au vendeur, V. • Com. 12 juin 2024, n° 19-14.480 B : *D. 2024. Actu. 1125* ; *APC 2024, n° 152, obs. Petit ; RJDA 2024, n° 541 ; RPC 2024, n° 109, obs. Macorig-Venier ; BJE 11-12/2024. 31, note Saintourens.*

67. Sur l'inapplicabilité de l'art. 47 [C. com., art. L. 622-21] à la résiliation d'un contrat d'assurance pour non-paiement d'une prime échue antérieurement à la mise en redressement judiciaire du souscripteur, le défaut de paiement de la prime constituant, en vertu de l'art. L. 132-20 C. assur., une cause de résiliation n'ayant pas à être constatée judiciairement, V. • Com. 26 mai 1999 : *D. 1999. IR 161* ; *JCP E 1999, n° 39, p. 1532, obs. Pétel ; APC 1999, n° 144, obs. Regnaut-Moutier ; Procédures 1999, n° 204, obs. Laporte ; RCA 1999, n° 309, obs. Groutel ; RPC 2000. 14, obs. Macorig-Venier.* ♦ V. aussi note 55 ss. art. L. 622-24.

68. Ne tend pas à la condamnation du mandant au paiement d'une somme d'argent, ni à la résolution du contrat pour défaut de paiement d'une somme d'argent l'action en justice de l'agent commercial aux fins de voir dire justifiée la rupture de son contrat d'agent commercial sans exécution d'un préavis pour fautes graves de gestion du mandant. • Com. 13 avr. 2022, n° 20-18.175 : *RJDA 2022, n° 497.*

69. La caution est déchargée, par application de l'art. 2037 [2314] C. civ., lorsque le bailleur n'a pas exercé en temps utile l'action résolutoire contre le preneur, de sorte que, par l'effet du redressement judiciaire du débiteur principal, la caution ne peut plus être subrogée dans ladite action résolutoire. • Civ. 1re, 17 févr. 1993, n° 90-12.916 P : *D. 1993. IR 65.*

70. Résolution pour inexécution d'une obligation de faire. N'est pas visée par l'art. 47 [C. com., art. L. 622-21] l'action en résolution consécutive à l'inexécution d'une obligation de faire. • Com. 12 mai 1992, n° 90-13.945 P : *JCP 1993. II. 21999, note Lévy ; D. 1992. IR 195* • Chambéry, 9 sept. 1992 : *Rev. loyers 1995. 105, note Gallet ; JCP E 1992. Pan. 1117.* ♦ Il en va ainsi, par exemple, en cas de mise en œuvre de la clause résolutoire d'un bail commercial en raison du non-respect : de l'obligation du preneur d'utiliser les lieux pour l'exercice de son commerce et de les tenir constamment garnis. • Com. 11 avr. 1995 : *RPC 1995. 295, obs. Mestre et Laude.* ♦ ... De la destination contractuelle. • Paris, 24 mai 1995 : *Loyers et copr. 1995, n° 425, note Brault et Mutelet.* ♦ ... Ou des formalités d'autorisation et de concours du bailleur à l'acte de sous-location. • Paris, 14 janv. 1993 : *Juris-Data n° 010306.* ♦ V. aussi, admettant l'action en constatation du jeu de la clause résolutoire d'un bail commercial pour non-respect de l'obligation d'assurance, • Paris, 21 janv. 1997 : *RPC 1999. 118, obs. Macorig-Venier.* ♦ V. encore note 23 ss. art. L. 622-13.

Sur le délai imparti au bailleur pour introduire sa demande en cas de liquidation judiciaire, V. art. L. 641-12, al. 4.

La demande tendant à la résolution d'une vente, en application de l'art. 1610 C. civ. (obligation de délivrance), à l'exclusion du remboursement du prix versé, est recevable ; les acquéreurs n'ont pas l'obligation de déclarer leur créance résultant du défaut d'achèvement de l'immeuble. • Civ. 1re, 26 nov. 1996, n° 94-13.989 P : *D. Affaires 1997. 160.* ♦ Est également recevable la demande en résolution de contrats de vente pour défaut de conformité et existence de vices cachés. • Com. 2 mars 1999 : *RJDA 1999, n° 573 ; RPC 2000. 14, obs. Macorig-Venier.*

V. aussi, pour la résolution d'un contrat de cession de clientèle consécutivement à l'inexécution d'une obligation de faire, • Paris, 26 janv. 1996 : *D. 1996. IR 62.*

71. Comp. note 40.

72. Congé avec refus de renouvellement du bail. La suspension des poursuites prévue par l'art. 47 [C. com., art. L. 622-21] n'est pas applicable à l'action en déclaration de validité de congé avec refus de renouvellement pour retards dans les paiements. • Com. 3 juin 1992, n° 90-14.124 P : *Defrénois 1993. 796, obs. Vermelle ; ibid. 1993. 1215, obs. Sénéchal.* – Dans le même sens, V. • Civ. 3e, 14 mai 1997 : *D. 1997. Somm. 305, obs. Rozès ; D. Affaires 1997. 866 ; RJDA 1997, n° 954 ; Rev. loyers 1999. 240, note Gallet* • Lyon, 29 mars 1995 : *RPC 1998. 286, obs. Macorig-Venier* • Paris, 12 sept. 2005 : *RJDA 2006, n° 394.*

73. Résiliation du bail mis à disposition. Lorsqu'un fermier met ses terres à disposition d'une exploitation agricole à responsabilité limitée [en application de l'art. L. 411-37 C. rur.], il reste seul titulaire du bail et la procédure collective suivie contre l'EARL, même si elle débouche sur un plan de continuation, ne fait pas obstacle à l'action en résiliation du bailleur dont les droits n'ont pas été modifiés. • Civ. 3e, 6 janv. 2010, n° 08-21.536 P : *D. 2010. AJ 205 ; APC 2010, n° 53, obs. Lebel ; RJ com. 2010. 490, note Sortais ; Dr. sociétés 2011, n° 15, note Legros.*

74. Résolution du plan de cession. Dans la procédure de redressement judiciaire du cessionnaire, l'art. 47 [C. com., art. L. 622-21] ne fait pas obstacle au prononcé de la résolution du plan de cession, compte tenu de sa nature et de l'action en résolution ouverte au procureur de la République et au tribunal, distincte de l'action interdite par l'art. 47 aux seuls créanciers. • TGI Metz, 3 août 1988 : *D. 1991. Somm. 17, obs. Derrida .* ♦ En revanche, la résolution des actes de cession ne saurait être sollicitée par le commissaire à l'exécution du plan dans la mesure où les cessionnaires étant eux-mêmes soumis à une procédure de redressement judiciaire, s'appliquent les dispositions de l'art. 47 [C. com., art. L. 622-21] interdisant toute action en résolution pour défaut de paiement d'une somme d'argent. • Orléans, 23 oct. 1997 : *RPC 1999. 120, obs. Macorig-Venier.*

75. Résolution d'une adjudication. Un mandataire à la liquidation judiciaire d'une société ayant fait procéder à la vente d'un immeuble dépendant de l'actif social au bénéfice d'une autre société, qui n'en a pas payé le prix, peut être déclaré irrecevable à poursuivre la revente de ce bien sur folle enchère en raison de la procédure de liquidation judiciaire dont a fait l'objet à son tour l'adjudicataire. Les dispositions de l'art. 47 [C. com., art. L. 622-21] sont, en effet, applicables, dès lors qu'aux termes du cahier des charges, l'adjudicataire devenait propriétaire du seul fait de l'adjudication, en sorte que la procédure de folle enchère tendait à la résolution de la première adjudication. • Civ. 2e, 19 mai 1998 : *D. 2000. Somm. 67, obs. Pérochon et Mainguy ; D. Affaires 1998. 1325, obs. V. A.-R.* – Dans le même sens, V. • Com. 13 oct. 1998 : *Dr. sociétés 1998, n° 158, obs. Chaput ; RTD com. 1999. 504, obs. Martin-Serf* • Civ. 2e, 11 mars 2010, n° 09-13.360 P : *D. 2010. AJ 763 ; LEDEN 5/2010. 4, obs. M. Sénéchal ; APC 2010, n° 136, obs. Salvat ; RJDA 2010, n° 648 ; RDBF 2010, n° 105, obs. S. Piedelièvre.*

76. Résolution d'un concordat. Jugé que la demande de résolution d'un concordat dont le débiteur avait bénéficié, fondée sur l'inexécution des engagements concordataires, ne tombe pas sous le coup de l'art. 47 [C. com., art. L. 622-21]. • Aix-en-Provence, 13 déc. 1989 : *D. 1991. Somm. 2, obs. crit. Derrida .*

C. ARRÊT DES PROCÉDURES D'EXÉCUTION

1° PROCÉDURES D'EXÉCUTION VISÉES

BIBL. Théry, *Rev. huiss. 2002. 140.*

77. Jurisprudence antérieure à la L. n° 91-650 du 9 juill. 1991. V. ss. anc. art. L. 621-40, éd. 2012 et antérieures du **C. pr. coll.**

78. Saisie-attribution. **BIBL.** Derrida, *LPA 6 janv. 1993.* – Canet, *RPC 1995. 265.* – Ghelfi-Tastevin, *LPA 18 oct. 1999 ; ibid. 20 oct. 1999.* – F. Aubert, *Rapp. C. cass. pour 1999, p. 83.* – Rezek, *JCP N 2001, n° 37, p. 1349.* – Spinelli, *Dr. et pr. 2002. 273* (dénonciation de la saisie-attribution). – Lefort, *ibid. 2003. 204 et 272* (saisie conservatoire pratiquée antérieurement au jugement d'ouverture). – Garreau, *RTD com. 2004. 413* (saisie-attribution sur des créances à exécution successive). ♦ L'acte de saisie emporte, à concurrence des sommes pour lesquelles elle est pratiquée, attribution immédiate au profit du saisissant de la créance saisie disponible entre les mains du tiers ainsi que de tous ses accessoires [...]. – La [...] survenance d'un jugement portant ouverture d'un redressement ou d'une liquidation judiciaires ne remet pas en cause cette attribution [...], (C. pr. exéc., art. L. 211-2).

La saisie administrative à tiers détenteur emporte l'effet d'attribution immédiate prévu à l'art. L. 211-2 C. pr. exéc. (LPF, art. L. 262, al. 4).

La survenance d'un redressement judiciaire ne peut, par application de l'art. 43 de la loi du 9 juill. 1991 [C. pr. exéc., art. L. 211-2, à compter du 1er juin 2012], remettre en cause l'attribution que réalise l'acte de saisie-attribution, la créance entrant par l'effet de la saisie dans le patrimoine du saisissant et n'ayant pas à être déclarée. • Com. 13 oct. 1998, n° 96-14.295 P : *D. Affaires 1998. 2018, obs. A. L.* ♦ En effet, la règle de la suspension des poursuites individuelles édictée par l'art. 47 [C. com., art. L. 622-21] ne fait pas obstacle à l'effet attributif immédiat de la saisie-attribution dès lors qu'elle a été pratiquée à une date antérieure au redressement judiciaire, quand bien même le tribunal ferait-il remonter la date de cessation des paiements à une date antérieure à celle de la saisie. • TGI Carpentras, JEX, 22 juill. 1999 : *Annonces de la Seine, suppl. au n° 16 du 28 févr. 2000, p. 4.*

79. Il résulte des art. 13 et 43 de la loi du 9 juill. 1991 préc. et des art. 69 s. de son décret d'application n° 92-755 du 31 juill. 1992 [C. pr. exéc., art. L. 112-1, L. 211-2 et R. 211-14 s., à compter du 1er juin 2012] que la saisie-attribution d'une créance à exécution successive pratiquée à l'encontre de son titulaire avant la survenance d'un jugement portant ouverture d'un redressement ou d'une liquidation judiciaires de celui-ci poursuit ses effets sur les sommes échues en vertu de cette créance après ledit jugement. • Cass., ch. mixte, 22 nov. 2002, n° 99-13.935 P : *BICC janv. 2003, p. 11, avis Viricelle et rapp. Foulon ; D. 2002. AJ 3270, obs. Lienhard ; D. 2003. 445, note Larroumet ; ibid. Somm. 1472, obs. Taormina ; APC 2002, n° 262, obs. Regnaut-Moutier ; JCP 2003. II. 10033, note Houtcieff ; JCP E 2003, n° 11, p. 469, note Legeais ; ibid., n° 20, p. 854, obs. Cabrillac ; RTD com. 2003. 367, obs. Martin-Serf ; Procédures 2003, n° 8, obs. Perrot ; Dr. et pr. 2003. 120, note Putman ; RDBF 2003, n° 19, obs. Cerles ; ibid., n° 37, obs. Delleci ; LPA 13 juin 2003, p. 15, note Courtier ; ibid. 27 févr. 2004, p. 11, note M. Sénéchal* • Com. 5 nov. 2003, n° 99-20.223 P : *D. 2003. AJ 2964 ; Dr. et pr. 2004. 108, note Putman* • 3 déc. 2003 : *D. 2004. Somm. 1489, obs. Taormina.* ♦ V. déjà • Civ. 2e, 10 juill. 1996 : *D. 1996. 625, note Ancel ; JCP 1996. II. 22723, note Putman ; RPC 1997. 42, obs. Canet* • 8 mars 2001 : *APC 2001, n° 98, obs. Regnaut-Moutier.* – V. Soinne, *LPA 1er nov. 1996 ; RPC 2000. 179.* ♦ Sur la notion de « créance à exécution successive », V. • Civ. 2e, 17 mai 2001 : *APC 2001, n° 191, obs. Soinne.* ♦ V. aussi note 15. ♦ Pour l'application de cette solution à un avis à tiers détenteur pratiqué sur une créance à exécution successive, V. note 14 ss. art. L. 622-7.

La dénonciation au débiteur saisi de la saisie-attribution pratiquée à son encontre ne constitue pas une voie d'exécution et n'est donc pas concernée par l'interdiction de toute voie d'exécution prévue par l'art. 47 [C. com., art. L. 622-21]. • Paris, 2 sept. 1999 : *Banque et Dr. 3-4/2000. 53, obs. Guillot* • TGI Lyon, JEX, 23 avr. 1996 : *D. 1997. 43, note Prévault.*

80. Le jugement d'ouverture de la procédure collective interdit toute conversion en saisie-attribution de la saisie conservatoire pratiquée antérieurement. • Com. 22 avr. 1997, n° 94-19.420 P : *D. 1997. IR 127 ; D. Affaires 1997. 673 ; RDBB 1997. 134, obs. Campana et Calendini ; JCP E 1997. II. 1013, note Grellière ; ibid. 1997. I. 681, n° 16, obs. Cabrillac ; RPC 1997. 316, obs. Canet ; RTD com. 1998. 208, obs. Martin-Serf.* ♦ Il résulte de la combinaison de l'art. 47 de la loi du 25 janv. 1985 [C. com., art. L. 622-21] et des art. 240 à 242 du Décr. n° 92-755 du 31 juill. 1992 [C. pr. exéc., art. R. 523-7 à R. 523-9], qu'une saisie conservatoire signifiée au tiers saisi avant la date de cessation des paiements qui n'a pas été convertie en saisie-attribution avant la date du jugement d'ouverture n'emporte plus, dès lors, affectation spéciale et privilège au profit du créancier saisissant. • Com. 22 avr. 1997 : *préc.* • 6 mars 2001, n° 98-12.266 P : *D. 2001. AJ 1102, obs. Lienhard ; APC 2001, n° 88, obs. Vallansan ; Procédures 2001, n° 126, obs. Laporte ; RDBF 2001, n° 129, obs. Delleci* • Paris, 19 mars 1998 : *D. Affaires 1998. 720, obs. A. L.* – V. aussi • Douai, 19 juill. 1994 : *D. 1995. 479, note Prévault ; JCP E 1995. I. 513, n° 17, obs. Cabrillac ; Rev. huiss. 1995. 838, note Dahan* • Montpellier, 20 avr. 2004 : *RDBF 2005, n° 59, obs. F.-X. Lucas* (à propos d'une conversion en saisie-attribution intervenue le jour même du jugement d'ouverture). ♦ En effet, aux termes mêmes de cet art. 240 et de l'art. 76, al. 2, de la loi du 9 juill. 1991 [C. pr. exéc., art. L. 523-2 et R. 523-7, à compter du 1er juin 2012], c'est la demande de paiement contenue dans l'acte de conversion qui emporte attribution immédiate, au profit du créancier, de la créance saisie conservatoirement et non la saisie conservatoire elle-même. • TGI Lyon, JEX, 26 sept. 1995 : *BICC 1996, n° 193 ; RPC 1996. 343, obs. Canet. – Contra* : • TGI Lyon, JEX, 20 févr. 1996 : *D. 1996. IR 188* • TGI Le Mans, JEX, 12 avr. 1994 : *Gaz. Pal. 1996. 2. Somm. 436, obs. Vray.* ♦ Dès lors, même en présence d'un jugement définitif consacrant sa créance, le créancier qui n'a pas signifié d'acte de conversion de la saisie conservatoire en saisie-attribution, avant l'ouverture de la procédure collective, ne peut se prévaloir d'un droit acquis avant le jugement d'ouverture. • Civ. 2e, 19 mai 1999, n° 97-13.672 P : *D. 1999. 549, note Prévault ; RJDA 2000, n° 184.* ♦ V. art. L. 632-1, I (7°). ♦ Sur cette question, V. Vaccaro, *D. Affaires 1997. 1409.*

Une saisie conservatoire non convertie en saisie-attribution à la date du jugement d'ouverture doit faire l'objet d'une mainlevée. • Com. 31 mars 1998 : *Procédures 1998, n° 139, obs. Perrot ; ibid. n° 144, obs. Croze* • Paris, 16 juin 1998 : *D. Affaires 1998. 1450, obs. A. L.* ♦ V. aussi, s'agissant d'une saisie conservatoire pratiquée en garantie d'une créance de condamnation au paiement de l'insuffisance d'actif non convertie en saisie-attribution avant le jugement d'ouverture de la liquidation judiciaire du dirigeant : note 2 ss. art. R. 651-6. ♦ De même, doit être ordonnée la mainlevée de la consignation des sommes entre les mains d'un séquestre, comme modalité de substitution à la saisie conservatoire, et leur reversement dans l'actif de la société en redressement judiciaire. • Lyon, 17 juin 1998 : *JCP 2000. IV. 1389.* ♦ En effet, la substitution d'un séquestre judiciaire à une saisie conservatoire n'a pas pour conséquence de faire échapper la créance séquestrée au régime juridique de la saisie conservatoire dont les effets sont maintenus. • Com. 6 mars 2001 : *préc.* – V. C. pr. exéc., art. L. 512-1 et R. 523-2. – **C. pr. exéc.**

Une saisie conservatoire, qui n'a pas été convertie en saisie-attribution lors du jugement d'ouverture du redressement judiciaire du saisi, ne peut plus produire ses effets et s'oppose à ce que le créancier poursuivant puisse faire condamner le tiers saisi qui ne fournit pas les renseignements prévus [par l'art. 44 de la L. n° 91-650 du 9 juill. 1991, devenant l'art. L. 211-3 C. pr. exéc. à compter du 1er juin 2012]. • Civ. 2e, 20 oct. 2005, n° 04-10.870 : *D. 2005. AJ 2804, obs. Lienhard ; D. 2006. Pan. 83, obs. Le Corre ; APC 2005, n° 255, obs. Salvat ; Gaz. Pal. 10-11 févr. 2006, p. 29, obs. Roussel Galle ; ibid. 2-4 juill. 2006, obs. Brenner ; RDBF 2006, n° 28, obs. S. Piedelièvre ; Dr. et patr. juill.-août 2006. 92, obs. Lefort* • 14 sept. 2006 : *APC 2006, n° 212, obs. Vallansan ; Gaz. Pal. 19-20 janv. 2007, p. 37, obs. Roussel Galle.*

En revanche, dès lors que la saisie conservatoire a été régulièrement convertie en saisie-attribution avant l'ouverture du redressement judiciaire, le débiteur n'est plus recevable à la contester et sa demande de nullité ou de caducité du procès-verbal de saisie-attribution doit être rejetée. • Com. 2 mars 2010, n° 08-19.898 P : *D. 2010. AJ 706 ; APC 2010, n° 118, obs. Salvat ; RJDA 2010, n° 677 ; RDBF 2010, n° 103, obs. S. Piedelièvre ; Gaz. Pal. 20-22 juin 2010, p. 19, note Lefort ; JCP E 2010. 1716, note Lauvergnat.*

81. Si l'attribution immédiate de la créance saisie reconnue au profit du saisissant par l'art. 43 de la loi du 9 juill. 1991 [C. pr. exéc., art. L. 211-2, à compter du 1er juin 2012] fait obstacle à l'interruption de la procédure de saisie-attribution pratiquée antérieurement au jugement d'ouverture de la procédure collective, ce même effet d'exception au regard de la règle posée par l'art. 47 de la loi du 25 janv. 1985 [C. com., art. L. 622-21] ne peut être reconnu à la saisie des rémunérations. • TI Brumath, 2 juin 1999 : *BICC 1999, n° 1441.* ♦ Doit être ordonnée la mainlevée de la saisie des rémunérations de l'épouse du débiteur, codébiteur à l'égard du même créancier, postérieurement à l'extension à son encontre de la procédure collective. • Toulouse, 14 oct. 1997 : *RPC 1999. 107, obs. Canet.*

82. Le créancier saisissant, devenu par l'effet attributif immédiat de la saisie-attribution créancier du tiers saisi, est soumis au principe de la suspension des poursuites individuelles, en cas de survenance d'un jugement portant ouverture du redressement ou de la liquidation judiciaire du tiers saisi. • Com. 11 juin 2002, n° 99-17.163 P : *D. 2002. AJ 2256, obs. Lienhard ; APC 2002, n° 161, obs. Vallansan ; JCP E 2003, n° 6, p. 272, obs. Cabrillac ; Dr. et patr. 10/2002. 114, obs. Monsèrié-Bon ; Dr. et pr. 2002. 372, note Putman* • 8 juill. 2003 : *APC 2003, n° 229, obs. Regnaut-Moutier ; RDBF 2004, n° 22, obs. F.-X. Lucas.*

83. Saisie-vente. L'arrêt des voies d'exécution implique la mainlevée d'une procédure de saisie-vente lorsque, à la date du jugement d'ouverture, cette procédure d'exécution n'a pas, par la vente, produit ses effets. • Com. 27 mars 2012, n° 11-18.585 P : *D. 2012. Actu. 942, obs. Lienhard ; JCP E 2012. 1508, n° 2, obs. Pétel ; DP diff. entr., Bull. n° 336, obs. Rémery ; LEDEN 5/2012. 4, obs. Mouial-Bassilana ; APC 2012, n° 141, obs. Cagnoli ; RDBF 2012, n° 98, obs. S. Piedelièvre ; RJDA 2012, n° 696 ; BJE 2012. 221, note Camensuli-Feuillard* • Civ. 2e, 28 janv. 2016, n° 15-13.222 P : *D. 2016. Actu. 309 ; Rev. sociétés 2016. 196, obs. Roussel Galle ; RTD com. 2016. 847, obs. Martin-Serf ; APC 2016, n° 48, obs. Cagnoli ; LEDEN 3/2016. 2, obs. Camensuli-Feuillard ; RJDA 2016, n° 380 ; BJS 2016. 361, note Ansault* (à propos d'une saisie de droits d'associés).

84. Saisie-revendication. En application de l'art. 47 [C. com., art. L. 622-21], le jugement d'ouverture de la procédure collective interdit toute saisie-revendication. • Civ. 2e, 18 févr. 1999 : *APC 1999, n° 96, obs. Vallansan.*

85. Saisie immobilière. L'ouverture d'une procédure de sauvegarde, de redressement ou de liquidation judiciaire entraîne la suspension de la procédure de saisie immobilière en cours à la date du jugement d'ouverture ; cette suspension emporte le maintien des actes de procédure et juridictionnels afférents à cette procédure intervenus avant le jugement d'ouverture. • Com. 8 mars 2023, n° 21-18.722 B : *D. 2023. Chron. C. cass. 1431, obs. Barbot ; RTD com. 2023. 733, obs. Martin-Serf ; JCP E 2023. 1306, n° 3, obs. Pétel ; LEDEN 4/2023. 4, obs. Ollu ; APC 2023, n° 106, obs. Camensuli-Feuillard ; RDBF 2023, n° 102, obs. Houin-Bressand ; RJDA 2023, n° 393 ; Dr. sociétés 2023, n° 89, note Legros.* ♦ En l'absence d'adjudication définitive de l'immeuble avant le jugement d'ouverture du redressement judiciaire du saisi, la procédure de saisie immobilière en cours à son encontre est arrêtée (dans l'hypothèse d'une surenchère formée avant l'ouverture du redressement judiciaire). • Com. 4 mars 2014, n° 13-10.534 P : *D. 2014. Actu. 717 ; APC 2014, n° 133, obs. Cagnoli ; LEDEN 5/2014. 3, obs. Camensuli-Feuillard ; BJE 2014. 155, note Le Mesle ; RDBF 2014, n° 110, obs. S. Piedelièvre ; RJDA 2014, n° 546 ; Gaz. Pal. 29 juin-1er juill. 2014, p. 28, obs. Rohart-Messager.* ♦ La procédure de saisie immobilière étant arrêtée en application de l'art. L. 622-21, II, une cour d'appel ne peut se prononcer sur les contestations concernant sa régularité. • Com. 17 nov. 2015, n° 14-18.345 P : *D. 2015. Actu. 2439 ; Rev. sociétés 2016. 197, obs. Roussel Galle ; LEDEN 1/2016. 3, obs. Camensuli-Feuillard ; APC 2016, n° 4, obs. Salvat ; RPC 2016, n° 30, obs. Cagnoli ; RDBF 2016, n° 29, obs. S. Piedelièvre.* ♦ Il résulte des dispositions combinées de l'art. L. 622-21, II, dans sa rédaction issue de l'Ord. du 18 déc. 2008, et de l'art. R. 621-19 qu'une procédure de distribution du prix de vente d'un immeuble vendu par adjudication n'ayant pas produit un effet attributif à l'égard des créanciers avant le jugement d'ouverture de la procédure collective du débiteur saisi est caduque. • Com. 17 avr. 2019, n° 17-15.960 P : *D. 2019. Actu. 885 ; RTD com. 2019. 991, obs. Martin-Serf ; JCP E 2019. 1375, n° 7, obs. Pétel ; APC 2019, n° 138, obs. Cagnoli ; RJDA 2019, n° 520 ; LEDEN 7/2019. 6, obs. Croze ; RDBF 2019, n° 132, obs. S. Piedelièvre ; Gaz. Pal. 15 oct. 2019, p. 43, obs. Guastella.* ♦ Le prix de vente n'ayant pas été réparti entre les créanciers avant l'ouverture du redressement judiciaire, la procédure de distribution est caduque et les fonds séquestrés doivent être remis au mandataire judiciaire pour être répartis conformément aux règles de la procédure collective. • Même arrêt.

86. Une sûreté réelle, consentie pour garantir la dette d'un tiers, n'impliquant aucun engagement personnel du constituant de cette sûreté à satisfaire à l'obligation d'autrui, le bénéficiaire d'une telle sûreté ne peut agir en paiement contre le constituant, qui n'est pas son débiteur, et, n'ayant pas acquis la qualité de créancier, il n'est pas soumis à l'arrêt ou à l'interdiction des voies d'exécution qui, en application de l'art. L. 621-40 [L. 622-21] C. com., résultent de l'ouverture de la procédure collective du constituant ; par conséquent, il peut poursuivre ou engager une procédure de saisie immobilière contre le constituant, après avoir mis en cause l'administrateur et le représentant des créanciers [mandataire judiciaire]. • Com. 25 nov. 2020, n° 19-11.525 P : *D. 2021. 555, note Robine ; RTD com. 2021. 194, obs. Martin-Serf ; RTD civ. 2021. 183, obs. Gijsbers ; JCP E 2021. 1191, n° 3, obs. Pétel ; LEDEN 1/2021. 2, obs. Lafaurie ; APC 2021, n° 36, obs. Cagnoli ; Gaz. Pal. 13 avr. 2021, p. 47, obs. Boustani-Aufan ; RJ com. 2021. 282, obs. Atsarias-Dumas ; RPC 2021, n° 69, obs. Aynès.* – Rappr. : • Com. 29 sept. 2021, n° 19-26.005 : *Rev. sociétés 2021. 727, obs. Henry ; RPC 2023, n° 24, obs. Macorig-Venier.* ♦ Jurisprudence infirmée par l'art. L. 622-21, II, dans sa rédaction issue de l'Ord. n° 2021-1193 du 15 sept. 2021, qui ne limite plus l'arrêt des procédures d'exécution aux créanciers du débiteur.

87. Avis à tiers détenteur. Si le tiers détenteur n'est tenu au versement des sommes saisies qu'au terme du délai d'opposition, l'avis qu'il reçoit emporte attribution immédiate de la créance saisie disponible entre ses mains au comptable public qui l'a émis ; dès lors, des avis à tiers détenteur ne peuvent être déclarés sans effet aux motifs que n'ayant pas fait l'objet d'un acquiescement et étant toujours susceptibles d'opposition, ils n'étaient définitifs et n'avaient donc pas pu attribuer les créances saisies au comptable public quand le jugement d'ouverture du redressement judiciaire a été prononcé. • Com. 16 juin 1998 : *cité note 52 ss. art. L. 632-1.* ♦ S'agissant d'un avis à tiers détenteur pratiqué sur une créance à exécution successive, V. note 14 ss. art. L. 622-7.

88. Attribution judiciaire du gage. L'action afin d'attribution judiciaire du gage doit être considérée comme une voie d'exécution au sens de l'art. 47 [C. com., art. L. 622-21]. • Chambéry, 26 sept. 1994 : *Gaz. Pal. 1995. 1. Somm. 195.*

89. Restitution du montant d'un chèque impayé. L'action en restitution du montant d'un chèque encaissé constitue une voie d'exécution interdite par l'art. 47 [C. com., art. L. 622-21] dès lors que la créance avait son origine antérieurement au jugement d'ouverture de la procédure collective. • Com. 23 juin 1998 : *APC 1998, n° 147, note Bonhomme ; RPC 1999. 107, obs. Canet.*

90. Expulsion. La clause résolutoire prévue au bail ayant produit ses effets avant l'ouverture de la procédure collective, l'expulsion ne constitue pas une voie d'exécution au sens de l'art. 47 [C. com., art. L. 622-21]. • Civ. 3e, 21 févr. 1990, n° 88-13.644 P : *D. 1990. IR 73 ; RTD com. 1990. 478, obs. Chaput.* – V. aussi • Com. 3 déc. 2003 :

APC 2004, n° 16. ♦ Dans le même sens, à propos d'un crédit-bail : • Com. 17 mai 1994, n° 91-21.609 P : *Gaz. Pal. 1995. 1. 6, note Massoni ; JCP N 1995. I. 651, note Garçon ; D. 1994. IR 180*. ♦ Comp., classant les mesures d'expulsion parmi les procédures civiles d'exécution : L. n° 91-650 du 9 juill. 1991 (art. 61 s.), applicable depuis le 1er janv. 1993, et codifiée, à partir du 1er juin 2012, au C. pr. exéc. (art. L. 431-1 s.). – **C. pr. exéc.** (V. note Gallet, ss. • Paris, 19 mai 1992 : *Rev. loyers 1994. 27*). ♦ V. aussi notes 4 s. ss. art. L. 622-14.

91. Fusion-absorption. En cas de fusion-absorption, un créancier titulaire sur la société absorbée d'une créance antérieure à cette opération et qui bénéficie, en application de l'art. L. 236-14 C. com., d'une décision exécutoire lui déclarant la fusion inopposable conserve le droit de recouvrer sa créance sur le patrimoine de la société absorbée dissoute et ne peut donc se voir opposer l'arrêt ou l'interdiction des procédures d'exécution, prévus par l'art. L. 622-21, II, résultant de l'ouverture de la procédure collective de la société absorbante. • Com. 7 oct. 2020, n° 19-14.755 P : *D. 2021. 458, note Sebban ; Rev. sociétés 2020. 709, obs. Reille ; RTD com. 2021. 150, obs. A. Lecourt ; JCP E 2020. 1535, n° 6, obs. Pétel ; LEDEN 11/2020. 1, obs. F.-X. Lucas ; BJS 12/2020. 48, note Poracchia ; Procédures 2020, n° 222, obs. Laher ; APC 2020, n° 250, obs. Saintourens ; Dr. sociétés 2020, n° 144, note Hamelin ; BJE 1-2/2021. 35, note Coquelet ; RJDA 2021, n° 24 ; RDBF 2021, n° 14, obs. S. Piedelièvre.*

2° VALIDITÉ DES MESURES CONSERVATOIRES

92. Les mesures conservatoires, qui ne peuvent être assimilées aux voies d'exécution, échappent à l'interdiction prévue par l'art. 47 [C. com., art. L. 622-21]. Tel est le cas : de l'opposition au paiement du prix de vente d'un fonds de commerce formée par un créancier. • Montpellier, 5 mars 1997 : *RPC 1999. 120, obs. Macorig-Venier.* ♦ ... De la surenchère du sixième formée par un créancier du vendeur de fonds de commerce. • Com. 21 juill. 1987 : *RPC 1997, n° 4, p. 37, obs. Campana.* ♦ ... De la délivrance du commandement préalable à la saisie exécution qu'exigeait l'art. 583 C. pr. civ. [ancien ; abrogé depuis le 1er janv. 1993]. • Com. 14 mars 1995, n° 93-10.297 P : *D. 1995. IR 112.* ♦ ... De la prorogation d'un commandement de saisie immobilière, publié antérieurement au jugement d'ouverture de la procédure collective dont fait l'objet le saisi, cette prorogation ayant été sollicitée dans le but de faire obstacle à la péremption de l'art. 694, al. 3, C. pr. civ. [ancien]. • Civ. 2e, 23 oct. 1991, n° 90-12.457 P : *D. 1992. Somm. 184, obs. crit. Honorat ; Defrénois 1992. 592, obs. Sénéchal.* ♦ ... De la procédure gracieuse en vertu de laquelle un créancier qui justifie d'une créance paraissant fondée en son principe sollicite du président du tribunal de grande instance l'autorisation de prendre sur les immeubles du débiteur une inscription provisoire d'hypothèque judiciaire. • Paris, 20 oct. 1987 : *D. 1987. IR 240.* ♦ ... De la saisie pénale destinée à garantir l'exécution de la peine complémentaire de confiscation (C. pén., art. 131-21). • Crim. 7 août 2019, n° 19-80.988 : *APC 2019, n° 240, obs. Cagnoli ; RPC 2019. Étude 24, obs. Camensuli-Feuillard ; ibid. Étude 25, concl. R. Salomon* (V. l'arrêt rendu après cet avis : • Civ. 2e, 5 déc. 2019, n° 17-23.576 P : *D. 2019. Actu. 2412 ; LEDEN 2/2020. 3, obs. Ollu*). ♦ ... De l'exequatur d'un jugement étranger portant condamnation à un paiement. • Paris, 4 juill. 1991 : *RPC 1994. 34, obs. Saint-Alary-Houin ; JDI 1991. 405, note Kahn.* ♦ ... De la mesure conservatoire de séquestre. • Paris, 26 janv. 1996 : *D. 1996. IR 62.* – V. aussi note 37, et note 39 ss. art. L. 622-24. ♦ Comp., pour un séquestre comme substitut à une saisie conservatoire : • Lyon, 17 juin 1998 : *préc. note 78.* ♦ ... De la mise en demeure de l'entrepreneur principal, dans le cadre de la mise en œuvre de l'action directe du sous-traitant contre le maître de l'ouvrage (Rép. min. n° 51711 : *JOAN Q, 25 mai 1992, p. 2356).*

III. ACTION EN RESTITUTION

93. L'action tendant à voir déclarer de nul effet les poursuites engagées en violation de l'interdiction de toute voie d'exécution prévue à l'art. L. 621-40 C. com. et à obtenir restitution des sommes indûment versées par le tiers détenteur n'est pas soumise aux dispositions de l'art. L. 621-24 C. com. [inapplicabilité de la prescription de trois ans prévue par ce texte]. • Com. 2 oct. 2007 : *Gaz. Pal. 23-24 janv. 2008, p. 48, obs. Rohart-Messager ; RPC 2008. 71, obs. Lebel.*

94. Sur la compétence du tribunal de la procédure collective pour connaître de l'action du liquidateur judiciaire tendant à la restitution du prix d'adjudication prétendument distribué au mépris de la règle de l'arrêt des voies d'exécution, V. note 5 ss. art. R. 662-3.

IV. RECOURS

95. Le débiteur a le droit propre, lorsqu'était en cours à la date du jugement d'ouverture de son redressement judiciaire une instance tendant à sa condamnation au paiement d'une somme d'argent pour une cause antérieure à ce jugement, d'exercer les voies de recours prévues par la loi contre la décision statuant sur l'existence et le montant de la créance. • Com. 11 mai 1993 : *préc. note 15.*

Art. L. 622-22 **Sous réserve des dispositions de l'article L. 625-3, les instances en cours sont** *(L. n° 2005-845 du 26 juill. 2005, art. 36)* **« interrompues » jusqu'à ce que le créancier poursuivant ait procédé à la déclaration de sa créance. Elles sont alors**

reprises de plein droit, le mandataire judiciaire et, le cas échéant, l'administrateur *(L. n° 2005-845 du 26 juill. 2005, art. 36)* **« ou le commissaire à l'exécution du plan nommé en application de l'article L. 626-25 » dûment appelés, mais tendent uniquement à la constatation des créances et à la fixation de leur montant.** – *[C. com., anc. art. L. 621-41.] – V. art. R. 622-20.*

(Ord. n° 2014-326 du 12 mars 2014, art. 26, en vigueur le 1er juill. 2014) **« Le débiteur, partie à l'instance, informe le créancier poursuivant de l'ouverture de la procédure dans les dix jours de celle-ci. »** – *Pour la sanction, V. art. L. 653-8.*

BIBL. ▸ STAES, *RPC 2005. 215 ; ibid. 2006. 269.* - BUQUANT, *Gaz. Pal. 21 juin 2024, p. 12* (incidences des procédures collectives sur les instances en cours).

COMMENTAIRE

La substitution, par la réforme de 2005, dans l'article L. 622-22 et son texte d'application, l'article R. 622-10, de la notion d' « interruption » à celle de « suspension » de l'instance rectifie une incorrection du législateur de 1985 (pour des applications par la Cour de cassation, V. Com. 6 oct. 2009 : *cité note 8* ; Com. 26 janv. 2010, appliquant l'art. 372 C. pr. civ. à une procédure de sauvegarde : *cité note 17*). La jurisprudence avait déjà d'elle-même rattachée cette prétendue suspension à l'interruption de l'instance au sens processuel de l'expression, en lui appliquant les articles 369 et suivants du code de procédure civile (V. note 3).

Autre précision sous forme d'ajout : le cas échéant, le commissaire à l'exécution du plan devra également être mis en cause pour que la reprise de l'instance soit valable, ce qui devrait signifier que ce dernier doit être mis en cause, au lieu de l'administrateur, après l'adoption d'un plan de sauvegarde ou de redressement, dans les procédures ouvertes à compter du 1er janvier 2006 (V. O. Staes, *RPC 2005. 215*).

Notons encore une amélioration « technique » par rapport aux textes anciens (art. 65 du décret de 1985). Depuis 2005, la mise en cause de l'administrateur judiciaire ne s'impose, en cas de sauvegarde, que si celui-ci a une mission d'assistance du débiteur, et non en cas de mission de simple surveillance (art. R. 622-10, al. 1er). En revanche, en cas de redressement judiciaire, l'administrateur est mis en cause quelle que soit sa mission (art. R. 631-22, al. 2), c'est-à-dire assistance ou représentation (P.-M. Le Corre, Droit et pratique des procédures collectives, *Dalloz Action, 2021/2022, 623.321* ; V. aussi O. Staes, *RPC 2006. 270*).

La Cour de cassation a été interrogée sur le « devenir d'une instance, interrompue par application de l'article L. 622-22 du code de commerce dans sa rédaction postérieure à la loi du 26 juillet 2005, alors que le créancier n'a pas procédé à la déclaration de sa créance et que le délai de forclusion est échu ». La réponse, donnée dans un avis du 8 juin 2009 (V. note 15) est très claire, la Cour formulant une affirmation prétorienne générale dont elle tire en même temps la conséquence dans le cas d'une procédure aboutissant à une liquidation judiciaire : malgré la survie de la créance, l'instance ne peut être reprise, et son interruption durera jusqu'à la clôture de la procédure. Le créancier forclos ne saurait, en effet, bénéficier d'aucun avantage issu de celle-ci, encore moins, et *a fortiori*, être mieux traité que ceux qui se sont pliés à la discipline commandée par le principe d'égalité des créanciers.

Poussant à son terme cette logique, et la justifiant, de surcroît, par la finalité technique de la déclaration – l'inscription sur la liste des créances –, la cour d'appel de Douai en a déduit, dix jours après la Cour de cassation, de façon convaincante, que la solution valait pareillement s'agissant d'une déclaration parvenue hors délai entre les mains du mandataire judiciaire, plus même susceptible de bénéficier d'un relevé de forclusion (Douai, 18 juin 2009, ch. 2, sect. 1, RG n° 07/01389). C'est donc à la clôture de la liquidation judiciaire que l'interruption d'instance cessera. Pour autant, la reprise d'instance n'ira pas de soi. En réalité, dans l'hypothèse, de loin la plus fréquente, de clôture pour insuffisance d'actif, la reprise des poursuites individuelles n'est possible, par exception au principe d'effacement de la dette, que dans l'un des cas limitativement énumérés par l'article L. 643-11. De plus, comme la créance n'a pas été déclarée, le créancier ne profitera évidemment pas de l'effet interruptif jusqu'à la clôture de la procédure de la déclaration de créance. La prescription courra donc, du moins une fois écoulé le délai de deux ans conduisant à la péremption d'instance (art. 386 C. pr. civ. ; P.-M. Le Corre, Droit et pratique des procédures collectives, *Dalloz Action, 2021/2022, 623.311*). Et celle-ci risque d'autant plus d'atteindre l'action que, depuis la loi du 17 juin 2008, la prescription de droit commun est quinquennale, bien que, d'un autre côté, c'est vrai, la loi du 26 juillet 2005 tende, en théorie, à réduire à deux ans (voire un an, en cas de procédure simplifiée) la durée des liquidations judiciaires.

L'ordonnance du 12 mars 2014 est venue faire peser sur le débiteur, partie à l'instance, l'obligation d'informer dans les dix jours le créancier poursuivant de l'ouverture de la procédure. Cette obligation s'explique par la gravité des conséquences pour le créancier d'une ignorance de la procédure, puisque, à défaut de déclaration de sa créance, celle-ci sera inopposable. Par ailleurs, l'article L. 653-8 est complété pour sanctionner d'une interdiction de diriger le débiteur qui aura omis sciemment de procéder à cette information. ❑

1. Suspension des instances en cours. Le créancier ne justifiant pas de la déclaration de sa créance entre les mains du représentant des créanciers, la cour doit, dès lors, constater la suspension de l'instance en impartissant aux créanciers un délai en vue de la régularisation de la procédure. • Paris, 2 déc. 1986 : *D. 1987. Somm. 238, obs. Honorat.*

2. La déclaration de la créance ne peut, toutefois, mettre fin, dans les conditions prévues par l'art. 48 [C. com., art. L. 622-22], à la suspension de l'instance, que si elle a été faite dans le délai légal ou si le créancier retardataire a obtenu d'être relevé de la forclusion encourue. • Paris, 24 mars 1987 : *D. 1987. IR 113* • 23 sept. 1987 : *D. 1989. Somm. 14, obs. Derrida* • 28 janv. 1988 : *D. 1988. Somm. 385, obs. Honorat.*

3. Sur le rattachement de la suspension des instances en cours à l'interruption de l'instance édictée par les art. 369 s. C. pr. civ., V. déjà, avant la loi du 26 juill. 2005 : • Paris, 28 juill. 1986 : *D. 1987. Somm. 94, obs. Derrida* • Civ. 2e, 6 mars 1991, n° 89-15.540 P : *D. 1992. Somm. 88, obs. Derrida* • Com. 29 oct. 1991, n° 90-11.297 P : *D. 1992. 293, note Rossi, et Somm. 254, obs. Derrida* • 22 juin 1993, n° 87-19.183 P : *D. 1993. Somm. 365, obs. Honorat* • Civ. 3e, 19 mars 1997 : *RJDA 1997, n° 955 ; RPC 1999. 33, obs. Monsèrié.*

Une société ayant été mise en redressement judiciaire par un jugement survenu postérieurement à l'ouverture des débats devant la cour d'appel, l'instance n'a pas été interrompue par l'effet de cette décision. • Com. 14 févr. 1995, n° 93-14.198 P : *D. 1995. Somm. 217, obs. Honorat* • 6 févr. 2001 : *RPC 2002. 269, obs. Staes.* ♦ V. art. 371 **C. pr. civ**.

La copie de l'assignation délivrée au débiteur antérieurement à l'ouverture de la procédure collective n'ayant été remise au greffe du tribunal que le lendemain de cette ouverture, il n'existe pas d'instance en cours susceptible d'enlever au juge-commissaire le pouvoir de statuer sur la créance déclarée. • Com. 12 janv. 2010 : *cité note 2 ss. art. L. 622-21 ; Gaz. Pal. 16-17 avr. 2010, p. 30, obs. Rohart-Messager ; RPC 2011, n° 29, obs. Staes.*

Sur la radiation de l'affaire, en application de l'art. 376 C. pr. civ. [C. pr. civ.], V. • Paris, 16 mars 1995 : *D. 1995. IR 103.*

4. Actions visées. L'art. 48 [C. com., art. L. 622-22] ne s'applique pas à l'action en résiliation des baux pour défaut d'entretien. • Civ. 3e, 21 juill. 1999 : *D. 1999. IR 229 ; D. Affaires 1999. 1443, obs. V. A.-R.*

5. La demande reconventionnelle en fixation d'une créance formée après le jugement d'ouverture de la procédure collective du demandeur initial n'est pas une instance en cours au sens de l'art. 48, devenu l'art. L. 621-41 [L. 622-22] C. com. • Com. 17 juill. 2001, n° 98-19.258 P : *RJDA 2002, n° 34 ; Procédures 2002, n° 7, note Laporte ; JCP E 2002, n° 13, p. 569, note Kandem ; RPC 2002. 268, obs. Staes* • Angers, 3 juin 2002 : *RPC 2003. 313, obs. Staes.* ♦ En revanche, les dispositions de l'art. 48 [C. com., art. L. 622-22] s'appliquent à la demande reconventionnelle en paiement de dommages-intérêts introduite avant l'ouverture de la procédure collective. • Paris, 14 mars 2000 : *RPC 2001. 251, obs. Staes.*

6. Le jugement d'ouverture de la liquidation judiciaire interrompt la saisie immobilière en cours, qui doit être reprise aux formes et conditions des art. L. 622-16 [642-18] C. com. et 125 à 131 du Décr. du 27 déc. 1985 [C. com., art. R. 642-22 s.]. • Com. 3 avr. 2002 : *RJDA 2002, n° 1054.*

7. L'instance tendant au rapport à une succession par un débiteur mis en liquidation judiciaire ne s'analyse pas en une instance en cours au sens de l'art. L. 622-22. • Com. 21 nov. 2018, n° 17-12.761 : *D. 2018. Actu. 2302 ; AJ fam. 2019. 165, obs. Casey ; RTD com. 2019. 214, obs. Martin-Serf ; JCP E 2019. 1206, n° 5, obs. Pétel ; LEDEN 2/2019. 2, obs. Rubellin ; RJDA 2019, n° 108 ; BJE 3-4/2019. 36, note Le Mesle ; RPC 2019, n° 55, obs. Lisanti ; Gaz. Pal. 16 avr. 2019, p. 71, obs. Antonini-Cochin.*

8. L'instance en cours, suspendue jusqu'à ce que le créancier poursuivant ait procédé à la déclaration de sa créance est celle qui tend à obtenir, de la juridiction saisie du principal, une décision définitive sur l'existence et le montant de cette créance ; tel n'est pas le cas de l'instance en référé qui tend à obtenir une condamnation provisionnelle. • Com. 12 juill. 1994, n° 91-20.843 P : *D. 1994. 520 ; D. 1995. Somm. 28, obs. Honorat ; RTD com. 1995. 482, obs. Martin-Serf ; Justices 1995. 241, obs. Héron ; JCP E 1995. II. 640,* *note Gallet* • 3 déc. 1996 : *RPC 1999. 33, obs. Monsèrié* • 23 mai 2000 : *RJDA 2000, n° 1018 ; RPC 2001. 251, obs. Staes* • Paris, 24 avr. 1998 : *D. 1998. IR 141* • Dijon, 18 nov. 2003 : *RPC 2004. 237, obs. Staes.* ♦ Par conséquent, la créance faisant l'objet d'une telle instance doit être soumise à la procédure normale de vérification et à la décision du juge-commissaire. • Mêmes arrêts. ♦ Solution reconduite sous l'empire de la loi du 26 juill. 2005 : V. • Com. 6 oct. 2009, n° 08-12.416 P : *D. 2009. AJ 2485, obs. Lienhard ; RTD com. 2010. 198, obs. Martin-Serf ; Procédures 2009, n° 409, obs. Rolland ; RPC 2010, n° 6, obs. Staes.* ♦ V. aussi note 18 ss. art. L. 624-2.

9. Méconnaît l'art. 48 [C. com., art. L. 622-22] la cour d'appel qui fixe le montant des dommages-intérêts dus par un prévenu personnellement en liquidation judiciaire à chacune des parties civiles, alors que le liquidateur n'a pas été mis en cause. • Crim. 24 févr. 1999 : *D. 1999. IR 98 ; Rev. sociétés 1999. 408, note Bouloc.*

10. La mise en cause du représentant des créanciers, prévue par l'art. 48 [C. com., art. L. 622-22], n'est pas exigée lorsque, dans l'instance en paiement dirigée contre le débiteur du débiteur soumis à la procédure collective, le juge, saisi d'une demande de compensation, doit statuer sur le point de savoir si la créance invoquée à ce titre a été déclarée au passif dans le délai légal. • Com. 6 févr. 1996, n° 93-10.525 P : *D. 1997. Somm. 77, obs. Honorat ; D. Affaires 1996. 459.*

11. Sur l'exclusion des instances en cours devant la juridiction prud'homale, V. art. L. 625-3.

12. Effets de la suspension. L'ouverture d'une procédure de redressement judiciaire n'interrompt l'instance qu'au profit de la personne qui y est soumise ; l'interruption de l'instance ne dessaisit pas le juge. • Civ. 3e, 12 mai 1999, n° 97-20.646 P : *D. 1999. IR 152.* – Dans le même sens : • Paris, 2 mai 1990 : *D. 1990. Somm. 219, obs. Honorat.*

13. A compter de l'ouverture de la procédure de redressement judiciaire d'une SCI, l'instance en cours tendant à la résolution de la vente en l'état futur d'achèvement et à la restitution du prix étant suspendue et ne pouvant reprendre, après déclaration des créances, qu'en vue de leur constatation et de la fixation de leur montant, aucune condamnation ne peut être prononcée. • Civ. 3e, 17 mars 1999 : *JCP E 1999, n° 21, p. 885.* ♦ V. aussi • Com. 10 oct. 2018, n° 17-18.547 P : *D. 2018. Actu. 2021.*

14. Sur l'impossibilité, pour le juge des référés, lorsqu'une demande de provision est soumise à la suspension des poursuites individuelles, d'évaluer le montant de la créance, V. • Paris, 14 oct. 1987 : *D. 1988. Somm. 146, obs. Honorat ; Gaz. Pal. 1988. 1. 91.* – V. aussi • Paris, 27 sept. 1989 : *Gaz. Pal. 1990. 1. Somm. 187* • 19 mai 1992 : *Rev. loyers 1994. 27, note Gallet* • 24 avr. 1998 : *préc. note 8.*

15. Reprise de l'instance. L'instance suspendue ne peut être reprise qu'en vue de la constatation de la créance et de la fixation de son montant, à l'exclusion de la condamnation du débiteur. • Com. 11 mai 1993, n° 91-11.951 P. – Dans le même sens : • Com. 8 mars 1994, n° 92-10.557 P. • 20 juin 2000 : *Dr. sociétés 2000, n° 140, obs. Chaput ; RPC 2001. 253, obs. Staes* • 15 oct. 2002 : *RPC 2003. 314, obs. Staes* (en cas de plan de continuation du débiteur). ♦ V. aussi, dans le cas de poursuites dirigées contre les héritiers, après décès du débiteur, • Com. 4 janv. 2000, n° 96-12.981 P : *JCP E 2000, n° 17, p. 700, obs. Pétel ; APC 2000, n° 21, obs. Regnaut-Moutier.* ♦ Dès lors que le liquidateur judiciaire du débiteur est dans la cause et que le créancier a déclaré sa créance, il appartient à la juridiction saisie de se prononcer d'office sur l'existence et le montant de celle-ci, peu important que les conclusions du créancier tendent à une condamnation au paiement. • Com. 4 avr. 2006, n° 05-10.416 P : *D. 2006. AJ 1107, obs. Lienhard ; APC 2006, n° 99, obs. Vallansan ; RDBF 2006, n° 109, obs. F.-X. Lucas ; Gaz. Pal. 14-18 juill. 2006, p. 38, obs. Le Corre ; JCP E 2006, n° 37, p. 1532, obs. Pétel ; RPC 2006. 272, obs. Staes ; RTD com. 2006. 666, obs. Martin-Serf ; ibid. 670, obs. Vallens.* ♦ Pour la reprise de cette solution, sous l'empire de la loi du 26 juill. 2005, V. • Com. 3 nov. 2009, n° 08-20.490 P : *D. 2009. AJ 2747 ; DP diff. entr., Bull. n° 309, p. 4025, obs. Rémery ; Procédures 2010, n° 17, obs. Rolland ; RPC 2010, n° 8, obs. Staes ; RJDA 2010, n° 263 ; Gaz. Pal. 16-17 avr. 2010, p. 29, obs. Rohart-Messager.* ♦ Le jugement d'ouverture de la procédure du débiteur ne fait pas obstacle à ce que le bailleur, qui avait demandé la condamnation à payer les loyers arriérés de son locataire avant le jugement d'ouverture le concernant, puisse faire constater le principe de sa créance et en fixer le montant au passif dès lors qu'il a régulièrement déclaré sa créance. • Com. 3 juill. 2024, n° 22-13.676 B : *D. 2024. Actu. 1277 ; APC 2024, n° 171, obs. Fin-Langer.*

La juridiction saisie doit rechercher, au besoin d'office, si le créancier a procédé à la déclaration de sa créance auprès du représentant des créanciers et si l'instance a été valablement reprise. • Com. 12 févr. 1991, n° 89-15.165 P : *JCP E 1991. I. 100, n° 7, obs. Cabrillac* • 6 oct. 1992, n° 90-18.622 P. • 3 déc. 2003 : *APC 2003, n° 17, obs. Regnaut-Moutier ; RPC 2004. 240, obs. Staes.* – Dans le même sens, V. • Com. 7 janv. 1992, n° 89-15.819 P : *D. 1992. Somm. 255, obs. Derrida* • 22 juin 1993 : *préc. note 3* • 1er juill. 1997 : *RPC 1999. 33, obs. Monsèrié* • 23 nov. 2004 : *ibid. 2005. 130, obs. Gorrias.* ♦ Elle ne peut se prononcer que dans les limites de cette déclaration. • Com. 20 mars 2001, n° 98-16.256 P : *D. 2001. AJ 1468 ; RPC 2001. 253, obs. Staes.* ♦ S'agissant d'une procédure soumise à la loi du 26 juill. 2005, en l'absence de déclaration de créance, les conditions de la reprise d'instance ne sont pas réunies, même si la créance du créancier forclos n'est pas éteinte ; en l'espèce, l'instance demeure donc interrompue jusqu'à la clôture de la liquidation judiciaire. • Cass., avis, 8 juin 2009, n° 00900002P P : *BICC 15 oct. 2009, rapp. Delmotte et obs. Petit ; D. 2009. AJ 1603, obs. Lienhard ; RTD com. 2010. 199, obs. Martin-Serf ; JCP E 2009. 1814, n° 3, obs. Cabrillac et Pétel ; Dr. et pr. 2009. 338, obs. Le Corre ; Gaz. Pal. 1er-3 nov. 2009, p. 23, obs. Rohart-Messager ; RJDA 2009, n° 1106 ; RPC 2010, n° 10, obs. Staes.* ♦ L'assignation en reprise d'une instance en cours délivrée en application de l'art. L. 622-22 C. com., serait-elle accompagnée de conclusions tendant à la fixation par la juridiction saisie de cette instance de la créance du demandeur, ne vaut pas déclaration de créance entre les mains du mandataire judiciaire, celle-ci devant résulter d'un acte distinct dont, conformément à l'art. R. 622-20 [dans sa réd. antérieure au Décr. du 30 juin 2014], une copie doit être produite. • Com. 4 mai 2017, n° 15-23.493 : *Rev. sociétés 2017. 382, obs. Henry.*

Les conditions de la reprise devant elle de l'instance en cours en vue de la constatation de la créance et de la fixation de son montant n'étant pas réunies en l'absence de déclaration de créance, la cour d'appel doit se borner à constater l'interruption de l'instance l'empêchant de statuer, sans pouvoir, par conséquent, déclarer les demandes irrecevables. • Com. 20 oct. 2021, n° 20-13.829 B : *D. 2021. Actu. 1917 ; Rev. sociétés 2021. 733, obs. Henry ; RTD com. 2022. 146, obs. Martin-Serf ; RPC 2021, n° 154, obs. Lebel ; RJDA 2022, n° 99.*

Les dispositions qui prévoient que les instances en paiement reprises après déclaration de créance ne peuvent tendre qu'à la constatation des créances et à la fixation de leur montant ne s'appliquent pas aux créances dont le débiteur en redressement judiciaire ou en liquidation judiciaire est bénéficiaire. • Civ. 3e, 7 sept. 2017, n° 16-19.874 P : *LEDEN 11/2017. 6, obs. Mélin ; RPC 2018, n° 70, obs. Staes.*

Le débiteur ne s'étant pas prévalu, au cours de la procédure ayant abouti à l'arrêt le condamnant au paiement d'une certaine somme, de l'absence de mise en cause du représentant des créanciers, seul celui-ci, dont les attributions sont ensuite dévolues au liquidateur ou au commissaire à l'exécution du plan, serait recevable à se prévaloir de l'inopposabilité à la procédure collective de la décision statuant, dans une instance en cours au jour du jugement d'ouverture, sur une créance à l'encontre du débiteur. • Com. 27 févr. 2007, n° 05-19.585 P : *D. 2007. AJ 1082 ; RPC 2007. 141, obs. Staes ; APC 2007, n° 76, obs. Vallansan.*

Dans le cadre d'une action dirigée contre une société placée en liquidation judiciaire par un tribunal de commerce ayant désigné deux coliquidateurs, l'instance d'appel, interrompue jusqu'à la déclaration de créance de l'appelante, a été valablement reprise par l'assignation de l'un seulement des deux coliquidateurs, chacun d'entre eux disposant de l'entier pouvoir d'exercer des droits et actions de la société en liquidation. • Bordeaux, 6 déc. 1994 : *BICC 1995, n° 253 ; Rev. huiss. 1995. 485,* conf. par • Civ. 2e, 8 janv. 1997, n° 95-11.954 P : *D. Affaires 1997. 256 ; JCP E 1997. I. 651, n° 5, obs. Pétel.*

Si la juridiction devant laquelle est reprise l'instance n'est pas liée par la déclaration de créance effectuée par le créancier, le représentant des créanciers ne peut, au cours de cette instance, contester cette créance et discuter son inscription au passif. • Paris, 4 juill. 1997 : *RPC 1999. 157, obs. Monsèrié.*

Bien que l'art. 48 [C. com., art. L. 622-22] ne le précise pas formellement, le tribunal, en considération du fait que le caractère privilégié ou chirographaire de la créance constitue un élément indissociable de la créance elle-même, peut statuer sur ce point. • T. com. Paris, 7 nov. 1986 : *Gaz. Pal. 1987. 1. 68, note de Granvilliers* • Lyon, 7 mai 1992 : *BICC 1993, n° 79 ; RPC 1994. 29, obs. Dureuil.*

Le juge du fond, qui statue dans une instance en cours reprise conformément à l'art. L. 622-22, ne fait pas application de l'art. L. 624-2 ; il en résulte que la décision par laquelle ce juge déclare irrecevable la demande d'un créancier tendant à la fixation du montant de sa créance ne constitue pas une décision de rejet de cette créance entraînant, dès lors, l'extinction de celle-ci. • Com. 10 mars 2021, n° 19-22.395 P : *D. 2021. Chron. C. cass. 996, obs. Barbot ; RTD com. 2021. 653, obs. Martin-Serf ; JCP E 2021. 1424, n° 12, obs. Pétel ; APC 2021, n° 104, obs. Salhi ; LEDEN 5/2021. 3, obs. J.-B. Barbièri ; BJE 5-6/2021. 36, note Cerati ; Dr. sociétés 2021, n° 82, note Legros ; RJDA 2021, n° 411 ; RDBF 2021, n° 72, obs. Houin-Bressand ; RPC 2021, n° 55, obs. Borga.*

16. Péremption. Faute pour le créancier d'avoir accompli dans le délai de deux ans les diligences nécessaires à sa reprise régulière, l'instance est périmée. • Com. 11 avr. 2018, n° 16-20.149 : *RTD com. 2018. 484, obs. Vallens ; LEDEN 6/2018. 3, obs. Minet.* ♦ V. aussi • Com. 23 oct. 2019, n° 18-10.700 P : *D. 2019. Actu. 2086 ; RPC 2020, n° 2, obs. Cagnoli.*

17. Défaut de reprise régulière. A défaut de reprise de l'instance conformément à l'art. L. 622-22, les jugements, même passés en force de chose jugée, sont réputés non avenus, à moins qu'ils ne soient expressément ou tacitement confirmés par la partie au profit de laquelle l'interruption est prévue (à propos d'une procédure de sauvegarde). • Com. 26 janv. 2010, n° 09-11.288 P : *D. 2010. AJ 380 ; APC 2010, n° 74, obs. Vallansan ; RJDA 2010, n° 650 ; Gaz. Pal. 2-3 juill. 2010, p. 29, obs. Rohart-Messager ; RJ com. 2010. 488, note Sortais ; RPC 2011, n° 34, obs. Staes.* ♦ Dans le même sens, V. • Com. 9 sept. 2020, n° 18-25.365 P : *D. 2020. Chron. C. cass. 2475, obs. Barbot ; RTD com. 2020. 952, obs. Martin-Serf ; APC 2020, n° 231, obs. Cagnoli ; BJE 11-12/2020. 19, note Houssin ; RJDA 2020, n° 656 ; Dr. sociétés 2021, n° 27, note Legros.*

18. Plan de cession. Si le jugement arrêtant le plan de cession de l'entreprise met fin, en tout état de cause, à l'interruption de l'instance provoquée par l'ouverture de la procédure de redressement judiciaire, il n'en suit pas que les dispositions de l'art. 48 [C. com., art. L. 622-22], qui ne fait aucune distinction selon qu'un plan de cession a été ou non arrêté, ne soient pas applicables. • Paris, 18 janv. 2002 : *RPC 2003. 314, obs. Staes.*

19. Application à la liquidation judiciaire. V. art. L. 641-3.

20. Arbitrage. Lorsque l'instance arbitrale formée contre le débiteur a été commencée avant l'ouverture de la procédure, l'instance arbitrale est, en application de l'art. 48 [C. com., art. L. 622-22] suspendue jusqu'à ce que le créancier ait déclaré sa créance. • Paris, 3 mars 1998 : *D. 1998. IR 102 ; D. Affaires 1998. 846, obs. A. L.* • 8 sept. 1998 : *D. 1998. IR 235 ; D. Affaires 1998. 1646 ; JCP E 1998, n° 40, p. 1525 ; RPC 1999. 156, obs. Monsèrié* • 30 mars 1999 : *D. 1999. IR 125.* ♦ L'instance arbitrale est en cours à partir du jour où le tribunal arbitral est définitivement constitué et peut donc être saisi du litige, c'est-à-dire à partir de l'acceptation par tous les arbitres de leur mission. • Civ. 1re, 30 mars 2004, n° 01-11.951 P : *D. 2004. Somm. 3183, obs. Clay ; APC 2004, n° 112, obs. Vallansan ; RPC 2004. 236, obs. Staes.* ♦ V. note 43 ss. art. L. 622-21.

21. Faillite d'une entreprise d'assurance étrangère. Pour l'application de l'art. L. 622-22 aux instances en cours ayant pour objet une demande d'indemnité d'assurance sollicitée par un preneur d'assurance, au titre de dommages supportés en France, auprès d'une entreprise d'assurance soumise à une procédure de liquidation judiciaire dans un autre État membre, V. • Civ. 2e, 25 mai 2022, n° 19-12.048 : *D. 2022. Actu. 1040 ; APC 2022, n° 166, obs. Fin-Langer ; LEDEN 9/2022. 2, obs. Marchadier ; Gaz. Pal. 27 sept. 2022, p. 35, obs. Giorgini.*

22. Mesure d'exécution forcée. La décision rendue par une juridiction, qui se borne à constater une créance et à en fixer le montant dans le cadre d'une procédure collective, ne constitue pas un titre exécutoire et ne peut, dès lors, servir de fondement à une mesure d'exécution forcée. • Civ. 2e, 14 janv. 2021, n° 18-23.238 P : *D. 2021. Actu. 141 ; RTD civ. 2021. 484, obs. Cayrol ; APC 2021, n° 58, obs. Vallansan ; RJDA 2021, n° 259.*

Art. L. 622-23 *(Ord. n° 2008-1345 du 18 déc. 2008, art. 31)* **Les actions en justice et les procédures d'exécution autres que celles visées à l'article L. 622-21 sont poursuivies au cours de la période d'observation à l'encontre du débiteur, après mise en cause du mandataire judiciaire et de l'administrateur lorsqu'il a une mission d'assistance ou après une reprise d'instance à leur initiative.**

Ancien art. L. 622-23 *Les actions en justice et les voies d'exécution autres que celles visées à l'article L. 622-21 sont poursuivies au cours de la période d'observation à l'encontre du débiteur, après mise en cause de l'administrateur et du mandataire judiciaire ou après une reprise d'instance à leur initiative.* – [C. com., anc. art. L. 621-42.]

COMMENTAIRE

Il résulte de la modification issue de l'ordonnance du 18 décembre 2008 que la mise en cause de l'administrateur n'est requise qu'en cas de mission d'assistance de celui-ci. Ce qui est logique, puisque, en cas de simple mission de surveillance, le débiteur assure sans partage la gestion de l'entreprise. Par ailleurs, comme à l'article L. 622-21, le texte toiletté vise maintenant, non plus les « voies d'exécution », mais les « procédures d'exécution », conformément à la terminologie issue de la loi du 9 juillet 1991, codifiée depuis le 1er juin 2012 au code des procédures civiles d'exécution.

Bien entendu, et *a fortiori*, comme le précise l'article L. 631-14, dans l'hypothèse de redressement judiciaire, l'administrateur doit également être mis en cause en cas de mission de représentation. ❑

1. Ordre public. L'art. 49 [C. com., art. L. 622-23] est d'ordre public. • Bordeaux, 9 juill. 1987 : *Gaz. Pal. 1987. 2. 535, note Brault.* ♦ Toutefois, la mise en cause n'a été édictée que dans l'intérêt des créanciers, si bien que seul le représentant des créanciers, à l'exclusion de l'administrateur judiciaire, peut s'en prévaloir pour exciper d'une irrégularité de la procédure suivie par un tribunal administratif au cas où il n'aurait pas été appelé à l'instance à l'occasion d'une action introduite par l'administrateur judiciaire ou par un éventuel créancier. • CAA Nantes, 12 juin 1997 : *RJDA 1998, n° 761.*

2. Saisie-arrêt ou saisie-attribution. La saisie-arrêt, s'analysant comme une voie d'exécution portant sur un meuble, ne constitue pas une des exceptions prévues par l'art. 49 [C. com., art. L. 622-23]. • Paris, 12 oct. 1988 : *D. 1988. IR 279.* ♦ L'acte de saisie emportant, à concurrence des sommes pour lesquelles elle est pratiquée, attribution immédiate au profit du saisissant de la créance disponible entre les mains du tiers et la survenance d'un jugement de redressement ou de liquidation judiciaire ne remettant pas en cause cette attribution, la dérogation ainsi apportée au principe de la suspension des poursuites individuelles de la part des créanciers visés à l'art. 47 [C. com., art. L. 622-21] n'a pas pour conséquence de soumettre aux dispositions de l'art. 49 [C. com., art. L. 622-23] la saisie-attribution pratiquée. • Com. 16 févr. 1999 : *Procédures 1999, n° 274, obs. Laporte.*

3. L'administrateur à qui a été confiée la mission d'assister le débiteur, conformément à l'art. 31 [C. com., art. L. 622-1], doit être considéré comme étant le débiteur auquel la saisie-attribution doit être dénoncée, à peine de caducité, dans les huit jours, en vertu de l'art. 58 du Décr. n° 92-755 du 31 juill. 1992 [C. pr. exéc., art. R. 211-3, à compter du 1er juin 2012]. Il doit donc être mis en cause. • Paris, 14 sept. 1995 : *RPC 1996. 219, obs. Canet.* ♦ De même, la saisie-attribution doit être dénoncée au représentant des créanciers. • TGI Grenoble, JEX, 27 juin 1994 : *JCP 1995. II. 22417, note R. Martin ; RPC 1996. 219, obs. Canet.* ♦ V. aussi, sur la nullité d'une contrainte délivrée par l'URSSAF à la seule entreprise en redressement judiciaire, • TASS Paris, 15 mai 1995 : *RPC 1998. 90, obs. Canet.*

4. Résolution d'un bail commercial. Après l'ouverture de la procédure de redressement judiciaire du preneur et l'exercice de l'option par l'administrateur, la résiliation du bail pour une cause autre que le défaut de paiement d'une somme d'argent est valablement poursuivie contre le preneur, après mise en cause de l'administrateur et du représentant des créanciers. • Com. 6 janv. 1998 : *AJPI 1998. 844, note Gallet.* ♦ Cependant, l'art. 49 [C. com., art. L. 622-23] ne s'applique pas lorsque la clause résolutoire d'un bail commercial avait produit ses effets avant l'ouverture de la procédure collective et que le juge des référés n'était pas saisi d'une action à l'encontre du débiteur, mais d'une demande de ce dernier. • Com. 19 déc. 1989 : *Bull. civ. IV, n° 320 ; D. 1990. 450, note Derrida.* ♦ Dès lors que le commandement de payer et l'assignation en référé visent des loyers échus après le jugement d'ouverture de la procédure de redressement judiciaire, les dispositions de l'art. L. 622-23 C. com. ne sont pas applicables. • Civ. 3e, 16 mars 2017, n° 15-29.206 P : *D. 2017. Actu. 365 ; LEDEN 6/2017. 4, obs. Camensuli-Feuillard ; BJE 2017. 274, note Benilsi.* ♦ V. aussi note 4 ss. art. L. 622-14.

5. Action en revendication. V. note 3 ss. art. L. 624-9.

6. Action devant le juge administratif. L'art. 49 [C. com., art. L. 622-23] ne comporte aucune dérogation aux dispositions régissant les compétences respectives des juridictions administratives et judiciaires ; par suite, la circonstance que la SNCF, dont l'action devant le juge administratif tend à obtenir l'expulsion d'un occupant – en redressement judiciaire – sans titre du domaine public, n'a pas mis en cause, devant le tribunal, l'administrateur et représentant des créanciers, est sans influence sur la compétence du juge administratif pour se prononcer sur ces conclusions. • CAA Lyon, 20 oct. 1993 : *JCP E 1994. Pan. 394.* ♦ De même, il appartient au juge administratif, s'agissant des créances qui par leur nature relèvent de sa compétence, d'examiner si la personne publique demanderesse a droit à réparation, de fixer le montant des sommes qui lui sont dues à ce titre, et de prononcer ainsi une condamnation, sans préjudice des suites que la procédure judiciaire est susceptible d'avoir sur le recouvrement de ses créances. • CAA Nantes, 12 juin 1997 : *préc. note 1.*

7. Procédure simplifiée. En cas de régime simplifié sans administrateur, la mise en cause du représentant des créanciers est nécessaire. • Com. 26 mai 1999 : *RPC 2000. 130, obs. Monsèrié-Bon.*

8. Régularisation. Si la mise en cause de l'assuré responsable, à laquelle est subordonnée la recevabilité de l'action directe exercée à l'encontre de son assureur, doit avoir lieu dans le délai de prescription de l'action ouverte contre l'assuré et si la régularité de la mise en cause de celui-ci, lorsqu'il a été mis en redressement judiciaire, suppose, par application de l'art. 49 [C. com., art. L. 622-23], que soient appelés à l'instance l'administrateur de la procédure collective, s'il a reçu une mission de représentation ou d'assistance du débiteur, et le représentant des créanciers, la situation résultant de la seule mise en cause du débiteur avant l'expiration du délai peut être régularisée, après cette date, par l'intervention de ces mandataires de justice jusqu'au moment où le juge statue. • Com. 25 juin 1996, n° 94-19.108 P : *D. 1996. 481, rapp. Rémery ; D. Affaires 1996. 1131.*

Art. L. 622-23-1 *(Ord. n° 2008-1345 du 18 déc. 2008, art. 32)* **Lorsque des biens ou droits présents dans un patrimoine fiduciaire font l'objet d'une convention en exécution de laquelle le débiteur constituant en conserve l'usage ou la jouissance, aucune cession ou aucun transfert de ces biens ou droits ne peut intervenir au profit du fiduciaire ou d'un tiers du seul fait de l'ouverture de la procédure, de l'arrêté du plan ou encore d'un défaut de paiement d'une créance née antérieurement au jugement d'ouverture. Cette interdiction est prévue à peine de nullité de la cession ou du transfert.**

COMMENTAIRE

L'article L. 622-23-1, issu de l'ordonnance du 18 décembre 2008, constitue l'une des nombreuses dispositions d'articulation entre le régime des procédures collectives et celui de la fiducie-sûreté ajoutées par la réforme.

Il s'agit ici de neutraliser les effets, redoutables, de la fiducie, en évitant que l'actif du débiteur se trouve vidé du seul fait de la réalisation automatique de la fiducie dès l'ouverture de la procédure collective du constituant, dès l'arrêté du plan ou encore du seul fait du défaut de paiement d'une créance antérieure. En somme, c'est le jeu normal des articles 2372-3 et 2488-3 du code civil, issus de l'ordonnance du 30 janvier 2009, auquel l'article L. 622-23-1 fait obstacle (M.-H. Monsèrié-Bon, *DP diff. entr., Bull. d'actualité, n° spéc., mars 2009, p. 4176* ; Les apports de la réforme du 18 décembre 2008 en matière de sûretés, *Dr. et patr. 1/2010, p. 26, spéc. p. 29* ; sur la portée pratique du dispositif, V. T. Fornacciari et H. Bourbouloux, L'épisode *Camaïeu* : retour sur l'efficacité de la fiducie-sûreté sur droits sociaux, *BJE 5-6/2019. 72*). Ce jeu automatique de la fiducie se trouve donc sanctionné par une nullité de la cession ou du transfert. Cette neutralisation de la fiducie-sûreté répond au légitime souci d'équilibre des intérêts des créanciers garantis et de l'entreprise (V. F.-X. Lucas et M. Sénéchal, Fiducie vs Sauvegarde, Fiducie ou sauvegarde, il faut choisir, *D. 2008. 29* ; et, pour la réponse, R. Dammann et G. Podeur, Fiducie et sauvegarde : deux réformes complémentaires, *BJS 2008. 88*). Cette « paralysie » temporaire a pour but de ne pas entraver toute chance de succès de la période d'observation devant déboucher sur un plan, et, pareillement, de ne pas compromettre toute chance de succès du plan sitôt adopté. Alors que l'avant-projet d'ordonnance était libellé de façon générale (V., souhaitant une rédaction plus claire, pour éviter les abus d'un créancier qui aurait connaissance d'un état de cessation des paiements, G. Teboul, La nouvelle réforme du droit des entreprises en difficulté : le projet d'ordonnance, *Gaz. Pal. 6-8 avr. 2008, p. 2, spéc. p. 7*), le texte définitif a limité, conformément à la finalité de la mesure, la portée de la neutralisation aux biens ou droits faisant l'objet d'une convention de mise à disposition du constituant. Aussi, le créancier bénéficiaire d'une fiducie-sûreté portant sur des sommes d'argent ou des instruments financiers ne sera-t-il pas soumis à la suspension des poursuites. De sorte, comme cela été remarqué, que ce régime est plus intéressant pour le créancier que celui du nantissement de compte d'instruments financiers, puisque rien ne s'oppose à ce que le bénéficiaire de la fiducie réalise sa garantie indépendamment de l'ouverture de la procédure, du moment que le débiteur constituant n'a pas conservé la jouissance ou l'usage des titres (M. Grimaldi et R. Dammann, La fiducie sur ordonnances, *D. 2009. Chron. 670* , *n° 15*).

Des auteurs s'étaient demandé si la sûreté-propriété pouvait être réalisée pour rembourser immédiatement la créance rééchelonnée et éventuellement réduite, bien qu'elle ne soit pas exigible du fait de l'adoption du plan. Ce qui aurait signifié que le produit de cette cession serait resté dans le patrimoine fiduciaire pour être progressivement affecté au remboursement de la dette, le débiteur perdant la jouissance des actifs ainsi cédés, alors même que ceux-ci auraient pu être nécessaires à l'exploitation. Pour éviter cette conséquence, évidemment contraire à l'objectif de sauvegarde des entreprises, il paraissait indispensable que le législateur affirme que le créancier garanti ne peut pas réaliser sa sûreté tant que le débiteur respecte les dispositions du plan (R. Dammann et G. Podeur, Les sûretés-propriété face au plan de sauvegarde, *D. 2008. 928* ; comp., estimant qu'il aurait été concevable, de façon plus souple, que le fiduciaire transfère le bien au bénéficiaire, moyennant confirmation de l'opposabilité de la convention de mise à disposition : F. Barrière, La fiducie-sûreté, *JCP E 2009. 1808, n° 46*). Ce que l'avant-projet d'ordonnance de 2008 avait envisagé de faire, dans un IV ajouté à l'art. L. 626-27, tout en laissant quand même une porte de sortie au créancier, en prévoyant que, « en l'absence de défaut de paiement du débiteur, la cession ou le transfert des biens et droits [...] doivent, sauf accord du débiteur, être autorisés par le tribunal » (disposition qui aurait pu s'appliquer à des biens et droits qui ne sont pas nécessaires à la poursuite de l'activité du débiteur, susceptibles, dès lors, sur autorisation du juge-commissaire d'être immédiatement affectés au paiement du créancier garanti par la fiducie-sûreté). Ce dispositif n'a finalement pas été inséré, tel quel, dans le texte de l'ordonnance. La question est donc réglée entièrement par le seul article L. 622-23-1. Il semble devoir en résulter, également, *a for-*

tiori, l'interdiction de la réalisation de la sûreté fondée sur la seule ouverture de la procédure, alors que la dette garantie n'est pas exigible (sur ce point, V. F. Barrière, *préc.*, *n° 47*).

Mais le bénéfice de l'article L. 622-23-1 est supprimé par l'article L. 631-14, alinéa 4, en cas de redressement judiciaire subséquent à la résolution d'un plan de sauvegarde pour inexécution des engagements (V. ce texte).

En revanche, l'ordonnance de 2008 a complété l'article L. 622-7, afin de permettre expressément au juge-commissaire d'autoriser le chef d'entreprise à payer des créances antérieures pour obtenir le retour de biens et droits transférés à titre de garantie dans un patrimoine fiduciaire, lorsque ce retour est justifié par la poursuite de l'activité (V. ss. art. L. 622-7). Ces deux mesures sont complémentaires, visant l'une et l'autre à préserver l'actif du débiteur.

Notons, pour finir, que la réforme de 2008 aurait pu aller plus loin, et prévoir des règles analogues applicables pareillement à la clause de réserve de propriété ou à la cession Dailly de créances professionnelles, comme l'ont fait les droits allemand et anglais, afin d'assurer un équilibre général entre les sûretés et les procédures de redressement (V. R. Dammann et G. Podeur, *préc.*). Cela aurait permis de parvenir à un système simple, lisible et équitable, ce qui est essentiel au regard de la cohérence du droit des sûretés et de l'attractivité de notre droit (V. D. Legeais, La réforme des sûretés, la fiducie et les procédures collectives, *Rev. sociétés 2007. 687*). Cette timidité, à moins qu'il ne s'agisse d'une politique des petits pas, a aussitôt éveillé des regrets (V., par ex., F.-X. Lucas, Fiducie *vs* sauvegarde, un arbitrage équilibré, *BJS, févr. 2009, éditorial* ; V. aussi, estimant à propos de ce « manque d'harmonie », qu'il devient difficile de justifier que la revendication soit possible au détriment même des plans, F. Pérochon, La réserve de propriété demeure-t-elle utile en 2009 ?, *Cah. dr. entr. 7-8/2009. 22*). Mais l'ordonnance du 15 septembre 2021 a modifié la donne à cet égard, en consacrant un principe de non-accroissement de l'assiette des sûretés conventionnelles (V. art. 622-21, IV). ❑

V., sur la notion de convention en exécution de laquelle le débiteur constituant conserve l'usage ou la jouissance des biens composant le patrimoine fiduciaire, s'agissant en l'espèce d'immeubles : • Bordeaux, 18 déc. 2023, n° 23/04451 : *RTD civ. 2024. 165, obs. Gijsbers ; APC 2024, n° 40, obs. Le Normand-Caillère ; BJE 5-6/2024. 16, note Ansault et Nerguararian ; RPC 2024. Étude 3, obs. Farhi.*

Art. L. 622-24 **A partir de la publication du jugement, tous les créanciers dont la créance** *(L. n° 2005-845 du 26 juill. 2005, art. 37)* **« est née » antérieurement au jugement d'ouverture, à l'exception des salariés, adressent la déclaration de leurs créances au mandataire judiciaire** *(Ord. n° 2008-1345 du 18 déc. 2008, art. 33)* **« dans des délais fixés par décret en Conseil d'État ».** *(Ord. n° 2014-326 du 12 mars 2014, art. 27-1°, en vigueur le 1er juill. 2014)* **« Lorsque le créancier a été relevé de forclusion conformément à l'article L. 622-26, les délais ne courent qu'à compter de la notification de cette décision ; ils sont alors réduits de moitié. »** *(L. n° 2005-845 du 26 juill. 2005, art. 37)* **« Les créanciers titulaires d'une sûreté publiée ou liés au débiteur par un contrat publié sont avertis personnellement ou, s'il y a lieu, à domicile élu. Le délai de déclaration court à l'égard de ceux-ci à compter de la notification de cet avertissement. »** — *V. art. R. 622-21.*

La déclaration des créances peut être faite par le créancier ou par tout préposé ou mandataire de son choix. *(Ord. n° 2014-326 du 12 mars 2014, art. 27-2° et 3°, en vigueur le 1er juill. 2014)* **« Le créancier peut ratifier la déclaration faite en son nom jusqu'à ce que le juge statue sur l'admission de la créance.**

« Lorsque le débiteur a porté une créance à la connaissance du mandataire judiciaire, il est présumé avoir agi pour le compte du créancier tant que celui-ci n'a pas adressé la déclaration de créance prévue au premier alinéa. » — *V. art. R. 622-5, al. 3, et R. 622-24.*

La déclaration des créances doit être faite alors même qu'elles ne sont pas établies par un titre. *(L. n° 2005-845 du 26 juill. 2005, art. 37)* **« Celles dont le montant n'est pas encore définitivement fixé sont déclarées sur la base d'une évaluation. » Les créances du Trésor public et des organismes de prévoyance et de sécurité** *(L. n° 2003-7 du 3 janv. 2003, art. 50-II)* **« sociale » ainsi que les créances recouvrées par les organismes**

visés à l'article *(Ord. n° 2007-329 du 12 mars 2007, art. 3, en vigueur le 1er mai 2008)* « L. **5427-1** » du code du travail qui n'ont pas fait l'objet d'un titre exécutoire au moment de leur déclaration sont admises à titre provisionnel pour leur montant déclaré. En tout état de cause, les déclarations du Trésor et de la sécurité sociale sont toujours faites sous réserve des impôts et autres créances non établis à la date de la déclaration. Sous réserve des procédures judiciaires ou administratives en cours, leur établissement définitif doit, à peine de forclusion, être effectué dans le délai prévu à l'article L. **624-1.** *(L. n° 2019-486 du 22 mai 2019, art. 63)* « Si la détermination de l'assiette et du calcul de l'impôt est en cours, l'établissement définitif des créances admises à titre provisionnel doit être effectué par l'émission du titre exécutoire dans un délai de douze mois à compter de la publication du jugement d'ouverture. » *(Ord. n° 2014-326 du 12 mars 2014, art. 27-4°, en vigueur le 1er juill. 2014)* « Toutefois, si une procédure *(L. n° 2019-486 du 22 mai 2019, art. 63)* « de contrôle ou de rectification de l'impôt a été engagée *[ancienne rédaction : administrative d'établissement de l'impôt a été mise en œuvre]* », l'établissement définitif des créances qui en font l'objet doit être *(L. n° 2019-486 du 22 mai 2019, art. 63)* « réalisé *[ancienne rédaction : effectué]* » avant le dépôt au greffe du compte rendu de fin de mission par le mandataire judiciaire. Le délai de cet établissement définitif est suspendu par la saisine de l'une des commissions mentionnées à l'article L. 59 du livre des procédures fiscales jusqu'à la date de réception par le contribuable ou son représentant de l'avis de cette commission ou celle d'un désistement. »

Les institutions mentionnées à l'article *(Ord. n° 2007-329 du 12 mars 2007, art. 3, en vigueur le 1er mai 2008)* « L. **3253-14** » du code du travail sont soumises aux dispositions du présent article pour les sommes qu'elles ont avancées et qui leur sont remboursées dans les conditions prévues pour les créances nées antérieurement au jugement ouvrant la procédure. — *[C. com., anc. art. L. 621-43.] — V. art. R. 622-21.*

(L. n° 2005-845 du 26 juill. 2005, art. 37) « Les créances nées régulièrement après le jugement d'ouverture, autres que celles mentionnées au I de l'article L. **622-17** *(Abrogé par Ord. n° 2008-1345 du 18 déc. 2008, art. 33)* ***« et les créances alimentaires »***, sont soumises aux dispositions du présent article. Les délais courent à compter de la date d'exigibilité de la créance. Toutefois, les créanciers dont les créances résultent d'un contrat à exécution successive déclarent l'intégralité des sommes qui leur sont dues dans des conditions prévues par décret en Conseil d'État. » — *V. art. R. 622-22.*

(Ord. n° 2008-1345 du 18 déc. 2008, art. 33) « Le délai de déclaration, par une partie civile, des créances nées d'une infraction pénale court dans les conditions prévues au premier alinéa ou à compter de la date de la décision définitive qui en fixe le montant, lorsque cette décision intervient après la publication du jugement d'ouverture.

« Les créances alimentaires ne sont pas soumises aux dispositions du présent article. »

L'art. 63 de la L. n° 2019-486 du 22 mai 2019 s'applique aux procédures collectives ouvertes à compter du 1er janv. de l'année suivant la publication de cette loi (L. préc., art. 63-III, JO 23 mai).

Sur la dispense de déclaration des créances accordée au Fonds de garantie des dépôts et de résolution et aux déposants, instituée par la L. n° 99-532 du 25 juin 1999, en cas d'ouverture d'une procédure collective à l'égard d'un établissement de crédit ou d'une entreprise d'investissement, V. C. mon. fin., art. L. 613-30, 2e partie, IV. Traitement des difficultés des entreprises.

Sur la dispense de déclaration des créances accordée aux titulaires de droits sur les titres financiers inscrits en compte, en cas d'ouverture d'une procédure collective à l'égard de l'établissement teneur des comptes, V. C. mon. fin., art. L. 211-10, 2e partie, IV. Traitement des difficultés des entreprises.

Sur la dispense de déclaration des créances accordée aux assurés, souscripteurs, adhérents et bénéficiaires de contrats d'assurance, ainsi qu'au fonds de garantie mentionné à l'art. L. 423-1 C. assur., en cas d'ouverture d'une procédure de liquidation judiciaire à l'égard d'une entreprise d'assurance, V. C. assur., art. L. 326-4. — ***C. assur.***

Sur la production des créances dans les procédures d'insolvabilité ayant des effets transfrontaliers, V. art. L. 693-1, et Règl. (UE) 2015/848 du 20 mai 2015 relatif aux procédures d'insolvabilité, art. 53 s., 2e partie, I. Droit européen.

Sur le pouvoir de l'agent des sûretés de procéder à toute déclaration de créance sans avoir à justifier d'un mandat spécial, V. C. civ., art. 2488-9, 2e partie, IV. Traitement des difficultés des entreprises.

RÉP. COM. v° *Entreprise en difficulté : situation des créanciers,* par Macorig-Venier.

BIBL. ▶ Le Corre, *Gaz. Pal. 2005. Doctr. 2997* (nouvelles règles de fixation du passif du débiteur) ; *LPA 14 juin 2007, p. 64* (déclaration de créance) ; *JCP E 2011. 1318* (la créance non déclarée et la clôture de la liquidation judiciaire pour extinction du passif). - Brandeau, *LPA 5 mai 2006, p. 7* (déclaration et admission des créances du Trésor public). - Legrand, *RPC 2007. 181* (sort des créances déclarées sur la base d'une évaluation). - Henry, *Gaz. Pal. 2009. Doctr. 817* (Ord. du 18 déc. 2008). - Chendeb, *RPC 2009. Étude 21* (créances alimentaires). - Lebel, *RPC 2011. Formule 2* (délégation de pouvoir en vue de déclarer une créance). - Pailler, *RPC 2012. Étude 4* (actualité de la déclaration de créance par voie de représentant) ; *BRDA 2012, n° 3, p. 10* (même thème). - Galokho, *RPC 2012. Étude 36* (responsabilité civile des professionnels du droit dans la déclaration de créance). - De Boysson, *RTD com. 2013. 191* (de la faculté de déclarer sa créance alimentaire et de ses conséquences). ▶ Après l'ordonnance du 12 mars 2014 : Martin-Serf, *RTD com. 2014. 409*. - Le Corre, *Gaz. Pal. 2014. 1288 ; ibid. 19-21 juill. 2015, p. 5* (vers une nouvelle analyse de la déclaration de créance). - Rossi et F. Legrand, *RPC 2014. Dossier 33*. - Benilsi, *LPA 4 févr. 2015*. - Lindet, *BRDA 2015, n° 13, p. 16* (différence entre déclaration de créance par le débiteur et remise de la liste des créanciers et des dettes). - Berthelot, *Cah. dr. entr. 7-8/2016. Dossier 33* (dix ans d'évolution). - Dossier « Le traitement des créances : pratique et actualités », *BJE 2017. 50*. - Levy et T. de Ravel d'Esclapon, *ibid. 2018. 63* (art. L. 622-24, al. 3). - Bélaval, *RJDA 2018. 339* (détermination de la date de naissance des créances contractuelles : panorama de jurisprudence de la Cour de cassation). - Dossier « Déclaration et décision d'admission des créances », *RLDA janv. 2019. 22*. - Tota, *RPC 2024. Étude 4* (déclaration de créance et sûretés).

Ancien art. L. 622-24 (al. 6) *[réd. issue de L. n° 2005-845 du 26 juill. 2005]* ***Le délai de déclaration par une partie civile des créances nées d'une infraction pénale court à compter de la date de la décision définitive qui en fixe le montant.***

COMMENTAIRE

I. ORIGINE DE LA CRÉANCE

La Cour de cassation a répondu par un arrêt du 23 avril 2013 à la question, soulevée depuis la loi de sauvegarde des entreprises, de la portée de la substitution de la référence à la « naissance » de la créance à celle, faite par la rédaction initiale de l'ancien article 50 de la loi de 1985, de l'« origine », afin de rendre l'article L. 622-24 du code de commerce, issu de la loi du 26 juillet 2005, parfaitement symétrique à l'article L. 622-17 s'agissant d'opérer le partage entre les créances antérieures et postérieures au jugement d'ouverture. Doctrine et première jurisprudence (V. not. Versailles, 21 févr. 2008 : *D. 2008. AJ 1053, obs. A. Lienhard*) paraissaient déjà d'accord pour ne voir là qu'une correction formelle sans portée réelle. Et c'est bien cette thèse de la neutralité sémantique qu'a consacrée la chambre commerciale à propos de la naissance d'une créance de remboursement de crédit immobilier (V. Com. 23 avr. 2013 : *cité note 31*).

L'imagination aidant, il est vrai qu'une autre voie avait parfois été dessinée à partir de cette évolution terminologique, conduisant alors à la remise en cause de certaines solutions. Dans cette optique, désormais condamnée, l'origine eût correspondu à « l'élément causal » qu'il eût fallu distinguer de la naissance, équivalant, dans ce domaine, à « l'accession à la vie juridique » (P.-M. Le Corre, Les créanciers antérieurs dans le projet de sauvegarde des entreprises, colloque CRAJEFE du 27 mars 2004, *LPA 10 juin 2004, p. 25, n° 5* ; étant précisé que, dans l'édition de son *Dalloz Action*, Droit et pratique des procédures collectives, 2012/2013, 663.11, l'auteur penchait plutôt, lui aussi, en faveur de la neutralité du changement de terminologie). Et, précisément, s'agissant des créances de remboursement, d'un crédit immobilier, par exemple, l'origine de la créance eût pu remonter à la formation du contrat, tandis que sa naissance ne fût intervenue qu'ultérieurement (lors de la remise des fonds ou du jugement de condamnation), contrairement à ce qu'avait jugé la chambre commerciale le 11 février 2004 (Com. 11 févr. 2004 : *cité note 50*). Notons aussi que la Cour de cassation a confirmé, sous l'empire des textes nouveaux, que la créance de l'acquéreur née du défaut de conformité de la chose vendue a son origine au jour de la conclusion de la vente, de sorte que, si celle-ci est intervenue avant le jugement d'ouverture de la procédure collective du vendeur, l'acquéreur doit la déclarer au passif de la procédure collective (Com. 2 oct. 2012 : *cité note 36*).

II. DÉLAIS DE DÉCLARATION

L'ordonnance du 18 décembre 2008, en ajoutant à l'alinéa 1er, les mots « dans des délais fixés par décret en Conseil d'État », est venue donner, dans le texte, un support légal à l'article R. 622-24 (qui figurait jusque-là, de manière moins appropriée, à l'article L. 622-26, lui aussi modifié en conséquence, mais seulement par la loi de simplification du droit du 12 mai 2009 pour renvoyer aux délais de l'art. L. 622-24).

Selon la précision apportée par l'ordonnance du 12 mars 2014 à l'article L. 622-24 : « Lorsque le créancier a été relevé de forclusion, conformément à l'article L. 622-26, les délais ne courent qu'à compter de la notification de cette décision ; ils sont alors réduits de moitié. » Dans le silence des textes, la Cour de cassation avait auparavant, créé de toutes pièces un délai de forclusion assez déroutant en décidant que le créancier défaillant devait déclarer sa créance dans le délai préfix de l'action en relevé de forclusion, même s'il n'avait pas été statué sur sa demande de relevé de forclusion à l'intérieur de ce délai (Com. 23 avr. 2013 : *cité note 9 ss. art. L. 622-26*). Ce qui contraignait donc le créancier forclos, qui devait déclarer sa créance afin de concourir aux distributions postérieures à sa demande, à effectuer sa déclaration en même temps qu'il sollicitait son relevé de forclusion, dans le délai préfix de six mois ou d'un an, alors en vigueur, selon le cas, à compter de la publication du jugement d'ouverture. Cette jurisprudence, critiquable et critiquée, n'était pas à l'abri d'une question prioritaire de constitutionnalité fondée sur l'article 6 de la Convention européenne des droits de l'homme. Et l'on pouvait commencer à douter réellement de sa pérennité, bien que la Cour de cassation l'eût rappelée quelques mois plus tôt, lorsque, par son arrêt du 5 septembre 2013 (cité note 13 ss. art. L. 622-26), elle considéra que les dispositions des articles L. 622-24 et L. 622-26 du code de commerce ne faisaient pas obstacle à la recevabilité d'une action en relevé de forclusion exercée après l'expiration du délai maximal d'un an alors prévu par l'article L. 622-26 du code par un créancier placé dans l'impossibilité d'agir pendant ce délai. Au moins dans cette hypothèse, certes particulière, la solution réaffirmée le 23 avril 2013 ne tenait plus.

Aussi n'est-il pas étonnant qu'à l'occasion de l'ordonnance de réforme de 2014, le Gouvernement ait tiré toutes les conséquences de cette nouvelle logique en posant cette règle bien plus conforme aux droits élémentaires du créancier relevé de forclusion, redonnant à ce dernier le délai de déclaration de créance à compter de la notification de la décision le relevant de forclusion. Mais pas tout à fait quand même : afin de ne pas retarder trop l'achèvement des opérations de vérification, la version définitive du texte n'accorde au créancier que la moitié du délai de déclaration initial. Pour autant, s'agissant du régime antérieur, et malgré la décision du 5 septembre précitée, la chambre commerciale, de façon étonnante, a réitéré la solution prétorienne résultant des arrêts de 2007 et 2013 (V. Com. 30 juin 2015 : *D. 2015. Actu. 1487, obs. A. Lienhard*). Cependant, demeure toujours valable la déclaration de créance anticipée qu'effectuerait le créancier avant d'avoir obtenu le relevé de forclusion (Bordeaux, 15 mai 2019 : *cité note 11 ss. art. L. 622-26*).

Parallèlement, l'ordonnance a aussi remanié le point de départ de l'action en relevé de forclusion, pour tenir compte de l'évolution jurisprudentielle (V. art. L. 622-26, al. 3).

III. RATIFICATION DE LA DÉCLARATION – DÉCLARATION PAR LE DÉBITEUR

Dans le souci de réduire l'irritant et injuste (pour le créancier) contentieux de la forme de la déclaration de créance faite par préposé ou mandataire, l'ordonnance du 12 mars 2014 a complété l'alinéa 2 en accordant au créancier la faculté de « ratifier » la déclaration jusqu'à ce que le juge statue sur l'admission de la créance. Cette règle constitue, en quelque sorte, la généralisation légale de la solution prétorienne autorisant le créancier à justifier l'existence d'un pouvoir spécial ou à prouver la délégation de pouvoir jusqu'au jour où le juge statue sur l'admission de la créance (V., not., Cass., ass. plén., 4 févr. 2011 : *cité note 112*). La première décision de la chambre commerciale, rendue sur ce fondement, a précisé qu'aucune forme particulière n'étant prévue par le nouveau texte pour cette ratification, celle-ci peut être implicite (Com. 10 mars 2021 : *cité note 117*) et résulter notamment d'une demande d'admission (Com. 29 sept. 2021 : *ibid.*).

Le même texte ajoute cette précision, de prime abord un peu mystérieuse, selon laquelle « lorsque le débiteur a porté une créance à la connaissance du mandataire judiciaire, il est présumé avoir agi pour le compte du créancier tant que celui-ci n'a pas adressé la déclaration de créance prévue au premier alinéa ». Cette possibilité, pour le débiteur, de déclarer les créances de ses créanciers (en quelque sorte à titre conservatoire), dans le même délai que le créancier, qui devrait s'avérer précieuse, notamment, dans les procédures accélérées (V. ss. art. L. 628-7), trouve un écho dans le nouveau cas de faillite personnelle ajouté par l'ordonnance de 2014 à l'article L. 653-5, 7°, réservé au débiteur ayant « déclaré sciemment, au nom d'un créancier, une créance supposée ». En pratique, cette disposition permet, notamment, d'assimiler à la déclaration de créances par le débiteur la mention de la créance sur la liste des créances remise à l'administrateur et au mandataire judiciaire (art. L. 622-6). Ce que confirme la modification apportée par le décret du 30 juin 2014 à l'article R. 622-5, dont il résulte que la présomption de déclaration suppose que les mentions prévues par le dernier alinéa ajouté à ce texte soient bien présentes. Avec cette précision, résultant du premier arrêt rendu sur la question par la Cour de cassation, selon laquelle une information incomplète ne vaut pas absence de déclaration, mais déclaration limitée à l'information (Com. 5 sept. 2018 : *cité note 93* ; V. aussi Com. 8 févr. 2023 : *ibid.*). Par ailleurs, fort logiquement, le décret du 30 juin 2014 a aligné le délai dans lequel le débiteur peut porter la créance à la connaissance du mandataire judiciaire sur le délai ouvert au créancier pour déclarer sa créance (V. art. R. 622-24). La déclaration de créance du créancier destinée, le cas échéant, à se substituer à celle du débiteur devra donc intervenir dans le délai normal de déclaration. La légère retouche apportée à l'article R. 622-5 par le décret n° 2015-1009 du 18 août 2015 devrait dissiper l'ambiguïté du texte issu du décret de 2014, qui pouvait laisser croire que le dépôt de la liste des créanciers devait nécessairement être suivi, dans ce délai, d'une déclaration séparée par le débiteur.

Mais, comme le souligne un auteur, bien des incertitudes demeurent, en particulier quant à la possibilité, pour le créancier, de solliciter un relevé de forclusion, afin de déclarer lui-même sa créance de façon plus favorable. Cela ne semblerait pas très conforme à l'esprit du texte, selon lui (F.-X. Lucas, *BJE 2014. 111*). Cependant, lui interdire cette voie de relevé de forclusion conduirait à traiter plus mal le créancier figurant sur la liste (mais pour un montant minoré de créance, ou sans précision, par exemple, d'une sûreté) que celui qui a été omis. Aussi paraît-il plus logique et juste de lui permettre de demander d'être relevé de forclusion à hauteur du différentiel du montant en démontrant que la défaillance dans la déclaration n'est pas due à son fait (V. aussi, pour une démonstration très détaillée : P.-M. Le Corre, Droit et pratique des procédures collectives, *Dalloz Action, 2023/2024, 662.536*). Un argument de texte en ce sens peut être trouvé dans l'article R. 622-25 dont il se déduit que, si l'initiative du débiteur n'a pas été « utile », le créancier peut solliciter un relevé de forclusion (A.-L. Khove, M. Lobry-Igelman, P. Rossi et A.-C. Soulard, *LPA 25 juill. 2014, p. 7*). Cette lecture du texte a été confirmée par la Cour de cassation, laquelle a précisé que le créancier, s'il estime que la créance portée à la connaissance du mandataire judiciaire par le débiteur l'a été pour un montant inférieur à la créance qu'il soutient détenir, peut demander à être relevé de la forclusion pour déclarer le montant supplémentaire qu'il prétend lui être dû, à la condition d'établir que sa défaillance n'est pas due à son fait (Com. 27 mars 2024 : *cité note 93*). *A fortiori*, le créancier peut-il agir si le débiteur a volontairement omis de le mentionner sur la liste de ses créanciers au motif qu'il ne peut lui être imposé de déclarer pour le compte d'un créancier une créance dont il conteste l'existence (Com. 3 juill. 2024 : *cité note 10 ss. art. L. 622-26*).

Selon Pierre-Michel Le Corre, cette modification attesterait l'abandon implicite de la théorie, – sur laquelle se fondait jusqu'ici toute la jurisprudence relative aux déclarations des créances des tiers –, considérant la déclaration de créance comme un acte équivalant à une demande en justice. Il ne s'agirait plus que d'un acte conservatoire (*D. 2014. Chron. 733* ✐, *n° 52*). Le nouvel article L. 622-25-1 irait en ce sens (V. ci-dessous). Et, dès lors, c'est toute la construction jurisprudentielle qui pourrait tomber, notamment en ce qu'elle exigeait un mandat *ad litem*, lorsque la déclaration est effectuée par un mandataire autre qu'un avocat, ou une délégation de pouvoir du salarié au moment de la déclaration (F. Macorig-Venier, *BJE 2014. 185* ; pour l'explicitation des conséquences pratiques de cette nouvelle analyse, notamment quant au délai dans lequel le créancier peut présenter une déclaration complémentaire de créance, V. P.-M. Le Corre, *Gaz. Pal. 19-21 juill. 2015, p. 5*).

Mais après un an d'application, à en croire, notamment, le rapport du sénateur Fraissa sur le projet de loi de ratification des ordonnances du 12 mars 2014 et du 26 septembre

2014, ce nouveau mécanisme aurait surtout perturbé les praticiens, posant autant de problèmes qu'il aurait résolu de difficultés, à tel point qu'un amendement sénatorial dans le cadre de l'examen du projet de loi sur la justice du XXIe siècle en a purement et simplement proposé l'abrogation. Mais cet amendement a été supprimé par l'Assemblée nationale, avec l'aval de la Chancellerie, de sorte que, finalement, la loi du 18 novembre 2016 n'est pas intervenue sur ce point.

Confirmant le constat de deux auteurs, selon lequel en pratique peu de listes des créances remises au mandataire judiciaire remplissent les conditions légales et réglementaires (J. Levy et T. de Ravel d'Esclapon, *BJE 2018. 63*), la Cour de cassation, dans son premier arrêt relatif au nouveau dispositif, a dénié toute portée à une liste des créances ne mentionnant que l'identité du créancier, sans indiquer aucun montant des créances, dès lors que cette omission n'avait pas été réparée par la fourniture d'autres informations au mandataire judiciaire (Com. 5 sept. 2018 : *cité note 93*).

Quant à la portée de cette déclaration par le débiteur, bien évidemment, comme la chambre commerciale l'a énoncé expressément, elle ne saurait valoir reconnaissance par le débiteur du bien-fondé de cette créance, de sorte qu'il peut ultérieurement la contester dans les conditions prévues aux articles L. 624-1 et R. 624-1 (Com. 23 mai 2024 : *cité note 93*).

IV. CRÉANCES DU TRÉSOR PUBLIC

L'ordonnance du 12 mars 2014 a amélioré le régime de déclaration et d'admission à titre provisionnel des créances du Trésor public, prévu par le quatrième alinéa, en permettant, si une procédure administrative d'établissement de l'impôt a été mise en œuvre, que l'établissement définitif intervienne jusqu'au dépôt au greffe du compte rendu de fin de mission par le mandataire judiciaire ou le liquidateur. Ce nouveau délai a pour finalité de prolonger le délai de déclaration définitive de la créance fiscale dans le seul cas d'engagement d'une procédure de contrôle ou de rectification de l'impôt (Com. 25 oct. 2017 : *cité note 150*). Cette interprétation a été consacrée expressément dans le texte par la loi PACTE du 22 mai 2019. Il s'agit donc là d'une modification interprétative, devant logiquement échapper à l'entrée en vigueur différée aux procédures ouvertes à compter du 1er janvier 2020 des modifications apportées par la loi de 2019 à l'article L. 622-24.

Surtout, le texte de 2014 assouplit la règle en faveur du Trésor, en prévoyant la suspension du délai en cas de saisine par le contribuable de la Commission départementale des impôts directs et des taxes sur le chiffre d'affaires, de la commission nationale des impôts directs et des taxes sur le chiffre d'affaires prévue à l'article 1651 H du code général des impôts, ou de la commission départementale de conciliation. Cette précision clarifie la jurisprudence, incertaine, mais qui semblait plutôt hostile à considérer la saisine d'une commission comme une instance en cours (P.-M. Le Corre, Droit et procédures collectives, *Dalloz Action, 2023/2024, 667.471*), encore qu'un arrêt de la Cour de cassation ait jugé qu'une instance en cours pouvait être constatée dès lors que le débiteur avait formé une réclamation contentieuse après l'avis de mise en recouvrement (Com. 11 févr. 2014 : *D. 2014. Actu. 477*).

La loi PACTE du 22 mai 2019 est venue encadrer le délai dans lequel un titre exécutoire doit être émis, en dehors des procédures de contrôle et de rectification de l'impôt. Ainsi, est-il prévu, pour les procédures ouvertes à compter du 1er janvier 2020, que, si la détermination de l'assiette et du calcul de l'impôt est en cours, l'établissement définitif des créances admises à titre provisionnel doit être effectué par l'émission du titre exécutoire dans un délai de douze mois à compter de la publication du jugement d'ouverture.

V. CRÉANCIER TITULAIRE D'UNE SÛRETÉ OU D'UN CONTRAT PUBLIÉ

L'extension est patente quant aux créanciers titulaires de contrats publiés. Là où le texte datant de 1994 visait les seuls créanciers « titulaires d'un contrat de crédit-bail publié », la loi de 2005 vise, plus largement, les créanciers « liés au débiteur par un contrat publié », ce qui englobe, comme en matière de restitution (art. L. 624-10), au-delà des crédits-bailleurs, les loueurs financiers, les titulaires de contrats de vente avec clause de réserve de propriété (qui peut faire l'objet d'une publication dans les conditions prévues par le décret n° 72-665 du 4 juillet 1972 relatif à la publicité des opérations de crédit-bail en matière mobilière et immobilière, codifié aux art. R. 313-3 s. C. mon. fin.), de même que des créanciers prêteurs subrogés dans leurs droits ou encore des créanciers ayant donné en location-gérance leurs fonds de commerce (contrats qui doivent être publiés en application de l'art. 2 du décret n° 86-465 du 14 mars 1986, codifié à l'art. R. 144-1 C. com.), les contrats portant sur les brevets et les marques (qui doivent être publiés en vertu respectivement des art. L. 613-9 et R. 714-4 CPI), les contrats de louages d'aéronefs ou de navires (*Rapp. Sénat, n° 335, p. 214* ; P.-M. Le Corre, La situation générale du débiteur et des créanciers dans l'avant-projet de réforme des entreprises en difficulté, *préc.* ; Les créanciers antérieurs dans le projet de sauvegarde des entreprises, colloque CRAJEFE du 27 mars 2004, *préc., p. 25, n° 1* ; Les nouvelles règles de fixation du passif du débiteur, *Gaz. Pal. 9-10 sept. 2005, p. 17, n° 11* ; P. Crocq, Le projet de loi sur la sauvegarde des entreprises et le respect des concepts du droit des sûretés, *Dr. et patr. 1/2005, p. 43, spéc. p. 44*). Quant au registre national des fiducies, prévu par l'article 2020 du code civil (issu de la loi du 19 février 2007) et qui n'a été institué que par le décret n° 2010-219 du 2 mars 2010 (après que son idée même eut pu sembler abandonnée : P. Dupichot, La fiducie-sûreté en pleine lumière, *JCP 2009. 132, n° 8*), comme il n'est pas accessible aux mandataires de justice, il ne devrait pas permettre de considérer que les créanciers bénéficiaires de fiducies-sûretés sont des créanciers titulaires d'une sûreté publiée au sens de l'article L. 622-24 (V. R. Dammann et G. Podeur, Fiducie-sûreté et droit des procédures collectives : évolution ou révolution, *D. 2007. Chron. 1359*). La nouvelle rédaction va encore plus loin puisque, comme l'a jugé la Cour de cassation en en tirant toutes les conséquences, elle concerne même la publicité d'une vente immobilière à la conservation des hypothèques, bénéficiant ainsi à l'acquéreur d'une maison vendue en l'état futur d'achèvement (Com. 16 sept. 2014 : *cité note 14*).

La loi de 2005 a, par ailleurs, simplifié le régime de la protection de ces créanciers tout en le rendant plus efficace. Fini le mécanisme, bien maladroit, de l'inopposabilité de la forclusion à défaut d'avertissement personnel que prévoyait l'ancien article L. 621-46, alinéa 2, aux conséquences complexes qui piégeaient ceux que le texte était censé protéger. Désormais, ils n'ont plus à agir dans le cadre flou d'une déclaration d'inopposabilité de la forclusion (V. notes 7 et 8 ss. anc. art. L. 621-46). Le délai de déclaration ne court que de l'avertissement. Ce qui devrait signifier qu'à défaut d'avertissement (c'est-à-dire d'avertissement par lettre recommandée avec AR), le créancier ne sera jamais forclos (E. Jouffin, Le sort des créanciers antérieurs dans la loi de sauvegarde, *Journ. sociétés 9/2005, p. 37, spéc. p. 45*). Encore conviendra-t-il, sans doute, que sa déclaration intervienne avant la clôture de la procédure. La Cour de cassation avait déjà interprété en ce sens l'ancien article L. 621-46, alinéa 2 (V. note 6 ss. anc. art. L. 621-46). Toutefois, de façon apparemment contradictoire, le nouvel article L. 622-26, alinéa 2, soumet ces créanciers à l'action en relevé de forclusion dans le délai de six mois à compter de la réception de l'avertissement personnel. On pourrait logiquement en déduire que n'est visée là que l'hypothèse (envisageable) du créancier n'ayant pas déclaré à temps bien qu'averti en bonne et due forme. Dans ce cas, alors, et contrairement à ce qu'avait jugé auparavant la Cour de cassation (Com. 26 nov. 2002 : V. note 6 ss. anc. art. L. 621-46), le délai préfix pour agir en relevé de forclusion ne partirait donc plus du jugement d'ouverture. Mais, on peut gager que, dans cette hypothèse, les créanciers auront du mal à obtenir le relevé de forclusion, qui suppose, par définition, la preuve que la défaillance n'est pas due à leur fait (P.-M. Le Corre, Présentation générale du projet de réforme des entreprises en difficulté : de l'avant-projet au projet de loi de sauvegarde des entreprises, *Gaz. Pal. 25-26 févr. 2004, p. 4, n° 13* ; Les créanciers antérieurs dans le projet de sauvegarde des entreprises, colloque CRAJEFE du 27 mars 2004, *LPA 10 juin 2004, p. 25, n° 12*). Rien n'est dit de l'hypothèse du créancier qui aurait déclaré sa créance dans les délais normaux, mais à titre chirographaire, par erreur. La solution posée par la Cour de cassation le 13 mai 2003 demeure donc valable (V. note 2 ss. art. R. 622-24). Toutefois, tel n'est pas le sens que les travaux préparatoires donnent à l'article L. 622-26, alinéa 2, qui semblent considérer que le créancier non averti et n'ayant pas déclaré sa créance doit agir en relevé de forclusion, sans être enfermé dans aucun délai, de fait, puisque, par hypothèse, l'événement qui fait courir le délai n'aura pas eu lieu (*Rapp. AN, n° 2095, p. 234 ; Rapp. Sénat, n° 335, p. 219 ;* P.-M. Le Corre, Les nouvelles règles de fixation du passif du débiteur, *Gaz. Pal. 9-10 sept. 2005, p. 17, n° 11 ; BRDA 2005, n° 18, p. 10, n° 39)*. Autre situation délicate : celle d'une publication au *BODACC* postérieure à la réception de l'avis par le créancier. Dans ce cas, confirmant la lecture du Service de documentation et d'études de la Cour de cassation, la chambre commerciale a considéré, en raison de la généralité des termes de l'article R. 622-24, autant que de la finalité protectrice du mécanisme, que le délai de déclaration est alors celui de droit commun, de deux mois à compter de la publication au BODACC, faisant de ce délai un délai minimal (Com. 30 oct. 2012 et 18 juin 2013 : *cités note 1 ss. art. R. 622-24*).

Enfin, comme déjà la Cour de cassation (Com. 5 mars 2002 et 25 févr. 2004 : *cités note* 16), la loi de 2005 a corrigé le texte quant à l'élection de domicile. Désormais, la validité de l'avertissement adressé à domicile élu n'est plus discutable (le premier alinéa prévoyant que les créanciers sont avertis personnellement « ou, s'il y a lieu, à domicile élu », et non plus « et, s'il y a lieu, à domicile élu »).

VI. ÉVALUATION DES CRÉANCES

Une précision législative, ici, qui n'a pas modifié la pratique : les créances dont le montant n'est pas encore définitivement fixé doivent être déclarées sur la base d'une évaluation. De nature interprétative (P.-M. Le Corre, Présentation générale du projet de réforme des entreprises en difficulté : de l'avant-projet au projet de loi de sauvegarde des entreprises, *préc., p. 4, n° 15*), cette disposition confirme la jurisprudence de la Cour de cassation. Le créancier peut donc, après avoir déclaré le maximum envisageable, confirmer son évaluation ou la réduire jusqu'à ce que le juge statue sur l'admission (Com. 27 mai 2003 : *cité note 3 ss. art. R. 622-23* ; Com. 14 janv. 2004 : *APC 2004, n° 43*). En revanche, comme l'a confirmé la chambre commerciale, sous l'empire du présent article L. 622-24, alinéa 3, et de l'article R. 622-23, 1°, l'évaluation ne peut être augmentée après l'expiration du délai légal de déclaration (Com. 3 nov. 2010 : *cité note 4 ss. art. R. 622-23*).

Cela dit, justement, la consécration législative de cette jurisprudence, comme l'avait expliqué le Rapport de la commission des lois de l'Assemblée nationale *(n° 2095, p. 230)*, vise à dissuader les créanciers matériellement incapables d'estimer immédiatement leur créance de manière précise de déclarer systématiquement le maximum de ce qui peut leur être dû, même si la jurisprudence avait pu encadrer ces pratiques en considérant que le créancier déclarant abusivement une créance hors de proportion avec la réalité engageait sa responsabilité civile envers le débiteur, voire sa responsabilité pénale au titre de l'infraction pour déclaration frauduleuse d'une créance supposée (art. L. 654-9). Aussi, les listes de créances admises devraient-elles, désormais, faire apparaître des montants plus proches de la réalité. A l'inverse, certains créanciers non professionnels pouvaient auparavant hésiter à procéder à la déclaration de leur créance, craignant de ne pas la mesurer précisément.

De son côté, la Cour de cassation a fait preuve d'une certaine souplesse, en validant les déclarations de créance dont les mentions « à titre provisionnel » ou « à titre provisoire » révèlent en réalité la volonté non équivoque du créancier de réclamer à titre définitif la somme indiquée (V. Com. 30 nov. 2010 : *cité note 3 ss. art. L. 622-25*).

VII. CRÉANCES NÉES RÉGULIÈREMENT APRÈS LE JUGEMENT D'OUVERTURE

Le « resserrement » des conditions mises par la loi pour bénéficier de la priorité de paiement rend plus subtile la distinction entre créanciers antérieurs soumis à l'obligation de déclarer et créanciers postérieurs dispensés et « privilégiés ». La réécriture des dispositions de l'article L. 622-17 a fait éclater la structure jusque-là à peu près binaire et alternative de la jurisprudence, fondée (sous réserve seulement de la « naissance régulière » de la créance) essentiellement sur le critère chronologique « avant-après » le jugement d'ouverture.

Désormais, quatre types de créances doivent être distingués à cet égard :

1° Les créances antérieures (nées avant le jugement d'ouverture), à déclarer sous peine de forclusion (mais plus d'extinction ; V. ss. art. L. 622-26) ;

2° Les créances de la procédure, c'est-à-dire les créances postérieures répondant complètement à la nouvelle définition posée par les articles L. 622-17 et L. 641-13 (V. ss. art. L. 622-17), dispensées de déclaration et payées à leur échéance ;

3° Les créances nées régulièrement après le jugement d'ouverture autres que les créances de la procédure (faute de répondre à cette nouvelle définition). Nouvelle catégorie (sous-catégorie) de créances postérieures, née de la loi de 2005 (qu'un auteur a qualifiées de créances « postéro-antérieures » : P.-M. Le Corre, La situation générale du débiteur et des créanciers dans l'avant-projet de réforme des entreprises en difficulté, *Gaz. Pal. 10-11 déc. 2003, p. 25, 2e partie, no 21*), à déclarer, selon l'article L. 622-24, alinéa 5, dans les formes et délais de droit commun, à compter de leur date d'exigibilité. Avec ce sort particulier fait aux créances résultant d'un contrat à exécution successive, pour lesquelles les créanciers doivent déclarer l'intégralité des sommes qui leur sont dues, non seulement celles déjà exigibles au jour du jugement d'ouverture mais aussi celles qui le deviendront après. L'idée est bien entendu, à la fois, de connaître le passif dû à ce titre avant la clôture de la procédure et d'éviter tout contentieux généré par le régime incertain des créances à exécution successive (V. note 14 ss. art. L. 622-7 et note 42 – Com. 7 déc. 2004 et 22 nov. 2005 – et 69 ss. art. L. 622-21 ; V. aussi, estimant cette intervention législative inutile, F. Pérochon, Les créanciers postérieurs et la réforme du 26 juillet 2005, *Gaz. Pal. 7-8 sept. 2005, p. 57, no 66*), que la loi du 26 juillet 2005 pour la confiance et la modernisation de l'économie est toutefois venue stabiliser (V. C. mon. fin., art. L. 214-169).

L'article R. 622-22 précise à cet égard que les créanciers doivent déclarer leurs créances, pour la totalité des sommes échues et à échoir, sur la base d'une évaluation, dans un délai de deux mois à compter de la publication du jugement d'ouverture au BODACC (ou, lorsque le contrat est conclu postérieurement à ce jugement, dans un délai de deux mois à compter de la date de conclusion du contrat ou de la première échéance impayée, qu'elle ait été ou non régularisée ; il devrait s'agir, logiquement, de la première échéance puisque, par hypothèse, le débiteur n'est pas autorisé à payer ces créances postérieures non éligibles au traitement préférentiel : P.-M. Le Corre, Droit et pratique des procédures collectives, *Dalloz Action, 2023/2024, 665.371*). Cette dualité de régime a été critiquée par un auteur qui, après avoir noté qu'en pratique semblaient, à ses yeux, essentiellement visées les créances liées aux besoins de la vie courante du débiteur personne physique (voir, sur ce point, 4° ci-dessous), estime qu'il aurait été plus simple de retenir, dans tous les cas, pour point de départ du délai de déclaration des créances, la date d'exigibilité de la créance (Ph. Pétel, Les créanciers postérieurs, *RPC 2006. 142, no 24*). La cour d'appel de Versailles a fait une première application un peu discutable de ce texte, à une créance de loyers de crédit-bail, privilégiée pour sa partie née après le jugement d'ouverture (Versailles, 21 févr. 2008 : *cité note 2 ss. art. R. 622-15*). Quoi qu'il en soit, selon une démonstration convaincante, l'article R. 622-22 n'aurait plus de raison d'être depuis l'ordonnance du 18 décembre 2008 puisqu'il résulte de la nouvelle rédaction de l'article L. 622-17 que toutes les créances nées en contrepartie d'une prestation fournie au débiteur après le jugement d'ouverture sont désormais éligibles au traitement préférentiel, même si elles sont sans rapport avec l'activité professionnelle du débiteur (V. ss. art. L. 622-17), et que le texte de l'article R. 622-22 ne concernait que ces créances extra-professionnelles (V. P.-M. Le Corre, obs. ss. Com. 12 janv. 2010, *D. 2010. Pan. 1820*) ;

4° Les créances dites « hors procédure », avec cette acception particulière (différente de celle reconnue par la Cour de cassation, pour les créances postérieures nées irrégulièrement : V. Com. 5 juill. 2005 : *D. 2005. AJ 2146, obs. A. Lienhard*) que, nées avant ou après le jugement d'ouverture, elles échappent, par essence, à l'obligation de déclaration. Catégorie qui comprendrait principalement les créances d'aliments, selon la jurisprudence inaugurée par les arrêts de la chambre commerciale du 8 octobre 2003, mais dont la portée, voire l'existence même, est discutée (V., entre autres, Ph. Théry, Le sort de la créance d'aliments dans les procédures collectives, Mél. J. Buffet, *LPA, 2004, p. 433*), et que d'autres nomment créances « au-dessus de la procédure » (A. Martin-Serf, *RTD com. 2004. 372*), en ce sens que leurs titulaires, créanciers antérieurs, se trouvent situés au-dessus des autres, dès lors qu'ils ne subissent pas les contraintes pesant sur ces derniers, et bénéficient d'un droit de poursuite et d'une priorité de paiement meilleurs que ceux des créanciers postérieurs, sans avoir à faire la preuve que la date de naissance de leurs droits est postérieure au jugement d'ouverture.

Après quelques hésitations, l'ordonnance du 18 décembre 2008 est heureusement venue clarifier la situation des créances alimentaires, en précisant désormais, sans aucune ambiguïté, que ces créances ne sont pas soumises aux dispositions de l'article L. 622-24. Sont donc visées, sans aucune discussion possible, toutes les créances alimentaires, qu'elles soient nées avant ou après le jugement d'ouverture. Un arrêt du 13 juin 2019 a précisé encore, ce qui n'était guère douteux, que la dispense n'interdit pas de déclarer la créance alimentaire et que, comme elle n'équivaut pas non plus à une déclaration, celle-ci est la seule manière, pour le créancier, de participer, le cas échéant, aux dividendes et aux répartitions (V. Com. 13 juin 2019 : *cité note 29 ss. art. L. 622-7*).

VIII. CRÉANCES NÉES D'UNE INFRACTION PÉNALE

Évitant de se prononcer directement sur leur date de naissance, le dernier alinéa ajouté par la loi du 26 juillet 2005 faisait courir le délai de déclaration par une partie civile des créances nées d'une infraction pénale de la date de la décision définitive qui en fixe le montant (V., pour une application en cas d'abus de biens sociaux, Crim. 1er juill. 2009 : *D. 2010. Pan. 1668, obs. C. Mascala*). Cette intervention législative devait mettre fin à la divergence que l'on avait pu déceler entre les Chambres commerciale et criminelle de la Cour de cassation (V. note 40 ci-dessous et note 61 ss. anc. art. L. 621-32). La solution se concilie bien avec le caractère constitutif des décisions de sanction pénale. Elle évitera cette situation, singulièrement inique, dans laquelle les victimes d'infractions se trouveraient frappées par la forclusion, alors même qu'elles demeureraient dans l'attente de cette décision, par exemple en raison d'un appel de celui qui aurait été reconnu coupable en première instance (sur les différentes lectures possibles de l'art. L. 622-24, dernier alinéa, V. C. Souweine, Action civile et procédures collectives après la loi du 26 juillet 2005, *D. 2006. Chron. 501, n° 28*).

Mais, pris à la lettre, le dernier alinéa de l'article L. 622-24 pouvait prêter à confusion, en raison de son caractère elliptique. Aussi l'ordonnance du 18 décembre 2008 a-t-elle amélioré sa rédaction, en distinguant selon la date de naissance de la créance en question. Si celle-ci est antérieure à la publication du jugement d'ouverture (qui fait courir le délai), celui-ci part dans les conditions de droit commun. Si la décision définitive qui fixe le montant de la créance intervient postérieurement à la publication du jugement d'ouverture, c'est de la date de cette décision que court le délai. Des arrêts de la chambre commerciale des 3 avril et 27 novembre 2019 ont explicité et appliqué cette distinction, en ce que la créance demeure, quoi qu'il en soit, une créance antérieure, née à la date de la réalisation du dommage (V. note 83).

Si l'équité impose cette évolution, la procédure pourrait toutefois s'en trouver mécaniquement allongée, dans le cas où aura été interjeté appel ou pourvoi en cassation. Le mandataire judiciaire, qui doit respecter le délai de remise de ses propositions d'admission fixé à l'ouverture de la procédure par le tribunal, en application de l'article L. 624-1, devrait alors invoquer l'existence d'une instance en cours, et subordonner le versement des sommes correspondantes, dans le cadre du plan de sauvegarde ou de redressement, à l'admission définitive de la créance, sauf si le tribunal saisi du litige décide la participation du créancier à titre provisionnel aux répartitions, en tout ou partie, conformément au nouvel article L. 626-21. Il pourrait également procéder, le cas échéant, par dépôt d'un état complémentaire (V. *Rapp. AN, n° 2095, p. 232*).

Précisons encore que, avec la définition des créances de la procédure remaniée par la loi de 2005, que la condamnation définitive intervienne avant ou après le jugement d'ouverture, cette créance ne sera jamais payée prioritairement.

Quant au Trésor (qui n'est pas visé par la précision législative, mais qui était en cause dans les décisions divergentes des deux formations de la Haute Juridiction), la question, de fait, devrait aussi être réglée par les nouveaux textes. La chambre commerciale, en effet, ne sera que plus justifiée, pour les raisons que l'on vient de voir, à maintenir sa jurisprudence s'agissant des créances de nature quasi pénale que sont les sanctions pécuniaires prononcées par des autorités telles que l'Autorité de la concurrence ou l'Autorité des marchés financiers. Et la chambre criminelle, elle, pourrait modifier sa jurisprudence sous l'influence d'une autre nouveauté introduite à l'article 622-24 : la substitution au critère de l'« origine » de celui de la « naissance » de la créance, qui paraît conduire à situer le fait générateur au jour de la décision constitutive (V. ci-dessus). En attendant, toutefois, elle a, en 2007, réitéré sa solution sous l'empire encore de l'ancien article L. 621-46 (Crim. 17 janv. 2007 : *APC 2007, n° 59, obs. Rétif*).

IX. CRÉANCIER D'UNE « CAUTION RÉELLE »

La solution, issue d'une chambre mixte, selon laquelle « une sûreté réelle consentie pour garantir la dette d'un tiers n'implique aucun engagement personnel à satisfaire à l'obligation d'autrui » (Cass., ch. mixte, 2 déc. 2005 : *D. 2005. 729, concl. Sainte-Rose et note Aynès*), devait logiquement conduire à l'abandon de la jurisprudence qui considérait que le créancier d'une caution réelle était tenu de déclarer sa créance dans la procédure collective ouverte contre cette « caution », estimant que, malgré le caractère réel du « cautionnement », le créancier restait titulaire d'un droit personnel (V. Com. 27 oct. 1998, n° 96-14.037 : *D. 1999. Somm. 187, obs. A. Honorat*). Ce qu'il aura fallu attendre presque vingt ans pour voir confirmer expressément par la Cour de cassation, dans un arrêt destiné à son *Rapport* annuel : dès lors que la sûreté réelle consentie pour garantir la dette d'un tiers n'implique aucun engagement personnel du constituant de cette sûreté à satisfaire à l'obligation d'autrui, le créancier bénéficiaire de la sûreté ne peut agir en paiement contre le constituant, qui n'est pas son débiteur, et n'a donc pas à déclarer sa créance à la procédure ouverte à l'égard de ce dernier (Com. 17 juin 2020 : *cité note 61*). Il en résultait aussi, par ailleurs, et assez logiquement, bien que cette dernière solution soit critiquable quant à la portée de l'effet réel de la procédure, que ce créancier échappait à l'arrêt des voies d'exécution (Com. 25 nov. 2020 : *cité note 85 ss. art. L. 622-21*). Cette dernière solution semblait se présenter comme une aubaine dans les financements structurés, en ce qu'elle conférait toute son efficacité à un nantissement de titres consenti par une holding financière pour garantir l'endettement de sa filiale, pris sous la forme d'une sûreté réelle garantissant la dette d'autrui, lequel pourrait être réalisé indépendamment de la procédure collective ouverte en faveur du garant (R. Dammann et K. Malavielle, *D. 2021. 293*).

Toutefois, l'ordonnance du 15 septembre 2021, applicable aux procédures ouvertes à compter du 1er octobre 2021, est venue renverser cette jurisprudence, tant quant à l'obligation de déclaration d'une sûreté réelle conventionnelle constituée sur les biens du débiteur en garantie de la dette d'un tiers (V. art. L. 622-25) qu'à l'extension de la règle de l'arrêt et de l'interdiction des procédures d'exécution au bénéficiaire d'une telle sûreté (V. art. L. 622-21).

X. CRÉANCIER BÉNÉFICIAIRE D'UNE « FIDUCIE-SÛRETÉ »

Dans la mesure où le fiduciaire ou le bénéficiaire de la fiducie constituée en vertu de la loi du 19 février 2007 ne demande pas de paiement, il est possible de considérer qu'il pourrait conserver le bien sans avoir à déclarer sa créance, le cas échéant, à la procédure collective du constituant. Il s'agirait alors de raisonner par analogie avec la situation du créancier bénéficiaire d'une clause de réserve de propriété. Mais, sans doute, vaut-il mieux considérer que la propriété-sûreté est devenue l'accessoire d'une créance qui doit être déclarée. Ne serait-ce que dans la perspective d'une insuffisance du patrimoine fiduciaire à désintéresser le créancier bénéficiaire (V. M. Grimaldi et R. Dammann, La fiducie sur ordonnances, *D. 2009. Chron. 670, n° 17* ; V. aussi comm. ss. art. L. 622-25).

I. GÉNÉRALITÉS

1. Ordre public. Les juges doivent appliquer d'office les dispositions d'ordre public des art. 47 et 50 [C. com., art. L. 622-21 et L. 622-24] qui obligent le créancier d'un débiteur en redressement judiciaire à se soumettre, concernant les demandes tendant au paiement d'une somme d'argent pour une cause antérieure à l'ouverture de la procédure collective, à la procédure de vérification des créances. • Com. 6 déc. 1994, n° 90-15.109 P : *Quot. jur. 12 janv. 1995, p. 4.*

2. Une cour d'appel saisie d'une action en paiement contre les cautions n'est pas tenue de rechercher d'office si le créancier a déclaré sa créance au passif de la société débitrice principale en liquidation judiciaire, mais doit rechercher d'office si le créancier a déclaré sa créance au passif du redressement judiciaire de la caution. • Com. 23 juin 1998, n° 95-15.456 P : *D. Affaires 1998. 1590, obs. V. A.-R.*

3. Une décision de reconnaissance en France d'un jugement étranger ne conférant pas à celui-ci plus de droits que n'en aurait une décision nationale, elle ne saurait tenir en échec le principe d'ordre public interne et international selon lequel, en cas de procédure collective, tout créancier doit déclarer sa créance. • Civ. 1re, 29 sept. 2004, n° 02-16.754 P : *D. 2005. 2159, note Henry* ; *ibid. Pan. 1266, obs. Courbe et Chanteloup* ; *APC 2004, n° 221, obs. Péroz ; LPA 11 avr. 2005, p. 19, note Roussel Galle ; RTD com. 2005. 172, obs. Vallens* ; *RPC 2005. 242, obs. Menjucq.*

4. En ce sens que la présence d'une clause de conciliation préalable ne dispense pas de procéder à une déclaration de créance, V. • TGI Bordeaux, 10 avr. 2015, n° 13/11515 : *RPC 2017. Chron. 1, n° 6, obs. Sautonie-Laguionie.*

5. L'obligation de déclarer les créances antérieures au jugement d'ouverture de la procédure collective n'est pas limitée aux créances liées à l'activité professionnelle du débiteur : • Com.

23 mai 2000 : *APC 2000, n° 163* • 13 mai 2003 : *ibid. 2003, n° 170.*

6. Compétence administrative. V. note 5 ss. art. L. 621-2.

7. Conversion en liquidation judiciaire. Le créancier, qui a régulièrement déclaré sa créance au passif du débiteur en redressement judiciaire, n'est pas tenu de procéder à une nouvelle déclaration de créance lorsqu'à l'issue de la période d'observation, la liquidation judiciaire est prononcée. • Com. 16 janv. 2007, n° 05-16.927 P : *D. 2007. AJ 311, obs. Lienhard ; Gaz. Pal. 13-14 avr. 2007, p. 45, obs. Le Corre-Broly* • 10 juill. 2012, n° 11-20.367 : *BJE 2012. 286, note Le Mesle.* ♦ Dans le même sens, dans l'hypothèse d'un redressement judiciaire ouvert en cours d'exécution d'un plan de continuation, V. • Com. 5 juin 2007, n° 06-14.847 P : *D. 2007. AJ 1787, obs. Lienhard ; APC 2007, n° 139, obs. Rétif ; Gaz. Pal. 26-27 oct. 2007, p. 49, obs. Le Corre-Broly ; RTD com. 2008. 855, obs. Saint-Alary-Houin .*

8. Infirmation du jugement d'ouverture. En cas d'infirmation par la cour d'appel du jugement de liquidation judiciaire et d'ouverture d'une procédure de redressement judiciaire, la déclaration de créance n'est en rien affectée par l'arrêt infirmatif et le juge-commissaire demeure régulièrement saisi par cette déclaration. • Com. 22 janv. 2013, n° 11-25.310 P : *D. 2013. Actu. 302, obs. Lienhard ; RTD com. 2013. 339, obs. Martin-Serf ; APC 2013, n° 44, obs. Blanc ; LEDEN 3/2013. 2, obs. Mouial-Bassilana ; Gaz. Pal. 1er-4 mai 2013, p. 29, obs. Le Corre ; BJE 2013. 168, note Rolland.* ♦ Si, dans ce cas de figure, le créancier n'est pas tenu de déclarer à nouveau sa créance, il lui est loisible de le faire, cette seconde déclaration devant alors seule être prise en considération. • Com. 24 juin 2014, n° 13-21.074 P : *D. 2014. Actu. 1446 ; RTD com. 2014. 861, obs. Martin-Serf ; BJS 2014. 519, note J.-F. Barbièri ; Gaz. Pal. 5-7 oct. 2014, p. 39, obs. Le Corre ; RJDA 2014, n° 785 ; RDBF 2014, n° 181, obs. Houin-Bressand ; Banque et Dr. 9-10/2014. 45, obs. Jacob.*

9. Jonction de procédures. La jonction de procédures collectives, simple mesure d'administration judiciaire, n'entraînant pas la poursuite des procédures sous patrimoine commun, la déclaration de créance faite dans une procédure ne vaut pas déclaration au passif de l'autre. • Com. 14 janv. 2004 : *RJDA 2004, n° 855.*

10. Péremption d'instance. La péremption de l'instance en paiement engagée par le créancier est sans effet sur la déclaration de créance elle-même. • Com. 3 déc. 2013, n° 12-20.985 P : *D. 2013. Actu. 2912 ; LEDEN 2/2014. 2, obs. Mouial-Bassilana ; Procédures 2014, n° 38, note Perrot ; RJDA 2014, n° 364 ; RPC 2014, n° 63, obs. Staes.* ♦ V. aussi note 46 ss. art. L. 624-2.

11. Portée de la déclaration. En ce sens que dès lors que le crédit-bailleur a déclaré sa créance, le contrat de crédit-bail immobilier, même non publié, est opposable à la procédure collective, V. • Com. 15 mai 2001, n° 98-14.965 P : *D. 2001. Somm. 3429, obs. Honorat ; ibid. AJ 1873, obs. Lienhard ; APC 2001, n° 154, obs. Regnaut-Moutier ; JCP E 2001, n° 38, p. 1473, obs. Cabrillac et Pétel ; Defrénois 2002. 836, obs. Piedelièvre.*

12. La déclaration de créance ne constitue pas une action exercée devant une juridiction civile au sens de l'art. 5 C. pr. pén. • Crim. 30 janv. 2019, n° 18-81.460 P : *D. 2019. Actu. 259 ; Gaz. Pal. 5 mars 2019, p. 22, concl. R. Salomon et note Saenko ; APC 2019, n° 174, obs. Cerf-Hollender ; RPC 2019, n° 133, obs. Borga.*

II. AVERTISSEMENT DES CRÉANCIERS CONNUS

13. V. art. R. 622-21.

III. AVERTISSEMENT PERSONNEL DES CRÉANCIERS PRIVILÉGIÉS

[La jurisprudence reproduite ci-dessous a été partiellement rendue sous l'empire des anciens art. L. 621-43 et L. 621-46 C. com., de la combinaison desquels il résultait que la forclusion n'était pas opposable aux créanciers titulaires d'une sûreté publiée ou liés au débiteur par un contrat de crédit-bail publié en l'absence d'avertissement personnel de la part du représentant des créanciers. – Comp., désormais : art. L. 622-24, al. 1er in fine, aux termes duquel le délai de déclaration ne court, à l'égard de ces créanciers, qu'à compter de la notification de l'avertissement.]

14. Créanciers titulaires d'une sûreté publiée. Le représentant des créanciers [mandataire judiciaire] a l'obligation d'adresser l'avertissement d'avoir à déclarer leur créance à tous « les créanciers titulaires d'une sûreté ayant fait l'objet d'une publication ». La loi ne distingue pas entre titulaire d'un privilège spécial et titulaire d'un privilège général. • Com. 9 janv. 2001, n° 98-15.102 P : *D. 2001. AJ 479 ; JCP E 2001, n° 18, p. 152, obs. Cabrillac* • Versailles, 25 mars 1999 : *D. Affaires 1999. 834 ; RJDA 1999, n° 805.*

Le privilège mobilier accordé à l'administration fiscale par l'art. 1926 CGI, pour le recouvrement des taxes sur le chiffre d'affaires et des taxes assimilées, est une sûreté au sens de l'art. 50, al. 1er, de la loi du 25 janv. 1985 [C. com., art. L. 622-24]. • Com. 4 juill. 2000, n° 97-22.414 P : *D. 2001. Somm. 617, obs. Honorat ; ibid., 2000. AJ 353, obs. Pisoni ; RDBF 2000, n° 200, obs. F.-X. Lucas ; Dr. et patr. 1/2001. 99, obs. Monsèrié-Bon ; JCP E 2001, n° 5, p. 219, obs. Pétel ; ibid., n° 26, p. 1090, obs. Delebecque ; RTD com. 2001. 228, obs. Martin-Serf .* – V. aussi • Amiens, 17 déc. 1998 : *Gaz. Pal. 2000. Somm. 2202, obs. Canet* • Paris, 28 sept. 2001 : *RPC 2002. 188, obs. Legrand.*

Doit être averti personnellement le créancier qui a fait procéder à l'inscription d'un gage automobile au registre public de la préfecture, dans le respect de la réglementation du décret n° 53-968 du 30 sept. 1953. • Douai, 19 sept. 2000 : *RTD com. 2001. 228, obs. Martin-Serf*.

Dès lors que, en application des art. 2103 et 2107 [2402 et 2418] C. civ., les syndicats de copropriétaires sont dispensés de la formalité d'inscription du privilège dont ils bénéficient pour garantir le paiement de leurs créances de charges et travaux mentionnés aux art. 10 et 30 de la loi n° 65-557 du 10 juill. 1965, le syndicat créancier ne peut être assimilé à un créancier titulaire d'une sûreté ayant fait l'objet d'une publication. • Com. 4 mars 2003, n° 00-11.952 P : *D. 2003. AJ 909 ; JCP E 2003, n° 40, p. 1571, obs. Cabrillac ; RTD com. 2003. 566, obs. Martin-Serf ; AJDI 2003. 514, note Giverdon*.

L'inopposabilité de la forclusion ne peut être invoquée par les créanciers titulaires d'une sûreté ayant fait l'objet d'une publication sur un bien n'appartenant pas à leur débiteur en procédure collective (à propos d'une hypothèque consentie par un dirigeant de la société en procédure collective). • Com. 21 juin 2005, n° 04-10.383 P : *D. 2005. AJ 1851, obs. Lienhard ; RTD com. 2006. 914, obs. Martin-Serf ; JCP E 2005, nos 51-52, p. 2203, obs. Delebecque ; Gaz. Pal. 4-5 nov. 2005, p. 39, obs. Le Corre*.

Si le nantissement des parts sociales s'est valablement opéré dès la signification à la société exigée par l'art. 253 du Décr. n° 92-755 du 31 juill. 1992 [C. pr. exéc., art. R. 532-3, depuis le 1er juin 2012], cette signification ne constitue pas une publication au sens de l'art. L. 621-43 [L. 622-24] C. com., de sorte que le créancier ne peut se prévaloir de l'inopposabilité de la forclusion. • Com. 16 mai 2006, n° 05-12.400 P : *D. 2006. AJ 1528, obs. Lienhard ; JCP E 2006, n° 35, p. 1429, note Vallansan ; RDBF 2006, n° 163, obs. F.-X. Lucas ; RTD com. 2006. 912, obs. Martin-Serf*.

Une banque qui a inscrit un privilège de prêteur de deniers sur un bien immobilier acquis par une société civile immobilière n'a pas à être avertie personnellement de l'ouverture d'une procédure collective à l'encontre de la caution solidaire du remboursement du prêt souscrit pour l'acquisition de cet immeuble. • Com. 16 oct. 2001 : *RPC 2002. 93, obs. Legrand*.

Le représentant des créanciers est tenu d'avertir personnellement les créanciers titulaires d'une sûreté ayant fait l'objet d'une publication au jour du jugement d'ouverture de la procédure collective (rejet de la requête en inopposabilité de la forclusion formée par la caution qui avait déclaré – hors délai – sa créance au titre des arrérages de rente réglés par elle après l'ouverture du redressement judiciaire des débirentiers). • Com. 5 déc. 2006, n° 05-17.580 P : *D. 2007. AJ 23, obs. Lienhard ; JCP E 2007. 1321, note Vallansan ; Gaz. Pal. 13-14 avr. 2007, p. 46, obs. Le Corre-Broly ; RTD com. 2007. 593, obs. Martin-Serf*. ♦ La qualité de créancier titulaire d'une sûreté publiée, au sens de l'art. L. 621-43 [L. 622-24] C. com., s'appréciant à la date du jugement d'ouverture de la procédure collective, le créancier titulaire d'un nantissement inscrit sur le fonds de commerce de la société au jour de l'ouverture de la liquidation judiciaire de cette dernière doit être personnellement averti d'avoir à déclarer sa créance, peu important que la validité de la publicité de la sûreté puisse être ultérieurement contestée. • Com. 15 avr. 2008, n° 07-10.174 P : *D. 2008. AJ 1344, obs. Lienhard ; APC 2008, n° 125, obs. Regnaut-Moutier ; Gaz. Pal. 27-29 juill. 2008, p. 45, obs. Le Corre-Broly ; JCP E 2008. 2062, n° 9, obs. Cabrillac ; RTD com. 2008. 621, obs. Martin-Serf ; ibid. 630, obs. Vallens ; RDBF 2008, n° 144, obs. S. Piedelièvre*. – Dans le même sens, V. • Com. 6 déc. 2011, n° 10-24.968 P : *D. 2012. Actu. 7 ; RJDA 2012, n° 311 ; RLDA févr. 2012. 24, obs. Guyader ; Gaz. Pal. 28-29 mars 2012, p. 23, obs. Dumont-Lefrand ; BJE 2012. 160, note Macorig-Venier*. ♦ V. aussi, à propos d'un créancier hypothécaire radié par erreur avant le jugement d'ouverture puis réinscrit après, • Com. 12 juill. 2004, n° 00-17.120 P : *D. 2004. AJ 2156 ; RDBF 2004, n° 246, obs. F.-X. Lucas ; Defrénois 2005. 525, obs. S. Piedelièvre*.

Dès lors que la société absorbante n'a pas fait procéder à la mise à jour du livre foncier, lequel ne mentionnait comme créancier hypothécaire que la société absorbée, elle ne peut prétendre qu'elle devait être avertie personnellement en qualité de créancier inscrit. • Com. 17 avr. 2019, n° 17-27.058 P : *D. 2019. Actu. 886 ; Rev. sociétés 2019. 425, obs. Henry ; RTD com. 2019. 759, obs. Martin-Serf ; JCP E 2019. 1413, note Lamy ; DP diff. entr., Bull. n° 414, obs. Rémery ; LEDEN 6/2019. 4, obs. Lafaurie ; BJE 7-8/2019. 31, note Favario ; RJDA 2019, n° 574 ; RDBF 2019, n° 137, obs. Houin-Bressand*.

L'art. 50 [C. com., art. L. 622-24] n'impose nullement à l'organe compétent de la procédure collective d'adresser au créancier autant d'avertissements d'avoir à déclarer ses créances que ce créancier possède de sûretés, surtout lorsque ces sûretés garantissent en réalité le remboursement de la même créance. • Rennes, 9 juin 1999 : *BICC 2000, n° 356*.

15. Créanciers titulaires d'un contrat publié. L'art. L. 622-24, al. 1er, ne distingue pas selon la finalité de la publication et la nature de la créance concernée (s'agissant, en l'espèce, d'un contrat de vente en l'état futur d'achèvement publié à la Conservation des hypothèques). • Com. 16 sept. 2014, n° 13-20.392 P : *D. 2014. Actu. 1870 ; Rev. sociétés 2014. 756, obs. Roussel Galle ; RTD com. 2014. 864, obs. Martin-Serf ; JCP E 2014. 1637, n° 6, obs. Pétel ; JCP N 2015. 1073, note Lebel ; APC 2014, n° 294, obs. Favario ; LEDEN 12/2014. 2, obs. Rubellin ; RDBF 2014, n° 210, obs. Houin-Bressand ; BJE 2014. 370, note Sortais ; RJDA 2015, n° 33 ; Gaz. Pal. 18-20 janv. 2015, p. 25, obs. Le Corre ; RPC 2015, n° 37, obs. F. et M.-N. Legrand*.

Le caractère obligatoire, en application d'un texte légal publié, de l'affiliation, par voie de déclaration, de tout professionnel libéral à la section de la Caisse nationale d'assurance vieillesse des professions libérales dont il relève, telle la CARPIMKO, n'a pas pour effet de lier les parties par un contrat publié au sens de l'art. L. 622-24, al. 1er, C. com., de sorte que la CARPIMKO n'a pas à être avertie personnellement d'avoir à déclarer sa créance. • Com. 31 janv. 2012, n° 11-11.940 P : *D. 2012. Actu. 432, obs. Lienhard ; RTD com. 2012. 401, obs. Martin-Serf ; LEDEN 3/2012. 2, obs. Couard ; RJDA 2012, n° 420 ; Gaz. Pal. 27-28 avr. 2012, p. 29, obs. Le Corre ; RPC 2012, n° 159, obs. Lebel.*

Dès lors que le contrat de crédit-bail qui fonde les droits du créancier contre le débiteur dans les liens de la procédure collective a été régulièrement publié, il importe peu que la cession de ce contrat n'ait pas été elle-même publiée puisque le changement de crédit-preneur a laissé subsister le contrat dans ses éléments essentiels et que, conformément aux dispositions de l'art. 11 du décret n° 72-665 du 4 juill. 1972 [C. mon. fin., art. R. 313-13], seuls les tiers au contrat peuvent se prévaloir d'une inopposabilité par suite du défaut de publicité. • Paris, 30 oct. 1998 : *D. 1998. IR 263 ; D. Affaires 1998. 1954, obs. A. L.*

16. Élection de domicile. Lorsque le créancier hypothécaire a été averti personnellement, il ne peut prétendre, en outre, être averti à domicile élu. • Com. 25 févr. 2004 : *D. 2004. AJ 952*. ♦ Pour la validité de l'avertissement notifié au seul domicile élu, V. • Com. 5 mars 2002, n° 98-17.491 P : *D. 2002. AJ 1202, obs. Lienhard ; APC 2002, n° 95, obs. Boulay ; JCP E 2002, n° 39, p. 1523, obs. Cabrillac et Pétel ; Procédures 2002, n° 120, note Laporte ; RDBF 2002, n° 97, obs. F.-X. Lucas.* ♦ Solution confirmée par l'art. L. 622-24 dans sa rédacton issue de L. n° 2005-845 du 26 juill. 2005.

17. Créancier personne morale. Pour la validité de l'avertissement adressé à l'adresse mentionnée sur la déclaration de créance, et non au siège social de la société créancière, V. • Com. 1er févr. 2005, n° 03-18.325 P : *D. 2005. AJ 640, obs. Lienhard ; ibid. Pan. 2015, obs. F.-X. Lucas ; APC 2005, n° 40, obs. Regnaut-Moutier ; Gaz. Pal. 29-30 avr. 2005, p. 37, obs. Le Corre.*

18. Créancier sous tutelle. Lorsque le créancier est mis sous tutelle, l'avertissement doit être adressé à son tuteur. • Com. 6 déc. 2011, n° 10-19.959 P : *D. 2012. Actu. 7, obs. Lienhard ; RTD com. 2012. 402, obs. Martin-Serf ; DP diff. entr., Bull. n° 332, obs. Rémery ; LEDEN 2/2012. 2, obs. Laroche ; RJDA 2012, n° 310 ; BJE 2012. 162, note Houin-Bressand ; RPC 2012, n° 74, obs. F. et M.-N. Legrand ; LPA 15 juin 2012, p. 11, obs. Zattara-Gros.*

19. Créancier en liquidation judiciaire. Lorsque le créancier titulaire d'une sûreté publiée est en liquidation judiciaire et donc frappé de dessaisissement par l'effet de l'art. L. 622-9 [L. 641-9], l'avertissement, pour être opérant, doit être adressé au liquidateur judiciaire de ce créancier. • Aix-en-Provence, 16 mai 2001 : *RDBF 2001, n° 235, obs. F.-X. Lucas.*

20. Créancier de codébiteurs solidaires. V. note 5 ss. art. R. 622-24.

21. Formalisme de l'avertissement. Ne saurait être considéré comme satisfaisant aux prescriptions légales l'envoi par le représentant des créanciers [mandataire judiciaire] de la lettre simple adressée aux créanciers connus en application de l'art. 66, al. 1er [C. com., art. R. 622-21]. • Com. 14 mars 2000, n° 97-14.912 P : *D. 2000. AJ 169, obs. Lienhard ; RTD com. 2000. 717, obs. Martin-Serf ; JCP E 2000, n° 40, p. 1571, note Le Corre ; ibid., p. 1563, obs. Pétel ; JCP 2001. II. 10460, note Rivière ; APC 2000, n° 88, obs. Regnaut-Moutier ; RDBF 2000, n° 69, obs. F.-X. Lucas.* ♦ En effet, l'envoi d'une lettre recommandée constitue une formalité substantielle. • Rennes, 1er oct. 1997 : *RTD com. 1998. 934, obs. Martin-Serf ; JCP E 1998, n° 25, p. 993, note F.-X. Lucas ; RJDA 1998, n° 1134.*

22. Seul l'avertissement conforme aux dispositions prévues par l'art. 66 du décret [C. com., art. R. 622-21] fait courir le délai de deux mois à l'expiration duquel les créanciers encourent la forclusion (dans l'hypothèse où l'avertissement adressé par le représentant des créanciers à un créancier hypothécaire concernait la société débitrice, et non le débiteur personne physique ayant consenti l'hypothèque, auquel la procédure collective avait été étendue). • Com. 15 mai 2001, n° 98-16.306 P : *D. 2001. AJ 1872, obs. Lienhard ; APC 2001, n° 137, obs. Vallansan ; Procédures 2001, n° 152, note Laporte ; JCP E 2001, n° 38, p. 1470, obs. Cabrillac.* ♦ Dès lors que l'avertissement adressé au créancier hypothécaire ne reproduit pas, contrairement aux prescriptions de l'art. R. 622-21 C. com., les dispositions de l'art. R. 621-19 du même code, cet avertissement, insuffisant à informer le créancier de tous ses droits et obligations, ne peut faire courir le délai de déclaration de la créance. • Com. 22 mars 2017, n° 15-19.317 P : *D. 2017. Actu. 758, obs. Lienhard ; RTD com. 2017. 685, obs. Martin-Serf ; JCP E 2017. 1355, note Stefania ; ibid. 1460, n° 11, obs. Tehrani ; APC 2017, n° 116, obs. Vallansan ; LEDEN 6/2017. 3, obs. Staes ; Procédures 2017, n° 130, note Rolland ; RDBF 2017, n° 131, obs. Houin-Bressand ; RJ com. 2017. 355, obs. Roussel Galle ; Gaz. Pal. 27 juin 2017, p. 56, obs. Le Corre ; RJDA 2017, n° 737.*

23. Pour la censure d'un arrêt ayant validé l'avertissement d'un créancier domicilié à l'étranger alors que cet avertissement n'avait pas été adressé au moyen d'un formulaire [prévu par le Règl. n° 1346/2000 du 29 mai 2000] portant dans toutes les langues officielles des institutions de l'Union européenne le titre « Invitation à produire une créance. Délais à respecter », qu'il indiquait un délai de déclaration erroné et ne reproduisait pas les dispositions de l'art. L. 621-43 [L. 622-24] C. com. ni celles des art. 31-1 et 66 du Décr. n° 85-1388 du 27 déc. 1985 [C. com., art.

R. 621-24, R. 622-21 et R. 622-24], V. • Com. 7 juill. 2009 : *D. 2009. AJ 1965 ; RTD com. 2009. 804, obs. Martin-Serf ; LEDEN, oct. 2009, p. 2, obs. Blanc ; Gaz. Pal. 30-31 oct. 2009, p. 32, note Henry ; RPC 2009, n° 149, obs. Menjucq ; JCP E 2010. 1011, n° 8, obs. Pétel.*

24. Sur le formalisme de l'avertissement, V. aussi • Com. 4 juin 2013, n° 12-15.097 P : *D. 2013. Actu. 1469, obs. Lienhard ; RTD com. 2013. 594, obs. Vallens ; APC 2013, n° 148, obs. Vallansan ; Gaz. Pal. 29 sept.-1er oct. 2013, p. 31, obs. Le Corre ; LEDEN 10/2013. 3, obs. Mouial-Bassilana ; RDBF 2013, n° 165, obs. Houin-Bressand ; RJDA 2013, n° 1038 ; RPC 2014, n° 15, obs. F. et M.-N. Legrand* • 17 févr. 2015, n° 13-24.403 P : *D. 2015. Actu. 486 ; Rev. sociétés 2015. 409, obs. Roussel Galle ; RTD com. 2015. 367, obs. Martin-Serf ; APC 2015, n° 68, obs. Cagnoli ; LEDEN 4/2015. 5, obs. Mouial-Bassilana ; Gaz. Pal. 1er-5 mai 2015, p. 33, obs. Le Corre ; BJE 2015. 151, note Thullier ; RPC 2015, n° 38, obs. F. et M.-N. Legrand ; RJDA 2015, n° 510.*

25. Seule la réception de l'avertissement fait courir le délai de deux mois à l'expiration duquel les créanciers encourent la forclusion (dans le cas d'un avertissement adressé à l'ancienne adresse du créancier). • Com. 27 févr. 2007, n° 06-12.033 P : *D. 2007. AJ 946, obs. Lienhard ; RDBF 2007, n° 69, obs. F.-X. Lucas ; Gaz. Pal. 20-21 juill. 2007, p. 44, obs. Le Corre-Broly.*

26. Reprise d'une procédure clôturée. La reprise d'une liquidation judiciaire clôturée pour insuffisance d'actif, qui n'entraîne pas l'ouverture d'une nouvelle procédure, n'interdit pas au liquidateur d'adresser à un créancier titulaire d'une sûreté publiée l'avertissement d'avoir à déclarer sa créance prévu par l'art. 66 du décret du 27 déc. 1985 [C. com., art. L. 622-24], lorsque cet avertissement n'a pas été envoyé avant la clôture. • Com. 22 mars 2016, n° 14-18.873 P : *D. 2016. Actu. 702 ; RTD com. 2016. 545, obs. Martin-Serf ; LEDEN 5/2016. 3, obs. Pelletier ; APC 2016, n° 89, obs. Cagnoli ; Procédures 2016, n° 205, note Rolland ; RDBF 2016, n° 176, obs. Houin-Bressand.* ♦ Est irrégulier l'avertissement qui fait état de l'ouverture d'une procédure de liquidation judiciaire quand il s'agit de la reprise des opérations de liquidation. • Même arrêt.

IV. CRÉANCES À DÉCLARER

A. CRÉANCES SUR LA PERSONNE OBJET DE LA PROCÉDURE

27. Sûreté réelle. V. note 61.

28. Cotisations sociales. Les cotisations d'allocations familiales et vieillesse dues au titre de l'activité de gérant non salarié d'une société agricole mise en redressement judiciaire, qui présentent un caractère personnel, ne peuvent faire l'objet d'une production au redressement judiciaire de la société. • Soc. 19 juill. 2001, n° 00-11.255 P : *APC 2001, n° 204, obs. Vachet.*

29. Exercice du droit de suite. Le créancier bénéficiaire d'un nantissement sur un fonds de commerce, revendu par son débiteur à un tiers ultérieurement mis en redressement judiciaire, n'est pas créancier de ce tiers et n'est donc pas tenu de déclarer sa créance pour exercer son droit de suite conféré par l'art. 22 de la loi du 17 mars 1909 devenu l'art. L. 143-12 C. com. • Com. 17 déc. 2002, n° 99-20.928 P : *JCP E 2003, n° 37, p. 1440, note Kéita ; RTD com. 2003. 365, obs. Martin-Serf ; Dr. et patr. 6/2003. 99, obs. Monsèrié-Bon.*

V. aussi note 1 ss. art. R. 643-6.

B. CRÉANCES ANTÉRIEURES

30. Tous les créanciers dont la créance, fût-elle constatée par un jugement passé en force de chose jugée, a son origine antérieurement au jugement d'ouverture, à l'exception des salariés, sont tenus d'adresser la déclaration de leur créance au représentant des créanciers [mandataire judiciaire]. • Com. 6 févr. 1996, n° 93-10.525 P : *D. 1997. Somm. 77, obs. Honorat.*

31. L'origine et la naissance d'une créance de remboursement d'un crédit immobilier dont l'offre a été acceptée se situent à la même date, de sorte qu'il est sans incidence sur la solution du litige que la cour d'appel se soit déterminée en considération de l'origine plutôt que de la naissance des créances de la caisse. • Com. 23 avr. 2013, n° 12-14.906 P : *D. 2013. Actu. 1128, obs. Lienhard ; ibid. Pan. 2370, obs. Le Corre ; RTD com. 2013. 588, obs. Martin-Serf ; Rev. sociétés 2013. 379, obs. Roussel Galle ; APC 2013, n° 118, obs. Fin-Langer ; Gaz. Pal. 12-13 juill. 2013, p. 15, obs. Henry ; BJE 2013. 240, note Benilsi ; RJDA 2013, n° 736 ; LEDEN 9/2013. 3, obs. Rubellin ; RDBF 2013, n° 166, obs. Houin-Bressand ; RJ com. 2014. 60, note Sortais.*

1° EXCLUSION DES CRÉANCES ÉTEINTES

32. Le paiement effectué avant l'ouverture de la procédure collective en vertu d'une décision statuant sur le fond, exécutoire par provision, ayant éteint la créance de la partie bénéficiaire d'une telle décision, cette partie n'est pas soumise à l'obligation de la déclarer au passif de la procédure collective de l'autre partie. • Com. 14 juin 1994, n° 92-16.322 P : *D. 1994. 520 ; D. 1995. Somm. 28, obs. Honorat ; RTD com. 1995. 482, obs. Martin-Serf* • 28 mai 1996 : *D. 1996. IR 161 ; RPC 1996. 491, obs. Soinne* • 15 févr. 2011, n° 09-71.487 : *APC 2011, n° 101, obs. Cagnoli.*

33. En revanche, jugé qu'un créancier, payé au titre de l'exécution provisoire d'un jugement de condamnation dont le débiteur a fait appel, doit se soumettre à la procédure de déclaration des créances de la procédure de redressement judiciaire ouverte à l'encontre du débiteur au cours de l'instance d'appel. • Aix-en-Provence, 12 juin 1991 : *D. 1992. Somm. 248, obs. crit. Derrida ; Dr. sociétés 1992, n° 181, obs. Chaput.*

34. Sur la nécessité, pour le créancier ayant reçu un paiement provisionnel avant l'ouverture de la procédure collective, de déclarer l'intégralité de sa créance, dès lors qu'un tel paiement n'éteint pas la créance à concurrence du montant versé, V. • Civ. 2e, 7 mars 2002, n° 00-21.959 P : *D. 2002. AJ 1203 ; APC 2002, n° 110, obs. Salvat.*

V. aussi note 90.

35. L'attribution du gage ordonnée avant l'ouverture de la procédure collective, par une décision statuant sur le fond, exécutoire par provision, transfère la propriété au créancier et éteint la créance de celui-ci à concurrence de sa valeur ; il en résulte que la banque, qui est devenue propriétaire des marchandises nanties avant le jugement d'ouverture, n'est pas soumise à l'obligation de déclarer sa créance pour la partie correspondant à leur valeur. • Com. 24 janv. 2006, n° 02-11.989 P : *D. 2006. AJ 499, obs. Lienhard.*

2° EXEMPLES DE CRÉANCES ANTÉRIEURES

36. Vices et malfaçons. La créance née de la garantie des vices cachés ayant son origine au jour de la conclusion du contrat de vente et non pas au jour de la révélation du vice, dès lors que la vente de la chose viciée est antérieure à l'ouverture du redressement judiciaire à l'encontre du vendeur, l'obligation de déclaration de sa créance s'impose à l'acheteur, même si son préjudice ne s'est réalisé que postérieurement au jugement d'ouverture. • Com. 7 juill. 1992 : *RJDA 1992, n° 1172.* – Dans le même sens, V. • Com. 8 juin 1999, n° 96-18.840 P : *D. 2000. Somm. 95, obs. Honorat ; D. Affaires 1999. 1116, obs. A. L. ; LPA 30 juin 1999, p. 11, note P. M. ; ibid., 1er nov. 1999, p. 14, note Courtier ; CCC 1999, n° 157, obs. Leveneur ; JCP E 2000, n° 4, p. 131, obs. Cabrillac ; ibid., n° 8, p. 312, obs. Mainguy.* ♦ V. aussi pour une créance née d'un défaut de conformité : • Com. 2 oct. 2012, n° 10-25.633 P : *D. 2012. Actu. 2387, obs. Lienhard ; RTD com. 2013. 341, obs. Martin-Serf ; LEDEN 11/2012. 2, obs. Rubellin ; BJE 2012. 360, note Reille ; RJDA 2013, n° 55 ; Gaz. Pal. 18-19 janv. 2013, p. 26, obs. Henry.* ♦ ... Pour une créance en réparation de malfaçons : • Versailles, 7 janv. 1994 : *BICC 1994, n° 515.*

37. Créances de restitution. Le fait générateur de la créance de restitution de droits de douane est le fait juridique à l'origine de l'obligation de restitution de ces droits par l'administration et non la restitution elle-même. • Com. 23 janv. 2007, n° 05-13.995 P : *D. 2007. AJ 448, obs. Lienhard ; Gaz. Pal. 13-14 avr. 2007, p. 33, obs. Henry ; RPC 2007. 144, obs. Saint-Alary-Houin ; RTD com. 2007. 599, obs. Martin-Serf.* ♦ V. aussi cet arrêt sur la date de naissance de la créance de restitution du dépôt de garantie versé au bailleur. ♦ En ce sens que la créance de l'État sur une société ayant reçu des aides que ledit État s'est vu enjoindre de récupérer par décision de la Commission européenne a pour fait générateur cette décision d'injonction, V. • Com. 27 sept. 2017, n° 16-14.929 : *RTD com. 2018. 463, obs. Martin-Serf ; RJDA 2018, n° 48* (s'agissant, en l'espèce, d'une créance postérieure soumise à déclaration en vertu de l'art. L. 622-24, al. 6). ♦ V. aussi note 43 ss. ancien art. L. 621-32 et note 21 ss. art. L. 632-4.

38. Sentence arbitrale. Sur l'antériorité d'une indemnité mise à la charge du débiteur par une sentence arbitrale postérieure au jugement d'ouverture, V. note ss. • Paris, 26 janv. 1990 : *D. 1991. 201.*

39. Créances du Trésor nées d'une décision de justice. Aux termes de l'art. 13 de l'Ord. n° 86-1243 du 1er déc. 1986 [C. com., art. L. 464-2], les condamnations prononcées par le Conseil [l'Autorité] de la concurrence étant des « sanctions pécuniaires », la créance du Trésor public n'existe que depuis la décision du Conseil [de l'Autorité], de sorte que cette créance, qui n'a pas son origine antérieurement au jugement d'ouverture, n'est pas soumise aux dispositions des art. 47 et 50 [C. com., art. L. 622-21 et L. 622-24]. • Com. 4 mars 1997, n° 92-21.785 P : *D. 1998. 264, note Souweine ; D. Affaires 1997. 443 ; RDBB 1997. 132, obs. Campana et Calendini ; JCP E 1997. I. 681, n° 17, obs. Cabrillac ; RTD com. 1998. 944, obs. Martin-Serf.* – Dans le même sens, V. • Cons. conc. n° 04-D-03 18 févr. 2004 : *D. 2004. AJ 877 ; RTD com. 2004. 598, obs. Martin-Serf.* – V. aussi et Comp. note 61 ss. ancien art. L. 621-32.

40. Créances douanières. L'administration des Douanes, qui exerce à titre principal l'action pour l'application des sanctions fiscales, en vertu de l'art. 343-2 du code des douanes, est recevable à réclamer, devant la juridiction répressive, la condamnation solidaire aux amendes et confiscations douanières du débiteur en redressement judiciaire, sans avoir à produire sa créance entre les mains du représentant des créanciers ; elle n'a cette obligation que pour obtenir la condamnation au paiement des droits fraudés qui n'ont pas le caractère de pénalités. • Crim. 13 déc. 2000, n° 99-83.580 P : *D. 2001. AJ 925.*

41. Cotisations sociales. Si les cotisations des professionnels libéraux ne peuvent être dues qu'à compter du premier jour du trimestre civil qui suit le début d'activité, elles sont, à partir de cette date, exigibles annuellement et d'avance, de sorte que la créance de la CARPIMKO pour 2010 est nécessairement née le 1er janv. de cette année et pour l'année entière, sauf radiation en cours d'année. • Com. 9 juill. 2013, n° 12-20.649 P : *D. 2013. Actu. 1830, obs. Lienhard ; Rev. sociétés 2013. 525, obs. Henry ; JCP E 2014. 1020, n° 11, obs. Pétel ; Gaz. Pal. 29 sept.-1er oct. 2013, p. 34, obs. Gailhbaud ; RJDA 2013, n° 923 ; RPC 2014, n° 132, obs. Lebel.* ♦ Selon l'art. L. 131-6 CSS, dans sa rédaction applicable au litige, les cotisations d'assurance maladie et maternité, d'allocations familiales et d'assurance vieillesse des travailleurs indépendants non agricoles, dues annuellement en application de l'art. L. 131-6-2 du même code, dans sa rédaction applicable au litige, sont assises sur le revenu d'activité non salariée ; il en résulte que la créance de cotisations afférente à une période d'activité antérieure au jugement d'ouverture de la procédure collective doit être déclarée dans les conditions prévues par l'art. L. 622-24 C. com. • Civ. 2e, 14 févr. 2019, n° 18-12.146 P : *D. 2019. Actu. 380 ; RTD com. 2020. 471, obs. Martin-Serf ; LEDEN 4/2019. 4, obs. Urbain.*

42. Porteurs de lettres de change. Fait une exacte application des art. 116 [L. 511-7], 131 s. [L. 511-22 s.] C. com., et 33, 47 et 109 de la loi du 25 janv. 1985 [C. com., art. L. 622-7, L. 622-21 et L. 632-3], l'arrêt qui, relevant que la créance du banquier escompteur de lettres de change acceptées sur la société tirée était née antérieurement au jugement d'ouverture de la procédure de redressement judiciaire, décide qu'elle doit être déclarée dans les conditions prévues aux art. 50 s. de ladite loi [C. com., art. L. 622-24 s.], la consignation par le tiré avec affectation spéciale n'étant pas susceptible de valoir paiement. • Com. 8 janv. 1991, n° 89-17.199 P : *D. 1992. Somm. 248, obs. Derrida ibid. 282, obs. Honorat ; Rev. dr. bancaire 1991. 155, obs. Campana et Calendini.*

V. aussi note 42 ss. art. L. 622-7.

43. Créance d'apport des associés. Les associés, ne pouvant reprendre leur apport qu'après paiement de l'intégralité du passif social, ne peuvent déclarer cette créance. • Aix-en-Provence, 23 juin 1994 : *Dr. sociétés 1995, n° 53, obs. Chaput ; RPC 1995. 307, obs. Dureuil.*

44. Créance de recours d'un associé contre un coassocié. La créance de remboursement détenue par un associé en nom collectif, qui a acquitté les dettes de la société, à l'égard d'un autre associé, a pour origine l'engagement solidaire contracté, aux termes de l'art. L. 221-1 C. com., envers la société, et ne naît pas au moment du paiement. • Com. 20 mars 2019, n° 15-26.171 : *RTD com. 2019. 681, obs. A. Lecourt ; Rev. sociétés 2020. 43, note Saintourens ; JCP E 2019. 1407, note Lebel ; Dr. sociétés 2019, n° 116, note Legros ; BJS 7-8/2019. 64, note Laroche.* ♦ S'agissant de la créance de recours de l'associé d'une société en participation, V. • Com. 8 juill. 2014, n° 13-19.010 P : *D. 2014. Actu. 1543 ; Rev. sociétés 2014. 531, obs. Henry ; LEDEN 9/2014. 2, obs. Mouial-Bassilana ; Gaz. Pal. 5-7 oct. 2014, p. 31, obs. Boustani ; APC 2014, n° 269, obs. Thiberge ; RJDA 2014, n° 780 ; BJS 2014. 400, note Borga ; Dr. sociétés 2014, n° 172, note Legros ; BJE 2014. 368, note Monsèrié-Bon.*

45. Créance d'un syndicat de copropriétaires. Lorsqu'un syndic est en procédure collective, le syndicat de copropriétaires, auquel les sommes ou valeurs reçues à son nom ou pour son compte par le syndic n'ont pas été restituées, peut déclarer sa créance de restitution au passif du syndic et en demander l'admission, sans préjudice de la mise en œuvre de la garantie financière. • Com. 17 avr. 2019, n° 18-11.766 P : *D. 2019. Actu. 886 ; RTD com. 2019. 757, obs. Martin-Serf ; RJDA 2019, n° 521 ; BJE 7-8/2019. 25, note Cabrillac.* ♦ V. aussi note 48 ci-dessous et note 23 ss. art. L. 624-9.

46. Créance de garantie de loyers. V. • Civ. 3e, 4 juill. 2001 : *RPC 2002. 265, obs. Dumont.*

47. Commission d'agent immobilier ou d'agent commercial. La créance de commission d'un agent immobilier (au sens de l'art. 6 de la loi du 2 janv. 1970), chargé de conduire les négociations dans le cadre de la vente d'un immeuble trouve son origine dans le mandat qui lui est délivré. • Com. 17 févr. 1998, n° 95-15.409 P : *D. Affaires 1998. 478 ; JCP 1998. II. 10053, rapp. Sargos ; RPC 1998. 293, obs. Saint-Alary-Houin ; JCP E 1998, n° 37, p. 1400, obs. Cabrillac et Pétel; LPA 4 janv. 1999, p. 13, note Jazotte ; RTD com. 1998. 938, obs. Martin-Serf .* ♦ De même, le fait générateur de la créance de commissions de l'agent commercial se situe au moment où le cocontractant se trouve lié au mandant, conformément à l'art. L. 134-6 C. com., de sorte qu'il doit déclarer ses créances de commissions, même non exigibles au jour de l'ouverture de la procédure collective du mandant dès lors que les ventes ont été conclues antérieurement. • Com. 7 mars 2018, n° 16-24.657 P : *D. 2018. Actu. 557 ; AJ contrat 2018. 189, obs. Ancelin et Laventurier ; RTD com. 2018. 474, obs. Martin-Serf ; APC 2018, n° 96, obs. Cagnoli ; RJDA 2018, n° 441 ; RPC 2020, n° 147, obs. Saint-Alary-Houin.* – V. déjà • Com. 15 nov. 2005, n° 03-13.261 P : *D. 2005. AJ 3086, obs. Lienhard ; Gaz. Pal. 10-11 févr. 2006, p. 22, obs. Henry.*

48. Créance du mandant d'une agence immobilière. Le mandant d'une agence immobilière en liquidation judiciaire n'a pas à déclarer sa créance de restitution résultant des dispositions de la loi du 2 janv. 1970 au passif de la procédure, celle-ci échappant par sa nature aux dispositions de la procédure collective obligeant les créanciers dont la créance est née antérieurement au jugement d'ouverture à déclarer leurs créances au liquidateur. • Com. 15 févr. 2011, n° 10-10.056 P : *D. 2011. 988, note D. R. Martin ; ibid., Actu. 590, obs. Lienhard ; RTD com. 2011. 634, obs. Martin-Serf ; RTD civ. 2011. 376, obs. Crocq ; JCP E 2011. 1263, n° 8, obs. Pétel ; Gaz. Pal. 1er-2 avr. 2011, p. 30, obs. Henry ; LEDEN 4/2011. 4, obs. Mouial-Bassilana ; APC 2011, n° 109, obs. Bazin-Beust ; RJDA 2011, n° 556 ; BJE 2011. 196, note Le Corre-Broly ; RPC 2011, n° 82, obs. F. et M.-N. Legrand ; Dr. et patr. 9/2011. 75, obs. Saint-Alary-Houin.* ♦ Lorsque l'administrateur de biens est en procédure collective, le mandant, auquel les versements effectués entre les mains de celui-ci pour son compte à l'occasion d'une opération mentionnée à l'art. 1er de la L. n° 70-9 du 2 janv. 1970 n'ont pas été restitués, peut déclarer sa créance de restitution au passif de l'administrateur de biens et en demander l'admission, l'exercice de cette faculté ne remettant pas en cause l'affectation spéciale au remboursement des fonds, effets ou valeurs déposés de la garantie financière prévue par l'art. 3, al. 2, 2°, de la L. préc. • Com. 18 janv. 2017, n° 15-16.531 P : *D. 2017. Actu. 213, obs. Lienhard ; ibid. Chron. C. cass. 1079, obs. Barbot ; RTD com. 2017. 691, obs. Martin-Serf ; RTD civ. 2017. 450, obs. Crocq ; JCP E 2017. 1164, n° 9, obs. Pétel ; APC 2017, n° 52, obs. Reille ; LEDEN 2/2017. 1, obs. F.-X. Lucas ; Gaz. Pal. 28 mars 2017, p. 54, obs. Le Corre ; RJDA 2017, n° 267 ; RPC 2017, n° 53, obs. Lebel.* ♦ V. aussi note 49 ss. anc. art. L. 621-46.

49. Créance de remboursement d'un prêt. La date de naissance de la créance de remboursement d'un prêt, qui est celle de la conclusion du contrat, n'est pas affectée par l'intervention ultérieure d'une opération de fusion-absorption qui opère transmission universelle du patrimoine de la société absorbée, débitrice du prêt, à la société absorbante. • Com. 28 juin 2017, n° 15-27.605 : *BJE 2017. 413, note Monsèrié-Bon ; RJDA 2017, n° 809.* ♦ La créance relative à l'indemnité de remboursement anticipé d'un prêt contracté avant le jugement d'ouverture étant née le jour où le prêt a été contracté, elle doit être déclarée à la procédure collective, peu important que son montant ne puisse pas encore être déterminé à la date de la déclaration. • Com. 27 juin 2006 : *D. 2007. Pan. 44, obs. Le Corre .*

50. La créance de remboursement d'un crédit immobilier dont l'offre a été acceptée avant l'ouverture de la procédure collective a son origine antérieurement au jugement d'ouverture et doit dès lors être déclarée. • Com. 11 févr. 2004, n° 01-11.654 P : *D. 2004. AJ 567 ; JCP E 2004, n° 22, p. 862, obs. Pétel ; RTD com. 2005. 171, obs. Martin-Serf .*

51. S'agissant d'un crédit documentaire, lorsque celui-ci est irrévocable, la créance de la banque naît au moment où elle consent ce crédit, peu important que les fonds soient partiellement débloqués après l'ouverture de la procédure collective, V. • Paris, 1er juin 2017, n° 16/15550 : *RJDA 2017, n° 820.*

52. Créance de remboursement d'un coobligé solidaire ou in solidum. V., fixant l'origine de la créance de remboursement d'un coobligé solidaire à l'égard d'un codébiteur au jour de l'engagement solidaire : • Com. 30 juin 2004, n° 01-14.086 P : *D. 2004. AJ 2156 ; RTD com. 2005. 171, obs. Martin-Serf ; RPC 2005. 53, obs. Dumont.* ♦ C'est au jour où le codébiteur d'une obligation *in solidum* a été assigné en réparation du dommage que naît sa créance indemnitaire contre son coresponsable. • Com. 13 oct. 2015, n° 14-10.664 P : *D. 2015. Actu. 2125, obs. Lienhard ; Rev. sociétés 2015. 764, obs. Henry ; RTD com. 2016. 202, obs. Martin-Serf ; AJCA 2015. 519, obs. Dubarry ; JCP E 2016. 1120, note Docq ; APC 2015, n° 292, obs. Saint-Alary-Houin ; LEDEN 12/2015. 2, obs. Rubellin ; RJDA 2016, n° 44 ; Gaz. Pal. 19 janv. 2016, p. 62, obs. Boustani ; Dr. et patr. juill.-août 2016. 85, obs. Monsèrié-Bon ; RPC 2016, n° 215, obs. Rolland.*

53. Créance contre un associé de société civile. Le créancier de la personne morale détenant à l'encontre des associés tenus indéfiniment du passif social à raison de leur part une créance éventuelle dont la mise en jeu est subordonnée à une préalable et vaine poursuite de la personne morale, cette créance née du contrat de prêt consenti à la société doit être déclarée au passif du redressement judiciaire des associés, peu important l'antériorité de l'ouverture de cette procédure collective par rapport à celle de la société civile professionnelle. • Com. 30 juin 2004, n° 02-15.345 P : *D. 2004. AJ 2155 ; Rev. sociétés 2004. 952, note J.-F. Barbièri ; APC 2004, n° 189, obs. Boulay ; RPC 2004. 259, obs. Lebel ; BJS 2005. 231, note F.-X. Lucas ; RTD com. 2005. 171, obs. Martin-Serf .* ♦ Pour une autre application, V. • Civ. 3e, 23 mai 2007, n° 06-14.988 P : *D. 2007. AJ 1513 ; RDBF 2007, n° 112, obs. F.-X. Lucas ; APC 2007, n° 129, obs. Legros ; Gaz. Pal. 20-21 juill. 2007, p. 35, obs. Henry ; ibid., p. 52, obs. Le Corre, RPC 2007. 169, obs. Lebel ; BJS 2007. 1062, note Pétel.*

54. Créance de franchise contractuelle de l'assureur. La créance de l'assureur au titre du paiement de la franchise contractuelle trouve son origine dans le contrat d'assurance. • Com. 5 juill. 2005, n° 04-12.185 P : *D. 2005. AJ 2280, obs. Lienhard ; APC 2005, n° 203, obs. Regnaut-Moutier ; Gaz. Pal. 4-5 nov. 2005, p. 25, obs. Henry.*

55. Prime d'assurance vie. Il résulte de l'art. L. 132-20 C. assur. que le défaut de paiement de la prime n'ouvre pas à l'entreprise d'assurance une action pour en exiger le paiement ; celle-ci n'a donc aucune créance à déclarer au passif de la procédure collective du souscripteur, de sorte que la règle de l'extinction de la créance à raison du défaut de déclaration n'a pas à s'appliquer. • Com. 6 oct. 2009, n° 07-15.325 P : *D. 2009. AJ 2484 ; APC 2009, n° 278, obs. Cagnoli.* ♦ V. aussi note 67 ss. art. L. 622-21.

56. Fonds séquestrés. En cas de mise en redressement judiciaire d'un banquier, les droits des parties l'ayant constitué séquestre conventionnel à recouvrer la somme remise ou à la transférer chez un tiers, ne peuvent être exercés qu'aux mêmes conditions que celles s'imposant à d'autres déposants. • Com. 4 mars 1997, n° 94-13.170 P : *D. 1997. IR 120 ; D. Affaires 1997. 672 ; BJS 1997. 590, note Bonneau ; Rev. dr. bancaire 1997. 129, obs. Campana et Calendini ; RTD com. 1998. 415, obs. Martin-Serf ; RPC 1998. 288, obs. Macorig-Venier* (cassant • Paris, 14 janv. 1994 : *D. 1994. IR 61*). ♦ Un arrêt ne peut donc, sans violer les art. 1956 C. civ. et 47 et 50 de la loi de 1985 [C. com., art. L. 622-21 et L. 622-24], décharger la banque de sa mission de séquestre et ordonner le placement des sommes dans un autre établissement, au motif que l'obligation d'un séquestre, serait-il en redressement judiciaire, est de rendre les sommes indépendamment de toute déclaration de créance à la procédure collective. • Même arrêt. ♦ V. désormais, sur le fonds de garantie des dépôts et de résolution, C. mon. fin., art. L. 312-4, 2e partie, *Prévention des difficultés des entreprises*. ♦ V. aussi notes 39 et 92 ss. art. L. 622-21 et note 25 ss. art. L. 624-9.

57. *Créanciers concordataires.* Le jugement de redressement judiciaire ayant rendu caduc le concordat antérieur non entièrement exécuté, le créancier concordataire est soumis, comme tout créancier dont la créance a son origine antérieurement au jugement d'ouverture de la procédure collective, à l'obligation de déclarer au passif du redressement judiciaire sa créance de dividendes impayés. • Com. 23 mai 1995, n° 92-19.197 P : *D. 1996. Somm. 82, obs. Honorat*.

58. *Créanciers nantis.* Les échéances de remboursement des prêts, postérieures à la cession des matériels nantis, sont des créances nées avant l'ouverture de la procédure collective, soumises comme telles à l'obligation de déclaration, bien que le cessionnaire soit tenu de les payer. • Com. 20 juin 1995, n° 93-13.802 P : *D. 1999. Somm. 4, obs. Derrida ; JCP E 1995. I. 513, n° 6, obs. Pételt ; Dr. sociétés 1995, n° 163, obs. Chaput ; RTD com. 1996. 339, obs. Martin-Serf*. – Dans le même sens, V. • Com. 3 avr. 2002 : *RPC 2002. 266, obs. Dumont.*

59. *Créanciers du conjoint.* V. note 20 ss. ancien art. L. 621-46.

60. *Créances à l'encontre d'une caution.* Sur l'obligation de déclarer au passif du redressement judiciaire d'une caution, la créance née d'un engagement de celle-ci antérieur au jugement d'ouverture, V. • Com. 19 janv. 1993, n° 90-22.126 P : *Dr. sociétés 1994, n° 92, obs. Chaput.*

61. Une sûreté réelle consentie pour garantir la dette d'un tiers n'impliquant aucun engagement personnel du constituant de cette sûreté à satisfaire à l'obligation d'autrui, le créancier bénéficiaire de la sûreté ne peut agir en paiement contre le constituant, qui n'est pas son débiteur, et n'a donc pas à déclarer sa créance à la procédure ouverte à l'égard de ce dernier. • Com. 17 juin 2020, n° 19-13.153 P : *D. 2020. Pan. 1863, obs. Cagnoli ; RTD com. 2020. 951, obs. Martin-Serf ; RTD civ. 2020. 671, obs. Gijsbers ; JCP E 2020. 1353, n° 18, obs. Pétel ; APC 2020, n° 177, obs. Borga ; RJDA 2020, n° 535 ; Gaz. Pal. 13 oct. 2020, p. 81, obs. Guastella ; BJS 10/2020. 45, note Ansault ; BJE 9-10/2020. 24, note Favre-Rochex ; Banque et Dr. 7-8/2020. 35, obs. Jacob ; RDBF 2020, n° 113, obs. Houin-Bressand ; RJ com. 2020. 489, obs. Atsarias-Dumas.* ♦ Jurisprudence infirmée par l'art. L. 622-25, dans sa réd. issue de l'Ord. n° 2021-1193 du 15 sept. 2021.

Les juges doivent, au besoin d'office, vérifier si la créance a été déclarée au passif du redressement judiciaire de la caution. • Civ. 1re, 22 janv. 2002, n° 98-21.614 P : *JCP E 2002, n° 10, p. 401 ; RJDA 2002, n° 521.*

62. *Créances de la caution du débiteur.* La créance de la caution qui agit avant paiement contre le débiteur principal, sur le fondement de l'art. 2309 C. civ. [abrogé à compter du 1er janv. 2022], prend naissance à la date de l'engagement de caution. • Com. 3 févr. 2009, n° 06-20.070 P : *D. 2009. AJ 428, obs. Lienhard ; JCP E 2009. 1347, n° 12, obs. Cabrillac ; LEDEN, avr. 2009, p. 4, obs. Rubellin ; RTD com. 2009. 612, obs. Martin-Serf ; RPC 2009, n° 113, obs. Macorig-Venier.* ♦ La caution qui, avant même d'avoir payé, agit contre le débiteur en redressement judiciaire dispose d'une créance personnelle d'indemnité qu'elle peut déclarer, même si la créance du créancier principal a été admise. • Com. 29 oct. 1991, n° 89-19.542 P : *D. 1991. IR 280 ; RTD com. 1993. 178, obs. Martin-Serf* • 17 déc. 1996, n° 94-19.489 P : *D. 1997. IR 31 ; D. Affaires 1997. 252 ; JCP 1997. II. 22837, rapp. Rémery ; JCP E 1997. II. 941, note Béhar-Touchais.* ♦ La banque agissant en sa qualité de caution contre le débiteur soumis à une procédure collective avant d'avoir payé a le droit de déclarer sa créance au passif de cette procédure mais ne peut obtenir le paiement de celle-ci par une inscription au compte courant dont le débiteur est titulaire sans que soit démontrée la compensation. • Com. 3 mars 1998, n° 95-20.917 P : *D. Affaires 1998. 536, obs. A. L.* ♦ V. aussi note 29 ss. ancien art. L. 621-46.

La caution qui, avant l'ouverture de la procédure collective du débiteur, a payé la dette en tout ou partie et se trouve, par l'effet subrogatoire du paiement [prévu par l'art. 2309 C. civ.], investie des droits et actions du subrogeant, à due concurrence du paiement effectué, a seule qualité pour déclarer sa créance, sauf convention habilitant le créancier subrogeant à agir en ses lieu et place et sans préjudice des règles propres à la déclaration de créance par un tiers. • Com. 1er déc. 2009, n° 08-12.806 P : *D. 2009. AJ 2928, obs. Lienhard ; D. 2010. Pan. 1830, obs. Le Corre ; RTD com. 2010. 420, obs. Martin-Serf ; JCP E 2010. 1296, n° 8, obs. Cabrillac ; LEDEN, févr. 2010, p. 3, obs. Mouial-Bassilana ; APC 2010, n° 37, obs. Le Corre ; RJDA 2010, n° 285 ; RPC 2010, n° 98, obs. F. Legrand et M.-N. Legrand ; Defrénois 2010. 1476, obs. Gibirila.*

Pour conserver ses droits contre ses cofidéjusseurs, la caution qui a régulièrement payé n'est pas tenue de déclarer sa créance au passif de la procédure collective ouverte contre le débiteur principal, les autres cautions ayant elles-mêmes la faculté d'effectuer une telle déclaration, même avant d'avoir payé, en vertu de l'art. 2032 [abrogé] C. civ. • Com. 5 nov. 2003, n° 00-17.442 P : *D. 2003. AJ 3050 ; RDBF 2004, n° 12, obs. Legeais.* ♦ La créance de la caution qui a payé la dette et qui agit contre son cofidéjusseur sur le fondement de l'art. 2033 [2312] C. civ. prend naissance à la date de naissance de l'engagement de caution. • Com. 16 juin 2004, n° 01-17.199 P : *D. 2004. AJ 2046* ; *Gaz. Pal. 2004. 2531, note Le Corre* ; *APC 2004, n° 185, obs. Legeais* ; *Banque et Dr. 9-10/2004. 76, obs. Jacob* ; *RTD com. 2004. 811, obs. Martin-Serf* ; *Dr. et patr. 11/2004. 95, obs. Monsèrié-Bon* ; *RDBF 2004, n° 244, obs. F.-X. Lucas* ; *JCP E 2005, n° 1-2, p. 32, obs. Cabrillac* ; *RPC 2005. 53, obs. Dumont.*

63. Créance de recours du garant autonome. La créance de recours du garant contre le donneur d'ordre prend naissance à la date à laquelle l'engagement à première demande autonome a été souscrit. • Com. 19 déc. 2006, n° 05-13.461 P : *D. 2007. AJ 158, obs. Lienhard* ; *Banque et Dr. 1-2/2007. 49, obs. Jacob* ; *JCP E 2007. 1450, n° 12, obs. Cabrillac* ; *Gaz. Pal. 13-14 avr. 2007, p. 32, obs. Henry* ; *ibid., p. 40, obs. Roussel Galle* ; *RDBF 2007, n° 53, obs. Crédot et Samin* ; *ibid., n° 59, obs. Legeais* ; *RPC 2007. 145, obs. Saint-Alary-Houin* ; *LPA 28 déc. 2007, note Delrieu* ; *RTD com. 2007. 837, obs. Martin-Serf*.

64. Créances d'honoraires de l'avocat du débiteur. Pour fixer la date à laquelle est née la créance d'honoraires d'un avocat, il y a lieu de distinguer les prestations accomplies antérieurement au jugement d'ouverture de la procédure collective de celles accomplies postérieurement. • Com. 19 juin 2007, n° 05-17.074 P : *D. 2007. AJ 1878, obs. Lienhard* ; *Gaz. Pal. 26-27 oct. 2007, p. 39, obs. Henry* ; *Procédures 2007, n° 254, obs. Croze* ; *RTD com. 2007. 837, obs. Martin-Serf* . ♦ La créance d'honoraires d'un avocat, se rapportant à la période postérieure à l'ouverture du redressement judiciaire, n'est pas soumise à déclaration. • Com. 8 déc. 1998 : *D. Affaires 1999. 220.* ♦ Pour l'obligation de déclarer la créance d'honoraires antérieure au jugement d'ouverture, V. • Civ. 1re, 30 janv. 1996, n° 94-12.455 P : *D. Affaires 1996. 325.* ♦ V. aussi note 51 ss. ancien art. L. 621-32.

65. Créances d'indemnité d'éviction. Doit être déclarée la créance de l'indemnité d'éviction due au locataire, ayant son origine dans le congé qui lui a été délivré par le bailleur avant sa mise en redressement judiciaire. • Com. 19 mars 1996, n° 94-13.630 P : *D. 1996. IR 101* ; *D. Affaires 1996. 557* • Civ. 3e, 28 juin 2000, n° 98-20.228 P : *D. 2000. AJ 387, obs. Rouquet* ; *RDBF 2000, n° 159, obs. F.-X. Lucas* ; *Rev. loyers 2000. 434, obs. Teilliais* ; *LPA 25-26 oct. 2000, p. 43, note Barbier* ; *Loyers et copr. 2000, n° 226, obs. Brault et Pereira* ; *JCP E 2001, n° 5, p. 219, obs. Cabrillac* ; *RTD com. 2001. 516, obs. Martin-Serf* (V. l'arrêt d'appel : • Paris, 17 juin 1998 : *APC 1998, n° 106* ; *Gaz. Pal. 1999. 1. 174, note Brault*). – V. Brault, *JCP E 1997. I. 618* ; Martin, *Ann. loyers 1996. 733.*

66. Créance du bailleur au titre du « pas-de-porte ». V. note 37 ss. art. L. 642-7.

67. Créances du cocontractant. V. art. L. 622-13 (V) et notes 44 et 42 ss. cet art.

68. Modalités d'exécution des contrats continués. L'administrateur ayant opté pour la poursuite d'un contrat de sous-traitance, l'imputation des acomptes payés, avant le jugement d'ouverture du sous-traitant, sur des factures émises postérieurement, constitue une modalité d'exécution du contrat continué, de sorte que les créances correspondant au versement de ces acomptes ne sont pas soumises à déclaration. • Com. 28 janv. 1997, n° 93-21.857 P : *D. 1997. IR 65* ; *D. Affaires 1997. 419* ; *Rev. dr. bancaire 1997. 131, obs. Campana et Calendini.*

Sur la notion de « contrats en cours », V. aussi notes 1 s. ss. art. L. 622-13.

69. Indemnité contractuelle de résiliation. Pour l'obligation de déclarer cette créance, lorsque le contrat a été résilié avant l'ouverture de la procédure collective, V. • Com. 9 juill. 2002 : *RPC 2003. 140, obs. Legrand.* ♦ V. aussi, s'agissant de l'indemnité de résiliation d'un contrat poursuivi, note 34 ss. ancien art. L. 621-32.

70. Créance d'astreinte. V. note 37 ss. art. L. 622-21.

71. Accident du travail. La créance de restitution de l'indemnisation complémentaire versée par la caisse primaire d'assurance maladie à la victime d'un accident du travail en cas de faute inexcusable de son employeur, qui a pour origine la faute de celui-ci, est soumise à déclaration à son passif dès lors que l'accident est antérieur à l'ouverture de la procédure collective de l'employeur. • Com. 18 juin 2013 : *D. 2013. Actu. 1618* ; *RJDA 2013, n° 735* ; *APC 2013, n° 183, obs. Cagnoli* ; *Procédures 2013, n° 290, obs. Rolland* ; *Gaz. Pal. 29 sept.-1er oct. 2013, p. 28, obs. Rohart-Messager* ; *LEDEN 10/2013. 7, obs. G. Dedessus-Le-Moustier* ; *BJE 2013. 292, note Donnette* ; *RPC 2014, n° 14, obs. F. et M.-N. Legrand* • Civ. 2e, 14 mars 2013, n° 12-13.611 P : *D. 2013. Actu. 767* ; *LEDEN 4/2013. 3, obs. Mouial-Bassilana* ; *RJDA 2013, n° 651.*

72. Créances nées de prestations compensatoires ou de pensions alimentaires (régime antérieur à l'Ord. du 18 déc. 2008). BIBL. Théry, *Mél. Buffet, LPA, 2004, p. 433* (sort de la créance d'aliments dans les procédures collectives). – Chendeb, *RPC 2009. Étude 21* (même thème). ♦ La créance née de la prestation compensatoire, qui présente pour partie un caractère alimentaire, n'a pas à être déclarée au passif du débiteur soumis à la procédure collective et échappe ainsi à l'extinction faute de déclaration. • Com. 8 oct. 2003, n° 99-21.682 P : *D. 2003. AJ 2637, obs. Lienhard* ; *D. 2004. Somm. 54, obs. F.-X. Lucas* ; *ibid. 1965, obs. Denis-Fatôme* ; *APC 2003, n° 230, obs. M. Storck* ; *RJPF 2003, n° 12, p. 24, obs. Valory* ; *Dr. fam. 2003, n° 132, note Lécuyer* ; *JCP E 2004, n° 6, p. 227, obs. Cabrillac et Pétel* ; *ibid., n° 10, p. 376, note Becqué-Ickowicz* ; *JCP 2004. I. 109, n° 1, obs. Bosse-Platière* ; *LPA 17 févr. 2004, p. 7, note Zattara* ; *ibid. 3 mai 2004, p. 16, note Massip* ; *ibid. 7 juill. 2004, p. 15, note*

Flasaquier (2e esp.) ; RTD com. 2004. 368, obs. Martin-Serf ; Dr. et pr. 2004. 87, note Crocq (1re esp.). – V. Fosset-Lefebvre, *RPC 2004. 22.* – Dans le même sens, V. • Com. 1er févr. 2005 : *cité note 103* • 4 avr. 2006, n° 04-16.672 P : *D. 2006. AJ 1166, obs. Lienhard ; RTD. com. 2006. 662, obs. Martin-Serf .* ♦ La créance née de la pension alimentaire peut être payée sans avoir été déclarée au passif du débiteur soumis à la procédure collective. • Com. 8 oct. 2003, n° 00-14.760 P : *ibid. (2e esp.) ; Gaz. Pal. 2003. 3756, note Le Corre ; LPA 7 juill. 2004, p. 15, note Flasaquier (1re esp.)* • 4 avr. 2006 : *préc.* ♦ La créance d'aliments, qui est une dette personnelle du débiteur soumis à la procédure collective, doit être payée sur les revenus dont il conserve la disposition, ou bien être recouvrée par la voie de la procédure de paiement direct ou de recouvrement public des pensions alimentaires. • Même arrêt. – Dans le même sens, V. • Crim. 7 janv. 2004, n° 03-82.337 P : *D. 2004. AJ 419, obs. Lienhard ; AJ pénal 2004. 114, obs. Bicheron ; APC 2004, n° 62, obs. Mascala ; JCP E 2004, n° 22, p. 861, obs. Pétel ; JCP 2004. II. 10060, note Pomart ; RJPF 2004, n° 4, p. 28, obs. Valory ; LPA 12 avr. 2005, note Zattara ; RPC 2005. 50, obs. Dumont* • 9 juin 2004, n° 03-84.029 P : *D. 2004. AJ 2157 ; Dr. pénal 2004, n° 154, obs. Véron ; RJ com. 2005. 437, note Sortais.* ♦ Toutefois, lorsque le créancier déclare aussi ses créances d'aliments en vue de leur admission au passif de la procédure collective, les règles relatives à la procédure de déclaration et de vérification des créances et à l'admission dans les répartitions et dividendes leur sont applicables, sans pour autant que la non-admission à ce passif affecte ses droits de créancier d'aliments. • Com. 13 juin 2006, n° 05-17.081 P : *D. 2006. 1969, note Vincent ; ibid. AJ 1681, obs. Lienhard ; D. 2007. Pan. 45, obs. Le Corre ; APC 2006, n° 154, obs. Vallansan ; RTD. com. 2006. 662, obs. Martin-Serf .*

V., désormais, excluant les créances alimentaires de l'obligation de déclaration, art. L. 622-24, dernier al., dans sa réd. issue de l'Ord. n° 2008-1345 du 18 déc. 2008.

73. Créances alimentaires (Ord. du 18 déc. 2008). V. note 29 ss. art. L. 622-7.

74. Créance issue de la liquidation du régime matrimonial. Pour l'obligation faite au conjoint divorcé d'un débiteur en redressement judiciaire de déclarer sa créance issue de la liquidation du régime matrimonial dès lors que celle-ci est née antérieurement au jugement d'ouverture, V. • Civ. 1re, 25 oct. 2005 : *D. 2005. AJ 2873, obs. Lienhard ; D. 2006. Pan. 87, obs. Le Corre ; APC 2005, n° 256, obs. Deboissy et Wicker.* ♦ V. aussi • Civ. 1re, 23 mai 2006, n° 03-16.300 P : *D. 2006. AJ 1684, obs. Lienhard ; Gaz. Pal. 6-7 oct. 2006, p. 33, obs. Vauvillé.*

75. Créance au titre du paiement de l'insuffisance d'actif. V. note ss. art. R. 651-6.

76. Clause de retour à meilleure fortune. V. • Com. 12 oct. 2004, n° 02-13.230 P : *D. 2004. AJ 2791 ; APC 2004, n° 228, obs. Blanc ; RJ com. 2005. 65, note Sortais.*

77. Exception d'inexécution. Sur la dispense de déclaration de créance bénéficiant au créancier qui oppose l'exception d'inexécution à la demande en paiement du liquidateur portant sur une prestation restée inexécutée, V. • Com. 20 nov. 2024, n° 23-19.552 B : *D. actu. 11 déc. 2024, obs. Houssin ; APC 2024, n° 235, obs. Lafaurie.*

78. Créance née d'un trouble de voisinage. En ce sens qu'est soumise à déclaration la créance de bailleurs assignés, antérieurement à la mise en redressement judiciaire de la société locataire, par les victimes d'un trouble de voisinage causé par cette société, la persistance du trouble étant sans effet sur la date à laquelle se situe l'origine de la créance, V. • Com. 7 déc. 2004, n° 02-13.804 P : *D. 2005. AJ 358, obs. Lienhard ; APC 2005, n° 18, obs. Trébulle ; JCP E 2005, n° 17, p. 711, obs. Cabrillac.*

79. Garantie d'une agence de voyage. Est soumise à déclaration la créance née du contrat conclu par l'organisme de garantie collective, antérieurement à la procédure de sauvegarde de l'agent de voyage, pour procurer à ce dernier la garantie obligatoire exigée à l'art. L. 211-18 C. tourisme. • Com. 7 févr. 2024, n° 22-21.052 B : *D. 2024. Actu. 260 ; RTD com. 2024. 746, obs. Martin-Serf ; APC 2024, n° 55, obs. Lafaurie ; RJDA 2024, n° 295 ; BJE 5-6/2024. 14, note S. Cabrillac ; Gaz. Pal. 24 sept. 2024, p. 67, obs. Tota.*

80. Autres exemples. Pour des exemples de créances antérieures ou postérieures au jugement d'ouverture, V. aussi notes 15 s. ss. ancien art. L. 621-32.

C. CESSION DE CRÉANCE

81. Dès lors que, dans les rapports entre le cédant et le cessionnaire, le transfert de la créance s'opère indépendamment de sa signification au débiteur cédé, le cessionnaire n'a pas à déclarer sa créance au passif du cédant. • Com. 9 juill. 2013, n° 11-27.417 P : *D. 2013. Actu. 1834 ; RJDA 2014, n° 25.* ♦ En ce sens que lorsque la cession de créances professionnelles est réalisée à titre de garantie, le cessionnaire ne peut effectuer, en cas de procédure collective du cédant, une déclaration au titre des créances objet de la garantie et une autre au titre des créances cédées, V. • Com. 30 juin 2015, n° 14-13.784 P : *RTD com. 2015. 754, obs. Martin-Serf ; JCP 2015. 1095, note Coupet ; JCP E 2016. 1000, n° 6, obs. Pétel ; APC 2015, n° 216, obs. Legeais ; LEDEN 9/2015. 2, obs. Borga ; RDBF 2015, n° 184, obs. Crédot et Samin ; ibid., n° 197, obs. Houin-Bressand ; Banque et Dr. 11-12/2015. 25, obs. Bonneau ; RPC 2016, n° 6, obs. F. et M.-N. Legrand.* – Rappr. :

• Com. 17 juin 2020, n° 19-13.153 P : *cité note 61.*

D. CRÉANCES SALARIALES

82. Les créances salariales ne sont pas soumises à l'art. 50 [C. com., art. L. 622-24]. Spécialement, tel est le cas de demandes de salariés licenciés pour faute lourde antérieurement au jugement d'ouverture. • Soc. 19 juin 1991, n° 88-40.476 P : *D. 1991. IR 199.* ♦ La dispense de l'obligation de déclarer les créances salariales s'attache à la nature de la créance et non à la qualité du créancier. • Versailles, 11 mars 1993 : *D. 1993. IR 102.*

E. CRÉANCE D'UNE PARTIE CIVILE (ART. L. 622-24, AL. 7)

83. S'il résulte de l'art. L. 622-24, al. 6 *[7]*, dans sa rédaction issue de l'Ord. n° 2008-1345 du 18 déc. 2008, que lorsqu'une infraction pénale a été commise avant le jugement d'ouverture de la procédure collective de l'auteur, le délai de déclaration, par une partie civile, des créances nées de cette infraction court à compter de la date de la décision définitive qui en fixe le montant, si cette décision intervient après la publication du jugement d'ouverture, la créance de dommages-intérêts d'une partie civile destinée à réparer le préjudice causé par une infraction pénale naît à la date de la réalisation du dommage. • Com. 3 avr. 2019, n° 18-10.645 P : *D. 2019. Actu. 757 ; RTD com. 2019. 760, obs. Martin-Serf ; JCP E 2019. 1375, n° 6, obs. Tehrani ; ibid. 1421, note Lebel ; APC 2019, n° 121, obs. Petit ; RJDA 2019, n° 445 ; BJE 7-8/2019. 33, note Jazottes.* ♦ Cette possibilité du report du point de départ du délai de déclaration des créances n'autorise pas la partie civile, dont la créance de dommages-intérêts est née à la date de la réalisation du dommage, à prendre une inscription d'hypothèque postérieurement au jugement d'ouverture, par exception à l'interdiction posée à l'art. L. 622-30. • Com. 27 nov. 2019, n° 13-21.068 P : *D. 2020. Pan. 1863, obs. Cagnoli ; RTD com. 2020. 167, obs. Martin-Serf ; JCP E 2020. 1204, n° 3, obs. Tehrani ; LEDEN 1/2020. 5, obs. Ollu ; APC 2020, n° 4, obs. Fin-Langer ; RJDA 2020, n° 89 ; RDBF 2020, n° 37, obs. Houin-Bressand ; RPC 2021, n° 130, obs. Macorig-Venier.*

F. ACTIONS DIRECTES

84. *Assurance.* Il résulte de l'art. L. 124-3 C. assur. que la victime d'un dommage a un droit exclusif sur l'indemnité due par l'assureur de l'auteur responsable de ce dommage. Par suite, si la victime doit établir la responsabilité de l'assuré, qui doit être mis en cause, elle n'est pas tenue, lorsque celui-ci est en état de redressement ou de liquidation judiciaire, de se soumettre à la procédure de vérification des créances prévue aux art. 50 ci-dessus [C. com., art. L. 622-24] et 65 à 75 du Décr. du 27 déc. 1985 [C. com., art. R. 624-1 s.], sauf dans la mesure où elle prétendrait faire valoir une créance de somme d'argent à l'encontre de l'assuré. • Civ. 1re, 25 mars 1991, n° 89-14.645 P. • Com. 25 mars 1997 : *D. 1998. Somm. 142, obs. Bonnard ; D. Affaires 1997. 612 ; Dr. sociétés 1997, n° 83, obs. Chaput* • Civ. 3e, 12 mai 2004 : *D. 2004. AJ 1904 ; APC 2004, n° 134, obs. Vallansan.* ♦ V. aussi note 8 ss. art. L. 622-23.

85. Selon l'art. L. 121-13 C. assur., les indemnités dues par suite d'assurance contre l'incendie sont attribuées, sans qu'il y ait besoin de délégation expresse, aux créanciers priviligiés ou hypothécaires, suivant leur rang ; l'indemnité d'assurance n'étant pas tombée dans le patrimoine du débiteur soumis à une procédure de redressement judiciaire, cette procédure collective est sans effet sur l'attribution de l'indemnité à une banque ayant consenti un prêt pour l'acquisition de l'hôtel-restaurant du débiteur, créancière privilégiée et hypothécaire inscrite sur l'immeuble sinistré (inapplicabilité des art. 47, 50 et 161 [C. com., art. L. 622-21, L. 622-24 et L. 643-2]). • Civ. 1re, 28 oct. 1997 : *D. 1998. Somm. 142, obs. Bonnard ; D. Affaires 1997. 1426 ; LPA 20 août 1999, p. 20, note Teilliais.*

86. *Accident du travail.* L'indemnisation complémentaire allouée à la victime d'une faute inexcusable de l'employeur (CSS, art. L. 452-1 s.) est versée directement aux bénéficiaires par la caisse primaire d'assurance maladie, qui en récupère le montant auprès de l'employeur, de sorte que le salarié, qui ne demande pas la condamnation de son employeur au paiement d'une somme d'argent, n'a pas à déclarer sa créance. • Soc. 11 juin 1998 : *D. 1998. IR 175.* ♦ Sur le fait générateur de la créance en remboursement de la caisse primaire d'assurance maladie, V. note 71.

87. *Action directe du transporteur.* L'action directe du transporteur n'est pas subordonnée à la déclaration de sa créance au passif du donneur d'ordre. • Com. 17 déc. 2003, n° 02-12.891 P : *D. 2004. AJ 212 ; APC 2004, n° 29, obs. Vallansan et Petit ; Procédures 2004, n° 80, obs. Laporte.*

88. *Sous-traitance.* Il doit être déduit de l'art. 12, al. 3, de la L. du 31 déc. 1975 qu'un sous-traitant, pour intenter son action directe contre le maître de l'ouvrage, n'est pas tenu de produire au passif de la procédure collective dont l'entrepreneur principal est l'objet. • Paris, 27 nov. 1990 : *JCP 1992. II. 21782, note Dubois* • 29 sept. 1992 : *D. 1993. IR 39.* ♦ V. ce texte, 2e partie, *Traitement des difficultés des entreprises.* ♦ Sur la possibilité, cependant, de produire concomitamment à titre conservatoire, V. • Versailles, 29 sept. 1988 : *D. 1988. IR 262.* ♦ En revanche, à défaut de mise en demeure préalable à la liquidation judiciaire de l'entrepreneur principal, le sous-traitant est tenu de déclarer sa créance au passif de cette liquidation pour exercer l'action directe contre le maître de l'ouvrage prévue par la L. préc., cette déclaration de créance valant mise en demeure.

• Civ. 3e, 13 juill. 2023, n° 21-23.747 B : *D. 2023. Actu. 1359* ; *RJDA 2023, n° 578* ; *LEDEN 12/2023. 5, obs. Rubellin.*

G. SAISIE-ATTRIBUTION

89. En ce sens que le créancier saisissant, devenu, par l'effet attributif immédiat de la saisie, créancier du tiers saisi, doit, lorsque celui-ci fait l'objet d'une procédure collective, déclarer sa créance entre les mains du représentant des créanciers, V. • Com. 11 juin 2002 : *cité note 82 ss. art. L. 622-21* • 8 juill. 2003 : *ibid.* ♦ V. note 78 ss. art. L. 622-21.

H. COMPENSATION

90. Une partie n'a pas à déclarer au passif d'une société une créance éteinte par une compensation qui s'est opérée de plein droit entre leurs dettes réciproques avant l'ouverture de la procédure collective. • Com. 29 nov. 1994 : *RJDA 1995, n° 349* • 5 déc. 1995 : *D. Affaires 1996. 211* (remises réciproques en compte courant). ♦ V. aussi, pour la réalisation antérieure d'un gage-espèces : • Com. 3 juin 1997, n° 95-13.365 P : *D. 1998. 61, note François* ; *D. 1998. Somm. 104, obs. S. Piedelièvre* ; *D. Affaires 1997. 864* ; *JCP 1997. II. 22891, rapp. Rémery* ; *RTD com. 1997. 663, obs. Cabrillac* ; *ibid. 1997. 686, obs. Martin-Serf* ; *RDBB 1998. 22, obs. Campana et Calendini.* ♦ La compensation de créances réciproques non sujettes à discussion quant à leur exigibilité et à leur montant s'opère de plein droit, à concurrence de la plus faible, à l'instant où la seconde vient à échéance. • Com. 17 mai 1994, n° 91-20.083 P : *D. 1995. 124, note Larroumet* ; *RTD com. 1996. 531, obs. Martin-Serf* . ♦ Sur l'obligation de déclarer la créance lorsque la compensation a opéré après le jugement d'ouverture, V. note 64 ss. art. L. 622-7.

I. REVENDICATION

91. Une demande de restitution de fonds ne peut être formée par voie de revendication, la seule voie ouverte au créancier d'une somme d'argent étant de déclarer sa créance à la procédure collective de son débiteur. • Com. 4 févr. 2003 : *D. 2003. AJ 1230, obs. Lienhard* ; *JCP E 2003, n° 39, p. 1536, note Robine* ; *APC 2003, n° 128, obs. Regnaut-Moutier* ; *RTD com. 2003. 572, obs. Martin-Serf* ; *RDBF 2003, n° 154, obs. F.-X. Lucas* ; *ibid., n° 173, obs. Crédot et Gérard* ; *Dr. et pr. 2003. 292, note Le Corre* ; *Defrénois 2003. 1163, obs. Libchaber* • 22 mai 2013, n° 11-23.961 P : *D. 2013. 1594, note Danos* ; *ibid., Actu. 1342, obs. Lienhard* ; *ibid., Pan. 2368, obs. F.-X. Lucas* ; *ibid., Chron. C. cass. 2555, obs. Guillou* ; *RTD com. 2013. 591, obs. Martin-Serf* ; *Rev. sociétés 2013. 526, obs. Roussel Galle* ; *RTD civ. 2013. 649, obs. Dross* ; *JCP E 2013. 1434, n° 5, obs. Pételꞏ* ; *APC 2013, n° 133, obs. Cagnoli* ; *Gaz. Pal. 12-13 juill. 2013, p. 27, obs. Le Corre-Broly* ; *BJE 2013. 226, note Laroche* ; *RJDA 2013, n° 739* ; *LEDEN 9/2013. 3, obs. Borga* ; *RPC 2013, n° 130, obs. Monsèrié-Bon* ; *RDBF 2013, n° 182, obs. Crédot et Samin* • Paris, 25 févr. 2021, n° 19/22471 : *JCP E 2021. 1244, note Almaseanu.* ♦ Comp., auparavant, sur la possibilité de revendiquer une somme d'argent à condition que celle-ci ait été soustraite à toute confusion avec les autres valeurs composant le patrimoine du débiteur : • Com. 25 mars 1997, n° 94-18.337 P : *D. 1997. 481, note D. Martin* ; *ibid. 2000. Somm. 70, obs. Pérochon et Mainguy* ; *D. Affaires 1997. 639* ; *Quot. jur. 22 avr. 1997, p. 7, note P. M.* ; *Rev. dr. bancaire 1997. 127, obs. Campana et Calendini* ; *JCP E 1997. II. 991, note Pétel* • Paris, 14 oct. 1997 : *D. 1998. 91, note Larroumet* ; *ibid. 2000. Somm. 70, obs. Pérochon et Mainguy* ; *D. Affaires 1997. 1394* ; *RTD com. 1998. 423, obs. Martin-Serf* • 12 mai 1998 : *Gaz. Pal. 1998. 2. Somm. 707* ; *RTD com. 2000. 180, obs. Martin-Serf* . – Comp. également, écartant l'action en revendication de sommes d'argent exercée par une société, aux motifs que celle-ci n'était pas propriétaire de ces sommes (recettes perçues par un magasin, pour être reversées, après déduction d'une redevance, à la société exploitant le rayon boucherie-charcuterie), mais créancière à l'égard du débiteur en redressement judiciaire, ces créances étant soumises à déclaration : • Com. 10 mai 2000, n° 97-16.726 P : *D. 2000. AJ 277, obs. Lienhard* ; *JCP E 2000, n° 40, p. 1566, obs. Pétel* ; *Dr. sociétés 2000, n° 105, obs. Chaput* ; *RDBF 2000, n° 161, obs. F.-X. Lucas* ; *LPA 27 déc. 2000, p. 14, note Rawach* ; *RTD com. 2000. 1012, obs. Martin-Serf* ; *JCP E 2001, n° 12, p. 521, note Courtot et Marmoz* ; *RPC 2001. 21, obs. Soinne.* ♦ Sur la revendication de sommes d'argent, V. R. Martin, *D. 2002. Chron. 3279* ; J. François, *D. 2012. Chron. 1493* ; Mastrullo et Menjucq, *RPC 2016. Étude 11* (procédure collective du mandataire et revendication des sommes d'argent spécialement affectées au paiement du mandant).

J. ANNULATION DU JUGEMENT D'OUVERTURE

92. L'annulation, par un arrêt rendu sur contredit statuant sur la compétence territoriale, du jugement d'ouverture d'une procédure collective ne s'étend pas à la déclaration de créance effectuée sur le fondement de ce jugement, dès lors que le tribunal jugé compétent, après que le dossier lui a été retourné par la cour d'appel, a ouvert une procédure collective. • Com. 10 mai 2005, n° 04-10.523 P : *D. 2005. AJ 1414, obs. Lienhard* ; *JCP E 2005, n° 36, p. 1422, obs. Pétel* ; *Gaz. Pal. 6-7 juill. 2005, p. 24, obs. Le Corre* ; *RTD com. 2006. 199, obs. Martin-Serf* ; *Banque et Dr. 7-8/2006. 66, obs. Guillot.* ♦ V. note 4 ss. art. R. 631-6.

V. MODALITÉS DE LA DÉCLARATION

BIBL. Lienhard, *D. 2001. Chron. 1011*. – Desprat, *RPC 2001. 199.*

93. Déclaration par le débiteur au nom du créancier (art. L. 622-24, al. 3). Selon l'art. L. 622-24, al. 3, dans sa rédaction issue de l'Ord. n° 2014-326 du 12 mars 2014, les créances portées à la connaissance du mandataire judiciaire dans le délai fixé à l'art. R. 622-24 font présumer de la déclaration de sa créance par son titulaire, mais seulement dans la limite du contenu de l'information fournie au mandataire judiciaire. • Com. 5 sept. 2018, n° 17-18.516 P : *D. 2018. 2067, note Levy et T. de Ravel d'Esclapon ; D. 2019. Pan. 1908, obs. Cagnoli ; Rev. sociétés 2018. 747, obs. Henry ; RTD com. 2018. 1016, obs. Martin-Serf ; JCP E 2018. 1563, note Stefania ; LEDEN 10/2018. 4, obs. Rubellin ; DP diff. entr., Bull. n° 406/407, obs. Dizel ; APC 2018, n° 251, obs. Vallansan ; RJDA 2018, n° 853 ; BJE 2018. 432, note Jazottes ; RDBF 2018, n° 169, obs. Houin-Bressand ; Gaz. Pal. 15 janv. 2019, p. 44, obs. Le Corre ; RJ com. 2019. 264, obs. André ; RPC 2019, n° 138, obs. F. Legrand.* ♦ La liste des créanciers remise par le débiteur à son mandataire judiciaire qui comporte le nom du créancier ainsi que le montant de la créance de celui-ci vaut déclaration de créance effectuée par le débiteur pour le compte du créancier, dans la limite de ces informations. • Com. 8 févr. 2023, n° 21-19.330 B : *D. 2023. 1252, note Levy et T. de Ravel d'Esclapon ; ibid. Pan. 1720, obs. Cagnoli ; RTD com. 2023. 443, obs. Martin-Serf ; JCP E 2023. 1157, n° 16, obs. Pétel ; APC 2023, n° 51, obs. Cagnoli ; RJDA 2023, n° 267 ; BJE 5-6/2023. 20, note Lafaurie ; RDBF 2023, n° 103, obs. Houin-Bressand ; Dr. sociétés 2023, n° 105, note Legros.* ♦ Lorsque le débiteur n'a pas mentionné une créance sur la liste qu'il a remise au mandataire judiciaire dans le délai prévu à l'art. R. 622-5, mais l'a portée à sa connaissance ultérieurement dans le délai de déclaration de créance, le débiteur est présumé avoir agi pour le compte du créancier tant que celui-ci n'a pas adressé sa déclaration de créance. • Com. 27 mars 2024, n° 22-21.016 B : *D. 2024. Chron. C. cass. 1158, obs. Boutié ; ibid. Pan. 1693, obs. Cagnoli ; Rev. sociétés 2024. 405, obs. Reille ; RTD com. 2024. 425, obs. Martin-Serf ; JCP E 2024. 1209, note Houssin ; APC 2024, n° 95, obs. Lafaurie ; RJDA 2024, n° 406 ; BJE 7-8/2024. 27, note Jazottes ; RDBF 2024, n° 122, obs. Houin-Bressand ; RPC 2024, n° 116, obs. Borga.* ♦ Dans cette hypothèse, le créancier, s'il estime que la créance portée à la connaissance du mandataire judiciaire par le débiteur l'a été pour un montant inférieur à la créance qu'il soutient détenir, peut demander à être relevé de la forclusion pour déclarer le montant supplémentaire qu'il prétend lui être dû, à la condition d'établir que sa défaillance n'est pas due à son fait. • Même arrêt. ♦ La créance portée par le débiteur, conformément à l'obligation que lui fait l'art. L. 622-6, à la connaissance du mandataire judiciaire dans le délai de l'art. R. 622-24 ne vaut pas reconnaissance par le débiteur du bien-fondé de cette créance, de sorte qu'il peut ultérieurement la contester dans les conditions des art. L. 624-1 et R. 624-1. • Com. 23 mai 2024, n°s 23-12.133 et 23-12.134 B : *D. 2024. 1454, note Vallens ; ibid. Pan. 1692, obs. Cagnoli ; RTD com. 2024. 745, obs. Martin-Serf ; JCP E 2024. 1265, note Cerati ; APC 2024, n° 136, obs. Lafaurie ; RJDA 2024, n° 542 ; LEDEN 9/2024. 4, obs. Rubellin ; RDBF 2024, n° 122, obs. Houin-Bressand ; RPC 2024, n° 116, obs. Borga.*

94. Déclaration au nom d'un ordre professionnel. Il résulte des art. L. 4321-14 CSP et 12-3 et 15-3 du règlement intérieur de l'ordre des masseurs-kinésithérapeutes que le conseil national de l'ordre, agissant par l'intermédiaire de son président, a qualité, afin de parvenir au recouvrement des cotisations dues par un masseur-kinésithérapeute, pour déclarer la créance correspondante au passif du redressement judiciaire de celui-ci. • Com. 20 juin 2018, n° 17-14.369 : *RJDA 2018, n° 854 ; BJE 2018. 443, note Benilsi.*

A. DESTINATAIRE DE LA DÉCLARATION

95. Monopole du représentant des créanciers. L'administrateur, dont les fonctions sont distinctes de celles du représentant des créanciers, n'est pas habilité à recevoir une déclaration de créance. • Com. 22 juin 1993, n° 87-19.183 P : *D. 1993. Somm. 365, obs. Honorat* (V. aussi l'arrêt d'appel : • Paris, 23 sept. 1987 : *D. 1989. Somm. 13, obs. Derrida*) • 14 févr. 1995, n° 92-17.395 P. ♦ Mais, dès lors que la déclaration est parvenue au représentant des créanciers avant l'expiration du délai, il importe peu que la transmission de cette déclaration ait été matériellement effectuée par un tiers ou par l'administrateur judiciaire. • Com. 8 oct. 1996 : *Dr. sociétés 1996, n° 210, obs. Chaput ; Rev. dr. bancaire 1996. 241, obs. Campana et Calendini* • 6 janv. 1998, n° 95-11.894 P : *D. 1998. IR 39 ; JCP E 1998, n° 17, p. 656, obs. Pétel ; Rev. dr. bancaire 1998. 70, obs. Campana et Calendini.* ♦ L'administrateur n'a nullement l'obligation de transmettre les déclarations de créances reçues par lui par erreur au représentant des créanciers. Le fait que l'administrateur ait reçu, par erreur, une première déclaration de créance du créancier et ait transmis celle-ci dans le délai de déclaration des créances au représentant des créanciers, ce qui a permis de régulariser la situation pour cette première déclaration, ne permet pas de soutenir que l'administrateur ait accepté un « mandat de centralisation contractuelle et de transmission des déclarations », ce qui de toute façon serait contraire aux règles d'ordre public relatives à la procédure de vérification et d'admission des créances et porterait atteinte à la compétence exclusive du représentant des créanciers en ce qui concerne la réception des déclarations de créances. • Versailles, 27 janv. 2000 : *D. 2000. AJ 172 ; RTD com. 2000. 718, obs. Martin-Serf .* – V. aussi • Rennes, 20 juin 2001 : *RPC 2002. 93, obs. Legrand.*

La validité de la déclaration de créance adressée au représentant des créanciers n'est pas affectée par l'erreur d'indication sur la qualité de ce mandataire. • Com. 7 déc. 1999, n° 97-12.488 P : *D. 2000. AJ 48, obs. A. L. ; JCP E 2000, n°s 18-19, p. 751, obs. Pétel ; RTD com. 2000. 718, obs. Martin-Serf .*

Sur la responsabilité de La Poste pour n'avoir pas remis à son destinataire une lettre recommandée portant déclaration de créance libellée au nom du représentant des créanciers, mais adressée par erreur à la société débitrice, qui l'avait réceptionnée, V. • Civ. 1re, 12 avr. 2005, n° 02-21.223 P : *D. 2005. AJ 1352, obs. Lienhard ; Gaz. Pal. 6-7 juill. 2005, p. 23, obs. Le Corre.*

96. Le représentant des créanciers ayant seul qualité pour recevoir les déclarations de créances, la désignation par le tribunal de deux représentants des créanciers en précisant la mission plus particulièrement confiée à chacun d'eux est sans incidence sur la fonction dont est légalement investi cet organe de la procédure. • Com. 30 mai 2006, n° 05-14.248 P : *D. 2006. 1683, obs. Lienhard ; JCP E 2006, n° 37, p. 1534, obs. Cabrillac ; RTD com. 2006. 910, obs. Martin-Serf .* ♦ Par suite, dès lors que la déclaration de créance a été adressée dans le délai légal à un des représentants des créanciers, la créance doit être admise. • Même arrêt.

97. Lorsque le mandat de justice est exercé par une société de mandataires judiciaires, la déclaration de créance, bien qu'adressée à un destinataire et à une adresse ne correspondant pas au liquidateur désigné, est valide dès lors que le mandataire judiciaire qui a reçu cette déclaration à une adresse correspondant au siège de la société désignée en qualité de liquidateur ou de l'un de ses bureaux annexes, exerçait ses fonctions au sein de la même société que le mandataire judiciaire désigné par le tribunal pour conduire la mission au nom de cette société. • Com. 3 juill. 2024, n° 23-10.067 B : *D. 2024. Actu. 1217 ; BJE 11-12/2024. 25, note Lemberg-Guez.*

98. La déclaration de créance par laquelle le créancier demande à être admis à la procédure collective de son débiteur doit être adressée au mandataire judiciaire chargé de la vérification du passif dans cette procédure ; la désignation du même mandataire judiciaire dans la procédure concernant une autre société du même groupe ne permet pas de déroger à cette obligation. • Com. 4 nov. 2014, n° 13-24.014 : *RJDA 2015, n° 363 ; RPC 2015, n° 39, obs. F. et M.-N. Legrand.* ♦ La confusion des patrimoines n'étant pas rétroactive, elle ne peut avoir pour effet de régulariser une déclaration de créance adressée à un mandataire judiciaire qui était dépourvu de qualité pour la recevoir. • Même arrêt.

99. Conflit d'intérêts. Si un même mandataire de justice ne peut occuper, dans la procédure de vérification des créances, à la fois la position de créancier déclarant et de représentant des créanciers du débiteur, l'éventuelle irrégularité n'affecte pas la validité de la déclaration de créance mais seulement la régularité de la procédure de vérification de cette créance. • Com. 7 févr. 2006, n° 04-14.912 P : *D. 2006. AJ 577, obs. Lienhard ; RDBF 2006, n° 71, obs. F.-X. Lucas ; Gaz. Pal. 30 avr.-4 mai 2006, p. 44, obs. Le Corre.*

B. DÉCLARATION PAR MANDATAIRE

[La jurisprudence reproduite ci-dessous a été partiellement rendue avant la L. n° 94-475 du 10 juin 1994, qui l'a confirmée.]

BIBL. Campana et Calendini, *JCP E 1993. I. 230.* – Soinne, *Banque 1993. 94 ; RPC 1993. 21 ; LPA 29 juin 2000* – Coffy de Boisdeffre, *Gaz. Pal. 1993. 2. Doctr. 918.* – Canac, Grisoni et Teitgen, *ibid. 1993. 2. Doctr. 1325.* – Le Cannu, *BJS 1997. 628.* – Rémery, *JCP 1999. I. 113.*

100. Mandataire ou préposé d'une personne morale. La déclaration des créances au passif du redressement judiciaire du débiteur équivaut à une demande en justice que le créancier peut, selon les art. 853, al. 1er, NCPC [C. pr. civ.] et 175 du Décr. n° 85-1388 du 27 déc. 1985 [C. com., art. R. 662-2], former lui-même. • Com. 14 déc. 1993 (2 arrêts), n° 90-10.696 P : *D. 1994. IR 31 ; JCP 1994. II. 22200, rapp. Rémery ; RJDA 1994, n° 95, concl. Piniot (p. 12) ; Banque févr. 1994. 93, obs. Guillot ; Gaz. Pal. 1994. 1. 137, note Vatier ; ibid. 1994. 2. 645, note Coffy de Boisdeffre ; RJ com. 1994. 49, rapp. Rémery ; BJS 1994. 196, note Jeantin ; JCP E 1994. II. 573, note Campana et Calendini ; Rev. sociétés 1994. 100, note Chartier ; RTD com. 1994. 364, obs. Martin-Serf* • 14 févr. 1995 (4 arrêts), n° 93-12.064 P : *D. 1995. IR 89 ; Rev. sociétés 1995. 331, note Alix ; BJS 1995. 442, note Daigre.* ♦ Dans le cas où le créancier est une personne morale, cette déclaration faite à titre personnel, si elle n'émane pas des organes habilités par la loi à la représenter, peut encore être effectuée par tout préposé titulaire d'une délégation de pouvoirs lui permettant d'accomplir un tel acte, sans que ce pouvoir soit soumis aux règles applicables au mandat de représentation en justice dont un tiers peut être investi. • Mêmes arrêts. – V. aussi • Com. 17 déc. 1996 : *préc. note 62* • 30 mars 1999, n° 96-15.144 P : *D. 1999. IR 117 ; D. Affaires 1999. 763, obs. A. L. ; APC 1999, n° 101, obs. Legros ; BJS 1999. 764, note Daigre ; RTD com. 1999. 732, obs. Cabrillac* • 3 juin 2009 : *D. 2009. AJ 1691 (1er arrêt)* • Paris, 3e ch. A, 25 janv. 1994 : *D. 1994. IR 75* ♦ ... Que la personne à laquelle il est opposé soit, ou non, commerçante. • Com. 23 nov. 1999 : *D. 2000. AJ 15 .* ♦ Il n'y a pas lieu de distinguer selon la nature de la procédure collective au passif de laquelle est faite la déclaration. • Com. 14 janv. 2014, n° 12-29.749 : *D. 2014. Actu. 206 ; RJDA*

2014, n° 456. ♦ Pour l'application de ces règles à une procédure d'insolvabilité ouverte en France, V. • Com. 15 déc. 2009 : *D. 2010. AJ 86, obs. Lienhard ; APC 2010, n° 22, obs. Vallansan ; LEDEN, févr. 2010, p. 7, obs. Mélin.*

Le droit local alsacien-mosellan ne déroge pas, sur ce point, à l'application de la loi de 1985. • Com. 28 nov. 2000, n° 98-18.298 P : *D. 2001. AJ 307, obs. Pisoni* • 11 juin 2002 : *cité note 53 ss. ancien art. L. 621-32.*

En ce sens que la délégation de pouvoirs doit autoriser expressément le délégataire à agir en justice ou à effectuer des déclarations de créances, V. • Com. 9 juin 1998, n° 96-13.675 P : *D. Affaires 1998. 1216, obs. A. L. ; LPA 14 avr. 1999, p. 10, note Paulet* • 24 nov. 1998 : *D. Affaires 1999. 133.*

Sur la précision requise, pour la délégation, V. aussi • Com. 3 juin 1997 : *cité note 46 ss. art. L. 624-9.*

101. La charge de la preuve de l'identité du signataire de la déclaration pèse sur le créancier, dès lors que celle-ci est contestée : V. • Com. 17 juin 1997, n° 95-12.415 P : *D. Affaires 1997. 904 ; BJS 1997. 896, note J.-F. Barbièri ; JCP E 1998, n° 1-2, obs. Pétel* • 17 mars 1998 : *D. Affaires 1998. 677* • 29 avr. 2002, n° 99-16.247 P : *D. 2002. AJ 1755, obs. Lienhard (2e esp.) ; RTD com. 2002. 538, obs. Martin-Serf ; BJS 2002. 894, note Le Cannu ; RDBF 2002, n° 188, obs. F.-X. Lucas ; Procédures 2002, n° 231, note Laporte* • 3 juin 2009 : *D. 2009. AJ 1691 (2e arrêt) ; RTD com. 2010. 196, obs. Martin-Serf ; Gaz. Pal. 26-28 juill. 2009, p. 35, obs. Le Corre-Broly.* ♦ Les juges du fond doivent rechercher si le signataire de la déclaration dont l'identité est contestée est le préposé bénéficiant de la délégation de pouvoirs. • Com. 6 mars 2001 : *APC 2001, n° 108.* ♦ V. aussi, dans le cas d'une signature précédée de la mention P/O (pour ordre), • Civ. 1re, 1er avr. 2003, n° 00-12.413 P : *D. 2003. AJ 1292 ; RDBF 2003, n° 116, obs. F.-X. Lucas ; BJS 2003. 773, note Scholer.* ♦ La preuve de l'identité du déclarant peut être faite, même en l'absence de signature de la déclaration, par tous moyens, jusqu'au jour où le juge statue. • Com. 21 nov. 2006 (2 arrêts), n° 05-19.298 P : *D. 2006. AJ 2983, obs. Lienhard ; RDBF 2007, n° 19, obs. F.-X. Lucas ; RJ com. 2007. 67, obs. Sortais ; Gaz. Pal. 13-14 avr. 2007, p. 43, obs. Le Corre-Broly ; Defrénois 2007. 887, obs. Gibirila ; RTD com. 2007. 446, obs. Martin-Serf.* ♦ La contestation par le débiteur de l'identité du signataire ne s'analyse pas en une dénégation ou un refus de reconnaissance de signature au sens de l'art. 287 C. pr. civ., de sorte qu'elle n'est pas soumise aux dispositions relatives à la vérification d'écriture. • Com. 1er oct. 2013, n° 12-22.122 P : *D. 2013. Actu. 2335 ; LEDEN 11/2013. 2, obs. Mouial-Bassilana ; RDBF 2013, n° 206, obs. Houin-Bressand ; RJDA 2014, n° 252.*

102. Sur la possibilité de subdéléguer, V. • Com. 14 févr. 1995 (2 arrêts), n° 93-12.299 P : *Rev. sociétés 1995. 331, note Alix ; BJS 1995. 442, note Daigre.* ♦ Ayant constaté que la délégation de pouvoirs dont bénéficiait le délégataire avait été annulée dans un acte du 17 févr. 2004 qui avait reporté les effets de l'annulation au 1er sept. 2003, une cour d'appel retient à bon droit que le subdélégataire, dont le pouvoir procédait d'une délégation principale annulée, n'était pas habilité à effectuer une déclaration de créance le 30 sept. 2003. • Com. 5 févr. 2008, n° 06-21.879 P : *D. 2008. AJ 611, obs. Lienhard ; JCP E 2008. 1432, n° 10, obs. Pétel ; APC 2008, n° 59, obs. Vallansan ; Gaz. Pal. 27-29 avr. 2008, p. 26, obs. Le Corre-Broly ; BJS 2008. 426, note Ferrier ; RTD com. 2008. 417, obs. Martin-Serf.*

Comp. note 22 ss. art. L. 622-26.

103. Est régulière la déclaration de créance effectuée par le préposé d'une banque dès lors que le président du conseil d'administration a donné aux mandataires généraux de l'établissement le pouvoir d'agir en justice dans toutes les procédures civiles ainsi que d'intervenir dans toutes procédures de règlement judiciaire, liquidation des biens ou autres, et que le préposé, qui a déclaré la créance le 7 oct. 1993, a été désigné mandataire général le 27 janv. 1986 par le directeur des ressources humaines délégué à cet effet par le président. • Com. 29 avr. 2002, n° 99-19.903 P : *D. 2002. AJ 1755, obs. Lienhard (1re esp.) ; RTD com. 2002. 537, obs. Martin-Serf ; BJS 2002. 895, note Scholer.*

104. Le conseil d'administration a le pouvoir de nommer un préposé de la société pour déclarer les créances avec ou sans faculté de délégation. • Com. 28 sept. 2004, n° 03-12.023 P : *D. 2004. AJ 2653 ; APC 2004, n° 207, obs. Vallansan ; BJS 2005. 37, note Le Cannu.* ♦ Il en va de même du directoire. • Com. 22 janv. 2008, n° 06-20.379 P : *D. 2008. AJ 413, obs. Lienhard ; Rev. sociétés 2008. 179, note J.-F. Barbièri ; BJS 2008. 419, note Nurit-Pontier ; Defrénois 2008. 1237, obs. Gibirila ; RTD com. 2009. 204, obs. Martin-Serf.* ♦ Pour la régularité de la déclaration de créance du représentant légal d'une société dont la nomination n'a pas été publiée au RCS, V. • Com. 12 juill. 2004, n° 02-17.255 P : *D. 2004. AJ 2153 ; JCP E 2005, n° 1-2, p. 29, obs. Pétel ; APC 2004, n° 170, obs. Regnaut-Moutier ; Dr. sociétés 2004, n° 183, note Trébulle (1re esp.) ; RDBF 2004, n° 243, obs. F.-X. Lucas ; BJS 2004. 1525, note Bahans et Le Cannu ; Rev. sociétés 2005. 216, note Chartier ; RTD com. 2005. 168, obs. Martin-Serf* (pour un président du conseil d'administration) • 12 juill. 2004, n° 03-14.557 P : *ibid. (2e esp.) ; RDBF 2004, n° 242, obs. F.-X. Lucas ; BJS 2004. 1477, note Bahans et Le Cannu* (pour un liquidateur amiable). ♦ Sur le pouvoir du directeur général d'une société anonyme de déclarer une créance de la société ou de donner mandat spécial à un tiers à cette fin, V. • Com. 12 juill. 1993, n° 91-18.786 P : *D. 1993. 549, note Merle ; Rev. sociétés 1993. 803, note Guyon ; BJS 1993. 1135,* *note Le Cannu* • 9 mai 1995, n° 93-16.976 P : *D. 1995. IR 155 ; BJS 1995. 765, note Le Cannu* • 10 févr. 2009 : *D. 2009. AJ 627, obs. Lienhard ; RJDA 2009, n° 449 ; Gaz. Pal. 26-28 avr. 2009, p. 32, obs. Le Corre-Broly ; LEDEN, avr. 2009, p. 6, obs. F.-X. Lucas ; Rev. sociétés 2009. 417, note J.-F. Barbièri ; BJS 2009. 590, note Ferrier ; RTD com. 2010. 193, obs. Martin-Serf .* ♦ V. aussi, s'agissant d'un pouvoir donné par le directeur général à un préposé de la société, • Versailles, 29 nov. 2001 : *BJS 2002. 384.* ♦ Pour la validité de la déclaration de créance émanant du directeur général délégué d'une société par actions simplifiée, ce dernier ayant, conformément aux statuts, été nommé à ces fonctions par le conseil d'administration et chargé par cet organe social « du recouvrement et du contentieux, […] avec le pouvoir de procéder aux déclarations de créances », V. • Com. 21 juin 2011, n° 10-20.878 P : *D. 2011. Actu. 1753, obs. Lienhard ; RTD com. 2012. 193, obs. Martin-Serf ; Rev. sociétés 2012. 169, note Godon ; JCP E 2011. 1826, n° 6, obs. Deboissy et Wicker ; LEDEN 9/2011. 2, obs. Berthelot ; LPA 22 sept. 2011, obs. Gibirila ; Dr. sociétés 2011, n° 174, note Gallois-Cochet ; RJDA 2011, n° 823 ; APC 2011, n° 227, obs. Regnaut-Moutier ; Gaz. Pal. 7-8 oct. 2011, p. 30, obs. Le Corre-Broly ; ibid. 16-17 nov. 2011, p. 24, obs. Zattara-Gros ; BJS 2011. 867, note Legros et Roussel Galle ; RLDA oct. 2011. 10, obs. Lebel.*

105. La délégation donnée par un dirigeant (en l'occurrence, un P-DG de SA) ayant été faite par le dirigeant au nom et pour le compte de la société, et non en son nom personnel, reste valable, malgré le changement de dirigeant, tant qu'elle n'a pas été révoquée. • Com. 4 févr. 1997, n° 94-20.681 P : *D. Affaires 1997. 354 ; Dr. sociétés 1997, n° 56, note Bonneau ; Defrénois 1997. 663, obs. Hovasse* • 15 mars 2005, n° 03-13.032 P : *D. 2005. AJ 957, obs. Lienhard ; JCP E 2005, n° 27-28, p. 1165, obs. Caussain, Deboissy et Wicker ; Dr. sociétés 2005, n° 119, note Hovasse* • Paris, 25 janv. 2018, n° 17/01883 : *Rev. sociétés 2018. 500, note Didier .* ♦ Dans le même sens, en présence de délégations en cascade, validant la déclaration de créance du préposé ayant cessé ses fonctions, dès lors qu'il est justifié d'une chaîne ininterrompue de délégations de pouvoirs régulières, V. • Com. 8 juill. 2008, n° 07-13.868 P : *D. 2008. AJ 2072, obs. Lienhard ; BJS 2008. 1011, note Ferrier ; JCP E 2009. 1008, n° 12, obs. Pétel ; RTD com. 2009. 206, obs. Martin-Serf .* ♦ Les modifications apportées par la loi du 15 mai 2001, relative aux nouvelles régulations économiques, aux règles de représentation de la société anonyme sont sans incidence sur la validité d'une délégation de pouvoirs valablement consentie à une époque où le président tenait de la loi le pouvoir de représenter la société et d'agir en son nom. • Com. 3 juin 2009, n° 08-13.355 P : *D. 2009. AJ 1603, obs. Lienhard ; Rev. sociétés 2009. 865, note Sortais ; ibid. 868, note J.-F. Barbièri ; RTD com. 2010. 195, obs. Martin-Serf ; Gaz. Pal. 26-28 juill. 2009, p. 34, obs. Le Corre-Broly ; JCP E 2009. 1926, note Hovasse ; BJS 2010. 172, note Nurit-Pontier.*

106. Pour la validité de la déclaration de créance d'un préposé de deux co-employeurs, investi d'une délégation régulière l'autorisant à effectuer des déclarations de créances pour la société créancière, V. • Com. 17 nov. 2009, n° 07-21.257 P : *D. 2009 AJ 2862 ; RTD com. 2010. 419, obs. Martin-Serf ; JCP E 2010. 1296, n° 9, obs. Pétel ; APC 2010, n° 16, obs. Coquelet ; BJS 2010. 246, note Ferrier ; RJDA 2010, n° 543.*

107. Si un tiers peut se prévaloir des statuts d'une personne morale pour justifier du défaut de pouvoir d'une personne à figurer dans un litige comme le représentant de celle-ci, il ne peut, en revanche, critiquer, sur le fondement de ces statuts, la régularité de la désignation de ce représentant pour contester le pouvoir d'agir de celui-ci. • Com. 26 janv. 2016, n° 14-18.615 : *APC 2016, n° 49, obs. Pagnucco.*

108. Preuve de la délégation de pouvoirs. Il appartient à la société créancière de justifier que son responsable du service contentieux, qui a signé la déclaration de créances, dispose d'un pouvoir émanant d'un organe habilité par la loi à représenter la personne morale créancière et comportant, par les termes employés, le pouvoir de déclarer les créances ou encore d'un pouvoir émanant d'un préposé de la société ayant lui-même reçu d'un organe habilité par la loi à la représenter, le pouvoir de déclarer les créances ainsi que la faculté de subdéléguer, dans l'exercice de ce pouvoir, un autre préposé de la société. • Com. 5 mars 1996 : *D. Affaires 1996. 523.*

Le seul fait, pour l'auteur de la déclaration, d'occuper un emploi défini par la convention collective de travail applicable comme comportant délégation de pouvoirs de déclarer les créances ne suffit pas à établir que ce préposé tenait son pouvoir des organes habilités par la loi à représenter la personne morale. • Com. 22 oct. 1996, n° 94-18.456 P : *D. Affaires 1997. 78 ; Rev. dr. bancaire 1996. 241, obs. Campana et Calendini ; BJS 1997. 160, note Le Cannu.*

109. Il peut être justifié de l'existence de la délégation de pouvoirs, jusqu'à ce que le juge statue sur l'admission de la créance, par la production des documents établissant la délégation, ayant ou non acquis date certaine. • Com. 14 déc. 1993 (2 arrêts) : *préc. note 100* • 14 févr. 1995 : *ibid.* • 28 janv. 1997, n° 94-19.405 P : *D. 1997. IR 66 ; JCP E 1997. I. 651, n° 10, obs. Pétel* • 27 oct. 1998 : *APC 1998, n° 169 ; RJDA 1998, n° 1387* • 19 déc. 2000 : *RJDA 2001, n° 472* • Reims, 26 janv. 2000 : *RPC 2002. 185, obs. Legrand.* ♦ L'expression « jusqu'à ce que le juge statue » s'entend du juge de première instance comme du juge d'appel. • Versailles, 7 nov. 2002 : *RJDA 2003, n° 282.*

Si une attestation, fût-elle établie postérieurement à l'expiration du délai de déclaration des créances, peut justifier de la préexistence, au moment de la déclaration, de la délégation de pouvoir du déclarant, une déclaration irrégulière, faute d'habilitation de celui-ci, est insusceptible de ratification. • Com. 28 mai 1996, n° 94-13.304 P : *D. Affaires 1996. 812 ; BJS 1996. 951, note J.-F. Barbièri.* – V. aussi • Com. 17 déc. 1996 : *préc. note 62* • 26 mai 1998, n° 95-19.996 P. • 7 déc. 1999 : *RJDA 2000, n° 311* • 28 mai 2002 : *ibid. 2002, n° 1058.* – Comp. : • Com. 9 déc. 1997 : *Rev. dr. bancaire 1998. 69, obs. Campana et Calendini.*

L'attestation de l'existence d'une délégation de pouvoir au profit d'un préposé de la personne morale pour déclarer les créances de celle-ci doit émaner d'un représentant légal de la personne morale ou d'une personne qui a reçu délégation régulière de pouvoir avec faculté de subdélégation. • Com. 26 mai 1999, n° 95-21.101 P : *RJDA 1999, n° 803* • 10 mai 2005, n° 04-12.214 P : *D. 2005. AJ 1476, obs. Lienhard ; APC 2005, n° 130, obs. Vallansan ; Gaz. Pal. 6-7 juill. 2005, p. 22, obs. Le Corre ; BJS 2005. 1405, note M. Sénéchal.* ♦ Une attestation par laquelle celui ou ceux qui exerçaient les fonctions d'organe habilité par la loi à représenter la personne morale créancière certifient que le préposé déclarant bénéficiait, à la date de la déclaration, d'une délégation de pouvoirs à cette fin suffit à établir que celle-ci émanait d'un organe ayant qualité pour la donner. • Com. 8 nov. 2011, n° 10-23.336 P : *D. 2011. Actu. 2790, obs. Lienhard ; RTD com. 2012. 194, obs. Martin-Serf ; Rev. sociétés 2012. 194, obs. Roussel Galle ; APC 2012, n° 1, obs. Blanc ; LEDEN 1/2012. 2, obs. Mouial-Bassilana ; RJDA 2012, n° 182 ; RPC 2012, n° 10, obs. F. Legrand et M.-N. Legrand.*

La preuve de l'existence de la délégation ne peut résulter des conclusions de la personne morale, quel que soit leur contenu. • Com. 3 déc. 1996, n° 94-16.745 P. – Dans le même sens, V. • Com. 29 avr. 2002 : *préc. note 103.*

110. Sur la délégation de signature du receveur principal des impôts à un contrôleur des impôts pour déclarer des créances fiscales, V. • Com. 9 déc. 1997, n° 95-12.239 P.

111. La preuve de la déclaration de créance par un créancier à une procédure collective et de la délégation de pouvoir qu'il a consentie à un préposé pour y procéder n'est pas soumise aux dispositions de l'art. 1334 [anc.] C. civ. • Com. 4 oct. 2005, n° 04-16.791 P : *D. 2005. AJ 2874, obs. Lienhard.*

112. Nécessité d'un pouvoir spécial en cas de déclaration par un tiers. La déclaration des créances équivaut à une demande en justice. Par suite, la personne qui déclare la créance d'un tiers doit, si elle n'est pas avocat, être munie d'un pouvoir spécial donné par écrit (à propos de la déclaration des créances effectuée par le chef de file d'un pool bancaire au nom de chacun des membres du pool). • Cass., ass. plén., 26 janv. 2001, n° 99-15.153 P : *D. 2001. AJ 631 ; BICC 1er mars 2001, p. 17, concl. Feuillard et note Bouret ; JCP E 2001, n° 14, p. 617, note Béhar-Touchais ; ibid., n° 18, p. 753, obs. Cabrillac ; JCP 2001. II. 10552, note Lochouarn ; RTD com. 2001. 507, obs. Martin-Serf ; RDBF 2001, n° 66, obs. F.-X. Lucas ; Procédures 2001, n° 109, obs. Laporte ; APC 2001, n° 61, obs. Boulay ; Banque et Dr. 9-10/2001. 48, obs. Guillot.* – V. déjà • Com. 17 déc. 1996 : *préc. note 62* (même affaire) • 30 mars 1999 : *préc. note 100* (même cas de figure). – Dans le même sens, V. • Com. 16 oct. 2001 : *D. 2001. AJ 3275, obs. Lienhard* • 30 janv. 2007, n° 05-17.141 P : *D. 2007. AJ 508, obs. Lienhard ; APC 2007, n° 35, obs. Vallansan ; Gaz. Pal. 13-14 avr. 2007, p. 45, obs. Le Corre-Broly ; RJ com. 2007. 224, note Sortais ; RTD com. 2007. 444, obs. Martin-Serf.* ♦ La recherche d'éléments de preuve d'un mandat tirés des circonstances de la cause ne peut suppléer l'absence de production d'un pouvoir spécial et écrit. • Cass., ass. plén., 26 janv. 2001 : *préc.* ♦ Ne constitue un tel pouvoir ni la lettre par laquelle une société gérant des locaux commerciaux charge un huissier de justice de délivrer à certains locataires un commandement de payer les arriérés de loyer ainsi qu'une assignation en résiliation du bail, cette lettre ne confiant à l'huissier qu'une mission générale, ni la lettre par laquelle la société, après avoir transmis à l'huissier l'ordonnance d'expulsion d'un locataire mis en redressement judiciaire et l'avis du représentant des créanciers l'invitant à déclarer sa créance, prie l'huissier de lui faire savoir si les éléments qu'il détient lui permettent d'effectuer la déclaration de créances. • Civ. 1re, 13 juin 1995 : *RJDA 1996, n° 126.* – V. aussi • Com. 11 juin 1996 : *Dr. sociétés 1996, n° 210, obs. Chaput.* ♦ Dans le même sens, pour une « mission de recouvrement de créances », V. • Com. 13 avr. 1999 : *RJDA 1999, n° 1227* • 3 oct. 2000 : *RJDA 2001, n° 190* • Paris, 29 sept. 1995 : *Dr. sociétés 1996, n° 8, obs. Chaput.*

En ce sens que le préposé d'une société appartenant au même groupe que la société créancière doit justifier d'un pouvoir spécial, c'est-à-dire du pouvoir de déclarer les créances de cette société dans la procédure collective de la société en cause, V. • Com. 1er févr. 2000, n° 96-18.186 P : *D. 2000. AJ 128 ; APC 2000, n° 46, obs. Vallansan ; Dr. sociétés 2000, n° 57, obs. Chaput ; Banque et Dr. 5-6/2000. 43, obs. Storck* • 26 nov. 2002 : *RJDA 2003, n° 408 ; RPC 2003. 316, obs. Legrand* • Toulouse, 6 mai 1999 : *Dr. sociétés 1999, n° 162, obs. Chaput.*

Une caisse fédérale de crédit, personne morale distincte des caisses locales adhérentes, doit justifier d'un pouvoir spécial pour déclarer par l'intermédiaire d'un préposé les créances d'une caisse locale. • Com. 30 oct. 2000 : *APC 2000, n° 257.* ♦ Pour une autre application, V. • Com. 5 nov. 2003, n° 00-18.497 P : *D. 2003. AJ 3048 ; BJS 2004. 228, note F.-X. Lucas ; RDBF 2004, n° 11, obs. Legeais ; RTD com. 2004. 597, obs. Martin-Serf ; RPC 2004. 275, obs. Dumont.*

Une cour d'appel doit rechercher, comme il lui est demandé, s'il résulte de la délégation de pouvoir consentie à un fondé de pouvoir principal, que celui-ci a reçu d'un organe habilité à représenter l'établissement de crédit créancier, le pouvoir de donner mandat spécial à un tiers de déclarer les créances. • Com. 28 janv. 2004, n° 02-15.611 P : *D. 2004. AJ 503 ; Procédures 2004, n° 78, obs. Laporte.* ♦ V. aussi cet arrêt à propos des délégations en séries consenties au sein de la société mandataire.

Sur le pouvoir spécial d'un huissier, V. • Com. 11 oct. 1994, n° 92-10.909 P. • 13 nov. 2002, n° 99-19.421 P : *D. 2003. AJ 204 ; Dr. et pr. 2003. 90, note Le Corre ; RDBF 2003, n° 28, obs. F.-X. Lucas ; RTD com. 2003. 563, obs. Martin-Serf ; Dr. et patr. 3/2003. 95, obs. Monsèrié-Bon ; LPA 3 avr. 2003, p. 14, note Tafanelli ; Procédures 2003, n° 147, note Laporte.* ♦ ... D'un notaire, V. • Com. 27 mai 2008 : *Gaz. Pal. 27-29 juill. 2008, p. 44, obs. Le Corre-Broly ; JCP N 2009. 1279, obs. Vauvillé.* ♦ ... D'un avoué, V. • Com. 28 juin 2005, n° 04-14.651 P : *D. 2005. AJ 1940, obs. Lienhard ; JCP E 2005, n° 46, p. 1933, note Rémery ; RTD com. 2005. 840, obs. Martin-Serf ; Procédures 2005, n° 232, obs. Junillon ; BJS 2006. 188, note J.-J. Barbièri* • 29 nov. 2005, n° 04-16.362 P : *D. 2006. AJ 65, obs. Lienhard ; BJS 2006. 189, note J.-J. Barbièri ; Gaz. Pal. 10-11 févr. 2006, p. 32, obs. Le Corre* • Aix-en-Provence, 16 oct. 2002 : *BICC 2003, n° 181 ; RDBF 2004, n° 24, obs. F.-X. Lucas.*

Si un tiers n'ayant pas la qualité d'avocat ne peut déclarer une créance au passif du redressement judiciaire d'un débiteur ouvert par un tribunal de commerce qu'en vertu du pouvoir spécial de représentation en justice dont le créancier l'a investi, il est loisible à ce tiers mandataire, lorsqu'il s'agit d'une personne morale, de déléguer ensuite le pouvoir d'effectuer la déclaration à l'un de ses préposés, sans qu'il soit exigé que ce dernier reçoive un mandat *ad litem* du créancier lui-même ou que sa délégation de pouvoir revête un caractère spécial. • Com. 14 janv. 1997, n° 94-18.033 P : *D. 1997. IR 39 ; JCP 1997. II. 22837, rapp. Rémery* • 20 juin 2000 : *APC 2000, n° 188.* ♦ ... Ou encore qu'elle soit postérieure au mandat reçu du tiers par le commettant. • Com. 30 janv. 2007 : *préc.*

En cas de contestation, il peut être justifié de l'existence d'un pouvoir spécial jusqu'au jour où le juge statue. • Cass., ass. plén., 4 févr. 2011, n° 09-14.619 P : *BICC 15 mars 2011, Rapp. Lambremon et Avis Le Mesle ; D. 2011. Actu. 439, obs. Lienhard ; ibid. Pan. 2074, obs. F.-X. Lucas ; RTD com. 2011. 412, obs. Martin-Serf ; JCP E 2011. 1263, n° 7, obs. Pétel ; ibid. 1264, note Roussel Galle ; JCP 2011. 381, note Henry ; Gaz. Pal. 9-10 mars 2011, p. 13, obs. Antonini-Cochin ; ibid. 1er-2 avr. 2011, p. 30, obs. Le Corre-Broly ; LEDEN 3/2011. 2, obs. F. Legrand ; APC 2011, n° 80, obs. Roussel Galle ; RPC 2011, n° 23, obs. Cagnoli ; Dr. et pr. 2011. 117, note Vinckel ; RLDA avr. 2011. 17, obs. Nabet ; Procédures 2011, n° 177, note Rolland ; BJE 2011. 130, note Le Corre ; RJDA 2011, n° 557 ; LPA 3 janv. 2012, obs. Zattara-Gros.* ♦ Solution confirmée par l'art. L. 622-24, al. 2, dans sa réd. issue de l'Ord. n° 2014-326 du 12 mars 2014. ♦ Jusqu'à cette décision de l'assemblée plénière, la Cour de cassation exigeait que le pouvoir donné au mandataire *ad litem* accompagne la déclaration de créance ou soit produit dans le délai de celle-ci : • Com. 19 nov. 1996, n° 94-19.842 P : *D. 1997. IR 19 ; JCP E 1997. II. 932, note Pétel* • 13 nov. 2002 : *préc.* ♦ Aucun texte n'exige que le pouvoir spécial donné par écrit ait date certaine. • Com. 17 juin 1997, n° 95-11.957 P : *D. Affaires 1997. 904 ; BJS 1997. 995, note P. S.*

Le défaut de pouvoir spécial constitue une irrégularité de fond affectant la validité de l'acte qui doit, en conséquence, être annulé. • Com. 19 mars 1996 : *D. Affaires 1996. 653 ; RTD com. 1996. 713, obs. Martin-Serf.* ♦ La caution assignée en paiement, par la banque créancier à la procédure, ne peut opposer à cette demande de paiement, le défaut d'habilitation du préposé ayant produit au passif de la société, du fait qu'elle n'allègue pas avoir contesté la créance de la banque dans le cadre de la procédure de vérification et qu'elle ne prétend pas celle-ci éteinte. • Com. 14 janv. 1997 : *D. 1997. IR 52.* ♦ Comp., jugeant que la caution du débiteur peut opposer au créancier l'exception tirée du défaut de pouvoir du signataire de la déclaration : • Paris, 19 janv. 1996 : *RJDA 1996, n° 677.*

113. Sans avoir à justifier d'un pouvoir, l'avocat du créancier a qualité pour déclarer, au nom de son client, une créance au passif du redressement ou de la liquidation judiciaires du débiteur. • Com. 3 juin 1997 : *Dr. sociétés 1997, n° 157, obs. Chaput ; RJDA 1997, n° 1404.* ♦ Sur la responsabilité professionnelle de l'avocat qui s'est abstenu de déclarer la créance de son client, V. • Civ. 1re, 22 sept. 2011, n° 10-23.503 P : *D. 2011. Actu. 2336 ; RJDA 2011, n° 1059* • Paris, 15 févr. 2011 : *Gaz. Pal. 1er-2 avr. 2011, p. 39, obs. Routier.*

114. La déclaration de créance faite par un avocat associé appartenant à une société d'avocats mandatée par le créancier, dès lors qu'elle n'a pas été signée pour ordre mais au nom de l'avocat associé, est régulière comme émanant d'une personne dispensée de justifier d'un pouvoir. • Com. 31 mai 2011 : *D. 2011. Actu. 1614, obs. Lienhard ; RJDA 2011, n° 830 ; RTD com. 2012. 403, obs. Martin-Serf.* ♦ L'avocat collaborateur de celui du créancier peut déclarer les créances, sans être tenu de justifier de son pouvoir. • Com. 25 oct. 2011, n° 10-24.658 P : *D. 2011. Actu. 2653, obs. Lienhard ; Rev. sociétés 2011. 731, obs. Roussel Galle ; RTD com. 2012. 403, obs. Martin-Serf ; LEDEN 12/2011. 2, obs. F. Legrand ; Gaz. Pal. 20-21 janv. 2012, p. 33, obs. Le Corre ; RJDA 2012, n° 72.* ♦ Pour l'irrégularité de la déclaration de créance signée par la secrétaire de l'avocat du créancier qui n'était pas elle-même munie d'un pouvoir spécial et écrit émanant de ce créancier, V. • Com. 17 févr. 2009, n° 08-13.728 P : *D. 2009. Chron. C. cass. 1240, obs. Bélaval ; ibid. AJ 627 ; APC 2009, n° 77, obs. Regnaut-Moutier ; JCP E 2009. 1347, n° 7, obs. Pétel ; Gaz. Pal. 26-28 avr. 2009, p. 31, obs. Le Corre-Broly ; ibid. 20-21 mai 2009, p. 12, obs. S. Piedelièvre ; LEDEN, avr. 2009, p. 6, obs. F.-X. Lucas ; RTD com. 2009. 450, obs. Martin-Serf ; RPC 2010, n° 12, obs. F. Legrand et M.-N. Legrand.*

115. Les caisses de mutualité sociale agricole, qui tiennent de la loi la possibilité de conclure des conventions avec des organismes administrés paritairement par les organisations professionnelles et syndicales de l'agriculture en vue du recouvrement, pour le compte de ces organismes, des cotisations qui leur sont dues, sont, sous réserve de la conclusion des conventions précitées, légalement habilitées à déclarer les créances correspondantes sans être tenues de justifier d'un pouvoir spécial. • Com. 21 févr. 2006, n° 04-20.211 P : *D. 2006. AJ 718, obs. Lienhard ; JCP E 2006, n° 14-15, p. 671, obs. Pétel ; RJ com. 2006. 232, note Sortais ; Gaz. Pal. 14-18 juill. 2006, p. 33, obs. Le Corre ; RTD com. 2006. 659, obs. Martin-Serf .* – Dans la même affaire, V. • Cass., Ass. plén., 26 mars 2010, n° 09-12.843 P : *D. 2010. Actu. 887, obs. Lienhard ; RTD com. 2010. 610, obs. Martin-Serf ; JCP E 2010. 1742, n° 10, obs. Pétel ; JCP 2010. 383, obs. Roussel Galle ; APC 2010, n° 116, obs. Vallansan ; LEDEN 5/2010. 2, obs. Rubellin ; DP diff. entr., Bull. n° 314, p. 3, obs. Rémery ; RJDA 2010, n° 770 ; RPC 2011, n° 36, obs. F. Legrand et M.-N. Legrand.*

116. Sur les modalités de la déclaration de créance par le créancier mandataire, V. note 13 ss. art. L. 622-25.

117. Ratification par le créancier (Ord. du 12 mars 2014). Selon l'art. L. 622-24, al. 2, dans sa rédaction issue de l'Ord. n° 2014-326 du 12 mars 2014, le créancier peut ratifier la déclaration faite en son nom jusqu'à ce que le juge statue sur l'admission de la créance et aucune forme particulière n'est prévue pour cette ratification, qui peut être implicite. • Com. 10 mars 2021, n° 19-22.385 P : *D. 2021. Chron. C. cass. 995, obs. Barbot ; Rev. sociétés 2021. 400, obs. Henry ; RTD com. 2021. 430, obs. Martin-Serf ; JCP E 2021. 1424, n° 11, obs. Pétel ; DP diff. entr., Bull. n° 435, obs. Rémery ; LEDEN 5/2021. 5, obs. Ollu ; BJE 5-6/2021. 34, note Jazottes ; RJDA 2021, n° 413 ; Dr. sociétés 2021, n° 95, note Legros ; RDBF 2021, n° 73, obs. Houin-Bressand ; RPC 2021, n° 65, obs. Borga.* ♦ En demandant, dans ses conclusions d'appel signées et notifiées par son avocat, l'admission de sa créance, la société créancière a nécessairement ratifié la déclaration de créance faite en son nom. • Com. 29 sept. 2021, n° 20-12.291 B : *D. 2021. Actu. 1765 ; Rev. sociétés 2021. 726, obs. Henry ; RTD com. 2022. 143, obs. Martin-Serf ; LEDEN 11/2021. 5, obs. Rubellin ; RJDA 2022, n° 28 ; Dr. sociétés 2022, n° 6, note Legros* • 17 nov. 2021, n° 20-16.660 : *Rev. sociétés 2022. 191, obs. Henry ; RJ com. 2022. 195, obs. Fabre.*

118. Défaut de qualité à agir : régularisation. Ni la réponse à la contestation du mandataire judiciaire apportée dans les délais de l'art. L. 622-27 C. com., ni la déclaration rectificative effectuée après l'expiration du délai de deux mois prévu à l'art. R. 622-22 du même code ne sont de nature à régulariser la déclaration initiale, effectuée par une personne dépourvue de qualité à agir. • Com. 13 sept. 2017, n° 16-15.990 : *BJE 2018. 34, note Perruchot-Triboulet.*

119. Déclaration du Trésor public. L'acte, de nature réglementaire, par lequel un comptable public délègue à un agent placé sous son autorité sa signature en vue de déclarer une créance doit, pour être opposable aux tiers, faire l'objet d'une publicité suffisante. • Com. 2 juin 2015, n° 14-11.592 : *BJE 2015. 382, note Dedeurwaerder ; RPC 2016, n° 4, obs. F. et M.-N. Legrand.* ♦ Sur la possibilité d'une subdélégation, V. • Com. 25 juin 2002, n° 00-20.162 : *APC 2002, n° 189, obs. Vallansan.*

120. Déclaration d'une personne morale de droit public. L'agent comptable, qui est, par détermination de la loi et décision du gouvernement, le représentant organique de la personne morale de droit public pour le recouvrement de toutes les sommes qui lui sont dues, détient par ses fonctions le pouvoir de déclarer. • Com. 31 janv. 2017, n° 15-15.983 P : *D. 2017. Actu. 294 ; Rev. sociétés 2017. 181, obs. Henry ; RTD com. 2017. 428, obs. Martin-Serf ; JCP E 2017. 1164, n° 10, obs. Pétel ; DP diff. entr., Bull. n° 389, obs. Rémery ; APC 2017, n° 67, obs. Amlon ; LEDEN 3/2017. 3, obs. Berthelot ; RJDA 2017, n° 268 ; Procédures 2017, n° 69, note Rolland.* ♦ Le comptable d'une commune tient de la loi [art. L. 2343-1 CGCT] le pouvoir de poursuivre la rentrée de tous les revenus de la commune et de toutes les sommes qui lui sont dues, et dès lors celui de déclarer les créances correspondantes (cassation de l'arrêt qui avait déclaré irrecevable la déclaration de créance en raison de l'absence de délégation de pouvoirs au comptable). • Com. 12 juin 2001, n° 98-17.961 P : *D. 2001. AJ 2199, obs. Lienhard ; APC 2001, n° 163, obs. F.-X. Lucas ; JCP E 2001, n° 45, p. 1774, note Rémery ; Procédures 2001, n° 197, obs. Laporte ; RTD com. 2001. 972, obs. Martin-Serf .* ♦ S'il appartient à l'ordonnateur de liquider les créances, seul le comptable de la commune, qui tient de la loi le pouvoir de poursuivre la rentrée de tous les revenus de la commune et de toutes les sommes qui lui sont dues, peut les déclarer au passif du débiteur. • Com. 29 avr. 2003, n° 00-14.142 P : *D. 2003. AJ 1365 ; JCP E 2003, n° 30, p. 1247, note Rémery ; APC 2003, n° 140, obs. Léfondré ; RTD com. 2003. 819, obs. Martin-Serf .* ♦ V. aussi note 12 ss. art. L. 622-27.

121. Déclaration d'un syndic de copropriété. Le syndic, représentant légal du syndicat, exerce une mesure conservatoire au sens de l'art. 55, al. 2, du Décr. du 17 mars 1967 en déclarant la créance du syndicat au passif de la procédure collective de l'ancien syndic et n'a donc pas à justifier d'une autorisation préalable de l'assemblée générale des copropriétaires. • Civ. 3e, 29 janv. 2003, n° 00-21.945 P : *JCP E 2003, n° 27, p. 1150, note Djigo ; APC 2003, n° 112, obs. Vallansan ; RTD com. 2003. 566, obs. Martin-Serf ; Procédures 2003, n° 146, note Laporte ; RPC 2003. 347, obs. Lebel.* – Dans le même sens, V. • Com. 19 mai 2004, n° 02-14.805 P : *D. 2004. IR 1709 ; JCP E 2004, n° 32-35, p. 1303, note Djigo ; RPC 2004. 258, obs. Lebel ; AJDI 2005. 37, obs. Capoulade .*

C. EIRL

122. Est régulière la déclaration de créance de l'EIRL au nom de l'enseigne sous laquelle il exerce son activité professionnelle. • Com. 12 juin 2024, n° 23-12.753 : *LEDEN 9/2024. 4, obs. Guastella.*

D. SOLIDARITÉ ACTIVE OU SUBROGATION CONVENTIONNELLE

123. Déclaration par le créancier solidaire. L'obligation solidaire entre plusieurs créanciers donne à chacun d'eux, en application de l'art. 1197 [1311] C. civ., le droit de demander le paiement total de la créance et, en conséquence, de la déclarer en totalité au passif de la procédure collective du débiteur. • Com. 20 mars 2001, n° 98-13.961 P : *D. 2001. AJ 1245, obs. Lienhard ; APC 2001, n° 97, obs. Regnaut-Moutier ; RDBF 2001, n° 117, obs. F.-X. Lucas ; JCP E 2001, n° 42, p. 1674, note Béhar-Touchais ; Dr. et patr. 11/2001. 112, obs. Monsèrié-Bon ; Banque et Dr. 1-2/2002. 39, obs. Jacob.*

124. Déclaration par le créancier subrogeant. En ce sens que le créancier ayant délivré quittance subrogative contre paiement a qualité pour déclarer la créance dont il demeure titulaire dans ses rapports avec le débiteur en redressement judiciaire, V. • Com. 23 janv. 2001, n° 97-21.311 P : *D. 2001. AJ 858, obs. Lienhard ; APC 2001, n° 48, obs. Regnaut-Moutier ; JCP E 2001, n° 18, p. 753, obs. Cabrillac ; ibid., n° 42, p. 1674, note Béhar-Touchais ; RTD com. 2001. 970, obs. Martin-Serf .* – Dans le même sens, V. • Com. 16 oct. 2001 : *RPC 2002. 94, obs. Legrand.* ♦ *Contra*, s'agissant de la subrogation dont bénéficie la caution après paiement, en vertu de l'art. 2306 [2309] C. civ. : • Com. 1er déc. 2009 : *préc. note 62.*

E. INDIVISION

125. Déclaration par un indivisaire. Il résulte des art. 815 s. C. civ. que tout indivisaire peut déclarer une créance de l'indivision à la procédure collective du débiteur de l'indivision. • Com. 11 juin 2003, n° 00-11.913 P : *APC 2003, n° 171, obs. Vallansan ; BJS 2003. 1024, note J.-J. Barbièri ; JCP E 2004, n° 6, p. 225, obs. Pétel ; RTD com. 2004. 595, obs. Martin-Serf ; RPC 2005. 51, obs. Dumont* • Civ. 1re, 14 mars 2012, n° 10-10.006 P : *D. 2012. Actu. 813 ; RTD com. 2012. 845, obs. Martin-Serf ; LEDEN 5/2012. 2, obs. Parachkévova ; APC 2012, n° 113, obs. Leprovaux ; RPC 2012, n° 116, obs. Dumont-Lefrand ; RJDA 2012, n° 786.*

126. Partage d'une indivision post-communautaire. Préalablement aux opérations de partage de l'indivision post-communautaire, l'ex-épouse, en sa qualité d'indivisaire, doit déclarer la créance de l'indivision, au titre des loyers échus antérieurement au jugement d'ouverture de la liquidation judiciaire de l'ex-mari et perçus par ce dernier, à la procédure collective du débiteur de l'indivision. • Com. 1er févr. 2005, n° 01-13.943 P : *D. 2005. AJ 489, obs. Lienhard ; APC 2005, n° 44, obs. Henry.* – V. aussi, sur renvoi, • Paris, 13 mars 2008 : *RJDA 2008, n° 828.*

127. Les créances au titre des dommages-intérêts alloués au conjoint divorcé du débiteur et celles résultant de l'occupation par ce dernier d'un immeuble indivis après dissolution du mariage, tant au titre de l'indemnité d'occupation due à l'indivision que des charges de copropriété acquittées par elle, ne naissent pas du partage mais, respectivement, du jugement de divorce et du fait de l'occupation. • Com. 10 févr. 2015 : *D. 2015. Actu. 429 ; JCP E 2015. 1176, note Brignon ; RLDA avr. 2015. 17, obs. Lebel ; Gaz. Pal. 1er-5 mai 2015, p. 44, obs. Antonini-Cochin ; RJDA 2015, n° 443 ; RPC 2015, n° 77, obs. Dumont-Lefrand ; ibid., n° 110, obs. Saint-Alary-Houin.*

128. Créance d'un indivisaire sur un autre. L'indivisaire dont la créance résulte de la conservation ou de la gestion des biens indivis peut faire valoir les droits qu'il tient de l'art. 815-17, al. 1er, C. civ. après l'ouverture de la procédure collective de l'un des indivisaires, sans avoir à déclarer sa créance à celle-ci. • Com. 2 juin 2015, n° 12-29.405 P : *D. 2015. Actu. 1270 ; RTD com. 2015. 747, obs. Martin-Serf ; RTD civ. 2015. 905, obs. Dross ; AJ fam. 2015. 546, obs. Casey ; APC 2015, n° 167, obs. Vallansan ; Journ. sociétés 7/2015. 46, obs. Brignon ; RJDA 2015, n° 680 ; RDBF 2015, n° 163, obs. Houin-Bressand ; BJE 2015. 295, note Benilsi ; RJ com. 2016. 272, obs. Sortais ; Defrénois 2016. 281, obs. Vauvillé.*

F. APPORT PARTIEL D'ACTIF

129. L'apport partiel emportant, pour la branche d'activité concernée, la transmission universelle des biens, droits et obligations de la société apporteuse à la société bénéficiaire de l'apport, cette dernière peut se prévaloir des condamnations prononcées au profit de la société apporteuse à laquelle elle se trouve substituée, peu important que la décision ait été rendue après la réalisation de l'apport, ce dont il se déduit qu'elle a qualité et intérêt à déclarer la créance consacrée par la décision de condamnation. • Com. 15 nov. 2017, n° 16-20.168 ; *RJDA 2018, n° 128.*

G. FORME DE LA DÉCLARATION

130. Les art. L. 622-24 et R. 622-23 ne prévoient pas la forme précise que doit revêtir l'écrit par lequel le créancier fait sa déclaration de créance ; le juge apprécie souverainement si l'écrit envoyé au mandataire judiciaire exprime de façon non équivoque la volonté du créancier de réclamer dans la procédure collective le paiement de sa créance. • Com. 15 févr. 2011, n° 10-12.149 P : *D. 2011. Actu. 673, obs. Lienhard , ibid. Pan. 2073, obs. F.-X. Lucas ; RTD com. 2011. 793, obs. Martin-Serf ; Rev. sociétés 2011. 387, obs. Roussel Galle ; Gaz. Pal. 1er-2 avr. 2011, p. 32, obs. Le Corre-Broly ; LEDEN 4/2011. 2, obs. Berthelot ; BJE 2011. 133, note Brignon ; RJDA 2011, n° 643 ; RPC 2011, n° 81, obs. F. et M.-N. Legrand.* ♦ La déclaration de créance doit être accompagnée des éléments justificatifs de nature à en prouver l'existence et le montant. • Versailles, 21 mars 1996 : *RJDA 1996, n° 1258 ; JCP E 1996. Pan. 656.* ♦ V. aussi notes 6 s. ss. art. R. 622-23.

131. Il suffit, pour que la déclaration de créance soit régulière, et de ce fait valable, que le signataire soit identifié. • Paris, 23 nov. 1995 : *D. 1996. IR 74 ; D. Affaires 1996. 182.* ♦ Pour la validité de la signature électronique, V. • Paris, 25 janv. 2018, n° 17/01273 : *APC 2018, n° 65 ; RJDA 2018, n° 517.* ♦ La preuve de l'identité du déclarant peut être faite, même en l'absence de signature de la déclaration, par tous moyens, jusqu'au jour où le juge statue. • Com. 21 nov. 2006 (2 arrêts) : *D. 2006. AJ 2983, obs. Lienhard ; Gaz. Pal. 13-14 avr. 2007, p. 45, obs. Le Corre-Broly.* ♦ L'auteur d'une déclaration de créance non signée, établie sur du papier à en-tête, peut être identifié par la lettre de transmission de la déclaration, rédigée sur papier à même en-tête et signée : • Com. 1er mars 2005 : *RJDA 2005, n° 849.*

132. Une déclaration de créance, qui équivaut à une demande en justice, doit être rédigée en langue française. • Lyon, 15 mars 2001 : *Procédures 2001, n° 153, note Laporte.* ♦ Cependant, une déclaration rédigée en langue étrangère mais accompagnée d'une traduction en français est régulière. Cette traduction peut être produite jusqu'à ce que le juge-commissaire statue sur l'admission de la créance. • Lyon, 7 sept. 2001 : *BICC 2001, n° 1214 ; RTD com. 2002. 167, obs. Vallens* . ♦ V. égal. Règl. (UE) 2015/848 du 20 mai 2015 relatif aux procédures d'insolvabilité, art. 55.

133. Le recours à un coursier est valable, dès lors que le cachet apposé par le représentant des créanciers sur la déclaration atteste que celle-ci a été faite dans le délai légal. • Versailles, 2 mai 1996 : *D. Affaires 1996. 1038.*

134. La déclaration faite par télécopie n'est pas, en soi, irrégulière. • Com. 17 déc. 2003, n° 01-10.692 P : *D. 2004. AJ 137, obs. Lienhard ; JCP E 2004, n° 22, p. 858, obs. Pétel ; Procédures 2004, n° 77, obs. Laporte.* ♦ Toutefois, le rapport d'émission de la télécopie ne constitue qu'un commencement de preuve par écrit de la réception qui doit être corroboré par d'autres éléments. • Com. 6 oct. 2009 : *LEDEN, déc. 2009, p. 2, obs. Legrand ; Gaz. Pal. 8-9 janv. 2010, p. 29, obs. Le Corre-Broly* • Paris, 2 avr. 2002 : *D. 2002. AJ 1840 ; RDBF 2002, n° 95, obs. F.-X. Lucas ; RTD com. 2002. 547, obs. Vallens .*

135. En revanche, l'assignation en intervention forcée délivrée au liquidateur ne vaut pas déclaration de la créance. • Com. 22 mars 1994, n° 92-10.663 P. – V. aussi • Versailles, 5 mai 2003 : *RJDA 2003, n° 980.* ♦ Il en va de même de conclusions reconventionnelles notifiées au liquidateur ou au représentant des créanciers dans le cadre d'une instance en cours. • Com. 8 déc. 1998 : *APC 1999, n° 16.* ♦ … De la lettre par laquelle le créancier invoque la compensation et invite le liquidateur à mettre en œuvre une expertise, la créance de dommages-intérêts n'ayant été ni chiffrée, ni évaluée à titre provisionnel dans la lettre. • Paris, 27 mars 1996 : *RJDA 1996, n° 1259.* ♦ … De la lettre d'un avocat fournissant des précisions sur une créance. • Com. 17 juin 1997 : *Dr. sociétés 1997, n° 157, obs. Chaput* • 20 févr. 2001 : *RPC 2001. 75, obs. Soinne.* ♦ … De la lettre adressée au représentant des créanciers faisant référence à l'existence d'un prêt consenti par la banque créancière au débiteur et divers autres éléments extrinsèques à ce document. • Com. 17 févr. 1998 : *D. Affaires 1998. 765.* ♦ … De la remise de pièces comptables et de documents valant abandon de créance. • Versailles, 30 oct. 1997 : *D. Affaires 1998, p. 206, obs. V. A.-R.* ♦ … Du courrier accompagné d'une mise en demeure de régler des loyers sous peine de résiliation de plein droit et comportant le décompte de la créance après résiliation, qui a pour objet exclusif la revendication du matériel confié au débiteur, V. • Aix-en-Provence, 11 sept. 2001 : *APC 2002, n° 39.* ♦ V. aussi • Limoges, 3 juin 1999 : *BICC 2000, n° 122 ; RJDA 2000, n° 560* • Lyon, 10 juin 2004 : *BICC 2004, n° 1907.*

136. Pour la validité d'une déclaration unique en cas de pluralité de procédures, lorsque chacun des débiteurs est clairement identifié et individualisé et est tenu au même titre au paiement de la dette, V. • Com. 17 déc. 2003 : *RJDA 2004, n° 593 ; RDBF 2004, n° 132, obs. F.-X. Lucas.*

H. DÉLAI DE DÉCLARATION

137. V. art. R. 622-24.

I. PREUVE DE LA DÉCLARATION

138. Il appartient au créancier d'établir que la lettre contenant la déclaration a été reçue par son destinataire. • Civ. 1re, 7 oct. 1998 : *D. Affaires 1998. 1862, obs. A. L. ; Procédures 1999, n° 10, obs. Laporte ; RPC 2001. 75, obs. Soinne.* ♦ Le créancier qui produit le récépissé postal du dépôt de la lettre qu'il prétend avoir adressée au représentant des créanciers ne rapporte pas la preuve de la réception de cette déclaration. • Com. 26 oct. 1999 : *RJDA 1999, n° 1357.* ♦ De même, la lettre adressée par le représentant des créanciers au créancier pour recueillir son accord sur la proposition de règlement des dettes, conformément à l'art. 24, ne vaut pas preuve de la déclaration de créance. • Com. 18 janv. 2000 : *RDBF 2000, n° 121, obs. F.-X. Lucas ; RPC 2001. 75, obs. Soinne.* – V. aussi • Lyon, 7 nov. 1997 : *LPA 30 oct. 1998, p. 19, note Soinne.*

J. OMISSION DE DÉCLARER : RESPONSABILITÉ

139. Pour la responsabilité personnelle du gérant d'une société mère (dont le redressement judiciaire avait abouti à un plan de redressement) qui, en s'abstenant de mentionner la créance de la société filiale (dont il était aussi gérant, et dont le redressement judiciaire avait été converti en liquidation judiciaire) sur la liste des dettes de la société mère remise au mandataire judiciaire de celle-ci et en ne la déclarant pas, avait sciemment voulu avantager la société mère au détriment de la filiale et de ses créanciers, les privant de la possibilité d'obtenir un règlement dans le cadre du plan de redressement, V. • Com. 27 mai 2014, n° 12-28.657 P : *D. 2014. Actu. 1197 ; Rev. sociétés 2014. 529, obs. Roussel Galle ; RTD com. 2014. 687, obs. Martin-Serf ; JCP E 2014. 1397, note Cerati-Gauthier ; LEDEN 7/2014. 5, obs. Parachkévova ; BJS 2014. 467, note Mouial-Bassilana ; APC 2014, n° 212, obs. Pagnucco ; RJDA 2014, n° 703 ; BJE 2014. 317, note Favario ; Banque et Dr. 9-10/2014. 56, obs. Urban ; Dr. sociétés 2014, n° 164, note Roussille ; RJ com. 2014. 338, obs. Legros.*

VI. EFFETS DE LA DÉCLARATION

A. ADMISSIONS PROVISIONNELLES

BIBL. Deleneuville, *RPC 1997. 137* (créances fiscales) ; *D. 2001. Chron. 1156* (admission définitive des créances fiscales). – Brandeau, *LPA 12 janv. 1999 ; ibid. 12 nov. 2002.* – Amlon, *LPA 25 janv. 2001 ; RPC 2000. 163.* – Baujet, *Gaz. Pal. 2001. Doctr. 339.*

140. Domaine d'application. Le juge-commissaire ne peut prononcer l'admission provisionnelle d'une autre créance que celles prévues à l'art. 50, al. 2 [C. com., art. L. 622-24, al. 4] ; il ne peut que l'admettre à titre définitif ou la rejeter en tout ou en partie, en se conformant aux règles de procédure fixées par l'art. 101 [C. com., art. L. 624-2]. • Grenoble, 26 avr. 1988 : *D. 1989. Somm. 13, obs. Derrida* • Paris, 27 sept. 1989 : *Gaz. Pal. 1990. 1. Somm. 187* • 13 sept. 1994 : *RJDA 1995, n° 68* • Com. 2 févr. 1993, n° 91-13.558 P. • 16 mars 1999 : *APC 1999, n° 119.* ♦ Ainsi, le juge-commissaire ne peut prononcer l'admission à titre provisionnel d'une créance ayant fait l'objet d'un titre exécutoire au sens du droit fiscal et qui est contestée. • Com. 29 mai 2001 : *RJDA 2001, n° 998.* ♦ Dans ce cas, dès lors que la demande d'admission définitive a été formée dans le délai de l'art. 100, devenu l'art. L. 621-103 [L. 624-1] C. com., le juge-commissaire doit seulement constater qu'une réclamation ou une instance est en cours. • Com. 11 déc. 2001, n° 99-10.795 P : *D. 2002. AJ 326, obs. Lienhard ; APC 2002, n° 18, obs. Regnaut-Moutier ; LPA 1er mars 2002, p. 16, note Brandeau ; JCP E 2002, n° 20, p. 807, obs. Cabrillac ; RPC 2002. 187, obs. Legrand.*

Les créances du Trésor public qui ont fait l'objet d'un titre exécutoire postérieurement à leur déclaration à titre provisionnel et d'une demande d'admission définitive dans le délai de l'art. L. 621-103 [L. 624-1] C. com., sont admises définitivement par le juge-commissaire, sans attendre l'expiration du délai de réclamation contentieuse. • Com. 8 janv. 2002, n° 99-20.167 P : *D. 2002. AJ 486, obs. Lienhard ; APC 2002, n° 60, obs. Neau-Leduc ; JCP E 2002, n° 20, p. 807, obs. Cabrillac ; RPC 2002. 187, obs. Legrand.*

141. Le Trésor public est défini comme l'ensemble des services dépendant du ministère des Finances et dépourvu de personnalité juridique distincte de celle de l'État (tel n'est pas le cas d'une agence de l'eau). • Bordeaux, 23 juin 1997 : *JCP E 1997. Pan. 1129.*

142. La déclaration des créances des organismes de prévoyance et de sécurité sociale qui ne sont pas habilités à se délivrer des titres exécutoires ne relève pas des dispositions de l'al. 3 de l'art. L. 621-43 [L. 622-24, al. 4] C. com. • Com. 5 juill. 2005, n° 03-18.947 P : *D. 2005. AJ 1998, obs. Lienhard ; APC 2005, n° 204, obs. Regnaut-Moutier ; Gaz. Pal. 4-5 nov. 2005, p. 41, obs. Le Corre ; JCP E 2006, n° 2, p. 76, obs. Pétel ; RJ com. 2006. 46, note Sortais ; RTD com. 2006. 475, obs. Martin-Serf.* ♦ Le GARP est un organisme de prévoyance sociale au sens de l'art. 50 [C. com., art. L. 622-24]. • Versailles, 6 mai 1999 : *D. 1999. IR 172.* ♦ En revanche, les Caisses de congés payés du bâtiment ne sont ni des organismes de sécurité sociale ni des organismes visés à l'art. L. 351-21 [désormais, art. L. 5427-1 s.] C. trav. • Com. 12 avr. 2005, n° 02-13.053 P : *D. 2005. AJ 1228, obs. Lienhard ; APC 2005, n° 112, obs. Vallansan ; RTD com. 2006. 475, obs. Martin-Serf.*

143. Les déclarations de créances du Trésor public ou des organismes de prévoyance et de sécurité sociale sont toujours faites sous réserve des impôts et autres créances non encore établis à leur date, de sorte que l'autorité de la chose jugée résultant d'une admission provisionnelle pour le montant déclaré ne peut leur être opposée et que la décision du juge-commissaire n'est pas de nature à faire obstacle à une déclaration complémentaire de la part de l'organisme de prévoyance de ses créances non éteintes. • Com. 14 janv. 1997 : *D. 1997. IR 59 ; RJDA 1997, n° 1264.*

144. La créance déclarée par la SACEM qui n'est ni un organisme de sécurité sociale, ni un organisme visé à l'art. L. 351-21 [désormais, art. L. 5427-1 s.] C. trav., ne relève pas des dispositions de l'art. L. 621-43, al. 3, [L. 622-24, al. 4] C. com. et ne peut se trouver atteinte par la forclusion qu'il édicte, dès lors qu'en dépit de la mention de son admission à titre provisionnel sur l'état des créances, dépourvue de portée juridique au regard de ce texte, aucune obligation d'établir sa créance de manière définitive ne pèse sur ce créancier. • Com. 3 oct. 2006, n° 05-11.340 P : *D. 2006. AJ 2601, obs. Lienhard ; Gaz. Pal. 19-20 janv. 2007, p. 40, obs. Le Corre ; RJ com. 2007. 62, obs. Sortais.*

145. Déclarations complémentaires. Les déclarations complémentaires doivent être effectuées, sous peine de forclusion, dans les délais prévus par les art. 53 de la loi [C. com., art. L. 622-26] et 66 du décret [C. com., art. R. 622-24] ; à défaut, la créance n'est admise que pour la somme déclarée à titre provisionnel. • Com. 3 mai 1994, n° 92-12.797 P : *RTD com. 1994. 787, obs. Martin-Serf ; JCP E 1994. I. 397, n° 9, obs. Cabrillac et Pétel ; D. 1994. IR 156* • 29 avr. 2003, n° 00-13.678 P : *D. 2003. AJ 1565 ; APC 2003, n° 127, obs. Regnaut-Moutier ; JCP E 2003, n° 40, p. 1571, obs. Cabrillac ; JCP 2004. II. 10020, note Galliard (1er arrêt).* ♦ En effet, l'art. 50 [C. com., art. L. 622-24] ne déroge pas aux dispositions de l'art. 53 [C. com., art. L. 622-26]. • Com. 8 oct. 1996 : *JCP E 1997. II. 954, note Brandeau* • Paris, 27 juin 1997 : *D. Affaires 1997. 1083.*

146. Établissement définitif. Les créanciers visés à l'art. L. 621-43, al. 3 [L. 622-24, al. 4], C. com. peuvent, personnellement, demander l'admission à titre définitif de leur créance, déclarée à titre provisionnel (à propos du régime d'Alsace-Moselle). • Com. 27 févr. 2007, n° 05-10.226 P : *D. 2007. AJ 947, obs. Lienhard.*

Il résulte de l'art. 50 de la loi [C. com., art. L. 622-24] et de l'art. 74 du décret de 1985 [C. com., art. R. 624-6], d'abord, que la notion d'« établissement définitif », qui s'oppose à celle de déclaration à « titre provisionnel » renvoie à la notion de « titre exécutoire non contesté » ; ensuite, que toute « procédure judiciaire ou administrative en cours » qui a pour effet nécessaire de retarder ou d'interdire l'émission d'un titre exécutoire ou de suspendre son exécution exclut la constatation de la forclusion ; enfin, que le cours du délai de forclusion est interrompu dès l'introduction d'une procédure de cette nature et demeure suspendu pendant la durée de cette procédure. • Paris, 12 sept. 1997 : *D. Affaires 1997. 1257.*

L'établissement définitif de la créance doit s'entendre de la production d'un titre exécutoire, la réserve tenant à l'existence d'une procédure judiciaire ou administrative n'ayant d'incidence qu'au regard du délai prévu à l'art. L. 621-103 [L. 624-1]. • Toulouse, 14 oct. 2004 : *JCP E 2005, n° 24, p. 1026.*

147. Sauf à priver de toute portée les dispositions nouvellement instituées par la loi du 10 juin 1994 tendant à limiter dans le temps l'établissement définitif par l'administration fiscale de ses créances, le processus de mise en recouvrement de la taxe professionnelle ne saurait être assimilé à une « procédure administrative en cours », qui suppose que la créance, préalablement arrêtée par le créancier, fait l'objet d'une réclamation de la part du débiteur. • Com. 18 janv. 2000, n° 97-18.874 P : *D. 2000. AJ 82, obs. Lienhard ; JCP E 2000, nos 18-19, p. 752, obs. Pétel ; ibid., n° 35, p. 1330, note Casey ; APC 2000, n° 37, obs. Regnaut-Moutier ; RTD com. 2000. 463, obs. Vallens ; ibid., 721, obs. Martin-Serf.* – V. Deleneuville, *RPC 2000. 91.* ♦ De même, une taxation d'office, une notification de redressement et un avis de recouvrement ne constituent pas une procédure administrative en cours, mais des formalités internes à l'administration des impôts. • Versailles, 13 nov. 1997 : *BICC 1998, n° 776 ; JCP E 1998, n° 13, p. 490.* ♦ *A fortiori,* un contrôle fiscal n'est pas une procédure administrative en cours au sens de l'art. 50, al. 3 [C. com., art. L. 622-24, al. 4]. • Com. 9 janv. 2001, n° 98-11.609 P : *D. 2001. AJ 478, obs. Lienhard ; APC 2001, n° 51, obs. Amlon ; JCP E 2001, n° 18, p. 754, obs. Pétel ; RTD com. 2001. 510, obs. Martin-Serf* • 15 oct. 2002 : *RJDA 2003, n° 158* • Paris, 9 févr. 2001 : *D. 2001. AJ 1174.*

En revanche, la demande de dégrèvement présentée en application de l'art. 1647 *bis* CGI constitue une réclamation contentieuse, telle que prévue par l'art. L. 190 LPF, et ouvre dès lors une procédure administrative. • Com. 10 déc. 2003, n° 00-21.849 P : *D. 2004. AJ 142.* ♦ De même, une procédure administrative est en cours lorsque le débiteur a saisi, pour arbitrage, la Commission départementale des impôts directs et des taxes sur le chiffre d'affaires. • Rennes, 25 avr. 2001 : *RPC 2002. 187, obs. Legrand.*

Sur les effets d'une réclamation contentieuse formée par le débiteur postérieurement à l'ordonnance d'admission définitive de la créance du Trésor public, V. • Com. 18 janv. 2005, n° 02-20.931 P : *D. 2005. AJ 356, obs. Lienhard (2e esp.) ; JCP E 2005, n° 17, p. 710, obs. Cabrillac ; APC 2005, n° 57, obs. Boulay.*

A défaut d'avoir fait l'objet d'un titre exécutoire au moment de sa déclaration, la créance de l'URSSAF ne peut être admise qu'à titre provisionnel pour son montant déclaré, son établissement définitif devant, à peine de forclusion, être effectué dans le délai prévu à l'art. L. 621-103 [L. 624-1] C. com. • Com. 27 mars 2007, n° 05-21.177 P :

D. 2007. AJ 1144, obs. Lienhard ; Gaz. Pal. 20-21 juill. 2007, p. 43, obs. Le Corre-Broly ; JCP E 2007. 2119, n° 9, obs. Cabrillac.

Si, en principe, seules les créances des organismes de sécurité sociale n'ayant pas fait l'objet d'un titre exécutoire au moment de leur déclaration sont admises à titre provisionnel, leur établissement définitif devant ensuite intervenir par la production de ce titre dans le délai imparti au mandataire judiciaire pour la vérification du passif, le fait qu'en l'espèce l'URSSAF ait déclaré ses créances à titre provisionnel, bien qu'elle eût déjà décerné des contraintes, n'est pas de nature à entraîner le rejet de ces créances qui, par hypothèse, étaient définitivement établies par des titres exécutoires avant l'expiration du délai précité. • Com. 11 déc. 2019, n° 18-18.665 P : *D. 2020. Actu. 7 ; RTD com. 2020. 169, obs. Martin-Serf ; JCP E 2020. 1204, n° 13, obs. Tehrani ; APC 2020, n° 32, obs. Vabres ; LEDEN 2/2020. 4, obs. Cavelier ; RJDA 2020, n° 162 ; BJE 3-4/2020. 34, note Houssin ; RPC 2020, n° 50, obs. F. Legrand.*

Pour parvenir à l'établissement définitif de ses créances dans le délai prévu par l'art. L. 624-1 C. com., le Trésor public peut émettre et notifier des titres exécutoires postérieurement au jugement d'ouverture de la procédure collective du redevable. • Com. 12 juin 2019, n° 17-25.753 P : *D. 2019. Actu. 1280 ; RJDA 2019, n° 577.*

La cotisation foncière des entreprises est un impôt recouvré, non par voie d'avis de recouvrement mais par voie de rôle ; dès lors, le juge-commissaire ne saurait retenir, pour rejeter la créance, qu'aucun avis de recouvrement n'a été produit et qu'à défaut de titre exécutoire la créance n'est pas justifiée. • Com. 4 oct. 2023, n° 22-14.410 B : *D. 2023. Actu. 1748 ; JCP E 2023. 1354, note Favario ; LEDEN 11/2023. 4, obs. Camensuli-Feuillard.*

La forclusion prévue à l'art. 50, al. 3, devenu l'art. L. 621-43 [L. 622-24, al. 4] C. com., n'est attachée qu'au défaut d'établissement définitif par un titre exécutoire au sens du droit fiscal, de la créance du Trésor public déclarée à titre provisionnel. • Com. 3 avr. 2002, n° 99-12.413 P : *D. 2002. AJ 1421, obs. Lienhard ; JCP E 2002, n° 39, p. 1524, obs. Cabrillac ; APC 2002, n° 111, obs. Vallansan ; LPA 5 juill. 2002, p. 26, note Brandeau ; RTD com. 2002. 539, obs. Martin-Serf .* ♦ Le receveur qui a adressé au liquidateur, dans le délai fixé en application de l'art. 100 de la loi du 25 janv. 1985, devenu l'art. L. 621-103 [L. 624-1] C. com., le titre établissant définitivement la créance en vue de son admission définitive ne s'expose pas à la forclusion, alors même que le juge-commissaire n'a pas été saisi, à l'intérieur du même délai, d'une requête visant à l'admission définitive de la créance. • Même arrêt. – V. aussi • Com. 3 mai 2006, n° 05-13.336 P : *D. 2006. AJ 1452, obs. Lienhard ; Gaz. Pal. 14-18 juill. 2006, p. 36, obs. Le Corre ; RTD. com. 2006. 665, obs. Martin-Serf ; RPC 2007. 49, obs. Legrand ; ibid. 152, obs. Neau-Leduc et Hubert.* ♦ Dès lors que la déclaration modificative a été effectuée dans le délai imparti par le tribunal pour l'établissement de l'état des créances et pour une somme inférieure à la déclaration à titre provisionnel, aucune forclusion n'est encourue. • Com. 5 oct. 2010, n° 09-16.558 P : *D. 2010. Actu. 2429, obs. Lienhard ; RTD com. 2011. 796, obs. Martin-Serf ; LEDEN 12/2010. 2, obs. Gorrias ; LPA 20 déc. 2010, obs. Zattara-Gros ; Gaz. Pal. 7-8 janv. 2011, p. 38, obs. Le Corre-Broly ; RJDA 2011, n° 259 ; RPC 2011, n° 35, obs. F. Legrand et M.-N. Legrand.*

Le représentant des créanciers n'a pas l'obligation de rappeler au créancier la nécessité de demander l'admission définitive de sa créance. • Com. 7 janv. 2003 : *RPC 2003. 321, obs. Legrand.*

148. Les organismes de prévoyance sont soumis à l'obligation d'établir définitivement leurs créances déclarées, à titre provisionnel, dans le délai de l'art. 100 [C. com., art. L. 624-1]. • Versailles, 8 oct. 1998 : *D. Affaires 1998. 1863* • 6 mai 1999 : *préc. note 142.* ♦ Il en va de même des organismes visés à l'art. L. 351-21 [désormais, art. L. 5427-1 s.] C. trav., et donc de l'ASSEDIC. • Com. 27 mai 2003, n° 00-15.738 P : *D. 2003. AJ 1694 .*

La contrainte décernée par le directeur d'un organisme de sécurité sociale pour le recouvrement des cotisations et majorations de retard constitue, dès sa délivrance, le titre exécutoire cité par l'art. 50, devenu l'art. L. 621-43 [L. 622-24] C. com., et, tout en permettant à cet organisme de demander l'admission définitive de sa créance dans le délai cité par l'art. 100, devenu l'art. L. 621-103 [L. 624-1] C. com., elle met le débiteur en mesure de saisir le tribunal des affaires de sécurité sociale à seule fin de constater la créance et d'en fixer le montant. • Com. 17 sept. 2002, n° 99-16.840 P : *D. 2002. AJ 2805, obs. Lienhard ; APC 2002, n° 218, obs. Le Corre ; JCP E 2003, n° 6, p. 268, obs. Pétel ; Dr. et patr. 3/2003. 96, obs. Monsèrié-Bon.* ♦ Le juge-commissaire n'est valablement saisi, dans le délai fixé par le tribunal de la procédure collective, aux fins d'admission définitive de la créance déclarée à titre provisionnel, qu'après la délivrance d'une contrainte. • Même arrêt.

Si la créance d'un organisme de sécurité sociale ne peut être admise lorsque ce dernier n'a pas émis le titre exécutoire constatant cette créance dans le délai fixé par le tribunal dans le jugement d'ouverture pour l'établissement par le mandataire judiciaire de la liste des créances, ce créancier peut produire le titre devant la cour d'appel, statuant en matière de vérification et d'admission des créances. • Com. 31 janv. 2017, n° 15-17.296 P : *cité note 1 ss. art. L. 622-27 ; Rev. sociétés 2017. 182, obs. Henry ; APC 2017, n° 53, obs. Cagnoli ; Procédures 2017, n° 70, note Rolland.*

149. Conformément à l'art. L. 622-24, al. 4, C. com., le délai dans lequel les créances des organismes de sécurité sociale doivent être définitivement établies par la production d'un titre exécutoire n'est autre que celui, prévu par l'art. L. 624-1 du même code, dans lequel le mandataire judiciaire ou le liquidateur doit vérifier le passif ; étant fixé par le jugement ouvrant la procédure collective, la publication de ce jugement suffit à l'indiquer. • Com. 25 oct. 2017, n° 16-15.784 P : *D. 2017. Actu. 2150 ; RTD com. 2018. 189, obs. Martin-Serf ; JCP E 2018. 1046, note Rolland ; DP diff. entr., Bull. n° 397, obs. Roussel Galle ; LEDEN 12/2017. 4, obs. Pelletier ; APC 2017, n° 287, obs. Cagnoli ; Dr. et pr. 2018. 11, note Salati ; RJDA 2018, n° 152.*

150. Procédure administrative d'établissement de l'impôt. Le nouveau délai introduit à l'al. 4 de l'art. L. 622-24 C. com. par l'Ord. du 12 mars 2014, autorisant l'établissement définitif des créances fiscales jusqu'au dépôt au greffe du compte rendu de fin de mission du mandataire judiciaire, lorsqu'une procédure administrative d'établissement de l'impôt a été mise en œuvre, a pour finalité de prolonger le délai de déclaration définitive de la créance fiscale dans le seul cas d'engagement d'une procédure de contrôle ou de rectification de l'impôt. • Com. 25 oct. 2017, n° 16-18.938 P : *D. 2017. Actu. 2150 ; RTD com. 2018. 190, obs. Martin-Serf ; DP diff. entr., Bull. n° 397, obs. Roussel Galle ; Rev. sociétés 2017. 738, obs. Henry ; LEDEN 12/2017. 5, obs. Pelletier ; APC 2017, n° 299, obs. Lamulle ; Gaz. Pal. 16 janv. 2018, p. 74, obs. Le Corre ; BJE 2018. 51, note Dedeurwaerder ; RJDA 2018, n° 151 ; RPC 2018, n° 167, obs. Vabres.* ♦ Jurisprudence conf. par l'art. L. 622-24, al. 4, dans sa rédaction issue de la L. n° 2019-486 du 22 mai 2019. ♦ L'art. R. 626-39, al. 2, qui a pour finalité de porter à la connaissance du comptable public la date de l'expiration du délai qui lui est imparti, dont il ne pourrait être autrement informé, rend inopposable le délai de forclusion de l'art. L. 622-24, al. 4, lorsque le mandataire judiciaire n'a pas accompli cette diligence. • Com. 2 févr. 2022, n° 20-16.985 B : *D. 2022. Pan. 1678, obs. F.-X. Lucas ; RTD com. 2022. 376, obs. Martin-Serf ; JCP E 2022. 1163, n° 4, obs. Tehrani ; APC 2022, n° 47, obs. Ghandour ; LEDEN 3/2022. 4, obs. Jazottes ; BJE 5-6/2022. 43, note Dedeurwaerder ; RJDA 2022, n° 351.*

151. Motif de relevé de forclusion. Une caisse de retraite, excipant d'un défaut de réponse du représentant des créanciers l'ayant empêché de fixer définitivement sa créance, ne peut être relevée de forclusion, dès lors que son règlement intérieur lui permettait de fixer définitivement le montant de sa créance par référence aux cotisations dues au cours du précédent exercice. • Versailles, 13 nov. 1997 : *BICC 1998, n° 774.* ♦ V. aussi, pour un arrêt écartant le relevé de forclusion au motif d'une carence manifeste du service des impôts à arrêter sa créance, • Bourges, 21 févr. 2001 : *APC 2002, n° 38.* ♦ Pour un exemple de relevé de forclusion dans le cas d'une sous-évaluation de la déclaration provisionnelle, V. • Versailles, 3 mars 2005 : *BICC 2005, n° 983 ; D. 2005. AJ 1228, obs. Lienhard ; RTD com. 2006. 476, obs. Martin-Serf.*

152. Poursuite de l'instance. L'admission provisionnelle, par le juge-commissaire, des créances des organismes de prévoyance et de sécurité sociale ainsi que des organismes visés à l'art. L. 351-21 C. trav. [désormais, art. L. 5427-1 s.], prévue par l'art. 50 de la loi du 25 janv. 1985 [C. com., art. L. 622-24], ne dessaisit pas le juge. • Cass., avis, 18 mai 1998, n° 09-80.002 P : *D. 1998. IR 157 ; D. Affaires 1998. 1133.* ♦ La poursuite de l'instance, à fin d'admission définitive, est régie, s'agissant de créances du Trésor public, par les dispositions de l'art. 74 du Décr. n° 85-1388 du 27 déc. 1985 [C. com., art. R. 624-6]. S'agissant des autres créances, la situation est soumise, en l'absence de dispositions spécifiques dans la loi du 25 janv. 1985 ou son décret d'application, aux dispositions générales de l'art. 379, al. 1er, NCPC (devenu art. 379 C. pr. civ., relatif au sursis à statuer). • Même avis.

B. INTERRUPTION DE LA PRESCRIPTION

153. La déclaration de créances interrompt la prescription et l'effet interruptif se prolonge jusqu'à la clôture de la procédure collective. • Com. 12 déc. 1995, n° 94-12.793 P : *JCP E 1996. II. 829, note Brandeau* • 15 mars 2005, n° 03-17.783 P : *D. 2005. AJ 1286, obs. Lienhard.* ♦ La décision qui annule l'ouverture d'une liquidation judiciaire ne prive pas la déclaration de créance de son effet interruptif de prescription, qui se prolonge jusqu'à cette décision. • Com. 27 janv. 2015 : *D. 2015. Actu. 317, obs. Lienhard ; JCP E 2015. 1135, note Brignon ; APC 2015, n° 69, obs. Cagnoli ; LEDEN 4/2015. 2, obs. Rubellin ; Gaz. Pal. 1er-5 mai 2015, p. 32, obs. Le Corre ; RPC 2015, n° 40, obs. F. et M.-N. Legrand.* ♦ Jurisprudence confirmée par l'art. L. 622-25-1, issu de l'Ord. n° 2014-326 du 12 mars 2014. ♦ La déclaration de créance au passif de la procédure collective de l'un des codébiteurs solidaires interrompt la prescription à l'égard des autres codébiteurs solidaires, demeurés maîtres de leurs biens, et cet effet interruptif se prolonge pour chacun d'eux jusqu'à la clôture de la procédure collective. • Com. 8 sept. 2021, n° 19-17.185 : *BJE 11-12/2021. 13, note Houssin.* ♦ Pour une application en matière fiscale, V. • CE 10 oct. 2014, n° 364344 : *BJE 2015. 40, note Dedeurwaerder.* ♦ La déclaration de créance interrompt la prescription à l'égard de la caution sans qu'il soit besoin d'une notification. • Com. 26 sept. 2006, n° 04-19.751 P : *D. 2006. AJ 2460, obs. Lienhard ; APC 2006, n° 207, obs. Le Corre ; JCP E 2007, n° 1, p. 23, obs. Cabrillac.* ♦ Cette interruption de la prescription à l'égard de la caution se prolonge jusqu'à la clôture de la procédure collective (excluant une violation de l'art. 6, § 1, Conv. EDH, dès lors que cette interruption n'empêche pas la caution de prescrire définitivement ni ne la menace d'une durée de prescription excessive). • Com. 23 oct. 2019, n° 18-

16.515 P : *D. 2019. Actu. 2085* ; *Rev. sociétés 2019. 781, obs. Reille* ; *RTD com. 2020. 173, obs. Martin-Serf* ; *AJ contrat 2020. 42, obs. Lebel* ; *JCP E 2019. 1551, n° 12, obs. Tehrani* ; *APC 2019, n° 251, obs. Fin-Langer* ; *RJDA 2020, n° 29* ; *BJE 1-2/2020. 17, note Atsarias* (en cas de clôture d'un redressement judiciaire) • 23 oct. 2019, n° 17-25.656 P : *ibid.* ; *LEDEN 12/2019. 5, obs. Pelletier* ; *RJ com. 2020. 261, obs. Atsarias* (en cas de clôture d'une liquidation judiciaire). ♦ Dans le même sens, V. • Com. 25 oct. 2023, n° 22-18.680 B : *D. 2023. Actu. 1901* ; *Rev. sociétés 2023. 818, obs. Reille* ; *JCP E 2024. 1048, note Houssin* ; *BJE 1-2/2024. 17, note Lafaurie* ; *RJDA 2024, n° 120* ; *RPC 2024, n° 119, obs. Borga.* ♦ Si, en vertu de l'art. L. 631-20 C. com., dans sa rédaction antérieure à celle issue de l'Ord. n° 2021-1193 du 15 sept. 2021, la caution ne peut se prévaloir des dispositions du plan de redressement dont bénéficie, le cas échéant, le débiteur principal, cette disposition ne fait pas échec à l'interruption de la prescription à son égard jusqu'au constat de l'achèvement du plan, ou en cas de résolution de celui-ci et d'ouverture de la liquidation judiciaire du débiteur principal, jusqu'à la clôture de cette procédure. • Com. 23 nov. 2022, n° 21-13.386 B : *D. 2022. Actu. 2158* ; *RTD com. 2023. 226, obs. Saint-Alary-Houin* ; *JCP E 2023. 1157, n° 24, obs. Pétel* ; *BJE 1-2/2023. 27, note Dols-Magneville* ; *RPC 2023, n° 49, obs. Lafaurie.* ♦ La L. n° 68-1250 du 31 déc. 1968, qui institue un régime spécifique de prescription au profit des personnes publiques, fût-elle d'ordre public, ne peut faire échec au caractère interruptif de la prescription à l'égard de la caution de la déclaration de créance au passif du débiteur principal. • Com. 27 févr. 2007 : *D. 2007. AJ 948* . ♦ La déclaration de créance à la procédure collective du débiteur principal, effectuée par la caution qui a payé aux lieu et place de ce dernier, interrompt la prescription de son action contre celui-ci et contre la sous-caution, jusqu'à la clôture de la procédure collective. • Com. 9 oct. 2024, n° 22-18.093 B : *D. 2024. 2149, note Sindres* ; *JCP 2024. 1308, note Lafaurie* ; *LEDEN 12/2024. 3, obs. Favre-Rochex.* ♦ L'interruption de la prescription résultant de la déclaration de créance est opposable au tiers constituant d'une sûreté réelle en garantie de la dette du débiteur. • Com. 17 nov. 2009, n° 08-16.605 P : *D. 2009. AJ 2805, obs. Lienhard* ; *JCP E 2010. 1296, n° 11, obs. Cabrillac* ; *Gaz. Pal. 8-9 janv. 2010, p. 39, obs. Le Corre* ; *APC 2010, n° 9, obs. Cagnoli.* ♦ Ainsi, la déclaration de créance au passif du débiteur principal en liquidation judiciaire interrompt la prescription à l'égard du garant hypothécaire, sans qu'il y ait lieu à notification de la déclaration à l'égard de ce dernier, et cet effet interruptif se prolonge jusqu'au jugement prononçant la clôture de la procédure. • Com. 1er juill. 2020, n° 18-24.979 P : *D. 2020. Pan. 1864, obs. Cagnoli* ; *RTD com. 2020. 945, obs. Martin-Serf* ; *JCP E 2020. 1353, n° 19, obs. Tehrani* ; *LEDEN 9/2020. 4, obs. Urbain* ; *RJDA 2020, n° 508* ; *Gaz. Pal. 13 oct. 2020, p. 82, obs. Le Corre-Broly* ; *BJE 9-10/2020. 26, note Houssin* ; *RJ com. 2020. 492, obs. Borga* ; *RDBF 2020, n° 114, obs. Houin-Bressand.* ♦ La déclaration de la créance née d'un billet à ordre au passif de la procédure collective de son souscripteur interrompt la prescription à l'égard du donneur d'aval. • Com. 25 janv. 2023, n° 21-16.275 B : *D. 2023. Actu. 172* ; *RJDA 2023, n° 268* ; *BJE 5-6/2023. 39, note Macorig-Venier.*

154. La déclaration des créances faite par l'acquéreur d'un navire au passif du redressement judiciaire du constructeur de ce dernier interrompt la prescription annale de l'action en garantie des vices cachés du navire prévue à l'art. 8 de la loi du 3 janv. 1967. • Com. 28 juin 1994, n° 92-13.477 P.

155. Le nouveau délai de prescription court à compter du jugement de clôture. L'absence de mise en œuvre de la faculté ouverte au Trésor public par l'art. 161 [C. com., art. L. 643-2] est sans influence sur la prescription. • Com. 12 déc. 1995 : *préc. note 153.*

156. Un créancier inscrit, à qui est inopposable la déclaration d'insaisissabilité d'un immeuble, peut faire procéder à la vente sur saisie de cet immeuble ; lorsqu'il a déclaré sa créance, ce créancier ne peut, dès lors qu'il n'est pas dans l'impossibilité d'agir sur l'immeuble, au sens de l'art. 2234 C. civ., bénéficier de la prolongation de l'effet interruptif de prescription de sa déclaration jusqu'à la clôture de la procédure collective, cet effet prenant fin à la date de la décision ayant statué sur la demande d'admission. • Com. 12 juill. 2016, n° 15-17.321 P : *D. 2016. Actu. 1558, obs. Lienhard* ; *ibid. Pan. 1896, obs. Le Corre* ; *Rev. sociétés 2016. 547, obs. Roussel Galle* ; *JCP E 2016. 1661, n° 10, obs. Pétel* ; *LEDEN 9/2016. 2, obs. Rubellin* ; *APC 2016, n° 203, obs. Camensuli-Feuillard* ; *RJDA 2016, n° 710* ; *Procédures 2016, n° 285, note Laporte* ; *BJE 2016. 413, note Dols-Magneville* ; *RPC 2016, n° 187, obs. Reille* ; *JCP N 2017. 1043, note Puygauthier.* ♦ Dans le même sens, V. • Cass., avis, 12 sept. 2016 : *RTD com. 2016. 845, obs. Martin-Serf* ; *RJ com. 2016. 652, obs. Roussel Galle* • Com. 24 mars 2021, n° 19-23.413 P : *D. 2021. Pan. 1737, obs. Cagnoli* ; *RTD com. 2021. 432, obs. Martin-Serf* ; *JCP E 2021. 1424, n° 20, obs. Pétel* ; *APC 2021, n° 99, obs. Petit* ; *RDBF 2021, n° 74, obs. Houin-Bressand* ; *LEDEN 7/2021. 5, obs. Rubellin* ; *RJDA 2021, n° 497* ; *BJE 7-8/2021. 29, note Dols-Magneville.*

VII. DROIT INTERNATIONAL

157. Sur l'application de la loi de la source de la créance pour définir la qualité de créancier, V., à propos de la déclaration de créance d'un *trustee* soumis au droit de l'État de New York, note 3 ss. art. 4 du Règl. (CE) n° 1346/2000 du 29 mai 2000, 2e partie, I. *Droit européen.*

Art. L. 622-25 La déclaration porte le montant de la créance due au jour du jugement d'ouverture avec indication des sommes à échoir et de la date de leurs échéances. Elle précise la nature *(Ord. n° 2021-1193 du 15 sept. 2021, art. 20, en vigueur le 1er oct. 2021)* **« et l'assiette » de la sûreté dont la créance est éventuellement assortie** *(Ord. n° 2021-1193 du 15 sept. 2021, art. 20, en vigueur le 1er oct. 2021)* **« et, le cas échéant, si la sûreté réelle conventionnelle a été constituée sur les biens du débiteur en garantie de la dette d'un tiers ».** – *Pour les dispositions transitoires de l'Ord. n° 2021-1193 du 15 sept. 2021, V. note ss. art. L. 611-2.*

Lorsqu'il s'agit de créances en monnaie étrangère, la conversion *(L. n° 2003-7 du 3 janv. 2003, art. 50-II)* **« en euros » a lieu selon le cours du change à la date du jugement d'ouverture.**

Sauf si elle résulte d'un titre exécutoire, la créance déclarée est certifiée sincère par le créancier. Le visa du commissaire aux comptes ou, à défaut, de l'expert-comptable sur la déclaration de créance peut être demandé par le juge-commissaire. Le refus de visa est motivé. – *[C. com., anc. art. L. 621-44.]*

V. art. R. 622-23.

BIBL. ▸ Roussel Galle, *LPA 11 févr. 2011, p. 37* (déclaration de créance et sûretés réelles). – Le Corre, *BJE 2015. 335* (déclaration de créance du prêteur bénéficiant de la continuation du cours des intérêts).

COMMENTAIRE

I. CRÉANCIER BÉNÉFICIAIRE D'UNE SÛRETÉ

L'ordonnance du 15 septembre 2021, applicable aux procédures ouvertes à compter du 1er octobre 2021, a apporté deux précisions quant à la déclaration des créances assorties d'une sûreté.

D'une part, la déclaration prévue doit désormais préciser l'assiette de la sûreté et non plus seulement sa nature. Cette précision doit se lire en complément de l'interdiction des clauses d'accroissement désormais posée par l'article L. 622-21.

D'autre part, et surtout, venant renverser la jurisprudence récente de la Cour de cassation (V. comm. ss. art. L. 622-24, IX), le texte fait dorénavant obligation au créancier d'indiquer dans sa déclaration s'il bénéficie d'une sûreté réelle conventionnelle constituée sur les biens du débiteur en garantie de la dette d'un tiers.

II. CRÉANCIER TITULAIRE D'UNE CLAUSE DE RÉSERVE DE PROPRIÉTÉ

Depuis l'ordonnance du 23 mars 2006, la propriété détenue à titre de garantie est expressément qualifiée de sûreté par l'article 2329 du code civil. La question peut alors se poser de savoir s'il convient pour le vendeur, qui déclarerait sa créance (ce qui n'est pas obligatoire pour revendiquer : V. note 28 ss. art. L. 624-9), de mentionner la clause de réserve de propriété dont il bénéficie. Si cette indication peut être conseillée par précaution, il semble toutefois que son absence ne saurait conduire à paralyser le jeu de la réserve de la propriété, puisque celui-ci procède de la qualité de propriétaire du vendeur, et non de sa qualité de créancier (P.-M. Le Corre, Les incidences de la réforme du droit des sûretés sur les créanciers confrontés aux procédures collectives, *JCP E 2007. 1185. n° 6)*. De surcroît, l'habilitation donnée par la loi n° 2005-842 du 26 juillet 2005 ne permettait que d' « insérer à droit constant, dans le code civil, les dispositions relatives à la clause de réserve de propriété » (art. 24, 3°).

III. CRÉANCIER TITULAIRE D'UN DROIT DE RÉTENTION

L'ordonnance du 23 mars 2006 (V. C. civ., art. 2286) ne devrait pas avoir modifié la solution jurisprudentielle quant à la possibilité d'opposer son droit de rétention sans l'avoir mentionné dans sa déclaration (V. note 11).

IV. CRÉANCIER BÉNÉFICIAIRE D'UNE FIDUCIE-SÛRETÉ

Le créancier bénéficiaire d'une fiducie-sûreté, en vertu de la loi du 19 février 2007, ne devrait pas avoir à mentionner celle-ci dans sa déclaration s'agissant d'une sûreté grevant des biens non compris dans l'actif du débiteur. La solution devrait être la même que celle dégagée par la jurisprudence à propos d'une sûreté réelle consentie pour garantir la dette d'un tiers, que l'on appelait auparavant « cautionnement réel » (Com. 17 juin 2020 : *cité note 61 ss. art. L. 622-24*), la jurisprudence ayant tendance à écarter l'obligation de déclaration s'agissant des sûretés plaçant le créancier hors concours (N. Borga, L'ordre public et les sûretés conventionnelles, Contribution à l'étude de la diversité des sûretés, *Dalloz, 2009, n° 354* ; Regards sur les sûretés dans l'ordonnance du 18 décembre 2008, *RDBF 2009. Étude 20, n° 6*). Mais la prudence incite à indiquer quand même cette sûreté (V. comm. ss. art. L. 622-24). ❑

1. Créances à échoir. Un créancier en vertu d'un contrat de prêt conclu pour une période supérieure à un an et dont la créance n'est pas échue, doit la déclarer en précisant le montant de chacune des échéances, leur date, les modalités de calcul des intérêts et le taux de ces derniers en cas de déchéance du terme, le juge-commissaire ne pouvant pas se contenter, à peine de nullité, d'indiquer le seul montant de la créance déclarée. • Douai, 26 nov. 1987 : *RPC 1988. 92, obs. Dureuil* • Versailles, 23 janv. 1992 : *ibid. 1992. 427, obs. Dureuil* • Metz, 10 déc. 1997 : *JCP 1998. IV. 3303.* ♦ La déclaration de créance du crédirentier qui se borne à demander le paiement d'une mensualité sans indiquer les sommes à échoir et la date de leurs échéances n'exprime pas, de façon non équivoque, la volonté de réclamer les arrérages à échoir de la rente. • Com. 28 févr. 1995, n° 94-12.108 P : *D. 1995. IR 89 ; Quot. jur. 21 mars 1995, p. 2.* – V. aussi • Com. 4 mars 2003 : *RPC 2003. 237, obs. Roussel Galle* • Paris, 9 mars 2000 : *D. 2000. AJ 201, obs. Pisoni.*

Il résulte des art. 51, al. 1er, ci-dessus [C. com., art. L. 622-25], et 67, al. 1er (2°) du Décr. du 27 déc. 1985 [C. com., art. R. 622-23] que le juge-commissaire doit, en ce qui concerne les intérêts d'une créance continuant à courir après le jugement d'ouverture, se borner à indiquer les modalités de calcul retenues sans en fixer le montant, sa décision valant admission, dans les limites de ces modalités, de la créance d'intérêts telle qu'arrêtée ultérieurement. • Com. 22 nov. 1994, n° 92-20.115 P : *D. 1995. IR 7 ; JCP E 1995. I. 457, n° 12, obs. Cabrillac.* ♦ Comp. note 5 ss. art. R. 622-23.

Si aucun texte n'oblige le créancier à distinguer, dans la déclaration de créance, le montant des intérêts à échoir du montant du capital restant dû, il est loisible au juge-commissaire d'admettre la créance d'intérêts de manière distincte et de substituer à leur montant déclaré les modalités de calcul qui résultent du contrat de prêt. • Com. 28 févr. 2018, n° 16-24.867 P : *D. 2018. Pan. 1832, obs. F.-X. Lucas ; RTD com. 2018. 465, obs. Martin-Serf ; JCP E 2018. 1429, n° 12, obs. Tehrani ; LEDEN 4/2018. 4, obs. Jazottes ; APC 2018, n° 100, obs. Rubellin ; RJDA 2018, n° 442 ; RDBF 2018, n° 79, obs. Houin-Bressand.*

2. Créances conditionnelles. Ne commet pas de faute le créancier qui déclare au passif du redressement judiciaire de son débiteur le montant total d'une créance conditionnelle. • Com. 2 nov. 1993, n° 91-13.767 P.

3. Montant à parfaire. Hors les cas prévus par la loi, aucune créance ne peut être déclarée à titre provisionnel, ou sous réserve, ou pour un montant à parfaire. • Paris, 30 nov. 2001 : *Loyers et copr. 2002, n° 119, note Brault ; RPC 2002. 184, obs. Legrand.* – Comp. : • Reims, 3 juill. 2001 : *JCP E 2002, n° 27, p. 1120.* ♦ V. aussi note 2 ss. art. R. 622-23. ♦ Sur l'obligation faite aux juges du fond de rechercher si le créancier, en déclarant « à titre provisionnel », n'a pas entendu réclamer à titre définitif la somme indiquée, V. • Com. 28 juin 2005, n° 04-14.578 P : *D. 2005. AJ 1939, obs. Lienhard ; D. 2006. Pan. 85, obs. Le Corre ; RDBF 2005, n° 177, obs. F.-X. Lucas* • 30 nov. 2010, n° 09-69.257 P : *D. 2011. Chron. C. cass. 1178, obs. Arbelot ; ibid. 2010. Actu. 2904, obs. Lienhard ; Rev. sociétés 2011. 195, obs. Roussel Galle ; RTD com. 2011. 416, obs. Martin-Serf ; LEDEN 2/2011. 2, obs. Gorrias ; APC 2011, n° 47, obs. Pagnucco ; RJDA 2011, n° 336 ; Gaz. Pal. 1er-2 avr. 2011, p. 33, obs. Le Corre-Broly ; RJ com. 2011. 333, note Sortais* (loi du 26 juill. 2005).

4. Créances équivoques. Est inopérante la déclaration d'une créance d'un montant mentionné « à titre indicatif », lorsque le relevé de compte joint ne concorde pas avec cette déclaration quant à l'existence d'un solde débiteur au jour du jugement d'ouverture. • Com. 12 févr. 1991, n° 89-19.698 P : *D. 1992. Somm. 249, obs. Derrida ; JCP E 1991. I. 73, n° 14, obs. Pétel et Cabrillac.* ♦ La déclaration doit être accompagnée des éléments justificatifs de nature à prouver l'existence et le montant de la créance. • Versailles, 21 mars 1996 : *D. Affaires 1996. 654.*

5. Paiements provisionnels. V. note 34 ss. art. L. 622-24.

6. Déclaration irrégulière. Dans le cas où la créance n'a pas fait l'objet d'une déclaration régulière, le représentant des créanciers n'a pas l'obligation d'aviser le créancier de cette irrégularité. • Com. 6 févr. 2001, n° 98-11.112 P : *D. 2001. AJ 1027, obs. Lienhard ; APC 2001, n° 59, obs. Vallansan ; RDBF 2001, n° 67, obs. F.-X. Lucas ; RTD com. 2002. 536, obs. Martin-Serf.*

7. Rectification d'erreur matérielle. Lorsqu'une erreur matérielle est évidente, les juges peuvent considérer que la demande du créancier tendant à sa rectification ne constitue pas une déclaration nouvelle atteinte de forclusion et admettre la créance pour le montant rectifié. • Com. 26 mai 1998, n° 96-12.207 P : *D. Affaires 1998. 1176 ; JCP E 1998, n° 37, p. 1398, obs. Pétel.* ♦ En revanche, une déclaration rectificative doit, à peine de forclusion, être effectuée dans les délais réglementaires. • Com. 26 mai 1996, n° 95-19.996 P. ♦ Par ailleurs, la déclaration de créance modificative incluant des intérêts échus depuis le jugement d'ouverture ne peut être admise dès lors que la déclaration de créance initiale ne portait pas sur les intérêts à échoir. • Com. 24 nov. 1998, n° 96-13.552 P : *D. 1999. Somm. 189, obs. Honorat*. – V. Courtier, *Dr. sociétés 1999. Chron. 9*.

Il ne peut y avoir lieu à relevé de forclusion du créancier qui a déclaré sa créance dans les délais prescrits, le caractère d'immutabilité de la déclaration s'opposant au droit de solliciter le relevé de forclusion pour procéder à sa modification au motif d'une erreur affectant la déclaration. • Versailles, 20 mai 1999 : *RJDA 1999, n° 1228 ; RTD com. 2003. 567, obs. Martin-Serf*.

V. aussi • Com. 10 juill. 2001 : *RTD com. 2001. 982, obs. Vallens ; RPC 2002. 96, obs. Legrand* • 19 nov. 2003 : *RTD com. 2004. 161, obs. Vallens*.

8. Montant critiquable. Le seul fait de réclamer dans une déclaration de créance des sommes dont le montant est calculé dans des conditions critiquables n'est pas de nature à faire perdre à l'acte sa valeur juridique. Par suite, en cas de discussion par le débiteur du montant de la créance déclarée, le créancier qui a fourni au liquidateur judiciaire ses explications dans le délai de l'art. 54 [C. com., art. L. 622-27] n'est pas tenu d'adresser une déclaration de créance rectificative conforme aux souhaits du débiteur et la circonstance que la créance ne figure pas sur l'état des créances est sans incidence sur l'obligation qui incombe au juge-commissaire de statuer ultérieurement sur le mérite de la déclaration régulièrement enregistrée. • Com. 17 mars 1998 : *RJDA 1998, n° 890*.

Pour la condamnation d'un créancier à verser des dommages-intérêts au débiteur au motif qu'il avait déclaré un montant sans commune mesure possible avec l'étendue de son préjudice et que cette faute avait augmenté inutilement les émoluments du représentant des créanciers, V. • Com. 8 janv. 2002 : *RJDA 2002, n° 524 ; RDBF 2002, n° 59, obs. F.-X. Lucas ; RPC 2002. 186, obs. Legrand.*

Sur l'appréciation du caractère abusif de la déclaration de créance dans le cadre de la procédure de vérification des créances, V. note 8 ss. art. L. 624-2.

9. Créances d'un EPIC. Sur les conditions de justification de l'existence et du montant des créances d'un établissement public à caractère industriel et commercial, V. • Com. 1er févr. 2011, n° 10-11.484 P : *D. 2011. Actu. 514, obs. Lienhard ; RTD com. 2011. 795, obs. Martin-Serf ; RJDA 2011, n° 335 ; RPC 2011, n° 83, obs. F. Legrand et M.-N. Legrand.*

10. Créances privilégiées. Le délai de déclaration étant expiré à la date de nouvelles déclarations, un crédit-bailleur ne peut plus invoquer, dans celles-ci, un privilège dont il n'a pas fait état dans sa déclaration de créance initiale effectuée dans le délai légal. • Com. 4 févr. 1992, n° 90-13.962 P : *D. 1992. Somm. 250, obs. Derrida*. – V. aussi • Com. 25 janv. 1994 : *Rev. huiss. 1994. 477* • 11 juin 2002 : *Procédures 2002, n° 229, note Laporte* • Orléans, 10 janv. 2002 : *RPC 2002. 184, obs. Legrand.* ♦ En effet, un créancier ne peut invoquer le privilège garantissant sa créance que dans le délai de déclaration des créances prévu à l'art. 66 du Décr. du 27 déc. 1985 [désormais, C. com., art. R. 622-24] (à propos d'un gage). • Com. 23 janv. 2001, n° 98-10.974 P : *D. 2001. AJ 779, obs. Lienhard*.

Dès lors que la créance d'un contribuable contre le débiteur en redressement judiciaire n'avait qu'un caractère chirographaire, cette créance conserve ce caractère à l'égard du Trésor public, l'avis à tiers détenteur, notifié au débiteur, ayant pour effet de transporter la créance du contribuable contre son débiteur dans le patrimoine du Trésor et non de conférer à celui-ci une créance d'impôts sur ce tiers. • Com. 16 juin 1998 : *D. 1998. IR 209*.

V. aussi note 11, note 6 ss. art. L. 622-16 et note 16 ss. ancien art. L. 621-46.

11. Droit de rétention. BIBL. Pourquier, *D. Affaires 1998. 936*. – Campana et Calendini, *JCP E 1998, n° 27, p. 1082*. – Le Corre-Broly, *D. Affaires 1998. 1802 et 1838* (droit de rétention sur documents d'immatriculation). – Pérochon, *Mél. Cabrillac, Dalloz-Litec, 1999, p. 379*. ♦ Le droit de rétention n'est pas une sûreté et n'est pas assimilable au gage. • Com. 20 mai 1997, n° 95-11.915 P : *D. 1998. 479, note Kenderian ; D. 1998. Somm. 102, obs. S. Piedelièvre ; D. 1998. Somm. 115, obs. Libchaber ; D. Affaires 1997. 763 ; JCP E 1997. I. 681, n° 10, obs. Cabrillac ; RTD civ. 1997. 707, obs. Bandrac et Crocq ; RTD com. 1998. 202, obs. Martin-Serf* • 16 juin 2015, n° 13-27.736 : *RTD com. 2015. 745, obs. Martin-Serf*. – V. aussi • Com. 3 mars 1998 : *Dr. sociétés 1998, n° 76, obs. Chaput ; RJDA 1998, n° 887* • T. com. Paris, 13 sept. 1999 : *APC 2000, n° 217, obs. Regnaut-Moutier* (droit de rétention issu d'un gage sur titres). ♦ V. note 2 ss. art. L. 642-20-1. ♦ *Contra*, jugeant qu'un droit de rétention sur des documents administratifs (cartes grises) constitue une sûreté mobilière qui doit être précisée dans la déclaration de la créance : • Aix-en-Provence, 2 mars 1995 : *JCP 1995. IV. 1977.* ♦ Dans le même sens, s'agissant d'une rétention conventionnelle : • Angers, 3 févr. 1997 : *BICC 1997, n° 1055* • Besançon, 6 juin 1997 : *RJ com. 2000. 69, note Haennig.*

Le droit de rétention dont bénéficie le commissionnaire de transport sur les marchandises qui lui ont été confiées pour expédition étant la conséquence du privilège institué au profit de tout commissionnaire par l'art. 95 [L. 132-2] C. com., le commissionnaire qui n'a demandé son admission au passif de la procédure collective du commettant débiteur qu'à titre chirographaire, perdant ainsi son privilège, ne peut, non plus, retenir les marchandises. • Com. 8 juin 1999, n° 97-12.233 P : *D. 2000. Somm. 297, obs. Mercadal ; ibid. 388, obs. Piedelièvre ; JCP 1999. II. 10121, rapp. Rémery ; JCP E 2000, n° 4, p. 130, obs. Cabrillac ; APC 1999, n° 160, obs. Vallansan ; Banque et Dr. 9-10/1999. 50, obs. Rontchevsky ; RTD com. 1999. 968, obs. Martin-Serf .*

12. Créancier consignataire. La créance chirographaire de la société au bénéfice de laquelle le débiteur objet de la procédure collective a consigné une somme d'argent, régulièrement déclarée, et judiciairement reconnue, doit être payée sur les sommes consignées antérieurement au jugement d'ouverture, spécialement affectées au paiement de cette créance, peu important que le créancier n'ait pas mentionné cette affectation spéciale dans sa déclaration. • Com. 21 mars 2006, n° 04-17.643 P : *BICC 2006, n° 1395 ; D. 2006. AJ 982, obs. Lienhard ; APC 2006, n° 89, obs. Regnaut-Moutier ; Gaz. Pal. 14-18 juill. 2006, p. 36, obs. Le Corre ; JCP E 2006, n° 37, p. 1533, obs. Cabrillac.*

13. Créancier mandataire. Si lorsqu'un créancier non solidaire reçoit mandat d'un autre créancier de déclarer sa créance, la déclaration doit distinguer les créances respectives des deux déclarants, le non-respect de cette exigence n'entraîne pas la nullité de la déclaration de créance et le déclarant conserve la faculté d'individualiser les créances jusqu'à ce que le juge statue. • Com. 30 janv. 2007 : *cité note 91 ss. art. L. 622-24.*

14. Créances professionnelles. La déclaration au passif du solde débiteur d'un compte courant est recevable, peu important l'absence d'une mention indiquant qu'une partie de la créance déclarée est garantie par une cession de créance professionnelle. • Com. 1er mars 2016, n° 14-20.275 : *BJE 2016. 179, note Bonhomme.* ♦ Si une cession de créance professionnelle à titre de garantie attribue au cessionnaire un droit exclusif sur cette créance afin de garantir le recouvrement du concours consenti, elle ne saurait conférer au concours déclaré au passif du cédant un privilège dont il serait assorti lui donnant le droit d'être préféré aux autres créanciers sur un élément du patrimoine de son débiteur. • Com. 20 févr. 2007 : *D. 2007. AJ 793, obs. Delpech ; JCP E 2007. 2119, n° 7, obs. Cabrillac ; APC 2007, n° 73, obs. Bonhomme.*

15. Gage-espèces. Pour la nécessité d'indiquer dans la déclaration de créance le montant du gage-espèces garantissant la créance déclarée, V. • Com. 5 mai 2015, n° 14-12.381 : *RJDA 2015, n° 682.*

16. Réserve de propriété. En ce sens que le bénéficiaire d'une clause de réserve de propriété n'est pas tenu de signaler l'existence de celle-ci au moment où il déclare sa créance, V. • Montpellier, 15 mai 1990 : *RPC 1992. 425, obs. crit. Soinne.* ♦ V. note 28 ss. art. L. 624-9.

17. Cautionnement. Le cautionnement, mesure de garantie personnelle, n'a pas à être précisé dans la déclaration de créance, son existence ou son absence étant sans incidence sur la régularité de celle-ci. • Civ. 1re, 1er févr. 2000 : *RJDA 2000, n° 585.* ♦ V. aussi, jugeant que la déclaration de créance mentionnant deux prêts consentis au débiteur et indiquant que ces créances sont assorties de cautions répond aux exigences de l'art. 51 [C. com., art. L. 622-25]. • Com. 4 janv. 2000 : *RJDA 2000, n° 313.*

18. Assurance vie. Une banque, bénéficiaire alternatif d'un contrat d'assurance sur la vie, ne s'étant pas vu céder le bénéfice du contrat par le souscripteur et n'ayant pas reçu celui-ci en gage, est réputée avoir droit, à partir du jour du contrat, au capital qui n'est jamais entré dans le patrimoine du souscripteur, en sorte qu'elle n'a pas à faire état de cet acte dans sa déclaration de créance à la procédure collective de ce dernier. • Com. 12 juin 2001, n° 98-19.873 P : *D. 2001. AJ 2034, obs. Lienhard ; APC 2001, n° 162, obs. Vallansan ; JCP E 2002, n° 4, p. 172, obs. Cabrillac.*

19. Créances en monnaie étrangère. Si les créances en monnaie étrangère sont échues au jour du jugement d'ouverture de la procédure de redressement judiciaire, leur conversion en euros a lieu selon le cours du change à la date de ce jugement (dans le cas d'une conversion du redressement judiciaire en liquidation judiciaire). • Com. 5 juin 2007, n° 05-21.767 P : *D. 2007. AJ 1788, obs. Lienhard ; JCP E 2007. 2119, n° 14, obs. Cabrillac ; Gaz. Pal. 26-27 oct. 2007, p. 45, obs. Rohart-Messager.*

N'est pas entachée d'irrégularité la déclaration de créances exprimées en droits de tirage spéciaux, unité de compte du Fonds monétaire international dont le cours est fixé quotidiennement. • Com. 8 juill. 2003 : *D. 2003. AJ 2238 .*

20. Forme de la déclaration. V. notes 130 s. ss. art. L. 622-24.

21. Déclaration complémentaire. Pour l'irrégularité d'une déclaration complémentaire portant sur les intérêts à échoir, déclarés initialement « pour mémoire », le créancier n'apportant pas la preuve que cette déclaration avait été adressée au représentant des créanciers dans les deux mois de la publication du jugement d'ouverture au BODACC, V. • Com. 15 mars 2005, n° 03-18.607 P : *D. 2005. AJ 953, obs. Lienhard ; RDBF 2005, n° 93, obs. F.-X. Lucas ; Gaz. Pal. 6-7 juill. 2005, p. 23 et 26, obs. Le Corre.*

22. Sanction. Il ne résulte pas de l'art. 51 ci-dessus [C. com., art. L. 622-25] que la méconnaissance de ses dispositions et de celles des art. 67 [C. com., art. R. 622-23] et 68 [ancien] du Décr. du 27 déc. 1985, pris pour son application, soit sanctionnée par la nullité de la déclaration de créance. • Com. 1er déc. 1992, n° 90-21.526 P. • 8 mars

1994, n° 92-10.381 P : *D. 1994. IR 104*. – Dans le même sens : • Com. 17 déc. 1996 : *D. 1997. IR 31 ; D. Affaires 1997. 252 ; JCP E 1997. II. 941, note Béhar-Touchais* • 17 déc. 2003 : *cité note 134 ss. art. L. 622-24.* ♦ L'irrégularité de la déclaration de créance tenant à la présentation des sommes déclarées comme échues alors qu'elles étaient à échoir n'est pas sanctionnée par l'extinction de la créance. • Com. 28 sept. 2004 : *cité note 104 ss. art. L. 622-24.* ♦ V. aussi note 14 ci-dessus, et note 8 ss. art. R. 622-23.

23. Visa du commissaire aux comptes. Si les documents émanant du commissaire aux comptes ou de l'expert comptable du créancier, qui se bornent à attester du montant des créances comptabilisées par ce dernier, peuvent faire foi des constatations faites par leur auteur à partir des pièces auxquelles il avait eu accès, de tels documents ne peuvent à eux seuls constituer la preuve de la réalité et de l'étendue des engagements contractés. • Com. 11 oct. 1994, n° 92-10.909 P.

Art. L. 622-25-1 *(Ord. n° 2014-326 du 12 mars 2014, art. 28, en vigueur le 1er juill. 2014)* **La déclaration de créance interrompt la prescription jusqu'à la clôture de la procédure ; elle dispense de toute mise en demeure et vaut acte de poursuites.**

COMMENTAIRE

L'article L. 622-25-1, ajouté par l'ordonnance du 12 mars 2014, consacre, en en prolongeant les conséquences, une solution jurisprudentielle, selon laquelle la Cour de cassation avait déjà jugé que la déclaration de créance interrompt la prescription (à l'égard du débiteur mais aussi de la caution et du garant hypothécaire), cet effet interruptif se prolongeant jusqu'à la clôture de la procédure (V. note 153 ss. art. L. 622-24). L'apport de la réforme tient dans l'effet d'équivalence à toute mise en demeure attribué à la déclaration de créance. D'un point de vue théorique, cette consécration de la solution dans le code corroborerait l'opinion selon laquelle serait abandonnée la théorie de la déclaration de créance, acte équivalent à une demande en justice (P.-M. Le Corre, *D. 2014. Chron. 733, n° 52*). Ce que semble confirmer le Rapport au président de la République, quand il explique que cet article L. 622-25-1 « précise les effets de la déclaration sans qu'il soit nécessaire de les déterminer par la qualification d'action en justice ». ❑

Sur l'effet interruptif de la prescription de la déclaration de créance, V. notes 153 s. ss. art. L. 622-24.

Art. L. 622-26 *(L. n° 2005-845 du 26 juill. 2005, art. 38)* **A défaut de déclaration dans** *(L. n° 2009-526 du 12 mai 2009, art. 138-IX, 1°)* **« les délais prévus à l'article L. 622-24 », les créanciers ne sont pas admis dans les répartitions et les dividendes à moins que le juge-commissaire ne les relève de leur forclusion s'ils établissent que leur défaillance n'est pas due à leur fait ou qu'elle est due à une omission** *(Abrogé par Ord. n° 2014-326 du 12 mars 2014, art. 29-1°, à compter du 1er juill. 2014)* ***« volontaire »*** **du débiteur lors de l'établissement de la liste prévue au deuxième alinéa de l'article L. 622-6. Ils ne peuvent alors concourir que pour les distributions postérieures à leur demande.** – *V. art. R. 622-24.*

(Ord. n° 2008-1345 du 18 déc. 2008, art. 34) **« Les créances** *(Ord. n° 2021-1193 du 15 sept. 2021, art. 21, en vigueur le 1er oct. 2021)* **« et les sûretés » non déclarées régulièrement dans ces délais sont inopposables au débiteur pendant l'exécution du plan et après cette exécution lorsque les engagements énoncés dans le plan ou décidés par le tribunal ont été tenus.** *(Ord. n° 2021-1193 du 15 sept. 2021, art. 21, en vigueur le 1er oct. 2021)* **« Dans les mêmes conditions », elles sont également inopposables aux personnes physiques coobligées ou ayant consenti une sûreté personnelle ou ayant affecté ou cédé un bien en garantie. »**

L'action en relevé de forclusion ne peut être exercée que dans le délai de six mois. Ce délai court à compter de la publication du jugement d'ouverture ou, pour les institutions mentionnées à l'article *(Ord. n° 2007-329 du 12 mars 2007, art. 3, en vigueur le 1er mai 2008)* **« L. 3253-14 » du code du travail, de l'expiration du délai pendant lequel les créances résultant du contrat de travail sont garanties par ces institutions. Pour les** *(Abrogé par Ord. n° 2021-1193 du 15 sept. 2021, art. 21, à compter du 1er oct. 2021)* ***« créanciers »*** **titulaires d'une sûreté publiée ou liés au débiteur par un contrat publié, il court à compter de la réception de l'avis qui leur est donné.** *(Ord. n° 2014-326 du 12 mars 2014, art. 29-2°, en vigueur le 1er juill. 2014)* **« Par exception, si le créancier justifie avoir été placé dans l'impossibilité de connaître l'obligation du débi-**

teur avant l'expiration du délai de six mois, le délai court à compter de la date à laquelle il est établi qu'il ne pouvait ignorer l'existence de sa créance. » – *V. art. R. 622-25.*

Pour les dispositions transitoires de l'Ord. n° 2021-1193 du 15 sept. 2021, V. note ss. art. L. 611-2.

Pour une dérogation à l'art. L. 622-26 ci-dessus, s'agissant du droit à répartition conféré au Fonds de garantie des dépôts et de résolution pour les sommes versées par le mécanisme de garantie des cautions institué par la L. n° 99-532 du 25 juin 1999 (désormais codifiée au C. mon. fin.), V. C. mon. fin., art. L. 313-51, 2e partie, III. Prévention des difficultés des entreprises.

BIBL. ▶ DERRIDA et SORTAIS, *LPA 22 mars 2006, p. 7* (situation des créanciers forclos). – MONSÈRIÉ-BON, *D. 2006. 1282* (effets inattendus de l'absence d'extinction des créances non déclarées). – LE CORRE, *Mél. Tricot, Dalloz-Litec, 2011, p. 469* (la créance non déclarée au passif et le jeu de la prescription) ; *Gaz. Pal. 2013. 3404* (le débiteur et la créance non déclarée : questions-réponses) ; *Gaz. Pal. 18-20 janv. 2015, p. 39* (le relevé de forclusion après l'ordonnance du 12 mars 2014 et le décret du 30 juin 2014). – BRENA, *BJE 2012. 131* (influence de l'inopposabilité des créances non déclarées sur le bénéfice de subrogation). – ROBINE, *Journ. sociétés 3/2012. 22* (conséquences du défaut de déclaration sur les garanties du créancier). – PELLETIER et MADARIAGA, *RPC 2014. Étude 19* (sort des créances non déclarées).

Ancien art. L. 622-26 (al. 3) ***Par exception, le délai est porté à un an pour les créanciers placés dans l'impossibilité de connaître l'existence de leur créance avant l'expiration du délai de six mois précité.***

COMMENTAIRE

Par rapport à l'ancien article L. 621-46, l'article L. 622-26, issu de la loi du 26 juillet 2005, traduit un rééquilibrage. On peut toujours y lire l'expression d'une technique d'allégement du passif de l'entreprise. Mais, les chausse-trapes dénoncées après les lois de 1985 et 1994 apparaissent désormais moins périlleuses pour les créanciers (V. J.-J. Daigre, Les procédures collectives, technique d'extinction du passif, *in* L'apurement des dettes, ss. la dir. de Y. Chaput, *Creda-Litec, 1998, p. 287, n° 289*), quoique le délai d'action en relevé de forclusion soit, en principe, réduit de moitié.

I. CONDITIONS DU RELEVÉ DE FORCLUSION

Le sort des créanciers antérieurs, parfois injustement confrontés aux rigueurs de la forclusion pour cause de non-déclaration de leur créance dans le délai de deux mois, a en effet été amélioré par la réforme de 2005 : la loi de sauvegarde avait, notamment, permis le relevé de forclusion dans l'hypothèse où la défaillance du créancier était due à une « omission volontaire du débiteur lors de l'établissement de la liste prévue au deuxième alinéa de l'article L. 622-6 ». Ce qui visait le cas du débiteur ayant volontairement omis un créancier de la liste à remettre au mandataire, qui n'ouvrait auparavant qu'une action en responsabilité délictuelle après clôture de la liquidation pour insuffisance d'actif (V. notes 5 ss. anc. art. L. 621-45, et note 17 ss. art. L. 643-11 ; F. Pérochon, Fraude du débiteur et poursuites du créancier forclos, *in* Procédures collectives et droit des affaires, Mél. A. Honorat, *Éd. Frison-Roche, 2000, p. 161*).

Bien que le texte manquât de clarté sur ce point, la doctrine avait considéré que le juge-commissaire devait accorder le relevé de forclusion à partir du moment où l'omission volontaire du débiteur était établie (P.-M. Le Corre, La situation générale du débiteur et des créanciers dans l'avant-projet de réforme des entreprises en difficulté, *Gaz. Pal. 10-11 déc. 2003, p. 25, 2e partie, n° 23*). Le relevé de forclusion serait donc de droit. La Cour de cassation avait confirmé cette lecture en jugeant qu'« il n'appartient pas au juge-commissaire de vérifier, avant de statuer sur la demande de relevé de forclusion fondée sur ce motif, l'existence de la créance si elle est contestée par le débiteur » (Com. 12 janv. 2010 : *cité note 10*). D'autres arrêts étaient venus, d'abord, rappeler que le texte dispensait le créancier d'avoir à établir que sa défaillance n'est pas due à son fait, en cassant une décision qui avait retenu que « le créancier avait eu connaissance de la procédure de sauvegarde alors qu'il était dans les délais pour produire sa déclaration de créance de sorte que son omission dans la liste des créanciers n'était pas la cause de sa défaillance » (Com. 12 juill. 2011 : *cité note 10*), puis, plus précisément encore, que le créancier n'était pas tenu d'établir l'existence d'un lien de causalité entre son omission de la liste et la tardiveté de sa déclaration de créance (Com. 10 janv. 2012 : *cité note 8*). Mais le créancier risquait quand même de se heurter, en pratique, à la difficulté de devoir prouver la volonté du débiteur de ne pas indiquer tel ou tel créancier.

Consciente de cette difficulté, la Cour de cassation avait admis, là aussi, une sorte de présomption dans le raisonnement des juges du fond, un arrêt ayant approuvé une cour d'appel d'avoir retenu que l'information, dans la demande d'ouverture d'une procédure de sauvegarde, selon laquelle des cotisations sociales étaient dues, démontrait que la société débitrice avait connaissance de l'existence des institutions de retraite et de prévoyance créancières, de sorte que l'omission sur la liste des créanciers a été volontaire (Com. 10 janv. 2012, *préc.*). Quoi qu'il en fût, cette disposition ne dispensait nullement les créanciers de lire systématiquement le *BODACC*. On notera encore un arrêt intéressant qui, s'agissant d'un débiteur avocat, a considéré que ses connaissances juridiques devaient l'empêcher d'ignorer l'obligation de transmettre la liste de ses créanciers à l'organe de la procédure collective dans les huit jours du jugement d'ouverture (Paris, 23 sept. 2008 : *cité au BICC, 1er févr. 2010, p. 69*).

L'ordonnance du 12 mars 2014 est venue tirer la leçon de cette jurisprudence, la consacrant tout en la dépassant en quelque sorte, en supprimant, tout simplement, du texte la condition que l'omission du débiteur soit volontaire. Ce faisant, la philosophie de ce cas de relevé de forclusion s'en trouve modifiée, qui ne repose plus sur l'idée d'un dol du débiteur mais sur celle d'une simple négligence de sa part, préjudiciable au créancier oublié. Et, dans ce cas, alors, fort logiquement, comme l'a déduit la Cour de cassation, le créancier omis se trouve dispensé d'établir l'existence d'un lien de causalité entre cette omission et la tardiveté de sa déclaration de créance (Com. 16 juin 2021 : *cité note 10*).

II. SUPPRESSION DE L'INOPPOSABILITÉ DE LA FORCLUSION

L'abrogation par la loi de 2005 de la disposition qui figurait à l'alinéa 2 de l'ancien article L. 621-46 correspond à la substitution de technique de protection pour les créanciers titulaires d'une sûreté publiée ou liés au débiteur par un contrat publié non avertis personnellement. Le mécanisme d'inopposabilité de la forclusion est remplacé par un mécanisme, plus efficace, de subordination du point de départ du délai de déclaration à l'accomplissement de la formalité d'avertissement (V. ss. art. L. 622-24).

Reste quand même le risque qu'une divergence sur ce point naisse entre le créancier et le mandataire judiciaire ou le liquidateur. Dans ce cas, c'est logiquement au juge-commissaire qu'il appartiendra de trancher la difficulté, en constatant, par exemple, que le créancier ne peut avoir encouru la forclusion car le délai de déclaration des créances n'a pas commencé son cours, en l'absence d'avertissement régulier, ou a commencé son cours à partir de telle date. Comme l'a indiqué alors un auteur, le créancier présentera, dans cette situation, au juge-commissaire une requête en « constat de non-forclusion », selon son expression, qui ne sera enfermée dans aucun délai. Quant aux frais de l'instance, la solution prévue par l'article R. 622-25, alinéa 2, s'agissant du relevé de forclusion, pourrait être transposée, qui conduirait à faire passer ces frais en frais privilégiés de procédure, dès lors qu'ils sont nés pour les besoins du déroulement de la procédure puisque le mandataire de justice a manqué à l'obligation légale lui incombant d'avertir le créancier dans les quinze jours du jugement d'ouverture d'avoir à déclarer sa créance.

Quant au recours éventuel contre l'ordonnance du juge-commissaire, il relèverait du droit commun de l'article R. 621-21 (V. P.-M. Le Corre, Droit et pratique des procédures collectives, *Dalloz Action, 2023/2024, 665.612* s. ; V. aussi J.-P. Rémery, Les voies de recours dans la réforme de la loi de sauvegarde, *JCP 2009. I. 129, n° 26*).

III. DÉLAI D'ACTION EN RELEVÉ DE FORCLUSION

A. RÉGIME DE LA LOI DU 26 JUILLET 2005

Depuis la loi de 2005, le délai préfix pour agir en relevé de forclusion ne court plus du jugement d'ouverture, mais de la publication de celui-ci. Aussi ce délai est-il, quant à son point de départ, harmonisé avec les délais de déclaration. Ce qui n'est que logique, et participe, de même que la suppression de l'extinction de la créance non déclarée, à desserrer un peu l'étau tenant le créancier. Ce faisant, le législateur met aussi la loi en conformité avec l'article 6, § 1 de la Conv. EDH, puisque le délai ne courra plus d'un événement inconnu de celui qui y est soumis (P.-M. Le Corre, La situation générale du débiteur et des créanciers dans l'avant-projet de réforme des entreprises en difficulté, *Gaz. Pal. 10-11 déc. 2003, p. 25, 2e partie, n° 24*). S'agissant des créanciers titulaires d'un contrat ou d'une sûreté publié, le point de départ est différé à la réception de l'avertissement personnel, contrairement à ce qu'a jugé la chambre commerciale en l'état de l'ancien article L. 621-46 (Com. 26 nov. 2002 : *cité note 6 ss. anc. art. L. 621-46* ; V. aussi note 1 ss. art. L. 622-24).

En revanche, la situation des créanciers sort un peu dégradée quant à la durée du délai, puisque, en principe, ils ne disposent plus de douze mois, mais de six mois seulement, pour agir. Cette réduction a été justifiée par le souci d'éviter que les relevés de forclusion tardifs ne remettent en cause le plan de sauvegarde qui aura déjà été arrêté dans un délai bien inférieur à un an. Mais la loi de 2005 avait maintenu, par exception, un délai d'un an pour les créanciers « placés dans l'impossibilité de connaître l'existence de leur créance avant l'expiration du délai de six mois ». Ce délai, selon le garde des sceaux de l'époque, concernerait principalement « les créances publiques mais aussi les indemnités contractuelles », par exemple dans l'hypothèse du vice caché tardivement découvert dans une marchandise vendue par le débiteur (Ph. Pétel, Procédures collectives, *Cours Dalloz, 11e éd., 2023, n° 283*), ou encore de créance de restitution née de l'annulation, avec effet rétroactif, d'un paiement sur le fondement des nullités de la période suspecte (V. Com. 30 oct. 2000 : *cité note 21* ss. art. L. 632-4 ; P.-M. Le Corre, Les nouvelles règles de fixation du passif du débiteur, *Gaz. Pal. 9-10 sept. 2005, p. 17, n° 12*). Il ne concernait évidemment pas les créances dont le montant n'est pas consolidé, lesquelles peuvent être déclarées sur la base d'une évaluation (Com. 3 nov. 2010 : *cité note 4 ss. art. R. 622-23*).

C'est donc compte tenu de ces nouveaux délai et point de départ qu'il convenait de transposer la solution posée sous l'ancien régime (Com. 9 mai 2007 : *cité note 11*) et confirmée sous le nouveau (Com. 23 avr. 2013 : *ibid.*), alors que l'on avait pu penser qu'elle ne se justifiait que par l'extinction alors de la créance non déclarée (P.-M. Le Corre, *D. 2008. Pan. 577*), quant au délai dans lequel le créancier relevé de forclusion devait déclarer sa créance s'il ne l'avait déjà fait : cette déclaration devait donc intervenir dans le délai préfix de six mois ou d'un an, selon le cas, à compter de la publication du jugement d'ouverture, même si le juge-commissaire n'avait pas statué sur sa demande de relevé de forclusion à l'intérieur de ce délai.

Notons encore que, malgré le peu d'optimisme de la doctrine, qui appelait pourtant cette évolution de la jurisprudence de ses vœux (F. Pérochon, Entreprises en difficulté, *LGDJ, 2012, 9e éd., n° 1368*), la Cour de cassation avait admis, à l'occasion d'un arrêt de non-renvoi d'une question prioritaire de constitutionnalité, le jeu de la maxime *Contra non valentem non currit praescriptio*, afin d'accepter, au nom du droit à un recours juridictionnel effectif, la recevabilité d'une action en relevé de forclusion exercée après l'expiration du délai maximal d'un an par un créancier placé dans l'impossibilité d'agir pendant ce délai (Com. 5 sept. 2013 : *cité note 13*). Dans ce cas, logiquement, devait céder aussi la jurisprudence précitée, obligeant le créancier défaillant à déclarer sa créance dans le délai préfix de six mois ou d'un an. Mais, de façon assez étonnante, un arrêt de cassation du 30 juin 2015 maintient la solution inaugurée en 2007 et censure, au visa de l'ancien article L. 621-46, la cour d'appel de Paris, qui avait cru juste de retarder le point de départ du délai de déclaration (Com. 30 juin 2015 : *D. 2015. Actu. 1487, obs. A. Lienhard* ; V. aussi Com. 8 sept. 2015, n° 14-16.771). Quoi qu'il en soit, après l'arrêt précité du 5 mai 2013, on pouvait se demander, avec P.-M. Le Corre, s'il ne serait pas plus simple et logique de remplacer ce double délai par l'édiction d'un point de départ du délai de déclaration flottant, fixé à compter de la possibilité de connaître l'existence de la créance (V. *APC 2013, n° 233*).

B. RÉGIME DE L'ORDONNANCE DU 12 MARS 2014

Comme on pouvait l'imaginer, la réforme de 2014 a été l'occasion de tirer les leçons de l'important arrêt précité du 5 septembre 2013.

Ainsi, la dernière phrase de l'article L. 622-26 dispose désormais : « Par exception, si le créancier justifie avoir été placé dans l'impossibilité de connaître l'obligation du débiteur avant l'expiration du délai de six mois, le délai court à compter de la date à laquelle il est établi qu'il ne pouvait ignorer l'existence de sa créance. » Ce faisant, l'ordonnance de 2014 substitue au mécanisme fondé implicitement sur l'adage *Contra non valentem*... auquel avait eu recours la Cour de cassation un mécanisme de suspension de délai (V., à ce sujet, la note de A. Hontebeyrie, *D. 2014. 244*). Le délai d'un an, qui, dès lors qu'il ne fonctionnait plus comme un plafond indépassable, n'avait plus de sens, disparaît logiquement. Ne reste que le seul délai préfix de six mois à compter de la publication du jugement d'ouverture, lequel, par exception, s'agissant d'une obligation du débiteur née postérieurement à son expiration, ne commencera à courir que du jour où le créancier « ne pouvait [plus] ignorer l'existence de sa créance » (pour une critique de ce mécanisme, en ce qu'il n'est pas logique de considérer comme forclos le créancier qui ne pouvait agir puisqu'il ignorait sa créance, V. note P.-M. Le Corre, *Gaz. Pal. 10 janv. 2017, p. 70*). Pour reprendre les exemples topiques précités, la découverte du vice caché ou l'annulation de l'acte accompli en période suspecte.

C. INCIDENCE DE L'ORDONNANCE DU 15 SEPTEMBRE 2021

En supprimant le mot « créanciers » dans la troisième phrase du dernier alinéa, l'ordonnance du 15 septembre 2021 tire entre les lignes la conséquence logique de l'obligation de déclaration qui s'impose désormais au bénéficiaire d'une sûreté réelle conventionnelle constituée sur les biens du débiteur en garantie de la dette d'un tiers (V. art. L. 622-25). Bien que n'étant pas créancier du débiteur objet de la procédure, mais d'un tiers, le bénéficiaire de cette garantie se voit soumis au mécanisme du relevé de forclusion, à défaut de déclaration régulière dans les délais, sous peine d'inopposabilité de sa sûreté.

IV. EFFETS DU RELEVÉ DE FORCLUSION

A la différence de l'article 70 du décret de 1985, l'article R. 622-25 n'envisage plus l'hypothèse dans laquelle le juge-commissaire ne serait plus en fonction et ne prévoit donc plus la compétence alternative du tribunal. Le nouveau texte réserve, en revanche, l'hypothèse dans laquelle le juge-commissaire relèverait le créancier de la forclusion après dépôt de la liste des créances par le mandataire judiciaire. En ce cas, le juge-commissaire, dit l'article R. 622-25, « statue sur la créance dans les conditions de l'article L. 624-2 ». Ce qui signifie que, pour aller vite, la vérification de la créance sera effectuée concomitamment à l'instruction du dossier de relevé de forclusion (P.-M. Le Corre, Droit et pratique des procédures collectives, *Dalloz Action, 2023/2024, 666.311*).

V. SORT DES CRÉANCES NON DÉCLARÉES

Avec la suppression, par la loi de 2005, des dispositions qui figuraient aux alinéas 4 et 5 de l'ancien article L. 621-46, c'est une des mesures auparavant les plus productrices de contentieux et de discussions doctrinales qui a disparu. Désormais, le créancier qui n'a pas déclaré dans les délais et n'a pas été relevé de sa forclusion est bien forclos, c'est-à-dire qu'il ne participe pas, le cas échéant, aux répartitions et dividendes, mais sa créance ne sera pas éteinte. En somme, sa créance sera inopposable à la procédure (P.-M. Le Corre, Les créanciers antérieurs dans le projet de sauvegarde des entreprises, colloque CRAJEFE du 27 mars 2004, *LPA 10 juin 2004, p. 25, n° 14* ; Les nouvelles règles de fixation du passif du débiteur, *Gaz. Pal. 9-10 sept. 2005, p. 17, n° 14*), qualification que devait confirmer trois ans plus tard l'ordonnance du 18 décembre 2008 (V. ci-dessous), et qu'avant déjà certaines juridictions avaient adoptée (V., par ex., Paris, 25 févr. 2009, 5e ch. A : *RG n° 06/12522*), de même que, par la suite, la Cour de cassation, dans un arrêt du 3 novembre 2010 (cité note 1).

La raison avancée pour cette réforme, que livre l'exposé officiel des motifs du projet de loi (p. 9), est intéressante. Il s'agissait, en effet, de « mettre un terme à une disposition sans équivalent dans les droits des autres États de l'Union européenne », l'extinction de la créance étant inconciliable avec le principe posé par le règlement européen sur les procédures d'insolvabilité (art. 5), selon lequel l'ouverture de la procédure d'insolvabilité n'affecte pas les droits réels : une créance éteinte ne peut être garantie par un « droit réel ». Cette explication, assez théorique, n'apparaît pas forcément convaincante (V. B. Soinne, La réforme des procédures collectives : la confusion des objectifs et des procédures [2e partie], *RPC 2004, p. 81, n° 30* ; C. Léguevaques, Le sort des créanciers après la loi de sauvegarde des entreprises : entre renforcement des droits et allégements des devoirs, *in* Regards croisés de praticiens sur la loi de sauvegarde, *LPA 17 févr. 2006, p. 88*). Quoi qu'il en soit, notons que huit ans plus tard la Cour de cassation, saisie d'une question prioritaire de constitutionnalité, jugera non sérieux le grief tiré de l'atteinte au droit de propriété du créancier causé par l'ancien article L. 621-46 (Com. 22 mai 2013 : *cité note 14 ss. anc. art. L. 621-46*).

Dans un premier temps, il apparaissait difficile de mesurer tous les effets possibles de cette abrogation (V. not. F. Derrida et J.-P. Sortais, La situation des créanciers forclos dans les nouvelles procédures collectives, *LPA 22 mars 2006*).

Que la caution serait la principale victime de la suppression de l'extinction de la créance, tous les commentateurs l'avait compris d'emblée. Avec l'article L. 622-26 du code de commerce, lequel prévoit seulement, que, à défaut de déclaration dans les délais, « les créanciers ne sont pas admis dans les répartitions et les dividendes », sauf relevé de forclusion bien sûr, ne pouvait que s'effondrer la jurisprudence, jusque-là si solide, qui permettait à la caution de se prévaloir de l'extinction de la créance, impossible à qualifier autrement que comme une exception inhérente à la dette au sens de l'ancien article 2313 du code civil (désormais art. 2298 ; V. notes 27 s. ss. anc. art. L. 621-46). Ce qu'a confirmé la Cour de cassation, par un arrêt de principe du 12 juillet 2011 : « il résulte des dispositions de l'article L. 622-26 du code de commerce que la défaillance du créancier ayant pour effet, non d'éteindre la créance, mais d'exclure son titulaire des répartitions et dividendes, cette sanction ne constitue pas une exception inhérente à la dette, susceptible d'être opposée par la caution, pour se soustraire à son engagement » (V. note 30).

Plus rien n'empêche donc le créancier défaillant de poursuivre la caution. Du moins, en cas de liquidation judiciaire. Car il en va différemment en cas de sauvegarde ou de redressement judiciaire, les cautions personnes physiques bénéficiant de la suspension légale du droit d'agir durant la période d'observation, que leur octroie l'article L. 622-28, avant de profiter, le cas échéant, pendant et après l'exécution du plan de sauvegarde, de l'immunité que leur confère l'article L. 622-26 complété par l'ordonnance de 2008.

La caution devait cependant pouvoir se prévaloir de la décharge de l'article 2314 du code civil si, du fait de la non-participation du créancier aux répartitions, il en résulte, par subrogation, un préjudice pour elle, telle la privation du bénéfice d'un droit préférentiel, droit de rétention ou hypothèque, par exemple, voire, tout simplement, celui de participer aux répartitions et dividendes. Mais cette décharge ne saurait se faire, bien entendu, qu'à concurrence de la valeur des droits qui auraient pu être transmis à la caution par subrogation. Là encore, l'analyse doctrinale a été confirmée par la Cour de cassation dans son arrêt précité du 12 juillet 2011, à propos d'une liquidation dans laquelle les créanciers chirographaires n'avaient pu être réglés : « si la caution est déchargée de son obligation, lorsque la subrogation dans un droit préférentiel conférant un avantage particulier au créancier pour le recouvrement de sa créance ne peut plus, par le fait de celui-ci, s'opérer en faveur de la caution, pareil effet ne se produit que si cette dernière avait pu tirer un avantage effectif du droit d'être admise dans les répartitions et dividendes, susceptible de lui être transmis par subrogation ». Des doutes doctrinaux subsistant encore sur ce point, il a fallu attendre un arrêt du 19 février 2013 pour que soit confirmé que, même en cas de créance chirographaire, la caution peut bénéficier de la décharge de l'article 2314 du code civil, dès lors que, par le fait du créancier, elle a été privée du droit d'être admise dans les répartitions et dividendes, dont elle aurait pu tirer un avantage effectif (V. note 30). Cette solution, qu'a faite sienne aussi la première chambre civile de la Cour de cassation (Civ. 1re, 3 juill. 2013 : *ibid.*), demeure cependant critiquée par une partie de la doctrine, au motif, notamment, que le préjudice de la caution ne résulte pas du fait exclusif du créancier puisque la caution elle-même a la possibilité de déclarer sa créance née de son recours personnel après paiement, dont le fait générateur, selon la jurisprudence, remonte à la date de conclusion du contrat de cautionnement et que, même si la caution n'a pas encore payé, il s'agit d'une créance conditionnelle soumise à déclaration (P. Crocq, *D. 2013. Pan. 1712*). Notons encore cette utile précision apportée par l'arrêt du 3 juillet 2013, selon laquelle la charge de la preuve du défaut de préjudice de la caution pèse sur le créancier.

Reste alors peut-être, dans certains cas, la possibilité de mettre en œuvre la responsabilité civile du créancier négligent, notamment en présence d'un plan de sauvegarde, puisque, dans cette hypothèse, si la créance avait été déclarée et admise, la caution aurait pu, le cas échéant, bénéficier des délais et remises accordés au débiteur principal, et perd donc une chance de devoir payer moins et plus tard. Mais sur cette voie, sans doute plus théorique qu'effective, se trouvent des obstacles aussi, que l'on envisage une responsabilité de nature délictuelle (règle du non-cumul des responsabilités) ou de nature contractuelle (identification d'un manquement contractuel du créancier autre que celui prévu par l'article 2314, lequel exclurait toute action sur un autre fondement : V. sur cette analyse, N. Dissaux, *JCP 2011. 901* ; en cas de plan de redressement, V. P.-M. Le Corre, La poursuite de la caution personne physique d'un débiteur ayant obtenu un plan de redressement, *Gaz. Pal. 12-13 oct. 2012, p. 7*).

D'autres questions délicates restaient fort débattues, relatives notamment à l'efficacité du droit de rétention que pourrait invoquer un créancier forclos en cours de procédure ou encore à l'effet de la disparition de l'extinction de la créance sur le créancier-débiteur invoquant la compensation de créances connexes (V. comm. dans l'éd. 2014).

Mais quoique, déjà avant l'intervention de l'ordonnance de 2008, le suspense eût pris fin dès l'arrêt précité du 3 novembre 2010 (V. note 1), consacrant la thèse de l'inopposabilité à la procédure de la créance, tout doute a cessé avec l'arrêt de cassation ultérieur du 3 mai 2011 (V. note 64 ss. art. L. 622-7), par lequel la chambre commerciale a réaffirmé, sous l'empire de la loi de sauvegarde et au visa de l'article L. 622-26, le caractère absolu de la condition de déclaration de la créance, quelle que soit l'analyse procédurale de l'exception de compensation. Une décision ultérieure, du 19 juin 2012, a réitéré, de façon beaucoup plus explicite, cette solution déjà acquise.

Autre conséquence de la loi de 2005, la survivance de la créance à la forclusion du créancier (qui devient donc une sorte de créancier hors procédure) a ôté l'« incohérence » (gênante sur le plan théorique) de la jurisprudence qui permettait au créancier de reprendre les poursuites individuelles contre le débiteur pour fraude après clôture de la liquidation judiciaire pour insuffisance d'actif (V. désormais Com. 26 juin 2019 : *cité note 17 ss. art. L. 643-11*). Quoique, en pratique, cette voie n'ait plus présenté tellement d'intérêt dès lors que depuis la loi de 2005 l'omission volontaire (qui constituait la fraude) du débiteur d'indiquer le nom du créancier dans la liste ouvrait droit au relevé de forclusion (V. ci-dessus). Mais, bien entendu, en l'absence de fraude et d'un autre cas prévu par l'article L. 643-11, la suppression de l'extinction ne permet pas, *ipso facto*, la reprise des poursuites individuelles, selon les voies du droit commun (puisque, par hypothèse, la créance n'aura pas été vérifiée : V. ss. art. L. 643-11), après clôture pour insuffisance d'actif (décider du contraire reviendrait, en effet, à mieux traiter le créancier forclos que le créancier admis, encore que certains, il convient de l'indiquer, considèrent que rien dans la loi ne semble interdire à ce créancier hors procédure d'engager des poursuites après clôture de la procédure : C. Saint-Alary-Houin, M.-H. Monsèrié-Bon et C. Houin-Bressand, Droit des entreprises en difficulté, *LGDJ, 13e éd., 2022, n° 789*). Cette lecture a été consacrée par certains juges du fond (V., notamment, Limoges, 25 juin 2008 : *BICC 2009, n° 800*). Le droit de poursuite serait pareillement maintenu en cas de clôture de liquidation judiciaire par extinction du passif (art. L. 643-9), en supposant que cette créance non déclarée n'y fasse pas obstacle, ou de clôture des opérations du plan de sauvegarde ou de redressement (art. L. 626-28 ; V. F. Macorig-Venier et C. Saint-Alary-Houin, La situation des créanciers dans la loi du 26 juillet 2005 de sauvegarde des entreprises, *RDBF janv.-févr. 2006, p. 60, n° 29* ; F. Derrida et J.-P. Sortais, *préc., n° 4* ; P.-M. Le Corre, Faut-il encore payer ses dettes dans le droit des entreprises en difficulté ?, *LPA 29 mars 2006, p. 9, spéc. p. 13* ; comp., jugeant cette interprétation peu satisfaisante puisque le débiteur se trouverait alors moins bien traité que celui dont la procédure est clôturée pour insuffisance d'actif, P. Roussel Galle, Réforme du droit des entreprises en difficulté, *Litec, 2e éd., 2007, n° 545* ; sur cette controverse, V. F. Pérochon et P. Roussel Galle, Controverse amicale sur la reprise des poursuites des créanciers après clôture de la liquidation judiciaire pour extinction du passif, Mél. D. Tricot, *Dalloz-Litec 2011, p. 559*). A condition toutefois, bien sûr, que, dans tous ces cas, la créance, qui n'aura pas bénéficié de l'effet interruptif lié à la déclaration, ne soit pas atteinte par la prescription, étant entendu que l'ouverture de la procédure ne devrait pas constituer, pour le créancier défaillant, une cause de suspension de la prescription (P.-M. Le Corre, La créance non déclarée au passif et le jeu de la prescription, Mél. D. Tricot, *Dalloz-Litec 2011 p. 469* ; La créance non déclarée et la clôture de la liquidation judiciaire pour extinction du passif exigible, *JCP 2011. 1318*).

En revanche, déjà au lendemain de la loi de 2005, on pouvait penser que, malgré la survie de la créance, le créancier ne pourrait pas obtenir paiement d'un débiteur bénéficiant d'un plan, car ce paiement interviendrait nécessairement en dehors des prévisions du plan, et cela d'autant plus que, selon la jurisprudence rendue sous l'empire du droit antérieur, l'arrêt des poursuites individuelles ne prend pas fin avec le plan (V. Soc. 10 mai 2006 : *D. 2006. AJ 1529, obs. Lienhard*).

L'intervention du législateur était souhaitable, car, pour être surtout actif en doctrine, le débat risquait quand même d'entraîner de fâcheux effets pratiques, nuisibles à l'objectif de sauvegarde des entreprises. C'est dans ce contexte qu'il convient d'apprécier la précision apportée par l'ordonnance du 18 décembre 2008 sous forme d'un nouvel alinéa 2, lequel devait conférer la sécurité et la sérénité nécessaires au bon déroulement du plan. Même si la prolongation de l'inopposabilité après l'exécution du plan (à l'égard du seul débiteur, non de ses garants) peut sembler excessivement défavorable aux créanciers, en quoi elle réintroduirait un mécanisme d'apurement du passif (V., notamment, J.-B. Drummen, *RLDA 2008, n° 28, p. 19*). Ce texte disposait, en effet, jusqu'à la réforme de 2021 : « Les créances non déclarées régulièrement dans *[les]* délais sont inopposables au débiteur pendant l'exécution du plan et après cette exécution lorsque les engagements énoncés dans le plan ou décidés par le tribunal ont été tenus. Pendant l'exécution du plan, elles sont également inopposables aux personnes physiques coobligées ou ayant consenti une sûreté personnelle ou ayant affecté ou cédé un bien en garantie ». Avec cette précision importante, alors, que la protection des « garants » ne jouait qu'en cas de plan de sauvegarde, et non en cas de plan de redressement (V. art. L. 631-14, dernier al.), ce qui se comprenait, les garants pouvant se prévaloir des dispositions du plan de sauvegarde, non du plan de redressement.

L'ordonnance du 15 septembre 2021 allait, pour les procédures ouvertes à compter du 1er octobre 2021, apporter deux modifications à ce texte.

D'une part, désormais, la protection découlant de l'inopposabilité des créances et des sûretés non déclarées dont bénéficient les garants personnes physiques du débiteur s'étend au-delà de la durée de l'exécution du plan.

D'autre part, par l'abrogation du dernier alinéa de l'article L. 631-14, se trouve aligné le sort des garants personnes physiques dans l'hypothèse d'un plan de redressement et dans celle d'un plan de sauvegarde : dans les deux cas, ils pourront bénéficier de l'inopposabilité des créances et des sûretés non déclarées.

Ces deux mesures répondent aux objectifs fixés par les 1° et 14° de l'article 60 de la loi PACTE du 22 mai 2019, support d'habilitation du gouvernement à réformer par voie d'ordonnance le droit des sûretés (assurer la protection de la caution personne physique et améliorer la cohérence des règles applicables aux garants personnes physiques en cas de procédure collective).

L'intervention « pacificatrice » du législateur de 2008 n'est pas allée sans soulever de nouvelles questions. La première est certainement celle de la portée de cette curieuse inopposabilité au « débiteur » (V. P. Pétel, Le nouveau droit des entreprises en difficulté : acte II, *JCP E 2009. 1049, n° 32*). Certains auteurs étaient allés jusqu'à se demander si, du fait de la lettre du texte ajouté en 2008, l'inopposabilité ne devait jouer qu'en cas de plan (P. Crocq, L'ordonnance du 18 décembre 2008 et le droit des sûretés, *RPC 2009. Dossier 10, n° 15*), ce qui eût laissé incertain le sort des créances non déclarées en cas de liquidation judiciaire. Mais il paraissait ici plus logique et conforme à la finalité de la précision issue de l'ordonnance de considérer qu'il s'agissait d'une solution générale, quels que soient la nature et l'issue de la procédure, le temps de celle-ci, c'est-à-dire durant la période d'observation, la distinction opérée par le nouvel alinéa 2 ne valant qu'une fois cette dernière achevée, selon que le tribunal arrête ou non un plan de sauvegarde ou de redressement (jusqu'à l'intervention de l'Ord. du 15 sept. 2021). Et telle est d'ailleurs la position qu'a prise la Cour de cassation (Com. 3 nov. 2010 : *cité note 1*). Ainsi, désormais, il ne devrait plus être douteux que le créancier négligent ne puisse se prévaloir, le cas échéant, d'un droit de rétention ou de la compensation de créances connexes (P. Crocq, *préc.*). En vérité, l'inopposabilité au débiteur se comprend dans l'hypothèse qu'a seule voulu viser l'ordonnance, puisque, à partir de l'arrêté du plan, le débiteur redevient *in bonis* (V., par ex., Com. 6 juin 2018 : *cité note 1*). Pour autant, il n'est pas douteux que la réforme a implicitement considéré comme acquise l'inopposabilité de la créance non déclarée à la procédure durant celle-ci. De sorte que l'inopposabilité « à la procédure » durerait tant que dure cette dernière, et qu'elle serait relayée, et là selon l'expression du texte, par une inopposabilité au débiteur, durant le plan et après en cas de bonne exécution de celui-ci (F. Pérochon, Entreprises en difficulté, *LGDJ, 11e éd., 2022, n° 2816*). Dans cette logique, la Cour de cassation a précisé que l'inopposabilité cessait avec la résolution du plan (Com. 9 sept. 2020 : *cité note 1*).

Se pose aussi la question du recours de la caution qui a payé contre le débiteur principal, après exécution correcte du plan par ce dernier, qui pourra donc lui se prévaloir de l'inopposabilité définitive de la créance, sachant que, pour la jurisprudence, cette créance naît avant le jugement d'ouverture, au moment de l'engagement de la caution, cela même s'agissant du recours personnel après paiement (V. note 62 ss. art. L. 622-24), et qu'elle n'est en pratique jamais déclarée, question qui paraît, en l'état des textes et de la jurisprudence, insoluble : la caution verra son recours paralysé (P. Crocq, *préc., n° 28*).

Enfin, l'absence d'extinction de la créance serait susceptible de modifier la situation du repreneur :

– le cessionnaire de l'entreprise, obligé de payer toutes les sommes dues par le débiteur pour lever l'option d'achat d'un contrat de crédit-bail cédé (art. L. 642-7), pourrait devoir payer l'arriéré restant dû par le débiteur malgré le défaut de déclaration du crédit-bailleur ;

– le cessionnaire de biens grevés, « tenu d'acquitter entre les mains du vendeur ou du prêteur les échéances stipulées avec le vendeur ou le prêteur et qui leur restent dues à compter du transfert de la propriété » (art. L. 642-12), ne serait plus dégagé de cette obligation du fait de l'absence de déclaration de créance du créancier titulaire de la sûreté, contrairement à la solution actuelle (Com. 20 juin 1995 : *cité note 58 ss. art. L. 622-24* ; P.-M. Le Corre, Les nouvelles règles de fixation du passif du débiteur, *préc., p. 17, nos 15 et 16* ; en ce sens aussi, V. F.-X. Lucas, *D. 2011. Pan. 2069, spéc. 2077*). Sur ce dernier point, cependant, la situation a été clarifiée par l'ordonnance du 15 septembre 2021, qui est venue expressément paralyser les effets de la transmission de la charge des sûretés à défaut de déclaration de la créance (art. L. 642-12, al. 4, mod.). Mais, de manière générale, la cession des biens compris dans un plan de cession (ou réalisés par voie d'une saisie immobilière) doit faire obstacle à l'exercice des droits du créancier, l'adjudication emportant expressément purge des hypothèques (V. art. L. 642-12, al. 3, et L. 642-18, al. 4).

VI. SORT DES SÛRETÉS NON DÉCLARÉES

L'ordonnance du 15 septembre 2021 a précisé expressément que, tout comme les créances, les sûretés non déclarées régulièrement dans les délais sont inopposables au débiteur pendant l'exécution du plan et après l'exécution du plan lorsque les engagements énoncés dans le plan ont été tenus. Telle était déjà la solution : faute de déclaration de la sûreté dans le délai imparti, le créancier ne pouvait être admis qu'à titre chirographaire.

VII. RETOUR AU DROIT COMMUN DE LA PROCÉDURE D'APPEL

On constate, dans le nouvel article L. 622-26, issu de la loi du 26 juillet 2005, la disparition de la compétence dérogatoire accordée, par la loi du 10 juin 1994, à la cour d'appel pour les décisions du juge-commissaire statuant sur le relevé de forclusion. C'est donc le retour au droit commun de l'article R. 621-21 (qui remplace l'art. 25 du décret abrogé du 27 déc. 1985). Il ne saurait évidemment être tiré un argument en sens contraire de l'article R. 624-7, aux termes duquel « le recours contre les décisions du juge-commissaire statuant sur l'admission des créances est formé devant la cour d'appel », ce texte ne pouvant être étendu au-delà de ce qu'il prévoit (P.-M. Le Corre, Droit et pratique des procédures collectives, *Dalloz Action, 2023/2024, 666.414* ; J.-P. Rémery, L'appel dans la loi de sauvegarde des entreprises, *JCP E 2008. 1154*). La Cour de cassation a tiré explicitement les conséquences de ce retour au droit commun dans un arrêt du 12 janvier 2016, ouvrant dans tous les cas l'appel contre les jugements statuant sur les recours contre les décisions du juge-commissaire, quelle que soit la valeur de la créance en cause (V. note 29). Et, en cas de décision du juge-commissaire statuant à la fois sur la demande de relevé de forclusion et admettant la créance au passif, le débiteur et le mandataire judiciaire doivent d'abord exercer un recours devant le tribunal, sans être recevables à former un appel direct contre l'ordonnance du juge-commissaire (V. Com. 5 févr. 2020 : *cité note 29*).

I. INOPPOSABILITÉ DES CRÉANCES NON DÉCLARÉES

1. *Portée de l'inopposabilité.* Il résulte de l'art. L. 622-26 dans sa rédaction antérieure à l'Ord. du 18 déc. 2008 que si les créanciers qui n'ont pas déclaré leur créance ne sont pas, sauf à être relevés de la forclusion encourue, admis dans les répartitions et les dividendes, cette créance n'est pas éteinte ; elle est inopposable à la liquidation judiciaire. • Com. 3 nov. 2010, n° 09-70.312 P : *D. 2010. Actu. 2645, obs. Lienhard ; D. 2011. Pan. 2075, obs. F.-X. Lucas ; Rev. sociétés 2011. 194, obs. Roussel Galle ; RTD com. 2011. 413, obs. Martin-Serf ; JCP E 2011. 1030, n° 10, obs. Cabrillac ; Gaz. Pal. 7-8 janv. 2011, p. 18, note Le Corre-Broly ; RJDA 2011, n° 64 ; BJE 2011. 186, note Saint-Alary-Houin ; Dr. et patr. 9/2011. 71, obs. Monsèrié-Bon.* ♦ Une créance qui n'a pas été déclarée au passif du débiteur n'est pas éteinte mais inopposable à la procédure collective, de sorte que le défaut de déclaration de la créance, en recouvrement de laquelle le créancier a fait pratiquer une saisie-attribution avant le jugement d'ouverture de son débiteur, ne prive pas ce créancier de son intérêt à agir contre le tiers saisi sur le fondement de l'art. R. 211-5, al. 2, C. pr. civ. • Com. 8 sept. 2015, n° 14-15.831 P : *D. 2015. Actu. 1839 ; RTD com. 2016. 197, obs. Martin-Serf ; LEDEN 10/2015. 3, obs. Camensuli-Feuillard ; Gaz. Pal. 19 janv. 2016, p. 70, obs. Rohart-Messager ; RJDA 2016, n° 304.* ♦ Faute d'avoir été déclarée dans les délais, la créance est inopposable au débiteur pendant l'exécution du plan, de sorte que la demande en paiement formée par le créancier est irrecevable. • Com. 6 juin 2018, n° 16-23.996 P : *cité note 11 ss. art. L. 622-21.* ♦ La créance étant inopposable au débiteur pendant l'exécution du plan de redressement et après si les engagements pris ont été tenus, le créancier ne pourra recouvrer son droit de poursuite individuelle qu'en cas de résolution du plan ; dans ce cas, il pourra agir contre le débiteur, sans que puisse lui être opposée la prescription de son action, dès lors que, jusqu'à la clôture de la procédure collective, cette prescription aura été suspendue ; il en résulte que le créancier est sans intérêt à demander qu'il soit statué par anticipation au cours de l'exécution du plan sur le principe et le montant de sa créance. • Com. 9 sept. 2020, n° 19-10.206 P : *D. 2020. 2228, note Ferrari ; RTD com. 2020. 950, obs. Martin-Serf ; JCP E 2020. 1535, n° 18, obs. Tehrani ; LEDEN 10/2020. 4, obs. Ollu ; APC 2020, n° 225, obs. Cagnoli ; BJE 11-12/2020. 21, note Lafaurie ; RJDA 2020, n° 657 ; RJ com. 2021. 271, obs. Borga.*

2. *Coobligés.* Selon l'art. L. 622-26, al. 2, dans sa rédaction issue de l'Ord. n° 2014-326 du 12 mars 2014, les créances non régulièrement déclarées sont, pendant l'exécution du plan de sauvegarde, inopposables aux personnes physiques coobligées ou ayant consenti une sûreté personnelle ou ayant affecté ou cédé un bien en garantie ; seules les personnes physiques dont l'engagement est de nature conventionnelle ont la qualité de coobligés au sens de ce texte. • Com. 14 juin 2023, n° 21-21.330 B : *D. 2023. Chron. C. cass. 2276, obs. Boutié ; RTD com. 2024. 166, obs. Martin-Serf ; JCP E 2023. 1231, note Boismain ; APC 2023, n° 180, obs. Thiberge ; BJS 10/2023. 51, note Jullian ; BJE 9-10/2023. 8, note Lafaurie ; Dr. sociétés 2023, n° 117, note Legros.*

II. RELEVÉ DE FORCLUSION

3. *Créance postérieure non privilégiée.* Il résulte de la combinaison des art. L. 622-24, al. 6, et L. 622-17, I, que les créances postérieures au jugement d'ouverture et qui ne sont pas nées pour les besoins du déroulement de la procédure ou de la période d'observation, ou en contrepartie d'une prestation fournie au débiteur pendant cette période, et qui, ainsi, n'ont pas vocation à être payées à leur échéance peuvent donner lieu au relevé de la forclusion prévu par l'art. L. 622-26. • Com. 9 déc. 2020, n° 19-17.579 P : *D. 2021. Pan. 1743, obs. F.-X. Lucas ; RTD com. 2021. 198, obs. Martin-Serf ; JCP E 2021. 1191, n° 4, obs. Tehrani ; LEDEN 2/2021. 3, obs. Sahel ; APC 2021, n° 35, obs. Cagnoli ; BJE 3-4/2021. 32, note Saintourens ; RJDA 2021, n° 329 ; RJ com. 2021. 279, obs. Macorig-Venier.*

4. *Motifs de relevé de forclusion.* Sur le pouvoir souverain des juges du fond pour apprécier les circonstances motivant le relevé de forclusion, V. • Com. 27 mars 1990, n° 88-19.152 P • 30 mai 2006, n° 05-11.742 : *RTD com. 2006. 672, obs. Vallens .* ♦ Les juges ne peuvent, toutefois, se borner à retenir, à l'appui de leur décision de relevé de forclusion, que la créance résulte d'un titre authentique. • Com. 22 oct. 1996, n° 93-20.537 : *RJDA 1997, n° 122.*

5. Sur un relevé de forclusion motivé par le fait que le créancier a donné mandat à un tiers de procéder à la déclaration de créances, V. • Com. 16 oct. 2001, n° 98-19.335 : *RPC 2002. 97, obs. Legrand.* ♦ ... Par l'altération des fonctions cérébrales du créancier pendant la période au cours de laquelle il aurait dû déclarer, V. • Toulouse, 21 nov. 2001 : *RDBF 2002, n° 100, obs. F.-X. Lucas.* ♦ V. aussi • Colmar, 20 janv. 2004 : *RDBF 2004, n° 170, obs. F.-X. Lucas ; RPC 2005. 52, obs. Dumont ; ibid. 57, obs Rubellin* (détresse psychologique de l'épouse du débiteur, qui subissait la violence de celui-ci). – Comp. : • Metz, 28 janv. 2003 : *RDBF 2003, n° 149, obs. F.-X. Lucas.* ♦ ... Par l'éloignement du créancier, domicilié à l'étranger, V. • Aix-en-Provence, 7 mai 1998 : *APC 1998, n° 93, obs. Vallansan.* ♦ ... Par le fait que le créancier, non initié aux procédures collectives, n'a pas été informé de l'ouverture de la procédure collective de son débiteur, V. • Orléans, 4 févr. 1999 : *APC 1999, n° 202, obs. Vallansan* (client consommateur). ♦ ... Par l'indication au BODACC d'un faux délai de déclaration, V. • T. com. Paris, 12 janv. 1994 : *RJDA*

1994, n° 583. ♦ ... Par le fait que le BODACC ne mentionnait que le lieu d'activité du débiteur personne physique, et non son domicile, V. • Douai, 2 juill. 1998 : *RPC 1999. 215, obs. Larrieu.* ♦ ... Par l'absence de mention, dans le jugement d'ouverture et l'avis publié au BODACC, de l'existence des établissements secondaires du débiteur, V. • Paris, 9 oct. 1998 : *D. 1998. IR 246.* ♦ V. aussi, jugeant que la lecture du BODACC ne saurait être exigée d'un créancier que pour les dettes professionnelles, • T. com. Paris, 31 mai 1991 : *Gaz. Pal. 1992. 2. Somm. 333.*

6. Sur un relevé de forclusion motivé par la fraude du débiteur, qui a dissimulé à son créancier (une banque), dans le cadre d'une instance qui l'opposait à celui-ci, la procédure collective dont il faisait l'objet, V. • Com. 2 mai 2001, n° 98-14.135 : *RJDA 2001, n° 788.* ♦ V. et Comp. note 10.

7. En ce sens que ne peuvent justifier un relevé de forclusion : l'existence de perturbations dans l'acheminement du courrier, V. • Paris, 29 mai 1998 : *APC 1998, n° 117* • Nancy, 21 sept. 1998 : *RPC 1999. 213, obs. Larrieu.* ♦ ... Des difficultés liées à une restructuration, V. • Paris, 6 juin 2001 : *RPC 2002. 96, obs. Legrand.* – Rappr. : • Paris, 11 oct. 2002 : *RTD com. 2003. 567, obs. Martin-Serf.* ♦ Dans le même sens, refusant de relever de sa forclusion un créancier (France Télécom) qui alléguait l'impossibilité, en raison du grand nombre de ses abonnés, de suivre au jour le jour la situation de ceux-ci, à défaut d'outils propres à assurer une surveillance, V. • Paris, 30 sept. 1999 : *D. 1999. AJ 53* ♦ *Contra* : • Douai, 19 oct. 1989 : *Banque 1990. 196, obs. Rives-Lange ; RTD com. 1990. 262, obs. Martin-Serf* • Amiens, 24 sept. 1998 : *RPC 1999. 215, obs. Larrieu.* ♦ V. aussi, refusant de relever de sa forclusion une banque, plaideur institutionnel disposant d'un service juridique et contentieux, • Nîmes, 8 mars 2001 : *RDBF 2001, n° 234, obs. F.-X. Lucas.* ♦ ... Un créancier dont le conseil avait été informé en temps utile de l'ouverture de la procédure collective, V. • Douai, 7 avr. 2005 : *JCP E 2005, n° 36, p. 1428, note Delattre.* ♦ ... Un créancier contrôleur, V. • Lyon, 8 juin 2006 : *BICC 2006, n° 1769.* ♦ ... Le défaut d'information du créancier quant à l'irrégularité de sa déclaration : V. note 6 ss. art. L. 622-25. ♦ A propos de la rectification d'une erreur contenue dans la déclaration de créance, V. note 7 ss. art. L. 622-25.

8. Pour un arrêt refusant de relever de sa forclusion un mandataire judiciaire, par définition professionnel des procédures collectives, V. • Amiens, 17 déc. 1998 : *RPC 1999. 215, obs. Larrieu.*

9. Pour des décisions relevant de forclusion le Trésor public, V. • T. com. Nanterre, 31 mars 1995 : *Gaz. Pal. 1996. 1. Somm. 278* • Pau, 23 sept. 1997 : *APC 1998, n° 35* • Dijon, 2 juill. 1998 : *APC 1999, n° 202, obs. Vallansan ; RPC 1999. 217, obs. Larrieu* • Paris, 9 oct. 1998 : *préc. note 5.* ♦ Pour des arrêts refusant le relevé de forclusion, V. • Paris, 29 janv. 1999 : *D. 1999. IR 77 ; RPC 1999. 215, obs. Larrieu* (publicité faite dans un autre département) • Besançon, 12 mai 1999 : *APC 1999, n° 202, obs. Vallansan.*

10. Omission de la liste des créanciers. Il résulte de l'art. L. 622-26, al. 1er, dans sa rédaction issue de l'Ord. n° 2014-326 du 12 mars 2014, que, lorsqu'un débiteur s'est abstenu d'établir la liste prévue au deuxième al. de l'art. L. 622-6 ou que, l'ayant établie, il a omis d'y mentionner un créancier, le créancier omis, qui sollicite un relevé de forclusion, n'est pas tenu d'établir l'existence d'un lien de causalité entre cette omission et la tardiveté de sa déclaration de créance. • Com. 16 juin 2021, n° 19-17.186 P : *D. 2021. Pan. 1740, obs. Cagnoli ; ibid. Chron. C. cass. 2264, obs. Barbot ; Rev. sociétés 2021. 551, obs. Reille ; RTD com. 2021. 919, obs. Martin-Serf ; JCP E 2021. 1424, n° 13, obs. Pétel ; DP diff. entr., Bull. n° 438, obs. Rémery ; APC 2021, n° 173, obs. Roussel Galle ; BJE 9-10/2021. 26, note Jazottes ; Gaz. Pal. 26 oct. 2021, p. 75, obs. Lafaurie ; RDBF 2021, n° 136, obs. Houin-Bressand ; RJDA 2021, n° 784 ; Dr. sociétés 2021, n° 151, note Legros.* ♦ De même, avant la modification de l'art. L. 622-26 par l'Ord. préc. du 12 mars 2014, si le caractère volontaire de l'omission d'une créance était démontré, le créancier qui sollicitait un relevé de forclusion n'était pas tenu d'établir l'existence d'un lien de causalité entre son omission de la liste et la tardiveté de sa déclaration de créance. • Com. 10 janv. 2012, n° 10-28.501 P : *D. 2012. Actu. 216, obs. Lienhard ; RTD com. 2012. 404, obs. Martin-Serf ; Rev. sociétés 2012. 195, obs. Roussel Galle ; JCP E 2012. 1123, note Cerati-Gauthier ; ibid. 1227, n° 8, obs. Pétel ; APC 2012, n° 24, obs. Fin-Langer ; LEDEN 3/2012. 2, obs. Rubellin ; Gaz. Pal. 27-28 avr. 2012, p. 30, obs. Le Corre ; RPC 2012, n° 75, obs. F. et M.-N. Legrand ; RJDA 2012, n° 876.* – V. encore : • Com. 12 juill. 2011 : *D. 2011. Actu. 2031, obs. Lienhard ; LEDEN 10/2011. 3, obs. Rubellin ; RJ com. janv.-févr. 2012. 70, note Sortais.* ♦ Selon l'art. L. 622-26, l'omission du créancier par le débiteur sur la liste prévue à l'art. L. 622-6 permet à ce créancier d'être de plein droit relevé de la forclusion par le juge-commissaire ; dès lors qu'un créancier ne figure pas sur cette liste, sa demande de relevé de forclusion doit être accueillie, le débiteur ne pouvant valablement soutenir qu'il n'avait pas à le mentionner sur la liste de ses créanciers au motif qu'il ne peut lui être imposé de déclarer pour le compte d'un créancier une créance dont il conteste l'existence. • Com. 3 juill. 2024, n° 23-15.715 B : *D. 2024. Actu. 1277 ; Rev. sociétés 2024. 529, obs. Henry ; JCP E 2024. 1287, n° 15, obs. Pétel ; RJDA 2024, n° 540 ; APC 2024, n° 161, obs. Ghandour ; BJE 11-12/2024. 36, note Jazottes.* ♦ Il n'appartient pas au juge-commissaire de vérifier, avant de statuer sur la demande de relevé de forclusion fondée sur une omission du débiteur lors de l'établissement de la liste de ses créanciers, du montant de ses dettes et des principaux contrats en cours, l'existence de la créance si elle est contestée par le débiteur. • Com. 12 janv. 2010, n° 09-12.133 P : *D. 2010. AJ 264 ; Rev. sociétés 2010. 196, obs. Roussel Galle ; RTD com. 2010. 606, obs. Martin-Serf ; APC 2010, n° 69, obs. Staes ; RJDA 2010, n° 408 ; Gaz. Pal. 16-17 avr. 2010, p. 35, obs. Le Corre-Broly ; RJDA 2010, n° 702 ; Defrénois 2010. 1480, obs. Gibirila.* ♦ L'information dans la demande d'ouverture d'une procédure de sauvegarde, selon laquelle des cotisations sociales sont dues pour le troisième trimestre 2008, ne remplace pas l'indication de l'organisme social sur la liste des créanciers, mais démontre que le débiteur avait connaissance de l'existence de ce créancier, de sorte que l'omission de son nom sur la liste des créanciers a été volontaire. • Com. 10 janv. 2012 : *préc.* ♦ Pour d'autres exemples d'omission volontaire, V. • Com. 16 mars 2010 : *RTD com. 2010. 606, obs. Martin-Serf ; Gaz. Pal. 2-3 juill. 2010, p. 34, obs. Le Corre-Broly* • 12 juill. 2011 : *Gaz. Pal. 7-8 oct. 2011, p. 30, obs. Le Corre-Broly ; RJ com. janv.-févr. 2012. 70, note Sortais.* ♦ En revanche, est impropre à caractériser la nature volontaire de l'omission, le seul fait que, lors de l'instance en relevé de forclusion, la société en liquidation judiciaire se soit reconnue débitrice de la créance au jour de l'ouverture de la procédure. • Com. 14 nov. 2019, n° 18-18.438 : *RTD com. 2020. 171, obs. Martin-Serf ; LEDEN 1/2020. 5, obs. Lafaurie.* ♦ Comp., désormais : art. L. 622-26, al. 1er, dans sa réd. issue de l'Ord. n° 2014-326 du 12 mars 2014, qui n'exige plus que l'omission du débiteur ait été « volontaire ».

11. Déclaration de créance. Si aucun texte n'oblige le créancier défaillant à déclarer sa créance avant de saisir le juge-commissaire de sa demande de relevé de forclusion, il est néanmoins tenu de la déclarer dans le délai préfix de cette action, même s'il n'a pas été statué sur sa demande de relevé de forclusion à l'intérieur de ce délai. • Com. 23 avr. 2013, n° 11-25.963 P : *D. 2013. Actu. 1129, obs. Lienhard ; ibid. Pan. 2372, obs. Le Corre ; RTD com. 2013. 583, obs. Martin-Serf ; ibid. 595, obs. Vallens ; Rev. sociétés 2013. 381, obs. Roussel Galle ; LEDEN 6/2013. 6, obs. Staes ; APC 2013, n° 133, obs. Cagnoli ; Gaz. Pal. 12-13 juill. 2013, p. 22, obs. Le Corre ; RJDA 2013, n° 821 ; RPC 2013, n° 129, obs. F. et M.-N. Legrand.* ♦ V. déjà, dans le régime antérieur à la loi du 26 juill. 2005 : • Com. 4 oct. 2005, n° 04-15.535 P : *D. 2005. AJ 2742, obs. Lienhard ; JCP E 2006, n° 2, p. 76, obs. Cabrillac ; RTD com. 2006. 201, obs. Martin-Serf ; RDBF 2006, n° 26, obs. F.-X. Lucas* • 9 mai 2007, n° 05-21.357 P : *D. 2007. AJ 1424, obs. Lienhard ; D. 2008. Pan. 577, obs. Le Corre ; RDBF 2007, n° 113, obs. F.-X. Lucas ; JCP E 2007. 2119, n° 8, obs. Cabrillac ; RJ com. 2007. 367, note Roussel Galle ; Defrénois 2007. 1568, obs. Gibirila ; RTD com. 2008. 176, obs. Martin-Serf.* ♦ Comp., désormais : art. L. 622-24, al. 1er, dans sa réd. issue de l'Ord. n° 2014-326 du 12 mars 2014. ♦ Si les dispositions de l'art. L. 622-24 [dans sa rédaction issue de l'Ord. n° 2014-326 du 12 mars 2014] précisent que le délai de déclaration, réduit de moitié, ne court qu'à compter de la notification de la décision de relevé de forclusion, elles n'imposent pas au créancier de renouveler une déclaration de créance faite antérieurement au relevé de forclusion. • Bordeaux, 15 mai 2019, n° 18/05407 : *D. 2019. Actu. 1224, obs. Riéra.* – V. déjà • Com. 24 sept. 2003, n° 01-00.504 : *RJDA 2004, n° 192.*

12. Délai d'action. Le délai d'un an [six mois], fixé par l'art. 53 [C. com., art. L. 622-26], est un délai préfix. • Com. 1er juill. 1997, n° 95-13.602 P : *D. 1998. Somm. 96, obs. Honorat ; D. Affaires 1997. 934 ; RTD com. 1998. 417, obs. Martin-Serf ; JCP E 1998, n° 1-2, p. 32, obs. Cabrillac ; RDBB 1998. 21, obs. Campana et Calendini.*

13. Les dispositions des art. L. 622-24 et L. 622-26 ne portent pas une atteinte substantielle au droit à un recours juridictionnel effectif en ce qu'elles ne font pas obstacle à la recevabilité d'une action en relevé de forclusion exercée après l'expiration du délai maximal d'un an prévu par l'art. L. 622-26 par un créancier placé dans l'impossibilité d'agir pendant ce délai (non-renvoi de la QPC). • Com., QPC, 5 sept. 2013, n° 13-40.034 P : *D. 2013. Actu. 2100, obs. Lienhard ; ibid., Chron. C. cass. 2558, obs. Lecaroz ; D. 2014. 244, note Hontebeyrie ; ibid., Pan. 2147, obs. Le Corre ; RTD com. 2013. 597, obs. Vallens ; ibid. 807, obs. Martin-Serf ; Rev. sociétés 2013. 726, obs. Henry ; JCP E 2014. 1020, n° 7, obs. Pétel ; LEDEN 10/2013. 2, obs. Favario ; APC 2013, n° 228, obs. Le Corre ; RJDA 2013, n° 921 ; RDBF 2013, n° 205, obs. Houin-Bressand ; BJE 2013. 366, note Le Mesle ; RPC 2014, n° 18, obs. F. et M.-N. Legrand ; RJ com. 2014. 65, note Sortais.* ♦ V., désormais, art. L. 622-26, dernier al., dans sa réd. issue de l'Ord. n° 2014-326 du 12 mars 2014.

14. Sur les conditions du relevé de forclusion en cas de défaut d'avertissement du créancier d'avoir à déclarer sa créance, V. note 2 ss. art. R. 622-21.

15. Pour l'application des dispositions de l'art. L. 622-26 à l'action en relevé de forclusion présentée par l'État, agissant aux fins de restitution d'aides illégalement versées, V. • Com. 11 déc. 2012, n° 11-28.053 P : *D. 2013. Actu. 8 ; Rev. sociétés 2013. 182, obs. Roussel Galle ; RTD com. 2013. 344, obs. Martin-Serf ; LEDEN 1/2013. 5, obs. Favario ; BJE 2013. 43, note Vallens ; DP diff. entr., Bull. n° 344, obs. Rémery ; APC 2013, n° 32, obs. Petit ; RJDA 2013, n° 247 ; RPC 2013, n° 75, obs. Vabres* • 23 avr. 2013, n° 12-19.184 P : *D. 2013. Actu. 1128 ; RTD com. 2013. 586, obs. Martin-Serf ; Rev. sociétés 2013. 383, obs. Henry ; LEDEN 6/2013. 7, obs. Mélin ; RJDA 2013, n° 652 ; RPC 2013, n° 128, obs. F. et M.-N. Legrand ; ibid., n° 166, obs. Vabres ; RJ com. 2013. 425, note Sortais ; RPC 2014, n° 9, obs. Mastrullo.*

16. La prorogation de délai par l'art. 66 du décret du 27 déc. 1985 [C. com., art. R. 622-24], pour les créanciers résidant « hors de la France métropolitaine », expressément prévue au titre de la déclaration de créance, ne s'applique pas au délai dans lequel la requête en relevé de forclusion doit être formalisée. En revanche, un tel créancier est, en application de l'art. 645 NCPC (désormais, art. 645 C. pr. civ., relatif à la prorogation des délais de comparution, d'appel, d'opposition, de recours en révision et de pourvoi en cassation), parfaitement fondé à prétendre qu'il convient d'augmenter de deux mois le délai d'un an [six mois] prévu à l'art. 53 [C. com., art. L. 622-26], al. 3. • Paris, 17 déc. 1999 : *D. 2000. AJ 116*.

17. Les juges doivent relever d'office la fin de non-recevoir d'ordre public tirée de l'expiration du délai d'un an [de six mois], à défaut de quoi est ouverte la voie de l'appel-nullité. • Com. 16 nov. 1993, n° 91-15.143 P : *Gaz. Pal. 1995. 1. 7, note Latil* • 26 oct. 1999, n° 97-13.238 P : *D. 1999. AJ 95 ; RTD com. 2000. 188, obs. Vallens ; RDBF 2000, n° 20, obs. F.-X. Lucas.*

18. Sur les conditions d'application de l'art. L. 622-26, al. 3, dans sa rédaction antérieure à l'Ord. n° 2014-326 du 12 mars 2014 (délai de l'action en relevé de forclusion applicable au créancier placé dans l'impossibilité de connaître l'existence de sa créance), V. • Com. 13 sept. 2016, n° 15-11.321 : *Gaz. Pal. 10 janv. 2017, p. 70, obs. Le Corre.*

19. Qualité pour agir. Seul le comptable de la commune, qui tient de la loi le pouvoir de poursuivre la rentrée de tous les revenus de la commune et de toutes les sommes qui lui sont dues, peut agir en relevé de forclusion. • Com. 13 sept. 2017, n° 16-11.531 P : *D. 2017. Actu. 1760, obs. Lienhard ; RTD com. 2017. 988, obs. Martin-Serf ; LEDEN 11/2017. 4, obs. Camensuli-Feuillard ; BJE 2017. 420, note Perruchot-Triboulet ; RJDA 2017, n° 823.* ♦ La désignation du comptable public, son visa et sa signature, sans date, au bas de la requête présentée par la commune, prise en la personne de son maire, ne peuvent suppléer l'irrégularité affectant ladite requête. • Même arrêt.

20. Procédure d'insolvabilité. V. note 2 ss. art. 4 du Règl. (CE) n° 1346/2000 du 29 mai 2000, 2e partie, I. *Droit européen.*

21. Validité de la requête en relevé de forclusion. La demande en relevé de forclusion peut être formée par requête adressée au greffe (s'agissant, en l'espèce, d'une requête adressée au juge-commissaire par lettre recommandée avec accusé de réception et par télécopie le jour même de l'expiration du délai pour agir). • Com. 28 janv. 2014, n° 12-27.728 P : *D. 2014. Chron. C. cass. 1016, obs. Guillou ; ibid. Actu. 369, obs. Lienhard ; JCP E 2014. 1173, n° 2, obs. Pétel ; LEDEN 3/2014. 5, obs. Staes ; Procédures 2014, n° 114, note Rolland ; RJDA 2014, n° 549.*

22. Pour un arrêt ayant jugé, s'agissant d'une requête présentée par un préposé d'une caisse d'épargne, que la mention selon laquelle celui-ci déclarait agir « pour le responsable contentieux » et invoquait un pouvoir de « représenter la caisse devant les instances judiciaires » était insuffisante à établir la validité de la subdélégation, V. • Com. 5 déc. 1995, n° 94-11.831 P. ♦ Comp. notes 100 s. ss. art. L. 622-24.

23. Pour l'obligation de la représentation par avocat en Alsace-Moselle, V. • Com. 19 juin 2007, n° 06-12.150 P : *D. 2007. AJ 2036 ; Gaz. Pal. 26-27 oct. 2007, p. 50, obs. Le Corre-Broly.*

24. La requête en relevé de forclusion, contrairement à la déclaration de créance dont il est acquis qu'elle a simplement les caractères d'une demande en justice, est présentée directement à une juridiction, le juge-commissaire ; il s'ensuit que le requérant doit justifier d'un intérêt à agir au sens des art. 30 à 32 C. pr. civ. • Douai, 13 nov. 2008 : *D. 2008. AJ 2933*.

25. Sursis à statuer sur l'admission de la créance. V. note 21 ss. art. L. 624-2.

26. Principe du contradictoire. Le juge-commissaire ne peut statuer sur la demande d'un créancier tendant à être relevé de forclusion, qui est de nature contentieuse, qu'après avoir entendu ou dûment appelé le représentant des créanciers [mandataire judiciaire] et les parties intéressées. • Com. 13 déc. 2005, n° 04-18.391 P : *D. 2006. AJ 228, obs. Lienhard ; Gaz. Pal. 30 avr.-4 mai 2006, p. 43, obs. Le Corre.* ♦ Dès lors que l'irrégularité affectant l'ordonnance porte sur l'absence de débat contradictoire, la cour d'appel se trouve, par l'effet dévolutif de l'appel, saisie du litige en son entier et doit statuer sur le fond du droit, même si elle déclare l'ordonnance nulle. • Même arrêt.

27. Date de l'ordonnance. N'est pas entachée de nullité pour dépassement de ses pouvoirs par le juge-commissaire l'ordonnance ayant relevé un créancier de la forclusion postérieurement au prononcé de la clôture pour insuffisance d'actif d'une liquidation judiciaire. • Paris, 24 avr. 1992 : *D. 1992. IR 212.*

28. Frais de l'instance. V. art. R. 622-25.

29. Voies de recours. V. art. R. 621-21. ♦ Depuis l'entrée en vigueur de la L. du 26 juill. 2005, aucun texte n'interdit ou ne limite l'appel contre les jugements statuant sur le recours formé contre les décisions du juge-commissaire accueillant ou rejetant une requête en relevé de forclusion, même si la valeur de la créance en cause n'excède pas le taux de compétence en dernier ressort du tribunal de la procédure collective, la demande en relevé de forclusion, qui n'est pas une demande d'admission de la créance, étant indéterminée (irrecevabilité, en application de l'art. 605 C. pr. civ., du pourvoi en cassation contre le jugement statuant sur le recours contre la décision du juge-commissaire). • Com. 12 janv. 2016, n° 14-18.936 P : *D. 2016. Actu. 125, obs. Lienhard ; RTD com. 2016. 858, obs. Vallens ; JCP E 2016. 1101, note Brignon ; ibid. 1198, n° 2,* *obs. Pételn; JCP 2016. 74, obs. Cagnoli ; LEDEN 2/2016. 4, obs. Staes ; APC 2016, n° 29, obs. Rolland ; RJDA 2016, n° 311 ; RDBF 2016, n° 85, obs. Houin-Bressand ; RJ com. 2016. 270, obs. Roussel Galle.* ♦ Selon l'art. R. 621-21 C. com., seul applicable, le recours contre l'ordonnance du juge-commissaire statuant sur une requête en relevé de forclusion, qui n'est soumis à aucun régime dérogatoire, est exercé devant le tribunal ayant ouvert la procédure collective, le jugement rendu sur ce recours étant seul susceptible d'appel ; il en résulte que la société débitrice et le mandataire judiciaire, qui doivent d'abord exercer un recours devant le tribunal, sont irrecevables à former un appel direct contre l'ordonnance du juge-commissaire, celui-ci aurait-il à tort, dans la même décision, prononcé le relevé de forclusion et admis la créance. • Com. 5 févr. 2020, n° 18-21.754 P : *D. 2020. Actu. 333 ; Rev. sociétés 2020. 385, obs. Reille ; RTD com. 2020. 464, obs. Martin-Serf ; JCP E 2020. 1204, n° 15, obs. Pétel ; APC 2020, n° 69, obs. Cagnoli ; RJDA 2020, n° 226 ; BJE 5-6/2020. 37, note Henry ; RPC 2020, n° 55, obs. Borga.* ♦ Pour un arrêt jugeant que le débiteur doit, en sa qualité de partie à la procédure, être intimé par le créancier interjetant appel de l'ordonnance ayant rejeté sa requête en relevé de forclusion, V. • Toulouse, 10 oct. 2001 : *RTD com. 2003. 567, obs. Martin-Serf.* ♦ V. aussi notes 17 et 26.

III. SORT DE LA CAUTION EN CAS DE FORCLUSION

30. Il résulte des dispositions de l'art. L. 622-26 que la défaillance du créancier ayant pour effet, non d'éteindre la créance, mais d'exclure son titulaire des répartitions et dividendes, cette sanction ne constitue pas une exception inhérente à la dette, susceptible d'être opposée par la caution, pour se soustraire à son engagement. • Com. 12 juill. 2011, n° 09-71.113 P : *D. 2011. Actu. 1894, obs. Lienhard ; RTD civ. 2011. 782, obs. Crocq ; RTD com. 2012. 405, obs. Martin-Serf ; JCP E 2011. 1628, note Dissaux ; JCP E 2012. 1000, n° 7, obs. Pétel ; LEDEN 9/2011. 3, obs. Borga ; APC 2011, n° 219, obs. Cagnoli ; DP diff. entr., Bull. n° 329, obs. Dizel ; BJS 2011. 816, note J.-J. Barbièri ; BJE 2011. 258, note Brena ; RDBF 2011, n° 162, obs. Cerles ; Gaz. Pal. 7-8 oct. 2011, p. 15, note Le Corre ; ibid. 26-27 oct. 2011, p. 8, obs. Juillet ; Banque et Dr. 9-10/2011. 42, obs. Jacob ; RLDA oct. 2011. 25, obs. Vallens ; LPA 21 déc. 2011, note S. Piedelièvre ; RJDA 2012, n° 184 ; RJ com. mai-juin 2012. 45, note Macorig-Venier.* – V. aussi Brignon, *RPC 2011. Étude 25* ; J.-F. Barbièri, *BJS 2011. 935* ; Picod, *RLDA janv. 2012. 71.* ♦ Il résulte de la combinaison de l'art. 2314 C. civ. et de l'art. L. 622-26, al. 1er, C. com., dans sa rédaction antérieure à l'Ord. du 18 déc. 2008, que, lorsque le créancier a omis de déclarer sa créance, peu important la nature de celle-ci, la caution est déchargée de son obligation si cette dernière avait pu tirer un avantage effectif du droit d'être admise dans les répartitions et dividendes, susceptible de lui être transmis par subrogation. • Com. 19 févr. 2013, n° 11-28.423 P : *D. 2013. Actu. 565, obs. Lienhard ; RTD com. 2013. 346, obs. Martin-Serf ; RTD civ. 2013. 416, obs. Crocq ; JCP E 2013. 1216, n° 7, obs. Pétel ; APC 2013, n° 76, obs. Alleaume ; LEDEN 4/2013. 2, obs. Borga ; Gaz. Pal. 1er-4 mai 2013, p. 36, obs. Le Corre-Broly ; RJDA 2013, n° 436 ; BJE 2013. 151, note Le Mesle ; Banque et Dr. 5-6/2013. 44, obs. Netter.* – V. Théry, *RJDA 2013. 531.* ♦ C'est au créancier de prouver que la perte du droit préférentiel dont se plaint la caution n'a causé aucun préjudice à celle-ci. • Com. 8 avr. 2015, n° 13-22.969 P : *D. 2015. Actu. 863 ; RTD com. 2015. 586, obs. Martin-Serf ; LEDEN 5/2015. 5, obs. Rubellin ; Gaz. Pal. 19-21 juill. 2015, p. 29, obs. Le Corre-Broly.* – Rappr. • Civ. 1re, 3 juill. 2013, n° 12-21.126 P : *D. 2013. Actu. 1741 ; RTD com. 2013. 809, obs. Martin-Serf ; JCP E 2014. 1020, n° 9, obs. Pétel ; LEDEN 9/2013. 5, obs. Rubellin ; Gaz. Pal. 29 sept.-1er oct. 2013, p. 35, obs. Le Corre-Broly ; APC 2013, n° 212, obs. Dumont-Lefrand ; Banque et Dr. 9-10/2013. 51, obs. Jacob ; RJDA 2013, n° 922 ; Journ. sociétés 1/2014. 53, obs. Ruellan ; RJ com. 2014. 195, obs. Macorig-Venier.*

Art. L. 622-27 S'il y a discussion sur tout ou partie d'une créance autre que celles mentionnées à l'article L. 625-1, le mandataire judiciaire en avise le créancier intéressé en l'invitant à faire connaître ses explications. Le défaut de réponse dans le délai de trente jours interdit toute contestation ultérieure de la proposition du mandataire judiciaire *(Ord. n° 2014-326 du 12 mars 2014, art. 30, en vigueur le 1er juill. 2014)* **« , à moins que la discussion ne porte sur la régularité de la déclaration de créances ».** – *[C. com., anc. art. L. 621-47.] – V. art. R. 624-1.*

COMMENTAIRE

Contrairement à ce que prévoyait l'article 73 du décret du 27 décembre 1985, il semblait résulter de l'article R. 624-4 du code de commerce, issu du décret du 28 décembre 2005, que, lorsque le juge-commissaire statue sur une contestation de créance, le greffier devait convoquer les créanciers n'ayant pas répondu dans le délai de trente jours (V. P.-M. Le Corre, Droit et pratique des procédures collectives, *Dalloz Action, 2023/2024, 671.311*). Cette solution est aujourd'hui expressément renversée par la nouvelle rédaction du texte, donnée par le décret de 2009, qui, revenant au droit de 1985, exclut formellement la convocation de ces créanciers. Mais, bien entendu, le greffier garde la faculté de convoquer ces derniers.

La précision apportée par l'ordonnance du 12 mars 2014 à l'article L. 622-27 consacre une solution jurisprudentielle : la sanction légale du défaut de réponse dans le délai de trente jours ne s'applique pas lorsque la discussion ne porte que sur la régularité de la déclaration de créance (V. Com. 7 juill. 1998 : *cité note 1*). La Cour de cassation a d'ailleurs étendu cette faveur à l'hypothèse d'une contestation concernant, à la fois, la régularité de la déclaration de créance pour défaut de justification d'un pouvoir et le montant de la créance déclarée (V. Com. 28 juin 2017 : *cité note 1*). ❑

1. Conditions d'application. Il résulte des dispositions des art. L. 622-27 et R. 624-1, al. 2, que la lettre du mandataire ou du liquidateur judiciaires prévue par ces textes doit préciser l'objet de la discussion. • Com. 13 mai 2014, n° 13-14.357 P : *D. 2014. Actu. 1148, obs. Lienhard ; ibid. Pan. 2148, obs. Le Corre ; JCP E 2014. 1447, n° 5, obs Pétel ; APC 2014, n° 185, obs. Cagnoli ; LEDEN 7/2014. 3, obs. F. Legrand ; RJDA 2014, n° 655 ; RDBF 2014, n° 147, obs. Houin-Bressand ; Gaz. Pal. 5-7 oct. 2014, p. 38, obs. Le Corre.* ♦ ... Et mentionner la proposition du mandataire judiciaire. • Com. 27 nov. 2012, n° 11-23.773 : *BJE 2013. 95, note Le Corre-Broly.* ♦ Il n'y a discussion de la créance, au sens de l'art. L. 622-27, que lorsque la créance déclarée est contestée dans son existence, son montant ou sa nature, appréciés au jour du jugement d'ouverture. • Com. 29 mai 2019, n° 18-14.911 P : *D. 2019. Pan. 1909, obs. Cagnoli ; Rev. sociétés 2019. 558, obs. Reille ; RTD com. 2019. 989, obs. Martin-Serf ; JCP E 2019. 1375, n° 16, obs. Pétel ; RJDA 2019, n° 576 ; RPC 2019, n° 140, obs. F. Legrand ; RDBF 2019, n° 174, obs. Houin-Bressand.* ♦ Une lettre qui se borne à solliciter une déclaration de créance rectificative tenant compte des encaissements réalisés ne discute pas la créance au sens des textes précités. • Com. 13 mai 2014 : *préc.* ♦ La sanction prévue en cas de défaut de réponse du créancier dans le délai de 30 jours ne peut être étendue au cas où le mandataire judiciaire se borne à demander au créancier des pièces justificatives de la créance en précisant qu'à défaut, il envisage de proposer au juge-commissaire le rejet de cette créance. • Com. 13 sept. 2023, n° 22-15.296 B : *D. 2023. Actu. 1647 ; RTD com. 2023. 944, obs. Martin-Serf ; JCP E 2023. 1342, note Houssin ; ibid. 2024. 1116, n° 13, obs. Tehrani ; APC 2023, n° 202, obs. Le Corre ; ; RJDA 2023, n° 672 ; BJE 11-12/2023. 30, note Jazottes ; Dr. sociétés 2024, n° 25, note Legros ; RPC 2024, n° 125, obs. F. Legrand.* ♦ De même, cette sanction n'est pas applicable lorsque le représentant des créanciers avise le créancier de l'existence d'une instance en cours. • Com. 15 mars 2005, n° 00-19.918 P : *D. 2005. AJ 889, obs. Lienhard ; RDBF 2005, n° 102, obs. F.-X. Lucas ; Gaz. Pal. 6-7 juill. 2005, p. 28, obs. Le Corre.* ♦ Cette sanction n'est applicable que s'il y a discussion sur tout ou partie d'une créance autre que celles mentionnées aux art. 106 [abrogé par L. n° 94-475 du 10 juin 1994] et 123 [C. com., art. L. 625-1] ; elle ne peut être étendue lorsque la discussion porte sur la régularité de la déclaration de créance. • Com. 7 juill. 1998, n° 95-18.984 P : *D. 1998. IR 209 ; D. Affaires 1998. 1322, obs. A. L. ; Quot. jur. 11 août 1998, p. 5, note P. M. ; BJS 1998. 1290, note Courtier ; JCP E 1998, n° 52, p. 2066, obs. Pétel.* ♦ Solution confirmée par l'art. L. 622-27 dans sa réd. issue de l'Ord. n° 2014-326 du 12 mars 2014. ♦ L'art. L. 622-27 n'exige pas que la discussion porte exclusivement sur la régularité de la déclaration de créance pour autoriser le créancier, qui n'a pas répondu à la lettre de contestation du mandataire judiciaire, à exercer un recours contre l'ordonnance du juge-commissaire confirmant la proposition du mandataire. • Com. 28 juin 2017, n° 16-12.382 P : *D. 2017. Actu. 1357, obs. Lienhard ; Rev. sociétés 2017. 525, obs. Henry ; RTD com. 2017. 990, obs. Martin-Serf ; JCP E 2017. 1460, n° 13, obs. Pétel ; LEDEN 9/2017. 3, obs. Staes ; APC 2017, n° 231, obs. Cagnoli ; RDBF 2017, n° 222, obs. Houin-Bressand ; RJDA 2017, n° 825.* ♦ La lettre par laquelle un mandataire judiciaire invite un organisme de sécurité sociale à produire le titre exécutoire constatant sa créance et lui précisant qu'à défaut, il proposera son rejet, n'est pas une lettre de contestation au sens de l'art. L. 622-27 C. com., de sorte que le défaut de réponse à cette lettre n'interdit pas à la cour d'appel de prononcer l'admission de la créance. • Com. 31 janv. 2017, n° 15-17.296 P : *D. 2017. Actu. 294 ; RTD com. 2017. 689, obs. Martin-Serf ; JCP E 2017. 1164, n° 11, obs. Pétel ; RJDA 2017, n° 269.*

2. La contestation du montant de la créance à admettre ne peut porter que sur celui existant au jour de l'ouverture de la procédure collective. • Com. 13 mai 2014 : *préc. note 1.*

3. Aucune disposition ne contraint le créancier, qui, ayant répondu à une première lettre de contestation de sa créance dans le délai imparti, ne peut être exclu du débat sur cette créance et doit être convoqué devant le juge-commissaire appelé à statuer sur la contestation, à répondre à une nouvelle lettre de discussion de la même déclaration de créance. • Com. 28 juin 2017, n° 16-16.614 P : *D. 2017. Actu. 1357 ; Rev. sociétés 2017. 526, obs. Henry ; RTD com. 2017. 990, obs. Martin-Serf ; JCP E 2017. 1460, n° 14, obs. Tehrani ; ibid. 2018. 1097, note Lebel ; APC 2017,* *n° 231, obs. Cagnoli ; RJDA 2017, n° 741 ; RDBF 2017, n° 222, obs. Houin-Bressand.*

4. *Créances fiscales.* Les créances fiscales ne peuvent être contestées, en cas d'ouverture d'une procédure de redressement judiciaire, que dans les conditions prévues par le livre des procédures fiscales ; doivent donc être admises les créances fiscales qui n'ont pas donné lieu à une réclamation contentieuse adressée à l'administration, conformément aux dispositions de ce livre. • Com. 3 févr. 2021, n° 19-20.683 P : *D. 2021. Actu. 284 ; RTD com. 2021. 425, obs. Martin-Serf ; JCP E 2021. 1191, n° 12, obs. Tehrani ; LEDEN 3/2021. 3, obs. Ollu ; APC 2021, n° 67, obs. Dedeurwaerder ; RPC 2021, n° 61, obs. Borga.*

5. *Principe du contradictoire.* Sur l'obligation de respecter le principe du contradictoire, V. • Rennes, 23 janv. 1990 : *RPC 1991. 352, obs. Dureuil* • Bordeaux, 14 mars 1991 : *ibid.* • Com. 22 nov. 1994 : *RPC 1995. 311, obs. Dureuil.* ♦ V. aussi note 9.

6. *Défaut de réponse.* BIBL. Soinne, *Mél. Honorat, Frison-Roche, 2000, p. 209.* ♦ A défaut de réponse dans le délai de trente jours, le créancier s'exclut lui-même du débat sur la créance, de sorte qu'il n'a pas à être convoqué pour être entendu par le juge-commissaire et ne peut pas non plus exercer de recours contre la décision de ce magistrat confirmant la proposition du représentant des créanciers. • Com. 30 mars 1993, n° 91-16.393 P : *D. 1993. IR 130* • 28 mars 2000 : *APC 2000, n° 132.* – V. aussi • Com. 30 mars 1993, n° 90-21.980 P : *D. 1993. IR 130* • Paris, 28 mai 1999 : *D. 1999. IR 217.*

Le caractère insuffisant ou incomplet de la réponse du créancier à la décision de rejet d'une créance ne peut être assimilé à un défaut de réponse. • Com. 11 déc. 2001 : *RPC 2002. 185, obs. Legrand* • Chambéry, 24 sept. 1996 : *RPC 1997. 463, obs. Blanchard.* ♦ L'appréciation du contenu de la réponse du créancier fait partie de la discussion elle-même et ne relève pas de la sanction édictée pour défaut de réponse. • Com. 15 oct. 2002 : *RJDA 2003, n° 160 ; RDBF 2003, n° 32, obs. F.-X. Lucas.*

7. Le créancier ne se trouve pas privé de ses droits, et le juge-commissaire qui n'est pas tenu de suivre la proposition du représentant des créanciers, a la faculté d'ordonner son inscription sur l'état des créances, pour le montant qu'il estime justifié. • Versailles, 9 janv. 1997 : *Gaz. Pal. 1997. 2. Somm. 351.* ♦ V. aussi note 1 ss. art. L. 624-3.

8. L'art. L. 622-27, qui interdit au créancier qui n'a pas répondu à l'avis du mandataire judiciaire dans le délai de trente jours de contester ultérieurement la proposition de ce dernier, n'a pas vocation à s'appliquer lorsqu'une instance au fond, relative à la créance déclarée, était en cours au jour de l'ouverture de la procédure collective du débiteur. • Com. 5 sept. 2018, n° 17-14.960 P : *D. 2019. Pan. 1909, obs. Cagnoli ; RTD com. 2018. 1015, obs. Martin-Serf ; JCP E 2018. 1589, note Berthelot ; LEDEN 10/2018. 4, obs. Urbain ; RDBF 2018, n° 170, obs. Houin-Bressand ; Gaz. Pal. 15 janv. 2019, p. 73, obs. Le Corre* • 13 févr. 2019 P, n° 17-28.749 : *D. 2019. Actu. 380 ; RTD com. 2019. 761, obs. Martin-Serf ; JCP E 2019. 1264, note Houssin ; DP diff. entr. ; Bull. n° 412, obs. Rémery ; RJDA 2019, n° 278 ; RDBF 2019, n° 99, obs. Houin-Bressand.*

9. Dès lors que le créancier a été convoqué devant le juge-commissaire dans le délai de trente jours ouvert par l'art. L. 621-47 [L. 622-27] C. com. et a comparu devant lui, la sanction prévue par l'art. précité ne lui est pas applicable, peu important l'absence de réponse à la lettre de contestation du représentant des créanciers. • Com. 7 déc. 2004, n° 03-16.321 P : *D. 2005. AJ 80, obs. Lienhard ; APC 30 janv. 2005, obs. Voinot ; RDBF 2005, n° 19, obs. F.-X. Lucas ; RTD com. 2005. 175, obs. Vallens ; RPC 2005. 129, obs. Gorrias.*

10. Pour le non-renvoi au Conseil constitutionnel d'une QPC invoquant une contrariété des art. L. 622-27 et L. 624-3, al. 2, aux droits garantis par la DDH, V. • Com., QPC, 28 mars 2018, n° 17-24.265 : *RTD com. 2018. 467, obs. Martin-Serf ; ibid. 481, obs. Vallens ; APC 2018, n° 107, obs. Vallansan.*

11. *Lettre adressée au mandataire du créancier.* Lorsqu'un créancier déclare sa créance par l'intermédiaire d'un mandataire, la lettre par laquelle le représentant des créanciers avise que la créance déclarée fait l'objet d'une contestation peut être adressée soit au mandataire qui a déclaré la créance soit au créancier lui-même. • Com. 19 déc. 2006, n° 05-19.115 P : *D. 2007. AJ 229 ; APC 2007, n° 36, obs. Fricero ; RDBF 2007, n° 23, obs. F.-X. Lucas ; Gaz. Pal. 13-14 avr. 2007, p. 47, obs. Le Corre-Broly.* – V. déjà : • Com. 12 nov. 1997, n° 95-14.225 P : *D. 1997. IR 258 ; D. Affaires 1997. 1425.*

12. *Personne morale de droit public.* Il résulte de la combinaison des dispositions de l'art. L. 621-47 C. com. et de celles de l'art. L. 2343-1, al. 1er, CGCT que, s'il appartient à l'ordonnateur de liquider les créances, seul le comptable de la commune, qui tient de la loi le pouvoir de poursuivre la rentrée de tous les revenus de la commune et de toutes les sommes qui lui sont dues, peut les déclarer au passif du débiteur. • Com. 23 oct. 2007, n° 06-19.069 P : *D. 2007. AJ 2810 ; JCP E 2008. 1207, n° 10, obs. Pétel ; Gaz. Pal. 23-24 janv. 2008, p. 53, obs. Le Corre-Broly.* ♦ Seul le trésorier, qui a procédé à la déclaration de créance, a qualité pour faire connaître ses explications. • Même arrêt. ♦ L'envoi de la lettre de contestation au siège de l'Opérateur du patrimoine et des projets immobiliers de la culture (Oppic) vaut avis à celui-ci de l'existence de la contestation au sens de l'art. R. 624-1, al. 2, C. com., peu important que la lettre n'ait pas été adressée personnellement à l'agent comptable. • Com. 10 janv. 2018, n° 16-20.764 P : *D. 2018. Actu. 69 ; Rev. sociétés 2018. 201, obs. Henry ; RTD com. 2018. 192, obs.*

Martin-Serf ; JCP E 2018. 1159, n° 13, obs. Pétel ; APC 2018, n° 47, obs. Amlon ; LEDEN 2/2018. 2, obs. Camensuli-Feuillard ; BJE 2018. 101, note Houssin ; RJDA 2018, n° 258 ; RDBF 2018, n° 77, obs. Houin-Bressand.

13. Lettre adressée à l'ancien syndic de copropriété. L'envoi par le représentant des créanciers à l'ancien syndic de copropriété, avant qu'il ne soit informé de son remplacement, d'une lettre mentionnant l'objet de la contestation de la créance et l'invitant à faire connaître ses explications dans le délai de trente jours, satisfait aux exigences des art. L. 621-47 [L. 622-27] C. com. et 72, al. 3, du décret du 27 déc. 1985 [C. com., art. R. 624-1] ; le représentant des créanciers n'ayant pas à renouveler sa contestation auprès du nouveau syndic peut, sans y être tenu, lui adresser une copie pour information de la lettre envoyée à son prédécesseur. • Com. 8 juin 2010, n° 09-68.121 P : *D. 2010. Actu. 1477, obs. Lienhard ; RJDA 2010, n° 1094.*

14. Réponse par un préposé du créancier. La personne morale créancière peut répondre à la lettre du liquidateur, l'avisant de l'existence d'une discussion sur tout ou partie de la créance déclarée, par tout préposé de son choix sans que ce préposé soit tenu de justifier qu'il est titulaire d'une délégation de pouvoir à cette fin émanant des organes habilités par la loi à représenter la personne morale. • Com. 16 sept. 2008, n° 07-17.273 P : *D. 2008. AJ 2345, obs. Lienhard ; JCP E 2009. 1008, n° 13, obs. Pétel ; RTD com. 2008. 873, obs. Vallens ; ibid. 207, obs. Martin-Serf .*

15. Délai de trente jours. Il résulte de la combinaison des art. L. 621-47 [L. 622-27] C. com. et 72, al. 3, du Décr. du 27 déc. 1985 [C. com., art. R. 624-1] que le délai de trente jours dans lequel le créancier doit répondre à la lettre du représentant des créanciers court à compter de la réception de la lettre par le créancier. • Com. 21 janv. 2003 : *RJDA 2003, n° 860.* ♦ Dès lors que le créancier n'a pas reçu la lettre recommandée l'avisant de la contestation de sa créance, celle-ci ayant été retournée à l'envoyeur faute d'avoir été réclamée, le délai de trente jours n'a pas couru. • Com. 5 nov. 2003, n° 01-00.881 P : *D. 2003. AJ 2963, obs. Lienhard ; Procédures 2004, n° 22, note Perrot.* ♦ Il en va de même lorsque la lettre revient au représentant des créanciers avec la mention « n'habite plus à l'adresse indiquée ». • Orléans, 3 mars 2005 : *RJDA 2005, n° 731.* ♦ Il appartient au représentant des créanciers d'établir la date de réception de la lettre de contestation par le créancier. • Paris, 4 févr. 1997 : *RPC 1997. 462, obs. Blanchard.*

16. Créancier domicilié à l'étranger. Le créancier domicilié à l'étranger ne bénéficie pas d'une augmentation du délai de trente jours. • Paris, 16 mars 1993 : *RJDA 1993, n° 563.* ♦ Il ne peut non plus invoquer le défaut de traduction de la lettre dans sa langue, aucun texte ne prévoyant une telle obligation. • Paris, 29 juin 1993 : *RJDA 1993, n° 837* • Douai, 25 avr. 2002 : *D. 2002. AJ 2604 .*

Art. L. 622-28 *(L. n° 2005-845 du 26 juill. 2005, art. 39)* « **Le jugement d'ouverture arrête le cours des intérêts légaux et conventionnels, ainsi que de tous intérêts de retard et majorations, à moins qu'il ne s'agisse des intérêts résultant de contrats de prêt conclus pour une durée égale ou supérieure à un an ou de contrats assortis d'un paiement différé d'un an ou plus.** *(Ord. n° 2008-1345 du 18 déc. 2008, art. 166-I)* « **Les personnes physiques coobligées ou ayant consenti une sûreté personnelle ou ayant affecté ou cédé un bien en garantie** » **peuvent se prévaloir des dispositions du présent alinéa.** *(Ord. n° 2014-326 du 12 mars 2014, art. 31, en vigueur le 1er juill. 2014)* « **Nonobstant les dispositions de** *(Ord. n° 2016-131 du 10 févr. 2016, art. 6-III-8°, en vigueur le 1er oct. 2016)* « **l'article 1343-2** *[ancienne rédaction : l'article 1154]* » **du code civil, les intérêts échus de ces créances ne peuvent produire des intérêts.** »

« **Le jugement d'ouverture suspend jusqu'au jugement arrêtant le plan ou prononçant la liquidation toute action contre les personnes physiques coobligées ou ayant consenti** » *(Ord. n° 2008-1345 du 18 déc. 2008, art. 166-II)* « **une sûreté personnelle ou ayant affecté ou cédé un bien en garantie** ». **Le tribunal peut ensuite leur accorder des délais ou un différé de paiement dans la limite de deux ans.**

Les créanciers bénéficiaires de ces *(L. n° 2005-845 du 26 juill. 2005, art. 39)* « **garanties** » **peuvent prendre des mesures conservatoires.** — *[C. com., anc. art. L. 621-48.]*

V. art. R. 622-26.

Sur les dispositions transitoires de l'Ord. n° 2016-131 du 10 févr. 2016, V. note ss. art. L. 611-7.

BIBL. ▶ MACORIG-VENIER, *RPC 2005. 210.* – NEVEU et GUERY, *ibid. 2012. Étude 44* (situation des cautions, coobligés et garants).

Ancien art. L. 622-28 (al. 1er et 2) *[réd. issue de L. n° 2005-845 du 26 juill. 2005]* ***Le jugement d'ouverture arrête le cours des intérêts légaux et conventionnels, ainsi que de tous intérêts de retard et majorations, à moins qu'il ne s'agisse des intérêts résultant de contrats de prêt conclus pour une durée égale ou supérieure à un an ou de contrats assortis d'un paiement différé d'un an***

ou plus. Les personnes physiques cautions, coobligées ou ayant donné une garantie autonome peuvent se prévaloir des dispositions du présent alinéa.

Le jugement d'ouverture suspend jusqu'au jugement arrêtant le plan ou prononçant la liquidation toute action contre les personnes physiques coobligées ou ayant consenti un cautionnement ou une garantie autonome. Le tribunal peut ensuite leur accorder des délais ou un différé de paiement dans la limite de deux ans.

COMMENTAIRE

I. ARRÊT DU COURS DES INTÉRÊTS

Dès lors que, depuis 2005, les créances non déclarées ne sont plus éteintes, mais seulement inopposables à la procédure, il aurait paru pertinent de préciser *de lege feranda*, à l'article L. 622-28, que l'exception à la règle de l'arrêt du cours des intérêts, en faveur des prêts conclus pour une durée supérieure à un an, ne vaut que pour les créances ayant fait l'objet d'une déclaration régulière (T. Montéran, Pour améliorer le droit des entreprises en difficulté, osons la réforme, *Gaz. Pal. 23-24 janv. 2008, p. 3, spéc. p. 8*). Mais l'ordonnance du 18 décembre 2008 n'a pas abordé cette question. Reste à savoir si les clauses contraires à la possibilité, pour le garant, de se prévaloir de l'arrêt du cours des intérêts seraient valables (en ce sens, V. N. Borga, L'ordre public et les sûretés conventionnelles, Contribution à l'étude de la diversité des sûretés, *Dalloz, 2009, n° 165* ; Regards sur les sûretés dans l'ordonnance du 18 décembre 2008, *RDBF 2009. Étude 20, n° 23*).

La Cour de cassation a refusé de transmettre au Conseil constitutionnel une question prioritaire de constitutionnalité fondée notamment sur l'atteinte au principe d'égalité et à la liberté d'entreprendre (Com., QPC, 20 mars 2012 : V. note 1).

De même qu'en conciliation (V. art. L. 611-10-1), l'ordonnance du 12 mars 2014 a exclu l'application de l'article 1154 du code civil (devenu l'art. 1343-2, depuis le 1er oct. 2016, en raison de l'Ord. du 10 févr. 2016), afin de préciser expressément que les intérêts échus des créances ne produisent pas eux-mêmes des intérêts, selon la règle de la capitalisation des intérêts (dite anatocisme) prévue par ce texte. Cette précision vient faire échec à une récente solution de la Cour de cassation, qui avait jugé, dans le silence d'alors des textes, que l'anatocisme devait s'appliquer, puisqu'il ne s'agit que d'une modalité de détermination du montant des intérêts dus par le débiteur (Com. 2 juill. 2013 : *cité note 8*).

II. SITUATION DES COOBLIGÉS ET GARANTS

Soucieuse d'améliorer un peu le sort des cautions, en particulier des cautions données par les dirigeants de sociétés et des cautions « familiales », la loi de 1994 avait fait bénéficier les « cautions personnelles personnes physiques » de l'arrêt des poursuites individuelles pendant toute la période d'observation, et de la possibilité, ensuite, de se voir accorder par le tribunal « des délais ou un différé de paiement dans la limite de deux ans ». S'agissant d'une exception, cette disposition devait faire l'objet d'une interprétation stricte. D'où l'exclusion des sûretés réelles consenties pour garantir la dette d'un tiers, qu'à l'époque (avant l'arrêt de chambre mixte du 2 déc. 2005) on appelait encore cautions réelles (mais non celle des donneurs d'aval : V. note 16). Or, le texte de l'ancien article L. 621-48 ne visait pas les coobligés. Aussi, la Cour de cassation l'avait-elle, fort logiquement, écartée en présence de codébiteurs solidaires.

La loi du 26 juillet 2005 a mis fin à cette inégalité de traitement (qui permettait aussi aux banques de contourner la protection des cautions) en alignant la situation des coobligés personnes physiques sur celle des cautions personnes physiques. Par ailleurs, le texte ne distinguant plus, la protection devait profiter dorénavant à ces sûretés réelles consenties pour garantir la dette d'un tiers autant qu'aux cautions personnelles. Mais, avant même que le texte ne soit entré en vigueur, la situation s'était retournée du fait que, précisément, la Cour de cassation (comme la loi, ultérieurement, après la réforme des sûretés par l'Ord. du 23 mars 2006 : V. anc. art. 2334 C. civ.), après sa décision de principe du 2 décembre 2005, ne regardait plus ces dernières comme des cautionnements, alors que l'article L. 622-28 visait les personnes physiques ayant consenti un cautionnement (V. comm. dans l'éd. 2014).

L'incertitude a pris fin avec l'extension du domaine de la disposition résultant de l'ordonnance du 18 décembre 2008, qui vise désormais, de manière très générale, « les personnes physiques coobligées ou ayant consenti une sûreté personnelle ou ayant affecté ou cédé un bien en garantie » (sur cette notion, V. J.-D. Pellier, La poursuite de la construction d'un régime des sûretés pour autrui, *D. 2014. Chron. 1054* ; V. aussi, sur la portée des énoncés généraux de la règle de droit en matière de sûreté, N. Borga, L'ordre public et les sûretés conventionnelles, Contribution à l'étude de la diversité des sûretés, *préc., nos 367 et 425* ; et, sur la critique de cette expression, qualifiée de « nominalisme de façade », J.-J. Ansault, Le cautionnement réel, *Defrénois, 2009, n° 617*).

Pareillement, et pour les mêmes raisons, la loi du 26 juillet 2005 avait étendu la suspension des poursuites aux personnes physiques ayant consenti une garantie autonome (situation assez rare en pratique, sinon précisément afin de contourner les règles protectrices des cautions). Cette dernière extension, notons-le, allant à l'encontre même de la finalité de la garantie dite autonome, ou indépendante, ce qui avait suscité la critique (V., par exemple, Ph. Simler, Les sûretés personnelles, *in* Dossier Rapport « Grimaldi » : pour une réforme globale des sûretés, *Dr. et patr. 9/2005, p. 55, spéc. p. 60*). Aussi était-il logique que, là aussi, l'ordonnance de 2008 étende la mesure à toutes les personnes physiques coobligées ou ayant consenti une sûreté personnelle ou ayant affecté ou cédé un bien en garantie. Ces avantages concernent donc désormais toutes les garanties, notamment la fiducie, et probablement la délégation imparfaite (pour laquelle, cependant, la nouvelle définition n'ôte pas tout doute ; de même que pour la promesse de porte-fort exécution et l'assurance-crédit : J.-D. Pellier, *préc.* ; V. Heuzé, Assurance-crédit et sûretés personnelles, *D. 2014. Chron. 493* ; V. D. Legeais, *RDBF 2008, n° 67* ; P. Crocq, L'ordonnance du 18 décembre 2008 et le droit des sûretés, *RPC 2009. Dossier 10, n° 31* ; M.-H. Monsèrié-Bon, Les apports de la réforme du 18 décembre 2008 en matière de sûretés, *Dr. et patr. 1/2010, p. 26, spéc. p. 34* ; V. aussi, sur la notion de délégation-sûreté, P. Pétel, Les sûretés personnelles dans le nouveau droit des entreprises en difficulté, *Cah. dr. entr. 7-8/2009. 20* ; pour un arrêt excluant le porte-fort de l'exécution du bénéfice de l'art. L. 622-28, V. Paris, 3 déc. 2010, RG n° 08/04279, cité par J.-D. Pellier, *préc.*).

Certains praticiens ont regretté que ces mesures n'aient pas été étendues aux personnes morales, sachant que, dans les groupes, les garants sont généralement des sociétés (notamment, s'agissant des garanties de dettes LBO, de crédits revolving ou de crédits spécifiquement affectés : N. Laurent et J. de Michele, Le point de vue du praticien sur dix principales mesures du projet de réforme de la sauvegarde, *JCP 2008. I. 214, n° 14*).

Déjà avant 2008, toutes ces extensions avaient conduit certains auteurs à se demander si la protection ne devrait pas désormais pouvoir profiter aussi aux associés tenus solidairement et indéfiniment, qui ne sont que des débiteurs subsidiaires (V. comm. précédant l'art. L. 651-1, *II. Suppression des ouvertures automatiques de procédure*).

Notons, enfin, que, depuis l'ordonnance du 15 septembre 2021, la règle de l'arrêt du cours des intérêts profite aux garants personnes physiques, en redressement judiciaire aussi bien qu'en sauvegarde (V. comm. ss. art. L. 631-14, IV, B). ❑

1. Constitutionnalité de l'art. L. 622-28. L'exception au principe de l'égalité des créanciers prévue par l'art. L. 622-28 concernant les contrats de prêt conclus pour une durée égale ou supérieure à un an ou les contrats assortis d'un paiement différé d'un an ou plus ne constitue pas une limitation en elle-même à la liberté fondamentale d'entreprendre, laquelle serait, en toute hypothèse, nullement disproportionnée au regard de l'objectif de la disposition contestée (non-renvoi de la QPC). • Com., QPC, 20 mars 2012, n° 11-23.822 : *RTD com. 2012. 850, obs. Martin-Serf ; RJDA 2012, n° 697.*

2. Application à la liquidation judiciaire. V. art. L. 641-3.

3. Caractère définitif de l'arrêt. Le jugement d'ouverture du redressement judiciaire arrêtant définitivement le cours des intérêts des créances nées antérieurement, une cour d'appel ne peut faire reprendre le cours des intérêts à compter de la date du jugement adoptant le plan de continuation. • Soc. 10 déc. 1996, n° 94-40.485 P : *Dr. sociétés 1997, n° 7, obs. Chaput* • Com. 10 déc. 2002, n° 99-20.478 : *RJDA 2003, n° 615.* ♦ Solution étendue au plan de cession : • Com. 5 févr. 2020, n° 18-19.044 : *RJDA 2020, n° 317 ; RDBF 2020, n° 57, obs. Houin-Bressand.*

4. Intérêts échus avant le jugement d'ouverture. Pour l'inapplicabilité de l'art. L. 622-28, V. • Com. 28 mai 2013, n° 12-14.049 : *RPC 2014, n° 27, obs. Reille.*

5. Créances garanties par l'AGS. Le jugement d'ouverture arrêtant définitivement le cours des intérêts des créances, y compris salariales, nées antérieurement, les juges du fond doivent se borner, sans mettre hors de cause l'AGS, à déterminer le montant des sommes à inscrire sur l'état des créances, toute condamnation de l'employeur à payer directement ces sommes à l'intéressé étant exclue. • Soc. 13 janv. 1999 : *APC 1999, n° 57.* ♦ Sur l'application de l'art. 55 [C. com., art. L. 622-28] aux créances salariales, V. aussi • Soc. 23 nov. 1999 : *D. 2001. Somm. 116, obs. Derrida.*

6. Exclusion des créances postérieures au jugement d'ouverture. L'art. 55 [C. com., art. L. 622-28] ne s'applique qu'aux intérêts des créances dont l'origine est antérieure au jugement d'ouverture de la procédure collective. • Com. 11 juill. 1995, n° 93-10.385 P : *D. 1996. Somm. 222, obs. Pérochon ; D. Affaires 1995. 69.* – Dans le même sens : • Com. 20 juin 2000, n° 97-11.422 P : *D. 2000. AJ 368, obs. Pisoni ; JCP E 2001, n° 5, p. 221, obs. Cabrillac.* ♦ Tel n'est pas le cas de la créance du vendeur, titulaire d'une clause de réserve de propriété, lorsque les marchandises, qui existaient en nature à la date du jugement d'ouverture, ont été revendues par la suite. • Com. 11 juill. 1995 : *préc.*

7. Notion de prêt. L'art. 55 [C. com., art. L. 622-28] n'est pas applicable à un contrat de crédit-bail. • Com. 29 mai 2001, n° 97-11.151 P : *D. 2001. AJ 2122, obs. Avena-Robardet ; JCP E 2001, n° 37, p. 1423, obs. Cabrillac* • Paris, 9 oct. 1997 : *RJDA 1998, n° 72.*

8. Durée supérieure à un an. La dérogation à la règle de l'arrêt du cours des intérêts n'est pas limitée aux seuls contrats en cours à l'ouverture de la procédure, mais s'applique aussi aux contrats déjà dénoncés ou résiliés avant. • Colmar, 10 janv. 1990 : *D. 1991. Somm. 111, obs. Derrida* • Com. 16 avr. 1991, n° 89-19.868 P : *D. 1991. 362, note Gavalda* • 27 nov. 1991, n° 90-10.869 P : *D. 1993. 229, note Sortais* • 11 mai 1993, n° 91-11.379 P : *Rev. sociétés 1993. 652, note Chaput* • 6 juill. 1993 : *Rev. huiss. 1993. 190, note Vidal.*

La circonstance que trois prolongations successives aient été accordées ne saurait conférer au prêt [conclu à l'origine pour six mois], au regard des dispositions de l'art. 55 [C. com., art. L. 622-28], le caractère d'un prêt conclu pour une durée égale ou supérieure à un an. • Com. 29 avr. 2003, n° 99-15.544 P : *D. 2003. AJ 1436 ; JCP E 2003, n° 40, p. 1569, obs. Cabrillac ; RDBF 2003, n° 235, obs. F.-X. Lucas ; RTD com. 2003. 820, obs. Martin-Serf.*

Dès lors que la convention de compte courant ne précise ni la durée pendant laquelle la mise à disposition des fonds est accordée, ni les modalités de son remboursement, le compte courant ne saurait constituer un prêt à plus d'un an, les modalités de remboursement accordées lors de la cession des titres ne lui conférant pas cette qualité. • Com. 23 avr. 2013, n° 12-14.283 P : *D. 2013. Actu. 1128 ; RTD com. 2013. 590, obs. Martin-Serf ; JCP E 2013. 1434, n° 1, obs. Pétel ; RJDA 2013, n° 650 ; Gaz. Pal. 12-13 juill. 2013, p. 21, obs. Roussel Galle ; ibid. 17-19 nov. 2013, p. 20, obs. Auclair ; BJE 2013. 241, note Cerati-Gauthier ; RLDA juill.-août 2013. 10, obs. Marpeau et Dietrich ; RDBF 2013, n° 167, obs. Houin-Bressand ; Dr. sociétés 2013, n° 187, note Legros.*

Pour l'application de l'art. 55 [C. com., art. L. 622-28] à une ouverture de crédit, V. • Com. 19 mars 1996 : *D. 1996. IR 111 ; Rev. dr. bancaire 1996. 127, obs. Campana et Calendini ; RPC 1996. 490, obs. Kerckhove ; RTD com. 1996. 720, obs. Martin-Serf* • 9 janv. 2001, n° 97-13.236 P : *D. 2001. AJ 923, obs. Avena-Robardet ; RDBF 2001, n° 119, obs. F.-X. Lucas ; Dr. et patr. 11/2001. 113, obs. Monsèrié-Bon ; RTD com. 2001. 975, obs. Martin-Serf.* ♦ Comp., s'agissant d'une ouverture de crédit à durée indéterminée dont l'exécution s'est poursuivie pendant plus d'un an : • Com. 6 mai 1997, n° 94-13.772 P : *Rev. dr. bancaire 1997. 174, obs. Campana et Calendini ; JCP E 1997. II. 996, note Legeais.*

L'exception à la règle de l'arrêt du cours des intérêts, édictée à l'art. L. 622-28, al. 1er, C. com. en faveur de ceux résultant de contrats de prêts conclus pour une durée égale ou supérieure à un an, vise, aux termes mêmes de ce texte, tous intérêts, sans en exclure les intérêts de retard prévus par ces conventions. • Com. 2 juill. 2013, n° 12-22.284 P : *D. 2013. Actu. 1740, obs. Lienhard ; ibid. 2014. Pan. 2151, obs. Le Corre ; JCP E 2014. 1020, n° 3, obs. Pétel ; APC 2013, n° 202, obs. Vallansan ; DP diff. entr., Bull. n° 351, obs. Rémery ; LEDEN 9/2013. 2, obs. Rubellin ; Gaz. Pal. 29 sept.-1er oct. 2013, p. 30, obs. Roussel Galle ; RJDA 2013, n° 819 ; RDBF 2013, n° 167, obs. Houin-Bressand ; Dr. et patr. 9/2014. 98, obs. Saint-Alary-Houin.* ♦ La clause pénale prévoyant leur calcul à un taux supérieur à celui du prêt s'applique, sous réserve de l'exercice du pouvoir de modération du juge, même en cas d'ouverture d'une procédure de sauvegarde à l'égard de l'emprunteur, à moins que cette clause de majoration n'aggrave sa situation qu'en cas d'ouverture d'une procédure collective. • Même arrêt. ♦ Jurisprudence infirmée par l'art. L. 622-28 dans sa réd. issue de l'Ord. n° 2014-326 du 12 mars 2014. ♦ Si la créance résultant d'une clause de majoration d'intérêt dont l'application résulte du seul fait de l'ouverture d'une procédure collective ne peut être admise, en ce qu'elle aggrave les obligations du débiteur en mettant à sa charge des frais supplémentaires, tel n'est pas le cas de la clause qui sanctionne tout retard de paiement. • Com. 7 févr. 2024, n° 22-17.885 P : *D. 2024. Pan. 1694, obs. Cagnoli ; RTD com. 2024. 422, obs. Martin-Serf ; JCP E 2024. 1116, n° 17, obs. Pétel ; APC 2024, n° 68, obs. Vallansan ; RJDA 2024, n° 299 ; BJE 5-6/2024. 21, note Lafaurie ; RDBF 2024, n° 69, obs. Houin-Bressand.*

Le jugement d'ouverture du redressement judiciaire de la caution arrête le cours des intérêts de la somme due par celle-ci, conformément à la règle de l'art. 55 [C. com., art. L. 622-28], peu important, au regard de cet arrêt, intervenu du chef de la caution, la durée supérieure à un an du contrat de prêt initialement conclu entre le créancier et le débiteur principal, objet d'une autre procédure collective. • Com. 3 mai 1994, n° 92-14.395 P : *D. 1994. IR 156.* ♦ Dans le même sens, V. • Com. 8 sept. 2015, n° 14-14.175 : *Gaz. Pal. 19 janv. 2016, p. 72, obs. Le Corre-Broly.* ♦ Il n'est pas dérogé à cette règle en présence d'une décision de condamnation du débiteur à payer la créance assortie des intérêts au taux contractuel. • Com. 16 nov. 2010, n° 09-71.935 P : *D. 2010. Actu. 2902, obs. Lienhard ; Rev. sociétés 2011. 194, obs. Roussel Galle ; RTD com. 2011. 637, obs. Martin-Serf ; JCP E 2011. 1263, n° 3, obs. Pétel ; LEDEN 1/2011. 6, obs. Couard ; BJE 2011. 37, note Brena ; RJDA 2011, n° 372 ; Gaz. Pal. 30-31 mars 2011, p. 18, obs. Dumont-Lefrand ; LPA 29 avr. 2011, obs. Reille.*

Un créancier en vertu d'un contrat de prêt conclu pour une période supérieure à un an et dont la créance n'est pas échue, doit la déclarer en précisant le montant de chacune des échéances, leur date, les modalités de calcul des intérêts et le taux de ces derniers en cas de déchéance de terme. • Douai, 26 nov. 1987 : *RPC 1988. 92, obs. Dureuil* • Rennes, 22 juill. 1987 : *RTD com. 1989. 317, obs. Martin-Serf ; Gaz. Pal. 1987. 2. 615, note Massart ; Rev. dr. bancaire 1988. 30, obs. Dekeuwer-Defossez* • Aix-en-Provence, 21 mai 1992 : *RJDA 1992, n° 759.*

En ce sens que, s'agissant de contrats de prêt conclus pour une durée égale ou supérieure à un an, la caution, quelle que soit la date à laquelle le cautionnement a été souscrit, est tenue des intérêts au-delà du jugement d'ouverture, V. • Com. 4 avr. 2006, n° 04-20.430 P : *D. 2006. AJ 1231, obs. Lienhard ; JCP E 2006, n° 37, p. 1535, obs. Cabrillac.*

9. Plan de continuation. Lorsque les retards de remboursement des prêts sont la conséquence des délais imposés par le tribunal dans le jugement arrêtant le plan de continuation, la créance d'intérêts moratoires conventionnels doit être admise au passif, en l'absence de faute du créancier. • Com. 2 févr. 1993, n° 91-13.558 P : *D. 1995. Somm. 7, obs. Derrida ; RJDA 1993, n° 560.* ♦ Le créancier qui a consenti au débiteur, avant son redressement judiciaire, un prêt pour une durée d'au moins un an et auquel sont imposés par le plan de continuation des délais de remboursement plus longs que ceux contractuellement prévus, a droit au paiement des intérêts prévus par le contrat à raison de l'allongement de ces délais. • Com. 14 oct. 1997, n° 95-14.824 P : *D. 1997. IR 237 ; D. Affaires 1997. 1358 ; Defrénois 1998. 257, obs. Le Cannu ; RDBB 1998. 26, obs. Campana et Calendini ; RPC 1998. 362, obs. Soinne* • 3 déc. 2003 : *RJDA 2004, n° 598.*

10. Capitalisation. Il ne résulte ni de l'art. 55 de la loi du 25 janv. 1985 [C. com., art. L. 622-28] ni d'aucune autre disposition législative que l'application de l'art. 1154 [1343-2] C. civ. serait exclue à propos des intérêts dont le cours n'a pas été arrêté par le jugement d'ouverture de la procédure collective. • Paris, 27 févr. 1998 : *D. Affaires 1998. 583.* – Comp. : • Versailles, 20 sept. 1990 : *BICC 1991, n° 333.*

11. Modalités de calcul des intérêts. Par application de l'art. L. 622-28, les modalités de calcul des intérêts ne peuvent pas être modifiées, notamment la variabilité du taux, de même que la fourniture d'un contrat de couverture qui en est un accessoire. • Versailles, 28 févr. 2013, n° 12/02755 : *cité note 1 ss. art. L. 626-12.*

12. Cautions (jurispr. antérieure à la loi du 10 juin 1994). Avant la loi du 10 juin 1994, une caution n'était pas tenue des intérêts au-delà de la date du jugement prononçant le redressement judiciaire du débiteur dès lors que l'art. 55 n'opérait aucune distinction pour l'arrêt du cours des intérêts légaux et conventionnels et que l'obligation de la caution ne peut excéder ce qui est dû par le débiteur principal. • Com. 13 nov. 1990, n° 88-17.734 P : *D. 1991. Somm. 112, obs. Derrida ; JCP E 1991. II. 114, note Pétel.* ♦ Même solution pour le donneur d'aval : • Com. 25 juin 1996, n° 94-20.100 P : *D. 1996. IR 184 ; D. Affaires 1996. 1101 ; JCP 1996. II. 22687, rapp. Rémery.* ♦ En revanche, les cautions étaient tenues à titre personnel, à compter de leur mise en demeure, des intérêts au taux légal de la dette garantie. • Com. 7 janv. 1992, n° 89-17.717 P : *Defrénois 1992. 1573, obs. J. Honorat* • 11 mai 1993, n° 91-11.951 P : *Banque oct. 1993. 100, obs. Guillot ; RTD com. 1995. 202, obs. Martin-Serf* • 22 mars 1994, n° 92-11.064 P : *D. 1995. 139, note Vernet .* ♦ Cette jurisprudence avait été infirmée par la nouvelle réd. de l'art. 55, al. 1er, de la loi du 25 janv. 1985 [devenu art. L. 621-48 C. com.], issue de la L. n° 94-475 du 10 juin 1994. ♦ Comp., désormais : art. L. 622-28, al. 1er, dans sa réd. issue de L. n° 2005-845 du 26 juill. 2005, qui fait bénéficier les personnes physiques cautions de l'arrêt du cours des intérêts.

S'agissant d'une caution en redressement judiciaire, V. note 8.

13. Recours de la caution contre un créancier. V. notes 53 s. ss. art. L. 313-12 C. mon. fin., 2e partie.

14. Associé de société civile. En application de l'art. 55, dans sa rédaction issue de la loi du 10 juin 1994 [C. com., art. L. 622-28], l'arrêt du cours des intérêts bénéficie aux associés d'une société civile, en leur qualité de garants subsidiaires. • Com. 29 mars 2011, n° 10-15.554 : *BJS 2011. 571, note F.-X. Lucas ; BJE 2011. 192, note Brena.*

15. Application dans le temps de la loi du 10 juin 1994. Les dispositions de l'art. 55, al. 2, devenu l'art. L. 621-48, al. 2, C. com., dans sa rédaction issue de la loi du 10 juin 1994, ne peuvent concerner les cautionnements souscrits avant la publication de cette loi. • Com. 10 mars 2004, n° 01-13.508 P : *D. 2004. AJ 1020, obs. Lienhard*

; *Rect. ibid. 1087 ; Banque et Dr. 5-6/2004. 42, obs. Rontchevsky ; RPC 2004. 231, obs. Macorig-Venier.* ♦ V. aussi, en ce sens que l'art. 55, al. 1er [devenu C. com., art. L. 621-48, al. 1er], dans sa rédaction issue de la loi du 10 juin 1994, ne s'applique que dans les procédures ouvertes après le 1er oct. 1994 et seulement aux cautionnements souscrits après le 11 juin 1994, V. • Paris, 17 mars 1995 : *RPC 1995. 454, obs. Kerckhove* • Grenoble, 26 mars 1997 : *ibid. 1998. 291, obs. Macorig-Venier.* ♦ Comp., appliquant ce texte dans le cadre d'une procédure soumise à la loi du 10 juin 1994, nonobstant le fait que l'engagement de la caution ait été souscrit avant la publication de la loi : • T. com. Menton, 4 avr. 1996 : *D. 1996. 387, note Derrida ; Banque sept. 1996. 91, obs. Guillot.* – V. aussi • Aix-en-Provence, 27 juin 2000 : *RPC 2001. 11, obs. Macorig-Venier.* ♦ Comp., également, appliquant ce texte à toutes les procédures, quelle que soit la date de leur ouverture, à condition que les cautionnements aient été souscrits après la promulgation de la loi : • Paris, 7 mai 1996 : *RTD com. 1997. 514, obs. Martin-Serf* • T. com. Nice, 5 juin 1996 : *ibid.*

16. Interdiction d'agir contre la caution. L'art. L. 621-48 [L. 622-28], al. 2, C. com. édicte, dans le seul intérêt de la caution, une fin de non-recevoir dont celle-ci ne peut se prévaloir pour la première fois devant la Cour de cassation. • Cass., ch. mixte, 16 nov. 2007, n° 03-14.409 P : *D. 2007. AJ 3009, obs. Lienhard ; JCP E 2008. 1377, note Salati ; ibid. 1432, n° 4, obs. Cabrillac ; Procédures 2008, n° 17, obs. Rolland ; APC 2008, n° 25, obs. Fricero ; RDBF 2008, n° 11, obs. Legeais ; Dr. et patr. juill.-août 2008. 107, obs. Macorig-Venier et Monsèrié-Bon ; RPC 2008, n° 128, obs. Macorig-Venier ; RTD civ. 2008. 716, obs. Théry.* ♦ La fin de non-recevoir édictée par les art. L. 622-28, al. 2, et L. 631-14, dont la caution peut se prévaloir, peut, en application de l'art. 126 C. pr. civ., être régularisée si sa cause a disparu au moment où le juge statue. • Com. 22 nov. 2023, n° 22-18.766 B : *D. 2024. Pan. 1799, obs. Ansault ; RTD com. 2024. 426, obs. Martin-Serf ; APC 2023, n° 262, obs. Lafaurie ; JCP E 2024. 1116, n° 5, obs. Tehrani ; RJDA 2024, n° 118 ; BJS 3/2024. 50, note Ansault ; Gaz. Pal. 23 avr. 2024, p. 6, obs. Dumont.*

Le donneur d'aval étant tenu comme une caution solidaire, l'art. 55, al. 2 [C. com., art. L. 622-28], lui est applicable si les conditions de sa mise en œuvre sont réunies. • Paris, 11 juin 1999 : *D. Affaires 1999. 1218 ; Dr. sociétés 1999, n° 147, obs. Chaput ; JCP 2000. I. 209, n° 5, obs. Simler et Delebecque ; RPC 2000. 12, obs. Macorig-Venier ; RTD com. 2000. 723, obs. Martin-Serf.* ♦ *Contra,* jugeant que l'art. 182 [L. 511-81] C. com., qui est d'application générale en matière d'effets de commerce, déroge aux dispositions de l'art. 55 [C. com., art. L. 622-28] : • T. com. Paris, 19 oct. 1998 : *Gaz. Pal. 1999. 2. Somm. 537.*

La suspension des poursuites invoquées par la caution constitue une contestation de fond portant sur l'exigibilité de la créance et n'entre pas dans le champ d'application de l'art. 703 C. pr. civ. ; la décision du tribunal est donc susceptible d'appel et, par conséquent, le pourvoi est irrecevable. • Com. 24 mai 2005, n° 03-16.338 P : *cité par Lienhard, D. 2005. AJ 1632 ; RDBF 2005, n° 145, obs. S. Piedelièvre ; Gaz. Pal. 4-5 nov. 2005, p. 51, obs. Le Corre ; Procédures 2005, n° 233, obs. Junillon.*

17. Obtention d'un titre exécutoire. Selon l'art. L. 622-28, qui est applicable à la procédure de redressement judiciaire, le créancier bénéficiaire d'un cautionnement consenti par une personne physique, en garantie de la dette d'un débiteur principal mis ensuite en redressement judiciaire, peut prendre des mesures conservatoires sur les biens de la caution et doit, en application des art. R. 511-4 et R. 511-7 C. pr. exéc., introduire dans le mois de leur exécution une procédure ou accomplir les formalités nécessaires à l'obtention d'un titre exécutoire, à peine de caducité de ces mesures ; il en résulte que l'obtention d'un tel titre ne peut être subordonnée à l'exigibilité de la créance contre la caution. • Com. 1er mars 2016, n° 14-20.553 P : *D. 2016. Pan. 1283, obs. Leborgne ; Rev. sociétés 2016. 398, obs. Roussel Galle ; RTD com. 2016. 330, obs. Martin-Serf ; JCP E 2016. 1465, n° 15, obs. Pétel ; LEDEN 4/2016. 4, obs. Camensuli-Feuillard ; APC 2016, n° 91, obs. Cagnoli ; BJE 2016. 162, note Borga ; RJ com. 2016. 258, obs. Macorig-Venier ; RDBF 2016, n° 175, obs. Houin-Bressand ; RPC 2016, n° 118, obs. Macorig-Venier.* ♦ Le créancier muni d'un titre exécutoire ne peut toutefois en poursuivre l'exécution forcée contre les biens de la caution qu'à la condition que la créance constatée par le titre soit exigible à l'égard de cette caution et dans la mesure de cette exigibilité, conformément aux dispositions de l'art. L. 111-2 C. pr. exéc., le contrôle de cette exigibilité relevant, en application de l'art. L. 213-6 COJ, de l'appréciation du juge de l'exécution en cas de contestation soulevée à l'occasion de l'exécution forcée du titre. • Com. 13 déc. 2023, n° 22-18.460 B : *D. 2024. Pan. 1799, obs. Ansault ; RJDA 2024, n° 172 ; LEDEN 3/2024. 3, obs. Rubellin.* ♦ V. aussi note 9 ss. art. L. 626-11.

18. Reprise des poursuites contre la caution. L'action régulièrement engagée par le créancier contre la caution et suspendue par l'effet du jugement d'ouverture du redressement judiciaire du débiteur principal peut être reprise sans nouvelle assignation après le jugement arrêtant le plan de redressement ou prononçant la liquidation judiciaire. • Com. 24 mai 2005 : *préc. note 16* • 7 juin 2005 : *D. 2006. Pan. 85, obs. Le Corre.* ♦ ... Et sans qu'il soit nécessaire de notifier préalablement ce jugement à la caution. • Com. 27 févr. 2007, n° 05-20.522 P : *D. 2007. AJ 947, obs. Lienhard ; Gaz. Pal. 13-14 avr. 2007, p. 56, obs. Le Corre ; JCP E 2007. 2119,* *n° 11, obs. Cabrillac ; RPC 2007. 135, obs. Macorig-Venier.*

19. Rétractation du jugement d'ouverture. La rétractation du jugement ouvrant la procédure de sauvegarde met fin à l'arrêt du cours des intérêts résultant de plein droit du jugement d'ouverture, en application de l'art. L. 622-28. • Com. 17 oct. 2018, n° 17-17.635 P : *D. 2018. Actu. 2086 ; RTD com. 2019. 210, obs. Martin-Serf ; JCP E 2019. 1040, note Lebel ; DP diff. entr., Bull. n° 408, obs. Rémery ; LEDEN 12/2018. 2, obs. Camensuli-Feuillard ; Gaz. Pal. 15 janv. 2019, p. 71, obs. Boustani ; RJDA 2019, n° 107 ; BJE 3-4/2019. 60, note Staes ; RDBF 2019, n° 60, obs. Houin-Bressand.*

20. Résolution du plan de continuation. V. note 7 ss. anc. art. L. 621-82.

Art. L. 622-29 **Le jugement d'ouverture** *(Abrogé par L. n° 2005-845 du 26 juill. 2005, art. 40)* *« du redressement judiciaire »* **ne rend pas exigibles les créances non échues à la date de son prononcé. Toute clause contraire est réputée non écrite.** – *[C. com., anc. art. L. 621-49.]*

COMMENTAIRE

La loi du 26 juillet 2005 a adapté les dispositions de l'article L. 622-29 (issues de l'anc. art. L. 621-49) pour tenir compte du fait qu'elles s'appliquent aux procédures de sauvegarde comme aux procédures de redressement judiciaire (V. art. L. 631-14, I).

On notera, par ailleurs, comme cela a été relevé, et indépendamment de toute réforme, que, malgré le texte de l'article L. 622-29, les conventions de financement des LBO contiennent souvent des clauses prévoyant que l'ouverture d'une procédure de sauvegarde ou de redressement judiciaire sur demande du débiteur constitue un cas de défaut déclenchant l'exigibilité anticipée de la dette (D. Caramalli, Quelques réflexions sur la responsabilité du banquier pour soutien abusif dans un contexte de LBOs en difficulté, *JCP E 2009. 1363, n° 17* ; sur la question de la réalisation d'une fiducie-sûreté garantissant une dette non exigible, V. F. Barrière, La fiducie-sûreté, *JCP E 2009. 1808, n° 47*). Afin de sanctionner les stipulations en ce sens, fussent-elles seulement ambiguës ou trop larges, la Cour de cassation a jugé que « toute clause liant directement ou indirectement la déchéance du terme d'une créance à l'ouverture d'une procédure de redressement judiciaire est réputée non écrite » (Com. 21 févr. 2012 : *cité note 1*). Elle a ainsi sanctionné les clauses prévoyant l'exigibilité du remboursement « en cas de cessation des paiements des emprunteurs », qui équivalaient à une stipulation de déchéance de terme en cas d'ouverture d'un redressement judiciaire (voire en cas de conversion d'une sauvegarde en redressement judiciaire). ❑

1. Clause de déchéance du terme. Le jugement d'ouverture de la procédure de redressement judiciaire ne rend pas exigibles les créances non échues à la date de son prononcé, et toute clause liant directement ou indirectement la déchéance du terme d'une créance à l'ouverture d'une procédure de redressement judiciaire est réputée non écrite. • Com. 21 févr. 2012, n° 11-30.077 P : *D. 2012. Actu. 607, obs. Lienhard ; ibid. Pan. 2196, obs. F.-X. Lucas ; Rev. sociétés 2012. 399, obs. Henry ; LEDEN 4/2012. 4, obs. Parachkévova ; APC 2012, n° 85, obs. Cagnoli.*

2. Cautions. La déchéance du terme n'étant pas encourue par le débiteur principal, elle ne peut être invoquée contre la caution. • Com. 14 nov. 1989, n° 88-12.411 P : *RTD com. 1990. 494, obs. Martin-Serf* • 2 mars 1993, n° 90-19.551 P : *D. 1993. Somm. 309, obs. Aynès* • 3 janv. 1995, n° 90-19.832 P : *D. 1995. IR 51 ; Rev. dr. bancaire 1995. 117, obs. Campana et Calendini* • 16 avr. 1996, n° 94-14.250 P. ♦ ... Même si l'acte de cautionnement prévoyait que le créancier pouvait se prévaloir de la procédure collective ouverte à l'encontre du débiteur principal pour exiger de la caution le paiement du solde du compte courant. • Com. 8 juin 1993 : *Rev. huiss. 1993. 990* • 20 juin 1995, n° 93-13.523 P : *D. 1996. 426, note Bazin ; Rev. dr. bancaire 1995. 219, obs. Campana et Calendini ; JCP E 1996. II. 807, note S. Piedelièvre.* – V. aussi • Civ. 1re, 24 janv. 1995, n° 92-21.436 P : *D. 1995. IR 46 ; Defrénois 1995. 417, obs. Aynès ; Rev. dr. bancaire 1995. 117, obs. Campana et Calendini ; JCP E 1996. II. 807, note S. Piedelièvre* • Orléans, 19 janv. 2006 : *BICC 2006, n° 704 ; RJDA 2006, n° 435.* ♦ Comp., pour les créances exigibles après le jugement d'ouverture : • Com. 12 juin 2001 : *RJDA 2002, n° 69.* ♦ Comp. également : note 11 ss. art. L. 626-11 et note 1 ss. art. L. 643-1.

V. aussi, pour la suspension des poursuites contre les cautions personnes physiques, art. L. 622-28, al. 2.

Art. L. 622-30 *(L. n° 2005-845 du 26 juill. 2005, art. 41)* **« Les hypothèques,** *(Ord. n° 2008-1345 du 18 déc. 2008, art. 35)* **« gages, » nantissements et privilèges ne peu-**

vent plus être inscrits postérieurement au jugement d'ouverture. Il en va de même des actes et des décisions judiciaires translatifs ou constitutifs de droits réels, à moins que ces actes n'aient acquis date certaine ou que ces décisions ne soient devenues exécutoires avant le jugement d'ouverture. »

Toutefois, le Trésor public conserve son privilège pour les créances qu'il n'était pas tenu d'inscrire à la date du jugement d'ouverture et pour les créances mises en recouvrement après cette date si ces créances sont déclarées dans les conditions prévues à l'article L. 622-24.

Le vendeur du fonds de commerce, par dérogation aux dispositions du premier alinéa, peut inscrire son privilège. – *[C. com., anc. art. L. 621-50.]*

BIBL. ▶ BIGUENET-MAUREL, *JCP E 2005, n° 41, p. 1692* (publication des actes translatifs postérieurement au jugement d'ouverture).

COMMENTAIRE

Le législateur de 2005 a réparé ici une erreur commise lors de la réforme opérée par la loi du 10 juin 1994. Au nom de l'insécurité qu'elle faisait courir à l'acheteur – que les notaires avait dénoncée d'emblée (Compte rendu du Congrès de Nice, mai 1986, *JCP N 1986. Prat. 9896, deuxième vœu*) –, cette dernière avait supprimé, un peu hâtivement, l'interdiction d'inscrire après le jugement d'ouverture « les actes et décisions judiciaires translatifs ou constitutifs de droits réels », ouvrant ainsi la porte à des fraudes sous forme d'actes antidatés (F. Derrida, *D. 1995. Chron. 257* ; J.-P. Sénéchal, La vente des immeubles et la distribution de leur prix, *LPA 28 oct. 1998, p. 36*). Qui ne pouvaient plus dès lors être sanctionnées qu'à condition de tomber sous le coup des nullités de la période suspecte (Rép. min. n° 25771, *JOAN Q, 21 août 1995, p. 3610*).

Un peu à la manière d'une synthèse des deux précédentes, la loi du 26 juillet 2005 a rétabli la prohibition de l'inscription des décisions judiciaires et des actes translatifs ou constitutifs de droits réels, mais a ouvert une exception pour les actes ayant acquis date certaine ainsi que pour les décisions devenues exécutoires avant le jugement d'ouverture. La notion de date certaine renvoyait implicitement à l'article 1328 du code civil qui disposait que « les actes sous seing privé n'ont de date contre les tiers que du jour où ils ont été enregistrés, du jour de la mort de celui ou de l'un de ceux qui les ont souscrits, ou du jour où leur substance est constatée dans les actes dressés par des officiers publics [...] » (V., depuis le 1er oct. 2016, C. civ., art. 1377, issu de l'Ord. du 10 févr. 2016). Ici, pour l'application de ce texte, il convient de considérer que le tiers est la « procédure ». Et, logiquement et conformément à la jurisprudence de la Cour de cassation dès lors, les inscriptions interdites seront frappées, non de nullité, mais d'inopposabilité à la procédure collective (Com. 22 janv. 2002 : *V. note 16*). A moins, comme le pensent certains, que cette solution, prise pour des inscriptions tombant sous le coup d'une interdiction, en raison de leur antériorité à la loi de 1994, que le droit applicable au moment où la chambre commerciale a statué avait supprimée, soit abandonnée (J. Vallansan, Difficultés des entreprises, *Litec, 5e éd., 2009, n° 153*).

Cette évolution doit évidemment inciter les rédacteurs d'actes à conférer à ceux-ci date certaine au plus vite, selon le cas, en les rédigeant en la forme authentique ou en les inscrivant au rang des minutes d'un notaire, ou en procédant à leur enregistrement ; de même doit-elle pousser les avocats à demander l'exécution provisoire des décisions judiciaires sans tarder (V. C. Biguenet-Maurel, La publication des actes translatifs postérieurement au redressement judiciaire, *JCP E 2005, n° 41, p. 1692*).

Remarquons, avec un auteur, que la modification sera sans conséquence sur les saisies immobilières poursuivies après le jugement d'ouverture, en raison de la possibilité, pour le mandataire, d'être « subrogé » dans les droits du créancier poursuivant, ce qui l'autorise à reprendre la procédure de saisie sur ses derniers errements (P.-M. Le Corre, La situation générale du débiteur et des créanciers dans l'avant-projet de réforme des entreprises en difficulté, *Gaz. Pal. 10-11 déc. 2003, p. 25, 2e partie, n° 30* ; V. art. L. 642-18, al. 2).

Encore faut-il, évidemment, pour que l'interdiction soit effective, que le conservateur des hypothèques soit informé de l'ouverture de la procédure, ce qui suppose la publication du jugement d'ouverture au bureau. Or, cette publication n'est pas prévue par l'article R. 621-8. Reste à savoir si la publication devrait intervenir en vertu de l'article 28 du décret du 4 janvier 1955, qui vise tout jugement emportant des restrictions au droit de disposer (V. J. Vallansan, *préc., n° 183*).

Par ailleurs, critiquant les faiblesses et les maladresses du dispositif, un praticien a observé que, s'agissant de la publicité foncière, il ne servait à rien d'interdire une publication que le conservateur des hypothèques n'a pas les moyens techniques de refuser. Ajoutant que les actes et décisions judiciaires ne sont pas « inscrits » mais « publiés » (J.-P. Sénéchal, La réforme de la liquidation judiciaire, colloque CRAJEFE du 27 mars 2004, *LPA 10 juin 2004, p. 43, spéc. p. 47*).

Enfin, convient-il de noter que, dans la nouvelle architecture des sûretés, issue de l'Ord. du 23 mars 2006, l'antichrèse (qu'il convient de nommer « gage immobilier » depuis la loi de simplification du droit du 12 mai 2009), qui n'est plus considérée comme un nantissement, mais se voit dotée d'une autonomie conceptuelle, ne serait plus visée par l'article L. 622-30 (N. Borga, L'autonomie conceptuelle de l'antichrèse, source d'effets imprévus, *D. 2006. 2090*).

Mais, avec la loi précitée de simplification du droit, la donne paraît avoir changé. Par un effet, évidemment involontaire, de la nouvelle terminologie voulue par le législateur, le texte de l'article L. 622-30 devrait, de nouveau, pouvoir concerner le « gagiste immobilier » : faute de distinction, on ne voit pas pourquoi le terme de gage employé désormais par cet article (V. ci-dessous) ne viserait pas, à la fois, le classique gage mobilier et le « nouveau » gage immobilier (V. le blog de D. Houtcieff, LSD et droit des sûretés, 15 mai 2009, www.dimitri-houtcieff.fr).

Depuis l'ordonnance du 18 décembre 2008, est visé aussi le gage, à côté du nantissement (ce qui était nécessaire en raison de la réforme des sûretés opérée par l'ordonnance du 23 mars 2006, qui distingue entre le gage de meubles corporels et le nantissement de meubles incorporels). ❑

A. INTERDICTION DES INSCRIPTIONS DE SÛRETÉS

1. Limitation aux sûretés antérieures. Sur l'articulation entre l'art. 57 [C. com., art. L. 622-30], interdisant seulement l'inscription des sûretés antérieures au jugement d'ouverture lorsqu'elles n'ont pas été inscrites à cette date, et l'art. 107 [C. com., art. L. 632-1], permettant l'annulation des sûretés constituées sur les biens du débiteur, pour dettes antérieurement contractées, postérieurement à la date de cessation des paiements, V. • Com. 6 déc. 1994 : *AJPI 1995. 692, note Gallet.*

2. Privilège du vendeur d'immeuble. Pour l'inopposabilité à la procédure collective de l'inscription effectuée après le jugement d'ouverture et l'impossibilité, pour le vendeur d'immeuble, d'exercer l'action résolutoire, V. • T. com. Paris, 2 avr. 1998 : *RPC 2000. 15, obs. Macorig-Venier.*

3. Exclusion des inscriptions complémentaires. L'ouverture d'une procédure de liquidation judiciaire ne prive pas d'effet une hypothèque judiciaire provisoire régulièrement inscrite sur un immeuble du débiteur avant le jugement d'ouverture et n'interdit pas au créancier de procéder, dans le délai de deux mois courant à compter du jour où la décision d'admission ou de fixation de sa créance est passée en force de chose jugée, à l'inscription définitive qui, confirmant l'inscription provisoire, donne rang à l'hypothèque à la date de la formalité initiale. • Com. 3 mai 2016, n° 14-21.556 P : *D. 2016. Actu. 996 ; RTD com. 2016. 550, obs. Martin-Serf ; JCP E 2016. 1466, note Lebel ; APC 2016, n° 136, obs. Pedemons ; LEDEN 7/2016. 5, obs. Camensuli-Feuillard ; Procédures 2016, n° 227, note Laporte ; RJDA 2016, n° 555 ; RDBF 2016, n° 170, obs. S. Piedelièvre ; RPC 2016, n° 122, obs. Macorig-Venier ; BJE 2016. 317, note Le Mesle ; Gaz. Pal. 18 oct. 2016, p. 60, obs. Roussel Galle.* – V. déjà • Com. 17 nov. 1992, n° 92-22.058 P : *D. 1993. 96, note Derrida* • 11 avr. 1995 : *RJDA 1995, n° 1162.*

4. De même, un créancier ayant pris une inscription provisoire d'un nantissement de fonds de commerce avant le jugement d'ouverture, peut en effectuer l'inscription définitive après, dès lors que, prise dans le délai légal, elle rétroagit au jour de l'inscription provisoire. • Toulouse, 10 févr. 1994 : *RPC 1996. 76, obs. Macorig-Venier* • Aix-en-Provence, 23 juin 1994 : *ibid.*

5. Rétablissement d'une inscription provisoire précédemment radiée. Il résulte des art. 48 et 57, al. 1er [C. com., art. L. 622-22 et L. 622-30], que ni l'infirmation de l'ordonnance de référé ayant rétracté l'autorisation de prendre l'inscription provisoire, ni le rétablissement consécutif de celle-ci ne sont possibles après l'ouverture de la procédure collective du débiteur prétendu, dès lors que le nantissement d'un fonds de commerce ne peut plus être inscrit postérieurement au jugement d'ouverture, sauf s'il s'agit de l'inscription complémentaire se substituant à une inscription provisoire prise antérieurement et hors période suspecte. • Com. 9 mai 1995 : *RJDA 1995, n° 1283.*

6. Hypothèque sur bien commun ou indivis. La communauté répond des dettes de chacun des époux et pendant sa durée, les droits de l'un ou l'autre des époux ne peuvent être individualisés sur tout ou partie des biens communs ou sur l'un d'entre eux, de sorte que l'hypothèque constitué sur un immeuble commun ne peut plus faire l'objet d'une inscription postérieurement au jugement d'ouverture du redressement judiciaire de l'un des époux. • Com. 20 mai 1997 : *D. 1998. Somm. 107, obs. S. Piedelièvre ; D. 1998. Somm. 134, obs. Revel ; D. Affaires 1997. 1042 ; LPA 8 août 1997, p. 4, obs. Soinne* • 3 févr. 1998 : *RJDA 1998, n° 768 ; RPC 2000. 10, obs. Macorig-Venier* • Colmar, 16 mars 1998 : *RPC 2001. 249, obs. Macorig-Venier.* ♦ L'hypothèque consentie sur un bien indivis par un seul des indivisaires est reportée, en cas de vente de l'immeuble grevé, sur la fraction du prix qui est attribuée au constituant. En conséquence, l'hypothèque constituée par des époux sur un immeuble indivis propre pour moitié à chacun d'eux est valable jusqu'à concurrence de la part de l'époux maître de ses biens, peu important l'interdiction d'inscrire l'hypothèque du chef de l'autre époux en redressement puis en liquidation judiciaires, en vertu de l'art. 57, al. 1er [C. com., art. L. 622-30]. • Com. 20 juin 1995, n° 93-10.331 P : *D. 1997. 1, rapp. Rémery ; D. 1996. Somm. 207, obs. S. Piedelièvre ; LPA 17 avr. 1996, p. 11, note Honorat et Henry.* – V. déjà • Agen, 9 févr. 1988 : *RPC 1991. 211, obs. Saint-Alary-Houin* • Amiens, 15 oct. 1992 : *ibid. 1994. 36, obs. Saint-Alary-Houin.* – Comp. : • Limoges, 30 mai 1994 : *BICC 1994, n° 854.*

V. aussi note 17 ss. art. L. 641-9.

7. Contestation de la validité d'une inscription postérieure au jugement d'ouverture. Jugé que l'art. 30 (5) du Décr. n° 55-22 du 4 janv. 1955 relatif à la publicité foncière, qui soumet à publicité les demandes tendant à faire prononcer la résolution, la révocation, l'annulation ou la rescision de droits résultant d'actes soumis à publicité, s'applique aux demandes en justice en contestation de validité d'inscriptions d'hypothèques conventionnelles au motif qu'elles auraient été prises en violation de l'art. 57, al. 1er [C. com., art. L. 622-30] : • Paris, 28 mai 1999 : *D. Affaires 1999. 1118.*

8. Privilège du Trésor public. Pour une application de l'art. L. 621-50 [L. 622-30], al. 2, C. com., s'agissant de créances mises en recouvrement après le jugement d'ouverture, V. • Com. 18 févr. 2003, n° 00-12.974 P : *D. 2003. AJ 1294*. ♦ ... S'agissant de créances que le Trésor public n'était pas tenu d'inscrire à la date jugement d'ouverture, V. • Com. 24 juin 2003, n° 00-18.828 P : *D. 2003. AJ 2012 ; APC 2003, n° 220, obs. Regnaut-Moutier.*

9. Warrant agricole. Pour l'inopposabilité d'un warrant agricole dont la transcription au greffe du tribunal, sur le registre spécial, était intervenue postérieurement au jugement d'ouverture de la procédure collective, V. • Angers, 5 déc. 2017, n° 16/01171 : *RPC 2018, n° 86, obs. Lebel.*

B. INTERDICTION DES INSCRIPTIONS D'ACTES ET DE DÉCISIONS JUDICIAIRES TRANSLATIFS OU CONSTITUTIFS DE DROITS RÉELS

10. Régime de l'interdiction, prévue avant la loi du 10 juin 1994. Pour l'inopposabilité au débiteur et à son administrateur, puis au liquidateur, des adjudications prononcées mais non publiées à la date du jugement d'ouverture, V. • Com. 7 juill. 1992, n° 90-17.756 P : *D. 1992. 433, note Derrida ; Defrénois 1993. 514, obs. Sénéchal.* ♦ Comp., désormais, pour les adjudications sur saisies immobilières : art. L. 642-18, al. 2, dans sa réd. issue de L. n° 2005-845 du 26 juill. 2005.

11. La décision judiciaire qui constatait la validité d'une vente immobilière non réitérée par acte authentique survenue antérieurement à l'ouverture de la procédure collective de la société venderesse était soumise à l'ancien art. 57, al. 1er. • Rennes, 14 sept. 1993 : *Dr. sociétés 1994, n° 134, obs. Chaput.*

12. L'art. 57 faisait obstacle à la publication de l'assignation en constatation de l'acquisition d'une clause résolutoire prescrite par l'art. 28-4° c) du Décr. du 4 janv. 1955 relatif à la publicité foncière. • Besançon, 19 sept. 1997 : *RPC 1999. 117, obs. Macorig-Venier,* conf. par : • Com. 10 mai 2000 : *RPC 2001. 249, obs. Macorig-Venier.*

13. Le jugement prononçant l'annulation d'une vente immobilière n'ayant ni effet translatif, ni effet constitutif de droits réels, sa publication ne tombait pas sous le coup de l'interdiction édictée par l'ancien art. 57. • TGI Saintes, 5 oct. 1993 : *BICC 1994, n° 308.*

14. La publication d'une vente postérieurement au jugement d'ouverture était nulle et non avenue. • TGI Arras, 1er août 1995 : *RPC 1997. 64, obs. Macorig-Venier.* ♦ Comp. note 16.

15. Une cour d'appel ne pouvait, sans méconnaître l'art. 57, ordonner la reprise de véhicules par une société de crédit-bail à un débiteur mis en redressement judiciaire, après avoir relevé que la publicité des contrats de crédit-bail avait été effectuée postérieurement à l'ouverture de la procédure collective, alors qu'à la date du jugement d'ouverture le droit de propriété du crédit-bailleur n'était pas opposable aux créanciers du preneur faute qu'ait été accomplie la publicité prévue par le Décr. du 4 juill. 1972. • Com. 11 mai 1999, n° 96-22.763 P : *D. 2000. Somm. 95, obs. Honorat ; D. Affaires 1999. 1042, obs. A. L. ; JCP E 1999, n° 39, p. 1535, obs. Cabrillac ; APC 1999, n° 149, obs. Crocq ; Dr. sociétés 1999, n° 113, obs. Chaput ; LPA 14 sept. 1999, p. 13, note Courtier ; RPC 2001. 13, obs. Soinne.* ♦ Comp. note 17.

16. Lorsqu'il n'avait été publié que postérieurement au jugement d'ouverture, le jugement d'adjudication antérieur était inopposable à la procédure collective. • Com. 22 janv. 2002, n° 97-17.430 P : *D. 2002. AJ 722, obs. Lienhard ; JCP E*

2002, n° 20, p. 804, obs. Pétel. ♦ Cette inopposabilité n'affectait pas la validité de l'adjudication qui avait fait sortir l'immeuble du patrimoine du débiteur et n'avait d'effet que sur la répartition du prix de vente, qui relevait alors de la compétence du liquidateur. • Même arrêt. – Dans le même sens, V. • Com. 10 mai 2005 : *Gaz. Pal. 4-5 nov. 2005, p. 37, obs. Roussel Galle.*

17. Levée de l'interdiction par la loi du 10 juin 1994. BIBL. Derrida, *D. 1995. Chron. 257* ; *Defrénois 1995. 1425.* – Sénéchal, *LPA 28 oct. 1998.* ♦ Pour un arrêt écartant, sous l'empire de l'art. 57 dans sa rédaction issue de la loi du 10 juin 1994 [C. com., ancien art. L. 621-50], la possibilité de publier un contrat de crédit-bail mobilier postérieurement à l'ouverture de la procédure collective du crédit-preneur, et rejetant la demande en revendication du crédit-bailleur, V. • Douai, 22 avr. 1999 : *JCP E 2000, n° 11, p. 465, note Laugier ; RPC 2001. 13, obs. Soinne,* conf. par • Com. 4 déc. 2001 : *APC 2002, n° 62, obs. Vallansan.* ♦ *Contra :* • Montpellier, 2 oct. 2001 : *ibid.* ♦ V. note 11 ss. art. L. 622-24.

18. Rétablissement de l'interdiction par la loi du 26 juill. 2005. V. comm. ci-dessus.

C. APPLICATION AU REDRESSEMENT ET À LA LIQUIDATION JUDICIAIRES

19. V. art. L. 631-14 et L. 641-3.

Art. L. 622-31 Le créancier, porteur d'engagements souscrits, endossés ou garantis solidairement par deux ou plusieurs coobligés soumis à une procédure *(L. n° 2005-845 du 26 juill. 2005, art. 42-I)* **« de sauvegarde », peut déclarer sa créance pour la valeur nominale de son titre, dans chaque procédure.** – *[C. com., anc. art. L. 621-51.]*

BIBL. ▶ Biguenet-Maurel, *RJDA 2019. 207* (prescription de l'action engagée par un créancier contre une caution en cas de procédure collective du débiteur principal). – Diesbecq et Zammit, *JCP E 2024. 1135* (les coobligés et la procédure collective).

COMMENTAIRE

Malgré la modification opérée par la loi du 26 juillet 2005 aux dispositions de l'article L. 622-31, issues de l'ancien article L. 621-51 (visant la procédure de sauvegarde), le texte s'applique aussi à la procédure de redressement judiciaire (V. art. L. 631-14, I). ❑

Art. L. 622-32 Aucun recours pour les paiements effectués n'est ouvert aux coobligés soumis à une procédure *(L. n° 2005-845 du 26 juill. 2005, art. 42-I)* **« de sauvegarde » les uns contre les autres à moins que la réunion des sommes versées en vertu de chaque procédure n'excède le montant total de la créance, en principal et accessoire ; en ce cas, cet excédent est dévolu, suivant l'ordre des engagements, à ceux des coobligés qui auraient les autres pour garants.** – *[C. com., anc. art. L. 621-52.]*

COMMENTAIRE

Malgré la modification opérée par la loi du 26 juillet 2005 aux dispositions de l'article L. 622-32, issues de l'ancien article L. 621-52 (visant la procédure de sauvegarde), le texte s'applique aussi à la procédure de redressement judiciaire (V. art. L. 631-14, I). ❑

Art. L. 622-33 *(Ord. n° 2021-1193 du 15 sept. 2021, art. 22, en vigueur le 1er oct. 2021)* **Si le créancier porteur d'engagements, solidairement souscrits par le débiteur soumis à une procédure de sauvegarde et d'autres coobligés, a reçu un acompte sur sa créance avant le jugement d'ouverture, il ne peut déclarer sa créance que sous déduction de cet acompte et conserve, sur ce qui lui reste dû, ses droits contre les personnes coobligées ou ayant consenti une sûreté personnelle ou ayant affecté ou cédé un bien en garantie.**

Les personnes coobligées ou ayant consenti une sûreté personnelle ou ayant affecté ou cédé un bien en garantie qui ont fait le paiement partiel peuvent déclarer leur créance pour tout ce qu'elles ont payé à la décharge du débiteur.

Pour les dispositions transitoires de l'Ord. n° 2021-1193 du 15 sept. 2021, V. note ss. art. L. 611-2.

COMMENTAIRE

Malgré la modification opérée par la loi du 26 juillet 2005 aux dispositions de l'article L. 622-33, issues de l'ancien article L. 621-53 (visant la procédure de sauvegarde), le texte s'applique aussi à la procédure de redressement judiciaire (V. art. L. 631-14, I).

L'ordonnance du 15 septembre 2021 a réécrit le texte dans le seul but de l'adapter pour le rendre expressément applicable, au-delà des seuls cautions et coobligés, aux « personnes coobligées ou ayant consenti une sûreté personnelle ou ayant affecté ou cédé un bien en garantie », selon la formule employée dans toutes les dispositions concernant les garants. ❑

Il résulte de l'art. 60, al. 2 [C. com., art. L. 622-33], que la caution qui a fait le paiement peut déclarer sa créance pour tout ce qu'elle a payé à la décharge du débiteur et que le paiement intégral du créancier principal par la caution après le jugement d'ouverture prive ce dernier de l'exercice de ses droits, lesquels sont exercés, au titre de la subrogation légale, par la caution. • Com. 13 avr. 1999, n° 96-18.183 P : *D. 2000. Somm. 99, obs. Honorat* ; *D. Affaires 1999. 906, obs. V. A.-R.* ; *JCP E 1999, n° 39, p. 1534, obs. Cabrillac* ; *RTD com. 1999. 973, obs. Martin-Serf* ; *RPC 2000. 56, obs. Kerckhove* • 12 oct. 1999 : *APC 1999, n° 250* ; *Procédures 2000, n° 214, obs. Laporte* • 20 juin 2000 : *JCP E 2000, n° 35, p. 1308.*

Art. L. 622-34 *(Ord. n° 2021-1193 du 15 sept. 2021, art. 23, en vigueur le 1er oct. 2021)* **Même avant paiement, les personnes coobligées ou ayant consenti une sûreté personnelle ou ayant affecté ou cédé un bien en garantie peuvent procéder à la déclaration de leur créance pour la sauvegarde de leur recours personnel.**

Pour les dispositions transitoires de l'Ord. n° 2021-1193 du 15 sept. 2021, V. note ss. art. L. 611-2.

COMMENTAIRE

Création de l'ordonnance du 15 septembre 2021, le nouvel article L. 622-34 consacre expressément, dans le livre VI, la faculté reconnue aux garants de procéder, même avant paiement, à la déclaration de leur créance afin de préserver leur recours personnel (V., pour la jurisprudence rendue sur ce point, note 62 ss. art. L. 622-24). Cette précision figurait dans l'avant-projet de réforme du droit des sûretés de l'Association Henri Capitant (art. 2311, al. 6), mais elle trouve plus naturellement sa place au sein du code de commerce.

Reste à se demander si cette consécration sera suffisante pour faire prendre conscience aux cautions de la nécessité de déclarer leur créance, puisque celle-ci, naissant à la date de conclusion du cautionnement selon la jurisprudence, est considérée comme une créance antérieure (V., suggérant l'instauration d'une obligation légale d'avertissement personnel donné par le mandataire judiciaire aux cautions, C. Favre-Rochex, Premiers regards sur l'avant-projet de réforme des sûretés dans les procédures collectives, *D. 2021. 190*). ❑

CHAPITRE III *DE L'ÉLABORATION DU BILAN ÉCONOMIQUE, SOCIAL ET ENVIRONNEMENTAL*

Art. L. 623-1 **L'administrateur, avec le concours du débiteur et l'assistance éventuelle d'un ou plusieurs experts, est chargé de dresser dans un rapport le bilan économique et social de l'entreprise.** *(Abrogé par L. n° 2005-845 du 26 juill. 2005, art. 43)* ***« Au vu de ce bilan, l'administrateur propose soit un plan de redressement, soit la liquidation judiciaire. »***

Le bilan économique et social précise l'origine, l'importance et la nature des difficultés de l'entreprise.

(L. n° 2003-699 du 30 juill. 2003, art. 24-I) **« Dans le cas où l'entreprise exploite une ou des installations classées au sens du titre I du livre V du code de l'environnement, le bilan économique et social est complété par un bilan environnemental que l'administrateur fait réaliser dans des conditions prévues par décret en Conseil d'État. »** – *[C. com., anc. art. L. 621-54, al. 1 à 3.]*

(Abrogé par Ord. n° 2008-1345 du 18 déc. 2008, art. 36) (L. n° 2005-845 du 26 juill. 2005, art. 43) ***« Au vu de ce bilan, l'administrateur propose un plan de sauvegarde, sans préjudice de l'application des dispositions de l'article L. 622-10. »***

Al. 4 à 7 *abrogés par L. n° 2005-845 du 26 juill. 2005, art. 43.*

V. art. R. 623-1 et R. 623-2.

COMMENTAIRE

Malgré la modification opérée par la loi du 26 juillet 2005 aux dispositions de l'article L. 623-1, issues de l'ancien article L. 621-54, visant la procédure de sauvegarde, le texte s'applique aussi à la procédure de redressement judiciaire (V. art. L. 631-18, I). L'option de proposition entre les mains de l'administrateur est la suivante : soit un plan de sauvegarde, soit la conversion en redressement judiciaire, soit le prononcé de la liquidation judiciaire.

A fin de clarification entre les textes (V. art. L. 626-30, al. 2, dans sa rédaction antérieure à l'ordonnance de 2008), mais aussi entre les rôles du chef d'entreprise et de l'administrateur, il avait été suggéré que le texte prévoie expressément que « [...] le débiteur avec l'administrateur propose un plan de sauvegarde [...] » (T. Montéran, Pour améliorer le droit des entreprises en difficulté, osons la réforme, *Gaz. Pal. 23-24 janv. 2008, p. 3, spéc. p. 7*). C'est la même idée qu'a traduite autrement l'ordonnance de 2008, qui a supprimé le dernier alinéa de l'article L. 623-1. Désormais, il faut se reporter, ce qui est plus logique, à l'article L. 626-2, dont le premier alinéa, ajouté en 2008, dispose : « Au vu du bilan économique, social, et, le cas échéant, environnemental, le débiteur, avec le concours de l'administrateur, propose un plan [...] ». ❑

1. Concours du débiteur. Lorsque le débiteur a comparu devant les premiers juges avec l'assistance d'un avocat, lequel n'avait pas demandé le renvoi de l'affaire, ainsi qu'il lui appartenait de le faire s'il avait estimé ne pas avoir eu le temps de consulter le rapport et le bilan économique et social, la cour d'appel n'a pas méconnu le principe du contradictoire. • Com. 9 janv. 1990, n° 88-14.194 P : *D. 1991. Somm. 8, obs. Derrida*.

2. L'absence de consultation du débiteur n'est assortie d'aucune sanction. • Chambéry, 23 oct. 1989 : *D. 1991. Somm. 8, obs. Derrida*. ♦ La loi n'exige nullement que ce bilan ait été approuvé et signé par le débiteur. • Même arrêt.

V. aussi, en cas d'examen contradictoire approfondi pendant l'instance d'appel, • Colmar, 9 févr. 1993 : *D. 1994. Somm. 1, obs. Derrida*.

3. Principe du contradictoire. L'expert, désigné pour assister l'administrateur chargé de dresser le bilan économique et social de l'entreprise, n'est pas tenu de communiquer à chacune des parties les observations formulées par les autres avant de donner son avis ; il suffit que le rapport de l'expert, comme les observations écrites de l'administrateur, aient fait l'objet, devant la juridiction, d'un débat contradictoire. • Com. 28 mars 1995 : *RPC 1995. 133, obs. Soinne*.

4. Proposition de continuation. Sur la validité d'une proposition présentée par l'associé majoritaire de la société soumise à la procédure, V. • Com. 22 mai 1990 : *D. 1990. 415, note Derrida*.

Art. L. 623-2 Le juge-commissaire peut, nonobstant toute disposition législative ou réglementaire contraire, obtenir communication par les commissaires aux comptes, *(L. n° 2005-845 du 26 juill. 2005, art. 44)* **« les experts-comptables, »** *(Ord. n° 2014-326 du 12 mars 2014, art. 32, en vigueur le 1er juill. 2014)* **« les notaires, » les membres et représentants du personnel, par les administrations et organismes publics, les organismes de prévoyance et de sécurité sociale, les établissements de crédit** *(Ord. n° 2013-544 du 27 juin 2013, art. 7-13°, en vigueur le 1er janv. 2014)* **« , les sociétés de financement »** *(Ord. n° 2009-866 du 15 juill. 2009, art. 17-2°, en vigueur le 1er nov. 2009 ; L. n° 2013-100 du 28 janv. 2013, art. 22)* **« , les établissements de monnaie électronique, les établissements de paiement » ainsi que les services chargés de centraliser les risques bancaires et les incidents de paiement des renseignements de nature à lui donner une exacte information sur la** *(L. n° 2005-845 du 26 juill. 2005, art. 44)* **« situation économique, financière, sociale et patrimoniale du débiteur ».** – *[C. com., anc. art. L. 621-55.]*

COMMENTAIRE

La liste des professionnels auprès desquels le juge-commissaire peut s'adresser pour obtenir communication de renseignements sans que ceux-ci puissent lui opposer leur secret professionnel est étendue aux experts-comptables. S'agissant d'un texte dérogatoire à des dispositions de principe protégeant les professionnels et leurs clients, il n'était, jusqu'à cette extension expresse, pas possible d'appliquer l'ancien article L. 621-55 par analogie aux experts-comptables. Est-il vraiment dans l'esprit de la procédure de sauvegarde de permettre l'interrogation de l'expert-comptable à l'insu de son client, le débiteur, s'est interrogé un praticien (G. Teboul, Le projet de loi de sauvegarde des entreprises diffusé par la Chancellerie le 12 mai 2004 : quoi de neuf ?, *LPA 29 juin 2004, p. 4*).

Par ailleurs, la finalité de ces renseignements est également étendue, qui concernent désormais, non seulement, la situation économique et financière du débiteur, mais aussi sa situation sociale et patrimoniale (précision judicieuse compte tenu du nombre significatif de cas dans lesquels l'entreprise se confond avec le dirigeant personne physique, notamment lorsqu'il s'agit de professions libérales). Ce qui permettra donc au juge-commissaire d'effectuer des investigations beaucoup plus complètes. La levée du secret professionnel ne s'étend, en revanche, pas aux cautions, personnes physiques ou personnes morales.

Notons encore que le texte parle maintenant de la situation du débiteur (au lieu de celle de l'entreprise). Cette substitution terminologique (qui se retrouve dans tout le livre VI : V. art. L. 620-1) fait sans doute partie des adaptations entraînées par l'inclusion des professions libérales au domaine des procédures collectives. ❑

1. Précision de la demande de communication. Le principe de sécurité juridique commande que les renseignements sollicités par le juge-commissaire, en application de l'art. L. 623-2, soient suffisamment déterminés pour permettre au tiers concerné de les identifier ; tel n'est pas le cas de la demande de communication adressée au commissaire aux comptes du débiteur et portant sur « tous renseignements de nature à donner une exacte information sur la situation économique, financière, fiscale, sociale et patrimoniale » de ce dernier. • Paris, 22 janv. 2019, n° 18/19891 : *Rev. sociétés 2019. 537, note Merle ; LEDEN 3/2019. 2, obs. Lafaurie.*

2. Secret professionnel. Le refus d'une banque de communiquer l'historique et la position actuelle d'un compte bancaire n'est pas justifié par l'absence d'actif. L'ordonnance organisant la mesure d'information est exécutoire, quant à l'obligation d'en communiquer l'historique, quel que soit le solde du compte. • Poitiers, 12 mai 1993 : *JCP 1993. IV. 2697.* ♦ La banque ne saurait davantage invoquer le secret professionnel, l'art. 19 [C. com., art. L. 623-2] disposant que tous renseignements doivent être donnés, « nonobstant toutes dispositions législatives ou réglementaires contraires ». • Même arrêt. ♦ De même, les exceptions soulevées par des agences bancaires, tenant notamment à leur devoir de non-immixtion ou aux contraintes techniques de gestion des comptes, ne sont pas recevables. • Reims, 27 janv. 1999 : *JCP E 1999, n° 50, p. 1992.*

3. Les commissaires aux comptes ne sont pas admis à opposer au juge-commissaire le secret professionnel auquel ils sont astreints aux termes de l'art. L. 822-15 C. com. • Orléans, 5 avr. 2012, n° 11/02623 : *LEDEN 10/2012. 7, obs. Delattre.*

Ancien art. L. 623-2 ***Le juge-commissaire peut, nonobstant toute disposition législative ou réglementaire contraire, obtenir communication par les commissaires aux comptes,*** *(L. n° 2005-845 du 26 juill. 2005, art. 44)* ***« les experts-comptables, » les membres et représentants du personnel, par les administrations et organismes publics, les organismes de prévoyance et de sécurité sociales, les établissements de crédit*** *(Ord. n° 2013-544 du 27 juin 2013, art. 7-13°, en vigueur le 1er janv. 2014)* ***« , les sociétés de financement »*** *(Ord. n° 2009-866 du 15 juill. 2009, art. 17-2°, en vigueur le 1er nov. 2009 ; L. n° 2013-100 du 28 janv. 2013, art. 22)* ***« , les établissements de monnaie électronique, les établissements de paiement » ainsi que les services chargés de centraliser les risques bancaires et les incidents de paiement des renseignements de nature à lui donner une exacte information sur la*** *(L. n° 2005-845 du 26 juill. 2005, art. 44)* ***« situation économique, financière, sociale et patrimoniale du débiteur ».*** *— [C. com., anc. art. L. 621-55.]*

Art. L. 623-3 **L'administrateur reçoit du juge-commissaire tous renseignements et documents utiles à l'accomplissement de sa mission et de celle des experts.**

Lorsque la procédure est ouverte *(L. n° 2005-845 du 26 juill. 2005, art. 45)* **« à l'égard d'une entreprise qui bénéficie de l'accord amiable homologué prévu à l'article L. 611-8 du présent code ou à l'article L. 351-6 du code rural et de la pêche maritime », l'administrateur reçoit communication du rapport d'expertise mentionné à l'article** *(L. n° 2005-845 du 26 juill. 2005, art. 45)* **« L. 611-6 » ou, le cas échéant, du rapport d'expertise et du compte rendu mentionnés aux articles L. 351-3 et L. 351-6 du code rural et de la pêche maritime.**

L'administrateur consulte *(Abrogé par L. n° 2005-845 du 26 juill. 2005, art. 45)* ***« le débiteur et »*** **le mandataire judiciaire et entend toute personne susceptible de l'informer sur la situation et les perspectives de redressement de l'entreprise, les modalités de règlement du passif et conditions sociales de la poursuite de l'activité.** *(L. n° 2005-845 du 26 juill. 2005, art. 45)* **« Il en informe le débiteur et recueille ses observations** *(Abrogé par Ord. n° 2008-1345 du 18 déc. 2008, art. 37)* ***« et propositions ».***

Il informe de l'avancement de ses travaux *(Abrogé par L. n° 2005-845 du 26 juill. 2005, art. 45)* **« *le débiteur,* » le mandataire judiciaire ainsi que le comité** *(Ord. n° 2021-1193 du 15 sept. 2021, art. 24, en vigueur le 1er oct. 2021)* **« social et économique ».** *(Abrogé par Ord. n° 2008-1345 du 18 déc. 2008, art. 37)* ***« Il les consulte*** *(L. n° 2005-845 du 26 juill. 2005, art. 45)* ***« , ainsi que le débiteur, » sur les mesures qu'il envisage de proposer au vu des informations et offres reçues ».*** – *[C. com., anc. art. L. 621-56.]*

(L. n° 2005-845 du 26 juill. 2005, art. 45) **« Lorsque le débiteur exerce une profession libérale soumise à un statut législatif ou réglementaire ou dont le titre est protégé, l'administrateur consulte l'ordre professionnel ou l'autorité compétente dont, le cas échéant, relève le débiteur. »**

Pour les dispositions transitoires de l'Ord. n° 2021-1193 du 15 sept. 2021, V. note ss. art. L. 611-2.

COMMENTAIRE

I. ÉCHEC DE L'ACCORD AMIABLE

La différence de rédaction entre l'article L. 623-3, alinéa 2, issu de la loi du 26 juillet 2005, et l'ancien article L. 621-56, alinéa 2, résulte de l'abrogation de l'ancien article L. 621-3. Adapté à la nouvelle procédure de conciliation, l'alinéa modifié vise, désormais, l'échec de l'accord amiable.

II. INFORMATION DU DÉBITEUR

La loi de 2005 avait amélioré l'information du débiteur. Celui-ci ne devait plus simplement être consulté ; il était informé par l'administrateur, qui devait recueillir ses observations et propositions. Pareillement, s'agissant de l'avancement des travaux de l'administrateur, l'obligation d'information, prévue jusque-là, avait été remplacée par une obligation de consultation.

L'ordonnance du 18 décembre 2008 va plus loin, tirant, ici comme ailleurs, dans son souci généralisé de laisser son autonomie au débiteur en sauvegarde, les conséquences concrètes de l'absence de « dessaisissement ». Comme cela résulte, désormais, de l'article L. 626-8 modifié, c'est le débiteur, maintenant, qui propose des mesures dans le projet de plan au vu des informations et offres reçues. L'article L. 623-3 est toiletté en conséquence : sont supprimées de ce texte l'obligation pour l'administrateur de recueillir les propositions du débiteur de même que celle de consulter ce dernier sur les mesures qu'il envisage de proposer. Dorénavant, c'est du débiteur lui-même que doivent émaner les propositions de mesures. La perspective est donc renversée.

III. PROFESSIONS LIBÉRALES

Quand la procédure vise un membre d'une profession libérale, comme à tous les stades de la procédure où la protection de sa déontologie le nécessite, le législateur a prévu l'intervention (ici, la consultation), le cas échéant, de l'ordre professionnel concerné. ❑

CHAPITRE IV *DE LA DÉTERMINATION DU PATRIMOINE DU DÉBITEUR*

SECTION 1 *De la vérification et de l'admission des créances*

Art. L. 624-1 **Dans le délai fixé par le tribunal, le mandataire judiciaire établit, après avoir sollicité les observations du débiteur, la liste des créances déclarées avec ses propositions d'admission, de rejet ou de renvoi devant la juridiction compétente. Il transmet cette liste au juge-commissaire.**

(Ord. n° 2014-326 du 12 mars 2014, art. 33, en vigueur le 1er juill. 2014) **« Les observations du débiteur sont faites dans un délai fixé par décret en Conseil d'État. Le débiteur qui ne formule pas d'observations dans ce délai ne peut émettre aucune contestation ultérieure sur la proposition du mandataire judiciaire. »**

Le mandataire judiciaire ne peut être rémunéré au titre des créances déclarées ne figurant pas sur la liste établie dans le délai mentionné ci-dessus *(L. n° 2005-845 du 26 juill. 2005, art. 46)* **« , sauf pour des créances déclarées après ce délai, en application des deux derniers alinéas de l'article L. 622-24. »** – *[C. com., anc. art. L. 621-103.]*

V. art. R. 624-1 et R. 624-2.

COMMENTAIRE

I. RÉMUNÉRATION DU MANDATAIRE

Par rapport à l'ancien article L. 621-103, l'article L. 624-1, alinéa 3, issu de la loi du 26 juillet 2005 tire les conséquences du fait que l'article L. 622-24 recule le délai de déclaration des créances postérieures exclues du bénéfice du paiement à l'échéance, ce délai étant décompté à partir de la date d'exigibilité, ainsi que des créances des parties civiles, dont le délai de déclaration court à compter de la décision qui les a prononcées à titre définitif. Il convenait donc de tenir compte de ces cas particuliers dans la sanction applicable au mandataire qui ne respecterait pas les délais d'établissement de la liste des créanciers que lui a imposés le tribunal.

II. ALLONGEMENT DU DÉLAI

La partie réglementaire du code de commerce ne contenait pas de disposition équivalente à l'article 72 du décret du 27 décembre 1985, qui prévoyait l'allongement du délai de vérification des créances. Le tribunal qui serait saisi de pareille demande semblait, dès lors, devoir la rejeter, sauf à commettre un excès de pouvoir (P.-M. Le Corre, Droit et pratique des procédures collectives, *Dalloz Action, 2023/2024, 671.114*). La situation a cependant évolué avec l'ordonnance du 12 mars 2014, qui, uniquement en liquidation judiciaire, a prévu que, lorsqu'il apparaît nécessaire de reprendre la vérification des créances, le juge-commissaire fixe pour y procéder un délai qui ne peut excéder six mois (V. art. L. 641-4, al. 3).

III. CONVOCATION DU CRÉANCIER

Voir le commentaire sous l'article L. 622-27.

IV. OBSERVATIONS DU DÉBITEUR

Afin d'éviter les procédés dilatoires allongeant à l'excès les opérations de vérification du passif, l'ordonnance du 12 mars 2014 institue un délai de trente jours (précisé par l'art. R. 624-1) dans lequel le débiteur devra faire ses observations. A défaut d'observations dans ce délai, et par symétrie avec le mécanisme opposable au créancier, relatif, en amont, à la discussion de la créance déclarée (V. art. L. 622-27), le débiteur se verra interdire de contester ultérieurement la proposition (par hypothèse d'admission) du mandataire judiciaire. Dans son esprit, la jurisprudence récente de la Cour de cassation inclinait déjà en cette direction (V. Com. 8 janv. 2013 : *cité note 4 ss. art. L. 624-3*).

V. ÉTAT DES CRÉANCES

L'article R. 624-2, alinéa 2, prévoit la possibilité de compléter la liste des créances par les créances admises à la suite d'un relevé de forclusion intervenu après le dépôt de l'état des créances. Il semble que ce relevé de forclusion concerne les créanciers qui ont déclaré leur créance dans les délais, mais qui ne figurent pas sur l'état des créances, à la suite, *a priori*, d'un oubli. Ces créanciers devraient alors respecter le délai prévu par l'article L. 622-26, mais non les conditions de fond, puisque, par hypothèse, ils avaient déclaré leur créance dans les délais (P.-M. Le Corre, *préc., 681.211*). ❑

1. Établissement de la liste des créanciers. Aucune disposition de la loi du 25 janv. 1985 et de son décret d'application n'interdit au débiteur de mettre en œuvre, à l'appui de sa contestation, un moyen qu'il n'aurait pas invoqué dans les observations formulées par lui lors de la vérification des créances effectuées par le représentant des créanciers (à propos d'une demande de rejet pour forclusion d'une créance). • Com. 19 janv. 1993, n° 91-11.462 P : *D. 1993. IR 55.*

2. Quoique l'art. 100, al. 1er [C. com., art. L. 624-1], fasse obligation au représentant des créanciers qui établit la liste des créances déclarées de solliciter les observations du débiteur, il ne résulte d'aucune disposition de cette loi ou du Décr. du 27 déc. 1985 que l'éventuelle absence d'invitation du débiteur, par le représentant des créanciers, à être présent à la vérification du passif, trouverait sa sanction dans la nullité de la décision d'admission prise par le juge-commissaire. • Paris, 30 janv. 1998 : *APC 1998, n° 36.*

3. Le débiteur ayant omis de soumettre au représentant des créanciers sa demande de rejet de la créance afin que le juge-commissaire en soit saisi et statue sur cette demande conformément aux règles prévues par l'art. 101 [C. com., art.

L. 624-2], cette demande présentée pour la première fois en appel, sans respecter le double degré de juridiction, n'est pas recevable. • Paris, 12 juin 1990 : *Gaz. Pal. 1991. 2. 505*, conf. par • Com. 4 févr. 1992, n° 90-12.674 P : *D. 1992. IR 118.*

4. L'omission d'une créance dans l'insertion au BODACC qui a été régulièrement déclarée au représentant des créanciers est sans incidence puisqu'une telle obligation ne constitue qu'une mesure de publicité pouvant être réparée par une déclaration, même tardive, du représentant des créanciers au juge-commissaire et par le dépôt d'un état complémentaire. • Rouen, 18 août 1993 : *JCP 1994. IV. 380.*

5. Responsabilité du représentant des créanciers. Engage sa responsabilité personnelle envers la caution du débiteur le représentant des créanciers qui manque aux obligations de sa mission en proposant au juge-commissaire l'admission d'une créance bien que la déclaration de celle-ci ait été manifestement tardive et que le délai pour agir en relevé de forclusion ait été expiré. • Com. 7 janv. 2003, n° 99-10.781 P : *D. 2003. AJ 274, obs. Lienhard ; APC 2003, n° 35, obs. Vallansan ; JCP E 2003, n° 20, p. 853, obs. Cabrillac et Pétel ; RTD com. 2003. 564, obs. Martin-Serf ; Dr. et patr. 6/2003. 101, obs. Monsèrié-Bon.* – V. aussi • Com. 30 juin 2004 : *RDBF 2004, n° 252, obs. F.-X. Lucas ; RJDA 2005, n° 63.* ♦ Sur la responsabilité d'un mandataire de justice qui a proposé au juge-commissaire d'admettre à titre privilégié un créancier pour une créance chirographaire, privant un créancier nanti de son droit de préférence, V., à propos de la loi de 1967, • Com. 5 déc. 1995, n° 92-21.828 P : *D. 1996. IR 35 ; Quot. jur. 30 janv. 1996, p. 4 ; JCP 1996. IV. 253.* ♦ Comp., à défaut de préjudice : • TGI Paris, 15 sept. 1993 : *RPC 1996. 413, obs. Soinne.*

Art. L. 624-2 Au vu des propositions du mandataire judiciaire, le juge-commissaire *(Ord. n° 2021-1193 du 15 sept. 2021, art. 25, en vigueur le 1er oct. 2021)* **« , si la demande d'admission est recevable, » décide de l'admission ou du rejet des créances ou constate soit qu'une instance est en cours, soit que la contestation ne relève pas de sa compétence.** *(Ord. n° 2014-326 du 12 mars 2014, art. 34, en vigueur le 1er juill. 2014)* **« En l'absence de contestation sérieuse, le juge-commissaire a également compétence, dans les limites de la compétence matérielle de la juridiction qui l'a désigné, pour statuer sur tout moyen opposé à la demande d'admission. »** – *[C. com., anc. art. L. 621-104.]*

Pour les dispositions transitoires de l'Ord. n° 2021-1193 du 15 sept. 2021, V. note ss. art. L. 611-2.

V. art. R. 624-3 s.

BIBL. ▸ CAGNOLI, *RPC 2009. Étude 23* (réflexions critiques sur les restrictions jurisprudentielles au pouvoir juridictionnel du juge-commissaire en matière de vérification des créances). – THÉRON, *RTD com. 2010. 635* (réflexions sur la nature et l'autorité des décisions rendues en matière d'admission de créances). – VALLANSAN, *RPC 2012. Étude 9* (exception d'incompétence ou fin de non-recevoir pour absence de pouvoir ?) ; *ibid. 2023. Dossier 36* (juge de la procédure et instances en cours). – LE CORRE, *Gaz. Pal. 10 janv. 2017, p. 81* (office juridictionnel du juge-commissaire et vérification des créances : dix questions-réponses). – DE LAJARTE-MOUKOKO, *BJE 1-2/2020. 54* (contestation des créances déclarées : point sur les pouvoirs du juge-commissaire). – Dossier « La vérification du passif après l'ordonnance du 15 septembre 2021 », *RPC 2022. Dossiers 20 à 22.*

COMMENTAIRE

I. LOI DU 26 JUILLET 2005

Rien de changé par rapport à l'ancien article L. 621-104. Le législateur français ne s'est donc pas laissé inspirer par le guide législatif de la CNUDCI qui préconisait d'investir l'administrateur du pouvoir d'admettre ou de rejeter les créances, pour ne laisser compétence aux organes judiciaires que pour les contestations (J.-L. Vallens, Le guide législatif de la CNUDCI sur le droit de l'insolvabilité : vers l'harmonisation du droit de la faillite ?, *D. 2004. Chron. 2420, n° 8*).

Quant aux effets de l'admission de la créance, il convient de noter que la loi du 17 juin 2008 a supprimé les interversions de prescription. Il en résulte que la solution selon laquelle l'admission au passif emportait interversion de la prescription de la créance (V. note 5 ss. art. R. 624-3) est aujourd'hui caduque.

A cet égard, la Cour de cassation a jugé, par un arrêt du 4 juillet 2018, que l'opposabilité au codébiteur et à la caution solidaire de la substitution de la prescription, ayant pu se produire, en l'état du droit antérieur à la loi du 17 juin 2008, à la suite de la décision d'admission des créances au passif du débiteur principal, ne pouvait avoir eu pour effet de soumettre l'action en paiement du créancier contre le codébiteur et la caution solidaires au délai de prescription (de dix ans) des titres exécutoires (Com. 4 juill. 2018, n° 16-20.205 : *Rev. sociétés 2018. 534, obs. Henry*). Par un autre arrêt, complémentaire, du même jour, la chambre commerciale a précisé que la décision rendue par une juridiction après reprise régulière d'une instance en cours à la date du jugement d'ouverture, laquelle instance tend uniquement à la constatation de la créance et à la fixation de son montant dans le cadre de la procédure collective, à l'exclusion de toute condamnation du débiteur, ne constitue pas un titre exécutoire et ne peut, dès lors, servir de fondement à une mesure d'exécution forcée pratiquée par le créancier à l'égard du débiteur (Com. 4 juill. 2018, n° 16-22.986 : *cité note 26 ss. art. L. 643-11*). Ces solutions ont été confirmées, de façon plus limpide et synthétique, par un arrêt du 3 octobre 2018 (V. note 47), puis par un autre arrêt, celui-ci destiné au *Rapport* annuel, du 16 janvier 2019 (V. note 47).

II. ORDONNANCE DU 12 MARS 2014

L'ordonnance de 2014 est venue apporter cette précision : « En l'absence de contestation sérieuse, le juge-commissaire a également compétence, dans les limites de la compétence matérielle de la juridiction qui l'a désigné, pour statuer sur tout moyen opposé à la demande d'admission. »

Ce faisant, le texte cherche à régler la difficulté que n'avait su résoudre de façon satisfaisante la jurisprudence dans l'hypothèse, que ne prévoyait pas le texte initial, non d'incompétence du juge-commissaire, mais de défaut de pouvoir juridictionnel du juge-commissaire devant statuer sur l'admission des créances. Dans ce cas, pour la Cour de cassation, il appartenait au juge de « surseoir à statuer sur l'admission de la créance après avoir invité les parties à saisir le juge compétent ». Avec cette particularité, dans cette circonstance, que, nul délai de saisine du juge devant connaître de la discussion sur la créance n'étant imposé par les textes, il en résultait qu'aucune forclusion ne pouvait atteindre le créancier (V., not., Com. 9 avr. 2013 et 28 janv. 2014 : *cités note 19*).

La solution, que la doctrine expliquait généralement par analogie avec l'office juridictionnel du juge des référés, juge de l'évidence seulement, n'était pas très satisfaisante en pratique.

Aussi J.-L. Vallens avait-il suggéré que le juge-commissaire soit investi d'un réel pouvoir de trancher les contestations dès lors qu'il y en a, à l'instar du juge de l'exécution qui peut statuer sur le fond du droit à l'occasion d'une difficulté ou d'une contestation relative à une mesure d'exécution. Pour cet auteur, le juge-commissaire devait être habilité à statuer, du moment qu'il restait dans les limites de la compétence du tribunal de commerce et à l'exception de toute demande incidente ou de toute exception ne tendant pas uniquement au rejet de la créance (J.-L. Vallens, *RTD com. 2013. 153*). Mais, plutôt que de consacrer cette proposition doctrinale, la réforme de 2014 paraît avoir donné une base légale à la jurisprudence. Pour l'essentiel, l'avancée de cette nouvelle disposition tient au pouvoir donné au juge-commissaire de statuer sur une défense au fond ou une demande reconventionnelle (rappr. : Com. 27 janv. 2015 : *cité note 19*), ce que la Cour de cassation avait refusé dans l'arrêt précité du 28 janvier 2014. Cependant, elle ne devrait guère modifier la donne, puisqu'elle maintient la réserve de l'absence de contestation sérieuse (V. P.-M. Le Corre, *D. 2014. Chron. 733 , n° 59*), d'autant qu'elle ne vise pas non plus le pouvoir juridictionnel mais la compétence du juge-commissaire (P. Pételz, *JCP E 2014. 1223, n° 34*). Ce que confirme bien le Rapport au président de la République dans sa présentation de la disposition : « En présence d'une contestation de créance soumise au juge-commissaire, celui-ci pourra trancher les litiges relatifs à cette créance et à son opposabilité à la procédure, résulteraient-ils d'une demande reconventionnelle, s'il n'existe pas de contestation sérieuse et si l'objet du litige relève de la compétence d'attribution de la juridiction ayant ouvert la procédure collective. »

Par la suite, entre la promulgation de l'ordonnance du 12 mars 2014 et son entrée en vigueur, la Cour de cassation allait faire évoluer sa jurisprudence, adoptant, par un arrêt de revirement du 13 mai 2014 (V. note 1 ss. art. R. 624-5), une lecture extensive de l'ancien article R. 624-5, en jugeant explicitement que le délai de forclusion prévu par ce texte « s'applique aussi lorsque le juge-commissaire constate que la contestation ne relève pas de son pouvoir juridictionnel et sursoit à statuer après avoir invité les parties à saisir le juge compétent ». Désormais, ce texte, totalement réécrit par le décret du 30 juin 2014, précise les conditions dans lesquelles l'exception d'incompétence du juge-commissaire doit être soulevée. Mais se trouve maintenu le délai de forclusion d'un mois, qui n'a pas été expressément étendu au cas de défaut de pouvoir juridictionnel du juge-commissaire.

Ainsi, finalement, le progrès résultera-t-il, en pratique, sans doute plus du revirement de jurisprudence opéré par l'arrêt du 13 mai 2014 que de la modification textuelle effectuée par l'ordonnance du 12 mars 2014. Désormais, en effet, il n'est plus discutable que le créancier ou le débiteur devra, sous peine de forclusion, saisir le juge compétent, dans le délai d'un mois, pour faire trancher le conflit afin de valider, ou non, la créance litigieuse. La procédure y gagnera en célérité. Un arrêt ultérieur, dont la solution est transposable sous le nouveau régime, illustre parfaitement le danger pour le débiteur contestant la validité d'une stipulation à l'origine de la créance en instance d'admission de ne pas prendre l'initiative de saisir le tribunal compétent pour statuer au fond, dans le délai de forclusion, surtout lorsque le litige intervient au stade de l'appel contre l'ordonnance du juge-commissaire ayant admis la créance (Com. 23 sept. 2014 : *cité note 1 ss. art. R. 624-5* ; V. aussi Com. 27 sept. 2016 : *ibid.*). Quant au choix du tribunal compétent, aucune obligation, semblable à celle prévue en droit commun par l'article 81 du code de procédure civile, ne semble, dans ce dispositif d'exception du droit des procédures collectives, imposer au juge qui se déclare incompétent de désigner la juridiction qu'il estime compétente (V. P. Cagnoli, *D. 2020. Pan. 1862*).

Le cas échéant, le créancier doit délivrer l'assignation dans le délai d'un mois, mais le placement de celle-ci peut intervenir au-delà (T. com. Nanterre, 18 avr. 2019 : *LEDEN 6/2019. 4, obs. Cavelier* ; Com. 11 oct. 2016, n° 15-10.039). Un premier arrêt de la Cour de cassation, rendu sous le régime de l'ordonnance de 2014, expose la méthode à suivre désormais pour le juge, notamment lorsque la contestation n'est pas sérieuse « ou sans influence sur l'admission », auquel cas, en dépit de son caractère sérieux, il devrait « l'écarter et admettre la créance déclarée » (Com. 21 nov. 2018 : *cité note 6* ; V., sur cette question, P. Pétel, *JCP E 2019. 1206, n° 12*).

III. CRÉANCES IRRÉGULIÈREMENT DÉCLARÉES

Par une solution très critiquée par la doctrine, la Cour de cassation a assimilé, sur le fondement de l'article L. 624-2, les décisions du juge-commissaire statuant sur la régularité de la déclaration de créance aux décisions statuant sur le fond de la créance déclarée, pour en conclure que les premières sont purement et simplement des décisions de rejet de la créance, qui entraînent, par voie de conséquence, le cas échéant, l'extinction de la sûreté qui la garantissait (Com. 4 mai 2017 : *cité note 42*). Or, dans ce cas de figure, la décision ne portant pas sur le fond, mais seulement sur la recevabilité, la sanction devrait être, plutôt que l'extinction de la créance, sa seule inopposabilité à la procédure, en conformité avec la règle prévue, par l'article L. 622-26, depuis la réforme de 2005 (V., not., pour une critique, P.-M. Le Corre, *D. 2017. Pan. 1941*). Cependant, malgré les critiques, la chambre commerciale a maintenu fermement cette solution par un arrêt du 22 janvier 2020 (*cité note 42*). Demeure ainsi ce paradoxe bien peu satisfaisant que le créancier qui a déclaré tardivement, voire pas du tout, sa créance n'est sanctionné que par une inopposabilité de sa créance à la procédure, tandis que celui qui a été diligent dans sa déclaration, mais qui a commis une erreur quant au pouvoir du déclarant, voit sa créance éteinte (pour un arrêt de résistance, V. Montpellier, 6 oct. 2020 : *cité note 42*). Bien consciente de toutes ces critiques, la chambre commerciale a témoigné ultérieurement, par un arrêt du 10 mars 2021 (cité note 15 ss. art. L. 622-22), de son refus d'étendre cette jurisprudence au-delà de son cadre initial, à savoir les décisions rendues par le juge-commissaire dans la procédure d'admission des créances. Elle a ainsi rejeté toute extension à la situation du juge du fond, qui, statuant dans une instance en cours reprise conformément à l'article L. 622-22, déclare irrecevable la demande d'un créancier tendant à la fixation du montant de sa créance. Mais cet arrêt bienvenu ne saurait être interprété comme l'amorce d'un abandon de la jurisprudence inaugurée en 2017 (selon l'avis autorisé de S. Barbot, *D. 2021. 993*). Pas plus, donc, que cet autre, rendu peu de temps après, cantonnant de la même façon cette jurisprudence, en refusant de l'étendre à la situation du juge du fond, qui statue dans l'instance en paiement opposant le créancier à la caution du débiteur principal (Com. 5 mai 2021 : *cité note 32*). De toute façon, comme l'a souligné un auteur, la volonté de la Cour de cassation de ne pas opérer de revirement de jurisprudence était connue, depuis que, dans son Rapport annuel pour 2019, elle avait appelé à une intervention du législateur sur ce point (V. J.-B. Barbièri, *LEDEN 5/2021. 3*), lequel allait répondre à ce vœu par l'ordonnance du 15 septembre 2021, applicable aux procédures ouvertes à compter du 1er octobre 2021.

Avec une belle économie de moyens, celle-ci vise à régler la question en subordonnant la décision du juge-commissaire à la recevabilité de la demande d'admission (« si la demande d'admission est recevable »). Ainsi, comme l'explique le rapport au président de la République, le juge-commissaire peut désormais déclarer irrecevable une demande d'admission sans pour autant devoir la rejeter dans cette hypothèse. Avec cette conséquence, notamment, que la caution ne pourra donc pas opposer une décision de rejet alors que le juge n'a pas statué au fond sur la créance déclarée dans la procédure du débiteur principal (V. aussi art. L. 624-3-1, mod., sur la notification de l'état des créances aux garants). ❑

1. Pouvoir et compétence du juge-commissaire. A l'exception des créances des salariés, le juge-commissaire est seul compétent pour statuer sur la déclaration de créance, y compris sur l'existence même de celle-ci. • Com. 27 oct. 1998 : *D. Affaires 1998. 1910 ; RTD com. 2000. 191, obs. Vallens*. ♦ V. aussi, à propos d'une créance fiscale, • Com. 28 avr. 2004, nº 01-01.649 P : *D. 2004. AJ 1735 ; APC 2004, nº 131, obs. Regnaut-Moutier ; JCP E 2004, nº 37, p. 1387, obs. Pétel.* ♦ En application de l'art. L. 624-2, le juge de l'exécution n'est pas compétent pour statuer sur la régularité d'une déclaration de créance effectuée à l'occasion d'une procédure collective, laquelle ressortit à la compétence exclusive du juge-commissaire. • Civ. 2e, 2 mars 2023, nº 21-10.465 B : *D. 2023. Actu. 500 ; LEDEN 5/2023. 2, obs. Camensuli-Feuillard ; RJDA 2023, nº 266.* ♦ Sauf constat de l'existence d'une instance en cours, le juge-commissaire a une compétence exclusive pour décider de l'admission ou du rejet des créances déclarées et, après une décision d'incompétence du juge-commissaire pour trancher une contestation, les pouvoirs du juge compétent régulièrement saisi se limitent à l'examen de cette contestation. • Com. 19 déc. 2018, nº 17-15.883 P : *D. 2019. Actu. 4 ; JCP E 2019. 1206, nº 13, obs. Tehrani ; LEDEN 2/2019. 3, obs. Rubellin ; APC 2019, nº 30, obs. Staes ; RJDA 2019, nº 210 ; RDBF 2019, nº 58, obs. Houin-Bressand ; RPC 2019, nº 63, obs. Cagnoli.* ♦ Il résulte de l'art. L. 624-2 que lorsque le juge-commissaire constate qu'une contestation de créance ne relève pas de son pouvoir juridictionnel, sursoit à statuer sur l'admission de la créance et invite les parties à saisir le juge compétent sur cette contestation, ou lorsque, s'estimant incompétent pour trancher la contestation, il renvoie les parties à saisir le juge compétent, le juge-commissaire demeure seul compétent pour statuer sur la régularité de la déclaration de créance et admettre ou rejeter la créance. • Com. 27 oct. 2022, nº 21-15.026 B : *D. actu. 24 nov. 2022, obs. Ferrari ; LEDEN 12/2022. 3, obs. Maraud ; JCP E 2023. 1157, nº 13, obs. Tehrani ; BJE 3-4/2023. 27, note Jazottes.* ♦ Après avoir retenu que le tribunal désigné par le juge-commissaire pour connaître des contestations du débiteur a excédé ses pouvoirs en prononçant l'admission des créances, la cour d'appel, saisie de leur connaissance par l'effet dévolutif, ne peut refuser de statuer sur leur recevabilité et, le cas échéant, leur bien-fondé. • Com. 9 juin 2022, nº 20-22.650 B : *D. 2022. Pan. 1680, obs. Cagnoli ; RTD com. 2022. 857, obs. Martin-Serf ; JCP E 2022. 1322, note Houssin ; LEDEN 9/2022. 5, obs. Jazottes ; RJDA 2022, nº 574 ; BJE 1-2/2023. 24, note Dols-Magneville.* ♦ Le juge-commissaire, lorsqu'il statue sur une créance, n'est pas tenu de suivre la proposition du représentant des créanciers. • Com. 8 mars 1994, nº 91-20.379 P : *D. 1994. IR 79*. ♦ ... Ainsi peut-il décider d'admettre la créance à titre chirographaire, quand bien même le représentant des créanciers n'aurait, avant la saisine du magistrat, élevé aucune discussion sur le privilège invoqué dans la déclaration de créance. • Com. 19 mai 1998, nº 96-13.958 P : *D. 1998. IR 157 ; D. Affaires 1998. 1036, obs. A.-L. M.-D. et P. P.* ♦ En revanche, encourt l'annulation la décision du juge-commissaire statuant sur l'admission d'une créance, alors qu'il n'a été préalablement saisi d'aucune proposition d'admission par le représentant des créanciers. • Grenoble, 29 mars 1990 : *RPC 1990. 401, obs. Dureuil.*

Le juge-commissaire ne peut, sans excéder ses pouvoirs, prononcer l'admission ou le rejet de la créance dans des termes différents de ceux qui ont été notifiés au créancier par la lettre de contestation. • Paris, 28 mai 1999 : *D. 1999. IR 217.* ♦ A supposer qu'il estime ne pas devoir, en l'absence de réponse du créancier à la lettre de contestation, suivre la proposition du représentant des créanciers, le juge-commissaire ne peut, à peine de nullité de sa décision qui serait rendue en violation du principe de la contradiction, consacré en la matière par l'art. 101, al. 2 [Décr. nº 2007-431 du 25 mars 2007, art. 4], admettre ou rejeter la créance dans des termes autres que ceux de la contestation sans avoir entendu ou dûment appelé le créancier et le débiteur qui doivent être mis à même de faire valoir leurs observations. • Même arrêt.

2. L'art. 101 [C. com., art. L. 624-2] exclut toute décision conditionnelle de la part du juge-commissaire, à moins que ne soient en cause les créances visées à l'art. 50, al. 2 [C. com., art. L. 622-24, al. 4]. • Com. 9 mai 1995, n° 93-12.202 P : *D. 1995. IR 153* • 19 déc. 2000, n° 98-21.308 P : *D. 2001. AJ 631* • 20 févr. 2001, n° 98-12.640 P : *D. 2001. AJ 926*.

3. Le montant de la créance à admettre doit être celui existant au jour de l'ouverture de la procédure collective (cassation de l'arrêt qui avait jugé irrecevable la demande d'admission au passif d'une banque au titre d'effets escomptés au motif qu'ils avaient été payés par le tiré avant la déclaration de créance). • Com. 8 juin 2010, n° 09-14.624 P : *D. 2010. Actu. 1622 ; RTD com. 2011. 417, obs. Martin-Serf ; JCP E 2010. 1742, n° 9, obs. Cabrillac ; Gaz. Pal. 15-16 oct. 2010, p. 32, obs. Le Corre-Broly ; RJDA 2010, n° 1174.* ♦ C'est à la date du jugement d'ouverture que le juge-commissaire puis la cour d'appel, se prononçant sur la contestation d'une créance antérieure à celui-ci, doivent se placer pour statuer sur son admission, sans tenir compte d'événements postérieurs susceptibles d'influer sur la somme qui sera ultérieurement distribuée par le liquidateur. • Com. 5 juill. 2023, n° 22-10.104 B : *D. 2023. Actu. 1356 ; RTD com. 2023. 940, obs. Martin-Serf ; JCP E 2023. 1306, n° 20, obs. Pétel ; LEDEN 9/2023. 3, obs. Lafaurie ; APC 2023, n° 190, obs. Salhi ; RDBF 2023, n° 157, obs. Houin-Bressand.* ♦ Une créance ne peut être admise pour un montant supérieur à celui qui a été déclaré. • Com. 22 janv. 2008 : *RJDA 2008, n° 303.*

4. La clause majorant le taux des intérêts contractuels en cas de défaillance de l'emprunteur s'analyse en une clause pénale que le juge-commissaire peut réduire, lors de l'admission au passif de la créance du prêteur, si elle est manifestement excessive. • Com. 5 avr. 2016, n° 14-20.169 P : *D. 2016. Chron. C. cass. 2244, obs. Arbellot ; RTD com. 2016. 547, obs. Martin-Serf ; JCP E 2016. 1465, n° 8, obs. Pétel ; LEDEN 6/2016. 2, obs. Couturier ; RJDA 2016, n° 461 ; BJE 2016. 266, note Perruchot-Triboulet ; RDBF 2016, n° 177, obs. Houin-Bressand.*

5. Le juge-commissaire doit indiquer la raison pour laquelle il a décidé de rejeter partiellement une déclaration de créance, l'art. 101 [C. com., art. L. 624-2] ne le dispensant aucunement de motiver ses décisions. • Douai, 17 juin 1993 : *RPC 1996. 54, obs. Dureuil.* ♦ Méconnaît les exigences de l'art. 455 NCPC [C. pr. civ.] le juge-commissaire qui, par une ordonnance rendue en dernier ressort, rejette une créance déclarée sans motiver sa décision. • Com. 25 févr. 1997 : *D. Affaires 1997. 418.* ♦ V. art. 455 C. pr. civ. – **C. pr. civ.** ♦ Sur la motivation des décisions d'admission, V. • Com. 11 févr. 2004 : *RTD com. 2004. 376, obs. Vallens*.

6. La cour d'appel ne peut déclarer les demandes du débiteur irrecevables et confirmer l'ordonnance d'admission sans se prononcer au préalable sur le caractère sérieux de la contestation du débiteur et son incidence sur l'existence ou le montant de la créance déclarée. • Com. 21 nov. 2018, n° 17-18.978 P : *D. 2018. Actu. 2302 ; RTD com. 2019. 205, obs. Martin-Serf ; JCP E 2019. 1206, n° 12, obs. Tehrani ; RJDA 2019, n° 111 ; BJE 3-4/2019. 49, note Staes ; RDBF 2019, n° 58, obs. Houin-Bressand ; RPC 2019. Étude 16, obs. Neveu et Bottin.*

7. Le juge-commissaire doit, en ce qui concerne les intérêts restant à courir après le jugement d'ouverture, indiquer les modalités de calcul retenues sans en fixer le montant, sa décision valant admission, dans la limite de ces modalités, de la créance d'intérêts telle qu'arrêtée ultérieurement. • Com. 26 oct. 1999 : *RJDA 2000, n° 58.* ♦ Pour apprécier si la créance d'intérêts a été admise au passif, il convient de se référer exclusivement à la décision d'admission du juge-commissaire devenue irrévocable dont la mention « intérêts mémoire » ne vaut pas admission de la créance d'intérêts. • Com. 13 nov. 2007, n° 06-16.696 P : *D. 2007. AJ 3012 ; JCP E 2008. 1432, n° 11, obs. Cabrillac ; RTD com. 2008. 179, obs. Martin-Serf*. ♦ Dans le même sens, s'agissant de la mention « outre intérêts », V. • Com. 13 janv. 2015, n° 13-21.504 : *RTD com. 2015. 751, obs. Martin-Serf ; RPC 2015, n° 41, obs. F. et M.-N. Legrand ; RJDA 2015, n° 512.* ♦ V. art. R. 622-23 et notes ss. cet art.

8. La procédure de vérification des créances n'a pour objet que de déterminer l'existence, le montant, ou la nature de la créance déclarée (la faute d'une banque bénéficiaire d'un cautionnement ne peut être prise en compte). • Com. 22 avr. 1997 : *RPC 1997. 463, obs. Blanchard.* ♦ Il en résulte que le débiteur en redressement ou en liquidation judiciaire ne peut pas former une demande reconventionnelle en paiement devant le juge-commissaire. • Versailles, 8 oct. 1998 : *Gaz. Pal. 2000. Somm. 353.* ♦ Toutefois, la déclaration de créance faisant partie intégrante de la procédure de vérification des créances, l'appréciation du caractère abusif de cette déclaration relève de cette procédure, et la demande en paiement de dommages-intérêts réparant le préjudice en résultant, est recevable devant le juge-commissaire. • Même arrêt.

9. Le juge-commissaire, saisi de la contestation d'une créance déclarée, doit se prononcer sur l'existence, la nature et le montant de cette créance sans pouvoir fonder sa décision sur une ordonnance de référé, même exécutoire, ayant accordé une provision au créancier sur l'obligation en cause. • Com. 23 mars 2022, n° 20-22.753 : *BJE 7-8/2022. 17, note Jazottes ; JCP E 2022. 1370, n° 15, obs. Pétel.*

10. Il n'entre pas dans les attributions du juge-commissaire, et partant de la cour statuant en matière d'admission des créances, de se prononcer sur les demandes présentées par un syndicat de copropriétaires (admission à titre privilégié, pour la totalité, sans aucune concurrence, y compris avec le prêteur de deniers, s'agissant de charges dues pour l'année en cours et les deux années antérieures aux dates du jugement d'ouverture et de la déclaration de créance) qui relèvent de la procédure d'ordre. • Paris, 22 juin 2001 : *D. 2001. AJ 2890, obs. Lienhard ; RTD civ. 2001. 926, obs. Croq .*

11. Le juge-commissaire n'est pas compétent pour trancher la contestation portant sur le principe de l'assujettissement du débiteur à la TVA, une telle contestation relevant du juge de l'impôt. • Com. 9 sept. 2020, n° 19-11.934 : *BJE 11-12/2020. 50, note Dedeurwaerder ; LEDEN 11/2020. 4, obs. Ollu.*

12. La cour d'appel qui, sans remettre en cause l'admission des créances d'une société, se borne à retenir que, cette société ayant admis une réduction de 40 % des sommes lui restant dues après le versement des fonds provenant de cessions partielles d'actifs, cette réduction devait s'appliquer non pas sur l'ensemble des créances de cette société mais uniquement sur le solde constaté après déduction de ces versements, ne viole pas les art. 101 de la loi du 25 janv. 1985 [C. com., art. L. 624-2] et 1351 [1355] C. civ. • Com. 20 janv. 1998, n° 94-16.821 P.

13. La cour d'appel a le pouvoir de déterminer si, à la date de la déclaration de créance, le droit d'action du créancier est prescrit, dès lors qu'elle n'est saisie d'aucune contestation sérieuse sur ce point. • Com. 20 sept. 2017, n° 16-20.176 : *RJDA 2018, n° 47.*

14. La cour d'appel, juge de la vérification des créances, excède les pouvoirs qu'elle tient de l'art. 101, devenu l'art. L. 621-104 [L. 624-2] C. com., en statuant sur la rupture d'un contrat. • Com. 18 févr. 2003, n° 00-12.666 P : *D. 2003. AJ 1095 ; APC 2003, n° 84, obs. Vallansan ; RDBF 2003, n° 75, obs. F.-X. Lucas.* ♦ De même, il n'entre pas dans les attributions du juge de la vérification des créances de se prononcer sur la responsabilité encourue par le créancier à l'occasion de l'exécution du contrat. • Com. 21 sept. 2004 : *D. 2005. Pan. 297, obs. Le Corre* • 18 sept. 2012, n° 11-18.353 : *RTD com. 2013. 153, obs. Vallens ; BJE 2013. 30, note Théron.* ♦ ... De prononcer la nullité d'un acte intervenu en période suspecte : V. note 4 ss. art. L. 632-4. ♦ ... Ou de statuer à propos d'un contrat administratif (contrat de concession conclu entre une société d'économie mixte et une commune). • Com. 1er mars 2005, n° 02-16.769 P : *D. 2005. AJ 1026, obs. Lienhard ; ibid. Pan. 2016, obs. F.-X. Lucas .* ♦ V. et comp. : art. L. 624-2 dans sa réd. issue de l'Ord. n° 2014-326 du 12 mars 2014.

15. S'il est vrai que le juge du cautionnement est tenu de respecter la décision du juge-commissaire, ce dernier, statuant directement dans les seuls rapports entre le créancier et le débiteur principal, n'est pas tenu de ventiler la part des intérêts et du principal de la créance si cette ventilation ne présente pas d'intérêt pour les parties directement en cause. • Com. 26 oct. 1999, n° 96-12.958 P : *JCP E 2000, n° 4, p. 130, obs. Cabrillac ; RDBF 2000, n° 11, obs. Legeais ; LPA 7 juin 2000, p. 24, note Courtier.*

16. Il résulte des dispositions combinées des art. 101 et 102, al. 3 [Décr. n° 2007-431 du 25 mars 2007, art. 4], que le juge-commissaire est compétent pour statuer sur l'admission ou le rejet des créances lorsque la matière est de la compétence du tribunal qui a ouvert la procédure collective. Le juge-commissaire est donc compétent pour se prononcer sur la validité du nantissement invoqué par une société créancière et rétablir ainsi la véritable nature de la créance litigieuse. • Com. 19 mai 1998 : *préc. note 1.* ♦ En revanche, le juge-commissaire n'est pas compétent pour se prononcer sur la nullité du contrat ayant donné naissance à la créance. • Com. 19 mai 2004 : *APC 2004, n° 148, obs. Regnaut-Moutier.*

17. Lorsque l'instance arbitrale n'est pas en cours au jour du jugement d'ouverture, le juge-commissaire, saisi d'une contestation et devant lequel est invoquée une clause compromissoire, doit, après avoir, le cas échéant, vérifié la régularité de la déclaration de créance, se déclarer incompétent à moins que la convention d'arbitrage ne soit manifestement nulle ou inapplicable. • Com. 2 juin 2004, n° 02-18.700 P : *D. 2004. AJ 1732, obs. Lienhard ; ibid. Somm. 3184, obs. Clay ; JCP E 2004, n° 26, p. 1053, note N. S. ; LPA 21 juill. 2004, p. 15, note Touchent ; APC 2004, n° 158, obs. Vallansan ; RPC 2004. 235, obs. Staes ; RTD com. 2004. 439, obs. Loquin ; Rev. arb. 2004. 591, note Ancel ; RTD com. 2004. 808, obs. Martin-Serf ; Defrénois 2004. 1671, obs. Gibirila.*

V. et comp., désormais : art. L. 624-2 dans sa réd. issue de l'Ord. n° 2014-326 du 12 mars 2014.

18. Instance en cours. L'instance en cours qui enlève au juge-commissaire le pouvoir de décider de l'admission ou du rejet de la créance s'entend d'une instance engagée à l'encontre du débiteur et non d'une instance introduite par ce dernier. • Com. 27 mai 2008 : *APC 2008, n° 176, obs. Regnaut-Moutier ; Gaz. Pal. 27-29 juill. 2008, p. 41, obs. Rohart-Messager ; RJDA 2008, n° 1044.* ♦ ... Ou intentée contre le gérant de la société soumise à la procédure collective. • Com. 10 mai 2005 : *RJDA 2005, n° 1014.*

Les procédures civiles d'exécution, interrompues par le jugement d'ouverture d'une procédure collective en application de l'art. L. 622-21, II, C. com., ne sont pas des instances en cours au sens de l'art. L. 624-2 du même code. • Com. 27 sept. 2017, n° 16-17.285 : *RTD com. 2018. 469, obs. Martin-Serf ; LEDEN 12/2017. 4, obs. Camensuli-Feuillard ; Gaz. Pal. 16 janv. 2018, p. 69, obs. Boustani ; RPC 2018, n° 69, obs. Staes.*

Doit être déclarée nulle l'ordonnance rendue par le juge-commissaire statuant sur le sort d'une créance salariale en l'état d'une procédure prud'homale en cours pour déterminer son montant. • Douai, 19 nov. 1987 : *RPC 1988. 85, obs. Dureuil.*

Une instance d'appel en cours au jour du jugement d'ouverture de la procédure collective, seulement suspendue par une mesure de radiation, ôte au juge-commissaire le pouvoir de prononcer l'admission ou le rejet de la créance, peu important que le jugement attaqué soit exécutoire. • Com. 8 avr. 2015 : *D. 2015. Actu. 862 ; JCP E 2015. 1422, n° 4, obs. Pétel ; APC 2015, n° 144, obs. Cagnoli ; LEDEN 5/2015. 2, obs. Pelletier ; BJE 2015. 243, note Sortais ; Gaz. Pal. 19-21 juill. 2015, p. 15, obs. Fricero ; RJDA 2015, n° 766 ; RPC 2015, n° 185, obs. Staes.*

Lorsqu'un créancier a formé un pourvoi en cassation contre l'arrêt qui a rejeté sa demande en paiement contre le débiteur, l'instance n'est pas en cours au sens de l'art. 101 [C. com., art. L. 624-2], et, passée en force de chose jugée, la décision rendue doit recevoir exécution. • Com. 14 juin 1994, n° 92-15.217 P : *D. 1995. Somm. 26, obs. Honorat ; RTD com. 1995. 482, obs. Martin-Serf.*

Le juge-commissaire saisi par le Trésor public d'une demande d'admission définitive, formée dans le délai de l'art. L. 624-1 C. com., d'une créance déclarée à titre provisionnel et ayant postérieurement fait l'objet d'un titre exécutoire contre lequel le redevable a formé une réclamation doit seulement constater qu'une réclamation ou une instance est en cours. • Com. 11 févr. 2014, n° 13-10.554 P : *D. 2014. Actu. 477 ; LEDEN 4/2014. 2, obs. Mouial-Bassilana.*

Il résulte des art. 47 et 48 [C. com., art. L. 622-21 et L. 622-22] que seule une instance en cours devant un juge du fond au jour du jugement d'ouverture enlève au juge-commissaire le pouvoir de décider de l'admission ou du rejet de la créance. • Com. 14 mars 1995, n° 93-12.489 P : *D. 1995. IR 98 .* ♦ ... De sorte qu'il ne peut admettre une telle créance, même à titre provisionnel, dans un état de collocation. • Com. 7 févr. 2012, n° 10-25.930 P : *D. 2012. Actu. 493 ; APC 2012, n° 66, obs. Le Corre.*

En l'absence d'instance en cours à la date du jugement d'ouverture de la procédure collective du débiteur, le créancier, après avoir déclaré sa créance, ne peut en faire constater le principe et fixer le montant qu'en suivant la procédure de vérification du passif. • Com. 4 janv. 2000 : *RJDA 2000, n° 314 ; Rev. loyers 2000. 304, note Gallet.* – Dans le même sens, V. • Com. 8 janv. 2002, n° 98-17.373 P : *D. 2002. AJ 487 ; RPC 2003. 141, obs. Legrand* • 13 sept. 2017, n° 16-12.249 : *BJE 2017. 426, note Staes ; RDBF 2017, n° 263, obs. Houin-Bressand.*

L'ordonnance constatant qu'une instance est en cours, contre laquelle aucun recours n'est exercé, dessaisit le juge-commissaire et rend irrecevable toute nouvelle demande formée devant lui pour les mêmes créances. • Com. 8 juill. 2008, n° 07-16.563 P : *D. 2008. AJ 2073 ; JCP E 2009. 1008, n° 14, obs. Pétel.* ♦ ... Cette constatation fût-elle intervenue à tort. • Com. 18 nov. 2014 : *D. 2014. Actu. 2406 ; LEDEN 1/2015. 5, obs. Théron ; RPC 2015, n° 183, obs. Staes.*

Dès lors qu'elle constate qu'une instance est en cours, ce qui lui ôte tout pouvoir pour statuer sur la créance litigieuse, la cour d'appel doit relever d'office son absence de pouvoir juridictionnel. • Com. 31 janv. 2017, n° 15-16.123 : *Rev. sociétés 2017. 183, obs. Henry ; BJE 2017. 336, note de Lajarte-Moukoko.*

19. Après rejet de la demande de décharge ou de réduction formée par la société débitrice, qui mettait fin à l'instance en cours que celle-ci avait introduite et dont il résultait l'admission de la créance du comptable public, c'est à bon droit que la cour d'appel, sans avoir à procéder à d'autres vérifications que celle du caractère définitif de la décision de la cour administrative d'appel, a fait compléter l'état des créances par la mention de cette décision. • Com. 24 mars 2015 : *D. 2015. Actu. 800 ; DP diff. entr., Bull. n° 369, obs. Rémery ; LEDEN 5/2015. 3, obs. Pelletier.*

20. Les cautions n'ont pas qualité pour critiquer la décision d'admission des créances prise par le juge-commissaire en ce que celui-ci aurait dû constater qu'une instance était en cours au sens de l'art. 101 devenu l'art. L. 621-104 [L. 624-2] C. com. • Com. 4 mars 2003 : *RJDA 2003, n° 852 ; RPC 2004. 238, obs. Staes.*

21. Sursis à statuer. Le juge de la vérification des créances qui est saisi d'une contestation ne relevant pas de son pouvoir juridictionnel et susceptible d'avoir une incidence sur l'existence, le montant ou la nature de la créance déclarée est tenu de surseoir à statuer sur l'admission de celle-ci, après avoir invité les parties à saisir le juge compétent. • Com. 27 janv. 2015 : *cité note 128 ss. art. L. 622-24 ; JCP E 2015. 1204, n° 9, obs. Pétel ; APC 2015, n° 66, obs. Théron ; BJE 2015. 154, note Rolland.* – Rappr. : • Com. 27 sept. 2017, n° 16-16.414 P : *D. 2017. Actu. 1972 ; RTD com. 2019. 205, obs. Martin-Serf ; JCP E 2017. 1688, n° 8, obs. Tehrani ; LEDEN 12/2017. 3, obs. Staes ; APC 2017, n° 289, obs. Cagnoli ; RJDA 2018, n° 49 ; RDBF 2018, n° 50, obs. Houin-Bressand.* – V. déjà : • Com. 7 févr. 2006, n° 04-19.087 P : *D. 2006. AJ 578, obs. Lienhard ; APC 2006, n° 45, obs. Vallansan ; RDBF 2006, n° 74, obs. F.-X. Lucas ; Gaz. Pal. 30 avr.-4 mai 2006, p. 45, obs. Le Corre* • 9 avr. 2013, n° 12-15.414 P : *D. 2013. Actu. 990 ; ibid. Pan. 2373, obs. Le Corre ; LEDEN 5/2013. 3, obs. Rubellin ; APC 2013, n° 114, obs. Théron ; JCP E 2013. 1434, n° 3, obs. Pétel ; Procédures 2013, n° 192, note Rolland ; BJE 2013. 221, note Le Corre ; RPC 2013, n° 108, obs. Cagnoli* • 28 janv. 2014, n° 12-35.048 P : *D. 2014. Actu. 368, obs. Lienhard ; RTD com. 2014. 863, obs. Martin-Serf ; JCP E 2014. 1173, n° 6, obs. Pétel ; LEDEN 3/2014. 3, obs. Le Corre ; RDBF 2014, n° 117, obs. Houin-Bressand.* ♦ V. aussi note ss. art. R. 624-5.

Il appartient à la cour d'appel, saisie d'une contestation soulevée par la société débitrice, de rechercher si celle-ci est dépourvue de sérieux et n'est pas susceptible d'exercer une influence sur l'existence ou le montant de la créance, conditions auxquelles est subordonné l'exercice par le juge-commissaire, et la cour d'appel à sa suite, de leur pouvoir de statuer sur la demande d'admission de la créance sans surseoir à statuer et renvoyer l'examen de la contestation devant le juge du fond. • Com. 15 nov. 2017, n° 16-18.144 P : *D. 2017. Actu. 2365 ; BJE 2018. 41, note Staes ; RJDA 2018, n° 153 ; RDBF 2018, n° 50, obs. Houin-Bressand.*

Il résulte de l'art. 53 [C. com., anc. art. L. 621-46], al. 4, selon lequel les créances qui n'ont pas été déclarées et n'ont pas donné lieu à relevé de forclusion sont éteintes, qu'il ne peut être statué sur l'admission d'une créance tant qu'il n'a pas été irrévocablement statué sur le relevé de forclusion. • Com. 14 janv. 1997, n° 95-12.159 P : *D. 1997. Somm. 215, obs. Honorat ; D. Affaires 1997. 256 ; JCP E 1997. I. 651, n° 14, obs. Cabrillac et Pétel; RTD com. 1998. 937, obs. Martin-Serf* • 1er oct. 1997 : *D. Affaires 1997. 1394.*

Le juge-commissaire, seul compétent pour statuer sur l'admission de la créance au passif du débiteur principal, n'est pas tenu de surseoir à statuer dans l'attente de la décision du juge du cautionnement, saisi d'une action en paiement par le créancier contre la caution, cette décision ne s'imposant que dans les rapports entre le créancier et la caution, fût-elle solidaire. • Com. 11 févr. 2004, n° 01-01.602 P : *D. 2004. AJ 638 ; JCP E 2004, n° 22, p. 859, obs. Pétel ; APC 2004, n° 82, obs. Vallansan ; RTD com. 2004. 810, obs. Martin-Serf.*

Comp., désormais : art. L. 624-2 dans sa réd. issue de l'Ord. n° 2014-326 du 12 mars 2014.

22. Compétence territoriale. V. art. R. 662-3-1.

23. Auditions individuelles. Est nulle l'ordonnance rendue par le juge-commissaire qui rejette une créance en tout ou en partie sans avoir au préalable entendu ou dûment appelé le créancier, le débiteur, l'administrateur et le représentant des créanciers. • Rouen, 22 oct. 1987 : *RPC 1988. 87, obs. Dureuil* • Nancy, 20 févr. 1989 : *Banque et Dr. 1989. 184.*

24. Il résulte de l'art. 101 que la convocation préalable du créancier déclarant est nécessaire lorsque le liquidateur s'oppose à une déclaration de créance qui ne revêt pas le caractère privilégié dont fait état ce créancier. • Chambéry, 25 févr. 1992 : *BICC 1992, n° 1497.*

25. Le juge-commissaire n'a pas à entendre ou appeler le débiteur lorsqu'il prononce l'admission d'une créance non contestée. • Com. 3 oct. 2000, n° 97-21.584 P : *APC 2000, n° 224.*

26. Sur l'obligation faite au juge-commissaire d'entendre le débiteur et le créancier lorsqu'il décide d'admettre ou de rejeter la créance dans des termes autres que ceux de la contestation du représentant des créanciers, V. • Paris, 28 mai 1999 : *préc. note 1.*

27. Dans le cas où le juge-commissaire n'a pas convoqué l'administrateur avant de statuer sur le sort de la créance, le débiteur, qui a le droit propre d'exercer des voies de recours prévues par la loi contre la décision statuant sur l'admission de la créance, est sans qualité à invoquer un grief dont seul l'administrateur de la procédure collective, s'il avait reçu la mission d'assurer l'administration, serait fondé à se prévaloir. • Com. 9 mai 1995 : *RPC 1995. 291, obs. Dureuil.*

28. Défaut de comparution du créancier déclarant. Les créanciers du débiteur en redressement judiciaire n'ayant aucune diligence à accomplir une fois effectuées leurs déclarations de créances, les opérations de vérification des créances incombant au mandataire judiciaire, agissant comme représentant des créanciers, et la direction de la procédure de contestation de créance leur échappant, la caducité de la citation prévue par ce texte n'est pas applicable en cas de défaut de comparution du créancier déclarant à l'audience du juge-commissaire, saisi par le mandataire judiciaire de la contestation de sa créance. • Com. 20 avr. 2017, n° 15-18.598 P : *D. 2017. Actu. 917 ; JCP E 2017. 1460, n° 15, obs. Tehrani ; APC 2017, n° 150, obs. Staes ; RJDA 2017, n° 479 ; Gaz. Pal. 27 juin 2017, p. 58, obs. Le Corre ; LEDEN 7/2017. 5, obs. Camensuli-Feuillard ; BJE 2017. 333, note de Lajarte-Moukoko.*

29. Contestations successives. Aucune disposition de la loi du 25 janv. 1985 ou du Décr. du 27 déc. 1985 n'interdit au liquidateur de formuler plusieurs contestations successives de la déclaration de créance. • Com. 22 oct. 1996, n° 94-19.912 P.

30. Procédure orale. Devant le juge-commissaire, la procédure étant orale, les prétentions des parties peuvent être formulées au cours de l'audience et elles sont présumées avoir été contradictoirement débattues. • Com. 31 janv. 1995, n° 92-21.743 P : *D. 1995. IR 51.*

31. Notion de décision d'admission. Ayant relevé que le juge-commissaire a signé la liste des créances déclarées établie par le représentant des créanciers et contenant ses propositions d'admission des créances non contestées, une cour d'appel en déduit exactement que le juge-commissaire a décidé d'admettre ces créances. • Com. 23 nov. 2004, n° 03-14.810 P : *D. 2004. AJ 3222 ; D. 2005. Pan. 298, obs. Le Corre ; APC 2005, n° 5, obs. Vallansan ; RDBF 2005, n° 16, obs. F.-X. Lucas ; JCP E 2005, n° 17, p. 710, obs. Pétel ; RTD com. 2005. 173, obs Vallens.* – Rappr. : • Lyon, 14 oct. 2004 : *BICC 2005, n° 440.*

32. Instance en paiement contre la caution. Le juge du fond, qui statue dans l'instance en paiement opposant le créancier à la caution du débiteur principal à l'égard duquel a été ouverte une procédure collective, ne fait pas application de l'art. L. 624-2 ; il en résulte que la décision par laquelle le juge du cautionnement retient que la déclaration de la créance est irrégulière ne constitue pas une décision de rejet de cette créance, entraînant, dès lors, l'extinction de celle-ci. • Com. 5 mai 2021, n° 19-17.736 P : *D. 2021. Actu. 901 ; Rev. sociétés 2021. 404, obs. Reille ; RTD com. 2021. 654, obs. Martin-Serf ; LEDEN 6/2021. 3, obs. Cavelier ; APC 2021, n° 146, obs. Pétel ; BJE 7-8/2021. 32, note Saint-Alary-Houin ; RDBF 2021, n° 95, obs. Legeais ; RJDA 2021, n° 586 ; Dr. sociétés 2021, n° 136, note Legros.*

33. Autorité de la chose jugée. **BIBL.** Lebois, *RPC 2002. 234.* ♦ L'autorité de la chose jugée s'étend à la nature de la garantie et, faute d'avoir été admise, la créance hypothécaire ne peut être opposée aux autres créanciers hypothécaires inscrits sur l'état des créances. • Com. 6 juill. 1999, n° 96-21.684 P : *D. 2000. Somm. 327, obs. Honorat*. ♦ V. aussi, s'agissant d'une clause de réserve de propriété, • Com. 28 juin 2011 : *D. 2011. Actu. 1895 ; RJDA 2011, n° 947.*

34. Le créancier qui n'a pas invoqué devant les juges du fond l'autorité de chose jugée attachée à la décision d'admission de sa créance n'est pas recevable à l'invoquer pour la première fois devant la Cour de cassation. • Com. 20 juin 1995 : *RJDA 1995, n° 1447.*

35. La cour d'appel statuant sur une demande de relevé de forclusion n'est pas tenue par l'autorité de chose jugée attachée à l'ordonnance ayant admis la créance. • Com. 31 mai 2011, n° 10-15.721 : *APC 2011, n° 182, obs. Vallansan.*

36. L'autorité de la chose jugée d'une décision du juge-commissaire admettant des créances au passif d'une procédure collective ne doit pas être susceptible de vider de sa substance l'obligation incombant au juge national de procéder à un examen d'office du caractère éventuellement abusif des clauses contractuelles. • Com. 8 févr. 2023, n° 21-17.763 B : *D. 2023. Pan. 1721, obs. Cagnoli ; RTD com. 2023. 449, obs. Martin-Serf ; JCP E 2023. 1157, n° 15, obs. Tehrani ; APC 2023, n° 71, obs. Salhi ; LEDEN 4/2023. 3, obs. Rubellin ; RJDA 2023, n° 269 ; RDBF 2023, n° 104, obs. Houin-Bressand ; Gaz. Pal. 19 sept. 2023, p. 44, obs. Goujon-Bethan.*

37. La procédure de vérification et d'admission des créances ne tend qu'à vérifier l'existence, le montant et la nature des créances détenues sur le débiteur, de sorte que lorsqu'une créance a été constatée par une décision ayant autorité de la chose jugée, cette décision est opposable au liquidateur judiciaire qui ne peut que vérifier que la créance déclarée est conforme au titre qui l'a constatée mais ne peut en contester ni le principe, ni le montant. • Com. 13 sept. 2017, n° 15-28.833 P : *D. 2017. Actu. 1829 ; APC 2017, n° 260, obs. Cagnoli ; LEDEN 11/2017. 3, obs. Staes ; RDBF 2017, n° 263, obs. Houin-Bressand.*

38. Pour l'annulation d'une sentence prononcée par un tribunal arbitral, qui, en statuant sur l'existence et le montant d'une créance ayant fait l'objet d'une décision d'admission devenue irrévocable, avait violé les règles d'ordre public des procédures collectives, V. • Civ. 1re, 11 sept. 2013, n° 11-17.201 P : *D. 2013. 2891, note Borga et Daniel ; RTD com. 2014. 192, obs. Vallens ; JCP E 2013. Actu. 701, obs. Courdier-Cuisinier ; JCP E 2013. 1692, note Mouralis ; LEDEN 10/2013. 4, obs. F.-X. Lucas ; RDBF 2013, n° 207, obs. Houin-Bressand ; BJE 2013. 387, note Sortais ; RPC 2014, n° 17, obs. F. et M.-N. Legrand.*

39. L'admission par le juge-commissaire d'une créance au passif du débiteur acquiert, quant à son existence et à son montant, l'autorité de la chose jugée à l'égard de la caution, sauf contestation par celle-ci de l'état des créances déposé au greffe dans les conditions prévues par les art. 103 de la loi et 83 du décret [désormais, C. com., art. R. 624-8]. • Com. 22 oct. 1996 : *D. 1997. IR 2 ; Quot. jur. 19 nov. 1996, p. 12.* ♦ V. aussi note 1 ss. art. L. 632-4 et note 7 ss. art. R. 624-3.

La caution solidaire peut se prévaloir, dès lors qu'il est définitif, du rejet de la créance garantie prononcé dans la procédure collective de son cofidéjusseur, à moins qu'il ne soit dû à une cause personnelle à celui-ci. • Com. 18 nov. 2014 : *D. 2014. Actu. 2405 ; RTD com. 2015. 152, obs. Martin-Serf ; LEDEN 12/2014. 5, obs. Rubellin ; APC 2014, n° 350, obs. Cagnoli ; Gaz. Pal. 18-20 janv. 2015, p. 33, obs. Le Corre-Broly.*

40. L'autorité de la chose jugée attachée à la décision d'admission de la créance au passif de la procédure collective d'une société ne prive pas l'associé, poursuivi en exécution de son obligation subsidiaire au paiement des dettes sociales, d'opposer au créancier la prescription de l'art. 1859 C. civ., distincte de celle résultant de la créance détenue contre la société, et propre à l'action du créancier contre l'associé. • Com. 20 mars 2019, n° 17-18.924 P : *D. 2019. Actu. 637 ; RTD com. 2019. 483, obs. Martin-Serf ; LEDEN 5/2019. 2, obs. Croze ; RJDA 2019, n° 439 ; Dr. sociétés 2019, n° 115, note Legros ; Gaz. Pal. 25 juin 2019, p. 65, obs. Laroche ; BJS 7-8/2019. 58, note Brignon ; BJE 7-8/2019. 27, note de Ravel d'Esclapon.*

41. La contestation d'une créance, au cours de la procédure de vérification du passif, n'a pas le même objet que la demande en paiement d'une somme d'argent formée contre le créancier déclarant ; dès lors qu'à l'occasion de la contestation de la créance de la société créancière, la société débitrice ne s'est pas prévalue de la compensation avec ses propres créances, ce qu'elle n'avait pas à faire, la demande en paiement de celles-ci, qui ne se heurte pas à l'autorité de la chose jugée dans le cadre de la vérification des créances, est recevable. • Com. 9 oct. 2019, n° 18-17.730 P : *D. 2019. Actu. 1989 ; Rev. sociétés 2019. 783, obs. Reille ; RTD com. 2020. 170, obs. Martin-Serf ; LEDEN 11/2019. 3, obs. Ollu ; RJDA*

2020, n° 91 ; JCP E 2020. 1074, note Houssin ; BJE 3-4/2020. 41, note Jazottes.

42. Rejet d'une créance garantie par une sûreté. L'art. L. 624-2 C. com. ne distingue pas entre les différents motifs de rejet d'une créance déclarée, de sorte que la décision par laquelle le juge-commissaire retient qu'une créance a été irrégulièrement déclarée et ne peut être admise au passif est, au sens du texte précité, une décision de rejet de la créance, qui entraîne, par voie de conséquence, l'extinction de la sûreté qui la garantissait. • Com. 4 mai 2017, n° 15-24.854 P : *D. 2017. Pan. 1941, obs. Le Corre ; ibid. 2001, obs. Crocq ; RTD com. 2017. 687, obs. Martin-Serf ; ibid. 704, obs. Vallens ; JCP E 2017. 1434, note Stefania ; ibid. 1460, n° 16, obs. Pétel ; JCP 2017. 673, note Ansault ; APC 2017, n° 167, obs. Le Bars ; RJDA 2017, n° 477 ; RDBF 2017, n° 180, obs. Houin-Bressand ; BJE 2017. 268, note Degenhardt ; Banque et Dr. 7-8/2017. 64, obs. Rontchevsky ; RJ com. 2017. 496, obs. Macorig-Venier ; RPC 2018, n° 100, obs. Cagnoli.* ♦ Contra, sur renvoi : • Montpellier, 6 oct. 2020, n° 17/03582 : *JCP E 2020. 1535, n° 12, obs. Pétel ; LEDEN 11/2020. 5, obs. Rubellin.* ♦ Il résulte de l'art. 2036, devenu 2313, C. civ., que la décision de condamnation de la caution à exécuter son engagement, serait-elle passée en force de chose jugée, ne fait pas obstacle à ce que la caution puisse opposer l'extinction de la créance garantie pour une cause postérieure à cette décision. • Com. 22 janv. 2020, n° 18-19.526 P : *D. 2020. 855, note Pellier ; Rev. sociétés 2020. 193, obs. Reille ; RTD com. 2020. 465, obs. Martin-Serf ; RTD civ. 2020. 692, obs. Théry ; JCP E 2020. 1204, n° 14, obs. Pétel ; APC 2020, n° 39, obs. Cagnoli ; LEDEN 3/2020. 3, obs. Lafaurie ; RJDA 2020, n° 229 ; BJE 3-4/2020. 37, note Houssin ; Banque et Dr. 3-4/2020. 32, obs. Jacob ; RPC 2020, n° 52, obs. Borga.* ♦ Comp., désormais : art. L. 624-2 et L. 624-3-1, dans leur rédaction issue de l'Ord. n° 2021-1193 du 15 sept. 2021.

43. Subrogation. La créance dont la caution dispose par subrogation contre le débiteur principal est celle du subrogeant et peut donner lieu à une autre admission au passif du débiteur principal au profit de cette caution en sa qualité de subrogée dans les droits du créancier garanti. • Com. 4 oct. 2005, n° 04-11.390 P : *D. 2005. AJ 2874, obs. Lienhard ; Banque et Dr. 11-12/2005. 74, obs. Jacob ; JCP E 2006, n° 2, p. 76, obs. Cabrillac ; LPA 23 janv. 2006, p. 13, note Houtcieff.*

44. L'assuré, qui, après avoir été indemnisé, n'a plus qualité pour agir contre le débiteur, ne peut, sauf convention expresse ou tacite l'y habilitant, agir en justice dans l'intérêt de l'assureur, subrogé dans ses droits (rejet de la demande d'admission de l'assuré pour une somme incluant le montant de l'indemnité versée par l'assureur). • Com. 1er déc. 2009 : *D. 2009. AJ 2929 ; LEDEN, févr. 2010, p. 3, obs. Camensuli-Feuillard.*

45. Preuve de l'admission. Il appartient au créancier, dont l'existence de la créance est contestée, de rapporter la preuve de son admission au passif de son débiteur. • Com. 13 avr. 1999 : *Procédures 1999, n° 202, obs. Laporte.*

46. Péremption d'instance. La péremption d'instance ayant pour objet de sanctionner le défaut de diligence des parties, le débiteur ne peut invoquer une extinction du passif en raison de la péremption d'instance dès lors que les créanciers n'ont aucune diligence à accomplir une fois effectuées les déclarations de créances. • Com. 9 nov. 2004, n° 01-16.726 P : *D. 2004. AJ 3070 ; D. 2005. Pan. 297, obs. Le Corre ; RPC 2005. 130, obs. Gorrias* • 7 juill. 2009 : *D. 2009. AJ 2035 ; Procédures 2009, n° 324, note Rolland ; RJDA 2009, n° 1023 ; Gaz. Pal. 1er-3 nov. 2009, p. 29, obs. Le Corre-Broly* • 8 janv. 2020, n° 18-22.606 P : *D. 2020. Actu. 76 ; JCP E 2020. 1331, note Houssin ; LEDEN 2/2020. 2, obs. Camensuli-Feuillard ; APC 2020, n° 46, obs. Staes ; RJDA 2020, n° 161.* ♦ V. aussi note 8 ss. art. L. 622-24 et note 13 ss. art. L. 643-9.

47. Prescription opposable à la caution solidaire. L'opposabilité, à la caution solidaire, de la substitution de la prescription trentenaire à la prescription décennale ayant pu se produire, en l'état du droit antérieur à la L. n° 2008-561 du 17 juin 2008, à la suite de la décision d'admission de la créance garantie au passif du débiteur principal, n'a pas pour effet de soumettre les poursuites du créancier contre la caution à cette prescription trentenaire. • Com. 3 oct. 2018, n° 16-26.985 P : *D. 2018. Actu. 1965, obs. Lienhard ; AJ contrat 2018. 545, obs. Mouial-Bassilana ; LEDEN 11/2018. 3, obs. Lafaurie ; RJDA 2018, n° 927* • 16 janv. 2019, n° 17-14.002 P : *D. 2019. Actu. 124 ; RTD com. 2019. 484, obs. Martin-Serf ; JCP E 2019. 1108, note Pellier ; APC 2019, n° 50, obs. Cagnoli ; DP diff. entr., Bull. n° 411, obs. Reille ; RJDA 2019, n° 222 ; BJE 5-6/2019. 36, note Cabrillac ; RDBF 2019, n° 101, obs. Houin-Bressand ; RPC 2019, n° 68, obs. Aynès.* ♦ Le délai pour agir du créancier contre cette caution reste déterminé par la nature de la créance détenue sur la caution, le délai de prescription étant néanmoins interrompu pendant la durée de la procédure collective du débiteur principal jusqu'à la date de sa clôture. • Même arrêt. – V. Biguenet-Maurel, *RJDA 2019. 207.*

Art. L. 624-3 **Le recours contre les décisions du juge commissaire prises en application** *(L. n° 2005-845 du 26 juill. 2005, art. 47-I)* **« de la présente section » est ouvert au créancier, au débiteur** *(Abrogé par L. n° 2005-845 du 26 juill. 2005, art. 47-I)* **«, *à l'administrateur lorsqu'il a pour mission d'assurer l'administration* » ou au mandataire judiciaire.**

Toutefois, le créancier dont la créance est discutée en tout ou en partie et qui n'a pas répondu au mandataire judiciaire dans le délai mentionné à l'article L. 622-27 ne peut pas exercer de recours contre la décision du juge-commissaire lorsque celle-ci confirme la proposition du mandataire judiciaire.

Les conditions et les formes du recours prévu au premier alinéa sont fixées par décret en Conseil d'État. – *[C. com., anc. art. L. 621-105.]* – *V. art. R. 624-7.*

COMMENTAIRE

Il faut noter que la mesure d'harmonisation de l'article L. 624-3, issu de la loi de 2005, par rapport à l'ancien article L. 621-105 (suppression des mots « , à l'administrateur lorsqu'il a pour mission d'assurer l'administration », qui ne correspondent pas à la situation de la procédure de sauvegarde) aurait pu entraîner un effet « collatéral » en cas de redressement judiciaire classique, auquel le texte s'applique aussi par voie de renvoi. L'article L. 631-18 (II) y remédie (V. ce texte).

Quant à la procédure d'appel, la cour d'appel de Paris, par plusieurs arrêts du 12 juin 2007 (V. note 2 ss. art. R. 624-7), a tiré une conséquence pratique notable de la règle d'application subsidiaire du code de procédure civile en matière de procédures collectives : l'appel des ordonnances du juge-commissaire en matière de contestation de créance doit être interjeté par déclaration au greffe de la cour par un avoué à la cour, comme le veut l'article 899 de ce code ; l'appel interjeté par le créancier ou le débiteur directement au greffe de la cour est donc irrecevable. ❑

1. Défaut de réponse du créancier. Aux termes de l'art. L. 624-3, al. 2, le créancier dont la créance est discutée en tout ou en partie et qui n'a pas répondu au mandataire judiciaire dans le délai mentionné à l'art. L. 622-27 ne peut pas exercer de recours contre la décision du juge-commissaire lorsque celle-ci confirme la proposition du représentant des créanciers ; il en résulte, *a contrario*, que le créancier recouvre le droit d'exercer un recours lorsque le juge-commissaire n'a pas entériné la proposition du mandataire judiciaire. • Com. 16 juin 2015, n° 14-11.190 P : *D. 2015. Actu. 1366, obs. Lienhard ; JCP E 2015. 1422, n° 6, obs. Pétel ; RJDA 2015, n° 684 ; RDBF 2015, n° 166, obs. Houin-Bressand ; BJE 2015. 300, note Le Mesle ; RPC 2016, n° 8, obs. F. et M.-N. Legrand.* ♦ Sur le domaine d'application de l'art. L. 624-3, al. 2, C. com., V. aussi notes ss. art. L. 622-27.

2. Forme du recours. Il résulte des dispositions de l'art. 102, al. 1er [C. com., art. L. 624-3], que le recours ouvert à l'encontre des décisions du juge-commissaire statuant sur l'admission des créances, y compris lorsque ce magistrat se déclare incompétent, est l'appel. • Com. 10 oct. 1995, n° 93-21.794 P : *D. 1996. Somm. 87, obs. Honorat ; D. Affaires 1995. 161 ; JCP E 1996. I. 554, n° 17, obs. Pétel.* ♦ Dans le même sens, en présence d'une clause compromissoire, V. • Com. 22 janv. 2008, n° 06-18.703 P : *D. 2008. AJ 478, obs. Lienhard ; RPC 2008, n° 61, obs. Gorrias.* ♦ L'opposition formée devant le tribunal de la procédure collective et l'appel formé contre le jugement ainsi rendu sont, par conséquent, irrecevables. • Com. 15 févr. 2000 : *JCP E 2000, n° 17, p. 680, note Cagnoli ; APC 2000, n° 85, obs. Vallansan.* ♦ Comp., désormais, pour les recours formés contre une décision d'incompétence : art. R. 624-5.

3. L'indication erronée d'une voie de recours dans la notification n'a pas pour effet d'ouvrir cette voie de recours lorsque celle-ci est interdite par la loi. • Paris, 5 mars 1991 : *Gaz. Pal. 1991. 2. Somm. 428.* ♦ Sur la nullité de la notification n'indiquant pas le délai et les modalités des voies de recours, V. note 8 s. ss. art. R. 661-3.

4. Recours du débiteur. Il résulte de l'art. 102 [C. com., art. L. 624-3] que le débiteur en redressement judiciaire peut exercer un recours contre la décision du juge-commissaire statuant sur une créance qu'il a contestée. • Com. 22 juin 1999, n° 96-20.787 P : *D. 1999. Somm. 351, obs. Honorat ; RTD com. 1999. 986, obs. Vallens ; JCP E 2000, n° 4, p. 131, obs. Pétel.* ♦ ... Peu important l'objet de cette contestation. • Com. 4 févr. 2003, n° 99-17.859 P : *D. 2003. AJ 556* • 19 mai 2015, n° 14-14.395 P : *D. 2015. Actu. 1152 ; RTD com. 2015. 748, obs. Martin-Serf ; APC 2015, n° 164, obs. Vallansan ; LEDEN 7/2015. 5, obs. Rolland ; Gaz. Pal. 19-21 juill. 2015, p. 10, obs. Le Corre ; RDBF 2015, n° 166, obs. Houin-Bressand ; RJDA 2015, n° 765* • 29 mars 2023, n° 21-21.258 B : *D. 2023. Actu. 644 ; JCP E 2023. 1306, n° 16, obs. Pétel ; LEDEN 5/2023. 3, obs. Gralitzer ; APC 2023, n° 118, obs. Ronet-Yague ; RJDA 2023, n° 324.* ♦ En revanche, est irrecevable l'appel contre une décision d'admission d'une créance formé par un débiteur, celui-ci n'ayant pas soumis au représentant des créanciers sa contestation relative à ladite créance et le juge-commissaire n'en ayant donc pas été saisi et n'ayant pu statuer sur elle. • Com. 4 févr. 1992, n° 90-12.674 P : *D. 1992. 264, note Derrida .* – Rappr. : • Com. 8 janv. 2013, n° 11-22.796 P : *D. 2013. Actu. 173 ; RTD com. 2013. 152, obs. Vallens ; JCP E 2013. 1216, n° 6, obs. Pétel ; Gaz. Pal. 1er-4 mai 2013, p. 32, obs. Le Corre ; RPC 2013,* *n° 126, obs. F. et M.-N. Legrand.* ♦ V. aussi, désormais, art. L. 624-1, al. 2, dans sa réd. issue de l'Ord. n° 2014-326 du 12 mars 2014.

5. Seules les décisions du juge-commissaire rendues sur contestation pouvant faire l'objet d'un appel en vertu de l'art. 102 [C. com., art. L. 624-3], le débiteur qui a participé à la vérification des créances effectuée conformément aux dispositions de l'art. 72 du Décr. du 27 déc. 1985 [C. com., art. R. 624-1] sans élever aucune contestation, n'est pas recevable à former un appel-nullité contre la décision du juge-commissaire rendue au vu de la proposition du représentant des créanciers, quand bien même ce dernier aurait omis de faire état de la forclusion d'une déclaration de créance. • Com. 14 janv. 1997, n° 93-19.381 P : *D. 1997. IR 39 ; D. Affaires 1997. 278.*

6. En vertu de l'art. L. 624-3 C. com., le débiteur peut exercer seul, sans l'assistance de l'administrateur judiciaire désigné par le jugement d'ouverture de la procédure de sauvegarde, fût-il investi d'une mission d'assistance pour tous les actes de gestion, le recours contre la décision du juge-commissaire statuant en matière de vérification et d'admission des créances ; il en résulte que, lorsqu'à la date du jugement d'ouverture de la procédure de sauvegarde, une instance était en cours au sens de l'art. L. 622-22, le débiteur a également, dans ce cas, le droit d'exercer seul le recours prévu par la loi contre la décision fixant la créance, après la reprise de l'instance. • Com. 24 janv. 2018, n° 16-21.701 : *D. 2018. Pan. 1836, obs. F.-X. Lucas ; RTD com. 2018. 468, obs. Martin-Serf ; JCP E 2018. 1159, n° 14, obs. Tehrani ; LEDEN 3/2018. 3, obs. Staes ; RJDA 2018, n° 334 ; RPC 2018, n° 57, obs. Lebel ; BJE 2018. 208, note Houssin ; Dr. sociétés 2018, n° 155, note Legros.*

7. Lorsque l'appel contre une décision d'admission du juge-commissaire est formé par le débiteur seul, il lui appartient d'intimer, non seulement le créancier, mais aussi le mandataire judiciaire, sans pouvoir s'en dispenser en invoquant une prétendue communauté d'intérêts qui l'unirait à ce dernier (application de l'art. 553 C. pr. civ.). • Com. 29 sept. 2015, n° 14-13.257 P : *D. 2015. Actu. 2007 ; LEDEN 11/2015. 5, obs. Staes ; Dr. sociétés 2015, n° 220, note Legros ; Gaz. Pal. 19 janv. 2016, p. 58, obs. Fricero ; RPC 2016, n° 33, obs. Cagnoli.* ♦ Le lien d'indivisibilité existant en matière d'admission des créances entre le créancier, le débiteur et le liquidateur implique que la personne intéressée, appelante de l'ordonnance du juge-commissaire ayant rejeté sa réclamation contre une décision d'admission portée sur l'état des créances, appelle à l'instance l'ensemble de ces parties. • Com. 28 mars 2018, n° 16-26.453 P : *D. 2018. Actu. 717 ; RTD com. 2018. 478, obs. Vallens ; JCP E 2018. 1429, n° 3, obs. Tehrani ; LEDEN 5/2018. 2, obs. Staes ; RJDA 2018, n° 518 ; Procédures 2018, n° 220, note Rolland.* ♦ Si l'administrateur judiciaire n'a pas, dans une procédure de sauvegarde, à être intimé sur l'appel du débiteur contestant l'admission d'une créance déclarée, le lien d'indivisibilité qui unit le mandataire judiciaire au débiteur et au créancier dans l'instance relative à l'admission des créances impose, en revanche, au débiteur appelant, d'intimer le mandataire judiciaire et, si ce dernier n'a pas constitué avocat, de lui signifier ses conclusions d'appel dans le délai prévu par l'art. 911 C. pr. civ. ; en sa qualité d'intimé, le mandataire judiciaire ne peut renoncer à la caducité de la déclaration d'appel. • Com. 13 déc. 2017, n° 16-17.975 P : *D. 2018. Actu. 5 ; JCP E 2018. 1159, n° 3, obs. Tehrani ; LEDEN 2/2018. 2, obs. Staes ; RJDA 2018, n° 259 ; RPC 2018, n° 56, obs. Lebel.*

8. Recours du mandataire judiciaire. Pour l'ouverture de l'appel, V. • Com. 16 oct. 1990, n° 88-17.103 P : *D. 1991. Somm. 333, obs. Honorat .*

9. Recours du cessionnaire de l'actif. Le recours prévu par l'art. 102 [C. com., art. L. 624-3] n'est pas ouvert au cessionnaire de tout ou partie de l'actif, lequel peut, comme toute personne intéressée, à l'exclusion de celles mentionnées audit art. 102, contester l'état des créances déposé au greffe dans les conditions prévues par les art. 103 de la loi et 83 du décret [désormais, C. com., art. R. 624-8]. • Com. 30 mars 1993, n° 91-17.732 P : *D. 1993. Somm. 321, obs. Honorat ; JCP E 1993. I. 277, n° 14, obs. Pétel.*

10. Pouvoirs de la cour d'appel. Pour fixer à une certaine somme la créance d'une société contre un débiteur en liquidation judiciaire, une cour d'appel ne peut se borner à retenir que cette créance n'était pas contestée par le liquidateur, sans examiner les conclusions du débiteur qui contestait certains éléments de la créance déclarée par la société. • Com. 27 oct. 1992, n° 90-19.104 P.

11. La cour saisie de l'appel de l'ordonnance du juge-commissaire ne peut statuer que dans les limites des attributions de celui-ci (irrecevabilité d'une demande reconventionnelle du débiteur). • Com. 6 févr. 2001, n° 98-19.267 P : *D. 2001. AJ 1175 ; APC 2001, n° 74, obs. Regnaut-Moutier.*

12. Il résulte des art. L. 624-3, al. 3, et R. 624-7 C. com. que, lorsque la cour d'appel infirme une décision du juge-commissaire rejetant une créance et prononce elle-même le sursis à statuer sur l'admission de celle-ci, il lui appartient, après l'expiration du sursis, de statuer sur l'admission avec les pouvoirs du juge-commissaire, qui lui sont dévolus par le recours dont elle est saisie. • Com. 10 mai 2012, n° 11-15.491 P : *D. 2012. Actu. 1327 ; JCP E 2012. 1508, n° 4, obs. Pétel ; LEDEN 6/2012. 5, obs. Staes ; APC 2012, n° 143, obs. Vallansan ; RJDA 2012, n° 698 ; Gaz. Pal. 3-4 août 2012, p. 30, obs. Le Corre.*

13. Pourvoi en cassation. En cas d'indivisibilité à l'égard de plusieurs parties, le pourvoi formé contre l'une n'est recevable que si toutes sont appelées à l'instance ; il existe un tel lien d'indivisibilité en matière d'admission des créances entre le créancier, le débiteur et le mandataire judiciaire. • Com. 31 janv. 2018, n° 16-20.080 P : *D. 2018. Actu. 293 ; RDBF 2018, n° 49, obs. Houin-Bressand.*

Art. L. 624-3-1 *(Ord. n° 2008-1345 du 18 déc. 2008, art. 38)* **Les décisions d'admission ou de rejet des créances ou d'incompétence prononcées par le juge-commissaire sont portées sur un état qui est déposé au greffe du tribunal. Toute personne intéressée, à l'exclusion de celles mentionnées à l'article L. 624-3, peut former une réclamation devant le juge-commissaire dans des conditions fixées par décret en Conseil d'État.**

(Ord. n° 2021-1193 du 15 sept. 2021, art. 26, en vigueur le 1er oct. 2021) **« Les personnes coobligées ou ayant consenti une sûreté personnelle ou ayant affecté ou cédé un bien en garantie, lorsqu'elles sont poursuivies, ne peuvent se voir opposer l'état des créances lorsque la décision d'admission prévue à l'article L. 624-2 ne leur a pas été notifiée. »** – *Pour les dispositions transitoires de l'Ord. n° 2021-1193 du 15 sept. 2021, V. note ss. art. L. 611-2.*

V. art. R. 624-8.

COMMENTAIRE

Nouvel article inséré dans la partie législative du livre VI, par l'ordonnance du 18 décembre 2008, qui donne une base légale aux dispositions des articles R. 624-8 et suivants.

L'alinéa 2, ajouté par l'ordonnance du 15 septembre 2021, applicable aux procédures ouvertes à compter du 1er octobre 2021, prévoit qu'en cas de poursuites, les garants ne peuvent se voir opposer l'état des créances lorsque la décision d'admission prévue à l'article L. 624-2 ne leur a pas été notifiée. ❑

Art. L. 624-4 **Le juge-commissaire statue en dernier ressort dans les cas prévus** *(L. n° 2005-845 du 26 juill. 2005, art. 47-II)* **« à la présente section » lorsque la valeur de la créance en principal n'excède pas le taux de compétence en dernier ressort du tribunal qui a ouvert la procédure.** – *[C. com., anc. art. L. 621-106.]*

La valeur d'une créance en principal n'excédant pas le taux de compétence en dernier ressort du tribunal ayant ouvert la procédure tel qu'il résulte de l'art. 639 [R. 721-6] C. com., il s'ensuit, en application de l'art. 105 [C. com., art. L. 624-4], que le juge-commissaire a statué en dernier ressort sur la contestation élevée par le débiteur à l'encontre de cette créance ; le pourvoi en cassation est donc recevable, en vertu de l'art. 605 NCPC [C. pr. civ.]. • Com. 19 janv. 1993, n° 91-11.462 P : *D. 1993. IR 55.*

SECTION 2 *Des droits du conjoint*

Art. L. 624-5 **Le conjoint du débiteur soumis à une procédure** *(L. n° 2005-845 du 26 juill. 2005, art. 48)* **« de sauvegarde » établit la consistance de ses biens personnels conformément aux règles des régimes matrimoniaux** *(L. n° 2005-845 du 26 juill. 2005, art. 48)* **« et dans les conditions prévues par »** *(Ord. n° 2008-1345 du 18 déc. 2008, art. 39)* **« les articles L. 624-9 et L. 624-10** *[ancienne rédaction : l'article L. 624-9]* **».** – *[C. com., anc. art. L. 621-111.]*

COMMENTAIRE

Avant la loi du 26 juillet 2005, le délai de revendication du conjoint du débiteur à l'encontre de celui-ci n'était pas expressément prévu par l'ancien article L. 621-111, ce qui avait pu prêter à des difficultés d'interprétation quant à la soumission au délai de trois mois. La loi de sauvegarde a remédié à cette lacune, en affirmant que la revendication du conjoint est soumise au même régime que les autres actions en revendication portant sur des biens meubles, par renvoi aux conditions prévues par les articles L. 624-9 et, comme l'a ajouté l'ordonnance du 18 décembre 2008, L. 624-10. Pour la Cour de cassation, ainsi qu'il résulte de son Rapport pour l'année 2012 (p. 55), en lui imposant les règles de la revendication comme à n'importe quel tiers, alors que la preuve de sa propriété selon les règles des régimes matrimoniaux (parfois difficile à rapporter) devrait le dispenser de toute autre procédure, l'article L. 624-5 fait régresser les droits du conjoint du débiteur par rapport à son prédécesseur, l'ancien article L. 621-111. ❑

Sur la notion de détention du bien par le débiteur comme condition de l'obligation de revendication imposée au conjoint, V. • Com. 12 mars 2013 : *RPC 2013, n° 114, obs. Reille.*

Art. L. 624-6 *(Abrogé par Cons. const. n° 2011-212 QPC du 20 janv. 2012, à compter du 21 janv. 2012)* ***Le mandataire judiciaire ou l'administrateur peut, en prouvant par tous les moyens que les biens acquis par le conjoint du débiteur l'ont été avec des valeurs fournies par celui-ci, demander que les acquisitions ainsi faites soient réunies à l'actif.*** – *[C. com., anc. art. L. 621-112.]*

COMMENTAIRE

Par une décision du 20 janvier 2012 (V. note 1), sur une question prioritaire de constitutionnalité renvoyée par la chambre commerciale (Com. 2 nov. 2011 : *D. 2011. Actu. 2789* ; *Rev. sociétés 2011. 730, obs. Roussel Galle* ; *APC 2011, n° 303, obs. Leprovaux*), le Conseil constitutionnel a déclaré l'article L. 624-6 contraire à la Constitution. Sa décision, qui a pris effet à compter de sa publication, est applicable à toutes les instances non jugées définitivement à cette date (V., ci-dessous, annulant un arrêt de cour d'appel, désormais « privé de fondement juridique » : Com. 11 avr. 2012). La raison de cette décision tient à la généralité de la disposition qui permettait de réunir à l'actif en nature tous les biens acquis pendant la durée du mariage avec des valeurs fournies par le conjoint quelle que soit la cause de cet apport, son ancienneté, l'origine des valeurs ou encore l'activité qu'exerçait le conjoint à la date de l'apport. Cet article ne prenait pas davantage en compte la proportion de cet apport dans le financement du bien réuni à l'actif. Le Conseil a donc jugé que, en l'absence de toute disposition retenue par le législateur pour assurer un encadrement des conditions dans lesquelles la réunion à l'actif est possible, l'article L. 624-6 du code de commerce permettait qu'il soit porté au droit de propriété du conjoint du débiteur une atteinte disproportionnée au regard du but poursuivi.

Selon Marc Sénéchal, pour tenir compte de cette censure, et comme il paraît difficile de se satisfaire de l'abrogation pure et simple de ce texte (tout le monde n'est pas cet avis : V. P. Pétel, *JCP E 2012. 1227, n° 6*), il conviendrait qu'un nouveau texte indique sa raison d'être, à savoir une présomption de fraude par interposition de personnes, et qu'il réserve au conjoint le droit d'apporter la preuve contraire, ce qui dispenserait la loi d'envisager en détail les circonstances des acquisitions faites par le conjoint. Le tribunal saisi par le mandataire de justice apprécierait, en prenant en compte toutes les circonstances de la cause, si la fourniture des deniers par le débiteur est le signe d'une interposition de personnes ou trouve une explication conforme à la loi comme une donation entre époux ou la rémunération de l'activité déployée par le conjoint, au-delà de sa contribution aux charges du mariage, dans l'entreprise du débiteur ou dans le foyer, ou toute autre cause licite (M. Sénéchal, Portée de l'inconstitutionnalité de l'article L. 624-6 du code de commerce, *D. 2012. 373*).

D'autres pistes ont été suggérées, certaines très « libérales », se contentant du terrain des nullités de la période suspecte, voire de l'action paulienne (P. Roussel Galle, *Rev. sociétés 2012. 192*). Autre critique faite au texte, désormais abrogé, à laquelle le Conseil constitutionnel n'a pas eu à répondre : le texte était applicable au seul conjoint du débiteur, à l'exclusion de toute autre personne (concubin, partenaire « pacsé »), ce qui manifesterait une différence de traitement contraire au principe de l'égalité devant la loi. Pour Philippe Roussel Galle (préc.), l'argument est pertinent, et mériterait d'être pris en compte par le législateur.

Notons encore que, bien que ne pouvant appliquer, de façon extensive, par analogie, l'abrogation de l'article L. 624-6 à l'ancien article L. 621-112, la Cour de cassation a tout de même tenu compte des critiques du Conseil constitutionnel, en jugeant, dans un arrêt du 11 avril 2012 (V. note 1), que « les parts sociales [de l'épouse] ne pouvaient être réunies à l'actif que proportionnellement au montant des valeurs fournies par le débiteur à son conjoint pour les acquérir ».

De la sorte, implicitement et sans s'y référer, mais au visa de l'article 1er du Protocole additionnel à la Convention de sauvegarde des droits de l'homme et des libertés fondamentales, qui protège le droit de propriété, la chambre commerciale tire la leçon des considérants de la décision du 20 janvier 2012. En effet, le Conseil constitutionnel, au titre du reproche fait au législateur de l'absence de toute disposition « pour assurer un encadrement des conditions dans lesquelles la réunion à l'actif est possible », avait relevé que l'article L. 624-6 permettait « de réunir à l'actif en nature tous les biens acquis pendant la durée du mariage avec des valeurs fournies par le conjoint quelle que soient la cause de cet apport, son ancienneté, l'origine des valeurs ou encore l'activité qu'exerçait le conjoint à la date de l'apport ; que ces dispositions ne prennent pas davantage en compte la proportion de cet apport dans le financement du bien réuni à l'actif ». C'est donc bien de ce dernier point que l'arrêt du 11 avril 2012 tire l'inspiration dans son interprétation « adoucie » de l'ancien article L. 621-112.

Notons enfin que, faute d'habilitation à cette fin par la loi n° 2014-1 du 2 janvier 2014, l'ordonnance du 12 mars 2014 n'a pas cherché à combler le vide laissé par la déclaration d'inconstitutionnalité de l'article L. 624-6. Mais c'est probablement une réforme plus ambitieuse qu'appelle la situation du conjoint d'un débiteur objet d'une procédure, comme l'a rappelé récemment Corinne Saint-Alary-Houin (*BJE 2016. 87*). ❑

I. INCONSTITUTIONNALITÉ DE L'ART. L. 624-6

1. V., déclarant l'art. L. 624-6 contraire à la Constitution, • Cons. const. 20 janv. 2012, n° 2011-212 QPC : *D. 2012. Pan. 2199, obs. F.-X. Lucas ; RTD com. 2012. 198, obs. Martin-Serf ; Rev. sociétés 2012. 192, obs. Roussel Galle ; JCP E 2012. 1194, note Lebel ; ibid. 1227, n° 6, obs. Pétel ; LEDEN 3/2012. 3, obs. Rubellin ; BJE 2012. 120, concl. Bonhomme, note Becqué-Ickowicz et S. Cabrillac ; APC 2012, n° 38, obs. V. Legrand ; Gaz. Pal. 27-28 avr. 2012, p. 41, obs. Le Corre-Broly ; RJDA 2012, n° 516.* – V. M. Sénéchal, *D. 2012. 373* ; V. Legrand, *ibid. 375* ; Dumont-Lefrand et Lisanti, *RPC 2012. Étude 8* ; Henry, *JCP E 2012. 1255* ; Lebel, *JCP N 2012. 1315.* ♦ ... Et, tirant les conséquences de cette déclaration d'inconstitutionnalité, • Com. 11 avr. 2012, n° 10-25.570 P : *D. 2012. Actu. 1122, obs. Lienhard ; JCP E 2012. 1508, n° 3, obs. Pétel ; LEDEN 5/2012. 4, obs. Rubellin ; RJDA 2012, n° 605 (1re esp.) ; APC 2012, n° 148, obs. Leprovaux ; BJE 2012. 250, note Becqué-Ickowicz ; RPC 2013, n° 94, obs. Lisanti.*

II. JURISPRUDENCE ANTÉRIEURE À LA DÉCLARATION D'INCONSTITUTIONNALITÉ

2. *Inapplicabilité aux biens propres.* L'immeuble bâti sur le terrain propre de l'épouse, pendant la durée du mariage et à l'aide de fonds provenant de la communauté, constituant lui-même un propre, sauf récompense, les dispositions de l'art. L. 621-112 [L. 624-6] C. com. ne sont pas applicables. • Com. 24 juin 2003, n° 00-14.645 P : *D. 2003. 2167, note Delmotte ; D. 2004. Somm. 51, obs. Le Corre ; RPC 2003. 359, obs. Rubellin ; RJPF 2003, n° 12, p. 18, obs. Vauvillé ; JCP E 2004, n° 6, p. 225, obs. Pétel.* – V. Brémond, *Dr. et patr. 6/2004. 36.*

3. *Parts sociales.* Les parts sociales ne peuvent être réunies à l'actif que proportionnellement au montant des valeurs fournies par le débiteur à son conjoint pour les acquérir. • Com. 11 avr. 2012, n° 10-27.235 P : *D. 2012. Actu. 1122, obs. Lienhard ; Rev. sociétés 2012. 397, obs. Roussel Galle ; BJS 2012. 497, note Parachkévova ; RJDA 2012, n° 605 (2e esp.) ; APC 2012, n° 148, obs. Leprovaux ; Gaz. Pal. 3-4 août 2012, p. 35, obs. Antonini-Cochin.*

4. *Conditions d'application.* L'application de l'art. 112 [C. com., art. L. 624-6] n'est pas subordonnée à la condition de paiement intégral du prix des biens acquis. • Com. 23 janv. 1996, n° 92-19.826 P : *D. 1999. Somm. 19, obs. Brémond ; D. Affaires 1996. 298 ; Defrénois 1996. 944, obs. Sénéchal ; JCP E 1996. I. 554, n° 15, obs. Pétel.*

5. L'application de l'art. L. 621-112 [L. 624-6] C. com. n'est pas subordonnée à la condition que le mariage soit en cours à la date d'ouverture de la procédure collective du débiteur. • Com. 16 janv. 2007, n° 04-14.592 P : *D. 2007. AJ 378, obs. Lienhard ; APC 2007, n° 28, obs. Cagnoli ; Defrénois 2007. 894, obs. Gibirila ; RPC 2007. 124, obs. Lebel.* – V. aussi Obellianne, *RPC 2008. 40.*

6. *Preuve.* La simple preuve de ce que le conjoint, au moment de l'acquisition, ne disposait pas de ressources ou de capitaux personnels pour en payer le prix, est suffisante, puisqu'il en résulte que ce n'est en fait que grâce aux revenus du débiteur que les acquisitions ont été réalisées. • Besançon, 21 nov. 1997 : *APC 1998, n° 40.* ♦ Pour d'autres exemples de présomption suffisante pour l'application de l'art. 112 [C. com., art. L. 624-6], V. • Com. 10 janv. 2006, n° 04-18.817 P : *D. 2006. AJ 302, obs. Lienhard ; RDBF 2006, n° 110, obs. F.-X. Lucas* • 22 sept. 2009 : *RJDA 2009, n° 984 ; Gaz. Pal. 8-9 janv. 2010, p. 43, obs. Antonini-Cochin ; RPC 2010, n° 142, obs. Lisanti* • Metz, 14 déc. 1995 : *RPC 2001. 18, obs. Soinne* • Poitiers, 2 juin 1998 : *ibid.*

Art. L. 624-7 **Les reprises faites en application de l'article L. 624-5 ne sont exercées qu'à charge des dettes et hypothèques dont ces biens sont légalement grevés.** – *[C. com., anc. art. L. 621-113.]*

Art. L. 624-8 *(L. n° 2005-845 du 26 juill. 2005, art. 49)* **Le conjoint du débiteur qui, lors de son mariage, dans l'année de celui-ci ou dans l'année suivante, était** *(Ord.*

n° 2008-1345 du 18 déc. 2008, art. 40) **« agriculteur ou exerçait une activité commerciale, artisanale ou » toute autre activité professionnelle indépendante, ne peut exercer dans la procédure de sauvegarde aucune action à raison des avantages faits par l'un des époux à l'autre, dans le contrat de mariage ou pendant le mariage. Les créanciers ne peuvent, de leur côté, se prévaloir des avantages faits par l'un des époux à l'autre.**

Sur l'inapplicabilité de l'art. L. 624-8 au cas de l'assurance vie, V. C. assur., art. L. 132-17, 2e partie, IV. Traitement des difficultés des entreprises.

BIBL. ▶ SAINT-ALARY-HOUIN, *Mél. Le Cannu, Dalloz-LGDJ, 2014, p. 781.*

COMMENTAIRE

Les adaptations opérées par la loi du 26 juillet 2005, par rapport au texte de l'ancien article L. 621-114, ont tenu compte de l'extension des procédures collectives aux membres des professions libérales. Le texte s'applique à la procédure de sauvegarde comme à la procédure de redressement judiciaire et à celle de liquidation judiciaire. Quant à la modification apportée par l'ordonnance du 18 décembre 2008, il s'agit de viser les artisans dispensés, depuis la loi du 4 août 2008, d'inscription au répertoire des métiers (V. ss. art. L. 620-2).

La portée de l'article L. 624-8 semble être la suivante : le conjoint du débiteur ne peut se prévaloir des avantages matrimoniaux s'il était éligible aux procédures de sauvegarde, de redressement ou de liquidation judiciaire avant son mariage ou si son mariage est intervenu, non seulement l'année au cours de laquelle il est devenu éligible aux procédures collectives, mais encore l'année suivante (P.-M. Le Corre, Droit et pratique des procédures collectives, *Dalloz Action, 2023/2024, 741.621*). Un auteur a relevé les approximations terminologiques de ce texte (qu'est-ce, notamment, qu'un avantage matrimonial consenti « pendant le mariage », et non dans le contrat de mariage, s'agit-il d'une convention matrimoniale modificative du contrat initial : V. H. Lécuyer, *in* La loi de sauvegarde, article par article [1re partie], *LPA 8 févr. 2006, p. 68*). Franchissant un pas supplémentaire, un autre auteur plaide pour son abrogation, comme a été abrogé l'article L. 624-6 (C. Saint-Alary-Houin), L'article L. 624-8 du code de commerce, une dérogation inopportune au régime des avantages matrimoniaux, *Mél. P. Le Cannu, Dalloz, LGDJ, IRIS, Transactive, 2014, p. 781*). ❑

SECTION 3 *Des droits du vendeur de meubles, des revendications et des restitutions*

RÉP. COM. v° *Entreprise en difficulté : situation des créanciers*, par MACORIG-VENIER.

BIBL. GÉN. ▶ FAVAREL-VEIDIG, *LPA, n° spéc., 17 févr. 2006, p. 53.* – LE CORRE-BROLY, *Gaz. Pal. 2009. Doctr. 832* (modifications apportées par l'Ord. du 18 déc. 2008) ; *BJE 2011. 68* (actions en revendication ou en reprise et EIRL) ; *Gaz. Pal. 2016. 834* (sanction du défaut de revendication). – DROSS, *Dr. et patr. 2/2011. 30* (la revendication dans les procédures collectives : une imposture ?). – Dossier « La revendication en droit des entreprises en difficulté », *RLDA juin 2017. 24.* – Dossier « Propriété et procédures collectives », *RPC 2017. Dossiers, 13 à 24.* – THÉRON, *D. 2018. Chron. 2424* (combattre un monstre juridique : « la propriété inopposable » des biens non revendiqués).

Art. L. 624-9 La revendication des meubles ne peut être exercée que dans le délai de trois mois suivant la publication du jugement ouvrant la procédure *(Abrogé par L. n° 2005-845 du 26 juill. 2005, art. 50)* ***« de redressement judiciaire ou de liquidation judiciaire immédiate ».***

(Abrogé par Ord. n° 2008-1345 du 18 déc. 2008, art. 41) ***« Pour les biens faisant l'objet d'un contrat en cours au jour de l'ouverture de la procédure, le délai court à partir de la résiliation ou du terme du contrat. »*** – *[C. com., anc. art. L. 621-115.]*

V. art. R. 624-13.

COMMENTAIRE

L'article L. 624-9 issu de la loi du 26 juillet 2005, a repris, moyennant adaptation à la nouvelle architecture des procédures, les dispositions de l'ancien article L. 621-115 : le délai préfix de trois mois court, de manière générale, de la publication du jugement d'ouverture. Notons ici que la Cour de cassation a confirmé la constitutionnalité de ce texte, en jugeant, pour justifier du non-renvoi d'une question prioritaire de constitutionnalité, que les restrictions aux conditions d'exercice du droit de propriété qui peuvent en résulter répondent à un motif d'intérêt général et n'ont ni pour objet, ni pour effet d'entraîner la privation du droit de propriété ou d'en dénaturer la portée (Com. 15 mars 2011 : *cité note 1*). La solution, contraire à l'avis de l'avocat général, n'allait pas de soi, et certains, pour parer à toute critique sur ce plan, ont suggéré un aménagement *de lege ferenda*, qui offrirait au propriétaire retardataire la possibilité de bénéficier d'un relevé de forclusion lorsqu'il est lié par un contrat en cours au jour du jugement d'ouverture, hypothèse dans laquelle, depuis la réforme de 2008, le délai de revendication court également de la publication du jugement d'ouverture au BODACC (V. note E. Le Corre-Broly, *Gaz. Pal. 8-9 juill. 2011, p. 32*). Ultérieurement, la Cour de cassation a logiquement jugé aussi que le délai de forclusion de trois mois était conforme à l'article 1er du premier protocole additionnel à la Convention de sauvegarde des droits de l'homme et des libertés fondamentales (Com. 1er avr. 2014 : *cité note 1*). Dès lors, il était logique et prévisible que la chambre commerciale en tire la conclusion, après avoir rappelé que la sanction de l'absence de revendication dans le délai légal n'est pas le transfert du droit de propriété au profit du débiteur mais son inopposabilité à la procédure collective de ce dernier, que le propriétaire qui n'a pas revendiqué son bien dans le délai légal peut agir en restitution contre le tiers acquéreur de mauvaise foi (Com. 15 déc. 2015 : *cité note 29*). La question restant très sensible, la Cour de cassation a été amenée, en 2019, à réitérer sa position, par un arrêt de cassation destiné cette fois au *Rapport* annuel, lourdement motivé, au visa dudit article 1er. Par cet arrêt, la chambre commerciale s'attache à justifier l'absence d'atteinte disproportionnée au droit de propriété. Rappelant, d'un côté, les garanties procédurales entourant cette soumission forcée du propriétaire à la discipline collective, elle insiste, d'un autre côté, sur la fonction de l'inopposabilité, laquelle « a pour effet d'affecter le bien au gage commun des créanciers, permettant ainsi, en tant que de besoin, sa réalisation au profit de leur collectivité ou son utilisation en vue du redressement de l'entreprise, afin d'assurer la poursuite de l'activité, le maintien de l'emploi et l'apurement du passif (Com. 3 avr. 2019 : *cité note 1*).

L'ordonnance du 18 décembre 2008 est venue supprimer le deuxième alinéa, qui prévoyait que, « pour les biens faisant l'objet d'un contrat en cours au jour de l'ouverture de la procédure, le délai court à partir de la résiliation ou du terme du contrat », disposition qui avait alimenté généreusement la jurisprudence sur la notion de contrat en cours (V. note 32). Désormais, le point de départ du délai des revendications est unifié, et, dans ce cas de figure, un nouveau mécanisme est prévu : au lieu de différer le délai de revendication, le nouvel art. L. 624-10-1 diffère la restitution consécutive à la revendication au jour de la résiliation ou du terme du contrat, ce qui est plus logique, car rien n'interdit au propriétaire de revendiquer dans le délai de droit commun (V., suggérant cette modification, F. Pérochon, La procédure des revendications et des restitutions dans les procédures collectives, *LPA 28 nov. 2008, p. 56, n° 29*). Pour certains, ce délai de fait raccourci pouvait redonner de l'intérêt à la jurisprudence antérieure à la réforme de 1994, selon laquelle la prise de position de l'administrateur en faveur de la continuation du contrat valait reconnaissance du droit de propriété du cocontractant, et donc dispense de revendication (V. note 10 ; P. Pétel, Le nouveau droit des entreprises en difficulté : acte II, *JCP E 2009. 1049, n° 37*), mais l'opinion était critiquée par d'autres, en raison du tout autre contexte législatif (P.-M. Le Corre, Droit et pratique des procédures collectives, *Dalloz Action, 2023/2024, 813.542* ; sur l'intérêt de cette unification pour le propriétaire cocontractant, qui, auparavant, ne pouvait revendiquer avant que le délai ne coure et devait donc rester vigilant, E. Le Corre-Broly, Les modifications apportées par l'ordonnance du 18 décembre 2008 en matière de revendications et de restitutions, *Gaz. Pal. 8-10 mars 2009, p. 48, n° 7* ; le même auteur fait aussi observer que cette solution, empreinte de pragmatisme, manque d'orthodoxie, en ce sens que le droit à restitution n'est pas encore effectif au moment de la revendication et ne le sera peut-être jamais : *ibid., n° 8*). La Cour de cassation semblait déjà avoir implicitement pris parti en considérant qu'une lettre de mise en demeure sur le sort du contrat (suivie de la décision de continuer le contrat) ne valait pas demande en revendication (V. Com. 12 mars 2013 : *cité note 3 ss. art. R. 624-13*). Dans une espèce ultérieure, qui ne concernait pas un contrat en cours mais une clause de réserve de propriété, la chambre commerciale a confirmé cette position, en affirmant, de manière générale, que « la reconnaissance par le liquidateur du droit de propriété ne dispense pas le propriétaire du bien détenu par le débiteur d'agir en revendication » (Com. 5 nov. 2013 : *cité note 7*). Elle l'a ensuite expressément énoncé, s'agissant des contrats en cours, précisant que la décision de les poursuivre ne valait pas acquiescement à la requête en revendication des biens sur lesquels porte le contrat (Com. 12 janv. 2016 : *cité note 8*). A l'occasion d'une décision de non-renvoi de question prioritaire de constitutionnalité, la Cour a précisé que le délai de l'article L. 624-9 ne court pas contre celui qui est dans l'impossibilité absolue d'agir (Com. 7 mars 2017 : *cité note 1*). Elle a confirmé ce point dans l'arrêt précité du 3 avril 2019.

Plus fondamentalement, notons qu'un auteur conteste la distinction même établie par le législateur entre revendication et restitution (V. W. Dross, La revendication dans les procédures collectives : une imposture ?, *Dr. et patr. 2/2011. 30*). Et que toute la construction jurisprudentielle et doctrinale admettant l'inopposabilité à la procédure des biens non revendiqués dans le délai légal est combattue par un autre auteur, proposant de limiter les effets de la non-revendication aux biens dont on peut douter qu'ils appartiennent au débiteur (J. Théron, Combattre un monstre juridique : « la propriété inopposable » des biens non revendiqués, *D. 2018. 2424*).

I. CONFORMITÉ À LA CONSTITUTION ET À LA CONV. EDH

1. Les restrictions aux conditions d'exercice du droit de propriété qui peuvent résulter de l'art. L. 624-9 C. com. dans sa rédaction issue de l'Ord. du 18 déc. 2008 répondent à un motif d'intérêt général et n'ont ni pour objet, ni pour effet d'entraîner la privation du droit de propriété ou d'en dénaturer la portée (non-renvoi de la QPC au Conseil constitutionnel). • Com., QPC, 15 mars 2011, nº 10-40.073 P : *D. 2011. Chron. C. cass. 2689, obs. Arbellot ; ibid. Actu. 815, obs. Lienhard ; Rev. sociétés 2011. 387, obs. Roussel Galle ; RTD com. 2011. 642, obs. Martin-Serf ; Dr. et pr. mai 2011. Chron. 14, obs. Reille ; BJE 2011. 194, note Laroche ; RJDA 2011, nº 645 ; Banque et Dr. 7-8/2011. 38, obs. Jacob.* – Dans le même sens, V. • Com., QPC, 7 mars 2017, nº 16-22.000 : *D. 2017. Actu. 645 ; RTD com. 2017. 430, obs. Martin-Serf ; RJDA 2017, nº 355* • Com. 3 avr. 2019, nº 18-11.247 P : *D. 2019. Pan. 1910, obs. F.-X. Lucas ; RTD com. 2019. 490, obs. Martin-Serf ; RTD civ. 2019. 617, obs. Dross ; JCP E 2019. 1375, nº 17, obs. Pétel ; APC 2019, nº 114, obs. Fin-Langer ; LEDEN 5/2019. 1, obs. F.-X. Lucas ; BJE 7-8/2019. 38, note Laroche ; RJDA 2019, nº 582 ; RDBF 2019, nº 139, obs. Houin-Bressand.* ♦ V. aussi, pour la conformité du délai de forclusion de trois mois à la Conv. EDH, • Com. 1er avr. 2014, nº 13-13.574 P : *D. 2014. Chron. C. cass. 1015, obs. Guillou ; ibid. Actu. 870, obs. Lienhard ; RTD com. 2014. 692, obs. Martin-Serf ; RTD civ. 2014. 680, obs. Dross ; APC 2014, nº 159, obs. Cagnoli ; RJDA 2014, nº 553 ; BJE 2014. 241, note Laroche.* ♦ V. déjà • 5 déc. 1995, nº 94-10.385 P : *D. 1996. Somm. 215, obs. Pérochon*.

II. DOMAINE D'APPLICATION

Jurisprudence antérieure à la loi du 10 juin 1994.

BIBL. Rives-Lange et Rachez, *D. 1991. Chron. 270*. – B. S., *Gaz. Pal. 1989. 2. Doctr. 333.* – Amiot, *Rev. dr. bancaire 1988. 182.* – Le Corre, *RPC 1992. 1.*

A. PROCÉDURES CONCERNÉES

2. Pour l'application de l'art. L. 624-9 au redressement judiciaire, V. art. L. 631-18, al. 1er, et pour l'application à la liquidation judiciaire, V. art. L. 641-14, al. 1er.

3. L'action en revendication qui a été engagée avant l'ouverture de la procédure collective du débiteur n'est pas soumise aux dispositions de l'art. 115 [C. com., art. L. 624-9]. Elle doit être seulement, en application de l'art. 49 [C. com., art. L. 622-23], poursuivie contre le liquidateur judiciaire sans que la mise en cause de celui-ci soit enfermée dans le délai de trois mois. • Com. 9 juill. 1996, nº 94-16.708 P : *D. 1996. IR 193 ; D. Affaires 1996. 1069 ; RPC 2001. 26, obs. Soinne.* ♦ Même solution pour l'action en restitution : • Com. 3 déc. 2003 : *RJDA 2004, nº 591* • 30 juin 2004, nº 02-17.771 P : *D. 2004. AJ 2302 ; JCP E 2005, nº 1-2, p. 30, obs. Cabrillac* • 9 juin 2022, nº 21-10.309 B : *D. 2022. 1509, note Didot-Seïd Algadi ; RTD com. 2023. 219, obs. Martin-Serf ; JCP E 2022. 1316, note Almaseanu ; LEDEN 7/2022. 4, obs. Laroche ; RJDA 2022, nº 575 ; BJE 9-10/2022. 17, note Houin-Bressand.*

4. Il résulte de la combinaison des art. L. 624-9, L. 624-16, rendus applicables à la liquidation judiciaire par l'art. L. 641-14, et R. 662-3 que le juge-commissaire n'est compétent pour connaître de la revendication des biens mobiliers que lorsque le demandeur se prévaut d'un droit de propriété né antérieurement à l'ouverture de la procédure collective ; la revendication d'un droit de propriété né postérieurement à celle-ci relève de l'application des dispositions du code civil. • Com. 26 oct. 2022, nº 20-23.150 B : *D. 2022. Actu. 1901 ; Rev. sociétés 2022. 707, obs. Reille ; LEDEN 12/2022. 6, obs. Andreu ; APC 2022, nº 253, note Petit ; RJDA 2023, nº 47 ; BJE 1-2/2023. 33, note Duchesne ; JCP E 2023. 1095, note Freleteau.*

B. MEUBLES SOUMIS À REVENDICATION

5. Exclusion des meubles détenus en vertu du droit de rétention. Le dépositaire d'un meuble, qui dispose du droit de rétention, n'est pas soumis, pour revenir en possession du meuble dont il s'est trouvé dessaisi par la fraude ou la violence, aux dispositions de l'art. 115 [C. com., art. L. 624-9]. • Com. 3 janv. 1995 : *D. 1995. IR 75 ; RPC 1995. 482, obs. Soinne ; JCP E 1995. I. 487, n° 13, obs. Cabrillac.* ♦ Le droit de rétention du garagiste impayé est opposable à tous les créanciers tant chirographaires que privilégiés. • Pau, 13 oct. 1994 : *JCP 1995. IV. 1566.* (V. l'arrêt rejetant le pourvoi : • Com. 20 mai 1997 : *cité note 11 ss. art. L. 622-25*).

6. Exclusion des biens du domaine public de l'État. Il résulte de la combinaison des art. L. 2311-1, L. 2111-1 et L. 3111-1 CGPPP que les biens du domaine public de l'État échappent à l'effet réel de la procédure collective et ne constituent pas le gage commun des créanciers. • Com. 23 mai 2024, n° 22-24.564 B : *D. 2024. Actu. 1014 ; APC 2024, n° 147, obs. Laroche ; RJDA 2024, n° 476 ; RPC 2024, n° 129, obs. Cerati.* ♦ Dans le même sens, V. • Com. 23 mai 2024, n° 22-24.565 B : *cité note 7 ss. art. L. 624-10.*

7. Reconnaissance par le liquidateur du droit de propriété. La reconnaissance par le liquidateur du droit de propriété ne dispense pas le propriétaire du bien détenu par le débiteur d'agir en revendication. • Com. 5 nov. 2013, n° 12-25.765 P : *D. 2013. Actu. 2638, obs. Lienhard ; RTD com. 2014. 694, obs. Martin-Serf ; JCP E 2014. 1020, n° 10, obs. Pétel ; JCP 2014. 18, note J.-J. Barbièri ; LEDEN 12/2013. 2, obs. Aynès ; Gaz. Pal. 12-14 janv. 2014, p. 7, obs. Le Corre-Broly ; RJDA 2014, n° 146.* – Rappr. : • Com. 16 sept. 2014, n° 13-20.173 : *RTD com. 2015. 373, obs. Martin-Serf ; LEDEN 10/2014. 3, obs. Le Corre ; BJE 2014. 371, note Sortais ; Gaz. Pal. 18-20 janv. 2015, p. 28, obs. Le Corre-Broly.*

8. Poursuite d'un contrat en cours. La décision de l'administrateur judiciaire de poursuivre un contrat en cours portant sur des biens faisant l'objet d'une requête en revendication ne vaut pas acquiescement à celle-ci. • Com. 12 janv. 2016, n° 14-11.943 P : *D. 2016. Actu. 198, obs. Lienhard ; ibid. Pan. 1898, obs. F.-X. Lucas ; Rev. sociétés 2016. 198, obs. Henry ; RTD com. 2016. 331, obs. Martin-Serf ; JCP E 2016. 1198, n° 10, obs. Pétel ; APC 2016, n° 20, obs. Vallansan ; LEDEN 2/2016. 2, obs. Rubellin ; BJE 2016. 108, note Laroche ; RJDA 2016, n° 307 ; Gaz. Pal. 12 avr. 2016, p. 70, obs. Le Corre-Broly ; RDBF 2016, n° 86, obs. Houin-Bressand.*

9. Clause de réserve de propriété. En application des dispositions combinées des art. 2329 C. civ. et L. 624-9 C. com., si la clause de réserve de propriété constitue une sûreté réelle, elle ne confère à son bénéficiaire aucun droit de préférence dans les répartitions. • Com. 15 oct. 2013, n° 13-10.463 P : *D. 2013. Actu. 2462, obs. Lienhard ; D. 2014. 187, note Saenko ; Rev. sociétés 2013. 729, obs. Henry ; JCP E 2014. 1020, n° 12, obs. Pétel ; APC 2013, n° 268, obs. Vallansan ; Gaz. Pal. 4-5 déc. 2013, p. 21, obs. Dumont-Lefrand ; ibid. 12-14 janv. 2014, p. 28, obs. Le Corre ; BJE 2013. 373, note Laroche ; RJDA 2014, n° 147 ; RDBF 2014, n° 65, obs. Houin-Bressand ; Dr. et patr. 9/2014. 99, obs. Monsèrié-Bon.* ♦ A défaut de reconnaissance dans les conditions prévues par les art. L. 624-9 à L. 624-18 C. com., dans leur rédaction antérieure à l'Ord. du 18 déc. 2008, le droit de propriété invoqué par le vendeur de meubles est inopposable à la procédure collective, peu important que l'existence d'une réserve de propriété ait été mentionnée dans sa déclaration de créance. • Com. 15 oct. 2013, n° 12-25.993 : *BJE 2013. 373, note Laroche ; RJ com. 2014. 200, note Sortais.*

10. Crédit-bail (jurisprudence antérieure à la loi du 10 juin 1994). BIBL. Le Corre, *RPC 1992. 1.* – Cordier, *RJDA 1999, p. 939* (incidence de la publicité des contrats de crédit-bail mobilier). ♦ Avant la loi du 10 juin 1994, qui a modifié l'art. 115 et ajouté l'art. 115-1 [devenus C. com., art. L. 624-9 et L. 624-10], les dispositions de l'ancien art. 115 étaient applicables quels que soient la cause juridique ou le titre invoqué à l'appui de la revendication, le crédit-bailleur ne pouvant, dès lors, faire valoir son droit de propriété sur les biens objet du contrat qu'en les revendiquant dans le délai de trois mois à partir du prononcé du jugement ouvrant la procédure de redressement judiciaire. • Com. 15 oct. 1991, n° 90-10.978 P : *D. 1991. 632 (1re esp.), note F. D. ; D. 1993. Somm. 285, obs. Pérochon ; JCP 1992. II. 21805, note Larroumet ; JCP E 1992. II. 250, note Bey ; RJ com. 1991. 394, note Martin-Serf ; Rev. sociétés 1992. 105 (1re esp.), note Leveneur et Paclot* • 10 déc. 1991, n° 90-13.662 P. • 11 mai 1993 : *Rev. huiss. 1993. 982, note Vidal ; Dr. sociétés 1993, n° 202, obs. Chaput* • 6 juill. 1993 : *RJDA 1993, n° 743* • 9 nov. 1993 : *Rev. huiss. 1994. 192, note Vidal.* ♦ V. aussi note 1. ♦ Ces dispositions devaient recevoir application s'agissant d'une requête tendant à la restitution de matériels faisant l'objet de contrats de crédit-bail non poursuivis par l'administrateur de la procédure collective. • Com. 15 oct. 1991, n° 90-13.147 P : *D. 1991 préc. (2e esp.) ; Rev. sociétés préc. (2e esp.).* ♦ ... Même lorsque des loyers avaient été payés postérieurement au jugement d'ouverture. • Com. 8 déc. 1998 : *APC 1999, n° 37.* ♦ En revanche, dès lors que le contrat de crédit-bail avait été poursuivi, la restitution du bien mobilier objet de celui-ci devait être obtenue par la voie d'une action en résiliation du contrat continué et non pas au moyen de l'action en revendication prévue à l'art. 115. • Com. 25 juin 1996, n° 94-12.456 P : *D. 1996. IR 186 ; D. Affaires 1996. 1036 ; JCP 1997. II. 22867, note Mondoloni.* – V. aussi • Com. 3 déc. 1996, n° 94-16.815 P.

11. Le fait que la revendication fût fondée sur la présomption de renonciation par l'administrateur à la continuation du contrat n'entraînait aucune dérogation aux dispositions générales et impératives de l'ancien art. 115. • Com. 17 mars 1992, n° 90-17.051 P : *D. 1992. Somm. 248, obs. Derrida ; D. 1993. Somm. 285, obs. Pérochon ; JCP 1992. II. 21963, note Bey ; RJ com. 1994. 66, note Leclerc* • 11 mai 1993 : *Rev. huiss. 1993. 982 (2e esp.), note Vidal.*

12. Ne violait pas la règle *Contra non valentem*..., l'arrêt qui relevait que la prolongation de délai accordée par le juge-commissaire à l'administrateur pour exercer l'option prévue par l'art. 37 ne faisait pas obstacle à ce que, dans le délai préfix imparti par l'art. 115, le crédit-bailleur fît reconnaître à l'égard de la procédure collective son droit de propriété sur les biens mobiliers donnés en crédit-bail au moyen de l'action en revendication, en vue de leur restitution sauf poursuite du contrat par l'administrateur. • Com. 20 oct. 1992, n° 90-19.100 P : *D. 1993. 19, note Derrida ; D. 1993. Somm. 285, obs. Pérochon* • 8 mars 1994, n° 92-14.394 P : *D. 1994. IR 79 ; Dr. sociétés 1994, n° 93, obs. Chaput* • 9 mai 1995, n° 92-20.565 P : *D. 1996. Somm. 217, obs. Pérochon ; RPC 1995. 478, obs. Soinne.*

13. Il résultait de l'absence de revendication dans le délai requis que le juge-commissaire pouvait valablement autoriser au profit de l'ensemble des créanciers la vente de véhicules objet de contrats de crédit-bail. • Com. 11 mai 1993 : *Rev. huiss. 1993. 982 (3e esp.), note Vidal.* ♦ V. aussi • Com. 23 mai 1995, n° 93-10.439 P : *D. 1996. Somm. 216, obs. Pérochon ; RPC 1995. 488, obs. Soinne* • Paris, 7 févr. 1996 : *D. 1996. IR 83* • Pau, 17 oct. 1995 : *RPC 1997. 348, obs. Soinne* (condamnation du crédit-bailleur à opérer le transfert de la carte grise). ♦ Dès lors que le crédit-bail était résilié, la perte par le crédit-bailleur du droit de revendiquer le bien devenu le gage commun des créanciers n'emportait pas le droit pour le liquidateur judiciaire d'agir contre le vendeur en résolution de la vente de ce bien et restitution du prix, le liquidateur conservant seulement le droit, en vertu de la clause de transfert de garantie, d'obtenir réparation du préjudice souffert par le crédit-preneur, en raison des défauts du bien, révélés antérieurement à la résiliation du crédit-bail, jusqu'à la date de celle-ci. • Com. 6 janv. 1998, n° 95-13.353 P : *D. 2000. Somm. 71, obs. Pérochon et Mainguy ; D. Affaires 1998. 537, obs. A. L. ; RTD com. 1998. 689, obs. Martin-Serf ; RPC 2001. 33, obs. Soinne.* ♦ V. aussi note 43 ss. art. L. 624-16.

14. L'ouverture d'une procédure collective à l'égard du crédit-preneur n'ayant pas entraîné la résiliation des contrats de crédit-bail conclus antérieurement et le crédit-bailleur s'étant trouvé dans l'obligation de remplir ses propres engagements jusqu'à l'expiration du délai imparti par le juge-commissaire à l'administrateur judiciaire pour se prononcer ou jusqu'à la renonciation expresse de l'administrateur judiciaire intervenant avant ou pendant ce délai, sa créance, qui relève des dispositions de l'art. 40 [C. com., ancien art. L. 621-32], avait été régulièrement payée (bien que le crédit-bailleur n'eût pas exercé l'action en revendication dans le délai légal). • Com. 9 mai 1995 : *préc. note 12.* ♦ La perte par le crédit-bailleur du droit de revendiquer le bien était sans influence sur les droits qu'il prétendait exercer en application du contrat, notamment en cas de résiliation, et ne faisait donc pas obstacle à son admission au passif pour le montant de l'indemnité de résiliation et de la valeur résiduelle du matériel. • Com. 3 févr. 1998, n° 95-20.170 P : *D. 2000. Somm. 71, obs. Pérochon et Mainguy ; D. Affaires 1998. 382, obs. A. L. ; RPC 2001. 33, obs. Soinne.*

15. La résolution du plan de redressement entraînant l'ouverture d'une nouvelle procédure distincte et autonome à laquelle s'appliquent les dispositions de l'art. 115, le crédit-bailleur pouvait, dans le délai de trois mois du prononcé du jugement ouvrant cette nouvelle procédure, exercer une action en revendication sans qu'il y ait lieu de rechercher s'il avait exercé cette action en revendication lors de la première procédure. • Com. 20 juin 1995 : *RPC 1995. 482, obs. crit. Soinne* • 20 mai 1997 : *D. Affaires 1997. 860 ; RTD com. 1998. 685, obs. Martin-Serf.*

16. Le crédit-bailleur qui n'avait pas exercé ses droits de propriétaire dans le délai de trois mois suivant la publication du jugement d'ouverture, ne pouvait plus revendiquer ni les biens en nature ni les prix de vente qui leur sont subrogés et ne pouvait que faire valoir un droit de créance sur le débiteur pour autant qu'il produisît régulièrement à la procédure. • Paris, 25 nov. 1994 : *D. 1995. IR 6* • 30 sept. 1997 : *D. 1997. IR 231.*

17. En revanche, en ce sens qu'en exécutant les prestations du contrat de crédit-bail, l'administrateur optait, en application de l'art. 37, pour la poursuite du contrat, et que cette continuation impliquait reconnaissance du droit de propriété du crédit-bailleur sur le matériel loué sans que celui-ci eût à exercer l'action en revendication prévue à l'art. 115, V. note 61 ss. art. L. 622-13.

18. Dès lors qu'un contrat de crédit-bail n'avait pris effet qu'à la date de réception du matériel par le crédit-preneur et que cette réception était postérieure à la mise en redressement judiciaire de ce dernier, le crédit-bailleur n'était pas soumis aux dispositions de l'art. 115 pour ce bien. • Com. 16 mai 1995, n° 93-13.063 : *D. 1996. Somm. 214, obs. Pérochon ; JCP 1995. II. 22497, note Clément.*

19. Sur l'inopposabilité du droit de propriété du crédit-bailleur en l'absence de publicité du contrat de crédit-bail à la date du jugement d'ouverture, V. note 15 et 15 ss. art. L. 622-30.

Comp., désormais : art. L. 624-10 [issu de L. n° 94-475 du 10 juin 1994 et mod. par L. n° 2005-845 du 26 juill. 2005], dispensant de la revendication en cas de contrat ayant fait l'objet d'une publicité.

20. Prêt gratuit. L'art. 115 [C. com., art. L. 624-9] est applicable au propriétaire d'un bien prêté, fût-ce à titre gratuit. • Com. 28 janv. 1997 : *D. 2000. Somm. 66, obs. Pérochon et Mainguy ; D. Affaires 1997. 347 ; Dr. sociétés 1997, n° 46, obs. Chaput.*

21. Aéronefs. La propriété d'un aéronef étant, par l'immatriculation de celui-ci au registre français d'immatriculation ouvert à la direction générale de l'aviation civile, opposable à tous, elle est nécessairement opposable à la procédure collective et le propriétaire n'est pas soumis à la procédure de revendication prévue à l'art. L. 624-9 C. com. • Com. 27 mars 2024, n° 22-14.028 B : *D. 2024. Actu. 637 ; RTD com. 2024. 430, obs. Martin-Serf ; JCP E 2024. 1178, note Vallansan ; APC 2024, n° 105, obs. Petit ; RJDA 2024, n° 353 ; BJE 7-8/2024. 30, note Laroche ; RPC 2024, n° 80, obs. Aynès.*

22. Meubles incorporels. BIBL. Vérignon, *JCP N 1995. I. 1037.* ♦ L'obligation de revendiquer dans le délai de trois mois, imposée par l'art. 115 [C. com., art. L. 624-9] à celui qui doit faire reconnaître son droit de propriété contre une personne soumise à une procédure de redressement judiciaire, n'est pas limitée aux meubles corporels. • Com. 21 nov. 1995, n° 93-20.531 : *D. 1996. 211, note Regnaut-Moutier ; D. 1996. Somm. 214, obs. Pérochon ; D. Affaires 1996. 26 ; Rev. huiss. 1996. 326, note Courtier* (fonds de commerce) • 22 oct. 1996, n° 94-17.768 P : *D. Affaires 1996. 1324* (droits de propriété industrielle) • 29 févr. 2000 : *RJDA 2000, n° 572 ; Procédures 2000, n° 148, obs. Laporte* (fonds de commerce). ♦ V. aussi note 9 ss. art. L. 624-16.

23. Sommes figurant sur un compte bancaire. Sur la preuve que ces sommes font partie du patrimoine du débiteur, V. • Com. 22 nov. 1994 : *D. 1995. IR 6.* ♦ V. aussi • Paris, 21 mai 1999 : *RPC 2001. 21, obs. Soinne.*

La demande en restitution des fonds déposés par un syndic de copropriété sur un compte bancaire destiné exclusivement à recevoir les fonds appartenant aux copropriétaires n'est pas une action en revendication soumise aux art. 115 s. [C. com., art. L. 624-9 s.], dès lors que les fonds restent la propriété des copropriétaires et ne peuvent être utilisés que pour leur compte et que le versement de ces fonds est effectué en exécution de dispositions législatives et réglementaires impératives. • Paris, 6 oct. 1995 : *D. 1996. Somm. 95, obs. Atias.*

24. Choses fongibles. V. note 91 ss. art. L. 622-24.

25. Restitution de fonds séquestrés. En ce sens que des fonds séquestrés (prix de vente d'un fonds de commerce) n'ont pas à être revendiqués lorsqu'ils ont été remis à tort au liquidateur, en l'absence de consentement des parties intéressées, et n'ont donc pas été transférés dans le patrimoine du débiteur en liquidation judiciaire, V. • Com. 6 juin 2000 : *APC 2000, n° 208, obs. Regnaut-Moutier ; RJDA 2000, n° 1051.* ♦ V. aussi note 56 ss. art. L. 622-24.

26. Attribution judiciaire du gage. V. note 12 ss. art. L. 642-20-1.

C. DISTINCTION DE LA SAISIE-REVENDICATION

27. Le créancier qui demande au juge d'autoriser une saisie-revendication n'exerce pas une action en revendication, mais met en œuvre une mesure d'exécution forcée. Dès lors, l'art. 115 [C. com., art. L. 624-9] n'est pas applicable. • Civ. 2e, 18 févr. 1999 : *APC 1999, n° 96, obs. Vallansan ; RPC 2001. 29, obs. Soinne.*

III. RÉGIME DE LA REVENDICATION

A. DÉFAUT DE DÉCLARATION DE LA CRÉANCE

BIBL. Larroumet, *D. Affaires 1996. 603.* – Le Corre-Broly, *Banque et Dr. 1-2/1998. 3* (contenu de la déclaration de créance du crédit-bailleur). – D. Boccara, *LPA 2 mars 1998.*

28. La déclaration de la créance n'est pas une condition de la revendication des marchandises vendues avec clause de réserve de propriété. • Com. 20 oct. 1992 : *RPC 1992. 425, obs. Soinne ; D. 1993. Somm. 288, obs. Pérochon* • 11 mars 1997, n° 94-20.069 P : *D. Affaires 1997. 510.* ♦ V. notes 38 et 39 ss. art. L. 624-16.

B. DÉLAI DE REVENDICATION

29. Portée du délai. Lorsque le propriétaire n'a pas adressé sa demande de revendication dans le délai légal, son droit de propriété est inopposable à la liquidation judiciaire, de sorte que, le bien revendiqué entrant alors dans le gage commun des créanciers, le refus du liquidateur de le restituer à son propriétaire est justifié. • Com. 29 juin 2022, n° 21-13.706 : *RTD com. 2022. 863, obs. Martin-Serf.* ♦ En revanche, le propriétaire qui n'a pas revendiqué son bien dans le délai légal est fondé à en obtenir la restitution contre le tiers acquéreur de mauvaise foi. • Com. 15 déc. 2015, n° 13-25.566 P : *D. 2016. Pan. 1898, obs. F.-X. Lucas ; Rev. sociétés 2016. 199, obs. Henry ; RTD com. 2016. 204, obs. Martin-Serf ; JCP E 2016. 1198, n° 11, obs. Pétel ; LEDEN 2/2016. 2, obs. Rubellin ; BJE 2016. 112, note Laroche ; RJDA 2016, n° 309 ; Gaz. Pal. 12 avr. 2016, p. 69, obs. Le Corre-Broly ; RDBF 2016, n° 87, obs. Houin-Bressand.* ♦ L'absence de revendication n'entraînant pas l'extinction du droit de propriété ni le transfert de la propriété au débiteur, il en résulte que, dans les rapports entre le débiteur et le bailleur, l'absence de revendication est sans incidence (dans l'hypothèse où le débiteur avait fait l'objet d'un plan de continuation). • Com. 4 janv. 2000 : *D. 2000. 533, note Le Corre-Broly ; APC 2000, n° 40, obs. Regnaut-Moutier ; RJ com. 2000. 266, note Dumesnil-Rossi et Santana ; RTD com. 2002. 160, obs. Martin-Serf.* – V. aussi • Com. 24 mars 2004, n° 02-18.048 P : *D. 2004. AJ 1084, obs. Lienhard ; APC 2004, n° 105, obs. Regnaut-*

Moutier ; JCP E 2004, n° 37, p. 1384, obs. Cabrillac ; RPC 2004. 378, obs. Monsèrié-Bon.

30. Revendication en nature suivie d'une revendication du prix. V. note 12 ss. art. L. 624-18.

31. Computation. **BIBL.** Diesbecq et Laverrière, *JCP E 2005, n° 25, p. 1053* (prorogation des délais à raison de la distance et computation). ♦ Le prononcé ultérieur de la liquidation judiciaire demeure sans effet sur les conditions d'exercice de l'action. • Com. 27 nov. 1991 : *RJDA 1992, n° 200.*

32. Un contrat de vente de biens mobiliers dont la propriété est réservée et dont le prix n'est pas payé lors de l'ouverture de la procédure collective n'est pas un contrat en cours au sens de l'art. L. 621-28 [L. 622-13] C. com. et le délai de revendication a pour point de départ la publication du jugement d'ouverture de la procédure collective. • Com. 5 mai 2004, n° 01-17.201 P : *D. 2004. AJ 1525, obs. Lienhard ; ibid. Somm. 2144, obs. F.-X. Lucas ; APC 2004, n° 139, obs. Pérochon ; JCP E 2004, n° 37, p. 1387, obs. Cabrillac ; ibid., p. 1394, note Reifegerste ; RPC 2004. 225, obs. Roussel Galle ; RTD civ. 2004. 760, obs. Crocq.* ♦ V. déjà • Com. 3 avr. 2001, n° 98-11.169 P : *D. 2001. AJ 1621, obs. Avena-Robardet ; APC 2001, n° 110, obs. Vallansan ; JCP E 2001, n° 38, p. 1472, obs. Cabrillac et Pétel ; RTD civ. 2001. 631, obs. Crocq ; RTD com. 2002. 160, obs. Martin-Serf.* ♦ En ce sens que le délai de revendication ne saurait courir du seul fait du prononcé de la liquidation judiciaire, dès lors que celle-ci n'a pas pour effet d'entraîner la résiliation des contrats en cours, V. • Com. 15 févr. 2005 : *cité note 15 ss. art. L. 641-11-1 ; Gaz. Pal. 29-30 avr. 2005, p. 47, obs. Le Corre-Broly ; RPC 2005. 376, obs. Monsèrié-Bon ; RTD com. 2006. 206, obs. Martin-Serf.*

Comp., désormais : art. L. 624-9, dans sa réd. issue de l'Ord. n° 2008-1345 du 18 déc. 2008. ♦ Sur la restitution consécutive à la revendication des biens faisant l'objet d'un contrat en cours, V. art. L. 624-10-1, issu de l'Ord. n° 2008-1345 du 18 déc. 2008.

33. Dès lors que, si des marchandises restent entreposées dans les locaux de la société objet de la procédure collective, il n'est justifié d'aucune commande en cours d'exécution au moment de l'ouverture de la procédure, ni d'aucune commande postérieure, qui seules seraient de nature à démontrer la poursuite du contrat, le délai de trois mois de l'action en revendication commence à courir, conformément à l'art. L. 621-115 [L. 624-9], al. 1er, du jour de la publication du jugement d'ouverture du redressement judiciaire. • Paris, 10 sept. 2001 : *D. 2001. AJ 2973 ; APC 2002, n° 80, obs. Pérochon.*

34. En cas de requête adressée au juge-commissaire par voie postale, il a été jugé qu'il suffit que le pli soit expédié avant la date d'expiration du délai de trois mois sans qu'il soit nécessaire qu'il ait atteint le destinataire avant cette date. • Com. 1er oct. 1991 : *JCP E 1992. II. 136, n° 15, obs. Cabrillac* • Paris, 19 mai 1995 : *RPC 1995. 483, obs. crit. Soinne.* ♦ V. art. 668 C. pr. civ. – **C. pr. civ.** ♦ Comp., décidant qu'il ne suffit pas que la revendication ait été émise en temps utile, qu'il faut que la juridiction compétente ait été saisie dans le délai : • Com. 11 févr. 1997 : *D. 1997. IR 82.*

V. désormais art. L. 624-17.

35. La prorogation de délai prévue par l'art. 643 NCPC [C. pr. civ.] ne s'applique pas au délai de trois mois imparti par l'art. L. 621-115 [L. 624-9] C. com. pour saisir le mandataire de justice d'une demande en revendication d'un bien. • Com. 7 févr. 2006, n° 04-19.342 P : *D. 2006. 1547, note Marotte ; ibid. AJ 576, obs. Lienhard* (2e *esp.) ; Gaz. Pal. 30 avr.-4 mai 2006, p. 51, obs. Le Corre-Broly ; RTD. com. 2006. 668, obs. Vallens ; RJ com. 2006. 400, note Sortais ; RPC 2006. 361, obs. Monsèrié-Bon.* ♦ En faveur de l'application des art. 641 et 642 NCPC [C. pr. civ.], V. • T. com. Lille, 25 juin 1996 : *RPC 1997. 326, obs. Soinne.*

36. Caractère préfix. Le délai est un délai préfix. • Com. 13 févr. 1990, n° 88-13.546 P : *D. 1991. Somm. 42, obs. Pérochon* • 20 oct. 1992 : *préc. note 12.* ♦ Il ne saurait donc être interrompu par la saisine d'une juridiction incompétente. • TGI Béthune, 26 oct. 1988 : *Gaz. Pal. 1989. 2. 534.* ♦ ... Ni par une action en saisie-revendication. • Versailles, 16 juin 1992 : *RJDA 1993, n° 744.* ♦ V. note 44. ♦ ... Et il ne peut donner lieu à un relevé de forclusion. • Dijon, 4 mai 1993 : *RJ com. 1994. 67.* ♦ V. aussi note 34.

37. En ce sens que la règle *Contra non valentem...* pourrait être invoquée si l'action en revendication n'avait pu être exercée dans le délai légal en raison d'une impossibilité absolue d'agir, V., à propos de la loi de 1967, art. 59, rédaction antérieure à la loi du 12 mai 1980 : • Com. 28 juin 1994, n° 92-17.310 P : *D. 1996. Somm. 216, obs. Pérochon ; RTD com. 1995. 178, obs. Bouloc.* ♦ L'ignorance du crédit-bailleur, quant au prononcé de la liquidation judiciaire du réparateur auquel le matériel loué a été confié et à la mise en vente autorisée de ses actifs, ne constitue pas une impossibilité absolue d'exercer l'action en revendication dans le délai préfix imparti par l'art. 115 [C. com., art. L. 624-9]. • Com. 2 mars 1999 : *RJDA 1999, n° 578 ; RDBF 2000, n° 20, obs. F.-X. Lucas ; RPC 2001. 32, obs. Soinne.* ♦ Sur la notion d'impossibilité d'agir, V. aussi • Com. 5 juill. 2023, n° 22-13.049 : *D. actu. 29 sept. 2023, obs. Lott Masselin ; LEDEN 9/2023. 4, obs. J.-B. Barbièri ; RDBF 2023, n° 181, obs. Houin-Bressand ; RJDA 2024, n° 123.*

38. V. aussi notes 7 s. et 39.

C. PARTIES À L'ACTION EN REVENDICATION

39. Qui peut revendiquer ? L'action en revendication, régie par les art. 115 à 122 [C. com., art. L. 624-9 à L. 624-18], étant réservée au propriétaire d'une chose détenue par le débiteur en redressement ou en liquidation judiciaire, le crédit-preneur d'un bien sous-loué à un utilisateur ultérieurement mis en liquidation judiciaire n'a pas qualité pour l'exercer. • Com. 13 juin 1995, n° 93-18.375 P : *D. 1996. Somm. 211, obs. Pérochon ; JCP E 1995. I. 513, n° 11, obs. Cabrillac.*

En l'absence de poursuite d'un contrat de souslocation (portant sur des biens crédits baillés), l'action en revendication en vue de la restitution de la chose sous-louée, qui est nécessaire, est réservée à son propriétaire et ne peut être exercée par le locataire principal. • Com. 20 mai 1997, n° 95-13.957 P : *D. 2000. Somm. 66, obs. Pérochon et Mainguy ; D. Affaires 1997. 862.*

Le dépositaire ayant la charge, par application de l'art. 1915 C. civ., de restituer en nature la chose remise, le droit de revendiquer le bien entre les mains du sous-dépositaire lui est ouvert. • Com. 14 nov. 2000, n° 97-21.523 P : *D. 2001. AJ 233, obs. Pisoni ; APC 2000, n° 262, obs. F.-X. Lucas ; JCP E 2001, n° 18, p. 755, obs. Pétel ; RTD civ. 2001. 387, obs. Revet.* ♦ Cette action en revendication doit être exercée dans le délai préfix imparti par l'art. 115 [C. com., art. L. 624-9]. • Même arrêt.

Pour l'irrecevabilité de l'action en revendication exercée au nom d'une société par actions simplifiée par son directeur général, le président de la société ayant seul le pouvoir de la représenter à l'égard des tiers, V. • Com. 2 juill. 2002, n° 98-23.324 P : *D. 2002. AJ 2263, obs. Lienhard ; JCP E 2002, n° 51-52, p. 2069, note Dondero ; APC 2002, n° 187, obs. Regnaut-Moutier ; RDBF 2002, n° 190, obs. F.-X. Lucas ; RTD com. 2002. 688, obs. Chazal et Reinhard ; ibid. 2003. 374, obs. Martin-Serf.* ♦ Comp., désormais : art. L. 227-6, al. 3, C. com., dans sa réd. issue de L. n° 2003-706 du 1er août 2003.

En l'état d'une action en revendication intentée par le président du conseil d'administration d'une société alors gérée par un administrateur judiciaire provisoire, puis mise elle-même en liquidation judiciaire, il y a lieu de rejeter l'opposition formée par le liquidateur de la société contre l'ordonnance du juge-commissaire qui a rejeté cette action en revendication, dès lors que, le recours formé par le liquidateur judiciaire étant intervenu après l'expiration du délai de trois mois ouvert en application de l'art. 115 [C. com., art. L. 624-9], la nullité pour irrégularité de fond de la demande formée par le président du conseil d'administration n'a pas été couverte dans le délai de la revendication. • Com. 8 juin 1999, n° 94-20.999 P : *D. 1999. IR 178 ; D. Affaires 1999. 1332, obs. V. A.-R. ; RPC 2001. 32, obs. Soinne.* – V. aussi J.-L. Courtier, *Dr. sociétés 2000. Chron. 8.*

40. Contre qui revendiquer ? L'action en revendication peut parfaitement être présentée auprès du détenteur des matériels même si celui-ci n'est pas le débiteur du crédit-bailleur. • Com. 24 oct. 1995 : *RPC 1997. 324, obs. Soinne.* ♦ V. aussi, pour une revendication entre les mains d'un cessionnaire, • Paris, 26 mars 1996 : *ibid.*

D. PREUVE

41. Lorsqu'une société créancière prouve être propriétaire des biens remis à bail à la société en liquidation, il convient de considérer que le revendiquant n'a pas à faire la preuve de l'existence en nature des appareils entre les mains du débiteur au moment de sa revendication, dans la mesure où les biens n'ont pas été consignés au débiteur ni à titre de dépôt, ni pour être vendus pour le compte du propriétaire, ni cédés avec clause de réserve de propriété. • Caen, 16 mars 1995 : *JCP 1995. IV. 2674.*

E. CAUTIONS

42. La caution est fondée à se prévaloir de la décharge édictée par l'art. 2037 [2314] C. civ., dès lors que le créancier n'a pas exercé la revendication dans le délai légal, privant ainsi la caution d'un droit qui pouvait lui profiter. • Com. 14 févr. 1995, n° 93-13.848 P : *D. 1996. Somm. 218, obs. Pérochon* (loi de 1967) • 11 juill. 1988 : *Bull. civ. IV, n° 237 ; Gaz. Pal. 1988. 2. 672* • Versailles, 1er déc. 1995 : *D. Affaires 1996. 263* • Paris, 3 juin 2003 : *RDBF 2003, n° 193, obs. F.-X. Lucas.* ♦ Comp., énonçant que, dans le cas où un vendeur bénéficie à la fois d'un cautionnement solidaire garantissant le paiement du prix de vente et d'une clause de réserve de propriété, aucun texte ne subordonne l'exercice de son recours contre la caution à la revendication préalable du bien vendu : • Com. 14 juin 1994, n° 91-21.315 P : *Defrénois 1995. 96, note S. Piedelièvre.* – Comp., également : • Paris, 19 sept. 2003 : *RTD com. 2004. 157, obs. Martin-Serf.* ♦ L'absence de revendication dans le délai de l'art. 115 [C. com., art. L. 624-9] a pour effet, non pas de rendre la demande irrecevable, mais de décharger la caution de tout ou partie de son obligation dans la limite des droits dont elle est privée, faute de subrogation. • Com. 20 mai 1997 : *RJDA 1997, n° 1244 ; RPC 2001. 33, obs. Soinne.*

IV. COMPÉTENCE

Jurisprudence antérieure à la loi du 10 juin 1994.

43. Avant la loi du 10 juin 1994, qui a ajouté l'art. 121-1 [devenu C. com., art. L. 624-17], aucune disposition de la loi du 25 janv. 1985 et de son décret d'application n'interdisait au demandeur, bénéficiaire d'une clause de réserve de propriété, de soumettre sa revendication au tribunal ayant ouvert la procédure de redressement judiciaire dont la compétence était ainsi concurrente de celle, non exclusive, du juge-commissaire. • Paris, 27 janv. 1988 : *Gaz. Pal. 1988. 1. Somm. 91.* – V., aussi en ce sens, • Com. 10 juill. 1990, n° 88-20.505 P : *D. 1990. IR 188* • 1er oct. 1991 : *D. 1992. Somm. 6, obs. Derrida ; D. 1993. Somm.*

294, obs. Pérochon. ♦ Sur l'incompétence du juge des référés, V. • Com. 9 juill. 1991, n° 89-18.254 P : *D. 1993. Somm. 294, obs. Pérochon ; JCP E 1991. I. 102, n° 9, obs. Pétel ; RTD com. 1992. 469, obs. Martin-Serf*. ♦ Comp., désormais : art. L. 624-17.

44. V. aussi note 12 ss. art. L. 624-18.

Jugé qu'aucune disposition n'interdit au bénéficiaire d'une clause de réserve de propriété de solliciter du président du tribunal de grande instance, à titre conservatoire, une saisie-revendication conformément aux art. 826 s. C. pr. civ. [abrogés par L. n° 91-650 du 9 juill. 1991]. • Paris, 12 déc. 1991 : *D. 1992. IR 47*. ♦ V. aussi note 36 et Comp. note 57 ss. art. L. 624-16.

V. MODALITÉS

45. Forme de la requête. Est recevable la revendication opérée par voie de requête notifiée au juge-commissaire par voie postale le dernier jour du délai de trois mois. • Paris, 5 janv. 1990 : *RJ com. 1991. 225, note Gallet*. ♦ En revanche, n'a pas été saisi d'une instance en revendication, le juge-commissaire à qui a été adressée, par lettre recommandée, copie d'une demande amiable en revendication formée auprès du représentant des créanciers, dès lors que cette lettre ne contient aucune demande, même implicite, et ne sollicite aucune décision de ce magistrat, qui n'est tenu de statuer que sur ce qui lui est demandé. • Com. 21 janv. 1992, n° 90-12.965 P : *D. 1992. Somm. 246, obs. Derrida ; D. 1993. Somm. 295, obs. Pérochon ; RJDA 1992, n° 403*. ♦ V. et comp., après le Décr. n° 94-910 du 21 oct. 1994 : art. R. 624-13.

N'entre pas dans les irrégularités de fond, limitativement énumérées par l'art. 117 NCPC, le défaut de signature de la requête unilatérale présentée au juge-commissaire. • Civ. 2e, 3 juin 1999, n° 97-14.159 P : *D. Affaires 1999. 1332, obs. V. A.-R. ; RPC 2001. 32, obs. Soinne*. – V. aussi J.-L. Courtier, *Dr. sociétés 2000. Chron. 8*.

46. Délégation de pouvoirs. La requête en revendication est une demande en justice que le propriétaire du bien peut former lui-même (V. C. pr. civ., art. 853. – **C. pr. civ.**). • Com. 9 mai 1995 : *RJDA 1995, n° 1163*. ♦ Dans le cas où le propriétaire est une personne morale, cette requête, si elle n'émane pas des organes habilités par la loi à la représenter, peut encore être adressée au juge-commissaire [Comp., désormais : art. L. 624-17 et R. 624-13 C. com.] par tout préposé titulaire d'une délégation de pouvoirs lui permettant d'accomplir un tel acte, sans que ce pouvoir soit soumis aux règles applicables au mandat de représentation en justice dont un tiers peut être investi. • Même arrêt. ♦ V. aussi cet arrêt sur la faculté de subdéléguer du directeur adjoint d'une société anonyme. ♦ La délégation doit cependant être suffisamment précise (tel n'est pas le cas de la délégation pour « rédiger et signer tous les actes afférents à [la] fonction »). • Com. 3 juin 1997, n° 94-12.450 P : *D. 2000. Somm. 73, obs. Pérochon et Mainguy ; D. Affaires 1997. 861 ; RJDA 1997, n° 1413 ; RTD com. 1998. 686, obs. Martin-Serf ; RPC 2001. 32, obs. Soinne*. ♦ Comp., désormais, pour la demande en revendication adressée au mandataire de justice : note 2 ss. art. R. 624-13.

47. La société qui a constitué avocat hors le délai légal de l'action en revendication ne peut se prévaloir de l'intervention de cet avocat pour couvrir la requête en revendication et le recours affectés d'une irrégularité de fond touchant le pouvoir de la personne, non avocat, ayant introduit l'action (nullité de la requête et du recours). • Com. 14 janv. 1997, n° 93-18.596 P : *D. 1997. IR 53* (arrêt rendu dans le cadre du régime local d'Alsace-Moselle).

VI. ACTION EN DISTRACTION

48. L'absence de revendication n'interdit pas au tiers qui se prétend propriétaire d'un bien saisi entre les mains du débiteur d'en demander la distraction, pour s'opposer au droit du créancier saisissant sans préjudicier au droit de gage général des créanciers antérieurs au jugement d'ouverture. • Com. 26 nov. 2002, n° 01-03.980 P : *D. 2003. AJ 67 ; RTD com. 2003. 570, obs. Martin-Serf ; Gaz. Pal. 2003. Somm. 3246, obs. Brenner ; RPC 2003. 309, obs. Monsèrié-Bon.*

Art. L. 624-10 **Le propriétaire d'un bien est dispensé de faire reconnaître son droit de propriété lorsque le contrat portant sur ce bien a fait l'objet d'une publicité.** *(L. n° 2005-845 du 26 juill. 2005, art. 51)* **« Il peut réclamer la restitution de son bien dans des conditions fixées par décret en Conseil d'État. »** – *[C. com., anc. art. L. 621-116.] – V. art. R. 624-14 et R. 624-15.*

L'art. L. 624-10 est applicable aux procédures et situations en cours dès la publication de la L. n° 2005-845 du 26 juill. 2005 (L. préc., art. 190, JO 27 juill.).

BIBL. ▸ Le Corre-Broly, *Gaz. Pal. 28 mars 2017, p. 72* (la publicité et les revendications : dix questions-réponses).

COMMENTAIRE

I. MODIFICATIONS ISSUES DE LA RÉFORME DE 2005

La loi du 10 juin 1994 n'avait envisagé expressément que la revendication (ou la dispense de revendication) omettant de traiter de la restitution. Le décret du 21 octobre 1994 était venu réparer cette lacune (V. art. 85-2, 85-4 et 85-5 du décret abrogé du 27 déc. 1985). La loi du 26 juillet 2005 a offert aujourd'hui un support légal à ces dispositions réglementaires, dont la légalité avait un moment été mise en cause. La restitution, notons-le, à la différence de la revendication, n'est que facultative, aucune forclusion ne menaçant ici le propriétaire, comme l'a confirmé la Cour de cassation (Com. 18 sept. 2012 : *cité note 1 ss. art. R. 624-14*). Cette disposition est applicable aux procédures en cours au 27 juillet 2005, date de publication de la loi du 26 juillet 2005 (art. 190, *c*).

Deux remarques, quant aux mesures réglementaires :

1° L'article R. 624-14 n'a pas repris les dispositions de l'article 85-4, alinéa 3, du décret du 27 décembre 1985, qui autorisaient, sous certaines conditions, la revente du bien objet d'une réserve de propriété lorsque celui-ci n'a pas encore fait l'objet d'une action en restitution. Disparition dont il convient sans doute de déduire que cette possibilité est supprimée, ce qu'avait déjà jugé la Cour de cassation en cas de liquidation judiciaire lorsque le délai de revendication n'était pas expiré (V. note 43 ss. art. L. 624-16), et, en cas de redressement judiciaire, à tout le moins lorsque une action en restitution avait déjà été engagée (Com. 30 juin 2004 : *D. 2004. AJ 2302* ; V. P. Crocq, Réforme des procédures collectives et sort des créanciers munis de sûretés, *Dr. et patr. 3/2006. 90*).

2° L'article R. 624-15 dispose que, pour bénéficier des dispositions de l'article L. 624-10, les contrats qui y sont mentionnés doivent avoir été publiés selon les modalités qui leur sont applicables, formule plus large que celle de l'ancien article 85-5 du décret de 1985, qui ne se référait qu'aux conditions prévues par le décret du 4 juillet 1972 relatif à la publicité du crédit-bail. Ce faisant, le gouvernement a pris acte de la jurisprudence de la Cour de cassation qui avait jugé valable également la publicité d'un contrat de location-gérance conformément au décret du 14 mars 1986 (Com. 15 mars 2005 : V. note 2 ss. art. L. 624-10).

II. REVENDICATION DU FIDUCIAIRE

Voir le commentaire sous l'article L. 624-16. ❑

1. Loi du 10 juin 1994. Sur l'application dans le temps des modifications introduites par la loi du 10 juin 1994, V. • Com. 28 janv. 1997, n° 94-11.072 : *D. Affaires 1997. 347 ; RTD com. 1998. 684, obs. Martin-Serf* • Paris, 3 févr. 1995 : *RPC 1995. 464, obs. Soinne.* ♦ Sur la jurisprudence antérieure à ce texte, V. notes 10 s. ss. art. L. 624-9.

2. Contrats publiés. La dispense de revendication bénéficie à tous les propriétaires de biens mobiliers qui se trouvent confiés au débiteur en procédure collective, par suite d'un contrat publié ayant fait l'objet d'une publicité. • Com. 15 mars 2005, n° 00-18.550 P : *D. 2005. AJ 890, obs. Lienhard ; APC 2005, n° 102, obs. Pérochon ; Loyers et copr. 2005, n° 116, obs. Brault ; JCP E 2005, n° 36, p. 1426, obs. Cabrillac ; RDBF 2005, n° 101, obs. F.-X. Lucas ; Gaz. Pal. 6-7 juill. 2005, p. 48, obs. Le Corre-Broly ; RTD com. 2005. 603, obs. Martin-Serf ; RPC 2005. 375, obs. Monsèrié-Bon.* – V. Puygauthier, *JCP N 2005, n° 36, p. 1459.* ♦ Il en résulte que le locataire-gérant d'un fonds de commerce qui a régulièrement publié le contrat de location-gérance [conformément au Décr. n° 86-465 du 14 mars 1986] est dispensé de revendiquer le fonds de commerce sans avoir à recourir à une seconde publicité dans les formes requises par l'art. 85-5, al. 1er, du Décr. du 27 déc. 1985. • Même arrêt. – Dans le même sens, V. • Com. 18 sept. 2012, n° 11-21.744 P : *D. 2012. Actu. 2240, obs. Lienhard ; JCP E 2012. 1757, n° 17, obs. Pételֹ; APC 2012, n° 241, obs. Vallansan ; BJE 2012. 372, note Laroche ; Gaz. Pal. 18-19 janv. 2013, p. 32, obs. Le Corre-Broly ; RJDA 2013, n° 349.* ♦ Solution confirmée par l'art. R. 624-15 C. com.

3. Pour l'inopposabilité aux créanciers du preneur ainsi qu'au mandataire judiciaire d'un contrat de crédit-bail ayant fait l'objet d'une publicité affectée de plusieurs erreurs sur l'identité du contractant, V. • Com. 11 mai 2010, n° 09-14.048 P : *D. 2010. Actu. 1276, obs. Lienhard ; Rev. sociétés 2010. 409, obs. Roussel Galle ; RTD com. 2011. 174, obs. Martin-Serf ; LEDEN 7/2010. 5, obs. Legrand ; Gaz. Pal. 2-3 juill. 2010, p. 40, obs. Le Corre-Broly ; JCP E 2010. 1742, n° 12, obs. Cabrillac ; JCP 2010. 791, note Lasserre*

Capdeville ; APC 2010, n° 177, obs. Petit ; RJDA 2010, n° 983.

4. La publication du jugement d'arrêté du plan de redressement est dépourvue d'incidence sur la publicité du contrat de crédit-bail qui, non renouvelée, a expiré. • Com. 14 déc. 2022, n° 21-16.048 B : *D. 2023. Actu. 6 ; Rev. sociétés 2023. 199, obs. Reille ; RTD com. 2023. 222, obs. Saint-Alary-Houin ; JCP E 2023. 1113, note Zinty ; RJDA 2023, n° 157 ; APC 2023, n° 36, obs. Bennini ; BJE 3-4/2023. 22, note Sahel ; RDBF 2023, n° 105, obs. Houin-Bressand.* ♦ Dès lors que la publication du contrat de crédit-bail est périmée, faute d'avoir été renouvelée, le propriétaire du bien ne peut plus se prévaloir des dispositions de l'art. L. 624-10, la seule connaissance par le mandataire judiciaire de l'existence du contrat, alors qu'il exerçait ces fonctions dans le cadre d'une précédente procédure collective concernant le même débiteur, est inopérante. • Toulouse, 8 nov. 2011, n° 10/00102 : *RJDA 2012, n° 317.*

5. Sur l'indifférence de la reconnaissance par le liquidateur du droit de propriété dès lors que le contrat n'a pas fait l'objet d'une publicité valable, V. note 7 ss. art. L. 624-9.

6. V. aussi note ss. art. R. 624-15.

7. Avis d'attribution d'un marché public. Ne répond pas aux exigences de l'art. L. 624-10 la publicité d'un avis d'attribution d'un marché public au *Bulletin officiel des annonces des marchés publics* qui n'a ni pour objet ni pour effet de rendre opposable aux tiers le droit de propriété de la personne publique sur les biens confiés par celle-ci au titulaire du marché attribué pour son exécution. • Com. 23 mai 2024, n° 22-24.565 B : *D. 2024. Actu. 1013 ; RTD com. 2024. 754, obs. Martin-Serf ; APC 2024, n° 147, obs. Laroche ; RJDA 2024, n° 478 ; LEDEN 7/2024. 4, obs. Azevedo ; RPC 2024, n° 81, obs. Aynès ; Gaz. Pal. 24 sept. 2024, p. 65, obs. Farhi.*

8. Bien détenu par un tiers. Lorsque le crédit-bail a fait l'objet d'une publicité régulière avant le jugement ouvrant la procédure collective du tiers détenteur du bien concerné, le droit de propriété du crédit-bailleur est opposable à ce tiers, sauf la faculté pour ce dernier de se prévaloir de l'application, à son profit, de l'art. 2276 C. civ., s'il n'est ni créancier ni ayant-cause à titre onéreux du crédit-preneur. • Com. 4 mai 2017, n° 15-16.524 : *RTD com. 2017. 998, obs. Martin-Serf ; APC 2017, n° 156, obs. Petit ; Gaz. Pal. 27 juin 2017, p. 37, obs. Le Corre-Broly ; RDBF 2017, n° 182, obs. Houin-Bressand ; BJE 2017. 325, note Laroche.* ♦ Dès lors que le droit du crédit-bailleur à obtenir la restitution du bien dans le cadre de la procédure collective est définitivement acquis, ce droit n'étant plus lui-même en cause, le juge-commissaire n'est pas compétent pour ordonner l'appréhension de ce bien entre les mains d'un tiers détenteur. • Com. 21 nov. 2018, n° 17-18.094 P : *D. 2018. Actu. 2303 ; RTD com. 2019. 994, obs. Martin-Serf ; DP diff. entr., Bull. n° 409, obs. Rémery ; LEDEN 1/2019. 3, obs. Staes ; RJDA 2019, n° 114 ; BJE 3-4/2019. 57, note Laroche ; Gaz. Pal. 16 avr. 2019, p. 75, obs. Le Corre-Broly ; RDBF 2019, n° 62, obs. Houin-Bressand.*

9. Fusion-absorption. Pour la recevabilité de la demande en restitution d'un bien objet d'un contrat de crédit-bail publié, formée par une banque ayant absorbé la société de crédit-bail, l'absorbante étant, du fait de la publicité de la fusion-absorption, substituée de plein droit dans le bénéfice des publicités effectuées au nom de la société absorbée à la date d'ouverture de la procédure collective, V. • Douai, 6 nov. 2003 : *Gaz. Pal. 2004. 488, note Le Corre-Broly,* conf. par • Com. 5 juill. 2005 : *cité note 2 ss. art. L. 624-17.*

10. Créance garantie par un cautionnement. Si la demande de restitution d'un bien, objet d'un contrat publié, fondée sur les art. L. 624-10 et R. 624-14 ne constitue qu'une faculté pour le propriétaire de ce bien, ce dernier, lorsque sa créance est par ailleurs garantie par un cautionnement, commet une faute, au sens de l'art. 2314 C. civ., dans sa rédaction antérieure à celle issue de l'Ord. n° 2021-1192 du 15 sept. 2021, si, en s'abstenant d'exercer l'action en restitution, il prive la caution d'un droit qui pouvait lui profiter. • Com. 8 nov. 2023, n° 22-13.823 B : *D. 2023. Actu. 2004 ; RTD civ. 2023. 943, obs. Gijsbers ; RTD com. 2024. 170, obs. Martin-Serf ; JCP E 2024. 1035, note El Mejri ; APC 2024, n° 1, obs. Favre-Rochex ; RJDA 2024, n° 242.*

11. Action en restitution antérieure au jugement d'ouverture. V. note 10 ss. art. L. 624-9.

12. Paiement pour éviter la restitution. Pour l'inapplicabilité des dispositions de l'art. L. 624-16, al. 4, V. note 54 ss. cet art.

13. Recours. V. note 16 ss. anc. art. L. 623-4.

14. Prescription de l'action en responsabilité contre le liquidateur. V. note 20 ss. art. L. 641-4.

Art. L. 624-10-1 *(Ord. n° 2008-1345 du 18 déc. 2008, art. 42)* **Lorsque le droit à restitution a été reconnu dans les conditions prévues aux articles L. 624-9 ou L. 624-10 et que le bien fait l'objet d'un contrat en cours au jour de l'ouverture de la procédure, la restitution effective intervient au jour de la résiliation ou du terme du contrat.**

COMMENTAIRE

L'article L. 624-10-1, issu de l'ordonnance du 18 décembre 2008, est la conséquence de la suppression de l'article L. 624-9, alinéa 2 (V. ss. cet art.). ❑

Art. L. 624-11 *(L. n° 2005-845 du 26 juill. 2005, art. 52)* **Le privilège** *(Ord. n° 2021-1192 du 15 sept. 2021, art. 34-V, en vigueur le 1er janv. 2022)* **« établi par le 3°** *[ancienne rédaction : et le droit de revendication établis par le 4°]* **» de l'article 2332 du code civil au profit du vendeur de meubles ainsi que l'action résolutoire ne peuvent être exercés que dans la limite des dispositions des articles L. 624-12 à L. 624-18 du présent code.** – *[C. com., anc. art. L. 621-117.]*

Sur l'inapplicabilité des art. L. 624-11 à L. 624-18 au vendeur de fonds de commerce, V. C. com., art. L. 141-11. – ***C. com.***

Art. L. 624-12 **Peuvent être revendiquées, si elles existent en nature, en tout ou partie, les marchandises dont la vente a été résolue antérieurement au jugement ouvrant** *(L. n° 2005-845 du 26 juill. 2005, art. 53)* **« la procédure » soit par décision de justice, soit par le jeu d'une condition résolutoire acquise.**

La revendication doit pareillement être admise bien que la résolution de la vente ait été prononcée ou constatée par décision de justice postérieurement au jugement ouvrant *(L. n° 2005-845 du 26 juill. 2005, art. 53)* **« la procédure » lorsque l'action en revendication ou en résolution a été intentée antérieurement au jugement d'ouverture par le vendeur pour une cause autre que le défaut de paiement du prix.** – *[C. com., anc. art. L. 621-118.]*

V. note ss. art. L. 624-11.

1. Clause résolutoire. Le pacte commissoire n'étant stipulé qu'au profit du vendeur qui peut y renoncer, la clause résolutoire n'est acquise que lorsque son bénéficiaire a manifesté son intention de s'en prévaloir. • Com. 3 juin 1997, n° 93-21.322 P.

2. Preuve de l'existence des biens en nature. Il n'y a pas lieu de suppléer à la carence du revendiquant qui se borne à solliciter à titre conservatoire la désignation d'un mandataire dont la mission serait d'établir que, à la date du jugement d'ouverture les marchandises litigieuses remplissaient les conditions exigées par l'art. 117 [C. com., art. L. 624-12]. • Paris, 17 mars 1998 : *RPC 2001. 22, obs. Soinne.*

Art. L. 624-13 **Peuvent être revendiquées les marchandises expédiées au débiteur tant que la tradition n'en a point été effectuée dans ses magasins ou dans ceux du commissionnaire chargé de les vendre pour son compte.**

Néanmoins, la revendication n'est pas recevable si, avant leur arrivée, les marchandises ont été revendues sans fraude, sur factures ou titres de transport réguliers. – *[C. com., anc. art. L. 621-119.]*

V. note ss. art. L. 624-11.

Art. L. 624-14 **Peuvent être retenues par le vendeur les marchandises qui ne sont pas délivrées ou expédiées au débiteur ou à un tiers agissant pour son compte.** – *[C. com., anc. art. L. 621-120.]*

V. note ss. art. L. 624-11.

1. Le vendeur de meuble, bénéficiant d'une clause de réserve de propriété et n'ayant pas livré le bien à l'acquéreur en raison du défaut de paiement intégral de la créance, est en droit d'opposer au sous-acquéreur du bien son droit de rétention en application de l'art. L. 621-20 [L. 624-14] C. com. • Toulouse, 25 oct. 2001 : *Cah. jurispr. Aquitaine 2002, n° 1, p. 181.*

2. Jugé que les biens entreposés dans les locaux d'une société qui fait l'objet d'une procédure collective, n'étant jamais entrés dans son patrimoine, n'ont pas à faire l'objet d'une revendication au titre du droit de vendeur de meubles et que l'action n'est donc pas enfermée dans le délai de trois mois de l'art. 115 [C. com., art. L. 624-9]. • Metz, 20 oct. 1994 : *RPC 1995. 469, obs. crit. Soinne.*

Art. L. 624-15 **Peuvent être revendiqués, s'ils se trouvent encore dans le portefeuille du débiteur, les effets de commerce ou autres titres non payés, remis par leur propriétaire pour être recouvrés ou pour être spécialement affectés à des paiements déterminés.** – *[C. com., anc. art. L. 621-121.]*

V. note ss. art. L. 624-11.

Affectation spéciale. L'affectation spéciale visée par l'art. 120 [C. com., art. L. 624-15] doit émaner du propriétaire de l'effet qui le revendique. • Versailles, 8 juin 1989 : *D. 1989. IR 226 ; JCP E 1990. II. 15668, n° 16, obs. Cabrillac.* ♦ Il en résulte que le vendeur originaire ne peut revendiquer l'effet accepté par le sous-acquéreur et qui se trouve encore entre les mains de l'acheteur. • Même arrêt.

Art. L. 624-16 *(Ord. n° 2008-1345 du 18 déc. 2008, art. 43)* **« Peuvent être revendiqués, à condition qu'ils se retrouvent en nature, les biens meubles remis à titre précaire au débiteur ou ceux transférés dans un patrimoine fiduciaire dont le débiteur conserve l'usage ou la jouissance en qualité de constituant. »**

(Ord. n° 2006-346 du 23 mars 2006, art. 48-I) **« Peuvent également être revendiqués, s'ils se retrouvent en nature au moment de l'ouverture de la procédure, les biens vendus avec une clause de réserve de propriété. Cette clause doit avoir été convenue entre les parties dans un écrit au plus tard au moment de la livraison. Elle peut l'être dans un écrit régissant un ensemble d'opérations commerciales convenues entre les parties.**

« La revendication en nature peut s'exercer dans les mêmes conditions sur les biens mobiliers incorporés dans un autre bien lorsque la séparation de ces biens peut être effectuée sans qu'ils en subissent un dommage. La revendication en nature peut également s'exercer sur des biens fongibles lorsque des biens de même nature et de même qualité se trouvent entre les mains du débiteur ou de toute personne les détenant pour son compte. »

(L. n° 2005-845 du 26 juill. 2005, art. 54) **« Dans tous les cas, il n'y a pas lieu à revendication si, sur décision du juge-commissaire, le prix est payé immédiatement. Le juge-commissaire peut également, avec le consentement du créancier requérant, accorder un délai de règlement. Le paiement du prix est alors assimilé à celui des créances mentionnées au I de l'article L. 622-17. »** – *[C. com., anc. art. L. 621-122.]*

V. note ss. art. L. 624-11.

Sur la clause de réserve de propriété, V. C. civ., art. 2367 s. – **C. civ.**

RÉP. COM. v° *Réserve de propriété*, par VOINOT et GHANDOUR.

BIBL. ▸ CROCQ, *JCP E 2006, suppl. au n° 20-21, p. 23* (Ord. du 23 mars 2006).

Ancien art. L. 624-16 (al. 1er à 3) *Peuvent être revendiquées, à condition qu'elles se retrouvent en nature, les marchandises consignées au débiteur, soit à titre de dépôt, soit pour être vendues pour le compte du propriétaire.*

Peuvent également être revendiqués, s'ils se retrouvent en nature au moment de l'ouverture de la procédure, les biens vendus avec une clause de réserve de propriété subordonnant le transfert de propriété au paiement intégral du prix. Cette clause, qui peut figurer dans un écrit régissant un ensemble d'opérations commerciales convenues entre les parties, doit avoir été convenue entre les parties dans un écrit établi, au plus tard, au moment de la livraison. Nonobstant toute clause contraire, la clause de réserve de propriété est opposable à l'acheteur et aux autres créanciers, à moins que les parties n'aient convenu par écrit de l'écarter ou de la modifier.

La revendication en nature peut s'exercer dans les mêmes conditions sur les biens mobiliers incorporés dans un autre bien mobilier lorsque leur récupération peut être effectuée sans dommage pour les biens eux-mêmes et le bien dans lequel ils sont incorporés. La revendication en nature peut également s'exercer sur des biens fongibles lorsque se trouvent entre les mains de l'acheteur des biens de même espèce et de même qualité.

COMMENTAIRE

I. REVENDICATION DES BIENS MEUBLES (AL. 1er)

L'ordonnance du 18 décembre 2008 a élargi la définition des biens pouvant faire l'objet d'une revendication, à deux égards.

D'une part, en lui donnant une portée générale : « les biens meubles remis à titre précaire » au débiteur, périmètre plus satisfaisant que celui des « marchandises consignées au débiteur, soit à titre de dépôt, soit pour être vendues pour le compte du propriétaire », et qui ôtera à la jurisprudence toute gêne qu'elle pouvait éprouver pour admettre la revendication au-delà des contours étroits (et dépassés) de l'ancien texte (V. notes 1 et 2).

D'autre part, en autorisant expressément la revendication par le bénéficiaire d'une fiducie, notamment mais pas seulement, d'une fiducie-sûreté (qui peut revendiquer les biens meubles « transférés dans un patrimoine fiduciaire dont le débiteur conserve l'usage ou la jouissance en qualité de constituant » ; en ce sens que, lorsqu'une même personne cumule les qualités de bénéficiaire et de fiduciaire, c'est en cette dernière qualité qu'elle doit présenter la demande en revendication, V. E. Le Corre-Broly, Les modifications apportées par l'ordonnance du 18 décembre 2008 en matière de revendications et de restitutions, *Gaz. Pal. 8-10 mars 2009, p. 48, n° 16*). Cette disposition conforte l'opposabilité aux tiers des fiducies-sûretés constituées, par exemple, sur des stocks (R. Dammann et G. Podeur, Fiducie et procédure de sauvegarde, un nouvel équilibre, *RLDA 2008, n° 27, p. 33*). Le cas échéant, la revendication ne pourra intervenir qu'après résiliation du contrat par lequel le débiteur avait conservé la jouissance des biens affectés en fiducie-sûreté. Étant précisé que ce droit de revendication est paralysé en cours d'exécution du plan de sauvegarde ou de redressement tant que le débiteur exécute ses engagements (V. art. L. 622-23-1). *A fortiori*, la revendication devrait donc être refusée par le juge-commissaire aussi, en cas de contestation (art. L. 624-17), probable si elle intervient en cours de période d'observation et s'agissant d'un bien objet d'une convention de mise à disposition. Si bien que cette revendication prospérera surtout après la résiliation ou le terme de cette convention (F. Barrière, La fiducie-sûreté, *JCP E 2009. 1808, n°* 40).

Cette précision législative est la bienvenue, en raison de l'incertitude qui régnait auparavant sur cette question. Pour certains auteurs, indépendamment de la question de la portée du registre national des fiducies prévu par la loi du 19 février 2007 (C. civ., art. 2020) et qui n'a été institué que par le décret n° 2010-219 du 2 mars 2010 (après que l'idée même eut semblé abandonnée : V. P. Dupichot, La fiducie-sûreté en pleine lumière, *JCP 2009. I. 132, n° 8*), le fiduciaire (ou, éventuellement en cas de liquidation judiciaire, le bénéficiaire de la fiducie, selon, semble-t-il, que la fiducie-sûreté a joué ou non, et donc selon les stipulations du contrat de fiducie : V. P.-M. Le Corre, Droit et pratique des procédures collectives, *Dalloz Action, 2023/2024, 633.514*) devait pouvoir revendiquer le bien meuble objet de la fiducie, en cas de procédure collective frappant le constituant, bien que ce dernier ait été, le cas échéant, laissé en possession, l'article 2276 du code civil ne pouvant dans cette situation être opposé au revendiquant en qualité de propriétaire (F.-X. Lucas, intervention à la journée d'études Dalloz du 30 mai 2007 ; sur la possibilité d'un maintien en possession du constituant, V. aussi Ph. Dupichot, Opérations fiducie sur le sol français, *JCP 2007, Actu. 121*). Il était de surcroît possible d'imaginer, avait-on ajouté, une publication de la fiducie au registre du commerce et des sociétés en application du droit commun (R. Dammann, Fiducie, les nouvelles opportunités, Table ronde, *Cah. dr. entr. 5-6/2007, p. 9, spéc. p. 16*). Cette opinion est cependant loin d'être partagée de tous (V., en faveur de l'inopposabilité : P. Crocq, Lacunes et limites de la loi au regard du droit des sûretés, *D. 2007. Chron. 1354*).

Mais le silence de la loi sur cette question créait une réelle insécurité juridique qui ne pouvait que freiner le recours à la fiducie-sûreté. Une intervention législative était donc souhaitable (V. R. Dammann et G. Podeur, Fiducie et sauvegarde : deux réformes complémentaires, *BJS 2008. 88* ; R. Dammann, G. Podeur et V. Roussel, Fiducie-sûreté : première expérience avec Bercy, *Les Échos, 14 févr. 2008, p. 15*).

II. REVENDICATION DU VENDEUR SOUS RÉSERVE DE PROPRIÉTÉ (AL. 2)

Les alinéas 2 et 3 de l'article L. 624-16 ont été réécrits par l'ordonnance du 23 mars 2006 relative aux sûretés à fin d'harmonisation de ce texte avec les dispositions, nouvellement introduites, mais à droit constant, par cette ordonnance, aux articles 2367 et suivants au code civil, consacrés à la « propriété retenue à titre de garantie ». La clause de réserve de propriété est désormais définie comme celle qui « suspend l'effet translatif d'un contrat jusqu'au complet paiement de l'obligation qui en constitue la contrepartie » (art. 2367). Plus particulièrement, la différence de rédaction entre l'ancien et le nouveau texte de l'alinéa 3 s'explique par la reprise des notions prévues aux articles 2369 et 2370 du code civil, s'agissant de la propriété réservée d'un bien fongible et de l'incorporation d'un meuble faisant l'objet d'une réserve de propriété à un autre bien, meuble ou immeuble (sur ce dernier point, pour une première application du critère de la « séparation sans dommage », V. Paris, 3ᵉ ch. B, 20 nov. 2008, *RG n° 2008/3836, D. actu. www.dalloz.fr*). On notera, à cet égard, que tant la définition donnée par l'article 2367 du code civil (qui vise le paiement de « l'obligation ») que la réécriture de l'article L. 624-16 (qui vise « le débiteur » – c'est-à-dire toute personne détenant le bien pour le compte du débiteur : J.-L. Vallens, Les modifications apportées par l'ordonnance sur les sûretés au droit des procédures collectives, *RLDA, juill. 2006. 75, spéc. 77* – et « l'obligation », et non plus « l'acheteur » et le « prix ») tiennent compte, dans une certaine mesure, de l'évolution jurisprudentielle qui avait étendu l'opposabilité à la procédure de la clause de réserve de propriété « quelle que soit la nature juridique du contrat dans lequel elle figure » (Com. 19 nov. 2003 : *cité note 19*), bien que, un peu maladroitement, la première phrase du nouvel alinéa 2 parle toujours de « biens vendus avec une clause de réserve de propriété » (J. Vallansan, *APC 2006, n° 80*). Mais que la réserve de propriété concerne tous les contrats translatifs est d'autant moins douteux que le code civil est lui-même dorénavant clairement en ce sens.

Plus étonnante a pu paraître la disparition de la dernière phrase de l'alinéa 2 ancien, issu de la loi du 1er juillet 1996, qui, en réaction à la jurisprudence antérieure, avait réglé le problème de la contradiction entre les conditions générales de vente et les conditions générales d'achat, en ces termes favorables au vendeur : « Nonobstant toute clause contraire, la clause de réserve de propriété est opposable à l'acheteur et aux autres créanciers, à moins que les parties n'aient convenu par écrit de l'écarter ou de la modifier ». Le Rapport au Président de la République est muet sur ce point. Il est donc normal de se demander si, désormais, la solution ne sera pas le retour à la jurisprudence antérieure à la loi de 1996, ce qui, non seulement affaiblit l'efficacité de la propriété retenue à titre de garantie (V. R. Dammann, La réforme des sûretés mobilières : une occasion manquée, *D. 2006. Chron. 1298, n° 12*), mais surtout crée une zone d'insécurité (V. note 30). Ce changement de cap législatif, dix ans plus tard, du reste vivement et logiquement salué par ceux qui avait critiqué la loi de 1996 (V., notamment, P. Crocq, La réserve de propriété, *JCP 2006, suppl. au n° 20, Étude 6, n° 18* ; *RDBF 2006 mai-juin, p. 68, n° 18*), peut cependant s'expliquer par la philosophie de l'ordonnance de 2006, qui procède des règles générales dorénavant fixées en la matière par le code civil, dont le nouvel article 2368 dispose que « la réserve de propriété est convenue par écrit ». Non sans quelques distorsions encore entre le code civil, muet sur la date de l'écrit, et le code de commerce qui prévoit toujours que la clause doit être stipulée au plus tard au moment de la livraison.

S'agissant de la revendication de biens incorporés dans un autre bien, il a été fait observer que, l'inventaire, établi en vertu de l'article R. 622-4, ne prévoyant pas expressément d'englober les biens détenus par d'autres que le débiteur, il appartient au créancier revendiquant d'établir la localisation du bien revendiqué en sus des autres conditions légales exigées (J.-L. Vallens, Les modifications apportées par l'ordonnance sur les sûretés au droit des procédures collectives, *RLDA juill. 2006. 75, spéc. 77*).

La retouche opérée, par la loi du 26 juillet 2005, au dernier alinéa de l'article L. 624-16 par rapport au texte de l'ancien article L. 621-122 constitue une adaptation à la nouvelle définition des créances de la procédure (V. art. L. 622-17). Par ailleurs, il est précisé que le pouvoir de décider du paiement immédiat pour dégager le bien de la clause de propriété, qui suppose une appréciation juridique délicate (et qui n'est pas exercé aussi fréquemment que le pouvoir de décider de continuer ou de résilier les contrats en cours), appartient au juge-commissaire plutôt qu'à l'administrateur. Ce choix du législateur apparaît cohérent, puisque le juge-commissaire pouvait déjà accorder des délais de paiement dans les mêmes cas.

Notons, pour finir, que par un arrêt de non-renvoi de question prioritaire de constitutionnalité, la Cour de cassation a jugé que le législateur n'était pas tenu, au regard du principe d'égalité, de priver du droit de revendiquer ses marchandises le fournisseur d'un débiteur en sauvegarde au seul motif que, dans une situation particulière, il détiendrait, sur le territoire national, le quasi-monopole de fait de la distribution en gros de ces marchandises (Com. 13 déc. 2011 : *cité note 4*). ❑

I. DOMAINE DE L'ART. L. 624-16, AL. 1er

BIBL. Brill-Venkatasamy, *RPC 1997. 397* (contrat de confié).

1. Jurisprudence antérieure à l'Ord. du 18 déc. 2008. Jugé que les dispositions prévues par l'art. 121 [C. com., art. L. 624-16], dérogatoires à celles de l'art. 115 [C. com., art. L. 624-9], propres aux marchandises consignées au débiteur soit à titre de dépôt, soit pour être vendues pour le compte du propriétaire, ou à celles vendues avec clause de réserve de propriété, ne peuvent être étendues à d'autres contrats (à propos d'un contrat de location). • Paris, 6 janv. 1995 : *D. 1996. Somm. 217, obs. crit. Pérochon* . ♦ Dans le même sens, pour un contrat d'entreprise, V. • Rouen, 8 juin 1995 : *RJDA 1996, n° 131.* ♦ V. aussi • Caen, 16 mars 1995 : *D. 1996. Somm. 220, obs. crit. Pérochon* (crédit-bail). ♦ Comp. : • Com. 2 mars

1999 : *cité note 9* (contrat d'entreprise). ♦ Comp. aussi, s'agissant de la revendication du prix de revente : note 2 ss. art. L. 624-18.

Sur l'action en revendication exercée par le dépositaire contre le sous-dépositaire, V. note 39 ss. art. L. 624-9.

Sur la revendication de pierres précieuses ouvrées, remises au débiteur en redressement judiciaire aux termes de « contrats de confiés », V. • Com. 6 juill. 1999, n° 97-10.302 P : *D. Affaires 1999. 1255, obs. A. L. ; LPA 6 janv. 2000, p. 12, note P. M. ; RTD com. 2000. 453, obs. Martin-Serf*. – Dans la même affaire, V. • Com. 28 sept. 2004 : *APC 2004, n° 232, obs. Vallansan* • 20 oct. 2009 : *RTD com. 2010. 425, obs. Martin-Serf ; RJDA 2010, n° 64 ; Gaz. Pal. 8-9 janv. 2010, p. 44, obs. Le Corre-Broly.*

Comp., visant désormais, de façon plus générale, « les biens meubles remis à titre précaire au débiteur » : art. L. 624-16, al. 1er, dans sa réd. issue de l'Ord. n° 2008-1345 du 18 déc. 2008.

2. La revendication ne pouvant s'exercer que sur des marchandises existant en nature, le prêt d'un stock d'or, qui porte sur des choses fongibles, ne peut donner lieu à revendication. • T. com. Paris, 7 déc. 1993 : *RJ com. 1995. 122, note X. Vincent.* ♦ En ce sens que si le prêteur qui s'est réservé la propriété des marchandises prêtées bénéficie d'un droit préférentiel au sens de l'art. 2037 [2314] C. civ., il ne commet aucune faute portant préjudice à la caution en s'abstenant d'exercer un recours contre la décision du juge-commissaire ayant rejeté sa requête en revendication en raison de l'impossibilité d'établir l'origine de propriété des marchandises retrouvées, V. • Com. 26 mai 1999, n° 96-14.371 P : *D. 1999. IR 161 ; D. Affaires 1999. 1077, obs. J. F.*

3. Créance de somme d'argent. Pour l'exclusion de l'action en revendication et l'obligation faite au créancier de déclarer sa créance, V. note 91 ss. art. L. 622-24.

4. Droit commun. Saisie, en raison de la revente des marchandises par la société acquéreur, d'une demande de revendication en nature fondée sur les dispositions de droit commun de l'art. 2276 C. civ. et non sur celles de l'art. L. 624-16 C. com., la cour d'appel doit rechercher, non pas si les marchandises se retrouvent en nature dans le patrimoine de la société sous-acquéreur, lors de l'ouverture de sa procédure collective, mais si cette société est entrée en leur possession de mauvaise foi. • Com. 17 nov. 2021, n° 20-14.420 B : *D. 2022. Pan. 1681, obs. Cagnoli ; RTD com. 2022. 381, obs. Martin-Serf ; RTD civ. 2022. 169, obs. Dross ; JCP E 2022. 1163, n° 14, obs. Tehrani ; LEDEN 12/2021. 5, obs. Houssin ; BJE 1-2/2022. 23, note Laroche ; APC 2022, n° 28, obs. Pérochon ; RJDA 2022, n° 101 ; RJ com. 2022. 196, obs. André.*

II. CLAUSES DE RÉSERVE DE PROPRIÉTÉ

5. Conformité à la DDH. Loin de porter atteinte au droit de propriété du créancier réservataire revendiquant [garanti par la Déclaration des droits de l'homme et du citoyen], les dispositions des art. L. 624-16, al. 2, et L. 624-18 lui en permettent l'exercice à l'encontre d'un sous-acquéreur, sans le priver, s'agissant de prouver un fait, d'aucun moyen d'information sur le sort de ses biens après livraison (non-renvoi de la QPC). • Com., QPC, 21 juin 2011, n° 11-40.032 : *D. 2011. Actu. 1814, obs. Lienhard ; Rev. sociétés 2011. 527, obs. Roussel Galle ; RTD com. 2011. 643, obs. Martin-Serf ; Banque et Dr. 7-8/2011. 38, obs. Jacob.* ♦ Le fournisseur d'un débiteur en sauvegarde ne saurait être privé du droit de revendiquer ses marchandises au seul motif que, dans une situation particulière, il détiendrait, sur le territoire national, le quasi-monopole de fait de la distribution en gros de ces marchandises (non-renvoi de la QPC relative à la contrariété des dispositions de l'art. L. 624-16 C. com. au principe d'égalité devant la loi et à la liberté d'entreprendre garantis par la DDH). • Com., QPC, 13 déc. 2011, n° 11-40.079 : *D. 2012. Actu. 88 ; RTD com. 2012. 616, obs. Martin-Serf ; RJDA 2012, n° 521.*

6. Nature de la clause de réserve de propriété. V. note 9 ss. art. L. 624-9.

7. Validité de la clause de réserve de propriété. Pour la validité d'une clause de réserve de propriété contenue dans les conditions générales d'une vente portant sur des machines à sous, V. • Com. 17 oct. 2018, n° 17-14.986 P : *D. 2018. Actu. 2086 ; Rev. sociétés 2019. 220, obs. Reille ; AJ contrat 2018. 524, obs. Delebecque ; APC 2018, n° 280, obs. Alleaume ; LEDEN 12/2018. 4, obs. Lafaurie ; BJE 1-2/2019. 25, note Laroche ; CCC 2019, n° 1, note Leveneur.*

A. BIENS POUVANT ÊTRE REVENDIQUÉS

BIBL. Pérochon, *LPA 14 sept. 1994* (biens fongibles). – Jenselme, *ibid., 14 sept. 1994, p. 98* (logiciels). – Vérignon, *JCP N 1995. I. 1037* (fonds de commerce). – Baudran, *RPC 2004. 5* (biens fongibles). – Pétel, *Mél. Tricot, Dalloz-Litec, 2011, p. 571* (choses fongibles). – Le Corre-Broly, *Gaz. Pal. 10 janv. 2017, p. 49* (biens fongibles).

8. Notion de marchandises. En ce sens que le texte ne distingue pas entre les biens d'équipement et les marchandises, V. déjà, sous l'empire de la loi de 1967, • Com. 13 mars 1985 : *JCP 1985. II. 20843, note Joly* • Aix-en-Provence, 13 oct. 1983 : *JCP E 1984. II. 14271, note Chaput. – Contra* : • Douai, 24 sept. 1987 : *Gaz. Pal. 1988. 1. 415, note Prouvost* • T. com. Grenoble, 15 janv. 1990 : *RPC 1991. 221, obs. Soinne.* ♦ Sur la revendication d'une plate-forme posée au sol, V. • Versailles, 10 nov. 1988 : *RPC 1989. 217, obs. Soinne.* ♦ ... D'une installation frigorifique, V. • T. com. Chartres, 16 oct. 1990 : *JCP E 1990. I. 20473.*

♦ ... D'une licence de débits de boisson, V. • Chambéry, 27 mai 1997 : *JCP 1998. IV. 2822.*

9. En ce sens que l'existence de droits incorporels sur les biens dont la propriété est réservée ne fait pas obstacle à leur revendication, V. • Com. 19 nov. 2003 : *cité note 19.* ♦ Il n'y a pas lieu d'exclure d'une demande en revendication des logiciels et progiciels, biens incorporels dont le support est un bien corporel. • Versailles, 30 juin 1994 : *D. 1994. IR 216 ; Gaz. Pal. 1995. 1. 44, note Breban.* ♦ V. aussi • Paris, 26 févr. 1999 : *Gaz. Pal. 2000. Somm. 905, obs. Sauvage.*

Dans sa rédaction issue de la L. n° 94-475 du 10 juin 1994, l'art. L. 621-122, al. 2, C. com. [et désormais l'art. L. 624-16, al. 2] vise la revendication des biens, et non plus des marchandises.

10. Individualisation (jurisprudence antérieure à la loi du 10 juin 1994). Sur le rejet de la revendication avant la modification de l'art. 121 de la loi du 25 janv. 1985 par la L. n° 94-475 du 10 juin 1994, au motif que les matériels avaient été incorporés au fonds immobilier et qu'ils n'existaient plus en nature, V. • Com. 6 janv. 1987, n° 85-16.577 P : *D. 1987. 242, note Prévault ; D. 1988. Somm. 10, obs. Derrida* (loi de 1967) • 2 mars 1999, n° 95-18.643 P : *D. 2000. Somm. 69, obs. Pérochon et Mainguy ; D. Affaires 1999. 597, obs. A. L. ; JCP 1999. II. 10180, note Cutajar ; JCP E 1999, n° 39, p. 1535, obs. Pétel ; RTD com. 1999. 751, obs. Martin-Serf ; RTD civ. 1999. 442, obs. Crocq ; APC 1999, n° 82, obs. Vallansan ; RTD civ. 2000. 866, obs. Revet ; RPC 2001. 24, obs. Soinne.* ♦ V. aussi, pour des matériels incorporés à une chaîne de montage de voitures, • Com. 6 juill. 1993, n° 90-21.711 P : *D. 1993. Somm. 293, obs. Pérochon.* ♦ ... Pour des commandes numériques intégrées à une machine, • Com. 24 mars 2004 : *JCP 2005. II. 10039, note De Badts. – Contra :* • Com. 4 janv. 2005 : *LPA 16 févr. 2006, p. 7, note Voisin.*

Dès lors que les éléments livrés étaient aisément démontables dans l'immeuble auquel ils n'avaient été fixés que pour remplir leur fonction industrielle ou commerciale et sans que leur adjonction ou suppression entraînât la dépréciation de cet immeuble, il pouvait être jugé que le matériel se retrouvait en nature. • Com. 17 mars 1998, n° 95-11.209 P : *D. Affaires 1998. 803, obs. V. A.-R.*

Sur le caractère fongible, mais toujours individualisé, de fuel, V. • Com. 3 juin 1986, n° 85-14.213 P : *D. 1988. Somm. 10, obs. Derrida* (loi de 1967). ♦ Pour des pneumatiques montés sur des véhicules, V. • Com. 18 juill. 1989, n° 88-13.395 P : *D. 1991. Somm. 45, obs. Pérochon* (loi de 1967). ♦ ... Pour un moteur de navire, V. • Com. 15 mars 1994, n° 91-14.375 P : *D. 1996. Somm. 219, obs. Pérochon ; JCP 1994. II. 22277, note Larroumet* • 11 mars 1997, n° 94-20.069 P : *D. 2000. Somm. 72, obs. Pérochon et Mainguy ; D. Affaires 1997. 510.* ♦ ... Pour du vin, V. • Bordeaux, 16 déc. 1993 : *JCP 1994. IV. 1424.* ♦ ... Pour une machine-outil incorporée à une chaîne d'assemblage automatique, V. • Com. 3 janv. 1995, n° 93-11.093 P : *D. 1996. Somm. 219, obs. Pérochon ; Rev. huiss. 1995. 452, note Courtier.* ♦ ... Pour un bras hydraulique vissé au châssis d'un camion, V. • Montpellier, 14 janv. 1997 : *RTD com. 2001. 24, obs. Soinne.*

Pouvait être revendiquée une marchandise qui, bien qu'incorporée à d'autres, restait néanmoins identifiable et dissociable de l'ensemble auquel elle avait été intégrée. • Com. 15 juill. 1987, n° 86-11.509 P : *JCP 1987. IV. 342* (loi de 1967) • Rennes, 12 févr. 1992 : *RPC 1993. 127, obs. Soinne* (immobilisation par nature). – V. aussi • Com. 6 mars 1990 : *D. 1991. Somm. 46, obs. Pérochon* • 10 juill. 1990, n° 89-13.091 P. • 5 oct. 1993, n° 91-18.362 P. • Paris, 30 avr. 1993 : *D. 1993. Somm. 291, obs. Pérochon* • Limoges, 13 déc. 1993 : *BICC 1994, n° 609* (installations téléphoniques). ♦ Ne se retrouvaient pas en nature des animaux de boucherie après abattage. • Com. 22 mars 1994, n° 92-11.223 P : *D. 1996. Somm. 219, obs. Pérochon* • 11 oct. 1994 : *RPC 1995. 206, obs. Soinne.* – Comp. : • Versailles, 7 juin 1990 : *D. 1991. Somm. 46, obs. Pérochon.* ♦ L'art. 121, al. 3, dans sa rédaction issue de la loi du 10 juin 1994, est applicable aux procédures ouvertes à compter du 1er oct. 1994. • Com. 15 févr. 2000, n° 97-11.670 P : *D. 2000. AJ 127, obs. Lienhard.*

V., désormais, art. L. 624-16, al. 3, et note 14 ci-dessous.

11. Lorsque des ventes successives de marchandises identiques ont été conclues entre les mêmes parties, fût-ce en exécution d'une convention exclusive d'approvisionnement, dont la violation n'est pas alléguée, et que l'acheteur est mis en redressement judiciaire sans avoir réglé la totalité des sommes dues au vendeur, la revendication exercée par celui-ci ne peut être accueillie que s'il est établi que les fournitures retrouvées en possession du débiteur sont celles dont il n'a pas réglé le prix. • Com. 5 oct. 1993, n° 91-18.179 P : *D. 1993. IR 234 ; CCC 1993, n° 208, note Leveneur.*

12. Il appartient au propriétaire revendiquant d'établir que la marchandise revendiquée se trouve, à l'ouverture de la procédure collective, en nature entre les mains du débiteur ; la condition d'existence en nature s'entend de la conservation de la marchandise dans son état initial. • Com. 11 juin 2014, n° 13-14.844 P : *D. 2014. Chron. C. cass. 2205, obs. Arbellot ; AJCA 2014. 230, obs. Voinot ; RTD com. 2014. 867, obs. Martin-Serf ; Gaz. Pal. 5-7 oct. 2014, p. 40, obs. Le Corre-Broly ; JCP E 2014. 1562, note Dammann et Gallo ; RPC 2014, n° 135, obs. Lebel ; RJDA 2014, n° 854 ; BJE 2014. 364, note Laroche.* ♦ Sur la charge de la preuve, V. déjà, en ce sens qu'elle pèse sur le revendiquant, • 15 déc. 1992, n° 90-19.980 P : *D. 1993. Somm. 289, obs. Pérochon* • 25 juin 2002 : *APC 2002, n° 195, obs. Vallansan* • Dijon, 8 févr. 1990 : *D. 1991. Somm. 46, obs. Pérochon.*

La preuve peut être rapportée par tous moyens, notamment par la production d'un état des stocks établi postérieurement au jugement d'ouverture. • Paris, 18 mars 1994 : *RJDA 1994, n° 863.* ♦ De même, l'absence d'un inventaire des marchandises établi par le commissaire-priseur désigné par l'administrateur ne fait pas obstacle à l'exercice de l'action en restitution dès lors que preuve est rapportée que les marchandises revendiquées avaient été livrées au débiteur très peu de temps avant le jugement d'ouverture et qu'il est constant que le débiteur a fait obstruction à l'accomplissement de la mission du commissaire-priseur. • Versailles, 17 sept. 1998 : *D. Affaires 1998. 1781 ; RTD civ. 1999. 885, obs. Crocq.* ♦ V. aussi • Com. 13 avr. 1999, n° 96-19.428 P : *D. 2000. Somm. 72, obs. Pérochon et Mainguy ; D. Affaires 1999. 833, obs. P. P. ; JCP E 1999, n° 39, p. 1534, obs. Cabrillac ; APC 1999, n° 135, obs. Monsèrié-Bon ; RPC 2001. 23, obs. Soinne* • 26 juin 2001 : *RJDA 2001, n° 1234.*

13. Pour la revendication, par des viticulteurs, de stocks de vins conservés par une coopérative, V. • Com. 11 juill. 2006, n° 05-13.103 P : *D. 2006. AJ 2462 ; APC 2006, n° 198, obs. Pérochon ; JCP E 2007, n° 1, p. 24, obs. Cabrillac ; Gaz. Pal. 5-6 janv. 2007, p. 26, note Goni ; RPC 2006. 362, obs. Monsèrié-Bon ; RTD com. 2007. 453, obs. Martin-Serf.*

14. N'est pas valable la convention instituant une présomption d'identité entre marchandises impayées et marchandises en stock (loi de 1967). • Com. 9 janv. 1990, n° 88-13.511 P : *D. 1991. 130, note Virassamy.*

15. Biens mobiliers incorporés (art. L. 624-16, al. 3). Le champ d'application de la revendication en cas de procédure collective est défini par l'art. L. 624-16, qui ne se réfère pas à la notion d'immobilisation par destination. • Com. 10 mars 2015 : *D. 2015. Actu. 677, obs. Lienhard ; Rev. sociétés 2015. 410, obs. Roussel Galle ; AJCA 2015. 222, obs. Voinot ; RTD com. 2015. 375, obs. Martin-Serf ; RTD civ. 2015. 443, obs. Crocq ; ibid. 648, obs. Dross ; APC 2015, n° 100, obs. Vallansan ; Gaz. Pal. 1er-5 mai 2015, p. 40, obs. Le Corre-Broly ; LEDEN 5/2015. 3, obs. Rubellin ; RJDA 2015, n° 448 ; Dr. et patr. 6/2015. 87, obs. Seube et Revet ; BJE 2015. 230, note Laroche.* ♦ Il appartient au revendiquant d'établir l'existence en nature des biens revendiqués dans le patrimoine du débiteur au jour de l'ouverture de la procédure collective et, par conséquent, que la séparation des biens mobiliers incorporés dans un autre bien peut s'effectuer sans dommage. • Même arrêt. ♦ Dès lors que le matériel revendiqué est identifiable et dissociable du plancher en béton sur lequel il a été fixé, que son démontage ne nécessite qu'une éventuelle remise en état de celui-ci, sans risque de dégradation pour les biens du débiteur, la séparation des biens peut s'effectuer sans qu'ils en subissent un dommage au sens de l'art. L. 624-16, al. 3. • Com. 2 nov. 2016, n° 14-18.898 P : *cité note 4 ss. art. R. 624-13 ; APC 2016, n° 289, obs. Vallansan ; LEDEN 12/2016. 4, obs. Rubellin ; Gaz. Pal. 10 janv. 2017, p. 74, obs. Le Corre-Broly ; Dr. et patr. 5/2017. 94, obs. Aynès.*

16. Biens fongibles. L'art. 121, al. 3 *in fine*, devenu l'art. L. 621-122 [L. 624-16], al. 3 *in fine*, C. com. énonce une règle de fond, attribuant au revendiquant la propriété des biens fongibles qui se trouvent entre les mains de l'acheteur dès lors que ceux-ci sont de même espèce et de même qualité que ceux qu'il a livrés. • Com. 5 mars 2002, n° 98-17.585 P : *D. 2002. AJ 1139, obs. Lienhard ; JCP E 2002, n° 39, p. 1525, obs. Cabrillac et Pételn; APC 2002, n° 115, obs. Mainguy ; Banque et Dr. 5-6/2002. 44, obs. Jacob ; RTD civ. 2002. 327, obs. Revet ; ibid. 339, obs. Crocq ; RTD com. 2002. 544, obs. Martin-Serf.* – Dans le même sens, V. • Com. 13 nov. 2002 : *JCP E 2003, n° 17-18, p. 764, note Forgues ; RTD com. 2003. 571, obs. Martin-Serf.* ♦ En ce sens que l'appréciation du caractère fongible des biens revendiqués relève du pouvoir souverain des juges du fond, V. • Com. 15 févr. 2000, n° 97-11.670 P : *D. 2000. AJ 127, obs. Lienhard ; RPC 2001. 21, obs. Soinne* • 5 mars 2002 : *préc.* • 15 mars 2005 : *D. 2005. AJ 1083, obs. Lienhard ; ibid. Pan. 2019, obs. F.-X. Lucas ; JCP E 2005, n° 36, p. 1426, obs. Cabrillac ; RTD com. 2005. 605, obs. Martin-Serf.* ♦ Des produits pharmaceutiques trouvés en nature dans les stocks d'une entreprise en redressement judiciaire constituent des biens fongibles dès lors qu'ils apparaissent interchangeables en raison notamment de leur identité, nature, origine, conditionnement et marque (recevabilité de l'action en revendication du vendeur de ces produits, bien qu'il ne fût pas le seul fournisseur de l'entreprise, l'autre fournisseur ayant été réglé et ne revendiquant pas la marchandise livrée). • Rouen, 4 avr. 1996 : *RJDA 1996, n° 1543.* – Dans le même sens, V. • Paris, 3e ch. B, 26 juin 1998 : *D. 2000. Somm. 69, obs. Pérochon et Mainguy ; D. Affaires 1998. 1401, obs. A. L. ; RTD com. 2000. 180, obs. Martin-Serf ; RPC 2001. 21, obs. Soinne* • Lyon, 5 nov. 1999 : *JCP E 2001, n° 5, p. 221, obs. Pételn; RTD com. 2000. 1014, obs. Martin-Serf* (à propos de médicaments) • Paris, 3e ch. A, 22 mars 2005 : *Gaz. Pal. 6-7 juill. 2005, p. 45, obs. Le Corre-Broly ; RTD com. 2005. 605, obs. Martin-Serf.* ♦ Dès lors que le caractère fongible des biens revendiqués (médicaments et produits pharmaceutiques) n'est pas contesté, il n'y a pas lieu de prendre en considération l'argument selon lequel la rotation rapide des stocks exclurait que les marchandises retrouvées en nature chez le débiteur soient celles mêmes vendues avec une clause de réserve de propriété. • Paris, 3e ch. C, 3 avr. 1998 : *D. 2000. Somm. 69, obs. Pérochon et Mainguy ; D. Affaires 1998, p. 845, obs. A. L. ; RJDA 1998, n° 1017 ; RTD civ. 1998. 709, obs. Bandrac et Crocq ; RTD com. 2000. 180, obs. Martin-Serf*, conf. par • Com. 5 mars 2002 : *préc.* – V. aussi • Paris, 3e ch. B, 22 janv. 1999 : *D.*

Affaires 1999. 340, obs. A. L. ♦ *Contra*, jugeant que les biens fongibles, au sens de l'art. 121, al. 3 [C. com., art. L. 624-16], étant ceux qui sont juridiquement considérés comme interchangeables, identiques les uns aux autres, et non individualisés, des médicaments ou des produits pharmaceutiques conditionnés sous emballages portant une ou plusieurs indications permettant de les individualiser et n'étant pas interchangeables ne sont donc pas des biens fongibles : • Paris, 3e ch. C, 12 mai 2000 : *D. 2000. AJ 329, obs. Lienhard* ; *JCP E 2001, n° 5, p. 221, obs. Pétel* ; *RTD com. 2000. 1014, obs. Martin-Serf* ; *RPC 2001. 21, obs. Soinne* • T. com. Nantes, 10 févr. 2016 : *BJE 2016. 177, note Laroche.* ♦ Le principe de fongibilité ne peut s'appliquer que pour un médicament d'un même lot ayant la même date de fabrication. • T. com. Nice, 13 sept. 2019 : *LEDEN 10/2019. 4, obs. Minet.* ♦ Sur la question de la fongibilité des produits pharmaceutiques, V. aussi Marly, note ss. • Com. 15 mars 2005 : *D. 2005. 1718*. ♦ Il est indifférent que l'apposition d'un numéro de série sur un appareil électrique ou électronique soit imposée par la réglementation relative à la comptabilité électromagnétique desdits équipements, dès lors que cette individualisation de chaque appareil empêche son interchangeabilité parfaite avec un autre appareil de même modèle et de même type. • Paris, 6 mai 2010 : *RPC 2010, n° 175, obs. Roussel Galle* ; *Gaz. Pal. 15-16 oct. 2010, p. 37, obs. Pérochon* ; *RJDA 2010, n° 1096.* ♦ En ce sens que des bijoux de fantaisie fabriqués en série n'ont pas le caractère de biens fongibles, V. • Com. 15 févr. 2000 : *préc.* ♦ Constituent des biens fongibles des petits moteurs destinés, non à un seul usage, mais à équiper différents systèmes de fermeture de bâtiment, l'indication d'un numéro de série ne leur ayant pas fait perdre leur caractère fongible par famille. • Orléans, 11 mars 2004 : *RJDA 2004, n° 867.* ♦ Sur le caractère fongible de l'électroménager et de la hi-fi vidéo (dans l'hypothèse où le revendiquant établissait qu'il était le distributeur exclusif des marques des marchandises revendiquées), V. • Douai, 16 déc. 1999 : *RPC 2001. 21, obs. Soinne.*

Pour l'inefficacité d'une « clause de fongibilité contractuelle » stipulant que « le client reconnaît expressément le caractère fongible des marchandises vendues sous clause de réserve de propriété, nonobstant leur éventuelle individualisation », V. • Rennes, 23 oct. 2018, n° 16/02091 : *LEDEN 4/2019. 1, obs. F.-X. Lucas.*

17. Biens détenus par un tiers. Le bien revendiqué doit exister en nature dans le patrimoine de la personne morale débitrice, qu'elle le détienne dans ses locaux ou qu'il soit détenu par son représentant légal dans d'autres lieux. • Com. 10 mai 2012, n° 11-17.626 : *D. 2012. Chron. C. cass. 2553, obs. Guillou* ; *ibid. Actu. 1326, obs. Lienhard* ; *RTD com. 2013. 143, obs. Martin-Serf* ; *JCP E 2012. 1508, n° 6, obs. Pétel* ; *LEDEN 6/2012. 2, obs. Borga* ; *BJE 2012. 216, note Le Mesle* ; *Gaz. Pal. 3-4 août 2012, p. 32, obs. Le Corre-Broly* ; *RJDA 2012, n° 882* ; *RJ com. sept.-oct. 2012. 51, note Sortais* ; *RPC 2013, n° 133, obs. Monsèrié-Bon.* ♦ V. déjà, en ce sens, • Com. 3 déc. 1996, n° 94-21.227 P : *Rev. dr. bancaire 1997. 37, obs. Campana et Calendini* ; *JCP E 1997. I. 651, n° 16, obs. Cabrillac.* ♦ En l'état de cette carence probatoire, il est indifférent que les tiers se trouvant en possession des biens litigieux soient des sociétés du groupe dont la société débitrice faisait partie et ayant le même représentant légal. • Com. 8 mars 2017, n° 15-18.614 : *BJE 2017. 280, note Laroche.* ♦ Pour l'impossibilité de revendiquer des marchandises ayant fait l'objet d'une revente, dès lors qu'elles ne se trouvent plus, du seul fait de cette revente, en nature dans le patrimoine du débiteur, V. • Com. 3 nov. 2015, n° 13-26.811 P : *cité note 6 ss. art. L. 624-18.*

18. Marchandises sinistrées. En cas de perte des biens livrés sous le bénéfice d'une clause de réserve de propriété, l'indemnité d'assurance, subrogée aux biens dont le vendeur était demeuré propriétaire, n'entre pas dans le patrimoine de l'acheteur, de sorte que l'action engagée contre l'assureur rend sans objet une revendication dans les conditions de l'art. 115 [C. com., art. L. 624-9]. • Com. 22 avr. 1997, n° 93-10.114 P : *D. 1997. IR 126* ; *D. Affaires 1997. 736* ; *JCP E 1997. I. 681, n° 12, obs. Cabrillac* ; *RTD com. 1998. 421, obs. Martin-Serf* ; *RPC 2001. 29, obs. Soinne.* ♦ Sur la revendication de l'indemnité d'assurance, V. art. L. 624-18.

B. CLAUSE STIPULÉE DANS UN CONTRAT D'ENTREPRISE

19. L'action en revendication des biens dont la propriété est réservée en application d'une clause contractuelle peut être exercée quelle que soit la nature juridique du contrat dans lequel elle figure. • Com. 19 nov. 2003, n° 01-01.137 P : *D. 2003. AJ 3049, obs. Lienhard* ; *D. 2004. 801, note A. Lucas et F.-X. Lucas* ; *JCP E 2004, n° 22, p. 860, obs. Cabrillac* ; *APC 2004, n° 20, obs. Alleaume* ; *LPA 19 févr. 2004, p. 9, note Lécuyer* ; *RTD com. 2004. 599, obs. Martin-Serf* ; *RPC 2004. 379, obs. Monsèrié-Bon.* ♦ V. déjà, pour un arrêt admettant implicitement l'application des dispositions de l'art. 121 [C. com., art. L. 624-16] à la clause de réserve de propriété stipulée dans un contrat d'entreprise, • Com. 2 mars 1999 : *préc. note 10.*

C. ACCEPTATION DE LA CLAUSE

1° NÉCESSITÉ D'UNE ADHÉSION NON ÉQUIVOQUE

20. Critères de l'adhésion. S'il n'est pas nécessaire qu'un écrit soit spécialement établi pour constater une clause de réserve de propriété, et s'il n'est pas davantage exigé que l'acceptation de celle-ci soit également donnée par écrit, il faut néanmoins que l'adhésion de l'acheteur à cette clause soit certaine et non équivoque. • Paris, 18 déc. 1990 : *D. 1991. IR 18.*

21. Il résulte des dispositions de l'art. L. 624-16, al. 2, C. com. rendues applicables à la liquidation judiciaire par l'art. L. 641-14, al. 1er, du même code, que, à défaut d'écrit régissant un ensemble d'opérations commerciales convenues entre les parties, l'acceptation par le débiteur de la clause de réserve de propriété s'apprécie pour chaque vente objet de celle-ci au plus tard à la date de la livraison, cette acceptation pouvant, suivant les circonstances, être déduite de l'existence de relations d'affaires et de la réception par le débiteur, dans le courant de ces relations, de factures antérieures comportant la clause litigieuse, sans protestation de sa part. • Com. 31 janv. 2012, n° 10-28.407 P : *D. 2012. Actu. 432, obs. Lienhard ; ibid. Pan. 2200, obs. F.-X. Lucas ; RTD com. 2012. 617, obs. Martin-Serf ; DP diff. entr., Bull. n° 334, obs. Rémery ; LEDEN 3/2012. 4, obs. Juillet ; RJDA 2012, n° 423 ; APC 2012, n° 75, obs. Thiberge ; Gaz. Pal. 27-28 avr. 2012, p. 35, obs. Pérochon ; BJE 2012. 158, note Laroche ; LPA 15 juin 2012, p. 16, obs. Reille ; RJ com. sept.-oct. 2012. 47, note Sortais ; RPC 2013, n° 132, obs. Monsèrié-Bon.*

22. Le débiteur en liquidation judiciaire ayant accepté le devis établi par le fournisseur faisant expressément référence à une clause de réserve de propriété, la clause remplit les conditions pour être opposable à la procédure collective, dès lors que, stipulée par écrit par le vendeur et adressée à l'acheteur, elle a été acceptée par ce dernier par l'exécution du contrat en connaissance de cause. • Com. 6 juin 1989, n° 87-19.659 P. • 13 juin 1989, n° 88-11.951 P (clause figurant au recto et au verso des accusés de réception de la commande) • Paris, 30 avr. 1998 : *RPC 2001. 15, obs. Soinne* (clause figurant dans tous les documents contractuels, en bas de page) • 11 janv. 2000 : *RJDA 2000, n° 575* (clause figurant au recto des confirmations de commandes et des factures). ♦ Comp. : • Com. 17 janv. 1995 : *Rev. huiss. 1995. 484 ; RPC 1995. 194, obs. Soinne* (clause figurant exclusivement au verso des bons de commande, considérée comme valable) • 17 mars 1998 : *préc. note 10* (même cas de figure). ♦ Comp. aussi, décidant que la mention au verso n'implique pas que la clause ait été ignorée de l'acquéreur : • Com. 13 oct. 1998 : *D. 2000. Somm. 65, obs. Pérochon et Mainguy ; APC 1998, n° 151 ; RJDA 1998, n° 1391 ; RPC 2001. 16, obs. Soinne.*

23. N'a pas été acceptée tacitement, malgré l'absence de réaction de l'acheteur, une clause rédigée en petits caractères sans intervalles significatifs. • Rennes, 2 nov. 1988 : *RPC 1989. 215, obs. Soinne.* ♦ V. aussi • Com. 14 juin 1994 : *Rev. huiss. 1994. 1287* (clause noyée au milieu des autres conditions générales, au verso des bons de livraison et factures, sans mention en caractères gras au recto) • 11 juill. 1995 : *RPC 1995. 470, obs. Soinne* (même solution) • Paris, 12 sept. 1997 : *D. 2000. Somm. 65, obs. Pérochon et Mainguy ; D. Affaires 1997. 1260 ; RPC 2001. 15, obs. Soinne* (clause peu lisible mais figurant au recto) • Versailles, 20 nov. 1997 : *RJDA 1998, n° 196* • Pau, 29 juill. 1999 : *Cah. jurispr. Aquitaine 2000. 95* (mention « réserve de propriété » figurant sur un bon de livraison non signé par l'acheteur ou l'un de ses préposés) • Versailles, 20 janv. 2000 : *RJDA 2000, n° 575* (clause figurant sur une facture non visée par l'acheteur, immédiatement à la suite de la liste des marchandises vendues, en bas de page et en caractères identiques à ceux utilisés pour désigner ces marchandises).

24. Sur l'inopposabilité d'une clause rédigée en langue étrangère, V. • Douai, 4 mars 1999 : *RPC 2001. 15, obs. Soinne.* ♦ Comp., en cas de relations suivies avec un fournisseur étranger : • Metz, 30 mai 1996 : *ibid.* ♦ Sur l'opposabilité d'une clause rédigée en langue étrangère, en vertu de la circ. du 19 mars 1996 portant application de la loi du 4 août 1994, V. Soinne, *RPC 1997. 206.*

25. Acceptation par la signature d'un préposé. L'opposabilité à l'acheteur d'une clause de réserve de propriété n'étant pas subordonnée à l'existence d'une acceptation écrite de sa part, dès lors que cette clause, stipulée par écrit par le vendeur et adressée à l'acheteur, avait été acceptée par celui-ci par l'exécution du contrat en connaissance de cause, il n'est pas nécessaire de rechercher si tel salarié de l'acheteur avait qualité pour apposer sa signature sous la clause de réserve de propriété. • Com. 11 juill. 1995, n° 93-10.385 P : *D. 1996. Somm. 211, obs. Pérochon ; JCP E 1995. I. 513, n° 13, obs. Pétel.*

26. Clause contenue dans un contrat-cadre. Avant la loi du 10 juin 1994, en cas de ventes de marchandises effectuées en application d'un contrat d'approvisionnement, il fallait que, pour chacune des ventes prises isolément, la clause de réserve de propriété fût convenue entre les parties dans un écrit adressé à l'acheteur au plus tard au moment de la livraison. • Com. 17 mars 1992 : *D. 1993. Somm. 290, obs. Pérochon ; RJDA 1992, n° 517.* – V. aussi • Com. 13 avr. 1999, n° 96-19.428 P : *D. 2000. Somm. 65, obs. Pérochon et Mainguy ; D. Affaires 1999. 833, obs. P. P. ; APC 1999, n° 135, obs. Monsèrié-Bon.* ♦ De même, lors de ventes successives et autonomes de marchandises, la clause de réserve de propriété n'était opposable à la procédure que si, pour chacune de ces ventes prises isolément, la clause, stipulée par écrit et adressée à l'acheteur, avait été acceptée par ce dernier par l'exécution du contrat en connaissance de cause. • Com. 3 nov. 1992 (2 arrêts), n° 90-17.949 P : *D. 1993. Somm. 287 et 290, obs. Pérochon* • 29 mai 2001 : *D. 2001. AJ 2032.* ♦ Cette acceptation ne pouvait être déduite, par conséquent, ni de l'insertion de la clause dans les conditions générales de vente jointes aux catalogues envoyés à l'acheteur, ou de la production d'une lettre-circulaire, ni de l'existence entre l'acheteur et le vendeur de ventes antérieures avec réserve de propriété. • Mêmes arrêts.

27. Dans sa rédaction issue de la L. n° 94-475 du 10 juin 1994, l'art. L. 621-122, al. 2, [et désormais l'art. L. 624-16, al. 2] dispose que la clause de réserve de propriété peut figurer dans un écrit régissant un ensemble d'opérations commerciales convenues entre les parties. ♦ V. aussi note 21.

28. Preuve de l'acceptation. L'appréciation de la preuve de l'acceptation ressortit au pouvoir souverain des juges du fond. V. • Com. 6 mars 1990, n° 88-20.409 P.

29. L'ordonnance du juge-commissaire qui autorise le liquidateur à vendre des marchandises de gré à gré à condition que soit stipulée une clause de réserve de propriété ne dispense pas le liquidateur d'établir l'écrit exigé par l'art. 121 [C. com., art. L. 624-16]. • Com. 16 oct. 1990, n° 89-14.189 P : *JCP E 1991. I. 44, n° 5, obs. Pétel.*

2° PORTÉE DU REFUS DE LA CLAUSE PAR L'ACHETEUR

BIBL. D. Boccara, *D. Affaires 1997. 1101.* – Voinot, *D. 1997. Chron. 312* .

Jurisprudence antérieure à la loi du 1er juill. 1996.

30. Avant la loi du 1er juill. 1996, si une clause de réserve de propriété pouvait être acceptée tacitement, un refus formel de l'application de la clause par l'acheteur dès avant la livraison excluait une telle acceptation, et le juge n'avait pas, dès lors, à rechercher les circonstances postérieures à l'exécution du contrat qui n'emportaient pas rétractation de ce refus. • Com. 11 mai 1993, n° 90-19.283 P : *D. 1993. Somm. 287, obs. Pérochon* . – V. aussi • Com. 10 déc. 1991, n° 90-11.608 P : *D. 1993, préc.*

L'exécution de la vente par l'acheteur n'impliquait pas l'abandon de ses conditions générales d'achat, de sorte qu'en cas de cessions successives, ne pouvait lui être opposée une clause de réserve de propriété figurant sur les seuls documents d'accusé de réception du vendeur, alors que la vente faite purement et simplement opérait transfert immédiat et inconditionnel de la propriété. • Com. 12 juill. 1994, n° 92-11.338 P : *D. 1996. Somm. 212, obs. Pérochon ; JCP E 1994. Pan. 1220.* ♦ De même, les conditions générales de vente et les conditions générales d'achat de sociétés étant contradictoires, et le vendeur ayant signé un document matérialisant son adhésion aux conditions financières de l'acheteur, la signature par ce dernier des bons de livraison ou l'apposition sur ces bons de son cachet ne pouvait valoir acceptation tacite et univoque de la clause de réserve de propriété invoquée par le vendeur, le refus antérieurement exprimé ne pouvant être rétracté que par une acceptation expresse. • Com. 25 oct. 1994, n° 92-21.807 P : *D. 1996. Somm. 212, obs. Pérochon ; JCP E 1996. II. 779, note Vallansan.* – V. aussi • Paris, 20 juin 1990 : *D. 1991. Somm. 41, obs. Pérochon* ,conf. par • Com. 11 mai 1993 : *cité note 45* • 3 déc. 1996, n° 94-21.796 P : *Dr. sociétés 1997, n° 10, obs. Chaput ; Rev. dr. bancaire 1997. 37, obs. Campana et Calendini.*

L'acceptation par le fournisseur du refus par l'acheteur de toute réserve de propriété n'était pas nécessaire pour donner effet à ce refus. • Com. 11 juill. 1995, n° 93-10.102 P : *D. 1996. Somm. 212, obs. Pérochon ; JCP 1996. II. 22583, note Mainguy ; JCP E 1996. II. 779, note Vallansan ; Rev. huiss. 1995. 1217, note Vidal.* ♦ La clause par laquelle l'acheteur refusait toute réserve de propriété s'imposant au fournisseur du seul fait qu'elle était portée à sa connaissance, ce fournisseur ne pouvait invoquer le bénéfice d'une clause de réserve de propriété, dans les conditions énoncées par l'art. 121, qu'en démontrant que l'acheteur avait renoncé à ce refus avant la livraison. • Com. 11 juill. 1995, n° 93-10.570 P : *D. 1996. Somm. 212, obs. Pérochon ; D. Affaires 1995. 68 ; JCP, préc. ; JCP E, préc. ; Rev. huiss. 1995. 1219, note Vidal.*

La L. n° 96-588 du 1er juill. 1996 (art. 19) a modifié l'art. 121, al. 2, devenu l'art. L. 621-122, al. 2, C. com., en rendant, nonobstant toute clause contraire, la clause de réserve de propriété opposable à l'acheteur et aux autres créanciers, à moins que les parties n'aient convenu par écrit de l'écarter ou de la modifier. ♦ L'art. 19 de la L. n° 96-588 du 1er juill. 1996, qui n'a pas de caractère interprétatif, n'est pas applicable à la revendication introduite dans une procédure ouverte avant l'entrée en vigueur de ce texte. • Com. 2 oct. 2001, n° 98-19.681 P : *D. 2001. AJ 3044, obs. Lienhard ; APC 2001, n° 249, obs. Vallansan ; RTD com. 2002. 162, obs. Martin-Serf* • 11 déc. 2001 : *APC 2002, n° 48, obs. Regnaut-Moutier.*

En vertu de l'art. L. 621-122 C. com., dans sa réd. issue de la loi du 1er juill. 1996, la clause d'exclusion de réserve de propriété étant privée d'effet dès lors qu'elle n'est pas formellement acceptée par le vendeur, la seule mention de cette clause d'exclusion dans les conditions générales d'achat ne fait pas obstacle à ce que la preuve de l'acceptation de la clause de réserve de propriété par l'acheteur résulte de l'exécution du contrat en connaissance de cause. • Versailles, 28 oct. 2004 : *D. 2005. AJ 79* .

Comp., désormais : art. L. 624-16, al. 2, dans sa réd. issue de l'Ord. n° 2006-346 du 23 mars 2006.

D. EFFICACITÉ DE LA CLAUSE

31. Conflit entre vendeurs sous réserve de propriété. Lorsque plusieurs vendeurs avec réserve de propriété revendiquent, dans le délai de trois mois prévu par l'art. L. 624-9 C. com., les mêmes biens, ceux-ci doivent leur être restitués à proportion de la quantité livrée par chacun d'eux et restant impayée à la date de l'ouverture ; il en résulte que, si l'administrateur judiciaire peut, conformément à l'art. L. 624-17 C. com., acquiescer à de telles demandes de revendication, il ne peut procéder à la restitution des biens avant l'expiration du délai de revendication. • Com. 29 nov. 2016, n° 15-12.350 P : *D. 2016. Actu. 2462, obs. Lienhard ; D. 2017. Pan. 1798, obs. Reboul-Maupin ; Rev. sociétés 2017. 180, obs. Roussel Galle ; AJ contrat 2017. 90, obs. Kilgus ; RTD civ. 2017. 200, obs. Crocq ; RTD com. 2017. 192, obs. Martin-Serf ; JCP E 2017. 1134, note Lebel ; ibid. 1164, n° 12, obs. Pétel ; LEDEN 1/2017. 1, obs. F.-X. Lucas ; APC 2017, n° 19, obs. Pérochon ; Gaz. Pal. 10 janv. 2017, p. 75, obs. Le Corre-Broly ; RJDA 2017, n° 100 ; BJE 2017. 110, note Laroche ; Dr. et patr. 5/2017. 94, obs. Aynès.*

32. Conflit avec un créancier hypothécaire. Un moteur de navire, dont la vente a été assortie d'une clause de réserve de propriété, peut, dès lors qu'il se retrouve en nature sur le navire et qu'il demeure identifiable et dissociable, être revendiqué par le vendeur impayé, malgré la constitution régulière d'une hypothèque maritime sur le navire, et quoique cette hypothèque, en application de l'art. 46 de la L. n° 67-5 du 3 janv. 1967, s'étende à tous les accessoires, machine, agrès et apparaux, dès lors que, n'ayant pas cessé d'être propriété d'un tiers, ce bien n'est pas juridiquement de nature à entrer dans le champ de l'hypothèque. • Com. 15 mars 1994 : *préc. note 10.*

33. Cumul d'une sûreté et d'une clause de réserve de propriété. Les dispositions des art. 121 et 122 [C. com., art. L. 624-16 et L. 624-18] ne distinguent pas selon que le vendeur ou celui qui lui est subrogé, peut, ou non, bénéficier de sûretés spéciales et n'excluent pas le droit pour celui-ci d'invoquer une clause de réserve de propriété plutôt qu'un droit de gage. • Com. 5 oct. 1993, n° 91-14.194 P : *D. 1993. IR 234.* ♦ La subrogation conventionnelle du prêteur dans les droits et actions du vendeur titulaire d'une clause de réserve entraîne le transfert de cette clause au profit du subrogé qui peut la mettre en œuvre nonobstant l'existence d'un gage souscrit à son profit. • Limoges, 27 févr. 1995 : *RPC 1997. 202, obs. Soinne.*

De même, l'existence du privilège de vendeur d'immeuble n'exclut pas le droit pour le vendeur d'invoquer la clause de réserve de propriété stipulée dans l'acte de vente, même si ce privilège a été publié. • Com. 28 sept. 2004, n° 03-10.332 P : *D. 2005. Pan. 299, obs. Le Corre ; ibid. 2081, obs. Crocq ; JCP E 2005, n° 1-2, p. 31, obs. Cabrillac ; Defrénois 2005. 517, obs. S. Piedelièvre.*

34. Bien déjà en possession de l'acquéreur. Il résulte de l'art. L. 624-16 C. com., ensemble l'art. 1606 C. civ., que la délivrance d'un meuble s'opère par le seul consentement des parties, si l'acheteur l'avait déjà en son pouvoir à un autre titre ; qu'en ce cas, la clause de réserve de propriété affectant ce bien doit, pour être opposable aux tiers, avoir été convenue dans le contrat de vente. • Com. 3 juill. 2012, n° 11-20.425 P : *D. 2012. Chron. C. cass. 2553, obs. Guillou ; ibid. Actu. 1815, obs. Lienhard ; RTD civ. 2012. 557, obs. Crocq ; RTD com. 2013. 143, obs. Martin-Serf ; JCP E 2012. 1757, n° 16, obs. Pétel ; BJE 2012. 291, note Laroche ; APC 2012, n° 212, obs. Petit ; Gaz. Pal. 12-13 oct. 2012, p. 31, obs. Pérochon ; Banque et Dr. 9-10/2012. 58, obs. Netter ; RJDA 2012, n° 1096 ; RPC 2013, n° 132, obs. Monsèrié-Bon.*

35. Restitutions. La créance du vendeur, qui a revendiqué dans la procédure collective des marchandises vendues avec clause de réserve de propriété et retrouvé le droit d'en disposer, est éteinte à concurrence de la valeur des marchandises reprises. Si cette valeur excède le solde du prix resté dû lors de l'exercice de l'action, le vendeur doit restituer à l'acheteur la somme reçue en excédent. • Com. 5 mars 1996, n° 93-12.818 P : *D. 1996. Somm. 222, obs. Pérochon ; D. Affaires 1996. 487 ; JCP E 1996. I. 584, n° 11, obs. Cabrillac.* – V. aussi • Bordeaux, 27 févr. 1990 : *D. 1991. 191, note Pérochon* • Rennes, 17 mars 1999 : *JCP 2000. IV. 2344.* ♦ Dès lors que la valeur des biens restitués n'excède pas le solde du prix restant dû, lequel doit s'entendre de la fraction du prix convenu entre les parties demeurée impayée, indépendamment d'une déclaration de créance y correspondant totalement ou partiellement, aucune somme n'est due par la société bénéficiaire de la clause de réserve de propriété. • Com. 1er avr. 2008, n° 07-11.726 P : *D. 2008. AJ 1142 ; ibid. Pan. 2110, obs. Crocq ; APC 2008, n° 140, obs. Blanc ; JCP E 2008. 2062, n° 12, obs. Cabrillac ; Gaz. Pal. 27-29 juill. 2008, p. 61, obs. Pérochon ; RTD com. 2008. 623, obs. Martin-Serf .* ♦ Lorsque le vendeur réservataire de la propriété a pu, après sa revendication, revendre les marchandises, le montant de sa créance résulte de la différence entre le prix de la vente initiale et le prix de revente qu'il a obtenu d'un nouvel acquéreur. • Paris, 11 janv. 1994 : *D. 1996. Somm. 222, obs. Pérochon ; RJ com. 1995. 205, obs. X. Vincent.*

L'action en revendication d'un bien vendu avec clause de réserve de propriété n'est pas une action en résolution de la vente et le prêteur, subrogé dans la sûreté que constitue la propriété réservée, n'est tenu de restituer les sommes qu'il a reçues en exécution du contrat de prêt que dans la mesure où la valeur du bien restitué excède le montant des sommes qui lui restent dues. • Com. 23 janv. 2001, n° 97-21.660 P : *D. 2001. AJ 702, obs. Lienhard ; APC 2001, n° 52, obs. Regnaut-Moutier ; JCP E 2001, n° 18, p. 755, obs. Cabrillac ; Dr. sociétés 2001, n° 63, obs. Chaput ; RDBF 2001, n° 62, obs. Cerles ; RTD com. 2001. 518, obs.*

Martin-Serf ; *RJ com. 2001. 280, note Haennig* • 8 janv. 2002 : *RJDA 2002, nº 549.*

Sur la question de la personne (acheteur ou prêteur) à qui le vendeur doit restitution, V. • Bordeaux, 27 févr. 1990 : *préc.*

36. En cas de transmission de la créance par subrogation dans les droits du vendeur, le créancier subrogeant n'a pas l'obligation de restituer les acomptes perçus par le vendeur. • Com. 9 mai 1995 : *RPC 1995. 487, obs. Soinne.* – V. aussi : • Douai, 12 oct. 1995 : *RPC 1997. 343, obs. Soinne.* ♦ *Contra* : • Rennes, 26 avr. 1995 : *ibid.*

37. Défaut d'exigibilité de la créance. La mise en œuvre de l'action en revendication exercée par un créancier, ou son subrogé, sur le fondement de l'art. L. 624-16, n'est pas subordonnée à l'exigibilité de la créance dont la clause de réserve de propriété est l'accessoire, mais uniquement à son existence. • Com. 20 avr. 2017, nº 15-20.619 : *RTD civ. 2017. 708, obs. Crocq* .

38. Effets de la déclaration de créance. V. note 28 ss. art. L. 624-9. ♦ Le vendeur conserve la faculté de produire au passif de la procédure collective pour être rempli de l'intégralité de ses droits. • Com. 1er oct. 1985, nº 84-12.015 P : *D. 1986. IR 48* (loi de 1967). ♦ Le fait, pour le vendeur, de demander à l'acheteur le paiement de la marchandise ne constitue pas une renonciation au bénéfice de la clause de réserve de propriété, laquelle ne peut jouer que dans la mesure où le paiement n'est pas effectué par l'acheteur. • Versailles, 22 févr. 1990 : *D. 1991. Somm. 43, obs. Pérochon* .

39. Le vendeur qui a déclaré sa créance de dommages-intérêts peut demander au juge-commissaire de la compenser avec sa dette de restitution d'acomptes. • T. com. Senlis, 4 févr. 1988 : *RPC 1988. 303, obs. Soinne* • Rennes, 21 juin 1989 : *ibid. 1991. 238, obs. Soinne.*

40. Exception de non-conformité. Sur l'inopposabilité par l'acheteur d'une exception fondée sur la non-conformité de la marchandise, V. • Com. 12 févr. 1991, nº 89-19.314 P : *D. 1993. Somm. 288, obs. Pérochon* ; *Gaz. Pal. 1992. 1. 86, note Cressard.*

41. Marchandises sinistrées. V. note 18.

42. Vente des marchandises couvertes par une clause. BIBL. Crocq, *Mél. AEDBF-France III, Banque éditeur, 2001, p. 109.* ♦ Tant que le délai de revendication n'est pas expiré, le liquidateur ne peut procéder à des réalisations d'actifs portant sur des biens objets d'une clause de réserve de propriété dont il connaît l'existence sans l'accord du vendeur. Par conséquent, doit être accueillie l'action en responsabilité contre le liquidateur, formée par le créancier qui n'avait reçu du fait de la revente prématurée des biens, qu'un prix moindre que le solde restant dû. • Com. 5 déc. 1995, nº 93-21.339 P : *D. 1996. Somm. 224, obs. Pérochon* ; *D. Affaires 1996. 179* ; *Quot. jur. 2 avr. 1996, p. 5, note P. M.* ; *RPC 1998. 186, obs. Soinne.* – V. aussi • Com. 6 juill. 1999, nº 97-12.613 P : *D. 1999. IR 209* ; *D. Affaires 1999. 1366, obs. A. L.* ; *Gaz. Pal. 1999. 2. 807, note De Gaulle* ; *RJDA 1999, nº 1238* ; *RTD civ. 1999. 885, obs. Crocq* ; *RPC 2000. 80, obs. Soinne* (absence d'inventaire révélant l'existence de la clause de réserve de propriété) • 28 juin 2017, nº 15-23.229 : *RJDA 2017, nº 744* ; *BJE 2017. 422, note Laroche* • Bordeaux, 7 nov. 1993 : *RPC 1995. 202, obs. Soinne.* – Comp. : • Paris, 8 juill. 1994 : *D. 1994. IR 238.* ♦ Le préjudice subi par le vendeur est équivalent à la valeur, au moment de la revendication, du matériel demeuré impayé et non restitué. • Com. 1er déc. 2015, nº 14-19.930 : *RJDA 2016, nº 308.* ♦ La responsabilité éventuelle, vis-à-vis du vendeur initial, du liquidateur judiciaire qui a cédé des marchandises faisant l'objet d'une clause de réserve de propriété, postérieurement à l'ouverture de la procédure collective et de l'exercice de l'action en revendication, ne libère pas le sous-acquéreur de son obligation de payer le prix convenu dans l'acte de cession. • Com. 17 mars 1998 : *D. 2000. Somm. 77, obs. Pérochon et Mainguy* ; *D. Affaires 1998. 846.* ♦ V. également note 54.

43. Si l'administrateur peut vendre les marchandises objets d'une clause de réserve de propriété, il lui appartient d'affecter les fonds, provenant de cette revente, au règlement de la créance de la société revendiquante dès l'issue de la revendication. Par suite, l'administrateur judiciaire qui n'a pas pris les mesures conservatoires qui auraient permis la restitution éventuelle à l'issue de la procédure de revendication doit être condamné personnellement à indemniser le vendeur. • Com. 4 janv. 2000, nº 96-18.638 P : *D. 2000. AJ 56, obs. Lienhard* ; *JCP E 2000, nº 17, p. 701, obs. Cabrillac* ; *APC 2000, nº 29, obs. Crocq* ; *RPC 2000. 80, obs. Soinne* ; *RTD com. 2000. 457, obs. Martin-Serf* . – V. aussi • Com. 11 déc. 2001 : *RJDA 2002, nº 407* • 21 oct. 2020, nº 19-15.695 : *BJE 3-4/2021. 34, note Laroche.* ♦ Sur la possibilité de condamner le représentant des créanciers *in solidum*, pour avoir utilisé des fonds provenant de la vente pour le paiement des créanciers privilégiés, V. • Com. 11 juill. 1995 : *D. 1996. Somm. 223, obs. Pérochon* ; *JCP E 1995. Pan. 1141* ; *RPC 1995. 475, obs. Soinne.*

Sur cette question, V. obs. Soinne, *RPC 1993. 603* ; *ibid. 1995. 202.*

44. En ce sens qu'en cas de vente par le débiteur des biens couverts par une clause de réserve de propriété sans versement du prix aux créanciers, la responsabilité de l'administrateur judiciaire, investi d'une mission d'assistance, ne saurait être retenue dès lors que celui-ci a attiré l'attention du débiteur, lequel avait conservé la disposition des stocks et la maîtrise du prix de leur revente pendant la période d'observation, sur la nécessité de verser aux revendiquants le montant du prix perçu, V. • Com. 17 oct. 2018, nº 17-16.346 : *Gaz. Pal. 15 janv. 2019, p. 60, obs. Bidan.*

Sur la créance du vendeur résultant de la non-restitution des marchandises, V. aussi note 48 ss. anc. art. L. 621-32. ♦ Sur les intérêts de cette créance, V. note 6 ss. art. L. 622-28.

45. Plan de continuation. L'adoption d'un plan de continuation n'a pas pour effet de priver le créancier revendiquant de son action lorsqu'elle a été introduite dans les délais légaux et n'a pas fait l'objet d'une renonciation expresse. • Versailles, 8 nov. 1990 : *Cah. dr. entr. 1991, n° 3, p. 6, obs. Pérochon.*

Sur l'exercice de l'action en revendication en cas de résolution du plan de redressement entraînant l'ouverture d'une nouvelle procédure, V. note 15 s. art. L. 624-9.

Sur l'opposabilité du droit de propriété au débiteur faisant l'objet d'un plan de continuation, en l'absence de revendication dans le délai prescrit, V. note 29 ss. art. L. 624-9.

46. Plan de cession. Lorsque les biens vendus sous réserve de propriété sont compris dans les actifs cédés en vertu d'un plan de cession, le vendeur impayé ne peut exercer l'action en revendication à l'encontre du cessionnaire, tiers de bonne foi. • Rennes, 15 oct. 1998 : *RPC 2001. 19, obs. Soinne.* ♦ Mais le cessionnaire peut prendre l'engagement, par une clause spéciale de l'acte de cession, de payer la dette du cédant. • Com. 17 mai 1994, n° 92-13.216 P : *D. 1996. Somm. 221, obs. Pérochon ; RTD com. 1996. 130, obs. Martin-Serf.* ♦ V. aussi note 20 ss. art. L. 624-18.

47. Opposabilité de la clause au sous-acquéreur. L'opposabilité de la clause de réserve de propriété aux tiers n'est pas subordonnée à une formalité de publicité. • Com. 11 mai 1993, n° 90-21.903 P : *D. 1993. IR 145 ; JCP E 1993. I. 277, n° 15, obs. Cabrillac et Pétel.* – Comp. : • Com. 5 mars 1996 : *cité note 49.*

48. Mais le vendeur d'une marchandise avec clause de réserve de propriété ne peut revendiquer la marchandise litigieuse à l'encontre d'un sous-acquéreur sans démontrer que celui-ci n'était pas possesseur de bonne foi de cette marchandise • Com. 1er oct. 1985, n° 84-14.111 P. (loi de 1967) • Com. 19 mai 1987, n° 85-18.384 P : *D. 1988. Somm. 12, obs. Derrida.* (loi de 1967) • 5 oct. 1993 : *ibid. IV, n° 317 ; Rev. huiss. 1994. 187, note Vidal* • Versailles, 8 juill. 1993 : *RJDA 1993, n° 1089.*

49. Les dispositions de l'art. 65 [C. com., art. L. 624-16] ne dérogent pas à celles prévues en faveur du possesseur de bonne foi par l'art. 2279 [devenu l'art. 2276] C. civ. • Com. 14 nov. 1989, n° 88-11.790 P : *D. 1991. Somm. 43, obs. Pérochon.* (loi de 1967). ♦ Il s'ensuit qu'une banque – à qui ont été données en gage des marchandises vendues sous réserve de propriété, livrées et entreposées dans les locaux d'un tiers, sans que le prix en ait été payé –, possesseur de bonne foi, bénéficie de la présomption édictée par ledit art. 2279 [2276], peu important que la possession de son auteur soit entachée d'un vice, et que la banque, qui n'a pas effectué des vérifications ou des recherches que ni la loi ni les usages du commerce ne lui imposent, peut opposer son nantissement à la revendication du vendeur. • Même arrêt. ♦ Cependant, seule une possession exempte de vices par le sous-acquéreur lui-même ou par autrui pour lui confère à celui-ci un titre faisant obstacle à toute revendication. • Com. 11 mai 1993 : *préc. note 46* • 5 mars 1996, n° 93-21.541 P : *D. 2000. Somm. 74, obs. Pérochon et Mainguy ; D. Affaires 1996. 523 ; JCP E 1996. I. 584, n° 12, obs. Cabrillac* (cession de matériel, par un contrat de cession-bail, à une société de crédit-bail, qui a laissé le débiteur en possession comme locataire, ladite société ne pouvant ignorer qu'elle tenait le bien de quelqu'un qui n'en était pas propriétaire). ♦ Pour une détention de mauvaise foi, V. • Rennes, 13 nov. 1991 : *RJDA 1992, n° 518 ; D. 1993. Somm. 293, obs. Pérochon.* ♦ V., à propos de la loi de 1967, • Com. 28 nov. 1989, n° 87-19.626 P : *D. 1991. Somm. 43, obs. Pérochon.* ♦ Et, affirmant que le commissionnaire de transport qui n'a pas eu connaissance de la clause de réserve de propriété grevant les marchandises, est fondé à invoquer un droit de rétention de créancier gagiste à l'égard du vendeur : • Com. 3 oct. 1989, n° 87-15.725 P : *D. 1991. Somm. 44, obs. Pérochon ; JCP 1990. II. 21454, note Béhar-Touchais.* (loi de 1967). ♦ Comp., sur l'absence de perte de maîtrise de la chose par le vendeur : • Com. 13 févr. 1990, n° 87-19.750 P : *D. 1990. Somm. 388, obs. Aynès.*

50. Conflit avec le bailleur propriétaire des locaux. Le bailleur, qui n'avait pas été informé par le liquidateur de l'existence d'une clause de réserve de propriété portant sur des cloisons démontables, est entré de bonne foi en possession de celles-ci lors de la remise des clés après la résiliation du bail ; le vendeur, qui a été, de la sorte, empêché d'exercer utilement l'action en revendication, peut actionner le liquidateur en responsabilité civile pour faute. • Com. 22 févr. 1994, n° 92-13.647 P : *D. 1995. Somm. 26, obs. Honorat.*

E. TRANSMISSION DE LA CLAUSE

BIBL. Cabrillac, *D. 1988. Chron. 225.* – Ghozi, *D. 1986. Chron. 317.* – Soinne, *Gaz. Pal. 1985. 1. Doctr. 287.*

51. Pour l'application d'une clause de réserve de propriété, lorsque l'acheteur a été soumis à une procédure collective, il n'y a pas lieu de distinguer selon que la revendication est exercée par le vendeur ou par un tiers subrogé dans ses droits. • Com. 15 mars 1988 (2 arrêts), n° 85-18.623 P : *D. 1988. 330, note Pérochon ; Gaz. Pal. 1988. 1. 244, note Soinne ; JCP 1989. II. 21348, note Morançais-Demeester ; RTD com. 1988. 287, obs. Hémard et Bouloc ; Banque 1988. 700, obs. Rives-Lange* (loi de 1967) • 11 juill. 1988, n° 87-

10.834 P : *RTD com. 1988. 656, obs. Cabrillac et Teyssié ; D. 1988. IR 240 ; Banque 1988. 932, obs. Rives-Lange.* ♦ Si le paiement avec subrogation a pour effet d'éteindre la créance à l'égard du créancier, il la laisse subsister au profit du subrogé, qui dispose de toutes les actions qui appartenaient au créancier qui se rattachaient à cette créance avant le paiement. • Mêmes arrêts.

52. La réserve de propriété constitue l'accessoire de la créance du vendeur en lui garantissant le paiement du prix, et l'endossement d'une lettre de change transmet au porteur la propriété de la provision avec ses accessoires. • Com. 11 juill. 1988 : *préc. note 51.*

53. Un contrat de concession, comportant une clause de réserve de propriété en faveur du concédant sur les marchandises livrées par lui au concessionnaire et stipulant que leur prix sera payable par l'intermédiaire d'un organisme de financement agréé par le concédant, forme, avec le contrat de financement, conclu entre le concessionnaire et l'organisme de financement et qui prévoit que ce dernier sera subrogé dans les droits du concédant après paiement, un ensemble indivisible dans la commune intention de toutes les parties ; dès lors est irrecevable la demande en revendication de marchandises présentée par le concédant, cette action ayant été transmise à l'organisme de financement par la subrogation qui est opposable au concédant. • Com. 2 févr. 1993, nº 91-11.569 P.

V. aussi note 36.

F. PAIEMENT DU PRIX POUR ÉVITER LA REVENDICATION

54. La faculté prévue à l'art. L. 621-122 [L. 624-16], al. 4, d'interprétation stricte en ce qu'il déroge à l'interdiction de payer les créances antérieures au jugement d'ouverture, ne permet pas de s'opposer à la restitution du bien, objet d'un contrat de crédit-bail, en payant les échéances antérieures au jugement d'ouverture restées impayées. • Com. 19 juin 2007, nº 06-15.447 P : *D. 2007. 2363, note Le Corre-Broly ; ibid. AJ 1878, obs. Lienhard ; D. 2008. Pan. 576, obs. Le Corre ; APC 2007, nº 151, obs. Vallansan ; Gaz. Pal. 26-27 oct. 2007, p. 46, obs. Roussel Galle ; JCP E 2008. 1207, nº 6, obs. Cabrillac ; RTD com. 2008. 182, obs. Martin-Serf.* ♦ Comp., désormais : art. L. 622-7, dans sa réd. issue de l'Ord. nº 2008-1345 du 18 déc. 2008.

55. Le vendeur de meubles, titulaire d'une clause de réserve de propriété, est recevable à mettre en cause la responsabilité délictuelle de l'administrateur judiciaire de l'acheteur qui, ayant obtenu l'autorisation du juge-commissaire de régler la créance pour conserver les marchandises, s'opposant ainsi à la revendication, a cessé les versements. • Paris, 20 sept. 1996 : *JCP E 1996. Pan. 1147 ; RPC 1998. 188, obs. Soinne.*

G. PROCÉDURE

56. Modalités de la revendication. V. art. L. 624-17 et notes ss. art. L. 624-9. ♦ V. aussi art. R. 624-13 s.

57. Saisie conservatoire. La saisie conservatoire n'est pas ouverte à celui qui revendique des marchandises en vertu d'une clause de réserve de propriété. • Com. 9 janv. 1990, nº 88-13.061 P : *D. 1991. Somm. 42, obs. Pérochon* (loi de 1967). ♦ Comp. note 44 ss. art. L. 624-9.

H. DROIT INTERNATIONAL PRIVÉ

BIBL. Scarano, *RTD com. 1990. 535* (droit comparé et droit international privé).

58. Les conditions auxquelles peuvent être revendiquées des marchandises vendues avec réserve de propriété sont, en cas de redressement judiciaire de l'acheteur, déterminées par la loi de la procédure collective, quelle que soit la loi régissant la validité et l'opposabilité, en général, de la clause de propriété réservée. • Civ. 1re, 8 janv. 1991, nº 89-16.741 P : *D. 1991. 276, note Rémery ; D. 1993. Somm. 286, obs. Pérochon.* ♦ Il résulte de l'art. 7, al. 2, de la Convention de Rome du 19 juin 1980, aux termes duquel les dispositions de celle-ci ne pourront porter atteinte à l'application des règles de la loi du pays du juge qui régissent impérativement la situation quelle que soit la loi applicable au contrat, que doit être écartée l'application du droit italien à l'action en revendication exercée à l'encontre d'une société soumise à une procédure collective portée devant un juge français. • Com. 8 janv. 2002 : *Rev. crit. DIP 2002. 328, note Bureau ; RTD com. 2002. 729, obs. Martin-Serf.*

I. APPLICATION AU REDRESSEMENT ET À LA LIQUIDATION JUDICIAIRES

59. V. art. L. 631-18, al. 1er, et L. 641-14, al. 1er.

Art. L. 624-17 *(L. nº 2005-845 du 26 juill. 2005, art. 55-I ; Ord. nº 2006-346 du 23 mars 2006, art. 48-II)* **« L'administrateur avec l'accord du débiteur ou à défaut le débiteur après accord du mandataire judiciaire peut acquiescer à la demande en revendication ou en restitution d'un bien visé à la présente section. » A défaut d'accord ou en cas de contestation, la demande est portée devant le juge-commissaire qui statue sur le sort du contrat, au vu des observations du créancier, du débiteur et du mandataire de justice saisi.** – *[C. com., anc. art. L. 621-123.]*

V. note ss. art. L. 624-11.

BIBL. ▸ MARÉCHAL, *RPC 2017. Étude 12.*

COMMENTAIRE

En l'absence d'administrateur dans la procédure de sauvegarde, c'est au débiteur qu'il appartient d'acquiescer à une demande en revendication, après accord du mandataire judiciaire, et non pas au mandataire judiciaire directement comme le prévoyait l'ancien article L. 621-123.

Quant à la réécriture de la première phrase par l'ordonnance du 23 mars 2006 relative aux sûretés, elle ne devrait pas modifier la portée du texte. Déjà avant, quoique plus maladroitement, celui-ci prévoyait que l'administrateur ne peut acquiescer sans l'accord du débiteur. Ce qui se conçoit bien, et davantage encore en cas de sauvegarde, puisque le débiteur n'est pas dessaisi. L'éventuel désaccord sera tranché par le juge-commissaire.

Notons encore que, désormais, l'article L. 624-17 ne s'applique plus, par voie de renvoi, en liquidation judiciaire, l'ordonnance du 12 mars 2014 ayant préféré en décalquer le régime, pour l'adapter aux particularités de cette procédure, dans une disposition autonome (V. art. L. 641-14-1).

1. *Portée de la procédure préalable.* L'art. 121-1 [C. com., art. L. 624-17], tel qu'il résulte de la loi du 10 juin 1994, institue en matière de revendication une procédure préliminaire devant l'administrateur ou, à défaut, devant le représentant des créanciers ou le liquidateur [le débiteur, depuis la loi du 26 juill. 2005], constituant un préalable obligatoire à l'engagement de l'action en revendication qui relève désormais de la seule compétence du juge-commissaire, de sorte que l'action en revendication est irrecevable lorsque cette procédure n'a pas été respectée. • Com. 2 oct. 2001, n° 98-22.304 P : *D. 2001. AJ 3043, obs. Lienhard ; APC 2001, n° 250, obs. Pérochon ; JCP E 2002, n° 4, p. 173, obs. Cabrillac et Pétel ; RTD com. 2002. 159, obs. Martin-Serf* • Aix-en-Provence, 18 sept. 2002 : *BICC 2002, n° 1109 ; RPC 2003. 308, obs. Monsérié-Bon.* ♦ Si le juge-commissaire ne peut accueillir la requête en revendication lorsque le délai prévu à l'art. 85-1 du Décr. du 27 déc. 1985 [C. com., art. R. 624-13] dont dispose le mandataire pour répondre à la demande présentée devant lui n'est pas expiré, il peut, cependant, en application des dispositions de l'art. 126 NCPC [C. pr. civ.], statuer sur la requête dès lors que la cause d'irrecevabilité a disparu à la date où il statue. • Com. 11 juill. 2006, n° 05-13.659 P : *D. 2006. AJ 2100, obs. Lienhard ; D. 2007. Pan. 49, obs. Le Corre ; Gaz. Pal. 6-7 oct. 2006, p. 35, obs. Le Corre-Broly ; JCP E 2007, n° 1, p. 24, obs. Cabrillac ; RPC 2006. 363, obs. Monsérié-Bon ; APC 2006, n° 177, obs. Vallansan ; RTD com. 2007. 231, obs. Martin-Serf.* ♦ V. art. R. 624-13.

2. Dans le cas où le demandeur en restitution avait ignoré la désignation de l'administrateur en adressant sa demande au représentant des créanciers, qui était devenu le mandataire de justice compétent dans le délai d'un mois imparti pour répondre à cette demande, l'irrégularité qui entachait la procédure préliminaire ayant disparu avant que n'expire le délai accordé au mandataire de justice compétent pour répondre, une cour d'appel a pu en déduire que la procédure prévue par les art. L. 621-123 [L. 624-17] C. com. et 85-4 du décret du 27 déc. 1985 [C. com., art. R. 624-14] n'avait pas été méconnue. • Com. 5 juill. 2005, n° 04-11.320 P : *D. 2005. 2165, note Le Corre-Broly ; ibid. AJ 1999, obs. Lienhard ; Gaz. Pal. 4-5 nov. 2005, p. 55, obs. Pérochon ; RTD com. 2006. 208, obs. Martin-Serf.*

3. *Accord du mandataire judiciaire.* Il résulte de l'art. L. 624-17, rendu applicable au redressement judiciaire par l'art. L. 631-18, qu'en l'absence d'administrateur judiciaire, le débiteur ne peut acquiescer à la demande de revendication sans l'accord du mandataire judiciaire ; cet accord ne peut résulter du seul silence du mandataire judiciaire après la réception de la copie de la demande de revendication du bien ou de son absence d'opposition à l'acquiescement du débiteur à cette demande. • Com. 23 oct. 2024, n° 23-18.095 B : *D. 2024. Actu. 1861 ; Rev. sociétés 2024. 742, obs. Henry ; APC 2024, n° 216, obs. Ghandour ; LEDEN 12/2024. 5, obs. J.-B. Barbièri.*

4. *Défaut d'acquiescement.* L'acquiescement par l'administrateur à une demande de revendication n'étant qu'une faculté dont l'exercice est laissé à sa discrétion, le défaut d'acquiescement à une telle demande ne peut constituer une faute. • Com. 5 avr. 2016, n° 14-13.247 P : *D. 2016. Actu. 838 ; RTD com. 2016. 557, obs. Martin-Serf ; LEDEN 6/2016. 3, obs. Laroche ; RJDA 2016, n° 460 ; Gaz. Pal. 28 juin 2016, p. 59, obs. Bidan ; BJE 2016. 269, note Laroche.* ♦ Pour un exemple de défaut d'acquiescement résultant d'un désaccord entre l'administrateur et le revendiquant sur la valeur des marchandises revendiquées, V. • Com. 3 mai 2016, n° 14-24.586 P : *D. 2016. Actu. 997 ; RTD com. 2017. 190, obs. Martin-Serf ; JCP E 2016. 1465, n° 9, obs. Pétel ; APC 2016, n° 135, obs. Petit ; RJDA 2016, n° 712 ; BJE 2016. 324, note Le Mesle ; Gaz. Pal. 18 oct. 2016, p. 63, obs. Le Corre-Broly.*

5. *Compétence du juge-commissaire.* Il résulte de l'art. 121-1 [C. com., art. L. 624-17] que l'action en revendication relève désormais de la seule compétence du juge-commissaire. • Com. 2 oct. 2001 : *préc. note 1.* ♦ Le juge-commissaire ne statue sur l'action en revendication qu'en cas de refus ou d'absence de réponse du mandataire de justice. • Com. 22 mai 2007, n° 06-11.861 P : *D. 2007. AJ 1600 ; Gaz. Pal. 20-21 juill. 2007, p. 53, obs. Pérochon ; RPC 2007. 225, obs. Monsèrié-Bon.* ♦ Pour la possibilité de saisir le tribunal lorsque le juge-commissaire ne s'est pas prononcé dans un délai raisonnable (application de l'art. 25, al. 2, du Décr. du 27 déc. 1985, devenu l'art. R. 621-21, al. 2, C. com.), V. • Com. 5 juill. 2005 : *préc. note 2.*

6. Saisine du juge-commissaire. A défaut d'acquiescement à la demande par l'administrateur ou en cas de contestation de l'acquiescement donné par ce dernier, le juge-commissaire ne peut être saisi que par le revendiquant, le débiteur ou le mandataire de justice, à l'exclusion de toute autre personne, que ce soit par la voie d'une intervention volontaire à l'instance ainsi ouverte ou d'une réclamation contre l'acte d'acquiescement, l'art. L. 621-9 C. com. ne pouvant, dans ce cas, recevoir application. • Com. 24 janv. 2018, n° 16-20.589 P : *D. 2018. Actu. 166 ; RTD com. 2018. 477, obs. Martin-Serf ; LEDEN 4/2018. 3, obs. Staes ; BJE 2018. 108, note Laroche ; APC 2018, n° 62, obs. Andreu ; RJDA 2018, n° 338.*

7. Revendication du prix. Les dispositions de l'art. 121-1 [C. com., art. L. 624-17] sont applicables aussi bien à la revendication du bien lui-même qu'à celle de son prix. • Com. 2 oct. 2001 : *préc. note 1.* ♦ ... Peu important que cette demande soit faite contre un sous-acquéreur. • Com. 24 mai 2005, n° 04-13.464 P : *D. 2005. AJ 1633, obs. Lienhard ; Gaz. Pal. 4-5 nov. 2005, p. 57, obs. Pérochon ; RPC 2005. 374, obs. Monsèrié-Bon.* ♦ La forclusion résultant du défaut de saisine du juge-commissaire dans le délai légal a vocation à s'appliquer dans le cadre de l'action en revendication du prix exercée par le vendeur contre l'affactureur. • Com. 15 mars 2005, n° 00-12.563 P : *D. 2005. AJ 1351, obs. Lienhard ; APC 2005, n° 103, obs. Regnaut-Moutier ; Gaz. Pal. 6-7 juill. 2005, p. 46, obs. Le Corre-Broly ; RPC 2005. 374, obs. Monsèrié-Bon ; RTD com. 2007. 235, obs. Martin-Serf .* ♦ ... Ou contre le banquier cessionnaire de la créance du prix de revente. • Com. 12 avr. 2005 : *Gaz. Pal. 6-7 juill. 2005, p. 46, obs. Le Corre-Broly.*

8. Conflit entre vendeurs sous réserve de propriété. V. note 31 ss. art. L. 624-16.

9. Situation antérieure à la loi du 10 juin 1994. V. notamment notes 31 s. et 43 ss. art. L. 624-9.

Art. L. 624-18 **Peut être revendiqué le prix ou la partie du prix des biens visés à l'article L. 624-16 qui n'a été ni payé, ni réglé en valeur, ni compensé** *(Abrogé par Ord. n° 2008-1345 du 18 déc. 2008, art. 44)* **« *en compte courant* » entre le débiteur et l'acheteur à la date du jugement ouvrant la procédure** *(Abrogé par L. n° 2005-845 du 26 juill. 2005, art. 55-II)* **« *de redressement judiciaire* ».** *(Ord. n° 2006-346 du 23 mars 2006, art. 48-III)* **« Peut être revendiquée dans les mêmes conditions l'indemnité d'assurance subrogée au bien. »** – *[C. com., anc. art. L. 621-124.]*

V. art. R. 624-16.

V. note ss. art. L. 624-11.

BIBL. ▸ SOUWEINE, *D. 2011. Chron. 2617 .*

COMMENTAIRE

I. RÉFORME DE 2005

L'article R. 624-16 (anc. art. 115 du décret du 28 déc. 2005), portant application de l'article L. 624-18, a consacré la solution jurisprudentielle posée par la Cour de cassation sous l'empire de l'article 85-3 du décret du 27 décembre 1985 (V. note ss. art. R. 624-16) : ce texte ne distingue plus selon que le prix a été payé par le sous-acquéreur avant ou après l'introduction de l'action en revendication. Reste à savoir si, lorsque le mandataire a déjà utilisé cette somme et ne dispose plus des fonds suffisants, le vendeur-revendiquant peut bénéficier d'une créance postérieure privilégiée au sens de l'article L. 622-17, I, en ce sens qu'elle serait née pour les besoins de la procédure ou s'il faut considérer que le droit de revendication se reporte sur les premières entrées de fonds (V. A. Jacquemont, N. Borga et T. Mastrullo, Droit des entreprises en difficulté, *Litec, 11e éd., 2019, n° 644* ; M. Cabrillac, obs. ss. Com. 3 déc. 2003 : *JCP E 2004, n° 22, p. 860*).

II. RÉFORME DE 2006

Par ailleurs, il convient de noter l'ajout par l'ordonnance du 23 mars 2006 relative aux sûretés de la précision selon laquelle la revendication peut aussi bien porter, le cas échéant, sur l'indemnité d'assurance subrogée au bien. Enfin, pour faciliter la réalisation de cette sûreté, l'ordonnance a prévu une subrogation au bénéfice du créancier sur le prix de vente de la chose ou sur l'indemnité d'assurance en cas de destruction de celle-ci. Ce faisant, le texte nouveau, qui consacre la jurisprudence (Com. 6 juill. 1993 : *cité note 26 ss. art. L. 632-1*), se trouve mis en harmonie avec le nouvel article 2372 du code civil.

Au sujet de la subrogation réelle et afin d'améliorer l'efficacité de celle-ci, il a été suggéré que le vendeur complète sa sûreté par une cession de créance future à titre de garantie, correspondant au prix de revente du bien au sous-acquéreur (cession qui devrait être notifiée au tiers acquéreur et à l'assureur du bien). Reste à savoir si la jurisprudence admettrait, dans ce cas précis, compte tenu de la base légale représentée par l'article L. 624-18, cette cession de créances à titre de garantie en dehors du domaine de la cession « Dailly », au regard de la position adoptée par la Cour de cassation dans son arrêt du 19 décembre 2006 (*D. 2007. 344, note Larroumet* ; V. R. Dammann et G. Le Beuze, Réforme des sûretés et des procédures collectives : quelles sûretés choisir ?, *Cah. dr. entr. 2007, mars 2007, p. 45*).

III. ORDONNANCE DE 2008

L'ordonnance du 18 décembre 2008 a supprimé la restriction, excessive, prévue par le texte antérieur, dont il résultait qu'un paiement par compensation, autre que par compte courant, ne constituait pas l'un des modes de paiement mettant obstacle à la revendication du vendeur (Com. 8 janv. 2002 : *cité note 15*). Sans lien véritable, sinon l'exemple donné par le législateur, cette amélioration du sort du sous-acquéreur a suscité chez un auteur l'espoir que la Cour de cassation s'en inspire pour abandonner sa solution interdisant au sous-acquéreur d'invoquer l'exception d'inexécution (Com. 5 juin 2007 : *cité note 5* ; F. Pérochon, La réserve de propriété demeure-t-elle utile en 2009 ? *Cah. dr. entr. 7-8/2009. 22*), cependant réitérée en 2011 (Com. 18 janv. 2011 : *cité note 5* ; V. C. Souweine, Revendication du prix de revente par le bénéficiaire d'une clause de réserve de propriété, *D. 2011. Chron. 2617*). ❑

1. Conformité à la DDH. V. note 5 ss. art. L. 624-16.

2. Contrat d'entreprise. Le vendeur d'un bien dont la propriété lui est réservée peut revendiquer le prix impayé par le sous-acquéreur, si ce dernier a reçu le bien dans son état initial, fût-ce en exécution d'un contrat d'entreprise. • Com. 5 nov. 2003, n° 00-21.357 P : *D. 2003. AJ 2965* ; *APC 2004, n° 7, obs. Jacquemont ; JCP E 2004, n° 22, p. 861, obs. Cabrillac ; RDBF 2004, n° 20, obs. Legeais ; LPA 19 févr. 2004, p. 9, note Lécuyer ; RTD com. 2004. 600, obs. Martin-Serf*. – V. déjà • Com. 17 mars 1998, n° 95-11.209 P : *D. 1999. Somm. 72, obs. Honorat ; ibid. 2000. Somm. 75, obs. Pérochon et Mainguy ; D. Affaires 1998. 803, obs. V. A.-R ; JCP E 1998, n° 37, p. 1398, obs. Pételу.*

3. Revendication du prix. Le vendeur dont la propriété est réservée peut revendiquer le prix impayé par le sous-acquéreur dès lors que ce dernier a reçu le matériel dans son état initial. • Com. 17 mars 1998 : *préc. note 2*. – V. aussi • Com. 27 oct. 1998 : *D. 2000. Somm. 75, obs. Pérochon et Mainguy ; RJDA 1998, n° 1271, et p. 887, rapp. Rémery.* ♦ La revente, avant le jugement d'ouverture, de certaines marchandises demeurées en leur état initial ne fait pas obstacle, sous réserve de leur identification, à la revendication qui porte alors sur la créance du prix dû par les sous-acquéreurs. • Com. 15 déc. 1992, n° 90-19.980 P : *D. 1993. Somm. 293, obs. Pérochon* • Paris, 22 févr. 1989 : *D. 1989. IR 90.* ♦ Dès lors que l'ouverture de la procédure emporte subrogation de la créance du prix à la chose, le vendeur est fondé à revendiquer, entre les mains du sous-acquéreur, la partie du prix encore impayée. • Com. 3 janv. 1995, n° 93-11.093 P : *D. 1996. Somm. 221, obs. Pérochon ; RPC 1995. 198, obs. Soinne ; JCP E 1995. I. 457, n° 13, obs. Cabrillac et Pételу.* ♦ En effet, le paiement fait par le sous-acquéreur postérieurement à l'exercice de l'action en revendication ne fait pas obstacle à celle-ci, à due concurrence de la partie du prix ainsi payée. • Com. 27 oct. 1998 : *préc.* ♦ V. et Comp. note 17.

4. Il résulte de la combinaison des art. L. 624-18, R. 624-16 et R. 641-31, II, C. com., ensemble l'art. 2372 C. civ., que le droit de propriété du vendeur sous réserve de propriété, dont le bien a été revendu et n'a pas été payé à la date du jugement d'ouverture de la procédure collective, se reporte sur la créance du débiteur à l'égard du sous-acquéreur, de sorte que le mandataire judiciaire ou le liquidateur ne doit remettre au revendiquant subrogé que le montant qui lui a été versé après l'ouverture de la procédure par le sous-acquéreur ou un tiers subrogé dans les droits du débiteur contre le sous-acquéreur. • Com. 24 janv. 2018, n° 16-20.589 P : *cité note 6 ss. art. L. 624-17 ; RTD civ. 2018. 466, obs. Crocq ; RDBF 2018, n° 136, obs. Houin-Bressand.*

5. Lorsque l'acquéreur d'un bien vendu avec réserve de propriété le revend sans avoir payé l'intégralité du prix, la revente opère, par l'effet de la subrogation réelle, transport dans le patrimoine du vendeur initial du prix ou de la partie du prix impayé par le sous-acquéreur au jour de l'ouverture de la procédure collective du débiteur, sans que le sous-acquéreur puisse opposer au vendeur initial les exceptions [en l'espèce, l'exception d'inexécution] qu'il pourrait faire valoir contre son propre vendeur. • Com. 5 juin 2007, n° 05-21.349 P : *D. 2007. AJ 1729, obs. Lienhard ; APC 2007, n° 153, obs. Le Corre-Broly ; Gaz. Pal. 20-21 juill. 2007, p. 54, obs. Pérochon ; RPC 2007. 224, obs. Monsèrié-Bon ; JCP E 2008. 1207, n° 11, obs. Cabrillac et Pétel ; RTD com. 2008. 622, obs. Martin-Serf* • 18 janv. 2011 : *D. 2011. Actu. 368, obs. Lienhard ; RTD civ. 2011. 378, obs. Crocq ; RTD com. 2012. 616, obs. Martin-Serf ; Gaz. Pal. 1er-2 avr. 2011, p. 36, obs. Pérochon ; BJE 2011. 198, note Torck.*

6. Revendiquant entre les mains du débiteur non les marchandises vendues avec réserve de propriété elles-mêmes mais leur prix, le vendeur doit prouver que ce prix a été payé par le sous-acquéreur au débiteur après le jugement d'ouverture de la procédure collective. • Com. 2 nov. 1993, n° 91-16.297 P : *D. 1994. IR 7.* ♦ Solution confirmée par l'art. L. 621-124 [L. 624-18], dans sa rédaction issue de la L. n° 94-475 du 10 juin 1994. – Pour une application, V. • Com. 7 avr. 2009 : *Gaz. Pal. 1er-3 nov. 2009, p. 40, obs. Le Corre-Broly.*

7. Il résulte de l'art. L. 624-18 que, si les marchandises revendues n'ont fait l'objet d'aucun règlement entre le sous-acquéreur et le débiteur avant ou après l'ouverture de la procédure collective, la revendication est possible. • Com. 3 nov. 2015, n° 13-26.811 P : *D. 2015. Actu. 2317 ; RTD com. 2016. 206, obs. Martin-Serf ; JCP E 2016. 1169, note Pelletier et Lauthier ; ibid. 1198, n° 12, obs. Pétel ; LEDEN 12/2015. 5, obs. Pérochon ; APC 2015, n° 307, obs. Laroche ; Gaz. Pal. 19 janv. 2016, p. 72, obs. Le Corre-Broly ; BJE 2016. 34, note Macorig-Venier ; RJDA 2016, n° 136.* ♦ Le prix du bien livré qui n'a pas été payé par le sous-acquéreur avant la date du jugement d'ouverture de la procédure peut être revendiqué par le vendeur entre les mains du débiteur sans qu'il y ait lieu de distinguer si le prix a été ou non payé avant la demande en revendication. • Com. 3 déc. 2003, n° 00-15.929 P : *D. 2004. AJ 140, obs. Lienhard ; APC 2004, n° 21, obs. Pérochon ; JCP E 2004, n° 22, p. 860, obs. Cabrillac ; RDBF 2004, n° 71, obs. Legeais ; RPC 2004. 380, obs. Monsèrié-Bon ; RTD civ. 2004. 761, obs. Crocq.*

8. Le vendeur d'un bien dont la propriété lui est réservée peut revendiquer le prix impayé par le sous-acquéreur en redressement ou en liquidation judiciaires, peu important que la créance détenue par l'acquéreur initial à l'encontre du sous-acquéreur soit éteinte pour n'avoir pas été déclarée au passif de ce dernier. • Com. 21 févr. 2006, n° 04-19.672 P : *D. 2006. AJ 718, obs. Lienhard ; ibid. Pan. 2255, obs. F.-X. Lucas ; JCP E 2006, n° 14-15, p. 672, obs. Cabrillac ; APC 2006, n° 81, obs. Vallansan ; Gaz. Pal. 30 avr.-4 mai 2006, p. 49, obs. Le Corre-Broly ; ibid. 14-18 juill. 2006, p. 45, obs. Pérochon ; RJ com. 2006. 394, note Sortais ; RPC 2006. 361, obs. Monsèrié-Bon ; RTD com. 2007. 233, obs. Martin-Serf.* ♦ V. note 19.

9. La revendication du prix s'exerce sur le solde du prix de revente du bien affecté de la clause de réserve de propriété restant dû au jour de l'ouverture de la procédure collective du débiteur, à concurrence du prix tel que fixé lors de la convention conclue avec le vendeur initial. • Com. 16 juin 2009, n° 08-10.241 P : *D. 2009. AJ 1752, obs. Lienhard (2e arrêt) ; JCP E 2009. 1814, n° 10, obs. Cabrillac ; APC 2009, n° 210, obs. Pérochon ; RLDA 2009, n° 42, p. 30, obs. Marpeau ; RJDA 2009, n° 989 (1re esp.) ; RPC 2009, n° 170, obs. Monsèrié-Bon ; RTD civ. 2009. 751, obs. Revet ; ibid. 760, obs. Crocq.* ♦ Le prix revenant au créancier ne peut inclure la marge bénéficiaire que l'acheteur avait fait supporter à ses clients. • Com. 15 janv. 1991, n° 89-12.884 P : *JCP E 1991. I. 102, n° 11, obs. Cabrillac et Pétel* (loi de 1967) • Lyon, 11 juill. 1997 : *RPC 2001. 19, obs. Soinne* • Versailles, 23 sept. 1999 : *ibid.* ♦ Par ailleurs, le vendeur sous réserve de propriété n'est fondé à revendiquer que le prix de vente moins les frais. • Paris, 8 juill. 1994 : *D. 1994. IR 238.*

Lorsque le vendeur réservataire de la propriété a pu, après revendication, revendre les marchandises, le montant de sa créance résulte de la différence entre le prix de la vente initiale et le prix de revente. Dans la mesure où elle ne lui est pas imputable, la diminution du prix ne doit pas être supportée par le revendiquant. • Paris, 11 janv. 1994 : *RJ com. 1995. 205, note X. Vincent.*

10. En vertu de l'art. 1315 [1353], al. 2, C. civ., celui qui se prétend libéré doit justifier le paiement ou le fait qui a produit l'extinction de son obligation ; dès lors, pour être déchargé de tout ou partie de son obligation vis-à-vis du vendeur dont la propriété est réservée, le sous-acquéreur recherché en revendication sur le fondement de l'art. 122 [C. com., art. L. 624-18], doit prouver qu'il a payé, ou réglé en valeur, ou opéré une compensation en compte courant. • Com. 17 mars 1998 : *préc. note 2.*

11. Maintien du bien en son état initial. La revendication de la créance du prix subrogée au bien, lorsque celui-ci a été revendu par le débiteur, suppose non la preuve de l'existence en nature du bien à la date d'ouverture de la procédure collective du débiteur, mais la preuve du maintien du bien dans son état initial à la date de sa délivrance au sous-acquéreur. • Com. 14 juin 2017, n° 16-11.004 : *D. 2017. Actu. 1301 ; RJDA 2017, n° 571 ; RDBF 2017, n° 181, obs. Houin-Bressand.* – V. déjà • Com. 3 janv. 1995 : *préc. note 3* • 14 janv. 1997 : *D. 1997. IR 52* • 5 nov. 2003 : *préc. note 2.* ♦ La revendication du prix de revente des marchandises vendues avec réserve de propriété est soumise aux conditions de l'art. 121, al. 3, dans sa réd. issue de la loi du 10 juin 1994 [désormais, art. L. 624-16, al. 3], qui autorise la revendication des biens mobiliers incorporés dans un autre bien mobilier lorsque leur récupération peut être effectuée sans dommage pour les biens eux-mêmes et le bien dans lequel ils sont incorporés. • Versailles, 24 juin 1999 : *RJDA 1999, n° 1110.*

12. Délais d'action. Il résulte des art. 115 et 122 [C. com., art. L. 624-9 et L. 624-18] que dès lors que l'action en revendication en nature a été exercée dans le délai légal, la forclusion ne peut être opposée à l'action en revendication du prix exercée ultérieurement, à l'encontre du sous-acquéreur. • Com. 24 nov. 1998, n° 98-13.841 P : *D. 2000. Somm. 75, obs. Pérochon et Mainguy ; D. Affaires 1999. 522, obs. A. L. ; JCP E 1999, n° 18-19, p. 811, obs. Cabrillac ; RTD com. 1999. 754, obs. Martin-Serf ; Quot. jur. 10 déc. 1998, p. 6, note P. M. ; RJ com. 1999. 261, note Courtier ; RPC 2001. 19, obs. Soinne.* ♦ L'action en paiement exercée contre les détenteurs des marchandises vendues avec clause de réserve de propriété, à la suite de l'ordonnance du juge-commissaire autorisant le vendeur à revendiquer le prix impayé, qui découle de l'action en revendication mais ne se confond pas avec celle-ci, n'est pas soumise au délai de l'art. 115 [C. com., art. L. 624-9]. • Com. 15 févr. 2000 : *RJDA 2000, n° 573 ; APC 2000, n° 75 ; RTD com. 2001. 517, obs. Martin-Serf .*

13. Compétence. Dès lors qu'elle ne conduit à mettre en cause ni la validité ni l'exécution du contrat administratif, l'action en revendication du prix de marchandises revendues à un établissement public a un caractère purement commercial, et il appartient ainsi à la juridiction judiciaire de connaître du litige. • T. confl., 13 nov. 2000, n° 3189 P : *D. 2001. AJ 236 .*

14. Règlement en valeur. Ayant relevé que le sous-acquéreur de marchandises initialement grevées de réserve de propriété avait, en paiement du prix, remis à l'acheteur-revendeur des lettres de change acceptées, une cour d'appel en a exactement déduit que, par suite du règlement en valeur auquel il avait été ainsi procédé, conformément à l'art. 66 [C. com., art. L. 624-18], le vendeur originaire ne pouvait plus exercer l'action en revendication du prix à l'encontre du sous-acquéreur de la marchandise. • Com. 9 janv. 1990, n° 88-14.966 P : *D. 1990. Somm. 121, obs. Cabrillac ; D. 1991. Somm. 48, obs. Pérochon ; Banque 1990. 428, obs. Rives-Lange* (loi de 1967) • 2 nov. 1993 : *préc. note 6.* – V. déjà • Paris, 14 mai 1985 : *D. 1988. Somm. 64, obs. Derrida* (loi de 1967) • 2 oct. 1987 : *D. 1988. Somm. 51, obs. Cabrillac* (loi de 1967).

La remise à l'escompte par le débiteur en redressement judiciaire d'une lettre de change tirée sur les acheteurs mais non acceptée par eux ne peut, en l'absence d'engagement cambiaire de ce dernier, constituer le règlement en valeur entre le débiteur et l'acheteur qui, aux termes de l'art. 122 [C. com., art. L. 624-18], fait obstacle à la revendication du prix des marchandises par le propriétaire. • Com. 6 mai 1997, n° 93-13.261 P : *D. 2000. Somm. 75, obs. Pérochon et Mainguy ; D. Affaires 1997. 798 ; JCP 1997. II. 22910, rapp. Rémery ; RTD com. 1997. 485, obs. Cabrillac ; RPC 2001. 20, obs. Soinne.*

15. Compensation (jurisprudence antérieure à l'Ord. du 18 déc. 2008). Un paiement par compensation, autre que par compte courant, avant l'ouverture de la procédure collective ne constitue pas l'un des modes de paiement mettant obstacle à la revendication du vendeur. • Com. 8 janv. 2002, n° 99-11.079 P : *D. 2002. AJ 573, obs. Lienhard ; APC 2002, n° 49, obs. Regnaut-Moutier ; JCP E 2002, n° 20, p. 808, obs. Cabrillac et Pétel ; Dr. et patr. juill.-août 2002. 105, obs. Monsèrié-Bon ; RTD com. 2002. 374, obs. Martin-Serf .* ♦ *Contra*, désormais : art. L. 624-18, dans sa réd. issue de l'Ord. n° 2008-1345 du 18 déc. 2008.

16. Dation en paiement. La dation en paiement ne constitue pas un mode de paiement mettant obstacle à la revendication du vendeur sous réserve de propriété. • Com. 14 mai 2008, n° 06-21.532 P : *D. 2008. 2253, note Aubry ; ibid. AJ 1477, obs. Lienhard ; APC 2008, n° 168, obs. Macorig-Venier ; Gaz. Pal. 27-29 juill. 2008, p. 62, obs. Pérochon ; JCP E 2008. 2062, n° 13, obs. Cabrillac ; RTD civ. 2008. 520, obs. Crocq ; RJ com. 2008. 386, obs. Sortais ; RPC 2008, n° 151, obs. Monsèrié-Bon ; RTD com. 2008. 866, obs. Martin-Serf .*

17. Cession de créance. Si la créance du prix a été cédée à un tiers, le règlement du prix par le sous-acquéreur entre les mains de ce dernier après le jugement d'ouverture ne prive pas le vendeur initial de son droit de revendiquer la créance du prix de revente entre les mains du débiteur. • Com. 7 nov. 2018, n° 17-20.478 : *Rev. sociétés 2018. 751, obs. Reille ; RJDA 2019, n° 117.* ♦ V. déjà, à propos d'une cession de créance selon bordereau Dailly : • Com. 20 juin 1989, n° 88-11.720 P : *D. 1989. 431, note Pérochon ; RTD com. 1989. 745, obs. Martin-Serf, et 1990. 445, obs. Bouloc ; Banque 1989. 760, obs. Rives-Lange* (loi de 1967). ♦ Comp., écartant la faute d'une commune, qui, bien qu'ayant eu connaissance de la réserve de propriété frappant les biens qu'elle avait acquis, avait payé le cessionnaire de la créance, et non le vendeur initial : • CAA Douai, 29 juin 2000 : *D. 2001. 537, note Laugier .* ♦ Dès lors que le débiteur-acheteur du matériel couvert par une clause de réserve de propriété a cédé sa créance du prix de revente le 18 août 2006, la subrogation n'a pu s'opérer sur cette créance, sortie du patrimoine de ce débiteur antérieurement à la mise en possession réelle du sous-acquéreur, en janv. et févr. 2007 (rejet de l'action en revendication fondée sur l'art. L. 624-18 C. com.). • Com. 14 déc. 2010, n° 09-71.767 : *D. 2011. Actu. 8, obs. Lienhard ; RTD civ. 2011. 155, obs. Crocq ; JCP E 2011. 1263, n° 9, obs. Pétel ; LEDEN 2/2011. 3, obs. Rubellin ; APC 2011, n° 45, obs. Saintourens ; RJDA 2011, n° 338 ; Gaz. Pal. 1er-2 avr. 2011, p. 35, obs. Pérochon.*

18. Affacturage. Si la subrogation investit le subrogé de la créance primitive avec tous ses avantages et accessoires, le subrogé n'a pas plus de droits que son subrogeant au lieu et place duquel il agit. • Com. 26 avr. 2000, n° 97-21.486 P : *D. 2000. AJ 278, obs. Pisoni ; APC 2000, n° 122, obs. Dom.* ♦ Ayant retenu que le vendeur était fondé à se prévaloir de sa réserve de propriété à l'égard des matériels litigieux, et que ceux-ci ayant été revendus par le débiteur, le prix dû à ce dernier se trouvait par là même subrogé aux marchandises dont le vendeur était demeuré propriétaire, c'est à bon droit que les juges ont décidé que la créance invoquée par l'affactureur du débiteur ne pouvait faire échec à la revendication du vendeur. • Même arrêt. ♦ Mais le vendeur réservataire ne peut se prévaloir des dispositions de l'art. 122 [C. com., art. L. 624-18] qu'à la condition qu'au jour de l'exercice de l'action en revendication, le prix de revente des marchandises n'ait pas été payé par les sous-acquéreurs entre les mains du tiers subrogé dans les droits de la société débitrice ayant revendu les marchandises. • Com. 10 juill. 2001, n° 98-19.331 P : *D. 2001. AJ 2597, obs. Lienhard ; APC 2001, n° 181, obs. Mainguy ; RTD com. 2001. 962, obs. Cabrillac ; ibid. 2002. 163, obs. Martin-Serf ; RTD civ. 2001. 927, obs. Croq* • Paris, 5 oct. 1996 : *D. Affaires 1996. 1418 ; RPC 2001. 20, obs. Soinne.* ♦ Justifie sa décision rejetant la demande en revendication du prix la cour d'appel qui, après avoir constaté qu'avant le jugement d'ouverture de la procédure collective le prix du véhicule affecté de la clause de réserve de propriété avait été réglé par le sous-acquéreur entre les mains de l'affactureur, retient qu'il est indifférent qu'une somme d'argent, sans rapport avec la convention conclue avec l'acquéreur originaire, ait été versée postérieurement au jugement d'ouverture par le sous-acquéreur entre les mains de l'affactureur, faisant ainsi ressortir que la somme restant due par le sous-acquéreur correspondait à une créance distincte de celle du prix de revente du bien affecté de la clause de réserve de propriété. • Com. 16 juin 2009, n° 08-15.753 P : *D. 2009. 1752, obs. Lienhard (1er arrêt) ; RTD com. 2009. 810, obs. Martin-Serf ; JCP E 2009. 1814, n° 11, obs. Cabrillac ; APC 2009, n° 210, obs. Pérochon ; RJDA 2009, n° 989 (2e esp.) ; RPC 2009, n° 170, obs. Monsèrié-Bon.* ♦ Il résulte de l'art. L. 624-18 que la revendication qu'il permet du prix ou de la partie du prix des biens vendus avec réserve de propriété, qui n'a été ni payé, ni réglé en valeur, ni compensé entre le sous-acquéreur et le débiteur à la date du jugement ouvrant la procédure collective de ce dernier, tend seulement à rendre opposable à cette procédure le report du droit de propriété du vendeur initial sur la créance du prix de revente ; il s'ensuit que l'autorité de la chose jugée attachée à la décision statuant sur cette revendication ne prive pas l'affactureur, se prétendant subrogé dans les droits du débiteur au titre de la créance du prix de revente, de la possibilité de faire trancher, en vue d'obtenir à son profit le paiement de cette créance, le conflit qui l'oppose au vendeur bénéficiaire de la clause de réserve de propriété, la décision s'étant prononcée sur la revendication de celui-ci n'ayant pas eu pour objet de résoudre un tel conflit. • Com. 9 déc. 2020, n° 19-16.542 P : *D. 2021. Actu. 4 ; Rev. sociétés 2021. 208, obs. Reille ; RTD com. 2021. 435, obs. Martin-Serf ; APC 2021, n° 24, obs. Petit ; RJDA 2021, n° 180 ; BJE 3-4/2021. 37, note Vallansan ; Gaz. Pal. 13 avr. 2021, p. 73, obs. Le Corre-Broly.* ♦ La mise à disposition d'une copie d'un logiciel par téléchargement et la conclusion d'un contrat de licence d'utilisation y afférente visant à rendre ladite copie utilisable par le client de manière permanente moyennant le paiement d'un prix implique le transfert du droit de propriété de cette copie, de sorte que l'affactureur subrogé dans les droits de l'acquéreur-revendeur en liquidation judiciaire ne peut pas contester le droit de propriété du fournisseur bénéficiaire d'une clause de réserve de propriété, seul titulaire de la créance du prix de revente des logiciels. • Com. 6 mars 2024 (3 arrêts), nos 22-23.657, 22-22.651 et 22-18.818 B : *D. 2024. Actu. 477 ; RTD com. 2024. 428, obs. Martin-Serf ; RTD civ. 2024. 412, obs. Barbier ; BJE 5-6/2024. 9, note André ; APC 2024, n° 120, obs. Alleaume ; RJDA 2024, n° 410.*

19. Action en paiement contre le sous-acquéreur. L'action en paiement exercée par le vendeur initial à l'encontre d'un sous-acquéreur de biens vendus avec clause de réserve de propriété s'analyse en une action personnelle et non en une action réelle. • Com. 6 oct. 2009, n° 08-15.048 P : *D. 2009. Chron. C. cass. 2582, obs. Orsini ; ibid. AJ 2482, obs. Lienhard ; D. 2010. Pan. 1822, obs. F.-X. Lucas ; RTD com. 2010. 201, obs. Martin-Serf ; Gaz. Pal. 1er-3 nov. 2009, p. 42, obs. Pérochon ; JCP E 2009. 2144, note Reifegerste ; ibid. 2010. 1011, n° 12, obs. Cabrillac ; JCP 2009. 566, note Dallemagne ; APC 2009, n° 283, obs. Blanc ; LEDEN, déc. 2009, p. 4, obs. M. Sénéchal ; RDBF 2010, n° 14, obs. Legeais.* ♦ Viole les art. L. 622-7, L. 622-21, L. 624-18, L. 631-14 et L. 631-18 C. com. dans leur rédaction issue de la loi du 26 juill. 2005, la cour d'appel qui accueille la demande en paiement du prix impayé formée par le vendeur initial à l'encontre du sous-acquéreur en liquidation judiciaire, alors que l'action tendait au paiement d'une créance antérieure au jugement d'ouverture de la procédure collective de ce dernier. • Même arrêt.

20. Plan de cession. Sur l'application de l'art. 122 [C. com., art. L. 624-18] en cas de cession de marchandises vendues sous réserve de propriété, dans le cadre d'un plan de cession, V. • Aix-en-Provence, 20 mars 1990 : *D. 1991. Somm. 42, obs. Pérochon* (arrêt partiellement cassé par • Com. 9 juin 1992, n° 90-16.804 P : *D. 1993. Somm. 6, obs. Derrida*). – Comp. : • Besançon, 10 juin 1992 : *RPC 1993. 123, obs. Soinne.* ♦ V. aussi note 48 ss. ancien art. L. 621-32 et note 46 ss. art. L. 624-16.

SECTION 4 *Dispositions particulières au débiteur titulaire de plusieurs patrimoines* (*L. n° 2022-172 du 14 févr. 2022, art. 5, en vigueur le 15 mai 2022*).

Art. L. 624-19 **Le débiteur** *(Abrogé par L. n° 2022-172 du 14 févr. 2022, art. 5, à compter du 15 mai 2022)* **« *entrepreneur individuel à responsabilité limitée* » établit, dans les conditions prévues par l'article L. 624-9, la consistance des biens détenus dans le cadre de l'activité à raison de laquelle la procédure a été ouverte qui sont compris dans un autre de ses patrimoines. L'administrateur, avec l'accord du mandataire judiciaire, peut acquiescer à la demande tendant à la reprise du bien. A défaut d'acquiescement ou en l'absence d'administrateur, la demande est portée devant le juge-commissaire.** — *V. art. R. 624-13-1.*

Pour les dispositions transitoires de la L. n° 2022-172 du 14 févr. 2022, V. note ss. art. L. 611-13.

COMMENTAIRE

La loi du 15 juin 2010 relative à l'entrepreneur individuel à responsabilité limitée, qui permettait, grâce à la technique de l'affectation à une activité professionnelle, à une même personne de posséder plusieurs patrimoines, avait logiquement conduit l'ordonnance du 9 décembre 2010 à prévoir le cas, certainement fréquent en pratique, où le débiteur exerçant en EIRL détient dans son activité à l'origine de l'ouverture de la procédure des biens ne faisant pas partie du patrimoine affecté à celle-ci appréhendé par cette procédure. Dans cette hypothèse, de même qu'il devait mentionner ces biens à l'inventaire (V. art. L. 622-6), il pouvait les revendiquer (ou, plutôt, en demander la « reprise »). A cette fin, l'article L. 624-19, création de l'ordonnance de 2010, décalquait, en l'adaptant au particularisme de l'EIRL, la procédure de revendication « classique », ouverte aux propriétaires tiers. Ainsi, l'acquiescement ne requérait ici que l'accord du mandataire judiciaire, non celui du débiteur, ce qui se comprend bien puisque ce dernier est la même personne que le revendiquant. S'appliquait, notamment, le délai de trois mois (V. art. L. 624-9).

Ultérieurement, la loi du 14 février 2022 en faveur de l'activité professionnelle indépendante, applicable à compter du 15 mai 2022, a substitué à l'option pour le statut de l'entrepreneur à responsabilité limitée (EIRL) une protection de plein droit du patrimoine personnel, seul le patrimoine professionnel étant engagé. Dès lors, afin de viser à la fois le cas résiduel de l'EIRL et celui de l'entrepreneur individuel relevant du nouveau statut, en ce qui concerne son patrimoine professionnel, la loi de 2022 a tout simplement gommé les mots « entrepreneur individuel à responsabilité limitée », visant ainsi, de façon générale, le cas des débiteurs dotés d'un patrimoine professionnel et d'un patrimoine personnel. ❑

SECTION 5 *Dispositions particulières aux sociétés*

(Ord. n° 2014-326 du 12 mars 2014, art. 35, en vigueur le 1er juill. 2014)

Art. L. 624-20 **Le jugement d'ouverture rend immédiatement exigible le montant non libéré du capital social.**

COMMENTAIRE

Cette nouvelle règle, issue de la réforme du 12 mars 2014, apparaît comme une des mesures de rigueur prises à l'égard des associés, dont un fort courant de pensée, inspiré notamment de l'analyse économique du droit (*« Law & Economics »*), considère que la place que leur a réservée le législateur jusqu'ici, trop favorable comparée à celle des créanciers, nuisait à l'efficacité des dispositifs de sauvetage des entreprises en difficulté (V., not., S. Vermeille et A. Bézert, L'éviction des actionnaires en amont de la cessation des paiements : un impératif pour lutter contre l'excès d'endettement, *D. 2013. Chron. 2045*).

En effet, selon les textes et surtout selon la jurisprudence, jusque-là, l'exigibilité de la dette d'apport des associés et actionnaires n'existait qu'en cas de liquidation judiciaire (V. note 3 ss. art. L. 643-1). Certes, le fondement de cette obligation n'est pas clair, qui ne saurait se rattacher à l'article L. 643-1 du code de commerce, aux termes duquel le jugement de liquidation judiciaire rend exigibles les créances non échues, puisque ce texte vise les créances sur l'entreprise et non les créances de l'entreprise. Aussi semblait-il plus juste de fonder cette solution, qui peut se raccrocher également à l'obligation de contribuer aux pertes, tout simplement au droit du liquidateur de recouvrer les créances de la société sur les associés, rendues exigibles du fait de la dissolution qu'entraîne automatiquement le jugement de liquidation judiciaire (V., sur cette discussion doctrinale, J.-P. Legros, Sociétés et droit des entreprises en difficulté, *in* Entreprises en difficulté, ss la dir. de P. Roussel Galle, *LexisNexis, 2012, n°s 312 s.*). Encore cette explication se trouve-t-elle aujourd'hui privée d'une partie de son assise, maintenant qu'il résulte de la modification de l'article 1844-7, 7°, du code civil par l'ordonnance de 2014 que la dissolution est limitée et différée à la clôture de la liquidation judiciaire pour insuffisance d'actif (V. art. 1844-7 C. civ., *infra*).

Quoi qu'il en soit, le principe est désormais posé par l'article L. 624-20, applicable également au redressement judiciaire sur renvoi de l'article L. 631-18 : le jugement d'ouverture rend immédiatement exigible le montant non libéré du capital social. Ce qui contraint indéniablement les associés à contribuer au financement de la société en difficulté.

Plusieurs conséquences découlent de cette nouvelle règle. La première, d'origine légale aussi, concerne le recouvrement de cette créance sociale. Selon le nouvel article L. 622-20, alinéa 2, « le mandataire judiciaire a qualité pour mettre en demeure un associé ou un actionnaire de verser les sommes restant dues sur le montant des parts et actions souscrites par lui ». Fort logiquement, comme en liquidation judiciaire le liquidateur, c'est le mandataire judiciaire à qui il incombe d'agir contre les associés ou les actionnaires. En effet, ainsi que l'explicite le Rapport au président de la République, ce pouvoir « trouve son fondement dans l'intérêt collectif des créanciers d'obtenir des associés ou actionnaires un effort correspondant aux contraintes qui leur sont imposées ». La seconde conséquence intervient sous forme d'un rappel jurisprudentiel : le caractère exigible de la dette d'apport des associés ne saurait être pris en compte au titre de l'actif disponible de la société, s'agissant de l'appréciation éventuelle de son état de cessation des paiements (V. Com. 23 avr. 2013 : *cité note 2 ss. art. L. 631-1*). ❑

SECTION 6 *De certaines créances antérieures dues aux producteurs agricoles*

(Ord. n° 2021-1193 du 15 sept. 2021, art. 27, en vigueur le 1er janv. 2022)

Art. L. 624-21 Les sommes dues aux producteurs agricoles par leurs acheteurs sont payées, nonobstant l'existence de toute autre créance privilégiée à l'exception de celles garanties par les articles L. 3253-2 et L. 3253-5 du code du travail, à due concurrence du montant total des produits livrés par le producteur agricole au cours des quatre-vingt-dix jours précédant l'ouverture de la procédure.

Jusqu'au 1er janv. 2022, la référence faite à l'art. L. 624-21 C. com. doit se lire comme faite à l'art. 2332-4 C. civ. (Ord. n° 2021-1193 du 15 sept. 2021, art. 73-II).

COMMENTAIRE

Contrairement aux apparences, ce nouvel article L. 624-21 ne consacre pas un nouveau privilège au bénéfice des producteurs agricoles. Ce privilège existait déjà mais se trouvait logé dans l'article 2332-2 du code civil, abrogé par l'ordonnance n° 2021-1192 du 15 septembre 2021 portant réforme du droit des sûretés. Ce déplacement vers le livre VI du code de commerce se comprend aisément compte tenu de la teneur de la disposition, qui ne s'applique qu'en cas de procédure collective.

Fort logiquement, ce transfert de code à code ne prend effet qu'au 1er janvier 2022, date d'application de la réforme du droit des sûretés. ❑

CHAPITRE V *DU RÈGLEMENT DES CRÉANCES RÉSULTANT DU CONTRAT DE TRAVAIL*

BIBL. GÉN. ▶ Saintourens et Duprat, *Gaz. Pal. 8-10 mars 2009, p. 40* (droits des salariés dans l'Ord. du 18 déc. 2008). – Ronet-Yague et Fin-Langer, *RPC 2023. Dossier 38* (juge de la procédure collective et contentieux social).

SECTION 1 *De la vérification des créances*

RÉP. COM. v° *Entreprise en difficulté : salariés,* par CESARO ET DUCHANGE.

Art. L. 625-1 **Après vérification, le mandataire judiciaire établit, dans les délais prévus à l'article L. 143-11-7** *[L. 3253-19]* **du code du travail, les relevés des créances résultant d'un contrat de travail, le débiteur entendu ou dûment appelé. Les relevés des créances sont soumis au représentant des salariés dans les conditions prévues à l'article L. 625-2. Ils sont visés par le juge-commissaire, déposés au greffe du tribunal et font l'objet d'une mesure de publicité dans des conditions fixées par décret en Conseil d'État.**

Le salarié dont la créance ne figure pas en tout ou en partie sur un relevé peut saisir à peine de forclusion le conseil de prud'hommes dans un délai de deux mois à compter de l'accomplissement de la mesure de publicité mentionnée à l'alinéa précédent. Il peut demander au représentant des salariés de l'assister ou de le représenter devant la juridiction prud'homale.

(Ord. n° 2008-1345 du 18 déc. 2008, art. 45) **« Le débiteur et l'administrateur lorsqu'il a une mission d'assistance sont mis en cause. »** – *[C. com., anc. art. L. 621-125.]*

V. art. R. 625-1 s.

Sur les mesures d'adaptation liées à l'urgence sanitaire (covid-19), V., infra, Ord. n° 2020-341 du 27 mars 2020, art. 1er, et Ord. n° 2020-1443 du 25 nov. 2020, art. 2.

Ancien art. L. 625-1 (dernier al.) ***Le débiteur ou l'administrateur lorsqu'il a pour mission d'assurer l'administration est mis en cause.***

COMMENTAIRE

I. INTERVENTION DE L'AGS

Par rapport à l'ancien article L. 621-125, il convient de noter la suppression, par la loi du 26 juillet 2005, de la première phrase du dernier alinéa : en cas de sauvegarde, l'AGS n'est donc pas mise en cause systématiquement au titre des contentieux prud'homaux liés aux relevés de créances salariales (en cas de redressement judiciaire, V. art. L. 631-18, II). L'idée avancée pour justifier cette disposition est que, le licenciement étant régi par le droit commun, il convient que le débiteur ne trouve pas dans l'intervention de l'AGS, en raison d'éventuels contentieux issus de la procédure de licenciement, une incitation à ne pas respecter celle-ci scrupuleusement (V. aussi art. L. 625-3).

II. MISE EN CAUSE DE L'ADMINISTRATEUR

Il résulte de la modification issue de l'ordonnance du 18 décembre 2008 que la mise en cause de l'administrateur n'est requise qu'en cas de mission d'assistance de celui-ci. Ce qui est logique, puisque, en cas de simple mission de surveillance, le débiteur assure sans partage la gestion de l'entreprise. En cas de mission d'assistance, le débiteur et l'administrateur sont donc désormais tous deux mis en cause (le texte substitue la conjonction « et » à la conjonction « ou » : V. F. Taquet, Aperçu rapide des modifications en matière sociale résultant de l'ordonnance n° 2008-1345 du 18 décembre 2008 portant réforme du droit des entreprises en difficulté, *RPC 2009. Dossier 13, n° 5*). ❑

1. Régime dérogatoire. Il résulte des art. L. 625-1 à L. 625-6 C. com., dans leur rédaction antérieure à l'Ord. du 18 déc. 2008, ensemble les principes régissant l'excès de pouvoir, qu'excède son pouvoir le juge-commissaire qui prononce l'admission d'une créance salariale. • Com. 6 déc. 2011, n° 10-22.855 : *D. 2012. Actu. 87 ; BJE 2012. 105, note Donnette.*

2. Créances salariales visées. Les créances salariales qui sont l'objet d'une instance en cours devant la juridiction prud'homale à la date du jugement d'ouverture du redressement judiciaire ne sont pas soumises à la vérification des créances salariales instituée par l'art. 123 de la loi [C. com., art. L. 625-1] et par les art. 76 et 78 du décret [C. com., art. R. 625-1 et R. 625-3]. • Soc. 10 déc. 1996, n° 94-40.486 P. • 30 sept. 1997, n° 94-44.943 P : *D. 1997. IR 219 ; RPC 1999. 156, obs. Monsèrié.*

3. Délai de saisine. Le délai de forclusion ne court pas lorsque le représentant des créanciers n'a pas informé le salarié de son existence et de son point de départ. • Soc. 25 juin 2002, n° 00-44.704 P : *D. 2002. AJ 2406 ; JCP E 2002, n° 39, p. 1526, obs. Pétel ; APC 2002, n° 181, obs.*

Regnaut-Moutier ; RPC 2002. 289, obs. Taquet ; LPA 15 avr. 2003, p. 10, note Tchotourian ; RTD com. 2003. 568, obs. Martin-Serf. ♦ ... Sans qu'il y ait lieu de distinguer selon que la créance a été rejetée ou omise. • Soc. 16 déc. 2008 : *Gaz. Pal. 26-28 avr. 2009, p. 38, obs. Saintourens.* ♦ Il résulte des art. L. 621-125 [L. 625-1] C. com., 78 du Décr. du 27 déc. 1985 [C. com., art. R. 625-3] et 640 NCPC [C. pr. civ.] que le représentant des créanciers qui informe le salarié de la nature et du montant des créances admises ou rejetées doit lui rappeler la durée du délai de forclusion prévu au premier des textes susvisés, la date de la publication prévue au 3e al. du deuxième de ces textes, le journal dans lequel elle sera effectuée ainsi que la juridiction compétente et les modalités de sa saisine ; en l'absence de ces mentions, ou lorsque celles-ci sont erronées, le délai de forclusion ne court pas. • Soc. 7 févr. 2006, n° 03-47.937 P : *D. 2006. AJ 579, obs. Lienhard ; RPC 2006. 287, obs. Taquet.* ♦ Sous peine de la même sanction, l'information délivrée par le mandataire judiciaire doit comprendre, au titre des modalités de saisine de la juridiction compétente, l'indication de la saisine par requête de la formation de jugement du conseil de prud'hommes compétent et la possibilité de se faire assister et représenter par le représentant des salariés. • Soc. 22 mars 2023, n° 21-14.604 B : *D. 2023. Actu. 598 ; LEDEN 4/2023. 7, obs. Dedessus-Le-Moustier ; APC 2023, n° 98, obs. Fin-Langer ; RJDA 2023, n° 326 ; RPC 2023, n° 66, obs. Jacotot.*

4. Le salarié qui demande devant le conseil de prud'hommes, conformément à l'art. L. 511-1 [L. 1411-1 s.] C. trav., la réparation du préjudice causé par l'irrégularité de fond ou de procédure de son licenciement et dont l'action est distincte de celle ouverte par l'art. 123 de la loi du 25 janv. 1985 [C. com., art. L. 625-1] ne peut se voir opposer la fin de non-recevoir tirée de la forclusion prévue par ce second texte. • Soc. 4 juill. 2000, n° 98-40.765 P : *D. 2001. Somm. 115, obs. Derrida ; RPC 2001. 41, obs. Taquet* • 11 oct. 2006, n° 04-47.950 P : *D. 2006. IR 2624 ; APC 2006, n° 244, obs. Fin-Langer.*

5. L'art. L. 621-125 [L. 625-1] C. com. n'impose au salarié, à peine de forclusion, que de saisir la juridiction prud'homale dans le délai qu'il prévoit ; des demandes nouvelles peuvent être présentées en tout état de la procédure ainsi engagée, peu important que le délai de forclusion soit alors expiré. • Soc. 9 nov. 2005, n° 03-47.963 P : *APC 2006, n° 17, obs. Regnaut-Moutier ; RPC 2006. 70, obs. Taquet.*

6. Lorsque, invoquant le caractère privilégié d'une créance salariale, un salarié conteste l'admission de cette créance faite à titre chirographaire sur le relevé établi par le représentant des créanciers, le juge-commissaire, dont la fonction est de viser les relevés des créances salariales, n'est pas compétent pour statuer sur les contestations relatives à ces créances à la demande du salarié et la décision par laquelle il refuse de reconnaître le caractère privilégié de la créance figurant sur le relevé doit être infirmée, alors que les contestations relatives à l'admission des créances doivent, conformément à l'art. 123 [C. com., art. L. 625-1], al. 2, être portées devant le conseil de prud'hommes dans le délai de deux mois à compter de la publication du relevé. • Paris, 2 juin 1993 : *D. 1993. IR 245.*

7. Relevé de forclusion. La saisine du conseil de prud'hommes par le salarié, qui conteste la décision du représentant des créanciers, emporte nécessairement demande de relevé de forclusion lorsqu'il introduit la procédure après l'expiration du délai de deux mois de l'art. L. 621-125 [L. 625-1] C. com., mais conformément aux art. L. 621-46 [L. 622-26] C. com. et 78 du Décr. du 27 déc. 1985 [C. com., art. R. 625-3], moins d'un an [six mois] après le jugement d'ouverture de la procédure collective, sans qu'il soit besoin que cette demande soit formulée expressément. • Soc. 26 mars 2003, n° 01-41.747 P : *APC 2003, n° 165, obs. Cagnoli ; JCP E 2003, n° 40, p. 1574, obs. Pétel ; RPC 2003. 251, obs. Taquet. – Contra,* auparavant : • Soc. 22 juin 1993, n° 91-41.387 P : *D. 1993. IR 195 ; Dr. sociétés 1994, n° 71, obs. Chaput* • 26 nov. 1996 : *RPC 1997. 472, obs. Taquet ; RJ com. 1998. 108, note Haennig.*

8. Le délai de l'action en relevé de forclusion ne peut courir à l'encontre du salarié dès lors que le représentant des créanciers a déposé le relevé des créances résultant d'un contrat de travail non dans les trois mois suivant le prononcé du jugement d'ouverture, mais postérieurement à l'expiration du délai prévu à l'art. 53 [C. com., art. L. 622-26]. • Soc. 8 janv. 2002, n° 99-41.520 P : *RPC 2002. 110, obs. Taquet ; RTD com. 2003. 568, obs. Martin-Serf*.

9. Contestation postérieure à la condamnation de l'employeur au paiement. En ce sens qu'un salarié peut saisir le conseil de prud'hommes d'une action tendant à contester le refus du représentant des créanciers de faire figurer sa créance sur un relevé des créances résultant d'un contrat de travail, même lorsqu'une précédente décision prud'homale a condamné l'employeur à payer les sommes réclamées, V. • Soc. 16 déc. 1998, n° 96-43.794 P : *D. 2001. Somm. 115, obs. Derrida ; JCP E 1999, n° 18-19, p. 812, obs. Pétel.*

10. Défendeur à l'action. L'action relative à l'inscription sur le relevé des créances des diverses indemnités consécutives à la rupture du contrat de travail est formée à titre principal contre le représentant des créanciers de l'employeur en redressement judiciaire. • Soc. 16 janv. 1991, n° 87-42.899 P : *D. 1991. IR 48* • 16 déc. 1992, n° 89-43.900 P.

11. Intéressement des salariés. La juridiction prud'homale est compétente pour statuer sur la demande du salarié tendant à l'inscription sur le relevé des créances relatives à l'intéressement et mettant en jeu la garantie de l'AGS. • Soc. 19 mars 1997 : *D. 1997. IR 94.*

12. Accident du travail. Les dispositions relatives au règlement des créances résultant de l'art. 123 [C. com., art. L. 625-1] ne sont pas applicables à la créance du salarié victime d'un accident du travail, consécutive à la reconnaissance de la faute inexcusable de l'employeur, cette créance ne constituant pas une créance salariale résultant d'un contrat de travail mais une créance dont le fait générateur est né du fait ou à l'occasion du travail, selon la définition de l'art. L. 411-1 CSS. • Dijon, 21 oct. 1997 : *JCP 1998. IV. 3147.*

13. Défaut d'établissement des relevés des créances salariales. Lorsque les délais imposés au représentant des créanciers pour établir les relevés des créances résultant d'un contrat de travail sont dépassés, sans que ces relevés aient été établis, les salariés peuvent saisir directement le conseil de prud'hommes pour faire reconnaître leurs créances salariales, notamment celles qui sont nées après l'ouverture de la procédure collective. • Soc. 26 févr. 2003, n° 00-46.174 P.

14. Portée de l'état des créances. Il résulte de l'art. 123, alors applicable [devenu C. com., art. L. 625-1], que le représentant des créanciers n'a pas à se prononcer sur la garantie de l'AGS lors de l'établissement du relevé des créances résultant d'un contrat de travail, l'art. 77 du Décr. du 27 déc. 1985 [C. com., art. R. 625-2] ne prévoyant pas la mention de la garantie de l'AGS sur ce relevé ; il ne peut en conséquence exister d'indivisibilité entre l'état des créances déposé au greffe du tribunal de la procédure collective, comportant les relevés des créances résultant d'un contrat de travail, et une décision de justice déterminant l'étendue de la garantie de l'AGS. • Soc. 7 juill. 2021, n° 18-18.943 B : *cité note 3 ss. art. L. 625-4.*

15. Voies de recours. La demande par laquelle le salarié conteste devant le bureau de jugement du conseil de prud'hommes, conformément aux dispositions des art. L. 621-125 et L. 621-128 [L. 625-1 et L. 625-5] C. com., la décision du représentant des créanciers de ne pas faire figurer tout ou partie de sa créance sur les relevés des créances résultant d'un contrat de travail, présente un caractère indéterminé en sorte que le jugement du conseil de prud'hommes est susceptible d'appel. • Soc. 18 févr. 2004 : *RPC 2004. 254, obs. Taquet.*

Art. L. 625-2 *(L. n° 2005-845 du 26 juill. 2005, art. 57)* **« Les relevés des créances résultant des contrats de travail sont » soumis pour vérification par le mandataire judiciaire au représentant des salariés mentionné à l'article** *(L. n° 2005-845 du 26 juill. 2005, art. 57)* **« L. 621-4 ». Le mandataire judiciaire doit lui communiquer tous documents et informations utiles. En cas de difficultés, le représentant des salariés peut s'adresser à l'administrateur et, le cas échéant, saisir le juge-commissaire. Il est tenu à l'obligation de discrétion mentionnée à l'article L. 432-7** *[L. 2325-5]* **du code du travail. Le temps passé à l'exercice de sa mission tel qu'il est fixé par le juge-commissaire est considéré de plein droit comme temps de travail et payé** *(Abrogé par Ord. n° 2008-1345 du 18 déc. 2008, art. 46)* ***« par l'employeur, l'administrateur ou le liquidateur, selon le cas, »*** **à l'échéance normale.** – *[C. com., anc. art. L. 621-36.]*

Sur les mesures d'adaptation liées à l'urgence sanitaire (covid-19), V., infra, Ord. n° 2020-341 du 27 mars 2020, art. 1er.

COMMENTAIRE

Le passage du singulier au pluriel (« les relevés » de créances), entre le texte repris de l'ancien article L. 621-36 et celui du nouvel article L. 625-2, issu de la loi du 26 juillet 2005, a corrigé une imperfection de ce texte, mis en harmonie avec l'article L. 625-1 et le décret (V. art. R. 625-1 et R. 625-2).

L'ordonnance du 18 décembre 2008 a rayé de la dernière phrase la précision, inutile, que le paiement était fait « par l'employeur, l'administrateur ou le liquidateur, selon le cas » (V. F. Taquet, Aperçu rapide des modifications en matière sociale résultant de l'ordonnance n° 2008-1345 du 18 décembre 2008 portant réforme du droit des entreprises en difficulté, *RPC 2009. Dossier 13, n° 6* ; B. Saintourens et P. Duprat, Les droits des salariés dans l'ordonnance du 18 décembre 2008 portant réforme du droit des entreprises en difficulté, *Gaz. Pal. 8-10 mars 2009, p. 40, spéc. p. 45*). ❑

S'il n'est pas contesté que le représentant des salariés a consacré tout son temps à l'accomplissement de sa mission, le montant intégral de son salaire doit lui être versé. • Soc. 2 juin 1992 : *JCP 1992. IV. 2231.*

Art. L. 625-3 *(Ord. n° 2008-1345 du 18 déc. 2008, art. 47)* **« Les instances en cours devant la juridiction prud'homale à la date du jugement d'ouverture sont poursuivies**

en présence du mandataire judiciaire et de l'administrateur lorsqu'il a une mission d'assistance ou ceux-ci dûment appelés. »

Le mandataire judiciaire informe dans les dix jours la juridiction saisie et les salariés parties à l'instance de l'ouverture de la procédure *(Abrogé par L. n° 2005-845 du 26 juill. 2005, art. 58-I)* ***« de redressement judiciaire »***. — *[C. com., anc. art. L. 621-126.]*

Dernier al. *abrogé par L. n° 2005-845 du 26 juill. 2005, art. 58-I.*

V. art. R. 625-5.

Ancien art. L. 625-3 (al. 1er) *[réd. issue de L. n° 2005-845 du 26 juill. 2005]* ***Les instances en cours devant la juridiction prud'homale à la date du jugement d'ouverture de la sauvegarde sont poursuivies en présence du mandataire judiciaire ou celui-ci dûment appelé.***

COMMENTAIRE

Par rapport à l'ancien article L. 621-126, il convient de noter deux modifications, apportées par la loi du 26 juillet 2005 :

– la suppression de la référence à « l'administrateur lorsqu'il a pour mission d'assurer l'administration », hypothèse exclue en cas de sauvegarde. L'ordonnance du 18 décembre 2008 est revenue sur ce point pour préciser que la présence de l'administrateur est requise lorsqu'il a une mission d'assistance (étant entendu aussi que le texte vise désormais, de manière générique, le « jugement d'ouverture », et non plus seulement le « jugement d'ouverture de la sauvegarde », ce qui vaut donc aussi pour le redressement judiciaire ; V., par analogie, comm. (II) ss. art. L. 625-1) ;

– la suppression du dernier alinéa : en cas de sauvegarde, l'AGS n'est donc pas mise en cause systématiquement dans les litiges prud'homaux en cours (V. aussi art. L. 625-1 ; en cas de redressement judiciaire, V. art. L. 631-18, al. 4 et 5). ❑

1. Les dispositions des art. 369 et 372 NCPC [C. pr. civ.] ne sont pas applicables aux instances visées à l'art. L. 621-126 [L. 625-3] C. com., qui ne sont ni suspendues ni interrompues. • Soc. 17 sept. 2003, n° 01-41.255 P : *D. 2003. AJ 2376 ; APC 2003, n° 210, obs. Blanc ; JCP E 2004, n° 13, p. 517, obs. Morvan* • 24 nov. 2004, n° 02-45.126 P : *RTD com. 2005. 174, obs. Vallens ; RPC 2005. 217, obs. Staes.*

2. Sur la poursuite d'une instance en référé, après mise en cause du GARP, dans le régime antérieur à la loi du 26 juill. 2005, V. • Paris, 22 oct. 1993 : *BICC 1994, n° 82.*

3. La juridiction prud'homale, informée de l'ouverture d'une procédure collective, est tenue d'appliquer les dispositions d'ordre public des art. L. 625-3, L. 641-4 et L. 641-14 C. com. et de convoquer les organes de la procédure ainsi que l'AGS, selon les modalités prévues aux art. R. 1454-19 C. trav. ou 937 C. pr. civ. (s'agissant d'une procédure de liquidation judiciaire). • Soc. 9 mars 2011 : *D. 2011. Actu. 885 ; JCP E 2011. 1596, n° 3, obs. Pétel ; APC 2011, n° 110, obs. Fin-Langer ; LEDEN 5/2011. 7, obs. G. Dedessus-Le Moustier ; RJDA 2011, n° 642 ; BJE 281, note Neau-Leduc.* ♦ En revanche, l'art. L. 625-3 C. com. ne prévoit pas la mise en cause de l'AGS en cas d'ouverture d'une procédure de sauvegarde au cours de l'instance prud'homale. • Soc. 19 mai 2016, n° 15-10.072 : *RPC 2016, n° 147, obs. Fin-Langer* • 12 juill. 2016, n° 15-14.362 : *ibid.*

4. Est irrecevable, en raison de l'indivisibilité de la procédure collective, le pourvoi formé par une société mise en redressement judiciaire entre la date de la décision attaquée et la date du pourvoi, dès lors que le représentant des créanciers ne s'est pas joint à la déclaration de pourvoi et n'a pas non plus été désigné comme défendeur dans cette déclaration, de telle sorte que les organes de la procédure collective n'ont pas été mis en cause devant la Cour de cassation. • Soc. 12 juill. 1994, n° 92-41.557 P : *D. 1994. IR 221.*

5. Le tribunal de commerce ayant mis fin à la mission du représentant des créanciers de l'ancien employeur, le commissaire à l'exécution du plan peut, valablement au regard de l'art. 124 [C. com., art. L. 625-3], intervenir à l'instance. • Soc. 30 sept. 1997, n° 94-44.943 P : *D. 1997. IR 219 ; RPC 1999. 156, obs. Monsèrié.*

6. L'instance introduite par le salarié, qui était en cours à la date du jugement d'ouverture, recommence à la suite de l'opposition formée par les parties défaillantes contre l'arrêt de défaut. C'est la même instance qui se poursuit en présence de l'employeur et des organes de la procédure, aucune forclusion n'étant encourue par le salarié. • Soc. 16 mars 1999 : *JCP E 1999, n° 20, p. 841.*

7. La radiation d'une procédure introduite devant la juridiction prud'homale, avant que l'employeur ne soit placé en liquidation judiciaire, ne constitue qu'une simple mesure d'administration judiciaire qui laisse subsister l'instance, laquelle se poursuit après l'ouverture de la procédure collective et le rétablissement de l'affaire. • Soc. 14 mai 2003, n° 01-40.110 P : *D. 2003. IR 1735 .*

8. Il résulte de l'art. L. 625-3 que les instances en cours devant la juridiction prud'homale à la date du jugement d'ouverture de la procédure collective étant poursuivies en présence des organes de la procédure ou ceux-ci dûment appelés, la demande en paiement d'une créance résultant d'un contrat de travail, antérieure au jugement d'ouverture, est recevable dès lors que la juridiction prud'homale en est saisie avant l'ouverture de la procédure, et qu'après celle-ci, elle doit, après mise en cause des organes de la procédure, statuer sur son bien-fondé et, le cas échéant, constater l'existence de la créance et en fixer le montant au passif de la procédure collective. • Soc. 10 nov. 2021, n° 20-14.529 B : *D. 2021. Actu. 2084 ; JCP E 2022. 1163, n° 12, obs. Tehrani ; LEDEN 12/2021. 7, obs. Joly ; APC 2021, n° 278, obs. Fin-Langer ; RPC 2022, n° 11, obs. Taquet.*

9. La cour d'appel n'ayant pas été informée par le mandataire judiciaire de la société de l'ouverture d'une procédure collective, sa décision condamnant celle-ci à payer des sommes à un salarié à titre de dommages-intérêts et de rappel de salaire sur préavis échappe aux critiques. • Soc. 28 févr. 2018, n° 15-24.856 P : *D. 2018. Actu. 509 ; LEDEN 5/2018. 7, obs. de Frémont.* ♦ Le mandataire judiciaire qui n'a pas informé de l'ouverture de la procédure de redressement judiciaire les salariés et la juridiction saisie ne peut valablement se prévaloir d'une inopposabilité de la décision rendue au terme de l'instance prud'homale. • Soc. 17 sept. 2003 : *préc. note 1.*

Art. L. 625-4 **Lorsque les institutions mentionnées à l'article L. 143-11-4** *[L. 3253-14]* **du code du travail refusent pour quelque cause que ce soit de régler une créance figurant sur un relevé des créances résultant d'un contrat de travail, elles font connaître leur refus au mandataire judiciaire qui en informe immédiatement le représentant des salariés et le salarié concerné.**

Ce dernier peut saisir du litige le conseil de prud'hommes. Le mandataire judiciaire, le *(Ord. n° 2008-1345 du 18 déc. 2008, art. 48 et 163-I)* **« débiteur et l'administrateur lorsqu'il a une mission d'assistance » sont mis en cause.**

Le salarié peut demander au représentant des salariés de l'assister ou de le représenter devant la juridiction prud'homale. – *[C. com., anc. art. L. 621-127.]*

V. art. R. 625-6.

COMMENTAIRE

S'agissant de la mise en cause de l'administrateur, voir, par analogie, le commentaire (II) sous l'article L. 625-1.

1. Contestation de la garantie. Sur le droit de l'AGS de contester l'étendue de sa garantie, V. • Soc. 5 janv. 1995 : *RPC 1995. 497, obs. Taquet* • 14 mars 2000, n° 97-45.335 P : *RPC 2000. 108, obs. Taquet* • 1er févr. 2001, n° 97-45.009 P : *RPC 2001. 154, obs. Taquet.* ♦ V. aussi notes 50 et 51 ss. art. L. 3253-8 C. trav., ss. art. L. 625-9.

2. Caractère facultatif de la saisine. Le verbe « peut » figurant à l'al. 2 signifie à l'évidence que la voie de recours ouverte au salarié est facultative, mais non pas qu'il aurait la possibilité de soumettre sa contestation à une juridiction autre que le conseil des prud'hommes, seul compétent en la matière. • TGI Paris, 7 juill. 1986 : *Gaz. Pal. 1986. 2. 563, note Marchi.*

3. Absence de forclusion. Aucune forclusion n'est opposable à l'exercice de l'action prévue à l'art. 125 de la L. du 25 janv. 1985, devenu l'art. L. 625-4 C. com., et tendant à contester le refus de l'AGS de régler tout ou partie d'une créance figurant sur un relevé des créances résultant d'un contrat de travail ; il en résulte que l'action du salarié est recevable malgré la clôture de la procédure collective et que l'AGS, condamnée à garantir la créance salariale litigieuse, doit, en raison de la cessation des fonctions des organes de la procédure collective, et en application de l'art. L. 3253-15 C. trav., en verser le montant entre les mains du greffier du tribunal de grande instance [tribunal judiciaire]. • Soc. 7 juill. 2021, n° 18-18.943 B : *D. 2021. Actu. 1333 ; APC 2021, n° 202, obs. Fin-Langer ; RPC 2021, n° 137, obs. Taquet.*

4. Mise en cause du commissaire à l'exécution du plan. L'action prévue par l'art. L. 621-127 [L. 625-4] C. com. étant principalement dirigée contre l'AGS, la seule absence de mise en cause de l'administrateur judiciaire ou, après la fin de ses fonctions, du commissaire à l'exécution du plan, ne peut affecter la recevabilité de cette action, lorsque le représentant des créanciers encore en fonction est appelé à la procédure, avec un mandataire *ad hoc* désigné pour représenter le débiteur. • Soc. 21 déc. 2006, n° 04-45.720 P : *D. 2007. AJ 313 ; APC 2007, n° 30, obs. Neau-Leduc (2e esp.).*

5. Autorité de la chose jugée. Une décision du conseil de prud'hommes, fixant une créance salariale ayant acquis autorité de la chose jugée entre le salarié et le liquidateur, n'empêche pas un recours du salarié contre l'AGS, qui refuse de régler ladite créance, devant le conseil de prud'hommes, conformément à l'art. 125 [C. com., art. L. 625-4]. • Soc. 22 juin 1993, n° 91-40.448 P : *D. 1993. IR 186.*

6. Litige relatif aux Assedic. Il résulte de l'art. 125 [C. com., art. L. 625-4] qu'un litige relatif au refus d'une Assedic de régler des créances nées de la rupture de contrats de travail, est de la compétence exclusive du conseil de prud'hommes et que les salariés concernés sont seuls recevables à agir. • Soc. 21 mars 1989, n° 87-19.377 P : *D. 1991. Somm. 108, obs. Derrida*.

7. Les instances introduites par un salarié sur le fondement de l'art. 125 [C. com., art. L. 625-4] ayant pour objet de faire déclarer mal fondé le refus opposé par l'Assedic au paiement de ses créances salariales, l'Assedic, partie principale, peut être condamnée aux dépens avec le mandataire-liquidateur, ès-qualité. • Paris, 21 mai 1993 : *BICC 1993, n° 1216.*

8. Recours. Le jugement du conseil de prud'hommes qui, par l'instance introduite par le salarié en vertu des art. L. 625-4 et L. 625-5, est saisi du refus de l'AGS, quelle qu'en soit la cause, de régler une créance figurant sur un relevé des créances résultant du contrat de travail, ne peut être attaqué que par la voie de l'appel. • Soc. 26 mars 2014, n° 12-27.138 P : *D. 2014. Actu. 822 ; LEDEN 5/2014. 7, obs. G. Dedessus-Le-Moustier ; APC 2014, n° 163, obs. Fin-Langer.*

Art. L. 625-5 Les litiges soumis au conseil de prud'hommes en application des articles L. 625-1 et L. 625-4 sont portés directement devant le bureau de jugement. – *[C. com., anc. art. L. 621-128.]*

1. Compétence exclusive. Le bureau de jugement est seul compétent, par application de l'art. L. 621-128 [L. 625-5] C. com., pour connaître des litiges relatifs aux créances qui doivent figurer sur un relevé de créances résultant d'un contrat de travail et opposant le salarié au représentant des créanciers, dès lors que le salarié entend obtenir la mise en œuvre de la garantie de l'AGS. • Soc. 4 juin 2003, n° 01-41.791 P : *D. 2003. IR 1603 ; RPC 2003. 343, obs. Taquet.* ♦ ... Peu important qu'il ait appelé en garantie une partie étrangère à la procédure collective de l'employeur. • Soc. 21 juin 2005, n° 02-42.499 P : *D. 2005. IR 2039*. ♦ Par suite, est exclue, non seulement la compétence du bureau de conciliation, mais aussi celle de la formation en référé. • Paris, 22 janv. 1987 : *D. 1987. Somm. 239, obs. Honorat ; RPC 1988. 371, obs. Langlois* • Montpellier, 5 nov. 1987 : *D. 1989. Somm. 79, obs. Honorat.* ♦ La saisine directe du bureau de jugement prévue par l'art. 126 [C. com., art. L. 625-5] exclut toute possibilité de s'adresser au juge des référés pour obtenir une provision. • Soc. 17 juin 1992, n° 89-43.338 P : *D. 1992. IR 212* • 14 déc. 1993 : *Gaz. Pal. 1994. 1. Pan. 30.* ♦ Toutefois, la formation de référé du conseil de prud'hommes peut toujours, même en présence d'une contestation sérieuse, prescrire les mesures conservatoires pour faire cesser un trouble manifestement illicite. • Soc. 3 mars 2015, n° 13-22.411 : *D. 2015. Actu. 634 ; LEDEN 4/2015. 6, obs. G. Dedessus-Le-Moustier ; APC 2015, n° 126, obs. Fin-Langer.* ♦ Ayant constaté qu'un salarié, dont le contrat de travail n'avait pas été rompu, avait été privé du paiement de ses salaires pendant trois mois, la formation de référé a pu décider d'ordonner au mandataire judiciaire de la société de reprendre ce paiement. • Même arrêt. ♦ Rappr., ayant jugé que, dès lors qu'il est saisi, non d'un litige relatif au refus des institutions mentionnées à l'art. L. 143-11-4 [L. 3253-14] C. trav. de régler une créance figurant sur un relevé des créances résultant d'un contrat de travail, mais de la demande de salariés tendant au paiement de la fraction non garantie par les institutions des sommes dues aux titres de la poursuite et de la rupture de leur contrat de travail postérieurement au prononcé du redressement judiciaire de l'employeur, le juge des référés est compétent pour en connaître : • Soc. 7 oct. 1998, n° 97-44.552 P : *D. 1998. IR 235 ; JCP E 1998, n° 52, p. 2068, obs. Pétel ; Procédures 1999, n° 38, obs. Laporte.*

2. Viole les art. 123 et 126 [C. com., art. L. 625-1 et L. 625-5] l'arrêt qui, pour renvoyer des salariés licenciés pour motif économique à se pourvoir devant le bureau de conciliation, ces salariés ayant saisi directement le bureau de jugement du conseil de prud'hommes afin d'obtenir des indemnités pour rupture abusive du contrat de travail, retient « qu'il s'agit, en la cause, de différends nés à l'occasion du contrat de travail et qui, comme tels, sont régis par les dispositions de l'art. L. 511-1 [L. 1411-1] C. trav. qui imposent d'interpréter restrictivement les textes d'exception que constituent les art. 123 et 125 de la loi du 25 janv. 1985 [C. com., art. L. 625-1 et L. 625-4] », alors que l'arrêt constate que les salariés ont saisi la juridiction prud'homale d'un litige concernant des créances résultant d'un contrat de travail qui ne figurent pas sur les relevés établis par le représentant des créanciers. • Soc. 4 déc. 1991, n° 89-42.970 P : *D. 1992. IR 31.* – Rappr. : • Soc. 23 oct. 2012, n° 11-12.530 P : *D. 2012. Actu. 2594 ; Gaz. Pal. 18-19 janv. 2013, p. 36, obs. Gailhbaud ; LPA 15 avr. 2013, p. 14, obs. Jacotot.*

3. La dispense du préliminaire de conciliation prévue par l'art. L. 621-128 [L. 625-5] C. com. s'applique aussi à la demande en paiement formée contre la société cessionnaire dans la même instance et pour la même créance indemnitaire, dont l'inscription sur un relevé de créances résultant d'un contrat de travail de la société cédante est demandée. • Soc. 5 déc. 2006, n° 05-45.697 P : *D. 2007. AJ 229 ; APC 2007, n° 30, obs. Neau-Leduc (1re esp.).*

Art. L. 625-6 Les relevés des créances résultant d'un contrat de travail, visés par le juge-commissaire, ainsi que les décisions rendues par la juridiction prud'homale sont portés sur l'état des créances déposé au greffe. Toute personne intéressée, à l'exclusion

de celles visées aux articles L. 625-1 à L. 625-4, peut former une réclamation ou une tierce opposition dans des conditions prévues par décret en Conseil d'État. – *[C. com., art. L. 621-129.]* – *V. art. R. 625-7.*

BIBL. ▸ LE CORRE, *Gaz. Pal. 1er-5 mai 2015, p. 9* (valeur juridictionnelle des relevés de créances portés à l'état des créances).

1. Pouvoirs du conseil de prud'hommes. Le conseil de prud'hommes doit se borner à déterminer le montant des sommes à inscrire sur l'état des créances déposé au greffe du tribunal, sans pouvoir condamner le liquidateur de l'employeur à payer celles-ci à l'intéressé. • Soc. 6 juin 1989, n° 87-45.172 P. • 15 juin 1995 : *RPC 1996. 121, obs. Taquet.* – V. aussi • Soc. 27 oct. 1998 : *D. 2001. Somm. 114, obs. Derrida ; JCP 1999. I. 183, n° 20, obs. Morvan.* ♦ Le conseil de prud'hommes ne peut porter condamnation du représentant des créanciers, à payer des sommes dues aux salariés. Cette juridiction doit se borner, pour les créances nées antérieurement à l'ouverture de la procédure de redressement judiciaire, à déterminer le montant des sommes à inscrire sur l'état des créances déposé au greffe du tribunal. Le représentant des créanciers ne peut être condamné à payer les créances nées après l'ouverture de la procédure collective. • Soc. 8 avr. 1992, n° 89-43.284 P : *D. 1992. IR 187.*

2. Le conseil de prud'hommes qui juge que les intérêts légaux des sommes dues aux salariés courent à partir de la date de la saisine de la juridiction prud'homale, alors qu'il constate que certaines créances ont pris naissance avant le jugement d'ouverture du redressement judiciaire, viole l'art. 55 [C. com., art. L. 622-28]. • Soc. 8 avr. 1992 : *préc. note 1.*

3. Réclamation. Le salarié dont la créance n'a pas été incluse dans celle de l'AGS admise au passif, s'il est sans intérêt à relever appel de l'ordonnance d'admission, dès lors que selon l'art. L. 143-11-7 [L. 3253-19 s.] C. trav., ses droits à l'égard de cet organisme sont indépendants de la déclaration que ce dernier fait dans les conditions des art. L. 621-43 [L. 622-24] s. C. com., peut toutefois agir par voie de réclamation conformément aux art. L. 621-129 [L. 625-6] C. com., 83 et 84 du Décr. du 27 déc. 1985 [C. com., art. R. 624-8 à R. 624-10]. • Aix-en-Provence, 4 févr. 2004 : *BICC 2005, n° 2161.*

4. Le dirigeant d'une société, dont la responsabilité personnelle est recherchée à raison de l'insuffisance d'actif de la liquidation judiciaire de cette société, qui a intérêt à contester le principe et le montant du passif salarial, est une personne intéressée au sens de l'art. L. 625-6 C. com. ; il peut en conséquence former tierce opposition à l'arrêt d'une cour d'appel, statuant en matière prud'homale, ayant reconnu la qualité de salarié de la société à un tiers et fixé la créance salariale de ce dernier au passif de la liquidation judiciaire, dans le délai d'un mois courant à compter de la publication au BODACC de l'insertion indiquant que l'état des créances salariales a été déposé au greffe du tribunal de commerce par application des art. R. 624-8 et R. 625-7. • Soc. 17 mai 2017, n° 14-28.820 P : *D. 2017. Actu. 1117 ; APC 2017, n° 187, obs. Fin-Langer ; LEDEN 9/2017. 7, obs. Dedessus-Le-Moustier ; BJS 2017. 547, note Saintourens ; Dr. sociétés 2017, n° 171, note Legros ; Journ. sociétés 12/2017. 32, obs. Gibirila.*

5. Plan de redressement. Les sommes dues par l'employeur en exécution du contrat de travail antérieurement au jugement ouvrant la procédure de redressement judiciaire restent soumises, même après l'adoption d'un plan de redressement, qu'il soit par cession ou par continuation, au régime de la procédure collective. • Soc. 27 oct. 1998 : *D. 1998. IR 259 ; JCP E 1999, n° 17, p. 774, note Serret* • 10 mai 2006, n° 04-42.076 P : *D. 2006. AJ 1529, obs. Lienhard ; Gaz. Pal. 6-7 oct. 2006, p. 24, obs. Roussel Galle.* ♦ Doit être cassé, pour violation des art. 76 et 127 [C. com., art. L. 626-20 et L. 625-4], l'arrêt qui, pour condamner un employeur en redressement judiciaire à payer une indemnité pour licenciement sans cause réelle et sérieuse à un salarié licencié antérieurement à la procédure, énonce que l'employeur, qui a bénéficié d'un plan de redressement, est tenu de réparer l'entier préjudice causé aux salariés par application de l'art. 76 [C. com., art. L. 626-20] (2°), alors que les juges du fond constatent que les créances du salarié sont nées antérieurement au jugement d'ouverture du redressement judiciaire de l'employeur et qu'ils devaient donc se borner à déterminer le montant des sommes à inscrire sur l'état des créances déposé au greffe du tribunal sans pouvoir condamner le débiteur à payer celles-ci au salarié. • Soc. 27 oct. 1998 : *préc.* ♦ V. aussi note 44 ss. art. L. 3253-8 C. trav., ss. art. L. 625-9.

6. Portée de l'état des créances salariales. Il résulte de l'art. 127 [C. com., art. L. 625-6] qu'outre les relevés des créances visés par le juge-commissaire, seules les décisions rendues par la juridiction prud'homale doivent être portées sur l'état des créances salariales et, par voie de conséquence, ouvrent aux salariés les droits à l'assurance contre le risque de non-paiement des sommes qui leur sont dues en exécution du contrat de travail. • Soc. 14 mars 2000, n° 97-45.335 P.

7. Prescription. Dès lors que le relevé des créances salariales, qui n'a fait l'objet d'aucune contestation en ce qui concerne les salariés en cause, est porté sur l'état des créances déposé au greffe du tribunal de commerce et que cette admission au passif de la procédure collective revêt un caractère irrévocable, il en résulte qu'elle entraîne la substitution de la prescription trentenaire à la prescription quinquennale. • Soc. 21 nov. 2012, n° 11-18.923 P : *D. 2012. Actu. 2798 ; APC 2012, n° 300,* *obs. Fin-Langer ; LEDEN 1/2013. 5, obs. G. Dedessus-Le-Moustier ; Gaz. Pal. 18-19 janv. 2013, p. 35, obs. Gailhbaud ; BJE 2013. 111, note Donnette.*

SECTION 2 *Du privilège des salariés*

Art. L. 625-7 **Les créances résultant d'un contrat de travail sont garanties en cas d'ouverture d'une procédure** *(L. n° 2005-845 du 26 juill. 2005, art. 58-II)* **« de sauvegarde » :**

1° Par le privilège établi par les articles L. 143-10 *[L. 3253-2 et L. 3253-3]*, **L. 143-11** *[L. 3253-4]*, **L. 742-6 et L. 751-15** *[L. 7313-8]* **du code du travail, pour les causes et montants définis auxdits articles ;**

2° Par le privilège du *(Ord. n° 2021-1192 du 15 sept. 2021, art. 34-V, en vigueur le 1er janv. 2022)* **« 3°** *[ancienne rédaction : 4°]* **» de l'article** *(Ord. n° 2006-346 du 23 mars 2006, art. 54)* **« 2331 » et du 2° de l'article** *(Ord. n° 2021-1192 du 15 sept. 2021, art. 34-V, en vigueur le 1er janv. 2022)* **« 2377** *[ancienne rédaction : 2104]* **» du code civil.** – *[C. com., anc. art. L. 621-130.]*

1. L'entreprise de travail temporaire ne peut invoquer, en déclarant au passif du redressement judiciaire de l'entreprise utilisatrice sa créance pour le prix de ses prestations de services, les privilèges afférents aux créances des salariés. • Com. 12 juill. 1993, n° 89-21.255 P : *D. 1993. Somm. 369, obs. Honorat* (V. l'arrêt d'appel : • Versailles, 21 sept. 1989 : *D. 1990. Somm. 74, obs. Honorat*).

Pour une autre application, V. • Soc. 29 oct. 2003, n° 01-12.129 P.

2. Pour déterminer si une créance peut bénéficier du privilège des salaires, il convient de rechercher non pas si elle est de nature salariale, mais si elle résulte d'un contrat de travail conclu avec la personne faisant l'objet de la procédure collective. • Rouen, 5 avr. 2001 : *RJDA 2002, n° 282.*

3. Selon les art. 2101 et 2104 [2331 et 2377] C. civ. auxquels renvoie l'art. 128 [C. com., art. L. 625-7], ont un caractère privilégié les rémunérations des six derniers mois, l'indemnité compensatrice de congés payés et l'indemnité de licenciement. La notion de rémunération au sens desdits art. 2101 et 2104 [2331 et 2377] englobe non seulement le salaire proprement dit, mais aussi ses accessoires ; les gratifications contractuelles, en l'espèce la gratification conventionnelle d'un montant déterminé régulièrement versée au salarié, les primes de treizième mois et de bilan liquidées à la date de la rupture du contrat de travail, présentent le caractère d'un complément de rémunération ; par suite, les règles protectrices du salaire leur sont applicables. • Paris, 28 mai 1993 : *JCP E 1993. Pan. 1006.*

V. notes ss. art. L. 3253-6 et L. 3253-8 C. trav., ss. art. L. 625-9.

Art. L. 625-8 **Nonobstant l'existence de toute autre créance, les créances que garantit le privilège établi aux articles L. 143-10** *[L. 3253-2 et L. 3253-3]*, **L. 143-11** *[L. 3253-4]*, **L. 742-6 et L. 751-15** *[L. 7313-8]* **du code du travail doivent** *(Ord. n° 2008-1345 du 18 déc. 2008, art. 49)* **« , sur ordonnance du juge-commissaire, être payées dans les dix jours du prononcé du jugement ouvrant la procédure par le débiteur ou, lorsqu'il a une mission d'assistance, par l'administrateur, si le débiteur ou l'administrateur » dispose des fonds nécessaires.**

Toutefois, avant tout établissement du montant de ces créances, *(Ord. n° 2008-1345 du 18 déc. 2008, art. 49)* **« le débiteur ou l'administrateur s'il a une mission d'assistance » doit, avec l'autorisation du juge-commissaire et dans la mesure des fonds disponibles, verser immédiatement aux salariés, à titre provisionnel, une somme égale à un mois de salaire impayé, sur la base du dernier bulletin de salaire, et sans pouvoir dépasser le plafond visé à l'article L. 143-10** *[L. 3253-2 et L. 3253-3]* **du code du travail.**

A défaut de disponibilités, les sommes dues en vertu des deux alinéas précédents doivent être acquittées sur les premières rentrées de fonds. – *[C. com., anc. art. L. 621-131.]*

Ancien art. L. 625-8 (al. 1er) *Nonobstant l'existence de toute autre créance, les créances que garantit le privilège établi aux articles* **L. 143-10** *[L. 3253-2 et L. 3253-3]*, **L. 143-11** *[L. 3253-4], L. 742-6 et L. 751-15 [L. 7313-8] du code du travail doivent être payées par l'administrateur sur ordonnance du juge-commissaire, dans les dix jours du prononcé du jugement ouvrant la procédure (L. n° 2005-845 du 26 juill. 2005, art. 58-II) « de sauvegarde », si l'administrateur dispose des fonds nécessaires.*

BIBL. ▶ CALOMILI, *LPA 11 févr. 2011, p. 20* (efficacité du superprivilège des salaires). – THÉRON, *D. 2023. Chron. 1605* (droit au paiement immédiat exclusivement attaché à la personne du salarié, limite à la subrogation de l'AGS).

COMMENTAIRE

S'agissant de la mise en cause de l'administrateur, voir, par analogie, le commentaire (II) sous l'article L. 625-1. ❑

1. Si l'article L. 625-8, al. 1er, prévoit le paiement, sur les fonds disponibles ou les premières rentrées de fonds, de certaines créances salariales dans les dix jours du prononcé du jugement d'ouverture de la procédure collective, un versement provisionnel immédiat d'un mois de salaire étant même prévu par l'al. 2 du texte avant tout établissement du montant des créances visées à l'al. 1er, ces différents paiements n'interviennent que sur décision du juge-commissaire. • Com. 3 mai 2016, n° 14-24.855 P : *cité note 25 ss. art. L. 622-7.*

2. La subrogation de l'AGS dans les droits des salariés (après avance des fonds) ne peut être exigée durant la période d'observation, selon les dispositions de l'art. L. 621-131 [L. 625-8], que dans la mesure où l'entreprise détient les fonds lui permettant d'y faire droit sans compromettre son fonctionnement normal et donc ses possibilités de redressement. • T. com. Lyon, 28 déc. 2000 : *APC 2001, n° 35, obs. Étienne-Martin et Nanterme.* – V. Soinne, *RPC 2001. 59.* ♦ L'AGS, malgré la subrogation dont elle bénéficie, ne peut, en procédure de liquidation judiciaire, obtenir le paiement immédiat de sa créance, avant la répartition des fonds entre les différents créanciers, selon leur rang, sauf dans l'hypothèse où le juge-commissaire autorise un versement en application de l'art. L. 643-3 C. com. • Paris, 6 juill. 2023, n° 22/08880 : *APC 2023, n° 193, obs. Fin-Langer.*

SECTION 3 *De la garantie du paiement des créances résultant du contrat de travail*

BIBL. GÉN. ▸ Taquet, *RPC 2005. 295* (le nouveau champ d'application de l'AGS - Art. 177 de la loi du 26 juill. 2005). - Pétel, *RJ com. 2006. 174* (l'AGS et la réforme des procédures collectives). - Météyé, *Gaz. Pal. 2006. Doctr. 2226* (intervention de l'AGS dans les procédures de sauvegarde) ; *Gaz. Pal. 2018. 104* (l'AGS et les actes passés en période suspecte et/ou en période d'observation). - Auzero, *RDT 2009. 358* (détermination des créances garanties par l'AGS en matière d'épargne salariale). - Neiss, *RLDA nov. 2010. 60* (utilisation des présomptions comme technique de lutte contre la fraude à l'AGS). - Henry, *D. 2013. Chron. 2410* (la réforme oubliée, la protection des salariés face à l'insolvabilité de l'employeur). - Jacotot, *RPC 2013. Étude 24* (apports de la loi du 14 juin 2013 de sécurisation de l'emploi). - Roussel Galle, *ibid. 2014. Étude 5* (vers une redéfinition du rôle de l'AGS ?). - Dossier « L'AGS, 40 ans de solidarité et d'engagement au cœur des enjeux des procédures collectives », *BJE 2014. 407.* - Dossier « L'AGS au cœur du traitement des difficultés des entreprises », *RPC 2019. Dossiers 3 à 9.* - Bondat, *Dr. soc. 2020. 177* (utilité de la tierce opposition pour l'AGS).

Art. L. 625-9 *(Ord. n° 2008-1345 du 18 déc. 2008, art. 50)* **Sans préjudice des règles fixées aux articles L. 625-7 et L. 625-8, les créances résultant du contrat de travail ou du contrat d'apprentissage sont garanties dans les conditions fixées aux articles L. 3253-2 à L. 3253-4, L. 3253-6 à L. 3253-21 et L. 8252-3 du code du travail.** – *V. lesdits art. L. 3253-2 à L. 3253-4 et L. 3253-6 à L. 3253-21, reproduits ci-dessous ; ledit art. L. 8252-3, en note ss. art. L. 3253-21.*

COMMENTAIRE

D'un point de vue formel, notons que l'ordonnance du 18 décembre 2008 a substitué le procédé du renvoi aux dispositions du code du travail relatives à l'AGS à la technique du « code pilote » et du « code suiveur », en reproduisant dans le corps de l'article L. 625-9 du code de commerce les articles L. 3253-6 et suivants du code du travail.

I. ARTICLES L. 3253-6 ET L. 3253-8 DU CODE DU TRAVAIL

A. EXTENSION AUX PROFESSIONS LIBÉRALES

Le périmètre de l'AGS a été étendu par la loi du 26 juillet 2005 aux salariés des professionnels libéraux exerçant sous forme de personne physique, catégorie recouvrant également les artisans de fait, non inscrits au répertoire des métiers.

Aussi, la modification de l'article L. 143-11-1, devenu l'article L. 3253-6, a-t-elle consacré l'obligation pour ces employeurs de cotiser à l'AGS pour leurs salariés. Mais les collaborateurs des avocats, eux, par exemple, qui ne sont pas des salariés, ne bénéficient évidemment pas de la garantie. Ce qui, en cas de procédure collective, pourrait, du moins en théorie, susciter des contentieux de requalification (P. Reigné, *intervention à la Journée nationale du CRAJEFE du 27 mars 2004*).

B. PÉRIODE DE SAUVEGARDE

La garantie des salaires joue, en principe, en cas de sauvegarde, même si certains aménagements accompagnent cette règle, dont le principal résulte, paradoxalement, du maintien en l'état délibéré du 1° de l'article L. 143-11-1, devenu le 1° de l'article L. 3253-8, qui ne vise donc pas la sauvegarde, à côté du redressement et de la liquidation judiciaires, de sorte qu'il n'est pas discutable que l'AGS ne couvre pas les sommes dues aux salariés à l'ouverture de la sauvegarde (V. II ci-dessous ; V. P. Lyon-Caen, Quelques aspects de la protection des intérêts financiers des salariés, *in* Les salariés et la défaillance de l'entreprise, *Dalloz, 2007, p. 89, n° 7*).

Cela dit, la situation de l'AGS ne devrait pas forcément se dégrader du fait de cette extension de son domaine à la sauvegarde dans les mêmes conditions qu'en cas de redressement judiciaire. Car, à la différence, notable en pratique, de celui-ci, en cas de sauvegarde, les créances salariales impayées devraient, par définition, être plutôt rares puisque l'entreprise n'est pas en cessation des paiements. De même que les créances résultant de la rupture des contrats de travail intervenant « *pendant la période d'observation, et dans le mois suivant le jugement qui arrête le plan de sauvegarde* », en raison du maintien des règles des délais de droit commun de la procédure de licenciement économique collectif. Le plus souvent, l'entreprise se retrouvera alors en redressement, voire en liquidation judiciaire, au moment de la rupture des contrats de travail (V. P. Morvan, Le droit social dans la réforme du droit des entreprises en difficulté, *JCP E 2005, n° 42, p. 1751, spéc. n° 40* ; sur la position de l'AGS en cas de conversion d'une procédure de sauvegarde en procédure de redressement ou de liquidation judiciaire, V. ss. art. L. 621-12).

Selon les statistiques, l'AGS est intervenue dans 229 procédures de sauvegarde en 2006, 238 en 2007, 310 en 2008, 552 en 2013, 522 en 2014, mais plus que 355 en 2016, et 59 seulement en 2021 *(Rapp. d'activité 2021, Délégation Unedic-AGS, p. 20)*.

C. PLAN DE CESSION

Avant la réforme de 2005, dans l'ancien plan de cession (en redressement judiciaire), l'administrateur disposait, au regard de la garantie de l'AGS, d'un délai de 30 jours pour procéder aux licenciements. Par l'effet du transfert du plan de cession du redressement dans la liquidation judiciaire, opéré par la loi du 26 juillet 2005, ce sont les délais de la liquidation qui auraient dû s'appliquer, soit quinze jours. Ces délais étant, dans ce nouveau contexte, insuffisants, le 2° de l'article L. 143-11-1 (devenu L. 3253-8) a été adapté, de sorte qu'il vise désormais, à la fois, le plan de sauvegarde, le plan de redressement et le plan de cession.

D. MAINTIEN DE L'ACTIVITÉ EN CAS DE LIQUIDATION JUDICIAIRE

Depuis la réforme de 2005, le maintien de l'activité en cas de liquidation judiciaire est lié à une possibilité de cession totale ou partielle de l'entreprise (V. art. L. 641-10). Dès lors, si le tribunal arrête un plan de cession, les indemnités résultant des licenciements qui en sont la conséquence sont prises en charge par l'AGS à condition que ces licenciements soient effectués dans le mois qui suit le jugement arrêtant le plan. En revanche, dans le régime de la loi du 26 juillet 2005, si le tribunal rejetait la cession à la fin de la période de poursuite d'activité sans que les licenciements aient été effectués, les indemnités en résultant n'étaient pas prises en charge par le l'AGS puisque ces licenciements étaient intervenus, dans cette hypothèse, postérieurement à l'arrêt de l'activité. Il en résultait, selon un administrateur judiciaire, que, soit le tribunal statuait dans un délai suffisamment éloigné de la fin de la période de poursuite d'activité, ce qui permettait de procéder, le cas échéant, avant son terme aux licenciements devenus nécessaires, soit il fallait recourir aux dispositions de l'article L. 631-17 et notifier les licenciements afin que les salariés ne perdent pas le bénéfice de l'AGS, avec le risque alors de vider le plan de cession ultérieur de toute substance, un licenciement ne pouvant être effectué sous condition suspensive comme l'a rappelé à maintes reprises la Cour de cassation (Intervention de M. Douhaire, Séminaire sur les six premiers mois d'application de la loi n° 2005-845 du 26 juillet 2005 de sauvegarde des entreprises, Cour de cassation, 23 juin 2006, https://www.courdecassation.fr).

Pour sortir de cette difficulté, il avait été suggéré au législateur de préciser que l'AGS couvre également les indemnités de rupture qui interviendrait dans les quinze jours suivant l'expiration de l'autorisation de la poursuite d'activité en liquidation judiciaire (CCIP, Rapport Kling, 22 mai 2008). C'est exactement l'objet de la modification des 2° et 4° de l'article L. 3253-8 opérée par l'ordonnance du 18 décembre 2008.

II. ARTICLE L. 3253-16 DU CODE DU TRAVAIL

La modification de l'article L. 143-11-9 (devenu l'art. L. 3253-16), par la loi de 2005, procède de la crainte que la création de la nouvelle procédure de sauvegarde, couverte par la garantie de l'AGS, contribue à détériorer le taux de récupération des sommes avancées aux salariés (de l'ordre, en 2021, de 30,7 % ; mais seulement de 2,4 % en matière de créances chirographaires : *Rapp. d'activité 2021, Délégation Unedic-AGS, p. 66*).

A cette fin, l'article L. 3253-16 subroge l'AGS dans les droits des salariés pour l'ensemble des sommes, quelle que soit leur nature, avancées au cours de la procédure de sauvegarde, et dans les conditions prévues pour les créances postérieures au jugement d'ouverture. La récupération de ces sommes s'effectue donc sans qu'elle soit soumise aux dispositions du plan de sauvegarde.

Ces créances devraient bénéficier du privilège de procédure tel que défini par l'article L. 622-17. Il en ira différemment, en revanche, comme avant la réforme de 2005 pour les plans de continuation, des créances consécutives au plan de sauvegarde. Par ailleurs, il convient vraisemblablement de considérer que l'article L. 3253-16 vise toutes les créances avancées lors d'une procédure de sauvegarde, quelle que soit l'issue de celle-ci, de sorte que la conversion, le cas échéant, en redressement ou en liquidation judiciaire, pas plus qu'elle n'entraîne la perte du privilège de procédure pour les créances qui en bénéficiaient, ne remet en cause le bénéfice de la subrogation dans ces créances privilégiées pour l'AGS (sur toutes ces questions, V. Ph. Pétel, L'AGS et la réforme des procédures collectives, *RJ com. 2006. 174*). Quant à la portée de l'article L. 3253-16, il avait été soutenu que, si les créances de l'AGS bénéficient du privilège des salariés, lequel prime les créances hypothécaires, il faut considérer, compte tenu d'une fiction légale selon laquelle le législateur traite ces variétés de créances postérieures comme des créances antérieures, que l'AGS prime, en liquidation judiciaire, le créancier hypothécaire, puisqu'elle prime aussi le créancier postérieur méritant (P.-M. Le Corre, Pour une clarification du traitement des créances de remboursement des avances de l'AGS, *D. 2014. 378*). Peu de temps après, la Cour de cassation est venue consacrer cette lecture doctrinale (Com. 11 juin 2014 : *cité note 1 ss. art. L. 3253-16 C. trav.*).

III. ARTICLE L. 3253-17 DU CODE DU TRAVAIL

La modification de l'article L. 3253-17 par la loi du 18 novembre 2016 a pour objet d'inclure les cotisations et contributions sociales et salariales, d'origine légale ou d'origine conventionnelle, imposées par la loi dans le calcul du plafond de la garantie des salaires. Il s'agirait là, selon l'exposé des motifs de la mesure, de neutraliser la solution très défavorable à l'AGS adoptée par la Cour de cassation dans son arrêt du 31 mars 2015 (cité note 4 ss. art. L. 3253-17).

IV. ARTICLES L. 3253-18-1 À L. 3253-18-9 DU CODE DU TRAVAIL

Les articles L. 3253-18-1 à L. 3253-18-9 constituent la transposition, par la loi n° 2008-89 du 30 janvier 2008 (avec un peu de retard, la date butoir étant le 8 oct. 2005 ; sur l'effet direct après cette date, V. CJCE 17 janv. 2008 : *D. 2008. AJ 413*) des articles 8 *bis* et 8 *ter* de la directive 2002/74/CE du 23 septembre 2002 modifiant la directive 80/987/CEE du Conseil concernent le rapprochement des législations des États membres relatives à la protection des travailleurs salariés en cas d'insolvabilité de l'employeur. Ces dispositions concernant l'institution de garantie des créances salariales impayées dans les procédures d'insolvabilité transnationales. Elles régissent « le règlement des créances impayées des salariés qui exercent ou exerçaient habituellement leur activité sur le territoire français pour le compte d'un employeur dont le siège social, s'il s'agit d'une personne morale, ou, s'il s'agit d'une personne physique, l'activité ou l'adresse de l'entreprise est situé dans un autre État membre de la Communauté européenne ou de l'Espace économique européen, lorsque cet employeur se trouve en état d'insolvabilité ». En posant ce principe essentiel selon lequel l'institution compétente pour le paiement des créances impayées des travailleurs est celle de l'État membre sur le territoire duquel ces derniers exercent ou exerçaient habituellement leur travail. De même, l'étendue des droits des salariés est déterminée par le droit régissant l'institution de garantie compétente. Par ailleurs, le texte prévoit une obligation d'échange d'informations entre les administrations et les institutions de garantie compétentes des différents États membres.

Il a été indiqué que, sur la période de janvier 2002 à décembre 2005, l'AGS avait été saisie de 104 procédures transfrontalières (qui ont concerné 603 salariés pour un montant avancé par l'AGS de 3 779 228 € ; 28 nouvelles affaires en 2015).

Ces nouvelles dispositions s'appliquent aux procédures ouvertes à compter du 1er février 2008.

La Cour de cassation s'était prononcée en faveur du cumul des garanties (Soc. 11 avr. et 4 déc. 2012 : *cités note 8 ss. art. L. 3253-6 C. trav.*). Mais elle a fait marche arrière, dans une décision plus récente, réservant les faveurs de l'institution nationale française aux salariés expatriés ou en position de détachement (Soc. 28 mars 2018 : *cité note 8 ss. art. L. 3253-6 C. trav.*).

V. ARTICLE L. 3253-20 DU CODE DU TRAVAIL

Dès lors qu'en cas de procédure de sauvegarde, le débiteur, par définition, n'est pas en cessation des paiements, la demande du mandataire judiciaire tendant à obtenir de l'AGS l'avance des fonds permettant le paiement des créances de salaires doit faire l'objet d'une justification spécifique, car rien n'établit, à première vue, que le débiteur ne dispose pas de la trésorerie lui permettant de payer les sommes dues aux salariés.

Tel est l'objet de l'alinéa 7 de l'article L. 143-11-7 (devenu l'art. L. 3253-20), qui crée un dispositif spécifique pour le débiteur faisant l'objet d'une procédure de sauvegarde prévoyant que :

– le mandataire judiciaire justifie, lors de sa demande auprès de l'AGS, de l'existence d'une insuffisance de fonds disponibles caractérisée ;

– l'AGS peut contester la réalité de cette insuffisance. En cas de contestation, il revient au juge-commissaire d'autoriser l'avance des fonds.

Cette disposition peut étonner en ce sens que l'insuffisance de fonds disponibles caractérisée paraît souvent de nature à établir l'état de cessation des paiements (impossibilité de faire face au passif exigible avec l'actif disponible), ce qui risque alors d'entraîner automatiquement la conversion de la sauvegarde en redressement judiciaire, rendant ainsi inutile la nouvelle disposition. Cependant, il est plus que probable que l'AGS conteste systématiquement les demandes faites par le mandataire judiciaire en cas de sauvegarde (R. Vatinet, Sur la place faite aux salariés par la loi de sauvegarde des entreprises du 26 juillet 2005, *JCP S 2005, n° 15, p. 9, spéc. n° 11*).

Quoi qu'il en soit, comme la Cour de cassation l'a rappelé par un arrêt de censure, la règle de l'article L. 3253-20 ne saurait nullement servir de fondement à la mise en cause de l'AGS pour des créances résultant de ruptures du contrat de travail antérieures au jugement d'ouverture de la sauvegarde (Soc. 10 mars 2009 : *cité note 24 ss. art. L. 3253-8 C. trav.*).

Sur la position de l'AGS, en cas de conversion d'une sauvegarde en redressement judiciaire, voir le commentaire sous l'article L. 621-12. ❑

Code du travail

PARTIE LÉGISLATIVE (DE LA PARTIE III)
(Ord. n° 2007-329 du 12 mars 2007, ratifiée par L. n° 2008-67 du 21 janv. 2008)
Entrée en vigueur le 1er mai 2008 (L. n° 2008-67 du 21 janv. 2008, art. 2-X).

CHAPITRE III (DU TITRE V DU LIVRE II). *PRIVILÈGES ET ASSURANCES*

....

SECTION 2. *Privilèges et assurance en cas de procédure de sauvegarde, de redressement ou de liquidation judiciaire*

SOUS-SECTION 1. *Privilèges*

Art. L. 3253-2 Lorsqu'une procédure de sauvegarde, de redressement ou de liquidation judiciaire est ouverte, les rémunérations de toute nature dues aux salariés pour les soixante derniers jours de travail sont, déduction faite des acomptes déjà perçus, payées, nonobstant l'existence de toute autre créance privilégiée, jusqu'à concurrence d'un plafond mensuel identique pour toutes les catégories de bénéficiaires.

Ce plafond est fixé par voie réglementaire sans pouvoir être inférieur à deux fois le plafond retenu pour le calcul des cotisations de sécurité sociale. – *[Anc. art. L. 143-10, al. 1er et 2.] – V. C. trav., art. D. 3253-1, fixant ce plafond à deux fois le plafond retenu, par mois, pour le calcul des cotisations de sécurité sociale.* – **C. trav.**

1. Il résulte de l'art. L. 3253-2 C. trav. qu'est seule garantie par le superprivilège institué par ce texte la créance résultant du contrat de travail pesant sur un employeur faisant l'objet d'une procédure collective (dans l'hypothèse où, avant l'ouverture de la procédure collective, les salariés avaient été repris par une société nouvelle, qui avait réglé les indemnités de congés payés). • Com. 3 nov. 2010, n° 09-14.744 P : *D. 2010. Actu. 2701, obs. Lienhard ; JCP E 2011. 1263, n° 11, obs. Pétel ; APC 2010, n° 279, obs. Fin-Langer ; LEDEN 1/2011. 6, obs. G. Dedessus-Le Moustier ; Gaz. Pal. 7-8 janv. 2011, p. 41, obs. Gailhbaud ; BJE 2011. 23, note Macorig-Venier ; LPA 29 avr. 2011, obs. Jacotot.*

2. L'indemnité de clientèle ne bénéficie pas du superprivilège. • Rouen, 10 janv. 1990 : *JCP E 1991. I. 102, n° 15, obs. Pétel.*

Art. L. 3253-3 Les rémunérations prévues au premier alinéa de l'article L. 3253-2 comprennent :

1° Les salaires, appointements ou commissions proprement dites ;

2° Les accessoires et notamment l'indemnité compensatrice prévue à l'article L. 1226-14, l'indemnité compensatrice de préavis prévue à l'article L. 1234-5, l'indemnité de fin de contrat prévue à l'article L. 1243-8 et l'indemnité de fin de mission prévue à l'article L. 1251-32. – *[Anc. art. L. 143-10, al. 3.]*

Art. L. 3253-4 Les indemnités de congés payés sont, nonobstant l'existence de toute créance privilégiée, payées jusqu'à concurrence d'un plafond identique à celui établi pour une période de trente jours de rémunération par l'article L. 3253-1. – *[Anc. art. L. 143-11.]*

Art. L. 3253-5 *V. cet art., 2e partie, IV. Traitement des difficultés des entreprises.*

SOUS-SECTION 2. *Assurance contre le risque de non-paiement*

§ 1. *Principes*

Art. L. 3253-6 Tout employeur de droit privé assure ses salariés, y compris ceux détachés à l'étranger ou expatriés mentionnés à l'article L. 5422-13, contre le risque de non-paiement des sommes qui leur sont dues en exécution du contrat de travail, en cas de procédure de sauvegarde, de redressement ou de liquidation judiciaire. – *[Anc. art. L. 143-11-1, al. 1er.]*

1. Employeurs visés. L'assujettissement de l'employeur à l'obligation d'assurance des salariés résulte de sa seule qualité de personne morale de droit privé, sans qu'il y ait lieu de tenir compte de son statut particulier, et notamment de l'origine de son capital, de la nature de ses ressources, du contrôle économique et financier de l'État auquel il est soumis, du mode de désignation de ses administrateurs et de la mission de service public dont il est investi (assujettissement à l'AGS des sociétés

France 2, RFO et Radio France). • Soc. 2 juill. 2014 (2 arrêts), n° 13-15.605 P : *D. 2014. Actu. 1492* ; *JCP E 2014. 1582, note Fin-Langer ; RPC 2014, n° 127, obs. Taquet.* – V. déjà • Soc. 29 févr. 2000, n° 98-13.264 P : *D. 2001. Somm. 117, obs. Derrida* ; *RPC 2000. 107, obs. Taquet.*

Sur l'application du texte aux URSSAF, V. • Soc. 21 avr. 1988 : *Bull. civ. V, n° 258.* ♦ ... Aux sociétés d'assurances dont le retrait d'agrément entraîne, en application de l'art. L. 326-2 C. assur., l'ouverture d'une procédure de liquidation judiciaire, V. • Soc. 15 juin 2010, n° 08-70.391 P : *APC 2010, n° 219, obs. Fin-Langer.*

Pour l'application à la société France Télécom, V. • Soc. 7 sept. 2004 : *D. 2004. IR 2691* .

Depuis le 26 juill. 1994 (date d'entrée en vigueur de la L. n° 94-624 du 21 juill. 1994), les syndicats de copropriété sont exclus du champ d'application de la garantie des salaires (Instr. UNEDIC n° 11-96 du 21 févr. 1996, *JCP E 1996. Pan. 338*).

2. Est recevable la demande en répétition de l'indu en cas de paiement, par erreur, de cotisations au GARP par une société non soumise aux procédures collectives d'apurement du passif. • Soc. 3 mai 1995, n° 92-20.372 P : *RPC 1996. 119, obs. Taquet* (cassant • Versailles, 10 juill. 1992 : *JCP E 1993. Pan. 494*).

3. Société in bonis. Dès lors que la liquidation de la société résulte d'une décision judiciaire ayant ordonné sa dissolution sur le fondement des dispositions de l'art. 1844-7, 5°, C. civ. et que celle-ci est toujours *in bonis*, la garantie de l'AGS est exclue. • Soc. 16 mai 2018, n° 16-25.898 P : *D. 2018. Actu. 1070* ; *LEDEN 7/2018. 7, obs. Dedessus-Le-Moustier ; APC 2018, n° 192, obs. Fin-Langer ; RJDA 2018, n° 732.*

4. Apprentis. Pour l'application de la garantie de l'AGS aux apprentis, V. • Soc. 23 mai 2000, n° 97-40.631 P : *D. 2001. Somm. 118, obs. Derrida* ; *APC 2000, n° 153, obs. Vallansan ; ibid., n° 167, obs. Taquet* • 6 juin 2000, n° 98-42.083 P.

5. Alsace-Moselle. Il résulte de l'art. 22 de la loi du 1er juin 1924 [C. com., art. L. 670-1] que bénéficient de la garantie de l'AGS les sommes dues, en exécution du contrat de travail, aux salariés des personnes physiques domiciliées dans les départements du Haut-Rhin, Bas-Rhin et Moselle, qui ne sont ni des commerçants, ni des artisans, ni des agriculteurs, lorsqu'elles sont en état d'insolvabilité notoire. • Soc. 12 janv. 1999, n° 96-42.585 P : *D. 2001. Somm. 117, obs. Derrida* .

6. Départements d'outre-mer. L'assurance prévue par l'art. L. 3253-8 C. trav. est applicable dès lors, d'une part, que le salarié exerce ou exerçait habituellement son travail en France, sur le territoire métropolitain ou dans un département d'outre-mer, et d'autre part, qu'une procédure collective d'apurement du passif de l'employeur est ouverte ou exécutoire en France ; il en résulte que l'exclusion prévue par l'art. L. 940-1 C. com., pour le territoire de la Polynésie française, ne peut être opposée lorsque ces deux conditions sont réunies. • Soc. 5 janv. 2011, n° 09-69.035 P : *BJE 2011. 211, note Benilsi ; LPA 29 juill. 2011, note Henry.*

7. Faillite internationale. La garantie de l'AGS est due dans les conditions prévues par les art. L. 143-11-1 [L. 3253-6] s. dès lors, d'une part, que les salariés exercent ou exerçaient habituellement leur travail en France et, d'autre part, qu'une procédure collective d'apurement du passif de l'employeur est ouverte en France ou, lorsqu'elle est ouverte dans un pays extérieur à l'Union européenne, a fait l'objet d'une décision d'exequatur. • Soc. 3 juin 2003, n° 00-45.948 P : *D. 2004. Somm. 58, obs. Henry* ; *APC 2003, n° 216, obs. Dom ; RPC 2003. 342, obs. Taquet ; JCP E 2004, n° 5, p. 180, note Mélin (2e arrêt).* ♦ Si sont inclus dans la protection légale les salariés détachés à l'étranger ainsi que les travailleurs français expatriés, le régime d'assurance ne s'étend, en revanche, pas aux salariés engagés à l'étranger et y travaillant. • Paris, 26 nov. 1986 : *D. 1988. Somm. 41, obs. Honorat.*

8. Lorsque l'employeur est établi dans un autre État membre que celui sur le territoire duquel le travailleur réside et exerçait son activité salariée, l'institution de garantie compétente, au titre de l'art. 3 de la Dir. 80/987/CEE du 20 oct. 1980 (concernant le rapprochement des législations des États membres relatives à la protection des travailleurs salariés en cas d'insolvabilité de l'employeur, abrogée et remplacée par la Dir. 2008/94/CE du 22 oct. 2008), pour le paiement des créances de ce travailleur en cas d'insolvabilité de son employeur, est l'institution de l'État sur le territoire duquel, selon les termes de l'art. 2, § 1, de la directive, soit l'ouverture de la procédure de désintéressement collectif est décidée, soit la fermeture de l'entreprise ou de l'établissement de l'employeur est constatée. • CJCE 17 sept. 1997 : *D. 1997. IR 206.* ♦ Ainsi, la garantie prévue par l'art. L. 143-11-1 [L. 3253-6 s.] ne s'applique pas dès lors que la société, qui employait un salarié exerçant son activité en France et y résidant, était établie en Allemagne et que la procédure de liquidation des biens de cette société avait été ouverte sur le territoire de cet État membre de l'Union européenne. • Soc. 20 janv. 1998, n° 93-43.577 P : *D. 1998. IR 53* ; *JCP 1998. II. 10086, note Kerckhove ; LPA 8 juin 1997, p. 17, note Vallens ; JCP E 1998, n° 12, p. 449, obs. Taquet.* ♦ Pour une autre application de l'art. 3 de la Dir. 80/987/CEE, V. • Soc. 21 sept. 2011, n° 08-41.512 P : *D. 2011. Actu. 2400* ; *JCP E 2012. 1000, n° 12, obs. Pétel ; APC 2011, n° 250, obs. Fin-Langer ; LEDEN 11/2011. 7, obs. G. Dedessus-Le-Moustier ; RPC 2011, n° 171, obs. Menjucq ; ibid., n° 198, obs. Taquet ; BJE 2012. 29, note Donnette ; Gaz. Pal. 20-21 janv. 2012, p. 41, obs. Gailhbaud.* ♦ En revanche, lorsque les travailleurs victimes de l'insolvabilité de leur employeur exerçaient leur activité dans un État membre pour le compte de la succursale d'une société constituée selon le droit d'un autre État membre, dans lequel cette société a son siège social et y est mise en liquidation, l'institution compétente, au regard de l'art. 3 de la Dir. 80/987/CEE, pour le paiement des créances de ces travailleurs, est celle de l'État sur le territoire duquel ils exerçaient leur activité salariée. • CJCE 16 déc. 1999 : *D. 2000. IR 25.* – Dans le même sens, V. • Soc. 2 juill. 2002, n° 99-46.140 P : *D. 2002. IR 2778 ; APC 2002, n° 196, obs. Vachet ; JCP E 2003, n° 6, p. 270, obs. Pétel ; ibid., n° 12, p. 512, obs. Morvan ; JCP 2003. II. 10026, note Menjucq* • 3 juin 2003, n° 01-41.697 P : *RPC 2003. 343, obs. Taquet ; JCP E 2004, n° 5, p. 180, note Mélin (1er arrêt)* • 26 avr. 2006, n° 03-47.334 P : *D. 2006. IR 1335 ; APC 2006, n° 159, obs. Fin-Langer.* ♦ Comp., retenant la compétence de l'institution de l'État d'ouverture de la procédure, dans l'hypothèse où celle-ci avait été étendue à un établissement situé dans un autre État : • Soc. 2 oct. 2001, n° 99-44.808 P : *D. 2001. IR 3171 ; APC 2001, n° 242, obs. Regnaut-Moutier ; RPC 2002. 62, obs. Taquet.* ♦ La Dir. 80/987/CEE ne s'oppose pas à ce qu'une législation nationale prévoie qu'un travailleur puisse se prévaloir de la garantie salariale de l'institution nationale, conformément au droit de cet État membre, à titre complémentaire ou substitutif par rapport à celle offerte par l'institution désignée comme étant compétente en application de cette directive, pour autant, toutefois, que ladite garantie donne lieu à un niveau supérieur de protection du travailleur. • Soc. 11 avr. 2012, n° 09-68.553 P : *D. 2012. Actu. 1123 ; JCP E 2012. 1508, n° 7, obs. Pétel ; LEDEN 6/2012. 5, obs. G. Dedessus-Le-Moustier ; APC 2012, n° 140, obs. Jacotot ; BJE 2012. 233, note Tagliarino-Vignal ; Gaz. Pal. 3-4 août 2012, p. 34, obs. Duprat, RPC 2012, n° 188, obs. Menjucq.* ♦ Dans le même sens, à propos de l'art. 8 *bis* de la Dir. 2002/74/CE du 23 sept. 2002, devenu l'art. 9 de la Dir. 2008/94/CE du 22 oct. 2008. V. • Soc. 4 déc. 2012, n° 11-22.166 P : *D. 2013. 691, note Dammann et Thillaye ; Rev. crit. DIP 2013. 518, note Jacotot ; JCP E 2013. 1216, n° 10, obs. Pétel ; LEDEN 1/2013. 7, obs. Mélin ; Gaz. Pal. 1er-4 mai 2013, p. 5, obs. Gailhbaud ; RPC 2013, n° 31, obs. Menjucq ; BJE 2013. 179, note Donnette.* ♦ La garantie assurée par l'institution du pays dans lequel est établi l'employeur peut être complétée par celle du pays dans lequel s'accomplissait le travail, dans la limite du plafond de garantie qui s'y applique. • Soc. 11 avr. 2012 : *préc.* ♦ Si l'art. 8 *bis* de la Dir. 2002/74/CE du 23 sept. 2002, devenu l'art. 9 de la Dir. 2008/94/CE du 22 oct. 2008, ne s'oppose pas, eu égard à l'art. 11 de cette dernière, à ce qu'une législation nationale prévoie qu'un travailleur puisse se prévaloir de la garantie salariale, plus favorable, de l'institution nationale, conformément au droit de cet État membre, l'art. L. 3253-6 C. trav. se borne à imposer à tout employeur de droit privé d'assurer ses salariés, y compris ceux détachés à l'étranger ou expatriés, contre le risque de non-paiement des sommes qui leur sont dues en cas de liquidation judiciaire. • Soc. 28 mars 2018, n° 16-19.086 P : *D. 2018. Actu. 718 ; LEDEN 5/2018. 6, obs. Dedessus-Le-Moustier ; APC 2018, n° 123, obs. Fin-Langer ; BJS 2018. 354, note Dammann et Guermonprez ; Gaz. Pal. 9 oct. 2018, p. 82, obs. Ben Cheikh-Vecchioni.* ♦ Sur l'effet direct de l'art. 3 de la Dir. 80/987/CEE du 20 oct. 1980, telle que modifiée par la Dir. 2002/74/CE du 23 sept. 2002, V. • CJCE 17 janv. 2008 : *D. 2008. AJ 413 .* ♦ La Dir. 2008/94/CE du 22 oct. 2008 doit être interprétée en ce sens qu'elle s'oppose à une réglementation nationale qui prévoit la couverture des créances impayées des travailleurs salariés résultant de contrats de travail ou de relations de travail par le régime national assurant le paiement des créances des travailleurs salariés par une institution de garantie, établi conformément à l'art. 3 de cette Dir., lorsque la rupture du contrat de travail est à l'initiative de l'administrateur judiciaire, du mandataire liquidateur ou de l'employeur concerné, mais exclut la couverture de telles créances par cette institution de garantie lorsque le travailleur en cause a pris acte de la rupture de son contrat de travail en raison de manquements suffisamment graves de son employeur empêchant la poursuite dudit contrat et qu'une juridiction nationale a jugé cette prise d'acte comme étant justifiée. • CJUE 22 févr. 2024, n° C-125/23 : *D. 2024. Actu. 356 ; APC 2024, n° 81, obs. Fin-Langer ; BJE 5-6/2024. 55, note Donnette.*

9. *Droit de limiter la garantie.* La Dir. 2008/94/CE du 22 oct. 2008 n'oblige pas les États membres à prévoir des garanties pour les créances des travailleurs à chaque étape de la procédure d'insolvabilité de leur employeur ; en particulier, elle ne s'oppose pas à ce que les États membres prévoient une garantie uniquement pour les créances nées avant la transcription au registre du commerce du jugement d'ouverture de la procédure de redressement judiciaire, bien que ce jugement n'ordonne pas la cessation des activités de l'employeur (à propos du droit bulgare). • CJUE 18 avr. 2013, n° C-247/12 : *JCP E 2013. Actu. 347 ; RPC 2014, n° 7, obs. Mastrullo.*

Comp., désormais : C. trav., art. L. 3253-18-1 à L. 3253-18-9, issus de L. n° 2008-89 du 30 janv. 2008 et reproduits ci-après.

Art. L. 3253-7 Le droit du salarié est garanti indépendamment de l'observation par l'employeur tant des prescriptions de la présente section que des obligations dont il est tenu à l'égard des institutions prévues à l'article L. 3253-14. – *[Anc. art. L. 143-11-5.]*

§ 2. *Créances couvertes par l'assurance*

Art. L. 3253-8 L'assurance mentionnée à l'article L. 3253-6 couvre :

1° Les sommes dues aux salariés à la date du jugement d'ouverture de toute procédure de redressement ou de liquidation judiciaire, ainsi que les contributions dues par l'employeur dans le cadre *(L. n° 2011-893 du 28 juill. 2011, art. 44-I-2°)* « du contrat de sécurisation professionnelle » ;

2° Les créances résultant de la rupture des contrats de travail intervenant :

a) Pendant la période d'observation ;

b) Dans le mois suivant le jugement qui arrête le plan de sauvegarde, de redressement ou de cession ;

c) Dans les quinze jours *(L. n° 2013-504 du 14 juin 2013, art. 18-XXI-1°)* « , ou vingt et un jours lorsqu'un plan de sauvegarde de l'emploi est élaboré, » suivant le jugement de liquidation ;

d) Pendant le maintien provisoire de l'activité autorisé par le jugement de liquidation judiciaire *(Ord. n° 2008-1345 du 18 déc. 2008, art. 167)* « et dans les quinze jours *(L. n° 2013-504 du 14 juin 2013, art. 18-XXI-1°)* « , ou vingt et un jours lorsqu'un plan de sauvegarde de l'emploi est élaboré, » suivant la fin de ce maintien de l'activité » ;

3° Les créances résultant de la rupture du contrat de travail des salariés auxquels a été *(L. n° 2011-893 du 28 juill. 2011, art. 44-I-3°)* « proposé le contrat de sécurisation professionnelle », sous réserve que l'administrateur, l'employeur ou le liquidateur, selon le cas, ait proposé *(L. n° 2011-893 du 28 juill. 2011, art. 44-I-3°)* « ce contrat » aux intéressés au cours de l'une des périodes indiquées au 2°, y compris les contributions dues par l'employeur dans le cadre de *(L. n° 2011-893 du 28 juill. 2011, art. 44-I-3°)* « ce contrat » et les salaires dus pendant le délai de réponse du salarié ;

(L. n° 2013-504 du 14 juin 2013, art. 18-XXI-2° et 3°) « 4° Les mesures d'accompagnement résultant d'un plan de sauvegarde de l'emploi déterminé par un accord collectif majoritaire ou par un document élaboré par l'employeur, conformément aux articles L. 1233-24-1 à L. 1233-24-4, dès lors qu'il a été validé ou homologué dans les conditions prévues à l'article L. 1233-58 avant ou après l'ouverture de la procédure de redressement ou de liquidation judiciaire ;

« 5° » Lorsque le tribunal prononce la liquidation judiciaire, dans la limite d'un montant maximal correspondant à un mois et demi de travail, les sommes dues :

a) Au cours de la période d'observation ;

b) Au cours des quinze jours *(L. n° 2013-504 du 14 juin 2013, art. 18-XXI-3°)* « , ou vingt et un jours lorsqu'un plan de sauvegarde de l'emploi est élaboré, » suivant le jugement de liquidation ;

c) Au cours du mois suivant le jugement de liquidation pour les représentants des salariés prévus par les articles L. 621-4 et L. 631-9 du code de commerce ;

d) Pendant le maintien provisoire de l'activité autorisé par le jugement de liquidation *(Ord. n° 2008-1345 du 18 déc. 2008, art. 167)* « et au cours des quinze jours *(L. n° 2013-504 du 14 juin 2013, art. 18-XXI-3°)* « , ou vingt et un jours lorsqu'un plan de sauvegarde de l'emploi est élaboré, » suivant la fin de ce maintien de l'activité ».

La garantie des sommes et créances mentionnées aux 1°, 2° et *(L. n° 2013-504 du 14 juin 2013, art. 18-XXI-4°)* « 5° » inclut les cotisations et contributions sociales et salariales d'origine légale, ou d'origine conventionnelle imposée par la loi *(L. n° 2016-1917 du 29 déc. 2016, art. 60-I-E-2°)* « , ainsi que la retenue à la source prévue à l'article 204 A du code général des impôts ». – *[Anc. art. L. 143-11-1, al. 2 à 7.]*

Jusqu'à l'entrée en vigueur des dispositions conventionnelles et réglementaires d'application de l'art. 41 de la L. n° 2011-893 du 28 juill. 2011, relatif au contrat de sécurisation professionnelle, la convention de reclassement personnalisé reste applicable selon les modalités en vigueur à la date de promulgation de la L. préc., sous réserve des stipulations des accords collectifs conclus en application de l'art. L. 1233-68 C. trav. dans sa rédaction antérieure à cette loi (L. préc., art. 44-IV, JO 29 juill.). – L'art. 44 de la L. n° 2011-893 du 28 juill. 2011 ne s'applique pas à Mayotte (L. préc., art. 44-VI).

Les modifications issues de la L. n° 2013-504 du 14 juin 2013 sont applicables aux procédures de licenciement collectif engagées à compter du 1er juill. 2013. Pour l'application de la disposition qui précède, une procédure de licenciement collectif est réputée engagée à compter de la date d'envoi de la convocation à la première réunion du comité d'entreprise mentionnée à l'art. L. 1233-30 C. trav. (L. préc., art. 18-XXXIII).

Les dispositions de la L. n° 2016-1917 du 29 déc. 2016 s'appliquent aux revenus perçus ou réalisés à compter du 1er janv. 2019 (L. préc., art. 60-I-G, mod. par Ord. n° 2017-1390 du 22 sept. 2017, art. 1er).

Sur les mesures d'adaptation liées à l'urgence sanitaire (covid-19), V., infra, Ord. n° 2020-341 du 27 mars 2020, art. 2.

1. Critère de la garantie. La protection est accordée indépendamment de la qualification de salaire de la somme en cause, le critère n'étant pas la nature salariale de la créance, mais son rattachement au contrat de travail (à propos de frais professionnels). • Soc. 17 déc. 1991, n° 88-40.638 P : *D. 1992. IR 47.*

Sur l'exclusion du bénéfice de l'AGS : des dirigeants de fait, V. • Soc. 25 oct. 2000 : *RPC 2001. 102, obs. Taquet* • Douai, 27 sept. 1996 : *RPC 1997. 227, obs. Taquet* • 30 juin 1999 : *RPC 2000. 61, obs. Taquet.* ♦ ... Des sommes dues à un dirigeant dont le contrat de travail est nul, V. • Paris, 29 mai 1997 : *Rev. sociétés 1997. 625, obs. Guyon.* – Comp. : • Versailles, 16 oct. 1997 : *Rev. sociétés 1998. 159, obs. Guyon.* ♦ Des sommes dues au représentant des salariés à la procédure collective dont le contrat de travail est fictif, V. • Soc. 30 nov. 2004 : *APC 2005, n° 32, obs. Vallansan.*

2. Exemples de créances garanties. Bénéficient de la garantie de l'AGS, comme se rattachant à l'exécution du contrat de travail : l'indemnité compensatrice des salaires. • Soc. 16 nov. 1999, n° 97-42.069 P : *RPC 2000. 62, obs. Taquet.* – Dans le même sens : • Soc. 18 juill. 2000 : *APC 2000, n° 211, obs. Vallansan* • 29 janv. 2003, n° 00-46.048 P. ♦ ... L'indemnité compensatrice de congés payés. • Soc. 2 juin 1992, n° 89-44.415 P. ♦ Comp., limitant la garantie à l'indemnité due pour la période antérieure à l'ouverture de la procédure collective : • Soc. 21 nov. 1989 : *Bull. civ. V, n° 673.* ♦ Comp. également : note 47. ♦ ... L'indemnité correspondant aux repos compensateurs dont le salarié n'a pu bénéficier. • Soc. 1er avr. 1997 : *RPC 1997. 353, obs. Taquet.* ♦ ... Une prime de treizième mois devenue obligatoire par voie d'usage dans l'entreprise. • Soc. 23 sept. 1992 : *Gaz. Pal. 1992. 2. Pan. 265.* ♦ ... Les créances de complément de salaires et de remboursement de frais médicaux, dès lors que ces sommes sont versées par l'employeur en application de la convention collective. • Soc. 28 oct. 1997, n° 94-42.272 P : *D. 1998. IR 16.* ♦ ... La prime d'objectif et l'indemnité de rupture prévues par une transaction, dès lors que ces créances ne constituent pas un nouvel engagement de l'employeur se substituant à ses obligations anciennes mais résultent, tant dans leur principe que dans leur montant, des stipulations du contrat de travail. • Soc. 3 avr. 2001, n° 99-42.183 P : *D. 2001. IR 1852.* ♦ ... La somme allouée au salarié à la suite de la requalification de son contrat de travail à temps partiel en contrat de travail à temps complet. • Soc. 12 juin 2002 : *APC 2002, n° 210.* ♦ ... L'indemnité forfaitaire versée au salarié embauché sans déclaration préalable à l'embauche. • Soc. 12 févr. 2003 : *RPC 2003. 250, obs. Taquet.* ♦ ... La créance résultant de l'inexécution de l'engagement pris par l'employeur d'étendre le bénéfice d'un contrat de solidarité à une nouvelle période. • Soc. 9 oct. 1990, n° 88-42.395 P : *D. 1990. IR 245.* ♦ ... La créance de rémunération avant amortissement d'un film due à un comédien. • Soc. 17 mai 2005, n° 02-47.541 P : *D. 2005. IR 1506 ; APC 2005, n° 145, obs. Fin-Langer.*

3. Sont également garantis par l'AGS : les dommages-intérêts alloués au salarié en réparation du retard apporté par le représentant des créanciers à lui transmettre les documents nécessaires à l'adhésion à la convention de conversion. • Soc. 2 mars 1999 : *D. 2001. Somm. 119, obs. Derrida ; RPC 1999. 226, obs. Taquet.* ♦ ... Les dommages-intérêts alloués aux salariés en raison du retard de l'employeur dans le paiement des indemnités de rupture des contrats de travail. • Soc. 10 juill. 2001, n° 99-43.912 P : *D. 2001. IR 2461 ; RPC 2001. 259, obs. Taquet.* ♦ ... Les dommages-intérêts dus au salarié à raison de la méconnaissance par l'employeur de l'obligation du repos dominical. • Soc. 8 juin 1999, n° 97-40.648 P : *RPC 1999. 227, obs. Taquet.* ♦ ... Les dommages-intérêts dus à raison de l'inexécution par l'employeur de son obligation d'information des salariés de leurs droits en matière de repos compensateur. • Soc. 16 mars 1999, n° 96-45.812 P : *RPC 1999. 161, obs. Taquet.* ♦ ... Les dommages-intérêts alloués au salarié pour non-respect par l'employeur de ses obligations vis-à-vis de la sécurité sociale et des organismes de retraite. • Soc. 17 oct. 2000 : *JCP 2001. II. 10532, note Colonna* • 8 janv. 2002, n° 99-44.220 P : *RPC 2002. 108, obs. Taquet.* ♦ ... Les dommages-intérêts dus à raison des retards de paiement des salaires et de la non-régularisation des documents relatifs aux congés payés. • Soc. 27 juin 2001 : *APC 2001, n° 208.* ♦ ... Les dommages-intérêts accordés aux salariés au titre de l'inexécution, par l'employeur, de ses obligations de délivrer des bulletins de paie, certificats de travail et attestations Assedic. • Soc. 4 déc. 2002, n° 00-44.303 P. – *Contra* : • Soc. 13 janv. 1999 : *RPC 1999. 162, obs. Taquet.* ♦ ... Les dommages-intérêts alloués en raison de la rupture du contrat de travail avant la prise de fonctions. • Soc. 22 mars 1995 : *Gaz. Pal. 1995. 1. Pan. 106 ; RPC 1995. 496, obs. Taquet.* ♦ Comp. note 9. ♦ ... Les dommages-intérêts alloués en réparation de la rupture d'un contrat de travail à durée déterminée conclu en méconnaissance des dispositions des art. L. 122-1 [L. 1242-1] s. C. trav. • Soc. 18 oct. 2007, n° 06-43.848 P : *D. 2007. AJ 2733, obs. Perrin ; APC*

2007, n° 229, obs. Fin-Langer ; Gaz. Pal. 23-24 janv. 2008, p. 61, obs. Saintourens. ♦ ... Les dommages-intérêts alloués en réparation du préjudice résultant d'un prêt illicite de main-d'œuvre. • Soc. 9 nov. 2004, n° 02-45.048 P : *D. 2004. IR 3116*. ♦ ... Les dommages-intérêts alloués au salarié victime du harcèlement moral de son employeur. • Soc. 8 févr. 2005 : *APC 2005, n° 69.*

4. L'AGS doit garantir une partie de salaire retenue par l'employeur en raison d'une saisie-arrêt et non déposée au greffe du tribunal d'instance avant l'ouverture de la procédure collective à l'encontre de l'employeur. • Soc. 14 mai 1997 : *JCP 1997. IV. 1410.*

5. La garantie de l'AGS s'étend aux sommes prévues par les plans de sauvegarde de l'emploi pour favoriser le reclassement des salariés, y compris à l'extérieur de l'entreprise ou du groupe auquel elle appartient, ainsi qu'aux dommages et intérêts réparant l'inexécution d'un engagement tendant à ces reclassements. • Soc. 8 févr. 2012, n° 10-12.906 P : *D. 2012. Actu. 550 ; LEDEN 4/2012. 7, obs. G. Dedessus-Le-Moustier ; APC 2012, n° 74, obs. Fin-Langer ; Gaz. Pal. 27-28 avr. 2012, p. 38, obs. Duprat ; BJE 2012. 179, note Driguez.* ♦ La prime de création d'entreprise prévue au plan social et destinée à aider les salariés licenciés pendant la période d'observation à se reclasser relève de la garantie de l'AGS. • Soc. 30 avr. 2003, n° 00-46.820 P : *D. 2003. IR 1339 ; APC 2003, n° 178, obs. Fin-Langer.*

6. Le paiement des cotisations sociales obligatoires afférentes à la rémunération des salariés, qui constitue pour l'employeur une obligation résultant du contrat de travail, est garanti par l'AGS. • Soc. 24 oct. 2006, n° 04-46.622 P : *D. 2006. AJ 2790, obs. Lienhard*.

7. Capital-décès. En ce sens que le capital-décès, étant directement rattaché au contrat de travail, la protection de l'art. L. 143-11-1 [L. 3253-8] doit bénéficier aux ayants droit de salariés cadres, V. • Soc. 4 févr. 1987, n° 84-14.883 P : *D. 1987. Somm. 211, obs. Langlois, et 236, obs. Honorat* • 8 nov. 1994, n° 93-11.239 P : *D. 1995. 143, note Honorat ; JCP 1995. II. 22383, note Saint-Jours* • 8 juill. 1997, n° 94-42.555 P : *D. 1997. IR 200*. ♦ *Contra*, au motif que la créance résulte d'une action en responsabilité contre l'employeur : • Soc. 6 avr. 1994, n° 91-43.912 P : *D. 1995. Somm. 24, obs. Honorat ; JCP 1994. II. 22335, note Saint-Jours.*

8. Préjudice d'anxiété. Sur la garantie, par l'AGS, des sommes dues à d'anciens salariés en réparation du préjudice d'anxiété lié à une exposition à l'amiante, V. • Soc. 25 sept. 2013, n° 12-20.912 P : *RTD civ. 2013. 844, obs. Jourdain ; JCP E 2013. 1649, note Colonna et Renaux-Personnic ; LEDEN 11/2013. 6, obs. G. Dedessus-Le-Moustier ; APC 2013, n° 258, obs. Fin-Langer ; Gaz. Pal. 12-14 janv. 2014, p. 38, obs. Duprat* • 2 juill. 2014, n° 12-29.788 P : *D. 2014. Actu. 149 ; LEDEN 10/2014. 7, obs. G. Dedessus-Le-Moustier ; RPC 2014, n° 128, obs. Fin-Langer.*

9. Exemples de créances non garanties. L'AGS ne garantit pas : les sommes dues en application de l'art. 700 NCPC [C. pr. civ.], qui sont nées d'une procédure judiciaire. • Soc. 2 mars 1999, n° 97-40.044 P : *RPC 1999. 161, obs. Taquet.* ♦ ... La créance d'un salarié démissionnaire correspondant à des dommages-intérêts du fait de l'illégalité d'une clause de non-concurrence qui figurait dans le contrat de travail et dont l'employeur avait exigé l'application. • Soc. 16 déc. 1992, n° 91-41.550 P : *D. 1993. Somm. 193, obs. Honorat*. ♦ ... Les dommages-intérêts dus pour rupture d'une promesse d'embauche, V. • Soc. 19 janv. 1999 : *RPC 2000. 19, obs. Taquet* • Versailles, 28 sept. 1993 : *D. 1994. Somm. 180, obs. Honorat* • 2 déc. 1994 : *D. 1996. Somm. 87, obs. Honorat*. ♦ ... Les sommes dues par l'employeur en redressement judiciaire en réparation des souffrances et du préjudice esthétique causés au salarié victime d'un accident du travail dû à la faute inexcusable dudit employeur. • Soc. 21 oct. 1998, n° 96-20.978 P. ♦ ... Les sommes allouées à des salariés par décision de justice à titre de dommages-intérêts pour résistance abusive à leur demande. • Soc. 26 janv. 2000, n° 98-44.177 P. ♦ ... Les dommages-intérêts en raison des carences de l'employeur, lequel a payé certains salaires avec retard, dès lors qu'il n'est pas constaté, pour le salarié, l'existence d'un préjudice indépendant de ce retard et causé par la mauvaise foi de l'employeur. • Soc. 26 janv. 2000, n° 96-42.376 P. ♦ ... La créance relevant d'une action en responsabilité contre le représentant des créanciers et le représentant des salariés ayant omis de mentionner le salarié sur la liste des salariés. • Soc. 12 févr. 1992, n° 89-42.055 P : *D. 1993. Somm. 75, obs. Honorat*. ♦ ... La somme résultant de la liquidation de l'astreinte, prononcée à la suite de la condamnation d'un employeur à remettre à son ancien salarié des bulletins de salaire. • Soc. 7 nov. 1990, n° 88-44.098 P : *D. 1990. IR 285* • 30 mars 1993 : *Gaz. Pal. 1993. 1. Pan. 125.*

10. De même, sont exclus de la garantie de l'AGS : les sommes dues au titre des frais d'huissier de justice dues à la suite de la résistance opposée par le débiteur à l'exécution d'une décision de justice. • Soc. 12 janv. 1999 : *D. 1999. IR 50.* ♦ ... L'indemnité de préavis due à l'Assedic en cas d'adhésion d'un salarié à une convention de conversion. • Soc. 18 juill. 2000 : *RPC 2001. 42, obs. Taquet.* ♦ ... Les agios engendrés par le défaut de provision de chèques émis par l'employeur en règlement de créances salariales. • Paris, 13 mai 1993 : *BICC 1993, n° 1273.* ♦ ... L'indemnité de stage ainsi que les frais de déplacement du stagiaire dus en exécution de contrats ayant pour objet des stages d'initiation à la vie professionnelle des jeunes. • Soc. 25 oct. 1990, n° 88-14.699 P : *D. 1991. Somm. 238, obs. Honorat*. ♦ ... Le paiement d'une somme qui avait été retenue sur le salaire d'un salarié et qui n'avait pas été versée à la caisse de retraite par son employeur en liquidation judiciaire, la créance litigieuse ne résultant pas de l'exécution du contrat de travail mais d'une action en responsabilité dirigée contre l'employeur. • Soc. 10 juill. 1991, n° 88-41.704 P : *D. 1992. Somm. 186, obs. crit. Honorat* • 12 janv. 1993 : *Gaz. Pal. 1993. 1. Pan. 48.* – Comp. note 3. – V. aussi • Soc. 21 févr. 1995 : *D. 1995. Somm. 305, obs. crit. Honorat* • Versailles, 15 mars 1996 : *BICC 1996, n° 795* • Paris, 7 avr. 1998 : *D. 1998. IR 135.* ♦ ... L'aide individuelle de réinsertion des travailleurs immigrés dans leur pays d'origine. • Soc. 24 févr. 1993, n° 89-42.863 P : *D. 1993. Somm. 322, obs. Honorat.*

11. La demande de régularisation du paiement des *cotisations dues à une caisse complémentaire de prévoyance* ne constitue pas une créance du salarié, mais une dette de l'entreprise, dont l'AGS n'a pas à garantir le paiement. • Soc. 31 mars 1998 : *D. 1998. IR 125.* ♦ Dans le même sens, pour des cotisations à un régime de retraite complémentaire, V. • Soc. 28 mars 2000 : *D. 2001. Somm. 119, obs. Derrida ; RPC 2001. 103, obs. Taquet.* ♦ En revanche, doit être garantie par l'AGS l'indemnité due en réparation du préjudice subi par le salarié du fait du non-paiement par l'employeur des cotisations à une caisse de retraite complémentaire prévue par la convention collective. • Soc. 25 janv. 2005, n° 03-40.195 P : *D. 2005. IR 597 ; APC 2005, n° 68, obs. Rétif.*

12. Si les sommes représentant les arrérages de rentes résultant de la souscription par l'employeur de *contrats d'assurance collective* pour obtenir le versement d'une rente viagère au profit du conjoint d'un salarié décédé et des salariés victimes d'invalidité permanente ou d'incapacité de longue durée, sont dues en exécution du contrat de travail, le bénéficiaire n'en devient créancier qu'au fur et à mesure des échéances ; elles sont, dès lors, exclues du régime d'assurance de l'art. L. 143-11-1 [L. 3253-8] si cette échéance est postérieure à la date d'ouverture de la procédure collective. • Soc. 2 juin 1992, n° 90-15.370 P.

13. En ce sens que les *indemnités journalières* dues par l'employeur pour non-respect du contrat souscrit auprès de l'organisme de prévoyance ne sont garanties par l'AGS que s'il existe un accord collectif imposant la souscription d'un contrat d'assurance au profit des salariés, V. • Soc. 14 avr. 1999 : *APC 1999, n° 138.*

14. Lorsque l'*avantage conféré au titre d'un plan social* ne constitue pas une indemnisation effective des dommages consécutifs au licenciement économique, mais un revenu de remplacement du salarié en fin de droit, une prestation sociale, cet avantage ne relève d'aucune des créances privilégiées visées aux art. 2101 [2331] (4°) et 2104 [2377] (2°) C. civ. et, s'agissant d'une somme qui n'est pas due en exécution du contrat de travail, la créance ne relève pas du régime d'assurance des créances des salariés. • Soc. 25 mai 1993 : *D. 1994. Somm. 80, obs. Honorat.* ♦ Comp. note 5.

15. Une cour d'appel qui, ayant relevé qu'un salarié, actionnaire d'une société, après accord du conseil d'administration de celle-ci, a accepté avec les administrateurs de laisser le montant de ses *créances salariales sur un compte dénommé « compte courant »* et ayant fait ressortir l'importance des sommes dues et l'étroite imbrication des intérêts du salarié et de la société, estime souverainement que les parties ont eu la commune intention de modifier la nature de la créance, peut en déduire que les éléments constitutifs d'une novation de la créance sont réunis pour rejeter la demande du salarié tendant à ce que ces sommes soient portées sur le relevé des créances salariales et garanties par l'AGS après mise en liquidation judiciaire de la société. • Soc. 22 juin 1993, n° 90-46.005 P : *D. 1994. Somm. 80, obs. Honorat ; BJS 1993. 1237, note Couret.* – Dans le même sens, V. • Chambéry, 2 déc. 2003 : *RJDA 2004, n° 1217.*

16. *Le versement de fonds en vue de l'acquisition de parts sociales* ne constitue pas une créance résultant de l'exécution du contrat de travail. • Soc. 7 juill. 1998, n° 96-40.249 P : *D. 1998. IR 209.*

17. L'AGS ne doit pas garantir le paiement à un *fonctionnaire communal détaché auprès d'une société d'économie mixte* d'aménagement, au titre de sa rémunération due à la date de la mise en liquidation judiciaire de cette société jusqu'à la date à laquelle le détachement devait prendre fin et celle due à titre de dommages-intérêts, dès lors que ces créances ne résultent pas du contrat de travail liant le salarié à l'organisme de détachement, mais de l'application de la loi du 26 janv. 1984 portant dispositions statutaires relatives à la fonction publique territoriale. • Soc. 7 juill. 1998, n° 95-43.419 P : *D. 1998. IR 198.*

18. Existence d'un autre garant. L'AGS intervient pour garantir le règlement des créances dues au salarié en exécution du contrat de travail, dès lors que le représentant des créanciers ne dispose pas des sommes nécessaires à ce règlement, peu important qu'un tiers, en l'occurrence la commune qui s'était engagée, en cas de dissolution d'une association, à prendre en charge les contrats de travail du personnel, soit susceptible de garantir également tout ou partie de ces créances. • Soc. 1er déc. 1993, n° 91-40.761 P : *D. 1994. IR 20.*

19. Si les associés d'un groupement d'employeurs, auquel les salariés sont liés par des contrats de travail, sont solidairement responsables du passif salarial, en application de l'art. L. 127-1 [L. 1253-8] C. trav., cette circonstance n'est cependant pas de nature à empêcher la mise en œuvre de la garantie de l'AGS, à la suite de la liquidation judiciaire du groupement. • Soc. 9 mars 2004, n° 02-41.851 P : *D. 2004. Somm. 2191, obs. Giraudet ; APC 2004, n° 124, obs. Fin-Langer.*

20. Sommes dues à la date du jugement d'ouverture. L'AGS doit garantir le paiement des dommages-intérêts alloués à un salarié sur le fondement de l'art. L. 122-14-5 [L. 1235-5], en réparation du préjudice subi du fait de son licenciement sans cause réelle et sérieuse, prononcé avant le jugement d'ouverture de la procédure collective de l'employeur. • Soc. 8 juin 1999, n° 97-40.659 P : *D. 2001. Somm. 120, obs. Derrida* • 29 janv. 2003, n° 00-42.630 P. ♦ Dans le même sens, s'agissant de dommages-intérêts alloués en raison de la rupture illicite d'un contrat à durée déterminée, V. • Soc. 12 mars 2002, n° 99-44.222 P. ♦ ... De dommages-intérêts alloués en raison de la rupture d'un contrat de travail en violation de l'art. L. 122-12 [L. 1224-1] C. trav., V. • Soc. 28 janv. 2004, n° 01-47.356 P : *APC 2004, n° 73, obs. Fin-Langer.*

L'indemnité de départ à la retraite ne relève pas de la garantie de l'AGS, au titre de l'art. L. 143-11-1, al. 2, 1° [L. 3253-8, 1°], dès lors que le salarié ne justifie pas avoir informé son employeur de son intention de partir à la retraite avant le jugement d'ouverture de la procédure. • Soc. 20 avr. 2005, n° 02-47.063 P : *JCP E 2005, n° 25, p. 1057 ; APC 2005, n° 145, obs. Fin-Langer.*

Sur la date de naissance de la créance, V., pour une indemnité conventionnelle de départ à la retraite (absence de garantie pour les salariés n'ayant pas atteint l'âge prévu par l'accord à la date d'ouverture), • Soc. 12 avr. 1995, n° 92-18.005 P : *D. 1995. Somm. 307, obs. Honorat ; RPC 1995. 499, obs. Taquet.* ♦ ... Pour une indemnité conventionnelle de rupture amiable payable par mensualités (créance naissant au jour de la conclusion de l'accord), • Soc. 23 nov. 2004, n° 02-41.836 P : *D. 2005. IR 18 ; APC 2005, n° 8, obs. Vallansan ; JCP E 2005, n° 17, p. 711, obs. Pétel.* ♦ ... Pour une prime de 13e mois (naissant le 31 déc. de l'année concernée), • Soc. 14 mai 1997, n° 95-43.735 P : *D. 1997. IR 145*.

21. La garantie de l'AGS ne saurait être exclue au motif que la créance litigieuse peut être couverte par les fonds disponibles de l'entreprise. • Soc. 10 déc. 1996, n° 94-40.487 P.

22. Les sommes dues par l'employeur en exécution du contrat de travail antérieurement au jugement ouvrant le redressement judiciaire restant soumises, même après un plan de redressement par cession ou par continuation, au régime de la procédure collective, la garantie de l'AGS doit intervenir selon les principes énoncés par les art. L. 143-11-1 [L. 3253-8] s. • Soc. 27 oct. 1998, n° 95-45.354 P : *RPC 1999. 162, obs. Taquet.*

23. Pour la garantie des sommes dues à la date d'ouverture de la seconde procédure collective, consécutive à la résolution du plan de cession, V. • Soc. 14 déc. 1999, n° 97-43.346 P : *D. 2001. Somm. 121, obs. Derrida*.

24. Procédure de sauvegarde (L. du 26 juill. 2005). Il résulte de l'art. L. 143-11-1, al. 2, C. trav., en sa rédaction issue de la loi du 26 juill. 2005, devenu L. 3253-8 C. trav., qu'en cas d'ouverture d'une procédure de sauvegarde de l'entreprise, laquelle n'est pas en état de cessation des paiements, seules sont garanties les créances résultant de ruptures intervenues pendant la période d'observation et dans le mois suivant le jugement qui a arrêté le plan de sauvegarde. • Soc. 10 mars 2009, n° 07-45.326 P : *D. 2009. AJ 807, obs. Lienhard ; JCP E 2009. 1549, note Beyneix ; APC 2009, n° 136, obs. Jacotot ; LEDEN 5/2009. 1, obs. F.-X. Lucas.*

25. Conversion en redressement ou en liquidation judiciaire. La garantie prévue par le 1° de l'art. L. 3253-8 C. trav. ne dépend que de la seule ouverture d'une procédure de redressement ou de liquidation judiciaire, sans qu'il y ait lieu d'établir de distinction entre les diverses causes d'ouverture de cette procédure (application de la garantie de l'AGS à une créance née avant l'ouverture de la procédure de sauvegarde, dans l'hypothèse d'une conversion de celle-ci en redressement judiciaire). • Soc. 21 janv. 2014, n° 12-18.421 P : *D. 2014. Actu. 270, obs. Lienhard ; ibid. Pan. 2152, obs. F.-X. Lucas ; JCP E 2014. 1173, n° 8, obs. Pétel ; APC 2014, n° 45, obs. Fin-Langer ; LEDEN 4/2014. 7, obs. G. Dedessus-Le-Moustier ; RPC 2014, n° 55, obs. Jacotot ; BJE 2014. 165, note Driguez ; Gaz. Pal. 29 juin-1er juill. 2014, p. 36, obs. Gailhbaud.* ♦ Dans le même sens, pour l'application de la garantie de l'AGS à une créance née au cours de la période d'observation de la procédure de sauvegarde, dans l'hypothèse de l'ouverture d'une procédure de liquidation judiciaire consécutive à la résolution du plan de sauvegarde, V. • Soc. 22 sept. 2015, n° 14-17.837 P : *D. 2015. Actu. 1950 ; APC 2015, n° 273, obs. Fin-Langer ; LEDEN 11/2015. 7, obs. Dedessus-Le-Moustier ; Gaz. Pal. 19 janv. 2016, p. 75, obs. Gailhbaud ; BJE 2016. 51, note Driguez.* ♦ Sur la dispense de déclaration de créance bénéficiant à l'AGS dans la seconde procédure collective ouverte après résolution du plan, V. note 11 ss. anc. art. L. 621-82 C. com.

26. Licenciement après jugement de plan de redressement. La garantie de l'AGS s'applique aux créances résultant de la rupture des contrats de travail intervenue dans le mois suivant le jugement qui a modifié le plan de redressement, lequel fait corps avec le jugement arrêtant ce plan. • Soc. 3 avr. 1991, n° 90-41.566 P : *D. 1994. Somm. 44, obs. Derrida ; JCP E 1991. I. 102, n° 16, obs. Pétel.*

27. Viole l'art. L. 143-11-1 [L. 3253-8], 1° et 2°, la cour d'appel qui, pour exclure la garantie de l'AGS en ce qui concerne le paiement de rappels de salaire et de dommages et intérêts pour rupture abusive du contrat de travail à un certain nombre de joueurs de football, licenciés par un club sportif à la suite de sa mise en redressement judiciaire, retient qu'en application de l'art. 64 de la loi du 25 janv. 1985 [C. com., art. L. 626-11] les dispositions du plan de redressement sont opposables aux joueurs en sorte que l'AGS doit être mise hors de cause, le club étant désormais *in bonis*, alors que les créances dont elle a fixé le montant concernent, d'une part, des rappels de salaires dus à la date de l'ouverture de la procédure collective et, d'autre part, des indemnités résultant de la rupture du contrat de travail intervenue pendant la période d'observation. • Soc. 20 mai 1992, n° 90-43.286 P : *D. 1992. IR 187.* – V. aussi • Soc. 20 mai 1992, n° 91-41.516 P : *D. 1992. IR 188*. ♦ En revanche, en l'absence de prononcé de liquidation judiciaire, ne peut être mise à la charge de l'AGS, la garantie du paiement de créances nées après l'ouverture du redressement judiciaire et résultant de la poursuite des contrats de travail des salariés pendant la période d'observation (s'agissant d'une prime annuelle de 13e mois pour la période antérieure à la cession). • Soc. 12 nov. 1997, n° 94-43.354 P. ♦ De même, ne peuvent être garantis au titre de l'art. L. 143-11-1, al. 2 [L. 3253-8], 1° et 2°, des salaires postérieurs au jugement d'ouverture du redressement judiciaire et des créances résultant de la rupture du contrat de travail intervenue plus d'un mois après le jugement arrêtant le plan de redressement par continuation. • Soc. 13 janv. 1999 : *RPC 2001. 103, obs. Taquet.* – V. aussi • Soc. 29 avr. 1998 : *RPC 1999. 35, obs. Taquet.* ♦ En ce sens que la date du jugement autorisant les licenciements constitue le point de départ du délai d'un mois prévu par l'art. L. 143-11-1 [L. 3253-8], V. • Soc. 13 févr. 2001 : *APC 2001, n° 92 ; RPC 2001. 258, obs. Taquet.* ♦ La contrepartie pécuniaire à la clause de non-concurrence étant une créance due mois par mois pendant un an, dès lors qu'aucune mensualité n'est due à l'intéressé pendant la période d'observation et dans le mois suivant l'adoption du plan de redressement, l'AGS n'a pas à en garantir le paiement. • Soc. 27 oct. 1999, n° 96-43.941 P : *RPC 2000. 62, obs. Taquet.*

28. En négligeant de licencier, dans le délai d'un mois prévu par l'art. L. 143-11-1 [L. 3253-8], qui constitue l'une des conditions d'application de la garantie de l'AGS, un salarié non repris par le cessionnaire, l'administrateur judiciaire commet une faute et engage sa responsabilité professionnelle dans les termes de l'art. 1383 [1241] C. civ. • Paris, 11 oct. 1999 : *JCP E 1999, n° 46, p. 1806.*

29. Rupture du contrat de travail. La garantie de l'AGS ne pouvant être mise en œuvre sur le fondement de l'art. L. 143-11-1 [L. 3253-8], al. 2, 2°, qu'à la condition que le contrat ait été rompu par l'administrateur, l'employeur ou le liquidateur, selon le cas, au cours de l'une des périodes visées par ce texte, il en résulte que la créance indemnitaire résultant du seul départ à la retraite du salarié après le jugement d'ouverture et au cours de la période d'observation ne bénéficie pas de cette garantie. • Soc. 20 avr. 2005 : *préc. note 20.*

30. Les créances résultant de la rupture du contrat de travail visées par l'art. L. 3253-8, 2°, s'entendent d'une rupture à l'initiative de l'administrateur judiciaire ou du mandataire liquidateur ; dès lors que le salarié a pris acte de la rupture du contrat de travail aux torts de l'employeur, la garantie de l'AGS n'est pas due pour l'indemnité pour travail dissimulé allouée au salarié. • Soc. 20 déc. 2017, n° 16-19.517 P : *D. 2018. Actu. 6 ; JCP E 2018. 1159, n° 20, obs. Pétel ; LEDEN 3/2018. 7, obs. de Frémont ; BJE 2018. 126, note Jacotot.*

31. Les dispositions de l'art. L. 3253-8, 2°, excluant la garantie de l'AGS pour les ruptures de contrat ne découlant pas de l'initiative de l'administrateur judiciaire ou du mandataire liquidateur ou de l'employeur, ne sont pas contraires au principe d'égalité des citoyens devant la loi garanti par l'art. 6 DDH. • Soc., QPC, 10 juill. 2019, n° 19-40.019 P : *RPC 2019, n° 169, obs. Jacotot.* ♦ V. note 8 *in fine* ss. art. L. 3253-6.

32. Infirmation du jugement d'extension de la procédure. L'infirmation du jugement d'extension de la procédure de redressement judiciaire entraîne l'annulation par voie de conséquence de la décision d'autorisation de licencier prise par le juge-commissaire dans le cadre de cette procédure, ce dont il résulte que les licenciements sont dépourvus de cause réelle et sérieuse, de sorte que l'AGS doit sa garantie. • Soc. 24 juin 2008, n° 07-41.972 P : *D. 2008. AJ 1897 ; Gaz. Pal. 21-22 janv. 2009, p. 49, obs. Duprat.*

33. Licenciement après jugement de liquidation. Ne sont pas garanties les créances résultant de la rupture de contrats de travail intervenue plus de quinze jours après la liquidation judiciaire de l'employeur. • Soc. 21 nov. 1989 : *Bull. civ. V, n° 672 ; D. 1990. Somm. 217, obs. Honorat* • 24 janv. 1990, n° 89-40.868 P : *D. 1990, préc.* • 5 avr. 1995 : *RPC 1996. 120, obs. Taquet* • 1er déc. 1999 : *RPC 2000. 107, obs. Taquet.* ♦ La liquidation judiciaire n'entraîne pas en soi la rupture des contrats de travail, au sens de l'art. L. 143-11-1 [L. 3253-8]. • Soc. 18 nov. 1992, n° 91-43.960 P • 24 mai 2000 : *RPC 2001. 103, obs. Taquet* • 3 avr. 2002, n° 99-43.492 P : *D. 2002. Somm. 2095, obs. Escande-Varniol ; APC 2002, n° 114, obs. Vallansan ; RPC 2002. 202, obs. Taquet.*

La créance indemnitaire consécutive à l'arrêt de maladie puis à l'invalidité du salarié due plus de quinze jours après le prononcé de la liquidation judiciaire ne peut être garantie par l'AGS. • Soc. 31 mars 1998 : *préc. note 11.*

34. Dès lors que les contrats de travail ont été rompus pendant le maintien provisoire de l'activité autorisé par le jugement de liquidation judiciaire de l'employeur et que la créance au titre de la contrepartie financière à la clause de non-concurrence résulte de la rupture des contrats de travail, l'AGS doit en garantir le paiement, peu important que toutes les échéances ne soient pas encore exigibles. • Soc. 20 juin 2006, n° 04-48.493 P : *D. 2006. AJ 1889, obs. Lienhard ; JCP E*

2007, n° 1, p. 25, obs. Pételₜ. ♦ Comp., auparavant : • Soc. 6 mai 1997, n° 94-42.699 P : *D. 1998. Somm. 221, obs. Serra ; JCP 1997. II. 22936, note Serret.*

35. Viole l'art. L. 143-11-1 [L. 3253-8] (2°) la cour d'appel qui, pour retenir la garantie de l'AGS, estime que, si le jugement de liquidation judiciaire n'a pas autorisé expressément la poursuite d'activité, celle-ci a eu lieu, en fait, jusqu'à la date des licenciements, alors qu'elle a constaté, d'une part, que les licenciements sont intervenus plus de quinze jours après le jugement de liquidation judiciaire et, d'autre part, que ce jugement n'a pas autorisé le maintien provisoire de l'activité de l'entreprise. • Soc. 20 mai 1992, n° 91-41.822 P : *D. 1992. IR 187.* – V. aussi • Soc. 18 févr. 1998 : *RPC 1998. 500, obs. Taquet.*

36. Doit être cassé, pour violation de l'art. L. 143-11-1 [L. 3253-8] (2°), l'arrêt qui, pour dire que la garantie est due au salarié qui a demandé la requalification de son contrat de travail à durée déterminée renouvelé de façon ininterrompue pendant une longue période, énonce que la rupture du contrat requalifié en contrat à durée indéterminée a eu lieu à la date fixée lors de la conclusion du contrat, dans le délai légal de quinze jours et produit les effets d'un licenciement, alors que le contrat de travail à durée indéterminée, auquel il ne peut être mis fin à une date fixée à l'avance, n'a pas été rompu dans le délai de quinze jours suivant le prononcé de la liquidation judiciaire. • Soc. 8 janv. 1997 : *D. 1997. IR 40.*

37. La remise d'un reçu pour solde de tout compte et d'une attestation ASSEDIC aux salariés sous contrats à durée déterminée vaut rupture de leur contrat de travail, et dès lors que ces documents ont été remis dans les quinze jours suivant le jugement de liquidation judiciaire, l'AGS doit prendre en charge les dommages-intérêts qui leur sont dus. • Soc. 13 juin 2001 : *RPC 2002. 60, obs. Taquet.*

38. En ce sens que l'AGS n'a pas à garantir les indemnités résultant de la résiliation judiciaire d'un contrat de travail prononcée plus de quinze jours après le jugement de liquidation judiciaire, V. • Soc. 14 oct. 2009, n° 07-45.257 P : *D. 2009. AJ 2554, obs. Maillard ; APC 2009, n° 291, obs. Fin-Langer ; Gaz. Pal. 8-9 janv. 2010, p. 36, obs. Gailhbaut* • 19 mai 2016, n° 14-25.443 : *RPC 2016, n° 146, obs. Fin-Langer.* – V. Jacotot, *RPC 2010. Étude 14.*

39. Le liquidateur, qui exerce les droits et actions du débiteur concernant le patrimoine de celui-ci, doit effectuer les démarches nécessaires pour obtenir le nombre et les noms des salariés du débiteur, afin que leur licenciement intervienne dans le délai prévu par l'art. L. 143-11-1 [L. 3253-8], pour leur permettre de recevoir de l'AGS le paiement des indemnités consécutives à la rupture du contrat de travail. • Com. 6 juill. 1993, n° 91-14.707 P : *D. 1993. IR 211.* ♦ Si la brièveté du délai prévu par l'art. L. 3253-8, 2°, *c)*, ne dispense pas le liquidateur de remplir ses obligations en matière de reclassement, elle doit cependant être prise en compte pour apprécier les diligences mises en œuvre, étant rappelé qu'il s'agit d'une obligation de moyens. • Orléans, 20 sept. 2012, n° 11/02570 : *RPC 2013, n° 60, obs. Taquet.*

40. Mesures d'accompagnement résultant d'un PSE. Une indemnité supralégale de licenciement n'est pas une mesure d'accompagnement résultant d'un plan de sauvegarde de l'emploi au sens de l'art. L. 3253-8, 4°, mais une somme concourant à l'indemnisation du préjudice causé par la rupture du contrat de travail au sens de l'art. L. 3253-13. • Soc. 16 déc. 2020, n° 18-15.532 P : *APC 2021, n° 46, obs. Fin-Langer ; LEDEN 3/2021. 7, obs. Dedessus-Le-Moustier ; RPC 2021, n° 41, obs. Jacotot.*

41. Sommes dues au cours de la période d'observation. Il résulte de l'art. L. 143-11-1 (3°) [L. 3253-8, 5°] que l'assurance contre le risque de non-paiement, en cas de procédure de redressement judiciaire, des sommes dues en exécution du contrat de travail, ne couvre les sommes dues à ce titre au cours de la période d'observation que lorsque le tribunal prononce la liquidation judiciaire. • Soc. 7 févr. 1990, n° 87-40.780 P : *D. 1990. Somm. 217, obs. Honorat* • 6 juill. 1999 : *D. 2001. Somm. 120, obs. Derrida ; APC 1999, n° 222, obs. Gherari.* ♦ La garantie ne peut donc pas jouer lorsque la société intéressée a fait l'objet d'un plan de redressement. • Soc. 1er févr. 2012 : *LEDEN 4/2012. 7, obs. G. Dedessus-Le-Moustier ; Gaz. Pal. 27-28 avr. 2012, p. 8, obs. Duprat.* ♦ ... Ou d'un plan de cession. • Soc. 3 oct. 1995 : *JCP E 1996. Pan. 24* • 7 juin 2000 : *RPC 2001. 43, obs. Taquet.*

V. aussi, pour une prime de treizième mois, • Soc. 17 mars 1998 : *APC 1998, n° 43.*

42. Il résulte de l'art. L. 143-11-1 (3°) [L. 3253-8, 5°] que l'AGS ne doit garantir le paiement que d'une somme correspondant à un mois et demi de travail. • Soc. 24 juin 1998 : *RPC 1999. 163, obs. Taquet* • 10 oct. 2000 : *APC 2000, n° 259.*

43. Sommes dues au cours des quinze jours suivant le jugement de liquidation. En ce sens que la garantie de l'AGS s'applique aux sommes dues au cours des quinze jours suivant le jugement de liquidation judiciaire, quand bien même le liquidateur n'aurait pas procédé au licenciement du salarié dans les quinze jours de ce jugement, V. • Soc. 8 oct. 2003, n° 01-43.951 P : *APC 2003, n° 261, obs. Taquet.*

44. Plan de redressement. Les sommes dues par l'employeur en exécution du contrat de travail antérieurement au jugement ouvrant le redressement judiciaire restant soumises, même après un plan de redressement par cession ou par continuation, au régime de la procédure collective, la garantie de l'AGS doit intervenir selon les principes énoncés par les art. L. 143-11-1 [L. 3253-8] s. • Soc. 27 oct. 1998, n° 95-45.354 P : *APC 1998, n° 175 ; JCP E 1998, n° 52, p. 2067, obs. Pétel.* ♦ V.

aussi note 1 ss. art. L. 626-20 et note 5 ss. art. L. 625-6.

45. Le plan de cession n'ayant prévu aucun licenciement pour motif économique, le contrat de travail s'est poursuivi de plein droit avec le cessionnaire, nonobstant la carence de l'employeur soumis à la procédure collective qui, dès l'arrêté du plan, a cessé d'exécuter ses obligations en ne versant plus son salaire au salarié. Dès lors, à défaut de rupture du contrat de travail, l'AGS ne doit aucune garantie. • Soc. 6 juill. 1999, n° 97-42.231 P : *D. 2000. Somm. 2, obs. Derrida*.

46. Cession d'unités de production. En ce sens que les contrats de travail étant poursuivis en application de l'art. L. 122-12 [L. 1224-1] C. trav., la garantie de l'AGS n'est pas due, V. • Agen, 5 juin 1990 : *Gaz. Pal. 1991. 2. 341, note Lagraula.* ♦ En revanche, s'agissant de salariés licenciés dans le cadre d'une cession d'actif et non repris, l'AGS est tenue de garantir les indemnités pour méconnaissance de l'ordre des licenciements et de la priorité de réembauchage mise à la charge du cédant. • Soc. 27 nov. 2001, n° 99-43.380 P : *D. 2002. Somm. 2094, obs. Giraudet* ; *RPC 2002. 109, obs. Taquet.*

47. Clôture de la liquidation judiciaire. Il résulte de la combinaison des art. L. 625-1, al. 2, et L. 625-6 C. com. et des art. L. 3253-8, 1°, et L. 3253-15 C. trav. que l'AGS doit garantir les sommes dues au salarié portées sur le relevé complémentaire établi à la suite d'une décision de la juridiction prud'homale rendue après la clôture de la liquidation judiciaire. • Soc. 16 mars 2022, n° 19-20.658 B : *LEDEN 4/2022. 7, obs. Joly.*

48. Cession d'entreprise. Lorsque la modification de la situation de l'employeur intervient dans le cadre d'une procédure collective et que les droits à congés payés ont été acquis avant l'ouverture de celle-ci et pendant la période d'observation du redressement judiciaire, l'indemnité de congés payés, qui s'acquiert mois par mois et qui correspond au travail effectué pour le compte de l'ancien employeur, est inscrite au passif de ce dernier et est couverte par l'AGS dans la limite de sa garantie. • Soc. 8 nov. 2023, n° 21-19.764 B : *D. 2023. Actu. 2004* ; *APC 2024, n° 47, obs. Rouspide-Katchadourian ; RPC 2024, n° 13, obs. Jacotot ; BJE 3-4/2024. 54, note Donnette.*

49. Répétition de l'indu. V. note 2 ss. art. L. 3253-6.

50. Contestations de l'AGS. L'AGS n'est pas recevable, sauf fraude qu'il lui appartient de démontrer, à demander la requalification d'un contrat de travail à durée déterminée en contrat à durée indéterminée. • Soc. 4 déc. 2002, n° 00-43.750 P : *D. 2003. 373, note Karaquillo* ; *JCP E 2003, n° 4, p. 156, obs. Taquet ; ibid., n° 26, p. 1087, obs. Bousez* • 26 mars 2003 : *RPC 2003. 249, obs. Taquet.* – Rappr. : • Soc. 23 oct. 2001, n° 00-40.190 P : *RPC 2002. 61, obs. Taquet.* – *Contra*, auparavant : • Soc. 1er déc. 1993 : *D. 1994. 577, note Roy-Loustaunau* ; *Gaz. Pal. 1994. 1. Pan. 15 ; RPC 1995. 240, obs. Taquet* • 1er mars 1994 : *D. 1994, préc.* • 12 avr. 1995, n° 91-41.170 P : *D. 1995. 461, note Roy-Loustaunau*.

51. L'AGS n'est recevable à contester l'accord transactionnel conclu au cours d'une procédure de médiation et homologué par le juge prud'homal qu'à la condition d'établir que cet accord procédait d'une fraude. • Soc. 25 janv. 2006, n° 03-45.444 P.

52. En l'absence de fraude du salarié, l'AGS ne dispose d'aucun droit propre en reconnaissance d'un transfert des contrats de travail. • Soc. 8 déc. 2016, n° 14-28.401 P : *D. 2016. Actu. 2577* ; *APC 2017, n° 46, obs. Fin-Langer ; LEDEN 3/2017. 7, obs. Dedessus-Le-Moustier ; BJE 2017. 232, note Donnette-Boissière.*

Art. L. 3253-9 Sont également couvertes les créances résultant du licenciement des salariés bénéficiaires d'une protection particulière relative au licenciement dès lors que l'administrateur, l'employeur ou le liquidateur, selon le cas, a manifesté, au cours des périodes mentionnées au 2° de l'article L. 3253-8, son intention de rompre le contrat de travail. – *[Anc. art. L. 143-11-2.]*

1. L'AGS ne garantit les créances résultant de la rupture du contrat de travail d'un salarié bénéficiaire d'une protection particulière au sens de l'art. L. 143-11-2 [L. 3253-9] que si le mandataire-liquidateur a manifesté son intention de rompre le contrat de travail dans les quinze jours qui suivent le jugement de liquidation judiciaire. • Soc. 18 déc. 1991, n° 89-42.188 P : *D. 1992. IR 47* • 4 janv. 2000 : *RPC 2000. 108, obs. Taquet.*

2. L'AGS doit garantir l'indemnité de licenciement allouée au salarié bénéficiant d'une protection particulière lorsque l'administrateur a indiqué par écrit à l'intéressé qu'une procédure de licenciement allait être engagée à son égard, manifestant ainsi son intention de rompre le contrat de travail dans le mois suivant le jugement arrêtant le plan de redressement, peu important qu'un délai de plus d'un mois se soit écoulé entre la date de ce jugement et la rupture effective du contrat de travail. • Soc. 2 oct. 2001, n° 99-45.346 P : *D. 2001. IR 3089* ; *RPC 2002. 62, obs. Taquet.*

3. Dès lors que le liquidateur a manifesté son intention de rompre les contrats de travail des salariés protégés, le 25 juin 1996, dans le délai de quinze jours suivant le jugement de liquidation judiciaire, les contrats de travail des intéressés, qui n'avaient plus ni travail ni salaire, ont été effectivement rompus à cette date, et l'AGS doit garantir le paiement des créances indemnitaires résultant de la rupture des contrats de travail des salariés, peu important le fait qu'aucune lettre de licenciement ne leur ait été notifiée. • Soc. 6 juin 2007, n° 05-40.892 P : *D. 2007. AJ 1789*.

4. Dès lors que l'administrateur judiciaire a, dans les quinze jours de la liquidation judiciaire, manifesté son intention de rompre le contrat de travail du salarié protégé, l'AGS doit sa garantie, peu important le refus de l'inspecteur du travail d'autoriser son licenciement. • Soc. 13 déc. 2017, n° 16-21.773 P : *D. 2018. Actu. 6 ; APC 2018, n° 11, obs. Fin-Langer ; LEDEN 3/2018. 7, obs. Dedessus-Le-Moustier.* ♦ Dès lors que les salariés protégés ont été convoqués à un entretien préalable au licenciement dans le mois suivant le jugement arrêtant le plan de cession, l'AGS doit garantie, peu important, s'agissant d'un salarié en particulier, qu'à la suite d'un refus de l'inspecteur du travail, la demande d'autorisation de licenciement, dont il n'est pas allégué qu'elle portait sur des motifs différents, ait été réitérée. • Soc. 8 févr. 2012 : *cité note 5 ss. art. L. 3253-8.*

5. Les créances dues à un salarié bénéficiant d'une protection particulière relatives au licenciement, qui ne résultent pas de la rupture de son contrat de travail mais concernent des salaires pour une période postérieure à l'expiration du délai de 15 jours suivant la liquidation judiciaire, ne sont pas garanties par l'AGS. • Soc. 2 juin 1992, n° 89-44.415 P : *D. 1993. Somm. 75, obs. Honorat*.

Art. L. 3253-10 Sont également couvertes, lorsqu'elles revêtent la forme d'un droit de créance sur l'entreprise, les sommes dues aux titres de l'intéressement, de la participation des salariés aux fruits de l'expansion ou d'un fonds salarial. – *[Anc. art. L. 143-11-3, al. 1er.]*

1. La garantie de l'AGS s'applique aux versements volontaires effectués par les salariés sur le plan d'épargne d'entreprise, ces sommes revêtant la forme d'un droit de créance sur l'entreprise. • Soc. 17 mai 1995 : *RPC 1996. 272, obs. Taquet.* ♦ L'art. L. 143-11-3 [L. 3253-10] ne prévoit pas que la garantie de l'AGS s'applique aux versements de sommes effectués par les salariés sur le plan d'épargne d'entreprise du seul fait de l'affectation de ces sommes à ce plan, et il ne fait bénéficier de cette garantie les sommes dues au titre de la participation des salariés aux fruits de l'expansion que si elles revêtent la forme d'un droit de créance sur l'entreprise, ce qui n'est pas le cas de celles qui, en application d'un accord de participation, ont été employées à l'acquisition d'un fonds commun de placement institué dans le cadre d'un plan d'épargne d'entreprise. • Soc. 28 nov. 2007, n° 05-45.354 P. – Rappr. : • Soc. 30 sept. 2004, n° 02-16.439 P.

2. L'interdiction prévue par l'art. L. 442-13 [L. 3326-1] de remettre en cause, à l'occasion de litiges nés de l'application des dispositions relatives à la participation des salariés, le montant du bénéfice net et celui des capitaux propres est limitée aux litiges opposant le salarié à son employeur ; l'AGS, tiers au contrat de travail, dispose d'un droit propre de contester le principe et l'étendue du bénéfice net et de celui des capitaux propres. • Soc. 10 févr. 1999, n° 96-22.157 P : *D. Affaires 1999. 398, obs. Guiomard ; RPC 1999. 163, obs. Taquet.*

3. V. aussi note 11 ss. art. L. 625-1 C. com.

Art. L. 3253-11 Sont également couverts les arrérages de préretraite dus à un salarié ou à un ancien salarié en application d'un accord professionnel ou interprofessionnel, d'une convention collective ou d'un accord d'entreprise.

Ces dispositions s'appliquent lorsque l'accord ou la convention prévoit le départ en préretraite à cinquante-cinq ans au plus tôt.

La garantie prévue par le présent article est limitée dans des conditions déterminées par décret. – *[Anc. art. L. 143-11-3, al. 2.] – V. C. trav., art. D. 3253-3. –* ***C. trav.***

En ce sens que des arrérages versés en application d'une note et d'un procès-verbal de réunion du comité d'entreprise, qui ne constituent pas un accord collectif d'entreprise au sens des art. L. 131-1 [L. 2221-1] s. C. trav., ne peuvent bénéficier de la garantie de l'AGS, V. • Soc. 10 avr. 1991, n° 88-45.688 P : *D. 1993. Somm. 75, obs. Honorat*.

Art. L. 3253-12 Les créances mentionnées aux articles L. 3253-10 et L. 3253-11 sont garanties :

1° Lorsqu'elles sont exigibles à la date du jugement d'ouverture de la procédure ;

2° Lorsque, si un plan organisant la sauvegarde ou le redressement judiciaire de l'entreprise intervient à l'issue de la procédure, elles deviennent exigibles du fait de la rupture du contrat de travail, dans les délais prévus au 2° de l'article L. 3253-8 ;

3° Lorsque intervient un jugement de liquidation judiciaire ou un jugement arrêtant le plan de cession totale de l'entreprise. – *[Anc. art. L. 143-11-3, al. 3 à 6.]*

Art. L. 3253-13 L'assurance prévue à l'article L. 3253-6 ne couvre pas les sommes qui concourent à l'indemnisation du préjudice causé par la rupture du contrat de travail dans le cadre d'un licenciement pour motif économique, en application d'un accord d'entreprise ou d'établissement ou de groupe *(L. n° 2013-504 du 14 juin 2013, art. 18-XXII-1°)* « , d'un accord collectif validé » ou d'une décision unilatérale de l'employeur *(L. n° 2013-504 du 14 juin 2013, art. 18-XXII-2°)* « homologuée conformément à l'article L. 1233-57-3 », lorsque l'accord a été conclu et déposé ou la décision notifiée moins de dix-huit mois avant la date du jugement d'ouverture de la procédure de sauvegarde, de redressement ou de liquidation judiciaire *(L. n° 2013-504 du 14 juin 2013, art. 18-XXII-3°)* « , ou l'accord conclu ou la décision notifiée postérieurement à l'ouverture de la procédure de sauvegarde, de redressement ou de liquidation judiciaire ». — *[Anc. art. L. 143-11-3, al. 7.]*

Pour l'entrée en vigueur des modifications issues de la L. n° 2013-504 du 14 juin 2013, V. 2e note ss. art. L. 3253-8.

Il résulte des dispositions de l'art. L. 143-11-3, al. 7, C. trav., dans leur rédaction issue de la loi n° 2004-391 du 4 mai 2004 [devenu art. L. 3253-13], que seules les créances salariales résultant d'une décision prise unilatéralement par l'employeur ou d'un accord d'entreprise conclu moins de dix-huit mois avant le jugement d'ouverture de la procédure de redressement ou de liquidation judiciaires sont exclues de la garantie de l'AGS. • Soc. 30 sept. 2009, n° 08-42.076 P : *D. 2009. AJ 2423 ; LEDEN, nov. 2009, p. 4, obs. Gorrias ; Gaz. Pal. 8-9 janv. 2010, p. 38, obs. Gailhbaut.* ♦ Dès lors que la créance du salarié résulte d'un accord d'entreprise conclu postérieurement au jugement arrêtant le plan de cession, l'AGS doit sa garantie. • Même arrêt.

§ 3. *Institutions de garantie contre le risque de non-paiement*

Art. L. 3253-14 L'assurance prévue à l'article L. 3253-6 est mise en œuvre par une association créée par les organisations nationales professionnelles d'employeurs représentatives et agréée par l'autorité administrative. — *Cette association a pris le nom d'Association pour la gestion du régime d'assurance des créances des salariés (AGS). — L'autorité administrative susmentionnée est le ministre chargé du travail (C. trav., art. R. 3253-4).*

Cette association conclut une convention de gestion avec *(L. n° 2008-126 du 13 févr. 2008, art. 16-II-10°)* « l'organisme gestionnaire » du régime d'assurance chômage *(L. n° 2008-126 du 13 févr. 2008, art. 17-1°)* « et avec l'Agence centrale des organismes de sécurité sociale pour le recouvrement des cotisations mentionnées à l'article L. 3253-18 ».

(L. n° 2008-126 du 13 févr. 2008, art. 17-1°) « En cas de dissolution de cette association, l'autorité administrative confie à l'organisme prévu à l'article L. 5427-1 la gestion du régime d'assurance institué à l'article L. 3253-6, à l'exception du recouvrement des cotisations mentionnées à l'article L. 3253-18 confié aux organismes mentionnés à l'article L. 5422-16. »

Cette association et l'organisme précité constituent les institutions de garantie contre le risque de non-paiement. — *[Anc. art. L. 143-11-4.] — V. C. com., art. L. 622-19.*

Cette écriture de l'art. L. 3253-14 est en vigueur à compter d'une date fixée par décret et au plus tard le 1er janv. 2012 et au plus tôt le 1er mai 2008 (L. n° 2008-126 du 13 févr. 2008).

La date du transfert du recouvrement des cotisations et contributions aux organismes mentionnés à l'art. L. 5427-1 C. trav. a été fixée au 1er janv. 2011 (V. Décr. n° 2009-1708 du 30 déc. 2009, mod. par Décr. n° 2010-1736 du 30 déc. 2010).

1. Capacité juridique de l'AGS. Aucun texte légal, réglementaire d'ordre public ou conventionnel ne limite la capacité et les pouvoirs de l'AGS et partant ceux de son mandataire par l'intermédiaire des instituts de gestion, qui sont des parties à l'instance prud'homale. Il ne leur est donc pas interdit, dans le cadre de litiges individuels, de transiger ainsi que le droit commun du statut des associations relevant du droit privé le permet. • Paris, 22 janv. 1999 : *Gaz. Pal. 1999. 1. Somm. 52.*

2. Appel en garantie. Le salarié auquel est reconnu le droit d'agir contre les institutions mentionnées à l'art. L. 143-11-4 [L. 3253-14] lorsque celles-ci refusent de régler une créance figurant sur le relevé des créances salariales, est recevable à appeler en cause ces mêmes institutions pour les entendre condamner à garantir la créance, qui, sur sa réclamation, serait jugée devoir figurer sur ledit relevé. • Soc. 30 mai 1990, n° 87-43.422 P.

3. Déclaration des créances. V. C. com., art. L. 622-24, al. 5.

4. Déclaration à l'administration fiscale. V. C. com., art. L. 622-19.

Art. L. 3253-15 *(L. n° 2008-67 du 21 janv. 2008)* « Les institutions de garantie mentionnées à l'article L. 3253-14 » avancent les sommes comprises dans le relevé établi par le mandataire judiciaire, même en cas de contestation par un tiers.

Elles avancent également les sommes correspondant à des créances établies par décision de justice exécutoire, même si les délais de garantie sont expirés.

Les décisions de justice sont de plein droit opposables à l'association prévue à l'article L. 3253-14.

Lorsque le mandataire judiciaire a cessé ses fonctions, le greffier du tribunal ou le commissaire à l'exécution du plan, selon le cas, adresse un relevé complémentaire aux *(L. n° 2008-67 du 21 janv. 2008)* « institutions de garantie mentionnées à l'article L. 3253-14 », à charge pour lui de reverser les sommes aux salariés et organismes créanciers. – *[Anc. art. L. 143-11-7, al. 13 et 14.]*

Les paiements effectués par les administrateurs judiciaires et les mandataires judiciaires au profit des institutions mentionnées à l'art. L. 3253-14 C. trav. en application des art. L. 3253-15, L. 3253-16 et L. 3253-18-1 sont assurés par virement. Cette disposition s'applique également aux administrateurs judiciaires et aux mandataires judiciaires désignés en application du deuxième al. de l'art. L. 811-2 C. com. et du premier al. du II de l'art. L. 812-2 du même code (C. mon. fin., art. L. 112-6-2, al. 1er et 3). – Pour la sanction, V. C. mon. fin., art. L. 112-7. – ***C. mon. fin.***

Art. L. 3253-16 *(L. n° 2008-67 du 21 janv. 2008)* « Les institutions de garantie mentionnées à l'article L. 3253-14 » sont subrogées dans les droits des salariés pour lesquels elles ont réalisé des avances :

1° Pour l'ensemble des créances, lors d'une procédure de sauvegarde ;

2° Pour les créances garanties par le privilège prévu aux articles L. 3253-2, L. 3253-4 et L. 7313-8 et les créances avancées au titre du 3° de l'article L. 3253-8, lors d'une procédure de redressement ou de liquidation judiciaire. Les autres sommes avancées dans le cadre de ces procédures leur sont remboursées dans les conditions prévues par les dispositions du livre VI du code de commerce pour le règlement des créances nées antérieurement au jugement d'ouverture de la procédure. Elles bénéficient alors des privilèges attachés à celle-ci. – *[Anc. art. L. 143-11-9.]*

V. note ss. art. L. 3253-15.

1. Portée de la subrogation. Il résulte de l'art. L. 3253-16, 2°, que les créances correspondant aux sommes dont l'AGS a fait l'avance sont également réputées être des créances antérieures, sans distinction de date de naissance, et, lorsqu'elles bénéficient du privilège général des salaires, priment, en application de l'art. 2376 *[2378]* C. civ., les créances hypothécaires. • Com. 11 juin 2014 : *cité ss. art. L. 643-8 C. com. ; RTD civ. 2014. 696, obs. Crocq ; JCP E 2014. 1447, n° 9, obs. Pétel ; LEDEN 9/2014. 2, obs. Le Corre ; RPC 2014, n° 130, obs. Fin-Langer.* ♦ La subrogation prévue à l'art. L. 3253-16, 2°, ayant pour effet d'investir l'AGS de la créance des salariés avec tous ses avantages et accessoires, présents et à venir, le superprivilège garantissant le paiement de leurs créances, qui n'est pas exclusivement attaché à la personne des salariés, est transmis à l'AGS, qui bénéficie, en application de l'art. L. 625-8 C. com., du droit à recevoir un paiement opéré sur les premières rentrées de fonds de la procédure collective. • Com. 17 janv. 2024, n° 23-12.283 B : *D. 2024. Actu. 108 ; RTD com. 2024. 748, obs. Martin-Serf ; Gaz. Pal. 5 mars 2024, p. 50, obs. Siharath ; LEDEN 4/2024. 2, obs. du Plantier ; RJDA 2024, n° 297* • 6 mars 2024, n° 22-19.471 B : *D. 2024. Pan. 1699, obs. F.-X. Lucas ; JCP E 2024. 1182, note Rouspide-Katchadourian ; APC 2024, n° 82, obs. Fin-Langer ; RJDA 2024, n° 351 ; BJE 7-8/2024. 45, note Donnette.* ♦ Ce paiement, opéré hors le classement des différentes créances sujettes à admission, ne constitue pas un paiement à titre provisionnel au sens de l'art. L. 643-3, al. 1er, C. com. et ne peut ainsi donner lieu à répétition. • Com. 17 janv. 2024, n° 22-19.451 B : *D. 2024. Pan. 1699, obs. F.-X. Lucas ; RTD com. 2024. 749, obs. Martin-Serf ; RTD civ. 2024. 112, obs. Barbier ; JCP E 2024. 1116, n° 6, obs. Pétel ; RJDA 2024, n° 298 ; BJE 5-6/2024. 52, note Donnette* • 20 nov. 2024, n° 23-19.085 B : *D. 2024. Actu. 2005 ; LEDEN 12/2024. 7, obs. Ollu.* ♦ Il en résulte que la pratique issue de la lettre de l'AGS de 1998 prévoyant la répétition à première demande des avances consenties par le mandataire judiciaire à l'AGS pour payer les créances salariales qui bénéficient du superprivilège est contraire à la subrogation instituée par l'art. L. 3253-16. • Versailles, 28 mai 2024, n° 22/06370 : *Gaz. Pal. 24 sept. 2024, p. 69, obs. Rossi.*

2. Tierce opposition. Les art. L. 143-1-1 s. [L. 3253-14] C. trav. ont institué un régime spécial de garantie de salaire qui obéit à des règles propres tant en ce qui concerne la procédure à suivre que l'étendue éventuelle de la garantie qui est due, ce qui exclut que les organismes chargés de sa gestion puissent être considérés comme représentés à l'instance par l'employeur ou le salarié ou comme ayant la qualité de créancier ou ayant droit de l'employeur dans l'instance en cause ; aussi l'ASSEDIC et l'AGS sont-elles recevables à former tierce opposition à un jugement ayant condamné une société mise par la suite en liquidation judiciaire à verser diverses sommes représentant des créances salariales. • Soc. 2 juill. 1992, n° 90-40.581 P : *D. 1992. IR 246.*

3. De même, les institutions mentionnées à l'art. L. 143-11-4 [L. 3253-14] peuvent être recevables à former tierce opposition, dans les conditions prévues par les art. 582 à 592 NCPC [C. pr. civ.], aux décisions de justice définitives intervenues avant l'ouverture de la procédure collective entre un employeur et son salarié, lorsque ces décisions sont susceptibles d'entraîner la garantie prévue. • Paris, 3 juill. 1992 : *BICC 1992, n° 1885.*

Art. L. 3253-17 La garantie des *(L. n° 2008-67 du 21 janv. 2008)* « institutions de garantie mentionnées à l'article L. 3253-14 » est limitée, toutes *(L. n° 2016-1547 du 18 nov. 2016, art. 99-XIII-1°)* « sommes et créances avancées » confondues, à un ou des montants déterminés par décret, en référence au plafond mensuel retenu pour le calcul des contributions du régime d'assurance chômage *(L. n° 2016-1547 du 18 nov. 2016, art. 99-XIII-2°)* « , et inclut les cotisations et contributions sociales et salariales d'origine légale, ou d'origine conventionnelle imposée par la loi » *(L. n° 2016-1917 du 29 déc. 2016, art. 60-I-E-2°)* « , ainsi que la retenue à la source prévue à l'article 204 A du code général des impôt ». – *[Anc. art. L. 143-11-8.] – V. art. D. 3253-5. –* ***C. trav.***

Le XIII de l'art. 99 de la L. n° 2016-1547 du 18 nov. 2016 n'est pas applicable aux procédures en cours au jour de la publication de cette loi (L. préc., art. 114-XVI, JO 19 nov.).

Les dispositions de la L. n° 2016-1917 du 29 déc. 2016 s'appliquent aux revenus perçus ou réalisés à compter du 1er janv. 2019 (L. préc., art. 60-I-G, mod. par Ord. n° 2017-1390 du 22 sept. 2017, art. 1er).

BIBL. ▸ ARLIE, *JCP E 2015. 1384.*

1. Pour le refus de renvoyer au Conseil constitutionnel une QPC relative à la conformité à la Constitution du plafonnement de la garantie de l'AGS prévu par l'art. L. 3253-17 C. trav., V. • Soc. 18 déc. 2014 : *LEDEN 2/2015. 6, obs. G. Dedessus-Le-Moustier ; APC 2015, n° 34, obs. Méteyé.*

2. Le plafond de garantie des salaires de l'AGS s'entend de la totalité des créances salariales, en ce compris le précompte effectué par l'employeur, en vertu de l'art. L. 242-3 CSS, au profit des organismes sociaux. • Soc. 8 mars 2017, n° 15-29.392 P : *D. 2017. Actu. 645 ; JCP E 2017. 1460, n° 21, obs. Pétel ; LEDEN 4/2017. 6, obs. de Frémont ; APC 2017, n° 138, obs. Fin-Langer ; BJE 2017. 231, note Donnette-Boissière ; Gaz. Pal. 27 juin 2017, p. 67, obs. Gailhbaud.* ♦ *Contra,* pour la position antérieure de la Cour de cassation, qui considérait que la garantie de l'AGS étant limitée à un montant fixé par décret, toutes créances du salarié confondues, les créances des organismes sociaux, qui n'étaient pas des créances du salarié, ne pouvaient être prises en compte pour apprécier le montant maximal de la garantie de l'AGS : • Soc. 2 juill. 2014, n° 13-11.948 P : *D. 2014. Actu. 1493 ; Rev. sociétés 2014. 533, obs. Henry ; JCP E 2015. 1011, note Roussel Galle et Jacotot ; APC 2014, n° 260, obs. Fin-Langer ; LEDEN 10/2014. 6, obs. G. Dedessus-Le-Moustier ; LPA 18 févr. 2015, note Donnette-Boissière.*

3. La contribution due par l'employeur à l'institution mentionnée à l'art. L. 5312-1 C. trav., qui équivaut au salaire auquel le salarié aurait eu droit au titre du préavis et participe au financement de l'allocation servie au bénéficiaire d'une convention de reclassement personnalisée, est une créance du salarié au sens de l'art. L. 3253-17 du même code, et entre dans le calcul des créances garanties par l'AGS. • Soc. 10 févr. 2021, n° 19-13.225 P : *D. 2021. Actu. 348 ; LEDEN 4/2021. 7, obs. Joly ; APC 2021, n° 87, obs. Fin-Langer.*

4. La détermination du montant maximal de la garantie de l'AGS s'apprécie à la date à laquelle est née la créance du salarié et au plus tard à la date du jugement arrêtant le plan ou prononçant la liquidation judiciaire ; lorsque les créances salariales, en raison des dates différentes auxquelles elles sont nées, relèvent, les unes du plafond 13, fixé par l'art. D. 143-2 anc. C. trav., les autres du plafond 6, fixé par l'art. D. 3253-5 C. trav., ces plafonds leur sont respectivement applicables, dans la limite globale du plafond 13 alors applicable. • Soc. 31 mars 2015 : *D. 2015. Actu. 798 ; APC 2015, n° 125, obs. Fin-Langer ; LEDEN 6/2015. 7, obs. G. Dedessus-Le-Moustier ; BJE 2015. 255, note Donnette-Boissière ; Gaz. Pal. 19-21 juill. 2015, p. 27, obs. Duprat ; LPA 4 déc. 2015, note Méteyé.*

§ 4. *Financement*

Art. L. 3253-18 L'assurance est financée par des cotisations des employeurs assises sur les rémunérations servant de base au calcul des contributions au régime d'assurance-chômage.

(L. n° 2008-126 du 13 févr. 2008, art. 17-2°) « Le recouvrement, le contrôle de ces cotisations et leur contentieux suivent les règles prévues à l'article L. 5422-16. » – *[Anc. art. L. 143-11-6.]*

Les dispositions de la L. n° 2008-126 du 13 févr. 2008 entrent en vigueur le 1er janv. 2011 pour les contributions et cotisations mentionnées à l'art. L. 3253-18 ci-dessus (Décr. n° 2009-1708 du 30 déc. 2009, mod. par Décr. n° 2010-1736 du 30 déc. 2010).

§ 5. *Dispositions applicables dans le cas où l'employeur est établi dans un autre État membre de la Communauté européenne ou de l'Espace économique européen*

(L. n° 2008-89 du 30 janv. 2008, art. 11)

Les dispositions ci-dessous entrent en vigueur en même temps que celles de l'Ord. n° 2007-329 du 12 mars 2007 relative à la partie législative du code du travail [1er mai 2008] (L. n° 2008-89 du 30 janv. 2008, art. 12).

Art. L. 3253-18-1 Les institutions de garantie mentionnées à l'article L. 3253-14 assurent le règlement des créances impayées des salariés qui exercent ou exerçaient habituellement leur activité sur le territoire français, pour le compte d'un employeur dont le siège social, s'il s'agit d'une personne morale, ou, s'il s'agit d'une personne physique, l'activité ou l'adresse de l'entreprise est situé dans un autre État membre de la Communauté européenne ou de l'Espace économique européen, lorsque cet employeur se trouve en état d'insolvabilité.

V. note ss. art. L. 3253-15.

Art. L. 3253-18-2 Un employeur est considéré comme se trouvant en état d'insolvabilité au sens de l'article L. 3253-18-1 lorsqu'a été demandée l'ouverture d'une procédure collective fondée sur son insolvabilité, prévue par les dispositions législatives, réglementaires et administratives d'un État membre de la Communauté européenne ou de l'Espace économique européen, qui entraîne le dessaisissement partiel ou total de cet employeur ainsi que la désignation d'un syndic ou de toute personne exerçant une fonction similaire à celle du mandataire judiciaire, de l'administrateur judiciaire ou du liquidateur, et que l'autorité compétente en application de ces dispositions a :

1° Soit décidé l'ouverture de la procédure ;

2° Soit constaté la fermeture de l'entreprise ou de l'établissement de l'employeur ainsi que l'insuffisance de l'actif disponible pour justifier l'ouverture de la procédure.

Art. L. 3253-18-3 La garantie due en application de l'article L. 3253-18-1 porte sur les créances impayées mentionnées à l'article L. 3253-8.

Toutefois, les délais prévus aux 2° et 3° de l'article L. 3253-8 sont portés à trois mois à compter de toute décision équivalente à une décision de liquidation ou arrêtant un plan de redressement.

Art. L. 3253-18-4 Si les créances ne peuvent être payées en tout ou partie sur les fonds disponibles, les institutions de garantie mentionnées à l'article L. 3253-14 procèdent au versement des fonds sur présentation par le syndic étranger ou par toute autre personne exerçant une fonction similaire à celle du mandataire judiciaire, de l'administrateur judiciaire ou du liquidateur, des relevés des créances impayées.

Le dernier alinéa de l'article L. 3253-19 est applicable.

Art. L. 3253-18-5 Les sommes figurant sur ces relevés et restées impayées sont directement versées au salarié dans les huit jours suivant la réception des relevés des créances.

Par dérogation au premier alinéa, l'avance des contributions dues par l'employeur dans le cadre *(L. n° 2011-893 du 28 juill. 2011, art. 44-I-2°)* « du contrat de sécurisation professionnelle » mentionnées au 1° de l'article L. 3253-8 est versée aux *[à l']* *(L. n° 2008-126 du 13 févr. 2008)* « organisme gestionnaire du régime d'assurance chômage ». – *Sur l'entrée en vigueur de la L. n° 2011-893 du 28 juill. 2011, V. ss. art. L. 3253-8.*

Art. L. 3253-18-6 L'article L. 3253-15 est applicable à l'exception du dernier alinéa.

Lorsque le mandataire judiciaire, l'administrateur judiciaire ou le liquidateur reçoit d'une institution située dans un autre État membre équivalente aux institutions de garantie mentionnées à l'article L. 3253-14 les sommes dues aux salariés, il reverse immédiatement ces sommes aux salariés concernés.

Le mandataire judiciaire ou le liquidateur transmet à toute institution située dans un autre État membre équivalente aux institutions de garantie mentionnées à l'article L. 3253-14 les relevés des créances impayées.

Art. L. 3253-18-7 Les articles L. 3253-7, L. 3253-10 à L. 3253-13 et L. 3253-17 sont applicables aux procédures définies aux articles L. 3253-18-1 et L. 3253-18-2. Les jugements mentionnés à l'article L. 3253-12 s'entendent de toute décision équivalente prise par l'autorité étrangère compétente.

Les institutions mentionnées à l'article L. 3253-14 sont subrogées dans les droits des salariés pour lesquels elles ont réalisé des avances.

Art. L. 3253-18-8 Lorsque le syndic étranger ou toute personne exerçant une fonction similaire à celle du mandataire judiciaire, de l'administrateur judiciaire ou du liquidateur a cessé ses fonctions ou dans le cas mentionné au 2° de l'article L. 3253-18-2, les institutions de garantie versent les sommes dues au salarié sur présentation, par celui-ci, des pièces justifiant du montant de sa créance. Dans ce cas, les dispositions relatives aux relevés des créances ne sont pas applicables.

Art. L. 3253-18-9 Les institutions mentionnées à l'article L. 3253-14 informent, en cas de demande, toutes autres institutions de garantie des États membres de la Communauté européenne ou de l'Espace économique européen sur la législation et la réglementation nationales applicables en cas de mise en œuvre d'une procédure d'insolvabilité définie aux articles L. 3253-18-1 et L. 3253-18-2.

SOUS-SECTION 3. *Établissement et liquidation des créances*

Art. L. 3253-19 Le mandataire judiciaire établit les relevés des créances dans les conditions suivantes :

1° Pour les créances mentionnées aux articles L. 3253-2 et L. 3253-4, dans les dix jours suivant le prononcé du jugement d'ouverture de la procédure ;

2° Pour les autres créances également exigibles à la date du jugement d'ouverture de la procédure, dans les trois mois suivant le prononcé du jugement ;

3° Pour les salaires et les indemnités de congés payés couvertes en application du 3° de l'article L. 3253-8 et les salaires couverts en application du dernier alinéa de ce même article, dans les dix jours suivant l'expiration des périodes de garantie prévues à ce 3° et ce, jusqu'à concurrence du plafond mentionné aux articles L. 3253-2, L. 3253-4 et L. 7313-8 ;

4° Pour les autres créances, dans les trois mois suivant l'expiration de la période de garantie.

Les relevés des créances précisent le montant des cotisations et contributions mentionnées au dernier alinéa de l'article L. 3253-8 dues au titre de chacun des salariés intéressés. – *[Anc. art. L. 143-11-7, al. 1er à 6.]*

Art. L. 3253-20 Si les créances ne peuvent être payées en tout ou partie sur les fonds disponibles avant l'expiration des délais prévus par l'article L. 3253-19, le mandataire judiciaire demande, sur présentation des relevés, l'avance des fonds nécessaires aux *(L. n° 2008-67 du 21 janv. 2008)* « institutions de garantie mentionnées à l'article L. 3253-14 ».

Dans le cas d'une procédure de sauvegarde, le mandataire judiciaire justifie à ces *(L. n° 2008-67 du 21 janv. 2008)* « institutions », lors de sa demande, que l'insuffisance des fonds disponibles est caractérisée. Ces *(L. n° 2008-67 du 21 janv. 2008)* « institutions » peuvent contester, dans un délai déterminé par décret en Conseil d'État, la réalité de cette insuffisance devant le juge-commissaire. Dans ce cas, l'avance des fonds est soumise à l'autorisation du juge-commissaire. – *[Anc. art. L. 143-11-7, al. 7.] – Le délai de contestation prévu à l'art. L. 3253-20, al. 2, est de dix jours à compter de la réception par l'organisme gestionnaire du régime d'assurance chômage de la demande de fonds par le mandataire judiciaire (art. R. 3253-6).*

V. notes ss. art. L. 3253-21.

Art. L. 3253-21 *(L. n° 2008-67 du 21 janv. 2008)* « Les institutions de garantie mentionnées à l'article L. 3253-14 » versent au mandataire judiciaire les sommes figurant sur les relevés et restées impayées :

1° Dans les cinq jours suivant la réception des relevés mentionnés aux 1° et 3° de l'article L. 3253-19 ;

2° Dans les huit jours suivant la réception des relevés mentionnés aux 2° et 4° du même article.

Par dérogation, l'avance des contributions de l'employeur au financement *(L. n° 2011-893 du 28 juill. 2011, art. 44-I-2°)* « du contrat de sécurisation professionnelle » est versée directement *(L. n° 2008-126 du 13 févr. 2008)* « aux organismes chargés du recouvrement mentionnés à l'article L. 5427-1 ». – *Sur l'entrée en vigueur de la L. n° 2011-893 du 28 juill. 2011, V. ss. art. L. 3253-8.*

Le mandataire judiciaire reverse immédiatement les sommes qu'il a reçues aux salariés et organismes créanciers, à l'exclusion des créanciers subrogés, et en informe le représentant des salariés. – *[Anc. art. L. 143-11-7, al. 8 à 12.]*

V. C. trav., art. L. 1226-17 et L. 1226-22 qui déclarent applicables, en cas de sauvegarde, de redressement ou de liquidation judiciaires, les art. L. 3253-15 et L. 3253-19 à L. 3253-21 au paiement des indemnités prévues aux art. L. 1226-14, L. 1226-15, L. 1226-20 et L. 1226-21 du même code (rupture du contrat de travail des salariés victimes d'un accident du travail ou d'une maladie professionnelle). – **C. trav.**

Le salarié étranger mentionné à l'art. L. 8252-1 [étranger non muni du titre l'autorisant à exercer une activité salariée en France] bénéficie des dispositions du chapitre III du titre V du livre II de la troisième partie du C. trav. relatives aux assurances et privilèges de salaire pour les sommes qui lui sont dues en application de cet art. (C. trav., art. L. 8252-3).

BIBL. ▸ MORVAN, *Dr. soc. 2022. 799* (la garantie AGS est-elle subsidiaire ?). – VERNAC, *RDT 2023. 452* (remise en cause du caractère subsidiaire de l'intervention de l'AGS).

1. Avances de l'AGS. Les art. L. 3253-20 et L. 3253-21 excluent pour le salarié le droit d'agir directement contre les institutions de garantie mentionnées à l'art. L. 3253-14 et lui permettent seulement de demander que les créances litigieuses soient inscrites sur le relevé dressé par le mandataire judiciaire afin d'entraîner l'obligation pour lesdites institutions de verser, selon la procédure légale, les sommes litigieuses entre les mains de celui-ci. • Soc. 18 nov. 2020, n° 19-15.795 P : *D. 2020. Actu. 2341 ; LEDEN 1/2021. 7, obs. Joly ; APC 2021, n° 8, obs. Fin-Langer ; BJE 3-4/2021. 55, note Donnette-Boissière ; Gaz. Pal. 13 avr. 2021, p. 76, obs. Ben Cheikh-Vecchioni ; RPC 2021, n° 39, obs. Jacotot.* ♦ Viole l'art. L. 143-11-7 [L. 3253-20 et L. 3253-21] le conseil des prud'hommes qui condamne l'AGS et les ASSEDIC à verser directement à un salarié les sommes dues au titre de salaires, alors qu'il ne peut condamner ces institutions qu'à faire entre les mains du représentant des créanciers [mandataire judiciaire] l'avance des fonds nécessaires au règlement de cette créance dans les conditions prévues audit art. • Soc. 30 mai 1990 : *D. 1990. IR 162* • 21 mars 1990, n° 87-41.404 P • 11 juin 1992, n° 89-43.138 P. ♦ La fin de non-recevoir à opposer aux demandes de salariés dirigées contre l'ASSEDIC a un caractère d'ordre public et doit être relevée d'office. • Soc. 12 févr. 1991 : *D. 1991. IR 68.*

2. L'AGS intervient pour garantir le règlement des créances dues au salarié en exécution du contrat de travail dès lors que le représentant des créanciers [mandataire judiciaire] ne dispose pas des sommes nécessaires à ce règlement, peu important qu'un tiers soit susceptible de garantir également tout ou partie des créances. • Soc. 1er déc. 1993, n° 91-40.763 P : *RPC 1995. 242, obs. Taquet.* ♦ La preuve de l'absence ou de l'insuffisance des fonds n'incombe pas au salarié. • Soc. 21 oct. 1998, n° 96-19.865 P. ♦ L'obligation de justification préalable par le mandataire judiciaire de l'insuffisance des fonds disponibles et la possibilité de sa contestation immédiate par les institutions de garantie ne sont prévues qu'en cas de sauvegarde et, en dehors de cette procédure, aucun contrôle *a priori* n'est ouvert à l'AGS, de sorte que, sur la présentation d'un relevé de créances salariales établi sous sa responsabilité par le mandataire judiciaire, l'AGS est tenue de verser les avances demandées. • Com. 7 juill. 2023, n° 22-17.902 B : *D. 2023. Chron. C. cass. 2274, obs. Boutié ; ibid. 2024. Pan. 1699, obs. F.-X. Lucas ; Rev. sociétés 2023. 547, obs. Henry ; JCP E 2023. 1306, n° 24, obs. Pétel ; APC 2023, n° 174, obs. Fin-Langer ; Gaz. Pal. 19 sept. 2023, p. 64, obs. Gailhbaud ; BJE 9-10/2023. 43, note Donnette.* – Rappr. : • Paris, 13 oct. 2022, n° 21/08986 : *LEDEN 11/2022. 6, obs. Ollu ; JCP E 2023. 1025, note Sautonie-Laguionie ; RPC 2023, n° 10, obs. Jacotot* • Toulouse, 9 sept. 2022, n° 22/01754 : *D. actu. 22 sept. 2022, obs. Gailhbaud* • 20 janv. 2023, n° 22/02135 : *APC 2023, n° 48, obs. Fin-Langer.*

3. Refus de paiement. Si le GARP est tenu de verser au représentant des créanciers [mandataire judiciaire] ou au mandataire-liquidateur les sommes figurant sur les relevés des créances salariales dans les délais fixés par l'art. L. 143-11-7 [L. 3253-21], aucune disposition ne prévoit que son refus de payer doive être formulé dans ces délais. • Soc. 20 mai 1992, n° 90-44.061 P : *D. 1993. Somm. 367, obs. crit. Honorat.*

4. Sauf admission définitive antérieure d'une créance au passif salarial, la décision qui, à la suite d'un refus de garantie opposé à l'AGS, écarte l'existence d'un contrat de travail produit tous ses effets dans la procédure collective. • Soc. 27 janv. 2010, n° 08-45.131 P : *D. 2010. AJ 438*.

5. Compétence du juge-commissaire. Si le paiement par le représentant des créanciers [mandataire judiciaire] n'intervient pas dans un délai convenable, le salarié doit saisir le juge-commissaire de la difficulté, le juge des référés du tribunal de grande instance n'étant pas compétent pour donner injonction au représentant des créanciers dans le cadre de la mission qui lui a été donnée par le tribunal de commerce. • Versailles, 10 janv. 1992 : *Gaz. Pal. 1992. 1. Somm. 237.*

6. Responsabilité de l'AGS. Pour la responsabilité de l'AGS, d'une part, pour avoir versé des fonds à un tiers qui n'était pas l'auteur du relevé des créances et qui n'était pas habilité à les transmettre, et d'autre part, pour n'avoir pas vérifié si les fonds avaient été reversés au salarié, V. • Soc. 6 mars 2019, n° 17-16.472 : *APC 2019, n° 110, obs. Fin-Langer.*

Ancien art. L. 625-9 ***Sans préjudice des règles fixées aux articles L. 625-7 et L. 625-8, les créances résultant du contrat de travail ou du contrat d'apprentissage sont garanties dans les conditions fixées aux articles L. 143-10 à L. 143-11-9 et L. 143-13-1 du code du travail, reproduits ci-après :***

[Les dispositions des art. L. 143-10 à L. 143-11-9 et L. 143-13-1 C. trav., abrogés par l'Ord. n° 2007-329 du 12 mars 2007 relative à la partie législative du code du travail, sont reprises aux nouveaux art. L. 3253-2 à L. 3253-4 et L. 3253-6 à L. 3253-21 (reproduits ci-dessus). Les dispositions de l'Ord. préc. entrent en vigueur le 1er mai 2008 (Ord. préc., art. 14, mod. par L. n° 2008-67 du 21 janv. 2008, art. 2-X). Demeurent en vigueur, dans leur rédaction en vigueur à la date du publication de l'Ord. du 12 mars 2007 préc., les dispositions des art. L. 143-11-7 et L. 143-11-9, en tant qu'elles s'appliquent aux marins mentionnés à l'art. L. 742-6 C. trav. (Ord. n° 2007-329 du 12 mars 2007, art. 13, JO 13 mars).]

Art. L. 143-10 *Lorsqu'est ouverte une procédure de redressement ou de liquidation judiciaire, les rémunérations de toute nature dues aux salariés et apprentis et l'indemnité mentionnée à l'article L. 980-11-1 due par l'employeur aux bénéficiaires d'un stage d'initiation à la vie professionnelle pour les soixante derniers jours de travail ou d'apprentissage doivent, déduction faite des acomptes déjà perçus, être payées, nonobstant l'existence de toute autre créance privilégiée, jusqu'à concurrence d'un plafond mensuel identique pour toutes les catégories de bénéficiaires.*

Ce plafond est fixé par voie réglementaire sans pouvoir être inférieur à deux fois le plafond retenu pour le calcul des cotisations de sécurité sociale.

Les rémunérations prévues au premier alinéa ci-dessus comprennent non seulement les salaires, appointements ou commissions proprement dites mais encore tous les accessoires et notamment l'indemnité mentionnée à l'article L. 122-3-4, l'indemnité pour inobservation du délai congé mentionnée à l'article L. 122-8, l'indemnité compensatrice mentionnée à l'article L. 122-32-6 et l'indemnité mentionnée à l'article L. 124-4-4 (L. n° 2005-841 du 26 juill. 2005, art. 24-I) *« , ainsi que les contributions dues par l'employeur dans le cadre des conventions de reclassement personnalisé mentionnées à l'article L. 321-4-2 ».* — *Les dispositions de l'art. 24 de la L. n° 2005-841 du 26 juill. 2005 sont applicables aux accords mentionnés au cinquième al. du I de l'art. L. 321-4-2 anc. C. trav. conclus à compter du 1er avr. 2005 (L. n° 2005-841 du 26 juill. 2005, art. 36-VI).*

Art. L. 143-11 *En outre, lorsqu'est ouverte une procédure de redressement ou de liquidation judiciaire, les indemnités de congés payés prévues aux articles L. 223-11 à L. 223-15 et R. 223-2 doivent être payées nonobstant l'existence de toute autre créance privilégiée, jusqu'à concurrence d'un plafond identique à celui établi pour une période de trente jours de rémunération par l'article L. 143-9.*

Art. L. 143-11-1 (L. n° 2005-845 du 26 juill. 2005, art. 177) *« Tout commerçant, toute personne inscrite au répertoire des métiers, tout agriculteur, toute autre personne physique exerçant une activité professionnelle indépendante et toute personne morale de droit privé, employant un ou plusieurs salariés, doit assurer ses salariés, y compris les travailleurs salariés détachés à l'étranger ainsi que les travailleurs salariés expatriés mentionnés à l'article L. 351-4, contre le risque de non-paiement des sommes qui leur sont dues en exécution du contrat de travail, en cas de procédure de sauvegarde, de redressement ou de liquidation judiciaires. »*

L'assurance couvre :

1° Les sommes dues aux salariés à la date du jugement d'ouverture de toute procédure de redressement ou de liquidation judiciaire ; (L. n° 2005-841 du 26 juill. 2005, art. 24-II) *« , ainsi que les contributions dues par l'employeur dans le cadre de la convention de reclassement personnalisé mentionnée à l'article L. 321-4-2 » ;* – V. note ss. 2° bis.

2° Les créances résultant de la rupture des contrats de travail intervenant pendant la période d'observation, dans le mois suivant le jugement qui arrête (L. n° 2005-845 du 26 juill. 2005, art. 177) *« le plan de sauvegarde, de redressement ou de cession », dans les quinze jours suivant le jugement de liquidation et pendant le maintien provisoire de l'activité autorisé par le jugement de liquidation judiciaire ;*

Al. abrogé par Ord. n° 2004-602 du 24 juin 2004, art. 13-I.

(L. n° 2005-841 du 26 juill. 2005, art. 24-II) *« 2° bis Les créances résultant de la rupture du contrat de travail des salariés auxquels a été proposée la convention de reclassement personnalisé mentionnée à l'article L. 321-4-2, sous réserve que l'administrateur, l'employeur ou le liquidateur, selon le cas, ait proposé cette convention aux intéressés au cours de l'une des périodes indiquées au 2°, y compris les contributions dues par l'employeur dans le cadre de cette convention et les salaires dus pendant le délai de réponse du salarié ; »* – Les dispositions de l'art. 24 de la L. n° 2005-841 du 26 juill. 2005 sont applicables aux accords mentionnés au cinquième al. du I de l'art. L. 321-4-2 anc. C. trav. conclus à compter du 1er avr. 2005 (L. préc., art. 36-VI).

3° Lorsque le tribunal prononce la liquidation judiciaire, dans la limite d'un montant maximal correspondant à un mois et demi de travail, les sommes dues au cours de la période d'observation, des quinze jours suivant le jugement de liquidation ou du mois suivant le jugement de liquidation en ce qui concerne les représentants des salariés prévus par les articles L. 621-8 [L. 621-4] *et L. 621-135* [abrogé] *du code de commerce et pendant le maintien provisoire de l'activité autorisé par le jugement de liquidation.*

La garantie des sommes et créances visées aux 1°, 2° et 3° ci-dessus inclut les cotisations et contributions sociales salariales d'origine légale, ou d'origine conventionnelle imposée par la loi.

Al. abrogé par Ord. n° 2004-602 du 24 juin 2004, art. 13-I.

Dernier al. abrogé par L. n° 2005-845 du 26 juill. 2005, art. 177.

Art. L. 143-11-2 *Les créances résultant du licenciement des salariés bénéficiaires d'une protection particulière relative au licenciement sont couvertes par l'assurance dès lors que l'administrateur, l'employeur ou le liquidateur, selon le cas, a manifesté, au cours des périodes mentionnées au 2° de l'article L. 143-11-1, son intention de rompre le contrat de travail.*

Art. L. 143-11-3 *Lorsqu'elles revêtent la forme d'un droit de créance sur l'entreprise, les sommes dues au titre de l'intéressement conformément aux dispositions des articles L. 441-1 et suivants, au titre de la participation des salariés aux fruits de l'expansion conformément aux dispositions des articles L. 442-1 et suivants ou en application d'un accord créant un fonds salarial dans les conditions prévues par les articles L. 471-1 et suivants, sont couvertes par l'assurance prévue à l'article L. 143-11-1.*

Les arrérages de préretraite dus à un salarié ou à un ancien salarié en application d'un accord professionnel ou interprofessionnel, d'une convention collective ou d'un accord d'entreprise sont également couverts par l'assurance. Ces dispositions s'appliquent lorsque l'accord ou la convention prévoit le départ en préretraite à cinquante-cinq ans au plus tôt. La garantie prévue par le présent alinéa est limitée dans des conditions fixées par décret.

Les créances visées au premier et au deuxième alinéa sont garanties :

— lorsqu'elles sont exigibles à la date du jugement d'ouverture de la procédure ;

— lorsque, si un plan organisant la continuation de l'entreprise intervient à l'issue de la procédure, elles deviennent exigibles du fait de la rupture du contrat de travail, dans les délais prévus au 2° de l'article L. 143-11-1 ;

— lorsque intervient un jugement de liquidation judiciaire ou un jugement arrêtant le plan de cession totale de l'entreprise.

(L. n° 2004-391 du 4 mai 2004, art. 57) *« L'assurance prévue à l'article L. 143-11-1 ne couvre pas les sommes qui concourent à l'indemnisation du préjudice causé par la rupture du contrat de travail dans le cadre d'un licenciement pour motif économique, en application d'un accord d'entreprise ou d'établissement ou de groupe ou d'une décision unilatérale de l'employeur, lorsque l'accord a été conclu et déposé ou la décision notifiée moins de dix-huit mois avant la date du jugement d'ouverture de la procédure de redressement ou de liquidation judiciaires. »*

Art. L. 143-11-4 *Le régime d'assurance prévu à l'article L. 143-11-1 est mis en œuvre par une association créée par les organisations nationales professionnelles d'employeurs les plus représentatives et agréée par le ministre chargé du travail.*

Cette association passe une convention de gestion avec (L. n° 2008-126 du 13 févr. 2008, art. 14-II) *« l'organisme gestionnaire » du régime d'assurance mentionné à la section 1 du chapitre I du titre V du livre III de la première partie du code du travail* (L. n° 2008-126 du 13 févr. 2008, art. 5-I) *« et avec l'Agence centrale des organismes de sécurité sociale pour le recouvrement des cotisations mentionnées à l'article L. 143-11-6 ».*

(L. n° 2008-126 du 13 févr. 2008, art. 5-I) *« En cas de dissolution de cette association, le ministre chargé du travail confie à l'organisme prévu à l'article L. 351-21 la gestion du régime d'assurance institué à l'article L. 143-11-1, à l'exception du recouvrement des cotisations mentionnées à l'article L. 143-11-6 confié aux organismes mentionnés à l'article L. 351-5-1. »*

Art. L. 143-11-5 *Le droit du salarié est indépendant de l'observation par l'employeur tant des prescriptions des articles L. 143-11-1 à L. 143-11-9 que des obligations dont il est tenu à l'égard des institutions prévues à l'article L. 143-11-4.*

Art. L. 143-11-6 *L'assurance est financée par des cotisations des employeurs qui sont assises sur les rémunérations servant de base au calcul des contributions au régime d'assurance-chômage défini par la section 1 du chapitre I du titre V du livre III du présent code.*

(L. n° 2008-126 du 13 févr. 2008, art. 5-I) *« Le recouvrement, le contrôle de ces cotisations et leur contentieux suivent les règles prévues à l'article L. 351-5-1. »*

Art. L. 143-11-7 *Le mandataire judiciaire établit les relevés des créances dans les conditions suivantes :*

1. Pour les créances mentionnées aux articles L. 143-10, L. 143-11, L. 742-6 et L. 751-15, dans les dix jours suivant le prononcé du jugement d'ouverture de la procédure ;

2. Pour les autres créances également exigibles à la date du jugement d'ouverture de la procédure, dans les trois mois suivant le prononcé du jugement ;

3. Pour les salaires et les indemnités de congés payés couvertes en application du 3° de l'article L. 143-11-1 et les salaires couverts en application du dernier alinéa de ce même article, dans les dix jours suivant l'expiration des périodes de garantie prévues à ce 3° et ce, jusqu'à concurrence du plafond mentionné aux articles L. 143-10, L. 143-11, L. 742-6 et L. 751-15 ;

4. Pour les autres créances dans les trois mois suivant l'expiration de la période de garantie.

(L. n° 2005-845 du 26 juill. 2005, art. 181) *« Les relevés des créances précisent » le montant des cotisations et contributions visées au septième alinéa de l'article L. 143-11-1 dues au titre de chacun des salariés intéressés ;* — Cette disposition, issue de la L. n° 96-1160 du 27 déc. 1996, est applicable aux relevés de créances établis à compter du 1er janv. 1997 (L. préc., art. 36-III).

Si les créances ne peuvent être payées en tout ou partie sur les fonds disponibles avant l'expiration des délais prévus ci-dessus, le mandataire judiciaire demande, sur présentation des relevés, l'avance des fonds nécessaires (L. n° 2008-126 du 13 févr. 2008, art. 14-II) *« à l'organisme mentionné » à l'article L. 143-11-4.* (L. n° 2005-845 du 26 juill. 2005, art. 178) *« Dans le cas d'une procédure de sauvegarde, le mandataire judiciaire justifie à* (L. n° 2008-126 du 13 févr. 2008, art. 14-II) *« cet organisme », lors de sa demande, que l'insuffisance des fonds disponibles est caractérisée.* (L. n° 2008-126 du 13 févr. 2008, art. 14-II) *« Il peut » contester, dans un délai fixé par décret en Conseil d'État, la réalité de cette insuffisance devant le juge-commissaire. Dans ce cas, l'avance des fonds est soumise à l'autorisation du juge-commissaire. »*

(L. n° 2008-126 du 13 févr. 2008, art. 14-II) *« L'organisme susmentionné verse » au mandataire judiciaire les sommes figurant sur les relevés et restées impayées :*

1° Dans les cinq jours suivant la réception des relevés visés aux 1 et 3 ci-dessus ;

2° Dans les huit jours suivant la réception des relevés visés aux 2 et 4 ci-dessus.

(L. n° 2005-841 du 26 juill. 2005, art. 24-III) *« Par dérogation aux dispositions des trois alinéas précédents, l'avance des contributions de l'employeur au financement de la convention de reclassement personnalisé mentionnée à l'article L. 321-4-2 est versée directement »* (L. n° 2008-126 du 13 févr. 2008, art. 14-II) *« à l'institution mentionnée à l'article L. 311-7 » aux organismes gestionnaires mentionnés à l'article L. 351-21. »* — Les dispositions de l'art. 24 de la L. n° 2005-841 du 26 juill. 2005 sont applicables aux accords mentionnés au cinquième al. du I de l'art. L. 321-4-2 [anc.] C. trav. conclus à compter du 1er avr. 2005 (L. préc., *art. 36-VI). — A compter d'une date fixée par décret et au plus tard le 1er janv. 2012, les mots "à l'institution mentionnée à l'article L. 311-7" sont remplacés par les mots : "aux organismes chargés du recouvrement mentionnés à l'article L. 351-21" (L. n° 2008-126 du 13 févr. 2008, art. 5-III et 14-II).*

Al. abrogé par Ord. n° 2004-602 du 24 juin 2004, art. 13-I.

Le mandataire judiciaire reverse immédiatement les sommes qu'il a reçues aux salariés et organismes créanciers, à l'exclusion des créanciers subrogés, et en informe le représentant des salariés.

(L. n° 2008-126 du 13 févr. 2008, art. 14-II) « L'organisme susmentionné doit » avancer les sommes comprises dans le relevé, même en cas de contestation par un tiers.

(L. n° 2008-126 du 13 févr. 2008, art. 14-II) « Il doit » (L. n° 2001-624 du 17 juill. 2001) « également avancer les sommes correspondant à des créances établies par décision de justice exécutoire, même si les délais de garantie sont expirés. Les décisions de justice seront de plein droit opposables à l'association visée à l'article L. 143-11-4 ». Dans le cas où le mandataire judiciaire a cessé ses fonctions, le greffier du tribunal ou le commissaire à l'exécution du plan, selon le cas, adresse un relevé complémentaire (L. n° 2008-126 du 13 févr. 2008, art. 14-II) « à l'organisme mentionné » aux institutions mentionnées ci-dessus, à charge pour lui de reverser les sommes aux salariés et organismes créanciers.

Art. L. 143-11-7-1 *Abrogé par L. n° 2005-845 du 26 juill. 2005, art. 181.*

Art. L. 143-11-8 *La garantie (L. n° 2008-126 du 13 févr. 2008, art. 14-II) « de l'organisme mentionné » à l'article L. 143-11-4 est limitée, toutes créances du salarié confondues, à un ou des montants fixés par décret, en référence au plafond mensuel retenu pour le calcul des contributions du régime d'assurance chômage prévu à la section 2 du chapitre I du titre V du livre III du présent code.*

Al. 2 abrogé par L. n° 2005-845 du 26 juill. 2005, art. 181.

Art. L. 143-11-9 *(L. n° 2008-126 du 13 févr. 2008, art. 14-II) « L'organisme mentionné à l'article L. 143-11-4 est subrogé dans les droits des salariés pour lesquels il a effectué des avances : »*

(L. n° 2005-845 du 26 juill. 2005, art. 179) « a) Pour l'ensemble des créances, lors d'une procédure de sauvegarde ;

« b) Pour les créances garanties par le privilège prévu aux articles L. 143-10, L. 143-11, L. 742-6 et L. 751-15 et les créances avancées au titre du 3° de l'article L. 143-11-1, lors d'une procédure de redressement ou de liquidation judiciaire. Les autres sommes avancées dans le cadre de ces procédures (L. n° 2008-126 du 13 févr. 2008, art. 14-II) « lui » sont remboursées dans les conditions prévues par les dispositions du livre VI du code de commerce pour le règlement des créances nées antérieurement au jugement d'ouverture de la procédure. (L. n° 2008-126 du 13 févr. 2008, art. 14-II) « Il bénéficie » alors des privilèges attachés à celle-ci. »

Art. L. 143-13-1 *Les étrangers mentionnés à l'article L. 341-6-1 bénéficient des dispositions de la présente section pour les sommes qui leur sont dues en application de cet article. — [C. com., anc. art. L. 621-132.]*

CHAPITRE VI *DU PLAN DE SAUVEGARDE*

RÉP. COM. v° *Entreprise en difficulté : plan de sauvegarde et de redressement*, par G. BLANC.

BIBL. ▶ F.-X. LUCAS, *RLDA, suppl. au n° 80, mars 2005, p. 35* (du plan de continuation au plan de sauvegarde). - BEHAR-TOUCHAIS, *RPC 2005. 363* (plans de sauvegarde et de continuation). - F.-X. LUCAS, *LPA, n° spéc., 8 févr. 2006, p. 74* (commentaire article par article). - PÉROT-REBOUL, *ibid., 17 févr. 2006, p. 30* (les plans dans la loi de sauvegarde). - MONSÈRIÉ-BON, *Dr. et patr. 3/2006. 73.* - BLANC, *RPC 2006. 182.* - BRENAC, *Gaz. Pal. 2007. Doctr. 863* (sort des contrats de prêts dans les plans de continuation, de sauvegarde ou de redressement). - DAMMANN et PODEUR, *D. 2008. 928* (les sûretés-propriété face au plan de sauvegarde). - LE GUERNEVÉ, *RLDA 2008, n° 29, p. 88* (quel passif prendre en compte dans le plan de sauvegarde ?). - FRAIMOUT, *RPC 2009. Dossier 11* (réforme issue de l'Ord. du 18 déc. 2008). - LEBEL, *Gaz. Pal. 2009. Doctr. 779* (même thème) ; *ibid. 2011. Doctr. 27* (innovations issues de la loi du 22 oct. 2010) ; *ibid. 2014. 1261* (modifications issues de l'Ord. du 12 mars 2014). - VERMEILLE, BOURGUEIL et BEZERT, *RTDF 2013, n° 3, p. 17* (affaire « Belvédère »). - CHERNET, *RPC 2014. Fiche pratique 1* (construire un plan). - PÉROCHON et F.-X. LUCAS, *Mél. Le Cannu, Dalloz-LGDJ, 2014, p. 611* (délais du plan de sauvegarde ou de redressement). - CERATI-GAUTHIER, *JCP E 2014. 1435* (promotion de la « reprise interne » dans l'Ord. du 12 mars 2014). - PÉTEL, *RPC 2014. Dossier 34* (amélioration du rôle des créanciers dans le cadre de l'adoption du plan - point de vue de l'universitaire). -

Morelli, *ibid. Dossier 35* (amélioration du rôle des créanciers dans le cadre de l'adoption du plan – point de vue du praticien). – Ghalimi, *LPA 19 déc. 2014* (traitement différencié des créanciers dans les plans de sauvegarde et de redressement). – Dossier « Les plans », *RPC 2015. Dossiers 36 à 49.* – Buisine et Rousseau, *RPC 2018. Étude 28* (exécution anticipée du plan). – Monsèrié-Bon, Dubois, Coupeaud et Savenier, *BJE 9-10/2019. 54* (évolution du passif et modifications du plan). – Graff-Daudret, *RJDA 2020. 857* (sort de la caution en cas de plan de sauvegarde ou de plan de redressement). – Dossier « Les plans de sauvegarde et de redressement », *BJE 1-2/2024. 38.*

Art. L. 626-1 *(L. n° 2005-845 du 26 juill. 2005, art. 59)* **Lorsqu'il existe une possibilité sérieuse pour l'entreprise d'être sauvegardée, le tribunal arrête dans ce but un plan qui met fin à la période d'observation.**

(Ord. n° 2014-326 du 12 mars 2014, art. 36, en vigueur le 1er juill. 2014) **« Le plan de sauvegarde comporte, s'il y a lieu, l'arrêt, l'adjonction ou la cession d'une ou de plusieurs activités.**

« Les cessions faites en application du présent article sont soumises aux dispositions de la section 1 du chapitre II du titre IV et à celles de l'article L. 642-22. Toutefois, le mandataire judiciaire exerce les missions confiées au liquidateur. En outre, le tribunal peut, par un jugement spécialement motivé, après avoir recueilli l'avis du ministère public et demandé celui des contrôleurs, déroger aux interdictions prévues au premier alinéa de l'article L. 642-3 et autoriser la cession à l'une des personnes mentionnées à cet alinéa, à l'exception des contrôleurs et du débiteur au titre de l'un quelconque de ses patrimoines.

« Lorsqu'un plan de sauvegarde de l'emploi doit être élaboré, il est fait application des dispositions du III de l'article L. 1233-58 du code du travail. »

(Ord. n° 2008-1345 du 18 déc. 2008, art. 51) **« Les droits de préemption institués par le code rural et de la pêche maritime ou le code de l'urbanisme ne peuvent s'exercer sur un bien compris dans une cession d'une ou de plusieurs activités décidée en application du présent article. »**

COMMENTAIRE

I. PLAN DE SAUVEGARDE

L'article L. 626-1, issu de la loi du 26 juillet 2005, constitue le pendant logique, s'agissant du sort de l'entreprise à l'issue de la période d'observation, des articles L. 620-1 et L. 621-1, relatifs aux finalités et à l'ouverture de la procédure de sauvegarde. Celle-ci doit, en effet, faciliter, au moyen d'un plan dit de sauvegarde, la réorganisation de l'entreprise menacée par une cessation des paiements de sorte à permettre la poursuite de l'activité économique, le maintien de l'emploi et l'apurement du passif. Dès lors est-il normal que ce plan de sauvegarde, signe de réussite de la procédure, ne soit arrêté par le tribunal qu'à condition qu'existe une possibilité sérieuse de sauvegarde. En raison, précisément, des finalités de la procédure, ces conditions, notons-le, diffèrent de celles que l'ancien article L. 621-70 mettait à l'adoption d'un plan de continuation, en ce sens surtout qu'il n'est pas fait référence au règlement du passif. Ce plan peut, bien entendu, être arrêté à tout moment de la période d'observation. Une fois arrêté, le plan met alors *ipso facto* fin à la période d'observation.

Par ailleurs, bien entendu, à tout moment de la période d'observation, le tribunal peut appliquer l'article L. 622-10 et, selon la situation, ordonner la cessation partielle de l'activité, la conversion en redressement ou en liquidation judiciaire (V. art. L. 622-10).

A l'instar, là encore, des plans de continuation d'avant la réforme, le plan de sauvegarde peut prévoir des modifications du périmètre d'activités de l'entreprise, soit par l'arrêt de certaines d'entre elles, soit par leur cession, soit par l'adjonction de nouvelles activités – cas vraisemblablement plus rare. La possibilité de changements du périmètre d'activités est en effet consubstantielle à l'objectif de réorganisation de l'entreprise posé par la définition de la procédure de sauvegarde prévue à l'article L. 620-1. A cet égard, la substitution du terme d'*« activités »* à celui de *« branches d'activité »*, précédemment utilisé par l'ancien article L. 621-70, a tenu compte, selon le rapport de la commission des lois de l'Assemblée nationale *(n° 2095, p. 273)*, du fait que la notion de branche est juridiquement imprécise. Les modifications de périmètres de l'activité de l'entreprise peuvent donc concerner plusieurs activités simultanément. Cette cession s'effectue alors selon les dispositions régissant les cessions-liquidations (auxquelles l'ordonnance du 18 décembre 2008 a ajouté l'article L. 642-22, relatif à la publicité des cessions d'entreprise et des réalisations d'actif). Cela dit, malgré ce renvoi technique au titre IV, il ressort de l'esprit du texte que les cessions partielles procèdent de la logique de la sauvegarde ou du redressement dont elles sont un moyen, tandis que la cession totale d'activité relève de la philosophie de la liquidation. Il en résulte, notamment, que la cession ne peut jamais être imposée au débiteur *in bonis*, sous réserve qu'en cas de refus injustifié il risque de ne pas obtenir de plan de redressement (Y. Chaput, Une nouvelle architecture du droit français des procédures collectives, *JCP 2005. I. 184, n° 35*).

Depuis la loi de 2005, il découle du texte que le plan de sauvegarde ne peut consister en un plan de cession. Cette interdiction peut toutefois sembler trop rigide dans certains cas. Aussi a-t-il été proposé, sans que cela porte atteinte au caractère volontariste de la procédure de sauvegarde, que la cession totale puisse être autorisée par une décision de l'assemblée générale, réunie à cette fin par l'administrateur, adoptée à la majorité requise pour les modifications statutaires (T. Montéran, Pour améliorer le droit des entreprises en difficulté, osons la réforme, *Gaz. Pal. 23-24 janv. 2008, p. 3, spéc. p. 7* ; V. aussi M.-H. Monsèrié-Bon et C. Saint-Alary-Houin, La loi de sauvegarde des entreprises : nécessité et intérêts d'une réforme annoncée, *D. 2008. Chron. 941*). C'est cette idée qui avait inspiré l'avant-projet d'ordonnance de 2008, envisageant, sans autre précision, que le plan « peut prévoir la cession totale » (V. comm. dans l'éd. 2014). Mais les rédacteurs du texte ont finalement préféré prévoir une passerelle entre la sauvegarde et le redressement judiciaire (V. art. L. 622-10).

Dans le cas d'une cession partielle d'activité s'inscrivant dans le cadre d'un plan de sauvegarde ou de redressement, les missions normalement dévolues au liquidateur sont exercées par le mandataire judiciaire (sur le sort du prix en cas de cession partielle en plan de sauvegarde ou de redressement, V., concluant que le solde du prix, après désintéressement des créanciers inscrits, doit être remis par le mandataire judiciaire au débiteur redevenu *in bonis* du fait de l'adoption du plan, ou par l'administrateur, T. Dorléac, *BJE 2011. 293*).

On notera, enfin, que l'ordonnance du 12 mars 2014 a ajouté une disposition de coordination avec le code du travail, en cas de nécessité d'élaborer un plan de sauvegarde de l'emploi (al. 4).

II. INTERDICTION DE CÉDER

L'ordonnance du 12 mars 2014 a prévu, désormais, la possibilité, encadrée, comme en cas de liquidation judiciaire (et que la Cour de cassation avait jugée constitutionnelle : Com. 18 févr. 2014 : *D. 2014. Actu. 478*), de déroger aux interdictions de céder aux dirigeants de la société ou à des parents ou alliés du débiteur. A la différence de la liquidation judiciaire, cependant, cette demande n'est pas réservée au ministère public.

III. DROITS DE PRÉEMPTION

L'ordonnance du 18 décembre 2008 est venue préciser, dans un alinéa ajouté à l'article L. 626-1 (désormais dernier alinéa), que « les droits de préemption institués par le code rural et de la pêche maritime ou le code de l'urbanisme ne peuvent s'exercer sur un bien compris dans une cession d'une ou de plusieurs activités décidée en application du présent article ». Une disposition analogue a été également insérée à l'article L. 642-5, à propos des biens compris dans un plan de cession.

Ces dispositions sont opportunes car il s'agit d'éviter le morcellement, incompatible avec la notion même de plan, qui suppose une opération globale. A cet égard, un texte était nécessaire pour paralyser des droits de préemption « institués par le code rural ou le code de l'urbanisme ». Et cela d'autant plus que, lors de l'instauration d'un nouveau droit de préemption en faveur des communes, portant sur les cessions de fonds de commerce, de fonds artisanaux ou de baux commerciaux par la loi n° 2005-882 du 2 août 2005, l'exclusion de ce droit avait bien été prévue par le décret d'application du 26 décembre 2007, en cas de cession de l'entreprise en redressement ou en liquidation judiciaire, mais que la légalité de ce texte réglementaire était douteuse (P. Roussel Galle, Premier aperçu sur l'ordonnance du 18 décembre 2008 réformant le droit des entreprises en difficulté, *LPA 24 déc. 2008, p. 3, n° 26*).

Jusque-là, la jurisprudence n'était pas très claire sur ce point, laissant une impression d'insécurité, même si quelques arrêts avaient écarté les droits de préemption, au motif que le plan de cession n'a pas le caractère d'une aliénation volontaire (V., pour le droit de préemption du preneur à bail rural, Civ. 3e, 1er avr. 1998 : *cité note 5 ss. art. L. 642-5*). En revanche, en cas de cession isolée, notamment, d'un immeuble, le droit de préemption peut jouer. C'est ce qu'avait déjà jugé le Conseil d'État, pour le droit de préemption urbain, par une application stricte (et justifiée) de l'article L. 213-1 du code de l'urbanisme (CE 17 déc. 2008 : *D. 2009. AJ 102, obs. A. Vincent*).

De même, et par ailleurs, les autres droits de préemption légaux devraient continuer à jouer, notamment ceux prévus par les articles L. 132-15 et L. 132-30 du code de la propriété intellectuelle (A.-S. Texier et E. Russo, Le nouveau droit des entreprises en difficulté après l'ordonnance du 18 décembre 2008 et son décret d'application du 12 février 2009, *LPA 2 mars 2009, p. 3, n° 31*).

Reste, cependant, entière la question du respect des droits de préemption contractuels et des pactes de préférence, que le texte ne vise pas. Mais l'on peut penser que ces pactes seront paralysés, eux aussi, en cas de plan, alors qu'ils s'imposeront en cas de cession isolée (V. Com. 13 févr. 2007 : *cité note 7 ss. anc. art. L. 622-17*). ❑

1. Sur la notion de « possibilité sérieuse pour l'entreprise d'être sauvegardée », V. • Com. 18 mars 2014, n° 13-10.859 P : *D. 2014. Actu. 774 ; LEDEN 5/2014. 4, obs. Parachkévova ; BJS 2014. 410, note J.-F. Barbièri ; RJDA 2014, n° 551 ; Gaz. Pal. 5-7 oct. 2014, p. 35, obs. Lebel* • 9 juill. 2019, n° 18-17.129 : *RTD com. 2019. 999, obs. Saint-Alary-Houin ; RJDA 2019, n° 647 ; Gaz. Pal. 15 oct. 2019, p. 57, obs. Giorgini.*

2. Après l'adoption d'un plan de redressement, les contrats en cours se poursuivent conformément aux règles qui leur sont applicables de sorte que le bailleur peut, au cours de l'exécution de ce plan, exercer son droit de refuser, pour le motif prévu à l'art. L. 411-64 C. rur., le renouvellement du bail rural consenti au débiteur. • Com. 19 mai 2015, n° 14-10.366 P : *D. 2015. Actu. 1151 ; JCP E 2015. 1490, note Cerati-Gauthier ; BJE 2015. 285, note Poujade ; RPC 2016, n° 46, obs. Roussel Galle.*

SECTION 1 *De l'élaboration du projet de plan*

Art. L. 626-2 *(Ord. n° 2008-1345 du 18 déc. 2008, art. 52)* **« Au vu du bilan économique, social et, le cas échéant, environnemental, le débiteur, avec le concours de l'administrateur, propose un plan, sans préjudice de l'application des dispositions de l'article L. 622-10. »**

(Ord. n° 2021-1193 du 15 sept. 2021, art. 28, en vigueur le 1er oct. 2021) **« Le projet de plan mentionne les engagements d'effectuer des apports de trésorerie pris pour l'exécution du plan. »** — *Pour les dispositions transitoires de l'Ord. n° 2021-1193 du 15 sept. 2021, V. note ss. art. L. 611-2.*

(L. n° 2005-845 du 26 juill. 2005, art. 60) **« Le projet de plan détermine les perspectives de redressement en fonction des possibilités et des modalités d'activités, de l'état du marché et des moyens de financement disponibles.**

« Il définit les modalités de règlement du passif et les garanties éventuelles que le *(Ord. n° 2008-1345 du 18 déc. 2008, art. 163-I)* **« débiteur » doit souscrire pour en assurer l'exécution.**

« Ce projet expose et justifie le niveau et les perspectives d'emploi ainsi que les conditions sociales envisagées pour la poursuite d'activité. Lorsque le projet prévoit des licenciements pour motif économique, il rappelle les mesures déjà intervenues et définit les actions à entreprendre en vue de faciliter le reclassement et l'indemnisation des salariés dont l'emploi est menacé. Le projet tient compte des travaux recensés par le bilan environnemental.

« Il recense, annexe et analyse les offres d'acquisition portant sur une ou plusieurs activités, présentées par des tiers. Il indique la ou les activités dont sont proposés l'arrêt ou l'adjonction. »

COMMENTAIRE

I. OBJET DE LA DISPOSITION

Cet article, issu de la loi du 26 juillet 2005, a pour objet de regrouper en un seul texte l'ensemble des dispositions définissant le contenu du projet de plan de sauvegarde, et, par voie de renvoi de l'article 631-19, I (moyennant les nuances apportées, d'abord par l'ordonnance du 18 décembre 2008, puis celle du 12 mars 2014), du projet de plan de redressement. Les trois premiers alinéas ont repris les alinéas 4 à 6 de l'ancien article L. 621-54. Quant à l'alinéa 1er, formellement introduit par l'ordonnance de 2008, il a repris, en réalité, la disposition que contenait auparavant le dernier alinéa de l'article L. 623-1, tout en la modifiant pour faire apparaître clairement que c'est au débiteur, seulement assisté de l'administrateur, qu'il appartient de proposer un plan (V. ss. art. L. 623-1). La réserve de l'article L. 622-10 signifie, bien sûr, que le tribunal peut toujours prononcer le redressement judiciaire en cas de cessation des paiements. Mais, plus précisément, l'idée est sans doute de permettre, dans ce cas, que le tribunal, tout en examinant le projet de plan, convertisse la sauvegarde en redressement judiciaire, de sorte que le plan arrêté soit un plan de redressement, non un plan de sauvegarde (P.-M. Le Corre, Droit et pratique des procédures collectives, *Dalloz Action, 2023/2024, 492.112*).

II. APPORTS DE TRÉSORERIE

Un nouvel alinéa (2), ajouté par l'ordonnance du 15 septembre 2021, précise que le projet de plan mentionne les engagements d'effectuer des apports de trésorerie pris pour l'exécution du plan. Ces apports de trésorerie, institués par cette ordonnance, bénéficient d'un privilège de deuxième rang (V. comm. VII, D, ss. art. L. 622-17).

III. LICENCIEMENTS ÉCONOMIQUES

Il a été fait observer que, si le législateur s'est refusé à prévoir des mesures particulières aux licenciements pour motif économique en procédure de sauvegarde, calquées sur celles existant en cas de redressement judiciaire (V. ss. art. L. 631-17), l'article L. 626-2 aurait quand même un effet utile en cas de sauvegarde, en ce sens que l'alinéa 3 prévoit l'exposé des mesures sociales qui seront intégrées au plan homologué par le tribunal, ce qui rendra plus difficile leur contestation (G. Teboul, Petit bréviaire de la loi sur la sauvegarde pour ceux qui souhaitent une information pratique, *LPA 24 oct. 2005, p. 3, spéc. p. 6 ;* V. aussi R. Vatinet, Sur la place faite aux salariés par la loi de sauvegarde des entreprises du 26 juillet 2005, *JCP S 2005. 1230, n° 9* ; comp., mettant l'accent sur l'autonomie du contrôle judiciaire du plan de sauvegarde de l'emploi : S. Vernac, Le droit du licenciement dans la procédure de sauvegarde, *RDT 2007. 434*). Dans ce cas, en effet, les licenciements ne pourront pas être remis en cause sur le fondement de l'article L. 1224-1 du code du travail, reprenant l'ancien article L. 122-12, alinéa 2 (A. Mazeaud, Les cessions d'entreprise ou de partie d'entreprise depuis la loi du 26 juillet 2005 relative à la sauvegarde des entreprises, *Dr. soc. janv. 2006, p. 12, spéc. p. 16*).

IV. OFFRES D'ACQUISITION

La précision contenue au dernier alinéa est importante, en pratique, dans le mécanisme réformé de cession de l'entreprise. Elle constitue un assouplissement certain au déplacement des plans de cession de la phase de redressement à la phase de liquidation judiciaire (V. ss. art. L. 621-3). Ce texte permet, en effet, de présenter, même en procédure de sauvegarde ou de redressement judiciaire, des offres de reprises portant sur une ou plusieurs activités (V. comm. ss. art. L. 626-1). L'administrateur devra en faire l'analyse. Quant à la notion de tiers, il convient très vraisemblablement de l'interpréter à la lumière de l'article L. 642-3, applicable en cas de liquidation judiciaire (L.-C. Henry, Le plan de cession et la loi de sauvegarde des entreprises, *Gaz. Pal. 7-8 sept. 2005, p. 39, n° 8*), en tenant compte, cependant, depuis l'ordonnance du 12 mars 2014, des dérogations prévues par l'article L. 626-1, alinéa 3. ❑

Règlement du passif. Dans le projet de plan qu'il doit élaborer, l'administrateur a l'obligation de prévoir les modalités d'apurement de la totalité du passif admis ; il ne peut se contenter de proposer un plan permettant l'apurement d'une partie du passif et de renvoyer le paiement du solde après le plan. • Versailles, 28 févr. 2013 : *cité note 1 ss. art. L. 626-12.*

Art. L. 626-2-1 *(L. n° 2014-856 du 31 juill. 2014, art. 73-1°)* **Lorsque le débiteur exerce une activité, bénéficiant d'une autorisation administrative, d'un agrément, d'un conventionnement ou d'une habilitation, mentionnée au II de l'article 1er de la loi n° 2014-856 du 31 juillet 2014 relative à l'économie sociale et solidaire, il consulte l'autorité administrative ou l'autorité de contrôle et de tarification pour l'élaboration**

du projet de plan. *(Abrogé par Ord. n° 2021-1193 du 15 sept. 2021, art. 29, à compter du 1er oct. 2021)* ***« Lorsqu'un créancier soumet un projet de plan en application de l'article L. 626-30-2, il consulte également cette autorité. »*** **L'administrateur, lorsqu'il en a été désigné, s'assure qu'il a été procédé à ces consultations. Le débiteur ou, s'il y a lieu, l'administrateur fait connaître au tribunal les diligences effectuées ainsi que l'avis de l'autorité administrative ou de l'autorité de contrôle et de tarification. L'autorité administrative ou l'autorité de contrôle et de tarification rend son avis dans le délai d'un mois, en tenant compte du *b* du 3° du I de l'article 1er de la loi n° 2014-856 du 31 juillet 2014 précitée. L'absence d'avis dans ce délai ne peut faire obstacle au jugement du tribunal.**

Pour les dispositions transitoires de l'Ord. n° 2021-1193 du 15 sept. 2021, V. note ss. art. L. 611-2.

Art. L. 626-3 *(L. n° 2005-845 du 26 juill. 2005, art. 61)* **« Lorsque le projet de plan prévoit une modification du capital** *(L. n° 2016-1547 du 18 nov. 2016, art. 99-IV-6°)* **« ou des statuts », l'assemblée générale extraordinaire ou l'assemblée des associés ainsi que, lorsque leur approbation est nécessaire, les assemblées spéciales mentionnées aux articles L. 225-99 et L. 228-35-6 ou les assemblées générales des masses visées à l'article L. 228-103 sont convoquées dans des conditions définies par décret en Conseil d'État. »** *(L. n° 2016-1547 du 18 nov. 2016, art. 99-IV-6°)* **« Le tribunal peut décider que l'assemblée compétente statuera sur les modifications statutaires, sur première convocation, à la majorité des voix dont disposent les associés ou actionnaires présents ou représentés dès lors que ceux-ci possèdent au moins la moitié des parts ou actions ayant le droit de vote. Sur deuxième convocation, il est fait application des dispositions de droit commun relatives au quorum et à la majorité. »** — *V. art. R. 626-1 à R. 626-3.*

Si, du fait des pertes constatées dans les documents comptables, les capitaux propres sont inférieurs à la moitié du capital social, l'assemblée est d'abord appelée à reconstituer ces capitaux à concurrence du montant proposé par l'administrateur et qui ne peut être inférieur à la moitié du capital social. Elle peut également être appelée à décider la réduction et l'augmentation du capital en faveur d'une ou plusieurs personnes qui s'engagent à exécuter le plan.

Les engagements pris par les actionnaires ou associés ou par de nouveaux souscripteurs sont subordonnés dans leur exécution à l'acceptation du plan par le tribunal.

(Ord. n° 2014-326 du 12 mars 2014, art. 37, en vigueur le 1er juill. 2014) **« En cas d'augmentation du capital social prévu par le projet de plan, les associés ou actionnaires peuvent bénéficier de la compensation à concurrence du montant de leurs créances admises et dans la limite de la réduction dont elles sont l'objet dans le projet de plan. »** — *[C. com., anc. art. L. 621-58.]*

Sur les dispositions transitoires de la L. n° 2016-1547 du 18 nov. 2016, V. note ss. art. L. 621-3.

Sur la modification des statuts des coopératives faisant l'objet d'une procédure collective, V. L. n° 47-1775 du 10 sept. 1947, art. 25. — ***C. sociétés.***

BIBL. ▸ Mortier et Guégan, *BRDA 2024, nos 15-16, p. 35* (efficacité de la minorité de blocage du franchiseur en cas de procédure collective du franchisé).

Ancien art. L. 626-3 (dernier al.) *Les clauses d'agrément sont réputées non écrites.*

COMMENTAIRE

I. MODIFICATION DU CAPITAL

Le projet de plan peut prévoir une modification du capital. Celle-ci ressortira, conformément au droit des sociétés et selon la forme de la société, à la compétence de l'assemblée générale extraordinaire ou de l'assemblée des associés. Le texte de l'article L. 626-3 a tenu compte des apports, en la matière, de l'ordonnance du 24 juin 2004. Les modalités de convocation de l'assemblée sont fixées par les articles R. 626-1 à R. 626-3 (sur cette question, V. A. Cerati-Gauthier, L'associé dans la loi de sauvegarde des entreprises, *Rev. sociétés 2006. 305, nos 8 s.*).

L'ordonnance du 12 mars 2014 a supprimé la disposition qui réputait non écrites les clauses d'agrément. Celle-ci ne joue donc plus en cas de plan de sauvegarde, mais on la retrouve en cas de plan de redressement (V. art. L. 631-19, II). Comme cela a été montré, de toute façon, cette disposition n'était guère efficace, s'agissant de faciliter l'entrée au capital des tiers, aussi peu dans les sociétés de personnes, faute de clause d'agrément, que dans les sociétés de capitaux, en raison de la possibilité, pour les actionnaires, de la contourner par l'usage du droit préférentiel de souscription (V. M.-P. Dumont-Lefrand, *RPC 2014. Dossier 20, n° 4*). De toute manière, la technique d'augmentation de capital réservée à un nouvel actionnaire ne suppose pas une mutation de droits sociaux, hypothèse dans laquelle jouent les clauses d'agrément (F.-X. Lucas, *BJS 2014. 403*). A la place, mais sans rapport direct, l'ordonnance de 2014 a prévu que, en cas d'augmentation du capital social, les associés ou actionnaires peuvent bénéficier de la compensation à concurrence du montant de leurs créances admises et dans la limite de la réduction dont elles sont l'objet dans le projet de plan. Ce bénéfice de la compensation, jusque-là incertain, en l'absence de texte exprès, en cas d'augmentation durant la période d'observation, qui, bien sûr, n'est pas subordonné ici à la condition de connexité des créances, favorisera la conversion des créances en capital (V. A. Brunet et A. Ghozi, Société en difficulté : la transformation des créances en participation au capital, Mél. Michel Germain, *LexisNexis-LGDJ, 2015, p. 165*).

II. MODIFICATION DES STATUTS

La loi du 18 novembre 2016 a retouché et complété l'article L. 626-3 pour viser aussi l'hypothèse de convocation de l'assemblée générale extraordinaire ou de l'assemblée des associés afin de modification des statuts. Celle-ci peut s'avérer nécessaire, notamment en cas de changement de forme sociale ou de nationalité, de changement de gérant dans une société à responsabilité limitée, de transmission universelle de patrimoine ou, tout simplement, d'entrée d'un nouvel actionnaire.

Ainsi, est-il désormais possible de modifier les statuts avant l'arrêté du plan, alors que, auparavant, à la lettre du texte, il convenait de revenir devant le tribunal pour modifier le plan. Cette simplification rendant dorénavant inutiles les dispositions qui régissaient les modifications des statuts requises par la réorganisation de l'entreprise arrêtée par le plan, la loi de 2016 abroge logiquement les articles L. 626-15 à L. 626-17, les dispositions de l'article L. 626-16-1, relatives aux modalités de quorum et de majorité dérogatoires au droit commun, se trouvant reprises à l'article L. 626-3 modifié. ❑

1. Cession de parts sociales. La cession de leurs parts par les associés au candidat à la reprise n'implique pas les modifications du capital au sens de l'art. 22 [C. com., art. L. 626-3] et n'impose donc pas l'application de ce texte. • Paris, 17 janv. 1989 : *Gaz. Pal. 1989. 1. 471, note Marchi.* ♦ Dans le même sens, à propos d'une cession d'actions intervenue au bénéfice de certains actionnaires, en application d'une clause de préemption contenue dans un pacte d'actionnaires extra-statutaire, V. • Aix-en-Provence, 5 déc. 2003 : *BJS 2004. 1077, note Cerati-Gauthier ; RJDA 2005, n° 276.*

2. Reconstitution des capitaux propres. En ce sens qu'il ne peut y avoir de plan de continuation au cas où les capitaux propres sont devenus inférieurs à la moitié du capital social s'il n'y a pas eu de reconstitution de ces fonds propres sous condition suspensive de l'acceptation du plan par le tribunal, V. • T. com. Béthune, 26 sept. 1986 : *RPC 1987, n° 2, p. 51, obs. Soinne.* – V. aussi • T. com. Nanterre, 8 déc. 1987 : *JCP 1988. II. 21019, note Viandier ; RPC 1988. 313, obs. Soinne.* ♦ Jugeant que ces mesures doivent au plus tard être décidées lors de l'adoption du plan. • Paris, 2 déc. 1987 : *DP diff. entr. : Bull. 1988, n° 42, p. 8929.* ♦ *Contra*, au motif que les fonds propres devraient redevenir positifs en application du plan, V. • Douai, 21 avr. 1988 : *RPC 1988. 313, obs. Soinne.* Comp., décidant que, dès lors que l'administrateur ne propose pas un plan de continuation prévoyant une modification du capital social, la reconstitution des fonds propres, qui n'a aucun caractère obligatoire en vertu de l'art. 241, dernier al., de la loi du 24 juill. 1966 [C. com., art. L. 225-248], ne constitue pas une condition juridique à l'admissibilité d'un plan de cession : • Bordeaux, 25 nov. 1993 : *BJS 1994. 1345, note Baraderie.* – V. aussi • Com. 6 mars 1990, n° 88-11.500 P : *D. 1990. 218, note Derrida.*

3. Modifications statutaires. Pour le refus de renvoyer au Conseil constitutionnel une QPC invoquant la contrariété des dispositions de l'art. L. 626-3 à l'exercice du droit de propriété, à la liberté contractuelle et à la liberté d'entreprendre des associés minoritaires, ainsi qu'au droit à un recours effectif, V. • Com., QPC, 10 juill. 2024, n° 24-11.071 : *Rev. sociétés 2024. 532, obs. Henry ; LEDEN 9/2024. 1, obs. F.-X. Lucas ; APC 2024, n° 183, obs. Bezert ; BJE 11-12/2024. 15, note Favario.*

4. Le tribunal ne peut imposer l'adoption de modifications statutaires, dès lors que celles-ci sont subordonnées au vote favorable des associés (augmentation de capital) : V. • Com. 15 janv. 1991, n° 89-15.822 P : *D. 1991. IR 47 ; Rev. sociétés 1991. 383, note Guyon ; BJS 1991. 425,* *note Le Cannu ; RJ com. 1991. 385, note Merle.* ♦ Il résulte des dispositions des art. L. 626-3 et L. 626-15, rendues applicables au plan de redressement par l'art. L. 631-19, I, que les modifications du capital de la société débitrice, que le jugement arrêtant le plan ne peut imposer, sont simplement mentionnées au plan et doivent être votées par l'assemblée compétente des associés ; ce jugement ne préjuge pas de la qualité d'associé sur laquelle il n'a pas à se prononcer, si elle demeure litigieuse ; il n'interdit dès lors pas, à moins que cette qualité ait été irrévocablement écartée par décision de justice, à la personne se prétendant associée unique de la société débitrice de faire reconnaître contre les personnes s'étant engagées, dans le cadre de la préparation du plan, à souscrire à une augmentation du capital, ses droits d'associé en contestant la décision collective modifiant sans son accord les statuts qui lui fait seule grief. • Com. 2 juill. 2013, n° 12-18.902 P : *D. 2013. Actu. 1741 ; APC 2013, n° 206, obs. Vallansan ; Gaz. Pal. 29 sept.-1er oct. 2013, p. 25, obs. Lebel ; RJDA 2013, n° 823 ; BJS 2013. 752, note Pailler ; BJE 2013. 356, note Monsèrié-Bon ; Dr. sociétés 2014, n° 13, note Legros ; RPC 2014, n° 6, obs. Cagnoli.*

5. Une société à responsabilité limitée qui, dans le cadre d'un plan de continuation d'une société anonyme en état de redressement judiciaire, acquiert la majorité du capital de celle-ci et en devient administrateur, commet une faute de gestion en ne souscrivant pas à l'augmentation de capital prévue par le plan que le redressement de la société exigeait et qui devait restaurer la confiance des banques, des fournisseurs et des clients. • Paris, 19 mars 1996 : *RJDA 1996, n° 709 ; BJS 1996. 608, note Le Cannu.*

6. Droit des sociétés. L'obligation de reconstitution des capitaux propres prévue à l'art. 241 de la loi du 24 juill. 1966 [C. com., art. L. 225-248] est écartée lorsque l'entreprise est en redressement judiciaire. • Crim. 27 avr. 1987 : *RPC 1988, n° 3, p. 314, obs. Soinne.*

Art. L. 626-4 *(Abrogé par Ord. n° 2008-1345 du 18 déc. 2008, art. 53) (L. n° 2005-845 du 26 juill. 2005, art. 62)* « ***Lorsque la sauvegarde de l'entreprise le requiert, le tribunal, sur la demande du ministère public, peut subordonner l'adoption du plan au remplacement d'un ou plusieurs dirigeants de l'entreprise, sauf lorsque le débiteur exerce une activité professionnelle libérale soumise à un statut législatif ou réglementaire.***

« ***A cette fin et dans les mêmes conditions, le tribunal peut prononcer l'incessibilité des parts sociales, titres de capital ou valeurs mobilières donnant accès au capital, détenus par un ou plusieurs dirigeants de droit ou de fait et décider que le droit de vote y attaché sera exercé, pour une durée qu'il fixe, par un mandataire de justice désigné à cet effet. De même, il peut ordonner la cession de ces parts sociales, titres de capital ou valeurs mobilières donnant accès au capital détenus par ces mêmes personnes, le prix de cession étant fixé à dire d'expert.*** »

Pour l'application du présent article, les dirigeants et les représentants du comité d'entreprise ou, à défaut, des délégués du personnel sont entendus ou dûment appelés. – *[C. com., anc. art. L. 621-59.]*

V. art. R. 626-4 à R. 626-6 abrogés.

Il résulte de l'art. L. 626-4, abrogé depuis, que la cession forcée des actions des dirigeants peut être demandée uniquement par le ministère public. • Paris, 18 juin 2009 : *D. 2009. AJ 2163, obs. Lienhard ; RPC 2010, n° 53, obs. Lebel.*

Art. L. 626-5 *(L. n° 2005-845 du 26 juill. 2005, art. 63)* **Les propositions pour le règlement des dettes** *(L. n° 2010-1249 du 22 oct. 2010, art. 58-I-1°)* **« peuvent porter sur des délais, remises et conversions en titres donnant ou pouvant donner accès au capital. Elles » sont, au fur et à mesure de leur élaboration et sous surveillance du juge-commissaire, communiquées par l'administrateur au mandataire judiciaire, aux contrôleurs ainsi qu'au comité** *(Ord. n° 2021-1193 du 15 sept. 2021, art. 30, en vigueur le 1er oct. 2021)* **« social et économique ».**

(L. n° 2010-1249 du 22 oct. 2010, art. 58-I-1°) **« Lorsque la proposition porte sur des délais et remises, le mandataire judiciaire recueille, individuellement ou collectivement, l'accord de chaque créancier qui a déclaré sa créance conformément à l'article L. 622-24. » En cas de consultation par écrit, le défaut de réponse, dans le délai de trente jours à compter de la réception de la lettre du mandataire judiciaire, vaut acceptation. Ces dispositions sont applicables aux institutions visées à l'article L. 143-11-4** *[L. 3253-14]* **du code du travail pour les sommes mentionnées au quatrième alinéa de l'article L. 622-24, même si leurs créances ne sont pas encore déclarées.** *(Ord. n° 2008-1345 du 18 déc. 2008, art. 54)* **« Elles le sont également aux créanciers mentionnés au**

premier alinéa de l'article L. 626-6 lorsque la proposition qui leur est soumise porte exclusivement sur des délais de paiement. »

(L. n° 2010-1249 du 22 oct. 2010, art. 58-I-1°) **« Lorsque la proposition porte sur une conversion en titres donnant ou pouvant donner accès au capital, le mandataire judiciaire recueille, individuellement et par écrit, l'accord de chaque créancier qui a déclaré sa créance conformément à l'article L. 622-24. Le défaut de réponse, dans le délai de trente jours à compter de la réception de la lettre du mandataire judiciaire, vaut refus.**

« Le mandataire judiciaire n'est pas tenu de consulter les créanciers pour lesquels le projet de plan ne modifie pas les modalités de paiement ou prévoit un paiement intégral en numéraire dès l'arrêté du plan ou dès l'admission de leurs créances. » – *V. art. R. 626-7 et R. 626-8.*

La L. n° 2010-1249 du 22 oct. 2010 est applicable aux procédures de sauvegarde et de redressement judiciaire ouvertes à compter du premier jour du cinquième mois suivant sa publication (L. préc., art. 58-II, JO 23 oct.), soit à compter du 1er mars 2011.

Pour les dispositions transitoires de l'Ord. n° 2021-1193 du 15 sept. 2021, V. note ss. art. L. 611-2.

Sur les mesures d'adaptation liées à l'urgence sanitaire (covid-19), V., infra, Ord. n° 2020-596 du 20 mai 2020, art. 4.

BIBL. ▸ Brunet et Ghozi, *in* Mél. Germain, *LexisNexis-LGDJ, 2015, p. 166* (transformation des créances en participation au capital). – Tran, *RPC 2020. Étude 12* (effets en cascade de la consultation irrégulière du créancier).

Ancien art. L. 626-5 (al. 2, 1re phr.) *[réd. issue de L. n° 2005-845 du 26 juill. 2005]* ***Le mandataire judiciaire recueille individuellement ou collectivement l'accord de chaque créancier qui a déclaré sa créance conformément à l'article L. 622-24, sur les délais et remises qui lui sont proposés.***

COMMENTAIRE

I. CONSULTATION INDIVIDUELLE DES CRÉANCIERS (LOI DE 2005)

L'article L. 626-5, issu de la loi du 26 juillet 2005, a repris, moyennant les adaptations nécessaires, le texte des deux premiers alinéas de l'ancien article L. 621-60 relatif à la consultation des créanciers en cas de redressement judiciaire (étant entendu que, désormais, sont implicitement visés les créanciers postérieurs non éligibles au traitement préférentiel).

Cela dit, comme le précise opportunément le Rapport de la commission des lois à l'Assemblée nationale *(n° 2095, p. 278)*, ce texte doit toutefois se lire parallèlement à la section 3 (art. L. 626-29 s.), qui fixe le régime et les modalités de fonctionnement et de décision des deux comités de créanciers lorsqu'ils existent, et notamment de l'article L. 626-33, précisant que la consultation des créanciers qui ne sont pas membres des comités est opérée selon les dispositions des articles L. 626-5 à L. 626-7.

Ainsi, contrairement à ce qu'une lecture directe pourrait laisser supposer, l'article L. 626-5 ne s'applique donc que, par défaut, dans les cas suivants :

– lorsque aucun comité n'est créé en raison de la taille trop faible de l'entreprise ou en cas de refus du juge-commissaire de répondre favorablement à la demande éventuelle du débiteur ou de l'administrateur de les constituer ;

– pour consulter les créanciers, autres que des établissements de crédit et établissements assimilés, qui ne sont pas membres du second comité, consacré aux seuls principaux fournisseurs. Dans la version initiale du texte, toutefois, dans ce cas, les créanciers étaient consultés par l'administrateur, et non par le mandataire judiciaire. Mais l'ordonnance du 18 décembre 2008 est opportunément venue unifier les deux régimes, supprimant cette particularité pas vraiment justifiée (V. art. L. 626-33) ;

– en cas d'échec d'un des deux comités pour se prononcer sur le projet de plan dans les délais fixés – l'échec étant en principe exclu par les règles de majorité, ou, sans que l'article L. 626-34 le mentionne explicitement, si les deux comités divergent dans leurs conclusions et n'aboutissent pas à un projet de plan unique ;

– si le tribunal refuse d'arrêter le projet de plan qui lui est proposé, notamment si les intérêts de tous les créanciers ne sont pas suffisamment protégés (art. L. 626-31).

Pris en application de l'article L. 626-5, l'article R. 626-7, réécrit par le décret du 3 mars 2011, reprend la formule antérieure, qui ne vise, à la lettre, que le créancier « ayant déclaré sa créance ». Cette expression ne paraît toutefois pas faire obstacle à une consultation des créanciers connus avant même toute déclaration, seul moyen de parvenir à des sauvegardes accélérées en dehors du cadre restrictif des articles L. 628-1 et suivants. L'enjeu est ici que l'institution de la « sauvegarde financière accélérée » par la loi du 22 octobre 2010 n'aboutisse pas à enlever la souplesse que les praticiens avaient trouvée auparavant pour mener des opérations de *prepack sui generis* (V., en ce sens que la consultation d'un créancier ne serait pas obligatoire lorsqu'il ne s'agit pas d'aménager les modalités de règlement de sa créance, F.-X. Lucas, Observations sur le volet réglementaire de la SFA, *BJE 2011. 102*). La remarque paraît rester valable après l'institution d'une sauvegarde accélérée de droit commun par l'ordonnance du 12 mars 2014 (V. art. L. 628-1 s. mod.).

II. CONSULTATION DES CRÉANCIERS PUBLICS (ORDONNANCE DE 2008)

L'ordonnance du 18 décembre 2008 a précisé expressément que les créanciers publics visés par l'article L. 626-6, alinéa 1er, ne sont soumis à la procédure de consultation prévue par l'article L. 626-5, alinéa 2, que lorsque la proposition qui leur est soumise porte exclusivement sur des délais de paiement. Il s'agit d'éviter qu'un défaut de réponse puisse entraîner un abandon de créance (G. Teboul, La réforme du Père Noël : la prévention et la sauvegarde, *Gaz. Pal. 4-6 janv. 2009, p. 6, spéc. p. 10*).

III. CONSULTATION EN CAS DE CONVERSION DE TITRES (LOI DE 2010)

La loi de régulation bancaire et financière du 22 octobre 2010 a autorisé la consultation individuelle sur les propositions de conversion des créances en titres donnant ou pouvant donner accès au capital (sur la consultation des comités de créanciers sur cette mesure, et les conditions de celle-ci, V. art. L. 626-30-2, et comm. ss. cet art.). Dans cette hypothèse, le mandataire doit impérativement recueillir, non seulement individuellement mais encore par écrit, l'accord de chaque créancier. Et, à l'inverse exactement de la solution (redoutable, on le sait) prévue en cas de proposition portant sur des délais et remises, le défaut de réponse, dans le délai de trente jours à compter de la réception de la lettre du mandataire judiciaire, vaut refus. L'acceptation tacite n'était évidemment pas concevable, la qualité d'associé supposant un *affectio societatis*. Pour la même raison peut-être que la conversion suppose l'accord exprès du créancier, contrairement à l'hypothèse d'adoption du projet de plan par les comités de créanciers, le texte ne prévoit pas ici de limitation aux sociétés par actions dont tous les actionnaires ne supportent les pertes qu'à concurrence de leurs apports (V. *BRDA 2010, n° 21, p. 27, n° 13* ; C. Lebel, *Gaz. Pal. 7-8 janv. 2011, p. 9, spéc. p. 10* ; Comp., estimant que, dès lors que sont visés des titres donnant ou pouvant donner accès au capital, il s'agit de valeurs mobilières, que seules les sociétés par actions peuvent émettre : B. Grelon, *Rev. sociétés 2011. 7, n° 60* ; V. aussi A. Brunet et A. Ghozi, Société en difficulté : la transformation des créances en participation au capital, Mél. Michel Germain, *LexisNexis-LGDJ, 2015, p. 165*).

IV. CRÉANCIERS NON AFFECTÉS PAR LE PROJET DE PLAN (LOI DE 2010)

Par mesure de simplification, pour les procédures ouvertes à compter du 1er mars 2011, la loi du 22 octobre 2010 permet au mandataire judiciaire de s'abstenir de consulter sur les modalités de règlement des dettes les créanciers qui ne sont pas affectés par le projet de plan, autrement dit ceux dont ce dernier ne prévoit pas de modifier les modalités de paiement ou prévoit un paiement intégral en numéraire dès l'arrêté du plan ou dès l'admission de leurs créances. Bien que faisant partie de la procédure, ces créanciers ne sont, en quelque sorte, pas concernés par celle-ci, puisque leurs droits ne sont pas menacés. Pour la même raison, en cas de consultation au sein des comités de créanciers, dans le régime antérieur à l'ordonnance du 15 septembre 2021, ces créanciers étaient exclus du vote afin d'éviter que leur vote pût empêcher l'adoption du plan alors que leurs droits étaient garantis (V. anc. art. L. 626-30-2), et, dans le nouveau résultant de l'ordonnance du 15 septembre 2021, ces créanciers ne sont pas considérés comme une « partie affectée » devant se prononcer sur le projet de plan (V. art. L. 626-30, I). ❑

1. Consultation des créanciers. Le représentant des créanciers doit, conformément à l'art. 24, al. 2 [C. com., art. L. 626-5], recueillir l'accord des créanciers ; il ne peut, en aucun cas, apprécier en opportunité s'il y a lieu de procéder, ou non, à une telle formalité. • Besançon, 9 déc. 1993 : *RPC 1995. 119, obs. Soinne.*

Le tribunal ne peut statuer sur un plan de continuation que si tous les créanciers ont répondu dans le délai de trente jours ou si ce délai est expiré. Si le tribunal a arrêté ledit plan avant l'expiration de ce délai, il y a lieu de prononcer la nullité du jugement. • Paris, 10 juin 1987 : *D. 1987. 546, note Derrida* • Lyon, 17 juin 1987 : *ibid.* • Paris, 24 oct. 1995 : *RPC 1996. 372, obs. Soinne.* ♦ Comp., sur le défaut de respect du délai de trente jours : • T. com. Paris, 21 mai 1987 : *RPC 1988. 311, obs. Soinne.* ♦ V. note 2 ss. art. L. 621-3.

V. aussi, prévoyant une possibilité de régularisation, • Paris, 22 mars 1988 : *Gaz. Pal. 1988. 2. Somm. 377.* ♦ Et sur les conséquences du principe de l'effet dévolutif de l'appel, V. • Paris, 10 juin 1987 : *préc.* ♦ Comp., renvoyant l'affaire devant le tribunal : • Lyon, 17 juin 1987 : *préc.* • Paris, 8 oct. 1991 : *D. 1992. Somm. 87, obs. Derrida*.

2. La consultation des créanciers n'est indispensable que lorsque l'adoption du plan de continuation est envisagée par le tribunal et elle s'avère inutile lorsque le plan de continuation est écarté d'emblée par celui-ci. • Versailles, 20 janv. 1994 : *D. 1995. Somm. 3, obs. Derrida ; RPC 1996. 372, obs. Soinne,* conf. par • Com. 25 mars 1997, n° 94-13.003 P : *D. Affaires 1997. 705 ; JCP E 1997. I. 681, n° 4, obs. Pétel.* ♦ Le tribunal ayant disposé du choix de la solution sans être lié par le projet de l'administrateur et du débiteur, c'est aux juges qu'il appartient d'apprécier la fiabilité et les possibilités de bonne fin de la proposition et de prolonger, s'ils l'estiment nécessaire, la période d'observation pour que la consultation des créanciers puisse avoir lieu. • Même arrêt. – Dans le même sens : • Com. 17 mars 1998 : *D. 1999. 236, note Picod ; JCP 1998. II. 10080, rapp. Rémery ; D. Affaires 1998. 624, obs. A. L. ; RTD com. 1998. 676, obs. Saint-Alary-Houin* • 4 janv. 2000 : *RPC 2001. 74, obs. Soinne.*

3. Après avoir relevé qu'en vue du plan de continuation, il avait été proposé à chaque créancier chirographaire un règlement à concurrence de 30 % du montant de sa créance sur 10 ans, porté ensuite à 40 % sur initiative du débiteur, une cour d'appel a pu décider que l'offre relative aux délais de paiement et remises de dettes avait été soumise à chacun, conformément à l'art. 24 [C. com., art. L. 626-5], et qu'il était inutile de procéder à une nouvelle consultation après la proposition du débiteur ou d'entendre les créanciers réfractaires à qui seul le tribunal pouvait, en vertu de l'art. 74 [C. com., art. L. 626-18], imposer des délais et remises. • Com. 6 févr. 1996, n° 92-19.032 P : *D. 1996. IR 111.*

4. Sur l'application des dispositions de l'art. L. 626-5, al. 2, interdisant d'imposer des remises de dettes à l'URSSAF, V. • Com. 26 mars 2013, n° 12-16.622 P : *D. 2013. Actu. 904 ; Rev. sociétés 2013. 382, obs. Henry ; APC 2013, n° 109, obs. Vallansan ; LEDEN 5/2013. 5, obs. Favario ; RJDA 2013, n° 539 ; Gaz. Pal. 12-13 juill. 2013, p. 17, obs. Lebel.*

5. Délai de réponse de trente jours. Le délai de trente jours dont dispose le créancier pour répondre à la consultation sur les remises et délais adressée par lettre recommandée avec demande d'avis de réception par le représentant des créanciers commence à courir à compter de la réception de cette lettre par le créancier ; la réponse est effectuée dans le délai légal dès lors qu'elle est expédiée par lettre recommandée avec demande d'avis de réception avant l'expiration du délai de trente jours, peu important que le représentant des créanciers la reçoive après l'expiration de ce délai (application des art. 668 et 669 C. pr. civ.). • Com. 28 oct. 2008, n° 07-17.472 P : *D. 2008. AJ 2866 ; APC 2008, n° 299, obs. Vallansan.*

6. La notification au créancier d'une lettre de consultation à laquelle n'est pas joint l'un des documents exigés par l'art. R. 626-7, II, ne fait pas courir le délai de réponse prévu par l'art. L. 626-5, al. 2. • Com. 14 nov. 2019, n° 18-20.408 P : *D. 2019. 2020. Pan. 1866, obs. Cagnoli ; RTD com. 2020. 179, obs. Poujade ; JCP E 2020. 1047, note Zinty ; LEDEN 1/2020. 4, obs. Lafaurie ; APC 2020, n° 17, obs. Jazottes ; RJDA 2020, n° 92 ; Dr. sociétés 2020, n° 42, note Legros ; BJE 3-4/2020. 30, note Coquelet ; RDBF 2020, n° 39, obs. Houin-Bressand.*

7. Application en appel. Les créanciers n'ont pas à être consultés à nouveau à la suite des propositions formulées par le débiteur dans ses conclusions d'appel. • Com. 10 juill. 1990, n° 88-18.941 P. • 2 avr. 1996 : *Quot. jur. 2 juill. 1996, p. 6, note P. M.*

8. Cautions et coobligés. V. art. L. 626-11.

9. Acceptation tacite. V., à propos d'une proposition comportant plusieurs options et dont la formulation était ambiguë : • Com. 15 déc. 2015, n° 14-20.588 : *D. 2016. Pan. 1904, obs. F.-X. Lucas*.

10. Acceptation conditionnelle. Sur cette question, V. *RPC 1991. 289, obs. Soinne.* ♦ Dès lors que le créancier figure sur la liste des créanciers ayant accepté un abattement de leur créance de 50 % telle qu'établie par le représentant des créanciers, le caractère définitif à son égard du jugement arrêtant le plan s'oppose à ce qu'il fasse valoir que sa réponse à la proposition de remises et délais adressée par le représentant des créanciers devait être considérée comme négative, la condition subordonnant son acceptation d'une remise de 50 % à l'obtention de garanties n'ayant pas été remplie : • Com. 28 oct. 2008 : *préc.*

note 5. ♦ V., dans la même affaire, • Com. 25 oct. 2011 : *RJ com. janv.-févr. 2012. 76, note Sortais ; BJE 2012. 80, note Bourbouloux et Couturier.*

11. Clause de retour à meilleure fortune. BIBL. Playoust, *RPC 1994. 349.* – Jacomet et Béjinariu, *BJS 1996. 365.*

Art. L. 626-6 *(L. nº 2005-845 du 26 juill. 2005, art. 63)* **Les administrations financières, les organismes de sécurité sociale, les institutions gérant le régime d'assurance chômage prévu par les articles L. 351-3** *[L. 5422-1]* **et suivants du code du travail et les institutions régies par le livre IX du code de la sécurité sociale peuvent accepter** *(Abrogé par L. nº 2009-179 du 17 févr. 2009, art. 20-I)* ***« , concomitamment à l'effort consenti par d'autres créanciers, »*** **de remettre tout ou partie de ses dettes au débiteur dans des conditions similaires à celles que lui octroierait, dans des conditions normales de marché, un opérateur économique privé placé dans la même situation.** – *La L. nº 2009-179 du 17 févr. 2009 s'applique à toutes les demandes de remise de dettes en cours d'instruction à la date de son entrée en vigueur (L. préc., art. 20-II, JO 18 févr.).*

Dans ce cadre, les administrations financières peuvent remettre l'ensemble des impôts directs perçus au profit de l'État et des collectivités territoriales ainsi que des produits divers du budget de l'État dus par le débiteur. S'agissant des impôts indirects perçus au profit de l'État et des collectivités territoriales, seuls les intérêts de retard, majorations, pénalités ou amendes peuvent faire l'objet d'une remise.

Les conditions de la remise de la dette sont fixées par décret *(Abrogé par L. nº 2009-179 du 17 févr. 2009, art. 20-I)* ***« en Conseil d'État ».*** – *V. art. D. 626-9 s., et Décr. nº 2007-154 du 5 févr. 2007, ss. art. D. 626-15. – V. aussi CSS, art. R. 243-23, 2e partie, IV. Traitement des difficultés des entreprises.*

Les créanciers visés au premier alinéa peuvent également décider des cessions de rang de privilège ou d'hypothèque ou de l'abandon de ces sûretés. – *V. CSS, art. R. 243-23, 2e partie, IV. Traitement des difficultés des entreprises.*

BIBL. ▶ TEBOUL, *LPA 30 mars 2009* (loi du 17 févr. 2009).

COMMENTAIRE

I. CRÉANCIERS PUBLICS VISÉS

La loi du 26 juillet 2005 avait élargi le droit des créanciers publics d'effectuer des remises de dettes, « concomitamment à l'effort consenti par d'autres créanciers ». De cette formule fort vague, très peu juridique, et dont l'opportunité semblait discutable pour certains Le plan de sauvegarde, *RPC 2006. 182, spéc. 184*), il résultait que les créanciers publics ne pouvaient consentir de remises que si les créanciers privés en ont fait de même (P.-M. Le Corre, Premiers regards sur la loi de sauvegarde des entreprises, *D. 2005. Chron. 2297, nº 70*).

Cette condition, extrêmement restrictive, surtout pour les petites entreprises, a été supprimée par la loi du 17 février 2009 pour l'accélération des programmes de construction et d'investissement publics et privés.

Par rapport au texte antérieur à 2005 (art. L. 621-60), ces créanciers publics sont définis plus largement, englobant désormais toutes les « administrations financières » (et non plus le seul Trésor public) et les « institutions gérant le régime d'assurance-chômage » (V. B. Lagarde, Le Trésor public, un créancier comme les autres, *Gaz. Pal. 9-10 sept. 2005, p. 28*).

Selon le rapport de la Commission des lois de l'Assemblée nationale *(nº 2095, p. 280)*, « le choix de cette terminologie, issu de l'article 1er du décret nº 77-1017 du 1er septembre 1977 relatif à la responsabilité des receveurs des administrations financières, permet d'inclure l'ensemble des comptables publics de l'État et des autres collectivités publiques, y compris pour ce qui concerne les impositions de toute nature perçues par des organismes indépendants, qu'il s'agisse d'établissements publics recouvrant des taxes pour financer leur mission principale – telles les agences de bassin qui collectent les redevances de l'eau qualifiées par le conseil d'État d'impositions – ou d'autorités administratives indépendantes, dotées de la personnalité morale, et qui procèdent de même, à l'instar de l'Autorité des marchés financiers ». Le ministre de la justice, M. Perben, quant à lui, avait précisé, devant l'Assemblée nationale, que par « administrations financières » il entendait essentiellement les douanes et le fisc.

Selon le rapport de la Commission des lois du Sénat *(n° 335, p. 118)*, seraient notamment visés :

– au titre des *« administrations financières »* : la direction générale de la comptabilité publique, chargée du recouvrement des impôts locaux et des autres impositions recouvrées par des comptables publics ; l'administration des douanes, chargée des droits de douanes, des accises et de la taxe sur la valeur ajoutée à l'importation ; ainsi que la direction générale des impôts, chargée du recouvrement des autres impôts professionnels (TVA, impôt sur les sociétés, taxe sur les salaires et taxes sur les conventions d'assurance) ;

– au titre des *« organismes de sécurité sociale »* : l'ensemble des caisses gestionnaires de la sécurité sociale relevant du livre I du code de la sécurité sociale, soit directement, soit par renvoi. Il s'agirait donc des caisses gérant à la fois les régimes de base obligatoires et les régimes complémentaires de retraite rendus obligatoires par la loi. A ce titre, cette référence concernerait les divers organismes de recouvrement du régime des salariés, du régime des professions indépendantes non agricoles, du régime agricole et des régimes spéciaux ;

– au titre des *« institutions gérant le régime d'assurance chômage prévu par les articles L. 351-3 et suivants du code du travail »*, notamment les associations pour l'emploi dans l'industrie et le commerce (ASSEDIC) et l'union nationale interprofessionnelle pour l'emploi dans l'industrie et le commerce (UNEDIC) ;

– au titre des *« institutions chargées de la gestion des garanties complémentaires des salariés »* : les institutions de retraite complémentaire des salariés, les institutions de prévoyance et les institutions de gestion de retraite complémentaire. Ces institutions disposant d'une autonomie de gestion administrative et financière par rapport à l'État, elles sont ici visées de manière spécifique afin qu'elles soient soumises aux règles de remises prévues par le présent article et trouvent ainsi un fondement juridique exprès leur permettant de les mettre en application.

Ces remises faites au débiteur doivent intervenir « dans des conditions similaires à celles que lui octroierait, dans des conditions normales de marché, un opérateur économique privé placé dans la même situation ». Cette règle, à laquelle il est ici donnée force de loi reprend un principe déjà posé par la jurisprudence communautaire (V. CJCE 29 avr. 1999, n° C-342/96, *Espagne c/ Commission* ; TPICE 11 juill. 2002, T-152/99, *Hijos de Andrés Molina c/ Commission*).

Quant à la nature des remises, il résulte de l'article L. 626-6, alinéa 2, une distinction selon qu'il s'agit d'impôts directs ou d'impôts indirects.

L'ensemble des impôts directs perçus au profit de l'État et des collectivités territoriales ainsi que des produits divers du budget de l'État dus par le débiteur peut faire l'objet de remises. En revanche, pour les impôts indirects, seuls sont visés les intérêts de retard, majorations, pénalités ou amendes.

Il paraît résulter, tant de l'article L. 611-12, en cas de conciliation, que de l'article L. 626-27, I, alinéa 4, en cas de plan de sauvegarde ou de redressement, que les remises de dettes consenties par les créanciers privés ou publics sont conditionnelles, subordonnées à la bonne exécution de l'accord conclu ou du plan arrêté (sur les incidences comptables et fiscales, V. B. Lagarde, Le Trésor public, un créancier comme les autres, *Gaz. Pal. 9-10 sept. 2005, p. 28, spéc. p. 29*).

II. CONDITIONS DE REMISES DES DETTES PUBLIQUES

Ces conditions étaient initialement prévues par le décret n° 2007-153 du 5 février 2007, codifié aux articles R. 626-9 et suivants (V. comm. dans l'éd. 2014).

Dans le dispositif remanié par le décret n° 2009-385 du 6 avril 2009, le nouvel article D. 626-15, qui pose là une règle générale, dispose que les remises de dettes ont pour objet de faciliter la restructuration financière de l'entreprise en difficulté, la poursuite de son activité économique et le maintien de l'emploi. Il est précisé que la remise de dettes n'est pas justifiée dès lors que l'entreprise n'est plus viable. Elle ne doit pas représenter un avantage économique injustifié pour l'entreprise bénéficiaire. Au lieu de la condition de « concomitance », aujourd'hui abandonnée, il est énoncé que les efforts des créanciers publics sont « coordonnés avec ceux des autres créanciers en vue de faciliter le redressement durable de l'entreprise et permettre le recouvrement de recettes publiques futures » (en ce sens que cette notion réglementaire d'« efforts coordonnés » amoindrit, par la souplesse d'interprétation qu'elle apporte, la suppression, voulue par la loi, de la condition de « concomitance » : P.-M. Le Corre, Droit et pratique des procédures collectives, *Dalloz Action, 2023/2024, 142.651*). A cet égard, plus précisément, l'examen de la demande est effectué en tenant compte :

– des efforts consentis par les créanciers autres que les créanciers publics concernés ;

– des efforts financiers consentis par les actionnaires et les dirigeants ;

– de la situation financière du débiteur et des perspectives de son rétablissement pérenne ;

– du comportement habituel du débiteur vis-à-vis des créanciers publics concernés ;

– des éventuels autres efforts consentis par ces créanciers portant sur les cessions de rang de privilège ou d'hypothèque ou l'abandon de ces sûretés ou les délais de paiement déjà accordés (sur les diverses interrogations soulevées par ce nouveau texte, V. G. Teboul, Du nouveau sur les abandons de créance par les créanciers publics : le décret du 6 avril 2009, *LPA 20 avr. 2009, p. 6* ; V. aussi P. Serlooten, Remises des dettes par les créanciers publics : une libéralisation efficace ?, *RPC 2009. Étude 10* ; C. Thévenot, Les remises de dettes des créanciers publics dans le cadre de la loi de sauvegarde, *Lettre de l'Observatoire consulaire des entreprises en difficulté, oct. 2009, p. 17*).

En pratique, les créanciers publics se comportent comme un opérateur privé avisé dans des conditions similaires. Les remises se situent entre 20 % et 50 % du montant des créances en principal, selon les efforts des actionnaires, dirigeants et créanciers privés.

Enfin, et c'était déjà une des idées directrices du décret du 5 février 2007, que ne comportait (sinon peut-être en filigrane) la loi du 26 juillet 2005 : ne méritent que des administrations sacrifient au redressement d'une entreprise privée une partie de leurs recettes publiques, destinées par nature à des financements d'intérêt général, que les débiteurs honnêtes. Il s'agit là tant d'une question de moralité que d'efficacité économique : comment justifier que l'État ou les collectivités territoriales, par exemple, se privent de ressources contributives utiles à l'exercice de leur mission pour tenter de sauver de la liquidation un débiteur qui s'est affranchi de l'éthique des affaires ? Où l'on retrouve, en somme, la vertueuse distinction, qui a guidé la rationalisation du régime des sanctions par le législateur de 2005, entre le débiteur malchanceux de bonne foi et le débiteur de mauvaise foi.

Ce qui se traduit concrètement par la subordination des remises à la constatation que le débiteur, ou, s'il est une personne morale, ses organes ou ses représentants, n'a pas fait l'objet depuis au moins dix ans d'une condamnation définitive pour travail dissimulé.

III. SAISINE DE LA COMMISSION

Les demandes de remise de dettes sont examinées au sein d'une commission réunissant les chefs des services financiers et les représentants des organismes et institutions intéressés. C'est le décret n° 2007-686 du 4 mai 2007 qui a institué dans chaque département une telle commission des chefs des services financiers et des représentants des organismes de sécurité sociale et de l'assurance chômage (CCSF) pour l'examen de la situation des débiteurs retardataires. Les conditions de la saisine de cette commission sont précisées par la circulaire précitée portant la même date. Certains praticiens avaient craint que le délai de deux mois, à compter de l'ouverture de la procédure, prévu, sous peine de forclusion, désormais par l'article D. 626-13, risque, en cas de sauvegarde ou de redressement judiciaire, de bloquer le mécanisme, car, en pratique, dans ce délai, la Commission ne peut être saisie qu'au vu d'éléments tout à fait fragmentaires risquant de conduire au rejet des remises sollicitées, à moins qu'elle n'accepte que des éléments complémentaires lui soient transmis ultérieurement lors de l'élaboration finale du plan (V. P. Gourdain, Remises de créances publiques : le frein de l'article R. 626-13 du code de commerce, *D. 2007. 2546* ; sur cette question, V. aussi J.-F. Tognaciolli, Les remises de dettes consenties par les créanciers publics, une procédure dans la procédure, Ateliers de l'IFPPC, 11 oct. 2007). Mais telle est précisément l'interprétation faite par le Conseil d'État, dans son arrêt précité du 5 mai 2008, qui reste toujours de mise, sous réserve de l'adapter comme suit au nouveau texte : l'article D. 626-13 n'a pas prévu de délai pour la production, par le débiteur, des autres documents requis, et, en application de l'article D. 626-14, le délai de deux mois (qui était de dix semaines avant le décret du 6 avril

2009) au-delà duquel naît une décision implicite de rejet de la demande de remise de dettes court à partir de la date de réception de l'ensemble des éléments demandés. ❑

Art. L. 626-7 *(L. nº 2005-845 du 26 juill. 2005, art. 63)* **Le mandataire judiciaire dresse un état des réponses faites par les créanciers. Cet état est adressé au débiteur et à l'administrateur** *(Abrogé par Ord. nº 2008-1345 du 18 déc. 2008, art. 55)* ***« en vue de l'établissement de son rapport, »*** **ainsi qu'aux contrôleurs.**

COMMENTAIRE

L'article L. 626-7, issu de la loi du 26 juillet 2005, a repris avec quelques différences, le texte du dernier alinéa de l'ancien article L. 621-60 relatif à la consultation des créanciers en cas de redressement judiciaire.

Comme à bien d'autres égards, la loi a associé plus étroitement le débiteur à la procédure. Par ailleurs, prolongeant le mouvement entamé par la loi de 1994, la réforme a accentué le rôle des contrôleurs (V., par ex., art. L. 622-20). Ce qui se traduit, ici, par l'obligation de transmettre au débiteur et aux contrôleurs (et pas seulement à l'administrateur) l'état des réponses des créanciers aux propositions pour le règlement des dettes faites aux créanciers dans le cadre de leur consultation en vue de l'élaboration d'un plan de redressement.

L'ordonnance du 18 décembre 2008 a supprimé les mots « en vue de l'établissement de son rapport » de la seconde phrase de l'article L. 626-7. ❑

Art. L. 626-8 *(Ord. nº 2008-1345 du 18 déc. 2008, art. 56)* **« Le comité** *(Ord. nº 2021-1193 du 15 sept. 2021, art. 30, en vigueur le 1er oct. 2021)* **« social et économique » et le mandataire judiciaire sont informés et consultés sur les mesures que le débiteur envisage de proposer dans le projet de plan au vu des informations et offres reçues.**

« Ils le sont également, ainsi que le ou les contrôleurs, sur le bilan économique et social et sur le projet de plan, qui leur sont communiqués par l'administrateur et complétés, le cas échéant, de ses observations.

« Les documents mentionnés au deuxième alinéa sont simultanément adressés » à l'autorité administrative compétente en matière de droit du travail. Le procès-verbal de la réunion à l'ordre du jour de laquelle a été inscrite la consultation *(Ord. nº 2021-1193 du 15 sept. 2021, art. 30, en vigueur le 1er oct. 2021)* **« du comité social et économique » est transmis au tribunal ainsi qu'à l'autorité administrative mentionnée ci-dessus.**

(Ord. nº 2008-1345 du 18 déc. 2008, art. 56) **« Le ministère public en reçoit communication. »** – *[C. com., anc. art. L. 621-61.]*

Pour les dispositions transitoires de l'Ord. nº 2021-1193 du 15 sept. 2021, V. note ss. art. L. 611-2.

Ancien art. L. 626-8 ***Le débiteur, le comité d'entreprise ou, à défaut, les délégués du personnel,*** *(L. nº 2005-845 du 26 juill. 2005, art. 64)* ***« le ou les contrôleurs » et le mandataire judiciare sont informés et consultés sur le rapport*** *(L. nº 2005-845 du 26 juill. 2005, art. 64)* ***« , présentant le bilan économique et social et le projet de plan, » qui leur est communiqué par l'administrateur.***

Ce rapport est simultanément adressé à l'autorité administrative compétente en matière de droit du travail. Le procès-verbal de la réunion à l'ordre du jour de laquelle a été inscrite la consultation des représentants du personnel est transmis au tribunal ainsi qu'à l'autorité administrative mentionnée ci-dessus.

(L. nº 2005-845 du 26 juill. 2005, art. 64) ***« Le ministère public reçoit communication du rapport. »*** – *[C. com., anc. art. L. 621-61.]*

COMMENTAIRE

Comme ailleurs (V. art. L. 622-10 et L. 626-6), le législateur de 2005 a corrigé une maladresse de son prédécesseur de 1994 qui, bizarrement, avait utilisé le singulier pour le mot contrôleur. Ce sont bien « les contrôleurs » (et non pas « un contrôleur »), y compris, pour les professions libérales réglementées, le contrôleur de droit qu'est le représentant de l'ordre ou de l'autorité professionnelle, qui doivent obligatoirement être informés et consultés (au même titre que les représentants du personnel et le mandataire judiciaire) sur le rapport sur la situation économique et sociale. Le pluriel était déjà employé par le décret du 27 décembre 1985 dans sa rédaction de 1994 (V. art. 116).

Par ailleurs, l'administrateur doit prendre l'initiative de la communication (qui devient donc obligatoire) au ministère public, alors que, auparavant, cette communication n'intervenait que sur la demande du parquet.

L'ordonnance du 18 décembre 2008 a apporté, à son tour, plusieurs modifications de coordination à l'article L. 626-8. Pour l'essentiel, a été concrétisée ici la nouvelle répartition des compétences entre l'administrateur et le débiteur, selon laquelle c'est ce dernier qui propose des mesures dans le projet de plan, au vu des informations et offres reçues. La consultation des représentants du personnel et du mandataire judiciaire porte donc sur ces mesures émanant du débiteur (V. art. L. 623-3 et L. 626-2). Dès lors, logiquement, le débiteur est sorti de la liste des personnes informées et consultées. Ensuite, l'administrateur peut assortir le projet de plan de ses observations. ❑

SECTION 2 *Du jugement arrêtant le plan et de l'exécution du plan*

Art. L. 626-9 *(L. n° 2005-845 du 26 juill. 2005, art. 65)* **Après avoir entendu ou dûment appelé le débiteur, l'administrateur, le mandataire judiciaire, les contrôleurs ainsi que les représentants du comité d'entreprise ou, à défaut, des délégués du personnel, le tribunal statue au vu** *(Ord. n° 2008-1345 du 18 déc. 2008, art. 57)* **« des documents prévus à l'article L. 626-8** *[ancienne rédaction : du rapport de l'administrateur]* **», après avoir recueilli l'avis du ministère public. Lorsque la procédure est ouverte au bénéfice d'un débiteur qui emploie un nombre de salariés ou qui justifie d'un chiffre d'affaires hors taxes supérieurs à des seuils fixés par décret en Conseil d'État, les débats doivent avoir lieu en présence du ministère public.**

V. art. R. 626-17 s.

COMMENTAIRE

I. AUDITION DES CONTRÔLEURS

L'ensemble des contrôleurs doit être entendu par le tribunal avant d'arrêter le plan de sauvegarde (V. ss. art. L. 626-8).

II. DOCUMENTS SOUMIS AU TRIBUNAL

Depuis l'ordonnance du 18 décembre 2008, le tribunal ne statue plus au vu « du rapport de l'administrateur » mais au vu « des documents prévus à l'article L. 626-8 » (V. ss. cet art.).

III. RENFORCEMENT DE LA PRÉSENCE DU MINISTÈRE PUBLIC

D'une part, la loi du 26 juillet 2005 a obligé le tribunal à recueillir l'avis du ministère public avant de statuer. D'autre part, elle a distingué suivant l'importance des entreprises en cause. La présence du ministère public est obligatoire lors des débats quand la procédure concerne des débiteurs employant plus de 20 salariés ou réalisant un chiffre d'affaires hors taxes supérieur à 3 000 000 d'euros (art. R. 626-19).

Dans l'incertitude sur le point de savoir si cette disposition s'applique aussi devant la cour d'appel, il paraît prudent de recommander l'assistance aux débats du parquet général en cas d'appel lorsque ces seuils sont atteints (V. les arguments présentés par J.-P. Rémery, Les seuils dans la réforme du droit des entreprises en difficulté, *JCP 2006. I. 132, n° 17*).

IV. ABSENCE DE PROJET DE PLAN

Afin d'éviter la situation d'un débiteur se « complaisant » en procédure de sauvegarde (puisque, dans ce cas, l'absence d'état de cessation des paiements interdit la conversion en liquidation judiciaire, arme dont dispose le tribunal en cas de redressement judiciaire), l'article R. 626-18, alinéa 2, issu de l'article 134, alinéa 2, du décret du 28 décembre 2005, modifié par le décret du 23 décembre 2006, permet au tribunal de clôturer la procédure si le débiteur ne présente pas de projet de plan dans les délais prévus. Malgré la lettre du texte, celui-ci ne doit être lu que comme une faculté donnée au juge (ne pouvant se saisir d'office à cette fin), mais pouvant être saisi par le ministère public a précisé le décret du 23 décembre 2006, qui garde un pouvoir d'appréciation. Quoi qu'il en soit, la fermeté est autrement plus marquée qu'auparavant, l'article 45 du décret de 1985 prévoyant seulement que le tribunal « décide des mesures à prendre ».

D'ailleurs, le débiteur peut fort bien, lui-même, manifester son intention de voir clôturer la procédure. Dans ce cas, la nature volontariste de la sauvegarde devrait conduire le tribunal à faire droit à cette volonté (V. aussi P. Roussel Galle, Réforme du droit des entreprises en difficulté, *Litec, 2e éd., 2007, n° 613*), ce qui évitera, non seulement des frais inutiles, mais aussi, selon un auteur, le risque de « cessions intempestives de biens isolés en période d'observation et *a fortiori* les demandes d'« expropriation » de dirigeants de personnes morales à l'initiative du ministère public, qui ne seraient pas suivies d'un projet de plan » (Y. Chaput, Quelques clés réglementaires du Code de sauvegarde, A propos du décret n° 2005-1677 du 28 décembre 2005, *JCP 2006. I. 130, n° 8*).

V. REJET DU PROJET DE PLAN

En cas de rejet du projet de plan par le tribunal, le sort du débiteur dépend de sa situation financière. Si, comme cela est vraisemblable, il est en cessation des paiements, le tribunal, en pratique, devrait le plus souvent prononcer une liquidation judiciaire, l'option pour le redressement judiciaire paraissant d'emblée condamnée puisque l'obtention d'un plan de redressement après l'échec du projet de plan de sauvetage est improbable. Au cas où le débiteur demeurerait *in bonis*, il pourrait, mais cela est bien théorique, demander l'ouverture d'une procédure de conciliation (Y. Chaput, Une nouvelle architecture du droit français des procédures collectives, *JCP 2005. I. 184, n° 37*). ❑

1. Délai de présentation. V. art. R. 626-18.

2. Convocations. En l'absence de convocation du débiteur par le tribunal avant qu'il ne statue, le jugement arrêtant le plan doit être annulé. • Nancy, 13 janv. 1988 : *RPC 1988. 386, obs. Soinne.* ♦ En revanche, le tribunal n'est pas tenu de procéder à l'audition d'un repreneur éventuel. • Com. 22 mars 1988, n° 87-15.901 P : *D. 1988. 375, note Derrida et Julien* • 8 nov. 1988 : *ibid.*

3. Engage sa responsabilité le représentant des créanciers qui méconnaît les obligations qui lui incombent en application de l'art. 46 [C. com., art. L. 622-20] en ne comparaissant pas à l'audience et en ne présentant pas à la juridiction les observations qu'appelait ce projet de plan et le sort réservé à un créancier hypothécaire. • Paris, 12 oct. 1995 : *RPC 1996. 407, obs. Soinne ; Gaz. Pal. 1997. 1. Somm. 153.*

La consultation des créanciers n'est indispensable que lorsque l'adoption du plan de continuation est envisagée par le tribunal, et elle s'avère inutile lorsque le plan de continuation est écarté d'emblée par celui-ci. • Versailles, 20 janv. 1994 : *D. 1994. IR 79.*

4. Les prérogatives que l'Association française des banques tient de la loi bancaire n° 84-46 du 24 févr. 1984 [désormais codifiée au C. mon. fin.] et de ses statuts n'ont pas pour objet et ne peuvent avoir pour effet de lui conférer un droit d'action, direct et privilégié, devant le tribunal de commerce statuant sur les propositions de cession ou de continuation de l'activité d'une entreprise, même si celle-ci est un établissement financier ou de crédit. • Paris, 5 avr. 1996 : *D. 1996. IR 139.*

5. Présence du juge-commissaire. V. art. L. 662-7.

6. Voies de recours. V. art. L. 661-1 et L. 661-3.

7. Responsabilité de l'administrateur. La compétence exercée par le tribunal qui arrête le plan de redressement ne dégage pas l'administrateur de la responsabilité qu'il encourt sur le fondement de l'art. 1382 [1240] C. civ. (dans l'hypothèse où les fautes de l'administrateur ont été à l'origine de l'adoption du plan de redressement et du préjudice subi par les fournisseurs amenés à traiter en confiance avec le repreneur). • Com. 11 mai 1999 : *Dr. sociétés 1999, n° 116, obs. Chaput.* ♦ Sur la responsabilité de l'administrateur judiciaire qui a recommandé au tribunal l'adoption d'un plan de continuation dont le succès était aléatoire, sans le mettre en garde sur les risques encourus en cas de continuation de l'activité du fait de la contestation par le bailleur de la qualité de propriétaire des locaux du preneur, V. • TGI Paris, 4 nov. 1998 : *AJDI 1999. 795, obs. Gallet.*

Art. L. 626-10 **Le plan désigne les personnes tenues de l'exécuter et mentionne l'ensemble des engagements qui ont été souscrits par elles et qui sont nécessaires** *(L. n° 2005-845 du 26 juill. 2005, art. 66)* **« à la sauvegarde » de l'entreprise.** *(Ord. n° 2021-1193 du 15 sept. 2021, art. 31, en vigueur le 1er oct. 2021)* **« Il mentionne de manière distincte les apports de trésorerie des personnes qui se sont engagées à les effectuer pour l'exécution du plan de sauvegarde arrêté par le tribunal. » Ces engage-**

ments portent sur l'avenir de l'activité, les modalités du maintien et du financement de l'entreprise, *(Ord. n° 2008-1345 du 18 déc. 2008, art. 58)* **« le règlement du passif soumis à déclaration » ainsi que, s'il y a lieu, les garanties fournies pour en assurer l'exécution.**

(Ord. n° 2021-1193 du 15 sept. 2021, art. 31, en vigueur le 1er oct. 2021) **« Lorsque les engagements pour le règlement du passif peuvent être établis sur la base d'une attestation de l'expert-comptable ou du commissaire aux comptes, ils portent sur les créances déclarées admises ou non contestées, ainsi que sur les créances identifiables, notamment celles dont le délai de déclaration n'est pas expiré. »**

Le plan expose et justifie le niveau et les perspectives d'emploi ainsi que les conditions sociales envisagés pour la poursuite d'activité.

Les personnes qui exécuteront le plan, même à titre d'associés, ne peuvent pas se voir imposer des charges autres que les engagements qu'elles ont souscrits au cours de sa préparation, sous réserve des dispositions prévues *(L. n° 2016-1547 du 18 nov. 2016, art. 99-IV-7°)* **« à l'article L. 626-3 ».** – *[C. com., anc. art. L. 621-63.]*

(Ord. n° 2021-1193 du 15 sept. 2021, art. 31, en vigueur le 1er oct. 2021) **« Les créances résultant des apports de trésorerie mentionnés au premier alinéa bénéficient du privilège prévu au 2° du III de l'article L. 622-17. Cette disposition ne s'applique pas aux apports consentis par les actionnaires et associés du débiteur dans le cadre d'une augmentation de capital. Elle ne peut bénéficier, directement ou indirectement, aux créanciers au titre de leurs concours antérieurs à l'ouverture de la procédure. »**

Sur les dispositions transitoires de la L. n° 2016-1547 du 18 nov. 2016, V. note ss. art. L. 621-3.

Sur les dispositions transitoires de l'Ord. n° 2021-1193 du 15 sept. 2021, V. note ss. art. L. 611-2.

Sur les mesures d'adaptation liées à l'urgence sanitaire (covid-19), V., infra, Ord. n° 2020-596 du 20 mai 2020, art. 4.

BIBL. ▸ Lasserre Capdeville, *BJE 1-2/2022. 35.*

COMMENTAIRE

I. ÉVOLUTIONS DU TEXTE

La loi du 26 juillet 2005 avait apporté deux modifications de coordination par rapport au texte de l'ancien article L. 621-63. Est visée la « sauvegarde », et non plus le « redressement », d'une part. L'applicabilité des articles L. 626-3 et L. 626-16, d'autre part, qui prévoient des contraintes éventuelles, postérieures à la préparation du plan, pour les actionnaires (obligation de mettre en œuvre les modifications statutaires prévues par le plan). La référence à l'article L. 626-16 a été supprimée par la loi du 18 novembre 2016 qui a abrogé cette disposition. Il est à noter que l'alinéa 3 ne vise pas l'article L. 642-7, alors que l'ancien article L. 621-63 visait son prédécesseur, l'ancien article L. 621-88. Disparition dont un auteur a déduit que, désormais, la cession du contrat ne pourrait plus être imposée au cessionnaire (B. Thullier, Cession judiciaire des contrats et loi de sauvegarde des entreprises : moins de pouvoirs pour le juge, *D. 2006. 130*). La Cour de cassation a confirmé cette analyse par un arrêt du 15 décembre 2009 : le tribunal ne peut imposer au repreneur la cession d'un des contrats mentionnés à l'article L. 642-7 dont l'exécution aggraverait les engagements qu'il a souscrits au cours de la préparation de son offre qui ne mentionnait pas la reprise de ce contrat (V. note 1 ss. cet art.).

Par ailleurs, bien que le texte de 2005, en ce qu'il procédait d'un simple décalque de l'ancien, ne mentionnât pas les créances régulières postérieures non privilégiées faute de répondre au critère d'utilité, il n'était déjà pas discutable que ces créances devaient être alignées sur les créances antérieures, s'agissant de leur paiement (F. Pérochon et R. Bonhomme, *Entreprises en difficulté, Instruments de crédit et de paiement, LGDJ, 2006, 7e éd., n° 359*). Mais mieux valait que ce soit expressément affirmé : ce qu'a fait l'ordonnance du 18 décembre 2008, en substituant à l'expression « règlement du passif né antérieurement au jugement d'ouverture » l'expression « règlement du passif soumis à déclaration ».

S'agissant de l'alinéa 2, relatif aux conditions sociales, on observera que le texte est moins complet ici que celui de l'article L. 626-2, alinéa 3, relatif au projet de plan de sauvegarde. Par ailleurs, dès lors que des mesures de licenciement pour motif économique seront prises en application des dispositions du plan, homologué par le tribunal, relatives au niveau et aux perspectives d'emploi, le pouvoir d'appréciation du juge prud'homal sur la cause réelle et sérieuse devrait en pratique quasiment disparaître (R. Vatinet, Sur la place faite aux salariés par la loi de sauvegarde des entreprises du 26 juillet 2005, *JCP S 2005. 1230, n° 9* ; F. Dumont, La cause économique du licenciement en procédure de sauvegarde : inquiétudes quant à la mise en œuvre du régime de droit commun, *RPC 2007. 65, n° 10* ; comp., considérant, dans une logique inverse, que le plan de sauvegarde pourrait avoir la valeur d'un engagement de l'employeur sur l'emploi, dont le manquement pourrait donner lieu à indemnisation du salarié licencié, S. Vernac, Le droit du licenciement dans la procédure de sauvegarde, *RDT 2006. 434* ; V. aussi ss. art. L. 626-2).

II. APPORTS DE TRÉSORERIE

Le plan doit mentionner de manière distincte les apports de trésorerie des personnes qui se sont engagées à les effectuer pour l'exécution du plan. Ces apports de trésorerie, institués par l'ordonnance du 15 septembre 2021, bénéficient d'un privilège de deuxième rang (V. comm. ss. art. L. 622-17, VII, D).

Afin de le réserver aux véritables apports d'argent frais, se trouvent expressément exclus du bénéfice de ce privilège, dit de *« post money »*, les apports consentis par les actionnaires et associés de la société débitrice dans le cadre d'une augmentation de capital. De même que le texte prend la précaution de préciser que le privilège ne saurait bénéficier, directement ou indirectement, aux créanciers au titre de leurs concours antérieurs à l'ouverture de la procédure. Ces deux exceptions et précisions sont reprises de la disposition relative au privilège de conciliation (V. comm. ss. art. L. 611-11, B).

III. PRISE EN COMPTE DES CRÉANCES CONTESTÉES

Par un arrêt aussi commenté que discuté, la Cour de cassation a rappelé que le plan de redressement devait prévoir le règlement de toutes les créances déclarées, même si elles sont contestées (Com. 20 mars 2019 : *cité note 1 ss. art. L. 626-21*). C'est de cette jurisprudence que l'ordonnance n° 2020-596 du 20 mai 2020 prise pour faciliter le traitement des difficultés des entreprises durant la crise sanitaire du covid-19 (art. 4, *infra*) s'était démarquée en permettant, pour les procédures en cours et jusqu'au 31 décembre 2020 inclus, que les engagements pour la mise en œuvre du plan portent sur un passif prévisible et suffisamment vraisemblable pour permettre au tribunal d'apprécier le caractère sérieux du projet de plan qui lui sera soumis. Comme l'explique le Rapport au président de la République, une telle adaptation exige que la comptabilité soit fidèle et que ceux qui s'engagent soient en mesure de compléter les éléments comptables, notamment en prenant en compte des créances identifiables, comme celles de l'AGS, pour lesquelles le délai de déclaration est spécifique.

Cet élément de souplesse, conduisant à une approche plus pragmatique et réaliste de la situation de l'entreprise, a été pérennisé, pour les procédures ouvertes à compter du 1er octobre 2021, dans le nouvel alinéa 2, ajouté par l'ordonnance du 15 septembre 2021, se fondant sur la base d'une attestation de l'expert-comptable ou du commissaire aux comptes, et tenant compte, à côté des créances déclarées admises ou non contestées, des créances identifiables, notamment celles dont le délai de déclaration n'est pas expiré. ❑

1. *Sort des créances contestées.* V. note 1 ss. art. L. 626-21.

2. *Interdiction d'aggravation des charges.* La notion de charge nouvelle est une notion de fait qui relève de l'appréciation souveraine des juges du fond : V. • Com. 14 janv. 1997 : *RPC 1997. 436, obs. Cadiou.* ♦ Sur la notion de « charge excédant les engagements souscrits au cours de la préparation du plan », V. les décisions commentées par Fraimout, *RPC 2010, n° 173.*

3. *Cautionnement par le dirigeant social.* Le dirigeant de la société en redressement judiciaire s'étant, dans le cadre du plan de continuation de celle-ci, porté « caution solidaire du passif réellement dû par la société pendant le redressement judiciaire », c'est souverainement qu'une cour d'appel retient que ce passif est celui révélé par les opérations de vérification des créances et non couvert par les actifs de la personne morale. • Com. 2 nov. 1993, n° 91-17.534 P.

4. Recours. Sur la recevabilité de l'appel-nullité d'un associé tenu d'exécuter le plan, en cas de méconnaissance de l'art. 62 [C. com., art. L. 626-10], al. 3, V. • Com. 27 avr. 1993, n° 91-10.867 P : *D. 1994. Somm. 45, obs. Derrida* ; *Rev. sociétés 1993. 648, note Chaput* • 28 févr. 1995, n° 92-15.259 P : *D. 1995. 562, note Bolard* ; *RPC 1995. 135, obs. Soinne.*

Art. L. 626-11 *(L. n° 2005-845 du 26 juill. 2005, art. 67)* **Le jugement qui arrête le plan en rend les dispositions opposables à tous.**

A l'exception des personnes morales, les coobligés et les personnes ayant consenti *(Ord. n° 2008-1345 du 18 déc. 2008, art. 166-II)* **« une sûreté personnelle ou ayant affecté ou cédé un bien en garantie » peuvent s'en prévaloir.** – *[C. com., anc. art. L. 621-65.]*

COMMENTAIRE

Il était de jurisprudence constante, avant la réforme de 2005, que les cautions solidaires ne pouvaient se prévaloir des remises de dettes prévues par le plan de continuation (V. note 11). Cette solution, qui découlait de la rédaction souvent critiquée de l'ancien article L. 621-65, alinéa 2, ne visait que le cautionnement solidaire (hypothèse la plus fréquente en pratique), à l'exception du cautionnement simple ainsi que l'a confirmé un arrêt de principe du 23 novembre 2004 (V. note 12). Pas plus qu'elle n'était opposable aux associés d'une société civile, qui ne sont que des débiteurs subsidiaires du passif social envers les tiers (V. note 17). Cette ancienne disposition, certainement favorable au redressement de l'entreprise, a pu être qualifiée de « cynique » en ce qu'elle mettait les créanciers en position de se montrer d'autant plus généreux que c'est la caution qui en faisait les frais (F. Pérochon et R. Bonhomme, Entreprises en difficultés, Instruments de crédit, *LGDJ, 6e éd., 2003, n° 326-1*).

Pour cette raison, la loi du 26 juillet 2005 a remanié le dispositif, qui se retrouve aujourd'hui à l'article L. 626-11, s'agissant des procédures de sauvegarde. Ce qui se concevait bien, dans l'optique d'inciter le débiteur éprouvant des difficultés à se mettre sous la protection d'une procédure de concours avant d'être en état de cessation des paiements (pour une opinion critique, V. T. Montéran, Observations sur l'avant-projet de loi de sauvegarde des entreprises, *Gaz. Pal. 10-11 déc. 2003, p. 2*). Quel intérêt pour lui de négocier un plan de sauvegarde si les remises ainsi accordées ne lui bénéficient pas en tant que dirigeant-caution ou ne bénéficient pas, par exemple, à son conjoint caution ? Reprenant donc la formule qu'employait le nouvel article L. 622-28, pour la suspension des poursuites durant la période d'observation, l'article L. 626-11 permettait, *a contrario*, dans sa rédaction de 2005, aux personnes physiques coobligées ou ayant consenti un cautionnement ou une garantie autonome (selon la définition donnée par le nouvel art. 2321 C. civ., issu de l'Ord. du 23 mars 2006 : V. ss. art. L. 611-10), de se prévaloir des dispositions du plan. Dans ce cas, la loi ne réservait donc plus – et c'était heureux – ses faveurs aux cautions simples (cette différence de traitement, dans l'anc. art. 64 de la L. du 25 janv. 1985, a, d'ailleurs, ultérieurement, fait l'objet d'une QPC transmise au Conseil constitutionnel : Com. 18 nov. 2014 : *pourvoi n° 14-16.264*). Elle devait donc, pensait-on au lendemain de la promulgation de la loi, profiter désormais à toutes les cautions, personnelles ou « réelles ». Mais, avant même que le texte ne fût entré en vigueur, la situation s'était retournée du fait que, précisément, la Cour de cassation (comme la loi, ultérieurement, depuis la réforme des sûretés par l'Ord. du 23 mars 2006 : V. art. 2334 C. civ.), après sa décision de principe du 2 décembre 2005, ne regardait plus ces dernières comme des cautionnements, alors que l'article L. 626-11 ne visait que les personnes physiques ayant consenti un cautionnement (V. comm. dans l'éd. 2014).

L'incertitude a pris fin avec la nouvelle rédaction de l'article L. 626-11, issue de l'ordonnance du 18 décembre 2008, qui vise, pour leur permettre de se prévaloir des dispositions du plan, de manière large « les coobligées et les personnes ayant consenti une sûreté personnelle ou ayant affecté ou cédé un bien en garantie » (V., sur la portée des énoncés généraux de la règle de droit en matière de sûreté, N. Borga, L'ordre public et les sûretés conventionnelles, Contribution à l'étude de la diversité des sûretés, *Dalloz, 2009, nos 367 et 425*). Sont ainsi désormais concernées toutes les sûretés personnelles et réelles, y compris, notamment, les fiducies-sûretés. A noter cependant que la nouvelle définition n'ôte pas tout doute, s'agissant de la délégation imparfaite ou encore de la promesse de porte-fort exécution (V. J.-D. Pellier, La poursuite de la construction d'un régime des sûretés pour autrui, *D. 2014. Chron. 1054* ; D. Legeais, *RDBF 2008, n° 67* ; P. Crocq, L'ordonnance du 18 décembre 2008 et le droit des sûretés, *RPC 2009. Dossier 10, n° 31* ; V. aussi, sur la notion de délégation-sûreté, P. Pétel, Les sûretés personnelles dans le nouveau droit des entreprises en difficulté, *Cah. dr. entr. 7-8/2009. 20*).

Mais, bien sûr, peuvent aussi se prévaloir des dispositions du plan les donneurs d'aval et codébiteurs personnes physiques, qu'ils soient solidaires ou non, de même que les personnes physiques ayant consenti une garantie autonome (ce qui est rare).

Quant à la portée de la protection, alors que l'hésitation paraissait permise (V. Rennes, 2 mars 2010 : *RPC 2011, n° 44, obs. Fraimout*), la Cour de cassation a implicitement admis, au visa notamment des articles R. 622-26 et 215 du décret du 31 juillet 1992 (C. pr. exéc., art. R. 511-7), que le créancier qui a été autorisé à prendre une mesure conservatoire sur les biens de la caution ne saurait se voir reprocher d'avoir poursuivi celle-ci prématurément, dès lors que ledit article 215 lui fait obligation d'introduire, dans le mois qui suit l'exécution de cette mesure, une action au fond afin d'obtenir un titre exécutoire. Autrement dit, les juges doivent se limiter, dans ce cas, à prononcer un sursis à statuer sur l'assignation du créancier contre le garant, jusqu'à la justification de l'exigibilité des créances selon les termes du plan (Com. 10 janv. 2012 : *cité note 9*). A moins de considérer, avec certains commentateurs de l'arrêt de 2012, par un raisonnement procéduralement inverse, reposant notamment sur l'idée que les dettes soumises au plan n'en demeurent pas moins exigibles, que c'est au garant personne physique qu'il appartiendrait d'opposer au créancier muni du titre exécutoire sollicité et obtenu, au stade de l'exécution forcée, la règle protectrice de l'article L. 626-11, alinéa 2, en faisant valoir la supériorité des dispositions du plan dont il bénéficie (V. les obs. de P. Cagnoli, P. Pétel et N. Borga ; en ce sens, V. Aix-en-Provence, 8e ch. C, 22 janv. 2009, *RG n° 2009/32*). Mais cette lecture paraissait condamnée depuis un arrêt récent beaucoup plus explicite, affirmant, notamment, que « l'exécution du titre exécutoire ainsi obtenu est suspendue pendant la durée du plan ou jusqu'à sa résolution » (Com. 27 mai 2014 : *cité note 9*). Cette décision semblait cependant excessivement protectrice pour les garants, puisque, à la lettre, elle supposait que le créancier attende le terme ou demande la résolution en cas de non-respect. Aussi la Cour de cassation a-t-elle corrigé sa formule, dans un arrêt ultérieur, énonçant que l'exécution forcée ne peut être mise en œuvre « tant que le plan de sauvegarde est respecté » (Com. 2 juin 2015 : *cité note 9*). Autrement dit, il suffira que le débiteur ne respecte pas une échéance du plan pour que le créancier puisse faire exécuter le titre obtenu contre la caution pour recouvrer les dividendes impayés, dans la limite évidemment des sommes devenues exigibles contre le débiteur.

En revanche, l'article L. 626-11, alinéa 2, interdit expressément aux personnes morales coobligées ou ayant consenti une sûreté personnelle ou ayant affecté ou cédé un bien en garantie de se prévaloir des dispositions du plan (sur la portée de cette disposition, V. Com. 30 janv. 2019 : *cité note 8*).

Ce dispositif de faveur avait totalement été écarté dans l'hypothèse d'un plan de redressement, dans le régime de la loi du 26 juillet 2005, ce qui pouvait s'expliquer, techniquement, par la connotation plus judiciaire de ce dernier (V. anc. art. L. 631-20). Mais l'ordonnance du 15 septembre 2021 est revenue sur cette distinction, en alignant, par la réécriture de l'article L. 631-20, consacré désormais à un tout autre objet, le sort des garants personnes physiques dans l'hypothèse d'un plan de redressement et dans celle d'un plan de sauvegarde : dans les deux cas, ils pourront se prévaloir des dispositions du plan. Comme d'autres, cette mesure répond aux objectifs fixés par les 1° et 14° de l'article 60 de la loi PACTE du 22 mai 2019, support d'habilitation du gouvernement à réformer par voie d'ordonnance le droit des sûretés (assurer la protection de la caution personne physique et améliorer la cohérence des règles applicables aux garants personnes physiques en cas de procédure collective). Mais, évidemment, cela ôte là un des traits distinctifs et attractifs de la sauvegarde, susceptible d'inciter les dirigeants cautions à anticiper les difficultés de leur société, en optant pour cette procédure, plutôt que d'attendre la cessation des paiements pour demander l'ouverture d'un redressement judiciaire.

Quant à l'entrée en vigueur du dispositif, tel que prévu par la loi du 26 juillet 2005, la question devait se poser de savoir si pouvaient en bénéficier les cautions dont l'engagement est antérieur au 1er janvier 2006, ce qui, évidemment, serait favorable à l'attractivité de la sauvegarde (V. G. Amlon, *Juris-Classeur Com., fasc. 2382, n° 22*). Mais c'est en sens inverse que s'est prononcée la cour d'appel d'Aix-en-Provence (Aix-en-Provence, 1er avr. 2010 : *cité note 7*). La même question, évidemment, est susceptible de se poser s'agissant de l'extension du domaine de la mesure opérée par l'ordonnance du 18 décembre 2008, à compter du 15 février 2009. ❑

1. Dividende fixé par le plan. Le jugement qui arrête le plan autorise tout créancier à exercer, après l'échéance, une action en paiement du dividende fixé par le plan dès lors que sa créance a été définitivement admise au passif (recevabilité de la demande, en référé, d'une provision). • Com. 14 mars 1995, n° 91-22.186 P : *D. 1995. Somm. 306, obs. Honorat ; Rev. huiss. 1995. 1214, note Courtier.* – V. déjà • T. com. Paris, 21 mars 1989 : *D. 1991. Somm. 11, obs. Derrida ; Gaz. Pal. 1989. 2. 828, note Marchi.* ♦ Comp., désormais, sur l'action en paiement des dividendes : art. L. 626-27.

2. Mesure d'exécution forcée. Jugeant que le plan, étant opposable à tous en vertu de l'art. 64 [C. com., art. L. 626-11] et plus spécialement aux créanciers dont la créance est antérieure au redressement judiciaire et ayant la valeur d'un « contrat judiciaire », un créancier ne saurait y contrevenir de manière unilatérale par le biais d'une mesure d'exécution forcée qui a pour effet de remettre en cause une condition essentielle dudit plan, V. • TGI Castres, JEX, 12 mars 1998 : *LPA 2 juill. 1999, p. 20, note Devésa.*

3. Résiliation du bail. Le plan de continuation, qui prévoit la poursuite de l'activité de l'entreprise et le règlement du passif de celle-ci, est opposable aux créanciers dont la créance a une origine antérieurement au jugement de redressement judiciaire et aux personnes qui ont pris un engagement dans le plan mais ne fait pas obstacle à la poursuite après le jugement d'ouverture du redressement judiciaire d'une action en résiliation du bail pour une cause autre que le défaut de paiement d'une somme d'argent (défaut d'entretien et d'exploitation de domaines viticoles). • Civ. 3e, 21 juill. 1999 : *D. 1999. IR 229 ; D. Affaires 1999. 1443, obs. V. A.-R ; JCP E 2000, n° 4, p. 126, obs. Pétel.*

4. Biens communs. Sur l'exercice des poursuites du chef de l'époux *in bonis*, V. • Com. 8 juill. 2003 : *RJPF 2003, n° 12, p. 18, obs. Vauvillé.* – V. aussi • TGI Lyon, JEX, 15 juin 1993 : *D. 1995. Somm. 8, obs. Derrida* • Paris, 24 janv. 1997 : *D. Affaires 1997. 444* • Aix-en-Provence, 9 avr. 1997 : *JCP E 1997. Pan. 905* • Agen, 11 sept. 1995 : *JCP 1996. IV. 569 ; Cah. jurispr. Aquitaine 1996, n° 1, p. 112, note Saintourens ; RPC 1998. 266, obs. Soinne* • Toulouse, 3 juin 2004 : *RPC 2005. 60, obs. Rubellin.* ♦ V. et Comp. notes 16 s. ss. art. L. 622-21 et 16 ss. ancien art. L. 621-46.

5. Biens en indivision. En ce sens qu'en vertu de l'art. 815-17, al. 1er, C. civ., le plan ne peut pas concerner les biens en indivision, à moins qu'il n'y ait un accord de tous les coïndivisaires *in bonis*, V. • TGI Tarbes, 5 avr. 1995 : *RPC 1998. 267, obs. Soinne.*

6. Concours bancaires. V. note 10 ss. art. L. 622-13.

7. Cautions (régime de la L. du 26 juill. 2005). Il résulte de l'art. L. 626-11 que le jugement qui arrête le plan de sauvegarde d'un débiteur en rend les dispositions opposables à tous, et qu'à l'exception des personnes morales, les cautions de ce débiteur peuvent s'en prévaloir, même si leur engagement est antérieur à l'entrée en vigueur de la L. du 26 juill. 2005 qui a introduit ce bénéfice à leur égard, dès lors que la procédure a été ouverte postérieurement. • Com. 10 mars 2021, n° 19-16.816 P : *D. 2021. Actu. 572 ; RTD com. 2021. 437, obs. Poujade ; JCP E 2021. 1386, note Jazottes ; LEDEN 4/2021. 3, obs. Lafaurie ; BJE 5-6/2021. 18, note Dumont ; RJDA 2021, n° 415 ; RJ com. 2021. 284, obs. Dols-Magneville ; RPC 2021, n° 67, obs. Aynès ; Gaz. Pal. 26 oct. 2021, p. 79, obs. Boustani-Aufan.*

8. Il résulte de l'art. L. 626-11, al. 2, selon lequel la caution personne morale ne peut se prévaloir des dispositions du plan de sauvegarde, que si la déchéance du terme non encourue par le débiteur principal ne peut être invoquée contre une telle caution, celle-ci est tenue de la partie exigible de la dette cautionnée, conformément au terme convenu dans son engagement, jusqu'à extinction de la dette garantie par le cautionnement, sous déduction des sommes payées en exécution du plan. • Com. 30 janv. 2019, n° 16-18.468 P : *D. 2019. 1435, note Bleusez ; RTD com. 2019. 486, obs. Martin-Serf ; RJDA 2019, n° 357 ; RDBF 2019, n° 103, obs. Houin-Bressand ; RPC 2019, n° 67, obs. Aynès ; RJ com. 2019. 274, obs. Atsarias.*

9. En application de l'art. R. 622-26 C. com., les instances engagées par le créancier contre les coobligés et les personnes physiques ayant consenti un cautionnement ou une garantie autonome à une société bénéficiant d'un plan de sauvegarde, qui peuvent se prévaloir des dispositions de ce plan en application de l'art. L. 626-11, suspendues en application de l'art. L. 622-28, sont poursuivies à l'initiative des créanciers bénéficiaires de garanties selon les dispositions applicables à l'opposabilité de ce plan à l'égard des garants. • Com. 10 janv. 2012, n° 11-11.482 P : *D. 2012. Chron. C. cass. 1220, obs. Guillou ; ibid. Actu. 215, obs. Lienhard ; JCP E 2012. 1227, n° 4, obs. Pétel ; Gaz. Pal. 28-29 mars 2012, p. 20, obs.*

Dumont-Lefrand ; RPC 2012, n° 54, obs. Patureau et Perot-Reboul ; Banque et Dr. 3-4/2012. 40, obs. Jacob ; APC 2012, n° 46, obs. Cagnoli ; Gaz. Pal. 27-28 avr. 2012, p. 40, obs. Le Corre-Broly ; BJE 2012. 144, note Borga ; RPC 2012, n° 77, obs. Fraimout ; RJ com. mai-juin 2012. 43, note Macorig-Venier ; RJDA 2012, n° 879. ♦ En application de l'art. 215 du Décr. n° 92-755 du 31 juill. 1992, devenu l'art. R. 511-7 C. pr. exéc., sauf le cas où la mesure est pratiquée avec un titre exécutoire, le créancier qui a été autorisé à pratiquer une mesure conservatoire contre une caution personnelle, personne physique, doit, dans le mois qui suit l'exécution de la mesure, à peine de caducité, introduire une procédure ou accomplir les formalités nécessaires à l'obtention d'un titre exécutoire, même si le débiteur principal bénéficie d'un plan de sauvegarde. • Com. 27 mai 2014, n° 13-18.018 P : *D. 2014. Actu. 1197, obs. Lienhard ; JCP E 2014. 1447, n° 2, obs Pétel ; APC 2014, n° 188, obs. Cagnoli ; LEDEN 7/2014. 4, obs. Camensuli-Feuillard ; RDBF 2014, n° 133, obs. Cerles ; Gaz. Pal. 5-7 oct. 2014, p. 42, obs. Le Corre-Broly ; BJE 2014. 294, note Reille ; RPC 2014, n° 160, obs. Fraimout ; ibid. 2015, n° 107, obs. Macorig-Venier.* – V. déjà, en ce sens, • Com. 24 mai 2005, n° 03-21.043 P : *D. 2005. AJ 1632, obs. Lienhard ; APC 2005, n° 132, obs. Vallansan ; JCP E 2005, n° 36, p. 1423, obs. Pétel ; ibid., n° 51-52, p. 2203, obs. Delebecque ; Banque et Dr. 7-8/2005. 60, obs. Rontchevsky ; RDBF 2005, n° 130, obs. Legeais ; ibid., n° 141, obs. S. Piedelièvre ; Dr. et pr. 2005. 280, obs. Crocq ; RPC 2005. 212, obs. Macorig-Venier ; Gaz. Pal. 4-5 nov. 2005, p. 49, obs. Le Corre ; Defrénois 2005. 1937, obs. Gibirila (2 arrêts)* • Civ. 2e, 30 avr. 2002 (2 arrêts), n° 00-20.372 P : *D. 2002. AJ 2260 ; JCP E 2002, n° 39, p. 1521, obs. Pétel ; RDBF 2002, n° 131, obs. Legeais ; Dr. et patr. 10/2002. 113, obs. Monsèrié-Bon ; RTD com. 2003. 163, obs. Martin-Serf ; RPC 2004. 230, obs. Macorig-Venier.* – V. aussi • Com. 14 juin 2023, n° 21-24.018 B : *D. actu. 29 juin 2023, obs. Atsarias-Dumas ; JCP E 2023. 1280, note Azevedo ; RPC 2023, n° 77, obs. Lafaurie ; BJE 9-10/2023. 21, note Gouëzel ; RJDA 2023, n° 597 ; Gaz. Pal. 19 mars 2024, p. 67, obs. Tota.* ♦ L'exécution forcée de ce titre exécutoire ne peut être mise en œuvre tant que le plan de sauvegarde est respecté. • Com. 2 juin 2015, n° 14-10.673 P : *D. 2015. Chron. C. cass. 2210, obs. Arbellot ; ibid. Actu. 1270, obs. Lienhard ; ibid. Pan. 1975, obs. Le Corre ; Rev. sociétés 2015. 548, obs. Roussel Galle ; RTD com. 2015. 752, obs. Martin-Serf ; JCP E 2016. 1000, n° 8, obs. Pétel ; APC 2015, n° 176, obs. Vallansan ; Journ. sociétés 7/2015, p. 47, obs. Brignon ; Banque et Dr. 7-8/2015. 79, obs. Rontchevsky ; RJDA 2015, n° 591 ; LEDEN 10/2015. 6, obs. Rubellin ; RJ com. 2015. 521, obs. Marcorig-Vernier ; Gaz. Pal. 18-20 oct. 2015, p. 34, obs. Le Corre-Broly ; BJE 2015. 284, note Borga.* ♦ Comp., ayant jugé que l'exécution du titre exécutoire est suspendue pendant la durée du plan ou jusqu'à sa résolution : • Com. 27 mai 2014 : *préc.*

10. En ce sens que lorsque le débiteur principal bénéficie d'un plan de sauvegarde en cours d'exécution, l'appréciation de la capacité de la caution à faire face à son obligation (C. consom., anc. art. L. 341-4, repris à l'art. L. 332-1) doit être différée au jour où le plan n'est plus respecté, V. • Com. 1er mars 2016, n° 14-16.402 P : *D. 2016. Actu. 598, obs. Avena-Robardet ; Rev. sociétés 2016. 399, obs. Henry ; RTD com. 2016. 555, obs. Martin-Serf ; APC 2016, n° 90, obs. Douville ; RJDA 2016, n° 464 ; Gaz. Pal. 28 juin 2016, p. 69, obs. Le Corre-Broly ; BJE 2016. 253, note Perruchot-Triboulet.*

11. Cautions solidaires (jurisprudence antérieure à L. du 26 juill. 2005). **BIBL.** Boulez, *Gaz. Pal. 1994. 1. Doctr. 46.* ♦ Pour la conformité à la Constitution des dispositions de l'anc. art. L. 621-65 C. com. traitant de façon différenciée les cautions simples et les cautions solidaires, V. • Cons. const. 6 févr. 2015, n° 2014-447 QPC : *D. 2015. 898, note Juillet ; RTD com. 2015. 369, obs. Martin-Serf ; JCP E 2015. 1274, note Brignon ; BJS 2015. 206, note Mouial-Bassilana ; BJE 2015. 145, note Lisanti.* ♦ Malgré leur caractère volontaire, les remises, pouvant, le cas échéant, être réduites par le tribunal, ces réductions de créances participent de la nature judiciaire des dispositions du plan arrêté pour permettre la continuation de l'entreprise ; en conséquence, elles ne peuvent être assimilées aux remises conventionnelles de dette prévues par l'art. 1287 [1350-2] C. civ., et en vertu de l'art. 64 [C. com., ancien art. L. 621-65], al. 2, les cautions solidaires ne peuvent s'en prévaloir. • Com. 17 nov. 1992, n° 89-14.997 P : *D. 1993. 41, note Vidal ; Defrénois 1993. 527, obs. Sénéchal* • 17 mai 1994, n° 92-22.064 P : *D. 1994. IR 156* • 17 janv. 1995 : *Rev. huiss. 1995. 466, note R. Martin* • 26 mai 1999 : *RPC 2000. 57, obs. Kerckhove.* – V. déjà • Com. 28 mai 1991, n° 89-15.951 P : *D. 1991. IR 176 ; RTD com. 1992. 690, obs. Martin-Serf* • Paris, 22 févr. 1989 : *D. 1991. Somm. 12, obs. Derrida.*

L'acceptation expresse ou tacite, par le créancier, de la proposition de remise de dette qui lui est faite en vue de l'élaboration du plan de continuation du débiteur n'est pas constitutive d'une faute, pour avoir privé la caution de son recours subrogatoire à due concurrence, sauf fraude aux droits de celle-ci. • Com. 22 oct. 1996, n° 94-20.431 P : *D. 1996. IR 261 ; D. Affaires 1996. 1411 ; Quot. jur. 21 nov. 1996, p. 6, note P. M. ; Rev. dr. bancaire 1996. 242, obs. Campana et Calendini.* – V. aussi • Com. 14 mai 2008 : *RTD com. 2008. 851, obs. Saint-Alary-Houin.*

12. Cautions simples. Il résulte de l'art. L. 621-65 [ancien] C. com. que les cautions non solidaires peuvent se prévaloir des dispositions du plan de redressement judiciaire. • Com. 23 nov. 2004, n° 03-17.235 P : *D. 2004. AJ 3220, obs. Lienhard ; D. 2005. 653, note Lisanti ; Banque et Dr.*

1-2/2005. 60, obs. Rontchevsky ; JCP E 2005, n° 17, p. 708, obs. Cabrillac ; LPA 19 avr. 2005, p. 12, note Souhami ; RDBF 2005, n° 48, obs. F.-X. Lucas ; RTD com. 2005. 594, obs. Saint-Alary-Houin ; ibid. 602, obs. Martin-Serf . ♦ Solution confirmée par le nouvel art. L. 626-11, al. 2, en ce qui concerne les cautions personnes physiques.

13. Coobligés (régime de l'Ord. du 18 déc. 2008). En application de l'art. L. 626-11, al. 2, dans sa rédaction issue de l'Ord. n° 2008-1345 du 18 déc. 2008, à l'exception des personnes morales, les coobligés et les personnes ayant consenti une sûreté personnelle ou ayant affecté ou cédé un bien en garantie peuvent se prévaloir des dispositions du plan de sauvegarde ; seules les personnes physiques dont l'engagement est de nature conventionnelle ont la qualité de coobligés au sens de ce texte. • Com. 14 juin 2023, n° 21-21.330 B : *cité note 2 ss. art. L. 622-26.*

14. Héritiers du débiteur. En ce sens que les héritiers du débiteur au profit duquel a été arrêté un plan de continuation peuvent se prévaloir des dispositions de ce plan, V. • Com. 4 janv. 2000, n° 96-12.981 P : *APC 2000, n° 21, obs. Regnaut-Moutier ; RTD com. 2001. 218, obs. Saint-Alary-Houin .*

15. Salariés. L'autorité du jugement qui arrête le plan ne saurait s'étendre à la question du paiement des créances privilégiées dues aux salariés à la date du jugement d'ouverture. • Soc. 19 févr. 2002, n° 99-14.882 P : *D. 2002. AJ 1141 ; APC 2002, n° 81, obs. Cagnoli ; JCP E 2002, n° 28, p. 1192, obs. Morvan ; ibid., n° 39, p. 1521, obs. Cabrillac.*

16. Garantie de l'AGS. V. note 27 ss. art. L. 3253-8 C. trav., ss. art. L. 625-9.

17. Associés d'une société civile. Un créancier ne peut poursuivre un associé de sociétés civiles d'exploitation agricole en paiement des dettes de ces sociétés, dès lors que celles-ci ont bénéficié d'un plan de redressement dont elles respectent les dispositions d'apurement du passif et que les associés des sociétés civiles, qui sont débiteurs subsidiaires du passif social envers les tiers, peuvent, par application de l'art. 64, al. 1er [C. com., art. L. 621-65, al. 1er], se prévaloir des plans de continuation. • Com. 23 janv. 2001, n° 98-10.668 P : *D. 2001. Somm. 3427, obs. Honorat ; ibid. AJ 781, obs. Lienhard ; JCP E 2001, n° 18, p. 751, obs. Pétel ; ibid., n° 20-21, p. 850, note Rémery ; RDBF 2001, n° 69, obs. F.-X. Lucas ; BJS 2001. 481, note Couret ; APC 2001, n° 65, obs. Vallansan ; RJ com. 2001. 189, note Courtier ; RTD com. 2001. 472, obs. Monsèrié-Bon ; LPA 27 sept. 2001, p. 14, note Gibirila ; Rev. sociétés 2001. 847, obs. Dom .*

18. GAEC. La procédure de redressement judiciaire et le plan de continuation concernant uniquement le groupement agricole d'exploitation en commun et non les époux preneurs, seuls titulaires du bail, la procédure collective poursuivie contre le GAEC, même si les biens loués avaient été mis à sa disposition par les preneurs, ne peut faire obstacle à l'action en résiliation du bailleur dont les droits ne sont pas modifiés. • Civ. 3e, 8 oct. 1997, n° 95-21.199 P : *D. Affaires 1997. 1256.*

19. Aide personnalisée au logement. En ce sens qu'il ne peut être déduit du plan d'apurement du passif aucune obligation, pour le prêteur, de restituer au débiteur le montant de l'APL reçu, V. • Com. 26 nov. 1998, n° 96-12.129 P : *D. 1999. IR 11 ; D. Affaires 1999. 175, obs. V. A.-R. ; LPA 9 avr. 1999, p. 11, note Courtier.*

Art. L. 626-12 *(L. n° 2005-845 du 26 juill. 2005, art. 68)* **Sans préjudice de l'application des dispositions de l'article L. 626-18, la durée du plan est fixée par le tribunal. Elle ne peut excéder dix ans. Lorsque le débiteur est** *(L. n° 2019-486 du 22 mai 2019, art. 67)* **« une personne exerçant une activité agricole définie à l'article L. 311-1 du code rural et de la pêche maritime », elle ne peut excéder quinze ans.**

Les dispositions de l'art. 67 de la L. n° 2019-486 du 22 mai 2019 sont applicables aux procédures en cours au jour de la publication de cette loi lorsque le débiteur est en période d'observation et qu'il sollicite une modification du plan sur le fondement de l'art. L. 626-26 C. com. (L. préc., art. 67-III, JO 23 mai).

Sur les mesures d'adaptation liées à l'urgence sanitaire (covid-19), V., infra, Ord. n° 2020-341 du 27 mars 2020, art. 1er, et Ord. n° 2020-596 du 20 mai 2020, art. 5.

COMMENTAIRE

I. DURÉE DU PLAN DE SAUVEGARDE

L'article L. 626-12, issu de la loi du 26 juillet 2005, a repris, pour la procédure de sauvegarde, les dispositions qui figuraient auparavant à l'ancien article L. 621-66, pour la procédure de redressement judiciaire.

Afin de faciliter les négociations et rendre plus coopératifs les créanciers, notamment les titulaires de créances dont le fait générateur est antérieur à l'ouverture de la procédure de sauvegarde, mais dont l'exécution de l'obligation est postérieure (créanciers titulaires d'un droit de rétention, par exemple), il a été suggéré que le plan de sauvegarde ne puisse pas dépasser cinq ans (et non 10 ans comme prévu actuellement ; CCIP, Pistes pour l'évolution des textes relatifs à la prévention et au traitement des difficultés des entreprises, 2008). Le Sénat avait adopté un amendement en ce sens lors de la discussion du projet de loi « Justice du XXIe siècle », mais l'Assemblée nationale, avec l'aval de la Chancellerie, l'a supprimé, et, finalement, la loi du 18 novembre 2016 n'a pas touché à la durée maximale, toujours identique, qu'il s'agisse d'un plan de sauvegarde ou d'un plan de redressement.

Notons ici que, dans le cadre de la crise sanitaire du covid-19, les ordonnances n° 2020-341 du 27 mars 2020 (art. 2, *infra*) et n° 2020-596 du 20 mai 2020 (art. 5, *infra*) ont prévu la possibilité de prolonger la durée d'exécution du plan de sauvegarde ou de redressement. Le dispositif a été prolongé jusqu'au 31 décembre 2021 par la loi n° 2020-1525 du 7 décembre 2020.

II. SORT DU DÉBITEUR AGRICULTEUR

A. AVANT LA LOI PACTE DU 22 MAI 2019

S'agissant du cas particulier du débiteur agriculteur, pour lequel la loi prévoit un allongement de la durée maximale à quinze ans, le Conseil constitutionnel avait été saisi indirectement, par une question prioritaire de constitutionnalité portant sur la définition de l'agriculteur posée par l'article L. 311-1 du code rural et de la pêche maritime, à laquelle renvoie l'article L. 351-8 de ce code, et qui limite celle-ci aux personnes physiques, de sorte que la jurisprudence des juges du fond, gênée par la lettre du texte, hésitait à accorder le bénéfice de cette dérogation aux personnes morales exerçant une activité agricole (V. note 3). Mais, dans sa décision du 28 avril 2017, le Conseil n'avait pu se prononcer sur ce point, en ce sens que la question, qui visait l'article L. 351-8, et non l'article L. 626-12, était mal rédigée. Rien ne laissait penser cependant que le Conseil serait hostile à accueillir le grief de différence de traitement injustifié, si la question visait directement pour cela ce dernier texte.

En attendant, la Cour de cassation avait tiré toutes les conséquences de cette déclaration de constitutionnalité, en fixant la jurisprudence selon la ligne de l'interprétation stricte des textes, de laquelle ne pouvaient dès lors plus dévier les juges du fond : les personnes morales ne pouvaient se voir accorder un plan dont la durée excède dix ans (Com. 29 nov. 2017 : *cité note 3*).

B. APRÈS LA LOI PACTE DU 22 MAI 2019

Comme l'avait suggéré la Cour de cassation dans son Rapport 2017, il convenait, dans les textes visant l'agriculteur, notamment l'article L. 626-12, de remplacer ce terme par celui de « personne exerçant une activité agricole ». Suggestion qu'a suivie le législateur en 2019.

La loi PACTE du 22 mai 2019, en effet, a remplacé le mot : « agriculteur » par les mots : « personne exerçant une activité agricole définie à l'article L. 311-1 du code rural et de la pêche maritime ». Elle a opéré cette substitution terminologique, non seulement à l'article L. 626-12, mais aussi dans toutes les autres dispositions concernées du livre VI (V. art. L. 611-5, L. 620-2, L. 631-2 et L. 640-2), en même temps qu'elle a retouché l'article L. 351-8 du code rural et de la pêche maritime.

Ces modifications sont expressément déclarées applicables aux procédures en cours au jour de la publication de la loi *(JO 23 mai)* « lorsque le débiteur est en période d'observation et qu'il sollicite une modification du plan sur le fondement de l'article L. 626-26 » (V., relevant que la conjonction « ou » serait plus logique puisque le débiteur ne peut à la fois être en période d'observation et solliciter la modification du plan, C. Saint-Alary-Houin, *BJE 5-6/2019. 1*). Les sociétés agricoles dont le plan, par hypothèse limité à 10 ans, est en cours d'exécution, pourront donc en demander la modification pour allonger la durée jusqu'à quinze ans.

Reste une dernière (et nouvelle) question : celle du sort des sociétés commerciales à objet agricole, lesquelles, en raison de leur forme, relèvent normalement du régime prévu pour les commerçants (V. art. L. 631-5), mais que la formule de l'article L. 626-12 devrait englober (V. J.-P. Legros, *Dr. sociétés 2019. Repère 8*). ❑

1. Pouvoirs du tribunal. Pour déterminer la durée du plan, la durée du prêt contracté par le débiteur avant l'ouverture de la procédure collective ne s'impose pas au tribunal et le prêteur peut se voir imposer des délais de remboursement plus longs que les délais contractuels. • Versailles, 28 févr. 2013, n° 12/02755 : *D. 2013. 2895, note Dammann et Boché-Robinet ; LEDEN 4/2013. 5, obs. F.-X. Lucas ; BJS 2013. 345, note Laroche.*

2. Prorogation. Le tribunal peut proroger la durée du plan, dès lors qu'elle n'excède pas dix ans, si cette prorogation permet d'atteindre les objectifs du plan, peu important qu'aucune modification substantielle dans les objectifs et les moyens du plan ne soit parallèlement décidée. • Paris, 19 juin 2001 : *D. 2001. AJ 2892 ; RJDA 2002, n° 70.* ♦ N'excède pas ses pouvoirs la juridiction qui proroge, avant qu'elles n'aient pris fin, la durée du plan [de cession, en l'espèce] et la mission du commissaire à l'exécution du plan, déjà prorogées par des décisions devenues irrévocables. • Com. 19 juin 2007 : *cité note 21 ss. art. L. 661-6 ; RTD com. 2008. 858, obs. Saint-Alary-Houin .* ♦ La durée du plan ayant été fixée à deux ans sauf prolongation, un tribunal ne commet pas d'excès de pouvoir en statuant postérieurement à l'expiration du délai de deux ans initialement fixé dès lors que le commissaire à l'exécution du plan l'a saisi avant l'expiration de sa mission. • Com. 13 nov. 2007 : *cité note 2 ss. art. L. 626-26.*

3. Agriculteurs. Il résulte des dispositions combinées des art. L. 621-66, devenu L. 626-12 C. com., et L. 351-8 C. rur. que le bénéfice d'un plan d'une durée de quinze ans est réservé aux agriculteurs personnes physiques, de sorte que les personnes morales, telle une exploitation agricole à responsabilité limitée, ne peuvent se voir accorder un plan dont la durée excède dix ans. • Com. 29 nov. 2017, n° 16-21.032 P : *D. 2017. Actu. 2421 ; RTD com. 2018. 203, obs. Poujade ; JCP E 2018. 1159, n° 8, obs. Pétel ; ibid. 1186, note Lebel ; DP diff. entr., Bull. n° 399, obs. Roussel Galle ; BJS 2018. 54, note Brignon ; LEDEN 1/2018. 4, obs. Rubellin ; BJE 2018. 25, note Le Mesle ; APC 2018, n° 18, obs. Lebel ; RJDA 2018, n° 156 ; Dr. sociétés 2018, n° 33, note Legros.* ♦ V., dans la même affaire, la décision du Conseil constitutionnel rendue sur une QPC portant sur la définition de l'agriculteur résultant de l'art. L. 351-8 C. rur. : • Cons. const. 28 avr. 2017, n° 2017-626 QPC : *D. 2017. Actu. 975 ; JCP E 2017. 1342, note Cerati-Gauthier ; ibid. 1460, n° 1, obs. Pétel.* ♦ Jurisprudence infirmée par la nouvelle rédaction de l'art. L. 626-12 issue de la L. n° 2019-486 du 22 mai 2019.

Art. L. 626-13 *(L. n° 2005-845 du 26 juill. 2005, art. 69)* **L'arrêt du plan par le tribunal entraîne la levée de plein droit de toute interdiction d'émettre des chèques conformément à l'article L. 131-73 du code monétaire et financier, mise en œuvre à l'occasion du rejet d'un chèque émis avant le jugement d'ouverture de la procédure.** *(L. n° 2022-172 du 14 févr. 2022, art. 5, en vigueur le 15 mai 2022)* **« L'interdiction est levée sur les seuls comptes afférents au patrimoine concerné par le plan. »** – *[C. com., anc. art. L. 621-71.] – V. C. mon. fin., art. L. 131-73.* – ***C. mon. fin.***

Pour les dispositions transitoires de la L. n° 2022-172 du 14 févr. 2022, V. note ss. art. L. 611-13.

V. art. R. 626-24.

COMMENTAIRE

L'article L. 626-13, que précise l'article R. 626-24, est issu d'un amendement socialiste voté par l'Assemblée nationale en 2005. Il s'agit évidemment, par là, de redonner toutes ses chances à l'entreprise de se réintégrer dans le circuit économique.

Cette disposition s'applique en cas d'arrêt d'un plan de redressement, en vertu de l'article L. 631-19 (V. aussi, en cas d'accord de conciliation homologué, art. L. 611-10).

Afin d'adapter le régime à l'entrepreneur individuel à responsabilité limitée, l'ordonnance du 9 décembre 2010 était venue préciser que la levée de l'interdiction ne visait que les comptes afférents au patrimoine visé par la procédure. Il s'agit là d'une application de la règle générale « un débiteur = un patrimoine » (affecté ou non ; V. ss. art. L. 680-4).

Ultérieurement, la loi du 14 février 2022 en faveur de l'activité professionnelle indépendante, applicable à compter du 15 mai 2022, a substitué à l'option pour le statut de l'entrepreneur à responsabilité limitée (EIRL) une protection de plein droit du patrimoine personnel, seul le patrimoine professionnel étant engagé. Dès lors, afin de viser à la fois le cas résiduel de l'EIRL et celui de l'entrepreneur individuel relevant du nouveau statut, en ce qui concerne son patrimoine professionnel, la loi de 2022 a réécrit la dernière phrase de l'article L. 626-13, de sorte que puisse être visé, de façon générale, le cas des débiteurs dotés d'un patrimoine professionnel et d'un patrimoine personnel. ❑

Art. L. 626-14 **Dans le jugement arrêtant le plan ou le modifiant, le tribunal peut décider que les biens qu'il estime indispensables à la continuation de l'entreprise ne pourront être aliénés, pour une durée qu'il fixe, sans son autorisation.** *(L. n° 2005-845 du 26 juill. 2005, art. 70)* **« La durée de l'inaliénabilité ne peut excéder celle du plan. »**

(Ord. n° 2008-1345 du 18 déc. 2008, art. 59) **« Lorsque le tribunal est saisi d'une demande d'autorisation d'aliéner un bien rendu inaliénable en application du premier alinéa, il statue, à peine de nullité, après avoir recueilli l'avis du ministère public. »**

La publicité de l'inaliénabilité temporaire est assurée *(L. n° 2005-845 du 26 juill. 2005, art. 70)* **« dans des conditions fixées par décret en Conseil d'État ».**

Tout acte passé en violation des dispositions du premier alinéa est annulé à la demande de tout intéressé *(L. n° 2005-845 du 26 juill. 2005, art. 70)* **« ou du ministère public », présentée dans le délai de trois ans à compter de la conclusion de l'acte. Lorsque l'acte est soumis à publicité, le délai court à compter de celle-ci.** – *[C. com., anc. art. L. 621-72.]*

L'Ord. n° 2024-562 du 19 juin 2024 modifiant et codifiant le droit de la publicité foncière, qui devait entrer en vigueur à une date fixée par décret en Conseil d'État et au plus tard le 31 déc. 2028, ajoutait une phrase aux 3e et 4e al. de l'art. L. 626-14 (Ord. préc., art. 11 et 25). Faute de dépôt devant le Parlement d'un projet de loi de ratification dans le délai imparti (avant le 20 sept. 2024), l'Ord. préc. est caduque.

V. art. R. 626-25 et R. 626-31.

COMMENTAIRE

Depuis la loi du 26 juillet 2005, il est expressément prévu que la durée de l'inaliénabilité ne peut excéder celle du plan, ce qui ne paraissait guère douteux mais qu'il valait certainement mieux poser en principe d'ordre public.

Autre différence par rapport à l'ancien article L. 621-72, le procureur se voit autorisé, de même que « tout intéressé », à demander la nullité des actes passés en violation de l'inaliénabilité. Et notons, à cet égard, que la Cour de cassation a jugé que la sanction ne saurait consister en la résolution du plan (Com. 2 mai 2024 : *cité note 3*).

Les modalités de publicité de la décision d'inaliénabilité temporaire de certains biens nécessaires à l'exploitation de l'entreprise sont fixées par les articles R. 626-25 et R. 626-31.

Entre autres mesures destinées à renforcer le rôle du ministère public, conformément à la lettre de la loi d'habilitation, l'ordonnance du 18 décembre 2008 a précisé que, lorsque le tribunal est saisi d'une demande d'autorisation d'aliéner un bien déclaré inaliénable, il statue, à peine de nullité, après avoir recueilli l'avis du ministère public.

Par ailleurs, notons, par analogie, la solution de la Cour de cassation, rendue à propos de valeurs mobilières, qui permettrait de constituer une sûreté réelle sur les biens temporairement indisponibles (V. S. Piedelièvre, note ss. Com. 30 sept. 2008 : *JCP E 2008. 2353*). ❑

1. Biens inaliénables. L'inaliénabilité n'atteint que les biens dont la propriété est celle du débiteur et non ceux dont il n'est que locataire. • Colmar, 25 mars 1987 : *JCP E 1988. II. 15114, n° 9, obs. Cabrillac et Vivant.* ♦ Sur l'inaliénabilité d'un fonds de commerce, V. • T. com. Paris, 2 mars 1987 : *Gaz. Pal. 1987. 2. 482, note Marchi* • T. com. Dunkerque, 1er avr. 2003 : *Gaz. Pal. 2003. Somm. 3256, obs. Delattre* (fonds exploité dans un bâtiment dépendant du domaine public maritime).

2. Indivision. Les créanciers de l'indivision préexistante à l'ouverture de la procédure collective de l'un des indivisaires ne peuvent, indépendamment de la publicité foncière de l'inaliénabilité temporaire décidée par le tribunal arrêtant le plan de continuation de cet indivisaire, se voir opposer cette disposition du plan qui fait obstacle au droit de poursuite qu'ils tiennent de l'art. 815-17, al. 1er, C. civ. ; l'inaliénabilité ne revêt pas le caractère d'une insaisissabilité s'imposant aux créanciers de l'indivision. • Com. 7 févr. 2012 : *D. 2012. Actu. 499*. ♦ V. aussi note 25 ss. art. L. 622-21.

3. Sanction. Il résulte de l'art. L. 626-14 que la violation de l'interdiction d'aliéner est sanctionnée par la nullité de l'acte, de sorte qu'une vente faite en violation d'une telle interdiction ne peut entraîner la résolution du plan. • Com. 2 mai 2024, n° 22-22.968 B : *D. 2024. Pan. 1696, obs. F.-X. Lucas ; Rev. sociétés 2024. 409, obs. Henry ; JCP E 2024. 1287, n° 8, obs. Pétel ; APC 2024,* *n° 135, obs. Le Corre ; RJDA 2024, n° 407 ; BJS 7-8/2024. 37, note Macorig-Venier ; BJE 7-8/2024. 9, note Poujade ; Gaz. Pal. 24 sept. 2024, p. 60, obs. Lebel.*

Art. L. 626-15 *(Abrogé par L. n° 2016-1547 du 18 nov. 2016, art. 99-IV-8°)* ***Le plan mentionne les modifications des statuts nécessaires à la*** *(L. n° 2005-845 du 26 juill. 2005, art. 71)* ***« réorganisation » de l'entreprise.*** – *[C. com., anc. art. L. 621-73.]*

Sur les dispositions transitoires de la L. n° 2016-1547 du 18 nov. 2016, V. note ss. art. L. 621-3.

COMMENTAIRE

Par rapport à l'ancien article L. 621-73, la loi du 26 juillet 2005 avait procédé à une modification terminologique conforme à la finalité du plan de sauvegarde, différente de celle du plan de continuation d'avant la réforme (V. art. L. 620-1) : celui-ci tend, avant tout, à la « réorganisation » de l'entreprise, qui doit permettre la poursuite de l'activité, assortie, éventuellement, de l'arrêt ou de la cession de certaines activités (V. art. L. 626-1).

L'article L. 626-3 modifié permettant désormais d'opérer les modifications des statuts requises par le plan avant l'arrêté de celui-ci, la loi du 18 novembre 2016 a abrogé l'article L. 626-15. ❑

Refus de l'assemblée. Sur les conséquences du refus de l'assemblée de modifier les statuts (résolution du plan), V. • Com. 15 janv. 1991 : *cité note 33 ss. art. L. 626-25.*

Art. L. 626-16 *(Abrogé par L. n° 2016-1547 du 18 nov. 2016, art. 99-IV-8°) (L. n° 2005-845 du 26 juill. 2005, art. 72)* ***En cas de nécessité, le jugement qui arrête le plan donne mandat à l'administrateur de convoquer, dans des conditions fixées par décret en Conseil d'État, l'assemblée compétente pour mettre en œuvre les modifications prévues par le plan.***

Sur les dispositions transitoires de la L. n° 2016-1547 du 18 nov. 2016, V. note ss. art. L. 621-3.

COMMENTAIRE

L'article L. 626-16, issu de la loi du 26 juillet 2005, avait repris les dispositions de l'ancien article L. 621-74, en y ajoutant une réserve : mandat de convoquer l'assemblée (dans les formes et délais prévus aux art. R. 626-1 à R. 626-3, sur renvoi de l'art. R. 626-32) ne pourra être donné à l'administrateur qu'en cas de « nécessité ». A en croire les travaux parlementaires, cette précision, de bon sens, signifiait que, contrairement à ce que pouvait laisser penser l'ancien texte, l'assemblée générale ne devait pas nécessairement être convoquée pour mettre en œuvre les modifications prévues par le plan, mais seulement si le plan le prévoyait. La loi ne disait pas à qui incombait la constatation de cette nécessité, ni comment elle était caractérisée : il convenait, probablement, de comprendre qu'il s'agissait simplement d'une donnée de fait, résultant des dispositions mêmes du plan *(Rapp. AN, n° 2095, p. 297)*. Mais une autre lecture avait été donnée de cette disposition, consistant à ne donner mandat à l'administrateur qu'en cas de vacance de l'organe social compétent pour procéder à la convocation (V. F.-X. Lucas, *in* La loi de sauvegarde, article par article [1re partie], *LPA 8 févr. 2006, p. 82*).

L'article L. 626-3 modifié permettant désormais d'opérer les modifications des statuts requises par le plan avant l'arrêté de celui-ci, la loi du 18 novembre 2016 a abrogé l'article L. 626-16. ❑

Art. L. 626-16-1 *(Abrogé par L. n° 2016-1547 du 18 nov. 2016, art. 99-IV-8°) (Ord. n° 2014-326 du 12 mars 2014, art. 38, en vigueur le 1er juill. 2014)* ***Lorsque le tribunal donne mandat à l'administrateur, en application de l'article L. 626-16, de convoquer les assemblées mentionnées à l'article L. 626-3 à l'effet de statuer sur les modifications statutaires induites par le plan, il peut décider que l'assemblée compétente statuera, sur première convocation, à la majorité des voix dont disposent les associés ou actionnaires présents ou représentés dès lors que ceux-ci possèdent au moins la moitié des parts ou actions ayant le droit de vote. Sur deuxième convocation, il est fait application des dispositions de droit commun relatives au quorum et à la majorité.***

Sur les dispositions transitoires de la L. n° 2016-1547 du 18 nov. 2016, V. note ss. art. L. 621-3.

COMMENTAIRE

Cette disposition, issue de l'ordonnance du 12 mars 2014, accordait au tribunal la faculté de prévoir des modalités de quorum et de majorité dérogatoire au droit commun, et plus exigeantes, sur première convocation. Ainsi peuvent être neutralisées les minorités de blocage (P. Pétel, *JCP E 2014. 1223*). Comme le précise le Rapport au président de la République, ces règles renforcées respectent les limites imposées par la directive 2012/30/UE du 25 octobre 2012 sur la protection des intérêts des associés et des tiers en ce qui concerne la constitution de la société anonyme ainsi que le maintien et les modifications de son capital. Dans les sociétés anonymes, le quorum est normalement du quart sur première convocation et la majorité des deux tiers des voix dont disposent les actionnaires présents ou représentés.

Cette disposition a été critiquée, au nom de la prévisibilité et de la sécurité juridique, qui risquerait notamment de nuire aux stratégies de certains fonds de retournement (S. Vermeille et F.-A. Papon, *La Tribune, 12 mars 2014*). D'autres ont regretté qu'elle ne soit applicable qu'en cas de convocation de l'assemblée générale après adoption du plan (F. Pérochon et H. Bourbouloux, *RPC 2014. Étude 30*). Ils ont été entendus par le législateur puisque la loi du 18 novembre 2016, avant de l'abroger, a repris le contenu de l'article L. 626-16-1 dans l'article L. 626-3 modifié. ❑

Art. L. 626-17 *(Abrogé par L. n° 2016-1547 du 18 nov. 2016, art. 99-IV-8°)* ***Les associés ou actionnaires sont tenus de libérer le capital qu'ils souscrivent dans le délai fixé par le tribunal. En cas de libération immédiate, ils peuvent bénéficier de la compensation à concurrence du montant de leurs créances admises et dans la limite de la réduction dont elles sont l'objet dans le plan sous forme de remises ou de délais.*** – *[C. com., anc. art. L. 621-75.]*

Sur les dispositions transitoires de la L. n° 2016-1547 du 18 nov. 2016, V. note ss. art. L. 621-3.

COMMENTAIRE

L'article L. 626-3 modifié permettant désormais d'opérer les modifications des statuts requises par le plan avant l'arrêté de celui-ci, la loi du 18 novembre 2016 a abrogé l'article L. 626-17, devenu inutile puisque l'article L. 626-3 prévoit la compensation des créances des associés ou actionnaires en cas d'augmentation de capital. ❑

Art. L. 626-18 *(L. n° 2010-1249 du 22 oct. 2010, art. 58-I-2°)* **Le tribunal donne acte des délais et remises acceptés par les créanciers dans les conditions prévues au deuxième alinéa de l'article L. 626-5 et à l'article L. 626-6. Ces délais et remises peuvent, le cas échéant, être réduits par le tribunal.**

Le tribunal homologue les accords de conversion en titres acceptés par les créanciers dans les conditions prévues au troisième alinéa de l'article L. 626-5, sauf s'ils portent atteinte aux intérêts des autres créanciers. Il s'assure également, s'il y a lieu, de l'approbation des assemblées mentionnées à l'article L. 626-3.

Pour les créanciers autres que ceux visés aux premier et deuxième alinéas du présent article, lorsque les délais de paiement stipulés par les parties avant l'ouverture de la procédure sont supérieurs à la durée du plan, le tribunal ordonne le maintien de ces délais.

Dans les autres cas, le tribunal impose des délais uniformes de paiement, sous réserve du cinquième alinéa du présent article. Le premier paiement ne peut intervenir au-delà d'un délai d'un an. Le montant de chacune des annuités prévues par le plan, à compter de la troisième, ne peut être inférieur à 5 % de chacune des créances admises, *(Ord. n° 2021-1193 du 15 sept. 2021, art. 32, en vigueur le 1er oct. 2021)* **« et, à compter de la sixième année, à 10 %, » sauf dans le cas d'une exploitation agricole.** – *V. art. R. 626-33.*

Lorsque le principal d'une créance reste à échoir en totalité au jour du premier paiement prévu par le plan, son remboursement commence à la date de l'annuité prévue par le plan qui suit l'échéance stipulée par les parties avant l'ouverture de la procédure. A cette date, le principal est payé à concurrence du montant qui aurait été perçu par le créancier s'il avait été soumis depuis le début du plan aux délais uniformes de paiement imposés par le tribunal aux autres créanciers. Le montant versé au titre des

annuités suivantes est déterminé conformément aux délais uniformes de paiement imposés aux autres créanciers. Si aucun créancier n'a été soumis à des délais uniformes de paiement, le montant versé au titre des annuités suivantes correspond à des fractions annuelles égales du montant du principal restant dû.

Les délais de paiement imposés en application des quatrième et cinquième alinéas ne peuvent excéder la durée du plan.

(Ord. n° 2014-326 du 12 mars 2014, art. 39, en vigueur le 1er juill. 2014) **« Le crédit preneur peut, à l'échéance, lever l'option d'achat avant l'expiration des délais prévus au présent article. Il doit alors payer l'intégralité des sommes dues dans la limite de la réduction dont elles font l'objet dans le plan sous forme de remises** *(Abrogé par L. n° 2016-1547 du 18 nov. 2016, art. 99-IV-10°)* ***« ou de délais »*****.** – *Sur les dispositions transitoires de la L. n° 2016-1547 du 18 nov. 2016, V. note ss. art. L. 621-3.*

Pour les dispositions transitoires de la L. n° 2010-1249 du 22 oct. 2010, V. note ss. art. L. 626-5.

Pour les dispositions transitoires de l'Ord. n° 2021-1193 du 15 sept. 2021, V. note ss. art. L. 611-2.

Sur les mesures d'adaptation liées à l'urgence sanitaire (covid-19), V., infra, Ord. n° 2020-596 du 20 mai 2020, art. 5.

BIBL. ▸ BOURBOULOUX, *BJE 2011. 110.* – LE CORRE, *Gaz. Pal. 2012. Doctr. 2040* (délais de remboursement d'un plan supérieurs à dix ans). – DE MAULÉON DE BRUYÈRES et SCHUMACHER, *Journ. sociétés 7/2015. 25* (traitement des intérêts à échoir dans le plan de sauvegarde ou de redressement). – PODEUR, *D. 2017. Chron. 1430* (accords de conciliation et plans de sauvegarde : les restructurations de dettes au confluent du contractuel et du judiciaire).

COMMENTAIRE

I. RÉFORME DU 26 JUILLET 2005

Par rapport à l'ancien article L. 621-76, le législateur a supprimé le pouvoir du tribunal d'imposer aux créanciers ayant refusé les propositions de règlement du passif des délais uniformes excédant la durée du plan (c'est-à-dire supérieurs à dix ans). Il pouvait certes être tenté de soutenir le contraire à partir de la lecture du premier alinéa, mais l'absence de virgule précédant les mots, ajoutés par la loi de 2005, « qui peuvent excéder la durée du plan » semblait interdire cette interprétation : les délais supérieurs visaient donc, vraisemblablement, les seuls délais stipulés par les parties avant l'ouverture de la procédure.

La nouvelle rédaction, plus claire, de la loi du 22 octobre 2010 confirme cette lecture (V. II ci-dessous). Dans un souci de protection des créanciers, la loi de 1994 avait prohibé les dispositions de plan qui prévoiraient le versement du premier dividende au-delà d'un an à partir du jour du jugement arrêtant le plan (anc. art. L. 621-76, al. 2 ; Décr. 27 déc. 1985, art. 96-1, al. 2). Cependant, le texte ne prévoyait aucun minimum, ce qui laissait la porte ouverte à des prévisions de montant très faibles, sinon dérisoires. C'est ce risque – qui décrédibilise les plans – que tendait à combattre la loi de 2005 en instituant un plancher légal (modéré) : au-delà de la deuxième année, le montant de chacune des annuités prévues par le plan ne pouvait plus (sauf dans le cas d'une exploitation agricole) être inférieur à 5 % du passif admis.

Le Rapport de la Commission des lois de l'Assemblée nationale avait fourni, sur ce point, un précieux éclairage technique. « Faute de fixer un *quantum* contraignant, le premier paiement pourra être symbolique. Les paiements annuels suivants – « annuités », intégrant *a priori* amortissement et intérêts, du moins tels qu'arrêtés à la suite de la procédure d'admission de la créance et compte tenu de l'arrêt des intérêts à la date d'ouverture de la procédure pour les dettes à moins d'un an – ne pourront en revanche être inférieurs à 5 %, de façon à éviter un report des remboursements à une échéance lointaine, faute de réelles capacités de remboursement à court ou moyen terme. Le taux de 5 %, étant égal à la moitié de celui correspondant à un remboursement linéarisé sur la durée maximale de dix ans, conduit à ce que, dans le cas où le premier paiement annuel sera purement symbolique, le total du remboursement sur dix ans ne puisse donc pas être inférieur à 45 % du passif dû. On observera que, dans le cas de paiements des intérêts supérieurs à un an, inclus dans l'annuité de remboursement, et capitalisés en application du droit commun de l'article 1154 du code civil (devenu l'art. 1343-2, depuis le 1er oct. 2016, en raison de l'Ord. du 10 févr. 2016), l'amortissement lui-même ne représentera qu'une proportion plus faible du passif admis, au demeurant faible au départ et croissant dans le temps si les annuités sont fixes. Ce plancher annuel des annuités par rapport au passif admis n'est pas précisé pour les agriculteurs, auxquels [il] ne s'applique donc pas : il n'est prévu aucune homothétie avec la durée maximale du plan (quinze ans au lieu de dix), et le paiement annuel minimal pourra être inférieur à 3,33 % ».

Mais ce dispositif, pour certains, était trop rigoureux et manquait de souplesse (B. Soinne, Réalisme et confusion [à propos du projet de loi réformant le droit des procédures collectives], *D. 2004. Chron. 1506, n° 15*).

Notons que, refusant de transmettre au Conseil constitutionnel deux questions prioritaires de constitutionnalité, la Cour de cassation a jugé les articles L. 626-18, alinéa 1er, et L. 626-19, alinéa 1er, conformes, notamment, au principe d'égalité, du moment que les exceptions à ce dernier sont justifiées par les nécessités de la procédure collective, que l'article L. 626-18 n'interdit nullement la mise en œuvre d'une action en responsabilité et que le jugement rejetant le projet de plan de redressement et prononçant la liquidation judiciaire peut faire l'objet de voies de recours (Com., QPC, 20 mars 2012, n° 11-23.812).

II. RÉFORME DU 22 OCTOBRE 2010

La loi de régulation bancaire et financière du 22 octobre 2010 a clarifié et assoupli les dispositions concernant les modalités de règlement des créanciers, en particulier pour les créances à terme dont l'échéance normale intervient au cours du plan. Ces nouvelles dispositions s'appliquent aux procédures ouvertes à compter du 1er mars 2011.

A. ACCORDS DE CONVENTION EN TITRES

Le législateur de 2010 a autorisé la consultation individuelle des créanciers sur des propositions de conversion des créances en titres (V. art. L. 626-5). En conséquence, le nouvel alinéa 2 de l'article L. 626-18 prévoit l'homologation de ces accords de conversion. Le tribunal doit toutefois contrôler que ces accords ne portent pas atteinte aux intérêts des autres créanciers. Il doit également s'assurer que l'approbation des assemblées visées par l'article L. 626-3, requise en cas de nécessité de modifier le capital, a bien été obtenue. On retrouve là, moyennant quelques adaptations, les pouvoirs de contrôle octroyés au tribunal s'agissant de l'arrêté du plan (V. art. L. 626-31).

B. DÉLAIS SUPÉRIEURS À LA DURÉE DU PLAN

La nouvelle rédaction ôte tout doute sur la question des délais supérieurs à la durée du plan (V. I ci-dessus). Il est désormais clairement dit que les délais de paiement imposés ne peuvent excéder la durée du plan. Des délais supérieurs à la durée du plan ne peuvent exister que lorsque ceux-ci résultent de stipulations antérieures au jugement d'ouverture. Dans ce cas, le tribunal doit ordonner leur maintien.

Notons encore que la cour d'appel de Chambéry a jugé que, si les textes interdisent d'imposer des délais supérieurs à dix ans, ils autorisent de donner acte aux créanciers de ce qu'ils ont accepté des délais plus longs (Chambéry, 6 juill. 2012 : *APC 2012, n° 191, obs. Vallansan* ; V. aussi T. com. Annecy, 19 mars 2013 : *BJE 2013. 144, note Meynet*). La question se pose alors de la portée de cette solution, s'agissant de savoir si l'échéancier se situe hors plan ou non (dès le départ ou à partir de dix ans) ou s'il est possible, comme le préconise J. Vallansan (préc.), d'admettre un allongement de la durée du plan à plus de dix ans dès lors que des échéances acceptées sont supérieures à la durée légale (V. aussi P.-M. Le Corre, Les délais de remboursement d'un plan supérieurs à dix ans, *Gaz. Pal. 3-4 août 2012, p. 5* ; sur cette question, V. encore F. Pérochon, Entreprises en difficulté, *LGDJ, 2014, 10e éd., n° 956* ; F. Pérochon et P. Pétel, Les délais du plan de sauvegarde ou de redressement, Mél. P. Le Cannu, *Dalloz, LGDJ, IRIS, Transactive, 2014, p. 611*).

C. MONTANT DES ANNUITÉS

Il est toujours prévu que le premier paiement ne peut intervenir au-delà d'un délai d'un an. Deux modifications, en revanche, s'agissant du montant des annuités. C'est désormais à compter de la troisième année (et non plus, « au-delà de la deuxième année », formule ambiguë) que le montant de chacune des annuités prévues par le plan ne peut être inférieur à 5 % de chacune des créances admises (et non plus inférieur à 5 % du passif admis, ce qui signifie désormais que ce montant est calculé créance par créance), sous la même réserve qu'auparavant du cas des exploitations agricoles. Cette modification a été inspirée par l'affaire *Cœur Défense*, dans laquelle le débiteur était dans l'incapacité de rembourser 5 % du passif admis dès la troisième année (correspondant au remboursement du principal d'un prêt de 1,6 milliard d'euros contracté pour financer l'acquisition de la tour ; V. R. Dammann et S. Schneider, La sauvegarde financière accélérée – analyses et perspectives d'avenir, *D. 2011. Chron. 1429*, *spéc. 1438* ; V. aussi A. Besse et N. Morelli, Introduction à la « sauvegarde bouclier du SPV », *Cah. dr. entr. 7-8/2011, p. 39, spéc. p. 43* ; sur l'affaire *Cœur Défense*, V. Com. 8 mars 2011 : *cité 2 ss. art. L. 620-1*). C'est d'ailleurs ainsi, dans cette affaire, et de façon critiquable en droit, puisque le texte nouveau ne lui était pas encore applicable, que l'arrêt de renvoi de la cour d'appel de Versailles s'est implicitement fondé sur la nouvelle règle des 5 % pour décider que celle-ci ne concernait que le « passif exigible » (V. Versailles, 28 févr. 2013 : *cité note 1 ss. art. L. 626-12*).

Notons encore qu'il a été jugé que les créanciers peuvent valablement accepter que le premier paiement intervienne au-delà du délai d'un an et que le montant du dividende annuel, à compter de la troisième annuité, soit inférieur à 5 % de chacune des créances admises (T. com. Annecy, 19 mars 2013 : *préc.*).

L'ordonnance du 15 septembre 2021 a accru l'exigence pesant sur le débiteur, en prévoyant, pour les procédures ouvertes à compter du 1er octobre 2021, qu'à compter de la sixième année, le montant de chacune des annuités prévues par le plan ne peut être inférieur à 10 % de chacune des créances admises.

D. CRÉANCES À TERME DONT L'ÉCHÉANCE NORMALE INTERVIENT AU COURS DU PLAN

La réforme de 2010 aborde cette question, très technique, sur laquelle la loi était muette jusque-là, dans le nouvel alinéa 5 de l'article L. 626-18. Le mécanisme institué repose sur un compromis entre le respect des stipulations antérieures au jugement d'ouverture et le respect des délais uniformes de paiement imposés aux autres créanciers. L'idée était de tenir compte des nombreuses opérations de financements structurés prévoyant un remboursement *in fine* du capital (grâce à la vente préalable de l'actif sous-jacent ou à son refinancement), hypothèse dans laquelle, lorsque l'échéance du prêt intervenait avant le terme du plan, la règle dite des 5 % (V. ci-dessus) engendrait une accélération du remboursement du capital, difficile à supporter : dès la première annuité du plan, puis, à compter de la troisième annuité, le paiement d'un dividende égal à 5 % du montant total de la créance de prêt (Besse et Morelli, Les dispositions de la loi de régulation bancaire et financière intéressant le droit des procédures collectives : point de vue de praticiens, *RLDA déc. 2010. 23, n° 11* ; Introduction à la « sauvegarde bouclier du SPV », préc. ; V. aussi, notamment pour des exemples concrets chiffrés du nouveau mécanisme, R. Dammann et S. Schneider, *préc., spéc. p. 1439* ; H. Bourbouloux, *BJE 2011. 110* ; F. Pérochon, Entreprises en difficulté, *LGDJ, 2014, 10e éd., n° 1007*).

Quant à la question de savoir à quelles conditions peut être maintenu un délai contractuel plus court au bénéfice d'un créancier, malgré le principe des délais uniformes, un jugement a admis cette possibilité au motif que les créanciers avaient approuvé à l'unanimité le projet de plan (T. com. Paris, 25 oct. 2012 : *LEDEN janv. 2013, obs. F.-X. Lucas*, qui considère, quant à lui, que suffirait la seule acceptation du créancier concerné, voire que, depuis la modification de l'art. L. 626-5 par la L. du 22 oct. 2010, il ne serait même plus nécessaire de recueillir l'accord de ce créancier, puisque le projet de plan ne modifie pas à son égard « les modalités de paiement ») ; V., sur cette question, F. Pérochon et P. Pétel, *préc.*).

III. SORT DU CRÉDIT-PRENEUR

L'ordonnance du 12 mars 2014 a clarifié et amélioré la situation du crédit-preneur durant le plan en réécrivant le dernier alinéa de l'article L. 626-18. Le texte de 2014 prévoyait que le crédit-preneur pouvait lever l'option d'achat avant l'expiration des délais prévus, sous la seule condition de payer l'intégralité des sommes dues, dans la limite de la réduction dont elles font l'objet dans le plan sous forme de remises ou de délais. Il s'agissait là de la même condition que celle à laquelle était subordonné le bénéfice de la compensation pour les actionnaires tenus de libérer le capital souscrit (V. art. L. 626-17, abrogé). La loi du 18 novembre 2016 est venue retoucher le texte, en supprimant la référence aux délais consentis par les créanciers (en même temps qu'elle a abrogé l'art. L. 626-17). Selon un auteur, cette retouche, bienvenue en ce qu'elle simplifie le calcul de l'arriéré restant dû au crédit-bailleur, présente cependant l'inconvénient de faire fi de l'importance des efforts consentis par ce dernier (ou imposés à lui) en termes de délais (P. Cagnoli, *APC 2016, n° 267*). ❑

Ancien art. L. 626-18 *[réd. antérieure à L. n° 2010-1249 du 22 oct. 2010]* ***Le tribunal donne acte des délais et remises acceptés par les créanciers dans les conditions prévues*** *(L. n° 2005-845 du 26 juill. 2005, art. 73)* ***« au deuxième alinéa de l'article L. 626-5 et à l'article L. 626-6 ». Ces délais et remises peuvent, le cas échéant, être réduits par le tribunal. Pour les autres créanciers, le tribunal impose des délais uniformes de paiement, sous réserve, en ce qui concerne les créances à terme, des délais supérieurs stipulés par les parties avant l'ouverture de la procédure*** *(L. n° 2005-845 du 26 juill. 2005, art. 73)* ***« qui peuvent excéder la durée du plan.***

« Le premier paiement ne peut intervenir au-delà d'un délai d'un an. *— V. art. R. 626-33.*

« Au-delà de la deuxième année, le montant de chacune des annuités prévues par le plan ne peut, sauf dans le cas d'une exploitation agricole, être inférieur à 5 % du passif admis. »

Pour les contrats de crédit-bail, ces délais prennent fin si, avant leur expiration, le crédit preneur lève l'option d'achat. Celle-ci ne peut être levée si, sous déduction des remises acceptées, l'intégralité des sommes dues en vertu du contrat n'a pas été réglée. *— [C. com., anc. art. L. 621-76.]*

1. Remises imposées. A violé l'art. 74 [C. com., art. L. 626-18], le tribunal qui a imposé aux créanciers chirographaires ayant rejeté les propositions visées à l'art. 24 [C. com., art. L. 626-5], une réduction de leurs créances. • Versailles, 5 janv. 1988 : *JCP 1988. II. 21002, note Martin-Serf* • Nancy, 10 juin 1987 : *RPC 1988. 316, obs. Soinne.* ♦ V. aussi note 3 ss. art. L. 626-5.

2. Délais de paiement uniformes. Viole l'art. 74 [C. com., art. L. 626-18] le tribunal imposant aux créanciers privilégiés et chirographaires réfractaires aux propositions des délais différents de paiement. • Versailles, 3 mars 1988 : *D. 1988. IR 103.* ♦ Cependant, le sort des créanciers privilégiés réfractaires est nécessairement moins favorable que celui des créanciers privilégiés acceptants, puisque la loi contraint les juges à aligner leur sort sur celui des créanciers chirographaires réfractaires. • Versailles, 19 mai 1988 : *D. 1988. 562, concl. Challe ; JCP E 1988. II. 15300 et 15301 ; Gaz. Pal. 1988. 2. 590, note de Guillenchmidt.*

V. aussi • Com. 16 nov. 1993, n° 91-17.154 P : *D. 1995. Somm. 7, obs. Derrida.*

3. Modification du plan. En ce sens que les dispositions de l'art. 24 [C. com., art. L. 626-5], al. 2, visant l'acceptation tacite dans le cadre du plan de redressement ne doivent pas être étendues à une proposition de modification du plan car la stipulation d'une acceptation tacite constituerait une violation de l'art. 74 [C. com., art. L. 626-18] qui interdit d'imposer une réduction de créance, V. • Reims, 9 sept. 1998 : *JCP E 1999, n° 23, p. 987.*

4. Paiement annuel. Aucune disposition n'interdit au tribunal, qui décide des modalités d'apurement du passif en cas de continuation, de prévoir un paiement annuel de dividende aux créanciers tout en obligeant le débiteur à provisionner mensuellement le montant de celui-ci entre les mains du commissaire à l'exécution du plan. • Orléans, 23 nov. 2000 : *RJDA 2001, n° 478.*

5. Montant des annuités. L'art. L. 626-18 doit s'interpréter comme permettant la fixation d'échéances calculées sur 5 % du passif exigible, et donc le report du calcul des échéances au fur et à mesure que des créances deviennent exigibles au cours de l'exécution du plan. • Versailles, 28 févr. 2013, n° 12/02755 : *cité note 1 ss. art. L. 626-12.*

6. Cautions. V. art. L. 626-11, al. 2.

7. Intérêts moratoires. V. note 9 ss. art. L. 622-28.

8. Crédit-bail. Pour l'inapplicabilité de l'art. 74 [C. com., art. L. 626-18] lorsque le contrat est venu à expiration pendant la période d'observation et que la levée d'option est intervenue pendant cette période, V. • T. com. Nice, 4 nov. 1997 : *D. 1998. IR 15.*

9. Rectification d'erreur matérielle. Viole l'art. 462 C. pr. civ. le tribunal qui, sous le couvert d'une rectification d'erreur matérielle, modifie la date d'exigibilité de la première échéance du plan (laquelle avait été fixée, en violation de l'art. L. 626-18, au-delà d'un délai d'un an). • Com. 25 nov. 2020, n° 19-20.446 : *RTD com. 2021. 201, obs. Poujade ; BJE 3-4/2021. 42, note Vallens.*

Art. L. 626-19 **Le plan peut prévoir un choix pour les créanciers comportant un paiement dans des délais uniformes plus brefs mais assorti d'une réduction proportionnelle du montant de la créance.**

(Abrogé par L. n° 2005-845 du 26 juill. 2005, art. 74) ***« Dans ce cas, les délais ne peuvent excéder la durée du plan. »***

La réduction de créance n'est définitivement acquise qu'après versement, au terme fixé, de la dernière échéance prévue par le plan *(Ord. n° 2008-1345 du 18 déc. 2008, art. 60)* **« pour son paiement ».** – *[C. com., anc. art. L. 621-77.]*

Sur les mesures d'adaptation liées à l'urgence sanitaire (covid-19), V., infra, Ord. n° 2020-596 du 20 mai 2020, art. 5.

COMMENTAIRE

Par rapport à l'ancien article L. 621-77, on note la disparition, dans l'article L. 626-19, issu de la loi de 2005, de l'alinéa 2 qui précisait que « dans ce cas, les délais ne peuvent excéder la durée du plan », précision jugée « superfétatoire » par le rapporteur de la commission des lois.

Quant à la condition subordonnant l'acquisition de la remise au versement de la dernière échéance prévue par le plan, notons que l'interprétation jurisprudentielle, selon laquelle il s'agirait de la dernière échéance prévue au plan en faveur du dernier créancier inscrit au passif, ne faisait pas l'unanimité en doctrine, le Professeur F. Pérochon, notamment, s'étant prononcé en faveur de la dernière échéance prévue par le plan pour la créance en cause (F. Pérochon et R. Bonhomme, Entreprises en difficulté, Instruments de crédit et de paiement, *LGDJ, 2006, 7e éd., n° 361-1*). Cette lecture doctrinale est consacrée par l'ordonnance du 18 décembre 2008, le texte visant désormais sans ambiguïté la dernière échéance prévue par le plan « pour son paiement » (de la créance).

Sur la constitutionnalité de l'alinéa 1er, voir le commentaire sous l'article L. 626-18. ❑

1. Si un choix est proposé aux créanciers consultés individuellement par lettre recommandée, cette lettre doit préciser le terme du choix qu'ils seront censés accepter à défaut de réponse dans les délais légaux. • T. com. Marseille, 16 mai 1991 : *D. 1995. Somm. 4, obs. Derrida ; RPC 1996. 447, obs. Soinne.*

2. Il résulte de l'art. L. 621-77 [L. 626-19] C. com. que la créance ayant fait l'objet d'une réduction dans le cadre du plan n'est éteinte que lorsque le débiteur a exécuté ses engagements. • Com. 3 oct. 2006, n° 04-30.779 P : *D. 2006. AJ 2734, obs. Lienhard ; D. 2007. Pan. 42, obs. Le Corre ; APC 2006, n° 237, obs. Boulay ; Gaz. Pal. 19-20 janv. 2007, p. 31, obs. Voinot.* ♦ Pour une application de l'art. L. 626-19, al. 2, dans sa rédaction issue de l'Ord. du 18 déc. 2008, fixant la date d'acquisition de la réduction de créance au terme de la dernière échéance prévue par le plan pour le paiement de la créance considérée, V. • Com. 22 sept. 2015, n° 14-16.920 P : *D. 2015. Actu. 1949 ; JCP E 2016. 1000, n° 5, obs. Pétel ; APC 2015, n° 274, obs. Thiberge ; LEDEN 11/2015. 3, obs. Couturier ; RJDA 2015, n° 844 ; Gaz. Pal. 19 janv. 2016, p. 64, obs. Lebel ; BJE 2016. 22, note Picod ; RJ com. 2016. 271, obs. Roussel Galle ; RPC 2016, n° 80, obs. Fraimout.* ♦ La résolution du plan a pour effet d'anéantir rétroactivement les délais et remises acceptés lors de son adoption, de sorte que de telles remises, accordées au débiteur en dehors de toute négociation contractuelle étrangère au plan, ne sont définitivement acquises au débiteur qu'après versement, au terme fixé de la dernière échéance prévue par le plan. • Com. 9 mai 2007, n° 06-12.111 P : *D. 2007. AJ 1509, obs. Lienhard ; APC 2007, n° 118, obs. Vallansan ; RPC 2007. 131, obs. Lebel.*

Art. L. 626-20 **I. – Par dérogation aux dispositions des articles L. 626-18 et L. 626-19, ne peuvent faire l'objet de remises ou de délais** *(Ord. n° 2014-326 du 12 mars 2014, art. 40-1°, en vigueur le 1er juill. 2014)* **« qui n'auraient pas été acceptés par les créanciers » :**

1° Les créances garanties par le privilège établi aux articles *(Ord. n° 2007-329 du 12 mars 2007, art. 3, en vigueur le 1er mai 2008)* **« L. 3253-2, L. 3253-3, L. 3253-4 et L. 7313-8 » du code du travail ;**

2° Les créances résultant d'un contrat de travail garanties par les privilèges prévus au 4° de l'article 2101 *[2331]* **et au 2° de l'article 2104** *[2375]* **du code civil lorsque le montant de celles-ci n'a pas été avancé par les institutions mentionnées à l'article** *(Ord. n° 2007-329 du 12 mars 2007, art. 3, en vigueur le 1er mai 2008)* **« L. 3253-14 » du code du travail ou n'a pas fait l'objet d'une subrogation ;**

(Ord. n° 2014-326 du 12 mars 2014, art. 40-2°, en vigueur le 1er juill. 2014) **« 3° Les créances garanties par le privilège établi au premier alinéa de l'article L. 611-11 ; »**

(Ord. n° 2021-1193 du 15 sept. 2021, art. 33, en vigueur le 1er oct. 2021) **« 4° Les créances garanties par le privilège établi au 2° du III de l'article L. 622-17 et à l'article L. 626-10. »** – *Pour les dispositions transitoires de l'Ord. n° 2021-1193 du 15 sept. 2021, V. note ss. art. L. 611-2.*

II. – Dans la limite de 5 % du passif estimé, les créances les plus faibles prises dans l'ordre croissant de leur montant et sans que chacune puisse excéder un montant fixé par décret, sont remboursées sans remise ni délai. Cette disposition ne s'applique pas lorsque le montant des créances détenues par une même personne excède un dixième du pourcentage ci-dessus fixé ou lorsqu'une subrogation a été consentie ou un paiement effectué pour autrui. – *[C. com., anc. art. L. 621-78.] – V. art. R. 626-33-1 et R. 626-34.*

COMMENTAIRE

I. CONSENTEMENT DES CRÉANCIERS

Par la réserve qu'elle a introduite au premier alinéa, l'ordonnance du 12 mars 2014 permet désormais que les créanciers visés par l'article L. 626-20 consentent des remises ou des délais. Ce qui permettra, notamment, à l'AGS, conformément aux usages déjà, d'accorder des délais ou des remises en toute transparence (T. Montéran, *Gaz. Pal. 6-8 avr. 2014, p. 7*). Le tribunal pourra leur en donner acte, ce qui n'était pas possible auparavant (V. P.-M. Le Corre, Droit et pratique des procédures collectives, *Dalloz Action, 2023/2024, n° 522.141*). Mais, bien entendu, il demeure exclu d'imposer à ces créanciers des remises ou des délais. A cette fin, et en application de l'article L. 626-20, l'article R. 626-33-1 précise que l'acceptation des délais et remises par ces créanciers ne peut être qu'expresse, paralysant ainsi le jeu de la règle selon laquelle le défaut de réponse vaut acceptation (V. art. L. 626-5). Mais la portée exacte de ce texte réglementaire faisait débat : alors que, selon une lecture stricte et littérale (F.-X. Lucas), la disposition n'empêcherait pas la soumission des créanciers (bénéficiaires du privilège de conciliation) membres d'un comité de créanciers aux effets des décisions votées par ce dernier, même s'ils ont voté contre le plan adopté, elle interdirait selon une lecture plus téléologique (F. Pérochon), elle interdirait, même dans ce cas de figure, de leur imposer des délais ou des remises (F. Pérochon et F.-X. Lucas, *BJE 2015. 192*). Cette dernière interprétation a été expressément consacrée par la loi du 18 novembre 2016, qui a apporté à cet égard une précision à l'article L. 626-30-2, alinéa 2 (sur la portée de la nouvelle rédaction, V. F. Pérochon, *BJE 2017. 447*).

II. PRIVILÈGE DE CONCILIATION

En ajoutant à la liste des créances ne pouvant faire l'objet de remises ou de délais non consentis les créances garanties par le privilège de conciliation, l'ordonnance de 2014 a introduit une exception à la règle des délais uniformes de paiement (prévue par l'art. L. 626-18, al. 4) imposés aux créanciers récalcitrants dont l'échéance de la créance n'excède pas la durée du plan. Telle est donc la voie choisie, celle de la brèche dans le principe d'égalité de traitement des créanciers antérieurs, pour améliorer la situation des créanciers bénéficiaires du privilège de conciliation en cas de sauvegarde ou de redressement judiciaire ouvert après la conciliation (sur la portée de cette exception, V. I ci-dessus ; V. aussi, pour d'autres suggestions, non retenues, P.-M. Le Corre, En avant pour une nouvelle réforme de la loi de sauvegarde, *LPA 9 déc. 2013, p. 3*). Il s'agirait, par là, d'échapper à la situation antérieure où, en l'état des textes, la jurisprudence semblait admettre que les créanciers n'échappaient pas à la règle de l'interdiction des paiements, étaient soumis aux délais du plan et ne bénéficiaient de leur privilège que dans le cadre d'une répartition d'actifs (T. com. La Roche-sur-Yon, 17 oct. 2012 : *cité note 2 ss. art. L. 611-11*). On peut rappeler ici que le gouvernement a été habilité à prendre des mesures afin « de faciliter la recherche de nouveaux financements de l'entreprise bénéficiant d'une procédure de conciliation et d'améliorer les garanties pouvant s'y rattacher, sans porter atteinte aux intérêts de l'association pour la gestion du régime de garantie des créances des salariés ni remettre en cause le privilège des créances des salariés » (L. n° 2014-1 du 2 janv. 2014, art. 2-2°).

Il en résulte que le créancier devra être payé selon ce qui aura été convenu lors de la naissance de la créance ayant donné lieu au privilège de la conciliation, c'est-à-dire à l'échéance, comme des créanciers postérieurs méritants. Mais rien ne permet de penser pour autant que ce créancier serait désormais dispensé de déclarer sa créance à la procédure collective subséquente (P.-M. Le Corre, *D. 2014. Chron. 733*, *n° 13*). De même, l'exception introduite ne devrait pas signifier que la créance est soustraite à la règle de l'interdiction des paiements durant la période d'observation, précédant l'arrêté du plan, car elle n'en reste pas moins une créance antérieure.

III. PRIVILÈGE DES APPORTEURS DE TRÉSORERIE

L'ordonnance du 15 septembre 2021 a, fort logiquement, ajouté à la liste des créances ne pouvant faire l'objet de remises celles bénéficiant du privilège des apporteurs de trésorerie, alignées, à plusieurs égards, sur les créances garanties par le privilège de conciliation (V. comm. ss. art. L. 622-17, VII, D, et ss. art. L. 626-10, II). ❑

1. *Créances salariales.* La créance de l'AGS correspondant au montant des créances salariales garanties par le superprivilège des salariés entre dans les prévisions de l'art. 76, 1°, devenu l'art. L. 621-78, 1°, [L. 626-20] C. com. ; cette disposition, au contraire de celle du 2° du même art., ne profite, en effet, pas seulement aux salariés mais aussi à ceux qui ont acquis leur créance, dont l'AGS subrogée dans leurs droits. • Orléans, 22 févr. 2001 : *APC 2001, n° 102, obs. Soinne.* ♦ Seule l'AGS est habilitée à accorder un moratoire en paiement de sa créance superprivilégiée ; le juge des référés ne peut lui imposer des délais de paiement sur le fondement de l'art. 1244-1 [1343-5] C. civ. • Reims, 11 oct. 2010 : *APC 2011, n° 111, obs. Fin-Langer.* ♦ V. aussi note 15 ss. art. L. 626-11 et note 5 ss. art. L. 625-6.

2. Dès lors que les créances salariales n'ont pas été inscrites au plan, les salariés concernés ne peuvent exiger un paiement sans délai ni remise en exécution du plan et doivent, pour recouvrer leur droit de poursuite individuelle, attendre le terme de celui-ci. • Com. 14 nov. 2019, n° 18-15.522 : *RJDA 2020, n° 93.*

3. *Entrepreneurs de travaux publics.* Le bénéficiaire du privilège spécial mobilier, prévu par l'art. L. 143-6 [L. 3253-22] C. trav. auquel ne s'appliquent pas les dérogations énumérées par l'art. 76 de la loi du 25 janv. 1985 [C. com., art. L. 626-20], est soumis, comme les autres créanciers privilégiés, aux modalités d'apurement du passif décidées par le jugement arrêtant le plan de continuation. • Com. 17 févr. 1998, n° 95-17.490 P : *D. Affaires 1998. 538 ; JCP E 1998, n° 36, p. 1357, obs. Cabrillac.*

Ancien art. L. 626-20 ***I. — Par dérogation aux dispositions des articles L. 626-18 et L. 626-19, ne peuvent faire l'objet de remises ou de délais :***

1° Les créances garanties par le privilège établi aux articles L. 143-10 *[L. 3253-2 et L. 3253-3]*, ***L. 143-11*** *[L. 3253-4]*, ***L. 742-6 et L. 751-15*** *[L. 7313-8]* ***du code du travail ;***

2° Les créances résultant d'un contrat de travail garanties par les privilèges prévus au 4° de l'article 2101 *[2331]* ***et au 2° de l'article 2104*** *[2375]* ***du code civil lorsque le montant de celles-ci n'a pas été avancé par les institutions mentionnées à l'article L. 143-11-4*** *[L. 3253-14]* ***du code du travail ou n'a pas fait l'objet d'une subrogation.***

II. — Dans la limite de 5 % du passif estimé, les créances les plus faibles prises dans l'ordre croissant de leur montant et sans que chacune puisse excéder un montant fixé par décret, sont remboursées sans remise ni délai. Cette disposition ne s'applique pas lorsque le montant des créances détenues par une même personne excède un dixième du pourcentage ci-dessus fixé ou lorsqu'une subrogation a été consentie ou un paiement effectué pour autrui. *— [C. com., anc. art. L. 621-78.] — V. art. R. 626-34.*

Art. L. 626-21 **L'inscription d'une créance au plan et** *(L. n° 2010-1249 du 22 oct. 2010, art. 58-I-3°)* **« l'acceptation par le créancier de délais, remises ou conversions en titres donnant ou pouvant donner accès au capital** *[ancienne rédaction : l'octroi de délais ou remises par le créancier]* **» ne préjugent pas l'admission définitive de la créance au passif.**

(L. n° 2010-1249 du 22 oct. 2010, art. 58-I-3°) **« Lorsque le mandataire judiciaire a proposé l'admission d'une créance et que le juge-commissaire n'a été saisi d'aucune contestation sur tout ou partie de cette créance, les versements y afférents sont effectués à titre provisionnel dès que la décision arrêtant le plan est devenue définitive, à condition que cette décision le prévoie. »**

Les sommes à répartir correspondant aux créances litigieuses ne sont versées qu'à compter de l'admission définitive de ces créances au passif. Toutefois, la juridiction saisie du litige peut décider que le créancier participera à titre provisionnel, en tout ou partie, aux répartitions faites avant l'admission définitive.

Sauf disposition législative contraire *(Abrogé par L. n° 2005-845 du 26 juill. 2005, art. 75) « ou si le plan n'en dispose autrement »*, **les paiements prévus par le plan sont portables.** – *[C. com., anc. art. L. 621-79.]*

(L. n° 2005-845 du 26 juill. 2005, art. 75) **« Le tribunal fixe les modalités du paiement des dividendes arrêtés par le plan. Les dividendes sont payés entre les mains du commissaire à l'exécution du plan, qui procède à leur répartition. »** *(L. n° 2010-1249 du 22 oct. 2010, art. 58-I-3°)* **« Lorsque la bonne exécution du plan le requiert au regard de la nature particulière des paiements à effectuer, le tribunal peut, par décision spécialement motivée et après avis du ministère public, autoriser le commissaire à l'exécution du plan, sous sa responsabilité, à régler les créanciers par l'intermédiaire d'un établissement de crédit spécialement organisé pour effectuer des paiements de masse en numéraire ou en valeurs mobilières. »**

Pour les dispositions transitoires de la L. n° 2010-1249 du 22 oct. 2010, V. note ss. art. L. 626-5.

COMMENTAIRE

Cet article correspond à l'ancien article L. 621-79, remanié par les lois de 2009 et 2010.

I. RÈGLEMENT IMMÉDIAT

Afin d'accélérer le paiement des créanciers, la loi du 22 octobre 2010, applicable aux procédures ouvertes à compter du 1er mars 2011, a prévu le règlement immédiat des créances non contestées. Le nouvel alinéa 2 autorise ainsi, lorsque le mandataire judiciaire a proposé l'admission d'une créance et que le juge-commissaire n'a été saisi d'aucune contestation sur tout ou partie de cette créance, que les versements y afférents soient effectués à titre provisionnel dès que la décision arrêtant le plan est devenue définitive (à condition toutefois que cette décision le prévoie).

II. PORTABILITÉ DES DIVIDENDES

Jusqu'à la loi de 2005, deux exceptions au principe de portabilité des paiements étaient prévues. D'abord, les dispositions législatives contraires (réserve sans portée réelle, dès lors que les textes spéciaux en matières fiscale et de sécurité sociale sont désormais aussi dans le sens de la portabilité). Ensuite, la disposition contraire du plan. Cette dernière exception, beaucoup plus gênante pour la protection des créanciers, a disparu à son tour en 2005. La dérogation au droit commun de l'article 1247 du code civil (devenu l'art. 1342-6, depuis le 1er oct. 2016, en raison de l'Ord. du 10 févr. 2016) est maintenant complète.

III. MODALITÉS DE PAIEMENT DES DIVIDENDES

Dans le prolongement du caractère absolu de la portabilité, la réforme a tendu à améliorer l'efficacité des paiements prévus par le plan. Pour cela, elle a obligé le tribunal à fixer expressément les modalités du paiement des dividendes. Et le paiement doit intervenir entre les mains du commissaire à l'exécution du plan, chargé de procéder à leur répartition. Le cas échéant, ce mandataire engagera sa responsabilité personnelle en cas de négligence dans cette mission légale. Auparavant, la pratique permettait, au débiteur, des règlements directs sous le contrôle du juge-commissaire (G. Teboul, La réforme des procédures collectives : le retour, *LPA 4 nov. 2003, p. 3*).

Par souci d'efficacité, dans les procédures importantes, la loi du 22 octobre 2010 a autorisé, dans les conditions prévues par le dernier alinéa, le commissaire à l'exécution du plan à recourir à un établissement de crédit spécialisé pour effectuer des paiements de masse en numéraire ou en valeurs mobilières.

Sur le recouvrement des dividendes, voir l'article L. 626-27 et le commentaire sous cet article. ❑

A. PORTÉE DE L'INSCRIPTION D'UNE CRÉANCE AU PLAN

1. Il résulte de l'art. L. 626-10, al. 1er, que le plan de redressement doit prévoir le règlement de toutes les créances déclarées, même si elles sont contestées, l'inscription au plan d'une créance contestée ne préjugeant pas de son admission définitive au passif, laquelle conditionne les répartitions correspondant à cette créance, en application de l'art. L. 626-21, al. 1er et 3. • Com. 20 mars 2019, n° 17-27.527 P : *D. 2019. Pan. 1912, obs. F.-X. Lucas ; Rev. sociétés 2019. 426, obs. Roussel Galle ; RTD com. 2019. 762, obs. Martin-Serf ; JCP E 2019. 1242, note Zinty ; APC 2019, n° 90, obs. Cagnoli ; LEDEN 6/2019. 6, obs. André ; RJDA 2019, n° 449 ; RPC 2019, n° 72, obs. Monsèrié-Bon ; BJE 7-8/2019. 21, note Poujade.* — V. aussi • Com. 6 janv. 1998, n° 95-20.588 P : *D. 1998. IR 39 ; JCP E 1998, n° 17, p. 654, obs. Cabrillac* • 3 oct. 2006 : *APC 2006, n° 232, obs. Vallansan* • 15 nov. 2016, n° 14-22.785 : *BJE 2017. 101, note André.* ♦ Il s'ensuit que le juge saisi d'une demande d'arrêté de plan ne peut, même s'il y est invité, ni apprécier le caractère sérieux ou abusif d'une déclaration de créance, seul le juge-commissaire ayant le pouvoir de statuer en matière d'admission de créances, ni différer sa décision jusqu'au jour où le juge-commissaire aura statué sur les créances contestées. • Même arrêt. ♦ Comp., désormais : art. L. 626-10, al. 2, dans sa rédaction issue de l'Ord. n° 2021-1193 du 15 sept. 2021. ♦ Lorsque le plan est arrivé à son terme, les créances déclarées qui n'ont pas été inscrites au plan peuvent être recouvrées par l'exercice par le créancier de son droit de poursuite individuelle (rejetant, en conséquence, la tierce opposition formée par les créanciers contre le jugement constatant la bonne exécution du plan). • Com. 14 sept. 2022, n° 21-11.937 B : *D. 2023. Pan. 1723, obs. F.-X. Lucas ; RTD com. 2022. 873, obs. Saint-Alary-Houin ; JCP E 2022. 1342, note Cerati ; APC 2022, n° 217, obs. Ferrari ; RJDA 2022, n° 705 ; BJE 11-12/2022. 12, note Poujade ; RDBF 2022, n° 175, obs. Houin-Bressand ; RPC 2023, n° 7, obs. Lafaurie.* ♦ Dans le régime antérieur à la L. du 26 juill. 2005, le créancier qui n'avait pas reçu les dividendes fixés par le plan qui n'incluait pas sa créance pouvait en demander la résolution. • Com. 6 janv. 1998 : *préc.*

2. Viole l'art. 77 [C. com., art. L. 626-27], al. 1er, l'arrêt qui, pour admettre une créance à un montant inférieur à celui déclaré, énonce que les personnes exécutant le plan de redressement d'une entreprise ne peuvent se voir imposer des charges autres que les engagements souscrits par elles au cours de sa préparation et relève que le débiteur s'est engagé dans le projet de plan à régler cette somme en dix ans, alors que l'inscription au plan de la créance ne fait pas obstacle à son admission, pour la somme déclarée, et alors que la cour d'appel constate que cette créance est pleinement justifiée par les factures produites. • Com. 14 juin 1994, n° 92-16.420 P : *D. 1995. Somm. 6, obs. Derrida ; RTD com. 1995. 481, obs. Martin-Serf.*

3. Toutes les créances déclarées à une procédure collective doivent être soumises au plan de continuation de l'entreprise, y compris lorsque les modalités de leur apurement sont spécifiques ; en conséquence, un créancier et le débiteur ne peuvent stipuler un intérêt non prévu par la décision admettant la créance au passif. • Com. 18 mai 2022, n° 19-25.796 B : *D. 2022. Pan. 1683, obs. F.-X. Lucas ; RTD com. 2022. 869, obs. Poujade ; JCP E 2022. 1370, n° 10, obs. Pétel ; LEDEN 6/2022. 2, obs. J.-B. Barbièri ; APC 2022, n° 158, obs. Ghandour ; RJDA 2022, n° 498 ; Gaz. Pal. 27 sept. 2022, p. 46, obs. Lebel ; RPC 2022, n° 78, obs. Lafaurie.* ♦ V. aussi • Com. 23 nov. 2004 : *RTD com. 2005. 595, obs. Saint-Alary-Houin.*

B. PAIEMENTS PRÉVUS PAR LE PLAN

4. L'art. L. 626-21, al. 4 [5], n'autorise pas le tribunal à imposer au débiteur qui s'est engagé à verser des annuités de consigner des mensualités par provision. • Aix-en-Provence, 9 janv. 2014, n° 13/01487 : *APC 2014, n° 77, obs. Cagnoli.*

5. Le jugement qui arrête le plan de continuation autorise tout créancier à exercer après l'échéance, y compris en référé, une action de droit commun en paiement du dividende fixé par le plan, dès lors que sa créance a été définitivement admise au passif. • Paris, 6 févr. 2002 : *BICC 2002, n° 1283.* ♦ En conséquence, n'est pas fondée l'exception d'incompétence au profit du tribunal de la procédure collective soulevée par le débiteur. • Même arrêt. ♦ V. aussi, pour l'engagement d'une mesure d'exécution forcée, • Com. 15 oct. 2002 : *RTD com. 2003. 168, obs. Vallens.* ♦ V. aussi note 1 ss. art. L. 626-11. ♦ Comp., désormais, sur l'action en paiement des dividendes : art. L. 626-27.

6. La loi ne prévoit aucune déchéance ou forclusion relative aux demandes tardives de paiement de dividendes échus et seules les règles de la prescription font obstacle à de telles demandes. • Com. 22 oct. 1996, n° 94-10.771 P : *D. Affaires 1997. 27 ; Rev. dr. bancaire 1996. 243, obs. Campana et Calendini.*

7. Sur le droit du créancier d'obtenir le paiement des annuités échues antérieurement à l'admission définitive de sa créance, V. • Com. 22 nov. 2011, n° 10-24.129 P : *D. 2011. Actu. 2927 ; Rev. sociétés 2012. 196, obs. Roussel Galle ; JCP E 2012. 1227, n° 5, obs. Pétel ; LEDEN 1/2012. 3, obs. Staes ; RJDA 2012, n° 314 ; Gaz. Pal. 27-28 avr. 2012, p. 22, obs. Lebel.*

Art. L. 626-22 **En cas de vente d'un bien grevé** *(Ord. n° 2021-1193 du 15 sept. 2021, art. 34, en vigueur le 1er oct. 2021)* **« d'une sûreté réelle spéciale ou d'une hypothèque**

légale », *(L. nº 2005-845 du 26 juill. 2005, art. 76)* **« la quote-part du prix correspondant aux créances garanties par ces sûretés est versée en compte de dépôt à la Caisse des dépôts et consignations et » les créanciers bénéficiaires de ces sûretés ou titulaires d'un privilège général sont payés sur le prix après le paiement des créances garanties par le privilège établi aux articles** *(Ord. nº 2007-329 du 12 mars 2007, art. 3, en vigueur le 1er mai 2008)* **« L. 3253-2, L. 3253-3, L. 3253-4 et L. 7313-8 » du code du travail.**

Ils reçoivent les dividendes à échoir d'après le plan, réduits en fonction du paiement anticipé, suivant l'ordre de préférence existant entre eux.

Si un bien est grevé *(Ord. nº 2021-1193 du 15 sept. 2021, art. 34, en vigueur le 1er oct. 2021)* **« d'une sûreté réelle spéciale ou d'une hypothèque légale », une autre garantie peut lui être substituée en cas de besoin, si elle présente des avantages équivalents. En l'absence d'accord, le tribunal peut ordonner cette substitution.** – *[C. com., anc. art. L. 621-80.]*

Pour les dispositions transitoires de l'Ord. nº 2021-1193 du 15 sept. 2021, V. note ss. art. L. 611-2.

V. art. R. 626-35, R. 626-36 et R. 661-1.

COMMENTAIRE

Par rapport à l'ancien article L. 621-80, l'article L. 626-22 a été mis en cohérence avec le dispositif prévu à l'article L. 622-8 : le dépôt du prix à la Caisse des dépôts et consignations est obligatoire pour les cessions d'actifs intervenant pendant le plan de sauvegarde, visées par l'article L. 626-22, comme pour celles intervenant pendant la période d'observation, prévues par l'article L. 622-8.

La question pourra se poser de savoir si, dans l'hypothèse de cession, non prévue par le plan, par le débiteur redevenu *in bonis*, l'article L. 626-22 s'appliquerait, et permettrait, notamment, aux créanciers postérieurs privilégiés de se voir payer sur le prix de vente. Un arrêt de la chambre commerciale, rendu à propos de l'ancien article L. 621-80, penchait en sens contraire (Com. 21 févr. 2006 : *cité note 2 ss. art. L. 626-25*). Mais cette solution est critiquée (V. F. Pérochon, Entreprises en difficulté, *LGDJ, 11e éd., 2022, nº 1719*).

Notons encore que, depuis l'ordonnance du 18 décembre 2008, était également visé le gage, à côté du nantissement (ce qui était nécessaire en raison de la réforme des sûretés opérée par l'ordonnance du 23 mars 2006, qui distingue entre le gage de meubles corporels et le nantissement de meubles incorporels). Ultérieurement, afin de mettre fin à toute discussion relative au domaine du texte, l'ordonnance du 15 septembre 2021 a remplacé l'énumération limitative (privilège spécial, gage, nantissement ou hypothèque) par une formule générique (sûreté réelle spéciale ou hypothèque légale). ❑

1. Paiement des créanciers privilégiés. Pour l'inapplicabilité de l'art. L. 621-80 [L. 626-22] dans le cas où la vente du bien grevé n'a pas été prévue par le plan, mais est intervenue après l'arrêté de celui-ci, V. • Com. 21 févr. 2006 : *cité note 2 ss. art. L. 626-25.* ♦ Sur les modalités d'application de l'art. L. 621-80 [L. 626-22], al. 1er et 2, V. • Douai, 11 mars 1993 : *RPC 1993. 490, obs. Soinne.*

2. Substitution de garanties. BIBL. Pohé, *RPC 1992. 45.* ♦ Sur le pouvoir souverain d'appréciation des juges du fond, V. • Com. 20 oct. 2021, nº 20-20.810 B : *RTD com. 2022. 152, obs. Poujade ; RTD civ. 2022. 184, obs. Gjisbers ; RJDA 2022, nº 30 ; BJE 3-4/2022. 19, note Macorig-Venier ; RPC 2022, nº 27, obs. Lafaurie.* ♦ L'art. 78 [C. com., art. L. 626-22], al. 3, n'autorise pas le juge à substituer une caution bancaire à l'immeuble dont la réalisation est envisagée et qui doit sortir du patrimoine gage des créanciers soumis au plan de continuation. • Paris, 29 juin 1993 : *D. 1995. Somm. 5, obs. Derrida.* ♦ Par suite, le juge, statuant sur une demande de modification du plan de continuation qui prévoyait qu'un immeuble ne pourrait être cédé sans son autorisation, subordonne à bon droit cette autorisation au règlement du passif, tant des créanciers titulaires de sûretés sur l'immeuble que des créanciers chirographaires. • Même arrêt.

Art. L. 626-23 En cas de cession partielle d'actifs, le prix est versé *(L. nº 2005-845 du 26 juill. 2005, art. 77)* **« au débiteur » sous réserve de l'application de l'article L. 626-22.** – *[C. com., anc. art. L. 621-81.]*

BIBL. ▸ Dorléac, *BJE 2011. 293.*

COMMENTAIRE

Comme partout ailleurs, la loi nouvelle vise le débiteur et non plus l'entreprise (comme le faisait l'anc. art. L. 621-81). ❑

Art. L. 626-24 *(L. nº 2005-845 du 26 juill. 2005, art. 78)* **« Le tribunal peut charger l'administrateur d'effectuer les actes, nécessaires à la mise en œuvre du plan, qu'il détermine. »**

Le mandataire judiciaire demeure en fonction pendant le temps nécessaire *(L. nº 2005-845 du 26 juill. 2005, art. 78)* **« à la vérification et à l'établissement définitif de l'état des créances ».** – *[C. com., anc. art. L. 621-67.]*

(Ord. nº 2008-1345 du 18 déc. 2008, art. 61) **« Lorsque la mission de l'administrateur et du mandataire judiciaire est achevée, il est mis fin à la procédure dans des conditions fixées par décret en Conseil d'État. »**

V. art. R. 626-38 s.

COMMENTAIRE

L'article L. 626-24, issu de la loi du 26 juillet 2005, a laissé inchangée, par rapport au droit antérieur, la mission – facultative – de l'administrateur pour la mise en œuvre du plan de sauvegarde. Contrairement à ce qui est prévu par l'article L. 622-1, qui maintient durant la période d'observation l'administration de l'entreprise à son dirigeant, la mission de l'administrateur, dans cette seconde étape de la procédure, est donc librement fixée par le tribunal comme auparavant, avec comme seul encadrement la condition que les actes soient *« nécessaires à la mise en œuvre du plan »*, sans autres précisions. En pratique, il s'agit, essentiellement, pour l'administrateur, de passer les actes, limités et éventuels, prévus par l'article L. 626-16 (convocation de l'assemblée générale en cas de nécessité), et de poursuivre sa mission d'assistance au débiteur *(Rapp. AN, nº 2095, p. 306)*.

En cas d'adoption d'un plan de sauvetage ou redressement, l'article L. 626-24 (qui correspond à l'anc. art. L. 621-67) prolonge (légèrement) la mission du mandataire judiciaire : celle-ci ne prendra plus fin à l'achèvement des opérations de vérification des créances, mais avec l'établissement définitif de l'état des créances. Ce qui n'enlève rien à la jurisprudence lui déniant toute qualité à agir pour défendre l'intérêt collectif des créanciers après arrêté du plan de redressement (V. note 4 ss. art. L. 626-25 ; P.-M. Le Corre, La situation générale du débiteur et des créanciers dans l'avant-projet de réforme des entreprises en difficulté, *Gaz. Pal. 10-11 déc. 2003, p. 13, 1re partie, nº 16*).

L'ordonnance du 18 décembre 2008 est venue ajouter que, lorsque la mission de l'administrateur et du mandataire judiciaire est achevée, il est mis fin à la procédure dans des conditions fixées par décret en Conseil d'État. Cette précision ressortait déjà, en termes un peu différents, de l'art. R. 626-42. La procédure ne serait donc plus en cours, bien que le plan soit encore en cours d'exécution, ce qui ne correspond pas à la jurisprudence de la Cour de cassation, s'agissant de l'application dans le temps des régimes de résolution des plans (V., notamment, Com. 18 mars 2008 : *cité note 1 ss. art. L. 626-27*). ❑

1. Délimitation des pouvoirs. **BIBL.** Soinne, *RPC 2001. 163.* ♦ En vertu des art. 46, 63, al. 2, 66, 67 et 147 [C. com., art. L. 622-20, ancien art. L. 621-64, art. L. 626-24, L. 626-25 et ancien art. L. 621-143], le représentant des créanciers [mandataire judiciaire], qui demeure en fonction pendant le temps nécessaire à la vérification des créances, agit au nom et dans l'intérêt des créanciers ; le commissaire à l'exécution du plan de redressement de l'entreprise est chargé de veiller à l'exécution de celui-ci, tandis que les pouvoirs nécessaires à la mise en œuvre du plan, spécialement en ce qui concerne les licenciements prévus, sont attribués à l'administrateur ; en cas d'ouverture d'une procédure simplifiée de redressement judiciaire sans administrateur, le commissaire à l'exécution du plan assiste le débiteur dans l'accomplissement des actes nécessaires à la mise en œuvre du plan. • Soc. 8 avr. 1992, nº 89-43.288 P : *D. 1992. IR 187.* ♦ Cassation, pour violation de ces textes, de l'arrêt qui condamne *in solidum* le commissaire à l'exécution du plan, le représentant des créanciers et le débiteur à payer des dommages et intérêts à un salarié irrégulièrement licencié pour motif économique en application d'un plan de cession, alors que la cour d'appel ne peut condamner que l'administrateur ès qualités et le débiteur, ou, en cas de procédure simplifiée et en l'absence de désignation d'un administrateur, que le débiteur assisté du commissaire à l'exécution du plan. • Même arrêt. ♦ V. aussi notes 9 s. ss. art. L. 626-25.

2. Fin des fonctions du représentant des créanciers [mandataire judiciaire]. Le représentant des créanciers, demeurant en fonction pendant le temps nécessaire à la vérification des créances, est recevable à faire appel d'un jugement ayant reconnu l'existence de cette créance. • Com. 11 avr. 1995 : *JCP 1995. IV. 1478.* ♦ Mais, le représentant des créanciers ne demeure en fonction que pour achever la vérification du passif et n'a plus qualité pour exercer, après le jugement arrêtant le plan, une action en paiement de dommages-intérêts contre une personne à qui il est reproché d'avoir contribué, par des agissements fautifs, à la diminution de l'actif ou à l'aggravation du passif. • Com. 12 juill. 1994, n° 92-14.349 P : *D. 1995. Somm. 1, obs. Derrida* • 3 janv. 1995 : *BJS 1995. 266, note Couret.* ♦ Dans le même sens, pour des actions en comblement de passif et en prononcé de faillite personnelle, V. • Com. 24 sept. 2003, n° 00-11.010 P : *D. 2003. AJ 2438, obs. Lienhard ; BJS 2003. 1265, note Cagnoli ; JCP E 2004, n° 5, p. 174, obs. Pétel ; ibid., n° 11, p. 423, note Legros ; Rev. sociétés 2004. 412, note F.-X. Lucas ; RPC 2005. 150, obs. Martin-Serf.* ♦ V. note 18 ss. art. L. 626-25. ♦ De même, après l'adoption d'un plan de redressement, le représentant des créanciers n'a plus qualité pour demander en référé la désignation d'un expert en vue de rechercher les éléments relatifs à la responsabilité d'une banque pour soutien abusif. • Com. 8 janv. 2002 : *APC 2002, n° 72.* ♦ V. aussi, sur le défaut de qualité pour agir en rapport du montant d'un chèque, sur le fondement de l'art. L. 621-109 [L. 632-3] C. com., • Com. 23 nov. 2004, n° 03-17.141 P : *D. 2004. AJ 3218, obs. Lienhard ; RDBF 2005, n° 18, obs. F.-X. Lucas ; Dr. et patr. 4/2005. 114, obs. Monsèrié-Bon ; RTD com. 2005. 590, obs. Saint-Alary-Houin .* ♦ ... Pour poursuivre une action en nullité de la période suspecte, note 6 ss. art. L. 632-4. ♦ La fin de non-recevoir tirée du défaut de qualité du représentant des créanciers pour agir en paiement des dettes sociales n'est pas susceptible d'être régularisée par la nomination d'un mandataire *ad hoc.* • Com. 28 mars 2000, n° 97-12.243 P : *D. 2000. AJ 212 ; JCP E 2000, n° 40, p. 1561, obs. Pétel.*

3. Sur l'absence d'intérêt du représentant des créanciers pour agir en nullité d'une vente conclue durant la période suspecte, dès lors que la liquidation judiciaire de la société a été clôturée pour extinction du passif et qu'il a été mis fin au redressement judiciaire du dirigeant après adoption du plan d'apurement de son passif, l'intégralité des sommes destinées à couvrir ce passif ayant été consignée entre les mains du représentant des créanciers avant la date de l'assignation en nullité, V. • Com. 29 oct. 1991 : *D. 1992. 424, note Sortais .*

Art. L. 626-25 *(L. n° 2005-845 du 26 juill. 2005, art. 79)* **« Le tribunal nomme, pour la durée fixée à l'article L. 626-12, l'administrateur ou le mandataire judiciaire en qualité de commissaire chargé de veiller à l'exécution du plan. Le tribunal peut, en cas de nécessité, nommer plusieurs commissaires.** *(Abrogé par Ord. n° 2009-112 du 30 janv. 2009, art. 11-I, à compter du 15 févr. 2009) (Ord. n° 2008-1345 du 18 déc. 2008, art. 62)* ***« Les dispositions de l'article L. 621-4-1 sont applicables au commissaire à l'exécution du plan. »***

(L. n° 2016-1547 du 18 nov. 2016, art. 99-IV-11°) **« A la demande du débiteur, le tribunal peut confier à l'administrateur ou au mandataire judiciaire qui n'ont pas été nommés en qualité de commissaire à l'exécution du plan une mission subséquente rémunérée, d'une durée maximale de vingt-quatre mois, dans les conditions prévues par décret en Conseil d'État. »** – *Sur les dispositions transitoires de la L. n° 2016-1547 du 18 nov. 2016, V. note ss. art. L. 621-3.*

« Les actions introduites avant le jugement qui arrête le plan et auxquelles l'administrateur ou le mandataire judiciaire est partie sont poursuivies par le commissaire à l'exécution du plan ou, si celui-ci n'est plus en fonction, par un mandataire de justice désigné spécialement à cet effet par le tribunal.

« Le commissaire à l'exécution du plan est également habilité à engager des actions dans l'intérêt collectif des créanciers. »

Le commissaire à l'exécution du plan peut se faire communiquer tous les documents et informations utiles à sa mission.

Il rend compte au président du tribunal et au *(L. n° 2005-845 du 26 juill. 2005, art. 79)* **« ministère public » du défaut d'exécution du plan. Il en informe le comité** *(Ord. n° 2021-1193 du 15 sept. 2021, art. 35, en vigueur le 1er oct. 2021)* **« social et économique ».** – *V. art. R. 626-43 et R. 626-47.* – *Pour les dispositions transitoires de l'Ord. n° 2021-1193 du 15 sept. 2021, V. note ss. art. L. 611-2.*

(L. n° 2003-7 du 3 janv. 2003, art. 43) **« Toute somme perçue par le commissaire à l'exécution du plan est immédiatement versée en compte de dépôt à la Caisse des dépôts et consignations. En cas de retard, le commissaire à l'exécution du plan doit,**

pour les sommes qu'il n'a pas versées, un intérêt dont le taux est égal au taux de l'intérêt légal majoré de cinq points. » – *[C. com., anc. art. L. 621-68.] – Pour l'insaisissabilité des sommes versées à la Caisse des dépôts et consignations, V. art. L. 662-1.*

(L. n° 2005-845 du 26 juill. 2005, art. 79) **« Le commissaire à l'exécution du plan peut être remplacé par le tribunal, soit d'office, soit à la demande du ministère public. »** *(Ord. n° 2008-1345 du 18 déc. 2008, art. 62)* **« Lorsque le remplacement est demandé par le commissaire à l'exécution du plan, le président du tribunal statue par ordonnance. »** – *V. art. R. 626-44.*

BIBL. ► GOMEZ, *RPC 2008. 28* (durée de la mission du commissaire à l'exécution du plan).

COMMENTAIRE

L'article L. 626-25, issu de la loi du 26 juillet 2005, a repris les dispositions, moyennant quelques modifications, de l'ancien article L. 621-68.

I. DURÉE DE LA MISSION DU COMMISSAIRE À L'EXÉCUTION DU PLAN

Cette durée est calquée sur celle du plan fixée par l'article L. 626-12. L'ordonnance du 12 mars 2014 a opportunément tiré les conséquences de la possibilité, pour le plan, de prévoir des échéances postérieures à l'échéance stipulée par les parties avant l'ouverture de la procédure : dans ce cas, la mission du commissaire à l'exécution du plan ne prend fin qu'au paiement de la dernière échéance prévue (V. art. L. 626-31).

II. POUVOIRS DU COMMISSAIRE À L'EXÉCUTION DU PLAN

La loi du 26 juillet 2005 a précisé la teneur de la mission du commissaire à l'exécution du plan. Sans changement notable par rapport à la rédaction précédente, le texte remanié l'habilite, d'abord, à poursuivre « les actions introduites avant le jugement qui arrête le plan et auxquelles l'administrateur ou le mandataire judiciaire est partie ». Avant, d'ajouter, si le commissaire à l'exécution du plan n'est plus en fonction, que ces actions sont poursuivies « par un mandataire de justice désigné spécialement à cet effet par le tribunal ». Ce qui ne fait que confirmer, en lui donnant force de loi, la solution posée par l'article 90 du décret du 27 décembre 1985, et la jurisprudence rendue sur son fondement (V. ss. cet art.). Remarquons ici que ce mandataire *ad hoc* ne saurait, toutefois, engager une action (V. note 14).

Enfin, le législateur a consacré l'interprétation prétorienne extensive qui avait, déjà sous l'empire du texte ancien dont la lettre ne le permettait nullement et depuis un arrêt de principe du 12 juillet 1994, jugé que le commissaire à l'exécution du plan trouvait dans les pouvoirs qui étaient conférés par l'ancien article L. 621-68, alinéa 2, en vue de poursuivre les actions exercées avant le jugement arrêtant le plan, par le représentant des créanciers, pour la défense de leurs intérêts, qualité pour engager également en leur nom une action tendant aux mêmes fins (V. note 18 ; pour une opinion refusant de reconnaître un caractère interprétatif au nouvel art. L. 626-25, alinéa 2, V. P.-M. Le Corre, La situation générale du débiteur et des créanciers dans l'avant-projet de réforme des entreprises en difficulté, *Gaz. Pal. 10-11 déc. 2003, p. 13*). La portée exacte de cette consécration reste cependant incertaine quant à certaines solutions prétoriennes. Ainsi peut-on, par exemple, se demander si sera remise en question l'interdiction faite par la Cour de cassation au commissaire à l'exécution du plan d'agir en report de la date de cessation des paiements (V. Com. 4 oct. 2005 : *cité note 10 ss. anc. art. L. 621-7 ;* V. ss. art. L. 631-8).

III. DÉSIGNATION DU COMMISSAIRE À L'EXÉCUTION DU PLAN

La loi de 2005 a posé le principe de la désignation, en qualité de commissaire à l'exécution du plan, de l'un des organes ayant participé à la procédure de sauvegarde elle-même, et non d'un tiers qui la découvrirait : le tribunal doit donc nommer à cette fonction l'administrateur ou le mandataire judiciaire. Il convient toutefois de considérer ces deux fonctions comme subséquentes, même si un chevauchement peut se produire. Dans la pratique, cette situation doit se traduire, comme avant, par un arrêté de compte et un état de fin de mission de l'administrateur, une fois celle-ci achevée. Par souci de transparence, notamment en ce qui concerne les rémunérations, il est en effet souhaitable que la reddition des comptes de l'administrateur ne soit pas reportée au terme du plan et soit distincte de celle du commissaire à l'exécution du plan *(Rapp. AN, n° 2095, p. 306)*. Quant au choix de l'administrateur, il ne paraît pas forcément opportun, a-t-on pu estimer : de défenseur de l'outil de production contre, le cas échéant, les créanciers, la même personne se retrouve alors défenseur de ces mêmes créanciers (B. Soinne, La croisée des chemins : l'avant-projet de réforme, *APC 2003, n° 19*).

Par ailleurs, par cohérence avec la disposition relative au juge-commissaire désigné par le jugement d'ouverture (art. L. 621-4), la possibilité est expressément prévue, si nécessaire, de nommer plusieurs commissaires à l'exécution du plan. La jurisprudence était déjà en ce sens (Com. 11 déc. 2001 : *cité note 6*).

Le commissaire à l'exécution du plan peut toutefois être remplacé par le tribunal, soit d'office, soit à la demande du ministère public. Cette faculté doit être regardée comme une mesure de souplesse à la disposition du tribunal, lui permettant de choisir, si besoin est, le commissaire à l'exécution en dehors des listes des administrateurs et mandataires judiciaires. Si l'administrateur ou le mandataire judiciaire ont, dès le départ, été choisis en dehors de ces listes, ils pourront également être nommés commissaires à l'exécution du plan.

IV. REMPLACEMENT DU COMMISSAIRE À L'EXÉCUTION DU PLAN

Comme pour le remplacement de l'administrateur ou du mandataire judiciaire (V. art. L. 621-7), le dernier alinéa de l'article L. 626-25, ajouté en 2008, offre une souplesse opportune lorsque la demande de remplacement émane du commissaire à l'exécution du plan lui-même (pour quelque raison que ce soit : risque de conflit d'intérêts, mais aussi motif personnel). Dans ce cas, comme il s'agit d'une sorte de mesure d'administration judiciaire (même si le texte ne le dit pas ; à la différence de l'article L. 621-9, s'agissant du remplacement du juge-commissaire), la procédure est simplifiée : c'est le président du tribunal, et non le tribunal, qui statue (par ordonnance, saisi par le juge-commissaire).

V. MISSION SUBSÉQUENTE

La loi du 18 novembre 2016 a donné au débiteur la faculté de demander au tribunal de confier à l'administrateur ou au mandataire judiciaire qui n'ont pas été nommés en qualité de commissaire à l'exécution du plan une mission subséquente rémunérée d'une durée maximale de vingt-quatre mois dans les conditions prévues par décret en Conseil d'État. Cette disposition devrait permettre au débiteur qui le souhaite d'être accompagné dans la mise en œuvre initiale de ce plan. ❑

A. EFFETS DU JUGEMENT ARRÊTANT LE PLAN

1. Le jugement arrêtant le plan de cession [de sauvegarde ou de redressement] de l'entreprise mettant fin, dès son prononcé, à la période d'observation, le débiteur retrouve la totalité de ses pouvoirs, sous réserve de ceux qui sont attribués à l'administrateur pour la mise en œuvre du plan et au commissaire à l'exécution du plan pour veiller à l'exécution de celui-ci. • Soc. 20 janv. 1993, n° 88-42.702 P : *D. 1994. Somm. 40, obs. Derrida* • 3 mars 1994 : *RPC 1994. 232, obs. Soinne* • 13 juin 2001 : *APC 2001, n° 199*. – V. aussi • Civ. 3e, 7 juin 2001 : *APC 2001, n° 212, obs. Regnaut-Moutier.*

2. Après l'arrêté du plan de continuation [de redressement] et sauf disposition contraire de celui-ci, le débiteur, redevenu maître de ses biens, peut disposer de ceux-ci ainsi que de leur prix, sans avoir à solliciter l'autorisation du tribunal ou du juge-commissaire, ses créanciers étant réglés selon les modalités du plan. • Com. 21 févr. 2006, n° 04-10.187 P : *D. 2006. AJ 719, obs. Lienhard ; ibid. Pan. 2253, obs. F.-X. Lucas ; JCP E 2006, n° 14-15, p. 670, obs. Cabrillac ; LPA 27 avr. 2006, p. 18, note Lebel ; Gaz. Pal. 30 avr.-4 mai 2006, p. 32, obs. Voinot ; APC 2006, n° 91, obs. Boulay ; RTD com. 2006. 482, obs. Vallens ; JCP N 2006, n° 49, p. 2143, obs. Vauvillé.* ♦ De même, le débiteur redevenu maître de ses biens est recevable à exercer une action en résolution d'un contrat, peu important l'inaction de l'administrateur pendant la période d'observation. • Com. 16 sept. 2008, n° 07-13.713 P : *D. 2008. AJ 2425, obs. Lienhard ; APC 2008, n° 269, obs. Regnaut-Moutier ; JCP E 2009. 1008, n° 5, obs. Pétel ; LPA 25 mars 2009, note Rakotovahiny.*

3. Pour la recevabilité de l'action contractuelle de la société débitrice contre un établissement de crédit ayant rompu abusivement son concours antérieurement au jugement d'ouverture, dès lors qu'il s'agit d'obtenir réparation d'un préjudice distinct de celui subi par les créanciers de la procédure collective, V. • Com. 13 mars 2007, n° 06-13.325 P : *D. 2007. AJ 1020, obs. Lienhard ; APC 2007, n° 107, obs. Legeais ; BJS 2007. 839, note F.-X. Lucas ; Gaz. Pal. 20-21 juill. 2007, p. 49, obs. Routier ; RPC 2007. 238, obs. Martin-Serf.* – V. aussi Paclot et Roussel Galle, *JCP E 2008. 2101*.

4. La mission d'assistance confiée à l'administrateur prend fin à la date du jugement arrêtant le plan de continuation [de sauvegarde ou de redressement] et, dès lors, le débiteur est apte à former seul un recours en cassation ; il ne peut donc être soutenu que le pourvoi est irrecevable faute pour le commissaire à l'exécution du plan d'y figurer au lieu et place de l'administrateur chargé d'assister le débiteur. • Com. 30 mars 1993 : *D. 1995. Somm. 6, obs. Derrida*. – Dans le même sens, V. • Com. 15 oct. 2002 : *RDBF 2003, n° 81, obs. F.-X. Lucas.*

5. Lorsqu'une procédure portant sur des créances nées après le jugement d'ouverture est en cours, au jour du jugement arrêtant le plan, le débiteur doit y être appelé, afin d'y défendre ses intérêts, nul ne pouvant être condamné sans avoir été entendu ou appelé. • Soc. 27 nov. 2001, n° 00-40.771 P : *JCP E 2002, n° 3, p. 112 ; RTD com. 2002. 154, obs. Saint-Alary-Houin*.

B. COMMISSAIRE À L'EXÉCUTION DU PLAN

6. Nomination. Aucune disposition n'interdit au tribunal de désigner plusieurs commissaires à l'exécution du plan lorsque la situation du débiteur rend ces désignations nécessaires. • Com. 11 déc. 2001 : *RJDA 2002, n° 412.* ♦ Solution confirmée par l'art. L. 626-25, al. 1er, dans sa réd. issue de L. n° 2005-845 du 26 juill. 2005. ♦ Lorsque le tribunal qui a arrêté le plan désigne plusieurs commissaires à l'exécution du plan, chacun d'eux se trouve investi de la totalité des pouvoirs dévolus par la loi à cet organe, lequel ne représente pas le débiteur, et a la capacité de les exercer seul, de sorte que la notification du jugement faite à l'un d'eux ne fait pas courir le délai d'appel à l'égard de l'autre (cassation pour violation de l'art. 529 C. pr. civ.). • Com. 9 mai 2007, n° 05-19.320 P : *D. 2007. AJ 1426 ; Defrénois 2007. 1565, obs. Gibirila.*

7. Désignation d'office. En ce sens que constitue une mesure d'administration provisoire non susceptible de recours la désignation d'office par le tribunal, en qualité de commissaire à l'exécution du plan, en lieu et place du mandataire désigné, d'une société d'exercice libéral prise en la personne de ce mandataire, en raison du constat que ce dernier n'exerçait plus son activité professionnelle à titre individuel mais en société, V. • Com. 16 juin 2009, n° 08-10.584 P : *D. 2009. AJ 1822 ; RJDA 2009, n° 993 ; Gaz. Pal. 1er-3 nov. 2009, p. 12, obs. Bidan.*

8. Qualité. La révision d'une décision ne pouvant être demandée que par les personnes qui y ont été parties ou représentées, le commissaire à l'exécution du plan ne peut pas demander la révision de l'arrêt auquel a été partie le débiteur mis ensuite en redressement judiciaire. • Com. 16 mars 1999, n° 96-18.933 P : *D. 1999. Somm. 349, obs. Honorat ; D. Affaires 1999. 718, obs. A. L.*

9. Pouvoirs. Lorsque la mission de l'administrateur a pris fin, l'action en paiement d'une créance née régulièrement après le jugement d'ouverture doit, conformément aux art. 67 [C. com., art. L. 626-25], al. 1er, ci-dessus et 90 du Décr. du 27 déc. 1985 [abrogé], être dirigée contre le commissaire à l'exécution du plan, désigné pour la durée de ce plan, avec mission de veiller à son exécution. • Soc. 20 janv. 1993 : *préc. note 1.*

10. Les dispositions de l'art. L. 626-25, al. 3, suivant lesquelles les actions introduites avant le jugement qui arrête le plan et auxquelles l'administrateur ou le mandataire judiciaire est partie sont poursuivies par le commissaire à l'exécution du plan, ne concernent pas les instances qui étaient en cours à la date du jugement d'ouverture du redressement judiciaire ; il en résulte qu'après le jugement arrêtant le plan de redressement, l'action en paiement engagée contre le débiteur avant le jugement d'ouverture de son redressement judiciaire est poursuivie contre ce dernier redevenu maître de ses biens, le commissaire à l'exécution du plan n'ayant pas qualité pour poursuivre l'instance. • Soc. 22 janv. 2020, n° 17-25.744 P : *D. 2020. Actu. 213 ; RTD com. 2020. 486, obs. Poujade ; LEDEN 3/2020. 2, obs. Dedessus-Le-Moustier ; DP diff. entr., Bull. n° 423, obs. Henry ; APC 2020, n° 95, obs. Fin-Langer ; RPC 2020, n° 58, obs. Jacotot.* – V. déjà • Com. 22 juin 1993, n° 91-14.858 P : *D. 1994. Somm. 39, obs. Derrida*.

11. Il résulte de l'art. L. 626-25, al. 3, que le commissaire à l'exécution du plan n'a qualité pour poursuivre ni une action exercée par le débiteur avant l'ouverture de sa procédure collective ni une action exercée pendant la période d'observation, à laquelle le mandataire judiciaire n'avait pas à être appelé. • Com. 5 mai 2021, n° 20-13.227 P : *D. 2021. Actu. 900 ; Rev. sociétés 2021. 407, obs. Henry ; RTD com. 2022. 154, obs. Poujade ; JCP E 2021. 1424, n° 6, obs. Tehrani ; APC 2021, n° 150, obs. Cagnoli ; RJDA 2021, n° 499 ; BJE 7-8/2021. 17, note Houin-Bressand.*

12. Après l'adoption d'un plan de cession, les opérations de la procédure collective ne se poursuivent que pour leur achèvement, qu'il s'agisse de la vérification des créances, ou des instances en cours, ou encore de l'exécution du plan. • Montpellier, 19 mars 1996 : *D. 1996. IR 134 ; JCP E 1996. I. 584, n° 15, obs. Pétel ; RPC 1996. 375, obs. Soinne,* conf. par • Com. 9 juin 1998 : *D. 1998. IR 197 ; D. Affaires 1998. 1218 ; Quot. jur. 24 sept. 1998, p. 3, note P. M. ; RTD com. 1998. 931, obs. Saint-Alary-Houin*.

13. Lorsque la mission du représentant des créanciers a pris fin dans les conditions prévues à l'art. 88, al. 2, du Décr. du 27 déc. 1985 [C. com., art. R. 626-38, al. 2], la procédure de vérification et d'admission ouverte par la déclaration de créance est poursuivie par le commissaire à l'exécution du plan ou, si ce dernier n'est plus en fonction, par le mandataire *ad hoc* désigné par le tribunal de la procédure collective. • Com. 25 oct. 1994, n° 92-15.654 P.

14. Dès lors que les organes de la procédure n'ont pas usé des pouvoirs qui leur ont été conférés par la loi, aucun mandataire, même spécialement nommé (désignation d'un mandataire *ad hoc* pour engager une nouvelle procédure), ne peut recevoir pour mission d'exercer ces pouvoirs, définitivement révolus. • Montpellier, 19 mars 1996 : *préc. note 12.*

15. Il résulte de l'art. 67 [C. com., art. L. 626-25], al. 2, qu'après le jugement arrêtant le plan de redressement, seul le commissaire à l'exécution du plan a qualité pour poursuivre les actions introduites auparavant. • Com. 30 mai 1989, n° 87-19.668 P : *D. 1991. Somm. 9, obs. Derrida.* ♦ En conséquence, est sans qualité à se pourvoir en cassation l'administrateur du redressement judiciaire, agissant comme tel, dans un litige opposant le débiteur à un tiers, faute pour le commissaire de s'être substitué à l'administrateur dans le délai prévu à l'art. 978 NCPC [C. pr. civ.] • Même arrêt. ♦ Cette fin de non-recevoir est d'ordre public et peut être relevée d'office. • Même arrêt. – Dans le même sens : • Com. 14 avr. 1992, n° 90-15.741 P : *D. 1992. Somm. 374, obs. Honorat.* ♦ De même, la personne agissant en qualité d'administrateur judiciaire est sans qualité pour former appel d'un jugement relatif au licenciement d'un salarié auquel elle avait procédé. • Soc. 2 avr. 1996, n° 91-42.864 P : *D. 1996. IR 123.* ♦ ... Ou pour déposer un mémoire ampliatif. • Soc. 6 nov. 2001 : *APC 2002, n° 10.* ♦ En revanche, l'administrateur a qualité pour défendre aux actions nées après le jugement arrêtant le plan et destinées à faire obstacle à son exécution. • Paris, 15 janv. 1991 : *D. 1991. IR 54.*

16. Sur les modalités de la poursuite par le commissaire à l'exécution du plan d'une procédure d'appel initiée par le mandataire judiciaire, V. • Com. 16 déc. 2014 : *D. 2015. Actu. 70 ; Rev. sociétés 2015. 204, obs. Henry ; JCP E 2015. 1204, n° 4, obs. Pétel ; LEDEN 2/2015. 4, obs. Pelletier ; APC 2015, n° 50, obs. Rolland ; Gaz. Pal. 1er-5 mai 2015, p. 27, obs. Lebel.*

17. Le commissaire à l'exécution du plan, qui n'a pas engagé en cette qualité une action en responsabilité à l'encontre d'une banque et qui n'a fait que poursuivre en cette qualité l'action introduite par l'administrateur, qui n'avait pas qualité pour l'engager, n'est pas habilité à demander une condamnation sur le fondement de cette action. • Com. 5 janv. 1999 : *D. Affaires 1999. 219, obs. A. L. ; LPA 26 janv. 1999, p. 8, note P. M ; RJ com. 1999. 414, note Courtier ; RPC 2002. 118, obs. Martin-Serf.*

18. Le commissaire à l'exécution du plan trouve dans les pouvoirs qui lui sont conférés par l'art. 67 [C. com., art. L. 626-25], al. 2, en vue de poursuivre les actions exercées avant le jugement arrêtant le plan, par le représentant des créanciers, pour la défense de leur intérêt collectif, qualité pour engager également en leur nom une action tendant aux mêmes fins. • Com. 12 juill. 1994, n° 92-14.349 P : *D. 1995. Somm. 1, obs. Derrida ; LPA 16 juin 1995, p. 22* (cassant • Lyon, 21 févr. 1992 : *D. 1994. Somm. 41, obs. Derrida*). ♦ ... Alors même que le représentant des créanciers aurait été maintenu en fonction pour les seuls besoins de la vérification du passif. • Lyon, 26 févr. 1999 : *BICC 1999, n° 1443 ; RTD com. 2001. 215, obs. Saint-Alary-Houin.* ♦ Par conséquent, le commissaire à l'exécution du plan est compétent, après le jugement ayant arrêté le plan de cession de l'entreprise, pour exercer une action en paiement de dommages-intérêts contre toute personne, fût-elle titulaire d'une créance ayant son origine antérieurement au jugement d'ouverture de la procédure collective, à qui il est reproché d'avoir contribué, par des agissements fautifs, à la diminution de l'actif ou à l'aggravation du passif. • Com. 12 juill. 1994 : *préc.* (comp., sur renvoi : • Chambéry, 21 mai 1996 : *Rev. dr. bancaire 1997. 38, obs. Campana et Calendini)* • 15 févr. 2000 : *RJDA 2000, n° 567.* ♦ Le commissaire à l'exécution du plan est compétent pour exercer une action en responsabilité tendant à la défense de l'intérêt collectif des créanciers (s'agissant d'une action en réparation du préjudice causé aux créanciers par la rupture abusive d'un contrat de concession). • Com. 23 nov. 1999 : *Procédures 2000, n° 65, obs. Laporte ; RTD com. 2001. 217, obs. Saint-Alary-Houin.* ♦ Dès lors que la procédure collective n'est pas clôturée, le commissaire à l'exécution du plan demeure investi de sa mission et est recevable à saisir le tribunal pour demander le paiement des dettes sociales par les dirigeants en application de l'art. 180 [C. com., art. L. 651-2]. • Com. 3 janv. 1995 : *BJS 1995. 266, note Couret ; Dr. sociétés 1995, n° 55, obs. Chaput* (V. l'arrêt d'appel : • Paris, 18 juin 1991 : *Gaz. Pal. 1992. 1. 148, note Marchi ; Dr. sociétés 1992, n° 27, obs. Chaput ; RPC 1991. 304, obs. Soinne).* ♦ De même, le commissaire a qualité pour engager au nom des créanciers une action en recouvrement d'une créance antérieure au jugement d'ouverture de la procédure collective. • Com. 20 mai 1997, n° 93-20.861 P : *D. 1998. Somm. 11, obs. Derrida ; D. 1998. Somm. 100 ; D. Affaires 1997. 765* • 29 févr. 2000 : *RJDA 2000, n° 695 ; RTD com. 2001. 217, obs. Saint-Alary-Houin.* ♦ ... Pour déclarer une créance au passif de la caution du débiteur. • Paris, 13 avr. 1999 : *RTD com. 1999. 957, obs. Saint-Alary-Houin.* ♦ ... Pour engager l'action en rapport prévue par l'art. L. 621-109 [L. 632-3] C. com. • Com. 23 nov. 2004 : *cité note 2 ss. art. L. 626-24.* ♦ ... Ou pour se constituer partie civile des chefs de présentation et de publication de comptes annuels infidèles contre les dirigeants de la société faisant l'objet de la procédure et de confirmation de comptes inexacts contre le commissaire aux comptes. • Crim. 27 nov. 1997, n° 96-85.520 P : *Rev. sociétés 1998. 596, note Bouloc* • 17 nov. 2004, n° 03-82.657 P : *D. 2005. AJ 566, obs. Lienhard ; Dr. sociétés 2005, n° 58, note R. Salomon ; RJDA 2005, n° 403 ; Rev. sociétés 2005. 433, note Bouloc.* ♦ Le commissaire à l'exécution du plan est également recevable à exercer contre un tiers une action fondée sur l'art. 1167 [1341-2] C. civ. (action paulienne). • Com. 13 nov. 2001, n° 98-18.292 P : *D. 2001. AJ 3617, obs. Lienhard ; JCP E 2002, nos 18-19, p. 765, note Blanc ; JCP 2002. II. 10151, note Bost ; Dr. et patr. 4/2002. 100, obs. Monsèrié-Bon ; RDBF 2002, n° 62, obs. F.-X. Lucas ; RTD com. 2002. 151, obs. Saint-Alary-Houin ; LPA 7 août 2002, p. 8, note M. Sénéchal ; RJ com. 2003. 234, note Sortais* • 9 juill. 2002 : *RJDA 2002, n° 1299 ; RPC 2004. 69, obs. Blanc.*

Pour la compétence du commissaire à l'exécution du plan s'agissant de confirmer une décision non avenue faute de reprise de l'instance interrompue par le jugement d'ouverture en présence du représentant des créanciers, V. • Com. 2 juin 2004, n° 01-13.078 P : *D. 2004. AJ 1974 ; RPC 2005. 219, obs. Staes.*

V., désormais, confirmant ces solutions : art. L. 626-25, al. 3, dans sa réd. issue de L. n° 2005-845 du 26 juill. 2005.

Comp., concernant l'action en extension de la procédure collective : note 48 ss. art. L. 621-2.

19. L'action *ut singuli*, réservée par les art. L. 225-252 et L. 227-8 C. com. aux associés, qui tend à la réparation du préjudice subi par la société, échappe au monopole du commissaire à l'exécution du plan de sauvegarde, lequel n'a qualité à agir, en application de l'art. L. 626-25, al. 3, du même code, qu'au nom et dans l'intérêt collectif des créanciers, qui est satisfait par l'adoption de ce plan. • Com. 12 nov. 2020, n° 19-11.972 P : *D. 2021. Pan. 1744, obs. F.-X. Lucas ; Rev. sociétés 2021. 322, note Ansault ; RTD com. 2021. 154, obs. A. Lecourt ; JCP E 2021. 1191, n° 17, obs. Pétel ; LEDEN 12/2020. 1, obs. F.-X. Lucas ; BJS 1/2021. 49, note Parachkévova-Racine ; BJE 1-2/2021. 17, note Houin-Bressand ; APC 2021, n° 6, obs. Pagnucco ; RJDA 2021, n° 94 ; Gaz. Pal. 13 avr. 2021, p. 65, obs. Ferrari ; Dr. sociétés 2021, n° 65, note Legros.*

20. Le commissaire à l'exécution du plan, qui a qualité pour intenter des actions en responsabilité délictuelle afin d'obtenir le paiement de sommes réparant le préjudice collectif des créanciers résultant d'une diminution ou d'une aggravation du passif, ne peut agir contre un cocontractant du débiteur qu'il ne représente pas. • Com. 4 juin 2013, n° 12-16.366 P : *D. 2013. Actu. 1470, obs. Lienhard ; ibid. Pan. 2367, obs. F.-X. Lucas ; LEDEN 7/2013. 4, obs. Camensuli-Feuillard ; APC 2013, n° 155, obs. Vallansan ; Gaz. Pal. 29 sept.-1er oct. 2013, p. 24, obs. Lebel ; RJDA 2013, n° 824.* ♦ Ainsi, le commissaire à l'exécution du plan n'a pas qualité pour engager, au lieu et place du débiteur, une action tendant à l'indemnisation du préjudice résultant pour le débiteur d'un abus dans la fixation des prix par son cocontractant. • Com. 18 janv. 2000, n° 97-16.224 P : *D. 2000. AJ 86 ; JCP E 2000, n° 17, p. 701, obs. Cabrillac ; APC 2000, n° 32, obs. Vallansan.* ♦ V. déjà, jugeant : que le commissaire à l'exécution du plan n'a pas qualité pour exercer une action totalement étrangère à l'exécution du plan de cession, notamment une action relative à la réparation du préjudice subi par un club de football à la suite de sa rétrogradation : • Paris, 7 juill. 1992 : *D. 1994. Somm. 41, obs. Derrida ; JCP 1992. IV. 2913.* ♦ ... Que les attributions du commissaire à l'exécution du plan, s'exerçant dans un cadre légal strictement défini, ne lui permettent pas de représenter le débiteur et d'exécuter à sa place l'arrêt condamnant le débiteur à verser à un salarié une certaine somme : • Aix-en-Provence, 10 nov. 1992 : *D. 1994. Somm. 41, obs. Derrida.*

21. Le commissaire à l'exécution du plan, qui ne représente pas le débiteur, ne peut pas se substituer aux organes légaux de la société pour exiger d'un associé qu'il libère ses apports. • Com. 12 oct. 2004, n° 03-11.615 P : *D. 2004. AJ 2790 ; D. 2005. Pan. 295, obs. Le Corre ; Dr. sociétés 2004, n° 210, note F.-X. Lucas ; JCP E 2005, n° 1-2, p. 27, obs. Cabrillac et Pétel ; BJS 2005. 27, note Cérati-Gauthier ; Rev. sociétés 2005. 219, note Poracchia ; RJ com. 2005. 31, obs. Monsèrié-Bon ; RPC 2005. 230, obs. Dumont ; ibid. 2006. 46, obs. Lebel ; RTD com. 2005. 592, obs. Saint-Alary-Houin.* ♦ En cas de cession totale des actifs de la société, cette demande incombe à son liquidateur amiable ou à un mandataire *ad hoc*. • Même arrêt.

22. Le commissaire à l'exécution du plan ne peut engager que les actions qui lui sont propres dans l'intérêt collectif des créanciers, au titre desquelles ne figure pas le droit d'interjeter appel à l'encontre d'une décision statuant sur une demande de résiliation d'un bail commercial concédé au débiteur en vue du recouvrement d'une créance postérieure à son redressement judiciaire. • Com. 27 mars 2012, n° 10-28.125 P : *D. 2012. Actu. 942, obs. Lienhard ; APC 2012, n° 121, obs. Fin-Langer ; Gaz. Pal. 3-4 août 2012, p. 24, obs. Lebel ; RJDA 2012, n° 880.*

23. Le commissaire à l'exécution du plan ne représente pas le débiteur, qui doit seul être mis en cause dans les instances concernant son patrimoine, ce qui est le cas s'agissant d'une demande de constatation de la résolution du bail par l'effet de la clause résolutoire, d'expulsion et de paiements provisionnels au titre de loyers et indemnités d'occupation postérieurs au jugement arrêtant le plan. • Douai, 1er avr. 2021, n° 20/03106 : *APC 2021, n° 111, obs. Cagnoli.*

24. Le commissaire à l'exécution du plan, chargé de veiller à l'exécution de celui-ci, dispose du pouvoir de saisir le tribunal de tout fait de nature à empêcher cette exécution. • Com. 23 janv. 1996, n° 93-20.329 P : *D. 1996. Somm. 282, obs. Honorat ; JCP E 1996. I. 554, n° 5, obs. Cabrillac* (V. l'arrêt cassé : • Paris, 14 sept. 1993 : *D. 1994. Somm. 41, obs. crit. Derrida ; Gaz. Pal. 1994. 1. 23, note Marchi ; LPA 20 avr. 1994, note Calendini*). ♦ Il résulte de la combinaison des art. 67 et 80, al. 2 [C. com., art. L. 626-25 et L. 626-27], qu'il peut saisir le tribunal aux fins de résolution d'un plan de continuation sans mise en demeure préalable. • Com. 9 déc. 1997 : *RPC 1998. 348, obs. Soinne.*

25. Le commissaire à l'exécution du plan, qu'il ait poursuivi l'action introduite avant sa nomination ou l'ait introduite lui-même, n'a plus qualité, après expiration de ses fonctions et sauf nouvelle habilitation judiciaire, pour suivre l'instance en cours, qui ne peut être poursuivie que par un mandataire de justice spécialement désigné. • Crim. 29 nov. 2000, n° 00-80.451 P. ♦ Il n'est pas fait exception à cette règle lorsque les débiteurs étaient eux-mêmes parties à l'instance. • Com. 13 oct. 2015, n° 14-14.327 P : *D. 2015. Actu. 2124 ; Gaz. Pal. 19 janv. 2016, p. 67, obs. Lebel ; RJDA 2016, n° 310.* ♦ La décision du tribunal qui n'a d'autre objet que de rétablir rétroactivement le commissaire à l'exécution du plan, qui après l'expiration du plan a initié des procédures aux fins de rechercher la responsabilité de diverses sociétés de crédit, est dénuée de tout fondement juridique. • Paris, 18 juin 2002 : *D. 2002. AJ 2331, obs. Lienhard ; RTD com. 2003. 811, obs. Saint-Alary-Houin .* ♦ V. aussi cet arrêt sur la recevabilité et les modalités procédurales de la tierce opposition formée contre le jugement de prorogation.

Après avoir retenu que la procédure collective n'était pas clôturée, en présence d'actifs résiduels restant à recouvrer, mais qu'aucun organe de celle-ci n'était plus habilité à agir en restitution des fonds indûment perçus par la banque, la cour d'appel, qui ne s'est pas fondée sur les dispositions de l'art. 90 du décret du 27 déc. 1985 relatives à la poursuite des instances auxquelles le commissaire à l'exécution du plan était partie, en a exactement déduit qu'un mandataire *ad hoc* pouvait être désigné pour exercer, dans l'intérêt collectif des créanciers, l'action en recouvrement des fonds en vue de leur distribution. • Com. 29 sept. 2015, n° 14-14.727 P : *D. actu. 19 oct. 2015, obs. Delpech ; D. 2015. Actu. 2007 ; APC 2015, n° 276, obs. Fin-Langer ; LEDEN 11/2015. 4, obs. Camensuli-Feuillard ; Gaz. Pal. 19 janv. 2016, p. 65, obs. Lebel.*

Le commissaire à l'exécution du plan de cession n'a pas qualité pour engager, aux lieu et place du débiteur, une action tendant au recouvrement d'une créance postérieure au jugement d'ouverture. • Com. 3 oct. 2006, n° 05-16.281 P : *D. 2006. AJ 2601, obs. Lienhard ; JCP E 2007, n° 1, p. 21, obs. Cabrillac ; Gaz. Pal. 19-20 janv. 2007, p. 31, obs. Voinot.*

26. Interruption et reprise de l'instance. Viole les art. 67 [C. com., art. L. 626-25] de la loi et 90 [abrogé] du décret ainsi que l'art. 370 NCPC [C. pr. civ.], l'arrêt qui retient que l'instance, introduite par le représentant des créanciers, s'est valablement poursuivie, alors qu'elle avait été interrompue et n'avait pas été valablement reprise par le commissaire à l'exécution du plan qui « s'en rapportant à la justice » avait contesté la recevabilité et le mérite de l'appel. • Com. 20 janv. 1998, n° 95-13.565 P : *Quot. jur. 19 mars 1998, p. 6, note P. M.*

27. Prorogation de la mission. V. note 2 ss. art. L. 626-12, note 2 ss. art. L. 626-26, note 4 ss. art. L. 661-3 et note 24 ss. art. L. 661-6.

28. Responsabilité. Sur la responsabilité, à l'égard du propriétaire du local, du commissaire qui a admis l'installation sur place du cessionnaire, alors que le locataire en redressement judiciaire avait reçu congé avec refus de renouvellement et offre d'indemnité d'éviction avant le jugement d'ouverture, que le repreneur s'est établi dans les lieux et ne les a libérés que trois ans plus tard, et que la cession excluait les baux, V. • Civ. 3e, 28 mai 1997 : *D. 1997. IR 141 ; D. Affaires 1997. 786.* ♦ Pour la responsabilité du commissaire à l'exécution du plan à l'égard d'un créancier ayant été privé du bénéfice des dividendes du plan de continuation, V. • Com. 13 juin 2006 : *D. 2007. Pan. 43, obs. Le Corre .* ♦ ... D'une chance d'obtenir le paiement du solde de sa créance sur le prix de vente des droits et biens hypothéqués, V. • Com. 2 mai 2024, n° 22-21.577 : *BJE 7-8/2024. 12, note Lafaurie.*

Sur la responsabilité disciplinaire, V. note 2 ss. art. L. 812-9.

29. Information relative à l'inexécution du plan. Caractérise la faute disciplinaire l'arrêt qui retient que le dépôt des états trimestriels prévus par les art. 150 de la loi du 25 janv. 1985, devenu l'art. L. 622-7 [L. 641-7] C. com., et 123 du Décr. du 27 déc. 1985 [C. com., art. R. 641-38] ne dispense pas le commissaire à l'exécution du plan de respecter, outre les obligations mises à sa charge par le jugement arrêtant le plan de cession, celles prévues par l'art. 67, al. 4, de la loi du 25 janv. 1985, devenu l'art. L. 621-68, al. 4, [L. 626-25, al. 5] C. com. • Com. 8 juill. 2003, n° 00-21.473 P : *JCP E 2004, n° 5, p. 175, obs. Cabrillac ; RTD com. 2003. 812, obs. Saint-Alary-Houin .*

30. Secret bancaire. Pour l'opposabilité du secret bancaire au commissaire à l'exécution du plan, V. • Com. 10 déc. 2002, n° 00-10.824 P : *D. 2003. AJ 134 ; RDBF 2003, n° 36, obs. F.-X. Lucas ; JCP E 2003, n° 20, p. 849, obs. Cabrillac ; RTD com. 2003. 147, obs. Legeais ; ibid. 810, obs. Saint-Alary-Houin ; Banque et Dr. 3-4/2003. 58, obs. Bonneau.*

C. MANDATAIRE AD HOC

31. Désignation. L'art. 90 du décret du 27 déc. 1985 [désormais, l'art. L. 626-25] n'exclut pas la possibilité de désigner un mandataire *ad hoc* pour poursuivre les actions engagées par le seul commissaire à l'exécution du plan. • Montpellier, 19 mars 1996 : *D. 1996. IR 134 ; RPC 1996. 377, obs. Soinne*, conf. par • Com. 9 juin 1998, n° 96-16.465 P : *D. 1998. IR 197 ; D. Affaires 1998. 1218 ; RTD com. 1998. 931, obs. Saint-Alary-Houin ; RPC 1999. 187, obs. Martin-Serf.*

32. Recours. La décision désignant sur requête un mandataire de justice à l'effet de poursuivre les instances en cours lorsque les organes de la procédure ont cessé leurs fonctions ne peut être attaquée, s'agissant d'un intéressé, que par le recours en rétractation institué par l'art. 496 NCPC [C. pr. civ.], qui relève de la compétence exclusive du juge qui a désigné ce mandataire. • Com. 30 oct. 2007, n° 06-16.129 P : *D. 2007. AJ 2878, obs. Lienhard ; D. 2008. Pan. 574, obs. F.-X. Lucas ; JCP E 2008. 1207, n° 14, obs. Cabrillac ; Gaz. Pal. 23-24 janv. 2008, p. 58, obs. Routier ; RTD com. 2008. 191, obs. Vallens ; Defrénois 2008. 1219, obs. Gibirila.* ♦ Les établissements de crédit, qui, comme tout intéressé, pouvaient en référer au tribunal qui avait désigné l'ancien représentant des créanciers puis commissaire à l'exécution du plan en qualité de « mandataire *ad hoc* », ne sont pas recevables à contester cette désignation devant le juge saisi de l'action en soutien abusif engagée contre eux par le représentant des créanciers, puis poursuivie par le commissaire à l'exécution du plan et enfin par le « mandataire *ad hoc* » après que les organes de la procédure collective ont cessé leurs fonctions. • Même arrêt.

D. RÉSOLUTION DU PLAN

Jurisprudence antérieure à la loi du 10 juin 1994.

33. Pour la résolution d'un plan de continuation, sur initiative du commissaire à l'exécution, V. • Com. 15 janv. 1991, n° 89-15.822 P : *Rev. sociétés 1991. 383, note Guyon ; BJS 1991. 425, note Le Cannu ; RJ com. 1991. 385, note Merle ; D. 1991. IR 47.* ♦ V. désormais, sur la résolution du plan de sauvegarde ou de redressement, art. L. 626-27.

Art. L. 626-26 *(L. n° 2005-845 du 26 juill. 2005, art. 80)* **Une modification substantielle dans les objectifs ou les moyens du plan ne peut être décidée que par le tribunal, à la demande du débiteur et sur le rapport du commissaire à l'exécution du plan.** *(Ord. n° 2014-326 du 12 mars 2014, art. 41, en vigueur le 1er juill. 2014)* **« Lorsque la situation du débiteur permet une modification substantielle du plan au profit des créanciers, la saisine du tribunal peut émaner du commissaire à l'exécution du plan. »**

(Ord. n° 2021-1193 du 15 sept. 2021, art. 36, en vigueur le 1er oct. 2021) **« Lorsque la demande de modification substantielle du plan porte sur les modalités d'apurement du passif, les créanciers intéressés sont consultés. Le défaut de réponse vaut acceptation des modifications proposées, sauf s'il s'agit de remises de dettes ou de conversions en titres donnant ou pouvant donner accès au capital. Un décret en Conseil d'État détermine les modalités de cette consultation. »**

(L. n° 2008-776 du 4 août 2008, art. 76-II) **« L'article L. 626-6 est applicable. »** *(Ord. n° 2021-1193 du 15 sept. 2021, art. 36, en vigueur le 1er oct. 2021)* **« Le privilège prévu au 2° du III de l'article L. 622-17 bénéficie aux apports de trésorerie des personnes qui se sont engagées à les effectuer pour l'exécution du plan modifié par le tribunal dans les mêmes conditions que celles prévues au dernier alinéa de l'article L. 626-10. »**

Le tribunal statue après avoir recueilli l'avis du ministère public et avoir entendu ou dûment appelé le débiteur, le commissaire à l'exécution du plan, les contrôleurs, les représentants du *(Ord. n° 2021-1193 du 15 sept. 2021, art. 36, en vigueur le 1er oct. 2021)* **« comité social et économique » et toute personne intéressée.** – *[C. com., anc. art. L. 621-69.]*

En cas de modification du plan de sauvegarde ou du plan de redressement arrêté dans une procédure ouverte avant le 22 mai 2020, les dispositions de l'art. L. 626-26, dans sa rédaction résultant de l'art. 36 de l'Ord. n° 2021-1193 du 15 sept. 2021, sont applicables sans que le privilège prévu par ces dispositions n'affecte les droits des créanciers mentionnés aux 9° à 11° de l'art. L. 643-8, dans sa rédaction résultant de l'art. 62 de l'Ord. préc. (Ord. préc., art. 73-III).

Sur les mesures d'adaptation liées à l'urgence sanitaire (covid-19), V., infra, Ord. n° 2020-596 du 20 mai 2020, art. 5.

V. art. R. 626-45 et R. 626-46.

COMMENTAIRE

L'article L. 626-26, issu de la loi du 26 juillet 2005, a repris les dispositions, moyennant modifications, de l'ancien article L. 621-69.

Ici, comme en d'autres circonstances, la loi tend à lutter contre l'opacité des procédures collectives en rendant obligatoires l'avis du ministère public et l'audition des contrôleurs préalablement à toute décision modifiant substantiellement le plan sauvegarde ou le plan de redressement. Au lieu de viser « les parties », le texte vise désormais « le débiteur » et

« le commissaire à l'exécution du plan », ce qui se comprend puisque le texte ne concerne plus les plans de cession.

Les plans de redressement par voie de cession n'existant plus, le dernier alinéa de l'ancien article L. 621-69 n'est pas repris (V. aussi, par analogie, ss. art. L. 642-6).

Notons que, à titre dérogatoire, lorsque le plan est arrêté par le tribunal après adoption par les comités de créanciers, ce plan ne peut faire l'objet d'une modification substantielle qu'après une nouvelle consultation des comités (V. art. L. 626-31, al. 2).

Afin d'accélérer la modification du plan, lorsqu'elle est nécessaire, l'ordonnance du 15 septembre 2021 a prévu que le défaut de réponse des créanciers intéressés vaut acceptation des mesures proposées, sauf s'il s'agit de remises de dettes ou de conversions en titres donnant ou pouvant donner accès au capital (V. déjà, auparavant, pour les remises de dettes, Com. 29 sept. 2021 : *cité ss. art. R. 626-45*). Est ainsi pérennisée la mesure qu'avait introduite de manière temporaire, le temps de la pandémie de covid-19, l'ordonnance n° 2020-596 du 20 mai 2020 (art. 5, III).

Le deuxième alinéa, inséré par la loi de modernisation de l'économie du 4 août 2008, rendant applicables les dispositions de l'article L. 626-6, tend à permettre le jeu du dispositif de remise de dettes par les créanciers publics à l'occasion d'une modification substantielle des objectifs ou des moyens du plan. Cet alinéa a été complété par l'ordonnance du 15 septembre 2021 afin de faire bénéficier du privilège garantissant les apports de trésorerie des personnes qui se sont engagées à les effectuer pour l'exécution du plan modifié (V. comm. ss. art. L. 622-17, VII, D, et ss. art. L. 626-10, II). Notons, à cet égard, qu'afin de permettre l'application de ce privilège de *post money* aux procédures en cours, une disposition transitoire spéciale et dérogatoire de l'ordonnance du 15 septembre 2021 (art. 73, III) prévoit qu'en cas de modification du plan de sauvegarde ou du plan de redressement arrêté dans une procédure ouverte avant le 22 mai 2020, les dispositions de l'article L. 626-26, dans sa rédaction modifiée par l'ordonnance du 15 septembre 2021, sont applicables sans que le nouveau privilège n'affecte les droits des créanciers mentionnés aux 9° à 11° de l'article L. 643-8 modifié.

Dans un souci de rééquilibrage au profit des créanciers, dont elle porte la trace en plusieurs endroits, l'ordonnance du 12 mars 2014 a ouvert la possibilité pour le commissaire à l'exécution du plan de saisir également, de son côté, le tribunal « lorsque la situation du débiteur permet une modification substantielle du plan au profit des créanciers ». L'exceptionnelle modification substantielle dans les objectifs ou les moyens du plan n'est donc plus conçue comme une voie à sens unique, susceptible seulement de profiter au débiteur confronté à des difficultés d'exécution. A l'initiative du commissaire à l'exécution du plan, défendeur de l'intérêt collectif des créanciers soumis au plan, la modification substantielle pourra aussi bénéficier à ces derniers dans l'hypothèse, inverse, d'amélioration notable (de retour à meilleure fortune) du débiteur. La philosophie du texte en sort changée. Elle pourrait inquiéter d'éventuels nouveaux investisseurs, même si, d'évidence, elle ne devrait pas viser le cas de renflouement par des capitaux extérieurs. ❑

1. Champ d'application. L'art. 68 [C. com., art. L. 626-26] ne s'applique pas aux relations contractuelles entre le bailleur et le preneur en redressement judiciaire, qui sont étrangères au plan de continuation. • Civ. 3e, 21 juill. 1999 : *D. 1999. IR 229 ; D. Affaires 1999. 1443, obs. V. A.-R.*

2. La prorogation du plan ne constitue pas une modification substantielle de ses objectifs ou de ses moyens, au sens de l'art. L. 621-69 [L. 626-26] C. com. • Com. 23 nov. 2004 : *RJDA 2005, n° 430.* ♦ Cet art. ne prive pas le tribunal du pouvoir d'ordonner la prorogation de la mission du commissaire à l'exécution du plan pour lui permettre de rechercher d'éventuelles responsabilités dans la défaillance de l'entreprise. • Com. 13 nov. 2007, n° 06-10.914 P : *D. 2007. AJ 3010, obs. Lienhard ; D. 2008. Pan. 574, obs. F.-X. Lucas ; JCP E 2008. 1046, note Regnaut-Moutier (1re esp.) ; ibid. 1432, n° 5, obs. Cabrillac ; RTD com. 2008. 859, obs. Saint-Alary-Houin.* ♦ V. aussi note 1 ss. art. L. 626-12.

3. Résolution du plan. V. art. L. 626-27.

4. Notion de modification substantielle. BIBL. Haehl, *JCP E 1989. II. 15642.* ♦ Le licenciement, moins de trois mois après l'arrêté du plan, de quatre salariés sur treize, constitue, compte tenu de l'objectif général de la loi en matière de maintien de l'emploi, une modification substantielle relevant de l'art. 68. • Nancy, 3 avr. 1996 : *JCP E 1998, n° 78, p. 250.*

La demande formée par le dirigeant d'une association en ce qu'elle tend à obtenir de s'acquitter par anticipation de l'intégralité du passif restant dû au moyen d'un dividende unique et exceptionnel financé par le prix de cession de la totalité de ses actifs à une société commerciale à créer constitue une modification substantielle dans les objectifs ou les modalités du plan de continuation, au sens de l'art. L. 621-69 [L. 626-26] C. com. • Aix-en-Provence, 14 déc. 2006 : *JCP E 2007. 1497, note Cerati-Gauthier.*

En revanche, le changement dans la personne du dirigeant, lequel n'avait pas souscrit de garantie personnelle et s'était seulement engagé à l'exécution du plan de continuation, ne constitue pas une modification substantielle du plan homologué par le tribunal. • Paris, 5 oct. 1999 : *Dr. sociétés 2000, n° 41, obs. Chaput.*

5. Demande de modification. La demande de modification, prévue par l'art. 68 [C. com., art. L. 626-26], suppose, sauf à ôter toute portée au droit d'appel, qu'un élément nouveau soit intervenu depuis l'arrêté du plan susceptible de remettre en cause ses dispositions. • Paris, 10 mai 1995 : *D. 1995. IR 162.*

6. Pour le rejet d'une demande de modifications s'inscrivant dans une pure logique spéculative en ce qu'elle permettait aux associés de la société débitrice, moyennant un sacrifice supplémentaire demandé aux créanciers, de disposer, à l'issue du paiement d'un dividende unique, d'un boni de liquidation, V. • T. com. Valenciennes, 23 nov. 2015 : *BJE 2016. 97, note Poujade.* ♦ ... Ayant pour seul objectif d'apporter de la trésorerie au groupe, V. • Paris, 28 nov. 2017, n° 17/15654 : *BJS 2018. 220, note Parachkévova-Racine.*

7. Voies de recours. V. art. L. 661-1 (appel et pourvoi en cassation) et L. 661-3 (tierce opposition). ♦ Pour l'irrecevabilité du recours-nullité des créanciers, V. note 27 ss. art. L. 661-1.

Art. L. 626-27 *(Ord. n° 2008-1345 du 18 déc. 2008, art. 63)* **« I. — En cas de défaut de paiement des dividendes par le débiteur, le commissaire à l'exécution du plan procède à leur recouvrement conformément aux dispositions arrêtées. Il y est seul habilité.** *(Ord. n° 2014-326 du 12 mars 2014, art. 42-1°, en vigueur le 1er juill. 2014)* **« Lorsque le commissaire à l'exécution du plan a cessé ses fonctions, tout intéressé peut demander au tribunal la désignation d'un mandataire *ad hoc* chargé de procéder à ce recouvrement. »**

« Le tribunal qui a arrêté le plan peut, après avis du ministère public, en décider la résolution si le débiteur n'exécute pas ses engagements dans les délais fixés par le plan.

« Lorsque la cessation des paiements du débiteur est constatée au cours de l'exécution du plan, le tribunal qui a arrêté ce dernier décide, après avis du ministère public, sa résolution et ouvre une procédure de redressement judiciaire ou, si le redressement est manifestement impossible, une procédure de liquidation judiciaire. *(L. n° 2019-486 du 22 mai 2019, art. 57)* **« Avant de statuer, le tribunal examine si la situation du débiteur répond aux conditions posées aux articles L. 645-1 et L. 645-2 et ouvre, le cas échéant, avec son accord, une procédure de rétablissement professionnel. »**

« Le jugement qui prononce la résolution du plan met fin aux opérations et à la procédure lorsque celle-ci est toujours en cours. Sous réserve des dispositions du deuxième alinéa de l'article L. 626-19, il fait recouvrer aux créanciers l'intégralité de leurs créances et sûretés, déduction faite des sommes perçues, et emporte déchéance de tout délai de paiement accordé. »

(L. n° 2005-845 du 26 juill. 2005, art. 81) **« II. — Dans les cas mentionnés** *(Ord. n° 2008-1345 du 18 déc. 2008, art. 63)* **« aux deuxième et troisième alinéas du I », le tribunal est saisi par un créancier, le commissaire à l'exécution du plan ou le ministère public.** *(Abrogé par Cons. const. n° 2013-372 QPC du 7 mars 2014, à compter du 9 mars 2014)* ***« Il peut également se saisir d'office. »***

(Ord. n° 2014-326 du 12 mars 2014, art. 42-2°, en vigueur le 1er juill. 2014) **« III. — Après résolution du plan et ouverture d'une nouvelle procédure par le même jugement ou par une décision ultérieure constatant que cette résolution a provoqué l'état de cessation des paiements, les créanciers soumis à ce plan ou admis au passif de la première procédure sont dispensés de déclarer leurs créances et sûretés. Les créances inscrites à ce plan sont admises de plein droit, déduction faite des sommes déjà perçues. Bénéficient également de la dispense de déclaration, les créances portées à la connaissance de l'une des personnes mentionnées au IV de l'article L. 622-17 dans les conditions prévues par ce texte. »**

L'art. L. 626-27 est applicable aux procédures de redressement judiciaire en cours au jour de l'entrée en vigueur [1er janv. 2006] de la L. n° 2005-845 du 26 juill. 2005 (L. préc., art. 191).

L'al. 3 de l'art. L. 626-27 dans sa rédaction issue de l'Ord. n° 2008-1345 du 18 déc. 2008 est applicable aux plans de sauvegarde en cours d'exécution au jour de l'entrée en vigueur de cette ordonnance [15 févr. 2009] (Ord. préc., art. 173).

La déclaration d'inconstitutionnalité du 7 mars 2014 est applicable à tous les jugements statuant sur la résolution d'un plan de sauvegarde ou de redressement judiciaire rendus postérieurement à sa date de publication (Cons. const. n° 2013-372 QPC du 7 mars 2014, JO 9 mars).

Les dispositions de l'art. 57 de la L. n° 2019-486 du 22 mai 2019 ne sont pas applicables aux procédures en cours au jour de la publication de cette loi (L. préc., art. 57-II, JO 23 mai).

V. art. R. 626-47 à R. 626-49.

BIBL. ▶ Rémery, *JCP 2009. 406* (résolution du plan). – Delattre, *BJE 2013. 120* (saisine de la juridiction par le commissaire à l'exécution du plan en cas d'inexécution du plan). – Le Corre, *Gaz. Pal. 19-21 juill. 2015, p. 32* (résolution du plan de sauvegarde et du plan de redressement).

Ancien art. L. 626-27 *(L. n° 2005-845 du 26 juill. 2005, art. 81)* ***Le tribunal qui a arrêté le plan peut, après avis du ministère public, en décider la résolution si le débiteur n'exécute pas ses engagements dans les délais fixés par le plan. Lorsque l'inexécution résulte d'un défaut de paiement des dividendes par le débiteur et que le tribunal n'a pas prononcé la résolution du plan, le commissaire à l'exécution du plan procède, conformément aux dispositions arrêtées, à leur recouvrement.***

Lorsque la cessation des paiements du débiteur est constatée au cours de l'exécution du plan, le tribunal qui a arrêté ce dernier décide, après avis du ministère public, sa résolution et prononce la liquidation judiciaire.

Le jugement qui prononce la résolution du plan met fin aux opérations et emporte déchéance de tout délai de paiement accordé.

[...]

III. — Après résolution du plan et ouverture *(Abrogé par Ord. n° 2008-1345 du 18 déc. 2008, art. 63)* ***« ou prononcé » de la nouvelle procédure, les créanciers soumis à ce plan sont dispensés de déclarer leurs créances et sûretés. Les créances inscrites à ce plan sont admises de plein droit, déduction faite des sommes déjà perçues.***

L'art. L. 626-27 est applicable aux procédures de redressement judiciaire en cours au jour de l'entrée en vigueur [1er janv. 2006] de la L. n° 2005-845 du 26 juill. 2005 (L. préc., art. 191).

COMMENTAIRE

Tirant les leçons de la difficile application de l'ex-article 80 de la loi de 1985, devenu par la suite l'ancien article L. 621-82 du code, le législateur de 2005 a réorganisé le régime de l'inexécution, par le débiteur, des engagements qu'il a pris dans le plan de sauvegarde ou le plan de continuation (plan de redressement). Précédemment, le texte ne prévoyait que la résolution du plan pour inexécution des engagements (sans envisager le retour – qui n'a rien d'une hypothèse d'école – du débiteur à l'état de cessation des paiements). La nouvelle architecture du texte paraît plus réaliste et, partant, plus efficace. L'ordonnance du 18 décembre 2008 est encore venue la parfaire, en procédant à la réécriture du texte, que l'ordonnance du 12 mars 2014 a complété à son tour. Mais cette disposition ne paraît pas s'opposer à l'exercice de son droit de poursuite individuelle par le créancier de dividendes impayés, dès le terme du plan (V. Com. 8 avr. 2015 : *cité note 5 ss. art. L. 622-21*).

I. RECOUVREMENT DES DIVIDENDES

Grâce à la réécriture du I, la règle, déconnectée de la résolution, est désormais dénuée de toute ambiguïté : « En cas de défaut de paiement des dividendes par le débiteur, le commissaire à l'exécution du plan procède à leur recouvrement conformément aux dispositions arrêtées. Il y est seul habilité ».

Dans sa rédaction de 2005, le texte prévoyait que, « lorsque l'inexécution résulte d'un défaut de paiement des dividendes par le débiteur et que le tribunal n'a pas prononcé la résolution, le commissaire à l'exécution du plan procède, conformément aux dispositions arrêtées, à leur recouvrement ». Un certain flottement ayant dû être constaté sur ce point, à en croire une question parlementaire, une réponse ministérielle est venue préciser, ce qui n'apparaissait pourtant pas douteux à la lecture du texte, que la voie du recouvrement n'est ouverte que lorsque le plan n'est pas résolu (Rép. min. n° 98727 : *JOAN Q, 3 oct. 2006, p. 10404*). L'ordonnance du 18 décembre 2008 a donc réorganisé la phrase pour donner force de loi à cette lecture (V. F. Vinckel, L'exécution forcée du plan de sauvegarde, *RPC 2009. Étude 13, p. 13*).

Le commissaire à l'exécution du plan doit alors, en cas de succès de cette mission de recouvrement, répartir les dividendes entre les créanciers. Il ne s'agit pas là d'une faculté, mais d'une obligation d'agir que la loi fait peser sur le mandataire. Il était permis de se demander si, ce faisant, la loi du 26 juillet 2005 avait conféré un véritable monopole du recouvrement forcé au commissaire, ce qui impliquait que l'article L. 626-27 exclût désormais le droit pour tout créancier d'agir individuellement en justice pour obtenir paiement de son dividende (V., pour une réponse plutôt positive, P.-M. Le Corre, La situation générale du débiteur et des créanciers dans l'avant-projet de réforme des entreprises en difficulté, *Gaz. Pal. 10-11 déc. 2003, p. 25, 2ᵉ partie, nº 33* ; pour des réponses négatives, clairement opposées au monopole du commissaire à l'exécution du plan, F. Pérochon et R. Bonhomme, Entreprises en difficulté, Instruments de crédit et de paiement, *LGDJ, 2006, 7ᵉ éd., nº 378* ; F.-X. Lucas, *in* La réforme des procédures collectives, La loi de sauvegarde article par article, *LGDJ, 2006, p. 223* ; P. Roussel Galle, *RPC 2007. 35* ; Réforme du droit des entreprises en difficulté, *Litec, 2ᵉ éd., 2007, nº 613*). Là encore, l'ordonnance de 2008 a clos le débat : le commissaire à l'exécution du plan « est seul habilité » à procéder au recouvrement, ce que, selon un arrêt ultérieur de la Cour de cassation, le texte issu de la loi de 2005 signifiait déjà (V. Com. 10 juill. 2012 : *cité note 3*). A défaut d'action de ce dernier, toutefois, et afin d'éviter toute paralysie, un auteur a suggéré, s'agissant d'une action dans l'intérêt collectif des créanciers, de permettre au contrôleur de suppléer le commissaire à l'exécution du plan, après mise en demeure restée infructueuse (par analogie avec l'art. L. 622-20 ; P.-M. Le Corre, Droit et pratique des procédures collectives, *Dalloz Action, 2023/2024, 522.541*).

L'ordonnance du 12 mars 2014 est venue régler de la manière la plus logique la difficulté qui pourrait naître, s'agissant de la dernière échéance du plan, du fait de la cessation des fonctions du commissaire à l'exécution, « seul habilité » à procéder au recouvrement des dividendes. Dans ce cas, à l'instar de ce que la loi prévoit déjà s'agissant de la poursuite des actions introduites avant le jugement d'arrêté du plan (V. art. L. 626-25, al. 2), l'article L. 626-27 autorise désormais expressément tout intéressé à demander au tribunal la désignation d'un mandataire *ad hoc* chargé de procéder à ce recouvrement.

II. CAS DE RÉSOLUTION

Comme avant 2005, le tribunal s'est vu reconnaître, par la loi de sauvegarde, la faculté de prononcer la résolution du plan, sous réserve d'avoir pris l'avis du ministère public, si le débiteur n'exécute pas ses engagements dans les délais fixés.

Si le débiteur se trouve en état de cessation des paiements au cours de l'exécution du plan (état qui peut résulter tant du non-paiement des créanciers antérieurs au titre des engagements du plan que du non-paiement de nouveaux créanciers), le tribunal qui avait arrêté le plan doit en prononcer la résolution. Ce n'est plus une simple faculté, mais une obligation (toujours sur avis du ministère public). Mais il n'en demeure pas moins que le texte de 2005 est moins sévère que le précédent en ce sens qu'il réduit à cette unique hypothèse les causes d'ouverture d'une nouvelle procédure collective. Remarquons que l'article L. 626-27 précise expressément que la compétence revient au tribunal de la procédure (V., auparavant, note 5 ss. anc. art. L. 621-82).

A vrai dire, la Cour de cassation, se démarquant de la lettre du texte antérieur, avait déjà admis la résolution du plan de continuation en cas de cessation des paiements (Com. 4 janv. 2000 et 10 mai 2005 : V. note 4 ss. anc. art. L. 621-82).

La loi PACTE du 22 mai 2019 est venue préciser, ici comme à d'autres occasions, qu'avant de statuer, le tribunal devait examiner la situation du débiteur et, le cas échéant, s'il en remplissait les conditions, le faire bénéficier, avec son accord, d'une procédure de rétablissement professionnel, l'idée étant évidemment de favoriser le recours à cette procédure peu utilisée depuis son instauration par l'ordonnance du 12 mars 2014. Cette disposition ne s'applique pas aux procédures en cours le 23 mai 2019, jour de la publication de la loi.

III. EFFETS DE LA RÉSOLUTION

Dans le mécanisme prévu par la loi du 26 juillet 2005, la résolution, comme c'était déjà le cas depuis 1994, entraînera nécessairement, en cas de résolution en raison de la cessation des paiements, la liquidation judiciaire du débiteur, que le tribunal devait prononcer dans le même jugement, précise l'article R. 626-48 (à la différence près, cependant, que celle-ci pouvait désormais déboucher sur un plan de cession, consécutif, dès lors, à l'échec d'un plan de redressement : A. Couret, Le plan de cession, mesure de redressement ou de liquidation, *in* La loi du 25 janvier 1985 a 20 ans ! Entre bilan et réforme, *RLDA mars 2005, suppl., p. 42, spéc. p. 50* ; J. Vallansan, Difficultés des entreprises, *Litec, 5e éd., 2009, p. 249*) ; automaticité qu'avaient critiquée certains, et cela d'autant plus qu'elle s'apparentait à une sorte de nouvelle ouverture de procédure-sanction, que le législateur avait supprimée par ailleurs (P. Roussel Galle, Bref aperçu sur les nouvelles procédures de conciliation et de sauvegarde, *Dr. et pr. 2005, p. 260, n° 38* ; Réforme du droit des entreprises en difficulté, *Litec, 2007, 2e éd., n° 651*).

Cette critique a été entendue par le gouvernement. Dans sa version remaniée par l'ordonnance du 18 décembre 2008, l'article L. 626-27 réintroduit ici la dichotomie fondamentale des procédures collectives en laissant ouverte l'alternative classique fondée sur des considérations purement économiques entre le redressement judiciaire et la liquidation judiciaire, selon que le redressement est possible ou manifestement impossible. Cette disposition est applicable aux plans de sauvegarde en cours d'exécution au 15 février 2009 (art. 173 de l'Ord. de 2008).

Encore cette nouvelle philosophie, dont les praticiens ne tarderont pas à parler comme d'un « second tour », ne vaut-elle que pour la résolution du plan de sauvegarde. S'agissant de la résolution du plan de redressement, l'article L. 631-20-1, par dérogation expresse, maintient la solution de la liquidation judiciaire obligatoire. Ce qui est logique et réaliste, et que le législateur de 1994 avait déjà bien compris : redressement judiciaire sur redressement judiciaire ne vaut. Et, dans ce cas, l'automaticité du prononcé de la liquidation judiciaire commande aussi, lorsqu'il s'agit d'un exploitant agricole, l'exclusion du préalable de conciliation prévu par l'article L. 640-5 (Com. 20 oct. 2009 : *cité note 1 ss. art. L. 640-5*). De cette différence de traitement, a jugé la Cour de cassation par un arrêt de non-renvoi de question prioritaire de constitutionnalité, ne résulte « aucune atteinte au droit à un procès équitable » (Com. 13 déc. 2011 : *cité note 1 ss. art. L. 631-20-1*).

En revanche, en cas de résolution du plan pour inexécution des engagements, la liquidation judiciaire ne devrait être ouverte qu'aux conditions de droit commun, si le débiteur est en cessation des paiements et si son redressement est manifestement impossible. Sinon, du moins en théorie, le débiteur pourrait bénéficier d'un redressement judiciaire (voire d'une sauvegarde ou d'une conciliation, ce qui paraît quand même constituer des hypothèses d'école). Cette différence de régime, introduite par la loi de 2005, constituait l'enjeu des arrêts du 18 mars et du 16 décembre 2008, rendus à propos des dispositions transitoires (V. note 1 ; V. aussi Com. 3 juin 2009, n° 08-13.589). Cette possibilité d'un redressement judiciaire après résolution du plan de sauvegarde est confirmée par l'article L. 631-14, alinéa 4, qui traite, dans cette hypothèse, de la situation du créancier bénéficiant d'une fiducie-sûreté).

La résolution met fin aux opérations (à la procédure lorsque celle-ci est toujours en cours, précise l'ordonnance : il s'agit là d'éviter que coexistent deux procédures – V. art. L. 631-2, al. 2).

La nouvelle rédaction, de 2008, a explicité les effets du jugement qui prononce la résolution du plan pour les créanciers soumis au plan : « sous réserve des dispositions du deuxième alinéa de l'article L. 626-19 [qui vise le cas de la réduction de créance définitivement acquise], il fait recouvrer aux créanciers l'intégralité de leurs créances et sûretés, déduction faite des sommes perçues, et emporte déchéance de tout délai de paiement accordé ». Le texte précédent prévoyait déjà que la résolution emporte déchéance de tout délai de paiement accordé. Quant aux remises de dettes, la doctrine considérait déjà qu'elles devaient se trouver anéanties, par le jeu de l'article L. 626-19, alinéa 2 (F. Pérochon et R. Bonhomme, Entreprises en difficulté, Instruments de crédit et de paiement, *LGDJ, 2006, 7e éd., n° 384* ; V., critiquant le fait que seraient aussi anéantis rétroactivement les abandons de créances, G. Teboul, Petit bréviaire de la loi sur la sauvegarde pour ceux qui souhaitent une information pratique, *LPA 24 oct. 2005, p. 3, spéc. p. 7*) mais que la résolution ne devrait pas, symétriquement, faire ressusciter les créances intégralement payées selon le plan (F. Pérochon et R. Bonhomme, *préc.*). Ce redressement judiciaire ou cette liquidation judiciaire subséquente pourrait, en outre, entraîner un report de la date de cessation des paiements, susceptible de causer la nullité de règlements effectués en application du plan s'il est démontré que les créanciers les ont reçus en connaissance de la situation de cessation des paiements du débiteur (F. Vinckel, Le nouveau régime de la période suspecte dans la loi n° 2005-845 du 26 juillet 2005 et le décret n° 2005-1677 du 28 décembre 2005 : une réforme en trompe l'œil, *JCP E 2006, n° 3, p. 129, n° 11*).

IV. SAISINE ET DÉCISION DU TRIBUNAL

Comme cela était prévisible depuis sa décision du 7 décembre 2012 (citée note 9 ss. art. L. 631-5), prohibant la saisine d'office du tribunal de commerce en vue de l'ouverture d'un redressement judiciaire, le Conseil constitutionnel a expressément déclaré inconstitutionnelle la saisine d'office en vue de la résolution du plan (Cons. const., n° 2013-372 du 7 mars 2014 : *cité note 8*), c'est-à-dire la seconde phrase du paragraphe II de l'article L. 626-27. Toutefois, à la différence de la saisine afin d'ouverture d'un redressement judiciaire (V. art. L. 631-3-1) ou d'une liquidation judiciaire (V. art. L. 640-3-1), l'ordonnance du 12 mars 2014 n'a pas prévu de mesure de substitution, et l'ordonnance complémentaire du 26 septembre 2014 n'est pas revenue sur cette question. La situation revient donc au même que celle de la saisine en vue d'une extension de la procédure, bien que, dans ce dernier cas, elle résulte de la volonté expresse des auteurs de l'ordonnance (V. art. L. 621-2, al. 2).

Depuis la réforme de 2005, la décision de résolution suppose, dans tous les cas, que soit préalablement recueilli l'avis du ministère public (dont la marge de manœuvre sera cependant faible en cas de cessation des paiements, sauf à contester la réalité de celle-ci : *Rapp. AN, n° 2095, p. 314*, mais qui n'en est pas moins obligatoire : Com. 11 déc. 2012 : *cité note 9*). Mais l'audition du commissaire à l'exécution du plan n'est plus exigée en cas de demande émanant d'un créancier. On a pu s'étonner que le texte ne mentionne pas le débiteur (M. Cabrillac, *JCP E 2005, n° 36, p. 1423, n° 6*, à propos de Com. 10 mai 2005 : *cité note 4 ss. anc. art. L. 621-82*), mais cette omission ne devrait pas empêcher ce dernier de déclarer, le cas échéant, son état de cessation des paiements, d'autant plus que, sinon, il encourrait vraisemblablement la sanction de l'article L. 653-8 (V., plus nuancée, F. Pérochon, Entreprises en difficulté, *LGDJ, 11e éd., 2022, n° 1793*).

Quant à la fixation de la date de cessation des paiements, il paraît logique de considérer que le tribunal ne pourra remonter au-delà du jugement arrêtant le plan de sauvegarde.

V. DÉCLARATION DES CRÉANCES

La loi du 26 juillet 2005 a nettement amélioré la situation des créanciers soumis au plan, qu'elle a tout simplement dispensés de déclarer l'intégralité de leurs créances et sûretés : les créances inscrites au plan sont admises de plein droit, déduction faite des sommes perçues. Les créanciers antérieurs à la première procédure, eux, devraient pouvoir déclarer leur créance à la seconde procédure, puisque, contrairement à la situation d'avant la réforme (V. note 23 ss. anc. art. L. 621-46), désormais, leur créance n'est plus éteinte ; ce qui leur permettra de participer aux répartitions à venir (A. Jacquemont, N. Borga et T. Mastrullo, Droit des entreprises en difficulté, *Litec, 11e éd., 2019, n° 814*).

Un avis de la Cour de cassation du 17 septembre 2012 (V. note 12) a réglé le sort que le législateur n'avait pas envisagé expressément des créanciers ayant déclaré leur créance sans que celle-ci soit admise, autrement dit des créanciers dont la créance fait l'objet d'une contestation, qui, de toute évidence, ne correspondent pas, en tout cas à la lettre, aux notions de « créanciers soumis à ce plan », et encore moins de « créances inscrites à ce plan ». La solution, nuancée, évite aussi bien l'assimilation aux créances admises de plein droit (qui constituerait un effet d'aubaine incontestablement excessif) que l'exclusion pure et simple du dispositif, qui comporterait le risque d'entraîner l'inopposabilité de ces créances à la nouvelle procédure, sanction effectivement exagérée en l'état de ce texte opaque. Aussi ces créanciers seront-ils dispensés d'une nouvelle déclaration sans pour autant bénéficier de l'admission de plein droit (V. aussi Com. 16 sept. 2014 : *cité note 12*).

Par le même avis, la Cour a précisé le sort de la procédure de vérification du passif et des instances en fixation de créances en cours à la date de résolution d'un plan de sauvegarde ou de redressement. Sur ce point, un arrêt de la chambre commerciale du 27 mars 2007 avait jugé, sous le régime de la loi de 1985, que « les créances déclarées au passif de la liquidation judiciaire ouverte après résolution du plan de continuation sont soumises à la procédure de vérification et d'admission des créances propre à cette nouvelle procédure, distincte de la procédure de redressement judiciaire initiale » (V. note 9 ss. anc. art. L. 621-82). La transposabilité de la solution sous le régime de la loi de 2005 avait soulevé quelques hésitations doctrinales (V. O. Staes, *RPC 2007. 139*). Mais la réponse donnée par l'avis du 17 septembre 2012 dissipe les doutes. Elle est fondée sur le texte même du I de l'article L. 626-27, qui précise que « le jugement qui prononce la résolution du plan met fin aux opérations et à la procédure lorsque celle-ci est toujours en cours ». Il en résulte alors, logiquement, que ces créances déclarées à la première procédure collective mais non encore admises avant la résolution du plan sont soumises à la procédure de vérification et d'admission de la seconde procédure. Là encore, la solution a le mérite de la simplicité, en évitant le chevauchement de deux instances.

L'ordonnance du 12 mars 2014 a remanié le II de l'article L. 626-27 à plusieurs égards : d'une part, afin d'étendre le bénéfice de la dérogation à l'hypothèse d'ouverture d'une nouvelle procédure, non pas par le jugement ayant prononcé la résolution pour cause de cessation des paiements constatée au cours de l'exécution du plan, mais par une décision ultérieure constatant que la résolution, pour cause d'inexécution des engagements, a provoqué l'état de cessation des paiements ; d'autre part, afin de consacrer la position prise par la Cour de cassation, dans son avis précité du 17 septembre 2012, assimilant, quant à la dispense de déclaration, aux créanciers admis au passif de la première procédure les créanciers ayant déclaré leur créance à celle-ci mais non encore admis ; enfin, afin de dispenser de déclaration les créanciers postérieurs impayés de la première procédure qui ont informé l'organe de la procédure dans les conditions prévues par l'article L. 622-17, IV. Cette précision permet d'améliorer la situation de ces créanciers, qui, auparavant, tout privilégiés qu'ils fussent, devaient déclarer leurs créances à la nouvelle procédure, dans laquelle ils apparaissaient comme des créanciers antérieurs, en mentionnant leur privilège sous peine de ne pouvoir l'invoquer, en vertu de l'article L. 622-25.

Un arrêt ultérieur est venu préciser, fort logiquement, s'agissant d'une faveur accordée aux créanciers admis dans la première procédure, que la dispense de déclaration ne saurait s'interpréter comme une défense faite au créancier, s'il le souhaite, de déclarer à nouveau sa créance dans la nouvelle procédure pour obtenir son admission au passif à concurrence du montant actualisé de celle-ci (Com. 4 mai 2017 : *cité note 12*). Cette nouvelle déclaration peut d'ailleurs aussi bien aller au-delà d'une simple actualisation du montant de la créance, le créancier peut en modifier le montant, voire la nature, l'admission ou le rejet de la créance dans la première procédure collective n'ayant pas autorité de la chose jugée dans la seconde procédure ouverte à l'égard du même débiteur après résolution de son plan de redressement (Com. 30 janv. 2019 : *cité note 12*).

VI. EXÉCUTION PROVISOIRE ET VOIES DE RECOURS

Se fondant sur l'indivisibilité du dispositif du jugement prévu par l'article L. 626-27, I, alinéa 2, qui alors ne laissait d'autre choix au tribunal, du moment que la cessation des paiements du débiteur était constatée au cours de l'exécution du plan, que de décider la résolution de celui-ci et de prononcer, « par un même jugement », la liquidation judiciaire, la Cour de cassation avait jugé, dans un arrêt du 18 septembre 2007 (V. note 1 ss. art. R. 661-1), par application de l'article R. 661-1, alinéa 3, que l'arrêt de l'exécution provisoire d'un tel jugement, en ce qu'il statuait sur l'ouverture d'une procédure de liquidation judiciaire, emportait nécessairement arrêt de l'exécution provisoire du jugement en ce qu'il décidait la résolution du plan.

La solution semble transposable en cas de jugement prononçant la résolution du plan et le redressement judiciaire sous l'empire de l'article L. 626-27 remanié par l'ordonnance de 2008.

L'ordonnance de 2008 a ajouté une disposition expresse relative à l'ouverture des voies de recours (V. art. L. 661-1, I, 8°).

VII. ENTRÉE EN VIGUEUR DE LA LOI DE 2005 ET DE L'ORDONNANCE DE 2008

L'article L. 626-27, dans sa rédaction issue de la loi du 26 juillet 2005, était applicable aux procédures de redressement judiciaire en cours le 1er janvier 2006, jour de l'entrée en vigueur de la loi de 2005, c'est-à-dire aux redressements judiciaires en cours de période d'observation ou d'exécution du plan (art. 191, 2°). La Cour de cassation est venue expressément préciser que « les dispositions de cet article régissent la résolution des plans de redressement par voie de continuation lorsque celle-ci n'a pas été prononcée avant cette date » (Com. 18 mars 2008 : V. note 1). Dans ce cas, c'est, bien entendu, l'ensemble des dispositions de la loi qui est applicable, en particulier la suppression des effets de la liquidation judiciaire d'une société en nom collectif sur les associés, en raison de l'abrogation de l'ancien article L. 624-1 (Com. 16 juin 2009 : *cité note 2*), mais aussi d'autres mesures, par exemple la caducité des procédures de répartition prévue par l'article R. 622-19 (Com. 13 sept. 2011 : *cité note 3 ss. cet art.*).

Mais naturellement l'article L. 626-27 n'était pas applicable aux procédures de liquidation judiciaire subséquentes à des résolutions de plan en cours (Circ. n° CIV/02/06 du 9 janv. 2006). Dans ce cas, comme l'a confirmé implicitement une réponse du Service de documentation et d'études de la Cour de cassation, la liquidation ainsi prononcée suivait le régime des dispositions issues de la loi du 26 juillet 2005, qui permettent notamment une poursuite d'activité de trois mois renouvelable, et l'adoption d'un plan de cession (www.courdecassation.fr).

Quant à la disposition de l'ordonnance du 18 décembre 2008 relative à la résolution du plan en cas de cessation des paiements, elle était applicable aux plans de sauvegarde en cours d'exécution au 15 février 2009, date d'entrée en vigueur de l'ordonnance (art. 173 de l'Ord. de 2008). ❑

1. Droit transitoire. Selon l'art. 191, 2°, de la L. du 26 juill. 2005, l'art. L. 626-27 C. com. est applicable aux procédures de redressement judiciaire en cours au 1er janv. 2006 ; il en résulte que les dispositions de cet art. régissent la résolution des plans de redressement par voie de continuation lorsque celle-ci n'a pas été prononcée avant cette date. • Com. 18 mars 2008, n° 06-21.306 P : *D. 2008. AJ 977, obs. Lienhard ; ibid., Chron. C. cass. 1234, obs. Orsini ; APC 2008, n° 114, obs. Vallansan ; Dr. sociétés 2008, n° 100, note Legros ; Dr. et pr. 2008. 209, obs. Le Corre ; JCP E 2008. 2062, n° 5, obs. Pétel ; RTD com. 2008. 628, obs. Vallens ; RPC 2009, n° 9, obs. Fraimout.* ♦ V. aussi note 6.

2. La liquidation judiciaire concomitante à la résolution du plan de redressement décidée, après constatation de la cessation des paiements du débiteur au cours de ce plan, en application des dispositions de l'art. L. 626-27, I, al. 2, qui sont applicables aux procédures de redressement judiciaire en cours au 1er janv. 2006, est régie par les dispositions de cette loi. • Com. 16 juin 2009, n° 08-10.232 P : *D. 2009. AJ 1821, obs. Lienhard ; Rev. sociétés 2010. 58, note Roussel Galle ; RTD com. 2010. 187, obs. Saint-Alary-Houin ; APC 2009, n° 204, obs. Vallansan ; Dr. sociétés 2009, n° 190, note Legros ; RJDA 2009, n° 987 ; Gaz. Pal. 1er-3 nov. 2009, p. 19, obs. Lebel ; RPC 2010, n° 47, obs. Saintourens ; ibid., n° 74, obs. Fraimout* • 20 oct. 2009 : *cité note 1 ss. art. L. 640-5.* ♦ Il en résulte que l'application de l'art. L. 624-1 C. com. dans sa rédaction antérieure à la L. du 26 juill. 2005 doit être écartée et que la liquidation judiciaire de la société ne produit pas ses effets à l'égard de ses associés, fussent-ils indéfiniment et solidairement responsables du passif social. • Com. 16 juin 2009 : *préc.*

3. Recouvrement des dividendes. BIBL. Vinckel, *RPC 2009. Étude 13.* ♦ Le recouvrement forcé des dividendes est inapplicable lorsqu'un défaut de paiement des dividendes a été suivi d'une résolution du plan. *Rép. min. n° 98727 : *JOAN Q, 3 oct. 2006, p. 10404.* ♦ Le commissaire à l'exécution du plan a le choix d'agir en recouvrement forcé des dividendes ou en résolution du plan pour non-paiement de ceux-ci, sans que la recevabilité de l'action en résolution soit subordonnée à une mise en demeure préalable. • Com. 18 mai 2016, n° 14-23.859 : *Gaz. Pal. 18 oct. 2016, p. 57, obs. Lebel.* ♦ Pour le défaut de qualité d'un créancier à agir en recouvrement, dès avant la modification de l'art. L. 626-27 par l'Ord. du 18 déc. 2008, V. • Com. 10 juill. 2012 : *BJE 2012. 276, note Le Mesle ; Gaz. Pal. 12-13 oct. 2012, p. 27, obs. Lebel.* ♦ Sur l'absence de prescription de la créance résultant de cet empêchement d'agir, V. • Com. 5 mai 2021, n° 19-23.986 : *Gaz. Pal. 26 oct. 2021, p. 65, obs. Ferrari ; RPC 2022, n° 29, obs. Lafaurie.*

4. Inexécution des engagements. Il résulte des art. L. 626-27 et L. 631-19 qu'un plan de sauvegarde ou de redressement ne peut être résolu qu'en cas de cessation des paiements constatée au cours de l'exécution du plan ou d'inexécution, par le débiteur, de ses engagements dans les délais fixés par le plan ; la disparition du fonds de commerce d'un débiteur, qui entraîne la cessation de l'activité de celui-ci, ne fait pas nécessairement obstacle à l'exécution du plan dès lors que le débiteur est à jour du paiement des dividendes. • Com. 2 févr. 2022, n° 20-20.199 B : *D. 2022. Actu. 277 ; Rev. sociétés 2022. 189, obs. Reille ; RTD com. 2022. 871, obs. Poujade ; JCP E 2022. 1163, n° 5, obs. Pétel ; LEDEN 3/2022. 1, obs. F.-X. Lucas ; APC 2022, n° 71, obs. Douaoui-Chamseddine ; Gaz. Pal. 19 avr. 2022, p. 59, obs. Rossi ; RPC 2022, n° 32, obs. Lafaurie ; RJDA 2022, n° 291 ; BJE 5-6/2022. 14, note Vincent ; Dr. sociétés 2022, n° 69, note Legros.*

5. Ouverture d'une procédure collective. Il résulte de l'art. L. 626-27 que l'ouverture d'une procédure collective pendant l'exécution d'un plan de sauvegarde ou de redressement emporte la résolution du plan. • Com. 29 nov. 2017, n° 16-18.138 P : *cité note 34 ss. art. L. 661-1.*

6. Cessation des paiements. Lorsque la résolution d'un plan de redressement par voie de continuation arrêté en faveur d'un débiteur n'a pas été prononcée avant le 1er janv. 2006, sa mise en liquidation judiciaire concomitante suppose que soit constatée la cessation de ses paiements au cours de l'exécution du plan. • Com. 16 déc. 2008, n° 07-17.130 P : *D. 2009. AJ 94, obs. Lienhard ; Gaz. Pal. 26-28 avr. 2009, p. 26, obs. Voinot ; RJ com. 2009. 234, note Sortais ; Dr. et patr. 9/2009. 113, obs. Monsèrié-Bon.* – Rappr. : • Com. 24 juin 2008 : *JCP E 2008. 2207, note Roussel Galle ; RJDA 2008, n° 1160* • 29 avr. 2014 : *Rev. sociétés 2014. 402, obs. Henry .* ♦ La résolution d'un plan de redressement prononcée pour survenance de la cessation des paiements en cours d'exécution de ce plan, distincte de la résolution pour inexécution des engagements prévus au plan, n'est subordonnée qu'à la caractérisation de la cessation des paiements et oblige le tribunal qui prononce la résolution du plan à ouvrir la liquidation judiciaire. • Com. 8 mars 2017, n° 15-17.691 : *RJDA 2017, n° 826.* ♦ Sur la nécessité de caractériser l'état de cessation des paiements, V. • Com. 8 janv. 2020, n° 18-16.295 : *RTD com. 2020. 181, obs. Saint-Alary-Houin .* ♦ Le défaut de respect du plan de redressement n'établit pas, à lui seul, la cessation des paiements. • Com. 2 juin 2021, n° 20-14.101 : *BJE 9-10/2021. 8, note Poujade ; Gaz. Pal. 26 oct. 2021, p. 64, obs. Ferrari ; RJDA 2021, n° 730 ; Dr. sociétés 2021, n° 138, note Legros ; JCP E 2022. 1035, note Lebel ; RPC 2022, n° 33, obs. Lafaurie.* ♦ L'état de cessation des paiements ne peut résulter du non-paiement d'une créance, qui a une origine antérieure au jugement de redressement judiciaire, mais qui, par l'effet de la loi, n'a pu être initialement intégrée au plan de redressement. • Grenoble, 17 janv. 2007 : *JCP E 2007. 1905.*

7. Le créancier qui demande la résolution du plan de sauvegarde de son débiteur pour cessation des paiements doit, à peine d'irrecevabilité de sa demande, justifier d'une créance certaine, liquide et exigible, dès lors que la cessation des paiements conduit à la résolution du plan et à l'ouverture d'une procédure de redressement ou de liquidation judiciaire du débiteur. • Com. 26 févr. 2020, n° 18-18.680 P : *D. 2020. Chron. C. cass. 1261, obs. Barbot ; Rev. sociétés 2020. 382, obs. Reille ; RTD com. 2020. 488, obs. Poujade ; LEDEN 4/2020. 6, obs. Rubellin ; RJDA 2020, n° 279 ; Dr. sociétés 2020, n° 71, note Legros ; BJE 5-6/2020. 19, note Vincent ; Gaz. Pal. 13 oct. 2020, p. 67, obs. Giorgini ; RJ com. 2020. 496, obs. Fournier.*

8. Inconstitutionnalité de la saisine d'office. Les dispositions confiant au tribunal la faculté de se saisir d'office aux fins de prononcer la résolution du plan de sauvegarde ou de redressement judiciaire méconnaissent les exigences découlant de l'art. 16 de la Déclaration de 1789 ; dès lors, la seconde phrase du § II de l'art. L. 626-27 doit être déclarée contraire à la Constitution. • Cons. const. 7 mars 2014, n° 2013-372 QPC : *D. 2014. Actu. 605 ; RPC 2014, n° 94, obs. Cagnoli.*

9. Avis du ministère public. Il résulte de la combinaison des art. L. 626-27, I, al. 2, et L. 631-19 que le tribunal qui a arrêté le plan de redressement par voie de continuation ne peut prononcer la résolution de ce plan et ouvrir une procédure de liquidation judiciaire qu'après avis du ministère public. • Com. 11 déc. 2012, n° 11-26.555 P : *D. 2013. Actu. 8, obs. Lienhard ; Rev. sociétés 2013. 180, obs. Roussel Galle ; LEDEN 1/2013. 3, obs. Delattre ; BJE 2013. 98, note Le Mesle ; Gaz. Pal. 1er-4 mai 2013, p. 21, obs. Lebel.* ♦ V. aussi, pour l'application devant la cour d'appel, • Com. 3 mai 2011, n° 10-14.558 P : *D. 2011. Actu. 1278, obs. Lienhard ; LEDEN 6/2011. 5, obs. Delattre ; RJ com. 2011. 500, note Sortais ; BJE 2011. 330, note De Lajarte ; RJDA 2011, n° 948 ; RPC 2011, n° 183, obs. Fraimout* • 29 sept. 2015, n° 14-15.639 : *JCP E 2015. 1503, note Delattre.* ♦ Ayant demandé, par une mention manuscrite, datée, signée et apposée sur la chemise du dossier, la confirmation du jugement ayant décidé la résolution du plan et prononcé la liquidation judiciaire, le ministère public, qui a ainsi émis un avis, a satisfait aux exigences de l'art. L. 626-27 C. com. • Com. 30 nov. 2010 : *Gaz. Pal. 7-8 janv. 2011, p. 30, obs. Lebel.* ♦ V. aussi, en ce sens que vaut avis l'apposition sur la cote du dossier de l'empreinte d'un tampon encreur indiquant « Vu au parquet général et s'en rapporte », suivie de la signature d'un représentant du procureur général, • Com. 28 juin 2017, n° 16-11.691 : *JCP E 2017. 1517, note Delattre ; RJDA 2017, n° 742 ; RPC 2018, n° 3, obs. Vallansan et Leloup-Thomas.*

10. Pouvoir d'appréciation du tribunal. V., à propos d'un plan de redressement, • Com. 30 juin 2015, n° 14-16.543 : *D. 2015. Actu. 1486 .*

11. Sort des abandons de créance. Le fait qu'un abandon de créance s'accompagne de délais de paiement plus longs et excédant la durée du plan ne suffit pas à en déduire que cet abandon, acté par le plan, échappe, en cas de résolution de ce dernier, aux prévisions de l'art. L. 626-27. • Paris, 11 mars 2014 : *BRDA 2014, n° 13, p. 6.*

12. Déclaration et admission des créances. Tout créancier qui a déclaré sa créance et qui est soumis à un plan de sauvegarde ou de redressement peut bénéficier de la dispense de déclaration prévue à l'art. L. 626-27, III, C. com., peu important que sa créance n'ait pas encore été définitivement admise au passif de la procédure à la date de la résolution du plan. • Cass., avis, 17 sept. 2012, n° 12-00.007 P : *D. 2012. 2355, concl. Le Mesle ; ibid. 2360, note Le Corre ; D. 2013. Chron. C. cass. 1178, obs. Arbellot ; Rev.*

sociétés 2012. 731, obs. Henry ; RTD com. 2012. 846, obs. Martin-Serf ; JCP E 2012. 1757, n° 14, obs. Pétel ; LEDEN 10/2012. 4, obs. Borga ; RLDA nov. 2012. 19, obs. Vallens ; BJE 2013. 24, obs. Le Corre-Broly ; RJDA 2013, n° 346 ; RPC 2013, n° 50, obs. Staes. ♦ Les créances déclarées au passif de la première procédure collective mais non encore admises avant la résolution du plan sont soumises à la procédure de vérification et d'admission propre à la seconde procédure collective. • Même avis. ♦ De même, la créance supplémentaire non déclarée au passif de la première procédure collective est soumise à la procédure de vérification et d'admission des créances propre à la seconde procédure collective. • Com. 16 sept. 2014, n° 13-16.803 P : *D. 2014. Actu. 1870 ; RTD com. 2014. 865, obs. Martin-Serf ; LEDEN 10/2014. 4, obs. Couard ; RPC 2014, n° 161, obs. Fraimout ; Gaz. Pal. 18-20 janv. 2015, p. 26, obs. Le Corre ; RJDA 2015, n° 124.* ♦ V. désormais, dans le sens de l'avis préc. du 17 sept. 2012, art. L. 626-27, III, dans sa réd. issue de l'Ord. n° 2014-326 du 12 mars 2014. ♦ Il résulte de l'art. L. 626-27, III, C. com., dans sa rédaction issue de la L. du 26 juill. 2005, que la dispense du créancier, soumis au plan ou admis au passif de la première procédure, d'avoir à déclarer sa créance dans la seconde procédure ouverte à la suite de la résolution de ce plan, ne lui interdit pas, s'il le souhaite, de déclarer à nouveau sa créance dans la nouvelle procédure pour obtenir son admission au passif à concurrence du montant actualisé de celle-ci. • Com. 4 mai 2017, n° 15-15.390 P : *D. 2017. Actu. 975 ; RTD com. 2017. 688, obs. Martin-Serf ; JCP E 2017. 1460, n° 12, obs. Pétel ; LEDEN 6/2017. 4, obs. Andreu ; APC 2017, n° 168, obs. Cagnoli ; RJDA 2017, n° 481 ; Gaz. Pal. 27 juin 2017, p. 58, obs. Le Corre ; RDBF 2017, n° 179, obs. Houin-Bressand.* ♦ Dans le même sens, V. • Com. 30 janv. 2019, n° 17-31.060 P : *D. 2019. Actu. 253 ; Rev. sociétés 2019. 214, obs. Roussel Galle ; RTD com. 2019. 482, obs. Martin-Serf ; ibid. 499, obs. Poujade ; LEDEN 3/2019. 4, obs. Mouial-Bassilana ; RJDA 2019, n° 279 ; Gaz. Pal. 16 avr. 2019, p. 70, obs. Voinot ; BJE 5-6/2019. 42, note Benilsi ; RJ com. 2019. 266, obs. Théron ; RPC 2019, n° 134, obs. Borga.* ♦ L'autorité de la chose jugée attachée à l'admission à titre privilégié n'a pas d'effet conservatoire pour l'avenir des sûretés qui ne sont pas renouvelées, et cet effet ne résulte pas davantage de l'existence d'un plan de sauvegarde ou de la faculté offerte par l'art. L. 626-27 au créancier, en cas de résolution de celui-ci et d'ouverture consécutive d'une nouvelle procédure collective, de ne pas y déclarer à nouveau ses sûretés, ce texte ne dérogeant nullement à l'obligation de procéder, le cas échéant, à leur renouvellement. • Com. 17 févr. 2021, n° 19-20.738 P : *D. 2021. 835, note Ferrari ; RTD com. 2021. 427, obs. Martin-Serf ; LEDEN 3/2021. 2, obs. Andreu ; APC 2021, n° 62, obs. Petit ; Gaz. Pal. 13 avr. 2021, p. 54, obs. Guastella ; BJE 5-6/2021. 26, note Poujade ; RJ com. 2021. 280, obs. Macorig-Venier ; RDBF 2021, n° 75, obs. Houin-Bressand ; RPC 2021, n° 56, obs. Borga ; RJDA 2021, n° 500.* ♦ Il résulte de l'art. L. 626-27, I, al. 4 [5] que, lorsque la résolution du plan n'est pas suivie d'une procédure de liquidation, en l'absence de procédure collective en cours, le juge-commissaire ne peut plus être saisi pour statuer sur l'admission ou le rejet des créances. • Com. 25 oct. 2023, n° 22-13.185 B : *D. 2023. Actu. 1901 ; JCP E 2024. 1041, note Borga ; APC 2023, n° 258, obs. Houin-Bressand ; RPC 2024, n° 3, obs. Lafaurie ; RJDA 2024, n° 121 ; Dr. sociétés 2024, n° 39, note Legros.*

13. Pouvoirs du liquidateur. Le liquidateur désigné dans la nouvelle procédure collective ouverte après résolution du plan de redressement n'a pas qualité pour se pourvoir en cassation contre un arrêt rendu, sur une demande de report de la date de cessation des paiements formée dans le cadre de la précédente procédure collective, dont les opérations ont pris fin et qui a été clôturée. • Com. 15 mai 2019, n° 18-12.441 P : *D. 2019. Actu. 1100 ; RTD com. 2019. 766, obs. Martin-Serf ; LEDEN 7/2019. 2, obs. Camensuli-Feuillard ; RJDA 2019, n° 578 ; RPC 2019, n° 130, obs. Cagnoli.*

14. Recours. V. art. L. 661-1, I, 8°. ♦ Sur l'arrêt de l'exécution provisoire, V. note 1 ss. art. R. 661-1.

15. Extension de procédure. V. note 50 ss. art. L. 621-2.

16. Renvoi pour suspicion légitime. En cas de renvoi pour suspicion légitime ordonné au cours d'une instance en résolution d'un plan de redressement et en ouverture de la liquidation judiciaire pour survenance de la cessation des paiements pendant l'exécution du plan, seules sont réputées non avenues les décisions de la juridiction dessaisie qui remplissent les critères posés par l'art. 347, al. 3, C. pr. civ. et ont été rendues à l'occasion de cette instance, et non les décisions rendues dans le cadre de la première procédure collective ayant abouti à l'arrêté du plan de redressement. • Com. 8 avr. 2021, n° 19-22.580 P : *D. 2021. Chron. C. cass. 993, obs. Barbot ; APC 2021, n° 132, obs. Le Bars ; LEDEN 7/2021. 2, obs. Urbain ; RJDA 2021, n° 494 ; Dr. sociétés 2021, n° 112, note Legros.*

Art. L. 626-28 *(L. n° 2005-845 du 26 juill. 2005, art. 82)* **Quand il est établi que les engagements énoncés dans le plan ou décidés par le tribunal ont été tenus, celui-ci, à la requête du commissaire à l'exécution du plan, du débiteur ou de tout intéressé, constate que l'exécution du plan est achevée.**

V. art. R. 626-50 et R. 626-51.

COMMENTAIRE

L'article L. 626-28 est relatif à l'achèvement du plan de sauvegarde ou de redressement. Il s'agit, par ce texte sans équivalent sous le régime antérieur à 2005, de gommer le flou dans lequel baignait la fin de l'exécution, par rapport surtout à la cessation des fonctions du commissaire à l'exécution du plan. Dans la loi nouvelle, la durée du plan ne peut excéder dix ans. Mais elle est, bien sûr, susceptible d'être inférieure. Quoi qu'il en soit, l'article L. 626-28 permet au commissaire à l'exécution du plan, comme au débiteur et à tout intéressé (par exemple, une caution), de demander au tribunal (qui l'a prononcé), statuant au vu d'un rapport établi par le commissaire à l'exécution du plan (art. R. 626-50), de constater l'achèvement de l'exécution du plan.

Par parallélisme des formes, comme par souci de solennité, et par exigence d'une audience contradictoire, cette constatation incombe donc au tribunal et non seulement à son président, ce qui aurait pourtant pu paraître plus simple.

Ce dispositif constitue, en quelque sorte, le pendant de celui prévu à l'article L. 622-12, qui permet au tribunal de mettre fin à la procédure de sauvegarde ou de redressement, durant la période d'observation, lorsque les difficultés qui ont justifié leur ouverture ont disparu. Cette clôture du plan permettra au débiteur de faire supprimer du registre du commerce et de sociétés et du répertoire des métiers la mention de l'existence d'un plan de sauvegarde ou de redressement en cours (C. com., art. R. 123-122). A cet égard, l'article R. 626-50 prévoit qu'à l'initiative du débiteur, les décisions relatives à la procédure sont radiées des registres sur lesquels elles ont été portées.

Si ce dispositif est institué en faveur du débiteur ayant tenu ses engagements (ou les engagements « décidés par le tribunal », ce qui vise les décisions d'inaliénabilité temporaire imposées par le tribunal), on a pu se demander s'il ne risquait pas aussi, dans certains cas, de le desservir. En particulier, le Rapport de la Commission des lois à l'Assemblée nationale *(n° 2095, p. 316)* a posé la question de savoir s'il pourrait être utilisé par un créancier forclos, à qui la saisine en constatation de clôture du plan devrait logiquement être accessible en tant qu' « intéressé », même s'il n'est pas partie au plan, pour reprendre les poursuites contre le débiteur, interrompues à compter du jugement d'ouverture de la sauvegarde ou du redressement. En l'absence de régime de reprise des poursuites, à l'instar de celui, protecteur du débiteur, prévu après la clôture de la liquidation judiciaire pour insuffisance d'actif, le créancier retardataire à la procédure de la déclaration pourrait dès lors finalement retrouver ses droits : par rapport au créancier ayant déclaré dans les délais, il ne subirait alors, paradoxalement, aucune remise, mais seulement un délai supérieur à la durée du plan.

Il convenait toutefois de rappeler, à cet égard, que le jugement d'ouverture de la procédure interdit de payer toute créance antérieure, avec un effet, sauf exceptions prévues par le texte, définitif. De même, le jugement arrête ou interdit de nombreuses actions qui ne pourront être reprises (art. L. 622-21). Il interrompt certaines actions qui ne pourront être reprises qu'après une déclaration de créances (art. L. 622-22) : celle-ci étant précisément soumise au délai de forclusion, il serait donc impossible au créancier négligent de reprendre ses poursuites lorsqu'il aura été constaté que le plan est achevé. Cette motivation était jugée « bien insuffisante » par le Professeur Pierre-Michel Le Corre, pour lequel l'absence de modalité procédurale particulière ne saurait signifier que l'action est interdite, mais seulement qu'elle est soumise au droit commun, le créancier devant établir ses droits comme s'il n' y avait jamais eu de procédure collective. Décider le contraire, ajoute cet auteur, reviendrait à poser en règle l'extinction de la créance non déclarée, ce que le législateur a précisément écarté (P.-M. Le Corre, Droit et pratique des procédures collectives, *Dalloz Action, 2021/2022, 525.211* ; V., de manière générale, sur cette question, comm. ss. art. L. 622-26). Mais la donne a changé, depuis 2008, puisque désormais, l'article L. 622-26 modifié prévoit que « les créances non déclarées régulièrement dans ces délais sont inopposables au débiteur pendant l'exécution du plan et après cette exécution lorsque les engagements énoncés dans le plan ou décidés par le tribunal ont été tenus ». Il en résulte que les créanciers qui n'ont pas déclaré leur créance ne peuvent prétendre être des personnes intéressées pour faire constater la complète exécution du plan de redressement par le débiteur.

Indiquons, pour finir, qu'en l'absence de dispositions spécifiques, le recours contre la décision du tribunal refusant de constater la bonne tenue des engagements s'inscrit dans le droit commun, la « constatation » ou son refus par le tribunal constituant des décisions gracieuses. Elle serait donc susceptible d'appel par le commissaire à l'exécution s'il n'est pas demandeur, le débiteur, quant à lui, semblant dépourvu d'intérêt à agir, de même que les créanciers à former une tierce opposition (P.-M. Le Corre, *préc.*, *525.221*).

1. Le constat de l'achèvement de l'exécution du plan autorise le créancier non déclarant à reprendre ses poursuites. • Com. 12 mars 2013 : *Gaz. Pal. 12-13 juill. 2013, p. 23, obs. Le Corre.* ♦ Il résulte des art. L. 621-65 et L. 621-82 C. com., dans leur rédaction antérieure à la L. du 26 juill. 2005, que lorsque le plan de continuation est arrivé à son terme sans avoir fait l'objet d'une décision de résolution, le créancier, dont la créance admise n'a pas été totalement réglée, recouvre son droit de poursuite individuelle contre le débiteur et, en l'absence de résolution du plan, seules les sommes dues en vertu de ce plan ou des accords auxquels il se réfère peuvent être réclamées. • Com. 6 janv. 2021, n° 19-21.830 : *RTD com. 2021. 207, obs. Saint-Alary-Houin ; RJ com. 2021. 289, obs. Poujade.* ♦ Comp. : note 2 ss. art. L. 626-19.

2. Pour un constat d'achèvement de l'exécution du plan intervenu à la suite de la constitution par le débiteur d'un patrimoine fiduciaire affecté au désintéressement des créanciers, V. • TGI Bobigny, 11 déc. 2014 : *LEDEN 1/2015. 4, obs. F.-X. Lucas.*

3. La décision par laquelle le tribunal constate la bonne exécution par le débiteur d'un plan de redressement judiciaire [dans le régime antérieur à la L. du 26 juill. 2005], qui est susceptible d'affecter les droits des créanciers, n'est pas une mesure d'administration judiciaire. • Com. 8 sept. 2015, n° 14-11.393 P : *D. 2016. Pan. 1904, obs. F.-X. Lucas ; JCP 2015. 1065, obs. Théron ; JCP E 2016. 1000, n° 4, obs. Pétel ; LEDEN 10/2015. 7, obs. Staes ; APC 2015, n° 262, obs. Cagnoli ; Dr. sociétés 2015, n° 202, note Legros ; Procédures 2015, n° 332, note Rolland ; RJDA 2015, n° 845 ; Gaz. Pal. 19 janv. 2016, p. 63, obs. Lebel.*

SECTION 3 *Des classes de parties affectées*

(Ord. n° 2021-1193 du 15 sept. 2021, art. 37, en vigueur le 1er oct. 2021)

Pour les dispositions transitoires de l'Ord. n° 2021-1193 du 15 sept. 2021, V. note ss. art. L. 611-2.

V. l'ancienne section 3 ss. art. L. 626-34.

BIBL. GÉN. ▸ Lemercier et Mercier, *D. actu. 20 sept. 2021.* – Dammann et Bos, *D. 2021. Chron. 1931*. – Poujade, *RTD com. 2021. 929*. – Buisine, *BJE 11-12/2021. 44.* – Abitbol, Leloup-Thomas, Partouche et Robine, *JCP E 2021. 1527.* – F.-X. Lucas, *BJE 1-2/2022. 45.* – Pérochon et Roussel Galle, *RDBF 2022. Dossier 20* (classes de créanciers et sûretés réelles). – Podeur, *D. 2022. Chron. 1056* (obligataires et classes de parties affectées). – Henry, *Rev. sociétés 2022. 406*. – Macri, *RJ com. 2022. 321* (regards croisés de droit italien et droit français). – Dossier « Les classes de parties affectées : de la théorie à la pratique », *RPC 2023. Dossiers 1 à 6.* – Gagnepain, Jomier et Diederichs, *ibid. Étude 4* (constitution des classes de parties affectées : premiers retours d'application en France à la lumière des expériences américaines et anglaises). – De Ménonville, Morelli et Robine, *RDBF 2023. Étude 5* (premiers retours pratiques). – Le Nabasque, *BJS 5/2023. 44* (classes de « détenteurs du capital »). – Gralitzer, *BJE 5-6/2023. 55* (consultation des obligataires). – Valdman et Baudry, *Gaz. Pal. 19 mars 2024, p. 47* (émergence d'une nouvelle pratique sous le regard de la jurisprudence). – Borga et Bourbouloux, *BJE 3-4/2024. 60* (communauté d'intérêt économique). – Diesbecq et Gallo, *JCP E 2024. 1353* (classes de parties affectées facultatives : droit ou aubaine ?).

Art. L. 626-29 Les dispositions de la présente section sont applicables aux entreprises qui atteignent des seuils fixés par décret en Conseil d'État.

Elles s'appliquent également aux sociétés qui détiennent ou contrôlent une autre société, au sens des articles L. 233-1 et L. 233-3, dès lors que l'ensemble des sociétés concernées atteignent des seuils fixés par décret en Conseil d'État.

Les seuils prévus aux deux alinéas précédents sont définis par référence soit au nombre de salariés et au montant net du chiffre d'affaires de ces entreprises ou sociétés soit au montant net de leur chiffre d'affaires.

A la demande du débiteur, le juge-commissaire peut autoriser qu'il en soit également fait application en deçà de ce seuil.

Les dispositions de la présente section ne font pas obstacle à l'application des dispositions du présent chapitre qui ne leur sont pas contraires.

V. art. R. 626-52.

COMMENTAIRE

I. TRANSPOSITION DU CADRE DE RESTRUCTURATION PRÉVENTIVE

C'est aux articles L. 626-29 et suivants que l'ordonnance du 15 septembre 2021 a transposé les dispositions les plus innovantes constituant le cœur du titre II de la directive (UE) 2019/1023 du 20 juin 2019 relative aux cadres de restructuration préventive. Comme l'explique le Rapport au président de la République pour justifier les choix du législateur français, ce titre II se caractérise par un socle impératif ainsi que par un nombre important d'options laissées aux États et donc par une grande diversité de combinaisons possibles pour sa transposition (V. aussi R. Dammann, Premières réflexions sur la transposition de la future directive sur les restructurations préventives, *D. 2018. 2195*).

La directive prévoit que les débiteurs doivent avoir accès à au moins un cadre de restructuration préventive leur permettant de se restructurer en vue de prévenir l'insolvabilité – qu'elle ne définit cependant pas – et d'assurer leur viabilité (art. 4, 1). Les caractéristiques essentielles du cadre de restructuration préventive sont l'application d'un principe de suspension des poursuites individuelles, l'organisation, avec un certain nombre de dérogations, des créanciers en classes pour leur permettre de voter sur le projet de plan de restructuration et la possibilité pour le tribunal d'arrêter un plan en dépit du vote négatif d'une ou plusieurs classes (technique « d'application forcée interclasses » – « *cross-class cram-down* ») ainsi que la référence faite par la directive au critère du « meilleur intérêt » (« *best interest test* »).

Utilisant la liberté laissée aux États membres par les articles 2 et 9 de la directive, l'ordonnance du 15 septembre 2021 ne crée pas un cadre rigide pour la constitution des classes de parties affectées. En outre, en dehors de la procédure de sauvegarde accélérée (V. art. L. 628-1 s.), elle n'impose pas aux petites et moyennes entreprises de mettre en œuvre cette organisation des créanciers (V., pour une étude générale, R. Dammann et T. Bos, Le nouveau droit de la restructuration financière : les classes de parties affectées, *D. 2021. 1931*).

II. MÉCANISME DES CLASSES DE PARTIES AFFECTÉES

L'ordonnance du 15 septembre 2021 a réécrit l'ensemble des dispositions de la section 3 du chapitre VI du titre II du livre VI, intitulée « Des classes de parties affectées ». Ces dispositions sont contenues aux articles L. 626-29 à L. 626-34 nouveaux, applicables aux procédures ouvertes à compter du 1er octobre 2021.

La notion de « classes de parties affectées », issue de la directive, intègre dans les classes, à côté des créanciers, d'autres parties affectées telles que les actionnaires et autres détenteurs de capital. Ces classes se substituent aux anciens comités de créanciers.

III. CHAMP D'APPLICATION DES CLASSES DE PARTIES AFFECTÉES

La section « Des classes de parties affectées » s'applique, quelle que soit la taille de l'entreprise concernée, en sauvegarde accélérée et, sous certaines conditions, soit en raison de la taille du débiteur, soit à sa demande, en sauvegarde non accélérée et en redressement judiciaire.

L'article L. 626-29 modifié renvoie à un décret en Conseil d'État pour la définition des seuils à partir desquels la constitution de classes est obligatoire (hors la sauvegarde accélérée). Ces seuils ont été fixés par l'article R. 626-52, modifié par le décret du 23 septembre 2021 (250 salariés et 20 millions d'euros de chiffre d'affaires net ; ou 40 millions d'euros de chiffre d'affaires net, les mêmes seuils, donc, que ceux définissant la compétence des tribunaux de commerce spécialisés : C. com., art. L. 721-8 ; V., regrettant que ces seuils élevés excluent du périmètre de la réforme certains dossiers de financements structurés, notamment immobiliers, R. Dammann et T. Bos, *préc.*). Toutefois, les entreprises qui n'atteignent pas ces seuils peuvent demander au juge-commissaire d'autoriser leur constitution. Comme l'indique le rapport au président de la République, l'absence de cadre strictement prédéfini devrait permettre à l'administrateur judiciaire d'adapter cette organisation à la nature du passif de l'entreprise. En effet, même si la demande est faite par le débiteur, conformément à la directive (art. 9, 4), la mise en œuvre de la répartition en classes relève nécessairement de l'administrateur judiciaire (V. art. L. 626-30, III).

IV. APPLICATION DANS LE TEMPS

Selon le rapport au président de la République, aux fins d'une mise en œuvre rapide du cadre de restructuration préventive transposé, l'absence d'application aux procédures en cours au jour de l'entrée en vigueur de l'ordonnance du 15 septembre 2021 (le 1er oct. 2021), prévue par l'article 73 de celle-ci, « ne fait pas obstacle à l'ouverture d'une procédure de sauvegarde accélérée avec la constitution obligatoire de classes de parties affectées même si la procédure de conciliation qui la précède a été ouverte avant l'entrée en vigueur de la présente ordonnance ». ❑

Il résulte de l'art. L. 626-29 que le juge-commissaire peut autoriser, à la demande du débiteur, la constitution de classes de parties affectées pour des sociétés qui ne remplissent pas les conditions de seuils imposés par les textes, et de la combinaison des art. R. 626-54 C. com. et 537 C. pr. civ. que la décision par laquelle le juge-commissaire autorise qu'il soit fait application des art. L. 626-29 à L. 626-34 est une mesure d'administration judiciaire qui ne peut faire l'objet d'aucun recours. • Versailles, 21 mai 2024, n° 23/06737 : *LEDEN 7/2024. 1, obs. F.-X. Lucas.*

Art. L. 626-30 **I. — Sont des parties affectées :**

1° Les créanciers dont les droits sont directement affectés par le projet de plan ;

2° Les membres de l'assemblée générale extraordinaire ou de l'assemblée des associés, des assemblées spéciales mentionnées aux articles L. 225-99 et L. 228-35-6 et des assemblées générales des masses visées à l'article L. 228-103, si leur participation au capital du débiteur, les statuts ou leurs droits sont modifiés par le projet de plan. Pour l'application du présent livre, ils sont nommés "détenteurs de capital".

Seules les parties affectées se prononcent sur le projet de plan.

II. — Les parties affectées portent à la connaissance de l'administrateur, au plus tard dans un délai fixé par décret en Conseil d'État, les accords de subordination conclus avant l'ouverture de la procédure. A défaut, ces accords de subordination sont inopposables à la procédure.

III. — La composition des classes de parties affectées est déterminée au vu des créances et droits nés antérieurement à la date du jugement d'ouverture de la procédure. L'administrateur répartit, sur la base de critères objectifs vérifiables, les parties affectées en classes représentatives d'une communauté d'intérêt économique suffisante en respectant les conditions suivantes :

1° Les créanciers titulaires de sûretés réelles portant sur les biens du débiteur, pour leurs créances garanties, et les autres créanciers sont répartis en classes distinctes ;

2° La répartition en classes respecte les accords de subordination conclus avant l'ouverture de la procédure ;

3° Les détenteurs de capital forment une ou plusieurs classes.

IV. — Les créances résultant du contrat de travail, les droits à pension acquis au titre d'un régime de retraite professionnelle et les créances alimentaires ne sont pas affectées par le plan.

V. — L'administrateur soumet à chaque partie affectée les modalités de répartition en classes et de calcul des voix correspondant aux créances ou aux droits affectés leur permettant d'exprimer un vote. Le montant des créances pris en compte est celui indiqué par le débiteur et certifié par son ou ses commissaires aux comptes ou, lorsqu'il n'en a pas été désigné, établi par son expert-comptable. Pour les parties affectées bénéficiaires d'une fiducie constituée à titre de garantie par le débiteur, sont seuls pris en compte les montants de leurs créances non assorties d'une telle sûreté. Ces modalités sont également notifiées au mandataire judiciaire. En cas de désaccord, chaque partie affectée, le débiteur, le ministère public, le mandataire judiciaire ou l'administrateur peut saisir le juge-commissaire suivant des modalités prévues par décret en Conseil d'État. — *Sur l'interdiction de la tierce opposition et du recours en cassation contre les décisions rendues en application du V de l'art. L. 626-30, V. art. L. 661-7.*

V. art. R. 626-55 et R. 626-58 s.

COMMENTAIRE

I. DÉFINITION DES PARTIES AFFECTÉES

Aux termes du dernier alinéa du I de l'article L. 626-30, seules les parties affectées (réparties en classes) se prononcent sur le projet de plan. Constituent des parties affectées celles dont les droits (créances ou intérêts) sont directement affectés, c'est-à-dire susceptibles d'être modifiés d'une manière quelconque par le plan de restructuration. Sont donc visés les créanciers dont les créances et droits nés antérieurement à la date du jugement d'ouverture de la procédure sont directement affectés par le projet de plan (ainsi que les créances postérieures non privilégiées : V. R. Dammann et T. Bos, Le nouveau droit de la restructuration financière : les classes de parties affectées, *D. 2021. 1931*). Sont également concernés les détenteurs de capital, si leur participation au capital du débiteur, les statuts ou leurs droits sont modifiés par le projet de plan (V. G. Podeur, Les obligataires et les classes de parties affectées, *D. 2022. 802*).

L'inclusion des détenteurs de capital dans les classes, en qualité de parties affectées, ainsi que l'article 9 de la directive en offrait la faculté, si leur participation au capital du débiteur, les statuts ou leurs droits sont modifiés par le projet de plan, résulte d'un choix politique.

II. ACCORDS DE SUBORDINATION

Le II de l'article L. 626-30 impose aux parties affectées de faire connaître l'existence d'éventuels accords de subordination, conclus avant l'ouverture de la procédure, à peine d'inopposabilité à cette dernière (conformément à l'art. 196, I, 4°, de la L. n° 2019-486 du 22 mai 2019). Cette disposition est l'application du considérant 44 de la directive, laquelle permet de prévoir une ou plusieurs classes de créanciers titulaires de créances subordonnées. Ce choix impose, compte tenu de la durée de la période d'observation, une information rapide de l'administrateur judiciaire. Aussi l'article R. 626-55, alinéa 4, prévoit-il un délai de dix jours à compter de la réception ou de la publication de l'avis de l'administrateur.

III. CRITÈRES DE COMPOSITION DES CLASSES

Le III de l'article L. 626-30 établit les critères de répartition des créanciers dans les classes. Cette répartition, laissée en partie à l'appréciation de l'administrateur judiciaire sous sa responsabilité, doit se faire sur la base de « critères objectifs vérifiables », ce qui imposera, précise le rapport au président de la République, de les exposer, et de l'identification d'une « communauté d'intérêt économique suffisante ». Cette notion renvoie à l'idée d'un intérêt catégoriel ; cet intérêt doit être de nature économique. Ces critères sont appréciés en fonction du statut de la créance telle que définie avant la date de l'ouverture de la procédure (V. aussi art. L. 626-30-1, mod.). Selon le Haut Comité Juridique de la Place Financière de Paris, la notion de « communauté d'intérêt » peut s'entendre comme « l'intérêt strict du créancier ou d'un intérêt plus large » comme la poursuite d'une relation commerciale établie (V. Rapport sur les classes de créanciers pour la transposition de la directive du 20 juin 2019 relative aux cadres de restructuration préventive, 25 sept. 2020, p. 14).

Outre ces critères généraux, l'ordonnance prédéfinit un certain nombre de classes, étant précisé qu'il n'est pas prévu de possibilité de regrouper les créanciers en une classe unique et que ne peuvent être concernés que des « parties affectées » déterminées selon le contenu du projet de plan. Comme l'a expliqué Reinhard Dammann, « dans une approche financière, la directive vise à librement répartir entre les différentes classes de créanciers le surplus de valeur d'entreprise créé par le plan par rapport à un scénario liquidatif (*waterfall*) » (R. Dammann et A. Alle, À la recherche d'une cohérence entre sûretés réelles et droit des procédures collectives, Mél. Michel Grimaldi, *Defrénois 2020. 259* ; R. Dammann, L'introduction des classes de créanciers dans l'optique d'une harmonisation franco-allemande des procédures d'insolvabilité ; Mél. Claude Witz, *LexisNexis, 2018. 221*).

Pour la constitution des classes :

– doivent être répartis en classes distinctes, d'une part, les créanciers titulaires de sûretés réelles portant sur les biens du débiteur, pour leurs créances garanties, et, d'autre part, les autres créanciers ;

– les accords de subordination doivent être respectés ;
– les détenteurs de capital, s'ils sont affectés par le projet de plan, sont appelés à voter au sein d'une ou plusieurs classes.

S'agissant des créanciers titulaires de sûretés réelles, il convient, selon la doctrine, de limiter la sûreté à la part effectivement couverte par la valeur de marché de l'actif affecté en garantie (ce qui suppose donc une évaluation des actifs objet de sûretés réelles : V. F. Pérochon, Besoin d'adaptation en France, Colloque Quatrième journée franco-allemande des restructurations d'entreprises, Berlin, 6 déc. 2019 ; R. Dammann et A. Alle, *préc.*)

Le 3° de ce III désigne par « détenteurs de capital » les membres de l'assemblée générale extraordinaire ou l'assemblée des associés, des assemblées spéciales mentionnées aux articles L. 225-99 (titulaires d'actions d'une catégorie déterminée) et L. 228-35-6 (titulaires d'actions à dividende prioritaire sans droit de vote) et des assemblées générales des masses visées à l'article L. 228-103 du code de commerce (titulaires de valeurs mobilières donnant accès à terme au capital). En pratique, cette classe sera constituée lorsque le projet de plan prévoit une modification des droits, du capital ou des statuts, par exemple un coup d'accordéon. En dehors de ces classes prédéterminées, l'administrateur judiciaire peut constituer d'autres classes, dans le respect des critères généraux énoncés. Ainsi, selon l'exemple donné par le rapport au président de la République, il pourra regrouper, notamment, les créanciers publics privilégiés en une ou plusieurs classes, notamment si la composition du passif de l'entreprise le justifie (sur la composition de ces classes additionnelles, V. R. Dammann et T. Bos, *préc.*). Notons encore que l'ordonnance du 15 septembre 2021 n'a pas exigé, comme l'envisageait la directive du 20 juin 2019, que l'administrateur judiciaire veille à ce que la « répartition en classes protège les créanciers vulnérables », autrement dit les « petits fournisseurs » (art. 9, § 4).

IV. EXCLUSION DES CRÉANCES SALARIALES

Retenant une option offerte par la directive (art. 1er, 5, a), le choix a été fait, au IV de l'article L. 626-30, d'exclure les créances résultant du contrat de travail du plan de restructuration soumis au vote des classes afin de préserver au mieux les droits des travailleurs. Il en résulte que l'AGS, subrogée dans les droits des créanciers bénéficiant d'une avance, n'est pas une partie affectée, ne participe pas aux classes de créanciers et ne peut donc être concernée par une application forcée interclasses. Outre ces créances, sont également exclus du plan les droits à pension acquis au titre d'un régime de retraite professionnelle et les créances alimentaires, afin d'en protéger les bénéficiaires.

V. PROCÉDURE DE COMPOSITION DES CLASSES

Le V de l'article L. 626-30 définit la procédure que doit respecter l'administrateur judiciaire lors de la répartition des créanciers dans les classes. Il est prévu que l'administrateur soumette à chaque partie affectée les modalités de répartition et de calcul des voix correspondant aux créances ou droits leur permettant d'exprimer un vote. Afin de sécuriser le vote du projet de plan, en cas de désaccord, un recours est ouvert, dès ce stade, devant le juge-commissaire, aux parties, au débiteur, au ministère public et au mandataire judiciaire (pour les modalités, V. art. R. 626-58-1). La décision rendue aura l'autorité de chose jugée, précise le rapport au président de la République.

VI. BÉNÉFICIAIRES D'UNE FIDUCIE

L'article L. 626-30, V, prévoit que seule la partie de la créance qui n'est pas couverte par la valeur de l'actif transféré dans le patrimoine fiduciaire est prise en considération pour le calcul des votes. La règle ne distingue pas selon que la fiducie-sûreté soit avec ou sans dépossession.

Selon deux auteurs, par analogie, l'ensemble des créanciers bénéficiant d'une propriété-sûreté leur permettant de réaliser leurs sûretés nonobstant l'ouverture de la procédure collective ne devrait pas être considéré comme des parties affectées. Seraient ainsi concernés les bénéficiaires d'une clause de réserve de propriété, d'un nantissement ou d'une cession de créances cédées à titre de garantie, surtout depuis la réforme du droit des sûretés opérée par l'ordonnance n° 2021-1192 du 15 septembre 2021 (V. R. Dammann et T. Bos, *préc.*). ❑

1. Porteurs d'OCEANE. L'art. L. 626-30, I, ne peut être interprété, s'agissant du renvoi à l'art. L. 228-103 C. com., comme visant tous les porteurs de valeurs mobilières donnant accès au capital, y compris les porteurs de valeurs mobilières dont le titre primaire est une obligation telles les OCEANE [obligations convertibles en actions nouvelles ou existantes]. • Versailles, 22 juin 2023, n° 23/03276 : *Rev. sociétés 2023. 623, note Morelli ; LEDEN 7/2023. 5, obs. Gralitzer ; BJS 11/2023. 61, note Borga ; RPC 2024, n° 51, obs. Lafaurie.*

2. Communauté d'intérêt économique suffisante. Le fait que certains créanciers soient titulaires de créances relevant de classes différentes, dont notamment des créances « sécurisées » leur offrant de meilleures perspectives de paiement, a pour conséquence qu'ils n'ont pas le même intérêt à l'arrêté du plan de sauvegarde que les autres créanciers chirographaires, uniquement titulaires de créances financières non sécurisées, de sorte qu'ils ne représentent pas une communauté ayant un intérêt économique suffisant. • Versailles, 22 juin 2023, n° 23/03276 : *préc. note 1.*

3. AGS. Le législateur, en prévoyant que les créances résultant du contrat de travail ne sont pas affectées par le plan, a entendu exclure des classes de parties affectées tant les salariés que l'AGS, subrogée dans les droits de ces derniers. • Versailles, 13 juill. 2023, n° 23/04003 : *LEDEN 9/2023. 5, obs. Gralitzer.*

4. Recours. Sur la possibilité, pour un créancier, de contester la composition des classes de parties affectées, alors que le délai de 10 jours de l'art. R. 626-58-1 est expiré, à la condition de démontrer que la constitution *contra legem* des classes de parties affectées lui a causé un grief, V. • Versailles, 12 sept. 2023, n° 23/01366 : *D. 2023. Actu. 1646.*

Art. L. 626-30-1 Le droit d'une partie affectée de voter dans une classe constitue un accessoire de la créance née antérieurement au jugement d'ouverture de la procédure et se transmet de plein droit à ses titulaires successifs nonobstant toute clause contraire.

Le titulaire de la créance transférée n'est informé des propositions du débiteur et admis à exprimer un vote qu'à compter du jour où le transfert a été porté à la connaissance de l'administrateur selon des modalités prévues par décret en Conseil d'État. – *V. art. R. 626-57.*

Le créancier dont la créance est éteinte ou transmise perd la qualité de partie affectée.

COMMENTAIRE

L'article L. 626-30-1, dans sa nouvelle rédaction, reprend, en les adaptant au passage d'une logique de comités de créanciers à une logique de classes de parties affectées, les dispositions de l'ancien article L. 626-30-1.

Art. L. 626-30-2 Le débiteur, avec le concours de l'administrateur, présente aux classes de parties affectées des propositions en vue d'élaborer le projet de plan. En deçà des seuils prévus par l'article L. 721-8, les détenteurs de capital du débiteur, s'ils sont affectés par le projet de plan, peuvent apporter une contribution non monétaire à la restructuration, notamment en mettant à profit leur expérience, leur réputation ou leurs contacts professionnels.

Le projet de plan est transmis aux classes pour être soumis à leur vote. Il ne relève ni des dispositions de l'article L. 626-12 ni de celles de l'article L. 626-18, à l'exception de son dernier alinéa. Le projet peut notamment prévoir des délais de paiement, des remises et, lorsque le débiteur est une société par actions dont tous les actionnaires ne supportent les pertes qu'à concurrence de leurs apports, des conversions de créances en titres donnant ou pouvant donner accès au capital. Ne peuvent faire l'objet de remises ou de délais, qui n'auraient pas été acceptés par leurs titulaires, les créances garanties par le privilège établi au premier alinéa de l'article L. 611-11, ni, le cas échéant les créances garanties par le privilège établi au 2° du III de l'article L. 622-17 et à l'article L. 626-10 nées au cours d'une procédure antérieure. L'article L. 626-6 et le II de l'article L. 626-20 sont applicables.

Un décret précise les informations que le projet de plan doit nécessairement comporter. – *V. art. D. 626-65.*

Les classes de parties affectées sont convoquées dans les conditions définies par décret en Conseil d'État. Elles se prononcent sur ce projet, le cas échéant modifié, dans un délai de vingt à trente jours suivant la transmission du projet de plan. A la demande du débiteur ou de l'administrateur, le juge-commissaire peut augmenter ou réduire ce délai, qui ne peut toutefois être inférieur à quinze jours.

La décision est prise par chaque classe à la majorité des deux tiers des voix détenues par les membres ayant exprimé un vote.

Sous réserve des dispositions des deux alinéas précédents, la ou les classes de détenteurs de capital statuent conformément, selon le cas, aux dispositions applicables aux assemblées générales extraordinaires, aux assemblées des associés ainsi qu'aux assemblées spéciales mentionnées aux articles L. 225-99 et L. 228-35 6 ou aux assemblées générales des masses visées à l'article L. 228-103. Les dispositions des premier et deuxième alinéas de l'article L. 626-3 et du deuxième alinéa de l'article L. 626-18 sont inapplicables.

Au sein d'une classe, le vote sur l'adoption du plan peut être remplacé par un accord ayant recueilli, après consultation de ses membres, l'approbation des deux tiers des voix détenues par ceux-ci.

V. art. R. 626-60 s.

COMMENTAIRE

I. PRÉSENTATION DES PROPOSITIONS

L'article L. 626-30-2 du code de commerce, modifié par l'ordonnance du 15 septembre 2021, définit les conditions dans lesquelles le débiteur, avec le concours de l'administrateur judiciaire, présente aux classes de parties affectées des propositions en vue d'élaborer le projet de plan (V. Dir. (UE) 2019/1023 du 20 juin 2019, art. 9).

Reprenant les lignes directrices de l'article L. 626-30-2 dans sa rédaction concernant les comités de créanciers, la nouvelle rédaction de cet article prévoit que les classes de parties affectées se prononcent sur le projet de plan dans un délai de vingt à trente jours suivant la transmission des propositions du débiteur, délai pouvant être augmenté ou réduit par le juge-commissaire, dans la limite de quinze jours. Comme le souligne le rapport au président de la République, en sauvegarde, il n'est pas prévu que les classes puissent présenter un plan concurrent à celui du débiteur, auquel il n'adhèrerait pas, contrairement à ce qui est prévu en redressement judiciaire (V. art. L. 631-19, I) ou à ce qui l'était pour les comités de créanciers (V. anc. art. L. 626-30-2).

II. MESURES PRÉVUES PAR LE PLAN

Quant aux mesures prévues par le plan, le texte s'inspire largement de dispositions de l'ancien article L. 626-30-2, qu'il adapte au nouveau contexte.

Ainsi, par l'exclusion des dispositions des articles L. 626-12 et L. 626-18, laisse-t-il, tout comme les comités de créanciers auparavant, les classes de parties affectées souveraines dans leurs décisions de remises de dettes et de délais, dès lors qu'elles ne concernent que leurs membres (V. comm. (II) ss. anc. art. L. 626-30-2).

Il en va de même, pour l'essentiel, des mesures concernant les détenteurs de capital, avec notamment la possibilité de prévoir des conversions de créances en titres donnant ou pouvant donner accès au capital. De nouvelles règles apparaissent cependant, propres aux détenteurs de capital des entreprises qui n'atteignent pas certains seuils (V. considérant 59 de la Dir. préc.). Ainsi, en-dessous des seuils de compétence des tribunaux de commerce spécialisés (au moins 250 salariés et 20 millions d'euros net de chiffre d'affaires, ou au moins 40 millions d'euros net de chiffre d'affaires), les détenteurs de capital des entreprises concernées, s'ils sont affectés par le projet de plan, peuvent apporter une contribution non monétaire à la restructuration.

Sont reconduites également, moyennant adaptation, les interdictions d'imposer des remises ou des délais aux créanciers bénéficiant du privilège de conciliation (art. L. 611-1), de même que, désormais, ceux bénéficiant du privilège d'apport de trésorerie (*« post money »* ; art. L. 622-17, III, 2°, et L. 626-10).

Par ailleurs, il est renvoyé aux articles L. 626-6 et au II de l'article L. 626-20, qui visent respectivement : les conditions dans lesquelles les administrations financières et les organismes de sécurité sociale peuvent accepter de remettre tout ou partie des dettes du débiteur ; et l'exclusion des créances d'un faible montant.

III. VOTE DES CLASSES DE PARTIES AFFECTÉES

La décision est prise par chaque classe à la majorité des deux tiers du montant des créances ou des voix détenues par les membres ayant exprimé un vote. Cette règle de majorité s'applique à toutes les parties affectées, y compris, le cas échéant, aux détenteurs de capital, sans condition de quorum.

Selon le dernier alinéa de l'art. L. 626-30-2, au sein d'une classe, le vote sur l'adoption du plan peut être remplacé par un accord ayant recueilli, après consultation de ses membres, l'approbation des deux tiers des voix détenues par ceux-ci. Cette disposition paraît s'opposer à ce que des créanciers s'engagent à l'avance dans une convention intercréanciers pour voter en faveur d'un plan (R. Dammann et T. Bos, Le nouveau droit de la restructuration financière : les classes de parties affectées, *D. 2021. 1931*).

IV. INFORMATIONS ET CONVOCATION

L'article L. 626-30-2 renvoie à des règles définies par décret pour préciser les informations que le projet de plan doit nécessairement comporter (Dir. préc., art. 8 ; V. art. D. 626-65) et les modalités de convocation de la ou des classes de détenteurs de capital (V. art. R. 626-60).

Art. L. 626-31 **Lorsque le projet de plan a été adopté par chacune des classes conformément aux dispositions de l'article L. 626-30-2, le tribunal statue sur celui-ci selon les modalités prévues à la section 2 du présent chapitre et vérifie que les conditions suivantes sont réunies :**

1° Le plan a été adopté conformément à l'article L. 626-30 ;

2° Les parties affectées, partageant une communauté d'intérêt suffisante au sein de la même classe, bénéficient d'une égalité de traitement et sont traitées de manière proportionnelle à leur créance ou à leur droit ;

3° La notification du plan a été régulièrement effectuée à toutes les parties affectées ;

4° Lorsque des parties affectées ont voté contre le projet de plan, aucune de ces parties affectées ne se trouve dans une situation moins favorable, du fait du plan, que celle qu'elle connaîtrait s'il était fait application soit de l'ordre de priorité pour la répartition des actifs en liquidation judiciaire ou du prix de cession de l'entreprise en application de l'article L. 642-1, soit d'une meilleure solution alternative si le plan n'était pas validé ;

5° Le cas échéant, tout nouveau financement est nécessaire pour mettre en œuvre le plan et ne porte pas une atteinte excessive aux intérêts des parties affectées.

Le tribunal peut refuser d'arrêter le plan si celui-ci n'offre pas une perspective raisonnable d'éviter la cessation des paiements du débiteur ou de garantir la viabilité de l'entreprise.

Le tribunal s'assure que les intérêts de toutes les parties affectées sont suffisamment protégés. Le jugement qui arrête le plan en rend les dispositions opposables à tous.

BIBL. ▸ Dammann et Gerrer, *RDBF 2022. Étude 7* (nouvelle procédure de sauvegarde accélérée : test du meilleur intérêt des créanciers).

COMMENTAIRE

Dans sa nouvelle rédaction, l'article L. 626-31, beaucoup plus précis et exigeant que l'ancien texte, transpose les exigences posées par l'article 10 de la directive du 20 juin 2019 pour la validation par le tribunal du plan de restructuration adopté par les classes de parties affectées. Sont particulièrement importants, à cet égard, les 2° et 4°.

Le 2° pose la règle de l'égalité de traitement au sein d'une même classe de parties affectées et de traitement de manière proportionnelle à leur créance ou à leur droit. Comme l'expliquent deux auteurs, « cette règle implique que les créanciers titulaires de sûretés réelles avec des rangs différents en liquidation judiciaire peuvent être regroupés dans une même classe, à la seule condition de bénéficier d'un traitement équivalent d'un point de vue financier. Il est toutefois possible que le plan prévoie plusieurs options en faveur des créanciers d'une même classe (R. Dammann et T. Bos, Le nouveau droit de la restructuration financière : les classes de parties affectées, *D. 2021. 1931*).

Le 4° de l'article L. 626-31 définit, conformément à cette directive, le critère du meilleur intérêt des parties affectées (« *best interest of creditors' test* »). Le tribunal doit vérifier cette condition si certaines parties affectées ont voté contre le projet de plan. La vérification doit porter sur trois hypothèses : la répartition des actifs du débiteur en liquidation judiciaire, la répartition du prix de cession en application de l'article L. 642-1 et une meilleure solution alternative si le plan n'était pas adopté, ce qui invite à prendre en compte une poursuite d'activité en appliquant un autre scénario que celui de l'adoption du plan de restructuration. Ce dernier point est essentiel s'agissant des détenteurs de capital, souligne le rapport au président de la République.

Cette règle ne constitue cependant qu'un plancher et n'interdit nullement d'allouer librement le surplus généré par le plan de restructuration entre les différentes classes, lorsque chacune d'entre elles y consent. Ce qui signifie alors que le plan peut prévoir un traitement inégalitaire des classes de même rang, voire permettre aux classes *out of the money*, en cas de liquidation, de conserver un intérêt post-plan. Peu importe, dans cette situation, qu'un créancier de même rang d'une autre classe reçoive un traitement plus favorable (V. R. Dammann et T. Bos, *préc.*). ❑

Art. L. 626-31-1 **La mission du commissaire à l'exécution du plan ne prend fin qu'au paiement de la dernière échéance prévue par le plan si celle-ci est postérieure à l'échéance stipulée par les parties avant l'ouverture de la procédure.**

Par dérogation aux dispositions de l'article L. 626-26, une modification substantielle dans les objectifs ou les moyens du plan arrêté par le tribunal en application de l'article L. 626-31 ou de l'article L. 626-32 ne peut intervenir que selon les modalités prévues par la présente section. Dans ce cas, le commissaire à l'exécution du plan exerce les pouvoirs dévolus à l'administrateur judiciaire. Sauf si les circonstances le justifient, la répartition en classes et le calcul des voix arrêtés dans le cadre du plan s'appliquent pour sa modification substantielle. La dernière phrase du V de l'article L. 626-30 n'est pas applicable.

COMMENTAIRE

L'article L. 626-31-1, création de l'ordonnance du 15 septembre 2021, reprend pour l'essentiel les dispositions de l'ancien article L. 626-31, alinéas 2 et 3.

Afin de permettre, le cas échéant, une modification du plan de restructuration arrêté par le tribunal, l'article L. 626-31-1 définit les conditions dans lesquelles une modification substantielle, dans les objectifs et les moyens du plan, peut intervenir. Non prévues par la directive, ces dispositions s'avèrent nécessaires pour en respecter l'esprit. Les classes sont appelées à voter sur cette modification et, sauf si les circonstances le justifient, la répartition en classes et le calcul des voix arrêtés dans le cadre du plan s'appliquent. ❑

Art. L. 626-32 **I. — Lorsque le plan n'est pas approuvé conformément aux dispositions de l'article L. 626-30-2, il peut être arrêté par le tribunal sur demande du débiteur ou de l'administrateur judiciaire avec l'accord du débiteur et être imposé aux classes qui ont voté contre le projet de plan, lorsque ce plan remplit les conditions suivantes :**

1° Le plan respecte les conditions posées par les deuxième à septième alinéas de l'article L. 626-31 ;

2° Le plan a été approuvé par :

***a)* Une majorité de classes de parties affectées autorisées à voter, à condition qu'au moins une de ces classes soit une classe de créanciers titulaires de sûretés réelles ou ait un rang supérieur à celui de la classe des créanciers chirographaires ;**

***b)* A défaut, par au moins une des classes de parties affectées autorisée à voter, autre qu'une classe de détenteurs de capital ou toute autre classe dont on peut raisonnablement supposer, après détermination de la valeur du débiteur en tant qu'entreprise en activité, qu'elle n'aurait droit à aucun paiement, si l'ordre de priorité des créanciers pour la répartition des actifs en liquidation judiciaire ou du prix de cession de l'entreprise en application de l'article L. 642-1, était appliqué ;**

3° Les créances des créanciers affectés d'une classe qui a voté contre le plan sont intégralement désintéressées par des moyens identiques ou équivalents lorsqu'une classe de rang inférieur a droit à un paiement ou conserve un intéressement dans le cadre du plan ;

4° Aucune classe de parties affectées ne peut, dans le cadre du plan, recevoir ou conserver plus que le montant total de ses créances ou intérêts ;

5° Lorsqu'une ou plusieurs classes de détenteurs de capital ont été constituées et n'ont pas approuvé le plan :

a) L'effectif de l'entreprise atteint un seuil défini par décret en Conseil d'État, qui ne peut être inférieur à 150 salariés, ou son chiffre d'affaires est égal ou supérieur à un seuil défini par décret en Conseil d'État, qui ne peut être inférieur à 20 millions d'euros ; lorsque le débiteur est une société qui détient ou contrôle une autre société, au sens des articles L. 233-1 et L. 233-3, ces seuils sont appréciés au niveau de l'ensemble des sociétés concernées ; – *V. art. R. 626-63.*

b) On peut raisonnablement supposer, après détermination de la valeur du débiteur en tant qu'entreprise en activité, que les détenteurs de capital de la ou des classes dissidentes n'auraient droit à aucun paiement ou à ne conserver aucun intéressement si l'ordre de priorité des créanciers pour la répartition des actifs en liquidation judiciaire ou du prix de cession de l'entreprise en application de l'article L. 642-1 était appliqué ;

c) Si le projet de plan prévoit une augmentation de capital souscrite par apport en numéraire, les actions émises sont offertes par préférence aux actionnaires, proportionnellement à la partie du capital représentée par leurs actions ;

d) Le plan ne prévoit pas la cession de tout ou partie des droits de la ou des classes de détenteurs capital qui n'ont pas approuvé le projet de plan.

La décision du tribunal vaut approbation des modifications de la participation au capital ou des droits des détenteurs de capital ou des statuts prévues par le plan. Le tribunal peut désigner un mandataire de justice chargé de passer les actes nécessaires à la réalisation de ces modifications.

II. — Sur demande du débiteur ou de l'administrateur judiciaire avec l'accord du débiteur, le tribunal peut décider de déroger au 3° du I, lorsque ces dérogations sont nécessaires afin d'atteindre les objectifs du plan et si le plan ne porte pas une atteinte excessive aux droits ou intérêts de parties affectées. Les créances des fournisseurs de biens ou de services du débiteur, les détenteurs de capital et les créances nées de la responsabilité délictuelle du débiteur, notamment, peuvent bénéficier d'un traitement particulier.

BIBL. ▶ DEBEINE ET ROSIER, *RPC 2021. Étude 20* (règle de priorité absolue) ; *ibid. 2022. Étude 3* (la règle de priorité absolue, catalyseur des négociations). – HOUSSIN, *BJE 3-4/2022. 38* ; *Banque et Dr. 3-4/2022. 9* (subordination de créance). – DAMMANN, GERRER et HAMOUDA, *RDBF 2022. Étude 12* (règle de la priorité absolue).

COMMENTAIRE

I. TRANSPOSITION DU MÉCANISME D'APPLICATION FORCÉE INTERCLASSES

L'article L. 626-32, modifié par l'ordonnance du 15 septembre 2021, transpose les dispositions de l'article 11 de la directive du 20 juin 2019, relatives à l'application forcée interclasses qui permet, sous certaines conditions, d'imposer un plan à des classes de parties affectées qui ont pourtant voté contre ce projet (« *cross-class cram-down* »). En procédure de sauvegarde, l'accord du débiteur est toujours requis pour mettre en œuvre l'application forcée interclasses. Il en va autrement dans le cadre du redressement judiciaire (V. art. L. 631-19, I). Les cinq conditions auxquelles cette application forcée peut être imposée sont énoncées aux 1° à 5° du I.

II. TRANSPOSITION DE LA RÈGLE DE PRIORITÉ ABSOLUE

Pour la transposition de la directive du 20 juin 2019, l'ordonnance du 15 septembre 2021 a retenu, au 3° du I, la règle de la priorité absolue (selon laquelle une classe doit être intégralement désintéressée par des moyens identiques ou équivalents pour qu'une classe de rang inférieur puisse avoir droit à un paiement ou conserver un intéressement) et non celle de la priorité relative (selon laquelle une classe doit être traitée de manière plus favorable que toute classe de rang inférieur et de manière aussi favorable que toute classe de même rang). Toutefois, indique le rapport au président de la République, « comme le permet la directive, ce choix est nuancé par la possibilité laissée au tribunal de prendre en considération la situation de ces bénéficiaires ».

Comme l'expliquent Reinhard Dammann et Thomas Bos, « cette règle détermine l'allocation du surplus généré par le plan de restructuration, en comparaison avec le scénario liquidatif, en fonction du rang des parties affectées. C'est ainsi qu'un créancier chirographaire ne peut, en principe, recevoir aucun remboursement au titre du plan, à moins que les classes d'un rang supérieur dissidentes soient totalement désintéressées ou au moins certaines de l'être. De la même manière, un détenteur de capital, traité comme un créancier de dernier rang, ne peut conserver son intéressement au titre du plan » (R. Dammann et T. Bos, Le nouveau droit de la restructuration financière : les classes de parties affectées, *D. 2021. 1931*).

III. TRAITEMENT DES DÉTENTEURS DE CAPITAL

Le considérant 53 de la directive du 20 juin 2019 laissait aux États membres le choix de décider si, aux fins de l'adoption ou de la validation d'un plan de restructuration, le débiteur dont l'accord est requis doit être considéré comme le représentant légal de la personne morale ou une majorité de détenteurs de capital. C'est le premier terme de l'option qu'a retenu l'ordonnance du 15 septembre 2021.

Les détenteurs de capital, s'ils sont parties affectées, votent en assemblées générales (V. art. L. 626-30-2 mod.), ce vote valant vote en classes, et sont soumis aux règles de l'application forcée interclasses, sans toutefois pouvoir en bénéficier (art. L. 626-32, I, 2°), mais sous les importantes réserves précisées au 5° du I de l'article L. 636-32. A ce titre, quatre conditions cumulatives doivent être respectées pour que puisse être imposée une modification du capital, lorsque la ou les classes de détenteurs de capital constituées n'ont pas approuvé le plan.

Première condition *(a)* : des seuils de chiffre d'affaires ou d'effectif. Ces seuils sont fixés par l'article R. 626-63 (250 salariés et 20 millions d'euros de chiffre d'affaires net ; ou 40 millions d'euros de chiffre d'affaires net ; seuils supérieurs sur le premier critère aux planchers imposés par l'art. L. 626-32, I, 5° : 20 millions d'euros ou 150 salariés).

Deuxième condition *(b)* : le critère de la valeur du débiteur en tant qu'entreprise ou activité, comme le permet la directive du 20 juin 2019. Il convient d'établir que l'on peut raisonnablement supposer, après détermination de cette valeur, que les détenteurs de capital de la ou des classes qui ont voté contre le projet de plan n'auraient droit à aucun paiement ou à ne conserver aucun intéressement si l'ordre de priorité des créanciers pour la répartition des actifs en liquidation judiciaire ou du prix de cession de l'entreprise en application de l'article L. 642-1 était appliqué.

Troisième condition *(c)* : si le projet de plan prévoit une augmentation de capital souscrite par apport en numéraire, les actions émises doivent être offertes par préférence aux actionnaires, proportionnellement à la partie du capital représentée par leurs actions.

Quatrième condition *(d)* : le plan soumis à l'application forcée interclasses ne doit pas prévoir de cession de tout ou partie des droits de la ou des classes de détenteurs de capital qui n'ont pas approuvé le projet de plan.

Si l'ensemble des conditions propres aux détenteurs de capital, qui viennent s'ajouter aux autres conditions prévues par le I de l'article L. 626-32, sont réunies, la décision du tribunal arrêtant un plan avec une modification forcée du capital du débiteur, vaut alors approbation des modifications de la participation au capital ou des droits des détenteurs de capital ou des statuts prévues par le plan, sans qu'il ne soit besoin de réunir à nouveau, à la suite de leur vote en classes, la ou les assemblées d'associés ou d'actionnaires concernées. ❑

Pour un exemple d'application, V. • T. com. Pontoise, 10 févr. 2023, n° 2022L01806 : *LEDEN 6/2023. 1, obs. F.-X. Lucas.*

Art. L. 626-33 **I. — Lorsque la contestation par une partie affectée, qui a voté contre le plan, porte sur le non-respect de la condition prévue au 4° de l'article L. 626-31 ou du cinquième ou du dixième alinéa de l'article L. 626-32, la valeur de l'entreprise du débiteur est déterminée suivant des modalités prévues par décret en Conseil d'État.**

II. — La décision prise par le tribunal en application de l'article L. 626-31 ou de l'article L. 626-32 et le cas échéant du I du présent article, est susceptible de recours suivant des modalités prévues par décret en Conseil d'État.

V. art. R. 626-64.

COMMENTAIRE

L'article L. 626-33 modifié prévoit que lorsqu'une partie affectée qui a voté contre le plan fait valoir le non-respect du critère du meilleur intérêt des créanciers, condition prévue au 4° de l'article L. 626-31, ou du cinquième ou du dixième alinéa de l'article

L. 626-32 relatif à l'application forcée interclasses, le tribunal détermine dans sa décision la valeur de l'entreprise du débiteur (V. Dir. (UE) 2019/1023, art. 14 ; sur les modalités, V. art. R. 626-64).

Art. L. 626-34 **Un décret en Conseil d'État détermine les conditions d'application de la présente section.** – *V. art. R. 626-52 s.*

SECTION 3 *[ANCIENNE]* *Des comités de créanciers*

BIBL. GÉN. ▶ BOURGNINAUD, *LPA, n° spéc., 8 févr. 2006, p. 85* (commentaire article par article). - BRÉMOND et SCHOLASTIQUE, *JCP E 2006, n° 10, p. 466* (réflexions sur la composition des comités de créanciers). - DAMMANN, *RLDA 2006, n° 3, p. 65.* - LE CORRE, *D. 2007. Chron. 822* (irrégularités affectant la composition et le vote des comités de créanciers) ; *RPC 2011. Colloque 3.* - M.-A. BARRET, *LPA 20 mars 2007, p. 22.* - DAMMANN et PODEUR, *JCP E 2009. 2094* (enjeux de la réforme des comités de créanciers). - LE GUERNEVÉ et MORELLI, *Cah. dr. entr. 7-8/2011* (nouveaux enjeux des comités de créanciers). - PÉROCHON, *BJE 2017. 447* (réflexions sur la constitution des comités de créanciers).

Ancien art. L. 626-29 *(L. n° 2005-845 du 26 juill. 2005, art. 83)* ***Les débiteurs dont les comptes ont été certifiés par un commissaire aux comptes ou établis par un expert-comptable et dont le nombre de salariés ou le chiffre d'affaires sont supérieurs à des seuils fixés par décret en Conseil d'État sont soumis aux dispositions de la présente section.*** *(Ord. n° 2008-1345 du 18 déc. 2008, art. 64)* ***« Les autres dispositions du présent chapitre qui ne lui sont pas contraires sont également applicables. »*** – *V. anc. art. R. 626-52.*

A la demande du débiteur ou de l'administrateur, le juge-commissaire peut autoriser qu'il en soit également fait application en deçà de ce seuil. – *V. anc. art. R. 626-53 et R. 626-54.*

COMMENTAIRE

Ces dispositions, issues de la loi du 26 juillet 2005, particulièrement innovantes, ne s'appliquent de plein droit qu'aux entreprises d'une certaine taille, dépassant un des deux seuils suivants : 150 salariés ou 20 millions d'euros de chiffres d'affaires (V. art. R. 626-52). L'ordonnance du 18 décembre 2008 est venue préciser, à ce sujet, ce qui ne faisait pas de doute, que « les autres dispositions du chapitre VI [relatif au plan de sauvegarde] qui ne lui sont pas contraires sont également applicables ». Mais le juge-commissaire peut, à l'initiative du débiteur comme de l'administrateur, décider d'en faire application à toute entreprise, quelle que soit sa taille (tel a été le cas, par exemple, dans la procédure dont a bénéficié la société *Eurotunnel Trustees Limited*, une des filiales du groupe *Eurotunnel* mises sous sauvegarde par jugements du 2 août 2006 : V. l'ordonnance du juge commissaire du tribunal de commerce de Paris du 20 nov. 2006). La loi exclut donc toute initiative de la part du mandataire judiciaire, des créanciers nommés contrôleurs et, *a fortiori*, de tout créancier à titre individuel. Ce dernier choix législatif a été justifié par le souci d'éviter qu'un ou plusieurs créanciers importants d'entreprises de taille petite ou moyenne, susceptibles d'obtenir la majorité dans le comité auquel ils appartiendraient ne proposent des solutions qui s'avéreraient trop défavorables aux créanciers minoritaires, et obtiennent la constitution des comités uniquement à cette fin *(Rapp. AN, n° 2095, p. 318)*. Le décret du 23 décembre 2006 est venu préciser que la décision du juge-commissaire à cet égard est une mesure d'administration judiciaire non susceptible de recours (V. art. R. 626-54, issu de l'art. 163-1 du décret du 28 déc. 2005), ce dont on a pu déduire que la décision de refus, elle, en revanche, serait susceptible de recours (P. Roussel Galle, Réforme du droit des entreprises en difficulté, *Litec, 2e éd., 2007, n° 659*). Mais cette qualification, en elle-même, est sujette à critiques, en ce sens qu'elle est normalement refusée lorsque la mesure est susceptible d'affecter les droits et obligations d'une partie. Si bien qu'un auteur a estimé qu'elle ne devrait pas priver de recours, en violation de l'article 6 de la Convention EDH, les personnes dont la mesure affecte les droits et obligations (F. Pérochon, Libres propos sur la conciliation, la sauvegarde et les comités de créanciers, Entretiens de la sauvegarde, *DP diff. entr., Bull. n° 291, mars 2008, p. 4436*).

La décision dépend, évidemment, en pratique, des opportunités de négociation avec les établissements de crédit et les fournisseurs, l'idée étant, ici aussi, de favoriser au maximum la conclusion d'un accord.

Le domaine des comités s'étend à tous les débiteurs dont les comptes sont établis par un expert-comptable. Autrement dit, ces débiteurs sont de plein droit soumis à l'institution des comités de créanciers s'ils remplissent les critères réglementaires de dimension, et, facultativement, dans le cas contraire. Bien entendu, le texte ne jouera pas pour les débiteurs ayant, par convention, limité la mission de leur expert-comptable à des interventions ponctuelles, telles que la vérification de la liasse fiscale.

Quoi qu'il en soit, l'esprit du texte devrait toutefois conduire à ne pas encourager la constitution de comités en l'absence d'administrateur, celui-ci étant en effet chargé de leur animation au moment où le dirigeant doit surtout se préoccuper de maintenir l'activité de l'entreprise (X. de Roux, *Rapport de la commission des lois, AN, n° 2095, p. 326*). Le décret du 28 décembre 2005 a essayé de remédier à cette difficulté, en prévoyant que, lorsque le tribunal n'a pas désigné d'administrateur et que le juge-commissaire autorise qu'il soit fait application des dispositions des articles L. 626-30 à L. 626-35, le juge-commissaire désigne un administrateur aux fins d'exercer les missions qui lui sont dévolues par les articles L. 626-30 à L. 626-33 (art. R. 626-53, mod. par le décr. de 2009). Mais, alors, bien entendu, l'administrateur verra sa mission limitée au fonctionnement des comités, ce qui signifie, en pratique, qu'il n'aura pas vocation à être destinataire des demandes d'option sur la continuation des contrats en cours ou des demandes en acquiescement de revendication (T. Montéran et P.-M. Le Corre, Loi de sauvegarde des entreprises : textes d'application, *Gaz. Pal. 22-24 janv. 2006, p. 2*). ❑

Ancien art. L. 626-30 *(Ord. n° 2008-1345 du 18 déc. 2008, art. 65)* ***Les*** *(Ord. n° 2013-544 du 27 juin 2013, art. 7-14°, en vigueur le 1er janv. 2014)* ***« sociétés de financement, les » établissements de crédit et ceux assimilés, tels que définis par décret en Conseil d'État*** *[,]* ***ainsi que les principaux fournisseurs de biens ou de services, sont constitués en deux comités de créanciers par l'administrateur judiciaire. La composition des comités est déterminée au vu des créances nées antérieurement au jugement d'ouverture de la procédure.***

Les *(Ord. n° 2013-544 du 27 juin 2013, art. 7-14°, en vigueur le 1er janv. 2014)* ***« sociétés de financement, les » établissements de crédit et ceux assimilés, ainsi que tous les titulaires d'une créance acquise auprès de ceux-ci ou d'un fournisseur de biens ou de services, sont membres de droit du comité des établissements de crédit.***

A l'exclusion des collectivités territoriales et de leurs établissements publics, chaque fournisseur de biens ou de services est membre de droit du comité des principaux fournisseurs lorsque sa créance représente plus de 3 % du total des créances des fournisseurs. Les autres fournisseurs, sollicités par l'administrateur, peuvent en être membres.

Pour l'application des dispositions qui précèdent aux créanciers bénéficiaires d'une fiducie constituée à titre de garantie par le débiteur, sont seules prises en compte, lorsqu'elles existent, celles de leurs créances non assorties d'une telle sûreté.

V. anc. art. R. 626-55 s. et R. 626-63.

COMMENTAIRE

L'ordonnance du 18 décembre 2008 a largement remanié les dispositions relatives aux comités de créanciers. Elle a aussi redécoupé les articles de la présente section 3. Désormais l'article L. 626-30 ne concerne plus que l'institution et la définition des deux comités de créanciers.

I. INSTITUTION DE DEUX COMITÉS DE CRÉANCIERS

Par rapport au modèle américain, l'institution des comités de créanciers par la loi du 26 juillet 2005 est restée modérée, en ce sens que ne sont ainsi regroupés que les établissements de crédit, d'une part, les « principaux fournisseurs de biens ou de services », d'autre part. Le « Chapter eleven », lui, en prévoit quatre (créanciers chirographaires ; créanciers privilégiés ; créanciers « chirographaires privilégiés », c'est-à-dire les salariés pour une fraction plafonnée des salaires impayés avant la procédure ; actionnaires). Pas de comité, donc, pour les créanciers institutionnels (mais cela s'explique par le fait que ces créanciers obéissent à des procédures de décision autonomes, souvent prévues par la loi, et faisant appel à des instances administratives qui ne peuvent être représentées dans un tel comité de créanciers), ni pour les salariés. Autre différence, de part et d'autre de l'Atlantique, il ne semble pas *a priori* que la loi française distingue entre les créanciers privilégiés et les créanciers chirographaires (même s'il est certain que la part belle sera faite – c'est normal – aux premiers), ce qui conduira à ce que soient réunis au sein du même comité des créanciers aux intérêts potentiellement très différents. L'ordonnance de

2008 a d'ailleurs tenu compte de cette problématique, notamment quant aux créanciers garantis par une fiducie-sûreté (V. IV ci-dessous).

Notons encore que se trouvent, de fait, exclus du dispositif les créanciers acheteurs de biens et services, qui ne sont, du point de vue du débiteur, ni fournisseurs ni établissements de crédit, ce qui peut se comprendre dès lors que ces créanciers relèvent plutôt de la logique de la poursuite des contrats en cours. Par ailleurs, doivent aussi nécessairement être laissés à l'écart les associés, quelle que soit la nature de leur créance sur la société objet de la procédure, situation que l'on a pu chercher à justifier par la position des associés, plutôt du côté du débiteur, et voués à ce titre davantage à discuter avec les comités qu'en leur sein (G. Bremond et E. Scholastique, Réflexions sur la composition des comités de créanciers dans les procédures de sauvegarde et de redressement judiciaire, *JCP E 2006, n° 10, p. 466, n°s 24 et 25*).

II. COMITÉ DES ÉTABLISSEMENTS DE CRÉDIT

Le premier comité comprend l'ensemble des établissements de crédit créanciers, quel que soit le montant de leur créance. L'exhaustivité de leur présence dans les comités, nullement synonyme d'obligation de participer activement aux réunions, permet, en effet, de garantir qu'aucun établissement n'ayant qu'une créance faible en proportion de l'ensemble du passif ne puisse empêcher les autres de négocier un plan, puisque les décisions du comité s'imposent aux minoritaires qui en sont membres. Par ailleurs, le nombre de banques, de crédits-bailleurs ou d'entreprises d'affacturage bénéficiant du statut d'établissement de crédit, pour une entreprise donnée, est en général suffisamment limité pour permettre de les connaître tous rapidement et de les convoquer simultanément et exhaustivement dans un même comité (rien ne s'oppose à la mise en place d'un comité comprenant un seul établissement de crédit : B. Lagarde, Traité économique et fiscal de la sauvegarde de l'entreprise, *2012, § 20.3. f)*.

Mais, dans la rédaction de la loi de 2005, la notion d'établissement de crédit devant s'entendre au sens de l'article L. 511-1 du code monétaire et financier (V. anc. art. R. 626-55), certaines sociétés d'affacturage pouvaient ne pas répondre à cette définition, ce qui était source de problèmes de diverses sortes, notamment en cas de LBO en difficulté, car, dans ce cas, seule une partie des créanciers, les chefs de file, composant un pool bancaire étaient membres du comité (V. A. Bigot, LBO : les difficultés posées par la loi de sauvegarde des entreprises, *Option finances, 5 déc. 2005, p. 5* ; C. Léguevaques, Le sort des créanciers après la loi de sauvegarde des entreprises : entre renforcement des droits et allégements des devoirs, *in* Regards croisés de praticiens sur la loi de sauvegarde, *LPA 17 févr. 2006, p. 63, spéc. p. 81* ; V. aussi, sur l'exclusion de la Banque de France, de la Caisse des dépôts et consignations, du Trésor public, des fonds communs de créances, C. Léguevaques, *préc., p. 79*). Cependant, il est intéressant de noter que la première décision rendue à ce sujet, une ordonnance du 20 novembre 2006, prise par le juge-commissaire du tribunal de commerce de Paris dans la procédure de sauvegarde d'*Eurotunnel*, avait inclus, contre son gré, la société *OCM Luxembourg Real Estate Investments* dans le comité des établissements de crédit, en raison des créances qu'elle avait rachetées à des établissements de crédit, dans le souci de ne pas « dénaturer l'esprit de la loi » en laissant « aux créanciers la possibilité de choisir au coup par coup le mode de consultation qui leur paraîtrait le plus favorable ». M. Xavier de Roux a approuvé cette lecture, qu'il souhaitait voir consacrée dans la loi, sous forme d'une extension expresse du périmètre du comité des établissements de crédit aux « cessionnaires de créances consenties au débiteur au jour du jugement d'ouverture » (V. *Rapp. AN, n° 3651, p. 51* ; V. aussi, en faveur du critère de la nature d'origine de la créance plutôt que celui du statut du porteur de la créance, qui s'appuie aussi, à l'inverse, sur l'exemple de la banque créancière d'un entrepreneur, soumis à une procédure de sauvegarde, en raison d'une malfaçon dans la réfection de son siège social, R. Valliot, L. Le Guernevé et F. Abitbol, Pratique de la sauvegarde : sauvegarde qui peut, *Cah. dr. entr. mars 2007, p. 18* ; dans le même sens, V. T. Montéran, Pour améliorer le droit des entreprises en difficulté, osons la réforme, *Gaz. Pal. 23-24 janv. 2008, p. 3* ; CCIP, Pistes pour l'évolution des textes relatifs à la prévention et au traitement des difficultés des entreprises, 2008).

L'ordonnance du 18 décembre 2008 a répondu à ces attentes de la pratique.

D'abord, tout simplement, en visant désormais également les établissements « assimilés » aux établissements de crédit. Ces derniers ont été définis par l'article R. 626-55, modifié par le décret du 12 février 2009, qui vise, notamment, « toute autre entité auprès de laquelle le débiteur a conclu une opération de crédit ». Cette formule large (V. F. Pérochon, Réflexions sur la constitution des comités de créanciers, *BJE 2017. 447*) devrait englober la société mère qui a consenti un crédit à une filiale (de même qu'elle vise toutes les créances intra-groupe, au titre de la centralisation de trésorerie voire au titre d'avances faites par des structures *ad hoc* [SPV] dans le cadre de montages LBO), qui, dès lors, pourrait, parfois, se retrouver majoritaire dans le comité, susceptible donc d'imposer des mesures aux banquiers (V. R. Dammann et M. Robinet, Quel avenir pour les sûretés réelles classiques face à la fiducie-sûreté ?, *Cah. dr. entr. 7-8/2009. 23* ; R. Dammann et G. Podeur, Les enjeux de la réforme des comités de créanciers, *JCP E 2009. 2095, n° 14*, envisageant cependant, à cet égard, l'illégalité de l'art. R. 626-55 ainsi conçu, au regard de l'art. L. 626-30, al. 2, ne visant que les « établissements de crédit et ceux assimilés » ; R. Dammann et S. Schneider, La sauvegarde financière accélérée – analyses et perspectives d'avenir, *D. 2011. Chron. 1429* ✎, *spéc. 1434* ; V. aussi, envisageant, en cas de réunion en un seul comité de tous les « créanciers financiers » [V. ss. art. L. 626-31], une réflexion sur la compatibilité entre la qualité d'actionnaire et celle de « créancier financier », L. Le Guernevé et N. Morelli, Les nouveaux enjeux des comités de créanciers, *Cah. dr. entr. 7-8/2011, p. 17, spéc. p. 23* ; notons encore que, dans l'affaire *Autodistribution*, par précaution, les créanciers intra-groupe ont préféré s'abstenir de voter : V. R. Courtier et N. Laurent, Analyse de l'opération *Autodistribution* ; premier « pre-pack » à la française, *Cah. dr. entr. 9-10/2009, p. 26* ; R. Dammann et G. Podeur, La conversion de créances en capital dans les entreprises en difficulté, *BJS 2009. 1129*). La cour d'appel de Paris, statuant dans une procédure de sauvegarde financière accélérée, a confirmé cette lecture qu'impose le texte, malgré ses inconvénients, admettant qu'une société du groupe siège au comité des établissements de crédit au titre d'une créance intragroupe (Paris, 11 mai 2016, n° 16/03704).

Ensuite, en prévoyant que sont membres de droit du comité des établissements de crédit, non seulement les établissements de crédit et ceux assimilés, mais aussi « les titulaires d'une créance acquise auprès de ceux-ci ou d'un fournisseur de biens ou de services ». Cette assimilation, qui revient à faire de la qualité de membre de droit du comité un accessoire légal de la créance, transmis avec cette dernière quel qu'en soit le titulaire, vise, bien entendu, les cessionnaires de créances « bancaires » en vertu de cessions antérieures au jugement d'ouverture de la procédure, notamment les *hedge funds* (actifs sur le marché secondaire du rachat de la dette décotée – *distressed debt*) et les assureurs-crédit subrogés. Mais aussi, il faut le souligner, les créanciers titulaires d'une créance détenue à l'origine par un fournisseur de biens ou de services, que l'avant-projet d'ordonnance avait plutôt envisagé d'inclure dans le comité des principaux fournisseurs. Le choix effectué par le texte de 2008 est judicieux, sachant que les cessionnaires sont généralement des établissements de crédit ou des fonds d'investissement (V. P.-M. Le Corre, Les principales modifications de la procédure de sauvegarde dans le projet de réforme, *Gaz. Pal. 7-8 nov. 2008, p. 11, n° 6*).

L'alinéa 1er prévoit une cristallisation de la composition des comités à la date de ce jugement : seules seront prises en compte les créances « nées antérieurement au jugement d'ouverture de la procédure » (la notion de « naissance » est donc, logiquement, la même que celle prévue par les art. L. 622-17 et L. 622-24). Quant aux éventuelles cessions de créances intervenues postérieurement au jugement d'ouverture, leurs effets sont désormais réglés par le nouvel article L. 626-30-1.

En revanche, selon une analyse poussée de la portée des textes en jeu, les banques étrangères, comme par ailleurs les établissement de crédit de fait, pourraient entrer dans la composition du comité (G. Bremond et E. Scholastique, Réflexions sur la composition des comités de créanciers dans les procédures de sauvegarde et de redressement judiciaire, *préc., nos 46 et 53*).

L'administrateur qui oublierait d'appeler un établissement de crédit pourrait engager sa responsabilité par rapport à ce dernier, à supposer encore qu'il puisse arguer d'un préjudice, qui pourrait, par ailleurs, former tierce opposition contre le jugement arrêtant le plan (P. Bouteiller, La loi relative à la sauvegarde des entreprises (1re partie), *Bull. act. Lamy droit du financement, nov. 2005, spéc. p. 7*).

III. COMITÉ DES PRINCIPAUX FOURNISSEURS

Quant au deuxième comité, certains fournisseurs se voient laissés à l'écart en raison du montant trop faible de leurs créances, situation évidemment peu conforme au principe d'égalité des créanciers. Certes, mais, ici, l'universalité apparaît difficilement envisageable compte tenu du nombre potentiellement élevé de fournisseurs *(Rapp. AN, n° 2095, p. 319)*. Toutefois, la loi a quand même fixé deux limites à la liberté du débiteur et de l'administrateur, modifiée pour l'une d'entre elles par l'ordonnance de 2008.

Une première limite quant à la possibilité d'exclure des fournisseurs : s'il appartient à l'administrateur de déterminer les fournisseurs de biens ou de services membres du comité, cette latitude cesse lorsque leur créance représente plus d'un certain pourcentage du total des créances toutes taxes comprises, depuis le décret de 2009 (avant, le calcul se faisait hors taxes) des fournisseurs, selon un calcul effectué à la date du jugement d'ouverture, comme le précise l'article R. 626-56. Ce pourcentage, initialement fixé à 5 % par la loi de 2005, a été abaissé à 3 % par l'ordonnance du 18 décembre 2008, ce qui, bien sûr, élargit le périmètre des membres de ce comité. Le taux est apprécié au regard du passif indiqué par le débiteur avec la certification de son commissaire aux comptes ou l'intervention de son expert-comptable (Ph. Pétel, Le nouveau droit des entreprises en difficulté, *JCP E 2005, n° 42, p. 1730, spéc. n° 92*), ce que confirme le décret en obligeant, à cette fin, le débiteur à remettre sans délai à l'administrateur la liste des créances de ses fournisseurs ainsi que le montant de chacune d'entre elles certifié par son ou ses commissaires aux comptes ou, lorsqu'il n'en a pas été désigné, établi par son expert-comptable.

Dans ce cas, ces fournisseurs sont membres de droit du comité. Une difficulté pourrait surgir au cas où seul un créancier serait considéré comme « principal fournisseur », situation qui conférerait à ce dernier une sorte de droit de veto sur l'ensemble de la procédure (Y. Chaput, auditions de la Commission des lois du Sénat, *22 déc. 2004*).

Une deuxième limite quant à la possibilité d'inclure des fournisseurs : les fournisseurs sollicités, autres que ceux entrant dans la catégorie des membres de droit, « peuvent » en être membres, dit la loi, ce qui signifie, *a contrario*, qu'il ne s'agit pour eux que d'une faculté qui leur est offerte, susceptible donc d'un refus. Ce que confirme l'article R. 626-57 qui précise que, à défaut d'une acceptation écrite adressée à l'administrateur dans un délai de huit jours à compter de la réception de l'avis adressé par ce dernier, le fournisseur sollicité est réputé avoir refusé. D'un point de vue tactique, les petits fournisseurs auront surtout avantage à accepter si plusieurs d'entre eux sont unis par une communauté d'intérêts, de sorte à pouvoir former une minorité de blocage (R. Dammann, Les comités de créanciers dans la loi de sauvegarde, *RLDA mars 2006. 65*).

La question s'était posée, ici aussi, de l'impact d'une éventuelle cession de sa créance par le fournisseur, par exemple dans le cadre d'un contrat d'affacturage. L'esprit de la loi autant que des considérations pratiques paraissent commander, dans cette hypothèse, de faire prévaloir le fait générateur de la créance sur la titularité de celle-ci (G. Bremond et E. Scholastique, Réflexions sur la composition des comités de créanciers dans les procédures de sauvegarde et de redressement judiciaire, *préc., n°s 37* s.). Telle est bien, *de lege feranda*, la solution pour laquelle a opté l'ordonnance de 2008. Mais, à cette nuance près, importante, déjà évoquée, que, finalement, ce n'est pas à des fournisseurs de biens ou de services que sont assimilés les créanciers titulaires d'une créance détenue à l'origine par un fournisseur de biens ou de services, puisque ces cessionnaires sont inclus dans le comité des établissements de crédit (V. II ci-dessus).

Dernière précision, à l'origine curieusement ajoutée (par un amendement adopté par le Sénat) à la fin du dernier alinéa, et désormais mieux placée dans le texte remanié par l'ordonnance : les collectivités territoriales et leurs établissements publics ne peuvent en aucun cas être membres du comité des principaux fournisseurs. L'auteur de l'amendement (M. Buffet) a donné l'exemple des collectivités territoriales qui louent des locaux à un débiteur. Plus généralement, l'exclusion devrait valoir pour toutes les collectivités publiques et les organismes sociaux, ne serait-ce qu'en raison du régime particulier des remises de créances les concernant (V. art. L. 626-6 ; Ph. Pétel, Le nouveau droit des entreprises en difficulté, *préc., n° 92*). Mais cette opinion n'est pas partagée par tous, certains considérant, de façon plus littérale, que les établissements publics nationaux, par exemple, ne sont pas visés par l'exclusion. Par ailleurs, bien évidemment, celle-ci ne saurait concerner les établissements de crédit « publics », en ce qu'ils sont membres de droit du comité institué pour les réunir (G. Bremond et E. Scholastique, Réflexions sur la composition des comités de créanciers dans les procédures de sauvegarde et de redressement judiciaire, *préc., nos 13 et 14*).

IV. FIDUCIE

Le dernier alinéa tend à compléter le dispositif, inséré par l'ordonnance du 18 décembre 2008, visant à articuler harmonieusement la fiducie-sûreté et le mécanisme de redressement de l'entreprise par l'adoption et l'exécution d'un plan de sauvegarde ou de redressement (V. aussi art. L. 626-33). Il s'agit ici de ne pas faire subir aux créanciers garantis par des biens ou droits transférés par le débiteur dans un patrimoine fiduciaire, par nature distinct du patrimoine du débiteur, la loi de la majorité, qui pourrait les contraindre à des mesures (remises, conversion) ôtant à la fiducie sa fonction de « reine des sûretés ».

A cette fin, l'avant-projet d'ordonnance avait envisagé une solution radicale, certainement excessive : l'exclusion totale de ces créanciers des comités (V. J.-B. Drummen, *RLDA 2008, n° 28, p. 19*).

D'autres approches, plus nuancées, étaient concevables. Par exemple, celle inspirée des droits étrangers, notamment du droit américain, et de sa notion de *best interest test*, consistant à vérifier que chaque créancier n'ayant pas accepté le plan recevra au moins un montant équivalent à celui qu'il aurait perçu dans le cadre d'une liquidation judiciaire (R. Dammann et G. Podeur, Les sûretés-propriété face au plan de sauvegarde, *D. 2008. 928*). Dans cette optique, les créanciers minoritaires au sein d'un comité et titulaires d'une fiducie-sûreté ne pourraient pas se voir imposer des remises, des conversions de créances en capital, ou un rééchelonnement de leurs créances sur une durée supérieure à dix ans, pour la partie de leurs créances couverte par la valeur liquidative des actifs affectés en garantie (éventuellement établie par un expert désigné par le juge-commissaire sur demande du débiteur). En revanche, rien ne s'opposerait à ce que la partie « chirographaire » de ces créances puisse être prise en compte lors du vote, et faire l'objet d'une restructuration financière, comme toute autre créance chirographaire du débiteur (R. Dammann et G. Podeur, Fiducie et procédure de sauvegarde, un nouvel équilibre, *RLDA 2008, n° 27, p. 33*).

C'est bien de cette conception que semble inspirée l'ordonnance, qui dispose que, s'agissant des « créanciers bénéficiaires d'une fiducie constituée à titre de garantie par le débiteur, sont seules prises en compte, lorsqu'elles existent, celles de leurs créances non assorties d'une telle sûreté » (sur l'utilisation du pluriel pour désigner les créances garanties, V., en ce sens que considérer qu'il faudrait opérer une distinction entre les différents prêts consentis par le créancier, chaque prêt garanti par une fiducie sortant du comité des créanciers même si la valeur de la fiducie est inférieure au montant de l'encours, aboutirait à vider les comités de créanciers d'une partie importante des créances et à ouvrir la porte à tous les abus, M. Grimaldi et R. Dammann, La fiducie sur ordonnances, *D. 2009. Chron. 670, n° 20, note 47* ; V. aussi, concluant à l'exclusion du créancier garanti du comité, au titre de cette créance, F. Pérochon, Réflexions sur la constitution des comités de créanciers, *BJE 2017. 447*). Et, dès lors, logiquement, ces créanciers ne votent qu'à concurrence des montants de leurs créances non assorties d'une telle sûreté (V. art. L. 626-30-2).

Il semblerait que ce traitement spécial ne concerne que la fiducie au sens de l'article 2011 du code civil, et non les autres opérations de nature fiduciaire (telles que, par exemple, la cession de créances « Dailly » ; V. R. Dammann et M. Robinet, Quel avenir pour les sûretés réelles classiques face à la fiducie-sûreté ?, *Cah. dr. entr. 7-8/2009. 23* ; R. Dammann et G. Podeur, Les enjeux de la réforme des comités de créanciers, *JCP E 2009. 2095, n° 25* ; V. cependant, pour des avis plutôt contraires : F. Pérochon, Réflexions sur la constitution des comités de créanciers, *BJE 2017. 447* ; N. Borga, Regards sur les sûretés dans l'ordonnance du 18 décembre 2008, *RDBF 2009. Étude 20, n° 13*).

Sur d'autres points encore, une analyse plus poussée de la disposition laisse apparaître des zones d'insécurité, notamment s'agissant de son application en cas de sauvegarde financière accélérée. Celles-ci résultent de l'absence d'indications quant à la détermination de la valeur des actifs en fiducie (sans doute faut-il appliquer la règle de l'art. R. 626-58), du fait que la partie de la créance non garantie échappe aux contraintes de la procédure (d'où un risque de réalisation de la sûreté malgré l'existence d'une convention de mise à disposition), et du fait qu'aucune disposition analogue à celle insérée dans l'article

L. 626-30 n'avait été introduite en 2008 à l'article L. 626-32, en faveur des titulaires d'obligations garanties par une fiducie-sûreté constituée par le débiteur (sur tous ces points, V. R. Dammann et S. Schneider, La sauvegarde financière accélérée – analyses et perspectives d'avenir, *D. 2011. Chron. 1429*, *spéc. 1434*), mais cette dernière lacune a été comblée par l'ordonnance du 12 mars 2014.

V. SUPPRESSION DU DÉLAI DE CONSTITUTION

Le délai de trente jours, imparti par l'article L. 626-30, dans sa rédaction initiale, à l'administrateur, pour « réunir », c'est-à-dire constituer, les deux comités paraissait bien court (il avait été proposé de le porter à soixante jours : T. Montéran, Pour améliorer le droit des entreprises en difficulté, osons la réforme, *Gaz. Pal. 23-24 janv. 2008, p. 3, spéc. p. 8* ; V. aussi, suggérant une modification, en observant que déjà l'art. R. 626-57 aboutit à un délai de trente-huit jours, F. Pérochon, Libres propos sur la conciliation, la sauvegarde et les comités de créanciers, Entretiens de la sauvegarde, *DP diff. entr., Bull. n° 291, mars 2008, p. 4436*). Sans doute n'était-il pas impératif, la loi ne prévoyant pas de sanction. Mais l'administrateur pouvait engager sa responsabilité s'il tardait trop (C. Léguevaques, Le sort des créanciers après la loi de sauvegarde des entreprises : entre renforcement des droits et allégements des devoirs, *in* Regards croisés de praticiens sur la loi de sauvegarde, *LPA 17 févr. 2006, p. 63, spéc. p. 80* ; F. Pérochon et R. Bonhomme, *Entreprises en difficulté, Instruments de crédit et de paiement, LGDJ, 2006, 7e éd., n° 339-1*). Quoi qu'il en fût, en pratique, ce délai, incompatible avec les délais de validation de la liste des créanciers, de déclaration et de vérification des créances, avait pour effet que la mise en place des comités se faisait sur des listes de créanciers ne tenant pas compte des contestations, ce qui pouvait générer un contentieux sur la composition (V. V. Leloup-Thomas et E. Hess, Regards croisés sur la procédure de sauvegarde, *Lettre de l'Observatoire consulaire des entreprises en difficulté, juill. 2007, p. 21*).

Aussi, tirant la leçon de la pratique, les rédacteurs de l'ordonnance ont-ils purement et simplement supprimé le calendrier fixé pour conduire les opérations, jugé par le Rapport au président de la République « inadapté à la conduite des négociations en raison de sa rigidité ». Aussi, sous réserve du maintien d'un délai de réflexion minimal entre la transmission des propositions du débiteur et le vote (art. L. 626-30-2), il est désormais seulement prévu que les comités de créanciers doivent adopter un projet de plan dans les six mois de l'ouverture de la procédure (art. L. 626-34).

VI. DÉCISION DE L'ADMINISTRATEUR RELATIVE À LA COMPOSITION DES COMITÉS

La question est ici de savoir, dans le silence des textes, si cette décision est susceptible de recours. Les opinions doctrinales sont partagées. Pour certains, le juge-commissaire pourrait être saisi sur le fondement de la disposition générale de l'article R. 621-21 (G. Brémond et E. Scholastique, Réflexions sur la composition des comités de créanciers dans les procédures de sauvegarde et de redressement judiciaire, *préc., n° 34*) ; tandis que d'autres, sans s'y opposer vraiment, font observer que ce recours, qui permettrait aussi de contester la décision du juge-commissaire devant le tribunal, puis la cour d'appel, ralentirait le vote des comités (J.-P. Rémery, L'appel dans la loi de sauvegarde des entreprises, *JCP 2008. I. 103, n° 19*). ❑

En ce sens que peut siéger dans le comité des établissements de crédit une société appartenant au même groupe que la société débitrice et qui est devenue créancière en vertu d'une convention de délégation de créance, V. • Paris, 11 mai 2016, n° 16/03704 : *LEDEN 6/2016. 1, obs. F.-X. Lucas.*

Ancien art. L. 626-30-1 *(Ord. n° 2008-1345 du 18 déc. 2008, art. 66)* ***L'obligation ou, le cas échéant, la faculté de faire partie d'un comité constitue un accessoire de la créance née antérieurement au jugement d'ouverture de la procédure et se transmet de plein droit à ses titulaires successifs nonobstant toute clause contraire.***

L'appartenance au comité des établissements de crédit ou au comité des principaux fournisseurs de biens ou de services est déterminée conformément aux deuxième et troisième alinéas de l'article L. 626-30.

Le titulaire de la créance transférée n'est informé des propositions du débiteur et admis à exprimer un vote qu'à compter du jour où le transfert a été porté à la connaissance de l'administrateur selon des modalités prévues par décret en Conseil d'État. *— V. anc. art. R. 626-57-1.*

Le créancier dont la créance est éteinte ou transmise perd la qualité de membre.

COMMENTAIRE

L'ancien article L. 626-30-1, ajouté par l'ordonnance du 18 décembre 2008, répond à l'incertitude qui résultait auparavant de la perte de la qualité de créancier en cours de procédure, par exemple en cas de cession de créance. L'on se demandait alors si le créancier perdait son droit de vote, si ses créances qu'il avait cédées étaient encore susceptibles d'être prises en compte pour le calcul de la majorité. Une réponse négative semblait résulter de l'ancien art. R. 626-58. Plus fondamentalement, bien des arguments semblent militer dans le sens d'une cristallisation de la composition des comités au jour du jugement d'ouverture, qui revenait à en limiter l'accès aux créanciers antérieurs, sans tenir compte, par conséquent, le cas échéant, des cessions de créances ultérieures, qui auraient alors été réputées inopposables à la procédure (G. Bremond et E. Scholastique, Réflexions sur la composition des comités de créanciers dans les procédures de sauvegarde et de redressement judiciaire, *JCP E 2006, n*° *10, p. 466, n*^os^ *32 s.* ; F. Pérochon et R. Bonhomme, Entreprises en difficulté, Instruments de crédit et de paiement, *LGDJ, 2006, 7*^e^ *éd., n*° *339-1*). En revanche, pensait-on, les créanciers, membres de droit lors de l'ouverture de la procédure, forclos faute d'avoir déclaré leur créance, devaient se voir exclus du comité, ce qui aurait alors interdit de tenir compte de leur voix et de leurs créances pour le calcul de la majorité (F. Derrida et J.-P. Sortais, La situation des créanciers forclos dans les nouvelles procédures collectives, *LPA 22 mars 2006, p. 7, n*° *8* ; A. Jacquemont, N. Borga et T. Mastrullo, Droit des entreprises en difficulté, *Litec, 11*^e^ *éd., 2019, n*° *710*).

L'ordonnance de 2008 a réglé cette difficulté en traitant « l'obligation ou [le cas échéant] la faculté de faire partie des comités » comme un « accessoire de la créance existant au jour du jugement d'ouverture de la procédure », qui « se transmet de plein droit à ses titulaires successifs nonobstant toute clause contraire ». Ainsi, par exemple, la caution qui paie un créancier établissement de crédit, après le jugement d'ouverture, devient membre de droit du comité des établissements de crédit (P.-M. Le Corre, Les principales modifications de la procédure de sauvegarde dans le projet de réforme, *Gaz. Pal. 7-8 nov. 2008, p. 11, n*° *9*). Ce qui pourrait aboutir à ce que le dirigeant-caution entre dans ce comité (J.-J. Fraimout, La réforme des plans de sauvegarde et de redressement, *RPC 2009. Dossier 11, n*° *17*). Le cessionnaire se retrouverait donc membre de droit du comité auquel appartenait le cédant de la créance, solution inverse de celle retenue en cas de cession de créance avant le jugement d'ouverture (V. art. L. 626-30). Mais cette lecture du texte n'est pas partagée par tous. Certains praticiens, pour des raisons de cohérence pouvant s'appuyer sur la lettre de l'alinéa 2 de l'article L. 626-30-1, qui renvoie aux dispositions de l'article L. 626-30, préfèrent considérer que la cession de la créance postérieure au jugement d'ouverture entraîne, elle aussi, l'intégration du cessionnaire dans le comité des établissements de crédit, même si le cédant avait vocation à siéger dans le comité des fournisseurs (de même que devrait obligatoirement, et non facultativement, participer au comité des établissements de crédit le cessionnaire d'une créance fournisseur inférieure au seuil des 3 % : R. Dammann et G. Podeur, Les enjeux de la réforme des comités de créanciers, *JCP E 2009. 2094, n*° *28*).

Par ailleurs, le texte prévoit que le créancier dont la créance est éteinte perd la qualité de membre. Ce qui vise, évidemment, le créancier qui a reçu paiement total de sa créance, et non le créancier forclos non relevé de forclusion, puisque, depuis la loi du 26 juillet 2005, ce créancier ne voit plus sa créance éteinte (V. art. L. 622-26). Sont essentiellement visés les paiements sans subrogation (par exemple, s'il émane d'un débiteur cédé dans le cadre d'un bordereau Dailly, l'établissement de crédit, cessionnaire, cesse d'être membre) ; en revanche, en cas de paiement avec subrogation, comme dans l'affacturage, le solvens devient créancier au lieu et place du subrogeant (V. P.-M. Le Corre, Les principales modifications de la procédure de sauvegarde dans le projet de réforme, *Gaz. Pal. 7-8 nov. 2008, p. 11, n*° *10*).

Mais le texte ne parle toujours pas des paiements partiels. Il en résulte que, dans cette hypothèse d'extinction partielle, le calcul des droits de vote n'est pas modifié, à moins que, par une sorte d'interprétation téléologique, l'on n'en vienne à considérer qu'il faut tenir compte de ce désintéressement partiel (L.-C. Henry, *DP diff. entr., Bull. d'actualité, n*° *spéc., mars 2009, p. 4187* ; dans ce sens, V. aussi P.-M. Le Corre, *préc.*). Cette dernière lecture paraît confortée par la mise à l'écart du vote des créanciers « pour lesquels le projet de plan ne prévoit pas de modification des modalités de paiement ou prévoit un paiement intégral en numéraire dès l'arrêté du plan ou dès l'admission de leurs créances », résultant de la loi du 22 octobre 2010 (V. art. L. 626-30-2). Subsistent, par ailleurs, peut-être, certaines difficultés pratiques, non prévues par le texte (notamment, le cas du cessionnaire d'un fournisseur secondaire ayant refusé de siéger : P. Pétel, Le nouveau droit des entreprises en difficulté : acte II, *JCP E 2009. 1049, n° 25*). ❑

Ancien art. L. 626-30-2 *(Ord. n° 2008-1345 du 18 déc. 2008, art. 66)* ***Le débiteur, avec le concours de l'administrateur, présente aux comités de créanciers des propositions en vue d'élaborer le projet de plan mentionné à l'article L. 626-2. Tout créancier membre d'un comité peut également soumettre*** *(Ord. n° 2014-326 du 12 mars 2014, art. 43-1° et 2°, en vigueur le 1er juill. 2014)* ***« un projet de plan qui fera l'objet d'un rapport de l'administrateur.***

« Les projets de plan proposés aux comités ne sont » soumis ni aux dispositions de l'article L. 626-12 ni à celles *(Abrogé par L. n° 2010-1249 du 22 oct. 2010, art. 58-I-4°)* ***« des deuxième et troisième alinéas » de l'article L. 626-18*** *(L. n° 2010-1249 du 22 oct. 2010, art. 58-I-4°)* ***« , à l'exception de son dernier alinéa ».*** *(Ord. n° 2014-326 du 12 mars 2014, art. 43-2°, en vigueur le 1er juill. 2014)* ***« Chaque projet » peut notamment prévoir des délais de paiement, des remises et, lorsque le débiteur est une société par actions dont tous les actionnaires ne supportent les pertes qu'à concurrence de leurs apports, des conversions de créances en titres donnant ou pouvant donner accès au capital.*** *(Ord. n° 2014-326 du 12 mars 2014, art. 43-2°, en vigueur le 1er juill. 2014)* ***« Chaque projet » peut établir un traitement différencié entre les créanciers si les différences de situation le justifient.*** *(L. n° 2016-1547 du 18 nov. 2016, art. 99-IV-12°)* ***« Ne peuvent faire l'objet de remises ou de délais qui n'auraient pas été acceptés par les créanciers les créances garanties par le privilège établi au premier alinéa de l'article L. 611-11. »*** *(L. n° 2010-1249 du 22 oct. 2010, art. 58-I-4° ; Ord. n° 2014-326 du 12 mars 2014, art. 43-2°, en vigueur le 1er juill. 2014)* ***« Chaque projet prend en compte les accords de subordination entre créanciers conclus avant l'ouverture de la procédure. »***

Après discussion avec le débiteur et l'administrateur, les comités se prononcent sur *(Ord. n° 2014-326 du 12 mars 2014, art. 43-3°, en vigueur le 1er juill. 2014)* ***« chaque projet », le cas échéant modifié, dans un délai de vingt à trente jours suivant la transmission des propositions du débiteur. A la demande du débiteur ou de l'administrateur, le juge-commissaire peut augmenter ou réduire ce délai, qui ne peut toutefois être inférieur à quinze jours.*** *(Ord. n° 2014-326 du 12 mars 2014, art. 43-3°, en vigueur le 1er juill. 2014)* ***« A défaut de proposition du débiteur, l'administrateur fixe la date à laquelle les comités se prononceront. »***

La décision est prise par chaque comité à la majorité des deux tiers du montant des créances détenues par les membres ayant exprimé un vote, tel qu'il a été indiqué par le débiteur et certifié par son ou ses commissaire aux comptes ou, lorsqu'il n'en a pas été désigné, établi par son expert-comptable. Pour les créanciers bénéficiaires d'une fiducie constituée à titre de garantie par le débiteur, sont seuls pris en compte les montants de leurs créances non assorties d'une telle sûreté. *(Ord. n° 2014-326 du 12 mars 2014, art. 43-4°, en vigueur le 1er juill. 2014)* ***« Chaque créancier membre de l'un des comités institués en application de l'article L. 626-30 informe, s'il y a lieu, l'administrateur de l'existence de toute convention soumettant son vote à des conditions ou ayant pour objet le paiement total ou partiel de la créance par un tiers ainsi que de l'existence d'accords de subordination. L'administrateur soumet à ce créancier les modalités de calcul des voix correspondant aux créances lui permettant d'exprimer un vote. En cas de désaccord, le créancier ou l'administrateur peut saisir le président du tribunal statuant en référé. »***

(L. n° 2010-1249 du 22 oct. 2010, art. 58-I-4°) ***« Ne prennent pas part au vote les créanciers pour lesquels le projet de plan ne prévoit pas de modification des modalités de paiement ou prévoit un paiement intégral en numéraire dès l'arrêté du plan ou dès l'admission de leurs créances. »***

La L. n° 2010-1249 du 22 oct. 2010 est applicable aux procédures de sauvegarde et de redressement judiciaire ouvertes à compter du premier jour du cinquième mois suivant sa publication (L. préc., art. 58-II, JO 23 oct.), soit à compter du 1er mars 2011.

Sur les dispositions transitoires de la L. n° 2016-1547 du 18 nov. 2016, V. note ss. art. L. 621-3.

Sur les mesures d'adaptation liées à l'urgence sanitaire (covid-19), V., infra, Ord. n° 2020-596 du 20 mai 2020, art. 5.

V. anc. art. R. 626-57-2, R. 626-58 et R. 626-64.

BIBL. ▶ Fourcault et Denez, *Journ. sociétés 9/2009. 26* (conversion de créance en capital). – Burgala et Morelli, *JCP 2010. 1016* (*debt for equity swap*). – G. Legrand et Baroin, *Banque et Dr. 9-10/2011. 3* (conversion de créance en capital). – Pelletier et Verroust-Valliot, *RPC 2017. Étude 10* (la loi de la majorité peut-elle vraiment imposer des conversions forcées de créances aux minoritaires ?). – Archibald, *BJE 2018. 232* (valorisation de la société et droits de vote au sein des comités de créanciers).

COMMENTAIRE

I. ÉLABORATION DU PLAN

A. INITIATIVE DU PROJET DE PLAN

1° RÉGIME DE L'ORDONNANCE DE 2008

Les alinéas 1er et 2 de l'ancien article L. 626-30-2, issu de l'ordonnance du 18 décembre 2008, ont, en réalité, repris, en les aménageant, mais surtout en les simplifiant, les 2 et 3 de la rédaction précédente de ce texte, qui traduisaient la fonction de dialogue des comités de créanciers avec le débiteur et l'administrateur (sur la sanction des délais, V. ss. art. L. 626-34). L'ordonnance de 2008 précisait d'ailleurs que c'est « le débiteur, avec le concours de l'administrateur » qui présente des propositions. L'innovation la plus remarquable ici était alors déjà incontestablement le droit d'initiative concurrent ouvert aux créanciers : « Tout créancier membre d'un comité peut également soumettre [des] propositions au débiteur et à l'administrateur », disposait ainsi le texte dans sa rédaction première. Et le décret de 2009 avait encadré ce droit, par un procédé de filtrage : le créancier devait transmettre ses propositions (par tout moyen) au débiteur et à l'administrateur, et c'est alors le débiteur qui, avec le concours de l'administrateur, appréciait s'il y avait lieu de les soumettre au comité (art. R. 626-57-2).

2° RÉGIME DE L'ORDONNANCE DE 2014

Répondant aux vœux d'une grande partie des praticiens et de la doctrine, l'ordonnance du 12 mars 2014 a renforcé considérablement le pouvoir d'initiative des créanciers. Désormais, tout créancier membre d'un comité dispose d'un pouvoir concurrent au débiteur situé sur le même plan : il peut soumettre « un projet de plan », qui devra certes encore faire l'objet d'un rapport de l'administrateur. Et la modification de l'alinéa 2, qui parle maintenant « des projets de plan proposés aux comités », est éloquente à cet égard. Pareillement, la nouvelle rédaction prévoit que « chaque projet » peut notamment prévoir, etc. N'a donc pas été retenue la suggestion, souvent faite, d'instituer un droit exclusif de présentation d'un plan au bénéfice du débiteur (c'est-à-dire des actionnaires), durant une période courte et limitée, à l'issue de laquelle serait ouvert le droit des créanciers de présenter des plans alternatifs ou concurrents, susceptibles évidemment d'entraîner l'éviction des actionnaires.

Quoi qu'il en soit, par cette introduction en droit français des *« lender-led »*, comme l'expliquent R. Dammann et G. Podeur, « est ainsi mise en échec la tentation, pour le débiteur et ses actionnaires, de mettre les créanciers devant une alternative simpliste consistant à accepter le plan proposé par le débiteur ou à se voir imposer un rééchelonnement sur dix ans » (*D. 2014. Chron. 752*).

B. DÉLAIS D'ÉLABORATION

Comme le souligne le Rapport au Président de la République, relatif à l'ordonnance du 18 décembre 2008, le calendrier fixé pour conduire les opérations, qui s'est parfois avéré inadapté à la conduite des négociations en raison de sa rigidité, a été supprimé par ce texte. Sous réserve du maintien d'un délai de réflexion minimal entre la transmission des propositions du débiteur et le vote (V. ci-dessous), il est désormais seulement prévu que les comités de créanciers doivent adopter un projet de plan dans les six mois de l'ouverture de la procédure (V. art. L. 626-30 et L. 626-34).

Il est vrai que l'ancien délai de deux mois, accordé au débiteur pour présenter ses propositions aux comités, était critiquable quant à son point de départ, fixé à la date de constitution de ceux-ci, alors que l'élaboration des propositions peut fort bien se faire sans connaître le détail de la composition des comités. D'où la suggestion, qui avait été faite, que soit plutôt fixée (par le juge-commissaire, dans une limite légale de trois à cinq mois, par exemple) une date limite certaine au débiteur pour la soumission de ses propositions. Cette même date aurait également pu être assignée à l'administrateur pour constituer les comités (à moins de fixer à ce dernier une date antérieure, lui permettant d'organiser une réunion préalable, destinée à les informer du déroulement de la procédure et des faire voter sur le calendrier et les modalités du vote ultérieur : V. F. Pérochon, Libres propos sur la conciliation, la sauvegarde et les comités de créanciers, Entretiens de la sauvegarde, *DP diff. entrep, Bull. n° 291, p. 4436*). Mais, alors que l'avant-projet d'ordonnance avait ouvertement affiché ses hésitations à cet égard, envisageant plusieurs alternatives plus ou moins audacieuses, c'est donc finalement la vision la plus souple qui l'a emporté. Ce dont on ne peut que se réjouir.

Concrètement, pour se prononcer sur le projet, éventuellement modifié, les comités disposent d'un délai de vingt à trente jours, sorte de « fenêtre de tir » (P. Pétel, Le nouveau droit des entreprises en difficulté : acte II, *JCP E 2009. 1049, n° 28*), suivant la transmission des propositions du débiteur. A la demande du débiteur ou de l'administrateur, le juge-commissaire peut augmenter ou réduire ce délai, qui ne peut toutefois être inférieur à quinze jours. Afin de pallier l'éventuelle inertie (mauvaise volonté) du débiteur, en présence de projets de plan proposés par des créanciers, l'ordonnance du 12 mars 2014, à défaut de proposition du débiteur, donne à l'administrateur le pouvoir de fixer la date à laquelle les comités se prononceront.

C. DÉCISIONS DES COMITÉS

1° CALCUL DE LA MAJORITÉ

La loi de la majorité retenue par la loi de 2005 (double majorité, des créanciers représentant au moins les deux tiers du montant des créances arrêté par l'administrateur au vu des indications certifiées du débiteur ou des comptes établis par l'expert-comptable, au plus tard huit jours avant la date du vote ; V. anc. art. R. 626-58), directement inspirée par les *creditor's commitees* et qui était celle aussi des anciennes assemblées concordataires depuis la loi du 4 mars 1889 (J.-P. Rémery, Les seuils dans la réforme du droit des entreprises en difficulté, *JCP 2006. I. 132, n° 10*), permettait de faire prévaloir la décision des créanciers principaux, en termes de proportion du passif (V., suggérant de ne décompter que les votes des créanciers présents ou représentés, T. Montéran, Pour améliorer le droit des entreprises en difficulté, osons la réforme, *Gaz. Pal. 23-24 janv. 2008, p. 3, spéc. p. 8*). Certains avaient estimé que ce mode de calcul postulait implicitement la prise en compte des créances postérieures au jugement d'ouverture détenues par les membres des comités (qui, en cette qualité, possèdent aussi nécessairement des créances antérieures), mais la cohérence avec l'article L. 622-17 voudrait, alors, que ne soient retenues que les créances privilégiées au sens de ce texte, concrètement, le plus souvent, de nouveaux prêts et les créances de fourniture de biens ou services pour lesquelles le fournisseur aura consenti un délai de paiement (F.-X. Lucas, *in* La loi de sauvegarde, article par article [1re partie], *LPA 8 févr. 2006, p. 89*). La prudence s'imposait cependant déjà à l'interprète sur ce point, car il pouvait aussi bien être soutenu l'exclusion des créances postérieures au motif que seul le passif antérieur a vocation à être traité par les comités, ce qui justifierait une équivalence entre le passif susceptible de subir des remises et des abandons de créances et les créances prises en compte pour le calcul de la majorité (en ce sens : P.-M. Le Corre, Les irrégularités affectant la composition et le vote des comités de créanciers, *D. 2007. Chron. 822* ✎, qui précise aussi que la liste arrêtée par l'administrateur, en vertu de l'ancien article R. 626-58, devrait pouvoir être contestée par voie de requête devant le juge-commissaire). Cette approche a été implicitement mais nécessairement consacrée par l'ordonnance de 2008, qui prévoit expressément que seules les créances nées antérieurement au jugement d'ouverture déterminent la composition des comités (V. art. L. 626-30). Ce qui signifie, par exemple, s'agissant du comité des établissements de crédit, qu'en font partie tous les prêteurs, dès lors que le prêt a été conclu avant le jugement d'ouverture, mais pas les banquiers ayant consenti une ouverture de crédit avant ce jugement d'ouverture, lorsque cette dernière n'a pas encore été utilisée à cette date, puisque seule l'utilisation de la ligne de crédit fait naître la créance. Pareillement, pour ce qui est des contrats de crédit-bail ou de location financière, la signature avant le jugement d'ouverture ne suffit pas à entraîner *ipso facto* la participation au comité des établissements de crédit ; encore faut-il que des créances d'impayés soient nées avant le jugement d'ouverture. Autrement dit, les impayés de loyers correspondant à une jouissance postérieure au jugement d'ouverture ne peuvent ouvrir au crédit-bailleur la porte du comité. Le cas échéant, une ventilation s'impose donc : le crédit-bailleur pourra être membre du comité des établissements de crédit pour sa créance antérieure, mais ces créances postérieures ne seront pas prises en compte dans le calcul du vote de ce créancier. Cette distinction procède de la finalité de la consultation, qui est de permettre, le cas échéant, au créancier de consentir, dans le cadre du plan, à des abandons de créances et délais. Elle est logique dans la mesure où le plan ne concerne que le traitement du passif antérieur (V. P.-M. Le Corre, Porteurs de titres super-subordonnés et élaboration des plans de sauvegarde ou de redressement avec comités, *D. 2010. Chron. 839*). L'importante précision apportée à cet égard par la loi du 22 octobre 2010, applicable aux procédures ouvertes à compter du 1er mars 2011 (et non aux procédures en cours de délibéré, a relevé la cour d'appel de Versailles, approuvée par la Cour de cassation, dans l'affaire *Thomson-Technicolor* : Versailles, 18 nov. 2010 et Com. 21 févr. 2012 : *cités ss. art. L. 626-32*), procède de la même logique. Est en effet désormais expressément prévue la mise à l'écart du vote des créanciers « pour lesquels le projet de plan ne prévoit pas de modification des modalités de paiement ou prévoit un paiement intégral en numéraire dès l'arrêté du plan ou dès l'admission de leurs créances ». Encore faut-il remarquer – peut-être pour le regretter – que le texte vise le créancier et non la partie de la créance non affectée par le plan (T. Montéran et M. Mieulle, De la pratique du plan de sauvegarde prénégocié à la procédure de sauvegarde financière accélérée, *Journ. sociétés, nov. 2010, p. 36, spéc. p. 43*).

Ainsi, de la même manière que ces créanciers, que les mesures du projet de plan ne menacent pas, peuvent être écartés de la consultation individuelle (V. art. L. 626-5), leur exclusion du vote vise à éviter tout blocage constitutif d'un abus de droit (V., sur cette question, R. Dammann et G. Podeur, Sauvegarde financière express : vers une consécration législative du « *prepack* à la française » ?, *D. 2010. Point de vue 2005*).

Dans le prolongement de cette disposition, le décret d'application du 3 mars 2011 est venu modifier l'article R. 626-58 afin de régler la question du calcul des créances d'intérêts (V. comm. ss. art. L. 626-32, II).

L'ordonnance de 2008 a apporté deux changements au calcul de la majorité. D'une part, il est mis fin à la double majorité, le texte ne retenant plus que la seule majorité des deux tiers des créances pour chaque comité (la suppression de la règle de la majorité par tête vise, selon le Rapport sur l'ordonnance, à limiter le risque de fraude par subdivision des créances, concrètement dit la pratique des fonds spécialisés dans le rachat des dettes décotées, qui multipliaient les « véhicules » procédant à ces opérations dans le dessein d'empêcher la constitution d'une majorité par nombre de créanciers : J.-P. Martel et S. Golshani, La réforme de la sauvegarde, état des lieux et premiers éléments de réponse, *Journ. sociétés 7/2009, p. 15*). D'autre part, cette majorité ne s'apprécie plus par rapport au montant des créances de l'ensemble des membres du comité, mais par rapport au montant des créances détenues par les membres ayant exprimé un vote. Cette nouvelle règle est évidemment plus protectrice des « gros » créanciers (V., suggérant de garder l'ancienne majorité, en prévoyant une possibilité de recours rapide en cas d'abus manifeste, G. Teboul, La nouvelle réforme du droit des entreprises en difficulté : le projet d'ordonnance, *Gaz. Pal. 6-8 avr. 2008, p. 2, spéc. p. 6*).

La décision prise à cette majorité s'impose évidemment aux créanciers minoritaires membres des comités qui n'acceptent pas les propositions du débiteur. Mais, il faut noter ici que l'exclusion du jeu des nullités de la période suspecte en cas de réussite de la procédure de sauvegarde peut inciter les créanciers à se prononcer favorablement. L'approbation suppose un vote positif, selon la règle de majorité précitée, des deux comités (P.-M. Le Corre, Présentation générale du projet de réforme des entreprises en difficulté : de l'avant-projet au projet de loi de sauvegarde des entreprises, *Gaz. Pal. 25-26 févr. 2004, p. 4, nos 5 et 7*). Il y a donc nécessairement une certaine solidarité entre les créanciers, y compris de ceux faisant partie de chacune des deux catégories.

Dans le cadre de la réflexion sur l'introduction, dans le code de commerce, d'une sorte de « *prepack* » à la française, sous forme de la procédure dérogatoire de « sauvegarde financière », la question était revenue en débat, sous une autre forme, puisque alors le comité des fournisseurs ne serait par définition pas réuni, celle de la création de classes de créanciers dont la composition serait déterminée au cas par cas, afin de s'adapter à la réalité des dossiers, ou, plus simplement peut-être, de la fusion du comité des établissements de crédit et de l'assemblée des obligataires en un unique « comité des créanciers financiers ». Pareil comité ne résoudrait pas la difficulté tenant à la diversité des natures de créances de ses membres, mais présenterait au moins le mérite de retirer aux obligataires un pouvoir de blocage dont la justification n'est pas évidente : en quoi, en effet, la créance chirographaire obligataire se distingue-t-elle de celle détenue par un banquier ou un *hedge fund* ? (R. Dammann et G. Podeur, Sauvegarde financière express : vers une consécration législative du « *prepack* à la française » ?, *D. 2010. Point de vue 2005* ; R. Dammann et S. Schneider, La sauvegarde financière accélérée – analyses et perspectives d'avenir, *D. 2011. Chron. 1429*, *spéc. 1439* ; comp., favorables à cette idée de fusion, mais, par ailleurs, s'agissant des problèmes tenant à la combinaison de l'hétérogénéité des catégories d'obligations avec la règle du nominalisme monétaire, préférant à l'introduction de classes de créanciers l'instauration d'un système de valorisation des créances en fonction de leur rang de subordination, de leur nature, de l'existence de sûretés : L. Le Guernevé et N. Morelli, Les nouveaux enjeux des comités de créanciers, *Cah. dr. entr. 7-8/2011, p. 17, spéc. p. 22*).

Il a été fait observer qu'il ne sera pas, de fait, forcément possible de s'en tenir au montant des créances admises car le plan doit pouvoir être adopté avant l'achèvement de la vérification des créances. Aussi, conviendra-t-il d'être vigilant en cas de majorité acquise grâce à des créances contestées (Ph. Pétel, La réforme des plans de redressement, colloque CRAJEFE du 27 mars 2004, *LPA 10 juin 2004, p. 34, n° 17*). A ce sujet, notons que, par une lecture audacieuse de l'article L. 626-34-1, la cour d'appel de Paris a déduit une compétence spécifique du tribunal (et non du juge-commissaire) pour statuer sur la qualité de créancier des membres des comités, sur la nature et le montant de leurs créances, afin de déterminer les droits de vote (Paris, 11 mai 2016 : V. note ci-dessous).

Quant aux créanciers bénéficiaires d'une fiducie constituée à titre de garantie par le débiteur, sont seuls pris en compte les montants de leurs créances non assorties d'une telle sûreté (ce qui n'est que la conséquence de leur inclusion partielle dans le comité des créanciers : V. art. L. 626-30).

2° CONVENTIONS DE VOTE

Déjà sous le régime de l'ordonnance du 18 décembre 2008, rien ne semblait interdire, afin de sécuriser le vote, la conclusion de conventions de vote des créanciers au sein des comités, le silence des textes plaidant vraisemblablement en faveur de la liberté de celle-ci, sous la seule double réserve, suggérée par des praticiens, de l'égalité des créanciers et de la fraude (A. Besse et N. Morelli, Le *prepackaged plan* à la française : pour une saine utilisation de la procédure de sauvegarde, *JCP E 2009. 1228, n° 16*).

L'ordonnance du 12 mars 2014 est venue implicitement mais nécessairement confirmer la licéité des conventions de vote, en organisant l'information de l'administrateur à cet égard. Cette information vise toute convention soumettant le vote d'un créancier à des conditions ou ayant pour objet le paiement total ou partiel de la créance par un tiers (*credit default swaps*, cautionnements, garanties à première demande, conventions de sous-participation). L'information doit porter également sur l'existence d'accords de subordination. L'administrateur soumet alors à ce créancier les modalités de calcul des voix correspondant aux créances lui permettant d'exprimer un vote. Selon R. Dammann et G. Podeur, « une sorte de négociation pourrait s'instaurer avec les créanciers, mais le texte est muet sur les critères permettant de déterminer le niveau des droits de vote devant être attribués à tel ou tel créancier » (*D. 2014. Chron. 752* ; V. aussi, sur les modalités de ce pouvoir de modération des votes accordé à l'administrateur, N. Morelli, *RPC 2014. Étude 35*). En cas de désaccord, le créancier ou l'administrateur peut saisir le président du tribunal statuant en référé (ce qui n'exclut donc pas un appel de l'ordonnance de référé, ni une contestation du plan, sur le fond, en cas de désaccord, en vertu de l'art. L. 626-34-1 : R. Dammann et G. Podeur, *préc.*). Reste, de toute manière, que ce dispositif suppose, pour être efficace, que les conventions de subordination prévoient des conventions de vote.

II. MESURES PRÉVUES PAR LE PLAN

L'exclusion, par le deuxième alinéa, des dispositions des articles L. 626-12 et L. 626-18, s'explique par l'idée que les comités doivent être souverains dans leurs décisions de remise de dettes et de délais de paiement, dès lors qu'elles ne concernent que leurs membres. Il n'y a donc pas de raison de les enfermer dans la durée de dix ou de quinze ans, imposée uniquement au tribunal en l'absence d'accord des créanciers, ni dans l'exigence d'une annuité de 5 % au minimum de chacune des créances admises à compter de la troisième annuité, ni dans les modalités de règlement des créances à termes dont l'échéance normale intervient au cours du plan, prévue pour les plans arrêtés par le tribunal lui-même, sans comités, par l'article L. 626-18 remanié par la loi du 22 octobre 2010.

La loi du 26 juillet 2005 se contentait de viser, de manière générale, « des propositions en vue d'élaborer le plan », sans prévoir expressément que le projet de plan puisse proposer la conversion des créances en capital. Celle-ci restait, bien sûr, possible, mais en pratique elle risquait de se heurter à des difficultés tenant, notamment, au principe d'égalité des créanciers, dès lors que la conversion s'apparente à un remboursement total immédiat de sa créance pour un créancier, alors que les autres subiront les délais prévus par le plan (P. de Lannoy, La conversion des créances en capital : un oubli dans la loi de sauvegarde, *in* Regards croisés de praticiens sur la loi de sauvegarde, *LPA 17 févr. 2006, p. 41*).

Aussi l'ordonnance du 18 décembre 2008 est-elle venue opportunément apporter la précision manquante, selon laquelle le projet de plan peut notamment « prévoir des délais de paiement, des remises et, lorsque le débiteur est une société par actions dont tous les actionnaires ne supportent les pertes qu'à concurrence de leurs apports, des conversions de créances en titres donnant ou pouvant donner accès au capital ». Comme le dit le Rapport au président de la République, « cette mesure permettra une recapitalisation tout en associant plus étroitement les créanciers au sauvetage de l'entreprise ». Les banquiers ont alors commencé à saisir cette opportunité, hésitant moins que par le passé à prendre le contrôle des sociétés en difficulté (V. *Les Échos, 20 avr. 2010, p. 29*). Le risque que s'opèrent, par là, des prises de contrôle hostiles par des fonds spéculatifs ne semblait pas exister, du moment que l'initiative de la conversion appartenait au débiteur et à l'administrateur (S. Boughida et P. Lombard, Réforme de la sauvegarde : le nouveau dispositif sera-t-il plus efficace ?, *JCP E 2009. 1380, n° 31* ; sur la possibilité – malaisée –, pour les créanciers, de s'appuyer sur ce dispositif pour acquérir des sociétés en difficulté, V. S. Vermeille, Peut-on prêter pour posséder [« *loan to own* »] en droit français ?, *JCP E 2009. 1709* ; comp. : G. Teboul, La dépossession des actionnaires comme mode de traitement des difficultés d'une entreprise, *JCP E 2009. 2171* ; V. aussi, de manière générale, le dossier « Le Capital Retournement », *Journ. sociétés, nov. 2010, p. 11*). Mais, à cet égard, la donne a changé avec l'ordonnance de 2014, puisque les comités de créanciers se prononceront aussi sur des projets de plan présentés par des créanciers. Notons encore que la définition légale exclut les sociétés en commandite par actions (A.-S. Texier et E. Russo, Le nouveau droit des entreprises en difficulté après l'ordonnance du 18 décembre 2008 et son décret d'application du 12 février 2009, *LPA 2 mars 2009, p. 3, n° 16*). Quant aux modalités de la conversion, il pourra s'agir de l'apport en nature de la créance ou, plus vraisemblablement, d'un apport en numéraire libéré par voie de compensation, possible après arrêté du plan, la prise en compte de la créance pour la valeur nominale (c'est-à-dire sans autre réduction que celle éventuellement acceptée par le créancier lors de la préparation du plan) devant cependant, par précaution, être prévue par le plan (V. G. Burgala et N. Morelli, *Le debt for equity swap, JCP 2010. 1016* ; A. Mason et G. Burgala, Aspects de droit boursier des restructurations, *Cah. dr. entr. 7-8/2011, p. 24, spéc. p. 27* ; s'agissant de conversion de créances en titres de capital, nécessitant la souscription de nouveaux titres, pour un jugement nommant un mandataire *ad hoc* chargé d'exécuter le plan « au nom et pour le compte d'un créancier », qu'il conviendrait de suppléer dans les actes nécessaires à la régularisation de l'opération, V. T. com. Évry, 6 avr. 2009 : *LEDEN 7/2009. 1, obs. F.-X. Lucas* ; V. aussi, à cet égard, suggérant que le tribunal précise que son jugement vaudra ordre de souscription, F.-X. Lucas, Le plan de sauvegarde apprêté ou le *prepackaged* plan à la française, *préc.* ; R. Dammann et G. Podeur, La conversion de créances en capital dans les entreprises en difficulté, *BJS 2009. 1129, spéc. 1135*). Le texte autorise encore explicitement, ce qui évitera aussi des contentieux, le « traitement différencié entre les créanciers si les différences de situation le justifient » (sur lequel, V. B. Grelon, La consultation des créanciers obligataires dans le cadre d'une procédure d'insolvabilité, *Rev. sociétés 2008. 25, spéc. 49*, qui distingue entre la « différenciation proportionnée » et la « différenciation disproportionnée » ; V. aussi, en ce sens que l'existence d'un contrat inter-créanciers organisant la subordination des différents prêteurs devrait justifier une telle différence de traitement, S. Boughida et P. Lombard, *préc.* ; V. également, estimant que le plan peut prévoir un traitement plus avantageux pour le créancier susceptible d'accompagner le débiteur avec de nouveaux financements ou acceptant une remise ou un rééchelonnement plus important de sa dette, J.-P. Martel et S. Golshani, La réforme de la sauvegarde, état des lieux et premiers éléments de réponse, *Journ. sociétés 7/2009, p. 15* ; sur la constitutionnalité des conversions forcées de créances imposées aux minoritaires, V. S. Pelletier et C. Verroust-Valliot, *RPC 2017. Étude 10* ; pour une première utilisation de cette faculté, s'agissant d'un plan distinguant, notamment, selon que les créances sont ou non subordonnées, V. T. com. Évry, 6 avr. 2009, *préc.* ; V. aussi, selon que les créanciers accordent ou non un nouveau crédit au débiteur, Paris, 11 mai 2016 : *cité note ci-dessous*). Ces différences de traitement pouvant conduire à prévoir que certains créanciers ne seront pas affectés par le plan (par exemple, des sociétés d'un groupe dans le cadre de conventions de trésorerie intragroupe), ce traitement différencié, par application combinée avec le sort réservé à ce type de créanciers (V. I ci-dessus), privera ces derniers du droit de vote (R. Dammann et S. Schneider, La sauvegarde financière accélérée – analyses et perspectives d'avenir, *D. 2011. Chron. 1429* , *spéc. 1437*). Reste à savoir si seront pour autant admises les ruptures d'égalité entre les créanciers d'une même catégorie, ce dont on peut d'autant plus douter que le texte exige que le traitement différencié soit justifié par des « différences de situation » (V. aussi N. Laurent et J. de Michele, Le point de vue du praticien sur dix principales mesures du projet de réforme de la sauvegarde, *JCP 2008. I. 214, n° 33* ; V. encore, excluant ainsi une différence de traitement fondée sur la qualité d'associé du créancier, R. Dammann et M. Robinet, La sauvegarde, un outil pour protéger les associés du débiteur ?, *BJS 2009. 1116, spéc. 1121*). De même devrait être exclue, sous peine d'excès de pouvoir, la neutralisation de clauses d'accords de subordination obligeant, par exemple, le créancier subordonné à reverser aux créanciers d'un rang supérieur les sommes éventuellement perçues en vertu d'un plan de sauvegarde (R. Dammann et G. Podeur, Les enjeux de la réforme des comités de créanciers, *JCP E 2009. 2095, n°s 49 et 50*). A cet égard, la loi du 22 octobre 2010, applicable aux procédures ouvertes à compter du 1er mars 2011, est venue apporter une précision, confortant la pratique, en prévoyant expressément (certes, sous la forme d'une recommandation plus que sur le mode impératif : V. B. Grelon, *Rev. sociétés 2011. 7* , *n°s 67 s.*) que le projet de plan prenne en compte les accords de subordination entre créanciers conclus avant l'ouverture de la procédure. Cette précision vise à empêcher que les créanciers juniors cherchent, à l'occasion du vote des comités, à renverser la subordination les liant aux créanciers seniors, en vertu des *intercreditor agreements*, dans les montages de type LBO (T. Montéran et M. Mieulle, De la pratique du plan de sauvegarde prénégocié à la procédure de sauvegarde financière accélérée, *Journ. sociétés, nov. 2010, p. 36, spéc. p. 43* ; sur les incertitudes en cas de projet de plan ne respectant pas entièrement l'accord de subordination, V. L. Le Guernevé et N. Morelli, Les nouveaux enjeux des comités de créanciers, *Cah. dr. entr. 7-8/2011, p. 17, spéc. p. 20*).

S'agissant des créances bénéficiant du privilège de conciliation, afin d'en garantir l'efficacité, la loi du 18 novembre 2016, mettant fin à une querelle doctrinale sur ce point (V. comm. ss. art. L. 626-20, I), est venue préciser que ces créances ne peuvent faire l'objet de remises ou de délais qui n'auraient pas été acceptés par les créanciers. ❑

Sur la possibilité d'adresser des propositions différenciées aux créanciers, V. • Paris, 11 mai 2016, n° 16/03704 : *BJE 2016. 241, note F.-X. Lucas.*

Ancien art. L. 626-30-3 *(Ord. n° 2014-326 du 12 mars 2014, art. 44, en vigueur le 1er juill. 2014)* ***Lorsque le projet de plan adopté conformément aux dispositions de l'article L. 626-30-2 et, le cas échéant, de l'article L. 626-32, n'est pas celui proposé par le débiteur en application de l'article L. 626-2, il donne lieu aux communications prévues à l'article L. 626-8.***

COMMENTAIRE

L'ancien article L. 626-30-3, création de l'ordonnance du 12 mars 2014, tire les conséquences du plan d'égalité sur lequel cette réforme a placé le projet de plan concurrent ou palliatif proposé par un créancier. De la même manière que s'il avait été proposé par le débiteur, le projet de plan sera, si nécessaire, soumis aux institutions représentatives du personnel pour information et consultation (art. L. 626-8). ❑

Ancien art. L. 626-31 *(Ord. n° 2008-1345 du 18 déc. 2008, art. 67)* ***« Lorsque le projet de plan a été adopté par chacun des comités conformément aux dispositions de l'article L. 626-30-2 et, le cas échéant, par l'assemblée des obligataires dans les conditions prévues par l'article L. 626-32, le tribunal*** *(Ord. n° 2014-326 du 12 mars 2014, art. 45-1°, en vigueur le 1er juill. 2014)* ***« statue sur celui-ci ainsi que sur le projet de plan mentionné à l'article L. 626-2, selon les modalités prévues à la section 2 du présent chapitre ; il » s'assure que les intérêts de tous les créanciers sont suffisamment protégés et, s'il y a lieu, que l'approbation de l'assemblée ou des assemblées mentionnées à l'article L. 626-3 a été obtenue dans les conditions prévues audit article. »*** *(Ord.*

n° 2014-326 du 12 mars 2014, art. 45-1° et 2°, en vigueur le 1er juill. 2014) ***« Sa décision rend applicables à tous leurs membres les propositions acceptées par les comités.***

« La mission du commissaire à l'exécution du plan ne prend fin qu'au paiement de la dernière échéance prévue par le plan si celle-ci est postérieure à l'échéance stipulée par les parties avant l'ouverture de la procédure. »

(L. n° 2005-845 du 26 juill. 2005, art. 83) ***« Par dérogation aux dispositions de l'article L. 626-26, une modification substantielle dans les objectifs ou les moyens du plan arrêté par le tribunal en application du premier alinéa ne peut intervenir que selon les modalités prévues par la présente section. »*** *(L. n° 2010-1249 du 22 oct. 2010, art. 58-I-5°)* ***« Dans ce cas, le commissaire à l'exécution du plan exerce les pouvoirs dévolus à l'administrateur judiciaire. »***

La L. n° 2010-1249 du 22 oct. 2010 est applicable aux procédures de sauvegarde et de redressement judiciaire ouvertes à compter du premier jour du cinquième mois suivant sa publication (L. préc., art. 58-II, JO 23 oct.), soit à compter du 1er mars 2011.

BIBL. ▶ Douaoui-Chamseddine, *RPC 2012. Étude 5 ; RDBF 2012. Étude 8* (plan de sauvegarde écartant un accord de subordination : quels recours pour les seniors en cas d'atteinte à la propriété ?) ; *ibid. Étude 27* (plan de sauvegarde et accord de subordination : atteintes aux droits des créanciers seniors).

COMMENTAIRE

I. ADOPTION PRÉALABLE PAR LES COMITÉS ET L'ASSEMBLÉE DES OBLIGATAIRES

L'ordonnance du 18 décembre 2008 est venue préciser que l'arrêté du plan par le tribunal supposait, au préalable, l'adoption du projet de plan, non seulement par chacun des deux comités de créanciers, mais aussi, le cas échéant, par l'assemblée des obligataires. Ce qui n'était pas évident. Quant à la portée de la décision collective de l'assemblée des obligataires, dans le silence du texte antérieur (l'art. L. 626-32 ne prévoit pas l'alternative de la reprise des consultations individuelles ; comp. : art. L. 626-34), on avait pu considérer que vraisemblablement le refus d'approbation n'empêchait pas *ipso facto*, à la différence du refus par un des deux comités des créanciers, l'arrêté du plan par le tribunal, dans la mesure, en tout cas, où le projet de plan n'envisage pas d'imposer des abandons de créance aux obligataires (B. Grelon, La consultation des créanciers obligataires dans le cadre d'une procédure d'insolvabilité, *Rev. sociétés 2008. 25, spéc. 45*). Et c'est bien dans le souci de retirer aux obligataires un pouvoir de blocage dont la justification n'est pas évidente que la fusion du comité des établissements de crédit et de l'assemblée des obligataires, en un « comité des créanciers financiers », avait été suggérée dans le cadre de la réflexion sur l'instauration d'une procédure de « sauvegarde financière accélérée », partant du constat que la créance chirographaire obligataire ne se distingue guère de celle détenue par un banquier ou un *hedge fund* (R. Dammann et G. Podeur, Sauvegarde financière expresse : vers une consécration législative du « *prepack* à la française » ?, *D. 2010. Point de vue 2005* ; R. Dammann et S. Schneider, La sauvegarde financière accélérée – analyses et perspectives d'avenir, *D. 2011. Chron. 1429*, *spéc. 1439* ; V. aussi comm. ss. art. L. 626-30-2).

II. ARRÊTÉ DU PLAN

On retrouve, ici, au stade du jugement d'arrêté de plan de sauvegarde, à travers la condition de respect des « intérêts de tous les créanciers », l'équivalent de la condition de respect des « intérêts des créanciers non signataires », posée par l'article L. 611-8 s'agissant de l'homologation par le tribunal de l'accord de conciliation. Les créanciers visés sont, à la fois, les créanciers membres des comités qui n'auraient pas accepté les propositions du plan, et les créanciers hors comités dont le gage serait susceptible d'être diminué par des garanties disproportionnées à l'avantage des créanciers membres des comités (P.-M. Le Corre, Premiers regards sur la loi de sauvegarde des entreprises, *D. 2005. Chron. 2297, n° 69*).

Bien vague, cette notion de « protection suffisante des intérêts de tous les créanciers » paraît cependant exclure une appréciation portant sur l'importance et la rapidité du règlement des créances en général. Et cela d'autant plus que, aux termes de l'article L. 626-1, la seule condition pour arrêter le plan de sauvegarde est l'existence d'une « possibilité sérieuse pour l'entreprise d'être sauvegardée », sans que ce texte n'évoque nullement le règlement du passif.

Mais, *a priori*, rien n'interdirait au tribunal de repousser un projet imposant des sacrifices excessifs aux créanciers, un projet voué à l'échec car trop rigoureux. En revanche, avait-il déjà été dit, le rejet ne paraît pas pouvoir être justifié par la seule inégalité de traitement existant entre des catégories de créanciers, assez logique du fait de la consultation séparée de trois catégories de créanciers (Ph. Pétel, La réforme des plans de redressement, colloque CRAJEFE du 27 mars 2004, *LPA 10 juin 2004, p. 34, n° 17*). Ce que l'ordonnance du 18 décembre 2008 a confirmé, enlevant tout doute à ce sujet, en précisant à l'article L. 626-30-2 que le projet de plan « peut établir un traitement différencié entre les créanciers si les différences de situation le justifient » (en ce sens que le tribunal pourrait recourir, à l'instar du droit américain, au critère du *best interest* test [adopté par la recommandation européenne du 12 mars 2014], consistant à vérifier que les créanciers récalcitrants n'auraient pas été mieux traités dans le cadre d'une liquidation judiciaire, V. A. Besse et N. Morelli, Le *prepackaged* plan à la française : pour une saine utilisation de la procédure de sauvegarde, *JCP E 2009. 1628, n° 10* ; V. aussi, jugeant que le tribunal devrait, en cas de conflit d'intérêts entre associés et créanciers, veiller à ce que le plan accorde une indemnité minimale à des créanciers subordonnés si les associés conservent une participation, même résiduelle, R. Dammann et M. Robinet, La sauvegarde, un outil pour protéger les associés du débiteur ?, *BJS 2009. 1116, spéc. 1120*). Quoi qu'il en soit, il appartiendra au tribunal de sanctionner les décisions procédant d'un excès de pouvoir de la majorité, qui consisteraient, par exemple, à imposer à un minoritaire une augmentation de ses engagements, à imposer l'abandon ou le rééchelonnement de créances postérieures privilégiées au sens de l'article L. 622-17, ou encore des délais de paiement pour des contrats en cours (R. Dammann, Les comités de créanciers dans la loi de sauvegarde, *RLDA, mars 2006, p. 65, spéc. p. 68*).

L'ordonnance du 12 mars 2014 a dû retoucher le premier alinéa de l'article L. 626-31 afin de l'adapter à la possibilité désormais offerte à tout créancier membre d'un comité de présenter un projet de plan concurrent de celui proposé par le débiteur. Le tribunal devra donc, dans sa décision, choisir, le cas échéant, entre le projet de plan émanant d'un créancier et, par hypothèse, adopté par les comités, et le projet de plan proposé par le débiteur.

La jurisprudence devra préciser la portée exacte de l'homologation du plan, notamment à l'égard des créanciers autres que les membres des comités (G. Teboul, Le projet de loi de sauvegarde des entreprises du 26 janvier 2004, *LPA 13 févr. 2004, p. 3*). Mais, en l'état du droit, il ne paraît pas concevable que le plan soit opposable à tous les créanciers, selon la technique anglo-saxonne dite de « cram down », préconisée par la CNUDCI (J.-L. Vallens, Le guide législatif de la CNUDCI sur le droit de l'insolvabilité : vers l'harmonisation du droit de la faillite, *D. 2004. Chron. 1506, n° 8* ; J.-P. Rémery, Les seuils dans la réforme du droit des entreprises en difficulté, *JCP 2006. I. 132, n° 10*). Raison pour laquelle, afin d'éviter certains abus préjudiciables à la sauvegarde de l'entreprise, des auteurs ont relancé, au cours du débat relatif à l'introduction d'une procédure de « sauvegarde financière accélérée », l'idée sur laquelle repose le concept de « *cram down* », consistant à conférer au juge la possibilité exceptionnelle d'imposer un plan ne réunissant pas la majorité requise au sein des classes de créanciers (si celles-ci, par ailleurs, étaient introduites : V. comm. ss. art. L. 626-30-2), concept auquel il conviendrait alors d'associer celui, évoqué ci-dessus, de « *best interest test* », c'est-à-dire l'obligation, pour le juge, de vérifier que les créanciers auxquels le plan est imposé recevront au moins autant qu'en cas de liquidation judiciaire immédiate du débiteur (R. Dammann et G. Podeur, Sauvegarde financière expresse : vers une consécration législative du « *prepack à la française* » ?, *D. 2010. Point de vue 2005*).

Quant au recours ouvert aux créanciers, la question, sur laquelle la loi de 2005 était restée muette, a été abordée par l'ordonnance de 2008 dans le nouvel article L. 626-34-1.

III. COMMISSAIRE À L'EXÉCUTION DU PLAN

La loi du 22 octobre 2010, applicable aux procédures ouvertes à compter du 1er mars 2011, est venue préciser qu'en cas de modification du plan le commissaire à l'exécution du plan exerce les compétences de l'administrateur judiciaire.

Quant à l'ordonnance du 12 mars 2014, elle a opportunément tiré les conséquences de la possibilité, pour le plan, de prévoir des échéances postérieures à l'échéance stipulée par les parties avant l'ouverture de la procédure : dans ce cas, la mission du commissaire à l'exécution du plan ne prend fin qu'au paiement de la dernière échéance prévue. ❑

Sur le contrôle de la protection des intérêts des porteurs de titres super-subordonnés, V. • Com. 21 févr. 2012 : *cité ss. art. L. 626-32.*

Ancien art. L. 626-32 *(Ord. nº 2008-1345 du 18 déc. 2008, art. 68)* ***Lorsqu'il existe des obligataires, une assemblée générale constituée de l'ensemble des créanciers titulaires d'obligations émises en France ou à l'étranger est convoquée dans des conditions définies par décret en Conseil d'État, afin de délibérer sur le projet de plan adopté par les comités de créanciers.***

La délibération peut notamment porter sur des délais de paiement, un abandon total ou partiel des créances obligataires et, lorsque le débiteur est une société par actions dont tous les actionnaires ne supportent les pertes qu'à concurrence de leurs apports, des conversions de créances en titres donnant ou pouvant donner accès au capital. Le projet de plan peut établir un traitement différencié entre les créanciers obligataires si les différences de situation le justifient. *(L. nº 2012-387 du 22 mars 2012, art. 28-I-1º)* ***« Il prend en compte les accords de subordination entre créanciers conclus avant l'ouverture de la procédure. »***

La décision est prise à la majorité des deux tiers du montant des créances obligataires détenues par les porteurs ayant exprimé leur vote, nonobstant toute clause contraire et indépendamment de la loi applicable au contrat d'émission. *(Ord. nº 2014-326 du 12 mars 2014, art. 46-1º, en vigueur le 1er juill. 2014)* ***« Pour les porteurs bénéficiaires d'une fiducie constituée à titre de garantie par le débiteur, sont seuls pris en compte les montants de leurs créances obligataires non assorties d'une telle sûreté. »*** *(L. nº 2012-387 du 22 mars 2012, art. 28-I-1º)* ***« Ne prennent pas part au vote les créanciers obligataires pour lesquels le projet de plan ne prévoit pas de modification des modalités de paiement ou prévoit un paiement intégral en numéraire dès l'arrêté du plan ou dès l'admission de leurs créances. »*** *(Ord. nº 2014-326 du 12 mars 2014, art. 46-2º, en vigueur le 1er juill. 2014)* ***« Les dispositions du quatrième alinéa de l'article L. 626-30-2 sont applicables au vote de l'assemblée générale. »*** *— V. anc. art. R. 626-60 s.*

La L. nº 2012-387 du 22 mars 2012 est applicable aux procédures ouvertes à compter de sa promulgation. Elle est applicable en Nouvelle-Calédonie et dans les îles Wallis-et-Futuna (L. préc., art. 28-II et III).

Sur les mesures d'adaptation liées à l'urgence sanitaire (covid-19), V., infra, Ord. nº 2020-596 du 20 mai 2020, art. 4.

BIBL. ▸ LE CORRE, *D. 2010. Chron. 839* (porteurs de titres super-subordonnés et élaboration des plans de sauvegarde ou de redressement avec comités). - VERMEILLE et FRANÇOIS, *JCP E 2012. 1582* (affaire Technicolor). - PÉTEL, *JCP E 2016. 1680* (qui vote à l'assemblée générale unique des obligataires ?).

COMMENTAIRE

Les créanciers obligataires ne sont pas regroupés en un comité, ni rattachés au comité des établissements de crédit, quand bien même des obligations seraient détenues par un tel établissement, la nature de la créance primant ici sur le statut personnel du créancier (G. Bremond et E. Scholastique, Réflexions sur la composition des comités de créanciers dans les procédures de sauvegarde et de redressement judiciaire, *JCP E 2006, nº 10, p. 466, nº 22* ; un auteur avait songé à les rattacher au comité des établissements de crédit : T. Montéran, Projet de loi de sauvegarde des entreprises : le point de vue du praticien, *Gaz. Pal. 25-26 févr. 2005, p. 2, spéc. p. 9*). Avec le recul de quelques années de pratique, ce choix du législateur est désormais critiqué par certains qui préconisent la fusion du comité des établissements de crédit et de l'assemblée des obligataires en un unique « comité des créanciers financiers » (R. Dammann et G. Podeur, Sauvegarde financière express : vers une consécration législative du « *prepack* à la française » ?, *D. 2010. Point de vue 2005* ; V. aussi comm. ss. art. L. 626-30-2 et L. 626-31). Mais cette suggestion n'a été retenue, ni par la loi du 22 octobre 2010, ni par l'ordonnance du 12 mars 2014, qui ont institué une procédure de sauvegarde financière accélérée, et, pour l'heure, les créanciers obligataires ne sont appréhendés qu'à travers cet article L. 626-32, qui se limite à préciser comment l'assemblée générale des obligataires doit se prononcer sur le projet de plan.

La première application de l'article L. 626-32 a eu lieu, au cours de dans la procédure de sauvegarde d'Eurotunnel, dont les créanciers obligataires ont approuvé le projet de plan le 14 décembre 2006. A cette occasion, sont apparues un certain nombre de difficultés, tenant essentiellement à la multiplication potentielle des masses d'obligataires. Dans cette affaire, les administrateurs ont résolu le problème en considérant qu'étaient applicables les dispositions du droit anglais (qui ne connaît pas la notion de « masse » ; pour une analyse très poussée du régime de la loi de 2005, de l'expérience de la procédure d'Eurotunnel, et du projet d'ordonnance, V. B. Grelon, La consultation des créanciers obligataires dans le cadre d'une procédure d'insolvabilité, *Rev. sociétés 2008. 25*).

L'ordonnance du 18 décembre 2008 a tenté de résoudre ce problème par l'institution d'une assemblée générale unique, constituée de l'ensemble des créanciers titulaires d'obligations émises en France ou à l'étranger (qui ressemble donc assez, en fait, à un comité d'obligataires). En ce qu'elle ne fait aucune référence à la constitution de masses, la réforme implique donc que, quel que soit le nombre de masses et donc le nombre d'émissions, une assemblée unique regroupera la totalité des créanciers obligataires (B. Grelon, *préc., spéc. 37*).

Ultérieurement, l'ordonnance du 12 mars 2014 s'est attachée à combler une lacune de l'ordonnance de 2008 (relevée par R. Dammann et G. Podeur, Les enjeux de la réforme des comités de créanciers, *JCP E 2009. 2095, n° 32*), en appliquant le même traitement aux porteurs bénéficiaires d'une fiducie-sûreté que celui déjà prévu par l'ordonnance du 18 décembre 2008 dans les comités de créanciers (V. art. L. 626-30, dernier al.) : s'agissant du vote, sont seuls pris en compte les montants de leurs créances obligataires non assorties d'une telle sûreté.

I. CONVOCATION DES REPRÉSENTANTS DE LA MASSE ET DE L'ASSEMBLÉE GÉNÉRALE

Dans le texte de la loi de 2005, le délai de convocation des représentants de la masse, puis de l'assemblée générale des obligataire, devant être compatible avec la durée prévue pour la décision des comités, laquelle est, au maximum, de trente jours non renouvelables, l'article L. 626-32 fixait comme délai de convocation des représentants de la masse, puis de l'assemblée générale des obligataires, la durée minimale prévue par la loi pour la convocation des assemblées générales d'actionnaires, soit quinze jours. Mais, pour éviter de bloquer la procédure de sauvegarde, la loi du 26 juillet 2005 avait prévu une modalité dérogatoire de convocation de l'assemblée générale en cas de carence ou d'absence des représentants de la masse (dûment constatée par le juge-commissaire) : la convocation émanait alors de l'administrateur.

Dans sa rédaction remaniée par l'ordonnance de 2008, le texte prévoit maintenant uniquement que l'assemblée est convoquée dans des conditions à définir par un décret en Conseil d'État (sur les raisons de cette imprécision, V. B. Grelon, *préc., spéc. 38*). Ces conditions ont été précisées par le décret de 2009 dans les articles R. 626-60 à R. 626-63.

Notons ici que, selon des praticiens, malgré la lettre de l'article L. 626-32, les obligataires pourraient, afin d'accélérer le déroulement de la procédure, notamment lorsque le plan de sauvegarde a déjà été élaboré au cours d'un mandat *ad hoc*, être convoqués pour se prononcer sur le projet de plan avant même que les comités de créanciers ne se soient prononcés, dès lors que le texte objet du vote est identique. L'assemblée des obligataires pourrait alors se tenir un « instant de raison » après le vote des créanciers, le jour même ou le lendemain (A. Besse et N. Morelli, Le *prepackaged* plan à la française : pour une saine utilisation de la procédure de sauvegarde, *JCP E 2009. 1628, n° 13* ; V. aussi R. Courtier et N. Laurent, Analyse de l'opération *Autodistribution* ; premier « prepack » à la française, *Cah. dr. entr. 9-10/2009, p. 26* ; F.-X. Lucas, Le plan de sauvegarde apprêté ou le *prepackaged* plan à la française, *ibid., p. 35*). Cette astuce devrait s'avérer particulièrement utile dans le cadre de la nouvelle procédure de sauvegarde financière accélérée, s'agissant de respecter le bref délai d'un mois posé, d'abord par l'ancien article L. 628-6, puis, après l'ordonnance du 12 mars 2014, par le nouvel article L. 628-10.

II. MODALITÉS ET CONTENU DE LA DÉCISION DE L'ASSEMBLÉE GÉNÉRALE

Sous l'empire du texte originel de la loi de 2005, contrairement au cas des comités de créanciers, les décisions de l'assemblée générale étaient prises à la seule majorité – simple – des voix des obligataires présents, sans majorité qualifiée en termes de montant (notons, quand même, que, dans l'affaire *Eurotunnel*, s'inspirant des comités des créanciers, il avait été procédé à un vote à la majorité en nombre des obligataires et majorité des deux tiers du montant nominal des obligations : V. B. Grelon, *préc., spéc. 43*). La réforme de 2008 est revenue sur ce point (autant qu'elle a tenu compte de la pratique de l'affaire *Eurotunnel*) : dorénavant, et par analogie avec les nouvelles modalités prévues pour les comités de créanciers (V. art. L. 626-30-2), la décision est prise à la majorité des deux tiers du montant des créances obligataires détenues par les porteurs présents ou représentés, nonobstant toute clause contraire et indépendamment de la loi applicable au contrat d'émission. Est donc clairement affirmé le caractère d'ordre public de la loi de la procédure collective (sur la question de savoir qui vote à l'assemblée, s'agissant notamment des intermédiaires et des associés de la société débitrice, V. P. Pétel, *JCP E 2016. 1680*).

Il a été souligné que la majorité retenue, des deux tiers des obligations présentes ou représentées, correspond à la solution classique dans les sociétés anonymes, s'agissant des décisions de « modifications substantielles par la collectivité des droits des actionnaires ou des obligataires ». Étant remarqué que cette majorité est plus faible que celles requises pour les comités des créanciers, puisque l'article L. 626-32 n'exige que la majorité (des 2/3) des présents et représentés, sans aucun *quorum* (B. Grelon, *préc., spéc. 45* ; comp., désormais : art. L. 626-32, al. 3, dern. phr.).

Jusqu'en 2008, le dernier alinéa, disposition d'ordre public qui s'applique quoique le contrat d'émission ait pu prévoir, affirmait uniquement expressément le droit, pour les obligataires réunis en assemblée générale de décider d'abandonner tout ou partie de leurs créances, de la même manière que les comités de créanciers. Cette précision était utile, car les textes applicables aux assemblées générales des obligataires ne prévoient pas cette possibilité de manière très claire : le 5° de l'article L. 228-65 (non modifié par l'Ord. n° 2017-970 du 10 mai 2017) ne mentionne, en effet, que la possibilité d'abandonner totalement ou partiellement les garanties conférées aux obligataires, de reporter l'échéance du paiement des intérêts, ou de modifier des modalités d'amortissement – ce qui ne signifie pas l'abandon de la créance – ou du taux des intérêts (sur l'incertitude quant à la validité de la décision d'abandon de sûreté, V. J.-D. Daudier de Cassini et A.-N. Noury, Obligataires et procédures collectives, *BJS 2009. 1123, spéc. 1127*). Mais la rédaction de ce dernier alinéa avait pu sembler trop restrictive alors que la gamme des possibilités de transformer les obligations en instruments financiers plus ou moins complexes est large (C. Léguevaques, Le sort des créanciers après la loi de sauvegarde des entreprises : entre renforcement des droits et allégements des devoirs, *in* Regards croisés de praticiens sur la loi de sauvegarde, *LPA 17 févr. 2006, p. 63, spéc. p. 83*). Aussi la réforme, tout en affirmant le caractère non limitatif des mesures prévues (« la délibération peut notamment porter [...] »), ajoute-t-elle la possibilité explicite de voter des délais de paiement ou, comme il est prévu à l'article L. 626-30-2, lorsque le débiteur est une société par actions dont tous les actionnaires ne supportent les pertes qu'à concurrence de leurs apports, des conversions de créances en titres donnant ou pouvant donner accès au capital (sur l'impossibilité de contraindre les obligataires à souscrire des engagements nouveaux, V. B. Grelon, *préc., spéc. 48*). Avec cette précision, elle aussi copiée du régime des comités de créanciers (V. art. L. 626-30-2), que le projet de plan peut établir « un traitement différencié entre les créanciers obligataires si les différences de situation le justifient » (affaiblissement du principe d'égalité des créanciers, qui peut ouvrir la voie, selon la distinction opérée par B. Grelon, à une « différenciation proportionnée » ou à une « différenciation disproportionnée » : *ibid. 48*). En pratique, serait ainsi déminé le risque de contentieux liés à l'articulation des différentes émissions, et, plus particulièrement, à la violation par le plan d'un accord de subordination (N. Laurent et J. de Michele, Le point de vue du praticien sur dix principales mesures du projet de réforme de la sauvegarde, *JCP 2008. I. 214, n° 26*). Toutefois, à la différence de ce qu'elle avait fait pour les comités de créanciers (V. art. L. 626-30-2), la loi du 22 octobre 2010 n'avait pas précisé, s'agissant de l'assemblée des obligataires, que le projet de plan devait prendre en compte les accords de subordination entre créanciers conclus avant l'ouverture de la procédure. La loi de simplification et d'amélioration de la qualité du droit du 17 mai 2011 devait déjà réparer cet oubli (sur la portée de la précision envisagée, V. B. Grelon, *Rev. sociétés 2011. 7, n°s 67 s.*) Mais, comme cette mesure de souplesse a été déclarée contraire à la Constitution par application de la jurisprudence relative aux « cavaliers » législatifs (Cons. constit., 12 mai 2011 : n° 2011-629 DC), c'est finalement la loi Warsmann du 22 mars 2012 relative à la simplification du droit et à l'allégement des démarches administratives qui s'en est chargée.

Et, logiquement, l'ordonnance du 12 mars 2014, elle aussi, de manière générale, rend applicables les dispositions prévues par l'article L. 626-30-2 (al. 4) pour les modalités de vote, et notamment les conventions de vote.

L'affaire *Thomson*, dans laquelle le plan de sauvegarde a été arrêté par le tribunal de commerce de Nanterre le 17 février 2010, dont le jugement a été confirmé par la cour d'appel de Versailles le 18 novembre 2010 (V. *note 1* ci-dessous), a donné lieu à une très intéressante application pratique, à la fois, des modalités d'organisation de l'assemblée générale des obligataires, notamment en présence de créanciers porteurs de titres super-subordonnés (TSS), et de la mesure de conversion des créances en titres. Le tribunal avait considéré, entre autres, sur le fondement de l'article R. 626-62, que l'administrateur judiciaire, tenu d'arrêter le « montant » des créances obligataires détenues par les porteurs avant de fixer les modalités de déroulement du vote, pouvait valablement, dans le règlement intérieur de l'assemblée, décider que le nominal des TSS n'a pas à être comptabilisé dans les droits de vote (ces derniers s'exerçant donc seulement à hauteur de la créance d'intérêts). La solution s'expliquait : dès lors que la consultation se justifie par la possibilité d'octroi de délais de paiement et de remises de dettes, que les créanciers sont susceptibles de consentir au débiteur, l'on pouvait considérer que le seul fait d'être obligataire ne suffisait pas pour être intégré à l'assemblée générale des obligataires. Le porteur de TSS, en effet, n'a aucune vocation à être payé par le mécanisme des dividendes du plan. Et, si l'obligataire n'a vocation à être payé, dans le cadre du plan, que pour une partie de sa créance, il était possible de soutenir que seule celle-ci doit être prise en compte dans le calcul du vote. Ainsi, pareillement, les prêteurs participatifs ne sauraient être intégrés dans la consultation préparatoire à l'adoption d'un plan de sauvegarde ou de redressement (V. P.-M. Le Corre, Porteurs de titres super-subordonnés et élaboration des plans de sauvegarde ou de redressement avec comités, *D. 2010. Chron. 839* ; dans ce sens aussi, V. A. Pietrancosta et S. Vermeille, Le droit des procédures collectives à l'épreuve de l'analyse économique du droit, perspectives d'avenir ?, *RTDF 2010, n° 1, p. 5, n° 94* ; N. Borga, Titres super-subordonnés et plan de sauvegarde, *BJS 2010. 604*). La solution était toutefois contestée par un auteur, au motif que le texte ne faisait aucune distinction entre les membres des assemblées d'obligataires (ou des créanciers membres des autres comités) en fonction de leur traitement. Et cela d'autant plus, selon lui, que ce raisonnement poussé à son terme devrait conduire à exclure du vote les créanciers dont la créance est intégralement remboursée (fournisseurs, ou créanciers seniors), alors que la loi l'interdit car le droit de vote appartient aux créanciers en raison de leur participation aux comités, et non de l'intensité ou de la gravité de l'affectation de leurs droits (B. Grelon, *Rev. sociétés 2010. 244, nos 37 s.* ; sur cette question de l'hétérogénéité des catégories d'obligations, V. comm. [I] ss. art. L. 626-30-2).

Notons, à ce sujet, que, depuis la loi du 22 octobre 2010, applicable aux procédures ouvertes à compter du 1er mars 2011, est expressément prévue la mise à l'écart du vote des créanciers « pour lesquels le projet de plan ne prévoit pas de modification des modalités de paiement ou prévoit un paiement intégral en numéraire dès l'arrêté du plan ou dès l'admission de leurs créances » (V. comm. ss. art. L. 626-30-2). Mais ce texte, évidemment, n'était pas applicable en l'espèce, comme l'a relevé la cour d'appel de Versailles. Qui plus est, ce texte n'était vraisemblablement pas applicable (sinon par analogie) aux assemblées d'obligataires, puisque l'ajout a été fait dans le seul article L. 626-30-2, qui ne concerne que les comités des créanciers (V., de manière générale, sur la portée de la modification, B. Grelon, *Rev. sociétés 2011. 7, nos 62 s.*). Autre oubli que la loi de simplification du droit du 17 mai 2011, jugée inconstitutionnelle sur ce point (V. ci-dessus), devait déjà réparer, avant que ne le fasse la loi Warsmann du 22 mars 2012 relative à la simplification du droit et à l'allégement des démarches administratives. Mais cette correction, de toute façon, n'eût pu jouer que pour l'avenir seulement. Aussi la cour de Versailles, prenant le contre-pied du jugement du 17 février sur ce point, a-t-elle estimé que la limitation du droit de vote à des porteurs de TSS à 6 % de la valeur nominale, décidée par l'administrateur judiciaire, constituait une violation de la règle posée par le dernier alinéa de l'article L. 626-32, duquel il résulte que « nonobstant toute clause contraire et indépendamment de la loi applicable au contrat d'émission, les porteurs de titres expriment leur vote selon le montant des créances obligataires qu'ils détiennent ». Elle a également considéré, confondant cependant à cet égard exigibilité et date de naissance, que, « seuls les intérêts, échus et impayés au jour du jugement d'ouverture, peuvent s'ajouter au nominal des obligations pour accroître le droit de vote des obligataires ; que les intérêts à échoir ne constituent pas une créance antérieure et ne peuvent être pris en compte pour augmenter le droit de vote ; que cette règle est expressément rappelée dans l'article R. 626-56 pour les comités de créanciers ».

Toutefois, et c'est là un apport non négligeable de l'arrêt, la cour considère qu'en l'absence d'influence de l'irrégularité du vote sur les résultats, la nullité de la décision de l'assemblée unique des obligataires ne peut être prononcée. La solution est inspirée, notamment, de la jurisprudence en matière de droit des sociétés. La Cour de cassation a approuvé ce raisonnement, en rejetant le pourvoi contre l'arrêt de la cour d'appel (Com. 21 févr. 2012 : V. note 1 ci-dessous).

Quant au calcul des créances d'intérêts, la règle est désormais fixée par le décret n° 2011-236 du 3 mars 2011, qui apporte, à l'article R. 626-58, applicable aux assemblées d'obligataires par renvoi de l'article R. 626-61-1, cette importante précision, sous forme de désaveu de la pratique antérieure dégagée, notamment, dans l'affaire *Thomson*, qui ne prenait en compte dans le calcul des votes que les créances en principal, majorées des intérêts échus non payés au jour de l'ouverture de la procédure : « en présence d'une clause d'indexation du taux d'intérêt, le montant des intérêts restant à échoir au jour du jugement d'ouverture de la procédure est calculé au taux applicable à la date de ce jugement » (sur la portée de ce texte, qui sécurise les emprunts à taux variable, V. R. Dammann et S. Schneider, La sauvegarde financière accélérée – analyses et perspectives d'avenir, *D. 2011. Chron. 1429, spéc. 1437* ; L. Le Guernevé et N. Morelli, Les nouveaux enjeux des comités de créanciers, *Cah. dr. entr. 7-8/2011, p. 17, spéc. p. 21*). ❑

1. L'administrateur judiciaire n'a pas le pouvoir de priver certains des obligataires de leurs droits de vote en décidant que seule une partie du nominal de leurs titres leur confère un droit de vote ; toutefois, l'irrégularité ayant affecté les modalités du vote des porteurs des titres super-subordonnés lors de l'assemblée unique des obligataires n'ayant eu aucune influence sur le résultat du vote, la nullité de la délibération n'est pas encourue. • Com. 21 févr. 2012, n° 11-11.693 P : *D. 2012. Actu. 606, obs. Lienhard ; Rev. sociétés 2012. 450, note Grelon ; JCP E 2012. 1227, n° 3, obs. Pétel ; ibid. 1228, note Bonneau ; BRDA 2012, n° 6, p. 31 ; Gaz. Pal. 27-28 avr. 2012, p. 23, obs. Lebel ; RJDA 2012, n° 520 ; BJS 2012. 426, note Borga ; Dr. sociétés 2012, n° 108, note Legros ; RPC 2012, n° 82, obs. Fraimout ; Dr. et patr. 9/2012. 101, obs. Saint-Alary-Houin.* ♦ Si les porteurs des titres super-subordonnés peuvent se voir imposer un abandon partiel ou total de leurs créances et une conversion de leurs créances en titres donnant ou pouvant donner accès au capital, ces mesures ne peuvent être imposées que par la majorité qualifiée des membres de l'assemblée générale des obligataires, ce qui implique que les porteurs de titres super-subordonnés soient membres de cette assemblée et que les modifications à leurs droits fassent partie du projet de plan soumis à l'approbation de cette assemblée, ce dont il résulte que les porteurs de titres super-subordonnés ne peuvent pas être exclus de l'assemblée générale des obligataires. • Même arrêt. – V. l'arrêt confirmé : • Versailles, 18 nov. 2010 : *D. 2010. Actu. 2767, obs. Lienhard ; Rev. sociétés 2011. 239, note Grelon ; BJS 2011. 31, note Borga ; RTDF 2010, n° 4, p. 32, obs. Mason, Morelli et Burgala ; BJE 2011. 14, note Roussel Galle ; APC 2011, n° 86, obs. Moulin ; RPC 2011, n° 41, obs. Fraimout.* ♦ V. aussi, à propos d'un plan de sauvegarde qui prévoyait un « coup d'accordéon », entraînant l'annulation de la totalité des obligations remboursables en actions, • Com. 10 juill. 2012 : *D. 2012. Actu. 1953 ; Rev. sociétés 2012. 536, obs. Henry ; JCP E 2012. 1571, note Moulin ; ibid. 1757, n° 6, obs. Pétel ; LEDEN 9/2012. 5, obs. Borga ; BJE 2012. 278, note Roussel Galle ; Gaz. Pal. 12-13 oct. 2012, p. 26, obs. Lebel ; Dr. sociétés 2012, n° 215, note Legros.*

2. Selon le comité juridique de l'ANSA, si le montant des intérêts doit être pris en compte pour le calcul des droits de vote des obligataires, il ne peut s'agir que des intérêts courus au jour du jugement d'ouverture de la procédure *(Dossier ANSA n° 15-025).*

Ancien art. L. 626-33 *(Ord. n° 2008-1345 du 18 déc. 2008, art. 69)* ***« Les créanciers qui ne sont pas membres des comités institués en application de l'article L. 626-30, et pour leurs créances assorties de cette sûreté, les créanciers bénéficiaires d'une fiducie constituée à titre de garantie par le débiteur sont consultés selon les dispositions des articles L. 626-5 à L. 626-6. »***

(L. n° 2005-845 du 26 juill. 2005, art. 83) ***« Les dispositions du plan relatives aux créanciers qui ne sont pas membres des comités institués en application de l'article L. 626-30 sont arrêtées selon les dispositions des articles L. 626-12 et L. 626-18 à L. 626-20. »***

COMMENTAIRE

La consultation des créanciers « hors comités » se fait selon le « droit commun » de l'élaboration du plan, plus particulièrement selon les dispositions des articles L. 626-5 à L. 626-7 (V. ss. ces art.). L'ordonnance du 18 décembre 2008 a étendu ce mode de consultation pour les créanciers bénéficiaires d'une fiducie-sûreté pour leurs créances assorties de cette sûreté. Ce qui est logique, sachant que, pour les créanciers membres d'un comité, bénéficiaires d'une telle sûreté, est seule prise en compte la partie « chirographaire » de leurs créances (V. art. L. 626-30). ❑

Ancien art. L. 626-34 *(Ord. n° 2014-326 du 12 mars 2014, art. 47, en vigueur le 1er juill. 2014)* ***Lorsque l'un ou l'autre des comités et, le cas échéant, l'assemblée des obligataires ne se sont pas prononcés sur un projet de plan dans un délai de six mois à compter du jugement d'ouverture de la procédure ou si le tribunal n'a pas arrêté le plan en application de l'article L. 626-31, la procédure est reprise pour préparer un plan dans les conditions prévues aux articles L. 626-5 à L. 626-7 afin qu'il soit arrêté selon les dispositions des articles L. 626-12 et L. 626-18 à L. 626-20. Toutefois, à la demande de l'administrateur, le tribunal peut fixer aux comités et, le cas échéant, à l'assemblée des obligataires un nouveau délai qui ne peut excéder la durée de la période d'observation.***

COMMENTAIRE

Les comités ne tiennent pas, à proprement parler, le destin de l'entreprise entre leurs mains. A eux, certes, de se prononcer sur le projet de plan présenté par le débiteur, mais la sanction du refus ne sera que le retour au pouvoir du tribunal d'imposer aux créanciers ayant refusé les propositions de règlement du passif des délais uniformes excédant la durée du plan (V. art. L. 626-18 à L. 626-20).

De même, en cas de refus d'arrêter le plan selon le projet qui lui est soumis, le tribunal, contrairement à la solution prévalant à propos du concordat de la loi du 13 juillet 1967, conserve le pouvoir d'arrêter un autre plan après consultation des créanciers selon le régime ordinaire (Ph. Pétel, La réforme des plans de redressement, colloque CRAJEFE du 27 mars 2004, *LPA 10 juin 2004, p. 34, n° 17*).

En effet, l'échec d'un des deux comités, auquel l'ordonnance du 18 décembre 2008 a ajouté, pour l'assimiler, celui de l'assemblée des obligataires (L. 626-30-2) ou le refus du tribunal d'arrêter le plan résultant de l'accord des deux comités au motif que les intérêts de tous les créanciers ne seraient pas respectés, entraîne l'obligation d'une nouvelle consultation de tous les créanciers, même si l'un des comités a conclu un accord majoritaire, s'imposant aux minoritaires dudit comité : le plan résulte de l'accord concomitant des deux comités, et l'accord de l'un des deux ne peut être considéré comme évitant la consultation, suivant la procédure traditionnelle, des membres de celui-ci *(Rapp. AN, n° 2095, p. 300* ; cette interprétation se comprend désormais compte tenu de l'assimilation de l'assemblée des obligataires aux deux comités). Le délai dans lequel le projet devait être adopté, à l'origine de deux mois renouvelable une fois (anc. art. L. 626-30), est, depuis l'ordonnance du 18 décembre 2008, fixé directement par l'article L. 626-34, à six mois à compter du jugement d'ouverture. L'ordonnance du 12 mars 2014 a légèrement remodelé l'article L. 626-34. Surtout, tirant les enseignements de la pratique, et conformément à la suggestion de deux praticiens (L. Le Guernevé et N. Morelli, Les nouveaux enjeux des comités de créanciers, *Cah. dr. entr. 7-8/2011, p. 17, spéc. p. 19*), le texte prévoit maintenant que le tribunal peut, à la demande de l'administrateur, fixer aux comités et, le cas échéant, à l'assemblée des obligataires un nouveau délai qui ne peut excéder la durée de la période d'observation (normalement de six mois, elle aussi, ce qui suppose donc le renouvellement de la période d'observation : F. Pérochon, *BJE 2014. 180*). ❑

Ancien art. L. 626-34-1 *(Ord. n° 2008-1345 du 18 déc. 2008, art. 71)* ***Le tribunal statue dans un même jugement sur les contestations relatives à l'application des articles L. 626-30 à L. 626-32 et sur l'arrêté ou la modification du plan.***

Les créanciers ne peuvent former une contestation qu'à l'encontre de la décision du comité ou de l'assemblée dont ils sont membres.

BIBL. ▸ Douaoui-Chamseddine, *RPC 2012. Étude 34* (le tribunal qui arrête un plan de sauvegarde écartant la subordination peut-il condamner les juniors à verser des dommages-intérêts aux seniors ?) ; *Mél. Vallens, Joly éditions, 2017, p. 17* (le tribunal en charge d'arrêter le plan peut-il connaître d'une demande en exécution forcée d'une convention de vote inexécutée ?).

COMMENTAIRE

La loi du 26 juillet 2005 était restée muette sur les recours ouverts aux créanciers. Dans ce silence, il paraissait possible : au cours de l'instance statuant sur l'arrêté du plan, que le créancier intervienne à titre principal ; après l'instance, que la tierce opposition serve, en vertu de l'article L. 661-3, pour contester la composition des comités de créanciers. A ce sujet, il semblait vraisemblable, par analogie notamment avec la solution retenue à propos du concordat sous l'empire de la loi du 13 juillet 1967, que le jugement d'homologation purge les vices affectant le vote des comités (P.-M. Le Corre, Les irrégularités affectant la composition et le vote des comités de créanciers, *D. 2007. Chron. 822*).

L'ordonnance du 18 décembre 2008 est venue éclaircir la situation. L'article L. 626-34-1 dispose désormais que « le tribunal statue dans un même jugement sur les contestations relatives à l'application des articles L. 626-30 à L. 626-32 et sur l'arrêté ou la modification du plan ».

Ce qui revient à considérer que l'adoption du plan opère effectivement une sorte de purge des vices susceptibles d'entacher la composition et le vote des comités. Les recours devront donc être exercés selon les articles L. 661-1 et L. 661-3. La modification de ce dernier texte ne devrait pas fermer la voie de la tierce opposition au jugement arrêtant le plan, mais cette voie de recours est maintenant explicitement fermée contre les décisions rejetant le plan.

Il est encore précisé, fort logiquement, que les créanciers ne sont recevables, c'est-à-dire n'ont de qualité, à contester que les décisions du comité dont ils sont membres.

Approuvant le tribunal de commerce sur ce point, la cour d'appel de Versailles, à propos du plan de sauvegarde de la société Thomson, devenue Technicolor, a rappelé que c'est le créancier obligataire qui exprime individuellement son vote (non le représentant de la masse des obligataires) et qui, partant, a qualité pour contester la décision prise par l'assemblée unique des obligataires et interjeter appel du jugement ayant arrêté le plan de sauvegarde. Le même arrêt a précisé qu'en l'absence d'influence de l'irrégularité du vote sur les résultats, la nullité de la décision de l'assemblée unique des obligataires ne peut être prononcée (Versailles, 18 nov. 2010 : *cité ss. art. L. 626-32*). La Cour de cassation a approuvé ce raisonnement, en rejetant le pourvoi contre l'arrêt de la cour d'appel (Com. 21 févr. 2012 : *ibid.*). La solution est inspirée, notamment, de la jurisprudence en matière de droit des sociétés.

Par ailleurs, de façon plutôt audacieuse et sans doute discutable, la cour d'appel de Paris a déduit de l'article L. 626-34-1 une compétence spécifique du tribunal (et non du juge-commissaire) pour statuer sur la qualité de créancier des membres des comités, sur la nature et le montant de leurs créances, afin de déterminer les droits de vote (Paris, 11 mai 2016 : *cité note 1*). En revanche, elle a estimé, conformément à la lettre du texte, que les recours exercés par les créanciers ou les obligataires ne peuvent porter que sur les décisions des comités ou assemblées dont ils sont membres et non sur le plan de sauvegarde lui-même et sur les contestations relatives à la constitution et au vote des comités de créanciers ou de l'assemblée des obligataires (Paris, 17 mai 2018 : *cité note 2*).

Notons, pour finir, cette suggestion de réforme qui consisterait, pour sécuriser les plans, à cantonner le recours des créanciers minoritaires à une demande de dommages et intérêts (R. Dammann et S. Schneider, La sauvegarde financière accélérée – analyses et perspectives d'avenir, *D. 2011. Chron. 1429, spéc. 1440*). ❑

1. Le tribunal de la procédure de sauvegarde est compétent pour statuer sur les contestations relatives à l'existence, à la nature et au montant des créances des membres des comités de créanciers. • Paris, 11 mai 2016, n° 16/03704 : *cité ss. anc. art. L. 626-30-2.*

2. Selon l'art. L. 626-34-1, les créanciers ne peuvent former une contestation que contre la décision du comité ou de l'assemblée dont ils sont membres ; il en résulte qu'un créancier titulaire d'obligations, membre de l'assemblée unique des obligataires (AUO), ne peut contester que l'adoption du projet de plan par cette assemblée et seulement lorsque les dispositions relatives à la constitution de cette assemblée, sa convocation, et les conditions de sa délibération telles que prévues par l'art. L. 626-32 ne lui semblent pas avoir été correctement appliquées. • Com. 26 févr. 2020, n° 18-19.737 P : *D. 2020. Actu. 485 ; Rev. sociétés 2020. 383, obs. Henry ; RTD com. 2020. 483, obs. Poujade ; JCP E 2020. 1249, note Zinty ; LEDEN 4/2020. 5, obs. Borga ; APC 2020, n° 115, obs. Robine ; RJDA 2020, n° 278 ; Dr. sociétés 2020, n° 70, note Legros ; Gaz. Pal. 13 oct. 2020, p. 65, obs. Giorgini ; BJB 11-12/2020. 32, note Alamowitch et Roussille.* ♦ Un abus de majorité ne relève pas des contestations concernant la constitution de l'AUO, sa convocation ou les conditions de sa délibération. • Même arrêt.

Ancien art. L. 626-35 *(L. n° 2005-845 du 26 juill. 2005, art. 83)* ***Un décret en Conseil d'État détermine les conditions d'application de la présente section.*** – *V. anc. art. R. 626-52 s.*

CHAPITRE VII *DISPOSITIONS PARTICULIÈRES EN L'ABSENCE D'ADMINISTRATEUR JUDICIAIRE*

BIBL. GÉN. ▸ BOURGNINAUD, *LPA, n° spéc., 8 févr. 2006, p. 91* (commentaire article par article).

Art. L. 627-1 *(L. n° 2005-845 du 26 juill. 2005, art. 84)* **Les dispositions du présent chapitre sont applicables lorsqu'il n'a pas été désigné d'administrateur judiciaire en application** *(Ord. n° 2008-1345 du 18 déc. 2008, art. 72)* **« du quatrième » alinéa de l'article L. 621-4. Les autres dispositions du présent titre sont applicables dans la mesure où elles ne sont pas contraires à celles du présent chapitre.**

COMMENTAIRE

I. CRITÈRES D'APPLICATION

La loi du 26 juillet 2005 a supprimé la procédure simplifiée. Mais elle a conservé cependant un traitement spécial, simplifié, pour les petites entreprises. Ces « dispositions particulières en l'absence d'administrateur judiciaire », comme le texte les nomme maintenant, figurent aux articles L. 627-1 et suivants. Leur critère d'application, ainsi que leur nom l'indique, est l'absence de désignation d'un administrateur de la procédure par le tribunal, faculté prévue par le quatrième alinéa de l'article L. 621-4 à condition que le débiteur soit une personne dont le nombre de salariés et le chiffre d'affaires sont inférieurs à des seuils fixés par décret en Conseil d'État (V. comm. ss. art. L. 621-4).

II. DISPOSITIONS APPLICABLES

Pour la procédure de sauvegarde sans désignation d'administrateur, toutes les règles du titre II (art. L. 621-1 s.) s'appliquent, sauf celles auxquelles les articles du nouveau chapitre VII se substituent de droit et s'imposent. Ces règles spécifiques sont limitées aux trois articles L. 627-2 à L. 627-4.

Les règles qui, sans qu'il y soit explicitement fait référence dans ces trois articles, leur seraient contraires, semblent, en tout état de cause, peu nombreuses. Toutefois, le fait que les deux comités de créanciers se prononcent après discussion avec l'administrateur (art. L. 626-30-2), que l'article L. 627-3 ne prévoie comme seul mode de consultation des créanciers que la consultation de droit commun, collective ou individuelle, de l'article L. 626-5, exercée par le débiteur, paraît exclure de pouvoir les satisfaire et donc de constituer des comités dans le cadre d'une procédure sans administrateur, même si le juge-commissaire le souhaitait, à la demande du débiteur. Avant la réforme de 2008, s'ajoutait le fait que les créanciers non membres des comités fussent consultés par l'administrateur judiciaire (et non par le mandataire judiciaire), mais l'ordonnance du 18 décembre, par souci sans doute de simplification et d'unification, a supprimé cette mesure dérogatoire (art. L. 626-33).

Pour le reste (droits des tiers, procédure de vérification des créances, contenu et nature du plan, modalités de l'audience pour le jugement arrêtant le plan, présence du ministère public...), la procédure sans administrateur suit les mêmes règles que s'il en a été désigné un. ❑

Poursuite de l'activité. En l'absence de désignation d'un administrateur dans le cadre d'un redressement judiciaire, la poursuite de l'activité est exercée par le débiteur lui-même sans qu'il n'y ait lieu à apprécier si la poursuite d'une affaire en cause d'appel constitue un acte de gestion courante ou pas et sans qu'il soit nécessaire d'obtenir l'autorisation du mandataire judiciaire et/ou du juge-commissaire. • Reims, 16 août 2016 : *RPC 2016, n° 179, obs. Lebel.*

Art. L. 627-2 *(L. n° 2005-845 du 26 juill. 2005, art. 85)* **Le débiteur exerce, après avis conforme du mandataire judiciaire, la faculté ouverte à l'administrateur de poursuivre des contrats en cours** *(Ord. n° 2008-1345 du 18 déc. 2008, art. 73)* **« et de demander la résiliation du bail en application des articles L. 622-13 et L. 622-14** *[ancienne rédaction : en application de l'article L. 622-13]* **». En cas de désaccord, le juge-commissaire est saisi par tout intéressé.**

V. art. R. 627-1.

BIBL. ▸ ROUSSEL GALLE, *RPC 2006. 264.*

COMMENTAIRE

L'article L. 627-2 organise les conditions de la poursuite de l'activité pendant la période d'observation compte tenu de l'absence d'administrateur. C'est alors, logiquement, au débiteur qu'il incombe d'exercer l'option relative à la poursuite des contrats en cours au jour du jugement d'ouverture (art. L. 622-13), et, a ajouté l'ordonnance du 18 décembre 2008, pour tenir compte de l'affinement de l'articulation entre les textes, de demander la résiliation du bail en application des articles L. 622-13 et L. 622-14. Avant cette réforme, faute de mention de l'article L. 622-14, il convenait d'admettre que le débiteur ne pouvait pas demander la résiliation du bail, ce qui était logique, avait-il été souligné, en ce sens qu'eût été curieux que le débiteur défaillant pût demander la résiliation. Aussi, si celle-ci s'avérait nécessaire et que le bailleur n'en voulait prendre l'initiative, il convenait, avait-on estimé, de demander la désignation d'un administrateur (P. Roussel Galle, Réforme du droit des entreprises en difficulté, *Litec, 2e éd., 2007, no 453*).

L'exercice de ce pouvoir d'option pour la continuation des contrats suppose l'avis conforme du mandataire judiciaire. Autrement dit, l'autorisation du juge-commissaire n'est plus requise, le débiteur devant seulement obtenir, pour chaque contrat, un avis conforme (donc, un accord) du mandataire, de façon à garantir les droits des tiers par la consultation d'un organe indépendant. Vraisemblablement, cet avis n'est nécessaire que si le débiteur exige la poursuite des contrats, non s'il renonce à celle-ci, conformément à la jurisprudence antérieure (V. note 30 ss. art. L. 622-13 ; P. Roussel Galle, Avant-projet de réforme, Contrats en cours, *RPC 2004. 63 ;* Contrats en cours, *ibid. 2005. 205*). Et, certainement que la décision du débiteur d'exercer l'option sans avoir consulté le mandataire judiciaire serait-elle entachée de nullité (M.-L. Coquelet, *Entreprises en difficulté, Dalloz, Hypercours, 6e éd., 2017, no 205*). En cas de désaccord (et, plus généralement, sans doute, d'absence d'accord : F. Pérochon, Entreprises en difficulté, *LGDJ, 11e éd., 2022, no 1221*) entre le débiteur et le mandataire judiciaire, le juge-commissaire peut être saisi par tout intéressé (le plus vraisemblablement le débiteur ou le cocontractant, voire un créancier insatisfait de la décision du débiteur ou de l'avis non conforme du mandataire, quoi que cette possibilité apparaisse douteuse à certains : V. P. Roussel Galle, *RPC 2006. 264* ; Réforme du droit des entreprises en difficulté, *Litec, 2e éd., 2007, no 447*).

L'article R. 627-1 prévoit désormais, que la mise en demeure soit adressée par le cocontractant au débiteur sous forme de lettre recommandée avec demande d'avis de réception, formalité qui, dans le souci de protéger le débiteur, pourrait être regardée comme une condition de fond de validité de la mise en demeure (P. Roussel Galle, *RPC 2006. 265* ; en ce sens aussi que, à défaut d'information dans les formes requises du mandataire judiciaire, la mise en demeure est irrégulière, P. Roussel Galle, Réforme du droit des entreprises en difficulté, *préc., no 449*). Ce même article dispose également que la saisine du juge-commissaire suspend le délai de réponse d'un mois.

Quant à l'acquiescement à une demande en revendication ou en restitution, la solution est donnée directement par l'article L. 624-17, qui vise le débiteur à défaut d'administrateur. En revanche, c'est au juge-commissaire qu'il appartient, en vertu de l'article L. 624-16, d'exercer la faculté de paiement immédiat paralysant le droit de revendiquer du propriétaire. ❑

En application de l'art. L. 627-2, c'est, en l'absence d'administrateur, au débiteur lui-même qu'il appartient, sur avis conforme du mandataire judiciaire, d'exercer la faculté de poursuivre les contrats en cours et de demander la résiliation du bail en application des art. L. 622-13 et L. 622-14, ce dont il résulte que le mandataire qui n'a pas été consulté par le débiteur ne peut être tenu pour responsable de la poursuite d'un contrat, au demeurant irrégulière, ni de l'absence de sa résiliation. • Com. 5 févr. 2020, no 18-21.529 P : *D. 2020. Actu. 334 ; LEDEN 3/2020. 5, obs. Rubellin ; APC 2020, no 81, obs. Diesbecq ; RJDA 2020, no 276 ; BJE 7-8/2020. 12, note Lafaurie ; RJ com. 2020. 495, obs. André.*

Art. L. 627-3 *(L. no 2005-845 du 26 juill. 2005, art. 86)* **Pendant la période d'observation, le débiteur établit un projet de plan avec l'assistance éventuelle d'un expert nommé par le tribunal.** *(Ord. no 2008-1345 du 18 déc. 2008, art. 74)* **« Il n'est pas dressé de bilan économique, social et environnemental. »**

Le débiteur communique au mandataire judiciaire et au juge-commissaire les propositions de règlement du passif prévues à l'article L. 626-5 et procède aux informations *(Ord. nº 2008-1345 du 18 déc. 2008, art. 74)* **« , consultations et communications prévues à l'article L. 626-8 ».**

Pour l'application de l'article L. 626-3, l'assemblée générale extraordinaire ou l'assemblée des associés ainsi que, lorsque leur approbation est nécessaire, les assemblées spéciales mentionnées aux articles L. 225-99 et L. 228-35-6 ou les assemblées générales des masses visées à l'article L. 228-103 sont convoquées dans des conditions fixées par décret en Conseil d'État. Le juge-commissaire fixe le montant de l'augmentation du capital proposée à l'assemblée pour reconstituer les capitaux propres. – *[C. com., anc. art. L. 621-139.]*

COMMENTAIRE

L'article L. 627-3 a réécrit en substance, moyennant adaptations, les dispositions de l'ancien article L. 621-139. La suppression de la référence à la nomination d'un administrateur va de soi, dès lors que, précisément, le régime simplifié façon loi de 2005 se caractérise par l'absence de désignation d'un administrateur (V. ss. art. L. 627-1). L'ordonnance du 18 décembre 2008 est venue préciser qu'il n'est pas dressé de bilan économique, social et environnemental (de même qu'elle a adapté le texte aux modifications des art. L. 623-3 et L. 626-8).

Quant à la convocation éventuelle de l'assemblée générale extraordinaire ou de l'assemblée des associés, requise pour modifier le capital social (art. L. 626-3), les conditions en sont fixées par voie réglementaire. En revanche, la loi précise que c'est au juge-commissaire qu'il incombe alors de fixer le montant de l'augmentation de capital demandée aux actionnaires. ❑

Art. L. 627-4 *(L. nº 2005-845 du 26 juill. 2005, art. 87)* **Après le dépôt au greffe du projet de plan par le débiteur, le tribunal statue au vu du rapport du juge-commissaire.**

COMMENTAIRE

L'article L. 627-4 reprend, moyennant adaptations et simplifications, les dispositions de l'ancien article L. 621-141. ❑

CHAPITRE VIII *DE LA SAUVEGARDE ACCÉLÉRÉE*

(Ord. nº 2021-1193 du 15 sept. 2021, art. 38, en vigueur le 1er oct. 2021)

Pour les dispositions transitoires de l'Ord. nº 2021-1193 du 15 sept. 2021, V. note ss. art. L. 611-2.

V. l'ancien chap. VIII ss. art. L. 628-8.

BIBL. GÉN. ▸ Dossier « Première sauvegarde accélérée avec classes de parties affectées : méthodologie et rôle des professionnels et des créanciers », *BJE 9-10/2022. 36.* – Théron, *ibid. 3-4/2024. 67* (couple conciliation-sauvegarde accélérée).

SECTION 1 *De l'ouverture de la procédure*

Art. L. 628-1 **Il est institué une procédure de sauvegarde accélérée soumise aux règles du présent titre sous réserve des dispositions du présent chapitre. N'y sont pas applicables les dispositions du III et du IV de l'article L. 622-13 et celles des sections III et IV du chapitre IV.**

La procédure de sauvegarde accélérée est ouverte à la demande d'un débiteur engagé dans une procédure de conciliation qui justifie avoir élaboré un projet de plan tendant à assurer la pérennité de l'entreprise. Ce projet doit être susceptible de recueillir, de la part des parties affectées à l'égard desquelles l'ouverture de la procédure produira effet, un soutien suffisamment large pour rendre vraisemblable son adoption dans le délai prévu au premier alinéa de l'article L. 628-8.

Sans préjudice de l'article L. 628-6, lorsque les comptes du débiteur font apparaître que la nature de l'endettement rend vraisemblable l'adoption d'un plan par les seuls créanciers ayant la qualité de sociétés de financement, d'établissements de crédit et

assimilés, tel que définis par décret en Conseil d'État, ainsi que par tous les titulaires d'une créance acquise auprès de ceux-ci ou d'un fournisseur de biens ou de services et s'il y a lieu des obligataires, le débiteur peut demander l'ouverture d'une procédure de sauvegarde dont les effets sont limités à ces créanciers.

La procédure ne peut être ouverte qu'à l'égard d'un débiteur dont les comptes ont été certifiés par un commissaire aux comptes ou établis par un expert-comptable.

La circonstance que le débiteur soit en cessation des paiements ne fait pas obstacle à l'ouverture de la procédure de sauvegarde accélérée si cette situation ne précède pas depuis plus de quarante-cinq jours la date de la demande d'ouverture de la procédure de conciliation préalable.

V. art. R. 628-2.

COMMENTAIRE

I. NOUVEAUTÉS RÉSULTANT DE LA TRANSPOSITION DE LA DIRECTIVE

S'agissant de la transposition de la directive du 20 juin 2019, le législateur français a choisi de faire de la procédure de sauvegarde accélérée le cadre de restructuration préventif prévu par le titre II du texte européen. Celle-ci présentait, en effet, déjà des spécificités facilitant la mise en œuvre des objectifs de la loi d'habilitation du 22 mai 2019 (art. 196), puisque cette procédure est par essence fondée sur l'anticipation et se caractérise par sa rapidité. Jusque-là, les créanciers y étaient réunis pour voter le projet de plan au sein de comités.

Dès lors que la transposition conduit à abandonner la référence aux comités de créanciers, donc au comité des établissements de crédit, il n'y avait plus lieu de dissocier la sauvegarde accélérée et la sauvegarde financière accélérée. Mais l'ordonnance du 15 septembre 2021, tout en abandonnant cette dernière, pour ne conserver qu'une unique procédure de sauvegarde, a préservé la possibilité de circonscrire les effets de la procédure aux seuls créanciers financiers lorsque la nature de l'endettement le justifie. Une option en ce sens a été ouverte au débiteur (art. L. 628-1, al. 3). Ainsi, la procédure de sauvegarde accélérée peut être « semi-collective » dès lors que la situation financière et économique de l'entreprise le justifie. La durée de cette procédure est limitée à quatre mois. Elle est accessible à toutes les entreprises, quelle que soit leur taille, comme l'avait déjà prévu de manière temporaire l'ordonnance n° 2020-596 du 20 mai 2020 prise pour prévenir les difficultés économiques des entreprises consécutives à la crise sanitaire.

Comme la sauvegarde accélérée forme le socle de la transposition du titre II de la directive, au même titre que les dispositions relatives aux classes de parties affectées (art. L. 626-29 s.), celle-ci doivent donc, dans cette procédure, être nécessairement constituées, quelle que soit la taille de l'entreprise (art. L. 628-4).

Pour tenir compte de ces nouveautés, et bien que soit conservé l'essentiel de la teneur des anciens articles L. 628-1 et suivants, l'ordonnance du 15 septembre 2021 a préféré réécrire totalement le chapitre VIII consacré à la sauvegarde accélérée.

II. RECONDUCTION DES DISPOSITIONS ANTÉRIEURES

La nouvelle procédure de sauvegarde accélérée conserve plusieurs caractéristiques de la procédure ancienne (V. anc. art. L. 628-1 s.). Notamment, la définition des conditions d'éligibilité, prévue à l'article L. 628-1, alinéa 2 : la procédure ne peut être ouverte qu'à l'initiative du débiteur, à la suite d'une phase de conciliation préalable obligatoire et sous réserve de justifier d'avoir élaboré un projet de plan tendant à assurer la pérennité de l'entreprise, susceptible de recueillir un soutien suffisamment large des parties affectées. ❑

Art. L. 628-2 Le tribunal statue sur l'ouverture de la procédure après un rapport du conciliateur sur le déroulement de la conciliation et les perspectives d'adoption du projet de plan par les parties affectées concernées. Il peut obtenir communication des pièces et actes relatifs à la conciliation et, le cas échéant, au mandat *ad hoc* nonobstant les dispositions de l'article L. 611-15.

L'ouverture de la procédure est examinée en présence du ministère public.

V. art. R. 628-4 s.

COMMENTAIRE

Sous réserve de la mention des « parties affectées », au lieu des « créanciers », le nouvel article L. 628-2 reprend mot pour mot les termes de l'ancien article. ❑

Art. L. 628-3 **Le tribunal désigne un ou plusieurs administrateurs judiciaires. Lorsque le conciliateur est inscrit sur la liste prévue à l'article L. 811-2 ou sur celle prévue à l'article L. 812-2, le tribunal le désigne soit comme administrateur judiciaire, soit comme mandataire judiciaire, selon la profession qu'il exerce. Par décision spécialement motivée, il peut désigner une autre personne dans les conditions prévues à ces mêmes articles.**

A sa demande, le tribunal peut dispenser le débiteur de procéder à l'inventaire prévu par l'article L. 622-6.

COMMENTAIRE

Le nouvel article L. 628-3 reprend mot pour mot les termes de l'ancien article. ❑

Art. L. 628-4 **Lorsque le débiteur n'est pas soumis à l'obligation de constituer des classes de parties affectées prévue à l'article L. 626-29, l'ouverture de la procédure de sauvegarde accélérée est subordonnée à cette constitution. A cette fin, le tribunal ordonne leur constitution dans le jugement d'ouverture.**

COMMENTAIRE

Sous réserve de la mention des « classes de parties affectées », au lieu des « comités de créanciers », le nouvel article L. 628-4 reprend mot pour mot les termes de l'ancien article. ❑

Art. L. 628-5 **Le ministère public saisit le tribunal à l'effet de mettre fin à la procédure de sauvegarde accélérée s'il est établi que le débiteur se trouvait en cessation des paiements depuis plus de quarante-cinq jours lorsqu'il a adressé ou remis la requête mentionnée à l'article L. 611-6.**

COMMENTAIRE

Le nouvel article L. 628-5 reprend la substance de l'ancien article. La nouvelle rédaction est cependant plus claire et explicite quant à l'exclusion des débiteurs en cessation des paiements depuis plus de quarante-cinq jours. ❑

SECTION 2 *Des effets de la sauvegarde accélérée*

Art. L. 628-6 **L'ouverture d'une procédure de sauvegarde accélérée ne produit d'effet qu'à l'égard des parties mentionnées à l'article L. 626-30 directement affectées par le projet de plan mentionné au deuxième alinéa de l'article L. 628-1.**

COMMENTAIRE

L'article L. 628-6 modifié par l'ordonnance du 15 septembre 2021 prévoit que la procédure ne produit d'effets qu'à l'égard des parties affectées par le projet de plan, ce qui correspond en pratique aux créanciers appelés à la procédure de conciliation antérieure et, le cas échéant, aux détenteurs de capital. On note là une évolution par rapport à l'ancien article L. 628-6, qui faisait produire les effets de la sauvegarde accélérée à l'égard des créanciers antérieurs soumis à l'obligation de déclaration des créances ainsi que des cocontractants du débiteur (V. comm. ss. anc. art. L. 628-6). ❑

Art. L. 628-7 **Sans préjudice de l'article L. 622-6, le débiteur établit la liste des créances de chaque partie affectée ayant participé à la conciliation qui doivent faire l'objet de la déclaration prévue par le premier alinéa de l'article L. 622-24. Cette liste comporte les indications prévues aux deux premiers alinéas de l'article L. 622-25 et, le cas échéant, les accords de subordination portés à la connaissance du débiteur par les créanciers avant l'ouverture de la procédure. Elle est certifiée par le commissaire aux**

comptes ou, à défaut, fait l'objet d'une attestation de l'expert-comptable. Elle est déposée au greffe du tribunal par le débiteur.

Le mandataire judiciaire transmet à chaque partie affectée figurant sur la liste l'extrait de la liste déposée concernant sa créance.

Le dépôt de la liste au greffe du tribunal vaut déclaration au nom des parties affectées si celles-ci n'adressent pas la déclaration de leurs créances dans les conditions prévues aux articles L. 622-24 à L. 622-26.

L'actualisation des créances mentionnées sur la liste déposée est faite dans le délai prévu par le premier alinéa de l'article L. 622-24.

Un décret en Conseil d'État précise les modalités d'application du présent article. – *V. art. R. 628-8 et R. 628-9.*

COMMENTAIRE

Le nouvel article L. 628-7 reprend mot pour mot les termes de l'ancien article. ❑

Art. L. 628-8 Le tribunal arrête le plan dans les conditions prévues aux articles L. 626-31 et L. 626-32 dans un délai de deux mois à compter du jugement d'ouverture. A la demande du débiteur et de l'administrateur judiciaire, le tribunal peut proroger ce délai sans que la durée totale de la procédure ne puisse excéder quatre mois.

A défaut d'arrêté de plan dans ce délai, le tribunal met fin à la procédure.

Les dispositions du quatrième alinéa de l'article L. 626-18 ne sont pas applicables.

V. art. R. 628-10 s.

COMMENTAIRE

Le nouvel article L. 628-8 reprend, pour l'essentiel, moyennant une adaptation de renvoi aux textes modifiés par l'ordonnance du 15 septembre 2021, la substance de l'ancien article. Ce qui signifie que, comme auparavant, est désactivé l'alinéa 4 de l'article L. 626-18, permettant au tribunal d'imposer des délais uniformes, contrairement à ce qui avait été envisagé par la pratique (M. Menjucq et C. Peugnet, La « nouvelle » procédure de sauvegarde accélérée, *RPC 2021. Dossier 7, n° 30*).

Conformément à la directive du 20 juin 2019 (art. 6, 9, dernier al.), la durée de la procédure de sauvegarde accélérée est toutefois ramenée désormais de trois à deux mois, prorogeables cependant par le tribunal pour une durée totale de quatre mois maximum. ❑

CHAPITRE VIII *[ANCIEN]* ***DE LA SAUVEGARDE ACCÉLÉRÉE***

(Ord. n° 2014-326 du 12 mars 2014, art. 48, en vigueur le 1er juill. 2014)

RÉP. COM. v° *Entreprise en difficulté : sauvegarde accélérée,* par LIENHARD.

BIBL. GÉN. ▸ SAINT-ALARY-HOUIN, *RPC 2014. Dossier 17.* – PÉROCHON et BOURBOULOUX, *ibid. Dossier 30.* – REILLE, *Gaz. Pal. 2014. 1252.* – THÉRON, *Dr. et patr. juill.-août 2014. 46.* – DEGENHARDT, *BJE 2015. 60* (sauvegarde accélérée en cessation des paiements : des faveurs injustifiées pour les garants personnes physiques ?). – JAZOTTES, *Gaz. Pal. 2015. 660.* – NEF NAF, *RPC 2017. Étude 5* (sauvegarde financière accélérée).

SECTION 1 *[ANCIENNE]* ***Dispositions générales***

SOUS-SECTION 1 *[ANCIENNE]* *De l'ouverture de la procédure*

Ancien art. L. 628-1 *Il est institué une procédure de sauvegarde accélérée soumise aux règles du présent titre sous réserve des dispositions du présent chapitre. N'y sont pas applicables les dispositions du III et du IV de l'article L. 622-13 et celles des sections III et IV du chapitre IV.*

La procédure de sauvegarde accélérée est ouverte à la demande d'un débiteur engagé dans une procédure de conciliation qui justifie avoir élaboré un projet de plan tendant à assurer la pérennité de l'entreprise. Ce projet doit être susceptible de recueillir, de la part des créanciers à l'égard de qui l'ouverture de la procédure produira effet, un soutien suffisamment large pour rendre vraisemblable son adoption dans le délai prévu à l'article L. 628-8 ou, le cas échéant, à l'article L. 628-10.

La procédure ne peut être ouverte qu'à l'égard d'un débiteur :

— dont les comptes ont été certifiés par un commissaire aux comptes ou établis par un expert-comptable et dont le nombre de salariés, le chiffre d'affaires ou le total de bilan sont supérieurs à *(Ord. n° 2014-1088 du 26 sept. 2014, art. 3)* ***« l'un au moins des seuils » fixés par décret ; ou***

— qui a établi des comptes consolidés conformément à l'article L. 233-16.

La circonstance que le débiteur soit en cessation des paiements ne fait pas obstacle à l'ouverture de la procédure de sauvegarde accélérée si cette situation ne précède pas depuis plus de quarante-cinq jours la date de la demande d'ouverture de la procédure de conciliation.

Les modifications issues de l'Ord. n° 2014-1088 du 26 sept. 2014 s'appliquent aux procédures ouvertes à compter du 1er juill. 2014 (Ord. préc., art. 13).

Sur les mesures d'adaptation liées à l'urgence sanitaire (covid-19), V. Ord. n° 2020-596 du 20 mai 2020, art. 3.

V. art. R. 628-1 s.

COMMENTAIRE

I. GENÈSE DE LA SAUVEGARDE ACCÉLÉRÉE

A. INSPIRATION DOCTRINALE

Dès avant la réforme de 2008, des auteurs et praticiens avaient émis le vœu que le législateur pose une « passerelle » entre la procédure de conciliation et la procédure de sauvegarde, par exemple en permettant que la sauvegarde puisse également être ouverte, sur demande du débiteur, après autorisation du président du tribunal initialement saisi d'une demande de mandat *ad hoc* ou de conciliation en cours (V., not. T. Montéran, Pour améliorer le droit des entreprises en difficulté, osons la réforme, *Gaz. Pal. 23-24 janv. 2008, p. 3, spéc. p. 5* ; V. également, pour une étude très pratique, à partir du plan de sauvegarde obtenu par la société Autodis, A. Besse et N. Morelli, Le *prepackaged* plan à la française : pour une saine utilisation de la procédure de sauvegarde, *JCP E 2009. 1628* ; sur cette affaire et ses enseignements, V. également R. Courtier et N. Laurent, Analyse de l'opération *Autodistribution* : premier « *pre-pack* » à la française, *Cah. dr. entr. 9-10/2009. 26* ; F.-X. Lucas, Le plan de sauvegarde apprêté ou le *prepackaged* plan à la française, *ibid. 35* ; G. Teboul, Les évolutions récentes provoquées par la crise sur les entreprises en difficulté, *LPA 3-4 sept. 2009*). Et comme l'ordonnance n° 2008-1345 du 18 décembre 2008 n'avait pas donné suite à ces suggestions, c'est sans cadre légal adapté que la pratique s'est engagée dans la voie d'ouvertures de sauvegarde, précédées d'un accord du débiteur avec ses principaux créanciers, telle la sauvegarde de Thomson SA ouverte le 30 novembre 2009 par le tribunal de commerce de Nanterre, et qui a abouti à un plan arrêté par jugement du 17 février 2010, confirmé par arrêt de la cour d'appel de Versailles du 18 novembre 2010, puis par la Cour de cassation par un arrêt de rejet du 21 février 2012 (V. ss. art. L. 626-32).

B. CONSÉCRATION LIMITÉE PAR LA LOI DU 22 OCTOBRE 2010

Concrétisée par un amendement présenté par MM. Hyest et Marini au projet de loi de régulation bancaire et financière, l'idée, sous la nouvelle appellation de « sauvegarde financière accélérée », a pris corps dans l'article 57 de la loi n° 2010-1249 du 22 octobre 2010. Codifiée dans un nouveau chapitre VIII ajouté au titre II du livre VI du code de commerce, la procédure de sauvegarde financière accélérée, que l'on aura tôt fait d'abréger en « SFA », occupait les articles L. 628-1 à L. 628-7 dans leur première rédaction.

Les nouvelles dispositions se sont appliquées aux procédures de conciliation ouvertes à compter du 1er mars 2011. Quant au décret d'application n° 2011-236 du 3 mars 2011, malgré l'entrée en vigueur théorique du volet législatif au 1er mars 2011, sa publication s'est faite avec retard, le 4 mars seulement.

Et il a fallu attendre encore presque deux ans pour assister à la première ouverture d'une sauvegarde financière accélérée, le 27 février 2013, par le tribunal de commerce de Nanterre, comme souvent laboratoire des nouveaux outils de prévention-traitement des difficultés (V. P. Roussel Galle, Vive la SFA, *RPC 2013. Repère 2 ; JCP E 2013. 1326*), laquelle a abouti à un plan de sauvegarde voté au bout d'un mois. La Cour de cassation, elle, s'est prononcée pour la première fois sur les conditions d'ouverture de la SFA par un arrêt du 12 juillet 2016 (V. note ci-dessous).

C. FINALITÉ DE LA RÉFORME

La finalité de la réforme n'avait rien de mystérieux. La note de présentation de l'avant-projet l'énonçait déjà clairement, de différentes manières, affirmant, entre autres, « qu'une procédure de sauvegarde financière expresse », aménagement de la procédure de sauvegarde, pourrait être instaurée afin de sécuriser rapidement le redressement des entreprises qui bénéficient du soutien de la majorité de leurs créanciers, sans impacter leurs partenaires commerciaux et risquer la cessation des paiements ». Et, si le mot n'avait pas été prononcé à ce stade, c'est bien, avec la sauvegarde financière accélérée, de l'introduction d'un « *prepack* » à la française dans le code de commerce qu'il s'agissait (R. Dammann et G. Podeur, Sauvegarde financière express : vers une consécration législative du « *prepack à la française* » ?, *D. 2010. Point de vue 2005*).

Le cas de figure visé était celui, proche du contexte de l'affaire *Thomson* précitée, où malgré l'accord trouvé par le débiteur avec ses principaux créanciers, seul un plan de sauvegarde apparaît de nature à contraindre les créanciers « dissidents » ou « récalcitrants » (voire, tout simplement, inconnus faute de déclaration de créances cernant le contour du passif à traiter en cas de conciliation), de bonne ou de mauvaise foi, à participer aux efforts de sauvetage. Situation classique, et quasi inévitable quand la dette à restructurer est fortement divisée, car, dans ce cas, les prêteurs sont nombreux et leurs intérêts divergent selon leur rang de subordination. Tel est l'atout de la SFA, plus coercitive pour les créanciers récalcitrants que la conciliation, mécanisme purement contractuel reposant sur la règle du consentement unanime, moins paralysante que la sauvegarde « classique », dans laquelle la règle de l'égalité des créanciers (entraînant, sans distinction, le « gel du passif » pendant la période d'observation) interdit de restructurer la dette bancaire au moyen d'un plan tout en maintenant, le temps que ce dernier soit arrêté, des relations normales avec les fournisseurs et autres partenaires commerciaux, condition impérative pour que la technique du « *prepack* » puisse s'appliquer à des sociétés opérationnelles et non aux seuls *holdings*. A quoi s'ajoute évidemment la prise en compte de l'urgence de ce traitement exceptionnel à administrer au débiteur en difficulté financière, qui suppose que la procédure de sauvegarde épuise ses effets rapidement, sans se prolonger trop. Toutes ces raisons justifiaient l'enrichissement de la « boîte à outils », fournie par la loi du 26 juillet 2005 et améliorée par l'ordonnance du 18 décembre 2008, de ce nouvel instrument de sauvetage des entreprises, de nature encore plus hybride que la sauvegarde de droit commun, qui ressortit à la prévention autant qu'au traitement des difficultés. En somme, un instrument de traitement chirurgical de précision et d'urgence. Et, comme dans le domaine médical souvent, le succès de l'opération dépendra beaucoup de la qualité des soins préopératoires. Bref, pour en finir avec cette métaphore, le projet de plan devra avoir été soigneusement préparé en amont de l'ouverture de la SFA, pour que son adoption soit possible dans le très court délai d'un mois.

D. EXTENSION DE LA SAUVEGARDE ACCÉLÉRÉE PAR L'ORDONNANCE DU 12 MARS 2014

La procédure de « sauvegarde accélérée », instituée par l'ordonnance du 12 mars 2014, répond à la mission confiée par la loi d'habilitation au gouvernement de « créer une procédure de sauvegarde, incluant les créanciers non financiers, ouverte en cas d'échec d'une procédure de conciliation » (L. n° 2014-1 du 2 janv. 2014, art. 2, 3°). En vérité, comme le vocable l'évoque, la réforme de 2014 reprend, moyennant quelques adaptations et évolutions, la philosophie et le régime de la procédure de sauvegarde financière accélérée (SFA), introduite par la loi du 22 octobre 2010. Entrée en vigueur en mars 2011, cette dernière, en raison peut-être des seuils d'éligibilité demeurant élevée malgré l'abaissement opéré par la loi du 22 mars 2012, mais aussi du fait qu'elle jouait autant comme une menace gage de succès de la procédure de conciliation, n'a pas connu un énorme succès en termes quantitatifs, puisque, au moment de l'adoption de la loi d'habilitation du 2 janvier 2014, l'on n'en comptait que six (V. Y. Lelièvre, *Option Finance/Option Droit & Affaires, mars 2014, p. 16*). Le législateur ne l'a pas moins plébiscitée, non seulement en visant à l'assouplissement de ses conditions d'ouverture, mais aussi et surtout en la proposant pour modèle à une nouvelle procédure de sauvegarde de plus grande ampleur. Cette généralisation paraît conforme aux vœux de la majorité des praticiens et des auteurs (V., not., P.-M. Le Corre, En avant pour une nouvelle réforme de la loi de sauvegarde, *LPA 9 déc. 2013, p. 3*). Certes, dans la présentation formelle des dispositions remodelées du chapitre VIII du titre II du livre VI, la SFA ne fait plus figure que de cas particulier : une procédure financière accélérée. Telle est, en effet, aujourd'hui la situation : à côté de la nouvelle procédure de sauvegarde accélérée, qui, symboliquement, prend la première place et occupe les huit articles de la section 1, la procédure de sauvegarde financière accélérée, vidée de sa substance originelle, tient dans les deux articles de la section 2.

La première procédure de sauvegarde accélérée régie par les nouveaux textes a été ouverte par le tribunal de commerce de Nanterre au bénéfice de la société Alma Consulting le 19 septembre 2014. Une deuxième société, le producteur de céréales AgroGénération, a bénéficié, le 22 janvier 2015, d'une sauvegarde accélérée (*Le Monde, 24 janv. 2015*). On en aurait compté au moins cinq à la mi-2016 (Rép. min. n° 84233 : *JOAN Q, 6 sept. 2016, p. 7996*).

II. RÈGLES APPLICABLES À LA SAUVEGARDE ACCÉLÉRÉE

La procédure de sauvegarde accélérée présente un caractère dérogatoire. Elle est donc soumise aux règles applicables à la procédure de sauvegarde « normale », sous réserve des dispositions particulières édictées pour elle par l'ordonnance du 12 mars 2014, et codifiées aux articles L. 628-1 à L. 628-8 du code de commerce. Ces dernières font ainsi figure de règles spéciales dérogeant expressément aux règles générales, qui ne s'appliquent que lorsque celles-ci apparaissent contradictoires avec celles-là.

De fait, comme on l'avait déjà compris sous l'empire de la loi du 22 octobre 2010, bien des règles des articles L. 621-1 et suivants et L. 622-1 et suivants ne trouveront matière à s'appliquer, soit faute de temps, soit faute d'objet.

Notons les exclusions expresses de certaines dispositions : s'agissant de la règle de poursuite des contrats en cours, le mécanisme de mise en demeure du cocontractant et la faculté offerte à l'administrateur de demander au juge-commissaire le prononcé de la résiliation (art. L. 622-13, III et IV) ; la procédure de revendication des meubles (art. L. 624-9 s.) ainsi que celle particulière de l'EIRL (art. L. 624-19). Dans tous ces cas, les délais prévus par ces textes n'étaient d'évidence pas compatibles avec la durée maximale de trois mois de la procédure.

Cette exclusion laisse dans le doute le sort du propriétaire réservataire. Deux interprétations sont possibles, comme l'a montré Pierre-Michel Le Corre : soit le vendeur sous réserve de propriété doit être soumis, comme tout créancier, aux délais du plan ; soit, comme, selon l'article L. 628-6, l'ouverture de la sauvegarde accélérée « ne produit d'effet qu'à l'égard des créanciers mentionnés à l'article L. 622-24 et soumis à l'obligation de déclaration prévue par ce texte », le vendeur n'est pas affecté par la procédure et peut donc revendiquer, mais sur le fondement du droit commun (P.-M. Le Corre, *D. 2014. Chron. 733* ✐, *n° 22*).

III. CONDITIONS D'APPLICATION DE LA SAUVEGARDE ACCÉLÉRÉE

Le nouvel article L. 628-1 reprend largement, en les généralisant, les dispositions des deux premiers alinéas de l'ancien article L. 628-1, relatifs aux conditions d'éligibilité à la procédure (V. éd. 2014 du **C. pr. coll.**).

A. SEUILS D'APPLICATION

La principale différence tient aux conditions de seuils qui, comme prévu, ont été conçus par le décret du 30 juin 2014 de sorte à rendre la sauvegarde accélérée beaucoup plus accessible que l'ancienne sauvegarde financière, dont les seuils avaient déjà été assouplis par le décret n° 2012-1071 du 20 septembre 2012. Ces seuils, qui seront aussi applicables désormais à la sauvegarde financière accélérée, faute de texte spécial dérogatoire, fixés par l'article D. 628-2-1, sont de vingt salariés, 3 millions d'euros de chiffre d'affaires hors taxe et 1,5 million pour le total du bilan. Ces seuils paraissent décalqués et alignés sur les seuils de la désignation obligatoire d'un administrateur judiciaire (art. R. 621-11 ; sur leur application, V. P. Roussel Galle, *RPC 2014. Étude 15* ; F. Pérochon et H. Bourbouloux, *ibid. Étude 30, n° 20, note 21*). Afin de dissiper tout doute sur ce point, l'ordonnance du 26 septembre 2014 est venue préciser expressément qu'il suffisait que le débiteur atteigne l'un de ces seuils pour être éligible.

B. ACHÈVEMENT DE LA CONCILIATION

Sous l'empire du texte antérieur à la réforme de 2014, il était évident qu'il ne suffisait pas que le candidat à la sauvegarde financière ait bénéficié auparavant, en amont, d'une conciliation, encore fallait-il que celle-ci ne fût pas achevée, qu'elle fût donc encore « en cours », pour que l'ancien article L. 628-1 trouvât à s'appliquer. La donne a-t-elle changé avec la suppression de cette expression ? Probablement pas, dès lors que demeure la condition que le débiteur soit « engagé » dans une procédure de conciliation, ce qui paraît bien impliquer que la procédure ne soit pas déjà achevée. Dans son premier arrêt relatif encore à l'ancien article L. 628-1, la Cour de cassation ne paraît pas s'attacher particulièrement à cette nuance sémantique.

Les praticiens devront donc toujours se méfier, à cet égard, de l'effet couperet de l'expiration du délai consenti par le président du tribunal (quatre mois au plus, prorogeables sans que la durée totale n'excède cinq mois), qui sonne la fin de plein droit de la conciliation (sous réserve d'une demande d'homologation ou de constatation formée avant terme). Cette sanction automatique du dépassement de la période obligerait le débiteur à demander l'ouverture d'une nouvelle conciliation, et cela sans pouvoir se soustraire alors au « délai d'attente » de trois mois imposé par l'article L. 611-6. Ce qui serait sans doute fatal à la négociation.

C. CESSATION DES PAIEMENTS

Une précision importante est apportée quant à l'éventuel état de cessation des paiements du débiteur, rendue nécessaire par le fait que, si la sauvegarde de droit commun suppose que le débiteur ne soit pas en état de cessation des paiements, l'ouverture de la conciliation, elle, est possible à la seule condition que l'état de cessation des paiements, le cas échéant, ne remonte pas à plus de quarante-cinq jours. En effet, s'agissant de la sauvegarde financière accélérée, l'ancien article L. 628-1, par l'exigence expresse que le débiteur satisfasse aux critères mentionnés au premier alinéa de l'article L. 620-1, ne laissait aucun doute sur le fait que la passerelle vers la sauvegarde accélérée ne pouvait jouer en cas de conciliation ouverte après cessation des paiements de moins de quarante-cinq jours, à moins peut-être que des moratoires (au sens de l'art. L. 631-1) eussent été obtenus durant la conciliation puisque c'est au jour du jugement d'ouverture que le débiteur devait être *in bonis* (V. Com. 12 juill. 2016 : cité ci-dessous).

Dans un souci de plus grande souplesse, justifié par la circonstance que la sauvegarde accélérée est voulue comme une procédure moins élitiste que l'ancienne sauvegarde financière accélérée, l'ordonnance de 2014 renverse cette règle, faisant en quelque sorte primer la logique de la conciliation sur celle de la sauvegarde, en autorisant le bénéfice de la sauvegarde accélérée au débiteur en état de cessation des paiements à condition que cette situation ne remonte pas à plus de quarante-cinq jours en amont de la demande d'ouverture de la procédure de conciliation en cours (ce qui devrait valoir aussi en cas de cessation des paiements intervenue en cours de négociation : P. Rossi, *BJE 2014. 170*). Et s'il apparaissait, ultérieurement, en cours de sauvegarde accélérée, que la date de cessation était antérieure, le ministère public pourrait demander au tribunal qu'il soit mis fin à la procédure (V. art. L. 628-5).

Ce changement de tropisme serait un argument susceptible de discuter la qualification de « sauvegarde », au sens du règlement européen du 29 mai 2000, de la sauvegarde anticipée « de droit commun », alors même que, par ailleurs, elle serait moins spécifique que la SFA (V. F. Reille, *Gaz. Pal. 6-8 avr. 2014, p. 10*).

Mais cette question ne se pose plus pour l'application, à compter du 26 juin 2017, du règlement n° 2015-848 du 20 mai 2015, dans le champ d'application duquel entrent les procédures de type sauvegarde, y compris semi-collectives, telles que la sauvegarde accélérée ou la sauvegarde financière accélérée.

IV. ADAPTATION DE LA SAUVEGARDE ACCÉLÉRÉE À LA CRISE SANITAIRE

Afin d'adapter les règles de la procédure accélérée à la crise sanitaire du covid-19, l'ordonnance n° 2020-596 du 20 mai 2020 a prévu plusieurs mesures exceptionnelles, applicables aux procédures ouvertes entre la date de son entrée en vigueur et celle de l'entrée en vigueur de l'ordonnance prévue par l'article 196 de la loi n° 2019-486 du 22 mai 2019 relative à la croissance et à la transformation des entreprises, et au plus tard jusqu'au 17 juillet 2021 inclus (art. 3 et 10, *infra*).

D'une part, sont écartées les conditions de seuils prévues par l'article L. 628-1, de sorte que la procédure de sauvegarde accélérée soit ainsi accessible à plus d'entreprises.

D'autre part, afin qu'en cas d'échec, la situation du débiteur soit traitée immédiatement par l'ouverture d'une procédure – distincte – de redressement judiciaire ou de liquidation judiciaire, l'ordonnance facilite la saisine du tribunal à cette fin, dès lors qu'à la date où il statue, le tribunal peut constater la cessation des paiements. Ainsi, avant même la cessation de leurs fonctions, l'administrateur judiciaire et le mandataire judiciaire désignés par le tribunal qui a ouvert la procédure accélérée peuvent, de même que le débiteur et le ministère public, former la demande d'ouverture d'une telle procédure de redressement judiciaire ou de liquidation judiciaire. Cette ouverture met nécessairement fin à la procédure de sauvegarde accélérée ou financière accélérée.

V. RETOUR À UNE SAUVEGARDE ACCÉLÉRÉE UNIQUE

La sauvegarde accélérée constitue le cadre processuel choisi par l'ordonnance du 15 septembre 2021 pour transposer le titre II de la directive du 20 juin 2019 relative aux cadres de restructuration préventive.

Pour ce faire, et aux fins d'une bonne lisibilité, dans la forme comme sur le fond, elle a abrogé et remplacé les anciens articles L. 628-1 et suivants issus de l'ordonnance du 12 mars 2014 par un nouveau chapitre VIII intitulé également « De la sauvegarde accélérée », et composé de deux sections nouvelles : d'une part, la section 1 « De l'ouverture de la procédure » (art. L. 628-1 à L. 628-5) et, d'autre part, la section 2 « Des effets de la sauvegarde accélérée » (art. L. 628-6 à L. 628-8), auquel sont applicables les dispositions figurant aux nouveaux articles L. 626-29 et suivants relatives aux classes de parties affectées qui doivent, dans cette procédure, nécessairement être constituées quelle que soit la taille de l'entreprise.

La nouvelle procédure de sauvegarde accélérée conserve plusieurs caractéristiques de la procédure antérieure. Par exemple, le nouvel article L. 628-1 prévoit que la procédure ne peut être ouverte qu'à l'initiative du débiteur, à la suite d'une phase de conciliation préalable obligatoire et sous réserve de justifier d'avoir élaboré un projet de plan tendant à assurer la pérennité de l'entreprise, susceptible de recueillir un soutien suffisamment large des parties affectées.

Dans ce nouveau contexte, il n'y a plus lieu de conserver des dispositions propres à la procédure de sauvegarde financière accélérée, qui n'ont donc pas été reprises, mais il demeure possible de limiter les effets de la procédure aux seuls créanciers financiers. La nouvelle procédure de sauvegarde accélérée peut ainsi être « semi-collective » dès lors que la situation financière et économique de l'entreprise le justifie.

Si les conditions de seuils de la sauvegarde accélérée sont supprimées, la substance des anciens articles L. 628-1 à L. 628-5 est conservée dans les nouveaux articles, sauf à l'article L. 628-4 afin d'assurer la coordination avec le nouveau système de vote par classes de parties affectées obligatoirement applicable à cette procédure et à l'article L. 628-5, clarifié par rapport au texte antérieur. ❑

Sur les conditions d'ouverture de la sauvegarde financière accélérée posées par l'art. L. 628-1 dans sa rédaction issue de la loi du 22 oct. 2010, V. • Com. 12 juill. 2016, n° 14-27.983 P : *D. 2016. Actu. 1645 ; Rev. sociétés 2016. 553, obs. Henry ; JCP E 2016. 1661, n° 1, obs. Pétel ; LEDEN 10/2016. 2, obs. Couturier ; APC 2016, n° 206, obs. Fin-Langer ; Gaz. Pal. 18 oct. 2016, p. 46, note Reille ; RDBF 2016, n° 212, obs. Houin-Bressand ; RTDF 2016, n° 3, p. 125, obs. Brignon ; BJE 2016. 398, note Voinot.*

Ancien art. L. 628-2 *Le tribunal statue sur l'ouverture de la procédure après un rapport du conciliateur sur le déroulement de la conciliation et les perspectives d'adoption du projet de plan par les créanciers concernés. Il peut obtenir communication des pièces et actes relatifs à la conciliation et, le cas échéant, au mandat ad hoc nonobstant les dispositions de l'article L. 611-15.*

L'ouverture de la procédure est examinée en présence du ministère public. *– V. art. R. 628-4 et anc. art. R. 628-5.*

COMMENTAIRE

L'article L. 628-2, issu de l'ordonnance du 12 mars 2014, reprend la substance de l'ancien article L. 628-2 prévu pour la sauvegarde financière (V. éd. 2014 du **C. pr. coll.**). Notons la disparition du renvoi aux dispositions de l'article L. 621-1, de toute façon superfétatoire dans la mesure où l'application de ce texte résulte déjà, de plein droit, de la règle générale prévue par l'article L. 628-1. De plus, l'ajout, par rapport à l'ancien article L. 628-2, de la seconde phrase clarifie les règles régissant l'ouverture de la procédure de sauvegarde accélérée. ❑

Ancien art. L. 628-3 ***Le tribunal désigne un ou plusieurs administrateurs judiciaires. Lorsque le conciliateur est inscrit sur la liste prévue à l'article L. 811-2 ou sur celle prévue à l'article L. 812-2, le tribunal le désigne soit comme administrateur judiciaire, soit comme mandataire judiciaire, selon la profession qu'il exerce. Par décision spécialement motivée, il peut désigner une autre personne dans les conditions prévues à ces mêmes articles.***

A sa demande, le tribunal peut dispenser le débiteur de procéder à l'inventaire prévu par l'article L. 622-6.

COMMENTAIRE

Moyennant certaines nuances rédactionnelles, l'article L. 628-3, issu de l'ordonnance du 12 mars 2014, reprend la substance de l'ancien article L. 628-3 (V. éd. 2014 du **C. pr. coll.**). A noter la faculté, désormais prévue, de dispense du débiteur de procéder à l'inventaire. ❑

Ancien art. L. 628-4 ***Lorsque le débiteur n'est pas soumis à l'obligation de constituer les comités de créanciers prévue à l'article L. 626-29, l'ouverture de la procédure de sauvegarde accélérée est subordonnée à cette constitution. A cette fin, le tribunal ordonne leur constitution dans le jugement d'ouverture.***

COMMENTAIRE

L'article L. 628-4, issu de l'ordonnance du 12 mars 2014, n'a pas d'équivalent dans les textes qui régissaient l'ancienne procédure de sauvegarde financière accélérée. Mais, comme celle-ci, la procédure de sauvegarde accélérée ne saurait se concevoir sans comités de créanciers, puisque, à l'instar de la SFA, son modèle, elle repose sur le mécanisme du vote à la majorité au sein des comités afin d'imposer l'accord approuvé par les majoritaires aux créanciers récalcitrants. Aussi est-il logique que, lorsque le débiteur n'est pas de droit assujetti au régime des comités de créanciers, la loi pose, comme condition même de l'ouverture de la sauvegarde accélérée, que, dès le jugement d'ouverture, le tribunal ordonne la constitution de comités (plutôt que de s'en remettre à l'application facultative de ce régime, à la demande du débiteur ou de l'administrateur, prévue par l'art. L. 626-29). ❑

Ancien art. L. 628-5 ***Le ministère public saisit le tribunal à l'effet de mettre fin à la procédure de sauvegarde*** *(Ord. n° 2014-1088 du 26 sept. 2014, art. 4)* ***« accélérée » s'il est établi que la date de la cessation des paiements est antérieure à celle mentionnée à l'article L. 611-4.***

Les modifications issues de l'Ord. n° 2014-1088 du 26 sept. 2014 s'appliquent aux procédures ouvertes à compter du 1er juill. 2014 (Ord. préc., art. 13).

COMMENTAIRE

Voir le commentaire sous l'article L. 628-1. ❑

SOUS-SECTION 2 *[ANCIENNE]* *Des effets de la sauvegarde accélérée*

Ancien art. L. 628-6 ***L'ouverture d'une procédure de sauvegarde accélérée ne produit d'effet qu'à l'égard des créanciers mentionnés à l'article L. 622-24 et soumis à l'obligation de déclaration prévue par ce texte ainsi qu'à l'égard des cocontractants mentionnés aux articles L. 622-13 et L. 622-14.***

COMMENTAIRE

L'article L. 628-6, issu de l'ordonnance du 12 mars 2014, reprend, en l'adaptant au périmètre de la sauvegarde accélérée, la règle que prévoyait, de façon plus étroite, l'ancien article L. 628-1, dernier alinéa (V. éd. 2014 du **C. pr. coll.**). Mais, par rapport à l'ancienne SFA, il n'est plus vraiment possible de parler de procédure « semi-collective » ou « quasi collective » puisque, là, la procédure produit ses effets, au-delà des seuls créanciers financiers, aux autres créanciers soumis à l'obligation de déclarer leurs créances, autrement dit, pour l'essentiel, aux créanciers fournisseurs de biens et services. En revanche, elle ne produit pas d'effet à l'égard des salariés.

Par ailleurs, la procédure produit ses effets également à l'égard des cocontractants du débiteur. A la différence de la SFA, devraient donc s'appliquer, dans le cadre de la sauvegarde accélérée, les règles régissant la continuation des contrats en cours (art. L. 622-13, sous réserve des III et IV : V. art. L. 628-1), y compris les règles spéciales dérogatoires prévues pour le bail des immeubles utilisés pour l'activité de l'entreprise (art. L. 622-14). On peut donc parler, au contraire, d'effet « quasi universel » (F. Pérochon, *BJE 2014. 180*). ❑

Ancien art. L. 628-7 ***Sans préjudice de l'article L. 622-6, le débiteur établit la liste des créances de chaque créancier ayant participé à la conciliation qui doivent faire l'objet de la déclaration prévue par le premier alinéa de l'article L. 622-24. Cette liste comporte les indications prévues aux deux premiers alinéas de l'article L. 622-25. Elle est certifiée par le commissaire aux comptes ou, à défaut, fait l'objet d'une attestation de l'expert-comptable ; elle est déposée au greffe du tribunal par le débiteur.***

Le mandataire judiciaire transmet à chaque créancier figurant sur la liste l'extrait de la liste déposée concernant sa créance.

Le dépôt de la liste au greffe du tribunal vaut déclaration au nom des créanciers si ceux-ci n'adressent pas la déclaration de leurs créances dans les conditions prévues aux articles L. 622-24 à L. 622-26.

L'actualisation des créances mentionnées sur la liste déposée est faite dans le délai prévu par le premier alinéa de l'article L. 622-24.

Un décret en Conseil d'État précise les modalités d'application du présent article. – *V. art. R. 628-8 et R. 628-9.*

COMMENTAIRE

L'article L. 628-7, issu de l'ordonnance du 12 mars 2014, relatif à la déclaration des créances, reprend en substance les dispositions de l'ancien article L. 628-5 (V. éd. 2014 du **C. pr. coll.**). Il s'avère cependant beaucoup plus précis, tirant ainsi la leçon des premières sauvegardes financières accélérées, qui montraient que les courriers adressés aux créanciers n'étaient pas suffisamment précis, notamment quant aux intérêts dont le cours n'est pas arrêté (P.-M. Le Corre, Créanciers non initiés : attention à un piège involontaire de la SFA, *BJE 2013. 341*).

Ainsi le texte précise-t-il, d'abord, que le débiteur reste soumis au droit commun de l'article L. 622-6 quant à son devoir de coopération, et, en particulier, à son obligation de remettre à l'administrateur et au mandataire judiciaire la liste de ses créanciers, du montant de ses dettes et des principaux contrats en cours. Mais, surtout, le renvoi aux deux premiers alinéas de l'article L. 622-25 garantit aux créanciers une information relative, notamment, à l'indication des sommes à échoir et de la date des échéances, ainsi que, le cas échéant, à la nature du privilège ou de la sûreté dont la créance est assortie.

Par rapport au droit antérieur, la situation des créanciers soumis à l'obligation de déclaration mais n'ayant pas participé à la conciliation se trouve indirectement modifiée et sécurisée par la dispense de déclaration désormais prévue par l'article L. 622-24, bénéficiant au créancier lorsque le débiteur a porté sa créance à la connaissance du mandataire judiciaire.

S'agissant de l'actualisation des créances, il est précisé expressément qu'elle devra intervenir dans le délai de droit commun de la déclaration de créance (lequel est compatible avec la brève durée de la procédure). Telle paraissait déjà être implicitement la règle se dégageant de l'ancien article L. 628-5, en tout cas dans l'hypothèse, la plus probable, d'actualisation par augmentation du montant. ❑

Ancien art. L. 628-8 ***Le tribunal arrête le plan dans les conditions prévues à l'article L. 626-31 dans un délai de trois mois à compter du jugement d'ouverture.***

A défaut d'arrêté de plan dans ce délai, le tribunal met fin à la procédure.

Les dispositions du quatrième alinéa de l'article L. 626-18 ne sont pas applicables.

Sur les mesures d'adaptation liées à l'urgence sanitaire (covid-19), V. Ord. n° 2020-596 du 20 mai 2020, art. 3.

V. art. R. 628-10 et R. 628-11.

COMMENTAIRE

L'article L. 628-8, issu de l'ordonnance du 12 mars 2014, reprend en substance les dispositions de l'ancien article L. 628-6 (V. éd. 2014 du **C. pr. coll.**). La seule différence de fond concerne le délai dans lequel le plan doit être arrêté. Celui-ci n'est pas d'un mois mais de trois mois, s'agissant de la sauvegarde accélérée de droit commun. En revanche, aucune possibilité de prolongation de ce délai n'est prévue.

Est expressément exclu l'alinéa 4 de l'article L. 626-18, relatif aux délais uniformes de paiement imposés par le tribunal. Des délais de paiement ne peuvent donc être imposés aux créanciers non membres des comités, bien que, pour le reste, l'ouverture de la procédure produise ses effets à leur égard (V. art. L. 628-6). ❑

SECTION 2 *[ANCIENNE]* ***Dispositions propres à la sauvegarde financière accélérée***

V. les anc. art. L. 628-1 à L. 628-7, issus de la L. n° 2010-1249 du 22 oct. 2010 et relatifs à la sauvegarde financière accélérée, éd. 2011 à 2014 du **C. pr. coll.**

Ancien art. L. 628-9 ***Lorsque les comptes du débiteur font apparaître que la nature de l'endettement rend vraisemblable l'adoption d'un plan par les seuls créanciers ayant la qualité de membres de comité des établissements de crédit et, s'il y a lieu, ceux mentionnés à l'article L. 626-32, le débiteur peut, s'il répond aux conditions de l'article L. 628-1, demander l'ouverture d'une procédure de sauvegarde financière accélérée. Celle-ci n'aura d'effet qu'à l'égard de ces créanciers.*** *– V. anc. art. R. 628-13 s.*

Sur les mesures d'adaptation liées à l'urgence sanitaire (covid-19), V. Ord. n° 2020-596 du 20 mai 2020, art. 3.

COMMENTAIRE

L'article L. 628-9, issu de l'ordonnance du 12 mars 2014, reprend en substance les dispositions du dernier alinéa de l'ancien article L. 628-1 (V. éd. 2014 du **C. pr. coll.**). A l'instar de l'ancienne sauvegarde financière accélérée, il réduit donc, par rapport à l'article L. 628-5, l'effet collectif de la procédure de sauvegarde financière accélérée aux seuls créanciers financiers, membres du comité des établissements de crédit et, le cas échéant, de l'assemblée des obligataires (sur la possibilité, même en cas d'endettement de nature financière, de solliciter une sauvegarde accélérée de droit commun pour bénéficier du délai de trois mois, V. F. Pérochon et H. Bourbouloux, *RPC 2014. Étude 30*). Faisant, logiquement, prévaloir l'esprit du texte sur sa lettre, la cour d'appel de Paris a admis que la procédure pouvait s'appliquer à une société dont l'endettement relevait exclusivement d'un emprunt obligataire (V. Paris, 22 sept. 2016 : V. note ci-dessous). ❑

Le caractère exclusivement obligataire du passif ne constitue pas un obstacle à la mise en œuvre de la procédure de sauvegarde financière accélérée, et dans ce cadre à l'adoption du plan. • Paris, 22 sept. 2016, n° 15/25086 : *LEDEN 11/2016. 1, obs. F.-X. Lucas ; RJDA 2017, n° 29 ; BJS 2017. 145, note Borga.*

Ancien art. L. 628-10 ***Lorsque le tribunal ouvre la procédure, seuls le comité des établissements de crédit prévu à l'article L. 626-30 et, s'il y a lieu, l'assemblée générale des obligataires prévue à l'article L. 626-32, sont constitués. Le délai de quinze jours fixé au troisième alinéa de l'article L. 626-30-2 est réduit à huit jours.***

Le délai prévu à l'article L. 628-8 est réduit à un mois. Toutefois, le tribunal peut le proroger d'un mois au plus.

COMMENTAIRE

L'article L. 628-10, issu de l'ordonnance du 12 mars 2014, reprend en substance, dans son alinéa premier, les dispositions de l'ancien article L. 628-4 et, dans son alinéa second, les dispositions de l'ancien article L. 628-6, alinéa premier (V. éd. 2014 du **C. pr. coll.**). ❑

TITRE III DU REDRESSEMENT JUDICIAIRE

BIBL. GÉN. ▶ TEBOUL, *LPA 27 oct. 2005, p. 7.* – LEGROS, *Dr. sociétés 2005. Étude 16.* – DELFOSSE et PÉNIGUEL, *JCP N 2005, n° 41, p. 1667.* – JAZOTTES, *RPC 2005. 358* (innovations de la procédure de redressement judiciaire). – CROZE, *Procédures 2006. Étude 1* ; *Err. mars 2006, p. 4.* – MARLY, *LPA, n° spéc., 8 févr. 2006, p. 94* (commentaire article par article). – VALLANSAN, *JCP E 2008. 2435* (plan d'apurement et plan de redressement). ▶ Sur l'ordonnance du 18 déc. 2008 : ROUSSEL GALLE, *D. 2009. 644* (ouverture des procédures). – VOINOT, *Gaz. Pal. 2009. Doctr. 746* (même thème). – SAINTOURENS, *RPC 2009. Dossier 4.*

CHAPITRE I *DE L'OUVERTURE ET DU DÉROULEMENT DU REDRESSEMENT JUDICIAIRE*

RÉP. COM. v° *Entreprise en difficulté : ouverture,* par G. BLANC.

Art. L. 631-1 *(L. n° 2005-845 du 26 juill. 2005, art. 88)* **Il est institué une procédure de redressement judiciaire ouverte à tout débiteur mentionné aux articles L. 631-2 ou L. 631-3 qui, dans l'impossibilité de faire face au passif exigible avec son actif disponible, est en cessation des paiements.** *(Ord. n° 2008-1345 du 18 déc. 2008, art. 75)* **« Le débiteur qui établit que les réserves de crédit ou les moratoires dont il bénéficie de la part de ses créanciers lui permettent de faire face au passif exigible avec son actif disponible n'est pas en cessation des paiements. »**

(L. n° 2022-172 du 14 févr. 2022, art. 5, en vigueur le 15 mai 2022) **« Cette condition s'apprécie, s'il y a lieu, pour le seul patrimoine engagé par l'activité ou les activités professionnelles. »** — *Pour les dispositions transitoires de la L. n° 2022-172 du 14 févr. 2022, V. note ss. art. L. 611-13.*

La procédure de redressement judiciaire est destinée à permettre la poursuite de l'activité de l'entreprise, le maintien de l'emploi et l'apurement du passif. Elle donne lieu à un plan arrêté par jugement à l'issue d'une période d'observation et, le cas échéant, à la constitution de *(Ord. n° 2021-1193 du 15 sept. 2021, art. 39, en vigueur le 1er oct. 2021)* **« classes de parties affectées** *[ancienne rédaction : deux comités de créanciers]* **», conformément aux dispositions des articles L. 626-29 et L. 626-30.** *(Ord. n° 2021-1193 du 15 sept. 2021, art. 39, en vigueur le 1er oct. 2021)* **« La demande prévue au quatrième alinéa de l'article L. 626-29 peut être formée par le débiteur ou l'administrateur judiciaire. »** — *Pour les dispositions transitoires de l'Ord. n° 2021-1193 du 15 sept. 2021, V. note ss. art. L. 611-2.*

Pour une dérogation à l'art. L. 631-1 ci-dessus, s'agissant de la définition de l'état de cessation des paiements applicable aux établissements de crédit, V. C. mon. fin., art. L. 613-26, 2e partie, IV. Traitement des difficultés des entreprises.

BIBL. ▶ Sur la notion de cessation des paiements : LEBEL, *Gaz. Pal. 2005. Doctr. 2934.* – FAURY, *ibid. 2007. Doctr. 85.* – TEBOUL, *Gaz. Pal. 2008. Doctr. 1703* (la cessation des paiements, point de convergence des intérêts contraires ?) ; *RPC 2015. Étude 6* (la cessation des paiements : un critère malmené mais vivace) ; *Gaz. Pal. 18 avr. 2023, p. 38* (la cessation des paiements : une notion dépassée ?). – VALLENS, *JCP 2008. I. 148* (de la cessation des paiements à l'insolvabilité) ; *RPC 2009. Étude 25* (preuve de la cessation des paiements). – BERTHELOT, *JCP E 2008. 2232.* – GRELON, *in* Mél. Tricot, *Dalloz-Litec, 2011, p. 423* (prévention et cessation des paiements). – BUCHBERGER, *BJE 2011. 286* (avances de trésorerie, avances en compte courant et cessation des paiements). – ARBELLOT, *JCP E 2012. 1102* (notion de « réserves de crédit »). – VALLANSAN, *RPC 2012. Dossier 13* (que reste-t-il de la cessation des paiements ?). – ZINTY, *RPC 2012. Étude 27* (notion d'actif disponible). – GIBIRILA, *LPA 31 juill. 2018.* – JOUIN, ROUSSEAU et SAUTONIE-LAGUIONIE, *RPC 2023. Étude 1* (peut-on en finir avec le critère de la cessation des paiements ?). – DI MARTINO, *Gaz. Pal. 18 avr. 2023, p. 42* (causes et origines financières de l'état de cessation des paiements) ; *ibid. 24 sept. 2024, p. 45* (bilan et cessation des paiements).

COMMENTAIRE

I. NOTION DE CESSATION DES PAIEMENTS

Résistant sur ce point aux suggestions fréquemment faites d'assouplir la définition de la cessation des paiements, le texte de 2005 a maintenu délibérément le critère de l'impossibilité, pour le débiteur, de faire face au « passif exigible » avec son « actif disponible » (C. Lebel, Être ou ne pas être en cessation des paiements, *Gaz. Pal. 7-8 sept. 2005, p. 14, spéc. p. 16*). Position conforme à celle exprimée par la Cour de cassation dans son rapport 2002. N'a donc pas été consacrée l'exigence, retenue par certaines décisions (dont Com. 28 avr. 1998 : *D. Affaires 1998. 1487, obs. A. L. ; RTD com. 1999. 187, obs. A. Laude*), d'un passif « exigible et exigé » (encore exagérait-on souvent la portée de cet arrêt, qui soulignait surtout le rôle respectif du créancier et du débiteur dans l'administration de la preuve de la cessation des paiements, comme l'a précisé le président D. Tricot : *Lettre de l'Observatoire consulaire des entreprises en difficulté, déc. 2004, p. 5*, et l'a confirmé un arrêt du 27 févr. 2007 : V. note 18 ; mais sur lequel les tribunaux de commerce s'appuyaient dans les procédures de nature contractuelle telles que le mandat *ad hoc* et la conciliation : V. l'interview de P. Rey, *Dr. et patr. 3/2006. 10, spéc. 11*), qui eût permis de tenir compte, *de lege feranda*, de la théorie de la réserve de crédit consentie par certains créanciers. Ni celle, parfois proposée aussi, de remplacer la notion d'actif disponible par celle d' « actifs circulants » (qui eût permis de tenir compte, notamment, des stocks bénéficiant d'une rotation rapide et des créances clients). Plutôt que de déplacer le « curseur » par un assouplissement de la notion de cessation de paiement, le législateur de 2005 a préféré une autre voie destinée à appréhender les « pannes de trésorerie » : celle de la procédure de sauvegarde.

De toute manière, dès lors que la loi nouvelle a brouillé les frontières traditionnelles, en ouvrant une procédure collective, la procédure de sauvegarde, aux débiteurs *in bonis* cependant qu'elle a permis à des débiteurs en cessation des paiements depuis moins de quarante-cinq jours de bénéficier encore d'une procédure amiable, la conciliation, il apparaît clairement que la cessation des paiements a cessé d'être une notion fonctionnelle (V. Martineau-Bourgninaud, Le spectre de la cessation des paiements dans le projet de loi de sauvegarde des entreprises, *D. 2005. Chron. 1356, n° 4*).

Le débat, pour autant, n'a pris fin, comme l'a bien montré la reprise d'une suggestion d'assouplissement par le Rapport d'information remis par M. de Roux en janvier 2007, selon lequel, d'ailleurs, le critère de passif « non exigé » aurait permis l'application de la procédure de sauvegarde au groupe Eurotunnel (V. *Rapp. AN, n° 3651, p. 57* ; V., pour une opinion favorable à une telle intervention législative, G. Teboul, Faut-il encore réformer le droit des entreprises en difficulté ?, *LPA 26 oct. 2007* ; et, de manière plus approfondie, La cessation des paiements : une définition sans avenir ?, *Gaz. Pal. 14-15 nov. 2007, p. 2* ; V. aussi, en faveur, de la précision, à fin de clarification, dans la loi, selon laquelle « une créance qui a fait l'objet d'un report d'échéance accordé par le créancier n'est pas exigible », CCIP, Rapport Kling, 22 mai 2008, ce qui correspond à la position de la Cour de cassation, encore tout récemment expressément affirmée : Com. 18 mars 2008 : *cité note 2* ; Com. 16 déc. 2008 : n° 07-16.178, qui vise aussi le rééchelonnement judiciaire). Et, même en marge de ce débat, la question se posait souvent en jurisprudence de la prise en compte de certaines créances, notamment les créances intra-groupe s'agissant d'apprécier si une société soumise à une procédure de sauvegarde est en état de cessation des paiements (V. ss. art. L. 622-10).

Les rédacteurs de la réforme de 2008 ne sont pas restés sourds à ces appels répétés. Sans du tout consacrer le critère du passif exigible et exigé, en complétant le premier alinéa de l'article L. 631-1, ils donnent force de loi à la position de la Cour de cassation qui, depuis des années, à de nombreuses reprises, avait appliqué la théorie de la réserve de crédit, de manière particulièrement marquante quelques mois avant la parution de l'ordonnance par l'arrêt précité du 18 mars 2008. Ainsi, dorénavant, est-ce la loi qui le dit en ces termes : « Le débiteur qui établit que les réserves de crédit ou les moratoires dont il bénéficie de la part de ses créanciers lui permettent de faire face au passif exigible avec son actif disponible n'est pas en cessation des paiements ». Cette intervention législative présente l'avantage de conférer une réelle sécurité juridique aux moratoires accordés par les créanciers que le débiteur pourra prouver. Sa portée peut être explicitée par la façon dont la Cour de cassation, elle-même, dans son Rapport 2007, a développé la solution précitée de l'arrêt du 27 février 2007 : « s'il appartient à celui qui demande l'ouverture de la procédure collective ou le report de la date de cessation des paiements de rapporter la preuve de l'impossibilité pour le débiteur de faire face à son passif exigible avec son actif disponible, il incombe en revanche au débiteur de démontrer que son actif disponible, tel qu'il paraît établi, s'est accru par l'effet d'une réserve de crédit, ou que le passif exigible, tel qu'il résulte de la somme des dettes échues, doit être réduit de ce qui n'est plus exigé, en raison d'un report d'échéance ou d'un moratoire accordé par tel ou tel créancier » (sur la nécessité d'un écrit, V. G. Teboul, La réforme du Père Noël : redressement judiciaire, liquidation judiciaire et sanctions, *LPA 1er-3 févr. 2009, p. 3, spéc. p. 4* ; sur la preuve de la cessation des paiements, de manière générale, V. J.-L. Vallens, La preuve de la cessation des paiements, *RPC 2009. Étude 25* ; V. aussi F. Arbellot, La notion de « réserves de crédit » en droit des entreprises en difficulté, *JCP E 2012. 1102*).

Le débiteur se trouvera, ainsi, à l'abri du risque, toujours possible, en l'absence de texte exprès, de divergences jurisprudentielles locales.

La Cour de cassation a rendu, le 16 novembre 2010, une première décision de cassation, au visa de l'article L. 631-1 modifié par l'ordonnance de 2008, hélas et étrangement non publiée au *Bulletin*, par laquelle elle a considéré, réitérant une solution déjà posée antérieurement, qu'une avance de trésorerie qui n'est pas bloquée ou dont le remboursement n'a pas été demandé constitue un actif disponible (V. note 2). Sinon le résultat (qui pourrait être atteint aussi bien en qualifiant cette avance de dette non exigible, comme semble l'avoir fait un arrêt ultérieur, mais fondé encore sur l'anc. art. L. 621-1 : Com. 10 janv. 2012 : *BJS 2012. 295, note F.-X. Lucas*), cette qualification d'actif disponible a été fortement critiquée par un auteur (F.-X. Lucas, *D. 2011. Pan. 2069, spéc. 2072* ; V. aussi M. Buchberger, Avances de trésorerie, avances en compte courant et cessation des paiements, *BJE 2011. 286*). Quoi qu'il en soit, l'avance en compte courant ne saurait être considérée comme une réserve de crédit lorsqu'elle revêt un caractère artificiel tendant à masquer l'état de cessation des paiements de la filiale (Com. 17 mai 2011 : *BJE 2011. 273, note J.-P. Sortais*). Étant entendu, en sens inverse, que, quand il s'agit d'apprécier, de façon autonome à l'égard du groupe, l'état de cessation des paiements d'une filiale, que la société mère ne souhaite plus soutenir, les dettes internes seront évidemment comptabilisées au titre du passif exigible (V. Com. 3 juill. 2012 et 15 nov. 2017 : *cités note 5*).

Reste sans doute à savoir si l'obtention par le débiteur de délais de grâce en application des articles 1244 et suivants du code civil est assimilable au moratoire volontaire visé par l'article L. 631-1. La réponse semble devoir être positive, eu égard à l'esprit du texte, bien que, d'un point de vue technique, la dette du débiteur demeure dans ce cas exigible, seule son exécution forcée étant suspendue (R. Dammann et S. Schneider, La sauvegarde financière accélérée : analyses et perspectives d'avenir, *D. 2011. Chron. 1429, spéc. 1433*).

La loi du 14 février 2022 en faveur de l'activité professionnelle indépendante, applicable à compter du 15 mai 2022, qui a substitué à l'option pour le statut de l'entrepreneur individuel à responsabilité limitée (EIRL) une protection de plein droit du patrimoine personnel, seul le patrimoine professionnel étant engagé, a ajouté le nouvel alinéa 2, afin qu'en cas de pluralité de patrimoines d'un débiteur, la cessation des paiements ne soit appréciée que pour le seul patrimoine professionnel engagé.

II. FINALITÉS DU REDRESSEMENT JUDICIAIRE

Les finalités assignées par la loi de 2005 au redressement judiciaire ne diffèrent pas fondamentalement de celles que poursuivait la loi de 1985. Tout comme celle-ci (à l'anc. art. L. 620-1), le nouvel article L. 631-1 vise le maintien de l'emploi et de l'apurement du passif (objectifs que cette procédure partage avec la procédure de sauvegarde : V. art. L. 620-1). Quant à la substitution de l'expression « poursuite de l'activité », à celle du « maintien de l'activité », elle cherche vraisemblablement à traduire l'idée de continuité, qui constitue, dorénavant, l'essence du redressement judiciaire, lequel, à la lecture de ce texte, semblait ne pouvoir déboucher que sur un plan de continuation, appelé plan de redressement (la cession, fût-elle ordonnée en phase de redressement, relevant exclusivement de la liquidation). Mais telle n'est pas tout à fait la position qu'a adoptée la Cour de cassation, sur cette question qui avait divisé la doctrine. Prenant en considération la situation particulière du débiteur personne physique ayant cessé son activité (auquel l'art. L. 631-3 ouvre le redressement judiciaire), la chambre commerciale a admis, en effet, par un arrêt du 4 mai 2017, la validité d'un plan de redressement ayant pour seul objet l'apurement du passif (V. note 22). Du visa, dans cette décision, de l'article L. 631-1, alinéa 2, il convient dès lors de déduire que les trois finalités exposées du redressement judiciaire (la poursuite de l'activité, le maintien de l'emploi et l'apurement du passif) ne constituent pas des conditions cumulatives d'adoption du plan de redressement, la dernière pouvant, à elle seule, justifier celle-ci.

Enfin, on s'est étonné de la disparition de l'objectif de « sauvegarde de l'entreprise », qui est évidemment apparu très angélique avec le recul et le regard rétrospectif et statistique porté, à la fois, sur la proportion des redressements judiciaires par rapport aux liquidations judiciaires, et sur la pratique développée des plans de cession-dépeçage. D'autant moins que la sauvegarde des entreprises, très logiquement, relève depuis 2005 de la procédure de... sauvegarde.

III. PLAN DE REDRESSEMENT

La procédure de redressement judiciaire (tout comme la procédure de sauvegarde ; V. art. L. 620-1) aboutit à un plan à l'issue de la période d'observation (sur la finalité de ce plan, qui ne peut plus, depuis la loi de 2005, tendre à la cession, V. ss. l'art. L. 621-3, applicable à la procédure de redressement judiciaire autant qu'à la procédure de sauvegarde, en vertu de l'art. L. 631-7).

Les deux derniers alinéas de l'article L. 631-1 du code de commerce, modifiés ou ajoutés par l'ordonnance du 15 septembre 2021, visent à appliquer à la procédure de redressement judiciaire le système des classes de parties affectées si les seuils prévus à l'article L. 626-29 sont atteints. En deçà de ces seuils, le juge-commissaire peut, comme en sauvegarde, autoriser la constitution de classes de parties affectées à la demande de l'administrateur. La logique qui s'appliquait jusqu'alors pour la constitution des comités de créanciers est conservée. Cette modification met en cohérence les procédures de sauvegarde et de redressement judiciaire, conformément au 7° du I de l'article 196 de la loi PACTE du 22 mai 2019.

IV. PROCÉDURE DE SORTIE DE CRISE SANITAIRE

Afin d'offrir aux petites entreprises en état de cessation des paiements, particulièrement touchées par la crise sanitaire, un instrument simple et efficace de restructuration de leur dette, l'article 13 de la loi n° 2021-689 du 31 mai 2021, de gestion de la sortie de la crise sanitaire, a institué une « procédure de traitement de sortie de crise ». Cette procédure, théoriquement entrée en vigueur à compter du 2 juin 2021 – mais dont les décrets d'application n°s 2021-1354 et 2021-1355 du 16 octobre 2021, indispensables à son application, n'ont été publiés que le 17 octobre –, pour une durée de deux ans, se présente comme une sorte de redressement judiciaire simplifié, tout en posant des règles plutôt inspirées de la sauvegarde accélérée (V. T. de Ravel d'Esclapon et N. Guyomard, La nouvelle procédure de traitement de sortie de crise, *D. 2021. 1486*).

La procédure de traitement de sortie de crise est ouverte sur demande d'un débiteur qui, bien qu'en cessation des paiements, dispose des fonds disponibles pour payer ses créances salariales (de sorte que l'AGS n'interviendra pas) et justifie être en mesure d'élaborer, dans un délai de trois mois, un projet de plan tendant à assurer la pérennité de l'entreprise. Ne peuvent en bénéficier que les entreprises dont le nombre de salariés et le total de bilan sont inférieurs à des seuils qui ont été fixés par le décret n° 2021-1355 du 16 octobre 2021 (20 salariés et 3 000 000 euros de total du passif hors capitaux propres).

La procédure est soumise, par principe, aux règles gouvernant le redressement judiciaire, sous réserve de certaines adaptations ou exclusions. Sont ainsi écartées la déclaration, la vérification et l'admission des créances ainsi que les règles régissant les revendications. Le plan arrêté par le tribunal est nécessairement un plan de redressement (de sorte à éviter tout risque d'expropriation du débiteur), dont la durée peut atteindre dix ans. Le montant des annuités à compter de la troisième ne peut être inférieur à 8 % du passif établi par le débiteur.

A défaut de plan arrêté dans le délai de trois mois à compter du jugement d'ouverture, le tribunal, à la demande du débiteur, du mandataire désigné ou du ministère public, ouvre une procédure de redressement ou prononce la liquidation judiciaire, si les conditions sont réunies. ❑

1. Notion de « débiteur ». Il résulte de la combinaison de l'art. L. 631-1 C. com., ensemble les art. 3, 4 et 9 du Décr. n° 56-221 du 29 févr. 1956, que si tout officier public ou ministériel auquel un suppléant a été désigné doit s'abstenir de tout acte professionnel dès l'entrée en fonction de ce dernier, il demeure titulaire de l'office et peut à ce titre faire l'objet d'un redressement ou d'une liquidation judiciaires, dès lors que se trouve constaté l'état de cessation des paiements. • Com. 3 mai 2011, n° 10-14.806 P : *D. 2011. Actu. 1343, obs. Lienhard ; Rev. sociétés 2011. 385, obs. Roussel Galle ; JCP E 2011. 1596, n° 1, obs. Pétel; LEDEN 6/2011. 2, obs. Couard ; RPC 2011, n° 118, obs. Lebel ; RJDA 2011, n° 717 ; BJE 2011. 308, note Favario ; RPC 2012, n° 16, obs. Saintourens.*

2. Notion de « cessation des paiements ». L'état de cessation des paiements ne se déduit pas de la seule constatation de l'existence d'un résultat déficitaire. • Com. 3 nov. 1992, n° 90-16.555 P. • Nancy, 28 avr. 1998 : *RPC 2000. 53, obs. Deleneuville* • Chambéry, 18 janv. 1999 : *ibid.* ♦ ... Ou d'une perte d'exploitation et du non-paiement des salaires. • Com. 9 janv. 1996 : *D. 1996. IR 43 ; D. Affaires 1996. 273.* ♦ V. aussi • Com. 9 juill. 2002 : *RDBF 2002, n° 233, obs. F.-X. Lucas.* ♦ La cessation des paiements est distincte du refus de paiement et doit être prouvée par celui qui demande l'ouverture d'un redressement judiciaire. • Com. 27 avr. 1993, n° 91-16.470 P. • 25 févr. 1997 : *D. 1997. IR 127 ; D. Affaires 1997. 484 ; LPA 11 mai 1998, p. 11, obs. Gibirila* • 23 nov. 1999 : *Procédures 2000, n° 215, obs. Laporte* • 23 janv. 2001 : *RPC 2002. 55, obs. Deleneuville* • Aix-en-Provence, 6 juin 2000 : *RDBF 2000, n° 228, obs. F.-X. Lucas* • Besançon, 11 sept. 2001 : *RJ com. 2002. 124, note Haennig.* ♦ V. aussi note 17. ♦ Il n'y a cessation des paiements que si le débiteur est dans l'impossibilité de faire face à son passif exigible, c'est-à-dire échu, avec son actif disponible. • T. com. Lille, 5 mai 1987 : *RJ com. 1987. 255, note Derrida ; RTD com. 1988. 688, obs. Merle* • 30 avr. 1987 : *RPC 1987, n° 3, p. 11, obs. Didier ; Rev. dr. bancaire 1988. 29, obs. Dekeuwer-Défossez.* ♦ Cette condition étant suffisante, il n'y a pas lieu de rejeter une demande d'ouverture de procédure, dès lors qu'il est constaté que le débiteur n'est pas en mesure de se libérer du passif échu. • Douai, 24 mars 1986 : *RPC 1987, n° 1, p. 27, obs. Didier.* ♦ L'actif d'une société, constitué de deux immeubles non encore vendus, n'est pas disponible. • Com. 27 févr. 2007, n° 06-10.170 P : *D. 2007. AJ 872, obs. Lienhard ; JCP E 2007. 1833, note Roussel Galle ; ibid. 2119, n° 1, obs. Pétel; Gaz. Pal. 13-14 avr. 2007, p. 21, obs. Lebel ; RDBF 2007, n° 71, obs. F.-X. Lucas ; APC 2007, n° 71, obs. Vallansan ; RPC 2007. 221, obs. Saintourens ; Defrénois 2007. 1557, obs. Gibirila.* – V. aussi Delattre, *RPC 2007. 109.* – Dans le même sens, V. • Com. 7 févr. 2012 : *cité note 4 ss. art. L. 641-1 ; LEDEN 4/2012. 2, obs. Delattre ; RJDA 2012, n° 784* • 17 juin 2020, n° 18-22.747 P : *D. 2020. Actu. 1356 ; Rev. sociétés 2020. 507, obs. Roussel Galle ; LEDEN 7/2020. 2, obs. Rubellin ; RJDA 2020, n° 441 ; BJE 9-10/2020. 16, note Martineau-Bourgninaud ; JCP E 2021. 1043, note Stefania.* ♦ En cas de vente d'un bien immobilier, l'actif disponible s'entend du prix versé entre les mains du débiteur ou pour son compte à la date de la décision se prononçant sur l'ouverture de la procédure. • Com. 24 mars 2021, n° 19-21.424 : *RJDA 2021, n° 493 ; BJE 7-8/2021. 14, note Martineau-Bourgninaud.* ♦ Pour la détermination de l'actif disponible ne peuvent être pris en compte ni le prix d'acquisition du fonds de commerce, ni le montant des travaux réalisés dans les lieux, ni la valeur du stock de marchandises. • Com. 17 mai 1989, n° 87-17.930 P : *D. 1989. IR 177 ; JCP 1990. II. 21464, note Beaubrun.* ♦ ... Non plus que des participations dans des filiales et des créances sur celles-ci. • Com. 20 juin 1995 : *Dr. sociétés 1995, n° 162, obs. Chaput.* ♦ ... Ni un terrain à exproprier. • Com. 25 nov. 1997, n° 95-17.443 P : *D. Affaires 1998. 300, obs. A. L.* ♦ V. aussi, sur l'exclusion des stocks, à moins qu'ils ne soient en cours de réalisation, • Versailles, 6 mars 1997 : *RPC 1998. 33, obs. Calendini* • Amiens, 11 mars 1999 : *RPC 2000. 49, obs. Deleneuville* • Besançon, 20 nov. 2001 : *RJ com. 2002. 127, note Haennig.* ♦ ... Et des créances, sauf celles qui arrivent immédiatement à terme, • Versailles, 22 mai 1997 : *RPC 1998. 33, obs. Calendini.* – V. aussi • Paris, 25 sept. 1998 : *RPC 2000. 49, obs. Deleneuville.* ♦ Le capital social non libéré ne peut être assimilé à un actif disponible ou à une réserve de crédit au sens de l'art. L. 631-1 C. com. • Com. 23 avr. 2013, n° 12-18.453 P : *D. 2013. Actu. 1130, obs. Lienhard ; LEDEN 6/2013. 2, obs. F.-X. Lucas ; BJS 2013. 414, note Mouial-Bassilana ; APC 2013, n° 130, obs. Pagnucco ; Dr. sociétés 2013, n° 127, note Legros ; RJDA 2013, n° 648 ; Gaz. Pal. 12-13 juill. 2013, p. 11, obs. Reille ; BJE 2013. 225, note Borga ; RPC 2013, n° 122, obs. Saintourens ; RJ com. 2014. 59, note Sortais.*

En revanche, il y a lieu de prendre en compte le produit de la vente d'un fonds de commerce consigné entre les mains d'un notaire, de nature à permettre de désintéresser les créanciers qui ont fait opposition. • Aix-en-Provence, 19 nov. 1998 : *RPC 2000. 49, obs. Deleneuville.*

L'action du porteur d'un chèque de banque contre le tiré se prescrivant par un an à partir de l'expiration du délai de présentation, la provision correspondante qui existe au profit du porteur durant le délai de prescription de cette action constitue un actif disponible. • Com. 18 déc. 2007, n° 06-16.350 P : *D. 2008. AJ 83, obs. Lienhard ; JCP E 2008. 1358, note Grimonprez ; ibid. 1432, n° 1, obs. Cabrillac ; APC 2008, n° 39, obs. Bonneau ; Gaz. Pal. 27-29 avr. 2008, p. 14, obs. Lebel ; RJ com. 2008. 237, note Roussel Galle ; Defrénois 2008. 1232, obs. Gibirila ; RPC 2008, n° 113, obs. Saintourens.* – Dans le même sens, V. • Com. 5 févr. 2013 : *RJDA 2013, n° 343 ; RPC 2013, n° 119, obs. Saintourens.*

La comparaison des éléments du bilan n'est pas de nature à établir l'existence de la cessation des paiements. • Com. 2 févr. 1999 : *RJDA 1999, n° 438 ; APC 1999, n° 76 ; RPC 1999. 235, obs. Bach* • Paris, 18 févr. 2000 : *D. 2000. AJ 170, obs. Pisoni*.

Sur le rejet d'une analyse purement comptable et l'intégration des éléments dynamiques de la vie de l'entreprise, V. • Aix-en-Provence, 5 juin 1987 : *D. 1988. Somm. 41, obs. Honorat* • Rouen, 17 sept. 1992 : *RJDA 1993, n° 251.* ♦ Sur la prise en compte des concours financiers accordés par une banque, V. • Com. 23 mai 1995 : *RJDA 1995, n° 1272* • 5 mars 1996 : *RPC 1996. 202, obs. Calendini* • 8 janv. 2002 : *APC 2002, n° 69.* ♦ ... Des liquidités apportées par le dirigeant, V. • Com. 24 mars 2004, n° 01-10.927 P : *D. 2004. AJ 1022, obs. Lienhard ; ibid. Somm. 2143, obs. F.-X. Lucas ; APC 2004, n° 110, obs. Vallansan ; JCP E 2004, n° 37, p. 1383, obs. Pétel ; LPA 4 juin 2004, note Reifegerste ; Defrénois 2004. 1659, obs. Gibirila.* ♦ Comp., s'agissant d'un apport en compte courant destiné à soutenir artificiellement la trésorerie : • Com. 1er juill. 2020, n° 19-12.068 : *JCP E 2021. 1000, note Hauguel ; BJS 11/2020. 45, note Mélin ; Dr. sociétés 2020, n° 147, note Legros.* ♦ ... D'un moratoire accordé par les créanciers, V. • Com. 18 mars 2008 : *D. 2008. AJ 982, obs. Lienhard ; Gaz. Pal. 27-29 juill. 2008, p. 31, obs. Lebel ; Dr. et patr. juill.-août 2008. 109, obs. Monsèrié-Bon ; RPC 2008, n° 114, obs. Saintourens* • 27 févr. 2007 : *préc. ; RPC 2007. 222, obs. Saintourens* • 14 mai 2002 : *cité note 8 ss. anc. art. L. 621-7* (dans le cadre d'une procédure de règlement amiable) • 15 févr. 2011, n° 10-13.625 P : *D. 2011. Actu. 591, obs. Lienhard ; JCP E 2011. 1280, note Lebel ; LEDEN 4/2011. 3, obs. Delattre ; RJDA 2011, n° 436 ; BJE 2011. 176, note Martineau-Bourgninaud* (ss. l'empire de la L. du 26 juill. 2005). ♦ Jurisprudence confirmée par l'art. L. 631-1 dans sa réd. issue de l'Ord. n° 2008-1345 du 18 déc. 2008. ♦ Constitue un actif disponible, au sens de cette disposition : une avance de trésorerie qui n'est pas bloquée ou dont le remboursement n'a pas été demandé, V. • Com. 16 nov. 2010 : *D. 2010. Actu. 2830, obs. Lienhard ; D. 2011. Pan. 2072, obs. F.-X. Lucas ; LEDEN 1/2011. 2, obs. Rubellin ; Gaz. Pal. 7-8 janv. 2011, p. 25, obs. Reille ; Dr. sociétés 2011, n° 37, note Legros ; BJS 2011. 207, note Mouial-Bassilana.* ♦ ... Un apport de trésorerie mis sous séquestre et libérable sous la condition de l'infirmation du jugement ouvrant la liquidation judiciaire, V. • Com. 29 nov. 2016, n° 15-19.474 : *RJDA 2017, n° 196 ; Dr. sociétés 2017, n° 51, note Legros ; Gaz. Pal. 28 mars 2017, p. 57, obs. Reille ; RPC 2017, n° 18, obs. Saintourens ; BJS 2017. 341, note Mélin.* ♦ V. aussi • Com. 5 déc. 2018, n° 17-20.065 P : *JCP E 2019. 1206, n° 1, obs. Tehrani ; LEDEN 2/2019. 6, obs. Urbain ; BJE 3-4/2019. 15, note Martineau-Bourgninaud* (prix de vente séquestré d'un immeuble grevé d'hypothèques). ♦ Quelle que soit la qualité du prêteur, dès lors que le remboursement immédiat du prêt n'est pas exigé, les fonds remis au débiteur constituent un actif disponible. • Com. 14 déc. 2022, n° 21-17.706 : *Rev. sociétés 2023. 193, obs. Roussel Galle ; RTD com. 2023. 223, obs. Poujade ; JCP E 2023. 1040, note Hauguel ; RJDA 2023, n° 153 ; RPC 2023, n° 16, obs. Saintourens ; BJE 3-4/2023. 16, note Martineau-Bourgninaud.*

Sur l'exclusion des créances litigieuses pour la détermination du passif exigible (à propos de créances constatées par décisions de référé provisoires), • Com. 25 nov. 2008 : *D. 2009. AJ 17 ; Gaz. Pal. 26-28 avr. 2009, p. 15, obs. Lebel* • Chambéry, 9 déc. 1991 : *BICC 1992, n° 644*, conf. par • Com. 22 févr. 1994, n° 92-11.634 P : *JCP 1995. II. 22447, note Lévy ; JCP E 1994. I. 394, n° 1, obs. Pétel* • TGI Metz, 5 juin 1997 : *BICC 1998, n° 205.* ♦ Comp. note 13.

Ne peut être incluse dans le passif exigible une dette incertaine, comme faisant l'objet d'un recours. • Com. 9 déc. 2020, n° 19-14.437 P : *cité note 11 ss. art. L. 631-8.* ♦ Sur la notion de passif exigible, s'agissant de créances fiscales, V. • Com. 12 nov. 1997, n° 94-15.829 P : *D. Affaires 1997. 1468 ; RPC 1998. 38, obs. Calendini* • 7 mars 2006 : *Gaz. Pal. 14-18 juill. 2006, p. 13, obs. Lebel.* ♦ V. aussi les arrêts cités par J.-M. Deleneuville, *RPC 2000. 50.* ♦ Sur l'incidence d'une réclamation assortie d'une demande de sursis de paiement, V. • Com. 15 mai 2019, n° 18-14.309 : *RPC 2020, n° 69, obs. Vabres.*

Sur la distinction des notions de « cessation des paiements » et de « situation irrémédiablement compromise » (art. L. 313-12 C. mon. fin.), V. • Com. 31 mars 2004 : *D. 2004. AJ 1231, obs. Avena-Robardet*.

3. Créances fiscales. Il ne relève pas de la compétence du juge saisi de la demande d'ouverture d'une procédure collective formée contre un redevable de se prononcer sur l'existence ou le montant des créances fiscales à inclure dans le passif exigible afin d'apprécier la cessation des paiements de ce redevable. • Com. 11 avr. 2018, n° 16-23.019 P : *D. 2018. Actu. 797 ; JCP E 2018. 1429, n° 2, obs. Tehrani ; APC 2018, n° 120, obs. Fin-Langer ; Gaz. Pal. 10 juill. 2018, p. 53, obs. Reille ; BJE 2018. 268, note Dedeurwaerder ; RJDA 2018, n° 655 ; RPC 2018, n° 134, obs. Saintourens.*

4. Séquestre. En revanche, la cessation des paiements n'est pas constituée lorsque le débiteur a déposé la somme réclamée entre les mains d'un séquestre, car même si la somme n'est pas disponible pour le créancier, elle a été disponible pour le débiteur, fût-ce pour l'immobiliser temporairement par une mesure de sûreté. • TGI Évry, 20 mai 1988 : *D. 1989. Somm. 285, obs. Honorat.*

5. Groupe de sociétés. L'état de cessation des paiements est caractérisé objectivement, pour chaque société d'un groupe, par l'impossibilité pour elle de faire face à son passif exigible avec son actif disponible. • Com. 3 juill. 2012, n° 11-18.026 P : *D. 2012. 2212, note Dammann et François ; ibid. Chron. C. cass. 2548, obs. Lecaroz ; Rev. sociétés 2012. 527, obs. Henry ; JCP E 2012. 1509, note Cerati-Gauthier ; Gaz. Pal. 5-6 sept. 2012, p. 5, obs. Demeyere ; BJS 2012. 631, note Pelletier ; BJE 2012. 279, concl. Bonhomme et note Neau-Leduc ; LEDEN 9/2012. 2, obs. Delattre ; APC 2012, n° 206, obs. Fin-Langer ; RJDA 2012, n° 872 ; Dr. sociétés 2012, n° 189, note Legros ; RPC 2013, n° 6, obs. Saintourens ; LPA 15 avr. 2013, p. 4, obs. Zattara-Gros.* ♦ Ainsi, l'état de cessation des paiements d'une filiale doit être caractérisé objectivement et de manière autonome, sans prendre en considération les capacités financières de la société mère. • Com. 15 nov. 2017, n° 16-19.690 P : *D. 2017. Actu. 2301 ; LEDEN 1/2018. 5, obs. Parachkévova ; BJS 2018. 115, note Mouial-Bassilana ; RJDA 2018, n° 144 ; RPC 2018, n° 55, obs. Saintourens ; Dr. sociétés 2018, n° 92, note Legros.* ♦ Une cour d'appel ne peut prononcer le redressement judiciaire de toutes les sociétés d'un groupe sans constater que le montant des actifs disponibles à la date retenue comme étant celle de la cessation des paiements ne permettait pas à chacune des sociétés de faire face à son passif exigible : • Com. 8 juin 1999, n° 95-14.723 P : *APC 1999, n° 155, obs. Vallansan ; LPA 8 juill. 1999, p. 5 ; Dr. sociétés 1999, n° 166, obs. Chaput* • 20 févr. 2001 : *Dr. sociétés 2001, n° 113, obs. Legros ; RTD com. 2001. 921, obs. Champaud et Danet .*

6. Confusion des patrimoines. V. note 23 ss. art. L. 621-2.

7. Conversion du redressement en liquidation judiciaire. V. note 6 ss. art. L. 640-1.

8. Indifférence des mobiles du débiteur. Lorsque l'état de cessation des paiements est avéré, le juge saisi d'une demande d'ouverture d'une procédure collective ne peut la rejeter en raison des mobiles du débiteur, qui est légalement tenu de déclarer cet état. • Com. 3 juill. 2012 : *préc. note 5* • 15 nov. 2017 : *préc. note 5.*

9. Délais de paiement. Pour le refus d'accorder des délais de paiement au débiteur assigné en redressement judiciaire, V. • T. com. Valenciennes, 21 sept. 2009 : *RPC 2009, n° 142, obs. Delattre* • TGI Valenciennes, 23 sept. 2009 : *ibid.*

10. Date de cessation des paiements. Sur la nécessité, pour les tribunaux, de retenir une date précise comme date de la cessation des paiements, V. • Com. 20 mai 1997, n° 95-10.185 P : *D. 1997. IR 144 ; D. Affaires 1997. 767 ; BJS 1997. 801, note Saintourens.*

11. Date d'appréciation. La cessation des paiements est appréciée au jour où statue la juridiction, même en cause d'appel. • Com. 9 mai 1987 : *RPC 1987, n° 4, p. 29, obs. Didier* • 7 nov. 1989, n° 88-13.155 P : *Gaz. Pal. 1990. 1. Pan. 44* • 6 oct. 1992, n° 90-18.992 P : *Dr. sociétés 1992, n° 249, obs. Chaput.* – Dans le même sens : • Com. 14 nov. 2000 : *Procédures 2001, n° 63, obs. Laporte ; RPC 2002. 56, obs. Deleneuville* • 3 avr. 2001 : *ibid.* • Paris, 19 oct. 2004 : *RJ com. 2005. 74, note Sortais.* ♦ Pour apprécier l'état de cessation de paiement au jour où elle statue, la cour d'appel peut tenir compte des créances devenues exigibles par l'effet du jugement arrêtant le plan de cession, dès lors qu'il n'est pas allégué que les créanciers de ces sommes auraient perdu l'exercice individuel de leurs actions contre le débiteur dans les conditions prévues par les art. 92 et 169 [C. com., anciens art. L. 621-95 et L. 622-32]. • Com. 14 déc. 1993, n° 91-18.635 P : *D. 1994. IR 43 .*

V. aussi, en cas de transaction intervenue depuis le jugement d'ouverture, • Aix-en-Provence, 2 avr. 1992 : *RJDA 1992, n° 751.*

12. Expertise. Pour fixer la date de cessation des paiements d'une société à l'égard de deux sociétés actionnaires, il est loisible aux juges du fond de puiser dans le rapport de l'expert, bien qu'il ne vale pas comme rapport d'expertise judiciaire, au sens des art. 263 s. NCPC [C. pr. civ.], à l'égard de ces deux sociétés, tous renseignements, dès lors que ce document a été régulièrement versé aux débats et soumis à leur discussion contradictoire. • Com. 15 févr. 2000 : *JCP E 2000, n° 14, p. 587 ; RJDA 2000, n° 440 ; RTD com. 2000. 443, obs. Laude ; RJ com. 2000. 285, obs. Teboul.*

Sur la possibilité de désigner un expert pour se prononcer sur la permanence de l'état de cessation des paiements, V. • TGI Béthune, 17 sept. 1993 : *RPC 1993. 445, obs. Calendini.*

13. Sursis à statuer. Lorsqu'une société est en cessation de paiement, une cour d'appel ne peut surseoir à statuer sur une demande de mise en redressement judiciaire, au motif de l'existence d'une garantie à première demande et d'un accord du garant pour différer l'exigibilité à son égard de la dette résultant d'une éventuelle mise en œuvre de la garantie. • Com. 26 juin 1990, n° 89-10.373 P : *D. 1991. 574, note Morvan ; D. 1992. Somm. 2, obs. Derrida ; JCP E 1991. I. 44, n° 1, obs. Pétel.*

14. Force de chose jugée. La force de chose jugée attachée à un précédent arrêt ayant refusé d'ouvrir une procédure collective à l'égard d'un débiteur, après avoir retenu qu'il n'était pas en état de cessation des paiements, s'oppose à ce que lors de l'ouverture ultérieure d'une procédure de redressement judiciaire à l'égard de ce même débiteur la date légale de cessation des paiements puisse être fixée à une date antérieure à celle du premier arrêt. • Com. 20 juin 1995, n° 93-17.818 P : *RPC 1996. 43, obs. Calendini.* – Comp. : • Com. 19 nov. 1996 : *cité note 6 ss. art. L. 653-5.* ♦ Sur la force de chose jugée attachée au jugement ayant ouvert une procédure de redressement judiciaire alors que le débiteur n'était pas en cessation des paiements, V. • Com. 19 nov. 2003 : *RDBF 2004, n° 73, obs. F.-X. Lucas.*

V. aussi note 19 ss. art. L. 632-4.

15. Sur la portée de la date de cessation des paiements retenue par le jugement d'ouverture dans une instance ultérieure en résolution d'une cession de parts sociales de la société en redressement judiciaire, V. • Com. 19 juin 2001 : *D. 2001. AJ 2599, obs. Lienhard ; ibid. 2002. Somm. 1480, obs. Honorat ; BJS 2001. 1241, note Couret.*

16. Report de la date. V. art. L. 631-8.

17. Preuve. La charge de prouver que le débiteur est dans l'impossibilité de faire face au passif exigible avec son actif disponible incombe au créancier qui demande l'ouverture d'une procédure de redressement judiciaire à son égard. • Com. 23 sept. 2020, n° 18-26.143 : *Rev. sociétés 2020. 636, obs. Pisoni ; LEDEN 11/2020. 2, obs. Lafaurie.* ♦ Il n'appartient donc pas au débiteur de rapporter la preuve qu'il est en mesure de faire face au passif exigible avec son actif disponible et qu'il possède les fonds nécessaires pour désintéresser immédiatement son créancier. • Com. 2 avr. 1996, n° 93-21.861 P : *D. 1996. IR 123.* – Dans le même sens, V. • Com. 24 mai 2005 : *Gaz. Pal. 4-5 nov. 2005, p. 12, obs. Lebel.* ♦ Comp. : • Com. 25 nov. 1997 : *préc. note 2* • 5 mai 2015, n° 14-13.935 : *BJE 2015. 280, note Degenhardt.*

La cour d'appel qui prononce l'ouverture du redressement judiciaire d'une partie au vu d'un acte d'huissier non sérieusement contesté, selon lequel aucun actif immobilier ou matériel apparent n'est saisissable, n'est pas tenue d'effectuer d'autres recherches, notamment quant à la situation bancaire du débiteur. • Com. 2 nov. 1993, n° 91-20.790 P : *JCP 1994. IV. 36.* – Rappr. : • Com. 17 juin 1997, n° 95-13.056 P : *D. Affaires 1997. 903 ; JCP E 1998, n° 1-2, p. 28, obs. Pétel ; RPC 1998. 38, obs. Calendini ; ibid. 2000. 48, obs. Deleneuville.*

18. En ce sens que c'est au débiteur assigné en redressement judiciaire qu'il incombe d'établir qu'il bénéficie d'un moratoire de la part de ses créanciers, V. • Com. 27 févr. 2007 : *préc. note 2.*

19. Responsabilité pour crédit abusif. V. notes 32 s. ss. art. L. 313-12 C. mon. fin., 2e partie, *Traitement des difficultés des entreprises.*

20. Déclaration d'état de cessation des paiements. V. notes ss. art. R. 631-1. ♦ Sur la sanction de l'omission, V. art. L. 653-1.

21. Voies de recours. V. notes 1 et 3 ss. art. L. 661-1.

22. Finalités du redressement judiciaire. La cessation d'activité d'une personne physique ne fait pas obstacle à l'adoption d'un plan de redressement ayant pour seul objet l'apurement de son passif. • Com. 4 mai 2017, n° 15-25.046 P : *D. 2017. Actu. 974, obs. Lienhard ; ibid. Pan. 1945, obs. F.-X. Lucas ; Rev. sociétés 2017. 385, obs. Roussel Galle ; RTD com. 2017. 702, obs. Vallens ; ibid. 2018. 202, obs. Saint-Alary-Houin ; JCP E 2017. 1374, note Ghandour ; APC 2017, n° 179, obs. Macorig-Venier ; RJDA 2017, n° 482 ; Gaz. Pal. 27 juin 2017, p. 53, obs. Lebel ; BJE 2017. 258, note Poujade.*

Art. L. 631-2 *(L. n° 2005-845 du 26 juill. 2005, art. 88)* **La procédure de redressement judiciaire est applicable à** *(Ord. n° 2008-1345 du 18 déc. 2008, art. 164-I)* **« toute personne exerçant une activité commerciale »** *(L. n° 2019-486 du 2 mai 2019, art. 67)* **« , artisanale ou une activité agricole définie à l'article L. 311-1 du code rural et de la pêche maritime et » à toute autre personne physique exerçant une activité professionnelle indépendante y compris une profession libérale soumise à un statut législatif ou réglementaire ou dont le titre est protégé, ainsi qu'à toute personne morale de droit privé.** — *Pour les dispositions transitoires de la L. n° 2019-486 du 22 mai 2019, V. note ss. art. L. 626-12.*

(Ord. n° 2010-1512 du 9 déc. 2010, art. 4-1°) **« A moins qu'il ne s'agisse de patrimoines distincts d'un entrepreneur** *(Abrogé par L. n° 2022-172 du 14 févr. 2022, art. 5, à compter du 15 mai 2022)* ***« individuel à responsabilité limitée »*****, » il ne peut être ouvert de nouvelle procédure de redressement judiciaire à l'égard** *(Ord. n° 2010-1512 du 9 déc. 2010, art. 4-1°)* **« d'un débiteur soumis » à une telle procédure** *(Ord. n° 2008-1345 du 18 déc. 2008, art. 76)* **« , à une procédure de sauvegarde » ou à une procédure de liquidation judiciaire, tant qu'il n'a pas été mis fin aux opérations du plan qui en résulte ou que la procédure de liquidation n'a pas été clôturée.**

Pour les dispositions transitoires de la L. n° 2022-172 du 14 févr. 2022, V. note ss. art. L. 611-13.

COMMENTAIRE

Fort logiquement, les personnes éligibles au redressement judiciaire sont les mêmes que celles qui bénéficient de la procédure de sauvegarde (V. art. L. 620-2, mod. par l'Ord. du 18 déc. 2008).

Quant au deuxième alinéa, il en résultait, avant l'ordonnance du 18 décembre 2008, que n'était pas prohibée l'ouverture d'une procédure de redressement judiciaire à l'égard d'une personne soumise à une procédure de sauvegarde. Ce qui pouvait sembler tout à fait normal, dès lors que, cette procédure étant réservée aux débiteurs *in bonis*, la survenance en cours de sauvegarde d'un état de cessation des paiements doit entraîner l'ouverture d'un redressement judiciaire (voire d'une liquidation judiciaire).

Mais peut-être ne s'agissait-il que d'une malfaçon du texte ; ou alors le gouvernement a voulu uniformiser les dispositions parallèles des articles L. 621-2, L. 631-2 et L. 640-2, pour en arriver à cette règle unique, transversale et lisible : pas de procédure collective pour une personne déjà soumise à une procédure collective (version moderne de l'ancien adage « faillite sur faillite ne vaut »). En tout cas, l'ordonnance du 18 décembre 2008 complète le texte, en y ajoutant la sauvegarde ; ce qu'elle fait aussi pour la liquidation judiciaire (V. art. L. 640-2).

Notons encore ces précisions jurisprudentielles relatives à l'application dans le temps de la loi du 26 juillet 2005, s'agissant des professions indépendantes : qu'importe que la date de l'assignation fût antérieure au 1er janvier 2006, dès lors que la juridiction a ouvert le redressement judiciaire après cette date (Metz, 22 mai 2007 : V. note 3). Et qu'importe *a fortiori* que le passif ait été exigible avant le 1er janvier 2006 dès lors que la procédure de redressement ou de liquidation judiciaire a été ouverte après cette date et que la personne physique exerçant une activité professionnelle indépendante était en état de cessation des paiements à la date à laquelle le juge a statué (Com. 27 mai 2008 : V. note 2).

Tout comme à l'article L. 620-2, la loi du 15 juin 2010 relative à l'entrepreneur individuel à responsabilité limitée, qui permettait, grâce à la technique de l'affectation à une activité professionnelle, à une même personne de posséder plusieurs patrimoines, avait logiquement conduit l'ordonnance du 9 décembre 2010 à prévoir une exception à la règle d'unicité de procédure pour un même débiteur. En effet, lorsque la procédure vise un des patrimoines d'un débiteur, rien n'interdit qu'une autre procédure collective vise parallèlement le patrimoine personnel ou un autre patrimoine affecté de ce débiteur. Et, de même aussi qu'à l'article L. 620-2, la loi du 14 février 2022 en faveur de l'activité professionnelle indépendante, applicable à compter du 15 mai 2022, qui a substitué à l'option pour le statut de l'entrepreneur individuel à responsabilité limitée (EIRL) une protection de plein droit du patrimoine personnel, seul le patrimoine professionnel étant engagé, afin de viser à la fois le cas résiduel de l'EIRL et celui de l'entrepreneur individuel relevant du nouveau statut, en ce qui concerne son patrimoine professionnel, la loi de 2022 a tout simplement gommé les mots « individuel à responsabilité limitée », visant ainsi, de façon générale, le cas des entrepreneurs, dotés d'un patrimoine professionnel et d'un patrimoine personnel. ❑

1. Professionnels indépendants. Pour le refus de transmettre au Conseil constitutionnel la question prioritaire de constitutionnalité relative à l'extension du champ d'application de la procédure de redressement judiciaire aux personnes physiques exerçant une activité professionnelle indépendante, V. • Com., QPC, 19 oct. 2010 : *D. 2010. Actu. 2511, obs. Lienhard ; Rev. sociétés 2011. 190, obs. Roussel Galle ; LPA 20 déc. 2010, obs. Henry ; BJE 2011. 8, note Bonhomme.*

2. Il résulte des dispositions des art. L. 631-2, L. 640-2 C. com. et 190 de la L. du 26 juill. 2005 qu'à compter du 1er janv. 2006, une procédure collective de redressement ou de liquidation judiciaire peut être ouverte à l'encontre d'une personne physique exerçant une activité professionnelle indépendante, dès lors qu'elle est en état de cessation des paiements à la date à laquelle le juge statue, peu important que son passif ait été exigible avant le 1er janv. 2006 (à propos d'un détective privé). • Com. 27 mai 2008 : *cité note 6 ss. art. L. 621-1.* ♦ Aucune condition de durée d'exercice de l'activité par la personne qui sollicite l'ouverture d'une procédure collective à son égard n'est exigée. • Rouen, 21 oct. 2016, n° 16/00008 : *RPC 2016, n° 205, obs. Lebel.*

3. Un médecin est soumis aux dispositions des art. L. 631-1 s. dès lors que la juridiction a statué postérieurement à l'entrée en vigueur de la L. du 26 juill. 2005, et ce, indépendamment de la date à laquelle l'assignation a été délivrée par le créancier poursuivant. • Metz, 22 mai 2007 : *Gaz. Pal. 26-27 oct. 2007, p. 27, obs. Lebel.*

4. Sur la notion de « professionnel indépendant », V. aussi note 14 ss. art. L. 620-2.

5. Associés en nom. Les associés gérants d'une société en nom collectif, qui ont de droit la qualité de commerçants, sont réputés exercer une activité commerciale au sens des art. L. 631-2 et L. 640-2 C. com., dans leur rédaction issue de l'Ord. du 18 déc. 2008, et sont donc exclus du bénéfice des dispositions relatives au surendettement des particuliers. • Civ. 2e, 5 déc. 2013, n° 11-28.092 P : *D. 2013. Actu. 2911, obs. Lienhard ; Rev. sociétés 2014. 199, obs. Henry ; ibid. 443, note Quiquerez ; JCP E 2014. 1021, note Cerati-Gauthier ; ibid. 1173, n° 1, obs. Pétel ; JCP 2014. 96, note Roussel Galle ; LEDEN 1/2014. 2, obs. Parachkévova ; APC 2014, n° 20, obs. Borga ; LPA 5 févr. 2014, note Nemoz-Rajot ; RLDA févr. 2014. 16, obs. Guyader ; BJS 2014. 184, note F.-X. Lucas ; BJE 2014. 78, note Sortais ; RJDA 2014, n° 358 ; Dr. sociétés 2014, n° 89, note Legros ; RPC 2014, n° 42, obs. Gjidara-Decaix ; ibid., n° 51, obs. Saintourens ; Dr. et patr. 9/2014. 94, obs. Monsèrié-Bon.* – V. Lebel, *JCP E 2014. 1207* ; Gibirila, *Journ. sociétés 4/2014, p. 51.*

6. Sur les personnes éligibles au redressement judiciaire, V. aussi notes ss. art. L. 620-2.

7. Unité du patrimoine. L'art. L. 631-2, al. 2, fondé sur le principe de l'unité du patrimoine et justifié par la nécessité d'une organisation rationnelle des procédures collectives, ne porte pas atteinte au droit à un procès équitable garanti par l'art. XVI de la DDH (non-renvoi de la QPC). • Com., QPC, 13 déc. 2011 : *D. 2012. Actu. 87, obs. Lienhard.*

Art. L. 631-3 *(L. n° 2005-845 du 26 juill. 2005, art. 88)* **La procédure de redressement judiciaire est également applicable aux personnes mentionnées au premier alinéa de l'article L. 631-2 après la cessation de leur activité professionnelle si tout ou partie de leur passif provient de cette dernière.**

(Ord. n° 2008-1345 du 18 déc. 2008, art. 164-II ; Ord. n° 2009-112 du 30 janv. 2009, art. 11-I) **« Lorsqu'une personne exerçant une activité commerciale ou artisanale », un agriculteur ou toute autre personne physique exerçant une activité professionnelle indépendante, y compris une profession libérale soumise à un statut législatif ou réglementaire ou dont le titre est protégé, est décédé** *(L. n° 2022-172 du 14 févr. 2022, art. 5, en vigueur le 15 mai 2022)* **« alors que le patrimoine engagé par l'activité ou les activités professionnelles était en situation de » cessation des paiements, le tribunal peut être saisi, dans le délai d'un an à compter de la date du décès, sur l'assignation d'un créancier, quelle que soit la nature de sa créance, ou sur requête du ministère public. Le tribunal** *(Abrogé par Ord. n° 2014-326 du 12 mars 2014, art. 49-I, à compter du 1er juill. 2014)* ***« peut également se saisir d'office dans le même délai et »*** **peut être saisi sans condition de délai par tout héritier du débiteur.** — *V. art. R. 631-5.*

Pour les dispositions transitoires de la L. n° 2022-172 du 14 févr. 2022, V. note ss. art. L. 611-13.

BIBL. ▸ ARTEIL, *Defrénois 2008. 145* (redressement ou liquidation judiciaire du débiteur décédé : quel intérêt pour les héritiers ?).

COMMENTAIRE

L'article L. 631-3, issu de la loi du 26 juillet 2005, a pris la suite de l'ancien article L. 621-15, abrogé. Il régit, de façon très simplifiée par rapport à ce dernier, le bénéfice de la procédure de redressement judiciaire (sur la modification apportée par l'ordonnance de 2008, V. ss. art. L. 620-2). Seule condition, dorénavant : que le passif ayant conduit à la cessation des paiements provienne en totalité ou partiellement seulement de l'activité professionnelle cessée (autrement dit, doivent exister des dettes professionnelles impayées : V. Civ. 2e, 2 juill. 2009 : *cité note 1* ; Bordeaux, 22 oct. 2007 : *cité note 1*). Cette nouvelle définition assure une coordination avec le régime de surendettement des particuliers, tel que défini par l'article L. 711-1 (anc. art. L. 330-1) du code de la consommation (B. Soinne, Réalisme et confusion [à propos du projet de loi réformant le droit des procédures collectives], *D. 2004. Chron. 1506, n° 8*). Elle pouvait laisser penser que la personne retirée serait désormais recevable à demander elle-même l'ouverture d'un redressement judiciaire Ph. Pétel, Le nouveau droit des entreprises en difficulté, *JCP E 2005, n° 42, p. 1730, spéc. n° 13*). Ce que la Cour de cassation a confirmé, dans un avis du 17 septembre 2007 (V. note 1), par lequel elle a principalement précisé que, dès lors que l'ouverture de la procédure était intervenue après le 1er janvier 2006, peu importait la date de la cessation d'activité. Notons, par ailleurs, que contrairement à ce qu'avait jugé un arrêt de la cour d'appel de Paris au sujet du passage d'un mode d'exercice libéral à celui d'associé d'une SELARL (Paris, 9 mai 2007 : *APC 2008, n° 38, obs. Rétif ; Dr.*

sociétés 2008, n° 76, note Legros), la Cour de cassation a considéré, par trois arrêts de principe du 9 février 2010, que le tribunal peut ouvrir à l'égard de cet associé une procédure de redressement ou de liquidation judiciaire après cette cessation d'activité, lorsque tout ou partie du passif provient de l'activité professionnelle antérieure (V. ss. art. L. 620-2). Un arrêt de 2018 a confirmé que l'ouverture d'une procédure de redressement ou de liquidation judiciaires à l'égard d'un commerçant radié du registre du commerce n'est plus soumise, depuis l'entrée en vigueur de la loi du 26 juillet 2005, à la condition que soit établi un état de cessation des paiements antérieur à la radiation, dès lors qu'existe, lors de l'examen de la demande d'ouverture de la procédure, un passif résiduel exigible à caractère professionnel auquel l'ancien commerçant est dans l'impossibilité de faire face avec son actif disponible (Com. 4 juill. 2018 : *cité note 2*).

Tenant compte, par ailleurs, de la spécificité de ce cas d'ouverture du redressement judiciaire, la chambre commerciale a dû admettre, ultérieurement, que la cessation d'activité d'une personne physique ne fait pas obstacle à l'adoption d'un plan de redressement, lequel, dans ce cas, a donc pour seul objet l'apurement de son passif (Com. 4 mai 2017 : *cité note 22 ss. art. L. 631-1*).

Quant au délai de saisine, le texte distingue, judicieusement, désormais, le redressement judiciaire « subi » du redressement judiciaire « demandé ». Ainsi, les saisines du tribunal sur assignation d'un créancier, sur requête du ministère public de même que les saisines d'office, (avant la décision du Conseil constitutionnel du 7 décembre 2012 ; V. ss. art. L. 631-5), se trouvent enfermées dans le délai d'un an à compter de la date du décès. Après l'expiration de ce délai, et sans limite (ce qui peut sembler excessif), le tribunal ne peut plus être saisi que par un héritier du débiteur. Ce régime s'avère donc, en quelque sorte, dérogatoire au droit commun, qui n'octroie à l'héritier qu'un délai de quatre mois, à compter de l'ouverture de la succession, pour exercer son option (C. civ., art. 771, dans sa réd. issue de la loi du 23 juin 2006 ; V., sur l'articulation avec la loi du 23 juin 2006 réformant le droit des successions, et distinguant, notamment, la situation selon que l'héritier a accepté la succession à concurrence de l'actif net ou purement et simplement, D. Arteil, *Defrénois 2008. 145*).

L'opinion a été avancée selon laquelle, tout comme le considérait la jurisprudence auparavant, l'héritier ne pourrait bénéficier personnellement de la procédure que s'il a continué l'activité du défunt (A. Charvériat et S. Martin, Réforme des procédures collectives, *Dossiers pratiques Francis Lefebvre, 2006, n° 100*). Mais cette façon de voir pose une condition que le texte ne prévoit pas. En vérité, il s'agit là plutôt, selon l'analyse faite par le Professeur P. Le Cannu, d'un cas de patrimoine d'affectation, l'actif et le passif du débiteur étant traités selon les techniques de la procédure collective, en somme « d'un cas très particulier de procédure collective sans débiteur » (P. Le Cannu et D. Robine, Droit des entreprises en difficulté, *Dalloz, 9e éd., 2022, n° 286* ; V. aussi P. Frœhlich et M. Sénéchal, *in* La loi de sauvegarde, article par article [2e partie], *LPA 9 févr. 2006, p. 6*), ce qui se comprend mieux s'agissant d'une liquidation judiciaire que d'un redressement judiciaire (J. Vallansan, Difficultés des entreprises, *LexisNexis, 6e éd., 2012, p. 298*), l'hypothèse d'un plan de redressement paraissant improbable avec un débiteur décédé (D. Voinot, Procédures collectives, *LGDJ, 2e éd. 2013, n° 220*). De toute manière, comme cela a été relevé, depuis la réforme des successions opérée par la loi du 23 juin 2006, la possibilité d'accepter la succession à concurrence de l'actif net ôte largement son intérêt à la demande d'ouverture de la procédure collective du défunt par les héritiers (D. Arteil, Redressement ou liquidation judiciaire du débiteur décédé : quel intérêt pour les héritiers, *Defrénois 2008. 145, n° 4*).

Une précision a été apportée par la loi du 14 février 2022 en faveur de l'activité professionnelle indépendante, applicable à compter du 15 mai 2022, qui a substitué à l'option pour le statut de l'entrepreneur individuel à responsabilité limitée (EIRL) une protection de plein droit du patrimoine personnel, seul le patrimoine professionnel étant engagé. Dans le cas d'un entrepreneur individuel, la situation de décès visée par le texte s'entend du décès alors que le seul patrimoine professionnel était en situation de cessation des paiements.

1. A compter du 1er janv. 2006, une procédure collective de redressement judiciaire ou de liquidation judiciaire peut être ouverte, sur le fondement de la loi du 26 juill. 2005, à la demande d'un professionnel ayant cessé son activité et qui n'est pas déjà soumis à une procédure collective, dès lors qu'il se trouve en état de cessation des paiements et que tout ou partie de son passif provient de son activité professionnelle, peu important la date à laquelle il a cessé son activité. • Cass., avis, 17 sept. 2007, n° 07-00.010 P : *BICC 15 déc. 2007, p. 21, rapp. Orsini et obs. Bonhomme ; D. 2007. AJ 2475, obs. Lienhard ; Gaz. Pal. 26-27 oct. 2007, p. 31, note Lebel ; APC 2007, n° 212, obs. Jacquemont ; JCP E 2008. 1207, n° 3, obs. Pétel ; RJ com. 2008. 234, note Roussel Galle ; RPC 2008, n° 112, obs. Saintourens.* – Dans le même sens, V. • Civ. 2e, 2 juill. 2009 : *D. 2009. AJ 1965 ; RJDA 2009, n° 1103 ; RPC 2010, n° 46, obs. Saintourens* • Bordeaux, 22 oct. 2007 : *Gaz. Pal. 27-29 avr. 2008, p. 10, obs. Lebel.* ♦ *Contra*, ayant jugé qu'un artisan radié du répertoire des métiers ne peut demander lui-même l'ouverture d'une procédure collective à son encontre : • Metz, 6 févr. 2007 : *Gaz. Pal. 20-21 juill. 2007, p. 25, obs. crit. Lebel.*

2. Selon les art. L. 631-3, al. 1er, ou L. 640-3, al. 1er, C. com., l'ouverture d'une procédure de redressement ou de liquidation judiciaires à l'égard d'un commerçant radié du registre du commerce n'est plus soumise, depuis l'entrée en vigueur de la loi du 26 juill. 2005, à la condition que soit établi un état de cessation des paiements antérieur à la radiation, dès lors qu'existe, lors de l'examen de la demande d'ouverture de la procédure, un passif résiduel exigible à caractère professionnel auquel l'ancien commerçant est dans l'impossibilité de faire face avec son actif disponible. • Com. 4 juill. 2018, n° 17-16.056 P : *D. 2018. Actu. 1487 ; Rev. sociétés 2018. 534, obs. Roussel Galle ; JCP E 2019. 1000, n° 1, obs. Tehrani ; LEDEN 9/2018. 2, obs. Mélin ; APC 2018, n° 229, obs. Bennini ; RJDA 2018, n° 849 ; Gaz. Pal. 9 oct. 2018, p. 64, obs. Reille ; BJE 2018. 422, note Ghandour ; RPC 2019, n° 27, obs. Saintourens.*

3. Le tribunal peut ouvrir à l'égard de l'avocat qui a cessé d'exercer son activité à titre individuel pour devenir associé d'une société civile professionnelle (ou d'une société d'exercice libéral) une procédure de redressement judiciaire après cette cessation d'activité, lorsque tout ou partie du passif provient de l'activité professionnelle antérieure ; toutefois, si la procédure est ouverte sur l'assignation d'un créancier, cette dernière doit intervenir dans le délai d'un an à compter de la cessation de l'activité individuelle. • Com. 9 févr. 2010 : *cité note 14 ss. art. L. 620-2.*

Art. L. 631-3-1 *(Ord. n° 2014-326 du 12 mars 2014, art. 49-II, en vigueur le 1er juill. 2014)* **Lorsqu'il est porté à la connaissance du président du tribunal des éléments faisant apparaître que le débiteur est en état de cessation des paiements, le président en informe le ministère public par une note exposant les faits de nature à motiver la saisine du tribunal. Le président ne peut siéger, à peine de nullité du jugement, dans la formation de jugement ni participer aux délibérés si le ministère public demande l'ouverture d'une procédure de redressement judiciaire ou de liquidation judiciaire à l'égard de ce débiteur.** – *V. art. R. 631-3 et R. 662-12-1.*

COMMENTAIRE

Comme l'y invitait, de manière générale, l'article 2, 7°, *f*, de la loi n° 2014-1 du 2 janvier 2014, et comme dans de nombreuses autres dispositions, l'ordonnance du 12 mars 2014 tire les conséquences de la décision du Conseil constitutionnel n° 2012-286 QPC du 7 décembre 2012 (citée note 9 ss. art. L. 631-5), prohibant la saisine d'office du tribunal de commerce. S'agissant de l'ouverture du redressement judiciaire, qui avait donné lieu à la décision précitée, l'ordonnance adopte la solution la plus couramment préconisée par les commentateurs consistant en l'information par le président du tribunal du ministère public, à charge pour ce dernier de saisir le tribunal. Et moyennant l'interdiction, pour le président, afin de prévenir tout risque d'impartialité, de siéger dans la formation de jugement ou de participer aux délibérés si le ministère public, ainsi informé, demande effectivement l'ouverture d'une procédure (V., critiquant néanmoins ce dispositif, au motif qu'il renie la neutralité inhérente à la fonction du président du tribunal, G. Teboul, Le renforcement du rôle des créanciers dans le cadre de la nouvelle réforme du droit des entreprises en difficulté, *2e partie, LPA 31 janv. 2014, p. 6*).

Sur l'interdiction faite au président du tribunal de siéger dans la formation de jugement, V. • Reims, 29 juin 2021, n° 20/01790 : *JCP E 2021. 1557, note Delattre.*

Art. L. 631-4 *(L. n° 2005-845 du 26 juill. 2005, art. 89)* **L'ouverture** *(Ord. n° 2014-326 du 12 mars 2014, art. 49-III-1°, en vigueur le 1er juill. 2014)* **« d'une procédure de redressement judiciaire » doit être demandée par le débiteur au plus tard dans les quarante-cinq jours qui suivent la cessation des paiements s'il n'a pas, dans ce délai, demandé l'ouverture d'une procédure de conciliation.**

(Abrogé par Ord. nº 2014-326 du 12 mars 2014, art. 49-III-2º, à compter du 1er juill. 2014) ***« En cas d'échec de la procédure de conciliation, lorsqu'il ressort du rapport du conciliateur que le débiteur est en cessation des paiements, le tribunal, d'office, se saisit afin de statuer sur l'ouverture d'une procédure de redressement judiciaire. »***

V. art. R. 631-1.

Pour la sanction, V. art. L. 653-8.

COMMENTAIRE

I. DÉCLARATION DE CESSATION DES PAIEMENTS

Depuis la loi du 26 juillet 2005, il est expressément fait obligation au débiteur de demander l'ouverture d'une procédure de redressement judiciaire dans les quarante-cinq jours qui suivent la cessation des paiements (s'il n'a, dans ce délai, demandé l'ouverture d'une procédure de conciliation, puisque, dans ce cas, l'option lui est ouverte pourvu qu'il remplisse les conditions de l'art. L. 611-4). Jusque là, la loi ne posait pas directement cette obligation, mais sanctionnait l'omission de déclaration dans le délai de quinze jours par la faillite personnelle. Non seulement, en 2005, cette sanction a été supprimée et remplacée par la possibilité de prononcer une interdiction de gérer (V. art. L. 653-8), mais le délai a donc été allongé à quarante-cinq jours. Assouplissement souhaité par la Cour de cassation dans son rapport pour 2002, qui avait toutefois précisé que trente jours lui semblaient un maximum *(D. 2003. 1276* , *https://www.courdecassation.fr)*. De même que par le rapport du sénateur Hyest, qui rappelait que le délai de quinze jours, en vigueur depuis une loi du 4 mars 1889, ne correspondait plus à l'allongement des délais de paiement (le délai de paiement du client moyen pour les PME françaises s'établit à une soixantaine de jours ; V. Prévention et traitement des difficultés des entreprises : une évaluation des procédures et de leur mise en œuvre, *doc. AN, nº 3451, doc. Sénat, nº 120* ; H. Chriqui, Prévention des difficultés des entreprises : peut-on aller plus loin ?, *Gaz. Pal. 16-18 mai 2004, p. 2*).

II. ÉCHEC DE LA PROCÉDURE DE CONCILIATION

En abrogeant le second alinéa de l'article L. 631-4, l'ordonnance du 12 mars 2014 a tiré toutes les conséquences de la décision du Conseil constitutionnel du 7 décembre 2012 prohibant la saisine d'office du tribunal en vue de l'ouverture d'un redressement judiciaire (V. art. L. 631-3-1).

Il résulte de la combinaison des art. L. 611-4 et L. 631-4 que, lorsque le délai de 45 jours prévu par le second expire au cours de la procédure de conciliation, le débiteur est dispensé d'exécuter son obligation de demander l'ouverture d'une procédure de redressement judiciaire ; à l'expiration de la procédure de conciliation, le débiteur est en revanche tenu d'exécuter cette obligation sans délai. • Com. 20 nov. 2024, nº 23-12.297 B : *D. 2024. Actu. 2004* .

Art. L. 631-5 *(L. nº 2005-845 du 26 juill. 2005, art. 89)* **Lorsqu'il n'y a pas de procédure de conciliation en cours, le tribunal peut également** *(Abrogé par Cons. const. nº 2012-286 QPC du 7 déc. 2012, à compter du 8 déc. 2012)* ***« se saisir d'office ou »*** **être saisi sur requête du ministère public aux fins d'ouverture de la procédure de redressement judiciaire.**

Sous cette même réserve, la procédure peut aussi être ouverte sur l'assignation d'un créancier, quelle que soit la nature de sa créance. Toutefois, lorsque le débiteur a cessé son activité professionnelle, cette assignation doit intervenir dans le délai d'un an à compter de :

1° La radiation du registre du commerce et des sociétés. S'il s'agit d'une personne morale, le délai court à compter de la radiation consécutive à la publication de la clôture des opérations de liquidation ;

2° La cessation de l'activité, s'il s'agit d'une personne *(Ord. nº 2008-1345 du 18 déc. 2008, art. 164-III)* **« exerçant une activité artisanale », d'un agriculteur ou d'une personne physique exerçant une activité professionnelle indépendante, y compris une profession libérale soumise à un statut législatif ou réglementaire ou dont le titre est protégé ;**

3° La publication de l'achèvement de la liquidation, s'il s'agit d'une personne morale non soumise à l'immatriculation.

En outre, la procédure ne peut être ouverte à l'égard d'un débiteur exerçant une activité agricole qui n'est pas constitué sous la forme d'une société commerciale que si le président du *(Ord. n° 2019-964 du 18 sept. 2019, art. 35, en vigueur le 1er janv. 2020)* **« tribunal judiciaire » a été saisi, préalablement à l'assignation, d'une demande tendant à la désignation d'un conciliateur présentée en application de l'article L. 351-2 du code rural et de la pêche maritime.** – *Sur la compétence, à titre expérimental, du président du tribunal des activités économiques pour connaître de la demande formée en application du dernier al. de l'art. L. 631-5, V. L. n° 2023-1059 du 20 nov. 2023, art. 26, infra.*

La déclaration d'inconstitutionnalité du 7 déc. 2012 est applicable à tous les jugements d'ouverture d'une procédure de redressement judiciaire rendus postérieurement à sa date de publication (Cons. const. n° 2012-286 QPC du 7 déc. 2012, JO 8 déc.).

V. art. R. 631-2 s.

COMMENTAIRE

L'article L. 631-5, issu de la réforme de 2005, a repris, pour l'essentiel, les dispositions de l'ancien article L. 621-2, en les adaptant à la nouvelle architecture des procédures collectives organisée par la loi du 26 juillet 2005 (sur la modification apportée par l'ordonnance de 2008, V. ss. art. L. 620-2).

I. PROCÉDURE DE CONCILIATION EN COURS

L'apport principal de la réforme de 2005 réside dans la condition liminaire, qui interdit de demander la mise en redressement judiciaire d'un débiteur bénéficiant d'une procédure de conciliation en cours. Ce qui, d'une certaine manière, de fait, équivaut à suspendre les poursuites pendant cette procédure (G. Teboul, La réforme des procédures collectives : le retour, *LPA 4 nov. 2003*). En l'absence de précision, sans doute cette condition doit-elle être appréciée au jour où le tribunal statue (même si se placer au jour de la saisine permettrait d'éviter des demandes de conciliation de dernière heure créant un conflit entre la juridiction collégiale et son président : V., en ce sens, H. Croze, Loi de sauvegarde des entreprises (IV) – Redressement judiciaire : un air de famille, *Procédures 2006. Étude 1, n° 5*). Pas plus, dans ce cas, le tribunal ne peut-il se saisir d'office, prévoyait déjà le texte avant que, de manière générale, la saisine d'office n'ait été déclarée inconstitutionnelle (V. II ci-dessous).

II. INCONSTITUTIONNALITÉ DE LA SAISINE D'OFFICE

Sous la réserve ci-dessus tenant à l'existence d'une conciliation en cours, la saisine d'office par le tribunal avait été maintenue par la loi de 2005, redoutée par les débiteurs en difficulté qu'elle dissuade souvent de s'adresser préventivement à la juridiction consulaire.

Mais, saisi d'une question prioritaire de constitutionnalité renvoyée par la Cour de cassation (Com. 16 oct. 2012 : *D. 2012. Actu. 2446, obs. A. Lienhard*), le Conseil constitutionnel a considéré que les dispositions de l'article L. 631-5 du code de commerce conférant au tribunal la faculté de se saisir d'office aux fins d'ouverture de la procédure de redressement judiciaire méconnaissaient les exigences découlant de l'article 16 de la Déclaration de 1789 (Cons. const. 7 déc. 2012 : *cité note 8*). Le Conseil a donc suivi l'opinion suggérée par la Cour de cassation selon laquelle « la disposition invoquée, si elle répond à la nécessité d'une surveillance des entreprises et d'un traitement rapide des procédures collectives, est susceptible de constituer une atteinte aux principes d'impartialité et d'indépendance, en ce qu'elle ne comporte pas, par elle-même, un mécanisme permettant d'assurer la pleine effectivité des droits du débiteur ». Tout en reconnaissant que la saisine d'office poursuit un motif d'intérêt général, le Conseil a constaté l'absence de garanties légales ayant pour objet d'assurer que, en se saisissant d'office, le tribunal ne préjuge pas sa position lorsqu'il sera appelé à statuer sur le fond du dossier au vu de l'ensemble des éléments versés au débat par les parties. Concrètement, cette déclaration d'inconstitutionnalité se traduit par la suppression des mots « se saisir d'office ou » figurant au premier alinéa de l'article L. 631-5. La décision, qui a pris effet à compter de sa date de publication, s'applique à tous les jugements d'ouverture d'une procédure de redressement judiciaire rendus postérieurement à cette date. En revanche, elle est donc sans effet sur les redressements judiciaires ouverts antérieurement, étant rappelé, comme l'a fait la chambre commerciale par une série d'arrêts du 8 avril 2015, qu'en cas de confirmation d'un jugement ouvrant une procédure de redressement judiciaire, c'est à la date de ce jugement, et non à celle de l'arrêt d'appel, qu'est ouverte cette procédure, peu important que les juges du second degré soient tenus de se placer au jour où ils statuent pour apprécier l'état de cessation des paiements du débiteur (V. Com. 8 avr. 2015, n°s 14-15.000 à 14-15.005).

Dans l'espèce sur laquelle a statué le Conseil le 7 décembre 2012, n'était en cause que l'article L. 631-5, puisque seule cette disposition était applicable. Mais les griefs et le raisonnement du Conseil constitutionnel devaient valoir pareillement pour l'article L. 640-5, texte équivalent applicable en cas de liquidation judiciaire, d'autant plus qu'il a logiquement abrogé pour les mêmes raisons les dispositions similaires applicables en Polynésie française (Cons. const. n° 2013-352 du 15 nov. 2003 ; saisie à propos de l'art. L. 640-5, la Cour de cassation a d'ailleurs évidemment renvoyé la question au Conseil : Com. 10 déc. 2013 : *n° 13-17.438*), et celui-ci a, sans surprise, déclaré, là aussi, la saisine d'office inconstitutionnelle (Cons. const., n° 2013-368 du 7 mars 2014 : *cité note 4 ss. art. L. 640-5*), mais sans portée rétroactive évidemment (Com. 18 nov. 2014 : *cité note 4 ss. art. L. 640-5*), le même jour que, par une autre décision, il a jugé de même s'agissant de la saisine d'office aux fins de résolution du plan, en application de l'article L. 626-27 (Cons. const., n° 2013-372 du 7 mars 2014 : *cité note 8 ss. art. L. 626-27*). Dès lors, on pouvait bien sûr regarder avec suspicion les autres cas de saisine d'office s'agissant notamment de la conversion de sauvegarde ou du prononcé de liquidation judiciaire en cours de période d'observation (art. L. 622-10 ; sur la portée de la décision à cet égard, V. J.-L. Vallens, *D. 2013. 339*). Allant dans ce sens, dans son Rapport annuel (p. 56), la Cour de cassation a suggéré « de supprimer tous les cas de saisine d'office du tribunal de commerce chaque fois qu'il n'y a pas de motif d'intérêt général et que ne sont pas instituées de garanties propres ». Cela dit, il convient également de rappeler que demeure possible – et plus que jamais ! – la saisine à fin d'ouverture de procédure sur requête du ministère public. D'ailleurs, comme l'on pouvait s'y attendre, la suppression de la saisine d'office a accentué le travail du ministère public à cet égard (par ex., s'agissant du tribunal de commerce de Valenciennes, selon les chiffres aimablement communiqués par le vice-procureur Ch. Delattre, l'on a dénombré 106 saisines par le parquet en 2016, contre 51 en 2012).

Mais il convient de souligner que le Conseil constitutionnel s'est refusé à généraliser sa jurisprudence, s'abstenant, contrairement à ce que l'on pouvait s'attendre, de censurer la faculté de saisine d'office afin de conversion d'un redressement judiciaire en liquidation judiciaire, prévue par l'article L. 631-15 (Cons. const. du 6 juin 2014 : *cité note 2 ss. art. L. 631-15*).

L'ordonnance du 12 mars 2014 a d'ailleurs tiré l'essentiel des conséquences de la décision du 7 décembre 2012, dans le sens précisément de l'information du ministère public par le président du tribunal afin de saisine de ce dernier, dans le nouvel article L. 631-3-1. Par la suite, l'ordonnance du 26 septembre 2014 a achevé de mettre le livre VI du code de commerce en accord avec la jurisprudence du Conseil constitutionnel, alors que l'ordonnance du 12 mars 2014 n'avait évidemment pu le faire qu'imparfaitement en raison de l'intervention tardive, par rapport à sa date de publication, des décisions du 7 mars 2014 et du 6 juin 2014, cette dernière validant, au contraire, la saisine d'office à propos de la conversion du redressement judiciaire en liquidation judiciaire. A cette fin, outre la suppression de la faculté pour le tribunal de se saisir d'office prévue par les articles L. 621-12 et L. 643-13, ont été aménagés les articles L. 631-7 et L. 641-1, afin de respecter le principe du contradictoire lorsque le tribunal, saisi par un débiteur qui a déclaré sa cessation des paiements, ouvre une autre procédure collective que celle que le débiteur avait demandée. Pour cela, le texte recourt à la technique procédurale, déjà à l'œuvre dans plusieurs dispositions du décret du 30 juin 2014, consistant à inviter la personne concernée par la décision à présenter ses observations avant que le tribunal ne se prononce.

III. ASSIGNATION D'UN CRÉANCIER

Le deuxième alinéa de l'article L. 631-5, relatif à l'assignation d'un débiteur ayant cessé son activité professionnelle, reprend le délai d'un an (dont il a été précisé que, pour un avocat, il court de la radiation du tableau de l'ordre : Paris, 6 sept. 2007 : *cité note 17*) et les points de départ que prévoyait l'ancien article L. 621-15. Deux différences à noter cependant : la disparition de la condition de l'antériorité de la cessation des paiements à l'arrêt d'activité, source de difficultés (V. Com. 26 oct. 1999 : *cité note 16*), confirmée par des décisions du fond (Montpellier, 24 avr. 2007 : *cité note 11*), et dont il résulte donc désormais que l'assignation d'un créancier peut viser un ancien professionnel qui tombe en cessation des paiements à un moment où il est redevenu un simple particulier ; et la prise en compte de l'extension du redressement judiciaire aux activités professionnelles indépendantes. Ce délai d'un an ne s'appliquait pas à la saisine d'office du tribunal, et ne concerne pas non plus la saisine sur requête du ministère, qui ne paraît soumise à aucun délai (A. Charvériat et S. Martin, Réforme des procédures collectives, *Dossiers pratiques Francis Lefebvre, 2006, n° 118*), comme la Cour de cassation l'a confirmé dans un arrêt du 15 février 2011 (*cité note 20*).

On notera encore une modification, importante en pratique, issue du décret du 28 décembre 2005, dont l'article 171, codifié à l'article R. 631-2, comparé à l'ancien article 7 du décret de 1985, n'oblige plus le créancier à indiquer les « procédures ou voies d'exécution engagées pour le recouvrement de la créance » (ce que la Cour de cassation a rappelé dans un arrêt du 16 mars 2010 : V. ss. art. R. 631-2). Ce qui, certes, ne suffit pas à donner le feu vert aux « assignations-menace », que la Cour de cassation avaient sévèrement sanctionnées d'une fin de non-recevoir d'ordre public sous l'empire du texte ancien (Com. 1er mars 2005 : *V. note 4 ss. anc. art. 7 du décret*), puisque le créancier doit quand même apporter la preuve de la cessation des paiements du débiteur. Mais il n'a plus besoin d'engager préalablement des poursuites. Cette évolution peut s'expliquer autant par la position peut-être trop sévère adoptée par la chambre commerciale, que par la volonté, là aussi, de rendre le redressement judiciaire plus rigoureux afin d'inciter, par différence, les chefs d'entreprise en difficulté à demander par anticipation l'ouverture d'une procédure de sauvegarde. Il n'en reste pas moins que l'existence de vaines poursuites préalables peut utilement participer de la preuve de l'absence d'actif disponible qui incombe au créancier (V., par ex., pour des actes de saisie-vente et de saisie-attribution, Orléans, 19 oct. 2006 : *D. 2006. AJ 2911, obs. A. Lienhard*). Quoi qu'il en soit, il apparaît que la pratique des « assignations-pression » n'a pas disparu, des créanciers assignant fréquemment en redressement judiciaire dans le but de négocier des accords de paiement devant le tribunal, avec l'aval de ce dernier (V., par ex., T. com. Valenciennes, 21 sept. 2009 : *RPC 2009, n° 142, obs. C. Delattre*).

Ce même article 171 (R. 631-2) paraissait, à l'origine, avoir causé une difficulté certainement non voulue par les rédacteurs du décret de 2005, du fait que, contrairement à l'ancien article 7, qui concernait à la fois l'assignation en redressement judiciaire et l'assignation en liquidation judiciaire, il ne visait que le cas du redressement judiciaire, l'article 212 (R. 640-1) rendant simplement l'article 171 (R. 631-2) applicable cas de la liquidation judiciaire, par voie de renvoi (V. comm. dans l'éd. 2014).

Mais, fort heureusement, le décret du 12 février 2009 est venu clarifier la situation en précisant que le caractère exclusif de la demande n'exclut pas une demande d'ouverture d'une procédure de liquidation judiciaire formée à titre subsidiaire (et, symétriquement, à l'art. R. 640-1, que « la demande d'ouverture d'une procédure de liquidation judiciaire présentée par un créancier est à peine d'irrecevabilité, qui doit être soulevée d'office, exclusive de toute autre demande, à l'exception d'une demande d'ouverture d'une procédure de redressement judiciaire formée à titre subsidiaire). Ces demandes subsidiaires peuvent même intervenir encore à l'audience, en présence du débiteur ou de son représentant (art. R. 631-11 et R. 641-5 mod.). De même, le décret de 2009 prévoit-il désormais que « la cour d'appel qui annule ou infirme un jugement statuant sur l'ouverture de la procédure de redressement judiciaire peut, d'office, ouvrir la procédure de redressement judiciaire ou de liquidation judiciaire » (art. R. 631-6 ; et, là aussi symétriquement, à l'art. R. 640-2, que, « en cas d'infirmation d'un jugement ouvrant la procédure de liquidation judiciaire, elle peut, d'office, ouvrir la procédure de redressement judiciaire ». Mais il convient de noter ici que, lorsque l'appel tend à l'annulation du jugement pour irrégularité de la saisine de la juridiction de première instance, la cour d'appel, qui annule l'acte introductif et le jugement, n'a pas le pouvoir d'ouvrir d'office la liquidation judiciaire du débiteur (Com. 17 nov. 2009 : *V. ss. art. R. 640-2*).

Quant au cas particulier du débiteur exerçant une activité agricole qui n'est pas constituée sous la forme d'une société commerciale, le dernier alinéa de l'article L. 631-5 n'a fait que reprendre l'ancien article L. 621-1. Le libellé de ce texte conduit cependant à se demander si la saisine préalable a fin de désignation d'un conciliateur s'impose aussi lorsque l'agriculteur a cessé son activité ou est décédé, dans l'hypothèse où l'ouverture de la procédure est demandée par un créancier. Le bon sens voudrait sans doute que la réponse soit négative (en ce sens, P. Froehlich et M. Sénéchal, *in* La loi de sauvegarde, article par article [2e partie], *LPA 9 févr. 2006, p. 8*). Notons encore que, si l'ordonnance du 12 mars 2014 a supprimé, dans le texte clone de l'article L. 640-5 consacré à la liquidation judiciaire la distinction fondée sur l'exercice de l'activité agricole sous la forme d'une société commerciale, elle n'en a, bizarrement, pas fait de même dans l'article L. 631-5. Mais la différence est dénuée de portée du fait de la nouvelle rédaction de l'article L. 640-5 (V. comm. ss. cet art.).

Par ailleurs, la Cour de cassation a récemment précisé que la prohibition des demandes alternatives ou subsidiaires ne s'appliquait pas aux assignations en extension de procédure (Com. 9 juill. 2013 : *cité note 3 ss. art. R. 631-2*). ❑

I. SAISINE DU TRIBUNAL

A. ASSIGNATION D'UN CRÉANCIER

V. art. R. 631-2.

1. *Qualification juridique.* Une assignation en ouverture d'une procédure collective ne constitue pas un acte d'exécution d'une décision de justice portant condamnation, qu'elle soit exécutoire à titre provisoire ou de plein droit. • Civ. 2e, 30 janv. 2014 : *D. 2014. Actu. 377 ; Rev. sociétés 2014. 198, obs. Roussel Galle ; APC 2014, n° 68, obs. Vallansan.* ♦ La clause de non-recours, par laquelle un établissement financier ayant consenti un prêt à une société en nom collectif a renoncé à l'ensemble de ses droits de poursuite contre tout associé, n'exclut pas la présentation d'une demande d'ouverture de la procédure de redressement judiciaire de la société, laquelle n'équivaut pas à une demande de paiement ou de mise en œuvre d'une voie d'exécution à son égard ou à celui de ses associés. • Com. 22 mars 2011 : *LEDEN 5/2011. 5, obs. Mairot ; Dr. sociétés 2011, n° 155, note Legros.*

2. *Nature de la créance.* V. note 3 ss. art. L. 620-2.

3. *Créance fiscale.* Le comptable public chargé du recouvrement d'une créance fiscale, qui, aux termes de l'art. L. 252, al. 2, LPF, exerce les actions liées indirectement à ce recouvrement, a qualité pour demander l'ouverture d'une procédure collective à l'égard d'un redevable. • Com. 7 févr. 2012 : *cité note 4 ss. art. L. 641-1.*

4. *Exploitation agricole.* En ce sens que le président du tribunal de grande instance doit être préalablement saisi en vue de la désignation d'un conciliateur même lorsque l'assignation tend à l'ouverture d'une nouvelle procédure collective après infirmation par la cour d'appel de la précédente procédure collective, V. • Com. 26 avr. 2000, n° 96-22.510 P : *D. 2000. AJ 312 ; Procédures 2000, n° 216, obs. Laporte ; RTD com. 2000. 1006, obs. Laude.*

5. Sur la portée de l'obligation faite au créancier de demander la désignation d'un conciliateur préalablement à toute assignation, V. • Com. 15 mars 2005, n° 03-17.229 P : *D. 2005. AJ 954, obs. Lienhard ; Procédures 2005, n° 156, obs. Laporte* • Aix-en-Provence, 14 mai 2002 : *RPC 2003. 349, obs. Lebel* • Grenoble, 22 janv. 2003 : *ibid. 2004. 262, obs. Lebel.*

6. *Exclusion du privilège de juridiction.* Si les procédures de redressement et de liquidation judiciaires peuvent être ouvertes sur la demande d'un créancier, leurs finalités excèdent le seul intérêt individuel de ce dernier, de sorte que l'art. 14 C. civ., qui permet à un Français d'attraire un étranger devant les juridictions françaises, n'est pas applicable à une demande tendant à l'ouverture d'un redressement judiciaire ou d'une liquidation judiciaire. • Com. 12 juin 2024, n° 22-16.626 B : *D. 2024. 1659, note Vallens ; Rev. sociétés 2024. 535, obs. Roussel Galle ; JCP E 2024. 1287, n° 3, obs. Tehrani ; Gaz. Pal. 24 sept. 2024, p. 49, obs. Giorgini ; RJDA 2024, n° 539 ; APC 2024, n° 168, obs. V. Legrand ; BJE 11-12/2024. 52, note Fabriès-Lecea ; Dr. sociétés 2024, n° 135, note Legros.*

7. *Interruption de la prescription.* L'assignation signifiée au débiteur par le créancier aux fins d'ouverture d'une procédure collective, qui contient implicitement une demande de reconnaissance du droit de ce créancier, constitue une citation en justice au sens de l'art. 2244 C. civ. [devenu l'art. 2241] et interrompt la prescription ; si la demande du créancier est rejetée ou déclarée irrecevable, l'interruption de la prescription doit être regardée comme non avenue. • Com. 26 mai 2010, n° 09-10.852 P : *D. 2010. Actu. 1414, obs. Lienhard ; JCP E 2010. 1742, n° 2, obs. Cabrillac ; LEDEN 7/2010. 6, obs. Camensuli-Feuillard ; Gaz. Pal. 2-3 juill. 2010, p. 32, obs. Le Corre-Broly ; APC 2010, n° 189, obs. Cagnoli ; LPA 14 oct. 2010, note Sortais ; RJDA 2010, n° 1166 ; BJE 2011. 41, note Hugon.*

8. *Procédure de conciliation en cours.* Sur la suspension de l'instance introduite par l'assignation en redressement judiciaire d'un débiteur soumis à une procédure de conciliation en cours, V. • Aix-en-Provence, 30 juin 2011, n° 10/12884 : *APC 2011, n° 273 ; LEDEN 2/2012. 6, obs. Couard.*

♦ Jugeant que la fin de non-recevoir tirée de l'existence d'une procédure de conciliation en cours vaut pour tout créancier, peu important donc que le créancier assignant n'ait pas été partie à la conciliation, V. • Toulouse, 3 déc. 2014, nº 14/05510 : *D. 2015. Pan. 1972, obs. Le Corre ; RPC 2015, nº 176, obs. Delattre.* ♦ V. aussi l'arrêt préc. du 30 juin 2011 en ce qu'il retient un abus du droit d'agir du prétendu créancier, qui entendait contraindre la société assignée à rendre publique la procédure de conciliation, à la seule fin d'en provoquer l'échec.

B. SAISINE D'OFFICE

9. Ni l'art. L. 631-5 ni aucune autre disposition ne fixant les garanties légales ayant pour objet d'assurer qu'en se saisissant d'office, le tribunal ne préjuge pas de sa position lorsque, à l'issue de la procédure contradictoire, il sera appelé à statuer sur le fond du dossier, les dispositions de l'art. L. 631-5 confiant au tribunal la faculté de se saisir d'office aux fins d'ouverture de la procédure de redressement judiciaire méconnaissent les exigences découlant de l'art. 16 de la DDH et doivent donc être déclarées contraires à la Constitution. • Cons. const. 7 déc. 2012, nº 2012-286 QPC : *D. 2012. Actu. 2886, obs. Lienhard ; D. 2013. 338, note Vallens ; Rev. sociétés 2013. 177, obs. Henry ; RTD civ. 2013. 889, obs. Théry ; JCP E 2013. 1048, note Fricero ; ibid. 1216, nº 1, obs. Pétel ; JCP 2013. 50, note Gerbay ; DP diff. entr., Bull. nº 343, obs. Roussel Galle ; Gaz. Pal. 23-27 déc. 2012, p. 14, obs. L. Robert ; LEDEN 1/2013. 2, obs. Mouial-Bassilana ; BJE 2013. 10, note Favario ; RLDA févr. 2013. 19, obs. Drummen ; LPA 7 mai 2013, p. 11, obs. Tabourot-Hyest ; Dr. et patr. 9/2013. 50, obs. Monsèrié-Bon.* – V. Frison-Roche, *D. 2013. Chron. 28* ; Saintourens, *RPC 2013. Étude 2* ; Delattre, *ibid. Dossier 29* ; Rolland, *Procédures 2013. Étude 3.* ♦ V. aussi note 20.

II. DÉBITEUR AYANT CESSÉ SON ACTIVITÉ

10. Délai d'un an. Le délai d'un an est un délai préfix. • Com. 10 oct. 1995, nº 93-11.441 P : *D. 1996. Somm. 86, obs. Honorat ; D. Affaires 1995. 180 ; BJS 1996. 60, note Jeantin ; RPC 1996. 46, obs. Calendini.* ♦ Sur le point de départ du délai, V. note 12. ♦ C'est à la partie qui oppose à une demande de redressement ou de liquidation judiciaires le dépassement du délai légal qu'il appartient de justifier de la date d'achèvement de la liquidation (s'agissant d'une association). • Bordeaux, 21 févr. 2007 : *Gaz. Pal. 26-27 oct. 2007, p. 28, obs. Lebel.* ♦ V. aussi note 3 ss. art. L. 631-3.

11. Cessation des paiements (L. du 26 juill. 2005). Selon l'art. L. 631-5, issu de la loi du 26 juill. 2005, la saisine du tribunal, par un créancier, à l'encontre d'un débiteur qui a cessé son activité n'est plus soumise à l'exigence d'un état de cessation des paiements préalable à la cessation d'activité. • Montpellier, 24 avr. 2007 : *Gaz. Pal. 23-24 janv. 2008, p. 31, obs. Lebel.*

12. Radiation du registre du commerce. L'interdiction résultant des art. L. 631-5 et L. 640-5 d'assigner une personne morale en redressement ou liquidation judiciaire au-delà du délai d'un an qui suit sa radiation du registre du commerce et des sociétés ne porte pas atteinte au droit à l'effectivité des décisions de justice garanti par l'art. 16 DDH (non-lieu à renvoi de la QPC). • Com., QPC, 23 mai 2024, nº 24-40.004 : *RJDA 2024, nº 471 ; LEDEN 10/2024. 2, obs. Ollu.* ♦ Le délai d'un an prévu à l'art. L. 631-5, al. 2, 1º, ne commence à courir qu'à compter de la date à laquelle la radiation du débiteur est mentionnée sur le registre du commerce et des sociétés. • Com. 18 janv. 2023, nº 21-21.748 B : *D. 2023. Actu. 116 ; JCP E 2023. 1157, nº 1, obs. Tehrani ; LEDEN 2/2023. 2, obs. Rubellin ; APC 2023, nº 31, obs. Fin-Langer ; RJDA 2023, nº 207 ; Gaz. Pal. 18 avr. 2023, p. 59, obs. Lebel.* ♦ Il résulte de l'art. 17 [C. com., art. L. 631-5] une présomption irréfragable de commercialité à l'égard de ceux qui, se trouvant en état de cessation des paiements, ont négligé de se faire radier du registre du commerce ou n'ont fait procéder à cette radiation que dans l'année ayant précédé le jugement d'ouverture. • Paris, 2 févr. 1988 : *D. 1988. Somm. 340, obs. Honorat* • 22 janv. 1993 : *RJDA 1993, nº 438* • 8 mars 2000 : *RPC 2002. 51, obs. Deleneuville.* – Comp. : • Com. 6 janv. 1987, nº 85-16.524 P : *Rev. sociétés 1987. 411, note Chaput* • Orléans, 10 sept. 1998 : *RPC 2002. 52, obs. Deleneuville.*

S'agissant du défaut de radiation du répertoire des métiers, V. note 16.

13. La procédure de redressement judiciaire peut être ouverte contre le commerçant, personne physique, radié du RCS, qui était en fait en état de cessation des paiements antérieurement à la radiation. • Com. 14 févr. 1995, nº 92-19.556 P : *D. 1995. Somm. 217, obs. Honorat.* ♦ Néanmoins, la date légale de cessation des paiements ne peut être fixée plus de dix-huit mois avant celle du jugement d'ouverture. • Même arrêt.

14. Le commerçant radié du registre du commerce ne pouvant demander lui-même sa mise en redressement judiciaire, celle-ci ne peut être prononcée sur la déclaration de son état de cessation des paiements. • Com. 10 oct. 1995 : *préc. note 10.*

15. Défaut d'inscription au registre du commerce. Dès lors qu'elles visent la situation d'un débiteur ayant fait l'objet d'une radiation au RCS, les dispositions de l'art. 17 [C. com., art. L. 631-5] ne peuvent s'appliquer à une personne physique qui n'a jamais été inscrite sur ce registre. Il en résulte que la preuve de la qualité de commerçant, qui doit être appréciée selon les règles du droit commun, au jour de la vérification de l'état de cessation des paiements, incombe aux créanciers qui l'invoquent. • Limoges, 11 févr. 1991 : *D. 1992. Somm. 284, obs. Honorat.*

16. Cessation d'activité d'un artisan. La disposition de l'art. 17 [C. com., ancien art. L. 621-15] n'est applicable que si l'arrêt de l'activité est postérieur à la cessation des paiements de l'artisan. • Com. 26 oct. 1999, n° 95-21.913 P : *D. 2000. Somm. 330, obs. Honorat ; JCP E 2000, n° 4, p. 124, obs. Pétel ; RPC 2000. 46, obs. Deleneuville ; Defrénois 2000. 995, obs. Gibirila.* ♦ Comp., désormais, la nouvelle rédaction de l'art. L. 631-5, issue de la L. n° 2005-845 du 26 juill. 2005, qui ne mentionne plus la condition d'antériorité de la cessation des paiements à l'arrêt de l'activité. ♦ V., à ce propos, note 10. ♦ Sur la détermination de la date de cessation d'activité, V. • Com. 20 oct. 2021, n° 20-12.384 : *RPC 2022, n° 19, obs. Saintourens.* ♦ Sur le caractère de présomption simple du défaut de radiation du répertoire des métiers, V. • Nancy, 21 mai 1987 : *D. 1989. Somm. 3, obs. Derrida.*

17. Cessation d'activité d'un agriculteur. La qualité d'exploitant agricole au regard de la législation sociale applicable est indifférente pour apprécier en fait la notion de cessation d'activité. • Com. 1er juill. 1997, n° 95-15.116 P : *D. 1997. IR 200 ; D. Affaires 1997. 964.* ♦ La preuve de la cessation d'activité peut être rapportée par tous moyens, la radiation de la caisse de mutualité sociale agricole n'en constituant qu'un indice. • TGI Angoulême, 13 févr. 1992 : *JCP N 1994. Prat. 2991.*

18. Cessation d'activité d'un avocat. En ce sens que la date de la cessation d'activité d'un avocat correspond à celle de sa radiation du tableau de l'ordre des avocats, V. • Paris, 6 sept. 2007 : *Gaz. Pal. 23-24 janv. 2008, p. 30, obs. Lebel.*

19. Liquidation de la personne morale. Le délai d'un an à compter de la radiation, ouvert par l'art. L. 621-15, dans sa rédaction antérieure à la L. du 26 juill. 2005 [désormais, art. L. 631-5], à tout créancier pour assigner en redressement ou liquidation judiciaires une personne morale radiée du registre du commerce et des sociétés, ne court que si cette radiation est consécutive à la publication de la clôture des opérations de liquidation amiable. • Com. 12 juill. 2016, n° 14-19.694 P : *D. 2016. Actu. 1645 ; LEDEN 10/2016. 3, obs. Rubellin ; Gaz. Pal. 18 oct. 2016, p. 48, obs. Reille ; RJDA 2016, n° 801 ; Dr. sociétés 2016, n° 195, note Legros ; RJ com. 2016. 653, obs. Lebel.* ♦ Ainsi, ce texte n'est pas applicable en cas de dissolution d'une société après réunion de toutes les parts sociales dans la même main, une telle dissolution entraînant la transmission universelle du patrimoine de la société à l'associé unique, sans qu'il y ait lieu à liquidation, la personne morale disparaissant à l'issue du délai d'opposition. • Com. 4 janv. 2000 : *APC 2000, n° 35, obs. Regnaut-Moutier ; Dr. sociétés 2000, n° 39, obs. Chaput.* ♦ Il en va de même en cas de fusion, celle-ci entraînant la dissolution sans liquidation de la société qui disparaît et la transmission universelle de son patrimoine à la société bénéficiaire à la date de réalisation définitive de l'opération. • Paris, 17 déc. 1993 : *Rev. sociétés 1994. 106, note Chaput .* ♦ Comp. : • T. com. Nanterre, 28 mars 1996 : *Dr. sociétés 1997. Chron. 10, par Laubie.*

20. Saisine d'office. Avant la décision du Conseil constitutionnel du 7 déc. 2012 [V. note 5 ci-dessus], la Cour de cassation avait admis que, lorsqu'il n'y avait pas de procédure de conciliation en cours et que le débiteur, radié du registre du commerce et des sociétés ou du répertoire des métiers ou ayant cessé son activité, était dans l'impossibilité de faire face à un passif professionnel résiduel et exigible, le tribunal pouvait, à tout moment, se saisir d'office aux fins d'ouverture d'une procédure de redressement judiciaire ou, si le redressement est manifestement impossible, de liquidation judiciaire. • Com. 15 févr. 2011, n° 10-13.751 P : *D. 2011. Actu. 672, obs. Lienhard ; JCP E 2011. 1238, note Lebel ; Gaz. Pal. 1er-2 avr. 2011, p. 16, obs. Reille ; APC 2011, n° 99, obs. Cagnoli ; LEDEN 4/2011. 5, obs. Parachkévova ; BJE 2011. 108, note Tagliarino-Vignal ; RJDA 2011, n° 554.*

21. Conversion du redressement judiciaire en liquidation. L'art. 17 [C. com., art. L. 631-5] n'est pas applicable au jugement convertissant le redressement judiciaire en liquidation judiciaire. • Com. 9 janv. 2001, n° 97-18.325 P : *D. 2001. AJ 548, obs. Lienhard ; Procédures 2001, n° 61, obs. Laporte ; RJ com. 2001. 318, note Courtier.*

22. Résolution du plan de continuation. L'art. 17 [C. com., art. L. 631-5] n'est pas applicable à la procédure collective qui sanctionne la résolution du plan de continuation. • Com. 2 mai 2001, n° 98-11.346 P : *D. 2001. AJ 1727, obs. Lienhard ; APC 2001, n° 127, obs. Regnaut-Moutier ; JCP E 2001, n° 37, p. 1424, obs. Pétel.*

III. DATE D'OUVERTURE DE LA PROCÉDURE

23. En cas de confirmation d'un jugement ouvrant une procédure de redressement judiciaire, c'est à la date de ce jugement, et non à celle de l'arrêt d'appel, qu'est ouverte cette procédure, peu important que les juges du second degré soient tenus de se placer au jour où ils statuent pour apprécier l'état de cessation des paiements du débiteur. • Com. 8 avr. 2015, n° 14-15.003 : *RJDA 2015, n° 761.*

Art. L. 631-6 *(L. n° 2005-845 du 26 juill. 2005, art. 89) (Ord. n° 2021-1193 du 15 sept. 2021, art. 40, en vigueur le 1er oct. 2021)* **« Les membres du comité social et économique » peuvent communiquer au président du tribunal ou au ministère public tout fait révélant la cessation des paiements du débiteur.** — *Pour les dispositions transitoires de l'Ord. n° 2021-1193 du 15 sept. 2021, V. note ss. art. L. 611-2.*

COMMENTAIRE

Les dispositions de l'article L. 631-6 reprennent la substance de celles de l'ancien article L. 621-2, dernier alinéa. ❑

Art. L. 631-7 *(L. n° 2005-845 du 26 juill. 2005, art. 89)* **Les articles L. 621-1, L. 621-2 et L. 621-3 sont applicables à la procédure de redressement judiciaire.**

(Ord. n° 2021-1193 du 15 sept. 2021, art. 41, en vigueur le 1er oct. 2021) **« La durée maximale de la période d'observation mentionnée au premier alinéa de l'article L. 621-3 peut être exceptionnellement prolongée à la demande du procureur de la République par décision spécialement motivée du tribunal pour une durée maximale de six mois. »** — *Pour les dispositions transitoires de l'Ord. n° 2021-1193 du 15 sept. 2021, V. note ss. art. L. 611-2.*

(Ord. n° 2014-1088 du 26 sept. 2014, art. 5, en vigueur le 28 sept. 2014) **« Lorsque la situation du débiteur qui a déclaré être en état de cessation des paiements apparaît manifestement insusceptible de redressement, le tribunal invite celui-ci, en l'absence de demande subsidiaire aux fins d'ouverture d'une procédure de liquidation judiciaire, à présenter ses observations sur l'existence des conditions de l'article L. 640-1. Il statue ensuite, dans la même décision, sur la demande de redressement judiciaire et, le cas échéant, sur l'ouverture d'une procédure de liquidation judiciaire. »** — *Les modifications issues de l'Ord. n° 2014-1088 du 26 sept. 2014 s'appliquent aux procédures de sauvegarde, de redressement judiciaire ou de liquidation judiciaire en cours au jour de son entrée en vigueur (Ord. préc., art. 13).*

(L. n° 2019-486 du 22 mai 2019, art. 57) **« Avant de statuer, le tribunal examine si la situation du débiteur répond aux conditions posées aux articles L. 645-1 et L. 645-2 et ouvre, le cas échéant, avec son accord, une procédure de rétablissement professionnel. »** — *Pour les dispositions transitoires de la L. n° 2019-486 du 22 mai 2019, V. 4e note ss. art. L. 626-27.*

COMMENTAIRE

L'article L. 621-1 concerne l'audience d'ouverture de la procédure ; l'article L. 621-2, la compétence juridictionnelle et la règle d'extension de la procédure pour cause de confusion de patrimoine ou de fictivité, finalement maintenue par l'ordonnance de 2008 même en cas de sauvegarde (V. ss. art. L. 621-2) ; l'article L. 621-3, la finalité du plan excluant désormais les plans de redressement par voie de cession.

Afin de respecter le principe du contradictoire lorsque le tribunal, saisi par un débiteur qui a déclaré sa cessation des paiements, ouvre une autre procédure collective que celle que le débiteur avait demandée, l'ordonnance du 26 septembre 2014 a complété l'article L. 631-7. Pour cela, le texte recourt à la technique procédurale, déjà à l'œuvre dans plusieurs dispositions du décret n° 2014-736 du 30 juin 2014, consistant à inviter la personne concernée par la décision à présenter ses observations avant que le tribunal ne se prononce.

Quant à la loi PACTE du 22 mai 2019, elle est venue préciser, ici comme à d'autres occasions, qu'avant de statuer, le tribunal devait examiner la situation du débiteur et, le cas échéant, s'il en remplissait les conditions, le faire bénéficier, avec son accord, d'une procédure de rétablissement professionnel, l'idée étant évidemment de favoriser le recours à cette procédure peu utilisée depuis son instauration par l'ordonnance du 12 mars 2014. Cette disposition ne s'applique pas aux procédures en cours le 23 mai 2019, jour de la publication de la loi.

Enfin, le deuxième alinéa, ajouté par l'ordonnance du 15 septembre 2021, a pour objet de maintenir, en redressement judiciaire, la possibilité, supprimée en sauvegarde (V. art. L. 621-3), pour le procureur de la République, de demander la prolongation de la durée de la période d'observation pour une durée maximale de six mois, portant la durée maximale de la période d'observation à dix-huit mois. Comme l'explique le rapport au président de la République, il s'agit là de prendre en compte la nécessité pour des petites et moyennes entreprises de bénéficier d'une durée suffisamment longue de période d'observation pour leur permettre de préparer un plan de redressement, lorsque leur situation est particulièrement dégradée. ❑

Art. L. 631-8 *(L. n° 2005-845 du 26 juill. 2005, art. 89)* **Le tribunal fixe la date de cessation des paiements** *(Ord. n° 2014-326 du 12 mars 2014, art. 50-1°, en vigueur le 1er juill. 2014)* **« après avoir sollicité les observations du débiteur ». A défaut de détermination de cette date, la cessation des paiements est réputée être intervenue à la date du jugement** *(Ord. n° 2008-1345 du 18 déc. 2008, art. 77)* **« d'ouverture de la procédure ».**

Elle peut être reportée une ou plusieurs fois, sans pouvoir être antérieure de plus de dix-huit mois à la date du jugement *(Ord. n° 2008-1345 du 18 déc. 2008, art. 77)* **« d'ouverture de la procédure ». Sauf cas de fraude, elle ne peut être reportée à une date antérieure à la décision définitive ayant homologué un accord amiable en application du II de l'article L. 611-8.** *(Ord. n° 2014-326 du 12 mars 2014, art. 50-2°, en vigueur le 1er juill. 2014)* **« L'ouverture d'une procédure mentionnée à l'article L. 628-1 ne fait pas obstacle à l'application de ces dispositions. »**

Le tribunal est saisi par l'administrateur, le mandataire judiciaire ou le ministère public. Il se prononce après avoir entendu ou dûment appelé le débiteur.

La demande de modification de date doit être présentée au tribunal dans le délai d'un an *(Ord. n° 2008-1345 du 18 déc. 2008, art. 77)* **« à compter du » jugement d'ouverture de la procédure.**

(Ord. n° 2008-1345 du 18 déc. 2008, art. 77) **« Lorsqu'il a été fait application de l'article L. 621-12, le jugement d'ouverture mentionné aux premier et deuxième alinéas est celui de la procédure de sauvegarde et le point de départ du délai mentionné au quatrième alinéa est le jour du jugement ayant converti la procédure de sauvegarde. »**

V. art. R. 631-13.

Sur les mesures d'adaptation liées à l'urgence sanitaire (covid-19), V., infra, Ord. n° 2020-341 du 27 mars 2020, art. 1er.

BIBL. ▸ VINCKEL, *JCP E 2006, n° 3, p. 129* (régime de la période suspecte dans la loi du 26 juill. 2005 et le décret du 28 déc. 2005). – WICKER, *RPC 2006. 12* (même thème). – MOUIAL-BASSILANA, *D. 2006. Chron. 1959* ; *Err. 2108* (articulation de la période suspecte et des différentes procédures). – ROLLAND, *RPC 2015. Formule 3* (assignation tendant au report de la date de cessation des paiements).

Ancien art. L. 631-8 (al. 1er et 2) *[réd. issue de L. n° 2005-845 du 26 juill. 2005]* ***Le tribunal fixe la date de cessation des paiements. A défaut de détermination de cette date, la cessation des paiements est réputée être intervenue à la date du jugement qui la constate.***

Elle peut être reportée une ou plusieurs fois, sans pouvoir être antérieure de plus de dix-huit mois à la date du jugement constatant la cessation des paiements. Sauf cas de fraude, elle ne peut être reportée à une date antérieure à la décision définitive ayant homologué un accord amiable en application du II de l'article L. 611-8.

COMMENTAIRE

Quant à la fixation et au report de la date de cessation des paiements, l'article L. 631-8, issu de la loi du 26 juillet 2005, a repris, en le complétant, le dispositif de l'ancien article L. 621-7. L'ordonnance du 18 décembre 2008 est venue, ultérieurement, retoucher le texte, dont la rédaction, ambiguë, posait problème.

I. REPORT DE LA DATE DE CESSATION DES PAIEMENTS

Tout comme avant la loi du 26 juillet 2005, la date de cessation des paiements peut être reportée jusqu'à dix-huit mois en amont du jugement d'ouverture du redressement judiciaire. Et ceci n'a jamais été vraiment douteux, bien que le texte initial ne parlât plus du « jugement d'ouverture », mais du jugement constatant la cessation des paiements, cette nuance ne devant pas emporter d'effet juridique (F. Vinckel, Le nouveau régime de la période suspecte dans la loi n° 2005-845 du 26 juillet 2005 et le décret n° 2005-1677 du 28 décembre 2005 : une réforme en trompe l'œil, *JCP E 2006, n° 3, p. 129, n°* 4). Mais mieux valait quand même que la rédaction soit améliorée sur ce point. Ce qu'a fait l'ordonnance du 18 décembre 2008, en visant désormais, effectivement, « le jugement d'ouverture de la procédure » (à la fois, ce qui est logique, pour la date à laquelle la cessation des paiements est réputée être intervenue, et pour le point de départ du compte à rebours des dix-huit mois).

L'ordonnance de 2008 a ajouté cette autre précision essentielle, dans le nouveau dernier alinéa, que, lorsqu'il a été fait application de l'article L. 621-12 (conversion d'une sauvegarde en redressement quand il apparaît après l'ouverture de la sauvegarde que le débiteur était déjà en cessation des paiements au moment du prononcé du jugement), le jugement d'ouverture s'entend de celui d'ouverture de la procédure de sauvegarde. Là encore, la solution n'aurait pas dû être sujette à discussion, en raison de la nécessaire et fondamentale distinction, à bien des égards, de la notion de jugement d'ouverture de celle de jugement de conversion. Toutefois, l'intervention du « législateur » est bienvenue, en raison de l'incertitude que le débat doctrinal avait fait naître sur cette question, quant au risque que la période suspecte puisse recouvrir en partie la période d'observation subséquente au jugement d'ouverture de la sauvegarde (V. ss. art. L. 621-12).

L'ordonnance du 12 mars 2014, dans le souci de garantir les droits de la défense et de mettre le texte à l'abri de toute critique au regard de l'article 6, paragraphe 1, de la Convention européenne des droits de l'homme, a rendu obligatoire la sollicitation préalable des observations du débiteur, avant la fixation de la date de cessation des paiements. Cette mesure paraît d'autant plus bienvenue et indispensable que, depuis le revirement de jurisprudence opéré par des arrêts du 4 novembre 2014 et du 10 mars 2015, consacrant l'unité de la date de cessation des paiements (V. note 46 ss. art. L. 651-2), c'est la date fixée lors du jugement d'ouverture ou d'un jugement de report qui, seule, fera foi s'agissant de prononcer une interdiction de gérer ou une condamnation à supporter l'insuffisance d'actif contre le débiteur ou le dirigeant n'ayant pas demandé l'ouverture d'un redressement ou d'une liquidation judiciaire dans le délai de quarante-cinq jours.

L'ordonnance du 12 mars 2014 a, par ailleurs, expressément précisé que l'ouverture d'une procédure de sauvegarde accélérée n'empêche nullement, en cas d'ouverture ultérieure d'une procédure de redressement ou de liquidation judiciaire, le report de la date de cessation des paiements. Le jugement d'ouverture de la sauvegarde anticipée n'a donc pas autorité de la chose jugée quant à la question d'une éventuelle cessation des paiements antérieure à la conciliation préalable.

II. ACCORD DE CONCILIATION HOMOLOGUÉ

Le mécanisme du report de la date de cessation des paiements a été modifié à plusieurs égards par la loi du 26 juillet 2005. La principale modification a procédé du besoin de sécuriser les procédures de conciliation. Ainsi, le tribunal se voit, « sauf cas de fraude », interdire de faire remonter la période suspecte « à une date antérieure à la décision définitive ayant homologué un accord amiable en application du II de l'article L. 611-8 », ce qui doit éliminer la situation d'insécurité juridique qu'entretenaient auparavant l'articulation des textes et la jurisprudence de la Cour de cassation en matière de règlement amiable (Com. 14 mai 2002 : *V. note 8 ss. anc. art. L. 621-7*). Et cela, faut-il préciser, pour l'ensemble des créanciers, et non seulement pour les signataires de l'accord. La fraude, selon qu'on entend cette notion, peut s'apprécier en la seule personne du débiteur (ce serait alors, par exemple, l'hypothèse du débiteur qui a sciemment demandé l'ouverture d'une conciliation, sachant qu'il était en cessation des paiements depuis plus de quarante-cinq jours), ou viser la collusion frauduleuse entre le débiteur et un créancier, c'est-à-dire la fraude aux droits des créanciers et de la procédure, par rupture du principe d'égalité (on songe, notamment, à des hypothèses de dissimulation intentionnelle, avec la conscience de cette situation par le cocontractant). Mais, en pratique, peut-être cela revient-il au même, les paiements obtenus en exécution de l'accord relevant des nullités facultatives qui supposent précisément la démonstration de la connaissance de l'état de cessation des paiements, que les négociations conduisant à l'accord amiable normalement doivent révéler (F. Vinckel, *préc., n° 6* ; V. aussi, envisageant une approche relative de la fraude, seuls étant atteints par le report de date les actes antérieurs à l'accord de conciliation ou les stipulations de l'accord dont l'auteur comme le bénéficiaire sont convaincus de fraude, et l'effet du report ne concernant que l'auteur et le complice de la fraude, G. Wicker, La période suspecte après la loi de sauvegarde des entreprises, *RPC 2006. 12, n° 12*).

La remontée de la période suspecte en amont de la procédure de conciliation permettrait la sanction de l'acte frauduleux par le jeu des nullités de droit ou facultatives prévues par les articles L. 632-1 et L. 632-2. Selon un auteur, la tierce opposition serait un préalable à une telle action en remontée de la date de cessation des paiements (T. Montéran, Observations sur l'avant-projet de loi de sauvegarde des entreprises, *Gaz. Pal. 10-11 déc. 2003, p. 2*).

Ce verrou de la conciliation ne jouera évidemment pas en cas d'échec de la conciliation, et surtout ne jouera qu'en cas d'homologation, et non en cas de simple constatation de l'accord de conciliation (V. art. L. 611-8), l'option pour cette procédure plus confidentielle se faisant donc au détriment de la sécurité juridique. Étant entendu, toutefois, que, même non homologué, l'accord, en ce qu'il a justement pour objet de régulariser la cessation des paiements, ne saurait évidemment être passible de nullité pour la seule raison qu'il est intervenu en période suspecte (F. Vinckel, *préc. n° 7* ; V. déjà Com. 14 mai 2002 : *V. note 8 ss. anc. art. L. 621-7*). Par ailleurs, le mécanisme de l'article L. 631-8, alinéa 2, ne fait évidemment pas obstacle à l'action paulienne (G. Wicker, *préc., n° 11*).

III. PLAN DE SAUVEGARDE

En cas de procédure de redressement ou de liquidation judiciaire précédée d'une procédure de sauvegarde, le jugement arrêtant le plan de sauvegarde devrait, le cas échéant, en raison de l'autorité de chose jugée qu'il revêt, constituer une date butoir au report de la date de cessation des paiements, sauf cas de fraude, dont un auteur a proposé qu'elle pourrait, dans cette hypothèse, être sanctionnée par la voie du recours en révision (G. Wicker, *préc., n° 13* ; comp. : F. Vinckel, L'option entre les procédures préventives du nouveau droit des entreprises en difficulté : analyse des risques, *LPA 12 juin 2006, p. 7, n° 20*).

IV. QUALITÉ POUR AGIR

La loi de 2005 a supprimé la faculté, pour le tribunal, de se saisir d'office. Par ailleurs, le fait que le commissaire à l'exécution du plan se voie désormais expressément reconnaître qualité pour engager des actions tendant à la défense de l'intérêt collectif des créanciers (art. L 626-25, al. 3) ne paraît pas suffisant à justifier sa qualité à agir, en raison du caractère nécessairement limitatif de la liste légale des personnes ayant qualité pour engager l'action en report de la date de cessation des paiements (P.-M. Le Corre, Droit et pratique des procédures collectives, *Dalloz Action, 2023/2024, 222.314*), contrairement à ce que la Cour de cassation avait jugé auparavant (V. Com. 4 oct. 2005 : *cité note 10 ss. anc. art. L. 621-7*), mais les avis divergent sur ce point (V., en sens contraire : F. Pérochon, *Entreprises en difficulté, LGDJ, 11e éd., 2022, n° 1317*).

V. DÉLAI POUR AGIR

Le délai pour agir a été opportunément simplifié par la loi du 26 juillet 2005. Au lieu du triple point de départ envisagé jusque-là par le texte, ce qui avait conduit à des solutions jurisprudentielles complexes et difficilement lisibles (V. note 3 ss. anc. art. L. 621-7), la réforme a procédé à une unification : désormais, dans tous les cas, la demande de report doit être présentée au tribunal dans le délai d'un an « à compter du jugement d'ouverture » (selon l'amélioration rédactionnelle apportée par l'ordonnance de 2008 au texte antérieur qui disait, moins juridiquement, « après », ce qui pouvait laisser entendre que le délai ne courait pas du jour même du jugement d'ouverture). Ce qui conduit aussi, de fait, à un réel raccourcissement du délai (qui pouvait s'avérer très long auparavant, notamment en cas de conversion de redressement en liquidation judiciaire).

Dans le texte de la loi de 2005, ce point de départ pouvait s'avérer problématique s'agissant non de fixation initiale de la date de cessation des paiements, dans le jugement de conversion de la sauvegarde en redressement judiciaire, mais du report de la date de cessation des paiements provisoirement fixée par le jugement de conversion. Dans ce cas, en effet, le délai d'un an courait à compter du jugement d'ouverture, et pas du jugement de conversion. Aussi l'ordonnance du 18 décembre 2008 a-t-elle précisé que, lorsqu'il a été fait application de l'article L. 621-12, le délai d'un an court à compter du jugement ayant converti la procédure de sauvegarde.

Par un important arrêt du 28 janvier 2014, la Cour de cassation a accordé une belle souplesse au demandeur en admettant que la date mentionnée dans l'assignation en report (par hypothèse effectuée dans le délai) puisse être modifiée par l'auteur de la saisine, par voie de demande additionnelle, jusqu'à ce que la juridiction saisie se prononce, l'effet interruptif du délai pour agir attaché à l'assignation s'étendant à la demande additionnelle en modification de la date qui tend aux mêmes fins (V. note 9). ❑

1. Aucune disposition régissant les procédures collectives ne s'oppose à la contestation par le débiteur de la date retenue par le tribunal pour fixer à titre provisoire, dans le jugement d'ouverture, la date de cessation des paiements. • Paris, 23 févr. 2010 : *RTD com. 2011. 179, obs. Vallens ; JCP E 2010. 1632, note Lebel ; RJDA 2010, n° 981 ; RPC 2010, n° 214, obs. Saintourens.*

2. Le débiteur, qui ne peut agir à titre principal en report de la date de cessation des paiements, ne dispose, lorsqu'il est mis en liquidation judiciaire, que d'un droit propre à défendre à l'action ; il en résulte qu'il ne peut former un appel principal contre un jugement qui rejette la demande de report de la date de cessation des paiements formée par l'une des parties qui a qualité pour ce faire. • Com. 5 oct. 2022, n° 21-12.250 B : *D. 2022. Chron. C. cass. 2320, obs. Barbot ; RTD com. 2022. 866, obs. Martin-Serf ; RJDA 2022, n° 702 ; APC 2022, n° 244, obs. Revel Pedemons ; JCP E 2023. 1008, note Houssin ; Dr. sociétés 2023, n° 14, note Legros ; BJE 1-2/2023. 38, note Saintourens ; RPC 2023, n° 3, obs. Cagnoli ; Gaz. Pal. 18 avr. 2023, p. 71, obs. Lebel.*

3. Le débiteur soumis à une procédure collective dispose d'un droit propre à se défendre à l'action tendant au report de la date de cessation de ses paiements, dont la nature est contentieuse, et, à cette fin, à défaut de la remise au greffe d'une requête conjointe ou de la présentation volontaire des parties constatées par la signature d'un procès-verbal, une assignation doit lui être délivrée. • Com. 19 mai 2015, n° 14-14.258 : *BJE 2015. 303, note Favario ; RJDA 2015, n° 760 ; RPC 2016, n° 9, obs. Berthelot et Faure ; RJ com. 2016. 273, obs. Lebel.* ♦ En ce sens que la signification de l'assignation doit mentionner comme destinataire le dirigeant en sa qualité de représentant légal de la société débitrice, V. • Com. 3 févr. 2021, n° 19-16.426 : *BJE 5-6/2021. 24, note Martineau-Bourgninaud.*

4. La date de la cessation des paiements fixée dans le jugement d'ouverture de la procédure collective d'une personne morale ou dans un jugement de report est opposable à son dirigeant qui, ayant un intérêt personnel à critiquer cette date, est recevable à former un appel ou une tierce opposition contre cette décision, selon qu'il était présent ou non à titre personnel à l'instance. • Com. 5 sept. 2018, n° 17-15.395 : *BJS 2018. 707, note Luciano ; Gaz. Pal. 15 janv. 2019, p. 57, obs. Reille ; Dr. sociétés 2019, n° 72, note Legros.* ♦ V. aussi, sur l'intérêt personnel du dirigeant à contester la décision de report de la date de cessation des paiements, note 3 ss. art. L. 653-8 et note 4 ss. art. R. 661-2.

5. Dès lors qu'à la date de son ordonnance ayant déclaré recevable l'appel formé par le dirigeant à titre personnel contre le jugement ayant accueilli la demande de report de la date de cessation des paiements et ordonnant la mise en cause de la société débitrice « prise en la personne de son représentant légal », le délai d'un an fixé par l'art. L. 631-8 pour agir en report de la date de cessation des paiements était déjà expiré et qu'aucune régularisation de la procédure n'était donc plus possible, le conseiller de la mise en état a violé les art. L. 631-8 C. com. et 126 C. pr. civ. • Com. 27 nov. 2019, n° 18-18.194 P : *D. 2019. Actu. 2348 ; RTD com. 2020. 177, obs. Martin-Serf ; DP diff. entr., Bull. n° 420, obs. Rémery ; LEDEN 2/2020. 2, obs. Maréchal Pollaud-Dulian ; RPC 2020, n° 8, obs. Saintourens ; RLDA févr. 2020. 52, obs. Gibirila ; Dr. sociétés 2020, n° 41, note Legros.*

6. L'art. L. 631-8, al. 2, disposant que la date de cessation des paiements peut être reportée une ou plusieurs fois, il s'en déduit que l'existence d'une décision d'irrecevabilité ou de rejet d'une demande de report de la date de cessation des paiements ne fait pas obstacle à l'introduction d'une nouvelle demande fondée sur la disposition préc. • Com. 29 sept. 2021, n° 20-10.105 B : *D. 2021. Actu. 1765 ; RTD com. 2022. 148, obs. Martin-Serf ; JCP E 2021. 1539, note Houssin ; LEDEN 11/2021. 3, obs. Rubellin ; Dr. sociétés 2022, n° 19, note Legros.*

7. La présentation de la demande de report de la date de cessation des paiements doit s'entendre, au sens de l'art. L. 631-8, de la remise au greffe d'une copie de l'assignation et non de la délivrance de celle-ci. • Amiens, 19 avr. 2012 : *APC 2012, n° 222.* ♦ V. aussi note 3 ss. anc. art. L. 621-7.

8. La recevabilité de l'action en report de la date de cessation des paiements n'est pas subordonnée à la vérification préalable des créances. • Com. 3 oct. 2018, n° 17-14.579 P : *D. 2018. Actu. 1966 ; Rev. sociétés 2018. 749, obs. Roussel Galle ; RTD com. 2018. 1021, obs. Martin-Serf ; APC 2018, n° 248, obs. Petit ; LEDEN 12/2018. 5, obs. François ; BJS 2018. 703, note Camensuli-Feuillard ; RJDA 2019, n° 34 ; Gaz. Pal. 15 janv. 2019, p. 55, obs. Reille ; BJE 2019. 14, note Martineau-Bourgninaud ; RPC 2019, n° 30, obs. Saintourens.*

9. La date mentionnée dans l'assignation en report peut être modifiée par l'auteur de la saisine, par voie de demande additionnelle, jusqu'à ce que la juridiction saisie se prononce, l'effet interruptif du délai pour agir attaché à l'assignation s'étendant à la demande additionnelle en modification de la date qui tend aux mêmes fins. • Com. 28 janv. 2014, n° 13-11.509 P : *D. 2014. Chron. C. cass. 1016, obs. Guillou ; ibid. Actu. 367, obs. Lienhard ; Rev. sociétés 2014. 203, obs. Henry ; JCP E 2014. 1119, note Lebel ; ibid. 1173, n° 3, obs. Pétel ; JCP 2014. 388, note J.-J. Barbièri ;*

DP diff. entr., Bull. n° 356, obs. Rémery ; APC 2014, n° 70, obs. Martineau-Bourgninaud ; RJDA 2014, n° 360 ; LPA 17 avr. 2014, note Teffo ; Gaz. Pal. 29 juin-1er juill. 2014, p. 21, obs. Reille ; RPC 2014, n° 93, obs. Cagnoli.

10. Si, aux termes de l'art. L. 631-8, le débiteur doit être entendu ou dûment appelé sur la demande de report de la date de cessation de ses paiements formée par l'administrateur judiciaire, lui seul est recevable à invoquer l'inobservation de cette formalité. • Com. 31 mai 2016, n° 14-19.983 : *RPC 2016, n° 137, obs. Saintourens ; RJDA 2017, n° 30.*

11. Il résulte des art. L. 631-1 et L. 631-8 que la date de cessation des paiements ne peut être reportée qu'au jour où le débiteur était déjà dans l'impossibilité de faire face à son passif exigible avec son actif disponible ; le juge saisi d'une demande de report doit donc, pour apprécier cette situation, se placer, non au jour où il statue, mais à celui auquel est envisagé le report de la date de cessation des paiements. • Com. 9 déc. 2020, n° 19-14.437 P : *D. 2021. Actu. 5 ; RTD com. 2021. 200, obs. Martin-Serf ; LEDEN 2/2021. 2, obs. Maréchal Pollaud-Dulian ; RJDA 2021, n° 178 ; BJE 3-4/2021. 12, note Martineau-Bourgninaud ; Gaz. Pal. 13 avr. 2021, p. 63, obs. Reille ; RJ com. 2021. 269, obs. Bézert.* ♦ Sur le pouvoir du tribunal de fixer une date autre que celle mentionnée dans la demande de report formée par le liquidateur, V. • Com. 3 avr. 2019, n° 17-28.359 P : *RTD com. 2019. 767, obs. Martin-Serf ; APC 2019, n° 119, obs. Petit ; LEDEN 6/2019. 3, obs. Cavelier ; RJDA 2019, n° 518 ; Dr. sociétés 2019, n° 135, note Legros ; BJE 7-8/2019. 16, note Martineau-Bourgninaud.*

12. En cas d'appel par le ministère public d'un jugement ayant ouvert la liquidation judiciaire d'un débiteur, lequel est suspensif en application de l'art. L. 661-1, II, et de réformation de ce jugement par un arrêt ouvrant le redressement judiciaire de ce débiteur, la cour d'appel ne peut fixer une date de cessation des paiements antérieure de plus de dix-huit mois à la date de son arrêt, qui constitue la seule décision d'ouverture. • Com. 12 janv. 2022, n° 20-16.394 B : *D. 2022. Actu. 69 ; Rev. sociétés 2022. 186, obs. Roussel Galle ; RTD com. 2022. 150, obs. Martin-Serf ; JCP E 2022. 1163, n° 1, obs. Pétel ; LEDEN 2/2022. 2, obs. Favre-Rochex ; APC 2022, n° 44, obs. Salhi ; RJDA 2022, n° 209 ; BJE 3-4/2022. 11, note Martineau-Bourgninaud ; Gaz. Pal. 19 avr. 2022, p. 41, note Goujon-Bethan ; Dr. sociétés 2022, n° 57, note Legros.*

13. La décision ouvrant la procédure de conciliation n'a pas, en cas d'échec, autorité de chose jugée quant à la date de cessation des paiements. • Com. 22 mai 2013, n° 12-18.509 P : *D. 2013. Actu. 1343, obs. Lienhard ; RTD com. 2013. 803, obs. Macorig-Venier ; Rev. sociétés 2013. 519, obs. Henry ; LEDEN 7/2013. 2, obs. F.-X. Lucas ; Gaz. Pal. 12-13 juill. 2013, p. 12, obs. Reille ; Dr. sociétés 2013, n° 146, note Legros ; RPC 2013, n° 109, obs. Cagnoli ; RJDA 2013, n° 817 ; BJE 2013. 272, note Sortais.*

Art. L. 631-9 *(Ord. n° 2008-1345 du 18 déc. 2008, art. 78)* **L'article L. 621-4, à l'exception** *(Ord. n° 2014-326 du 12 mars 2014, art. 51-1°, en vigueur le 1er juill. 2014) (Abrogé par L. n° 2019-486 du 22 mai 2019, art. 58)* ***« de la troisième phrase du cinquième alinéa et »*** **de la première phrase du sixième alinéa », ainsi que les articles** *(L. n° 2015-990 du 6 août 2015, art. 235-I-2°)* **« L. 621-4-1 » à L. 621-11 sont applicables à la procédure de redressement judiciaire.** *(L. n° 2015-990 du 6 août 2015, art. 237-2°)* **« Le tribunal peut se saisir d'office ou à la demande du créancier poursuivant aux fins mentionnées au troisième alinéa de l'article L. 621-4. Il peut se saisir d'office aux fins mentionnées au quatrième alinéa du même article L. 621-4. »**

(Ord. n° 2014-326 du 12 mars 2014, art. 51-2°, en vigueur le 1er juill. 2014) **« Le tribunal sollicite les observations du créancier poursuivant sur la désignation du mandataire judiciaire et celles du débiteur sur la désignation de l'administrateur judiciaire. »**

Aux fins de réaliser l'inventaire prévu à l'article L. 622-6 et la prisée des actifs du débiteur, le tribunal désigne, en considération de leurs attributions respectives telles qu'elles résultent des dispositions qui leur sont applicables, *(Ord. n° 2016-728 du 2 juin 2016, art. 23, en vigueur le 1er juill. 2022)* **« un commissaire de justice », un notaire ou un courtier en marchandises assermenté.**

V. art. R. 631-16.

Ancien art. L. 631-9 *[réd. issue de L. n° 2005-845 du 26 juill. 2005]* ***Les articles L. 621-4 à L. 621-11 sont applicables à la procédure de redressement judiciaire. Le tribunal peut se saisir d'office aux fins mentionnées aux troisième et quatrième alinéas de l'article L. 621-4.***

COMMENTAIRE

Les articles L. 621-4 et L. 621-4-1, auxquels renvoie l'article L. 631-19, concernent la désignation des organes de la procédure (les exceptions résultant de l'ordonnance de 2008 s'expliquent puisqu'il s'agit : d'une part, du droit du débiteur de proposer un administrateur, réservé à la procédure « volontariste » qu'est la sauvegarde ; d'autre part, des conséquences du caractère facultatif, en sauvegarde, de la réalisation de l'inventaire par un officier public ; V. ci-dessous).

Sont applicables au redressement judiciaire les dispositions concernant les représentants des salariés (art. L. 621-5 et L. 621-6) ; le remplacement ou l'adjonction d'administrateurs, experts ou mandataires judiciaires (art. L. 621-7) ; l'information du juge-commissaire et du procureur sur le déroulement de la procédure (art. L. 621-8) ; la mission du juge-commissaire (art. L. 621-9) ; les contrôleurs (art. L. 621-10 et L. 621-11).

Tout comme en cas de sauvegarde, l'ordonnance du 18 décembre 2008 permet désormais au ministère public de proposer des mandataires de justice à la désignation du tribunal, le rejet de cette proposition devant être spécialement motivé (V. art. L. 621-4).

Comme, désormais, en sauvegarde, la réalisation de l'inventaire peut être laissée aux soins du débiteur, et que la prisée des actifs du débiteur a été supprimée (V. art. L. 622-6), l'ordonnance de 2008 a dû ajouter un alinéa à l'article L. 631-9, pour permettre, en redressement judiciaire, la désignation par le tribunal, aux fins de réaliser l'inventaire et la prisée, d'un officier public.

L'ordonnance du 12 mars 2014 a apporté une particularité au redressement judiciaire, procédure par nature moins « volontariste », souvent déclenchée sur assignation des créanciers : le créancier poursuivant est sollicité par le tribunal pour faire des observations sur la désignation du mandataire judiciaire. De même, le débiteur est sollicité pour faire des observations sur la désignation de l'administrateur. Ultérieurement, la loi du 6 août 2015 est venue étendre l'initiative du débiteur de demander la désignation de plusieurs administrateurs ou mandataires judiciaires au créancier poursuivant.

La loi PACTE du 22 mai 2019 a franchi un pas de plus : rapprochant sur ce point le redressement judiciaire de la sauvegarde, elle a autorisé (en gommant l'exclusion du renvoi à la troisième phrase du cinquième al. de l'art. L. 621-4), pour les procédures ouvertes à compter du 24 mai 2019, le débiteur à proposer le nom d'un ou plusieurs administrateurs. Sauf avis contraire du ministère public, le débiteur pourra ainsi proposer l'administrateur judiciaire qui l'a précédemment accompagné pendant la sauvegarde qui a été convertie en redressement judiciaire. L'idée est ici, non seulement d'éviter une perte de temps en cas de conversion, mais aussi, bien entendu, de mettre les chefs d'entreprise en confiance et de les inciter à demander l'ouverture d'un redressement judiciaire, s'ils n'ont pu anticiper assez pour solliciter une sauvegarde (*Rapp. AN, n° 1237*). ❑

Inventaire et prisée des actifs. V. note 12 ss. art. L. 621-4.

Art. L. 631-9-1 *(Ord. n° 2014-326 du 12 mars 2014, art. 52, en vigueur le 1er juill. 2014)* **Si les capitaux propres n'ont pas été reconstitués dans les conditions prévues par l'article L. 626-3, l'administrateur a qualité pour demander la désignation d'un mandataire en justice chargé de convoquer l'assemblée compétente et de voter** *(Abrogé par L. n° 2016-1547 du 18 nov. 2016, art. 99-V-1°)* **« *sur* » la reconstitution du capital, à** *(L. n° 2016-1547 du 18 nov. 2016, art. 99-V-2°)* **« concurrence du montant proposé par l'administrateur », à la place du ou des associés ou actionnaires opposants lorsque le projet de plan prévoit une modification du capital en faveur d'une ou plusieurs personnes qui s'engagent à** *(L. n° 2016-1547 du 18 nov. 2016, art. 99-V-3°)* **« exécuter » le plan.** – *V. art. R. 631-34-5 s.*

Le V de l'art. 99 de la L. n° 2016-1547 du 18 nov. 2016 n'est pas applicable aux procédures en cours au jour de la publication de cette loi (L. préc., art. 114-XVI, JO 19 nov.).

COMMENTAIRE

C'est, en fin de compte, le nouvel article L. 631-9-1 du code de commerce, seul, issu de l'ordonnance du 12 mars 2014, qui traduit, et de façon édulcorée, la ligne directrice de la réforme quant à la procédure de redressement judiciaire qui, sensible sans doute à des suggestions tirées de l'analyse économique du droit (Conseil d'analyse économique, Les enjeux économiques du droit des faillites, note n° 7, *juin 2013* ; V. aussi S. Vermeille et A. Bézert, L'éviction des actionnaires en amont de la cessation des paiements : un impératif pour lutter contre l'excès d'endettement, *D. 2013. Chron. 2045*), et conformément aussi à l'article 2, 4°, de la loi d'habilitation n° 2014-1 du 2 janvier 2014, prévoyant des mesures assurant « une meilleure répartition des pouvoirs entre les acteurs de la procédure », tend à déplacer le rapport de forces entre les actionnaires et les créanciers, notamment les créanciers seniors, au profit de ces derniers.

En l'occurrence, il s'agit, grâce à la technique, bien connue du droit des sociétés, notamment en cas d'abus de minorité, de la désignation d'un mandataire *ad hoc*, chargé de convoquer l'assemblée mais aussi de voter à la place du ou des associés ou actionnaires opposants, de permettre aux créanciers de passer outre le refus des associés ou actionnaires de voter une modification de capital (en pratique, une augmentation) requise par le projet de plan de redressement. Les conditions supposent, pour schématiser, la preuve, d'un côté, de la bonne volonté des créanciers, prêts à faire des efforts afin de sauver l'entreprise, de l'autre, de la mauvaise volonté des actionnaires, rechignant à contribuer au renflouement de la société.

Mais, comparé à celui de l'avant-projet diffusé, le texte promulgué apparaît en retrait, dans le souci évident de cantonner l'atteinte au droit fondamental de l'associé que constitue son droit de vote.

L'article L. 631-9-1, dans sa rédaction initiale, avant les retouches apportées par la loi du 18 novembre 2016, posait ainsi, d'une part, la condition du refus des actionnaires de reconstituer les capitaux propres devenus inférieurs à la moitié du capital social ou d'approuver l'opération de « coup d'accordéon », tendant, après réduction, à augmenter le capital en faveur d'une ou plusieurs personnes s'engageant à exécuter le plan (au risque, évidemment, de la dilution de la part des actionnaires d'origine, voire de leur éviction) ; d'autre part, donc, l'engagement des actionnaires de respecter (autrement dit d'« exécuter », selon l'opportune correction faite en 2016) le plan. Le but de cette disposition est de favoriser la conversion de créances en actions, laquelle entraîne nécessairement un transfert du pouvoir à d'autres acteurs que les actionnaires d'origine. Toutefois, et c'était là la limite majeure posée par la version définitive de l'ordonnance, le mandataire de justice ne pouvait voter sur la reconstitution du capital qu'à hauteur du minimum légal, autrement dit la moitié du capital social. De même, avait disparu la possibilité, envisagée par l'avant-projet, de voter en faveur « des cessions de parts sociales, de titres de capital ou de valeurs mobilières donnant accès au capital », prévues par le plan.

Ainsi, en fin de compte, le nouveau dispositif apparaissait bien timide. R. Dammann et G. Podeur en avaient fait la démonstration *(D. 2014. Chron. 752* ⊘*)*. Étant entendu que toute société en redressement judiciaire ne souffre pas nécessairement d'une chute de ses capitaux propres inférieurs en dessous de la moitié de son capital social, rien n'empêche l'actionnaire de se mettre à l'abri de l'article L. 631-9-1, avant l'ouverture de la procédure collective, en réduisant le montant du capital social ou en incorporant au capital des créances d'actionnaire. Par ailleurs, l'intérêt d'un tiers à participer à une telle augmentation de capital suppose que cette injection de *« new money »* entraîne une dilution massive de la participation de l'actionnaire existant. Or le texte non seulement était restrictif, en ce qu'il plafonnait le vote forcé à la reconstitution des capitaux propres jusqu'à la moitié du capital social, mais il était aussi imprécis dans sa portée, en ce qu'il n'affirmait pas expressément la possibilité d'imposer un « coup d'accordéon » (en ce sens, V., not., P. Pétel, *JCP E 2014. 1223, n° 17*). Bien des questions demeuraient, en effet, dans l'incertitude (pourra-t-on assimiler un associé absent à un associé opposant ? : V. F.-X. Lucas, *BJE 2014. 111* ; la réponse négative semble résulter de l'art. R. 631-34-5).

Il est donc heureux qu'à l'occasion de la loi du 18 novembre 2016, le législateur soit revenu sur ce dispositif perfectible. Certes, les modifications ne sont pas révolutionnaires. Mais, quand même, au-delà de modifications rédactionnelles, la loi offre une appréciable marge de liberté à l'administrateur, en faisant sauter le verrou du seuil minimal de reconstitution du capital prévu à l'article L. 626-3. Ainsi, désormais, l'administrateur se voit octroyer le droit de proposer un montant de capital à reconstituer supérieur, sans plafond, répondant de la sorte à une des principales critiques adressées au texte de l'ordonnance de 2014. ❑

En ce sens que les art. L. 626-3 et L. 631-9-1 ne sont pas applicables lorsque l'assemblée générale appelée à autoriser les mesures de restructuration financière s'est tenue après l'adoption du plan de redressement, mais que le refus des minoritaires de voter en faveur de ces mesures de restructuration peut constituer un abus de minorité justifiant la nomination d'un mandataire *ad hoc*, V. • Com.

22 nov. 2023, n° 22-16.362 B : *D. actu. 15 déc. 2023, obs. Dalmau ; JCP E 2024. 1116, n° 8, obs. Tehrani ; Dr. sociétés 2024, n° 68, note Legros ; APC 2024, n° 16, obs. Coquelet ; RPC 2024, n° 2, obs. Lafaurie ; BJE 3-4/2024. 9, note Duchesne ; BJS 7-8/2024. 49, note F.-X. Lucas et Gralitzer.*

Art. L. 631-10 *(Ord. n° 2008-1345 du 18 déc. 2008, art. 79)* **« A compter du jugement d'ouverture, les parts sociales, titres de capital ou valeurs mobilières donnant accès au capital de la personne morale qui a fait l'objet du jugement d'ouverture et qui sont détenus, directement ou indirectement par les dirigeants de droit ou de fait, rémunérés ou non, ne peuvent être cédés, à peine de nullité, que dans les conditions fixées par le tribunal. »**

Les *(L. n° 2005-845 du 26 juill. 2005, art. 90)* **« titres de capital ou valeurs mobilières donnant accès au capital » sont virés à un compte spécial bloqué, ouvert par l'administrateur au nom du titulaire et tenu par la société ou l'intermédiaire financier selon le cas. Aucun mouvement ne peut être effectué sur ce compte sans l'autorisation du juge-commissaire.**

L'administrateur fait, le cas échéant, mentionner sur les registres de la personne morale l'incessibilité des parts *(Ord. n° 2008-1345 du 18 déc. 2008, art. 79)* **« détenues directement ou indirectement par les dirigeants ».** – *[C. com., anc. art. L. 621-19.]*

V. art. R. 631-14.

Ancien art. L. 631-10 (al. 1er et 3) ***A compter du jugement d'ouverture, les dirigeants de droit ou de fait, rémunérés ou non, ne peuvent, à peine de nullité, céder les parts sociales,*** *(L. n° 2005-845 du 26 juill. 2005, art. 90)* ***« titres de capital ou valeurs mobilières donnant accès au capital » représentant leurs droits sociaux dans la société qui a fait l'objet du jugement d'ouverture que dans les conditions fixées par le tribunal.***

[...]

L'administrateur fait, le cas échéant, mentionner sur les registres de la personne morale l'incessibilité des parts des dirigeants. – *[C. com., anc. art. L. 621-19.]*

COMMENTAIRE

Cet article, issu de la loi du 26 juillet 2005, a repris les dispositions de l'ancien article L. 621-19, en les adaptant à la terminologie issue de l'ordonnance du 24 juin 2004 portant réforme des valeurs mobilières. L'ordonnance du 18 décembre 2008 y a apporté quelques retouches rédactionnelles conduisant à deux extensions : d'une part, sont maintenant visées toutes les personnes morales (autrement dit, les associations, les GIE), et non plus seulement les sociétés ; d'autre part, est visée désormais la détention directe et indirecte des titres (sur la portée du dispositif, V. P. Roussel Galle, Associés, dirigeants et plans de continuation dans la société en difficulté, *BJS 2009. 1109*). ❑

1. Incessibilité de plein droit des parts sociales. L'incessibilité légale des parts sociales édictée par l'art. L. 631-10 est une mesure conservatoire automatique et n'a pas à faire l'objet d'une publicité spécifique. • Bordeaux, 1er juin 2016, n° 15/03736 : *RPC 2016, n° 113, obs. Lebel.*

2. Dirigeants visés. Une société, membre du conseil d'administration d'une société anonyme, et un particulier, représentant permanent de cette dernière, ont la qualité de dirigeant de droit et relèvent des dispositions de l'art. L. 621-19 [L. 631-10] C. com. • Com. 20 oct. 2009 : *Gaz. Pal. 8-9 janv. 2010, p. 22, obs. Lebel ; RJDA 2010, n° 166 ; BJS 2010. 282, note Pétel ; Dr. sociétés 2010, n° 100, note Legros.* ♦ Sur la question de savoir si une cour d'appel, se prononçant sur le recours formé contre une décision du juge commis à la surveillance du registre du commerce et des sociétés, a le pouvoir de déterminer si la société cédante de la totalité des parts sociales avait la qualité de dirigeant de la société débitrice pour l'application de l'art. L. 631-10 C. com., V. • Com. 29 nov. 2016, n° 15-13.396 P : *D. 2016. Actu. 2463 ; Rev. sociétés 2017. 286, note Reygrobellet ; JCP E 2017. 1214, n° 5, obs. Caffin-Moi ; LEDEN 1/2017. 3, obs. Camensuli-Feuillard ; APC 2017, n° 43, obs. Thiberge ; BJS 2017. 190, note Mélin ; ibid. 563, obs. Bahans ; RJDA 2017, n° 184.*

3. Accord antérieur au jugement d'ouverture. Les dispositions de l'art. 28 [C. com., art. L. 631-10] ne font pas obstacle à l'action tendant à faire exécuter par les dirigeants de droit ou de fait d'une société ayant fait l'objet d'une procédure collective une cession de parts sociales représentant leurs droits sociaux dans cette société, dès lors que l'accord entre les parties sur les termes d'une telle cession est intervenu antérieurement au jugement d'ouverture. • Com. 10 mars 1992, n° 90-14.456 P : *JCP E 1992. I. 168, n° 22, obs. Cabrillac et Pétel.* ♦ En revanche, les dirigeants bénéficiaires d'une promesse unilatérale d'achat de leurs actions ne peuvent lever l'option d'achat au cours de la période d'observation, quand bien même la promesse aurait été conclue avant l'ouverture de la procédure collective : • Com. 20 oct. 2009 : *préc. note 2.*

4. Cessation de l'activité de l'entreprise. L'art. 28 [C. com., art. L. 631-10] n'a pour but que de faciliter la poursuite de l'entreprise et cesse de recevoir application lorsque l'entreprise a cessé son activité. • T. com. Paris, 6 févr. 1995 : *Gaz. Pal. 1995. 1. Somm. 215.*

5. Plan de redressement. Sauf décision contraire du tribunal, l'interdiction, pour les dirigeants, de céder librement leurs parts sociales à compter du jugement d'ouverture, édictée par l'art. L. 621-19 C. com., dans sa rédaction antérieure à la loi du 26 juill. 2005 [devenu l'art. L. 631-10], cesse avec le jugement qui arrête le plan de continuation [de redressement]. • Com. 17 nov. 2015, n° 14-12.372 P : *D. 2015. Actu. 2438, obs. Lienhard ; Rev. sociétés 2016. 194, obs. Henry ; ibid. 253, note Reygrobellet ; JCP E 2015. 1624, note Cerati-Gauthier ; ibid. 2016. 1217, n° 8, obs. Caffin-Moi ; LEDEN 12/2015. 4, obs. Rubellin ; APC 2015, n° 317, obs. Vallansan ; JCP 2016. 158, note Brignon ; BJS 2016. 48, note Laroche ; BJE 2016. 19, note Monsèrié-Bon ; Dr. sociétés 2016, n° 35, note Legros ; Gaz. Pal. 2 févr. 2016, p. 68, obs. Zattara-Gros ; RJDA 2016, n° 215 ; RPC 2016, n° 40, obs. Lebel.*

Art. L. 631-10-1 *(L. n° 2012-346 du 12 mars 2012, art. 2)* **A la demande de l'administrateur ou du mandataire judiciaire, le président du tribunal saisi peut ordonner toute mesure conservatoire utile à l'égard des biens du dirigeant de droit ou de fait à l'encontre duquel l'administrateur ou le mandataire judiciaire a introduit une action en responsabilité fondée sur une faute ayant contribué à la cessation des paiements du débiteur.** – *La L. n° 2012-346 du 12 mars 2012 est applicable aux procédures de sauvegarde, de redressement judiciaire ou de liquidation judiciaire en cours à la date de sa publication [JO 13 mars] (L. préc., art. 6).*

V. art. L. 663-1-1, R. 631-7-1, R. 631-14-1, R. 662-1-1 et R. 662-1-2.

COMMENTAIRE

I. GENÈSE DE LA LOI DU 12 MARS 2012

L'article L. 631-10-1 résulte de la loi du 12 mars 2012, « relative aux mesures conservatoires en matière de procédures de sauvegarde, de redressement judiciaire ou de liquidation judiciaire et aux biens qui en font l'objet », votée selon la procédure accélérée, sous la pression de l'actualité, ce que l'exposé des motifs ne cachait nullement : « Des exemples récents démontrent la nécessité d'introduire dans le droit des difficultés des entreprises des mesures permettant de faire obstacle à ce que des tiers prélèvent les actifs de l'entreprise défaillante, organisent leur protection face au risque de voir leur responsabilité engagée, ou privent cette entreprise de toute possibilité de répondre à ses obligations, notamment environnementales urgentes. Il existe déjà, parmi celles du livre VI du code de commerce, des dispositions permettant de déroger aux exigences de la loi du 9 juillet 1991 relative aux procédures civiles d'exécution, sur le fondement desquelles, même en l'absence d'une créance paraissant fondée dans son principe, le juge peut ordonner des mesures conservatoires. Cependant, ces mesures dérogatoires prévues par l'article L. 651-4 du code de commerce supposent qu'une procédure de liquidation judiciaire soit en cours. Or, même dans le cadre d'une procédure de sauvegarde ou de redressement judiciaire, la mise en cause de tiers est possible ».

Ce dispositif d'urgence visait, dans l'immédiat, les actifs de *Petroplus*, ce groupe suisse dont la décision de fermer le site de raffinerie de Petit-Couronne, qui employait 550 salariés, avait conduit le tribunal de commerce de Rouen, le 24 janvier 2012, à ouvrir contre celle-ci, déjà à l'arrêt depuis plusieurs semaines après le gel par les banques des lignes de crédit de *Petroplus*, un redressement judiciaire très médiatisé. Mais d'autres affaires ont été citées dans les travaux préparatoires, notamment l'affaire *Sodimédical*, qui a donné lieu à un arrêt de cassation du 3 juillet 2012, relatif aux conditions d'ouverture de la liquidation judiciaire d'une filiale, illustrant bien les risques d'instrumentalisation des procédures collectives de filiales (V. Com. 3 juill. 2012 : *cité note 5 ss. art. L. 631-1*), au détriment notamment des salariés mais aussi de l'AGS. A cette fin, et de façon pour le moins tout à fait dérogatoire aux traditions en la matière, les dispositions issues de la loi nouvelle ont été déclarées applicables « aux procédures de sauvegarde, de redressement judiciaire ou de liquidation judiciaire en cours à la date de sa publication » (art. 6). Le « prétexte », avancé devant la commission des lois de l'Assemblée nationale, de la loi du

26 juillet 2005 ne saurait convaincre, puisque l'article 191 de cette dernière ne concernait que les dispositions plus douces en matière de sanctions personnelles, des modifications purement formelles et certaines dispositions réputées plus efficaces. Cela dit, cette loi « sur-mesure » n'aura servi à rien dans l'affaire *Petroplus* (V. E. Mouial-Bassilana, Rétroactivité et droit de l'entreprise en difficulté, *JCP E 2013. 1514, n° 12*).

Sept mois plus tard, la publication du décret n° 2012-1190 du 25 octobre 2012, marqué par la volonté d'encadrer autant que possible le dispositif légal, a rendu ce dernier effectif.

II. MESURES CONSERVATOIRES (ART. L. 621-2, DERNIER AL., ET ART. L. 631-10-1)

Diverses mesures conservatoires (en pratique, saisie conservatoire ou sûreté judiciaire) sont prévues, qui concernent, en particulier, l'action en extension de la procédure, fondée sur l'article L. 621-2, mais aussi, de façon plus surprenante, en l'absence là de fondement textuel spécial, une éventuelle action en responsabilité de droit commun fondée sur l'article 1382 du code civil (devenu l'art. 1240, depuis le 1er oct. 2016, en raison de l'Ord. du 10 févr. 2016 ; laquelle ne se heurterait pas à la règle de non-cumul des actions, puisque, par hypothèse, l'article L. 651-2 ne s'applique pas en redressement judiciaire). Le texte étend ainsi aux autres procédures collectives que la liquidation judiciaire la faculté pour les personnes pouvant exercer de telles actions d'obtenir du juge qu'il ordonne des mesures conservatoires qui permettront, notamment, d'éviter que les personnes visées par ces actions ne fassent échapper à la procédure un certain nombre de biens. Comme le dit l'exposé des motifs, « si le maître de l'affaire, véritable dirigeant de la société en difficulté, est propriétaire d'éléments que cette dernière détient pour son compte, la mesure permettra de saisir à titre conservatoire ces éléments d'actif dont il aurait pu exiger la restitution avant qu'une décision judiciaire ne retienne sa responsabilité dans la défaillance de cette société ». Pour cela l'article L. 621-2 est complété, et un nouvel article L. 631-10-1 est créé.

Quant à l'extension de procédure, comme l'a noté Pierre-Michel Le Corre, la mesure conservatoire risque fort d'être atteinte de nullité de droit pour avoir été pratiquée durant la période suspecte, dès lors que la date de cessation des paiements retenue pour la société cible de l'extension est celle retenue pour la société dont la procédure a été étendue (V. note 28 ss. art. L. 621-2). Nullité sûrement théorique, car le caractère attitré de l'action exclut que celle-ci soit intentée (P.-M. Le Corre, Pour quelques barils de plus chez la fille, et pour quelques dollars de moins… chez la mère : la loi *Petroplus* du 12 mars 2012, *Rev. sociétés 2012. 412*).

Quant à l'article L. 631-10-1, sa lettre paraît bien large, surtout quant au lien de causalité entre la faute et la cessation des paiements. De plus, le critère, fondé sur la prétendue contribution de la faute du dirigeant assigné « à la cessation des paiements du débiteur », qui se réfère implicitement à la théorie de « l'équivalence des conditions », étonne en ce qu'il sous-entend que, pour le reste, la cessation des paiements serait due à la faute du débiteur, à contre-courant de la vision économique qui prévaut désormais en la matière (V., même, s'interrogeant sur l'existence d'un préjudice, en cas d'arrêté et d'exécution d'un plan de redressement, P.-M. Le Corre, *préc.*). A titre de comparaison, rappelons que, s'agissant de la responsabilité pour insuffisance d'actif, le critère est précisément « l'insuffisance d'actif » (V. art. L. 651-2 ; V., évoquant un « régime spécial de responsabilité pour contribution à la cessation des paiements », M.-P. Dumont-Lefrand et C. Lisanti, Le législateur des cas particuliers, *APC 2012, n° 96*).

Notons encore que, de manière beaucoup plus extensive, la proposition de loi visait, initialement, au-delà des dirigeants de droit ou de fait, seuls visés en définitive, « toute personne », autrement dit tout « tiers », ce qui eût alors potentiellement concerné les établissements de crédit aussi, notamment en cas de rupture brutale de crédit. Quoi qu'il en soit, la disposition souffre la critique en ce qu'elle permet d'appréhender les actifs de tiers sur la base d'une sorte de présomption de responsabilité, alors même que les actions au fond, très aléatoires, risquent de ne jamais aboutir (V. G. Teboul, La nouvelle loi sur les mesures conservatoires en matière de procédures collectives : une loi de circonstance ou une sanction préventive ?, *LPA 2 mars 2012, p. 5* ; pour une autre critique, V. F. Pérochon, De la mesure dite conservatoire à l'exécution sommaire anticipée, *BJE 2012. 73*). Sans compter que, visant souvent des sociétés étrangères, même en cas de condamnation, leur exécution sera très difficile, surtout si le siège est situé hors de l'Union européenne. Mais c'est alors, évidemment, que le dispositif institué sera précieux (V. P. Roussel Galle, La loi du 12 mars 2012 : halte au pillage des entreprises en difficulté, *JCP E 2012. Actu. 192*).

Naturellement, et comme à propos des mesures conservatoires prises sur le fondement de l'article L. 651-4, ce texte spécial dispensera de réunir les conditions posées par le code des procédures civiles d'exécution, notamment son article L. 511-1 exigeant que le « créancier » dispose d'une créance paraissant fondée dans son principe et de l'existence de circonstances susceptibles d'en menacer le recouvrement (Com. 31 mai 2011 : *cité note 2 ss. art. L. 651-4*). Encore un auteur conçoit-il un doute à cet égard en raison du renvoi à titre subsidiaire aux dispositions réglementaires de ce code effectué par le décret du 25 octobre 2012 (art. R. 662-1-1), estimant que cette articulation devrait s'appliquer aussi s'agissant de la partie législative du code, ce qui rendrait applicable ledit article L. 511-1, et donc caduque la solution de la Cour de cassation (P. Cagnoli, La loi Pétroplus a son décret d'application ! Phase 1 : l'obtention des mesures conservatoires, *APC 2012, n° 272* ; en sens contraire : P. Roussel Galle, Le décret Petroplus est arrivé !, *RPC 2012. Étude 40, n° 8*).

Quant à l'ordonnance du président du tribunal, elle relèvera des voies de recours de droit commun, en matière d'ordonnance sur requête, c'est-à-dire du code de procédure civile (plus précisément de l'art. 496), faute de dérogation prévue par le livre VI du code de commerce (V. art. R. 662-1, 1°, *Rapp. AN n° 4411*).

En cas de conversion du redressement judiciaire en liquidation judiciaire, il est prévu que le président du tribunal pourra « maintenir la mesure conservatoire ordonnée à l'égard des biens du dirigeant de droit ou de fait en application de l'article L. 631-10-1 » (V. art. L. 651-4). Autrement dit, si l'action fondée sur ce texte ne peut être intentée en cas de liquidation judiciaire, une action en responsabilité pour insuffisance d'actif devrait pouvoir lui être substituée (dans les mêmes conditions sans doute que le passage de l'action en ouverture de procédure-sanction en action en obligation aux dettes sociales, dans l'intervalle entre la loi du 26 juillet 2005 et l'ordonnance du 18 décembre 2008 ; V. P.-M. Le Corre, *préc.* ; et comm. ss. art. L. 652-1).

III. INFORMATION DES SALARIÉS (ART. L. 631-10-2)

Par suite d'une erreur de rédaction, qui n'a pas pu être réparée dans le cadre fermé de la procédure accélérée, qui supposait un vote conforme du Sénat, l'article L. 631-10-2 ne prévoit, à la lettre, l'information des représentants des salariés sur les mesures conservatoires que dans le cadre d'une action en extension d'une procédure de redressement judiciaire (art. L. 621-2). Mais, comme l'a reconnu Jean-Pierre Sueur, rapporteur devant le Sénat, dans son esprit, le texte vise évidemment aussi les articles L. 631-10-1 et L. 651-4 (*Rapp. Sénat, n° 448*). Le décret du 25 octobre 2012 n'a rien ajouté à cet égard (sauf la précision relative au destinataire de l'information : V. art. R. 631-7-1).

Par ailleurs, s'agissant des mesures prononcées en cas d'extension d'une procédure de sauvegarde en application de l'article L. 621-2, devrait s'appliquer l'obligation générale d'information des représentants du personnel par l'administrateur (V. art. L. 623-3, al. 4 ; *Rapp. Sénat, n° 448*). De même devraient s'appliquer les textes du code du travail attribuant au comité d'entreprise (désormais au comité social et économique) un droit de regard, notamment sur « l'organisation (...) et la marche générale de l'entreprise » (V. P. Morvan, La loi Petroplus, les procédures collectives et... les salariés, *JCP E 2013. 1047, n° 6*).

IV. CESSION DES BIENS (ART. L. 663-1-1)

Tout aussi opportune, dans cette affaire *Petroplus* au cœur de laquelle se trouvaient d'importants stocks de pétrole (évalués à 200 millions d'euros), une autre disposition, l'article L. 663-1-1, a permis la cession, par décision de justice, des éléments d'actif objets des mesures conservatoires : « Lorsque les mesures conservatoires ordonnées en application des articles L. 621-2, L. 631-10-1 et L. 651-4 portent sur des biens dont la conservation ou la détention génère des frais ou qui sont susceptibles de dépérissement, le juge-commissaire peut autoriser, aux prix et conditions qu'il détermine, l'administrateur, s'il a été nommé, le mandataire judiciaire ou le liquidateur à les céder. Les sommes provenant de cette cession sont immédiatement versées en compte de dépôt à la Caisse des dépôts et consignations ». Le second alinéa ajoutait : « Le juge-commissaire peut autoriser l'affectation des sommes provenant de cette cession au paiement des frais engagés par l'administrateur, le mandataire judiciaire ou le liquidateur pour les besoins de la gestion des affaires du propriétaire de ces biens, y compris pour assurer le respect des obligations sociales et environnementales résultant de la propriété de ces biens, si les fonds disponibles du débiteur n'y suffisent pas ». Selon l'exposé des motifs, « si la cession est autorisée ou ordonnée, le propriétaire pourra éventuellement en percevoir le prix, notamment s'il est mis hors de cause. Cependant, les sommes perçues en paiement de la cession de ces éléments doivent pouvoir, en totalité ou en partie, être utilisées par les mandataires de justice, administrateur judiciaire ou liquidateur, pour faire face à un certain nombre de dépenses liées à la détention de ces biens. Il s'agira par exemple des dépenses de conservation, ou de celles rendues nécessaires pour prévenir des risques imminents générés par ces éléments, comme des risques de pollution, ou encore pour assurer la mise en œuvre de mesures de sécurité urgentes les concernant ». Le texte, là encore, paraissait redoutable, notamment en ce que la notion de « biens dont la conservation ou la détention génère des frais ou qui sont susceptibles de dépérissement » semble, en pratique, suffisamment souple pour pouvoir s'appliquer à la plupart des biens (V. P. Roussel Galle, *préc.*).

Par ailleurs, l'ajout, par les députés, de la prise en compte des « obligations sociales et environnementales résultant de la propriété de ces biens » ouvrait des perspectives intéressantes pour les salariés. Le garde des Sceaux avait précisé devant le Sénat que la notion d'« obligation sociale » recouvrait ce qui relève du code du travail, des conventions collectives, des accords d'entreprise et de contrats individuels. Selon P.-M. Le Corre (*préc.*), le texte pouvait viser les obligations du tiers, propriétaire des biens, envers les salariés du débiteur au titre, par exemple, d'une obligation de reclassement, notamment s'il est qualifié de co-employeur (dans ce sens, V. aussi P. Morvan, *préc., n° 14).*

S'agissant des frais engagés par les mandataires, visés par le dernier alinéa, il avait été précisé devant la commission des lois à l'Assemblée nationale, qu'ils sont potentiellement plus larges que les frais de détention et conservation mentionnés à l'alinéa précédent. Le critère de la « gestion des affaires » renvoie aux articles 1372 à 1375 du code civil. Il suppose, notamment, que les actes de gestion de l'intervenant soient utiles et opportuns pour le maître de l'affaire, c'est-à-dire, dans notre hypothèse, pour le propriétaire des biens.

Le prix de cession devrait revenir au propriétaire, sous la déduction des frais visés par l'article L. 663-1-1, à l'issue de l'action en extension de la procédure collective (art. L. 621-2), de l'action en responsabilité pour contribution à la cessation des paiements (art. L. 631-10-1) ou de l'action en responsabilité pour insuffisance d'actif (art. L. 651-2), dès lors que celle-ci n'aboutit pas à sa condamnation ou, en cas de condamnation, s'il s'acquitte régulièrement des obligations mises à sa charge.

D'un point de vue procédural, le régime de la demande sur requête est assez particulier. Dans le souci de protéger au mieux le propriétaire des biens, le décret d'application du 25 octobre 2012 lui a en effet donné une coloration contradictoire en prévoyant l'audition de ce dernier (et du débiteur), en même temps qu'il a rendu obligatoire la présence du ministère public (V. art. R. 662-17).

Là aussi, l'ordonnance du président du tribunal relève des voies de recours de droit commun, en matière d'ordonnance sur requête (V. II ci-dessus). A cet égard, le décret du 25 octobre 2012 avait prévu, fort opportunément, que « l'exécution provisoire des décisions prises sur le fondement de l'article L. 663-1-1 [qui ne sont pas exécutoires de plein droit à titre provisoire] peut être arrêtée, en outre [par le premier président de la cour d'appel], lorsque l'exécution risque d'entraîner des conséquences manifestement excessives » (art. R. 661-1 mod.). Mais, comme l'a relevé pour le regretter P. Cagnoli, sans doute, pas plus que la cour d'appel, son premier président ne pourra-t-il apprécier les chances de succès de l'action en extension ou en responsabilité justifiant les mesures conservatoires (P. Cagnoli, Le décret d'application de la loi Pétroplus, phase 2 : la vente des biens objet des mesures conservatoires et l'affectation du produit de la vente, *APC 2012, n° 273*).

Ainsi, malgré les précautions prises (notamment, le rappel exprès de l'obligation de déposer les fonds à la Caisse des dépôts et consignations), le risque paraît important que ce texte, au potentiel incertain, ne crée des situations irréversibles pour le propriétaire des actifs cédés (V. G. Teboul, *préc.*). D'autant plus que, conçu pour les procédures collectives de filiales de grands groupes industriels, dans lesquels sa mise en œuvre sera délicate, il pourrait très bien prospérer dans des procédures aux enjeux en apparence plus modestes, notamment dans l'hypothèse fréquente où une action en extension vise une SCI abritant le patrimoine du débiteur exploitant son activité dans une société commerciale en cessation des paiements.

Et, bien sûr, en cas d'échec des actions en confusion des patrimoines ou en responsabilité, se posera inévitablement alors la question de la responsabilité des organes de la procédure (P. Roussel Galle, La loi *Petroplus* : quelques réflexions… avec un peu de recul, *RPC 2012. Étude 16, n° 29*).

En raison du potentiel de risques de cette disposition, manifestement mal conçue et maîtrisée par le législateur, l'ordonnance du 12 mars 2014 est venue discrètement mais sagement (sans habilitation particulière donnée à cette fin par la L. n° 2014-1 du 2 janv. 2014) abroger le second alinéa de l'article L. 663-1-1. ❑

Art. L. 631-10-2 *(L. n° 2012-346 du 12 mars 2012, art. 2) (Ord. n° 2021-1193 du 15 sept. 2021, art. 42, en vigueur le 1er oct. 2021)* **« La ou les personnes désignées par le comité social et économique » sont informés** *[informées]* **par l'administrateur ou, à défaut, le mandataire judiciaire des modalités de mise en œuvre des mesures conservatoires prises en application de l'article L. 621-2.** — *Pour les dispositions transitoires de l'Ord. n° 2021-1193 du 15 sept. 2021, V. note ss. art. L. 611-2.*

Pour l'entrée en vigueur, V. note ss. art. L. 631-10-1.

COMMENTAIRE

Voir le commentaire sous l'article L. 631-10-1. ❑

Art. L. 631-11 *(L. n° 2019-486 du 22 mai 2019, art. 56)* **« La rémunération afférente aux fonctions exercées par le débiteur, s'il est une personne physique, ou les dirigeants de la personne morale est maintenue en l'état, au jour de l'ouverture de la procédure, sauf décision contraire du juge-commissaire saisi sur demande de l'administrateur judiciaire, du mandataire judiciaire ou du ministère public. »**

En l'absence de rémunération, les personnes mentionnées à l'alinéa précédent peuvent obtenir sur l'actif, pour eux et leur famille, des subsides fixés par le juge-commissaire. *(L. n° 2022-172 du 14 févr. 2022, art. 5, en vigueur le 15 mai 2022)* **« Le juge-commissaire tient compte des revenus éventuellement perçus au titre du ou des patrimoines non visés par la procédure. »** — *[C. com., anc. art. L. 621-21.]*

Pour les dispositions transitoires de la L. n° 2022-172 du 14 févr. 2022, V. note ss. art. L. 611-13.

V. art. R. 631-15.

BIBL. ▸ Galokho, *RPC 2018. Étude 11* (liberté de gestion et encadrement de la fixation de la rémunération des dirigeants d'entreprises en difficulté).

COMMENTAIRE

L'article L. 631-11, issu de la loi du 26 juillet 2005, a repris l'ancien article L. 621-21. Moyennant rectification d'une imprécision terminologique : la notion de « chef d'entreprise » visée jusque-là, outre qu'elle appartienne plus au droit du travail, n'était pas appropriée en tant qu'alternative à celle de « dirigeants ». Si l'entreprise est une personne physique, mieux vaut parler, comme la loi nouvelle le fait, de « débiteur ». Ce qui, du même coup, permet d'englober les membres des professions libérales.

Notons encore que certains avaient proposé un assouplissement : le juge-commissaire ne serait autorisé qu'à diminuer la rémunération lorsque celle-ci est trop élevée par rapport aux ressources de l'entreprise (T. Montéran, Pour améliorer le droit des entreprises en difficulté, osons la réforme, *Gaz. Pal. 23-24 janv. 2008, p. 3, spéc. p. 11*). Dans le même souci d'éviter les mesures automatiques et vexatoires, la loi PACTE du 22 mai 2019 prévoit le maintien de la rémunération du débiteur, sauf décision contraire du juge-commissaire saisi sur demande de l'administrateur judiciaire, du mandataire judiciaire ou du ministère public. La loi est muette sur l'application dans le temps de ce nouveau régime. Il semble pouvoir s'appliquer aux procédures en cours au jour de la publication ou de l'entrée en vigueur de la loi nouvelle, à condition que le juge-commissaire n'ait pas déjà statué sur cette question (V. P. Roussel Galle, *Elnet, Veille permanente, 23 mai 2019*).

Tirant les conséquences de la loi du 15 juin 2010 relative à l'entrepreneur individuel à responsabilité limitée, qui avait permis, grâce à la technique de l'affectation à une activité professionnelle, à une même personne de posséder plusieurs patrimoines, l'ordonnance du 9 décembre 2010 avait prévu la prise en compte de revenus perçus au titre d'autres patrimoines (patrimoine personnel ou autre patrimoine affecté) pour déterminer la rémunération du débiteur personne physique. Un tel prélèvement, en effet, ne se justifie que dans la mesure où les moyens de subsistance de cet entrepreneur et de sa famille ne sont pas déjà assurés par ailleurs. Cette adaptation, qui consiste en une dérogation au principe de l'application patrimoine par patrimoine, est logique, dès lors que seul le patrimoine visé par la procédure ouverte est « saisi » par les effets de celle-ci. Du reste, si, après l'ouverture de la procédure, le débiteur commence une nouvelle activité (salariée, par exemple), les revenus de celle-ci ne tomberont pas dans l'actif de la procédure visant le patrimoine affecté mais dans son patrimoine personnel. Ultérieurement, la loi du 14 février 2022 en faveur de l'activité professionnelle indépendante, applicable à compter du 15 mai 2022, a substitué à l'option pour le statut de l'entrepreneur individuel à responsabilité limitée (EIRL) une protection de plein droit du patrimoine personnel, seul le patrimoine professionnel étant engagé. Dès lors, afin de viser à la fois le cas résiduel de l'EIRL et celui de l'entrepreneur individuel relevant du nouveau statut, en ce qui concerne son patrimoine professionnel, la loi de 2022 a réécrit la dernière phrase de l'article L. 631-11. ❑

1. Dirigeant de fait. Le juge-commissaire n'a compétence pour fixer la rémunération d'un dirigeant de personne morale que s'il s'agit d'un dirigeant de droit et non pas de fait. • TGI Douai, 28 avr. 1989 : *RPC 1990. 381, obs. Dureuil* • Versailles, 3 nov. 1994 : *D. 1995. IR 29 ; LPA 23 août 1995, p. 13, note Moulai ; RPC 1996. 67, obs. Dureuil* • Paris, 23 nov. 2004 : *RPC 2006. 47, obs. Lebel.*

2. Dirigeant salarié. L'art. 30 [C. com., art. L. 631-11] ne concerne que la rémunération en qualité de dirigeant et non le salaire octroyé au titre d'un contrat de travail. • T. com. Cambrai, 5 déc. 1995 : *RPC 1996. 268, obs. Taquet.*

3. Conditions liées à la période. Il a été jugé que l'allocation de subsides ne serait possible que durant la période d'observation, à la condition que le chef d'entreprise ne perçoive aucune rémunération en considération des fonctions exercées pendant la période d'activité. • TGI Metz, 27 janv. 1988 : *RPC 1988. 289, obs. crit. Dureuil.*

4. En ce sens que le dirigeant ne peut plus percevoir de subsides au titre de l'art. 30 [C. com., art. L. 631-11] après le jugement arrêtant le plan de cession, V. • Aix-en-Provence, 13 nov. 1997 : *Gaz. Pal. 1998. 2. Somm. 705.* ♦ … Ni après transformation du redressement judiciaire en liquidation judiciaire, V. • Reims, 29 juin 1994 : *RPC 1996. 68, obs. Dureuil.* ♦ *Contra :* • Paris, 4 juill. 2000 : *cité note 8 ss. art. L. 641-9* • TGI Béthune, 27 févr. 2004 : *D. 2004. AJ 700* .

5. Notion de rémunération et subsides. Le mode de fixation de la rémunération versée au dirigeant de personne morale soumise à un redressement judiciaire n'a pas pour effet de changer la nature de cette rémunération, qui demeure à la charge de la société (saisissabilité de la rémunération allouée au gérant salarié d'une SARL en redressement judiciaire). • Paris, 27 mars 2001 : *RPC 2004. 49, obs. Lebel.* ♦ V. aussi note 52 ss. ancien art. L. 621-32.

6. Opposition. L'ordonnance du juge-commissaire est susceptible d'opposition devant le tribunal qui, à la demande du dirigeant, peut donner à sa décision un effet rétroactif. * Rép. min. n° 57511 : *JOAN Q, 13 juill. 1992, p. 3205.* ♦ Sur les pouvoirs du tribunal, V. aussi • Com. 17 déc. 2003 : *RPC 2004. 217, obs. Lebel.*

Art. L. 631-12 *(L. n° 2005-845 du 26 juill. 2005, art. 92)* **Outre les pouvoirs qui leur sont conférés par le présent titre, la mission du ou des administrateurs est fixée par le tribunal.**

Ce dernier les charge ensemble ou séparément d'assister le débiteur pour tous les actes relatifs à la gestion ou certains d'entre eux, ou d'assurer seuls, entièrement ou en partie, l'administration de l'entreprise. Lorsque le ou les administrateurs sont chargés d'assurer seuls et entièrement l'administration de l'entreprise et que chacun des seuils mentionnés au quatrième alinéa de l'article L. 621-4 est atteint, le tribunal désigne un ou plusieurs experts aux fins de les assister dans leur mission de gestion. Dans

les autres cas, il a la faculté de les désigner. Le président du tribunal arrête la rémunération de ces experts, mise à la charge de la procédure.

Dans sa mission, l'administrateur est tenu au respect des obligations légales et conventionnelles incombant au débiteur.

A tout moment, le tribunal peut modifier la mission de l'administrateur sur la demande de celui-ci, du mandataire judiciaire, du ministère public ou d'office. – *V. art. R. 631-17.*

L'administrateur fait fonctionner, sous sa signature, les comptes bancaires ou postaux dont le débiteur est titulaire quand ce dernier a fait l'objet des interdictions prévues aux articles L. 131-72 ou L. 163-6 du code monétaire et financier.

Sur la participation des administrateurs judiciaires à la lutte contre le blanchiment de capitaux et le financement du terrorisme, V. C. mon. fin., art. L. 561-3. – ***C. mon. fin.***

BIBL. ▸ Gibirila, *Dr. et patr. 9/2023. 12* (gestion de l'entreprise en difficulté : du maintien en fonction du débiteur à l'éviction de ses fonctions).

COMMENTAIRE

I. MISSION DE L'ADMINISTRATEUR

Deux différences par rapport à la mission de l'administrateur en cas de sauvegarde (V. art. L. 622-1).

D'une part, la loi du 26 juillet 2005 ne prévoit plus, dans l'hypothèse de redressement judiciaire, la possibilité de ne confier à l'administrateur qu'une mission de surveillance des opérations de gestion (réservée, donc, au cas où le débiteur demeure *in bonis*). Ce qui était déjà le cas avant la réforme de 2005 en régime simplifié (V. anc. art. L. 621-137).

Pour le reste, l'éventail des missions demeure le même : l'administrateur peut se voir chargé d'assister le débiteur pour tous les actes concernant la gestion ou certains d'entre eux seulement ; ou d'assurer seul, entièrement ou en partie, l'administration de l'entreprise. Ce qui signifie donc, implicitement mais nécessairement, s'agissant des missions d'assistance circonscrites à certains actes de gestion, que, pour les autres actes, l'administrateur aura un rôle de surveillance. De toute façon, rares étaient en pratique les hypothèses de telles missions minimalistes qui supposent tout de même l'existence d'une forte confiance en le débiteur (P.-M. Le Corre, Droit et pratique des procédures collectives, *Dalloz Action, 2003/2004, n°s 42-22 s.*).

D'autre part, la loi de 2005 a maintenu ici le pouvoir du tribunal de se saisir d'office pour modifier la mission de l'administrateur, que n'a pas non plus remis en cause l'ordonnance du 12 mars 2014.

S'agissant enfin du cas nouveau du redressement judiciaire d'un professionnel libéral, il a été fait remarquer combien le dessaisissement posait de problèmes théoriques et pratiques au regard des règles de déontologie et d'indépendance, si bien qu'il convient de se demander s'il ne faudrait pas alors nommer, à titre d'administrateur, « une personne physique justifiant d'une expérience ou d'une qualification particulière au regard de la nature de l'affaire », sur le fondement de l'exception prévue par l'article L. 811-2, alinéa 2 (S. Rétif, L'extension des procédures collectives aux professions libérales, *Dr. et patr. 3/2006. 95, spéc. 100*).

II. ASSISTANCE PAR DES EXPERTS

Sur proposition de la Commission des finances de l'Assemblée nationale, un amendement a été adopté, en 2005, prévoyant que, lorsque la mission des administrateurs judiciaires consiste à assurer seuls, entièrement ou en partie, l'administration de l'entreprise (en cas de défaillance du « manager »), et s'agissant des entreprises d'une taille significative dont le nombre de salariés ou le chiffre d'affaires est supérieur au seuil prévu à l'article L. 621-4 pour la désignation obligatoire d'un administrateur, le tribunal doit désigner une ou plusieurs personnalités qualifiées, alors dénommées « experts en gestion opérationnelle », mais que le Sénat a rebaptisées, plus modestement, « experts », pour assister l'administrateur judiciaire dans la gestion de l'entreprise (J. Chartier, *Rapp. AN, n° 2099*). Dans les autres cas, fort logiquement, la désignation n'est que facultative. Par exception à l'article L. 811-1, tel que modifié par la loi du 3 janvier 2003, posant le principe de la rétribution, par l'administrateur, sur ses émoluments, des tiers auxquels il confie des tâches qui relèvent de sa mission, l'article L. 631-12 dispose expressément, dans ce cas particulier, que la rémunération du technicien est arrêtée par le président du tribunal et mise à la charge de la procédure.

1. Mission d'assistance. Une mission d'assistance sans aucune restriction emporte obligation pour l'administrateur d'assister le débiteur dans tous les actes de gestion au nombre desquels figure le fonctionnement des comptes bancaires sous leur double signature. • Com. 4 juin 2013, n° 12-17.203 P : *D. 2013. Actu. 1470 ; JCP E 2013. 1662, n° 16, obs. Salgueiro ; APC 2013, n° 163, obs. Jazottes ; RJDA 2013, n° 818 ; BJE 2013. 278, note Benilsi ; RPC 2014, n° 57, obs. Lebel.*

Il appartient à l'administrateur judiciaire, chargé d'une mission de surveillance [d'assistance], de s'assurer de l'efficacité de l'assurance de responsabilité décennale souscrite par le débiteur en vérifiant que le risque a été exactement déclaré. • Civ. 3e, 22 oct. 2014, n° 13-25.430 P : *D. 2014. Actu. 2172 ; LEDEN 12/2014. 4, obs. Pelletier ; APC 2014, n° 356, obs. Raschel ; Gaz. Pal. 18-20 janv. 2015, p. 19, obs. Bidan ; RJDA 2015, n° 121 ; RPC 2015, n° 19, obs. Lebel ; Dr. sociétés 2015, n° 97, note Legros.*

Lorsqu'un administrateur a été désigné avec mission d'assistance, il appartient au débiteur en redressement judiciaire de déclarer ses créances avec son contreseing, cet administrateur n'ayant ni le pouvoir de les déclarer seul, ni l'obligation de demander que sa mission soit, à cette fin, étendue à l'administration de l'entreprise • Com. 27 mai 2014 : *cité note 139 ss. art. L. 622-24 ; DP diff. entr., Bull. n° 360, obs. Rémery ; RDBF 2014, n° 180, obs. Houin-Bressand.*

La contrainte signifiée par l'URSSAF à une société en redressement judiciaire doit également être signifiée à l'administrateur ayant reçu mission d'assister le débiteur pour tous les actes de gestion et de disposition : • Com. 3 mars 1992 : *RJDA 1992, n° 503* • 30 mars 1993, n° 90-21.486 P : *D. 1993. IR 131.*

En application de l'art. 369 NCPC [C. pr. civ.], la nomination d'un administrateur avec une mission d'assistance implique l'interruption des actions introduites par la société objet du jugement d'ouverture de la procédure collective. • Versailles, 20 janv. 2005 : *Gaz. Pal. 2005. Somm. 2216 ; Rev. sociétés 2006. 173, note Sortais .*

La mission d'assistance confiée à l'administrateur judiciaire en application de l'art. L. 631-12 ne vient pas priver le débiteur en redressement judiciaire de la faculté de conclure seul pour défendre à une action patrimoniale dirigée contre lui, pourvu que cette action ait également été dirigée contre son administrateur ; il n'en résulte, en cette hypothèse, aucun défaut de qualité du débiteur susceptible de se traduire par l'irrecevabilité de telles conclusions, ni aucune nullité de fond de ces mêmes conclusions. • Com. 18 janv. 2023, n° 21-18.492 B : *D. 2023. Actu. 173 ; JCP E 2023. 1166, note Lebel ; APC 2023, n° 42, obs. Favario ; BJS 4/2023. 42, note Fin-Langer ; BJE 7-8/2023. 17, note J.-B. Barbièri.*

La mission d'assistance pour tous les actes de gestion implique que l'administrateur soit présent aux côtés du débiteur pour relever appel d'une décision rendue contre son administré. • Riom, 23 oct. 2002 : *Dr. sociétés 2004, n° 10, note Legros.*

L'administrateur judiciaire, dès lors qu'il est investi d'une mission d'assistance sans restriction, doit assister le débiteur pour tous les actes d'administration, comme les mesures d'exécution dont font partie les saisies-attributions. • Com. 31 mai 2016, n° 14-28.056 P : *D. 2016. Actu. 1253 ; APC 2016, n° 148, obs. Cagnoli ; RJDA 2016, n° 629 ; BJE 2016. 312, note Camensuli-Feuillard ; Gaz. Pal. 18 oct. 2016, p. 51, obs. Bidan ; RDBF 2016, n° 210, obs. S. Piedelièvre.* ♦ Pour la caducité d'une saisie-attribution dénoncée au seul débiteur soumis à la procédure collective, V. • Com. 19 févr. 2002, n° 98-22.727 P : *D. 2002. AJ 1070, obs. Avena-Robardet ; RDBF 2002, n° 105, obs. F.-X. Lucas ; Dr. et pr. 2002. 237, note Hoonakker ; RJ com. 2002. 375, note Courtier ; Dr. sociétés 2002, n° 176, note Legros* • Paris, 24 oct. 2002 : *JCP 2003. IV. 1479.* ♦ V. note 4 ss. art. L. 622-3.

La notification d'un redressement fiscal d'un débiteur en redressement judiciaire pour lequel un administrateur a été désigné avec une mission générale d'assistance doit être faite au mandataire de justice pour être juridiquement valable et ainsi permettre la fixation définitive de la créance concernée. • Douai, 17 janv. 2002 : *RPC 2004. 45, obs. Lebel.*

2. L'initiative de la demande de prorogation du permis de construire n'entre pas dans la mission d'assistance de l'administrateur du redressement judiciaire de la société venderesse d'un immeuble en l'état futur d'achèvement, par ailleurs dépourvu du pouvoir de se substituer aux acquéreurs pour mettre en œuvre, à leur profit, la garantie d'achèvement. • Com. 13 nov. 2002, n° 98-11.366 P : *D. 2003. AJ 204 ; RPC 2004. 44, obs. Lebel.*

3. Mission d'administration. La mission d'assurer seul la gestion de l'entreprise exige de la part de l'administrateur judiciaire une attention particulièrement soutenue dans le contrôle effectif des actes accomplis, avec ou sans son autorisation, par le débiteur dans le cadre de la poursuite d'activité, spécialement lorsque la période d'observation est d'une durée exceptionnellement longue (deux ans) et alors qu'il appartient à ce mandataire de saisir le tribunal, conformément à l'art. 36 de la loi [C. com., ancien art. L. 621-27], d'une demande de conversion du redressement en liquidation judiciaire dès le moment où il apparaît que tout projet de plan de continuation ou de cession est exclu. • Paris, 16 avr. 1999 : *D. 1999. IR 153.*

4. Le directeur général unique d'une société à directoire et conseil de surveillance ayant la capacité d'assurer la publicité de sa nomination, doit être cassé l'arrêt qui retient qu'un administrateur judiciaire ayant été nommé avec mission d'assurer seul et entièrement l'administration de l'entreprise, le directeur général unique ne peut demander seul l'inscription modificative au RCS relative à sa nomination. • Com. 7 févr. 1995, n° 93-10.126 P : *D. 1995. IR 75 ; BJS 1995. 419, note Le Cannu ; Defrénois 1995. 698, obs. Hovasse ; Dr. sociétés 1995, n° 95, obs. Chaput.*

5. Même si l'administrateur a été chargé, conformément aux dispositions de l'art. L. 621-22, II-3°, [L. 631-12] C. com. d'assurer seul et entièrement l'administration de l'entreprise, le droit d'être appelé et entendu sur une demande de report de la date de cessation des paiements est, malgré le dessaisissement, propre au débiteur et n'est pas compris dans la mission de l'administrateur, spécialement lorsque celui-ci figure au nombre des auteurs de la demande de report. • Orléans, 2 mai 2002 : *RJDA 2002, n° 766.*

6. Sur la possibilité, pour l'administrateur, de ratifier les actes accomplis par le débiteur seul, V. • Com. 19 mai 2021, n° 19-23.877 : *Gaz. Pal. 26 oct. 2021, p. 56, obs. Bidan ; RPC 2021, n° 151, obs. Lebel.*

7. Sur les critères pouvant conduire le tribunal à confier à l'administrateur une mission d'administration plénière, V. • Versailles, 10 nov. 2020, n° 20/02549 : *RPC 2021, n° 33, obs. Lebel.*

8. Modification de la mission. V. note 10.

9. Respect des obligations légales. Aux termes de l'art. 31 [C. com., art. L. 631-12], l'administrateur est tenu, dans sa mission, au respect des obligations légales et conventionnelles incombant au chef d'entreprise ; ce texte n'apporte aucune restriction à l'étendue de ces obligations. • Crim. 21 juin 2000 : *D. 2000. AJ 352, obs. Lienhard ; D. 2002. Somm. 207, obs. Derrida ; APC 2000, n° 199, obs. Legros ; JCP E 2000, n° 46, p. 1815, note Couret ; BJS 2000. 1121, note Vallansan ; RSC 2000. 843, obs. Renucci ; RPC 2000. 209, obs. Soinne ; Rev. sociétés 2000. 753, note Bouloc ; RTD com. 2001. 159, obs. Chazal et Reinhard ; Dr. et patr. 1/2001. 95, obs. Monsèrié-Bon ; JCP 2001. I. 289, n° 4, obs. Robert ; ibid., E 2001, n° 4, p. 174, obs. Cabrillac.* ♦ Poursuivi, sur le fondement de l'art. 441 de la L. du 24 juill. 1966 [C. com., art. L. 242-10], pour avoir omis de réunir l'assemblée générale ordinaire des actionnaires dans les six mois de la clôture de l'exercice, aux fins d'approbation des comptes, l'administrateur judiciaire ne peut être relaxé, alors qu'avant l'expiration du délai de six mois précité, étant seul investi des obligations incombant au chef d'entreprise, il devait convoquer cette assemblée. • Même arrêt (V. l'arrêt cassé : • Metz, 21 juill. 1999 : *D. 1999. AJ 8, obs. A. L. ; JCP E 2000, n° 4, p. 125, obs. Cabrillac et Pétel ; BJS 2000. 145, note Vallansan).*

L'administrateur judiciaire ayant reçu mission d'exercer seul l'administration de l'entreprise, le président du directoire de la société ne peut être déclaré coupable du délit d'infraction à la réglementation relative à la sécurité du travail et de blessures involontaires, alors que, à la date de l'accident, l'administrateur était seul investi des obligations incombant au chef d'entreprise. • Crim. 3 mars 1998, n° 95-85.808 P : *D. 1998. IR 120 ; D. Affaires 1998. 804 ; RPC 2000. 69, obs. Soinne.* ♦ Mais lorsque le débiteur dessaisi effectue, sans l'accord de l'administrateur investi d'une mission de représentation, des actes étrangers aux pouvoirs propres qui lui sont attribués par la loi, il reste tenu au respect des obligations légales et conventionnelles incombant au chef d'entreprise et sa responsabilité pénale peut être engagée. • Crim. 12 juin 1996, n° 94-85.598 P : *D. 1997. IR 25 .* ♦ La mission d'assistance de l'administrateur judiciaire ne retire pas au dirigeant sa qualité de représentant de celle-ci et de responsable pénal. • Crim. 3 déc. 2003 : *Dr. pénal 2004, n° 54, note J.-H. Robert.*

Poursuivi pour avoir fait obstacle à l'exercice régulier des fonctions des délégués du personnel, l'administrateur judiciaire ne peut invoquer, pour s'exonérer de sa responsabilité pénale, une délégation de ses pouvoirs au président de la société en redressement judiciaire, les relations existant entre l'administrateur et le chef d'entreprise, qui ne sont pas des relations d'employeur à préposé, excluant toute possibilité de délégation de pouvoirs du premier au profit du second. • Crim. 30 janv. 1996, n° 94-83.505 P : *Dr. sociétés 1996, n° 130, obs. Chaput ; RPC 1996. 260, obs. Soinne.*

10. Voies de recours. L'appel formalisé par un débiteur en redressement judiciaire, sans l'assistance de l'administrateur désigné avec une mission d'assistance pour les actes de gestion, ne peut être régularisé par l'intervention de cet administrateur qu'avant l'expiration du délai prescrit pour exercer le recours que la signification du jugement à ce mandataire a fait courir. • Com. 12 juin 2001, n° 97-20.623 P : *D. 2001. AJ 2301, obs. Lienhard ; RTD com. 2001. 775, obs. Vallens ; Procédures 2001, n° 196, obs. Laporte ; JCP E 2002, n° 20, p. 127, obs. Pétel ; RTD civ. 2001. 956, obs. Perrot* • Montpellier, 24 juin 2003 : *BICC 2003, n° 1110.* ♦ Il résulte de l'art. 32 [C. com., art. L. 622-3] que l'exercice d'une voie de recours, tel l'appel d'une ordonnance de relevé de forclusion, acte conservatoire, peut valablement être intenté par le débiteur. • Versailles, 3 déc. 1998 : *D. Affaires 1999. 380.* ♦ V. aussi, pour la recevabilité de l'appel du débiteur contre un jugement ayant fixé une créance, • Com. 14 mars 2000 : *RPC 2002. 92, obs. Lebel.* ♦ V. encore note 22 ss. art. L. 661-1.

Le débiteur dispose d'un droit propre de former un recours contre le jugement modifiant la mission de l'administrateur. • Com. 17 juill. 2001, nº 98-18.768 P : *D. 2001. AJ 2677, obs. Lienhard* ; *ibid. 2002. Somm. 1479, obs. Honorat* ; *Procédures 2001, nº 198, obs. Laporte ; JCP E 2002, nº 3, p. 126, obs. Cabrillac ; Dr. sociétés 2002, nº 8, note Legros ; RJ com. 2002. 185, note Courtier.*

11. Effets du jugement arrêtant le plan sur les pouvoirs du débiteur. V. notes 1 s. ss. art. L. 626-25.

Art. L. 631-13 *(L. nº 2005-845 du 26 juill. 2005, art. 92)* **Dès l'ouverture de la procédure, les tiers sont admis à soumettre à l'administrateur des offres tendant au maintien de l'activité de l'entreprise, par une cession totale ou partielle de celle-ci selon les dispositions de la section 1 du chapitre II du titre IV.** — *V. art. L. 642-1 s.*

(L. nº 2014-384 du 29 mars 2014, art. 4) **« L'administrateur informe** *(Ord. nº 2021-1193 du 15 sept. 2021, art. 42, en vigueur le 1er oct. 2021)* **« la ou les personnes désignées par le comité social et économique » ou le représentant des salariés de la possibilité qu'ont les salariés de soumettre une ou plusieurs offres. »** — *Pour les dispositions transitoires de l'Ord. nº 2021-1193 du 15 sept. 2021, V. note ss. art. L. 611-2.*

BIBL. ▶ THÉVENOT, *RPC 2014. Étude 26* (comment améliorer le processus de cession d'entreprises en redressement judiciaire).

COMMENTAIRE

La réforme de 2005 a déplacé les plans de cession de la phase du redressement judiciaire à la phase de la liquidation judiciaire (V. ss. art. L. 621-3). Afin de souplesse (et pour répondre en partie aux critiques ayant accueilli la première version de l'avant-projet sur ce point), l'article L. 631-13 autorise cependant que des offres de cession soient présentées et leur mise en œuvre préparée dès l'ouverture du redressement judiciaire. Cette disposition tend à permettre l'anticipation du plan de cession-liquidation, avec la participation des dirigeants de l'entreprise, la réalisation de la cession s'inscrivant toutefois dans le dispositif liquidatif régi par les articles L. 642-1 et suivants. Selon l'analyse faite par un praticien, l'idée est de maintenir, dans le « nouveau redressement judiciaire », la possibilité, pour l'administrateur, de mettre en concurrence deux solutions a priori satisfaisantes pour l'emploi, le sauvetage de l'entreprise et les créanciers : le plan de continuation et le plan de cession. Et aussi, d'un point de vue plus technique, de permettre la poursuite du cours de la période d'observation, alors même qu'apparaissent des éléments conférant la certitude que l'entreprise ne pourra plus se redresser par elle-même (P. Froehlich, L'ambivalence du plan de cession totale dans la loi de sauvegarde, *D. 2005. Chron. 2878*).

Cet article L. 631-13 peut être rapproché de l'ancien article L. 621-57. A lui seul, sa portée demeurait toutefois incertaine, sujette à diverses interprétations, comme l'avaient montré, à l'époque, les débats sur ce point du colloque Droit et commerce, tenu les 3-4 avril 2004 à Deauville (V. G. Bolard, Économie du projet de réforme des procédures collectives, *RJ com., hors série 2004, p. 88, nos 19 à 21*). Aussi ce texte a-t-il été complété par l'article L. 631-22, autorisant le tribunal, durant cette phase, à ordonner la cession totale ou partielle, dont la réalisation s'inscrira toutefois dans le dispositif liquidatif (V. ss. cet art. L. 631-22).

Quoi qu'il en soit, le risque est certainement, qu'en cas d'offres intéressantes, le tribunal écarte implicitement ou expressément le plan de continuation, le cas échéant proposé par le débiteur, sans l'avoir vraiment examiné prioritairement, à seule fin d'aboutir à la cession d'entreprise dans le cadre de la liquidation (B. Soinne, Réalisme et confusion [à propos du projet de loi réformant le droit des procédures collectives], *D. 2004. Chron. 1506, nº 21* ; G. Teboul, Petit bréviaire de la loi sur la sauvegarde pour ceux qui souhaitent une information pratique, *LPA 27 oct. 2005, p. 7, spéc. p. 8*).

Sur la nécessaire nomination d'un administrateur en cas de cession totale ou partielle, voir l'article L. 631-21-1.

Notons encore une suggestion au législateur émanant de la CCIP. Afin de motiver le chef d'entreprise pour qu'il présente au plus vite un plan de redressement viable, il conviendrait de limiter (à un, deux ou trois mois, éventuellement renouvelables une fois, à la demande du procureur de la République) la période à l'issue de laquelle le débiteur, en liaison étroite avec l'administrateur qui n'aurait alors qu'une mission d'assistance, présenterait un plan. La contrepartie de ce délai très court en serait l'exclusivité : aucun plan de cession ne pourrait être présenté au cours de cette même période. En revanche, si, à l'expiration du délai imparti, il s'avérait qu'un plan de redressement ne puisse être finalement présenté par le débiteur, l'entreprise pourrait faire l'objet d'offres d'acquisition. Ce délai ne viendrait pas allonger la durée globale de la période d'observation, prévue par l'article L. 621-3, mais serait compris dans celle-ci (CCIP, Pistes pour l'évolution des textes relatifs à la prévention et au traitement des difficultés des entreprises, 2008). ❑

Art. L. 631-14 *(Ord. n° 2008-1345 du 18 déc. 2008, art. 80)* **Les articles L. 622-3 à L. 622-9, à l'exception de l'article L. 622-6-1, et L. 622-13 à L. 622-33 sont applicables à la procédure de redressement judiciaire, sous réserve des dispositions qui suivent.**

Il est réalisé une prisée des actifs du débiteur concomitamment à l'inventaire prévu à l'article L. 622-6.

Lorsque l'administrateur a une mission de représentation, il exerce les prérogatives conférées au débiteur par le II de l'article L. 622-7 et par le *(L. n° 2009-526 du 12 mai 2009, art. 138-IX, 3°)* **« troisième » alinéa de l'article L. 622-8. En cas de mission d'assistance, il les exerce concurremment avec le débiteur.**

(Ord. n° 2014-326 du 12 mars 2014, art. 53, en vigueur le 1er juill. 2014) **« Lorsqu'** *[Lorsque]* **est exercée la faculté prévue par le II de l'article L. 622-13 et que la prestation porte sur le paiement d'une somme d'argent, celui-ci doit se faire au comptant, sauf pour l'administrateur à obtenir l'acceptation de délais de paiement par le cocontractant du débiteur. Au vu des documents prévisionnels dont il dispose, l'administrateur s'assure, au moment où il demande l'exécution, qu'il disposera des fonds nécessaires à cet effet. »**

Lorsque la procédure de redressement judiciaire a été ouverte en application du *(L. n° 2009-526 du 12 mai 2009, art. 138-IX-3°)* **« troisième » alinéa de l'article L. 626-27 et que le débiteur a transféré des biens ou droits dans un patrimoine fiduciaire avant l'ouverture de la procédure de sauvegarde ayant donné lieu au plan résolu, la convention en exécution de laquelle celui-ci conserve l'usage ou la jouissance de ces biens ou droits n'est pas soumise aux dispositions de l'article L. 622-13 et les dispositions de l'article L. 622-23-1 ne sont pas applicables.**

Pour l'application de l'article L. 622-23, l'administrateur doit également être mis en cause lorsqu'il a une mission de représentation.

(Abrogé par Ord. n° 2021-1193 du 15 sept. 2021, art. 43, à compter du 1er oct. 2021) ***« Les personnes coobligées ou ayant consenti une sûreté personnelle ou ayant affecté ou cédé un bien en garantie ne bénéficient pas de l'inopposabilité prévue au deuxième alinéa de l'article L. 622-26 et ne peuvent se prévaloir des dispositions prévues au premier alinéa de l'article L. 622-28. »*** *— Pour les dispositions transitoires de l'Ord. n° 2021-1193 du 15 sept. 2021, V. note ss. art. L. 611-2.*

V. art. R. 631-18 s. et R. 631-27.

Ancien art. L. 631-14 *[réd. issue de L. n° 2005-645 du 26 juill. 2005]* ***I. — Les articles L. 622-2 à L. 622-9 et L. 622-13 à L. 622-33 sont applicables à la procédure de redressement judiciaire.***

II. — Toutefois, les personnes physiques coobligées ou ayant consenti un cautionnement ou une garantie autonome ne peuvent se prévaloir des dispositions prévues au premier alinéa de l'article L. 622-28.

COMMENTAIRE

I. RENVOIS

Sont applicables à la procédure de redressement judiciaire, par voie de renvois, les dispositions prévues pour la procédure de sauvegarde, relatives à l'entreprise au cours de la période d'observation (art. L. 622-1 à L. 622-9 et L. 622-13 à L. 622-33). Est toutefois exclu l'article L. 622-6-1 (relatif aux conséquences du caractère facultatif de la désignation d'un officier public chargé de dresser l'inventaire, en cas de sauvegarde). De même, l'exclusion de cette fourchette des articles L. 622-10 à L. 622-12 se comprend bien, ces derniers articles concernant spécifiquement l'issue de la procédure de sauvegarde.

L'ordonnance du 18 décembre 2008 a prévu cependant désormais des aménagements spécifiques au redressement judiciaire à ces dispositions conçues formellement pour la sauvegarde, qui tiennent au rôle du débiteur, qui n'est pas dessaisi en cas de sauvegarde.

Ainsi, en cas de redressement judiciaire, doit-il, à la différence de la sauvegarde, être réalisé une prisée des actifs du débiteur concomitamment à l'inventaire.

S'agissant de l'autorisation du juge-commissaire prévue à l'article L. 622-7, II, et de la substitution de garanties mentionnée à l'article L. 622-8, alinéa 4 [3], l'article L. 631-14 distingue selon la mission de l'administrateur : en cas de mission de représentation, c'est lui seul qui exerce ces prérogatives, tandis que, en cas de mission d'assistance, il les exerce concurremment avec le débiteur (cette expression devant s'entendre comme l'obligation pour l'administrateur et le débiteur d'agir conjointement ; Com. 23 sept. 2014 : *cité ss. art. R. 622-6*). Il en va de même pour ce qui est de la poursuite des actions en justice.

II. CONTINUATION DES CONTRATS

Accentuant sur ce point aussi la différence entre la sauvegarde et le redressement judiciaire, l'ordonnance du 12 mars 2014 a supprimé, s'agissant de la première, le principe du paiement comptant en cas d'option pour la continuation d'un contrat en cours. Cette obligation ayant donc disparu de l'article L. 622-13 (V. comm. ss. cet art., I), il convenait de la réintroduire dans l'article L. 631-14 pour les besoins du redressement judiciaire. D'où le nouvel alinéa 4 de ce texte.

III. FIDUCIE

Dans l'hypothèse d'un redressement judiciaire après résolution du plan de sauvegarde pour inexécution des engagements, le débiteur constituant d'une fiducie-sûreté qui a bénéficié d'une convention de mise à disposition du bien perd la protection légale que lui accordent : d'une part, l'article L. 622-13, qui soumet cette convention au régime des contrats en cours ; d'autre part, l'article L. 622-23-1, qui paralyse la fiducie-sûreté, en cas d'ouverture d'une procédure de sauvegarde ou de redressement judiciaire (sur la correction de renvoi effectuée par la loi du 12 mai 2009, V. N. Borga, Regards sur les sûretés dans l'ordonnance du 18 décembre 2008, *RDBF 2009. Étude 20, n° 6*).

IV. COOBLIGÉS ET GARANTS PERSONNES PHYSIQUES

A. RÉGIME ANTÉRIEUR À L'ORDONNANCE DU 15 SEPTEMBRE 2021

Par exception, le texte excluait formellement l'application de l'article L. 622-28, alinéa 1er, tel que remanié par l'ordonnance du 18 décembre 2008, qui prévoit qu'en procédure de sauvegarde l'arrêt du cours des intérêts légaux bénéficie également aux personnes physiques coobligées ou ayant consenti une sûreté personnelle ou ayant affecté ou cédé un bien en garantie. Cet avantage était réservé à la procédure de sauvegarde, afin d'inciter le débiteur à recourir à une procédure collective sans attendre que la cessation des paiements ne soit avérée (V. ss. cet art.). Notons, au passage, que la rédaction de cette disposition d'exclusion résultant de l'ordonnance de 2008 (qui ne vise plus « les personnes physiques » mais « les personnes ») tendait sans doute à gommer le risque (bien théorique), que comportait peut-être la rédaction antérieure, d'une interprétation *a contrario*, qui eût fait échapper à l'exception les personnes morales.

En cas de conversion d'une procédure de sauvegarde en procédure de redressement judiciaire, un auteur avait proposé une application distributive de la règle de l'arrêt du cours des intérêts : pendant toute la sauvegarde, il y aurait arrêt du cours des intérêts ; en revanche, une fois la conversion intervenue, les règles du redressement judiciaire trouveraient application et les intérêts arrêtés contre le débiteur reprendraient leurs cours contre les garants (P.-M. Le Corre, Droit et pratique des procédures collectives, *Dalloz Action, 2021/2022, 723.351*).

De même, était formellement exclue, en cas de plan de redressement, l'inopposabilité des créances non déclarées dans les délais prévue par l'article L. 622-26, alinéa 2, en cas de plan de sauvegarde (V. P.-M. Le Corre, La poursuite de la caution personne physique d'un débiteur ayant obtenu un plan de redressement, *Gaz. Pal. 12-13 oct. 2012, p. 7*).

B. RÉGIME ISSU DE L'ORDONNANCE DU 15 SEPTEMBRE 2021

En abrogeant le dernier alinéa de l'article L. 631-14, l'ordonnance du 15 septembre 2021 supprime, pour les procédures ouvertes à compter du 1er octobre 2021, toute différence de traitement entre les garants personnes physiques, selon que le débiteur principal fait l'objet d'une procédure de sauvegarde ou de redressement judiciaire. L'amélioration de la protection des garants personnes physiques est, en effet, un objectif de l'habilitation qui prévoit, notamment, d'améliorer la cohérence des règles relatives à ces garants en procédures de sauvegarde et de redressement judiciaire.

Cette mesure répond aux objectifs fixés par les 1° et 14° de l'article 60 de la loi PACTE du 22 mai 2019, support d'habilitation du gouvernement à réformer par voie d'ordonnance le droit des sûretés (assurer la protection de la caution personne physique et améliorer la cohérence des règles applicables aux garants personnes physiques en cas de procédure collective).

Quant à l'application dans le temps de cette mesure de faveur pour les garants, par analogie avec la solution rendue récemment par la Cour de cassation à propos du bénéfice du plan de sauvegarde ouvert aux cautions par la loi du 26 juillet 2005 (V. Com. 10 mars 2021 : *cité note 7 ss. art. L. 626-11*), il convient de considérer que les dispositions du plan de redressement profitent aux cautions dont l'engagement est antérieur à l'entrée en vigueur de l'ordonnance du 15 septembre 2021, dès lors que la procédure a été ouverte postérieurement. ❑

1. *Clause de déchéance du terme.* V. note 1 ss. art. L. 622-29.

2. *Prisée des actifs.* La prisée ne doit porter que sur les actifs composant le patrimoine du débiteur et non sur la totalité des biens visés dans l'inventaire et ses annexes, incluant ceux dont le débiteur n'est pas propriétaire. • Civ. 2e, 13 janv. 2012 : *RPC 2012, n° 25, obs. Lebel ; RJ com. sept.-oct. 2012. 49, note Sortais.*

Art. L. 631-15 *(L. n° 2005-845 du 26 juill. 2005, art. 92)* **I. — Au plus tard au terme d'un délai de deux mois à compter du jugement d'ouverture, le tribunal ordonne la poursuite de la période d'observation s'il lui apparaît que** *(Ord. n° 2008-1345 du 18 déc. 2008, art. 81)* **« le débiteur » dispose à cette fin de capacités de financement suffisantes. Toutefois, lorsque le débiteur exerce une activité agricole, ce délai peut être modifié en fonction de l'année culturale en cours et des usages spécifiques aux productions de cette exploitation.**

Le tribunal se prononce au vu d'un rapport, établi par l'administrateur ou, lorsqu'il n'en a pas été désigné, par le débiteur.

II. — A tout moment de la période d'observation, le tribunal, à la demande du débiteur, de l'administrateur, du mandataire judiciaire, d'un contrôleur, du ministère public ou d'office, peut ordonner la cessation partielle de l'activité ou prononce la liquidation judiciaire si *(Ord. n° 2008-1345 du 18 déc. 2008, art. 81)* **« le redressement est manifestement impossible** *[ancienne rédaction : les conditions prévues à l'article L. 640-1 sont réunies]* **».**

Il statue après avoir entendu ou dûment appelé le débiteur, l'administrateur, le mandataire judiciaire, les contrôleurs et *(Ord. n° 2021-1193 du 15 sept. 2021, art. 44, en vigueur le 1er oct. 2021)* **« la ou les personnes désignées par le comité social et économique », et avoir recueilli l'avis du ministère public.** — *Pour les dispositions transitoires de l'Ord. n° 2021-1193 du 15 sept. 2021, V. note ss. art. L. 611-2.*

Lorsque le tribunal prononce la liquidation, il met fin à la période d'observation et, sous réserve des dispositions de l'article L. 641-10, à la mission de l'administrateur.

V. art. R. 631-23 et R. 631-24.

Sur les mesures d'adaptation liées à l'urgence sanitaire (covid-19), V., infra, Ord. n° 2020-341 du 27 mars 2020, art. 2.

BIBL. ▸ DELATTRE, *RPC 2018. Étude 20* (conversion du redressement judiciaire en liquidation judiciaire).

COMMENTAIRE

I. RAPPORT SUR LA CAPACITÉ DE FINANCEMENT DE L'ENTREPRISE

Pas de bouleversement fondamental, en 2005, concernant la poursuite de l'activité, s'agissant du redressement judiciaire : celle-ci est restée le principe pendant la période d'observation (V. art. L. 622-9). Mais elle a été mieux encadrée. Et directement liée par le texte à la capacité de financement de l'entreprise. Afin de permettre au tribunal, qui ordonnera la poursuite de la période d'observation « s'il lui apparaît que le débiteur dispose à cette fin de capacités de financement suffisantes », de se prononcer de façon plus éclairée, pièces à l'appui, la loi de 2005 prévoit que la décision intervient au vu d'un rapport établi par l'administrateur (ou, à défaut, par le débiteur). Celui-ci doit être remis dans les deux mois suivant le jugement d'ouverture, puisque c'est au plus tard à cette échéance que la décision doit être prise. Ce rapport porte donc sur la capacité de l'entreprise à financer la poursuite de son activité au cours de la période d'observation, c'est-à-dire sur sa capacité à payer les dettes couvertes par la priorité de paiement de l'article L. 622-17. Il s'ajoute au bilan économique et social (voire environnemental) de l'entreprise, prévu par l'article L. 623-1. Sans être, bien entendu, lié par le rapport, le tribunal devra, au vu de ce document, statuer. A vrai dire, le décret du 27 décembre 1985 (art. 29) prévoyait déjà, avant la réforme, dans le même délai de deux mois, la remise, par l'administrateur et le représentant des créanciers, au juge-commissaire et au procureur de la République, d'un rapport sur le déroulement de la procédure et la situation de l'entreprise. Et obligeait, par ailleurs (art. 57), l'administrateur, à la fin de chaque trimestre de poursuite d'activité fixée par le tribunal et à tout moment sur la demande du ministère public ou du juge commissaire, à informer le juge commissaire, le procureur de la République, le représentant des créanciers, les contrôleurs des résultats d'exploitation, de la situation de trésorerie et de la capacité prévisionnelle du débiteur à faire face aux dettes nées après le jugement d'ouverture.

En pratique, ce délai peut poser problème en ce qu'il risque de conduire, au bout de la période de deux mois, à une prorogation de deux mois, par exemple, alors qu'une période de quatre mois, dans cet exemple, aurait évité la lourdeur procédurale d'une nouvelle audience, avec notifications, etc. (V. intervention de M.-C. Merchan de la Pena, Séminaire sur les six premiers mois d'application de la loi n° 2005-845 du 26 juillet 2005 de sauvegarde des entreprises, Cour de cassation, 23 juin 2006, www.courdecassation.fr).

II. POURSUITE DE L'ACTIVITÉ

Le tribunal ordonnera la poursuite de la période d'observation s'il juge que le débiteur dispose de capacités de financement suffisantes. Ces capacités peuvent résulter aussi bien de l'auto-financement que du crédit accordé par des établissements bancaires ou autres. Cette décision peut intervenir avant l'expiration du délai de deux mois, de même, évidemment, que le rapport peut intervenir avant. Cette décision, au vu du rapport, devrait, en pratique, protéger les administrateurs contre les actions en responsabilité civile en cas de dettes d'exploitation non payées (P.-M. Le Corre, La situation générale du débiteur et des créanciers dans l'avant-projet de réforme des entreprises en difficulté, *Gaz. Pal. 10-11 déc. 2003, 1re partie, p. 13, n° 10*).

III. CESSATION PARTIELLE DE L'ACTIVITÉ OU LIQUIDATION JUDICIAIRE

L'article L. 631-15 (II) est l'équivalent, pour le redressement judiciaire, de l'article L. 622-10 prévu pour la sauvegarde (V. ss. cet art.). L'ordonnance du 18 décembre 2008 y a apporté une amélioration rédactionnelle sans portée normative, prévoyant comme condition du prononcé de la liquidation judiciaire que le redressement soit manifestement impossible (ce qui est plus précis que le renvoi antérieur aux « conditions prévues à l'article L. 640-1 », qui visait aussi la cessation des paiements, forcément déjà acquise dans le contexte). Fort justement, la Cour de cassation a jugé que cette solution s'appliquait déjà aux procédures antérieures (V. Com. 23 avr. 2013 : *cité note 1*). Par un arrêt ultérieur, à propos d'un redressement judiciaire procédant de la conversion d'une sauvegarde, sur le fondement de l'article L. 622-10, alinéa 3, la Cour a précisé que, même dans cette hypothèse, l'article L. 631-15, II, n'imposait pas la constatation de l'état de la cessation des paiements, seule l'impossibilité manifeste du redressement devant être caractérisée (V. Com. 28 févr. 2018 : *cité note 1*).

Par ailleurs, poursuivant sa logique de suspicion à l'égard de la saisine d'office (V. comm. ss. art. L. 631-5), alors même qu'il ne s'agissait pas ici d'ouvrir une procédure mais de convertir un redressement en liquidation judiciaire, la Cour de cassation a renvoyé au Conseil constitutionnel une question prioritaire de constitutionnalité visant cette possibilité prévue par l'article L. 631-15. Mais, contrairement à ce à quoi l'on pouvait s'attendre, le Conseil constitutionnel n'a pas censuré ce cas de saisine d'office (Cons. const., 6 juin 2014 : *cité note 2*), considérant que, dans cette hypothèse, le tribunal ne se saisissait pas d'une nouvelle instance. Par ailleurs, le Conseil a relevé que la faculté pour le juge d'exercer certains pouvoirs d'office dans le cadre de l'instance dont il est saisi ne méconnaît pas le principe d'impartialité dès lors que cette faculté est justifiée par un motif d'intérêt général et exercée dans le respect du principe du contradictoire. Un raisonnement voisin a été repris ultérieurement afin de valider la saisine d'office afin de convertir une sauvegarde en redressement judiciaire, dans le contexte de l'article L. 621-12 (Cons. const. 16 janv. 2015 : V. note ss. cet art.). ❑

1. Conversion en liquidation judiciaire. La cessation des paiements étant déjà constatée lors de l'ouverture du redressement judiciaire, le renvoi opéré par l'art. L. 631-15, II, dans sa rédaction antérieure à l'Ord. du 18 déc. 2008, à l'art. L. 640-1, ne peut viser que la condition relative à l'impossibilité manifeste du redressement ; dès lors, la cour d'appel n'a pas à se prononcer sur la cessation des paiements. • Com. 23 avr. 2013, n° 12-17.189 P : *D. 2013. Actu. 1130, obs. Lienhard ; ibid. Chron. C. cass. 2557, obs. Arbellot ; DP diff. entr., Bull. n° 348, obs. Rémery ; LEDEN 6/2013. 3, obs. Camensuli-Feuillard ; Gaz. Pal. 12-13 juill. 2013, p. 19, obs. Voinot ; RJDA 2013, n° 925.* ♦ ... Cela quelles que soient les conditions dans lesquelles est intervenue l'ouverture de la procédure de redressement judiciaire. • Com. 28 févr. 2018, n° 16-19.422 P : *D. 2018. 987, note Ballot-Squirawski ; Rev. sociétés 2018. 408, obs. Henry ; JCP E 2018. 1250, note Zinty ; LEDEN 4/2018. 6, obs. Minet ; APC 2018, n° 98, obs. Cagnoli ; BJE 2018. 193, avis Le Mesle ; Dr. sociétés 2018, n° 111, note Legros ; RJDA 2018, n° 521 ; Gaz. Pal. 10 juill. 2018, p. 59, obs. Voinot ; RPC 2018, n° 135, obs. Saintourens.* ♦ Les chances de redressement d'une société doivent s'apprécier au regard de ses capacités et non de celles du groupe auquel elle peut appartenir, en l'absence d'engagement de la société mère ou d'une autre filiale en sa faveur. • Com. 17 nov. 2015, n° 14-19.504 P : *cité note 4 ss. art. R. 622-19.* ♦ Si le principe de l'autonomie de la personne morale impose d'apprécier séparément les conditions d'ouverture d'une procédure collective à l'égard de chacune des sociétés d'un groupe, rien n'interdit au tribunal, lors de l'examen de la solution proposée pour chacune d'elles, de tenir compte, par une approche globale, de la cohérence du projet au regard des solutions envisagées pour les autres sociétés du groupe. • Com. 19 déc. 2018, n° 17-27.947 P : *D. 2019. Pan. 1912, obs. F.-X. Lucas ; Rev. sociétés 2019. 222, obs. Henry ; RTD com. 2019. 492, obs. Poujade ; JCP E 2019. 1131, note Cerati-Gauthier ; ibid. 1206, n° 8, obs. Pétel ; ibid. 2020. 1000, n° 10, obs. Perruchot-Triboulet ; LEDEN 2/2019. 2, obs. Pelletier ; BJS 2/2019. 38, note Mouial-Bassilana ; APC 2019, n° 37, obs. Pagnucco ; RJDA 2019, n° 211 ; Dr. sociétés 2019, n° 55, note Legros ; BJE 3-4/2019. 27, note Saintourens ; Gaz. Pal. 16 avr. 2019, p. 68, obs. Giorgini ; RPC 2019, n° 71, obs. Monsèrié-Bon.* ♦ Sur la notion de « redressement manifestement impossible », soumise à l'appréciation souveraine des juges du fond, V. • Com. 6 juill. 2010 : *Gaz. Pal. 15-16 oct. 2010, p. 29, obs. Lebel ; RPC 2010, n° 235, obs. Fraimout.*

2. Saisine d'office. Pour la conformité à la Constitution des dispositions de l'art. L. 631-15, II, permettant au tribunal d'ordonner la cessation partielle de l'activité ou de prononcer d'office la liquidation judiciaire à tout moment de la période d'observation lorsque le redressement est manifestement impossible, V. • Cons. const. 6 juin 2014, n° 2014-399 QPC : *D. 2014. Actu. 1271, obs. Lienhard ; Rev. sociétés 2014. 527, obs. Henry ; APC 2014, n° 210, obs. Cagnoli ; RLDA sept. 2014. 69, obs. Laporte ; BJE 2014. 312, note Favario ; BJS 2014. 402, note Mouial-Bassilana.*

3. Convocation du débiteur. Aux termes de l'art. L. 631-15, II, le tribunal ne peut statuer sur l'ouverture de la liquidation judiciaire d'un débiteur qu'après avoir entendu ou dûment appelé celui-ci à cette fin ; si, aux termes de l'art. 562 C. pr. civ., la dévolution s'opère pour le tout lorsque l'appel tend à l'annulation du jugement, il en va différemment lorsque le premier juge a statué en l'absence de convocation régulière du défendeur non comparant et que celui-ci n'a pas conclu à titre principal au fond en appel. • Com. 26 juin 2019, n° 17-27.498 P : *D. 2019. Actu. 1388 ; Rev. sociétés 2019. 554, obs. Henry ; JCP E 2019. 1551, n° 2, obs. Tehrani ; RPC 2019, n° 128, obs. Cagnoli ; Dr. sociétés 2019, n° 193, note Legros ; RJDA 2020, n° 34.* ♦ Si, en vue de convertir la procédure de redressement en liquidation judiciaire, l'obligation d'une convocation par le greffe du débiteur s'impose lorsque le tribunal exerce son pouvoir d'office ou que l'ouverture de la procédure collective est demandée sur requête du ministère public, elle ne s'applique pas lorsque la demande de conversion est formée sur requête d'un mandataire. • Com. 18 janv. 2023, n° 21-16.806 B : *D. 2023. Actu. 117 ; RJDA 2023, n° 213.*

4. Avis du ministère public. Il résulte de l'art. L. 631-15, II, que le tribunal ne peut convertir le redressement judiciaire en liquidation judiciaire qu'après avoir recueilli l'avis du ministère public. • Com. 24 juin 2014, n° 13-14.690 P : *D. 2014. Actu. 1445 ; LEDEN 9/2014. 4, obs. Favario ; RJDA 2014, n° 924.* ♦ Sur la nécessité d'un nouvel avis en cas de renvoi de l'affaire pour un nouvel examen, V. • Caen, 26 nov. 2015, n° 15/00977 : *JCP E 2016. 1001, note Delattre.*

5. Audition de l'ordre professionnel. V. note 6 ss. art. L. 622-10.

Art. L. 631-16 *(L. n° 2005-845 du 26 juill. 2005, art. 92)* **S'il apparaît, au cours de la période d'observation, que le débiteur dispose des sommes suffisantes pour désintéresser les créanciers et acquitter les frais et les dettes afférents à la procédure, le tribunal peut mettre fin à celle-ci.**

Il statue à la demande du débiteur, dans les conditions prévues au deuxième alinéa du II de l'article L. 631-15.

V. art. R. 631-25.

BIBL. ▸ Le Corre, *LPA 25 mars 2009*. - Gorrias et Urbain, *RPC 2013. Étude 29* (clôture de la période d'observation pour extinction du passif ou adoption d'un plan de redressement court : influence de l'alternative sur le sort de certaines créances).

COMMENTAIRE

Selon les termes mêmes de M. Hyest, rapporteur de la commission des lois du Sénat, auteur de l'amendement dont il est issu, l'article L. 631-16, créé par la loi du 26 juillet 2005, vise à « mettre fin à une situation ubuesque rencontrée dans la pratique » *(Rapp. n° 335, p. 340)*.

Dans certains cas, le débiteur à l'égard duquel une procédure de redressement a été ouverte peut, en effet, voir son actif reconstitué par de nouveaux apports (tels qu'une subvention publique ou une donation) avant l'arrêté d'un plan de redressement par le tribunal. Or, avant la réforme de 2005, la procédure ne pouvant être clôturée qu'après l'arrêté d'un plan, les tribunaux étaient contraints d'arrêter un plan comportant une échéance unique, alors que les fonds disponibles du débiteur n'exigeaient en rien une telle mesure. Certes, la Cour de cassation avait bien admis que la clôture de la procédure de redressement soit prononcée lorsque, au cours de la période d'observation, il était constaté que le débiteur mettait à la disposition de ses créanciers des sommes suffisantes pour payer les dettes exigibles (Com. 8 juill. 2003 : *D. 2004. Somm. 57, obs. P.-M. Le Corre* ✐). Mais cette solution prétorienne bienvenue ne suffisait toutefois pas à combler la lacune de la loi. D'où l'idée de donner, *de lege feranda*, la possibilité au tribunal de mettre fin à la procédure après avoir constaté que la situation financière restaurée du débiteur rend celle-ci sans objet.

Le désintéressement des créanciers, faute de distinction, vise aussi bien les créanciers antérieurs que tous les créanciers postérieurs, que la créance réponde ou non à la définition de l'article L. 622-17, I, à la condition toutefois que ces créances soient exigibles au jour où le tribunal doit statuer, dès lors que le redressement judiciaire ne rend pas exigibles les créances non échues (sur l'exclusion, en revanche, du passif postérieur né irrégulièrement, V. P.-M. Le Corre, Pour faciliter le rebond : les clôtures anticipées en période d'observation, *LPA 25 mars 2009, p. 3, spéc. p. 6*).

Comme le dit le rapport de la commission des lois, ce dispositif s'inspire d'une possibilité reconnue, antérieurement à la loi du 25 janvier 1985, par l'article 93 de la loi du 13 juillet 1967. Il est, par ailleurs, en cohérence avec la possibilité reconnue par l'article L. 622-12 de mettre fin à la procédure de sauvegarde avant l'arrêté du plan.

Le tribunal, qui ne peut être saisi que par le débiteur, se prononcerait dans les mêmes conditions de procédure que lorsqu'il ordonne la cessation partielle d'activité ou prononce la liquidation en cours de période d'observation, c'est-à-dire après avoir entendu ou dûment appelé le débiteur, l'administrateur, le mandataire judiciaire, les contrôleurs et les représentants du comité d'entreprise (désormais du comité social et économique) ou, à défaut, des délégués du personnel, et avoir recueilli l'avis du ministère public (V. art. L. 631-15, II).

Dans le premier arrêt qu'elle a été amenée à rendre sur la question, la Cour de cassation a affirmé le pouvoir souverain des juges du fond de refuser de faire droit à la demande du débiteur (Com. 16 déc. 2008 : *V. note*). Il résulte aussi de cette décision que la pérennité de l'entreprise n'est pas une condition de la clôture, ce qui se comprend bien dans la mesure où rien n'interdit au débiteur, qui a payé tout son passif, de mettre un terme à son activité (V. P.-M. Le Corre, *préc., spéc. p. 7*, qui suggère par ailleurs, deux aménagements du texte *de lege feranda*, qui consisteraient à supprimer le pouvoir d'appréciation du tribunal à condition que soit vérifié que la cessation des paiements du débiteur, une fois intervenue la clôture, ne soit pas imminente). ❑

Sur le pouvoir souverain des juges du fond, ayant, en l'espèce, refusé de mettre fin au redressement judiciaire, aux motifs que la possibilité, pour l'entreprise, de régler le passif échu n'avait été concrétisée qu'en cause d'appel, après plusieurs promesses en ce sens et au prix d'un nouvel emprunt auprès d'une banque et de nouvelles dettes à l'égard des associés, de sorte que la possibilité d'assurer la pérennité de l'entreprise n'était pas démontrée, V. • Com. 16 déc. 2008, n° 07-22.033 P : *D. 2009. AJ 94, obs. Lienhard* ; *JCP E 2009. 1347, n° 2, obs. Cabrillac* ; *APC 2009, n° 32, obs. Regnaut-Moutier* ; *Defrénois 2009. 1405, obs. Gibirila* ; *RJDA 2009, n° 873.* ♦ Sur l'appréciation souveraine du juge, V. aussi • Com. 22 nov. 2023, n° 22-17.894 B : *D. 2024. Pan. 1692, obs. F.-X. Lucas* ; *JCP E 2024. 1031, note Tardif* ; *RJDA 2024, n° 114.*

Art. L. 631-17 *(L. n° 2005-845 du 26 juill. 2005, art. 92)* **Lorsque des licenciements pour motif économique présentent un caractère urgent, inévitable et indispensable pendant la période d'observation, l'administrateur peut être autorisé par le juge-commissaire à procéder à ces licenciements.**

Préalablement à la saisine du juge-commissaire, *(L. n° 2013-504 du 14 juin 2013, art. 18-XXIII-1°)* **« l'administrateur met en œuvre le plan de licenciement dans les conditions prévues à l'article L. 1233-58 du code du travail ». Il joint, à l'appui de la demande qu'il adresse au juge-commissaire, l'avis recueilli et les justifications de ses diligences en vue de faciliter l'indemnisation et le reclassement des salariés** *(L. n° 2013-504 du 14 juin 2013, art. 18-XXIII-1°)* **« , ainsi que la décision de l'autorité administrative prévue à l'article L. 1233-57-4 du code du travail ».**

V. art. R. 631-26.

Les modifications issues de la L. n° 2013-504 du 14 juin 2013 sont applicables aux procédures de licenciement collectif engagées à compter du 1er juill. 2013. Pour l'application de la disposition qui précède, une procédure de licenciement collectif est réputée engagée à compter de la date d'envoi de la convocation à la première réunion du comité d'entreprise mentionnée à l'art. L. 1233-30 C. trav. (L. préc., art. 18-XXXIII).

BIBL. ▶ DRIGUEZ, *Dr. soc. 2013. 995* (licenciements économiques et procédures collectives – loi du 14 juin 2013). – FIN-LANGER, *RPC 2014. Étude 11* (place de la négociation collective portant sur la rupture des contrats de travail dans les procédures collectives). – GAILHBAUD, *BJE 9-10/2019. 62* (difficultés persistantes et nouvelles après les réformes successives).

COMMENTAIRE

L'article L. 631-17 a, dans l'ensemble, repris les dispositions de l'ancien article L. 621-37.

On peut noter ici qu'aucune disposition équivalente n'est prévue pour la procédure de sauvegarde. L'idée est transparente : cette procédure risquerait d'être détournée de sa finalité si elle permettait d'échapper aux contraintes du droit commun du licenciement (Ph. Pétel, La réforme des plans de redressement, colloque CRAJEFE du 27 mars 2004, *LPA 10 juin 2004, p. 34, n° 11*). Mais la garantie de l'AGS jouera cependant (V. C. trav., art. L. 3253-8, ss. art. L. 625-9). Cette solution n'allait toutefois pas de soi, et la question a fait l'objet de débats très vifs devant l'Assemblée nationale (V. comm. dans l'éd. 2013).

Le débat relatif au droit du licenciement en cas de procédures collectives devra, tôt ou tard, être rouvert (V. le rapport d'information de X. de Roux, 31 janv. 2007, p. 58 ; V. aussi CCIP, Pistes pour l'évolution des textes relatifs à la prévention et au traitement des difficultés des entreprises, 2008 ; comp. : Vernac, Le droit du licenciement dans la procédure de sauvegarde, *RDT 2006. 434* ; G. Teboul, Faut-il encore réformer le droit des entreprises en difficulté ?, *LPA 26 oct. 2007, p. 4*). Mais la réforme, attendue de beaucoup, n'est pas encore d'actualité, comme le montre le volet « droit du travail » de l'ordonnance du 12 mars 2014, bien timide. Cela dit, la surprise ne saurait être de mise dès lors que l'exposé des motifs de la loi d'habilitation du 2 janvier 2014 ne prévoyait, à cet égard, que des « ajustements techniques et procéduraux » (V. C. Gailhbaud, *D. 2014. Chron. 755*). ❑

1. Autorisation de licencier. L'autorisation du juge-commissaire n'interdit pas à la juridiction prud'homale de statuer sur les demandes des salariés licenciés au regard de leur situation individuelle. • Soc. 5 mai 1993, n° 92-40.835 P : *D. 1993. IR 138.* ♦ Ainsi, l'autorité de l'ordonnance du juge-commissaire autorisant les licenciements ne s'étend pas à la situation individuelle des salariés au regard de l'obligation de reclassement de l'employeur, qui relève de la compétence du juge prud'homal. • Soc. 22 nov. 2000 : *APC 2001, n° 64.* ♦ V. aussi note 11.

2. Dès lors que la lettre de licenciement n'a été adressée au salarié qu'après l'obtention par l'administrateur judiciaire de l'autorisation du juge-commissaire, peu importe que la procédure ait été engagée auparavant. • Soc. 18 juin 1997, n° 96-40.279 P : *D. 1997. IR 162 ; RPC 1997. 352, obs. Taquet.*

3. Le prononcé du jugement de redressement judiciaire entraîne l'ouverture de la période d'observation dès la première heure du jour de son prononcé, et, dès l'instant que la période d'observation est ouverte, il appartient au juge-commissaire d'autoriser le licenciement, en vérifiant la cause économique du licenciement et son caractère urgent, inévitable et indispensable. • Soc. 12 mai 1998, n° 96-40.606 P : *D. 1998. IR 148 ; RPC 1999. 39, obs. Taquet.* – V. aussi • Soc. 11 juill. 2000 : *APC 2000, n° 213* • 3 mai 2001, n° 99-41.813 P : *JCP E 2001, n° 26, p. 1075.*

4. Motifs de licenciement. L'économie fondée sur les congédiements répond aux exigences de l'art. 45 [C. com., art. L. 631-17] lorsque l'opération de compression des effectifs peut être une composante de la mise en place et de la réussite d'un plan de redressement. • T. com. Versailles, 17 nov. 1986 : *RPC 1987, n° 3, p. 33, obs. Langlois.* – Comp. : • T. com. Melun, 7 mai 1987 : *Gaz. Pal. 1987. 2. Somm. 313.* ♦ Pour le refus d'autoriser le licenciement de salariés au motif que le débiteur bénéficiait des aides versées au titre du dispositif de chômage partiel et du fonds de solidarité (covid-19), et disposait d'une trésorerie positive pour laquelle la prévision d'évolution était stable, V. • T. com. Coutances, ord., 23 avr. 2021 : *APC 2021, n° 123, obs. Fin-Langer.*

5. La lettre de licenciement que l'administrateur est tenu d'adresser au salarié doit comporter le visa de l'ordonnance du juge-commissaire autorisant les licenciements économiques. A défaut, le licenciement est réputé sans cause réelle et sérieuse. • Cass., ass. plén., 24 janv. 2003, n° 00-41.741 P : *BICC 15 mars 2003, p. 95, concl. de Gouttes et rapp. Mazars ; D. 2003. IR 465 ; Gaz. Pal. 2002. 502, note Pansier ; APC 2003, n° 47, obs. Taquet ; RJ com. 2003. 374, note Courtier* • Soc. 19 mars 2003, n° 01-44.376 P. ♦ La seule référence à la procédure de redressement judiciaire ne constitue donc pas une motivation suffisante. • Soc. 5 oct. 1999, n° 96-40.746 P : *D. 2000. Somm. 6, obs. Derrida .*

6. Notification du licenciement. Si, en application de l'art. L. 621-37 [L. 631-17] C. com., après autorisation donnée par ordonnance du juge-commissaire, il appartient à l'administrateur judiciaire de procéder aux licenciements pour motif économique présentant un caractère urgent, inévitable et indispensable, la circonstance que le licenciement prononcé au visa de cette ordonnance ait été notifié par le débiteur, au lieu de l'administrateur, ne suffit pas à le priver de cause réelle et sérieuse mais ouvre droit à indemnisation pour inobservation de la procédure. • Soc. 11 juin 2008, n° 07-40.352 P : *D. 2008. AJ 1834 ; APC 2008, n° 224, obs. Fin-Langer ; Gaz. Pal. 21-22 janv. 2009, p. 48, obs. Duprat.* ♦ Les délais prévus à l'art. L. 1233-39 C. trav. pour l'envoi des lettres de licenciement prononcé pour un motif économique ne sont pas applicables en cas de redressement ou de liquidation judiciaire. • Soc. 17 mai 2023, n° 21-21.041 B : *D. 2023. Actu. 1015 ; APC 2023, n° 182, obs. Fin-Langer ; RPC 2023, n° 69, obs. Jacotot.*

7. Consultation du comité d'entreprise. Ni l'avis donné dans le cadre distinct de la procédure de sauvegarde, les conditions des licenciements étant différentes, ni l'audition du représentant des salariés lors de la conversion en redressement judiciaire ne peuvent tenir lieu de l'avis exigé par l'art. L. 631-17 dans sa rédaction antérieure à la L. n° 2013-504 du 14 juin 2013. • Com. 5 nov. 2013, n° 12-25.362 P : *D. 2013. Actu. 2642 ; Rev. sociétés 2013. 732, obs. Roussel Galle ; DP diff. entr., Bull. n° 353, obs. Rémery ; LEDEN 12/2013. 3, obs. Mouial-Bassilana ; APC 2013, n° 294, obs. Fin-Langer ; RJDA 2014, n° 50 ; Gaz. Pal. 12-14 janv. 2014, p. 36, obs. Gailhbaud ; BJE 2014. 21, note Jacotot ; RPC 2014, n° 36, obs. Taquet.* ♦ Le renvoi à l'art. L. 321-9 [L. 1233-58] C. trav. ne comporte aucune réserve dont pourrait se déduire une dispense d'observer les règles applicables d'ordinaire aux réunions du comité, lesquelles comprennent la convocation obligée de tous ses membres et le respect du délai préalable. • Versailles, 19 sept. 1989 : *D. 1991. Somm. 107, obs. Derrida .*

8. Dispense de préavis. Il entre dans les pouvoirs que l'administrateur judiciaire tient de l'art. L. 621-37 [L. 631-17] C. com. de dispenser le salarié de l'exécution de son préavis. • Soc. 22 oct. 2008, n° 07-42.140 P.

9. Salariés protégés. Si, en l'état d'une autorisation administrative de licencier un salarié protégé accordée à l'employeur par l'inspecteur du travail, le juge judiciaire ne peut, sans violer le principe de la séparation des pouvoirs, se prononcer sur le caractère réel et sérieux de la cause de licenciement, il résulte de l'art. L. 631-17 que lorsqu'un licenciement a été autorisé par une ordonnance du juge-commissaire, le caractère économique du licenciement et la régularité de l'ordonnance du juge-commissaire ne peuvent être discutés devant l'administration ; dès lors, le juge judiciaire est compétent pour apprécier la régularité de l'ordonnance du juge-commissaire. • Soc. 23 mars 2016, n° 14-22.950 P : *D. 2016. Actu. 701 ; LEDEN 5/2016. 5, obs. de Frémont ; APC 2016, n° 124, obs. Fin-Langer ; Gaz. Pal. 28 juin 2016, p. 49, obs. Gailhbaud ; RPC 2016, n° 124, obs. Taquet.*

10. Recours. Est recevable le recours formé par le représentant des salariés contre une décision du juge-commissaire autorisant des licenciements pendant la période d'observation. • T. com. Paris, 14 janv. 1988 : *Gaz. Pal. 1989. 1. 354, note Marchi.* ♦ Sur l'absence de qualité de parties des organisations syndicales, V. • T. com. Lille, 30 janv. 1989 : *LPA 29 mars 1989.*

Le salarié licencié en vertu d'une autorisation par ordonnance du juge-commissaire est recevable à contester la cause économique de son licenciement lorsqu'il prouve que cette autorisation résulte d'une fraude. • Soc. 4 juill. 2018, n° 16-27.922 P : *D. 2018. Actu. 1487 ; APC 2018, n° 237, obs. Fin-Langer ; BJE 2018. 452, note Donnette-Boissière.*

Lorsque l'ordonnance du juge-commissaire est devenue définitive, le caractère économique du motif du licenciement ne peut plus être contesté. • Soc. 9 juill. 1996, n° 93-41.877 P : *D. 1997. 60, note Bailly ; JCP E 1997. II. 915, note Serret.* ♦ Dans le même sens, V. • CE 3 juill. 2013 : *RPC 2014, n° 54, obs. Jacotot.*

11. Compétence du conseil de prud'hommes. **BIBL.** Maggi-Germain, *LPA 12 août 1998.* – Dechristé, *D. Affaires 1999. 358.* ♦ Si, conformément à l'art. 45 [C. com., art. L. 631-17], le juge-commissaire a autorisé l'administrateur à procéder au licenciement présentant un caractère urgent, inévitable et indispensable, la juridiction prud'homale est demeurée compétente pour en apprécier le caractère réel et sérieux qui fait défaut dès lors que la lettre de licenciement ne contient aucune motivation sur les causes économiques ayant justifié le licenciement. • Soc. 21 févr. 1996 : *D. 1997. 60, note Bailly ; JCP E 1996. II. 862, note Serret.* ♦ Le salarié qui a adhéré à une convention de conversion gardant la possibilité, malgré son acceptation, de contester le caractère réel et sérieux de son licenciement, une cour d'appel, qui constate que l'employeur ne justifie d'aucune recherche au sein de la société et du groupe auquel elle appartient, ni d'aucune proposition en vue du reclassement des salariés peut décider que les licenciements prononcés sont sans cause réelle et sérieuse. • Soc. 3 mars 1998, n° 95-45.201 P : *D. 1998. 418, note Bailly.* ♦ V. aussi note 1 et note 3 s. ss. art. R. 631-26.

12. Compétence du TGI. V. note 16 ss. art. R. 662-3.

Art. L. 631-18 *(Ord. n° 2008-1345 du 18 déc. 2008, art. 82)* **Les dispositions des chapitres III, IV et V du titre II du présent livre sont applicables à la procédure de redressement judiciaire, sous réserve des dispositions qui suivent.** – *V. art. L. 623-1 s., L. 624-1 s. et L. 625-1 s.*

Pour l'application du quatrième alinéa de l'article L. 623-3, la consultation porte sur les mesures que l'administrateur envisage de proposer et le débiteur est également consulté.

Le recours prévu au premier alinéa de l'article L. 624-3 est également ouvert à l'administrateur, lorsque celui-ci a pour mission d'assurer l'administration de l'entreprise.

Pour l'application de l'article L. 625-1, le mandataire judiciaire cité devant le conseil de prud'hommes ou, à défaut, le demandeur appelle devant la juridiction prud'homale les institutions mentionnées à l'article L. 3253-14 du code du travail.L'administrateur est seul mis en cause lorsqu'il a pour mission d'assurer l'administration de l'entreprise.

Pour l'application de l'article L. 625-3, les institutions mentionnées à l'article L. 3253-14 du code du travail sont mises en cause par le mandataire judiciaire ou, à défaut, par les salariés requérants, dans les dix jours du jugement d'ouverture de la procédure de redressement judiciaire ou du jugement convertissant une procédure de sauvegarde en procédure de redressement. Les instances en cours devant la juridiction prud'homale à la date du jugement d'ouverture sont poursuivies en présence du mandataire judiciaire et de l'administrateur ou ceux-ci dûment appelés.

Pour l'application de l'article L. 625-4, outre le mandataire judiciaire, l'administrateur est seul mis en cause lorsqu'il a pour mission d'assurer l'administration de l'entreprise.

L'administrateur est seul tenu des obligations prévues à l'article L. 625-8 lorsqu'il a pour mission d'assurer l'administration de l'entreprise.

V. art. R. 631-28 s.

Ancien art. L. 631-18 *[réd. issue de L. n° 2005-845 du 26 juill. 2005] I. — Les dispositions des chapitres III, IV et V du titre II du présent livre sont applicables à la procédure de redressement judiciaire.*

II. — Toutefois, le recours prévu au premier alinéa de l'article L. 624-3 est également ouvert à l'administrateur lorsque celui-ci a pour mission d'assurer l'administration de l'entreprise.

Pour l'application de l'article L. 625-1, le mandataire judiciaire cité devant le conseil de prud'hommes ou, à défaut, le demandeur appelle devant la juridiction prud'homale les institutions visées à l'article L. 143-11-4** [L. 3253-14] **du code du travail.

En outre, pour l'application de l'article L. 625-3 du présent code, les institutions mentionnées à l'article L. 143-11-4** [L. 3253-14] **du code du travail sont mises en cause par le mandataire judiciaire ou, à défaut, par les salariés requérants, dans les dix jours du jugement d'ouverture de la procédure de redressement judiciaire ou du jugement convertissant une procédure de sauvegarde en procédure de redressement. De même, les instances en cours devant la juridiction prud'homale à la date du jugement d'ouverture sont poursuivies en présence de l'administrateur, lorsqu'il a pour mission d'assurer l'administration, ou celui-ci dûment appelé.

COMMENTAIRE

I. RENVOIS

La loi du 26 juillet 2005 a rendu applicables à la procédure de redressement judiciaire, par voie de renvois, les dispositions prévues pour la procédure de sauvegarde, relatives :
- à l'élaboration du bilan social, économique et environnemental (art. L. 623-1 s.) ;
- à la détermination du patrimoine du débiteur (art. L. 624-1 s.) ;
- au règlement des créances résultant du contrat de travail (art. L. 625-1 s.).

Le législateur a toutefois prévu quelques aménagements, qu'a complétés l'ordonnance du 18 décembre 2008.

II. ÉLABORATION DU BILAN ÉCONOMIQUE, SOCIAL ET ENVIRONNEMENTAL

En cas de sauvegarde, l'article L. 623-3 prévoit que c'est du débiteur lui-même que doivent émaner les propositions de mesures. En redressement judiciaire, en revanche, tout comme avant, les mesures sont toujours proposées par l'administrateur, ce qui explique que soit alors maintenue expressément, la consultation du débiteur par l'article L. 631-18.

III. ADMISSION ET VÉRIFICATION DES CRÉANCES

A contrario, l'application intégrale de l'article L. 624-3 au redressement judiciaire, par le jeu du renvoi prévu à l'article L. 631-18, aurait interdit à l'administrateur, nommé dans le cadre d'un redressement classique, d'exercer le recours qui lui était auparavant ouvert, lorsqu'il avait pour mission d'assurer l'administration de l'entreprise débitrice.

Pour remédier à cet effet « collatéral », le texte donne, à l'administrateur, la possibilité d'engager des recours contre les décisions du juge-commissaire en matière d'admission et de vérification des créances, quand l'administrateur a été chargé par le tribunal de l'administration de l'entreprise. Cette faculté, prévue auparavant en redressement judiciaire, n'existe pas en effet dans la procédure de sauvegarde, puisque, par hypothèse, l'administrateur ne peut pas s'y voir confier l'administration de l'entreprise. Aussi le texte ne pouvait-il, pour ce cas, procéder purement et simplement par voie de renvoi.

IV. DISPOSITIONS RELATIVES À L'AGS

Les dispositions relatives à l'AGS (qui reprennent les dispositions qui figuraient à l'ancien article L. 621-126) étaient nécessaires car, sinon, la mise en cause de l'AGS n'eût pas été possible, dans la mesure où l'article L. 625-3 ne prévoit plus, en cas de procédure de sauvegarde, l'intervention de l'AGS dans le cadre de ces instances prud'homales en cours au jour du jugement d'ouverture, estimant que le débiteur, qui n'est par définition pas en cessation des paiements, doit faire son affaire personnelle de ces procédures et des condamnations éventuelles qui pourraient survenir. Il en va de même de la précision relative à la poursuite des instances en cours devant la juridiction prud'homale en présence de l'administrateur, lorsqu'il a pour mission d'assurer l'administration : le renvoi global n'était pas suffisant, là, du fait de l'exclusion d'une telle mission en cas de sauvegarde.

L'ordonnance du 18 décembre 2008 est, notamment, venue préciser, pour l'application de l'article L. 625-4, que l'administrateur est seul mis en cause lorsqu'il a pour mission d'assurer l'administration de l'entreprise, cette mise en cause n'étant requise en procédure de sauvegarde qu'en cas de mission d'assistance. Pareillement, l'administrateur est seul tenu des obligations prévues à l'article L. 625-8 lorsqu'il a pour mission d'assurer l'administration de l'entreprise (V. art. L. 622-1). ❑

Art. L. 631-19 *(Ord. n° 2021-1193 du 15 sept. 2021, art. 45, en vigueur le 1er oct. 2021)* **I. – Les dispositions du chapitre VI du titre II, à l'exception des troisième et quatrième alinéas de l'article L. 626-1, sont applicables au plan de redressement, sous réserve des dispositions qui suivent.**

Il incombe à l'administrateur, avec le concours du débiteur, d'élaborer le projet de plan et, le cas échéant, de présenter aux classes de parties affectées les propositions prévues au premier alinéa de l'article L. 626-30-2. Pour l'application de l'article L. 626-2-1, la consultation est faite par l'administrateur, lorsqu'il en a été désigné un. Les classes se prononcent sur chacune des propositions faites. Pour l'application du premier alinéa de l'article L. 626-8, l'information et la consultation portent sur les mesures qui sont soumises au vote des classes de parties affectées.

Toute partie affectée peut soumettre un projet de plan qui fera l'objet d'un rapport de l'administrateur et sera soumis, ainsi que celui proposé par le débiteur, au vote des classes conformément aux conditions de délai et aux modalités fixées par décret en Conseil d'État. – *V. art. R. 631-34.*

Lorsque le projet de plan adopté conformément aux dispositions de l'article L. 626-30-2 et, le cas échéant, de l'article L. 626-32, n'est pas celui proposé par le débiteur, il donne lieu aux communications prévues à l'article L. 626-8.

Lorsque le plan n'est pas approuvé conformément aux dispositions de l'article L. 626-30-2, il peut être arrêté par le tribunal sur demande du débiteur, de l'administrateur judiciaire avec l'accord du débiteur ou d'une partie affectée. Il peut être imposé aux classes qui ont voté contre le projet de plan dans les conditions prévues au I, à l'exclusion de son premier alinéa, et au II l'article L. 626-32.

Les dispositions des articles L. 631-19-1 et L. 631-19-2 sont inapplicables au plan ainsi adopté ou arrêté.

En l'absence d'adoption du projet de plan conformément aux dispositions de l'article L. 626-31 ou de l'article L. 626-32 et du présent article, les dispositions de la section 3 du chapitre VI du titre II ne sont plus applicables et un nouveau projet de plan est élaboré dans les conditions prévues au présent titre.

II. – En cas de modification du capital social ou de cession des droits sociaux prévue dans le projet de plan ou dans le plan, les clauses d'agrément sont réputées non écrites.

III. – Le plan est arrêté par le tribunal après que l'administrateur a mis en œuvre la procédure prévue au I de l'article L. 1233-58 du code du travail. Le comité social et économique rend son avis au plus tard le jour ouvré avant l'audience du tribunal qui statue sur le plan. L'absence de remise du rapport de l'expert mentionné aux articles L. 1233-34, L. 1233-35, L. 2325-35 ou L. 4614-12-1 du code du travail ne peut avoir pour effet de reporter ce délai.

Le plan précise notamment les licenciements qui doivent intervenir dans le délai d'un mois après le jugement, sur simple notification de l'administrateur, sous réserve des droits de préavis prévus par la loi, les conventions ou accords collectifs du travail.

Lorsqu'un plan de sauvegarde de l'emploi doit être élaboré, l'administrateur met en œuvre la procédure prévue au II de l'article L. 1233-58 du code du travail dans le délai d'un mois après le jugement. Le délai de huit jours mentionné au II du même article court à compter de la date de la réception de la demande qui est postérieure au jugement arrêtant le plan.

Lorsque le licenciement concerne un salarié bénéficiant d'une protection particulière en matière de licenciement, l'intention de rompre doit être manifestée dans le délai d'un mois prévu à l'alinéa précédent.

Pour les dispositions transitoires de l'Ord. n° 2021-1193 du 15 sept. 2021, V. note ss. art. L. 611-2.

V. art. R. 631-34 s.

COMMENTAIRE

Lorsque des classes de parties affectées sont constituées en procédure de redressement judiciaire (V. comm. III ss. art. L. 631-1), l'article L. 631-19, dans sa nouvelle rédaction résultant de l'ordonnance du 15 septembre 2021, prévoit deux adaptations pour l'application de ce dispositif.

La première, au troisième alinéa du I de ce texte, permet à toute partie affectée, et non plus au seul débiteur, de soumettre un projet de plan au vote des classes.

La seconde, au cinquième alinéa du I, modifie les conditions de mise en œuvre de l'application forcée interclasses. En procédure de redressement judiciaire, l'accord du débiteur n'est plus requis, contrairement à ce qui est prévu en procédure de sauvegarde, accélérée ou non accélérée. Ainsi, comme cela a été fort bien expliqué, en redressement judiciaire, « le débiteur perd son monopole pour concevoir le plan. Le projet de plan de toute partie affectée, ainsi que celui proposé par le débiteur, sont soumis au vote des classes. Le consentement du débiteur n'est plus nécessaire pour que le tribunal puisse arrêter le plan de restructuration dans l'intérêt du sauvetage de l'entreprise. Ainsi, le plan peut être arrêté par le tribunal et imposé aux classes qui ont voté contre le plan conformément aux conditions prévues par l'article L. 626-32 du code de commerce. C'est le changement de paradigme le plus spectaculaire de la réforme » (R. Dammann et T. Bos, Le nouveau droit de la restructuration financière : les classes de parties affectées, *D. 2021. 1931*).

Pour le reste, sont reprises les dispositions contenues dans l'ancien article L. 631-19 (V. comm. ss. cet art.).

Ancien art. L. 631-19 *[réd. antérieure à Ord. n° 2021-1193 du 15 sept. 2021] (Ord. n° 2014-326 du 12 mars 2014, art. 54, en vigueur le 1er juill. 2014)* ***I. — Les dispositions du chapitre VI du titre II, à l'exception des troisième et quatrième alinéas de l'article L. 626-1, sont applicables au plan de redressement, sous réserve des dispositions qui suivent.***

Il incombe à l'administrateur, avec le concours du débiteur, d'élaborer le projet de plan et, le cas échéant, de présenter aux comités de créanciers les propositions prévues au premier alinéa de l'article L. 626-30-2. *(L. n° 2014-856 du 31 juill. 2014, art. 73-2°)* ***« Pour l'application de l'article L. 626-2-1, la consultation est faite par l'administrateur, lorsqu'il en a été désigné un. » Les comités se prononcent sur chacune des propositions faites. Pour l'application du premier alinéa de l'article L. 626-8, l'information et la consultation portent sur les mesures qui sont soumises au vote des comités de créanciers.***

Lorsqu'une ou plusieurs personnes autres que les associés ou actionnaires s'engagent à exécuter le plan de redressement, sous la condition d'une participation au capital de la société à l'égard de laquelle la procédure a été ouverte, le projet de plan voté par les comités prévus à l'article L. 626-30 et, s'il y a lieu, par l'assemblée prévue par l'article L. 626-32, est soumis aux assemblées mentionnées à l'article L. 626-3.

Les assemblées sont appelées à délibérer sur chacun des projets de plan arrêtés.

II. — En cas de modification du capital social ou de cession des droits sociaux prévue dans le projet de plan ou dans le plan, les clauses d'agrément sont réputées non écrites.

III. — Le plan est arrêté par le tribunal après que la procédure prévue au I de l'article L. 1233-58 du code du travail a été mise en œuvre par l'administrateur. L'avis du comité d'entreprise et, le cas échéant, celui du comité d'hygiène et de sécurité des conditions de travail et de l'instance de coordination sont rendus *[L'avis du comité social et économique est rendu]* ***au plus tard le jour ouvré avant l'audience du tribunal qui statue sur le plan. L'absence de remise du rapport de l'expert mentionné aux articles L. 1233-34, L. 1233-35, L. 2325-35 ou L. 4614-12-1 du code du travail ne peut avoir pour effet de reporter ce délai.***

Le plan précise notamment les licenciements qui doivent intervenir dans le délai d'un mois après le jugement, sur simple notification de l'administrateur, sous réserve des droits de préavis prévus par la loi, les conventions ou accords collectifs du travail.

Lorsqu'un plan de sauvegarde de l'emploi doit être élaboré, l'administrateur met en œuvre la procédure prévue au II de l'article L. 1233-58 dans le délai d'un mois après le jugement. Le délai de huit jours mentionné au II du même article court à compter de la date de la réception de la demande qui est postérieure au jugement arrêtant le plan.

Lorsque le licenciement concerne un salarié bénéficiant d'une protection particulière en matière de licenciement, l'intention de rompre doit être manifestée dans le délai d'un mois prévu à l'alinéa précédent.

Sur les mesures d'adaptation liées à l'urgence sanitaire (covid-19), V. Ord. n° 2020-341 du 27 mars 2020, art. 1er, et Ord. n° 2020-596 du 20 mai 2020, art. 5.

BIBL. ▸ De Girval, *BJE 2016. 443* (mise en œuvre d'un plan de sauvegarde de l'emploi).

Ancien art. L. 631-19 *[réd. antérieure à Ord. n° 2014-326 du 12 mars 2014] (L. n° 2005-845 du 26 juill. 2005, art. 92)* ***I. — Les dispositions du chapitre VI du titre II sont applicables au plan***

de redressement *(Ord. nº 2008-1345 du 18 déc. 2008, art. 83)* ***« , sous réserve des dispositions qui suivent.*** *– V. art. L. 626-1 s.*

« Il incombe à l'administrateur, avec le concours du débiteur, d'élaborer le projet de plan et, le cas échéant, de présenter aux comités de créanciers les propositions prévues au premier alinéa de l'article L. 626-30-2. Pour l'application du premier alinéa de l'article L. 626-8, l'information et la consultation portent sur les mesures que l'administrateur envisage de proposer. »

II. – *(L. nº 2013-504 du 14 juin 2013, art. 18-XXIII-2º)* ***« Le plan est arrêté par le tribunal après que la procédure prévue à l'article L. 1233-58 du code du travail a été mise en œuvre par l'administrateur, à l'exception du 6º du I et des trois premiers alinéas du II de cet article. »***

Le plan précise notamment les licenciements qui doivent intervenir dans le délai d'un mois après le jugement. *(L. nº 2013-504 du 14 juin 2013, art. 18-XXIII-2º)* ***« Dans ce délai, l'autorité administrative valide ou homologue le projet de licenciement dans les conditions fixées aux articles L. 1233-57-2 et L. 1233-57-3 du même code. » Dans ce délai, ces licenciements interviennent sur simple notification de l'administrateur, sous réserve des droits de préavis prévus par la loi, les conventions ou accords collectifs du travail.***

(Ord. nº 2008-1345 du 18 déc. 2008, art. 83) ***« Lorsque le licenciement concerne un salarié bénéficiant d'une protection particulière en matière de licenciement, ce délai d'un mois après le jugement est celui dans lequel l'intention de rompre doit être manifestée. »***

Pour l'entrée en vigueur des modifications issues de la L. nº 2013-504 du 14 juin 2013, V. note ss. art. L. 631-17.

COMMENTAIRE

I. RENVOIS

Sont applicables, dans le cadre de la procédure de redressement, les dispositions relatives :

– à l'objet du plan de sauvegarde et à l'élaboration du projet de plan (art. L. 626-1 à L. 626-8) ;

– aux conditions dans lesquelles le plan est arrêté par le tribunal et exécuté (y compris la possibilité de cessions de branches d'activité) (art. L. 626-9 à L. 626-28) ;

– à la constitution, aux modalités de fonctionnement et aux prérogatives des comités de créanciers (art. L. 626-29 à L. 626-35).

L'ordonnance du 18 décembre 2008 apporte une précision : en redressement judiciaire, c'est à l'administrateur, avec seulement le concours du débiteur, qu'il incombe d'élaborer le projet de plan et, le cas échéant, de présenter aux comités de créanciers les propositions prévues à l'article L. 626-30-2, alinéa 1er (alors qu'à l'inverse, en raison de la réévaluation du rôle du débiteur en cas de sauvegarde, c'est au débiteur, avec seulement le concours de l'administrateur, que cette obligation incombe).

Quant à l'ordonnance du 12 mars 2014, elle a précisé que « les comités se prononceront sur chacune des propositions faites », ce qui, traduisant le pouvoir de proposition désormais concurrent des créanciers, signifie que seront aussi mises au vote les propositions émanant de ces derniers (V. art. L. 626-30-2). En outre, celles-ci seront également, le cas échéant, soumises aux institutions représentatives du personnel pour information et consultation (art. L. 626-8).

Par ailleurs, l'ordonnance de 2014 a logiquement écarté, en cas de redressement judiciaire, les dispositions de faveur qu'elle a introduites à l'article L. 626-1, alinéa 3, en cas de sauvegarde, quant aux dérogations aux interdictions de cession aux proches du débiteur.

II. ABANDON DU MÉCANISME D'ÉVICTION DES ACTIONNAIRES

C'est à l'article L. 631-19 que l'avant-projet d'ordonnance diffusé prévoyait de loger l'essentiel du dispositif de rééquilibrage, voulu par la réforme de 2014, en faveur des créanciers, au détriment des actionnaires, afin d'éviter que l'inertie et la mauvaise volonté de ces derniers ne fassent obstacle à l'adoption du plan de redressement. La finalité visée était de forcer le consentement des actionnaires récalcitrants ou opposants, quitte à les évincer si nécessaire, moyennant une procédure de cession forcée, au prix fixé par un expert, des parts sociales, titres de capital ou valeurs mobilières donnant accès au capital détenus par les associés ou actionnaires contrôlant l'entreprise.

On retrouvait là l'idée de l'engagement de créanciers à exécuter le plan de redressement, sous la condition d'une participation au capital de la société, auquel s'opposeraient les assemblées, convoquées par l'administrateur, refusant de voter les modifications de capital rendues nécessaires pour le redressement. Dans ce cas, pour commencer, et afin de tenir compte de l'autre voie possible de sauvetage de l'entreprise, comme l'avait expliqué Patrick Rossi, l'avant-projet prévoyait de mettre en concurrence « non seulement des projets de plan de sauvegarde ou de redressement mais également, pour cette dernière procédure, des plans de cession interne et des plans de cession « externe ». A défaut, il aurait été sans doute difficile de justifier une possible cession forcée des droits des associés alors que le droit français organise la cession judiciaire de l'entreprise » (P. Rossi, Une discipline en mouvement perpétuel, *D. 2014. Point de vue 220*).

Mais, en définitive, l'arbitrage gouvernemental a conduit à l'abandon, dans l'ordonnance du 12 mars 2014, de ce dispositif audacieux, et très critiqué par certains (V., entre autres, G. Teboul, Le renforcement du rôle des créanciers dans le cadre de la nouvelle réforme du droit des entreprises en difficulté, 2e partie, *LPA 31 janv. 2014, p. 6*), de cession forcée, en raison de l'évidente atteinte qu'il portait au droit de propriété des actionnaires, et donc du risque de censure par le Conseil constitutionnel, au regard de l'article 17 de la Déclaration des droits de l'homme et du citoyen de 1789, plus précisément de l'exigence que l'éventuelle privation du droit de propriété soit justifiée par une « nécessité publique évidente, légalement constatée ». De même, la procédure d'éviction, qui devait impérativement présenter toutes les garanties pour les actionnaires concernés (V. S. Vermeille et A. Bézert, L'éviction des actionnaires en amont de la cessation des paiements : un impératif pour lutter contre l'excès d'endettement, *D. 2013. Chron. 2045*), paraissait sujette à caution, notamment quant à la réalité de la mise en œuvre des engagements pris par les cessionnaires.

Pour autant, le gouvernement n'avait pas renoncé à l'institution d'un mécanisme visant à empêcher les actionnaires de s'opposer, par leur inertie ou leur mauvaise volonté, à un plan de redressement supposant une recapitalisation. Mais les modalités de ce mécanisme supposaient d'être affinées pour ne pas encourir le grief d'inconstitutionnalité ou de contrariété au droit européen. Il fallait donc un autre texte, lequel allait résulter de la loi n° 2015-990 du 6 août 2015, qui a créé un article L. 631-19-2 consacré au nouveau dispositif, réservé aux sociétés d'au moins cent cinquante salariés dont la disparition serait de nature à causer un trouble grave à l'économie nationale ou régionale et au bassin d'emploi (V. comm. ss. cet art.).

III. CLAUSES D'AGRÉMENT

Le II, issu de l'ordonnance du 12 mars 2014, dispose qu'en cas de modification du capital social ou de cession des droits sociaux prévue dans le projet de plan ou dans le plan, les clauses d'agrément sont réputées non écrites. Il ne s'agit pas vraiment d'une nouveauté, mais seulement du déplacement moyennant réécriture d'une disposition, auparavant prévue à l'article L. 626-3, que l'ordonnance de 2014 a supprimée en cas de plan de sauvegarde.

IV. LICENCIEMENTS POUR MOTIF ÉCONOMIQUE

Utile souplesse résultant de l'ordonnance de 2008 : lorsque le licenciement concerne un salarié bénéficiant d'une protection particulière relative au licenciement, le délai d'un mois après le jugement d'arrêt du plan s'entend de celui dans lequel l'intention de rompre le contrat de travail doit être manifestée.

L'ordonnance du 12 mars 2014 a remanié les dispositions de coordination avec le droit du licenciement économique prévu par le code du travail, tel que modifié par la loi de sécurisation de l'emploi du 14 juin 2013. ❑

1. Consultation des représentants du personnel. Lorsque, dans le cadre d'une procédure de redressement judiciaire, l'administrateur élabore un plan de cession de l'entreprise, ce plan ne peut être arrêté qu'après la consultation des institutions représentatives du personnel dans les conditions prévues par l'art. L. 1233-58 C. trav. dès lors qu'il prévoit des licenciements pour motif économique et que c'est à la date à laquelle est établi le projet de plan que doit s'apprécier l'effectif de l'entreprise. • Soc. 19 mai 2015, n° 13-26.669 P : *D. 2015. Actu. 1152 ; Gaz. Pal. 18-20 oct. 2015, p. 32, obs. Gailhbaud.* ♦ L'administrateur judiciaire n'ayant tenu qu'une seule réunion des délégués du personnel après avoir déposé son rapport portant projet de plan au greffe du tribunal de commerce et celle-ci s'étant tenue la veille de l'audience du tribunal à l'expiration de la période d'observation de vingt mois, il en résulte que les délégués du personnel n'ont pas été mis en mesure de faire valoir utilement leurs observations et que la procédure de consultation prévue par les art. L. 621-56 [désormais, art. L. 631-19] C. com. et L. 321-9 [L. 1233-58] C. trav., interprétés à la lumière de la directive n° 2002/14/CE du 11 mars 2002, n'a pas été valablement conduite. • Soc. 12 sept. 2007, n° 06-13.667 P : *D. 2007. AJ 2308, obs. Lienhard ; APC 2007, n° 202, obs. Fin-Langer ; Gaz. Pal. 23-24 janv. 2008, p. 61, obs. Saintourens.*

2. Licenciements prévus dans le plan. En application de l'art. 63 [C. com., art. L. 631-19], le plan de cession ne devant prévoir que le nombre des licenciements à intervenir avant la cession et les licenciements ne pouvant concerner que des salariés non repris par le cessionnaire, c'est à tort qu'un plan prévoit le licenciement de tous les salariés et la reprise ultérieure de trente-deux salariés d'une entreprise en redressement judiciaire ; les contrats de travail des salariés repris subsistant par le seul effet de l'art. L. 122-12, al. 2, [L. 1224-1] C. trav., les licenciements antérieurement prononcés sont de nul effet. • Soc. 30 juin 1992, n° 90-44.057 P. ♦ En application des dispositions combinées des art. L. 122-12 [L. 1224-1] C. trav. et 63 de la loi du 25 janv. 1985 [C. com., art. L. 631-19], le licenciement prononcé par l'administrateur judiciaire dans le cadre du plan de cession, qui ne doit prévoir que le nombre des licenciements à intervenir, est privé d'effet, lorsque le salarié, même après une suspension d'activité, est repris par l'entreprise cessionnaire à l'égard de laquelle le contrat de travail se poursuit. • Soc. 14 déc. 1999, n° 98-41.520 P : *RPC 2001. 47, obs. Taquet.* ♦ V. aussi notes 18 s. ss. art. L. 642-7 et note 19 ss. ancien art. L. 622-17.

3. Lorsque le plan de cession approuvé par le tribunal de commerce autorise un certain nombre de licenciements pour motif économique, seuls ces licenciements peuvent être prononcés. • Soc. 3 févr. 1998, n° 95-44.921 P.

4. Ne satisfait pas aux exigences de l'art. 63, devenu l'art. L. 621-64 [L. 631-19] C. com., le jugement arrêtant le plan de cession partielle qui se borne à prévoir le nombre des contrats de travail dont le maintien a été proposé au repreneur sans indiquer le nombre de licenciements autorisés, ni les activités et catégories professionnelles concernées. • Soc. 10 juill. 2001, n° 99-44.466 P : *D. 2001. IR 2458 ; APC 2001, n° 193, obs. Vallansan.*

5. Liste nominative. Une liste nominative des salariés licenciés n'a pas à être dressée et serait en toute hypothèse dépourvue d'effet. • Soc. 26 juin 1991, n° 90-46.055 P : *JCP E 1992. II. 274, note Serret* • 27 oct. 1998 : *D. 1998. IR 247* • 16 mars 1999, n° 96-44.843 P. ♦ Dès lors, le licenciement, sans autorisation de l'inspecteur du travail, d'un salarié protégé, en raison du seul fait qu'il ne figurait pas sur la liste arrêtée par le tribunal de commerce, est constitutif du délit d'entrave aux fonctions de délégué du personnel. • Crim. 17 mars 1992, n° 91-81.360 P : *D. 1992. IR 241.* ♦ De même, une cour d'appel peut décider que le licenciement du directeur général d'une société en redressement judiciaire est dépourvu de cause réelle et sérieuse, dès lors qu'elle constate que le salarié a été remplacé immédiatement après son licenciement, faisant ainsi ressortir que l'ordonnance du juge-commissaire a été obtenue par fraude. • Soc. 27 oct. 1998 : *préc.* – V. aussi • Soc. 30 mars 1993 : *RPC 1993. 311, obs. Soinne.*

6. La clause d'un plan de cession, qui subordonne la reprise d'une entreprise en redressement judiciaire au maintien du contrat de travail d'un salarié nommément désigné, en violation de l'art. 64 du décret du 27 déc. 1985 [C. com., art. R. 631-36], est dépourvue d'effets à l'égard des autres salariés relevant de la même catégorie professionnelle. • Soc. 29 janv. 2008, n° 06-42.712 P : *Gaz. Pal. 27-29 avr. 2008, p. 34, obs. Saintourens ; APC 2008, n° 132, obs. Fin-Langer.*

7. Ordre des licenciements. Cependant, si le plan de cession de l'entreprise peut prévoir des licenciements économiques, sans liste nominative de salariés, la juridiction prud'homale est seule compétente pour vérifier le respect, par l'employeur, des critères qui doivent être définis pour fixer l'ordre des licenciements. • Soc. 8 avr. 1992, n° 89-43.288 P. ♦ A défaut de convention ou d'accord collectif applicable sur ce point, l'employeur doit définir, après consultation du comité d'entreprise ou, à défaut, des délégués du personnel, pour chaque licenciement collectif, les critères retenus pour fixer l'ordre des licenciements. • Même arrêt.

8. Notification des licenciements. La méconnaissance par l'administrateur du délai d'un mois pour notifier aux salariés concernés la rupture de leur contrat de travail constitue une irrégularité de forme du licenciement de nature à causer un préjudice aux intéressés, qui peuvent en demander réparation. • Soc. 10 juill. 2002, n° 00-42.340 P : *D. 2002. AJ 2678, obs. Lienhard ; APC 2002, n° 182, obs. Regnaut-Moutier ; JCP E 2003, n° 5, p. 219, obs. Pétel.* ♦ ... Mais n'a pas pour conséquence de priver d'effet l'autorisation de licenciement contenue dans le jugement. • Soc. 21 sept. 2005, n° 04-40.529 P : *D. 2005. AJ 2446, obs. Lienhard ; D. 2006. Pan. 81, obs. Le Corre ; APC 2005, n° 217, obs. Vallansan.*

9. Seule une ordonnance du premier président arrêtant l'exécution provisoire du jugement qui adopte le plan de redressement peut avoir pour effet de prolonger la durée de la période d'observation et, par là, de différer la notification des licenciements prévus dans le jugement (application de l'art. 155 du Décr. du 27 déc. 1985). • Soc. 21 sept. 2005 : *préc. note 8.*

10. Le tribunal ayant, pendant la période d'observation du redressement judiciaire, arrêté un plan de cession prévoyant des licenciements et ordonné qu'ils soient notifiés par l'administrateur judiciaire, il appartenait à celui-ci de procéder à cette notification, peu important que, le même jour, le tribunal ait ensuite prononcé la liquidation judiciaire et mis fin à la mission de l'administrateur, cette décision n'ayant pas eu pour effet, à défaut d'une disposition expresse du jugement de liquidation judiciaire, de lui retirer le pouvoir de notifier les licenciements. • Soc. 12 janv. 2016, n° 14-13.414 P : *D. 2016. Actu. 198 ; JCP E 2016. 1198, n° 6, obs. Pétel ; APC 2016, n° 35, obs. Fin-Langer ; LEDEN 3/2016. 6, obs. de Frémont ; Gaz. Pal. 12 avr. 2016, p. 71, obs. Gailhbaud ; RJDA 2016, n° 556.*

11. Motivation de la lettre de licenciement. La lettre de licenciement est suffisamment motivée lorsqu'elle fait référence au jugement qui arrête le plan et autorise des licenciements. • Soc. 21 sept. 2005 : *préc. note 8.*

12. Modification des contrats de travail. La proposition de modification des contrats de travail faite par l'administrateur judiciaire est soumise aux dispositions de l'art. L. 321-1-2 [1222-6] C. trav. (relatif à la procédure de modification du contrat de travail consécutive à des difficultés économiques). • Soc. 28 nov. 2000, n° 98-42.852 P : *APC 2001, n° 22, obs. Taquet.*

13. Licenciements disciplinaires. La clause du plan de cession, par laquelle le cessionnaire s'est engagé, pour la durée du plan, à ne procéder à aucun licenciement sans l'autorisation préalable du tribunal de commerce, ne peut concerner que les licenciements prononcés pour motif économique et ne prive pas l'employeur de son pouvoir disciplinaire exercé sous le contrôle du juge prud'homal. • Soc. 16 mai 2007 : *D. 2007. AJ 1601.*

14. Résolution du plan. Le tribunal qui prononce la résolution du plan de cession a le pouvoir de limiter les effets de cette résolution, en maintenant des actes accomplis en exécution du plan ; dès lors que le jugement qui prononce la résolution du plan a prévu dans son dispositif le maintien des actes passés par les administrateurs judiciaires en exécution du jugement arrêtant le plan et l'absence d'effet rétroactif de la résolution sur les licenciements notifiés par ces derniers, la validité de ces licenciements ne peut être contestée. • Soc. 9 juill. 2008, n° 06-40.945 P : *APC 2008, n° 242, obs. Fin-Langer ; Gaz. Pal. 21-22 janv. 2009, p. 47, obs. Saintourens.*

Art. L. 631-19-1 *(Ord. n° 2008-1345 du 18 déc. 2008, art. 84)* **Lorsque le redressement de l'entreprise le requiert, le tribunal, sur la demande du ministère public, peut subordonner l'adoption du plan au remplacement d'un ou plusieurs dirigeants de l'entreprise.**

A cette fin et dans les mêmes conditions, le tribunal peut prononcer l'incessibilité des parts sociales, titres de capital ou valeurs mobilières donnant accès au capital, détenus par un ou plusieurs dirigeants de droit ou de fait et décider que le droit de vote y attaché sera exercé, pour une durée qu'il fixe, par un mandataire de justice désigné à cet effet. De même, il peut ordonner la cession de ces parts sociales, titres de capital ou valeurs mobilières donnant accès au capital détenu par ces mêmes personnes, le prix de cession étant fixé à dire d'expert.

Le tribunal statue après avoir entendu ou dûment appelé les dirigeants et *(Ord. n° 2021-1193 du 15 sept. 2021, art. 46, en vigueur le 1er oct. 2021)* **« la ou les personnes désignées par le comité social et économique ».** — *Pour les dispositions transitoires de l'Ord. n° 2021-1193 du 15 sept. 2021, V. note ss. art. L. 611-2.*

Les dispositions du présent article ne sont pas applicables lorsque le débiteur exerce une activité professionnelle libérale soumise à un statut législatif ou réglementaire.

V. art. R. 631-34-1 s.

BIBL. ▶ Diesbecq, *Gaz. Pal. 2009. Doctr. 97* (cession interne de l'entreprise en difficulté). – Gibirila, *Journ. sociétés 5/2012. 45* (sort des droits sociaux des dirigeants d'entreprises en difficulté). – Brocard, *Rev. sociétés 2015. 217* (la cession des droits sociaux et l'entreprise en difficulté). – Maury, *LPA 31 juill. 2018* (incessibilité et cession forcée des droits sociaux du dirigeant).

COMMENTAIRE

Cet article L. 631-19-1, formellement issu de l'ordonnance du 18 décembre 2008, reprend, en réalité, moyennant quelques légères adaptations rédactionnelles, le contenu de l'ancien article L. 626-4, désormais abrogé afin que les mesures d'éviction des dirigeants qu'il prévoyait ne puissent plus être appliquées en cas de sauvegarde (V. comm. ss. anc. art. L. 626-4 dans l'éd. 2014).

Saisi sur question prioritaire de constitutionnalité, le Conseil constitutionnel a jugé que ce texte, par lequel le législateur a entendu permettre la poursuite de l'activité de l'entreprise et a ainsi poursuivi un but d'intérêt général, ne portait pas d'atteinte disproportionnée au droit de propriété (Cons. const. 7 oct. 2015, n° 2015-486 QPC : *cité note 2*). La décision était prévisible, puisque le Conseil avait appliqué, deux mois plutôt, le même raisonnement au nouveau dispositif d'éviction des actionnaires institué par la loi du 6 août 2015 dans l'article L. 631-19-2, bien qu'en comparaison avec le premier ce dernier texte apparaisse bien plus restrictif et protecteur (Cons. const. 5 août 2015, n° 2015-715 DC). Pour les mêmes raisons, la Cour de cassation a jugé, fort logiquement, que la disposition ne heurtait pas l'article 1er du premier protocole additionnel à la Convention européenne des droits de l'homme (Com. 11 oct. 2016, n° 14-29.360). ❑

A. REMPLACEMENT DU DIRIGEANT

1. Sur la prise en considération de l'intérêt de l'entreprise, V. • Colmar, 12 sept. 1990 : *RPC 1991. 293, obs. Soinne.*

B. INCESSIBILITÉ ET CESSION FORCÉE DES PARTS SOCIALES

2. Conformité à la Constitution. V., déclarant conformes à la Constitution les dispositions de l'art. L. 631-19-1 : • Cons. const. 7 oct. 2015, n° 2015-486 QPC : *D. 2015. Actu. 2006 ; JCP E 2015. 1562, note Cerati-Gauthier ; ibid. 2016. 1217, n° 8, obs. Caffin-Moi ; JCP 2015. 1390, note Brignon ; APC 2015, n° 278, obs. Monsèrié-Bon ; BJS 2015. 658, note Mélin ; BJE 2015. 362, note Favario ; Dr. sociétés 2015, n° 218, note Legros ; LEDEN 12/2015. 3, obs. Ruffin ; RJDA 2016, n° 632.* ♦ V. la décision de renvoi de la QPC : • Com., QPC, 7 juill. 2015, n° 14-29.360 : *Rev. sociétés 2015. 543, obs. Henry ; LEDEN 9/2015. 5, obs. Favario ; Dr. sociétés 2015, n° 182, note Legros.* ♦ Pour un arrêt faisant application de la décision du Conseil constitutionnel, V. • Com. 11 oct. 2016, n° 14-29.360 : *Rev. sociétés 2016. 769, obs. Henry.*

3. Intérêt général. Pour la conformité des dispositions de l'art. L. 621-59 [ancien] C. com. à la Conv. EDH, à la Déclaration des droits de l'homme et du citoyen et à l'art. 544 C. civ. (droit de propriété), en ce qu'elles sont justifiées par l'intérêt général, V. • Com. 12 juill. 2005, n° 03-14.045 P : *D. 2005. AJ 2071, obs. Lienhard ; APC 2005, n° 193, obs. Regnaut-Moutier ; Gaz. Pal. 4-5 nov. 2005, p. 28, obs. Voinot ; BJS 2006. 22, avis Lafortune et note Saintourens ; RPC 2006. 52, obs. Lebel ; Rev. sociétés 2006. 162, note F.-X. Lucas.*

4. Dirigeants visés. La qualité de dirigeant, de droit ou de fait, du détenteur des actions ou des parts sociales dont le tribunal peut ordonner la cession lorsque la survie de l'entreprise le requiert s'apprécie à la date du jugement qui ordonne cette cession. • Com. 19 févr. 2008 : *APC 2008, n° 98, obs. Pagnucco ; RJDA 2008, n° 555 ; Gaz. Pal. 27-29 avr. 2008, p. 22, obs. Voinot ; Dr. sociétés 2008, n° 126, note Legros ; JCP E 2008. 2062, n° 14, obs. Pétel ; RPC 2008, n° 117, obs. Lebel ; ibid. 2009, n° 3, obs. Fraimout ; RTD com. 2008. 852, obs. Saint-Alary-Houin.* – V. Cerati-Gauthier, *JCP E 2008. 1716.* ♦ Il s'ensuit que le tribunal ne peut ordonner la cession des actions détenues par un dirigeant dont la démission est effective à la date à laquelle il statue, peu important que celle-ci n'ait pas été publiée. • Même arrêt.

Pour le refus d'appliquer l'art. L. 651-59 [L. 631-19-1] C. com. à des actionnaires disposant de la majorité du capital et des voix au conseil de surveillance, en l'absence d'éléments propres à établir, en dehors de l'exercice de leur mission de membres du conseil de surveillance, l'exercice, en toute indépendance, d'une activité positive de direction dans la société, V. • Com. 12 juill. 2005 : *préc. note 3 ; Dr. sociétés 2005, n° 175, note Legros ; JCP E 2005, n° 50, p. 2163, obs. Caussain, Deboissy et Wicker ; ibid. 2006, n° 2, p. 77, obs. Pétel ; RPC 2006. 290, obs. Martin-Serf* (V. l'arrêt cassé : • Nancy, 18 déc. 2002 : *Dr. sociétés 2003, n° 211, note Legros (1re esp.) ; RTD com. 2004. 94, obs. Champaud et Danet)* ♦ Sur la notion de dirigeant de fait, V. • Montpellier, 5 nov. 2002 : *Dr. sociétés 2003, n° 211, note Legros (2e esp.).*

5. Droit d'agir. Ni la société soumise à la procédure collective, ni le gérant n'ont le droit d'agir en vue de la cession forcée des parts d'un associé. • Com. 4 févr. 2003 : *RJDA 2003, n° 745 ; RDBF 2003, n° 153, obs. F.-X. Lucas ; Dr. sociétés 2003, n° 144, note Legros ; RPC 2004. 218, obs. Lebel.*

6. Modification du plan. Une demande de cession forcée de parts sociales ne peut, à elle seule, constituer une demande de modification du plan. • Com. 11 oct. 2016 : *préc. note 2.*

7. Choix du cessionnaire. Les cédants n'ont pas qualité pour critiquer le choix de la personne au profit de laquelle a lieu la cession forcée des titres. • Versailles, 21 févr. 2002 : *Dr. sociétés 2004, n° 8, note Legros ; RPC 2004. 49, obs. Lebel.*

8. Droit de préemption. Le tribunal n'est pas tenu de prendre en compte les statuts réservant aux actionnaires un droit de préemption des actions des dirigeants. • Nancy, 9 juin 1992 : *RJDA 1993, n° 164.*

9. Expertise. Les dispositions de l'art. 23, al. 2, de la loi du 25 janv. 1985 [C. com., art. L. 631-19-1, al. 2] sont d'ordre public, et, quelle que soit la valeur présumée des actions d'un administrateur, le tribunal ne peut se dispenser de recourir à une expertise. • Grenoble, 16 juin 1988 : *RJ com. 1990. 228, note Gallet.* ♦ Sur le rôle de l'expert, V. • Com. 1er oct. 2002 : *RJDA 2003, n° 163.*

10. Réalisation de la procédure d'éviction. L'art. L. 631-19-1, qui permet de subordonner l'adoption d'un plan de redressement à la cession des parts sociales d'un dirigeant, n'exige pas qu'à la date de l'adoption du plan le dirigeant ait été définitivement évincé après le paiement de la valeur de ses droits sociaux ; une cour d'appel peut donc surseoir à statuer sur l'adoption du plan et ne renvoyer au tribunal que l'examen de la question de la cession forcée des parts sociales. • Com. 26 janv. 2016, n° 14-14.742 P : *D. 2016. Actu. 309 ; Rev. sociétés 2016. 195, obs. Henry ; JCP E 2016. 1150, note Cerati-Gauthier ; LEDEN 3/2016. 2, obs. Parachkévova ; APC 2016, n° 59, obs. Schultz ; Gaz. Pal. 12 avr. 2016, p. 65, obs. Lebel ; BJS 2016. 287, note Dom ; BJE 2016. 164, note Favario ; RPC 2016, n° 79, obs. Fraimout ; RJDA 2016, n° 633 ; Dr. sociétés 2016, n° 174, obs. Legros.*

11. L'art. L. 631-19-1 n'interdit pas au tribunal, qui a décidé la cession forcée des droits sociaux des dirigeants dans le cadre de la préparation d'un plan de redressement, de désigner, dans l'attente de la réalisation de cette cession, un mandataire de justice chargé d'exercer le droit de vote attaché à ces droits. • Com. 26 janv. 2016, n° 14-14.742 P : *préc. note 10.*

12. Créance résultant de la cession forcée. En l'absence de disposition légale régissant la date d'exigibilité du paiement du prix de cession des actions et les intérêts, la somme due doit être réglée sans délai et avec intérêts à compter du jour du transfert. • Com. 1er juill. 1997, n° 95-16.927 P : *D. 1997. IR 177 ; D. Affaires 1997. 934 ; JCP E 1998, n° 1-2, p. 29, obs. Pétel ; RPC 1998. 265, obs. Soinne* (V. l'arrêt d'appel : • Versailles, 4 mai 1995 : *RPC 1995. 409, obs. Soinne*).

13. Voies de recours. La disposition du jugement qui ordonne la cession des actions détenues par un ou plusieurs dirigeants sociaux est susceptible d'appel de la part de ces dirigeants. • Com. 26 juin 2001, n° 98-19.665 P : *D. 2001. AJ 2299, obs. Lienhard ; ibid. 2002. 1482, obs. Honorat ; APC 2001, n° 186, obs. Regnaut-Moutier ; RTD com. 2001. 778, obs. Vallens ; Procédures 2001, n° 216, note Laporte ; Dr. sociétés 2001, n° 175, note Legros ; JCP E 2002, n° 3, p. 127, obs. Pétel ; RJ com. 2002. 85, note F.-X. Lucas ; Dr. et patr. 4/2002. 99, obs. Monsèrié-Bon ; RPC 2002. 166, obs. Gorrias.* – Dans le même sens, V. • Versailles, 21 févr. 2002 : *BICC 2002, n° 1237 ; Dr. sociétés 2004, n° 8, note Legros.* ♦ V. déjà, pour la recevabilité de l'appel du dirigeant limité aux dispositions du jugement fixant les modalités de paiement du prix, • Com. 1er juill. 1997 : *préc. note 11.* ♦ V. aussi • Grenoble, 12 janv. 1988 : *RJ com. 1988. 189, note Gallet* • Paris, 16 juin 1995 : *préc. note 4.* ♦ *Contra* : • Bourges, 8 févr. 1989 : *RPC 1989. 510, obs. Soinne.* ♦ Sur l'irrecevabilité de l'appel du cessionnaire, V. • Fort-de-France, 29 avr. 1989 : *ibid. 1989. 515, obs. Soinne.*

14. Est entaché d'excès de pouvoir l'arrêt décidant qu'un associé, qui n'était plus gérant, évincé en application de l'art. 23 [C. com., art. L. 631-19-1], sans qu'il fût établi que la survie de l'entreprise requérait cette mesure, était privé du droit de faire appel du jugement arrêtant le plan de continuation, et que ce jugement ne présentait pas de vice suffisamment grave pour justifier la formation d'un appel-nullité. • Com. 27 avr. 1993, n° 91-11.867 P : *D. 1994. Somm. 45, obs. Derrida ; D. 1995. Somm. 3, obs. Derrida ; Rev. sociétés 1993. 648, note Chaput ; RPC 1994. 154, obs. Liénard.*

15. Aucun accord de cession amiable des actions d'un dirigeant d'une société en redressement judiciaire n'ayant été conclu avant le jugement d'ouverture au profit d'autres dirigeants sociaux, ces derniers sont irrecevables, faute d'intérêt, à reprocher à une cour d'appel d'ordonner la cession forcée des actions appartenant au premier dirigeant au profit d'un tiers qui a présenté un plan de continuation par voie de reprise interne. • Com. 12 juill. 1994 : *D. 1995. Somm. 2, obs. Derrida ; RPC 1995. 149, obs. Soinne.*

16. Opposabilité du jugement. Lorsque le tribunal adopte un plan de continuation [redressement] en prononçant l'incessibilité des actions des dirigeants, cette décision, qui a l'autorité de la chose jugée, est, en application de l'art. 64, al. 1er, de la loi du 25 janv. 1985 [V., désormais, art. L. 626-11, rendu applicable au redressement judiciaire par l'art. L. 631-19], « opposable à tous », y compris à la banque bénéficiaire d'un engagement de caution, qui ne peut donc pratiquer une saisie-arrêt sur ces actions, dès lors qu'elle aboutirait à la vente forcée de celles-ci. • TGI Grenoble, 26 mai 1989 : *D. 1991. Somm. 11, obs. Derrida.*

17. Transaction. Viole l'art. 2051 C. civ. l'arrêt qui déclare irrecevable la demande, formée par le dirigeant d'une société en redressement judiciaire, tendant à l'annulation de l'expertise ordonnée en vue de fixer le prix d'un certain nombre d'actions de la société cédées à un organisme bancaire, au motif que la transaction intervenue antérieurement, sur la fixation du prix des actions, entre ledit dirigeant et un autre cessionnaire avait autorité de la chose jugée à l'égard de la banque. • Com. 14 avr. 1992, n° 90-12.359 P : *JCP 1992. IV. 1797.*

Art. L. 631-19-2 *(L. n° 2015-990 du 6 août 2015, art. 238-I)* **Lorsque la cessation d'activité d'une entreprise d'au moins cent cinquante salariés ou constituant, au sens de l'article L. 2331-1 du code du travail, une entreprise dominante d'une ou de plusieurs entreprises dont l'effectif total est d'au moins cent cinquante salariés est de nature à causer un trouble grave à l'économie nationale ou régionale et au bassin d'emploi et si la modification du capital apparaît comme la seule solution sérieuse permettant d'éviter ce trouble et de permettre la poursuite de l'activité, après examen des**

possibilités de cession totale ou partielle de l'entreprise, le tribunal peut, à la demande de l'administrateur judiciaire ou du ministère public et à l'issue d'un délai de trois mois après le jugement d'ouverture, en cas de refus par les assemblées mentionnées au I de l'article L. 631-19 d'adopter la modification du capital prévue par le projet de plan de redressement en faveur d'une ou de plusieurs personnes qui se sont engagées à exécuter celui-ci :

1° Désigner un mandataire chargé de convoquer l'assemblée compétente et de voter l'augmentation de capital en lieu et place des associés ou actionnaires ayant refusé la modification de capital, à hauteur du montant prévu par le plan.

L'augmentation de capital doit être réalisée dans le délai maximal de trente jours à compter de la délibération. Elle peut être libérée par les personnes qui se sont engagées à exécuter le plan de redressement, par compensation à raison du montant des créances sur la société qui ont été admises et dans la limite de la réduction dont elles sont l'objet dans le plan.

Si l'augmentation de capital est souscrite par apports en numéraire, les actions émises sont offertes par préférence aux actionnaires, proportionnellement à la partie du capital représentée par leurs actions ;

2° Ou ordonner, au profit des personnes qui se sont engagées à exécuter le projet de plan, la cession de tout ou partie de la participation détenue dans le capital par les associés ou actionnaires ayant refusé la modification de capital et qui détiennent, directement ou indirectement, une fraction du capital leur conférant une majorité des droits de vote ou une minorité de blocage dans les assemblées générales de cette société ou qui disposent seuls de la majorité des droits de vote dans cette société en application d'un accord conclu avec d'autres associés ou actionnaires, non contraire à l'intérêt de la société. Toute clause d'agrément est réputée non écrite.

Les associés ou actionnaires autres que ceux mentionnés au 2° disposent du droit de se retirer de la société et de demander simultanément le rachat de leurs droits sociaux par les cessionnaires.

Lorsque le tribunal est saisi de la demande de cession, en l'absence d'accord entre les intéressés sur la valeur des droits des associés ou actionnaires cédants et de ceux qui ont fait valoir leur volonté de se retirer de la société, cette valeur est déterminée à la date la plus proche de la cession par un expert désigné, à la demande de la partie la plus diligente, de l'administrateur ou du ministère public, par le président du tribunal *(Ord. n° 2019-738 du 17 juill. 2019, art. 3)* « statuant selon la procédure accélérée au fond ». *(Abrogé par Ord. n° 2019-738 du 17 juill. 2019, art. 3)* « ***Le président statue en la forme des référés.*** » *(Ord. n° 2019-738 du 17 juill. 2019, art. 3)* « Le jugement désignant l'expert » n'est pas susceptible de recours. L'expert est tenu de respecter le principe du contradictoire. – *Les dispositions de l'Ord. n° 2019-738 du 17 juill. 2019 s'appliquent aux demandes introduites à compter du 1er janv. 2020 (Ord. préc., art. 30).*

Lorsque le tribunal statue sur la demande prévue aux 1° ou 2°, les débats ont lieu en présence du ministère public. Le tribunal entend les associés ou actionnaires concernés, les associés ou actionnaires dirigeants, les créanciers ou tiers qui se sont engagés à exécuter le plan et *(Ord. n° 2021-1193 du 15 sept. 2021, art. 47, en vigueur le 1er oct. 2021)* « la ou les personnes désignées par le comité social et économique. A défaut de comité social et économique », le tribunal entend le représentant des salariés élu mentionné à l'article L. 621-4.

Le tribunal ne peut statuer sur la demande tendant à la cession qu'après avoir consulté l'Autorité des marchés financiers si les titres concernés sont cotés sur un marché réglementé ou sur un système multilatéral de négociation *(L. n° 2016-1691 du 9 déc. 2016, art. 42-II-7°)* « soumis aux dispositions du II de l'article L. 433-3 du code monétaire et financier ». Il est fait application, pour les actionnaires, des articles L. 433-1 et suivants du *(L. n° 2016-1691 du 9 déc. 2016, art. 42-II-7°)* « même code ».

Le tribunal statue par un seul et même jugement sur la cession et sur la valeur des droits sociaux cédés. Il désigne, dans ce jugement, un mandataire de justice chargé de passer les actes nécessaires à la réalisation de la cession ordonnée et d'en verser le prix aux associés ou actionnaires cédants.

Le tribunal subordonne l'adoption du plan à l'engagement du souscripteur ou du cessionnaire des parts sociales, titres de capital ou valeurs mobilières donnant accès au capital de conserver ses droits pendant une durée qui ne peut excéder celle du plan.

Le tribunal peut subordonner l'adoption du plan à la présentation, par les associés ou actionnaires souscripteurs ou cessionnaires, d'une garantie par un organisme de crédit, d'un montant égal à leurs engagements, figurant dans le plan de redressement. Il peut également subordonner cette conversion de créances en parts sociales, titres de capital ou valeurs mobilières donnant accès au capital de l'entreprise.

Le plan est arrêté sous la condition du paiement comptant du prix par les associés ou actionnaires souscripteurs ou cessionnaires. A défaut, le tribunal prononce, à la demande d'un associé cédant, du débiteur, du commissaire à l'exécution du plan, du mandataire de justice ou du ministère public, la résolution de la souscription ou de la cession des parts sociales, titres de capital ou valeurs mobilières donnant accès au capital.

Le commissaire à l'exécution du plan vérifie que les associés ou actionnaires souscripteurs ou cessionnaires respectent leurs obligations. Il a qualité pour agir à l'encontre des souscripteurs ou cessionnaires pour obtenir l'exécution de leurs engagements financiers. Il informe le comité *(Ord. n° 2021-1193 du 15 sept. 2021, art. 47, en vigueur le 1er oct. 2021)* **« social et économique » de l'exécution du plan de redressement, ainsi que du respect de leurs engagements par les associés souscripteurs ou cessionnaires.**

Le tribunal peut modifier le plan en application de l'article L. 626-26 *(Abrogé par Ord. n° 2021-1193 du 15 sept. 2021, art. 47, à compter du 1er oct. 2021)* ***« et du dernier alinéa de l'article L. 626-31 du présent code ».***

En cas de défaillance d'un associé ou actionnaire souscripteur ou cessionnaire, le tribunal, saisi par le commissaire à l'exécution du plan ou par le ministère public, par le comité *(Ord. n° 2021-1193 du 15 sept. 2021, art. 47, en vigueur le 1er oct. 2021)* **« social et économique ou, dans les entreprises de moins de cinquante salariés, des membres de sa délégation du personnel », peut prononcer la résolution du plan de redressement, sans préjudice de la réparation du préjudice subi. Il statue en présence du ministère public. Le prix payé par le souscripteur ou le cessionnaire reste acquis.**

Le présent article n'est pas applicable lorsque le débiteur exerce une activité professionnelle libérale soumise à un statut législatif ou réglementaire.

L'art. L. 631-19-2 est applicable aux procédures de redressement judiciaire ouvertes à compter de la publication de la L. n° 2015-990 du 6 août 2015 (L. préc., art. 238-IV).

Pour la conformité à la Constitution de l'art. 238-I de la L. n° 2015-990 du 6 août 2015, dont est issu l'art. L. 631-19-2, V. Cons. const. 5 août 2015, n° 2015-715 DC (JO 7 août).

Pour les dispositions transitoires de l'Ord. n° 2021-1193 du 15 sept. 2021, V. note ss. art. L. 611-2.

Pour les voies de recours, V. art. L. 661-1 (I-6° bis).

BIBL. ▶ BLANC, *D. 2015. Chron. 2460*. – ROUSSEL GALLE, *Rev. sociétés 2015. 636*. – CERATI-GAUTHIER, *JCP E 2015. 1461* (conformité à la Constitution). – DAMMANN et F.-X. LUCAS, *BJS 2015. 521*. – PARACHKÉVOVA, *ibid. 529* (augmentation de capital forcée). – TEBOUL, *LPA 22 oct. 2015*. – DEGENHARDT, *BJE 2015. 432*. – DRIGUEZ, *RDT 2016. 88*. – BOURBOULOUX et FORT, *BJE 2016. 287*. – COUTURIER, *Journ. sociétés 1/2017. 26* (l'éviction de l'associé : une solution morale ?). – FARHI, *RPC 2019. Étude 3* (conversion de créances en titres de capital).

COMMENTAIRE

L'article L. 631-19-2, ajouté par la loi pour la croissance, l'activité et l'égalité des chances économiques du 6 août 2015, reprend, en l'affinant, l'idée, abandonnée en cours d'élaboration de l'ordonnance du 12 mars 2014, en raison de la crainte d'inconstitutionnalité ou d'inconventionnalité du dispositif alors imaginé, de forcer le consentement des actionnaires récalcitrants ou opposants à la recapitalisation de la société, quitte à les évincer si nécessaire, moyennant une procédure de cession forcée, au prix fixé par un expert, de leurs titres. Le périmètre de la mesure est cependant beaucoup plus circonscrit, puisqu'il ne vise plus que les sociétés d'au moins cent cinquante salariés dont la disparition serait de nature à causer un trouble grave à l'économie nationale ou régionale et au bassin d'emploi, lorsque la modification du capital apparaît comme la seule solution sérieuse permettant d'éviter ce trouble et de poursuivre l'activité, après examen des possibilités de cession totale ou partielle de l'entreprise. Par ailleurs, le nouveau dispositif est fortement encadré. Pour cette raison, eu égard aux conditions et garanties entourant le déclenchement des dispositifs de « cession forcée » et de « dilution forcée » créés par la loi, le grief tiré d'une atteinte manifestement disproportionnée au droit de propriété des associés et actionnaires a été écarté par le Conseil constitutionnel dans sa décision n° 2015-715 DC du 5 août 2015.

En résumé, si le plan de redressement prévoit une modification de capital, notamment pour faire entrer des investisseurs, et que les associés en place refusent de voter en faveur de la modification, le tribunal peut, à la demande de l'administrateur ou du ministère public :
– désigner un mandataire pour voter à la place des associés concernés, à hauteur du montant prévu par le plan ; lorsque l'augmentation de capital est votée, sa réalisation doit intervenir dans un délai maximal de trente jours et l'augmentation de capital peut être libérée par les personnes qui se sont engagées à exécuter le plan de redressement, par compensation, à concurrence des créances détenues sur la société qui ont été admises et dans la limite de la réduction dont elles sont l'objet dans le plan. Si l'augmentation de capital est souscrite par apports en numéraire, les actions émises sont offertes par préférence aux actionnaires, proportionnellement à la partie du capital représentée par leurs actions ;
– ordonner la cession forcée des titres détenus par les associés opposants au profit de personnes qui se sont engagées à exécuter le projet de plan.

Ce mécanisme est soumis à de strictes conditions permettant de justifier l'atteinte au droit de propriété des associés :
– condition en termes de trouble à l'économie et de préservation de l'emploi (société concernée ayant un effectif d'au moins cent cinquante salariés dont la disparition serait de nature à causer un trouble grave à l'économie nationale ou régionale et au bassin de l'emploi) ;
– condition en termes d'équilibre entre les divers cessionnaires potentiels par une mise en concurrence (reprise interne par cession forcée ou conversion de créances en capital/reprise externe sur la base des offres de reprise) devant permettre au tribunal de retenir la meilleure solution pour éviter le trouble à l'économie et à l'emploi ou la disparition de la société. Notons, à ce sujet, qu'alors que le projet initial employait l'expression « la seule solution », celle-ci, jugée trop restrictive, a été remplacée par la formule « la seule solution sérieuse ».
– la décision a lieu en présence du ministère public et le tribunal statue après avoir entendu les associés concernés, les associés dirigeants, les créanciers ou tiers repreneurs et les représentants du comité d'entreprise (désormais du comité social et économique) ;
– les titres sont évalués à dire d'expert en cas de cession forcée (l'expert n'est pas prévu en cas d'augmentation de capital en raison de l'existence des règles protectrices de droit commun relatives aux augmentations de capital). Le texte ne renvoie pas au régime de l'article 1843-4 du code civil (et, ceci expliquant en partie cela, il soumet l'expert au principe du contradictoire) ;
– la décision s'accompagne d'un droit de retrait pour les autres associés ;
– la décision est subordonnée à l'engagement des souscripteurs ou cessionnaires de conserver les titres un certain temps et au paiement comptant des titres ; le tribunal a, par ailleurs, la faculté d'exiger la remise d'une garantie bancaire en vue de garantir l'exécution des autres engagements financiers des souscripteurs ou des cessionnaires ;
– un commissaire à l'exécution vérifie le respect des engagements des souscripteurs ou cessionnaires au cours de l'exécution du plan ; le non-respect de ces engagements peut entraîner la résolution du plan, outre les dommages et intérêts susceptibles d'être imposés aux repreneurs défaillants. Le prix payé reste acquis. Notons que, pour mettre fin aux ambiguïtés nées de l'expression « en la forme des référés », l'ordonnance n° 2019-738 du 17 juillet 2019 est venue, comme dans les autres textes l'employant, lui substituer, pour les demandes introduites à compter du 1er janvier 2020, l'expression de « procédure accélérée au fond ».

Avant même d'être adopté, ce dispositif a fait l'objet de critiques, non seulement en raison de ces conditions très restrictives, mais aussi, plus fondamentalement, en raison de la technique choisie afin de parvenir à la cession forcée des titres des actionnaires majoritaires refusant tant de souscrire à une augmentation de capital que de céder le contrôle de la société à ses créanciers. Ainsi, des auteurs, après avoir relevé que le texte ne prévoyait pas le recours à la technique du coup d'accordéon, et observé que la récente réforme du droit allemand avait recouru au critère du « *best interest test* », afin de justifier que le plan de restructuration puisse être imposé aux actionnaires dès lors qu'il leur réserve un meilleur sort qu'une liquidation judiciaire, ont suggéré un autre mécanisme, plus simple. Celui-ci reposerait sur l'idée d'un plan de sauvegarde ou de redressement conditionné à une augmentation de capital en numéraire (et non par compensation de créances), éventuellement précédée d'une réduction de capital, moyennant la possibilité que le jugement arrêtant le plan tienne lieu de décision des assemblées d'actionnaires quant à la modification du capital et la suppression du droit préférentiel de souscription au profit d'une ou plusieurs personnes s'engageant à exécuter le plan et à souscrire à cette augmentation de capital en numéraire (R. Dammann et G. Podeur, *BJE 2015. 1*). Autre reproche, fondamental, adressé au dispositif : celui d'avoir refusé de faire de la valeur d'entreprise le critère déterminant des conditions de la restructuration du bilan de l'entreprise. Autrement dit, le mécanisme de dilution forcée des actionnaires institué risquerait de conduire à une expropriation des actionnaires existants alors que la société demeure solvable (S. Vermeille, *D. 2015. Point de vue 382*).

Notons, pour finir, que, dans le mécanisme de classes de parties affectées, introduit par l'ordonnance du 15 septembre 2021, comme le souligne le rapport au président de la République, à propos des modifications apportées à l'article L. 631-19-2, ce dernier texte reste applicable en l'absence de classes de parties affectées constituées volontairement ou obligatoirement. Il est également applicable si le plan soumis aux classes n'est pas adopté, puisqu'il est alors renvoyé aux règles générales d'élaboration et d'arrêté du plan telles que définies par le titre III du livre VI. ❑

Art. L. 631-20 *(Ord. n° 2021-1193 du 15 sept. 2021, art. 48, en vigueur le 1er oct. 2021)* **Par dérogation aux dispositions du troisième alinéa de l'article L. 626-27, lorsque la cessation des paiements du débiteur est constatée au cours de l'exécution du plan, le tribunal qui a arrêté ce dernier décide, après avis du ministère public, sa résolution et ouvre une procédure de liquidation judiciaire. Avant de statuer, le tribunal examine si la situation du débiteur répond aux conditions posées aux articles L. 645-1 et L. 645-2 et ouvre, le cas échéant, avec son accord, une procédure de rétablissement professionnel.** — *Pour les dispositions transitoires de l'Ord. n° 2021-1193 du 15 sept. 2021, V. note ss. art. L. 611-2.*

COMMENTAIRE

Le nouvel article L. 631-20, réécrit par l'ordonnance du 15 septembre 2021, reprend, en réalité, sans modification, le contenu de l'ancien article L. 631-20-1, abrogé en conséquence de la suppression de la substance de l'ancien article L. 631-20. ❑

Ancien art. L. 631-20 *(L. n° 2005-845 du 26 juill. 2005, art. 92)* ***Par dérogation aux dispositions de l'article L. 626-11, les coobligés et les personnes ayant consenti*** *(Ord. n° 2008-1345 du 18 déc. 2008, art. 166-II)* ***« une sûreté personnelle ou ayant affecté ou cédé un bien en garantie » ne peuvent se prévaloir des dispositions du plan.***

BIBL. ▸ Le Corre, *Gaz. Pal. 12-13 oct. 2012, p. 7* (poursuite de la caution personne physique d'un débiteur ayant obtenu un plan de redressement). - Jacob, *Banque et Dr. 5-6/2022. 23* (même thème, après l'Ord. du 15 sept. 2021).

COMMENTAIRE

I. PHILOSOPHIE DE L'ANCIEN ARTICLE L. 631-20

La faveur dérogatoire faite, selon la définition élargie par l'ordonnance du 18 décembre 2008, aux coobligés et personnes ayant consenti une sûreté personnelle ou ayant affecté ou cédé un bien en garantie, afin d'inciter les débiteurs à se soumettre à la procédure de sauvegarde (V. ss. art. L. 626-11), n'était pas étendue aux plans de redressement.

La commission tripartite de réflexion des avocats (Conseil national des barreaux, barreau de Paris et Conférence des bâtonniers) avait regretté cette disparité dans l'hypothèse du passage d'une procédure de sauvegarde à une procédure de redressement judiciaire (*La Tribune, 2 juin 2004, p. 33* ; V. aussi G. Teboul, Le projet de loi de sauvegarde des entreprises diffusé par la Chancellerie le 12 mai 2004 : quoi de neuf ?, *LPA 29 juin 2004* ; Petit bréviaire de la loi sur la sauvegarde pour ceux qui souhaitent une information pratique, *LPA 27 oct. 2005, p. 7*). D'où un risque d'effet pervers : les tribunaux pouvaient parfois être tentés de retarder la conversion en considération de l'engagement de caution des dirigeants (B. Soinne, La réforme des procédures collectives : la confusion des objectifs et des procédures [2e partie], *RPC 2004, p. 81, n° 33*). Il est vrai que cette dérogation au principe général d'alignement du redressement judiciaire sur la sauvegarde pouvait sembler injustifiée, puisque le sort des cautions et garants personnes physiques (seuls visés en 2005) apparaissait alors uniquement lié à la déclaration de cessation des paiements et, indirectement, à sa définition ou à la célérité avec laquelle elle est constatée, le cas échéant, durant la période d'observation de la sauvegarde *(Rapp. AN n° 2095, p. 292)*. Mais le choix législatif semblait sage (V. comm. (II) ss. art. L. 621-12). Fort logiquement, d'ailleurs, la Cour de cassation avait refusé de transmettre une question prioritaire de constitutionnalité visant l'article L. 631-20, estimant, au regard de la finalité du texte, que « le législateur n'a pas introduit une rupture caractérisée de l'égalité entre les cautions et garants, la différence de traitement qui en résulte étant en rapport direct avec l'objet de la loi qui l'établit » (Com. 8 oct. 2012 : V. *note 1 ci-dessous*).

II. ABROGATION DE L'ANCIEN ARTICLE L. 631-20

L'ordonnance du 15 septembre 2021 est revenue sur la logique de différenciation entre le sort des garants personnes physiques, selon que le débiteur fait l'objet d'un plan de sauvegarde ou de redressement. Désormais, pour les procédures ouvertes à compter du 1er octobre 2021, dans tous les cas, les garants pourront se prévaloir des dispositions du plan. Comme d'autres, cette mesure répond aux objectifs fixés par les 1° et 14° de l'article 60 de la loi PACTE du 22 mai 2019, support d'habilitation du gouvernement à réformer par voie d'ordonnance le droit des sûretés (assurer la protection de la caution personne physique et améliorer la cohérence des règles applicables aux garants personnes physiques en cas de procédure collective). ❑

1. Pour le refus de transmettre au Conseil constitutionnel une QPC portant sur le droit de poursuivre les cautions durant le plan de redressement, V. • Com., QPC, 8 oct. 2012 : *Rev. sociétés 2012. 729, obs. Roussel Galle*.

2. Sur l'interruption de la prescription à l'égard de la caution résultant de la déclaration de créance au passif du débiteur principal, V. note 153 ss. art. L. 622-24.

3. Il résulte de la combinaison des art. 1252 [1346-3] C. civ. et L. 631-20 C. com. qu'en cas d'arrêté d'un plan de redressement, la caution reste tenue du montant de son engagement, sans qu'elle puisse se prévaloir à l'égard du créancier de la réduction de sa créance opérée par ce plan ; toutefois, la subrogation dont elle bénéficie à la suite de son paiement ne peut nuire au créancier lorsque celui-ci n'est pas entièrement désintéressé. • Com. 29 avr. 2014 : *RJDA 2014, n° 790.* ♦ Si la déchéance du terme non encourue par le débiteur principal ne peut être invoquée contre la caution, celle-ci est tenue de la partie exigible de la dette cautionnée, conformément au terme convenu de son engagement, jusqu'à extinction de la dette garantie par le cautionnement, sous déduction des sommes payées en exécution du plan. • Com. 9 juin 2022, n° 21-11.449 : *RTD com. 2022. 860, obs. Martin-Serf ; Gaz. Pal. 18 avr. 2023, p. 73, obs. Lebel.* ♦ Sur la situation des cautions dans le régime antérieur à la loi du 26 juill. 2005, V. note 12 ss. art. L. 626-11.

4. Sur la situation du conjoint commun en biens, V. * Rép. min. n° 104335 : *JOAN Q, 11 oct. 2011 ; D. 2011. Actu. 2591 ; JCP E 2011. 1872, obs. Lebel ; RPC 2012, n° 118, obs. Lisanti.*

Art. L. 631-20-1 *(Abrogé par Ord. n° 2021-1193 du 15 sept. 2021, art. 48, à compter du 1er oct. 2021) (Ord. n° 2008-1345 du 18 déc. 2008, art. 85)* ***Par dérogation aux dispositions du troisième alinéa de l'article L. 626-27, lorsque la cessation des paiements du débiteur est constatée au cours de l'exécution du plan, le tribunal qui a arrêté ce dernier décide, après avis du ministère public, sa résolution et ouvre une procédure de liquidation judiciaire.*** *(L. n° 2019-486 du 22 mai 2019, art. 57)* ***« Avant de statuer, le tribunal examine si la situation du débiteur répond aux conditions posées aux articles L. 645-1 et L. 645-2 et ouvre, le cas échéant, avec son accord, une procédure de rétablissement professionnel. »*** — *Pour les dispositions transitoires de la L. n° 2019-486 du 22 mai 2019, V. 4e note ss. art. L. 626-27 ; ... de l'Ord. n° 2021-1193 du 15 sept. 2021, V. note ss. art. L. 611-2.*

V., désormais, art. L. 631-20.

COMMENTAIRE

S'agissant de la résolution du plan de redressement, l'ancien article L. 631-20-1, par dérogation expresse à la solution posée par l'ordonnance du 18 décembre 2008 pour la résolution du plan de sauvegarde, a maintenu la solution de la liquidation judiciaire obligatoire : redressement judiciaire sur redressement judiciaire ne vaut (V. ss. art. L. 626-27).

Quant à la loi PACTE du 22 mai 2019, elle est venue préciser, ici comme à d'autres occasions, qu'avant de statuer, le tribunal devait examiner la situation du débiteur et, le cas échéant, s'il en remplissait les conditions, le faire bénéficier, avec son accord, d'une procédure de rétablissement professionnel, l'idée étant évidemment de favoriser le recours à cette procédure peu utilisée depuis son instauration par l'ordonnance du 12 mars 2014. Cette disposition ne s'applique pas aux procédures en cours le 23 mai 2019, jour de la publication de la loi.

L'article L. 631-20-1 a été formellement abrogé par l'ordonnance du 15 septembre 2021. Mais, en réalité, cette abrogation n'est qu'une conséquence de la suppression de la substance de l'ancien article L. 631-20, le nouvel article L. 631-20 reprenant, mot pour mot, le contenu de l'ancien article L. 631-20-1. ❑

1. La distinction opérée par les art. L. 626-27, I, al. 3, et L. 631-20-1 entre les effets de la résolution d'un plan, selon qu'elle met fin à un plan de sauvegarde ou à un plan de redressement, est fondée sur la différence de situation des débiteurs concernés et il n'en résulte aucune atteinte au droit à un procès équitable (non-renvoi de la QPC). • Com., QPC, 13 déc. 2011 : *D. 2012. Actu. 87, obs. Lienhard ; Rev. sociétés 2012. 193, obs. Roussel Galle ; RJDA 2012, n° 180 ; BJE 2012. 146, note Tagliarino-Vignal.*

2. Sur la possibilité d'ouvrir une nouvelle procédure de redressement judiciaire lorsque, après résolution du plan de redressement pour inexécution des engagements dans les délais fixés par le plan, le débiteur se trouve à nouveau en cessation des paiements, V. • T. com. Pontoise, 9 déc. 2013 : *LEDEN 3/2014. 1, obs. F.-X. Lucas.*

3. Dès lors que les fonds apportés par le débiteur permettent de mettre fin à l'état de cessation des paiements, leur origine n'a pas à être prise en compte. • Com. 13 déc. 2017, n° 16-21.159 : *Dr. sociétés 2018, n° 54, note Legros ; BJE 2018. 90, note Poujade.*

Art. L. 631-21 *(L. n° 2005-845 du 26 juill. 2005, art. 92)* **Les dispositions du chapitre VII du titre II sont applicables au plan de redressement.** — *V. art. L. 627-1 s.*

Pendant la période d'observation, l'activité est poursuivie par le débiteur qui exerce les prérogatives dévolues à l'administrateur par l'article L. 631-17 et procède aux notifications prévues au second alinéa du II de l'article L. 631-19.

Le mandataire judiciaire exerce les fonctions dévolues à l'administrateur par les deuxième et troisième alinéas de l'article L. 631-10.

V. art. R. 631-38.

COMMENTAIRE

Les « dispositions particulières en l'absence d'administrateur judiciaire », prévues par les articles L. 627-1 et suivants, s'appliquent en cas de redressement judiciaire. Dans cette situation, l'activité est poursuivie par le débiteur. C'est donc également ce dernier qui déclenchera, si nécessaire, la procédure de licenciement pour motif économique en cours de période d'observation (art. L. 631-17) et procédera aux notifications des licenciements prévus par le plan (art. L. 631-19, II, al. 2). Quant à l'article L. 631-10 (reprenant les dispositions de l'anc. art. L. 621-19), il concerne les parts sociales des dirigeants. ❑

Pouvoirs du débiteur. Lorsqu'aucun administrateur n'a été désigné par le jugement de redressement judiciaire, le débiteur poursuit seul l'activité de l'entreprise et exerce les fonctions dévolues à celui-ci, ce dont il se déduit qu'il a le pouvoir d'embaucher un salarié ou de conclure avec ce dernier un avenant au contrat de travail, sans l'autorisation ni du juge-commissaire ni de quiconque, de tels actes ne constituant pas un acte de disposition étranger à la gestion courante de l'entreprise. • Soc. 6 déc. 2023, n° 22-15.580 B : *cité note 2 ss. art. L. 632-1 ; Gaz. Pal. 19 mars 2024, p. 64, obs. Vallens ; LEDEN 3/2024. 5, obs. Dedessus-Le-Moustier ; APC 2024, n° 102, obs. Petit.*

Art. L. 631-21-1 *(Ord. n° 2008-1345 du 18 déc. 2008, art. 86)* **Lorsque le tribunal estime que la cession totale ou partielle de l'entreprise est envisageable, il désigne un**

administrateur, s'il n'en a pas déjà été nommé un, aux fins de procéder à tous les actes nécessaires à la préparation de cette cession et, le cas échéant, à sa réalisation.

COMMENTAIRE

La question pouvait se poser de savoir si un plan de cession peut être mis en œuvre dans un redressement judiciaire sans administrateur judiciaire. En effet, l'article L. 631-22 prévoit que le tribunal peut ordonner la cession totale ou partielle de l'entreprise à la demande de l'administrateur, tandis que l'article R. 631-39 dispose que ce n'est que lorsqu'il en a été désigné un que l'administrateur judiciaire communique les caractéristiques essentielles de l'entreprise ou de la branche d'activité susceptibles d'être cédées. Par ailleurs, on sait qu'en principe l'administrateur ne reçoit qu'une mission d'assistance (V. art. L. 631-12). En outre, selon l'article L. 631-22, la cession est soumise aux dispositions relatives à la cession de l'entreprise en liquidation judiciaire (art. L. 642-1 s.), étant précisé que, dans la procédure de redressement, le mandataire judiciaire exerce les missions dévolues au liquidateur, lequel passe en principe tous les actes nécessaires à la réalisation de la cession (art. L. 642-8).

Pour le service de documentation et d'études de la Cour de cassation, interrogé à l'époque, cette question imposait ainsi une interprétation des textes précités, laquelle relève d'une décision judiciaire ou d'une demande d'avis. Dans l'attente, il paraissait évidemment préférable que la nomination d'un administrateur soit demandée, par exemple par le débiteur (V. art. L. 621-4, dernier al.).

L'avant-projet d'ordonnance de 2008 avait entrepris de lever cette incertitude, en prévoyant expressément qu'« en l'absence d'administrateur, les actes sont passés par le mandataire judiciaire », ce qui aurait bien montré qu'un plan de cession est concevable dans un redressement judiciaire sans administrateur. Mais c'est une autre voie qu'a finalement préféré suivre l'ordonnance de 2008 dans l'article L. 631-21-1 qu'elle a créé : lorsque le tribunal estime que la cession totale ou partielle de l'entreprise est envisageable, il désigne un administrateur, s'il n'en a pas déjà été nommé un, aux fins de procéder à tous les actes nécessaires à la préparation de cette cession et, le cas échéant, à sa réalisation. ❑

Art. L. 631-22 *(Ord. nº 2014-326 du 12 mars 2014, art. 55, en vigueur le 1er juill. 2014)* **« A la demande de l'administrateur, le tribunal peut ordonner la cession totale ou partielle de l'entreprise si le ou les plans proposés apparaissent manifestement insusceptibles de permettre le redressement de l'entreprise ou en l'absence de tels plans. »** *(Ord. nº 2008-1345 du 18 déc. 2008, art. 87)* **« Les dispositions de la section 1 du chapitre II du titre IV, à l'exception du I de l'article L. 642-2, et l'article L. 642-22 sont applicables à cette cession. Le mandataire judiciaire exerce les missions dévolues au liquidateur.** — *V. art. L. 642-1 s.*

« L'administrateur reste en fonction pour passer tous les actes nécessaires à la réalisation de la cession.

« Lorsque la cession totale ou partielle a été ordonnée en application du premier alinéa, la procédure est poursuivie dans les limites prévues par l'article *(Ord. nº 2021-1193 du 15 sept. 2021, art. 49, en vigueur le 1er oct. 2021)* **« L. 631-7 ». Si l'arrêté d'un plan de redressement ne peut être obtenu, le tribunal prononce la liquidation judiciaire et met fin à la période d'observation ainsi qu'à la mission de l'administrateur, sous réserve des dispositions de l'article L. 641-10. Les biens non compris dans le plan de cession sont alors cédés dans les conditions de la section 2 du chapitre II du** *(Ord. nº 2014-1088 du 26 sept. 2014, art. 6, en vigueur le 28 sept. 2014)* **« titre » IV. »** — *V. art. L. 642-18 s.*

Les modifications issues de l'Ord. nº 2014-1088 du 26 sept. 2014 s'appliquent aux procédures de sauvegarde, de redressement judiciaire ou de liquidation judiciaire en cours au jour de son entrée en vigueur (Ord. préc., art. 13).

Pour les dispositions transitoires de l'Ord. nº 2021-1193 du 15 sept. 2021, V. note ss. art. L. 611-2.

V. art. R. 631-39 s.

Pour l'inapplicabilité du droit de préemption urbain lorsque la cession d'un immeuble ou des droits sociaux donnant vocation à l'attribution en propriété ou en jouissance d'un immeuble ou d'une partie de celui-ci intervient dans le cadre d'un plan de cession arrêté en application de l'art. L. 631-22 C. com., V. C. urb., art. L. 213-1 (1°). - **C. urb.**

BIBL. ▶ LEBEL, *JCP E 2016. 1582* (consécration législative de la primauté du plan sur la cession de l'entreprise).

Ancien art. L. 631-22 (al. 1er, 1re phr.) *[réd. issue de Ord. n° 2008-1345 du 18 déc. 2008]* ***A la demande de l'administrateur, le tribunal peut ordonner la cession totale ou partielle de l'entreprise si le débiteur est dans l'impossibilité d'en assurer lui-même le redressement.***

Ancien art. L. 631-22 *[réd. issue de L. n° 2005-845 du 26 juill. 2005]* ***Au vu du rapport de l'administrateur, le tribunal peut ordonner la cession totale ou partielle de l'entreprise si le débiteur est dans l'impossibilité d'en assurer lui-même le redressement. A l'exception du I de l'article L. 642-2, les dispositions de la section 1 du chapitre II du titre IV sont applicables à cette cession. Le mandataire judiciaire exerce les missions dévolues au liquidateur.***

L'administrateur reste en fonction pour passer tous les actes nécessaires à la réalisation de la cession.

COMMENTAIRE

L'article L. 631-22 a été formellement réécrit par l'ordonnance du 18 décembre 2008 qui en a fusionné le contenu avec celui de l'article L. 642-21, désormais abrogé. Mais cet article, pour l'essentiel, est issu de la loi du 26 juillet 2005, et plus précisément d'un amendement adopté par l'Assemblée nationale pour ce qui est de son alinéa 1er, qui ouvre la possibilité de cession totale de l'entreprise dans le cadre du redressement judiciaire. Outre l'impact psychologique d'une liquidation judiciaire sur le débiteur, ses partenaires et ses salariés, les députés avaient, en effet, compris que la cession totale de l'entreprise a d'autant plus de chances d'assurer la pérennité de celle-ci qu'elle intervient tôt, avant que, mécaniquement, le prononcé d'une liquidation judiciaire n'altère sa valeur.

Le texte adopté précise que « le mandataire judiciaire exerce les missions dévolues au liquidateur ».

A s'en tenir à cela, il appartiendrait donc au mandataire :

– d'informer, en application du IV de l'article L. 642-2, le débiteur, le représentant des salariés, ainsi que les contrôleurs, du contenu des offres reçues. Il convient cependant de rappeler que ces offres auront été recueillies, au cours de la procédure de redressement, par l'administrateur, en application de l'article L. 631-13 ;

– de donner au tribunal, en vertu de l'article L. 642-4, les éléments permettant de vérifier le caractère sérieux des offres de reprise présentées ;

– de notifier les licenciements pour motif économique, pris sur le fondement de l'article L. 642-5 ;

– de passer « *tous les actes nécessaires à la réalisation de la cession* », en application de l'article L. 642-8 ;

– et de solliciter auprès du tribunal, en vertu de l'article L. 642-11, la résolution du plan de cession pour inexécution.

Mais, comme l'avait fait remarquer M. Philippe Houillon, à elle seule, cette indication était ambiguë, qui estimait qu'il aurait fallu dire plutôt que la « mission de l'administrateur inclut les actes de cession, tandis que le mandataire, qui exerce les fonctions de liquidateur, en répartit le produit ». D'accord avec cette interprétation, le ministre de la Justice s'était engagé à proposer un amendement au Sénat en ce sens. C'est finalement M. Hyest, au nom de la commission des lois, qui a déposé l'amendement à l'origine de l'alinéa 2, qui prévoit que l'administrateur reste en fonction pour passer tous les actes nécessaires à la réalisation de la cession (à quoi l'ordonnance de 2008 a ajouté l'obligation de désigner un administrateur, s'il n'en a pas déjà été nommé un : V. art. L. 631-21-1). Adoptant logiquement une lecture stricte de cette disposition, la Cour de cassation a eu l'occasion de préciser que cette mission ne permet pas à l'administrateur de discuter le périmètre de la cession (V. Com. 5 févr. 2020 : *cité note 9*).

Toutefois, ces précisions, relatives à la répartition des rôles, ne résolvent pas, à elles seules, la difficulté à laquelle le mandataire se heurtera si le redressement n'est pas converti en liquidation judiciaire, tenant à l'absence de dessaisissement du débiteur qui rendra malcommode en pratique la mise en œuvre de certains de ces pouvoirs (tel celui de licencier ou de réaliser l'actif) si le débiteur se trouve en désaccord (P. Froehlich, L'ambivalence du plan de cession totale dans la loi de sauvegarde, *D. 2005. Chron. 2878*). On peut notamment se demander si l'administrateur, maintenu en fonction pour passer les actes nécessaires à la réalisation de la cession, pourrait encore procéder à des licenciements. La réponse n'est pas évidente, sur la base de l'article L. 631-22 (qui pourrait être de lecture stricte), et non plus sur celle de l'article L. 642-5. La jurisprudence devra se prononcer sur ce point.

Cet article L. 631-22 était initialement complété par l'article L. 642-21, qui visait plus particulièrement l'hypothèse, la plus fréquente probablement, où le débiteur n'a pu obtenir de plan de redressement. Cet article est aujourd'hui formellement abrogé par l'ordonnance de 2008, mais cette dernière en a repris le contenu au troisième alinéa de l'article L. 631-22. Cette fusion de textes améliore la lisibilité du dispositif.

Restaient tout de même, à la lecture de ce texte en somme bien vague, quelques interrogations fondamentales sur sa portée : excluait-il la combinaison d'un plan de cession partielle avec un plan de redressement, impose-t-il, pour accompagner une cession partielle, une liquidation des autres actifs (L.-C. Henry, Le plan de cession et la loi de sauvegarde des entreprises, *Gaz. Pal. 7-8 sept. 2005, p. 39, n° 9*) ? De manière générale, bien que la loi soit muette sur ce point, avait-il pu paraître logique que le tribunal prononce la liquidation judiciaire avant d'arrêter un plan de cession, surtout s'il s'agit d'un plan de cession que n'accompagne pas un plan de redressement (J.-L. Vallens, La réforme du droit français des entreprises en difficulté, *Bull. act. Lamy droit commercial sept. 2005, n° 17 ;* R. Dammann, La situation des banques, titulaires de sûretés, après la loi de sauvegarde des entreprises, *Banque et Dr. 9-10/2005, p. 16, spéc. p. 18*), même si le texte permettait aussi que le tribunal se prononce sur la liquidation judiciaire dans un second temps. Le débat n'a rien de théorique ; il s'agit, entre autres enjeux pratiques, de savoir si l'article L. 641-13 – propre à la liquidation judiciaire et que l'article L. 631-22 ne rend pas applicable par voie de renvoi – s'applique, c'est-à-dire de déterminer le rang des créanciers titulaires de sûretés immobilières ou de sûretés mobilières spéciales assorties de droits de rétention (notamment, donc, les créanciers hypothécaires) par rapport aux créanciers postérieurs. Encore que cet article soit tout de même applicable par le détour du renvoi opéré, dans le régime de la loi de 2005, par la disposition complémentaire de l'article L. 642-21 précité, désormais par l'article L. 631-22, alinéa 3, mais dans l'hypothèse seulement où le débiteur ne peut obtenir l'arrêté d'un plan de redressement (V. comm. (VI) ss. art. L. 622-17).

Le décret d'application du 28 décembre 2005 était heureusement venu jeter quelque lumière sur ce point. Il résultait, en effet de l'article 209, devenu l'article R. 631-41, texte de portée impérative, que, lorsque la cession totale ou partielle de l'entreprise a été ordonnée sur le fondement de l'article L. 631-22, la procédure de redressement judiciaire est poursuivie dans les limites de la période d'observation (art. L. 621-3), à fin, selon le cas, de l'arrêté d'un plan de redressement ou de la liquidation judiciaire. La précision a été reprise, dans l'article L. 631-22 même, par l'ordonnance du 18 décembre 2008 (ce qui a, logiquement, entraîné l'abrogation par le décret de 2009 de l'art. R. 631-41). Qui a ajouté, consacrant ainsi l'analyse doctrinale dominante : « si l'arrêté d'un plan de redressement ne peut être obtenu, le tribunal prononce la liquidation judiciaire et met fin à la période d'observation ainsi qu'à la mission de l'administrateur, sous réserve des dispositions de l'article L. 641-10 [relatif au maintien de l'activité en liquidation judiciaire] ». Cette poursuite de la procédure, qui ne peut donc excéder la durée de la période d'observation, se trouve, en pratique, limitée par les besoins en trésorerie qu'elle génère (notamment la possibilité de payer les salaires, étant entendu que seul le passage en liquidation judiciaire permettra l'intervention de l'AGS). Durant ce temps, le débiteur pourrait être autorisé à céder des actifs résiduels, mais il serait contraire à l'intérêt légitime de ses créanciers que ces actifs, dont le produit est destiné à leur revenir, soient dilapidés à seule fin du différé d'une liquidation inévitable (J. Deharveng, Le plan de cession dans la nouvelle architecture des procédures collectives, *D. 2006. Chron. 1047, spéc. 1050*).

D'où l'on peut tirer deux conclusions : le tribunal ne doit pas prononcer automatiquement la liquidation judiciaire avant d'ordonner la cession, non plus en même temps (ce qui, soit dit en passant, soumettrait, de façon peu opportune, le jugement de cession aux voies de recours « larges » des jugements mixtes ; V., toutefois, T. com. Avesnes-sur-Helpe,

20 avr. 2006 : cité par B. Soinne, *in* Problématique de la nouvelle cession d'entreprise, *RPC 2006. 313, n° 16*) ni même après qu'il a ordonné la cession, fût-elle totale, de l'entreprise. Il doit statuer, dans un second temps, sur le sort du débiteur, en optant, en fonction de la situation de celui-ci, entre l'arrêté d'un plan de redressement et la liquidation judiciaire. Quant à l'intervalle, en pratique, il peut être de durée variable, allant de « l'instant de raison » (comme, lorsqu'il s'agissait, avant la réforme de 1994, de passer nécessairement par le redressement judiciaire pour prononcer la liquidation judiciaire) à un mois quand des licenciements sont à prévoir, afin de permettre le respect de la procédure. Bien entendu, l'issue heureuse du plan de redressement se conçoit surtout en complément d'un plan de cession partielle. Cependant, même en cas de plan de cession totale, il serait, pour certains, possible (de façon, il est vrai, peut-être assez théorique) d'imaginer que le débiteur puisse proposer un plan de redressement, financé pour partie avec le produit du plan de cession totale, et pour le reste avec la vente des actifs résiduels ou de nouveaux revenus. Il s'agirait alors ici, en somme, d'une forme de continuation, non de l'entreprise, mais du débiteur (ce qui supposerait quand même qu'il y ait poursuite, par ce dernier, d'une activité économique résiduelle – hypothèse d'une activité salariée, par exemple –, la jurisprudence n'ayant jamais admis de plan de redressement destiné uniquement à apurer le passif : V. note 1). D'autres auteurs s'opposent à cette lecture, l'estimant en contradiction avec la notion même de cession totale forgée par la jurisprudence, qui doit porter nécessairement sur la totalité, non des actifs, mais de l'activité ou des activités du débiteur vouées à subsister. Si bien que la cession laissant place à un plan de redressement ne saurait qu'être partielle, le plan ne pouvant tendre alors qu'à l'apurement du passif du débiteur, remettant ainsi en cause la solution jurisprudentielle antérieure, ce qui ne paraît pas correspondre à l'esprit de la loi (V. note 1 ; Bordeaux, 25 juin 2008 : *APC 2008, n° 258, obs. Vallansan* ; J. Vallansan, Plan d'apurement et plan de redressement, *JCP E 2008. 2435* ; V. aussi, B. Soinne, préc., n°s 17 et 18, doutant de la légalité des art. 209 et 210 du décret, devenus les art. R. 631-41, aujourd'hui abrogé, et R. 631-42, et n'admettant pas qu'un tel « projet de rééchelonnement des dettes » puisse être considéré comme un « plan de redressement » ; *contra*, admettant que le plan de redressement puisse tendre exclusivement à l'apurement du passif, dès lors que le débiteur dispose d'une source de revenus : F. Pérochon, Entreprises en difficulté, *LGDJ, 11e éd., 2022, n° 1963* ; comp., pour une tentative de conciliation des deux thèses en présence, suggérant que le plan de redressement du débiteur suppose qu'il reprenne, après arrêté du plan de cession, une activité indépendante lui permettant de payer son passif, lequel sera partiellement payé par l'encaissement du prix de cession par le mandataire judiciaire : P.-M. Le Corre, Droit et pratique des procédures collectives, *Dalloz Action, 2023/2024, 570.093*). La thèse de la validité de l'obtention, le cas échéant, parallèlement à un plan de cession totale, d'un plan de redressement du débiteur portant sur le seul paiement de son passif semble évidemment sortir renforcée de la consécration, dans la partie législative du code, opérée par l'ordonnance de 2008, de la règle précitée initialement contenue dans l'article R. 631-41. La Cour de cassation, quant à elle, semble avoir pris position dans ce sens aussi, en jugeant, à propos de la question voisine de l'issue du redressement judiciaire du débiteur retiré, que la cessation d'activité d'une personne physique ne fait pas obstacle à l'adoption d'un plan de redressement ayant pour seul objet l'apurement de son passif (Com. 4 mai 2017 : *cité note 22 ss. art. L. 631-1*). Notons encore, avec un auteur, qu'avec le nouveau régime de l'entrepreneur individuel, institué par la loi du 14 février 2022, le cas, jusque-là marginal, d'un plan de redressement accompagné d'une cession totale va devenir beaucoup plus fréquent (C. Vincent, La cession de l'entreprise en difficulté après la loi du 14 février 2022 : un piège pour l'entrepreneur individuel ?, *D. 2023. 305*).

Quoi qu'il en soit, ce plan devrait, concrètement, être présenté très rapidement, sinon simultanément, au plan de cession et il inclurait inévitablement la distribution du prix de cession, comme le confirme l'article 210, alinéa 2, du décret, devenu l'article R. 631-42, qui prévoit que « lorsque le débiteur bénéficie d'un plan de redressement, le mandataire judiciaire remet le prix [qu'il a reçu] au commissaire à l'exécution du plan ». Ce qui irait encore plus vite si le commissaire à l'exécution du plan est le mandataire judiciaire déjà en possession du prix (V. P. Froehlich, *préc., spéc. p. 2883*). Dans cette perspective de rétablissement du débiteur, l'exploration d'une voie nouvelle, qui n'avait guère de sens dans le droit antérieur du fait de la dissolution de la personne morale débitrice, a été suggérée : celle de la possibilité de convenir avec les créanciers de la libération du débiteur de la charge de la part de sa dette garantie par des sûretés, et transmise au cessionnaire (J. Deharveng, *préc., spéc. 1050*). Reste quand même un risque, celui de la résolution ultérieure du plan de cession, qui ferait revenir l'entreprise dans le patrimoine du débiteur en cours d'exécution du plan de redressement, l'obligeant à assumer une charge vraisemblablement aussi imprévue qu'insupportable.

En revanche, faute de plan de redressement pour le débiteur, ce dernier ne devrait pas pouvoir échapper au prononcé de la liquidation judiciaire, seule façon de donner, par l'effet du dessaisissement, au mandataire judiciaire les pouvoirs nécessaires, notamment, à la réalisation des actifs non compris dans le plan. Ce qu'a confirmé désormais le texte précité ajouté par l'ordonnance de 2008 (« si l'arrêté d'un plan de redressement ne peut être obtenu, le tribunal prononce la liquidation judiciaire [...] »).

Deux conséquences majeures pour les créanciers découlent du prononcé de la liquidation du débiteur :

– comme cela a déjà été évoqué ci-dessus, le rang des créances sera déterminé en fonction de l'article L. 641-13, ce qui signifie que les titulaires de sûretés primeront alors les créanciers de la période d'observation ;

– l'AGS pourra être appelée à prendre en charge, dans la limite de temps fixée par l'article L. 3253-8, 3° du code du travail, les sommes dues aux salariés au cours de la période d'observation du redressement judiciaire, ce qui n'était pas possible, en cas de plan de cession, dans la législation antérieure (J. Deharveng, *préc., spéc. 1050*).

En fonction de cette alternative entre plan de redressement ou liquidation judiciaire du débiteur, l'article R. 631-42 indique quel est le mandataire destinataire du prix de cession. Ce texte a été critiqué au motif qu'il aurait semblé plus logique que le prix soit remis à l'administrateur judiciaire, chargé de passer les actes nécessaires à la réalisation de la cession, à charge pour lui de le reverser, selon le cas, au commissaire à l'exécution du plan ou au mandataire judiciaire. Ce texte présente aussi une lacune, en ce sens qu'il n'autorise pas expressément le commissaire à l'exécution du plan à procéder à la répartition du prix reçu. Sans doute le mieux serait-il alors que le tribunal l'investisse expressément de cette mission.

La première jurisprudence a paru confirmer l'essentiel de ces analyses doctrinales (V., notamment, adoptant une cession partielle dans le cadre d'un plan de redressement, sans que soit prononcée la liquidation judiciaire, Paris, 3e ch. A, 18 déc. 2007, RG n° 07/00166 : *DP diff. entr., Bull. n° 291, p. 442, n° 54* ; à noter que cet arrêt ne prévoit pas les modalités de distribution du prix, notamment quant à la question ci-dessus évoquée de l'option entre le texte de l'art. L. 622-17 et celui de l'art. L. 641-13). Notons encore la tendance des juridictions, que résume bien un arrêt de la cour d'appel de Paris du 26 juillet 2013 (*APC 2013, n° 221, obs. Fin-Langer*), à considérer que le nécessaire respect du principe de primauté du plan de redressement sur celui de cession dans le redressement judiciaire ne vaut qu'à condition que l'offre de plan de redressement soit sérieuse. Telle est aussi la position de la Cour de cassation, comme cela résulte d'un arrêt du 4 novembre 2014 (V. note 1).

Tout en maintenant l'esprit et la construction du texte, l'ordonnance du 12 mars 2014 a consacré la primauté du plan de redressement sur la cession de l'entreprise au cours du redressement judiciaire, puisque la cession de l'entreprise ordonnée en phase de redressement judiciaire n'est désormais possible qu'à condition que les projets de plan de redressement (qu'ils soient proposés par le débiteur ou par un créancier) apparaissent « manifestement » insusceptibles de permettre le redressement (ou, *a fortiori*, en l'absence de tels projets ; V. C. Lebel, La consécration législative de la primauté du plan sur la cession de l'entreprise, *JCP E 2016. 1582*). Un arrêt d'appel avait anticipé cette lecture de l'article L. 631-22 (V. Caen, 8 avr. 2010 : *JCP E 2010. 1585, note Lebel*). Notons encore un intéressant jugement, par lequel le tribunal de commerce a refusé de faire jouer la primauté réservée par le texte au plan de redressement, lorsque ce dernier est assorti d'une cession totale des titres de capital (V. T. com. Paris, 12 juin 2019 : *JCP E 2019. 1414, note Almaseanu*). ❑

1. *Choix de la solution.* En application de l'art. L. 631-22 C. com., les juges du fond ne peuvent examiner les offres de reprise dans le cadre d'un plan de cession qu'après avoir rejeté le plan de redressement. • Com. 4 nov. 2014 : *D. 2014. Actu. 2294* ; *APC 2014, n° 337, obs. Vallansan ; LEDEN 12/2014. 2, obs. Mouial-Bassilana ; Gaz. Pal. 18-20 janv. 2015, p. 23, obs. Lebel ; BJE 2015. 15, note Gorins ; RJDA 2015, n° 297.* ♦ L'option entre plan de continuation et plan de cession est du domaine du pouvoir souverain des juges du fond. • Com. 10 juill. 1990, n° 88-18.941 P • 21 janv. 1992, n° 90-13.127 P : *D. 1994. Somm. 6, obs. Derrida* • 9 juin 1998 : *RTD com. 1998. 927, obs. Saint-Alary-Houin*. ♦ ... De même que l'option entre la cession et la liquidation judiciaire. V. • Com. 2 févr. 1993, n° 91-10.915 P : *D. 1994. Somm. 6, obs. Derrida*. ♦ Sur les critères de choix de la juridiction entre un projet de cession et un projet de continuation, V. • Com. 19 déc. 2000 : *RJDA 2001, n° 477 ; RJ com. 2002. 133, note Merven* • T. com. Lyon, 21 mai 1987 : *Gaz. Pal. 1987. 2. 680, note de Guillenchmidt et Marchi* • 30 juill. 1986 : *JCP E 1986. II. 14786, note Haehl* • Limoges, 21 sept. 1993 : *BICC 1993, n° 1276.* ♦ Comp., préférant la cession en se fondant sur la situation des créanciers : • Aix-en-Provence, 19 nov. 1991 : *D. 1994. Somm. 6, obs. Derrida*.

Aucun plan de cession de l'entreprise n'ayant été présenté par le débiteur, c'est à bon droit qu'une cour d'appel, après avoir retenu que le plan de continuation proposé n'était pas sérieux et l'avoir écarté, prononce la liquidation judiciaire, sans avoir à rechercher d'office si un plan de cession était possible. • Com. 25 juin 1991, n° 90-14.404 P : *D. 1992. Somm. 87, obs. Derrida*. ♦ Sous le régime antérieur à la loi du 26 juill. 2005, il était considéré qu'un plan de redressement, par voie de continuation ou de cession, ne pouvait avoir pour seul objet l'apurement du passif du débiteur mais devait tendre également à la sauvegarde de l'entreprise et au maintien de l'activité et de l'emploi. • Com. 24 oct. 1995 : *RPC 1995. 410, obs. Soinne.* ♦ Dans le même sens, V. • Com. 17 févr. 1998, n° 95-14.237 P : *D. 1998. IR 82 ; D. Affaires 1998. 583 ; JCP E 1998, n° 36, p. 1357, obs. Cabrillac et Pétel ; RTD com. 1998. 675, obs. Saint-Alary-Houin*. ♦ Sur le contrôle du sérieux du plan de continuation rejeté, en cas d'appel, V. note 21 ss. art. L. 661-1.

2. Sur la possibilité d'ordonner la cession de l'entreprise avant la fin de la période d'observation, V. note 2 ss. art. L. 661-7.

3. Lorsque, pour donner une solution à la procédure collective, au vu des propositions de l'administrateur ou du débiteur, le tribunal arrête un plan de redressement ou prononce la liquidation judiciaire, il ne statue pas sur une demande au sens des art. 463 et 464 NCPC [C. pr. civ.], qui sont, dès lors, inapplicables à une telle décision. • Com. 12 oct. 1993, n° 89-17.509 P : *D. 1994. Somm. 7, obs. Derrida ; Rev. sociétés 1994. 326, note Saintourens* • 1er oct. 1997 : *RPC 1998. 340, obs. Soinne.*

4. Si, en vertu des art. 61, al. 3, et 94 [C. com., anciens art. L. 621-62 et L. 621-97], un contrat de location-gérance du fonds de commerce du débiteur en redressement judiciaire ne peut être conclu, après la période d'observation, que sur l'autorisation du tribunal donnée par le jugement arrêtant le plan de cession de l'entreprise, le propriétaire d'un fonds de commerce qui a été mis en redressement judiciaire, tandis qu'était en cours un contrat de location-gérance de ce fonds, peut proposer un plan de continuation de son entreprise prévoyant la poursuite de ce contrat. • Com. 11 avr. 1995, n° 93-12.549 P : *JCP E 1995. I. 487, n° 3, obs. Cabrillac ; Defrénois 1995. 969, obs. Le Cannu ; Rev. huiss. 1996. 345, note Vidal ; Quot. jur. 9 mai 1995, p. 5, note P. M.*

5. Reprise interne. Les dispositions de l'art. L. 631-22 C. com. ne peuvent s'appliquer dès lors que le plan présenté n'est ni un plan de redressement, puisque présenté par un tiers et de façon conditionnelle, ni un plan de cession en l'absence de tout appel d'offres organisé pendant la période d'observation. • TGI Paris, 12 juin 2019, n° 2019018702 : *JCP E 2019. 1414, obs. Almaseanu.*

6. Biens non compris dans le plan. Il n'y a pas lieu de procéder à la réalisation des biens non compris dans le plan de cession lorsqu'il n'existe plus de passif exigible ou que les sommes dont dispose le commissaire à l'exécution du plan [mandataire judiciaire] sont suffisantes pour désintéresser les créanciers. • Com. 22 avr. 1997 : *D. 1998. Somm. 11, obs. Derrida ; RPC 1998. 373 et 396, obs. Soinne.*

7. Lorsque le juge-commissaire autorise, en l'absence de plan de continuation de l'entreprise, la vente de biens non compris dans le plan de cession et correspondant à un ensemble d'éléments corporels et incorporels permettant l'exercice d'une activité qui poursuit un objectif propre, cette cession emporte de plein droit le transfert des contrats de travail des salariés affectés à cette entité économique autonome ; il en résulte que les licenciements du personnel affecté à cette entité prononcés par l'administrateur sont sans effet, peu important qu'ils aient été autorisés antérieurement par le jugement arrêtant le plan de cession partielle de l'entreprise (application de l'art. L. 122-12, al. 2, devenu l'art. L. 1224-1, C. trav.). • Soc. 24 oct. 2006, n° 04-45.673 P : *D. 2006. AJ 2789, obs. Lienhard ; APC 2007, n° 6, obs. Fin-Langer.*

8. Voies de recours. V. art. L. 661-1, L. 661-6 et L. 661-7.

9. Effets du jugement arrêtant le plan. Il résulte de l'art. L. 631-22, al. 2, qu'en cas d'adoption d'un plan de cession, l'administrateur ne reste en fonction que pour passer les actes nécessaires à la réalisation de la cession, cette mission ne permettant pas à l'administrateur de discuter du périmètre de la cession, tel qu'arrêté par la cour d'appel (irrecevabilité du pourvoi en cassation de l'administrateur qui contestait l'opposabilité d'une clause conventionnelle d'inaliénabilité au plan de cession). • Com. 5 févr. 2020, n° 18-19.576 P : *D. 2020. Actu. 334 ; RTD com. 2020. 721, obs. Saint-Alary-Houin ; RJDA 2020, n° 222 ; BJS 3/2020. 26, note Parachkévova-Racine ; BJE 5-6/2020. 42, note Favario.* ♦ V. aussi notes 1 s. ss. art. L. 626-25.

CHAPITRE II *DE LA NULLITÉ DE CERTAINS ACTES*

RÉP. COM. v° *Entreprise en difficulté : nullités de la période suspecte,* par MARTIN-SERF.

Art. L. 632-1 I. – **Sont nuls, lorsqu'ils** *(L. n° 2005-845 du 26 juill. 2005, art. 93)* **« sont intervenus » depuis la date de cessation des paiements, les actes suivants :**

1° Tous les actes à titre gratuit translatifs de propriété mobilière ou immobilière ;

2° Tout contrat commutatif dans lequel les obligations du débiteur excèdent notablement celles de l'autre partie ;

3° Tout paiement, quel qu'en ait été le mode, pour dettes non échues au jour du paiement ;

4° Tout paiement pour dettes échues, fait autrement qu'en espèces, effets de commerce, virements, bordereaux de cession visés par *(Ord. n° 2021-1193 du 15 sept. 2021, art. 50, en vigueur le 1er oct. 2021)* **« l'article L. 313-23 du code monétaire et financier » ou tout autre mode de paiement communément admis dans les relations d'affaires ;**

5° Tout dépôt et toute consignation de sommes effectués en application de l'article *(Ord. n° 2021-1193 du 15 sept. 2021, art. 50, en vigueur le 1er oct. 2021)* **« 2350 » du code civil, à défaut d'une décision de justice ayant acquis force de chose jugée ;**

(Ord. n° 2021-1193 du 15 sept. 2021, art. 50, en vigueur le 1er oct. 2021) **« 6° Toute sûreté réelle conventionnelle ou droit de rétention conventionnel constitués sur les biens ou droits du débiteur pour dettes antérieurement contractées, à moins qu'ils ne remplacent une sûreté antérieure d'une nature et d'une assiette au moins équivalente et à l'exception de la cession de créance prévue à l'article L. 313-23 du code monétaire et financier, intervenue en exécution d'un contrat-cadre conclu antérieurement à la date de cessation des paiements ;**

« 7° Toute hypothèque légale attachée aux jugements de condamnation constituée sur les biens du débiteur pour dettes antérieurement contractées ;

« 8° » Toute mesure conservatoire, à moins que l'inscription ou l'acte de saisie ne soit antérieur à la date de cessation de paiement ;

(L. n° 2005-845 du 26 juill. 2005, art. 94 ; Ord. n° 2021-1193 du 15 sept. 2021, art. 50, en vigueur le 1er oct. 2021) **« 9° Toute autorisation** *(Ord. n° 2008-1345 du 18 déc. 2008, art. 88)* **« et levée » d'options définies aux articles L. 225-177 et suivants** *(Ord. n° 2020-1142 du 16 sept. 2020, art. 8, en vigueur le 1er janv. 2021)* **« et L. 22-10-56 et suivants » du présent code ; »**

(L. n° 2007-211 du 19 févr. 2007, art. 18 ; Ord. n° 2021-1193 du 15 sept. 2021, art. 50, en vigueur le 1er oct. 2021) **« 10° Tout transfert de biens ou de droits dans un patrimoine fiduciaire »** *(Ord. n° 2008-1345 du 18 déc. 2008, art. 88)* **« , à moins que ce transfert ne soit intervenu à titre de garantie d'une dette concomitamment contractée ;**

« 11° Tout avenant à un contrat de fiducie affectant des droits ou biens déjà transférés dans un patrimoine fiduciaire à la garantie de dettes contractées antérieurement à cet avenant ; »

(L. n° 2022-172 du 14 févr. 2022, art. 5, en vigueur le 15 mai 2022) **« 12° Toute affectation ou modification dans l'affectation d'un bien, sous réserve du versement des revenus que l'entrepreneur a déterminés, dont il est résulté un appauvrissement du patrimoine visé par la procédure au bénéfice d'un autre patrimoine de cet entrepreneur ; »** – *Pour les dispositions transitoires de la L. n° 2022-172 du 14 févr. 2022, V. note ss. art. L. 611-13.*

(Ord. n° 2014-326 du 12 mars 2014, art. 56-1°, en vigueur le 1er juill. 2014 ; Ord. n° 2021-1193 du 15 sept. 2021, art. 50, en vigueur le 1er oct. 2021) **« 13° La déclaration d'insaisissabilité faite par le débiteur en application de l'article L. 526-1. »**

II. – Le tribunal peut, en outre, annuler les actes à titre gratuit visés *(L. n° 2003-7 du 3 janv. 2003, art. 50-II)* **« au 1° du I »** *(Ord. n° 2014-326 du 12 mars 2014, art. 56-2°, en vigueur le 1er juill. 2014)* **« et la déclaration visée au »** *(Ord. n° 2021-1193 du 15 sept. 2021, art. 50, en vigueur le 1er oct. 2021)* **« 13° [du I] » faits dans les six mois précédant la date de cessation des paiements.** – *[C. com., anc. art. L. 621-107.]*

Pour les dispositions transitoires de l'Ord. n° 2021-1193 du 15 sept. 2021, V. note ss. art. L. 611-2.

Sur le cas de l'assurance vie, V. C. assur., art. L. 132-14, 2ᵉ partie, IV. Traitement des difficultés des entreprises.

BIBL. ▸ ARRIGHI, *Gaz. Pal. 2005. Doctr. 2990* (nouveaux cas de nullité). – VINCKEL, *JCP E 2006, nº 3, p. 129* (régime de la période suspecte dans la loi du 26 juill. 2005 et le décret du 28 déc. 2005). – WICKER, *RPC 2006. 12* (même thème). – BLANC, *ibid. 66* (nullités de la période suspecte). – MOUIAL-BASSILANA, *D. 2006. Chron. 1959* ; *Err. 2108* (articulation de la période suspecte et des différentes procédures). – DJOUDI, *RDBF 2010. Dossier 14* (garantie du solde du compte courant en période suspecte). – SAUTONIE-LAGUIONIE, *BJE 2011. 82* (EIRL et nullités de la période suspecte). – MARTIN-SERF, *RTD com. 2011. 417* (Ord. du 9 déc. 2010). – LISANTI, *RDBF 2022. Dossier 19* (sûretés réelles et période suspecte).

Ancien art. L. 632-1 (I) *[...]*

6º Toute hypothèque conventionnelle, toute hypothèque judiciaire ainsi que l'hypothèque légale des époux et tout droit de nantissement *(Ord. nº 2006-346 du 23 mars 2006, art. 49)* ***« ou de gage » constitués sur les biens du débiteur pour dettes antérieurement contractées ;***

[...]

COMMENTAIRE

I. SÛRETÉS RÉELLES CONVENTIONNELLES

A. RÉGIME ANTÉRIEUR À L'ORDONNANCE DU 15 SEPTEMBRE 2021

L'ordonnance du 23 mars 2006 relative aux sûretés avait complété le 6º afin que soit expressément visé le gage. Il s'agissait par là, notamment, de viser le gage des stocks, nouvel instrument juridique institué par les articles L. 527-1 et suivants du code de commerce. Le gage des stocks postérieur à la date de cessation des paiements du débiteur est donc nul. Mais, bien entendu, auparavant déjà le gage était visé, puisque alors le nantissement se concevait comme un concept générique (V. anc. art. 2072 C. civ.), non encore réservé comme désormais aux meubles incorporels. Le texte de l'article L. 527-7 n'est pas sans incidence au regard des nullités de la période suspecte. Celui-ci dispose que le débiteur s'engage « à ne pas diminuer de son fait la valeur des stocks. Lorsque l'état des stocks fait apparaître une diminution de 20 % de leur valeur telle que mentionnée dans l'acte constitutif, le créancier peut mettre en demeure le débiteur, soit de rétablir la garantie, soit de rembourser une partie des sommes prêtées en proportion de la diminution constatée. S'il ne lui est pas donné satisfaction, le créancier peut exiger le remboursement total de la créance, considérée comme échue ». Cette constitution d'un complément de sûreté s'apparente, en effet, beaucoup moins à la constitution d'une nouvelle sûreté qu'au maintien d'une sûreté préexistante. Dès lors, même constitué après la cessation des paiements pour garantir, par hypothèse, une dette antérieurement contractée, ce complément devrait échapper à la nullité, par analogie avec la solution jurisprudentielle en cas de substitution de garantie (V. note 39 ; V. P. Crocq, Sûretés et proportionnalité, *Mél. Simler, Litec-Dalloz, 2006, p. 291, nº 12*).

A noter que l'article 2342 du code civil limite le mécanisme de la subrogation réelle au gage sans dépossession de choses fongibles, de sorte que, si les choses données en gage sont individualisées, la mise en œuvre de la clause de substitution correspondrait à la conclusion d'un nouveau gage, qui tomberait, le cas échéant, sous le coup des nullités de la période suspecte.

Par ailleurs, le gage (comme le nantissement de biens meubles incorporels) peut, depuis la réforme du 23 mars 2006, porter sur un ensemble de biens présents ou futurs (art. 2333 et 2355 C. civ.). Il en résulte que le gage d'un bien futur ne s'analyse plus comme une simple promesse de gage. Ainsi, en cas de gage d'un ensemble de biens, le remplacement ultérieur d'un bien est réputé avoir pris effet, par subrogation réelle, à la date de la signature de la convention de gage. Le créancier gagiste ne s'expose donc plus au risque de nullité du gage d'un bien nouveau au cours de la période suspecte (R. Dammann, La réforme des sûretés mobilières : une occasion manquée, *D. 2006. Chron. 1298, nº 4*).

Enfin, il fallait noter que, dans la nouvelle architecture des sûretés, l'antichrèse (qu'il convient de nommer « gage immobilier » depuis la loi de simplification du droit du 12 mai 2009), qui n'est plus considérée comme un nantissement, mais se voit dotée d'une autonomie conceptuelle, ne semblait plus visée par le 6° (V. N. Borga, L'autonomie conceptuelle de l'antichrèse, source d'effets imprévus, *D. 2006. 2090*). De même, mais là au contraire sans changement, quoique désormais expressément qualifiée de sûreté par le nouvel article 2367 du code civil, la clause de réserve de propriété ne pouvait, pas plus qu'avant l'ordonnance du 23 mars 2006, être assimilée à une sûreté visée par ce 6° (A. Martin-Serf, *Rép. com., v° Entreprises en difficulté [Nullités de la période suspecte], 2017, n° 170*).

Mais, avec la loi précitée de simplification du droit, la donne paraissait avoir changé. Par un effet, évidemment involontaire, de la nouvelle terminologie voulue par le législateur, le texte de l'article L. 632-1, 6°, devait, de nouveau, pouvoir concerner le « gagiste immobilier » : faute de distinction, on ne voyait pas pourquoi le terme de gage employé par cet article, depuis l'ordonnance de 2006, n'aurait pas visé, à la fois, le classique gage mobilier et le « nouveau » gage immobilier.

B. RÉGIME ISSU DE L'ORDONNANCE DU 15 SEPTEMBRE 2021

L'ordonnance du 15 septembre 2021, applicable aux procédures ouvertes à compter du 1er octobre 2021, a apporté deux modifications importantes.

D'une part, sont visés désormais toute sûreté réelle conventionnelle ou tout droit de rétention conventionnel constitués sur les biens ou droits du débiteur pour dettes antérieurement contractées. Par cette formulation générique, le nouveau 6° va bien au-delà des seuls nantissements et gages, visés auparavant. Sont maintenant concernés les cessions de créances professionnelles, que la Cour de cassation refusait de soumettre à l'ancien texte (V. Com. 28 mai 1996 : *cité note 41*), de même que les clauses de réserve de propriété et les droits de rétention constitués en considération d'une dette antérieure (C. Favre-Rochex, Premiers regards sur l'avant-projet de réforme des sûretés dans les procédures collectives, *D. 2021. 190*). Toutefois, afin de prendre en compte le régime particulier de la cession de créance prévue à l'article L. 313-23 du code monétaire et financier (« cessions Dailly »), il est fait exception à la nouvelle règle de nullité de plein droit lorsque la cession de créance est intervenue en exécution d'un contrat-cadre conclu antérieurement à la date de cessation des paiements (pour une critique : N. Borga et J. Théron, Ordonnance du 15 septembre 2021 réformant le droit des entreprises en difficulté, un tournant ?, *D. 2021. 1773*).

Quant aux hypothèques légales, qui n'entrent évidemment pas dans le périmètre des sûretés réelles conventionnelles, elles sont dorénavant traitées de façon isolée, dans le nouveau 7°, qui vise « toute hypothèque légale attachée aux jugements de condamnation constituée sur les biens du débiteur pour dettes antérieurement contractées ».

D'autre part, se trouve consacrée la jurisprudence de la Cour de cassation qui autorise, en période suspecte, la substitution de sûretés lorsque la nouvelle sûreté vient remplacer une sûreté antérieure d'une nature et d'une assiette au moins équivalentes (V. note 39).

II. MESURES D'EXÉCUTION FORCÉE

Voir le commentaire sous l'article L. 632-2.

III. STOCK-OPTIONS

En vertu du 9° (ancien 8°), sont nulles de droit toutes les autorisations, levées et reventes (ce dernier cas a été supprimé par l'ordonnance de 2008 ; V. ci-dessous) de stock-options pendant la période suspecte. Il s'agit d'éviter les abus sachant que les titulaires d'options peuvent souvent avoir accès à des informations avant les marchés financiers sur l'état des difficultés de l'entreprise. Cette disposition avait été présentée par les auteurs de l'amendement comme une mesure en quelque sorte symétrique de la suppression, par la loi du 4 mai 2004, de la prise en charge par l'AGS de l'indemnité de licenciement économique supérieure au minimum légal dès lors que celle-ci est prévue par un accord ou une décision unilatérale de l'employeur survenus pendant la période suspecte (V. C. trav., art. L. 3253-13, ss. art. L. 625-9).

L'autorisation visée par le texte correspond à l'autorisation de l'assemblée générale extraordinaire prévue par les articles L. 225-177 et L. 225-179 du code de commerce. Faute encore, à ce stade, de droit personnel des bénéficiaires, puisque cette autorisation s'analyse en un acte unilatéral, l'action en nullité doit être dirigée contre la société. Quant à la levée d'option, l'action devra être engagée pour chaque option, c'est-à-dire contre chaque bénéficiaire ayant levé l'option. Enfin, s'agissant de la revente d'options, que prévoyait le texte de 2005, la portée de la disposition apparaissait plus mystérieuse (V. comm. dans l'éd. 2014). Pour cette raison, l'ordonnance du 18 décembre 2008 a tout simplement gommé ce cas de « revente ».

IV. FIDUCIE

La loi n° 2007-211 du 19 février 2007 instituant la fiducie avait ajouté un 9° à l'article L. 632-1, afin d'éviter que la fiducie, introduite en droit français par ce texte, ne permette au débiteur personne morale de transférer des biens, droits ou sûretés en période suspecte, pour les faire échapper au concours des créanciers sur le patrimoine du constituant. Cela dit, comme cela avait été fait remarquer, de par sa généralité, la nullité automatique excédait sans doute l'objectif légitime de préserver l'égalité des créanciers, dont les atteintes auraient pu être sanctionnées en limitant, à l'instar du 6° pour d'autres sûretés, la nullité pour les fiducies contractées afin de garantir une dette née antérieurement (F. Barrière, La loi instituant la fiducie : entre équilibre et incohérence, *JCP E 2007. 2053, n° 27*). Les rédacteurs de l'ordonnance du 18 décembre 2008 ont été sensibles à cet argument, qui a motivé cette exception qu'ils ont introduite à la règle de la nullité, dans le cas, effectivement, où le transfert est intervenu à titre de garantie d'une dette concomitamment contractée.

Seule la date de constitution de la fiducie devrait être prise en compte pour déterminer si la fiducie doit être annulée. Les biens futurs ou ceux « remplaçant » les biens initialement compris dans le patrimoine d'affectation, par un mécanisme de subrogation réelle, devraient être considérés comme faisant partie *ab initio* du patrimoine d'affectation. Cette analyse doctrinale procède d'un raisonnement par analogie avec la solution jurisprudentielle relative à la cession de créances futures par bordereaux Dailly (V. note 41) et la solution légale relative aux gages et nantissements (art. L. 632-1, I, 6° ; R. Dammann et G. Podeur, Fiducie-sûreté et droit des procédures collectives : évolution ou révolution ?, *D. 2007. Chron. 1359*).

Là encore, l'ordonnance de 2008 semble avoir été inspirée par la doctrine, puisque le 10° (devenu 11°) ajouté frappe de nullité « tout avenant à un contrat de fiducie affectant des droits ou biens déjà transférés dans un patrimoine fiduciaire à la garantie de dettes contractées antérieurement à cet avenant ». De la sorte, se trouve consacrée l'idée d'une fiducie-sûreté « rechargeable ». Il suffira, pour cela, de stipuler que le fiduciaire demeurera propriétaire des biens donnés en fiducie, au titre d'une fiducie-gestion, le temps que, le cas échéant, un avenant au contrat initial ne vienne affecter le patrimoine fiduciaire à la garantie d'une nouvelle dette (P. Crocq, L'ordonnance du 18 décembre 2008 et le droit des sûretés, *RPC 2009. Dossier 10, n° 21*). Ce qui, comme l'ont fait observer des auteurs, favorise une meilleure utilisation de la valeur résiduelle des actifs affectés en fiducie, et neutralise, en même temps, le risque d'une éventuelle disproportion de la fiducie-sûreté, sanctionnée par l'article L. 650-1 (R. Dammann et G. Podeur, Fiducie et procédure de sauvegarde, un nouvel équilibre, *RLDA 2008, n° 27, p. 33*). Ce mécanisme de « rechargement de la fiducie » a été encadré par l'ordonnance n° 2009-112 du 30 janvier 2009 portant diverses mesures relatives à la fiducie (art. 2372-5 C. civ. nouv. ; V. M. Grimaldi et R. Dammann, La fiducie sur ordonnances, *D. 2009. Chron. 670* , *n° 12* ; moyennant d'ailleurs une malfaçon gênante : V. P. Crocq, La nouvelle fiducie-sûreté : une porte ouverte sur une prochaine crise des subprimes en France ?, *D. 2009. 716* ; P. Dupichot, Janus ou le double visage des sûretés rechargeables, *Dr. et patr. 5/2010. 68*). Bien entendu, la formulation même du texte exclut ici qu'il puisse s'appliquer aux techniques fiduciaires autres que celle prévue par l'article 2011 du code civil, faute alors de patrimoine d'affectation (V. N. Borga, Regards sur les sûretés dans l'ordonnance du 18 décembre 2008, *RDBF 2009. Étude 20, n° 13*).

V. EIRL - ENTREPRENEUR INDIVIDUEL

Le 11° (devenu 12°), ajouté par l'ordonnance du 9 décembre 2010, répondait à la même logique, en période suspecte, que l'article L. 680-6 en cours de procédure collective. Il s'agissait de frapper de nullité les affectations de biens précédant l'ouverture d'une procédure dans le seul dessein de les soustraire à l'actif, gage général des créanciers, ou, en cas d'exercice d'une activité avec affectation de patrimoine, de modifier cette affectation, au détriment des créanciers au titre de cette activité en difficulté, au bénéfice d'un autre patrimoine du débiteur (patrimoine personnel ou autre patrimoine affecté ; V. ss. art. L. 680-6). Faisait exception le versement de revenus au patrimoine personnel, prévu par l'article L. 526-18, qui, en pratique, risque d'être une sérieuse source d'appauvrissement du patrimoine affecté (sur la notion de revenus et ses limites, V. comm. ss. art. L. 680-6 ; Ph. Pétel, L'adaptation des procédures collectives à l'EIRL, *JCP E 2011. 1071, n° 14*).

Ultérieurement, la loi du 14 février 2022 en faveur de l'activité professionnelle indépendante, applicable à compter du 15 mai 2022, a substitué à l'option pour le statut de l'entrepreneur individuel à responsabilité limitée (EIRL) une protection de plein droit du patrimoine personnel, seul le patrimoine professionnel étant engagé. Dès lors, pour viser à la fois le cas résiduel de l'EIRL et celui de l'entrepreneur individuel relevant du nouveau statut, en ce qui concerne son patrimoine professionnel, la loi de 2022 a réécrit le 12°, afin de concerner, de façon générale, le cas des entrepreneurs, dotés d'un patrimoine professionnel et d'un patrimoine personnel.

VI. DÉCLARATION D'INSAISISSABILITÉ

En faisant de la déclaration d'insaisissabilité un nouveau cas de nullité de droit de la période suspecte, l'ordonnance du 12 mars 2014 est intervenue *a minima* pour combler les lacunes du législateur qui n'a jamais cherché à articuler le dispositif de protection des immeubles du débiteur prévu par l'article L. 526-1 du code de commerce avec les dispositions du livre VI, notamment en cas de liquidation judiciaire (V. comm. [III] ss. art. L. 642-18).

Désormais, la souscription d'une telle déclaration est au moins automatiquement nulle si elle est intervenue après la date de cessation des paiements. Et cette nullité peut également être facultativement prononcée pour les déclarations d'insaisissabilité intervenues dans les six mois précédant la date de cessation des paiements. C'était bien la moindre des choses. En effet, jusque-là, faute de texte exprès, la nullité n'était pas possible, la déclaration d'insaisissabilité ne constituant pas une mesure conservatoire au sens de l'article L. 632-1, 7° (V. Nancy, 23 mars 2011 : *JCP E 2011. 1368, note Lebel* ; comp., pour un arrêt prononçant la nullité de plein droit, sans en préciser vraiment le fondement : Metz, 19 avr. 2011 : *APC 2011, n° 279, obs. Vallansan*). Ne restait alors que l'action paulienne, laquelle s'était heurtée à la jurisprudence de la Cour de cassation, déniant au liquidateur qualité à agir à cette fin (V. comm. [III] ss. art. L. 642-18). Cette question ne se posera évidemment pas, s'agissant de l'action en nullité, puisque cette dernière, incontestablement (malgré l'absence de renvoi explicite en ce sens de l'art. L. 641-14 à l'art. L. 632-4 ; Com. 1er avr. 2014 : *cité note 4 ss. art. L. 632-4*), est une action attitrée ouverte au liquidateur.

Comme l'a relevé un auteur, la disposition visant la déclaration notariée, non sa publicité, il en résulte que la déclaration notariée faite avant la période suspecte, mais publiée pendant, ne tombe pas sous le coup de la nullité de droit (P.-M. Le Corre, *D. 2014. Chron. 733, n° 46*).

Bien entendu, n'est pas non plus nulle, sous l'empire du nouveau régime de l'insaisissabilité, issu de la loi n° 2015-990 du 6 août 2015, l'insaisissabilité de droit de la résidence principale de l'entrepreneur individuel (V. comm. ss. art. L. 642-18).

Notons, enfin, que, contrairement à ce que prévoyait l'avant-projet de réforme des sûretés dans les procédures collectives, le texte de l'ordonnance n° 2021-1192 du 15 septembre 2021 n'a pas étendu la nullité de droit à « toute renonciation à cette insaisissabilité en faveur d'un créancier pour une dette antérieurement contractée », alors que cette renonciation, comme l'a souligné un auteur, si elle n'altère pas l'intégrité du gage commun, constitue une évidente rupture d'égalité non justifiée au profit d'un seul créancier (C. Favre-Rochex, Premiers regards sur l'avant-projet de réforme des sûretés dans les procédures collectives, *D. 2021. 190*). ❑

A. ACTES FAITS PAR LE DÉBITEUR

1. La nullité des actes faits pendant la période suspecte, édictée par l'art. 107 [C. com., art. L. 632-1], ne vise que ceux accomplis par le débiteur en redressement judiciaire, et non par son épouse. • Com. 30 nov. 1993, n° 90-10.121 P : *JCP 1994. IV. 329.* ♦ V. aussi note 42. ♦ S'agissant d'un acte accompli à la fois par le débiteur et son conjoint commun en biens, en ce sens que la nullité de l'acte peut être prononcée, sur le fondement de l'art. 107 [C. com., art. L. 632-1], du chef du débiteur et que l'acte peut être déclaré inopposable aux créanciers de la procédure, par application de l'art. 1167 [1341-2] C. civ. (action paulienne), du chef du conjoint *in bonis*, V. • Rennes, 1er déc. 1998 : *APC 1999, n° 228, obs. Vallansan.*

Échappent à la nullité : le paiement fait par le bénéficiaire d'une promesse de cession des parts de la société débitrice. • Com. 11 oct. 1994 : *RPC 1995. 447, obs. Lemistre ; RJDA 1995, n° 209.* ♦ ... Le paiement fait par un tiers en exécution d'une garantie à première demande garantissant les engagements du débiteur. • Com. 26 sept. 2006 : *RJDA 2006, n° 1247 ; RPC 2007. 226, obs. Blanc.* ♦ ... Les paiements forcés accomplis par un créancier tiers, en raison d'une procédure de saisie-attribution. • Rouen, 26 juin 1996 : *RJDA 1997, n° 704 ; RPC 1998. 87, obs. Canet.*

Pour une application de l'art. 107 [C. com., art. L. 632-1] aux actes faits par un créancier, s'agissant de l'inscription d'une hypothèque judiciaire sur les biens du débiteur, V. note 36.

La cession d'un fonds de commerce indivis accomplie par trois coïndivisaires dont un seulement est en redressement judiciaire ne peut être annulée sur le fondement des art. 107 et 108 [C. com., art. L. 632-1 et L. 632-2]. La circonstance que le débiteur exploitait seul le fonds de commerce indivis ne saurait être d'aucune incidence dès lors que les autres coïndivisaires se trouvent *in bonis*. • Aix-en-Provence, 22 janv. 1999 : *JCP E 1999, n° 51-52, p. 2043 ; RPC 2004. 384, obs. Blanc.*

Comp., désormais : art. L. 632-1, dans sa réd. issue de L. n° 2005-845 du 26 juill. 2005, qui vise les actes « intervenus depuis la date de cessation des paiements » et non plus les actes « faits par le débiteur ».

B. PÉRIODE SUSPECTE

2. Il résulte de la combinaison des art. L. 631-8, al. 1er et 2, et L. 632-1, I, 2°, que la nullité encourue en application du second de ces textes ne peut atteindre que les actes accomplis au cours de la période suspecte entre la date de cessation des paiements telle que fixée par le tribunal et la date de ce jugement d'ouverture, et non ceux que le débiteur soumis à une procédure de redressement ou de liquidation judiciaires aurait passés postérieurement au jugement d'ouverture de celles-ci. • Soc. 6 déc. 2023, n° 22-15.580 B : *D. 2023. Actu. 2188 ; RTD com. 2024. 173, obs. Martin-Serf ; JCP E 2024. 1062, note Blanc ; RJDA 2024, n° 174 ; RPC 2024, n° 14, obs. Jacotot ; BJE 3-4/2024. 56, note Donnette.* ♦ La période suspecte débute la première heure du jour fixé pour la date de cessation des paiements. • Com. 28 sept. 2004, n° 03-10.332 P : *D. 2004. AJ 2716 ; D. 2005. Pan. 296, obs. Le Corre.* ♦ Sur la date de la cessation des paiements, V. art. L. 631-8.

C. ACTES À TITRE GRATUIT

3. Changement de régime matrimonial. L'inopposabilité [la nullité] de la période suspecte ne peut atteindre que l'état liquidatif dressé en exécution du jugement homologuant la convention portant changement de régime matrimonial, non cette convention ou le jugement (loi de 1967). • Com. 28 mars 1995, n° 91-18.721 P : *D. 1996. Somm. 81, obs. Honorat ; Defrénois 1995. 970, obs. Sénéchal.*

4. État liquidatif compris dans une convention de divorce. L'état liquidatif de communauté compris dans la convention définitive réglant les effets du divorce ou de la séparation de corps sur demande conjointe, conclue après la date de cessation des paiements, n'échappe pas aux nullités des actes accomplis pendant la période suspecte, même si cet acte contient des dispositions relatives aux créances alimentaires ou de prestations compensatoires. • Com. 7 nov. 2006, n° 04-18.650 P : *D. 2006. AJ 2911, obs. Lienhard ; JCP E 2007. 1450, n° 7, obs. Cabrillac ; JCP 2007. II. 10017, note Blanc ; Gaz. Pal. 19-20 janv. 2007, p. 38, obs. Roussel Galle ; Defrénois 2007. 870, obs. Gibirila ; RPC 2007. 123, obs. Lebel ; RTD com. 2008. 183, obs. Martin-Serf.* – V. déjà • Civ. 1re, 25 janv. 2000, n° 97-21.119 P : *D. 2000. Somm. 333, obs. Revel ; ibid. AJ 103, obs. Lienhard ; APC 2000, n° 68, obs. F.-X. Lucas ; RTD com. 2000. 460, obs. Martin-Serf ; RTD civ. 2000. 553, obs. Hauser ; Dr. fam. 2000, n° 48, obs. Lécuyer ; LPA 5 juin 2001, p. 14, note Mercier ; RPC 2002. 276, obs. Blanc ; ibid. 2003. 354, obs. Dumont.* – V. Courtier, *Dr. sociétés 2000. Chron. 16.* – V. aussi note 11.

5. Renonciation à une succession. V. • Lyon, 17 févr. 2000 : *JCP E 2001, n° 2, p. 61 ; Gaz. Pal. 2002. 1023, note Goaziou-Huet.*

6. Donation. Pour la nullité d'une donation de divers biens immobiliers faite à leur fils par des époux, V. • Com. 1er févr. 2000 : *RJDA 2000, n° 570.* – V. aussi • Com. 24 sept. 2003 : *RPC 2004. 386, obs. Blanc* • Paris, 4 déc. 2001 : *ibid. 2003. 357, obs. Rubellin* • TGI Dunkerque, 18 déc. 2002 : *Dr. et pr. 2003. 233, note Delattre ; RPC 2003. 151, obs. Blanc.*

7. Assurance vie. V. C. assur., art. L. 132-14, 2e partie, *IV Traitement des difficultés des entreprises.*

8. Transaction. Pour la nullité d'une transaction fondée sur l'art. L. 621-107 [L. 632-1] (II), V.

• Aix-en-Provence, 19 févr. 2002 : *APC 2002, n° 224.* ♦ V. aussi note 11.

9. Acte portant sur un bien commun. Lorsque le débiteur, époux commun en biens, a passé avec son conjoint un acte à titre gratuit portant sur un bien commun qui fait partie du gage des créanciers, la nullité de cet acte, fait depuis la date de cessation des paiements ou dans les six mois précédant cette date, atteint l'acte en son entier. • Com. 7 avr. 2009, n° 06-19.538 P : *D. 2009. Chron. C. cass. 1242, obs. Bélaval ; ibid. AJ 1085, obs. Lienhard ; APC 2009, n° 158, obs. Leprovaux ; LEDEN, juin 2009, p. 6, obs. Rubellin ; Gaz. Pal. 26-28 juill. 2009, p. 32, obs. Roussel Galle ; JCP E 2009. 1814, n° 7, obs. Cabrillac ; RJDA 2009, n° 768 ; RTD com. 2009. 811, obs. Martin-Serf ; RPC 2010, n° 143, obs. Lisanti.* ♦ V. aussi notes 11 *in fine* et 41.

10. Cautionnement. Dès lors que deux sociétés forment un groupe, que la société cautionnée est l'associée majoritaire de la société caution, que celle-ci, en tant que filiale, a un intérêt à favoriser le financement de sa société mère, laquelle pourra ainsi participer à son propre développement, le cautionnement a une contrepartie et ne constitue donc pas un acte à titre gratuit au sens de l'art. L. 632-1, I, 1°, C. com. • Com. 19 nov. 2013, n° 12-23.020 P : *D. 2013. Actu. 2766, obs. Lienhard ; Rev. sociétés 2014. 203, obs. Henry ; RTD com. 2014. 697, obs. Martin-Serf ; LEDEN 1/2014. 4, obs. Favario ; BJS 2014. 44, note Mouial-Bassilana ; Gaz. Pal. 12-14 janv. 2014, p. 32, obs. Roussel Galle ; RDBF 2014, n° 9, obs. Cerles ; Banque et Dr. 1-2/2014. 42, obs. Rontchevsky ; RJDA 2014, n° 256 ; BJE 2014. 97, note Benilsi ; RPC 2015, n° 124, obs. Blanc.*

D. CONTRATS COMMUTATIFS

11. BIBL. Neuville, *D. 2000. Chron. 571* (transaction). ♦ Est nul tout contrat commutatif dans lequel les obligations du débiteur, résultant de ce seul contrat et appréciées à la date de sa conclusion, excèdent notablement celles de l'autre partie. • Com. 10 déc. 2002 : *RJDA 2003, n° 521 ; RPC 2004. 71, obs. Blanc ; RTD com. 2004. 813, obs. Martin-Serf.* ♦ V., pour la nullité : de la cession d'actions intervenue pour un prix excessif en raison de la surévaluation des titres, • Versailles, 30 sept. 1993 : *Dr. sociétés 1994, n° 29, obs. Chaput.* ♦ ... De l'apport en société d'un immeuble moyennant l'attribution d'un faible pourcentage de parts sociales, • Grenoble, 8 avr. 2003 : *Dr. sociétés 2004, n° 75, note F.-X. Lucas.* ♦ ... D'une vente de fonds de commerce à vil prix, • Paris, 19 mai 1992 : *RJDA 1993, n° 764.* ♦ ... De la cession, la veille du prononcé de la liquidation judiciaire, d'une licence IV à un prix très inférieur à sa valeur de marché, • Orléans, 28 avr. 2005 : *RJDA 2005, n° 1132 (1re esp.).* ♦ ... D'une transaction conclue avec un salarié à la suite de son licenciement, • Com. 27 nov. 2001 : *RJDA 2002, n° 666 ; RPC 2002. 275, obs. Blanc ; ibid. 287, obs. Canet.* ♦ ... D'un contrat de travail aux prestations déséquilibrées, • Soc. 20 mai 1992, n° 90-44.061 P • 21 nov. 2000 : *RJDA 2001, n° 790* • 29 oct. 2002, n° 00-45.612 P : *JCP E 2003, n° 40, p. 1583, note Fin-Langer* • 15 juin 2004 : *D. 2004. AJ 2158 ; JCP E 2004, n° 44, p. 1743, note Louit-Martinod ; RTD com. 2005. 416, obs. Martin-Serf* (à propos d'un contrat de qualification) • Paris, 12 févr. 1999 : *D. 1999. IR 90 ; D. Affaires 1999. 675* ♦ ... De l'acte de partage de la communauté auquel des ex-époux ont procédé à la suite de leur divorce pour faute, • Civ. 1re, 3 juin 2003, n° 01-17.971 P : *D. 2003. 2655, note Marly ; D. 2004. Somm. 2266, obs. Revel ; APC 2003, n° 179, obs. Vallansan ; RTD com. 2004. 814, obs. Martin-Serf ; JCP N 2005, n° 12, p. 644, note Vauvillé.* – V. aussi note 4. ♦ ... D'un bail comportant des clauses régissant le loyer dont le caractère inhabituel ne peut être justifié par la précarité de la convention, • Pau, 10 nov. 1992 : *RPC 1995. 448, obs. Lemistre.*

Comp., pour la validité : d'une opération de cession-bail, • Com. 11 mars 1997 : *RJDA 1997, n° 961.* ♦ ... D'une transaction moyennant remise de dette en contrepartie de laquelle la société objet de la procédure collective a fait l'économie d'une procédure judiciaire, dont l'issue était aléatoire, • Com. 2 oct. 2001, n° 98-19.694 P : *D. 2001. AJ 3119, obs. Lienhard ; APC 2001, n° 237, obs. Regnaut-Moutier ; RTD com. 2002. 164, obs. Martin-Serf.* ♦ ... D'une cession de parts sociales au prix symbolique d'un euro, • Civ. 3e, 13 oct. 2016, n° 15-11.128 : *RTD com. 2017. 435, obs. Martin-Serf ; JCP E 2017. 1186, note Le Gac-Pech.*

Il résulte des dispositions de l'art. L. 632-1-I-1° et II C. com. que les seuls actes annulables antérieurs à la date de cessation des paiements sont ceux faits à titre gratuit, c'est-à-dire ne comportant pas de contrepartie, et non les contrats commutatifs dans lesquels les obligations du débiteur excèdent notablement celles de l'autre partie. • Com. 16 déc. 2014 : *D. 2015. Actu. 71 ; AJ fam. 2015. 102, obs. Casey ; RTD com. 2015. 591, obs. Martin-Serf ; JCP E 2015. 1051, note Brignon ; LEDEN 1/2015. 4, obs. Rubellin ; DP diff. entr., Bull. n° 366, obs. Rémery ; BJE 2015. 112, note Benilsi ; RDBF 2015, n° 57, obs. Houin-Bressand ; Gaz. Pal. 1er-5 mai 2015, p. 37, obs. Roussel Galle ; RJDA 2015, n° 446 ; RPC 2015, n° 124, obs. Blanc.*

Lorsque le débiteur, époux commun en biens, a passé, avec son conjoint, un contrat commutatif portant sur un bien commun, faisant partie du gage des créanciers, et dans lequel ses obligations excèdent notablement celles de l'autre partie, la nullité de cette convention, faite depuis la date de cessation des paiements, atteint l'acte en son entier. • Com. 3 mai 2011, n° 10-17.011 P : *D. 2011. Actu. 1343, obs. Lienhard ; RTD com. 2012. 619, obs. Martin-Serf ; JCP E 2011. 1598, note Legros ; LEDEN 6/2011. 4, obs. Rubellin ; RJDA 2011, n° 722 ; BJE 2011. 332, note Sautonie-Laguionie ; BJS 2012. 56, note Le Cannu.*

E. PAIEMENT DE DETTES NON ÉCHUES

12. Remboursement anticipé d'un prêt. Le remboursement anticipé d'un prêt, quand bien même la possibilité en aurait-elle été expressément prévue dans le contrat, qui correspond au paiement d'une dette non échue, est nul de plein droit lorsqu'il a été effectué en période suspecte. • Nancy, 25 juill. 2018, n° 17/01169 : *RPC 2019, n° 15, obs. Blanc.*

13. Remboursement d'un compte courant d'associé. En l'absence de conditions particulières, notamment au regard de l'exigibilité, précisées dans les statuts ou dans une convention passée entre l'associé prêteur et la société, quant au remboursement des avances consenties en compte courant, le solde créditeur d'un compte courant d'associé constitue une dette échue, dont le titulaire du compte est, à tout moment, en droit de demander le remboursement. • Paris, 17 sept. 1999 : *D. 1999. AJ 31, obs. A. L.*

14. Abandon d'un bien au titre d'un devoir de secours. L'abandon de la quote-part d'un bien immobilier, au titre de l'accomplissement d'un devoir de secours, ne constitue pas le paiement d'une dette non échue au jour du paiement, au sens de l'art. L. 621-107, 3°, [L. 632-1, I, 3°] C. com. • Com. 7 nov. 2006 : *préc. note 4.*

15. Cession de créances. Est nulle la cession de créance intervenue au cours de la période suspecte, fût-elle consentie en exécution d'une convention-cadre signée antérieurement à la date de cessation des paiements, dès lors qu'elle a pour objet d'éteindre une dette non échue. • Com. 19 mai 2015, n° 14-11.215 P : *D. 2015. Actu. 1152 ; RTD com. 2015. 588, obs. Martin-Serf ; JCP E 2015. 1504, note Moreil ; Gaz. Pal. 19-21 juill. 2015, p. 23, obs. Roussel Galle ; RJDA 2015, n° 686 ; LEDEN 10/2015. 2, obs. Couard ; RDBF 2015, n° 167, obs. Houin-Bressand ; BJE 2015. 378, note Lisanti ; RJ com. 2016. 275, obs. Lebel.* ♦ Pour la nullité de cessions de créances professionnelles, V. • Com. 22 janv. 2002 : *RPC 2002. 276, obs. Blanc (n° 99-10. 895)* • 2 nov. 2005 : *Gaz. Pal. 10-11 févr. 2006, p. 30, obs. Roussel Galle ; RDBF 2006, n° 16, obs. Cerles.* ♦ En revanche, la cession de créances professionnelles faite à titre de garantie impliquant la restitution du droit cédé au cas où la créance garantie viendrait à être payée et n'opérant qu'un transfert provisoire de la titularité de ce droit, elle ne constitue pas le paiement de la créance garantie. • Com. 22 mars 2017, n° 15-15.361 P : *D. 2017. Pan. 2181, obs. Martin ; AJ contrat 2017. 236, obs. Reygrobellet ; RTD com. 2017. 434, obs. Martin-Serf ; RTD civ. 2017. 455, obs. Crocq ; APC 2017, n° 123, obs. Vallansan ; BJE 2017. 201, note Bonhomme ; LEDEN 6/2017. 5, obs. Pelletier ; RLDA juin 2017. 19, note Douaoui-Chamseddine ; RDBF 2017, n° 133, obs. Houin-Bressand ; Gaz. Pal. 27 juin 2017, p. 62, obs. Roussel Galle ; RPC 2018, n° 36, obs. Blanc.*

F. MODES DE PAIEMENT

BIBL. Martin-Serf, *RPC 2000. 167.*

16. Compensation. Qu'elle soit qualifiée de légale ou de conventionnelle, la compensation, renforcée par la connexité expressément créée par l'accord des parties avant la date de la cessation des paiements, résultant de la clôture des comptes courants, l'un débiteur, l'autre créditeur, ouverts au nom du même client mis en liquidation judiciaire, ne tombe pas sous le coup des dispositions de l'art. 107, 4° [C. com., art. L. 632-1], pour avoir joué le jour même de la date fixée pour la cessation des paiements. • Paris, 28 mars 1989 : *D. 1991. Somm. 31, obs. Vasseur .* ♦ Cette compensation n'est pas davantage annulable par application de l'art. 108 [C. com., art. L. 632-2] puisqu'elle n'est pas intervenue après la date de cessation des paiements et que la banque n'avait pas connaissance de cet état, l'acte n'ayant pas porté préjudice à l'ensemble des créanciers. • Même arrêt. – V. aussi • Com. 17 mai 1994, n° 91-20.083 P : *D. 1994. IR 148 ; Rev. dr. bancaire 1995. 85, obs. Campana et Calendini* • Colmar, 6 nov. 2002 : *BICC 2004, n° 620.* ♦ Sur l'exigence d'une créance à caractère certain, V. • Com. 21 janv. 1992, n° 90-13.548 P.

En revanche, le remboursement d'un prêt par une compensation provoquée avec une partie du prix de la vente d'une maison appartenant au débiteur ne constitue pas un mode de paiement admis par l'art. 107 (4°) [C. com., art. L. 632-1]. • Com. 19 déc. 2000, n° 98-11.093 P : *D. 2001. Somm. 3426, obs. Honorat ; ibid. AJ 306, obs. Lienhard ; APC 2001, n° 26, obs. Regnaut-Moutier ; RTD com. 2002. 165, obs. Martin-Serf .* ♦ Pour d'autres exemples de compensation « provoquée », V. • Com. 13 févr. 2007 : *D. 2007. AJ 583, obs. Lienhard ; APC 2007, n° 49, obs. Regnaut-Moutier ; JCP E 2007. 1450, n° 6, obs. Cabrillac ; Gaz. Pal. 13-14 avr. 2007, p. 40, obs. Roussel Galle ; RPC 2007. 128, obs. Lebel ; ibid. 227, obs. Blanc ; RTD com. 2008. 624, obs. Martin-Serf* • 20 janv. 2021, n° 19-15.108 : *RTD com. 2021. 660, obs. Martin-Serf ; Gaz. Pal. 13 avr. 2021, p. 72, obs. Luciano ; RJDA 2021, n° 501.* ♦ Est nul le paiement du prix de vente du fonds de commerce du débiteur par compensation avec le solde créditeur d'un compte courant d'associés dès lors que ce mode de paiement n'est pas courant pour l'acquisition d'un fonds de commerce, le prix étant habituellement séquestré jusqu'à l'expiration du délai d'opposition reconnu aux créanciers du vendeur. • Com. 19 janv. 1999 : *RJDA 1999, n° 446.* – V. aussi • Limoges, 11 mars 1991 : *D. 1992. Somm. 183, obs. Honorat .*

17. En ce sens que la compensation de la part non libérée du capital social d'un actionnaire avec une créance en compte courant, certaine, liquide et exigible, n'est pas nulle comme intervenue en période suspecte, V. • Paris, 10 juin 1994 : *D. 1994. IR 188 ; BJS 1994. 1224.* ♦ V. aussi note 24 ss. art. L. 632-2.

18. Bordereaux de cession de créances. **BIBL.** Cerles, *Rev. dr. bancaire 1993. 200* (cession de flux de créances). ♦ Il résulte des dispositions de l'art. 107, 4° [C. com., art. L. 632-1], que le paiement pour dettes échues fait par bordereaux de cession tels que visés par la L. n° 81-1 du 2 janv. 1981 est expressément réputé normal. • Rennes, 16 sept. 1992 : *D. 1994. Somm. 82, obs. Honorat* • Paris, 26 mai 1994 : *D. 1994. IR 207.*

19. Cession de créance. **BIBL.** Jeantin, *D. 1980. Chron. 309.* – Cassandra-Sulpasso, *RTD com. 1986. 49.* ♦ Un arrêt ne peut, pour déclarer nulles des cessions de créances consenties, depuis la date de cessation des paiements, par un entrepreneur d'étanchéité, mis en redressement judiciaire, retenir que ce mode de paiement, utilisé par l'entrepreneur à l'égard de ses fournisseurs depuis quelques années en raison de ses difficultés financières, n'est pas communément admis dans les relations d'affaires, sans rechercher si le fournisseur établit que, dans les relations d'affaires du secteur professionnel de la construction considéré, le paiement des fournisseurs par la cession de créances que l'entrepreneur détient sur les maîtres d'ouvrages est communément admis. • Com. 30 mars 1993, n° 91-15.931 P : *D. 1993. Somm. 320, obs. Honorat ; JCP E 1993. II. 453, note Guyon.* – V., sur renvoi, • Rouen, 11 oct. 1994 : *RJDA 1995, n° 357.* ♦ Comp., jugeant que la cession de créance, hormis le cas où il s'agit de la cession de créances professionnelles à un établissement de crédit qui finance l'entreprise cédante, ne constitue pas un mode de paiement communément admis dans les relations d'affaires et est nulle lorsqu'elle est consentie dans la période suspecte : • Paris, 28 mars 1989 : *Gaz. Pal. 1990. 1. Somm. 186.*

20. Les relations entre l'URSSAF et les assujettis n'étant pas des relations d'affaires, au sens de l'art. 107, al. 1er (4°) [C. com., art. L. 632-1], la cession de créances de cotisations sociales qu'une société en liquidation judiciaire a consentie à cet organisme n'est pas valable. • Com. 14 déc. 1993, n° 92-10.858 P : *D. 1994. Somm. 178, obs. Honorat ; JCP E 1994. II. 546, note Guyon.*

21. En ce sens que la cession de créances peut constituer un mode de paiement communément admis dans les relations d'affaires du secteur considéré même si la pratique est limitée à un secteur géographique restreint, V. • Com. 24 sept. 2003 : *RJDA 2004, n° 195 ; RPC 2004. 385, obs. Blanc.*

22. V. encore, sur la nécessité d'établir l'existence d'un usage professionnel ou d'une pratique générale et habituelle dans la branche d'activité considérée, • Paris, 21 déc. 2001 : *D. 2002. AJ 724* .

23. Délégation. Doit être annulée la délégation faite, par une société de commerce de viande en cessation des paiements, d'une créance qu'elle détient sur une compagnie d'assurance, au profit du propriétaire des marchandises sinistrées, dès lors que le bénéficiaire de la délégation ne peut sérieusement soutenir qu'un tel mode de paiement ponctuel, issu d'un événement inhabituel, est normal, compte tenu des usages de la profession, et qu'il ressort ainsi que la délégation de créance n'est pas communément admise dans les relations d'affaires considérées relatives au commerce des viandes. • Com. 30 nov. 1993, n° 91-13.881 P : *D. 1994. Somm. 178, obs. Honorat* . – Dans le même sens : • Com. 14 juin 1994 : *D. 1994. IR 221* • 26 oct. 1999 : *RJDA 2000, n° 63.* ♦ Un mode de paiement communément admis dans les relations d'affaires ne résulte pas forcément d'un usage. • Com. 23 janv. 2001, n° 98-10.975 P : *D. 2001. 2509, note Bimes-Arbus ; ibid. AJ 701, obs. Lienhard ; APC 2001, n° 66, obs. Vallansan ; JCP E 2001, n° 18, p. 752, obs. Cabrillac ; RDBF 2001, n° 63, obs. Cerles ; RTD com. 2001. 977, obs. Martin-Serf ; RJ com. 2001. 311, note Courtier.* ♦ Justifie sa décision la cour d'appel qui se réfère aux relations entre l'établissement de crédit ayant financé le prêt et l'emprunteur pour déterminer si la délégation de créance faite par ce dernier constitue une pratique générale et habituelle dans les relations d'affaires du secteur bancaire pour la mise en place d'un prêt immobilier. • Même arrêt. ♦ La délégation de paiement constitue un mode de paiement communément admis dans le secteur du bâtiment. • Paris, 17 sept. 2003 : *RDBF 2004, n° 136, obs. F.-X. Lucas.* ♦ ... Mais non dans celui du commerce de véhicules automobiles. • Paris, 27 janv. 2004 : *ibid.* ♦ V. aussi, validant un tel mode de paiement, • Aix-en-Provence, 16 avr. 1992 : *RPC 1993. 111, obs. Auque-Warembourg et Lemistre* • 25 janv. 1995 : *Bull. Aix-en-Provence 1995, n° 2, p. 319.* ♦ *Contra* : • Com. 28 mai 2002 : *RPC 2003. 152, obs. Blanc.*

L'acte prévoyant une délégation de loyers ne peut être jugé nul pour être intervenu en période suspecte dès lors qu'il a été conclu avant la date de l'insolvabilité notoire [dans le régime d'Alsace-Moselle], peu important que son exécution ait été postérieure à cette date : • Com. 4 oct. 2005, n° 04-14.722 P : *D. 2005. AJ 2591, obs. Lienhard ; JCP E 2006, n° 2, p. 75, obs. Cabrillac ; APC 2005, n° 243, obs. Lécuyer ; Banque et Dr. 11-12/2005. 78, obs. Rontchevsky ; RDBF 2005, n° 209, obs. Cerles ; Dr. et patr. 1/2006. 89, obs. Aynès ; Gaz. Pal. 10-11 févr. 2005, p. 31, obs. Roussel Galle ; RTD com. 2006. 481, obs. Martin-Serf ; RPC 2006. 276, obs. Blanc.* – V. Albrieux, *JCP E 2006, n° 9, p. 414.*

24. Remise en compte courant. Doit être annulée la remise en compte courant par la société débitrice au cours de la période suspecte ayant eu pour effet de réduire le montant du solde débiteur du compte et de rompre ainsi l'égalité des créanciers soumis à la procédure collective.

• Com. 19 janv. 1999 : *APC 1999, n° 70, obs. Regnaut-Moutier.* – Comp. : • Besançon, 18 juin 2002 : *ibid. 2002, n° 267.*

25. Prélèvement bancaire. Pour un arrêt validant ce mode de paiement, prévu par les actes de prêt liant les parties, V. • Angers, 24 mai 2005 : *RDBF 2006, n° 24, obs. F.-X. Lucas.*

26. Subrogation de l'indemnité d'assurance. En cas de perte de biens livrés sous le bénéfice d'une clause de réserve de propriété (mais avec transfert des risques à l'acheteur), l'indemnité d'assurance, subrogée aux biens dont le vendeur était demeuré propriétaire n'entre pas dans le patrimoine de l'acheteur ; le versement de cette indemnité au vendeur n'est pas soumis aux nullités de la période suspecte. • Com. 6 juill. 1993, n° 91-12.723 P : *D. 1994. Somm. 81, obs. Honorat ; JCP 1993. II. 22153, note Larroumet.* ♦ V. aussi note 18 ss. art. L. 624-16.

27. Dation en paiement. La livraison par la société débitrice d'un matériel autre que celui prévu contractuellement, soit des équipements nautiques divers au lieu d'un bateau, constitue une dation en paiement prohibée par l'art. 107 [C. com., art. L. 632-1]. • Com. 1er févr. 2000 : *RJDA 2000, n° 571.* ♦ Est nulle la dation en paiement résultant de la reprise, par le vendeur, de marchandises qui a entraîné la résolution amiable de la vente et a donné lieu à l'émission d'un avoir correspondant à la valeur des marchandises reprises, ce qui a eu pour effet de réduire dans une proportion très importante la créance du vendeur à l'égard de la société en redressement judiciaire. • Paris, 7 janv. 1992 : *D. 1992. IR 111 ; RPC 1993. 111, obs. crit. Auque-Warembourg et Lemistre.* – Dans le même sens : • Aix-en-Provence, 18 mars 1999 : *RPC 2003. 151, obs. Blanc.* ♦ Pour la nullité d'une dation en paiement conduisant à une compensation, dans l'hypothèse d'un créancier achetant au débiteur des biens à seule fin de compenser sa créance préexistante avec sa dette nouvelle, V. • Com. 5 avr. 1994, n° 91-21.840 P : *RPC 1995. 448, obs. Lemistre* • 2 févr. 1999, n° 96-14.467 P : *D. 1999. IR 77 ; D. Affaires 1999. 379, obs. A. L. ; RTD com. 1999. 757, obs. Martin-Serf ; APC 1999, n° 60, obs. Vallansan ; LPA 1er avr. 1999, p. 11, note P. M. ; RTD civ. 2000. 115, obs. Mestre et Fages.* – Comp. : • Rennes, 23 mars 1994 : *JCP 1995. IV. 1148 ; RPC 1997. 79, obs. Lemistre,* conf. par • Com. 20 mai 1997 : *RPC 1998. 205, obs. Lemistre.*

De même, est nulle la reprise, par la société de crédit d'un constructeur automobile, ayant financé le stock d'un concessionnaire, de véhicules impayés, pendant la période suspecte. • Douai, 6 févr. 1997 : *RPC 1998. 205, obs. Lemistre,* conf. par • Com. 11 juill. 2000, n° 97-12.374 P : *D. 2000. IR 251 ; JCP 2000. I. 259, n° 16, obs. Pétel ; RJDA 2000, p. 751, concl. Piniot ; RPC 2002. 277, obs. Blanc.* – Rappr. : • Com. 18 févr. 2003 : *APC 2003, n° 118, obs. Boulay ; JCP 2003. I. 176, n° 21, obs. Delebecque ; RJDA 2003, n° 746 ; RPC 2004. 71, obs. Blanc.*

Est nulle la dation en paiement d'une licence IV de débit de boissons pour solder le prix d'achat d'un fonds de commerce quelques jours avant l'ouverture de la procédure collective de l'acquéreur. • Lyon, 22 mars 2002 : *BICC 2004, n° 621.*

Pour un autre exemple de dation en paiement tombant sous le coup de la nullité, V. • Com. 20 févr. 1996, n° 94-10.866 P.

28. Résiliation d'un contrat. Des ventes de marchandises ayant été faites purement et simplement, ne peut être écartée la demande d'annulation, sur le fondement de l'art. 107, 4° [C. com., art. L. 632-1], d'une convention analysée comme une résolution amiable, en période suspecte, desdites ventes, sans que soit constaté que cette opération constituait, telle quelle, un mode de paiement communément admis dans les relations d'affaires considérées. • Com. 12 juill. 1994, n° 92-11.338 P : *D. 1996. Somm. 212, obs. Pérochon.* ♦ V. aussi, pour la résiliation amiable d'un bail, • T. com. Paris, 30 juin 1995 : *Gaz. Pal. 1996. 2. somm. 541.*

En revanche, la résiliation d'un contrat de financement qui, conformément aux conditions contractuelles, intervient, en considération d'impayés, antérieurement à l'ouverture de la procédure de redressement judiciaire, pendant la période suspecte, demeure étrangère et n'entre pas dans les prévisions des art. 107 à 110 [C. com., art. L. 632-1 à L. 632-4]. • Versailles, 10 sept. 1998 : *Gaz. Pal. 1999. 2. Somm. 616.*

29. Clause de réserve de propriété. La restitution au vendeur de marchandises impayées vendues sous clause de réserve de propriété ne peut s'analyser comme un procédé anormal de paiement soumis aux nullités de la période suspecte, en dépit de l'établissement d'un avoir pour régularisation comptable de l'opération. • Com. 16 déc. 2008 : *RJDA 2009, n° 375 ; Gaz. Pal. 26-28 avr. 2009, p. 30, obs. Roussel Galle ; RPC 2009, n° 84, obs. Blanc.* ♦ V. aussi note 26.

30. Portée de la nullité. La nullité prévue par l'art. 107 (4°) [C. com., art. L. 632-1] porte uniquement sur le paiement anormal et ne s'étend pas à la convention valablement conclue en vertu de laquelle le paiement est intervenu. • Versailles, 19 oct. 1995 : *RJDA 1996, n° 422.*

31. Preuve. Tout recours à la notion d'usage professionnel est exclu lorsqu'il est prouvé que le mode anormal de paiement (en l'espèce, une dation en paiement) a été proposé par le débiteur. • Colmar, 26 mars 1997 : *RPC 1998. 206, obs. Lemistre.*

V., jugeant que c'est par référence aux usages en vigueur dans le secteur professionnel du créancier qui a accepté le paiement qu'il convient de déterminer si le mode de paiement est ou non communément admis, • Grenoble, 30 oct. 2003 : *RDBF 2004, n° 135, obs. F.-X. Lucas.*

G. DÉPÔTS ET CONSIGNATIONS

32. Consignation. Il résulte de l'art. L. 632-1, I, 5°, C. com. qu'il est fait exception à la nullité de la consignation effectuée en période suspecte si elle a été ordonnée judiciairement par une décision ayant acquis force de chose jugée antérieurement à l'ouverture de la procédure collective. • Com. 11 févr. 2014, n° 12-16.938 P : *D. 2014. Actu. 478 ; JCP E 2014. 1173, n° 4, obs. Pétel ; APC 2014, n° 60, obs. Vallansan ; LEDEN 4/2014. 2, obs. Mouial-Bassilana ; RJDA 2014, n° 552 ; Gaz. Pal. 29 juin-1er juill. 2014, p. 30, obs. Roussel-Galle ; RDBF 2014, n° 145, obs. Houin-Bressand.* ♦ La consignation ayant été ordonnée judiciairement à titre de garantie par application des dispositions de l'art. 2350 C. civ., par suite de la rétractation de l'ordonnance ayant ordonné la saisie conservatoire, il s'en déduit que la nullité de la consignation effectuée pendant la période suspecte est nécessairement régie par le 5° du I de l'art. L. 632-1, et que le 7° [8] de ce même art., qui régit la nullité de la saisie conservatoire, ne lui est pas applicable. • Même arrêt.

33. Doit être déclarée valable la consignation sur saisie-arrêt, effectuée avant la date de cessation des paiements, alors même que cet acte aurait été validé après cette date. • Dijon, 15 oct. 1987 : *RPC 1988. 411, obs. Guyon.*

34. La consignation, en cours d'instruction pénale, d'une somme d'argent afin de garantir la réparation du dommage de la partie civile n'est pas visée par l'art. 107 (5°) [C. com., art. L. 632-1]. • Crim. 22 mai 1995 : *RPC 1996. 114, obs. Dureuil.*

H. DROIT DE RÉTENTION

35. Le droit de rétention portant sur des documents administratifs ne peut recevoir la qualification de contrat commutatif et ne peut être assimilé ni au dépôt de sommes d'argent visé par l'art. L. 632-1, I-5°, ni à un acte à titre gratuit au sens de l'art. L. 632-1, I-1°. • Toulouse, 8 nov. 2011 : *RJDA 2012, n° 315.*

I. SÛRETÉS POUR DETTES ANTÉRIEURES

BIBL. Devèze, *RPC 1992. 119* (gage, nantissement). – Canet, *RPC 1995. 265* (voies d'exécution issues de la loi du 9 juill. 1991). – Martin-Serf, *RPC 2000. 167.*

36. Sûretés prises par un créancier. Une hypothèque judiciaire ne peut, par hypothèse, avoir été inscrite par le débiteur. Ainsi, en dépit de sa formulation, l'art. 107 [C. com., art. L. 621-107] qui, en son 6°, vise aussi « tout nantissement constitué sur les biens du débiteur pour dettes antérieurement contractées » concerne tant les actes faits par le créancier que ceux faits par le débiteur. • Paris, 11 juin 1999 : *RJDA 1999, n° 1361 ; APC 1999, n° 204.* ♦ Solution confirmée par l'art. L. 632-1, dans sa rédaction issue de L. n° 2005-845 du 26 juill. 2005.

37. Garantie de dettes antérieures. Une sûreté constituée en période suspecte, en garantie du solde débiteur d'un compte courant, n'est valable que si une dette concomitante ou postérieure à la constitution de la sûreté a pris naissance avant la clôture du compte. • Com. 2 mai 1990 : *RPC 1991. 475, obs. Guyon.*

38. Bien que l'hypothèque ait été consentie durant la période suspecte, dès lors que le droit de créance de la banque à l'égard de la société qui a pris l'engagement de caution hypothécaire trouve son origine dans le cautionnement souscrit à la même date, la naissance de la créance est concomitante de la constitution de l'hypothèque, et celle-ci n'encourt donc pas la nullité en vertu de l'art. L. 621-107 [L. 632-1], 6°. • Paris, 6 juill. 2001 : *D. 2001. AJ 2832.*

39. Substitution de garantie. Dès lors qu'aux termes de l'acte de « translation d'hypothèque », il n'y a pas eu constitution d'une sûreté nouvelle mais substitution au privilège du prêteur de deniers et à l'hypothèque inscrits sur l'immeuble vendu, d'une hypothèque sur l'immeuble acquis pour garantir le remboursement du solde du prêt, cette sûreté, qui n'est supérieure, ni dans sa nature, ni dans son étendue, aux sûretés auxquelles elle avait été substituée, a été valablement inscrite pendant la période suspecte. • Com. 20 janv. 1998, n° 95-16.402 P : *D. 1998. IR 60 ; D. Affaires 1998. 254, obs. A. L. ; JCP E 1998, n° 17, p. 655, obs. Cabrillac ; Rev. dr. bancaire 1998. 73, obs. Campana et Calendini ; RTD com. 1998. 396, obs. Cabrillac ; ibid. 1999. 194, obs. Martin-Serf* • Paris, 23 oct. 1998 : *D. Affaires 1998. 1959.* ♦ Rappr., s'agissant de la modification par avenant d'un gage : • Com. 27 sept. 2016, n° 15-10.421 P : *D. 2016. Actu. 1997 ; RTD civ. 2016. 864, obs. Barbier ; RTD com. 2017. 433, obs. Martin-Serf ; DP diff. entr., Bull. nos 384/385, obs. Rémery ; APC 2016, n° 240, obs. Cagnoli ; LEDEN 11/2016. 3, obs. Pelletier ; RJDA 2016, n° 882 ; RDBF 2016, n° 256, obs. Houin-Bressand ; BJE 2017. 40, note Macorig-Venier ; RPC 2017, n° 31, obs. Aynès.* ♦ V. désormais, sur la possibilité de substituer une sûreté à une autre : art. L. 632-1 (6°) dans sa réd. issue de l'Ord. n° 2021-1193 du 15 sept. 2021. ♦ Pour que le caractère de substitution puisse être retenu, il doit y avoir concomitance de l'expiration de la sûreté conventionnelle et de l'inscription judiciaire provisoire inscrite, de façon à ce que cette dernière soit la continuité de la garantie prise avant la période suspecte ; tel n'est pas le cas lorsqu'un délai de quatre mois sépare l'expiration de la sûreté conventionnelle de l'inscription de l'hypothèque judiciaire provisoire. • Paris, 5 oct. 2023, n° 22/13619 : *RPC 2024, n° 87, obs. Blanc.*

40. Droit de nantissement. L'art. 107, 6° [C. com., art. L. 632-1], vise toutes sûretés, y compris « tout droit de nantissement », sans établir aucune distinction ; il s'applique donc à un nantissement judiciaire sur fonds de commerce. • Paris, 18 févr. 1992 : *D. 1992. IR 142.*

41. Cession de créances à titre de garantie. **BIBL.** Raynaud-Contamine, *Mél. Jeantin, Dalloz, 1999, p. 443.* ♦ La cession de créance consentie dans les formes de la loi du 2 janv. 1981 transfère au cessionnaire la propriété de la créance cédée, même lorsqu'elle est effectuée en vue de garantir le paiement du solde d'un compte courant et sans stipulation d'un prix, de sorte qu'une telle cession n'est pas une constitution d'un droit de nantissement sur un bien du débiteur. • Com. 28 mai 1996, n° 94-10.361 P : *D. 1996. Somm. 390, obs. S. Piedelièvre ; D. Affaires 1996. 842 ; RTD com. 1996. 508, obs. Cabrillac ; RTD civ. 1996. 671, obs. Bandrac et Crocq ; Rev. dr. bancaire 1996. 207, obs. Campana et Calendini.* ♦ Comp., désormais : art. L. 632-1, I, 6°, dans sa réd. issue de l'Ord. n° 2021-1193 du 15 sept. 2021, qui vise toute sûreté réelle conventionnelle.

42. Date de constitution de la sûreté. Pour prononcer la nullité d'une hypothèque judiciaire, au regard de l'art. 107, 6° [C. com., art. L. 632-1], il y a lieu de rechercher si sa constitution sur les biens du débiteur, qui résulte non de son inscription mais du jugement de condamnation, est postérieure à la date de cessation des paiements. • Com. 25 oct. 1994, n° 91-14.539 P. – V. aussi • Com. 1er juill. 1997, n° 95-11.375 P : *JCP E 1998, n° 1-2, p. 31, obs. Cabrillac ; RTD com. 1999. 197, obs. Martin-Serf* • Paris, 8 avr. 1999 : *D. 1999. Somm. 302, obs. Piedelièvre.* ♦ De même, pour un nantissement sur fonds de commerce, c'est à la date de constitution qu'il convient de se référer, et non à celle de son inscription. • Com. 22 nov. 1994 : *Rev. loyers 1995. 529, note Gallet.* ♦ Dans le même sens, pour une hypothèque conventionnelle, V. • Com. 18 févr. 2003 : *préc. note 27.* ♦ L'hypothèque constituée sur les biens du débiteur depuis la date de cessation des paiements pour une dette antérieurement contractée est nulle, peu important qu'une promesse d'hypothèque ait été consentie avant cette date. • Com. 12 nov. 1997, n° 95-14.900 P : *D. 1998. Somm. 325, obs. Honorat ; D. 1998. Somm. 106, obs. Piedelièvre ; D. Affaires 1997. 1470 ; RTD com. 1999. 196, obs. Martin-Serf.* ♦ Doit être considérée comme une hypothèque régulièrement constituée avant la date de cessation des paiements, et non comme une simple promesse d'hypothèque, la convention conclue avant la date de cessation des paiements qui oblige le débiteur à ne pas consentir d'autre sûreté sur un immeuble et qui permet au créancier de faire inscrire l'hypothèque sans nouvelle manifestation de volonté du débiteur. • Chambéry, 28 mai 2002 : *BICC 2004, n° 975.*

Il résulte des dispositions de l'art. 2075 [anc.] C. civ. que le gage qui porte sur des meubles incorporels ne confère de droit réel au créancier gagiste et n'est ainsi constitué au sens de l'art. 107 (6°) [C. com., art. L. 632-1] qu'autant que l'acte conclu entre les parties a été enregistré puis signifié au débiteur de la créance gagée, ou accepté par lui dans un acte authentique. • Com. 28 janv. 1997, n° 94-20.554 P : *D. 1997. Somm. 214, obs. Honorat ; D. 1998. Somm. 140, obs. Jobard-Bachellier ; D. Affaires 1997. 372 ; JCP 1997. II. 22791, rapp. Rémery ; Quot. jur. 6 mars 1997, p. 5, note P. M.*

43. Hypothèque sur immeuble commun. La communauté répondant des dettes du mari, en vertu de l'art. 1413 C. civ., et, durant celle-ci, les droits de l'un ou l'autre des époux ne pouvant être individualisés sur tout ou partie des biens communs ou sur l'un d'entre eux, l'hypothèque grevant un immeuble commun, constituée depuis la date de cessation des paiements du mari pour sûreté d'une dette antérieurement contractée, est nulle pour le tout. • Com. 2 avr. 1996, n° 93-20.562 P : *D. 1996. Somm. 340, obs. Honorat ; JCP E 1996. I. 584, n° 7, obs. Pétel.* ♦ Comp., limitant les effets de la nullité à la part de la sûreté garantissant la dette du seul époux en redressement judiciaire : • Paris, 16 mai 1990 : *RPC 1991. 473, obs. Guyon.* ♦ V. aussi note 9.

44. Hypothèque judiciaire inscrite par une association syndicale. Pour l'application de l'art. L. 621-107 [L. 632-1] C. com., V. • Com. 9 juill. 2002, n° 99-16.473 P : *D. 2002. AJ 2471.*

45. Purge des sûretés. La circonstance que l'acquéreur du fonds de commerce nanti ait, en application de l'art. 22 de la loi du 17 mars 1909 [C. com., art. L. 143-12], engagé la procédure de purge des privilèges et nantissement avant l'ouverture de la procédure collective ne s'oppose pas à l'exercice par le liquidateur de l'action en nullité de l'art. 107 (6°) [C. com., art. L. 632-1]. • Com. 20 nov. 2001 : *RPC 2002. 279, obs. Blanc.*

46. Clause de réserve de propriété. **BIBL.** Bretzner, *RPC 1991. 377.*

47. Prêt. Les dispositions de l'art. 107 (6°) [C. com., art. L. 632-1] ne s'appliquent pas à la demande en annulation d'un acte de prêt. • Com. 23 mai 2000 : *RPC 2002. 279, obs. Blanc.*

48. Publicité foncière. La demande en justice tendant à l'annulation d'une hypothèque inscrite durant la période suspecte doit, en vertu de l'art. 30 (5°) du Décr. n° 55-22 du 4 janv. 1955, à peine d'irrecevabilité, être publiée au bureau des hypothèques : • Com. 12 avr. 2005 : *D. 2005. AJ 1151, obs. Lienhard ; APC 2005, n° 122, obs. Le Bars ; JCP E 2005, n° 36, p. 1425, obs. Cabrillac ; JCP 2005. II. 10147, note Le Bars ; Gaz. Pal. 6-7 juill. 2005, p. 21, obs. Le Corre ; RTD com. 2005. 848, obs. Martin-Serf* • Paris, 25 sept. 1998 : *D. 1999. Somm. 305, obs. Piedelièvre ; D. Affaires 1998. 1698, obs. A. L. ; RTD com. 2000. 182, obs. Martin-Serf.*

49. Paiement préférentiel subséquent. Est nul de droit le paiement reçu par préférence sur le prix de l'immeuble grevé en vertu d'une hypothèque elle-même nulle de droit pour avoir été consentie au cours de la période suspecte pour dettes antérieurement contractées. • Com. 10 juill. 2019, n° 18-17.820 P : *D. 2019. Actu. 1493* ; *Rev. sociétés 2019. 560, obs. Roussel Galle* ; *RTD com. 2019. 998, obs. Martin-Serf* ; *JCP E 2019. 1551, n° 10, obs. Tehrani ; APC 2019, n° 227, obs. Petit ; Gaz. Pal. 15 oct. 2019, p. 61, obs. Luciano ; BJE 11-12/2019. 38, note Macorig-Venier ; Dr. sociétés 2019, n° 206, note Legros ; RDBF 2019, n° 208, obs. Houin-Bressand ; RPC 2020, n° 33, obs. Blanc.* ♦ Dans le même sens, sur deuxième pourvoi, V. • Com. 13 avr. 2022, n° 20-23.254 : *RTD com. 2023. 220, obs. Martin-Serf* ; *JCP E 2022. 1370, n° 14, obs. Tehrani ; APC 2022, n° 133, obs. Ghandour ; RJDA 2022, n° 419 ; RPC 2023, n° 36, obs. Blanc.*

J. MESURES CONSERVATOIRES

BIBL. V. Bibl. précédant note 35.

50. *Signification de l'art. L. 632-1, I (8°).* Sont nulles les mesures conservatoires dont l'acte de saisie est postérieur à la date de cessation des paiements. • Rouen, 7 févr. 1996 : *RJDA 1996, n° 834 ; RPC 1996. 343, obs. Canet* • Versailles, 28 sept. 2000 : *RJDA 2001, n° 199.*

51. *Saisie conservatoire.* **BIBL.** Lefort, *Dr. et pr. 2003. 204 et 272* (saisie conservatoire pratiquée antérieurement au jugement d'ouverture). ♦ Pour la validité de la saisie conservatoire pratiquée en période suspecte et convertie en saisie-attribution avant le jugement d'ouverture, V. • Com. 10 déc. 2002, n° 99-16.603 P : *D. 2003. AJ 68, obs. Lienhard* ; *ibid. Somm. 1473, obs. Taormina* ; *JCP E 2003, n° 20, p. 852, obs. Cabrillac ; APC 2003, n° 20, obs. Regnaut-Moutier ; Procédures 2003, n° 41, note Laporte ; RDBF 2003, n° 40, obs. Delleci ; Gaz. Pal. 2003. Somm. 3247, obs. Brenner* • 29 avr. 2003, n° 00-11.912 P : *D. 2003. AJ 1364, obs. Lienhard* ; *RDBF 2003, n° 158, obs. Delleci ; LPA 6 oct. 2003, p. 15, note Kéita.* ♦ *Contra*, auparavant : • Com. 12 oct. 1999, n° 96-13.133 P : *D. 1999. AJ 45, obs. A. L.* ; *APC 1999, n° 243, obs. Regnaut-Moutier ; JCP E 2000, n° 4, p. 129, obs. Cabrillac ; Procédures 2000, n° 3, obs. Perrot ; ibid., n° 14, obs. Laporte ; LPA 8 févr. 2000, p. 20, note Courtier ; RDBF 2000, n° 76, obs. Delleci ; RTD com. 2000. 459, obs. Martin-Serf* . ♦ V. note 80 ss. art. L. 622-21.

52. *Saisie-attribution et avis à tiers détenteur.* L'avis à tiers détenteur, qui emporte attribution immédiate de la créance saisie disponible entre les mains du tiers au comptable public qui l'a émis, est une mesure d'exécution forcée, qui ne peut être assimilée à une mesure conservatoire visée par l'art. 107 (7°) [C. com., art. L. 632-1, I, 8°]. • Com. 16 juin 1998, n° 96-17.050 P : *D. 1998. IR 214* ; *D. Affaires 1998. 1272, obs. A. L. ; JCP E 1998, n° 52, p. 2065, obs. Cabrillac ; RTD com. 1999. 199, obs. Martin-Serf* (cassant • Rouen, 23 mars 1996 : *LPA 31 oct. 1997, p. 19, note Soinne*) • TGI Lyon, 2 avr. 1996 : *D. 1997. 43, note Prévault* . ♦ V. aussi art. L. 632-2, al. 2, et note 19 ss. cet art.

53. *Saisie-revendication.* Sur la compétence pour annuler une saisie-revendication, V. note 6 ss. art. R. 662-3.

K. DÉCLARATION D'INSAISISSABILITÉ

54. Pour l'annulation, sur le fondement de l'art. L. 632-1, II, d'une déclaration d'insaisissabilité faite dans le but d'éluder les droits des créanciers, V. • Caen, 14 déc. 2017, n° 16/00135 : *RPC 2019, n° 12, obs. Blanc.*

L. EXTENSION DE PROCÉDURE

55. La donation d'un bien immobilier lui appartenant, consentie par une personne ayant fait l'objet d'une procédure collective par extension, en raison de la confusion des patrimoines, d'une procédure collective précédemment ouverte à l'égard d'une première personne est nulle lorsque cette donation a été consentie avant le jugement ayant prononcé l'extension de la procédure et postérieurement à la date de cessation des paiements de la seconde personne, qui est celle résultant du prononcé de la liquidation judiciaire de la première personne. • Poitiers, 6 mai 2009 : *APC 2010, n° 163, obs. Vallansan.*

M. ORDRE PUBLIC INTERNATIONAL

56. V. note 34 ss. art. L. 620-2.

Art. L. 632-2 **Les paiements pour dettes échues effectués** *(Ord. n° 2008-1345 du 18 déc. 2008, art. 89)* **« à compter de » la date de cessation des paiements et les actes à titre onéreux accomplis** *(Ord. n° 2008-1345 du 18 déc. 2008, art. 89)* **« à compter de » cette même date peuvent être annulés si ceux qui ont traité avec le débiteur ont eu connaissance de la cessation des paiements.** – *[C. com., anc. art. L. 621-108.]*

(L. n° 2017-1775 du 28 déc. 2017, art. 73-II) **« Toute saisie administrative, toute saisie attribution ou toute opposition peut également être annulée lorsqu'elle a été délivrée ou pratiquée »** *(L. n° 2005-845 du 26 juill. 2005, art. 95)* **« par un créancier** *(Ord. n° 2008-1345 du 18 déc. 2008, art. 89)* **« à compter de » la date de cessation des paiements et en connaissance de celle-ci. »** – *Le II de l'art. 73 de la L. n° 2017-1775 du 28 déc. 2017 entre en vigueur à une date fixée par décret, et au plus tard le 1er janv. 2019 (L. préc., art. 73-XVII).*

Pour l'inapplicabilité de l'art. L. 632-2 : aux contrats conclus par ou avec une société de crédit foncier et aux actes juridiques accomplis par une société de crédit foncier ou à son profit dès lors qu'ils entrent dans son objet, V. C. mon. fin., art. L. 513-18, 2e partie, IV. Traitement des difficultés des entreprises ; ... aux contrats conclus par une société de financement de l'habitat et aux actes juridiques accomplis par une société de financement de l'habitat ou à son profit dès lors qu'ils entrent dans son objet, V. C. mon. fin., art. L. 513-31. — ***C. mon. fin.***

BIBL. ▶ LAUVERGNAT, *Dr. et pr. 2007. 254* (art. L. 632-2, al. 2). - BRANDEAU, *LPA 15 mai 2008* (avis à tiers détenteur délivré après la cessation des paiements). - V. aussi ss. art. L. 632-1.

COMMENTAIRE

I. MESURES D'EXÉCUTION FORCÉE

A la suite d'un amendement voté par les députés, un nouveau 8° avait été ajouté, en 2005, à l'article L. 632-1, étendant la nullité frappant les actes intervenus postérieurement à la date de la cessation des paiements aux avis à tiers détenteurs, saisies-attribution et oppositions. L'idée étant peut-être, selon un auteur, d'empêcher que le débiteur se laisse saisir plutôt que de procéder ouvertement à un paiement volontaire (F. Vinckel, Le nouveau régime de la période suspecte dans la loi n° 2005-845 du 26 juillet 2005 et le décret n° 2005-1677 du 28 décembre 2005 : une réforme en trompe l'œil, *JCP E 2006, n° 3, p. 129, n° 18*). Cette disposition aurait rendu caduque la jurisprudence de la Cour de cassation (V. notes 52 ss. art. L. 632-1 et 18 ss. art. L. 632-2). Et ces voies d'exécution eussent subi le même sort que les mesures conservatoires. Ce qui, du coup, eût ôté toute portée également à la solution relative aux conversions de saisie conservatoire en saisie-attribution durant la période suspecte (V. note 51 ss. art. L. 632-1).

Mais cette innovation a été fortement critiquée en ce, notamment, qu'elle aurait entraîné une fâcheuse inégalité entre les créanciers : celui qui aurait été payé spontanément par le débiteur n'aurait pas eu à restituer la somme perçue (sauf s'il avait connu la cessation des paiements), à la différence de celui qui, de bonne foi et par la faute du mauvais vouloir du débiteur, aurait dû recourir à une mesure d'exécution forcée (R. Perrot et P. Théry, L'épée de Damoclès [à propos des mesures d'exécution pratiquées en période suspecte], *D. 2005. 1842* ✐). Aussi le Sénat, sur amendement du gouvernement, a-t-il remplacé cette nullité de droit par un nouveau cas de nullité facultative, subordonnée à la preuve que le créancier a pratiqué la mesure d'exécution en connaissance de la cessation des paiements. Quand même, convient-il de remarquer combien cette mesure fait-elle « reculer » le droit, puisque le législateur du 9 juillet 1991 avait voulu faire de la saisie-attribution une voie d'exécution susceptible d'échapper aux aléas de la survenance d'une procédure collective ultérieure (Ph. Pétel, Procédures collectives, *Cours Dalloz, 11e éd., 2023, n° 267*). Et la « rétrogradation » de la nullité en nullité facultative expose encore les créanciers à un sérieux risque, celui que les tribunaux tendent à déceler dans la rapidité de l'exercice des mesures d'exécution et dans le choix de saisies-attributions ou avis à tiers détenteurs, qui entraînent un effet attributif immédiat de la créance saisie, autant d'indices d'une connaissance par le poursuivant de l'état de cessation des paiements (F. Vinckel, *préc., n° 17* ; sur les effets de l'annulation de la saisie-attribution, V. L. Lauvergnat, L'annulation de la saisie-attribution pratiquée en période suspecte, *Dr. et pr. 2007. 254, nos 12* s.).

Refusant de considérer, en deçà de la lettre du texte, que la connaissance de la cessation des paiements serait une condition suffisante (et non pas seulement nécessaire de la nullité), la Cour de cassation a affirmé, dans un arrêt du 12 janvier 2010 (cité note 18), que le juge peut ne pas prononcer la nullité d'un avis à tiers détenteur délivré après la date de cessation des paiements et en connaissance de celle-ci. Exerçant son contrôle sur la décision, la chambre commerciale exige tout de même que la décision de refus d'annulation soit motivée. Dans ce cas, alors, et contrairement à la décision d'annulation (V. P. Rubellin, Les nullités facultatives, Mél. Simler, *Litec-Dalloz, 2006, p. 679, n° 26* s.), le juge du fond n'est pas doté d'un pouvoir discrétionnaire, mais simplement d'un pouvoir souverain, ce qui devrait signifier que le contrôle de la Cour de cassation porte sur l'existence de la motivation, non sur sa pertinence (V. rapp. P. Delmotte, *RJDA, mars 2010, p. 215* ; pour la défense de la thèse de la « fausse nullité facultative », V. F.-X. Lucas, *D. 2010. Pan. 1820* ✐).

Quelques précisions sur la portée de cette nouvelle nullité facultative. S'agissant de la connaissance de la cessation des paiements, sans doute convient-il de considérer que celle-ci doit s'apprécier, selon le cas, lors de la signification de l'exploit de commissaire de justice au tiers saisi, qui entraîne l'effet attributif de la saisie-attribution (C. pr. exéc., art. L. 211-1), ou lors de la notification au tiers détenteur de l'avis à tiers détenteur (J.-P. Arrighi, Les nouveaux cas de nullité de la période suspecte, *Gaz. Pal. 9-10 sept. 2005, p. 9, n° 34*). Un premier jugement du tribunal de commerce de Bobigny, annulant un avis à tiers détenteur, avait montré les effets pervers que ce nouveau texte était susceptible d'entraîner, en jugeant que, lorsque le débiteur a bénéficié d'accords de règlements consentis par la Commission des chefs de services financiers (CCSF), et que celle-ci a été amenée à les dénoncer en raison du non-respect d'échéances, entraînant un état de cessation des paiements, le Trésor public se retrouvait censé avoir connaissance de celle-ci, solution qui, si elle avait fait jurisprudence, eût risqué de se retourner contre les débiteurs auxquels les CCSF pourraient être moins enclins à accorder des plans de rééchelonnement (T. com. Bobigny, 25 oct. 2006 : *D. 2007. AJ 228*). Mais cette décision a été infirmée par la cour d'appel de Paris, qui a refusé toute idée, dans ce cas de figure, de présomption ou de renversement de la charge de la preuve (Paris, 13 déc. 2007 : *cité note 26*). Et, bien entendu, *a fortiori*, le seul fait de pratiquer un avis à tiers détenteur en période suspecte ne saurait faire présumer la connaissance de l'état de cessation des paiements (Dijon, 15 févr. 2007 : *APC 2007, n° 75*). C'est au mandataire judiciaire d'établir la preuve de cette connaissance, aucun texte, a précisé une cour d'appel, ne faisant obligation à un créancier, avant de pratiquer une saisie-attribution, de consulter au greffe du tribunal de commerce l'état des inscriptions concernant son débiteur (Bordeaux, 30 juin 2008 : *APC 2008, n° 233*). En revanche, selon un praticien, la connaissance de l'état de cessation des paiements par le Trésor pourrait s'inférer de situations de vérification de comptabilité aboutissant à des « redressements colossaux sans réaction du redevable, ou de dépôt pendant plusieurs mois de déclaration de TVA sans paiement correspondant laissant s'accumuler un passif important » (J. Brandeau, A propos de l'avis à tiers détenteur délivré après la cessation des paiements, *LPA 15 mai 2008, p. 10, n° 24*). En tout cas, sont insuffisants de seuls défauts de facture et des demandes de délais de paiement (Paris, 18 sept. 2008 : *RJDA 2009, n° 245*).

Notons que, depuis la loi de finances rectificative pour 2017, du 28 décembre 2017, dans un souci d'unification des procédures de recouvrement forcé des créances publiques, la procédure d'avis à tiers détenteur est remplacée par la saisie administrative à tiers détenteur, laquelle ne sera cependant effective qu'à une date fixée par décret et, au plus tard, le 1er janvier 2019.

La notion d'opposition, quant à elle, semble bien vague, qui peut s'appliquer à des actes divers. Selon un auteur, le terme viserait, notamment et certainement, les oppositions à tiers détenteur de la sécurité sociale (CSS, at. L. 652-3) et de la mutualité sociale agricole (C. rur., art. L. 725-12) ; et, peut-être, l'opposition du créancier du vendeur de fonds de commerce au paiement du prix (C. com., art. L. 141-14), ainsi que l'opposition en matière de saisie-vente sur les meubles corporels (C. pr. exéc., art. L. 211-1 ; V. J.-P. Arrighi, *préc., nos 36 s.*). En revanche, l'opposition au paiement d'une lettre de change (C. com., art. L. 511-31) ou d'un chèque (C. mon. et fin., art. L. 131-35) ne saurait être concernée (A. Martin-Serf, *Rép. com. Dalloz, v° Entreprises en difficulté [Nullités de la période suspecte], 2011, n° 269*). Dans une autre vision, moins analytique et plus englobante, le terme « opposition » viserait toute mesure d'exécution ou conservatoire, ce qui correspondrait à la portée que la Cour de cassation avait conférée à l'ancien article 173 du décret du 27 décembre 1985, déclarant irrecevable toute « opposition ou procédure d'exécution » sur les sommes versées à la Caisse des dépôts et consignations (V. Com. 22 avr. 1997 : *cité note 9 ss. anc. art. L. 627-1* ; P. Canet, Remarques sur les modifications apportées par la loi n° 2005-845 du 26 juillet 2005 de sauvegarde des entreprises en matière de voies d'exécution, *RPC 2005. 209* ; A. Martin-Serf, *préc., n° 257*). Enfin, selon une autre lecture encore, l'expression « toute opposition » devrait viser, et seulement, toute mesure, autre que la procédure de saisie-attribution et d'avis à tiers détenteur, ayant pour objet l'attribution ou l'indisponibilité d'une créance de somme d'argent (L. Lauvergnat, *préc., n° 21*).

Quoi qu'il en soit, notons que la Cour de cassation a refusé de déduire la connaissance de la cessation des paiements par le créancier de la connaissance de celle-ci par l'huissier (désormais le commissaire de justice) qui a pratiqué une saisie-attribution (Com. 2 déc. 2014 : *cité note 20*).

II. PACTE COMMISSOIRE

Le pacte commissoire, qui ne semble pas pouvoir tomber à un titre ou à un autre sous le coup des nullités de droit, pourrait, en revanche, selon certains, être remis en cause sur le terrain des nullités facultatives si sa réalisation a été effectuée en connaissance de l'état de cessation des paiements du constituant (F. Macorig-Venier, Le pacte commissoire [et les sûretés réelles mobilières], *RLDA 2007, n° 14, p. 79, spéc. 85*). ❑

1. Constitutionnalité de l'art. L. 632-2. Pour le non-renvoi d'une QPC, V. • Com. 26 mars 2013 : *RTD com. 2013. 351, obs. Martin-Serf ; RJDA 2013, n° 738 ; RPC 2015, n° 130, obs. Blanc.*

2. Dir. « Insolvabilité ». Le moyen qui postule à tort que l'art. L. 632-2 doit être interprété à la lumière de la Dir. (UE) 2019/1023 du 20 juin 2019, dont la transposition par l'Ord. n° 2021-1193 du 15 sept. 2021 n'a pas modifié ce texte, n'est pas fondé. • Com. 14 déc. 2022, n° 21-14.206 B : *D. 2022. Actu. 2293 ; APC 2023, n° 25, obs. Ghandour ; RJDA 2023, n° 99 ; Gaz. Pal. 18 avr. 2023, p. 55, obs. Giorgini ; BJE 3-4/2023. 11, note Vallens ; JCP E 2023. 1157, n° 12, obs. Tehrani.*

3. Nécessité d'un préjudice ? Pour prononcer la nullité prévue à l'art. 108 [C. com., art. L. 632-2], les juges du fond ne sont pas tenus de constater l'existence d'un préjudice subi par le débiteur ou par ses créanciers. • Com. 16 févr. 1993, n° 91-11.235 P : *D. 1993. IR 77 ; JCP E 1993. I. 273, n° 9, obs. Cabrillac et Pétel* • 5 avr. 1994, n° 91-21.840 P : *D. 1994. IR 117* • 17 janv. 1995 : *Rev. huiss. 1995. 486* • 24 oct. 1995, n° 94-10.399 P : *D. 1996. 86, note Derrida ; D. Affaires 1995. 200 ; RJ com. 1996. 204, note D. Martin* • 9 janv. 1996, n° 93-14.933 P : *D. 1996. IR 42 ; D. Affaires 1996. 272* • 29 mai 2001 : *RJDA 2001, n° 1002 ; Dr. sociétés 2001, n° 161, note Legros ; RDBF 2001, n° 237, obs. F.-X. Lucas* • Versailles, 30 sept. 1993 : *Dr. sociétés 1994, n° 29, obs. Chaput.*

4. Actes visés. En cas de conversion d'une procédure de sauvegarde en redressement puis en liquidation judiciaires, la période suspecte ne peut comprendre la période d'observation de la procédure de sauvegarde. • Com. 18 mai 2016, n° 14-24.910 P : *cité note 12.*

La période suspecte débutant à la première heure du jour fixé pour la date de cessation des paiements, les paiements pour dettes échues effectués le même jour sont nécessairement postérieurs. • Com. 11 avr. 2012 : *BJE 2012. 228, note Bonhomme ; RJDA 2012, n° 929.* ♦ S'agissant d'un paiement effectué par virement, le créancier bénéficiaire est réputé avoir reçu paiement du débiteur à la date à laquelle il acquiert un droit définitif sur les fonds, c'est-à-dire, selon l'art. L. 330-1 C. mon. fin., dès que l'ordre est devenu irrévocable, à une date et selon les modalités conformes aux règles de fonctionnement du système interbancaire de télécompensation (SIT). • Même arrêt.

Les paiements effectués par le débiteur après la date de cessation des paiements au titre des cotisations sociales incluant celles précomptées sur les salaires peuvent être annulés ou rapportés, dès lors qu'il est établi que le créancier avait connaissance de l'état de cessation des paiements. • Com. 21 juin 2005, n° 03-21.163 P : *D. 2005. AJ 1850, obs. Lienhard ; APC 2005, n° 154, obs. Vallansan ; Gaz. Pal. 4-5 nov. 2005, p. 37, obs. Roussel Galle ; RTD com. 2005. 847, obs. Martin-Serf .*

5. Paiements et actes à titre onéreux prohibés. BIBL. Martin-Serf, *RPC 2000. 167* (cession Dailly). ♦ Il résulte de la combinaison des art. 108 et 109 [C. com., art. L. 632-2 et L. 632-3] que le paiement par chèque échappe à l'action en nullité de l'art. 108 [C. com., art. L. 632-2] et se trouve soumis à l'action en rapport. • Com. 14 mars 2000, n° 97-15.136 P : *D. 2000. AJ 186, obs. Lienhard ; APC 2000, n° 93, obs. Regnaut-Moutier ; RPC 2002. 282, obs. Blanc.* ♦ V. note 4 ss. art. L. 632-3.

6. Le paiement d'un compte courant d'associé, lorsqu'il constitue un paiement de dette échue, n'est soumis à nullité de la période suspecte que si l'associé avait conscience de la situation réelle de la société, de sa cessation des paiements. • Metz, 4 avr. 1991 : *Dr. sociétés 1992, n° 80, obs. Chaput.* ♦ Ainsi, doit être annulé le remboursement par la société anonyme du compte courant d'associés présentant un solde créditeur au profit des actionnaires, dès lors qu'il est intervenu au cours de la période suspecte et que la connaissance de l'état de cessation des paiements par les intéressés résulte suffisamment de leur qualité soit de dirigeants sociaux, soit d'actionnaires ayant des liens de parenté avec les premiers. • Versailles, 30 sept. 1993 : *préc. note 1.* – V. aussi • Com. 29 mai 2001 : *préc. note 1* • Rennes, 17 nov. 1993 : *RJ com. 1994. 242, note Grua ; Rev. proc. 1995. 450, obs. Lemistre*, conf. par • Com. 24 oct. 1995 : *préc. note 1* • Versailles, 24 mars 1994 : *RPC 1995. 450, obs. Lemistre* (banquier acceptant les remises, mais rejetant les chèques tirés sur le compte) • Paris, 17 mai 1994 : *D. 1994. IR 179 ; BJS 1994. 849 ; Dr. sociétés 1995, n° 54, obs. Chaput* (compensation par le président du conseil d'administration entre sa quote-part de capital non libérée et son avance en compte courant). ♦ V. aussi note 24.

7. Pour la validité d'une compensation entre le solde créditeur d'un compte courant et le solde débiteur d'un compte spécifique, opérée en application d'une convention de fusion de comptes convenue entre les parties avant la date de cessation des paiements, V. • Com. 16 oct. 2007 : *RTD com. 2008. 626, obs. Martin-Serf ; Gaz. Pal. 23-24 janv. 2008, p. 56, note Bonhomme.*

8. Pour l'annulation, sur le fondement de l'art. L. 632-2, de la décision prise par les associés d'une SARL, au cours de la période suspecte, de libérer le montant de leur apport au capital par incorporation de leur compte courant, laquelle constituait un paiement par compensation permettant aux associés de ne pas régler la fraction du capital non libérée, V. • Paris, 7 avr. 2011 : *BJS 2011. 912, note Roussel Galle.*

9. Les conventions de cession de créances professionnelles ou de remise à l'escompte d'effets de commerce ne peuvent tomber sous le coup d'une nullité facultative que si elles ont été conclues après la date de cessation des paiements. • Com. 19 janv. 1999 : *APC 1999, n° 71 ; Dr. sociétés 1999, n° 52, obs. Chaput.*

10. L'avantage consenti au créancier par la L. n° 81-1 du 2 janv. 1981 [désormais codifiée au C. mon. fin.] ne saurait lui être retiré même en cas d'ouverture d'une procédure collective à l'encontre de son débiteur, sans que soit rapportée la preuve de la connaissance qu'il avait de la situation irrémédiablement obérée de ce dernier ou à tout le moins de la fraude résultant de l'opération envers ledit débiteur ou les autres créanciers ; la cession litigieuse ne constituant pas une opération isolée, mais s'inscrivant dans le cadre d'une « convention de cession de créances en garantie de concours » conclue antérieurement à la date de cessation des paiements, il n'y a pas lieu d'annuler les cessions de créances au profit de la banque. • Rennes, 16 sept. 1992 : *D. 1994. Somm. 82, obs. Honorat* . – Dans le même sens : • Com. 20 févr. 1996, n° 94-10.156 P : *D. 1996. Somm. 283, obs. Honorat ; Banque mai 1996. 97, obs. Guillot ; RTD com. 1996. 309, obs. Cabrillac* • Paris, 18 juin 2002 : *BICC 2004, n° 976.* – V. Raynaud-Contamine, *Mél. Jeantin, Dalloz, 1999, p. 443.* – Comp. : • T. com. Paris, 13 nov. 2001 : *RDBF 2002, n° 184, obs. Cerles.*

11. L'art. 108 [C. com., art. L. 632-2] est inapplicable à des opérations de crédit, notamment résultant de cessions de créances, faites au cours du fonctionnement d'un compte courant lesquelles ne peuvent s'analyser comme des paiements, de telles cessions de créances n'étant effectivement consenties qu'en vue de garantir le paiement du solde débiteur qui, lors de la clôture, constitue, s'il est négatif, la créance exigée de la banque, les différents articles d'un compte courant étant indivisibles. • Paris, 15 juin 1993 : *D. 1993. IR 252* , conf. par • Com. 28 mai 1996 : *cité note 40 ss. art. L. 632-1.* – V. aussi : • Com. 20 janv. 1998 : *Banque mars 1998. 89, obs. Guillot ; Rev. dr. bancaire 1998. 73, obs. Campana et Calendini ; RJDA 1998, n° 626* • 26 juin 2001 : *APC 2001, n° 216, obs. Bonhomme* • Paris, 24 févr. 1998 : *D. 1998. IR 89* • 25 févr. 2000 : *D. 2000. AJ 226* . ♦ Comp. note 20.

12. Les remises de chèques effectuées par la société débitrice sur son compte courant après la date de cessation des paiements et avant l'ouverture de la sauvegarde ne peuvent valoir paiement d'une dette échue au sens de l'art. L. 632-2 C. com. que si elles ont eu lieu dans le cadre d'un fonctionnement anormal du compte n'enregistrant que les remises à son crédit. • Com. 18 mai 2016, n° 14-24.910 P : *D. 2016. Actu. 1132 ; RTD com. 2016. 852, obs. Martin-Serf ; JCP E 2016. 1465, n° 7, obs. Pétel ; APC 2016, n° 142, obs. Monsèrié-Bon ; LEDEN 7/2016. 2, obs. Mouial-Bassilana ; BJE 2016. 274, note Bonhomme ; RJDA 2016, n° 635 ; RDBF 2016, n° 178, obs. Houin-Bressand ; Gaz. Pal. 18 oct. 2016, p. 62, obs. Roussel Galle.* ♦ L'annulation d'un prélèvement et le rejet d'un chèque ne constituent pas des paiements pour dettes échues ou des actes à titre onéreux au sens de l'art. L. 621-108 [L. 632-2] C. com. • Com. 2 oct. 2007, n° 05-20.324 P : *D. 2007. AJ 2611 ; JCP E 2008. 1207, n° 9, obs. Cabrillac ; Gaz. Pal. 23-24 janv. 2008, p. 51, obs. Roussel Galle ; RTD com. 2008. 184, obs. Martin-Serf ; RPC 2008, n° 71, obs. Blanc.*

13. La compensation fiscale de recouvrement opérée en application de l'art. L. 257 B LPF constitue un paiement au sens de l'art. L. 632-2. • T. com. Coutances, 20 janv. 2015 : *LEDEN 2/2015. 2, obs. F.-X. Lucas.*

14. Constitue un paiement anormal la reprise d'un stock de marchandises au cours de la période suspecte, avec émission d'avoirs correspondant à la valeur des marchandises reprises et inscription de cette opération au crédit du compte courant du débiteur. • Nîmes, 26 févr. 2004 : *RDBF 2004, n° 210, obs. F.-X. Lucas.*

15. Sur l'exclusion, du champ d'application de l'art. 108 [C. com., art. L. 632-2], des paiements effectués par une personne autre que le débiteur, V. • Com. 20 mai 1997 : *RJDA 1997, n° 1274 ; RPC 1998. 88, obs. Canet* • 1er avr. 2008 : *RTD com. 2008. 869, obs. Martin-Serf* . ♦ De même, le paiement effectué par le séquestre étant un paiement de sommes qui n'appartenaient plus au vendeur dès la constitution du séquestre, les conditions d'application de l'art. 108 [C. com., art. L. 632-2] ne peuvent être réunies, ce texte n'intéressant que les paiements effectués à partir du patrimoine du débiteur. • Paris, 25 nov. 1997 : *RJ com. 1999. 23, note Convert.*

16. L'acte de partage de la communauté auquel ont procédé des ex-époux à la suite de leur divorce pour faute constitue un acte à titre onéreux. • Civ. 1re, 3 juin 2003 : *cité note 11 ss. art. L. 632-1.*

17. Saisie-attribution et avis à tiers détenteur (jurisprudence issue de L. du 26 juill. 2005). Pour des exemples d'application de l'art. L. 632-2, al. 2, V. • Toulouse, 10 mai 2007 : *JCP E 2008. 1643, note Lebel ; RPC 2008, n° 72, obs. Blanc* • Paris, 29 mai 2007 : *RPC 2008, n° 72, obs. Blanc.* ♦ V. aussi note 19.

18. Après avoir constaté que les conditions pour prononcer la nullité [d'un avis à tiers détenteur délivré en période suspecte] sont réunies, le juge, saisi d'une action en nullité fondée sur l'art. L. 632-2 C. com., dans sa rédaction issue de la L. du 26 juill. 2005, jouit de la faculté de prononcer ou non cette mesure. • Com. 12 janv. 2010, n° 09-11.119 P : *D. 2010. Pan. 1820, obs. F.-X. Lucas ; ibid. AJ 204, obs. Lienhard ; RTD com. 2010. 426, obs. Martin-Serf ; JCP E 2010. 1296, n° 7, obs. Cabrillac ; APC 2010, n° 61, obs. Cagnoli ; RJDA 2010, n° 270 ; LEDEN 3/2010. 3, obs. Rubellin ; Dr. et pr. 2010. 129, note Lauvergnat ; RDBF 2010, n° 67, obs. S. Piedelièvre ; Gaz. Pal. 16-17 avr. 2010, p. 32, obs. Roussel Galle ; RTD civ. 2010. 102, obs. Fages ; ibid. 376, obs. Perrot ; Defrénois 2010. 1478, obs. Gibirila ; RJ com. 2010. 301, note Sortais ; RPC 2010, n° 232, obs. Blanc.* – V. Rapp. Delmotte, *RJDA 2010. 215.*

19. Saisie-attribution et avis à tiers détenteur (jurisprudence antérieure à L. du 26 juill. 2005). BIBL. Martin-Serf, *RPC 2000. 167* (avis à tiers détenteur). ♦ V. notes 78 s. ss. art. L. 622-21. ♦ Avant la loi du 26 juill. 2005, les mesures d'exécution forcée n' entraient pas dans le champ d'application de l'art. 108. • Com. 16 juin 1998, n° 96-17.050 P : *D. 1998. IR 216 ; D. Affaires 1998. 1272, obs. A. L. ; JCP E 1998, n° 52, p. 2065, obs. Cabrillac* (pour un avis à tiers détenteur) • 26 oct. 1999 : *RJDA 2000, n° 65* (pour une saisie-exécution). ♦ L'art. 108, devenu l'art. L. 621-108 C. com., n'était pas applicable à la saisie-attribution, qui constitue une mesure d'exécution forcée et non un paiement volontaire. • Com. 29 avr. 2003 : *cité note 51 ss. art. L. 632-1.*

En revanche, étaient privées de fondement les saisies-attributions pratiquées en exécution d'une reconnaissance de dette tombant sous le coup de l'art. L. 621-108 C. com. • Com. 1er oct. 2002, n° 01-03.216 P : *D. 2002. AJ 2869, obs. Lienhard ; APC 2002, n° 238, obs. Boulay ; JCP E 2003, n° 6, p. 268, obs. Cabrillac ; Dr. et pr. 2003. 108, note Delattre ; RDBF 2003, n° 82, obs. F.-X. Lucas.*

Comp., désormais : art. L. 632-2, al. 2, dans sa réd. issue de L. n° 2005-845 du 26 juill. 2005.

20. Connaissance de la cessation des paiements. Les juges du fond disposent d'un pouvoir souverain d'appréciation des preuves qui leur sont soumises pour admettre, ou non, que le créancier connaissait l'état de cessation des paiements. • Com. 2 févr. 1999 : *D. 1999. IR 77 ; D. Affaires 1999. 379, obs. A. L. ; APC 1999, n° 60, obs. Vallansan.* ♦ La connaissance personnelle, par le bénéficiaire d'un paiement pour dettes échues, de la cessation des paiements du débiteur ne résulte pas nécessairement, lorsque celui-ci est une personne morale, de la qualité de dirigeant du bénéficiaire. • Com. 19 nov. 2013, n° 12-25.925 P : *D. 2013. Actu. 2767, obs. Lienhard ; Rev. sociétés 2014. 203, obs. Henry ; RTD com. 2014. 698, obs. Martin-Serf ; LEDEN 1/2014. 2, obs. Favario ; Gaz. Pal. 12-14 janv. 2014, p. 33, obs. Roussel Galle ; BJS 2014. 106, note Mouial-Bassilana ; RJDA 2014, n° 255 ; BJE 2014. 102, note Benilsi ; Dr. sociétés 2014, n° 107, note Legros.* ♦ La connaissance de l'état de cessation des paiements exigée par l'art. L. 632-2 C. com. est personnelle à chaque bénéficiaire d'un paiement annulable. • Même arrêt. ♦ La connaissance qu'un huissier de justice [qui, en sa qualité de mandataire de plusieurs créanciers, a pratiqué des saisies-attributions au cours de la période suspecte] a de la cessation des paiements du débiteur n'implique pas celle de son mandant. • Com. 2 déc. 2014 : *D. 2014. Actu. 2519 ; RTD com. 2015. 590, obs. Martin-Serf ; JCP E 2015. 1204, n° 7, obs. Pétel ; DP diff. entr., Bull. n° 365, obs. Rémery ; LEDEN 1/2015. 3, obs. Camensuli-Feuillard ; APC 2015, n° 10, obs. Vallansan ; BJE 2015. 115, note Lisanti ; Gaz. Pal. 1er-5 mai 2015, p. 36, obs. Roussel Galle ; Dr. et pr. 2015. 119, note Pellizza ; RPC 2015, n° 131, obs. Blanc.* ♦ Avait connaissance de la cessation des paiements la banque dont le créancier cédé par bordereau était le client, qui avait conclu avec cette banque une convention de compte courant ; la banque, qui avait des relations d'affaires permanentes et suivies avec son client, ne pouvait ignorer sa situation financière. • Paris, 26 mai 1994 : *D. 1994. IR 207 ; RPC 1995. 450, obs. Lemistre.* ♦ En revanche, le rejet de chèques et la notification d'une interdiction d'émettre des chèques ne caractérisent pas la connaissance de l'état de cessation des paiements. • Besançon, 10 avr. 1998 : *APC 1998, n° 98.* ♦ V. aussi, sur l'insuffisance d'éléments tels que la connaissance de l'existence d'une saisie-arrêt, et les mises en demeure déjà adressées par le créancier au débiteur, • Com. 31 mars 1998 : *RJDA 1998, n° 1015.*

21. Le créancier qui assigne son débiteur en redressement judiciaire a connaissance de l'état de cessation des paiements de ce dernier. • Paris, 13 sept. 1994 : *RJDA 1994, n° 1370 ; D. 1994. IR 237.*

22. Mais la preuve de la connaissance de la cessation des paiements ne résulte pas de la seule proximité de la date de l'opération critiquée et de celle du jugement d'ouverture. • Com. 25 oct. 1994 : *RPC 1995. 449, obs. Lemistre.*

23. Le créancier qui consent le moratoire crée les conditions de l'absence de cessation de paiements, de sorte que les règlements qu'il reçoit en exécution de la convention ne peuvent être annulés. • Aix-en-Provence, 25 janv. 1996 : *RPC 1998. 208, obs. Lemistre.* ♦ Le non-respect d'un échéancier convenu entre le débiteur et le créancier ne suffit pas à caractériser la connaissance par ce dernier de la cessation des paiements. • Com. 5 mai 2015, n° 14-13.551 : *APC 2015, n° 154, obs. Vallansan ; LEDEN 6/2015. 2, obs. Favario ; RJDA 2015, n° 594.* – Comp. : • Paris, 24 janv. 1997 : *RPC 1998. 208, obs. Lemistre.*

24. Pour une opération de compensation entre la fraction non libérée du capital social due par le dirigeant d'une SA en liquidation judiciaire et sa créance de rémunération, V. • Com. 28 mai 1996, n° 94-10.688 P : *Defrénois 1997. 470, obs. Le Cannu ; BJS 1996. 948, note Calendini* • Rennes, 11 janv. 1995 : *RPC 1997. 79, obs. Mestre et Laude.*

25. La connaissance par le créancier de la cessation des paiements de son débiteur doit s'apprécier, non au jour des reconnaissances de dettes signées par le débiteur, mais au jour des paiements effectués par celui-ci. • Com. 17 juill. 2001 : *RPC 2002. 280, obs. Blanc.*

26. V. aussi, sur la preuve de la cessation des paiements, • Com. 1er avr. 2014 : *cité note 4 ss. art. L. 632-4 ; Defrénois 2015. 246, obs. Vauvillé.* ♦ Plus spécialement, sur la charge de la preuve, V. en ce sens qu'elle pèse sur le demandeur à l'action, • Paris, 13 déc. 2007 : *D. 2008. AJ 221, obs. Lienhard.*

27. Mauvaise foi. L'art. 108, devenu l'art. L. 621-108 [L. 632-2] C. com., n'exige pas la preuve de la mauvaise foi de ceux qui ont traité avec le débiteur, mais seulement la connaissance de la cessation des paiements. • Com. 29 mai 2001 : *préc. note 3.*

28. Caractère facultatif de la nullité. V. note 18.

Art. L. 632-3 **Les dispositions des articles L. 632-1 et L. 632-2 ne portent pas atteinte à la validité du paiement d'une lettre de change, d'un billet à ordre ou d'un chèque.**

Toutefois, l'administrateur ou le mandataire judiciaire peut exercer une action en rapport contre le tireur de la lettre de change ou, dans le cas de tirage pour compte, contre le donneur d'ordre, ainsi que contre le bénéficiaire d'un chèque et le premier endosseur d'un billet à ordre, s'il est établi qu'ils avaient connaissance de la cessation des paiements. – *[C. com., anc. art. L. 621-109.]*

BIBL. ▸ Sortais, Mél. Tricot, *Dalloz-Litec, 2011, p. 593* (l'action en rapport et le chèque).

COMMENTAIRE

Alors que, s'agissant de l'action en nullité, l'ancien article L. 621-110 (devenu l'art. L. 632-4 nouv.) vise le commissaire à l'exécution du plan, tel n'est pas le cas pour l'action en rapport. Ce défaut d'harmonisation est regrettable, mais sans doute sans portée. La solution posée par la Cour de cassation le 23 novembre 2004 (V. note 6) reste, en effet, d'actualité, d'autant plus que le nouvel article L. 626-25, alinéa 3, consacre, par ailleurs, le pouvoir du commissaire à l'exécution du plan pour agir dans l'intérêt collectif des créanciers. ❑

1. Il résulte de l'art. 109, al. 1er [C. com., art. L. 632-3], que le paiement des billets à ordre émis par le débiteur soumis à une procédure collective ne peut être attaqué par la voie de l'action ou de l'exception en nullité de la période suspecte. • Com. 25 nov. 1997, n° 95-18.692 P : *D. 1998. IR 22 ; D. Affaires 1998. 115, obs. V. A.-R.*

2. Il résulte de l'art. L. 621-109 [C. com., L. 632-3], al. 1er, C. com. que les dispositions des art. L. 621-107 et L. 621-108 [L. 632-1 et L. 632-2] ne portent pas atteinte à la validité du paiement d'une lettre de change, peu important que celle-ci n'ait pas circulé. • Com. 28 janv. 2004, n° 01-00.741 P : *D. 2004. AJ 501, obs. Lienhard ; JCP E 2004, n° 24, p. 962, note S. Piedelièvre ; APC 2004, n° 89, obs. Boulay ; Defrénois 2004. 1651, obs. Gibirila ; RTD com. 2005. 147, obs. Martin-Serf.*

3. La souscription d'effets (billets à ordre) demeurés impayés n'est pas susceptible d'être attaquée sur le fondement de l'art. 109, al. 2 [C. com., art. L. 632-3]. • Com. 17 déc. 1996 : *D. 1997. IR 31 ; D. Affaires 1997. 252.*

4. Il résulte des dispositions des art. L. 632-1, I, al. 1er, et L. 632-3, al. 2, C. com. que le paiement par chèque de banque intervenu depuis la date de cessation des paiements est soumis à l'action en rapport, dès lors que le débiteur a fourni la contrepartie à l'établissement de crédit émetteur du chèque. • Com. 3 juill. 2012, n° 11-22.974 P : *D. 2012. Chron. C. cass. 2552, obs. Guillou ; ibid. Actu. 1813, obs. Lienhard ; RTD com. 2012. 595, obs. Legeais ; ibid. 2013. 146, obs. Martin-Serf ; JCP E 2012. 1757, n° 11, obs. Pétel ; DP diff. entr., Bull. n° 339, obs. Rémery ; APC 2012, n° 202, obs. S. Piedelièvre ; BJE 2012. 300, note Bonhomme ; RJDA 2012, n° 881 ; LEDEN 10/2012. 3, obs. Rubellin ; Gaz. Pal. 12-13 oct. 2012, p. 33, obs. Bonhomme ; RLDA oct. 2012. 18, obs. Dumont-Lefrand ; RDBF 2013, n° 1, obs. Crédot et Samin ; RPC 2013, n° 17, obs. Blanc.* – V. Zinty, *RPC 2012. Étude 43.* ♦ De même, un paiement par chèque effectué par un tiers pour le compte du débiteur, intervenu depuis la date de cessation des paiements, est soumis à l'action en rapport dès lors que les fonds du débiteur ont constitué la contrepartie permettant l'émission de ce chèque et que son bénéficiaire avait connaissance de l'état de cessation des paiements du débiteur. • Com. 24 mai 2023, n° 21-21.424 B : *D. 2023. Actu. 1005 ; Rev. sociétés 2023. 551, obs. Roussel Galle ; RTD com. 2023. 742, obs. Martin-Serf ; JCP E 2023. 1306, n° 14, obs. Pétel ; APC 2023, n° 169, obs. Thiberge ; RJDA 2023, n° 535 ; BJE 9-10/2023. 40, note Favario ; RDBF 2023, n° 158, obs. Houin-Bressand ; RPC 2024, n° 89, obs. Blanc.*

5. Pour un arrêt considérant que c'est à la date de l'émission du billet à ordre que doit s'apprécier la connaissance par la banque bénéficiaire de l'état de cessation des paiements, V. • Com. 5 mai 2004 : *RPC 2004. 388, obs. Blanc.*

6. Le commissaire à l'exécution du plan a qualité pour engager l'action en rapport prévue par l'art. L. 621-109 [L. 632-3]. • Com. 23 nov. 2004 : *cité note 2 ss. art. L. 626-24 ; D. 2005. Pan. 296, obs. Le Corre.*

7. Sur la compensation opposée par le tiré en cas de redressement judiciaire du tireur, V. note 42 ss. art. L. 622-7.

8. En cas de redressement judiciaire du tiré, V. note 42 ss. art. L. 622-24.

Art. L. 632-4 *(L. n° 2005-845 du 26 juill. 2005, art. 96)* **« L'action en nullité est exercée par l'administrateur, le mandataire judiciaire, le commissaire à l'exécution du plan** *(Abrogé par Ord. n° 2008-1345 du 18 déc. 2008, art. 89)* **« , le liquidateur » ou le ministère public. » Elle a pour effet de reconstituer l'actif du débiteur.** – *[C. com., anc. art. L. 621-110.]*

COMMENTAIRE

Le périmètre des personnes habilitées à agir en nullité de la période suspecte a été modifié par la loi du 26 juillet 2005, qui a visé aussi le ministère public.

Bien que l'article L. 632-4 n'y fasse pas allusion, les contrôleurs devraient avoir qualité pour agir en cas de carence du mandataire judiciaire, en vertu du pouvoir subsidiaire général d'agir au nom et dans l'intérêt collectif que leur confère l'article L. 622-20 (P.-M. Le Corre, Droit et pratique des procédures collectives, *Dalloz Action, 2023/2024, 222.318*). L'opinion contraire peut toutefois être soutenue également, au motif que l'action dépasse ici la seule défense des intérêts des créanciers (F. Vinckel, Le nouveau régime de la période suspecte dans la loi n° 2005-845 du 26 juillet 2005 et le décret n° 2005-1677 du 28 décembre 2005 : une réforme en trompe-l'œil, *JCP E 2006, n° 3, p. 129, n° 15*).

L'ordonnance du 18 décembre 2008 a gommé, dans l'article L. 632-4, la référence au liquidateur, qui n'intervient pas, par définition, en redressement judiciaire. Mais cela ne l'empêche évidemment nullement d'agir en cas de liquidation judiciaire (ce qui n'a jamais été douteux, pas plus sous l'empire de ce texte que sous celui de l'anc. art. L. 621-110 : V. Com. 21 sept. 2010 : *cité note 1*). En effet, comme l'a confirmé la Cour de cassation, aux termes des articles L. 632-4, L. 641-4 et L. 641-14, le liquidateur exerce les fonctions dévolues au mandataire judiciaire, lequel a qualité pour agir en nullité d'un acte accompli en période suspecte (Com. 1er avr. 2014 : *cité note 4*). Mais l'action n'en demeure pas moins une action attitrée, fermée au débiteur, fût-il redevenu *in bonis* après l'arrêté du plan de redressement (Com. 2 déc. 2014 : *cité note 2*). De même, le débiteur ne peut-il former appel de la décision qui a statué sur une demande d'annulation (Com. 8 mars 2017 : *cité note 2*).

De son côté, la Cour de cassation, par deux arrêts des 30 mars et 21 septembre 2010 (*cités note 1*), soustrayant apparemment l'action en nullité à toute prescription, a jugé que celle-ci pouvait être exercée aussi longtemps que ses titulaires restaient en fonctions. Rendue sous l'empire des textes antérieurs, cette solution semble cependant demeurer valable sous l'empire du droit actuel. Et, malgré les doutes émis par certains auteurs, quoique discutable, la logique qui la commande paraît exclure sa remise en cause par l'intervention de la réforme de la prescription de la loi du 17 juin 2008, qui institue un délai de droit commun de portée générale applicable aux actions personnelles et mobilières (V. note C. Boillot, *Rev. sociétés 2011. 311, nos 20 s.* ; P. Cagnoli, Prescription et procédures collectives, *RPC 2011. Étude 12, nos 25 s.*). ❑

1. Délai pour agir. Il ne peut être soutenu que l'action en nullité d'un droit de nantissement constitué sur les biens du débiteur pour dettes antérieurement contractées, qui a pour effet de reconstituer l'actif du débiteur, n'est enfermée dans aucun délai, a un caractère autonome et est susceptible d'être exercée tant antérieurement que postérieurement au dépôt de l'état des créances et de remettre en cause des décisions préalablement arrêtées par le juge-commissaire quant à l'admission des créances, alors que l'autorité de la chose jugée attachée à la décision d'admission de la créance par le juge-commissaire, dont le caractère irrévocable n'est pas contesté, est générale et peut être invoquée même en cas de report de la date de cessation des paiements. • Com. 12 nov. 1991, n° 89-19.454 P : *D. 1992. Somm. 183, obs. Honorat* (V. l'arrêt cassé : • Douai, 8 juin 1989 : *D. 1989. Somm. 371, obs. crit. Honorat*). ♦ Comp., jugeant que l'action en nullité prévue par l'art. 107

[C. com., art. L. 632-1] n'est soumise à aucun délai de rigueur : • Paris, 18 févr. 1992 : *D. 1992. IR 142.*

L'autorité de la chose jugée attachée à la décision d'admission d'une créance prononcée à titre privilégié, à raison de l'inscription d'une hypothèque judiciaire, fait obstacle à l'action en nullité de cette inscription sur le fondement de l'art. L. 632-1, I, 6°, même en cas de report de la date de la cessation des paiements. • Com. 19 déc. 2018, n° 17-19.309 P : *D. 2019. Actu. 4 ; RTD com. 2019. 216, obs. Martin-Serf ; JCP E 2019. 1161, note Marquet ; APC 2019, n° 20, obs. Cagnoli ; DP diff. entr., Bull. n° 410, obs. Rémery ; LEDEN 2/2019. 4, obs. Croze ; RJDA 2019, n° 212 ; BJE 3-4/2019. 66, note Saint-Alary-Houin ; RDBF 2019, n° 59, obs. Houin-Bressand.*

Si l'admission d'une créance d'une banque rend irrecevable, comme contraire à l'autorité de la chose jugée, toute contestation du solde débiteur d'un compte courant, rien ne s'oppose, en revanche, à ce que des remises opérées de façon anormale par le débiteur pendant la période suspecte soient annulées par application de l'art. 108 [C. com., art. L. 632-2], la décision d'admission n'ayant pas pour effet de réputer réguliers les paiements qui, effectués en période suspecte, auraient diminué le solde débiteur à une date où la banque avait connaissance de la cessation des paiements. • Com. 24 oct. 1995, n° 94-10.399 P : *D. 1996. 86, note crit. Derrida ; D. Affaires 1995. 200 ; RTD com. 1996. 344, obs. Martin-Serf* • 9 juill. 1996 : *D. 1996. IR 185 ; D. Affaires 1996. 1170 ; RPC 1998. 208, obs. Lemistre.*

La décision de rejet de la créance ne rend pas irrecevable, comme contraire à l'autorité de la chose jugée, l'action en nullité de la cession des créances professionnelles faite par le débiteur au cours de la période suspecte. • Com. 8 juin 1999, n° 96-22.071 P : *D. 1999. Somm. 352, obs. Honorat ; D. Affaires 1999. 1117, obs. V. A.-R. ; LPA 8 juill. 1999, p. 9, note P. M. ; RTD com. 2000. 183, obs. Martin-Serf ; RPC 2002. 274, obs. Blanc.* ♦ De même, l'admission d'un créancier pour la partie impayée de sa créance ne met pas obstacle à l'action en nullité des paiements partiels reçus en période suspecte. • Com. 7 déc. 1999, n° 96-18.141 P : *D. 2000. AJ 32, obs. A. L. ; JCP E 2000, nos 18-19, p. 751, obs. Cabrillac ; LPA 3 juill. 2000, p. 24, note Courtier ; RTD com. 2000. 1016, obs. Martin-Serf* • 25 févr. 2004 : *RPC 2004. 384, obs. Blanc.*

Les actions en nullité des actes visés par les art. L. 621-107 et L. 621-108 [L. 632-1 et L. 632-2] C. com. ne relèvent pas de la prescription décennale [quinquennale, depuis la loi du 17 juin 2008] édictée par l'art. L. 110-4 C. com. • Com. 30 mars 2010 : *D. 2010. Actu. 1017, obs. Lienhard ; RTD com. 2010. 433, obs. Vallens ; ibid. 614, obs. Martin-Serf ; LEDEN 6/2010. 6, obs. Camensuli-Feuillard ; Gaz. Pal. 2-3 juill. 2010, p. 31, obs. Roussel Galle ; RPC 2010, n° 225, obs. Blanc.* ♦ Elles ne sont pas non plus soumises au délai quinquennal de l'art. 1304 [2224] C. civ., applicable aux seules conventions. • Paris, 20 déc. 2007 : *JCP 2008. IV. 1230 ; LPA 9 avr. 2008, note Sortais ; RJDA 2008, n° 557.* ♦ L'action en nullité prévue à l'art. L. 621-107 C. com. dans sa rédaction antérieure à la loi du 26 juill. 2005 peut être exercée par ses titulaires, notamment le liquidateur judiciaire, aussi longtemps que ces derniers restent en fonction. • Com. 21 sept. 2010, n° 08-21.030 P : *D. 2010. Actu. 2221, obs. Lienhard ; RTD com. 2010. 797, obs. Vallens ; ibid. 2011. 419, obs. Martin-Serf ; Rev. sociétés 2011. 311, note Boillot ; JCP E 2010. 1946, note Reifegerste ; LEDEN 11/2010. 2, obs. Rubellin ; APC 2010, n° 261, obs. Reille ; Gaz. Pal. 7-8 janv. 2011, p. 37, obs. Roussel Galle ; RJDA 2011, n° 190 ; BJE 2011. 136, note Delattre.* ♦ Solution transposable sous le régime issu de la loi du 26 juill. 2005.

Il résulte des art. 3 et 2221 C. civ. que, en droit international privé commun, l'action qu'exercent les organes d'une procédure collective en annulation, révocation ou inopposabilité d'actes passés par le débiteur avant l'ouverture de celle-ci et estimés préjudiciables aux créanciers est, en raison de son lien avec la procédure, soumise au droit applicable à celle-ci, y compris en ce qui concerne les délais pour agir. • Com. 2 oct. 2012, n° 10-18.005 P : *D. 2013. 62, note Jault-Seseke et Robine (1re esp.) ; D. 2012. Actu. 2386, obs. Lienhard ; D. 2013. Pan. 2303, obs. d'Avout ; RTD com. 2013. 149, obs. Martin-Serf ; Rev. crit. DIP 2013. 201, note Bureau ; JCP E 2012. 1757, n° 12, obs. Pétel ; APC 2012, n° 274, obs. V. Legrand ; DP diff. entr., Bull. n° 341, obs. Rémery ; RJDA 2012, n° 1121 ; RPC 2012, n° 191, obs. Menjucq ; BJE 2013. 36, note Henry.*

2. Qualité pour agir. Le débiteur, n'étant pas autorisé par l'art. L. 632-4 C. com. à agir en annulation d'actes accomplis pendant la période suspecte, ne l'est pas davantage à former appel de la décision qui a statué sur une demande d'annulation. • Com. 8 mars 2017, n° 15-18.495 P : *D. 2017. Actu. 566 ; RTD com. 2017. 696, obs. Martin-Serf ; JCP E 2017. 1450, note Lebel ; APC 2017, n° 114, obs. Cagnoli ; LEDEN 5/2017. 2, obs. Staes ; BJE 2017. 223, note Favario ; Dr. sociétés 2017, n° 110, note Legros ; Gaz. Pal. 27 juin 2017, p. 61, obs. Roussel Galle.* ♦ Pour l'absence de qualité du débiteur à former un pourvoi en cassation contre une telle décision, la société serait-elle redevenue maîtresse de ses biens par suite de l'arrêté d'un plan de redressement, V. • Com. 2 déc. 2014, n° 13-24.308 P : *D. 2014. Actu. 2518 ; RTD com. 2015. 159, obs. Martin-Serf ; ibid. 160, obs. Vallens ; RJDA 2015, n° 205 ; Gaz. Pal. 1er-5 mai 2015, p. 37, obs. Roussel Galle ; RJ com. 2015. 339, obs. Sortais ; RPC 2015, n° 121, obs. Blanc.* – V. déjà • 12 juin 2001, n° 98-19.873 P : *D. 2001. AJ 2034, obs. Lienhard.* ♦ Un créancier n'a pas qualité pour invoquer personnellement la nullité d'un paiement, fût-ce par voie d'exception. • Com. 6 mai 1997, n° 94-16.133

P : *D. 1997. Somm. 313, obs. Honorat ; D. Affaires 1997. 735; RTD com. 1999. 201, obs. Martin-Serf*. ♦ V. aussi note 18. ♦ De même, la caution n'est pas fondée à se prévaloir de cette nullité. • Com. 25 févr. 2004 : *RJDA 2004, n° 1021 ; RPC 2004. 382, obs. Blanc.* ♦ Toutefois, les tiers peuvent se prévaloir de la nullité dès lors que celle-ci a été prononcée (débiteur cédé se prévalant de la nullité d'une cession de créance). • Com. 3 juin 1997 : *D. Affaires 1997. 860 ; RTD com. 1999. 202, obs. Martin-Serf*. ♦ V. aussi notes 14 et 29.

3. Seuls ont qualité pour demander, par voie d'action ou d'exception, la nullité d'actes accomplis en période suspecte par le débiteur soumis à une procédure collective, les mandataires de justice désignés dans cette procédure collective (et non ceux désignés dans celle ouverte à l'encontre du donneur d'aval de billets à ordre émis par le débiteur). • Com. 25 nov. 1997, n° 95-18.692 P : *D. 1998. IR 22 ; D. Affaires 1998. 115, obs. V. A.-R. ; RTD com. 1999. 201, obs. Martin-Serf*.

4. Le liquidateur, qui exerce les fonctions dévolues au mandataire judiciaire, a qualité pour agir en nullité d'un acte accompli en période suspecte. • Com. 1er avr. 2014, n° 13-14.086 P : *D. 2014. Actu. 869, obs. Lienhard ; RTD com. 2014. 695, obs. Martin-Serf ; JCP E 2014. 1346, note Lebel ; DP diff. entr., Bull. n° 358, obs. Rémery ; LEDEN 5/2014. 2, obs. Mouial-Bassilana ; BJS 2014. 412, note Staes ; Gaz. Pal. 29 juin-1er juill. 2014, p. 31, obs. Roussel Galle ; RJDA 2014, n° 711 ; Dr. sociétés 2014, n° 132, note Legros ; RDBF 2014, n° 146, obs. Houin-Bressan ; RPC 2015, n° 121, obs. Blanc.* ♦ Le liquidateur qui demande à titre principal la nullité d'un acte sur le fondement des dispositions de l'art. L. 632-1, I, 2°, ne se substitue pas au débiteur dessaisi pour agir en son nom mais exerce une action au nom et dans l'intérêt collectif des créanciers. • Soc. 12 juin 2019, n° 17-26.197 P : *D. 2019. Actu. 1277 ; RTD com. 2019. 996, obs. Martin-Serf ; JCP E 2019. 1446, note Jacotot ; LEDEN 9/2019. 4, obs. Joly ; APC 2019, n° 211, obs. Fin-Langer ; RPC 2019, n° 127, obs. Cagnoli.*

5. Le jugement qui a arrêté le plan de cession ayant mis fin aux fonctions de l'administrateur même en ce qui concerne les pouvoirs nécessaires à la mise en œuvre du plan, celui-ci, ayant perdu la qualité d'administrateur du redressement judiciaire, est irrecevable à agir en nullité des actes faits durant la période suspecte. • Com. 1er févr. 2000 : *RJDA 2000, n° 566 ; RTD com. 2001. 215, obs. Saint-Alary-Houin*.

6. Si le représentant des créanciers demeure en fonction pendant le temps nécessaire à la vérification des créances, cette fonction n'implique pas qu'il puisse poursuivre une action en nullité de la période suspecte. • Com. 17 déc. 2003 : *RPC 2004. 382, obs. Blanc.*

7. Le commissaire à l'exécution du plan de cession, nommé après la résolution d'un précédent plan de redressement [dans le régime antérieur à la loi du 26 juill. 2005], n'a pas qualité pour engager une action en nullité des paiements ou des actes faits durant la période suspecte antérieure à l'ouverture de la procédure initiale. • Com. 13 nov. 2007, n° 05-13.248 P : *D. 2007. AJ 3010, obs. Lienhard (2e esp.) ; D. 2008. Pan. 573, obs. F.-X. Lucas ; JCP E 2008. 1155, note Cholet ; RPC 2008, n° 65, obs. Blanc ; RTD com. 2008. 868, obs. Martin-Serf*.

8. Lorsque l'action en nullité de la période suspecte a été engagée par le commissaire à l'exécution du plan et que la mission de celui-ci a pris fin, seul un mandataire *ad hoc* désigné par le tribunal devant lequel s'est déroulée la procédure de redressement judiciaire peut poursuivre l'instance. • Com. 12 juin 2001 : *RPC 2002. 272, obs. Blanc ; RDBF 2002, n° 19, obs. F.-X. Lucas.*

9. Sur le défaut de qualité pour agir de l'AGS, V. • Soc. 13 févr. 2008 : *Gaz. Pal. 27-29 avr. 2008, p. 36, obs. Duprat.* ♦ Toutefois, bien que ce soit l'AGS qui ait invoqué la nullité du contrat de travail, lorsque le liquidateur, en cause d'appel, demande également l'infirmation du jugement et l'annulation du contrat de travail, cet appel provoqué permet à la cour d'appel de statuer sur le fondement de l'art. L. 621-110 C. com. • Soc. 2 déc. 2009 : *D. 2010. AJ 13 ; LEDEN, févr. 2010, p. 4, obs. F.-X. Lucas ; APC 2010, n° 46, obs. Fin-Langer ; RLDA avr. 2010. 20, obs. Gibirila.*

10. Il incombe à la cour d'appel de relever, au besoin d'office, après avoir recueilli les observations des parties, la fin de non-recevoir d'ordre public tirée du défaut de qualité pour former une demande d'annulation des actes effectués par le débiteur après la date de la cessation de ses paiements. • Com. 17 oct. 2018, n° 17-16.528 : *APC 2018, n° 267, obs. Cagnoli ; LEDEN 12/2018. 4, obs. Favario.*

11. Intérêt à agir. Sur le défaut d'intérêt à agir du représentant des créanciers, dès lors que la liquidation judiciaire de la société avait été clôturée pour extinction du passif et qu'il avait été mis fin au redressement judiciaire de son dirigeant après adoption du plan d'apurement de son passif, l'intégralité des sommes destinées à couvrir ce passif ayant été consignée entre les mains du représentant des créanciers avant la date de l'assignation en nullité, V. • Com. 29 oct. 1991, n° 90-11.354 P.

12. Nécessité d'un préjudice. V. note 3 ss. art. L. 632-2.

13. Autonomie de l'action. V. note 1, et note 89 ss. art. L. 651-2.

14. Nature de la nullité. La nullité des actes faits par le débiteur depuis la cessation des paiements, telle que prévue par l'art. 107 [C. com., art. L. 632-1], est une nullité relative, qui ne peut notamment être invoquée par le propre débiteur de la personne débitrice. • Com. 1er avr. 1997 : *D. Affaires 1997. 611.*

Cependant, les dispositions de l'art. 107 [C. com., art. L. 632-1] étant d'ordre public, le mandataire liquidateur ne peut librement renoncer à la nullité des actes mentionnés au 6° de ce texte. • Paris, 25 sept. 1998 : *D. affaires 1998. 1698, obs. A. L.*

15. Inopposabilité. Doit être rejetée la demande du liquidateur tendant à confirmer le jugement ayant déclaré la résiliation amiable du bail commercial, consenti à la société en liquidation judiciaire, inopposable à la liquidation sur le fondement de l'art. L. 632-1 C. com., dès lors que ce texte prévoit expressément et exclusivement la nullité des actes répondant à ses conditions. • Com. 17 avr. 2019, n° 18-12.558 : *RTD com. 2020. 472, obs. Martin-Serf.*

16. Action paulienne. **BIBL.** Courtier, *LPA 3 mars 1995.* – Pizzio-Delaporte, *RTD com. 1995. 715.* ♦ Sur l'ouverture aux créanciers de l'action paulienne fondée sur l'art. 1167 [1341-2] C. civ. lorsque l'inaction des mandataires de justice les contraint à agir, V. • Versailles, 28 janv. 1993 : *D. 1993. IR 95*, conf. sur ce point par • Com. 8 oct. 1996, n° 93-14.068 P : *D. 1997. 87, note Derrida ; D. Affaires 1996. 1294 ; JCP E 1997. II. 914, note Guyon.*

V. aussi note 55 ss. art. L. 621-2, note 10 ss. art. L. 622-20 et note 50 ss. art. L. 622-21.

17. Compétence. V. aussi note 6 ss. art. R. 662-3. ♦ Le liquidateur qui demande, à titre principal, la nullité d'un acte sur le fondement des dispositions de l'art. L. 632-1, I, 2° C. com. ne se substitue pas au débiteur dessaisi pour agir en son nom mais exerce une action au nom et dans l'intérêt collectif des créanciers, de sorte qu'une clause compromissoire stipulée à l'acte litigieux est manifestement inapplicable au litige. • Com. 17 nov. 2015, n° 14-16.012 P : *D. 2015. Actu. 2439, obs. Lienhard ; Rev. sociétés 2016. 198, obs. Roussel Galle ; RTD com. 2016. 334, obs. Martin-Serf ; JCP E 2016. 1135, note Lebel ; LEDEN 12/2015. 3, obs. Favario ; APC 2015, n° 319, obs. Fin-Langer ; Dr. sociétés 2016, n° 38, obs. Legros ; RJDA 2016, n° 135 ; BJE 2016. 121, note Vidal ; RPC 2016, n° 47, obs. Reille.*

18. Mesure d'instruction in futurum. En sa qualité de créancier de l'entreprise en redressement judiciaire, non habilité à exercer les actions spécifiques des art. 107 et 108 [C. com., art. L. 632-1 et L. 632-2], une société ne justifie pas d'un motif légitime pour demander l'institution d'une mesure d'instruction destinée à établir l'irrégularité alléguée d'actes préjudiciables aux créanciers accomplis par le débiteur au cours de la période suspecte et la connaissance de son état de cessation des paiements par ses cocontractants. • Com. 26 avr. 2000, n° 97-20.656 P : *D. 2001. Somm. 621, obs. Honorat ; ibid. 2000. AJ 267, obs. Lienhard ; RTD com. 2000. 728, obs. Vallens ; ibid. 2001. 235, obs. Martin-Serf ; BJS 2000. 793, note Menjucq.* ♦ V. note 2.

19. Contestation de la date de cessation des paiements. Le défendeur à l'action en nullité formée en vertu des art. L. 621-107 et L. 621-108 [L. 632-1 et L. 632-2] C. com., qui n'a pas exercé de tierce opposition dans les forme et délai de l'art. 156 du Décr. du 27 déc. 1985 [C. com., art. R. 661-2] contre la décision fixant ou reportant la date de cessation des paiements, ne peut plus la contester. • Com. 13 févr. 2007, n° 05-13.526 P : *RDBF 2007, n° 70, obs. F.-X. Lucas ; Gaz. Pal. 13-14 avr. 2007, p. 22, obs. Lebel ; ibid., p. 40, obs. Roussel Galle ; Defrénois 2007. 1553, obs. Gibirila.*

20. Restitution. En ce sens que le point de départ des intérêts légaux est la date où le paiement annulé a été reçu, V. • Com. 22 nov. 1994 : *RPC 1995. 450, obs. Lemistre.*

21. La créance résultant d'une obligation de rembourser un prêt à la suite de l'annulation, en application de l'art. 107 (3°) [C. com., art. L. 632-1], d'un paiement effectué avant le jugement d'ouverture a son origine antérieurement à ce jugement et doit être déclarée à la procédure collective. • Com. 30 oct. 2000, n° 97-21.077 P : *D. 2001. Somm. 618, obs. Honorat ; ibid. 2000. AJ 427, obs. Lienhard ; APC 2000, n° 239, obs. Vallansan ; JCP E 2001, n° 5, p. 219, obs. Pétel ; RDBF 2001, n° 20, obs. F.-X. Lucas ; RTD com. 2001. 236, obs. Martin-Serf ; Dr. et patr. 6/2001. 112, obs. Monsèrié-Bon.* ♦ Dans le même sens, pour la créance de restitution du prix d'une vente annulée, V. • Com. 28 janv. 2004 : *D. 2005. Pan. 293, obs. Le Corre ; RJDA 2004, n° 856 (2e esp.) ; RPC 2004. 389, obs. Blanc* • 20 janv. 2009, n° 08-11.098 P : *D. 2009. AJ 425, obs. Lienhard ; APC 2009, n° 65, obs. Vallansan ; RLDA 2009, n° 36, p. 23, obs. Guyader ; JCP E 2009. 1347, n° 6, obs. Cabrillac ; ibid. 1381, note Lebel ; Dr. sociétés 2009, n° 80, note Legros ; Gaz. Pal. 26-28 avr. 2009, p. 21, obs. Henry ; LEDEN, avr. 2009, p. 7, obs. Feuillard ; RPC 2009, n° 87, obs. Blanc ; RTD com. 2009. 616, obs. Martin-Serf.*

22. Les sommes recouvrées au titre de la restitution par le créancier des sommes qu'il a reçues au titre d'opérations annulées à la demande du commissaire à l'exécution du plan agissant dans l'intérêt collectif des créanciers, en vue de reconstituer l'actif du débiteur, entrent dans le patrimoine de ce dernier et sont destinées à être réparties entre tous les créanciers ; toute compensation en vertu de l'existence d'un lien de connexité est donc exclue entre la dette de restitution consécutive à l'annulation d'une opération contractée après la date de cessation des paiements et une créance admise au passif du débiteur. • Com. 13 avr. 2022, n° 20-22.389 B : *D. 2022. Actu. 791 ; RTD com. 2022. 651, obs. Martin-Serf ; JCP E 2022. 1370, n° 13, obs. Pétel ; LEDEN 5/2022. 3, obs. Ollu ; APC 2022, n° 138, obs. Houin-Bressand ; RJDA 2022, n° 420 ; BJE 7-8/2022. 15, note Houssin.* ♦ V. aussi • Com. 12 juin 2024, n° 23-13.360 B : *D. 2024. Actu. 1126 ; JCP E 2024. 1287, n° 23, obs. Pétel ; LEDEN 7/2024. 4, obs. Andreu ; APC 2024, n° 164, obs. Ghandour ; RJDA 2024, n° 605.*

23. La restitution en valeur décidée à l'occasion de l'action en nullité exercée par le liquidateur ne peut être minorée du montant des dommages-intérêts alloués à la société débitrice en réparation du dommage qui lui a été occasionné par les détournements commis par son dirigeant. • Com. 14 sept. 2022, n° 20-20.895 : *LEDEN 10/2022. 4, obs. J.-B. Barbièri ; RPC 2023, n° 41, obs. Blanc.*

24. Sur la mise à l'écart des dispositions de l'anc. art. 1240 C. civ. (validité du paiement fait de bonne foi à celui qui est en possession de la créance, encore que le possesseur en soit par la suite évincé) en cas d'annulation d'une cession de créance consentie au cours de la période suspecte, V. • Com. 11 oct. 2011 : *D. 2011. Actu. 2534 ; LEDEN 11/2011. 2, obs. Borga ; Gaz. Pal. 20-21 janv. 2012, p. 34, obs. Roussel Galle ; RPC 2013, n° 18, obs. Blanc.*

25. La restitution amiable par le créancier du débiteur des sommes reçues en vertu d'un paiement que la loi déclare nul de droit est opposable à la caution. • Com. 22 oct. 1996 : *D. 1997. IR 2 ; Quot. jur. 19 nov. 1996, p. 12 ; Rev. sociétés 1997. 596, note Didier .*

26. Sous-acquéreurs. Ni l'erreur commune, ni l'apparence ne peuvent faire obstacle aux conséquences, vis-à-vis des tiers sous-acquéreurs, même de bonne foi, de la nullité édictée par les art. 107 et 108 [C. com., art. L. 632-1 et L. 632-2]. • Com. 3 févr. 1998, n° 95-20.389 P : *D. 1999. 185, note Bénabent ; D. 1999. Somm. 70, obs. Honorat ; D. Affaires 1998. 339, obs. A. L. ; JCP E 1998, n° 17, p. 655, obs. Cabrillac ; RTD com. 1999. 201, obs. Martin-Serf* • 30 juin 2004, n° 02-13.465 P : *D. 2004. AJ 2301 ; APC 2004, n° 191, obs. Vallansan.*

27. Nullité d'un contrat de travail. Si en cas de nullité du contrat de travail le travailleur doit être indemnisé pour les prestations qu'il a fournies, il ne peut prétendre au paiement de salaires. • Soc. 21 nov. 2018, n° 17-26.810 P : *D. 2018. Actu. 2303 ; LEDEN 1/2019. 6, obs. Dedessus-Le-Moustier ; RPC 2019, n° 25, obs. Jacotot ; Gaz. Pal. 16 avr. 2019, p. 74, obs. Ben Cheikh-Vecchioni.*

28. Publicité foncière. **BIBL.** Dagot, *JCP 1986. I. 3262.* ♦ V. note 48 ss. art. L. 632-1.

29. Recours. La tierce opposition n'est pas ouverte, faute de qualité à agir, au débiteur cédé qui prétend critiquer le jugement ayant rejeté la demande du liquidateur judiciaire du cédant tendant à l'annulation de la cession de créance et rendu à la suite d'une action dont l'art. L. 621-110 [L. 632-4] C. com. réserve l'exercice à certaines personnes et dont il n'est pas titulaire. • Com. 18 janv. 2011, n° 09-71.071 P : *D. 2011. Actu. 302, obs. Lienhard ; RTD com. 2012. 619, obs. Martin-Serf ; APC 2011, n° 64, obs. Fricero ; LEDEN 3/2011. 4, obs. Parachkévova ; Gaz. Pal. 1er-2 avr. 2011, p. 34, obs. Roussel Galle ; RJDA 2011, n° 442 ; BJE 2011. 210, note Sautonie-Laguionie ; RPC 2011, n° 130, obs. Blanc.*

30. Responsabilité du liquidateur. Sur la responsabilité du liquidateur n'ayant pas conservé jusqu'au terme de la procédure, après épuisement de toutes les voies de recours, le produit d'une action en nullité de la période suspecte, V. • Com. 18 janv. 2017, n° 14-26.703 : *RTD com. 2017. 697, obs. Martin-Serf ; RPC 2017, n° 40, obs. Blanc ; BJE 2017. 224, note Perruchot-Triboulet.*

TITRE IV **DE LA LIQUIDATION JUDICIAIRE ET DU RÉTABLISSEMENT PROFESSIONNEL** *(Ord. n° 2014-326 du 12 mars 2014, art. 57, en vigueur le 1er juill. 2014).*

RÉP. COM. v° *Entreprise en difficulté : liquidation judiciaire,* par MOUIAL-BASSILANA.

BIBL. GÉN. ▸ TEBOUL, *LPA 27 oct. 2005, p. 7.* – LEGROS, *Dr. sociétés 2005. Étude 16.* – DELFOSSE et PÉNIGUEL, *JCP N 2005, n° 41, p. 1712.* – MONSÈRIÉ-BON, *RPC 2005. 367.* – FROEHLICH, *RLDA, suppl. au n° 88, déc. 2005, p. 28.* – FROEHLICH et M. SÉNÉCHAL, *LPA, n° spéc., 9 févr. 2006, p. 4* (commentaire article par article). – GORRIAS, *ibid., 17 févr. 2006, p. 96.* – ROUSSEL GALLE, *LPA 14 juin 2007, p. 34.* ▸ Sur l'ordonnance du 18 déc. 2008 : CANET, *RPC 2009. Dossier 12.* – PÉROCHON, *Gaz. Pal. 2009. Doctr. 788.* – BERTHELOT, *JCP E 2009. 1312.* ▸ Sur l'ordonnance du 12 mars 2014 : BERTHELOT, *RPC 2014. Dossier 21.* – MACORIG-VENIER et VALLANSAN, *ibid. Dossier 32.* – VOINOT, *Gaz. Pal. 6-8 avr. 2014, p. 23.*

CHAPITRE PRÉLIMINAIRE ***DES CONDITIONS D'OUVERTURE DE LA LIQUIDATION JUDICIAIRE*** *(Ord. n° 2008-1345 du 18 déc. 2008, art. 91).*

RÉP. COM. v° *Entreprise en difficulté : ouverture,* par G. BLANC.

Art. L. 640-1 *(L. n° 2005-845 du 26 juill. 2005, art. 97)* **Il est institué une procédure de liquidation judiciaire ouverte à tout débiteur mentionné à l'article L. 640-2 en cessation des paiements et dont le redressement est manifestement impossible.**

La procédure de liquidation judiciaire est destinée à mettre fin à l'activité de l'entreprise ou à réaliser le patrimoine du débiteur par une cession globale ou séparée de ses droits et de ses biens.

Pour l'ouverture d'une procédure de liquidation judiciaire à l'égard des établissements de crédit ou des sociétés de financement qui ont fait l'objet d'une mesure de radiation prononcée par l'Autorité de contrôle prudentiel et de résolution, V. C. mon. fin., art. L. 613-26, 2e partie, IV. Traitement des difficultés des entreprises. – Pour un commentaire de cette disposition, V. Bonneau, JCP E 1999, n° 36, p. 1378.

COMMENTAIRE

I. CRITÈRE D'OUVERTURE DE LA LIQUIDATION JUDICIAIRE

Le critère d'ouverture de la liquidation judiciaire a été modifié par la loi du 26 juillet 2005. Est visé tout débiteur « en cessation des paiements et dont le redressement est manifestement impossible ». Tout comme précédemment, cette définition érige la liquidation judiciaire en alternative au redressement judiciaire. La liquidation judiciaire est prononcée lorsque le redressement du débiteur en état de cessation des paiements est, de même que sous le régime antérieur, manifestement impossible. En pratique, tout est, bien sûr, question d'espèce, même si les créanciers institutionnels ont dégagé quelques lignes de conduite générale, le Trésor considérant, par exemple, à l'époque, que, lorsqu'il est en présence d'une dette de TVA supérieure à 30 000 euros, le débiteur ne pourra pas se redresser (V. intervention de M.-C. Merchan de la Pena, Séminaire sur les six premiers mois d'application de la loi n° 2005-845 du 26 juillet 2005 de sauvegarde des entreprises, Cour de cassation, 23 juin 2006, https://www.courdecassation.fr.).

II. FINALITÉS DE LA LIQUIDATION JUDICIAIRE

L'article L. 640-1 traduit nettement la nouvelle philosophie imprégnant la réforme. Plus que les objectifs « internes » communs de la sauvegarde et du redressement judiciaire, c'est la place de cette procédure qui a changé. Dorénavant, la liquidation judiciaire n'est plus regardée comme une procédure « subsidiaire », sorte de pis-aller, à laquelle le tribunal ne peut recourir que lorsque le redressement judiciaire est manifestement impossible. La liquidation judiciaire est traitée sur le même plan à l'égale du « bloc » sauvegarde-redressement judiciaire (la loi affirme, enfin pourrait-on dire : « Il est institué une procédure de liquidation judiciaire »). Ce qui signifie que, d'un point de vue technique du moins, le redressement judiciaire ne bénéficie plus d'aucune prévalence. La loi de 1994 avait déjà fait un pas important en ce sens, en légalisant les liquidations judiciaires ouvertes *ab initio*. Onze ans plus tard, celle de 2005 en accomplit un autre hors de la voie de l'angélisme (V. Y. Guyon, Le réalisme de la loi du 25 janvier 1985, Mél. P. Bézard, *LPA, Montchrestien, 2002, p. 311*).

Autre signe de revalorisation de la place de la procédure de liquidation, celle-ci s'est vue affectée de finalités propres définies positivement, sous forme d'une alternative, pouvant apparaître un peu contradictoire (G. Teboul, Le projet de loi de sauvegarde des entreprises du 26 janvier 2004, *LPA 13 févr. 2004, p. 3 ;* P.-M. Le Corre, Les difficultés pratiques de réalisation des actifs en liquidation, *in* La loi du 25 janvier 1985 a 20 ans ! Entre bilan et réforme, *RLDA, mars 2005, suppl., p. 61*) : mettre fin à l'activité de l'entreprise ou réaliser le patrimoine du débiteur par une cession globale ou séparée de ses droits et de ses biens. Ce deuxième terme de l'alternative, c'est une nouveauté, témoigne du souci renforcé du législateur de permettre une sorte de « sauvegarde » de l'entreprise même en phase liquidative, ce que traduit la reprise, par l'article L. 642-1, des objectifs que le droit antérieur assignait à la cession en phase de redressement judiciaire. ❑

1. Redressement manifestement impossible. Pour des applications, V. • Com. 25 sept. 2019, n° 18-18.657 : *RJDA 2020, n° 31* • 1er juill. 2020, n° 19-11.832 : *ibid., n° 510.* ♦ Pour le refus de prononcer la liquidation judiciaire d'une société assignée par l'un de ses créanciers auquel elle devait 12 500 €, au motif que l'existence de commandes fermes pour un montant de 72 000 € environ permettait d'envisager sérieusement un plan de redressement, V. • Orléans, 19 oct. 2006 : *RJDA 2007, n° 69.*

2. Pour des décisions rendues sous le régime antérieur à la loi du 26 juill. 2005, refusant de prononcer la liquidation judiciaire immédiate, V. • T. com. Paris, 30 nov. 1994 : *Dr. sociétés 1995, n° 118, obs. Chaput* (au motif de l'intérêt du groupe) • Paris, 7 juill. 1995 : *Dr. sociétés 1995, n° 239, obs. Chaput* (au motif que la cessation d'activité pourrait n'être que temporaire, au vu du bilan prévisionnel). ♦ Comp., pour le prononcé de la liquidation judiciaire immédiate d'une entreprise : dont l'exploitation avait cessé depuis plusieurs mois et pour laquelle il n'existait aucune perspective de reprise de l'activité : • Com. 29 mai 2001 : *RJDA 2001, n° 1126.* ♦ ... En raison de la faillite personnelle frappant la personne physique l'exploitant en son nom personnel : • Com. 2 mai 2001 : *RJDA 2001, n° 882 ; RPC 2001. 275, obs. Barret.*

3. Sur le contrôle exercé par la Cour de cassation, V. • Com. 12 janv. 2010 : *Dr. sociétés 2010, n° 210, note Legros* • 26 mai 2010 : *Gaz. Pal. 2-3 juill. 2010, p. 26, obs. Lebel.*

4. Cessation des paiements. V. art. L. 631-1 et notes ss. cet art.

5. Pouvoirs de la cour d'appel. Dès lors que le débiteur reconnaît être en cessation des paiements, la cour d'appel, après avoir infirmé le jugement rendu sur l'assignation du créancier, peut prononcer d'office la liquidation judiciaire. • Com. 12 mai 1998, n° 96-10.256 P : *D. Affaires 1998. 1006 ; RJ com. 2000. 40, obs. Teilliais.*

6. Sur la nécessité de caractériser la cessation des paiements, en excluant le passif devenu exigible par l'effet du jugement de liquidation judiciaire, V. • Com. 26 mai 1999, n° 96-22.635 P : *D. 1999. IR 165 ; D. Affaires 1999. 1175, obs. A. L. ; APC 1999, n° 168, obs. Vallansan ; RTD com. 1999. 953, obs. Laude ; LPA 4 janv. 2000, p. 20, note Courtier ; RPC 2000. 46, obs. Deleneuville* • 8 juill. 2003, n° 00-13.627 P : *D. 2003. AJ 2174 ; RDBF 2003, n° 230, obs. F.-X. Lucas ; JCP E 2004, n° 5, p. 173, obs. Pétel ; LPA 17 févr. 2004, p. 3, note Zattara ; Defrénois 2004. 578, obs. Gibirila ; RPC 2004. 210, obs. Lebel.*

7. En ce sens qu'une cour d'appel ne peut confirmer le jugement ouvrant une procédure de liquidation judiciaire (lequel a fait l'objet d'une exécution provisoire) en se fondant sur les seuls effets produits par ce jugement, V. • Com. 10 janv. 2012 : *JCP E 2012. 1157, note Vallansan ; RPC 2012, n° 22, obs. Saintourens ; BJE 2012. 151, note Martineau-Bourgninaud.*

8. Situation antérieure à la loi du 10 juin 1994. Avant la L. n° 94-475 du 10 juin 1994, la juridiction saisie ne pouvait prononcer une liquidation judiciaire sans avoir par une première décision ouvert une procédure de redressement judiciaire destinée à apprécier les chances de sauvegarde de l'entreprise. • Com. 4 nov. 1986, n° 86-15.712 P : *D. 1986. 579, note Derrida ; JCP 1987. II. 20737, note Bousquet.* ♦ Les deux décisions pouvaient être prononcées le même jour, dès lors que le tribunal avait constaté que les conditions d'ouverture d'une liquidation judiciaire étaient réunies. • Com. 17 mai 1989 : *D. 1989. IR 177 ; JCP 1990. II. 21464, note Beaubrun.*

9. Portée de la cessation d'activité. Dès lors que l'arrêt de travail, fait générateur des prestations dues en application du contrat de prévoyance, est antérieur à la cessation d'activité provoquée par la liquidation judiciaire, cette dernière est sans effet sur le versement de ces prestations. • Com. 14 juin 2017, n° 15-24.188 P : *D. 2017. Actu. 1300 .*

Art. L. 640-2 *(L. n° 2005-845 du 26 juill. 2005, art. 97)* **La procédure de liquidation judiciaire est applicable à** *(Ord. n° 2008-1345 du 18 déc. 2008, art. 164-I)* **« toute personne exerçant une activité commerciale »** *(L. n° 2019-486 du 22 mai 2019, art. 67)* **« , artisanale ou une activité agricole définie à l'article L. 311-1 du code rural et de la pêche maritime et » à toute autre personne physique exerçant une activité professionnelle indépendante y compris une profession libérale soumise à un statut législatif ou réglementaire ou dont le titre est protégé, ainsi qu'à toute personne morale de droit privé.** — *Pour les dispositions transitoires de la L. n° 2019-486 du 22 mai 2019, V. note ss. art. L. 626-12.*

(Ord. n° 2010-1512 du 9 déc. 2010, art. 5-1°) **« A moins qu'il ne s'agisse de patrimoines distincts d'un entrepreneur** *(Abrogé par L. n° 2022-172 du 14 févr. 2022, art. 5, à compter du 15 mai 2022)* ***« individuel à responsabilité limitée »*****, il ne peut être ouvert de nouvelle procédure de liquidation judiciaire à l'égard** *(Ord. n° 2010-1512 du 9 déc. 2010, art. 5-1°)* **« d'un débiteur soumis » à une telle procédure tant que celle-ci n'a pas été clôturée** *(Ord. n° 2008-1345 du 18 déc. 2008, art. 92)* **« ou à une procédure de sauvegarde ou de redressement judiciaire, tant qu'il n'a pas été mis fin aux opérations du plan qui en résulte ».** — *Pour les dispositions transitoires de la L. n° 2022-172 du 14 févr. 2022, V. note ss. art. L. 611-13.*

COMMENTAIRE

Fort logiquement, les personnes éligibles à la liquidation judiciaire sont les mêmes que celles qui bénéficient des procédures de sauvegarde et de redressement judiciaire (V. art. L. 620-2 et L. 631-2, mod. par Ord. du 18 déc. 2008).

Quant au second alinéa, l'ordonnance du 18 décembre 2008 l'a complété afin, là aussi, comme pour l'ouverture d'une sauvegarde ou d'un redressement judiciaire, de donner toute sa portée à la règle « procédure collective sur procédure collective ne vaut » (V. art.

L. 631-2). Avant 2008, en effet, à s'en tenir au texte de l'article L. 640-2, seule la soumission du débiteur à une liquidation judiciaire empêchait l'ouverture d'une liquidation judiciaire. Désormais, l'existence d'une sauvegarde ou d'un redressement judiciaire en cours a le même effet, ce qui est logique.

Tout comme aux articles L. 620-2 et L. 631-2, la loi du 15 juin 2010 relative à l'entrepreneur individuel à responsabilité limitée, qui permet, grâce à la technique de l'affectation à une activité professionnelle, à une même personne de posséder plusieurs patrimoines, a logiquement conduit l'ordonnance du 9 décembre 2010 à prévoir une exception à la règle d'unicité de procédure pour un même débiteur. En effet, lorsque la procédure vise un des patrimoines d'un débiteur, rien n'interdit qu'une autre procédure collective vise parallèlement le patrimoine personnel ou un autre patrimoine affecté de ce débiteur. ❑

V. notes ss. art. L. 620-2 et L. 631-2.

Art. L. 640-3 *(L. n° 2005-845 du 26 juill. 2005, art. 97)* **La procédure de liquidation judiciaire est également ouverte aux personnes mentionnées au premier alinéa de l'article L. 640-2 après la cessation de leur activité professionnelle, si tout ou partie de leur passif provient de cette dernière.**

(Ord. n° 2008-1345 du 18 déc. 2008, art. 164-II ; Ord. n° 2009-112 du 30 janv. 2009, art. 11-I) **« Lorsqu'une personne exerçant une activité commerciale ou artisanale », un agriculteur ou toute autre personne physique exerçant une activité professionnelle indépendante, y compris une profession libérale soumise à un statut législatif ou réglementaire ou dont le titre est protégé, est décédé** *(L. n° 2022-172 du 14 févr. 2022, art. 5, en vigueur le 15 mai 2022)* **« alors que le patrimoine engagé par l'activité ou les activités professionnelles était en situation de » cessation des paiements, le tribunal peut être saisi, dans le délai d'un an à compter de la date du décès, sur l'assignation d'un créancier, quelle que soit la nature de sa créance, ou sur requête du ministère public.** *(Abrogé par Ord. n° 2014-326 du 12 mars 2014, art. 58-I, à compter du 1er juill. 2014)* ***« Le tribunal peut également se saisir d'office dans le même délai. »*** **Il peut être saisi sans condition de délai par tout héritier du débiteur.**

Pour les dispositions transitoires de la L. n° 2022-172 du 14 févr. 2022, V. note ss. art. L. 611-13.

COMMENTAIRE

L'article L. 640-3 comporte les mêmes dispositions, applicables à la liquidation judiciaire, que l'article L. 631-3, relatif au redressement judiciaire (V. ss. cet art.).

L'ordonnance de 2014 a abrogé l'avant-dernière phrase du second alinéa, qui permettait la saisine d'office du tribunal en vue d'ouvrir la liquidation judiciaire, celle-là même que le Conseil constitutionnel, dans la droite ligne de sa décision du 7 décembre 2012, relative à l'ouverture d'office d'un redressement judiciaire (citée note 9 ss. art. L. 631-5), venait de déclarer contraire à la Constitution (Cons. const. 7 mars 2014, n° 2014-368 QPC : *D. 2014. Actu. 604* ✐). ❑

V. notes ss. art. L. 631-3.

Art. L. 640-3-1 *(Ord. n° 2014-326 du 12 mars 2014, art. 58-II, en vigueur le 1er juill. 2014)* **Lorsqu'il est porté à la connaissance du président du tribunal, des éléments faisant apparaître que les conditions de l'article L. 640-1 sont remplies, il en informe le ministère public par une note exposant les faits de nature à motiver la saisine du tribunal. Le président ne peut siéger, à peine de nullité du jugement, dans la formation de jugement ni participer aux délibérés si le ministère public demande l'ouverture d'une procédure de liquidation judiciaire à l'égard du débiteur concerné.** – *V. art. R. 662-12-1.*

COMMENTAIRE

Comme l'article L. 631-3-1 pour le redressement judiciaire, le nouvel article L. 640-3-1, issu de l'ordonnance de 2014, tire les conséquences de la déclaration d'inconstitutionnalité de la saisine d'office du tribunal en vue de l'ouverture d'une liquidation judiciaire (V. ss. art. L. 640-3 et L. 631-3-1, *supra*). ❑

Art. L. 640-4 *(L. n° 2005-845 du 26 juill. 2005, art. 97)* **L'ouverture de cette procédure doit être demandée par le débiteur au plus tard dans les quarante-cinq jours qui suivent la cessation des paiements, s'il n'a pas dans ce délai demandé l'ouverture d'une procédure de conciliation.**

(Abrogé par Ord. n° 2014-326 du 12 mars 2014, art. 59, à compter du 1er juill. 2014) ***« En cas d'échec de la procédure de conciliation, si le tribunal, statuant en application du second alinéa de l'article L. 631-4, constate que les conditions mentionnées à l'article L. 640-1 sont réunies, il ouvre une procédure de liquidation judiciaire. »***

V. art. R. 640-1.

COMMENTAIRE

L'article L. 640-4 comporte les mêmes dispositions, adaptées à la liquidation judiciaire, que l'article L. 631-4, relatif au redressement judiciaire (V. ss. cet art.).

En abrogeant le second alinéa de l'article L. 640-4, l'ordonnance du 12 mars 2014 a tiré toutes les conséquences de la décision du Conseil constitutionnel du 7 mars 2014 prohibant la saisine d'office du tribunal en vue de l'ouverture d'une liquidation judiciaire (V. comm. ss. art. L. 631-5 et L. 640-3-1). ❑

Art. L. 640-5 *(L. n° 2005-845 du 26 juill. 2005, art. 97)* **Lorsqu'il n'y a pas de procédure de conciliation en cours, le tribunal peut également** *(Abrogé par Ord. n° 2014-326 du 12 mars 2014, art. 60-1°, à compter du 1er juill. 2014)* ***« se saisir d'office ou »*** **être saisi sur requête du ministère public aux fins d'ouverture de la procédure de liquidation judiciaire.** – *Par une décision du 7 mars 2014, le Conseil constitutionnel a jugé contraires à la Constitution les mots « se saisir d'office ou » au premier al. de l'art. L. 640-5. Cette déclaration d'inconstitutionnalité, qui a pris effet le 9 mars 2014, est applicable à tous les jugements d'ouverture d'une procédure de liquidation judiciaire rendus postérieurement à sa date de publication (Cons. const. n° 2013-368 QPC du 7 mars 2014, JO 9 mars).*

Sous cette même réserve, la procédure peut aussi être ouverte sur l'assignation d'un créancier, quelle que soit la nature de sa créance. Toutefois, lorsque le débiteur a cessé son activité professionnelle, cette assignation doit intervenir dans le délai d'un an à compter de :

1° La radiation du registre du commerce et des sociétés. S'il s'agit d'une personne morale, le délai court à compter de la radiation consécutive à la publication de la clôture des opérations de liquidation ;

2° La cessation de l'activité, s'il s'agit d'une personne *(Ord. n° 2008-1345 du 18 déc. 2008, art. 164-III)* **« exerçant une activité artisanale », d'un agriculteur ou d'une personne physique exerçant une activité professionnelle indépendante, y compris une profession libérale soumise à un statut législatif ou réglementaire ou dont le titre est protégé ;**

3° La publication de l'achèvement de la liquidation, s'il s'agit d'une personne morale non soumise à l'immatriculation.

(Ord. n° 2014-326 du 12 mars 2014, art. 60-2°, en vigueur le 1er juill. 2014) **« Lorsque sont applicables les dispositions relatives à la procédure prévue à l'article L. 351-1 du code rural et de la pêche maritime, le président du** *(Ord. n° 2019-964 du 18 sept. 2019, art. 35, en vigueur le 1er janv. 2020)* **« tribunal judiciaire » doit être saisi, préalablement à l'assignation, d'une demande tendant à la désignation d'un conciliateur présentée en application de l'article L. 351-2 de ce code sauf si la procédure de rétablissement professionnel prévue au chapitre V du présent titre est en cours. »** – *Sur la compétence, à titre expérimental, du président du tribunal des activités économiques pour connaître de la demande formée en application du dernier al. de l'art. L. 640-5, V. L. n° 2023-1059 du 20 nov. 2023, art. 26, infra.*

V. art. R. 640-1.

BIBL. ▸ COCHETEUX, *RPC 2008. 60* (assignation en liquidation judiciaire des professionnels libéraux par les comptables publics). – GOURDAIN, *D. 2008. 2606* (portée de l'autonomie des demandes de redressement et de liquidation judiciaires).

COMMENTAIRE

L'article L. 640-5 comporte les mêmes dispositions, applicables à la liquidation judiciaire, que l'article L. 631-5, relatif au redressement judiciaire (V. ss. cet art.).

Notons toutefois que l'ordonnance du 12 mars 2014, à l'occasion de la retouche du dernier alinéa, rendue nécessaire par l'exception à introduire relative à la nouvelle procédure de rétablissement professionnel, a supprimé, dans le texte de l'article L. 640-5 (mais pas dans celui de l'art. L. 631-5), la distinction fondée sur l'exercice de l'activité agricole sous la forme d'une société commerciale. Modification et différence sans portée car le renvoi, dans le présent article L. 640-5, aux dispositions prévues à l'article L. 351-1 du code rural et de la pêche maritime aboutit au même résultat, excluant les sociétés commerciales. ❑

1. Agriculteurs. Les dispositions de l'art. L. 640-5, al. 3, dans leur rédaction issue de la loi du 26 juill. 2005 ne s'appliquent qu'à l'ouverture d'une procédure de liquidation judiciaire et non à son prononcé concomitant à la résolution d'un plan. • Com. 20 oct. 2009, n° 08-18.321 P : *D. 2009. AJ 2609, obs. Lienhard ; RTD com. 2010. 188, obs. Saint-Alary-Houin ; APC 2009, n° 279, obs. Cagnoli ; JCP E 2010. 1011, n° 1, obs. Pétel ; DP diff. entr., Bull. n° 309, p. 4027, obs. Roussel Galle ; Gaz. Pal. 8-9 janv. 2010, p. 15, obs. Reille ; LEDEN 1/2010. 6, obs. Legrand ; RJDA 2010, n° 655 ; Defrénois 2010. 1470, obs. Gibirila.*

2. Associé commandité. La perte de la qualité de commerçant de l'associé commandité, résultant de la décision de transformation de la société en commandite par actions en société par actions simplifiée, s'analyse en la cessation d'une activité par une personne physique, au sens de l'art. L. 640-5. • Paris, 5 avr. 2012 : *JCP E 2012. 1736, note Legros ; RPC 2013, n° 1, obs. Saintourens.*

3. Radiation d'office. Lorsqu'une société a fait l'objet d'une radiation d'office par le greffier du tribunal de commerce, en application des art. R. 123-125 et R. 123-136 C. com., et n'a pas été liquidée, aucun obstacle de délai ne s'oppose à sa mise en liquidation judiciaire. • Paris, 6 janv. 2009 : *RJDA 2009, n° 366 ; Dr. sociétés 2009, n° 100, note Legros ; Gaz. Pal. 26-28 avr. 2009, p. 12, obs. Lebel.*

4. Inconstitutionnalité de la saisine d'office. Les dispositions confiant au tribunal la faculté de se saisir d'office aux fins d'ouverture de la procédure de liquidation judiciaire méconnaissent les exigences découlant de l'art. 16 de la Déclaration de 1789 ; dès lors, les mots : « se saisir d'office ou » figurant au premier al. de l'art. L. 640-5 doivent être déclarés contraires à la Constitution. • Cons. const. 7 mars 2014, n° 2013-368 QPC : *D. 2014. Actu. 604 ; Procédures 2014, n° 115, note Rolland ; LEDEN 4/2014. 3, obs. Favario ; RPC 2014, n° 94, obs. Cagnoli.* ♦ Cette déclaration d'inconstitutionnalité ne prenant effet qu'à compter de sa publication au *Journal officiel*, le 9 mars 2014, et n'étant applicable qu'aux jugements d'ouverture d'une procédure de liquidation judiciaire rendus postérieurement à cette date, il en résulte qu'elle est sans effet sur une procédure de liquidation judiciaire ouverte par jugement du 4 juill. 2012, peu important que la cour d'appel, saisie d'un recours à l'encontre du jugement, ne se soit prononcée qu'après le 9 mars 2014, dès lors qu'elle ne l'a pas annulé. • Com. 18 nov. 2014 : *D. 2014. Actu. 2405 ; RJ com. 2015. 335, obs. Legros.*

5. Assignation d'un créancier. V. notes 1 à 7 ss. art. L. 631-5.

Art. L. 640-6 *(L. n° 2005-845 du 26 juill. 2005, art. 97) (Ord. n° 2021-1193 du 15 sept. 2021, art. 51, en vigueur le 1er oct. 2021)* **« Les membres du comité social et économique » peuvent communiquer au président du tribunal ou au ministère public tout fait révélant la cessation des paiements du débiteur.** – *Pour les dispositions transitoires de l'Ord. n° 2021-1193 du 15 sept. 2021, V. note ss. art. L. 611-2.*

COMMENTAIRE

L'article L. 640-6 comporte les mêmes dispositions, applicables à la liquidation judiciaire, que l'article L. 631-6, relatif au redressement judiciaire (V. ss. cet art.). ❑

CHAPITRE I *DU JUGEMENT DE LIQUIDATION JUDICIAIRE*

Art. L. 641-1 *(Ord. n° 2014-326 du 12 mars 2014, art. 61-1°, en vigueur le 1er juill. 2014)* **« I. – Les dispositions des articles L. 621-1 et L. 621-2 ainsi que celles de l'article L. 622-6 relatives aux obligations incombant au débiteur sont applicables à la procédure de liquidation judiciaire. »**

(Ord. n° 2014-1088 du 26 sept. 2014, art. 7, en vigueur le 28 sept. 2014) « Lorsque la situation du débiteur qui a déclaré être en état de cessation des paiements n'apparaît pas manifestement insusceptible de redressement, le tribunal invite celui-ci, en l'absence de demande subsidiaire aux fins d'ouverture d'une procédure de redressement judiciaire, à présenter ses observations sur l'existence des conditions de l'article **L. 631-1**. Il statue ensuite, dans la même décision, sur la demande de liquidation judiciaire et, le cas échéant, sur l'ouverture d'une procédure de redressement judiciaire. »

(L. n° 2019-486 du 22 mai 2019, art. 57) « Avant de statuer, le tribunal examine si la situation du débiteur répond aux conditions posées aux articles **L. 645-1** et **L. 645-2** et ouvre, le cas échéant, avec son accord, une procédure de rétablissement professionnel. » — *Pour les dispositions transitoires de la L. n° 2019-486 du 22 mai 2019, V. 4e note ss. art. L. 626-27.*

(Ord. n° 2008-1345 du 18 déc. 2008, art. 93) « II. — Dans le jugement qui ouvre la liquidation judiciaire, le tribunal désigne le juge-commissaire. Il peut, en cas de nécessité, en désigner plusieurs. *(L. n° 2016-1547 du 18 nov. 2016, art. 99-VI-1°)* « Le président du tribunal, s'il a connu du débiteur en application du titre I du présent livre, ne peut être désigné juge-commissaire. »

« Dans le même jugement, sans préjudice de la possibilité de nommer un ou plusieurs experts en vue d'une mission qu'il détermine, le tribunal désigne, en qualité de liquidateur, un mandataire judiciaire inscrit ou une personne choisie sur le fondement du premier alinéa du II de l'article **L. 812-2** *(Ord. n° 2016-727 du 2 juin 2016, art. 2, en vigueur le 1er janv. 2017)* « ou, pour les procédures mentionnées au III de ce même article, » *(Ord. n° 2016-728 du 2 juin 2016, art. 23, en vigueur le 1er juill. 2022)* « un commissaire de justice ». Il peut, à la demande du ministère public *(L. n° 2015-990 du 6 août 2015, art. 237-3°)* « , du débiteur ou du créancier poursuivant » ou d'office, en désigner plusieurs.

« Le ministère public peut proposer un liquidateur à la désignation du tribunal. Le rejet de cette proposition doit être spécialement motivé. Lorsque la procédure est ouverte à l'égard d'un débiteur qui bénéficie ou a bénéficié d'un mandat *ad hoc* ou d'une procédure de conciliation dans les dix-huit mois qui précèdent, le ministère public peut en outre s'opposer à ce que le mandataire *ad hoc* ou le conciliateur soit désigné en qualité de liquidateur.

(Ord. n° 2014-326 du 12 mars 2014, art. 61-2°, en vigueur le 1er juill. 2014) « Lorsque la procédure est ouverte à l'égard d'un débiteur dont le nombre de salariés est au moins égal à un seuil fixé par décret en Conseil d'État, le tribunal sollicite les observations des institutions mentionnées à l'article **L. 3253-14** du code de travail sur la désignation du liquidateur.

« Un représentant des salariés est désigné dans les conditions prévues au deuxième alinéa de l'article **L. 621-4** et à l'article **L. 621-6**. Il exerce la mission prévue à l'article **L. 625-2**. En l'absence de comité *(Ord. n° 2021-1193 du 15 sept. 2021, art. 51, en vigueur le 1er oct. 2021)* « social et économique », le représentant des salariés exerce les fonctions dévolues à *(Ord. n° 2021-1193 du 15 sept. 2021, art. 51, en vigueur le 1er oct. 2021)* « cette institution » par les dispositions du présent titre. — *Pour les dispositions transitoires de l'Ord. n° 2021-1193 du 15 sept. 2021, V. note ss. art. L. 611-2.*

« Les contrôleurs sont désignés et exercent leurs attributions dans les conditions prévues au titre II.

« Sans préjudice de l'application de l'article **L. 641-2**, le tribunal désigne, aux fins de réaliser *(L. n° 2016-1547 du 18 nov. 2016, art. 99-VI-1°)* « , s'il y a lieu, » l'inventaire prévu par l'article **L. 622-6** et la prisée de l'actif du débiteur, *(Ord. n° 2016-728 du 2 juin 2016, art. 23, en vigueur le 1er juill. 2022)* « un commissaire de justice », un notaire ou un courtier en marchandises assermenté, en considération des attributions respectives qui leur sont conférées par les dispositions qui leur sont applicables. »

(Ord. n° 2014-1088 du 26 sept. 2014, art. 7, en vigueur le 28 sept. 2014) « Les mandataires de justice et les personnes désignées à l'alinéa précédent font connaître sans délai tout élément qui pourrait justifier leur remplacement. »

(L. n° 2005-845 du 26 juill. 2005, art. 98) « III. — Lorsque la liquidation judiciaire est prononcée au cours de la période d'observation d'une procédure de sauvegarde ou de redressement judiciaire, le tribunal nomme le mandataire judiciaire en qualité de liquidateur. Toutefois, le tribunal peut, par décision motivée, à la demande de l'administra-

teur, d'un créancier, du débiteur *(Ord. n° 2014-326 du 12 mars 2014, art. 61-3°, en vigueur le 1er juill. 2014)* **« , des institutions mentionnées à l'article L. 3253-14 du code du travail » ou du ministère public, désigner en qualité de liquidateur une autre personne dans les conditions prévues à l'article L. 812-2.**

(Ord. n° 2008-1345 du 18 déc. 2008, art. 93) **« Lorsque le débiteur exerce une profession libérale soumise à un statut législatif ou réglementaire ou dont le titre est protégé, la demande peut aussi être faite au tribunal par l'ordre professionnel ou l'autorité compétente dont, le cas échéant, il relève. »**

« IV. — La date de cessation des paiements est fixée dans les conditions prévues à l'article L. 631-8. »

Les modifications issues de l'Ord. n° 2014-1088 du 26 sept. 2014 s'appliquent aux procédures de sauvegarde, de redressement judiciaire ou de liquidation judiciaire en cours au jour de son entrée en vigueur (Ord. préc., art. 13).

L'Ord. n° 2016-727 du 2 juin 2016 est applicable aux procédures ouvertes après son entrée en vigueur (Ord. préc., art. 25, al. 2).

Le VI de l'art. 99 de la L. n° 2016-1547 du 18 nov. 2016 n'est pas applicable aux procédures en cours au jour de la publication de cette loi (L. préc., art. 114-XVI, JO 19 nov.).

V. art. R. 641-1 s. et R. 641-36.

Ancien art. L. 641-1 (II et III) *[réd. issue de L. n° 2005-845 du 26 juill. 2005]*

[...]

II. — Dans le jugement qui ouvre la liquidation judiciaire, le tribunal désigne le juge-commissaire et, en qualité de liquidateur, un mandataire judiciaire inscrit ou une personne choisie sur le fondement du premier alinéa du II de l'article L. 812-2. Le tribunal peut, soit sur proposition du juge-commissaire ou à la demande du ministère public, soit d'office, procéder au remplacement du liquidateur ou lui adjoindre un ou plusieurs liquidateurs. Le débiteur ou un créancier peut demander au juge-commissaire de saisir à cette fin le tribunal.

Lorsque le débiteur exerce une profession libérale soumise à un statut législatif ou réglementaire ou dont le titre est protégé, l'ordre professionnel ou l'autorité compétente dont, le cas échéant, il relève peut saisir le ministère public aux fins mentionnées au premier alinéa.

Un représentant des salariés est désigné dans les conditions prévues au deuxième alinéa de l'article L. 621-4. Il est remplacé dans les conditions prévues au cinquième alinéa de l'article L. 621-7. Il exerce la mission prévue à l'article L. 625-2.

Les contrôleurs sont désignés et exercent leurs attributions dans les mêmes conditions que celles prévues au titre II.

III. — [...]

Le tribunal peut procéder au remplacement du liquidateur ou lui adjoindre un ou plusieurs liquidateurs suivant les règles prévues au II du présent article.

Lorsque le débiteur exerce une profession libérale soumise à un statut législatif ou réglementaire ou dont le titre est protégé, l'ordre professionnel ou l'autorité compétente dont, le cas échéant, il relève peut saisir le ministère public aux fins mentionnées aux deux premiers alinéas du présent III.

COMMENTAIRE

I. RENVOIS

Sont rendues applicables à la liquidation judiciaire, par voie de renvoi, les dispositions relatives à la sauvegarde et au redressement judiciaire, concernant les auditions par le tribunal préalables à l'ouverture de la procédure (art. L. 621-1) et l'extension de la compétence juridictionnelle (art. L. 621-2).

En ajoutant un renvoi exprès aux dispositions de l'article L. 622-6, l'ordonnance du 12 mars 2014 a réparé une omission des textes précédents. Les règles relatives, notamment, à l'établissement de l'inventaire et au devoir de coopération et d'information trouvent ainsi un support légal en cas de liquidation judiciaire.

Afin de respecter le principe du contradictoire dans l'hypothèse du débiteur ayant déclaré être en état de cessation des paiements et demandé l'ouverture d'une liquidation judiciaire, alors que sa situation n'apparaît pas manifestement insusceptible de redressement, l'ordonnance du 26 septembre 2014 a complété l'article L. 641-1. Pour cela, le texte recourt à la technique procédurale, déjà à l'œuvre dans plusieurs dispositions du décret n° 2014-736 du 30 juin 2014, consistant à inviter la personne concernée par la décision à présenter ses observations avant que le tribunal ne se prononce, de sorte à pouvoir statuer ensuite, dans la même décision, sur la demande de liquidation judiciaire et, le cas échéant, sur l'ouverture d'une procédure de redressement judiciaire.

Quant à la loi PACTE du 22 mai 2019, elle est venue préciser, ici comme à d'autres occasions, qu'avant de statuer, le tribunal devait examiner la situation du débiteur et, le cas échéant, s'il en remplissait les conditions, le faire bénéficier, avec son accord, d'une procédure de rétablissement professionnel, l'idée étant évidemment de favoriser le recours à cette procédure peu utilisée depuis son instauration par l'ordonnance du 12 mars 2014. Cette disposition ne s'applique pas aux procédures en cours le 23 mai 2019, jour de la publication de la loi.

II. DÉSIGNATION DES ORGANES DE LA PROCÉDURE

En 2005, l'article L. 641-1, II et III, a repris, en les adaptant, les dispositions des anciens articles L. 622-2 et L. 622-5, selon la distinction entre les liquidations judiciaires sans période d'observation et celles prononcées au cours de la période d'observation.

Comme, avant elle, la loi du 3 janvier 2003 pour les administrateurs et les mandataires judiciaires (V. art. L. 621-4), la loi du 26 juillet 2005 a prévu la possibilité, pour le tribunal, d'adjoindre un ou plusieurs liquidateurs à celui qui a été désigné (l'initiative, à cet égard, ayant été étendue, par la loi du 6 août 2015, au débiteur et au créancier poursuivant). L'ordonnance du 18 décembre 2008, dans le même ordre d'idées, a autorisé, si nécessaire, la désignation de plusieurs juges-commissaires. La loi du 18 novembre 2016, quant à elle, a renforcé la garantie d'impartialité objective du juge-commissaire (V. comm. [III] ss. art. L. 621-4).

Par ailleurs, l'ordonnance de 2008 a retouché à d'autres égards le II de l'article L. 641-1 : possibilité, expressément prévue, de nommer des experts (comme en cas de sauvegarde ou de redressement judiciaire : V. art. L. 621-4) ; disparition du pouvoir du juge-commissaire de demander la désignation de plusieurs liquidateurs (celle-ci ne peut intervenir que sur demande du ministère public ou d'office) ; faculté pour le ministère public de proposer un liquidateur à la désignation du tribunal, qui ne peut refuser que par décision spécialement motivée (V., par analogie, s'agissant de la désignation d'un administrateur, ss. art. L. 621-4) ; possibilité, offerte au ministère public, de s'opposer à ce que le mandataire *ad hoc* ou le conciliateur soit désigné comme liquidateur lorsque le débiteur a bénéficié d'un mandat *ad hoc* ou d'une conciliation dans les dix-huit mois qui précèdent.

De même qu'en sauvegarde et en redressement judiciaire (V. art. L. 621-4), l'ordonnance du 12 mars 2014 a prévu que l'AGS doit être sollicitée par le tribunal pour faire des observations sur la désignation du liquidateur, sous condition d'un seuil de 50 salariés employés par l'entreprise. Par ailleurs, l'ordonnance de 2014 réintègre la fonction de suppléance du représentant des salariés, en liquidation judiciaire, en l'absence de comité d'entreprise ou de délégués du personnel, dont la mention avait disparu par erreur après la loi du 26 juillet 2005 (C. Gailhbaud, *D. 2014. Chron. 755*).

Quant à la désignation d'un officier public afin de réaliser l'inventaire et la prisée de l'actif, V., par analogie, sous l'article L. 631-9 (auparavant, cette question était traitée à l'art. L. 641-4, al. 4 et 5). A noter que, depuis la loi du 18 novembre 2016, l'insertion dans le texte des mots « s'il y a lieu » rend facultative la formalité d'inventaire prévue aux articles L. 641-1 et L. 641-2, en cas de liquidation judiciaire. Ainsi le tribunal peut-il désormais se dispenser de cette formalité s'il la juge inutile, parce qu'il n'y a plus d'actif à répartir entre les créanciers, ce qui permet d'accélérer la liquidation et d'en alléger les coûts.

La prérogative accordée aux ordres professionnels par le III, alinéa 2, quant à la désignation du liquidateur, tend à protéger les membres des professions libérales, en particulier les avocats. Il s'agit de prévenir des possibles conflits d'intérêts ou des risques de manque d'impartialité de la part d'organes de la procédure ayant déjà eu à connaître de certaines affaires concernant le professionnel objet de la liquidation. Une disposition équivalente existe à l'égard des administrateurs, experts et mandataires judiciaires (V. art. L. 621-7). Avant la réforme de 2008, mal placée (au II, 2e al.), la portée de la disposition était incertaine, qui pouvait paraître, à la lettre, reconnaître à l'ordre le pouvoir de saisir le ministère public aux fins de désignation du juge-commissaire et du liquidateur (mais cette interprétation avait été combattue, du fait, notamment, du nécessaire rapprochement avec l'art. L. 621-7, préc. : V. P. Froehlich et M. Sénéchal, *in* La loi de sauvegarde, article par article [2e partie], *LPA 9 févr. 2006, p. 9* ; sur les problèmes théoriques et pratiques soulevés par le dessaisissement du professionnel libéral au regard des règles de déontologie et d'indépendance, V. S. Rétif, L'extension des procédures collectives aux professions libérales, *Dr. et patr. 3/2006, p. 95, spéc. p. 100*).

Réparant à cet égard un oubli de l'ordonnance du 12 mars 2014, l'ordonnance du 26 septembre 2014 prévoit, dans le contexte de l'article L. 641-1 aussi, que les mandataires de justice et les professionnels désignés pour établir l'inventaire doivent faire connaître sans délai tout élément qui pourrait justifier leur remplacement (V. comm. [XIII] ss. art. L. 621-4).

Notons, pour finir, qu' en application de la loi n° 2015-990 du 6 août 2015, l'ordonnance n° 2016-727 du 2 juin 2016 permet, pour les procédures ouvertes à compter du 1er janvier 2017, la désignation en justice, à titre habituel, des huissiers de justice et des commissaires-priseurs judiciaires en qualité de liquidateur ou d'assistant du juge commis dans le cadre des procédures de rétablissement professionnel, pour les procédures concernant des débiteurs n'employant aucun salarié et réalisant un chiffre d'affaires annuel hors taxes inférieur ou égal à 100 000 €. Les dispositions de l'ordonnance précitée, modifiant notamment les articles L. 812-2 et suivants du code de commerce, ont pour objet d'éviter et de prévenir les éventuels conflits d'intérêts, potentiellement importants dès lors que les huissiers de justice et les commissaires-priseurs n'exercent pas par définition les fonctions de mandataire judiciaire à titre exclusif (V., pour ce risque, pointé avant l'adoption de la loi de 2015, P.-M. Le Corre, *D. 2015. 575*).

III. DATE DE CESSATION DES PAIEMENTS

L'article L. 631-8 est applicable (V. ss. cet art.).

1. *Désignation du liquidateur.* Sur la liberté de choix du tribunal, V. note 1 ss. art. L. 812-1.

2. *Audition de l'ordre professionnel.* V. notes 6 s. ss. art. L. 621-1.

3. *Inventaire et prisée des actifs.* V. note 12 ss. art. L. 621-4 et note 12 ss. art. L. 621-9.

4. *Date de cessation des paiements.* Il résulte de la combinaison des art. L. 631-1, al. 1er, L. 631-8 et L. 641-1, IV, que la date de cessation des paiements est, en cas de liquidation judiciaire, fixée comme en matière de redressement judiciaire, au jour où le débiteur a été placé dans l'impossibilité de faire face à son passif exigible avec son actif disponible. • Com. 7 févr. 2012, n° 11-11.347 P : *D. 2012. Actu. 496* ; *JCP E 2012. 1414, note Lebel.*

Art. L. 641-1-1 *(Ord. n° 2008-1345 du 18 déc. 2008, art. 94)* **Le tribunal peut, soit d'office, soit sur proposition du juge-commissaire ou à la demande du ministère public, procéder au remplacement du liquidateur, de l'expert ou de l'administrateur s'il en a été désigné en application de l'article L. 641-10 ou encore adjoindre un ou plusieurs liquidateurs ou administrateurs à ceux déjà nommés.**

Le liquidateur, l'administrateur ou un créancier nommé contrôleur peut demander au juge-commissaire de saisir à cette fin le tribunal.

Lorsque le débiteur exerce une profession libérale soumise à un statut législatif ou réglementaire ou dont le titre est protégé, l'ordre professionnel ou l'autorité compétente dont, le cas échéant, il relève peut saisir le ministère public à cette même fin.

Le débiteur peut demander au juge-commissaire de saisir le tribunal aux fins de remplacer l'expert. Dans les mêmes conditions, tout créancier peut demander le remplacement du liquidateur.

Par dérogation aux alinéas qui précèdent, lorsque le liquidateur ou l'administrateur demande son remplacement, le président du tribunal, saisi à cette fin par le juge-commissaire, est compétent pour y procéder. Il statue par ordonnance.

(Ord. n° 2014-326 du 12 mars 2014, art. 62, en vigueur le 1er juill. 2014) **« Le juge-commissaire statue par ordonnance, dans les meilleurs délais, sur les demandes de saisine du tribunal aux fins de remplacement qui lui sont adressées en application du présent article. »**

Le comité *(Ord. n° 2021-1193 du 15 sept. 2021, art. 51, en vigueur le 1er oct. 2021)* **« social et économique » ou, à défaut, les salariés de l'entreprise peuvent seuls procé-**

der au remplacement du représentant des salariés. — *Pour les dispositions transitoires de l'Ord. n° 2021-1193 du 15 sept. 2021, V. note ss. art. L. 611-2.*

V. art. R. 641-12.

COMMENTAIRE

L'article L. 641-1-1, issu formellement de l'ordonnance du 18 décembre 2008, a repris certaines dispositions qui figuraient auparavant à l'article L. 641-1. Il est désormais quasiment identique, s'agissant de la liquidation judiciaire, à l'article L. 621-7, applicable en cas de sauvegarde ou de redressement judiciaire (V. ss. cet art.).

Et, donc, logiquement, comme à l'article L. 621-7, l'ordonnance du 12 mars 2014 a précisé que le juge-commissaire doit statuer dans les meilleurs délais sur les demandes de remplacement. ❑

1. Remplacement du liquidateur. Le tribunal ayant ouvert la procédure collective est seul compétent pour connaître d'une demande de remplacement d'un mandataire judiciaire qu'il a désigné. L'auxiliaire de justice dont s'agit n'étant pas attrait en son nom personnel et lui-même directement partie à l'instance qui concerne exclusivement son administré, mais mis en cause à raison des conditions dans lesquelles il exerce le mandat qui lui a été confié par le tribunal, l'art. 47 NCPC [C. pr. civ.], qui prévoit, lorsqu'un auxiliaire de justice est partie à un litige qui relève de la juridiction dans le ressort de laquelle il exerce ses fonctions, un renvoi de droit au profit de la juridiction limitrophe, est inapplicable. • Versailles, 25 févr. 1999 : *RJ com. 1999. 449, note Fricero.*

2. Le nouveau liquidateur doit être mis en cause dans une instance en cours ayant pour objet la constatation du principe et la fixation du montant d'une créance, même si, à cet égard, le débiteur dispose du droit propre d'exercer les voies de recours. • Orléans, 17 févr. 2000 : *RJDA 2000, n° 450 ; Procédures 2000, n° 146, obs. Laporte.*

3. Sur le pouvoir discrétionnaire des juges du fond pour procéder au remplacement du liquidateur, V. note 8 ss. art. L. 661-7.

Art. L. 641-1-2 *(L. n° 2015-990 du 6 août 2015, art. 235-I-3°)* **Lorsque sont réunies les conditions prévues à l'article L. 621-4-1, le tribunal désigne en qualité de liquidateur au moins deux mandataires judiciaires, dont un commun au débiteur et aux sociétés mentionnées aux 2° et 3° du même article.** — *V. art. R. 641-3.*

Art. L. 641-2 *(Ord. n° 2008-1345 du 18 déc. 2008, art. 95)* **Il est fait application de la procédure simplifiée prévue au chapitre IV du présent titre si l'actif du débiteur ne comprend pas de bien immobilier et si le nombre de ses salariés au cours des six mois précédant l'ouverture de la procédure ainsi que son chiffre d'affaires hors taxes sont égaux ou inférieurs à des seuils fixés par décret.** *(Ord. n° 2021-1193 du 15 sept. 2021, art. 52, en vigueur le 1er oct. 2021)* **« Lorsque le débiteur est une personne physique, seule la première condition est requise. »** *(L. n° 2022-172 du 14 févr. 2022, art. 5, en vigueur le 15 mai 2022)* **« Toutefois, les droits mentionnés au premier alinéa de l'article L. 526-1 ne peuvent faire obstacle à l'ouverture d'une procédure de liquidation judiciaire simplifiée. »** — *V. art. D. 641-10.*

Si le tribunal dispose des éléments lui permettant de vérifier que les conditions mentionnées au premier alinéa sont réunies, il statue sur cette application dans le jugement de liquidation judiciaire *(Ord. n° 2014-326 du 12 mars 2014, art. 63, en vigueur le 1er juill. 2014)* **« et peut confier au liquidateur la mission de réaliser** *(L. n° 2016-1547 du 18 nov. 2016, art. 99-VI-1°)* **« , s'il y a lieu, » l'inventaire dans cette procédure ». Dans le cas contraire, le président du tribunal statue au vu d'un rapport sur la situation du débiteur établi par le liquidateur dans le mois de sa désignation.** — *Sur la rémunération du liquidateur, V. art. R. 663-27-1.*

Sur les dispositions transitoires de la L. n° 2016-1547 du 18 nov. 2016, V. note ss. art. L. 641-1.

Sur les dispositions transitoires de l'Ord. n° 2021-1193 du 15 sept. 2021, V. note ss. art. L. 611-2.

Sur les dispositions transitoires de la L. n° 2022-172 du 14 févr. 2022, V. note ss. art. L. 611-13.

Ancien art. L. 641-2 *[réd. issue de la L. n° 2005-845 du 26 juill. 2005]* ***Le liquidateur établit dans le mois de sa désignation un rapport sur la situation du débiteur, sauf si le tribunal prononce la***

liquidation judiciaire au cours d'une période d'observation. Les dispositions du second alinéa de l'article L. 621-9 sont applicables.

La procédure de liquidation judiciaire simplifiée prévue au chapitre IV du présent titre est applicable s'il apparaît que l'actif du débiteur ne comprend pas de bien immobilier, que le nombre de ses salariés au cours des six mois précédant l'ouverture de la procédure et que son chiffre d'affaires hors taxes sont égaux ou inférieurs à des seuils fixés par décret en Conseil d'État.

COMMENTAIRE

I. INSTITUTION PAR LA LOI DE 2005 D'UNE LIQUIDATION JUDICIAIRE SIMPLIFIÉE

L'institution d'une procédure de liquidation judiciaire simplifiée, au régime largement autonome, constituait une des innovations majeures de la réforme de 2005. Celle-ci s'appliquait lorsque le rapport sur la situation du débiteur (établi dans le mois de sa désignation par le liquidateur), que prévoyait l'article L. 641-2, dans sa rédaction originelle, faisait apparaître « que l'actif du débiteur ne comprend pas de bien immobilier, que le nombre de ses salariés au cours des six mois précédant l'ouverture de la procédure et que son chiffre d'affaires hors taxes sont égaux ou inférieurs à des seuils fixés par décret en Conseil d'État ». Ces seuils avaient été fixés par le décret du 28 décembre 2005 à 5 salariés (employés par le débiteur le premier jour du sixième mois précédant l'ouverture de la procédure) et 750 000 euros de chiffre d'affaires (V. R. 641-13). La simplification tenait principalement en ce que le liquidateur procédait à la vente des biens mobiliers de gré à gré ou aux enchères publiques, dans les trois mois suivant l'ouverture de la procédure, et qu'à l'issue de cette période il était procédé à la vente aux enchères publique des biens subsistants. D'autre part, n'étaient alors vérifiées que les seules créances susceptibles de venir en rang utile dans les répartitions et les créances résultant d'un contrat de travail. La clôture de la liquidation judiciaire devait être prononcée, au plus tard, un an après l'ouverture.

L'idée était évidemment d'éviter que les faibles actifs disponibles soient absorbés par les frais de justice.

La loi dispensait toutefois le liquidateur d'établir le rapport lorsque la liquidation judiciaire n'est pas ouverte *ab initio* mais procédait d'une conversion de sauvegarde ou de redressement judiciaire en période d'observation. Tel était le cas, en particulier, des liquidations judiciaires simplifiées subséquentes à un redressement judiciaire ouvert avant le 1er janvier 2006. Ce qui était logique car, alors, le plus souvent, le tribunal avait déjà été informé par le rapport sur la capacité de l'entreprise à financer la poursuite de son activité, prévu par l'article L. 631-15. C'est donc au vu de ce rapport que le tribunal devait normalement se prononcer, après avoir entendu ou dûment appelé le débiteur (ancien article 312 du décret), audition pouvant intervenir lors de l'audience au cours de laquelle il était débattu du prononcé de la liquidation judiciaire, précisait la circulaire n° CIV/02/06 du 9 janvier 2006. Les textes ne se prononçaient cependant pas expressément sur la question de savoir si le tribunal devait attendre le dépôt du rapport pour statuer sur le recours à la procédure simplifiée. Pour certains, telle paraissait bien être la logique ici (V. P. Pétel,Le nouveau droit des entreprises en difficulté, *JCP E 2005, n° 42, p. 1730, spéc. n° 54* ; P. Roussel Galle, Réforme du droit des entreprises en difficulté, *Litec, 2e éd., 2007, n° 792*). Mais cette opinion était sans doute trop rigide, en ce que l'amorce des réalisations d'actif sous le régime normal, c'est-à-dire avec l'autorisation du juge-commissaire, mènerait à une impasse, puisque, dans ce cas, le basculement en régime simplifié n'aurait plus d'intérêt (P. Froehlich et M. Sénéchal, *in* La loi de sauvegarde, article par article [2e partie], *LPA 9 févr. 2006, p. 48*). Trop long, d'un côté, lorsque les critères de la procédure simplifiée étaient manifestement remplis, le délai s'avérait, en revanche, trop court, d'un autre côté, notamment lorsqu'il s'agissait d'attendre l'inventaire qu'il convenait, en pratique, d'annexer au rapport afin de permettre au tribunal de déterminer les biens cessibles de gré à gré (V. art. L. 644-2 ; F. Pérochon, La liquidation judiciaire simplifiée, *RPC 2006. 191, n° 33*). Pour cette raison, la Cour de cassation avait-elle estimé, dans un avis du 10 juillet 2006, malgré la lettre d'apparence impérative de l'art. 312, que l'application de la liquidation judiciaire simplifiée était une faculté dont le tribunal pouvait faire usage dès l'ouverture de la procédure (V. note 1 ss. anc. art. L. 641-2). Mais, réagissant à cette solution audacieuse jugée trop libérale par la

Chancellerie, craignant qu'elle ne vidât le texte de sa substance, le décret modificatif du 23 décembre 2006 était venu la contrecarrer en rerédigeant, de façon à le « verrouiller », l'article 312 du décret de 2005. Aux termes de ce dernier, devenu l'article R. 644-1 : « Dès réception du rapport du liquidateur, le tribunal statue d'office sur l'application à la procédure des règles de la liquidation judiciaire simplifiée, prévue au chapitre IV du titre IV du livre VI du code de commerce. Il se prononce au vu de ce rapport et après avoir entendu les observations du liquidateur, sauf si la liquidation judiciaire est prononcée au cours d'une période d'observation. Cette décision est une mesure d'administration judiciaire non susceptible de recours. Elle est communiquée au débiteur et au liquidateur et est mentionnée aux registres ou répertoires prévus à l'article R. 621-28 ». Il en résulte, on le voit bien, que le tribunal ne devait plus pouvoir se prononcer avant remise de son rapport par le liquidateur (comp., envisageant une possible équivalence entre l'inventaire et le rapport, J.-L. Vallens, Commentaire du décret du 23 décembre 2006, *RLDA 2007, n° 13, p. 21*). Restait, toutefois, fondamentalement, l'affirmation du caractère facultatif de la liquidation judiciaire simplifiée (comp., se demandant, dès lors que le jugement est un acte non décisionnel, si le tribunal gardait la liberté de choix : J. Vallansan, *APC 2007, n° 7*).

La Cour de cassation avait réaffirmé le caractère de mesure d'administration judiciaire de la décision, dans l'hypothèse, un peu plus gênante que le cas de figure inverse, d'un débiteur soumis à la liquidation simplifiée alors qu'il n'en remplissait pas les conditions légales (en l'espèce, parce que la société était propriétaire d'un appartement : V. Com. 4 mars 2008 : *cité ss. art. R. 644-1*). Mais, là non plus, la mesure ne devait normalement pas faire grief au débiteur, même si, en raison de son caractère expéditif, elle risque parfois de lui nuire, de même qu'aux créanciers, ce qui devrait suffire à l'instauration d'une voie de recours (V., en faveur de la création, de *lege feranda*, d'une voie de recours appropriée, par exemple une procédure de référé devant une autre juridiction, ou un recours à bref délai devant le premier président de la cour d'appel, P. Pétel, *JCP E 2008. 2062, n° 7* ; V. aussi, très critique, jugeant notamment abusive la qualification réglementaire de mesure d'administration judiciaire, F. Pérochon, A propos de la réforme de la liquidation judiciaire par l'ordonnance du 18 décembre 2008, *Gaz. Pal. 8-10 mars 2009, p. 3, n° 12* ; pour un exemple de recours irrecevable d'un débiteur propriétaire d'un immeuble, V. Douai, 5 avr. 2011 : *JCP E 2011. 1552, obs. Lebel*).

Notons encore que l'article L. 641-2 rendait applicable l'article L. 621-9, alinéa 2 (qui permet notamment au juge-commissaire de nommer un expert).

II. RÉGIME ISSU DE L'ORDONNANCE DE 2008

L'ordonnance du 18 décembre 2008 avait modifié sur plusieurs points le dispositif institué par la loi du 26 juillet 2005. L'idée principale de la réforme à cet égard consistait en l'affirmation du caractère obligatoire du régime simplifié de la liquidation, en dessous de certains seuils, moyennant, en contrepoids, l'allégement du dispositif antérieur (art. L. 641-2, mod.). En revanche, au-delà de ces seuils, la liquidation simplifiée demeurait une faculté pour le tribunal (art. L. 641-2-1).

La liquidation judiciaire simplifiée connaît un réel succès qui ne se dément pas. En 2017, sur 43 700 liquidations judiciaires, 53,6 % étaient des liquidations simplifiées, dont 86 % étaient des liquidations simplifiées obligatoires (V. étude d'impact, p. 187). Ce qui explique la nouvelle réforme opérée par la loi PACTE du 22 mai 2019, qui vise à accroître encore cette efficacité, en supprimant la liquidation simplifiée facultative et en relevant les seuils de la liquidation simplifiée obligatoire (V. III ci-dessous).

A. LIQUIDATION JUDICIAIRE SIMPLIFIÉE OBLIGATOIRE (ART. L. 641-2)

Lorsque l'actif du débiteur ne comprenait pas de bien immobilier, que le nombre de ses salariés au cours des six mois précédant l'ouverture de la procédure et son chiffre d'affaires hors taxes étaient égaux ou inférieurs à des seuils fixés par décret, le tribunal ordonnait, tout simplement, l'application du régime simplifié de la liquidation judiciaire dans le jugement de liquidation judiciaire. Ces seuils avaient été fixés par le décret de 2009 à 300 000 euros hors taxes et à 1 salarié (art. D. 641-10). Le choix de ce dernier seuil s'expliquait par la volonté de ne pas exclure les sociétés dirigées par un gérant salarié du dispositif obligatoire (A.-S. Texier et E. Russo, Le nouveau droit des entreprises en difficulté après l'ordonnance du 18 décembre 2000 et son décret d'application du 12 février 2009, *LPA 2 mars 2009, p. 3, n° 25* ; P. Roussel Galle, *JCP E 2009. Actu. 125*).

Dans ce cas, la liquidation judiciaire simplifiée était donc impérative. Elle s'imposait au tribunal, qui l'ordonnait, s'il disposait des éléments lui permettant de vérifier que les conditions en étaient réunies, dès l'ouverture de la liquidation judiciaire, et cela, vraisemblablement, qu'il s'agît pour lui d'ouvrir une procédure de liquidation initiale ou de convertir en liquidation judiciaire une procédure de sauvegarde ou de redressement judiciaire (dans ce dernier cas, ces éléments étaient évidemment plus faciles à réunir). Ne pas avoir à attendre un rapport du liquidateur permettait ici, pour les « petites » procédures, un appréciable gain de temps. Demeurait, toutefois, la possibilité d'appliquer l'article L. 644-6, selon lequel, à tout moment, le tribunal peut décider, par un jugement spécialement motivé, de ne plus faire application des dispositions dérogatoires.

En revanche, si le tribunal ne disposait pas des éléments lui permettant de vérifier que les conditions étaient réunies, le président du tribunal devait, comme avant l'ordonnance de 2008, statuer au vu d'un rapport sur la situation du débiteur établi par le liquidateur dans le mois de sa désignation (en ce sens qu'en pratique, les informations absentes lors de l'ouverture sont rarement réunies après un mois, V. P. Canet, Premières remarques sur les modifications apportées par l'ordonnance n° 2008-1345 du 18 décembre 2008 en matière de liquidation judiciaire, *RPC 2009. Dossier 12, n° 6* ; V. aussi, déplorant que le texte n'ait pas exigé que le débiteur fournisse les données utiles lors de la déclaration de cessation des paiements, F. Pérochon, A propos de la réforme de la liquidation judiciaire par l'ordonnance du 18 décembre 2008, *Gaz. Pal. 8-10 mars 2009, p. 3, n° 8*).

Depuis que la Cour de cassation a précisé la portée de la déclaration d'insaisissabilité, la question pourrait se poser de savoir si le fait que celle-ci soit opposable au liquidateur (Com. 28 juin 2011 : *cité note 10 ss. art. L. 641-9*) permettrait d'assimiler cette situation avec celle, visée par l'article L. 641-2, d'absence de bien immobilier compris dans l'actif du débiteur. Bien que, au regard de la finalité du texte, une réponse positive soit envisageable (puisque le liquidateur ne peut réaliser cet immeuble), la complexité de la situation (au regard des créanciers auxquels la déclaration est inopposable) paraissait militer en faveur d'une réponse négative. Mais la loi du 14 février 2022 en faveur de l'activité professionnelle indépendante, applicable à compter du 15 mai 2022, est venue expressément préciser que l'insaisissabilité ne peut faire obstacle à l'ouverture d'une procédure de liquidation judiciaire simplifiée.

Afin d'accroître encore la simplification, l'ordonnance du 12 mars 2014 a prévu que le liquidateur peut être désigné aux fins de réaliser l'inventaire, ce qui dispense de désigner à cette fin un commissaire de justice, un notaire ou un courtier en marchandises assermenté (V. art. L. 644-1-1 ; pour une critique de cette dualité de fonctions peu compatibles, V. F.-X. Lucas, *BJE 2014. 111*). Franchissant un pas de plus, la loi du 18 novembre 2016 a rendu facultative la formalité d'inventaire (V. comm. [II] ss. art. L. 641-1).

B. LIQUIDATION JUDICIAIRE SIMPLIFIÉE FACULTATIVE (ART. L. 641-2-1)

En revanche, en l'absence de bien immobilier et si le nombre des salariés du débiteur ainsi que son chiffre d'affaires hors taxe étaient supérieurs aux seuils fixés en application de l'article L. 641-2 (V. ci-dessus), sans pour autant excéder d'autres seuils fixés par décret (750 000 euros et 5 salariés, autrement dit les seuils « uniques » prévus avant la réforme de 2008-2009), le tribunal, tout comme avant, n'était pas obligé d'appliquer la procédure simplifiée. Le texte disait uniquement que celle-ci « peut être ordonnée ». Il s'agissait donc indiscutablement d'une faculté seulement. Ce système a deux étages pouvait sembler compliqué, et ne pouvait être vraiment approuvé que s'il implique une véritable extension du domaine de la liquidation judiciaire simplifiée.

Dans cette hypothèse, l'article L. 641-2-1 s'inspirait du régime antérieur (V. I. ci-dessus). Ainsi, si la liquidation judiciaire était prononcée au cours d'une période d'observation, le tribunal statuait sur cette application dans le jugement de liquidation judiciaire. Dans le cas contraire, la décision était prise par le président du tribunal au vu d'un rapport sur la situation du débiteur établi par le liquidateur dans le mois de sa désignation.

Trop complexe, ce mécanisme n'a pas donné satisfaction. Aussi le législateur de 2019 a-t-il purement et simplement abrogé l'article L. 641-2-1 (V. III ci-dessous).

III. NOUVEAU RÉGIME ISSU DE LA LOI PACTE DE 2019

Afin de développer réellement le recours à la procédure simplifiée, la loi PACTE du 22 mai 2019 franchit un pas de plus, en la rendant par principe obligatoire, en deçà de certains seuils, lesquels, comme cela avait été annoncé, ont été fixés par un décret du 21 novembre 2019, afin de viser les petites et moyennes entreprises employant 5 salariés au maximum et réalisant moins de 750 000 euros de chiffre d'affaires, seuils qui correspondaient auparavant à ceux en deçà desquels elle pouvait être prononcée à titre facultatif.

En même temps, et logiquement, l'article L. 641-2-1, qui prévoyait les seuils d'application de la liquidation simplifiée facultative, est donc abrogé.

Ce nouveau régime est applicable aux procédures ouvertes à compter du 23 novembre 2019.

IV. PROCÉDURES PRUD'HOMALES EN COURS

Dans le mutisme de la loi à cet égard, il n'y a aucune raison de voir dans l'existence, le cas échéant (très fréquent), de procédures prud'homales en cours un obstacle à l'application du régime simplifié (M. Sénéchal, La liquidation judiciaire simplifiée dans la loi du 26 juillet 2005 de sauvegarde des entreprises, *Gaz. Pal. 7-8 sept. 2005, n° 4* ; *Contra* : G. Teboul, Petit bréviaire de la loi sur la sauvegarde pour ceux qui souhaitent une information pratique, *LPA 27 oct. 2005, p. 7, spéc. p. 10* ; V. aussi, par analogie, comm. ss. art. L. 644-5).

V. VOIES DE RECOURS

Faute de prise de position explicite du législateur de 2005 sur ce point, se posait la question de l'ouverture des recours contre le jugement décidant, en vertu de l'article L. 644-2, de l'application des dispositions relatives à la liquidation judiciaire simplifiée. L'hésitation était permise entre deux régimes, celui de l'article L. 661-1, I, 1°, alors applicable aux décisions *statuant sur l'ouverture* d'une procédure de liquidation judiciaire, et celui de l'article L. 661-1, I, 2°, applicable aux décisions *statuant sur la liquidation judiciaire*. L'analyse de la nature du jugement conduisait à opter pour le second terme de l'alternative (V., pour la démonstration, F. Pérochon, La liquidation judiciaire simplifiée, *RPC 2006. 191, n°s 35 à 37*), ce que confirmait la circulaire du 9 janvier 2006 (V. *IV. Dispositions transitoires*). Mais sans doute, depuis le décret du 23 décembre 2006, la question devait-elle être considérée comme tranchée par l'article R. 644-1, qui a décrété la qualification de mesure d'administration judiciaire non susceptible de recours, à laquelle la Cour de cassation a donné pleine portée (V. Com. 4 mars 2008 : *cité note ss. art. R. 644-1*) ; pour une forte critique de cette qualification, V. F. Pérochon, A propos de la réforme de la liquidation judiciaire par l'ordonnance du 18 décembre 2008, *Gaz. Pal. 8-10 mars 2009, p. 3, n° 12*).

VI. DISPOSITIONS TRANSITOIRES DE LA LOI DE 2005

Afin d'accélérer le déroulement des « petites » liquidations déjà ouvertes au moment de l'entrée en vigueur de la réforme, la loi du 26 juillet 2005 avait prévu que la procédure de liquidation judiciaire simplifiée s'appliquât aux procédures en cours au 1er janvier 2006 (art. 191, 1°). Celles-ci devaient être, selon le garde des Sceaux, au nombre de 185 000 environ *(Les Échos, 21 nov. 2005, p. 3)*. Cette application relèvait d'une initiative de la juridiction, qui en appréciait souverainement l'opportunité, indique la circulaire n° CIV/02/06 du 9 janvier 2006, qui ajoutait encore, entre autres précisions, que l'application des règles de la procédure simplifiée ne signifiait pas l'ouverture d'une nouvelle procédure, mais des conditions particulières pour son déroulement (V. ci-dessous). Mais, cela étant, en pratique, une fois les réalisations commencées, revenir à la liquidation judiciaire simplifiée ne devait plus guère présenter d'intérêt. Ainsi, comme cela avait été relevé, le mélange des deux régimes aboutissait à des situations insensées, en ce qui concernait notamment la vérification des créances à laquelle il n'est pas procédé en liquidation simplifiée alors que le plus souvent cette vérification était achevée lors de la conversion (Ph. Froehlich et M. Sénéchal, *in* La réforme des procédures collectives, La loi de sauvegarde article par article, *LGDJ, 2006, p. 288*). L'application immédiate aux procédures en cours conservait, en revanche, tout son intérêt en cas de conversion en liquidation judiciaire.

VII. CRISE SANITAIRE DU COVID-19

L'ordonnance n° 2020-596 du 20 mai 2020 a assoupli les conditions d'éligibilité à la liquidation judicaire simplifiée durant la crise sanitaire. Ainsi, elle écarte les conditions de seuils pour les personnes physiques dont le patrimoine ne comprend pas de biens immobiliers. Le texte permet, toutefois, au tribunal de ne pas faire application de la procédure de liquidation judiciaire simplifiée si des difficultés sont susceptibles d'apparaître pour les entreprises comptant au moins six salariés. La dérogation s'applique pour les procédures ouvertes entre la date de l'entrée en vigueur de l'ordonnance du 20 mai 2020 et celle de l'entrée en vigueur de l'ordonnance prévue par l'article 196 de la loi n° 2019-486 du 22 mai 2019, et au plus tard jusqu'au 17 juillet 2021 inclus (V. art. 6 et 10, *infra*).

VIII. ORDONNANCE DE 2021

L'ordonnance du 15 septembre 2021, applicable aux procédures ouvertes à compter du 1er octobre 2021, a pérennisé la mesure de souplesse introduite, à titre temporaire, le temps de la pandémie de covid-19, par l'ordonnance du 20 mai 2020 : désormais peut bénéficier de la procédure de liquidation judiciaire simplifiée toute personne physique sous réserve que l'actif du débiteur ne comprenne pas de bien immobilier. Les conditions de seuils prévues au premier alinéa de l'article L. 641-2 du code de commerce sont ainsi écartées en présence d'un débiteur personne physique. ❑

1. Liquidation judiciaire simplifiée. L'application de la liquidation judiciaire simplifiée prévue par l'art. L. 641-2, al. 2, est une faculté dont le tribunal peut faire usage dès l'ouverture de la procédure. • Cass., avis, 10 juill. 2006, n° 06-00.008 P : *D. 2006. AJ 2032, obs. Lienhard ; D. 2007. Pan. 43, obs. Le Corre ; RPC 2006. 254, obs. Roussel Galle ; Gaz. Pal. 6-7 oct. 2006, p. 22, obs. M. Sénéchal ; JCP E 2007, n° 1, p. 21, obs. Pétel.* ♦ Solution infirmée par l'art. R. 644-1, dans sa réd. issue du Décr. n° 2006-1709 du 23 déc. 2006, imposant au tribunal de statuer au vu du rapport du liquidateur. ♦ Comp., désormais : art. L. 641-2, al. 2 (réd. issue de l'Ord. n° 2008-1345 du 18 déc. 2008) et R. 644-1 (réd. issue du Décr. n° 2009-160 du 12 févr. 2009).

2. Pour l'inapplicabilité de la liquidation judiciaire simplifiée au débiteur détenant des droits indivis dans un immeuble, V. • T. com. Bordeaux, 6 janv. 2016 : *RPC 2017. Chron. 1, n° 2, obs. Saintourens.*

3. Rapport du liquidateur. Sur la possibilité, pour le tribunal, de se fonder sur l'avis émis par le liquidateur, dans un rapport complémentaire à celui établi en application de l'art. L. 641-2, concernant la date de cessation des paiements, dès lors que ce rapport a été régulièrement communiqué au débiteur, V. • Com. 8 sept. 2021, n° 20-11.925 : *APC 2021, n° 259, obs. Revel Pedemons ; RPC 2022, n° 21, obs. Saintourens.*

Art. L. 641-2-1 *(Abrogé par L. n° 2019-486 du 22 mai 2019, art. 57) (Ord. n° 2008-1345 du 18 déc. 2008, art. 96)* ***En l'absence de bien immobilier et si le nombre des salariés du débiteur ainsi que son chiffre d'affaires hors taxes sont supérieurs aux seuils fixés en application de l'article L. 641-2 sans excéder des seuils fixés par décret, la procédure simplifiée prévue au chapitre IV du présent titre peut être ordonnée.***

Si la liquidation judiciaire est prononcée au cours d'une période d'observation, le tribunal statue sur cette application dans le jugement de liquidation judiciaire. Dans le cas contraire, la décision est prise par le président du tribunal au vu d'un rapport sur la situation du débiteur établi par le liquidateur dans le mois de sa désignation.

Pour les dispositions transitoires de la L. n° 2019-486 du 22 mai 2019, V. 4e note ss. art. L. 626-27.

COMMENTAIRE

Voir le commentaire (II) sous l'article L. 641-2. ❑

Art. L. 641-3 *(L. n° 2005-845 du 26 juill. 2005, art. 100)* **Le jugement qui ouvre la liquidation judiciaire a les mêmes effets que ceux qui sont prévus en cas de sauvegarde par les premier et** *(Ord. n° 2008-1345 du 18 déc. 2008, art. 97)* **« troisième alinéas du I et par le III de l'article L. 622-7, par les articles L. 622-21 et L. 622-22, par la première phrase de l'article L. 622-28 et par l'article L. 622-30.**

« Le juge-commissaire peut autoriser le liquidateur ou l'administrateur lorsqu'il en a été désigné à payer des créances antérieures au jugement, pour retirer le gage ou la chose légitimement retenue ou encore *(Abrogé par Ord. n° 2014-326 du 12 mars 2014, art. 64-1°, à compter du 1er juill. 2014)* ***« , lorsque le paiement à intervenir est d'un montant inférieur à la valeur vénale du bien objet du contrat, »*** **pour lever l'option d'achat d'un contrat de crédit-bail.**

(Ord. nº 2014-1088 du 26 sept. 2014, art. 8) **« Lorsque les dirigeants de la personne morale débitrice ne respectent pas leurs obligations en matière d'arrêté et d'approbation des comptes annuels, le liquidateur peut saisir le président du tribunal aux fins de désignation d'un mandataire *ad hoc*. »** – *Les modifications issues de l'Ord. nº 2014-1088 du 26 sept. 2014 s'appliquent aux procédures ouvertes à compter du 1er juill. 2014 (Ord. préc., art. 13).*

Les créanciers déclarent leurs créances au liquidateur selon les modalités prévues aux articles L. 622-24 à L. 622-27 et L. 622-31 à L. 622-33. *(L. nº 2019-486 du 22 mai 2019, art. 63)* **« Si la détermination de l'assiette et du calcul de l'impôt est en cours, l'établissement définitif des créances du Trésor public admises à titre provisionnel doit être effectué par l'émission du titre exécutoire dans le délai prévu à l'article L. 624-1. Toutefois, si une procédure de contrôle ou de rectification de l'impôt a été engagée, l'établissement définitif »** *(Ord. nº 2014-326 du 12 mars 2014, art. 64-2º, en vigueur le 1er juill. 2014)* **« des créances qui en font l'objet doit être** *(L. nº 2019-486 du 22 mai 2019, art. 63)* **« réalisé » avant le dépôt au greffe du compte rendu de fin de mission par le liquidateur. Le délai de cet établissement définitif est suspendu par la saisine de l'une des commissions** *(L. nº 2015-1786 du 29 déc. 2015, art. 46-III)* **« ou du comité mentionnés » à l'article L. 59 du livre des procédures fiscales jusqu'à la date de réception par le contribuable ou son représentant de l'avis de cette commission ou celle d'un désistement. »**

Pour les dispositions transitoires de la L. nº 2019-486 du 22 mai 2019, V. 1re note ss. art. L. 622-24.

V. art. R. 641-23 s.

BIBL. ▸ LEGROS, *Dr. sociétés 2014, nº 195.*

Ancien art. L. 641-3 (al. 1er) *[réd. issue de L. nº 2005-845 du 26 juill. 2005]* ***Le jugement qui ouvre la liquidation judiciaire a les mêmes effets que ceux qui sont prévus en cas de sauvegarde par les premier et quatrième alinéas de l'article L. 622-7 et par les articles L. 622-21, L. 622-22, L. 622-28 et L. 622-30.***

COMMENTAIRE

I. RENVOIS

S'agissant des effets du jugement d'ouverture de la liquidation judiciaire, sont rendues applicables, par l'article L. 641-3, légèrement modifié par l'ordonnance du 18 décembre 2008 pour tenir compte des retouches que cette dernière a apportées aux textes visés, les dispositions relatives à l'interdiction de paiement des créances antérieures et l'interdiction de conclusion et réalisation d'un pacte commissoire (art. L. 622-7, I, al. 1er et 3, et III ; V., regrettant, en revanche, que le texte n'envisage pas que les pactes commissoires assortissant les sûretés réelles traditionnelles puissent être mis en œuvre, P. Crocq, Nouvelle réglementation de la fiducie, 2008-2009 : un tournant pour l'entreprise, *Wolters Kluwer, déc. 2008, p. 124, spéc. p. 127*), à l'arrêt des poursuites individuelles (art. L. 622-21 et L. 622-22), à l'arrêt du cours des intérêts (art. L. 622-28, première phrase), à l'interdiction des inscriptions (art. L. 622-30), et au sort des cautions et coobligés (art. L. 622-31 à L. 622-33). S'agissant de la règle de l'arrêt du cours des intérêts légaux, le renvoi global à l'article L. 622-28 (al. 1er), qu'opérait le texte issu de la loi de 2005, paraissait erroné en ce qu'il en eût fait bénéficier les personnes physiques coobligées ou ayant consenti un cautionnement ou une garantie autonome, comme en cas de sauvegarde, alors que ce texte de faveur est expressément écarté en cas de redressement judiciaire (V. art. L. 631-14, II ; Ph. Roussel Galle, Réforme du droit des entreprises en difficulté, *Litec, 2e éd., 2007, nº 700* ; P. Froehlich et M. Sénéchal, *in* La loi de sauvegarde, article par article [2e partie], *LPA 9 févr. 2006, p. 11* ; Intervention de J.-P. Rémery, Séminaire sur les six premiers mois d'application de la loi nº 2005-845 du 26 juillet 2005 de sauvegarde des entreprises, Cour de cassation, 23 juin 2006, www.courdecassation.fr). Aussi l'ordonnance du 18 décembre 2008 est-elle opportunément venue rectifier le tir sur ce point. Il n'est donc pas douteux que, en liquidation judiciaire, les personnes physiques coobligées ou ayant consenti une sûreté personnelle ou ayant affecté ou cédé un bien en garantie ne peuvent invoquer la règle de l'arrêt du cours des intérêts légaux.

Les règles de déclaration des créances sont les mêmes, sous réserve que le destinataire est le liquidateur.

S'agissant des créances du Trésor public, voir le commentaire sous l'article L. 622-24, IV.

II. AUTORISATION DONNÉE PAR LE JUGE-COMMISSAIRE

L'alinéa 2, ajouté par l'ordonnance du 18 décembre 2008, tout comme auparavant l'art. L. 642-25, alinéa 1er (désormais abrogé), reprend, avec quelques modifications, les dispositions de l'article L. 622-7, II, alinéa 2 (élargissant logiquement, ici aussi, le domaine de l'autorisation de payer en supprimant la condition relative au montant du paiement inférieur à la valeur vénale du bien objet du contrat). L'idée est de faciliter la cession de l'entreprise ou des actifs par le retrait de gage de chose objet d'un droit de rétention, ou l'acquisition d'un bien crédit-baillé.

Il est à noter, toutefois, que, dans le contexte différent de la liquidation judiciaire : – le paiement afin de retirer le gage (mobilier ou immobilier depuis la loi du 12 mai 2009 : V. ss. art. L. 642-25, abrogé) ou la chose retenue ou de lever l'option d'achat d'un crédit-bail ne suppose pas d'être justifié par la poursuite de l'activité (c'est logique) ; – nulle possibilité n'est prévue de payer pour obtenir le retour des biens ou droits objets d'une fiducie-sûreté (c'est logique aussi, puisque, en cas de liquidation judiciaire, aucune disposition, justifiée par la finalité de sauvetage de l'entreprise, ne vient entraver l'efficacité de la fiducie-sûreté ; V., toutefois, regrettant cette exclusion, estimant que le paiement n'eût pas nui à la sécurité du créancier, F. Pérochon, Les interdictions de paiement et le traitement des sûretés réelles, *D. 2009. Chron. 651, n° 27*).

A défaut de retrait du gage ou de la chose légitimement retenue, le liquidateur doit, dans les six mois du jugement de liquidation judiciaire, demander au juge-commissaire l'autorisation de procéder à la réalisation (V. art. L. 642-20-1).

Notons qu'un auteur a émis un doute sur l'application par la jurisprudence des articles L. 641-3, alinéa 2, et L. 642-20-1 (tout en la souhaitant), aux titulaires d'un gage sans dépossession assorti du droit de rétention de l'article 2286, 4°, du code civil (N. Borga, Regards sur les sûretés dans l'ordonnance du 18 décembre 2008, *RDBF 2009. Étude 20, n° 7*). C'est l'absence de pouvoir de blocage du titulaire qui peut justifier cette position, mais, outre qu'elle ne paraît pas correspondre à l'intention des auteurs de la réforme, il a été relevé que le créancier disposerait tout de même du pouvoir de s'opposer à la radiation de l'inscription de la sûreté (F. Pérochon, A propos de la réforme de la liquidation judiciaire par l'ordonnance du 18 décembre 2008, *Gaz. Pal. 8-10 mars 2009, p. 3, n° 30* ; M.-H. Monsèrié-Bon, Les apports de la réforme du 18 décembre 2008 en matière de sûretés, *Dr. et patr. 1/2010, p. 26, spéc. p. 32*).

III. COMPTES ANNUELS DES SOCIÉTÉS

Une disposition, issue de l'ordonnance du 18 décembre 2008, dispensait les personnes morales d'établir et de faire approuver des comptes annuels, sauf, le cas échéant, pendant le maintien provisoire de l'activité.

Il s'agissait là certainement de mettre fin à l'interprétation, faite par une réponse ministérielle critiquable (Rép. min. n° 4657 : *JOAN Q, 6 mai 2008, p. 351 ; D. 2008. 1334, obs. A. Lienhard* ; A. Cerati-Gauthier, Responsabilité pénale du liquidateur judiciaire pour défaut de convocation d'une assemblée générale, *JCP E 2008. 1904* ; F.-X. Lucas, *BJS juin 2008, Éditorial*), mais réitérée (Rép. min. n° 1841 : *JO Sénat Q, 21 août 2008, p. 1695*), qui avait estimé que le liquidateur pourrait être pénalement responsable, sur le fondement de l'article L. 242-10 du code de commerce, du défaut de convocation de l'assemblée générale des actionnaires aux fins d'approbation des comptes annuels dans les six mois de la clôture de l'exercice.

Le maintien de cette disposition après l'ordonnance du 12 mars 2014 était apparu inopportun, puisque la dissolution de la société ne résulte plus que de la clôture de la liquidation judiciaire pour insuffisance d'actif (V. M. Menjucq, Liquidation judiciaire et dissolution de la société débitrice : un nouveau principe nécessitant des précisions, *RPC 2014. Repère 3*). Aussi l'ordonnance du 26 septembre 2014 a-t-elle remanié le texte, qui précise désormais que les obligations en la matière incombent aux dirigeants de la personne morale débitrice et prévoit la désignation d'un mandataire *ad hoc* à la demande du liquidateur pour pallier l'inaction des dirigeants. ❑

1. Biens constitués en gage. La consignation auprès du comptable du Trésor d'une somme pour assurer le recouvrement de la créance du Trésor public ne constitue pas un contrat de gage. Aussi, une cour d'appel ne peut, sans violer les art. L. 277, R. 277-1 LPF et 159 de la loi de 1985 [C. com., art. L. 641-3], pour ordonner la compensation entre la garantie détenue par la recette des finances et la créance du Trésor public, énoncer que les sommes déposées sur un compte à terme de la recette des finances constituent une sûreté assimilable au gage. • Com. 27 oct. 1998 : *D. 1999. Somm. 244, obs. Jobard-Bachellier ; D. Affaires 1999. 170, obs. V. A.-R. ; JCP 1999. I. 158, n° 13, obs. Delebecque ; RTD com. 1999. 749, obs. Martin-Serf ; Quot. jur. 17 nov. 1998, p. 7, note P. M. ; RJ com. 2000. 325, note Courtier.*

2. L'art. 159, al. 1er, devenu l'art. L. 622-21, al. 1er [L. 641-3, al. 2], C. com., est inapplicable aux immeubles. • Civ. 3e, 23 oct. 2002, n° 98-18.109 P : *D. 2002. AJ 3144 ; APC 2002, n° 269, obs. Saintourens ; JCP E 2003, n° 5, p. 221, obs. Cabrillac ; ibid., n° 43, p. 1720, note Kéita ; JCP 2003. II. 10182, note Dreuille ; RDBF 2003, n° 24, obs. Legeais.* ♦ *Contra* : V. note 15 ss. art. L. 642-20-1.

3. Gage sans droit de rétention. Le juge-commissaire ne statue pas dans la limite de ses attributions lorsque, au mépris de l'ordre des créanciers, il autorise le liquidateur à retirer le bien nanti, en payant la dette du créancier titulaire d'un nantissement sur l'outillage et le matériel qui ne confère pas de droit de rétention. • Com. 4 janv. 2005, n° 02-10.511 P : *D. 2005. 970, note A. Aynès ; JCP E 2005, n° 17, p. 709, obs. Cabrillac ; Gaz. Pal. 29-30 avr. 2005, p. 31, obs. Voinot ; RPC 2005. 133, obs. Gorrias.*

4. Crédit-bail. Les dispositions de l'art. L. 641-3, al. 2, ne permettent pas de déroger à la clause du contrat de crédit-bail fixant la durée de location à l'expiration de laquelle le preneur a la faculté d'exercer l'option d'achat. • Com. 18 mars 2014, n° 12-27.297 P : *D. 2014. Actu. 773, obs. Lienhard ; Rev. sociétés 2014. 406, obs. Roussel Galle ; JCP E 2014. 1447, n° 1, obs. Pétel ; LEDEN 5/2014. 6, obs. Le Corre ; APC 2014, n° 157, obs. Petit ; BJE 2014. 243, note Le Corre-Broly ; RJDA 2014, n° 786.*

5. Autorisation d'occupation du domaine public. Sur le sort de cette autorisation, en cas de liquidation judiciaire de l'occupant, V. * Rép. min. n° 13075 : *JO Sénat Q, 7 janv. 2016, p. 57.*

6. Contrôle des comptes. Le liquidateur ne peut pas mettre fin au mandat du commissaire aux comptes, lequel reste en fonctions jusqu'à la clôture de la liquidation judiciaire. * Avis CNCC EJ 2020-44, 15 avr. 2022 : *BRDA 2022, n° 18, p. 7.*

Art. L. 641-4 *(L. n° 2005-845 du 26 juill. 2005, art. 101)* **Le liquidateur procède aux opérations de liquidation en même temps qu'à la vérification des créances. Il peut introduire ou poursuivre les actions qui relèvent de la compétence du mandataire judiciaire.**

Il n'est pas procédé à la vérification des créances chirographaires s'il apparaît que le produit de la réalisation de l'actif sera entièrement absorbé par les frais de justice et les créances privilégiées, à moins *(L. n° 2022-172 du 14 févr. 2022, art. 5, en vigueur le 15 mai 2022)* **« qu' » il n'y ait lieu de mettre à la charge des dirigeants sociaux de droit ou de fait** *(Ord. n° 2010-1512 du 9 déc. 2010, art. 5-2°)* **« ou de cet entrepreneur » tout ou partie du passif conformément** *(Ord. n° 2008-1345 du 18 déc. 2008, art. 98)* **« à l'article L. 651-2 ».**

(Ord. n° 2014-326 du 12 mars 2014, art. 65-1°, en vigueur le 1er juill. 2014) **« Lorsqu'il apparaît nécessaire de reprendre la vérification des créances, le juge-commissaire fixe pour y procéder un délai supplémentaire qui ne peut excéder six mois. La fixation de ce délai supplémentaire a les mêmes conséquences que celle du délai prévu à l'article L. 624-1. »**

Le liquidateur exerce les missions dévolues à l'administrateur et au mandataire judiciaire par les articles L. 622-6, L. 622-20, L. 622-22, L. 622-23 *(Abrogé par Ord. n° 2014-326 du 12 mars 2014, art. 65-2°, à compter du 1er juill. 2014)* **« , L. 624-17 », L. 625-3, L. 625-4 et L. 625-8.**

(Abrogé par Ord. n° 2008-1345 du 18 déc. 2008, art. 98) ***« Aux fins de réaliser l'inventaire prévu à l'article L. 622-6, le tribunal désigne un commissaire-priseur judiciaire, un huissier, un notaire ou un courtier en marchandises assermenté.***

« Une prisée des actifs du débiteur est effectuée par les personnes visées au quatrième alinéa. »

Les licenciements auxquels procède le liquidateur en application de la décision *(Ord. n° 2008-1345 du 18 déc. 2008, art. 98)* **« ouvrant ou prononçant la liquidation, le cas échéant au terme du maintien provisoire de l'activité autorisé par le tribunal, » sont soumis aux dispositions** *(L. n° 2013-504 du 14 juin 2013, art. 18-XXIII-3°)* **« de l'article L. 1233-58 » du code du travail.** *(Ord. n° 2014-326 du 12 mars 2014, art. 65-3°, en* *vigueur le 1er juill. 2014)* **« L'avis du comité** *(Ord. n° 2021-1193 du 15 sept. 2021, art. 53, en vigueur le 1er oct. 2021)* **« social et économique est rendu » au plus tard dans les douze jours de la décision prononçant la liquidation, ou, si le maintien provisoire de l'activité a été autorisé par le tribunal, dans les douze jours suivant le terme de cette autorisation. L'absence de remise du rapport de l'expert mentionné aux articles L. 1233-34, L. 1233-35, L. 2325-35 ou L. 4614-12-1 du code du travail ne peut avoir pour effet de reporter ce délai. »** – *Pour l'entrée en vigueur des modifications issues de la L. n° 2013-504 du 14 juin 2013, V. note ss. art. L. 631-17 ; ... les dispositions transitoires de l'Ord. n° 2021-1193 du 15 sept. 2021, V. note ss. art. L. 611-2.*

Pour les dispositions transitoires de la L. n° 2022-172 du 14 févr. 2022, V. note ss. art. L. 611-13.

V. art. R. 641-14 s.

BIBL. ▸ Delattre, *RPC 2019. Étude 17* (le liquidateur judiciaire face à ses obligations environnementales).

COMMENTAIRE

I. DISPENSE DE VÉRIFICATION DES CRÉANCES CHIROGRAPHAIRES

L'alinéa 2, datant de la loi du 26 juillet 2005, n'est que la transposition, le déplacement au sein des dispositions relatives à la liquidation judiciaire, de l'ancien article L. 621-102, abrogé. La dispense de vérification des créances chirographaires s'appliquait déjà, avant la loi de 2005, en cas de liquidation judiciaire, en vertu de cette disposition aujourd'hui supprimée.

Cette disposition permet aussi aux créanciers, rapidement fixés sur leur sort, de solliciter des certificats d'irrécouvrabilité les autorisant à récupérer la TVA figurant sur les factures impayées et à constater immédiatement la perte (C. Léguevaques, Le sort des créanciers après la loi de sauvegarde des entreprises : entre renforcement des droits et allégements des devoirs, *in* Regards croisés de praticiens sur la loi de sauvegarde, *LPA 17 févr. 2006, p. 63, spéc. p. 84*).

La doctrine, comme la jurisprudence, considérait, avant la réforme de 2005, que le défaut de vérification des créances n'entraînait pas leur extinction si elles avaient été déclarée. Ce qui permettait au créancier non admis d'agir tout de même contre la caution ou encore de recouvrer, éventuellement, son droit de poursuite individuelle en cas de clôture de la liquidation judiciaire pour insuffisance d'actif.

La solution est d'autant plus confortée aujourd'hui que la forclusion n'équivaut plus à l'extinction de la créance (V. ss. art. L. 622-26).

Parmi les exceptions, l'ordonnance du 18 décembre 2008 a supprimé la référence à l'article L. 652-1, puisque cet article, relatif à l'obligation aux dettes sociales, créée par la loi de 2005, a été abrogé par l'ordonnance.

Les adaptations qu'avait apportées l'ordonnance du 9 décembre 2010 au deuxième alinéa s'expliquaient par l'extension de l'action en responsabilité pour insuffisance d'actif à l'entrepreneur individuel à responsabilité limitée (V. art. L. 651-2, mod.). Ultérieurement, la loi du 14 février 2022 en faveur de l'activité professionnelle indépendante, applicable à compter du 15 mai 2022, qui a substitué à l'option pour le statut de l'entrepreneur individuel à responsabilité limitée (EIRL) une protection de plein droit du patrimoine personnel, seul le patrimoine professionnel étant engagé, a modifié le texte afin de viser, de façon générale, le cas des entrepreneurs, dotés d'un patrimoine professionnel et d'un patrimoine personnel (non sans maladresse, car l'expression « cet entrepreneur » ne se rapporte grammaticalement plus à rien ; V. art. L. 651-2, al. 3, nouv.).

Par deux décisions complémentaires en pratique, la Cour de cassation a jugé à l'automne 2013 que la dispense de vérification du passif constituait une simple mesure d'administration judiciaire (Com. 17 sept. 2013 : *cité ss. art. R. 641-27*), qui n'interdit pas au liquidateur d'intenter une action en responsabilité pour insuffisance d'actif (Com. 5 nov. 2013 : *cité note 21*).

Le troisième alinéa ajouté par l'ordonnance du 12 mars 2014 plafonne à six mois le délai que peut accorder le juge-commissaire pour reprendre, le cas échéant, la vérification des créances. Le renvoi à l'article L. 624-1 signifie que la sanction du non-respect de ce délai est l'absence de rémunération du liquidateur au titre des créances déclarées ne figurant pas sur la liste établie dans ce délai.

II. EXERCICE DES MISSIONS DÉVOLUES À L'ADMINISTRATEUR ET AU MANDATAIRE JUDICIAIRE

La loi nouvelle de 2005 a adapté les renvois aux dispositions normalement prévues pour le redressement judiciaire.

Sont visés : les articles L. 622-6 (établissement d'un inventaire des actifs du débiteur), L. 622-20 (action du liquidateur dans l'intérêt collectif des créanciers et obligation d'information du juge-commissaire et du ministère public), L. 622-22 et L. 622-23 (intervention lors de la poursuite ou de la reprise des instances en cours), L. 624-17 (demande en revendication ou en restitution d'un bien), L. 625-3 (présence du liquidateur aux instances en cours devant les juridictions prud'homales), L. 625-4 (information des représentants des salariés et du salarié ayant reçu un refus par l'AGS de régler une créance salariale), L. 625-8 (paiement des créances salariales bénéficiant d'un privilège).

L'ordonnance du 12 mars 2014 a supprimé le renvoi à l'article L. 624-17 qu'opérait l'article L. 641-4, s'agissant de la procédure d'acquiescement à une demande en revendication (V. comm. ss. art. L. 641-14-1).

III. INVENTAIRE

La disposition relative à l'inventaire et à la prisée de l'actif du débiteur, qui se trouvait avant l'ordonnance de 2008 aux alinéas 4 et 5, se retrouve désormais à l'article L. 641-1, II.

IV. LICENCIEMENT ÉCONOMIQUE

Le dernier alinéa, issu de la loi du 26 juillet 2005, reprend les dispositions du dernier alinéa de l'ancien article L. 622-5.

Afin d'éviter que, comme actuellement, soient maintenus en poste les salariés protégés pour lesquels le licenciement suppose une autorisation administrative préalable, il avait été suggéré que le jugement de liquidation judiciaire sans poursuite d'activité entraîne de plein droit l'autorisation de licenciement de l'ensemble des salariés (T. Montéran, Pour améliorer le droit des entreprises en difficulté, osons la réforme, *Gaz. Pal. 23-24 janv. 2008, p. 3, spéc. p. 12*). Mais cette suggestion n'a pas reçu d'écho dans le texte réformé par l'ordonnance de 2008. Celle-ci s'est contentée, en visant les décisions « ouvrant ou prononçant la liquidation, le cas échéant au terme du maintien provisoire de l'activité autorisée par le tribunal », de faire jouer la disposition aussi bien pour les jugements d'ouverture d'une liquidation judiciaire que pour les jugements convertissant une sauvegarde ou un redressement judiciaire en liquidation judiciaire (sur la portée de ce texte, V. F. Taquet, Aperçu rapide des modifications en matière sociale résultant de l'ordonnance n° 2008-1345 du 18 décembre 2008 portant réforme du droit des entreprises en difficulté, *RPC 2009. Dossier 13, n° 16*).

Refusant de transmettre une question prioritaire de constitutionnalité à ce sujet, la chambre sociale a justifié, au regard du principe d'égalité du citoyen devant la loi, le fait que l'employeur en liquidation judiciaire soit soumis, par application combinée des articles L. 641-4 du code de commerce et L. 3253-8 du code du travail, à la même obligation de reclassement préalable au licenciement d'un salarié pour motif économique que celle à laquelle est tenu un employeur *in bonis*, tout en étant obligé à procéder au licenciement du salarié dans un délai de quinze jours de l'ouverture de la liquidation judiciaire, dès lors que les sommes dues au titre de la rupture sont prises en charge par un régime d'assurance garantissant les créances salariales contre l'insolvabilité des employeurs et que la réduction de la période couverte par la garantie satisfait à des raisons d'intérêt général (Soc. 6 oct. 2011 : *cité note 15* ; V. aussi Soc. 19 avr. 2013, n° 13-40.006).

Une précision issue de l'ordonnance du 12 mars 2014, au dernier alinéa, destinée à lever des blocages, consiste à impartir au comité social et économique un délai maximal de douze jours pour rendre son avis relatif au licenciement. ❑

I. POUVOIRS DU LIQUIDATEUR

BIBL. Vallens, *RTD com. 2001. 979* (double rôle du liquidateur).

1. Étendue des pouvoirs. Le liquidateur trouve dans les pouvoirs qui lui sont conférés par la loi en vue de la défense de l'intérêt collectif des créanciers qualité pour exercer une action en paiement de dommages-intérêts contre toute personne, fût-elle titulaire d'une créance ayant son origine antérieurement au jugement d'ouverture de la procédure collective, coupable d'avoir contribué par des agissements fautifs à la diminution de l'actif ou à l'aggravation du passif (à propos d'une action contre une banque). • Com. 16 nov. 1993, nº 91-19.570 P : *D. 1994. 57, concl. Régis de Gouttes, rapp. Pasturel, note Derrida et Sortais* • 11 oct. 1994, nº 90-12.129 P : *D. 1994. IR 240 ; BJS 1994. 1342, note Le Cannu ; LPA 16 juin 1995, p. 22, note Courtier.*

2. Le liquidateur désigné dans la nouvelle procédure collective ouverte après résolution du plan de continuation trouve, dans les pouvoirs qui lui sont dévolus par la loi en vue de la défense de l'intérêt collectif des créanciers, qualité pour poursuivre les actions reprises ou engagées aux mêmes fins, avant la résolution du plan, par le commissaire à l'exécution du plan. • Com. 24 mars 2004, nº 01-15.388 P : *D. 2004. Somm. 2148, obs. F.-X. Lucas ; JCP E 2004, nº 37, p. 1384, obs. Pétel ; Gaz. Pal. 2004. 1903, note Le Corre.*

3. Selon les dispositions des art. 46, al. 1er [C. com., art. L. 622-20, al. 1er], et 148, al. 3 [C. com., art. L. 641-4, al. 1er], qui sont d'ordre public, le représentant des créanciers [mandataire judiciaire], dont les attributions sont ensuite dévolues au liquidateur, a seul qualité pour agir au nom et dans l'intérêt collectif des créanciers ; l'action individuelle introduite par un créancier, pour demander la réparation d'un préjudice qui n'est pas distinct de celui causé aux autres créanciers, est irrecevable. • Com. 4 oct. 2005, nº 04-16.329 P : *D. 2005. AJ 2805, obs. Lienhard*. ♦ Cette fin de non-recevoir doit être relevée d'office. • Même arrêt.

Si le demandeur à l'action indemnitaire est un associé qui agit en responsabilité contre les dirigeants de la société débitrice, la recevabilité de son action est subordonnée à l'allégation d'un préjudice personnel et distinct de celui qui aurait pu être subi par la société elle-même. • Com. 2 juin 2021, nº 19-23.758 : *Rev. sociétés 2021. 549, obs. Henry ; LEDEN 7/2021. 6, obs. Azevedo ; BJE 9-10/2021. 13, note J.-B. Barbièri.* ♦ Dès lors que le préjudice subi par l'associé résulte, non d'une faute délictuelle du prêteur, mais directement de la défaillance de la société dans le remboursement du prêt et de son obligation corrélative de supporter les pertes sociales en sa qualité d'associé, il ne présente pas le caractère personnel de nature à justifier de sa part une action en responsabilité contre le prêteur. • Com. 13 oct. 2015, nº 11-20.746 P : *D. 2015. Actu. 2125 ; Rev. sociétés 2016. 298, note J.-F. Barbièri ; Dr. sociétés 2015, nº 211, note Hovasse ; BJS 2015. 664, note Borga ; LEDEN 12/2015. 2, obs. Rubellin ; RJDA 2016, nº 207.*

Le représentant des créanciers d'une société, désigné en qualité de liquidateur judiciaire de celle-ci, à la suite d'une conversion de procédure, est recevable à se constituer partie civile dans les poursuites exercées contre le dirigeant de l'entreprise pour abus des biens sociaux. • Crim. 12 oct. 1995, nº 95-80.730 P : *RJDA 1996, nº 65.*

4. Le liquidateur judiciaire est recevable à invoquer, dans l'intérêt collectif des créanciers, les dispositions de l'art. L. 221-14, al. 2, C. com. • Com. 25 sept. 2012, nº 11-30.018 P : *D. 2012. Actu. 2303, obs. Lienhard ; Rev. sociétés 2012. 729, obs. Henry ; APC 2012, nº 262, obs. Fin-Langer ; LEDEN 10/2012. 4, obs. J.-P. Sénéchal ; BJS 2012. 870, note F.-X. Lucas ; RJDA 2013, nº 60 ; BJE 2013. 15, obs. Tagliarino-Vignal ; LPA 15 avr. 2013, p. 12, obs. Thomas.*

5. Le liquidateur, qui succède au représentant des créanciers [mandataire judiciaire], en vue de la défense de leurs intérêts collectifs, est un tiers par rapport au contrat de gage conclu par le débiteur avant sa mise en liquidation judiciaire et, en conséquence, est habilité à contester l'opposabilité du gage et sa validité, peu important qu'en sa qualité de représentant du débiteur il ait eu connaissance personnellement de l'existence du gage. • Com. 23 janv. 2001, nº 98-10.974 P : *D. 2001. AJ 779, obs. Lienhard ; Defrénois 2001. 942, obs. Théry.* ♦ De même, lorsque le liquidateur agit contre un tiers au nom et dans l'intérêt collectif des créanciers du débiteur mis en liquidation judiciaire, la clause attributive de compétence stipulée dans un contrat conclu, avant l'ouverture de la procédure collective, entre le débiteur et le tiers cocontractant ne lui est pas opposable. • Com. 9 juin 2022, nº 20-23.509 : *Rev. sociétés 2022. 519, obs. Henry ; LEDEN 9/2022. 3, obs. Lafaurie ; RJDA 2022, nº 576.*

Le liquidateur a le pouvoir de demander qu'en application de l'art. 112 [C. com., art. L. 624-6], l'acquisition faite par une épouse séparée de biens avec les valeurs fournies par son mari soit réunie à l'actif de la société de ce dernier faisant l'objet d'une procédure de redressement judiciaire. • Com. 23 janv. 1996, nº 92-19.826 P : *D. 1996. IR 62.*

Le liquidateur a qualité pour exercer l'action paulienne contre un acte frauduleux ayant eu pour effet de soustraire un bien du patrimoine du débiteur soumis à la liquidation judiciaire et de réduire ainsi le gage commun des créanciers, y compris lorsque la répartition des dividendes profite exclusivement à certains d'entre eux. • Com. 8 mars 2023, nº 21-18.829 B : *D. 2023. Actu. 500 ; RTD civ. 2023. 363, obs. Barbier ; RTD com. 2023. 673, obs. A. Lecourt ; JCP E 2023. 1306, nº 26, obs. Tehrani ; APC 2023, nº 92, obs.*

Sautonie-Laguionie ; RJDA 2023, n° 331 ; BJS 6/2023. 45, note Cerati ; BJE 5-6/2023. 42, note Favre-Rochex ; Dr. sociétés 2023, n° 106, note Legros. ♦ En revanche, l'action paulienne ne permet pas au liquidateur, agissant dans l'intérêt collectif des créanciers, d'obtenir la condamnation du tiers complice de la fraude au paiement de la créance personnelle détenue sur le débiteur mis en liquidation par le créancier ayant initié cette action. • Com. 20 nov. 2012 : *BJE 2013. 92, note Sautonie-Laguionie.* ♦ V. aussi note 10 ss. art. L. 622-20.

Le liquidateur a seul qualité pour exercer l'action fondée sur les dispositions de l'art. L. 141-17 C. com., destinée à obtenir de l'acquéreur du fonds de commerce les sommes par lui versées au vendeur avant l'expiration du délai d'opposition. • Com. 8 mars 2023, n° 21-18.677 B : *D. 2023. Actu. 501 ; JCP E 2023. 1306, n° 27, obs. Tehrani ; RJDA 2023, n° 307 ; BJE 5-6/2023. 23, note Houin-Bressand.*

V. aussi notes ss. art. L. 622-20.

6. Le liquidateur étant investi d'un mandat légal de représentation du débiteur dessaisi pour l'exercice des droits et actions de ce dernier concernant son patrimoine, le notaire n'est pas fondé à opposer le secret professionnel pour refuser de lui communiquer la consistance des droits détenus par le débiteur dans la succession de son père. • Com. 23 oct. 2019, n° 18-15.280 P : *D. 2019. Actu. 2086 ; LEDEN 12/2019. 6, obs. Rubellin ; BJE 1-2/2020. 37, note Cabrillac ; RPC 2020, n° 85, obs. Lisanti.*

7. La déclaration d'insaisissabilité (C. com., art. L. 526-1 s.) n'étant opposable à la liquidation judiciaire que si elle a fait l'objet d'une publicité régulière, le liquidateur, qui a qualité pour agir au nom et dans l'intérêt collectif des créanciers, est recevable à en contester la régularité à l'appui d'une demande tendant à reconstituer le gage commun des créanciers. • Com. 15 nov. 2016, n° 14-26.287 P : *D. 2016. Actu. 2333 ; Rev. sociétés 2017. 177, obs. Roussel Galle ; RTD com. 2017. 186, obs. Martin-Serf ; JCP E 2017. 1110, note Lebel ; ibid. 1164, n° 18, obs. Pétel ; LEDEN 12/2016. 1, obs. F.-X. Lucas ; DP diff. entr., Bull. n° 387, obs. Rémery ; APC 2017, n° 12, obs. V. Legrand ; Gaz. Pal. 10 janv. 2017, p. 52, obs. Le Corre ; ibid., p. 69, obs. Voinot ; RJDA 2017, n° 101 ; RPC 2017, n° 3, obs. Reille ; RDBF 2017, n° 30, obs. S. Piedelièvre ; RLDA mars 2017. 40, obs. Némoz-Rajot ; BJE 2017. 107, note Borga.* ♦ Dans le même sens, V. • Com. 15 nov. 2017, n° 16-19.425 : *D. 2017. Actu. 2366 .* ♦ *Contra*, auparavant : • Com. 13 mars 2012, n° 11-15.438 P : *D. 2012. 1460, note Marmoz ; ibid. Actu. 807, obs. Lienhard ; ibid. Pan. 2201, obs. Le Corre ; Rev. sociétés 2012. 394, obs. Henry ; JCP E 2012. 1325, note Le Corre ; ibid. 1508, n° 8, obs. Pétel ; JCP N 2012. 1281, note Lebel ; APC 2012, n° 105, obs. Vallansan ; LEDEN 5/2012. 1, obs. F.-X. Lucas ; BJE 2012. 147, note Camensuli-Feuillard ; BJS 2012. 495, note Monsèrié-Bon ; RJDA 2012, n° 609 ; RDBF 2012, n° 91, obs. S. Piedelièvre ; RPC 2012, n° 112, obs. Lisanti ; RLDA juin 2012. 19, obs. Vallens ; Defrénois 2012. 1016, obs. Vauvillé.* – V. Legrand, *LPA 3 mai 2012* ; Hoonakker, *D. 2013. 318.* – V. déjà • Com. 3 févr. 2009, n° 08-10.303 P : *D. 2009. AJ 494, obs. Lienhard ; APC 2009, n° 112, obs. Bazin-Beust ; RJDA 2009, n° 457 ; RPC 2009, n° 62, obs. Lisanti ; Gaz. Pal. 26-28 avr. 2009, p. 27, obs. Voinot ; Procédures 2009, n° 159, obs. Rolland ; LEDEN, avr. 2009, p. 5, obs. M. Sénéchal ; Defrénois 2010. 472, obs. Gibirila.* – V. aussi M. Sénéchal, *BJS 2009. 226.* ♦ V. aussi, pour l'irrecevabilité du liquidateur à exercer l'action paulienne aux fins de voir juger la déclaration d'insaisissabilité inopposable à la procédure : • Com. 23 avr. 2013, n° 12-16.035 P : *D. 2013. Actu. 1127, obs. Lienhard ; ibid. Pan. 2363, obs. F.-X. Lucas ; Rev. sociétés 2013. 377, obs. Roussel Galle ; JCP E 2013. 1380, note Pétel ; JCP N 2013. 1228, note Lebel ; JCP N 2014. 1132, obs. Garçon ; APC 2013, n° 126, obs. Fin-Langer ; LEDEN 6/2013. 1, obs. F.-X. Lucas ; LPA 11 juin 2013, note V. Legrand ; RJDA 2013, n° 655 ; Gaz. Pal. 12-13 juill. 2013, p. 19, obs. Théron ; BJE 2013. 217, note Camensuli-Feuillard ; RDBF 2013, n° 135, obs. S. Piedelièvre ; RPC 2013, n° 113, obs. Reille ; Defrénois 2013. 784, note Vauvillé ; BJS 2013. 511, note Mouial-Bassilana ; RDBF 2013, n° 159, obs. S. Piedelièvre.* ♦ Sur cette problématique, V. encore Le Corre, *Gaz. Pal. 2013. 2008.* ♦ Sur la nullité de la déclaration d'insaisissabilité intervenue au cours de la période suspecte, V. art. L. 632-1 dans sa réd. issue de l'Ord. n° 2014-326 du 12 mars 2014.

8. Intervention à l'instance. Le sort de l'intervention n'est pas lié à celui de l'action principale, lorsque l'intervenant principal, liquidateur judiciaire, se prévaut d'un droit propre qu'il est seul habilité à exercer après le jugement ayant converti le redressement judiciaire en liquidation. • Com. 10 déc. 2002, n° 99-18.502 P : *D. 2003. AJ 348 .*

9. Sort des sommes recouvrées. Les sommes recouvrées à la suite des actions que le liquidateur engage ou poursuit dans l'intérêt collectif des créanciers entrent dans le patrimoine du débiteur pour être réparties, entre tous les créanciers, au marc le franc. • Com. 9 nov. 2004 : *RJDA 2005, n° 175.* ♦ Cette règle fait obstacle à ce que la compensation ait lieu entre la dette mise à la charge d'un tiers à la suite de l'action poursuivie par le liquidateur et la dette du débiteur en liquidation judiciaire envers ce tiers. • Même arrêt.

10. Coliquidateurs. V. note 15 ss. art. L. 622-22 (Civ. 2e, 8 janv. 1997).

11. Défaut de mention de la qualité de liquidateur. Le défaut de mention de la qualité de liquidateur est constitutif d'un vice de forme. • Civ. 2e, 4 juill. 2007 : *Dr. sociétés 2007, n° 217, note Legros.*

12. Concurrence de compétence entre liquidateur et juge des ordres. A défaut d'avoir été publié avant le jugement d'ouverture, le jugement d'adjudication est inopposable à la procédure collective et la répartition du prix de vente de la créance relève de la compétence du liquidateur judiciaire. • Com. 11 févr. 2014, n° 12-19.722 P : *D. 2014. Actu. 477 ; LEDEN 4/2014. 5, obs. Staes ; RDBF 2014, n° 141, obs. S. Piedelièvre.* ♦ V., dans le régime antérieur à la loi du 10 juin 1994, • Com. 12 juill. 1994, n° 92-14.090 P : *D. 1994. 569, rapp. Rémery, note Honorat ; Defrénois 1995. 269, note Sénéchal* • 23 janv. 1996, n° 92-21.642 P : *D. 1996. 425, note Prévault ; D. 1996. Somm. 282, obs. Honorat ; Defrénois 1996. 940, obs. Sénéchal ; D. Affaires 1996. 326 ; JCP E 1996. I. 554, n° 14, obs. Cabrillac ; Rev. huiss. 1996. 591, note Courtier.* – V. aussi • Com. 6 févr. 1996 : *D. 1996. IR 139.*

V. encore notes 19 et 20 ss. art. L. 642-18.

13. Licenciements. La lettre de licenciement pour motif économique émanant du mandataire judiciaire liquidateur est suffisamment motivée dès lors qu'elle vise le jugement de liquidation en application duquel il est procédé au licenciement. • Soc. 2 mars 2004 (2 arrêts), n° 02-41.931 P : *APC 2004, n° 104, obs. Taquet ; JCP E 2004, n° 37, p. 1390, obs. Pétel ; JCP 2004. I. 183, n° 16, obs. Morvan.*

14. L'annulation du jugement de liquidation judiciaire de l'employeur prive de fondement et d'effet les licenciements pour motif économique prononcés en vertu de cette décision par le liquidateur judiciaire, qui sont ainsi dépourvus de cause réelle et sérieuse ; il n'en va autrement que lorsque la cour d'appel annulant ce jugement ouvre par la même décision une liquidation judiciaire. • Soc. 16 déc. 2008, n° 07-43.285 P : *D. 2009. AJ 234 ; Gaz. Pal. 26-28 avr. 2009, p. 38, obs. Saintourens.*

15. En ce sens que l'art. L. 641-4 C. com., en ce qu'il impose au liquidateur judiciaire la mise en place de mesures de reclassement préalables à tout licenciement, tout en l'obligeant à procéder au licenciement du salarié dans les quinze jours de l'ouverture de la liquidation judiciaire, ne méconnaît pas le principe d'égalité du citoyen devant la loi (art. 6 de la DDH), V. • Soc., QPC, 6 oct. 2011, n° 11-40.056 P : *D. 2011. Actu. 2467 ; JCP E 2012. 1000, n° 11, obs. Pétel ; LEDEN 11/2011. 6, obs. G. Dedessus-Le-Moustier ; APC 2011, n° 294, obs. Fin-Langer ; Gaz. Pal. 20-21 janv. 2012, p. 39, obs. Gailhbaud ; BJE 2012. 102, note Donnette.*

16. Action en réparation des salariés. Pour la recevabilité de l'action d'un salarié tendant à la réparation du préjudice résultant d'une perte d'emploi ou d'un stress lié, notamment, à l'incertitude sur la poursuite éventuelle de son contrat de travail, V. • T. com. Orléans, 1er juin 2012 : *JCP E 2012. 1494, note Couret et Dondero ; BJS 2012. 646, note Pelletier ; Gaz. Pal. 3-4 août 2012, p. 19, obs. Henry.*

17. Qualité du liquidateur au regard de la publicité foncière. Pour l'opposabilité au liquidateur des actes du débiteur non publiés à la conservation des hypothèques, V. • Civ. 3e, 29 mars 2006, n° 04-18.088 P : *D. 2006. AJ 1166, obs. Lienhard.*

II. RESPONSABILITÉ CIVILE DU LIQUIDATEUR

18. Exemples. Sur la responsabilité civile d'un liquidateur en raison : de diligences insuffisantes pour obtenir le nombre et les noms des salariés du débiteur afin que leur licenciement intervienne dans le délai de l'art. L. 143-11-1 [L. 3253-8] C. trav., V. • Com. 6 juill. 1993, n° 91-14.707 P : *D. 1993. IR 211* • Besançon, 6 mars 1998 : *RPC 2000. 84, obs. Soinne.* ♦ V. aussi notes 39 et 43 ss. art. L. 3253-8 C. trav., ss. art. L. 625-9. ♦ ... Du défaut de licenciement d'un salarié resté en arrêt maladie pendant plusieurs années puis reconnu en état d'invalidité, ainsi privé de l'indemnité de licenciement à laquelle il aurait eu droit, V. • TGI Paris, 19 mai 1999 : *JCP E 1999, n° 26, p. 1130.* ♦ ... De la dissimulation au cessionnaire du fonds de commerce d'une demande d'autorisation de licenciement d'un salarié protégé, V. • Versailles, 22 juin 2000 : *D. 2000. AJ 383.* ♦ ... De la résiliation tardive d'un bail commercial, V. • Paris, 25 oct. 2002 : *JCP E 2003, n° 27, p. 1142, obs. Pasqualini et Pasqualini-Salerno.* – Comp. : • Com. 7 juin 2005 : *Gaz. Pal. 4-5 nov. 2005, p. 21, obs. Gorrias* (à propos de l'absence de résiliation d'un bail à construction). ♦ ... De la non-restitution d'un local au bailleur, alors qu'il n'était plus en mesure de payer les loyers, V. • Paris, 18 mars 1993 : *Dr. sociétés 1993, n° 182* • 13 sept. 1993 : *JCP E 1993. 1149* • 29 mars 1996 : *JCP E 1996. Pan. 553 ; AJPI 1996. 1017, note Gallet.* ♦ V. encore note 43 ss. art. L. 622-13. ♦ ... Du refus du débiteur d'exécuter la décision ayant ordonné son expulsion, V. • Com. 18 mars 1998 : *RPC 2000. 82, obs. Soinne* • TGI Boulogne-sur-Mer, 4 juill. 2000 : *Gaz. Pal. 2001. Somm. 307.* ♦ ... De la négligence dans la gestion d'un portefeuille de valeurs mobilières et le recouvrement de loyers échus, V. • Com. 6 févr. 1996 : *D. 1996. IR 88* (loi de 1967). ♦ ... Du retard mis pour procéder à la réalisation d'un bien gagé, V. • Com. 11 mai 1993, n° 91-12.622 P : *JCP E 1993. I. 295, n° 9, obs. Cabrillac* (loi de 1967). ♦ ... Du retard dans le versement au créancier nanti des sommes résultant de la vente du fonds de commerce du débiteur, V. • Paris, 1er juill. 1999 : *RJDA 2000, n° 67.* ♦ ... Du défaut d'information du bailleur, après résiliation du bail, de l'existence d'une clause de réserve de propriété portant sur des cloisons démontables, V. • Com. 22 févr. 1994, n° 92-13.647 P : *D. 1995. Somm. 26, obs. Honorat.* ♦ ... De la cession d'un droit au bail sans respecter l'obligation contractuelle de cession par acte authentique, V. • Civ. 1re, 13 févr. 1996, n° 94-11.473 P (loi de 1967). ♦ ... D'une demande abusive d'extension de la procédure, V. • Com. 27 oct. 1998 : *RJDA 1999, n° 64.* ♦ ... D'un abus du droit d'agir en paiement de l'insuffisance d'actif, V.

• Com. 26 févr. 2020, n° 18-22.745 : *RJDA 2020, n° 322.* ♦ ... D'une faute dans l'établissement de l'état des créances, V. note 5 ss. art. L. 624-1. ♦ ... De la vente, avant l'expiration du délai de revendication, de marchandises couvertes par une clause de réserve de propriété, V. note 42 ss. art. L. 624-16. ♦ ... De la vente d'un véhicule qu'il savait ne pas appartenir à la société débitrice, V. • Com. 22 janv. 2002 : *APC 2002, n° 106, obs. Regnaut-Moutier ; JCP 2003. II. 10013, note Haennig ; RTD com. 2003. 570, obs. Martin-Serf.* ♦ ... De la clôture des opérations de liquidation judiciaire sans qu'ait été réglée la créance de la banque du débiteur dont il avait pourtant connaissance, V. • T. com. Paris, 18 févr. 1998 : *Gaz. Pal. 1999. 1. Somm. 614.*

19. Exercice de l'action en responsabilité. Justifie légalement sa décision la cour d'appel qui, ayant constaté qu'un créancier demandait au liquidateur la réparation de sa fraction personnelle d'un préjudice subi par l'ensemble des créanciers, retient que l'action dans l'intérêt collectif des créanciers ne peut être exercée que par un nouveau liquidateur, désigné dans les conditions fixées par l'art. L. 622-5, al. 2, [L. 641-1] C. com. • Com. 4 mars 2003, n° 99-11.836 P : *D. 2003. AJ 1166.* ♦ Sur la notion de préjudice indemnisable, V. • Com. 5 mai 2015, n° 14-50.035 : *LEDEN 6/2015. 5, obs. Rubellin.*

20. Prescription de l'action en responsabilité. L'action en responsabilité engagée par un tiers à l'encontre d'un mandataire judiciaire à la liquidation des entreprises est soumise à la prescription édictée par l'art. 2270-1 [2224] C. civ. • Com. 3 juill. 2007, n° 05-21.884 P : *D. 2007. AJ 2108, obs. Lienhard ; APC 2007, n° 170, obs. Regnaut-Moutier ; Gaz. Pal. 26-27 oct. 2007, p. 36, obs. Gorrias ; Procédures 2007, n° 253, obs. Croze.* ♦ En matière de restitution, la prescription de l'action en responsabilité contre le liquidateur ne court qu'à compter du jour où la décision reconnaissant au créancier son droit d'exiger la restitution est passée en force de chose jugée. • Com. 7 févr. 2024, n° 22-23.288 : *D. actu. 21 mars 2024, obs. Berthelot.*

III. DISPENSE DE VÉRIFICATION DES CRÉANCES CHIROGRAPHAIRES

BIBL. Le Corre, *D. 2000. Chron. 275.*

21. La dispense de vérification des créances chirographaires ne fait pas obstacle à l'action en responsabilité pour insuffisance d'actif dès lors que celle-ci est établie. • Com. 5 nov. 2013, n° 12-22.510 P : *D. 2013. Actu. 2640, obs. Lienhard ; Rev. sociétés 2013. 730, obs. Roussel Galle ; RTD com. 2014. 188, obs. Martin-Serf ; LEDEN 1/2014. 4, obs. Adkar ; Dr. sociétés 2014, n° 12, note Legros ; RJDA 2014, n° 148 ; BJE 2014. 99, note Favario ; RJ com. 2014. 201, note Sortais.*

22. L'absence de vérification de la créance et la clôture pour insuffisance d'actif n'emportent pas extinction de la créance contre le débiteur principal, de sorte que la banque est en droit de poursuivre la caution dès lors que la créance a été régulièrement déclarée au passif de la liquidation judiciaire. • Com. 15 nov. 2017, n° 15-28.959 : *RPC 2018, n° 24, obs. Aynès.*

23. En raison du caractère accessoire du cautionnement, le juge du cautionnement, saisi d'une action en paiement par le créancier contre la caution, est tenu, en l'absence de vérification et d'admission des créances chirographaires, de statuer sur toutes les exceptions inhérentes à la dette invoquée par la caution, sa décision ne s'imposant que dans les rapports entre le créancier et la caution. • Com. 18 févr. 2003 : *JCP E 2003, n° 25, p. 1053, note Le Corre ; RTD com. 2003. 815, obs. Martin-Serf.* ♦ En l'absence de vérification et d'admission des créances chirographaires, la cour d'appel, saisie par la caution d'une exception tenant au caractère tardif de la déclaration de créance à la procédure collective du débiteur principal, est tenue de se prononcer sur la régularité de la déclaration litigieuse. • Même arrêt.

24. Sur l'incidence sur le point de départ du délai pour demander le report de la date de cessation des paiements, V. • Com. 13 avr. 1999 : *cité note 3 ss. ancien art. L. 621-7.*

25. V. aussi note ss. art. R. 641-27.

Art. L. 641-5 *(L. n° 2005-845 du 26 juill. 2005, art. 102)* **Lorsque la liquidation judiciaire est prononcée au cours de la période d'observation d'une procédure de sauvegarde ou de redressement judiciaire, le liquidateur procède aux opérations de liquidation en même temps qu'il achève éventuellement la vérification des créances et qu'il établit l'ordre des créanciers. Il poursuit les actions introduites avant le jugement de liquidation, soit par l'administrateur, soit par le mandataire judiciaire, et peut introduire les actions qui relèvent de la compétence du mandataire judiciaire.** – *[C. com., anc. art. L. 622-5.]*

COMMENTAIRE

Comme l'ancien article L. 622-5, l'article L. 641-5 prévoit les compétences spécifiques du liquidateur pour le cas d'une liquidation judiciaire prononcée au cours de la période d'observation. ❑

Art. L. 641-6 *(Ord. nº 2008-1345 du 18 déc. 2008, art. 99)* **Aucun conjoint ou partenaire lié par un pacte civil de solidarité, aucun parent ou allié jusqu'au quatrième degré inclusivement, du débiteur personne physique ou des dirigeants, s'il s'agit d'une personne morale, ne peut être désigné à l'une des fonctions prévues à l'article L. 641-1 ou L. 641-10, sauf dans les cas où cette disposition empêche la désignation d'un représentant des salariés.**

Ancien art. L. 641-6 ***Aucun parent ou allié jusqu'au quatrième degré inclusivement du chef d'entreprise ou des dirigeants s'il s'agit d'une personne morale ne peut être nommé liquidateur.*** *– [C. com., anc. art. L. 622-6.]*

COMMENTAIRE

L'ordonnance du 18 décembre 2008 a apporté quelques retouches à l'article L. 641-6. D'abord, comme partout ailleurs, et sans réelle portée normative, elle a substitué au terme « chef d'entreprise » celui, juridiquement plus exact dans le contexte des procédures collectives, de « débiteur », en l'occurrence de « débiteur personne physique ». Elle a élargi également le domaine de l'interdiction, en l'étendant au conjoint ou partenaire lié par un PACS.

Par ailleurs, ce qui est plus intéressant, elle a étendu les incompatibilités à d'autres fonctions que celles de liquidateur, que visait seules l'ancienne rédaction : par le renvoi global aux articles L. 641-1 ou L. 641-10 sont désormais visées aussi les fonctions d'expert, de représentant des salariés et d'administrateur, le cas échéant désigné, lorsque l'activité est maintenue (art. L. 641-10).

Avec une exception (qui existait déjà en cas de sauvegarde ou de redressement judiciaire : V. art. L. 621-5) destinée à éviter que, dans les petites entreprises, cette règle d'incompatibilité n'empêche la désignation d'un représentant des salariés. ❑

Art. L. 641-7 *(L. nº 2005-845 du 26 juill. 2005, art. 103)* **« Le liquidateur tient informés, au moins tous les trois mois, le juge-commissaire, le débiteur et le ministère public du déroulement des opérations. »** *(Ord. nº 2008-1345 du 18 déc. 2008, art. 100)* **« Le juge-commissaire et le ministère public peuvent à toute époque requérir communication de tous actes ou documents relatifs à la procédure. »** *– V. art. R. 641-38.*

COMMENTAIRE

Par rapport à l'ancien article L. 622-7, on note que l'article L. 641-7, issu de la loi du 26 juillet 2005, fait profiter également le débiteur de l'information trimestrielle.

En revanche, il convient de noter que le débiteur n'est pas informé par le liquidateur ou l'administrateur des résultats de l'activité à l'issue de la période d'observation, l'article R. 641-20 réservant cette information au juge-commissaire et au ministère public.

L'ordonnance du 18 décembre 2008, conformément à la mission conférée au gouvernement par la loi d'habilitation d'accroître les pouvoirs du ministère public, a ajouté cette précision selon laquelle « le juge-commissaire et le ministère public peuvent à toute époque requérir communication de tous actes ou documents relatifs à la procédure ». ❑

Art. L. 641-8 **Toute somme reçue par le liquidateur dans l'exercice de ses fonctions est immédiatement versée en compte de dépôt à la Caisse des dépôts et consignations. En cas de retard, le liquidateur doit, pour les sommes qu'il n'a pas versées, un intérêt dont le taux est égal au taux de l'intérêt légal majoré de cinq points.** *– [C. com., anc. art. L. 622-8.]*

(Ord. nº 2008-1345 du 18 déc. 2008, art. 101) **« Toute somme versée par l'association mentionnée à l'article L. 3253-14 du code du travail en application des articles L. 3253-8 à L. 3253-13 du même code donne lieu à déclaration à l'administration fiscale par le liquidateur. »**

Pour l'insaisissabilité des sommes déposées à la Caisse des dépôts et consignations, V. art. L. 662-1.

COMMENTAIRE

Sur la portée de la « mission de déclaration » assignée au liquidateur par l'ordonnance de 2008, voir S. Gorrias, Le mandataire judiciaire dans l'ordonnance du 18 décembre 2008 et le décret du 12 février 2009, *Gaz. Pal. 6-7 mars 2009, p. 21, spéc. p. 28.*❑

S'il est vrai que l'art. L. 622-8 C. com. fait obligation au liquidateur de verser en compte de dépôt à la caisse des dépôts et consignations toute somme reçue, aucune disposition légale ne fait obstacle à une utilisation à sa guise desdits fonds dans l'accomplissement de la mission de liquidation à lui confiée, la non-représentation des fonds ne pouvant être sanctionnée que sur un fondement quasi délictuel. • Versailles, réf., 4 août 2004 : *JCP E 2004, n° 48, p. 1885, note Merrien et Sitterlé.*

Art. L. 641-9 *(L. n° 2005-845 du 26 juill. 2005, art. 104)* **« I. — » Le jugement qui ouvre ou prononce la liquidation judiciaire emporte de plein droit, à partir de sa date, dessaisissement pour le débiteur de l'administration et de la disposition de ses biens** *(L. n° 2022-172 du 14 févr. 2022, art. 5, en vigueur le 15 mai 2022)* **« composant le patrimoine engagé par l'activité professionnelle, » même de ceux qu'il a acquis à quelque titre que ce soit tant que la liquidation judiciaire n'est pas clôturée. Les droits et actions du débiteur concernant son patrimoine sont exercés pendant toute la durée de la liquidation judiciaire par le liquidateur.**

Toutefois, le débiteur peut se constituer partie civile dans le but d'établir la culpabilité de l'auteur d'un crime ou d'un délit dont il serait victime *(Abrogé par L. n° 2005-845 du 26 juill. 2005, art. 104)* ***« , s'il limite son action à la poursuite de l'action publique sans solliciter de réparation civile ».*** *— [C. com., anc. art. L. 622-9.]*

(L. n° 2005-845 du 26 juill. 2005, art. 104) **« Le débiteur accomplit également les actes et exerce les droits et actions qui ne sont pas compris dans la mission du liquidateur ou de l'administrateur lorsqu'il en a été désigné. »**

(Ord. n° 2014-326 du 12 mars 2014, art. 66-1°, en vigueur le 1er juill. 2014) **« II. — Lorsque le débiteur est une personne morale, un mandataire peut être désigné, en cas de nécessité, au lieu et place des dirigeants sociaux par ordonnance du président du tribunal sur requête de tout intéressé, du liquidateur ou du ministère public. »**

(L. n° 2005-845 du 26 juill. 2005, art. 104) **« III. — Lorsque le débiteur est une personne physique, il ne peut exercer, au cours de la liquidation judiciaire, aucune des activités mentionnées au premier alinéa de l'article L. 640-2. »** *(Ord. n° 2010-1512 du 9 déc. 2010, art. 5-3°)* **« Toutefois, le débiteur entrepreneur individuel à responsabilité limitée peut poursuivre l'exercice d'une ou de plusieurs de ces activités, si celles-ci engagent un patrimoine autre que celui visé par la procédure. »**

(L. n° 2022-172 du 14 févr. 2022, art. 5, en vigueur le 15 mai 2022) **« IV. — Lorsque le débiteur relève du statut défini à la section 3 du chapitre VI du titre II du livre V, les conditions d'exercice d'une nouvelle activité mentionnée au premier alinéa de l'article L. 640-2 sont définies au titre VIII *bis* du présent livre. »**

Pour les dispositions transitoires de la L. n° 2022-172 du 14 févr. 2022, V. note ss. art. L. 611-13.

BIBL. ▶ DELENEUVILLE, *D. 2006. Chron. 1233* (constitution de partie civile de la victime en liquidation judiciaire). - BEUVE, *JCP N 2007. 1170* (coexistence du liquidateur judiciaire et du liquidateur amiable). - CANTIN, *RPC 2008. 21* (représentation d'une société en liquidation judiciaire). - LEBEL, Mél. Dugas de la Boissonny, *PUN, 2009, p. 128* (dessaisissement du débiteur). - VALLANSAN, Mél. Tricot, *Dalloz-Litec, 2011, p. 599* (dessaisissement de la personne physique en liquidation judiciaire). - CALOMILI, *Gaz. Pal. 2011. Doctr. 2731* (gains du débiteur devenu salarié en liquidation judiciaire). - THÉRON, *RPC 2013. Dossier 3* (contours du dessaisissement). - BRÉMOND, *D. 2014. Pan. 1912* (pouvoirs de l'héritier faisant l'objet d'une procédure de liquidation judiciaire - art. L. 641-9, IV). - RUBELLIN, *BJE 2016. 10* (même thème). - PUYGAUTHIER, *JCP N 2017. 1334* (le dessaisissement et ses conséquences pour le notaire). - BOUTRON-COLLINOT, *RTD com. 2020. 759* (droits échappant au dessaisissement du débiteur personne physique : pour une légalisation d'une jurisprudence équitable). - SAINT-ALARY-HOUIN, *RPC 2022. Dossier 45* (entre dessaisissement et droits propres).

COMMENTAIRE

I. DROITS PROPRES DU DÉBITEUR

Depuis la loi du 26 juillet 2005, le texte précise que « le débiteur accomplit les actes et exerce les droits et actions qui ne sont pas compris dans la mission du liquidateur ou de l'administrateur s'il en est désigné ». Cette précision, un peu ambiguë (V. C. Saint-Alary-Houin, Le projet de loi sur la sauvegarde des entreprises : continuité, rupture ou retour en arrière, *Dr. et patr. 1/2005, p. 24, spéc. p. 35*), pourrait donner un support légal à la théorie prétorienne des droits propres du débiteur qui échappent au dessaisissement (V. M.-H. Monsèrié-Bon, Le dessaisissement et l'avènement des droits propres, *in* La loi du 25 janvier 1985 a 20 ans ! Entre bilan et réforme, *RLDA, mars 2005, suppl., p. 53, spéc. p. 56*).

II. CONSTITUTION DE PARTIE CIVILE

Depuis 2005, le droit du débiteur de se constituer partie civile n'est plus limité à la seule poursuite de l'action publique, mais pourra tendre à obtenir une réparation civile, à condition toutefois que ne soient pas en cause les seuls intérêts civils (Crim. 9 mars 2016 : *cité note 81*). Dans le prolongement de cette solution, la chambre criminelle a précisé que l'article L. 641-9 ne saurait être interprété comme autorisant le débiteur à agir en réparation de son préjudice, ce dont il résulte que ni le représentant statutaire de la personne morale mise en liquidation judiciaire, ni son mandataire, désigné en lieu et place des dirigeants sociaux, n'est recevable à solliciter la réparation du préjudice subi par le débiteur (Crim. 24 juin 2020 : *cité note 81*).

Reste à savoir si les dommages-intérêts obtenus échapperont à l'emprise des créanciers, ce qui devrait être le cas, pour certains, à tout le moins, des indemnités destinées à réparer tout préjudice corporel ou moral (V. H. Matsopoulou, L'incidence d'une procédure collective sur l'exercice de l'action civile, *JCP 1998. I. 164, n° 12* s.), voire de l'ensemble des indemnités, si l'on estimait que le produit de l'action, comme l'action elle-même, doit échapper au dessaisissement (P.-M. Le Corre, Premiers regards sur la loi de sauvegarde des entreprises, *D. 2005. Chron. 2297, n° 16*). Mais, outre qu'elle n'a pas été retenue par la chambre criminelle, comme en atteste l'arrêt précité du 24 juin 2020, cette dernière solution est contestée dans sa généralité, au motif qu'elle ne devrait s'appliquer que pour des infractions à caractère personnel très marqué (C. Souweine, Action civile et procédures collectives après la loi du 26 juillet 2005, *D. 2006. Chron. 501, n° 42*). Comme on l'a relevé, c'est d'ailleurs peut-être cette difficulté relative au sort du produit de l'action qui a justifié la solution, sujette à critique, de l'arrêt précité de juin 2020 : dès lors que le liquidateur a seul qualité pour agir, que la somme allouée intègre le gage commun des créanciers n'est plus guère discutable (V. note B. Ferrari, *D. 2020. 1930*).

III. BIEN OU DROIT ACQUIS AU TITRE D'UNE SUCCESSION

Cette question, qui figurait depuis l'ordonnance du 12 mars 2014 au IV de l'article L. 641-9, se trouve désormais, depuis la loi du 14 février 2022, au I de l'article L. 642-22, modifié.

IV. DISSOLUTION DES SOCIÉTÉS EN LIQUIDATION JUDICIAIRE

La réécriture du II de l'article L. 641-9 par l'ordonnance du 12 mars 2014 est la conséquence logique de la modification de l'article 1844-7, 7°, du code civil (V. cet art., 2e partie). Dès lors que la dissolution de la société, en raison de sa liquidation judiciaire, n'intervient plus de plein droit dès l'ouverture ou le prononcé de celle-ci, mais se trouve différée (et limitée) à la clôture de la liquidation judiciaire pour insuffisance d'actif, les dispositions relatives au maintien en fonction des dirigeants imaginées par la loi du 26 juillet 2005 pour résoudre les difficultés nées du vide laissé par la disparition des organes sociaux n'ont plus d'objet (sur ces dispositions, V. éd. 2013 du **C. pr. coll.** ; V., pour une critique, estimant théorique le maintien matériel des locaux abritant le siège social, M. Menjucq, Liquidation judiciaire et dissolution de la société débitrice : un nouveau principe nécessitant des précisions, *RPC 2014. Repère 3* ; d'où le nouvel art. R. 662-1, 4°, issu du décret du 30 juin 2014, permettant la notification au domicile du représentant légal ou du mandataire *ad hoc*).

V. ACTIVITÉ SALARIÉE

L'article L. 641-9, III, issu de la loi du 26 juillet 2005, a introduit une disposition spécifique aux débiteurs personnes physiques. Il leur est expressément interdit d'exercer au cours de la liquidation judiciaire une activité susceptible d'être soumise à une procédure collective, c'est-à-dire une activité de commerçant, d'artisan, d'agriculteur ou toute autre profession indépendante (V., pour un avocat, Paris, 23 nov. 2007 : *cité note 94*). Cette disposition, comme l'avait expliqué le rapport de la commission des lois de l'Assemblée nationale (*Rapp. AN, n° 2095, p. 368*), n'est pas une sanction, mais au contraire une mesure de protection (ce que confirme une réponse ministérielle ultérieure : Rép. min. n° 2059 : *JOAN Q, 15 janv. 2008, p. 381*). En effet, comme l'article L. 640-2 interdit d'ouvrir une seconde procédure collective à l'égard d'une personne tant que la précédente n'a pas été clôturée, cette personne ne pourrait pas bénéficier de la protection que lui accorde la procédure collective si elle rencontrait de graves difficultés financières dans sa nouvelle activité. L'article L. 641-9, III, n'était pas applicable aux procédures en cours au 1er janvier 2006 (Orléans, 21 déc. 2006 : *BICC 2007, n° 478*).

Le débiteur ne peut donc exercer qu'une activité salariée pendant la procédure. Mais les salaires seront vraisemblablement, et bien que le texte ne le dise pas, atteints par le dessaisissement, sous réserve, bien entendu, de la fraction insaisissable (J.-L. Vallens, La réforme du droit français des entreprises en difficulté, *Bull. act. Lamy droit commercial sept. 2005, n° 21*). En théorie, du moins ; car en pratique, déjà avant la réforme, rares, semble-t-il, étaient les mandataires pratiquant des saisies-attributions sur salaire, si bien que le débiteur se trouve protégé des créanciers, par l'arrêt des poursuites individuelles jusqu'à la clôture de la procédure, puis par le principe de non-rétablissement des poursuites (B. Soinne, La réforme des procédures collectives : la confusion des objectifs et des procédures [2e partie], *RPC 2004, p. 81, n° 61*). La Cour de cassation a confirmé cette analyse : le liquidateur d'un salarié en liquidation judiciaire est fondé à demander à l'employeur le versement entre ses mains des salaires du débiteur qui, à l'exclusion de leur fraction insaisissable, sont appréhendés par l'effet réel de la procédure collective, mais il doit mettre en œuvre la procédure de saisie des rémunérations ressortissant à la compétence exclusive du tribunal d'instance (Com. 13 avr. 2010 : *cité note 11*).

Le législateur, en revanche, n'a pas repris la proposition qui avait été faite de préciser que le dessaisissement du débiteur personne physique ne l'empêche pas d'exercer un mandat social (T. Montéran, Observations sur l'avant-projet de loi de sauvegarde des entreprises, *Gaz. Pal. 10-11 déc. 2003, p. 2*).

Un auteur avait relevé ici un problème né de la portée de l'interprétation *a contrario* de la nouvelle disposition (J.-P. Sénéchal, La réforme de la liquidation judiciaire, colloque CRAJEFE du 27 mars 2004, *LPA 10 juin 2004, p. 43, spéc. p. 46*). En effet, si le débiteur ne peut exercer qu'une activité salariée, cela implique qu'il ne peut ni exercer une profession commerciale, ni être artisan, ni agriculteur, ni exercer une profession indépendante (Comp., pour la solution antérieure, posée par un arrêt de la chambre commerciale du 5 juill. 2005 : *D. 2005. AJ 2146, obs. A. Lienhard* ✐). Ne s'agit-il pas alors d'une véritable incapacité professionnelle ? Et, dans ce cas, le texte n'est-il pas contraire au principe de nécessité des peines ? Le doute, à cet égard, paraît sérieux si l'on se rapporte à la décision du 15 mars 1999 par laquelle le Conseil constitutionnel avait déclaré contraire à la Constitution l'ex-article 194 de la loi du 25 janvier 1985, qui prévoyait une incapacité d'exercer une fonction publique élective automatique en cas de liquidation judiciaire (V. désormais art. L. 653-11 ; V. aussi, se demandant si cette disposition n'est pas contraire au principe de liberté du travail, J. Vallansan, Difficultés des entreprises, *Litec, 5e éd., 2009, p. 336* ; V. également, pour une critique s'agissant de l'application aux avocats, R. Martin et P. Neveu, L'application à la profession d'avocat de la loi du 26 juillet 2005 sur la sauvegarde des entreprises, *JCP 2006. I. 125, nos 24 s.*). La Cour de cassation avait été saisie dès 2010 d'une question prioritaire de constitutionnalité relative à la constitutionnalité de l'article L. 641-9, III, au regard, notamment, du droit d'obtenir un emploi reconnu par l'article 5 du Préambule de la Constitution de 1946. Mais, comme cette disposition n'était pas applicable au litige, la chambre commerciale n'avait pu se prononcer (Com. 19 oct. 2010 : *D. 2010. Actu. 2511, obs. Lienhard* ✐). Elle en aura l'occasion en 2012 à propos de la profession d'avocat. Dans son arrêt du 31 mai 2012 (cité note 99), elle juge, en parfaite cohérence avec sa construction jurisprudentielle et la finalité déjà évoquée du texte, que « l'interdiction édictée par l'article

L. 641-9, III, qui empêche seulement l'avocat, pendant le cours de sa liquidation judiciaire, d'exercer sa profession à titre individuel, sans porter ainsi une atteinte disproportionnée à son droit d'obtenir un emploi, tel qu'il est garanti par l'article 5 du Préambule de la Constitution du 27 octobre 1946, est justifiée par l'intérêt général, dès lors qu'elle a pour but de protéger les tiers et l'avocat lui-même, en évitant la création, dans le cadre de l'exercice individuel d'une nouvelle activité d'avocat, d'un passif ne pouvant être apuré par le recours à une procédure collective ». Par la suite, la Cour de cassation appliquera le même raisonnement à propos de l'exercice individuel d'une activité artistique à titre de profession indépendante pendant la durée de la liquidation judiciaire (Com. 26 mars 2013 : *cité note 99*).

Quant au cas particulier des avocats, la Cour de cassation, se fondant sur les dispositions spécifiques des articles 104 et 105 du décret du 27 novembre 1991, avait jugé que « la privation temporaire d'exercice de la profession d'avocat prévue par l'article L. 641-9 du code de commerce » ne pouvait justifier la décision d'un conseil de l'ordre d'omettre un avocat du tableau (Com. 5 avr. 2011 : *cité note 100*). Par ce fondement, la chambre commerciale avait fait profiter de sa solution l'ensemble des avocats, et non les seuls avocats associés, dont il résulte des arrêts de principe du 9 février 2010 (cités note 14 ss. art. L. 620-2) qu'ils n'exercent pas une activité professionnelle indépendante au sens de l'article L. 640-2 du code de commerce. L'avocat en liquidation judiciaire peut donc parfaitement exercer encore sa profession en tant qu'avocat salarié ou qu'associé d'une société civile professionnelle ou d'une société d'exercice libéral d'avocats (voire sous forme d'EIRL, si l'on sollicite le texte de l'art. L. 641-9 pour l'appliquer selon son esprit davantage qu'à la lettre : V. obs. S. Rétif, *APC 2012, n° 180*).

VI. EIRL - ENTREPRENEUR INDIVIDUEL

La loi du 15 juin 2010 relative à l'entrepreneur individuel à responsabilité limitée, qui permettait, grâce à la technique de l'affectation à une activité professionnelle, à une même personne de posséder plusieurs patrimoines, avait logiquement conduit l'ordonnance du 9 décembre 2010 à prévoir une exception à l'interdiction d'exercer une activité soumise au livre VI du fait du dessaisissement résultant de l'ouverture de la liquidation judiciaire.

Dans la nouvelle équation « un débiteur = un patrimoine » (affecté ou non), le dessaisissement ne concernait que le débiteur en tant qu'il exerçait l'activité à laquelle le patrimoine est affecté, visée par la liquidation judiciaire. Rien ne l'empêchait donc de poursuivre (ou de démarrer) une activité sans affectation de patrimoine ou une autre activité avec patrimoine affecté. La dérogation prévue par l'ordonnance du 9 décembre 2010 ne valait cependant, précisait le Rapport, qu'à l'égard des activités professionnelles exercées au jour de l'ouverture de la procédure.

Dans le texte issu de la loi du 14 février 2022 en faveur de l'activité professionnelle indépendante, applicable à compter du 15 mai 2022, qui a substitué à l'option pour le statut de l'entrepreneur individuel à responsabilité limitée (EIRL) une protection de plein droit du patrimoine personnel, seul le patrimoine professionnel étant engagé, pour les conditions d'exercice d'une nouvelle activité professionnelle par l'entrepreneur individuel relevant du nouveau statut, il est renvoyé implicitement (par le nouveau IV de l'art. L. 641-9) à l'article L. 681-2, VII, issu de cette même loi du 14 février 2022. Par ailleurs, au I de l'article L. 641-9, s'agissant des biens frappés par le dessaisissement, il est logiquement précisé que les biens concernés sont ceux composant le patrimoine professionnel. ❑

A. GÉNÉRALITÉS

1. Portée du dessaisissement. V. note 14. ♦ Sur la sanction, V. notes 82 s.

Le dessaisissement atteint aussi bien les revenus que le débiteur a pu se procurer à raison d'une activité professionnelle nouvelle postérieure à sa mise en liquidation, dès lors que ces revenus ou tous autres biens ont été acquis avant la clôture de la liquidation. • Metz, 6 mars 1997 : *JCP 1998. IV. 1412.*

Le dessaisissement s'étend à toute opération ou à tout acte ayant un caractère patrimonial et atteint l'ensemble des biens du débiteur qu'ils soient affectés ou non à l'exploitation. • Caen, 25 nov. 1997 : *BICC 1998, n° 608 ; RJDA 1998, n° 1018.*

Il résulte de l'art. L. 641-9 que, lorsqu'une personne morale de droit privé est en liquidation judiciaire, son dessaisissement ne s'étend pas à son dirigeant. • Com. 6 janv. 2021, n° 19-19.600 : *Rev. sociétés 2021. 601, note Reille ; BJS 3/2021. 44, note Fin-Langer ; RJDA 2021, n° 181.*

Le jugement de liquidation judiciaire d'une personne physique emporte dessaisissement pour le débiteur de l'administration et de la disposition de ses biens, notamment des parts dans le capital d'une société mais ne le dessaisit pas de ses fonctions de représentant légal de cette société. • Com. 27 nov. 2001, n° 97-22.086 P : *D. 2002. AJ 92, obs. Lienhard ; APC 2002, n° 12, obs. Vallansan ; Dr. sociétés 2002, n° 24, note Legros ; BJS 2002. 212, note M. Sénéchal ; RDBF 2002, n° 65, obs. F.-X. Lucas ; JCP E 2002, n° 20, p. 805, obs. Pétel ; RJ com. 2002. 462, note Haennig.* ♦ Il en résulte que le liquidateur, qui ne peut agir qu'au nom du débiteur actionnaire de la société, n'est pas recevable à demander la désignation d'un administrateur provisoire de la société au motif que son représentant légal est soumis à une procédure de liquidation judiciaire. • Même arrêt. ♦ En cas de mise en liquidation judiciaire de l'associé d'une société civile, le liquidateur n'a pas qualité pour exercer les actions liées à sa qualité d'associé ou de gérant et concernant le patrimoine de la personne morale, non plus que son droit de participer aux décisions collectives. • Com. 18 oct. 2011, n° 10-19.647 P : *D. 2011. Actu. 2592, obs. Lienhard ; D. 2012. 593, note Dondero ; Rev. sociétés 2012. 249, note Saintourens et Duprat ; JCP E 2012. 1018, note Lebel ; APC 2011, n° 277, obs. Vallansan ; Dr. sociétés 2011, n° 213, note Hovasse ; BJS 2011. 994, note F.-X. Lucas ; Procédures 2011, n° 375, note Rolland ; RJDA 2012, n° 76 ; Gaz. Pal. 20-21 janv. 2012, p. 27, obs. Voinot ; BJE 2012. 82, note Coquelet.* – V. aussi • Civ. 3e, 19 déc. 2007 : *D. 2008. AJ 159 ; Dr. sociétés 2008, n° 75, note Legros ; BJS 2008. 321, note Voinot* • Com. 19 juin 2012, n° 11-19.775 P : *D. 2012. Actu. 1671 ; Rev. sociétés 2012. 532, obs. Henry ; LEDEN 7/2012. 3, obs. Pelletier ; APC 2012, n° 194, obs. Regnaut-Moutier ; Dr. sociétés 2012, n° 171, note Legros ; BJS 2012. 731, note F.-X. Lucas ; Gaz. Pal. 12-13 oct. 2012, p. 28, obs. Voinot.* ♦ En revanche, le dessaisissement de l'associé en liquidation judiciaire ne fait pas obstacle à ce que le liquidateur obtienne, sur le fondement de l'art. 1860 C. civ., le remboursement de la valeur des parts de cet associé. • Com. 13 déc. 2011 : *D. 2012. Actu. 148, obs. Lienhard ; Rev. sociétés 2012. 376, note Morelli ; BJE 2012. 84, note Monsèrié-Bon ; BJS 2012. 316, note F.-X. Lucas ; APC 2012, n° 92, obs. Pagnucco.* ♦ V. aussi, concernant le remboursement des parts consécutif à l'exercice du droit de retrait d'un sociétaire en liquidation judiciaire d'une caisse de crédit agricole : • Com. 22 nov. 2023, n° 22-17.691 B : *APC 2023, n° 263, obs. Lafaurie ; JCP E 2024. 1063, note Pagnucco ; RJDA 2024, n° 124 ; Gaz. Pal. 19 mars 2024, p. 50, obs. Dossios ; BJE 3-4/2024. 15, note J.-B. Barbièri ; BJS 4/2024. 32, note F.-X. Lucas ; Dr. sociétés 2024, n° 51, note Legros.* ♦ L'action en paiement du solde d'un compte courant d'associé n'est pas une action liée à la qualité d'associé concernant le patrimoine de la personne morale mais tend au recouvrement de la créance dont dispose l'associé contre la personne morale et doit, dès lors, être exercée par son liquidateur. • Com. 23 sept. 2014, n° 12-29.262 P : *D. 2014. Actu. 1937 ; Rev. sociétés 2014. 754, obs. Henry ; ibid. 2015. 124, note Saintourens ; RTD com. 2015. 125, obs. Monsèrié-Bon ; JCP E 2014. 1605, note Lebel ; JCP 2015. 182, note Dondero ; LEDEN 11/2014. 2, obs. Parachkévova ; APC 2014, n° 319, obs. Pagnucco ; BJS 2014. 712, note Mouial-Bassilana ; RJDA 2014, n° 925 ; Dr. sociétés 2015, n° 35, note Legros ; RPC 2015, n° 43, obs. Reille.* ♦ Il en est de même de l'action en contestation de l'état liquidatif d'une société civile professionnelle et de l'action indemnitaire dirigée contre le liquidateur ayant établi l'état liquidatif contesté. • Civ. 1re, 6 sept. 2017, n° 16-10.711 : *LEDEN 11/2017. 1, obs. F.-X. Lucas ; BJS 2017. 700, note Borga.* ♦ Sur le monopole d'action du liquidateur contre les associés de la société en liquidation judiciaire pour voir fixer leur contribution aux pertes sociales, V. • Com. 20 sept. 2011, n° 10-24.888 P : *D. 2011. 2970, note Marmoz ; ibid. Actu. 2334, obs. Lienhard ; Rev. sociétés 2011. 691, obs. Prévost ; RTD com. 2011. 771, obs. Le Cannu et Dondero ; JCP E 2011. 1804, note Mortier ; BJS 2011. 902, note F.-X. Lucas ; Dr. sociétés 2011, n° 212, note Hovasse ; LEDEN 10/2011. 5, obs. Borga ; APC 2011, n° 278, obs. Pagnucco ; RJDA 2011, n° 1033 ; RLDA nov. 2011. 10, obs. Demeyere ; Banque et Dr. 11-12/2011. 59, obs. Riassetto* • 3 mai 2018, n° 15-20.348 P : *D. 2018. Actu. 1007 ; Rev. sociétés 2018. 414, obs. Roussel Galle ; ibid. 2019. 271, note Deckert ; RTD com. 2018. 705, obs. A. Lecourt ; JCP E 2018. 1340, note Lebel ; LEDEN 6/2018. 6, obs. Mouial-Bassilana ; RJDA 2018, n° 576 ; BJS 2018. 433, note Laroche ; Gaz. Pal. 25 sept. 2018, p. 71, obs. Barrillon ; APC 2018, n° 166, obs. Coquelet ; Dr. sociétés 2018, n° 186, note Hovasse ; RPC 2018, n° 187, obs. Vallansan.* ♦ Comp., depuis la modification de l'art. 1844-7, 7°, C. civ. par l'Ord. du 12 mars 2014, pour l'irrecevabilité du liquidateur à agir sur le fondement de la contribution aux pertes dès lors que la liquidation judiciaire n'entraîne plus la dissolution de la société : • Rouen, 15 oct. 2019, n° 19/00855 : *LEDEN 12/2019. 1, obs. F.-X. Lucas.*

Le dessaisissement d'un débiteur ne l'empêche pas d'exercer une activité professionnelle. • Com. 5 juill. 2005, n° 04-13.255 P : *D. 2005. AJ 2146, obs. Lienhard ; RDBF 2005, n° 178, obs. F.-X. Lucas ; Gaz. Pal. 4-5 nov. 2005, p. 30, obs. Voinot ; JCP E 2006, n° 2, p. 72, obs. Pétel.* ♦ Comp., désormais : art. L. 641-9, III, issu de la L. n° 2005-845 du 26 juill. 2005.

Le dessaisissement du débiteur n'emporte pas changement de capacité au sens de l'art. 531 C. pr. civ. • Com. 18 mai 2016, n° 14-25.997 P : *D. 2016. Actu. 1133 ; RTD com. 2016. 857, obs. Vallens ; JCP E 2016. 1465, n° 3, obs. Pétel ; APC 2016, n° 149, obs. Le Bars ; DP diff. entr., Bull. n° 382, obs. Rémery ; RJDA 2016, n° 636 ; LEDEN*

9/2016. 5, obs. Staes ; Dr. sociétés 2016, n° 170, note Legros. ♦ Par ailleurs, il ne résulte d'aucun texte que l'ouverture de la procédure de liquidation judiciaire interrompe le délai ouvert au débiteur pour interjeter appel d'une décision qui lui a été régulièrement signifiée avant le jugement d'ouverture. • Même arrêt. ♦ Le dessaisissement du débiteur par l'effet de sa mise en liquidation judiciaire, qui ne porte que sur ses droits patrimoniaux, et auquel échappent ses droits propres, n'emporte pas changement de capacité au sens de l'art. 370 C. pr. civ., de sorte que l'infirmation d'un jugement ayant mis une partie en liquidation judiciaire n'emporte pas recouvrement, par cette partie, de sa capacité et ne constitue donc pas une cause d'interruption d'instance au sens du texte préc. • Com. 26 févr. 2020, n° 18-18.283 P : *D. 2020. Chron. C. cass. 1260, obs. Barbot ; RJDA 2020, n° 282 ; APC 2020, n° 87, obs. Ferrari ; LEDEN 5/2020. 4, obs. Pollaud-Dulian ; BJE 5-6/2020. 27, note Théron ; RPC 2021, n° 12, obs. Reille.*

Les dispositions relatives au dessaisissement du débiteur en liquidation judiciaire n'entraînent pas une privation de propriété. • Com., QPC, 18 déc. 2012 : *D. 2013. Actu. 77 ; Rev. sociétés 2013. 179, obs. Henry ; APC 2013, n° 20, obs. Vallansan ; BJE 2013. 82, note Benilsi ; LEDEN 4/2013. 4, obs. Favario.* ♦ Le dessaisissement de plein droit du débiteur en application des dispositions de l'art. L. 622-9 [L. 641-9] C. com. n'entraîne pas la disparition de son droit de propriété sur l'immeuble indivis litigieux, de sorte que le liquidateur n'a pas qualité pour poursuivre l'expulsion de ce dernier avant la réalisation définitive de la cession de cet immeuble. • Com. 25 oct. 2011, n° 10-21.146 P : *D. 2011. Actu. 2724, obs. Lienhard ; D. 2012. 479, note Albiges ; JCP E 2012. 1000, n° 5, obs. Pétel ; LEDEN 12/2011. 2, obs. Berthelot ; APC 2011, n° 302, obs. Roussel Galle ; Gaz. Pal. 20-21 janv. 2012, p. 29, obs. Théron ; RJDA 2012, n° 318 ; LPA 27 juin 2012, p. 17, obs. Boillot.* ♦ De même, le dessaisissement de la société en liquidation judiciaire n'entraîne pas au préjudice de cette société, dont la personnalité morale demeure pour les besoins de sa liquidation en vertu des art. 1844-8 C. civ. et L. 237-2, al. 2, C. com., la disparition de son droit de propriété sur l'immeuble litigieux ; la société en liquidation reste en conséquence redevable de la taxe annuelle prévue par l'art. 990 D CGI. • Com. 8 avr. 2008, n° 06-16.343 P : *D. 2008. AJ 1204 ; APC 2008, n° 153, obs. Serlooten.*

Sur la question de savoir si, par application de l'art. L. 641-9, le liquidateur peut être considéré comme un tiers par rapport au débiteur, V. note 82 ss. ancien art. L. 621-32.

2. Un débiteur en liquidation judiciaire, fût-ce une société, peut subir un préjudice dont il appartient au liquidateur judiciaire ou, lorsque l'action est dirigée contre ce dernier, à un mandataire *ad hoc* de poursuivre la réparation. • Com. 24 mai 2005, n° 03-17.481 P : *D. 2005. AJ 1695, obs. Lienhard ; JCP E 2005, n° 36, p. 1424, obs. Cabrillac et Pétel ; Gaz. Pal. 4-5 nov. 2005, p. 35, obs. Roussel Galle ; Dr. sociétés 2005, n° 216, note Legros.* ♦ Sur le tribunal compétent pour désigner un mandataire *ad hoc*, V. note 8 ss. art. 1844-7 C. civ., 2e partie, *Traitement des difficultés des entreprises.*

3. Point de départ. Par l'effet de la loi, le dessaisissement du débiteur part de la première heure du jour où est prononcée la liquidation judiciaire. • Com. 17 mai 1989, n° 87-17.930 P : *D. 1989. IR 177 ; JCP 1990. II. 21464, note Beaubrun.*

4. Fin du dessaisissement. La clôture de la liquidation judiciaire pour insuffisance d'actif, qui met fin au dessaisissement du débiteur, lui permet d'engager une action en paiement d'une créance née antérieurement à l'ouverture de la procédure collective et non recouvrée par le liquidateur. • Com. 17 oct. 2000, n° 98-10.955 P : *D. 2001. Somm. 619, obs. Honorat ; ibid. 2000. AJ 411, obs. Lienhard ; APC 2000, n° 232, obs. Bonneau ; JCP E 2001, n° 4, p. 176, obs. Pétel ; RTD com. 2001. 243, obs. Vallens.*

La remise des parties dans leur état antérieur à la suite de l'annulation du jugement d'adjudication d'un bien immobilier [elle-même consécutive à l'annulation du jugement d'extension d'une procédure de liquidation judiciaire à la SCI qui était propriétaire du bien objet de l'adjudication] commande que soit mise à la charge du propriétaire qui, dans la procédure de saisie immobilière, avait été représenté par le liquidateur pour le temps de son dessaisissement, et qui a été remis à la tête de ses biens, la restitution du prix en contrepartie de celle du bien. • Com. 7 févr. 2006, n° 05-13.467 P : *D. 2006. AJ 578, obs. Lienhard ; Gaz. Pal. 30 avr.-4 mai 2006, p. 33, obs. Voinot ; RJ com. 2006. 239, note Sortais.*

5. Rétractation du jugement prononçant la liquidation. Le jugement rétractant la décision de liquidation judiciaire du débiteur ne fait pas disparaître rétroactivement les effets du dessaisissement du débiteur lorsqu'il était en état de liquidation judiciaire. • Com. 2 avr. 1996, n° 93-13.776 P : *D. 1996. IR 122 ; JCP E 1996. I. 584, n° 6, obs. Cabrillac.* ♦ Par conséquent, des chèques ayant été émis par le dirigeant d'une société postérieurement au jugement ayant prononcé sa liquidation judiciaire, ces opérations sont inopposables à la procédure judiciaire, et la banque n'a commis aucune faute en rejetant, par deux fois, les chèques présentés par le créancier bénéficiaire, même si la seconde présentation des chèques litigieux a été effectuée après rétractation du jugement de liquidation judiciaire. • Même arrêt.

6. Cassation de l'arrêt confirmant le jugement prononçant la liquidation judiciaire. V. • Com. 1er avr. 2003 : *Dr. sociétés 2004, n° 43, note Legros.*

7. Bonne foi des tiers. Les dispositions de l'art. 152 [C. com., art. L. 641-9] ne font pas d'exception en faveur des tiers de bonne foi. • Com. 2 avr. 1996, n° 92-19.912 P : *D. 1996. Somm. 338, obs. Honorat ; JCP E 1996. I. 584, n° 5, obs. Cabrillac* • 19 mai 2004, n° 02-18.570 P : *D. 2004. AJ 1813, obs. Lienhard (2e esp.) ; APC 2004, n° 163, obs. Boulay ; RPC 2006. 55, obs. Lebel.* ♦ V. aussi note 86.

8. Créancier de pension alimentaire. Si l'art. 30 de la loi du 25 janv. 1985 [C. com., art. L. 631-11] permet à la personne mise en liquidation judiciaire d'obtenir de l'actif, pour sa famille, des subsides fixés par le juge-commissaire, son dessaisissement, résultant de l'application des dispositions d'ordre public de l'art. 152 [C. com., art. L. 641-9], est général et embrasse l'intégralité de son patrimoine, aucune exception n'étant légalement prévue en faveur des créanciers auxquels serait due une pension alimentaire. • Paris, 4 juill. 2000 : *D. 2000. AJ 398 ; RPC 2002. 260, obs. Lebel.*

9. Dissolution des sociétés en liquidation judiciaire (régime antérieur à la L. du 26 juill. 2005). ♦ V. art. 1844-7 (7°) C. civ. et notes ss. cet art., 2e partie, *Traitement des difficultés des entreprises.*

B. EFFETS DU DESSAISISSEMENT QUANT AUX BIENS

10. Biens insaisissables. Si sont exclues du dessaisissement du débiteur en liquidation judiciaire la fraction insaisissable des salaires ou les prestations assimilées, cette exception, édictée dans le seul intérêt du débiteur, ne peut pas être invoquée par un tiers, dès lors que les conditions d'application de l'art. 1166 [1341-1] C. civ. (action oblique) ne sont pas réunies. • Com. 11 juill. 1995, n° 93-13.195 P : *D. 1996. Somm. 83, obs. Honorat ; RJDA 1995, n° 132.*

En ce sens que les juges ne peuvent faire échapper au dessaisissement les indemnités allouées au débiteur à la suite d'un accident de la circulation, sans rechercher si celles-ci ont, en tout ou en partie, un caractère alimentaire au regard de l'art. 14 de la L. n° 91-650 du 9 juill. 1991 [C. pr. exéc., art. L. 112-2, à compter du 1er juin 2012], V. • Com. 5 févr. 2002, n° 99-11.903 P : *D. 2002. AJ 887 ; APC 2002, n° 88, obs. Vallansan ; Procédures 2002, n° 98, obs. Laporte ; Dr. et patr. juill.-août 2002. 107, obs. Monsèrié-Bon ; RPC 2002. 257, obs. Lebel ; RJ com. 2003. 415, note Sortais.*

Le débiteur peut opposer la déclaration d'insaisissabilité qu'il a effectuée en application de l'art. L. 526-1 C. com., avant qu'il ne soit mis en liquidation judiciaire, en dépit de la règle du dessaisissement prévue par l'art. L. 641-9. • Com. 28 juin 2011, n° 10-15.482 P : *D. 2011. Actu. 1751, obs. Lienhard ; D. 2012. Pan. 2201, obs. Le Corre ; Rev. sociétés 2011. 526, obs. Roussel Galle ; JCP E 2011. 1551, note Pérochon ; LEDEN 7/2011. 1, obs. F.-X. Lucas ; APC 2011, n° 203, obs. Fin-Langer ; BJE 2011. 242, note Camensuli-Feuillard ; RDBF 2011, n° 171, obs. S. Piedelièvre ; Gaz. Pal. 7-8 oct. 2011, p. 11, note Antonini-Cochin ; RJ com. 2011. 510, note Sortais ; RPC 2012, n° 111, obs. Lisanti.* – V. aussi Legrand et Vallansan, *RPC 2011. Étude 30.* ♦ Dès lors que l'immeuble appartenant au débiteur et à son conjoint commun en biens a fait l'objet d'une déclaration d'insaisissabilité publiée avant l'ouverture de la liquidation judiciaire, le juge-commissaire ne peut autoriser, sous peine de commettre un excès de pouvoir, le liquidateur à procéder à la vente aux enchères publiques de cet immeuble dont l'insaisissabilité lui est opposable. • Même arrêt. – Dans le même sens, V. • Com. 24 mars 2015 : *D. 2015. 1302, note Borga ; Rev. sociétés 2015. 404, obs. Henry ; JCP E 2015. 1245, note Cerati-Gauthier ; APC 2015, n° 119, obs. V. Legrand ; LEDEN 5/2015. 4, obs. Yaboue ; RJDA 2015, n° 451 ; RPC 2015, n° 79, obs. Dumont-Lefrand ; RJ com. 2015. 338, obs. Roussel Galle ; BJE 2015. 224, note Le Mesle ; Gaz. Pal. 19-21 juill. 2015, p. 19, obs. Théron ; RDBF 2015, n° 130, obs. S. Piedelièvre* • 22 mars 2016, n° 14-21.267 P : *D. 2016. Actu. 702 ; Rev. sociétés 2016. 393, obs. Henry ; LEDEN 5/2016. 3, obs. Rubellin ; RPC 2016, n° 185, obs. Reille.* ♦ De même, dès lors que l'immeuble a fait l'objet d'une déclaration d'insaisissabilité régulièrement publiée avant le jugement d'ouverture de la liquidation judiciaire du débiteur, les droits indivis de ce dernier n'ont pu être appréhendés par la procédure collective, de sorte que le liquidateur n'a pas qualité pour agir en partage et licitation sur le fondement de l'art. 815 C. civ. • Com. 14 mars 2018, n° 16-27.302 P : *D. 2018. 1240, note Rabreau ; AJ fam. 2018. 299, obs. Casey ; RTD civ. 2018. 447, obs. Dross ; JCP E 2018. 1429, n° 14, obs. Pétel ; LEDEN 4/2018. 6, obs. Rubellin ; APC 2018, n° 118, obs. Leprovaux ; RJDA 2018, n° 446 ; BJE 2018. 201, note V. Legrand ; RDBF 2018, n° 69, obs. S. Piedelièvre ; RPC 2019, n° 52, obs. Lisanti.* – Rappr. : • Com. 10 juill. 2019, n° 18-16.867 P : *D. 2019. Actu. 1492 ; AJ fam. 2019. 530, obs. Casey ; JCP E 2019. 1551, n° 18, obs. Pétel ; APC 2019, n° 221, obs. Roussel Galle ; Gaz. Pal. 15 oct. 2019, p. 65, obs. Antonini-Cochin ; RJDA 2019, n° 703 ; BJE 11-12/2019. 21, note Lisanti.* ♦ V. aussi note 11 ss. art. L. 643-2.

11. Salaires. La saisie des rémunérations dues par un employeur est soumise aux dispositions du code du travail ; si le liquidateur d'un salarié en liquidation judiciaire est fondé à demander à l'employeur le versement entre ses mains des salaires du débiteur qui, à l'exclusion de leur fraction insaisissable, sont appréhendés par l'effet réel de la procédure collective, il doit mettre en œuvre la procédure de saisie des rémunérations ressortissant à la compétence exclusive du tribunal d'instance. • Com. 13 avr. 2010, n° 08-19.074 P : *D. 2010. Actu. 1072 ; JCP E 2010. 1534, note Lebel ; APC 2010, n° 137, obs. Fin-Langer ; LEDEN 6/2010. 4, obs. Rubellin ; RJDA 2010,* *n° 644 ; Procédures 2010, n° 236, obs. Rolland ; Gaz. Pal. 2-3 juill. 2010, p. 27, obs. Voinot ; RPC 2012, n° 33, obs. Canet.* ♦ Le liquidateur judiciaire ne peut, sur le seul fondement du jugement ouvrant ou prononçant la liquidation judiciaire, qui ne constitue pas un titre exécutoire constatant une créance liquide et exigible, faire procéder à la saisie des rémunérations du débiteur. • Civ. 2e, 7 janv. 2016, n° 14-24.508 : *D. 2016. Pan. 1896, obs. F.-X. Lucas ; RTD com. 2016. 339, obs. Vallens ; APC 2016, n° 38, obs. Fin-Langer ; RPC 2016, n° 31, obs. Cagnoli ; BJE 2016. 172, note J.-P. Sénéchal.*

12. *Cession immobilière.* En ce sens que le notaire rédacteur de l'acte de vente d'un immeuble appartenant au débiteur doit avoir reçu pouvoir de recevoir le paiement pour le compte du liquidateur pour que ce paiement revête un caractère libératoire, V. • Com. 12 juill. 2011 : *BJE 2011. 310, note Tagliarino-Vignal ; RJ com. janv.-févr. 2012. 74, note Sortais.* ♦ Sur la responsabilité du notaire, V. aussi • Civ. 1re, 29 juin 2016, n° 15-17.591 P : *D. 2016. Actu. 1498 ; LEDEN 9/2016. 3, obs. Camensuli-Feuillard* • Caen, 25 janv. 2000 : *Dr. sociétés 2000, n° 158, obs. Chaput.*

13. *Apport en société.* Le débiteur en liquidation judiciaire étant dessaisi, en application de l'art. 152 [C. com., art. L. 641-9], de l'administration et de la disposition de ses biens, il n'a pas la capacité d'effectuer un apport en société, qui constitue un acte de disposition ; il s'ensuit que la société constituée entre le débiteur en liquidation judiciaire et son fils doit être déclarée nulle sur le fondement des art. 1844-10 et 1832 C. civ. • Poitiers, 22 juill. 1999 : *Dr. sociétés 2001, n° 11, obs. Chaput.*

14. *Débiteur marié.* Il résulte de la combinaison des art. 1413 C. civ. et L. 622-9 [L. 641-9] C. com. qu'en cas de liquidation judiciaire d'un débiteur marié sous le régime de la communauté, les biens communs inclus dans l'actif de la procédure collective sont administrés par le seul liquidateur qui exerce pendant toute la durée de la liquidation judiciaire les droits et actions du débiteur dessaisi concernant son patrimoine. • Com. 4 oct. 2005, n° 04-12.610 P : *D. 2005. AJ 2592, obs. Lienhard ; D. 2006. Pan. 86, obs. Le Corre ; ibid. 1382, obs. Danis-Fatôme ; APC 2005, n° 230, obs. Regnaut-Moutier ; JCP E 2006, n° 2, p. 73, obs. Pétel ; Gaz. Pal. 10-11 févr. 2006, p. 42, obs. Vauvillé.* ♦ Il s'ensuit que les pouvoirs de gestion des biens communs normalement dévolus au conjoint *in bonis* en vertu des art. 1421 s. C. civ. ne peuvent plus s'appliquer. • Même arrêt. ♦ Le dessaisissement du débiteur porte aussi sur les biens de communauté quand le jugement de divorce est postérieur à l'ouverture de la procédure collective. • Paris, 9 févr. 1990 : *JCP E 1990. I. 20009* • 6 nov. 1992 : *RJDA 1993, n° 450* • Reims, 14 févr. 1996 : *JCP 1997. IV. 852.* ♦ Mais il n'opère pas mutation du droit de propriété ; le mandataire-liquidateur n'a donc pas qualité pour demander l'expulsion de la femme du débiteur avant la vente définitive d'un immeuble dépendant de la communauté. • Paris, 9 avr. 1990 : *préc.* – Dans le même sens, V. • Caen, 24 sept. 1996 : *BICC 1996, n° 1335 ; JCP 1996. IV. 2529 ; RPC 1997. 479, obs. Canet.* ♦ Chacun des époux, ayant le pouvoir d'administrer seul les biens communs et d'en disposer, a qualité pour exercer seul, en défense ou en demande, les actions relatives aux biens communs ; il s'en déduit que les décisions rendues à l'encontre du seul époux en liquidation judiciaire, représenté par son liquidateur, relativement à la vente d'un bien commun, étant opposables au conjoint maître de ses biens, la tierce opposition formée par ce dernier à leur encontre n'est pas recevable. • Com. 28 avr. 2009, n° 08-10.368 P : *D. 2009. 2143, note Souhami ; LEDEN 6/2009. 5, obs. Rubellin ; APC 2009, n° 176, obs. Leprovaux ; Gaz. Pal. 26-28 juill. 2009, p. 46, obs. Antonini-Cochin ; RJDA 2009, n° 878 ; RPC 2010, n° 3, obs. Gorrias et Manie ; Defrénois 2010. 478, obs. Gibirila.*

15. Pour l'inopposabilité à la procédure collective de l'acte de cession compris dans une convention définitive de divorce homologuée par le juge, prévoyant l'abandon par le mari, soumis à une procédure de liquidation judiciaire, de sa part sur l'immeuble commun au titre de la pension alimentaire, V. • Com. 26 avr. 2000, n° 97-10.335 P : *D. 2000. AJ 264, obs. Lienhard ; JCP E 2000, n° 40, p. 1562, obs. Pétel ; Procédures 2000, n° 164, obs. Laporte.*

16. La liquidation judiciaire du mari ne peut faire obstacle à la demande de séparation de biens présentée par son épouse. • Civ. 1re, 3 mai 2000, n° 98-10.727 P : *D. 2000. AJ 294 ; JCP 2000. II. 10389, note Casey ; Defrénois 2000. 855, obs. Sénéchal.* ♦ ... Mais elle n'établit cependant pas à elle seule la mise en péril des intérêts de l'épouse. • Civ. 1re, 19 oct. 2004, n° 02-13.659 P : *D. 2004. AJ 2855 ; D. 2005. Pan. 298, obs. Le Corre ; APC 2004, n° 233, obs. Vallansan et Leprovaux ; JCP E 2005, n° 6, p. 239, obs. Leprovaux ; AJ fam. 2005. 28, obs. Hilt ; RPC 2005. 56, obs. Dumont ; Defrénois 2005. 990, obs. Gibirila.*

17. Si la liquidation judiciaire d'une personne mariée sous le régime de la communauté de biens ne modifie pas les droits que les créanciers de son conjoint tiennent du régime matrimonial, le dessaisissement de la personne leur interdit d'exercer des poursuites sur les biens communs en dehors des cas où les créanciers du débiteur soumis à la liquidation judiciaire peuvent eux-mêmes agir. • Cass., ass. plén., 23 déc. 1994, n° 90-15.305 P : *BICC 1er févr. 1995, p. 1, concl. Roehrich, rapp. Chartier ; D. 1995. 145, rapp. Chartier, note Derrida ; RJ com. 1995. 55, note M. Storck ; JCP 1995. II. 22401, note Randoux ; JCP E 1995. II. 660, note Pétel ; Gaz. Pal. 1995. 2. 407, note de La Marnierre.* ♦ V. aussi Sénéchal, *BJS 1995. 229 ;* Vauvillé, *RPC 1995. 23 ;* Courtier, *Rev. huiss. 1995.*

961. ♦ Les juges doivent rechercher, au besoin d'office, si le créancier avait déclaré sa créance au passif de la procédure collective du débiteur, dès lors qu'en l'absence d'une telle déclaration, le créancier ne peut faire valoir son hypothèque, sauf, le cas échéant, sur le solde du prix de l'immeuble grevé substituant après règlement des créanciers admis. • Com. 14 oct. 1997, n° 96-12.853 P : *D. 1998. Somm. 134, obs. Revel ; D. Affaires 1997. 1327 ; JCP 1998. II. 10003, note Beignier* • 16 mars 1999 : *APC 1999, n° 165.* ♦ V. aussi • Com. 25 févr. 2004 : *D. 2004. AJ 2147, obs. Le Corre ; RPC 2005. 58, obs. Rubellin.* ♦ Sur l'obligation de déclarer la créance, V. aussi note 16 ss. ancien art. L. 621-46.

18. L'inopposabilité à la liquidation judiciaire du mari, en raison de son dessaisissement, du prêt contracté par les époux n'affecte ni la validité de l'emprunt à l'égard de la femme *in bonis* ni l'engagement de ses biens propres. • Com. 20 juin 1995, n° 93-10.331 P : *JCP E 1995. I. 513, n° 8, obs. Cabrillac* (V. l'arrêt confirmé : • Amiens, 27 nov. 1992 : *RPC 1994. 36, obs. Saint-Alary-Houin*).

19. L'inopposabilité à la masse de l'hypothèque consentie, postérieurement au jugement de liquidation des biens de l'un des époux, sur un immeuble commun, pour sûreté d'une dette que ceux-ci ont contractée, produit effet à l'égard de chacun des époux. • Com. 14 oct. 1997, n° 95-10.512 P : *D. 1998. Somm. 99, obs. Honorat* (loi de 1967).

20. Lorsque l'ordonnance du juge-commissaire fixant la mise à prix, précisant les conditions essentielles de la vente et déterminant les modalités de publicité est passée en force de chose jugée à l'égard du débiteur qui dispose à son encontre d'un recours devant le tribunal de la procédure collective, le liquidateur, qui exerce le pouvoir exclusif d'agir au nom du débiteur dans la procédure de saisie immobilière, se trouve dispensé de délivrer au débiteur saisi la sommation prévue à l'art. 689 C. pr. civ. [ancien]. • Cass., ch. mixte, 5 déc. 1997, n° 94-17.189 P : *D. 1998. IR 22 ; D. Affaires 1998. 28, obs. A. L. ; Quot. Jur. 20 janv. 1998, p. 10, note P. M. ; BICC 15 févr. 1998, p. 8, concl. Monnet ; JCP E 1998, n° 9, p. 328, note Croze* • Com. 11 avr. 1995, n° 91-21.534 P : *D. 1995. IR 153 ; Defrénois 1995. 973, obs. Sénéchal.* – V. Cass., rép., *BICC 1er mai 1996, p. 36.* ♦ Dans le cas où un immeuble appartenant à deux époux, dont l'un est en liquidation judiciaire, fait l'objet d'une procédure de saisie immobilière, la sommation prévue audit art. doit être faite au conjoint du débiteur en liquidation judiciaire. • Com. 11 avr. 1995 : *préc.*

21. Il résulte de l'art. 2217, al. 1er, C. civ. qu'un commandement de payer doit être délivré à l'épouse du débiteur, qui demeure maître de ses biens, s'agissant d'une saisie portant sur un immeuble acquis en indivision par des époux séparés de biens. • Com. 28 janv. 1997 : *D. 1997. IR 72* (loi de 1967). ♦ V. aussi note 9 ss. art. L. 643-2.

22. Le jugement d'adjudication d'un immeuble faisant partie de l'actif d'une liquidation judiciaire doit être signifié au débiteur en état de liquidation et à son épouse occupant avec lui l'immeuble avant que l'adjudicataire ne puisse demander la libération des lieux et l'expulsion des occupants. • Civ 2e, 5 juin 1996 : *Rev. huiss. 1998. 294, note R. Martin.*

C. EFFETS QUANT AUX ACTIONS EN JUSTICE

BIBL. Matsopoulou, *JCP 1998. I. 164* (exercice de l'action civile).

23. Actions interdites. Il résulte de l'art. 152 [C. com., art. L. 641-9], texte d'ordre public, que le débiteur seul ne peut exercer une voie de recours. • Paris, 12 juill. 1988 : *D. 1989. Somm. 10, obs. Derrida.* ♦ S'il peut cependant faire appel d'un jugement défavorable à la masse *[sic]* pour empêcher cette décision d'acquérir l'autorité de la chose jugée, c'est seulement à titre purement conservatoire et sous réserve qu'ultérieurement le mandataire-liquidateur s'associe à cet appel. • Même arrêt.

24. Du fait de son dessaisissement résultant du jugement de liquidation judiciaire, le pourvoi formé par le débiteur, qui n'exerce pas de droit propre, n'est pas recevable. • Com. 30 janv. 2007, n° 04-19.208 P : *D. 2007. AJ 509 ; Gaz. Pal. 13-14 avr. 2007, p. 25, obs. Rohart-Messager.*

25. Aucun droit propre ne fait échec au dessaisissement du débiteur pour l'exercice des actions tendant au recouvrement de ses créances. • Com. 18 sept. 2012, n° 11-17.546 P : *D. 2012. Actu. 2240, obs. Lienhard ; JCP E 2012. 1757, n° 5, obs. Pétel ; LEDEN 10/2012. 3, obs. Mouial-Bassilana ; APC 2012, n° 244, obs. Vallansan ; RJDA 2012, n° 986 ; BJE 2012. 367, note Sautonie-Laguionie ; Gaz. Pal. 18-19 janv. 2013, p. 29, obs. Voinot* • Civ. 1re, 6 sept. 2017, n° 16-10.711 : *RPC 2017, n° 103, obs. Berthelot.*

26. Aucun droit propre ne peut être reconnu au débiteur dessaisi dans l'exercice d'une action en fixation du loyer du bail renouvelé, devant le juge des loyers commerciaux, fondée sur l'art. R. 145-23 C. com. • Com. 14 juin 2023, n° 21-11.588 : *RJDA 2024, n° 44.*

27. Le débiteur en liquidation judiciaire ne dispose pas d'un droit propre pour exercer une action tendant à l'annulation d'un prêt et d'une vente et à la restitution consécutive du prix, une telle action, qui n'a pas pour effet de faire valoir le point de vue du débiteur dans le déroulement de la procédure collective et qui poursuit une finalité exclusivement patrimoniale, relevant du monopole du liquidateur judiciaire. • Com. 23 mai 2024, n° 21-18.706 B : *D. 2024. Actu. 1014 ; RJDA 2024, n° 479 ; JCP E 2024. 1287, n° 6, obs. Tehrani ; LEDEN 7/2024. 3, obs. Maraud ; Gaz. Pal. 24 sept. 2024, p. 62, obs. Lebel ; Dr. sociétés 2024, n° 122, note Legros ; APC 2024, n° 179, obs. Diesbecq ; RPC 2024, n° 127, obs. Perruchot-Triboulet.*

28. L'action en responsabilité civile contre le liquidateur est de nature patrimoniale et ne peut être exercée par le débiteur en liquidation judiciaire avant la clôture des opérations de liquidation. • Com. 6 févr. 2001, n° 98-10.117 P : *D. 2001. AJ 859, obs. Lienhard* ; *RTD com. 2001. 770, obs. Vallens* . – V. déjà • Paris, 13 sept. 1999 : *D. 1999. AJ 21, obs. A. L.* ♦ Par suite, si le débiteur peut faire appel à titre conservatoire du jugement rejetant sa demande, il n'a pas qualité pour suivre l'instance d'appel sans intervention d'un administrateur *ad hoc*. • Com. 6 févr. 2001 : *préc.*

29. Si le débiteur dessaisi de l'administration et de la disposition de ses biens, par l'effet du jugement prononçant la liquidation judiciaire, conserve le droit, pourvu qu'il l'exerce contre le liquidateur ou en sa présence, de former un appel, puis le cas échéant un pourvoi en cassation, contre les décisions prononçant la résolution de son plan de redressement et sa liquidation judiciaire, il n'est, en revanche, pas recevable à agir en responsabilité contre l'avocat qu'il a mandaté pour le représenter et l'assister dans l'exercice de ce droit propre. • Com. 8 févr. 2023, n° 21-16.954 B : *D. 2023. Actu. 294* ; *LEDEN 3/2023. 5, obs. Lemberg-Guez* ; *APC 2023, n° 64, obs. Macorig-Venier* ; *RJDA 2023, n° 271.* ♦ Une telle action ne peut se rattacher à l'exercice d'un droit propre et la fin de non-recevoir opposée au débiteur n'est pas contraire aux exigences de l'art. 6, § 1, Conv. EDH. • Même arrêt.

30. Il résulte de la combinaison de l'art. 152 [C. com., art. L. 641-9] et de l'art. 66 du Décr. n° 92-755 du 31 juill. 1992 [C. pr. exéc., art. R. 211-11, à compter du 1er juin 2012] que, lorsque le jugement de liquidation judiciaire est prononcé au cours du délai ouvert pour contester la saisie-attribution, il interrompt le délai et un nouveau délai commence à courir à compter de la dénonciation faite au liquidateur. • Com. 19 janv. 1999, n° 96-18.256 P : *D. 1999. 245, note Derrida* ; *D. Affaires 1999. 478* ; *JCP E 1999, n° 18-19, p. 815, obs. Pétel* ; *LPA 9 mars 1999, p. 8, note P. M.* ; *Defrénois 2000. 45, obs. Sénéchal* ; *RJ com. 2000. 29, note Courtier.* ♦ A la suite du prononcé de la liquidation judiciaire, le liquidateur a seul qualité pour élever une contestation relative à la saisie-attribution. • Même arrêt. ♦ Le débiteur en liquidation judiciaire est irrecevable à demander la mainlevée d'une saisie-vente pratiquée par un créancier. • Com. 1er oct. 2002 : *APC 2002, n° 251.*

31. L'action en paiement du montant non libéré du capital d'une société anonyme fait partie des droits et actions du débiteur concernant son patrimoine que le liquidateur exerce en application de l'art. 152 [C. com., art. L. 641-9]. • Com. 26 mai 1999, n° 97-14.865 P : *D. 2000 Somm. 97, obs. Honorat* ; *D. Affaires 1999. 994, obs. A. L.* ; *APC 1999, n° 148, obs. Regnaut-Moutier* ; *BJS 1999. 971, note Saintourens* ; *Rev. sociétés 1999. 865, note Honorat* .

32. Dès lors que l'action en responsabilité dirigée par le débiteur en liquidation judiciaire ne vise pas à sanctionner une atteinte personnelle à ses droits mais tend à obtenir la réparation d'un préjudice résultant d'une faute lourde commise par l'État, sur le fondement de l'art. L. 781-1 COJ, elle revêt un caractère patrimonial et, étant susceptible d'affecter les droits de ses créanciers, entre dans les prévisions de l'art. L. 622-9 [L. 641-9] C. com. • Com. 12 juill. 2004, n° 03-12.634 P : *D. 2004. AJ 2157* ; *RPC 2006. 56, obs. Lebel.* ♦ *Contra*, désormais : V. note 19 ss. art. L. 643-9.

33. Le dessaisissement du débiteur s'étend à l'exercice de ses droits dans l'indivision dont il est membre. • Com. 21 janv. 2003 : *RJDA 2003, n° 625.* ♦ Le liquidateur, qui exerce les droits et actions du débiteur dessaisi, peut agir sur le fondement de l'art. 815 C. civ. qui dispose que nul n'est contraint de demeurer dans l'indivision. • Com. 3 déc. 2003, n° 01-01.390 P : *D. 2004. AJ 141* ; *AJ fam. 2004. 67, obs. Deis-Beauquesne* ; *RJPF 2004, n° 4, p. 18, obs. Vauvillé* • Civ. 1re, 29 juin 2011, n° 10-25.098 P : *D. 2011. Actu. 1970* ; *JCP E 2012. 1000, n° 3, obs. Pétel* ; *APC 2011, n° 225, obs. Delrieu* ; *Gaz. Pal. 7-8 oct. 2011, p. 37, obs. Antonini-Cochin* ; *BJE 2011. 346, note Rubellin* ; *RPC 2012, n° 2, obs. Cagnoli* ; *ibid., n° 115, obs. Dumont-Lefrand.*

34. Pour l'irrecevabilité : d'un dire déposé par le débiteur dans le cadre de la vente aux enchères publiques autorisée par le juge-commissaire, V. • Com. 2 avr. 1996, n° 93-10.453 P : *D. 1996. IR 123.* ♦ ... D'un incident de saisie immobilière formé par le débiteur dessaisi dans le cadre d'une telle vente, V. • Com. 18 janv. 2011 : *D. 2011. Actu. 368, obs. Lienhard* ; *LEDEN 3/2011. 6, obs. M. Sénéchal* ; *Procédures 2011, n° 102, obs. Rolland* ; *RJDA 2011, n° 445.*

35. Il résulte de l'art. 152 [C. com., art. L. 641-9], al. 1er, que le débiteur mis en liquidation judiciaire n'a plus qualité, non seulement pour agir, mais encore pour défendre en justice. Par suite, l'appel d'un jugement formé seulement à son encontre est irrecevable. • Versailles, 4 juin 1998 : *RJ com. 2000. 35, obs. Legrand.* ♦ En effet, le liquidateur, seul habilité à défendre au nom du débiteur, doit être attrait devant la cour dans le délai d'appel. • Même arrêt.

36. S'agissant d'un appel interjeté par la société en liquidation judiciaire seule, l'intervention du liquidateur, par conclusions postérieures à l'expiration du délai d'appel, ne peut régulariser la procédure. • Com. 10 déc. 2003, n° 00-19.230 P : *D. 2004. AJ 142* ; *APC 2004, n° 52, obs. Legros* ; *BJS 2004. 357, note Scholer.* – Rappr. : • Versailles, 27 mai 2003 : *BICC 2004, n° 250.*

37. Actions ouvertes. Un débiteur en liquidation judiciaire peut toujours exercer seul, pourvu qu'il le fasse contre le liquidateur judiciaire ou en sa présence, un pourvoi contre la décision qui l'a déclaré irrecevable à agir, s'il prétend que la nature ou la portée des règles du dessaisissement ont été violées. • Com. 2 avr. 1996 : *préc. note 28.* • Soc. 1er févr. 2001 : *APC 2001, n° 130.* ♦ De même, le dessaisissement ne saurait priver le débiteur de son droit propre de faire appel. • Versailles, 6 mars 1997 : *Gaz. Pal. 1997. 2. Somm. 352.*

38. Le débiteur en liquidation judiciaire est recevable à interjeter appel de l'ordonnance du juge-commissaire ayant relevé un créancier de sa forclusion. • Com. 15 févr. 2000, n° 97-21.102 P : *D. 2000. AJ 161 ; RJDA 2000, n° 451 (n° 97-21.102)* • 15 févr. 2000 : *APC 2000, n° 84, obs. Vallansan (n° 97-20.749)* • 8 juill. 2003, n° 01-02.050 P : *D. 2003. AJ 2173 ; Dr. sociétés 2003, n° 187, note F.-X. Lucas ; Procédures 2003, n° 260, obs. Croze ; BJS 2004. 103, note Neau-Leduc* (s'agissant d'une association en liquidation judiciaire). ♦ Il dispose également d'un droit propre de former un pourvoi contre l'arrêt qui a rejeté l'appel-nullité interjeté par lui, à l'encontre d'un jugement ayant confirmé le relevé de forclusion d'un créancier prononcé par le juge-commissaire. • Com. 26 oct. 1999, n° 97-13.238 P : *JCP 1999. IV. 3076.* ♦ Quelles que soient les voies de recours engagées, la décision de liquidation judiciaire est exécutoire par provision et l'art. 152 [C. com., art. L. 641-9] est applicable, étant observé que le débiteur conserve évidemment le droit de former des recours notamment contre la décision de liquidation, celle fixant la date de cessation des paiements et celles statuant sur les admissions de créances. • Versailles, 14 déc. 1995 : *D. 1996. IR 56.* ♦ Comp., lorsqu'un administrateur provisoire a été désigné : • Paris, 15 janv. 2002 : *BICC 2002, n° 771.* ♦ Pour la recevabilité de l'appel-nullité du débiteur contre la décision de vente d'un immeuble prise par le juge-commissaire, V. • Com. 5 oct. 2010 : *cité note 20 ss. ancien art. L. 623-4.*

39. Un débiteur en liquidation judiciaire peut toujours, en vertu de son droit propre, défendre seul à une action exercée contre lui par le liquidateur. • Com. 8 juill. 2003, n° 00-12.744 P : *D. 2004. Somm. 56, obs. F.-X. Lucas ; APC 2003, n° 213, obs. Vallansan ; Dr. sociétés 2004, n° 80, note Legros.* ♦ Pour une application, à propos d'une action en report de la date de cessation des paiements, V. • Aix-en-Provence, 3 sept. 2003 : *Dr. sociétés 2004, n° 144, note Legros.*

40. Après l'appel relevé par le débiteur, avant sa mise en liquidation judiciaire, contre une décision statuant sur l'existence et le montant d'une créance, le désistement d'appel du liquidateur est impropre à dessaisir les juges d'appel, faute pour eux d'avoir constaté le désistement du débiteur dans l'exercice de son droit propre. • Com. 1er oct. 2002, n° 99-21.143 P : *D. 2002. AJ 3013 ; APC 2002, n° 240, obs. Fricero ; Dr. et patr. 3/2003. 94, obs. Monsèrié-Bon ; Dr. sociétés 2003, n° 70, note Legros.*

41. Le recours formé contre une décision du Conseil [de l'Autorité] de la concurrence déclarant sa saisine irrecevable n'est pas une action patrimoniale au sens de l'art. 152 [C. com., art. L. 641-9]. • Paris, 12 sept. 1991 : *Gaz. Pal. 1992. 1. 58, concl. Jobard et note Marchi.*

42. Jugé que le liquidateur est irrecevable à demander la désignation d'un administrateur provisoire, cette action n'ayant pas un caractère patrimonial. • Besançon, 12 nov. 1997 : *Dr. sociétés 1998, n° 63, obs. Chaput.*

43. Sur l'exercice des actions exclusivement attachées à la personne du débiteur, V. notes 62 s.

44. Le débiteur, exerçant un droit qui lui est propre, peut demander lui-même au tribunal la clôture de sa liquidation judiciaire. • Com. 5 mars 2002, n° 98-22.646 P : *D. 2002. AJ 1422 ; JCP E 2002, n° 39, p. 1523, obs. Cabrillac ; Procédures 2002, n° 122, note Laporte ; RDBF 2002, n° 104, obs. F.-X. Lucas ; RTD com. 2002. 378, obs. Vallens ; Dr. et patr. 10/2002. 112, obs. Monsèrié-Bon.* ♦ V., désormais, en ce sens : art. L. 643-9.

45. Action oblique. Pendant toute la durée de la liquidation judiciaire, les droits et actions du débiteur concernant son patrimoine sont exercés par le liquidateur auquel aucun créancier ne peut se substituer pour recouvrer, fût-ce par voie oblique, une créance de la personne soumise à cette procédure collective. • Com. 3 avr. 2001, n° 98-14.191 P : *D. 2001. AJ 1728 ; RDBF 2001, n° 118, obs. F.-X. Lucas ; JCP E 2001, n° 38, p. 1473, obs. Pétel ; RTD com. 2001. 771, obs. Vallens ; Dr. et patr. 11/2001. 110, obs. Monsèrié-Bon ; RTD civ. 2001. 882, obs. Mestre et Fages.* ♦ Si le liquidateur ne fait pas diligence, il appartient au créancier d'en demander le remplacement dans les conditions prévues par l'art. 148-4 [C. com., art. L. 641-1], al. 2, de la loi et l'art. 30 du décret. • Paris, 13 mars 1998 : *D. Affaires 1998. 673, obs. A. L. ; JCP E 1999, n° 14, p. 621, note Dubœuf-Hild.* ♦ Sur l'exercice de l'action oblique après clôture de la liquidation judiciaire pour insuffisance d'actif, V. • Com. 12 mai 2009 : *RTD com. 2009. 623, obs. Vallens.*

46. Interruption des instances en cours. L'instance étant interrompue par l'effet du jugement de liquidation judiciaire, celle-ci doit être reprise par le liquidateur ou à son encontre, celui-ci étant seul habilité à poursuivre les instances introduites avant le jugement de liquidation, soit par l'administrateur, soit par le représentant des créanciers. • Civ. 2e, 6 mars 1991, n° 89-15.540 P : *D. 1992. Somm. 88, obs. Derrida.* ♦ A défaut, les jugements, même passés en force de chose jugée, obtenus après l'interruption de l'instance, sont réputés non avenus, à moins qu'ils ne soient expressément ou tacitement confirmés par la partie au profit de laquelle l'interruption est prévue. • Même arrêt. – Dans le même sens, V. • Nîmes, 7 déc. 2004 : *D. 2005. 1034, note Souweine.*

V. note 15 ss. art. L. 622-22 (Civ. 2e, 8 janv. 1997).

47. Opposabilité d'une clause attributive de compétence ou d'une clause compromissoire. Dès lors que le liquidateur exerce les droits et actions du débiteur dessaisi sur le fondement du contrat signé entre celui-ci et une banque, la clause attributive de compétence que contient ce contrat lui est opposable. • Com. 19 mai 2016, n° 14-16.008 : *Dr. sociétés 2016, n° 47, note Legros.* ♦ Même solution en présence d'une clause compromissoire : • Com. 26 févr. 2020, n° 18-21.810 : *Gaz. Pal. 13 oct. 2020, p. 68, obs. Farhi.*

48. Opposabilité de la prescription au liquidateur. A l'égard du liquidateur qui exerce les droits et actions du débiteur, concernant son patrimoine, à la suite de son dessaisissement, la prescription commence à courir à compter de la même date qu'à l'égard de ce dernier. • Com. 7 déc. 2004 : *RJDA 2005, n° 354 ; RPC 2006. 58, obs. Lebel* • 20 oct. 2021, n° 20-11.004 : *BJE 1-2/2022. 14, note Saintourens.*

49. Vérification fiscale. En cas de liquidation judiciaire d'une société faisant l'objet d'une vérification fiscale, le principe d'un débat oral et contradictoire au cours de la vérification doit bénéficier tant au liquidateur désigné dans la procédure qu'au dirigeant de la société, pénalement responsable du délit de fraude fiscale. • Crim. 1er mars 2000 : *RTD com. 2000. 730, obs. Vallens.*

D. EFFETS QUANT AUX ACTES JURIDIQUES

50. Chèques et virements. Sont inopposables à la procédure collective d'un débiteur dessaisi du droit de disposer de ses biens en raison de sa mise en liquidation judiciaire les émissions de chèques ainsi que les virements effectués à partir d'un compte bancaire personnel ou joint. • Com. 3 nov. 2010, n° 09-15.546 P : *D. 2010. Actu. 2701, obs. Lienhard ; APC 2010, n° 270, obs. Cagnoli ; LEDEN 1/2011. 4, obs. Berthelot ; RJDA 2011, n° 262 ; Gaz. Pal. 1er-2 avr. 2011, p. 37, obs. Bonhomme ; RPC 2011, n° 74, obs. Dumont-Lefrand.* ♦ V. aussi note 5. ♦ Pour la validité d'une opération de virement en cours auprès de la banque du débiteur la veille du jugement prononçant la liquidation judiciaire, V. • Com. 30 juin 2021, n° 20-18.759 B : *D. 2021. Actu. 1332 ; JCP E 2021. 1424, n° 3, obs. Tehrani ; LEDEN 9/2021. 3, obs. Houssin ; APC 2021, n° 185, obs. Bonneau ; BJE 9-10/2021. 11, note Martineau-Bourgninaud ; Gaz. Pal. 26 oct. 2021, p. 69, obs. Ferrari ; RJDA 2021, n° 788.* ♦ Dans le même sens, sur deuxième pourvoi, V. • Com. 6 mars 2024, n° 22-19.906 : *RPC 2024, n° 57, obs. Reille ; BJE 7-8/2024. 32, note Le Gueut.*

51. Compte courant. Sont inopposables à la procédure collective les opérations de débit du compte courant effectuées postérieurement au jugement de liquidation judiciaire. • Com. 19 mai 2004 : *préc. note 7 ; JCP E 2004, n° 37, p. 1385, obs. Cabrillac.*

52. Contrat de travail. Pour l'inopposabilité à la procédure collective du contrat de travail conclu par l'employeur en liquidation judiciaire, V. • Soc. 13 nov. 2001 : *APC 2002, n° 27.*

53. Obligations de l'employeur. Il ne saurait être reproché à un conseil de prud'hommes d'avoir condamné un liquidateur à délivrer, en cette qualité, à des salariés, des certificats de travail, des bulletins de paie et des attestations ASSEDIC. • Soc. 24 janv. 1989 : *Bull. civ. V, n° 53.* ♦ Sur la possibilité d'ordonner au liquidateur, sous astreinte, la remise à un salarié d'une attestation destinée aux ASSEDIC, V. • Soc. 17 oct. 1989 : *Bull. civ. V, n° 594.* ♦ V. aussi • Soc. 23 sept. 2009 : *D. 2009. AJ 2341 ; APC 2009, n° 256, obs. Taquet ; Gaz. Pal. 8-9 janv. 2010, p. 9, obs. Gailhbaud ; RPC 2010, n° 81, obs. Berthelot.*

54. Partage successoral. La signature d'un acte de partage successoral relève du seul pouvoir du liquidateur. • Com. 13 janv. 2015 : *D. 2015. Actu. 204 ; JCP E 2015. 1148, note Lebel ; LEDEN 2/2015. 2, obs. F. Legrand ; BJE 2015. 95, note Benilsi ; RJDA 2015, n° 299 ; Gaz. Pal. 1er-5 mai 2015, p. 28, obs. Voinot ; RPC 2015, n° 78, obs. Dumont-Lefrand ; Dr. et patr. 9/2015. 96, obs. Monsèrié-Bon ; Defrénois 2016. 284, obs. Vauvillé.*

55. Demande de subvention. Il appartient au débiteur en liquidation judiciaire qui sollicite de l'administration le versement d'une subvention ou d'une aide publique de mettre préalablement le liquidateur en mesure d'exercer sa prérogative puis de justifier devant l'administration qu'il a recueilli son accord. • CE 10 févr. 2017, n° 391257 : *APC 2017, n° 92, obs. Petit.*

56. Actes conservatoires et notifications au débiteur. L'inscription au RCS, en raison des conséquences qui s'y attachent, ne constitue pas un simple acte conservatoire que peut accomplir un débiteur en liquidation des biens [liquidation judiciaire]. • Com. 3 mai 1994, n° 92-10.401 P (loi de 1967).

De même, la mise en demeure de l'entrepreneur principal prévue par l'art. 12 de la L. n° 75-1334 du 31 déc. 1975, ne constituant pas, en raison des circonstances qui s'y rattachent, un simple acte conservatoire, est inopérante une mise en demeure adressée par le sous-traitant à un entrepreneur principal dessaisi. • Civ. 3e, 3 juill. 1996, n° 94-18.325 P : *D. Affaires 1996. 1123 ; LPA 25 oct. 1996, p. 19, note Coffy de Boisdeffre* (loi de 1967). ♦ V. aussi note 88 ss. art. L. 622-24.

Le procès-verbal de réception de travaux ne constituant pas, en raison des conséquences qui s'y attachent, un simple acte conservatoire, seul le liquidateur est recevable à se prévaloir de l'inopposabilité du procès-verbal signé par le débiteur, dessaisi par l'effet de sa mise en liquidation judiciaire. • Civ. 3e, 2 mars 2022, n° 20-16.787 B : *D. 2022. Actu. 460 ; Rev. sociétés 2022. 377, obs. Roussel Galle ; JCP E 2022. 1370, n° 4, obs. Tehrani ; LEDEN 4/2022. 4, obs. Rubellin ; APC 2022, n° 118, obs. Revel Pedemons.*

Dès lors que l'arrêté de fermeture du site emportant obligation de dépolluer, intervenu postérieurement au jugement de liquidation judiciaire, n'a pas été notifié au liquidateur, l'obligation de faire résultant de cet arrêté lui est inopposable. • Com. 19 nov. 2003 : *D. 2004. 629, note Voinot*.

Il résulte des dispositions de l'art. 152 de la loi du 25 janv. 1985, qui sont désormais reprises à l'art. L. 641-9 C. com., que les droits et actions du débiteur qu'elles visent incluent ceux qui se rapportent, le cas échéant, aux dettes fiscales de celui-ci, et, par suite, aux actes de la procédure d'imposition le concernant, tels que les notifications de redressements, qui sont susceptibles d'avoir une incidence sur son patrimoine ; dès lors, c'est au liquidateur judiciaire que doit être adressée la notification des redressements envisagés par l'administration. • CE 14 mars 2008 : *D. 2008. AJ 916 ; JCP E 2008. 1729, note D. F. ; Gaz. Pal. 8-10 juin 2008, p. 8, note Lagarde ; LPA 25 juin 2008, note Dieu ; RPC 2009, n° 53, obs. Dumont-Lefrand.* ♦ Dans le même sens, à propos d'une proposition de rectification établie en application de l'art. 55 LPF, V. • Com. 21 févr. 2012, n° 11-12.138 P : *D. 2012. Actu. 606 ; Gaz. Pal. 27-28 avr. 2012, p. 25, obs. Voinot ; LEDEN 5/2012. 3, obs. F. Blanc ; RJDA 2012, n° 610 ; BJE 2012. 234, note Dedeurwaerder.* ♦ Si le jugement d'ouverture de la liquidation judiciaire intervient au cours du délai de trente jours imparti au contribuable, à compter de la réception de la proposition de rectification, pour présenter des observations, ce délai continue à courir à l'égard du liquidateur qui se trouve, à compter de sa désignation, substitué au contribuable. • CE 20 déc. 2017, n° 403267 : *BJE 2018. 220, note Dedeurwaerder.* ♦ L'avis exigé par l'art. 47 LPF ne doit être notifié qu'à la personne du contribuable, personnellement tenu, fût-il en redressement ou liquidation judiciaire, de l'obligation fiscale de déclarer annuellement l'ensemble de ses revenus. • Crim. 11 mars 2009 : *D. 2009. AJ 1534*. ♦ Si la mise en demeure de l'administration fiscale de déposer une déclaration de revenus doit être adressée au contribuable lui-même et non au liquidateur, il en va autrement de la déclaration de revenus catégoriels se rattachant à l'activité objet de la liquidation judiciaire qui doit être remplie par le liquidateur et pour laquelle la mise en demeure de l'administration fiscale doit par conséquent être adressée à celui-ci. • CE 28 juill. 2017, n° 398632 : *JCP E 2017. 1688, n° 5, obs. Tehrani ; Gaz. Pal. 10 oct. 2017, p. 70, obs. Voinot ; RPC 2017, n° 118, obs. Vabres ; APC 2017, n° 274, obs. Petit ; BJE 2018. 54, note Dedeurwaerder.*

Le liquidateur est habilité à recevoir l'acte par lequel lui est, à la fois, signifiée la saisie-attribution en sa qualité de tiers saisi et lui est dénoncée en sa qualité de représentant du débiteur. • Civ. 2e, 5 avr. 2001, n° 98-14.107 P : *D. 2001. AJ 1467, obs. Lienhard ; JCP E 2001, n° 38, p. 1474, obs. Cabrillac ; Dr. et patr. 11/2001. 110, obs. Monsèrié-Bon.* ♦ La saisie-attribution doit être dénoncée au liquidateur dans le délai de huit jours, à peine de caducité. • Com. 4 mars 2003, n° 00-13.020 P : *D. 2003. AJ 907, obs. Lienhard ; ibid., Somm. 1623, obs. F.-X. Lucas ; JCP E 2003, n° 19, p. 814, note Delattre ; RDBF 2003, n° 118, obs. Delleci ; Procédures 2003, n° 167, obs. Perrot ; Dr. et pr. 2003. 306, note Putman ; Gaz. Pal. 5-6 sept. 2003, p. 7, obs. Brenner.* ♦ Lorsque le débiteur n'a pas été mis en liquidation judiciaire dans le délai de huit jours dans lequel la saisie-attribution doit lui être dénoncée, cette saisie, si elle lui a été régulièrement dénoncée dans ce délai, ne peut plus encourir la caducité prévue par l'art. 58 du Décr. du 31 juill. 1992, devenu l'art. R. 211-3 C. pr. exéc. • Com. 2 oct. 2012, n° 11-22.387 P : *D. 2012. Actu. 2385, obs. Lienhard ; JCP E 2013. 1001, note Lebel ; APC 2012, n° 255, obs. Cagnoli ; LEDEN 11/2012. 5, obs. Camensuli-Feuillard ; BJE 2012. 377, note Hugon ; RDBF 2013, n° 26, obs. S. Piedelièvre.*

Est nul le commandement de payer délivré au débiteur dessaisi de l'administration et de la disposition de ses biens par l'effet du jugement de liquidation judiciaire. • Com. 1er oct. 2002 : *RDBF 2003, n° 78, obs. F.-X. Lucas.*

Pour l'obligation de signifier au débiteur le jugement de séparation de biens prononcé au cours de la procédure collective, V. • Com. 23 mai 2000 : *JCP 2001. I. 309, n° 10, obs. Tisserand ; RPC 2002. 259, obs. Lebel.*

E. DROITS ET ACTIONS ATTACHÉS À LA PERSONNE DU DÉBITEUR

V., désormais, art. L. 641-9, I, *in fine*, dans sa réd. issue de L. n° 2005-845 du 26 juill. 2005.

57. Droits attachés à la personne. Si, une fois réglée au souscripteur lui-même, la valeur de rachat d'un contrat d'assurance sur la vie fait partie de son patrimoine, et, par conséquent, de l'actif de sa liquidation judiciaire, lui seul peut, s'agissant d'un droit exclusivement attaché à sa personne, exercer la faculté de rachat qui met fin au contrat, de sorte que le paiement effectué sur sa demande et entre ses mains est, malgré son dessaisissement, libératoire pour l'assureur. • Com. 11 déc. 2012, n° 11-27.437 P : *D. 2013. Actu. 8 ; JCP E 2013. 1216, n° 4, obs. Pétel ; LEDEN 1/2013. 4, obs. Rubellin ; RJDA 2013, n° 146 ; APC 2013, n° 30, obs. Borga ; BJE 2013. 85, note Lisanti ; Gaz. Pal. 1er-4 mai 2013, p. 22, obs. Voinot ; RPC 2013, n° 95, obs. Dumont-Lefrand.*

58. Pour le courrier du débiteur, V. art. L. 641-15.

59. L'action en reconnaissance d'un bail rural échappe au dessaisissement du débiteur en liquidation judiciaire. • Civ. 3e, 7 avr. 2004, n° 02-19.519 P : *D. 2004. AJ 1236, obs. Lienhard ; Dr. et patr. juill.-août 2004. 100, obs. J.-J. Barbièri* (1re esp.). ♦ De même, le droit de préemption portant sur un fonds faisant l'objet d'un bail rural ne peut être mis en œuvre que par l'exploitant preneur en place, même s'il est en liquidation judiciaire. • Civ. 3e, 7 avr. 2004 : *ibid. (2e esp.)* ; *APC 2004, n° 127, obs. Roussel Galle.*

60. Le droit de demander la dissolution anticipée d'une société pour justes motifs est exclusivement attaché à la personne des associés et échappe au dessaisissement prévu par l'art. L. 622-9 [L. 641-9] C. com. • Orléans, 22 sept. 2005 : *RJDA 2006, n° 31 ; BJS 2006. 228, note Legrand.* ♦ Sur le droit de l'associé en liquidation judiciaire de participer aux décisions collectives, V. note 1.

61. La faculté d'accepter une succession ou d'y renoncer étant un droit attaché à la personne, le débiteur en liquidation judiciaire l'exerce seul, sans préjudice de la mise en œuvre éventuelle par le liquidateur, en sa qualité de représentant des créanciers, de l'action prévue par l'art. 788 C. civ. • Com. 3 mai 2006, n° 04-10.115 P : *D. 2006. AJ 1369, obs. Lienhard ; ibid. Pan. 2253, obs. F.-X. Lucas ; APC 2006, n° 118, obs. Regnaut-Moutier ; Gaz. Pal. 14-18 juill. 2006, p. 27, obs. Voinot ; JCP E 2006, n° 37, p. 1533, obs. Cabrillac ; RPC 2006. 357, obs. Lebel.*

62. Actions attachées à la personne. L'action tendant à être autorisé à disposer d'un bien donné avec clause d'inaliénabilité, qui est subordonnée à des considérations personnelles d'ordre moral et familial, est exclusivement attachée à la personne du donataire et ne peut être exercée par le liquidateur. • Civ. 1re, 29 mai 2001, n° 99-15.776 P : *D. 2001. IR 1997 ; JCP E 2001, n° 37, p. 1424, obs. Cabrillac ; RTD civ. 2001. 882, obs. Mestre et Fages ; RPC 2002. 257, obs. Lebel* • 3 avr. 2002 : *RJDA 2002, n° 996 ; RJ com. 2003. 414, note Sortais* • 8 mars 2005 : *Gaz. Pal. 6-7 juill. 2005, p. 18, obs. Voinot* • Com. 9 nov. 2004, n° 02-18.617 P : *D. 2004. AJ 3068, obs. Lienhard ; D. 2005. Pan. 295, obs. Le Corre ; APC 2004, n° 244, obs. Regnaut-Moutier ; JCP E 2005, n° 17, p. 707, obs. Cabrillac ; RPC 2005. 54, obs. Dumont.* – Comp. • Civ. 1re, 4 juill. 2006, n° 04-12.825 P : *D. 2006. IR 2275 ; APC 2006, n° 183, obs. Vallansan ; JCP E 2007, n° 1, p. 22, obs. Cabrillac ; RPC 2006. 358, obs. Lebel.*

63. L'action en réduction d'une donation-partage, prévue par l'art. 1077-1 C. civ., est attachée à la personne du débiteur et, malgré son incidence patrimoniale, échappe au dessaisissement prévu par l'art. L. 641-9 C. com. • Com. 2 mars 2022, n° 20-20.173 B : *D. 2022. Chron. C. cass. 1419, obs. Barbot ; JCP E 2022. 1268, note Gouret ; LEDEN 4/2022. 5, obs. Rubellin ; APC 2022, n° 75, obs. Lafaurie ; Gaz. Pal. 19 avr. 2022, p. 60, obs. Ferrari ; BJE 5-6/2022. 22, note Favre-Rochex ; RJDA 2022, n° 355.*

64. Il résulte de l'art. L. 641-9, I, que lorsqu'une instance tendant à la condamnation du débiteur au paiement d'une somme d'argent pour une cause antérieure au jugement d'ouverture de sa liquidation judiciaire est en cours à la date de ce jugement, le débiteur a, dans ce cas, le droit propre d'exercer les voies de recours prévues par la loi contre la décision statuant sur la demande de condamnation. • Com. 8 sept. 2015, n° 14-14.192 P : *D. 2015. Actu. 1839 ; APC 2015, n° 256, obs. Cagnoli ; LEDEN 11/2015. 5, obs. Staes ; RJDA 2016, n° 47 ; Gaz. Pal. 19 janv. 2016, p. 68, obs. Voinot ; RPC 2016, n° 52, obs. Reille.* ♦ Le débiteur en liquidation judiciaire conserve le droit propre d'exercer un recours contre les décisions fixant, après reprise d'une instance en cours lors du jugement d'ouverture, une créance à son passif ou le condamnant à payer un créancier. • Com. 1er juill. 2020, n° 19-11.134 P : *D. 2020. Actu. 1458 ; RJDA 2020, n° 511 ; Gaz. Pal. 13 oct. 2020, p. 70, obs. Ferrari ; BJE 9-10/2020. 20, note Théron.* ♦ Il conserve également le droit propre de se défendre sur le recours formé contre de telles décisions. • Com. 24 mai 2023, n° 21-22.398 B : *D. 2023. Actu. 1005 ; APC 2023, n° 153, obs. Lafaurie ; LEDEN 7/2023. 3, obs. Ollu ; RJDA 2023, n° 448 ; Dr. sociétés 2023, n° 144, note Legros ; RPC 2024, n° 18, obs. Perruchot-Triboulet.* ♦ Si le débiteur est recevable, dans l'exercice de son droit propre, à contester la créance, objet d'une instance en cours, il n'est en revanche pas recevable à former seul, contre le créancier, à l'occasion de cette instance, une demande reconventionnelle en paiement de dommages-intérêts et en compensation des créances réciproques, qui relève du monopole du liquidateur. • Com. 14 juin 2023, n° 21-24.143 B : *JCP E 2023. 1306, n° 8, obs. Tehrani ; Gaz. Pal. 19 sept. 2023, p. 54, obs. Ferrari ; DP diff. entr., nos 461/462, obs. Favario ; RJDA 2023, n° 603 ; Dr. sociétés 2023, n° 144, note Legros ; BJE 11-12/2023. 21, note Saint-Alary-Houin ; RPC 2024, n° 19, obs. Perruchot-Triboulet.*

65. Le dessaisissement ne concernant que l'administration et la disposition des biens du débiteur, ce dernier a qualité pour intenter seul une action en divorce ou y défendre, action attachée à sa personne, qui inclut la fixation de la prestation compensatoire mise à sa charge, sans préjudice de l'exercice par le liquidateur, qui entend rendre inopposable à la procédure collective l'abandon en pleine propriété d'un bien propre appartenant au débiteur décidé par le juge du divorce à titre de prestation compensatoire, d'une tierce opposition contre cette disposition du jugement de divorce. • Com. 16 janv. 2019, n° 17-16.334 P : *D. 2019. 980, note Hartman ; JCP E 2019. 1206, n° 7, obs. Pételle ; ibid. 1356, note Berthelot ; APC 2019, n° 35, obs. Petit ; RPC 2019, n° 55, obs. Lisanti ; RJDA 2019, n° 281 ; BJE 5-6/2019. 25, note Rubellin ; RLDA oct. 2019. 49, obs. Alvarez Elorza* • 20 oct. 2021, n° 20-10.710 B : *D. 2021. Actu. 1917 ; LEDEN 12/2021. 3, obs. Lafaurie ; RJDA 2022, n° 32 ; JCP E 2022. 1010, n° 5, obs. Tehrani ; APC 2022, n° 7, obs. Leprovaux ; BJE 1-2/2022. 9, note Rubellin ; Gaz. Pal. 19 avr. 2022, p. 62, obs. Ferrari.* ♦ Seuls les époux ayant qualité pour intenter une action en divorce ou y défendre, l'intervention à l'instance du mandataire liquidateur de la société propriétaire de l'immeuble ayant constitué le domicile conjugal n'est pas recevable. • Civ. 1re, 4 juin 2007 : *D. 2007. AJ 1794* ; *APC 2007, n° 154, obs. Leprovaux ; Defrénois 2007. 1575, obs. Gibirila.*

66. Seul le débiteur peut exercer l'action tendant à obtenir réparation de ses préjudices résultant du déficit fonctionnel temporaire, des souffrances endurées, du déficit fonctionnel permanent et de son préjudice d'agrément. • Com. 17 avr. 2019, n° 17-18.688 P : *D. 2019. Actu. 886* ; *JCP E 2019. 1375, n° 11, obs. Pétel ; APC 2019, n° 155, obs. Vallansan ; LEDEN 7/2019. 6, obs. Houssin ; RJDA 2019, n° 771 ; RPC 2020, n° 84, obs. Dumont.* – V. Brahic Lambrey, *RJDA 2019. 891.* ♦ V. aussi • Com. 9 juin 2022, n° 21-12.348 : *Gaz. Pal. 27 sept. 2022, p. 49, obs. Ferrari ; JCP E 2022. 1380, note Favre-Rochex.*

67. Le débiteur en liquidation judiciaire peut relever seul appel du jugement ayant prononcé son expulsion des lieux où il loge avec sa famille. • Paris, 22 févr. 1995 : *RJDA 1995, n° 899.* ♦ ... Ou demander seul en justice des délais pour libérer le logement familial dont il est expulsé. • Rouen, 3 avr. 2001 : *RJDA 2002, n° 74.* ♦ V. aussi, sur la qualité du débiteur en liquidation judiciaire à être défendeur à l'instance en liquidation d'astreinte provisoire tendant à obtenir son expulsion d'un immeuble d'habitation sur lequel il disposait d'un droit de jouissance attaché à sa personne, • Com. 17 févr. 2015, n° 13-24.630 : *RJDA 2015, n° 449.* ♦ De même, le débiteur peut exercer seul l'action en nullité fondée sur l'insanité d'esprit (C. civ., art. 414-2). • Com. 16 déc. 2014 : *D. 2015. Chron. C. cass. 1002, obs. Arbellot* ; *ibid., Actu. 71* ; *RTD com. 2015. 160, obs. Vallens* ; *JCP E 2015. 1068, note Lebel ; APC 2015, n° 48, obs. Fin-Langer ; LEDEN 3/2015. 4, obs. Théron ; BJE 2015. 92, note Mathieu ; RJDA 2015, n° 298 ; Dr. et patr. 9/2015. 95, obs. Monsèrié-Bon.*

Le débiteur en liquidation judiciaire qui, au titre de ses droits propres, a formé un recours contre l'ordonnance du juge-commissaire ayant autorisé la vente de l'un de ses immeubles, est irrecevable, en cas de rejet de ce recours, à soulever ultérieurement un incident de saisie immobilière, quel qu'en soit le motif, pour s'opposer à la vente. • Com. 11 oct. 2016, n° 14-22.796 P : *D. 2016. Actu. 2118* ; *LEDEN 12/2016. 3, obs. Staes ; BJE 2017. 104, note Camensuli-Feuillard.*

68. Il résulte des dispositions combinées des art. 1166 [1341-1] C. civ., L. 511-1 [L. 1411-1 s.] C. trav. et L. 622-9 [L. 641-9] que l'instance introduite par le salarié devant la juridiction prud'homale à l'encontre de son employeur ou de ses représentants à l'occasion de son contrat de travail est exclusivement attachée à la personne de l'intéressé, même s'il est en liquidation judiciaire, et ne peut être exercée ni par ses créanciers ni par ses représentants légaux. • Soc. 31 janv. 2001 : *Bull. civ. V, n° 29 ; D. 2001. 2404, note Lacamp-Leplaë* ; *APC 2001, n° 80, obs. Saintourens ; RJDA 2001, n° 715.* ♦ La condamnation à l'astreinte prononcée contre le salarié pour qu'il cesse son activité concurrente ne peut être mise à la charge de la liquidation judiciaire, dès lors que la demande du salarié tendant à la constatation de la nullité de la clause de non-concurrence insérée à son contrat de travail est une action strictement personnelle qui échappe au dessaisissement. • Même arrêt. ♦ De même, la reconnaissance de l'existence d'un contrat de travail est un droit exclusivement attaché à la personne de celui qui se prétend salarié. • Soc. 13 juill. 2004, n° 02-43.444 P : *D. 2004. AJ 2157* ; *RPC 2006. 56, obs. Lebel.* ♦ En revanche, l'action tendant à faire reconnaître que les dispositions de l'art. L. 7321-2 C. trav. [statut de gérant non salarié de succursale] sont applicables à un rapport contractuel n'est pas une action exclusivement attachée à la personne. • Soc. 9 mars 2011 : *D. 2011. Actu. 888* ; *RJDA 2011, n° 561.*

69. Si le débiteur peut continuer à exercer l'action en diffamation introduite avant sa mise en liquidation judiciaire, les organes de la procédure collective sont recevables à prétendre que, dans la mesure où cette action tend également à obtenir une réparation matérielle, les condamnations pécuniaires qui viendraient à être prononcées en sa faveur resteront acquises à la liquidation judiciaire. • Paris, 16 oct. 2000 : *D. 2001. 1167, note Ravanas* ; *JCP E 2000, n° 46, p. 1789 ; RPC 2003. 14, obs. Lebel.*

70. Le caractère personnel attaché aux sanctions pécuniaires prononcées par la COB [devenue l'AMF] implique que leur contestation soit réservée à la personne qui en fait l'objet, même si elle se trouve en liquidation judiciaire, qu'un créancier individuel ne puisse se substituer à cette personne et que, par exception au principe du dessaisissement prévu par l'art. L. 622-9 [L. 641-9] C. com., le représentant des créanciers ne soit pas autorisé à agir sans que le débiteur soit partie au recours. • Paris, 8 juin 2004 : *JCP E 2004, n° 40, p. 1521 ; APC 2004, n° 202, obs. Regnaut-Moutier ; Banque et Dr. 11-12/2004. 36, obs. de Vauplane et Daigre ; RDBF 2004, n° 274, obs. Pietrancosta*, conf. par • Com. 11 juill. 2006, n° 05-13.047 P : *D. 2006. AJ 2036, obs. Lienhard* ; *Dr. sociétés 2006, n° 166, note Bonneau ; RPC 2006. 358, obs. Lebel.*

71. Le débiteur ne peut se prévaloir d'un droit propre à demander l'autorisation de transiger. • Com. 26 févr. 2020, n° 18-21.117 : *LEDEN 4/2020. 3, obs. Urbain.* ♦ En revanche, bien qu'il soit dessaisi de ses droits et actions par l'effet du jugement ayant prononcé sa liquidation judiciaire, le débiteur dispose d'un droit propre à former un recours contre l'ordonnance autorisant le liquidateur à signer une transaction, dès lors que cette dernière a, notamment, pour objet la cession d'un actif dépendant de la liquidation judiciaire. • Com. 24 janv. 2018, n° 16-50.033 P : *D. 2018. Pan. 1836, obs. F.-X. Lucas* ; *JCP E*

2018. 1142, note Lambrey de Souza ; APC 2018, n° 55, obs. Vallansan ; DP diff. entr., Bull. n° 400, obs. Rémery ; LEDEN 3/2018. 3, obs. Staes ; BJS 2018. 224, note Brocard ; RJDA 2018, n° 341 ; RPC 2018, n° 73, obs. Berthelot ; BJE 2018. 196, note Théron ; Dr. sociétés 2018, n° 153, note Legros. ♦ V. aussi • Com. 30 nov. 2010, n° 09-68.535 P : *D. 2011. Chron. C. cass. 1177, obs. Arbelot ; APC 2011, n° 37, obs. Cagnoli ; LEDEN 2/2011. 4, obs. M. Sénéchal ; RJDA 2011, n° 339 ; Gaz. Pal. 1er-2 avr. 2011, p. 29, obs. Voinot.* ♦ La transaction qui fixe, pour solde de tout compte, le montant de la dette d'un tiers envers la société en liquidation a pour objet le recouvrement des créances de celle-ci, pour lequel aucun droit propre ne fait échec au dessaisissement ; il en résulte que le représentant légal de cette société n'est pas recevable à contester l'autorisation de transiger délivrée par le juge-commissaire au liquidateur, lequel a le monopole du recouvrement des créances. • Com. 9 oct. 2019, n° 18-12.162 P : *D. 2019. Actu. 1990 ; JCP E 2019. 1551, n° 4, obs. Pétel ; LEDEN 11/2019. 2, obs. Camensuli-Feuillard ; RJDA 2020, n° 33 ; BJE 1-2/2020. 35, note Théron ; Dr. sociétés 2020, n° 11, note Legros ; RPC 2020, n° 37, obs. Cerati-Gauthier.*

72. L'action concernant la détermination de la nature du régime matrimonial des époux ne concerne en rien leurs rapports familiaux et conjugaux et a un caractère purement patrimonial, de sorte que le liquidateur n'a pas à attraire le débiteur dans la procédure. • Com. 12 oct. 2004 : *LPA 12 avr. 2005, note Lécuyer ; RPC 2006. 55, obs. Lebel.*

73. Aucun droit propre faisant échec au dessaisissement n'autorise le débiteur en liquidation judiciaire à contester seul l'attribution à un créancier du prix d'adjudication d'un immeuble et à relever, en conséquence, appel des décisions relatives à cette attribution. • Com. 13 nov. 2013, n° 12-28.572 P : *D. 2013. Actu. 2692 ; JCP E 2014. 1001, note Lebel ; RJDA 2014, n° 53 ; APC 2014, n° 1, obs. Staes ; Procédures 2014, n° 14, note Rolland ; Gaz. Pal. 12-14 janv. 2014, p. 25, obs. Voinot ; RPC 2014, n° 5, obs. Cagnoli.*

74. La demande de reconnaissance d'une créance de salaire différé à l'égard de la succession n'entre pas dans la catégorie des droits propres du débiteur. • Com. 11 juin 2014, n° 12-28.769 P : *D. 2014. 1860, note J.-J. Barbièri et Roussel ; JCP E 2014. 1500, note Lebel ; RJDA 2014, n° 789 ; BJE 2014. 299, note Le Mesle ; Defrénois 2015. 244, obs. Vauvillé ; RPC 2015, n° 23, note Berthelot.*

75. Lorsqu'est pendante, à la date du jugement d'ouverture de sa liquidation judiciaire, une instance relative aux opérations de compte, liquidation et partage d'une indivision successorale dans laquelle il a des droits à faire valoir en qualité d'héritier, le débiteur dispose d'un droit propre pour continuer à défendre seul dans cette instance et n'est donc pas dessaisi de l'administration et de la disposition de ses biens et de ses droits relativement à une telle action. • Com. 21 nov. 2018, n° 17-12.761 P : *cité note 7 ss. art. L. 622-22.* ♦ Le liquidateur n'en doit pas moins être mis en cause dans une telle instance, en raison de l'indivisibilité de son objet entre le débiteur et son liquidateur, dès lors qu'elle a une incidence patrimoniale, le jugement obtenu en l'absence d'une telle mise en cause pouvant néanmoins être régularisé si, en cause d'appel, le liquidateur devient partie à l'instance. • Même arrêt.

F. POURSUITES PÉNALES

76. Le liquidateur ne représentant le débiteur que pour les actions à caractère patrimonial, il y a lieu, lorsque l'action publique est exercée contre la personne morale en liquidation judiciaire, de désigner, en vertu de l'art. 706-43 C. pr. pén., un mandataire de justice pour la représenter. • Crim. 10 févr. 2010, n° 08-87.357 P : *D. 2010. AJ 651 ; Rev. sociétés 2010. 193, obs. Roussel Galle ; JCP E 2010. 1742, n° 8, obs. Cabrillac ; LEDEN 4/2010. 4, obs. Parachkévova ; APC 2010, n° 99, obs. Cagnoli ; Gaz. Pal. 2-3 juill. 2010, p. 46, obs. Robaczewski ; BJS 2010. 670, note Mouial-Bassilana ; RPC 2010, n° 181, obs. Berthelot ; Dr. sociétés 2010, n° 211, note Legros.*

77. Le dessaisissement du débiteur prévu par l'art. 152 [C. com., art. L. 641-9] ne saurait faire obstacle à l'application des art. 137 et 138 (11°) C. pr. pén. (placement et obligations du contrôle judiciaire). • Crim. 29 juin 1994, n° 94-81.946 P : *D. 1995. Somm. 27, obs. crit. Honorat ; BJS 1994. 847, note Jeantin.* ♦ V. aussi note 30 ss. art. L. 622-21.

78. Le dirigeant d'une société commerciale en liquidation judiciaire, qui n'est pas lui-même l'objet d'une procédure collective, doit répondre sur son patrimoine personnel des conséquences dommageables de ses agissements délictueux, eussent-ils été commis pour le compte de la société. La cour d'appel a donc légalement justifié sa décision de condamnation du gérant de la société à réparer le préjudice subi par la victime du fait du délit de tromperie. • Crim. 23 mai 1995, n° 94-83.601 P : *JCP E 1995. Pan. 1038.*

G. CONSTITUTION DE PARTIE CIVILE

79. En ce sens que l'art. 152 [C. com., art. L. 641-9], al. 2, vise aussi bien la constitution de partie civile du débiteur que celle de son représentant légal, lorsqu'il s'agit d'une personne morale, V. • Crim. 29 juin 1994 : *préc. note 67* • 21 mars 2000 : *D. 2000. AJ 280, obs. Lienhard ; RTD com. 2000. 729, obs. Vallens ; Rev. sociétés 2000. 751, note Bouloc* • 30 janv. 2019, n° 17-86.344 : *Dr. sociétés 2019, n° 76, note R. Salomon ; Gaz. Pal. 15 oct. 2019, p. 72, obs. Robaczewski ; RPC 2019, n° 153, obs. Boustani.*

80. Pour l'irrecevabilité de la constitution de partie civile du mandataire-liquidateur d'une société victime de contrefaçon de marque, V. • Crim. 31 janv. 2006, n° 05-83.050 P : *D. 2006. AJ 982, obs. Lienhard ; APC 2006, n° 83, obs. Alleaume ; Gaz. Pal. 30 avr.-4 mai 2006, p. 54, obs. Robaczewski.* ♦ ... D'abus de biens sociaux, V. • Douai, 2 mars 2006 : *D. 2006. AJ 981, obs. Lienhard .*

81. Selon l'art. L. 641-9, I, le débiteur en liquidation judiciaire ne peut se constituer partie civile que dans le but d'établir la culpabilité de l'auteur du crime ou du délit dont il serait victime, ses droits et actions de nature patrimoniale étant exercés, pendant toute la durée de la liquidation judiciaire, par le liquidateur ; par conséquent, est irrecevable le pourvoi formé, sans le concours du liquidateur, par la partie civile placée en liquidation judiciaire lorsque ne sont plus en cause que les intérêts civils. • Crim. 9 mars 2016, n° 14-86.631 P : *D. 2016. Chron. C. cass. 1606, obs. Pichon* . ♦ Ce principe s'applique lorsque sont en cause les seuls intérêts civils, mais également lorsque la constitution de partie civile est associée à l'action publique ; ainsi, il se déduit de l'art. L. 641-9, I, dans sa version issue de la loi du 26 juill. 2005, que ni le représentant statutaire de la personne morale mise en liquidation judiciaire, ni son mandataire, désigné en lieu et place des dirigeants sociaux, n'est recevable à solliciter la réparation du préjudice subi par le débiteur. • Crim. 24 juin 2020, n° 18-85.540 P : *D. 2020. 1930, avis R. Salomon et note Ferrari ; AJ pénal 2020. 474, obs. Sordino ; JCP E 2020. 1301, n° 7, obs. R. Salomon ; RJDA 2020, n° 512 ; APC 2020, n° 228, obs. Besse.*

H. SANCTIONS

82. Les actes juridiques accomplis par le débiteur en liquidation judiciaire, dessaisi de l'administration et de la disposition de ses biens, ne sont pas frappés de nullité mais simplement d'inopposabilité à la procédure collective. • Com. 23 mai 1995, n° 93-16.930 P : *D. 1995. 413, note Derrida ; Dr. sociétés 1995, n° 165, obs. Chaput ; RPC 1995. 345, obs. Dureuil* • 12 juin 1997 : *Dr. sociétés 1997, n° 159, obs. Chaput ; RPC 1997. 476, obs. Canet* • 23 juin 1998 : *D. Affaires 1998. 1451 ; RJDA 1998, n° 1273.* ♦ ... Peu important les éventuelles fautes commises par le liquidateur dans l'exécution de ses missions. • Com. 22 févr. 2017, n° 15-13.899 : *Dr. sociétés 2017, n° 88, note Legros ; Gaz. Pal. 27 juin 2017, p. 54, obs. Voinot.* ♦ Ces actes peuvent être ratifiés par le liquidateur dans l'intérêt des créanciers qu'il représente. • Com. 20 févr. 2001 : *RJDA 2001, n° 883.* ♦ Sur les conditions de la ratification, V. • Com. 2 juin 2004 : *RJDA 2004, n° 1358* • 17 févr. 2009, n° 08-10.384 P : *D. 2009. AJ 728 ; JCP E 2009. 1347, n° 4, obs. Cabrillac ; LEDEN, avr. 2009, p. 3, obs. Staes ; RJDA 2009, n° 876.* ♦ L'acte accompli par le débiteur en liquidation judiciaire, preneur d'un bail rural, en méconnaissance des règles du dessaisissement, est inopposable aux créanciers de la procédure, ce dont il résulte que les bailleurs ne peuvent l'invoquer pour fonder une demande de résiliation du bail rural, suite à la mise à disposition d'une société (en vertu de l'art. L. 411-37 C. rur.) de la parcelle donnée à bail. • Com. 9 janv. 2001, n° 96-20.161 P : *D. 2001. AJ 630, obs. Lienhard ; APC 2001, n° 39, obs. Vallansan ; JCP E 2001, n° 18, p. 750, obs. Cabrillac ; Ann. loyers 2002. 565, obs. Delattre.* ♦ L'inopposabilité des actes accomplis en méconnaissance du dessaisissement est encourue même si l'acte irrégulier a été accompli sans intention de dissimulation et concerne un bien ne figurant pas sur l'inventaire dressé pour les besoins de la liquidation judiciaire. * Rép. min. n° 95073 : *JOAN Q, 6 déc. 2011, p. 12854.* ♦ V. aussi note 7.

83. Le liquidateur n'est pas fondé à se prévaloir des dispositions de l'art. 1599 C. civ. aux termes desquelles la vente de la chose d'autrui est nulle, dès lors que le vendeur a acquis la propriété du bien en vertu d'une donation, qui n'est pas nulle, mais seulement inopposable à la procédure collective. • Com. 13 sept. 2023, n° 22-10.249 : *APC 2023, n° 213, obs. Lafaurie.*

84. La signification d'un jugement faite par le débiteur dessaisi est nulle et ne peut avoir pour effet de faire courir le délai d'appel à l'encontre du destinataire de l'acte. • Com. 28 juin 1994, n° 92-14.960 P : *D. 1994. IR 198.*

85. La réalisation d'un actif [immeuble acquis par le débiteur au cours de la procédure, en infraction à la règle du dessaisissement] en vue de permettre le paiement des créanciers dont les droits sont reconnus n'implique ni la ratification par le liquidateur de l'acquisition faite par le débiteur, ni celle du prêt assorti d'une sûreté ayant permis cette acquisition, qui sont inopposables à la procédure : • Com. 19 mai 2004, n° 01-13.596 P : *D. 2004. AJ 1813, obs. Lienhard (1re esp.) ; JCP E 2004, n° 37, p. 1385, obs. Pétel ; APC 2004, n° 174, obs. Modi Koko Bebey.*

86. L'art. L. 622-9 [L. 641-9] C. com. entraîne l'inopposabilité à la procédure collective de l'acte conclu en méconnaissance du dessaisissement du débiteur sans qu'il y ait lieu de rechercher si le ou les tiers concernés sont de bonne foi, ce dont il résulte que les dividendes encaissés par le cessionnaire des parts doivent réintégrer l'actif du cédant. • Com. 16 sept. 2014, n° 13-11.737 P : *D. 2014. Actu. 1870 ; Rev. sociétés 2014. 754, obs. Roussel Galle ; LEDEN 10/2014. 2, obs. Parachkévova ; APC 2014, n° 280, obs. Robine BJE 2014. 362, note Benilsi ; RJDA 2015, n° 34 ; Gaz. Pal. 18-20 janv. 2015, p. 25, obs. Voinot ; Dr. sociétés 2015, n° 34, note Legros.*

87. L'action fondée sur l'enrichissement sans cause ne peut être introduite pour suppléer une autre action qui se heurte à un obstacle de droit ; l'inopposabilité à la masse des créanciers [aux créanciers] des actes accomplis par le débiteur dessaisi à la suite de sa liquidation des biens [liquidation judiciaire] faisant obstacle à l'exercice de l'action en remboursement des prêts consentis au débiteur pour l'acquisition d'un immeuble, il en résulte que l'action introduite par les prêteurs fondée sur l'enrichissement sans cause ne peut y suppléer. • Com. 2 nov. 2005, n° 04-11.946 P : *D. 2005. AJ 2943, obs. Lienhard*.

88. Il résulte des art. L. 641-9 C. com. et 125 C. pr. civ. que le débiteur mis en liquidation judiciaire est irrecevable à interjeter appel d'un jugement concernant son patrimoine et que cette fin de non-recevoir, qui est d'ordre public, doit être relevée d'office par le juge ; cependant, celle-ci peut être régularisée par l'intervention du liquidateur dans le délai d'appel, conformément aux dispositions de l'art. 126, al. 2, C. pr. civ. • Com. 18 janv. 2023, n° 21-17.581 B : *D. 2023. Chron. C. cass. 1436, obs. Barbot* ; *RJDA 2023, n° 214 ; Dr. sociétés 2023, n° 64, note Legros ; BJE 5-6/2023. 15, note Saint-Alary-Houin.* ♦ Les intimés sont recevables à invoquer le défaut de qualité du débiteur à interjeter appel seul d'une décision concernant son patrimoine. • Com. 13 nov. 2013 : *préc. note 52.*

89. Pour la régularisation d'une procédure d'injonction de payer initiée par le seul débiteur dessaisi, V. • Com. 14 déc. 2010, n° 10-10.792 P : *D. 2011. Actu. 69, obs. Lienhard* ; *APC 2011, n° 41, obs. Cagnoli ; LEDEN 2/2011. 5, obs. Camensuli-Feuillard ; RJDA 2011, n° 173 (2e esp.) ; RPC 2011, n° 24, obs. Cagnoli ; RJ com. 2011. 339, note Sortais.*

90. Sur la responsabilité du notaire ayant reçu un acte en méconnaissance de la règle du dessaisissement, V. • Civ. 1re, 12 juill. 2012 : *APC 2012, n° 225, obs. Cagnoli* • Amiens, 31 janv. 2002 : *JCP N 2003, n° 47, p. 1698, obs. Vauvillé* • Montpellier, 5 févr. 2008 : *JCP E 2008. 2184.*

91. La créance résultant d'actes accomplis par le débiteur au mépris du dessaisissement, née irrégulièrement, ne peut ni bénéficier du traitement préférentiel prévu à l'art. L. 621-32 C. com., dans sa rédaction antérieure à la L. du 26 juill. 2005, ni être admise au passif conformément aux prévisions de l'art. L. 621-43 du même code. • Com. 2 mai 2024, n° 22-21.148 B : *cité note 4 ss. art. L. 643-11.*

92. Si le créancier, dont la créance est inopposable à la procédure de liquidation judiciaire de son débiteur pour être née d'un acte accompli au mépris de la règle du dessaisissement, ne peut en obtenir le paiement pendant la durée de la procédure, la clôture de celle-ci pour extinction du passif lui fait recouvrer son droit de poursuite individuelle contre le débiteur. • Com. 17 mai 2017, n° 15-25.139 : *BJE 2017. 319, note Dols-Magneville ; Gaz. Pal. 10 oct. 2017, p. 68, obs. Voinot.*

I. MAINTIEN EN FONCTION DU DIRIGEANT (ANC. ART. L. 641-9, II, ISSU DE LA L. DU 26 JUILL. 2005)

93. Pour la recevabilité du pourvoi en cassation formé par le dirigeant de la personne morale débitrice, pour le compte de celle-ci, contre la décision prononçant la liquidation judiciaire, V. • Com. 16 mars 2010 : *cité note 28 ss. art. L. 620-2* • 22 mars 2011 : *RJDA 2011, n° 560.*

94. Les dispositions de l'art. L. 641-9, II, ne font pas obstacle à l'exercice, par le liquidateur, des actions qui tendent à l'allocation de dommages-intérêts en réparation du préjudice résultant des infractions commises par les dirigeants de la personne morale en liquidation judiciaire. • Crim. 5 déc. 2012, n° 11-85.838 P : *D. 2012. Actu. 2958* ; *Rev. sociétés 2013. 305, note Bouloc* ; *RSC 2013. 358, obs. Matsopoulou* ; *LEDEN 1/2013. 7, obs. Lasserre Capdeville ; Dr. sociétés 2013, n° 36, note R. Salomon ; APC 2013, n° 28, obs. Cerf-Hollender ; Gaz. Pal. 1er-4 mai 2013, p. 46, obs. Robaczewski ; Dr. pénal 2013, n° 60, note J.-H. Robert.*

95. Pour l'inapplicabilité des dispositions de la loi du 26 juill. 2005 prévoyant le maintien en fonction des dirigeants sociaux aux procédures collectives ouvertes avant le 1er janv. 2006, V. • Com. 19 oct. 2010 : *Dr. sociétés 2011, n° 78, note Legros* • Lyon, 7 févr. 2008 : *BICC 2008, n° 1590 ; JCP E 2008. 1910 ; Dr. sociétés 2008, n° 182, note Legros.*

96. La démission du dirigeant d'une société en liquidation judiciaire, resté en fonction conformément à l'art. L. 641-9, II, est possible dans les conditions statutaires éventuellement prévues et peut être publiée au RCS selon les formes du droit commun. * Avis CCRCS n° 2012-024 : *BJS 2013. 94.* ♦ En revanche, l'assemblée des associés ne peut procéder à la révocation du gérant en poste à la date de la liquidation judiciaire pour en désigner un autre. • Caen, 31 mars 2016, n° 15/03155 : *LEDEN 6/2016. 4, obs. Parachkévova ; BJS 2016. 424, note Laroche ; BJE 2016. 260, note Favario ; Dr. sociétés 2016, n° 171, obs. Legros.*

97. Les dispositions de l'art. L. 641-9, II, relatives à l'exercice des droits propres du débiteur n'ont ni pour objet ni pour effet de faire obstacle à la reprise des effets du contrat de travail suspendu durant le mandat social. • Com. 17 juin 2015, n° 14-10.230 : *Rev. sociétés 2016. 92, note Rakotovahiny* ; *BJS 2015. 600, note Baugard.*

J. DÉSIGNATION D'UN MANDATAIRE AD HOC

98. La personne qui a été désignée par le tribunal, dans son jugement ayant prononcé la liquidation judiciaire, avec la mission de représenter la personne morale dissoute pour l'exercice de tous les droits dont elle n'est pas dessaisie par l'effet de la procédure collective, a la qualité de mandataire *ad hoc* et non, en dépit des termes inappropriés de l'ordonnance l'ayant désignée, celle de « liquidateur amiable » ; il s'ensuit que le régime spécial des modalités de désignation et de rémunération du liquidateur prévu par les art. L. 237-19, R. 237-10, R. 237-12 et R. 237-14 C. com. n'est pas applicable. • Com. 17 mai 2017, n° 15-25.477 : *APC 2017, n° 191, obs. Vallansan.*

K. INTERDICTION D'EXERCER (ART. L. 641-9, III)

99. L'interdiction édictée par l'art. L. 641-9 (III), qui empêche seulement l'avocat, pendant le cours de sa liquidation judiciaire, d'exercer sa profession à titre individuel, ne porte pas une atteinte disproportionnée à son droit d'obtenir un emploi, tel qu'il est garanti par l'art. 5 du Préambule de la Constitution du 27 oct. 1946, et elle est justifiée par l'intérêt général (non-renvoi de la QPC). • Com., QPC, 31 mai 2012 : *D. 2012. Actu. 1542, obs. Lienhard ; Rev. sociétés 2012. 530, obs. Roussel Galle ; DP diff. entr., Bull. n° 338, obs. Rémery ; LEDEN 7/2012. 4, obs. Favario ; APC 2012, n° 180, obs. Rétif ; RJDA 2012, n° 789 ; Gaz. Pal. 3-4 août 2012, p. 26, obs. Voinot ; RPC 2012, n° 157, obs. Lebel.* ♦ V. aussi, à propos de la liquidation judiciaire d'un artiste peintre, ayant jugé que l'interdiction édictée par l'art. L. 641-9 (III) ne porte pas atteinte à la liberté générale d'expression et de communication garantie par la DDH du 26 août 1789 (non-renvoi de la QPC), • Com., QPC, 26 mars 2013 : *RJDA 2013, n° 541 ; BJE 2013. 282, note Boudour.*

100. La décision d'omettre un avocat du tableau ne peut être prise par le conseil de l'ordre que dans les conditions des art. 104 et 105 du Décr. n° 91-1197 du 27 nov. 1991, qui ne visent pas la privation temporaire d'exercice de la profession d'avocat prévue par l'art. L. 641-9 C. com. • Com. 5 avr. 2011, n° 10-30.232 P : *D. 2011. Actu. 1071, obs. Lienhard ; Rev. sociétés 2011. 386, obs. Roussel Galle ; JCP E 2011. 1383, note Cerati-Gauthier ; LEDEN 5/2011. 6, obs. Rubellin ; APC 2011, n° 147, obs. Rétif ; Procédures 2011, n° 206, note Rolland ; BJS 2011. 577, note Saintourens ; Gaz. Pal. 17-19 juill. 2011, p. 15, obs. Montéran ; RJDA 2011, n° 723 ; BJE 2011. 247, note Martineau-Bourgninaud ; RPC 2011, n° 214, obs. Lebel.* ♦ Pour un arrêt ayant jugé qu'un avocat en liquidation judiciaire, qui ne peut plus exercer sa profession, est irrecevable à agir en mainlevée de la saisie conservatoire de ses comptes professionnels, V. • Paris, 23 nov. 2007 : *JCP 2007. IV. 3357.*

101. L'ordonnance de référé arrêtant l'exécution provisoire du jugement de liquidation judiciaire suspend l'interdiction faite au débiteur d'exercer son activité professionnelle indépendante jusqu'à l'arrêt confirmant le jugement de liquidation judiciaire. • Com. 14 juin 2017, n° 15-24.188 P : *LEDEN 9/2017. 5, obs. Reille ; Gaz. Pal. 10 oct. 2017, p. 69, obs. Ronet-Yague ; RJDA 2017, n° 745.*

L. SUCCESSION (ANC. ART. L. 641-9, IV)

102. Il résulte de l'art. 116 de l'Ord. n° 2014-326 du 12 mars 2014 que les dispositions du IV de l'art. L. 641-9 dans sa rédaction issue de l'Ord. préc., selon lesquelles le liquidateur ne peut, sauf accord du débiteur, réaliser les biens ou droits acquis au titre d'une succession ouverte après l'ouverture ou le prononcé de la liquidation judiciaire, ni provoquer le partage de l'indivision pouvant en résulter, ne sont pas applicables aux procédures en cours au jour de son entrée en vigueur. • Com. 23 nov. 2022, n° 21-15.497 : *D. actu. 5 janv. 2023, obs. Ferrari.*

Ancien art. L. 641-9 (II) *[réd. issue de L. n° 2005-845 du 26 juill. 2005]* ***II. — Lorsque le débiteur est une personne morale, les dirigeants sociaux en fonction lors du prononcé du jugement de liquidation judiciaire le demeurent, sauf disposition contraire des statuts ou décision de l'assemblée générale. En cas de nécessité, un mandataire peut être désigné en leur lieu et place par ordonnance du président du tribunal sur requête de tout intéressé, du liquidateur ou du ministère public.***

Le siège social est réputé fixé au domicile du représentant légal de l'entreprise ou du mandataire désigné.

Art. L. 641-10 *(L. n° 2005-845 du 26 juill. 2005, art. 105)* **« Si la cession totale ou partielle de l'entreprise est envisageable ou si l'intérêt public » ou celui des créanciers l'exige, le maintien de l'activité peut être autorisé par le tribunal pour une durée maximale fixée par décret en Conseil d'État. Elle peut être prolongée à la demande du** *(L. n° 2005-845 du 26 juill. 2005, art. 105)* **« ministère public » pour une durée fixée par la même voie. Lorsqu'il s'agit d'une exploitation agricole, ce délai est fixé par le tribunal en fonction de l'année culturale en cours et des usages spécifiques aux productions concernées.** *(Abrogé par Ord. n° 2008-1345 du 18 déc. 2008, art. 102)* ***« Les dispositions de l'article*** *(L. n° 2005-845 du 26 juill. 2005, art. 105)* ***« L. 641-13 » sont applicables aux créances nées pendant cette période. »*** — *V. art. R. 641-18.*

(L. n° 2005-845 du 26 juill. 2005, art. 105) **« Le liquidateur administre l'entreprise.** *(Abrogé par Ord. n° 2008-1345 du 18 déc. 2008, art. 102)* ***« Il a la faculté d'exiger l'exécution des contrats en cours et exerce les prérogatives conférées à l'administrateur judiciaire par l'article L. 622-13. »***

« Dans les conditions prévues à l'article L. 631-17, il peut procéder aux licenciements.

« Le cas échéant, il prépare un plan de cession, passe les actes nécessaires à sa réalisation, en reçoit et en distribue le prix.

« Toutefois, lorsque le nombre des salariés ou le chiffre d'affaires est supérieur *(Ord. nº 2008-1345 du 18 déc. 2008, art. 102)* **« ou égal » à des seuils fixés par décret en Conseil d'État ou, en cas de nécessité, le tribunal désigne un administrateur judiciaire pour administrer l'entreprise.** *(Ord. nº 2008-1345 du 18 déc. 2008, art. 102)* **« Dans ce cas, l'administrateur exerce les prérogatives conférées au liquidateur par les articles L. 641-11-1 et L. 641-12. » Il prépare le plan de cession, passe les actes nécessaires à sa réalisation et, dans les conditions prévues à l'article L. 631-17, peut procéder aux licenciements.** *(Ord. nº 2014-326 du 12 mars 2014, art. 67, en vigueur le 1er juill. 2014)* **« Le ministère public peut proposer le nom d'un administrateur judiciaire à la désignation du tribunal qui ne peut le rejeter que par décision spécialement motivée. »** – *V. art. R. 641-19.*

« Lorsque l'administrateur ne dispose pas des sommes nécessaires à la poursuite de l'activité, il peut, sur autorisation du juge-commissaire, se les faire remettre par le liquidateur.

« Le liquidateur ou l'administrateur, lorsqu'il en a été désigné, exerce les fonctions conférées, selon le cas, à l'administrateur ou au mandataire judiciaire par les articles L. 622-4 et L. 624-6. » – *[C. com., anc. art. L. 622-10.]*

(Ord. nº 2008-1345 du 18 déc. 2008, art. 102) **« L'arrêté d'un plan de cession totale ou l'expiration du délai fixé en application du premier alinéa met fin au maintien de l'activité. Le tribunal peut également décider d'y mettre fin à tout moment si celui-ci n'est plus justifié. »**

V. art. R. 641-20.

Sur les mesures d'adaptation liées à l'urgence sanitaire (covid-19), V., infra, Ord. nº 2020-341 du 27 mars 2020, art. 2.

Ancien art. L. 641-10 (al. 5, 2e phr.) *[réd. issue de L. nº 2005-845 du 26 juill. 2005]* ***Dans ce cas, par dérogation aux alinéas qui précèdent, l'administrateur est soumis aux dispositions de l'article L. 622-13.***

COMMENTAIRE

I. MAINTIEN DE L'ACTIVITÉ

La loi du 26 juillet 2005 a revu les conditions du maintien de l'activité en cas d'ouverture d'une procédure de liquidation. A la condition, datant de 1985, de l'exigence de « l'intérêt du public » ou de « celui des créanciers », s'est ajoutée celle que la cession totale ou partielle de l'entreprise soit envisageable. Ce qui est parfaitement cohérent avec la finalité de cette procédure, destinée, aux termes de l'article L. 640-1, « à mettre fin à l'activité de l'entreprise ou à réaliser le patrimoine du débiteur par une cession globale ou séparée de ses droits et de ses biens ». Le maintien de l'activité, en fait, recrée, en phase de liquidation judiciaire, une sorte de période d'observation, destinée à favoriser la négociation dans de bonnes conditions d'un plan de cession avec offre anticipée, si cette cession n'a pas été déjà ordonnée en phase de redressement judiciaire, en vertu de l'article L. 631-22. Pour cela, il paraissait indispensable de prévoir une durée plus longue que le maximum de deux mois auparavant fixé par l'article 119-2 du décret du 27 décembre 1985. Ce qu'a fait l'article 231 du décret du 28 décembre 2005, devenu l'article R. 641-18 du code, en portant ce plafond à trois mois.

L'ordonnance du 18 décembre 2008 a supprimé la phrase qui prévoyait que les dispositions de l'article L. 641-13 sont applicables aux créances nées pendant cette période. Mais cela ne saurait dire, évidemment, que ces créances ne bénéficient pas de ces dispositions, à condition toutefois que soient remplies les conditions prévues par ce texte (qui visent d'ailleurs désormais « les besoins du maintien provisoire de l'activité autorisé en application de l'article L. 641-10 »). Cette suppression semble donc signifier seulement que s'applique ici la règle commune, sans aucune automaticité.

II. ADMINISTRATION DE L'ENTREPRISE

Ici encore, s'est manifesté le souci de simplification du législateur de 2005. Par rapport à la situation antérieure, la règle a été inversée. Le principe est devenu l'administration par le liquidateur, et ce n'est qu'exceptionnellement, lorsque le nombre de salariés est supérieur (ou « égal », précise l'ordonnance de 2008) à vingt ou le chiffre d'affaires supérieur (ou « égal », précise pareillement l'ordonnance) à 3 000 000 d'euros hors taxes (art. R. 641-19, par renvoi, assez logique, aux seuils déterminant la désignation obligatoire d'un administrateur en procédure de sauvegarde ou de redressement judiciaire), ou « en cas de nécessité » dit le texte, que le tribunal doit désigner un administrateur (qui sera en pratique le plus souvent, lorsqu'il en aura été désigné un, celui précédemment désigné au cours de la sauvegarde ou du redressement judiciaire, dans l'hypothèse d'une conversion) ; encore la désignation expresse est-elle indispensable, puisque, les fonctions de l'administrateur de la sauvegarde prenant fin avec la période d'observation, en vertu de l'art. L. 622-11, ce dernier se trouve sans pouvoir pour effectuer des actes, notamment procéder à des licenciements, dans la procédure de liquidation judiciaire : Soc. 15 nov. 2011 : *cité ss. art. L. 622-11*). Jusque-là, au contraire, le principe était le maintien en fonction de l'administrateur afin d'assurer l'administration de l'entreprise. S'agissant des deux seuils précités, il convient d'insister sur le fait qu'il s'agit de critères alternatifs et non cumulatifs, car, en pratique, certains tribunaux subordonnent la nomination d'un administrateur à la réunion du critère de l'effectif et du chiffre d'affaires (à tel point qu'un auteur avait suggéré que le texte soit réécrit pour gommer toute incertitude : T. Montéran, Pour améliorer le droit des entreprises en difficulté, osons la réforme, *Gaz. Pal. 23-24 janv. 2008, p. 3, spéc. p. 11*).

On s'était demandé si ce choix était réaliste : les liquidateurs sont-ils vraiment « équipés » pour administrer les entreprises ? Peut-être les rédacteurs du texte, eux-mêmes, avaient-ils conçu un doute à ce sujet, que trahirait la porte laissée ouverte au tribunal à la désignation d'un administrateur, comme avant la réforme (V. G. Teboul, La réforme des procédures collectives : le retour, *LPA 4 nov. 2003, p. 3 ;* J.-L. Vallens, Réforme des procédures collectives : premier commentaire de l'avant-projet de loi, *Bull. act. Lamy droit commercial nov. 2003, p. 1*).

Notons que l'ordonnance du 12 mars 2014 a accordé au ministère public le droit de proposer un administrateur judiciaire à la désignation du tribunal, qui ne peut le rejeter que par décision spécialement motivée. On retrouve ici la formule employée par l'article L. 621-4 s'agissant de la proposition, par le ministère public, d'un administrateur ou d'un mandataire judiciaire (V. comm. ss. cet art., IX).

Fort logiquement, lorsque l'administration est confiée au liquidateur c'est à lui qu'il appartient d'exercer les prérogatives normalement attribuées à l'administrateur, relatives, notamment, à la poursuite des contrats en cours.

La réforme de 2008 est venue mettre un terme à un débat doctrinal. En instituant, par deux dispositions spécifiques (les art. L. 641-11-1 et L. 641-12 auxquels renvoie dorénavant l'art. L. 641-10), quoique « décalquées » des articles L. 622-13 et L. 622-14, conçus pour la sauvegarde et le redressement judiciaire, un régime autonome de la poursuite des contrats en cours en cas de liquidation, rédigé en termes généraux, l'ordonnance interdit de soutenir que la continuation ne pourrait être exigée par le liquidateur qu'en cas de maintien de l'activité (V. comm. dans l'éd. 2014). Il n'en reste pas moins que le mandataire risquerait d'engager sa responsabilité civile professionnelle en poursuivant un contrat en dehors de cette hypothèse puisque, alors, la créance ne bénéficierait pas du traitement préférentiel prévu par l'article L. 641-13 (P.-M. Le Corre, Droit et pratique des procédures collectives, *Dalloz Action, 2023/2024, 431.251*).

De même, c'est le liquidateur qui prépare le plan de cession et passe les actes nécessaires à sa réalisation. C'est lui aussi qui, le cas échéant, procède aux licenciements (conformément à l'art. L. 631-17, l'opportunité de cette soumission au formalisme de ce texte étant d'ailleurs critiquée par les praticiens, pour son manque de réalisme, sa lourdeur, lorsque le maintien de l'activité est autorisé pour une autre raison que la perspective d'un plan de cession totale : P. Froehlich et M. Sénéchal, *in* La loi de sauvegarde, article par article [2e partie], *LPA 9 févr. 2006, p. 15*). Et, tout aussi logiquement, lorsqu'un administrateur est désigné, c'est à lui que reviennent ces mêmes pouvoirs. Selon le cas, pareillement, c'est le liquidateur ou l'administrateur qui sera chargé des mesures conservatoires prévues par l'article L. 622-4 et de l'action en réintégration à l'actif des biens acquis par le conjoint du débiteur prévue par l'article L. 624-6. Malgré l'ambiguïté du texte sur ce point, il semble, par ailleurs, que c'est au liquidateur qu'il revient de recevoir et de distribuer le prix (G. Bolard, Les fonctions des mandataires de justice, *RPC 2006. 205, n° 19*).

L'ordonnance du 18 décembre 2008 a apporté des précisions quant à la fin de la période de maintien d'activité. Un dernier alinéa ajouté à l'article L. 641-10 pose d'abord le principe : la fin du maintien de l'activité résulte normalement de l'arrêté d'un plan de cession totale (c'est l'issue heureuse, à laquelle tend ce maintien) ou de l'expiration du délai fixé par le tribunal. Puis, l'exception : le tribunal peut décider de mettre fin à tout moment au maintien de l'activité si celui-ci n'est plus justifié (sous-entendu par la perspective d'un plan de cession totale ou partielle, ou, le cas échéant, par l'intérêt public). ❑

1. Fonds nécessaires à la poursuite d'activité. Peuvent faire l'objet de l'autorisation de remise à l'administrateur judiciaire prévue par l'art. L. 641-10 [al. 6] tout ou partie des fonds non affectés du débiteur en liquidation judiciaire ; tel est le cas des sommes versées par le débiteur au titre des dividendes prévus par le plan de continuation auquel il était soumis, non encore réparties par le commissaire à l'exécution du plan au jour de la résolution de ce plan et dont le dépôt a été judiciairement ordonné. • Com. 14 oct. 2014, n° 13-13.994 P : *D. 2014. Actu. 2110 ; JCP E 2014. 1637, n° 4, obs. Pétel ; APC 2014, n° 321, obs. Vallansan ; LEDEN 12/2014. 4, obs. Mouial-Bassilana ; Gaz. Pal. 18-20 janv. 2015, p. 22, obs. Lebel ; BJE 2015. 19, note Bourbouloux, Fort et Ruaud ; RPC 2015, n° 25, note Berthelot ; RJDA 2015, n° 366.*

2. Mesures conservatoires. La gestion d'affaires (C. civ., art. 1301-2) est incompatible avec l'exécution d'une obligation légale telle que celle imposant au liquidateur de prendre des mesures conservatoires pour garantir l'exercice effectif du droit à revendication. • Com. 13 janv. 2015 : *D. 2015. Actu. 207 ; RTD com. 2015. 592, obs. Martin-Serf ; RTD civ. 2015. 444, obs. Crocq ; JCP E 2015. 1204, n° 10, obs. Pétel ; JCP 2015. 472, note Casson ; LEDEN 2/2015. 3, obs. Borga ; APC 2015, n° 45, obs. Fin-Langer ; BJE 2015. 99, note Laroche ; Gaz. Pal. 1er-5 mai 2015, p. 38, obs. Le Corre-Broly.*

3. Décision de fin d'activité. Sur les critères pouvant être pris en compte par le tribunal pour mettre fin au maintien de l'activité d'une exploitation agricole, V. • Com. 14 déc. 2022, n° 21-18.549 B : *D. 2022. Actu. 2292 ; Rev. sociétés 2023. 194, obs. Roussel Galle ; RTD com. 2023. 230, obs. Saint-Alary-Houin ; LEDEN 1/2023. 4, obs. Rubellin ; APC 2023, n° 30, obs. Lebel ; RJDA 2023, n° 158 ; BJE 3-4/2023. 19, note Vincent.*

Art. L. 641-11 *(Ord. n° 2008-1345 du 18 déc. 2008, art. 103)* **« Le juge-commissaire exerce les compétences qui lui sont dévolues par les articles L. 621-9** *(L. n° 2019-486 du 22 mai 2019, art. 56)* **« et L. 623-2 » et par le quatrième alinéa de l'article L. 622-16.** *(L. n° 2019-486 du 22 mai 2019, art. 56)* **« Il fixe la rémunération afférente aux fonctions exercées par le débiteur s'il est une personne physique ou les dirigeants de la personne morale et exerce les compétences qui lui sont dévolues par le second alinéa de l'article L. 631-11. » Lorsqu'il est empêché ou a cessé ses fonctions, il est remplacé dans les conditions prévues au troisième alinéa de l'article L. 621-9. »** — *V. art. R. 641-21.*

(L. n° 2005-845 du 26 juill. 2005, art. 106) **« Les renseignements détenus par le ministère public lui sont communiqués selon les règles prévues au deuxième alinéa de l'article L. 621-8.**

« Le liquidateur et l'administrateur, lorsqu'il en a été désigné, reçoivent du juge-commissaire tous les renseignements utiles à l'accomplissement de leur mission. »

Ancien art. L. 641-11 (al. 1er) *[réd. issue de L. n° 2005-845 du 26 juill. 2005]* ***Le juge-commissaire exerce les compétences qui lui sont dévolues par les articles L. 621-9, L. 623-2 et L. 631-11, par le premier alinéa de l'article L. 622-13 et le quatrième alinéa de l'article L. 622-16.***

COMMENTAIRE

L'article L. 641-11 précise le rôle du juge-commissaire au cours de la procédure de liquidation judiciaire. Comme en cas de procédure de sauvegarde ou de redressement judiciaire, il est le garant du déroulement rapide de la procédure et de la protection des intérêts en présence, peut désigner un technicien (art. L. 621-9), exercer le droit de communication (art. L. 623-2), autoriser le débiteur à vendre des meubles garnissant les lieux loués (art. L. 622-16, al. 4). La communication des renseignements détenus par le ministère public s'effectue conformément à l'article L. 621-8, alinéa 2. La phrase ajoutée par la loi PACTE du 22 mai 2019 ne modifie en rien le régime de la rémunération du débiteur personne physique ou du dirigeant. Mais, comme celle-ci est désormais maintenue en l'état en cas de redressement judiciaire, le renvoi pur et simple à l'article L. 631-11 n'était plus possible.

L'ordonnance du 18 décembre 2008 a supprimé la référence à l'article L. 622-13, alinéa 1er (pouvoir d'impartir un délai plus court pour répondre à la mise en demeure de prendre parti sur la poursuite des contrats en cours ou accorder une prolongation de délai), ce qui n'est qu'une des conséquences logiques et formelles de l'introduction d'un régime autonome de poursuite des contrats en cours en cas de liquidation judiciaire, par la disposition spécifique de l'article L. 641-11-1.

Par ailleurs, en cas d'empêchement ou de cessation des fonctions du juge-commissaire, l'ordonnance prévoit, logiquement, là aussi, la compétence du président du tribunal (V. art. L. 621-9). ❑

Art. L. 641-11-1 *(Ord. nº 2008-1345 du 18 déc. 2008, art. 104)* **I. — Nonobstant toute disposition légale ou toute clause contractuelle, aucune indivisibilité, résiliation ou résolution d'un contrat en cours ne peut résulter du seul fait de l'ouverture ou du prononcé d'une liquidation judiciaire.**

Le cocontractant doit remplir ses obligations malgré le défaut d'exécution par le débiteur d'engagements antérieurs au jugement d'ouverture. Le défaut d'exécution de ces engagements n'ouvre droit au profit des créanciers qu'à déclaration au passif.

II. — Le liquidateur a seul la faculté d'exiger l'exécution des contrats en cours en fournissant la prestation promise au cocontractant du débiteur.

Lorsque la prestation porte sur le paiement d'une somme d'argent, celui-ci doit se faire au comptant, sauf pour le liquidateur à obtenir l'acceptation, par le cocontractant du débiteur, de délais de paiement. Au vu des documents prévisionnels dont il dispose, le liquidateur s'assure, au moment où il demande l'exécution, qu'il disposera des fonds nécessaires à cet effet. S'il s'agit d'un contrat à exécution ou paiement échelonnés dans le temps, le liquidateur y met fin s'il lui apparaît qu'il ne disposera pas des fonds nécessaires pour remplir les obligations du terme suivant.

III. — Le contrat en cours est résilié de plein droit :

1° Après une mise en demeure de prendre parti sur la poursuite du contrat adressée par le cocontractant au liquidateur et restée plus d'un mois sans réponse. Avant l'expiration de ce délai, le juge-commissaire peut impartir au liquidateur un délai plus court ou lui accorder une prolongation, qui ne peut excéder deux mois, pour se prononcer ;

2° A défaut de paiement dans les conditions définies au II et d'accord du cocontractant pour poursuivre les relations contractuelles ;

3° Lorsque la prestation du débiteur porte sur le paiement d'une somme d'argent, au jour où le cocontractant est informé de la décision du liquidateur de ne pas poursuivre le contrat.

IV. — A la demande du liquidateur, lorsque la prestation du débiteur ne porte pas sur le paiement d'une somme d'argent, la résiliation est prononcée par le juge-commissaire si elle est nécessaire aux opérations de liquidation et ne porte pas une atteinte excessive aux intérêts du cocontractant.

V. — Si le liquidateur n'use pas de la faculté de poursuivre le contrat ou y met fin dans les conditions du II ou encore si la résiliation du contrat est prononcée en application du IV, l'inexécution peut donner lieu à des dommages et intérêts au profit du cocontractant, dont le montant doit être déclaré au passif. Le cocontractant peut néanmoins différer la restitution des sommes versées en excédent par le débiteur en exécution du contrat jusqu'à ce qu'il ait été statué sur les dommages et intérêts.

VI. — Les dispositions du présent article ne concernent pas les contrats de travail. Elles sont également inapplicables au contrat de fiducie et à la convention en exécution de laquelle le débiteur constituant conserve l'usage ou la jouissance de biens ou droits transférés dans un patrimoine fiduciaire.

V. art. R. 641-21.

BIBL. ▸ LE CORRE-BROLY, *D. 2009. 663*. – ROUSSEL GALLE, *RPC 2009. Dossier 7*. – RONET-YAGUE, *Gaz. Pal. 10 oct. 2017, p. 45* (liquidation judiciaire et portabilité des couvertures de frais de santé et de prévoyance).

COMMENTAIRE

L'article L. 641-11-1 est formellement une création de l'ordonnance du 18 décembre 2008. En réalité, cependant, il s'est surtout agi, comme à l'article L. 641-12, afin de clarifier le régime de la continuation des contrats en cours en cas de liquidation judiciaire, de traiter de cette question, sujette jusque-là à beaucoup d'incertitudes et de discussions doctrinales, dans une disposition spécifique et autonome, et non plus par voie de renvois comme le faisaient auparavant les articles L. 641-10 et L. 641-11, plus ou moins ciblés, et moyennant adaptations, aux dispositions de l'article L. 622-13, conçues pour la sauvegarde et le redressement judiciaire. C'est donc, avant tout, la lisibilité des textes que la réforme a cherché à améliorer. Avec succès, semble-t-il, car la création même de cette disposition autonome devrait mettre fin au débat relatif à la possibilité de poursuivre les contrats en l'absence d'un maintien de l'activité (V. ss. art. L. 641-10). Le Rapport au président de la République est d'ailleurs très clair sur ce point : « l'expérience a montré la nécessité pour le liquidateur de poursuivre l'exécution, pendant les opérations de réalisation d'actif, de certains contrats essentiels à la conservation de ce dernier, dans l'attente de sa réalisation ».

Cela dit, sur le fond, le nouvel article L. 641-11-1 se présente comme une copie de l'article L. 622-13, tel que modifié et réorganisé par la réforme de 2008, adaptée seulement au contexte de la liquidation judiciaire (sur la possible incidence du texte sur la jurisprudence selon laquelle la liquidation judiciaire entraîne la clôture du compte courant [V. note 15], V. P. Roussel Galle, Les « nouveaux » régimes des contrats en cours et du bail, *RPC 2009. Dossier 7, n° 24*). Adaptation terminologique, bien sûr, avant tout, l'organe maître du pouvoir de continuer les contrats étant ici le liquidateur, et non l'administrateur (à moins, exception à l'exception, que ne soit nommé un administrateur : V. art. L. 641-10). Mais adaptation sur le fond aussi.

Principale différence : l'article L. 641-11-1 comporte une distinction, spécifique (V., estimant cette particularité non fondée, E. Le Corre-Broly, Les modifications apportées au droit commun de la continuation des contrats en cours, *D. 2009. Chron. 663* ✎, *n° 24*), selon que la prestation du débiteur porte sur une somme d'argent ou non.

Dans le premier cas, en raison des difficultés presque présumées de trésorerie de l'entreprise, le liquidateur se voit reconnaître une prérogative radicale au regard du principe de la force obligatoire des conventions, par le 3° du III : « Le contrat en cours est résilié de plein droit : [...] Lorsque la prestation du débiteur porte sur le paiement d'une somme d'argent, au jour où le cocontractant est informé de la décision du liquidateur de ne pas poursuivre le contrat ».

Dans le second cas, la volonté du liquidateur n'entraîne pas de résiliation de plein droit, la résiliation ne peut être que judiciaire. Ce qui se comprend, car, alors, l'impossibilité de respecter le contrat ne saurait être présumée, le besoin de mettre fin à la relation contractuelle n'est pas, normalement, si impérieux. On retrouve donc la mesure de souplesse, subordonnée au contrôle du juge de la portée de l'atteinte aux intérêts du cocontractant causée par la résiliation, introduite au IV de l'article L. 622-13. A la différence près, logique, qu'ici la résiliation doit être « nécessaire aux opérations de liquidation » (et non à la « sauvegarde du débiteur ») : « A la demande du liquidateur, lorsque la prestation du débiteur ne porte pas sur le paiement d'une somme d'argent, la résiliation est prononcée par le juge-commissaire si elle est nécessaire aux opérations de liquidation et ne porte pas une atteinte excessive aux intérêts du cocontractant ». A titre d'exemple, un auteur a estimé que le juge-commissaire devrait refuser la résiliation d'un contrat de bail à usage d'habitation, dont le débiteur serait bailleur, dès lors que, même si la résiliation du bail serait utile à la liquidation judiciaire puisqu'elle augmenterait la valeur de l'immeuble à réaliser, l'expulsion d'un locataire qui exécute parfaitement ses obligations constituerait une atteinte excessive aux intérêts du cocontractant (P.-M. Le Corre, Droit et pratique des procédures collectives, *Dalloz Action, 2023/2024, 431.532*). Cette interprétation a été confirmée par la Cour de cassation, laquelle a précisé, à cette occasion, que le bail d'habitation reste soumis aux dispositions d'ordre public de la loi du 6 juillet 1989, et donc à la nécessité, pour le liquidateur, qui entend céder l'immeuble de gré à gré, de délivrer un congé pour vendre (Com. 7 oct. 2020 : *cité note 12*).

Par ailleurs, le 2° du III prévoit que le contrat en cours est résilié de plein droit « à défaut de paiement dans les conditions définies au II et d'accord du cocontractant pour poursuivre les relations contractuelles », sans ajouter, ce qui va de soi, que le tribunal peut alors être saisi pour qu'il soit mis fin à la période d'observation. Il est toutefois fort possible que le tribunal décide ici de mettre fin, le cas échéant, au maintien de l'activité (art. L. 641-10, dernier al.). ❑

1. Monopole du liquidateur. Il résulte des dispositions des art. L. 641-10 et L. 641-11-1 que le sort des contrats en cours relève des prérogatives du liquidateur ; dès lors, le tribunal ne peut dans le jugement d'ouverture de la liquidation judiciaire, où il désigne le liquidateur, statuer sur le sort du contrat de location-gérance du fonds de commerce au terme de la période d'activité. • Com. 7 févr. 2012, n° 10-26.626 P : *D. 2012. Actu. 494, obs. Lienhard ; RPC 2012, n° 128, obs. Roussel Galle ; RJDA 2012, n° 886.*

2. Compte courant. V. note 1 ss. art. L. 643-1.

3. Contrat de mandat. Il résulte de l'art. L. 641-11-1, I, que, par dérogation à l'art. 2003 C. civ., aux termes duquel la déconfiture du mandataire met fin au mandat, la fin du mandat ne résulte pas de la liquidation judiciaire du mandataire mais obéit au régime des contrats en cours lorsqu'il a été conclu et n'a pas été exécuté avant le jugement de liquidation judiciaire, le mandat ne pouvant alors être résilié que selon les modalités de l'art. L. 641-11-1, III et IV. • Com. 28 juin 2017, n° 15-17.394 P : *D. 2017. Pan. 1947, obs. F.-X. Lucas ; Rev. sociétés 2017. 521, obs. Henry ; AJ contrat 2017. 444, obs. T. de Ravel d'Esclapon ; JCP E 2017. 1460, n° 19, obs. Tehrani ; ibid. 1461, note Brignon ; APC 2017, n° 216, obs. Petit ; LEDEN 10/2017. 4, obs. Andreu ; RJ com. 2017. 505, obs. Nabet ; RJDA 2017, n° 747 ; RPC 2018, n° 63, obs. Roussel Galle.*

4. Clause compromissoire. L'usage par le liquidateur de la faculté de poursuivre l'exécution des contrats avec tous les droits et obligations qui s'y rattachent implique l'observation de la clause compromissoire qui y est stipulée. • Civ. 1re, 1er avr. 2015 : *D. 2015. Actu. 800 ; JCP E 2015. 1273, note Lebel ; LEDEN 5/2015. 1, obs. F.-X. Lucas ; Procédures 2015, n° 195, note Weiller.*

5. Prolongation du délai d'option. Sur les éléments susceptibles de justifier une demande de prolongation du délai pour prendre parti sur la poursuite d'un contrat en application de l'art. L. 641-11-1, III, 1°, V. • Com. 16 janv. 2019, n° 17-25.792 : *BJE 5-6/2019. 20, note Lafaurie.*

6. Résiliation de plein droit. En ce sens que le commandement délivré au liquidateur par le crédit-bailleur de payer l'arriéré locatif et l'avertissant, ainsi que la société qui s'était engagée à devenir cessionnaire du contrat de crédit-bail en cas de carence du débiteur, qu'il entend se prévaloir de la clause de cession du contrat, ne saurait constituer la mise en demeure de prendre parti sur la poursuite du contrat prévue par l'art. L. 641-11-1, III-1°, V. • Com. 17 févr. 2015 : *D. 2015. Actu. 565 ; RTD com. 2015. 381, obs. Vallens ; JCP E 2015. 1204, n° 11, obs. Pétel ; ibid. 1235, note Brignon ; APC 2015, n° 95, obs. Reille ; Gaz. Pal. 1er-5 mai 2015, p. 22, obs. Kendérian ; RJDA 2015, n° 450 ; BJE 2015. 218, note Monsèrié-Bon ; RPC 2016, n° 45, obs. Roussel Galle.*

7. La résiliation de plein droit d'un contrat à la suite de l'option expresse du liquidateur – ayant été mis en demeure de se prononcer – pour sa non-poursuite est opposable à celui contre lequel est invoquée la caducité d'un contrat, par voie de conséquence à l'anéantissement préalable d'un contrat interdépendant, et ce sans qu'il soit nécessaire que la décision de résiliation du liquidateur lui soit notifiée. • Com. 20 oct. 2021, n° 19-24.796 B : *D. 2021. 2172, note Belrhali Debeaudouin ; RJDA 2021, n° 783 ; JCP E 2022. 1010, n° 13, obs. Tehrani ; APC 2022, n° 15, obs. Saint-Alary-Houin ; RPC 2022, n° 22, obs. Roussel Galle.*

8. Sur le partage de compétence entre le juge administratif et le juge judiciaire s'agissant de la résiliation de plein droit d'un contrat administratif sur le fondement de l'art. L. 641-11-1, III-1°, V. • T. confl. 24 avr. 2017, n° 4078 : *BJE 2017. 433, note Lombard ; RJDA 2017, n° 821.* ♦ V., dans la même affaire, retenant en conséquence la compétence de la juridiction administrative pour connaître du litige relatif à la résiliation d'un contrat comportant occupation du domaine public, en cas de liquidation judiciaire de l'occupant, • Com. 12 juill. 2017, n° 15-13.466 : *LEDEN 10/2017. 3, obs. Staes ; Gaz. Pal. 10 oct. 2017, p. 64, obs. Kendérian.*

9. La résiliation de plein droit prévue à l'art. L. 641-11-1, III-2°, pour défaut de paiement dans les conditions définies au II du même art., suppose que le liquidateur ait opté, expressément ou tacitement, pour la continuation du contrat, sans que soit exigée la délivrance à ce dernier par le cocontractant du débiteur d'une mise en demeure préalable d'exercer cette option. • Com. 8 mars 2017, n° 15-21.397 P : *D. 2017. Actu. 566 ; JCP E 2017. 1271, note Brignon ; APC 2017, n° 107, obs. Cagnoli ; LEDEN 4/2017. 3, obs. Rubellin ; RJDA 2017, n° 358 ; Gaz. Pal. 27 juin 2017, p. 45, obs. Kendérian ; BJE 2017. 272, note Benilsi.* ♦ Seul un contrat en cours pouvant être cédé, l'intention du cocontractant de poursuivre la relation contractuelle avec le cessionnaire implique celle de maintenir cette relation avec le cédant jusqu'à la cession (écartant la résiliation de plein droit du contrat en application de l'art. L. 641-11-1, III-2°). • Com. 17 févr. 2015 : *préc. note 6.*

10. La résiliation de plein droit du contrat en cours prévue par l'art. L. 641-11-1, III-3°, qui intervient au jour où le cocontractant est informé de la décision du liquidateur de ne pas poursuivre le contrat, suppose une manifestation expresse de volonté de la part de ce dernier. • Com. 17 févr. 2015 : *préc. note 6.*

11. Aucune disposition légale n'exclut le droit pour le cocontractant, confronté à une résiliation de plein droit du contrat résultant de la non-continuation de celui-ci par le liquidateur, de se prévaloir des dispositions contractuelles par lesquelles les parties étaient convenues des modalités d'indemnisation en cas de rupture anticipée. • Paris, 27 janv. 2015, n° 13/24781 : *RJDA 2015, n° 590.*

12. Résiliation judiciaire. Il résulte de l'art. L. 641-11-1, IV, que la résiliation d'un contrat en cours à la date du jugement ouvrant la liquidation judiciaire peut être demandée par le liquidateur, lorsque la prestation du débiteur ne porte pas sur le paiement d'une somme d'argent, au juge-commissaire qui ne peut prononcer la résiliation que si deux conditions cumulatives sont réunies : cette résiliation est nécessaire aux opérations de liquidation et ne porte pas une atteinte excessive aux intérêts du cocontractant. • Com. 7 oct. 2020, n° 19-10.685 P : *D. 2020. Chron. C. cass. 2478, obs. Barbot ; JCP E 2020. 1535, n° 14, obs. Pétel ; APC 2020, n° 251, obs. Petit ; BJE 1-2/2021. 22, note Lafaurie ; RJDA 2021, n° 41 ; RPC 2022, n° 25, obs. Roussel Galle.* ♦ L'art. L. 641-11-1, IV, n'excluant pas l'application de l'art. 15, I et II, de la L. n° 89-462 du 6 juill. 1989 en cas de liquidation judiciaire, il s'ensuit que, lorsque le bailleur est mis en liquidation judiciaire, le liquidateur qui entend céder de gré à gré et libre d'occupation le logement donné à bail est tenu de délivrer au locataire un congé pour vendre, en se conformant aux dispositions de l'art. 15 préc. • Même arrêt. ♦ Dans le même sens, à propos de l'art. 25-8 de la L. préc. du 6 juill. 1989 (résiliation du bail d'un logement meublé), V. • Com. 7 oct. 2020, n° 19-14.388 P : *ibid. ; LEDEN 11/2020. 5, obs. Rubellin ; APC 2020, n° 252, obs. Petit ; RPC 2022, n° 9, obs. Cerati.*

13. Pour une application de l'art. L. 641-11-1, IV, s'agissant de la résiliation d'un bail rural, V. • Nîmes, 26 sept. 2013 : *BJE 2014. 372, note Roussel.*

14. Opposabilité aux tiers. Si l'ordonnance du juge-commissaire constatant ou prononçant la résiliation d'un contrat en cours, en application de l'art. L. 641-11-1, est dépourvue de l'autorité de la chose jugée à l'égard des tiers, elle leur est cependant opposable en ce qu'elle constate ou prononce cette résiliation, de sorte que la résiliation du contrat de maintenance, prononcée contradictoirement, par l'ordonnance du juge-commissaire, entraîne, à la date de la résiliation, la caducité par voie de conséquence du contrat de location financière interdépendant. • Com. 11 sept. 2019, n° 18-11.401 P : *D. 2019. Chron. C. cass. 2210, obs. Barbot ; RTD civ. 2019. 863, obs. Barbier ; JCP E 2019. 1551, n° 14, obs. Tehrani ; APC 2019, n° 224, obs. Petit ; RJDA 2019, n° 700 ; BJE 11-12/2019. 19, note Lafaurie.*

15. Régime antérieur à l'Ord. du 18 déc. 2008. Sous le régime antérieur à l'Ord. du 18 déc. 2008, il était déjà admis que le prononcé de la liquidation judiciaire n'avait pas pour effet d'entraîner la résiliation des contrats en cours. • Com. 15 févr. 2005, n° 03-17.604 P : *D. 2005. AJ 641, obs. Lienhard ; Gaz. Pal. 4-5 nov. 2005, p. 24, obs. Dumont ; APC 2005, n° 56, obs. Vallansan ; JCP E 2005, n° 36, p. 1424, obs. Pétel* • 5 juill. 2005, n° 04-13.834 P : *D. 2005. AJ 2147, obs. Lienhard ; Gaz. Pal. 4-5 nov. 2005, p. 24, obs. Dumont.* ♦ Toutefois, le compte courant d'un débiteur mis en liquidation judiciaire était clôturé par l'effet de cette mesure. • Com. 14 mai 2002, n° 98-21.521 P : *APC 2002, n° 155, obs. Boulay.*

Art. L. 641-12 *(Ord. n° 2008-1345 du 18 déc. 2008, art. 105)* **Sans préjudice de l'application du I et du II de l'article L. 641-11-1, la résiliation du bail des immeubles** *(Ord. n° 2010-1512 du 9 déc. 2010, art. 5-4°)* **« utilisés pour » l'activité de l'entreprise intervient dans les conditions suivantes :**

1° Au jour où le bailleur est informé de la décision du liquidateur de ne pas continuer le bail ;

2° Lorsque le bailleur demande la résiliation judiciaire ou fait constater la résiliation de plein droit du bail pour des causes antérieures au jugement de liquidation judiciaire ou, lorsque ce dernier a été prononcé après une procédure de sauvegarde ou de redressement judiciaire, au jugement d'ouverture de la procédure qui l'a précédée. Il doit, s'il ne l'a déjà fait, introduire sa demande dans les trois mois de la publication du jugement de liquidation judiciaire ;

3° Le bailleur peut également demander la résiliation judiciaire ou faire constater la résiliation de plein droit du bail pour défaut de paiement des loyers et charges afférents à une occupation postérieure au jugement de liquidation judiciaire, dans les conditions prévues aux troisième à cinquième alinéas de l'article L. 622-14.

Le liquidateur peut céder le bail dans les conditions prévues au contrat conclu avec le bailleur avec tous les droits et obligations qui s'y rattachent. En ce cas, toute clause imposant au cédant des dispositions solidaires avec le cessionnaire est réputée non écrite.

Le privilège du bailleur est déterminé conformément aux trois premiers alinéas de l'article L. 622-16.

V. art. R. 641-21.

BIBL. ▸ KUNTZ et NURIT, *BJE 2012. 263.* – V. aussi Bibl. ss. art. L. 622-14.

COMMENTAIRE

L'ordonnance du 18 décembre 2008 a complètement réécrit et réorganisé l'article L. 641-12, qui se présente désormais comme une copie, adaptée à la liquidation judiciaire, de l'article L. 622-14 conçu pour la résiliation du bail des immeubles affectés à l'activité de l'entreprise en cas de sauvegarde ou de redressement judiciaire. Selon le Rapport au président de la République, « la généralité du régime prévu pour le bail en liquidation judiciaire est [...] réaffirmée, peu important que le maintien de l'activité ait ou non été autorisé ».

Tout comme à l'article L. 622-14, l'ordonnance du 9 décembre 2010 a substitué l'expression « utilisés pour » à l'expression « affectée à » afin d'éviter toute confusion avec la notion d'affectation au sens de la loi du 15 juin 2010 qui a introduit en droit français la technique du patrimoine d'affectation.

I. RÉSILIATION DU BAIL

A. RÉGIME DE LA LOI DU 26 JUILLET 2005

Dans un louable souci de clarification des dispositions issues de l'ancien article L. 622-13, dans sa rédaction antérieure 2005, source de bien des difficultés d'interprétation du fait du renvoi général que ce dernier opérait à l'ancien article L. 621-29 (V. P.-M. Le Corre, La résiliation du bail commercial après redressement ou liquidation judiciaire du preneur, *AJDI 2002. 186*), la loi du 26 juillet 2005 avait réécrit les dispositions relatives à la résiliation du bail en cas de liquidation judiciaire. Première précision utile (que l'ordonnance de 2008 a maintenue) : l'action du bailleur peut se fonder soit sur des causes antérieures au jugement de liquidation judiciaire, soit (ce que n'envisageait pas expressément le texte antérieur), lorsque la liquidation judiciaire survient après l'ouverture d'une sauvegarde ou d'un redressement judiciaire, sur des causes antérieures au jugement d'ouverture initial de la procédure, c'est-à-dire au jugement de sauvegarde ou de redressement judiciaire (mais donc pas, à la lettre, sur les causes postérieures à ce dernier et antérieures au jugement de conversion). Tout comme la Cour de cassation l'avait jugé auparavant, il convient vraisemblablement de considérer que les causes antérieures ne pourraient concerner que des obligations autres que le paiement d'une somme d'argent (Com. 28 mai 2002 : *cité note 2* ; P.-M. Le Corre, Les baux commerciaux et la réforme des procédures collectives, *AJDI 2006. 175* , *spéc. 179*). Encore un doute existe-t-il sur ce point, dès lors que peuvent être invoquées, selon le texte, des causes de résolution antérieures au jugement d'ouverture de la procédure de sauvegarde ou de redressement judiciaire, et que, s'il ne s'agissait pas de causes fondées sur le non-paiement des loyers et charges afférents à une occupation antérieure à ce jugement, la précision serait superflue puisque, de toute façon, pour ces autres causes que le « défaut de paiement d'une somme d'argent », les actions ne sont pas interdites par l'art. L. 622-21 (V. B. Saintourens, Le régime du bail commercial après la réforme des procédures collectives, *Loyers et copr. 2005. Étude 11, n° 18* ; V. aussi F. Auque, Le nouveau droit des entreprises en difficulté : le cas particulier du bailleur, *RPC 2006. 341*).

Le délai de trois mois imparti au bailleur pour introduire sa demande court désormais, qu'il s'agisse d'une liquidation judiciaire immédiate ou sur conversion d'un redressement, non plus du jugement de liquidation judiciaire, mais de la publication de celui-ci. Ce qui est conforme au rôle général conférée à la publicité au *BODACC* et favorable au bailleur, puisque se trouve ainsi prolongée la période au-delà de laquelle le bail est « purgé » de tout risque de résiliation pour causes antérieures.

Deuxième précision utile : le texte pose explicitement le droit, pour le bailleur, de demander la résiliation judiciaire (ou de faire constater la résiliation de plein droit) du bail pour défaut de paiement des loyers et charges afférents à une occupation postérieure au jugement de liquidation judiciaire. Dans ce cas, s'appliquent par voie de renvoi les alinéas 3 à 5 de l'article L. 622-14. L'action du bailleur est donc, notamment, paralysée pendant une période de trois mois, courant, quant à elle, non de la date de publication mais de la date de prononcé du jugement de liquidation judiciaire, ce qui introduit, quant au point de départ des deux délais de trois mois prévus par le même article L. 641-12, une nuance subtile, difficilement compréhensible (pour les autres conditions, V. ss. art. L. 622-14). De manière plus fondamentale, le résultat voulu (ou produit) par ce renvoi est sujet à critique, dans le cas d'une liquidation judiciaire dans laquelle l'objectif de sauvetage de l'entreprise n'existe plus, sauf à justifier le maintien du bail par le souci de ne pas empêcher sa cession dans le cadre des opérations de liquidation (V. B. Saintourens, Le régime du bail commercial après la réforme des procédures collectives, *préc. n° 19*).

Quant au 3° de l'article L. 641-12, relatif au « défaut de paiement des loyers et charges afférents à une occupation postérieure au jugement de liquidation judiciaire », pour lequel le texte renvoie à l'article L. 622-14, la Cour de cassation a dû intervenir pour préciser le point de départ du délai d'attente de trois mois avant que le bailleur puisse demander la résiliation judiciaire ou faire constater la résiliation de plein droit, l'hésitation étant permise entre le « jugement de liquidation judiciaire » et le « jugement d'ouverture ».

La réponse de la Cour de cassation est très claire : le point de départ se situe à la date du jugement d'ouverture de la sauvegarde ou du redressement judiciaire en cas de conversion de la procédure en liquidation judiciaire (Com. 19 févr. 2013 : *cité note 4*). La solution est d'évidence justifiée par le souci de ne pas paralyser à l'excès le droit d'agir du bailleur en lui imposant successivement deux délais de trois mois.

B. RÉGIME DE L'ORDONNANCE DE 2008

L'ordonnance du 18 décembre 2008 a surtout réécrit, réorganisé, l'article L. 641-12, afin de le calquer, autant que possible, sur l'article L. 622-14, sans apporter de modification notable sur le fond.

Notons seulement le 1°, qui dispose que la résiliation du bail intervient « au jour où le bailleur est informé de la décision du liquidateur de ne pas continuer le bail ». Ce texte reformule, plus clairement, le cas qui était auparavant ainsi prévu : « si le liquidateur ou l'administrateur décide de ne pas continuer le bail, celui-ci est résilié sur sa simple demande. La résiliation prend effet au jour de cette demande ».

II. CESSION DU BAIL

L'article L. 641-12, dans sa rédaction issue de la loi du 26 juillet 2005, a rendu expressément applicables, en cas de liquidation judiciaire, les dispositions qui prévoient que, en cas de cession de bail, les clauses imposant au cédant des dispositions solidaires avec le cessionnaire sont réputées non écrites. L'ordonnance de 2008 reconduit cette règle, mais, directement, en l'inscrivant dans le texte de l'article L. 641-12 sans renvoi à l'article L. 622-15.

Comme l'exposent les motifs de l'amendement de la commission des lois de l'Assemblée nationale à l'origine de cette extension, en 2005, la mesure se justifie que le débiteur soit une personne physique ou une personne morale. Si le débiteur est une personne morale, il disparaît du fait du prononcé de la liquidation judiciaire et ne peut donc pas se substituer au cessionnaire défaillant. S'il s'agit d'une personne physique, accorder la possibilité au bailleur de se retourner contre elle, éventuellement plusieurs années après la clôture de la procédure, serait contradictoire avec le principe de non-reprise des poursuites individuelles.

Bien évidemment, cette restriction ne fait nullement obstacle au jeu d'une clause de solidarité entre le cessionnaire du fonds et le preneur (Com. 27 sept. 2011 : *cité note 8*). De même, la Cour de cassation a-t-elle précisé que cette règle protectrice ne profite qu'au preneur en liquidation judiciaire, de sorte qu'une telle clause retrouve son plein effet au profit du bailleur en cas de nouvelle cession du bail selon les modalités de droit commun (Com. 15 nov. 2017 : *cité note 8*). ❑

1. Application aux seuls baux. Le contrat de concession d'un emplacement du domaine public ne peut constituer un bail au sens de l'art. L. 641-12 C. com. • CE 8 déc. 2017, n° 390906 : *APC 2018, n° 22, obs. Petit.*

2. Causes antérieures au jugement de liquidation. L'art. L. 622-13 [L. 641-12] C. com. ne dérogeant pas à l'art. L. 621-40 [L. 622-21], les causes antérieures au jugement de liquidation judiciaire mentionnées au premier de ces textes ne peuvent concerner que des obligations autres que le paiement d'une somme d'argent. • Com. 28 mai 2002, n° 98-14.259 P : *D. 2002. AJ 1980, obs. Lienhard ; RPC 2002. 181, obs. Macorig-Venier ; AJDI 2002. 686, obs. Le Corre ; Loyers et copr. 2002, n° 231, obs. Brault et Pereira-Osouf ; JCP E 2003, n° 5, p. 220, obs. Pétel* • 30 mars 2005 : *RPC 2005. 214, obs. Macorig-Venier.*

3. Défaut de paiement des loyers postérieurs à la liquidation. Le jugement ordonnant la vente du fonds de commerce, qui n'a pas eu d'effet translatif de la propriété de ce fonds, ne peut pas avoir pour effet de priver les bailleurs de leur droit de poursuivre la résiliation du bail pour défaut de paiement des loyers échus après l'ouverture de la procédure. • Com. 21 févr. 2012, n° 11-11.512 P : *D. 2012. Actu. 607, obs. Lienhard ; JCP E 2012. 1227, n° 10, obs. Pétel ; ibid. 1252, note Brault ; LEDEN 4/2012. 4, obs. Dumont-Lefrand ; APC 2012, n° 99, obs. Vallansan ; Gaz. Pal. 27-28 avr. 2012, p. 20, obs. Kendérian ; BJE 2012. 155, note Benilsi ; RPC 2012, n° 131, obs. Roussel Galle.*

4. Le point de départ du délai de trois mois prévu à l'art. L. 641-12, 3°, C. com. est soit la date du jugement d'ouverture de la liquidation judiciaire lorsque celle-ci est prononcée immédiatement, soit celle du jugement d'ouverture de sauvegarde ou de redressement judiciaire en cas de conversion de la procédure en liquidation judiciaire. • Com. 19 févr. 2013, n° 12-13.662 P : *D. 2013. Actu. 566, obs. Lienhard ; RTD com. 2013. 594, obs. Vallens ; JCP E 2013. 1216, n° 9, obs. Pétel ; ibid. 1276, note Cerati-Gauthier ; DP diff. entr., Bull. n° 346, obs. Roussel Galle ; APC 2013, n° 64, obs. Vallansan ; LEDEN 4/2013. 3, obs. Borga ; Gaz. Pal. 1er-4 mai 2013, p. 19, obs. Kendérian ; BJE 2013. 147, note Le Mesle ; RJDA 2013, n° 542 ; Dr. et patr. 9/2013. 51, obs. Monsèrié-Bon ; JCP N 2014. 1130, obs. Garçon.* ♦ Lorsque la liquidation judiciaire est ouverte sur résolution du plan, le point de départ du délai de trois mois est la date du jugement prononçant la résolution du plan et ouvrant la liquidation judiciaire. • Com. 18 janv. 2023, n° 21-15.576 B : *D. 2023. Chron. C. cass. 1433, obs. Barbot ; JCP E 2023. 1101, note Cerati ; APC 2023, n° 47, obs. Lafaurie ; RJDA 2023, n° 211 ; BJE 7-8/2023. 20, note Dumont.*

5. L'action en résiliation du bail pour défaut de paiement des loyers et charges afférents à une occupation postérieure au jugement de liquidation judiciaire doit être introduite par voie de requête déposée après l'expiration du délai de trois mois courant à compter du jugement d'ouverture. • Com. 18 janv. 2023, n° 21-15.576 B : *préc. note 4.* ♦ Pour apprécier si le bailleur qui agit en résiliation du bail a respecté le délai de trois mois prévu par l'art. L. 622-14, 2°, auquel renvoie l'art. L. 631-12, 3°, le juge doit se placer non à la date à laquelle il statue, mais à la date à laquelle le bailleur l'a saisi de la demande de résiliation, soit à la date de sa requête. • Même arrêt.

6. Dispense de commandement de payer. Lorsque le juge-commissaire est saisi, sur le fondement de l'art. L. 641-12, 3°, d'une demande de constat de la résiliation de plein droit du bail d'un immeuble utilisé pour l'activité de l'entreprise, en raison d'un défaut de paiement des loyers et charges afférents à une occupation postérieure au jugement de liquidation judiciaire du preneur, cette procédure, qui obéit à des conditions spécifiques, est distincte de celle qui tend, en application de l'art. L. 145-41 C. com., à faire constater l'acquisition de la clause résolutoire stipulée au contrat de bail. • Com. 9 oct. 2019, n° 18-17.563 P : *D. 2019. Actu. 1933, obs. Lienhard ; ibid. Chron. C. cass. 2208, obs. Barbot ; D. 2020. Pan. 1550, obs. Dumont ; Rev. sociétés 2019. 784, obs. Reille ; AJ contrat 2020. 45, obs. Tirel ; JCP E 2019. 1532, note Cerati-Gauthier ; LEDEN 11/2019. 3, obs. Rubellin ; APC 2019, n° 258, obs. Kendérian ; RLDA déc. 2019. 33, obs. Vallens ; RJDA 2020, n° 27 ; BJE 1-2/2020. 28, note Monsèrié-Bon et Ghozi ; RJ com. 2020. 265, obs. Théron ; RPC 2022, n° 24, obs. Roussel Galle.*

7. Cession du droit au bail. Il résulte de la combinaison des art. L. 622-13 [L. 641-12] et L. 622-18 [L. 642-19] C. com. qu'en cas de cession du droit au bail d'un immeuble affecté à l'activité de l'entreprise dont un débiteur en liquidation judiciaire est titulaire, dans les conditions prévues au contrat conclu avec le bailleur, le liquidateur doit obtenir l'autorisation préalable du juge-commissaire suivant les modalités prévues par le second de ces textes. • Com. 9 mai 2007, n° 06-10.064 P : *D. 2007. AJ 1508, obs. Lienhard ; APC 2007, n° 119, obs. Vallansan ; JCP E 2007. 2119, n° 5, obs. Pétel.*

8. Il résulte de la combinaison des art. L. 641-12 et L. 642-19 C. com., dans leur rédaction antérieure à l'Ord. du 18 déc. 2008, et 1134 [1103] C. civ., qu'en cas de liquidation judiciaire, la cession du droit au bail se fait aux conditions prévues par le contrat à la date du jugement d'ouverture, à l'exception de la clause imposant au cédant des obligations solidaires avec le cessionnaire. • Com. 27 sept. 2011, n° 10-23.539 P : *D. 2011. Actu. 2399, obs. Lienhard ; JCP E 2011. 1795, note P.-H. Brault ; LEDEN 10/2011. 4, obs. Rubellin ; BJE 2012. 14, note Camensuli-Feuillard ; Gaz. Pal. 20-21 janv. 2012, p. 19, obs. Kendérian ; RJDA 2012, n° 186.* ♦ Ainsi, le bailleur est autorisé à se prévaloir de la clause des baux annexés à l'acte de cession du fonds de commerce prévoyant que « le cessionnaire sera dans tous les cas, du seul fait de la cession, garant du paiement par le preneur de la totalité des sommes dues au titre du présent bail par ledit preneur à la date de la cession », peu important que ces stipulations contractuelles n'aient pas été reproduites dans l'ordonnance du juge-commissaire autorisant la cession. • Même arrêt. ♦ V., pour l'extension de cette solution à la cession de bail incluse dans un plan de cession, • Versailles, 12 mars 2015, n° 14/02599 : *Gaz. Pal. 1er-5 mai 2015, p. 23, obs. Kendérian ; LEDEN 6/2015. 1, obs. F.-X. Lucas.* ♦ V., désormais, art. L. 642-7, dans sa rédaction issue de la L. n° 2019-486 du 22 mai 2019. ♦ Le bailleur est fondé à se prévaloir de la clause du bail prévoyant l'agrément du cessionnaire par le bailleur. • Com. 19 avr. 2023, n° 21-20.655 B : *D. 2023. Chron. C. cass. 1435, obs. Barbot ; ibid. Pan. 1725, obs. F.-X. Lucas ; Rev. sociétés 2023. 397, obs. Reille ;*

JCP E 2023. 1306, n° 11, obs. Tehrani ; APC 2023, n° 113, obs. Lafaurie ; BJE 7-8/2023. 14, note André ; RJDA 2023, n° 447 ; Gaz. Pal. 19 sept. 2023, p. 52, obs. Kendérian ; RPC 2024, n° 20, obs. Reille. ♦ Sur la possibilité, pour le bailleur, de subordonner son agrément à la condition que le nouveau locataire exerce l'activité complète prévue contractuellement, • Paris, 14 févr. 1997 : *Gaz. Pal. 1998. 1. Somm. 166, obs. Brault.* ♦ Si l'art. L. 641-12, al. 2, C. com. répute non écrite toute clause imposant au cédant des dispositions solidaires avec le cessionnaire, cette règle ne profite qu'au preneur en liquidation judiciaire, de sorte qu'une telle clause retrouve son plein effet au profit du bailleur en cas de nouvelle cession du bail selon les modalités de droit commun. • Com. 15 nov. 2017, n° 16-19.131 P : *D. 2017. Actu. 2365 ; DP diff. entr., Bull. n° 398, obs. Rémery ; JCP E 2018. 1035, note Cerati-Gauthier ; ibid. 1159, n° 18, obs. Pétel ; LEDEN 1/2018. 5, obs. Andreu ; Gaz. Pal. 16 janv. 2018, p. 64, obs. Kendérian ; APC 2018, n° 4, obs. Thiberge ; RJDA 2018, n° 158 ; RPC 2018, n° 65, obs. Roussel Galle.*

9. Déclaration de créance. V. note 1 ss. art. R. 622-24.

10. Responsabilité du liquidateur. La cour d'appel qui a retenu la responsabilité du liquidateur judiciaire pour avoir choisi de ne pas résilier le bail et tenté de vendre un fonds de commerce quasi inexistant au détriment du bailleur, qui ne pouvait pas récupérer son bien, sans rechercher, ainsi qu'elle y était invitée, si le bailleur avait mis le liquidateur en demeure de payer les loyers échus pendant la liquidation, et s'il avait demandé la résiliation judiciaire ou fait constater la résiliation de plein droit du bail comme l'y autorise l'art. L. 641-12, 3°, C. com., a privé sa décision de base légale au regard des art. L. 641-12 préc. et 1382, devenu 1240, C. civ. • Com. 5 févr. 2020, n° 18-21.529 P : *cité ss. art. L. 627-2.*

Ancien art. L. 641-12 ***La liquidation judiciaire n'entraîne pas de plein droit la résiliation du bail des immeubles affectés à l'activité de l'entreprise.***

Le liquidateur ou l'administrateur peut continuer le bail ou le céder dans les conditions prévues au contrat conclu avec le bailleur avec tous les droits et obligations qui s'y rattachent. *(L. n° 2005-845 du 26 juill. 2005, art. 107)* ***« En cas de cession du bail, les dispositions de l'article L. 622-15 sont applicables. »***

Si le liquidateur ou l'administrateur décide de ne pas continuer le bail, celui-ci est résilié sur sa simple demande. La résiliation prend effet au jour de cette demande.

(L. n° 2005-845 du 26 juill. 2005, art. 107) ***« Le bailleur peut demander la résiliation judiciaire ou faire constater la résiliation de plein droit du bail pour des causes antérieures au jugement de liquidation judiciaire ou, lorsque ce dernier a été prononcé après une procédure de sauvegarde ou de redressement judiciaire, au jugement d'ouverture de la procédure qui l'a précédé. Il doit, s'il ne l'a déjà fait, introduire sa demande dans les trois mois de la publication du jugement de liquidation judiciaire.***

« Le bailleur peut également demander la résiliation judiciaire ou faire constater la résiliation de plein droit du bail pour défaut de paiement des loyers et charges afférents à une occupation postérieure au jugement de liquidation judiciaire, dans les conditions prévues aux troisième à cinquième alinéas de l'article L. 622-14. »

Le privilège du bailleur est déterminé conformément aux trois premiers alinéas de l'article L. 622-16. – *[C. com., anc. art. L. 622-13.]*

BIBL. ► Le Corre, *AJDI 2006. 175 .* – Auque, *RPC 2006. 341.* – Fradin et Martin, *Procédures 2007. Étude 7* (mise en demeure d'opter sur le sort du bail).

Art. L. 641-12-1 *(Ord. n° 2008-1345 du 18 déc. 2008, art. 106)* **Si le débiteur est constituant et seul bénéficiaire d'un contrat de fiducie, l'ouverture ou le prononcé d'une liquidation judiciaire à son égard entraîne la résiliation de plein droit de ce contrat et le retour dans son patrimoine des droits, biens ou sûretés présents dans le patrimoine fiduciaire.**

COMMENTAIRE

L'article L. 641-12-1 fait partie des diverses dispositions ajoutées par l'ordonnance du 18 décembre 2008 afin d'articuler harmonieusement, selon les finalités de chaque procédure, les intérêts *a priori* antagonistes du créancier garanti par une fiducie-sûreté et de l'entreprise, qu'il s'agisse de sa sauvegarde ou de l'apurement du passif.

Ce texte concerne l'hypothèse particulière du débiteur, à la fois constituant et seul bénéficiaire d'un contrat de fiducie. Cette figure de « fiducie à soi-même », bien sûr difficile à concevoir s'agissant de fiducie-sûreté, est, en revanche, parfaitement imaginable s'agissant de fiducie-gestion. Dans ce cas, il paraît logique, afin de parer à toute tentative de fraude, d'organisation de sa propre insolvabilité par le débiteur, de prévoir que l'ouverture ou le prononcé d'une liquidation judiciaire à son égard entraîne la résiliation de plein droit de ce contrat et le retour des droits, biens ou sûretés présents dans le patrimoine fiduciaire (en ce sens, toutefois, que, plutôt que cette automaticité, postulant une présomption irréfragable de fraude, il eût mieux valu ouvrir au liquidateur une option entre la résiliation de la fiducie et son maintien, quitte à en accélérer le dénouement, V. F. Pérochon, A propos de la réforme de la liquidation judiciaire par l'ordonnance du 18 décembre 2008, *Gaz. Pal. 8-10 mars 2009, p. 3, n° 41*). ❑

Art. L. 641-13 I. – *(Ord. n° 2014-326 du 12 mars 2014, art. 68-1°, en vigueur le 1er juill. 2014)* **« Sont payées à leur échéance les créances nées régulièrement après le jugement qui ouvre ou prononce la liquidation judiciaire :**

« – si elles sont nées pour les besoins du déroulement de la procédure ou du maintien provisoire de l'activité autorisé en application de l'article L. 641-10 ;

« – si elles sont nées en contrepartie d'une prestation fournie au débiteur pendant le maintien de l'activité ou en exécution d'un contrat en cours *(L. n° 2016-1547 du 18 nov. 2016, art. 99-VI-1°)* **« régulièrement décidée après le jugement d'ouverture de la procédure de sauvegarde ou de redressement judiciaire, s'il y a lieu, et après le jugement d'ouverture de la procédure de liquidation judiciaire » ; »** *– Sur les dispositions transitoires de la L. n° 2016-1547 du 18 nov. 2016, V. note ss. art. L. 641-1.*

(L. n° 2023-973 du 23 oct. 2023, art. 14-II) **« – si elles sont nées pour assurer la mise en sécurité des installations classées pour la protection de l'environnement en application des articles L. 512-6-1, L. 512-7-6 ou L. 512-12-1 du code de l'environnement ; »** *– Sur les dispositions transitoires de la L. n° 2023-973 du 23 oct. 2023, V. 3e note ss. art. L. 643-8.*

(Ord. n° 2014-326 du 12 mars 2014, art. 68-1°, en vigueur le 1er juill. 2014) **« – ou si elles sont nées des besoins de la vie courante du débiteur, personne physique. »**

(Ord. n° 2008-1345 du 18 déc. 2008, art. 107) **« En cas de prononcé de la liquidation judiciaire, sont également payées à leur échéance, les créances nées régulièrement après le jugement d'ouverture de la procédure de sauvegarde ou de redressement judiciaire mentionnées au I de l'article L. 622-17. »**

(Ord. n° 2021-1193 du 15 sept. 2021, art. 54, en vigueur le 1er oct. 2021) **« II. – Lorsqu'elles ne sont pas payées à l'échéance, ces créances sont payées par privilège conformément à l'ordre prévu par l'article L. 643-8. »**

(Abrogé par Ord. n° 2021-1193 du 15 sept. 2021, art. 54, à compter du 1er oct. 2021) « (L. n° 2005-845 du 26 juill. 2005, art. 108) ***« III. – Leur paiement se fait dans l'ordre suivant :***

« 1° Les créances de salaires dont le montant n'a pas été avancé en application des articles L. 143-11-1 à L. 143-11-3 *[L. 3253-6 et L. 3253-8 à L. 3253-13]* ***du code du travail ;***

« (Ord. n° 2008-1345 du 18 déc. 2008, art. 107) ***« 2° » Les prêts consentis ainsi que les créances résultant de la poursuite d'exécution des contrats en cours conformément aux dispositions de l'article L. 622-13 du présent code et dont le cocontractant accepte de recevoir un paiement différé ; ces prêts et délais de paiement sont autorisés par le juge-commissaire dans la limite nécessaire à la poursuite de l'activité et font l'objet d'une publicité. En cas de résiliation d'un contrat régulièrement poursuivi, les indemnités et pénalités sont exclues du bénéfice du présent article ;*** *– V. art. R. 641-22.*

« (Ord. n° 2008-1345 du 18 déc. 2008, art. 107) ***« 3° » Les sommes dont le montant a été avancé en application du 3° de l'article L. 143-11-1*** *[L. 3253-8, 4°]* ***du code du travail ;***

« (Ord. n° 2008-1345 du 18 déc. 2008, art. 107) ***« 4° » Les autres créances, selon leur rang. » »***

(Ord. n° 2021-1193 du 15 sept. 2021, art. 54, en vigueur le 1er oct. 2021) **« III. – A l'exception des frais et dépens de la procédure, »** *(L. n° 2005-845 du 26 juill. 2005, art. 108)* **« les créances impayées perdent le privilège que leur confère le** *(Ord. n° 2008-1345 du 18 déc. 2008, art. 107)* **« II du » présent article si elles n'ont pas été portées à la connaissance du mandataire judiciaire, de l'administrateur lorsqu'il en est désigné ou du liquidateur,** *(Ord. n° 2008-1345 du 18 déc. 2008, art. 107)* **« au plus tard » dans le délai de six mois à compter de la publication du jugement ouvrant ou prononçant la liquidation ou, à défaut, dans le délai d'un an à compter de celle du jugement arrêtant le plan de cession. »** *(Ord. n° 2014-326 du 12 mars 2014, art. 68-3°, en vigueur le 1er juill. 2014)* **« Lorsque cette information porte sur une créance déclarée pour le**

compte du créancier en application de l'article L. 622-24, elle rend caduque cette déclaration si le juge n'a pas statué sur l'admission de la créance. »

Pour les dispositions transitoires de l'Ord. n° 2021-1193 du 15 sept. 2021, V. note ss. art. L. 611-2.

V. art. R. 641-39.

BIBL. ▸ V. ss. art. L. 622-17. ▸ Sur la L. du 23 oct. 2023 (industrie verte) : Voinot, *APC 2024, n° 78.*

COMMENTAIRE

L'article L. 641-13, issu de la loi du 26 juillet 2005, a repris, pour ce qui concerne la liquidation judiciaire, les dispositions de l'ancien article L. 621-32 relatives aux créances de la procédure. Ce texte, modifié par l'ordonnance du 18 décembre 2008, puis par celle du 12 mars 2014, puis encore par la loi du 18 novembre 2016, doit donc se lire comme le pendant de l'article L. 622-17 applicable aux procédures de sauvegarde et de redressement judiciaire (V. comm. ss. cet art.).

Les modifications opérées par l'ordonnance du 15 septembre 2021 sont plus substantielles, sur le fond et dans la forme surtout.

D'une part, le classement des créanciers en liquidation judiciaire est désormais traité par l'article L. 643-8, auquel le II de l'article L. 641-13 renvoie.

D'autre part, sont soustraits à la sanction de la déchéance faute d'information des organes de la procédure les frais et dépens de la procédure, pour les procédures ouvertes à compter du 1er octobre 2021. ❑

1. Créance de taxe foncière. La taxe foncière ne constitue pas une créance née des besoins de la vie courante du débiteur, personne physique, au sens de l'art. L. 641-13, I. • Com. 24 mai 2023, n° 21-16.004 B : *D. 2023. Pan. 1724, obs. F.-X. Lucas ; Rev. sociétés 2023. 543, obs. Reille ; RTD com. 2023. 738, obs. Martin-Serf ; JCP E 2023. 1215, note Cerati ; APC 2023, n° 151, obs. Lafaurie ; RPC 2023, n° 73, obs. Favario ; BJE 9-10/2023. 45, note Dedeurwaerder ; RJDA 2023, n° 669.* ♦ V. aussi note 5 ss. anc. art. L. 641-13 (réd. issue de L. n° 2005-845 du 26 juill. 2005).

2. Créance d'indemnité d'occupation. La créance d'indemnité d'occupation due par le locataire, personne physique, après la résiliation du bail portant sur son habitation personnelle jusqu'à la libération des lieux, est la contrepartie de l'occupation de ce logement ; dès lors, cette créance, postérieure à l'ouverture de la liquidation judiciaire, est née des besoins de la vie courante du débiteur et doit être payée à l'échéance. • Civ. 3e, 8 févr. 2024, n° 22-11.120 : *RJDA 2024, n° 294.*

Ancien art. L. 641-13 (II) *[réd. issue de Ord. n° 2014-326 du 12 mars 2014] (L. n° 2005-845 du 26 juill. 2005, art. 108)* ***« II. — (****Ord. n° 2008-1345 du 18 déc. 2008, art. 107****) « Lorsqu'elles ne sont pas payées à l'échéance, ces créances » sont payées par privilège avant toutes les autres créances*** *(Ord. n° 2014-326 du 12 mars 2014, art. 68-2°, en vigueur le 1er juill. 2014)* ***« , sans préjudice des droits de rétention opposables à la procédure collective, » à l'exception de celles qui sont garanties par le privilège établi aux articles L. 143-10*** *[L. 3253-2 et L. 3253-3]*, ***L. 143-11*** *[L. 3253-4]*, ***L. 742-6 et L. 751-15*** *[L. 7313-8]* ***du code du travail,*** *(Ord. n° 2008-1345 du 18 déc. 2008, art. 107)* ***« des frais de justice nés régulièrement après le jugement d'ouverture pour les besoins du déroulement de la procédure », de celles qui sont garanties par le privilège établi par l'article L. 611-11 du présent code et de celles qui sont garanties par des sûretés immobilières*** *(Abrogé par Ord. n° 2014-326 du 12 mars 2014, art. 68-2°, à compter du 1er juill. 2014)* ***« ou par des sûretés mobilières spéciales assorties d'un droit de rétention ou constituées en application du chapitre V du titre II du livre V ».***

Ancien art. L. 641-13 *(Ord. n° 2008-1345 du 18 déc. 2008, art. 107)* ***« I. — Sont payées à leur échéance les créances nées régulièrement après le jugement qui ouvre ou prononce la liquidation judiciaire pour les besoins du déroulement de la procédure ou du maintien provisoire de l'activité autorisé en application de l'article L. 641-10 ou en contrepartie d'une prestation fournie au débiteur pendant ce maintien de l'activité.*** *— V. art. R. 641-39.*

« En cas de prononcé de la liquidation judiciaire, sont également payées à leur échéance, les créances nées régulièrement après le jugement d'ouverture de la procédure de sauvegarde ou de redressement judiciaire mentionnées au I de l'article L. 622-17. »

(L. n° 2005-845 du 26 juill. 2005, art. 108) *« II. –* (Ord. n° 2008-1345 du 18 déc. 2008, art. 107) *« Lorsqu'elles ne sont pas payées à l'échéance, ces créances » sont payées par privilège avant toutes les autres créances à l'exception de celles qui sont garanties par le privilège établi aux articles* **L. 143-10** [L. 3253-2 et L. 3253-3], **L. 143-11** [L. 3253-4], **L. 742-6** *et* **L. 751-15** [L. 7313-8] *du code du travail,* (Ord. n° 2008-1345 du 18 déc. 2008, art. 107) *« des frais de justice nés régulièrement après le jugement d'ouverture pour les besoins du déroulement de la procédure », de celles qui sont garanties par le privilège établi par l'article* **L. 611-11** *du présent code et de celles qui sont garanties par des sûretés immobilières ou par des sûretés mobilières spéciales assorties d'un droit de rétention ou constituées en application du chapitre V du titre II du livre V.*

« III. – Leur paiement se fait dans l'ordre suivant :

« 1° Les créances de salaires dont le montant n'a pas été avancé en application des articles **L. 143-11-1** *à* **L. 143-11-3** [L. 3253-6 et L. 3253-8 à L. 3253-13] *du code du travail ;*

(Abrogé par Ord. n° 2008-1345 du 18 déc. 2008, art. 107) *« 2° Les frais de justice ; »*

(Ord. n° 2008-1345 du 18 déc. 2008, art. 107) *« 2° » Les prêts consentis ainsi que les créances résultant de la poursuite d'exécution des contrats en cours conformément aux dispositions de l'article* **L. 622-13** *du présent code et dont le cocontractant accepte de recevoir un paiement différé ; ces prêts et délais de paiement sont autorisés par le juge-commissaire dans la limite nécessaire à la poursuite de l'activité et font l'objet d'une publicité. En cas de résiliation d'un contrat régulièrement poursuivi, les indemnités et pénalités sont exclues du bénéfice du présent article ;* — V. art. R. 641-22.

(Ord. n° 2008-1345 du 18 déc. 2008, art. 107) *« 3° » Les sommes dont le montant a été avancé en application du 3° de l'article* **L. 143-11-1** [L. 3253-8, 4°] *du code du travail ;*

(Ord. n° 2008-1345 du 18 déc. 2008, art. 107) *« 4° » Les autres créances, selon leur rang.*

« IV. – Les créances impayées perdent le privilège que leur confère le (Ord. n° 2008-1345 du 18 déc. 2008, art. 107) *« II du » présent article si elles n'ont pas été portées à la connaissance du mandataire judiciaire, de l'administrateur lorsqu'il en est désigné ou du liquidateur,* (Ord. n° 2008-1345 du 18 déc. 2008, art. 107) *« au plus tard » dans le délai de six mois à compter de la publication du jugement ouvrant ou prononçant la liquidation ou, à défaut, dans le délai d'un an à compter de celle du jugement arrêtant le plan de cession. »*

1. Créance de la procédure. La créance de loyer d'habitation du débiteur, échue postérieurement au jugement d'ouverture de la liquidation judiciaire de ce dernier, n'est pas une créance née pour les besoins du déroulement de la procédure. • Com. 12 mars 2013, n° 11-24.365 P : *D. 2013. Actu. 702, obs. Lienhard ; ibid. Pan. 2374, obs. Le Corre ; RTD com. 2013. 349, obs. Martin-Serf ; JCP E 2013. 1341, note Lebel ; APC 2013, n° 74, obs. Fin-Langer ; LEDEN 4/2013. 2, obs. Favario ; RJDA 2013, n° 535 ; JCP E 2013. 1434, n° 12, obs. Pétel ; RJ com. 2013. 251, note Sortais ; Gaz. Pal. 12-13 juill. 2013, p. 15, obs. Henry ; Dr. et patr. 9/2013. 53, obs. Saint-Alary-Houin ; BJE 2013. 285, note Le Mesle.* ♦ Comp. désormais : art. L. 641-13, I, dans sa réd. issue de l'Ord. n° 2014-326 du 12 mars 2014, qui prévoit le paiement à l'échéance des créances postérieures qui sont nées pour les besoins de la vie courante du débiteur personne physique.

2. La créance de charges de copropriété, née postérieurement au jugement d'ouverture de la liquidation judiciaire d'une société civile immobilière et afférente aux lots dont celle-ci est restée propriétaire, ne constitue pas une créance inhérente à la liquidation judiciaire qui serait née pour assurer son bon déroulement et aucun paiement à l'échéance ne saurait donc être exigé par le syndicat des copropriétaires en application de l'art. L. 641-13. • Com. 14 nov. 2019, n° 18-17.912 : *D. 2020. Pan. 1926, obs. Gijsbers ; RTD com. 2020. 709, obs. Martin-Serf ; RPC 2020, n° 153, obs. Saint-Alary-Houin.*

3. A supposer que la créance résultant de l'obligation du preneur de prendre en charge les frais de dépollution du site soit née de la cessation définitive de l'exploitation, postérieure à la liquidation judiciaire, cette créance n'est pas née pour les besoins du déroulement de la procédure. • Com. 5 févr. 2020, n° 18-23.961 P : *D. 2020. Pan. 1865, obs. F.-X. Lucas ; Rev. sociétés 2020. 191, obs. Henry ; RTD com. 2020. 470, obs. Martin-Serf ; JCP E 2020. 1204, n° 5, obs. Tehrani ; LEDEN 3/2020. 6, obs. Cavelier ; BJE 3-4/2020. 43, note Voinot ; RJDA 2020, n° 277 ; RPC 2020. Étude 13, obs. Rolland ; RJ com. 2020. 487, obs. Théron.*

4. En revanche, l'indemnité transactionnelle versée au bailleur en contrepartie de sa renonciation à la procédure de résiliation judiciaire engagée, qui a permis de faciliter la cession des actifs par le liquidateur, est née pour les besoins du déroulement de la procédure de liquidation judiciaire. • Com. 23 mars 2022, n° 20-22.284 : *RTD com. 2022. 650, obs. Martin-Serf ; LEDEN 4/2022. 4, obs. Rubellin ; Gaz. Pal. 19 avr. 2022, p. 57, obs. Vallens ; APC 2022, n° 105, obs. Lafaurie ; RJDA 2022, n° 350 ; BJE 7-8/2022. 19, note Houin-Bressand.*

5. Compensation légale. V. note 35 ss. art. L. 622-7.

Ancien art. L. 641-13 (I et II) *[réd. issue de L. n° 2005-845 du 26 juill. 2005]* ***I. — Les créances nées régulièrement après le jugement qui ouvre ou prononce la liquidation judiciaire ou, dans ce dernier cas, après le jugement d'ouverture de la procédure de sauvegarde ou de redressement judiciaire qui l'a précédée, pour les besoins du déroulement de la procédure, pour les besoins, le cas échéant, de la période d'observation antérieure, ou en raison d'une prestation fournie au débiteur, pour son activité professionnelle postérieure à l'un de ces jugements, sont payées à leur échéance.***

II. — Si elles ne sont pas payées à l'échéance, elles sont payées par privilège avant toutes les autres créances à l'exception de celles qui sont garanties par le privilège établi aux articles L. 143-10 *[L. 3253-2 et L. 3253-3]*, ***L. 143-11*** *[L. 3253-4]*, ***L. 742-6 et L. 751-15*** *[L. 7313-8]* ***du code du travail, de celles qui sont garanties par le privilège des frais de justice, de celles qui sont garanties par le privilège établi par l'article L. 611-11 du présent code et de celles qui sont garanties par des sûretés immobilières ou par des sûretés mobilières spéciales assorties d'un droit de rétention ou constituées en application du chapitre V du titre II du livre V.***

1. Créances indemnitaires résultant d'un licenciement. Relèvent notamment du privilège institué par l'art. L. 641-13-I, dans sa rédaction en vigueur au jour du licenciement, les créances nées régulièrement après le jugement qui ouvre ou prononce la liquidation judiciaire, pour les besoins du déroulement de la procédure. • Soc. 16 juin 2010, n° 08-19.351 P : *D. 2010. Actu. 1550, obs. Lienhard ; D. 2011. Pan. 2080, obs. Le Corre ; RTD com. 2011. 173, obs. Martin-Serf ; Gaz. Pal. 15-16 oct. 2010, p. 27, obs. Henry ; RPC 2010, n° 245, obs. Berthelot ; ibid. 2012, n° 47, obs. Saint-Alary-Houin.* ♦ Dès lors que le licenciement a été prononcé par le liquidateur conformément à ses obligations dans le cadre de la procédure collective en cours, les créances indemnitaires résultant de la rupture du contrat de travail sont nées régulièrement après le jugement prononçant la liquidation judiciaire pour les besoins du déroulement de cette procédure et, en conséquence, elles relèvent de l'art. L. 641-13-I, peu important que l'activité ait cessé immédiatement. • Même arrêt.

2. Créance d'honoraires de résultat. La date d'exigibilité de la commission ne se confond pas avec la date du fait générateur de la créance ; en conséquence, la créance d'honoraires de résultat [trouvant sa cause dans un contrat de mandat] ne naît pas à la date du paiement, mais à celle de l'exécution de la prestation caractéristique. • Com. 27 sept. 2011, n° 10-21.277 P : *D. 2011. Actu. 2398, obs. Lienhard ; Rev. sociétés 2011. 730, obs. Roussel Galle ; APC 2011, n° 264, obs. Cagnoli ; LEDEN 10/2011. 2, obs. Rubellin ; RJDA 2012, n° 71 ; BJE 2012. 17, note Le Corre-Broly ; Gaz. Pal. 20-21 janv. 2012, p. 18, obs. Henry.* – Dans le même sens, V. • Com. 24 mars 2015 : *D. 2015. Actu. 800, obs. Lienhard ; Rev. sociétés 2015. 408, obs. Roussel Galle ; RTD com. 2015. 587, obs. Martin-Serf ; APC 2015, n° 116, obs. Martineau-Bourgninaud ; LEDEN 5/2015. 2, obs. Le Corre ; BJE 2015. 229, note Le Mesle ; Gaz. Pal. 19-21 juill. 2015, p. 16, obs. Boustani ; RPC 2015, n° 116, obs. Saint-Alary-Houin ; RJDA 2015, n° 763.*

3. Créance de dépens. V., s'agissant d'une créance de dépens exposés par le débiteur à l'occasion de son appel du jugement arrêtant le plan de cession, considérant, au regard de la finalité et du résultat de cet appel, qu'il s'agit d'une créance utile née pour les besoins de la procédure et, partant, éligible au privilège légal assorti du rang attribué aux frais de justice, • Com. 15 oct. 2013, n° 12-23.830 P : *D. 2013. Actu. 2461, obs. Lienhard , Rect. 2693 ; Rev. sociétés 2013. 728, obs. Roussel Galle ; RTD com. 2014. 190, obs. Martin-Serf ; JCP E 2014. 1020, n° 13, obs. Pétel ; APC 2013, n° 266, obs. Vallansan ; LEDEN 12/2013. 5, obs. Berthelot ; Gaz. Pal. 12-14 janv. 2014, p. 23, obs. Boustani ; RJDA 2014, n° 362 ; RPC 2015, n° 113, obs. Saint-Alary-Houin.*

4. Frais de justice. Il résulte de l'art. L. 641-13 que les créances hypothécaires priment les frais de justice postérieurs au jugement d'ouverture de la procédure collective. • Com. 11 juin 2014 : *cité note ss. art. L. 643-8.* ♦ Comp., désormais : art. L. 641-13, II, dans sa réd. issue de l'Ord. n° 2008-1345 du 18 déc. 2008.

5. Créance de taxe foncière. La créance de taxe foncière n'est pas née pour les besoins du déroulement de la procédure au sens de l'art. L. 641-13, I. • Com. 14 oct. 2014, n° 13-24.555 P : *D. 2014. Actu. 2109, obs. Lienhard ; D. 2015. Pan. 1973, obs. F.-X. Lucas ; Rev. sociétés 2014. 755, obs. Roussel Galle ; RTD com. 2015. 157, obs. Martin-Serf ; JCP E 2014. 1637, n° 11, obs. Pétel ; APC 2014, n° 325, obs. Le Corre ; LEDEN 12/2014. 5, obs. Berthelot ; RJDA 2014, n° 918 ; Gaz. Pal. 18-20 janv. 2015, p. 20, obs. Boustani ; BJE 2015. 23, note Macorig-Venier ; RPC 2015, n° 17, obs. Vabres ; ibid., n° 42, obs. Reille ; Dr. et patr. 9/2015. 94, obs. Saint-Alary-Houin.*

6. Créances d'avances de l'AGS. V. note 1 ss. art. L. 3253-16 C. trav., ss. art. L. 625-9 C. com.

7. Créances garanties par une sûreté immobilière. Pour la primauté du créancier hypothécaire sur le syndicat des copropriétaires pour les charges nées au cours de la procédure collective, V. • Caen, 7 avr. 2015, n° 13/00063 : *APC 2015, n° 142, obs. Cagnoli.*

Art. L. 641-14 *(L. n° 2005-845 du 26 juill. 2005, art. 109)* **Les dispositions** *(Ord. n° 2021-1193 du 15 sept. 2021, art. 55, en vigueur le 1er oct. 2021)* **« des 2° et 3° du III**

de l'article L. 622-17, celles » des chapitres IV *(Ord. n° 2014-326 du 12 mars 2014, art. 69-I, en vigueur le 1er juill. 2014)* **« , à l'exception de celles de l'article L. 624-17, » et V du titre II du présent livre relatives à la détermination du patrimoine du débiteur et au règlement des créances résultant du contrat de travail ainsi que les dispositions du chapitre II du titre III du présent livre relatives aux nullités de certains actes s'appliquent à la procédure de liquidation judiciaire.** — *V. art. L. 624-1 s., L. 625-1 s. et L. 632-1 s.*

Toutefois, pour l'application de l'article L. 625-1, le liquidateur cité devant le conseil de prud'hommes ou, à défaut, le demandeur appelle devant la juridiction prud'homale les institutions visées à l'article *(Ord. n° 2007-329 du 12 mars 2007, art. 3, en vigueur le 1er mai 2008)* **« L. 3253-14 » du code du travail.**

Pour l'application de l'article L. 625-3 du présent code, les institutions mentionnées à l'article *(Ord. n° 2007-329 du 12 mars 2007, art. 3, en vigueur le 1er mai 2008)* **« L. 3253-14 » du code du travail sont mises en cause par le liquidateur ou, à défaut, par les salariés requérants, dans les dix jours du jugement d'ouverture de la procédure de liquidation judiciaire ou du jugement la prononçant.** *(Abrogé par Ord. n° 2008-1345 du 18 déc. 2008, art. 108)* ***« De même, les instances en cours devant la juridiction prud'homale à la date du jugement d'ouverture sont poursuivies en présence de l'administrateur, lorsqu'il en a été désigné, ou celui-ci dûment appelé. »***

Pour les dispositions transitoires de l'Ord. n° 2021-1193 du 15 sept. 2021, V. note ss. art. L. 611-2.

V. art. R. 641-27 s.

COMMENTAIRE

I. RENVOIS

Sont donc applicables à la liquidation judiciaire :

– les 2° et 3° du III de l'article L. 622-17 (depuis l'Ord. du 15 sept. 2021 ; classement au sein des créances postérieures) ;

– les articles L. 624-1 et suivants (détermination du patrimoine du débiteur) ;

– les articles L. 625-1 et suivants (règlement des créances résultant du contrat de travail) ;

– les articles L. 632-1 et suivants (nullités de la période suspecte).

Sur l'exception, ajoutée par l'ordonnance de 2014, des dispositions de l'article L. 624-17, voir le commentaire sous l'article L. 641-14-1.

II. MISE EN CAUSE SYSTÉMATIQUE DE L'AGS

Les alinéas 2 et 3, issus de la loi du 26 juillet 2005 et réécrits pour ce dernier, étaient nécessaires, car, sinon, la mise en cause de l'AGS n'eût pas été possible, dans la mesure où l'article L. 625-3 ne prévoit plus, en cas de procédure de sauvegarde, l'intervention de l'AGS dans le cadre de ces instances prud'homales en cours au jour du jugement d'ouverture, estimant que le débiteur, qui n'est par définition pas en cessation des paiements, doit faire son affaire personnelle de ces procédures et des condamnations éventuelles qui pourraient survenir. Il en va de même de la précision relative à la poursuite des instances en cours devant la juridiction prud'homale en présence de l'administrateur, lorsqu'il a en été désigné un, qui résultait d'un ajout de la Commission mixte paritaire : le renvoi global n'était pas suffisant, là, du fait qu'en cas de sauvegarde la désignation d'un administrateur s'impose.

L'ordonnance du 18 décembre 2008 a supprimé, de l'article L. 641-14, la précision selon laquelle « les instances en cours devant la juridiction prud'homale à la date du jugement d'ouverture sont poursuivies en présence de l'administrateur, lorsqu'il en a été désigné, ou celui-ci dûment appelé ». ❑

Art. L. 641-14-1 *(Ord. n° 2014-326 du 12 mars 2014, art. 69-II, en vigueur le 1er juill. 2014)* **Le liquidateur, avec l'accord de l'administrateur, s'il en a été désigné, peut acquiescer à la demande en revendication ou en restitution d'un bien mentionné à la section 3 du chapitre IV du titre II du présent livre. A défaut d'accord entre eux ou en**

cas de contestation, la demande est portée devant le juge-commissaire qui statue au vu des observations du demandeur, du débiteur, du liquidateur et, le cas échéant, de l'administrateur.

COMMENTAIRE

Le renvoi qu'opérait l'article L. 641-14 à l'article L. 624-17, s'agissant de la procédure d'acquiescement à une demande en revendication, posait problème en ce que, conçu formellement pour la sauvegarde, il ne donnait pas clairement la clé de son adaptation aux spécificités de la procédure de liquidation judiciaire, tenant, notamment, à la désignation éventuelle, en plus du liquidateur, d'un administrateur. D'où la création, par l'ordonnance du 12 mars 2014, de l'article L. 641-14-1, disposition autonome destinée à la liquidation judiciaire. ❑

Art. L. 641-15 *(L. n° 2005-845 du 26 juill. 2005, art. 110)* **Pendant la procédure de liquidation judiciaire, le juge-commissaire peut ordonner que le liquidateur ou l'administrateur, lorsqu'il en a été désigné, soit le destinataire du courrier adressé au débiteur.**

Le débiteur, préalablement informé, peut assister à l'ouverture du courrier. Toutefois, une convocation devant une juridiction, une notification de décisions ou tout autre courrier ayant un caractère personnel doit être immédiatement remis ou restitué au débiteur. *(L. n° 2022-172 du 14 févr. 2022, art. 5, en vigueur le 15 mai 2022)* **« Il y a également lieu à remise ou à restitution immédiate du courrier intéressant un patrimoine du débiteur autre que celui visé par la procédure. »** – *Pour les dispositions transitoires de la L. n° 2022-172 du 14 févr. 2022, V. note ss. art. L. 611-13.*

Le juge-commissaire peut autoriser l'accès du liquidateur *(Ord. n° 2008-1345 du 18 déc. 2008, art. 109)* **« et de l'administrateur, lorsqu'il en a été désigné, » au courrier électronique reçu par le débiteur dans des conditions déterminées par décret en Conseil d'État.** – *V. art. R. 641-40.*

Lorsque le débiteur exerce une activité pour laquelle il est soumis au secret professionnel, les dispositions du présent article ne sont pas applicables.

COMMENTAIRE

Par rapport à l'ancien article L. 622-15, l'article L. 641-15, issu de la loi du 26 juillet 2005, est nettement plus protecteur des droits et de la vie privée du débiteur. Le liquidateur, en effet, n'est plus de droit le destinataire du courrier. Il ne le devient (ou l'administrateur, le cas échéant) que si le juge-commissaire l'a ordonné. Ce qui correspond au régime de l'ancien article L. 621-20, applicable, alors, durant la période d'observation. Ce régime d'autorisation vaut pareillement pour l'accès au courrier électronique (qu'il s'agisse d'autoriser l'accès du liquidateur ou, le cas échéant, l'administrateur, comme l'a précisé l'Ord. du 18 déc. 2008).

On peut se demander ce qu'advient, dans ce nouveau contexte, la solution posée par la Cour de cassation dans son arrêt du 28 septembre 2004, faisant supporter au liquidateur le coût des ordres de réexpédition (V. note 1). Rien de changé sans doute. Car, dès lors que le juge-commissaire ordonne la remise du courrier, on en revient inévitablement aux conséquences déduites par la chambre commerciale de l'utilisation d'ordres de réexpédition. Seule différence : l'obligation ne procède plus directement de la loi, mais de la décision du magistrat. Ce qui ne semble nullement favorable aux liquidateurs, l'autorité de la chose jugée, relative, valant encore moins que l'autorité, absolue, de la loi, dont les hauts magistrats avaient refusé de déduire que la substitution de plein droit du mandataire au débiteur en tant que destinataire s'imposait à La Poste. Cette situation est dénoncée par les mandataires judiciaires. Certes, le liquidateur peut solliciter l'avance du Trésor public (art. L. 663-1), mais il semble que le détournement de courrier ne présente d'intérêt que dans les premiers jours de la liquidation judiciaire, pour éviter notamment l'appréhension par le débiteur des règlements effectués par les clients (P. Froehlich et M. Sénéchal, *in* La loi de sauvegarde, article par article [2e partie], *LPA 9 févr. 2006, p. 20*).

Plusieurs garde-fous sont prévus : le débiteur assiste systématiquement, s'il le souhaite, à l'ouverture des courriers. Les courriers à caractère personnel lui sont immédiatement remis ou restitués. Ce qui vaut, en particulier, pour les convocations judiciaires et les notifications de décisions. La précision est importante, sachant que le dessaisissement du débiteur n'est pas total. Cette règle profite au débiteur, qu'il soit un exploitant individuel (à qui est ainsi reconnu le droit propre d'exercer un recours, sous réserve des autres dispositions légales sur les voies de recours), ou un dirigeant social. Reste à savoir si les délais de comparution et les délais de recours doivent être reportés à la date de la remise des actes en mains propres au débiteur. Ni la loi ni le décret n'en dit mot, mais, selon un auteur, la jurisprudence pourrait s'orienter dans cette direction, à condition que la remise effective reçoive date certaine, ce qui serait garanti par la remise de l'acte par le mandataire contre émargement du débiteur dès l'ouverture du courrier en sa présence. Le même auteur ajoutant que la Cour européenne des droits de l'homme a jugé que la disposition comparable du droit anglais (*Insolvency Act* de 1986, § 371), qui permettait dans des conditions limitées et contrôlées de détourner le courrier destiné au débiteur, n'était pas contraire au principe du secret de la correspondance posé par l'article 8 de la Convention EDH dans la mesure où elle était nécessaire aux intérêts des créanciers (CEDH 20 juin 2000, *Foxley c/ UK*, n° 33274/96 ; J.-L. Vallens, Les voies de recours dans la loi de sauvegarde des entreprises, *RTD com. 2006. 219*).

Plus fondamentalement, tout le régime de l'article L. 641-15 se trouve paralysé lorsque le débiteur est soumis au secret professionnel. Cette disposition vise évidemment, plus spécialement, les professions libérales, désormais soumises aux procédures collectives.

Tirant les conséquences de la loi du 15 juin 2010 relative à l'entrepreneur individuel à responsabilité limitée, qui permettait, grâce à la technique de l'affectation à une activité professionnelle, à une même personne de posséder plusieurs patrimoines, l'ordonnance du 9 décembre 2010 avait assimilé au courrier personnel, devant être immédiatement remis ou restitué, le courrier du débiteur entrepreneur individuel à responsabilité limitée ne concernant pas le patrimoine visé par la procédure (mais un autre patrimoine, son patrimoine personnel ou un patrimoine affecté à une autre activité professionnelle).

Ultérieurement, la loi du 14 février 2022 en faveur de l'activité professionnelle indépendante, applicable à compter du 15 mai 2022, a substitué à l'option pour le statut de l'entrepreneur individuel à responsabilité limitée (EIRL) une protection de plein droit du patrimoine personnel, seul le patrimoine professionnel étant engagé. Dès lors, afin de viser à la fois le cas résiduel de l'EIRL et celui de l'entrepreneur individuel relevant du nouveau statut, en ce qui concerne son patrimoine professionnel, la loi de 2022 a réécrit le texte en question. ❑

1. Si le liquidateur, pour se faire remettre le courrier adressé au débiteur, utilise des ordres de réexpédition, cette prestation est assurée par La Poste à titre onéreux. • Com. 28 sept. 2004, n° 02-18.014 P : *D. 2004. AJ 2714, obs. Lienhard ; JCP E 2005, n° 1-2, p. 26, obs. Pétel ; RPC 2005. 202, obs. Lebel.*

2. Il appartient au liquidateur d'établir qu'il a effectivement remis au débiteur le courrier ayant un caractère personnel. • Com. 25 oct. 2011 : *cité note 1 ss. art. L. 641-9.*

CHAPITRE II *DE LA RÉALISATION DE L'ACTIF*

SECTION 1 *De la cession de l'entreprise*

RÉP. COM. v° *Entreprise en difficulté : cession de l'entreprise,* par G. Blanc.

BIBL. GÉN. ▶ Froehlich, *D. 2005. Chron. 2878* (ambivalence du plan de cession totale) ; *LPA 14 juin 2007, p. 79* (nouvelle répartition des rôles entre administrateurs et mandataires judiciaires). – Couret, *RLDA, suppl. au n° 80, mars 2005, p. 42* (le plan de cession, mesure de redressement ou de liquidation ?). – Henry, *Gaz. Pal. 2005. Doctr. 2956.* – Géniteau, *RLDA, suppl. au n° 88, déc. 2005, p. 23.* – A. Mazeaud, *Dr. soc. 2006. 12* (sort des contrats de travail). – Pérot-Reboul, *LPA, n° spéc., 17 févr. 2006, p. 30* (les plans dans la loi de sauvegarde). – Deharveng, *D. 2006. Chron. 1047*. – Coquelet, *RPC 2006. 188* (le plan de cession a-t-il changé ?) ; *ibid. 2008. Dossier 12* (faut-il déjà réformer ?). – Rétif, *ibid. 232* (plan de cession de l'entreprise libérale individuelle). – Soinne, *ibid. 313* (problématique de la nouvelle cession d'entreprise). – Sortais, *LPA 14 juin 2007, p. 28* (attraits de la liquidation-cession). – Couturier, *BJS 2008. 142* (le plan de cession, instrument de restructuration des entreprises défaillantes). – Carboni, *RLDA 2008, n° 29, p. 85* (difficultés du traitement des créanciers). – Luciano, *RPC 2011. Étude 9* (fiducie-sûreté et plan de cession). – Fabriès-Lecea, *ibid. Étude 14* (acquisition préférentielle). – Firley, *BJE 2011. 221* (offre de reprise portant sur une EIRL). – Vallansan, *ibid.*

2013. 56 (fonds de commerce et plan de cession). – Vincent, *ibid. 2014. 331* (adoption d'un plan de cession sans poursuite d'activité) ; *D. 2023. Chron. 305* (cession de l'entreprise en difficulté après la loi du 14 févr. 2022). – Dossier « Les plans », *RPC 2015. Dossiers 36 à 49.* – Dossier « La reprise d'entreprises en difficulté », *ibid. Dossiers 50 à 60.* – Dossier « La cession d'une entreprise en difficulté », *Actes pratiques sept.-oct. 2022.*

Art. L. 642-1 *(L. n° 2005-845 du 26 juill. 2005, art. 111)* **La cession de l'entreprise a pour but d'assurer le maintien d'activités susceptibles d'exploitation autonome, de tout ou partie des emplois qui y sont attachés et d'apurer le passif.**

Elle peut être totale ou partielle. Dans ce dernier cas, elle porte sur un ensemble d'éléments d'exploitation qui forment une ou plusieurs branches complètes et autonomes d'activités.

Lorsqu'un ensemble est essentiellement constitué du droit à un bail rural, le tribunal peut, sous réserve des droits à indemnité du preneur sortant et nonobstant les autres dispositions du statut du fermage, soit autoriser le bailleur, son conjoint ou l'un de ses descendants à reprendre le fonds pour l'exploiter, soit attribuer le bail rural à un autre preneur proposé par le bailleur ou, à défaut, à tout repreneur dont l'offre a été recueillie dans les conditions fixées aux articles L. 642-2, L. 642-4 et L. 642-5. Les dispositions relatives au contrôle des structures des exploitations agricoles ne sont pas applicables. Toutefois, lorsque plusieurs offres ont été recueillies, le tribunal tient compte des *(L. n° 2014-1170 du 13 oct. 2014, art. 32-IV)* **« priorités du schéma directeur régional des exploitations agricoles mentionné à l'article L. 312-1 » du code rural et de la pêche maritime.** — *V. art. R. 661-3.*

(Ord. n° 2008-1345 du 18 déc. 2008, art. 110) **« Lorsque le débiteur est un officier public ou ministériel, le liquidateur peut exercer le droit du débiteur de présenter son successeur au garde des sceaux, ministre de la justice. »**

Pour l'inapplicabilité du droit de préemption urbain lorsque la cession d'un immeuble ou des droits sociaux donnant vocation à l'attribution en propriété ou en jouissance d'un immeuble ou d'une partie de celui-ci intervient dans le cadre d'un plan de cession arrêté en application des art. L. 642-1 s. C. com., V. C. urb., art. L. 213-1 (1°). — **C. urb.**

BIBL. ▶ Lambert-Garrel, *JCP E 2008. 1547* (ouverture ministérielle en faveur de la cession des actifs incorporels des professions libérales).

Ancien art. L. 642-1 (dernier al.) *[réd. issue de L. n° 2005-845 du 26 juill. 2005]* ***Lorsque le débiteur, personne physique, exerce une profession libérale soumise à un statut législatif ou réglementaire ou dont le titre est protégé, la cession ne peut porter que sur des éléments corporels. Toutefois, lorsqu'il s'agit d'un officier public ou ministériel, le liquidateur peut exercer le droit du débiteur de présenter son successeur au garde des sceaux, ministre de la justice.***

COMMENTAIRE

Les dispositions des articles L. 642-1 à L. 642-17, issues de la loi du 26 juillet 2005, regroupées sous l'intitulé « De la cession de l'entreprise », apparaissent largement transposées de celles relatives auparavant à la cession-redressement, abrogées en raison de la suppression des plans de cession en phase de redressement judiciaire. On y retrouve la plupart des notions connues depuis 1985 au stade du plan de redressement : cession partielle ou totale, cession judiciaire des contrats, etc. (en ce sens, toutefois, que le contexte de la liquidation judiciaire interdit de transposer certaines solutions, par exemple celle admettant la validité des engagements « hors plan » [V. note 4 ss. art. L. 642-11], V. B. Soinne, Problématique de la nouvelle cession d'entreprise, *RPC 2006. 313, n° 27*).

I. FINALITÉS DE LA CESSION DE L'ENTREPRISE

Les deux premiers alinéas de l'article L. 642-1 ont repris les alinéas 2 et 3 de l'ancien article L. 621-83, abrogé par la loi du 26 juillet 2005. Il faut donc en déduire que les finalités de la cession de l'entreprise en liquidation judiciaire sont les mêmes que celles qui présidaient, jusqu'à la réforme, à la cession de l'entreprise en redressement judiciaire. Ce qui peut étonner, dans la mesure où il s'agit là d'un objectif de redressement, de maintien de l'exploitation, l'apurement du passif ne venant qu'en dernier dans les objectifs que vise le texte. Mais cette disposition n'apparaît cependant pas vraiment en décalage par rapport aux objectifs nouvellement assignés à la procédure de liquidation judiciaire par la loi de 2005. Aux termes de l'article L. 640-1, la liquidation judiciaire poursuit en effet un double objectif, présenté sous la forme d'une alternative : mettre fin à l'activité de l'entreprise, ou réaliser le patrimoine par une cession globale ou séparée de ses droits et de ses biens. C'est à ce deuxième terme de l'alternative que se rattache la cession de l'entreprise. La reprise de l'ancien article L. 621-83 témoigne du souci du législateur de sauvegarder, si possible, l'entreprise, même en cas de liquidation judiciaire. Ce qui correspond à l'intitulé de la loi de « sauvegarde de l'entreprise ». Notons que cette ambivalence de la cession correspond à la conception exposée par le guide législatif de la CNUDCI adopté par l'Assemblée générale des Nations unies en juin 2004 (J.-L. Vallens, Le guide législatif de la CNUDCI sur le droit de l'insolvabilité : vers l'harmonisation du droit de la faillite, *D. 2004. Chron. 2420, n° 8* ✐).

La jurisprudence rendue à propos de l'ancien article L. 621-83, alinéas 1er et 2, est donc transposable *mutatis mutandis*. Il s'ensuit, notamment, que la jurisprudence appliquant l'ancien article L. 122-12, alinéa 2, du code du travail (devenu l'art. L. 1224-1), aux cessions d'unités de production (V. note 19 ss. anc. art. L. 622-17) ne saurait en aucun cas jouer pour les licenciements autorisés dans le cadre d'un plan de cession-liquidation, qui ne peuvent être remis en cause par le transfert (A. Mazeaud, Les cessions d'entreprise ou de partie d'entreprise depuis la loi du 26 juillet 2005 relative à la sauvegarde des entreprises, *Dr. soc. janv. 2006, p. 12, spéc. p. 15*).

Il n'était pas nécessaire de reprendre une disposition équivalente au dernier alinéa de l'article L. 621-83, puisqu'il va de soi, dans le contexte de la liquidation, que, à défaut de plan de cession, les biens du débiteur seront cédés conformément aux dispositions relatives à la cession des actifs prévues par les articles L. 642-18 et suivants.

II. BAIL RURAL

Le troisième alinéa de l'article L. 642-1 reprend, en l'adaptant, le texte de l'ancien article L. 621-84, alinéa 3. On a pu regretter que le législateur de 2005 n'ait pas profité de l'occasion pour clarifier ce dispositif (B. Soinne, Réalisme et confusion [à propos du projet de loi réformant le droit des procédures collectives], *D. 2004. Chron. 1506, n° 27* ✐).

III. PROFESSIONS LIBÉRALES

Comme cela a été observé, la relation fortement teintée d'*intuitus personae* du professionnel avec ses clients se prêterait sans doute mal à une présentation « judiciairement forcée » de la clientèle (P.-M. Le Corre, La situation générale du débiteur et des créanciers dans l'avant-projet de réforme des entreprises en difficulté, *Gaz. Pal. 10-11 déc. 2003, p. 13, 1re partie, n° 25*). Aussi était-il prévu, dans la rédaction d'origine de l'article L. 642-1, que la cession ne puisse porter que sur des éléments corporels. Mais ce texte soulevait des questions insolubles (V. comm. dans l'éd. 2014).

L'ordonnance du 18 décembre 2008 a donc supprimé cette restriction, en rayant la disposition si critiquée du dernier alinéa de l'article L. 642-1 (le Rapport au président de la République précisant que « cette interdiction pouvait s'avérer excessivement pénalisante, par exemple dans l'hypothèse, assez fréquente, où le droit de présentation de la clientèle représentait une part importante de la valeur de l'actif »). ❑

1. *Offres de reprise.* V. notes ss. art. L. 642-2.

2. *Compétence.* Dès lors qu'il s'agit de vendre des biens constituant une entreprise et que l'activité s'est de fait poursuivie, seul le tribunal est compétent pour autoriser la cession sur le fondement des art. L. 642-1 s. (nullité de l'ordonnance autorisant la réalisation des actifs sur le fondement des art. L. 642-18 et L. 642-19 C. com.). • Poitiers, 17 mai 2011 : *LEDEN 9/2011. 1, obs. F.-X. Lucas ; BJE 2011. 244, note C. Vincent.*

3. *Inutilité d'un débat contradictoire.* Il n'est nulle part prévu dans la loi que la décision d'arrêt du plan doit être précédée d'un débat contradictoire entre les candidats repreneurs alors que leur audition n'est pas prévue et qu'ils ne sont pas parties à un débat judiciaire. • Limoges, 13 août 1986 : *D. 1987. 44, note Derrida.* ♦ V. aussi note 2 ss. art. L. 626-9.

4. *Apurement du passif.* Le tribunal peut arrêter un plan de cession qui ne permet d'apurer que partiellement le passif. • Com. 26 juin 1990, n° 89-12.496 P : *D. 1991. IR 192* ✐ • T. com. Paris, 16 avr. 1986 : *Gaz. Pal. 1986. 1. Somm. 221, obs. Annichiarico* • Versailles, 9 juill. 1986 : *ibid. 1986. 2. 570, note J.-F. Martin.* ♦ Sur un prix de caractère symbolique, V. • Paris, 6 févr. 1987 : *D. 1987. IR 42.* – Comp. : • T. com. Paris, 20 mai 1986 : *JCP 1986. II. 20658, note Chaput.* ♦ Les créanciers ne doivent cependant pas être sacrifiés par la fixation d'un prix sans rapport avec la valeur des biens cédés.

• Versailles, 23 juill. 1986 : *Gaz. Pal. 1986. 2. 781* • T. com. Bordeaux, 27 juin 1986 : *ibid. 1986. 2. 770.* ♦ Ainsi, un tribunal ne saurait admettre, au seul motif de la sauvegarde de moins de la moitié des emplois, que les actifs de la société soient cédés à un prix qui représente 10 à 15 % de la valeur liquidative de ces biens, tant immobiliers que mobiliers. • T. com. Abbeville, 17 janv. 2001 : *RPC 2001. 79, obs. Soinne.*

Sur la nécessité de respecter le principe d'égalité des créanciers dans le choix du repreneur, V. • Aix-en-Provence, 30 oct. 1997 : *D. 1999. Somm. 2, obs. Derrida*.

V. aussi note 1 ss. art. L. 631-22.

5. Maintien de l'activité et des emplois. Le redressement judiciaire par la voie de la cession instauré par la loi du 25 janv. 1985 a essentiellement pour but d'assurer la survie de l'entreprise cédée par la poursuite de l'activité du débiteur à laquelle le cessionnaire doit se livrer à l'aide des biens affectés à cette activité. • Paris, 23 juill. 1992 : *D. 1992. 491*. – V. Derrida, *D. 1992. Chron. 301*. ♦ Une société cessionnaire ne peut donc reprendre et poursuivre elle-même l'activité de la société cédée lorsqu'elle n'exerce pas cette activité à laquelle elle est étrangère. Lorsqu'il apparaît que la finalité de la cession est la réalisation d'une opération immobilière à laquelle est liée, accessoirement, la reprise d'une société en difficulté, il s'agit d'un dévoiement de procédure. • Même arrêt. ♦ Dans le même sens : • Paris, 21 févr. 1995 : *RPC 1995. 156, obs. Soinne* • Pau, 29 juin 1994 : *ibid.* ♦ V. aussi, rejetant une offre de reprise partielle portant sur des actifs immobiliers d'une société marchand de biens, dès lors que celle-ci n'a plus de salariés, • Paris, 7 juill. 1995 : *Dr. sociétés 1995, n° 240, obs. Chaput ; RPC 1996. 467, obs. Soinne.* ♦ ... Une offre spéculative de reprise de biens immobiliers nullement nécessaires à l'exploitation d'un pôle hôtelier, seule branche d'activité cessible, au sens de l'art. 81 [C. com., art. L. 642-1], • Paris, 3 avr. 1998 : *D. Affaires 1998. 847.* ♦ V. désormais art. L. 642-10.

Sur le pouvoir souverain des juges du fond, V. • Com. 2 févr. 1993, n° 91-10.915 P : *D. 1994. Somm. 6, obs. Derrida*.

6. Cession partielle. Une offre de cession peut être accueillie même si elle ne permet que le maintien d'une branche d'activité et que celui d'une partie des emplois. • Aix-en-Provence, 2 oct. 1986 : *D. 1987. Somm. 9, obs. Derrida.* ♦ La qualification de cession partielle d'entreprise n'est remise en cause que si les biens non compris dans la cession sont indifférents à la poursuite de l'activité. • Com. 11 juin 1996, n° 94-15.295 P : *D. 1997. Somm. 2, obs. Derrida ; D. Affaires 1996. 877 ; Quot. jur. 9 juill. 1996, p. 13, note P. M. ; RPC 1996. 457, obs. Soinne.* ♦ Les cessions arrêtées par le tribunal de la totalité des éléments d'exploitation de sociétés formant plusieurs branches complètes et autonomes d'activité constituent des cessions partielles n'interdisant pas l'inclusion des éléments cédés dans un plan ultérieur de continuation. • Com. 17 févr. 1998, n° 97-13.098 P : *D. Affaires 1998. 426, obs. A. L. ; LPA 12 juin 1998, p. 22, note Soinne ; BJS 1998. 658, note Pétel.* – V., dans la même affaire, • Com. 7 janv. 2003 : *JCP E 2003, n° 20, p. 850, obs. Pétel.* ♦ La cession ne peut être qualifiée de totale dès lors que le jugement d'arrêté de plan précise lui-même qu'il statue sur une offre présentée globalement par plusieurs repreneurs permettant de réaliser la cession de la plus grande partie des actifs de la société. • Com. 24 nov. 1998 : *RPC 2001. 87, obs. Soinne.*

7. Branche d'activité. BIBL. Sénéchal, *LPA 2 avr. 1990.* ♦ Un droit au bail, s'il est un élément essentiel du fonds de commerce, ne saurait être assimilé à l'entreprise elle-même, ni constituer à lui seul un ensemble d'éléments d'exploitation formant une branche complète et autonome d'activité. • Metz, 13 févr. 1990 : *D. 1991. Somm. 13, obs. Derrida*. ♦ V. aussi, rejetant la seule offre d'acquisition du fonds de commerce présentée par son locataire-gérant, • Paris, 19 avr. 1988 : *D. 1991. Somm. 5, obs. Derrida*. ♦ ... Refusant de considérer comme une cession d'entreprise la vente portant exclusivement sur des immeubles, des meubles meublants et des véhicules automobiles, • Paris, 14 déc. 1993 : *D. 1996. Somm. 5, obs. Derrida*. ♦ Comp. note 16.

8. Jugé qu'une banque étant devenue, du fait de son retrait d'agrément, une « entreprise de recouvrement de créances », l'actif a pu être cédé en tant que branche complète et autonome d'activité au sens de l'art. 81 [C. com., art. L. 642-1]. • T. com. Paris, 22 janv. 1991 : *D. 1992. Somm. 355, obs. Vasseur ; JCP E 1991. II. 207, note Peltier.* – V. Derrida, *D. 1996. Chron. 7*.

9. Bail rural. BIBL. Masson, *Rev. dr. rur. 1994. 125.* – Delattre, *Ann. loyers 2002. 565.* ♦ Le bail rural qui ne constitue pas l'essentiel d'un ensemble agricole demeure incessible. • Com. 28 avr. 1998, n° 95-20.682 P : *D. 1998. IR 163 ; D. Affaires 1998. 960, obs. V. A.-R. ; Quot. jur. 18 juin 1998, p. 8, note P. M. ; JCP 1998. II. 10128, note Ourliac ; RPC 1998. 375, obs. Soinne ; RTD com. 1998. 678, obs. Saint-Alary-Houin* • Paris, 2 nov. 1993 : *Rev. dr. rur. janv. 1994, p. 3.* – V. aussi • Dijon, 18 mai 1995 : *RPC 1996. 466, obs. Soinne.* ♦ Sur le contrôle de la qualification du caractère essentiel quant à l'équilibre économique de l'exploitation, du droit au bail rural, par la Cour de cassation, V. • Com. 28 avr. 1998 : *préc.*

10. L'art. L. 642-1 suppose que le débiteur soit titulaire d'un bail rural, ce qui n'est pas le cas lorsque ce débiteur est une société à objet agricole à la disposition de laquelle un de ses associés a mis les baux ruraux dont il était titulaire. • Besançon, 5 nov. 2008 : *APC 2009, n° 165, obs. J.-J. Barbièri ; Dr. sociétés 2009, n° 168, note Legros.*

11. L'al. 3 de l'art. L. 642-1 étant sujet à interprétation, faute de préciser ses modalités d'application en cas de pluralité de baux et comment l'attribution du droit au bail au preneur désigné par le bailleur doit permettre la transmission de l'exploitation agricole en tant qu'entreprise, il apparaît possible et souhaitable de l'interpréter en ce sens que le tribunal dispose d'un pouvoir d'apprécier l'offre ou la proposition qui répond le mieux aux objectifs énoncés à son al. 1er. • Com. 23 oct. 2024, n° 23-50.013 B : *D. 2024. Actu. 1862* ; *LEDEN 11/2024. 4, obs. Rubellin ; APC 2024, n° 233, obs. Houin-Bressand.* ♦ Pour la jurisprudence antérieure à cet arrêt de revirement, V. • Com. 30 nov. 1993, n° 91-20.358 P : *D. 1996. Somm. 2, obs. Derrida* ; *JCP 1994. II. 22248, note Ourliac ; Defrénois 1994. 1239, obs. Sénéchal ; RPC 1994. 229, obs. Soinne* • 9 juin 1998, n° 96-11.717 : *D. 1998. IR 197* ; *D. Affaires 1998. 1217, obs. V. A.-R.*

12. En ce sens que les offres émanant du bailleur n'ont pas à être recueillies sous les mêmes conditions que celles faites par des tiers, V. • Paris, 16 janv. 1998 : *RPC 2001. 82, obs. Soinne.*

13. Aucune disposition de la loi du 25 janv. 1985 ne donne le pouvoir au juge d'imposer au propriétaire de concéder un bail rural sur ses terres. • Com. 14 mars 2000, n° 97-15.924 P : *D. 2000. AJ 189* ; *RTD com. 2001. 220, obs. Saint-Alary-Houin* ; *RPC 2001. 84, obs. Soinne ; Dr. et patr., janv. 2002. 93, obs. Roussel.*

14. Si le tribunal peut, sous réserve de certaines conditions, attribuer le droit à un bail rural à un repreneur sans tenir compte des dispositions relatives au contrôle des structures, une telle cession suppose que le preneur qui a fait l'objet d'une procédure de redressement judiciaire soit titulaire de ce droit (dans le cas où le bail avait été déclaré nul, faute, pour le preneur, d'avoir obtenu l'autorisation administrative d'exploiter). • Com. 28 oct. 2008, n° 06-20.584 P : *D. 2008. AJ 2932* ; *Gaz. Pal. 21-22 janv. 2009, p. 34, obs. Voinot ; RPC 2009, n° 36, obs. Lebel.*

15. Adoption tardive du plan de cession. Aucune disposition de la loi ne sanctionne de nullité le jugement qui a arrêté un plan de cession après l'expiration de la période d'observation. • Paris, 14 oct. 1988 : *D. 1988. IR 266.*

16. Biens compris dans le plan. Le plan de cession d'une entreprise ne peut être arrêté lorsque les éléments qui la composent ne sont plus dans le patrimoine du débiteur en redressement judiciaire pour avoir été cédés à un tiers avant le jugement d'ouverture de la procédure collective. • Com. 2 févr. 1993, n° 91-14.270 P : *D. 1996. Somm. 5, obs. Derrida* ; *RJDA 1993, n° 959.* ♦ D'autre part, en vertu de l'art. 81 [C. com., art. L. 642-1], ne peuvent être compris dans le plan de cession de l'entreprise les biens qui ne sont pas affectés à l'activité de celle-ci : V. • Com. 3 mars 1992, n° 90-12.602 P : *D. 1992. IR 104.*

17. La cession partielle d'une entreprise présentant le caractère d'une vente, le transfert de propriété se limite aux biens compris dans le plan, le cessionnaire étant l'ayant cause à titre particulier du débiteur cédant. • Aix-en-Provence, 23 févr. 1993 : *BICC 1993, n° 778.* ♦ Dès lors que le transfert de tous les droits de propriété industrielle existant à la date de la cession dans le patrimoine du cédant n'implique pas celui des brevets d'invention déposés au nom d'un tiers dans les formes légales et à défaut de toute réserve relative à leur revendication, le cessionnaire a implicitement admis que le débiteur cédant n'était pas propriétaire des brevets litigieux ; l'action en revendication de brevets, qui ne peut être considérée comme l'accessoire normal de leur licence d'exploitation seule cédée antérieurement par l'inventeur, doit donc être déclarée irrecevable. • Même arrêt.

18. La cession des biens hypothéqués compris dans le plan de redressement n'est pas une vente consentie par le propriétaire. Dès lors, il ne peut être reproché à celui-ci (le débiteur en redressement judiciaire) de n'avoir pas respecté son engagement de ne pas aliéner ces biens. • Com. 12 oct. 1999 : *RJDA 1999, n° 1360 ; RTD com. 2000. 451, obs. Saint-Alary-Houin* .

19. La cession d'une branche d'activité représentée par un réseau de franchise entre dans les prévisions de l'art. 81 [C. com., art. L. 642-1] mais ne peut être imposée aux franchisés qui sont libres de ne pas poursuivre leur collaboration avec le nouveau franchiseur. • Paris, 15 déc. 1992 : *D. 1993. IR 45 ; RJ com. 1993. 151, note Martin-Serf ; JCP 1994. II. 22205, note Jamin.*

20. Dès lors qu'aux termes de l'art. 220 *quinquies* CGI, la créance de report en arrière des déficits est inaliénable et incessible, cette créance ne peut pas faire partie de l'actif cédé. • Com. 15 déc. 2009, n° 08-13.419 P : *D. 2010. AJ 87, obs. Lienhard* ; *JCP E 2010. 1296, n° 5, obs. Pétel ; LEDEN, févr. 2010, p. 5, obs. Parachkévova ; APC 2010, n° 47, obs. Lamulle ; RPC 2010, n° 80, obs. Fraimout ; RJDA 2010, n° 410.*

21. Sur le sort des valeurs acquises sur les contrats d'assurance souscrits par la société débitrice en vue de garantir à ses salariés le paiement d'indemnités de fin de carrière, V. • Com. 18 janv. 2011, n° 10-12.005 P : *D. 2011. Actu. 370* ; *JCP E 2011. 1263, n° 4, obs. Pétel ; Gaz. Pal. 1er-2 avr. 2011, p. 40, obs. Gailhbaud ; APC 2011, n° 75, obs. Fin-Langer ; RJDA 2011, n° 260 ; RPC 2011, n° 51, obs. Fraimout.* – V. Rapp. Rémery, *RJDA mars 2011. 195.*

22. Cessions d'immeubles et de fonds de commerce. **BIBL.** Jaffrain, *JCP E 1992. I. 205* (vente d'un fonds de commerce dans le cadre d'une liquidation judiciaire). – Derrida, *Defrénois 1995. 1073* (réalisation des immeubles). – Garçon, *JCP E 2001, n° 13, p. 548* (droit de préemption urbain après la loi SRU du 13 déc. 2000). – Saint-Alary-Houin, *RTD com. 2001. 221* (même thème). ♦ Dès lors qu'est en cause non une vente de droit commun mais un plan de redressement par voie de cession de l'entreprise du débiteur en redressement judiciaire, opération dont le caractère forfaitaire implique l'existence d'un aléa exclusif de l'application des garanties prévues dans le droit commun de la vente et obéissant à des règles propres édictées, en vue du maintien au moins partiel de l'activité, par une loi d'ordre public, les juges n'ont pas à effectuer de recherches inopérantes telles celles relatives à la consistance de la clientèle (à propos d'un plan de cession portant sur un fonds de commerce). • Com. 22 oct. 1996 : *D. 1997. Somm. 3, obs. Derrida*. ♦ Le cessionnaire ne saurait invoquer ni l'exécution de l'obligation de délivrance, ni la garantie d'éviction, ni la rescision du prix pour cause de lésion. Il ne peut pas non plus invoquer un vice du consentement, que ce soit une erreur substantielle excusable ou une réticence dolosive du mandataire-liquidateur dès lors qu'il avait nécessairement connaissance du caractère aléatoire de la convention. • Paris, 13 sept. 1994 : *RPC 1996. 89, obs. Soinne*. – Dans le même sens, V. • Com. 23 nov. 1999 : *RJDA 2000, n° 196* • Bordeaux, 16 mai 1995 : *ibid.* ♦ En revanche, le fondateur, dirigeant et principal animateur d'une société, est sans conteste possible tenu d'une obligation de loyauté à l'égard du repreneur de la société que sa gestion a conduite au redressement judiciaire ; il doit s'abstenir, nonobstant l'absence de toute clause de non-concurrence ou de non-rétablissement, de développer une activité concurrente dans des conditions susceptibles de détourner la clientèle régulièrement cédée. • Paris, 25 sept. 1996 : *D. Affaires 1996. 1282.*

23. Dès lors qu'une cession est intervenue dans le cadre de la reprise globale des actifs d'une société en redressement et d'un engagement de maintenir un certain nombre d'emplois salariés, conformément à un plan de cession homologué par jugement du tribunal de commerce, opération dont le caractère forfaitaire implique l'existence d'un aléa, il en résulte une réduction de la valeur des biens cédés. • Com. 16 juin 1998 : *D. 1999. Somm. 1, obs. Derrida ; D. Affaires 1998. 1215, obs. A. L. ; Defrénois 1998. 1458, obs. Bénabent ; JCP E 1998, n° 52, p. 2064, obs. Pétel.* ♦ Viole les art. L. 17 LPF et 81 de la loi du 25 janv. 1985 [C. com., art. L. 642-1] le jugement qui, pour rejeter la demande de la société repreneuse, faisant valoir que le prix énoncé dans l'acte de cession correspondait à la valeur réelle des immeubles qui aurait pu être obtenue par le jeu de l'offre et de la demande dans un marché réel, a estimé que les deux termes de comparaison produits par l'Administration des impôts présentaient des analogies suffisantes pour refléter le marché local de biens équivalents et justifier un redressement de valeur. • Même arrêt. – V. Piniot, *RJDA 1998, p. 684.* ♦ Sur l'impossibilité, pour le tribunal, d'imposer aux dirigeants de la personne morale débitrice une obligation de non-concurrence, V. note 6 ss. art. L. 642-5.

24. Pour la paralysie des droits de préemption institués par le code rural ou le code de l'urbanisme pour les biens compris dans un plan de cession, V. art. L. 642-5, al. 4, dans sa réd. issue de l'Ord. n° 2008-1345 du 18 déc. 2008, et note 5 ss. cet art.

25. Sur l'exclusion de la surenchère, lorsque la cession comprend un fonds de commerce, V. art. L. 642-8, al. 2.

26. *Reprise d'un prêt.* L'engagement pris par le cessionnaire de payer, après arrêté du plan de cession de l'emprunteur, les mensualités à échoir d'un prêt consenti au débiteur avant l'ouverture du redressement judiciaire ne vaut pas, sauf accord exprès du prêteur, novation par substitution de débiteur, de sorte que la caution solidaire des engagements de l'emprunteur demeure tenue de garantir l'exécution de ce prêt. • Com. 9 févr. 2016, n° 14-23.219 P : *cité note 1 ss. art. L. 622-13 ; RTD civ. 2016. 369, obs. Barbier ; Gaz. Pal. 12 avr. 2016, p. 72, obs. Le Corre-Broly ; RDBF 2016, n° 67, obs. Legeais ; RJ com. 2016. 259, obs. Macorig-Venier.*

27. *Fiducie.* Dès lors que, sauf stipulation contraire, le contrat de fiducie emporte transfert de propriété des biens concernés dans le patrimoine d'affectation du fiduciaire pendant la durée du contrat, le tribunal, en se bornant à ordonner la reprise de l'ensemble des actifs, n'a pas pour autant ordonné la cession des biens mis en fiducie antérieurement au jugement de redressement judiciaire, alors même que le débiteur en a conservé l'usage en sa qualité de constituant. • Paris, 4 nov. 2010 : *JCP 2011. 71, obs. Ruiz ; RPC 2011, n° 48, obs. Fraimout ; RDBF 2011, n° 134, obs. Cerles.* ♦ V. aussi art. L. 642-7, al. 6.

Art. L. 642-2 *(L. n° 2005-845 du 26 juill. 2005, art. 111)* **I. – Lorsque le tribunal estime que la cession totale ou partielle de l'entreprise est envisageable, il autorise la poursuite de l'activité et il fixe le délai dans lequel les offres de reprise doivent parvenir au liquidateur et à l'administrateur lorsqu'il en a été désigné.**

Toutefois, si les offres reçues en application de l'article L. 631-13 *(Ord. n° 2014-326 du 12 mars 2014, art. 70-1°, en vigueur le 1er juill. 2014)* **« ou formulées dans le cadre des démarches effectuées par le mandataire *ad hoc* ou le conciliateur désigné en application des articles L. 611-3 ou L. 611-6 » remplissent les conditions prévues au II du présent article et sont satisfaisantes, le tribunal peut décider de ne pas faire application de l'alinéa précédent.** *(L. n° 2016-1547 du 18 nov. 2016, art. 99-VI-2°)* **« Lorsque la mission du mandataire *ad hoc* ou du conciliateur avait pour objet l'organisation d'une cession partielle ou totale de l'entreprise, ceux-ci rendent compte au tribunal**

des démarches effectuées en vue de recevoir des offres de reprise, nonobstant l'article L. 611-15. » *(Ord. n° 2014-326 du 12 mars 2014, art. 70-2°, en vigueur le 1er juill. 2014)* **« L'avis du ministère public est recueilli lorsque l'offre a été reçue par le mandataire *ad hoc* ou le conciliateur. »** – *V. art. R. 642-40, al. 4.*

II. – Toute offre doit être écrite et comporter l'indication :

1° De la désignation précise des biens, des droits et des contrats inclus dans l'offre ;

2° Des prévisions d'activité et de financement ;

3° Du prix offert, des modalités de règlement, de la qualité des apporteurs de capitaux et, le cas échéant, de leurs garants. Si l'offre propose un recours à l'emprunt, elle doit en préciser les conditions, en particulier de durée ;

4° De la date de réalisation de la cession ;

5° Du niveau et des perspectives d'emploi justifiés par l'activité considérée ;

6° Des garanties souscrites en vue d'assurer l'exécution de l'offre ;

7° Des prévisions de cession d'actifs au cours des deux années suivant la cession ;

8° De la durée de chacun des engagements pris par l'auteur de l'offre ;

(L. n° 2016-1087 du 8 août 2016, art. 128-II) **« 9° Des modalités de financement des garanties financières envisagées lorsqu'elles sont requises au titre des articles L. 516-1 et L. 516-2 du code de l'environnement. »**

III. – Lorsque le débiteur exerce une profession libérale soumise à un statut législatif ou réglementaire ou dont le titre est protégé, l'offre doit en outre comporter l'indication de la qualification professionnelle du cessionnaire.

IV. – Le liquidateur ou l'administrateur lorsqu'il en a été désigné informe le débiteur, le représentant des salariés et les contrôleurs du contenu des offres reçues. Il les dépose au greffe où tout intéressé peut en prendre connaissance.

Elles sont notifiées, le cas échéant, à l'ordre professionnel ou à l'autorité compétente dont le débiteur relève.

V. – L'offre ne peut être ni modifiée, sauf dans un sens plus favorable aux objectifs mentionnés au premier alinéa de l'article L. 642-1, ni retirée. Elle lie son auteur jusqu'à la décision du tribunal arrêtant le plan.

En cas d'appel de la décision arrêtant le plan, seul le cessionnaire reste lié par son offre.

Sur les dispositions transitoires de la L. n° 2016-1547 du 18 nov. 2016, V. note ss. art. L. 641-1.

V. art. R. 642-1.

BIBL. ▸ TOGNACCIOLI, *JCP E 2011. 1871* (modèle d'offre de reprise).

COMMENTAIRE

I. DÉLAI DE PRÉSENTATION DES OFFRES

Le tribunal fixe le délai de présentation des offres de reprise dès la décision par laquelle il autorise la poursuite de l'activité. Ce qui suppose qu'à ce moment il possède les éléments utiles à cet égard. Cependant, rien ne semblant absolument imposer que l'autorisation de poursuite de l'activité et, surtout, la fixation de ce délai de présentation soient décidées dans le même jugement, non plus que dans le jugement prononçant la liquidation judiciaire, la pratique paraît s'accommoder d'un jugement spécifique, sans oublier toutefois que le liquidateur, avant la réforme de 2008, ne disposait que d'un délai de quinze jours à compter du jugement de liquidation (art. L. 3253-8, 4°, *d*, anc. art. L. 143-11-1, 3°, C. trav.) pour procéder aux licenciements (P. Froehlich et M. Sénéchal, *in* La loi de sauvegarde, article par article [2e partie], *LPA 9 févr. 2006, p. 22*). Désormais, la situation à cet égard est modifiée puisque le texte retouché par l'ordonnance du 18 décembre 2008 précise que l'AGS couvre également les indemnités de rupture qui interviendraient dans les quinze jours suivant l'expiration de l'autorisation de la poursuite d'activité en liquidation judiciaire.

Pas plus qu'avant, la loi de 2005 ne prévoit-elle de délai minimal (V. note 2). Par ailleurs, la jurisprudence n'a jamais sanctionné les offres sérieuses parvenues après expiration du délai. Délai que le tribunal pourrait d'ailleurs proroger (IFPPC 1999, *recomm. n° 3150-7, p. 85*). Autant de solutions qui s'expliquent par la finalité de la cession, en phase de liquidation comme de redressement : sauver l'entreprise.

Toutefois, si les offres présentées, durant la période précédente de redressement judiciaire (en application de l'art. L. 631-13), remplissent les conditions posées par l'article L. 642-2 et sont jugées satisfaisantes par le tribunal, afin de parvenir le plus vite possible à arrêter le plan de cession, aucun nouveau délai n'est fixé. Dans ce cas, le tribunal peut statuer immédiatement sur le projet de plan de cession, ce qui constitue un gain de temps appréciable. Cette souplesse de la procédure donne son sens à la possibilité de préparer la cession dès la phase de redressement, étant alors rappelé que ce n'est pas le liquidateur qui présente le plan, mais l'administrateur. Même si la possibilité d'arrêter le plan de cession en redressement judiciaire, apparue en cours d'élaboration de la loi (V. art. L. 631-22), a ôté un peu de sa pertinence.

Pareillement, allant encore plus loin dans la souplesse, l'ordonnance du 12 mars 2014 a tiré les conséquences de la possibilité désormais ouverte de confier au conciliateur une mission « ayant pour objet l'organisation d'une cession partielle ou totale de l'entreprise » (V. art. L. 611-7), en prévoyant la faculté, pour le tribunal, de tenir compte des démarches éventuellement effectuées en vue de la reprise par le mandataire *ad hoc* (dont la mission est déterminée lors de sa désignation : V. art. L. 611-3) ou le conciliateur. Le tribunal pourra, en conséquence, décider de ne pas prévoir de nouveaux délais de réception des offres (P.-M. Le Corre, *D. 2014. Chron. 733, n° 10*). Mais, dans cette hypothèse, d'autres offres de reprise pourront quand même être présentées, au plus tard huit jours avant la date de l'audience d'examen des offres fixée par le tribunal (V. art. R. 642-1). Lorsque l'offre a été reçue par le mandataire *ad hoc* ou le conciliateur, l'avis du ministère public doit être recueilli. Afin d'accroître la transparence de cette procédure de « *prepack* cession », la loi du 18 novembre 2016 oblige désormais le mandataire *ad hoc* ou le conciliateur à rendre compte au tribunal des démarches effectuées en vue de recevoir des offres de reprise, sans pouvoir opposer la règle de confidentialité.

Dans ce cas, exceptionnellement, le conciliateur peut être nommé mandataire judiciaire (V. C. com., art. L. 812-8).

II. CONTENU DE L'OFFRE

Par rapport à l'ancien article L. 621-85, qui s'appliquait en cas de redressement judiciaire, l'article L. 642-2, issu de la loi du 26 juillet 2005, se montre plus rigoureux quant au contenu des offres. Les candidats à la reprise doivent ainsi, désormais, apporter certaines précisions supplémentaires que n'exigeait pas la réglementation antérieure. Il est d'abord précisé que l'offre doit être écrite (ce qui était déjà prévu pour les cessions d'unités de production, mais pas pour les cessions d'entreprise). Ce qui autorise la publicité, bien qu'on imagine difficilement que jamais des offres sérieuses aient été faites oralement. L'offre doit, surtout, désigner précisément les biens, les droits et les contrats qu'elle vise. Quant au prix de cession, il convient d'indiquer la qualité des apporteurs de capitaux (et, le cas échéant, de leurs garants), et si l'offre propose un recours à l'emprunt, les conditions de ce dernier, notamment de durée, sont à préciser. Afin d'éviter les engagements « sans lendemain », est imposée la mention de la durée de chacun des engagements pris par l'auteur de l'offre.

Comme la liste des informations requises est amplement complétée, la possibilité reconnue antérieurement au juge-commissaire de demander des indications supplémentaires a été supprimée. De même que le délai de quinze jours entre la réception de l'offre et son examen par le tribunal, cette disposition, qui visait à éviter les dépôts de candidatures peu sérieuses ou les surenchères irréfléchies de dernière minute, s'étant avérée illusoire, voire contre-productive, dans la pratique *(Rapp. AN, n° 2095, p. 379)*.

Fort logiquement, lorsque le débiteur exerce une profession libérale soumise à statut, l'offre doit comporter l'indication de la qualification professionnelle du cessionnaire. Dans ce cas, l'offre doit d'ailleurs être notifiée à l'ordre professionnel.

III. DILIGENCES DU LIQUIDATEUR OU DE L'ADMINISTRATEUR – PUBLICITÉ

Jusqu'à la loi de 2005, les anciens articles L. 621-85 (offre de reprise d'entreprise) et L. 622-17 (offre de reprise d'unité de production) ne prévoyaient pas les mêmes modalités d'information et de publicité du contenu des offres. L'article L. 642-2, IV, fait, en quelque sorte, mieux, à cet égard, que ces deux textes réunis, d'ailleurs peu respectés, en raison de la pratique persistante des offres présentées uniquement en chambre du conseil.

Les offres doivent donc désormais être déposées au greffe, où tout intéressé peut en prendre connaissance. Cette mesure concrétise l'une des propositions formulées par la Chambre de commerce et d'industrie de Paris dans son rapport de 1997 relatif aux cessions d'actifs dans le cadre des procédures collectives.

Reste à souhaiter que cette transparence ne produise pas l'effet pervers parfois craint : celui de favoriser les surenchères entre candidats à la reprise, fondées sur la volonté d'emporter à tout prix une affaire, et non sur la réalité et les contraintes économiques de l'entreprise en difficulté (V. B. Sapin, Secret et transparence dans le redressement judiciaire, *RJ com. sept. 2001. 35*).

IV. MODIFICATION OU RETRAIT DE L'OFFRE

L'article L. 642-2 (V) reprend l'interdiction, auparavant prévue à l'ancien article L. 621-57, faite à l'auteur d'une offre de reprise de modifier ou de retirer son offre une fois que l'administrateur a déposé son rapport. Cette disposition a pour but de dissuader les candidats éventuels de présenter des offres irréfléchies ou de diminuer le prix proposé s'ils constatent qu'ils n'ont pas de concurrents. Cependant, au vu de la pratique des tribunaux de commerce, la loi de 2005 a apporté un assouplissement, en autorisant les candidats à augmenter le prix proposé ou à accroître le périmètre de leurs offres : les candidats les plus motivés peuvent ainsi réévaluer leur offre pour contrer une autre candidature, ce qui devrait permettre, en fin de compte, de préserver davantage d'activités et d'emplois, et de mieux apurer le passif du débiteur. Cette possibilité existait déjà depuis le décret du 21 octobre 1994, dans l'article 103-2 du décret du 27 décembre 1985, qui interdisait que les modifications soient déposées moins de deux jours avant la date fixée pour l'audience d'examen des offres par le tribunal. Cette règle n'avait pas été reprise par l'article R. 642-1, II, dans sa rédaction de 2005, qui prohibait seulement le dépôt postérieur à l'audience. Il était dès lors possible de craindre que l'on assiste à des sortes d'enchères à la barre (P. Roussel Galle, Réforme du droit des entreprises en difficulté, *Litec, 2e éd., 2007, n° 736*). Cela dit, s'il n'était pas prévu de délai minimal entre l'amélioration d'une offre et l'audience, en revanche l'article R. 642-1 rappelait déjà sans ambiguïté la nécessité du respect des règles du contradictoire : les améliorations apportées à l'offre doivent être communiquées par le liquidateur ou l'administrateur aux personnes préalablement tenues informées de son contenu. Elles doivent être débattues contradictoirement. Cela impose, si des améliorations viennent à être apportées en cours d'audience et que les divers intervenants à cette audience n'ont pas été en mesure de les analyser, que l'affaire soit renvoyée à une nouvelle audience. Ce dispositif avait pu sembler, *a priori*, plus efficace que l'ancien délai de 48 heures, très inégalement respecté (J. Deharveng, Le plan de cession dans la nouvelle architecture des procédures collectives, *D. 2006. Chron. 1047, spéc. 1048* ✎). Mais, en pratique, il n'était pas sans inconvénient en ce sens, notamment, qu'il incitait les candidats à réserver leur meilleure offre, le cas échéant, pour le jour de l'audience, ce qui ne permettait pas la mise en concurrence par le liquidateur ou l'administrateur. Aussi le décret de 2009 est-il revenu à la solution antérieure : aucune modification ne peut être apportée moins de deux jours ouvrés avant la date fixée pour l'audience d'examen des offres par le tribunal. Mais certains doutent que cette règle soit davantage appliquée qu'elle ne l'était avant la loi de 2005 (P. Froehlich, Premiers regards de la profession d'administrateur et mandataire judiciaire sur la réforme du droit des entreprises en difficulté, *BJS 2009. 198, spéc. 202* ; G. Teboul, Quelques aspects procéduraux de la réforme du droit des procédures collectives, *LPA 24 mars 2009, p. 3, spéc. p. 5*). ❑

I. PRÉSENTATION DE L'OFFRE

A. AUTEUR DE L'OFFRE

1. V. art. L. 642-3.

B. DÉLAI DE PRÉSENTATION

2. La loi n'impose aucun délai minimum pour la présentation des offres, et s'il peut être reproché à l'administrateur d'avoir prévu un délai de présentation trop bref, encore faut-il que cette décision soit préjudiciable. • Rennes, 18 nov. 1998 : *RPC 2001. 73, obs. Soinne.* ♦ Aucun texte ne sanctionne par la nullité ou l'irrecevabilité le dépôt d'une offre au-delà du délai fixé par l'administrateur. • Paris, 2 juill. 1999 : *RPC 2001. 73, obs. Soinne.* ♦ Il suffit que les offres aient été reçues par l'administrateur et déposées par lui au greffe avant la date d'audience fixée pour qu'il soit statué sur son rapport, • Aix-en-Provence, 2 juin 1988 : *D. 1991. Somm. 5, obs. Derrida* ✎. ♦ Également en ce sens qu'un débat contradictoire n'est pas indispensable, V. • Amiens, 9 févr. 1989 :

D. 1991. Somm. 6, obs. Derrida. ♦ Le délai de présentation des offres est désormais fixé par le tribunal : art. L. 642-2 (I). ♦ Pour la fixation par le tribunal d'un nouveau délai d'appel d'offres, alors même que le délai initial était expiré et que des offres avaient d'ores et déjà été déposées dans le respect de celui-ci, V. • T. com. Paris, 22 nov. 2021 : *RLDA avr. 2022. 38, obs. crit. Cattani et Slougui.*

C. FORME DE L'OFFRE

3. Il a été jugé que l'offre doit être écrite et signée à peine d'irrecevabilité par le ou les candidats à la reprise. • T. com. Paris, 19 nov. 1986 : *LPA 10 déc. 1986.*

D. CONTENU DE L'OFFRE

4. Pour des offres jugées insuffisamment sérieuses, V. • Paris, 29 avr. 1988 : *D. 1988. IR 160 ; Gaz. Pal. 1988. 2. 783* • Dijon, 18 janv. 1994 : *JCP 1994. IV. 1707.* ♦ V. aussi notes 3 à 5 ss. art. L. 642-1.

Sur la validité d'une offre conditionnelle, V. • Com. 24 oct. 1995 : *D. Affaires 1995. 226 ; RJDA 1996, n° 129* • 14 mai 1996 : *RPC 1996. 369, obs. Soinne.*

5. Pour un arrêt retenant, en l'absence de la mention « hors taxes » ou « toutes taxes » dans l'offre de cession, que, selon un usage constant entre commerçants, les prix s'entendent hors taxes, sauf convention contraire, V. • Com. 9 janv. 2001 : *D. 2001. AJ 550, obs. Lienhard ; LPA 13 juin 2001, p. 11, note Lagarde ; CCC 2001, n° 70, note Leveneur ; RTD civ. 2001. 870, obs. Mestre et Fages*.

II. PORTÉE DE L'OFFRE

6. Irrévocabilité des offres. Sur l'irrecevabilité des demandes de diminution des charges résultant d'une offre de reprise, V. • T. com. Antibes, 5 août 1988 : *D. 1991. Somm. 5 et 6, obs. Derrida* • Aix-en-Provence, 25 oct. 1989 : *ibid.*

7. Cependant, l'irrévocabilité des offres ne vise que la procédure préalable au prononcé du jugement statuant sur le plan ; par la suite, les cessionnaires éventuels ne demeurent liés que s'ils y consentent. • Paris, 4 janv. 1989 : *D. 1991. Somm. 6, obs. Derrida* • Com. 26 juin 1990, n° 89-12.496 P. ♦ En cas d'appel, un candidat peut retirer son offre, tandis qu'un autre peut maintenir la sienne, en la modifiant dans le sens d'une amélioration. • Mêmes arrêts. ♦ Mais, le repreneur dont l'offre a été retenue par le jugement arrêtant le plan de cession étant tenu d'exécuter ce plan, en vertu de l'art. 62, al. 1er [C. com., ancien art. L. 621-63], ne peut, en cas d'appel interjeté par l'une des personnes mentionnées à l'art. 174, al. 2 [C. com., ancien art. L. 623-6], se prétendre délié de son offre, en vertu des dispositions de l'art. 21, al. 2 [C. com., ancien art. L. 621-57], qui lui sont, sur ce point, inapplicables. • Com. 9 juin 1992, n° 90-13.400 P : *D. 1994. Somm. 4, obs. Derrida ; Defrénois 1993. 521, obs. Sénéchal ; JCP E 1993. II. 479, note Blanc.* ♦ V. désormais, art. L. 642-2, V, al. 2. ♦ Les art. L. 642-2, V, et R. 642-1, al. 3, C. com. n'excluent pas le dépôt d'offres améliorées, y compris par le même candidat repreneur, lorsque le tribunal a poursuivi la période d'observation après une première décision de rejet de plan. • Lyon, 13 sept. 2019, n° 19/05463 : *LEDEN 10/2019. 5, obs. Borga.*

8. Lorsque l'auteur de l'offre a modifié son offre en violation de l'art. 21 [C. com., art. L. 642-2], le tribunal ne saurait prendre en considération la nouvelle offre, ni procéder lui-même à la modification de l'offre initiale (annulation du jugement, sur appel-nullité du débiteur). • Paris, 4 févr. 1997 : *D. 1998. Somm. 3, obs. Derrida ; RPC 1997. 433, obs. Cadiou.*

9. Le candidat à la reprise d'une entreprise en redressement judiciaire, par voie de continuation ou de cession, n'est tenu à aucune obligation tant que ses propositions de redressement ne sont pas arrêtées par le tribunal. Cependant, le candidat repreneur, qui a, dans le cadre de l'élaboration du plan, souscrit des obligations en faveur du dirigeant de l'entreprise, engage sa responsabilité à l'égard de ce dirigeant, à moins qu'il justifie d'un motif légitime, lorsque les parties, qui ont négocié directement, sont allées au-delà de simples pourparlers, l'accord de principe étant acquis de présenter un plan de redressement et le candidat repreneur s'étant engagé, de manière précise, ferme et définitive, à l'égard du dirigeant personnellement, sous la seule condition de l'homologation du plan par le tribunal, et que le candidat à la reprise s'abstient de soumettre son offre au tribunal aux fins d'homologation ou la retire, même dans le cas où il ne serait pas tenu de la maintenir en application de l'art. 21, al. 2 [C. com., art. L. 642-2]. • Paris, 20 nov. 1992 : *JCP E 1993. I. 236, n° 5, obs. Pétel.*

V. aussi, pour la responsabilité, en raison de l'aggravation du passif causée par son attitude, du cessionnaire qui, après avoir tardé à présenter son offre, a refusé de poursuivre l'exécution du plan, portant ainsi préjudice aux créanciers postérieurs à l'ouverture de la procédure, • Paris, 4 févr. 1992 : *D. 1995. Somm. 10, obs. Derrida*, conf. par • Com. 28 juin 1994, n° 92-13.135 P : *D. 1994. IR 216 ; Dr. sociétés 1994, n° 188, obs. Chaput ; JCP E 1995. I. 417, n° 4, obs. Cabrillac.* – V. également • Nancy, 3 juin 1994 : *RPC 1995. 404, obs. Soinne.*

10. Amélioration de l'offre. Les dispositions de l'art. 21, al. 2 [C. com., art. L. 642-2], ne lient pas le tribunal, qui peut exiger, sous peine de caducité, une amélioration des garanties offertes pour l'exécution du plan. • Paris, 14 oct. 1988 : *D. 1991. Somm. 6, obs. Derrida*. ♦ Le candidat repreneur qui ne satisfait pas aux obligations supplémentaires qu'il se voit ainsi imposer, est en droit de retirer son offre. • Com. 2 oct. 1990, n° 88-19.963 P. ♦ ... La loi n'imposant pas au candidat repreneur de se conformer à la demande, même si les modifications désirées sont mineures ou ne paraissent changer l'équilibre de l'offre. • Paris, 12 mai 1995 : *D. 1995. IR 148 ; RPC 1995. 404, obs. Soinne.*

11. L'appel du parquet fondé sur une prétendue violation de l'art. 21 [C. com., art. L. 642-2] concernant l'intangibilité des offres doit être rejeté, dès lors que les modifications aboutissent à une amélioration des conditions sociales prévues dans l'offre initiale et qu'elles ont été présentées à la demande du tribunal, les autres candidats ayant eux aussi modifié leurs offres initiales. • Limoges, 13 août 1986 : *D. 1987. 44, note Derrida ; JCP 1986. II. 20693, note Cabrillac ; Gaz. Pal. 1986. 2. 722, note J.-F. Martin.* – V. aussi • Paris, 29 juill. 1987 : *Gaz. Pal. 1987. 2. 677, note de Guillenchmidt et Marchi* • Amiens, 9 févr. 1989 : *préc. note 2.*

12. Si l'art. 21 [C. com., art. L. 642-2] peut s'interpréter en ce sens que le repreneur ne peut qu'améliorer son offre, encore faut-il que l'amélioration proposée présente un caractère incontestable, susceptible de recueillir, sinon l'assentiment, du moins la compréhension des autres personnes associées à la procédure. • Rennes, 7 juill. 1993 : *D. 1996. Somm. 7, obs. Derrida.*

13. Le principe d'intangibilité des offres n'exclut pas le dépôt d'offres améliorées, y compris par le même candidat repreneur, lorsque le tribunal a poursuivi la période d'observation après une première décision de rejet de plan. • Lyon, 13 sept. 2019, n° 19/05463 : *APC 2019, n° 248, obs. Rolland ; BJE 11-12/2019. 23, note Borga.*

14. Vices du consentement. **BIBL.** Amalvy et Derrida, *D. 1988. Chron. 208.* ♦ Pour un arrêt prononçant l'annulation d'un plan de cession pour erreur du repreneur, V. • Bordeaux, 27 févr. 1990 : *D. 1994. Somm. 5, obs. Derrida ; JCP 1991. I. 44, n° 8, obs. Pétel.* ♦ Pour l'annulation d'un plan de cession arrêté au profit d'un repreneur dont les facultés mentales étaient altérées, V. • Rennes, 2 mai 2002 : *BJS 2002. 1291, note F.-X. Lucas.*

15. Perte de la chose. La perte de valeur du fonds cédé, due à la faute du cessionnaire, ne pouvant constituer « la perte de la chose », prévue à l'art. 1234 [anc.] C. civ., ne le dispense pas d'exécuter ses obligations. • Com. 31 mars 1998 : *RTD com. 1998. 679, obs. Saint-Alary-Houin.*

III. SANCTION

16. L'adoption d'un plan de cession postérieurement à l'expiration de l'autorisation provisoire de la poursuite de l'activité donnée par le tribunal en application de l'art. L. 642-2, I, ne constitue pas un excès de pouvoir rendant recevable le pourvoi en cassation de la société débitrice. • Com.19 déc. 2018, n° 17-22.004 P : *cité note 2 ss. art. L. 661-7.* ♦ V. déjà, ayant jugé que la violation des prescriptions des art. 83 de la loi [C. com., art. L. 642-2] et 32 du décret [C. com., art. R. 642-1, al. 1er], pour impératives qu'elles soient, ne peut suffire à justifier l'annulation du jugement : • Paris, 14 oct. 1988 : *D. 1988. IR 266.* ♦ Par ailleurs, l'absence des indications énumérées audit art. 83 [C. com., art. L. 642-2] ne saurait être invoquée par l'auteur de l'offre pour se soustraire à ses engagements. • Com. 26 janv. 1993 : *RPC 1993. 87, obs. Soinne.*

Art. L. 642-3 *(L. n° 2005-845 du 26 juill. 2005, art. 111)* Ni le débiteur, *(Ord. n° 2010-1512 du 9 déc. 2010, art. 5-6°)* « au titre de l'un quelconque de ses patrimoines, » ni les dirigeants de droit ou de fait de la personne morale en liquidation judiciaire, ni les parents ou alliés jusqu'au deuxième degré inclusivement de ces dirigeants ou du débiteur personne physique, ni les personnes ayant ou ayant eu la qualité de contrôleur au cours de la procédure ne sont admis, directement ou par personne interposée, à présenter une offre. De même, il est fait interdiction à ces personnes d'acquérir, dans les cinq années suivant la cession, tout ou partie des biens *(Ord. n° 2008-1345 du 18 déc. 2008, art. 111)* « compris dans cette cession *[ancienne rédaction : dépendant de la liquidation]* », directement ou indirectement, ainsi que d'acquérir des parts ou titres de capital de toute société ayant dans son patrimoine, directement ou indirectement, tout ou partie de ces biens, ainsi que des valeurs mobilières donnant accès, dans le même délai, au capital de cette société.

Toutefois, lorsqu'il s'agit d'une exploitation agricole, le tribunal peut déroger à ces interdictions et autoriser la cession à l'une des personnes visées au premier alinéa, à l'exception des contrôleurs *(Ord. n° 2010-1512 du 9 déc. 2010, art. 5-6°)* « et du débiteur au titre de l'un quelconque de ses patrimoines. Dans les autres cas et sous réserve des mêmes exceptions, le tribunal, sur requête du ministère public, peut autoriser la cession à l'une des personnes visées au premier alinéa par un jugement spécialement motivé, après avoir demandé l'avis des contrôleurs. »

Tout acte passé en violation du présent article est annulé à la demande de tout intéressé ou du ministère public, présentée dans un délai de trois ans à compter de la conclusion de l'acte. Lorsque l'acte est soumis à publicité, le délai court à compter de celle-ci.

Sur les mesures d'adaptation liées à l'urgence sanitaire (covid-19), V., infra, Ord. n° 2020-596 du 20 mai 2020, art. 7.

BIBL. ▶ Ngoune, *RPC 2021. Étude 6* (moralisation des reprises d'entreprises par le dirigeant : l'heure est-elle venue d'abandonner le régime d'interdiction absolue au profit d'une interdiction pour faute ?). – Ferrari, *BJE 11-12/2021. 3* (notion de tiers).

COMMENTAIRE

Il s'agit là d'une pièce majeure du dispositif de moralisation des reprises d'entreprise. Alors que le texte antérieur, d'interprétation stricte, limitait le contrôle du tribunal aux restrictions expressément énoncées, l'article L. 642-3, issu de la loi du 26 juillet 2005, tout en étendant la liste des personnes exclues (comparée à celle de l'anc. art. L. 621-57), prolonge l'interdiction de présenter une offre par une prohibition des acquisitions ultérieures, et institue une sanction. Quoi qu'il en soit, la limitation du droit de présenter des offres demeure d'interprétation stricte, comme l'a confirmé la Cour de cassation, elle ne saurait être étendue à un ancien dirigeant de droit, sous réserve toutefois, précise l'arrêt du 23 septembre 2014, d'une fraude (V. note 2). En revanche, la chambre commerciale a opté pour une lecture large de la notion d'interposition de personne, allant au-delà de la seule intervention d'une personne morale dont les dirigeants de la société en liquidation seraient les associés ou les dirigeants (V. Com. 8 mars 2017 : *cité note 2*).

Il est à noter que, parmi les dispositions d'assouplissement prévues par l'ordonnance n° 2020-596 du 20 mai 2020 pour faire face aux conséquences de l'épidémie de covid-19, l'article 7 de ce texte a permis, jusqu'au 31 décembre 2020, lorsque la cession envisagée est en mesure d'assurer le maintien d'emplois, que la requête soit formée par le débiteur ou l'administrateur judiciaire. Cette dérogation temporaire, utilisée dans plusieurs dossiers médiatisés (Camaïeu, Alinéa, Phildar, notamment), a pu apparaître parfois comme un effet d'aubaine (V. *Les Échos, 22 sept. 2020, p. 27*), dénoncé par la doctrine (V., par ex., F.-X. Lucas, *BJS 3/2021. 1*). Mais cette critique est sans doute exagérée dès lors que, comme cela a été relevé (F. Petit, obs. ss. T. com. Marseille, 14 sept. 2020 : *APC 2020, n° 216*), l'ordonnance n'apporte qu'une modification procédurale au dispositif contenu dans le code de commerce, lequel prévoyait déjà l'autorisation dérogatoire de cession au profit d'un dirigeant, sur requête du ministère public (V. *infra*).

I. PRINCIPE D'INTERDICTION

Comme le texte antérieur le prévoyait (plus ou moins expressément) se voient toujours interdire de présenter des offres le débiteur (quand il s'agit d'une personne physique – l'anc. art. L. 621-57 ne le visait pas explicitement, mais ne permettait qu'aux tiers de soumissionner : V. D. Caramalli, La qualité de tiers repreneur à une offre en plan de cession : la candidature des actionnaires, *D. 2005. 2210* ✎), les dirigeants de la personne morale (de droit ou de fait précise désormais le texte, ce qui va dans le sens de la jurisprudence de la Cour de cassation relative aux administrateurs provisoires : V. note 3) et les parents ou alliés de ceux-ci jusqu'au deuxième degré inclusivement. Mais, dorénavant, sont également exclus les contrôleurs (pour les sanctions pénales, V. art. L. 654-12, II).

Par ailleurs, afin d'éviter des reprises détournées avec la complicité de tiers, il est désormais fait défense à ces mêmes personnes d'acquérir dans les cinq années suivant la cession tout ou partie des biens compris dans cette cession (avant l'ordonnance de 2008, le texte, moins précis, parlait des biens « dépendant de la liquidation », alors que la cession peut intervenir aussi en redressement judiciaire), directement ou indirectement, ainsi que d'acquérir des parts ou titres de capital de toute société ayant dans son patrimoine, directement ou indirectement (précision jugée nuisible par un auteur : B. Soinne, Réalisme et confusion [à propos du projet de loi réformant le droit des procédures collectives], *D. 2004. Chron. 1506, n° 28* ✎), tout ou partie de ces biens, ainsi que des valeurs mobilières donnant accès, dans le même délai, au capital de cette société (sont donc visées les conventions de portage). Auparavant, le contrôle pouvait tout à fait légalement être cédé sans délai par le repreneur aux anciens dirigeants (G. Bolard, L'élaboration du plan et l'exercice des voies de recours, *RPC 2003. 252, n° 7*). Notons tout de même que ne sont pas concernés par ces interdictions les actionnaires de la société liquidée cédée (V., sur ce point, A. Cerati-Gauthier, L'associé dans la loi de sauvegarde des entreprises, *Rev. sociétés 2006. 305, n° 4* ✎).

Le texte tempère cependant cette rigueur renforcée par l'introduction d'un élément de souplesse (bien encadré) : la possibilité, pour le tribunal, mais sur seule requête du ministère public, par jugement spécialement motivé et après avoir demandé l'avis des contrôleurs, de déroger à ces interdictions. En effet, certains montages incluant le dirigeant en place peuvent être propices à la reprise sans présenter de caractère frauduleux. De même, s'agissant des immeubles, la possibilité contrôlée de céder à une personne de la famille du débiteur constitue souvent un moyen commode d'amortir le choc de la liquidation judiciaire pour celui-ci (F. Vauvillé, La cession d'actifs après la réforme du 26 juillet 2005, *Dr. et patr. 3/2006, p. 80, spéc. p. 85*). La dérogation ne saurait toutefois bénéficier aux contrôleurs. Leur position d' « initié » justifie aisément le caractère absolu de l'incompatibilité entre leur qualité et celle de cessionnaire. Cet élément de souplesse a pesé dans la décision de non-renvoi au Conseil constitutionnel d'une question prioritaire de constitutionnalité visant les articles L. 642-3 et L. 642-20, au regard du droit de propriété, notamment dans le cas de la cession d'un actif étranger à l'exploitation de l'entreprise en liquidation judiciaire et n'appartenant pas en pleine propriété au débiteur en liquidation judiciaire (en l'espèce la cession à l'épouse du débiteur d'un immeuble dépendant de la communauté : Com. 18 févr. 2014 : V. note 1).

II. EIRL

Par exception à la règle générale énoncée par l'article L. 680-4, selon laquelle, lorsque le débiteur est titulaire de plusieurs patrimoines (affectés ou non), les dispositions visant ce dernier s'entendent « du débiteur en tant qu'il exerce l'activité en difficulté et est titulaire du patrimoine qui se rattache à celle-ci, considéré à l'exclusion de tout autre », l'ordonnance du 9 décembre 2010 d'adaptation à la loi relative à l'entrepreneur individuel à responsabilité limitée exclut expressément le débiteur, « au titre de l'un quelconque de ses patrimoines », des candidats à la reprise. Il s'agit là, évidemment, par souci de moralisation des procédures, d'éviter que, par la fiction du décloisonnement patrimonial, le débiteur puisse soumissionner. Cette assimilation s'impose du moment que l'interdiction de présenter des offres concerne les proches du débiteur physique.

Pour les mêmes raisons, le débiteur ne peut pas plus, au titre de l'un quelconque de ses patrimoines, bénéficier des exceptions à la prohibition posée par le second alinéa de l'article L. 642-3. Le débiteur ne peut donc en aucun cas reprendre l'entreprise par le biais d'un autre de ses patrimoines. Autrement dit, l'entreprise d'un débiteur entrepreneur individuel à responsabilité limitée ne peut jamais être cédée à ce même EIRL en tant qu'il aura affecté un autre patrimoine à une autre activité.

III. EXPLOITATIONS AGRICOLES

Sur amendement, voté par les députés, en 2005, a été maintenue, à l'alinéa 2, la possibilité pour le tribunal d'autoriser la cession d'une exploitation agricole à un parent ou allié du débiteur, car les proches de celui-ci sont souvent les seuls acquéreurs potentiels d'une exploitation agricole. Cette dérogation, que prévoyait l'ancien article L. 621-57, n'apparaissait plus dans le texte du projet de loi, alors qu'elle était très fréquemment accordée. Il est donc apparu opportun de ne pas la soumettre au régime général de motivation et de consultation que la loi instaure pour les autres types de cessions d'entreprise (V. ci-dessus).

IV. SANCTION

Pour plus d'efficacité, la loi de 2005 a sanctionné par une nullité d'ordre public (que pourra invoquer tout intéressé ou le ministère public, pendant trois ans à compter de la conclusion de l'acte ou, le cas échéant, de la publicité de celui-ci). Cette nullité vise aussi bien les actes de cession que les actes d'acquisitions ultérieures contrevenant au texte. Mais, bien entendu, il appartient d'abord au tribunal de déclarer irrecevables les offres présentées par des auteurs auxquels l'article L. 642-3 ferme la reprise. ❑

1. Constitutionnalité des art. L. 642-3 et L. 642-20. Les interdictions prévues par les art. L. 642-3 et L. 642-20 n'ont ni pour objet ni pour effet d'entraîner une privation de propriété au sens de l'art. 17 de la DDH (non-renvoi de la QPC). • Com., QPC, 18 févr. 2014 : *D. 2014. Actu. 478 ; DP diff. entr., Bull. n° 357, obs. Roussel Galle ; LEDEN 4/2014. 4, obs. Favario ; BJE 2014. 237, note Benilsi.*

2. Domaine d'application. L'interposition de personnes au sens de l'art. L. 642-3 C. com. s'entend de l'intervention d'une personne morale qui masque, de quelque manière que ce soit, la participation des dirigeants de la société débitrice à l'opération d'acquisition. • Com. 8 mars 2017, n° 15-22.987 P : *D. 2017. Actu. 566 ; Rev. sociétés 2017. 386, obs. Roussel Galle ; JCP E 2017. 1375, note Legros ; APC 2017, n° 128, obs. Thiberge ; RJDA 2017, n° 359 ; Dr. sociétés 2017, n° 77, note Hovasse ; BJS 2017. 400, note Parachkévova ; RPC 2017, n° 65, obs. Berthelot ; BJE 2017. 263, note Théron.* ♦ Il ne résulte pas de l'art. L. 642-3, al. 1er, C. com., rendu applicable, par l'art. L. 631-22, al. 1er, du même code, à la cession de l'entreprise en redressement judiciaire, que l'ancien dirigeant de droit de la personne morale débitrice serait frappé d'une interdiction de présenter une offre d'acquisition de l'entreprise, sauf en cas de fraude. • Com. 23 sept. 2014, n° 13-19.713 P : *D. 2014. Actu. 1935, obs. Lienhard ; Rev. sociétés 2014. 750, obs. Roussel Galle ; JCP E 2014. 1637, n° 2, obs. Pétel ; DP diff. entr., Bull. nos 362/363, obs. Rémery ; APC 2014, n° 290, obs. Fin-Langer ; BJS 2014. 446, note Cerati-Gauthier ; Gaz. Pal. 26-27 nov. 2014, p. 12, obs. Lecea ; LEDEN 12/2014. 3, obs. Rubellin ; RJDA 2014, n° 920 ; RPC 2014, n° 164, obs. Fraimout ; Dr. sociétés 2015, n° 36, note Legros.* ♦ Un repreneur qui a des participations dans le capital de la société en redressement ne peut, pour cette seule raison, être considéré comme une personne interposée au sens de l'art. 21, al. 4 [C. com., art. L. 642-3, al. 1er]. • Paris, 4 juin 1996 : *RJ com. 1996. 314, note Heit ; Rev. sociétés 1996. 851, obs. Guyon ; Dr. sociétés 1997, n° 89, obs. Chaput.* ♦ En revanche, doit être écartée l'offre présentée par un associé de la société débitrice, lorsqu'il existe de fortes présomptions que celui-ci est également cogérant de fait de la société. • TGI Annecy, 11 sept. 1998 : *Rec. proc. coll. 2001. 70, obs. Soinne.* – Dans le même sens, V. • Poitiers, 5 juill. 2001 : *Dr. sociétés 2003, n° 49, note Legros ; RJDA 2004, n° 445.* ♦ V. aussi, pour le rejet d'une offre présentée par un associé majoritaire, • Aix-en-Provence, 14 févr. 2001 : *JCP 2001. IV. 3007 ; RJ com. 2002. 168, note Auger et Morelli.* ♦ Comp. : • Montpellier, 10 avr. 2002 : *JCP E 2002, n° 39, p. 1522, obs. Pétel.* ♦ L'interdiction de la cession des actifs, par quelque voie que ce soit, aux parents, jusqu'au deuxième degré, des dirigeants de la personne morale débitrice, que pose l'art. L. 642-3, auquel renvoie l'art. L. 642-20, est applicable aux parents du dirigeant, à l'exclusion des dispositions des art. L. 322-7 et R. 322-39 C. pr. exéc. (relatifs à la possibilité de se porter enchérisseur dans le cadre d'une vente par adjudication). • Com. 3 févr. 2021, n° 19-20.616 P : *D. 2021. Actu. 285 ; LEDEN 3/2021. 5, obs. Rubellin ; Gaz. Pal. 13 avr. 2021, p. 67, obs. Ferrari ; Dr. sociétés 2021, n° 64, note Legros ; BJE 5-6/2021. 29, note J.-B. Barbièri ; RJDA 2021, n° 731.*

3. Le fait d'avoir été nommé par l'autorité judiciaire et d'avoir agi sous le contrôle des instances professionnelles ne fait pas échapper l'administrateur provisoire d'une société civile professionnelle d'huissiers à l'exclusion résultant de l'art. 21 [C. com., art. L. 642-3] puisque, ayant recueilli les pouvoirs légaux dont les organes de cette société étaient investis et effectué tous les actes de gestion et d'administration nécessaires au fonctionnement de l'étude, il a eu les prérogatives de dirigeant de celle-ci. • Com. 13 nov. 2002, n° 99-10.631 P : *D. 2003. 269, note Derrida ; Rev. sociétés 2003. 366, note Bouloc ; Dr. et patr. 3/2003. 96, obs. Monsèrié-Bon ; JCP E 2003, n° 20, p. 850, obs. Pétel ; Dr. sociétés 2003, n° 71, note Legros ; BJS 2003. 396, note F.-X. Lucas ; RPC 2004. 272, obs. Dumont.* – Dans le même sens, V. • Com. 4 oct. 2005, n° 04-15.060 P : *D. 2005. AJ 2679, obs. Lienhard ; D. 2006. Pan. 81, obs. Le Corre ; Dr. sociétés 2005, n° 215, note Legros ; RDBF 2006, n° 25, obs. F.-X. Lucas.*

4. Sur la nullité, pour fraude, d'une convention organisant une interposition prohibée, V., ss. le régime antérieur à la loi du 26 juill. 2005, • Com. 25 sept. 2012 : *BJS 2012. 873, note F.-X. Lucas ; RJDA 2013, n° 144 ; RPC 2013, n° 23, obs. Fraimout ; Dr. sociétés 2013, n° 189, note Legros.*

5. Action en nullité. L'art. L. 642-3, qui ouvre à « tout intéressé » la demande d'annulation d'un acte passé en violation de l'interdiction d'acquérir qu'il pose, ne vise pas le candidat repreneur évincé, qui n'a ni intérêt ni qualité à agir au sens des art. 4 et 31 C. pr. civ. • Aix-en-Provence, 3 déc. 2020, n° 20/10646 : *LEDEN 2/2021. 1, obs. F.-X. Lucas.*

Art. L. 642-4 *(L. n° 2005-845 du 26 juill. 2005, art. 111)* **Le liquidateur ou l'administrateur lorsqu'il en a été désigné donne au tribunal tous éléments permettant de vérifier le caractère sérieux de l'offre ainsi que la qualité de tiers de son auteur au sens des dispositions de l'article L. 642-3.**

Il donne également au tribunal tous éléments permettant d'apprécier les conditions d'apurement du passif, notamment au regard du prix offert, des actifs résiduels à recouvrer ou à réaliser, des dettes de la période de poursuite d'activité et, le cas échéant, des autres dettes restant à la charge du débiteur.

COMMENTAIRE

La loi améliore l'information du tribunal afin de lui permettre de se prononcer de façon plus éclairée sur les offres. Ce que traduit le deuxième alinéa qui n'avait pas d'équivalent dans l'ancien article L. 621-86. Disposition qui vise le sérieux « financier » des offres, c'est-à-dire sa capacité à apurer le passif. Il s'agit là de mettre en balance, d'une part, le prix offert et la valeur des actifs résiduels (non compris dans l'offre) et, d'autre part, les dettes restant à la charge du débiteur, notamment le passif de la procédure bénéficiant de la priorité de paiement de l'article L. 641-13.

Cette dernière condition, relative à la prise en compte même partielle du passif de la personne physique ou morale en état de liquidation, est critiquée au motif que seul importe le prix, qui doit être sérieux et permettre d'apurer les dettes du débiteur. Mieux vaudrait, dans cette optique, s'intéresser à la correspondance de la valeur vénale de l'entreprise et du prix convenu (B. Soinne, La réforme des procédures collectives : la confusion des objectifs et des procédures [2e partie], *RPC 2004, p. 81, n° 69*). ❑

Art. L. 642-4-1 *(L. n° 2014-856 du 31 juill. 2014, art. 73-3°)* **Lorsque le débiteur exerce une activité, bénéficiant d'une autorisation administrative, d'un agrément, d'un conventionnement ou d'une habilitation, mentionnée au 1° ou 2° du II de l'article 1er de la loi n° 2014-856 du 31 juillet 2014 relative à l'économie sociale et solidaire, l'auteur de l'offre consulte l'autorité administrative ou l'autorité de contrôle et de tarification. Le liquidateur ou l'administrateur, lorsqu'il en a été désigné un, s'assure qu'il a été procédé à cette consultation. L'auteur de l'offre ou, s'il y a lieu, le liquidateur ou l'administrateur fait connaître au tribunal les diligences effectuées ainsi que l'avis de l'autorité administrative ou de l'autorité de contrôle et de tarification. L'autorité administrative ou l'autorité de contrôle et de tarification rend son avis dans le délai d'un mois, en tenant compte du *b* du 3° du I du même article 1er. L'absence d'avis dans ce délai ne peut faire obstacle au jugement du tribunal.**

Art. L. 642-5 *(L. n° 2005-845 du 26 juill. 2005, art. 111)* **Après avoir recueilli l'avis du ministère public et entendu ou dûment appelé le débiteur, le liquidateur, l'administrateur lorsqu'il en a été désigné,** *(Ord. n° 2021-1193 du 15 sept. 2021, art. 56, en vigueur le 1er oct. 2021)* **« la ou les personnes désignées par le comité social et économique » et les contrôleurs, le tribunal retient l'offre qui permet dans les meilleures conditions d'assurer le plus durablement l'emploi attaché à l'ensemble cédé, le paiement des créanciers et qui présente les meilleures garanties d'exécution. Il arrête un ou plusieurs plans de cession.**

Les débats doivent avoir lieu en présence du ministère public lorsque la procédure est ouverte au bénéfice *(Ord. n° 2010-1512 du 9 déc. 2010, art. 5-7°)* **« d'un débiteur » dont le nombre de salariés ou le chiffre d'affaires hors taxes est supérieur à un seuil fixé par décret en Conseil d'État.** – *V. art. R. 642-2.*

Le jugement qui arrête le plan en rend les dispositions applicables à tous.

(Ord. n° 2008-1345 du 18 déc. 2008, art. 112) **« Les droits de préemption institués par le code rural et de la pêche maritime ou le code de l'urbanisme ne peuvent s'exercer sur un bien compris dans ce plan. »**

(Ord. n° 2014-326 du 12 mars 2014, art. 71, en vigueur le 1er juill. 2014) **« Lorsque le plan prévoit des licenciements pour motif économique, il ne peut être arrêté par le tribunal qu'après que la procédure prévue au I de l'article L. 1233-58 du code du travail a été mise en œuvre. L'avis du comité** *(Ord. n° 2021-1193 du 15 sept. 2021, art. 56, en vigueur le 1er oct. 2021)* **« social et économique est rendu » au plus tard le jour ouvré avant l'audience du tribunal qui statue sur le plan. L'absence de remise du rapport de l'expert mentionné aux articles L. 1233-34, L. 1233-35, L. 2325-35 ou L. 4614-12-1 du code du travail ne peut avoir pour effet de reporter ce délai. Le plan précise notamment les licenciements qui doivent intervenir dans le délai d'un mois après le jugement sur simple notification du liquidateur ou de l'administrateur lorsqu'il en a été désigné, sous réserve des droits de préavis prévus par la loi, les conventions ou les accords collectifs du travail. Lorsqu'un plan de sauvegarde de l'emploi doit être élaboré, le liquidateur ou l'administrateur met en œuvre la procédure prévue au II de l'article L. 1233-58 du même code dans le délai d'un mois après le jugement. Le délai de quatre jours mentionné au II du même article court à compter de la date de la réception de la demande, qui est postérieure au jugement arrêtant le plan. »**

(Ord. n° 2008-1345 du 18 déc. 2008, art. 112) **« Lorsque le licenciement concerne un salarié bénéficiant d'une protection particulière en matière de licenciement, ce délai d'un mois après le jugement est celui dans lequel l'intention de rompre le contrat de travail doit être manifestée. »**

Pour les dispositions transitoires de l'Ord. n° 2021-1193 du 15 sept. 2021, V. note ss. art. L. 611-2.

V. art. R. 642-3 s.

BIBL. ▶ Dedessus-Le-Moustier, *LPA 28-29 mars 2016* (licenciements et cession : de la préparation à l'exécution).

COMMENTAIRE

Les conditions du choix du tribunal ont été modifiées, en 2005, par rapport à celles que posait l'ancien article L. 621-87, dans deux directions : le législateur de 2005 a cherché à assurer une meilleure transparence de la décision, et à renforcer l'efficacité du plan de cession au regard des objectifs qui lui sont assignés.

I. TRANSPARENCE DE LA DÉCISION

Il est désormais fait obligation au tribunal, préalablement à sa décision, de recueillir l'avis du ministère public, d'entendre le débiteur, le liquidateur (et, le cas échéant, l'administrateur), les représentants du personnel et les contrôleurs.

De plus, les débats ont obligatoirement lieu en présence du ministère public dès lors que la procédure a été ouverte au bénéfice de personnes physiques ou morales dont le nombre de salariés ou le chiffre d'affaires hors taxes est supérieur au seuil fixé par l'article R. 621-11, sur renvoi de l'article R. 642-2 (20 salariés ; chiffre d'affaires hors taxes supérieur à 3 millions d'euros). Dans l'incertitude sur le point de savoir si cette disposition s'applique aussi devant la cour d'appel, il paraît prudent de recommander l'assistance du parquet général en cas d'appel lorsque ces seuils sont atteints (V. les arguments présentés par J.-P. Rémery, Les seuils dans la réforme du droit des entreprises en difficulté, *JCP 2006. I. 132, n° 10*).

II. EFFICACITÉ DU PLAN DE CESSION

Comme le prévoyait déjà l'ancien article L. 621-87, l'article L. 642-5 prescrit aux juges de retenir l'offre « qui permet dans les meilleures conditions d'assurer le plus durablement l'emploi attaché à l'ensemble cédé et le paiement des créanciers ». Mais le texte nouveau ajoute un autre critère : l'offre doit encore présenter « les meilleures garanties d'exécution ».

Au regard de ces critères, tribunal peut arrêter un ou plusieurs plans de cession.

Le jugement qui arrête le plan en rend les dispositions applicables à tous. La loi de 2005 a préféré le terme « applicable » au terme « opposable ». Aucune exception n'est donc prévue ici pour les coobligés, les personnes ayant consenti une sûreté personnelle ou ayant affecté ou cédé un bien en garantie (ce qui rejoint la situation prévue par l'art. L. 631-20, pour les plans de redressement, par dérogation à la règle posée pour les plans de sauvegarde par l'art. L. 626-11).

On peut noter que c'est volontairement que le législateur n'a pas précisé que les décisions de cession d'une entreprise ne peuvent déroger à l'obligation pour le cessionnaire d'obtenir les autorisations administratives nécessaires à l'exploitation future (notamment les décisions des autorités de concurrence), car, selon l'explication donnée par le garde des sceaux, cela pourrait laisser entendre que, dans le silence des textes, il pourrait en être autrement (Rép. min. n° 48702 : *JOAN Q, 15 févr. 2005, p. 1734*).

III. LICENCIEMENTS POUR MOTIF ÉCONOMIQUE

L'avant-dernier alinéa, issu de la loi de 2005, reprend les dispositions de l'ancien article L. 621-64 du code de commerce, qui détaillait la procédure à suivre quand le plan de redressement, qu'il s'agît d'un plan de continuation ou d'un plan de cession, prévoyait des licenciements économiques. Ainsi, l'obstacle tiré de l'application de l'article L. 122-12, devenu l'article L. 1224-1, C. trav., qui posait problème dans le cadre de la cession globale d'unité de production, est-il levé (V. P. Bailly, Les licenciements et les procédures collectives, *Gaz. Pal. 7-8 nov. 2008, p. 3*).

Les dispositions de cet article L. 621-64 ont été transférées, d'une part, dans le titre relatif au redressement judiciaire, à l'article L. 631-19 (II), et, d'autre part, dans le présent article L. 642-5, s'agissant des licenciements prononcés dans le plan de cession.

L'ordonnance du 18 décembre 2008 a quand même apporté ici la même souplesse qu'à l'article L. 631-19 précité : lorsque le licenciement concerne un salarié bénéficiant d'une protection particulière relative au licenciement, le délai d'un mois après le jugement d'arrêt du plan s'entend de celui dans lequel l'intention de rompre le contrat de travail doit être manifestée. Selon le Rapport au président de la République, « il est ainsi tenu compte des règles particulières applicables au licenciement de ces salariés et procédé à une harmonisation avec les dispositions du code du travail relatives à la mise en œuvre du régime d'assurance des créances salariales ».

L'ordonnance du 12 mars 2014 a remanié les dispositions de coordination avec le droit du licenciement économique prévu par le code du travail, tel que modifié par la loi de sécurisation de l'emploi du 14 juin 2013.

IV. DROIT DE PRÉEMPTION

Voir le commentaire sous l'article L. 626-1. ❑

1. Maintien de l'emploi. V. notes 4 et 5 ss. art. L. 642-1.

2. Paiement des créanciers. V. note 3 ss. art. L. 642-1. ♦ En l'absence de disposition contraire du plan, le cessionnaire désigné par le plan de cession n'est pas tenu du passif de l'entreprise antérieur à la cession. • Com. 11 oct. 1994 : *BJS 1994. 1340, note Le Cannu.* ♦ V., toutefois, sur l'application des art. 372-1 et 387 de la L. du 24 juill. 1966 [C. com., art. L. 236-3 et L. 236-22], relatifs à la transmission universelle du patrimoine du débiteur, lorsque le repreneur bénéficie d'une fusion ou d'un apport partiel d'actif soumis au régime des scissions, • Com. 30 mars 1993, n° 91-12.274 P : *D. 1993. 384, note Le Cannu ; Defrénois 1993. 1229, obs. Sénéchal.*

3. Licenciements économiques. V., par analogie, notes ss. art. L. 631-19.

4. Licenciements disciplinaires. La clause obligeant le cessionnaire à exploiter l'activité durant au moins deux ans avec les salariés attachés à l'entité cédée, à peine de dommages-intérêts, n'a pas pour effet de priver l'employeur du pouvoir de prononcer des licenciements pour motif disciplinaire. • Soc. 17 mai 2011, n° 09-43.003 P : *D. 2011. Actu. 1493 ; APC 2011, n° 188, obs. Fin-Langer ; BJS 2011. 826, note Morelli.*

5. Droits de préemption. Il résulte des art. L. 143-4, 7°, C. rur., 165-IV de la loi du 26 juill. 2005 et L. 642-5 C. com. qu'une SAFER ne peut se prévaloir d'un droit de préemption sur les biens compris dans le plan de cession totale ou partielle d'une entreprise ordonnée par le tribunal, que celle-ci soit en redressement ou en liquidation judiciaire. • Civ. 3e, 19 mai 2010, n° 09-14.167 P : *D. 2010. Actu. 1342, obs. Lienhard ; LEDEN 7/2010. 4, obs. M. Sénéchal ; DP diff. entr., Bull. n° 316, obs. Roussel Galle ; RPC 2010, n° 196, obs. Lebel.* ♦ V. déjà, sous le régime antérieur à la loi du 26 juill. 2005, • Civ. 3e, 1er avr. 1998, n° 96-14.393 P : *D. 1998. IR 119 ; D. Affaires 1998. 805, obs. A. L. ; RTD com. 1998. 929, obs. Saint-Alary-Houin .*

6. Obligation de non-concurrence. Si l'auteur d'une offre de cession totale des actifs d'une entreprise en redressement judiciaire peut l'assortir de la condition suspensive que le ou les dirigeants de la personne morale débitrice souscrivent personnellement tel engagement de non-concurrence à son égard, il n'entre pas dans les pouvoirs du tribunal, lorsqu'il arrête le plan de cession, d'imposer à ce ou ces dirigeants une obligation de non-concurrence qu'ils n'ont pas acceptée. • Com. 17 mars 1998, n° 95-21.179 P : *D. 1999. 236, note Picod ; D. 1999. Somm. 105, obs. Serra ; D. Affaires 1998. 624, obs. A. L. ; Quot. jur. 28 avr. 1998, p. 3, note P. M. ; JCP 1998. II. 10080, rapp. Rémery ; BJS 1998. 660 ; JCP E 1998, n° 36, p. 1358, obs. Cabrillac et Pétel ; RTD com. 1998. 676, obs. Saint-Alary-Houin ; Dr. sociétés 1998, n° 124, obs. Chaput.*

7. Opposabilité du crédit-bail. Pour l'opposabilité aux créanciers du repreneur des droits du crédit-bailleur sur le matériel objet du contrat de crédit-bail, en cas de cession de ce contrat dans le cadre d'un plan de cession, V. • Com. 28 oct. 2008, n° 07-16.443 P : *D. 2008. AJ 2866, obs. Lienhard ; APC 2008, n° 309, obs. Pérochon ; JCP E 2009. 1008, n° 7, obs. Cabrillac ; RTD com. 2009. 457, obs. Martin-Serf .*

8. Sanction. L'art. 85 [C. com., art. L. 642-5] n'est pas susceptible d'entraîner la nullité du jugement, en l'absence d'erreur manifeste particulièrement grave. • Paris, 14 oct. 1988 : *D. 1988. IR 266.*

9. Liquidation judiciaire simplifiée. Pour l'inapplicabilité de l'art. L. 642-5 dans le cadre d'une liquidation judiciaire simplifiée, V. * Rép. min. n° 21197 : *JO Sénat Q, 16 févr. 2012, p. 445.*

Art. L. 642-6 *(L. n° 2005-845 du 26 juill. 2005, art. 111)* **Une modification substantielle dans les objectifs et les moyens du plan ne peut être décidée que par le tribunal, à la demande du cessionnaire.**

Le tribunal statue après avoir entendu ou dûment appelé le liquidateur, l'administrateur judiciaire lorsqu'il en a été désigné, les contrôleurs, *(Ord. n° 2021-1193 du 15 sept. 2021, art. 56, en vigueur le 1er oct. 2021)* **« la ou les personnes désignées par le comité**

social et économique » et toute personne intéressée et après avoir recueilli l'avis du ministère public.

Toutefois, le montant du prix de cession tel qu'il a été fixé dans le jugement arrêtant le plan ne peut être modifié.

Pour les dispositions transitoires de l'Ord. n° 2021-1193 du 15 sept. 2021, V. note ss. art. L. 611-2.

V. art. R. 642-5 et R. 642-6.

COMMENTAIRE

L'article L. 642-6 a adapté au contexte du plan de cession les dispositions de l'ancien article L. 621-69 (devenu, après modification, l'art. L. 626-26), applicables jusqu'à la réforme aux deux types de plans de redressement alors concevables (plans de continuation et plans de cession), mais plus qu'aux premiers désormais.

Il résulte du rapprochement des articles L. 642-6 et L. 642-11 que le liquidateur, qui dispose du pouvoir de demander la résolution du plan, ne dispose pas de celui d'en solliciter la modification. Reste que, assigné en résolution du plan, le repreneur devrait conserver la possibilité d'en demander aussitôt la modification (P. Froehlich et M. Sénéchal, *in* La loi de sauvegarde, article par article [2e partie], *LPA 9 févr. 2006, p. 25*).

1. Champ d'application. V. notes 1 et 2 ss. art. L. 626-26.

2. Résolution du plan. V. art. L. 642-11.

Sur la résolution d'une location-gérance, V. art. L. 642-17.

3. Notion de modification substantielle. BIBL. Haehl, *JCP E 1989. II. 15642.* ♦ Un jugement organisant une cession portant sur des éléments non compris dans le plan initial arrêté par un premier jugement et permettant au cessionnaire d'acquérir l'ensemble de l'actif industriel de l'entreprise en redressement judiciaire tout en augmentant le nombre d'emplois maintenus, une cour d'appel en a exactement déduit que le second jugement arrêtait, conformément à l'art. 68 [C. com., art. L. 642-6], une modification substantielle dans les objectifs et les moyens du plan de cession. • Com. 8 juin 1993, n° 89-17.147 P : *D. 1994. Somm. 42, obs. Derrida ; Rev. huiss. 1994. 196, note Vidal.*

Pour un arrêt rejetant une demande de modification fondée sur l'existence de vices affectant le consentement du cessionnaire, V. • Paris, 14 sept. 2001 : *RTD com. 2002. 156, obs. Saint-Alary-Houin.*

V. aussi note 4 ss. art. L. 626-26.

Sur la substitution de cessionnaire, V. art. L. 642-9 et notes 3 s. ss. cet art.

4. Demande de modification. V. note 5 ss. art. L. 626-26.

5. Intangibilité du prix. L'action du cessionnaire qui, invoquant que sur 907 contrats dont la cession avait été ordonnée, 285 ne lui ont pas été transmis, tend à obtenir une modification du prix de cession et se heurte à l'interdiction d'une telle modification prévue par l'art. L. 621-69 [L. 642-6], al. 3, C. com. • Com. 15 mars 2005 : *RJDA 2005, n° 856.*

6. Voies de recours. V. art. L. 661-6 (IV). ♦ Pour la recevabilité de l'appel du cessionnaire contre le jugement ayant rejeté sa demande de modification du plan de cession, V. note 5 ss. art. L. 661-6. ♦ Pour l'irrecevabilité de la tierce opposition contre le jugement modifiant le plan de cession, V. note 18 ss. art. L. 661-7.

Art. L. 642-7 *(L. n° 2005-845 du 26 juill. 2005, art. 111)* **Le tribunal détermine les contrats de crédit-bail, de location ou de fourniture de biens ou services nécessaires au maintien de l'activité au vu des observations des cocontractants du débiteur transmises au liquidateur ou à l'administrateur lorsqu'il en a été désigné.**

Le jugement qui arrête le plan emporte cession de ces contrats, même lorsque la cession est précédée de la location-gérance prévue à l'article L. 642-13.

Ces contrats doivent être exécutés aux conditions en vigueur au jour de l'ouverture de la procédure, nonobstant toute clause contraire. *(L. n° 2019-486 du 22 mai 2019, art. 64)* **« Par dérogation, toute clause imposant au cessionnaire d'un bail des dispositions solidaires avec le cédant est réputée non écrite. »** — *Les dispositions de l'art. 64 de la L. n° 2019-486 du 22 mai 2019 ne sont pas applicables aux procédures en cours au jour de la publication de cette loi (L. préc., art. 64-II, JO 23 mai).*

(L. n° 2014-626 du 18 juin 2014, art. 15-I) **« Le tribunal peut, si un contrat de bail soumis au chapitre V du titre IV du livre I portant sur un ou plusieurs immeubles ou locaux utilisés pour l'activité de l'entreprise figure dans le plan de cession, autoriser**

dans le jugement arrêtant le plan le repreneur à adjoindre à l'activité prévue au contrat des activités connexes ou complémentaires. Le tribunal statue après avoir entendu ou dûment appelé le bailleur. » — *La procédure mentionnée à l'art. L. 642-7, al. 4, n'est pas applicable aux procédures de liquidation judiciaire en cours à la date d'entrée en vigueur de la L. n° 2014-626 du 18 juin 2014 (L. préc., art. 15-II).*

En cas de cession d'un contrat de crédit-bail, le crédit-preneur ne peut lever l'option d'achat qu'en cas de paiement des sommes restant dues dans la limite de la valeur du bien fixée d'un commun accord entre les parties ou, à défaut, par le tribunal à la date de la cession.

(Ord. n° 2008-1345 du 18 déc. 2008, art. 113) **« La convention en exécution de laquelle le débiteur constituant conserve l'usage ou la jouissance de biens ou droits transférés à titre de garantie dans un patrimoine fiduciaire ne peut être cédée au cessionnaire, sauf accord des bénéficiaires du contrat de fiducie. »**

(Ord. n° 2014-326 du 12 mars 2014, art. 72, en vigueur le 1er juill. 2014) **« Le cocontractant dont le contrat n'a pas fait l'objet de la cession prévue par le deuxième alinéa peut demander au juge-commissaire qu'il en prononce la résiliation si la poursuite de son exécution n'en est pas demandée par le liquidateur. »**

V. art. R. 642-7, R. 642-8 et R. 661-3.

Sur la cession des contrats d'édition et de production audiovisuelle, V. CPI, art. L. 132-15 et L. 132-30, 2e partie, IV. Traitement des difficultés des entreprises.

BIBL. ▶ THULLIER, *D. 2006. 130*. – LE CORRE, *JCP E 2006, n° 47, p. 1987* (sort du contrat non cédé) ; *Gaz. Pal. 2018. 1978* (cession judiciaire des contrats : dix questions-réponses). – ROHART-MESSAGER, *BJE 2014. 339* (loi du 18 juin 2014). – KENDÉRIAN, *RPC 2014. Étude 25* (même thème) ; *AJDI 2017. 187* (cession du bail) ; *RTD com. 2019. 611* (loi PACTE du 22 mai 2019). – VERCKEN, *RLDA nov. 2014. 25* (loi du 18 juin 2014). – DE SAINT-POL, *JCP E 2014. 1561* (procédure collective du franchiseur et cession forcée du réseau). – JAMET, *RPC 2015. Étude 8* (loi du 18 juin 2014). – SAINTOURENS, *BJE 1-2/2019. 50* (cession des contrats). – SAINT-ALARY-HOUIN, *RTD com. 2019. 1005* (loi PACTE du 22 mai 2019).

COMMENTAIRE

I. SORT DU CESSIONNAIRE

Quant à la cession judiciaire des contrats, la loi du 26 juillet 2005 a largement repris le régime de l'ancien article L. 621-88. Une seule modification substantielle : le tribunal s'est vu retirer le pouvoir d'accorder des délais de paiement au cessionnaire pour assurer la poursuite de l'activité. Cette disposition avait, il est vrai, fait l'objet de critiques en raison, notamment, de l'avantage concurrentiel qu'elle permettait d'offrir au cessionnaire, mais aussi de son incompatibilité avec l'exigence d'un plan sérieux. En effet, si le repreneur n'est pas en mesure de faire face sans qu'on le déleste de la charge future des contrats cédés, c'est que sa situation financière est précaire, en somme qu'il est au bord de la cessation des paiements (F. Pérochon, R. Bonhomme, Entreprises en difficulté, Instruments de paiement, *LGDJ, 6e éd., 2003, n° 347-2*). Le maintien de cette disposition eût été contradictoire avec les garanties d'exécution renforcées que postulent les articles L. 642-4 et L. 642-5.

Une autre modification résulte de la nouvelle rédaction de l'article L. 626-10, alinéa 3, dont un auteur a déduit que, désormais, la cession du contrat ne pourrait plus être imposée au cessionnaire (B. Thullier, Cession judiciaire des contrats et loi de sauvegarde des entreprises : moins de pouvoirs pour le juge, *D. 2006, Point de vue, p. 130*), analyse que la Cour de cassation a confirmée par un arrêt du 15 décembre 2009 (V. note 1).

Notons encore, au sujet des clauses d'agrément souvent stipulées s'agissant des cessions de bail commercial ou de droits sociaux (V. notes 35 s.), qu'il a été suggéré de permettre au tribunal de statuer sur l'opposabilité au cessionnaire des clauses d'agrément concernant les actifs cédés après avoir convoqué le ou les bénéficiaires de ces clauses d'agrément (T. Montéran, Pour améliorer le droit des entreprises en difficulté, osons la réforme, *Gaz. Pal. 23-24 janv. 2008, p. 3, spéc. p. 12*).

S'agissant des baux commerciaux, notons que la loi n° 2014-626 du 18 juin 2014 a ajouté une disposition, applicable aux procédures ouvertes à compter du 20 juin 2014, prévoyant que si un contrat de bail portant sur un ou plusieurs immeubles ou locaux utilisés pour l'activité de l'entreprise figure dans le plan de cession, le tribunal peut autoriser dans le jugement arrêtant le plan le repreneur à adjoindre à l'activité prévue au contrat des activités connexes ou complémentaires.

Quant à la loi PACTE du 22 mai 2019, elle a réputé non écrite toute clause d'un contrat de bail imposant au cessionnaire des dispositions solidaires avec le cédant. Cette disposition dérogatoire, applicable aux procédures ouvertes à compter du 24 mai 2019, vise à faire obstacle aux clauses dites de « garantie inversée ». En effet, jusque-là, alors que la clause rendant le cédant solidaire de l'acquéreur, qui tend à assurer au bailleur le paiement des loyers postérieurs à la cession, était déjà réputée non écrite (V. art. L. 641-12), la clause « inversée », qui concerne les loyers antérieurs et tend à faire échapper le bailleur aux effets de la liquidation de l'ancien locataire, avait été validée par la Cour de cassation, faute de prohibition expresse (Com. 27 sept. 2011 : *cité noté 7 ss. art. L. 641-12*). Or cette stipulation se présente comme un frein à la cession du bail, lequel constitue souvent l'un des rares actifs de l'entreprise, notamment pour les PME (Étude d'impact, p. 236). Cependant, cette mesure, insérée à l'article L. 642-7, ne vise que la cession du bail dans le cadre d'un plan de cession, ce qui exclut les cessions de bail à titre d'actif isolé. Cette différence de régime se justifie par le fait que le plan permet une poursuite d'activité (V. F. Kendérian, Projet de loi PACTE et bail commercial : mise à l'écart de la clause de solidarité du cessionnaire en plan de cession, *JCP E 2019. Actu. 96*).

II. BIEN OBJET D'UNE FIDUCIE

L'ordonnance du 18 décembre 2008 n'a complété l'article L. 642-7 que dans le but de protéger le bénéficiaire d'une fiducie-sûreté contre le risque que la convention de mise à disposition du bien objet de la fiducie puisse être transférée au cessionnaire. Comme les actifs transférés dans un patrimoine fiduciaire ne peuvent, par définition, pas être inclus dans un plan de cession, le texte, par mesure de cohérence, a étendu ce principe à cette convention, en exécution de laquelle le débiteur constituant conserve l'usage ou la jouissance d'un bien ou d'un droit transféré à titre de garantie dans un patrimoine fiduciaire (R. Dammann et G. Podeur, Fiducie et procédure de sauvegarde, un nouvel équilibre, *RLDC, mai 2008*). Le dernier alinéa précise ainsi à ce sujet que « la convention en exécution de laquelle le débiteur constituant conserve l'usage ou la jouissance d'un bien ou d'un droit transféré à titre de garantie dans un patrimoine fiduciaire ne peut être cédée au cessionnaire, sauf accord des bénéficiaires du contrat de fiducie ». Cette disposition est complémentaire de celle, insérée à l'article L. 622-13, prévoyant que le régime des contrats en cours s'applique à cette convention. Dès lors que la convention de mise à disposition peut être poursuivie, il était nécessaire que soit prévu un mécanisme évitant son transfert au repreneur, sans l'accord du bénéficiaire de la fiducie, qui ne le donnera, en pratique, qu'à condition d'être certain de ne pas affaiblir sa sûreté. Autrement dit, le cessionnaire devra assumer le remboursement de la dette garantie.

Notons, par ailleurs, que la cour d'appel de Paris a jugé que la cession de l'ensemble des actifs du constituant par voie de plan de cession ne pouvait viser la cession des biens objet d'une fiducie-sûreté avant le jugement d'ouverture, ce qui est parfaitement logique dès lors que celle-ci emporte transfert de la propriété au bénéfice du fiduciaire (Paris, 4 nov. 2010 : *cité note 27 ss. art. L. 642-1*).

III. SORT DU CONTRAT NON CÉDÉ

L'ordonnance du 12 mars 2014 a enfin pris parti sur le sort des contrats non cédés, sur lequel le texte était muet jusque-là. La Cour de cassation avait estimé que les contrats non repris dans le plan de cession totale ne se trouvent pas résiliés par l'effet du jugement arrêtant ce plan (Com. 6 oct. 2009 : *cité note 24*). Il en résultait que le cocontractant ne pouvait, après la cession totale, demander et obtenir la résiliation du contrat poursuivi qu'en cas, quasi inéluctable s'il s'agit d'une obligation financière à la charge du débiteur, de défaut de paiement de ce dernier, et cela que l'option en faveur de la continuation ait été ou non exercée (V. P.-M. Le Corre, Le sort du contrat non cédé dans le plan de cession, *JCP E 2006. 271, n° 21 s.*).

Certes, depuis l'ordonnance du 18 décembre 2008, l'administrateur peut demander la résiliation judiciaire au juge-commissaire, en vertu de l'article L. 622-13, III, à la condition que cette résiliation soit « nécessaire à la sauvegarde du débiteur et ne porte pas une atteinte excessive aux intérêts du cocontractant ». Mais aucune voie ne s'offrait au cocontractant. C'est cette lacune qu'est venu combler le nouvel alinéa ajouté à l'article L. 642-7, qui permet au cocontractant, aussi, de demander au juge-commissaire le prononcé de la résiliation du contrat, si la poursuite de son exécution n'en est pas demandée par le liquidateur. ❑

I. CONTRATS CÉDÉS

A. DÉTERMINATION DES CONTRATS

1. Le tribunal ne peut imposer au repreneur la cession d'un des contrats mentionnés par l'art. L. 642-7 dont l'exécution aggraverait les engagements qu'il a souscrits au cours de la préparation de son offre qui ne mentionnait pas la reprise de ce contrat. • Com. 15 déc. 2009 : *cité note 4 ss. art. L. 661-7 ; RPC 2010, n° 60, obs. Roussel Galle et Pérochon.* ♦ Au contraire, dans le régime antérieur à la loi du 26 juill. 2005, la cession de contrats n'exigeait pas le consentement des cocontractants concernés. • Paris, 17 mars 2000 : *D. 2000. AJ 249, obs. Pisoni.* ♦ La prétention, exprimée dans son offre par le cessionnaire de l'entreprise, de choisir les contrats qu'il souhaitait reprendre, était contraire à l'art. 86, al. 1er, de la loi de 1985 qui donnait au tribunal seul le pouvoir de déterminer les contrats nécessaires au maintien de l'activité. • Aix-en-Provence, 9 déc. 1988 : *D. 1990. Somm. 3, obs. Derrida.*

2. Sont exclus du domaine de l'art. L. 621-88 [L. 642-7] C. com. les contrats qui n'apparaissent pas nécessaires à la poursuite de l'activité et ceux qui sont transmis en même temps que les actifs cédés dont ils constituent l'accessoire, tels les baux. • Com. 4 janv. 2005 : *RJDA 2005, n° 597.* ♦ Même solution pour le contrat d'assurance, l'art. L. 121-10 C. assur. prévoyant la transmission de plein droit du contrat en cas d'aliénation de la chose assurée : • Civ. 2e, 13 juill. 2005, n° 03-12.533 P : *D. 2005. AJ 2336 ; APC 2005, n° 218, obs. Monsèrié-Bon ; RJDA 2005, n° 1369 ; JCP E 2006, n° 2, p. 72, obs. Pétel ; RCA 2006. Étude 1, obs. Asselain* • 24 oct. 2019, n° 18-15.994 P : *D. 2019. Actu. 2090 ; AJ contrat 2020. 92, obs. Borius ; RTD com. 2020. 182, obs. Saint-Alary-Houin.*

3. Les contrats dont l'exécution représente l'activité ordinaire sont cédés en dehors de tout formalisme judiciaire dans le seul but de satisfaire les clients en terminant les travaux, en vue d'en percevoir le prix dans l'intérêt commun du débiteur et du cocontractant. • Douai, 8 févr. 2007 : *D. 2007. AJ 732.*

4. Sur la nécessité d'une mention expresse des contrats cédés dans le jugement arrêtant le plan, V. • Com. 16 oct. 1990, n° 89-13.367 P • 17 déc. 1996 : *cité note 7* • Orléans, 27 avr. 2000 : *Loyers et copr. 2000, n° 275, obs. Brault et Pereira.* – Comp. : • Com. 27 oct. 1998, n° 96-14.666 P : *APC 1998, n° 180, obs. Saintourens.*

5. Lorsqu'une omission dans le jugement d'un contrat cédé n'est due qu'à une erreur matérielle, elle peut être rectifiée en application de l'art. 462 NCPC [C. pr. civ.]. • Paris, 16 janv. 1987 : *RPC 1989. 175 ; RJ com. 1988. 21, note Fabiani.*

6. Un jugement prononçant la cession d'une entreprise mise en redressement judiciaire peut être interprété comme emportant cession d'un contrat de fourniture exclusive d'électricité, de manière indivisible, avec un bail à construction, dès lors que les deux contrats passés entre une société et l'entreprise cédée aménagent une indivisibilité conventionnelle au sens de l'art. 1217 [1320] C. civ., l'indivisibilité découlant de l'objet économique de ces conventions qui faisait dépendre l'amortissement des investissements réalisés par la société de la fourniture d'électricité fournie à l'entreprise cédée. • Com. 12 mai 1998 : *D. Affaires 1998. 1123, obs. J. F.*

B. DOMAINE D'APPLICATION DE L'ART. L. 642-7

1° CONTRATS VISÉS PAR L'ART. L. 642-7

7. Crédit-bail. BIBL. Bey, *RJDA 1992. 651.* ♦ Lorsque la fragilité du fonds de commerce cédé (commissionnaire agréé en douane) impose l'absence de toute solution de continuité dans la fourniture des services à la clientèle et exclut l'abandon des locaux habituels d'exploitation, le contrat de crédit-bail en vertu duquel l'immeuble est occupé doit être transmis au cessionnaire conformément aux dispositions de l'art. 86 [C. com., art. L. 642-7]. • Paris, 11 juill. 1986 : *D. 1987. 55, note Fabiani ; Gaz. Pal. 1988. 1. 87, note Bey ; RTD com. 1987. 539, obs. Mestre.* ♦ V. aussi notes 29 et 30.

8. Location. La cession d'un fonds de commerce n'inclut pas nécessairement celle du bail et des locaux dans lesquels ce fonds est exploité et il en est de même lorsque cette cession intervient dans le cadre d'un plan arrêté par le tribunal, à moins que celui-ci, par une disposition expresse, ne décide, en vertu de l'art. 86 [C. com., art. L. 642-7], que le contrat de bail est nécessaire au maintien de l'activité de l'entreprise, ce qui emporte alors sa cession. • Com. 17 déc. 1996 : *D. 1997. 387, note Monsèrié ; D. Affaires 1997. 188 ; RPC 1998. 381, obs. Soinne.* – V. déjà • Metz, 13 févr. 1990 : *D. 1991. Somm. 13, obs. Derrida.* ♦ V. aussi note 33. ♦ Comp., jugeant que le bail commercial qui est un des éléments constitutifs du fonds et qui est cessible en vertu des dispositions de l'art. 35-1 du Décr. du 30 sept. 1953 [C. com., art. L. 145-16], n'entre pas dans l'énumération limitative de l'art. 86 ci-dessus [C. com., art. L. 642-7] :

• Paris, 19 janv. 1993 : *D. 1993. IR 102 ; RPC 1993. 519, obs. Soinne*. – Comp. aussi : • Versailles, 6 juin 1991 : *RPC 1991. 331, obs. Soinne*.

9. Sur le respect des dispositions conventionnelles relatives à la cession des baux commerciaux, V. notes 35 s.

10. S'agissant du bail rural, un mode particulier de dévolution ayant été prévu par l'art. 82 [C. com., art. L. 642-1], al. 3, les contrats de ce type ne sauraient valablement être transmis par une autre voie. • Paris, 2 nov. 1993 : *Rev. dr. rur. 1994, p. 3*. ♦ V. aussi notes 9 et 13 ss. art. L. 642-1.

11. Sous-location. Un contrat de sous-location commerciale n'est pas nécessaire au maintien de l'activité du locataire principal qui fait l'objet d'un plan de cession dès lors que ce dernier n'occupait pas le local et que le prix de la sous-location était reversé au bailleur. • Paris, 24 mars 1992 : *RPC 1993. 98, obs. Soinne*.

12. Contrats intuitu personae. La nécessité du contrat pour le maintien de l'activité est la seule condition posée à la cession forcée, indépendamment de l'*intuitus personae*, qui ne peut exclure l'application de l'art. 86 [C. com., art. L. 642-7], ce texte ne distinguant pas selon que le contrat revêt ou non un caractère personnel. • Douai, 8 mars 1990 : *D. 1990. IR 87*.

13. Ainsi l'*intuitus personae* ne constitue pas un obstacle à la cession d'un contrat : de licence d'exploitation de brevets. • Colmar, 13 juin 1990 : *préc. note 1*. ♦ ... De concession. • Douai, 8 mars 1990 : *préc. note 11*. ♦ ... De sponsoring sportif. • Poitiers, 20 avr. 1988 : *Gaz. Pal. 1989. 1. Somm. 111*. ♦ ... De praticien avec un établissement de soins. • Com. 17 mars 1992, n° 90-17.364 P. ♦ ... De franchise. • Versailles, 23 juin 1988 : *Gaz. Pal. 1989. 1. Somm. 112*. ♦ *Contra*, en cas de procédure collective du franchiseur : • Paris, 15 déc. 1992 : *D. 1993. IR 45 ; RJ com. 1993. 151, note Martin-Serf ; JCP 1994. II. 22205, note Jamin ; JCP E 1993. I. 275, n° 6, obs. Pétel* • Versailles, 28 mars 1996 : *RJDA 1996, n° 973 ; RPC 1998. 379, obs. Soinne* • TGI Strasbourg, 20 déc. 2013 : *cité par F.-X. Lucas, BJE 2014. 167*. ♦ Comp., jugeant toutefois, dans ce cas de figure, que le franchisé ne peut s'opposer à la cession du contrat de franchise dès lors que celui-ci ne subordonne la cession qu'au seul agrément du franchiseur : • Lyon, 9 déc. 2014 : *AJCA 2015. 140, obs. A. Lecourt*. ♦ Comp. également, autorisant la cession du contrat de franchise, dès lors qu'il est nécessaire au maintien de l'activité : • Limoges, 28 janv. 2019, n° 17/01340 : *JCP E 2019. 1207, note Bories*.

De même, pour cette raison, le cocontractant ne peut pas utilement s'opposer à la cession d'un contrat de crédit-bail conclu avec le débiteur en invoquant un conflit avec le cessionnaire dans une autre affaire. • Paris, 22 nov. 1996 : *RJDA 1997, n° 418*.

14. Concessions sur marchés nationaux. V. note 4 ss. art. L. 642-8.

2° CONTRATS EXCLUS

15. Contrats de prêt. Le prêt consenti par un professionnel du crédit avant l'ouverture du redressement judiciaire de l'emprunteur n'est pas un contrat en cours au sens de l'art. L. 622-13 et ne peut donc être cédé au titre des contrats visés à l'art. L. 642-7. • Com. 9 févr. 2016, n° 14-23.219 P : *cité note 1 ss. art. L. 622-13*. ♦ V. déjà, pour l'exclusion du domaine de l'art. 86 [C. com., art. L. 642-7] du contrat de prêt lorsque les fonds ont été intégralement remis à l'emprunteur avant l'ouverture de la procédure collective : • Com. 13 avr. 1999, n° 97-11.383 P : *D. 2000. 257, note Lipinski ; D. Affaires 1999. 801, obs. A. L. ; LPA 25 mai 1999, p. 10, note P. M. ; Defrénois 1999. 870, obs. Sénéchal*. – V. Mahinga, *RPC 2000. 96*.

16. Contrat de GIE. Les rapports établis entre les membres d'un groupement d'intérêt économique n'entrent pas dans le champ d'application de l'art. 86 [C. com., art. L. 642-7]. • Lyon, 13 mars 1992 : *BJS 1992. 1306, note Le Cannu ; RPC 1993. 517, obs. Soinne ; Dr. sociétés 1993, n° 7, obs. Chaput*.

17. Sociétés en participation. En ce sens que l'absence de personnalité morale des sociétés en participation ne peut avoir pour conséquence de les réduire à des contrats ordinaires auxquels s'appliquerait l'art. 86 [C. com., art. L. 642-7], V. • Douai, 12 oct. 1995 : *RPC 1996. 98, obs. crit. Soinne*. – Comp. : • Paris, 30 janv. 1997 : *Dr. sociétés 1997, n° 109, obs. Chaput*.

18. Contrats de travail. BIBL. Bailly, *Gaz. Pal. 2002. Chron. 1359* (contrat de travail et transfert de l'entreprise en difficulté). ♦ Les contrats de travail ne sont pas compris au nombre des contrats faisant l'objet d'une cession judiciaire conformément à l'art. 86 [C. com., art. L. 642-7], dès lors que les contrats de travail en cours lors de la cession d'entreprise subsistent en application de l'art. L. 122-12 [L. 1224-1] C. trav. entre le nouvel employeur et le personnel non licencié selon l'art. 63 [C. com., art. L. 642-5]. • Paris, 6 févr. 1987 : *D. 1987. IR 42* • Soc. 26 juin 1991, n° 90-46.055 P : *D. 1991. IR 213 ; JCP E 1992. II. 274, note Serret* • 30 juin 1992, n° 90-44.057 P. – V. aussi • Com. 8 nov. 1988 : *D. 1991. Somm. 107, obs. Derrida* • Soc. 14 mai 1997, n° 94-40.227 : *D. 1997. IR 193*. ♦ La décision du juge-commissaire d'ordonner la cession d'éléments d'actif n'est pas de nature à faire échec à l'application de l'art. L. 122-12, al. 2, [L. 1224-1] C. trav. • Soc. 31 mars 1998 : *D. 1998. IR 122*. ♦ Il en est ainsi, notamment, en cas de reprise postérieure à la liquidation judiciaire, même si l'exploitation a été interrompue durant un certain temps. • Paris, 3 déc. 1996 : *D. 1997. IR 29*.

Sur la nécessité de respecter la procédure protectrice des représentants du personnel, instituée notamment par l'art. L. 436-1, al. 5, [L. 2421-9] C. trav., visant le cas du transfert partiel d'entreprise, lorsque la cession intervient dans le cadre d'une procédure collective, V. • Crim. 30 janv. 1996, n° 94-83.509 : *D. 1996. IR 119.*

19. L'employeur peut s'engager à prendre en charge dans le cadre d'un plan de cession adopté par le tribunal de commerce, dont les salariés peuvent se prévaloir, les droits attachés aux contrats de travail transférés. • Soc. 30 juin 2016, n° 14-26.172 P : *D. 2016. Actu. 1495 ; LEDEN 9/2016. 4, obs. Pelletier ; APC 2016, n° 209, obs. Fin-Langer ; Gaz. Pal. 18 oct. 2016, p. 65, obs. Gailhbaud ; RPC 2016, n° 149, obs. Fin-Langer.*

20. L'obligation de non-concurrence, à laquelle est assortie une indemnité compensatrice, souscrite par des salariés compris dans un licenciement collectif pour motif économique mis en œuvre dans le cadre d'un plan de cession, se transmet à la société cessionnaire. • Soc. 6 déc. 1994, n° 91-42.173 P • Com. 21 oct. 1998 : *Dr. sociétés 1999, n° 8.*

21. *Cautionnement.* Le cautionnement est conclu entre le créancier et la caution de sorte qu'il ne peut être cédé parmi les contrats de la société débitrice, par application de l'art. 86 [C. com., art. L. 642-7]. • Com. 10 juill. 2001, n° 98-14.462 P : *D. 2001. AJ 2595, obs. Lienhard ; APC 2001, n° 201, obs. Vallansan ; JCP E 2002, n° 3, p. 128, obs. Cabrillac.*

3° CONTRATS NON CONTINUÉS

22. Avant la modification de l'art. 37 de la loi du 25 janv. 1985 par la loi du 10 juin 1994, un contrat non continué à la suite de l'option de l'administrateur pouvait malgré tout faire l'objet d'une cession reposant sur l'art. 86 de cette loi, si, à la date de la décision, aucune action en résiliation n'avait été introduite par le bailleur. • Paris, 21 nov. 1989 : *JCP E 1990. II. 15886, note Vallansan ; Rev. dr. bancaire 1990. 87, obs. Campana et Calendini.* – V. conf., sur pourvoi, • Com. 21 janv. 1992, n° 90-11.509 P : *D. 1992. IR 78.* ♦ La L. n° 94-475 du 10 juin 1994 a modifié l'art. 37, al. 1er [devenu C. com., art. L. 622-13], qui prévoit désormais la résiliation de plein droit des contrats non continués.

4° INAPPLICABILITÉ DE L'ART. L. 642-7 AUX CESSIONS D'ACTIFS

23. V. note 16 ss. art. L. 642-19.

C. CONTRATS NON REPRIS PAR LE PLAN DE CESSION

24. Les contrats non repris dans le plan de cession totale ne se trouvent pas résiliés par l'effet du jugement arrêtant ce plan. • Com. 6 oct. 2009, n° 07-15.325 P : *D. 2009. AJ 2484, obs. Lienhard ; RTD com. 2010. 191, obs. Saint-Alary-Houin ; LEDEN, nov. 2009, p. 4, obs. Rubellin ; RPC 2009, n° 161, obs. Roussel Galle ; JCP E 2010. 1011, n° 6, obs. Pétel ; Gaz. Pal. 8-9 janv. 2010, p. 24, obs. Voinot.* – Dans le même sens, sur renvoi, V. • Paris, 15 nov. 2012 : *BJE 2013. 80, note Lisanti.* ♦ V., désormais, sur la faculté pour le cocontractant de demander la résiliation du contrat, art. L. 642-7, dernier al., dans sa rédaction issue de l'Ord. n° 2014-326 du 12 mars 2014.

II. POUVOIRS DU TRIBUNAL

25. *Clause restrictive.* Le transfert des contrats déterminés par le tribunal est opposable à tous nonobstant l'existence d'une clause restrictive (à propos d'une clause de préférence souscrite au profit d'un bailleur commercial). • Caen, 9 nov. 2010 : *JCP E 2011. 1265, note Kendérian ; RPC 2011, n° 49, obs. Fraimout.*

26. *Créances antérieures.* Il ne résulte pas de l'art. 86 [C. com., art. L. 642-7] que le transfert des contrats (crédit-bail) puisse être subordonné à l'obligation imposée au cessionnaire de payer au cocontractant les prestations fournies avant le jugement d'ouverture. • Paris, 11 juill. 1986 : *préc. note 4.* ♦ Elles doivent faire l'objet d'une déclaration au passif. • Même arrêt.

27. *Délais de paiement (jurisprudence antérieure à la loi du 10 juin 1994).* Si le tribunal a le pouvoir d'imposer des délais de paiement au cocontractant, il ne saurait fixer une échéance supérieure au terme du contrat (crédit-bail). • Aix-en-Provence, 13 janv. 1988 : *D. 1988. 283, note Fabiani ; Gaz. Pal. 1988. 1. 248, note Bey ; Rev. dr. bancaire 1988. 208, obs. Dekeuwer-Defossez ; RPC 1988. 392, obs. Soinne* • Versailles, 27 mai 1987 : *JCP E 1987. I. 16790.*

28. L'art. 86 [C. com., ancien art. L. 621-88], al. 3, lui permettant d'« imposer » des délais de paiement, le tribunal peut y soumettre le cocontractant, sans qu'il soit nécessaire que le repreneur en fasse la demande. • Montpellier, 7 mai 1991 : *D. 1991. 557, note Derrida ; JCP 1991. II. 21717, note J.-H. Robert ; JCP E 1991. II. 224, note Bey ; Dr. sociétés 1992, n° 79, obs. Chaput.* ♦ Les délais de paiement s'analysant en un report d'exigibilité, le tribunal peut décider en conséquence que les intérêts moratoires ne courront pas pendant ces délais. • Même arrêt. ♦ L'avantage financier procuré au repreneur par ce report peut se traduire par une majoration du prix de chacune des cessions concernées. • Même arrêt.

L'art. L. 642-7 C. com., dans sa réd. issue de la L. n° 2005-845 du 26 juill. 2005, ne permet plus au tribunal d'accorder des délais de paiements au cessionnaire.

29. *Levée de l'option d'achat du crédit-bail cédé.* Le plafonnement prévu par l'art. L. 621-88 [L. 642-7], al. 4, C. com. (« dans la limite de la valeur du bien »), ne s'applique qu'aux sommes demeurées impayées du chef du précédent crédit-preneur en procédure collective, le cessionnaire n'étant pas dispensé du paiement de l'intégralité des sommes qui lui incombe personnellement au titre du contrat cédé. • Com. 23 nov. 2004, n° 03-13.035 P : *D. 2005. 510, note Le Corre-Broly*

; *ibid. Pan. 294, obs. Le Corre* ; *APC 2005, n° 12, obs. Vallansan ; JCP E 2005, n° 17, p. 708, obs. Pételn; RTD com. 2005. 598, obs. Saint-Alary-Houin* .

30. Le crédit-bailleur, avant l'intervention de la loi du 10 juin 1994, était tenu d'accepter la continuation du contrat et la cession, même si celle-ci ne portait que sur la levée de l'option, l'ensemble des loyers étant arrivé à échéance au jour de l'ouverture de la procédure collective, sans pouvoir se prévaloir, pour demander que cette cession fût subordonnée au paiement des loyers antérieurs non réglés, de la clause du contrat prévoyant l'exercice de la levée d'option sous la condition suspensive du paiement préalable des loyers échus. • Paris, 7 mars 1995 : *RPC 1996. 102, obs. Soinne.* ♦ Comp., désormais : art. L. 642-7, al. 4.

III. RÉGIME DES CONTRATS CÉDÉS

A. DATE DE TRANSFERT

31. Si le jugement arrêtant le plan de cession de l'entreprise emporte cession des contrats que le tribunal détermine, le transfert des droits et obligations résultant de ceux-ci ne prend effet qu'à la date de la conclusion des actes de cession ou de la prise de possession par le cessionnaire en vertu des dispositions du jugement ou de l'autorisation de l'administrateur lorsqu'elle intervient antérieurement à ces actes. • Com. 6 janv. 1998, n° 95-15.407 P : *D. 1998. IR 39* ; *D. Affaires 1998. 254, obs. A. L. ; Quot. jur. 17 févr. 1998, p. 6, note P. M. ; Rev. huiss. 1998. 1191, note Courtier.* – V. aussi • Com. 26 mai 1999 : *RPC 2001. 93, obs. Soinne.* ♦ V. encore note 7 ss. art. L. 642-8.

En cas de cession de contrats à exécution successive, le cessionnaire est tenu des créances correspondant à la période de jouissance postérieure à la date ainsi fixée, peu important l'exigibilité de ces créances, antérieure à cette date. • Même arrêt. ♦ *Contra*, en ce sens que la cession des contrats est effective dès le prononcé du jugement : • Paris, 18 oct. 1991 : *D. 1992. IR 19.*

B. PRINCIPE DU MAINTIEN DES STIPULATIONS

32. Lorsque le contrat a été conclu à durée indéterminée, chacun des cocontractants dispose à tout moment, sauf abus, de la faculté de subordonner la poursuite de la convention à une modification des obligations qu'elle comporte. • Com. 21 janv. 1992, n° 90-16.342 P : *JCP E 1992. I. 166, n° 6, obs. Cabrillac.*

33. Il résulte de l'art. 86 [C. com., art. L. 642-7], al. 3, que la cession des contrats intervenant en vertu d'une décision du tribunal et non de la volonté des parties n'emporte pas extinction de l'obligation préexistante et remplacement de celle-ci par une obligation nouvelle substituée à l'ancienne, aucun effet novatoire n'étant ainsi attaché à l'opération. • Com. 12 oct. 1993, n° 91-17.128 P : *D. 1994. 353, note Playoust* ; *Banque janv. 1994. 91, obs. Guillot ; RPC 1993. 512, obs. Soinne ; Dr. sociétés 1994, n° 6, obs. Chaput ; JCP E 1994. I. 348, n° 2, obs. Cabrillac et Pétel ; Defrénois 1994. 1237, obs. Sénéchal.* ♦ Dès lors, le contrat dans l'exécution duquel le repreneur succède au débiteur en redressement judiciaire étant celui-là même qui liait le cocontractant cédé au débiteur, il en résulte que ce dernier n'est pas déchargé du passif contractuel afférent à sa propre gestion et que, si la caution n'a pas à garantir les créances nouvelles nées du chef du repreneur depuis la cession, elle demeure tenue au titre des créances nées du chef du débiteur antérieurement à la cession. • Même arrêt. – Dans le même sens : • Com. 14 juin 1994 : *RJDA 1995, n° 71* • 14 oct. 1997 : *RJDA 1998, n° 193* • Agen, 23 oct. 1995 : *Cah. jurispr. Aquitaine 1996, n° 2, p. 920, note Saintourens* • Caen, 10 oct. 1995 : *LPA 7 févr. 1997, p. 23, note Gallet.* ♦ V. aussi notes 16 et 26 ss. art. L. 642-12. ♦ La novation par changement de débiteur ne peut résulter de la cession du contrat, ni de l'acceptation par le créancier des délais et remises tels qu'ils ont été repris par le plan. • Com. 14 févr. 1995 : *Banque 1995. 92, obs. Guillot ; RPC 1995. 171, obs. Soinne.*

Lorsqu'un contrat de crédit-bail, dont l'exécution est garantie par une caution, est cédé par application de l'art. 86 [C. com., art. L. 642-7], si la caution reste garante des loyers échus antérieurement à la cession, nés du chef du débiteur cédé, elle ne garantit pas les loyers postérieurs dus par le cessionnaire, dont elle n'a pas garanti les obligations, à moins que, par un nouvel engagement, elle ait donné sa garantie au cessionnaire pour le paiement de ces loyers. • Com. 21 nov. 1995, n° 93-20.387 P : *D. 1996. Somm. 336, obs. Aynès* ; *D. 1997. Somm. 5, obs. Derrida* ; *JCP 1996. II. 22635, note Jamin et Billiau ; Rev. dr. bancaire 1996. 36, obs. Campana et Calendini ; Rev. huiss. 1996. 460, note Courtier* • 6 juill. 1999 : *RJDA 1999, n° 1234 ; APC 1999, n° 203, obs. Legeais* • 26 oct. 1999 : *RJDA 2000, n° 92.*

34. La clause de résiliation de plein droit d'un contrat de franchise en cas de procédure collective est inopposable au cessionnaire. • Versailles, 13 mai 1993 : *RPC 1995. 172, obs. Soinne.*

C. CESSION DU BAIL COMMERCIAL

35. La clause contractuelle stipulant que la cession du bail est subordonnée à l'accord écrit du bailleur se trouve privée d'effet. • Com. 6 déc. 1994, n° 91-17.927 P : *D. 1997. Somm. 4, obs. Derrida* ; *Defrénois 1995. 964, obs. Sénéchal.* – Comp. : • Paris, 4 févr. 1993 : *RPC 1993. 520, obs. Soinne.*

36. Sauf disposition contraire du jugement arrêtant le plan de cession, la cession judiciaire forcée du bail commercial en exécution de ce plan n'est pas soumise aux exigences de forme prévues par ce contrat. • Com. 1er mars 2016, n° 14-14.716 P : *D. 2016. Actu. 597* ; *JCP E 2016. 1465, n° 5,* *obs. Pétel ; LEDEN 4/2016. 2, obs. Kenderian ; RJDA 2016, n° 384 ; BJE 2016. 169, note Rohart-Messager ; JCP N 2016. 1247, note Puygauthier ; Dr. et patr. juill.-août 2016. 86, obs. Monsèrié-Bon.*

37. Ayant retenu que, selon les termes d'un contrat de bail de locaux commerciaux, les sommes dues au bailleur à titre de « droit d'entrée » avaient le caractère d'une indemnité destinée à compenser la dépréciation de l'immeuble résultant de l'octroi au preneur de la propriété commerciale, et que l'étalement des échéances de cette indemnité n'en modifiait pas la nature, une cour d'appel en a exactement déduit que la créance du bailleur était née dès la conclusion du contrat, antérieurement au jugement d'ouverture du redressement judiciaire du preneur, que, par suite, l'art. 86 [C. com., art. L. 642-7] n'imposait pas au cessionnaire du contrat de bail de le payer, et qu'elle devait faire l'objet d'une déclaration entre les mains du représentant des créanciers de la société débitrice. • Com. 14 avr. 1992, n° 89-18.486 P : *D. 1994. Somm. 47, obs. Rozès ; JCP 1992. II. 21957, note Lévy.*

38. Le pacte de préférence constituant une créance de nature personnelle, la cession du contrat de bail ordonnée par le jugement arrêtant le plan de cession du preneur mis en redressement judiciaire n'emporte pas transmission au profit du cessionnaire du pacte de préférence inclus dans ce bail. • Com. 13 févr. 2007, n° 05-17.296 P : *D. 2007. AJ 648, obs. Lienhard (1re esp.) ; JCP E 2007. 1450, n° 2, obs. Pétel ; APC 2007, n° 66, obs. Monsèrié-Bon ; Gaz. Pal. 13-14 avr. 2007, p. 35, obs. Voinot ; ibid. 20-22 mai 2007, p. 23, note Brault ; RTD civ. 2007. 367, obs. P.-Y. Gautier ; RTD com. 2008. 856, obs. Saint-Alary-Houin.*

39. Pour l'obligation du repreneur de reconstituer le dépôt de garantie prévu par le bail, V. • Com. 16 sept. 2008, n° 06-17.809 P : *D. 2008. AJ 2345, obs. Lienhard ; APC 2008, n° 261, obs. Le Corre-Broly ; JCP E 2008. 2465, note Brault ; ibid. 2009. 1008, n° 6, obs. Cabrillac ; RPC 2009, n° 15, obs. Fraimout* • TGI Paris, 20 janv. 2015 : *RTD com. 2015. 47, obs. Kendérian ; BJE 2015. 226, note Reille.*

40. Sur l'application d'une clause résolutoire et d'une clause pénale contenues dans un bail, V. • Paris, 22 nov. 1990 : *Rev. loyers 1991. 153, note Gallet.*

41. Sur les conséquences d'un congé avec refus de renouvellement du bail délivré avant l'homologation du plan de cession du locataire, V. • Civ. 3e, 12 juill. 2000 : *LPA 16 mai 2001, p. 17, note Gallet ; Loyers et copr. 2001, n° 94, obs. Brault et Pereira.*

IV. VOIES DE RECOURS DU COCONTRACTANT

42. V. art. L. 661-6 (III).

Art. L. 642-8 *(L. n° 2005-845 du 26 juill. 2005, art. 111)* **En exécution du plan arrêté par le tribunal, le liquidateur ou l'administrateur lorsqu'il en a été désigné passe tous les actes nécessaires à la réalisation de la cession. Dans l'attente de l'accomplissement de ces actes et sur justification de la consignation du prix de cession ou d'une garantie équivalente, le tribunal peut confier au cessionnaire, à sa demande et sous sa responsabilité, la gestion de l'entreprise cédée.** — *Sur la déclaration au registre du commerce et des sociétés incombant au cessionnaire, V. C. com., art. R. 123-39.* — **C. com.**

Lorsque la cession comprend un fonds de commerce, aucune surenchère n'est admise.

V. art. R. 642-9 à R. 642-11.

COMMENTAIRE

En application de l'article L. 642-8, l'administrateur passe les actes de cession ; mais c'est le liquidateur qui, en vertu de l'article R. 642-10, perçoit le prix et le distribue aux créanciers. Une fois les actes passés, l'administrateur rend compte de l'accomplissement de sa mission au juge-commissaire, dépose son compte rendu de fin de mission et quitte la procédure (art. R. 642-11). C'est au liquidateur qu'il revient alors de signaler au juge-commissaire et au parquet les incidents à l'exécution du plan (art. R. 642-18 ; J. Deharveng, Le plan de cession dans la nouvelle architecture des procédures collectives, *D. 2006. Chron. 1047, spéc. 1048*).

Deux différences par rapport au régime de l'ancien article L. 621-89, dont l'article L. 642-8 s'inspire. D'une part, le cessionnaire ne peut plus désormais se voir confier la gestion de l'entreprise cédée dans la période intermédiaire, précédant la réalisation de la cession, qu'à sa demande (et sous sa responsabilité, alors que l'ancien article L. 621-89, à tout le moins ambigu sur ce point, prévoyait que la responsabilité incombait toujours à l'administrateur, sauf disposition expresse en sens contraire du jugement : Com. 9 juin 1992 : *cité note 5*), et surtout sur justification de la consignation du prix de cession ou d'une garantie équivalente. Les administrateurs s'assuraient déjà généralement que le prix de cession avait été intégralement payé ou que le cessionnaire disposait d'une caution bancaire. Notons encore, car c'est important en pratique, que la décision incombe, depuis la loi de 2005, au tribunal (et non plus à l'administrateur ou au liquidateur). Partant du constat que c'est surtout l'entreprise en difficulté qui a intérêt à faire supporter dans les plus brefs délais les risques de l'exploitation au repreneur, un auteur considère que cette demande devrait aussi pouvoir émaner de l'administrateur judiciaire, voire que ce transfert devrait pouvoir être imposé d'office par le tribunal, ce que le texte ne prévoit nullement (B. Soinne, Réalisme et confusion [à propos du projet de loi réformant le droit des procédures collectives], *D. 2004. Chron. 1506, n° 31* ; ce même auteur estime qu'il serait opportun que la juridiction prévoie un délai pour la prise de possession et donc implicitement mais nécessairement pour le paiement du prix, B. Soinne, Problématique de la nouvelle cession d'entreprise, *RPC 2006. 313, n° 30*).

D'autre part, la faculté de surenchère (vraisemblablement du sixième : V. F. Vauvillé, La cession d'actifs après la réforme du 26 juillet 2005, *Dr. et patr. 3/2006, p. 80, spéc. p. 86*) en cas de cession comprenant un fonds de commerce est expressément exclue. Cette précision met fin à une incertitude sur ce point (V. Rép. min. n° 11026 : *JO Sénat Q, 3 déc. 1998, p. 3879*). L'article L. 141-19 du code de commerce est modifié en conséquence. De même qu'est modifié l'article L. 141-12, afin d'écarter expressément les règles de publicité prévues par le droit commun des ventes de fonds de commerce, qui, jusqu'ici, faute de disposition explicite en ce sens, paraissaient devoir être appliquées. Mais, pour autant, lorsque le fonds de commerce est cédé au titre « des autres biens de l'entreprise » (art. L. 642-19), il ne semble pas justifié d'exclure le droit commun (publicités, opposition, surenchère du sixième et du dixième). Quant aux conséquences pratiques du nouveau texte, au regard des articles 8, B, 5°, et 15, B, du décret du 30 mai 1984 (devenus les art. R. 123-38, 6°, et R. 123-59), le Comité de coordination du RCS est d'avis que, le transfert de propriété s'opérant à la date de passation des actes nécessaires à la réalisation de la cession, l'acquéreur doit, dans l'attente de la réalisation de l'acte, déclarer au registre du commerce et des sociétés comme « origine du fonds » que l'activité est exercée dans l'attente de l'accomplissement des actes d'un plan de cession autorisé, puis, une fois la cession régularisée, déclarer l'acquisition du fonds en produisant l'acte de cession (Avis CCRS 02-95 et 02-96 : *BRDA 2006, n° 22, p. 4*). ❑

1. Transfert de propriété. S'il n'en est autrement décidé par le jugement arrêtant le plan, le transfert des biens et droits compris dans le plan s'opère à la date de passation des actes nécessaires à la réalisation de la cession, la modification qui en résulte dans la situation juridique de l'employeur se produisant également à cette date. • Com. 26 janv. 1993, n° 91-40.308 P : *D. 1993. 205, note F.D . ; Defrénois 1994. 564, obs. Sénéchal* • 25 mai 1993 : *RPC 1994. 234, obs. Soinne* • Soc. 19 oct. 1993 : *RJDA 1994, n° 336* • 10 janv. 1995 : *RPC 1996. 104, obs. Soinne.* – Dans le même sens, V. • Com. 3 mai 1994 : *RJDA 1994, n° 1214* • 6 déc. 1994, n° 91-17.684 P : *BJS 1995. 187 ; LPA 12 janv. 1995, p. 2.* ♦ V., aussi, sur l'évolution ultérieure de la jurisprudence de la chambre sociale, note 6. ♦ Sur la date de transfert des contrats cédés, V. note 31 ss. art. L. 642-7.

2. Transfert des risques. Dès lors qu'un plan de redressement organisant la cession totale d'une entreprise a été arrêté et que, par ailleurs, les dispositions relatives à la cession n'ont été assorties d'aucune restriction, elles impliquent, avec le transfert de l'unité de production, le transfert des risques et des charges de l'exploitation au cessionnaire. • Basse-Terre, 18 janv. 1999 : *BICC 1999, n° 1377.*

3. Pouvoirs de l'administrateur et du tribunal. A défaut de paiement du prix arrêté par le tribunal, l'administrateur peut légitimement refuser de signer l'acte de cession. • Douai, 11 oct. 1990 : *D. 1991. 526, note Derrida* . ♦ Il peut donc revendiquer les biens compris dans le plan et en reprendre possession ; à défaut de restitution, le prix de ces biens doit lui être versé. • Même arrêt.

En cas de refus du cessionnaire de signer les actes nécessaires à la réalisation de la cession, les juges peuvent prononcer la résolution du plan. • Com. 5 déc. 1995 : *RPC 1996. 471, obs. Soinne.* ♦ Ils peuvent également condamner le cessionnaire désigné à régulariser les actes sous astreinte. • Toulouse, 11 mai 1998 : *RPC 2001. 97, obs. Soinne.* ♦ Il a encore été jugé que si, hors le cas où son consentement a été vicié, le repreneur refuse de signer l'acte de cession, celle-ci peut être judiciairement constatée. • Aix-en-Provence, 23 oct. 1997 : *BICC 1998, n° 391 ; Gaz. Pal. 1998. 2. Somm. 573.* ♦ V. aussi, pour la substitution au débiteur récalcitrant d'un administrateur *ad hoc,* • Besançon, 6 déc. 1995 : *RPC 1996. 471, obs. Soinne.* ♦ Sur la responsabilité, V. note 8, et note 9 ss. art. L. 642-11.

4. Il appartient à l'administrateur, investi du pouvoir de passer tous les actes nécessaires à la réalisation de la cession en exécution du plan arrêté, de veiller à la stricte conformité desdits actes à ce plan et au commissaire [liquidateur ou administrateur, depuis la L. du 26 juill. 2005] chargé de veiller à l'exécution du plan d'attaquer les actes passés, opposables aux seules parties, notamment les contrats de vente, qui ne respecteraient pas le contenu, opposable à tous, de la décision judiciaire irrévocable arrêtant ou modifiant le plan. • Com. 8 juin 1999 : *RJDA 1999, n° 968.* ♦ S'agissant de la cession de contrats de concession sur les marchés nationaux, il appartient à l'administrateur de veiller à ce que le cessionnaire obtienne l'autorisation préfectorale nécessaire, la cession ordonnée par le tribunal n'étant pas inconciliable avec cette exigence. • Paris, 17 oct. 1991 : *D. 1991. IR 275.*

5. Gestion de l'entreprise cédée. Sous le régime antérieur à la loi du 26 juill. 2005, il avait été jugé que, sauf disposition du jugement arrêtant le plan de cession qui aurait prévu la prise de possession immédiate de l'entreprise cédée par le cessionnaire sous sa responsabilité, la gestion par celui-ci de l'entreprise, dans l'attente de l'accomplissement des actes nécessaires à la réalisation de la cession, s'effectue, selon l'art. 87 [C. com., anc. art. L. 621-89], al. 2, sous la responsabilité de l'administrateur. • Com. 9 juin 1992, n° 90-13.400 P : *D. 1992. IR 221 ; Defrénois 1993. 521, obs. Sénéchal ; JCP E 1993. II. 479, note Blanc.* ♦ Comp., désormais : art. L. 642-8, dans sa réd. issue de la L. n° 2005-845 du 26 juill. 2005.

Dès lors qu'un plan de cession prévoit la poursuite de l'ensemble des contrats de travail en cours et comporte la mention que le projet de reprise est d'effet immédiat, l'URSSAF ne bénéficie pas des dispositions de l'art. 40 [C. com., art. L. 622-17] pour le paiement des cotisations sociales postérieures au jugement ayant arrêté le plan (le cessionnaire se trouvait, en effet, autorisé, dès le prononcé de la décision, à poursuivre l'activité de l'entreprise sous sa propre responsabilité avec l'obligation corrélative d'assumer, notamment, le paiement des cotisations sociales liées aux contrats de travail maintenus en exécution de ce plan). • Com. 31 mars 1998, n° 95-21.740 P : *D. 1998. IR 119 ; D. Affaires 1998. 764, obs. P. P. ; JCP E 1998, n° 36, p. 1357, obs. Cabrillac ; RPC 1998. 384, obs. Soinne ; RTD com. 1998. 942, obs. Martin-Serf.*

V. aussi note 12.

En sa qualité d'exploitant effectif, le cessionnaire de l'entreprise a qualité pour agir en contrefaçon. • Com. 11 févr. 1997 : *D. 1998. Somm. 8, obs. Derrida.*

6. L'administrateur [Le tribunal], en confiant la gestion de l'entreprise au cessionnaire, lui a transféré une entité économique ayant conservé son identité et dont l'activité est poursuivie, d'où il suit que le cessionnaire est devenu l'employeur ; ne sont donc pas nulles les transactions intervenues entre des salariés et le cessionnaire. • Soc. 26 nov. 1996, n° 95-42.006 P : *D. 1998. Somm. 8, obs. Derrida ; Rev. sociétés 1997. 883, note Caronna.* ♦ Comp., pour la position antérieure de la chambre sociale : note 1.

7. Il s'infère de l'art. 87 [C. com., art. L. 621-89], al. 2, que le transfert des droits et obligations résultant des contrats cédés peut, par exception au principe général, prendre effet dès la prise de possession du cessionnaire et non pas seulement à la date de régularisation des actes de cession par l'administrateur. • Versailles, 23 mars 2000 : *RJ com. 2000. 273, note Martin-Serf.* ♦ V. aussi note 31 ss. art. L. 642-7.

8. Sur la responsabilité du cessionnaire pour refus de réalisation de la cession aux conditions de son offre, V., en ce sens que la prise de possession, prévue à l'art. 87 [C. com., art. L. 621-89], al. 2, n'équivaut pas à l'exécution de l'obligation de délivrance, • Com. 14 oct. 1997, n° 95-13.143 P : *D. 1998. Somm. 9, obs. Derrida ; Rev. huiss. 1998. 679, note Courtier ; RPC 1998. 384, obs. Soinne.*

V. note 5 ss. art. L. 642-18.

9. Arrêt de l'exécution provisoire. V. note 11 ss. art. 155 du décret du 27 déc. 1985.

10. Modalités des actes nécessaires à la réalisation. Les actes nécessaires à la réalisation d'un plan de cession ne pouvant avoir pour effet de modifier le contenu du plan homologué [prévoyant, en l'espèce, la reprise du bail de sous-location en cours avec le crédit-preneur], la condition suspensive [de l'accord du crédit-bailleur] insérée à l'acte de cession est dépourvue de tout effet juridique en ce qu'elle contredit les termes du jugement arrêtant le plan de cession. • Civ. 3e, 7 déc. 2011 : *D. 2012. Actu. 88 ; Gaz. Pal. 27-28 avr. 2012, p. 25, obs. Voinot ; RJDA 2012, n° 567 (1re esp.).* ♦ Dès lors que le tribunal a ordonné une cession totale et immédiate des actifs de l'entreprise, une cour d'appel, qui n'a pas imposé de charges autres que les engagements souscrits, en déduit exactement que la clause résolutoire insérée à l'acte de cession et destinée à s'appliquer en cas de refus d'agrément par l'administration des douanes, est dépourvue de tout effet juridique, en ce qu'elle contredit les termes du plan de cession homologué par le tribunal. • Com. 9 janv. 1996, n° 94-11.321 P : *D. 1998. Somm. 11, obs. Derrida ; JCP E 1996. I. 554, n° 8, obs. Cabrillac ; LPA 22 janv. 1997, p. 31, note Courtier ; RPC 1998. 374, obs. Soinne.*

11. Clause d'agrément. L'administrateur, chargé de passer tous les actes nécessaires à la réalisation de la cession est tenu, pour la vente des actions en cause, de respecter la clause des statuts de la société imposant l'agrément préalable du conseil d'administration. • Com. 31 janv. 1995, n° 91-20.735 P : *D. 1995. 426, note Parléani ; Rev. sociétés 1995. 320, note Le Nabasque ; JCP 1995. II. 22460, note Guyon ; BJS 1995. 342, note Couret ; Defrénois 1995. 696, obs. Hovasse ; RPC 1995. 163, obs. Soinne ; LPA 2 août 1995, p. 24, note Courtier.* ♦ De même, doit être respectée la procédure d'agrément des cessions de parts de SARL, prévue par l'art. 45 de la loi du 24 juill. 1966 [C. com., art. L. 223-14]. • Versailles, 28 mars

1996 : *RJDA 1996, n° 796.* ♦ V., s'agissant d'une entreprise de presse, pour le jeu d'une clause statutaire d'agrément exigeant un vote unanime du conseil d'administration en cas de cession de parts sociales, quelle que soit la forme prise par celle-ci : • Aix-en-Provence, 7 avr. 2022, n° 22/00785 : *BJS 7-8/2022. 38, note Grundeler ; RJDA 2023, n° 30.* ♦ V. aussi note 7 ss. anc. art. L. 622-17.

12. Effets de l'annulation du plan de cession. En cas d'annulation du plan de cession, les créances découlant de commandes passées entre la date du jugement arrêtant le plan et la date d'annulation de ce plan, par le cessionnaire, qui avait pris possession de l'entreprise en vertu d'une disposition expresse dudit jugement, ne peuvent bénéficier de l'art. 40 [C. com., art. L. 622-17]. • Com. 28 janv. 1997, n° 94-21.401 P : *D. 1998. Somm. 10, obs. Derrida ; D. Affaires 1997. 277 ; JCP E 1997. I. 651, n° 3, obs. Cabrillac ; Rev. dr. bancaire 1997. 79, obs. Campana et Calendini ; RTD com. 1997. 688, obs. Martin-Serf.*

13. Effets de la résolution du plan de cession. V. art. L. 642-11, al. 3, et note 8 s. ss. cet art.

Art. L. 642-9 *(L. n° 2005-845 du 26 juill. 2005, art. 111)* **Tant que le prix de cession n'est pas intégralement payé, le cessionnaire ne peut, à l'exception des stocks, aliéner ou donner en location-gérance les biens corporels ou incorporels qu'il a acquis.**

Toutefois, leur aliénation totale ou partielle, leur affectation à titre de sûreté, leur location ou leur location-gérance peut être autorisée par le tribunal après rapport du liquidateur qui doit préalablement consulter le comité *(Ord. n° 2021-1193 du 15 sept. 2021, art. 56, en vigueur le 1er oct. 2021)* **« social et économique ». Le tribunal doit tenir compte des garanties offertes par le cessionnaire.** — *Pour les dispositions transitoires de l'Ord. n° 2021-1193 du 15 sept. 2021, V. note ss. art. L. 611-2.*

Toute substitution de cessionnaire doit être autorisée par le tribunal dans le jugement arrêtant le plan de cession, sans préjudice de la mise en œuvre des dispositions de l'article L. 642-6. L'auteur de l'offre retenue par le tribunal reste garant solidairement de l'exécution des engagements qu'il a souscrits.

Tout acte passé en violation des alinéas qui précèdent est annulé à la demande de tout intéressé ou du ministère public, présentée dans le délai de trois ans à compter de la conclusion de l'acte. Lorsque l'acte est soumis à publicité, le délai court à compter de celle-ci.

COMMENTAIRE

L'article L. 642-9 a repris les dispositions abrogées de l'ancien article L. 621-91. Mais la loi du 26 juillet 2005 a donné force légale à la solution jurisprudentielle posée par la Cour de cassation quant à la substitution du repreneur (V. note 3) : la substitution du cessionnaire suppose l'accord du tribunal dans le jugement arrêtant le plan de cession (sauf, pour le cessionnaire, à saisir ultérieurement le tribunal pour « modification substantielle dans les objectifs et les moyens du plan », en vertu de l'art. L. 642-6) ; et, malgré la substitution, l'auteur de l'offre retenue par le tribunal, autrement dit le cessionnaire initial, reste garant solidairement des engagements qu'il a souscrits. En revanche, la question était posée de savoir si la disposition pouvait conduire à étendre la garantie aux engagements résultant des contrats cédés par le plan, contrairement à ce qu'avait jugé la chambre commerciale sous l'empire de la loi ancienne (Com. 27 sept. 2011 : *cité note 3* ; V. aussi Com. 16 sept. 2014 : *ibid.*), puisque le texte ne comporte pas pareille restriction, et cela d'autant plus, selon l'argument de Françoise Pérochon, qu'il appartient à l'auteur de l'offre, depuis la réforme de 2005, à la fois d'indiquer les contrats inclus dans l'offre et de s'engager sur la durée de chacun des engagements pris (art. L. 642-2-II, 1° et 8° ; F. Pérochon, Entreprises en difficulté, *LGDJ, 11e éd., 2022, n° 2229*). Mais certains doutaient de cette interprétation, estimant que ce n'est pas le choix des contrats, joint au caractère sérieux de l'offre, qui obligerait plus le repreneur à les exécuter aujourd'hui que par le passé. Comme l'exposait le professeur Juillet, en effet, si l'on admet que ce qui oblige le repreneur, c'est la cession de contrat elle-même, rien n'empêcherait la Cour de cassation de reconduire sa solution sous l'empire de la loi de 2005, et d'autant plus facilement que, pour ce faire, il lui suffirait de s'appuyer sur une lecture *a contrario* de l'article L. 642-9, alinéa 3, qui, tout en prévoyant que le substituant demeure garant des engagements qu'il a personnellement souscrits, reste silencieux à propos des engagements inclus dans la cession. Cet auteur espérait cependant que la chambre commerciale optât plutôt pour l'interprétation par analogie (V. note C. Juillet, *D. 2011. 2852*).

A la lumière de cet éclairage doctrinal, il semble bien que, dans son arrêt du 12 juillet 2016 (V. note 2), la chambre commerciale ait suivi cette voie étroite, conduisant au maintien de la jurisprudence. Le résultat est bien toujours celui-ci, en effet : « L'engagement de poursuivre ces contrats résultant du plan arrêté par le tribunal ne s'étend pas à la garantie, envers les cocontractants cédés, de la bonne exécution des obligations en résultant par le cessionnaire substitué ». Ultérieurement, la formulation sera différente, mais sans en modifier la portée : « Si l'auteur de l'offre d'acquisition retenue par le tribunal ne garantit pas, en cas de substitution par un cessionnaire autorisé, la bonne exécution des obligations résultant des contrats cédés en exécution du plan, il est garant de leur poursuite par le cessionnaire substitué et reste tenu de ses propres engagements » (Com. 20 sept. 2017 : *cité note 2*). Un autre arrêt a précisé que l'auteur de l'offre ne garantit pas l'exécution de l'obligation légale qui pèse sur le cessionnaire de s'acquitter des échéances du prêt, sauf engagement personnel de sa part (Com. 30 janv. 2019 : *cité note 2*). En revanche, l'acceptation de la faculté de substitution ne déchargeant jamais, à elle seule, le débiteur originaire de sa dette, dès lors que celui-ci n'avait pas soumis la clause de substitution au profit d'une société en cours de création à la condition que l'éventuelle substitution s'opérerait sans garantie de l'acquéreur substitué, il reste tenu, aux termes de son offre, du paiement du prix de cession (Com. 14 nov. 2019 : *cité note 2*). ❑

1. Interdiction d'aliéner. La résiliation d'un contrat de bail n'entre pas dans les prévisions de l'art. 89 [C. com., art. L. 642-9], al. 1er. • Com. 8 juin 1999, n° 96-19.437 P : *D. 1999. IR 186 ; D. Affaires 1999. 1041, obs. A. L. ; RTD com. 1999. 962, obs. Saint-Alary-Houin ; JCP E 2000, n° 4, p. 125, obs. Cabrillac ; RPC 2001. 88, obs. Soinne.*

2. Substitution de cessionnaire (jurispr. issue de la L. du 26 juill. 2005). En l'absence d'autorisation par le tribunal ayant arrêté le plan de redressement d'une substitution de cessionnaire, les contrats de travail des salariés de l'entreprise cédée dont l'emploi est maintenu par le plan sont de plein droit transférés au cessionnaire. • Soc. 31 janv. 2024, n° 22-10.276 B : *D. 2024. Actu. 212 ; LEDEN 3/2024. 6, obs. de Frémont ; Gaz. Pal. 24 sept. 2024, p. 61, obs. Gailhbaud.* ♦ Il résulte de l'art. L. 642-9, al. 3, que l'auteur de l'offre retenue par le tribunal, autorisé à se substituer un tiers cessionnaire, reste garant solidairement de l'exécution des engagements qu'il a souscrits dans sa proposition de reprise, parmi lesquels ceux relatifs à la poursuite des contrats qui y figurent en application de l'art. L. 642-2-II-1° et dont la cession a été ordonnée par le jugement arrêtant le plan ; l'engagement de poursuivre ces contrats résultant du plan arrêté par le tribunal ne s'étend pas à la garantie, envers les cocontractants cédés, de la bonne exécution des obligations en résultant par le cessionnaire substitué. • Com. 12 juill. 2016, n° 15-16.389 P : *D. 2016. Actu. 1559, obs. Lienhard ; Rev. sociétés 2016. 554, obs. Henry ; JCP E 2016. 1519, note Brignon ; LEDEN 10/2016. 4, obs. Pelletier ; Gaz. Pal. 18 oct. 2016, p. 59, obs. Voinot ; RJDA 2016, n° 802 ; BJE 2016. 405, note Vincent.* ♦ Dans le même sens, V. • Com. 20 sept. 2017, n° 16-14.065 P : *cité note 54 ss. art. L. 622-13* • 7 oct. 2020, n° 19-11.759 : *RTD com. 2021. 209, obs. Saint-Alary-Houin.* ♦ V. déjà, en ce sens, avant la loi du 26 juill. 2005 : Com. 7 janv. 2003 et 27 sept. 2011 (cités note 3). ♦ Ainsi, l'auteur de l'offre ne garantit pas l'exécution de l'obligation légale qui pèse sur le cessionnaire de s'acquitter des échéances du prêt transféré, sauf engagement personnel de sa part. • Com. 30 janv. 2019, n° 17-15.036 P : *D. 2019. Actu. 253 ; Rev. sociétés 2019. 221, obs. Roussel Galle ; RTD com. 2019. 500, obs. Saint-Alary-Houin ; RJDA 2019, n° 280 ; LEDEN 5/2019. 6, obs. François ; BJE 5-6/2019. 23, note Favario ; RPC 2019, n° 74, obs. Monsèrié-Bon ; RJ com. 2019. 281, obs. Debost.* ♦ Dès lors que l'auteur de l'offre n'a pas soumis la clause de substitution au profit d'une société en cours de création à la condition que l'éventuelle substitution s'opérerait sans garantie de l'acquéreur substitué, il reste tenu, aux termes de son offre, du paiement du prix de cession. • Com. 14 nov. 2019, n° 18-18.833 P : *D. 2019. Actu. 2244 ; JCP E 2020. 1204, n° 8, obs. Pétel ; LEDEN 1/2020. 3, obs. Rubellin ; BJE 1-2/2020. 31, note Lafaurie ; RJDA 2020, n° 96 ; RPC 2020, n° 36, obs. Cerati-Gauthier.*

3. Substitution de cessionnaire (jurispr. antérieure à la L. du 26 juill. 2005). **BIBL.** Robinot et Lafortune, *Gaz. Pal. 1990. 1. Doctr. 221.* – C. Vincent, *LPA 25 nov. 1998 ; D. 2004. Chron. 686* (portée de la garantie de l'auteur de l'offre de reprise). ♦ Dès lors que, en application de l'art. 62 [C. com., ancien art. L. 621-63], le tribunal a arrêté le plan de cession proposé par une société et qu'il a désigné cette société comme étant tenue d'exécuter ce plan, cette société se trouve seule tenue de son exécution. • Com. 12 févr. 1991, n° 89-15.845 P : *BJS 1991. 633, note Pétel.* ♦ Il résulte de l'art. 62 [C. com., ancien art. L. 621-63] que, si l'offre de cession est assortie d'une faculté de substitution, celle-ci, qui ne peut être exercée qu'en cas d'accord du tribunal, ne décharge pas son auteur de ses obligations. Ce dernier demeure donc personnellement engagé par le plan de cession adopté. • Com. 8 déc. 1998, n° 95-16.503 P : *D. Affaires 1999. 80, obs. A. L. ; JCP E 1999, n° 18-19, p. 809, obs. Cabrillac et Pétel ; LPA 11 mars 1999, p. 10, note P. M. ; JCP 2000. II. 10234, note Brocard et Jeuland ; RJ com. 2000. 214, note Courtier.* ♦ Toutefois, cette garantie ne s'étend pas à l'exécution des engagements résultant des contrats cédés par le plan. • Com. 7 janv. 2003, n° 00-14.120 P : *D. 2003. AJ 276* ; *JCP E 2003, n° 20, p. 851, obs. Pétel* ; *Dr. et patr. 6/2003. 100, obs. Monsèrié-Bon* • 27 sept. 2011, n° 10-24.836 P : *D. 2011. 2852, note Juillet* ; *APC 2011, n° 267, obs. Cagnoli, RJDA 2011, n° 1061* ; *BJE 2012. 15, note Vincent* ; *Gaz. Pal. 20-21 janv. 2012, p. 25, obs. Voinot.* ♦ ... Ou au paiement, au prêteur, en application de l'art. L. 621-96, al. 3 [L. 642-12, al. 4], C. com., des échéances du crédit dues à compter du transfert de la propriété du bien financé inclu dans le plan. • Com. 16 sept. 2014, n° 13-17.189 P : *D. 2014. Actu. 1869* ; *JCP E 2014. 1637, n° 3, obs. Pétel* ; *LEDEN 10/2014. 5, obs. Le Corre* ; *APC 2014, n° 273, obs. Vallansan* ; *BJS 2014. 452, note Pailler* ; *LEDEN 12/2014. 3, obs. Rubellin* ; *RJDA 2014, n° 921* ; *Journ. sociétés 12/2014. 53, obs. Cerati-Gauthier* ; *RPC 2014, n° 165, obs. Fraimout* ; *BJE 2015. 21, note Vincent.* ♦ Est inopérante et de nul effet la substitution du cessionnaire désigné dans le plan de redressement, même si le débiteur a agi avec l'assistance de l'administrateur, une telle substitution ne pouvant pas être réalisée par le seul consentement des parties. • Paris, 31 oct. 1989 : *D. 1991. Somm. 14, obs. Derrida* .

4. Si le jugement arrêtant un plan de cession autorise le cessionnaire à se substituer toute personne physique ou morale sous la condition expresse de solidarité du paiement du prix et de maintien des contrats de travail, le tribunal, en organisant la cession de la totalité des actifs, sans régler la composition des ensembles des éléments d'exploitation, qui pouvait seule permettre le fractionnement de l'entreprise, interdit de la sorte au cessionnaire de recourir, le cas échéant, à une substitution autre que totale. • Com. 16 juill. 1991, n° 90-13.220 P : *D. 1996. Somm. 4, obs. Derrida* ; *Dr. sociétés 1991, n° 377* ; *JCP E 1991. I. 100, n° 5, obs. Pétel et Cabrillac.*

5. Il y a lieu de faire droit à la demande de modification d'un plan de cession, dès lors que, d'une part, elle est motivée par la restructuration de l'entreprise et la procédure pénale qui s'en est suivie, événements survenus après l'adoption du plan et créant une situation nouvelle que rien ne laissait prévoir et que, d'autre part, elle tend au remplacement du cessionnaire par une société financière nouvellement créée afin de soustraire le plan de cession à une possible remise en cause sur le fondement de l'art. 207, al. 3 [C. com., art. L. 654-12], ce qui permettra d'assurer une meilleure sauvegarde de l'entreprise et de l'emploi. • Paris, 11 mai 1993 : *D. 1994. Somm. 43, obs. Derrida* .

6. Comp., désormais : art. L. 642-9, al. 3, dans sa réd. issue de L. n° 2005-845 du 26 juill. 2005.

Art. L. 642-10 *(Ord. n° 2008-1345 du 18 déc. 2008, art. 114)* **« Le tribunal peut prévoir dans le jugement arrêtant le plan de cession que tout ou partie des biens cédés ne pourront être aliénés, pour une durée qu'il fixe, sans son autorisation.**

« La publicité de l'inaliénabilité temporaire est assurée dans des conditions fixées par un décret en Conseil d'État. — *V. art. R. 642-12 s.*

« Lorsque le tribunal est saisi d'une demande d'autorisation d'aliéner un bien rendu inaliénable en application du premier alinéa, il statue, à peine de nullité, après avoir recueilli l'avis du ministère public. »

(L. n° 2005-845 du 26 juill. 2005, art. 111) **« Tout acte passé en violation des dispositions du premier alinéa est annulé à la demande de tout intéressé ou du ministère public, présentée dans le délai de trois ans à compter de la conclusion de l'acte. Lorsque l'acte est soumis à publicité, le délai court à compter de celle-ci. »**

L'Ord. n° 2024-562 du 19 juin 2024 modifiant et codifiant le droit de la publicité foncière, qui devait entrer en vigueur à une date fixée par décret en Conseil d'État et au plus tard le 31 déc. 2028, ajoutait une phrase aux 2ᵉ et 4ᵉ al. de l'art. L. 642-10 (Ord. préc., art. 11 et 25). Faute de dépôt devant le Parlement d'un projet de loi de ratification dans le délai imparti (avant le 20 sept. 2024), l'Ord. préc. est caduque.

Ancien art. L. 642-10 (al. 1er et 2) *[réd. issue de L. n° 2005-845 du 26 juill. 2005]* ***Le tribunal peut assortir le plan de cession d'une clause rendant inaliénable, pour une durée qu'il fixe, tout ou partie des biens cédés.***

La publicité de cette clause est assurée dans des conditions fixées par un décret en Conseil d'État.

COMMENTAIRE

De la réécriture, par l'ordonnance du 18 décembre 2008, de l'article L. 642-10 résulte essentiellement que, désormais, l'inaliénabilité temporaire des biens cédés, le cas échéant prévue dans le jugement arrêtant le plan de cession, peut être levée sur autorisation du tribunal. Celui-ci ne peut, cependant, statuer que sur avis demandé du ministère public. ❑

En cas de cession d'une société, l'art. L. 642-10 n'autorise pas le juge à prononcer l'inaliénabilité des parts constitutives du capital de la société. • Paris, 1er juill. 2008 : *BJS 2008. 1008, note Cerati-Gauthier.*

Art. L. 642-11 *(L. n° 2005-845 du 26 juill. 2005, art. 111)* **Le cessionnaire rend compte au liquidateur de l'application des dispositions prévues par le plan de cession.**

Si le cessionnaire n'exécute pas ses engagements, le tribunal peut, à la demande du ministère public d'une part, du liquidateur, d'un créancier, de tout intéressé ou d'office, après avoir recueilli l'avis du ministère public, d'autre part, prononcer la résolution du plan sans préjudice de dommages et intérêts.

Le tribunal peut prononcer la résolution ou la résiliation des actes passés en exécution du plan résolu. Le prix payé par le cessionnaire reste acquis.

V. art. R. 642-18.

BIBL. ▸ Le Corre, *Gaz. Pal. 2-3 juill. 2010, p. 9* (résolution du plan de cession et adoption d'un second plan de cession).

COMMENTAIRE

A la reprise de la dernière phrase du dernier alinéa de l'ancien article L. 621-91, l'article L. 642-11, issu de la loi du 26 juillet 2005, a ajouté que la résolution du plan de cession n'exclut pas la condamnation du cessionnaire à des dommages-intérêts. Ce qui confirme une solution jurisprudentielle (V. note 5).

La loi de 2005 a accordé la faculté au tribunal de prononcer la résolution ou la résiliation des actes passés en exécution du plan résolu, par dérogation implicite (dans l'hypothèse d'un cessionnaire soumis à une procédure collective) à la règle d'interdiction des actions tendant à la résolution d'un contrat après le jugement d'ouverture (art. L. 622-21). Ces actes ne sont donc pas automatiquement caducs (A. Couret, Le plan de cession, mesure de redressement ou de liquidation, *in* La loi du 25 janvier 1985 a 20 ans ! Entre bilan et réforme, *RLDA, mars 2005, suppl., p. 42, spéc. p. 48*).

Notons que le droit de demander la résolution est ouvert à « tout intéressé », ce qui permettrait, par exemple, aux salariés et à leurs représentants d'agir en cas de méconnaissance des engagements souscrits en matière d'emploi (Ph. Pétel, La réforme des plans de redressement, colloque CRAJEFE du 27 mars 2004, *LPA 10 juin 2004, p. 34, n° 39* ; sur les problèmes particuliers que pose la reprise des offices publics ou ministériels, V. S. Rétif, L'extension des procédures collectives aux professions libérales, *Dr. et patr. 3/2006, p. 95, spéc. p. 105*).

La Cour de cassation avait jugé à cet égard que la résolution du plan de cession n'avait pas pour effet d'entraîner de plein droit la résolution des actes de cession (V. note 8). L'option prise par l'article L. 642-11 paraît plus souple et pragmatique que la solution, parfois suggérée, consistant en la caducité découlant du plan. Quoi qu'il en soit, la loi fait montre de rigueur envers le cessionnaire, qui reste tenu des engagements souscrits et ne saurait tirer argument de l'effet rétroactif attaché à la résolution pour demander restitution du prix payé. Celui-ci, précise le texte, « reste acquis ». Dès lors, la notion de « résiliation » conviendrait sans doute mieux.

Tout comme l'ancien article L. 621-91, l'article L. 642-11 est muet sur les conséquences de la résolution sur la procédure collective du cédant. La Cour de cassation avait décidé que la résolution avait pour effet d'ouvrir une nouvelle procédure de redressement judiciaire (Soc. 14 déc. 1999 : *D. 2001. Somm. 121, obs. Derrida*). Mais cette solution, qui pouvait alors s'autoriser de l'analogie avec le cas de la résolution du plan de cession précédé d'une location-gérance (anc. art. L. 621-98, al. 3), pourrait être abandonnée dès lors que ce dernier texte n'a pas été repris par le législateur de 2005. Ce serait alors la procédure de liquidation judiciaire, non clôturée, qui reprendrait, avec le risque, pour les créanciers du cédant, de se retrouver en concours, sur le patrimoine de celui-ci, avec les créanciers dont la créance est née au cours de l'exploitation de l'entreprise par le cessionnaire (P. Froehlich et M. Sénéchal, *in* La loi de sauvegarde, article par article [2e partie], *LPA 9 févr. 2006, p. 29*). ❑

1. Responsabilité fiscale du cessionnaire. BIBL. Jadaud, *LPA 16 juin 1993.* ♦ Sur l'application de l'art. 1684-1 CGI, V. Soinne, *RPC 1992. 412.*

2. Absence de garantie de passif légale. Dans le cadre de la cession d'entreprise prévue par les art. 81 s. [C. com., art. L. 642-1 s.], le cessionnaire n'a aucune obligation envers les créanciers réunis dans la procédure collective de leur débiteur. A l'exception de certains biens grevés d'une sûreté, il n'est tenu en aucune façon des dettes du cédant, seules pesant sur lui l'obligation de paiement du prix et les contraintes instituées par la loi pour assurer le maintien de l'activité. • Versailles, 17 mars 1994 : *Dr. sociétés 1994, n° 174, obs. Chaput.* ♦ La caution d'un prêt non compris dans le plan de cession n'est pas déchargée, le cessionnaire ne se substituant pas au débiteur dans ses obligations à l'égard de ses créanciers. • Com. 3 mai 1994 : *Rev. dr. bancaire 1995. 42, obs. Campana et Calendini.*

3. Cautionnement des engagements souscrits. V. obs. Soinne, *RPC 1998. 254 ; ibid. 2001. 72.*

4. Engagement conventionnel. BIBL. Calendini, *BJS 1995. 733* (à propos de Com. 3 janv. 1995). ♦ Le cessionnaire peut, par une clause spéciale de l'acte de cession, prendre l'engagement de régler, outre le prix de cession, une dette antérieure du cédant. • Com. 30 nov. 1993 : *Rev. huiss. 1994. 225 ; Dr. sociétés 1994, n° 28, obs. Chaput* • 17 mai 1994, n° 92-13.216 P : *D. 1996. Somm. 221, obs. Pérochon ; RTD com. 1996. 130, obs. Martin-Serf .* ♦ Il contracte alors, en tant que tiers, une obligation personnelle envers le créancier concerné qui résulte directement du jugement arrêtant le plan de cession, opposable à tous. • Com. 3 janv. 1995, n° 92-22.004 P : *D. 1995. IR 39 ; RJ com. 1995. 198, rapp. Rémery ; JCP E 1995. I. 455, n° 4, obs. Pételet Cabrillac ; RPC 1995. 137, obs. Soinne.* ♦ Dans le silence de l'acte de cession, l'action en exécution de cette obligation n'est pas soumise à la procédure de déclaration des créances. • Com. 3 janv. 1995 : *préc.*

5. Responsabilité à l'égard des tiers du cessionnaire n'ayant pas respecté ses engagements. Toute personne qui a intérêt au respect de l'engagement unilatéralement pris peut faire valoir la faute du cessionnaire qui se délie abusivement d'une obligation destinée par la nature de son contenu à se prolonger dans le temps (recevabilité de l'action en responsabilité civile engagée par une commune sur le site de laquelle le cessionnaire s'était engagé à maintenir l'activité). • Com. 28 mars 2000, n° 98-12.074 P : *D. 2000. AJ 210, obs. Lienhard ; JCP E 2000, n° 40, p. 1561, obs. Pétel ; APC 2000, n° 108, obs. Vallansan ; RDBF 2000, n° 72, obs. F.-X. Lucas ; RTD com. 2000. 727, obs. Vallens ; ibid. 2001. 222, obs. Saint-Alary-Houin .* – V. concl. Piniot, *RJDA 2000, p. 594.* ♦ V. désormais, sur la possibilité de condamner le cessionnaire à des dommages-intérêts : art. L. 642-11, al. 2.

6. Motifs de résolution du plan de cession. Pour une illustration, V. • Chambéry, 23 mai 2023, n° 22/01754 : *RPC 2023, n° 79, obs. Lafaurie.*

7. Portée de la résolution du plan de cession. En ce sens que la résolution du plan de cession n'entraînant pas l'ouverture d'une nouvelle procédure collective, elle n'impose aucune nouvelle déclaration de créance de la part des créanciers, V. • Paris, 9 févr. 2000 : *D. 2000. AJ 200, obs. Lienhard .* ♦ Pour l'irrecevabilité d'une déclaration de créance faite dans la seconde procédure, ouverte après résolution du plan de cession, lorsque le créancier n'a pas déclaré dans la première procédure et n'a pas été relevé de sa forclusion, V. • Civ. 3e, 7 nov. 2001, n° 99-15.739 P : *D. 2001. AJ 3619, obs. Lienhard ; APC 2001, n° 257, obs. Regnaut-Moutier ; Rev. huiss. 2002. 94, obs. Crocq.*

8. La résolution du plan de cession n'a pas pour effet d'entraîner de plein droit la résolution d'une convention de vente conclue, pour son exécution, par l'administrateur judiciaire. • Com. 22 juin 1993, n° 91-13.307 P : *D. 1993. IR 186 ; RPC 1993. 506, obs. Soinne ; Dr. sociétés 1993, n° 183, obs. Chaput.* ♦ Le jugement ayant prononcé la résolution du plan de cession n'ayant pas décidé la résolution de la vente du fonds de commerce, acte distinct du jugement arrêtant le plan, et cette résolution n'ayant pas été demandée dans l'instance introduite par la banque, la convention subsiste en l'état. • Même arrêt. ♦ Même si la promesse de garantie donnée par la banque a disparu à la suite de la résolution du plan, l'obligation de cautionnement que la banque a contractée dans l'acte de vente du fonds de commerce, distinct de cette promesse, subsiste en garantie des engagements résultant pour l'acquéreur du contrat de vente, demeuré valide. • Même arrêt.

9. En présence de l'inexécution de l'engagement pris par la société cessionnaire (n'ayant pas signé les actes de cession avant d'être mise en liquidation judiciaire), la responsabilité de celle-ci ne peut être écartée, sans que soit retenue une cause d'exonération de sa responsabilité. • Com. 26 oct. 1999, n° 96-19.156 P : *D. 1999. AJ 67, obs. A. L. ; D. 2000. 383, note Pélissier ; ibid. Somm. 328, obs. Honorat ; RTD com. 2000. 452, obs. Saint-Alary-Houin ; RTD civ. 2000. 835, obs. Mestre et Fages ; APC 1999, n° 254, obs. Saintourens ; Dr. et patr. 1/2000. 100, obs. Monsèrié-Bon ; JCP E 2000, n° 4, p. 127, obs. Cabrillac et Pétel ; ibid., n° 13, p. 563, note Delfour.* – V. aussi Courtier, *Dr. sociétés 2000. Chron. 26* ; Asfar, *Dr. et patr. 5/2002. 28.*

10. Si l'administrateur [le tribunal], en confiant la gestion de l'entreprise au cessionnaire, lui a transféré une entité économique dont l'activité est poursuivie, alors même que les actes nécessaires à la réalisation de la cession n'ont pas été signés, la résolution du plan de cession emporte retour de l'entité transférée et des contrats de travail y afférents au cédant (application de l'art. L. 122-12, al. 2, devenu l'art. L. 1224-1 C. trav.).

• Soc. 8 juin 1999, n° 97-12.731 P : *D. 2000. Somm. 4, obs. Derrida ; RTD com. 1999. 966, obs. Saint-Alary-Houin ; JCP E 2000, n° 4, p. 127, obs. Pétel.* ♦ Par suite, les licenciements postérieurs à la date de résolution du plan de cession sont à la charge du cédant. • Même arrêt. ♦ En revanche, les obligations du cessionnaire à l'égard des salariés passés à son service demeurent à sa charge jusqu'au jour de la résolution du plan ; la modification dans la situation juridique de l'employeur étant intervenue dans le cadre d'une procédure de redressement judiciaire, le cédant ne peut être tenu des obligations qui incombaient au cessionnaire, à l'égard du personnel repris, avant la résolution du plan de cession. • Soc. 4 juill. 2018, n° 17-14.587 P : *D. 2018. Actu. 1488 ; RTD com. 2018. 1027, obs. Saint-Alary-Houin ; JCP E 2018. 1526, note Fin-Langer ; LEDEN 10/2018. 7, obs. de Frémont ; Gaz. Pal. 9 oct. 2018, p. 81, obs. Gailhbaud ; BJE 2018. 453, note Donnette-Boissière.* – V. déjà • Soc. 8 juin 1999, n° 96-43.933 P : *D. 2000. Somm. 4, obs. Derrida ; JCP E 2000, n° 4, p. 127, obs. Pétel.*

Sur l'exercice de l'appel à l'encontre de la décision statuant sur la résolution du plan de cession, V. note 22 ss. art. L. 661-6.

11. Responsabilité du cessionnaire pour dévaluation de l'actif. Le cessionnaire doit être tenu de réparer le préjudice né de la dévaluation de l'actif si celle-ci trouve son origine, soit directement dans les effets de la gestion du repreneur, soit encore dans le temps perdu pour parvenir à la réalisation effective par suite de l'abandon fautif du plan de poursuite des activités de l'entreprise. • Basse-Terre, 18 janv. 1999 : *préc. note 7.*

Art. L. 642-12 *(Ord. n° 2014-326 du 12 mars 2014, art. 73, en vigueur le 1er juill. 2014)* **« Lorsque la cession porte sur des biens grevés d'un privilège spécial, d'un gage, d'un nantissement ou d'une hypothèque, le tribunal affecte à chacun de ces biens, pour la répartition du prix et l'exercice du droit de préférence, la quote-part du prix, déterminée au vu de l'inventaire et de la prisée des actifs et correspondant au rapport entre la valeur de ce bien et la valeur totale des actifs cédés. »**

(L. n° 2005-845 du 26 juill. 2005, art. 111) **Le paiement du prix de cession fait obstacle à l'exercice à l'encontre du cessionnaire des droits des créanciers inscrits sur ces biens.**

Jusqu'au paiement complet du prix qui emporte purge des inscriptions grevant les biens compris dans la cession, les créanciers bénéficiant d'un droit de suite ne peuvent l'exercer qu'en cas d'aliénation du bien cédé par le cessionnaire.

(Ord. n° 2021-1193 du 15 sept. 2021, art. 57, en vigueur le 1er oct. 2021) **« Toutefois, la charge des sûretés réelles spéciales, garantissant le remboursement d'un crédit consenti à l'entreprise pour lui permettre le financement d'un bien sur lequel portent ces sûretés***[,]* **est transmise au cessionnaire. Celui-ci est alors tenu d'acquitter entre les mains du créancier, qui a régulièrement déclaré sa créance dans les délais prévus à l'article L. 622-24, les échéances convenues avec lui et qui restent dues à compter du transfert de la propriété ou, en cas de location-gérance, de la jouissance du bien sur lequel porte la garantie. Le débiteur est libéré de ces échéances. Il peut être dérogé aux dispositions du présent alinéa par accord entre le cessionnaire et les créanciers titulaires des sûretés. »** – *Pour les dispositions transitoires de l'Ord. n° 2021-1193 du 15 sept. 2021, V. note ss. art. L. 611-2.*

(Ord. n° 2008-1345 du 18 déc. 2008, art. 115) **« Les dispositions du présent article n'affectent pas le droit de rétention acquis par un créancier sur des biens compris dans la cession. »**

V. art. R. 642-19 et R. 642-20.

BIBL. ▸ Le Corre, *Gaz. Pal. 2011. Doctr. 31* (le créancier titulaire d'une sûreté spéciale victime de l'absence d'affectation d'une quote-part du prix de cession) ; *Gaz. Pal. 12-13 juill. 2013, p. 33* (cautionnement et transfert de la charge de la sûreté en plan de cession : questions-réponses). – François-Marsal, *RLDA févr. 2011. 67* (crédits « affectés » : crédits « déclassés » ?). – Buisine, *RPC 2011. Étude 31* (opposabilité du droit de rétention « fictif »). – Lanzara, *BJE 2016. 448* (nature juridique du transfert de la charge de la sûreté). – Tota, *Gaz. Pal. 19 avr. 2022, p. 38* (Ord. du 15 sept. 2021). – Garnier-Zaffagnini, *D. 2022. Chron. 2235* (incidence de la décharge du débiteur sur le sort de la caution).

Ancien art. L. 642-12 (al. 4) *Toutefois, la charge des sûretés immobilières et mobilières spéciales garantissant le remboursement d'un crédit consenti à l'entreprise pour lui permettre le financement d'un bien sur lequel portent ces sûretés est transmise au cessionnaire. Celui-ci est alors tenu d'acquitter entre les mains du créancier les échéances convenues avec lui et qui restent dues à compter du transfert de la propriété ou, en cas de location-gérance, de la jouissance du bien sur*

lequel porte la garantie. Il peut être dérogé aux dispositions du présent alinéa par accord entre le cessionnaire et les créanciers titulaires des sûretés.

Ancien art. L. 642-12 (al. 1er) *(L. n° 2005-845 du 26 juill. 2005, art. 111)* ***Lorsque la cession porte sur des biens grevés d'un privilège spécial,*** *(Ord. n° 2008-1345 du 18 déc. 2008, art. 165)* ***« d'un gage, » d'un nantissement ou d'une hypothèque, une quote-part du prix est affectée par le tribunal à chacun de ces biens pour la répartition du prix et l'exercice du droit de préférence.***

COMMENTAIRE

I. CESSION D'UN BIEN GREVÉ D'UNE SÛRETÉ

A. RÉFORMES DE 2005 ET 2008

En cas de plan de cession régi par la loi du 26 juillet 2005, le cessionnaire continue de supporter automatiquement la charge des sûretés, comme sous l'empire de l'ancien article L. 621-96, mais sans plus pouvoir, désormais, bénéficier de délais de paiement accordés par le tribunal.

Ce choix de politique législative, consistant à maintenir, dans le contexte désormais de la liquidation judiciaire, le dispositif de l'ex-article L. 621-96, « destiné à permettre l'effacement des sûretés, en pratique à faire financer le maintien de l'emploi par les créanciers antérieurs au jugement d'ouverture, à commencer par ceux qui sont titulaires de sûretés réelles », a été vertement critiqué. Pour le professeur Jean-Pierre Sénéchal, en effet, ce faisant, le législateur « prive la liquidation judiciaire de la seule finalité qui puisse lui être spécifique, à savoir la distribution du gage commun des créanciers ». Avec le risque que, dans l'espoir de trouver un repreneur crédible, le tribunal ouvre de fait une « nouvelle période d'observation » qui accroîtra encore le passif, donc les sacrifices des créanciers (J.-P. Sénéchal, La réforme de la liquidation judiciaire, colloque CRAJEFE du 27 mars 2004, *LPA 10 juin 2004, p. 43, spéc. p. 44*). Dans le même ordre d'idées, et en prévision de la nouvelle réforme annoncée, il avait été suggéré de limiter le domaine de l'alinéa 4 de l'article L. 642-12 au « crédit consenti à l'entreprise pour permettre l'*acquisition* », et non plus le *financement*, ce qui exclurait les financements partiels (T. Montéran, Pour améliorer le droit des entreprises en difficulté, osons la réforme, *Gaz. Pal. 23-24 janv. 2008, p. 3, spéc. p. 11*). Mais l'ordonnance du 18 décembre 2008 n'a pas repris cette proposition, se contentant de viser aussi le gage, à côté du nantissement (ce qui était nécessaire en raison de la réforme des sûretés opérée par l'ordonnance du 23 mars 2006, qui distingue entre le gage de meubles corporels et le nantissement de meubles incorporels).

Enfin, à propos aussi de la nouvelle architecture des sûretés, issue de l'ordonnance du 23 mars 2006, l'antichrèse, qui n'était plus considérée comme un nantissement, mais se voyait dotée d'une autonomie conceptuelle, ne semblait plus visée par l'article L. 642-12. Ce qui pouvait alors poser la question de l'efficacité du droit de rétention de l'antichrésiste. Mais, avec la loi précitée de simplification du droit, qui a rebaptisé l'antichrèse « gage immobilier », la donne paraît de nouveau avoir changé (V. ss. art. L. 642-25).

B. RÉFORME DE 2014

L'ordonnance du 12 mars 2014 a redéfini, en les précisant, les modalités de la détermination de la quote-part du prix de cession affecté à chaque bien grevé. Selon le texte de l'article L. 642-12, alinéa 1er, remanié, la quote-part du prix doit être, d'une part, déterminée au vu de l'inventaire et de la prisée des actifs et, d'autre part, correspondre au rapport entre la valeur de ce bien et la valeur totale des actifs cédés.

Comme l'explique Pierre-Michel Le Corre, la situation antérieure favorisait l'arbitraire total, dans laquelle une erreur d'appréciation ne constituant pas un excès de pouvoir, la tierce opposition nullité pour insuffisante affectation était irrecevable. Désormais, dès lors que le tribunal doit fixer les quotes-parts du prix de cession en tenant compte de l'inventaire et de la prisée, les fixations arbitraires de quotes-parts du prix de cession, « totalement déconnectées de la valeur respective des biens telle qu'elle résulte de l'inventaire et de la prisée, devraient ouvrir le recours-nullité pour excès de pouvoir » (P.-M. Le Corre, *D. 2014. Chron. 733, n° 62*).

L'exigence, dorénavant, que la quote-part corresponde au « rapport entre la valeur de ce bien et la valeur totale des actifs cédés » paraît moins explicite que la formule de l'avant-projet d'ordonnance, selon laquelle le tribunal devait prendre en compte les paiements acquittés par le cessionnaire entre les mains du créancier en vertu de l'alinéa 4. Mais on peut penser que la finalité demeure la même, et qu'il s'agit de prendre parti dans l'importante controverse relative à l'articulation entre les alinéas 1er et 4 (V. P.-M. Le Corre, Droit et pratique des procédures collectives, *Dalloz Action, 2023/2024, 582.471*). Une articulation raisonnable de ces deux dispositions devrait, en effet, permettre de ne pas exagérer les avantages du créancier, en le faisant à la fois bénéficier d'une quote-part importante du prix (dont les modalités de fixation n'étaient pas précisées du reste avant la référence faite à l'inventaire et à la prisée des actifs), pour l'exercice de son droit de préférence, et du transfert de la charge des sûretés sur le cessionnaire. Ainsi, la prise en compte des paiements au titre des échéances de remboursement du crédit consenti au débiteur paraissait obliger le tribunal à réduire la quote-part affectée au bien. Ce qui n'aurait plus de raison d'être, depuis la réforme de 2021, dans la mesure où le créancier perd ses droits contre le débiteur pour les échéances futures (V. F. Pérochon, Entreprises en difficulté, *LGDJ, 11e éd., 2022, n° 2305*).

C. RÉFORME DE 2021

L'ordonnance du 15 septembre 2021 a réécrit l'alinéa 4 de l'article L. 642-12, relatif à la transmission de la charge des sûretés au cessionnaire. De cette disposition de clarification résultent trois modifications et précisions.

D'abord, comme ailleurs, le texte préfère la formule générique de « sûretés réelles spéciales », à celle de « sûretés immobilières et mobilières spéciales ».

Ensuite, mettant fin à une incertitude relevée par la doctrine, partagée à cet égard, quant à la portée du défaut de déclaration de la créance, sanctionnée par l'inopposabilité, à l'égard du cessionnaire (V. comm. ss. art. L. 622-26, V, *in fine*), le texte nouveau paralyse expressément les effets de la transmission de la charge des sûretés dans ce cas.

Enfin, il est désormais explicitement affirmé que le transfert de la charge des sûretés au cessionnaire libère symétriquement le débiteur de ces échéances. Pour autant, le sort de la caution (V. note 16) ne devrait sans doute pas s'en trouver modifié, en raison de l'article 2298, alinéa 2, du code civil, modifié par la réforme de 2021, qui interdit à la caution de se prévaloir des mesures légales ou judiciaires dont bénéficie le débiteur en conséquence de sa défaillance, sauf disposition légale contraire (F. Pérochon, Entreprises en difficulté, *LGDJ, 11e éd., 2022, n° 2302*). La solution, sévère pour la caution, ne fait pas l'unanimité en doctrine (V., par ex., en faveur de la décharge de la caution : N. Borga et J. Théron, Ordonnance du 15 septembre 2021 réformant le droit des entreprises en difficulté, un tournant ?, *D. 2021. 1773*), mais elle paraît imposée par ce texte du droit commun, faute de dérogation expresse dans le livre VI du code de commerce (V., sur la question, M. Garnier-Zaffagnini, L'incidence de la décharge du débiteur sur le sort de la caution dans le cadre du transfert de la charge de la sûreté, *D. 2022. 2235*).

II. DROIT DE RÉTENTION

L'ordonnance du 18 décembre 2008 est venue préciser expressément que les dispositions de l'article L. 642-12 n'affectent pas le droit de rétention acquis par un créancier sur des biens compris dans la cession. Il s'agit là de la consécration légale d'une solution jurisprudentielle (Com. 20 mai 1997 : *cité note 8* ; V., auparavant, art. L. 642-25, désormais abrogé). Ces dispositions, précise le Rapport au président de la République, ont notamment vocation à s'appliquer au créancier titulaire d'un gage sans dépossession qui, depuis l'entrée en vigueur de la loi de modernisation de l'économie du 4 août 2008, bénéficie d'un droit de rétention (C. civ., art. 2286 ; V. P. Crocq, L'ordonnance du 18 décembre 2008 et le droit des sûretés, *RPC 2009. Dossier 10, n° 44 ; Cah. dr. entr. 7-8/2009. 21* ; V. aussi O. Buisine, L'opposabilité du droit de rétention « fictif » dans le cadre du plan de cession, *RPC 2011. Étude 31*). Et cela malgré l'introduction mécanique, mais un peu contradictoire, au premier alinéa relatif au mécanisme de la quote-part, par l'ordonnance de 2008, du terme de « gage » (M.-H. Monsèrié-Bon, Les apports de la réforme du 18 décembre 2008 en matière de sûretés, *Dr. et patr. 1/2010, p. 26, spéc. p. 32*). Ce droit de rétention, pensait-on à un moment, pouvait être efficace même à défaut de déclaration de la créance, puisque la sanction, désormais expressément prévue par l'ordonnance de 2008 (art. L. 622-26), l'inopposabilité, à la lettre, ne jouerait qu'à l'égard du débiteur, non du repreneur (V. P.-M. Le Corre, Droit et pratique des procédures collectives, *Dalloz Action, 2023/2024, 572.516*). Mais, s'émancipant de cette lecture littérale, d'autres auteurs préféraient voir dans l'obligation du cessionnaire une « obligation réflexe » par rapport à celle du débiteur, de sorte que le créancier se heurterait, à l'égard du cessionnaire aussi, à l'inopposabilité de la créance. Telle est, depuis l'ordonnance du 15 septembre 2021, la solution légale, prévue par l'article L. 642-12, alinéa 4, qui précise que l'obligation du cessionnaire de régler les échéances postérieures ne vaut qu'à l'égard du créancier ayant déclaré sa créance (F. Pérochon, Entreprises en difficulté, *LGDJ, 11e éd., 2022, n° 2842* ; V. aussi comm. ss. art. L. 622-26).

Quoi qu'il en soit, comme cela a été remarqué, l'efficacité du droit de rétention, en ce qu'il ne consiste qu'à « gêner » le titulaire, dépendra, notamment, de son assiette, cette gêne étant assez théorique pour certaines choses incorporelles, par exemple des actions, dont le titulaire demeurera inscrit en compte, conservant ainsi l'essentiel de ses prérogatives (F. Barrière, La fiducie-sûreté, *JCP E 2009. 1808, n° 34*).

Notons ici cette importante précision, relative à l'application dans le temps de la modification de l'article 2286 du code civil par la loi précitée du 4 août 2008 dont résulte le droit de rétention conféré aux gages sans dépossession. Selon la cour d'appel de Versailles, les sûretés constituées avant le 6 août 2008, date d'entrée en vigueur du texte, restent soumises au droit antérieur : « aucune considération, particulièrement impérative, d'ordre public économique ou de protection, ne commande de conférer immédiatement un droit de rétention aux créanciers bénéficiant d'un nantissement octroyé avant le 6 août 2008 » (Versailles, 20 janv. 2011, RG n° 09/07588 : *BJE 2011. 120, note Macorig-Venier ; LEDEN 2011, n° 30, obs. F.-X. Lucas*). La solution avait été anticipée par la doctrine (V., entre autres, R. Dammann, Le droit des sûretés à l'épreuve des procédures collectives, *in* Crise du crédit et entreprises, ss. la dir. de J.-L. Vallens, *Lamy, Axe Droit, 2010, n° 122*). ❑

1. Ordre public. La charge du nantissement est imposée au cessionnaire sans que celui-ci puisse instaurer une discussion sur le point de savoir si les biens grevés sont ou non utiles ou nécessaires à l'exploitation au moment de la cession. • Riom, 28 avr. 1988 : *D. 1991. Somm. 15, obs. Derrida* ; *RPC 1988. 395, obs. Soinne.*

Sur le caractère facultatif de l'inclusion des biens grevés de sûretés dans le plan de cession, V. note 2 ss. art. L. 661-6.

2. Affectation du prix. L'art. L. 642-12, al. 1er, ayant pour finalité de déterminer l'assiette du droit de préférence, ne déroge pas à l'ordre de paiement des créanciers prévu par l'art. L. 641-13, dans sa rédaction antérieure à celle issue de l'Ord. n° 2021-1193 du 15 sept. 2021. • Com. 14 juin 2023, n° 21-15.864 B : *D. 2023. Actu. 1173* ; *JCP E 2023. 1306, n° 10, obs. Pételי; LEDEN 7/2023. 3, obs. Favre-Rochex ; APC 2023, n° 189, obs. Pétel ; RPC 2023, n° 78, obs. Lafaurie ; RJDA 2023, n° 601 ; RPC 2024, n° 22, obs. Cerati.* ♦ L'art. 93 [C. com., art. L. 642-12] ne déroge pas à l'ordre des privilèges et sûretés et n'autorise pas qu'une partie du prix de cession soit réservée aux créanciers chirographaires. • Paris, 8 juin 1993 : *D. 1996. Somm. 5, obs. Derrida ; Gaz. Pal. 1994. 1. 20, note Marchi ; JCP E 1993. I. 295, n° 8, obs. Pétel ; Rev. dr. bancaire 1994. 136, obs. Campana et Calendini.* ♦ La transmission de la charge du gage ou de l'hypothèque s'opère nonobstant l'existence d'autres créanciers même privilégiés, mais c'est au tribunal qu'il appartient de procéder à l'affectation d'une partie du prix de cession aux gagistes en respectant le principe d'égalité. • TGI Béthune, 27 nov. 1987 : *RPC 1988. 70, obs. Soinne.* ♦ Le créancier gagiste peut recouvrer sa créance échue antérieurement au jugement sur la fraction du prix affecté. • Même jugement. ♦ Mais le créancier gagiste ne saurait requérir la mise aux enchères du bien. • Orléans, 19 févr. 1988 : *Gaz. Pal. 1988. 2. Somm. 380.*

S'il appartient au tribunal d'affecter à chacun des biens grevés d'hypothèques une quote-part du prix, aucune disposition de la loi du 25 janv. 1985 n'interdit aux repreneurs de soumettre au tribunal la répartition qu'ils souhaiteraient voir adopter et il n'est pas interdit au juge d'adopter cette répartition si elle lui apparaît opportune au regard de l'économie générale du plan qui lui est soumis ; le tribunal peut, si la répartition proposée ne recueille pas son agrément, écarter le plan soumis à une telle condition. • Com. 14 janv. 1997 : *D. 1999. Somm. 3, obs. Derrida ; RPC 1997. 440, obs. Cadiou ; ibid. 1998. 331, obs. Soinne.* ♦ Comp., désormais : art. L. 642-12, al. 1er, dans sa réd. issue de l'Ord. n° 2014-326 du 12 mars 2014.

3. L'art. 93 [C. com., art. L. 642-12], al. 1er, ne dérogeant pas aux dispositions de l'art. 524 C. civ., ni à l'ordre des privilèges et des sûretés, dès lors qu'il n'est pas contesté que le matériel et l'outillage figurant dans le plan de cession constituent des immeubles par destination, un créancier hypothécaire peut exercer son droit de préférence sur la part du prix affectée à ces matériel et outillage. • Com. 24 oct. 1995 : *RJDA 1996, n° 128 ; RPC 1996. 481, obs. Soinne* (V. l'arrêt cassé : • Paris, 14 mai 1993 : *RPC 1995. 180, obs. Soinne).*

4. L'affectation spéciale aux droits des créanciers inscrits d'une quote-part du prix résultant de la loi elle-même, le dépôt des fonds à la Caisse des dépôts et consignations équivaut à une consignation, ce qui dispense les créanciers, à partir de cette date, de procéder au renouvellement des inscriptions. • Com. 1er févr. 2000, n° 96-18.383 P : *D. 2000. Somm. 331, obs. Honorat ; ibid. 396, obs. Piedelièvre ; APC 2000, n° 50, obs. Vallansan ; JCP E 2000, n° 17, p. 702, note Rémery ; RPC 2001. 89, obs. Soinne.*

5. Biens gagés (jurisprudence antérieure à la loi du 10 juin 1994). Avant la loi du 10 juin 1994, la transmission concernait exclusivement l'outillage et le matériel d'équipement, à l'exclusion d'une sûreté garantissant le paiement du prix d'un fonds de commerce. • Riom, 28 avr. 1988 : *préc. note 1* • Com. 11 juin 1996 : *JCP 1996. IV. 1786.*

6. A fait l'exacte application de l'ancien art. 93, al. 2, l'arrêt qui après avoir constaté que le prêteur du prix d'acquisition d'un matériel d'équipement professionnel justifiait que sa créance était garantie par un nantissement sur ce matériel, inclus dans le plan de cession d'une entreprise en redressement judiciaire, a condamné le cessionnaire à payer entre les mains du prêteur les échéances restant dues à compter de l'entrée en jouissance des biens nantis, sans qu'il y ait ventilation de ces sommes qui, mises à la charge du cessionnaire, s'ajoutent au prix de cession. • Com. 23 nov. 1993, n° 91-16.846 P : *D. 1994. IR 18 ; JCP E 1994. I. 348, n° 3, obs. Cabrillac ; Defrénois 1994. 1240, obs. Sénéchal.*

7. Le transfert de la charge des sûretés dans les conditions de l'art. 93, al. 3, [C. com., art. L. 642-12, al. 4] lorsqu'il n'est pas écarté par le plan et l'offre d'acquisition, résulte de plein droit du jugement qui arrête le plan (condamnation sous astreinte du repreneur, qui invoquait son ignorance du nantissement grevant le matériel acquis, à régulariser l'acte de cession). • Aix-en-Provence, 20 juin 2000 : *APC 2000, n° 220, obs. Regnaut-Moutier.* ♦ Comp., ordonnant l'exclusion du bien gagé du plan de cession, dans l'hypothèse où le repreneur avait précisé dans son offre qu'aucun contrat de prêt, leasing ou crédit-bail ne serait repris ou poursuivi et qu'une somme forfaitaire serait versée aux créanciers pour solde des prêts en capital moyennant mainlevée de leur gage commun sur le bien à reprendre : • Aix-en-Provence, 4 avr. 2000 : *ibid.* ♦ *Contra*, jugeant que le cessionnaire n'a pas à assumer la charge des sûretés dont il n'a pas eu connaissance et dont l'existence ne lui a pas été notifiée : • Douai, 2 sept. 1999 : *RPC 2001. 90, obs. Soinne.*

8. La cession de l'entreprise, par suite de l'adoption d'un plan de redressement, ne peut porter atteinte au droit de rétention issu du gage avec dépossession qu'un créancier a régulièrement acquis sur des éléments compris dans l'actif cédé. • Com. 20 mai 1997, n° 95-12.925 P : *D. 1997. Somm. 312, obs. Honorat ; D. 1998. Somm. 102, obs. S. Piedelièvre ; D. 1999. Somm. 5, obs. Derrida ; D. Affaires 1997. 763 ; Quot. jur. 15 juill. 1997, p. 8 note P. M. ; LPA 28 juill. 1997, p. 24, note Crédot ; JCP E 1997. I. 681, n° 5, obs. Cabrillac ; RJ com. 1997. 308, rapp. Rémery, note Saint-Alary-Houin.* ♦ En l'absence de disposition légale en ce sens, le créancier rétenteur ne peut être contraint de se dessaisir du bien qu'il retient légitimement que par le paiement du montant de la créance qu'il a déclarée, et non par celui d'une quote-part du prix de cession qui serait affectée à ce bien pour l'exercice du droit de préférence. • Même arrêt. – V. l'arrêt cassé : • Nancy, 12 janv. 1995 : *RPC 1996. 107, obs. crit. Soinne.* – V. aussi Le Corre, *LPA 22 oct. 1997.* ♦ Sur deuxième pourvoi, la Cour de cassation a confirmé cette solution, en écartant l'argument tiré de la force de chose jugée attachée au jugement arrêtant le plan : • Com. 12 avr. 2005 : *RJDA 2005, n° 1260.* ♦ V., désormais, consacrant cette solution, art. L. 642-12, dernier al., issu de l'Ord. n° 2008-1345 du 18 déc. 2008.

9. Sûretés visées par la loi de 1994. L'art. 93 [C. com., art. L. 642-12] n'est applicable qu'au profit des créanciers titulaires d'un privilège spécial ou d'une hypothèque sur les biens cédés, ce qui n'est pas le cas du privilège général des salaires. • TGI Castres, JEX, 12 mars 1998 : *LPA 2 juill. 1999, p. 20, note Devésa.*

Pour l'application de l'art. 93, al. 3, [C. com., art. L. 642-12, al. 4] au nantissement garantissant un prêt finançant l'acquisition de certains matériels, mais portant sur l'ensemble du fonds de commerce, y compris le matériel antérieurement ou même postérieurement acquis, V. • Metz, 4 juill. 1996 : *RPC 1998. 402, obs. Soinne.* – V. aussi • T. com. Paris, 9 févr. 2001 : *RJ com. 2002. 318, note Merven ; Banque et Dr. 5-6/2002. 53, obs. Guillot.*

10. Le transfert de la charge d'une sûreté mobilière spéciale, en application de l'art. L. 621-96, al. 3, [L. 642-12, al. 4] C. com. suppose que celle-ci ait été régulièrement inscrite, ce qui n'est pas le cas d'un nantissement de matériel d'équipement lorsque les biens engagés ne sont pas précisément individualisés : • Lyon, 16 janv. 2003 : *RDBF 2004, n° 31, obs. F.-X. Lucas.*

11. Vice affectant la sûreté. Pour l'absence de transfert de sûretés n'ayant pas fait l'objet d'une inscription valable, V. • Com. 1er oct. 2013, n° 12-24.558 P : *APC 2013, n° 273, obs. Petit ; JCP E 2014. 1045, note Lebel ; RPC 2014, n° 25, obs. Fraimout* • 7 nov. 2018, n° 17-24.233 : *RTD com. 2019. 502, obs. Saint-Alary-Houin ; BJE 3-4/2019. 44, obs. Vincent ; Gaz. Pal. 16 avr. 2019, p. 54, obs. Guastella.*

12. Objet du crédit. Le financement évoqué par l'art. L. 621-96 [L. 642-12] C. com. doit s'entendre tant de l'acquisition d'un fonds de commerce que de son amélioration par des travaux. • Com. 17 mai 2011 : *RTD com. 2012. 197, obs.*

Martin-Serf ; *Gaz. Pal. 7-8 oct. 2011, p. 35, obs. Le Corre.*

13. Affectation du crédit. Il résulte de l'art. L. 621-96, al. 3, [L. 642-12, al. 4] C. com. que le crédit devant être affecté, l'acte par lequel il est accordé doit préciser sa destination et prévoir la sûreté qui en garantira le remboursement. • Com. 23 nov. 2004, n° 02-12.982 P : *D. 2005. AJ 142, obs. Lienhard* ; *ibid. Pan. 2017, obs. F.-X. Lucas* ; *JCP E 2005, n° 10, p. 433, note Le Corre* ; *ibid., n° 17, p. 709, obs. Cabrillac* ; *RTD com. 2005. 596, obs. Saint-Alary-Houin* .

14. Échéances à la charge du cessionnaire. Il résulte de l'art. L. 642-12, al. 4, C. com. que, sauf accord avec le créancier, le cessionnaire d'un bien financé par un crédit garanti par une sûreté portant sur ce bien ne doit s'acquitter que du montant des échéances qui n'étaient pas encore exigibles à la date du transfert de propriété. • Com. 29 nov. 2016, n° 15-11.016 P : *D. 2016. Actu. 2516, obs. Lienhard* ; *AJ contrat 2017. 144, obs. Piette* ; *RTD com. 2018. 208, obs. Saint-Alary-Houin* ; *JCP E 2017. 1164, n° 5, obs. Pétel* ; *LEDEN 1/2017. 5, obs. Pelletier* ; *APC 2017, n° 11, obs. Fin-Langer* ; *RDBF 2017, n° 19, obs. Legeais* ; *RJDA 2017, n° 199* ; *Gaz. Pal. 28 mars 2017, p. 60, obs. Voinot* ; *RPC 2017, n° 42, obs. Reille.*

15. Déclaration des échéances. Sur l'obligation de déclarer les échéances de remboursement postérieures à la cession, V. note 58 ss. art. L. 622-24.

16. Caution (jurispr. antérieure à l'Ord. du 15 sept. 2021). BIBL. Berger, *D. 2003. Chron. 1682* . ♦ Bien que le cessionnaire soit tenu, en application de l'art. 93 [C. com., art. L. 642-12], de payer les échéances de remboursement du prêt postérieures à la cession du matériel nanti, la caution solidaire des engagements de l'emprunteur demeure tenue, dans les mêmes conditions que celui-ci, de rembourser, sous déduction des sommes versées par le cessionnaire, l'intégralité de l'emprunt dont les échéances constituent des créances nées avant l'ouverture de la procédure collective. • Com. 13 avr. 1999, n° 97-11.383 P : *D. 2000. 257, note Lipinski* ; *D. Affaires 1999. 801, obs. A. L.* ; *JCP E 1999, n° 39, p. 1533, obs. Cabrillac* ; *LPA 25 mai 1999, p. 10, note P. M.* ; *APC 1999, n° 141* ; *Defrénois 1999. 870, obs. Sénéchal* ; *RTD com. 1999. 964, obs. Saint-Alary-Houin* ; *ibid. 2000. 177, obs. Martin-Serf* . – V. Mahinga, *RPC 2000. 96* ; Bac, *JCP E 2000, nos 1-2, p. 22.* – Dans le même sens, V. • Com. 8 janv. 2020, n° 18-21.925 : *D. 2020. Pan. 1925, obs. Gijsbers* ; *RTD com. 2020. 183, obs. Saint-Alary-Houin* ; *RJDA 2020, n° 230* ; *BJE 5-6/2020. 22, note Lafaurie.* ♦ La caution ne peut agir avant paiement, sur le fondement de l'art. 2032, devenu l'art. 2309 C. civ., qu'à l'encontre du débiteur par elle cautionné et non contre le cessionnaire, codébiteur de celui-ci. • Com. 27 févr. 2007 : *D. 2007. AJ 1021* ; *JCP E 2007. 2119, n° 4, obs. Cabrillac.*

La cession du fonds de commerce grevé d'un nantissement garantissant le remboursement d'un crédit consenti à l'entreprise pour en permettre le financement, ordonnée par le jugement ayant arrêté le plan de cession, opère transmission de plein droit au cessionnaire de la charge de la sûreté qui n'est pas perdue et le privilège du créancier gagiste suit le fonds de commerce en quelques mains qu'il passe. • Com. 7 juill. 2009, n° 08-17.275 P : *D. 2009. AJ 1891* ; *RTD com. 2010. 787, obs. Martin-Serf* ; *APC 2009, n° 231, obs. Salvat* ; *RDBF 2009, n° 157, obs. Cerles* ; *Gaz. Pal. 1er-3 nov. 2009, p. 38, obs. Le Corre* ; *JCP E 2010. 1011, n° 4, obs. Cabrillac et Pétel* ; *RPC 2010, n° 66, obs. Pérochon.* ♦ Viole l'art. 2314 C. civ., l'art. L. 621-96 C. com., dans sa rédaction antérieure à la loi du 26 juill. 2005, et l'art. L. 143-12 du même code la cour d'appel qui, pour décharger la caution de ses engagements de caution, retient qu'à défaut d'accomplissement par la banque d'une inscription modificative de son privilège postérieurement à la cession du fonds de commerce nanti dans le cadre du plan de cession de la société emprunteuse la garantie est perdue et la caution ne peut plus être subrogée dans les droits du créancier gagiste par le fait de la banque. • Même arrêt. ♦ Dans le même sens, sous l'empire de la loi du 26 juill. 2005, V. • Com. 29 sept. 2015, n° 14-17.946 : *RJDA 2016, n° 46.* ♦ Comp., pour un arrêt antérieur ayant jugé, à propos du nantissement sur matériel et outillage, que la caution est déchargée lorsque la banque créancière n'a pas fait procéder à l'inscription modificative de son privilège sur le compte de l'entreprise cessionnaire : • Com. 3 févr. 1998, n° 95-13.853 P : *D. 1998. 583, note Chazal* ; *D. 1999. Somm. 7, obs. Derrida* ; *D. Affaires 1998. 478, obs. A. L.* ; *Quot. jur. 7 avr. 1998, p. 6, note P. M.* ; *JCP E 1998, n° 36, p. 1358, obs. Cabrillac* ; *Rev. huiss. 1998. 1186, note Courtier* ; *Defrénois 1999. 246, obs. Sénéchal* ; *RPC 2001. 89, obs. Soinne.*

Selon l'art. 93, al. 3, devenu l'art. L. 621-96, al. 3, [L. 642-12, al. 4] C. com., la transmission au cessionnaire de la charge des sûretés s'opère de plein droit, sauf accord entre le cessionnaire et le créancier titulaire d'une sûreté mentionnée par ce texte ; le tribunal n'ayant pas constaté un tel accord, la perte du nantissement résultant du jugement arrêtant le plan de cession n'est pas imputable exclusivement au créancier et la caution ne saurait donc être déchargée sur le fondement de l'art. 2037 [2314] C. civ. (dans l'hypothèse où l'offre de reprise du cessionnaire excluait l'application de l'art. L. 621-96, al. 3). • Com. 13 mai 2003, n° 99-21.551 P : *D. 2003. AJ 1629, obs. Avena-Robardet* ; *JCP E 2003, n° 40, p. 1569, obs. Cabrillac* ; *RTD com. 2004. 155, obs. Martin-Serf* ; *Defrénois 2004. 884, obs. J. Honorat.* – Dans le même sens, V. • Com. 4 janv. 2005 : *Gaz. Pal. 29-30 avr. 2005, p. 44, obs. Le Corre* • 19 nov. 2013 : *RTD com. 2014. 689, obs. Martin-Serf* ; *Gaz. Pal. 12-14 janv. 2014, p. 40, obs. Le Corre-Broly* ; *RPC 2014, n° 26, obs. Fraimout* ; *BJE 2014. 88, note Cerati-Gauthier* ; *RJ com. 2014. 203, note Sortais.* ♦ Pour la décharge de la caution en cas d'accord, fondé sur l'art. L. 642-12, al. 4, *in fine*, entre le cessionnaire et le créancier titulaire de la sûreté, V. • Com. 20 oct. 2021, n° 20-16.980 B : *D. 2021. 2124, note Sebban ; RTD com. 2022. 379, obs. Martin-Serf ; JCP E 2021. 1549, note Legeais ; LEDEN 12/2021. 2, obs. Favre-Rochex ; RJDA 2022, n° 169 ; BJE 3-4/2022. 22, note Dumont ; Gaz. Pal. 19 avr. 2022, p. 68, obs. Boustani-Aufan* • 9 nov. 2022, n° 20-18.264 : *BJS 3/2023. 48, note Ansault ; RJDA 2023, n° 216* • Aix-en-Provence, 12 avr. 2007 : *D. 2007. AJ 1276*.

En ce sens qu'en déclarant sa créance à terme échu, le prêteur se prive du bénéfice de l'art. L. 621-96 [L. 642-12] C. com. et fait ainsi perdre à la caution, par son fait exclusif, la possibilité de se prévaloir d'une subrogation dans ses droits et privilèges, V. • Com. 3 juill. 2012 : *Gaz. Pal. 12-13 oct. 2012, p. 13, obs. Le Corre-Broly ; BJE 2012. 370, note Brena.*

V. aussi note 21.

Comp., désormais : art. L. 642-12, al. 4, dans sa réd. issue de l'Ord. n° 2021-1193 du 15 sept. 2021, aux termes duquel le débiteur est libéré des échéances restant dues.

17. Caducité du plan de cession. Compte tenu de la caducité du plan de cession en l'absence de passation des actes dans le délai prescrit, le cessionnaire n'est pas débiteur des échéances du prêt et sa prise de possession du fonds de commerce dès le prononcé du jugement arrêtant le plan ne peut être assimilée au transfert de propriété exigé par l'art. L. 642-12, al. 4, C. com. pour opérer transmission sur sa tête du solde de la dette. • Com. 20 avr. 2017, n° 15-19.851 : *RJDA 2017, n° 648.*

18. Substitution de cessionnaire. V. note 2 ss. art. L. 642-9.

19. Purge des inscriptions. Il résulte des dispositions de l'art. 93 [C. com., art. L. 642-12], al. 1er et 3, que lorsqu'un immeuble grevé d'hypothèques est inclus dans le plan de cession d'une entreprise, les créanciers hypothécaires inscrits perdent leur droit de suite à partir du paiement complet du prix qui emporte purge des inscriptions grevant les biens compris dans la cession, mais conservent l'exercice de leur droit de préférence sur la quote-part du prix de cession affectée à l'immeuble par le tribunal. • Com. 17 janv. 1995, n° 91-21.671 P : *D. 1995. Somm. 216, obs. Honorat ; D. 1996. Somm. 206, obs. S. Piedelièvre ; JCP N 1995. II. 935, note Frémont ; Defrénois 1995. 967, obs. Sénéchal ; Rev. huiss. 1996. 57, note Courtier.* – V. aussi • Com. 30 mars 2010, n° 09-13.101 P : *D. 2010. Actu. 958 ; LEDEN 6/2010. 3, obs. J.-P. Sénéchal ; Gaz. Pal. 2-3 juill. 2010, p. 28, obs. Voinot ; RPC 2010, n° 174, obs. Fraimout ; ibid., n° 177, obs. Pérochon ; Defrénois 2010. 1485, obs. Gibirila ; JCP N 2010. 1300, obs. Garçon.*

20. Avant la loi du 10 juin 1994, le paiement complet du prix de cession, indépendamment du règlement des échéances restant dues à compter de l'entrée en jouissance des biens nantis, était sans influence sur le droit, pour le créancier bénéficiaire d'un nantissement sur le matériel d'équipement professionnel, de poursuivre le recouvrement de sa créance contre le cessionnaire. • Com. 23 nov. 1993 : *préc. note 6.* ♦ Comp., désormais : art. L. 642-12, al. 2.

21. Le paiement complet du prix emportant purge des inscriptions grevant les biens compris dans la cession, ce dont il résulte que le créancier nanti perd son droit de suite, l'omission de faire apposer des plaques mentionnant l'inscription sur le matériel nanti est sans incidence sur l'étendue des droits du créancier susceptibles de bénéficier à la caution qui ne subit, de ce fait, aucun préjudice consécutif à cette négligence. • Com. 26 mai 1999, n° 96-14.675 P : *D. 1999. IR 162 ; RTD com. 1999. 962, obs. Saint-Alary-Houin ; RPC 2000. 58, obs. Kerckhove.*

22. Droit de suite contre le cessionnaire. Si, en application de l'art. L. 642-12, al. 4, la cession des biens grevés d'une hypothèque garantissant le remboursement de prêts consentis au débiteur pour financer l'acquisition de ces biens transfère au cessionnaire la charge de l'hypothèque et l'oblige au paiement des échéances dues à compter du transfert de propriété convenues avec le créancier, elle n'emporte pas novation par substitution de débiteur de sorte que ce dernier restant débiteur des mensualités mises à la charge du cessionnaire, le créancier hypothécaire, qui a conservé le bénéfice de sa sûreté garantissant cette créance et le droit de suite en résultant, peut exercer ce droit contre le cessionnaire défaillant, dans la limite des échéances impayées postérieurement à la cession. • Com. 20 mars 2019, n° 17-29.009 P : *D. 2019. Actu. 637 ; RTD com. 2019. 503, obs. Saint-Alary-Houin ; RTD civ. 2020. 181, obs. Théry ; JCP E 2019. 1312, note Legeais ; APC 2019, n° 91, obs. Cagnoli ; LEDEN 5/2019. 5, obs. Cavelier ; RJDA 2019, n° 450 ; RDBF 2019, n° 104, obs. Houin-Bressand ; RPC 2019, n° 69, obs. Gijsbers ; BJE 7-8/2019. 29, note Dols-Magneville.*

23. Dérogation à l'art. L. 642-12, al. 4, par accord entre le cessionnaire et le créancier titulaire d'une sûreté. Un tel accord ne résulte pas du fait que le créancier et le cessionnaire sont convenus du montant dû par ce dernier au titre des échéances futures du prêt garanti par la sûreté. • Com. 19 oct. 2010, n° 09-68.377 P : *D. 2010. Actu. 2510, obs. Lienhard ; D. 2011. Pan. 408, obs. Crocq ; RTD com. 2011. 170, obs. Martin-Serf ; JCP E 2011. 1030, n° 4, obs. Cabrillac ; LEDEN 12/2010. 3, obs. Borga ; APC 2010, n° 277, obs. Amlon ; LPA 20 déc. 2010, obs. Nabet ; RJDA 2011, n° 65 ; Gaz. Pal. 7-8 janv. 2011, p. 42, obs. Le Corre ; ibid. 30-31 mars 2011, p. 19, obs. Dumont-Lefrand ; RPC 2011, n° 9, obs.*

Patureau et Perot-Reboul ; ibid., n° 50, obs. Fraimout ; BJE 2011. 30, note Lisanti.

24. Radiation des inscriptions. Conformément à l'art. 2157 [2440] C. civ., en l'absence de consentement des parties intéressées, la radiation des inscriptions ne peut se faire que sur décision judiciaire. • Com. 17 janv. 1995 : *préc. note 14.* ♦ Sur la compétence, V. art. R. 642-10, al. 2.

25. Réserve de propriété. V. note 48 ss. ancien art. L. 621-32.

26. Maintien de l'obligation du débiteur. De la combinaison de l'art. 93 et de l'art. 86 [C. com., art. L. 642-12 et L. 642-7], il résulte que la cession du contrat intervenue en vertu de la décision du tribunal, et non pas de la volonté des parties, n'emporte pas extinction de l'obligation originelle et remplacement de celle-ci par une obligation nouvelle qui lui serait substituée mais que, s'agissant d'un seul et même contrat dans l'exécution duquel le cessionnaire succède au débiteur originel en redressement judiciaire et se trouve tenu des obligations de paiement de celui-ci à la date du transfert, soit de la jouissance du bien nanti, en cas de location-gérance, soit de la propriété de celui-ci, le débiteur en redressement demeure seulement tenu du passif créé pendant sa propre exécution du contrat (transmise en application de l'art. 93 [C. com., art. L. 642-12]) qui a pris fin au moment où le cessionnaire lui a succédé dans l'exécution de celui-ci. • Bordeaux, 22 mars 1995 : *RPC 1996. 105, obs. crit. Soinne.* ♦ V. aussi • Douai, 12 nov. 1998 : *RPC 2001. 91, obs. Soinne.* V. aussi note 33 ss. art. L. 642-7.

27. Attribution de l'indemnité d'assurance. Le créancier gagiste titulaire d'un droit direct sur l'indemnité d'assurance, en vertu de l'art. L. 121-13 C. assur., dispose seul du pouvoir de décider de l'affectation de ladite indemnité, et il ne peut lui être imposé de recevoir le prix de cession du véhicule réparé (cédé dans le cadre du plan de cession) au lieu et place de l'indemnité. • Com. 12 mai 1998, n° 95-17.755 P : *D. 1999. Somm. 6, obs. Derrida ; D. Affaires 1998. 1005, obs. A. L. ; JCP E 1998, n° 36, p. 1359, obs. Cabrillac ; RTD com. 1999. 748, obs. Martin-Serf.* ♦ V. aussi note 84 ss. art. L. 622-24.

28. Attribution judiciaire du gage. V., dans le cadre d'un plan de cession arrêté au profit du locataire d'un bien gagé, alors que le loueur faisait l'objet d'une procédure de liquidation judiciaire, faisant droit à la demande d'attribution judiciaire formée par le créancier gagiste, en affectant une partie du prix de cession au profit de celui-ci, • Com. 17 mai 2017, n° 15-23.413 P : *APC 2017, n° 172, obs. Cagnoli ; LEDEN 7/2017. 4, obs. Pelletier ; BJE 2017. 275, note Macorig-Venier.*

29. Droit transitoire. En ce sens que les modifications issues de la loi du 10 juin 1994 ne peuvent être appliquées aux affaires en cours, V. • Chambéry, 3 mars 1997 : *RPC 2001. 89, obs. Soinne.*

30. Voies de recours. V. note 12 ss. art. L. 661-6.

Art. L. 642-13 *(L. n° 2005-845 du 26 juill. 2005, art. 111)* **Par le jugement qui arrête le plan de cession, le tribunal peut autoriser la conclusion d'un contrat de location-gérance, même en présence de toute clause contraire, notamment dans le bail de l'immeuble, au profit de la personne qui a présenté l'offre d'acquisition permettant dans les meilleures conditions d'assurer le plus durablement l'emploi et le paiement des créanciers.**

Le tribunal statue après avoir entendu ou dûment appelé le liquidateur, l'administrateur judiciaire lorsqu'il en a été désigné, les contrôleurs, *(Ord. n° 2021-1193 du 15 sept. 2021, art. 58, en vigueur le 1er oct. 2021)* **« la ou les personnes désignées par le comité social et économique » et toute personne intéressée et après avoir recueilli l'avis du ministère public.** — *Pour les dispositions transitoires de l'Ord. n° 2021-1193 du 15 sept. 2021, V. note ss. art. L. 611-2.*

Sur la location-gérance des entreprises titulaires d'une autorisation relative à un service de communication audiovisuelle, V. L. n° 86-1067 du 30 sept. 1986, art. 42-12, 2e partie, IV. Traitement des difficultés des entreprises.

COMMENTAIRE

Cette possibilité d'autoriser la conclusion d'un contrat de location-gérance existait déjà en cas de plan de cession en phase de redressement judiciaire. Sa nature essentiellement transitoire et sa vocation à préparer la cession l'ont fait présenter comme une espèce d'« achat à terme » *(Rapp. AN, n° 2095, p. 388)*. Par rapport à l'ancien article L. 621-97 qui la prévoyait, l'article L. 642-13 oblige le tribunal à entendre le liquidateur (ou, le cas échéant, l'administrateur), les contrôleurs, les représentants du personnel, ainsi que toute personne intéressée, et à recueillir l'avis du ministère public. L'audition du propriétaire n'est donc pas obligatoire malgré l'atteinte évidente au droit de propriété (E. Jouffin, Le lancinant mouvement de balancier des procédures collectives, Présentation de la seconde version de l'avant-projet de loi de sauvegarde des entreprises, *Cahiers de l'actualité, Rép. com. Dalloz, mars 2004*). ❑

Art. L. 642-14 *(L. n° 2019-744 du 19 juill. 2019, art. 2)* **L'article L. 144-7 n'est pas applicable.**

COMMENTAIRE

Cet article reprend les dispositions de l'ancien article L. 621-99.

Art. L. 642-15 *(L. n° 2005-845 du 26 juill. 2005, art. 111)* **En cas de location-gérance, l'entreprise doit être effectivement cédée dans les deux ans du jugement qui arrête le plan.**

COMMENTAIRE

Cet article reprend les dispositions de l'ancien article L. 621-100.

Durée maximale. L'art. 97 [C. com., art. L. 642-15] étant d'ordre public, le plan de redressement ne saurait prévoir une location-gérance excédant une durée de deux ans. • Versailles, 16 déc. 1987 : *RPC 1988. 317, obs. Soinne ; RJ com. 1988. 232, note Martin-Serf.*

Art. L. 642-16 *(L. n° 2005-845 du 26 juill. 2005, art. 111)* **Le liquidateur peut se faire communiquer par le locataire-gérant tous les documents et informations utiles à sa mission. Il rend compte au tribunal de toute atteinte aux éléments pris en location-gérance ainsi que de l'inexécution des obligations incombant au locataire-gérant.**

Le tribunal, d'office ou à la demande du liquidateur ou du ministère public, peut ordonner la résiliation du contrat de location-gérance et la résolution du plan.

V. art. R. 642-21.

COMMENTAIRE

L'article L. 642-16, issu de la loi du 26 juillet 2005, a repris, en les adaptant, les dispositions des alinéas 1er et 2 de l'ancien article L. 621-98. L'alinéa 3 de ce dernier n'a pas d'équivalent. Ce qui est normal, en phase de liquidation judiciaire. La résolution du plan entraînera normalement la cession des actifs du débiteur. En effet, dans ce cas, désormais, la procédure de liquidation judiciaire initialement ouverte, et non clôturée, se poursuivra, solution logique qui se trouve, d'ailleurs, confortée par l'article L. 643-9, alinéa 4 [5], selon lequel, « en cas de plan de cession, le tribunal ne prononce la clôture de la procédure qu'après avoir constaté le respect de ses obligations par le cessionnaire » (P. Froehlich et M. Sénéchal, *in* La loi de sauvegarde, article par article [2e partie], *LPA 9 févr. 2006, p. 33*).

1. Défaillance du locataire-gérant. Au cas où le locataire-gérant n'a pas exécuté ses engagements, le tribunal prononce la résiliation du contrat de location, puis la résolution du plan de cession et [avant la loi du 26 juill. 2005] l'ouverture d'un nouveau redressement judiciaire à l'égard du loueur, qui doit être convoqué ainsi que le locataire-gérant devant le tribunal. • Nancy, 1er avr. 1988 : *RPC 1989. 172, obs. Soinne.*

2. Résiliation. Le débiteur ne figure pas parmi les personnes pouvant saisir le tribunal d'une demande de résiliation du contrat de location-gérance que comporte le plan de cession, susceptible d'avoir pour conséquence la résolution du plan. • Paris, 2 mars 1990 : *D. 1991. Somm. 16, obs. Derrida.*

Art. L. 642-17 *(L. n° 2005-845 du 26 juill. 2005, art. 111)* **Si le locataire-gérant n'exécute pas son obligation d'acquérir dans les conditions et délais fixés par le plan, le tribunal, d'office ou à la demande du liquidateur ou du ministère public, ordonne la résiliation du contrat de location-gérance et la résolution du plan sans préjudice de tous dommages et intérêts.**

Toutefois, lorsque le locataire-gérant justifie qu'il ne peut acquérir aux conditions initialement prévues pour une cause qui ne lui est pas imputable, il peut demander au tribunal de modifier ces conditions, sauf en ce qui concerne le montant du prix et le délai prévu à l'article L. 642-15. Le tribunal statue avant l'expiration du contrat de location et après avoir recueilli l'avis du ministère public et entendu ou dûment appelé le liquidateur, l'administrateur lorsqu'il en est désigné, les contrôleurs, *(Ord. n° 2021-1193 du 15 sept. 2021, art. 58, en vigueur le 1er oct. 2021)* **« la ou les personnes dési-**

gnées par le comité social et économique » et toute personne intéressée. – *Pour les dispositions transitoires de l'Ord. n° 2021-1193 du 15 sept. 2021, V. note ss. art. L. 611-2.*

COMMENTAIRE

Le premier alinéa de l'article L. 642-17 présente une différence comparé à celui de l'ancien article L. 621-101. Alors qu'un peu curieusement, celui-ci sanctionnait le défaut d'acquisition par l'ouverture d'une procédure de redressement judiciaire à l'égard du locataire-gérant (même s'il n'était pas en état de cessation des paiements), le texte nouveau opte pour une sanction plus logique : la résiliation du contrat de location-gérance et la résolution du plan, d'une part ; la condamnation éventuelle du locataire-gérant à des dommages-intérêts, d'autre part. Nouvel exemple de la suppression générale, par la loi du 26 juillet 2005, des ouvertures de procédures collectives à titre de sanction. ❑

1. Interprétation stricte. La sanction de l'art. 98 [C. com., art. L. 642-17] ne peut intervenir lorsque le locataire-gérant n'a pas payé le dépôt de garantie et certaines redevances mensuelles. • Dijon, 2 avr. 1996 : *RPC 1998. 374, obs. Soinne.* ♦ Le défaut de paiement peut seulement entraîner la résolution du contrat de gérance et du plan. • Même arrêt.

2. Délais de paiement. Pour l'octroi de délais de paiement dans le règlement du prix de cession, afin d'assurer la poursuite de l'activité, V. • T. com. Paris, 7 nov. 1988 : *RPC 1989. 173, obs. Soinne* • 31 oct. 1988 : *Gaz. Pal. 1989. 1. 355, note Marchi.*

3. Causes non imputables au gérant. Ne peuvent être considérées comme « causes non imputables au locataire-gérant », les difficultés de gestion, financières ou commerciales, qu'il pourrait rencontrer, lesquelles existent dans la conduite de toute entreprise. • T. com. Paris, 31 oct. 1988 : *préc. note 2.* ♦ Parmi ces difficultés sont à classer la non-poursuite de contrats en cours, le départ des salariés, en particulier lorsque la preuve d'une concurrence déloyale ne peut être apportée, ou des difficultés de règlement de la part des fournisseurs. • Même jugement. – Comp. : • T. com. Marseille, 4 déc. 1989 : *D. 1991. Somm. 17, obs. Derrida.*

SECTION 2 *De la cession des actifs du débiteur*

BIBL. GÉN. ▶ THÉRON, *D. 2006. 570* (moment de perfection des transferts « autorisés » en période de liquidation) ; *RPC 2008. Dossier 13* (vente du fonds de commerce) ; *BJE 2012. 253* (obstacles à contourner et modalités de la cession isolée des biens du débiteur). – VAUVILLÉ, *Dr. et patr. 3/2006. 80.* – LAPORTE, *Procédures 2010. Étude 4* (les ventes sur liquidation judiciaire à l'épreuve du temps). – BRIGNON, *RPC 2012. Étude 22* (date de transfert de propriété des actifs). – LIENHARD, Mél. Merle, *Dalloz, 2012, p. 477* (cession du fonds de commerce en tant qu'actif isolé). – GAZEAU, BLIN et SARDOT, *JCP N 2014. 1201* (le notaire et la réalisation des actifs en liquidation judiciaire - la vente des meubles). – Dossier « Les cessions isolées d'actifs », *RPC 2015. Dossiers 18 à 35.*

Art. L. 642-18 *(Ord. n° 2008-1345 du 18 déc. 2008, art. 116)* **« Les ventes d'immeubles ont lieu conformément aux articles** *(Ord. n° 2011-1895 du 19 déc. 2011, art. 2 et 4, en vigueur le 1er juin 2012)* **« L. 322-5 à L. 322-13 du code des procédures civiles d'exécution », à l'exception des articles** *(Ord. n° 2011-1895 du 19 déc. 2011, art. 2 et 4, en vigueur le 1er juin 2012)* **« L. 322-6 et L. 322-9 », sous réserve que ces dispositions ne soient pas contraires à celles du présent code. Le juge-commissaire fixe la mise à prix et les conditions essentielles de la vente. »**

Lorsqu'une procédure de saisie immobilière engagée avant l'ouverture *(L. n° 2005-845 du 26 juill. 2005, art. 112)* **« de la procédure de sauvegarde, de redressement ou de » liquidation judiciaires a été suspendue par l'effet de cette dernière, le liquidateur peut être subrogé dans les droits du créancier saisissant pour les actes que celui-ci a effectués, lesquels sont réputés accomplis pour le compte du liquidateur qui procède à la vente des immeubles. La saisie immobilière peut alors reprendre son cours au stade où le jugement d'ouverture l'avait suspendue.**

(Ord. n° 2008-1345 du 18 déc. 2008, art. 116) **« Le » juge-commissaire peut, si la consistance des biens, leur emplacement ou les offres reçues sont de nature à permettre une cession amiable dans de meilleures conditions,** *(L. n° 2005-845 du 26 juill. 2005, art. 112)* **« ordonner la vente par adjudication amiable sur la mise à prix qu'il fixe ou autoriser la vente de gré à gré » aux prix et conditions qu'il détermine.** *(Ord. n° 2008-1345 du 18 déc. 2008, art. 116)* **« En cas d'adjudication amiable, les articles** *(Ord. n° 2011-1895 du 19 déc. 2011, art. 2 et 4, en vigueur le 1er juin 2012)* **« L. 322-7, L. 322-8 et L. 322-10 à L. 322-12 du code des procédures civiles d'exécution » sont**

applicables, sous la réserve prévue au premier alinéa, et il peut toujours être fait surenchère.

« Pour les adjudications réalisées en application des alinéas qui précèdent, le paiement du prix au liquidateur et des frais de la vente emportent purge des hypothèques et de tout privilège du chef du débiteur. L'adjudicataire ne peut, avant d'avoir procédé à ces paiements, accomplir un acte de disposition sur le bien à l'exception de la constitution d'une hypothèque accessoire à un contrat de prêt destiné à l'acquisition de ce bien. »

Le liquidateur répartit le produit des ventes et règle l'ordre entre les créanciers, sous réserve des contestations qui sont portées devant le *(Ord. nº 2006-461 du 21 avr. 2006, art. 14)* **« juge de l'exécution ».** – *L'Ord. nº 2006-461 du 21 avr. 2006 entrera en vigueur à la date de l'entrée en vigueur du décret en Conseil d'État prévu à son art. 23 et, au plus tard, le 1er janv. 2007 (Ord. préc., art. 25). – Le Décr. nº 2006-936 du 27 juill. 2006 est entré en vigueur le 1er janv. 2007 (Décr. préc., art. 168).*

En cas de liquidation judiciaire d'un *(Ord. nº 2014-326 du 12 mars 2014, art. 74, en vigueur le 1er juill. 2014)* **« débiteur, personne physique », le tribunal peut, en considération de** *(Ord. nº 2014-326 du 12 mars 2014, art. 74, en vigueur le 1er juill. 2014)* **« sa situation personnelle et familiale », lui accorder des délais de grâce dont il détermine la durée pour quitter sa maison d'habitation principale.**

Les modalités d'application du présent article sont fixées par décret en Conseil d'État. – *[C. com., anc. art. L. 622-16.] – V. art. R. 642-22 s.*

Sur les ventes d'immeubles dans les départements du Bas-Rhin, du Haut-Rhin et de la Moselle, V. art. L. 670-8.

BIBL. ▶ GAZEAU, BLIN et SARDOT, *JCP N 2014. 1189* (le notaire et la réalisation des actifs en liquidation judiciaire - la vente des immeubles). - SAINTOURENS et CAZAJUS, *BJE 2015. 384* (le notaire face à la vente du bien indivis en liquidation judiciaire). - REGAIRAZ, *JCP N 2018. 1004* (cession de droits immobiliers indivis en liquidation judiciaire).

Ancien art. L. 642-18 (al. 1er, 3 et 4) *[réd. issue de L. nº 2005-845 du 26 juill. 2005]. **Les ventes d'immeubles ont lieu suivant les formes prescrites en matière de saisie immobilière. Toutefois, le juge-commissaire fixe, après avoir recueilli les observations des contrôleurs, le débiteur et le liquidateur entendus ou dûment appelés, la mise à prix et les conditions essentielles de la vente et détermine les modalités de la publicité.***

[...]

Dans les mêmes conditions, le juge-commissaire peut, si la consistance des biens, leur emplacement ou les offres reçues sont de nature à permettre une cession amiable dans de meilleures conditions,** (L. nº 2005-845 du 26 juill. 2005, art. 112) **« ordonner la vente par adjudication amiable sur la mise à prix qu'il fixe ou autoriser la vente de gré à gré » aux prix et conditions qu'il détermine. En cas d'adjudication amiable, il peut toujours être fait surenchère.

Les adjudications réalisées en application des alinéas qui précèdent emportent purge des hypothèques.

COMMENTAIRE

I. ARCHITECTURE DES TEXTES

Les dispositions relatives à la « cession des actifs du débiteur », pendant « subsidiaire » de la « cession de l'entreprise », ont été regroupées par la loi du 26 juillet 2005 sous les articles L. 642-18 à L. 642-25. On ne parle donc plus de « réalisation de l'actif ». On notera la disparition du régime particulier de la cession des unités de production. Cette suppression est logique et satisfaisante. Logique, puisque maintenant les cessions globales en cas de liquidation judiciaire sont régies par les dispositions relatives au plan de cession (art. L. 642-1 s.). Satisfaisante, parce que, auparavant, les cessions d'unités de production permettaient (en attendant la conversion d'un redressement en liquidation judiciaire), pour un cessionnaire plus intéressé par les actifs de l'entreprise que par son activité, de récupérer des « morceaux » de l'entreprise sans engagement véritable. Voisines par leur finalité, les cessions d'unités de production et les cessions d'une branche autonome d'activité (alors définie par l'ancien art. L. 621-83, désormais abrogé) présentaient, en effet, une différence essentielle pour l'acquéreur : contrairement à la dernière, la première ne prévoyait aucune sanction en cas d'inexécution des engagements portant sur l'emploi et l'activité. D'où le grief, souvent avancé, que ce mécanisme facilitait le « dépeçage » de l'entreprise. Mais, par ailleurs, la cession d'unité de production présentait cet inconvénient que la Cour de cassation, faute de texte spécifique relatif aux licenciements, faisait jouer l'article L. 122-12, alinéa 2, du code du travail, solution qu'une chambre mixte a confirmée encore, par un arrêt du 7 juillet 2006, alors que l'avocat général avait envisagé la possibilité d'un revirement qu'aurait pu provoquer, selon lui, la circonstance que « ce qui représentait une lacune critiquable dans la législation de 1985, aujourd'hui corrigée par le législateur de 2005, ne saurait justifier plus longtemps une solution contraire à l'intérêt économique et à la garantie durable de l'emploi » (V. note 19 ss. anc. art. L. 622-17). Cet écueil n'existe, bien entendu, pas pour les licenciements autorisés dans le cadre d'un plan de cession-liquidation, qui ne peuvent être remis en cause par le transfert. En revanche, dans l'hypothèse où la vente d'éléments d'actif, hors plan de cession ou à défaut de tel plan, réaliserait un transfert partiel d'entité économique autonome conservant son identité, ce texte a vocation naturelle à s'appliquer (A. Mazeaud, Les cessions d'entreprise ou de partie d'entreprise depuis la loi du 26 juillet 2005 relative à la sauvegarde des entreprises, *Dr. soc. janv. 2006, p. 12, spéc. p. 15* ; V., sur la problématique en cas de *prépack-cession*, CJUE 22 juin 2017 : *D. 2017. 2242, note R. Dammann*).

II. VENTE DES IMMEUBLES

Par rapport à l'ancien article L. 622-16, la loi du 26 juillet 2005 a accentué les pouvoirs du juge-commissaire quant aux cessions amiables, en distinguant entre les ventes par adjudication amiable et les ventes de gré à gré. S'agissant des premières, désormais, plus que de simplement avoir la faculté de les autoriser, il peut les ordonner ; s'agissant des secondes en revanche, en raison de leur caractère encore plus dérogatoire, il ne peut toujours que les autoriser.

Ce pouvoir accru, pensait-on lors de la publication de la loi, devait entraîner un alignement de la solution relative à la date de la formation de la vente sur la jurisprudence rendue à propos des ventes de biens mobiliers soumises à l'ancien article L. 622-18 (V. note 6 ss. art. L. 642-19), qui considérait que la cession est parfaite dès l'ordonnance. Mais la Cour de cassation, entre-temps, a d'elle-même, et sous l'empire encore de l'ancien texte, devancé cette évolution vers l'unité jurisprudentielle, s'agissant des ventes d'immeubles de gré à gré, par un arrêt du 4 octobre 2005 (V. note 8 ; V. aussi Com. 11 juin 2014 : *ibid.*). À cet égard, la règle devrait donc en pratique être la même pour toutes les cessions amiables. Ce que la chambre commerciale a confirmé, à propos des ventes de gré à gré d'un élément de l'actif mobilier, par un arrêt du 7 septembre 2010 (V. note 11 ss. art. L. 642-19), avant qu'un arrêt du 13 mars 2012 ne vienne appliquer le principe de la dissociation de la date de perfection de la vente et de la date de transfert de propriété à des droits immobiliers (V. note 7).

L'ordonnance du 18 décembre 2008 est venue préciser l'articulation entre le régime de la liquidation judiciaire du livre VI du code de commerce et celui de la saisie immobilière et de la procédure de distribution qui s'ensuit, en disposant à l'article L. 642-18, alinéa 1er, tel que corrigé ultérieurement par les nouvelles références au code des procédures civiles d'exécution, que « les ventes d'immeubles ont lieu conformément aux articles L. 322-5 à L. 322-13 du code des procédures civiles d'exécution [dispositions relatives à l'adjudication], à l'exception des articles L. 322-6 [selon lequel la mise à prix est fixée par le créancier poursuivant] et L. 322-9 [consignation du prix par l'adjudicataire], sous réserve que ces dispositions ne soient pas contraires à celles du [code de commerce] ». Elle a aussi, dans le même esprit, supprimé la disposition qui prévoyait que le juge-commissaire déterminait les modalités de la publicité. A la même fin, sont adaptés et complétés les alinéas 3 (relatif à la cession amiable) et 4 (relatif à la purge, des hypothèques et privilèges, qui suppose le paiement du prix au liquidateur et des frais de la vente, étant précisé, désormais, que l'adjudicataire ne peut, avant d'avoir procédé à ces paiements, accomplir un acte de disposition sur le bien à l'exception de la constitution d'une hypothèque accessoire à un contrat de prêt destiné à l'acquisition de ce bien).

Notons encore que le nouveau texte n'oblige plus le juge-commissaire à recueillir les observations des contrôleurs, du débiteur et du liquidateur, avant la fixation de la mise à prix et des conditions essentielles de la vente. De toutes ces mesures de simplification et de clarification de la procédure de vente forcée de l'immeuble, la plus remarquable est certainement celle qui, pour résoudre les difficultés antérieures relatives à l'étendue des pouvoirs du juge de l'exécution à l'occasion de l'audience d'orientation, a purement et simplement supprimé ladite audience (P. Crocq, *DP diff. entr., Bull. d'actualité, n° spéc., mars 2009, p. 4198*).

Quant aux dispositions réglementaires d'application, il convient de relever l'article R. 643-5, qui (comme l'art. R. 626-36) s'oppose à la solution jurisprudentielle antérieure, en obligeant les créanciers inscrits du chef d'un précédent propriétaire et titulaires d'un droit de suite à produire leur créance à la procédure d'ordre. Auparavant, la Cour de cassation avait jugé que les créanciers *propter rem* (autrement dit, titulaires d'un droit réel sur l'immeuble, mais non créanciers personnels de l'adjudicataire en liquidation judiciaire) devaient être colloqués bien qu'ils n'aient pas déclaré leur créance à la procédure collective de l'acquéreur (Com. 11 juin 2002 : *cité note 1 ss. art. R. 643-6*). Le texte emploie ici volontairement le terme de « production », de préférence à celui de « déclaration », car il ne s'agit pour ces créanciers que de se joindre à la procédure d'ordre, afin seulement d'avoir vocation à être colloqués sur le prix de vente de l'immeuble, et non d'entrer en concours sur l'ensemble du gage commun (Ph. Froehlich et M. Sénéchal, *in* La réforme des procédures collectives, *La loi de sauvegarde article par article, LGDJ, 2006, p. 364*).

Le décret de 2009 est venu modifier le régime des recours contre les ordonnances du juge-commissaire (art. R. 642-37-1 nouv.), qui, tout comme celles rendues en application de l'article L. 642-19 (art. R. 642-37-3 nouv.), ne relèvent plus du tribunal mais de la cour d'appel.

Refusant de renvoyer une question prioritaire de constitutionnalité au Conseil constitutionnel, la Cour de cassation a jugé que l'article L. 642-18, en se bornant à préciser que le juge-commissaire fixe la mise à prix et les conditions essentielles de la vente des immeubles appartenant au débiteur en liquidation judiciaire, ne porte, par lui-même, aucune atteinte au droit de propriété de son conjoint commun en biens, dont les droits ne sont affectés que par l'effet de la règle énoncée à l'article 1413 du code civil aux termes duquel le paiement des dettes dont chaque époux est tenu, pour quelque cause que ce soit, pendant la communauté, peut toujours être poursuivi sur les biens communs (Com. 10 juill. 2014 : *cité note 12* ; V. aussi Com. 18 nov. 2014 : *pourvoi n° 14-16.535*).

III. DÉCLARATION D'INSAISISSABILITÉ

A. *PROBLÉMATIQUE*

Du fait du silence du livre VI sur la question, est longtemps restée incertaine la portée, en cas de liquidation judiciaire, de la déclaration d'insaisissabilité de sa résidence principale (étendue, depuis la loi du 4 août 2008, à tout bien foncier bâti ou non bâti non affecté à un usage professionnel ; et réaménagée encore par la loi du 6 août 2015, qui institue une protection par défaut de la résidence principale des entrepreneurs individuels), faite, le cas échéant, par le débiteur personne physique, conformément aux dispositions introduites par la loi du 1er août 2003 (C. com., art. L. 526-1 à L. 526-4 ; V. ces art., 2e partie, III. Prévention des difficultés des entreprises).

D'emblée, deux thèses se sont opposées, créant une réelle incertitude juridique qu'une réponse ministérielle n'a pu que constater (Rép. min. n° 80186 : *JOAN Q, 10 août 2010, p. 8892*). Selon la première théorie, la déclaration d'insaisissabilité ne devait en pratique pas faire obstacle à la vente de l'immeuble pour peu que certains des créanciers admis au passif soient des créanciers extraprofessionnels ou des créanciers dont la créance préexistait à l'insaisissabilité, ce qui constitue le cas le plus fréquent (V., entre autres, plus ou moins nuancés, F. Pérochon et R. Bonhomme, Entreprises en difficulté, Instruments de crédit et de paiement, *LGDJ, 2009, 8e éd., n° 424*). Mais cette opinion n'était pas partagée par tous, d'autres estimant, au contraire, et c'est la seconde théorie, résumée ici de façon très schématique, que la déclaration devrait jouer pleinement quelle que soit la date de naissance de la créance de chaque créancier (V. P. Pétel, *JCP E 2009. 1008, n° 9* ; et, plus détaillé dans son argumentation, P.-M. Le Corre, Droit et pratique des procédures collectives, *Dalloz Action, 2013/2014, 582.13*).

B. SOLUTIONS JURISPRUDENTIELLES

1° PREMIÈRES DÉCISIONS DE COURS D'APPEL

Deux cours d'appel s'étaient rangées à la première interprétation du silence du livre VI. Appliquant alors, faute d'aménagement exprès, les raisonnements propres à la saisie collective qu'opère la liquidation judiciaire, découlant notamment de l'« effet réel » de la procédure entraînant dessaisissement du débiteur et du monopole de défense de l'intérêt collectif des créanciers confié au liquidateur, conçu comme un tout indivisible, elles ont jugé que la déclaration n'a d'effet qu'à l'égard des créanciers dont les droits sont nés postérieurement à sa publication, à l'occasion de l'activité professionnelle du déclarant (Orléans, 15 mai 2008 : *APC 2008, n° 239, obs. Cagnoli* ; 6 avr. 2011 : *LEDEN mai 2011, n° 72, obs. Pérochon* ; Aix-en-Provence, 3 déc. 2009 : *APC 2010, n° 164, obs. Vallansan*). Ajoutons encore que la cour d'appel d'Aix-en-Provence en avait déduit l'affectation du produit de la vente au paiement des seuls créanciers auxquels la déclaration est inopposable (comp., estimant que les créanciers professionnels ayant une créance postérieure à la publication de la déclaration d'insaisissabilité peuvent concourir sur le bien en cas de saisie par un créancier auquel la déclaration d'insaisissabilité est inopposable : TGI Nancy, 6 juill. 2009 : *JCP E 2010. 1229, note Lebel*, cité par l'étude d'impact annexée au projet de loi relatif à l'EIRL).

2° INTERVENTION DE LA COUR DE CASSATION

Ce n'est qu'en 2011 que la Cour de cassation a eu l'occasion de se prononcer sur la portée de la déclaration d'insaisissabilité. Mais la jurisprudence s'est surtout focalisée sur la question de l'intérêt et de la qualité à agir du liquidateur.

a. Droit d'agir du liquidateur

Dès un arrêt du 3 février 2009, sans se prononcer sur les effets de l'insaisissabilité, la Cour de cassation avait jugé irrecevable, faute d'intérêt à agir, l'action du liquidateur tendant à faire déclarer inopposable une déclaration d'insaisissabilité effectuée après la date de cessation des paiements (V. note 7 ss. art. L. 641-4). Plus fondamentalement, alors, mais toujours sur le terrain de la recevabilité de l'action du liquidateur, par analogie avec la solution posée à propos de la solidarité du loueur de fonds de commerce avec le locataire-gérant au titre des dettes nées des six premiers mois de l'exploitation du fonds de commerce (Com. 9 nov. 2004 : *cité note 8 ss. art. L. 622-20* ; V. aussi, ultérieurement, à propos d'un autre type d'action, Com. 8 nov. 2011 : *D. 2011. Actu. 2864, obs. Lienhard* ; *Rev. sociétés 2012. 385, obs. T. Granier*), un auteur avait contesté le droit du mandataire judiciaire à agir dès lors qu'il ne peut légalement le faire que pour la défense de l'intérêt collectif des créanciers, et non d'un groupe de créanciers (P.-M. Le Corre, Droit et pratique des procédures collectives, *Dalloz Action, 2023/2024, 562.132 s.* ; V. aussi P. Martin, Déclaration d'insaisissabilité et liquidation judiciaire, *Procédures 2010. Étude 1*). Après que des cours d'appel l'eurent adoptée (Amiens, 25 févr. 2010, RG n° 08/05170 ; Douai, 23 sept. 2010 : *JCP E 2010. 2076, note Lebel*), cette analyse allait être consacrée par la Cour de cassation (qui l'avait déjà actée dans son commentaire de l'arrêt du 28 juin 2011 [V. *infra*], au Rapport 2011 paru le 30 mars 2012, p. 465), dans un arrêt du 13 mars 2012 (V. note 7 ss. art. L. 641-4) : puisque « la déclaration d'insaisissabilité n'a d'effet qu'à l'égard des créanciers dont les droits naissent, postérieurement à sa publication, à l'occasion de l'activité professionnelle du déclarant », le liquidateur n'a pas qualité pour agir en inopposabilité. Mais la portée de cet arrêt était dès l'origine brouillée du fait qu'en l'espèce l'inopposabilité de la déclaration résultait de sa publication irrégulière, ce qui constitue un problème particulier, comme la Cour de cassation allait l'admettre quatre ans plus tard, par un arrêt de revirement du 15 novembre 2016.

Qualité à agir en raison de l'irrégularité de la publicité. Dans cet arrêt du 13 mars 2012, relatif à une publicité irrégulière (pour n'avoir été faite qu'au répertoire des métiers pour l'activité artisanale du débiteur, et non au RCS pour son activité commerciale), la Cour de cassation avait affirmé que « l'intérêt collectif des créanciers ne résulte pas de l'irrégularité de la publicité de la déclaration d'insaisissabilité ». Ainsi, non seulement le liquidateur ne pouvait agir à titre préventif, faute de litige entre les créanciers de la liquidation judiciaire et le débiteur (Com. 3 févr. 2009 : *préc.*), mais, même lorsqu'un litige répond aux conditions de l'article 31 du code de procédure civile, la recevabilité supposait l'absence de créanciers extraprofessionnels ou antérieurs à la publication de la déclaration d'insaisissabilité. Contestant le syllogisme sur lequel la solution est fondée, lequel restreignait souvent le droit d'agir du liquidateur, s'il suffisait qu'un des créanciers n'ait pas d'intérêt à l'action pour que celle-ci soit irrecevable, des auteurs ont proposé un tout autre syllogisme dans la situation de cette affaire : dès lors que la déclaration d'insaisissabilité n'aurait pas été publiée, elle ne serait opposable à personne, donc inopposable à tous les créanciers, donnant ainsi qualité au liquidateur à soulever son inopposabilité à la procédure (J. Vallansan, *APC 2012, n° 105* ; P.-M. Le Corre, Les questions soulevées par la déclaration notariée d'insaisissabilité en cas de liquidation judiciaire, *Gaz. Pal. 27-28 avr. 2012, p. 5, nos 24 et 25*).

Comme l'avait aussi préconisé le premier avocat général L. Le Mesle (*BJE 2015. 224*), cette solution (déjà implicitement contredite par : Com. 2 juin 2015, n° 14-10.383, subordonnant l'efficacité de la déclaration d'insaisissabilité à sa publication dans tous les registres de publicité légale à caractère professionnel dans lesquels le débiteur était immatriculé) allait être abandonnée par un arrêt de revirement exprès et très motivé du 15 novembre 2016 (V. note 7 ss. art. L. 641-4), au motif que, la déclaration d'insaisissabilité n'étant opposable à la liquidation judiciaire que si elle a fait l'objet d'une publicité régulière, le liquidateur, qui a qualité pour agir au nom et dans l'intérêt collectif des créanciers, est recevable à en contester la régularité à l'appui d'une demande tendant à reconstituer le gage commun des créanciers. C'est donc la cohérence avec la jurisprudence redéfinissant le périmètre des actions relevant du monopole du mandataire judiciaire (V. Com. 2 juin 2015 : *cité note 21 ss. art. L. 622-20*) qui a justifié cette évolution particulière à l'opposabilité de la déclaration notariée (sur la possibilité, pour les liquidateurs, de demander la réouverture des liquidations dans lesquelles l'immeuble n'a pas été vendu, alors que la publicité était irrégulière, V. P.-M. Le Corre, *Gaz. Pal. 10 janv. 2017, p. 52*). Comme l'a noté un commentateur avisé, l'arrêt de revirement ne prend cependant pas parti sur la portée de cette mention supplémentaire sur les registres de publicité légale à caractère professionnel, prévue par l'article L. 526-2 et qui seule faisait défaut en l'espèce, quant à l'opposabilité proprement dite, ni sur la question du caractère suffisant ou non à cet égard de la publication au fichier immobilier (J.-P. Rémery, *Elnet, 2 déc. 2016* ; sur la validité de la portée rétroactive de ce revirement, V. Com. 30 janv. 2019, n° 17-24.584).

Notons, pour finir, que, à compter du 1er janvier 2023, et en vertu de l'ordonnance n° 2021-1189 du 15 septembre 2021, la déclaration d'insaisissabilité peut être réalisée au sein du registre national des entreprises par les entreprises agricoles et indépendantes, en lieu et place d'une publication au sein d'un support habilité d'annonces légales.

Qualité à agir afin de réaliser l'immeuble objet de la déclaration. Plus fondamentalement, au-delà de la question particulière de l'irrégularité de la publicité, les bases mêmes de la solution posée par l'arrêt du 13 mars ont été critiquées, puisque l'inopposabilité de l'insaisissabilité bénéficierait à tous les créanciers, en ce qu'elle permettrait la vente de l'immeuble et la répartition du prix entre tous, et que, par ailleurs, le liquidateur a qualité pour exercer d'autres actions ne bénéficiant, en pratique du moins, qu'à un groupe de créanciers (réalisation d'un immeuble hypothéqué, par ex., F.-X. Lucas, *LEDEN 5/2012. 1* ; V. aussi L. Camensuli-Feuillard, *BJE 2012. 147* ; V. aussi, soulignant alors que l'action vise à accroître le gage commun des créanciers, objectif inhérent à la procédure collective : P. Pétel, *JCP E 2013. 1380*). Il est vrai que le raisonnement de la Cour de cassation semble revenir à déduire de l'exclusivité, accordée par la loi au liquidateur, « pour agir au nom et dans l'intérêt collectif des créanciers », l'obligation de n'agir que « dans l'intérêt de tous les créanciers », un peu comme si l'intérêt collectif résultait de l'unanimité des intérêts individuels (pour une tentative d'explication fondée sur une nouvelle distinction entre la notion de « droit de gage général », que détient le créancier quelconque sur son débiteur, et la notion de « gage commun », qui renverrait à un gage accessible à tous les créanciers, V. P.-M. Le Corre, *JCP E 2012. 1325 ; D. 2015. Pan. 1974*). Mais la Cour de cassation a repris son raisonnement par d'autres arrêts (non publiés) des 18 juin 2013 et 30 juin 2015 (V. note 7 ss. art. L. 641-4), de sorte qu'elle paraît aujourd'hui bien acquise. La cohérence de la construction jurisprudentielle s'est d'ailleurs trouvée consolidée, à cet égard, par la définition donnée des actions relevant du monopole du mandataire judiciaire, agissant pour la défense de l'intérêt collectif, lesquelles supposent que ce dernier tende à la protection ou à la reconstitution du gage commun des créanciers (V. Com. 2 juin 2015 : *cité note 21 ss. art. L. 622-20*), sur laquelle la chambre commerciale a expressément fondé son revirement de jurisprudence du 15 novembre 2016 en cas de publicité irrégulière (V. ci-dessus).

Cette jurisprudence n'en était pas moins très critiquée par certains en ce qu'elle autorisait et favorisait la fraude du débiteur procédant à une déclaration notariée d'insaisissabilité peu de temps avant l'ouverture de sa procédure collective (F. Pérochon, Entreprises en difficulté, *Lextenso, 10e éd., 2014, nos 1194 et 1195*). Dans ce cas, en effet, le liquidateur n'avait, par hypothèse, jamais qualité pour agir en raison de l'existence inévitable de créanciers antérieurs. Et, comme l'a confirmé un arrêt du 23 avril 2013 (V. note 7 ss. art. L. 641-4), il ne peut pas plus, pour la même raison, agir sur le fondement de la fraude paulienne. Certes, depuis l'ordonnance du 12 mars 2014, qui a fait de la déclaration d'insaisissabilité un nouveau cas de nullité de droit de la période suspecte (V. art. L. 632-1, II, 12°), la critique a perdu de sa force. Par ailleurs, dans la foulée du revirement partiel opéré par l'arrêt du 15 novembre 2016, et confirmé par un arrêt rendu un an après, jour pour jour, le 15 novembre 2017, la chambre commerciale pourrait aussi, et pour les mêmes raisons, revenir sur sa jurisprudence fermant l'action paulienne au liquidateur (comme semble l'avoir déjà fait la première chambre civile : Civ. 1re, 14 déc. 2016, n° 15-21.876, *cité par P. Roussel Galle, Rev. sociétés 2017. 177*).

Quelques mois avant l'arrêt de mars 2012, la chambre commerciale avait rendu une décision bien plus spectaculaire sur la portée même de la déclaration d'insaisissabilité.

b. Portée de la déclaration d'insaisissabilité

Par un arrêt de principe du 28 juin 2011 (cassant l'arrêt précité de la cour d'appel d'Aix-en-Provence), la Cour de cassation s'est élevée au-dessus de l'approche purement technique de l'opposabilité aux différentes catégories de créanciers pour se hisser au niveau de l'esprit de la loi. Faisant primer la finalité protectrice de la déclaration d'insaisissabilité sur la maladresse de son insertion dans le code de commerce, elle pose le principe suivant lequel « le débiteur peut opposer la déclaration d'insaisissabilité qu'il a effectuée en application de l'article L. 526-1 du code de commerce, avant qu'il ne soit mis en liquidation judiciaire, en dépit de la règle du dessaisissement prévue par l'article L. 641-9 ». Plus concrètement, elle en déduit que, dans cette affaire, dès lors que l'immeuble appartenant au débiteur et à son conjoint commun en biens avait fait l'objet d'une déclaration d'insaisissabilité publiée avant l'ouverture de la liquidation judiciaire, « le juge-commissaire ne pouvait autoriser, sous peine de commettre un excès de pouvoir, le liquidateur à procéder à la vente aux enchères publiques de cet immeuble dont l'insaisissabilité lui était opposable ». Notons ici, s'agissant de la publicité condition d'opposabilité, que la chambre commerciale précisera une dizaine d'années plus tard, sans que la question posât vraiment difficulté, que la déclaration d'insaisissabilité doit avoir été publiée antérieurement à l'ouverture de la procédure collective, fût-elle une procédure de sauvegarde (Com. 10 mars 2021 : *cité note 5 ss. art. L. 526-1 C. com.*).

Au-delà du « dit » de la décision, s'appuyant sur le fondement de l'exception à la règle du dessaisissement (qui n'allait pas de soi), la majorité de la doctrine s'est livrée à une très intéressante extrapolation quant à la situation des créanciers auxquels la déclaration d'insaisissabilité ne serait pas opposable. Selon le raisonnement tenu par Philippe Roussel Galle, ces créanciers pourraient agir contre le débiteur, puisque par hypothèse il ne serait pas dessaisi de ses droits sur l'immeuble, en vue de saisir ce dernier, étant ajouté qu'ils échapperaient alors même à l'interdiction des paiements et surtout à celle des poursuites individuelles (sous réserve, peut-être, de se prévaloir de la déchéance du terme résultant de l'ouverture de la liquidation judiciaire, ou d'un défaut de paiement, l'auteur ajoutant que, le cas échéant, la répartition du prix suivant la saisie obéirait au droit commun, et qu'une éventuelle soulte échapperait, elle aussi, à la procédure, et précisant que ces créanciers, tout à la fois « hors de la procédure et dans la procédure », seraient admis et auraient tout intérêt à déclarer leur créance pour le cas où le prix de vente ne suffirait pas à les désintéresser (P. Roussel Galle, Déclaration d'insaisissabilité : première étape vers la construction d'un régime juridique, *DP diff. entr., Bull. n° 328, p. 4* ; V. aussi, en ce sens, C. Lebel, *JCP E 2011. 375*). Dans son commentaire critique de la décision, moyennant quelques nuances, Françoise Pérochon s'est prononcée dans le même sens, admettant tout de même que la solution protège le débiteur dans la mesure où, bien que l'immeuble puisse probablement être vendu à l'initiative des créanciers non professionnels ou antérieurs à la déclaration, après désintéressement de ces créanciers, « le déclarant jouira parfois d'un excédent "hors procédure", soustrait au dessaisissement » (*JCP E 2011. 1551*). A moins de considérer que ce solde n'échapperait au dessaisissement qu'en cas de remploi dans les conditions des articles L. 526-1 et L. 526-3. Il en irait alors de même du débiteur qui pourrait vendre l'immeuble du moment qu'il échappe au dessaisissement, mais qui, dans ce cas, sauf remploi, ne profiterait pas du prix, non protégé par la déclaration d'insaisissabilité et donc frappé par l'effet réel de la procédure (P.-M. Le Corre, Les questions soulevées par la déclaration notariée d'insaisissabilité en cas de liquidation judiciaire, *Gaz. Pal. 27-28 avr. 2012, p. 5, n° 25*).

Cette lecture doctrinale a été confirmée, de façon certaine bien qu'implicite, par la Cour de cassation, dans un arrêt du 5 avril 2016 (cité note 11 ss. art. L. 643-2). Invitée à se prononcer, non pas sur le principe, mais sur les conditions du droit de poursuite par un créancier auquel la déclaration n'est pas opposable, la chambre commerciale a soustrait cette action au régime de la liquidation judiciaire, jugeant, plus spécialement, qu'il ne s'agissait pas là d'une poursuite engagée par le créancier hypothécaire en raison de l'inaction du liquidateur, au sens de l'article L. 643-2. En effet, paralysé par la déclaration d'insaisissabilité opposable à la procédure, le liquidateur ne pèche pas par manque de diligence, il est légalement privé de qualité à agir. Il en découle que le créancier qui poursuit l'exécution de l'immeuble ne supplée pas le mandataire judiciaire dans le cadre de la procédure. Il agit hors procédure sur un bien hors procédure, selon le droit commun, qui ne lui impose évidemment nulle autorisation du juge-commissaire pour ce faire. Tirant les conséquences logiques de cette solution, un arrêt du 12 juillet 2016 (cité note 11 ss. art. L. 643-2) a précisé le régime de la saisie immobilière quant au délai de prescription : faute de se trouver dans l'impossibilité d'agir sur l'immeuble, au sens de l'article 2234 du code civil, le créancier inscrit ne peut bénéficier de la prolongation de l'effet interruptif de prescription de sa déclaration jusqu'à la clôture de la procédure collective, cet effet prenant fin à la date de la décision ayant statué sur la demande d'admission (à moins, bien sûr, qu'aucune décision n'ait statué sur cette demande d'admission : Com. 24 mars 2021 : *cité note 156 ss. art. L. 622-24*). Un an plus tard, de façon, là encore, fort cohérente, la chambre commerciale a affirmé expressément que rien ne s'opposait à ce que le créancier poursuivant puisse obtenir, s'il n'en détient pas un auparavant, un titre exécutoire par une action contre le débiteur tendant à voir constater l'existence, le montant et l'exigibilité de sa créance (Com. 13 sept. 2017 : *cité note 5 ss. art. L. 526-1 C. com.*). En revanche, le créancier demeurant soumis au principe d'ordre public de l'arrêt des poursuites ainsi qu'à l'interdiction de recevoir paiement des créances dont la naissance est antérieure au jugement d'ouverture, cette action ne peut tendre au paiement de la créance (Com. 7 oct. 2020 : *cité note 5 ss. art. L. 526-1 C. com.*).

Comme cela a été relevé, c'est sans doute les établissements de crédit qui seront les grands gagnants de cette jurisprudence, grâce à la technique consistant à conditionner l'octroi du prêt à une déclaration d'insaisissabilité suivie d'une renonciation à leur seul profit (assortie d'une clause de déchéance du terme en cas de renonciation ultérieure au profit d'un autre créancier), parfaite « sûreté réelle négative » garantissant à son titulaire un droit de saisie de l'immeuble que n'auront ni les créanciers professionnels postérieurs à la publication de la déclaration, ni le liquidateur (P. Crocq, *Dr. et patr. 11/2011. 74*). On notera, à cet égard, que la réforme du droit des sûretés dans les procédures collectives, opérée par l'ordonnance n° 2021-1192 du 15 septembre 2021, a finalement écarté la nullité de droit dont l'avant-projet du 4 janvier 2021 voulait frapper cette nullité (V. comm. ss. art. L. 632-1, VII).

La solution de 2011 a été confirmée par un arrêt, non publié au *Bulletin*, du 13 mars 2012 (n° 10-27.087, rejetant le pourvoi contre l'arrêt précité de la cour d'appel de Douai du 23 sept. 2010), à cette nuance près que la chambre commerciale ne l'a plus fondée expressément sur la portée de la règle du dessaisissement, gommant la fin de l'attendu « en dépit de la règle du dessaisissement prévue par l'article L. 641-9 ». De cette différence ne saurait être déduit que la Cour de cassation corrige son fondement, d'autant moins qu'elle paraît implicitement faire sien le raisonnement de cour d'appel, qui avait retenu qu'« une déclaration d'insaisissabilité régulièrement publiée ne permet pas aux organes de la procédure collective d'incorporer l'immeuble concerné dans le périmètre de la saisie des biens appartenant au débiteur ». Quoi qu'il en soit, les juges du fond se voient approuvés d'avoir jugé que « le liquidateur n'avait pas qualité pour agir en réalisation de l'immeuble affecté par la déclaration d'insaisissabilité ». Ultérieurement, comme dans l'arrêt de 2011, un autre arrêt de cassation, du 24 mars 2015, a conclu à l'excès de pouvoir du juge-commissaire qui avait autorisé la vente de l'immeuble dont l'insaisissabilité lui était opposable (V. note 10 ss. art. L. 641-9 ; V. aussi Com. 5 mai 2015, n° 14-11.949, et Com. 22 mars 2016 : *cité note 10 ss. art. L. 641-9*).

Notons, par ailleurs, et sans lien direct avec une procédure collective, que la Cour de cassation a amoindri l'efficacité de la déclaration d'insaisissabilité, en admettant que celle-ci n'interdit pas l'inscription d'une hypothèque judiciaire à titre conservatoire sur ce bien (Com. 11 juin 2014 : *cité note 2 ss. art. L. 526-1 C. com., 2e partie*). Il en résulterait, selon un auteur, qu'un créancier, dont la créance est née après la publication de la déclaration à raison de l'activité professionnelle du débiteur, puisse quand même faire valoir un droit de préférence sur le prix de vente du bien déclaré insaisissable (dès lors que la vente de ce bien n'a pas eu lieu à son initiative), et ce, en dépit du report de l'insaisissabilité sur ce prix de vente (P. Crocq, *D. 2014. Pan. 1613*). Il pourrait profiter aussi de l'attribution judiciaire (V. note F. Vinckel, *LPA 21-22 août 2014, p. 9*).

C. RÉACTIONS DU LÉGISLATEUR

1° SILENCE DE LA LOI DU 15 JUIN 2010

Contrairement à ce qu'on aurait pu penser durant la discussion du projet de loi relatif à l'entrepreneur individuel à responsabilité limitée, toutes ces questions demeurent d'actualité puisque, finalement, le texte issu de la commission mixte paritaire, devenu la loi n° 2010-658 du 15 juin 2010, n'interdit pas le cumul entre déclaration d'insaisissabilité et déclaration d'affectation d'une partie de son patrimoine à son entreprise (sur l'intérêt de ce cumul, notamment en cas d'action en responsabilité pour insuffisance d'actif ou d'action en réunion des patrimoines, V. J. Vallansan, EIRL et déclaration d'insaisissabilité : ou l'entrepreneur barricadé, *RPC 2011. Dossier 22, n° 6* ; V. Legrand, Déclaration d'insaisissabilité et EIRL : le couple parfait ?, *D. 2011. 2485* ⌀). En revanche, s'agissant de la déclaration d'affectation, la problématique des créanciers antérieurs ne pouvait pas se poser de la même façon, dans la mesure où celle-ci n'était opposable aux créanciers dont les droits sont nés antérieurement à son dépôt que sous condition de leur information (information personnelle, a précisé le Conseil constitutionnel : Cons. const., Décis. n° 2010-607 DC du 10 juin 2010 ; par lettre recommandée avec accusé de réception dans le mois suivant le dépôt de la déclaration d'affectation : art. D. 526-9, issu du Décr. n° 2010-1706 du 29 déc. 2010, et abrogé par Décr. n° 2017-630 du 25 avr. 2017) et sous réserve de leur droit de faire opposition selon un mécanisme calqué sur celui existant en cas de fusion (C. com., art. L. 526-12). Du reste, la question ne se pose plus du tout depuis la loi du 9 décembre 2016, qui a purement et simplement supprimé cette possibilité. De même, la question de l'opposabilité aux créanciers personnels ne saurait se poser puisque, par définition, ces derniers ont pour seul gage le patrimoine non affecté. Cette question est réglée implicitement par l'article L. 680-3, issu de l'ordonnance du 9 décembre 2010, qui constitue la disposition d'adaptation générale des dispositions du livre VI au regard de la situation des créanciers de l'EIRL, dont il résulte, en creux, que ni l'arrêt des poursuites individuelles et des procédures d'exécution, ni l'interdiction du paiement des créances nées avant l'ouverture de la procédure n'empêcheront les créanciers auxquels la déclaration d'affectation est inopposable d'exercer des poursuites, si nécessaire par la voie d'une exécution forcée, sur l'actif du patrimoine non visé par la procédure (V. comm. ss. cet art).

2° RESTRICTION EN CAS DE FRAUDE FISCALE (LOI DU 6 DÉC. 2013)

Une première modification législative tendant à lutter contre les déclarations frauduleuses résulte de la loi n° 2013-1117 du 6 décembre 2013 : la déclaration n'est plus opposable à l'administration fiscale lorsque celle-ci relève, à l'encontre du déclarant, soit des manœuvres frauduleuses, soit l'inobservation grave et répétée de ses obligations fiscales, au sens de l'article 1729 du code général des impôts (C. com., art. L. 526-1 mod.).

3° NULLITÉ DES DÉCLARATIONS D'INSAISISSABILITÉ EN PÉRIODE SUSPECTE

L'ordonnance du 12 mars 2014 a fait de la déclaration d'insaisissabilité un nouveau cas de nullité de droit de la période suspecte (V. comm. ss. l'art. L. 632-1, VIII).

4° INSTITUTION D'UNE PROTECTION PAR DÉFAUT DE LA RÉSIDENCE PRINCIPALE

Afin d'améliorer la protection des entrepreneurs individuels, la loi n° 2015-990 du 6 août 2015 a remanié le dispositif des articles L. 526-1 et suivants du code de commerce, en instituant une protection par défaut de la résidence principale des entrepreneurs individuels, laquelle devient de droit insaisissable par les créanciers dont les droits naissent à l'occasion de l'activité professionnelle de la personne, étant précisé que cette insaisissabilité n'a d'effet qu'à l'égard des créanciers dont les droits naissent postérieurement à l'entrée en vigueur de la loi nouvelle (elle n'est donc évidemment pas applicable aux procédures collectives ouvertes avant l'entrée en vigueur de la L. du 6 août 2015 : Com. 29 mai 2019, n° 18-16.097 : *APC 2019, n° 184* ; V. aussi, sur l'application dans le temps, Paris, 5 sept. 2019 : *Gaz. Pal. 14 janv. 2020, p. 60, note Ferrari*).

Par ailleurs, demeure la possibilité d'une déclaration d'insaisissabilité pour d'autres biens fonciers non affectés à un usage professionnel. Lors de la discussion du projet de loi « Justice du XXIe siècle », le Sénat avait voté la suppression de la déclaration notariée d'insaisissabilité. Mais cette abrogation n'ayant pas été approuvée par la Chancellerie, l'Assemblée nationale l'a rétablie, de sorte que, finalement, la loi du 18 novembre 2016 n'est pas intervenue sur ce point.

Cette systématisation de la protection de la résidence principale ne pourra qu'accroître encore les difficultés pratiques d'articulation de ce mécanisme avec les dispositions régissant la réalisation des actifs du débiteur en liquidation judiciaire. Désormais, l'insaisissabilité concerne automatiquement tous les créanciers professionnels de l'entrepreneur, que leur créance soit née avant ou après l'achat de la résidence principale, pourvu que leur droit soit né après l'entrée en vigueur de la nouvelle loi. Pour autant, demeurent des créanciers auxquels l'insaisissabilité n'est pas opposable : les créanciers non professionnels, les créanciers dont les droits sont nés avant l'entrée en vigueur de la loi et les créanciers au profit desquels le déclarant aura renoncé à l'insaisissabilité.

A cet égard, la Cour de cassation a jugé, fort logiquement, que le liquidateur ne peut agir en licitation-partage de l'immeuble indivis constituant la résidence principale de l'indivisaire en liquidation judiciaire, que si tous les créanciers de la procédure (et non pas « l'essentiel » de ceux-ci) ont des créances nées avant la publication de la loi, les droits du débiteur sur l'immeuble étant alors appréhendés par le gage commun (Com. 13 avr. 2022 : *cité note 6 ss. art. L. 526-1 C. com.*).

Par un autre arrêt intéressant, la chambre commerciale a jugé que, lorsque, au cours de la procédure de divorce de deux époux dont l'un exerce une activité indépendante, la jouissance du logement familial est attribuée au conjoint, la résidence principale de l'entrepreneur, à l'égard duquel a été ouverte postérieurement une procédure collective, n'est plus située dans l'immeuble appartenant aux deux époux dans lequel se trouvait le logement du ménage, de sorte que les droits qu'il détient sur ce bien ne sont donc plus de droit insaisissables par les créanciers dont les droits naissent à l'occasion de son activité professionnelle (Com. 18 mai 2022 : *cité note 1 ss. art. L. 526-1 C. com.*).

IV. DÉLAIS DE GRÂCE

L'ordonnance du 12 mars 2014 a étendu les délais de grâce que peut accorder le tribunal pour quitter leur « maison d'habitation » à tous les débiteurs personnes physiques, alors que le texte antérieur, par une distinction injustifiable, ne prévoyait cette faculté qu'au bénéfice des agriculteurs. L'extension de la mesure aux autres débiteurs personnes physiques, commerçants, artisans et professionnels, met donc fin à cette injuste discrimination. ❑

1. Saisie immobilière. L'autorisation de vendre un immeuble du débiteur en liquidation judiciaire autrement que par voie de saisie immobilière étant donnée par le juge-commissaire dans les conditions prévues à l'art. 154 [C. com., art. L. 642-18], al. 2 [3], il en résulte que si ce magistrat a autorisé le liquidateur à vendre l'immeuble par voie de saisie immobilière, il ne peut être demandé au tribunal de grande instance de convertir cette vente en vente volontaire sur le fondement des art. 744 et 745 C. pr. civ. ancien. • Com. 11 avr. 1995, n° 92-12.254 P : *D. 1995. 333, rapp. Rémery, note Honorat*.

Sur les effets du dessaisissement, V. note 20 ss. art. L. 641-9.

2. Cession amiable. L'art. 154 [C. com., art. L. 642-18] laisse au juge-commissaire toute latitude pour choisir entre la vente par adjudication et le gré à gré sans établir de hiérarchie, ni conférer à la vente de gré à gré le caractère d'une exception. • Paris, 27 févr. 1990 : *Gaz. Pal. 1991. 1. 314, note Marchi ; RTD com. 1990. 479, obs. Haehl*. – V. aussi • Paris, 22 févr. 1991 : *D. 1992. Somm. 89, obs. Derrida*. ♦ Sur la nécessité d'une autorisation du juge-commissaire, V. • Toulouse, 11 mars 1991 : *D. 1991. 401, note Barbièri*.

♦ Sur l'obligation, pour le juge-commissaire, de motiver sa décision, V. • Aix-en-Provence, 6 janv. 1994 : *Gaz. Pal. 1994. 2. 429, note Latil.*

3. L'autorisation de vendre de gré à gré un bien immobilier dépendant de la liquidation judiciaire suppose qu'une ou plusieurs offres d'achat aient été préalablement présentées ; le bien n'ayant fait l'objet d'aucune proposition d'achat consentie par une personne déterminée pour un prix défini et la vente par adjudication amiable n'ayant pas été demandée ni ses conditions réunies, c'est à bon droit que le juge-commissaire a ordonné la vente par voie d'adjudication judiciaire. • Com. 15 mai 2019, n° 17-23.753 P : *D. 2019. Actu. 1101 ; RTD com. 2019. 769, obs. Vallens ; JCP E 2019. 1375, n° 13, obs. Tehrani ; APC 2019, n° 157, obs. Fin-Langer ; RJDA 2019, n° 579 ; BJE 9-10/2019. 20, note Hugon.*

4. L'autorisation du juge-commissaire de vendre un immeuble de gré à gré aux conditions d'une offre déterminée ne vaut qu'au profit de l'auteur de celle-ci, peu important que son nom ne figure pas dans le dispositif. • Com. 3 mai 2006, n° 04-20.397 P : *D. 2006. AJ 1453, obs. Lienhard ; Gaz. Pal. 14-18 juill. 2006, p. 30, obs. M. Sénéchal ; JCP E 2006, n° 37, p. 1533, obs. Cabrillac ; RDBF 2006, n° 165, obs. F.-X. Lucas ; RJ com. 2006. 403, note Sortais.*

5. Il résulte de l'art. L. 213-1 C. urb. que ne sont exclus de l'exercice du droit de préemption que les immeubles compris dans un plan de cession arrêté en application de l'art. L. 631-22 ou des art. L. 642-1 s. C. com. ; l'ordonnance autorisant le liquidateur judiciaire de la société propriétaire de l'immeuble litigieux à accepter l'offre d'acquisition, ayant été prise en application de l'art. L. 642-18 C. com., la vente n'a pas été mise en œuvre dans le cadre d'un plan de cession de la société et la commune pouvait donc exercer son droit de préemption sur cet immeuble. • CE 17 déc. 2008 : *D. 2009. AJ 102, obs. Vincent ; JCP N 2009. 1232, note Lebel.*

La SAFER peut exercer son droit de préemption sur les biens d'un débiteur en liquidation judiciaire dont le juge-commissaire autorise la vente de gré à gré. • Com. 15 oct. 2002, n° 98-21.669 P : *D. 2002. AJ 3012, obs. Lienhard ; JCP E 2003, n° 5, p. 220, obs. Pétel ; Gaz. Pal. 2003. 1805, obs. Lachaud ; LPA 14 juill. 2003, p. 8, note Roussel Galle.* ♦ V. note 6 ss. ancien art. L. 622-17 ss. art. L. 642-19. ♦ Dans le même sens, pour le droit de préemption du preneur d'un bien rural (C. rur., art. L. 412-1), V. • Civ. 3e, 5 févr. 2003, n° 01-17.145 P : *D. 2003. AJ 696 ; APC 2003, n° 75, obs. Regnaut-Moutier ; LPA 14 juill. 2003, p. 8, note Roussel Galle.* ♦ Toutefois, l'exercice du droit de préemption par la SAFER ne peut avoir pour effet de modifier les conditions de la vente autorisée par le juge-commissaire. • Civ. 3e, 19 sept. 2012, n° 10-21.858 P : *D. 2012. Actu. 2164, obs. Lienhard ; JCP E 2012. 1757, n° 10, obs. Pétel ; LEDEN 10/2012. 5, obs. J.-P. Sénéchal ; APC 2012, n° 249, obs. Lebel ; BJE 2012. 364, note Saint-Alary-Houin ; Defrénois 2012. 1085, note J.-J. Barbièri et Delorme ; LPA 15 avr. 2013, p. 10, obs. Rossi.*

6. La vente de gré à gré d'un actif immobilier dépendant d'une liquidation judiciaire est une vente faite d'autorité de justice ; il en résulte que les dispositions de l'art. L. 145-46-1 C. com., qui concernent le cas où le propriétaire d'un local commercial ou artisanal envisage de le vendre, ne sont pas applicables et qu'une telle vente ne peut donner lieu à l'exercice d'un droit de préemption par le locataire commercial. • Com. 23 mars 2022, n° 20-19.174 B : *D. 2022. Pan. 1684, obs. F.-X. Lucas ; Rev. sociétés 2022. 381, obs. Reille ; JCP 2022. 626, note Le Corre ; JCP E 2022. 1228, note Brignon ; DP diff. entr., Bull. n° 446, obs. Rémery ; APC 2022, n° 107, obs. Lafaurie ; RJDA 2022, n° 353 ; BJE 7-8/2022. 9, note Théron ; Gaz. Pal. 27 sept. 2022, p. 57, obs. Kendérian* • Civ. 3e, 15 févr. 2023, n° 21-16.475 B : *D. 2023. Actu. 340 ; LEDEN 4/2023. 5, obs. Rubellin ; RJDA 2023, n° 328.*

7. Lorsque le juge-commissaire autorise, en application de l'art. 154, al. 3, devenu l'art. L. 622-16 [L. 642-18], al. 3, C. com., la cession amiable de biens immobiliers compris dans l'actif de la procédure collective, il résulte de l'art. 138, al. 3, du Décr. du 27 déc. 1985 [C. com., art. R. 642-36, al. 3] que le liquidateur passe les actes nécessaires à la réalisation de la vente ; dès lors, s'il n'en est autrement décidé par l'ordonnance du juge-commissaire, le transfert de la propriété des biens s'opère à la date de passation des actes précités. • Com. 16 oct. 2001, n° 98-12.216 P : *D. 2001. AJ 3349, obs. Lienhard ; ibid. 2002. Somm. 1479, obs. Honorat ; APC 2001, n° 251, obs. Vallansan ; JCP E 2002, n° 3, p. 129, obs. Cabrillac.* – Dans le même sens, V. • Com. 13 mars 2012, n° 10-24.192 P : *D. 2012. Actu. 806, obs. Lienhard ; RJDA 2012, n° 702 ; Gaz. Pal. 3-4 août 2012, p. 27, obs. Théron.*

8. Si la vente de gré à gré d'un immeuble compris dans l'actif du débiteur en liquidation judiciaire n'est réalisée que par l'accomplissement d'actes postérieurs à la décision du juge-commissaire qui autorise, sur le fondement de l'art. L. 622-16 [L. 642-18], al. 3, C. com., la cession de ce bien, celle-ci n'en est pas moins parfaite dès l'ordonnance, sous la condition suspensive que la décision acquière force de chose jugée. • Com. 4 oct. 2005, n° 04-15.062 P : *D. 2005. AJ 2593, obs. Lienhard ; JCP E 2005, n° 50, p. 2154, note Rakotovahiny ; ibid. 2006, n° 2, p. 74, obs. Cabrillac et Pétel ; APC 2005, n° 233, obs. Roussel Galle ; Gaz. Pal. 10-11 févr. 2006, p. 25, obs. M. Sénéchal* • 11 juin 2014, n° 13-16.194 P : *D. 2014. Actu. 1325 ; JCP E 2014. 1448, note Lebel ; JCP 2014. 1017, note Brignon ; APC 2014, n° 223, obs. Vallansan ; RJDA 2014, n° 856 ; Defrénois 2015. 245, obs. Vauvillé ; RPC 2015, n° 24, note Berthelot.* ♦ ... La clôture de la liquidation judiciaire étant sans incidence sur les effets de cette ordonnance. • Com. 3 nov. 2015, n° 14-14.170 : *Gaz. Pal. 19 janv. 2016, p. 68, obs. Théron.*

9. L'acquéreur peut invoquer la condition suspensive dont il a assorti son offre d'achat, peu importante que l'ordonnance du juge-commissaire autorisant la vente à son profit ne la mentionne pas expressément. • Com. 27 sept. 2016, n° 14-22.372 P : *D. 2016. Actu. 1998 ; Rev. sociétés 2016. 771, obs. Roussel Galle ; JCP E 2016. 1583, note Brignon ; ibid. 1661, n° 4, obs. Pétel ; RJDA 2016, n° 884 ; BJE 2017. 25, note Théron ; RPC 2017, n° 43, obs. Reille* • Bordeaux, 5 janv. 2017, n° 16/03375 : *Dr. et patr. 4/2017. 32, note Waterlot.*

10. Lors de la vente de gré à gré de l'immeuble d'un débiteur en liquidation judiciaire, le liquidateur n'est pas tenu d'une obligation d'information et de conseil à l'égard de l'acquéreur. • Civ. 3e, 21 déc. 2017, n° 16-20.675 P : *D. 2018. Actu. 5, obs. Lienhard ; JCP E 2018. 1159, n° 10, obs. Tehrani ; ibid. 1176, note Lebel ; APC 2018, n° 39, obs. Mauger-Vielpeau ; LEDEN 3/2018. 5, obs. Houssin ; RPC 2018, n° 75, obs. Berthelot ; RJDA 2018, n° 445 ; BJE 2018. 198, note Théron.* – V. Rolland, *RPC 2018. Étude 12.*

11. L'ordonnance qui, dans le cadre de la réalisation des actifs d'une liquidation judiciaire, autorise la cession de gré à gré d'un bien conformément aux conditions et modalités d'une offre déterminée rend impossible la rétractation de son consentement par l'auteur de l'offre. • Com. 14 nov. 2019, n° 18-15.871 P : *D. 2020. Pan. 1867, obs. Cagnoli ; JCP E 2020. 1204, n° 9, obs. Tehrani ; LEDEN 1/2020. 6, obs. Lafaurie ; APC 2020, n° 11, obs. Vallansan ; BJE 1-2/2020. 38, note Favre-Rochex ; RJDA 2020, n° 97.*

12. Biens communs. L'art. L. 642-18, en se bornant à préciser que le juge-commissaire fixe la mise à prix et les conditions essentielles de la vente des immeubles appartenant au débiteur en liquidation judiciaire, ne porte, par lui-même, aucune atteinte au droit de propriété de son conjoint commun en biens, dont les droits ne sont affectés que par l'effet de la règle énoncée à l'art. 1413 C. civ. (non-renvoi de la QPC). • Com. 10 juill. 2014 : *Rev. sociétés 2014. 529, obs. Roussel Galle ; LEDEN 9/2014. 3, obs. Favario ; Gaz. Pal. 5-7 oct. 2014, p. 43, obs. Antonini-Cochin ; RJDA 2015, n° 35 ; RPC 2015, n° 75, obs. Lisanti.*

Lorsque des époux mariés sous le régime de la communauté légale ont été, par des décisions successives, mis, chacun, en liquidation judiciaire, la vente de gré à gré des biens communs, soumis dès son prononcé à l'effet réel de la procédure collective première ouverte, ne peut être autorisée que par le juge-commissaire de cette procédure. • Com. 16 mars 2010, n° 08-13.147 P : *D. 2010. Chron. C. cass. 1112, obs. Bélaval ; ibid. Pan. 1828, obs. Le Corre ; ibid. AJ 825, obs. Lienhard ; JCP E 2010. 1742, n° 6, obs. Cabrillac ; APC 2010, n° 122, obs. Vallansan ; LEDEN 5/2010. 1, obs. F.-X. Lucas ; Gaz. Pal. 2-3 juill. 2010, p. 13, note Antonini-Cochin ; RJDA 2010, n° 773 ; RLDA juill.-août 2010. 16, obs. Salgado ; Defrénois 2010. 1484, obs. Gibirila ; RPC 2010, n° 248, obs. Berthelot ; ibid. 2011, n° 71, obs. Dumont-Lefrand.*

Dès lors que le jugement de divorce, qui a été retranscrit sur les actes d'état civil après l'ouverture de la procédure de redressement judiciaire du mari, n'a été rendu opposable aux tiers en ce qui concerne les biens des époux que postérieurement à l'ouverture de la procédure collective, l'immeuble dépendant de la communauté est entré dans le gage commun des créanciers de celle-ci avant qu'il ne devienne indivis, de sorte que le liquidateur judiciaire peut procéder à sa réalisation dans les conditions prévues à l'art. L. 642-18 C. com. • Com. 27 sept. 2016, n° 15-10.428 P : *D. 2016. Actu. 1998 ; AJ. fam. 2016. 541, obs. Casey ; JCP E 2016. 1661, n° 3, obs. Pétel ; LEDEN 11/2016. 4, obs. Rubellin ; RJDA 2016, n° 885 ; RDBF 2016, n° 249, obs. S. Piedelièvre ; RPC 2017, n° 1, obs. Reille.*

V. aussi note 21.

13. Logement familial. BIBL. Vauvillé, *JCP N 1993. I. 79.* ♦ L'art. 215, al. 3, C. civ. (prévoyant, à peine de nullité, que les époux ne peuvent l'un sans l'autre disposer des droits par lesquels est assuré le logement de la famille) est inapplicable en cas de vente forcée. • Civ. 1re, 21 mai 1997 : *D. Affaires 1997. 905 ; JCP E 1997. I. 681, n° 14, obs. Pétel* • Paris, 9 mars 1992 : *D. 1992. IR 49.* ♦ En conséquence, lorsque des époux sont propriétaires indivis de leur logement familial et que l'un d'eux a été mis en liquidation judiciaire, le liquidateur, qui a été autorisé par le juge-commissaire à procéder à la vente judiciaire du logement, peut provoquer par la voie de l'action oblique le partage de l'indivision conventionnelle des époux portant sur ce logement et solliciter la licitation dès lors que le partage ne peut être réalisé en nature. • Paris, 2 déc. 1995 : *RJDA 1996, n° 706.*

Comp., désormais : C. pr. exéc., art. L. 311-7.

Sur les effets de la déclaration d'insaisissabilité effectuée par le débiteur en application de l'art. L. 526-1 C. com., V. art. L. 632-1, note 7 ss. art. L. 641-4 et note 10 ss. art. L. 641-9.

14. Indivision. Une banque ne peut être condamnée à restituer au liquidateur la partie du prix de vente résultant de l'adjudication d'un immeuble indivis, aux motifs qu'il a été procédé à l'adjudication au mépris de l'art. L. 622-16 [L. 642-18], al. 2, C. com., et qu'il appartenait au seul liquidateur de percevoir la totalité du prix de vente et de procéder à sa répartition suivant l'ordre des créanciers, alors que, créancière de l'indivision qui préexistait à l'ouverture de la procédure collective de l'ex-époux, elle pouvait poursuivre la saisie et la vente de l'immeuble indivis avant tout partage, tandis que le partage auquel aurait été contraint le liquidateur pour déterminer le sort du bien serait demeuré sans effet sur les droits des créanciers de l'indivision. • Com. 18 févr. 2003, n° 00-11.008 P : *D. 2003. AJ 766, obs. Lienhard ; ibid. Somm. 1620, obs. Le Corre ; APC 2003, n° 91, obs. Vallansan ; Procédures 2003, n° 150, note Laporte ; JCP N 2003, n° 47, p. 1701, obs. Vauvillé ; RPC 2003. 356, obs. Dumont ; RJ com. 2004. 31, note Sortais (n° 00-11. 008).* – Rappr. : • Com. 20 sept. 2005 : *D. 2006. Pan. 82, obs. Le Corre.* ♦ La liquidation judiciaire étant antérieure au décès du débiteur, le liquidateur, qui représente les créanciers, aurait pu agir avant la création de l'indivision successorale et est donc recevable en application de l'art. 815-17, al. 1er, C. civ., à poursuivre la vente forcée de l'immeuble tombé dans l'indivision successorale. • Com. 18 févr. 2003, n° 00-13.100 P : *Procédures 2003, n° 149, note Laporte ; Dr. et patr. 6/2003. 98, obs. Monsèrié-Bon (n° 00-13.100).* ♦ Dès lors que l'immeuble en cause dépend d'une indivision qui préexistait à l'ouverture de la procédure collective des époux, le liquidateur, représentant les intérêts des créanciers personnels de l'indivisaire en liquidation judiciaire, est fondé à solliciter la licitation de l'immeuble indivis en vertu de l'art. 815-17, al. 3, C. civ. sans avoir à demander l'autorisation préalable du juge-commissaire. • Com. 3 oct. 2006, n° 05-16.463 P : *D. 2006. AJ 2602, obs. Lienhard ; Gaz. Pal. 19-20 janv. 2007, p. 44, obs. Vauvillé.* ♦ La licitation de l'immeuble indivis, qui est l'une des opérations de liquidation et partage de l'indivision préexistante au jugement d'ouverture de la liquidation judiciaire du propriétaire indivis, échappe aux règles applicables en matière de réalisation des actifs de la procédure collective et ne peut être ordonnée qu'après examen des demandes formées par le coïndivisaire tendant au maintien dans l'indivision et à l'attribution préférentielle de l'immeuble. • Com. 20 sept. 2017, n° 16-14.295 P : *D. 2017. Actu. 1831 ; RTD civ. 2017. 898, obs. Dross ; JCP E 2017. 1688, n° 3, obs. Tehrani ; APC 2017, n° 281, obs. Leprovaux ; LEDEN 11/2017. 6, obs. Rubellin ; RJDA 2018, n° 88 ; Gaz. Pal. 16 janv. 2018, p. 79, obs. Antonini-Cochin ; BJE 2018. 28, note Benilsi ; RPC 2018, n° 74, obs. Reille.*

Le liquidateur ne peut opposer au créancier d'un indivisaire *in bonis*, exerçant l'action en partage de l'indivision, l'autorité de la chose jugée attachée à l'ordonnance du juge-commissaire ayant autorisé la cession de gré à gré des droits indivis. • Civ. 1re, 20 mars 2013, n° 11-26.241 P : *APC 2013, n° 92, obs. Cagnoli ; JCP E 2013. 1288, note Pailler ; RPC 2013, n° 115, obs. Reille ; JCP N 2014. 1137, obs. Garçon ; Defrénois 2014. 72, obs. Vauvillé.*

V. aussi note 14 ss. art. R. 624-8.

15. Bail à construction. Pour l'application des règles de la réalisation des actifs immobiliers à la cession d'un bail à construction, V. • Com. 16 oct. 2012 : *D. 2012. Actu. 2593 ; Gaz. Pal. 18-19 janv. 2013, p. 30, obs. Théron.*

16. Immeuble situé à l'étranger. Le juge-commissaire n'excède pas ses pouvoirs en se bornant à autoriser, au titre des opérations d'une liquidation judiciaire ouverte en France, la vente d'un immeuble du débiteur situé sur le territoire d'un État étranger sans vérifier au préalable que la liquidation puisse produire ses effets dans cet État, dont la réaction quant à la possibilité d'une réalisation effective de la vente n'a pas à être anticipée. • Com. 29 mai 2019, n° 18-14.844 P : *D. 2019. Actu. 1166 ; LEDEN 7/2019. 5, obs. Mélin ; APC 2019, n° 183, obs. V. Legrand ; RJDA 2019, n° 581 ; Gaz. Pal. 15 oct. 2019, p. 48, obs. Giorgini ; RPC 2019, n° 165, obs. Mastrullo.*

17. Purge des hypothèques. Le fait que l'immeuble vendu soit la propriété d'un débiteur en liquidation judiciaire n'est pas de nature à exclure le droit de surenchère prévu par l'art. 2185 [devenu l'art. 2465] C. civ. • Civ. 3e, 17 janv. 2007 : *D. 2007. AJ 379 ; JCP E 2007. 1450, n° 4, obs. Cabrillac ; Gaz. Pal. 13-14 avr. 2007, p. 37, obs. M. Sénéchal.* – V. Vauvillé, *APC 20 mars 2007 ; JCP N 2007. 1264.*

18. Compétence du TGI et du juge-commissaire. Si l'art. 174 du Décr. du 27 déc. 1985 [C. com., art. R. 662-3] dispose que le tribunal saisi d'une procédure de redressement judiciaire connaît de tout ce qui concerne le redressement et la liquidation judiciaires, les contestations en matière de règlement d'ordre entre les créanciers relèvent, par application de l'art. 154 [C. com., art. L. 642-18], al. 4 [5], ci-dessus, de la compétence exclusive du tribunal de grande instance. • Com. 19 oct. 1993, n° 91-11.385 P : *D. 1993. IR 252.* ♦ Comp., désormais : art. L. 642-18, al. 5, dans sa réd. issue de l'Ord. n° 2006-461 du 21 avr. 2006, qui donne compétence au juge de l'exécution.

19. Le juge-commissaire fixe les conditions essentielles de la vente par adjudication amiable au cours de la liquidation judiciaire, dont font partie les modalités de paiement du prix d'adjudication, et le tribunal de grande instance [juge de l'exécution] ne connaît de la distribution du prix que les contestations formées contre l'état de collocation dressé par le liquidateur de la procédure collective, lesquelles ne peuvent porter que sur le montant de la somme à distribuer, l'ordre de préférence entre créanciers et le montant des collocations. • Com. 28 juin 1994, n° 90-14.828 P : *D. 1994. 477, rapp. Rémery, note Honorat.*

20. Compétence du juge de l'exécution. La vente sur adjudication d'un bien immobilier et ses modalités ayant été fixées par une ordonnance du juge-commissaire, laquelle a été confirmée par un jugement définitif du tribunal de grande instance, il en résulte que cette décision ne peut être remise en cause à l'audience d'orientation devant le juge de l'exécution compétent pour statuer sur les seules contestations postérieures à l'ordonnance du juge-commissaire et fixer la date de l'adjudication. • Civ. 2e, 6 juin 2013, n° 12-18.481 P : *D. 2013. Actu. 1470 ; RTD civ. 2013. 670, obs. Perrot ; JCP E 2013. 1452, note Lebel ;*

LEDEN 7/2013. 5, obs. Rubellin ; APC 2013, n° 208, obs. Salvat ; RDBF 2013, n° 160, obs. S. Piedelièvre ; BJE 2013. 362, note Hugon ; RPC 2014, n° 29, obs. Reille.

21. Procédure d'ordre. Il résulte de l'article 154 de la loi du 25 janv. 1985, devenu l'art. L. 622-16 [L. 642-18] C. com., que le liquidateur est chargé de répartir le prix de vente des immeubles inclus dans l'actif de la liquidation judiciaire, fussent-ils des biens communs, et que les droits de chaque époux sur l'actif de la communauté ne peuvent être individualisés durant celle-ci. • Com. 22 mai 2012, n° 11-17.391 P : *D. 2012. Actu. 1399, obs. Lienhard ; LEDEN 7/2012. 3, obs. Rubellin ; APC 2012, n° 172, obs. Vauvillé ; RJDA 2012, n° 884 ; RPC 2013, n° 97, obs. Lisanti.* – V. déjà • Cass., avis, 7 déc. 1992, n° 92-09.000 P : *Defrénois 1993. 1045, note Derrida.* ♦ V., pour l'illicéité d'une clause contraire à la règle d'ordre public de répartition du prix de vente : • Com. 26 janv. 2016, n° 14-13.851 P : *D. 2016. Pan. 1039, obs. Arbellot ; ibid. 1895, obs. F.-X. Lucas ; LEDEN 3/2016. 3, obs. Rubellin ; BJE 2016. 100, note Sénéchal ; APC 2016, n° 65, obs. Pedemons ; Gaz. Pal. 12 avr. 2016, p. 74, obs. Antonini-Cochin ; RPC 2016, n° 48, obs. Berthelot ; JCP N 2016. 1237, note Puygauthier ; Defrénois 2016. 350, obs. Lebel.*

L'art. 154 [C. com., art. L. 642-18], ni aucun autre texte, ne faisant un sort particulier au créancier bénéficiant d'un privilège spécial sur les immeubles, il en résulte que ce créancier ne peut prétendre obtenir le paiement de sa créance que dans le cadre de la procédure d'ordre. • Amiens, 28 oct. 1997 : *Gaz. Pal. 1998. 2. Somm. 705.*

22. Rescision pour lésion. La vente des immeubles d'un débiteur en liquidation judiciaire par le liquidateur, fût-elle de gré à gré, est une vente qui, d'après l'art. 154, al. 1er et 2, devenu l'art. L. 622-16 [L. 642-18], al. 1er et 3, C. com., ne peut être faite que d'autorité de justice et n'est, en conséquence, pas susceptible de rescision pour lésion. • Com. 16 juin 2004, n° 01-17.185 P : *D. 2004. AJ 2045 ; JCP E 2004, n° 49, p. 1931, note Rakotovahiny ; ibid. 2005, n° 1-2, p. 28, obs. Cabrillac ; JCP N 2004, n° 41, p. 1518, note Garçon ; Defrénois 2005. 695, note Roussel Galle* • Civ. 3e, 6 oct. 2010, n° 09-66.683 P : *D. 2010. Actu. 2429 ; JCP E 2011. 1030, n° 7, obs. Cabrillac ; APC 2010, n° 248, obs. Vallansan ; LEDEN 12/2010. 5, obs. Borga ; RJDA 2010, n° 1179.*

23. Les dispositions de l'art. L. 622-16 [L. 642-18] C. com. ne s'appliquant pas à la rescision puisqu'il s'agit non d'une vente mais de la mise à néant d'une vente antérieurement réalisée, il en résulte que l'option prise par le liquidateur en application de l'art. 1681 C. civ. ne requiert pas l'autorisation préalable du juge-commissaire. • Civ. 3e, 8 nov. 2006, n° 05-17.773 P : *D. 2006. AJ 2912, obs. Lienhard .*

24. Action paulienne. L'autorité de l'ordonnance du juge-commissaire qui autorise la vente ne pouvant se trouver affectée par la décision d'inopposabilité que prononce le juge saisi de l'action paulienne, cette action peut être accueillie. • Com. 14 mai 1996, n° 94-11.124 P : *D. 1996. IR 141 ; D. Affaires 1996. 808* (loi de 1967).

25. Suspension d'une procédure de saisie immobilière. Quel que soit le régime applicable à la procédure de saisie immobilière en cours, lorsqu'un jugement de liquidation judiciaire suspend le cours d'une procédure engagée antérieurement, cette procédure peut être reprise par le liquidateur ou par le créancier poursuivant, sur autorisation du juge-commissaire, dans l'état où elle se trouvait au jour du jugement d'ouverture de la procédure collective, de sorte que les actes et formalités antérieurement effectués bénéficient au liquidateur judiciaire comme au créancier poursuivant dispensés de les accomplir, la vente forcée du bien étant, alors, ordonnée par le juge-commissaire qui en fixe la mise à prix et les conditions essentielles. • Civ. 2e, 7 juin 2012, n° 11-18.426 P : *D. 2012. Actu. 1542 ; LEDEN 7/2012. 2, obs. Camensuli-Feuillard ; APC 2012, n° 186, obs. Hoonakker ; RDBF 2012, n° 162, obs. S. Piedelièvre.* ♦ V. aussi note 85 ss. art. L. 622-21.

26. Saisie pénale. Le juge-commissaire et la cour d'appel statuant à sa suite, qui n'ont pas compétence pour se prononcer sur la validité de la saisie pénale et sur la régularité des notifications de l'ordonnance du juge d'instruction l'ayant instituée, ne peuvent que rejeter la requête du liquidateur tendant à voir ordonner la vente aux enchères publiques de biens rendus indisponibles par la saisie pénale. • Com. 15 nov. 2017, n° 16-17.868 P : *D. 2017. Actu. 2366 ; LEDEN 12/2017. 1, obs. F.-X. Lucas ; Gaz. Pal. 16 janv. 2018, p. 70, obs. Boustani ; BJE 2018. 92, note Sautel ; RJDA 2018, n° 265.*

27. Recours. V. art. L. 642-19-1 ♦ Sur le régime antérieur à la réforme de 2008, V. art. L. 661-5, désormais abrogé. ♦ V. aussi note 3 ss. ancien art. L. 623-4, et ancien art. 25 du Décr. n° 85-1388 du 27 déc. 1985.

28. Transfert des contrats de travail. La décision du juge-commissaire d'ordonner la cession d'éléments d'actif en application des dispositions des art. L. 642-18 et L. 642-19 n'est pas de nature à faire échec à l'application de l'art. L. 1224-1 C. trav. • Soc. 14 oct. 2020, n° 18-24.311 : *Gaz. Pal. 13 avr. 2021, p. 75, obs. Gailhbaud ; RPC 2021, n° 44, obs. Jacotot.*

Art. L. 642-19 *(Ord. n° 2008-1345 du 18 déc. 2008, art. 117)* **« Le juge-commissaire soit ordonne la vente aux enchères publiques, soit autorise, aux prix et conditions qu'il détermine, la vente de gré à gré des autres biens du débiteur »** *(L. n° 2016-1547 du 18 nov. 2016, art. 100)* **« lorsqu'elle est de nature à garantir les intérêts de celui-ci ».**

(L. n° 2005-845 du 26 juill. 2005, art. 113) **« Lorsque la vente a lieu aux enchères publiques, il y est procédé dans les conditions prévues, selon le cas, au second alinéa de l'article L. 322-2 ou aux articles L. 322-4 ou L. 322-7. »**

Le juge-commissaire peut demander que le projet de vente amiable lui soit soumis afin de vérifier si les conditions qu'il a fixées ont été respectées. – *[C. com., anc. art. L. 622-18.]*

V. art. R. 642-37-2 s.

Pour les contrats d'édition, V. CPI, art. L. 132-15, 2e partie, IV. Traitement des difficultés des entreprises.

Jusqu'au 31 déc. 2020, en cas de vente d'un fonds de commerce réalisée en application de l'art. L. 642-19 C. com., l'art. L. 1224-1 C. trav. n'est pas applicable aux contrats de travail rompus en application de la décision ouvrant ou prononçant la liquidation (L. n° 2020-734 du 17 juin 2020, art. 40, applicable aux procédures en cours à la date du 18 juin 2020).

BIBL. ▶ KAIGL, *D. 2024. Chron. 268* (le juge-commissaire et la cession du bail commercial du débiteur en liquidation judiciaire).

Ancien art. L. 642-19 (al. 1er, 1re phr.) *[réd. issue de L. n° 2005-845 du 26 juill. 2005]* ***Après avoir recueilli les observations des contrôleurs, le juge-commissaire ordonne la vente aux enchères publiques ou autorise la vente de gré à gré des autres biens du débiteur, ce dernier étant entendu ou dûment appelé.***

COMMENTAIRE

Comme en matière de ventes d'immeubles, la loi du 26 juillet 2005 a modulé les pouvoirs du juge-commissaire en fonction de la nature de la vente. Mais ici, contrairement à l'article L. 642-18, ces pouvoirs se retrouvent diminués. Le pouvoir d'ordonner la vente ne concerne dorénavant plus que les ventes aux enchères publiques. Il ne peut plus qu'autoriser les ventes de gré à gré (aux prix et conditions qu'il détermine, a précisé l'ordonnance de 2008 ; lequel prix doit être « réel », a précisé la Cour de cassation dans un arrêt du 8 juillet 2014 : *cité note 9*). Ce faisant, la loi de sauvegarde des entreprises a uniformisé le régime des articles L. 642-18 et L. 642-19. Cette distinction, pouvait-on penser, devait modifier la position de la jurisprudence quant à la date de la formation de la vente. Dès lors que le juge-commissaire n'ordonne plus au liquidateur de conclure la vente, celle-ci pouvait, en théorie, ne plus être considérée comme parfaite dès l'ordonnance (J.-P. Sénéchal, La réforme de la liquidation judiciaire, colloque CRAJEFE du 27 mars 2004, *LPA 10 juin 2004, p. 43, spéc. p. 48*). Mais la position adoptée par la Cour de cassation, peu de temps avant l'entrée en vigueur de la loi de 2005, quant à la vente d'immeuble de gré à gré autorisée par ordonnance du juge-commissaire (Com. 4 oct. 2005 : *cité note 8 ss. art. L. 642-18*) avait déjà rendu cette interprétation très incertaine. Et il paraissait déjà plus vraisemblable que l'unité jurisprudentielle soit maintenue, en accord avec l'analyse doctrinale centrée plus sur la nature intrinsèque de la décision du juge-commissaire que sur sa qualification par le législateur (J. Théron, L'intervention du juge dans les transmissions de biens, *Thèse, Toulouse, 2005, p. 244 s.* ; Le moment de perfection des transferts autorisés en période de liquidation, *D. 2006. Point de vue, p. 570*). Aussi la modification opérée par la loi de sauvegarde ne devait-elle pas permettre de mettre un terme à la contradiction entre le caractère parfait de la vente décidée (jusqu'ici) par le juge-commissaire et le droit de rétractation au profit de l'acquéreur d'un immeuble d'habitation prévu par l'article L. 271-1 du code de la construction et de l'habitation (P. Froehlich et M. Sénéchal, *in* La loi de sauvegarde, article par article [2e partie], *LPA 9 févr. 2006, p. 37* ; C. Bosgiraud et B. Nitot, De l'art difficile d'appliquer l'article L. 271-1 du code de la construction et de l'habitation, *Dr. et patr. 6/2005, p. 26*).

La position prise par un arrêt du 7 septembre 2010 confirme en tous points cette prévision, puisque la Cour de cassation y applique cette solution à la vente de gré à gré d'un élément de l'actif mobilier (un fonds de commerce) du débiteur, s'agissant de déterminer la date d'exercice par le bailleur de son droit de préemption contractuel (V. note 11).

A signaler encore que, depuis la réforme de 2008-2009, l'obligation pour le juge-commissaire de recueillir les observations des contrôleurs et d'entendre le débiteur (et son conjoint désormais), avant sa décision, figure dans la partie réglementaire du livre VI (à l'art. R. 642-37-2).

En cas de vente aux enchères publiques, sont expressément rendues applicables les dispositions des articles L. 322-2, alinéa 2 (vente par commissaires-priseurs judiciaires, notaires ou huissiers), L. 322-4 (ventes de marchandises en gros par courtiers de marchandises assermentés) ou L. 322-7 du code de commerce (suppléances des courtiers de commerce).

Ultérieurement, la loi du 18 novembre 2016 est venue renforcer les droits du débiteur liquidé en subordonnant l'option pour la vente de gré à gré à la condition qu'elle soit de nature à garantir les intérêts du débiteur.

Notons encore que la solution jurisprudentielle consacrant l'application de la procédure de surenchère en cas de cession d'un fonds de commerce dans le cadre d'une vente de gré à gré d'une entreprise en liquidation judiciaire, rendue sur le fondement de la loi du 25 janvier 1985 (Com. 10 janv. 2006 : *cité note 17*), vaut aussi dans le contexte de la loi de 2005, cette dernière ne comportant pas plus de disposition dérogatoire aux articles L. 143-13 à L. 143-15 du code de commerce que sa devancière. Certes, en cas de vente du fonds de commerce dans le cadre d'un plan de cession (art. L. 642-5), l'article L. 141-19 du code de commerce modifié par la loi de 2005, écarte-t-il dorénavant explicitement le droit de surenchère du sixième, alors qu'auparavant, faute de disposition expresse, l'on estimait celui-ci applicable. La problématique, là, est toutefois toute différente, la cession ne se concevant pas comme une opération de pure réalisation de l'actif, mais s'inscrivant dans une opération globale, dont le glissement formel dans la procédure de liquidation judiciaire n'a pas gommé tout à fait l'idée de sauvetage de l'entreprise. Aussi est-ce un raisonnement *a contrario* plutôt qu'*a fortiori* que cette disposition doit inspirer (V. aussi, sur cette question, et en ce sens, Ph. Froehlich et M. Sénéchal, *in* La réforme des procédures collectives, la loi de sauvegarde article par article, *LGDJ, 2006, p. 370*), ce que confirme une réponse ministérielle (Rép. min. n° 21197 : *JO Sénat Q, 16 févr. 2012, p. 445*). De manière plus générale, se pose la question de la détermination du mode de réalisation du fonds de commerce. A cet égard, certains auteurs penchent en faveur du critère de la poursuite de l'activité, qui obligerait à céder le fonds selon les modalités du plan de cession (Ph. Froehlich et M. Sénéchal, *préc.* ; V. aussi P.-M. Le Corre, Droit et pratique des procédures collectives, *Dalloz Action, 2023/2024, 571.422*). D'autres privilégient le critère du maintien de tout ou partie de l'emploi ; à défaut d'une telle finalité, le fonds pourrait être cédé aux enchères ou de gré à gré (J. Théron, Liquidation judiciaire et ventes de fonds de commerce, *RPC 2008. Dossier 13*). Mais ce dernier critère paraît dépassé par la lettre et l'esprit de la réforme de 2005, qui lient poursuite de l'activité et espoir de cession totale ou partielle de l'entreprise (V. art. L. 642-2), celui-ci étant la condition de celle-là. Il conduirait, en effet, à une impasse en cas de cession d'un fonds de commerce auquel des salariés sont affectés, en l'absence de poursuite de l'activité, puisqu'il interdirait la cession de gré à gré, alors que serait aussi fermée la voie du plan de cession. Or, dans cette hypothèse, la cession de gré à gré, favorable à l'apurement du passif, est également bénéfique aux salariés dont le contrat de travail est de plein droit transféré au cessionnaire en vertu de l'article L. 1224-1 du code du travail (V. A. Lienhard, La cession en tant qu'actif isolé du fonds de commerce du débiteur en liquidation judiciaire, *Mél. P. Merle, Dalloz 2012, p. 477*). Le critère de la poursuite de l'activité a déjà été adopté par certaines cours d'appel (Orléans, 26 sept. 2007 : *RJDA 2007, n° 1264*), parfois avec une grande souplesse, signe aussi d'un embarras, en se contentant, alors que la poursuite de l'activité n'avait pas été ordonnée, d'une poursuite *de fait* de celle-ci (Poitiers, 17 mai 2011 : *LEDEN 9/2011. 1, obs. F.-X. Lucas ; BJE 2011. 244, note Vincent*). Un nouveau critère, plus pragmatique et économique, a alors été proposé, celui du « maintien de l'entreprise sur le marché concurrentiel » (J. Vallansan, Fonds de commerce et plan de cession, *BJE 2013. 50*). Ultérieurement, un arrêt de la cour d'appel de Paris a admis la possibilité d'un plan de cession en l'absence de toute poursuite d'activité (Paris, pôle 5, ch. 9, 18 mai 2017, n° 17/02237).

Sur la reprise des salariés en cas de « transfert partiel d'entité économique autonome conservant son identité », voir le commentaire sous l'article L. 642-18.

Sur le recours contre les ordonnances du juge-commissaire, voir le commentaire sous l'article L. 642-18. ❑

1. Biens concernés. Lorsque les biens cédés (fonds de commerce, stock de marchandises, matériel divers) n'englobent aucun outil de production propre à l'activité de l'entreprise soumise à la procédure de liquidation judiciaire et ne s'accompagnent de la reprise d'aucun salarié, ni de projet de création immédiate d'emplois, c'est avec pertinence et dans les pleines limites de ses attributions que le juge-commissaire a fondé son ordonnance sur l'art. 156 [C. com., art. L. 642-19], seul applicable en l'espèce, et non sur l'art. 155 [C. com., ancien art. L. 622-17]. • T. com. Lyon, 29 juill. 1986 : *D. 1987. Somm. 93, obs. Derrida.* ♦ Dans le même sens, pour la vente d'une simple marque de fabrique : • Aix-en-Provence, 3 juin 1993 : *RPC 1995. 77, obs. Dureuil.*

2. La liquidation judiciaire du promettant est sans effet sur la promesse de vente qu'il a consentie alors qu'il était maître de ses biens et ne prive pas le bénéficiaire de son droit de lever l'option d'achat ; dès lors, en autorisant la cession du fonds de commerce à un tiers après la levée de l'option d'achat par le bénéficiaire de la promesse, le juge-commissaire excède ses pouvoirs, ce qui rend l'appel du jugement recevable. • Com. 7 mars 2006, n° 05-10.371 P : *D. 2006. AJ 859, obs. Lienhard ; ibid. Pan. 2255, obs. F.-X. Lucas ; APC 2006, n° 93, obs. Monsèrié-Bon ; JCP E 2006, n° 37, p. 1534, obs. Cabrillac et Pétel ; RTD com. 2006. 669, obs. Vallens.* – V. Coutant-Lapalus, *JCP N 2007. 1044* ; Vauvillé, *ibid. 1266.*

3. Le juge-commissaire ne peut autoriser la cession au profit d'un tiers de biens qui ont été rendus indisponibles par l'effet d'une saisie-vente pratiquée par un créancier. • Com. 2 juin 2015, n° 14-12.230 P : *D. 2015. Actu. 1269 ; JCP E 2015. 1449, note Lebel ; Journ. sociétés 7/2015, p. 46, obs. Brignon ; BJE 2015. 365, note Camensuli-Feuillard.*

4. Sur une autorisation donnée sous condition de stipuler une clause de réserve de propriété, V. note 29 ss. art. L. 624-16.

5. Sur la question de l'application des clauses d'inaliénabilité, V. Ferry, *BJE 9-10/2020. 61.*

6. Offres d'achat. BIBL. Delattre, *RJDA 2003, p. 323* (réalisation des actifs d'une entreprise en liquidation judiciaire : ordonnance du juge-commissaire et rétractation). ♦ Les dispositions de l'art. 156 [C. com., art. L. 642-19] font échapper, par leur caractère d'ordre public, l'offre d'achat de gré à gré d'un élément de l'actif mobilier d'un débiteur en liquidation judiciaire aux dispositions d'ordre privé du code civil régissant la nature et la forme de la vente. • Com. 14 juin 1994, n° 92-14.721 P : *D. 1994. IR 205 ; RPC 1995. 343, obs. Dureuil.* ♦ Aussi, s'agissant de l'auteur d'une offre d'achat de fonds de commerce n'ayant pas rétracté celle-ci avant l'ordonnance du juge-commissaire autorisant le liquidateur à céder le bien à l'amiable, ni formé de recours contre ladite ordonnance qui lui avait été régulièrement notifiée, une cour d'appel a pu décider qu'en refusant, sans justifier d'aucun motif légitime tiré de la non-réalisation des conditions suspensives dont l'offre était assortie, de procéder à la vente ordonnée par le juge-commissaire, l'auteur de l'offre avait commis une faute engageant sa responsabilité. • Même arrêt. ♦ Dès lors qu'une société n'allègue pas qu'une ordonnance aurait retenu une offre d'achat différente de celle, non conditionnelle, qu'elle avait formulée, c'est à bon droit qu'une cour d'appel, sans énoncer que l'ordonnance de ce magistrat valait vente par elle-même, retient que la cession du fonds était parfaite et en déduit que la créance déclarée au titre du prix de vente convenu devait être admise au passif du redressement judiciaire de l'acquéreur. • Com. 11 mars 1997, n° 94-19.207 P :*D. 1997. IR 87 ; D. Affaires 1997. 482 ; Defrénois 1997. 941, obs. Sénéchal ; JCP E 1997. I. 681, n° 8, obs. Pétel ; Rev. huiss. 1998. 351, note Courtier.* – V. Garçon, *JCP N 1997. I. 1283.* ♦ De même, le cessionnaire, qui ne peut refuser de régulariser la vente en retirant son offre, est tenu, pour obtenir la restitution de l'acompte, d'agir en résolution de la cession devant le tribunal de la procédure collective. • Com. 3 oct. 2000, n° 98-10.672 P : *D. 2000. AJ 397, obs. Lienhard ; RJDA 2000, n° 1143 ; JCP E 2001, n° 4, p. 175, obs. Cabrillac ; RTD com. 2001. 224, obs. Saint-Alary-Houin ; Dr. et patr. 6/2001. 111, obs. Monsèrié-Bon.* ♦ V. aussi note 11.

V. aussi, sur la sanction du refus d'acquérir, • Com. 19 déc. 2000 : *APC 2001, n° 68 ; RJDA 2001, n° 617* • Riom, 22 mai 2003 : *RDBF 2004, n° 83, obs. F.-X. Lucas.*

Sur l'application du principe d'interdiction d'aggravation des charges, prévu à l'ancien art. L. 621-63, al. 3, V. • Paris, 19 mai 1995 : *D. 1996. Somm. 87, obs. Honorat.*

Pour la nullité d'une offre d'achat d'un fonds de commerce, en cas d'erreur substantielle sur la chose, V. • Douai, 13 janv. 2000 : *D. 2000. AJ 116.* ♦ ... L'annulation de la vente de locaux dont l'acquéreur ignorait qu'ils étaient édifiés sur un site relevant de la réglementation des installations classées, V. • Paris, 1er oct. 2009 : *RJDA 2010, n° 413.*

7. Obligation d'information pesant sur le liquidateur. Sur l'obligation faite au liquidateur d'informer l'acquéreur d'un fonds de commerce sur le caractère litigieux du droit au bail, V. • Com. 27 juin 2018, n° 16-26.360 : *Procédures 2018, n° 302, note Rolland.*

8. Autorisation du juge-commissaire. Les ventes des biens de l'entreprise en liquidation judiciaire ont lieu suivant les formes prescrites par la loi du 25 janv. 1985. Cette règle est d'ordre public. La nullité absolue résultant de la violation des formes prescrites par l'art. 156 de cette loi [C. com., art. L. 642-19] peut être invoquée par tout intéressé, sans qu'il soit tenu de justifier d'un grief et l'autorisation donnée postérieurement par le juge-commissaire ne peut faire obstacle à l'action en nullité du cessionnaire et de son liquidateur. • Com. 27 oct. 1998, n° 95-17.463 P : *D. 1998. IR 256 ; D. Affaires 1998. 1861, obs. A. L. ; Quot. jur. 26 nov. 1998, p. 8, note P. M. ; JCP E 1998, n° 52, p. 2064, obs. Pétel* (V. l'arrêt confirmé • Paris, 19 mai 1995 : *D. 1995. Somm. 309, obs. Honorat*). – V. Garçon, *JCP N 1999, n° 26, p. 1051*.

Pour la nullité d'une cession d'actifs autorisée au mépris du principe du contradictoire, V. • Paris, 11 janv. 2005 : *RDBF 2005, n° 54, obs. F.-X. Lucas ; RPC 2006. 59, obs. Lebel.*

9. Prix de cession. Pour la nécessité de fixer un prix réel, V. • Com. 8 juill. 2014 : *cité ss. art. R. 642-37-3 ; APC 2014, n° 254, obs. Cagnoli ; BJE 2014. 296, note Théron ; RJ com. 2014. 342, obs. Lebel.* – V. aussi • Com. 28 sept. 2004 : *cité note 2 ss. art. L. 661-5.*

10. Recours. V. art. L. 642-19-1.

11. Réalisation de la vente. La vente de gré à gré d'un élément de l'actif mobilier du débiteur en liquidation judiciaire est parfaite dès l'ordonnance du juge-commissaire qui l'autorise, sous la condition suspensive que la décision acquière force de chose jugée ; la vente n'est réalisée que par l'accomplissement d'actes postérieurs à la décision du juge-commissaire. • Com. 7 sept. 2010, n° 09-66.284 P : *D. 2010. Actu. 2060, obs. Lienhard ; RTD com. 2010. 796, obs. Vallens ; JCP E 2010. 1910, note Brignon ; ibid. 2011. 1030, n° 5, obs. Cabrillac ; APC 2010, n° 252, obs. Jazottes ; LEDEN 10/2010. 5, obs. M. Sénéchal ; LPA 20 déc. 2010, obs. Roussel Galle ; RPC 2010, n° 249, obs. Berthelot ; RJDA 2011, n° 68 ; BJE 2011. 18, note Théron* (décision rendue au visa de l'art. L. 642-19 C. com. dans sa rédaction issue de la loi du 26 juill. 2005). ♦ V. aussi note 6. ♦ Le transfert de propriété est subordonné à l'établissement de ces actes. • Com. 8 janv. 2002 : *RJDA 2002, n° 669.* ♦ L'acte de cession signé par le liquidateur et le cessionnaire ne peut déroger aux conditions fixées par le juge-commissaire dans l'ordonnance autorisant la cession. • Com. 2 oct. 2024, n° 23-16.325 : *APC 2024, n° 219, obs. Lafaurie.* ♦ Les conditions de la cession étant, en raison de la disparition d'une partie du matériel cédé, antérieurement au paiement du prix par le cessionnaire et à l'autorisation du commissaire-priseur de procéder à l'enlèvement du matériel, différentes de celles arrêtées par le juge-commissaire dans son ordonnance, la société cessionnaire a un motif légitime de refuser de poursuivre la vente. • Paris, 19 oct. 1999 : *APC 2000, n° 33, obs. Vallansan ; LPA 2 août 2000, p. 23, note Rakotovahiny.* ♦ V. aussi, en cas de péremption d'une partie des marchandises objet de la cession, • Com. 16 mai 2006, n° 04-19.785 P : *D. 2006. AJ 1683, obs. Lienhard ; JCP E 2006, n° 37, p. 1537, note Vallansan.*

12. Le juge-commissaire, en autorisant la prise de possession d'un fonds de commerce, dépendant de l'actif d'une liquidation judiciaire, cédé dans le cadre d'une vente de gré à gré, en violation des clauses du bail, sans l'agrément du propriétaire et en l'absence d'autorisation des tribunaux, fût-ce à titre précaire, a excédé ses pouvoirs, ce qui rend l'appel du jugement recevable en application de l'art. 173 [C. com., art. L. 623-4] (2). • Com. 14 oct. 1997 : *D. Affaires 1997. 1469 ; LPA 15 juill. 1998, p. 18, note Tulliars.* ♦ Sur la responsabilité du mandataire n'ayant pas respecté l'obligation contractuelle de céder le bail par acte authentique, V. • Civ. 1re, 13 févr. 1996, n° 94-11.473 P.

13. La prise de possession effective du fonds de commerce dont le juge-commissaire a ordonné la cession oblige son bénéficiaire à exécuter les obligations nées des contrats dont il n'est pas contesté qu'ils ont été transférés comme accessoires du fonds. • Com. 15 mai 2019, n° 15-17.435 P : *D. 2019. Actu. 1101 ; RTD com. 2019. 867, obs. Saintourens ; JCP E 2019. 1375, n° 12, obs. Pétel ; APC 2019, n° 162, obs. Le Corre ; LEDEN 7/2019. 5, obs. Cavelier ; RJDA 2019, n° 651 ; BJE 9-10/2019. 18, note Théron.* ♦ La personne physique qui, désignée par une ordonnance du juge-commissaire pour acquérir un fonds de commerce avec faculté de substitution par une société qu'elle se propose de créer et de diriger, prend elle-même immédiatement possession du fonds sans passer les actes nécessaires à la réalisation de la cession ni les faire passer par la société, ne peut prétendre, en se fondant sur son abstention, échapper personnellement aux obligations nées de son entrée en jouissance. • Même arrêt.

14. Cession du droit au bail. V. notes 7 ss. art. L. 641-12.

15. Clause de non-concurrence. Viole la clause de non-concurrence contenue dans le contrat de vente du fonds de commerce, l'exploitant individuel qui se rétablit et crée une confusion dans l'esprit de la clientèle. • Bourges, 10 sept. 1996 : *Dr. sociétés 1997, n° 87, obs. Chaput.* ♦ En revanche, il ne peut être reproché à l'ancien associé d'une société l'exercice d'une activité interdite par une clause de non-concurrence insérée dans la vente du fonds, dès lors que cette clause n'engage que la société débitrice représentée par le liquidateur et non les associés de la société dont le liquidateur n'est pas mandataire. • Nancy, 16 mars 1994 : *Dr. sociétés 1994, obs. Chaput.* – V. aussi • Paris, 5 juill. 1996 : *Dr. sociétés 1997, n° 27, obs. Chaput.*

16. Inapplicabilité de l'art. L. 642-7. Le juge-commissaire qui ordonne la cession forcée d'un contrat accessoirement à la vente de gré à gré d'un bien visé à l'art. 156, devenu l'art. L. 622-18 [L. 642-19] C. com., excède ses pouvoirs. • Com. 26 juin 2001 : *JCP E 2002, n° 28, p. 1199, note Perdriau (3e esp.) ; RDBF 2002, n° 20, obs. F.-X. Lucas.*

17. Surenchère du dixième. La loi du 25 janv. 1985 ne contenant aucune disposition régissant la procédure de surenchère du créancier inscrit en cas de cession amiable du fonds de commerce autorisée par le juge-commissaire, les formalités prévues par l'art. 23 de la loi du 17 mars 1909, devenu les art. L. 143-13 et L. 143-15 C. com., doivent être respectées par le créancier surenchérisseur. • Com. 10 janv. 2006, n° 03-19.519 P : *D. 2006. AJ 368, obs. Lienhard ; ibid. Pan. 2254, obs. F.-X. Lucas ; JCP E 2006, n° 14-15, p. 670, obs. Cabrillac ; APC 2006, n° 30, obs. Vallansan ; Gaz. Pal. 30 avr.-4 mai 2006, p. 35, obs. M. Sénéchal ; JCP N 2006, n° 49, p. 2142, obs. Vauvillé.* – V. déjà, en ce sens, • Com. 20 oct. 1998, n° 96-15.107 P : *D. Affaires 1998. 1946, obs. A.-L. M.-D.* • Paris, 28 nov. 1997 : *D. Affaires 1998. 138, obs. A.-L. M.-D. et P. P. ; RTD com. 1998. 325, obs. Derruppé* • Douai, 24 juill. 2001 : *RTD com. 2003. 59, obs. Saintourens*. ♦ Sur le respect des formalités de publicité prévues par la loi de 1909, V. aussi Vauvillé, *Dr. et patr. 1/1999. 51* ; Rakotovahiny, *D. 2000. Chron. 51*.

18. Transfert des contrats de travail. V. note 28 ss. art. L. 642-18.

19. Sort du cautionnement. La caution qui garantit le paiement des loyers d'un contrat de crédit-bail n'est pas libérée de son engagement à l'égard de la société de crédit-bail du seul fait que le contrat a été cédé, dans le cadre de la liquidation judiciaire du locataire, à un repreneur qui s'est engagé à payer l'arriéré de loyers échus, dès lors que la cession judiciaire du contrat n'entraîne pas novation et que la créance de la société de crédit-bail a été admise au passif du locataire. • Com. 30 mars 2010 : *RJDA 2010, n° 1003.*

20. Action en nullité pour dol. La cession de gré à gré des actifs du débiteur en liquidation judiciaire est une vente faite d'autorité de justice qui ne peut être annulée pour dol ; il en résulte que si le cessionnaire qui se prétend victime d'un dol commis par le liquidateur peut rechercher la responsabilité personnelle de ce dernier, il ne peut pas, sur le fondement de ce vice du consentement, agir en nullité de la cession ainsi autorisée. • Com. 4 mai 2017, n° 15-27.899 P : *D. 2017. Pan. 1947, obs. F.-X. Lucas ; RTD com. 2017. 441, obs. Vallens ; AJ Contrat 2017. 347, obs. A. Lecourt ; JCP E 2017. 1411, note Brignon ; ibid. 1460, n° 8, obs. Tehrani ; APC 2017, n° 163, obs. Petit ; LEDEN 6/2017. 5, obs. Andreu ; RJDA 2017, n° 485 ; Journ. sociétés 7/2017. 64, obs. Cerati-Gauthier ; BJE 2017. 261, note Théron ; RPC 2017, n° 105, obs. Berthelot.*

Art. L. 642-19-1 *(Ord. n° 2008-1345 du 18 déc. 2008, art. 118)* **Les conditions et formes du recours contre les décisions du juge-commissaire prises en application des articles L. 642-18 et L. 642-19 sont fixées par décret en Conseil d'État.** – *V. art. R. 642-37-1 et R. 642-37-3.*

BIBL. ▶ Arbellot, *Dr. et pr. 2016. 85.*

COMMENTAIRE

Cet article, ajouté par l'ordonnance du 18 décembre 2008, donne une base légale aux dispositions relatives au recours contre les décisions du juge-commissaire, en matière de cession d'actifs, résultant du décret d'application de ce texte, codifiées aux articles R. 642-37-1 et R. 642-37-3. ❑

La vente aux enchères publiques ordonnée par le juge-commissaire ne constitue pas une mesure d'exécution forcée dont les contestations relèvent de la compétence du juge de l'exécution, mais une opération de liquidation des biens du débiteur, prise en application de l'art. L. 642-19, dans sa rédaction issue de l'Ord. du 18 déc. 2008 ; le recours contre les ordonnances du juge-commissaire prises en application de ce texte doit être formé conformément à l'art. R. 642-37-3. • Com. 11 févr. 2014, n° 12-26.208 P : *D. 2014. Actu. 477 ; LEDEN 4/2014. 6, obs. Staes ; APC 2014, n° 131, obs. Hoonakker ; RJDA 2014, n° 463 ; Gaz. Pal. 29 juin-1er juill. 2014, p. 27, obs. Théron ; RDBF 2014, n° 140, obs. S. Piedelièvre.* ♦ Sur le régime antérieur à la réforme de 2008, V. art. L. 661-5, désormais abrogé.

Art. L. 642-20 *(Ord. n° 2014-326 du 12 mars 2014, art. 75, en vigueur le 1er juill. 2014)* **Les cessions d'actifs réalisées en application des articles L. 642-18 et L. 642-19 sont soumises aux interdictions prévues au premier alinéa de l'article L. 642-3. Toutefois, le juge-commissaire peut, sur requête du ministère public, y déroger et autoriser la cession à l'une des personnes visées à ce texte à l'exception des contrôleurs et du débiteur au titre de l'un quelconque de ses patrimoines.**

Le juge-commissaire peut être saisi, dans des conditions fixées par décret en Conseil d'État, aux fins d'accorder la même dérogation pour les cessions d'actifs mobiliers de faible valeur nécessaires aux besoins de la vie courante et de biens faisant partie d'une exploitation agricole ainsi que pour la vente aux enchères publiques ou par adjudication amiable des autres actifs mobiliers. – *V. art. R. 642-39.*

Le juge-commissaire statue par ordonnance spécialement motivée après avoir recueilli l'avis du ministère public lorsque celui-ci n'est pas l'auteur de la requête.

Ancien art. L. 642-20 *(L. n° 2005-845 du 26 juill. 2005, art. 114)* ***« Les dispositions de l'article L. 642-3 sont applicables aux cessions d'actifs réalisées en application des articles L. 642-18 et L. 642-19. Dans ce cas, les pouvoirs du tribunal sont exercés par le juge-commissaire. »***

(Ord. n° 2008-1345 du 18 déc. 2008, art. 119) ***« Toutefois, lorsque un actif mobilier est nécessaire aux besoins de la vie courante et de faible valeur, le juge-commissaire peut, par une ordonnance spécialement motivée, autoriser l'une des personnes mentionnées au premier alinéa de l'article L. 642-3 à s'en porter acquéreur, à l'exception des contrôleurs. Il statue après avoir recueilli l'avis du ministère public. »***

1. Constitutionnalité de l'art. L. 642-20. V. note 1 ss. art. L. 642-3.

2. Dirigeants de fait. Il résulte de la combinaison des art. L. 642-3 et L. 642-20 que le dirigeant de fait de la personne morale débitrice mise en liquidation judiciaire ne peut acquérir les biens de celle-ci. • Com. 8 janv. 2020, n° 18-20.270 P : *D. 2020. Actu. 77 ; Rev. sociétés 2020. 425, note Watrin ; JCP E 2020. 1262, note Jazottes ; BJS 3/2020. 40, note Cerati-Gauthier ; RJDA 2020, n° 147 ; Dr. sociétés 2020, n° 55, note Legros ; BJE 5-6/2020. 24, note Saintourens ; LPA 27 avr. 2020, obs. Gibirila.*

3. Parents du dirigeant. V. note 2 ss. art. L. 642-3.

4. Dérogation à l'interdiction de cession. Seul le ministère public peut saisir le juge-commissaire aux fins d'autorisation de la cession d'un élément d'actif immobilier au profit d'un parent ou allié du débiteur visé à l'art. L. 642-3 ; un avis du ministère public n'équivaut en aucun cas à une requête. • Toulouse, 8 déc. 2021, n° 20/01218 : *BJE 3-4/2022. 28, note Delattre.*

COMMENTAIRE

I. LOI DU 26 JUILLET 2005

Les cessions d'actifs (qu'il s'agisse de meubles ou d'immeubles) sont soumises aux mêmes restrictions et interdictions que celles frappant les auteurs d'offre tendant à la reprise de l'entreprise par voie de plan de cession (et cela concerne aussi les ventes aux enchères publiques : Com. 3 févr. 2021 : *cité note 2 ss. art. L. 642-3*). Le pouvoir d'accorder des dérogations prévu par l'article L. 642-3, alinéa 2, revient au juge-commissaire (sur l'application de ce texte en cas de liquidation judiciaire simplifiée, V. ss. art. L. 644-1). La Cour de cassation a considéré que ce dispositif ne portait pas atteinte au droit de propriété, même dans le cas de la cession d'un actif étranger à l'exploitation de l'entreprise en liquidation judiciaire et n'appartenant pas en pleine propriété au débiteur en liquidation judiciaire (en l'espèce la cession à l'épouse du débiteur d'un immeuble dépendant de la communauté : Com. 18 févr. 2014 : *cité note 1 ss. art. L. 642-3*).

II. ORDONNANCE DU 18 DÉCEMBRE 2008

A cette règle, l'ordonnance du 18 décembre 2008 est venue apporter une souplesse de caractère « humanitaire », instituant une sorte de « reste à vivre », en permettant, « lorsque un actif mobilier est nécessaire aux besoins de la vie courante et de faible valeur », ce qu'il appartiendra au juge-commissaire d'apprécier (par exemple, une voiture), d'autoriser, par une ordonnance spécialement motivée, la cession à l'une des personnes mentionnées au premier alinéa de l'article L. 642-3 (le débiteur personne physique, les dirigeants, leur proche famille), à l'exception des contrôleurs. Comme cela a été remarqué, cette disposition a ceci de paradoxal qu'elle permet au liquidateur de rétrocéder au débiteur lui-même des actifs « invendables » ou des équipements sans valeur marchande dont il avait gardé la jouissance (J.-L. Vallens, *DP diff. entr. bull. d'actualité, n° spéc., mars 2009, p. 4154*), à moins de considérer, au-delà de la lecture littérale de la disposition, que le texte ne vise que les proches du débiteur (P. Roussel Galle, *ibid., p. 4196* ; V. aussi A.-S. Texier et E. Russo, Le nouveau droit des entreprises en difficulté après l'ordonnance du 18 décembre 2008 et son décret d'application du 12 février 2009, *LPA 2 mars 2009, p. 3, n° 37*), lecture que confirmera l'ordonnance du 12 mars 2014. Pour éviter les abus, il est prévu que le juge-commissaire statue après avoir recueilli l'avis du ministère public.

III. ORDONNANCE DU 12 MARS 2014

L'ordonnance du 12 mars 2014 a réécrit totalement l'article L. 642-20, dans le sens d'une plus grande souplesse. Le nouveau texte permet, notamment, au juge-commissaire, sur requête du ministère public, par dérogation aux interdictions, d'autoriser la cession à l'une des personnes visées à l'article L. 642-3, à l'exception des contrôleurs et du débiteur (au titre de l'un quelconque de ses patrimoines, s'il s'agit d'un EIRL).

De même, la dérogation, déjà prévue depuis l'ordonnance de 2008, relative aux actifs mobiliers de faible valeur nécessaires aux besoins de la vie courante, est étendue aux biens faisant partie d'une exploitation agricole ainsi qu'aux autres actifs mobiliers, sous condition de vente aux enchères publiques ou par adjudication amiable (s'inspirant peut-être ainsi d'un auteur, qui avait regretté que l'interdiction d'acquérir faite aux proches du débiteur n'ait pas été limitée aux ventes de gré à gré : V. F. Pérochon, A propos de la réforme de la liquidation judiciaire par l'ordonnance du 18 décembre 2008, *Gaz. Pal. 8-10 mars 2009, p. 3, n° 61*). ❑

Art. L. 642-20-1 *(Ord. n° 2008-1345 du 18 déc. 2008, art. 120)* **A défaut de retrait du gage ou de la chose légitimement retenue dans les conditions prévues par le deuxième alinéa de l'article L. 641-3, le liquidateur doit, dans les six mois du jugement de liquidation judiciaire, demander au juge-commissaire l'autorisation de procéder à la réalisation. Le liquidateur notifie l'autorisation au créancier quinze jours avant la réalisation.**

Le créancier gagiste, même s'il n'est pas encore admis, peut demander au juge-commissaire, avant la réalisation, l'attribution judiciaire. Si la créance est rejetée en tout ou en partie, il restitue au liquidateur le bien ou sa valeur, sous réserve du montant admis de sa créance.

En cas de vente par le liquidateur, le droit de rétention est de plein droit reporté sur le prix. L'inscription éventuellement prise pour la conservation du gage est radiée à la diligence du liquidateur.

V. art. R. 661-1.

COMMENTAIRE

Création de l'ordonnance du 18 décembre 2008, l'article L. 642-20-1 reprend, quasi totalement, le contenu de l'article L. 642-25, qu'elle a abrogé. A l'exception de l'alinéa 1er de ce dernier, désormais repris, lui, à l'article L. 641-3 auquel il est renvoyé. Ce transfert s'explique par le souci de faire échapper certaines dispositions du texte du domaine de la cession d'entreprise, avec laquelle elles s'étaient avérées incompatibles (V. comm. ss. art. L. 642-25 dans l'éd. 2014). D'où ce glissement des « dispositions communes » aux dispositions propres à la cession des actifs du débiteur.

Dans le nouveau contexte de l'ordonnance de 2008, et en raison spécialement de la règle d'opposabilité du droit de rétention fictif en cas de cession (V. art. L. 622-7), un auteur s'est demandé s'il ne conviendrait pas d'en déduire, désormais, même en cas de cession en liquidation judiciaire, une équivalence de traitement que le bien soit grevé d'un droit de rétention effectif ou fictif (P. Crocq, L'ordonnance du 18 décembre 2008 et le droit des sûretés, *RPC 2009. Dossier 10, n° 43* ; en ce sens que le droit de rétention fictif ne devrait s'appliquer, à la lettre, qu'au gage sans dépossession, non au nantissement, malgré le renvoi de l'art. 2355 C. civ., ce qui exclurait le nantissement sur fonds de commerce, V. P.-M. Le Corre, Droit et pratique des procédures collectives, *Dalloz Action, 2023/2024, 563.623* ; comp. : F. Pérochon, À propos de la réforme de la liquidation judiciaire par l'ordonnance du 18 décembre 2008, *Gaz. Pal. 8-10 mars 2009, p. 3, n° 34*). Mais, sur ce point, le doute demeure (V. Le droit de rétention fictif au cœur des débats, controverse entre P.-M. Le Corre, R. Dammann et G. Podeur, *BJE 2011. 227*), en raison de l'absence de pouvoir de blocage du titulaire d'un droit de rétention fictif (V. ss. art. L. 641-3).

S'agissant de l'attribution judiciaire du bien gagé, que prévoit expressément l'alinéa 2 de l'article L. 642-20-1, il est intéressant de noter, ici, que, faute d'un tel texte à propos de l'hypothèque, cette faculté a été refusée par la Cour de cassation au créancier hypothécaire, au motif, conforme à l'analyse qu'avait développée Pierre-Michel Le Corre, que l'attribution judiciaire équivaut à une dation en paiement, contrevenant donc au principe de l'interdiction des poursuites individuelles (Com. 28 juin 2017 : *cité note 47 ss. art. L. 622-21*). Notons que l'avant-projet de réforme des sûretés de l'Association Henri Capitant entend briser cette solution, en offrant cette faculté au « créancier titulaire d'une sûreté réelle » (F. Macorig-Venier, *BJE 2011. 227*). En revanche, par un important arrêt du 30 janvier 2019, la Cour de cassation a admis l'application de l'article L. 642-20-1 à la rétention d'un immeuble (Com. 30 janv. 2019 : *cité note 15*). ❑

1. Attribution judiciaire. Le créancier gagiste peut, à défaut de paiement, demander l'attribution judiciaire de son gage et, si le débiteur est soumis à une procédure de redressement judiciaire, il dispose à nouveau de cette faculté après le jugement prononçant la liquidation judiciaire. • Com. 28 mai 1996, n° 94-16.269 P : *D. 1996. Somm. 385, obs. S. Piedelièvre ; Rev. dr. bancaire 1996. 211, obs. Campana et Calendini.* ♦ L'art. 40 [C. com., art. L. 622-17] n'exclut pas l'application de l'art. 159, al. 3 [C. com., art. L. 642-20-1, al. 2], et de l'art. 2078 [anc.] C. civ., l'attribution judiciaire du gage étant, à défaut de disposition contraire, offerte au créancier, titulaire d'un nantissement sur outillage et matériel d'équipement, qui ne poursuit pas la réalisation du bien grevé. • Com. 6 mars 1990, n° 88-16.036 P : *D. 1990. 311, note Derrida ; JCP E 1990. II. 15815, note Amlon* (V. l'arrêt cassé : • Bastia, 21 avr. 1988 : *D. 1988. Somm. 384, obs. Honorat*). ♦ Tout créancier nanti peut demander l'attribution judiciaire du gage même non assorti d'un droit de rétention et le superprivilège des salaires ne peut faire obstacle à cette attribution. • Com. 6 janv. 1998, n° 95-17.399 P : *D. 1998. IR 39 ; D. Affaires 1998. 157, obs. A. L. ; LPA 8 févr. 1999, p. 15, note Teilliais.* ♦ V. aussi, en ce sens que l'attribution judiciaire ne suppose pas que le gage soit affecté d'un droit de rétention, • Aix-en-Provence, 21 mai 1987 : *Gaz. Pal. 1989. 1. 211, note Putman* • Lyon, 26 mars 1993 : *Gaz. Pal. 1995. 2. Somm. 606* • Colmar, 19 nov. 1997 : *Gaz. Pal. 1999. 2. 803.* ♦ Comp., affirmant que le fait d'engager des procédures visant à ordonner l'attribution ou la vente des objets gagés est le prolongement normal de l'exercice du droit de rétention et ne saurait s'analyser comme une renonciation à celui-ci : • Com. 18 déc. 1990 : *RTD com. 1992. 465, obs. Martin-Serf. – Contra* : • Limoges, 6 janv. 1987 : *JCP E 1988. II. 15346, note Garçon.*

2. Le créancier qui a omis de déclarer la sûreté dont il était titulaire ne peut ultérieurement faire état de son droit de rétention, conséquence de cette sûreté, pour demander l'attribution judiciaire du gage. • Com. 1er févr. 2000 : *RJDA 2000, n° 562.*

Le droit de rétention qui n'est pas une sûreté et qui n'est pas assimilable au gage ne permet pas l'attribution en pleine propriété de la chose retenue. • Com. 9 juin 1998, n° 96-12.719 P : *D. 1999. Somm. 300, obs. Piedelièvre ; D. Affaires 1998. 1323, obs. A. L. ; RTD com. 1999. 751, obs. Martin-Serf ; Banque et Dr. 11-12/1998. 38, obs. Rontchevsky ; Gaz. Pal. 1999. 2. Somm. 451, obs. Guével.*

Le titulaire du droit de rétention peut refuser la restitution des marchandises sur lesquelles il exerce son droit mais n'a nullement vocation à se voir attribuer la propriété de ces marchandises et seul le liquidateur est habilité à procéder à la vente des marchandises, le droit de rétention étant reporté sur le prix de vente dans les limites du montant de l'admission de la créance du rétenteur. • Même arrêt. ♦ V. aussi note 11 ss. art. L. 622-25.

3. L'affectation des sommes sur lesquelles portaient les saisies conservatoires sur un compte spécialement ouvert par la banque à cet effet étant une simple opération comptable destinée à les isoler dans l'attente du sort qui leur serait réservé, sans incidence sur les droits des parties, il en résulte que, en l'absence de conversion des saisies conservatoires avant l'ouverture de la procédure collective, ces sommes sont réputées figurer sur le compte nanti au jour du jugement ayant mis la société en liquidation judiciaire. • Com. 25 sept. 2019, n° 18-16.178 P : *D. 2020. Pan. 1859, obs. F.-X. Lucas ; RTD com. 2019. 993, obs. Martin-Serf ; JCP E 2019. 1551, n° 19, obs. Pétel ; APC 2019, n° 241, obs. Cagnoli ; LEDEN 11/2019. 5, obs. Urbain ; RJDA 2019, n° 788 ; Banque et Dr. 11-12/2019. 20, obs. Bonneau ; BJE 3-4/2020. 39, note Hugon.*

4. Est recevable la demande d'attribution judiciaire d'un gage sur valeurs mobilières. • Aix-en-Provence, 2 avr. 1992 : *Dr. sociétés 1992, n° 262, obs. Chaput ; RPC 1993. 156, obs. Dureuil.*

5. La banque bénéficiaire d'un warrant agricole n'a pas à revendiquer les marchandises remises en gage et dispose des droits qui lui sont reconnus par l'art. 159, devenu l'art. L. 622-21 [L. 642-20-1] C. com. • Com. 4 mars 2003 : *D. 2003. Somm. 1627, obs. Le Corre ; JCP E 2003, n° 40, p. 1573, obs. Cabrillac ; RJDA 2003, n° 865.*

6. En ce sens que le créancier titulaire d'une hypothèque sur un bien du débiteur compris dans l'actif de la procédure collective ne peut solliciter l'attribution judiciaire de celui-ci sur le fondement de l'art. 2458 [2451] C. civ., V. note 47 ss. art. L. 622-21.

7. L'absence de vérification des créances ne fait pas obstacle à la recevabilité de l'action en attribution du gage, laquelle suppose seulement l'existence d'une créance du bénéficiaire du gage à l'égard du constituant. • Versailles, 30 janv. 1997 : *D. 1997. IR 124 ; D. Affaires 1997. 577.* – V. déjà • Chambéry, 26 sept. 1994 : *Gaz. Pal. 1995. 1. Somm. 195.*

8. Dès lors qu'en exécution de deux ordonnances les matériels nantis ont été restitués aux vendeurs impayés, bénéficiaires d'une clause de réserve de propriété, le créancier gagiste ne peut plus, en vertu de l'art. 159, al. 3 [C. com., art. L. 642-20-1, al. 2], demander l'attribution de ces matériels revenus en la possession des vendeurs propriétaires. • Com. 5 avr. 1994, n° 90-11.559 P : *D. 1994. IR 117 ; JCP E 1995. I. 417, n° 13, obs. Cabrillac ; Rev. huiss. 1995. 720, note Bazin.*

9. N'a pas dépassé la limite de ses attributions le juge-commissaire qui n'a pas dans son ordonnance attribué judiciairement le matériel nanti, ni fait application de l'art. 159, al. 4 [C. com., art. L. 642-20-1, al. 3], mais qui a seulement affecté une quote-part du prix de cession à chacun des biens cédés pour la répartition du prix et l'exercice du droit de préférence, conformément à l'art. 155 [C. com., ancien art. L. 622-17], dernier al. (à propos d'une demande d'attribution faite, par un créancier n'ayant pas fait opposition à l'ordonnance, avant la réalisation de l'acte de vente). • Com. 16 avr. 1996, n° 93-20.886 P : *D. 1996. IR 139 ; JCP E 1996. I. 584, n° 16, obs. Cabrillac ; Rev. huiss. 1998. 287, note Courtier.* ♦ Dès lors que l'ordonnance autorisant la vente est passée en force de chose jugée, l'attribution judiciaire du matériel ne peut plus être demandée. • Même arrêt.

10. Le créancier gagiste, recouvrant, en vertu de l'art. 159 [C. com., art. L. 642-20-1], la faculté de demander l'attribution judiciaire du gage après le jugement prononçant la liquidation judiciaire, doit former une demande nouvelle devant le juge-commissaire. • Com. 14 oct. 1997, n° 95-10.423 P : *D. 1998. Somm. 105, obs. S. Piedelièvre ; D. Affaires 1997. 1360 ; RTD com. 1999. 747, obs. Martin-Serf ; RDBB 1998. 25, obs. Campana et Calendini.*

11. L'attribution judiciaire ne peut être demandée durant la phase de redressement judiciaire. • Chambéry, 26 sept. 1994 : *préc. note 7.* ♦ V. note 88 ss. art. L. 622-21.

12. Lorsque le créancier gagiste demande l'attribution judiciaire du gage, en application de l'art. 159, al. 3 [C. com., art. L. 642-20-1, al. 2], il n'agit pas en revendication. • Com. 28 janv. 1997, n° 93-21.662 P : *Dr. sociétés 1997, n° 42, obs. Chaput.*

13. Vente par le liquidateur. Une banque, titulaire d'un droit de rétention fictif sur un véhicule automobile, est fondée, en cas de vente aux enchères publiques de ce véhicule à l'initiative du liquidateur, à suspendre la mainlevée du gage à l'attribution à son profit du produit de la vente, peu important l'existence de créances superprivilégiées de salaires qui ne peuvent faire échec au report du droit de rétention sur le prix. • Com. 15 oct. 1991, n° 90-10.784 P : *D. 1991. IR 249 ; RTD com. 1992. 464, obs. Martin-Serf.* – V. aussi • TGI Vesoul, 17 juin 1988 : *Gaz. Pal. 1988. 2. 838, note Pinon* • Aix-en-Provence, 21 juin 1991 : *RJDA 1991, n° 1076.* ♦ En revanche, le droit de rétention du prêteur sur les documents administratifs relatifs à des véhicules ne s'étend pas aux véhicules eux-mêmes et il n'en résulte pas un droit pour le prêteur de se faire attribuer le prix de vente des véhicules concernés par ces documents. • Com. 8 juill. 2003 : *D. 2004. Somm. 55, obs. Le Corre ; RJDA 2004, n° 101* • 23 avr. 2013, n° 12-13.690 P : *D. 2013. Actu. 1129 ; RTD com. 2013. 575, obs. Legeais ; RJ com. 2014. 56, note Sortais.* – V. Le Corre-Broly, *Gaz. Pal. 2004. Doctr. 2931.*

14. L'art. 159, al. 4 [C. com., art. L. 642-20-1, al. 3], est inapplicable au nantissement d'un fonds de commerce car ce dernier ne confère aucun droit de rétention réel ou fictif au créancier. • Bordeaux, 20 déc. 1995 : *Cah. jurispr. Aquitaine 1996, n° 2, p. 94* • Orléans, 19 janv. 2006 : *RJDA 2006, n° 459.*

15. L'exercice d'un droit de rétention sur un immeuble ne fait pas obstacle à la vente de celui-ci, le droit de rétention étant alors de plein droit reporté sur le prix. • Com. 30 janv. 2019, n° 17-22.223 P : *D. 2019. 927, note Aynès ; JCP E 2019. 1219, note Lebel ; APC 2019, n° 47, obs. Cagnoli ; LEDEN 3/2019. 4, obs. Borga ; RJDA 2019, n° 379 ; Gaz. Pal. 16 avr. 2019, p. 73, obs. Guastella ; BJE 5-6/2019. 44, note Macorig-Venier ; RPC 2019, n° 70, obs. Gijsbers ; RJ com. 2019. 277, obs. Fournier.*

16. Sanction du délai de six mois. Dès lors que le liquidateur ne demande pas l'autorisation de procéder à la réalisation du bien gagé dans le délai de six mois, le créancier, dont le droit de rétention n'est pas contesté et à l'encontre de qui une demande de restitution n'est plus recevable, n'a pas d'autre possibilité que de demander au tribunal l'autorisation de réaliser la chose qu'il retient et il y a donc lieu de faire droit à cette demande. • Limoges, 23 févr. 1993 : *D. 1993. IR 77 ; JCP E 1993. I. 275, n° 7, obs. Cabrillac.*

17. Responsabilité civile du liquidateur. V., en cas de retard pour procéder à la réalisation du bien engagé (loi de 1967), • Com. 11 mai 1993, n° 91-12.622 P : *JCP E 1993. I. 295, n° 9, obs. Cabrillac.*

18. Situation de la caution. Si l'attribution judiciaire du gage prévue par l'art. 159, al. 3, devenu l'art. L. 622-21, al. 3 [L. 642-20-1, al. 2], C. com., ne constitue qu'une faculté pour le créancier, ce dernier, lorsqu'il est par ailleurs garanti par un cautionnement, commet une faute au sens de l'art. 2037 [2314] C. civ. si, en s'abstenant de demander cette attribution, il prive la caution d'un droit qui pouvait lui profiter. • Com. 13 mai 2003, n° 00-15.404 P : *D. 2003. AJ 1629, obs. Avena-Robardet ; D. 2004. Somm. 52, obs. Le Corre ; APC 2003, n° 173, obs. Legeais ; JCP E 2003, n° 40, p. 1575, obs. Cabrillac ; RDBF 2003, n° 192, obs. F.-X. Lucas ; RTD com. 2004. 156, obs. Martin-Serf ; LPA 19 févr. 2004, p. 4, note Mouial-Bassilana ; Defrénois 2004. 889, obs. J. Honorat* • 3 déc. 2003 : *RDBF 2004, n° 79, obs. F.-X. Lucas ; RJDA 2004, n° 626.* – *Contra* : • Civ. 1re, 8 juill. 2003 : *D. 2004. Somm. 52, obs. Le Corre.* ♦ Dans le même sens, la Chambre mixte de la Cour de cassation a considéré que la caution est déchargée de son obligation lorsque la banque, en accordant au liquidateur la mainlevée de son nantissement, renonce au bénéfice du gage. • Cass., ch. mixte, 10 juin 2005, n° 02-21.296 P : *D. 2005. AJ 1773, obs. Delpech ; ibid.*

2020, note Piedelièvre ; JCP E 2005, n° 29, p. 1218, note Legeais ; JCP 2005. II. 10130, note Simler ; APC 2005, n° 142, obs. Regnaut-Moutier ; Banque et Dr. 7-8/2005. 63, obs. Jacob ; Dr. et pr. 2005. 365, obs. Picod ; RTD com. 2005. 844, obs. Martin-Serf. ♦ C'est au créancier qui, en s'abstenant de demander l'attribution judiciaire du gage, a privé la caution d'un droit qui pouvait lui profiter, de prouver que la perte de ce droit n'a causé aucun préjudice à celle-ci. • Com. 30 juin 2009 : *D. 2009. 2325, note Picod ; RTD civ. 2009. 555, obs. Crocq ; RTD com. 2011. 168, obs. Martin-Serf.* ♦ Sur la date d'appréciation du préjudice subi par la caution, V. • Com. 17 févr. 2009, n° 07-20.458 P : *D. 2009. AJ 625 ; APC 2009, n° 103, obs. Legeais ; Banque et Dr. 3-4/2009. 52, obs. Jacob ; Gaz. Pal. 26-28 avr. 2009, p. 43, obs. Le Corre ; RTD civ. 2009. 555, obs. Crocq.*

Art. L. 642-21 *(Abrogé par Ord. n° 2008-1345 du 18 déc. 2008, art. 121) (L. n° 2005-845 du 26 juill. 2005, art. 114)* ***Lorsqu'il a été fait application des dispositions de l'article L. 631-22 et que le débiteur ne peut obtenir du tribunal l'arrêté d'un plan de redressement, les dispositions du présent titre sont applicables. Les biens non compris dans le plan de cession sont cédés dans les conditions de la présente section.***

COMMENTAIRE

Cet article L. 642-21, ajouté par l'Assemblée nationale, et aujourd'hui abrogé par l'ordonnance du 18 décembre 2008, découlait de la possibilité, offerte par l'article L. 631-22, d'adopter un plan de cession à l'issue d'un redressement judiciaire. D'une part, cet article prévoyait que les dispositions régissant la liquidation judiciaire sont applicables en cas de cession totale de l'entreprise non suivie de l'obtention, par le débiteur, d'un plan de redressement, ce qui permettrait, notamment, de fixer les conditions dans lesquelles la procédure pouvait être close et les cas dans lesquels les créanciers retrouvaient leur droit de poursuite individuelle. D'autre part, il reprenait les dispositions du dernier alinéa de l'ancien article L. 621-83, selon lesquelles les biens non compris dans le plan de cession sont cédés dans les conditions prévues pour la cession des actifs du débiteur en liquidation judiciaire. Dans cette hypothèse, il paraissait indispensable que le tribunal prononce la liquidation judiciaire. Ces dispositions, qui subsistent en substance, ont été réunies à celles de l'article L. 631-22 par l'ordonnance de 2008 (V. ss. art. L. 631-22). ❑

SECTION 3 *Dispositions communes*

Art. L. 642-22 *(L. n° 2022-172 du 14 févr. 2022, art. 5, en vigueur le 15 mai 2022)* **I. — Le liquidateur ne peut, sauf accord du débiteur, réaliser les biens ou droits acquis au titre d'une succession ouverte après l'ouverture ou le prononcé de la liquidation judiciaire, ni provoquer le partage de l'indivision pouvant en résulter.**

II. — Sur la demande du débiteur et avec l'autorisation du juge-commissaire ou du tribunal, le liquidateur peut réaliser des biens ou droits composant un autre patrimoine de l'entrepreneur ou insaisissables par les créanciers dont les droits naissent à l'occasion de l'activité professionnelle de celui-ci, lorsque cette cession facilite la réalisation des actifs du patrimoine saisi par l'effet de l'ouverture de la liquidation judiciaire.

III. — La contrepartie de la valeur de ces biens ou droits s'y substitue dans le patrimoine dont ils sont issus.

Pour les dispositions transitoires de la L. n° 2022-172 du 14 févr. 2022, V. note ss. art. L. 611-13.

COMMENTAIRE

I. BIEN OU DROIT ACQUIS AU TITRE D'UNE SUCCESSION

Cette question, qui figurait depuis l'ordonnance du 12 mars 2014 au IV de l'article L. 641-9, se trouve désormais, depuis la loi du 14 février 2022, traitée au I de l'article L. 642-22, modifié.

Aux termes de la loi d'habilitation du 2 janvier 2014 (art. 2, 6°, *b*), l'ordonnance devait « dissocier la durée des contraintes imposées au débiteur de celle des opérations de réalisation et de répartition de son actif ». A cette fin, une des mesures parfois suggérées consistait à limiter dans le temps les effets du dessaisissement se poursuivant, selon l'article L. 641-9, jusqu'à la clôture de la procédure. Ainsi était-il concevable de cantonner le dessaisissement à la durée des opérations de réalisation de l'actif ou encore de limiter les biens objet du dessaisissement à ceux présents dans le patrimoine au jour du jugement d'ouverture.

Dans cet ordre d'idées, l'ordonnance du 12 mars 2014 est venue affirmer que « le liquidateur ne peut, sauf accord du débiteur, réaliser les biens ou droits acquis au titre d'une succession ouverte après l'ouverture ou le prononcé de la liquidation judiciaire, ni provoquer le partage de l'indivision pouvant en résulter ». La pratique semblait déjà aller souvent en ce sens. Cette mesure présente également l'avantage de faciliter la clôture de la procédure, l'intervention d'une succession compliquant (et donc allongeant) souvent les opérations de réalisation de l'actif (sur la possibilité, pour les créanciers, de reprendre leurs poursuites individuelles sur ces biens en cas de clôture pour insuffisance d'actif, V. art. L. 643-11). Le rapport au président de la République explique bien la logique de cette restriction à l'effet réel de la liquidation judiciaire : le texte « exclut de son champ les actifs issus d'une succession ouverte après le jugement de liquidation judiciaire, sans néanmoins faire exception à l'arrêt des poursuites individuelles et à l'interdiction des paiements : le IV de l'article L. 641-9 ne vise que les pouvoirs du liquidateur. A cette modification, justifiée par le risque que les opérations successorales ne prolongent au-delà de l'acceptable la procédure collective, correspond celle de l'article L. 643-11 dont le I permet aux créanciers d'agir sur ces actifs après la clôture de la procédure pour insuffisance d'actif ». On ajoutera qu'ils devraient aussi pouvoir agir avant celle-ci, puisque ces actifs échappent à l'effet réel de la procédure (mais cette interprétation ne s'impose pas forcément, car il est possible de distinguer les biens et la créance, ou encore la créance et le droit de poursuite ; V., en sens contraire : P. Roussel Galle, *Rev. sociétés 2014. 351* ; M.-P. Dumont-Lefrand, *Dr. et patr. juill.-août 2014. 65*).

II. BIENS COMPOSANT UN AUTRE PATRIMOINE DE L'ENTREPRENEUR

Le II de l'article L. 642-22 est une création de la loi du 14 février 2022 en faveur de l'activité professionnelle indépendante, applicable à compter du 15 mai 2022, qui a substitué à l'option pour le statut de l'entrepreneur individuel à responsabilité limitée (EIRL) une protection de plein droit du patrimoine personnel, seul le patrimoine professionnel étant engagé.

Dans la logique de cette protection, la réalisation des biens de l'entrepreneur individuel en liquidation judiciaire ne peut porter que sur les biens composant le patrimoine professionnel. Les biens du patrimoine personnel restent disponibles pour l'entrepreneur en liquidation. Toutefois, comme le prévoit le texte ajouté par la loi de 2022, afin de faciliter la réalisation des actifs du patrimoine professionnel saisi par l'effet réel de la procédure, sur demande du débiteur et autorisation du juge-commissaire ou du tribunal, le liquidateur peut également procéder à la réalisation des biens du patrimoine personnel de l'entrepreneur individuel ou d'un immeuble protégé par une insaisissabilité. L'idée est, bien entendu, ici qu'une cession globale permet souvent plus facilement de trouver un acquéreur et de vendre à un bon prix. ❑

Art. L. 642-22-1 *(L. n° 2022-172 du 14 févr. 2022, art. 5, en vigueur le 15 mai 2022)* **Toute cession d'entreprise et toute réalisation d'actif doivent être précédées d'une publicité, dont les modalités sont déterminées par décret en Conseil d'État en fonction de la taille de l'entreprise et de la nature des actifs à vendre.** – *V. art. R. 642-40.*

L'art. L. 642-22-1 reprend les dispositions de l'ancien art. L. 642-22 dans sa rédaction issue de la L. n° 2005-845 du 26 juill. 2005.

Pour les dispositions transitoires de la L. n° 2022-172 du 14 févr. 2022, V. note ss. art. L. 611-13.

Art. L. 642-23 **Avant toute vente ou toute destruction des archives du débiteur, le liquidateur en informe l'autorité administrative compétente pour la conservation des archives. Cette autorité dispose d'un droit de préemption.** – *[C. com., anc. art. L. 622-19.]*

(L. n° 2005-845 du 26 juill. 2005, art. 116) **« La destination des archives du débiteur soumis au secret professionnel est déterminée par le liquidateur en accord avec l'ordre professionnel ou l'autorité compétente dont il relève. »**

COMMENTAIRE

Par rapport à l'ancien article L. 622-19, la loi du 26 juillet 2005 a apporté une précision, relative aux archives des professionnels indépendants, tendant à garantir le respect du secret professionnel.

Pour le reste, rien de nouveau, ce qui a suscité le regret de praticiens, déplorant que n'ait pas été réglée la question des frais d'archivage, qui ne semblent pas susceptibles de bénéficier de l'article L. 663-1 (P. Froehlich et M. Sénéchal, *in* La loi de sauvegarde, article par article [2e partie], *LPA 9 févr. 2006, p. 39*). ❑

Art. L. 642-24 Le liquidateur peut, avec l'autorisation du juge-commissaire et le débiteur entendu ou dûment appelé, compromettre et transiger sur toutes les contestations qui intéressent collectivement les créanciers même sur celles qui sont relatives à des droits et actions immobiliers.

Si l'objet du compromis ou de la transaction est d'une valeur indéterminée ou excède la compétence en dernier ressort du tribunal, le compromis ou la transaction est soumis à l'homologation du tribunal. – *[C. com., anc. art. L. 622-20.]*

V. art. R. 642-41.

1. Domaine d'application. L'art. 158 [C. com., art. L. 642-24] ne s'applique pas aux actions engagées sur le fondement de l'art. 180 [C. com., art. L. 651-2], qui sont fondées sur une disposition d'ordre public. • Versailles, 15 juin 1995 : *RPC 1999. 178, obs. Canet.* ♦ V. aussi note 86 ss. art. L. 651-2.

Sur la validité d'une transaction relative à la responsabilité d'une banque, V. • Toulouse, 29 mars 1999 (2e esp.) : *RJ com. 2000. 179, note Monsèrié-Bon.* ♦ Sur l'appréciation par le juge de l'économie de l'accord, V. • Rouen, 2 mai 1996 : *RPC 1999. 179, obs. Canet* • Paris, 21 juin 1994 : *ibid.* • 28 mars 1997 : *ibid.*

2. L'art. 158 [C. com., art. L. 642-24] ne confère pas au liquidateur, même autorisé par le juge-commissaire, le pouvoir de renoncer à l'extinction d'une créance par application de l'art. 53 [C. com., ancien art. L. 621-46]. • Com. 23 nov. 1999 : *D. 2000. AJ 13, obs. A. L.* ; *JCP E 2000, nos 18-19, p. 752, obs. Pétel* ; *LPA 11 juill. 2000, p. 27, note Courtier* ; *RTD com. 2000. 719, obs. Martin-Serf* ; *RPC 2002. 283, obs. Canet.*

3. Il résulte de l'art. 2093 [2285] C. civ., selon lequel les biens du débiteur sont le gage commun de ses créanciers qui s'en distribuent le prix entre eux à moins qu'il n'y ait des causes légitimes de préférence, qu'aux termes d'une transaction, des créanciers n'ayant aucune garantie ne peuvent se voir accorder plus de droits qu'un créancier nanti. • Com. 10 déc. 2002, n° 99-21.411 P : *D. 2003. AJ 134, obs. Lienhard* ; *JCP E 2003, n° 20, p. 851, obs. Pétel.*

4. Le plan d'apurement d'une créance bancaire passé dans l'intérêt exclusif et indistinct du débiteur et de son épouse, afin d'éviter la réalisation de l'immeuble commun, et sans atteinte aux droits des autres créanciers, ne constitue pas une transaction au sens de l'art. 158 [C. com., art. L. 642-24]. • Com. 4 oct. 2005 : *D. 2005. AJ 2806, obs. Lienhard* ; *Gaz. Pal. 30 avr.-4 mai 2006, p. 36, obs. M. Sénéchal.*

5. Homologation. Dès lors que l'objet de la transaction excède la compétence en dernier ressort du tribunal, l'homologation de la transaction doit être soumise au tribunal de la procédure collective. • Com. 2 mars 1999 : *RPC 1999. 176, obs. Canet ; LPA 24 avr. 2000, p. 9, note Gallet.* ♦ En procédant lui-même à l'homologation de la transaction, le juge-commissaire excède les limites de ses attributions. • Même arrêt. ♦ Sur le caractère obligatoire de la double formalité de l'autorisation préalable du juge-commissaire et de l'homologation du tribunal, pour les actes visés à l'art. L. 622-20 [L. 642-24], al. 2, C. com., V. • Paris, 31 mai 2002 : *D. 2002. AJ 2533* . – Comp. : • Orléans, 17 févr. 2000 : *RPC 2002. 286, obs. Canet.* ♦ L'ordonnance par laquelle le juge-commissaire autorise le liquidateur à transiger n'a pas elle-même à être homologuée par le tribunal. • Reims, 5 juin 1996 : *RPC 1999. 176, obs. Canet.*

En ce sens que le jugement homologuant la transaction est revêtu de l'autorité de la chose jugée et a pour effet d'interdire toute appréciation de la validité de la transaction, V. • Com. 19 oct. 1993 : *RPC 1999. 178, obs. Canet* (loi de 1967).

6. Ordre public. Les règles de ce texte étant d'ordre public, les transactions intervenues en violation des formes prescrites par la loi sont nulles d'une nullité absolue (loi de 1967). • Com. 6 déc. 1994, n° 92-20.269 P : *D. 1995. Somm. 215, obs. Honorat* . ♦ V. aussi note 7.

7. Voies de recours. Une banque qui est intervenue à l'instance, en sa qualité de créancière munie d'une sûreté spéciale portant sur un actif, objet de la transaction, justifie d'un intérêt personnel, distinct de celui de la collectivité des créanciers, et est donc recevable à interjeter appel du jugement autorisant la transaction. • Com. 10 déc. 2002 : *préc. note 3.* ♦ En revanche, la qualité de bailleur et de créanciers du débiteur en liquidation judiciaire ne permet pas de critiquer les motifs par lesquels une cour d'appel a rejeté une demande de transaction présentée par le liquidateur, seul habilité à élever une contestation dans l'intérêt collectif des créanciers. • Même arrêt. L'appel du liquidateur contre le jugement d'homologation d'une transaction non autorisée ne peut être déclaré irrecevable, le liquidateur ayant intérêt à demander la nullité d'une transaction entachée d'une nullité absolue. • Com. 29 avr. 2002 : *RJDA 2002, n° 1065.* ♦ Le débiteur, même s'il a le droit d'être entendu par le tribunal en application de l'art. L. 622-20 [L. 642-24] C. com., n'est pas partie à la transaction, de sorte que son appel contre le jugement d'homologation est irrecevable dès lors que l'accord conclu par le liquidateur n'est pas relatif à des droits extrapatrimoniaux ou à des droits propres exclus du dessaisissement. • Amiens, 3 juin 2004 : *RPC 2005. 54, obs. Dumont.* – V. aussi • Paris, 21 juin 1994 : *RPC 1999. 177, obs. Canet* • Versailles, 12 oct. 1995 : *ibid.* • Chambéry, 4 déc. 2001 : *RPC 2003. 9, obs. Lebel.* ♦ Pour l'irrecevabilité de l'appel formé par les associés de la société en liquidation judiciaire, V. • Com. 16 oct. 2001 : *APC 2001, n° 266 ; Dr. sociétés 2002, n° 41, note Legros.* ♦ En ce sens qu'un contrôleur ne peut interjeter appel du jugement d'homologation, V. • Com. 9 déc. 1997 : *RPC 1999. 177, obs. Canet* • Paris, 19 déc. 1995 : *ibid.* ♦ Pour l'irrecevabilité de l'appel formé par un cosignataire de la transaction à l'encontre du jugement d'homologation, V. • Toulouse, 29 mars 1999 : *préc. note 1.*

Art. L. 642-25 *(Abrogé par Ord. n° 2008-1345 du 18 déc. 2008, art. 121)* ***Le liquidateur autorisé par le juge-commissaire peut, en payant la dette, retirer les biens constitués en gage par le débiteur ou la chose retenue.***

A défaut de retrait, le liquidateur doit, dans les six mois du jugement de liquidation judiciaire, demander au juge-commissaire l'autorisation de procéder à la réalisation. Le liquidateur notifie l'autorisation au créancier quinze jours avant la réalisation.

Le créancier gagiste, même s'il n'est pas encore admis, peut demander *(L. n° 2005-845 du 26 juill. 2005, art. 117)* ***« au juge-commissaire », avant la réalisation, l'attribution judiciaire. Si la créance est rejetée en tout ou en partie, il restitue au liquidateur le bien ou sa valeur, sous réserve du montant admis de sa créance.***

En cas de vente par le liquidateur, le droit de rétention est de plein droit reporté sur le prix. L'inscription éventuellement prise pour la conservation du gage est radiée à la diligence du liquidateur. – *[C. com., anc. art. L. 622-21.]*

COMMENTAIRE

L'ordonnance du 18 décembre 2008 a formellement abrogé l'article L. 642-25, mais ses dispositions se retrouvent dans le nouvel article L. 642-20-1 qu'elle a créé. Ce transfert est justifié en raison de la difficulté d'appliquer certaines dispositions du texte (les alinéas 2 et 4, notamment) en cas de cession (V. comm. dans l'éd. 2014). ❑

CHAPITRE III *DE L'APUREMENT DU PASSIF*

SECTION 1 *Du règlement de certaines créances* *(Ord. n° 2021-1193 du 15 sept. 2021, art. 59, en vigueur le 1er oct. 2021).*

BIBL. GÉN. ▸ Sur les répartitions : MONTÉRAN et BOURGOIN, *Gaz. Pal. 2008. Doctr. 2226.* – PÉTEL et F. LEGRAND, *RPC 2015. Prat. 4.* – LEURET et LE CORRE, *LPA 28-29 mars 2016.*

Art. L. 643-1 **Le jugement qui ouvre ou prononce la liquidation judiciaire rend exigibles les créances non échues** *(L. n° 2022-172 du 14 févr. 2022, art. 5, en vigueur le 15 mai 2022)* **« dont le patrimoine saisi par l'effet de la procédure constitue le gage ».** *(L. n° 2005-845 du 26 juill. 2005, art. 118)* **« Toutefois, lorsque le tribunal autorise la poursuite de l'activité au motif que la cession totale ou partielle de l'entreprise est envisageable, les créances non échues sont exigibles à la date du jugement »** *(Ord. n° 2008-1345 du 18 déc. 2008, art. 122)* **« statuant sur la cession ou, à défaut, à la date à laquelle le maintien de l'activité prend fin ».**

Lorsque ces créances sont exprimées dans une monnaie autre que celle du lieu où a été prononcée la liquidation judiciaire, elles sont converties en la monnaie de ce lieu, selon le cours du change à la date du jugement. – *[C. com., anc. art. L. 622-22.]*

Pour les dispositions transitoires de la L. n° 2022-172 du 14 févr. 2022, V. note ss. art. L. 611-13.

COMMENTAIRE

Par rapport à l'ancien article L. 622-22, l'article L. 643-1, alinéa 1er, issu de la loi du 26 juillet 2005, a organisé un report de la déchéance du terme dans le cas où la liquidation aboutit à un plan de cession de l'entreprise, afin d'harmoniser le régime classique de la liquidation judiciaire et celui du plan de cession. Il était en effet impossible, pour des raisons de cohérence, de conserver le régime du plan de cession tel qu'il existait avant la réforme dans le cadre du redressement judiciaire si la déchéance du terme s'appliquait dès l'ouverture de la liquidation judiciaire, et non, le cas échéant, à la date du jugement prononçant la cession de l'entreprise.

Mais l'ordonnance du 18 décembre 2008 est venue apporter une retouche. Désormais, les créances ne sont plus exigibles à la date du jugement « prononçant la cession », mais à la date du jugement « statuant sur la cession » (ce dont il faut déduire que la déchéance du terme intervient même si la cession n'est pas prononcée par le tribunal auquel le plan est soumis), ou, à défaut, à la date à laquelle le maintien de l'activité prend fin (étant entendu que le tribunal peut mettre fin à tout moment au maintien de l'activité si celui-ci n'est plus justifié : V. art. L. 641-10). Cette nouvelle rédaction comble ainsi une lacune du texte précédent, qui n'envisageait pas de déchéance en cas de poursuite de l'activité ne débouchant pas sur l'arrêt d'un plan de cession (mais d'un plan de redressement). Cette disposition corrective peut être regardée comme ayant un caractère interprétatif (P.-M. Le Corre, Droit et pratique des procédures collectives, *Dalloz Action, 2023/2024, 642.311*).

Ultérieurement, la loi du 14 février 2022 en faveur de l'activité professionnelle indépendante, applicable à compter du 15 mai 2022, a substitué à l'option pour le statut de l'entrepreneur individuel à responsabilité limitée (EIRL) une protection de plein droit du patrimoine personnel, seul le patrimoine professionnel étant engagé. Dès lors, est-il précisé, désormais, s'agissant des créances visées par la déchéance du terme, que celles-ci ne concernent que les créances dont le patrimoine saisi par l'effet de la procédure constitue le gage. ❑

1. Caution. La déchéance du terme convenu, résultant du prononcé de la liquidation judiciaire du débiteur principal, n'a d'effet qu'à l'égard de celui-ci et ne peut pas être étendue à la caution, à défaut de clause contraire. • Com. 8 mars 1994, n° 92-11.854 P : *D. 1994. 557, note Bazin* • 13 oct. 1999 : *RPC 2000. 55, obs. Kerckhove* • 26 oct. 1999 : *JCP E 1999, n° 49, p. 1941* • 7 déc. 1999 : *RPC 2000. 132, obs. Kerckhove* • 18 janv. 2000 : *RJDA 2000, n° 477.* ♦ *Contra*, dans le cas d'un cautionnement hypothécaire, assimilé à une sûreté réelle : • Civ. 1re, 4 mai 1999 : *D. 1999. IR 168 ; D. Affaires 1999. 899, obs. A. L.* ♦ V. aussi, désormais, en ce sens qu'une sûreté réelle consentie pour garantir la dette d'un tiers ne constitue pas un cautionnement, • Cass., ch. mixte, 2 déc. 2005 : *D. 2005. 729, concl. Sainte-Rose et note Aynès.*

L'ouverture ou le prononcé d'une liquidation judiciaire n'a pas pour effet d'entraîner la clôture du compte courant du débiteur, lequel constitue un contrat en cours ; la clôture du compte n'étant pas intervenue du fait de l'ouverture de la liquidation judiciaire, le solde n'est pas devenu exigible, de sorte que la caution n'est pas tenue. • Com. 11 sept. 2024, n° 23-12.695 B : *D. 2024. Actu. 1573 ; Rev. sociétés 2024. 746, obs. Reille ; JCP 2024. 1353, note F.-X. Lucas ; LEDEN 10/2024. 3, obs. Cerati ; Gaz. Pal. 15 oct. 2024, p. 5, obs. Dumont ; RJDA 2024, n° 611 ; APC 2024, n° 195, obs. Bonneau ; BJE 11-12/2024. 21, note Lafaurie.* ♦ *Contra*, auparavant : • Com. 13 déc. 2016, n° 14-16.037 P : *D. 2017. Actu. 5 ; RTD civ. 2017. 196, obs. Crocq ; APC 2017, n° 30, obs. Petit ; RJDA 2017, n° 197 ; BJE 2017. 105, obs. Borga ; RPC 2017, n° 27, obs. Gijsbers ; RJ com. 2017. 356, obs. Lebel.*

2. Coobligés. La déchéance du terme résultant de la liquidation judiciaire du débiteur principal n'a d'effet qu'à l'égard de celui-ci et reste sans incidence sur la situation de ses coobligés solidaires poursuivis en paiement. • Com. 15 juin 2011, n° 10-18.850 P : *D. 2011. Actu. 1752, obs. Lienhard ; LEDEN 7/2011. 3, obs. Couard ; APC 2011, n° 220, obs. Salhi ; RJDA 2011, n° 832 ; Gaz. Pal. 7-8 oct. 2011, p. 36, obs. Le Corre ; BJE 2011. 314, note Brena.*

3. Libération des actions. Si l'art. 75 de la loi du 24 juill. 1966 [C. com., art. L. 225-3] fixe un délai maximal de cinq ans à compter de l'immatriculation de la société pour la libération des actions de numéraire, l'art. 160 ci-dessus [C. com., art. L. 643-1] prévoit que la liquidation judiciaire rend exigibles les créances non échues à la date du jugement d'ouverture de la procédure. Par suite, le mandataire-liquidateur peut à tout moment exiger des actionnaires le versement de la fraction du capital non libéré correspondant à leurs apports sans avoir à justifier que celui-ci est nécessaire pour apurer le passif. • Paris, 16 janv. 1992 : *RJDA 1992, n° 869.* ♦ V. aussi, s'agissant de la libération du solde du capital d'une SARL à capital variable, • Rennes, 17 janv. 2001 : *BJS 2001. 163, note Legrand ; Dr. sociétés 2001, n° 160, obs. Legros* • Paris, 6 mars 2001 : *D. 2001. AJ 1543, obs. Lienhard* ; *BJS 2001. 787, note Dom ; Dr. sociétés 2001, n° 116, obs. F.-X. Lucas ; RPC 2002. 176, obs. Lebel.* ♦ Comp., jugeant que l'art. 160 [C. com., art. L. 643-1] ne vise que les créances sur le débiteur et non les créances du débiteur : • Versailles, 3 avr. 1997 : *D. Affaires 1997. 1084 ; BJS 1997. 861, note Dom* • Lyon, 11 févr. 2000 : *RTD com. 2001. 145, obs. Champaud et Danet* . ♦ La dette de l'actionnaire au titre de la libération du capital souscrit ne devient exigible que sur décision du conseil d'administration ou du directoire ; l'expiration du délai dans lequel la libération du capital aurait dû intervenir ne suffit pas à rendre cette créance exigible. • Même arrêt. ♦ Une société ayant été mise en liquidation judiciaire, le liquidateur, substitué aux organes légaux de celle-ci, est en droit d'exiger de certains souscripteurs qu'ils libèrent totalement leurs actions, dès lors qu'aucune échéance n'a été fixée par les dirigeants, sans avoir à justifier de l'appel des fonds auprès de tous les actionnaires. • Com. 9 mai 1995, n° 92-14.195 P : *D. 1995. IR 148 ; Rev. sociétés 1995. 753, note Jeantin* ; *Defrénois 1995. 961, obs. Le Cannu ; BJS 1995. 775, note Calendini.* ♦ Sur cette question, V. aussi F.-X. Lucas, *LPA 9 janv. 2002.* ♦ En l'absence de toute disposition dérogatoire, l'action du liquidateur judiciaire, exerçant les droits de la société dessaisie pour obtenir des actionnaires le paiement du capital non libéré sur le fondement du contrat de société, est soumise à la prescription de cinq ans de l'art. 2224 C. civ. dont le point de départ est le prononcé du jugement de liquidation judiciaire. • Com. 1er juill. 2020, n° 19-11.261 : *BJE 9-10/2020. 18, note Maraud.*

4. Indemnité contractuelle. Aucun texte, et spécialement l'art. 160 [C. com., art. L. 643-1], ne dispose que la clause, déterminant le montant de l'indemnité destinée à réparer le préjudice causé au prêteur au cas d'exigibilité anticipée du prêt, serait réputée non écrite, après le prononcé de la liquidation judiciaire. Une telle clause, dont les parties peuvent librement convenir lors de la signature du contrat, sous réserve du pouvoir reconnu au juge par l'art. 1152, [1231-5] al. 2, C. civ., n'est pas contraire à la règle d'égalité des créanciers. • Com. 9 mai 1995, n° 93-12.202 P : *D. 1995. IR 153.*

Art. L. 643-2 **Les créanciers titulaires d'un privilège spécial,** *(Ord. n° 2008-1345 du 18 déc. 2008, art. 165)* **« d'un gage, » d'un nantissement ou d'une hypothèque et le Trésor public pour ses créances privilégiées peuvent, dès lors qu'ils ont déclaré leurs créances même s'ils ne sont pas encore admis, exercer leur droit de poursuite individuelle si le liquidateur n'a pas entrepris la liquidation des biens grevés dans le délai de trois mois à compter du jugement qui ouvre ou prononce la liquidation judiciaire.**

(L. n° 2005-845 du 26 juill. 2005, art. 119) **« Lorsque le tribunal a fixé un délai en application de l'article L. 642-2, ces créanciers peuvent exercer leur droit de poursuite individuelle à l'expiration de ce délai, si aucune offre incluant ce bien n'a été présentée. »**

En cas de vente d'immeubles, les dispositions des premier, troisième et cinquième alinéas de l'article L. 642-18 sont applicables. Lorsqu'une procédure de saisie immobilière a été engagée avant le jugement d'ouverture, le créancier titulaire d'une hypothèque est dispensé, lors de la reprise des poursuites individuelles, des actes et formalités effectués avant ce jugement. — *[C. com., anc. art. L. 622-23.]*

V. art. R. 643-1 et, sur la procédure d'ordre, art. R. 643-3 s.

COMMENTAIRE

I. DÉLAI D'INACTION DU LIQUIDATEUR

Le délai d'inaction du liquidateur à l'issue duquel les créanciers privilégiés peuvent exercer leur droit de poursuite individuelle a été modifié par la loi du 26 juillet 2005. Au lieu d'un délai fixe de trois mois courant à compter du jugement de liquidation judiciaire (comme le prévoyait l'anc. art. L. 622-23), l'article L. 643-2 a calqué ce délai sur le délai de présentation des offres de reprise fixé par le tribunal en application de l'article L. 642-2, à condition qu'aucune offre n'ait été présentée dans ce délai. Autrement dit, à défaut d'offre, le liquidateur doit enclencher sans tarder le processus de cession des actifs selon les articles L. 642-18 et suivants. Ce qui confirme le caractère absolument alternatif et subsidiaire de la cession des actifs par rapport à la cession de l'entreprise.

Le cas échéant, tout intéressé devrait pouvoir saisir, par voie de requête, le tribunal afin de réparer l'omission de statuer sur le délai. Le texte ne prévoit pas de possibilité de proroger le délai (P.-M. Le Corre, La situation générale du débiteur et des créanciers dans l'avant-projet de réforme des entreprises en difficulté, *Gaz. Pal. 10-11 déc. 2003, 2e partie, p. 25, n° 44*).

II. GAGE

Depuis l'ordonnance du 18 décembre 2008, le texte vise aussi le gage, à côté du nantissement (ce qui était nécessaire en raison de la réforme des sûretés opérée par l'ordonnance du 23 mars 2006, qui distingue entre le gage de meubles corporels et le nantissement de meubles incorporels). Malgré cet ajout, une partie de la doctrine considère toujours que le texte n'a vocation à régir que les créanciers gagistes ou nantis ne disposant pas d'un droit de rétention, fût-ce un droit de rétention fictif en l'absence de dépossession, dès lors que le fait, pour un créancier gagiste, d'entreprendre la réalisation de son bien lui fait perdre son droit de rétention (P-M. Le Corre, Droit et pratique des procédures collectives, *Dalloz Action, 2023/2024, 566.211*).

III. TRÉSOR PUBLIC

La loi de 2005 a prévu une disposition tendant à éviter les effets néfastes de l'exercice de son droit de poursuite individuelle par le Trésor public. Le nouvel article L. 269 B LPF fait, ainsi, obligation au comptable public compétent, en cas d'exercice de son droit de poursuite individuelle pour ses créances privilégiées (de même qu'en cas d'encaissement provisionnel de ces créances en application de l'art. L. 643-3), sur ordonnance du juge-commissaire, de restituer à la première demande du liquidateur, tout ou partie des sommes pour permettre la répartition du produit de la liquidation judiciaire, conformément aux règles du livre VI du code de commerce. Il est précisé que le comptable compétent restitue, en tout ou en partie, l'encaissement provisionnel en tant que dépense d'État (V. comm. ss. art. L. 269 B LPF). ❑

1. Créanciers visés. En accordant à quelques créanciers le droit d'exercer, sous certaines conditions, leurs droits de poursuites individuelles, le législateur a implicitement mais nécessairement décidé que l'exercice d'un tel droit était en principe suspendu ou interdit à tous les créanciers conformément aux dispositions de l'art. 47 [C. com., art. L. 622-21]. • TGI Chalon-sur-Saône, 11 mars 1986 : *Gaz. Pal. 1986. 2. 614, note Brault.* ♦ Dans ces conditions, la demande de bailleurs, alors que le tribunal de commerce a prononcé la liquidation judiciaire du preneur, et tendant à la résiliation d'un contrat de bail pour défaut de paiement des loyers est irrecevable. • Même jugement.

2. Inaction du liquidateur. Si l'art. 161 [C. com., art. L. 643-2] n'exige pas que le liquidateur ait réalisé les ventes dans les trois mois du jugement [ouvrant ou] prononçant la liquidation judiciaire, il est cependant nécessaire qu'un commencement d'exécution soit intervenu dans ce même délai. • Com. 28 mai 1991, n° 89-20.532 P : *D. 1991. Somm. 333, obs. Honorat*. ♦ Le liquidateur ne justifiant pas avoir, à la suite d'une ordonnance par laquelle le juge-commissaire, statuant à sa requête, l'avait autorisé à procéder à toute expertise et à toute recherche à l'effet de déterminer avec précision la consistance et l'évaluation des immeubles du débiteur ainsi qu'à « poursuivre les ventes d'ores et déjà entreprises dans les formes prescrites par la loi du 25 janv. 1985 et le Décr. du 27 déc. 1985 », procédé à des recherches effectives ou saisi un expert, il peut en être déduit que la décision du juge-commissaire avait constitué une simple mesure préparatoire ouvrant la possibilité de passer à l'exécution des opérations de liquidation et que, dès lors, la liquidation des biens grevés n'avait pas été entreprise dans le délai légal. • Même arrêt. – V. aussi • Bourges, 26 oct. 1987 : *RPC 1988. 324, obs. Dureuil.*

3. Constitue une démarche nécessaire et préalable à la vente des meubles saisis, l'intervention volontaire des liquidateurs à une audience du juge de l'exécution, tenue quelques semaines après le prononcé de la liquidation judiciaire et relative à une instance engagée par les débiteurs avant l'ouverture de la procédure collective, tendant à voir déclarer nulles les saisies conservatoires et à faire ordonner la restitution des meubles objets de la saisie conservatoire et de la saisie-vente engagées par le Trésor public. • Paris, 12 déc. 1995 : *RPC 1996. 221, obs. Canet.*

4. Le droit de poursuite individuelle des créanciers, qui ne peut avoir pour effet de modifier l'ordre des paiements, autorise seulement la poursuite ou l'engagement des voies d'exécution. Aussi, une société subrogée dans les droits du vendeur d'un ensemble immobilier est irrecevable à exercer l'action résolutoire du contrat de vente, bien que le liquidateur judiciaire n'ait pas entrepris la liquidation des biens grevés dans le délai de trois mois à compter du jugement de liquidation judiciaire. • Com. 19 déc. 1995, n° 92-19.525 P : *D. 1996. 145, note Campana ; D. 1996. Somm. 390, obs. S. Piedelièvre ; D. Affaires 1996. 213 ; Defrénois 1996. 937, obs. Sénéchal ; RTD com. 1996. 533, obs. Martin-Serf ; JCP E 1996. I. 554, n° 13, obs. Pétel* • 19 janv. 1999 : *APC 1999, n° 73* • 13 nov. 2001 : *RJDA 2002, n° 285.* – V. Soinne, *RPC 1996. 145.* ♦ V. aussi • Lyon, 21 avr.

1989 : *D. 1991. Somm. 110, obs. Derrida* . ♦ *Contra* : V. • Limoges, 6 avr. 1987 : *JCP E 1988. II. 15346, note Garçon* • Toulouse, 21 juin 1988 : *RPC 1990. 170, obs. Dureuil.*

5. Le créancier hypothécaire d'un époux *in bonis* ne peut exercer des poursuites sur l'immeuble commun qu'après justification de ce que le liquidateur de l'autre époux n'a pas entrepris la liquidation du bien grevé dans les trois mois du jugement de liquidation judiciaire. • Cass., ass. plén., 23 déc. 1994, n° 90-15.305 P : *BICC 1er févr. 1995, p. 1, concl. Roehrich, rapp. Chartier ; D. 1995. 145, rapp. Chartier, note Derrida ; RJ com. 1995. 55, note M. Storck ; JCP 1995. II. 22401, note Randoux ; JCP E 1995. II. 660, note Pétel ; Gaz. Pal. 1995. 2. 407, note de La Marnierre.* – V. aussi Sénéchal, *BJS 1995. 229* ; Vauville, *RPC 1995. 23* ; Courtier, *Rev. huiss. 1995. 961*. ♦ V. note 18 ss. art. L. 622-21. ♦ Sur le sort des biens communs lorsque les époux sont successivement mis en liquidation judiciaire, V. Rubellin, *Defrénois 2001. 492*.

6. Le créancier hypothécaire du coïndivisaire, maître de ses biens, peut poursuivre la saisie immobilière du bien grevé dès lors que le liquidateur de l'indivisaire en procédure collective n'a pas entrepris la liquidation du bien dans les trois mois à compter du jugement ayant prononcé la liquidation judiciaire. • Com. 6 juill. 1999, n° 97-14.096 P : *D. 2000. Somm. 395, obs. Piedelièvre ; D. Affaires 1999. 1217, obs. A. L. ; APC 1999, n° 183, obs. Vallansan ; Procédures 1999, n° 251, obs. Laporte.*

7. Déclaration de créance. Sur la nécessité de déclarer sa créance, V. • TGI Fontainebleau, 8 avr. 1987 : *D. 1988. Somm. 145, obs. Honorat.* ♦ Le tiers détenteur d'un immeuble grevé d'une hypothèque ne peut opposer au créancier qui exerce son droit de suite que l'extinction de la créance résultant du défaut de déclaration et non le fait qu'elle n'ait pas encore été admise par le juge-commissaire. • Com. 17 déc. 2003, n° 01-10.719 P : *D. 2004. AJ 137, obs. Lienhard ; JCP E 2004, n° 22, p. 862, obs. Pétel.*

8. Absence d'influence de l'inaction du Trésor public sur la prescription. V. note 155 ss. art. L. 622-24.

9. Ventes d'immeubles. Les dispositions des art. 154 et 161 de la L. du 25 janv. 1985 [C. com., art. L. 642-18 et L. 643-2] n'étant pas applicables au créancier hypothécaire de l'indivision, préexistante à l'ouverture de la procédure collective d'un indivisaire, ce créancier, qui entend poursuivre la saisie immobilière du bien indivis en vertu du droit qu'il tient de l'art. 815-17, al. 1er, C. civ., n'est pas tenu de saisir le juge-commissaire. • Cass., avis, 7 févr. 2018, n° 16-26.378 : *BJE 2018. 203, note Macorig-Venier.* ♦ *Contra*, pour la position antérieure de la Cour de cassation, qui avait jugé que le créancier hypothécaire, qui exerce des poursuites de saisie immobilière sur un bien indivis sur lequel une personne soumise à une procédure collective a des droits, est tenu, sans préjudice de la délivrance d'un commandement aux indivisaires maîtres de leurs droits, fût-il titulaire d'une hypothèque consentie par tous les indivisaires et lui permettant dès lors de poursuivre pour la saisie et la vente de ce bien avant le partage de l'indivision, de présenter requête au juge-commissaire dont l'ordonnance se substitue au commandement de droit commun : • Com. 22 avr. 1997, n° 94-19.420 P : *D. 1998. Somm. 106, obs. Piedelièvre ; D. Affaires 1997. 703 ; JCP E 1997. I. 681, n° 15, obs. Pétel ; Defrénois 1998. 254, obs. Sénéchal.*

10. Lorsque la vente est poursuivie par un créancier, en application de l'art. 161 [C. com., art. L. 643-2], la mise à prix n'est pas déterminée par le juge-commissaire seul, mais par celui-ci en accord avec le créancier poursuivant. • Com. 6 janv. 1998, n° 95-12.258 P.

11. Déclaration d'insaisissabilité. Si un créancier, titulaire d'une sûreté réelle, à qui la déclaration d'insaisissabilité d'un immeuble appartenant à un débiteur en liquidation judiciaire est inopposable en application de l'art. L. 526-1 C. com., peut faire procéder à sa vente sur saisie, il ne poursuit pas cette procédure d'exécution dans les conditions prévues par l'art. L. 643-2 C. com., lequel concerne le cas où un créancier se substitue au liquidateur n'ayant pas entrepris la liquidation des biens grevés dans les trois mois de la liquidation et non celui où le liquidateur est légalement empêché d'agir par une déclaration d'insaisissabilité qui lui est opposable ; il en résulte que ce créancier n'a pas à être autorisé par le juge-commissaire pour faire procéder à la saisie de l'immeuble qui n'est pas, en ce cas, une opération de liquidation judiciaire. • Com. 5 avr. 2016, n° 14-24.640 : *D. 2016. 1296, note Borga ; ibid., Actu. 837, obs. Lienhard ; ibid. Pan. 1896, obs. Le Corre ; Rev. sociétés 2016. 393, obs. Henry ; RTD com. 2016. 548, obs. Martin-Serf ; JCP E 2016. 1442, note Lebel ; ibid. 1465, n° 6, obs. Pétel ; APC 2016, n° 120, obs. Leprovaux ; RJ com. 2016. 268, obs. Roussel Galle ; Gaz. Pal. 28 juin 2016, p. 54, obs. Le Corre ; Dr. et patr. juill.-août 2016. 87, obs. Monsèrié-Bon ; JCP N 2016. 1218, note Vauvillé ; BJE 2016. 257, note V. Legrand ; RPC 2016, n° 119, obs. Macorig-Venier ; ibid., n° 186, obs. Reille ; RDBF 2016, n° 251, obs. S. Piedelièvre.* – Rappr. : • Com. 12 juill. 2016, n° 15-17.321 P : *cité note 156 ss. art. L. 622-24* • Cass., avis, 12 sept. 2016, n° 16010P : *JCP E 2016. 1662, note Lebel* • Com. 25 oct. 2017, n° 16-16.574 : *RTD com. 2018. 196, obs. Martin-Serf* . ♦ V. aussi note 5 ss. art. L. 526-1 C. com., 2e partie, *Prévention des difficultés des entreprises.*

12. Clôture de la liquidation judiciaire. En ce sens que l'art. L. 622-23 [L. 643-2] ne saurait servir de fondement à des poursuites diligentées postérieurement à la clôture de la procédure de liquidation judiciaire, V. • Com. 16 nov. 2010 : *cité note 12 ss. art. L. 643-11.*

Art. L. 643-3 *(L. n° 2005-845 du 26 juill. 2005, art. 120)* **« Le juge-commissaire peut, d'office ou à la demande du liquidateur ou d'un créancier, ordonner le paiement à titre provisionnel » d'une quote-part d'une créance définitivement admise.**

Ce paiement provisionnel peut être subordonné à la présentation par son bénéficiaire d'une garantie émanant d'un établissement de crédit *(Ord. n° 2013-544 du 27 juin 2013, art. 7-15°, en vigueur le 1er janv. 2014)* **« ou d'une société de financement ».** – *[C. com., anc. art. L. 622-24.]*

(L. n° 2005-845 du 26 juill. 2005, art. 120) **« Dans le cas où la demande de provision porte sur une créance privilégiée des administrations financières, des organismes de sécurité sociale, des institutions gérant le régime d'assurance chômage prévu par les articles** *(Ord. n° 2021-1193 du 15 sept. 2021, art. 60, en vigueur le 1er oct. 2021)* **« L. 5422-1 » et suivants du code du travail et des institutions régies par le livre IX du code de la sécurité sociale, la garantie prévue au deuxième alinéa n'est pas due. »**

Pour les dispositions transitoires de l'Ord. n° 2021-1193 du 15 sept. 2021, V. note ss. art. L. 611-2.

V. art. R. 643-2.

COMMENTAIRE

I. DEMANDEURS

Désormais, seuls le liquidateur ou un créancier peuvent saisir le juge-commissaire pour ordonner le paiement à titre provisionnel d'une quote-part de créance définitivement admise. Ce qui, par rapport à l'ancien article L. 622-24, exclut le mandataire judiciaire (qui n'a pas à intervenir en cas de liquidation judiciaire) et le commissaire à l'exécution du plan (fonction qui n'existe pas en cas de liquidation judiciaire).

II. DISPENSE DE GARANTIE

La dérogation s'explique facilement : le Trésor public, l'URSSAF comme les institutions gérant le régime d'assurance chômage sont (théoriquement) solvables ; ils n'ont pas besoin de garantie bancaire. Mais elle était nécessaire en raison de l'adage « *Ubi lex non distinguit…* ».

Sur l'obligation de restituer éventuellement les sommes perçues au liquidateur, voir le commentaire sous l'article L. 643-2. ❑

Le créancier étant un établissement de crédit agréé, il n'y a pas lieu de subordonner la recevabilité de sa demande de paiement provisionnel à la présentation d'une garantie bancaire. • TGI Paris, 5 déc. 2011 : *LEDEN 2/2012. 5, obs. Borga.*

Art. L. 643-4 **Si une ou plusieurs distributions de sommes précèdent la répartition du prix des immeubles, les créanciers privilégiés et hypothécaires admis concourent aux répartitions dans la proportion de leurs créances totales.**

Après la vente des immeubles et le règlement définitif de l'ordre entre les créanciers hypothécaires et privilégiés, ceux d'entre eux qui viennent en rang utile sur le prix des immeubles pour la totalité de leur créance ne perçoivent le montant de leur collocation hypothécaire que sous la déduction des sommes par eux reçues.

Les sommes ainsi déduites profitent aux créanciers chirographaires. – *[C. com., anc. art. L. 622-25.]*

1. Règle de l'égalité des créanciers. BIBL. Pollaud-Dulian, *JCP 1998. I. 138.* ♦ Un créancier, admis à titre chirographaire, ne peut conserver les sommes à lui payées en violation de la règle de l'égalité des créanciers chirographaires, le paiement eût-il été fait en connaissance de cette violation. • Com. 17 nov. 1992, n° 90-19.013 P : *D. 1993. 341, note Sortais, et Somm. 191, obs. Honorat ; JCP 1993. II. 22140, note Dagorne-Labbe ; Defrénois 1994. 575. obs. Sénéchal* • 11 févr. 2004, n° 02-17.520 P : *D. 2004. AJ 701 ; JCP E 2004, n° 24, p. 963, note Millet ; ibid., n° 37, p. 1391, obs. Cabrillac ; APC 2004, n° 72, obs. Regnaut-Moutier ; RTD com. 2005. 165, obs. Martin-Serf.* ♦ A défaut d'accomplissement de la publicité définitive de l'hypothèque judiciaire par le créancier dans le délai prévu, la publicité provisoire étant caduque à la date du paiement, le créancier ne peut conserver les sommes à lui payées en violation de la règle de l'égalité des créanciers chirographaires. • Com. 12 mai 2009, n° 08-11.421 P : *D. 2009. AJ 1414 ; APC 2009, n° 180, obs. Regnaut-Moutier ; LEDEN, juill. 2009, p. 3, obs. M. Sénéchal ; Gaz. Pal. 26-28 juill. 2009, p. 30, obs. Roussel Galle ; JCP E 2009. 1814, n° 8, obs. Cabrillac ; RDBF 2009, n° 131, obs. S. Piedelièvre.*

2. En revanche, avant l'ordonnance du 12 mars 2014, le paiement fait par une erreur sur l'ordre des privilèges n'ouvrait pas droit à répétition, dès lors qu'il était intervenu sans atteinte au principe de l'égalité des créanciers, inapplicable aux créanciers privilégiés, et que l'accipiens n'avait reçu que ce que lui devait son débiteur. • Com. 30 oct. 2000, n° 98-10.688 P : *D. 2001. 1527, note S. Pierre ; ibid. Somm. 620, obs. Honorat ; ibid. 1612, obs. Brémond ; D. 2000. AJ 430, obs. Pisoni ; APC 2000, n° 242, obs. Vallansan ; JCP E 2001, n° 4, p. 176, obs. Cabrillac ; Defrénois 2001. 364, obs. Sénéchal ; Dr. et patr. 6/2001. 114, obs. Monsèrié-Bon.* ♦ Solution infirmée par l'art. L. 643-7-1, issu de l'Ord. n° 2014-326 du 12 mars 2014.

3. Efficacité d'une saisie-attribution. Un créancier ne pouvant, en procédant par voie de saisie-attribution, que saisir la créance disponible, au sens de l'art. 43 de la loi du 9 juill. 1991 [C. pr. exéc., art. L. 211-2, à compter du 1er juin 2012], une saisie pratiquée sur des sommes issues de la réalisation judiciaire de l'actif de liquidation d'une société est inutile, dès lors que ces sommes se trouvent affectées au désintéressement des créanciers de cette société, selon les règles d'ordre public de la procédure collective. • TGI Caen, JEX, 21 mai 1996 : *BICC 1996, n° 1025 ; RJDA 1997, n° 424.* ♦ Le créancier recourant à la saisie-attribution ne saurait primer par sa diligence dans l'exercice de cette voie d'exécution et par l'effet attributif subséquent, que les créanciers de même rang. Et dès lors que le superprivilège des salariés absorbe l'intégralité du produit de la vente, la mainlevée de cette saisie ne peut qu'être ordonnée. • Même ordonnance.

Art. L. 643-5 **Les droits des créanciers hypothécaires qui sont colloqués partiellement sur la distribution du prix des immeubles sont réglés d'après le montant qui leur reste dû après la collocation immobilière. L'excédent des dividendes qu'ils ont touchés dans des distributions antérieures par rapport au dividende calculé après collocation est retenu sur le montant de leur collocation hypothécaire et est inclus dans les sommes à répartir aux créanciers chirographaires.** – *[C. com., anc. art. L. 622-26.]*

Art. L. 643-6 **Les créanciers privilégiés ou hypothécaires, non remplis sur le prix des immeubles, concourent avec les créanciers chirographaires pour ce qui leur reste dû.** – *[C. com., anc. art. L. 622-27.]*

Art. L. 643-7 **Sous réserve du** *(Ord. n° 2008-1345 du 18 déc. 2008, art. 123)* **« deuxième alinéa de l'article L. 642-20-1 », les dispositions des articles L. 643-4 à L. 643-6 s'appliquent aux créanciers bénéficiaires d'une sûreté mobilière spéciale.** – *[C. com., anc. art. L. 622-28.]*

SECTION 2 ***Du rang des créances*** *(Ord. n° 2021-1193 du 15 sept. 2021, art. 61, en vigueur le 1er oct. 2021).*

Art. L. 643-7-1 *(Ord. n° 2014-326 du 12 mars 2014, art. 76, en vigueur le 1er juill. 2014)* **Le créancier qui a reçu un paiement en violation de la règle de l'égalité des créanciers chirographaires ou par suite d'une erreur sur l'ordre des privilèges doit restituer les sommes ainsi versées.**

COMMENTAIRE

L'article L. 643-7-1, issu de l'ordonnance du 12 mars 2014, corrige la situation née de la jurisprudence de la Cour de cassation. En effet, pour la chambre commerciale, un créancier, admis à titre chirographaire, ne pouvait conserver les sommes à lui payées en violation de la règle de l'égalité des créanciers chirographaires, le paiement eût-il été fait en connaissance de cette violation (Com. 17 nov. 1992 : *cité note 1 ss. art. L. 643-4*). En revanche, le paiement fait par une erreur sur l'ordre des privilèges n'ouvrait pas droit à répétition, dès lors qu'il était intervenu sans atteinte au principe de l'égalité des créanciers, inapplicable aux créanciers privilégiés, et que *l'accipiens* n'a reçu que ce que lui devait son débiteur (Com. 30 oct. 2000 : *cité note 2 ss. art. L. 643-4*). Désormais, les deux hypothèses seront traitées pareillement : le créancier devra restituer les sommes versées. ❑

Il résulte de l'art. L. 643-7-1 que, lorsqu'un paiement à un créancier privilégié a été effectué à la suite de l'omission sur l'état de collocation d'un créancier de meilleur rang, le liquidateur peut agir en restitution des sommes versées au créancier qui a reçu ce paiement. • Com. 4 oct. 2023, n° 22-15.456 B : *D. 2023. Actu. 1797* ; *RTD civ. 2023. 942, obs. Gijsbers* ; *RTD com. 2024. 163, obs. Martin-Serf* ; *JCP E 2024. 1116, n° 10, obs. Pétel ; RJDA 2024, n° 45 ; APC 2023, n° 231, obs. Leloup-Thomas ; BJE 1-2/2024. 26, note Favre-Rochex ; RPC 2024, n° 23, obs. Cerati.*

Art. L. 643-8 *(Ord. n° 2021-1193 du 15 sept. 2021, art. 62, en vigueur le 1er oct. 2021)* **I. – Sans préjudice du droit de propriété ou de rétention opposable à la procédure collective et des dispositions des articles L. 622-17 et L. 641-13, le montant de l'actif distribuable est réparti dans l'ordre suivant :**

1° Les subsides prévus à l'article L. 631-11 restés impayés ;

2° Les créances garanties par le privilège établi aux articles L. 3253-2, L. 3253-4 et L. 7313-8 du code du travail ;

3° Les frais de justice nés régulièrement après le jugement d'ouverture pour les besoins du déroulement de la procédure restés impayés à l'échéance ;

4° Les créances garanties par le privilège prévu par l'article L. 624-21 ;

5° Les créances garanties par le privilège de conciliation établi par l'article L. 611-11 ;

(L. n° 2023-973 du 23 oct. 2023, art. 14-II) **« 6° Les créances nées régulièrement après le jugement ouvrant ou prononçant la liquidation mentionnées au quatrième alinéa du I de l'article L. 641-13 restées impayées à l'échéance ainsi que les créances résultant d'un arrêté pris en application du premier alinéa du 1° du II de l'article L. 171-8 du code de l'environnement ;**

« 7° » Les créances garanties par des sûretés immobilières classées entre elles dans l'ordre prévu au code civil ;

(L. n° 2023-973 du 23 oct. 2023, art. 14-II) **« 8° » Les créances de salaires restées impayées à l'échéance dont le montant n'a pas été avancé en application des articles L. 3253-6, L. 3253-8 à L. 3253-12 du code du travail, dans les conditions prévues à l'article L. 641-13 ;**

(L. n° 2023-973 du 23 oct. 2023, art. 14-II) **« 9° » Les créances garanties par le privilège établi au 2° du III de l'article L. 622-17 restées impayées à l'échéance et par le privilège établi à l'article L. 626-10 ;**

(L. n° 2023-973 du 23 oct. 2023, art. 14-II) **« 10° » Les créances résultant de l'exécution des contrats mentionnées au 3° du III de l'article L. 622-17 restées impayées à l'échéance ;**

(L. n° 2023-973 du 23 oct. 2023, art. 14-II) **« 11° » Les sommes dont le montant a été avancé en application du 5° de l'article L. 3253-8 du code du travail, dans les conditions prévues à l'article L. 641-13 ;**

(L. n° 2023-973 du 23 oct. 2023, art. 14-II) **« 12° » Les autres créances non soumises à l'interdiction énoncée au premier alinéa de l'article L. 622-7, restées impayées, selon leur rang ;**

(L. n° 2021-1900 du 30 déc. 2021, art. 130-I-E, en vigueur le 1er janv. 2022 ; L. n° 2023-973 du 23 oct. 2023, art. 14-II) **« 13° Les créances garanties par le privilège du Trésor établi à l'article 1920 du code général des impôts, à l'exception des créances de toutes natures en matière de contributions indirectes et de celles mentionnées à l'article 379 du code des douanes ; »**

(L. n° 2023-973 du 23 oct. 2023, art. 14-II) **« 14° » Les créances garanties par un nantissement, par le privilège du bailleur prévu à l'article 2332 du code civil dans la limite de six mois de loyers et celles garanties par le privilège prévu aux article L. 141-5 et suivants ;**

(L. n° 2021-1900 du 30 déc. 2021, art. 130-I-E, en vigueur le 1er janv. 2022 ; L. n° 2023-973 du 23 oct. 2023, art. 14-II) **« 15° Les créances de toutes natures en matière de contributions indirectes et celles mentionnées à l'article 379 du code des douanes ; »**

(L. n° 2023-973 du 23 oct. 2023, art. 14-II) **« 16° » Les créances chirographaires, en proportion de leur montant.**

Le tout sans préjudice des autres droits de préférence.

II. – La part correspondant aux créances sur l'admission desquelles il n'aurait pas été statué définitivement et, notamment, les rémunérations des dirigeants sociaux tant qu'il n'aura pas été statué sur leur cas, ainsi que celle correspondant aux frais de justice prévisibles, est mise en réserve.

Pour les dispositions transitoires de l'Ord. n° 2021-1193 du 15 sept. 2021, V. note ss. art. L. 611-2.

Les dispositions de l'art. 130-I-E de la L. n° 2021-1900 du 30 déc. 2021 s'appliquent aux créances mises en recouvrement à compter du 1er janv. 2022 ainsi qu'aux créances mises en recouvrement antérieurement et restant dues à cette date. Ces dispositions ne sont pas applicables aux procédures de sauvegarde, de redressement judiciaire ou de liquidation judiciaire en cours au 1er janv. 2022 (L. préc., art. 130-V-A).

L'art. 14-II de la L. n° 2023-973 du 23 oct. 2023 s'applique aux liquidations judiciaires ouvertes ou prononcées après le 23 oct. 2023 (L. préc., art. 14-III).

BIBL. ▶ FAVRE-ROCHEX et F. LEGRAND, *BJE 5-6/2022. 57* (le créancier titulaire d'une sûreté réelle face au nouvel ordre des paiements).

COMMENTAIRE

L'ordonnance du 15 septembre 2021 a complètement écrit l'article L. 643-8, dont elle a fait le siège des règles, synthétisées et regroupés désormais dans un seul code et dans un seul texte, de classement des créances en liquidation judiciaire, auparavant logées, partiellement mais pour l'essentiel, à l'article L. 641-13. Comme l'explique le rapport au président de la République, « ce classement, qui laisse subsister, en sauvegarde ou redressement judiciaire, celui précisé par l'article L. 622-17 du code de commerce, clarifie, sans pouvoir être exhaustif, l'ordre des sûretés en cas de réalisation des actifs du débiteur. Il ne crée pas de droits nouveaux et ne remet pas en cause l'ordre des créances tel qu'il était défini par plusieurs dispositions, notamment celles de l'article L. 641-13 et de l'article L. 643-8 dans leur version antérieure à cette ordonnance. Il ne revient pas sur le principe énoncé d'un droit au paiement à l'échéance pour les créanciers qui échappent à la règle de l'interdiction des paiements énoncée à l'article L. 622-7 ».

Comme le soulignent Nicolas Borga et Julien Théron, ce souci de lisibilité s'explique aussi par la volonté de permettre d'apprécier le « *best interest test* » (V. art. L. 626-31). Dans cette optique, les paiements par distraction disparaissent au profit d'une généralisation des paiements par privilège, par ordre. Après les subsides, interviennent le superprivilège, puis les frais de justice nés régulièrement après le jugement d'ouverture pour les besoins du déroulement de la procédure restés impayés à l'échéance, qui ne sont donc plus payés par distraction (N. Borga et J. Théron, Ordonnance du 15 septembre 2021 réformant le droit des entreprises en difficulté, un tournant ?, *D. 2021. 1773* ✎). S'agissant de la question la plus sensible, celle du superprivilège des salariés dont bénéficie par subrogation l'AGS, par rapport aux frais de justice, l'ordonnance n'a pas vraiment tranché. En effet, alors que, d'un côté, est maintenue la primauté du superprivilège et sont supprimés les paiements par distraction des frais et dépens, d'un autre côté, le déclassement des frais de justice est compensé par la possibilité du paiement à l'échéance de ceux-ci par le jeu des articles L. 622-17 et L. 641-13 (V. P. Pétel, Les sûretés dans l'ordonnance modifiant le livre VI du code de commerce, *RPC 2021. Dossier 10, n° 26*).

Concrètement, selon le résumé opéré par Pierre Cagnoli (*APC 2021, n° 230*), le classement, issu de l'ordonnance de 2021, était le suivant : subsides du redressement judiciaire (1°), superprivilège des salariés (2°), frais de justice postérieurs (3°), privilège de l'agriculteur (4°), privilège de la conciliation (5°), sûretés immobilières (6°). Puis, les créances postérieures privilégiées : salaires de la procédure dont le montant n'a pas été avancé par l'AGS (7°), privilège de l'argent frais de la procédure collective (8°), privilège des prestations nouvelles des contrats continués (9°), sommes dues à l'AGS au titre des avances de salaires de la procédure (10°), autres créances postérieures privilégiées, selon leur rang (11°). Enfin, les privilèges fiscaux de premier rang (12°, retouché par la L. n° 2021-1900 du 30 déc. 2021), les créances garanties par un nantissement ou par un privilège de bailleur (13°), les privilèges fiscaux de second rang (14°, retouché par la L. n° 2021-1900 du 30 déc. 2021) et les créances chirographaires (15°).

Ultérieurement, ce classement allait connaître un glissement, du fait de l'introduction, par la loi du 23 octobre 2023 relative à l'industrie verte, d'un nouveau privilège de rang 6 pour les créances correspondant aux dépenses de mise en sécurité environnementale du site. ❑

Ancien art. L. 643-8 ***Le montant de l'actif, distraction faite des frais et dépens de la liquidation judiciaire, des subsides accordés au*** *(Ord. n° 2008-1345 du 18 déc. 2008, art. 163-II)* ***« débiteur personne physique » ou aux dirigeants ou à leur famille et des sommes payées aux créanciers privilégiés, est réparti entre tous les créanciers au marc le franc de leurs créances admises.***

La part correspondant aux créances sur l'admission desquelles il n'aurait pas été statué définitivement et, notamment, les rémunérations des dirigeants sociaux tant qu'il n'aura pas été statué sur leur cas, est mise en réserve. — *[C. com., anc. art. L. 622-29.]*

Il résulte de l'art. L. 622-29 C. com., dans sa rédaction antérieure à la L. n° 2005-845 du 26 juill. 2005 [désormais, art. L. 643-8], que le montant de l'actif, distraction faite des frais et dépens de la liquidation judiciaire et des subsides accordés au chef d'entreprise ou aux dirigeants ou à leur famille, est réparti entre les créanciers en tenant compte de leur rang. • Com. 11 juin 2014, n° 13-12.658 P : *D. 2014. Chron. C. cass. 2196, obs. Lecaroz ; ibid., Actu. 1269, obs. Lienhard ; Rev. sociétés 2014. 532, obs. Roussel Galle ; JCP E 2014. 1447, n° 4, obs Pétel ; RLDA juill.-août 2014. 20, obs. Lebel ; APC 2014, n° 226, obs. Vallansan ; RJDA 2014, n° 714 ; LEDEN 9/2014. 4, obs. Camensuli-Feuillard ; Gaz. Pal. 5-7 oct. 2014, p. 37, obs. Rohart-Messager ; RDBF 2014, n° 212, obs. Houin-Bressand ; RPC 2015, n° 71, obs. Martin-Serf.* ♦ Les dispositions de l'art. L. 643-8, al. 1er, prévoyant la distraction des frais et dépens de la liquidation judiciaire avant distribution du montant de l'actif, n'autorisent pas le prélèvement prioritaire de l'ensemble des frais de justice sur le prix de vente d'un immeuble hypothéqué en méconnaissance du classement des créances organisé, en cas de liquidation judiciaire, par l'art. L. 641-13, II et III, dans sa rédaction antérieure à l'Ord. n° 2008-1345 du 18 déc. 2008. • Com. 11 juin 2014, n° 13-17.997 P : *D. 2014. Actu. 1270, obs. Lienhard ; RLDA juill.-août 2014. 20, obs. Lebel ; RJDA 2014, n° 715 ; Gaz. Pal. 5-7 oct. 2014, p. 33, obs. Boustani ; BJE 2014. 303, note Le Corre ; RDBF 2014, n° 212, obs. Houin-Bressand ; JCP N 2015. 1064, note S. Piedelièvre ; RPC 2015, n° 26, note Berthelot.*

SECTION 3 ***De la clôture des opérations de liquidation judiciaire*** *(Ord. n° 2021-1193 du 15 sept. 2021, art. 61, en vigueur le 1er oct. 2021).*

Art. L. 643-9 *(L. n° 2005-845 du 26 juill. 2005, art. 121)* **Dans le jugement qui ouvre ou prononce la liquidation judiciaire, le tribunal fixe le délai au terme duquel la clôture de la procédure devra être examinée. Si la clôture ne peut être prononcée au terme de ce délai, le tribunal peut proroger le terme par une décision motivée.**

Lorsqu'il n'existe plus de passif exigible ou que le liquidateur dispose de sommes suffisantes pour désintéresser les créanciers, ou lorsque la poursuite des opérations de liquidation judiciaire est rendue impossible en raison de l'insuffisance de l'actif *(Ord. n° 2014-326 du 12 mars 2014, art. 77-1°, en vigueur le 1er juill. 2014)* **« ou encore lorsque l'intérêt de cette poursuite est disproportionné par rapport aux difficultés de réalisation des actifs résiduels », la clôture de la liquidation judiciaire est prononcée par le tribunal, le débiteur entendu ou dûment appelé.**

(Ord. n° 2014-326 du 12 mars 2014, art. 77-2°, en vigueur le 1er juill. 2014) **« Le tribunal peut également prononcer la clôture de la procédure en désignant un mandataire ayant pour mission de poursuivre les instances en cours et de répartir, le cas échéant, les sommes perçues à l'issue de celles-ci lorsque cette clôture n'apparaît pas pouvoir être prononcée pour extinction du passif. »** — *Sur la rémunération du mandataire, V. art. R. 663-40-1 s.*

Le tribunal est saisi à tout moment par le liquidateur, le débiteur ou le ministère public. Il peut se saisir d'office. A l'expiration d'un délai de deux ans à compter du jugement de liquidation judiciaire, tout créancier peut également saisir le tribunal aux fins de clôture de la procédure.

En cas de plan de cession, le tribunal ne prononce la clôture de la procédure qu'après avoir constaté le respect de ses obligations par le cessionnaire.

L'art. L. 643-9 est applicable aux procédures et situations en cours dès la publication de la L. n° 2005-845 du 26 juill. 2005 (L. préc., art. 190, JO 27 juill.).

Les dispositions de l'art. 77 de l'Ord. n° 2014-326 du 12 mars 2014 sont applicables aux procédures en cours au jour de l'entrée en vigueur de cette ordonnance [1er juill. 2014] (Ord. préc., art. 116, al. 2).

V. art. R. 643-16 s.

BIBL. ▸ PÉROCHON et ROUSSEL GALLE, *Mél. Tricot, Dalloz-Litec, 2011, p. 559* (controverse sur la non-reprise des poursuites après clôture de la liquidation judiciaire pour extinction du passif). – DELATTRE, *BJE 2012. 129* (rôle des organes de contrôle face à la durée d'une procédure de liquidation judiciaire) ; *ibid. 2014. 194* (Ord. du 12 mars 2014) ; *RPC 2021. Étude 5* (ministère public : organe de contrôle de la durée d'une procédure). – BERTHELOT, *JCP E 2016. 1295* (la durée de la liquidation judiciaire à l'épreuve du temps). – ZIO, *LPA 31 juill. 2018* (clôture pour insuffisance d'actif). – ALMASEANU, *RPC 2021. Étude 4* (appréciation de l'insuffisance d'actif). – FERRARI, *RTD com. 2021. 499* (la clôture de la liquidation judiciaire à l'aune de la violation du délai raisonnable du jugement). – Dossier « La clôture de la procédure collective… et après ? », *RPC 2022. Dossiers 23 à 26.*

COMMENTAIRE

I. LOI DU 26 JUILLET 2005

La différence de rédaction entre l'ancien article L. 622-30 et le nouvel article L. 643-9, issu de la loi de 2005, a traduit le souci du législateur de réduire la durée des procédures de liquidation judiciaire. Jusqu'à la réforme, la durée moyenne de celles-ci était supérieure à trois ans (en 2003, elle était de 45,3 mois : *Rapp. AN, n° 2095, p. 397*). Plus précisément, d'après les chiffres recueillis par le rapporteur de la Commission des lois du Sénat auprès du ministère de la justice, 5 % des procédures étaient clôturées au terme d'une année, 20 % au cours des deux années qui suivent, et 20 % d'entre elles n'étaient pas clôturées après 7 ans. En outre, la durée moyenne entre le jugement de liquidation judiciaire et la clôture de la procédure s'élevait à 45,4 mois. La France a d'ailleurs déjà fait l'objet de plusieurs condamnations par la Cour européenne des droits de l'homme pour durée excessive de la procédure de liquidation judiciaire, en vertu de l'article 6, § 1, Conv. EDH garantissant le « délai raisonnable » des procédures judiciaires, encore récemment, par un arrêt du 22 septembre 2011, à propos d'une procédure entamée en 1990 (V. note 19).

La loi de sauvegarde des entreprises a cherché à réduire cette durée à deux ans (voire à un an en cas de liquidation judiciaire simplifiée : V. art. L. 644-5). Deux mesures nouvelles ont constitué les instruments de cette volonté. Qu'a confirmée encore l'application immédiate de l'article L. 643-9 aux procédures en cours au jour de la publication de la loi du 26 juillet 2005, c'est-à-dire aux procédures ouvertes avant le 27 juillet 2005 (art. 190, d ; V. Circ. du 22 juill. 2005 ; V. aussi Rép. min. n° 32471 : *JOAN Q, 10 mars 2009, p. 2371* ; en ce sens, toutefois, qu'en raison de l'art. 192 de la loi, l'art. L. 643-9, al. 3, n'est pas applicable aux liquidations judiciaires en cours ouvertes à titre de sanction, V. Lyon, 29 mars 2007 : *BICC 2007, n° 1105*).

En amont, dès le jugement de liquidation judiciaire, le tribunal fixe le délai au terme duquel la procédure devra être examinée en vue d'une clôture. Comme on l'a dit, il s'agit là de fixer une sorte de « rendez-vous judiciaire » (Ph. Pétel, Le nouveau droit des entreprises en difficulté, *JCP E 2005, n° 42, p. 1730, spéc. n° 53*). Ce n'est que s'il n'est pas possible de clôturer à cette échéance, que le tribunal peut proroger le terme par une décision motivée. Cette souplesse semble encore excessive à certains, qui, convaincus que la crédibilité des procédures collectives passe par une accélération sensible de leur déroulement, craignent d'importantes disparités entre les juridictions (P.-M. Le Corre, La situation générale du débiteur et des créanciers dans l'avant-projet de réforme des entreprises en difficulté, *Gaz. Pal. 10-11 déc. 2003, p. 13, 1re partie, n° 29*). Quoi qu'il en soit, l'accélération suppose vraisemblablement, en pratique, le réexamen et le rappel périodiques de tous les dossiers, par exemple tous les huit mois ou tous les ans, a-t-il été proposé (B. Soinne, La réforme des procédures collectives : la confusion des objectifs et des procédures [2e partie], *RPC 2004, p. 81, n° 76*).

Notons encore que le décret du 23 décembre 2006 est venu modifier cet article 304 (devenu l'art. R. 643-17) en précisant désormais, non plus que le greffier doit convoquer le débiteur pour l'examen de la clôture de la procédure « deux mois avant l'expiration du délai fixé par le tribunal », mais « au plus tard deux mois […] ». Cette modification semble permettre la convocation du débiteur dans le jugement d'ouverture, sous réserve de prendre garde à respecter le principe du contradictoire, notamment en précisant clairement l'objet de cette convocation dans ledit jugement et à ce que celui-ci soit signifié par acte d'huissier de justice. Cette simplification réduirait les frais de justice et participerait de la réduction de la durée de la liquidation (P. Roussel Galle, De quelques modifications du décret du 28 décembre 2005 pris en application de la loi de sauvegarde des entreprises par le décret du 23 décembre 2006, *JCP E 2007, Actu. 48*).

En aval, le tribunal, qui peut se saisir d'office, peut aussi être saisi à tout moment par le liquidateur, le débiteur (V. déjà Com. 5 mars 2002 : *note 44 ss. art. L. 641-9*) ou le ministère public. Passé le délai de deux ans à compter du jugement de liquidation (et non de sa publication au *BODACC*), tout créancier peut également saisir le tribunal aux fins de clôture de la procédure.

Pour le reste, ont été reconduites (dans l'al. 2) les dispositions qui formaient l'ancien article L. 622-30. Ces deux cas de clôture (disparition du passif exigible, insuffisance d'actif) s'entendent de cas de clôture anticipée pouvant intervenir, si les conditions sont réunies, avant le terme fixé par le tribunal, et avant le délai de deux ans. Mais, malgré le souci nouveau de célérité, sans doute des événements tels que l'existence d'instances en cours, de poursuites pénales ou la mise en œuvre de sanctions en vertu du titre V, constituaient toujours autant d'obstacles à la clôture (P. Froehlich et M. Sénéchal, *in* La loi de sauvegarde, article par article [2e partie], *LPA 9 févr. 2006, p. 44*). D'où l'intervention ultérieure sur ce point de l'ordonnance du 12 mars 2014 (V. II ci-dessous). Quoi qu'il en soit, il résultait d'un arrêt du 22 janvier 2008 que les conditions de la clôture pour insuffisance d'actif demeuraient inchangées sous l'empire de la loi de 2005, seule l'impossibilité de poursuivre les opérations de liquidation judiciaire, et non la seule difficulté, permettant cette clôture (V. note 1). Signalons, que sur renvoi de cet arrêt de cassation, la cour d'appel de Caen avait estimé, dans cette affaire, sur le terrain du droit à un procès dans un délai raisonnable, que la procédure était contraire à l'article 6, § 1, de la Convention européenne des droits de l'homme par sa durée et ses effets patrimoniaux (Caen, 4 nov. 2010 : *Rev. sociétés 2011. 191, obs. Roussel-Galle* ; V. aussi T. com. Valenciennes, 7 mars 2011 : *LEDEN 9/2011. 3, obs. Delattre*). Là encore, l'ordonnance de 2014 a modifié la donne (V. II ci-dessous). Mais, déjà sous l'empire de la loi du 26 juillet 2005, la Cour de cassation, par un arrêt du 16 décembre 2014, a amélioré la situation du débiteur dessaisi dans les procédures de liquidation difficiles et longues à clôturer. Tout en rappelant fermement, sous forme de condamnation de la jurisprudence naissante des cours d'appel, que, « lorsqu'il existe un actif réalisable de nature à désintéresser en tout ou partie les créanciers, la violation du droit du débiteur à être jugé dans un délai raisonnable et celle, qui en résulte, de son droit d'administrer ses biens et d'en disposer, n'est pas sanctionnée par la clôture de la procédure de liquidation », elle a admis, revenant sur sa position antérieure à cet égard, que cette violation ouvrait au débiteur l'action contre l'État en réparation du dommage causé, pour faute lourde, par le fonctionnement défectueux du service de la justice, par extension de la théorie des droits propres (V. note 19). Par un arrêt du 21 mars 2017, la Cour européenne des droits de l'homme a pris acte du revirement de jurisprudence opéré par la Cour de cassation, dont elle a tiré, dans une espèce, la conséquence procédurale que le débiteur requérant ne pouvait la saisir, faute d'avoir épuisé toutes les voies de recours internes (V. note 19).

Notons encore, par rapport à l'ancien article L. 622-30, que le rapport du juge-commissaire n'est plus exigé depuis la loi de 2005.

L'existence dans le nouveau régime de plans de cession en période de liquidation judiciaire justifie l'alinéa 4. Dans ce cas, la clôture de la procédure suppose que le cessionnaire ait respecté ses obligations, financières ou autres (maintien de l'emploi, maintien sur le site : P. Froehlich et M. Sénéchal, *préc.*).

Les délais de clôture des procédures ont effectivement raccourci après la réforme de 2005. Ainsi, en mars 2011, 62 % des liquidations ouvertes en 2008 et 41 % de celles ouvertes en 2009 avaient été clôturées (G. Teboul, L'évolution de la situation économique et les entreprises en difficulté : éléments récents, *LPA 26 juill. 2011*).

II. ORDONNANCE DU 12 MARS 2014

Plus que de « clarifier les conditions d'une clôture pour insuffisance d'actif », comme le lui demandait la loi d'habilitation du 2 janvier 2014 (art. 2, 6°, *d)*, l'ordonnance du 12 mars 2014 a assoupli celles-ci, dans un but évident d'abréger la durée des liquidations dans des cas où, jusque-là, la lecture rigide du texte que faisait la Cour de cassation s'opposait à la clôture. Rappelons, à cet égard, que la Cour avait rappelé que la seule difficulté à poursuivre les opérations de liquidation ne pouvait être assimilée à l'impossibilité requise par l'article L. 643-9 (Com. 22 janv. 2008 : *cité note 1*). Cette jurisprudence n'aura plus cours à l'avenir puisque, désormais, la clôture est permise lorsque l'intérêt de la poursuite des opérations est disproportionné par rapport aux difficultés de réalisation des actifs résiduels. Selon un auteur, cette nouvelle disposition devrait permettre aux liquidateurs de sortir des situations inextricables résultant de l'existence de sites d'exploitation pollués, dont la valeur (parfois nulle car pratiquement incessibles en l'état) est souvent inférieure au coût de la dépollution (D. Voinot, *Gaz. Pal. 6-8 avr. 2014, p. 23*).

Dans le même ordre d'idées, il est dorénavant prévu que « le tribunal peut également prononcer la clôture de la procédure en désignant un mandataire ayant pour mission de poursuivre les instances en cours et de répartir, le cas échéant, les sommes perçues à l'issue de celles-ci lorsque cette clôture n'apparaît pas pouvoir être prononcée pour extinction du passif ». L'existence d'instances en cours (de toutes sortes : actions en responsabilité pour insuffisance d'actif, instances prud'homales, etc.) n'est donc plus un obstacle à la clôture. Mais le tribunal devra s'assurer qu'une clôture pour extinction du passif ne pourrait pas raisonnablement être espérée à l'issue des instances en cours.

Ces dispositions s'appliquent aux procédures en cours au 1er juillet 2014, date d'entrée en vigueur de l'ordonnance de 2014 (art. 116), ce qui devrait permettre de clôturer beaucoup d'anciennes liquidations judiciaires.

Faisant application de cette disposition pour la première fois, la Cour de cassation a précisé qu'en cas de désignation d'un mandataire, le débiteur ne recouvre pas l'exercice de ses droits et actions en ce qui concerne les instances en cours dont la poursuite a été confiée au mandataire, ni sur leur produit éventuel, qui constitue le gage des créanciers de la liquidation judiciaire (Com. 24 mai 2018 : *cité note 16*). ❑

1. Conditions de la clôture. La clôture pour insuffisance d'actif de la liquidation judiciaire ne peut être prononcée lorsqu'il subsiste des actifs réalisables du débiteur susceptibles de désintéresser, même partiellement, les créanciers. • Com. 22 janv. 2008, n° 06-20.766 P : *D. 2008. AJ 348, obs. Lienhard ; JCP E 2008. 1432, n° 7, obs. Cabrillac ; APC 2008, n° 69, obs. F.-X. Lucas ; Gaz. Pal. 27-29 avr. 2008, p. 23, obs. Voinot ; BJS 2008. 421, note Rabreau ; LPA 2 juin 2008, note Sortais ; Defrénois 2008. 1241, obs. Gibirila ; RJ com. 2008. 383, obs. Sortais ; RPC 2009, n° 51, obs. Dumont-Lefrand ; JCP N 2009. 1278, obs. Vauvillé.* ♦ Avant la réforme issue de l'Ord. n° 2014-326 du 12 mars 2014, une difficulté de réalisation ou la perspective d'un faible prix de cession ne constituaient pas l'impossibilité de poursuivre les opérations de liquidation judiciaire pour insuffisance d'actif. • Même arrêt. ♦ Sur la notion d'insuffisance d'actif, V. aussi notes ss. art. R. 643-16. ♦ Comp., depuis l'Ord. n° 2014-326 du 12 mars 2014 : art. L. 643-9, al. 2. ♦ Pour un arrêt faisant application de cette disposition, dans l'hypothèse où le passif exigible s'élevait à 1 611 000 euros et que le seul actif susceptible de revenir à la liquidation judiciaire était constitué des pensions de retraite du débiteur d'un montant mensuel de 4 845 euros, lesquelles ne pouvaient être appréhendées, le liquidateur ne disposant pas d'un titre exécutoire pour mettre en œuvre une procédure de saisie, V. • Com. 14 sept. 2022, n° 21-50.014 B : *D. 2022. 2212, note Vallens ; LEDEN 11/2022. 3, obs. Rubellin.*

2. Demande du débiteur. V. note 44 ss. art. L. 641-9.

3. Suspension du délai d'examen. V. note 2 ss. art. L. 661-9.

4. Prorogation du délai d'examen. La décision par laquelle le tribunal proroge le délai d'examen de la clôture de la procédure de liquidation judiciaire en application de l'art. L. 643-9, al. 1er, et rejette, par voie de conséquence, la demande de clôture faite par le débiteur pour s'opposer à ce report, est une mesure d'administration judiciaire non susceptible de recours, fût-ce pour excès de pouvoir, contrairement à la décision qui rejetterait la demande de clôture de la procédure formée par le débiteur à tout autre moment, en application de l'art. L. 643-9, al. 4. • Com. 7 nov. 2018, n° 17-16.176 P : *D. 2018. Actu. 2180 ; APC 2018, n° 282, obs. Ghandour ; LEDEN 1/2019. 5, obs. Camensuli-Feuillard ; RJDA 2019, n° 120 ; RPC 2019, n° 4, obs. Cagnoli.* ♦ Il en résulte que le jugement qui prononce la rectification du jugement de prorogation du délai d'examen de la clôture de la procédure de liquidation judiciaire est lui-même insusceptible de recours. • Com. 9 juill. 2013, n° 12-13.193 P : *D. 2013. Actu. 1831 ; Gaz. Pal. 29 sept.-1er oct. 2013, p. 26, obs. Voinot ; RPC 2014, n° 4, obs. Cagnoli.* ♦ Dans le même sens, V. • Com. 22 mars 2016, n° 14-21.919 P : *D. 2016. Actu. 702 ; RTD com. 2016. 855, obs. Vallens ; LEDEN 5/2016. 4, obs. Staes ; APC 2016, n° 96, obs. Théron ; RJ com. 2016. 272, obs. Roussel Galle ; Gaz. Pal. 28 juin 2016, p. 66, obs. Voinot ; RPC 2016, n° 90, obs. Berthelot ; Dr. sociétés 2016, n° 153, note Legros ; RPC 2017, n° 12, obs. Cagnoli.*

5. Absence de prorogation du délai d'examen. L'absence de prorogation du délai fixé en application de l'art. L. 643-9, al. 1er, au terme duquel la clôture de la liquidation judiciaire doit être examinée, ne met pas fin de plein droit à cette procédure. • Com. 27 sept. 2016, n° 15-13.348 P : *D. 2016. Actu. 1998 ; RJDA 2016, n° 886 ; Procédures 2017, n° 11, note Rolland.*

6. Droit transitoire. L'art. L. 643-9 n'est pas applicable à une procédure de liquidation judiciaire ouverte à titre de sanction [en vertu de l'anc. art. L. 624-5] par un jugement prononcé antérieurement à la loi du 26 juill. 2005. • Lyon, 29 mars 2007 : *BICC 2007, n° 1105.*

7. Effets du jugement de clôture pour extinction du passif. Si le jugement de clôture pour extinction du passif n'a pas autorité de chose jugée quant à l'extinction des créances et si, dès lors, il ne rend pas irrecevable la demande en paiement formée par un créancier prétendant n'avoir pas été désintéressé, il appartient à celui-ci de rapporter la preuve de ce fait, lorsque le jugement de clôture a été prononcé au motif que le passif avait été réglé. • Com. 16 nov. 2010, n° 09-69.495 P : *D. 2010. Actu. 2831, obs. Lienhard ; JCP E 2011. 1263, n° 5, obs. Pétel ; APC 2010, n° 289, obs. Fin-Langer ; LEDEN 1/2011. 5, obs. Mouial-Bassilana ; JCP E 2011. 1105, note J.-J. Barbièri ; Gaz. Pal. 7-8 janv. 2011, p. 30, obs. Voinot ; RJDA 2011, n° 172 ; LPA 29 avr. 2011, obs. Reille.* ♦ V. déjà, pour un arrêt reconnaissant au créancier n'ayant pas été désintéressé le droit de poursuivre le débiteur nonobstant le jugement de clôture de la procédure, • Com. 4 oct. 2005, n° 03-17.619 P : *D. 2005. AJ 2806, obs. Lienhard ; D. 2006. Pan. 82, obs. Le Corre ; JCP E 2006, n° 2, p. 74, obs. Cabrillac ; Gaz. Pal. 30 avr.-4 mai 2006, p. 36, obs. M. Sénéchal.* ♦ Rappr., en cas de clôture du redressement judiciaire pour extinction du passif : • Com. 15 avr. 2008 : *APC 2008, n° 128, obs. Regnaut-Moutier ; JCP E 2008. 2062, n° 17, obs. Pétel.*

8. Après clôture de sa liquidation judiciaire pour extinction du passif, une société dont la personnalité morale subsiste pour les besoins de sa liquidation et qui n'est plus dessaisie peut exercer, par l'organe de son liquidateur amiable, une action nouvelle tendant à augmenter l'actif à partager. • Com. 8 juin 2010, n° 09-15.550 P : *D. 2010. Actu. 1621, obs. Lienhard ; Rev. sociétés 2010. 408, obs. Roussel Galle ; JCP E 2010. 1664, note Legros ; APC 2010, n° 193, obs. Cagnoli ; Procédures 2010, n° 319, obs. Rolland ; RJDA 2010, n° 961 ; RLDA oct. 2010. 17, obs. Lebel ; BJS 2010. 903, note F.-X. Lucas.*

9. Une association ne prend pas fin par l'effet du jugement ordonnant sa liquidation judiciaire et, après la décision de clôture de cette procédure pour extinction du passif, elle redevient maîtresse de ses biens. • Com. 19 oct. 2010 : *D. 2010. Actu. 2574, obs. Lienhard ; Rev. sociétés 2011. 191, obs. Roussel Galle ; LEDEN 12/2010. 5, obs. Rubellin ; RJDA 2011, n° 67 ; BJS 2011. 118, note F.-X. Lucas ; LPA 8 mars 2011, obs. Gibirila ; RPC 2011, n° 113, obs. Lebel.*

10. La clôture de la liquidation judiciaire pour extinction du passif autorise le débiteur redevenu maître de ses biens à poursuivre lui-même l'exécution d'une condamnation prononcée en faveur du mandataire judiciaire agissant alors en qualité de liquidateur au nom et pour le compte du débiteur. • Com. 21 oct. 2020, n° 19-15.545 P : *JCP E 2021. 1385, note Lebel.* ♦ V. aussi cet arrêt en ce qu'il juge que la confusion des patrimoines résultant de l'extension de la procédure collective prend fin avec la clôture pour extinction du passif.

11. Il résulte de la combinaison des art. R. 123-122, 18°, et R. 123-154, 3°, C. com. que si le jugement prononçant la clôture de la liquidation judiciaire pour extinction du passif doit être mentionné au RCS, cette mention, ainsi que toutes celles qui se rapportent à la procédure collective, ne doivent pas être communiquées aux tiers. * Avis CCRCS n° 2016-009 : *Rev. sociétés 2017. 179, obs. Roussel Galle.*

12. V. aussi note 92 ss. art. L. 641-9.

13. Effets de la clôture pour insuffisance d'actif. La clôture des opérations de liquidation pour insuffisance d'actif prive le mandataire judiciaire du droit de représenter la personne morale. • Civ. 2e, 17 oct. 2002, n° 01-13.553 P : *D. 2002. AJ 3143 ; BJS 2003. 125, note Pétel ; Rev. sociétés 2003. 154, note Le Corre ; Dr. sociétés 2003, n° 129, note Legros ; RJ com. 2004. 388, note Sortais.* ♦ V. aussi note 4 ss. art. L. 641-9.

14. En ce sens que, le jugement de clôture de la liquidation judiciaire mettant fin aux fonctions du liquidateur, celui-ci, partie en première instance, ne peut plus être intimé et la procédure d'appel doit donc être régularisée par la nomination d'un mandataire *ad hoc*, V. • Com. 5 nov. 2003, n° 00-10.239 P : *D. 2003. AJ 2965 ; APC 2004, n° 9, obs. Cagnoli ; JCP E 2004, n° 31, p. 1254, note Legros ; RPC 2004. 271, obs. Dumont ; RJ com. 2004. 389, note Sortais.*

15. Sur les conditions de la mise en œuvre d'une action en responsabilité civile contre le liquidateur après clôture de la liquidation judiciaire pour insuffisance d'actif, V. • Com. 10 mai 2012 : *cité note 6 ss. art. L. 643-13.*

16. Désignation d'un mandataire. Si la clôture de la liquidation judiciaire met fin au dessaisissement du débiteur, ce dernier, en cas de désignation d'un mandataire en application de l'art. L. 643-9, al. 3, C. com., ne recouvre pas l'exercice de ses droits et actions en ce qui concerne les instances en cours dont la poursuite a été confiée au mandataire, ni sur leur produit éventuel, qui constitue le gage des créanciers de la liquidation judiciaire. • Com. 24 mai 2018, n° 17-11.513 P : *D. 2018. Pan. 1836, obs. F.-X. Lucas ; JCP E 2018. 1429, n° 10, obs. Pétel ; ibid. 1442, note Cerati-Gauthier ; LEDEN 7/2018. 4, obs. Camensuli-Feuillard ; RJDA 2018, n° 664 ; APC 2018, n° 171, obs. Cagnoli ; BJS 2018. 590, note Macorig-Venier ; BJE 2018. 348, note Houssin ; Dr. sociétés 2019, n° 33, note Legros ; RPC 2019, n° 34, obs. Perruchot-Triboulet.*

17. La clôture de la procédure collective pour extinction du passif est sans incidence sur la nécessité impérative d'achever les opérations tendant à la dissolution de la société provoquée par sa mise en liquidation judiciaire, justifiant ainsi la désignation par le jugement de clôture d'un mandataire *ad hoc* puis d'un liquidateur ayant notamment pour mission de répartir les fonds déposés à la Caisse des dépôts et consignations où ils étaient insaisissables. • Com. 18 janv. 2023, n° 21-18.492 B : *cité note 1 ss. art. L. 631-12.*

18. Recours. Pour la recevabilité de l'appel du liquidateur contre le jugement de clôture de la liquidation judiciaire, V. • Com. 13 févr. 2007 : *RTD com. 2007. 458, obs. Vallens.*

19. Durée excessive de la procédure. Lorsqu'il existe un actif réalisable de nature à désintéresser en tout ou partie les créanciers, la violation du droit du débiteur à être jugé dans un délai raisonnable et de celle, qui en résulte, de son droit d'administrer ses biens et d'en disposer n'est pas sanctionnée par la clôture de la procédure de liquidation judiciaire mais lui ouvre l'action en réparation prévue à l'art. L. 141-1 COJ, qu'il peut exercer au titre de ses droits propres. • Com. 16 déc. 2014 : *D. 2015. Actu. 6, obs. Lienhard ; RTD com. 2015. 161, obs. Vallens ; JCP E 2015. 1010, note Lebel ; ibid. 1204, n° 3, obs. Pétel ; LEDEN 1/2015. 1, obs. F.-X. Lucas ; APC 2015, n° 1, obs. Pérochon ; RLDA févr. 2015. 16, obs. Macorig-Venier ; Procédures 2015, n° 87, note Rolland ; Journ. sociétés 2/2015. 48, obs. Brignon ; BJE 2015. 90, note Delattre ; Gaz. Pal. 1er-5 mai 2015, p. 13, obs. Voinot.* ♦ Pour des condamnations de la France sur le fondement de l'art. 6, § 1, Conv. EDH (« délai raisonnable » des procédures), V. • CEDH 17 janv. 2002 : *D. 2002. AJ 807 ; RJ com. 2002. 272, note Sortais* • 22 sept. 2011 : *Rev. sociétés 2011. 728, obs. Roussel Galle ; APC 2011, n° 286, obs. Fricero ; LPA 3 janv. 2012, obs. Henry.* – V. Saintourens et Duprat, *RPC 2012. Étude 3* ; Renucci, *Gaz. Pal. 20-21 janv. 2012, p. 6.* ♦ Pour une condamnation de l'Italie, V. • CEDH 17 juill. 2003 : *D. 2004. Somm. 1968, obs. Lemée.* – V. Soinne, *RPC 2003. 303.* ♦ Sur la réparation par l'État du dépassement du délai raisonnable, V. • CEDH 5 juin 2014 : *BJE 2014. 314, note Hugon.* ♦ Sur la responsabilité du syndic de la liquidation des biens [liquidateur judiciaire], qui s'est abstenu de prendre des mesures pour clôturer la procédure dans des délais raisonnables, alors que son mandat a duré onze ans, V. • Toulouse, 5 janv. 2010 : *JCP 2010. 212.* ♦ V., depuis l'arrêt préc. du 16 déc. 2014, pour l'irrecevabilité d'une requête devant la CEDH fondée sur l'art. 6, § 1, de la Conv. EDH, du fait du non-épuisement des voies de recours internes : • CEDH 21 mars 2017, n° 16470/15 : *D. 2017. Actu. 868 ; JCP E 2017. 1492, note Lebel ; APC 2017, n° 142, obs. Vallansan ; Journ. sociétés 7/2017. 63, obs. Cerati-Gauthier ; BJE 2017. 287, note Hugon ; RJ com. 2017. 507, obs. Roussel Galle.*

20. Péremption d'instance. La péremption d'instance a pour objet de sanctionner le défaut de diligence des parties ; la procédure collective, dont l'ouverture est imposée par la loi dans certaines conditions, ne constitue pas une instance au sens de l'art. 386 NCPC [C. pr. civ.]. • Com. 10 janv. 2006, n° 03-14.923 P : *D. 2006. AJ 443, obs. Lienhard ; ibid. Pan. 2251, obs. F.-X. Lucas ; JCP E 2006, n° 24, p. 1068, note Cholet ; RTD com. 2006. 482, obs. Vallens.* ♦ V. aussi note 46 ss. art. L. 624-2.

Art. L. 643-10 **Le liquidateur procède à la reddition des comptes. Il est responsable des documents qui lui ont été remis au cours de la procédure pendant cinq ans à compter de cette reddition.** – *[C. com., anc. art. L. 622-31.]*

V. art. R. 643-19.

Art. L. 643-11 *(L. n° 2005-845 du 26 juill. 2005, art. 122) (Ord. n° 2014-326 du 12 mars 2014, art. 78-1°, en vigueur le 1er juill. 2014)* **« I. — Le jugement de clôture de liquidation judiciaire pour insuffisance d'actif ne fait pas recouvrer aux créanciers l'exercice individuel de leurs actions contre le débiteur. Il est fait exception à cette règle :**

« 1° Pour les actions portant sur des biens acquis au titre d'une succession ouverte pendant la procédure de liquidation judiciaire ;

« 2° Lorsque la créance trouve son origine dans une infraction pour laquelle la culpabilité du débiteur a été établie ou lorsqu'elle porte sur des droits attachés à la personne du créancier ;

(L. n° 2015-1702 du 21 déc. 2015, art. 93-1°) **« 3° Lorsque la créance a pour origine des manœuvres frauduleuses commises au préjudice des organismes de protection sociale mentionnés à l'article L. 114-12 du code de la sécurité sociale. L'origine frauduleuse de la créance est établie soit par une décision de justice, soit par une sanction prononcée par un organisme de sécurité sociale dans les conditions prévues aux articles L. 114-17** *(L. n° 2022-1616 du 23 déc. 2022, art. 98)* **« , L. 114-17-1 et L. 114-17-2 » du même code. »**

« II. — Les coobligés et les personnes ayant consenti une sûreté personnelle ou ayant affecté ou cédé un bien en garantie peuvent poursuivre le débiteur s'ils ont payé à la place de celui-ci. »

III. — Les créanciers recouvrent leur droit de poursuite individuelle dans les cas suivants :

1° La faillite personnelle du débiteur a été prononcée ;

2° Le débiteur a été reconnu coupable de banqueroute ;

3° Le débiteur *(Ord. n° 2010-1512 du 9 déc. 2010, art. 5-8°)* « , au titre de l'un quelconque de ses patrimoines, » ou une personne morale dont il a été le dirigeant a été soumis à une procédure de liquidation judiciaire antérieure clôturée pour insuffisance d'actif moins de cinq ans avant l'ouverture de celle à laquelle il est soumis *(Ord. n° 2014-326 du 12 mars 2014, art. 78-2°, en vigueur le 1er juill. 2014)* « ainsi que le débiteur qui, au cours des cinq années précédant cette date, a bénéficié des dispositions de l'article L. 645-11 » ;

4° La procédure a été ouverte en tant que procédure territoriale au sens du paragraphe 2 de l'article 3 du règlement (CE) n° 1346/2000 du Conseil du 29 mai 2000 relatif aux procédures d'insolvabilité *(Ord. n° 2017-1519 du 2 nov. 2017, art. 1er)* « ou au sens du paragraphe 2 de l'article 3 du règlement (UE) n° 2015/848 du Parlement européen et du Conseil du 20 mai 2015 relatif aux procédures d'insolvabilité ».

IV. — En outre, en cas de fraude à l'égard d'un ou de plusieurs créanciers, le tribunal autorise la reprise des actions individuelles de tout créancier à l'encontre du débiteur. Le tribunal statue lors de la clôture de la procédure après avoir entendu ou dûment appelé le débiteur, le liquidateur et les contrôleurs. Il peut statuer postérieurement à celle-ci, à la demande de tout intéressé, dans les mêmes conditions. — *Sur la publicité du jugement autorisant la reprise des poursuites, V. art. R. 643-18, al. 3 et 4.*

(Ord. n° 2008-1345 du 18 déc. 2008, art. 124) « V. — Les créanciers qui recouvrent leur droit de poursuite individuelle et dont les créances ont été admises ne peuvent exercer ce droit sans avoir obtenu un titre exécutoire ou, lorsqu'ils disposent déjà d'un tel titre, sans avoir fait constater qu'ils remplissent les conditions prévues au présent article. Le président du tribunal, saisi à cette fin, statue par ordonnance.

« Les créanciers qui recouvrent l'exercice individuel de leurs actions et dont les créances n'ont pas été vérifiées peuvent le mettre en œuvre dans les conditions du droit commun. »

(Ord. n° 2010-1512 du 9 déc. 2010, art. 5-8°) « VI. — Lorsque la clôture de liquidation judiciaire pour insuffisance d'actif est prononcée à l'issue d'une procédure ouverte *(L. n° 2022-172 du 14 févr. 2022, art. 5, en vigueur le 15 mai 2022)* « à l'égard d'un débiteur relevant du statut défini à la section 3 du chapitre VI du titre II du livre V ou » à raison de l'activité d'un débiteur entrepreneur individuel à responsabilité limitée à laquelle un patrimoine est affecté, le tribunal, en cas de fraude à l'égard d'un ou de plusieurs créanciers, autorise les actions individuelles de tout créancier sur les biens compris dans *(L. n° 2022-172 du 14 févr. 2022, art. 5, en vigueur le 15 mai 2022)* « le patrimoine personnel ou » le patrimoine non affecté de cet entrepreneur. Il statue dans les conditions prévues au IV. Les créanciers exercent les droits qui leur sont conférés par les présentes dispositions dans les conditions prévues au V. »

(Ord. n° 2014-326 du 12 mars 2014, art. 78-3°, en vigueur le 1er juill. 2014) « VII. — Lorsque la clôture de liquidation judiciaire pour insuffisance d'actif est prononcée à l'issue d'une procédure ouverte à raison de l'activité d'un débiteur, personne physique, à laquelle *(L. n° 2022-172 du 14 févr. 2022, art. 5, en vigueur le 15 mai 2022)* « il n'avait pas affecté volontairement un patrimoine distinct », le tribunal peut imposer des délais uniformes de paiement des créances mentionnées au I de l'article L. 641-13 à l'exception de celles des administrations financières, des organismes de sécurité sociale, des institutions gérant le régime d'assurance chômage prévu par les articles L. 5422-1 et suivants du code du travail et des institutions régies par le livre IX du code de la sécurité sociale. Ces délais ne peuvent excéder deux ans. »

V. art. R. 643-20.

L'art. L. 643-11 est applicable aux procédures de redressement ou de liquidation judiciaire en cours au jour de l'entrée en vigueur de la L. n° 2005-845 du 26 juill. 2005 [1er janv. 2006.] Toutefois, les poursuites déjà engagées au jour de l'entrée en vigueur de cet article à l'égard de débiteurs ayant fait l'objet d'une interdiction de diriger ou de contrôler une entreprise commerciale ou une personne morale ne sont pas affectées et les sommes perçues par leurs créanciers restent acquises à ces derniers. L'art. L. 643-11 est également applicable aux procédures de règlement judiciaire ou de liquidation des biens en cours. Toutefois, les sommes perçues par les créanciers leur restent acquises (L. préc., art. 191).

L'art. L. 643-11 est applicable aux situations en cours, résultant d'une procédure de liquidation de biens dont les opérations ont été closes antérieurement au jour de l'entrée en vigueur de la L.

n° 2005-845 du 26 juill. 2005 [1er janv. 2006.] Toutefois, les sommes perçues par les créanciers leur restent acquises (L. n° 2008-776 du 4 août 2008, art. 77-I).

Pour les dispositions transitoires de la L. n° 2022-172 du 14 févr. 2022, V. note ss. art. L. 611-13.

BIBL. ▶ PELLIER, *D. 2014. Chron. 1054* (art. L. 643-11, II, dans sa rédaction issue de l'Ord. du 12 mars 2014). – MARTIN-SERF, *RTD com. 2016. 199* (même thème).

Ancien art. L. 643-11 *[réd. issue de L. n° 2005-845 du 26 juill. 2005]* ***I. — Le jugement de clôture de liquidation judiciaire pour insuffisance d'actif ne fait pas recouvrer aux créanciers l'exercice individuel de leurs actions contre le débiteur, sauf si la créance résulte :***

1° D'une condamnation pénale du débiteur.

2° De droits attachés à la personne du créancier.

II. — Toutefois, la caution ou le coobligé qui a payé au lieu et place du débiteur peut poursuivre celui-ci.

[…]

V. — Les créanciers qui recouvrent l'exercice individuel de leurs actions en application du présent article peuvent, si leurs créances ont été admises, obtenir un titre exécutoire par ordonnance du président du tribunal ou, si leurs créances n'ont pas été vérifiées, le mettre en œuvre dans les conditions de droit commun.

BIBL. ▶ LEBLOND, *RPC 2009. Étude 26* (recours de la caution).

COMMENTAIRE

La loi du 26 juillet 2005 a largement remanié les conditions du recouvrement par les créanciers de l'exercice individuel de leurs actions après clôture de la procédure pour insuffisance d'actif par rapport à l'ancien article L. 622-32. L'idée directrice de la réforme était de faire bénéficier de l'effacement des dettes réalisé par la procédure, autrement dit de la nouvelle chance dans les affaires, tous les débiteurs n'ayant pas commis de faute grave (V., rappelant cette volonté, Rép. min. n° 82799 : *JOAN Q, 23 mai 2006, p. 5512*). Les dispositions nouvelles étaient, de manière générale, applicables aux procédures en cours au 1er janvier 2006, jour de l'entrée en vigueur de la loi du 26 juillet 2005 (art. 191, 3° ; V. toutefois, pour les personnes frappées d'interdiction de diriger : Circ. n° CIV/02/06 du 9 janv. 2006). De même qu'aux procédures ouvertes par application de la loi du 13 juillet 1967, et toujours en cours (art. 191, 3°). L'exigence que ces procédures soient en cours peut surprendre, s'agissant d'une question se situant, par définition, en aval de la clôture (V., parlant de maladresse rédactionnelle, Ph. Roussel Galle, Réforme du droit des entreprises en difficulté, *Litec, 2e éd., 2007, n° 14*). Mais peut-être aurait-on pu considérer, avec un peu de bienveillance pour le législateur et afin de ne pas laisser le texte lettre morte, qu'il s'agissait là d'une « situation en cours » au sens de l'article 190. Encore pouvait-on hésiter à recourir à cette lecture « compréhensive » dès lors que certaines des dispositions nouvelles sont plus sévères pour le débiteur (notamment en cas de condamnation pénale). Afin de combler une partie de cette lacune, une disposition de la loi de modernisation de l'économie du 4 août 2008 (art. 77, I) a expressément précisé que l'article L. 643-11 est applicable aux situations en cours, résultant d'une procédure de liquidation de biens dont les opérations ont été clôturées antérieurement au jour de l'entrée en vigueur de la loi du 26 juillet 2005 (les sommes perçues par les créanciers leur restant toutefois, bien sûr, acquises). Mais, quant à elle, la Cour de cassation s'en tient à une application littérale de l'article 191, 3°, refusant toute clémence au débiteur objet d'une décision d'interdiction de gérer dès lors que la procédure a été clôturée avant le 1er janvier 2006 (V. Com. 3 déc. 2013 : *cité note 1*).

Quant aux créanciers susceptibles, le cas échéant, de recouvrer le droit de poursuite individuelle, il convient désormais, par symétrie avec l'article L. 622-21, d'y inclure les créanciers postérieurs non privilégiés.

Un arrêt est venu préciser la notion de « poursuites déjà engagées », en considérant que les poursuites sont engagées dès le dépôt par l'administration fiscale de requêtes tendant à l'obtention du titre exécutoire ou de l'autorisation spécifiques nécessaires à la reprise des poursuites individuelles (Com. 21 sept. 2010 : V. note 1).

Quant à l'ordonnance du 12 mars 2014, chargée par la loi d'habilitation du 2 janvier 2014 de « clarifier les conditions d'une clôture pour insuffisance d'actif » (art. 2, 6°, *d*), à l'exception de l'innovation remarquable autorisant le tribunal à imposer des délais uniformes de paiement des créances postérieures prioritaires (VII), elle s'est contentée de réparations de malfaçons issues des textes antérieurs et d'ajustements liés aux autres modifications qu'elle a apportées.

I. BIENS ACQUIS AU TITRE D'UNE SUCCESSION

Aux termes de la nouvelle exception, posée au 1° du I, les créanciers recouvrent l'exercice de leurs actions contre le débiteur lorsqu'elles portent sur des biens acquis au titre d'une succession ouverte pendant la procédure de liquidation. Pareille acquisition est en effet désormais possible en raison de l'interdiction faite au liquidateur, sauf accord du débiteur, de « réaliser les biens ou droits acquis au titre d'une succession ouverte après l'ouverture ou le prononcé de la liquidation judiciaire, ou de provoquer le partage de l'indivision pouvant en résulter » (V. art. L. 641-9). Ces biens échapperont donc, de fait, à l'effet de saisie collective opérée par la liquidation judiciaire, mais cette faveur faite au débiteur s'accompagne d'un avantage accordé aux créanciers antérieurs : ceux-ci pourront reprendre l'exercice de leurs poursuites individuelles en cas de clôture pour insuffisance d'actif, sur ces biens ou droits.

II. INFRACTION PÉNALE

A. LOI DU 26 JUILLET 2005

Sous le régime de la loi de 2005, toute condamnation pénale du débiteur entraînait la renaissance du droit de poursuite pour recouvrer les créances qui en résultent. Ce faisant, le législateur corrigeait le texte du I, 1°, de l'ancien article L. 622-32, qui s'avérait particulièrement inique, voire immoral. D'une part, le débiteur ne risquait la reprise des poursuites à son encontre qu'en cas de condamnation pénale « pour des faits étrangers à [son] activité professionnelle », ce qui signifiait donc, *a contrario*, que (sauf dans les hypothèses de banqueroute ou de « récidive » évoquées ci-dessous au IV) le « délinquant d'affaires » était protégé. D'autre part, le Trésor public bénéficiait d'une dérogation assez exorbitante puisque, lui seul, pouvait agir contre ce délinquant d'affaires pour fraude fiscale.

En revanche, dans sa rédaction de la loi de 2005, le texte excluait la reprise des poursuites pour les créances nées, non d'une « condamnation pénale », mais d'une « infraction pénale », ce qui laissait de côté, par conséquent, les cas où le juge pénal accorde une réparation civile avec dispense de peine (C. Robaczewski, La non-réforme des sanctions pénales dans la loi de sauvegarde des entreprises, *Gaz. Pal. 9-10 sept. 2005, p. 48, n° 11*).

B. ORDONNANCE DU 12 MARS 2014

La rédaction du 2° du I, issue de l'ordonnance de 2014, traduit un nouveau mouvement de balancier par rapport au texte antérieur autant qu'une amélioration rédactionnelle, plus favorable au débiteur. Le nouveau texte, en effet, ne vise plus, de manière générale, large et impropre, les créances résultant d'une « condamnation pénale », mais, de façon plus restreinte et juste, les seules créances résultant d'une « infraction pour laquelle la culpabilité du débiteur a été établie ».

III. COOBLIGÉS ET GARANTS

L'ordonnance du 12 mars 2014 a enfin réparé les omissions de la loi de 2005 (qui n'avait pas modifié le texte du II de l'art. L. 643-11 par rapport à celui de l'anc. art. L. 622-32, II, ne prévoyant donc aucune extension aux personnes ayant consenti une garantie autonome : V. P. Crocq, La réforme des procédures collectives et le droit des sûretés, *D. 2006. Chron. 1306*, *spéc. n° 23*) et celles de l'ordonnance de 2008 (qui n'avait pas pensé à étendre le texte aux personnes ayant consenti une sûreté personnelle ou ayant affecté ou cédé un bien en garantie). C'est désormais chose faite, l'unification des règles applicables aux garants est réalisée à tous égards (sur la portée de cette modification, V. J.-D. Pellier, La poursuite de la construction d'un régime des sûretés pour autrui, *D. 2014. Chron. 1054*).

Notons encore que, en raison de l'absence de distinction du texte, aussi bien selon la date du paiement de la caution, la nature de son recours ou sa qualité de personne physique ou morale, un important arrêt de la Cour de cassation n'a pu que poser une solution particulièrement favorable aux établissements de crédit garantis par une caution octroyée par une de leurs filiales, lesquels échappent alors, de fait, à l'interdiction de reprendre les poursuites contre le débiteur après clôture de la liquidation judiciaire (Com. 28 juin 2016 : *cité note 2*). Consciente du caractère peu satisfaisant de cette jurisprudence, la Cour de cassation suggère, dans son Rapport annuel 2016, de modifier l'article L. 643-11, II, pour réserver le bénéfice de l'exception instituée par ce texte aux cautions personnes physiques et en exclure les personnes morales.

IV. FAILLITE PERSONNELLE ET DÉBITEUR « RÉCIDIVISTE »

Quant aux sanctions frappant le débiteur, seules la banqueroute et la faillite personnelle permettent, depuis la loi de 2005, aux créanciers de recouvrer leur droit de poursuite individuelle, mais plus l'interdiction personnelle de diriger. S'agissant des effets de l'ouverture antérieure d'une procédure clôturée pour insuffisance d'actif aussi, la loi de 2005 est plus douce que la disposition antérieure. Le texte modifié commence par corriger une erreur, un oubli, du législateur de 1985, qu'avait relevé la doctrine unanimement et rectifié la Cour de cassation (V. note 24) : seule est visée l'hypothèse d'une procédure de liquidation « antérieure », c'est-à-dire la « récidive ». Mais celle-ci n'empêchera à l'avenir le débiteur d'être à l'abri de la reprise des poursuites que si la précédente liquidation judiciaire est ancienne, plus exactement si sa clôture est intervenue plus de cinq ans avant l'ouverture de la nouvelle liquidation judiciaire (notons au passage que le *dies ad quem* du délai de cinq ans est ici la date du jugement d'ouverture, ou de conversion le cas échéant, et non de publication de la décision au BODACC). Ainsi, au-delà de cinq ans, les compteurs sont remis à zéro (Ph. Pétel, Le nouveau droit des entreprises en difficulté, *JCP E 2005, n° 42, p. 1730, spéc. n° 50*).

La loi a prévu une mesure transitoire spéciale, s'agissant des poursuites déjà engagées au 1er janvier 2006, jour de l'entrée en vigueur de la réforme, à l'égard des débiteurs ayant fait l'objet d'une interdiction de diriger ou de contrôler une entreprise commerciale ou une personne morale, qui ne sont pas affectées par la nouvelle règle posée par l'article L. 643-11, les sommes perçues par leurs créanciers leur restant acquises (art. 191, 3°).

L'ordonnance du 9 décembre 2010 a modifié le 3° du III pour tenir compte de la loi du 15 juin 2010 qui permet, grâce à la technique de l'affectation à une activité professionnelle, à une même personne de posséder plusieurs patrimoines. Le texte vise désormais le débiteur, « au titre de l'un quelconque de ses patrimoines », afin d'appréhender le cas où le débiteur a été soumis à une procédure de liquidation judiciaire antérieure clôturée pour insuffisance d'actif depuis moins de cinq ans, au titre d'une autre activité exercée avec affectation de patrimoine. La règle ne s'applique donc pas patrimoine par patrimoine ; elle jouera sans que puisse être invoqué le fait que les liquidations judiciaires successives ont visé des patrimoines distincts. Dans ce cas, en effet, l'objectif de moralisation des procédures collectives s'opposait à ce que le débiteur bénéficie de l'effacement des dettes.

V. RÉTABLISSEMENT PROFESSIONNEL

L'ordonnance du 12 mars 2014 est venue assimiler, au 3° du III, à la définition du débiteur « récidiviste », celui qui, au cours des cinq années précédant la date d'ouverture de la liquidation judiciaire, a bénéficié d'un effacement des dettes en raison de la clôture de la nouvelle procédure de rétablissement professionnel sans liquidation (V. art. L. 645-11). Cette extension se comprend facilement car la logique est la même.

VI. FRAUDE

Le cas de fraude à l'égard des créanciers a également été revisité par la loi de 2005. Là aussi, avant tout, pour incorporer dans le texte une précision apportée par la Cour de cassation : la fraude ne doit pas nécessairement concerner l'ensemble des créanciers (Crim. 7 nov. 1994 : *cité note 21*). Mais, surtout, dans ce cas la reprise des poursuites se fait, depuis la réforme de 2005, sous le contrôle du tribunal, puisque celui-ci doit l'autoriser. Il peut le faire, en quelque sorte, en amont de la clôture, puisque le texte dit que « le tribunal statue lors de la clôture de la procédure ». Ce qui signifie sans doute implicitement que la loi impose au tribunal de se prononcer, le cas échéant, sur ce point, sans qu'il soit besoin pour cela de le saisir spécialement. La décision sera prise de façon contradictoire, après qu'auront été entendus le débiteur, le liquidateur et les contrôleurs. L'intervention du tribunal (sous-entendu : « de la procédure ») peut se produire également après la clôture de la procédure (et sans limitation de durée). Tout intéressé peut le saisir à cette fin. Là encore, la décision, à s'en tenir à l'article L. 643-11, serait précédée d'un débat contradictoire, le tribunal devant statuer « dans les mêmes conditions » que lorsqu'il statue lors de la clôture. Cette précision pourrait sembler réparer, dans la loi elle-même, les imperfections de l'article 154 du décret de 1985 qui ne prévoyait la convocation que dans certains cas. Mais sa portée apparaît, en réalité, incertaine et ambiguë. Car, d'une part, il résulte de l'article R. 643-20, alinéa 4, qui ne vise pas le IV de l'article L. 643-11, que l'ordonnance du président du tribunal, qui statue sur l'autorisation de reprise des poursuites individuelles pour fraude, échapperait à l'obligation de respecter la règle du contradictoire, le débiteur n'ayant donc pas à être entendu ou appelé. D'autre part, comme un auteur l'a observé, ni le liquidateur ni les contrôleurs ne sont plus en fonction une fois la liquidation clôturée (P.-M. Le Corre, Droit et pratique des procédures collectives, *Dalloz Action, 2023/2024, 592.731*).

La loi du 26 juillet 2005 n'a retouché ni précisé la notion de « fraude ». Indirectement, toutefois, elle a enlevé, par ailleurs, son intérêt à l'audacieuse jurisprudence qui avait qualifié de la sorte la dissimulation opérée par le débiteur dans la liste des créanciers remise au mandataire ayant conduit à l'extinction de la créance faute de déclaration (V. note 17). Dans ce cas de figure, en effet, le créancier (dont la créance n'est du reste plus éteinte) bénéficie maintenant d'un relevé de forclusion, solution, à la fois, plus efficace et plus satisfaisante au regard de l'orthodoxie juridique (V. ss. art. L. 622-26). La Cour de cassation a d'ailleurs confirmé que même un créancier n'ayant pas déclaré sa créance est autorisé, en cas de fraude, à reprendre ses actions individuelles (Com. 26 juin 2019, n° 17-21.326).

VII. PROCÉDURE D'INSOLVABILITÉ

Une nouvelle exception, introduite en 2005, résulte de l'entrée en vigueur, le 31 mai 2002, du règlement du 29 mai 2000 relatif aux procédures d'insolvabilité (V. ce texte, 2e partie, II. *Droit européen*). Ce texte repose sur une distinction entre procédure principale (ouverte dans l'État où le débiteur a le centre de ses intérêts principaux) et procédures secondaires (ouvertes dans un autre État où le débiteur possède un établissement secondaire), aux effets limités aux biens du débiteur se trouvant sur ce dernier territoire. C'est dans l'hypothèse de clôture d'une telle procédure secondaire, « territoriale », que l'article L. 643-11 (III, 4°) autorise la reprise des poursuites individuelles. L'idée est là d'éviter que le débiteur étranger ne reprenne aussitôt après clôture de la liquidation une activité commerciale en France à l'abri de ses créanciers impayés (J.-L. Vallens, Réforme des procédures collectives : premier commentaire de l'avant-projet de loi, *Bull. act. Lamy droit commercial, nov. 2003, p. 1*). Ce qui, dans une certaine mesure, aussi, devrait atténuer les risques de *law shopping* pouvant résulter de l'interprétation jurisprudentielle de la notion de « centre des intérêts principaux » prévue par l'article 3 du Règlement (V. note 1 ss. cet art., 2e partie, *Droit européen* ; V. R. Dammann, Droit européen des procédures d'insolvabilité : problématique des conflits de juridictions et de *forum shopping*, *D. 2005. Chron. 1779*).

Après l'entrée en vigueur, le 26 juin 2017, du règlement du 20 mai 2015, qui a remplacé le règlement du 29 mai 2000, c'est fort logiquement que l'ordonnance d'adaptation du 2 novembre 2017 a retouché et complété le 4° du III de l'article L. 643-11 afin de viser aussi le nouveau règlement.

VIII. EIRL – ENTREPRENEUR INDIVIDUEL

Le V, ajouté par l'ordonnance du 9 décembre 2010, a adapté à l'EIRL le cas de fraude prévu, de manière générale, par le IV. Dans cette hypothèse, la fraude (il s'agirait plutôt de la fraude postérieure au jugement d'ouverture, la fraude antérieure relevant, elle, de l'action en réunion de patrimoine : Ph. Pétel, L'adaptation des procédures collectives à l'EIRL, *JCP E 2011. 1071, n° 17*) a pour effet de faire tomber la cloison séparant les patrimoines de l'entrepreneur individuel à responsabilité limitée : les créanciers peuvent donc exercer leur droit de poursuite individuelle sur le patrimoine non affecté du débiteur. La mesure, comme le souligne le Rapport au président de la République, s'inscrivait dans le prolongement des dispositions de l'article L. 526-12, aux termes desquelles cet entrepreneur est responsable sur la totalité de ses biens en cas de fraude. Sans doute, les rédacteurs de l'ordonnance ont-ils surtout voulu viser par l'expression « patrimoine non affecté » le patrimoine personnel, qu'ils désignent généralement sous cette expression, comme, par exemple, dans l'article L. 526-18 (bien qu'un peu ambiguë, la formulation ne devrait donc pas permettre, le cas échéant, d'atteindre également d'autres patrimoines affectés).

La loi du 14 février 2022 en faveur de l'activité professionnelle indépendante, applicable à compter du 15 mai 2022, ayant substitué à l'option pour le statut de l'EIRL une protection de plein droit du patrimoine personnel, seul le patrimoine professionnel étant engagé, le texte du VI de l'article L. 643-11 a été adapté afin de viser, à la fois, l'EIRL et l'entrepreneur individuel relevant du statut défini, par ladite loi, à la section 3 du chapitre VI du titre II du livre V du code de commerce.

IX. OBTENTION D'UN TITRE EXÉCUTOIRE

L'article L. 643-11 (V), dans sa rédaction de 2005, avait repris, en les modifiant, les dispositions du IV de l'ancien article L. 622-32. Rappelons que, gommant l'ambiguïté du texte se présentant en apparence comme une faculté offerte au créancier, la Cour de cassation avait posé en principe que « les créanciers qui recouvrent leur droit de poursuite individuelle après la clôture de la liquidation judiciaire pour insuffisance d'actif ne peuvent l'exercer qu'en obtenant un titre exécutoire délivré par le président du tribunal de la procédure collective » (Com. 14 janv. 2004 : *cité note 26*), solution valant aussi pour la caution (Com. 16 juin 2004 : *cité note 26*). Pour autant, il n'apparaissait pas acquis que la chambre commerciale condamnait ainsi la solution selon laquelle les créanciers dont la créance n'avait pas été vérifiée en cas de dispense accordée au mandataire de vérifier le passif chirographaire pouvaient, néanmoins, malgré la lettre du texte, présenter une requête en vertu de l'article 154 du décret de 1985 (Rennes, 12 févr. 1992 : *cité par P.-M. Le Corre*, Droit et pratique des procédures collectives, *Dalloz Action, 2023/2024, 592.721*). Il semblait, effectivement, injuste et contraire à la finalité du texte de leur interdire, pour cette seule raison, de recouvrer leur droit de poursuite.

Dans le souci de clarifier cette situation, l'ordonnance du 18 décembre 2008 a réécrit le V de l'article L. 643-11, s'attachant à distinguer entre les créanciers dont les créances ont été admises et ceux dont les créances n'ont pas été vérifiées. Les créanciers qui recouvrent leur droit de poursuite et dont les créances ont été admises ne peuvent exercer ce droit sans avoir obtenu un titre exécutoire ou, lorsqu'ils disposent déjà d'un tel titre, sans avoir fait constater qu'ils remplissent les conditions prévues au présent article. Le président du tribunal, saisi à cette fin, statue par ordonnance. Les créanciers qui recouvrent l'exercice individuel de leurs actions et dont les créances n'ont pas été vérifiées, quant à eux, peuvent le mettre en œuvre dans les conditions du droit commun. Ce qui laisse entière la question du sort du créancier forclos. Mais dont on peut penser, renforçant la thèse précitée défendue par P.-M. Le Corre, qu'il peut agir, puisque l'ordonnance n'a rien précisé à son sujet. Et cela d'autant plus que, par ailleurs, elle s'est prononcée sur les droits de ce créancier en cas de plan de sauvegarde ou de redressement (V. art. L. 622-26, al. 2 nouv.).

Notons encore que la chambre commerciale a précisé que la voie de recours ouverte au débiteur contre cette ordonnance présidentielle est l'appel dans les conditions de forme et de délai de droit commun (Com. 16 juin 2004 : *cité note 24*).

X. DÉLAIS UNIFORMES DE PAIEMENT

Dans le nouveau VII de l'article L. 643-11, l'ordonnance du 12 mars 2014 instaure une mesure de clémence à l'égard des débiteurs autres que les EIRL (formule remaniée par la L. du 14 févr. 2022, afin de tenir compte du nouveau statut de l'entrepreneur individuel), en octroyant au tribunal la faculté d'imposer des délais uniformes de paiement des créances postérieures prioritaires, alors que celles-ci, par définition, doivent normalement être payées à l'échéance.

Ce pouvoir est néanmoins encadré. Ces délais ne peuvent concerner les créanciers publics (administrations financières, organismes sociaux...). Et ils ne peuvent excéder deux ans. ❑

1. Droit transitoire. Ayant relevé que les requêtes de l'administration fiscale tendant à l'obtention du titre exécutoire ou de l'autorisation spécifiques nécessaires à la reprise des poursuites individuelles avaient été déposées avant le 1er janv. 2006, jour de l'entrée en vigueur de la L. du 26 juill. 2005, une cour d'appel en a déduit, à bon droit, qu'au sens de l'art. 191, 3°, de la loi précitée [en note ci-dessus], les poursuites étaient engagées dès ce dépôt et que le dirigeant ayant fait l'objet d'une mesure d'interdiction de gérer ne pouvait se prévaloir des dispositions nouvelles de l'art. L. 643-11 C. com., lesquelles ne prévoient la reprise du droit de poursuite individuelle des créanciers qu'en cas de faillite personnelle du débiteur, et non plus d'interdiction de diriger. • Com. 21 sept. 2010, n° 09-69.435 P : *D. 2010. Actu. 2286, obs. Lienhard ; RTD com. 2010. 798, obs. Vallens ; Rev. sociétés 2010. 539, obs. Roussel Galle ; LEDEN 11/2010. 4, obs. Camensuli-Feuillard ; DP diff. entr., Bull. n° 319, obs. Rémery ; RJDA 2010, n° 1180 ; LPA 20 déc. 2010, obs. Reille ; RPC 2010, n° 250, obs. Berthelot ; Gaz. Pal. 7-8 janv. 2011, p. 47, obs. Montéran ; Dr. sociétés 2011, n° 36, note Legros.* ♦ Il résulte de l'art. 191, 3°, de la L. du 26 juill. 2005 que l'art. L. 643-11 C. com. n'est pas applicable aux procédures de redressement ou de liquidation judiciaires clôturées avant le 1er janv. 2006. • Com. 3 déc. 2013, n° 12-23.050 : *D. 2013. Actu. 2910, obs. Lienhard ; Rev. sociétés 2014. 202, obs. Roussel Galle ; RJDA 2014, n° 366 ; RPC 2014, n° 88, obs. Martin-Serf.*

2. Débiteur cautionné. Les dispositions de l'art. L. 643-11-II, en ce qu'elles dérogent à la règle de la libération du débiteur, ne portent pas atteinte à l'égalité entre débiteurs cautionnés, dont la situation, distincte de celle des débiteurs non cautionnés peut justifier une différence de traitement dans l'intérêt des cautions, lesquelles, en l'absence de ce texte, supporteraient définitivement une dette dont le débiteur principal serait lui-même déchargé (non-lieu à QPC). • Com., QPC, 21 juin 2011, n° 11-40.015 : *D. 2011. Actu. 1815, obs. Lienhard ; RTD com. 2012. 196, obs. Martin-Serf .* ♦ V. aussi cet arrêt en ce qu'il déclare l'art. L. 643-11, II, applicable en Alsace-Moselle. ♦ L'art. L. 643-11, II, ne distingue pas selon que le paiement fait par la caution à la place du débiteur est antérieur ou postérieur à l'ouverture de la procédure collective, ni suivant la nature, subrogatoire ou personnelle, du recours exercé par la caution. • Com. 28 juin 2016, n° 14-21.810 P : *D. 2016. Actu. 1494 ; RTD com. 2016. 848, obs. Martin-Serf ; JCP E 2016. 1661, n° 5, obs. Pétel ; DP diff. entr., Bull. n° 383, obs. Rémery ; APC 2016, n° 194, obs. Petit ; LEDEN 9/2016. 3, obs. Pelletier ; RJDA 2016, n° 714 ; Gaz. Pal. 18 oct. 2016, p. 66, obs. Le Corre-Broly ; RDBF 2016, n° 254, obs. Houin-Bressand ; RPC 2017, n° 4, obs. Reille ; ibid., n° 26, obs. Aynès.*

V. déjà et comp., ayant jugé, sous le régime antérieur à la loi du 26 juill. 2005, que la caution qui a payé au lieu et place du débiteur peut poursuivre celui-ci soit en exerçant un recours subrogatoire sous réserve que le créancier ait déclaré sa créance soit en exerçant un recours personnel dès lors qu'elle a elle-même déclaré sa créance : • Com. 12 mai 2009, n° 08-13.430 P : *D. 2009. 2459, note Brocard ; ibid. Chron. C. cass. 2581, obs. Bélaval ; D. 2009. AJ 1472, obs. Lienhard ; JCP E 2009. 1777, note Simler ; ibid. 1814, n° 6, obs. Cabrillac ; APC 2009, n° 189, obs. Cagnoli ; LEDEN, juill. 2009, p. 4, obs. Camensuli-Feuillard ; Gaz. Pal. 12-16 juill. 2009, p. 7, note S. Piedelièvre ; ibid. 26-28 juill. 2009, p. 44, obs. Le Corre ; Banque et Dr. 7-8/2009. 44, obs. Jacob ; RTD com. 2009. 613, obs. Martin-Serf ; RTD civ. 2009. 554, obs. Crocq ; RPC 2009, n° 112, obs. Macorig-Venier ; ibid. 2010 , n° 16, obs. F. Legrand et M.-N. Legrand ; LPA 26 avr. 2010, note Dumont-Lefrand ; Defrénois 2010. 481, obs. Gibirila.* ♦ ... La créance de recours personnel de la caution prenant naissance à la date de l'engagement de caution. • Com. 1er mars 2005 : *D. 2005. 1365, note Le Corre ; RPC 2005. 212, obs. Macorig-Venier.* ♦ Dans le même sens, pour la créance de la caution qui agit avant paiement contre le débiteur principal, sur le fondement de l'anc. art. 2309 C. civ., V. • Com. 3 févr. 2009 : *cité note 62 ss. art. L. 622-24.*

En ce sens que la caution qui disposait d'un titre exécutoire contre le débiteur à la date d'ouverture de la procédure collective de celui-ci peut reprendre ses poursuites individuelles, sur le fondement de l'art. L. 643-11, sans avoir à requérir un nouveau titre exécutoire, V. • Com. 29 avr. 2014, n° 13-10.766 : *BJE 2014. 247, note Le Mesle.*

L'art. L. 643-11, II, ne permet pas à la caution qui a acquitté la dette principale d'exercer dans les conditions prévues par ce texte un recours contre un cofidéjusseur, en application de l'art. 2310 C. civ., à moins que le patrimoine de celui-ci soit confondu avec celui du débiteur principal. • Com. 5 mai 2021, n° 20-14.672 P : *D. 2021. 1612, note Houtcieff ; Rev. sociétés 2021. 406, obs. Henry ; RTD com. 2021. 656, obs. Martin-Serf ; LEDEN 6/2021. 4, obs. Favre Rochex ; APC 2021, n° 152, obs. Revel Pedemons ; BJE 7-8/2021. 22, note Dumont ; BJS 10/2021. 50, note Borga ; RJDA 2021, n° 590 ; Dr. sociétés 2021, n° 125, note Legros.*

3. Codébiteurs solidaires. Si le jugement de clôture de la liquidation judiciaire ne fait pas recouvrer aux créanciers l'exercice de leurs actions contre le débiteur, cette exception purement personnelle à ce dernier ne peut pas être opposée par le codébiteur solidaire. • Com. 24 mars 2004 : *D. 2004. AJ 1593 ; RPC 2004. 232, obs. Macorig-Venier.* ♦ L'époux commun en biens, codébiteur solidaire d'un emprunteur objet d'une liquidation judiciaire clôturée pour insuffisance d'actif, ne peut invoquer l'interdiction de reprendre les poursuites contre son conjoint prévue par l'art. L. 643-11, qui ne lui profite pas en raison de sa qualité de débiteur tenu d'une obligation distincte. • Com. 2 févr. 2022, n° 20-18.791 B : *D. 2022. Pan. 1678, obs. F.-X. Lucas ; JCP E 2022. 1163, n° 9, obs. Pétel ; DP diff. entr., Bull. n° 444, obs. Rémery ; LEDEN 4/2022. 5, obs. Sahel ; RJDA 2022, n° 293 ; BJE 5-6/2022. 17, note Rubellin ; APC 2022, n° 108, obs. Gohlen ; RDBF 2022, n° 109, obs. Houin-Bressand ; RPC 2023, n° 27, obs. Macorig-Venier.* ♦ Il résulte de l'art. L. 643-11, II, que l'action en garantie de paiement exercée par un coobligé du débiteur soumis à la procédure collective, qui a payé à la place de ce dernier une somme d'argent fondée sur une créance née antérieurement au jugement d'ouverture, action qui a été arrêtée par ce dernier, peut être reprise à la clôture de la liquidation judiciaire. • Com. 19 avr. 2023, n° 21-19.563 B : *D. 2023. Pan. 1726, obs. Cagnoli ; RTD com. 2023. 735, obs. Martin-Serf ; JCP E 2023. 1203, note Houssin ; APC 2023, n° 145, obs. Ferrari ; BJE 7-8/2023. 23, note Houin-Bressand ; RJDA 2023, n° 449.*

4. Créances hors procédure. Les dispositions de l'art. L. 643-11, dans sa rédaction issue de la L. du 26 juill. 2005 que l'art. 191 de cette même loi rend applicable aux procédures collectives en cours, ne sont pas applicables aux poursuites d'un créancier titulaire d'une créance hors procédure qui n'a jamais relevé du passif de la liquidation judiciaire. • Com. 2 mai 2024, n° 22-21.148 B : *D. 2024. Pan. 1696, obs. Cagnoli ; Rev. sociétés 2024. 411, obs. Roussel Galle ; JCP E 2024. 1234, note Ferrari ; APC 2024, n° 118, obs. Ghandour ; RJDA 2024, n° 480 ; BJE 7-8/2024. 23, note Berthelot et Houssin ; Gaz. Pal. 24 sept. 2024, p. 57, obs. Vallens ; RDBF 2024, n° 123, obs. Houin-Bressand ; RPC 2024, n° 114, obs. Macorig-Venier.* ♦ Le créancier hors procédure s'étant trouvé dans l'impossibilité d'agir jusqu'à la clôture pour insuffisance d'actif de la liquidation judiciaire, le délai biennal de prescription de l'art. L. 218-2 C. consom. a été suspendu jusqu'à cette clôture. • Même arrêt.

5. Créances étrangères à l'activité professionnelle. En dehors des hypothèses visées à l'art. L. 622-32, I et III [L. 643-11, I, III et IV], C. com., le jugement de clôture de liquidation judiciaire pour insuffisance d'actif ne fait pas recouvrer aux créanciers l'exercice individuel de leurs actions contre le débiteur, peu important que leur créance soit étrangère à l'activité professionnelle de ce dernier. • Com. 28 juin 2017, n° 15-22.838 : *RJDA 2017, n° 828.*

6. Créances postérieures au jugement d'ouverture. Les créanciers dont la créance est née régulièrement après l'ouverture de la procédure collective peuvent poursuivre le recouvrement de leurs créances après la clôture de la liquidation judiciaire pour insuffisance d'actif. • Com. 30 oct. 2000 : *APC 2000, n° 248 ; RJDA 2001, n° 203.*

7. Action en revendication. Les dispositions de l'art. 169, devenu l'art. L. 622-32 [L. 643-11] C. com., ne font pas obstacle à l'exécution, postérieurement au jugement de clôture de la liquidation judiciaire pour insuffisance d'actif, d'une décision du juge-commissaire autorisant, à la suite d'une requête en revendication, la restitution du bien. • Com. 4 janv. 2005 : *Gaz. Pal. 29-30 avr. 2005, p. 45, obs. Le Corre-Broly ; RTD com. 2006. 207, obs. Martin-Serf .*

8. Action paulienne. L'action fondée sur l'art. 1167 [1341-2] C. civ. qu'un créancier peut exercer contre tous les actes faits en fraude de ses droits par le débiteur n'est pas soumise aux dispositions de l'art. L. 622-32 [L. 643-11] C. com. • Com. 2 nov. 2005 : *cité note 50 ss. art. L. 622-21.*

9. Insaisissabilité de la résidence principale. Il résulte de l'art. L. 526-1 C. com. que le créancier auquel l'insaisissabilité de plein droit de la résidence principale est inopposable peut, même après clôture de la liquidation judiciaire pour insuffisance d'actif, et sans que l'art. L. 643-11 y fasse obstacle, exercer son droit de poursuite sur l'immeuble, qui n'était pas entré dans le gage commun des créanciers de la liquidation judiciaire. • Com. 13 déc. 2023, n° 22-19.749 B : *D. 2024. Pan. 1697, obs. Cagnoli ; Rev. sociétés 2024. 208, obs. Reille ; JCP E 2024. 1049, note Lafaurie ; APC 2024, n° 8, obs. Petit ; RJDA 2024, n° 176 ; RDBF 2024, n° 44, obs. S. Piedelièvre ; BJE 3-4/2024. 21, note Martineau-Bourgninaud ; RPC 2024, n° 58, obs. Cerati* • 13 déc. 2023, n° 22-16.752 B : *D. 2024. Pan. 1697, obs. Cagnoli ; Rev. sociétés 2024. 208, obs. Reille ; JCP E 2024. 1049, note Lafaurie ; APC 2024, n° 9, obs. Petit ; RJDA 2024, n° 175 ; RDBF 2024, n° 44, obs. S. Piedelièvre ; BJE 3-4/2024. 19, note Martineau-Bourgninaud ; RPC 2024, n° 58, obs. Cerati.* ♦ Toutefois, ce créancier ne peut, après cette clôture, en dehors des exceptions prévues à l'art. L. 643-11, recouvrer l'exercice individuel de ses actions ; en conséquence, le commandement de saisie-vente, acte qui engage la mesure d'exécution forcée, ne peut être délivré par ce créancier, après la clôture pour insuffisance d'actif de la liquidation judiciaire de son débiteur, sur les autres biens de ce dernier. • Com. 17 janv. 2024, n° 22-20.185 B : *D. 2024. Actu. 109 ; Rev. sociétés 2024. 211, obs. Roussel Galle ; JCP E 2024. 1116, n° 11, obs. Pétel ; APC 2024, n° 50, obs. Lafaurie ; LEDEN 3/2024. 5, obs. Lemberg-Guez ; RJDA 2024, n° 236 ; RPC 2024, n° 58, obs. Cerati.*

10. Créances éteintes (jurisprudence antérieure à L. du 26 juill. 2005). La renaissance du droit de poursuite individuelle d'un créancier pour le recouvrement d'une créance ayant son origine antérieurement au jugement d'ouverture est subordonnée à la non-extinction de cette créance sur laquelle la poursuite est fondée. • Com. 14 nov. 2000, n° 97-11.985 P : *D. 2001. AJ 125, obs. Lienhard ; APC 2001, n° 14, obs. Vallansan ; RTD com. 2001. 226, obs. Martin-Serf* • 25 juin

2002 : *RDBF 2002, n° 191, obs. F.-X. Lucas ; RPC 2004. 231, obs. Macorig-Venier.* ♦ Sans préjudice de l'éventuelle application des dispositions de l'art. 1382 [1240] C. civ. en raison de la fraude commise par le débiteur, la créance étant éteinte faute d'avoir été déclarée à la procédure collective et d'avoir donné lieu à relevé de forclusion, le créancier est irrecevable à invoquer les dispositions de l'art. 169, al. 2 [C. com., ancien art. L. 622-32, III]. • Mêmes arrêts. – Dans le même sens, V. • Paris, 11 oct. 2001 : *D. 2001. AJ 3435*. ♦ Comp., désormais : art. L. 622-26, dans sa réd. issue de L. n° 2005-845 du 26 juill. 2005, qui ne prévoit plus l'extinction des créances non déclarées.

11. Créance résultant d'une infraction pénale. La créance résultant d'une condamnation, par le juge pénal, à payer des intérêts civils, est une créance résultant d'une condamnation pénale au sens de l'art. L. 622-32 [L. 643-11] C. com. • Civ. 2e, 13 juill. 2006, n° 05-11.574 P : *D. 2006. AJ 2101, obs. Lienhard*.

12. Droits attachés à la personne. Si l'art. L. 643-11, I, 2°, autorise un créancier, dont les opérations de la liquidation judiciaire de son débiteur n'ont pas, en raison de l'insuffisance d'actif, permis de régler la créance, à recouvrer l'exercice individuel de son action contre lui, c'est à la condition que la créance porte sur des droits attachés à la personne du créancier ; n'entre pas dans cette catégorie le droit d'un créancier de saisir un immeuble objet d'une déclaration d'insaisissabilité qui lui est inopposable. • Com. 13 déc. 2017, n° 15-28.357 P : *D. 2018. Pan. 1831, obs. Cagnoli ; RTD com. 2018. 473, obs. Martin-Serf ; JCP E 2018. 1159, n° 21, obs. Pétel ; ibid. 1160, note Lebel ; APC 2018, n° 14, obs. Fin-Langer ; LEDEN 2/2018. 5, obs. Rubellin ; BJE 2018. 103, note Lisanti ; RJDA 2018, n° 266 ; RPC 2018, n° 78, obs. Reille.* ♦ Déjà avant la loi du 10 juin 1994 [dont les dispositions ont été reprises à l'art. L. 643-11, I, 2°], la Cour de cassation avait jugé que l'art. 169 vise les droits attachés non à la personne du débiteur mais à celle du créancier. • Com. 31 mars 1992, n° 89-18.114 P : *D. 1992. Somm. 373, obs. Derrida ; Defrénois 1992. 1384, obs. Le Cannu* • Soc. 11 mars 1993, n° 90-11.304 P : *D. 1993. IR 101* • 11 janv. 1994 : *Rev. huiss. 1994. 477.* ♦ A défaut de résulter de tels droits, la créance de cotisations d'une caisse régionale d'assurance maladie ne peut ouvrir à celle-ci droit à la reprise des poursuites individuelles contre son assuré. • Com. 31 mars 1992 : *préc.* ♦ L'art. L. 622-32, al. 1er, dans sa rédaction issue de la L. n° 94-475 du 10 juin 1994 [dont les dispositions ont été reprises à l'art. L. 643-11, I, 2°], confirme cette jurisprudence. Dès lors que l'accident du travail d'un salarié était dû à la faute inexcusable de l'employeur, la demande de ce salarié en paiement, par l'employeur d'une indemnité réparant son préjudice professionnel est recevable, s'agissant d'un droit attaché à la personne. • Soc. 23 mai 1996, n° 93-11.621 P : *D. 1996. IR 157 ; RPC 1997. 93, obs. Taquet.*

La créance de remboursement d'un prêt ne résulte pas de droits attachés à la personne du créancier. • Com. 29 mai 2001, n° 98-18.918 P : *D. 2001. AJ 1950*. ♦ ... Le prêt fût-il assorti du privilège de prêteur de deniers. • Com. 16 nov. 2010, n° 09-71.160 P : *D. 2010. Actu. 2831, obs. Lienhard ; LEDEN 2/2011. 5, obs. Camensuli-Feuillard ; BJE 2011. 114, note Coquelet.*

13. Banqueroute. Il résulte des dispositions de l'art. L. 643-11, III, que la reprise des poursuites individuelles n'est possible que contre le débiteur lui-même et non contre le dirigeant de droit ou de fait qui le représentait, fût-il condamné à titre personnel pour faillite ou banqueroute. • Rennes, 16 sept. 2014, n° 12/08672 : *JCP E 2015. 1275, note Delattre.*

14. Interdiction de gérer. L'art. L. 643-11 ne prévoit pas qu'un jugement de clôture de liquidation judiciaire pour insuffisance d'actif puisse faire recouvrer aux créanciers l'exercice individuel de leurs actions contre les débiteurs lorsqu'une interdiction de gérer a été prononcée à leur encontre. • CAA Lyon, 4 déc. 2012 : *RJDA 2013, n° 656.* ♦ Comp. note 23.

15. Non-extinction des dettes. Si le jugement de clôture pour insuffisance d'actif n'entraîne pas l'extinction des dettes, il interdit aux créanciers l'exercice individuel de leurs actions contre le débiteur, de sorte que l'absence de règlement intégral des cotisations antérieures ne prive pas l'assuré ou ses ayants droit de tout droit aux prestations, mais a seulement pour effet d'exclure la période pendant laquelle les cotisations n'ont pas été payées du calcul du montant des prestations. • Civ. 2e, 17 janv. 2007 : *D. 2007. AJ 449 ; D. 2008. Pan. 575, obs. Le Corre ; APC 2007, n° 84, obs. Regnaut-Moutier ; RTD com. 2007. 452, obs. Martin-Serf ; JCP E 2007. 2119, n° 6, obs. Pétel.* – Comp. : • Soc. 8 juin 1995, n° 93-14.157 P : *RPC 1996. 131, obs. Dureuil.*

16. Compensation. Sauf exceptions limitativement énumérées, les dispositions d'ordre public de l'art. L. 622-32 [L. 643-11] C. com. font obstacle, postérieurement au jugement de clôture de la liquidation judiciaire pour insuffisance d'actif, à l'application de l'art. L. 725-1, al. 1er, C. rur., de sorte que la caisse de mutualité sociale agricole ne saurait prélever sur le montant des prestations dues à son adhérent le solde impayé de sa créance de cotisations admise au passif de la procédure collective. • Com. 8 juill. 2008, n° 05-20.497 P : *D. 2008. AJ 2072, obs. Lienhard ; APC 2008, n° 216, obs. Vallansan ; JCP E 2009. 1008, n° 11, obs. Pétel ; RPC 2009, n° 111, obs. Macorig-Venier.*

17. Fraude. BIBL. Pérochon, *Mél. Honorat, Frison-Roche, 2000, p. 161.* ♦ L'art. 169 [C. com., art. L. 643-11] ne distingue pas selon que la fraude a été commise avant ou après l'ouverture de la procédure collective. • Com. 15 févr. 2005, n° 03-14.547 P : *D. 2005. AJ 711, obs. Lienhard ;*

ibid. Pan. 2018, obs. F.-X. Lucas ; APC 2005, n° 71, obs. Blanc ; Gaz. Pal. 29-30 avr. 2005, p. 31, obs. Voinot. ♦ La fraude prévue à l'art. L. 643-11-IV n'impose pas que soit établie l'intention du débiteur de nuire au créancier. • Com. 26 juin 2019, n° 17-31.236 P : *D. 2019. Actu. 1388 ; RTD com. 2020. 171, obs. Martin-Serf ; JCP E 2019. 1538, note Stefania ; LEDEN 9/2019. 5, obs. Rubellin ; BJE 9-10/2019. 28, note Favario ; APC 2019, n° 235, obs. Thullier ; RDBF 2019, n° 173, obs. Houin-Bressand ; RJDA 2020, n° 32 ; RPC 2020, n° 38, obs. Reille.* ♦ Sur la condition de recevabilité tenant à la qualité de créancier, V. • Com. 2 févr. 1999 : *cité note 58 ss. ancien art. L. 621-46.* ♦ ... A la clôture de la procédure pour insuffisance d'actif, V. • Paris, 5 janv. 2005 : *Gaz. Pal. 3-5 avr. 2005, p. 20, obs. Vray.* ♦ Pour une fraude, au sens de l'art. L. 643-11, IV, résultant de la dissimulation par le débiteur d'un important passif fiscal lié à une activité exercée en Allemagne, afin de bénéficier du droit français des procédures collectives, V. • Com. 27 mai 2014, n° 13-14.425 : *Rev. sociétés 2014. 535, obs. Roussel Galle ; RJDA 2014, n° 716 ; Gaz. Pal. 5-7 oct. 2014, p. 25, obs. Henry ; RPC 2015, n° 143, obs. Menjucq.* – Rappr. : • Com. 8 mars 2017, n° 15-16.628 : *RPC 2017, n° 62, obs. Menjucq ; Gaz. Pal. 10 oct. 2017, p. 59, obs. Giorgini.* ♦ Une simple faute de gestion est insuffisante pour caractériser la fraude. • Amiens, 16 déc. 1988 : *JCP E 1990. II. 15658, n° 11, obs. Cabrillac et Pétel.*

Sur la fraude résultant de l'absence d'information du créancier poursuivant de l'ouverture d'une procédure de liquidation judiciaire (art. L. 622-22, al. 2), V. • Com. 11 sept. 2024, n° 23-11.333 : *RJDA 2024, n° 606.* ♦ ... La fraude résultant, avant la L. du 26 juill. 2015, de la dissimulation par le débiteur, dans la liste des créanciers remise au mandataire judiciaire, de sommes dont il était redevable, V. • Com. 16 nov. 1993, n° 91-18.576 P : *D. 1994. 157, note Amalvy et Derrida* • 17 nov. 2009, n° 08-11.198 P : *D. 2009. AJ 2861, obs. Lienhard ; Gaz. Pal. 8-9 janv. 2010, p. 28, obs. Le Corre-Broly ; LEDEN, janv. 2010, p. 5, obs. Rubellin ; APC 2010, n° 4, obs. Cagnoli ; RPC 2010, n° 14, obs. F. Legrand et M.-N. Legrand ; BJS 2010. 259, note Reille ; LPA 9 avr. 2010, note Rakotovahiny ; RJDA 2010, n° 660.* ♦ Sur la preuve, incombant au créancier, du caractère intentionnel de la dissimulation, V. • Com. 13 nov. 2007, n° 06-14.372 P : *D. 2007. AJ 3011 ; Defrénois 2008. 1226, obs. Gibirila.* ♦ Comp., désormais : art. L. 622-26, al. 1er, dans sa réd. issue de L. n° 2005-845 du 26 juill. 2005, qui permet au créancier omis de la liste des créanciers mentionnée à l'art. L. 622-6 d'être relevé de sa forclusion. ♦ V. aussi art. L. 653-8, al. 2.

18. En ce sens que commet une fraude le débiteur qui accomplit, après la date de cessation des paiements, un acte visé aux art. 107 et 108 [C. com., art. L. 632-1 et L. 632-2], V. • Rouen, 20 nov. 1996 : *BRDA 1997, n° 5, p. 9.*

19. La fraude peut consister dans le non-respect des mesures de publicité de la vente d'un fonds de commerce imposées par l'art. 3 de la loi du 17 mars 1909 [C. com., art. L. 141-12 s.]. • Montpellier, 5 mars 1997 : *RPC 1999. 120, obs. Macorig-Venier.*

20. La soustraction d'un bien par le dirigeant d'une personne morale en liquidation judiciaire pour insuffisance d'actif constitue une fraude, permettant aux créanciers de recouvrer leur droit de poursuite individuelle, sans qu'il soit nécessaire de reprendre la procédure, clôturée. • Paris, 9 oct. 2001 : *BICC 2002, n° 164.* ♦ Comp. note 5 ss. art. L. 643-13.

21. Il n'est pas nécessaire que la fraude concerne l'ensemble des créanciers. • Crim. 7 nov. 1994, n° 93-83.951 P : *JCP 1995. IV. 551.* ♦ Solution confirmée par l'art. L. 643-11, IV, dans sa réd. issue de L. n° 2005-845 du 26 juill. 2005.

22. Responsabilité fiscale. La clôture pour insuffisance d'actifs, malgré les conséquences qui s'y attachent à l'égard du débiteur en application de l'art. 169 [C. com., art. L. 643-11], ne fait pas obstacle à l'exercice par l'administration fiscale, à l'encontre du dirigeant de la société en liquidation, de l'action instituée à l'art. 267 LPF. • Com. 30 mai 2000 : *D. 2000. AJ 302, obs. Lienhard ; RDBF 2000, n° 163, obs. F.-X. Lucas ; BJS 2000. 903, note Serlooten* • 28 nov. 2000, n° 98-10.927 P : *D. 2001. AJ 235, obs. Lienhard ; JCP E 2001, n° 18, p. 752, obs. Pétel.* ♦ V. art. L. 267 LPF. – **C. sociétés** ou **C. pr. fisc.** ♦ V. aussi note 57 ss. art. L. 651-2.

23. Dirigeant de personne morale (jurispr. antérieure à L. du 26 juill. 2005). Il résulte de la combinaison des art. L. 622-32, III, et L. 624-5, II, C. com., dans leur rédaction antérieure à la L. du 26 juill. 2005, que les créanciers recouvrent leur droit de poursuite individuelle contre le débiteur, ancien dirigeant d'une personne morale, tenu personnellement du passif de celle-ci par l'effet de la liquidation judiciaire prononcée contre lui à titre de sanction et clôturée pour insuffisance d'actif, lorsque ce dirigeant a également fait l'objet d'une mesure de faillite personnelle ou d'interdiction de gérer ou a été condamné pour banqueroute. • Com. 16 janv. 2007, n° 05-16.235 P : *D. 2007. AJ 312, obs. Lienhard ; Dr. sociétés 2007, n° 135, note Legros ; RTD com. 2007. 451, obs. Martin-Serf ; RPC 2007. 135, obs. Macorig-Venier ; Rev. sociétés 2007. 893, note Roussel Galle .*

24. Ouverture antérieure d'une procédure clôturée pour insuffisance d'actif. Les créanciers ne recouvrent pas leur droit de poursuite individuelle à l'égard du dirigeant d'une personne morale dont la liquidation judiciaire a été clôturée pour insuffisance d'actif lorsque ce dirigeant n'avait pas lui-même antérieurement fait l'objet d'une procédure de liquidation judiciaire avec clôture pour insuffisance d'actif ou été le dirigeant d'une personne morale dont la liquidation judiciaire avait connu la même issue. • Com. 9 juin

1998, n° 95-21.620 P : *D. Affaires 1998. 1129, obs. A. L. ; APC 1998, n° 76, obs. Béhar-Touchais ; Procédures 1998, n° 200, obs. Croze ; JCP E 1998, n° 52, p. 2068, obs. Cabrillac.* – Rappr. : • Crim. 6 avr. 2016, n° 15-81.272 P : *LEDEN 6/2016. 4, obs. Favario ; RPC 2016, n° 91, obs. Berthelot ; ibid., n° 121, obs. Macorig-Venier.*

25. Admission au passif (jurispr. antérieure à L. du 26 juill. 2005). Sous l'empire des textes antérieurs à la loi du 26 juill. 2005, les créanciers recouvrant leur droit de poursuite individuelle ne pouvaient l'exercer qu'à la condition que leur créance ait été admise au passif de la liquidation judiciaire. • Paris, 26 févr. 1999 : *Dr. sociétés 1999, n° 165, obs. Chaput.* ♦ Comp., désormais : art. L. 643-11, V, dans sa réd. issue de la L. n° 2005-845 du 26 juill. 2005, puis de l'Ord. n° 2008-1345 du 18 déc. 2008.

26. Obtention d'un titre exécutoire (jurispr. antérieure à Ord. du 18 déc. 2008). Les créanciers qui recouvrent leur droit de poursuite individuelle après la clôture de la liquidation judiciaire pour insuffisance d'actif ne peuvent l'exercer qu'en obtenant un titre exécutoire délivré par le président du tribunal de la procédure collective. • Com. 14 janv. 2004 : *D. 2003. AJ 348, obs. Lienhard ; JCP E 2004, n° 22, p. 857, obs. Cabrillac ; RTD com. 2004. 375, obs. Vallens.* – Dans le même sens, V. • Com. 16 juin 2004, n° 03-10.544 P : *D. 2004. AJ 1902, obs. Lienhard (1re esp.) ; APC 2004, n° 205, obs. Cagnoli ; RPC 2005. 213, obs. Macorig-Venier.* ♦ Toutefois, s'agissant de l'administration fiscale, celle-ci doit simplement faire constater par ce magistrat qu'elle remplit les conditions légales pour reprendre l'exercice de son droit de poursuite individuelle. • Com. 24 mars 2004, n° 00-18.532 P : *BRDA 2004, n° 7, p. 6* (rectifiant l'arrêt du 14 janv. 2004 préc.). ♦ Dans le même sens, V. • Com. 7 déc. 2004 : *RPC 2006. 73, obs. Neau-Leduc et Hubert* • 18 janv. 2005 : *ibid.* • Amiens, 9 mai 2005 : *JCP E 2006, n° 3, p. 134* (rendu sur renvoi de • Com. 24 mars 2004 : *préc.*). ♦ V. aussi, sur les conditions de recouvrement des créances fiscales : • CE 14 oct. 2015, n° 375592 : *JCP E 2016. 1083, note Vabres* • 13 févr. 2019, n° 401752 : *RPC 2019, n° 184, obs. Martin-Serf.* ♦ La décision rendue par une juridiction après reprise régulière d'une instance en cours à la date du jugement d'ouverture, laquelle instance tend uniquement à la constatation de la créance et à la fixation de son montant dans le cadre de la procédure collective, à l'exclusion de toute condamnation du débiteur, ne constitue pas un titre exécutoire et ne peut, dès lors, servir de fondement à une mesure d'exécution forcée pratiquée par le créancier à l'égard du débiteur. • Com. 4 juill. 2018, n° 16-22.986 : *D. 2018. Pan. 1833, obs. Cagnoli ; Rev. sociétés 2018. 536, obs. Henry ; BJE 2018. 445, note Hugon ; Gaz. Pal. 15 janv. 2019, p. 71, obs. Le Corre.* ♦ Comp., désormais, distinguant entre les créanciers dont les créances ont été admises et ceux dont les créances n'ont pas été vérifiées : art. L. 643-11-V, dans sa réd. issue de l'Ord. n° 2008-1345 du 18 déc. 2008.

27. Reprise des poursuites en cas d'instance en cours. Tout créancier qui, invoquant une fraude commise à son égard, souhaite reprendre ses actions individuelles contre son débiteur après clôture de la liquidation judiciaire de celui-ci pour insuffisance d'actif, doit y être autorisé par le tribunal de la procédure collective si celui-ci n'a pas donné cette autorisation lors de la clôture ; le juge saisi d'une instance en cours au sens de l'art. L. 622-21 C. com. ne peut, en cas d'ouverture, pendant l'instance, d'une liquidation judiciaire contre le débiteur suivie d'une clôture pour insuffisance d'actif, condamner celui-ci au paiement d'une somme d'argent sans constater au préalable que le créancier a obtenu l'autorisation de reprendre ses actions individuelles. • Com. 5 févr. 2020, n° 18-22.569 P : *D. 2020. Actu. 334 ; Rev. sociétés 2020. 196, obs. Roussel Galle ; RTD com. 2020. 568, obs. Martin-Serf ; JCP E 2020. 1204, n° 10, obs. Pétel ; LEDEN 3/2020. 3, obs. Ollu ; APC 2020, n° 71, obs. Petit ; RJDA 2020, n° 383 ; BJE 5-6/2020. 29, note Perruchot-Triboulet.*

28. Recours contre l'ordonnance du président du tribunal. L'ordonnance rendue par le président du tribunal de commerce en application de l'art. 169, dernier al., devenu l'art. L. 622-32-IV [L. 643-11-V] C. com., ne relève pas du régime prévu par les art. 1405 s. NCPC [désormais, art. 1405 s. C. pr. civ., relatifs à l'ordonnance d'injonction de payer] ; cette ordonnance est susceptible d'appel de la part du débiteur dans les conditions de forme et de délai de droit commun. • Com. 16 juin 2004, n° 01-12.480 P : *D. 2004. AJ 1902, obs. Lienhard (2e esp.).*

Art. L. 643-12 **La clôture de la liquidation judiciaire** *(Ord. n° 2014-326 du 12 mars 2014, art. 79, en vigueur le 1er juill. 2014)* **« ou de la procédure prévue à l'article L. 645-1 » suspend les effets de la mesure d'interdiction d'émettre des chèques, dont le débiteur fait l'objet au titre de l'article 65-3 du décret du 30 octobre 1935 unifiant le droit en matière de chèques et relatif aux cartes de paiement** *[C. mon. fin., art. L. 131-73]*, **mise en œuvre à l'occasion du rejet d'un chèque émis avant le jugement d'ouverture de la procédure.** *(Ord. n° 2010-1512 du 9 déc. 2010, art. 5-9°)* **« Toutefois, lorsque le débiteur est un entrepreneur individuel à responsabilité limitée, cette suspension est limitée aux comptes afférents au patrimoine visé par la procédure. »** *(L. n° 2022-172 du 14 févr. 2022, art. 5, en vigueur le 15 mai 2022)* **« En présence d'un débiteur entrepreneur individuel relevant du statut défini à la section 3 du chapitre VI**

du titre II du livre V, elle est limitée aux comptes afférents à son patrimoine professionnel, sauf en cas de clôture de la procédure prévue à l'article L. 645-1. » – *Pour les dispositions transitoires de la L. n° 2022-172 du 14 févr. 2022, V. note ss. art. L. 611-13.*

Si les créanciers recouvrent leur droit de poursuite individuelle, la mesure d'interdiction reprend effet, à compter de la délivrance du titre exécutoire *(Ord. n° 2008-1345 du 18 déc. 2008, art. 125)* **« mentionné au V » de l'article** *(L. n° 2005-845 du 26 juill. 2005, art. 123)* **« L. 643-11 ».** – *[C. com., anc. art. L. 622-33.]*

V. art. R. 643-21 à R. 643-23.

COMMENTAIRE

Afin d'adapter le régime à l'entrepreneur individuel à responsabilité limitée, l'ordonnance du 9 décembre 2010 est venue préciser que la suspension de l'interdiction d'émettre des chèques ne visait que les comptes afférents au patrimoine visé par la procédure. Il s'agit là d'une application de la règle générale « un débiteur = un patrimoine » (affecté ou non ; V. ss. art. L. 680-4). Ultérieurement, la loi du 14 février 2022 en faveur de l'activité professionnelle indépendante, applicable à compter du 15 mai 2022, a substitué à l'option pour le statut de l'entrepreneur individuel à responsabilité limitée (EIRL) une protection de plein droit du patrimoine personnel, seul le patrimoine professionnel étant engagé. Dès lors, une phrase a été ajoutée afin de limiter aussi, s'agissant d'un entrepreneur individuel soumis au nouveau statut, la suspension de l'interdiction aux comptes afférents au patrimoine professionnel, sauf en cas de clôture de procédure de rétablissement professionnel.

Comme dans beaucoup d'autres dispositions, l'ordonnance du 12 mars 2014 a aligné le régime de la clôture de la procédure de rétablissement professionnel après enquête sur celui de la clôture de la liquidation judiciaire. ❑

Art. L. 643-13 *(L. n° 2005-845 du 26 juill. 2005, art. 124)* **Si la clôture de la liquidation judiciaire est prononcée pour insuffisance d'actif et qu'il apparaît que des actifs n'ont pas été réalisés ou que des actions dans l'intérêt des créanciers n'ont pas été engagées pendant le cours de la procédure, celle-ci peut être reprise.**

Le tribunal est saisi par le liquidateur précédemment désigné, par le ministère public ou par tout créancier intéressé. *(Abrogé par Ord. n° 2014-1088 du 26 sept. 2014, art. 9, à compter du 28 sept. 2014)* ***« Il peut également se saisir d'office. »*** **S'il est saisi par un créancier, ce dernier doit justifier avoir consigné au greffe du tribunal les fonds nécessaires aux frais des opérations. Le montant des frais consignés lui est remboursé par priorité sur les sommes recouvrées à la suite de la reprise de la procédure.**

(Ord. n° 2014-326 du 12 mars 2014, art. 80, en vigueur le 1er juill. 2014) **« La reprise de la procédure produit ses effets rétroactivement pour tous les actifs du débiteur que le liquidateur aurait dû réaliser avant la clôture de la procédure de liquidation judiciaire. »** – *Cette disposition est applicable aux procédures en cours au jour de l'entrée en vigueur de l'Ord. n° 2014-326 du 12 mars 2014 (Ord. préc., art. 116, al. 2).*

Si les actifs du débiteur consistent en une somme d'argent, la procédure prévue au chapitre IV du présent titre est de droit applicable.

L'art. L. 643-13 est applicable aux procédures en cours au jour de l'entrée en vigueur de la L. n° 2005-845 du 26 juill. 2005 [1er janv. 2006] (L. préc., art. 191).

Les modifications issues de l'Ord. n° 2014-1088 du 26 sept. 2014 s'appliquent aux procédures de sauvegarde, de redressement judiciaire ou de liquidation judiciaire en cours au jour de son entrée en vigueur (Ord. préc., art. 13).

V. art. R. 643-24.

BIBL. ▸ Le Corre, *Gaz. Pal. 27 juin 2017, p. 75* (questions-réponses).

COMMENTAIRE

Bien que l'article L. 643-13, issu de la loi du 26 juillet 2005, se présente comme une complète réécriture de l'ancien article L. 622-34, la teneur du texte n'est guère modifiée. La différence essentielle avec la version antérieure réside dans l'ouverture de l'action. Tirant les leçons de l'interprétation stricte de l'ancien article opérée logiquement par la

Cour de cassation (V. note 3) et exauçant à cet égard les vœux exprimés par une partie de la doctrine (J.-L. Vallens, obs. ss. Com. 17 oct. 2000 : *RTD com. 2001. 243*), le législateur a aligné les conditions de la réouverture de la procédure sur celle de l'ouverture initiale, et avait reconnu au ministère public le droit de saisir à cette fin le tribunal comme à ce dernier celui de se saisir d'office. Cette dernière faculté a été supprimée par l'ordonnance du 26 septembre 2014, qui a achevé de mettre le livre VI du code de commerce en accord avec la jurisprudence du Conseil constitutionnel prohibant les saisines d'office à fin d'ouverture d'une procédure (V. comm. ss. art. L. 631-5).

Ce droit est pareillement ouvert au liquidateur précédemment désigné, ce qui conduit rétroactivement à lui redonner une qualité à agir qu'il avait perdue (P.-M. Le Corre, La situation générale du débiteur et des créanciers dans l'avant-projet de réforme des entreprises en difficulté, *Gaz. Pal. 10-11 déc. 2003, p. 13, 1re partie, n° 30*). La situation antérieure, il est vrai, avait abouti à des résultats un peu dérangeants : d'une part, un débiteur redevenu *in bonis* avait ainsi pu recouvrer pour son compte une créance oubliée par le liquidateur (Com. 17 oct. 2000 : *cité note 4 ss. art. L. 641-9*) ; d'autre part, la pratique consistait à trouver un créancier pour le dépôt d'une requête tendant à la réouverture, sous réserve que ce créancier eût un intérêt personnel à agir car venant en rang utile (C. Léguevaques, Le sort des créanciers après la loi de sauvegarde des entreprises : entre renforcement des droits et allégements des devoirs, *in* Regards croisés de praticiens sur la loi de sauvegarde, *LPA 17 févr. 2006, p. 99*).

Autre nouveauté de la loi de 2005 : en cas d'initiative d'un créancier, et « pour des raisons pratiques », selon la justification avancée par les auteurs de l'amendement (MM. de Roux et Houillon) à l'origine de cette modification, les frais ne doivent plus être consignés à la Caisse des dépôts et consignations mais au greffe du tribunal.

Il est précisé que si les actifs non réalisés consistent en une somme d'argent, la reprise de la procédure obéit impérativement au régime de la liquidation judiciaire simplifiée (art. L. 644-1 à L. 644-6). Ce qui, souligne la circulaire d'application du 9 janvier 2006, doit conduire les tribunaux à veiller à ce que les pratiques de recours à un mandataire *ad hoc* aux fins de répartition, après clôture, de ce type d'actifs, n'aient plus lieu (V. Circ. n° CIV/02/06 du 9 janv. 2006). Cette disposition, selon l'avis d'un auteur, pourrait être entendue de manière un peu plus souple que sa lettre l'indique, en l'appliquant aux créances de sommes d'argent, liquides et exigibles (F. Pérochon, La liquidation judiciaire simplifiée, *RPC 2006. 191, n° 28* ; *Contra*, jugeant la liquidation simplifiée totalement incompatible avec l'exercice d'une quelconque action en recouvrement : P. Froehlich et M. Sénéchal, *in* La loi de sauvegarde, article par article [2e partie], *LPA 9 févr. 2006, p. 47*).

Ces dispositions étaient applicables aux procédures en cours au 1er janvier 2006, jour de l'entrée en vigueur de la loi du 26 juillet 2005 (art. 193, 4° ; pour l'exclusion, par conséquent, s'agissant d'une procédure clôturée en 2004, V. Orléans, 22 févr. 2007 : *cité note 13*).

L'ordonnance du 12 mars 2014 est venue préciser que la reprise de la procédure produit ses effets rétroactivement pour tous les actifs du débiteur que le liquidateur aurait dû réaliser avant la clôture de la procédure de liquidation judiciaire. Sont donc évidemment exclus les biens acquis par le débiteur depuis cette clôture. Cette précision, qui consacre une solution jurisprudentielle (Com. 10 mai 2012 : *cité note 6*), s'applique aux procédures en cours au 1er juillet 2014, date d'entrée en vigueur de l'ordonnance de 2014 (art. 116). Dans le même ordre d'idées, la Cour de cassation a affirmé expressément par un arrêt du 22 mars 2017 que la reprise de la procédure n'emporte pas à nouveau le dessaisissement général du débiteur, qui reste libre de contracter et d'engager des biens qui n'avaient jamais été compris dans la liquidation (V. note 8). ❑

1. Constitutionnalité de l'art. L. 643-13. Pour le non-renvoi d'une QPC, V. • Com., QPC, 23 juin 2015, n° 15-40.011 : *Rev. sociétés 2015. 545, obs. Henry ; RJDA 2015, n° 687.*

2. Confusion des patrimoines. V. note 51 ss. art. L. 621-2.

3. Qualité pour agir. En cas de clôture d'une liquidation judiciaire pour insuffisance d'actif, et s'il apparaît que des actifs ont été dissimulés ou, plus généralement, en cas de fraude commise par le chef d'entreprise ou les dirigeants sociaux, le liquidateur, dont la mission a pris fin, n'est pas recevable, faute d'intérêt, à demander la reprise de la procédure. • Com. 5 avr. 1994, n° 91-20.987 P : *D. 1994. IR 117 ; JCP E 1994. I. 394, n° 8, obs. Cabrillac* • 29 oct. 2002 : *APC 2003, n° 22.*

♦ Solution infirmée par l'art. L. 643-13, al. 2, dans sa réd. issue de L. n° 2005-845 du 26 juill. 2005.

4. Est un créancier intéressé à la reprise des opérations de liquidation judiciaire, au sens de l'art. L. 643-13, al. 2, la banque titulaire d'une hypothèque sur un immeuble non réalisé dans le cadre de la liquidation judiciaire, qui n'a pas déclaré sa créance faute d'avoir été avertie personnellement par le liquidateur. • Com. 29 nov. 2016, n° 15-13.190 : *Gaz. Pal. 28 mars 2017, p. 65, obs. Le Corre ; RPC 2017, n° 68, obs. Reille.*

5. Motifs de réouverture. Il se déduit de l'art. L. 643-13 qu'une liquidation judiciaire, clôturée pour insuffisance d'actif, peut être reprise afin de poursuivre une procédure déjà engagée dans l'intérêt de l'entreprise, en vue de l'allocation de dommages-intérêts. • Crim. 27 janv. 2010, n° 09-87.361 P : *D. 2010. AJ 706 ; Rev. sociétés 2010. 193, obs. Roussel Galle ; Dr. sociétés 2010, n° 102, note R. Salomon ; RJDA 2010, n° 869 ; RPC 2010, n° 180, obs. Berthelot.* ♦ La distribution du prix d'actifs vendus par le liquidateur constitue, au sens de l'art. L. 643-13, une opération de réalisation de ces actifs justifiant la reprise de la procédure de liquidation judiciaire. • Com. 9 juill. 2019, n° 18-18.393 : *Gaz. Pal. 15 oct. 2019, p. 58, obs. Guastella.* ♦ La notion d'actions non engagées en faveur des créanciers ne peut correspondre qu'à celles qui ont pour objet de reconstituer l'actif du débiteur concerné aux fins de répartition de cet actif omis entre les créanciers, et non à celles qui ont au contraire pour objet d'alourdir le passif du débiteur, telle l'action d'un créancier d'une société dont la liquidation judiciaire a été clôturée pour insuffisance d'actif, en sa qualité d'assureur condamné à avancer une provision pour la réalisation de travaux de reprise de désordres imputables à cette société. • Rennes, 21 mars 2001 : *BICC 2001, n° 899 ; RJDA 2002, n° 183.* ♦ La réouverture de la liquidation judiciaire ne peut concerner que les actifs qui se trouvaient encore dans le patrimoine du débiteur au moment de l'ouverture de la procédure collective et dont l'existence n'aurait pas été connue du liquidateur. • Aix-en-Provence, 22 juin 2006 : *JCP 2006. IV. 3223.* ♦ Pour une réouverture justifiée par l'existence de deux biens immobiliers dissimulés par le débiteur, constamment défaillant durant les opérations de liquidation judiciaire, V. • T. com. Paris, 27 sept. 1995 : *RJ com. 1996. 272, note Gallet.* – Comp. note 20 ss. art. L. 643-11.

6. L'action en responsabilité civile contre le liquidateur, mise en œuvre, après clôture de la liquidation judiciaire pour insuffisance d'actif, par l'ancien dirigeant désigné mandataire *ad hoc* à cet effet, suppose, pour être recevable, la reprise de la procédure dans les conditions de l'art. L. 643-13 : • Com. 10 mai 2012, n° 10-28.217 P : *D. 2012. Actu. 1325, obs. Lienhard ; JCP E 2012. 1479, note Lebel ; LEDEN 6/2012. 3, obs. Mouial-Bassilana ; APC 2012, n° 153, obs. Vallansan ; Gaz. Pal. 3-4 août 2012, p. 29, obs. Rohart-Messager ; BJS 2012. 641, note Staes ; RJDA 2013, n° 350.* ♦ Dans le même sens, V. • Com. 29 mars 2023, n° 21-20.683 : *D. actu. 10 mai 2023, obs. Berthelot ; APC 2023, n° 156, obs. Diesbecq ; RJDA 2023, n° 395 ; BJE 7-8/2023. 26, note Lemberg-Guez.*

7. Sur le pouvoir souverain d'appréciation des juges du fond, V. • Com. 2 nov. 2005, n° 04-16.738 P : *D. 2005. AJ 2873, obs. Lienhard.*

8. Effet rétroactif de la reprise. Si la reprise de la liquidation judiciaire a un effet rétroactif, cet effet est limité à la saisie, à la réalisation des actifs et à l'exercice des actions qui ont été omis dans la procédure clôturée ; la reprise de la procédure n'emporte donc pas à nouveau le dessaisissement général du débiteur, qui reste libre de contracter et d'engager des biens qui n'avaient jamais été compris dans la liquidation. • Com. 22 mars 2017, n° 15-21.146 P : *D. 2017. Actu. 702 ; Rev. sociétés 2017. 387, obs. Henry ; RTD com. 2017. 438, obs. Vallens ; JCP E 2017. 1327, note Cerati-Gauthier ; ibid. 1460, n° 9, obs. Pétel ; DP diff. entr., Bull. n° 391, obs. Roussel Galle ; LEDEN 5/2017. 4, obs. Andreu ; APC 2017, n° 132, obs. Ghandour ; BJE 2017. 193, note Vallansan ; BJS 2017. 403, note Rubellin ; Dr. sociétés 2017, n° 111, obs. Legros ; RJDA 2017, n° 422 ; RPC 2017, n° 69, obs. Berthelot ; RJ com. 2017. 354, obs. Lebel ; Gaz. Pal. 10 oct. 2017, p. 55, obs. Ferrari.* ♦ Solution confirmée par l'art. L. 643-13, al. 3, dans sa rédaction issue de l'Ord. n° 2014-326 du 12 mars 2014.

9. Exécution forcée d'une décision. Il résulte de l'art. L. 643-13, al. 1er, dans sa rédaction antérieure à celle issue de l'Ord. n° 2014-326 du 12 mars 2014, que le droit d'agir reconnu au liquidateur emporte, pour celui-ci, la faculté de poursuivre l'exécution forcée d'une décision obtenue pendant la liquidation judiciaire au bénéfice des créanciers et qu'il n'avait pu ramener à exécution. • Com. 21 oct. 2020, n° 19-14.894 P : *D. 2020. Actu. 2117 ; Rev. sociétés 2021. 464, note Laroche ; DP diff. entr., Bull. n° 430, obs. Rémery ; JCP E 2020. 1535, n° 10, obs. Tehrani ; APC 2020, n° 272, obs. Cagnoli ; LEDEN 12/2020. 3, obs. Lafaurie ; Dr. sociétés 2020, n° 148, note Legros ; RJDA 2021, n° 43 ; BJS 2/2021. 51, note Fin-Langer ; RPC 2021, n° 13, obs. Reille.*

10. Déclaration et vérification des créances. Sur la possibilité d'adresser à un créancier titulaire d'une sûreté publiée l'avertissement d'avoir à déclarer sa créance prévu par l'art. L. 622-24, lorsque cet avertissement n'a pas été envoyé avant la clôture, V. note 26 ss. art. L. 622-24. ♦ En l'absence d'identité de parties, l'extinction de la créance dans la procédure de rétablissement personnel n'a pas autorité de la chose jugée dans la procédure de liquidation judiciaire reprise à l'égard du même débiteur. • Com. 22 mars 2016, n° 14-18.873 P : *cité note 26 ss. art. L. 622-24.*

11. Sort des sommes recouvrées. Les sommes recouvrées à l'issue de la reprise de la procédure constituent un actif qui doit être distribué aux créanciers : • Com. 10 mai 2012 : *préc. note 6.*

12. Recours. La tierce opposition formée par un créancier contre le jugement prononçant la réouverture des opérations de liquidation judiciaire est recevable, dès lors que l'art. 585 NCPC [C. pr. civ.] dispose que tout jugement est susceptible de tierce opposition si la loi n'en dispose autrement. • T. com. Paris, 27 sept. 1995 : *préc. note 3.*

13. Droit transitoire. L'application de l'art. L. 643-13 supposant que la procédure soit en cours au 1er janv. 2006, il en résulte que ce texte n'est pas applicable à une procédure de liquidation judiciaire clôturée en dernier lieu en 2004. • Orléans, 22 févr. 2007 : *BICC 2007, n° 1888 ; RTD com. 2007. 460, obs. Vallens.* – Dans le même sens, V. • Angers, 9 oct. 2007 : *JCP E 2008. 1644.*

CHAPITRE IV *DE LA LIQUIDATION JUDICIAIRE SIMPLIFIÉE*

Le chapitre IV du titre IV du livre VI du code de commerce est applicable aux procédures en cours au jour de l'entrée en vigueur de la L. n° 2005-845 du 26 juill. 2005 [1er janv. 2006] (L. préc., art. 191).

BIBL. GÉN. ▸ M. Sénéchal, *Gaz. Pal. 2005. Doctr. 2962.* – Pérochon, *RPC 2006. 191.* – Theetten, *D. 2007. Chron. 394* (après le décret du 23 déc. 2006). ▸ Sur l'ordonnance du 18 déc. 2008 : Le Corre, *D. 2009. 677.* – Pérochon, *Gaz. Pal. 8-10 mars 2009, p. 3.* – Berthelot, *JCP E 2009. 1312.* ▸ Sur l'ordonnance du 12 mars 2014 : Martin-Serf, *Gaz. Pal. 31 déc. 2014-3 janv. 2015, p. 23.*

Art. L. 644-1 *(L. n° 2005-845 du 26 juill. 2005, art. 125)* **La procédure de liquidation judiciaire simplifiée est soumise aux règles de la liquidation judiciaire, sous réserve des dispositions du présent chapitre.**

Sur les mesures d'adaptation liées à l'urgence sanitaire (covid-19), V., infra, Ord. n° 2020-596 du 20 mai 2020, art. 6.

V. art. R. 644-1 s.

COMMENTAIRE

Les critères d'éligibilité à la procédure de liquidation judiciaire simplifiée sont définis par l'article L. 641-2 (V. ss. cet art.). Il résulte de l'article L. 644-1 que cette procédure n'a qu'une vocation subsidiaire. Autrement dit, les règles de la liquidation judiciaire « normale » y ont valeur supplétive, et sont applicables pour toutes les hypothèses pour lesquelles les articles L. 644-1 à L. 644-6 ne prévoient pas de dispositions spéciales dérogatoires (en ce sens, toutefois, que l'extension aux cessions d'actifs isolés des restrictions et interdictions d'acquérir, par l'article L. 642-20, ne devrait concerner que les ventes de gré à gré, à l'exclusion donc des ventes aux enchères publiques, et supposerait alors une autorisation au coup par coup du juge-commissaire, V. F. Pérochon, La liquidation judiciaire simplifiée, *RPC 2006. 191, nos 12 s.*).

Sur l'application des règles des articles L. 644-1 et suivants aux procédures en cours à la date d'entrée en vigueur de la loi de 2005, voir le commentaire sous l'article L. 641-2. ❑

Art. L. 644-1-1 *(Ord. n° 2014-326 du 12 mars 2014, art. 81, en vigueur le 1er juill. 2014)* **Lorsque le liquidateur réalise l'inventaire en application de l'article L. 641-2 et si la valeur des biens le justifie, le juge-commissaire désigne, aux fins de réaliser la prisée de l'actif, l'une des personnes mentionnées au dernier alinéa du II de l'article L. 641-1.**

COMMENTAIRE

Cet article, ajouté par l'ordonnance du 12 mars 2014, complète la précision apportée par ce texte à l'article L. 641-2. La simplification touche les formalités de l'inventaire comme celles de la prisée. L'inventaire reste obligatoire mais peut être effectué par le liquidateur lui-même (V. comm. ss. art. L. 641-2). La prisée, elle, devient facultative. C'est le juge-commissaire qui jugera de sa nécessité en fonction de la valeur des biens. Le cas échéant, il désignera alors, si nécessaire, un commissaire-priseur judiciaire, un huissier de justice, un notaire ou un courtier en marchandises assermenté. ❑

Art. L. 644-2 *(L. n° 2005-845 du 26 juill. 2005, art. 125) (Ord. n° 2008-1345 du 18 déc. 2008, art. 126)* **« Par dérogation aux dispositions de l'article L. 642-19, lorsque la procédure simplifiée est décidée en application de l'article L. 641-2** *(Abrogé par L. n° 2019-486 du 22 mai 2019, art. 57) (Ord. n° 2014-326 du 12 mars 2014, art. 82-1°, en vigueur le 1er juill. 2014)* ***« ou de l'article L. 641-2-1 »*****, le liquidateur procède à la vente des biens mobiliers de gré à gré ou aux enchères publiques dans les »** *(Ord. n° 2014-326 du 12 mars 2014, art. 82-1°, en vigueur le 1er juill. 2014)* **« quatre mois suivant la décision ordonnant la procédure simplifiée.**

A l'issue de cette période, il est procédé à la vente aux enchères publiques des biens subsistants.

(Abrogé par Ord. n° 2014-326 du 12 mars 2014, art. 82-2°, à compter du 1er juill. 2014) (Ord. n° 2008-1345 du 18 déc. 2008, art. 126) ***« Lorsque la procédure simplifiée est décidée en application de l'article L. 641-2-1, le tribunal ou le président du tribunal, selon le cas, détermine les biens du débiteur pouvant faire l'objet d'une vente de gré à gré dans les trois mois de sa décision. Sous cette réserve, les biens sont vendus aux enchères publiques. »***

Pour les dispositions transitoires de la L. n° 2019-486 du 22 mai 2019, V. 4e note ss. art. L. 626-27.

Ancien art. L. 644-2 (al. 1er) *[réd. issue de L. n° 2005-845 du 26 juill. 2005]* ***Par dérogation aux dispositions de l'article L. 642-19, lorsque le tribunal décide de l'application du présent chapitre, il détermine les biens du débiteur pouvant faire l'objet d'une vente de gré à gré. Le liquidateur y procède dans les trois mois suivant la publication de ce jugement.***

COMMENTAIRE

I. RÉGIME DE LA LOI DU 26 JUILLET 2005

La simplification des ventes de biens mobiliers opérée par la loi du 26 juillet 2005 a résulté de la disparition de la « tutelle » du juge-commissaire. Mais le Sénat avait souhaité maintenir un certain contrôle judiciaire. Aussi, contrairement à ce que le projet de loi prévoyait, dans le système initialement prévu par la loi de sauvegarde, le liquidateur ne procédait pas directement à la vente de gré à gré ou aux enchères publiques selon ce qu'il estimait le plus avantageux. Lorsque le tribunal décidait d'appliquer la procédure de liquidation judiciaire simplifiée, ce qu'il devait faire, en pratique, au vu de l'inventaire (V. art. L. 641-4 et L. 622-6), il lui incombait de déterminer les biens susceptibles de faire l'objet d'une vente de gré à gré pendant le délai de trois mois à compter de la publication du jugement d'ouverture (délai coïncidant avec celui des actions en revendication : V. art. L. 624-9). *A contrario*, la vente aux enchères publiques semblait toujours possible *(Rapp. Sénat, n° 335, p. 438* ; dans ce sens, V. aussi F. Pérochon, La liquidation judiciaire simplifiée, *RPC 2006. 191, n° 10*).

Selon une opinion pragmatique et de bon sens, le texte ne pouvant s'entendre comme posant une obligation d'autoriser des ventes de gré à gré, en l'absence de liste de biens cessibles de gré à gré, la vente aux enchères publiques s'imposait (F. Pérochon, *préc.*). Cette lecture souple des textes semblait confirmée par l'avis donné par la Cour de cassation, le 10 juillet 2006, sur une question voisine et plus générale, aux termes duquel l'application de la liquidation judiciaire simplifiée prévue par l'article L. 641-2, alinéa 2, était une faculté dont le tribunal peut faire usage dès l'ouverture de la procédure (V. note 1 ss. anc. art. L. 641-2).

On a pu regretter que le débiteur ne soit pas entendu (P. Roussel Galle, Réforme du droit des entreprises en difficulté, *Litec, 2e éd., 2007, n° 802*). Avant la réforme, il arrivait parfois que le liquidateur abandonnât, sur avis du juge-commissaire, les actifs dont la valeur était nulle car les frais de transport et d'entreposage étaient plus importants que la valeur vénale des biens (S. Gorrias, Panorama rapide de la liquidation judiciaire dans la loi de sauvegarde, *in* Regards croisés de praticiens sur la loi de sauvegarde, *LPA 17 févr. 2006, p. 96, n° 55* ; V. aussi A. Lizé, Les solutions vues par un mandataire judiciaire, *RPC 2006. 200, spéc. 203*).

La vente de gré à gré se fait sous la responsabilité du liquidateur (qu'il pourrait engager surtout en cas d'écart trop important par rapport à la valeur d'inventaire). Les autres biens sont vendus aux enchères publiques à l'initiative du liquidateur, sans autorisation du juge-commissaire (F. Pérochon, *préc., nos 10 et 11*).

Quant à l'accélération de la procédure, elle résultait de l'édiction de ce délai limite de trois mois à partir de la publication du jugement d'ouverture de la procédure pour procéder à ces ventes. A l'issue des trois mois, les biens subsistants devaient obligatoirement être vendus aux enchères publiques. Ce changement de modalité, qui pouvait se lire comme une sorte de sanction, a été critiqué pour son manque de souplesse, en ce sens que la loi n'avait pas prévu la possibilité pour le mandataire de solliciter une « rallonge », alors même que des négociations en cours pourraient être sur le point d'aboutir avant l'arrivée de l'échéance (F. Vauvillé, La cession d'actifs après la réforme du 26 juillet 2005, *Dr. et patr. 3/2006, p. 80, spéc. p. 89*).

II. RÉGIME ISSU DE L'ORDONNANCE DU 18 DÉCEMBRE 2008

L'ordonnance du 18 décembre 2008 avait réécrit l'article L. 644-2 afin de distinguer le régime de la vente des biens mobiliers selon qu'il s'agit d'une liquidation judiciaire simplifiée obligatoire (art. L. 641-2) ou d'une liquidation judiciaire simplifiée facultative (art. L. 641-2-1). Dans ce dernier cas, logiquement, les modalités de vente étaient assouplies.

A. LIQUIDATION JUDICIAIRE SIMPLIFIÉE OBLIGATOIRE

Dans cette hypothèse, il était simplement prévu que le liquidateur devait procéder à la vente des biens mobiliers de gré à gré ou aux enchères publiques, dans les trois mois suivant le jugement de liquidation judiciaire. Ce qui signifie trois choses, par rapport au régime antérieur (V. ci-dessus). D'une part, que le liquidateur n'a plus à déterminer les biens susceptibles d'être vendus de gré à gré, tous peuvent l'être. D'autre part, qu'il lui est indiscutablement toujours possible de préférer la voie des enchères publiques (et cela même s'agissant des biens ayant fait l'objet d'une autorisation de vente de gré à gré par le tribunal ou le président : A.-S. Texier et E. Russo, Le nouveau droit des entreprises en difficulté après l'ordonnance du 18 décembre 2008 et son décret d'application du 12 février 2009, *LPA 2 mars 2009, p. 3, n° 27*). Enfin, que le délai de trois mois ne courait plus de la publication du jugement mais de la date de celui-ci. Ce qui est normal, puisqu'il ne saurait être question d'opposabilité à l'égard du liquidateur ; et qui participe de l'accélération des opérations de liquidation.

A l'issue de cette période, comme auparavant, il était procédé à la vente aux enchères publiques des biens subsistants.

B. LIQUIDATION JUDICIAIRE SIMPLIFIÉE FACULTATIVE

Dans cette hypothèse, le texte de 2008 était plus proche de l'ancien : le tribunal ou le président du tribunal déterminait les biens du débiteur pouvant faire l'objet d'une vente de gré à gré. Cette vente devait intervenir dans les trois mois de la décision. « Sous cette réserve », disait le texte, les biens sont vendus aux enchères publiques. Ce qui semblait signifier que, non seulement, passé ce délai, la vente aux enchères publiques était de droit, mais aussi que, même durant ce délai, elle était possible.

III. RÉGIME DE L'ORDONNANCE DU 12 MARS 2014

Par souci de simplification accrue, l'ordonnance du 12 mars 2014 avait supprimé la dualité de régime selon qu'il s'agissait d'une liquidation judiciaire simplifiée obligatoire (art. L. 641-2) ou d'une liquidation judiciaire simplifiée facultative (art. L. 641-2-1). D'où l'abrogation du dernier alinéa de l'article L. 644-2.

Autre changement, de délai : ce n'est désormais plus dans le délai de trois mois suivant le jugement de liquidation judiciaire, mais dans le délai de quatre mois suivant la décision ordonnant la procédure simplifiée, que le liquidateur doit procéder à la vente des biens mobiliers de gré à gré ou aux enchères publiques.

IV. RÉGIME DE LA LOI PACTE DU 22 MAI 2019

La loi PACTE ayant purement et simplement supprimé la liquidation judiciaire simplifiée facultative (V. comm. ss. art. L. 641-2), elle a, logiquement, supprimé, dans l'article L. 644-2, la référence à l'article L. 641-2-1, désormais abrogé. ❑

Art. L. 644-3 *(L. n° 2005-845 du 26 juill. 2005, art. 125)* **Par dérogation aux dispositions de l'article L. 641-4, il est procédé à la vérification des seules créances suscep-**

tibles de venir en rang utile dans les répartitions et des créances résultant d'un contrat de travail.

Pour l'entrée en vigueur, V. note précédant l'art. L. 644-1.

COMMENTAIRE

L'article L. 644-3, issu de la loi du 26 juillet 2005, est encore plus « expéditif » que l'ancien article L. 621-102 et l'article L. 641-4, alinéa 2, nouveau. On comprend bien pourquoi : à quoi bon engager cette opération lourde, et donc coûteuse, s'il n'y a rien à en attendre (V. P.-M. Le Corre, La dispense de vérification du passif chirographaire, *D. 2000. Chron. 275*) ?

A la lettre, et contrairement à l'ancien article L. 622-4 et à l'article L. 641-4, alinéa 2, le présent article n'exclut pas de la dispense les créances privilégiées. Mais, de fait, elles ne devraient guère être concernées. D'abord, c'est évident, quand le privilège porte sur un bien immobilier, puisque, par hypothèse, lorsque l'actif du débiteur comprend de tels biens, le recours à la liquidation judiciaire simplifiée est proscrit (V. art. L. 641-2). Ensuite, pour les autres créanciers titulaires de sûretés mobilières spéciales ou de privilèges généraux, les créances seront vraisemblablement de celles « susceptibles de venir en rang utile dans les répartitions ». On voit mal, en pratique, un liquidateur prendre le risque de se dispenser de vérifier et donc d'admettre de telles créances. Il risquerait d'engager sa responsabilité civile.

Par ailleurs, à la différence de l'article L. 641-4, alinéa 2, dont il constitue une dérogation expresse, l'article L. 644-3 ne réserve pas le cas où serait envisagée une action en comblement de passif (ou, avant l'ordonnance de 2008 qui l'a supprimée, une action en obligation aux dettes sociales), contre le dirigeant de la personne morale débitrice. Mais sans doute convient-il alors, plus généralement, d'écarter les règles de la liquidation judiciaire simplifiée, d'autant plus, comme cela a été souligné, que les délais de clôture de cette procédure semblent *a priori* assez inconciliables avec l'engagement de telles actions (P.-M. Le Corre, Droit et pratique des procédures collectives, *Dalloz Action, 2023/2024, 672.121* ; V. aussi F. Pérochon, La liquidation judiciaire simplifiée, *RPC 2006. 191, n° 16*).

De manière générale, il paraît difficile d'identifier les créances susceptibles de venir en rang utile sans procéder à l'élaboration provisoire d'une procédure de répartition des deniers provenant de la réalisation des actifs mobiliers (M. Sénéchal, La liquidation judiciaire simplifiée dans la loi du 26 juillet 2005 de sauvegarde des entreprises, *Gaz. Pal. 7-8 sept. 2005, p. 46, n° 5* ; P. Froehlich et M. Sénéchal, *in* La loi de sauvegarde, article par article [2e partie], *LPA 9 févr. 2006, p. 49*). En pratique, une répartition fictive devrait être envisagée sur la base, d'une part, du produit maximal des réalisations, d'autre part, du montant minimal des créances privilégiées (V., sur ce point, F. Pérochon, *préc., n° 18*).

Rappelons ici que les créanciers non admis ne perdent pas pour autant leur droit de reprendre, dans les cas d'ouverture prévus par l'article L. 643-11, les poursuites contre le débiteur une fois la procédure clôturée (V. ss. cet art.). ❑

Art. L. 644-4 *(Ord. n° 2008-1345 du 18 déc. 2008, art. 127)* **A l'issue de la procédure de vérification et d'admission des créances telle que prévue à l'article L. 644-3 et de la réalisation des biens, le liquidateur fait figurer ses propositions de répartition sur l'état des créances.** *(Ord. n° 2021-1193 du 15 sept. 2021, art. 63, en vigueur le 1er oct. 2021)* **« Il évalue le montant des frais de justice mentionnés au 3° du I de l'article L. 643-8 prévisibles. » Cet état ainsi complété est déposé au greffe et fait l'objet d'une mesure de publicité.** *(Ord. n° 2014-326 du 12 mars 2014, art. 83, en vigueur le 1er juill. 2014)* **« Toutefois, s'il apparaît que les sommes à répartir ne permettent que le paiement des créanciers mentionnés** *(Ord. n° 2021-1193 du 15 sept. 2021, art. 63, en vigueur le 1er oct. 2021 ; L. n° 2023-973 du 23 oct. 2023, art. 14-II)* **« aux 1° à 7° du I de l'article L. 643-8 », l'état complété ne fait l'objet que d'un dépôt au greffe. »**

Tout intéressé peut en prendre connaissance et, à l'exclusion du liquidateur, former réclamation devant le juge-commissaire dans des conditions fixées par décret en Conseil d'État. Les réclamations du débiteur ne peuvent concerner que les propositions

de répartition. Celles des créanciers ne peuvent pas être formées contre les décisions du juge-commissaire portées sur l'état des créances auxquelles ils ont été partie.

Le juge-commissaire statue sur les contestations par une décision qui peut faire l'objet d'un recours dans un délai fixé par décret en Conseil d'État.

Le liquidateur procède à la répartition conformément à ses propositions ou à la décision rendue.

Pour les dispositions transitoires de l'Ord. n° 2021-1193 du 15 sept. 2021, V. note ss. art. L. 611-2.

Pour les dispositions transitoires de la L. n° 2023-973 du 23 oct. 2023, V. 3e note ss. art. L. 643-8.

V. art. R. 644-2 et R. 644-3.

Ancien art. L. 644-4 *[réd. issue de L. n° 2005-845 du 26 juill. 2005]* ***A l'issue de la procédure de vérification et d'admission de ces créances et de la réalisation des biens, le liquidateur établit un projet de répartition qu'il dépose au greffe où tout intéressé peut en prendre connaissance et qui fait l'objet d'une mesure de publicité.***

Tout intéressé peut contester le projet de répartition devant le juge-commissaire dans un délai fixé par décret en Conseil d'État.

Le juge-commissaire statue sur les contestations par une décision qui fait l'objet d'une mesure de publicité et d'une notification aux créanciers intéressés. Un recours peut être formé dans un délai fixé par décret en Conseil d'État.

Le liquidateur procède à la répartition conformément au projet ou à la décision rendue.

Pour l'entrée en vigueur, V. note précédant l'art. L. 644-1.

COMMENTAIRE

I. LOI DU 26 JUILLET 2005

L'article L. 644-4, issu de la loi de 2005, déroge, sans le dire, aux dispositions des articles L. 624-1 et suivants. Comme pour les opérations de réalisation, le liquidateur se voit investi d'une partie des pouvoirs relevant du juge-commissaire dans les liquidations judiciaires « normales ».

Cette disposition est opportune. Jusqu'à la loi du 26 juillet 2005, en effet, les distributions mobilières ne faisaient l'objet d'aucun état de collocation susceptible de contestation par les créanciers, de sorte que les erreurs de répartition se réglaient sur le terrain juridique, mal adapté, de la règle de l'égalité des créanciers, combinée, par la jurisprudence, avec la théorie de la répétition de l'indu, dont elle refusait de faire subir les effets aux créanciers privilégiés en cas d'erreur sur l'ordre des privilèges (V. aussi notes ss. art. L. 643-4 ; J.-P. Sénéchal, La réforme de la liquidation judiciaire, colloque CRAJEFE du 27 mars 2004, *LPA 10 juin 2004, p. 43, spéc. p. 48* ; M. Sénéchal, La liquidation judiciaire simplifiée dans la loi du 26 juillet 2005 de sauvegarde des entreprises, *Gaz. Pal. 7-8 sept. 2005, p. 46, n° 9*).

II. ORDONNANCE DU 18 DÉCEMBRE 2008

L'ordonnance du 18 décembre 2008 a réécrit le texte, lui apportant, outre une amélioration rédactionnelle sur plusieurs points, deux modifications notables.

D'une part, il est prévu désormais que le liquidateur fait figurer ses propositions de répartition sur l'état des créances, ce qui revient à ne plus déposer au greffe et publier qu'un état unique, regroupant l'état des créances et l'état de répartition.

D'autre part, est encadré le droit de former réclamation devant le juge-commissaire. D'abord, le liquidateur en est logiquement exclu. Ensuite, les réclamations du débiteur sont cantonnées aux propositions de répartition. Enfin, les créanciers se voient interdire de former des réclamations contre les décisions du juge-commissaire portées sur l'état des créances auxquelles ils ont été partie.

S'agissant du premier point, selon un auteur, une autre pratique, plus simple et plus rapide, pourrait être suivie, à condition que le liquidateur n'émette pas de contestation des créances : en même temps qu'il transmet la liste des créances déclarées, il ferait figurer sur cette liste ses propositions de répartitions. Le juge-commissaire pourrait ainsi déposer au greffe un état des créances sur lequel figureront déjà les propositions de répartitions du liquidateur (P.-M. Le Corre, Droit et pratique des procédures collectives, *Dalloz Action, 2023/2024, 565.621*). A noter encore ces précisions apportées par un praticien : d'abord, malgré le pluriel employé par le texte (« propositions »), le liquidateur ne saurait faire qu'une seule proposition de répartition ; ensuite, l'état des créances ne serait pas déposé au greffe par le liquidateur, mais par le greffier lui-même, au sens où la liste des créances est déjà au greffe, revêtue des décisions du juge-commissaire (art. R. 624-8 ; P. Canet, Premières remarques sur les modifications apportées par l'ordonnance n° 2008-1345 du 18 décembre 2008 en matière de liquidation judiciaire, *RPC 2009. Dossier 12, n° 25*).

Les modalités d'application de l'article L. 644-4 sont précisées par les articles R. 644-2 et R. 644-3, modifiés par le décret de 2009. Le délai dans lequel tout intéressé peut contester l'état des créances complété par le projet de répartition devant le juge-commissaire est d'un mois à compter de la publication de l'avis de dépôt du projet de répartition au BODACC ainsi que dans un journal d'annonces légales, c'est-à-dire, vraisemblablement, à compter de la seconde en date des deux insertions prévues (V. F. Pérochon, La liquidation judiciaire simplifiée, *RPC 2006. 191, n° 19*, qui regrette que se trouve ainsi encore rallongé le déjà trop long, à ses yeux, délai de trente jours).

Notons que le texte ne précise pas devant quelle juridiction doit être exercé le recours prévu contre les décisions par lesquelles le juge-commissaire statue sur les contestations relatives à la répartition. Le tribunal de la procédure devrait être compétent en application de l'article R. 621-21, auquel renvoie l'article R. 644-3 s'agissant des délais et des formes de ce recours (V., critiquant, le nombre de recours possibles, nuisant à la célérité de la procédure, F. Pérochon, La liquidation judiciaire simplifiée, *préc., nos 20 s.*).

III. ORDONNANCE DU 12 MARS 2014

Soucieuse de simplifier encore, l'ordonnance du 12 mars 2014 a limité la publicité de l'état des créances : si les sommes à répartir ne permettent que de payer les créances garanties par le superprivilège des salariés et les créanciers privilégiés visés par le II de l'article L. 641-13, l'état complété ne fait l'objet que d'un dépôt au greffe.

IV. ORDONNANCE DU 15 SEPTEMBRE 2021

L'ordonnance du 15 septembre 2021 s'est contentée d'ajouter la précision selon laquelle le liquidateur doit évaluer le montant des frais de justice « mentionnés au 3° du I de l'article L. 643-8 prévisibles », ce qui vise les frais de justice nés régulièrement après le jugement d'ouverture pour les besoins du déroulement de la procédure restés impayés à l'échéance. ❑

Art. L. 644-5 *(L. n° 2005-845 du 26 juill. 2005, art. 125) (L. n° 2019-486 du 22 mai 2019, art. 57)* **« Le tribunal prononce la clôture de la liquidation judiciaire au plus tard dans le délai de six mois à compter de la décision ayant ordonné ou décidé l'application de la procédure simplifiée, le débiteur entendu ou dûment appelé. Ce délai est porté à un an lorsque le nombre des salariés du débiteur ainsi que son chiffre d'affaires hors taxes sont supérieurs à des seuils fixés par décret. »** — *Pour les dispositions transitoires de la L. n° 2019-486 du 22 mai 2019, V. 4e note ss. art. L. 626-27. — V. art. D. 641-10.*

(Ord. n° 2014-326 du 12 mars 2014, art. 84-1° et 2°, en vigueur le 1er juill. 2014) **« Le tribunal » peut, par un jugement spécialement motivé, proroger la procédure pour une durée qui ne peut excéder trois mois.**

Pour l'entrée en vigueur, V. note précédant l'art. L. 644-1.

Sur les mesures d'adaptation liées à l'urgence sanitaire (covid-19), V., infra, Ord. n° 2020-341 du 27 mars 2020, art. 2.

COMMENTAIRE

I. RÉGIME ANTÉRIEUR À LA LOI PACTE DU 22 MAI 2019

L'article L. 644-5, dans sa version initiale, représentait une pièce essentielle de la réforme de 2005. Il devait garantir la rapidité des « petites » procédures de liquidation judiciaire. Leur durée ne pouvait excéder 12 mois ; exceptionnellement 15 mois. Auparavant, la durée moyenne d'une liquidation était de presque quatre ans (*Rapp. AN, n° 2095, p. 413*).

Dans sa rédaction originelle, le texte prévoyait un délai d'un an « après l'ouverture de la procédure ».

Le point de départ du délai, estimait-on alors, devait vraisemblablement s'entendre de la date du jugement de liquidation judiciaire, non de celle du jugement optant pour la liquidation judiciaire simplifiée, ce qui découlait, à la fois, de la lettre du texte (visant l'ouverture de la procédure), et de son esprit (raccourcir la durée de la procédure ; V. aussi F. Pérochon, La liquidation judiciaire simplifiée, *RPC 2006. 191, n° 23*). Toutefois, tel n'est pas le choix fait par les rédacteurs de l'ordonnance du 18 décembre 2008, qui étaient intervenus pour modifier l'alinéa 1er, et faire courir le délai d'un an de « la décision ayant ordonné ou décidé l'application de la procédure simplifiée » (solution qui présente l'avantage de ne pas amputer la durée effective de la procédure simplifiée : F. Pérochon, A propos de la réforme de la liquidation judiciaire par l'ordonnance du 18 décembre 2008, *Gaz. Pal. 8-10 mars 2009, p. 3, n° 23*). En cas de liquidation judiciaire simplifiée obligatoire (art. L. 641-2), toutefois, le délai courrait bien du jugement de liquidation judiciaire. Mais il n'en allait pas forcément de même en cas de liquidation judiciaire simplifiée facultative (art. L. 641-2-1, abrogé par la loi de 2019).

Quant à l'éventuel jugement de prolongation, ni la loi ni le décret ne prévoyaient sa publication (G. Bolard, Les fonctions des mandataires de justice, *RPC 2006. 205, n° 15*).

L'existence, le cas échéant, d'un contentieux prud'homal en cours à l'expiration du délai d'un an ne devrait, en théorie, pas faire obstacle à la clôture de la liquidation judiciaire simplifiée, d'autant moins que l'article L. 3253-15 (anc. art. L. 143-11-7) du code du travail prévoit l'avance, par l'AGS, des sommes correspondant à des créances établies par décision de justice exécutoire (M. Sénéchal, La liquidation judiciaire simplifiée dans la loi du 26 juillet 2005 de sauvegarde des entreprises, *Gaz. Pal. 7-8 sept. 2005, p. 46, n° 11*). Mais, en pratique, cette interprétation présente l'inconvénient de priver le salarié d'un contradicteur, en la personne du liquidateur, et d'un interlocuteur unique et stable pour l'établissement rapide d'un bordereau de créances salariales et le suivi de son dossier avec l'AGS (P. Froehlich et M. Sénéchal, *in* La loi de sauvegarde, article par article [2e partie], *LPA 9 févr. 2006, p. 50*).

L'ordonnance du 12 mars 2014 avait fait un pas de plus, dans l'accélération de la procédure, en réduisant le délai à six mois dans l'hypothèse d'une liquidation judiciaire simplifiée obligatoire (art. L. 641-2).

Notons encore que la Cour de cassation a refusé de transmettre au Conseil constitutionnel une question prioritaire de constitutionnalité visant l'article L. 644-5, ensemble l'article L. 643-9, en ce que les textes ne prévoient pas la possibilité, pour le débiteur, en cas de dépassement du délai légal, de faire prononcer la clôture de la liquidation judiciaire simplifiée. A cette occasion, la chambre commerciale a admis que le débiteur peut à tout moment saisir le tribunal d'une requête tendant à ce qu'il soit statué sur la clôture de la procédure (Com. 8 avr. 2014 : V. note ci-dessous).

II. RÉGIME ISSU DE LA LOI PACTE DU 22 MAI 2019

La loi PACTE du 22 mai 2019 a encore essayé d'accélérer le déroulement de la liquidation judiciaire simplifiée. Alors que le texte, auparavant, prévoyait que la liquidation simplifiée était clôturée au terme d'un délai de six mois lorsqu'elle était obligatoire et d'un an lorsqu'elle était facultative, pour les procédures ouvertes à compter du 24 mai 2019, elle doit désormais être prononcée dans un délai de six mois, porté à un an si le nombre de salariés ainsi que le chiffre d'affaires sont supérieurs à des seuils fixés par décret. Ces seuils ont été fixés par un décret du 21 novembre 2019, pour le chiffre d'affaires hors taxes à 300 000 euros, et, pour le nombre de salariés, à 1. Ils s'appliquent aux procédures ouvertes à compter du 23 novembre 2019.

En revanche, l'alinéa 2 de l'article L. 644-5 n'étant pas modifié, le tribunal peut toujours, par une décision spécialement motivée, proroger la procédure pour une durée de trois mois. ❑

Le débiteur peut à tout moment saisir le tribunal d'une requête tendant à ce qu'il soit statué sur la clôture de la procédure de liquidation judiciaire simplifiée (non-renvoi d'une QPC relative à l'absence de disposition permettant au débiteur, en cas de dépassement du délai légal, de faire prononcer la clôture de la procédure). • Com., QPC, 8 avr. 2014 : *D. 2014. Actu. 925* ; *LEDEN 5/2014. 5, obs. Favario.*

Art. L. 644-6 *(L. n° 2005-845 du 26 juill. 2005, art. 125)* **A tout moment, le tribunal peut décider, par un jugement spécialement motivé, de ne plus faire application des dérogations prévues au présent chapitre.** – *V. art. R. 644-4.*

Pour l'entrée en vigueur, V. note précédant l'art. L. 644-1.

COMMENTAIRE

L'article L. 644-6 donne la faculté au tribunal de décider, à tout moment de la procédure simplifiée, de revenir au régime de la procédure « normale » (en ce sens que, malgré le silence du texte, le liquidateur et le débiteur, ainsi que le ministère public, devraient pouvoir saisir le tribunal à cette fin, par analogie avec l'article L. 643-9, relatif à la clôture de la liquidation judiciaire, V. F. Pérochon, La liquidation judiciaire simplifiée, *RPC 2006. 191, n° 39*). La loi ne pose pas de condition à l'exercice de ce pouvoir, mais le jugement doit être spécialement motivé (on pense, par exemple, à la découverte de la forte valeur d'un bien mobilier, tel le fonds de commerce). Il résulte *a contrario* de l'article 312 du décret du 28 décembre 2005, modifié par le décret du 23 décembre 2006, devenu l'article R. 644-1, que le jugement qui refuserait de mettre fin à la liquidation judiciaire simplifiée ne serait pas une mesure d'administration judiciaire et serait donc susceptible de recours (J. Theetten, La liquidation judiciaire simplifiée après le décret du 23 décembre 2006, *D. 2007. Chron. 394*).

La marge de manœuvre laissée au tribunal est donc – si la comparaison a un sens car les enjeux, certes, sont différents – plus grande que celle que laissait l'ancien article L. 621-134 qui, avant que ne soit supprimée la procédure de redressement judiciaire simplifié, subordonnait le retour à la procédure normale à la condition que celle-ci fût « de nature à favoriser le redressement de l'entreprise ».

Reste à voir à l'usage si ce texte ne risque pas de vider de toute sa portée la procédure simplifiée de liquidation judiciaire, qui pourrait de fait se trouver reléguée à des cas d'exception (V. P.-M. Le Corre, Droit et pratique des procédures collectives, *Dalloz Action, 2023/2024, 565.121*). D'autant que, comme l'a montré un auteur, la possibilité offerte par l'article L. 644-6 incite à « tenter » la liquidation simplifiée, surtout dans l'hypothèse d'une conversion de sauvegarde ou de redressement judiciaire, qui permet un jugement unique ordonnant la liquidation judiciaire et la liquidation simplifiée (V. ss. art. L. 641-2), et si l'on admettait que l'expiration du délai de l'article L. 644-5 aboutissait de plein droit, en l'absence de jugement de clôture ou de prorogation, à la « péremption » de la liquidation judiciaire simplifiée, et donc au retour automatique au régime normal de la liquidation judiciaire (F. Pérochon, *préc., n°s 42 et 43*). Il est dommage, à cet égard, a souligné ce même auteur après la réforme de 2008, que les rédacteurs de l'ordonnance n'aient pas précisé ce point dont l'instauration d'un régime de liquidation simplifiée obligatoire augmente l'acuité (F. Pérochon, A propos de la réforme de la liquidation judiciaire par l'ordonnance du 18 décembre 2008, *Gaz. Pal. 8-10 mars 2009, p. 3, n° 24*). Hors de ce schéma, très favorable par sa souplesse, c'est, au contraire, la prudence même qui doit inciter à ne recourir à la liquidation simplifiée que dans les procédures ne présentant nulle difficulté, car le retour à la procédure normale après option hâtive ou trop optimiste pour le régime simplifié conduirait, en définitive, à l'inverse du but recherché, à un alourdissement notable de la procédure qui, toute modeste qu'elle apparût par définition au départ, n'entraînerait pas moins de trois jugements : jugement d'ouverture, jugement optant pour le régime simplifié, jugement décidant le retour au régime général (P. Froehlich et M. Sénéchal, *in* La loi de sauvegarde, article par article [2e partie], *LPA 9 févr. 2006, p. 51*). Pour cette raison la Cour de cassation a-t-elle estimé, dans un avis du 10 juillet 2006, que l'application de la liquidation judiciaire simplifiée prévue par l'article L. 641-2, alinéa 2, est une faculté dont le tribunal peut faire usage dès l'ouverture de la procédure (V. note 1 ss. cet art.).

Quant aux conséquences de ce retour à la liquidation judiciaire « normale », il n'est pas douteux qu'aucune remise en cause des opérations accomplies conformément aux règles de la procédure simplifiée n'est concevable : simplement, pour l'avenir, les réalisations d'actifs se feront sur ordonnance du juge-commissaire, comme le veut l'article L. 642-19 (F. Pérochon, *préc.*, *n° 41*). ❑

CHAPITRE V *DU RÉTABLISSEMENT PROFESSIONNEL*

(Ord. n° 2014-326 du 12 mars 2014, art. 85, en vigueur le 1er juill. 2014)

BIBL. GÉN. ▶ Reille, *RPC 2014. Dossier 22.* – Canet, *ibid. 23* (point de vue d'un praticien). – Roussel Galle, *Gaz. Pal. 2014. 1273 ; Mél. Serlooten, Dalloz, 2015, p. 233.* – M. Sénéchal, *BJE 2014. 196.* – Stefania, *JCP E 2014. 1345.* – Berger-Tarare, *RPC 2014. Étude 12* (concurrence entre la liquidation judiciaire et le rétablissement professionnel). – Macorig-Venier, *Dr. et patr. juill.-août 2014. 52.* – Henry et André, *RPC 2014. Dossier 31.* – Jakouloff, *RLDA sept. 2014. 73.* – V. Legrand, *LPA 19 nov. 2014* (difficultés de mise en pratique) ; *LPA 1er-2 janv. 2015* (quel sort réserver à la caution du débiteur ?). – Vallens et Frœhlich, *Gaz. Pal. 2015. 669.* – Delattre, *BJE 2015. 182* (premiers retours jurisprudentiels). – Puygauthier, *JCP N 2015. 1117* (conséquences pour le notaire). – Le Corre, *Gaz. Pal. 28 juin 2016, p. 73* (questions-réponses). – Lebel, *RPC 2016. Étude 13* (premières applications). – Amizet, *BJE 2016. 440* (point de vue du praticien).

Art. L. 645-1 Il est institué une procédure de rétablissement professionnel sans liquidation ouverte à tout débiteur, personne physique, mentionné au premier alinéa de l'article L. 640-2 *(L. n° 2016-1547 du 18 nov. 2016, art. 99-VI-3°)* **« , en cessation des paiements et dont le redressement est manifestement impossible »,** *(Abrogé par L. n° 2019-486 du 22 mai 2019, art. 57)* ***« qui ne fait l'objet d'aucune procédure collective en cours, »*** *(L. n° 2016-1547 du 18 nov. 2016, art. 99-VI-3°)* **« n'a pas cessé son activité depuis plus d'un an, » n'a employé aucun salarié au cours des six derniers mois et dont l'actif déclaré a une valeur inférieure à un montant fixé par décret en Conseil d'État.** *(Ord. n° 2021-1193 du 15 sept. 2021, art. 64, en vigueur le 1er oct. 2021)* **« Les biens que la loi déclare insaisissables de droit ne sont pas pris en compte pour déterminer la valeur de l'actif. »**

(L. n° 2022-172 du 14 févr. 2022, art. 5, en vigueur le 15 mai 2022) **« La procédure de rétablissement professionnel a pour objet le traitement simplifié du passif grevant le ou les patrimoines du débiteur personne physique. Lorsque le débiteur est titulaire de plusieurs patrimoines, le seuil mentionné au premier alinéa du présent article est déterminé en prenant en compte l'ensemble de ses patrimoines.**

« La procédure ne peut être ouverte en cas d'instance prud'homale en cours impliquant le débiteur au titre de l'un quelconque de ses patrimoines. »

Sur les dispositions transitoires de la L. n° 2016-1547 du 18 nov. 2016, V. note ss. art. L. 641-1.

Sur les dispositions transitoires de la L. n° 2019-486 du 22 mai 2019, V. 4e note ss. art. L. 626-27.

Sur les dispositions transitoires de l'Ord. n° 2021-1193 du 15 sept. 2021, V. note ss. art. L. 611-2.

Sur les dispositions transitoires de la L. n° 2022-172 du 14 févr. 2022, V. note ss. art. L. 611-13.

Sur les mesures d'adaptation liées à l'urgence sanitaire (covid-19), V., infra, Ord. n° 2020-596 du 20 mai 2020, art. 6.

V. art. R. 645-1 s.

COMMENTAIRE

I. INSPIRATION DU RÉTABLISSEMENT PROFESSIONNEL

Les dispositions du chapitre V du titre IV du livre VI du code de commerce, issues de l'ordonnance du 12 mars 2014, constituent les mesures prévues par la loi d'habilitation du 2 janvier 2014 tendant à « créer une procédure spécifique destinée aux débiteurs qui ne disposent pas de salariés ni d'actifs permettant de couvrir les frais de procédure et de faciliter la clôture pour insuffisance d'actif lorsque le coût de la réalisation des actifs résiduels est disproportionné » (art. 2-5°).

Sous la nouvelle appellation de « procédure de rétablissement professionnel sans liquidation », les articles L. 645-1 et suivants s'inspirent directement de la suggestion « pratico-doctrinale » faite par F.-X. Lucas et M. Sénéchal dans une chronique parue en 2013 au Recueil (F.-X. Lucas et M. Sénéchal, La procédure d'enquête pour le rétablissement professionnel, *D. 2013. Chron. 1852*).

Selon ces auteurs : « Cette procédure de rétablissement professionnel ne serait plus une véritable procédure collective, mais un dispositif de contrôle de l'éligibilité du débiteur à ce mode simplifié d'apurement de son passif. Elle se ramènerait à une phase d'enquête et d'investigation menée par un mandataire judiciaire. Elle n'en produirait pas moins les effets traditionnellement attachés à une procédure collective, tels le dessaisissement du débiteur, l'arrêt des poursuites individuelles et l'interdiction des paiements ». Poursuivant, ils imaginaient que : « Seront éligibles à cette nouvelle procédure les débiteurs sans actifs (les dossiers dits « impécunieux », environ 20 000 par an), qui ne sont pas en mesure d'assumer les frais occasionnés par une procédure de liquidation judiciaire, et qui n'auront employé aucun salarié au cours des six mois précédant l'ouverture. Pour éviter les effets d'aubaine pouvant résulter de cette procédure très favorable aux débiteurs, il serait exclu de bénéficier de deux rétablissements professionnels successifs dans un délai de cinq ans. On peut hésiter à réserver ce rétablissement professionnel aux seules personnes physiques ou à l'étendre à tous les débiteurs sans distinction. Le motif d'hésitation à ouvrir cette procédure ultra-simplifiée aux personnes morales tient à ce que les sociétés pourraient y trouver le moyen d'échapper à l'obligation de procéder à leur liquidation amiable, préférant par ce biais bénéficier d'une liquidation gratuite et peu contraignante ».

Comme la lecture des articles suivants l'atteste, le « législateur » s'est largement inspiré de ces préconisations, même si, la différence est notable à bien des égards, le mécanisme instituée par la réforme de 2014 ne correspond pas à une procédure collective produisant les effets traditionnellement attachés à celle-ci (discipline collective des créanciers, dessaisissement du débiteur, notamment : V. P.-M. Le Corre, *D. 2014. Chron. 733* , *nº 41*). Ce que confirme le Rapport au président de la République : « Il ne s'agit pas d'une procédure entraînant dessaisissement du débiteur, ni représentation collective des créanciers par un mandataire, avec les conséquences connues d'une telle discipline collective ». Rien que de logique, dans la mesure où, précisément, tous ces mécanismes n'ont de sens qu'en cas d'existence d'un actif, gage des créanciers, à préserver et à répartir de manière ordonnée.

Les premiers pas du rétablissement professionnel étaient assez décevants, témoignant d'un accueil assez réticent de la pratique. Selon l'étude d'impact de la loi PACTE (p. 201), un peu plus de 500 rétablissements professionnels ont été ouverts entre 2014 et 2017. Pour cette raison, la loi PACTE du 22 mai 2019 en a fait la procédure par défaut proposée par le tribunal pour tout débiteur correspondant aux critères d'éligibilité (V. art. L. 626-27, L. 631-7, L. 631-20-1 et L. 641-1).

II. DOMAINE DU RÉTABLISSEMENT PROFESSIONNEL

Le rétablissement professionnel sans liquidation est réservé aux débiteurs personnes physiques (selon les mêmes critères que pour l'éligibilité à la liquidation judiciaire, excluant donc les dirigeants de société : T. com. Valenciennes, 1er déc. 2014 : *APC 2015, nº 29, obs. Vallansan*), n'ayant employé aucun salarié au cours des six derniers mois (il s'agit d'exclure la mise en cause de l'AGS) et dont la valeur de l'actif est inférieure à un montant à fixer par décret. Ce montant avait été fixé initialement à 5 000 euros par l'article R. 645-1, avant d'être porté à 15 000 € par l'ordonnance du 15 septembre et le décret du 23 septembre 2021 (V. déjà, à titre exceptionnel, durant la crise sanitaire, selon l'Ord. nº 2020-596 du 20 mai 2020, dispositif prolongé jusqu'au 31 déc. 2021 par la L. nº 2020-1525 du 7 déc. 2020). Selon la cour d'appel de Versailles, les juges du fond (tribunal ou cour d'appel) doivent apprécier au jour où ils statuent la valeur de réalisation, et non d'acquisition, des actifs déclarés par le débiteur (Versailles, 14 avr. 2016 : *cité note 1*). Une autre précision importante, quoique discutable car excessivement protectrice du débiteur, avait été apportée par la cour d'appel de Grenoble, laquelle avait refusé de prendre en compte la valeur de la résidence principale, en raison de son caractère insaisissable, qui la faisait échapper à l'effet réel de la procédure (Grenoble, 9 janv. 2020 : *cité note 2*). Cette approche conduisait à accorder au débiteur personne physique une double protection, que le législateur de 2014 n'avait sans doute pas voulue, estimait un auteur (V. obs. Cagnoli, *APC 2020, n° 74*). Et pourtant cette exclusion a été expressément consacrée par l'ordonnance du 15 septembre 2021, dans le but d'élargir le champ d'application du rétablissement. Avec cette conséquence qu'une personne physique propriétaire de sa résidence principale, insaisissable de plein droit, pourra bénéficier du rétablissement professionnel si son actif ne dépasse pas 15 000 €, mais, dans le cas contraire, ne pourra pas bénéficier de la liquidation judiciaire simplifiée (V. J. Vallansan et F. Petit, Droit au rebond : un pas de plus !, *RPC 2021. Dossier 11, n° 10*). Notons encore ici que l'idée d'instaurer un seuil maximal de passif, un temps évoquée, n'a finalement pas été retenue par la loi PACTE du 22 mai 2019. Cependant, la loi n° 2022-172 du 14 février 2022 s'en est quand même, semble-t-il, inspirée, en excluant l'effacement des dettes en cas de montant du passif total disproportionné au regard de la valeur de l'actif (V. art. L. 654-11, dernier al.).

Dans le régime originel de 2014, le texte subordonnait le bénéfice de la procédure à la condition que le débiteur ne fît pas, par ailleurs, déjà l'objet d'une procédure collective en cours (précision alors nécessaire puisque, n'étant pas une procédure collective, l'article L. 640-2, alinéa 2, ne s'appliquait pas au rétablissement professionnel). Mais peu importait que le débiteur ait, par ailleurs, été le dirigeant d'une société en liquidation judiciaire (Versailles, 14 avr. 2016 : *préc.*). Afin de clarifier l'articulation avec la liquidation judiciaire, la loi du 18 novembre 2016 a ajouté sous forme de précision expresse cette double condition à remplir par le débiteur, qui doit être en cessation des paiements et dont le redressement doit être manifestement impossible. Cette condition existait déjà à l'origine, puisque le rétablissement professionnel n'était alors qu'une alternative à la liquidation judiciaire (V. art. L. 645-3 ; caractéristique maintenue par la loi de 2016, alors que le Sénat s'était prononcé pour la dissociation des deux procédures), mais de manière implicite seulement. La loi PACTE du 22 mai 2019 a modifié la donne. Comme dit ci-dessus, afin de dynamiser cette procédure, jusque-là peu usitée, elle fait désormais, pour les procédures ouvertes à compter du 24 mai 2019, du rétablissement professionnel la procédure par défaut proposée par le tribunal pour tout débiteur correspondant aux critères d'éligibilité. Cet examen obligatoire de la situation du débiteur par le tribunal devant intervenir, non seulement en cas de demande d'ouverture d'une liquidation judiciaire (V. art. L. 641-1), mais aussi en cas de résolution d'un plan de sauvegarde ou de redressement judiciaire (V. art. L. 626-27 et L. 631-20-1), il convenait logiquement de supprimer la condition que le débiteur ne soit pas l'objet d'une procédure collective. Notons, en revanche, que cet examen par le tribunal n'a pas été prévu par le législateur dans l'hypothèse de prononcé d'une liquidation judiciaire au cours de la période d'observation d'une procédure de sauvegarde ou de redressement judiciaire (art. L. 622-10 et L. 631-5).

Toujours quant à l'articulation du rétablissement professionnel avec la liquidation judiciaire, dès l'entrée en vigueur de l'ordonnance du 12 mars 2014 s'est posée en jurisprudence une autre question, née sans doute tant d'une ambiguïté rédactionnelle que d'une mauvaise compréhension de la finalité du texte : le fait que l'article L. 645-1 ne renvoyait qu'à l'article L. 640-2, et non à l'article L. 640-3, suffisait-il à exclure du dispositif les débiteurs ayant cessé leur activité ? Oui, avaient répondu plusieurs juridictions du fond, peut-être guidées aussi par l'appellation même de « rétablissement professionnel » (V., not., T. com. Chambéry, 7 oct. 2014 : V. note 1 ci-dessous). Mais rien dans l'esprit du texte qui, sauf exception expresse, calquait le domaine du rétablissement professionnel sur celui de la liquidation judiciaire, dont il n'était, jusqu'à la loi PACTE de 2019 qui lui a conféré son autonomie (V. art. L. 645-3, mod.), qu'une sorte de procédure subsidiaire (sur la nécessité, avant la loi de 2019, d'une demande principale d'ouverture d'une liquidation judiciaire, V. Paris, 15 janv. 2019 : *cité ss. art. L. 645-3*), ne semblait justifier cette solution dès lors que le débiteur remplit les autres conditions prévues par l'article L. 645-1. Aussi, comme cela avait été annoncé (V. C. Delattre, *BJE 2015. 182*), la loi du 18 novembre 2016 est venue préciser, pour clarifier ce point, que le rétablissement professionnel reste ouvert à tout débiteur qui a cessé son activité dans la limite d'un an.

L'existence d'une instance prud'homale en cours impliquant le débiteur (au titre de l'un quelconque de ses patrimoines, a précisé la L. du 14 févr. 2022 relative à l'activité professionnelle indépendante ; V. III ci-dessous) fait obstacle au bénéfice de la procédure. Au-delà de cette condition, l'existence même d'une créance salariale impayée devrait s'opposer à l'ouverture du rétablissement professionnel, selon un auteur (P. Roussel Galle, *Gaz. Pal., 6-8 avr. 2014, p. 32*).

III. PLURALITÉ DE PATRIMOINES

Dans sa version originelle, l'article L. 645-1, alinéa 2, excluait du bénéfice du rétablissement professionnel les entrepreneurs individuels à responsabilité limitée.

La loi du 14 février 2022 en faveur de l'activité professionnelle indépendante, applicable à compter du 15 mai 2022, ayant substitué à l'option pour le statut de l'EIRL une protection de plein droit du patrimoine personnel, seul le patrimoine professionnel étant engagé, a réécrit les deux derniers alinéas afin de préciser dans quelle mesure l'entrepreneur individuel peut bénéficier du rétablissement professionnel. Il est d'abord affirmé que ce traitement simplifié du passif peut concerner un ou plusieurs patrimoines du débiteur personne physique, ce qui revient à ouvrir le rétablissement professionnel à l'entrepreneur individuel. Mais ce bénéfice est limité cependant, car il est subordonné à un niveau d'actif inférieur au seuil de 15 000 €, non pas seulement au titre du patrimoine professionnel, mais de l'ensemble des patrimoines, professionnel et personnel. ❑

1. Le tribunal et, à sa suite, la cour d'appel, saisis d'une demande d'ouverture d'une procédure de rétablissement professionnel, doivent vérifier si le débiteur remplit les conditions posées par les art. L. 645-1 et L. 645-2 au jour où ils statuent ; parmi ces conditions ne figurent ni la démonstration de la bonne foi du débiteur ni l'absence d'éléments susceptibles de donner lieu à une sanction personnelle ou patrimoniale. • Versailles, 14 avr. 2016, n° 15/07606 : *D. 2016. Actu. 892 ; Dr. et patr. juill.-août 2016. 90, obs. Macorig-Venier.* ♦ Pour le rejet d'une demande de rétablissement professionnel en raison de la mauvaise foi du débiteur, V. • Paris, 28 mai 2020, n° 19/22336 : *LEDEN 7/2020. 5, obs. Favre-Rochex.* ♦ Les art. L. 645-1 et L. 645-2 n'excluent pas du bénéfice du rétablissement professionnel la personne physique qui a été par ailleurs le dirigeant d'une société en liquidation judiciaire. • Même arrêt. ♦ Pour le refus de faire bénéficier de la procédure de rétablissement professionnel un débiteur qui n'exerçait plus d'activité depuis quelques mois, V. • T. com. Chambéry, 7 oct. 2014 : *LEDEN 11/2014. 1, obs. crit. F.-X. Lucas.*

2. S'agissant de la valeur de l'actif du débiteur, la cour d'appel doit apprécier au jour où elle statue sur la valeur de réalisation, et non d'acquisition, des actifs déclarés par le débiteur ; la circonstance que des actifs aient été dissimulés ou transférés avant la déclaration de cessation des paiements et la demande de rétablissement professionnel, à la supposer établie, est sans effet sur l'appréciation de la valeur de réalisation de l'actif déclaré par le débiteur à l'ouverture de la procédure, une telle circonstance étant susceptible d'être invoquée au seul soutien d'une demande de conversion d'une procédure de rétablissement professionnel en liquidation judiciaire sur le fondement de l'art. L. 645-9. • Versailles, 14 avr. 2016, n° 15/07606 : *préc. note 1.* ♦ En ce sens que la résidence principale du débiteur ne peut être prise en compte pour l'appréciation de son actif, V. • Grenoble, 9 janv. 2020, n° 19/02960 : *APC 2020, n° 74, obs. Cagnoli.*

3. V. aussi, sur les conditions d'éligibilité au rétablissement professionnel : • Paris, 16 juin 2016, n° 16/05266 : *Rev. sociétés 2016. 551, obs. Roussel Galle ; RJDA 2016, n° 887.*

4. Sur la possibilité, pour le débiteur, de se désister d'une procédure de rétablissement professionnel dont il a obtenu le bénéfice, V. • TGI Paris, 29 janv. 2015 : *LEDEN 4/2015. 1, obs. F.-X. Lucas.*

Art. L. 645-2 La procédure de rétablissement ne peut être ouverte à l'égard d'un débiteur qui a fait l'objet, depuis moins de cinq ans, au titre de l'un quelconque de ses patrimoines, d'une procédure de liquidation judiciaire clôturée pour insuffisance d'actif ou d'une décision de clôture d'une procédure de rétablissement professionnel.

L'exclusion formulée par l'art. L. 645-2 ne vise pas les procédures ouvertes sur le fondement de l'art. L. 670-1 tout comme elle n'exclut pas du bénéfice du rétablissement professionnel les personnes physiques qui auraient, dans les cinq ans qui précèdent, bénéficié d'une procédure de surendettement et de rétablissement personnel. • TGI Strasbourg, 20 févr. 2019, n° 19/00291 : *BJE 5-6/2019. 48, note Rossi et Delattre.*

Art. L. 645-3 *(Abrogé par L. n° 2019-486 du 22 mai 2019, art. 57)* ***« Le débiteur qui demande l'ouverture d'une procédure de liquidation judiciaire peut, par le même acte, solliciter l'ouverture de la procédure de rétablissement professionnel. »*** *— Pour les dispositions transitoires de la L. n° 2019-486 du 22 mai 2019, V. 4e note ss. art. L. 626-27.*

Le tribunal n'ouvre la procédure de rétablissement professionnel qu'après s'être assuré que les conditions légales en sont remplies.

L'avis du ministère public est requis préalablement à l'ouverture de la procédure.

COMMENTAIRE

I. RÉGIME DE L'ORDONNANCE DU 12 MARS 2014

Ainsi que le précise le Rapport au président de la République, « la procédure de rétablissement professionnel ne peut être ouverte que si le débiteur a déclaré son état de cessation des paiements et demandé l'ouverture d'une procédure de liquidation judiciaire ; elle ne peut être la conséquence d'une assignation ». Mais, comme il avait été observé (P. Roussel Galle, *Gaz. Pal. 6-8 avr. 2014, p. 32*), et selon la solution récemment rappelée par la Cour de cassation (Com. 14 janv. 2014 : *cité note 3 ss. art. L. 653-8*), dès lors que, même après assignation en redressement ou en liquidation judiciaire, le débiteur doit demander l'ouverture d'une de ces procédures collectives dans les quarante-cinq jours de sa cessation des paiements, il devrait pouvoir, le cas échéant, à l'occasion de sa demande de liquidation judiciaire, solliciter le bénéfice du rétablissement professionnel. Cette interprétation paraissait confirmée par l'article R. 645-2, qui envisage cette hypothèse. Cependant, la cour d'appel de Paris avait déduit de l'article L. 645-3 que le débiteur se trouvait privé de la possibilité de demander le rétablissement professionnel dès lors qu'il n'avait pas lui-même sollicité l'ouverture de la liquidation judiciaire (Paris, 15 janv. 2019 : V. note ci-dessous).

Quoi qu'il en fût, même pour le débiteur qui en remplissait les conditions, la procédure de rétablissement professionnel demeurait une option facultative (le débiteur « peut », disait le texte), laquelle ne pouvait cependant lui être refusée dans ce cas s'il en sollicitait l'ouverture (V. P. Roussel Galle, *préc.*).

S'agissant de la précision, apportée par la loi du 18 novembre 2016, voir le commentaire sous l'article L. 645-1.

II. RÉGIME DE LA LOI PACTE DU 22 MAI 2019

Afin de dynamiser la procédure de rétablissement professionnel, jusque-là peu usitée, la loi PACTE fait désormais, à compter du 24 mai 2019, du rétablissement professionnel la procédure par défaut proposée par le tribunal pour tout débiteur correspondant aux critères d'éligibilité (V. art. L. 626-27, L. 631-7, L. 631-20-1 et L. 641-1). Dès lors, il convenait d'abroger l'alinéa premier de l'article L. 645-3, qui prévoyait que le débiteur qui demandait l'ouverture d'une liquidation judiciaire pouvait par le même acte solliciter l'ouverture du rétablissement professionnel. Cette disposition serait, en effet, devenue inutile (et illogique) puisque le tribunal doit dorénavant examiner d'office les conditions d'éligibilité du débiteur au rétablissement professionnel lors, notamment, de l'ouverture de la liquidation judiciaire (V. art. L. 641-1). ❑

Il découle de l'art. L. 645-3 que la demande de rétablissement professionnel est indissociable d'une demande en liquidation judiciaire présentée par le débiteur et par le même acte, étant relevé que cette procédure, qui tend à l'effacement des dettes, est expressément subordonnée à l'impossibilité manifeste d'un redressement du débiteur en état de cessation des paiements. • Paris, 15 janv. 2019, n° 18/18185 : *LEDEN 2/2019. 1, obs. F.-X. Lucas ; BJE 3-4/2019. 11, note Delattre ; RJDA 2019, n° 362.*

Art. L. 645-4 **Le tribunal qui ouvre une procédure de rétablissement professionnel désigne un juge commis chargé de recueillir tous renseignements sur la situation patrimoniale du débiteur, notamment le montant de son passif et la valeur de ses actifs.**

Il nomme, pour assister le juge commis, un mandataire judiciaire *(Ord. n° 2016-727 du 2 juin 2016, art. 3, en vigueur le 1er janv. 2017)* **« ou une personne choisie sur le fondement du premier alinéa du II de l'article L. 812-2 ou sur le fondement du III de ce même article.**

« Le mandataire judiciaire ou la personne choisie sur le fondement du premier alinéa du II de l'article L. 812-2 ou sur le fondement du III de ce même article fait connaître sans délai tout élément qui pourrait justifier son remplacement. Le tribunal peut soit d'office, soit sur proposition du juge commis ou à la demande du ministère public, procéder à son remplacement. » — *Sur la rémunération du mandataire, V. art. L. 663-3-1.*

La procédure est ouverte pour une période de quatre mois.

L'Ord. n° 2016-727 du 2 juin 2016 est applicable aux procédures ouvertes après son entrée en vigueur (Ord. préc., art. 25, al. 2).

Pour les voies de recours, V. art. L. 661-11.

Art. L. 645-5 Le juge commis dispose des pouvoirs prévus à l'article L. 623-2. Il communique sans délai au mandataire qui l'assiste tous renseignements et documents utiles à l'accomplissement de sa mission. – *V. art. R. 645-12.*

COMMENTAIRE

Le juge commis dispose des mêmes moyens d'investigation que ceux qu'offre l'article L. 623-2 au juge-commissaire, qui interdit que lui soit opposé le secret professionnel de ses interlocuteurs. Selon F.-X. Lucas et M. Sénéchal : « Un accès rapide *[aux]* différentes bases de données et à l'information qu'elles procurent sera déterminant pour mener à bien cette procédure de rétablissement professionnel, qui repose tout entière sur l'appréciation de la légitimité de faire bénéficier le débiteur d'une libération de la charge de son passif, qui ne peut lui être accordée qu'à la condition qu'il le mérite. Même si la bonne foi se présume, une telle atteinte aux droits des créanciers ne peut être décidée qu'au prix de vérifications approfondies par le mandataire de la situation de fortune du débiteur et des circonstances dans lesquelles ses difficultés sont apparues. Ce contrôle approfondi se trouve placé au cœur du dispositif, car la rançon du bénéfice de la règle de la non-reprise des poursuites est la vérification de la réalité de l'insuffisance d'actif et de l'éligibilité du débiteur à une règle protectrice qui ne peut profiter à tous sans contrôle » (F.-X. Lucas et M. Sénéchal, La procédure d'enquête pour le rétablissement professionnel, *D. 2013. Chron. 1852*). ❑

Art. L. 645-6 Si le débiteur est mis en demeure ou poursuivi par un créancier au cours de la procédure, le juge commis peut, à la demande du débiteur, reporter le paiement des sommes dues dans la limite de quatre mois et ordonner, pour cette même durée, la suspension des procédures d'exécution qui auraient été engagées par le créancier. – *V. art. R. 645-7.*

Toute stipulation contraire est réputée non écrite.

COMMENTAIRE

Les mesures prévues par l'article L. 645-6 constituent l'équivalent de la règle de l'arrêt des poursuites individuelles et des voies d'exécution. Celles-ci s'imposent puisque, n'étant pas une procédure collective, la procédure de rétablissement professionnel n'astreint pas les créanciers à des règles de discipline collective (V. P.-M. Le Corre, *D. 2014. Chron. 733* , *n° 41*). Rien n'interdit que le délai de grâce de quatre mois expire après la clôture de la procédure, ce qui sera utile s'agissant des créanciers postérieurs à l'ouverture ou des créanciers antérieurs dont la créance n'aurait pas été portée à la connaissance du juge commis par le débiteur et n'ayant pas fait l'objet de l'avertissement d'avoir à communiquer leur créance (V. art. L. 645-11 ; V. M. Sénéchal, *BJE 2014. 196*). ❑

Art. L. 645-7 Le mandataire judiciaire *(Ord. n° 2016-727 du 2 juin 2016, art. 4-1°, en vigueur le 1er janv. 2017)* **« ou la personne choisie sur le fondement du premier alinéa du II de l'article L. 812-2 ou sur le fondement du III de ce même article » peut faire tous les actes nécessaires à la conservation des droits du débiteur.** *(Ord. n° 2016-727 du 2 juin 2016, art. 4-2°, en vigueur le 1er janv. 2017)* **« Ils en rendent » compte sans délai au juge commis.**

L'Ord. n° 2016-727 du 2 juin 2016 est applicable aux procédures ouvertes après son entrée en vigueur (Ord. préc., art. 25, al. 2).

Art. L. 645-8 Le mandataire judiciaire *(Ord. n° 2016-727 du 2 juin 2016, art. 5, en vigueur le 1er janv. 2017)* **« ou la personne choisie sur le fondement du premier alinéa du II de l'article L. 812-2 ou sur le fondement du III de ce même article » informe sans délai les créanciers connus de l'ouverture de la procédure et les invite à lui communiquer, dans un délai de deux mois à compter de la réception de cet avis, le montant de leur créance avec indication des sommes à échoir et de la date des échéances**

ainsi que toute information utile relative aux droits patrimoniaux dont ils indiquent être titulaires à l'égard du débiteur. – *V. art. R. 645-10.*

L'Ord. n° 2016-727 du 2 juin 2016 est applicable aux procédures ouvertes après son entrée en vigueur (Ord. préc., art. 25, al. 2).

COMMENTAIRE

A fin de simplification et d'accélération de la procédure, le texte ne prévoit pas de véritable déclaration de créance, suivie d'une vérification, qui n'aurait guère de sens s'agissant par hypothèse d'une procédure impécunieuse ne devant déboucher sur aucune répartition, faute d'actif à répartir. Toutefois, les créanciers connus sont avisés (par lettre simple : art. R. 645-10 ; V., prônant ce mode d'avertissement peu coûteux, M. Sénéchal, *BJE 2014. 196*) de l'ouverture de la procédure et sont invités à communiquer, dans le délai de deux mois à compter de la réception de l'avis, le montant de leur créance avec indication des sommes à échoir et de la date de leurs échéances ainsi que toute information relative aux droits patrimoniaux dont ils seraient titulaires à l'égard du débiteur.

Selon F.-X. Lucas et M. Sénéchal, les informations fournies par les créanciers pourraient porter aussi « sur l'existence de contrats les liant au débiteur, sur les biens détenus par ce dernier dont ils seraient propriétaires et, plus généralement, sur toute circonstance qu'ils souhaitent porter à la connaissance du mandataire, notamment pour lui permettre de prendre parti sur l'exercice d'actions en reconstitution du gage commun ou en responsabilité. Enfin, toujours au nom de la simplification, le mandataire judiciaire décidera discrétionnairement de la résiliation des contrats en cours, ne laissant subsister que ceux qu'il est de l'intérêt du débiteur de ne pas interrompre immédiatement » (F.-X. Lucas et M. Sénéchal, La procédure d'enquête pour le rétablissement professionnel, *D. 2013. Chron. 1852*). ❑

Art. L. 645-9 **A tout moment de la procédure de rétablissement professionnel, le tribunal peut, sur rapport du juge commis, ouvrir la procédure de liquidation judiciaire** *(L. n° 2019-486 du 22 mai 2019, art. 57)* **« sur laquelle il a été sursis à statuer » s'il est établi que le débiteur** *(Abrogé par L. n° 2019-486 du 22 mai 2019, art. 57)* ***« qui en a sollicité le bénéfice »*** **n'est pas de bonne foi ou si l'instruction a fait apparaître l'existence d'éléments susceptibles de donner lieu aux sanctions prévues par le titre V du présent livre ou à l'application des dispositions des articles L. 632-1 à L. 632-3.**

La procédure de liquidation judiciaire est également ouverte s'il apparaît que les conditions d'ouverture de la procédure de rétablissement professionnel n'étaient pas réunies à la date à laquelle le tribunal a statué sur son ouverture ou ne le sont plus depuis.

Le tribunal peut également être saisi en ouverture de la procédure de liquidation judiciaire sur requête du ministère public ou par assignation d'un créancier ou, dans le cas prévu au deuxième alinéa, par le débiteur.

Pour les dispositions transitoires de la L. n° 2019-486 du 22 mai 2019, V. 4e note ss. art. L. 626-27.

V. art. R. 645-15 et R. 645-22.

COMMENTAIRE

L'article L. 645-9 prévoit les cas de « basculement » vers la procédure de liquidation judiciaire. L'ouverture de celle-ci est justifiée :

– s'il est établi que le débiteur n'était pas de bonne foi ;

– si l'instruction a fait apparaître l'existence d'éléments qui permettraient la mise en œuvre des sanctions prévues par le titre V (action en responsabilité pour insuffisance d'actif, faillite personnelle...) ou des dispositions relatives aux nullités de la période suspecte ;

– ou s'il apparaît que les conditions d'ouverture de la procédure de rétablissement personnel n'étaient pas réunies à la date à laquelle le tribunal a statué ou ne le sont plus (hypothèse, par exemple, de succession échue au débiteur après l'ouverture de la procédure, par différence désormais avec le régime de la liquidation judiciaire, selon l'art.

L. 641-9-II : V. P.-M. Le Corre, *D. 2014. Chron. 733*, *n° 43*). Contrairement à ce qu'avait jugé le tribunal de grande instance de Nanterre, la cour d'appel de Versailles a précisé que les dispositions de l'article L. 645-9 ne sont pas applicables au moment où le tribunal et, à sa suite, la cour d'appel apprécient les conditions d'ouverture d'une procédure de rétablissement professionnel (Versailles, 14 avr. 2016 : *cité note 1 ss. art. L. 645-1* ; comp. : Paris, 16 juin 2016 : *cité note 3 ss. art. L. 645-1*).

Il semblait résulter de ce texte que le rétablissement professionnel n'était pas accessible au débiteur qui était en cessation des paiements depuis plus de quarante-cinq jours, puisque, dans ce cas, faute d'avoir demandé l'ouverture de la liquidation judiciaire dans ce délai, il encourait une mesure d'interdiction de diriger (art. L. 653-8 ; V. D. Voinot, *Gaz. Pal., 6-8 avr. 2014, p. 23*). Mais la donne a changé avec la loi du 6 août 2015, qui a complété d'un mot l'article L. 653-8, puisque désormais l'interdiction n'est plus encourue que lorsque le débiteur omet « sciemment » de demander l'ouverture de la liquidation judiciaire dans le délai de quarante-cinq jours.

Les corrections opérées par la loi PACTE du 22 mai 2019 ont pour seul objet de mettre en conformité le texte de l'article L. 645-9 avec le nouveau régime d'ouverture du rétablissement professionnel, dans lequel désormais c'est au tribunal qu'il appartient d'examiner les conditions d'éligibilité du débiteur à cette procédure (V. art. L. 641-1). ❑

Pour l'ouverture d'une procédure de liquidation judiciaire justifiée par l'absence de bonne foi du débiteur, V. • TGI Paris, 18 juin 2015 : *LEDEN 9/2015. 4, obs. Delattre* (existence d'un passif fiscal semblant caractériser un état de cessation des paiements antérieur à plus de dix-huit mois, susceptible d'être sanctionné par une interdiction de gérer) • 25 juin 2015 : *ibid.* (paiement préférentiel au bénéfice d'un créancier).

Art. L. 645-10 **Après avoir recueilli l'avis du ministère public et sur le rapport du mandataire judiciaire** *(Ord. n° 2016-727 du 2 juin 2016, art. 6, en vigueur le 1er janv. 2017)* **« ou de la personne choisie sur le fondement du premier alinéa du II de l'article L. 812-2 ou sur le fondement du III de ce même article », le juge commis renvoie l'affaire devant le tribunal aux fins d'application des dispositions de l'article L. 645-9 ou aux fins de voir prononcer la clôture de la procédure de rétablissement professionnel, sans qu'il y ait lieu à liquidation. Le jugement de clôture peut faire l'objet d'un recours dans les conditions fixées par décret en Conseil d'État.** – *V. art. R. 645-15 s.*

L'Ord. n° 2016-727 du 2 juin 2016 est applicable aux procédures ouvertes après son entrée en vigueur (Ord. préc., art. 25, al. 2).

Art. L. 645-11 **La clôture de la procédure de rétablissement professionnel entraîne** *[l']***effacement des dettes à l'égard des créanciers dont la créance est née antérieurement au jugement d'ouverture de la procédure, a été portée à la connaissance du juge commis par le débiteur et a fait l'objet de l'information prévue à l'article L. 645-8. Ne peuvent être effacées les** *(L. n° 2016-1547 du 18 nov. 2016, art. 99-VI-3°)* **« dettes correspondant aux créances des salariés, aux créances alimentaires et aux » créances mentionnées aux 1°** *(L. n° 2015-1702 du 21 déc. 2015, art. 93-2°)* **« à 3° » du I et au II de l'article L. 643-11. Les dettes effacées sont mentionnées dans** *(Ord. n° 2014-1088 du 26 sept. 2014, art. 10)* **« le jugement » de clôture.**

(L. n° 2022-172 du 14 févr. 2022, art. 5, en vigueur le 15 mai 2022) **« Ne peuvent être effacées les dettes grevant un patrimoine dont la situation n'est pas irrémédiablement compromise.**

« Aucune dette ne peut être effacée lorsqu'il apparaît que le montant du passif total est disproportionné au regard de la valeur de l'actif, biens insaisissables de droit non compris. »

Les modifications issues de l'Ord. n° 2014-1088 du 26 sept. 2014 s'appliquent aux procédures ouvertes à compter du 1er juill. 2014 (Ord. préc., art. 13).

Sur les dispositions transitoires de la L. n° 2016-1547 du 18 nov. 2016, V. note ss. art. L. 641-1.

Sur les dispositions transitoires de la L. n° 2022-172 du 14 févr. 2022, V. note ss. art. L. 611-13.

BIBL. ► Degenhardt, *BJE 2015. 48* (effets internationaux du jugement de clôture).

COMMENTAIRE

I. RÈGLE DE L'EFFACEMENT DES DETTES (ORD. DU 12 MARS 2014)

La faveur accordée au débiteur à l'issue de la procédure de rétablissement professionnel, l'effacement des dettes, va bien au-delà de la protection par l'interdiction de reprendre les poursuites après la clôture de la liquidation judiciaire pour insuffisance d'actif (art. L. 643-11), laquelle, justement, n'a pas pour effet l'extinction des créances (étant entendu que, dans l'état actuel – critiqué – de la jurisprudence de la deuxième chambre civile de la Cour de cassation, en matière de rétablissement personnel, les effets de l'effacement des dettes sont limités aussi, notamment en ce que, l'extinction de la dette n'équivalant pas au paiement, le transfert de propriété n'intervient pas au profit de l'acquéreur en cas de clause de réserve de propriété : V. Civ. 2e, 27 févr. 2014 : *BJE 2014. 245, note Macorig-Venier* ; et les critiques de F. Pérochon, *ibid. 217*). Cependant, l'article L. 645-11 étant d'interprétation stricte, ne bénéficieront donc de l'effacement ni les dettes qui n'auront pas été portées à la connaissance du juge commis, ni les dettes portées à la connaissance du juge commis, mais pour lesquelles le mandataire judiciaire n'aurait pas effectué l'information des créanciers prévue (et, bien sûr, pas non plus les dettes nées postérieurement à l'ouverture de la procédure). En revanche, peu importe que le créancier (qui n'a pas à être maître du jeu !) ait porté, ou non, sa créance à la connaissance du mandataire judiciaire dans le délai de deux mois prévu par l'article L. 645-8. Mais, évidemment, l'effacement des dettes concernera tant les dettes non professionnelles que professionnelles. Quant aux exceptions, notons que, par définition, les créances salariales ne devraient pas exister en cas de rétablissement professionnel (P. Roussel Galle, *Gaz. Pal., 6-8 avr. 2014, p. 32* ; V. aussi, s'agissant de l'exception visant les « créances mentionnées aux 1° et 2° du I et au II de l'article L. 643-11 », en ce sens que ce renvoi serait erroné, les rédacteurs de l'ordonnance ayant pris en compte la version de l'art. L. 643-11 antérieure à l'ordonnance de 2014, F. Macorig-Venier, *Dr. et patr. juill.-août 2014, p. 52, spéc. p. 59* ; comp., expliquant et justifiant le renvoi au 1° : A.-L. Khove, M. Lobry-Igelman, P. Rossi et A.-C. Soulard, *LPA 25 juill. 2014, p. 7* ; notons à ce sujet que la loi du 18 nov. 2016, qui aurait pu le faire, n'a pas corrigé ce renvoi). Ajoutons encore que, selon une opinion, en pratique, seules les dettes nées, certaines et liquides pourraient être effacées, ce qui excluait les créances en germe, litigieuses, simplement évaluées, et, sans doute, pour des raisons de délai, les créances fiscales et sociales provisionnelles (P. Canet, *RPC 2014. Dossier 23, n° 7*). Mais cette lecture du texte est combattue par d'autres, la jugeant contraire tant à sa lettre qu'à sa finalité (F. Pérochon, *BJE 2014. 345*). Notons encore qu'afin de corriger l'énonciation maladroite du texte originel, la loi du 18 novembre 2016 a reformulé l'exception, visant le défaut d'effacement, non des « créances », mais des « dettes correspondant aux créances » des salariés, aux créances alimentaires, etc.

Le sort des cautions reste incertain, à l'exception de celles qui ont payé avant la clôture de la procédure (en raison du renvoi exprès à l'art. L. 643-11, II). La question de savoir si l'effacement des dettes permet leur poursuite par les créanciers malgré la clôture n'est pas tranchée (V. P. Pétél, *JCP E 2014. 1223, n° 23* ; P.-M. Le Corre, *Gaz. Pal. 28 juin 2016, p. 77*).

Dans le silence du texte quant aux voies de recours éventuelles, on peut penser que les créanciers peuvent former tierce opposition contre le jugement de clôture (P.-M. Le Corre, *D. 2014. Chron. 733* ⊘, *n° 44*).

II. EXCEPTION À L'EFFACEMENT DES DETTES (L. DU 14 FÉVR. 2022)

La loi du 14 février 2022 en faveur de l'activité professionnelle indépendante, applicable à compter du 15 mai 2022, a posé deux limitations à la règle de l'effacement des dettes, jugée par certains trop favorable, notamment en raison de l'absence de plafond au passif traité (V. comm. ss. art. L. 645-1).

Première limitation, exprimée en termes généraux : ne peuvent être effacées les dettes grevant un patrimoine dont la situation n'est pas irrémédiablement compromise. De cette référence, un peu étonnante, au critère d'ouverture de la procédure de rétablissement personnel prévue pour les particuliers (C. consom., art. L. 742-1), il faut sans doute déduire que l'effacement des dettes, s'agissant d'un entrepreneur individuel profitant de la protection offerte par la loi du 14 février 2022, peut, au-delà des dettes professionnelles, bénéficier à des dettes personnelles, à condition que le patrimoine personnel soit dans une situation irrémédiablement compromise.

Deuxième limitation, exprimée en termes relatifs : aucune dette ne peut être effacée en cas de montant du passif total disproportionné au regard de la valeur de l'actif, biens insaisissables de droit non compris. Autrement dit, le juge se voit accorder un large pouvoir d'appréciation afin de considérer que le rapport entre le passif et l'actif est tel que l'effacement des dettes doit être refusé. Il s'agit là d'une arme redoutable, certainement efficace (et dissuasive) pour les débiteurs dont l'endettement est massif. ❑

Une dette n'est susceptible d'être effacée par la clôture de la procédure qu'à concurrence du montant indiqué dans l'état chiffré des créances mentionné à l'art. R. 645-17. • Com. 19 avr. 2023, nº 21-19.743 B : *D. 2023. Actu. 781* ; *JCP E 2023. 1306, nº 13, obs. Pétel* ; *APC 2023, nº 131, obs. Favre-Rochex* ; *RJDA 2023, nº 450* ; *BJE 9-10/2023. 12, note Martineau-Bourgninaud.*

Art. L. 645-12 **Lorsqu'** *[Lorsque]* **après le prononcé de la clôture de la procédure de rétablissement professionnel en application de l'article L. 645-10, il apparaît que le débiteur a obtenu le bénéfice de cette procédure par une description incomplète de son actif ou de son passif, le tribunal, s'il est saisi aux fins d'ouverture d'une procédure de liquidation judiciaire, peut fixer, dans son jugement, la date de cessation des paiements à la date d'ouverture de la procédure de rétablissement professionnel sans qu'elle puisse être antérieure de plus de dix-huit mois à la date de ce jugement. La décision du tribunal fait recouvrer leurs droits aux créanciers dont les créances avaient fait l'objet de l'effacement prévu par l'article L. 645-11 ; ils sont dispensés de déclarer ces créances à la procédure de liquidation judiciaire.**

TITRE V **DES RESPONSABILITÉS ET DES SANCTIONS**

RÉP. COM. vº *Entreprise en difficulté : responsabilités et sanctions,* par Mouial-Bassilana.

BIBL. GÉN. ► Régime de l'ordonnance du 18 déc. 2008 : Martin-Serf, *RPC 2009. Dossier 14.* - Montéran, *Gaz. Pal. 8-10 mars 2009, p. 57.* ► Modifications issues de l'ordonnance du 12 mars 2014 : Lasserre Capdeville, *BJE 2014. 206.*

► Régime de la loi du 26 juill. 2005 : Montéran, *Gaz. Pal. 2005. Doctr. 3016* (sanctions pécuniaires et personnelles). - Mascala, *RLDA, suppl. au nº 80, mars 2005, p. 71* (le comportement fautif du chef d'entreprise : de la sanction à la réparation ?) ; *RPC 2005. 370* (amélioration de la situation du chef d'entreprise) ; *RTD com. 2006. 209* (nouveau régime des sanctions) ; *RPC 2008. Dossier 11* (faut-il réformer les sanctions ?). - Roussel Galle, *JCP E 2005, nº 42, p. 1761* (responsabilités et sanctions). - Teboul, *LPA 1er-2 nov. 2005, p. 7* (même thème). - Martin-Serf, *RPC 2005. 382* (sanctions pécuniaires). - Vallens, *RLDA, suppl. au nº 88, déc. 2005, p. 32.* - Le Cannu, *Rev. sociétés 2005. 743* (responsabilité civile des dirigeants de personne morale). - Legros, *Dr. sociétés 2006. Étude 2* (sort des membres et dirigeants de personnes morales). - Zattara-Gros, *LPA, nº spéc., 9 févr. 2006, p. 52* (commentaire article par article). - Croze, *Procédures 2006. Étude 8* (procédures contre les dirigeants, associés ou membres d'une personne morale). - Lèguevaques, *RPC 2006. 246* (sanctions civiles et pénales). - Parachkévova, *LPA 19 déc. 2006, p. 4* (nouvelle responsabilité des dirigeants dans les procédures collectives : révolution ou évolution ?). - Vauvillé, *RPC 2006. 345* (responsabilités et sanctions). - Guyader, *RLDA 2007, nº 18, p. 69* (application des dispositions transitoires). - Modat, *ibid., p. 75* (sanctions commerciales). - Fossier, *RPC 2008. 18* (sanction et responsabilité du dirigeant : critères d'appréciation au fond).

► Autres thèmes : Lisanti, *Journ. sociétés 5/2011. 15* (responsabilité civile des dirigeants sociaux et procédures collectives). - Delattre, *Dr. sociétés 2012. Étude 13* (le chef d'entreprise face à ses obligations comptables). - André, *JCP N 2017. 1161* (le notaire face aux sanctions civiles dans les procédures collectives). - Teboul, *LPA 22 nov. 2018* (proportionnalité de la sanction). - Almaseanu, *RPC 2020. Étude 5* (saisine du tribunal et prescription).

Art. L. 650-1 *(Ord. nº 2008-1345 du 18 déc. 2008, art. 129)* **« Lorsqu'une procédure de sauvegarde, de redressement judiciaire ou de liquidation judiciaire est ouverte, »** *(L. nº 2005-845 du 26 juill. 2005, art. 126)* **« les créanciers ne peuvent être tenus pour responsables des préjudices subis du fait des concours consentis, sauf les cas de fraude, d'immixtion caractérisée dans la gestion du débiteur ou si les garanties prises en contrepartie de ces concours sont disproportionnées à ceux-ci.**

« Pour le cas où la responsabilité d'un créancier est reconnue, les garanties prises en contrepartie de ses concours » *(Ord. n° 2008-1345 du 18 déc. 2008, art. 129)* **« peuvent être annulées ou réduites par le juge** *[ancienne rédaction : sont nulles]* **».**

RÉP. COM. v° *Responsabilité du banquier dispensateur du crédit de l'entreprise,* par Pasqualini et Marain.

BIBL. ► Routier, *D. 2006. Chron. 2916* ; *Gaz. Pal. 2005. Doctr. 3012.* – Legeais, *RTD com. 2005. 818*. – Crédot et Gérard, *RDBF 2005, n° 154.* – Martin-Serf, *RPC 2005. 386.* – Robine, *D. 2006. Chron. 69*. – Hoang, *ibid. 1458*. – Moury, *ibid. 1743*. – Bonneau, *Banque et Dr. 1-2/2006. 61.* – Forray, *RTD com. 2008. 661*. – Caramalli, *JCP E 2009. 1363* (responsabilité du banquier pour soutien abusif dans un contexte de LBO en difficulté). ► Après l'ordonnance du 18 déc. 2008 : Routier, *Gaz. Pal. 2009. Doctr. 837.* – Laisney, *RLDA avr. 2010. 60.* – Kensicher, *Journ. sociétés 3/2012. 29.* – Demeyère, *RPC 2012. Étude 25.* – Hoang, *D. 2012. Chron. 2034*. – Legeais, *RPC 2013. Dossier 27.* – Gamaleu Kameni, *RLDA juill.-août 2014. 61* (garanties excessives). – Robine, *Mél. Le Cannu, Dalloz-LGDJ, 2014, p. 621.* – Etter et Gobin, *RDBF 2015. Étude 15* (sûretés consenties en garantie d'un crédit et proportionnalité). – Lasserre Capdeville, *Mél. Vallens, Joly éditions, 2017, p. 80* (quelle utilité pour l'art. L. 650-1 ?) ; *BJE 2018. 71* (bilan de deux années de jurisprudence [2016-2017]) ; *ibid. 11-12/2022. 42* (retour sur quelques incertitudes persistantes).

COMMENTAIRE

I. PRINCIPE DE NON-RESPONSABILITÉ

La disposition de l'article L. 650-1, d'ordre général (sa place, au sein du livre VI, fait qu'elle s'applique quelle que soit la procédure collective dont le débiteur est l'objet, ce qu'a confirmé ultérieurement l'ordonnance de 2008), résulte d'un amendement (n° 602) adopté par l'Assemblée nationale après d'âpres discussions avec les députés de l'opposition, qui l'ont déférée au Conseil constitutionnel. Mais celui-ci a considéré, d'une part, que cette disposition de clarification « est de nature à lever un obstacle à l'octroi des apports financiers nécessaires à la pérennité des entreprises en difficulté » et qu'elle satisfait dès lors à un objectif d'intérêt général suffisant ; d'autre part, qu'elle ne porte pas d'atteinte au droit des personnes intéressées d'exercer un recours effectif devant une juridiction (Décis. n° 2005-522 DC du 22 juill. 2005 : *LPA 4 août 2005, p. 14, note J.-E. Schoettl* ; pour une critique, V. R. Routier, Le cantonnement de la responsabilité pour soutien abusif, *Gaz. Pal. 9-10 sept. 2005, p. 33, n° 5* ; V. aussi A. Reygrobellet, Brefs propos sur la décision du Conseil constitutionnel rejetant les recours contre la loi de sauvegarde, *in* Regards croisés de praticiens sur la loi de sauvegarde, *LPA 17 févr. 2006, p. 58*).

Conformément à l'opinion doctrinale largement majoritaire, la Cour de cassation a considéré, dans un arrêt du 16 octobre 2012 (V. note 2), qu'il résulte du caractère générique des expressions « concours consentis » et « créancier » que l'immunité profite également au cocontractant ayant accordé des délais de paiement au débiteur en difficulté. La notion de « concours consentis » ne limite ainsi pas le champ de l'article L. 650-1 aux crédits bancaires. Son domaine s'étend, au-delà, à tous les apports financiers (crédit interentreprises et crédit-fournisseur), sous toutes leurs formes (prêts, escompte, découvert, mobilisation de créances ; sur les apports en compte courant, V. A. Cerati-Gauthier, L'associé dans la loi de sauvegarde des entreprises, *Rev. sociétés 2006. 305, n° 15*), y compris donc les délais de paiement. En revanche, s'agissant des garanties financières, et en particulier de la garantie accordée aux professions de l'immobilier, en application de la loi « Hoguet » du 2 janvier 1970, la Chambre commerciale a exclu le bénéfice de ce texte pour le garant poursuivi en responsabilité, estimant qu'il ne s'agissait pas d'un « concours », en l'absence de fourniture d'un crédit (Com. 24 mai 2018 : *cité note 2*).

Plus fondamentalement, dans la rédaction originelle du texte, le décalage entre le libellé absolument général (« Les créanciers ne peuvent être tenus pour responsables [...] ») de la règle d'irresponsabilité et son contexte faisait immanquablement surgir une question : le principe joue-t-il uniquement lorsque le débiteur fait l'objet d'une procédure collective, ou du moins est soumis aux dispositions du livre VI du code de commerce, autrement dit se trouve engagé dans une des procédures de traitement des difficultés ? Afin de lever cette incertitude, l'ordonnance du 18 décembre 2008 a circonscrit expressément le domaine de l'article L. 650-1 au cas où une procédure de sauvegarde, de redressement judiciaire ou de liquidation judiciaire est ouverte. Ainsi, l'ouverture d'une procédure de conciliation ne suffit pas à protéger les bailleurs de fonds, ce qui était discutable auparavant (V. R. Routier, Les retouches à l'art. L. 650-1 C. com., *Gaz. Pal. 8-10 mars 2009, p. 53, n° 4*), étant entendu, toutefois, en pratique, que l'homologation, qui suppose la vérification par le tribunal que l'accord ne porte pas atteinte aux intérêts des créanciers non signataires, devrait éliminer le risque de responsabilité, au moins au titre de la prise de garanties disproportionnées (V. D. Caramalli, Quelques réflexions sur la responsabilité du banquier pour soutien abusif dans un contexte de LBOs en difficulté, *JCP E 2009. 1363, n° 11* ; V., regrettant la restriction apportée par l'ordonnance de 2008, F. Macorig-Venier, *RTD com. 2009. 436* ✎, *spéc. 442*).

Par ailleurs, se fondant sur l'esprit de la responsabilité pour soutien abusif et la finalité du texte, qui vise à encourager le crédit aux entreprises en difficulté, il a été affirmé que l'article L. 650-1 n'aurait pas vocation à s'appliquer aux concours consentis pour financer des créations ou des acquisitions d'entreprise (J. Moury, La responsabilité du fournisseur de « concours » dans le marc de l'article L. 650-1 du code de commerce, *D. 2006. Chron. 1743* ✎, *n° 12*, ce dernier s'interrogeant aussi sur l'applicabilité du texte aux préjudices subis du fait d'une rupture d'un concours). Mais la Cour de cassation a expressément jugé le contraire (Com. 3 nov. 2015 : *cité note 2*). Analysant la situation de l'entreprise lors de l'octroi du concours, l'idée a aussi été avancée que le texte serait inapplicable lorsque aucune difficulté de nature à compromettre la continuité de l'exploitation n'existait alors, considérant que, dans ce cas, plutôt que de soutien abusif, il s'agirait de crédit ruineux (J. Moury, *préc., n° 9*). Mais, comme on l'a montré aussi, par contrecoup, le cantonnement du principe de non-responsabilité au domaine des procédures collectives recèle cela de pervers que le banquier aurait alors, de ce point de vue-là, intérêt à précipiter les difficultés de son débiteur (R. Routier, L'article L. 650-1 du code de commerce : un article « détonnant » pour le débiteur et « détonant » pour le contribuable, *D. 2006. Chron. 2916* ✎ ; V. aussi, par ailleurs, se demandant si de l'emploi du terme de « créanciers » ne pourrait pas être déduit que l'irresponsabilité ne protège plus les établissements de crédit qui, remboursés, n'auraient plus cette qualité, R. Bonhomme, La place des établissements de crédit dans les nouvelles procédures collectives, *Mél. B. Bouloc, Dalloz, 2006, p. 59, n° 17* ; signalons, à ce sujet, un jugement ayant considéré qu'une prise de participation au capital d'une société ne saurait être assimilée à l'attribution par un banquier de crédits ou de concours financiers, et ne peut donc être constitutive d'un soutien abusif : TGI Valence, 7 mai 2008 : *RDBF 2008, n° 163, obs. Crédot et Samin*). Reste à savoir, dans cet ordre d'idées, si, comme l'a jugé le tribunal de commerce de Paris (T. com. Paris, 15 févr. 2017 : *cité note 14*), l'action contre le dispensateur de crédit ne pourrait pas être engagée de nouveau après l'arrêté d'un plan de redressement (au motif que ce dernier écarterait l'irrecevabilité résultant de l'art. L. 650-1). Quoi qu'il en soit, la Cour de cassation s'appuie sur la généralité des termes pour conférer une grande plasticité à la règle de faveur de l'article L. 650-1, estimant que, dès lors que ce dernier ne distingue pas selon que le créancier a déclaré ou non une créance au passif du débiteur mis en procédure collective, il n'est pas possible d'exclure du bénéfice de son application un créancier qui ne le serait plus au jour de l'ouverture de la procédure collective du bénéficiaire des concours (Com. 19 sept. 2018 : *cité note 4*).

La généralité du texte autorise, de même, les créanciers à s'en prévaloir à l'égard des cautions (ce que confirmerait, si besoin était, l'exception à la règle et sa sanction, relatives aux garanties ; pour un ex., V. Bordeaux, 20 juin 2012 : *cité note 6*). Encore faut-il, certes, que la responsabilité soit recherchée en raison des concours consentis, et non du non-respect des dispositions spécifiquement protectrices des cautions, telles que, par exemple l'obligation d'information, voire en cas de disproportion entre le patrimoine de la caution et son engagement (D. Robine, L'article L. 650-1 du code de commerce : un « cadeau » empoisonné ? *D. 2006. Chron. 69* ✎, *n° 18*). Ce qu'a confirmé la Cour de cassation, au motif que l'action en responsabilité engagée contre une banque par une caution non avertie qui lui reproche de ne pas l'avoir mise en garde contre les risques de l'endettement né de l'octroi du prêt qu'elle cautionne tend à obtenir, non la réparation d'un préjudice subi du fait du prêt consenti, lequel n'est pas nécessairement fautif, mais celle d'un préjudice de perte de chance de ne pas souscrire ledit cautionnement (Com. 12 juill. 2017 : *cité note 6*). Il en va de même, bien sûr, lorsque c'est à l'égard du bénéficiaire du concours lui-même que la banque a manqué à son obligation de mise en garde (Com. 20 juin 2018 : *cité note 6*).

Par ailleurs, et bien entendu, le régime restrictif de l'article L. 650-1 n'a nullement vocation à s'appliquer à la responsabilité pour retrait fautif des concours financiers, puisque, dans cette hypothèse, le prêteur, loin de chercher à soutenir le débiteur en difficulté, lui retire son soutien pour se soustraire au risque (Com. 23 sept. 2020 : *cité note 4*).

II. EXCEPTIONS AU PRINCIPE DE NON-RESPONSABILITÉ

L'interrogation essentielle tenait sans doute à la portée de ces exceptions, l'hésitation étant permise entre deux conceptions : faire de ces cas d'exception des cas de responsabilité en tant que tels, ce qui serait revenu à les considérer comme fautifs *ipso facto*, ou ne les envisager que comme des cas de « déchéance » de la protection légale, c'est-à-dire des cas d'ouverture de l'action en responsabilité du fait des concours consentis, qui ne dispenseraient pas, dans un second temps, de faire la preuve d'une faute, par exemple la création fautive d'une solvabilité apparente. C'est dans ce dernier sens que penchait une partie de la doctrine (V., notamment, P. Crocq, Sûretés et proportionnalité, *Mél. Simler, Litec-Dalloz, 2006, p. 291, n° 26*). Heureusement, dès son premier arrêt relatif à l'article L. 650-1, rendu le 27 mars 2012, la Cour de cassation allait-elle trancher cette question, prenant parti sans ambiguïté pour la seconde branche de l'alternative, par l'exigence expresse, à propos d'une disproportion de garanties invoquée, que « les concours consentis [soient] eux-mêmes fautifs » (V. note 8). La solution a été répétée par une décision ultérieure du 19 juin 2012 (*ibid.*). Il en résulte donc certainement l'obligation, pour le demandeur, qu'il s'agisse de l'emprunteur, de la caution, voire d'un autre créancier que le prêteur, de prouver, selon les critères jurisprudentiels antérieurs à la réforme de 2005, soit que le crédit est constitutif d'un soutien abusif (autrement dit, d'un soutien artificiel, consenti ou maintenu en faveur d'une entreprise dont le prêteur connaissait la situation irrémédiablement compromise, trompant les tiers sur la solvabilité réelle de celle-ci), soit qu'il s'agit d'un crédit ruineux (autrement dit, d'un crédit dont le montant et le coût sont incompatibles avec la situation financière de l'entreprise et ses capacités de remboursement, ainsi qu'avec sa rentabilité ou ses perspectives économiques). Cette lecture du texte, qui peut se prévaloir de la volonté du législateur, n'en aboutit pas moins à une situation extrêmement favorable aux dispensateurs de crédit (V. P. Hoang, L'octroi abusif de crédit s'invite à la table de l'exclusion de responsabilité de l'article L. 650-1 du code de commerce, *D. 2012. Chron. 2034*).

Les deux premières exceptions envisagées ne sont guère problématiques.

Fraude. – Principe général du droit, la fraude est sanctionnée même en l'absence de texte rappelant expressément la portée de l'adage « *Fraus omnia corrumpit* ». En l'occurrence, on songe à des hypothèses de collusion frauduleuse entre le débiteur et un créancier, c'est-à-dire à la fraude aux droits des créanciers et de la procédure, par rupture du principe d'égalité, par exemple, à l'escompte d'effets de complaisance ou la double mobilisation de créances, qui permet à l'entreprise de se procurer un crédit artificiel (V. D. Caramalli, Réforme du soutien abusif de crédit : le point de vue du praticien, *LPA 18 avr. 2005, p. 6* ; sur la souplesse de la notion, V. D. Legeais, *J.-Cl. Com., fasc. 346, n° 80 ;* J. Moury, *préc., n° 14* ; V. aussi, imaginant d'autres cas laissant apparaître la conscience du fournisseur de nuire aux intérêts d'autrui, tels, par exemple, la pratique de taux ruineux, une augmentation frauduleuse de créance avec l'objectif d'alourdir sa participation dans la future et inéluctable procédure, R. Bonhomme, *préc., n° 13 ;* pour une analyse détaillée de la notion de fraude, V. Forray. Commentaire complémentaire de l'article L. 650-1 du code de commerce, *RTD com. 2008. 661* *, spéc. 666*).

Par arrêt du 27 mars 2012, non publié au *Bulletin*, la Cour de cassation a apporté une première précision, négative, cassant pour défaut de base légale un arrêt qui avait déduit la fraude de la situation irrémédiablement compromise de la société lors de l'octroi de l'autorisation de découvert, estimant que cette autorisation ne pouvait avoir aucun retentissement favorable sur l'activité et la pérennité de la société et n'avait eu pour effet que de retarder sa déclaration de cessation des paiements, ajoutant encore que cette autorisation de découvert revêtait, compte tenu de ces circonstances, un caractère frauduleux dans la mesure où elle avait constitué la contrepartie de l'obtention de l'engagement des cautions et que la banque, en agissant dans le seul but d'obtenir une sûreté personnelle, avait rompu l'égalité entre les créanciers de la société à son profit. En jugeant ces motifs « impropres à caractériser l'intention frauduleuse de la banque », la chambre commerciale confirme la nécessité d'établir la conscience de nuire du prêteur, qui va au-delà du seul constat de son comportement « égoïste » (Com. 27 mars 2012 : *cité note 12* ; sur la jurisprudence des cours d'appel, V., citant de nombreuses décisions relatives aux trois cas d'exception de l'art. L. 650-1, H. Kensicher, Six ans déjà, et toujours rien de bien rassurant à propos de l'article L. 650-1 du code de commerce, *Journ. sociétés 3/2012, p. 29*). Deux autres arrêts du 2 et du 16 octobre 2012 vont dans ce sens, à propos, le premier, de la non-clôture du compte malgré la lettre de dénonciation et de la négociation de conventions d'amortissement du solde débiteur (V. note 9), le second de l'acceptation de traites parfaitement causées permettant ainsi indirectement l'octroi de délais de paiement à un débiteur prétendument dans une situation irrémédiablement compromise (V. note 2). Dans ces deux arrêts, la Cour de cassation relève la définition de la fraude donnée par la cour d'appel de Versailles : « la fraude, en matière civile ou commerciale, ne se démarque guère de la fraude pénale et il s'agit d'un acte qui a été réalisé en utilisant des moyens déloyaux destinés à surprendre un consentement, à obtenir un avantage matériel ou moral indu ou réalisé avec l'intention d'échapper à l'application d'une loi impérative ou prohibitive ». Dans cette optique, a aussi été écartée l'argumentation tirée de l'octroi d'un crédit en contrepartie d'une sûreté, le seul fait, pour la banque, de chercher à préserver ses propres intérêts n'étant pas constitutif d'une fraude (Com. 8 mars 2017 : *cité note 9*).

Ce n'est que par un arrêt du 17 janvier 2024 que la Cour de cassation a donné une définition de l'acte frauduleux, au sens de l'article L. 650-1, qu'elle présente comme l'acte « réalisé en utilisant des moyens déloyaux destinés à surprendre un consentement, à obtenir un avantage matériel ou moral indu, ou réalisé avec l'intention d'échapper à l'application d'une loi impérative ou prohibitive » (V. note 9).

Immixtion caractérisée dans la gestion du débiteur. – La notion d'immixtion caractérisée (proche de la notion de dirigeant de fait) constitue un tempérament de portée incertaine, sachant que la jurisprudence n'admet, jusqu'ici, que très difficilement l'immixtion ou la notion de dirigeant de fait (V., en matière de comblement de passif social, notes 17 s. ss. art. L. 651-2), malgré la remarquable décision du 27 juin 2006 par laquelle la chambre commerciale a admis la possibilité, pour une banque, d'être administrateur de fait par personne interposée (V. note 20 ss. art. L. 651-2), qui pourrait bien constituer, précisément, un cas exceptionnel ouvrant la recherche de la responsabilité pour soutien abusif (V. obs. J. Vallansan, *APC 2006, n° 161*). Et que, du reste, comme cela a été remarqué, l'immixtion dans les affaires d'autrui, n'a jamais été considérée, en soi, comme génératrice de responsabilité (D. Robine, *préc., n° 28* ; comp., envisageant que l'immixtion puisse constituer en elle-même la faute impardonnable qui engendre la responsabilité, R. Bonhomme, *préc., n° 14*). Comme l'a montré une praticienne, certaines pratiques courantes en matière de LBO seraient susceptibles d'ouvrir l'action en responsabilité (D. Caramalli, Quelques réflexions sur la responsabilité du banquier pour soutien abusif dans un contexte de LBOs en difficulté, *JCP E 2009. 1363, n°s 12 s.*).

On observe, à ce propos, que le texte ne fait nulle place à deux des critères jurisprudentiels en la matière : « la politique de crédit ruineux pour l'entreprise » et surtout « la connaissance de la situation irrémédiablement compromise de l'entreprise ». A moins que, dans une approche large – certainement trop large –, ce dernier cas de figure ne puisse être appréhendé sous le couvert de la fraude (V. D. Robine, *préc., n° 25*). Cela étant, le soutien artificiel, qui n'apporte rien à l'entreprise et que des agios à la banque, pourrait peut-être parfois procéder d'une décision de gestion à laquelle le banquier n'est pas étranger *(DP diff. entr., Bull. n° 263, sept. 2005, p. 5020*). La portée donnée par la Cour de cassation aux exceptions légales à la règle d'irresponsabilité, qui ne dispense pas de la preuve du caractère fautif des crédits (V. Com. 27 mars et 19 juin 2012 : *cités note 8*), relance à cet égard les interrogations quant à l'articulation des fautes du banquier (V. P. Hoang, L'octroi abusif de crédit s'invite à la table de l'exclusion de responsabilité de l'article L. 650-1 du code de commerce, *D. 2012. Chron. 2034*).

Dans l'une des premières décisions de jurisprudence rendue sur le fondement de l'article L. 650-1, il a été jugé que la « notion d'immixtion caractérisée dans la gestion du débiteur [...] ne peut s'induire du seul fait que [le banquier] se faisait communiquer les états comptables de l'emprunteur » (Bordeaux, 2e ch., 10 janv. 2007 : *cité par V. Roualet, S. Scemla et D. Fontaine-Besset*, L'irresponsabilité du banquier : un principe ou une exception ?, *Journ. sociétés, juill. 2009, p. 27*). Ce qui correspond à l'analyse doctrinale selon laquelle le fait, pour le créancier, de subordonner son concours financier à un devoir d'information du prêteur concernant des actes de gestion importants (ventes significatives d'actifs, fusions, constitutions de sûreté, etc.), qui vise à s'assurer de la solidité financière de l'emprunteur, n'équivaut pas à une immixtion dans la gestion du débiteur (V. Roualet, S. Scemla et D. Fontaine-Besset, *préc.*).

Garanties disproportionnées prises en contrepartie des concours. – L'exception au principe d'irresponsabilité tirée de la garantie disproportionnée, qui relance le débat doctrinal né en 1997 de l'arrêt Macron, prolongé par la loi Borloo du 1er août 2003, s'agissant de la protection des cautions personnes physiques, relève de l'innovation législative. Sont concernés, faute de distinction, tant les sûretés réelles (V., sur la question du recours au gage avec dépossession ou au nantissement de créances, R. Dammann, Banque et banquiers responsables, *in* Responsabilité et régulations économiques, *Presses de Sciences Po et Dalloz, 2007, p. 73, n° 206*) que personnelles (y compris la garantie autonome, dont un auteur envisage que l'on puisse considérer que l'usage en droit interne est disproportionné par rapport à la nature du concours consenti : P. Crocq, La réforme des procédures collectives et le droit des sûretés, *D. 2006. Chron. 1306, n° 16*), et même, selon certains, des mécanismes faisant fonction de garantie comme la lettre d'intention, la délégation, la promesse de porte-fort d'exécution (au sens de Com. 13 déc. 2005 : *D. 2006. AJ 298, obs. X. Delpech*), voire le crédit-bail, les garanties négatives, peu important qu'ils aient été consentis par acte sous seing privé ou acte authentique (V., sur tous ces points, D. Legeais. Les concours consentis à une entreprise en difficulté, *JCP E 2005, n° 42, p. 1747, n° 16*, qui évoque aussi le renforcement du devoir de conseil qui en résulte pour le notaire ; J. Moury, *préc., n° 19*) ; de même serait visé le droit de rétention – qui n'est pas une sûreté pour la jurisprudence –, puisque le texte vise les « garanties » (P. Crocq, *préc., n° 16* ; sur la problématique du recours à la propriété-sûreté, tels la cession de créances par bordereau Dailly ou le gage portant sur des choses fongibles en application de l'anc. art. 2431 C. civ., issu de l'Ord. du 23 mars 2006, V. P. Crocq, Sûretés et proportionnalité, *Mél. Simler, préc., n° 17* ; R. Dammann, Banque et banquiers responsables, *préc., n° 205* ; R. Bonhomme, *préc., n° 16*). Avec cette condition préliminaire que les garanties aient été « prises en contrepartie de ces concours », ce qui supposerait, logiquement, que ces derniers aient été subordonnés à la prise d'une garantie, et exclurait, dès lors, les garanties postérieures aux concours et, sans doute, pareillement, les simples promesses de garantie (E. Jouffin, Le sort des créanciers antérieurs dans la loi de sauvegarde, *Journ. sociétés, sept. 2005, p. 37, spéc. p. 41*), encore que l'hésitation soit permise sur ce dernier point lorsque la promesse est liée à l'octroi des concours (R. Routier, Le cantonnement de la responsabilité pour soutien abusif, *Gaz. Pal. 9-10 sept. 2005, p. 33, n° 13*).

La disposition présente des particularités : d'une part, la disproportion se mesure, non seulement au patrimoine de celui qui l'accorde, mais aussi à la hauteur des concours accordés (mais non à la rentabilité escomptée de l'opération) ; d'autre part, la responsabilité du prêteur (et cela même si elle procède de la fraude ou de l'immixtion caractérisée, à s'en tenir à la rédaction de l'al. 2 ; Comp. : P. Roussel Galle, Réforme du droit des entreprises en difficulté, *Litec, 2e éd., 2007, n° 821* ; V. aussi, rappelant que l'intention du législateur était de ne frapper que les garanties disproportionnées : X. de Roux, *Rapp. AN, n° 3651, p. 62*) entraîne, outre des dommages-intérêts pour la victime, *ipso facto* la perte de la garantie, perte qui se traduit, non par une inopposabilité, mais par une nullité, qui implique donc un anéantissement rétroactif de cette garantie et la restitution des sommes déjà perçues, ce qui peut profiter à la procédure lorsque le garant est le dirigeant (R. Routier, *D. 2005, préc., n° 16*). Il s'agit vraisemblablement d'une nullité absolue, et que pourrait donc invoquer tout intéressé, non seulement les cocontractants du créancier (cautions, garants autonomes ou constituants), mais aussi les autres créanciers (J. Moury, *préc., n° 32*). En tant qu'action en responsabilité délictuelle (lorsqu'elle est intentée par le mandataire au nom de l'intérêt collectif des créanciers), la prescription décennale de l'ancien article 2270-1 du code civil devait s'appliquer, avant la réforme de la prescription civile, ce qui donne la mesure de la sévérité du régime comparé à celui de la nullité des sûretés consenties pendant la période suspecte (R. Dammann, La situation des banques, titulaires de sûretés, après la loi de sauvegarde des entreprises, *préc., p. 21* ; Comp., parlant d'action dans le délai des nullités absolues, D. Legeais, *JCP E, préc., n° 24*). Mais depuis la loi n° 2008-561 du 17 juin 2008, la prescription devrait être celle de cinq ans prévue par le nouvel article 2224 du code civil. Dans le texte initial de la loi de 2005, l'emploi de l'indicatif (« sont nulles ») semblait conférer à la nullité une valeur impérative pour le juge, sans pouvoir de modulation, ce qui a suscité bien des critiques de la part de la doctrine, reprochant notamment au législateur de n'avoir pas opté plutôt pour la réduction ou le cantonnement des sûretés accordées (V. P. Crocq, Réforme des procédures collectives et sort des créanciers munis de sûretés, *Dr. et patr. 3/2006, p. 90, spéc. p. 92*). Aussi, l'ordonnance du 18 décembre 2008 est-elle venue opportunément reformuler ainsi la sanction : les garanties prises en contrepartie des concours « peuvent être annulées ou réduites » (en ce sens que cette souplesse pourrait conduire les juges à admettre plus facilement la responsabilité, V. Legeais, *RDBF 2009, n° 18*). Ainsi, en pratique, le juge devrait surtout annuler les garanties superflues, excessives, « surgarantissant » le créancier.

Le fait reprochable consiste donc en la disproportion : garantie excessive en tant que telle, ou cumul exagéré de garanties protégeant excessivement le créancier (on songe à la pratique du « coup de râteau »), et conduisant, pour le débiteur, à une sorte de « gaspillage » du crédit. Elle doit s'apprécier au moment de la constitution des garanties, et non en raison de l'évolution ultérieure de la situation du débiteur, même si, en pratique, il peut s'avérer de bonne tactique pour le banquier de donner parfois mainlevée de garanties devenues disproportionnés afin de témoigner de sa bonne foi dans l'exécution des conventions. Cette appréciation pose problème. Après avoir noté que la loi n'exige pas que celle-ci soit notable ou manifeste, un auteur propose de se référer au montant maximal autorisé dans la convention de crédit, majoré des intérêts prévus (y compris en cas de retard) et des frais de recouvrement, ce qui correspond aux risques réels du banquier (dans le même sens : J. Moury, *préc., n°s 22 s.*, qui suggère aussi de se référer à des critères intrinsèques, tels que la nature et la durée du concours, l'inutilité des garanties, l'aléa pesant sur l'évolution de la valeur des biens grevés ; comp., estimant que le critère des montants effectivement utilisés serait plus dans l'esprit du texte, D. Legeais, *J.-Cl. Com., fasc. 346, n° 82* ; sur la légitimité de certaines pratiques courantes de cumul de sûretés, et notamment de la technique de « surcollatéralisation », V. V. Roualet, S. Scemla et D. Fontaine-Besset, L'irresponsabilité du banquier : un principe ou une exception ?, *Journ. sociétés, juill. 2009, p. 27*). Ajoutant qu'il paraît raisonnable de se référer, non pas à la valeur de réalisation immédiate des sûretés, mais plutôt à leur valeur future en cas d'ouverture d'une procédure collective (R. Dammann, La situation des banques, titulaires de sûretés, après la loi de sauvegarde des entreprises, *préc., p. 21*). Autre difficulté : comment évaluer le montant d'un engagement de caution illimité ? (il a été prédit que le texte confortera la pratique bancaire des cautionnements limités dans leur montant : D. Legeais, *JCP E, préc., n° 19*). Ce même auteur estime, s'agissant de la question du cumul de garanties, qu'en cas, par exemple, de cautions solidaires pour un même montant, il convient de considérer qu'il y a pluralité de garanties même si la somme garantie est limitée (*n° 20*).

Un intéressant arrêt de la Cour de cassation (non publié au *Bulletin*) a considéré que le fait qu'une banque n'ait pris, en contrepartie des concours consentis, qu'une garantie constituée par le cautionnement excluait, en raison du caractère accessoire d'une telle sûreté, quelle que soit sa limite, toute disproportion à ses concours (Com. 18 mai 2017 : *cité note 11*).

Remarquons encore que, compte tenu du contrôle opéré par le tribunal, les garanties obtenues dans le cadre d'un accord de conciliation homologué devraient être inattaquables (V. ss. art. L. 611-8).

Le dommage ne va pas de soi, non plus. On pourrait, de prime abord, penser immédiatement au préjudice collectif subi par les créanciers en cas, notamment, de liquidation judiciaire. Mais ce préjudice est causé plutôt par le soutien abusif, au sens strict, que par les garanties disproportionnées. Aussi conviendrait-il d'établir que ce sont ces dernières qui ont conduit le débiteur à la cessation des paiements, qui ont aggravé le passif ou, plus vraisemblablement, qui auront empêché les créanciers chirographaires, primés par le fournisseur de crédit privilégié, d'être désintéressés. En réalité, le texte vise plutôt à protéger le constituant. Ce qui, selon un auteur, ne saurait en pratique se concevoir que dans l'hypothèse où le caractère disproportionné des sûretés a pour conséquence d'empêcher, en droit ou en fait, la constitution d'une pluralité de sûretés, d'où il se déduirait que l'hypothèse (qui est celle du gaspillage du crédit) n'est envisageable que lorsque la sûreté confère au créancier la propriété du bien donné en garantie (ce qui serait le cas de la fiducie-sûreté portant sur des actifs d'une valeur très supérieure à la créance dès lors que le contrat de fiducie ne laisserait pas au débiteur la possibilité de faire bénéficier d'autres créanciers de sûretés de rang inférieur portant sur les mêmes biens ; V., depuis la loi du 19 févr. 2007, R. Dammann et G. Podeur, Fiducie-sûreté et droit des procédures collectives : évolution ou révolution, *D. 2007. Chron. 1359* ; mais la donne a changé à cet égard depuis que les ordonnances du 18 décembre 2008 et du 30 janvier 2009 ont consacré la fiducie-rechargeable : M. Grimaldi et R. Dammann, La fiducie sur ordonnances, *D. 2009, Chron. 670* ; P. Crocq, La nouvelle fiducie-sûreté : une porte ouverte sur une prochaine crise des subprimes en France ?, *D. 2009. 716*) ou lorsque la sûreté déroge au principe de spécialité (V. P. Crocq, Sûretés et proportionnalité, *Mél. Simler, préc., n°s 16 s.*). Toute cette discussion cependant n'a sans doute plus vraiment d'importance du moment que la Cour de cassation a préféré considérer que la faute préjudiciable devait se rapporter à l'octroi de crédit lui-même, et non à la prise de garanties disproportionnées, laquelle, si elle est prouvée, n'aboutira qu'à priver le prêteur de son immunité (V. Com. 27 mars 2012 : *cité note 8, et supra*). Il suffira donc d'en rapporter la preuve sans que soit nécessaire de prouver, en plus, qu'elle ait joué un rôle causal dans le préjudice subi par les créanciers ou la caution. Bien des interrogations demeurent cependant à cet égard (V. P. Hoang, L'octroi abusif de crédit s'invite à la table de l'exclusion de responsabilité de l'article L. 650-1 du code de commerce, *D. 2012. Chron. 2034* , *spéc. n°s 22 s.*).

III. APPLICATION DANS LE TEMPS

Faute de disposition spéciale, l'article L. 650-1 devait normalement s'appliquer à la seule condition que la procédure collective soit ouverte à compter du 1er janvier 2006. Mais encore pouvait-on se demander s'il ne serait pas normal d'exiger, pour des raisons de non-rétroactivité, que la faute soit, elle aussi, commise après cette date (V. comm. dans l'éd. 2014).

Il a fallu attendre un arrêt du 19 juin 2012 pour voir la Cour de cassation faire, à cet égard aussi, l'application de l'article L. 650-1 la plus favorable aux prêteurs, en jugeant qu'il suffisait, pour bénéficier de l'immunité, que la procédure ait été ouverte après le 1er janvier 2006, peu important que les faits reprochés au banquier fussent antérieurs à cette date (V. note 1).

1. Il résulte de l'art. 190 de la loi du 26 juill. 2005 que l'art. L. 650-1 n'est applicable qu'aux seules procédures ouvertes après le 1er janv. 2006, date de son entrée en vigueur. • Com. 19 juin 2012, n° 11-18.940 P : *D. 2012. Actu. 1670, obs. Lienhard ; ibid. Pan. 2204, obs. Le Corre ; Rev. sociétés 2012. 535, obs. Roussel Galle ; JCP E 2012. 1508, n° 10, obs. Pétel ; LEDEN 9/2012. 4, obs. Parachkévova ; Banque et Dr. 9-10/2012. 57, obs. Rontchevsky ; Dr. et pr. 2012, n° 10, suppl., p. 22, obs. Reille ; RJDA 2012, n° 1098 ; LPA 15 avr. 2013, p. 13, obs. Zattara-Gros.*

2. Les termes génériques de « concours consentis » et de « créancier » de l'art. L. 650-1 conduisent à ne pas limiter son application aux seuls établissements de crédit. • Com. 16 oct. 2012, n° 11-22.993 P : *D. 2012. Actu. 2513, obs. Lienhard ; Rev. sociétés 2012. 730, obs. Roussel Galle ; JCP E 2012. 1735, note Legeais ; ibid. 1757, n° 18, obs. Pétel ; BJE 2012. 379, note Le Mesle ; LEDEN 12/2012. 4, obs. Borga ; APC 2012, n° 293, obs. Regnaut-Moutier ; Gaz. Pal. 18-19 janv. 2013, p. 34, obs. Routier ; RJDA 2013, n° 143 (1re esp.) ; RLDA janv. 2013. 19, obs. Demeyere ; Banque et Dr. 1-2/2013. 22, obs. Bonneau ; RPC 2013, n° 93, obs. Martin-Serf.* ♦ Des délais de paiement accordés par un cocontractant au débiteur constituent des concours au sens de l'art. L. 650-1. • Même arrêt. ♦ L'art. L. 650-1 s'applique, en raison de la généralité de ses termes, en cas de concours consentis au débiteur pour financer la création ou l'acquisition de son entreprise. • Com. 3 nov. 2015, n° 14-10.274 : *JCP E 2016. 1198, n° 17, obs. Pétel ; Gaz. Pal. 19 janv. 2016, p. 74, obs. Routier ; BJE 2015. 48, note Favario ; RJDA 2016, n° 133 ; RPC 2016, n° 100, obs. Martin-Serf.* ♦ La garantie financière accordée aux personnes physiques ou morales qui, d'une manière habituelle, se livrent ou prêtent leur concours, même à titre accessoire, aux opérations mentionnées à l'art. 1er de la L. n° 70-9 du 2 janv. 1970 n'est pas, en l'absence de fourniture d'un crédit, un concours au sens de l'art. L. 650-1, de sorte que ce texte ne trouve pas à s'appliquer lorsque la responsabilité du garant est recherchée par la personne garantie ou son liquidateur. • Com. 24 mai 2018, n° 16-26.387 P : *D. 2018. Actu. 1151 ; Rev. sociétés 2018. 540, obs. Roussel Galle ; LEDEN 7/2018. 5, obs. Mouial-Bassilana ; RJDA 2018, n° 660 ; BJS 2018. 529, note Pelletier ; BJE 2018. 361, note Cabrillac ; Gaz. Pal. 9 oct. 2018, p. 79, obs. Lasserre Capdeville ; RPC 2018, n° 212, obs. Martin-Serf.* ♦ L'octroi d'une aide publique à une entreprise, alors même que sa situation était irrémédiablement compromise à la date à laquelle elle a été accordée, n'est pas régie par les dispositions de l'art. L. 650-1. • CE 27 nov. 2020, n° 417165 : *APC 2021, n° 42, obs. Ghandour ; BJE 3-4/2021. 51,* *note Lasserre Capdeville ; LEDEN 4/2021. 6, obs. Pelletier ; RJDA 2021, n° 330 ; RPC 2021, n° 165, obs. Martin-Serf.*

3. Pour l'application de l'art. L. 650-1 en présence d'un prêt consenti pendant la période suspecte, V. • Com. 9 mai 2018, n° 17-10.965 : *Gaz. Pal. 10 juill. 2018, p. 61, obs. Lasserre Capdeville ; RPC 2019, n° 88, obs. Martin-Serf.*

4. Les dispositions de l'art. L. 650-1 ne concernant que la responsabilité du créancier lorsqu'elle est recherchée du fait des concours qu'il a consentis, seul l'octroi estimé fautif de ceux-ci, et non leur retrait, peut donner lieu à l'application de ce texte. • Com. 23 sept. 2020, n° 18-23.221 P : *D. 2021. Pan. 1745, obs. F.-X. Lucas ; Rev. sociétés 2020. 713, obs. Reille ; DP diff. entr., Bull. n°s 428/429, obs. Rémery ; JCP E 2020. 1535, n° 21, obs. Tehrani ; LEDEN 10/2020. 5, obs. Rubellin ; APC 2020, n° 236, obs. Ghandour ; RPC 2020, n° 166, obs. Martin-Serf ; BJS 1/2021. 58, note Pagnucco ; RJDA 2021, n° 109* • 23 sept. 2020, n° 19-12.542 P : *RTD com. 2020. 932, obs. Legeais ; JCP E 2020. 1535, n° 21, obs. Tehrani ; BJE 11-12/2020. 39, note Robine ; RPC 2020, n° 166, obs. Martin-Serf ; BJS 1/2021. 58, note Pagnucco ; RJDA 2021, n° 109.* ♦ De même, la diminution des concours consentis ne peut donner lieu à l'application de l'art. L. 650-1. • Com. 6 mars 2024, n° 22-23.647 B : *D. 2024. Pan. 1701, obs. F.-X. Lucas ; JCP E 2024. 1117, note Bonneau ; Gaz. Pal. 28 mai 2024, p. 53, obs. Gouëzel ; RJDA 2024, n° 350 ; RPC 2024, n° 63, obs. Martin-Serf ; BJE 7-8/2024. 42, note Lasserre Capdeville ; APC 2024, n° 111, obs. Bennini.*

5. L'art. L. 650-1 limitant la mise en œuvre de la responsabilité du créancier à raison des concours qu'il a consentis, sans distinguer selon que ce créancier a déclaré ou non une créance au passif du débiteur mis en procédure collective, il en résulte que ce texte ne permet pas d'exclure du bénéfice de son application un créancier qui ne le serait plus au jour de l'ouverture de la procédure collective du bénéficiaire des concours. • Com. 19 sept. 2018, n° 17-12.596 P : *D. 2018. Actu. 1862 ; JCP E 2018. 1649, note Le Noach ; LEDEN 11/2018. 2, obs. Mélin ; BJS 2018. 705, note Lasserre Capdeville ; BJE 1-2/2019. 34, note Favario ; RJDA 2019, n° 277 ; RPC 2019, n° 89, obs. Martin-Serf.*

6. L'art. L. 650-1 est également applicable à la mise en cause de la responsabilité de la banque par les cautions, le texte n'opérant aucune distinction ni limitation quant à la personne invoquant le préjudice ou la responsabilité. • Douai, 21 juin 2012 : *RDBF 2012, n° 178, obs. Cerles.* – Dans le même sens, V. • Bordeaux, 20 juin 2012 : *APC 2013, n° 11, obs. Cagnoli.* ♦ Toutefois, les dispositions de l'art. L. 650-1 ne s'appliquent pas à l'action en responsabilité engagée contre une banque par une caution non avertie qui lui reproche de ne pas l'avoir mise en garde contre les risques de l'endettement né de l'octroi du prêt qu'elle cautionne, cette action tendant à obtenir, non la réparation d'un préjudice subi du fait du prêt consenti, lequel n'est pas nécessairement fautif, mais celle d'un préjudice de perte de chance de ne pas souscrire ledit cautionnement. • Com. 12 juill. 2017, n° 16-10.793 P : *D. 2017. 2020, note Lasserre Capdeville ; ibid. Chron. C. cass. 2329, obs. Jollec ; Rev. sociétés 2017. 527, obs. Roussel Galle ; AJ contrat 2017. 433, obs. Houtcieff ; RTD com. 2017. 669, obs. Legeais ; JCP E 2017. 1603, note Zinty ; ibid. 1688, n° 12, obs. Tehrani ; APC 2017, n° 217, obs. Petit ; LEDEN 10/2017. 5, obs. Favario ; Banque et Dr. 9-10/2017. 68, obs. Rontchevsky ; RJDA 2017, n° 751 ; BJS 2017. 695, note Roussille ; RDBF 2017. Étude 20, obs. Robine ; RPC 2017, n° 156, obs. Martin-Serf.* ♦ Pour l'application de l'art. L. 650-1 à l'action en responsabilité engagée par le coemprunteur (conjoint *in bonis*) du débiteur en liquidation judiciaire, V. • Com. 17 sept. 2013 : *BJE 2013. 364, avis Bonhomme.* ♦ Sur cette question, V. Hoang, *RPC 2014. Étude 7.*

7. S'il résulte de l'art. L. 650-1 que les établissements bancaires créanciers d'une entreprise en sauvegarde, en redressement ou en liquidation judiciaires ne peuvent être tenus pour responsables des préjudices subis du fait des concours consentis, sauf les cas de fraude, d'immixtion caractérisée dans la gestion du débiteur ou si les garanties prises sont disproportionnées aux concours, ces mêmes établissements peuvent être responsables des manquements à leur obligation de mise en garde du bénéficiaire des concours lorsqu'ils y sont soumis. • Com. 20 juin 2018, n° 16-27.693 P : *D. 2018. Actu. 1380 ; Rev. sociétés 2018. 541, obs. Reille ; AJ contrat 2018. 429, obs. Marain ; BJS 2018. 526, note Lasserre Capdeville ; RJDA 2018, n° 759 ; LEDEN 10/2018. 6, obs. Camensuli-Feuillard ; BJE 2018. 359, note Favario ; RPC 2018, n° 213, obs. Martin-Serf.*

8. Lorsqu'une procédure de sauvegarde, de redressement judiciaire ou de liquidation judiciaire est ouverte, les créanciers ne peuvent être tenus pour responsables des préjudices subis du fait des concours consentis, sauf les cas de fraude, d'immixtion caractérisée dans la gestion du débiteur ou de disproportion des garanties prises, que si les concours consentis sont en eux-mêmes fautifs. • Com. 27 mars 2012 : *D. 2012. 1455, note Dammann et Rapp ; ibid. Actu. 870, obs. Lienhard ; ibid. Pan. 2204, obs. Le Corre ; Rev. sociétés 2012. 398, obs. Roussel Galle ; ibid. 2013. 91, note Riassetto ; JCP E 2012. 1274, note Legeais (1re esp.) ; ibid. 1508, n° 9, obs. Pétel ; JCP 2012. 635, note S. Piedelièvre ; DP diff. entr., Bull. n° 336, obs. Henry ; LEDEN 5/2012. 5, obs. Borga ; APC 2012, n° 125, obs. Routier ; BJE 2012. 176, note Favario ; BJS 2012. 493, note Pétel ; Banque et Dr. 5-6/2012. 22, obs. Bonneau ; ibid. 44, obs. Rontchevsky ; RDBF 2012, n° 114, obs. Crédot et Samin ; Gaz. Pal. 3-4 août 2012, p. 16, obs. Routier ; RLDA juill.-août 2012. 21, obs. Robine ; Dr. et pr. 2012, n° 10, suppl., p. 22, obs. Reille ; RJDA 2012, n° 1098 ; RPC 2012, n° 215, obs.*

Martin-Serf • 11 déc. 2012 : *LEDEN 2/2013. 5, obs. Favario ; RJ com. 2013. 248, note Sortais.* ♦ Pour un prêt jugé non fautif car ayant eu pour la société débitrice le double effet bénéfique de réduire le taux d'intérêt de sa dette et de substituer à une dette exigible une dette d'emprunt payable en 8 ans, avec différé d'amortissement d'un an, V. • Com. 19 juin 2012 : *préc. note 1.* ♦ Ni la conclusion d'un prêt de restructuration à un taux plus favorable permettant à la banque, pour près de la moitié de son montant, de réaménager sa propre créance sur le débiteur et d'obtenir une garantie hypothécaire nouvelle, ni la répartition des fonds prêtés dont il n'est pas démontré qu'elle se soit faite à la seule initiative de la banque sans le contrôle du débiteur, n'établissent l'accomplissement par la banque d'actes positifs de direction ou l'exercice d'une influence décisive sur la gestion du débiteur, de nature à constituer une immixtion caractérisée dans la gestion de ce dernier. • Com. 21 nov. 2018, n° 17-21.025 : *Gaz. Pal. 16 avr. 2019, p. 77, obs. Lasserre Capdeville ; RPC 2019, n° 185, obs. Martin-Serf.* ♦ Sur la notion d'« immixtion caractérisée », V. aussi • Rennes, 28 août 2017, n° 15/01947 : *Gaz. Pal. 16 janv. 2018, p. 76, obs. Lasserre Capdeville.* ♦ V., écartant une telle immixtion en présence de crédits à la consommation accordés à l'exploitant de l'entreprise débitrice : • Pau, 9 mai 2023, n° 21/04056 : *BJS 9/2023. 25, note Lasserre Capdeville ; RPC 2024, n° 65, obs. Martin-Serf.*

9. Constitue un acte frauduleux, au sens de l'art. L. 650-1, celui réalisé en utilisant des moyens déloyaux destinés à surprendre un consentement, à obtenir un avantage matériel ou moral indu, ou réalisé avec l'intention d'échapper à l'application d'une loi impérative ou prohibitive. • Com. 17 janv. 2024, n° 22-18.090 B : *D. 2024. Pan. 1701, obs. F.-X. Lucas ; Rev. sociétés 2024. 214, obs. Henry ; JCP E 2024. 1101, note Tardif ; APC 2024, n° 65, obs. Bonneau ; Gaz. Pal. 19 mars 2024, p. 73, obs. Almaseanu ; RJDA 2024, n° 296 ; BJE 5-6/2024. 48, note Lasserre Capdeville ; RPC 2024, n° 64, obs. Martin-Serf.* ♦ Si, par l'octroi d'un prêt, assorti de la constitution d'une garantie, la banque a cherché à préserver ses propres intérêts, ce seul fait ne suffit pas à caractériser la fraude en l'absence de manœuvres, de tromperie ou de contravention à la loi ou aux règlements, l'octroi d'un crédit en contrepartie d'une sûreté étant un procédé licite et la banque n'ayant pu méconnaître le principe d'égalité des créanciers qui ne s'applique qu'à compter de l'ouverture de la procédure collective. • Com. 8 mars 2017, n° 15-20.288 : *LEDEN 4/2017. 1, obs. F.-X. Lucas ; RJDA 2017, n° 354 ; Gaz. Pal. 27 juin 2017, p. 64, obs. Lasserre Capdeville.* ♦ La non-clôture du compte malgré la lettre de dénonciation des concours bancaires et la négociation de conventions d'amortissement du solde débiteur ne relèvent nullement de la fraude. • Com. 2 oct. 2012 : *D. 2012. Actu. 2445 ; RJDA 2013, n° 143 (2e esp.) ; RPC 2013, n° 92, obs. Martin-Serf.* ♦ Sur la notion de fraude, V. aussi • Com. 13 déc. 2017, n° 16-21.498 : *LEDEN 2/2018. 5, obs. Favario ; BJE 2018. 116, note Thullier ; RJDA 2018, n° 256 ; Banque et Dr. 3-4/2018. 23, obs. Bonneau ; RPC 2018, n° 127, obs. Martin-Serf* • 8 janv. 2020, n° 18-21.452 : *LEDEN 3/2020. 7, obs. Lafaurie ; RJDA 2020, n° 227 ; BJE 5-6/2020. 49, note Macorig-Venier ; RPC 2020, n° 167, obs. Martin-Serf* • Orléans, 13 janv. 2011, n° 10/01319 : *RPC 2011, n° 205, obs. Martin-Serf* (6e esp.) • Versailles, 20 janv. 2011 : *JCP E 2011. 1882, n° 10, obs. Dumoulin ; RDBF 2011, n° 130, obs. Crédot et Samin.*

10. Pour la responsabilité d'un fournisseur qui avait transformé son encours de créances en prêts à intérêts, dont l'un était garanti par une hypothèque et un warrant agricole, la charge de remboursement de ces crédits excédant les facultés de paiement du débiteur au regard de ses résultats d'exploitation, que le fournisseur connaissait, V. • Com. 10 janv. 2018, n° 16-10.824 : *Rev. sociétés 2018. 199, obs. Roussel Galle ; RTD com. 2018. 174, obs. Legeais ; LEDEN 2/2018. 1, obs. F.-X. Lucas ; RJDA 2018, n° 257 ; BJE 2018. 210, note Favario ; RPC 2018, n° 128, obs. Martin-Serf.*

11. L'appréciation de la disproportion des garanties se situe au moment de l'octroi du crédit par la banque et des garanties. • Poitiers, 11 janv. 2011 : *RPC 2012, n° 109, obs. Martin-Serf.* ♦ Pour un arrêt jugeant les dispositions de l'art. L. 650-1 inapplicables à l'aval, V. • Nancy, 26 juin 2013 : *Gaz. Pal. 8-9 nov. 2013, p. 23, obs. Rouaud.* ♦ Le fait que la banque n'ait pris, en contrepartie des concours consentis à la société, qu'une garantie constituée par le cautionnement du dirigeant exclut, en raison du caractère accessoire d'une telle sûreté, quelle que soit sa limite, toute disproportion à ses concours. • Com. 18 mai 2017, n° 15-12.338 : *RJDA 2017, n° 566 ; Gaz. Pal. 10 oct. 2017, p. 74, obs. Lasserre Capdeville.* – V. Rémery, *RJDA 2017. 611.* ♦ Sur la notion de « garanties disproportionnées au crédit consenti », V. aussi • Com. 13 janv. 2015 : *RJDA 2015, n° 294 ; RPC 2015, n° 74, obs. Martin-Serf.*

12. Sur les conditions d'application de l'art. L. 650-1, V. aussi • Com. 27 mars 2012 : *D. 2012. Pan. 2204, obs. Le Corre ; JCP E 2012. 1274, note Legeais (2e esp.) ; JCP 2012. 636, note Boucard ; LEDEN 5/2012. 5, obs. Favario ; Banque et Dr. 5-6/2012. 22, obs. Bonneau ; ibid. 44, obs. Rontchevsky ; RDBF 2012, n° 114, obs. Crédot et Samin ; Gaz. Pal. 3-4 août 2012, p. 16, obs. Routier ; RLDA juill.-août 2012. 21, obs. Robine ; Dr. et pr. 2012, n° 10, suppl., p. 22, obs. Reille ; RPC 2012, n° 216, obs. Martin-Serf* • Paris, 3 juill. 2008 : *Gaz. Pal. 21-22 janv. 2009, p. 22, obs. Routier* • 17 sept. 2010 : *LEDEN 11/2010. 5, obs. Petavy.*

13. Sur le caractère d'ordre public de l'art. L. 650-1, V. • Com. 30 juin 2015, n° 14-19.119 : *RTD com. 2015. 570, obs. Legeais .*

14. En ce sens que la mise en œuvre de l'art. L. 650-1 constitue une fin de non-recevoir que l'arrêté d'un plan de redressement tient en échec, V. • T. com. Paris, 15 févr. 2017 : *LEDEN 4/2017. 5, obs. Pelletier.*

15. Le fournisseur qui a engagé sa responsabilité à l'égard de son client à raison des concours fautifs qu'il lui a accordés n'est tenu que de réparer l'aggravation de l'insuffisance d'actif qu'il a contribué à créer. • Com. 10 janv. 2018 : *préc. note 10.*

16. Sur la compétence juridictionnelle, V. note 22 ss. art. R. 662-3.

17. Sur le respect du principe du contradictoire, V. • Com. 9 sept. 2020, n° 18-11.246 : *Gaz. Pal. 12 janv. 2021, p. 84, obs. Lasserre Capdeville ; RPC 2021, n° 88, obs. Martin-Serf.*

CHAPITRE I *DE LA RESPONSABILITÉ POUR INSUFFISANCE D'ACTIF*

Le chapitre I du titre V du livre VI du code de commerce est applicable aux procédures en cours au jour de l'entrée en vigueur de la L. n° 2005-845 du 26 juill. 2005 [1er janv. 2006], à l'exception de l'art. L. 651-2 (L. préc., art. 191).

BIBL. GÉN. ▸ Arnaud-Grossi et Poracchia, *Journ. sociétés 2/2010. 32* (responsabilité pour insuffisance d'actif des dirigeants et associés).

COMMENTAIRE

I. GÉNÉRALITÉS RELATIVES À LA RÉFORME DE 2005

Le législateur de 2005 avait incontestablement la main plus légère que ses prédécesseurs quant aux incidences sur leurs dirigeants et associés des procédures frappant les personnes morales, préférant une logique réparatrice plutôt qu'une logique sanctionnatrice (C. Mascala, Le comportement fautif du chef d'entreprise : de la sanction à la réparation ?, *in* La loi du 25 janvier 1985 a 20 ans ! Entre bilan et réforme, *RLDA, mars 2005, suppl., p. 71, spéc. p. 72*). En témoigne, dans le registre des sanctions, la suppression de l'ouverture d'une procédure à l'égard des dirigeants ne s'acquittant pas de leur dette de comblement de passif, ainsi que la « transformation » des cas de manquements passibles de l'extension de procédure en cas d'« obligation aux dettes sociales », nouvelle sorte d'action en paiement des dettes sociales, que l'ordonnance du 18 décembre 2008 aura supprimée trois ans plus tard (V. ss. art. L. 652-1, abrogé). Notons, au passage, avec dix ans de recul, que le mécanisme d'extension-sanction de l'article L. 624-5 était en partie inconstitutionnel, comme le Conseil constitutionnel l'a jugé en 2015, à propos du texte polynésien, resté applicable (V. Cons. const. 7 oct. 2015, n° 2015-487 QPC). Rien, en revanche (ou presque rien : V. ss. art. L. 651-2), n'est venu adoucir la rigueur de l'action en comblement de passif pour faute de gestion, rebaptisée « action en responsabilité pour insuffisance d'actif », ce qui rend mieux compte de sa nature (V. Com. 5 mai 2004 : *cité note 2 ss. art. R. 651-1*), dont le régime, voire la légitimité même avaient souvent été dénoncés (V. F. Derrida, Procès de l'article 180 de la loi du 25 janvier 1985, *D. 2001. Chron. 1377* ; J.-P. Sortais, Les contours de l'action en comblement d'insuffisance d'actif social, *in* Mél. Bézard, *Montchrestien, 2002, p. 321 ;* V. comm. dans l'éd. 2014).

II. SUPPRESSION DES OUVERTURES AUTOMATIQUES DE PROCÉDURE

Plus radicalement encore, dans un autre registre, celui, particulier, de l'ouverture automatique, et indépendamment de toute idée de faute, d'un redressement ou d'une liquidation judiciaires aux associés ou membres d'une personne morale indéfiniment et solidairement responsables du passif social, l'article L. 624-1 a été purement et simplement abrogé par la loi du 26 juillet 2005 sans être repris.

Finie donc, dans cette hypothèse, l'ouverture automatique d'une procédure collective à l'égard des associés des sociétés en nom collectif ou des membres des groupements d'intérêt économique. L'idée serait ici de supprimer des dispositions entretenant une « confusion des genres » : le critère punitif ne doit se substituer au critère économique, seul à même de justifier l'ouverture d'une procédure collective.

Pour autant, la situation de ces associés et membres n'en ressort pas fondamentalement modifiée. Moins, en fait, que celle des créanciers de la personne morale. Que se passe-t-il maintenant ? Tout simplement, le retour au droit commun. Le tribunal devra se prononcer, en fonction de la situation concrète de chacune des personnes concernées, sur l'ouverture, ou non, d'une procédure collective ; et, le cas échéant, sur l'ouverture d'une procédure de sauvegarde, de redressement ou de liquidation judiciaire, celle-ci pouvant alors, comme pour n'importe quel débiteur, déboucher sur un plan de sauvegarde, de redressement, un plan de cession ou encore sur la cession de ses actifs. Tel était déjà le régime du temps où leur ouverture était mécanique, du reste (V. note 14 ss. anc. art. L. 624-1). Différentes options qui ne relèvent pas forcément du domaine de la théorie lorsque les associés d'une SNC, par exemple, sont des sociétés.

En réalité, le plus souvent, si la personne morale est en état de cessation des paiements, les personnes physiques indéfiniment et solidairement responsables le seront aussi. C'était d'ailleurs sur ce postulat que reposait, semble-t-il, le mécanisme de l'ancien article L. 624-1, bien que ce fondement ait pu être contesté en doctrine (F.-X. Lucas, Interrogations sur la qualité de commerçant de l'associé en nom, *in* Procédures collectives et droit des affaires, *in* Mél. en l'honneur d'Adrienne Honorat, *éd. Frison-Roche, 2000, p. 281, spéc. p. 284* ; Les associés et la procédure collective, Journée du CRAJEFEDP, 19 mai 2001, *LPA 9 janv. 2002, p. 7, n° 23*). Mais, désormais, et c'est la nouveauté, cet état devra être constaté.

Quant à l'associé en nom, la donne paraissait avoir changé depuis la reformulation des textes par l'ordonnance du 18 décembre 2008 : est visé désormais « l'exercice d'une activité commerciale » et non plus la qualité de commerçant, ce qui avait semblé fermer la porte des procédures collectives aux associés en nom (V. P. Roussel Galle, L'ouverture des procédures, *D. 2009. Chron. 644* , *n° 4* ; O. Staes, Aspects de procédure et voies de recours, *RPC 2009. Dossier 5, n° 55, note 67*), ainsi que l'attestait la première jurisprudence sur ce point, à moins que l'associé n'exerçât, par ailleurs, une activité éligible à celles-ci (Paris, 6 juill. 2010 : *D. 2010. Actu. 2222, obs. Lienhard* ; *Rev. sociétés 2010. 534, obs. Roussel Galle*). Mais la Cour de cassation a préféré maintenir la pleine portée de la fiction légale des associés de société en nom collectif commerçants, en posant une présomption irréfragable d'exercice d'une activité commerciale de ceux-ci, tirée de leur qualité de commerçants « de droit » (Civ. 2e, 5 déc. 2013 : *cité note 5 ss. art. L. 631-2* ; V. comm. ss. art. L. 620-2).

Plus délicate encore apparaît la situation des associés de sociétés civiles professionnelles, qui auront du mal à se prévaloir, à cette fin, de la qualité de professionnel indépendant, en raison de l'écran de la personne morale au nom de laquelle sont effectués les actes professionnels (F. Vauvillé, Le nouveau titre V : des responsabilités et des sanctions, *RPC 2006. 345*), ce qu'ont confirmé les arrêts rendus par la Cour de cassation le 9 février 2010, quant à l'ouverture d'une procédure à l'encontre d'un avocat devenu associé d'une société civile professionnelle ou d'une société d'exercice libéral (V. ss. art. L. 620-2).

Reste alors une question encore : l'associé tenu solidairement et indéfiniment pourrait-il se prévaloir des mesures de protection accordées selon le domaine élargi par l'ordonnance du 18 décembre 2008, aux personnes coobligées, ayant consenti une sûreté personnelle ou ayant affecté ou cédé un bien en garantie ? La réponse est incertaine, mais des voix se sont élevées pour que le débiteur subsidiaire qu'est cet associé puisse bénéficier de cette protection (V., not., O. Staes, note ss. Com. 13 mars 2007 : *BJS 2007. 946, spéc. 952* ; *contra* : F. Pérochon, note ss. ch. mixte, 18 mai 2007 : *BJS 2007. 1174, n° 27* ; P.-M. Le Corre, La poursuite des associés de sociétés sous procédure collective, *JCP E 2008. 1326, n° 9*), tandis que la Cour de cassation, de son côté, par un arrêt non publié, à propos du bénéfice de l'arrêt du cours des intérêts sous l'empire des textes antérieurs à 2005 (art. 55 de la loi de 1985), a accordé la protection légale à des associés de société civile, « en leur qualité de garants subsidiaires » (Com. 29 mars 2011 : *cité note 14 ss. art. L. 622-28*).

Notons d'ailleurs que la loi étend expressément aux membres et associés indéfiniment et solidairement responsables des dettes de la personne morale les dispositions renforcées relatives à l'enquête sur la situation patrimoniale (V. art. L. 651-4). Il s'agit, là, d'empêcher que les associés n'organisent leur insolvabilité. Pour la même raison, cet article L. 651-4 permet-il de prendre des mesures conservatoires sur les biens des associés (P.-M. Le Corre, Les sanctions dans l'avant-projet de réforme des entreprises en difficulté, *Gaz. Pal. 19-20 déc. 2003, p. 7, n° 3*).

C'est donc le droit commun des sociétés qui va s'appliquer, plus spécialement l'article L. 221-1 du code de commerce. Ce qui supposerait donc, en principe, une vaine et préalable mise en demeure de la société par acte extra-judiciaire. Mieux vaut sans doute obéir à cette prescription. La mise en demeure devrait alors, selon le degré de dessaisissement de la société débitrice, être adressée au gérant ès qualité, ou/et à ce dernier et à l'administrateur ou au liquidateur. Mais un arrêt du 19 décembre 2006 semble dispenser de l'accomplissement de cette formalité, en jugeant que la déclaration de créance, qui vaut mise en demeure, « rend inutile la délivrance d'une mise en demeure par acte extrajudiciaire » de la société (*D. 2007. AJ 92, obs. A. Lienhard*). Cette décision clarifie la situation, ambiguë, qui résultait d'un précédent arrêt par lequel la Cour de cassation avait admis la dispense dans une espèce où le créancier, il est vrai, avait déclaré sa créance au passif d'une société en nom collectif dont la liquidation judiciaire avait été clôturée pour insuffisance d'actif, précisant que la mise en demeure était inutile, « compte tenu de l'évolution de la procédure collective » (Com. 9 janv. 2001 : *BJS 2001. 365, note F.-X. Lucas ; Banque et Dr. 7-8/2001. 53, obs. Riassetto* ; V. aussi J.-F. Barbièri, note ss. Com. 24 janv. 2006 : *Rev. sociétés 2006. 410*). Ce qui laissait alors penser qu'il en serait jugé autrement en cas de plan de sauvegarde ou de redressement (V. A. Cerati-Gauthier, L'associé dans la loi de sauvegarde des entreprises, *Rev. sociétés 2006. 305, n° 24*). Mais la décision du 19 décembre 2006, au contraire, n'opère aucune distinction, visant aussi bien le cas de mise en redressement judiciaire que de mise en liquidation judiciaire de la SNC. En revanche, l'extension de la solution au cas de sauvegarde ne serait pas justifiée faute d'état de cessation des paiements de la société (V. la note A. Cerati-Gauthier : *RLDA 2007, n° 14, p. 21*).

III. GÉNÉRALITÉS RELATIVES À LA RÉFORME DE 2008

La mesure la plus audacieuse de l'ordonnance du 18 décembre 2008 est, sans conteste, la suppression de l'action en obligation aux dettes sociales, importante innovation de la loi du 26 juillet 2005, dont, selon les termes mêmes du Rapport au président de la République, « la pratique a démontré depuis 2006 qu'elle faisait double emploi avec l'action en responsabilité pour insuffisance d'actif ». En conséquence, l'article L. 653-4 est complété afin d'énumérer les fautes commises par le dirigeant d'une personne morale de nature à l'exposer à une condamnation à la faillite personnelle. ❑

Art. L. 651-1 *(L. n° 2005-845 du 26 juill. 2005, art. 127)* **Les dispositions du présent chapitre** *(Abrogé par Ord. n° 2008-1345 du 18 déc. 2008, art. 130)* ***« et du chapitre II du présent titre »*** **sont applicables aux dirigeants d'une personne morale de droit privé soumise à une procédure collective, ainsi qu'aux personnes physiques représentants permanents de ces dirigeants personnes morales** *(L. n° 2022-172 du 14 févr. 2022, art. 5, en vigueur le 15 mai 2022)* **« , aux entrepreneurs individuels à responsabilité limitée et aux entrepreneurs individuels relevant du statut défini à la section 3 du chapitre VI du titre II du livre V ».** – *[C. com., anc. art. L. 624-2.]*

Pour les dispositions transitoires de la L. n° 2022-172 du 14 févr. 2022, V. note ss. art. L. 611-13.

COMMENTAIRE

Aux termes de cet article L. 651-1, modifié par l'ordonnance du 18 décembre 2008 pour tenir compte de la suppression de l'action en obligation aux dettes sociales, les dispositions relatives à la responsabilité pour insuffisance d'actif (art. L. 651-1 s.) – et, jusqu'à l'ordonnance de 2008, celles relatives à l'obligation aux dettes sociales (art. L. 652-1 s.) – sont donc en principe applicables aux dirigeants visés à la seule condition que la personne morale fasse l'objet d'une procédure collective, c'est-à-dire d'une procédure de sauvegarde, de redressement judiciaire ou de liquidation judiciaire. Cela dit, il ne s'agit que d'une règle de portée générale, du reste un peu trompeuse, puisque, déjà du temps de la loi de 2005, elle ne concernait, en fait, que la responsabilité pour insuffisance d'actif (et encore, seulement en cas de résolution du plan de sauvegarde ou de redressement), la condamnation aux dettes sociales ne pouvant être prononcée, aux termes mêmes de l'article L. 652-1, qu'en cas de liquidation judiciaire ; et que, désormais, même l'action en paiement de l'insuffisance d'actif ne se conçoit plus qu'en ce seul cas (V. art. L. 651-2 mod.).

L'ordonnance du 9 décembre 2010 est venue modifier l'article L. 651-1, afin de permettre, en cas de liquidation judiciaire frappant un entrepreneur individuel à responsabilité limitée, que l'action en responsabilité pour insuffisance puisse s'exercer sur son patrimoine non affecté. Ultérieurement, la loi du 14 février 2022 en faveur de l'activité professionnelle indépendante, applicable à compter du 15 mai 2022, qui a substitué à l'option pour le statut de l'entrepreneur individuel à responsabilité limitée (EIRL) une protection de plein droit du patrimoine personnel, seul le patrimoine professionnel étant engagé, a modifié le texte afin de viser également les entrepreneurs individuels soumis au nouveau statut (V. comm. ss. art. L. 651-2, III. EIRL-ENTREPRENEUR INDIVIDUEL). ❑

Art. L. 651-2 *(Ord. n° 2008-1345 du 18 déc. 2008, art. 131)* **Lorsque la liquidation judiciaire d'une personne morale fait apparaître une insuffisance d'actif, le tribunal peut, en cas de faute de gestion ayant contribué à cette insuffisance d'actif, décider que le montant de cette insuffisance d'actif sera supporté, en tout ou en partie, par tous les dirigeants de droit ou de fait, ou par certains d'entre eux, ayant contribué à la faute de gestion. En cas de pluralité de dirigeants, le tribunal peut, par décision motivée, les déclarer solidairement responsables.** *(L. n° 2016-1691 du 9 déc. 2016, art. 146)* **« Toutefois, en cas de simple négligence du dirigeant de droit ou de fait dans la gestion de la** *(L. n° 2021-874 du 1er juill. 2021, art. 1er)* **« personne morale », sa responsabilité au titre de l'insuffisance d'actif ne peut être engagée. »** *(L. n° 2021-874 du 1er juill. 2021, art. 1er)* **« Lorsque la liquidation judiciaire concerne une association régie par la loi du 1er juillet 1901 relative au contrat d'association ou, le cas échéant, par le code civil applicable dans les départements du Bas-Rhin, du Haut-Rhin et de la Moselle et non assujettie à l'impôt sur les sociétés dans les conditions prévues au 1 *bis* de l'article 206 du code général des impôts, le tribunal apprécie l'existence d'une faute de gestion au regard de la qualité de bénévole du dirigeant. »**

(Ord. n° 2010-1512 du 9 déc. 2010, art. 6-2°) **« Lorsque la liquidation judiciaire a été ouverte ou prononcée à raison de l'activité d'un entrepreneur individuel à responsabilité limitée à laquelle un patrimoine est affecté, le tribunal peut, dans les mêmes conditions, condamner cet entrepreneur à payer tout ou partie de l'insuffisance d'actif. La somme mise à sa charge s'impute sur son patrimoine non affecté. »**

(L. n° 2022-172 du 14 févr. 2022, art. 5, en vigueur le 15 mai 2022) **« Lorsque la liquidation judiciaire a été ouverte ou prononcée à l'égard d'un entrepreneur individuel relevant du statut défini à la section 3 du chapitre VI du titre II du livre V du présent code, le tribunal peut également, dans les mêmes conditions, condamner cet entrepreneur à payer tout ou partie de l'insuffisance d'actif. La somme mise à sa charge s'impute sur son patrimoine personnel. »** — *Pour les dispositions transitoires de la L. n° 2022-172 du 14 févr. 2022, V. note ss. art. L. 611-13.*

L'action se prescrit par trois ans à compter du jugement qui prononce la liquidation judiciaire.

Les sommes versées par les dirigeants *(Ord. n° 2010-1512 du 9 déc. 2010, art. 6-2°)* **« ou l'entrepreneur individuel à responsabilité limitée » entrent dans le patrimoine du débiteur. Elles sont réparties au marc le franc entre tous les créanciers. Les dirigeants** *(Ord. n° 2010-1512 du 9 déc. 2010, art. 6-2°)* **« ou l'entrepreneur individuel à responsabilité limitée » ne peuvent pas participer aux répartitions à concurrence des sommes au versement desquelles ils ont été condamnés.**

Ndlr : aux termes de l'art. 65 de l'Ord. n° 2021-1193 du 15 sept. 2021, « A la dernière phrase du premier alinéa de l'article L. 651-2, le mot : "société" est remplacé par les mots : "personne morale" ». Cette modification avait déjà été apportée au texte de l'art. L. 651-2 par la L. n° 2021-874 du 1er juill. 2021 (V. ci-dessus).

V. art. R. 651-1 à R. 651-3, R. 651-6 et R. 661-1.

Sur l'action pouvant être engagée contre la société mère d'une société exploitant une installation classée soumise à une procédure de liquidation judiciaire en cas de faute caractérisée de la société mère ayant contribué à une insuffisance d'actif de la filiale, tendant à mettre à la charge de la première tout ou partie du financement des mesures de réhabilitation du ou des sites en fin d'activité, V. C. envir., art. L. 512-17. — ***C. envir.*** *— A propos de cette action, V. Montéran, D. 2010. Chron. 2859.*

BIBL. ▶ Legros, *APC 2017, n° 35* (loi du 9 déc. 2016). – Parachkévova-Racine, *BJS 2018. 600* (écueils de l'action en responsabilité pour insuffisance d'actif). – Ida, *D. 2020. Chron. 1005* (application dans le temps de la loi du 9 déc. 2016).

Ancien art. L. 651-2 *(L. n° 2005-845 du 26 juill. 2005, art. 128)* ***« Lorsque la résolution d'un plan de sauvegarde ou de redressement judiciaire ou la liquidation judiciaire d'une personne morale fait apparaître une insuffisance d'actif, le tribunal peut, en cas de faute de gestion ayant***

contribué à cette insuffisance d'actif, décider que les dettes de la personne morale seront supportées, en tout ou partie, par tous les dirigeants de droit ou de fait ou par certains d'entre eux, ayant contribué à la faute de gestion. En cas de pluralité de dirigeants, le tribunal peut, par décision motivée, les déclarer solidairement responsables.

« L'action se prescrit par trois ans à compter du jugement qui prononce la liquidation judiciaire ou la résolution du plan. »

Les sommes versées par les dirigeants en application de l'alinéa 1er entrent dans le patrimoine du débiteur *(Abrogé par L. n° 2005-845 du 26 juill. 2005, art. 128)* ***« et sont affectées en cas de continuation de l'entreprise selon les modalités prévues par le plan d'apurement du passif. En cas de cession ou de liquidation, ». Ces sommes sont réparties entre tous les créanciers au marc le franc.*** — *[C. com., anc. art. L. 624-3.] — Pour l'entrée en vigueur, V. note précédant l'art. L. 651-1.*

COMMENTAIRE

I. PROCÉDURE DE SAUVEGARDE

Dans sa première version, datant de la loi du 26 juillet 2005, l'article L. 651-2 était applicable en cas de procédure de sauvegarde aussi bien qu'en cas de procédure de redressement ou de liquidation judiciaire. Il s'agissait d'une différence essentielle entre la « responsabilité pour insuffisance d'actif » (dénomination officielle conférée par la loi du 26 juillet 2005 à l'action en comblement de passif) et l' « obligation aux dettes sociales » instituée par l'article L. 652-1 (V. ss. cet art.). Cette extension risquait évidemment de contribuer à la méfiance des débiteurs à l'égard de cette procédure de prévention (G. Teboul, Le projet de loi de sauvegarde des entreprises diffusé par la Chancellerie le 12 mai 2004 : quoi de neuf ?, *LPA 29 juin 2004*). Toutefois, pour les cas de sauvegarde ou de redressement, seule la résolution du plan pouvait donner lieu à l'apparition d'une insuffisance d'actif, puisque les remises de dettes consenties dans le cadre du plan ont précisément pour objet de pallier l'insuffisance d'actif (V. ci-dessous).

Mais l'ordonnance du 18 décembre 2008, dans son souci général de rendre la sauvegarde plus attractive pour les débiteurs, a fait marche arrière sur ce point ; et, englobant aussi dans ce mouvement le redressement judiciaire a limité le domaine d'application de la disposition à la liquidation judiciaire. Quant au redressement judiciaire, cependant, d'une certaine manière, l'étonnante loi du 12 mars 2012 relative aux mesures conservatoires réintroduit une sérieuse menace pour les dirigeants (V. art. L. 631-10-1).

II. DIRIGEANTS VISÉS

La loi du 26 juillet 2005 a supprimé la précision selon laquelle étaient visés, indifféremment, les dirigeants « rémunérés ou non ». Cette précision n'apportait rien, et sa suppression ne veut certainement pas dire que l'absence, le cas échéant, de rémunération du dirigeant le ferait échapper à la sanction (telle était d'ailleurs déjà la solution sous l'empire de la loi du 13 juillet 1967 : Com. 1er avr. 1981 : *Bull. civ. IV, n° 175*).

Mais notons, s'agissant des associations, que, par une précision apportée par la loi du 1er juillet 2021 en faveur de l'engagement associatif, l'article L. 651-2 prévoit désormais expressément que le tribunal apprécie l'existence d'une faute de gestion au regard de la qualité de bénévole du dirigeant.

III. EIRL - ENTREPRENEUR INDIVIDUEL

La finalité de l'alinéa 2, ajouté par l'ordonnance du 9 décembre 2010, est d'éviter que l'exercice d'une activité avec patrimoine affecté par un entrepreneur individuel à responsabilité limitée permette à ce dernier, en cas de faute de gestion, au titre de son activité visée par la liquidation judiciaire, ayant contribué à l'insuffisance d'actif, d'échapper à la responsabilité que ce même débiteur aurait encourue s'il avait exercé sous forme sociale, par exemple par le biais d'une entreprise unipersonnelle à responsabilité limitée. On retrouve ici, dans l'ordonnance d'adaptation, le souci d'égalité de traitement entre ces deux formes d'exercice de l'activité professionnelle proposées aux petites entreprises pour protéger l'entrepreneur, l'EURL et l'EIRL, qui animait le législateur du 15 juin 2010 (notamment quant à l'évaluation des éléments d'actif, à la publicité des comptes et au régime fiscal). La faute de gestion, dans les conditions de l'article L. 651-2, expose donc l'entrepreneur à une action en responsabilité sur son patrimoine non affecté, et, précise le texte, en conséquence, la somme mise à sa charge s'impute sur son patrimoine non affecté (expression par laquelle est visé le seul patrimoine personnel, à l'exclusion, le cas échéant, du patrimoine affecté à d'autres activités ; l'interprétation, à cet égard, est la même que pour le recouvrement du droit d'exercer des poursuites individuelles après clôture pour insuffisance d'actif : V. ss. art. L. 643-11, VIII).

Reste à savoir ce que, dans le cas particulier de l'EIRL, cette notion de faute de gestion recouvre. Bien entendu, la jurisprudence rendue au sujet des dirigeants apparaît, autant que possible, transposable. Mais la spécificité de la gestion d'un patrimoine affecté suscitera inévitablement des solutions nouvelles. Il est fort probable, notamment, que la faute de gestion puisse résulter du montant excessif, au regard des capacités de l'entreprise, des revenus versés dans le patrimoine non affecté, en vertu de l'article L. 526-18 (sur cette question, V., de manière générale, M. Douaoui-Chamssedine, Les actions en responsabilité pour insuffisance d'actif et en extension s'appliqueront-elles à l'Entrepreneur Individuel à Responsabilité Limitée ?, *RLDA nov. 2010. 43*).

Notons, pour finir, que l'adaptation opérée par l'ordonnance ne joue que dans un sens : dans l'hypothèse, symétriquement inverse, de procédure visant le patrimoine non affecté, n'est prévue aucune disposition susceptible de faire supporter par le patrimoine affecté les effets d'une faute de gestion commise au titre du patrimoine privé (P. Pétel, L'adaptation des procédures collectives à l'EIRL, *JCP E 2011. 1071, n° 15*).

Ultérieurement, la loi du 14 février 2022 en faveur de l'activité professionnelle indépendante, applicable à compter du 15 mai 2022, qui a substitué à l'option pour le statut de l'entrepreneur individuel à responsabilité limitée (EIRL) une protection de plein droit du patrimoine personnel, seul le patrimoine professionnel étant engagé, a ajouté un nouvel alinéa afin de soumettre au même régime les entrepreneurs individuels soumis au nouveau statut.

IV. INSUFFISANCE D'ACTIF

Selon le professeur F. Pérochon, du fait de la nouvelle clé de répartition entre les créances antérieures et les créances postérieures, il conviendrait désormais de tenir compte, non seulement des créances postérieures privilégiées (« élues ») échues, mais aussi à échoir, pour déterminer le véritable actif résiduel, à comparer au passif, lequel inclut dorénavant les créances postérieures non utiles (F. Pérochon, Entreprises en difficulté, *LGDJ, 2014, 10ᵉ éd., n° 1706* ; comp., en faveur d'une comparaison entre le passif antérieur déclaré et l'actif réalisé : T. Montéran, Pour améliorer le droit des entreprises en difficulté, osons la réforme, *Gaz. Pal. 23-24 janv. 2008, p. 3, spéc. p. 13* ; comp. également, pour une approche jurisprudentielle critiquée : Com. 18 mars 2008 : *D. 2009. 349, note Deleneuville*).

Notons que, par une disposition interprétative, l'ordonnance du 18 décembre 2008 fait désormais référence dans le texte, s'agissant de la condamnation, non plus aux « dettes de la personne morale », mais au « montant de [l'] insuffisance d'actif », ce qui correspond à la position jurisprudentielle selon laquelle le montant de la condamnation ne peut excéder celui de l'insuffisance d'actif tel qu'il est constaté au jour où le juge statue (V. note 80).

V. CONTRIBUTION À LA FAUTE DE GESTION

Le texte précise, depuis la loi du 26 juillet 2005, que seuls peuvent être condamnés les dirigeants « ayant contribué à la faute de gestion », ce qui devrait renforcer le lien entre la faute du dirigeant et la condamnation. Mais cette condition ne répond pas aux vœux de ceux, notamment l'Association française des investisseurs en capital, qui avaient proposé que « le montant de la condamnation prononcée à l'encontre de chaque dirigeant ne puisse excéder l'insuffisance d'actif que la faute de gestion commise personnellement a fait directement apparaître » (cité par T. Gicqueau, La condamnation par « personne interposée », *Les Échos, 25 nov. 2004, p. 12*). Pas plus qu'hier, donc, rien ne paraît empêcher la condamnation au tout de dirigeants dont la faute, peut-être vénielle, n'a contribué que marginalement à l'accroissement du passif social (V., par ex., Com. 21 juin 2005 : *D. 2005. AJ 1850, obs. A. Lienhard*).

Notons que la Cour de cassation a renvoyé au Conseil constitutionnel une question prioritaire de constitutionnalité visant l'article L. 651-2, alinéa 1er, en ce que ses dispositions permettent, sur décision du tribunal, d'exclure toute réparation de la part des dirigeants responsables ou d'en déterminer l'étendue, sans énoncer les critères à prendre en considération par le juge, ce qui semble susceptible d'affecter le principe de responsabilité pour faute découlant de l'article 4 de la Déclaration des droits de l'homme et du citoyen du 26 août 1789 ainsi que l'égalité devant la loi tant des victimes lésées que des dirigeants dont la responsabilité est engagée (Com. 27 juin 2014, *n° 13-27.317*). Mais le Conseil constitutionnel, alors que sa solution n'allait pas de soi (V. not. B. Saintourens, *APC 2014, n° 249*), a estimé que ces dispositions répondent à l'objectif d'intérêt général de favoriser la création et le développement des entreprises, tenant compte aussi de la jurisprudence constante de la Cour de cassation, selon laquelle le montant des sommes au versement desquelles les dirigeants sont condamnés doit être proportionné au nombre et à la gravité des fautes de gestion qu'ils ont commises (Cons. const. 26 sept. 2014 : *cité note 1*).

Et, désormais, la Cour de cassation, elle-même, présente ainsi le régime de l'action en responsabilité pour insuffisance d'actif, laquelle, explique-t-elle, « diffère d'une action en responsabilité de droit commun en ce que le juge a la faculté, même après avoir retenu l'existence d'une faute de gestion commise par un dirigeant, de ne pas prononcer de condamnation ou de moduler le montant de la condamnation indépendamment du préjudice subi par les créanciers de la société en liquidation judiciaire, ce qui garantit une prise en compte proportionnée des circonstances de chaque espèce » (Com. 12 juin 2019, n° 17-23.176).

Cependant, parce qu'il les trouvait, de manière générale, inadaptées et trop indulgentes pour le dirigeant, un courant doctrinal a appelé à une révision par le législateur des conditions de la responsabilité pour insuffisance d'actif, voire à l'abrogation de ce régime d'exception (V., not., F.-X. Lucas, *BJS 2015. 265* ; *D. 2015. Pan. 1978*). De son côté, le Premier ministre d'alors, Manuel Valls, avait émis le souhait, le 9 juin 2015, d'un encadrement par la loi de la définition de la faute de gestion, dans le but d'exclure la simple négligence. Ce souhait a trouvé sa traduction normative dans la loi n° 2016-1691 du 9 décembre 2016 relative à la transparence, à la lutte contre la corruption et à la modernisation de la vie économique, qui a exclu la responsabilité au titre de l'insuffisance d'actif en cas de simple négligence du dirigeant de droit ou de fait dans la gestion de la société (« de la personne morale », selon la modification apportée par la L. du 1er juill. 2021 en faveur de l'engagement associatif afin de faire bénéficier les dirigeants d'associations de cette faveur aussi – et, l'ignorant–, qu'a répétée l'Ord. du 15 sept. 2021 ; sur la mauvaise rédaction de ce texte, V. T. Favario, *BJE 9-10/2021. 4*). Mais cette soustraction a reçu un accueil pour le moins réservé de la part de la doctrine, les avis se partageant entre l'inanité et la nocivité d'une telle réforme, en ce qu'elle introduit une nouvelle dose d'incertitude, donc d'insécurité, dans ce régime d'exception critiqué. Et cela d'autant plus que la nouvelle disposition se révèle fort mal rédigée, qui, d'une part, vise expressément les dirigeants de société (suggérant – probablement à tort – qu'en seraient exclus les dirigeants d'autres personnes morales), et, d'autre part, laisse un doute sur la portée de l'épithète « simple » (laquelle peut viser aussi bien le caractère exclusif de cette négligence, que son caractère bénin).

Quant à l'application dans le temps, alors que les cours d'appel semblaient partagées, dans le silence du texte (V. Versailles, 7 nov. 2017, n° 17/04229 : *RJDA 2018, n° 267*, jugeant que ce dernier n'était applicable qu'aux procédures ouvertes après le 11 déc. 2016, date d'entrée en vigueur de la L. du 9 déc. 2016), la Cour de cassation a affirmé le principe de l'application immédiate de la nouvelle disposition aux procédures collectives en cours et aux instances en responsabilité en cours (Com. 5 sept. 2018 : *cité note 3* ; V. aussi Com. 5 févr. 2020 : *cité note 55*), aux termes d'un raisonnement cependant discutable, probablement du fait d'une hésitation implicite quant au fondement de l'action, laquelle, pour relever plutôt du domaine de la responsabilité civile, n'en présente pas moins des aspects de sanction (V. F.-X. Lucas, *BJS 2018. 642*). Ainsi, l'arrêt d'appel qui n'exclut pas, par ses motifs, que la simple négligence du dirigeant dans la gestion de la société puisse constituer une faute susceptible d'engager sa responsabilité pour insuffisance d'actif, n'est pas conforme aux dispositions de la loi du 9 décembre 2016 et doit, en conséquence, être annulé (Com. 5 déc. 2018, n° 17-12.011).

La première interprétation de ce texte par la Cour de cassation témoigne d'une sévérité forte, qui, si telle devenait, comme cela est probable, la ligne de la jurisprudence, conduirait à quasiment neutraliser la portée bienveillante de l'intervention du législateur de 2016.

Par un arrêt (non publié) du 5 février 2020 (n° 18-15.072), la chambre commerciale a, en effet, approuvé une cour d'appel d'avoir considéré que le défaut de déclaration de cessation des paiements pendant plus de deux mois ne pouvait être qualifié de simple négligence (V. note 55). En l'état de cette sévérité, peut d'ailleurs se poser aussi la question de la portée réelle du gel de l'état de cessation des paiements du débiteur pendant l'état d'urgence sanitaire, du 12 mars 2020 au 23 août 2020, par les ordonnances n° 2020-341 du 27 mars 2020 et n° 2020-596 du 20 mai 2020, quant au risque, pour le dirigeant, de succomber à une action en responsabilité pour insuffisance d'actif (V. M. Douaoui-Chamseddine, Le gel de l'état de cessation des paiements : un bouclier efficace contre toute action en responsabilité à l'encontre du dirigeant ?, *JCP E 2020. Actu. 434*). La portée de cette jurisprudence ne doit toutefois pas être exagérée. Comme la chambre commerciale l'a précisé elle-même, l'existence d'une simple négligence ne peut être réduite à l'hypothèse dans laquelle le dirigeant a pu ignorer les circonstances ou la situation ayant entouré sa commission de la faute. Autrement dit, il ne saurait être tenu pour acquis, de manière générale, et indépendamment des circonstances de chaque espèce, que l'omission de la déclaration de la cessation des paiements dans le délai légal ne peut constituer une simple négligence du dirigeant qu'à la condition que celui-ci ait pu ignorer cet état (Com. 3 févr. 2021 : *cité note 55*). Par ailleurs, notons que la Cour de cassation considère que le seul manque de vigilance du dirigeant peut être regardé comme une simple négligence (Com. 13 avr. 2022 : *ibid.*).

VI. SOLIDARITÉ ENTRE LES DIRIGEANTS

La loi du 26 juillet 2005 semble pareillement avoir amélioré la situation des dirigeants en subordonnant leur condamnation solidaire à une décision motivée à cet égard.

VII. PRINCIPE DE PROPORTIONNALITÉ

Transposant une solution qu'elle venait de poser à propos de la faillite personnelle (V. ss. art. L. 653-1), la Cour de cassation a précisé, dans un arrêt du 15 décembre 2009 (V. note 82), au visa du principe de proportionnalité, que, lorsque plusieurs fautes de gestion ayant contribué à l'insuffisance d'actif sont retenues, chacune d'entre elles doit être légalement justifiée. Autrement dit, en cas de pluralité de fautes de gestion imputées au dirigeant, si l'une d'elles défaille, est jugé non justifiée par la Cour de cassation, le seul fait qu'elle ait été prise en considération par le juge qui a prononcé la condamnation suffit à faire tomber celle-ci. La solution a été reprise dans plusieurs arrêts non publiés (Com. 30 mars 2010 : *cité note 82* ; 1er févr. 2011, n° 09-72.695 ; 15 févr. 2001, n° 09-70.496 ; 10 janv. 2012, n° 10-28.067 ; 10 mai 2012, n° 11-11.903).

Par ailleurs, saisie d'une question prioritaire de constitutionnalité visant l'article L. 651-2, eu égard aux principes de nécessité et de proportionnalité des peines garantis par l'article 8 de la Déclaration des droits de l'homme, la Cour de cassation a dénié tout caractère sérieux à la question, dès lors que les dispositions de l'article L. 651-2 (de même que celles de l'article L. 652-1), conformément aux applications jurisprudentielles qui leur ont donné leur sens et leur portée, permettent au juge de ne prononcer aucune condamnation, même en présence de fautes, et d'apprécier le montant de la condamnation en fonction du nombre et de la gravité des fautes commises (Com., QPC, 10 juill. 2012 : *cité note 1 ss. art. L. 652-1*).

VIII. PLAN DE SAUVEGARDE OU DE REDRESSEMENT

Par une précision apportée au début du premier alinéa de l'article L. 651-2, la loi du 26 juillet 2005 avait mis fin à la discussion doctrinale sur le point de savoir si une insuffisance d'actif était concevable en cas de plan de continuation : l'action ne pouvait être engagée qu'en cas de résolution du plan de sauvegarde ou de redressement. Autrement dit, la réussite du plan garantissait l'effacement des fautes de gestion antérieures, ce qui devrait motiver les dirigeants à exécuter leurs engagements. Mais, d'un autre côté, cette paralysie, comme un auteur l'avait noté, pouvait priver l'entreprise d'un apport en trésorerie, puisque, auparavant, le produit de l'action en comblement de passif, dans le cadre du redressement judiciaire, était affecté à la continuation de l'entreprise (C. Mascala, Le comportement fautif du chef d'entreprise : de la sanction à la réparation ?, *in* La loi du 25 janvier 1985 a 20 ans ! Entre bilan et réforme, *RLDA, mars 2005, suppl., p. 71, spéc. p. 76*). Par ailleurs, l'enjeu pour le dirigeant était tel que la circonstance que la cession partielle est possible en redressement judiciaire, alors que la cession totale, elle, suppose une liquidation judiciaire, risquait de peser sur le choix économique du tribunal (M. Germain, L'action en comblement de passif social, entre droit commun et droit spécial, *in* Le code de commerce, 1807-2007, Le livre du bicentenaire, *Dalloz, 2007, p. 243, spéc. p. 248*).

En cas de résolution du plan, et dès lors que le débiteur était en cessation des paiements, conformément à l'article L. 626-27, dans sa rédaction alors applicable, la liquidation judiciaire était obligatoirement prononcée. L'action en comblement de passif engagée après la résolution devait normalement pouvoir se fonder sur une faute de gestion postérieure à l'ouverture de la procédure de sauvegarde ou de redressement, ayant contribué à l'insuffisance d'actif constatée lors de la liquidation judiciaire.

Fort logiquement dans ce cas, le point de départ de la prescription triennale était fixé au jugement prononçant la résolution du plan (ce qui peut maintenir longtemps le dirigeant dans l'inquiétude, sachant que le plan peut durer dix ans). Il était alors à noter qu'au cas où la liquidation judiciaire suivait la résolution, la prescription commençait bien à courir à partir de celle-ci et non de celle-là (P. Le Cannu, La responsabilité civile des dirigeants de personne morale après la loi de sauvegarde des entreprises du 26 juillet 2005, *Rev. sociétés 2005. 743, n° 27*).

Cette dernière situation constitue d'ailleurs, en réalité, l'état du droit tel qu'il résulte de l'ordonnance du 18 décembre 2008, qui limite désormais le domaine de l'action en responsabilité pour insuffisance d'actif à la seule liquidation judiciaire. Ce qui signifie donc que le dirigeant pourra être poursuivi, sur le fondement de l'article L. 651-2, lorsque la liquidation judiciaire est ouverte *ab initio*, bien sûr, mais aussi lorsque la liquidation judiciaire est prononcée en cours de période d'observation d'une procédure de sauvegarde ou de redressement judiciaire ; ou encore lorsque la liquidation judiciaire est ouverte, après résolution du plan de sauvegarde ou de redressement, en raison de la cessation des paiements constatée en cours d'exécution de celui-ci, dans les conditions respectives des articles L. 626-27 (sauvegarde) et L. 631-20-1 (redressement judiciaire ; V. ss. art. L. 626-27).

IX. PLAN DE CESSION - LIQUIDATION JUDICIAIRE

Les modifications du dernier alinéa apportées dans un premier temps par la loi du 26 juillet 2005 n'étaient que des adaptations par rapport à l'ancien article L. 624-3. Adaptation, à la première phrase, par la suppression de la précision relative à l'affectation du produit de l'action en cas de continuation de l'entreprise : déjà difficilement compréhensible avant la réforme de 2005, depuis celle-ci (V. ci-dessus), elle n'avait plus d'objet puisque seule la liquidation judiciaire (consécutive à la résolution du plan avec cessation des paiements) autorisait à engager l'action. Adaptation aussi, à la seconde phrase, par la suppression de toute référence à la cession et à liquidation : le plan de cession ne se concevant désormais plus qu'en aval du jugement prononçant la liquidation judiciaire, et, on l'a vu, l'hypothèse du plan de continuation étant réglée, plus aucune distinction n'était nécessaire. La répartition entre tous les créanciers au marc le franc (c'est-à-dire sans tenir compte des privilèges) valait dans tous les cas, qui n'en étaient plus qu'un : la liquidation judiciaire.

L'ordonnance du 18 décembre 2008 n'est pas revenue sur ces adaptations.

X. EXCLUSION DE LA RÉPARTITION

L'ordonnance du 18 décembre 2008 a exclu, le cas échéant, des créanciers bénéficiaires de la répartition les dirigeants (par hypothèse lorsqu'ils sont également créanciers de la personne morale, par exemple au titre d'un compte courant) à concurrence des sommes au versement desquelles ils ont été condamnés. Cette précision est aussi morale que logique : le fautif ne peut pas récupérer une partie de la somme qu'il a versée au titre de sa condamnation ! Toutefois, un auteur a fait observer que la règle apparaît contraire au principe de proportionnalité des peines, en cas de condamnation à la totalité de l'insuffisance d'actif, le dirigeant qui exécute la condamnation devant alors supporter plus que le montant de l'insuffisance d'actif, dès lors que sa créance aura été prise en compte dans le montant de l'insuffisance d'actif (P.-M. Le Corre, Droit et pratique des procédures collectives, *Dalloz Action, 2023/2024, 922.612* ; V. aussi, estimant cette « double peine » injuste en ce qu'elle ne frappe que « les dirigeants responsables qui ont eu le malheur de faire crédit à la société débitrice », F. Pérochon, Entreprises en difficulté, *LGDJ, 10e éd., 2014, n° 1718*). D'autre part, il a été observé que, en telle hypothèse, la procédure devrait se terminer par un boni de liquidation correspondant au montant de la créance du dirigeant, prise en compte dans le calcul de l'insuffisance d'actif, et qu'il a donc été condamné à payer. Ce boni devrait alors être réparti entre les associés, avec cette interrogation : si le dirigeant est également associé, peut-il participer à la répartition ? Selon Philippe Roussel Galle, dès lors que tous les créanciers ont été payés, la procédure devrait être clôturée pour extinction du passif et le dirigeant associé devrait pouvoir participer à la répartition du boni de liquidation, conformément aux règles du droit des sociétés (P. Roussel Galle, Le dirigeant de société et le « nouveau » droit des entreprises en difficulté issu de la réforme du 18 décembre 2008, *Rev. sociétés 2009. 249, n° 41)*.

De la même manière, et logiquement, l'entrepreneur individuel à responsabilité limitée, qui peut fort bien être créancier au titre d'un autre patrimoine (sur cette question, V. comm. ss. art. L. 680-4), est assimilé aux dirigeants, par l'ordonnance du 9 décembre 2010, s'agissant de l'exclusion de la répartition.

XI. APPLICATION DANS LE TEMPS DE LA LOI DE 2005

Par exception expresse de l'article 191, 5°, de la loi du 26 juillet 2005, l'article L. 651-2 était la seule disposition des chapitres Ier et II du titre V du livre VI (relatifs à la responsabilité pour insuffisance d'actif et à l'obligation aux dettes sociales) à ne pas être applicable aux procédures en cours le 1er janvier 2006, jour de l'entrée en vigueur de la loi du 26 juillet 2005. Si bien que l'ancien article L. 624-3 demeurait applicable à celles-ci (Com. 19 déc. 2006 : *cité note 2*). Ce qui a conduit la cour d'appel d'Orléans, saisie après le 1er janvier 2006, à devoir trancher entre une demande fondée, à la fois, sur ce texte et sur l'article L. 652-1, relatif à l'obligation au paiement des dettes sociales, ce qu'elle a fait en donnant la priorité à ce dernier, par application extensive de la règle de non-cumul prévue par son dernier alinéa (Orléans, 16 févr. 2006 : *cité note 2 ss. art. L. 652-1*). Autre conséquence qui n'allait pas de soi (pour une critique, V. le commentaire de l'arrêt d'appel de P. Roussel Galle), déduite par la cour d'appel de Paris, et validée par la Cour de cassation : le commissaire à l'exécution du plan pouvait encore, après le 1er janvier 2006, agir en comblement de passif en vertu de l'ancien article L. 624-6 (Paris, 25 oct. 2006 : *JCP E 2007. 1357, note Roussel Galle* ; Com. 5 févr. 2008 : *cité note 1 ss. art. L. 651-3*).

XII. ABROGATION DE L'ANCIEN ARTICLE L. 624-4

Voir le commentaire dans l'édition 2014. ❑

A. CONSTITUTIONNALITÉ DE L'ART. L. 651-2

1. Pour la conformité à la Constitution des dispositions de l'art. L. 651-2, V. • Cons. const. 26 sept. 2014, n° 2014-415 QPC : *D. 2014. Actu. 1871* ; *Rev. sociétés 2014. 753, obs. Roussel Galle* ; *LEDEN 10/2014. 1, obs. F.-X. Lucas ; BJS 2014. 444, note Parachkévova ; BJE 2014. 377, note Favario ; APC 2014, n° 311, obs. Saintourens ; Dr. sociétés 2014, n° 192, note Legros ; RPC 2014, n° 172, obs. Martin-Serf ; RJDA 2015, n° 207.* ♦ Pour le non-renvoi d'une QPC au motif, notamment, que la modification issue de la L. n° 2016-1691 du 9 déc. 2016 ne peut constituer un changement de circonstance qui aurait affecté la portée du texte, V. • Com., QPC, 17 janv. 2019, n° 18-18.498 : *RJDA 2019, n° 285 ; BJS 4/2019. 40, note Monsèrié-Bon ; BJE 5-6/2019. 59, note Favario ; RPC 2019, n° 182, obs. Martin-Serf.*

B. DROIT TRANSITOIRE

2. Il résulte de l'art. 191, 5°, de la L. du 26 juill. 2005, que les dispositions nouvelles du chapitre I du titre V du livre VI C. com., relatives à la responsabilité pour insuffisance d'actif, s'appliquent aux procédures en cours au 1er janv. 2006, à l'exception de l'art. L. 651-2 ; il s'ensuit que l'art. L. 624-3 C. com., dans sa rédaction antérieure à la loi précitée, demeure applicable pour condamner les dirigeants au paiement de l'insuffisance d'actif d'une personne morale de droit privé soumise à une procédure collective ouverte antérieurement au 1er janv. 2006. • Com. 19 déc. 2006, n° 05-19.186 P : *D. 2007. AJ 86, obs. Lienhard ; JCP E 2007. 1450, n° 13, obs. Pétel ; RPC 2007. 82, obs. Martin-Serf ; Rev. sociétés 2007. 416, note Saintourens ; APC 2007, n° 20, obs. Regnaut-Moutier.* ♦ V. aussi note 1 ss. art. L. 652-1 abrogé. ♦ Si c'est à tort que le liquidateur a fondé sa demande de condamnation au paiement de l'insuffisance d'actif sur l'art. L. 651-2 C. com., dans sa rédaction issue de la loi du 26 juill. 2005, et non sur l'art. L. 624-3 du même code, dans sa rédaction antérieure à cette loi, qui était applicable, cette erreur ne peut, à elle seule, justifier le rejet de la demande, dès lors qu'il n'existe entre les deux textes aucune différence, en cas de liquidation judiciaire, quant aux conditions de la responsabilité pour insuffisance d'actif. • Com. 29 nov. 2016, n° 15-11.085 : *RJDA 2017, n° 103.*

3. En l'absence de disposition contraire prévue par elle, la L. n° 2016-1691 du 9 déc. 2016, qui écarte, en cas de simple négligence dans la gestion de la société, la responsabilité du dirigeant au titre de l'insuffisance d'actif, est applicable immédiatement aux procédures collectives en cours et aux instances en responsabilité en cours. • Com. 5 sept. 2018, n° 17-15.031 P : *D. 2018. Actu. 1693, obs. Lienhard ; D. 2019. Pan. 1913, obs. Cagnoli ; Rev. sociétés 2019. 543, note Dodou ; JCP E 2018. 1510, note Cerati-Gauthier ; RJDA 2018, n° 858 ; BJS 2018. 641, note F.-X. Lucas ; BJE 2018. 450, note Favario ; RPC 2018, n° 204, obs. Martin-Serf ; Gaz. Pal. 15 janv. 2019, p. 46, obs. Montéran et Brillatz ; Dr. sociétés 2019, n° 13, note Legros ; RJ com. 2019. 290, obs. Flandrois* • 2 oct. 2024, n° 23-15.995 B : *D. 2024. Actu. 1716 ; Rev. sociétés 2024. 745, obs. Roussel Galle ; BJE 11-12/2024. 49, note Favario.* ♦ Dans le même sens, V. • Com. 5 déc. 2018, n° 17-22.011 : *BJS 3/2019. 41, note Favario ; RJDA 2019, n° 215 ; RPC 2019, n° 83, obs. Martin-Serf.* ♦ Sur la notion de « négligence dans la gestion », V. note 55.

C. CONDITIONS D'APPLICATION

4. Nature juridique. Sur l'absence de caractère répressif, V. note 57. ♦ Sur le *caractère indemnitaire* de l'action en comblement de passif, V. • Pau, 23 mars 2004 : *RDBF 2004, n° 214, obs. F.-X. Lucas ; RPC 2005. 233, obs. Dumont.*

5. L'obligation en comblement de l'insuffisance d'actif prévue à l'art. 180 [C. com., art. L. 651-2] ayant un caractère patrimonial et indemnitaire, les dispositions de ce texte ne font pas obstacle à ce que les dirigeants de droit ou de fait des sociétés débitrices participent volontairement à l'apurement du passif même s'ils ne reconnaissent pas leur responsabilité et sans que celle-ci soit constatée. • T. com. Paris, 7 sept. 1998 : *Gaz. Pal. 1999. 2. Somm. 612.*

6. Cette action est d'ordre patrimonial et la charge qui en résulte est transmissible par succession (loi de 1967). • Com. 9 févr. 1979 : *D. 1980. 459, note Burst.* – Dans le même sens, V. • Amiens, 23 janv. 2003 : *JCP 2003. IV. 2612 ; RJDA 2004, n° 208 ; RPC 2005. 153, obs. A. Barret.* ♦ Les héritiers ayant accepté sous bénéfice d'inventaire sont tenus du paiement des dettes de la succession (dont la dette au titre du comblement de passif) à concurrence de la valeur des biens recueillis. • Versailles, 27 févr. 1997 : *BICC 1997, n° 1053 ; JCP E 1997. Pan. 468 ; Gaz. Pal. 1997. 2. Somm. 351.*

7. L'auteur du dommage qui était sous l'empire d'un trouble mental n'en est pas moins obligé à réparation, selon l'art. 489-2 C. civ. V. (loi de 1967) • Civ. 1re, 9 nov. 1983 : *Bull. civ. I, n° 263 ; JCP 1984. II. 20316, note Jourdain* • Aix-en-Provence, 13 janv. 1988 : *RPC 1989. 248, obs. Chaput.*

8. Non-cumul d'actions en responsabilité. **BIBL.** Daigre, *BJS 1995. 953 ; Rev. sociétés 1988. 199.* – Brunet et Germain, *LPA 23 juill. 1986.* – Soinne, *RPC 1995. 249.* – Piniot, *RJDA 1995, p. 639.* – Vidal, *Dr. sociétés déc. 2000. 3* (tiers victime d'une faute du dirigeant détachable de ses fonctions). – Danis-Fatôme, *RTD com. 2018. 23* (regards d'une civiliste sur l'articulation entre le droit spécial de la responsabilité pour insuffisance d'actif et le droit commun de la responsabilité civile). – Jambort, *LPA 31 juill. 2018.* ♦ Lorsque le redressement ou la liquidation judiciaire d'une société fait apparaître une insuffisance d'actif, les dispositions des art. L. 651-2 et L. 651-3 C. com., qui ouvrent, aux conditions qu'ils prévoient, une action en responsabilité pour insuffisance d'actif, ne se cumulent pas avec celles de l'art. L. 225-251 C. com., ni avec celles de l'art. 1382 [1240] C. civ. • Com. 19 nov. 2013, n° 12-16.099 P : *D. 2013. Actu. 2767 ; RJDA 2014, n° 261.* ♦ Pour des arrêts ayant déjà retenu cette solution sous le régime antérieur à la L. du 26 juill. 2005, V. • Com. 28 févr. 1995, n° 92-17.329 P : *D. 1995. 390, note Derrida ; Rev. sociétés 1995. 555, note Derrida ; RTD com. 1995. 663, obs. Haehl ; LPA 11 août 1995, p. 37, note Chartier ; Quot. jur. 21 mars 1995, p. 7, note P. M.* • 20 juin 1995, n° 92-16.647 P : *D. 1995. 448 ; BJS 1995. 988, note Saintourens ; Rev. sociétés 1995. 766.* ♦ Il s'ensuit qu'un créancier est irrecevable à exercer contre le dirigeant, à qui il impute des fautes de gestion, l'action en réparation du préjudice résultant du non-paiement de sa créance. • Mêmes arrêts. – Comp. : • Com. 28 avr. 1998 : *D. 1998. IR 136 ; D. Affaires 1998. 1008, obs. A. L. ; BJS 1998. 808, note Le Cannu ; JCP E 1998, n° 31, p. 1258, note Guyon ; Dr. sociétés 1998, n° 115, note Vidal ; JCP 1998. II. 10177, note Ohl ; Rev. sociétés 1998. 767, note Saintourens.* ♦ ... Peu important le fait que le dirigeant n'ait pas été poursuivi en paiement des dettes sociales sur le fondement de l'art. 180 [C. com., art. L. 651-2]. • Com. 11 avr. 1995 : *BJS 1995. 684, note Daigre.* ♦ V. aussi, pour l'irrecevabilité de l'action sociale en responsabilité contre les dirigeants, • Com. 26 mai 1999 : *BJS 1999. 962, note Menjucq ; RJDA 2000, n° 321* • 3 oct. 2000 : *BJS 2001. 24, note Le Cannu ; LPA 30 mai 2001, p. 21, note Gibirila.* ♦ ... Laquelle, lorsqu'elle a été initiée avant l'ouverture de la procédure collective de la société, peut être reprise par le liquidateur, à la condition que celui-ci établisse l'absence d'insuffisance d'actif. • Com. 30 juin 2015, n° 14-13.422 : *RJDA 2015, n° 669 ; Gaz. Pal. 27-29 sept. 2015, p. 16, obs. Zattara-Gros.* ♦ Est irrecevable l'action subsidiaire formée par le liquidateur, sur le fondement des art. 1382 et 1383 [1240 et 1241] C. civ., en réparation du préjudice global des créanciers résultant de l'insuffisance d'actif. • Com. 20 juin 1995 : *préc.* ♦ Sur la recevabilité de l'action civile en cas d'abus de biens sociaux, V. note 90.

S'il est vrai que les dispositions de l'art. 180 [C. com., art. L. 651-2] excluent toute action concurrente du liquidateur fondée sur l'art. 1382 [1240] C. civ., cette exclusion ne trouve toutefois à s'appliquer qu'à la condition que les fautes imputées au dirigeant social aient contribué à une insuffisance d'actif, laquelle s'apprécie en fonction du passif existant au jour de l'ouverture de la procédure. • Lyon, 30 avr. 1999 : *D. 1999. IR 217 ; D. Affaires 1999. 1256, obs. A. L ; Gaz. Pal. 2000. 539, note Guével.* ♦ V. note 73. ♦ Pour la recevabilité de l'action fondée sur l'art. 52 de la loi du 24 juill. 1966 [C. com., art. L. 223-22], lorsque l'insuffisance d'actif n'est pas alléguée, V. • Com. 28 mars 2000, nº 97-11.533 P : *D. 2000. AJ 227 ; JCP E 2000, nº 40, p. 1566, obs. Pétel ; RPC 2000. 135, obs. Martin-Serf ; APC 2000, nº 113, obs. Saintourens ; RDBF 2000, nº 73, obs. F.-X. Lucas ; BJS 2000. 606, note Daigre ; RTD com. 2001. 452, obs. Champaud et Danet* • 28 mai 2002 : *RJDA 2002, nº 1176 ; Dr. sociétés 2003, nº 105, note Legros.* ♦ ... Ou lorsque le redressement ou la liquidation judiciaire ne fait pas apparaître d'insuffisance d'actif, V. • Com. 27 juin 2006, nº 05-14.271 P : *D. 2006. AJ 1891, obs. Lienhard ; APC 2006, nº 172, obs. Regnaut-Moutier ; Gaz. Pal. 6-7 oct. 2006, p. 38, obs. Montéran ; Dr. sociétés 2007, nº 6, note Legros.*

Pour la recevabilité de l'action individuelle en responsabilité exercée par un associé [sur le fondement de l'art. L. 225-252 C. com.] à l'encontre des dirigeants d'une société faisant l'objet d'une procédure collective, pour des faits antérieurs au jugement d'ouverture, dès lors qu'est établi un préjudice personnel, distinct de celui subi par la personne morale, peu important que la procédure collective fasse apparaître une insuffisance d'actif, V. • Com. 9 mars 2010, nº 08-21.547 P : *D. 2010. AJ 761, obs. Lienhard ; LEDEN 5/2010. 6, obs. Parachkévova ; RJDA 2010, nº 637 ; BJS 2010. 537, note Schmidt ; RPC 2011, nº 16, obs. Martin-Serf.* ♦ Sur l'action personnelle des créanciers, V. note 29 ss. art. L. 622-20.

Sur la responsabilité fiscale, V. note 57.

Pour le non-cumul de l'action en comblement de passif et de l'action en responsabilité pour abus de dépendance économique (C. com., art. L. 442-6), V. • Versailles, 25 sept. 2008 : *RJDA 2009, nº 664.*

9. Seule la gestion du dirigeant social antérieure au jugement d'ouverture pouvant ouvrir l'action en paiement des dettes sociales prévue par l'art. 180 [C. com., art. L. 651-2], l'action d'un créancier relevant de l'art. 40 [C. com., art. L. 622-17], fondée sur l'art. 244 de la loi du 24 juill. 1966 [C. com., art. L. 225-251] et tendant à la mise en jeu de la responsabilité du dirigeant pour des faits postérieurs au jugement d'ouverture, est recevable. • Com. 14 mars 2000, nº 97-17.753 P : *D. 2000. AJ 187, obs. Lienhard ; JCP E 2000, nº 39, p. 1527, note Poracchia ; RPC 2000. 135, obs. Martin-Serf ; Gaz. Pal. 2000. Somm. 2770, obs. Guével ; ibid. 2002. 52, note Courtier ; LPA 21 nov. 2000, p. 13, note Gibirila ; Dr. sociétés 2000, nº 75, obs. Chaput ; RDBF 2000, nº 73, obs. F.-X. Lucas ; BJS 2000. 602, note Daigre.* ♦ V. note 41.

10. *Entreprise individuelle.* L'action en responsabilité pour insuffisance d'actif prévue par l'art. L. 651-2 ne peut être intentée par le liquidateur que contre les dirigeants de droit ou de fait d'une personne morale de droit privé ; il en résulte que, dès lors que la liquidation judiciaire concerne un artisan exerçant à titre individuel, et non une personne morale, l'art. L. 651-2 est inapplicable. • Com. 30 juin 2015, nº 14-15.984 P : *D. 2015. Chron. C. cass. 2211, obs. Arbellot ; Rev. sociétés 2015. 546, obs. Roussel Galle ; LEDEN 9/2015. 4, obs. Borga ; Gaz. Pal. 18-20 oct. 2015, p. 35, obs. Montéran ; BJS 2015. 598, note Mouial-Bassilana ; BJE 2015. 307, note Favario ; RPC 2015, nº 186, obs. Martin-Serf ; RJDA 2016, nº 48 ; Dr. sociétés 2016, nº 15, note Legros.*

11. *Associés non-dirigeants.* Pour l'irrecevabilité de l'action formée contre des associés n'ayant pas la qualité de dirigeant, V. • Com. 12 janv. 2016, nº 14-23.359 : *RPC 2016, nº 198, obs. Martin-Serf.*

12. *Dirigeants de droit.* N'ont pas la qualité de dirigeants de droit : les membres des organes légaux de surveillance. • Com. 9 mai 1978 : *D. 1978. 419.* ♦ ... Les directeurs salariés. • Com. 20 févr. 1979 : *Gaz. Pal. 1979. 2. 539, note Fagain.*

13. Le directeur général délégué d'une société anonyme a la qualité de dirigeant de droit au sens de l'art. L. 651-2, de sorte qu'il engage sa responsabilité pour les fautes de gestion commises dans l'exercice des pouvoirs qui lui ont été délégués. • Com. 5 mai 2021, nº 19-23.575 P : *D. 2021. Pan. 1746, obs. F.-X. Lucas ; JCP E 2021. 1397, note Cerati ; LEDEN 6/2021. 4, obs. Maréchal Pollaud-Dulian ; RJDA 2021, nº 502 ; BJE 7-8/2021. 45, note Favario ; Gaz. Pal. 28 sept. 2021, p. 74, obs. Roussille ; Dr. sociétés 2021, nº 123, note Legros ; RPC 2021, nº 158, obs. Martin-Serf.*

14. Bien qu'ils n'assument pas la direction générale de la société, les administrateurs ont la qualité de dirigeants de droit au sens de l'art. L. 624-3 [L. 651-2] C. com. (condamnation au comblement du passif des administrateurs d'une société anonyme en raison de fautes d'abstention). • Com. 31 mai 2011, nº 09-13.975 P : *D. 2011. Actu. 1551, obs. Lienhard ; Rev. sociétés 2011. 521, obs. Roussel Galle ; JCP E 2011. 1655, note Couret et Dondero ; LEDEN 7/2011. 5, obs. Parachkévova ; APC 2011, nº 207, obs. Pagnucco ; RJDA 2011, nº 725 ; BJS 2011. 817, note Saintourens ; BJE 2011. 268, note Dammann et Boché-Robinet ; Gaz. Pal. 7-8 oct. 2011, p. 39, obs. Montéran ; Dr. sociétés 2011, nº 200, note Legros ; RPC 2011, nº 199, obs. Martin-Serf.*

15. Le défaut de publicité de la désignation d'un dirigeant ne peut pas avoir pour effet de soustraire celui-ci aux responsabilités attachées aux fonctions qu'il a acceptées et exercées. • Com. 8 juill. 2003 : *RJDA 2004, n° 76*. – V. déjà, sous l'empire de la loi de 1967 : • Com. 26 janv. 1988 : *Bull. civ. IV, n° 52 ; D. 1988. Somm. 377, obs. Honorat ; Rev. sociétés 1988. 284, note Chaput.*

Si, aux termes de l'art. 66 du Décr. du 30 mai 1984 [C. com., art. L. 123-9], la personne assujettie à immatriculation au RCS, ne peut dans l'exercice de son activité, opposer aux tiers les faits et actes sujets à mention que si ces derniers ont été publiés au registre, l'inopposabilité ne concerne pas les faits et actes qui mettent en jeu sa responsabilité personnelle sur le fondement de l'art. 180 [C. com., art. L. 651-2] (à propos d'un dirigeant dont la démission n'a pas été publiée). • Com. 14 oct. 1997, n° 95-15.384 P : *D. 1997. IR 243 ; D. Affaires 1997. 1290 ; BJS 1997. 1083, note Calendini ; Defrénois 1998. 671, obs. J. Honorat et Hovasse ; Rev. sociétés 1998. 380, note Randaux* • 16 juin 2021, n° 20-15.399 : *LEDEN 7/2021. 5, obs. Maréchal Pollaud-Dulian ; Dr. sociétés 2021, n° 124, note Legros ; RJDA 2021, n° 663 ; Gaz. Pal. 26 oct. 2021, p. 80, obs. Montéran ; BJS 11/2021. 31, note Cerati ; RPC 2022, n° 44, obs. Martin-Serf.*

Sur la nécessité, pour le juge, de rechercher si l'insuffisance d'actif existait au moment de la cessation des fonctions, V. • Com. 27 janv. 2015, n° 13-12.430 : *D. 2015. Pan. 1979, obs. F.-X. Lucas*. ♦ V. note 40.

Sur la qualité de dirigeant de droit d'un liquidateur amiable, V. • Bourges, 9 août 2018, n° 17/00361 : *BRDA 2018, n° 23, p. 13.*

V. aussi notes 2 ss. ancien art. L. 625-4, et note 1 ss. art. L. 653-5.

16. L'existence d'un contrat de travail ne suffit pas à établir que le dirigeant de droit n'est que le prête-nom d'un dirigeant de fait. • Paris, 15 janv. 1999 : *BJS 1999. 627, note Saintourens.* ♦ Pour l'absence de condamnation d'un dirigeant de droit, simple prête-nom sans réel pouvoir, V. • Metz, 29 juin 1993 : *Dr. sociétés 1994, n° 114, obs. Chaput.* ♦ Comp. note 47

17. Dirigeants de fait. BIBL. Rives-Lange, *D. 1975. Chron. 41*. – Notté, *JCP E 1980. II. 8560*. – J.-F. Martin, *Gaz. Pal. 1991. 1. Doctr. 24*. – Champaud et Danet, *RTD com. 1994. 279*. – Tricot, *Dr. et patr. 1/1996. 24*. – Le Cannu, *BJS 1998. 5* (contrat avec la société dirigée). – Gimalac, *RTD com. 1999. 601* (distribution intégrée). – Delattre, *JCP E 2007. 1872*. – Heinich, *RJ com. 2018. 373*. – Dossier « Le dirigeant de fait », *Actes pratiques juill.-août 2019.* ♦ Le dirigeant de fait est celui qui exerce en toute indépendance une activité positive de gestion et de direction de la personne morale. • Com. 6 juin 2022, n° 21-13.588 : *BJE 11-12/2022. 30, note Favario ; RPC 2022, n° 111, obs. Martin-Serf.* – V. déjà • Com. 9 mai 1978 : *D. 1979. 419, note Vasseur* • 20 janv. 1998 : *RTD com. 1998. 357, obs. Champaud et Danet* • 3 févr. 1998 : *RTD com. 1998. 614, obs. Champaud et Danet* • 30 janv. 2019, n° 17-21.043 : *BJS 7-8/2019. 61, note Cerati-Gauthier* • Paris, 14 mars 2018, n° 16/19330 : *Rev. sociétés 2019. 207, note Dexant-de Bailliencourt*. ♦ Pour des exemples du contrôle exercé par la Cour de cassation sur la motivation par les juges du fond, V. • Com. 28 janv. 1997 : *D. 1997. IR 72* • 16 mars 1999, n° 95-17.420 P : *D. 1999. IR 103* • 18 janv. 2000 : *RPC 2001. 262, obs. Martin-Serf* • 17 déc. 2003 : *Dr. sociétés 2005, n° 46, note Legros* • 12 oct. 2004 : *ibid.* • 19 mai 2021, n° 19-25.286 : *RJDA 2021, n° 592 ; Gaz. Pal. 28 sept. 2021, p. 65, obs. Dalion ; Dr. sociétés 2021, n° 152, note Legros.*

18. L'immixtion dans la gestion d'une entreprise devant se traduire par des actes positifs en toute indépendance, la preuve de tels actes ne peut résulter de l'exécution d'un contrat de partenariat interne qui implique une collaboration sous la surveillance et le contrôle des dirigeants de droit. • Rennes, 11 juill. 1990 : *Dr. sociétés 1993, n° 184, obs. Chaput.* ♦ En revanche, la personne qui, sous couvert d'un « contrat de partenariat interne », se charge d'organiser la gestion financière de la société et de négocier avec ses différents partenaires financiers, administratifs et commerciaux, s'immisce dans la gestion et doit être qualifiée de dirigeant de fait. • Com. 6 oct. 1992, n° 90-19.823 P : *D. 1992. IR 255 ; BJS 1992. 1288, note Daigre.*

Pour la qualité de dirigeant de fait d'un donneur d'ordre qui s'était immiscé dans la gestion des sous-traitants, V. • Com. 12 mai 1998 : *RTD com. 1998. 862, obs. Champaud et Danet ; RPC 2001. 263, obs. Martin-Serf ; BJS 2006. 469, note F.-X. Lucas.*

19. Le fait, pour une banque, d'exercer un contrôle sur l'utilisation des fonds prêtés, de « suivre » un dossier et même d'intervenir au besoin auprès des dirigeants de l'entreprise est un acte légitime de défense de ses intérêts propres, lequel ne lui confère pas systématiquement la qualité de dirigeant de fait. • Paris, 15 déc. 1995 : *D. 1996. IR 74 ; RJDA 1996, n° 432.*

20. Pour un arrêt qualifiant une banque d'administrateur de fait par personnes interposées (deux de ses cadres, qu'elle avait fait nommer au conseil d'administration de la société débitrice), V. • Com. 27 juin 2006, n° 04-15.831 P : *D. 2006. 2534, note Dammann et Paszkudzki ; ibid. AJ 1892, obs. Lienhard ; APC 2006, n° 161, obs. Vallansan ; JCP E 2006, n° 39, p. 1629, note Reinhard ; ibid. 2007, n° 1, p. 26, obs. Pétel ; Dr. sociétés 2006, n° 160, note Legros ; BJS 2006. 1372, note F.-X. Lucas ; Banque et Dr. 11-12/2006. 59, obs. M. Storck ; Rev. sociétés 2006. 900, note Poracchia ; RPC 2007. 85, obs. Martin-Serf* (V. l'arrêt confirmé : • Versailles, 29 avr. 2004 : *BJS 2004. 1201, note Constantin et Lévy ; Dr. sociétés 2004, n° 188, note Legros ; JCP E 2005, n° 1-2, p. 34, note Campana ; RPC 2005. 235, obs. Dumont.*

– V. aussi F.-X. Lucas, *RDBF 2004 juill.-août 2004. 271 ; Dr. sociétés 2004. Étude 14* ; Delebecque, *JCP E 2005, n° 6, p. 220* ; Amigues, *Banque et Dr. 3-4/2005. 7*). ♦ Pour un exemple de direction de fait par société interposée, V. • Com. 2 nov. 2005 : *BRDA 2005, n° 23, p. 5 ; BJS 2006. 469, note F.-X. Lucas ; Rev. sociétés 2006. 398, note Poracchia ; Banque et Dr. 5-6/2006. 68, obs. Urban ; RPC 2007. 84, obs. Martin-Serf.*

21. La direction de fait ne peut pas être déduite de la seule existence d'un contrat de franchise, mais doit être vérifiée au cas par cas au vu des circonstances de la cause et ne peut être retenue que s'il en résulte un dépassement des obligations inhérentes à la nécessaire collaboration des parties par laquelle se définit ce type de contrat. • Orléans, 8 mars 2001 : *RJDA 2001, n° 589.* ♦ S'est livré à une immixtion dans la gestion de la société franchisée dépassant les obligations à sa charge résultant du contrat de franchise, et en était en réalité le dirigeant de fait, le franchiseur qui détenait les documents comptables, sociaux et bancaires nécessaires pour gérer cette entreprise, conservait la signature bancaire, préparait tous les documents administratifs et les titres de paiement signés ensuite par la personne morale, établissait les déclarations fiscales et sociales, contrôlait l'embauche du personnel et a participé à la poursuite d'une activité déficitaire pendant plusieurs mois bien qu'il connût l'insuffisance de la trésorerie. • Com. 9 nov. 1993, n° 91-18.351 P : *D. 1995. Somm. 79, obs. Ferrier ; JCP 1994. II. 22304, note Virassamy ; Rev. sociétés 1994. 321, note le Tourneau.* – V. aussi • Rouen, 14 mars 1992 : *RJDA 1992, n° 870.* – Comp. : • Com. 27 mai 2003 : *RJDA 2003, n° 960 (3e esp.)*, cassant • Pau, 29 févr. 2000 : *Dr. sociétés 2000, n° 100, obs. Chaput ; RPC 2001. 263, obs. Martin-Serf.* (V. l'arrêt rendu sur renvoi : • Toulouse, 4 mai 2005 : *RJDA 2006, n° 650*). – Comp. également : • Montpellier, 10 sept. 1996 : *LPA 20 févr. 1998, p. 21, note Likillimba.*

Pour un arrêt excluant la gestion de fait dans le cadre d'un contrat de location-gérance s'accompagnant d'un engagement de distribution exclusive des produits du loueur, V. • Com. 23 sept. 2014, n° 12-35.120 : *Rev. sociétés 2015. 446, note Lecourt.*

La société qui s'est réservé les domaines de l'embauche et des licenciements, la mise en place de l'organisation administrative et financière d'un hôtel, la définition de la politique des prix, la négociation des contrats et la politique commerciale, assure, en fait, la direction de l'hôtel, le propriétaire des lieux n'ayant que le rôle d'un simple bailleur de fonds. • Com. 19 déc. 1995, n° 92-20.116 P : *D. Affaires 1996. 153 ; Rev. sociétés 1996. 347, note le Tourneau ; Dr. sociétés 1996, n° 33, obs. Chaput.*

22. Dès lors qu'il est établi que le gérant de droit, frappé d'une interdiction de gérer, a continué, postérieurement à sa démission, à intervenir dans la gestion de la société, il doit être regardé comme étant un dirigeant de fait. • Paris, 10 oct. 2000 : *BJS 2001. 33 ; Dr. sociétés 2001, n° 6, obs. Chaput.* ♦ En revanche, le fait que la concubine de ce gérant ait été propriétaire de plus de la moitié du capital social et qu'elle ait bénéficié d'un bail sur des locaux de la société pour lesquels aucun loyer n'a été payé ne sont pas de nature à établir sa qualité de gérante de fait. • Même arrêt. ♦ V. aussi • Paris, 15 déc. 1999 : *RTD com. 2001. 241, obs. Mascala.*

23. A été considéré comme un dirigeant de fait le directeur d'un cabinet de conseil juridique, qui avait organisé les études de marché d'une société, recherché les investisseurs, organisé les contacts avec les organismes financiers, avait manifesté des signes extérieurs d'autorité et un intérêt propre concrétisé par des engagements de caution. • Toulouse, 25 janv. 1993 : *JCP E 1993. Pan. 1412.*

24. Doivent être qualifiés de dirigeants de fait, un architecte et un expert-comptable liés à la société débitrice par un contrat de maîtrise d'ouvrage déléguée, dès lors qu'il apparaît qu'ils se sont passés, à de multiples reprises, de la signature du gérant pour procéder à des règlements bancaires, faire intervenir des entreprises sur le chantier, embaucher du personnel ou se consentir des avantages financiers réciproques. • Com. 4 juill. 2000 : *RJDA 2001, n° 30 ; LPA 30 mai 2001, p. 24, note Gibirila ; RPC 2001. 263, obs. Martin-Serf.*

25. Sur la qualité de dirigeants de fait de directeurs techniques salariés, V. • Versailles, 21 déc. 2000 : *RJDA 2001, n° 487.*

26. Pour un arrêt écartant la qualité de dirigeant de fait d'un salarié détenant la moitié des parts sociales de la société débitrice, en l'absence d'activité positive et indépendante dans l'administration de cette société, V. • Com. 26 juin 2001 : *APC 2001, n° 202 ; Dr. sociétés 2001, n° 140, note Legros.* ♦ V. aussi, s'agissant de salariés dont l'immixtion dans la gestion sociale n'était pas suffisamment caractérisée, • Paris, 1er févr. 2002 : *RJDA 2002, n° 673.* ♦ En sens contraire, pour des arrêts retenant la qualité de dirigeant de fait de salariés. : • Com. 19 févr. 2002 : *RJDA 2002, n° 791* • Grenoble, 5 nov. 1998 : *RPC 2001. 266, obs. Martin-Serf* • Aix-en-Provence, 28 janv. 1999 : *ibid.*

27. La preuve de l'immixtion d'une société détenant une participation dans le capital de la société débitrice en liquidation judiciaire et de son représentant légal ne peut résulter de l'exécution du contrat de prestations administratives conclu entre ces deux sociétés, lequel impliquait la fourniture de différentes prestations d'assistance moyennant une rémunération qui ne paraît pas excessive, sous le contrôle du gérant de droit. • Paris, 14 oct. 1997 : *Dr. sociétés 1998, n° 90, obs. Chaput.* ♦ Comp. : • Com. 22 juin 1999 : *RPC 2001. 263, obs. Martin-Serf.*

Ne peut être qualifié de dirigeant de fait celui à l'encontre duquel il est simplement relevé qu'il a été porteur de parts au sein d'une SARL, dont il a par la suite été désigné liquidateur amiable. • Paris, 13 juin 2000 : *RPC 2001. 110, obs. Barret.*

V. aussi : pour un associé majoritaire de SARL, • Com. 25 janv. 1994 : *RJDA 1994, n° 457* • Toulouse, 9 janv. 1997 : *RPC 2001. 264, obs. Martin-Serf* • Paris, 23 oct. 1998 : *ibid.* – Comp. : • Paris, 19 sept. 1995 : *RJDA 1995, n° 1368.* ♦ ... Pour un associé unique d'EURL, • Paris, 15 janv. 1999 : *préc. note 11.* ♦ ... Pour une société holding et une société fondatrice, • Paris, 7 févr. 1997 : *BJS 1997. 480, note Daigre ; RPC 2001. 265, obs. Martin-Serf.* ♦ ... Pour une société mère elle-même filiale à 99 % d'une holding, • Paris, 23 mai 1997 : *JCP E 1997. Pan. 764 ; RJDA 1997, n° 1277.* ♦ ... Pour une société mère, seule maîtresse de la politique économique et financière de sa filiale, • Com. 6 juin 2000 : *RJDA 2000, n° 896 ; RPC 2001. 265, obs. Martin-Serf* • Paris, 15 janv. 1999 : *BRDA 1999, n° 6, p. 3.* ♦ ... Pour une société mère qui avait continué à gérer une branche d'activité transférée à sa filiale, V • Com. 23 nov. 1999 : *RPC 2001. 265, obs. Martin-Serf.* ♦ ... Pour le dirigeant de droit d'une société mère, avec l'accord duquel étaient prises toutes les décisions importantes concernant la filiale. • Com. 12 juin 2001 : *RJDA 2001, n° 971.* ♦ Comp., écartant la direction de fait d'une société mère vis-à-vis de sa filiale, la seule circonstance qu'elles ont le même dirigeant de droit n'étant pas suffisante : • Com. 23 oct. 2024, n° 22-23.151 : *LEDEN 12/2024. 1, obs. F.-X. Lucas.* ♦ ... La direction de fait d'une société mère vis-à-vis d'une sous-filiale, en l'absence d'immixtion de la première dans la gestion de la seconde : • Com. 11 oct. 2016, n° 14-26.901 : *LEDEN 12/2016. 5, obs. Lucas ; BJS 2017. 40, note Mouial-Bassilana* (aff. Molex).

28. En ce sens que la délégation de signature dont dispose un associé, alors qu'elle constitue le seul signe de sa participation à la gestion de la société, ne permet pas de déduire que celui-ci détient le pouvoir dans l'entreprise, V. • Paris, 9 sept. 1992 : *BJS 1992. 1219.* – V. aussi • Com. 9 juill. 2002 : *RJDA 2002, n° 1274.* – Comp. : • Paris, 20 déc. 1996 : *Rev. sociétés 1997. 392, obs. Guyon.* ♦ En revanche, le fait de détenir seul l'exploitation et la signature bancaire d'une société dont le siège ne correspond qu'à une simple domiciliation commerciale suffit à caractériser la gestion de fait. • Paris, 25 janv. 2000 : *RPC 2001. 110, obs. Barret.*

29. Pour un arrêt ayant refusé de reconnaître au maire d'une commune la qualité de dirigeant de fait d'un club de football professionnel, au motif qu'il n'exerçait qu'un contrôle de l'utilisation des concours financiers municipaux, V. • CAA Bordeaux, 11 mai 1998 : *D. 1999. Somm. 92, obs. Karaquillo.*

30. Sur la compétence du tribunal de la procédure collective pour apprécier la qualité de dirigeant de fait, V. note 1 ss. art. R. 651-1. ♦ S'agissant de poursuites exercées contre un dirigeant personne publique, V. note 32.

31. Sur l'indépendance des poursuites entre dirigeants de fait et de droit, V. note 69.

32. Dirigeants personnes publiques. La responsabilité qui peut incomber à l'État ou aux autres personnes morales de droit public en raison des dommages imputés à leurs services publics administratifs est soumise à un régime de droit public ; il n'en va autrement que si la loi, par une disposition expresse, a dérogé à ce principe. • T. confl., 15 nov. 1999, n° 99-03.153 P : *D. 2000. AJ 11, obs. A. L. ; LPA 17 avr. 2000, p. 11, note Courtier ; JCP E 2000, n°s 18-19, p. 755, obs. Pétel; Dr. sociétés 2000, n° 54, obs. Chaput ; RPC 2000. 136, obs. Martin-Serf.* ♦ Il ne résulte pas de l'art. 180 [C. com., art. L. 651-2] que le législateur ait entendu, par dérogation aux principes gouvernant la responsabilité des personnes publiques, faire relever de la compétence des tribunaux de l'ordre judiciaire, la recherche de la responsabilité civile de l'État ou d'autres personnes morales de droit public au titre de l'exercice d'une mission de service public administratif. • Même arrêt. – Rappr. • CE 1er oct. 2013 : *RJDA 2014, n° 792.* ♦ Si la recherche de la responsabilité civile de l'État ou d'autres personnes morales de droit public au titre de l'exercice d'une mission de service administratif relève de la compétence des tribunaux de l'ordre administratif, une telle action relève de la compétence des tribunaux de l'ordre judiciaire lorsque cette responsabilité est recherchée au titre d'une activité à caractère industriel et commercial, sans qu'il y ait lieu de distinguer si la collectivité publique concernée a agi en qualité de dirigeant de fait ou de droit. • T. confl., 20 nov. 2006, n° 06-03.570 P : *RJDA 2007, n° 183 ; Dr. sociétés 2007, n° 112, note Legros ; Defrénois 2007. 884, obs. Gibirila.* – V. concl. Chauvaux, *RJDA 2007. 119.* – V. déjà, en ce sens, • Com. 6 févr. 2001, n° 98-15.129 P : *D. 2002. Somm. 81, obs. Derrida ; BJS 2001. 593, note Barbièri ; RPC 2001. 267, obs. Martin-Serf.*

Pour la cassation d'un arrêt ayant reconnu compétence à la juridiction administrative pour connaître de l'action en comblement de passif contre une commune dirigeant une association, qui avait en charge la gestion d'une piscine et d'une patinoire, sans rechercher si la commune était dirigeante de droit ou de fait de l'association et si le service géré par cette association était administratif ou industriel et commercial, V. • Civ. 1re, 11 févr. 2003, n° 00-12.857 P : *D. 2003. AJ 623, obs. Lienhard ; APC 2003, n° 107, obs. Regnaut-Moutier ; BJS 2003. 557, note Pézard ; RPC 2005. 150, obs. Martin-Serf* (V. l'arrêt cassé : • Versailles, 9 déc. 1999 : *D. 2000. AJ 145 ; RPC 2000. 136, obs. Martin-Serf*).

Sur la compétence des tribunaux judiciaires pour connaître de l'action en comblement du passif dirigée à l'encontre d'un syndicat intercommunal, dirigeant de droit d'une société d'économie mixte locale, V. • Com. 26 oct. 1999 : *D. 1999. AJ 80 ; APC 1999, n° 246, obs. Regnaut-Moutier ; JCP E 2000, n°s 1-2, p. 34, rapp. Rémery ; LPA 3 févr. 2000, p. 13, note P. M. ; RPC 2000. 136, obs. Martin-Serf.* ♦ Dans le même sens, pour une action dirigée contre une commune, V. • Com. 8 janv. 2002, n° 98-17.439 P : *D. 2002. AJ 570, obs. Lienhard ; Dr. sociétés 2002, n° 71, note Vidal ; ibid. 2003, n° 30, note Legros ; Rev. sociétés 2003. 308, note F.-X. Lucas ; RPC 2003. 161, obs. Martin-Serf* • 7 mars 2006 : *Dr. sociétés 2006, n° 122, note Legros.* ♦ V. également note 36.

33. Pour un arrêt reconnaissant à une commune la qualité de dirigeant de fait d'une association sportive, V. • Com. 13 mai 2003 : *D. 2003. Somm. 2537, obs. Karaquillo.* – Comp. • Grenoble, 31 janv. 2002 : *RPC 2003. 346, obs. Lebel.*

34. Si une collectivité territoriale actionnaire d'une société d'économie mixte locale peut être appelée, en application de l'art. 180 [C. com., art. L. 651-2], à supporter tout ou partie de l'insuffisance d'actif de cette société lors de sa liquidation, ces dispositions, qui sont applicables au seul cas de liquidation judiciaire, n'ont pas pour objet et ne sauraient avoir pour effet d'autoriser une collectivité locale à déroger aux dispositions législatives relatives aux aides directes aux entreprises lorsqu'elle décide la dissolution amiable d'une société d'économie mixte. • CE 15 mars 2000 : *JCP E 2000, n°s 15-16, p. 630.*

35. Représentants d'une personne morale. En vertu de l'art. L. 225-20, al. 1er, C. com., applicable aux sociétés anonymes, lorsqu'une personne morale est nommée administrateur, celle-ci est tenue de désigner un représentant permanent qui est soumis aux mêmes conditions et obligations et qui encourt les mêmes responsabilités civile et pénale que s'il était administrateur en son nom propre, sans préjudice de la responsabilité solidaire de la société qu'il représente ; il s'ensuit que, lorsqu'une société anonyme débitrice est dirigée par une personne morale qui a désigné un représentant permanent, la faute de gestion susceptible d'engager la responsabilité pour insuffisance d'actif de ce dirigeant peut être caractérisée indifféremment à l'égard de celui-ci ou à l'égard de son représentant permanent. • Com. 8 janv. 2020, n° 18-15.027 P : *D. 2020. Actu. 77 ; JCP E 2020. 1216, note Gibirila ; APC 2020, n° 56, obs. Lafaurie ; BJS 3/2020. 29, note Grundeler ; RJDA 2020, n° 232 ; BJE 3-4/2020. 48, note Favario ; Dr. sociétés 2020, n° 54, note Legros ; RJ com. 2020. 237, obs. Serlooten ; RLDA juill. 2020. 17, obs. Merabet ; RPC 2020, n° 75, obs. Martin-Serf.* ♦ Il résulte de la combinaison des art. L. 227-7, L. 651-1 et L. 651-2 que, lorsque la personne morale mise en liquidation judiciaire est une société par actions simplifiée (SAS) dirigée par une personne morale, la responsabilité pour insuffisance d'actif est encourue non seulement par cette personne morale, dirigeant de droit, mais aussi par le représentant légal de cette dernière, en l'absence d'obligation légale ou statutaire de désigner un représentant permanent de la personne morale dirigeant au sein d'une SAS. • Com. 13 déc. 2023, n° 21-14.579 B : *D. 2023. Actu. 2237 ; JCP E 2024. 1116, n° 23, obs. Tehrani ; BJS 3/2024. 42, note Jullian ; Gaz. Pal. 19 mars 2024, p. 78, obs. Reille ; Dr. sociétés 2024, n° 38, note Legros ; RJDA 2024, n° 177 ; BJE 3-4/2024. 51, note Favario ; RPC 2024, n° 60, obs. Martin-Serf.* ♦ Lorsqu'une société par actions simplifiée est dirigée par une personne morale qui a désigné un représentant permanent conformément aux statuts de cette société, la personne physique dirigeant cette personne morale ne peut voir sa responsabilité pour insuffisance d'actif engagée si elle n'a pas également la qualité de représentant permanent. • Com. 20 nov. 2024, n° 23-17.842 B : *D. 2024. Actu. 2005.* ♦ L'art. L. 651-1 C. com. ne subordonne pas la condamnation [au paiement de l'insuffisance d'actif] du représentant permanent de la personne morale à la condamnation de celle-ci. • Com. 19 nov. 2013, n° 12-16.099 P : *préc. note 8 ; APC 2014, n° 15, obs. Pagnucco ; BJS 2014. 101, note Monsèrié-Bon ; Gaz. Pal. 2-4 févr. 2014, p. 22, obs. Dondero ; Dr. sociétés 2014, n° 68, note Legros ; BJE 2014. 95, note Favario ; RPC 2014, n° 80, obs. Martin-Serf.*

36. Une commune, membre du conseil d'administration d'une association, a la qualité de dirigeant de droit de cette personne morale et peut, en cette qualité, être condamnée à supporter partie des dettes de celle-ci (loi de 1967). • Com. 16 févr. 1993, n° 90-18.389 P : *Rev. sociétés 1993. 644, note Guyon ; BJS 1993. 678, note Jeantin.*

V. aussi notes 32 et 81.

37. Dirigeant soumis à une procédure collective. V. note 1 ss. art. R. 651-6.

38. Dirigeant caution. La responsabilité du dirigeant social dans le cadre d'une action en comblement de passif est indépendante des obligations qui lui incombent en sa qualité de caution ; toutefois, le montant des sommes supportées par le dirigeant à ce titre peut être pris en compte dans la détermination du montant du passif mis à sa charge. • Douai, 14 sept. 2011 : *JCP E 2012. 1290, note Delattre.*

39. Indifférence du mandat gratuit. L'art. 1992, al. 2, C. civ., selon lequel la responsabilité générale du mandataire est appliquée moins rigoureusement à celui dont le mandat est gratuit, ne concerne pas la situation du dirigeant d'une personne morale en liquidation judiciaire poursuivi en paiement de l'insuffisance d'actif de celle-ci sur le fondement de l'art. L. 651-2 C. com., la responsabilité de ce dirigeant s'appréciant, sur le fondement de ce texte spécial, de la même manière, qu'il soit rémunéré ou non. • Com. 9 déc. 2020, n° 18-24.730 P : *D. 2021. Pan. 1746, obs. F.-X. Lucas ; Rev. sociétés 2021. 536, note Gibirila ; JCP E 2021. 1070, n° 5, obs. Deboissy et Wicker ; LEDEN 1/2021. 4, obs. Azevedo ; BJS 2/2021. 49,* *note Poracchia ; APC 2021, n° 53, obs. Thiberge ; RJDA 2021, n° 183 ; BJE 3-4/2021. 47, note Favario ; Gaz. Pal. 30 mars 2021, p. 74, obs. Moulin ; Dr. sociétés 2021, n° 52, note Legros ; RPC 2021, n° 82, obs. Martin-Serf.* ♦ Comp., désormais, pour les dirigeants d'associations : art. L. 651-2, al. 1er, dans sa rédaction issue de la L. n° 2021-874 du 1er juill. 2021. ♦ Pour un arrêt faisant application de cette disposition, V. • Paris, 8 sept. 2022, n° 22/01509 : *BJS 12/2022. 42, note Jullian.*

40. Retrait du dirigeant. L'ancien dirigeant qui a cédé ses parts entre la date de cessation des paiements et l'ouverture de la procédure peut être condamné à combler le passif. • Com. 23 juin 1998 : *APC 1998, n° 124* • Com. 4 févr. 1969 : *D. 1969. 584, note Honorat* (loi de 1967). ♦ Les juges doivent cependant préciser si l'insuffisance d'actif existait déjà lors de la cessation des fonctions du dirigeant. • Com. 2 févr. 1999 : *Dr. sociétés 1999, n° 95, obs. Chaput.* ♦ V. aussi • Rouen, 9 oct. 1997 : *RJDA 1998, n° 632.* ♦ Sur l'incidence de la publication de la démission, V. note 7.

41. Date de la faute. La faute de gestion visée par l'art. L. 651-2 doit avoir été commise avant l'ouverture de la liquidation judiciaire qui autorise l'exercice de l'action en responsabilité pour insuffisance d'actif ; lorsqu'est constaté un nouvel état de cessation des paiements, que le plan est résolu et qu'une procédure de liquidation judiciaire est ouverte, les fautes de gestion commises pendant la période d'observation du redressement judiciaire, comme pendant l'exécution du plan, peuvent être prises en considération pour fonder l'action en responsabilité pour insuffisance d'actif dès lors qu'elles sont antérieures au jugement de liquidation judiciaire. • Com. 22 janv. 2020, n° 18-17.030 P : *D. 2020. Pan. 1868, obs. F.-X. Lucas ; Rev. sociétés 2020. 195, obs. Roussel Galle ; ibid. 2021. 59, note Rakotovahiny ; JCP E 2020. 1210, note Cerati-Gauthier ; LEDEN 2/2020. 5, obs. Rubellin ; APC 2020, n° 57, obs. Fin-Langer ; DP diff. entr., Bull. n° 422, obs. Rémery ; BJS 4/2020. 38, note Mouial-Bassilana ; RJDA 2020, n° 231 ; Dr. sociétés 2020, n° 69, note Legros ; BJE 5-6/2020. 51, note Favario ; RPC 2020, n° 74, obs. Martin-Serf.* ♦ Lorsque la liquidation judiciaire est prononcée au cours ou à l'issue de la période d'observation d'un redressement judiciaire, le jugement de conversion du redressement en liquidation judiciaire n'ouvre pas une nouvelle procédure ; il s'en déduit qu'une sanction ne peut, dans cette hypothèse, être prononcée en raison de fautes commises pendant la période d'observation du redressement judiciaire. • Com. 8 mars 2023, n° 21-24.650 B : *D. 2023. Actu. 500 ; Rev. sociétés 2023. 400, obs. Roussel Galle ; JCP E 2023. 1306, n° 32, obs. Tehrani ; APC 2023, n° 88, obs. Fin-Langer ; BJS 5/2023. 36, note J.-B. Barbièri ; BJE 7-8/2023. 41, note Favario ; Dr. sociétés 2023, n° 88, note Legros ; RJDA 2023, n° 604.* ♦ La faute peut être antérieure à la date de la cessation des paiements, dès lors que le lien de causalité entre cette faute et l'insuffisance d'actif est établi. • Paris, 5 juill. 1996 : *D. 1996. IR 228.* ♦ La faute du dirigeant ayant tardé à déclarer la cessation des paiements ne peut exister avant l'expiration du délai de quarante-cinq jours dont il dispose pour procéder à cette déclaration, cette faute, fût-elle établie, ne pouvant avoir contribué à la naissance d'un passif constitué avant l'expiration de ce délai. • Com. 17 juin 2020, n° 18-11.737 : *cité note 56.* ♦ Le défaut de coopération avec les organes de la procédure collective, qui est nécessairement postérieur à l'ouverture de la procédure, ne peut engager la responsabilité du dirigeant pour insuffisance d'actif. • Com. 23 mai 2024, n° 23-10.038 : *Rev. sociétés 2024. 534, obs. Roussel Galle.* ♦ V. aussi note 9.

42. Plan de continuation (jurisprudence antérieure à L. du 26 juill. 2005). L'apurement de passif organisé par le plan de continuation de la personne morale ne fait pas obstacle à ce que l'insuffisance d'actif révélée par la procédure collective soit mise en tout ou partie à la charge du dirigeant. • Com. 21 nov. 2006, n° 02-20.443 P : *D. 2007. AJ 22, obs. Lienhard ; JCP E 2007. 1235, note Guyader ; Gaz. Pal. 2007. 1167, note Montéran ; BJS 2007. 361, note Pétel ; Dr. sociétés 2007, n° 94, note Legros ; RPC 2007. 83, obs. Martin-Serf ; APC 2007, n° 21, obs. Saintourens.* – V. Guyader, *ibid. 71.* ♦ Comp., désormais : art. L. 651-2, al. 1er, dans sa réd. issue de la L. n° 2005-845 du 26 juill. 2005, puis de l'Ord. n° 2008-1345 du 18 déc. 2008.

43. Plan de redressement (L. du 26 juill. 2005). Sur la faute de gestion pouvant être imputée au gérant ayant assuré seul la direction de l'entreprise postérieurement à l'adoption du plan de redressement, dans le cadre d'une action en paiement de l'insuffisance d'actif engagée après l'ouverture d'une procédure de liquidation judiciaire consécutive à la résolution du plan, V. • Com. 4 juill. 2018, n° 16-22.621 : *BJS 2018. 593, note Mouial-Bassilana ; Dr. sociétés 2019, n° 53, note Legros.*

44. Nature de la faute. BIBL. Bourrié-Quenillet, *JCP 1998. I. 112.* – Favario, *RPC 2011. Étude 15.* – Demeyere, *Gaz. Pal. 2013. 1314.* – Galokho, *RLDA juill. 2020. 40* (faute de gestion et prise de risque excessive). – Delattre, *BJE 11-12/2024. 59* (défaut de tenue d'une comptabilité). ♦ Le dirigeant de droit, gérant de la société, ne saurait être condamné, en application de l'art. 180 [C. com., art. L. 651-2], à combler partie du passif de la société en liquidation judiciaire, en l'absence de tout comportement frauduleux et de faute de gestion nettement caractérisée et suffisamment grave pour trancher avec le comportement habituel du commerçant malheureux de bonne foi. • Bourges, 3 juin 1998 : *JCP E 1999, n° 37, p. 1417.* ♦ Le dirigeant ne peut être sanctionné à titre personnel sur le fondement de l'art. 180 [C. com., art. L. 651-2], dès lors qu'il n'a commis aucune faute de gestion, nonobstant les mauvais résultats de son entreprise. • Paris, 8 sept. 2000 : *Dr. sociétés 2001, n° 5, obs. Chaput.*

Caractérise l'existence d'une faute de gestion d'un gérant de société ayant contribué à l'insuffisance d'actif, quelles qu'en soient les autres causes, l'arrêt qui relève que le dirigeant s'est abstenu de mettre en place une structure compétente et des outils de gestion fiables, permettant à la personne morale et à lui-même d'appréhender la situation économique et financière exacte et, en conséquence, de prendre en temps utile les mesures de redressement qui s'imposaient et que cette anarchie totale est à l'origine de l'insuffisance qui a pu ainsi se créer et s'accroître sans que le gérant puisse s'en apercevoir. • Com. 14 déc. 1993, n° 91-20.839 P : *JCP 1994. IV. 480.*

45. V. aussi, à propos : de financement d'investissements par les fonds propres au lieu du recours à un emprunt à long terme, • Com. 2 nov. 1993 : *Rev. huiss. 1993. 226.* ♦ ... De financement de travaux indus et de poursuite d'exploitation déficitaire, • Com. 13 nov. 1990, n° 89-15.841 P : *Gaz. Pal. 1991. 1. Pan. 94.* ♦ ... De la poursuite volontaire et en toute connaissance de cause de l'exploitation d'un fonds de commerce déficitaire, la charge imposée à la société, sans contrepartie, au profit d'une autre société du groupe, ayant excédé ses possibilités financières. • Com. 30 mars 1999 : *RJDA 1999, n° 704* (la faute de gestion consistant en la poursuite d'une exploitation déficitaire n'étant pas subordonnée à la constatation d'un état de cessation des paiements de la société antérieur ou concomitant à cette poursuite. • Com. 27 avr. 1993, n° 91-14.204 P : *D. 1993. IR 130 ; BJS 1993. 687, note Chaput ; Rev. sociétés 1993. 871, note Le Nabasque* .) – V. aussi • Com. 14 mai 1991, n° 89-19.081 P • 8 juin 1999 : *BJS 1999. 1078, note Scholer* • 16 oct. 2001 : *D. 2001. AJ 3273, obs. Lienhard* • 14 janv. 2004 : *Dr. sociétés 2004, n° 168, note Legros* • Paris, 12 nov. 1991 : *D. 1992. IR 54* • Douai, 29 nov. 2012 : *RTD com. 2013. 334, obs. Macorig-Venier* ; *BJE 2013. 74, note Rubellin ; RPC 2013, n° 28, obs. Delattre* • 4 déc. 2013 : *LEDEN 2/2014. 3, obs. Cesbron Lavau* (dirigeant ayant préféré poursuivre une activité déficitaire plutôt que de demander l'ouverture d'une procédure de mandat *ad hoc* ou de conciliation) • Versailles, 13 nov. 2018, n° 18/02009 : *JCP E 2019. 1162, note Delattre* (poursuite d'une activité déficitaire alors que la société avait fait l'objet de multiples procédures préventives) • T. com. Paris, 15 sept. 1992 : *BJS 1993. 79, note Daigre.* ♦ ... De l'abstention à agir en vue de l'obtention d'une augmentation de capital nécessaire à la survie de la société. • Com. 12 juill. 2016, n° 14-23.310 : *Rev. sociétés 2017. 44, note Heinich* ; *RJDA 2016, n° 889 ; BJE 2016. 438, note Favario ; Journ. sociétés 11/2016. 41, obs. Brignon ; Dr. sociétés 2016, n° 216, obs. Legros ; BJS 2017. 195, note Mouial-Bassilana.* ♦ ... Du défaut de consultation des associés afin qu'ils se prononcent sur la poursuite éventuelle de l'activité, conformément à l'art. L. 223-42 C. com., alors que le bilan faisait apparaître des pertes supérieures à la moitié du capital social. • Paris, 17 févr. 2009 : *RJDA 2009, n° 564.* ♦ Comp., dans l'hypothèse où l'assemblée générale a été convoquée et s'est prononcée en faveur de la poursuite d'activité, mais n'a mis en œuvre aucune recapitalisation : • Com. 13 oct. 2015, n° 14-15.755 : *RJDA 2016, n° 136 ; BJS 2016. 157, note Heinich ; Dr. sociétés 2016, n° 87, note Legros.* ♦ Comp. également, lorsque la société a été mise en redressement judiciaire avant l'expiration du délai de régularisation de l'art. L. 223-42 : • Com. 8 sept. 2021, n° 19-23.187 : *BJE 11-12/2021. 22, note Favario ; BJS 11/2021. 33, note Camensuli-Feuillard ; Dr. sociétés 2021, n° 150, note Legros ; Gaz. Pal. 14 déc. 2021, p. 75, obs. Moulin.* ♦ ... De manœuvres destinées à minorer les pertes réelles, ces manœuvres ayant permis de masquer la situation de la société et de tromper l'opinion des dispensateurs de crédit, • Com. 18 janv. 2000 : *BJS 2000. 498.* ♦ De la tenue d'une comptabilité manifestement incomplète ou irrégulière, • Com. 11 févr. 2014 : *Rev. sociétés 2014. 455, note Mastrullo* • 29 juin 2022, n° 21-12.998 : *D. actu. 6 sept. 2022, obs. Maraud.* ♦ ... D'un dirigeant d'une société anonyme qui fait financer par celle-ci les investissements immobiliers d'une SCI dont il est l'associé, cette charge financière ayant abouti à la ruine de la SA, • Com. 14 déc. 1993 : *Rev. sociétés 1994. 778, note Pariente* . ♦ ... De la souscription d'emprunts hors de proportion avec les capacités de remboursement des sociétés du groupe et du non-respect de la procédure applicable aux conventions réglementées, • Paris, 5 déc. 1997 : *BJS 1998. 253, note Daigre.* ♦ ... De l'abstention de désigner un commissaire aux comptes, • Paris, 18 nov. 1997 : *BJS 1998. 250, note J.-F. Barbièri ; RJDA 1998, n° 299.* ♦ ... Du remboursement de comptes courants d'associés ayant privé la société de trésorerie et l'ayant empêchée de poursuivre une instance judiciaire en cours, V. • Com. 24 mai 2018, n° 17-10.119 : *LEDEN 7/2018. 6, obs. Favario ; Gaz. Pal. 25 sept. 2018, p. 69, note Casimir ; RJDA 2018, n° 665 ; RPC 2018, n° 203, obs. Martin-Serf ; Dr. sociétés 2019, n° 20, note Mortier.* – V. aussi • Com. 20 oct. 2021, n° 20-11.095 : *Rev. sociétés 2021. 687, note Couret* ; *LEDEN 12/2021. 6, obs. Azevedo ; BJS 1/2021. 25, note Ilcheva ; BJE 1-2/2022. 33, note Favario ; RJDA 2022, n° 102 ; Dr. sociétés 2022, n° 33, note Legros ; RPC 2022, n° 114, obs. Martin-Serf.* ♦ ... D'un dirigeant qui avait, à plusieurs reprises, fait régler par la société ses dépenses personnelles, avait utilisé des fonds sociaux afin de rembourser des dettes contractées par une autre société dans laquelle il était intéressé et s'était lancé, malgré l'endettement chronique de la société, dans des achats de véhicules inconsidérés, bien qu'aucun financement par l'entreprise ne fût possible, • Com. 11 juill. 1995 : *JCP 1995. II. 22549, note Gibirila.* ♦ ... De dirigeants qui avaient maintenu un courant d'affaires avec une autre société, alors que les créances impayées s'accumulaient, sans se préoccuper d'obtenir de garantie, avec des délais de paiement anormalement longs et la continuation des livraisons malgré des factures importantes en souffrance, • Paris, 12 janv. 1996 : *D. 1996. IR 75.* ♦ ... D'un dirigeant s'étant octroyé une rémunération excessive, • Com. 31 mai 2016, n° 14-24.779 : *BJE 2016. 340, note Favario ; RJDA 2016, n° 715 ; RPC 2016, n° 200, obs. Martin-Serf* • Rennes, 13 déc. 1995 : *Dr. sociétés 1996, n° 195, obs. Chaput* • Paris, 19 sept. 2000 : *ibid. 2001, n° 42, obs. Chaput* • Lyon, 17 avr. 2003 : *JCP 2004. IV. 1308.* – V. aussi les arrêts cités par A. Martin-Serf, *RPC 1998. 109.* ♦ Comp., en cas de régularisation dans les comptes sociaux et le patrimoine personnel du dirigeant : • Com. 20 mai 1997 : *Dr. sociétés 1999, n° 6.* ♦ ... D'une distribution exceptionnelle de dividendes, privant la société d'une partie importante de ses réserves, ce dans un contexte de baisse d'activité, • Com. 25 oct. 2011 : *BJS 2012. 243, note Poracchia ; Banque et Dr. 5-6/2012. 47, obs. Urban.* – Rappr. : • Com. 8 avr. 2021, n° 19-23.669 : *Rev. sociétés 2021. 657, note Couret ; JCP E 2021. 1425, note Stoffel ; BJE 7-8/2021. 47, note Favario ; RPC 2021, n° 159, obs. Martin-Serf.* ♦ ... De la mise en place d'une direction générale pléthorique inadaptée à l'entreprise et de l'absence de mesures de réorganisation, ayant entraîné la perte de nombreux marchés, • Com. 3 oct. 2000 : *préc. note 8.* ♦ ... Du versement de rémunérations à un salarié dont il n'est pas démontré qu'il a exercé une activité réelle (la production des fiches de paie par le dirigeant poursuivi étant, à cet égard, insuffisante), • Com. 23 nov. 1999 : *BJS 2000. 379, note Barbièri.* ♦ ... D'un repreneur de société dont le plan était vicié par des erreurs d'appréciation, • T. com. Paris, 23 nov. 1992 : *BJS 1993. 255, note Campana.* – Rappr. : • Rouen, 21 mars 2002 : *RJDA 2002, n° 1305 (2e esp.).* ♦ ... D'un dirigeant qui avait laissé impayées des dettes sociales anciennes, engagé un personnel important et procédé à des investissements tandis qu'il n'avait aucune certitude au sujet des contrats qu'il espérait signer, • Com. 27 oct. 1998 : *RTD com. 1999. 983, obs. Mascala.* ♦ ... D'un franchiseur qui avait continué à livrer des marchandises à ses franchisés alors qu'il connaissait leur impossibilité absolue d'en payer le prix, • Pau, 29 févr. 2000 : *préc. note 21.* ♦ ... D'un dirigeant qui avait consenti sur les fonds sociaux de nombreux prêts à une société qu'il dirigeait également, sans exiger aucune garantie pour leur remboursement, et ce, alors même que la société connaissait des difficultés, • Com. 8 oct. 2003 : *RJDA 2004, n° 353.* ♦ ... D'un dirigeant d'une société filiale, liquidateur amiable de celle-ci, qui s'était abstenu de recouvrer une créance détenue sur la société mère, • Paris, 12 oct. 1999 : *Dr. sociétés 2000, n° 101, obs. Chaput.*

Les faits de détournement d'actif qui ont été retenus pour justifier une interdiction de gérer constituent en eux-mêmes des fautes de gestion. • Com. 17 juill. 2001 : *cité note 46.*

46. Sur la faute de gestion constituée par le retard dans la déclaration de cessation des paiements, V., • Com. 8 déc. 1998 : *RTD com. 1999. 983, obs. Mascala* • 8 oct. 1996 : *D. Affaires 1996. 1356 ; BJS 1996. 1057, note Calendini* • 28 mai 1991, n° 89-21.116 P : *D. 1992. Somm. 184, obs. Honorat ; Rev. sociétés 1992. 373, note Honorat* (loi de 1967). – Comp. : • Com. 19 janv. 1993, n° 91-12.365 P : *Rev. huiss. 1993. 673, note Vidal* • Rennes, 5 avr. 2000 : *Dr. sociétés 2001, n° 42, obs. Chaput ; RTD com. 2001. 922, obs. Champaud et Danet* (retard justifié par l'activité de concessionnaire du débiteur) • Paris, 27 févr. 2001 : *RJDA 2001, n° 888* (société ayant cessé son activité plus d'un an avant le dépôt de bilan).

Dès lors que le dirigeant a commis des fautes de gestion ayant contribué à l'insuffisance d'actif, il doit répondre des dettes sociales, sans qu'il soit besoin de rechercher si celui-ci avait ou non personnellement bénéficié de la poursuite de l'exploitation. • Com. 23 mai 1995 : *BJS 1995. 884, note Le Cannu* • Paris, 13 oct. 1995 : *D. 1995. IR 244.* ♦ En effet, la faute de gestion pouvant entraîner la condamnation d'un dirigeant au paiement des dettes sociales en application de l'art. 180, devenu l'art. L. 624-3 [L. 651-2] C. com., peut exister indépendamment du fait que le dirigeant a agi dans un intérêt personnel. • Com. 17 juill. 2001 : *Dr. sociétés 2002, n° 5, note Legros.* – V. aussi • Paris, 24 mai 1996 : *Dr. sociétés 1997, n° 9, obs. Chaput.*

L'omission de déclaration de la cessation des paiements dans le délai légal, susceptible de constituer une faute de gestion, s'apprécie au regard de la seule date de la cessation des paiements fixée dans le jugement d'ouverture ou dans un jugement de report. • Com. 4 nov. 2014, n° 13-23.070 P : *D. 2014. Actu. 2238, obs. Lienhard ; Rev. sociétés 2014. 751, obs. Henry ; JCP E 2014. 1604, rapp. Schmidt et note Roussel Galle ; ibid. 1637, n° 12, obs. Pétel ; LEDEN 12/2014. 6, obs. Rubellin ; APC 2014, n° 344, obs. Thullier ; Gaz. Pal. 18-20 janv. 2015, p. 15, obs. Reille ; ibid., p. 34, obs. Montéran ; RLDA janv. 2015. 16, obs. Lebel ; RJDA 2015, n° 125 ; BJE 2015. 113, note Lasserre Capdeville ; RPC 2015, n° 67, obs. Martin-Serf* • 10 mars 2015, n° 12-16.956 P : *D. 2015. Actu. 678 ; Rev. sociétés 2015. 406, obs. Henry ; Gaz. Pal. 1er-5 mai 2015, p. 45, obs. Montéran ; RPC 2015, n° 67, obs. Martin-Serf ; BJE 2015. 249, note Favario* • 27 sept. 2016, n° 14-50.034 : *Rev. sociétés 2016. 767, obs. Henry.*

47. Celui qui a accepté les fonctions d'administrateur est tenu à une surveillance et à un contrôle sérieux de l'administration de la société et l'intérêt limité qu'il a dans l'affaire ne peut justifier sa passivité. • Com. 31 janv. 1995, n° 92-21.548 P : *D. 1995. IR 50 ; Rev. sociétés 1995. 763 ; BJS 1995. 341, note Couret ; RTD com. 1996. 543, obs. Martin-Serf.* – V. aussi • Com. 3 mars 1998 : *RJDA 1998, n° 902 ; BJS 1998. 645* • 23 juin 1998 : *BJS 1998. 1287, note Pétel ; RJDA 1998, n° 1393 ;*

RTD com. 1999. 983, obs. Mascala • Versailles, 21 oct. 1993 : *BJS 1994. 99, note P. L. C.* • Paris, 28 oct. 1994 : *ibid. 1995. 72, note Le Cannu ; Dr. sociétés 1995, n° 122, obs. Chaput* (loi de 1967) • Douai, 9 janv. 1997 : *RPC 1999. 182, obs. Martin-Serf* • Chambéry, 22 juin 1998 : *Dr. sociétés 2000, n° 121, obs. Chaput* • Versailles, 2 déc. 1999 : *préc. note 15* • Paris, 2 juill. 1996 : *Dr. sociétés 1996, n° 231, obs. Chaput* • Versailles, 21 déc. 2000 : *préc. note 25* • 11 sept. 2003 : *RJDA 2004, n° 206.* ♦ Comp., exonérant les administrateurs n'ayant pas le rang de président du conseil d'administration ou de directeur général, aux motifs qu'ils n'avaient pas eu connaissance de la situation exacte de la société et que, pour certains d'entre eux, ils n'avaient pas été convoqués au conseil d'administration : • Com. 14 mai 2002 : *RJDA 2002, n° 920 ; Dr. sociétés 2003, n° 104, note Legros.* ♦ L'intéressé ne saurait se retrancher derrière la « pression » exercée par la société mère, actionnaire majoritaire détentrice de 99 % du capital social. • Paris, 25 avr. 1997 : *Dr. sociétés 1998, n° 27, obs. Chaput.* ♦ V. aussi, en ce sens que l'appartenance à un groupe de sociétés est sans incidence sur la responsabilité du dirigeant, qui ne peut rejeter toute responsabilité sur la société mère, • Paris, 19 nov. 1999 : *BJS 2000. 263, note Barbièri ; RJDA 2000, n° 459.* ♦ Pour l'absence de faute de gestion des dirigeants de la société cible d'un LBO qui, malgré les mesures de restructuration adoptées, n'avaient pu redresser la cible en raison des remontées de dividendes exigées par la holding, V. • Com. 16 déc. 2014, n° 13-25.028 : *Rev. sociétés 2015. 391, note Poracchia (1re esp.).* ♦ V., dans la même affaire, pour l'absence de faute de gestion des dirigeants de la société holding, qui s'étaient efforcés d'en restructurer la dette : • Com. 16 déc. 2014, n° 13-25.029 : *Rev. sociétés 2015. 391, note Poracchia (2e esp.).* ♦ Comp., dans une autre affaire, retenant la faute de gestion des dirigeants de la société cible : • Com. 9 sept. 2020, n° 18-12.444 : *Rev. sociétés 2021. 33, note Brignon ; LEDEN 10/2020. 1, obs. F.-X. Lucas ; RJDA 2020, n° 587 ; BJS 12/2020. 52, note Vallens ; Dr. sociétés 2020, n° 142, note Mortier ; Gaz. Pal. 15 déc. 2020, p. 78, obs. Schlumberger ; JCP E 2021. 1014, n° 3, obs. Grossi ; ibid. 1056, note Barrière ; BJE 1-2/2021. 44, note Favario.*

Un administrateur ne peut prétendre se soustraire à l'application de l'art. 180, devenu l'art. L. 624-3 [L. 651-2] C. com. en invoquant l'attitude d'un autre administrateur. • Com. 8 janv. 2002, n° 98-17.439 P : *D. 2002. AJ 570, obs. Lienhard ; JCP 2002. II. 10057, note Landbeck.*

Commet une faute de gestion la personne morale administrateur qui s'abstient d'exiger du président qu'il déclare la cessation des paiements, peu important, par ailleurs, la présence au conseil d'administration d'administrateurs de complaisance dévoués au président. • Com. 25 mars 1997 : *BJS 1997. 799, note G. B. ; RPC 1999. 182, obs. Martin-Serf.*

Pour la condamnation d'un « gérant de paille » qui, bien qu'ayant été informé des infractions commises par la société, n'avait pris aucune disposition pour faire cesser les agissements du gérant de fait et le contrôler, ni pour mettre fin à son propre mandat, V. • Com. 1er juill. 2020, n° 18-24.804 : *Rev. sociétés 2020. 698, note Mastrullo ; BJE 11-12/2020. 41, note Favario.*

Les dirigeants ne peuvent pas se soustraire à l'application de l'art. 180 [C. com., art. L. 651-2] en invoquant l'intervention des pouvoirs publics. • Com. 6 févr. 2001 : *préc. note 32.*

La désignation d'un mandataire *ad hoc*, qui ne prive pas le dirigeant de la société débitrice de l'exercice de ses pouvoirs, ne le dispense pas de ses obligations (à propos de la poursuite d'une activité déficitaire). • Com. 18 mai 2016, n° 14-16.895 : *Rev. sociétés 2016. 621, note Morelli ; RTD com. 2017. 172, obs. Macorig-Venier ; Dr. sociétés 2016, n° 151, note Legros ; RJDA 2016, n° 716 ; BJS 2016. 619, note Mouial-Bassilana ; Gaz. Pal. 18 oct. 2016, p. 68, obs. Montéran ; RPC 2016, n° 160, obs. Delattre.* ♦ Rappr., lorsque le dirigeant a fait l'objet d'une convocation par le président du tribunal : • Caen, 15 févr. 2018, n° 17/01399 : *APC 2018, n° 84, obs. Petit ; JCP E 2018. 1341, obs. Delattre.*

48. En revanche, sont impropres à caractériser l'existence d'une faute de gestion d'un dirigeant social ayant contribué à l'insuffisance d'actif les motifs selon lesquels ce dirigeant a pris en charge la société en connaissance de sa situation déficitaire, en a poursuivi sciemment l'exploitation jusqu'à la cessation des paiements, dont l'état s'est révélé irrémédiable, ne s'explique pas sur le défaut de comptabilité régulière, et enfin ne prouve pas que l'insuffisance d'actif est due à des fautes de gestion d'anciens dirigeants. • Com. 17 nov. 1992, n° 90-20.299 P : *D. 1992. IR 277 ; Rev. sociétés 1993. 445, note Chaput.* ♦ V. aussi, jugeant la faute de gestion non démontrée, s'agissant de la poursuite d'une exploitation déficitaire, dès lors que les difficultés de la société avaient pour origine la conjoncture économique. • Com. 31 mars 1998 : *RJDA 1998, n° 777* • Paris, 16 sept. 1997 : *RPC 2000. 24, obs. Martin-Serf* • 30 oct. 1998 : *ibid.* • Aix-en-Provence, 11 sept. 2001 : *Dr. sociétés 2002, n° 23, note Legros ; RJDA 2002, n° 672.*

49. L'existence d'une proposition de rectification de l'Administration fiscale reposant sur une présomption d'appréhension des fonds sociaux à titre personnel est impropre à caractériser la faute de gestion consistant dans le détournement d'une partie des actifs de la société par son dirigeant. • Com. 17 janv. 2024, n° 22-20.170 : *Gaz. Pal. 19 mars 2024, p. 77, obs. Montéran.*

50. L'insuffisance des apports consentis à une société lors de sa constitution, qui est imputable aux associés, ne constitue pas une faute de gestion. • Com. 10 mars 2015 : *D. 2015. Actu. 678,* *obs. Lienhard ; Rev. sociétés 2015. 406, obs. Henry ; ibid. 468, note Poracchia ; JCP E 2015. 1261, note Dondero ; APC 2015, n° 107, obs. Vallansan ; LEDEN 4/2015. 5, obs. Rubellin ; Gaz. Pal. 8-12 mai 2015, p. 14, obs. Zattara-Gros ; ibid. 29 nov.-1er déc. 2015, p. 7, obs. Saint-Bonnet ; RLDA mai 2015. 18, obs. Voinot ; Dr. sociétés 2015, n° 117, note Legros ; ibid., n° 164, note Mortier ; RJDA 2015, n° 452 ; LPA 11 juin 2015, note Garaud ; BJE 2015. 248, note Favario ; Gaz. Pal. 19-21 juill. 2015, p. 31, obs. Montéran ; Dr. et patr. 9/2015. 97, obs. Monsèrié-Bon ; RPC 2015, n° 187, obs. Martin-Serf* • 17 juin 2020, n° 19-10.341 P : *cité note 3 ss. art. L. 653-8 ; Rev. sociétés 2020. 613, note Massart ; JCP E 2020. 1362, note Tisseyre ; RJDA 2020, n° 517 ; BJS 10/2020. 41, note Laroche ; BJE 11-12/2020. 46, note Favario ; RPC 2020, n° 160, obs. Martin-Serf ; Dr. sociétés 2020, n° 132, note Legros.*

51. Ne caractérise pas la faute de gestion au sens de l'art. 180 [C. com., art. L. 651-2], la seule tolérance d'un administrateur à la poursuite de l'exploitation d'un produit fabriqué par la société sans les autorisations administratives requises pour sa distribution. • Com. 15 déc. 1992, n° 90-15.557 P : *Rev. sociétés 1993. 450*

52. La responsabilité de la tenue de la comptabilité incombant au président du conseil d'administration, la tenue d'une comptabilité incomplète ne saurait être reprochée aux administrateurs et justifier leur condamnation au comblement du passif social dès lors qu'il n'est pas démontré qu'ils se sont immiscés dans l'établissement des comptes. • Paris, 29 mars 2002 : *JCP E 2002, n° 46, p. 1795 ; RJDA 2003, n° 172 (2e esp.) ; Dr. sociétés 2003, n° 88, note Legros.*

53. L'imprévoyance des dirigeants qui n'ont pas su anticiper les nouvelles conditions économiques ni explorer de nouveaux marchés n'est pas en elle-même constitutive d'une faute de gestion. • Paris, 29 nov. 1996 : *RJDA 1997, n° 281.* ♦ En revanche, le choix, lors de la création de l'entreprise d'investissements inadaptés ou excessifs, compte tenu de leurs conditions prévisibles de financement, peut constituer une faute de gestion. • Com. 19 mars 1996, n° 94-12.004 P : *Rev. sociétés 1996. 840, note Bruguier ; D. 1996. IR 101 ; D. Affaires 1996. 618 ; BJS 1996. 613, note Couret ; Defrénois 1996. 935, obs. Le Cannu* (V. l'arrêt cassé : • Aix-en-Provence, 9 déc. 1993 : *D. 1995. 475, note crit. Pirovano*). – V., sur renvoi, écartant la faute de gestion des dirigeants, les conditions prévisibles de financement reposant sur des prévisions de recettes raisonnables et le projet étant conforme aux recommandations d'une société de conseil spécialisée : • Nîmes, 23 févr. 1999 : *Banque et Dr. 7-8/1999, p. 48, obs. Guillot,* conf. par • Com. 29 oct. 2002 : *Dr. sociétés 2003, n° 46, note Legros.* ♦ Dans le même sens que l'arrêt du 19 mars 1996, V. • Com. 20 juin 2000 : *BJS 2000. 906* • 30 oct. 2000 : *BJS 2001. 27, note Daigre ; RJDA 2001, n° 210 ; Dr. sociétés 2001, n° 80, obs. Legros* (pour une société de capital-risque) • Lyon, 12 sept. 2002 : *Dr. sociétés 2004, n° 7, note Legros.*

54. Le fait pour le dirigeant social de s'être abstenu de désigner un commissaire aux comptes caractérise une faute de gestion ayant contribué à l'insuffisance d'actif de la SARL défaillante. • Paris, 18 nov. 1997 : *JCP E 1997. Pan. 1389.*

55. Négligence dans la gestion (L. du 9 déc. 2016). BIBL. De Lauriston, *RPC 2021. Étude 12* (notion de « simple négligence »). ♦ L'absence de déclaration de cessation des paiements pendant plus de deux mois ne peut s'analyser en une simple négligence eu égard aux difficultés financières et à l'endettement de la société connus de ses dirigeants. • Com. 5 févr. 2020, n° 18-15.072 : *Rev. sociétés 2020. 431, note Laroche ; LEDEN 3/2020. 1, obs. F.-X. Lucas ; RJDA 2020, n° 284.* – Rappr. : • 5 févr. 2020, n° 18-15.062 : *BJS 5/2020. 47, note Fin-Langer ; JCP E 2020. 1310, note Rakotovahiny ; RPC 2021, n° 83, obs. Martin-Serf* • 5 févr. 2020, n° 18-15.075 : *RPC 2020, n° 113, obs. Lisanti.* ♦ L'art. L. 651-2 écarte la responsabilité pour insuffisance d'actif du dirigeant en cas de simple négligence de celui-ci dans la gestion de la société, sans réduire l'existence d'une simple négligence à l'hypothèse dans laquelle le dirigeant a pu ignorer les circonstances ou la situation ayant entouré sa commission ; le moyen, qui postule que l'omission de la déclaration de la cessation des paiements dans le délai légal ne peut constituer une simple négligence du dirigeant qu'à la condition que celui-ci ait pu ignorer cet état, n'est donc pas fondé. • Com. 3 févr. 2021, n° 19-20.004 P : *D. 2021. 1069, note Caramalli et Alle ; Rev. sociétés 2021. 533, note Dalmau ; JCP E 2021. 1191, n° 20, obs. Tehrani ; LEDEN 3/2021. 5, obs. Maraud ; APC 2021, n° 74, obs. Diesbecq ; BJS 4/2021. 57, note Mouial-Bassilana ; RJDA 2021, n° 333 ; BJE 5-6/2021. 42, note Favario ; Dr. sociétés 2021, n° 81, note Legros ; Gaz. Pal. 15 juin 2021, p. 65, obs. Caffin-Moi.* ♦ Des motifs tirés seulement d'un manque de vigilance du dirigeant sont impropres à établir que celui-ci aurait commis une faute de gestion non susceptible d'être analysée en une simple négligence. • Com. 13 avr. 2022, n° 20-20.137 B : *D. 2022. Actu. 791 ; Rev. sociétés 2022. 378, obs. Roussel Galle ; ibid. 2023. 106, note Gallois ; JCP E 2022. 1370, n° 23, obs. Pétel ; LEDEN 5/2022. 1, obs. F.-X. Lucas ; APC 2022, n° 123, obs. Petit ; RJDA 2022, n° 426 ; BJS 7-8/2022. 35, note Reygrobellet ; BJE 7-8/2022. 22, note Favario ; Dr. sociétés 2022, n° 125, note Legros.* ♦ Ayant constaté que le dirigeant avait adopté une politique de fuite en avant en constituant une trésorerie par le non-règlement ou l'allongement des délais de paiement des fournisseurs et le non-paiement des dettes sociales et fiscales, qu'il n'avait prêté aucune attention à la gestion des comptes clients, prorogeant les délais de paiement sans effectuer les relances qui s'imposaient, qu'il avait eu recours, de manière croissante, à des prestations facturées par une société dont il était également le dirigeant et qu'il avait participé à une distribution de dividendes contraire à l'intérêt social, les juges du fond ont fait ressortir que de telles fautes ne constituaient pas que de simples négligences dans la gestion de la société. • Com. 26 févr. 2020, n° 18-24.188 : *BJE 5-6/2020. 41, note Pagnucco ; ibid. 7-8/2020. 27, note Favario ; Gaz. Pal. 13 oct. 2020, p. 84, obs. Montéran.* ♦ Sur la notion de « simple négligence », V. aussi • Com. 17 juin 2020, n° 18-18.321 : *Rev. sociétés 2021. 127, note Reille ; BJS 10/2020. 38, note Mouial-Bassilana ; BJE 11-12/2020. 43, note Favario ; RPC 2021, n° 83, obs. Martin-Serf* • 17 juin 2020, n° 18-24.100 : *ibid.* • 21 oct. 2020, n° 18-25.909 : *LEDEN 12/2020. 5, obs. Minet ; Dr. sociétés 2021, n° 25, note Legros* • 8 avr. 2021, n° 19-25.802 : *BJS 6/2021. 53, note Camensuli-Feuillard ; Gaz. Pal. 28 sept. 2021, p. 63, obs. Laroche ; RPC 2022, n° 113, obs. Martin-Serf* • Paris, 23 sept. 2021, n° 19/11825 : *BJS 1/2022. 19, note Brignon ; RJDA 2022, n° 294.*

56. Lien de causalité. Le dirigeant d'une personne morale peut être déclaré responsable sur le fondement de l'art. 180 [C. com., art. L. 651-2] même si la faute de gestion qu'il a commise n'est que l'une des causes de l'insuffisance d'actif, et il peut être condamné à supporter la totalité des dettes sociales même si cette défaillance n'est à l'origine que d'une partie d'entre elles. • Com. 30 nov. 1993 : *préc. note 40* • 19 mars 1996 : *BJS 1996. 526, note Le Cannu ; RPC 2000. 24, obs. Martin-Serf* • 6 févr. 2001 : *préc. note 32.* ♦ Ainsi, les éventuels manquements du liquidateur ne sont pas de nature à exonérer le dirigeant de son obligation de contribuer à l'insuffisance d'actif constatée. • Com. 1er juill. 2020, n° 19-11.849 : *Rev. sociétés 2021. 327, note Rakotovahiny ; Dr. sociétés 2021, n° 10, note Legros ; RJDA 2021, n° 108.*

Le jugement qui condamne le dirigeant d'une personne morale à supporter tout ou partie de l'insuffisance d'actif de celle-ci doit préciser en quoi chaque faute retenue a contribué à l'insuffisance d'actif. • Com. 17 juin 2020, n° 18-11.737 P : *D. 2020. Actu. 1358 ; Rev. sociétés 2020. 632, note Reille ; JCP E 2020. 1353, n° 21, obs. Tehrani ; APC 2020, n° 181, obs. Cagnoli ; BJS 10/2020. 41, note Laroche ; BJE 9-10/2020. 39, note Favario ; RJDA 2020, n° 588 ; RPC 2020, n° 162, obs. Martin-Serf ; Dr. sociétés 2020, n° 133, note Legros.*

La faute de gestion retenue doit avoir contribué, non à la déconfiture de la société, mais à l'insuffisance d'actif. • Com. 12 juill. 2016 : *préc. note 45.*

La seule aggravation du préjudice subi par les créanciers, résultant de la faute de gestion du dirigeant qui a apporté un soutien abusif sans contrepartie à une société tierce, ne permet pas de caractériser le lien de causalité entre cette faute de gestion et l'insuffisance d'actif. • Com. 25 mars 2020, n° 18-11.684 : *RJDA 2020, n° 444 ; BJS 9/2020. 42, note Saintourens ; BJE 9-10/2020. 41, note Favario.*

Sur l'insuffisance de la seule constatation de la surévaluation des stocks et de la poursuite d'une activité déficitaire ayant entraîné la disparition d'un actif important, V. • Com. 16 avr. 1996 : *D. 1996. IR 138 ; Rev. sociétés 1997. 611, note C. Henry .* ♦ V. aussi, refusant de condamner un dirigeant de deux sociétés dont les difficultés ne résultaient pas des fautes de gestion de ce dirigeant, mais trouvaient leur cause dans l'échec d'un projet et dans la défaillance d'un partenaire qui avait déposé son bilan, • Paris, 24 févr. 1998 : *RPC 2000. 25, obs. Martin-Serf.* ♦ V. encore • Paris, 1er févr. 2002 : *RJDA 2002, n° 673* (insuffisance d'actif trouvant son origine dans la mésentente entre les associés).

57. Responsabilité fiscale. V. art. L. 267 LPF. – **C. sociétés** ou **C. pr. fisc.** ♦ BIBL. Le Corre, *Bull. act. Lamy droit commercial févr. 2004.* ♦ L'action en responsabilité prévue par l'art. L. 267 n'étant exclue que si, en vertu d'une autre disposition légale, le dirigeant est tenu de la totalité de la dette fiscale restant due, l'action en comblement de passif prévue par l'art. 180 [C. com., art. L. 651-2] ne fait pas obstacle à l'application de ce texte. • Com. 9 déc. 1997, n° 96-12.292 P : *D. Affaires 1998. 159, obs. J. F. ; JCP E 1998, n° 17, p. 659, obs. Pétel ; Rev. sociétés 1998. 316, note Daigre .* – V. concl. Piniot, *RJDA 1998, p. 3* ; Poullain, *Dr. et patr. 2/1998. 35.* ♦ La cour de cassation avait déjà jugé, avant la loi de 1985, que les conditions d'application dudit art. L. 267 étant indépendantes de celles de l'art. 99 de la loi du 13 juill. 1967, il n'est pas interdit au juge d'appliquer le premier texte à un dirigeant bien que l'action fondée sur le second texte et dirigée contre lui ait été rejetée par une action antérieure (loi de 1967). • Com. 20 nov. 1990, n° 89-11.649 P. ♦ Même solution pour l'art. L. 266 [abrogé par L. n° 2005-842 du 26 juill. 2005]. • Paris, 20 sept. 1996 : *BRDA 1996, n° 20, p. 2.* ♦ L'action en comblement de passif, prévue par l'art. 180 [C. com., art. L. 651-2], n'a pas la même finalité et ne saurait faire échec aux dispositions du livre des procédures fiscales, lesquelles mettent en œuvre une action spécifique en responsabilité au seul profit du Trésor. • Versailles, 26 mars 1992 : *D. 1992. IR 165,* conf. par • Com. 21 juin 1994 : *RJF 1994, n° 1272.* ♦ Pour une autre application de l'art. L. 267 LPF, V. • Com. 25 avr. 2001 : *Dr. sociétés 2001, n° 128, note Legros.* ♦ V. aussi note 22 ss. art. L. 643-11.

58. La solidarité prononcée contre le dirigeant social en application de l'art. 1745 CGI, qui constitue une garantie de recouvrement de la créance fiscale et ne tend pas à la réparation d'un préjudice, ne fait pas obstacle à la condamnation de ce dirigeant à supporter, à raison de la faute de gestion consistant à soustraire la société à l'établissement et au paiement de l'impôt et à omettre de passer des écritures en comptabilité, tout ou partie de l'insuffisance d'actif de la société, comprenant la dette fiscale objet de la solidarité, la contribution du dirigeant à l'insuffisance d'actif entrant dans le patrimoine de la société débitrice pour être répartie au marc le franc entre tous les créanciers et la part du produit de la condamnation du dirigeant versée au Trésor s'imputant sur le montant de sa créance. • Com. 5 sept. 2018, n° 17-13.626 P : *D. 2019. Pan. 1913, obs. Cagnoli ; Rev. sociétés 2019. 132, note Vabres ; JCP E 2019. 1000, n° 19, obs. Tehrani ; LEDEN 10/2018. 1, obs. Thullier ; RJDA 2018, n° 859 ; BJS 2018. 639, note Mouial-Bassilana ; Gaz. Pal. 15 janv. 2019, p. 82, obs. Montéran et Brillatz ; Dr. sociétés 2019, n° 32, note Legros ; RPC 2019, n° 84, obs. Martin-Serf ; RJ com. 2019. 287, obs. Saint Genis.*

59. En ce sens que l'application cumulée des dispositions des art. L. 651-2 C. com. et 1729 CGI (pénalités fiscales) ne méconnaît pas les principes constitutionnels de nécessité et de proportionnalité des peines, V. • Crim., QPC, 11 sept. 2019, n° 19-90.026 : *JCP E 2020. 1006, n° 6, obs. R. Salomon ; RJDA 2020, n° 99 ; BJS 2/2020. 45, note Perrier.*

D. MISE EN ŒUVRE

60. Qualité pour agir. V. art. L. 651-3.

61. Nécessité d'une condamnation. L'insuffisance d'actif ne peut être mise, en tout ou partie, à la charge d'un dirigeant qu'à la suite d'une assignation de celui-ci à cette fin et seulement par une décision de condamnation ou, avant l'intervention d'une telle décision, par une transaction. • Com. 8 mars 2017, n° 15-16.005 P : *D. 2017. Pan. 1952, obs. F.-X. Lucas ; JCP E 2017. 1242, note Cerati-Gauthier ; ibid. 1460, n° 24, obs. Tehrani ; JCP 2017. 416, note Saintourens ; RJDA 2017, n° 362 ; BJS 2017. 336, note Monsèrié-Bon ; Dr. sociétés 2017, n° 87, note Legros ; BJE 2017. 228, note Favario ; Gaz. Pal. 27 juin 2017, p. 69, obs. Montéran ; ibid. 26 sept. 2017, p. 64, obs. Dondero ; RPC 2017, n° 152, obs. Martin-Serf.*

62. Prescription. L'action en responsabilité pour insuffisance d'actif est indépendante de l'action spéciale en responsabilité ouverte par l'art. L. 225-254 C. com. contre les dirigeants d'une société anonyme et de l'action générale en responsabilité civile extracontractuelle et se prescrit, aux termes de l'art. L. 651-2, al. 3, par trois ans à compter du jugement qui prononce la liquidation judiciaire, sans considération de la date de commission des fautes de gestion reprochées au dirigeant poursuivi. • Com. 8 avr. 2015 : *D. 2015. Actu. 862, obs. Lienhard ; ibid. Pan. 1980, obs. F.-X. Lucas ; Rev. sociétés 2015. 406, obs. Henry ; JCP E 2015. 1422, n° 10, obs. Pétel ; DP diff. entr., Bull. n° 370, obs. Rémery ; LEDEN 5/2015. 5, obs. Favario ; BJS 2015. 304, note Laroche ; RLDA juin 2015. 10, obs. Saintourens ; RJDA 2015, n° 515 ; Dr. sociétés 2015, n° 154, note Legros ; BJE 2015. 305, note Sortais ; RPC 2015, n° 191, obs. Martin-Serf.* ♦ Il résulte des art. L. 651-2, al. 3, C. com., 2228 et 2229 C. civ. que le jour du jugement prononçant la liquidation judiciaire, qui constitue le point de départ du délai de prescription de l'action en responsabilité pour insuffisance d'actif, ne peut être inclus dans la computation de ce délai, lequel expire trois ans après le jour suivant cette date. • Com. 18 janv. 2023, n° 21-22.090 B : *D. 2023. Actu. 116 ; JCP E 2023. 1157, n° 25, obs. Tehrani ; LEDEN 2/2023. 5, obs. du Plantier ; Dr. sociétés 2023, n° 49, note Legros ; Gaz. Pal. 18 avr. 2023, p. 75, obs. Montéran ; RPC 2023, n° 57, obs. Martin-Serf ; RJDA 2023, n° 605.* ♦ Seule l'assignation régulièrement signifiée est susceptible d'interrompre la prescription et non la requête en comblement de passif déposée par l'administrateur. • Dijon, 4 nov. 1992 : *RPC 1993. 581, obs. Blanchard.* ♦ Sur les conditions de l'effet interruptif de la prescription d'une assignation, V. • Com. 26 janv. 2016, n° 14-17.952 P : *D. 2016. Actu. 310 ; APC 2016, n° 45, obs. Staes ; Gaz. Pal. 12 avr. 2016, p. 76, obs. Montéran ; RPC 2017, n° 8, obs. Cagnoli.*

En cas d'extension de la procédure à d'autres sociétés, c'est la date du dernier jugement d'extension qui constitue le point de départ de la prescription de l'action en comblement de passif, puisque c'est à cette date seulement que les organes de la procédure ont pu avoir connaissance exacte de la gestion du groupe par son dirigeant et des fautes par lui commises. • Paris, 20 déc. 1994 : *Dr. sociétés 1995, n° 75, obs. Chaput.* ♦ Dans le régime antérieur à la loi du 26 juill. 2005, en présence d'un plan de cession, la prescription commençait à courir depuis la date du jugement arrêtant le plan (dans l'hypothèse où celui-ci avait été réformé à la suite d'un appel). • Com. 19 mai 2004, n° 02-11.199 P : *D. 2004. AJ 2047 ; APC 2004, n° 167, obs. Saintourens ; RTD com. 2004. 611, obs. Vallens ; Dr. sociétés 2004, n° 169, note Legros ; RPC 2005. 151, obs. Martin-Serf.*

Pour l'inapplicabilité du délai butoir de l'art. 2232 C. civ., V. • Paris, 20 sept. 2022, n° 21/04054 : *LEDEN 10/2022. 5, obs. Pelletier.*

63. Lorsque le plan de continuation est résolu, une nouvelle procédure collective est ouverte et le délai de prescription de l'action en paiement des dettes sociales fondée sur une faute commise par un dirigeant social depuis le jugement ayant arrêté le plan court à compter du nouveau jugement. • Com. 20 janv. 1998, n° 95-19.488 P : *D. 1998. Somm. 326, obs. Honorat ; D. Affaires 1998. 253, obs. A. L. ; RPC 2000. 25, obs. Martin-Serf.* ♦ Comp., désormais : art. L. 651-2, al. 3, dans sa réd. issue de L. n° 2005-845 du 26 juill. 2005.

64. Selon l'art. 2261 [2229] C. civ., la prescription est acquise lorsque le dernier jour du terme est accompli ; l'art. 642 NCPC [désormais, art. 642 C. pr. civ., qui prévoit la prorogation des délais de procédure expirant un samedi, un dimanche ou un jour férié ou chômé jusqu'au premier jour ouvrable suivant] ne s'applique pas au délai de prescription prévu par l'art. L. 624-3 C. com. dans sa rédaction antérieure à la loi du 26 juill. 2005. • Com. 10 janv. 2006, n° 04-10.482 P : *D. 2006. AJ 301, obs. Lienhard ; ibid. Pan. 2256, obs. F.-X. Lucas ; APC 2006, n° 31, obs. Le Bars ; JCP E*

2006, n° 14-15, p. 674, obs. Pételr; ibid., n° 16, p. 732, note Legros ; Gaz. Pal. 30 avr.-4 mai 2006, p. 52, obs. Montéran ; RPC 2007. 86, obs. Martin-Serf.

65. L'action en paiement de l'insuffisance d'actif engagée dans le délai légal contre un dirigeant n'interrompt pas la prescription à l'égard des autres dirigeants, qu'ils soient de droit ou de fait, dès lors qu'aucune solidarité n'existe entre les dirigeants de droit et de fait d'une même personne morale au regard de l'action en paiement de l'insuffisance d'actif de celle-ci, le juge ayant seulement, en application de l'art. L. 624-3 C. com., dans sa rédaction antérieure à la loi du 26 juill. 2005, la faculté de dire que les condamnations seront exécutées avec ou sans solidarité. • Com. 7 nov. 2006, n° 05-61.693 P : *D. 2006. AJ 2910, obs. Lienhard ; APC 2006, n° 253, obs. Regnaut-Moutier ; Gaz. Pal. 19-20 janv. 2007, p. 49, obs. Montéran ; Dr. sociétés 2007, n° 47, note Legros ; BJS 2007. 359, note F.-X. Lucas ; Defrénois 2007. 876, obs. Gibirila ; RPC 2007. 86, obs. Martin-Serf.*

66. Le moyen tiré de la prescription fondé sur l'art. 180 [C. com., art. L. 651-2] ne peut être relevé d'office, conformément à l'art. 2223 [2247] C. civ. • Com. 19 déc. 2000, n° 98-11.821 P.

67. Le moyen tiré de la prescription triennale de l'art. L. 624-3 [L. 651-2] C. com. constitue non une exception de procédure, mais une fin de non-recevoir susceptible d'être opposée en tout état de cause. • Com. 13 avr. 2010 : *Dr. sociétés 2010, n° 234, note Legros ; RJ com. 2010. 492, note Sortais.*

Sur l'inapplicabilité de la prescription prévue par l'art. L. 651-2 à l'extension de procédure fondée sur la confusion des patrimoines, V. note 47 ss. art. L. 621-2.

68. Sursis à statuer. L'action pénale en cours contre le dirigeant pour abus de biens sociaux, banqueroute, diffusions d'informations fausses ou trompeuses n'étant pas de nature à exercer une influence sur l'action en comblement de passif, le juge saisi de cette dernière action n'a pas à surseoir à statuer. • Versailles, 4 mai 1995 : *JCP E 1995. Pan. 812* • Paris, 15 mai 1997 : *RJ com. 1998. 206, obs. Legrand.* ♦ Dans le même sens : • Com. 14 mars 1995 : *BJS 1995. 551* (à propos du prononcé d'un redressement judiciaire ou d'une faillite personnelle du dirigeant) • 25 nov. 1997 : *Dr. sociétés 1998, n° 45, obs. Chaput.* ♦ Comp., jugeant que les juges du fond ne peuvent refuser de surseoir à statuer sur la demande de l'administrateur judiciaire d'une société, tendant à l'ouverture du redressement judiciaire personnel des dirigeants, sans rechercher si la décision à intervenir sur l'action publique relative à l'un des dirigeants (pour abus de biens sociaux) était susceptible d'exercer une influence sur celle qui devait être rendue par la juridiction civile. • Com. 3 févr. 1998 : *D. Affaires 1998. 538.*

69. Action contre un dirigeant de fait. En application de l'art. L. 651-2, le demandeur à l'action en comblement de passif a la liberté d'attraire devant le tribunal le ou les dirigeants de droit ou de fait de la personne morale qu'il tient pour responsables des fautes de gestion génératrices de l'insuffisance d'actif de la procédure collective, la charge de la preuve lui incombant (possibilité d'assigner le dirigeant de fait sans qu'il soit nécessaire d'attraire le dirigeant de droit). • Rouen, 3 mars 2011 : *LEDEN 9/2011. 4, obs. Parachkévova ; BJS 2011. 823, note Mouial-Bassilana.* – V. déjà • Paris, 19 mai 1995 : *RJDA 1995, n° 1047.*

70. Action directe contre l'assureur. Dès lors que le droit d'action directe contre l'assureur garantissant la responsabilité civile de la personne responsable, prévu par l'art. L. 124-3 C. assur., suppose seulement que le tiers lésé établisse l'existence du contrat d'assurance souscrit et la responsabilité de l'assuré, et que la garantie des conséquences de la responsabilité pour insuffisance d'actif des dirigeants n'est pas exclue par le contrat, le liquidateur est recevable à exercer l'action directe contre l'assureur, sans qu'aucune disposition légale ou réglementaire ne lui interdise de joindre, dans la même instance, à sa demande de condamnation du dirigeant, celle de l'assureur. • Com. 10 mars 2021, n° 19-12.825 P : *D. 2021. Actu. 573 ; APC 2021, n° 108, obs. Coquelet ; LEDEN 6/2021. 5, obs. Lafaurie ; BJS 6/2021. 47, note Fin-Langer ; BJE 5-6/2021. 44, note Favario ; RJDA 2021, n° 418 ; RPC 2021, n° 156, obs. Martin-Serf.*

71. Insuffisance d'actif. Il n'est pas nécessaire pour qu'il puisse être fait application de l'art. 180 [C. com., art. L. 651-2], que le passif soit entièrement chiffré ni que l'actif ait été réalisé, il suffit que l'insuffisance d'actif soit certaine. • Com. 17 juill. 1956 : *RTD com. 1956. 693, obs. Rault ; ibid. 729, obs. Houin* (droit antérieur) • 28 mai 1991 : *préc. note 24* • 25 janv. 1994, n° 91-20.220 P • 7 juin 2005 : *JCP E 2005, n° 48, p. 2058, note Delattre ; Dr. sociétés 2005, n° 194, note Legros* • Aix-en-Provence, 27 févr. 2002 : *Dr. sociétés 2002, n° 195, note Legros.* ♦ ... Une condamnation provisionnelle peut être prononcée contre les dirigeants sociaux même avant l'arrêt définitif de l'état des créances (loi de 1967). • Com. 8 juill. 1986 : *Bull. civ. IV, n° 148.* ♦ Sur le cantonnement de la condamnation provisionnelle au montant de l'insuffisance d'actif, V. • Com. 30 juin 2015, n° 13-28.537 : *Gaz. Pal. 18-20 oct. 2015, p. 36, obs. Montéran.* ♦ Sur la possibilité d'une action en responsabilité pour insuffisance d'actif en cas de dispense de vérification des créances chirographaires, V. note 21 ss. art. L. 641-4.

72. L'existence d'une insuffisance d'actif ne peut se déduire de l'état de cessation des paiements. • Com. 24 mai 2018, n° 17-10.117 : *RJDA 2018, n° 667 ; RPC 2019, n° 81, obs. Martin-Serf.*

73. L'insuffisance d'actif qui peut être mise à la charge du dirigeant est celle qui est constatée au cours ou à l'issue de la procédure collective, sous réserve de l'exclusion de tout passif social postérieur au jugement d'ouverture, à moins qu'il s'agisse d'un passif trouvant son origine antérieurement à l'ouverture de la procédure et sa cause dans la faute de gestion relevée. • Paris, 5 juill. 1996 : *préc. note 41*. – V. aussi • Com. 18 mars 2008, n° 02-21.616 : *D. 2009. 349, note Deleneuville ; RPC 2009, n° 171, obs. Martin-Serf.*

Il n'y a pas lieu, pour déterminer l'insuffisance d'actif, de soustraire de l'actif les frais de sa réalisation. • Com. 23 oct. 2024, n° 23-15.365 B : *D. 2024. Actu. 1863 ; Rev. sociétés 2024. 745, obs. Roussel Galle ; LEDEN 12/2024. 5, obs. Miglietta.*

L'existence et le montant de l'insuffisance d'actif doivent être appréciés au moment où statue la juridiction saisie de l'action tendant à la faire supporter par un dirigeant social. • Com. 27 févr. 1978 : *D. 1978. IR 334* (loi de 1967) • 30 janv. 1990, n° 88-15.873 P • 18 févr. 1992 : *RJDA 1992, n° 521* • 28 avr. 1998 : *D. Affaires 1998. 1487, obs. A. L. ; RJDA 1998, n° 1000* • 16 mars 1999, n° 95-20.814 P : *D. 1999. IR 103 ; D. Affaires 1999. 907 ; BJS 1999. 757, note Saint-Alary-Houin ; LPA 16 avr. 1999, p. 7, note P. M.* • 30 mars 1999 : *BJS 1999. 759, note Saint-Alary-Houin.* ♦ Sur l'exclusion des frais de justice, nés après l'ouverture de la procédure, V. • Com. 2 juin 1987, n° 85-15.713 P : *D. 1988. Somm. 39, obs. Honorat* (loi de 1967) • Paris, 19 mars 1991 : *D. 1992. Somm. 373, obs. Honorat ; Rev. sociétés 1992. 787, note Honorat* • Com. 16 févr. 1993, n° 90-21.331 P : *D. 1993. Somm. 319, obs. Honorat ; Rev. sociétés 1993. 655, note Honorat* (loi de 1967).

74. Il résulte de l'art. L. 651-2 C. com. que l'insuffisance d'actif d'une société holding, qui peut être mise à la charge de son dirigeant, s'apprécie au regard de son actif et de son passif propres, sans référence aux comptes consolidés du groupe. • Com. 18 mai 2016, n° 14-16.895 : *préc. note 47 ; RPC 2016, n° 199, obs. Martin-Serf.*

75. Dettes imputables aux dirigeants. Les dettes qui peuvent être mises, en tout ou en partie, à la charge des dirigeants sociaux au titre de l'insuffisance d'actif ne sont pas constituées des seules dettes pour lesquelles les créanciers ont recouvré leur droit de poursuite individuelle et ont obtenu un titre exécutoire. • Aix-en-Provence, 29 oct. 1992 : *RJDA 1993, n° 451 ; RPC 1993. 581, obs. Blanchard.*

76. Si une même personne a été le dirigeant de plusieurs personnes morales, l'insuffisance d'actif que l'art. L. 651-2 C. com., dans sa rédaction issue de l'Ord. du 18 déc. 2008, permet, aux conditions qu'il prévoit, de mettre à sa charge doit comprendre celle de l'ensemble des personnes morales dont cette personne a été le dirigeant et auxquelles la procédure de liquidation judiciaire a été étendue sur le fondement d'une confusion de patrimoines. • Com. 8 mars 2017, n° 15-22.337 P : *D. 2017. Actu. 644 ; LEDEN 5/2017. 5, obs. Mouial-Bassilana ; RJDA 2017, n° 360 ; BJS 2017. 338, note Fin-Langer ; BJE 2017. 184, note Bézert ; Dr. sociétés 2017, n° 109, note Legros ; Gaz. Pal. 27 juin 2017, p. 41, obs. Reille ; JCP N 2017. 1237, note de Ravel d'Esclapon ; RPC 2017, n° 150, obs. Martin-Serf.* ♦ En revanche, les dettes de la personne morale qui peuvent être mises à la charge des dirigeants ne sauraient comprendre celles d'autres personnes morales auxquelles la procédure collective a été étendue sur le fondement de la confusion des patrimoines mais dont ceux-ci n'ont pas été les dirigeants. • Com. 23 mai 2000, n° 97-21.080 P : *D. 2000. AJ 299, obs. Lienhard ; D. 2002. Somm. 78, obs. Derrida ; APC 2000, n° 141, obs. Vallansan ; JCP E 2000, n° 40, p. 1567, obs. Pétel ; BJS 2000. 789, note Couret ; LPA 21 nov. 2000, p. 18, note Gibirila ; ibid., 26 févr. 2001, note Raimon ; Rev. sociétés 2001. 115, note Daigre* • 17 juill. 2001 : *APC 2001, n° 218, obs. Vallansan ; Dr. sociétés 2001, n° 174, note Legros ; RPC 2002. 111, obs. Martin-Serf* • 19 avr. 2023, n° 22-11.229 : *APC 2023, n° 127, obs. Ghandour ; Dr. sociétés 2023, n° 104, note Legros ; BJS 9/2023. 22, note Reille ; BJE 9-10/2023. 38, note Favario ; JCP E 2024. 1196, n° 9, obs. Cerati ; RPC 2024, n° 59, obs. Martin-Serf.*

77. Montant de la condamnation. La cour d'appel apprécie souverainement, dans la limite de l'insuffisance d'actif, le montant de la condamnation, sans que la Cour de cassation contrôle le caractère proportionné de ce montant. • Com. 9 mai 2018, n° 16-26.684 P : *D. 2018. Actu. 1005 ; JCP E 2018. 1412, note Cerati-Gauthier ; BJE 2018. 264, note Favario ; BJS 2018. 517, note Brignon ; RJDA 2018, n° 594 ; APC 2018, n° 163, obs. Petit ; Gaz. Pal. 9 oct. 2018, p. 84, obs. Montéran ; RPC 2018, n° 205, obs. Martin-Serf.*

78. Pour déterminer la somme qui est mise à la charge du dirigeant social ayant commis des fautes de gestion, le tribunal doit tenir compte non pas des sommes dues par la personne morale à un créancier déterminé, mais de la gravité des fautes de gestion commises par le dirigeant et de la proportion dans laquelle ces fautes ont contribué à l'insuffisance d'actif, même si en principe le seul fait que le dirigeant ait commis une faute permet de le condamner à payer l'intégralité de l'insuffisance d'actif. • Versailles, 3 mai 1990 : *BJS 1990. 664, note Daigre.* ♦ Le dirigeant d'une personne morale peut être déclaré responsable sur le fondement de l'art. 180 [C. com., art. L. 651-2], même si la faute de gestion qu'il a commise n'est que l'une des causes de l'insuffisance d'actif et il peut être condamné à supporter en totalité ou partie des dettes sociales, même si sa faute n'est à l'origine que d'une partie d'entre elles. • Com. 17 févr. 1998, n° 95-18.510 P : *D. 1998. IR 82 ; D. Affaires 1998. 475, obs. A. L. ; BJS 1998. 644, note Daigre ; Rev. sociétés 1998. 580, note Guyon* • 21 juin 2005, n° 04-12.087 P : *D. 2005. AJ 1850, obs. Lienhard ; Dr. sociétés 2005, n° 193, note Legros ; Gaz. Pal. 4-5 nov. 2005, p. 59, obs. Montéran ; RPC 2005. 385, obs. Martin-Serf.* ♦ Dans le même sens, pour le représentant permanent d'une personne morale, V. • Com. 3 janv. 1995 : *BJS 1995. 266, note Couret ; Rev. huiss. 1996. 210, note Courtier.*

79. Pour déterminer le montant de la condamnation, le juge doit tenir compte, non seulement de la gravité des fautes et du montant de l'insuffisance d'actif, mais également de la situation personnelle du dirigeant et de ses facultés contributives. • Versailles, 27 sept. 2001 : *RJDA 2002, n° 184 ; BJS 2002. 48, note Daigre* • Paris, 9 mai 2006 : *RJDA 2006, n° 1061.*

80. Le montant de la condamnation ne peut excéder celui de l'insuffisance d'actif tel qu'il est constaté au jour où le juge statue. • Com. 21 janv. 2003 : *APC 2003, n° 77* • 27 juin 2006 : *JCP E 2007. 1117, note Delattre.* ♦ La condamnation ne peut porter sur l'intégralité du passif social comprenant le montant des productions de créances non contestées, augmenté du montant des créances admises à l'issue du procès en cours, alors que, si la réparation d'un dommage peut être intégrale, elle ne saurait, en dépassant le montant de l'insuffisance d'actif, excéder celui du préjudice (loi de 1967). • Com. 23 janv. 1996 : *D. 1996. IR 132.* ♦ Jurisprudence confirmée par l'art. L. 651-2, al. 1er, dans sa réd. issue de l'Ord. n° 2008-1345 du 18 déc. 2008.

81. Viole l'art. 180 [C. com., art. L. 651-2] l'arrêt qui condamne un dirigeant à supporter la totalité de l'insuffisance d'actif de la personne morale et un autre à en payer une partie, sans préciser que l'obligation de contribuer du premier en sera diminuée d'autant. • Com. 17 nov. 1992 : *préc. note 48* • 3 févr. 1998 : *D. Affaires 1998. 475, obs. A. L.* • 17 juill. 2001 : *RJDA 2001, n° 1239.*

82. Proportionnalité de la sanction. Si le montant de la condamnation prononcée relève de l'appréciation souveraine des juges du fond dès lors qu'il n'excède pas l'insuffisance d'actif, il importe, lorsque plusieurs fautes de gestion ayant contribué à cette insuffisance d'actif sont retenues, que chacune d'entre elles soit légalement justifiée. • Com. 15 déc. 2009, n° 08-21.906 P : *D. 2010. AJ 10, obs. Lienhard ; Rev. sociétés 2010. 256, note Morelli ; JCP E 2010. 1164, note Delmotte et Roussel Galle ; APC 2010, n° 31, obs. Vallansan ; LEDEN, févr. 2010, p. 6, obs. Parachkévova ; LPA 18 févr. 2010, note Teboul ; Dr. sociétés 2010, n° 55, note Legros ; RJDA 2010, n° 275 ; Gaz. Pal. 16-17 avr. 2010, p. 46, obs. Montéran ; BJS 2010. 364, note Camensuli-Feuillard ; RPC 2010, n° 115, obs. Martin-Serf ; Defrénois 2010. 1487, obs. Gibirila ; RJ com. 2010. 194, note Messaï-Bahri* • 30 mars 2010 : *D. 2010. Actu. 1071 ; Gaz. Pal. 2-3 juill. 2010, p. 41, obs. Montéran.* – V. Gibirila, *RJDA 2010. 211.* ♦ La condamnation au titre de l'insuffisance d'actif ayant été prononcée en considération de plusieurs fautes de gestion, la cassation encourue à raison de l'une d'entre elles entraîne, en application du principe de proportionnalité, la cassation de l'arrêt de ce chef. • Com. 12 juin 2019, n° 16-25.025 : *BJS 9/2019. 61, note Grundeler ; Gaz. Pal. 17 déc. 2019, p. 82, obs. Caffin-Moi* • 17 juin 2020, n° 18-11.737 P : *préc. note 56.*

83. Absence de condamnation. L'art. 180 [C. com., art. L. 651-2] conférant aux juges la faculté de ne pas faire application de la sanction prévue par ce texte, ceux-ci peuvent décider de ne pas prononcer de sanction pécuniaire à l'encontre d'un dirigeant en dépit de ses fautes de gestion, compte tenu du fait qu'il avait exécuté ses engagements de caution et qu'il ne bénéficiait plus que du revenu minimum d'insertion. • Paris, 9 oct. 1998 : *APC 1999, n° 41.* ♦ La contribution volontaire des dirigeants à l'insuffisance d'actif, fixée à 800 MF, sous forme de versements en numéraire, d'abandons de créances et de cession au franc symbolique d'obligations remboursables en actions, le tout pour un montant de 420 MF, constitue une offre satisfactoire dispensant ces dirigeants de condamnation. • T. com. Paris, 7 sept. 1998 : *RPC 2002. 112, obs. Martin-Serf.* ♦ De même, une cour d'appel peut juger inopportun de faire application de l'art. 180 [C. com., art. L. 651-2] à un dirigeant à qui il est reproché d'avoir déclaré tardivement la cessation des paiements et poursuivi une activité déficitaire dans un intérêt exclusif lorsqu'il apparaît qu'il suit un traitement psychiatrique depuis plusieurs années et qu'il n'était pas seul à la tête de ses affaires. • Grenoble, 7 janv. 1999 : *JCP E 1999, n° 17, p. 745.* ♦ V. aussi • Com. 25 juin 2002 : *RJDA 2002, n° 1306 ; Dr. sociétés 2003, n° 73, note Legros* • Paris, 11 janv. 2005 : *Gaz. Pal. 29-30 avr. 2005, p. 51, obs. Montéran ; RJDA 2005, n° 1023.*

84. Solidarité. Il résultait de la combinaison de l'art. 91 de la loi du 24 juill. 1966 [devenu C. com., art. L. 225-20] et de l'art. 98 de la loi du 13 juill. 1967 l'existence d'une solidarité légale entre la personne morale et son représentant permanent pour la responsabilité prévue à l'art. 99 de la loi du 13 juill. 1967. • Com. 2 déc. 1986, n° 85-11.307 P : *Rev. sociétés 1987. 409.* ♦ Il s'ensuivait que l'action engagée dans le délai légal contre la société interrompait la prescription à l'égard du représentant lui-même. • Même arrêt. – Comp. : • Com. 2 juill. 1991 : *Rev. sociétés 1991. 815, note Honorat .* ♦ Il résulte également de cette solidarité que l'action, engagée sur le fondement de l'art. 180 [C. com., art. L. 651-2], peut valablement ne viser que le représentant permanent. • T. com. Paris, 5 janv. 1994 : *RJDA 1994, n° 456.*

V. aussi note 65.

85. Les juges ne sont pas tenus de se prononcer sur la part de responsabilité incombant à chacun des coauteurs du dommage dans leurs rapports réciproques, dès lors qu'ils ne sont saisis d'aucune demande en ce sens. • Com. 3 janv. 1995 : *préc. note 78.* ♦ La décision n'ayant pas réparti la contribution à la réparation entre les codébiteurs solidaires, il s'ensuit naturellement que les rapports entre ces codébiteurs sont régis par les dispositions du droit commun de la solidarité contenues dans les art. 1213 et 1214 [devenus l'art. 1317] C. civ. • Paris, 4 févr. 1992 : *Dr. sociétés 1992, n° 79, obs. Chaput.*

V. aussi note 82.

86. Transaction. BIBL. N. Colin, *LPA 16 juill. 1999.* – Chaput, *Bull. act. Lamy droit commercial* *oct. 2001*. – Teboul, *Gaz. Pal. 2004. Doctr. 2824*. – Delattre, *RJDA 2005. 1039 ; RPC 2012. Étude 35*. – Lambrey de Souza, *JCP E 2017. 1594*. ♦ Les condamnations au paiement des dettes sociales prononcées en application de l'art. L. 624-3 [L. 651-2] C. com. ne peuvent faire l'objet d'une transaction. • Com. 5 nov. 2003, n° 00-11.876 P : *D. 2003. AJ 2831 ; BJS 2004. 205, note Boillot ; JCP E 2004, n° 22, p. 857, obs. Pétel ; ibid., n° 28-29, p. 1154, note Dumont-Lefrand ; RJ com. 2004. 188, note Sortais ; RTD com. 2004. 604, obs. Mascala ; Dr. sociétés 2004, n° 213, note Legros* • 15 mars 2005 : *Gaz. Pal. 6-7 juill. 2005, p. 52, obs. Montéran*. ♦ V. aussi • Saint-Denis de la Réunion, 7 sept. 2022, n° 21/00822 : *D. actu. 11 janv. 2023, obs. Delattre*. ♦ V. encore note 1 ss. art. L. 642-24. ♦ Pour l'homologation d'une transaction par laquelle le dirigeant de la société débitrice s'obligeait à verser au liquidateur une somme forfaitaire en contrepartie de l'engagement pris par ce dernier de ne pas l'assigner en responsabilité pour insuffisance d'actif, V. • Toulouse, 2 juill. 2013 : *JCP E 2013. 1610, note Delattre ; RJDA 2013, n° 1043 ; RPC 2013, n° 176, obs. Martin-Serf*. – Rappr. : • T. com. Valenciennes, ord., 19 déc. 2013 : *APC 2014, n° 79, obs. Cagnoli*. ♦ V. aussi, à propos de la transaction intervenue dans le cadre du plan de cession des sociétés AOM et Air Liberté, portant notamment sur la renonciation à la mise en œuvre d'une action en comblement du passif : • T. com. Créteil, 27 juill. 2001 : *D. 2002. Somm. 76, obs. Derrida*. – V. Soinne, *RPC 2001. 161*. ♦ V. encore le jugement rendu dans l'affaire *Pallas Stern* : • T. com. Paris, 7 sept. 1998 : *RPC 2002. 283, obs. Canet*. ♦ Pour l'homologation d'une transaction nonobstant l'opposition du ministère public, qui estimait la contribution mise à la charge des dirigeants insuffisante, V. • Lyon, 16 août 2018, n° 18/01718 : *JCP E 2018. 1575, note Delattre*.

87. Délais de paiement. En refusant d'accorder un délai de paiement au dirigeant condamné au comblement du passif, une cour d'appel ne fait qu'exercer le pouvoir discrétionnaire qu'elle tient de l'art. 1244-1 [1343-5] C. civ., sans avoir à motiver spécialement sa décision. • Com. 8 oct. 2003 : *RJDA 2004, n° 202*.

88. Redressement judiciaire civil. Sur la possibilité d'ouvrir une procédure de surendettement à l'égard d'un dirigeant poursuivi en comblement de passif, V. note 18 ss. art. L. 620-2. ♦ L'existence d'une procédure de redressement judiciaire civil ne saurait faire obstacle à l'exécution de la sanction pécuniaire prononcée, en vertu de l'art. 180 [C. com., art. L. 651-2], par une décision irrévocable, cette dette n'étant pas susceptible d'être incluse dans le redressement judiciaire civil. • Paris, 8 févr. 2002 : *BICC 2002, n° 976*. ♦ La condamnation à paiement, sur le fondement de l'art. L. 651-2, du dirigeant d'une société placée en liquidation judiciaire en raison d'une faute de gestion ayant contribué à l'insuffisance d'actif ne correspond pas à un engagement de cautionner ou d'acquitter solidairement la dette de la société, de sorte que l'impossibilité de faire face à cette dette ne peut caractériser, en application des dispositions de l'art. L. 711-1, al. 3, C. consom., une situation de surendettement. • Civ. 2e, 29 sept. 2022, n° 21-10.989 : *Rev. sociétés 2023. 44, obs. Pisoni ; JCP E 2022. 1388, note Cerati ; Dr. sociétés 2022, n° 137, note Legros*.

89. Rapports avec l'action en nullité. L'appréciation de la faute de gestion résultant d'un paiement préférentiel effectué en période suspecte n'est pas subordonnée à l'exercice préalable de l'action en nullité du paiement. • Com. 11 juin 1996, n° 94-16.067 P : *D. Affaires 1996. 876*.

90. Rapport avec l'action civile en cas d'abus de biens sociaux. Si elle est en partie fondée sur les mêmes fautes de gestion, l'action en comblement de passif engagée par le liquidateur devant le tribunal de commerce a un objet différent de l'action civile en réparation du préjudice résultant des infractions d'abus de biens sociaux. • Com. 29 oct. 1996 : *Rev. sociétés 1997. 377, note crit. Bouloc ; RPC 2000. 136, obs. Martin-Serf* • 21 nov. 2001 : *RJDA 2002, n° 287*. ♦ Il en résulte qu'est recevable l'action civile exercée devant le juge répressif au nom de sociétés en redressement judiciaire alors que des actions en comblement de passif ont été engagées contre le prévenu devant la juridiction commerciale. • Crim. 9 oct. 1997 : *Dr. sociétés 1998, n° 59, obs. Chaput*. ♦ Inversement, un dirigeant peut être condamné au titre de la contribution à l'insuffisance d'actif de la société débitrice, alors que le liquidateur a déjà obtenu devant les juridictions pénales réparation du préjudice causé par l'abus de biens commis par ce dirigeant, dès lors qu'au-delà de la qualification pénale d'abus de biens sociaux du prêt consenti par le dirigeant à un ami personnel, la privation de trésorerie qui en est résultée pour la société a été à l'origine d'une faute de gestion, ladite société ayant été contrainte de souscrire de nouveaux emprunts et d'augmenter ainsi ses frais financiers. • Com. 29 févr. 2000, n° 96-15.827 P : *D. 2000. AJ 158, obs. Lienhard ; D. 2002. Somm. 79, obs. Sortais ; BJS 2000. 597, note Saintourens ; RTD com. 2001. 239, obs. Mascala ; Gaz. Pal. 2002. Somm. 256, obs. Courtier*. – V. Grossi, *RLDA juill. 2000. 3*. ♦ Comp. note 8.

Pour la recevabilité de l'action en comblement de passif engagée par des mandataires déboutés par la juridiction pénale de leur action civile pour abus de biens sociaux, V. • Com. 27 nov. 2001 : *APC 2002, n° 29, obs. Regnaut-Moutier ; RJDA 2002, n° 417 ; Dr. sociétés 2002, n° 88, note Legros*.

L'action civile fondée sur des abus de biens sociaux et des faits de banqueroute étant distincte de l'action en comblement de passif, le juge pénal ne saurait condamner le dirigeant coupable d'abus de biens sociaux et de banqueroute à supporter le passif social. • Crim. 5 août 1998 : *Rev. sociétés 1999. 175, note Bouloc*.

91. Rapports avec l'action civile pour banqueroute. Bibl. Mesa, *RLDA sept. 2021, p. 16* (la faute de gestion génératrice d'insuffisance d'actif caractéristique d'un cas de banqueroute : quelles conséquences sur la réparation du dommage ?). ♦ Pour la recevabilité de cette action, dont l'objet est différent de celui de l'action en comblement du passif, V. • Crim. 13 juin 2001 : *RJDA 2002, n° 287* • 10 oct. 2001 : *ibid., n° 417* • 4 nov. 2004 : *Dr. sociétés 2005, n° 100, note R. Salomon.*

92. Rapports avec l'action en reddition de comptes. L'action en reddition de comptes prévue par l'art. 1993 C. civ. n'a pas le même objet que l'action en responsabilité pour insuffisance d'actif prévue par l'art. L. 651-2 C. com. • Com. 15 nov. 2016, n° 15-16.070 P : *D. 2016. Actu. 2397 ; LEDEN 1/2017. 6, obs. Mouial-Bassilana ; RJDA 2017, n° 105 ; Dr. sociétés 2017, n° 31, note Legros ; BJS 2017. 193, note Sotiropoulou ; BJE 2017. 134, note Favario ; RPC 2017, n° 89, obs. Martin-Serf ; RJ com. 2017. 359, obs. Lebel.*

93. Répartition des sommes. Il résulte de l'art. 180, al. 3 [C. com., art. L. 651-2, al. 4], selon lequel les sommes versées par les dirigeants en application de l'al. 1er entrent dans le patrimoine du débiteur et sont réparties, en cas de liquidation, entre tous les créanciers au marc le franc que la répartition de ces sommes s'effectue sans accorder un rang prioritaire aux créanciers superprivilégiés. • Com. 20 mai 1997, n° 95-12.162 P : *D. 1997. IR 144 ; D. Affaires 1997. 799 ; Quot. jur. 3 juill. 1997, p. 8, note P. M. ; JCP E 1997. I. 681, n° 19, obs. Pétel ; RPC 1997. 487, obs. Martin-Serf ; RJ com. 1998. 26, note Calendini.*

94. Compensation. L'affectation du produit de l'action au profit des créanciers fait obstacle à une compensation entre la somme mise à la charge du dirigeant au titre de l'insuffisance d'actif et la créance que ce dernier peut détenir contre le débiteur. • Com. 8 mars 2017, n° 15-24.891 : *LEDEN 5/2017. 5, obs. Favario ; Dr. sociétés 2017, n° 130, note Legros ; RJDA 2017, n° 488 ; RPC 2018, n° 123, obs. Martin-Serf.*

Art. L. 651-3 *(L. n° 2005-845 du 26 juill. 2005, art. 129)* **Dans** *(Ord. n° 2010-1512 du 9 déc. 2010, art. 6-3°)* **« les cas prévus » à l'article L. 651-2, le tribunal est saisi par** *(Abrogé par Ord. n° 2008-1345 du 18 déc. 2008, art. 132)* ***« le mandataire judiciaire, »*** **le liquidateur ou le ministère public.**

Dans l'intérêt collectif des créanciers, le tribunal peut également être saisi par la majorité des créanciers nommés contrôleurs lorsque le *(Ord. n° 2008-1345 du 18 déc. 2008, art. 132)* **« liquidateur » n'a pas engagé** *(Ord. n° 2008-1345 du 18 déc. 2008, art. 132)* **« l'action prévue » au même article, après une mise en demeure restée sans suite dans un délai et des conditions fixés par décret en Conseil d'État.** — *V. art. R. 651-4.*

(Abrogé par Ord. n° 2014-326 du 12 mars 2014, art. 86, à compter du 1er juill. 2014) ***« Le juge-commissaire ne peut ni siéger dans la formation de jugement, ni participer au délibéré. »*** — *V. l'art. L. 662-7 qui reprend désormais cette disposition.*

(Ord. n° 2008-1345 du 18 déc. 2008, art. 132) **« Les dépens et frais irrépétibles auxquels a été condamné le dirigeant** *(L. n° 2022-172 du 14 févr. 2022, art. 5, en vigueur le 15 mai 2022)* **« , l'entrepreneur individuel à responsabilité limitée ou l'entrepreneur individuel relevant du statut défini à la section 3 du chapitre VI du titre II du livre V » sont payés par priorité sur les sommes versées pour combler le passif. »** — *Pour les dispositions transitoires de la L. n° 2022-172 du 14 févr. 2022, V. note ss. art. L. 611-13.*

Pour l'entrée en vigueur, V. note précédant l'art. L. 651-1.

BIBL. ▸ Attal, *RLDA nov. 2011. 79* (inconstitutionnalité des actions attitrées au mandataire judiciaire : cas de l'action en comblement de l'insuffisance d'actif).

Ancien art. L. 651-3 (al. 2 à 4) *[réd. issue de L. n° 2005-845 du 26 juill. 2005]* ***Dans l'intérêt collectif des créanciers, le tribunal peut également être saisi par la majorité des créanciers nommés contrôleurs lorsque le mandataire de justice ayant qualité pour agir n'a pas engagé les actions prévues au même article, après une mise en demeure restée sans suite dans un délai et des conditions fixés par décret en Conseil d'État.***

Dans le cas visé au premier alinéa, le juge-commissaire ne peut ni siéger dans la formation de jugement, ni participer au délibéré.

Les frais de justice auxquels a été condamné le dirigeant sont payés par priorité sur les sommes qui sont versées pour combler le passif.

COMMENTAIRE

I. SAISINE DU TRIBUNAL

A. SUPPRESSION DE LA SAISINE D'OFFICE

Le régime de la saisine du tribunal afin de condamner un dirigeant à combler le passif social ou à payer les dettes au titre des articles L. 651-2 et L. 652-1 a été modifié à plusieurs égards par la loi du 26 juillet 2005, comparé à celui que prévoyait l'ancien article L. 624-6.

La loi a tout d'abord mis fin à la faculté d'autosaisine du tribunal. Quoique prévisible, la réforme était remarquable en ce que l'exception au principe fondamental du droit processuel énoncé dès l'article 1er du code de procédure civile (« Seules les parties introduisent l'instance, hors les cas où la loi en dispose autrement »), que comportait l'ancien article L. 624-6, existait depuis une loi du 28 mai 1838 (P. Cagnoli, Essai d'analyse processuelle du droit des entreprises en difficulté, *LGDJ, 2002, n° 53*). Cette suppression tendait à faire taire les critiques souvent formulées contre la saisine d'office en la matière au regard des exigences d'impartialité (V. F. Eudier, Le juge civil impartial, *in* Études offertes à Barthélemy Mercadal, *Éd. Francis Lefebvre, 2002, p. 31, spéc. p. 36* ; P. Cagnoli, *préc., nos 287 s.*). La Cour de cassation, elle-même, avait déjà mis l'accent, non sur l'inconventionnalité de la saisine d'office en tant que telle, mais sur les risques de partialité qu'elle fait courir (Com. 3 nov. 1992 et 16 mars 1993 : *D. 1993. 538, note Vallens*).

La suppression de la saisine d'office n'a pas eu d'effet rétroactif, comme l'ont jugé la Cour de cassation et des cours d'appel (V. Com. 16 mai 2006 : *V. note 31 ss. anc. art. L. 624-5* ; V. aussi la réponse en ce sens du Service de documentation et d'études de la Cour de cassation : www.courdecassation.fr), ce qui signifie qu'étaient valables, dans les procédures en cours au 1er janvier 2006, malgré l'application immédiate à celles-ci de l'article L. 651-3, les ouvertures de procédures-sanctions à l'encontre des dirigeants antérieures à cette date (V. aussi ss. art. L. 653-7).

B. IMPARTIALITÉ DU JUGE-COMMISSAIRE

La disposition de l'alinéa 3 a été transférée par l'ordonnance du 12 mars 2014, qui en a généralisé la portée, à l'article L. 662-7 (sur la portée de cet al. 3, V. comm. dans l'éd. 2014).

C. QUALITÉ À AGIR

Outre bien sûr le ministère public, depuis l'ordonnance du 18 décembre 2008 (qui a logiquement supprimé la mention du mandataire judiciaire, conséquence logique de la limitation désormais du domaine de l'action à la liquidation judiciaire ; V. art. L. 651-2), seul le liquidateur demeure habilité à agir (sur la situation antérieure, V. comm. dans l'éd. 2014).

En cas d'inaction du liquidateur, les contrôleurs peuvent désormais le suppléer. L'article L. 651-3 fait sur ce point une application spéciale du rôle général de suppléance du mandataire de justice que la loi nouvelle confère aux contrôleurs (V. art. L. 622-20) laquelle, a-t-il été fait remarquer sur un plan théorique, prive largement de leur acuité les fréquentes critiques adressées à la règle jurisprudentielle de non-cumul avec l'action en responsabilité de droit commun (V. note 8 ss. art. L. 651-2), que l'arrêt du 7 mars 2006 (V. note 29 ss. art. L. 622-20) ne paraît pas avoir remis en cause, dès lors que l'on ne pourra plus dire que, faute d'action des mandataires, le dirigeant se voit mieux traité que si la société était *in bonis* (P. Le Cannu, *Rev. sociétés 2005. 743, n° 11*).

Cette prérogative a été strictement encadrée par la loi de 2005. D'abord, par la précision expresse que l'action doit répondre à l'intérêt collectif des créanciers, ce qui exclut donc les motivations personnelles à une partie des créanciers. Ensuite, et surtout, par l'obligation, imposée aux contrôleurs, d'agir de manière collégiale, à la majorité d'entre eux (soit 2 sur 2, 2 sur 3, 3 sur 4, 3 sur 5) pour éviter toute utilisation de l'action à des fins personnelles. Ainsi, toute action se trouve-t-elle exclue lorsqu'un seul contrôleur a été désigné (Paris, 17 juin 2014 : *Dr. sociétés 2015, n° 13, note Legros*). Mais cette disposition a été jugée constitutionnelle par la Cour de cassation, refusant de renvoyer au Conseil constitutionnel une question prioritaire de constitutionnalité invoquant la méconnaissance du principe d'égalité devant la loi ainsi que du droit à un recours juridictionnel effectif (Com. 30 janv. 2018 : *cité note 4*). A ce sujet, la Cour de cassation est venue préciser qu'il n'est pas exigé que cette saisine postérieure émane conjointement d'une telle majorité, la demande pouvant, contrairement à la mise en demeure préalable, être régularisée par l'intervention d'un ou plusieurs autres contrôleurs pour constituer la majorité, qui a seule qualité pour agir. Mais cette intervention doit avoir lieu avant l'expiration du délai triennal de prescription de l'action, conformément à l'article 126, alinéa 2, du code de procédure civile (Com. 24 mai 2018 : *cité note 4*). Ce qui signifie donc, en pratique, que le courrier commun de mise en demeure doit être délivré plus de deux mois avant l'expiration de ce délai triennal (P. Cagnoli, *APC 2018, n° 177*).

Enfin, par l'obligation, préalable à toute action, de mettre en demeure le mandataire judiciaire, formalité qui traduit bien le caractère subsidiaire du pouvoir reconnu aux contrôleurs. Selon l'article R. 651-4, cette mise en demeure doit être délivrée par au moins deux créanciers contrôleurs, et être restée infructueuse pendant deux mois pour rendre recevable l'action de ceux-ci.

Comme cela a été souligné, les contrôleurs étant débiteurs d'une obligation générale d'information à l'égard du juge-commissaire et du ministère public, ce dernier, nécessairement informé de l'initiative, pourra alors exercer l'action lui-même, ce qui devrait empêcher les contrôleurs de le faire. Reste à savoir s'ils pourront intervenir à l'instance dans cette hypothèse (V. P. Le Cannu, *préc., n° 11* ; V. aussi comm. ss. art. L. 622-20).

Cela dit, en pratique, la motivation des contrôleurs à agir risque de s'avérer plutôt faible, sachant que la répartition du produit de l'action s'effectue depuis la loi de 2005 forcément entre tous les créanciers au marc le franc (V. art. L. 651-2 ; C. Mascala, Le comportement fautif du chef d'entreprise : de la sanction à la réparation ?, *in* La loi du 25 janvier 1985 a 20 ans ! Entre bilan et réforme, *RLDA, mars 2005, suppl., p. 71, spéc. p. 76*). Mais, sur ce point, l'ordonnance du 18 décembre 2008 améliore la situation des contrôleurs (V. III. ci-dessous).

Notons encore que la loi, visant les « créanciers nommés contrôleurs », exclut par là les ordres professionnels, contrôleurs de droit en cas de procédure collective ouverte à l'encontre d'un professionnel libéral.

II. FRAIS DE JUSTICE

La loi du 26 juillet 2005 avait prévu que les frais de justice auxquels a été condamné le dirigeant sont payés par priorité sur les sommes versées pour combler le passif. Ce qui devait faciliter l'exercice de l'action, notamment par les contrôleurs. Il convient d'entendre par frais de justice, les frais de procédure et de conseils réellement exposés *(Rapp. AN, n° 2095, p. 413)*. Ces frais de justice ne sont pas susceptibles de bénéficier du dispositif d'avance par le Trésor public, sur ordonnance motivée du juge-commissaire ou du président du tribunal (art. L. 663-1), ce dispositif étant limité aux seuls frais d'exercice des actions visant à la mise en faillite personnelle ou à l'interdiction de gérer, pour lesquelles les créanciers contrôleurs engageant l'action pourront bénéficier de l'avance, dans les limites prévues par l'article L. 663-1.

La disposition ne concernait toutefois que les frais de justice auxquels le dirigeant a été condamné, ce qui laissait, en pratique et en général, une partie des frais et honoraires exposés par le demandeur, le liquidateur ou, en cas de carence, le créancier contrôleur (T. Montéran, Les sanctions pécuniaires et personnelles dans la loi du 26 juillet 2005, *Gaz. Pal. 9-10 sept. 2005, p. 37, spéc. p. 40* ; A.-F. Zattara-Gros, *in* La loi de sauvegarde, article par article [2e partie], *LPA 9 févr. 2006, p. 63*). L'ordonnance du 18 décembre 2008 est intervenue afin de corriger le texte. La rédaction envisagée par l'avant-projet améliorait directement le sort des contrôleurs, en prévoyant que : « Les frais de justice *exposés par les contrôleurs* sont payés par priorité sur les sommes qui sont versées pour combler le passif ». Mais, finalement, le texte issu de l'ordonnance est plus général, qui englobe l'ensemble des dépens et frais irrépétibles auxquels a été condamné le dirigeant (V. T. Montéran, La réforme des responsabilités, *Gaz. Pal. 8-10 mars 2009, p. 57, spéc. p. 58*).

Comme l'action en responsabilité pour insuffisance d'actif a été étendue à l'entrepreneur individuel à responsabilité limitée par l'ordonnance du 9 décembre 2010 (V. art. L. 651-2), celle-ci a également modifié le texte de l'alinéa 4 pour l'appliquer à l'EIRL. De même, la loi du 14 février 2022 a-t-elle modifié ultérieurement ce texte pour l'adapter au nouveau statut de l'entrepreneur individuel. ❑

1. Droit transitoire. L'art. L. 651-2 ne s'appliquant pas aux procédures collectives en cours au 1er janv. 2006 en vertu de l'art. 191, 5°, de la loi du 26 juill. 2005, l'art. L. 651-3 qui détermine les personnes habilitées à saisir le tribunal dans le cas prévu à l'art. L. 651-2 n'est pas applicable à ces procédures. • Com. 5 févr. 2008, n° 07-10.004 P : *D. 2008. AJ 543, obs. Lienhard ; ibid. Chron.*

C. cass. 1231, obs. Bélaval ; JCP E 2008. 1432, n° 15, obs. Pétel ; APC 2008, n° 72, obs. Lebel ; Procédures 2008, n° 117, obs. Rolland ; Dr. sociétés 2008, n° 97, note Legros ; BJS 2008. 430, note Vallansan ; RPC 2008, n° 86, obs. Martin-Serf ; ibid. 2009, n° 8, obs. Fraimout ; RTD com. 2008. 860, obs. Saint-Alary-Houin . ♦ L'art. L. 624-3 dans sa rédaction antérieure à la loi du 26 juill. 2005 pouvant servir de fondement à la condamnation des dirigeants au paiement de l'insuffisance d'actif d'une personne morale de droit privé soumise à une procédure collective ouverte antérieurement au 1er janv. 2006, le commissaire à l'exécution du plan est habilité à saisir le tribunal de cette action en vertu de l'art. L. 624-6 dans la même rédaction. • Même arrêt. ♦ V. aussi note 31 ss. anc. art. L. 624-5.

2. Les art. L. 651-3 et L. 653-7 C. com. [dans leur réd. antérieure à l'Ord. du 12 mars 2014], qui prévoient qu'en matière de sanctions personnelles ou de condamnation au paiement de l'insuffisance d'actif, le juge-commissaire ne peut siéger dans la formation de jugement ni participer au délibéré, sont immédiatement applicables aux procédures en cours au 1er janv. 2006 en vertu de l'art. 191 de la loi du 26 juill. 2005, qui ne distingue pas entre leurs différents alinéas. • Paris, 26 févr. 2008 : *D. 2008. AJ 915, obs. Lienhard ; JCP E 2008. 1905, note Delattre.*

3. Qualité pour agir. L'action en responsabilité pour insuffisance d'actif n'est pas une opération de liquidation prévue au titre IV du livre VI C. com. que l'art. L. 613-29 C. mon. fin. réserve au liquidateur nommé par la Commission bancaire, dont les missions ont été dévolues à l'Autorité de contrôle prudentiel et de résolution ; il en résulte que le liquidateur judiciaire a qualité pour exercer cette action, en application de l'art. L. 651-3 C. com., à l'encontre du dirigeant d'une entreprise d'investissement. • Com. 17 avr. 2019, n° 18-11.743 P : *D. 2019. Actu. 886 ; JCP E 2019. 1375, n° 24, obs. Tehrani ; RJDA 2019, n° 525 ; BJS 7-8/2019. 52, note Mouial-Bassilana ; Dr. sociétés 2019, n° 133, note Legros ; Gaz. Pal. 15 oct. 2019, p. 69, obs. Montéran ; BJB 11-12/2019. 51, note Prorok ; RPC 2019, n° 179, obs. Martin-Serf.*

4. Il résulte de la combinaison des art. L. 651-3, al. 2, et R. 651-4 C. com. que, pour être recevable, l'action en responsabilité pour insuffisance d'actif, lorsqu'elle est exercée, à titre subsidiaire, par des créanciers nommés contrôleurs, doit être précédée d'une mise en demeure au liquidateur délivrée conjointement par au moins deux d'entre eux puis être engagée par la majorité des contrôleurs ; s'il n'est pas exigé que cette saisine postérieure émane conjointement d'une telle majorité, la demande pouvant, contrairement à la mise en demeure préalable, être régularisée par l'intervention d'un ou plusieurs autres contrôleurs pour constituer la majorité, qui a seule qualité pour agir, c'est à la condition que cette intervention ait lieu avant l'expiration du délai triennal de prescription de l'action, conformément à l'art. 126, al. 2, C. pr. civ. • Com. 24 mai 2018, n° 17-10.005 P : *D. 2018. Actu. 1150 ; Rev. sociétés 2018. 539, obs. Roussel Galle ; JCP E 2018. 1429, n° 17, obs. Pétel ; DP diff. entr., Bull. n° 404, obs. Rémery ; LEDEN 7/2018. 1, obs. F.-X. Lucas ; BJS 2018. 430, note Monsèrié-Bon ; Dr. sociétés 2018, n° 152, note Legros ; APC 2018, n° 177, obs. Cagnoli ; RJDA 2018, n° 755 ; BJE 2018. 363, note Favario ; RPC 2018, n° 188, obs. Vallansan ; ibid., n° 202, obs. Martin-Serf.* ♦ V. aussi, pour le non-renvoi d'une QPC portant sur les dispositions de l'art. L. 651-3 écartant la possibilité d'une action d'un contrôleur unique ou minoritaire : • Com., QPC, 30 janv. 2018, n° 17-20.763 : *Rev. sociétés 2018. 198, obs. Roussel Galle ; APC 2018, n° 58, obs. Vallansan ; Dr. sociétés 2018, n° 72, note Legros ; RJDA 2018, n° 345 ; RPC 2018, n° 121, obs. Martin-Serf.*

5. Les dirigeants ne sont pas recevables, même à titre de garantie, à exercer l'action en paiement des dettes sociales contre d'autres dirigeants. • Com. 6 juin 1995, n° 91-21.173 P : *D. 1995. IR 171 ; BJS 1995. 986, note Le Cannu* • 12 juill. 2016 : *cité note 45 ss. art. L. 651-2* • 12 juin 2019, n° 17-23.176 : *BJE 9-10/2019. 43, note Favario ; Gaz. Pal. 15 oct. 2019, p. 67, obs. Montéran ; RJDA 2019, n° 704 ; Dr. sociétés 2019, n° 191, note Legros.*

6. En ce sens que l'assignation en paiement des dettes sociales délivrée au dirigeant d'une des sociétés dont le patrimoine est confondu, par le liquidateur agissant « ès *qualités* de liquidateur du groupe » constitue un vice de forme qui n'entraîne la nullité de l'acte qu'en cas de grief prouvé, et non une irrégularité de fond au sens de l'art. 117 NCPC [C. pr. civ.], dès lors que le liquidateur n'a pas agi comme représentant des débiteurs en liquidation judiciaire mais comme organe de la procédure, V. • Com. 14 nov. 2000, n° 98-11.456 P : *D. 2000. AJ 437, obs. Lienhard ; RTD com. 2001. 247, obs. Vallens ; Procédures 2001, n° 60, obs. Laporte ; BJS 2001. 251, note Pétel.*

7. Abus du droit d'agir. Pour un exemple, V. • Com. 26 févr. 2020, n° 18-22.745 : *Gaz. Pal. 13 oct. 2020, p. 83, obs. Montéran ; RPC 2021, n° 7, obs. Vallansan et Leloup-Thomas.* ♦ Comp. : • Com. 14 sept. 2022, n° 21-15.381 : *D. 2022. 2027, note Duchesne ; LEDEN 10/2022. 5, obs. Lafaurie ; RJDA 2022, n° 708 ; BJE 11-12/2022. 28, note Favario ; BJS 12/2022. 35, note F.-X. Lucas ; Dr. sociétés 2023, n° 13, note Legros ; RPC 2023, n° 58, obs. Martin-Serf.*

8. Interdiction faite au juge-commissaire de siéger. La violation des dispositions de l'art. L. 651-3, al. 3 *[abrogé]*, constitue une irrégularité d'ordre public et doit dès lors être sanctionnée par l'annulation du jugement. • Bastia, 2 oct. 2013 : *JCP E 2014. 1085, note Delattre.* ♦ Solution confirmée par l'art. L. 662-7 issu de l'Ord. n° 2014-326 du 12 mars 2014.

Art. L. 651-4 *(L. n° 2005-845 du 26 juill. 2005, art. 130)* **Pour l'application des dispositions de l'article L. 651-2, d'office ou à la demande de l'une des personnes mentionnées à l'article L. 651-3, le président du tribunal peut charger le juge-commissaire ou, à défaut, un membre de la juridiction qu'il désigne d'obtenir, nonobstant toute disposition législative contraire, communication de tout document ou information sur la situation patrimoniale des dirigeants et des représentants permanents des dirigeants personnes morales mentionnées à l'article L. 651-1** *(Ord. n° 2010-1512 du 9 déc. 2010, art. 6-4°)* **« ou encore sur les revenus et le patrimoine non affecté de l'entrepreneur individuel à responsabilité limitée »** *(L. n° 2022-172 du 14 févr. 2022, art. 5, en vigueur le 15 mai 2022)* **« ou sur les revenus et le patrimoine personnel de l'entrepreneur individuel relevant du statut défini à la section 3 du chapitre VI du titre II du livre V, » de la part des administrations et organismes publics, des organismes de prévoyance et de sécurité sociale** *(Ord. n° 2009-866 du 15 juill. 2009, art. 17-3°, en vigueur le 1er nov. 2009)* **« , des établissements de paiement »** *(Ord. n° 2013-544 du 27 juin 2013, art. 7-16°, en vigueur le 1er janv. 2014)* **« , des sociétés de financement »** *(L. n° 2013-100 du 28 janv. 2013, art. 22)* **« , des établissements de monnaie électronique » et des établissements de crédit.**

Le président du tribunal peut, dans les mêmes conditions, ordonner toute mesure conservatoire utile à l'égard des biens des dirigeants ou de leurs représentants visés à l'alinéa qui précède *(Ord. n° 2010-1512 du 9 déc. 2010, art. 6-4°)* **« ou encore des biens de l'entrepreneur individuel à responsabilité limitée compris dans son patrimoine non affecté »** *(L. n° 2022-172 du 14 févr. 2022, art. 5, en vigueur le 15 mai 2022)* **« ou des biens, droits ou sûretés du patrimoine personnel de l'entrepreneur individuel relevant du statut défini à la même section 3 ».** *(L. n° 2012-346 du 12 mars 2012, art. 3)* **« Il peut maintenir la mesure conservatoire ordonnée à l'égard des biens du dirigeant de droit ou de fait en application de l'article L. 631-10-1. »** – *La L. n° 2012-346 du 12 mars 2012 est applicable aux procédures de sauvegarde, de redressement judiciaire ou de liquidation judiciaire en cours à la date de sa publication [JO 13 mars] (L. préc., art. 6).*

Les dispositions du présent article sont également applicables aux personnes membres ou associées de la personne morale en procédure de sauvegarde, de redressement ou de liquidation judiciaire, lorsqu'elles sont responsables indéfiniment et solidairement de ses dettes. – *[C. com., anc. art. L. 624-7.]*

Pour l'entrée en vigueur, V. note précédant l'art. L. 651-1.

Pour les dispositions transitoires de la L. n° 2022-172 du 14 févr. 2022, V. note ss. art. L. 611-13.

V. art. L. 663-1-1, R. 651-5, R. 662-1-1 et R. 662-1-2.

BIBL. ▸ Delattre, *RPC 2010. Étude 2* (actes préparatoires à une action en responsabilité pour insuffisance d'actif).

COMMENTAIRE

La faculté (et non l'obligation : V. Com. 24 sept. 2003 : *cité note 2 ss. art. 164 du décret du 27 déc. 1985*) de charger le juge-commissaire (ou, à défaut, un membre de la juridiction) d'obtenir communication de tout document ou information sur la situation patrimoniale des dirigeants de l'entreprise débitrice, qui appartenait jusque-là (selon l'anc. art. L. 624-7) au tribunal, a été transférée, par la loi, au président du tribunal. Modification dans laquelle, là encore, il convient sans doute de lire les efforts du législateur pour mieux conformer la procédure aux exigences européennes du procès impartial.

Ce mouvement se justifie d'autant plus que, dans le même temps, le président se voit doter par la loi du redoutable pouvoir d'ordonner toute mesure conservatoire à l'égard des biens des dirigeants concernés ou des représentants permanents personnes physiques des dirigeants personnes morales. Cette prérogative tend évidemment à donner les moyens à la juridiction d'empêcher le dirigeant se sachant visé par une enquête de mettre ses biens à l'abri. La saisine d'office est, dans ce cas, encore possible (Comp. note 9 ss. art. L. 631-5). Ces mesures conservatoires prendront, en pratique, la forme d'une saisie conservatoire ou d'une sûreté judiciaire, prévues par le code des procédures civiles d'exécution. Mais elles n'en dérogent pas moins aux conditions des dispositions de celui-ci lorsqu'elles sont expressément contredites par le texte propre aux procédures collectives. Ainsi, comme l'a jugé la Cour de cassation (Com. 31 mai 2011 : *cité note 2*), la mesure n'est pas formellement subordonnée à la preuve, exigée par l'article L. 511-1 de ce code, que le « créancier » dispose d'une créance paraissant fondée dans son principe et l'existence de circonstances susceptibles d'en menacer le recouvrement, disposition, de toute façon, difficilement transposable s'agissant d'une action intentée, non par un créancier individuellement, mais par le liquidateur dans l'intérêt collectif des créanciers.

Il est, enfin, intéressant de noter que le dispositif de l'article L. 651-4 s'étend aux membres et aux associés indéfiniment et solidairement responsables des dettes des personnes morales en sauvegarde, en redressement ou en liquidation judiciaire (associés d'une SCP, d'une SNC, commandités d'une société en commandite simple ou d'une société en commandite par actions, membres d'un GIE). Et cela, alors même qu'a été abrogé par ailleurs l'ancien article L. 624-1. Cette extension confirme que, dans l'hypothèse de procédure frappant, notamment, une société en nom collectif ou un groupement d'intérêt économique, la situation des membres ou associés ne sera guère modifiée par rapport au régime antérieur de l'ouverture automatique de procédures dérivées.

Les dispositions issues de la loi du 26 juillet 2005 sont applicables aux procédures en cours le 1er janvier 2006, jour de l'entrée en vigueur de la réforme (art. 191, 5°).

En complément logique de l'extension de l'action en responsabilité pour insuffisance d'actif à l'entrepreneur individuel à responsabilité limitée (V. art. L. 651-2), l'ordonnance du 9 décembre 2010 a adapté le texte de l'article L. 651-4 à l'EIRL de sorte qu'il vise, dans ce cas, le patrimoine non affecté (le patrimoine personnel) de ce dernier. La loi du 14 février 2022 en a fait de même afin que, s'agissant du nouveau statut de l'entrepreneur individuel, soit visé le patrimoine personnel de ce dernier.

Quant à la précision, apportée par la loi du 12 mars 2012, relative au maintien de la mesure conservatoire ordonnée à l'égard des biens du dirigeant de droit ou de fait en application de l'article L. 631-10-1, voir le commentaire sous cet article. ❑

1. Pour l'application des art. 493 s. C. pr. civ., relatifs aux ordonnances sur requête, à la demande faite au président du tribunal de commerce sur le fondement de l'art. L. 651-4, al. 1er, V. • Reims, 22 oct. 2013 : *JCP E 2014. 1263, note Delattre.*

2. L'art. L. 651-4, al. 2, dérogeant à l'art. 67 de la L. du 9 juill. 1991 [désormais codifié à l'art. L. 511-1 C. pr. exéc. et qui prévoit qu'une mesure conservatoire ne peut être ordonnée sur les biens d'un débiteur que si son créancier dispose d'une créance paraissant fondée dans son principe et justifie de circonstances susceptibles d'en menacer le recouvrement], permet au président du tribunal, pour l'application des dispositions de l'art. L. 651-2, d'ordonner toute mesure conservatoire utile à l'égard des biens des dirigeants et des représentants permanents des dirigeants personnes morales mentionnés à l'art. L. 651-1. • Com. 31 mai 2011, n° 10-18.472 P : *D. 2011. Chron. C. cass. 2692, obs. Guillou ; ibid. Actu. 1613, obs. Lienhard ; Rev. sociétés 2011. 522, obs. Roussel Galle ; JCP E 2011. 1737, note Legros ; DP diff. entr., Bull. n° 327, obs. Rémery ; LEDEN 7/2011. 6, obs. Rubellin ; APC 2011, n° 194, obs. Delattre ; BJE 2011. 271, note Favario ; RJDA 2011, n° 953 ; RPC 2011, n° 201, obs. Martin-Serf.* ♦ La mesure conservatoire ainsi prononcée ne méconnaît pas les dispositions de l'art. 1er du protocole additionnel à la Conv. EDH [relatif au droit au respect de ses biens]. • Même arrêt. ♦ Le président du tribunal saisi d'une demande de mesure conservatoire en application des dispositions de l'art. L. 651-4, al. 2, ne doit pas se prononcer sur la réalité des fautes de gestion reprochées au dirigeant social. • Orléans, 26 juill. 2012 : *cité par Delattre, RPC 2013. Étude 10.*

3. Les art. L. 651-4 et R. 651-5 ne sont pas applicables postérieurement au prononcé de la décision de condamnation. • Versailles, 15 avr. 2010 : *JCP E 2010. 1743, note Legros ; APC 2010, n° 170, obs. Delattre.*

CHAPITRE II *[ABROGÉ]* ***DE L'OBLIGATION AUX DETTES SOCIALES***

(Abrogé par Ord. n° 2008-1345 du 18 déc. 2008, art. 133)

Les actions fondées sur l'obligation aux dettes sociales ne peuvent plus être engagées à compter de l'entrée en vigueur de l'Ord. n° 2008-1345 du 18 déc. 2008 [15 févr. 2009.] En revanche, les actions déjà engagées au jour de cette entrée en vigueur se poursuivent (Ord. préc., art. 173).

Le chapitre II du titre V du livre VI du code de commerce était applicable aux procédures en cours au jour de l'entrée en vigueur de la L. n° 2005-845 du 26 juill. 2005 [1er janv. 2006] (L. préc., art. 191).

BIBL. GÉN. ▶ LE CORRE, *D. 2006. Chron. 2737* (dispositions transitoires de la loi de sauvegarde, suppression des extensions-sanctions et application de l'obligation aux dettes sociales). – GOURDAIN, *D. 2007. 2245* (pratique de la nouvelle obligation aux dettes sociales).

Art. L. 652-1 *(L. n° 2005-845 du 26 juill. 2005, art. 131)* ***Au cours d'une procédure de liquidation judiciaire, le tribunal peut décider de mettre à la charge de l'un des dirigeants de droit ou de fait d'une personne morale la totalité ou une partie des dettes de cette dernière lorsqu'il est établi, à l'encontre de ce dirigeant, que l'une des fautes ci-après a contribué à la cessation des paiements :***

1° Avoir disposé des biens de la personne morale comme des siens propres ;

2° Sous le couvert de la personne morale masquant ses agissements, avoir fait des actes de commerce dans un intérêt personnel ;

3° Avoir fait des biens ou du crédit de la personne morale un usage contraire à l'intérêt de celle-ci à des fins personnelles ou pour favoriser une autre personne morale ou entreprise dans laquelle il était intéressé directement ou indirectement ;

4° Avoir poursuivi abusivement, dans un intérêt personnel, une exploitation déficitaire qui ne pouvait conduire qu'à la cessation des paiements de la personne morale ;

5° Avoir détourné ou dissimulé tout ou partie de l'actif ou frauduleusement augmenté le passif de la personne morale.

Dans les cas visés au présent article, il ne peut être fait application des dispositions de l'article L. 651-2.

Pour l'entrée en vigueur, V. note précédant la Bibl.

V. art. R. 652-1 et R. 652-2 abrogés.

1. Constitutionnalité. Pour le refus de renvoyer au Conseil constitutionnel une QPC relative à la conformité de l'art. L. 652-1 à l'art. 8 de la DDH (principes de nécessité et de proportionnalité des peines), V. • Com. 10 juill. 2012 : *Dr. sociétés 2013, n° 32, note Legros.*

2. Droit transitoire. Dès lors que postérieurement au 1er janv. 2006, date d'entrée en vigueur de la loi du 26 juill. 2005, une cour d'appel se trouve saisie à la fois d'une demande tendant à ce qu'un dirigeant de personne morale soit obligé aux dettes sociales sur le fondement de l'art. L. 652-1 et d'une demande tendant à ce qu'il soit condamné à supporter l'insuffisance d'actif sur celui de l'art. L. 624-3 ancien encore applicable, elle doit d'abord se prononcer sur le premier fondement, exclusif du second par application de l'art. L. 652-1 *in fine* qui prohibe le cumul et, si elle retient l'existence d'un fait qualifié au sens de ce dernier texte, n'a pas à examiner la demande sur le second fondement. • Orléans, 16 févr. 2006 : *BICC 2006, n° 706 ; D. 2006. AJ 1041, obs. Lienhard ; RJDA 2006, n° 814 ; RPC 2007. 82, obs. Martin-Serf.*

3. Le liquidateur ayant valablement assigné le dirigeant sur le fondement de l'art. L. 624-5 ancien ne peut plus s'en prévaloir devant le premier juge à compter du 1er janv. 2006, mais reste recevable à solliciter l'application de l'art. L. 652-1, déclaré immédiatement applicable aux procédures en cours si la liquidation judiciaire de la personne morale était ouverte au 1er janv. 2006. • Toulouse, 31 mai 2007 : *JCP E 2007. 2402 ; Dr. sociétés 2008, n° 9, note Legros.*

4. Bien que nouvelle, est recevable en appel la demande de prise en charge des dettes sociales, formée sur le fondement de l'art. L. 652-1, dès lors qu'elle tend à faire juger une question née de la survenance d'un fait, résultant de la promulgation d'une loi se déclarant immédiatement applicable aux procédures en cours, comme la loi du 26 juill. 2005 en ce qui concerne l'obligation aux dettes sociales. • Orléans, 23 mars 2006 : *BICC 2006, n° 1237 ; D. 2006. AJ 1600, obs. Lienhard ; RJDA 2006, n° 812.* – Dans le même sens, V. • Versailles, 7 déc. 2006 : *Gaz. Pal. 19-20 janv. 2007, p. 50, obs. Montéran ; RJDA 2007, n° 1268.*

5. En ce sens que méconnaît les exigences de l'art. 455 C. pr. civ. le juge qui, pour rejeter la demande d'arrêt de l'exécution provisoire d'un jugement ayant déclaré recevable l'action engagée le 17 mai 2005 par le liquidateur sur le fondement de l'anc. art. L. 624-5 C. com. et poursuivie par substitution sur le fondement de l'art. L. 652-1 C. com., retient que cette substitution s'analyse en une demande additionnelle qui peut être présentée devant le tribunal par voie de conclusions et que la finalité des deux actions apparaît identique, sans se prononcer sur le caractère sérieux du moyen soulevé par le dirigeant au soutien de son appel relatif à l'impossibilité pour le tribunal statuant le 19 janv. 2007 de prononcer à son encontre une mesure de liquidation judiciaire fondée sur l'anc. art. L. 624-5, dont l'art. 192 de la loi du 26 juill. 2005 excluait l'application, V. • Com.

5 févr. 2008, n° 07-15.011 P : *D. 2008. AJ 607, obs. Lienhard ; APC 2008, n° 70, obs. Vallansan ; BJS 2008. 329, note Le Corre ; Gaz. Pal. 27-29 avr. 2008, p. 41, obs. Montéran ; Rev. sociétés 2008. 426, note Roussel Galle ; RJ com. 2008. 399, obs. Sortais ; RPC 2008, n° 165, obs. Martin-Serf.*

6. Procédure de liquidation judiciaire. L'obligation aux dettes sociales ne peut être décidée qu'au cours d'une procédure de liquidation judiciaire. • Com. 17 mai 2011, n° 09-72.862 P : *D. 2011. Actu. 1406, obs. Lienhard ; Rev. sociétés 2011. 524, obs. Roussel Galle ; JCP E 2011. 1596, n° 14, obs. Pétel ; APC 2011, n° 175, obs. Legros ; LEDEN 7/2011. 6, obs. Mouial-Bassilana ; RJDA 2011, n° 647 ; BJE 2011. 337, note Favario ; RPC 2012, n° 99, obs. Martin-Serf.*

7. Cessation des paiements. L'établissement de l'une des fautes mentionnées à l'art. L. 652-1 ne suffit pas, cette faute devant, en outre, avoir contribué à la cessation des paiements. • Com. 4 juin 2013 : *BJE 2013. 299, note Favario ; BJS 2013. 668, note Mouial-Bassilana ; Dr. sociétés 2014, n° 54, note Legros.*

8. Non-cumul avec l'action de l'art. L. 651-2. Si les dispositions de l'art. L. 652-1, al. 2, interdisent l'engagement de l'action en responsabilité pour insuffisance d'actif dans les cas d'obligation aux dettes sociales énumérés à l'art. L. 651-2, elles n'interdisent pas de présenter cette demande à titre subsidiaire, pour les cas où les faits invoqués ne relèveraient pas de ce dernier texte. • Com. 30 oct. 2012 : *Dr. sociétés 2013, n° 33, note Legros ; Gaz. Pal. 18-19 janv. 2013, p. 39, obs. Montéran ; RPC 2013, n° 87, obs. Martin-Serf.*

9. Non-cumul avec l'action civile pour banqueroute. Dès lors que l'ancien gérant de fait d'une société atteste qu'il a déjà été condamné par le tribunal correctionnel à régler un montant correspondant à l'intégralité du passif, notamment au liquidateur, ce dernier n'est plus recevable, faute d'intérêt, à poursuivre la même demande au plan civil sur le fondement de l'art. L. 652-1 C. com. • Versailles, 7 févr. 2008 : *D. 2008. AJ 1053, obs. Lienhard ; Gaz. Pal. 27-29 juill. 2008, p. 67, obs. Robaczewski ; RPC 2008, n° 164, obs. Martin-Serf.*

10. Exemples d'application. V. • Com. 16 sept. 2008 : *RJDA 2009, n° 49* • 1er févr. 2011 : *RJDA 2011, n° 342 ; Gaz. Pal. 1er-2 avr. 2011, p. 45, obs. Montéran ; BJS 2011. 311, note Pétel ; Dr. sociétés 2011, n° 97, note Legros ; RPC 2012, n° 100, obs. Martin-Serf* (dans le cas d'une faute commise pendant la période d'exécution du plan de redressement) • Paris, 9 sept. 2008 : *RJDA 2008, n° 1298.* ♦ Comp., pour une absence de condamnation, dans le cas d'avances financières consenties par une société membre d'un groupe aux autres sociétés du groupe : • Com. 3 déc. 2013 : *BJS 2014. 186, note Mouial-Bassilana ; Banque et Dr. 3-4/2014. 58, obs. Urban.*

11. Abrogation de l'art. L. 652-1. Sur la possibilité, pour le juge, de prononcer une condamnation fondée sur l'art. L. 652-1 après l'entrée en vigueur de l'ordonnance du 18 déc. 2008, abrogeant ce texte, lorsque la procédure a été engagée avant cette entrée en vigueur, V. • Paris, 7 avr. 2009 : *Dr. sociétés 2010, n° 33, note Legros ; RPC 2011, n° 17, obs. Martin-Serf.*

Art. L. 652-2 *(L. n° 2005-845 du 26 juill. 2005, art. 131)* ***En cas de pluralité de dirigeants responsables, le tribunal tient compte de la faute de chacun pour déterminer la part des dettes sociales mises à sa charge. Par décision motivée, il peut les déclarer solidairement responsables.***

Art. L. 652-3 *(L. n° 2005-845 du 26 juill. 2005, art. 131)* ***Les sommes recouvrées sont affectées au désintéressement des créanciers selon l'ordre de leurs sûretés.***

Art. L. 652-4 *(L. n° 2005-845 du 26 juill. 2005, art. 131)* ***L'action se prescrit par trois ans à compter du jugement qui prononce la liquidation judiciaire.***

Dès lors que la demande d'obligation aux dettes sociales a été formée par le liquidateur dans ses conclusions signifiées le 12 févr. 2009, tandis que la liquidation judiciaire de la société a été prononcée le 21 nov. 2003, l'action en obligation aux dettes sociales, qui se prescrit par trois ans à compter du jugement qui prononce la liquidation judiciaire de la personne morale en application de l'art. L. 652-4 C. com., est prescrite. • Com. 8 mars 2011, n° 09-70.714 P : *D. 2011. Actu. 744, obs. Lienhard ; Rev. sociétés 2011. 523, obs. Roussel Galle ; JCP E 2011. 1596, n° 13, obs. Pétel ; LEDEN 4/2011. 6, obs. Couard ; Dr. sociétés 2011, n° 98, note Legros ; BJS 2011. 421, note Le Corre ; APC 2011, n° 123, obs. Regnaut-Moutier ; RJDA 2011, n° 446 ; RPC 2011, n° 101, obs. Martin-Serf ; RJ com. 2011. 498, note Sortais.* – V. Rapp. Arbellot, *RPC 2011. Étude 8.* ♦ La prescription de l'action en obligation aux dettes sociales n'est pas interrompue par les poursuites engagées à l'encontre du dirigeant, sous l'empire de la loi antérieure, en liquidation judiciaire à titre de sanction. • Versailles, 7 déc. 2006 : *cité note 4 ss. art. L. 652-1* • Orléans, 12 juin 2008 : *RPC 2009, n° 98, obs. Martin-Serf.*

Art. L. 652-5 *(L. n° 2005-845 du 26 juill. 2005, art. 131)* ***Les dispositions des articles L. 651-3 et L. 651-4 sont applicables à l'action prévue au présent chapitre.***

CHAPITRE III *DE LA FAILLITE PERSONNELLE ET DES AUTRES MESURES D'INTERDICTION*

BIBL. GÉN. ▸ SCHULTZ, *RPC 2005. 299.* – O. BARRET, *ibid. 2006. 84.* – MATSOPOULOU, *D. 2007. Chron. 104* . – ALMASEANU, *RPC 2019. Étude 18* (l'impossible dispense d'inscription au bulletin n° 2 du casier judiciaire des sanctions personnelles prononcées par les tribunaux de commerce). – FAVARIO, *BJE 1-2/2020. 62* (*quantum* d'une sanction professionnelle).

Art. L. 653-1 *(L. n° 2005-845 du 26 juill. 2005, art. 132)* **I. – Lorsqu'une procédure de redressement judiciaire ou de liquidation judiciaire est ouverte, les dispositions du présent chapitre sont applicables :**

1° Aux personnes physiques exerçant *(Ord. n° 2008-1345 du 18 déc. 2008, art. 134)* **« une activité commerciale ou artisanale, aux agriculteurs » et à toute autre personne physique exerçant une activité professionnelle indépendante y compris une profession libérale soumise à un statut législatif ou réglementaire ou dont le titre est protégé ;**

2° Aux personnes physiques, dirigeants de droit ou de fait de personnes morales ;

3° Aux personnes physiques, représentants permanents de personnes morales, dirigeants des personnes morales définies au 2°.

Ces mêmes dispositions ne sont pas applicables aux personnes physiques ou dirigeants de personne morale, exerçant une activité professionnelle indépendante et, à ce titre, soumises à des règles disciplinaires.

II. – Les actions prévues par le présent chapitre se prescrivent par trois ans à compter du jugement qui prononce l'ouverture de la procédure mentionnée au I. *(L. n° 2016-1547 du 18 nov. 2016, art. 99-VII)* **« Toutefois, la prescription de l'action prévue à l'article L. 653-6 ne court qu'à compter de la date à laquelle la décision rendue en application de l'article L. 651-2 a acquis force de chose jugée. »** – *[C. com., anc. art. L. 625-1.]*

Le VII de l'art. 99 de la L. n° 2016-1547 du 18 nov. 2016 n'est pas applicable aux procédures en cours au jour de la publication de cette loi (L. préc., art. 114-XVI, JO 19 nov.).

BIBL. ▸ DELATTRE, *RPC 2008. 48* (prescription). – GIBIRILA, *Journ. sociétés 10/2016. 44* (caractérisation de la direction de fait).

COMMENTAIRE

I. PROCÉDURES CONCERNÉES

Contrairement à ce que prévoyait le projet de loi de sauvegarde, la loi du 26 juillet 2005 a exclu les sanctions professionnelles que constituent la faillite personnelle ou l'interdiction de gérer en cas de procédure de sauvegarde. Ce qui s'explique bien par le caractère en principe spontané, de la part du dirigeant, de la demande d'ouverture d'une sauvegarde. Il s'agit, là encore, d'inciter les débiteurs à agir avant de se retrouver en état de cessation des paiements.

II. PERSONNES VISÉES

Par rapport à l'ancien article L. 625-1, l'article L. 653-1 (de même que l'art. L. 653-3 par rapport à l'anc. art. L. 625-3), dans sa rédaction de 2005, est adapté afin que, conformément à l'élargissement du domaine des procédures collectives, la faillite personnelle et les autres mesures d'interdiction visent aussi les membres des professions libérales et les artisans de fait (non inscrits au répertoire des métiers). Le texte modifié en 2008 ne vise plus les personnes immatriculées au répertoire des métiers, mais les personnes exerçant une activité artisanale (V. ss. art. L. 620-2).

Une exception, toutefois, est prévue à l'égard des « personnes physiques ou dirigeants de personne morale, exerçant une activité professionnelle indépendante, et, à ce titre, soumises à des règles disciplinaires ». Dans ce cas, les sanctions prévues par le droit des procédures collectives sont exclues. L'idée est ici que ces professions réglementées obéissent à des règles disciplinaires propres, dont le respect est confié à un ordre ou à une autorité professionnelle spécifique (tels les avocats, commissaires de justice, notaires, commissaires aux comptes, experts-comptables, médecins, et même les pharmaciens par exemple ; V., toutefois, excluant les pharmaciens au motif qu'il s'agit de commerçants inscrits au RCS, Paris, 23 sept. 2008 : *cité note 6*, solution qui devrait valoir aussi, par exemple, pour les médecins qui exploitent une clinique ; V. A. Cerati-Gauthier, Application de la loi de sauvegarde des entreprises aux professions libérales, *JCP E 2008. 2436, n° 14*), quoique les domaines de la faillite personnelle et des manquements à la déontologie ne se recoupent pas nécessairement (V. S. Rétif, L'extension des procédures collectives aux professions libérales, *RPC 2006. 152, spéc. 153*). Autrement dit, cette dérogation ne vaut pas pour les professions libérales à statut législatif qui ne sont pas soumises à des règles disciplinaires particulières (par exemple, les agents commerciaux dont le régime est encadré par les articles L. 134-1 à L. 134-16 C. com., les agents de voyage, les agents immobiliers). En revanche, les professionnels libéraux soumis à l'autorité d'un ordre sont soustraits à la faillite personnelle quelle que soit leur modalité d'exercice de la profession, que ce soit en tant que personnes physiques ou en tant qu'associés d'une personne morale (pour un exemple, V. Paris, 2 févr. 2016 : *cité note 7*). L'ordre est en effet compétent dans les deux cas (encore faut-il qu'il exerce ses prérogatives ; V., pour des exemples de refus de sanctionner, TGI Clermont-Ferrand, 2 mars 2006 : *APC 2006, n° 167, obs. Rétif* ; à propos d'un avocat, TGI Poitiers, 10 juin 2011 : *cité note 7*). Cette disposition apparaît critiquable, en ce qu'elle est contraire au principe d'égalité devant la loi (F. Pérochon, Le privilège des notables indélicats : un nouveau privilège ?, *D. 2005. 1146*). Elle devrait, quoi qu'il en soit, à tout le moins faire l'objet d'une interprétation stricte, conduisant, notamment, à en écarter du bénéfice les dirigeants d'établissements de crédit et de sociétés prestataires de services d'investissement, qui, tout en étant soumis à une autorité disciplinaire (art. L. 631-21 et L. 621-15 C. mon. fin.), dirigent des personnes morales commerçantes (J.-H. Robert, Banqueroute et autres infractions : commentaire des dispositions pénales de la loi n° 2005-845 du 26 juillet 2005, *Dr. pén. 2005. Étude 15, n° 12*). L'exclusion ne joue cependant pas lorsqu'il s'agit de prononcer une mesure de faillite personnelle à titre de peine complémentaire à une sanction pénale pour banqueroute (art. L. 654-6), différence de régime pouvant s'expliquer par la nature pénale de la faute, mais pas forcément heureuse pour autant (C. Mascala, Le nouveau régime de sanction dans la loi de sauvegarde des entreprises, *RTD com. 2006. 209, spéc. 213*).

Il convient de bien mesurer les conséquences de cette soustraction au régime de la faillite personnelle : les professionnels frappés de sanction disciplinaire n'encourront pas la sanction complémentaire de l'interdiction d'exercer une fonction publique élective (art. L. 653-10) et leurs créanciers ne recouvreront pas leur droit de poursuites individuelles (V. art. L. 643-11, III, 1° ; S. Rétif, L'extension des procédures collectives aux professions libérales, *Dr. et patr. 3/2006, p. 95, spéc. p. 96*).

III. PRESCRIPTION

L'article L. 653-1 (II) regroupe à un seul endroit, dans un article valable pour l'ensemble du chapitre, la règle déterminant la prescription de la faillite personnelle. Par ailleurs, cette disposition harmonise le délai de prescription de la faillite personnelle et de l'interdiction de gérer avec celui des délits de banqueroute et des sanctions financières, pour lesquels le délai est de trois ans, alors que ces sanctions sont plus graves pour l'individu concerné. C'est donc la prescription de trois ans qui joue désormais dans tous les cas de figure, soit la durée prévue par l'article 8 du code de procédure pénale pour les délits (V. aussi comm. (I) ss. art. L. 653-3).

En cas de conversion d'un redressement en liquidation judiciaire, la prescription court du jugement de redressement judiciaire, considéré comme le jugement d'ouverture de la procédure, comme l'a confirmé la Cour de cassation (Com. 4 nov. 2014 : *cité note 8*). En revanche, en cas de succession d'une procédure de sauvegarde et d'une procédure de redressement ou de liquidation judiciaire, le point de départ est fixé au jugement d'ouverture de la seconde procédure (P.-M. Le Corre, Premiers regards sur la loi de sauvegarde des entreprises, *D. 2005. Chron. 2297, n° 24*).

Tout autre était la situation avant la réforme de 2005. En ce temps-là, faute de délai légal, c'est la jurisprudence qui avait posé les limites temporelles de l'action, les fixant au passage en force de chose jugée du jugement de clôture de la liquidation judiciaire (Com. 22 oct. 1996 : *cité note 1*), date-butoir dont la doctrine discute aujourd'hui de la transposition dans le droit « d'après 2005 », certains auteurs se déclarant en ce sens (au motif que l'art. L. 653-1, I, dispose : « Lorsqu'une procédure de redressement ou de liquidation judiciaire est ouverte : F. Pérochon, Entreprises en difficulté, *LGDJ, 11e éd., 2022, n° 3134*), d'autres estimant la solution caduque (P.-M. Le Corre, Droit et pratique des procédures collectives, *Dalloz Action, 2023/2024, 911.352*).

Sur la modification du point de départ de la prescription de l'action prévue par l'article L. 653-6, résultant de la loi du 18 novembre 2016, voir le commentaire sous cet article.

IV. APPLICATION DANS LE TEMPS

Comme l'a jugé la chambre commerciale par des arrêts des 4 avril (V. note 8 ss. anc. art. L. 625-4), 19 décembre 2006 (V. note 14 ss. art. L. 653-8) et 16 octobre 2007 (V. note 10 ci-dessous), il résulte des articles 190 et 191 de la loi du 26 juillet 2005 que le chapitre III du titre V du livre VI du code de commerce dans sa nouvelle rédaction, relatif à la faillite personnelle et aux autres mesures d'interdiction, à l'exception de ses articles L. 653-7 et L. 653-11, n'était pas applicable aux procédures collectives en cours au 1er janvier 2006. Il s'ensuivait que l'action aux fins de faillite personnelle ou autres mesures d'interdiction à l'encontre du dirigeant d'une personne morale soumise à une procédure collective régie par la loi du 25 janvier 1985 relevait des dispositions de cette loi, sous la seule réserve des dispositions des articles L. 653-7 et L. 653-11 dans leur rédaction issue de la loi de sauvegarde. Et cela même si le dirigeant avait été assigné en vue d'une sanction personnelle après le 1er janvier 2006 (Com. 4 mars 2008 : *cité note 14 ss. art. L. 653-8* ; Paris, 20 nov. 2007 : *Dr. sociétés 2008, n° 52, obs. Legros*).

Quant à la question plus spécifique du délai de prescription applicable, l'arrêt précité du 16 octobre 2007, après avoir relevé que le nouvel article L. 653-1, qui fixe à trois ans le délai de prescription de l'action aux fins de faillite personnelle ou autres mesures d'interdiction, ne figure pas au nombre des dispositions énumérées à l'article 191 de la loi de 2005 comme étant applicables aux procédures collectives en cours au 1er janvier 2006, a refusé d'en faire une application rétroactive à une faillite prononcée avant cette date, rappelant, au passage, qu'il s'agit là, non d'une sanction pénale qui pourrait justifier de la rétroactivité *in mitius*, mais d'une « mesure d'intérêt public ». Cette solution n'est pas forcément très satisfaisante, en raison de la grande disparité de traitement qu'elle entraîne, pour les chefs d'entreprise, selon que la procédure a été ouverte avant ou après le 1er janvier 2006 (V., s'interrogeant sur une possible évolution, sur le fondement de l'art. 7 Conv. EDH, relatif à la rétroactivité et à la clarté de la loi pénale, D. Cholet, note, *JCP E 2007. 2471* ; V. aussi, en faveur d'une intervention législative sur ce point, T. Montéran, Pour améliorer le droit des entreprises en difficulté, osons la réforme, *Gaz. Pal. 23-24 janv. 2008, p. 3, spéc. p. 13* ; V., de manière générale, P.-Y. Gautier, Pour la rétroactivité *in mitius* en matière civile, Mél. J. Héron, *LGDJ, 2008, p. 235*). Mais la Cour de cassation a refusé de transmettre au Conseil constitutionnel une question prioritaire de constitutionnalité fondée sur le principe de rétroactivité *in mitius* et le principe de nécessité des peines, jugeant qu'elle ne présentait pas de caractère sérieux (Com. 18 févr. 2011, nos 10-25.035 et 10-40.066).

V. PROPORTIONNALITÉ DE LA SANCTION

Par un important arrêt du 1er décembre 2009 (V. note 4 ss. art. L. 653-3, la Cour de cassation a précisé, au visa du principe de proportionnalité, que, lorsque plusieurs faits sont retenus, chacun d'entre eux doit être légalement justifié, c'est-à-dire que la personne poursuivie remplisse les conditions de chaque fait à elle imputée. Le raisonnement est le suivant : si la peine prononcée, une faillite personnelle d'une durée de dix ans en l'espèce, est justifiée par un double manquement, il n'est pas possible de considérer que cette peine est encore proportionnée, justifiée dans son *quantum*, si l'un des manquements tombe. La chambre commerciale a transposé ce raisonnement en matière de responsabilité pour insuffisance d'actif (V. ss. art. L. 651-2). La solution a été réaffirmée depuis (V. not. Com. 17 nov. 2015, n° 14-12.372 P). ❑

A. PERSONNES CONCERNÉES

1. *Dirigeants de droit.* V. note 2 ss. ancien art. L. 625-4 et note 1 ss. art. L. 653-5.

2. *Dirigeants de fait.* BIBL. V. note 16 s. ss. art. L. 651-2. ♦ Pour la constitutionnalité d'une sanction personnelle prononcée contre un gérant de fait pour ne pas avoir déclaré la cessation des paiements, V. • Com., QPC, 7 févr. 2024, n° 23-40.016 : *LEDEN 5/2024. 5, obs. Rubellin ; RJDA 2024, n° 356 ; Dr. sociétés 2024, n° 81, note Legros.* ♦ Sur la caractérisation de la direction de fait, V. • Com. 2 juin 2021, n° 20-13.735 : *Rev. sociétés 2021. 548, obs. Henry ; RJDA 2021,* *n° 661 ; Dr. sociétés 2021, n° 137, note Legros ; Gaz. Pal. 14 déc. 2021, p. 68, obs. Zattara.* ♦ En particulier, sur la nécessité de prouver des actes positifs de gestion, V. • Paris, 8 mars 1990 : *JCP E 1990. I. 20012* • 5 févr. 1999 : *Dr. sociétés 2000, n° 4, obs. Chaput* • 7 févr. 2003 : *ibid. 2004, n° 145, note Legros.* ♦ Sur la possibilité, pour les juges, de se référer à un jugement devenu définitif ayant condamné le dirigeant au paiement de l'insuffisance d'actif, V. • Com. 3 oct. 2000, n° 97-20.425 : *APC 2000, n° 235 ; Dr. sociétés 2000, n° 175, obs. Chaput.*

3. Dirigeants rémunérés ou non. Les art. 185, 189 et 192 [C. com., art. L. 653-1, L. 653-5 et L. 653-8] ne distinguent pas selon que le dirigeant a été rémunéré ou non. • Com. 16 févr. 1999 : *RJDA 1999, n° 452.*

4. Représentants permanents de personnes morales. Pour des applications, V. • Paris, 16 mai 1995 : *Dr. sociétés 1995, n° 192, obs. Chaput* • Versailles, 31 janv. 2013 : *RPC 2013, n° 177, obs. Martin-Serf.* ♦ L'art. L. 1524, al. 5, CGCT [selon lequel la responsabilité civile qui résulte de l'exercice du mandat des représentants incombe à la collectivité territoriale ou au groupement dont ils sont mandataires] ne déroge pas aux dispositions de l'art. 185 (3°), devenu l'art. L. 625-1 [L. 653-1, I] (3°) C. com. • Com. 8 janv. 2002, n° 98-18.959 P : *D. 2002. AJ 570, obs. Lienhard ; APC 2002, n° 56, obs. Vallansan ; Procédures 2002, n° 50, note Croze ; JCP 2002. II. 10057, note Landbeck ; Dr. sociétés 2003, n° 32, note Legros.*

5. Dirigeants d'une société sans activité effective. V. • Com. 11 avr. 2018, n° 16-24.312 : *LEDEN 6/2018. 6, obs. Favario ; RJDA 2018, n° 595 ; BJS 2018. 439, note Luciano ; Gaz. Pal. 10 juill. 2018, p. 63, obs. Montéran ; RPC 2019, n° 86, obs. Martin-Serf ; RJ com. 2019. 288, obs. Saint Genis.*

6. Dirigeant d'une succursale d'une société étrangère. L'établissement en France, d'une société de droit allemand ayant fait l'objet d'une publicité au RCS, n'a aucune personnalité morale propre dès lors qu'elle répond aux critères caractérisant la succursale. Par suite, l'intéressé qui a été cité pour répondre des agissements qu'il aurait pu commettre, en sa qualité de dirigeant de la succursale, dont la liquidation judiciaire a été prononcée et qui n'a jamais été le dirigeant de la société de droit allemand, ne peut se voir appliquer les dispositions des art. 185 à 192 [C. com., art. L. 653-1 à L. 653-8]. • Paris, 27 juin 1997 : *RPC 1999. 49, obs. Bach.*

7. Professionnels indépendants (L. du 26 juill. 2005). Pour l'impossibilité de prononcer une mesure d'interdiction de gérer à l'encontre d'un avocat mis en liquidation judiciaire, V. • TGI Poitiers, 10 juin 2011 : *cité par Delattre, RPC 2011. Étude 28.* ♦ ... D'un dirigeant d'une société d'expertise comptable mise en liquidation judiciaire, V. • Paris, 2 févr. 2016, n° 15/20017 : *BJS 2016. 494, note Barbièri.* ♦ Contrairement aux médecins ou avocats qui exercent une activité libérale indépendante, les pharmaciens sont des commerçants inscrits au registre du commerce et passibles de sanctions personnelles énoncées aux art. L. 653-1 à L. 653-11 C. com., le dernier al. [du I] de l'art. L. 653-1 ne faisant exception qu'aux personnes physiques exerçant une activité professionnelle « indépendante » et, à ce titre, soumises à des règles disciplinaires. • Paris, 23 sept. 2008 : *D. 2008. AJ 2665, obs. Lienhard ; RJDA 2009, n° 50.* – V. Cerati-Gauthier, *JCP E 2008. 2436.*

B. DÉLAI D'ACTION

8. Prescription. Il résulte de l'art. L. 653-1, II, C. com. que les actions engagées aux fins de voir prononcer la faillite personnelle ou l'interdiction de gérer à l'égard des dirigeants personnes physiques se prescrivent par trois ans à compter du jugement qui prononce l'ouverture de la procédure de redressement judiciaire ou de liquidation judiciaire. • Com. 4 nov. 2014 : *D. 2014. Actu. 2294 ; APC 2014, n° 338, obs. Fin-Langer ; LEDEN 12/2014. 6, obs. Rubellin ; RJDA 2015, n° 127 ; BJE 2015. 116, note Lasserre Capdeville Dr. sociétés 2015, n° 75, note Legros ; RPC 2015, n° 70, obs. Martin-Serf.* ♦ Tel était le cas, avant la modification de l'art. L. 653-1 par la L. n° 2016-1547 du 18 nov. 2016, de l'action prévue par l'art. L. 653-6, tendant à voir prononcer la faillite personnelle du dirigeant de la personne morale qui n'a pas acquitté les dettes mises à sa charge en application d'une condamnation en comblement de passif. • Versailles, 24 sept. 2015, n° 15/03435 : *JCP E 2016. 1170, note Delattre ; Dr. sociétés 2016, n° 36, note Legros ; RJDA 2016, n° 138.* ♦ Comp., pour un arrêt ayant retenu comme point de départ du délai de prescription la date à laquelle le jugement de condamnation du débiteur au paiement de l'insuffisance d'actif est devenu exécutoire : • Com. 7 nov. 2018, n° 17-18.661 : *APC 2018, n° 282, obs. Fin-Langer ; BJS 1/2019. 42, note Favario ; RJDA 2019, n° 123 ; RPC 2019, n° 85, obs. Martin-Serf.* ♦ V., désormais, art. L. 653-1, II, dans sa rédaction issue de la L. n° 2016-1547 du 18 nov. 2016. ♦ Conformément aux dispositions de l'art. L. 626-27, l'ouverture d'une procédure de liquidation judiciaire après la résolution d'un plan de redressement constitue une nouvelle procédure ; il en résulte que le délai de prescription de trois ans de l'art. L. 653-1, II, commence à courir à compter de la décision d'ouverture de la nouvelle procédure. • Com. 23 nov. 2022, n° 21-19.431 B : *D. actu. 3 janv. 2023, obs. Cagnoli ; RTD com. 2023. 228, obs. Saint-Alary-Houin ; JCP E 2023. 1157, n° 27, obs. Tehrani ; APC 2023, n° 1, obs. Legros ; RJDA 2023, n° 100 ; LEDEN 2/2023. 5, obs. Maraud ; BJS 3/2023. 44, note Cerati ; BJE 1-2/2023. 44, note Favario ; RPC 2023, n° 2, obs. Cagnoli.* ♦ L'annulation d'un jugement qui prononce une liquidation judiciaire après résolution d'un plan entraîne l'anéantissement rétroactif de cette décision, de sorte que le point de départ du délai de prescription de trois ans ne peut être la date du jugement annulé, mais doit être fixé à la date de l'arrêt ayant annulé le jugement et ouvert la liquidation judiciaire. • Même arrêt.

9. Sur l'effet interruptif de prescription du dépôt au greffe de la requête en sanction du ministère public, V. • Angers, 29 nov. 2016 : *JCP E 2017. 1500, note Delattre.*

10. Droit transitoire. Il résulte des art. 190 et 191 de la L. du 26 juill. 2005 que le chapitre III du titre V du livre VI C. com. dans sa nouvelle rédaction, relatif à la faillite personnelle et aux autres mesures d'interdiction, à l'exception des art. L. 653-7 et L. 653-11, n'est pas applicable aux procédures collectives en cours au 1er janv. 2006 ; dès lors, les dispositions de l'art. L. 653-1, II, C. com. prévoyant un délai de trois ans ne sont pas applicables au prononcé, par une juridiction non répressive, d'une mesure d'intérêt public, telle la faillite personnelle, à l'occasion d'une procédure ouverte antérieurement au 1er janv. 2006. • Com. 16 oct. 2007, nº 06-10.805 P : *D. 2007. AJ 2666, obs. Lienhard ; JCP E 2007. 2471, note Cholet ; JCP 2007. II. 10212, note Legros ; APC 2007, nº 226, obs. Vallansan ; Rev. sociétés 2008. 174, note Roussel Galle ; Defrénois 2008. 1216, obs. Gibirila.* – V. Guyader, *RLDA 2008, nº 24, p. 21.*

11. Le fait que l'acte introductif d'instance fasse mention des art. L. 653-1 à L. 653-11 C. com., alors qu'il s'agit d'une procédure collective ouverte avant le 1er janv. 2006, ne peut avoir de conséquence quant aux droits de la défense dès lors que la réforme du 26 juill. 2005 n'a pas modifié la nature des sanctions non pécuniaires. • Paris, 3 juill. 2008 : *JCP 2008. IV. 2561.*

12. Situation antérieure à la L. du 26 juill. 2005. Avant la L. du 26 juill. 2005, il était admis que les mesures d'intérêt public prévues par les art. 185 s. [C. com., anciens art. L. 625-1 s.], en cas d'ouverture du redressement judiciaire, pouvaient être prononcées à toute époque de la procédure. • Com. 3 mai 1994, nº 91-17.989 P : *D. 1994. IR 156.* ♦ La faillite personnelle ou l'interdiction de gérer pouvaient être prononcées dès lors que le tribunal avait été saisi ou s'était saisi d'office en vue de l'application d'une sanction personnelle avant la clôture de la procédure collective par une décision passée en force de chose jugée. • Com. 22 oct. 1996, nº 94-20.094 P : *D. 1997. Somm. 79, obs. Honorat ; D. Affaires 1997. 26 ; BJS 1996. 1066, note Calendini ; JCP E 1997. 5. 693, nº 12, obs. crit. Pétel.* ♦ Comp., désormais : art. L. 653-1, II, dans sa réd. issue de L. nº 2005-845 du 26 juill. 2005, prévoyant une prescription de trois ans à compter du jugement d'ouverture.

13. Résolution du plan. Pour prononcer la faillite personnelle ou l'interdiction de gérer, le juge peut, en cas de résolution du plan de redressement, retenir des faits postérieurs à la décision arrêtant ce plan et antérieurs à celle ouvrant, après sa résolution, une procédure de liquidation judiciaire. • Com. 16 sept. 2014, nº 13-18.503 : *RJDA 2014, nº 858.* ♦ V. aussi note 8 ci-dessus.

14. Clôture de la procédure. La faillite personnelle ou l'interdiction de gérer pouvant être prononcée dès lors que le tribunal a été saisi en vue de l'application d'une sanction personnelle avant la clôture de la procédure collective par une décision passée en force de chose jugée et dans le délai de prescription prévu à l'art. L. 653-1, leur prononcé peut être postérieur à la clôture de cette procédure. • Com. 8 févr. 2023, nº 21-22.796 B : *D. 2023. Actu. 294 ; JCP E 2023. 1157, nº 26, obs. Tehrani ; RPC 2023, nº 61, obs. Martin-Serf ; BJE 7-8/2023. 39, note Favario ; RJDA 2023, nº 606.*

Art. L. 653-2 La faillite personnelle emporte interdiction de diriger, gérer, administrer ou contrôler, directement ou indirectement, toute entreprise commerciale ou artisanale, toute exploitation agricole *(L. nº 2005-845 du 26 juill. 2005, art. 133)* **« ou toute entreprise ayant toute autre activité indépendante et toute personne morale ».**

(Abrogé par L. nº 2005-845 du 26 juill. 2005, art. 133) ***« Elle entraîne également les interdictions et déchéances applicables aux personnes qui étaient déclarées en état de faillite au sens donné à ce terme antérieurement au 1er janvier 1968. »*** – *[C. com., anc. art. L. 625-2.]*

COMMENTAIRE

I. ENTREPRISES DONT LA DIRECTION EST INTERDITE

Une différence par rapport à l'ancien article L. 625-2, alinéa 1er. Outre les entreprises commerciales ou artisanales et les exploitations agricoles, est désormais visée « toute entreprise ayant toute autre activité indépendante et toute personne morale » (au lieu de « toute personne morale ayant une activité économique »).

Il s'agit là d'harmoniser le champ de l'interdiction de gérer, en termes d'entreprises dont la direction est interdite à la personne condamnée à l'interdiction de gérer, avec celui des personnes susceptibles d'être interdites de gérer : dès lors que les professionnels indépendants non couverts par un ordre peuvent être interdits de gérer, il est logique que cette interdiction porte aussi sur la direction du type d'activité qu'ils exerçaient antérieurement, c'est-à-dire les activités indépendantes. S'agissant d'une peine nouvelle plus sévère, cette extension, bien évidemment, ne peut pas être appliquée rétroactivement à des faits commis avant le 1er janvier 2006 (J.-H. Robert, Banqueroute et autres infractions : commentaire des dispositions pénales de la loi n° 2005-845 du 26 juillet 2005, *Dr. pénal 2005. Étude 15, n° 10*).

Par ailleurs, le texte nouveau aligne les conditions de prononcé de la faillite personnelle et de l'interdiction simple de gérer. Est ainsi supprimée à l'article L. 653-2 la mention, aux contours incertains, de « personne morale ayant une activité économique », qui ne figure pas à l'article L. 653-8, relatif à l'interdiction simple de gérer. Il était, en effet, paradoxal, auparavant, que la faillite personnelle, pourtant plus grave, ne pût interdire la gestion d'une association ou d'un syndicat professionnel maniant des fonds importants mais sans activité économique, alors que l'interdiction simple de gérer, sanction moins grave, le pouvait.

II. ABROGATION, SANS REPRISE, DE L'ANCIEN ARTICLE L. 625-2, ALINÉA 2

La codification à l'ancien article L. 625-2, alinéa 2, de l'ancien article 186, alinéa 2, de la loi du 25 janvier 1985 était certainement malencontreuse, en ce sens que, depuis, la loi du 16 décembre 1992, dite d'harmonisation du code pénal, avait abrogé l'article 5, 5°, C. pén., permettant ainsi aux faillis de redevenir électeurs, de sorte que leur incapacité à être magistrat ou fonctionnaire était devenue très incertaine (J.-H. Robert, *Dr. pénal 2001, n° 36*). Plus que de simplement la « décodifier » (ce qui n'eût guère eu plus de sens que de le codifier), la loi du 26 juillet 2005 abroge donc opportunément cette disposition, fruit, selon l'expression d'un auteur, d'un « consternant exemple de paresse ou d'incapacité législatives » (F. Pérochon et R. Bonhomme, Entreprises en difficulté, Instruments de crédit, *LGDJ, 6e éd., 2003, n° 442*). Cet alinéa, qui ne faisait effectivement que reprendre l'article 105 de la loi du 13 juillet 1967, visait toutes sortes de déchéances professionnelles, civiques et honorifiques « secondaires » applicables avant l'entrée en vigueur de la loi de 1967 (V. B. Soinne, Traité des procédures collectives, *Litec, 2e éd., 1995, n° 2690*). Cette abrogation rend la faillite personnelle moins infamante. Elle s'inscrit dans un mouvement d'ensemble de la réforme qui tend à réajuster les mesures frappant les dirigeants à leur juste finalité : assainir le monde des affaires. Mais il demeure peut-être un problème, puisque les textes en question, eux, ne sont pas tous abrogés. Quoi qu'il en soit, désormais les incapacités électives relèvent du seul article L. 653-10 (sur la portée du changement, V. J.-H. Robert, Banqueroute et autres infractions : commentaire des dispositions pénales de la loi n° 2005-845 du 26 juillet 2005, *Dr. pénal 2005. Étude 15, n° 11*). ❑

1. Conformité à la Constitution. Pour le non-renvoi au Conseil constitutionnel d'une QPC, V. • Com. 1er juill. 2015, n° 15-40.014 : *Dr. sociétés 2015, n° 180, note Legros ; BJE 2015. 377, note Favario ; Gaz. Pal. 19 janv. 2016, p. 77, obs. Robaczewski.*

2. Portée de la L. du 26 juill. 2005. L'art. L. 653-2, substitué par la L. du 26 juill. 2005 à l'ancien art. L. 625-2, en ajoutant l'interdiction de gérer « toute entreprise ayant toute autre activité indépendante », a eu pour effet d'étendre le champ d'application de l'incrimination réprimant la violation de cette interdiction et constitue ainsi une disposition plus sévère (arrêt rendu sur le visa de l'art. 112-1 C. pén.). • Crim. 17 févr. 2016, n° 14-83.663 P : *D. 2016. Actu. 478 ; APC 2016, n° 70, obs. Mascala ; Dr. sociétés 2016, n° 69, note R. Salomon ; RPC 2016, n° 96, obs. Martin-Serf ; BJE 2016. 279, note Sordino.*

3. Sociétés étrangères. L'art. L. 625-2 [L. 653-2] C. com. ne circonscrit nullement la déchéance qu'il édicte aux seules sociétés françaises. • Douai, 22 sept. 2005 : *D. 2005. AJ 2677, obs. Lienhard ; APC 2006, n° 41, obs. Delattre.*

4. Acte de direction. Sur la question de savoir si la signature d'un bail commercial doit s'analyser comme un acte de direction d'une entreprise commerciale, V. • Civ. 3e, 27 janv. 1999 : *D. 1999. IR 63 ; D. Affaires 1999. 342 ; JCP E 1999, n° 18-19, p. 816, obs. Cabrillac ; RTD com. 1999. 432, obs. Champaud et Danet.*

5. Motivation de la décision. Il résulte de l'art. L. 653-2 que le tribunal qui prononce une mesure de faillite personnelle doit motiver sa décision, tant sur le principe que sur le *quantum* de la sanction, au regard de la gravité des fautes et de la situation personnelle de l'intéressé. • Com. 20 oct. 2021, n° 20-10.557 : *Rev. sociétés 2022. 54, obs. Pisoni ; RLDA janv. 2022, p. 14, obs. Gibirila ; Dr. sociétés 2022, n° 34, note Legros ; BJE 3-4/2022. 35, note Favario.*

Art. L. 653-3 *(L. n° 2005-845 du 26 juill. 2005, art. 134 ; Ord. n° 2010-1512 du 9 déc. 2010, art. 6-5°)* **« I. – Le tribunal peut prononcer la faillite personnelle de toute personne mentionnée au 1° du I de l'article L. 653-1, sous réserve des exceptions prévues au dernier alinéa du I du même article, contre laquelle a été relevé l'un des faits ci-après : »**

1° Avoir poursuivi abusivement une exploitation déficitaire qui ne pouvait conduire qu'à la cessation des paiements ;

(Abrogé par L. n° 2005-845 du 26 juill. 2005, art. 134) ***« 2° Avoir omis de tenir une comptabilité conformément aux dispositions légales ou fait disparaître tout ou partie des documents comptables ; »***

3° Avoir détourné ou dissimulé tout ou partie *(L. n° 2005-845 du 26 juill. 2005, art. 134)* **« de son actif » ou frauduleusement augmenté son passif.** – *[C. com., anc. art. L. 625-3.]*

(Ord. n° 2010-1512 du 9 déc. 2010, art. 6-5°) **« II. – Peuvent en outre, sous la même réserve, être retenus à l'encontre d'un entrepreneur individuel à responsabilité limitée** *(L. n° 2022-172 du 14 févr. 2022, art. 5, en vigueur le 15 mai 2022)* **« ou d'un entrepreneur individuel relevant du statut défini à la section 3 du chapitre VI du titre II du livre V » les faits ci-après :**

« (Abrogé par L. n° 2019-486 du 22 mai 2019, art. 7) ***« 1° Avoir disposé des biens du patrimoine visé par la procédure comme s'ils étaient compris dans un autre de ses patrimoines ; »***

« 2° Sous le couvert de l'activité *(L. n° 2022-172 du 14 févr. 2022, art. 5, en vigueur le 15 mai 2022)* **« ou du patrimoine visés » par la procédure masquant ses agissements, avoir fait des actes de commerce dans un intérêt autre que celui de cette activité** *(L. n° 2022-172 du 14 févr. 2022, art. 5, en vigueur le 15 mai 2022)* **« ou de ce patrimoine » ; »**

(L. n° 2022-172 du 14 févr. 2022, art. 5, en vigueur le 15 mai 2022) **« 3° Avoir fait des biens ou du crédit de l'entreprise ou du patrimoine visés par la procédure un usage contraire à l'intérêt de cette entreprise ou de ce patrimoine à des fins personnelles ou pour favoriser une personne morale ou une entreprise dans laquelle il était intéressé, directement ou indirectement, ou un patrimoine distinct lui appartenant. »**

Pour les dispositions transitoires de la L. n° 2022-172 du 14 févr. 2022, V. note ss. art. L. 611-13.

V. art. R. 653-1, R. 653-3 et R. 661-1.

BIBL. ▶ J.-F. Barbièri, *Journ. sociétés 4/2011. 42* (poursuite abusive d'une exploitation déficitaire).

COMMENTAIRE

I. DÉLAI POUR PRONONCER LA FAILLITE PERSONNELLE

De même qu'aux articles L. 653-4 et L. 653-5, la loi de 2005 a supprimé la précision selon laquelle la décision peut être prononcée « à toute époque de la procédure ». Sur le fondement du texte ancien (les anciens art. L. 625-3, L. 625-4 et L. 625-5), la jurisprudence avait posé comme seule limite temporelle la nécessité d'une saisine du tribunal antérieure à l'acquisition de la force de chose jugée du jugement de clôture de la procédure, ce qui n'empêchait pas le tribunal de prononcer la mesure postérieurement (V. note 12 ss. art. L. 653-1 et note 1 ss. art. L. 653-3). La situation pouvait s'avérer gênante, au regard de l'article 6, § 1, de la Convention européenne des droits de l'homme, en ce sens qu'aucun délai de prescription n'était prévu, la prescription triennale de l'ancien article L. 624-5 n'étant pas applicable (Com. 25 oct. 1994 : *V. note 1 ss. anc. art. L. 624-5*). Un arrêt de cour d'appel a d'ailleurs jugé contraire à ce texte le prononcé d'une mesure d'interdiction de gérer onze ans après l'ouverture de la procédure (Caen, 7 févr. 2002 : *RDBF 2002, n° 147, obs. F.-X. Lucas*).

La difficulté est désormais résolue par le II de l'article L. 653-1 enfermant l'action dans une prescription triennale courant du jugement d'ouverture de la procédure. Il suffit que l'action soit engagée dans ce délai, sans que nécessairement le tribunal soit saisi avant son expiration (P.-M. Le Corre, Les sanctions dans l'avant-projet de réforme des entreprises en difficulté, *Gaz. Pal. 19-20 déc. 2003, p. 7, n° 26*). Selon la durée de la procédure, la décision pourra donc intervenir, dans cette limite, avant ou après la clôture.

II. PROFESSIONS LIBÉRALES

Voir sous l'article L. 653-1.

III. OMISSION DE COMPTABILITÉ OU DISPARITION DE DOCUMENTS COMPTABLES

On constate, par rapport à l'ancien article L. 625-3, la suppression du 2°. Suppression purement formelle, en ce sens que le cas se retrouve à l'article L. 653-5, 6°.

IV. EIRL - ENTREPRENEUR INDIVIDUEL

De même que l'ordonnance du 9 décembre 2010 a étendu l'action en responsabilité pour insuffisance d'actif à l'entrepreneur individuel à responsabilité limitée (V. art. L. 651-2), elle a institué des cas de faillite personnelle dédiés à l'EIRL. Les manquements prévus, à cet égard, par le nouveau II de l'article L. 653-3 n'étaient que la transposition à l'EIRL des trois premiers cas énoncés par l'article L. 653-4 pour les dirigeants de société. L'objectif recherché est donc de sanctionner le fait, pour l'entrepreneur individuel à responsabilité limitée, d'avoir appauvri le patrimoine visé par la procédure au profit d'un autre de ses patrimoines, en vue de satisfaire un intérêt personnel. Mais les sanctions étant apparues trop sévères, la loi PACTE du 22 mai 2019, entre autres modifications du régime de l'EIRL, a supprimé le 1° du II, qui visait le fait d'« avoir disposé des biens du patrimoine visé par la procédure comme s'ils étaient compris dans un autre de ses patrimoines ». L'idée est ici, afin de favoriser le « rebond de l'EIRL », de supprimer le risque de faillite personnelle ou d'interdiction de gérer au titre de fautes commises sans intention frauduleuse.

Ultérieurement, la loi du 14 février 2022 en faveur de l'activité professionnelle indépendante, applicable à compter du 15 mai 2022, qui a substitué à l'option pour le statut de l'entrepreneur individuel à responsabilité limitée (EIRL) une protection de plein droit du patrimoine personnel, seul le patrimoine professionnel étant engagé, est venue modifier le texte afin de l'adapter aux entrepreneurs individuels soumis au nouveau statut (V. comm. (III) ss. art. L. 651-2).

1. Délai pour prononcer la décision (jurispr. antérieure à la L. du 26 juill. 2005). V. note 12 ss. art. L. 653-1. ♦ Les art. 187 et 188 [C. com., anciens art. L. 625-3 et L. 625-4] permettant au tribunal de prononcer dans certains cas la faillite personnelle à toute époque de la procédure, ne le privent pas d'arrêter sa décision à cet égard après l'issue de celle-ci, dès lors que c'est à ce moment que les agissements du dirigeant social sont le plus clairement et le plus complètement révélés. En effet, aucun délai de prescription particulier n'est prévu par la L. du 25 janv. 1985 ou son décret d'application en ce qui concerne les sanctions. • Paris, 12 juin 1991 : *BICC 1992, n° 327.* ♦ La loi ne retire pas au tribunal le pouvoir de statuer sur les sanctions après la clôture des opérations de liquidation judiciaire. • Paris, 8 févr. 1994 : *D. 1994. IR 79. – Contra :* • Aix-en-Provence, 17 mars 1994 : *D. 1994. IR 117* • Basse-Terre, 10 mai 1999 : *RPC 2000. 224, obs. Barret.* ♦ Si une juridiction antérieurement saisie peut certainement statuer postérieurement à la clôture de la procédure, cette formulation suppose que la sanction soit demandée alors que la procédure est encore en cours. La demande de sanction fondée sur des faits antérieurs à la seconde procédure collective ouverte après résolution du plan de continuation est donc irrecevable. • Toulouse, 8 avr. 1999 : *JCP E 1999, n° 40, p. 1560 ; RJ com. 2000. 221, note Regnaut-Moutier ; RPC 2000. 224, obs. Barret.* ♦ V. aussi note 13 ss. art. L. 653-1.

Comp., désormais : art. L. 653-1, II, dans sa réd. issue de L. n° 2005-845 du 26 juill. 2005, prévoyant une prescription de trois ans à compter du jugement d'ouverture.

2. Poursuite abusive d'une exploitation déficitaire. La faillite personnelle ne peut être prononcée pour avoir poursuivi l'exploitation du fonds de commerce au-delà de la période de trois mois fixée par un jugement postérieur au jugement d'ouverture. • Pau, 24 juin 1998 : *Cah. jurispr. Aquitaine 1999, n° 4991.* ♦ Le jugement de report de la date de cessation des paiements faisant seulement apparaître que les créanciers institutionnels n'étaient plus payés, le caractère abusif d'une poursuite d'exploitation qui ne pouvait conduire qu'à la cessation des paiements n'est pas démontré. • Même arrêt.

3. Comptabilité (jurispr. antérieure à la L. du 26 juill. 2005). Le caractère incomplet de la comptabilité la rend non conforme aux dispositions légales. • Com. 12 avr. 2005, n° 02-19.451 P : *D. 2005. AJ 1351, obs. Lienhard ; BJS 2005. 1209, note Granier ; Defrénois 2005. 1928, obs.*

Gibirila. – *Contra*, auparavant • Paris, 25 sept. 1990 : *D. 1990. IR 229* • Rouen, 1er avr. 1999 : *RPC 2000. 226, obs. Barret*. ♦ L'existence de pièces permettant de reconstituer une comptabilité n'équivaut pas à l'existence même de cette comptabilité. • Riom, 13 mars 1991 : *Gaz. Pal. 1992. 2. Somm. 537*. ♦ Le grief de défaut de tenue de comptabilité en conformité avec les prescriptions légales n'est pas caractérisé lorsque le commerçant établit que l'expert-comptable chargé de la tenue de la comptabilité, bien que payé de ses honoraires, n'a pas rempli sa mission et qu'il a dû procéder à son remplacement. • Aix-en-Provence, 3 sept. 1998 : *RPC 2000. 67, obs. Bach*. ♦ V. aussi note 5 ss. ancien art. L. 625-4.

4. Pluralité de griefs. La faillite personnelle peut être prononcée dès lors qu'un seul des faits prévus par les art. L. 625-3 et L. 625-5 C. com. dans leur rédaction antérieure à la loi du 26 juill. 2005 est établi. Toutefois, si la sanction infligée relève de l'appréciation souveraine des juges du fond, il importe, lorsque plusieurs faits sont retenus, que chacun d'entre eux soit légalement justifié. • Com. 1er déc. 2009, n° 08-17.187 P : *D. 2010. AJ 7, obs. Lienhard ; Rev. sociétés 2010. 256, note Morelli ; JCP 2010. 55, note Roussel Galle ; JCP E 2010. 1115, note Lebel ; ibid. 1296, n° 15, obs. Pétel ; APC 2010, n° 31, obs. Vallansan ; DP diff. entr., Bull. n° 310, p. 4005, obs. Rémery ; LPA 18 févr. 2010, note Teboul ; RJDA 2010, n° 275 ; BJS 2010. 256, note Le Corre ; Gaz. Pal. 16-17 avr. 2010, p. 46, obs. Montéran ; RPC 2010, n° 119, obs. Martin-Serf ; Defrénois 2010. 1487, obs. Gibirila ; RJ com. 2010. 194, note Messaï-Bahri*. – V. Gibirila, *RJDA 2010. 211*.

5. Fautes commises en qualité de dirigeant social. En ce sens qu'un commerçant ne peut être condamné à la faillite personnelle dans le cadre d'une procédure collective ouverte à son encontre en tant que personne physique pour des fautes commises en qualité de dirigeant de sociétés mises en liquidation judiciaire, V. • Com. 13 mai 2003 : *Dr. sociétés 2004, n° 25, note Legros ; RTD com. 2004. 607, obs. Mascala ; RPC 2005. 161, obs. O. Barret*.

6. Résolution du plan de redressement. Pour prononcer la faillite personnelle ou l'interdiction de gérer, le juge peut, en cas de résolution du plan de redressement, retenir des faits postérieurs à la décision arrêtant ce plan et antérieurs à celle ouvrant, après sa résolution, une procédure de liquidation judiciaire. • Com. 16 sept. 2014 : *RJDA 2014, n° 858 ; BJE 2015. 38, note Lasserre Capdeville ; RPC 2015, n° 69, obs. Martin-Serf*.

Art. L. 653-4 *(Ord. n° 2008-1345 du 18 déc. 2008, art. 135)* **Le tribunal peut prononcer la faillite personnelle de tout dirigeant, de droit ou de fait, d'une personne morale, contre lequel a été relevé l'un des faits ci-après :**

1° Avoir disposé des biens de la personne morale comme des siens propres ;

2° Sous le couvert de la personne morale masquant ses agissements, avoir fait des actes de commerce dans un intérêt personnel ;

3° Avoir fait des biens ou du crédit de la personne morale un usage contraire à l'intérêt de celle-ci à des fins personnelles ou pour favoriser une autre personne morale ou entreprise dans laquelle il était intéressé directement ou indirectement ;

4° Avoir poursuivi abusivement, dans un intérêt personnel, une exploitation déficitaire qui ne pouvait conduire qu'à la cessation des paiements de la personne morale ;

5° Avoir détourné ou dissimulé tout ou partie de l'actif ou frauduleusement augmenté le passif de la personne morale.

L'art. L. 653-4 est applicable aux procédures en cours au jour de l'entrée en vigueur de l'Ord. n° 2008-1345 du 18 déc. 2008 [15 févr. 2009] (Ord. préc., art. 173).

V. art. R. 653-1, R. 653-3 et R. 661-1.

Ancien art. L. 653-4 *[réd. issue de L. n° 2005-845 du 26 juill. 2005]* ***Le tribunal peut prononcer la faillite personnelle de tout dirigeant, de droit ou de fait, d'une personne morale, qui a commis l'une des fautes mentionnées à l'article L. 652-1.*** – *[C. com., anc. art. L. 625-4.]*

COMMENTAIRE

I. CAS DE FAILLITE PERSONNELLE

Conséquence de la suppression de l'action en obligation aux dettes sociales, l'ordonnance du 18 décembre 2008 a dû réécrire l'article L. 653-4 pour inscrire directement les cas auparavant prévus par l'article L. 652-1, désormais abrogé, qui exposent les dirigeants au prononcé d'une faillite personnelle. Tout comme l'abrogation de ce dernier texte, cette modification « relais » est logiquement déclarée applicable aux procédures en cours au 15 février 2009 (art. 173 de l'Ord. du 18 déc. 2008).

Notons que la Cour de cassation a sensiblement étendu la notion d'augmentation frauduleuse du passif en y incluant le fait pour un dirigeant de soustraire volontairement sa société à l'impôt en France, provoquant ainsi un redressement fiscal à l'origine d'une augmentation des charges de celle-ci et de la cessation de ses paiements (Com. 29 avr. 2014 : *cité note 4*).

II. DÉLAI POUR PRONONCER LA FAILLITE PERSONNELLE

Comme à l'article L. 653-3, la loi du 26 juillet 2005 a supprimé la précision selon laquelle la décision peut être prononcée « à toute époque de la procédure ». Par ailleurs, de même qu'à l'article L. 651-2, a disparu la mention « rémunéré ou non » afférente aux dirigeants (que prévoyait l'anc. art. L. 625-4), précision qui était dénuée de toute portée. ❑

1. Seuls des faits antérieurs au jugement d'ouverture de la procédure collective peuvent justifier le prononcé de la faillite personnelle ; les faits reprochés qui ont eu lieu le jour même de l'ouverture de la procédure collective sont nécessairement postérieurs à celle-ci, dès lors que le jugement d'ouverture prend effet le jour de son prononcé à 0 heure. • Com. 23 oct. 2019, n° 18-12.181 P : *D. 2019. Actu. 2087 ; Rev. sociétés 2019. 787, obs. Roussel Galle ; APC 2019, n° 268, obs. Petit ; LEDEN 12/2019. 6, obs. Cavelier ; Dr. sociétés 2020, n° 10, note Legros ; BJS 2/2020. 37, note Mouial-Bassilana ; RJDA 2020, n° 100 ; RPC 2020, n° 78, obs. Martin-Serf.*

2. Il résulte des art. L. 653-4, 3°, et L. 653-8, que la faillite personnelle ou l'interdiction de gérer peut sanctionner le dirigeant qui fait des biens ou du crédit de la personne morale un usage contraire à l'intérêt de celle-ci à des fins personnelles ou pour favoriser une autre personne morale ou entreprise dans laquelle il était intéressé directement ou indirectement, sans qu'il soit exigé, en outre, que cet usage soit à l'origine de la résolution du plan dont la personne morale bénéficiait et de sa liquidation judiciaire. • Com. 18 mai 2022, n° 20-22.245 : *RJDA 2022, n° 500 ; Dr. sociétés 2022, n° 112, note Legros ; BJE 9-10/2022. 33, note Favario.*

3. Le fait pour un dirigeant de poursuivre abusivement, dans un intérêt personnel, une exploitation déficitaire peut être caractérisé même lorsque la cessation des paiements est déjà survenue. • Com. 13 avr. 2022, n° 21-12.994 B : *D. 2022. Actu. 836 ; Rev. sociétés 2022. 379, obs. Henry ; JCP E 2022. 1370, n° 24, obs. Tehrani ; BJS 6/2022. 44, note Saintourens ; RJDA 2022, n° 427 ; BJE 7-8/2022. 24, note Favario.* ♦ Sur la nécessité de caractériser l'intérêt personnel du dirigeant contre lequel a été relevé le fait d'avoir poursuivi abusivement une exploitation déficitaire, V. • Com. 5 sept. 2018, n° 16-28.681 : *Dr. sociétés 2019, n° 71, note Legros.*

4. Justifie le prononcé d'une mesure de faillite personnelle fondée sur le grief d'augmentation frauduleuse du passif le fait de soustraire volontairement la société à l'impôt en France, dont il est résulté un redressement fiscal ayant entraîné une augmentation des charges de la société et la cessation de ses paiements. • Com. 29 avr. 2014, n° 13-12.536 P : *D. 2014. Chron C. cass. 2204, obs. Lecaroz ; ibid. Pan. 1572, obs. Mascala ; Rev. sociétés 2014. 404, obs. Roussel Galle ; DP diff. entr., Bull. n° 359, obs. Rémery ; JCP E 2014. 1447, n° 11, obs. Pétel ; LEDEN 6/2014. 5, obs. Favario ; RJDA 2014, n° 659 ; BJE 2014. 316, note Le Mesle ; Dr. sociétés 2014, n° 152, note Legros ; RPC 2014, n° 179, obs. Martin-Serf.*

5. La persistance d'une position débitrice du compte courant d'associé pendant deux ans caractérise un détournement d'une partie de l'actif au sens de l'art. L. 653-4, 5°. • Toulouse, 21 juin 2011 : *RJDA 2012, n° 78.* ♦ En revanche, le fait que le dirigeant ait, peu de temps après l'ouverture de la procédure de liquidation judiciaire de la société, créé une nouvelle entreprise en nom propre pour l'exercice d'une activité semblable à celle de la société liquidée ne suffit pas à caractériser un détournement d'actif. • Paris, 24 mars 2016, n° 15/14227 : *RJDA 2016, n° 805.*

6. Le remboursement d'un compte courant d'associé ne peut être qualifié de détournement d'actif pour l'application de l'art. L. 653-4, 5°. • Com. 20 oct. 2021, n° 20-15.736 : *Rev. sociétés 2021. 687, note Couret ; BJS 1/2022. 25, note Ilcheva ; RLDA janv. 2022, p. 14, obs. Gibirila ; BJE 1-2/2022. 31, note Favario ; Dr. sociétés 2022, n° 21, note Legros ; RJDA 2022, n° 103.*

Art. L. 653-5 (*L. n° 2005-845 du 26 juill. 2005, art. 136*) **Le tribunal peut prononcer la faillite personnelle de toute personne mentionnée à l'article L. 653-1 contre laquelle a été relevé l'un des faits ci-après :**

1° Avoir exercé une activité commerciale, artisanale ou agricole ou une fonction de direction ou d'administration d'une personne morale contrairement à une interdiction prévue par la loi ;

2° Avoir, dans l'intention d'éviter ou de retarder l'ouverture de la procédure de redressement judiciaire ou de liquidation judiciaire, fait des achats en vue d'une revente au-dessous du cours ou employé des moyens ruineux pour se procurer des fonds ;

3° Avoir souscrit, pour le compte d'autrui, sans contrepartie, des engagements jugés trop importants au moment de leur conclusion, eu égard à la situation de l'entreprise ou de la personne morale ;

4° Avoir payé ou fait payer, après cessation des paiements et en connaissance de cause de celle-ci, un créancier au préjudice des autres créanciers ;

5° Avoir, en s'abstenant volontairement de coopérer avec les organes de la procédure, fait obstacle à son bon déroulement ;

6° Avoir fait disparaître des documents comptables, ne pas avoir tenu de comptabilité lorsque les textes applicables en font obligation, ou avoir tenu une comptabilité fictive, manifestement incomplète ou irrégulière au regard des dispositions applicables ;

(Ord. n° 2014-326 du 12 mars 2014, art. 87, en vigueur le 1er juill. 2014) **« 7° Avoir déclaré sciemment, au nom d'un créancier, une créance supposée. »**

V. art. R. 653-1, R. 653-3 et R. 661-1.

BIBL. ▸ Delattre, *RPC 2010. Étude 15* (art. L. 653-5, 5°) ; *BJE 11-12/2024. 59* (caractérisation du défaut de tenue d'une comptabilité).

COMMENTAIRE

I. DÉLAI POUR PRONONCER LA FAILLITE PERSONNELLE

Comme à l'article L. 653-3, la loi du 26 juillet 2005 a supprimé la précision (qui figurait à l'anc. art. L. 625-5) selon laquelle la décision peut être prononcée « à toute époque de la procédure ».

II. ENTRAVE AU DÉROULEMENT DE LA PROCÉDURE

Le cas de faillite personnelle ajouté au 5° est une nouveauté de la loi de 2005. Son domaine est évidemment assez large. Quant aux procédures, il concerne aussi bien les obstructions commises en cas de redressement ou de liquidation judiciaire qu'en cas de sauvegarde ultérieurement convertie en l'une de ces deux autres procédures, mais sans doute pas l'hypothèse du débiteur qui, lors d'une conciliation préalable qui aurait échoué, n'aurait pas communiqué les renseignements utiles au conciliateur (V. art. L. 611-7, al. 2 ; P. Roussel Galle, Réforme du droit des entreprises en difficulté, *Litec, 2e éd., 2007, n° 846*). Ce nouveau cas de faillite personnelle (atypique, en ce sens que c'est le seul à sanctionner des faits commis postérieurement au jugement d'ouverture : D. Tricot, *auditions de la Commission des lois du Sénat, 22 déc. 2004*) permettra de traiter de manière adéquate le cas des personnes qui, sans avoir omis de tenir une comptabilité régulière, ne produisent les pièces qui leur sont demandées qu'avec un retard et une mauvaise volonté systématiques (comportement dont l'intervention du ministère public peut faciliter la caractérisation : V. Grenoble, 6 janv. 2011 : *JCP E 2011. 1576, note Delattre*). Ces cas, qui échappaient auparavant à la faillite personnelle (V. Com. 27 févr. 2007 : *cité note 5 ss. anc. art. L. 625-4*), étaient parfois traités par le juge pénal comme constitutifs d'une banqueroute, par un raisonnement par analogie – pourtant en principe exclu en matière pénale – par rapport au cas de comptabilité totalement absente (V. Crim. 19 janv. 2000 : *cité note 25 ss. art. L. 654-2* ; C. Mascala, Le dérapage de l'interprétation jurisprudentielle en droit des affaires, *D. 2004. 3050*).

Ainsi, les faits reprochés devront être suffisamment graves et procéder d'une réelle volonté d'entraver le déroulement de la procédure, à l'exclusion des simples négligences et omissions, pour que le prononcé de la faillite personnelle soit justifié. Mais, en fait, comme cela a été relevé, les liquidateurs possédaient déjà les moyens de faire condamner les débiteurs « obstructionnistes », que ce fût pour déclaration tardive de la cessation des paiements ou absence de comptabilité déduite de l'absence de communication de celle-ci au mandataire (P.-M. Le Corre, Les sanctions dans l'avant-projet de réforme des entreprises en difficulté, *Gaz. Pal. 19-20 déc. 2003, p. 7, n° 18*).

III. IRRÉGULARITÉS COMPTABLES

Le 6° reprend, en les regroupant et en les rendant désormais passibles de la faillite personnelle, les deux cas de graves irrégularités comptables que sanctionnait, jusqu'à la réforme de 2005, l'ancien article L. 624-5 au titre des cas d'ouverture d'une procédure contre le dirigeant (V. ss. l'art. L. 652-1). Cette disposition a été déclarée conforme à la Constitution par une décision du Conseil constitutionnel du 29 septembre 2016 (V. note 3).

IV. DÉCLARATION D'UNE CRÉANCE SUPPOSÉE

Le nouveau cas de faillite personnelle ajouté par l'ordonnance du 12 mars 2014 à l'article L. 653-5, 7°, réservé au débiteur ayant « déclaré sciemment, au nom d'un créancier, une créance supposée », doit se lire en complément de la précision, apportée à l'article L. 622-24, alinéa 3, selon laquelle « lorsque le débiteur a porté une créance à la connaissance du mandataire judiciaire, il est présumé avoir agi pour le compte du créancier tant que celui-ci n'a pas adressé la déclaration de créance prévue au premier alinéa ». Ce cas était déjà (et demeure) passible de banqueroute, s'agissant de l'acte d'un créancier (V. art. L. 654-9, 2°). ❑

1. Personnes visées. Le cogérant d'une SARL ne saurait, au seul motif que sa nomination n'a pas été publiée au registre du commerce, soutenir que le défaut de publicité, qu'il lui appartenait d'ailleurs d'accomplir, suffirait à démontrer qu'il n'a pas géré la société et le ferait échapper ainsi à la sanction. • Paris, 26 sept. 1989 : *D. 1991. Somm. 116, obs. Derrida*.

2. Selon l'art. L. 123-9 C. com., la personne assujettie à immatriculation ne peut, dans l'exercice de son activité, opposer aux tiers les faits et actes sujets à mention que si ces derniers ont été publiés au registre du commerce et des sociétés ; néanmoins, l'inopposabilité ne concerne pas les faits et actes qui permettent de prononcer sa faillite personnelle sur le fondement des art. L. 653-4 et L. 653-5. • Com. 23 mai 2024, n° 22-21.656 : *RJDA 2024, n° 481 ; LEDEN 7/2024. 6, obs. Watrin ; Dr. sociétés 2024, n° 123, note Legros.* ♦ Par suite, viole ce texte une cour d'appel qui, pour condamner l'ancien dirigeant d'une société en liquidation judiciaire à une mesure de faillite personnelle, retient que, quand bien même celui-ci avait démissionné de ses fonctions de gérant de droit, le fait que les formalités de publicité de cette démission n'aient pas été accomplies la rendait inopposable aux tiers, alors que la démission du dirigeant, qui était intervenue avant les faits qui lui étaient reprochés, n'était pas contestée. • Même arrêt. ♦ V. aussi • Paris, 3e ch. A, 15 mai 1990 : *D. 1991. Somm. 116, obs. Derrida* • 13 nov. 1990 : *D. 1991. Somm. 112, obs. Derrida* • 20 nov. 1990 : *D. 1991. IR 35*.

3. Comportements répréhensibles. V., sanctionnant, sur le fondement de l'art. 189 (1) [C. com., art. L. 653-5, 1°], un notaire ayant exercé une fonction de président de conseil d'administration, contrairement à l'interdiction prévue par le Décr. du 19 déc. 1945, • Com. 10 oct. 1995, n° 91-21.748 P : *D. 1995. IR 244 ; D. Affaires 1995. 162.* ♦ En revanche, le fait, par un dirigeant, d'avoir exercé une activité dans un établissement public, sans obtenir de dérogation pour continuer à diriger une entreprise privée, ne permet pas de lui appliquer l'art. 189 (1) [C. com., art. L. 653-5, 1°]. • Com. 14 oct. 1997 : *D. Affaires 1997. 1362.*

V., sanctionnant des faits répondant à la définition de l'art. 189 (2) [C. com., art. L. 653-5, 2°], • Com. 22 juin 1993, n° 91-14.566 P • 28 janv. 2004 : *RJDA 2004, n° 873* • Paris, 19 mars 1993 : *Gaz. Pal. 1994. 1. Somm. 225.*

La sanction de faillite personnelle ne peut être infligée au gérant d'une SARL, pour avoir pris un risque inconsidéré et disproportionné aux capacités de l'entreprise en concluant deux contrats très importants de sous-traitance : • Paris, 29 oct. 1991 : *D. 1992. IR 54.*

En revanche, justifie le prononcé d'une mesure de faillite personnelle, sur le fondement de l'art. L. 625-5 [L. 653-5] (3°) C. com., le fait, pour un exploitant à titre individuel, d'avoir consenti à son conjoint et à ses deux enfants des contrats de travail non justifiés par l'activité réelle de l'entreprise tandis que les résultats de celle-ci ne lui permettaient pas d'en supporter la charge. • Com. 28 sept. 2004 : *RJDA 2005, n° 310.*

Le remboursement d'un compte courant d'associé ne peut être qualifié de paiement préférentiel au sens de l'art. L. 653-5, 4°, dès lors qu'il est intervenu avant la date de cessation des paiements. • Com. 20 oct. 2021, n° 20-15.736 : *cité note 6 ss. art. L. 653-4.* ♦ S'agissant d'un paiement intervenu alors que le débiteur était sous mandat *ad hoc*, il a été jugé qu'en matière de paiement préférentiel, l'état de cessation des paiements n'est pas dicté par la date fixée par le jugement d'ouverture de la procédure collective. • Paris, 1er déc. 2015, n° 15/03698 : *RJDA 2016, n° 312.*

L'art. L. 653-5, 5°, n'exige pas que soit établie l'intention d'entraver la procédure. • Com. 16 sept. 2014 : *LEDEN 11/2014. 6, obs. Favario ; BJE 2014. 379, note Lasserre Capdeville ; Dr. sociétés 2015, n° 74, note Legros.* ♦ Sur la caractérisation de l'absence de coopération du débiteur avec les organes de la procédure, V. • Com. 20 avr. 2017, n° 15-21.741 : *RJDA 2017, n° 576* • 17 oct. 2018, n° 17-14.127 : *LEDEN 12/2018. 5, obs. Cavelier* • 1er juill. 2020, n° 18-25.931 : *RJDA 2020, n° 589 ; Gaz. Pal. 15 déc. 2020, p. 80, obs. Laroche ; RPC 2021, n° 87, obs. Martin-Serf* • Douai, 26 mai 2016, n° 15/04967 : *JCP E 2016. 1682, note Delattre.*

Pour la conformité à la Constitution de l'art. L. 653-5-6°, V. • Cons. const. 29 sept. 2016, n° 2016-570 QPC : *D. 2016. Actu. 1925 ; Rev. sociétés 2016. 755, note Matsopoulou ; ibid.*

770, obs. Roussel Galle ; *JCP E 2016. 1632, note Cerf-Hollender ; BJS 2016. 738, note Saintourens ; Journ. sociétés 11/2016. 43, obs. Brignon ; RJDA 2017, n° 40 ; Gaz. Pal. 10 janv. 2017, p. 80, obs. Robaczewski ; RPC 2017, n° 91, obs. Martin-Serf.*

Il résulte de l'art. L. 653-5, 6°, que le fait de n'avoir pas tenu de comptabilité ne peut être sanctionné par une mesure de faillite personnelle ou d'interdiction de gérer que si les textes applicables font obligation de tenir une comptabilité. • Com. 29 sept. 2021, n° 19-25.112 B : *D. 2021. Actu. 1765* ; *BJE 11-12/2021. 20, note Mascala ; BJS 12/2021. 41, note Favario ; APC 2021, n° 265, obs. Cerf-Hollender ; Gaz. Pal. 14 déc. 2021, p. 72, obs. Grundeler ; RJDA 2022, n° 33 ; JCP E 2022. 1010, n° 19, obs. Tehrani ; Dr. sociétés 2022, n° 8, note Legros ; RPC 2022, n° 48, obs. Martin-Serf.*

Le défaut de comptabilité analytique ne saurait caractériser le grief visé à l'art. L. 653-5-6°. • Paris, 19 févr. 2019, n° 17/14920 : *BJS 7-8/2019. 66, note Favario ; Dr. sociétés 2019, n° 134, note Legros.*

4. Énumération limitative. Les causes de faillite personnelle sont strictement énumérées par la L. du 25 janv. 1985. L'art. 189 [C. com., art. L. 653-5] ne pose aucune mesure de faillite personnelle contre un commerçant créant une activité personnelle au cours d'une procédure de liquidation judiciaire dont il fait l'objet. • Com. 17 mars 1998 : *D. Affaires 1998. 915.* ♦ Comp. désormais : art. L. 641-9, III. ♦ De même, l'insuffisance d'actif ne constitue pas l'un des faits visés par les art. 188 et 189 [C. com., art. L. 653-4 et L. 653-5] et, même importante, elle ne peut servir à elle seule de fondement à une interdiction professionnelle. • Paris, 29 mai 1990 : *D. 1990. IR 162.* ♦ Le dirigeant qui a omis de demander l'ouverture d'une procédure de redressement ou de liquidation judiciaire dans le délai de quarante-cinq jours à compter de la cessation des paiements ne peut être condamné qu'à une mesure d'interdiction de gérer. • Com. 12 juin 2019, n° 16-25.025 : *RPC 2020, n° 76, obs. Martin-Serf* • 12 janv. 2022, n° 19-25.230 : *JCP E 2022. 1232, note Delattre ; Dr. sociétés 2022, n° 97, note Legros ; RPC 2022, n° 116, obs. Martin-Serf.*

5. Pluralité de griefs. V. note 4 ss. art. L. 653-3.

6. Mesure facultative. Il résulte de l'art. 189 [C. com., art. L. 653-5] que le juge a la faculté de ne pas prononcer la faillite personnelle du dirigeant contre lequel il a relevé des faits qui y sont mentionnés. • Com. 23 mai 2000 : *APC 2000, n° 155.*

7. Violation de l'interdiction. V. art. L. 654-15 et notes ss. cet art.

Art. L. 653-6 Le tribunal peut prononcer la faillite personnelle du dirigeant de la personne morale *(L. n° 2022-172 du 14 févr. 2022, art. 5, en vigueur le 15 mai 2022)* **« , de l'entrepreneur individuel à responsabilité limité ou l'entrepreneur individuel relevant du statut défini à la section 3 du chapitre VI du titre II du livre V »** *(Ord. n° 2010-1512 du 9 déc. 2010, art. 6-6°)* **« qui n'ont pas acquitté les dettes mises à leur charge en application de l'article L. 651-2 ».** – *[C. com., anc. art. L. 625-6.]*

Pour les dispositions transitoires de la L. n° 2022-172 du 14 févr. 2022, V. note ss. art. L. 611-13.

V. art. R. 653-1, R. 653-3 et R. 661-1.

BIBL. ▸ DELATTRE, *RPC 2012. Étude 42.*

COMMENTAIRE

Une difficulté pratique découle, depuis la réforme de 2005, s'agissant de la mise en œuvre de l'article L. 653-6, du point de départ de la prescription triennale de l'action en prononcé de la faillite personnelle, fixé au jour d'ouverture de la liquidation judiciaire, qui risque souvent de rendre l'action impossible (V. A. Lienhard, Aubaine pour le dirigeant condamné, *in* Mél. J.-H. Robert, *LexisNexis, 2012, p. 431* ; pour un exemple, V. Versailles, 24 sept. 2015, n° 15/03435 : *BRDA 21/2015, n° 11*, dans lequel les juges n'ont pas retenu l'application de l'art. 2234 C. civ., suspendant la prescription en cas d'impossibilité d'agir). L'avant-projet d'ordonnance de 2014 avait prévu de corriger cette malfaçon en fixant, à l'article L. 653-6, le point de départ de l'action au jour où la décision rendue en application de l'article L. 651-2 a acquis force de chose jugée. Mais cette disposition n'a finalement pas été reprise dans le texte de l'ordonnance du 12 mars 2014. Elle le sera avec la modification en ce sens de l'article L. 653-1, II, opérée par la loi du 18 novembre 2016. Cette loi n'est pas applicable aux procédures en cours au jour de sa publication. Mais une évolution de jurisprudence opérée par la Cour de cassation aboutit au même résultat, puisqu'un arrêt (non publié) du 7 novembre 2018 a jugé qu'un liquidateur est dans l'impossibilité d'agir aux fins de prononcé de la faillite personnelle d'un dirigeant qui n'a pas acquitté les dettes mises à sa charge en application de l'article L. 651-2 tant qu'une décision prononçant la condamnation de ce dirigeant à supporter tout ou partie de l'insuffisance d'actif n'est pas devenue exécutoire (Com. 7 nov. 2018 : *cité note 8 ss. art. L. 653-1*), solution qui peut s'autoriser tant du droit commun de la prescription de l'article 2234 du code civil que du droit d'agir en justice consacré par l'article 6 de la Convention européenne des droits de l'homme (V. L. Fin-Langer, *APC 2018, n° 282*).

Après l'ordonnance du 18 décembre 2008, c'est la portée active même de l'article L. 653-6 qui était discutée par certains, dans la mesure où la nouvelle rédaction de l'article L. 651-2 ne vise plus « les dettes de la personne morale » mais le montant de « l'insuffisance d'actif ». Mais, comme l'ordonnance du 9 décembre 2010 a adapté les cas de faillite personnelle à l'entrepreneur individuel à responsabilité limitée (V. art. L. 653-3), elle a logiquement modifié le texte de l'article L. 653-6 pour le rendre applicable à l'EIRL. Et, ce faisant, elle a rétabli, à partir du 1er janvier 2011, la cohérence avec l'article L. 651-2 (F. Pérochon, Entreprises en difficulté, *LGDJ, 10e éd., 2014, nos 1720 et 1721*). Ultérieurement, la loi du 14 février 2022 en faveur de l'activité professionnelle indépendante, applicable à compter du 15 mai 2022, qui a substitué à l'option pour le statut de l'entrepreneur individuel à responsabilité limitée (EIRL) une protection de plein droit du patrimoine personnel, seul le patrimoine professionnel étant engagé, a modifié le texte afin de viser également les entrepreneurs individuels soumis au nouveau statut. ❑

1. L'art. 190 [C. com., art. L. 653-6] n'est applicable que dans le cas où le dirigeant, condamné en application de l'art. 180 [C. com., art. L. 651-2] à supporter tout ou partie des dettes de la personne morale, s'est abstenu d'en régler le montant (et non dans le cas d'une procédure d'extension au dirigeant avec mise à sa charge du passif de la personne morale). • Com. 6 janv. 1998, n° 95-11.544 P : *D. Affaires 1998. 255, obs. J. F. ; JCP E 1998, n° 17, p. 659, obs. Pétel ; BJS 1998. 367, note Calendini ; LPA 6 août 1999, p. 27, note Teilliais.*

2. Sur l'autonomie du cas de faillite personnelle prévu par l'art. L. 653-6 et l'opportunité de prononcer cette mesure à l'encontre d'un dirigeant insolvable, V. • Grenoble, 19 sept. 2013 : *JCP E 2014. 1070, note Delattre.*

3. Sur la prescription de l'action, V. note 8 ss. art. L. 653-1.

Art. L. 653-7 *(L. n° 2005-845 du 26 juill. 2005, art. 137)* **Dans les cas prévus aux articles L. 653-3 à L. 653-6 et L. 653-8, le tribunal est saisi par le mandataire judiciaire, le liquidateur ou le ministère public.**

Dans l'intérêt collectif des créanciers, le tribunal peut également être saisi à toute époque de la procédure par la majorité des créanciers nommés contrôleurs lorsque le mandataire de justice ayant qualité pour agir n'a pas engagé les actions prévues aux mêmes articles, après une mise en demeure restée sans suite dans un délai et des conditions fixés par décret en Conseil d'État. – *V. art. R. 653-2.*

(Abrogé par Ord. n° 2014-326 du 12 mars 2014, art. 86, à compter du 1er juill. 2014) ***« Le juge-commissaire ne peut ni siéger dans la formation de jugement, ni participer au délibéré. »*** – *V. l'art. L. 662-7 qui reprend désormais cette disposition.*

L'art. L. 653-7 est applicable aux procédures en cours au jour de l'entrée en vigueur de la L. n° 2005-845 du 26 juill. 2005 [1er janv. 2006] (L. préc., art. 191).

COMMENTAIRE

L'article L. 653-7 constitue, quant à la saisine du tribunal en matière de faillite personnelle, l'exact pendant de l'article L. 651-3 en matière de sanctions patrimoniales. Il consacre donc, ici aussi, le rôle supplétif des créanciers contrôleurs, encadré par la loi et le décret (V. ss. cet art. ; V. art. R. 653-2), mais critiqué par certains qui ne voient pas bien l'intérêt à agir d'un créancier en matière de sanctions personnelles (T. Montéran, Observations sur l'avant-projet de loi de sauvegarde des entreprises, *Gaz. Pal. 10-11 déc. 2003, p. 2*). Et, de fait, il s'avérera que cette faculté est rarement mise en œuvre (pour une application, V. cep. Lyon, 22 juin 2012 : *JCP E 2013. 1193, note Delattre*).

On constate deux petites différences toutefois, par rapport à l'article L. 651-3, qui s'expliquent facilement. D'abord, le dernier alinéa de l'article L. 651-3, relatif aux frais de justice, sans objet s'agissant de sanction personnelle, n'a évidemment pas d'équivalent à l'article L. 653-7. Ensuite, les créanciers contrôleurs ne peuvent, ici, agir qu' « à toute époque de la procédure ». Ce dont il faut déduire, *a contrario* et au vu de la rédaction de l'article L. 653-1 (II), que les contrôleurs sont enfermés, quant à eux, dans une double limite temporelle. A l'égal des autres personnes habilitées à agir, ils sont soumis à la prescription de trois ans prévue par l'article L. 653-1 (II). Mais, de plus, et cela – un peu bizarrement en apparence – à l'instar de la situation commune avant la réforme, ils devront saisir le tribunal avant que le jugement de clôture ne soit passé en force de chose jugée (V. ss. art. L. 653-3). Ces deux conditions sont nécessairement cumulatives. Ce traitement particulier, sur lequel les travaux parlementaires sont totalement muets, tient vraisemblablement au fait que la mission des contrôleurs prend fin avec la procédure.

Ces dispositions étaient applicables aux procédures en cours le 1er janvier 2006, jour de l'entrée en vigueur de la loi du 26 juillet 2005 (art. 191, 6°). A ce sujet, la circulaire d'application du 9 janvier 2006 a précisé que le rapport du juge-commissaire n'est pas prévu pour les procédures en cours alors qu'il est devenu obligatoire, en vertu de l'article 348 du décret, désormais codifié à l'article R. 653-2, pour les procédures ouvertes après le 1er janvier 2006 (V. Circ. 9 janv. 2006). Par ailleurs, comme l'a jugé la cour d'appel d'Aix-en-Provence par un arrêt du 13 avril 2006, s'agissant de la suppression de la saisine d'office, l'application aux procédures en cours ne saurait invalider les saisines d'office intervenues avant le 1er janvier 2006, fût-ce dans une procédure encore en cours à cette date. Cette solution a été confirmée par la Cour de cassation à propos des ouvertures de procédures-sanctions antérieures à cette date (V. Com. 16 mai 2006 : *cité note 31 ss. anc. art. L. 624-5*). En revanche, bien évidemment, s'agissant des saisines ultérieures, l'irrégularité entraîne la nullité du jugement (V., par ex., Paris, 3e ch. A, 18 sept. 2007, RG n° 2005L02600).

L'ordonnance du 18 décembre 2008 avait apporté une petite retouche au dernier alinéa, pour donner une portée générale à l'interdiction faite au juge-commissaire de siéger dans la formation de jugement et de participer au délibéré. Mais cette disposition a ultérieurement été transférée par l'ordonnance du 12 mars 2014, qui en a généralisé la portée, à l'article L. 662-7. ❑

1. *Saisine du tribunal.* L'art. L. 653-7, dans sa rédaction résultant de la L. du 26 juill. 2005, ne peut trouver à s'appliquer en cause d'appel, dès lors qu'après une décision régulière du tribunal l'application aux procédures en cours des nouvelles modalités de saisine du tribunal issues de la L. du 26 juill. 2005 n'a pas pour effet de remettre en cause les décisions antérieures, sauf à en faire une application rétroactive. • Colmar, 9 mai 2006 : *RPC 2007. 93, obs. O. Barret.*

2. *Participation du juge-commissaire au jugement.* V. art. L. 662-7 et note 2 ss. art. L. 651-3.

3. *Droit à un procès équitable.* L'exigence d'un procès équitable, issue de l'art. 6 Conv. EDH, n'implique pas le droit pour la personne contre qui il est demandé le prononcé d'une sanction professionnelle, ou pour son avocat, d'avoir la parole en dernier avant la clôture des débats. • Com. 29 sept. 2021, n° 19-25.112 B : *cité note 3 ss. art. L. 653-5 ; JCP E 2021. 1485, note Delattre ; LEDEN 11/2021. 6, obs. Minet.*

4. *Transaction.* Une transaction ne peut avoir pour objet de faire échec, moyennant le paiement d'une certaine somme ou l'abandon d'une créance, aux actions tendant au prononcé d'une sanction professionnelle. • Com. 9 déc. 2020, n° 19-17.258 P : *D. 2021. Pan. 1748, obs. F.-X. Lucas ; JCP E 2021. 1191, n° 21, obs. Pétel ; LEDEN 2/2021. 5, obs. Azevedo ; APC 2021, n° 29, obs. Delattre ; BJS 2/2021. 54, note Favario ; RJDA 2021, n° 184 ; BJE 3-4/2021. 49, note Voinot ; Dr. sociétés 2021, n° 53, note Legros ; RPC 2021, n° 84, obs. Martin-Serf.*

Art. L. 653-8 **Dans les cas prévus aux articles L. 653-3 à L. 653-6, le tribunal peut prononcer, à la place de la faillite personnelle, l'interdiction de diriger, gérer, administrer ou contrôler, directement ou indirectement, soit toute entreprise commerciale ou artisanale, toute exploitation agricole et toute personne morale, soit une ou plusieurs de celles-ci.**

L'interdiction mentionnée au premier alinéa peut également être prononcée à l'encontre de toute personne mentionnée à l'article L. 653-1 qui, de mauvaise foi, n'aura pas remis au mandataire judiciaire *(L. n° 2005-845 du 26 juill. 2005, art. 138)* **« , à l'administrateur ou au liquidateur les renseignements qu'il est tenu de lui communiquer en application de l'article L. 622-6 dans le mois » suivant le jugement d'ouverture** *(Ord. n° 2014-326 du 12 mars 2014, art. 88, en vigueur le 1er juill. 2014)* **« ou qui aura, sciemment, manqué à l'obligation d'information prévue par le second alinéa de l'article L. 622-22 ».** – *[C. com., anc. art. L. 625-8.]*

(Ord. n° 2008-1345 du 18 déc. 2008, art. 137) **« Elle peut également être prononcée à l'encontre de toute personne mentionnée à l'article L. 653-1 qui a omis** *(L. n° 2015-*

990 du 6 août 2015, art. 239) **« sciemment » de demander l'ouverture d'une procédure de redressement ou de liquidation judiciaire dans le délai de quarante-cinq jours à compter de la cessation des paiements, sans avoir, par ailleurs, demandé l'ouverture d'une procédure de conciliation. »**

V. art. R. 653-1, R. 653-3 et R. 661-1.

BIBL. ▸ Sur la modification issue de la loi du 6 août 2015 : Delattre, *RPC 2015. Étude 19.* – Legros, *Dr. sociétés 2015, n° 201.* – Lasserre Capdeville, *BJE 2016. 75.*

Ancien art. L. 653-8 *Dernier al. [réd. issue de L. n° 2005-845 du 26 juill. 2005]* ***Elle peut également être prononcée à l'encontre de toute personne mentionnée à l'article L. 653-1 qui aura omis de faire, dans le délai de quarante-cinq jours, la déclaration de cessation des paiements, sans avoir, par ailleurs, demandé l'ouverture d'une procédure de conciliation.***

COMMENTAIRE

I. PARTICULARISME DE L'INTERDICTION DE GÉRER

Depuis la réforme de 2005, le régime de l'interdiction de gérer ne présente plus guère de différence avec celui de la faillite personnelle, dès lors que sont supprimées les déchéances automatiques attachées à cette dernière (V. art. L. 653-10), sinon que, à la différence de celle-ci, l'interdiction de gérer ne fait pas partie des cas de reprise des poursuites individuelles après clôture de la liquidation judiciaire pour insuffisance d'actif (V. art. L. 643-11, III, 1° ; C. Mascala, Le comportement fautif du chef d'entreprise : de la sanction à la réparation ?, *in* La loi du 25 janvier 1985 a 20 ans ! Entre bilan et réforme, *RLDA, mars 2005, suppl., p. 71, spéc. p. 75*). Encore cette différence ne joue-t-elle, de fait, que pour les débiteurs personnes physiques, puisque, lorsqu'il s'agit d'un dirigeant en faillite personnelle, la clôture ne concerne que la personne morale, de sorte que la faillite personnelle ne devrait pas permettre aux créanciers sociaux de recouvrer leur droit de poursuite contre la société (C. Regnaut-Moutier, Les dirigeants de sociétés, *RPC 2006. 158, spéc. 164*).

II. DOMAINE DE L'INTERDICTION DE GÉRER

Par inadvertance ou délibérément (les travaux parlementaires de la loi de 2005 ne nous éclairent pas), l'article L. 653-8 ne vise pas les professions indépendantes. Et l'ordonnance du 18 décembre 2008 n'est pas intervenue sur ce point. Ce qui n'est pas grave pour les professions qui, de toute manière, se voient soustraites du régime de la faillite personnelle parce qu'elles sont soumises à un ordre doté d'un pouvoir disciplinaire (V. art. L. 653-1, I, al. 2), mais, pour les autres, en revanche, il pourrait être soutenu que le tribunal se voit empêché de substituer l'interdiction de gérer à la faillite personnelle, ce qui ne paraît pas très juste (S. Rétif, L'extension des procédures collectives aux professions libérales, *Dr. et patr. 3/2006, p. 95, spéc. p. 99*). Mais cette lecture peut être combattue en se fondant sur l'article L. 653-1, selon lequel « les dispositions du présent chapitre sont applicables » aux personnes qu'il vise (J.-F. Barbièri, La poursuite abusive d'une exploitation déficitaire, *Journ. sociétés 4/2011. 42, spéc. 45*).

Notons encore, ce qui ne faisait guère de doute, que le dirigeant interdit de gérer ne peut pas non plus adopter le statut d'auto-entrepreneur (Rép. min. n° 107215 : *citée note 6*), sauf décision contraire du tribunal (Paris, 7 sept. 2010 : *cité note 11*). Ce que certaines juridictions refusent expressément au nom de l'effectivité de la sanction (Caen, 19 janv. et nov. 2017 : *cités note 11*).

En revanche, et par ailleurs, précisons que la Cour de cassation a jugé que l'interdiction de gérer ne concerne pas les membres du conseil de surveillance d'une société anonyme, qui n'exercent qu'une mission de contrôle de la gestion de la société par le directoire, et non une fonction de direction (Com. 8 janv. 2020 : *cité note 1*). La solution a été critiquée, au motif que le texte vise également et expressément l'interdiction de contrôler (V. F.-X. Lucas, *LEDEN 2/2020. 1 ; D. 2020. Pan. 1867* ✐). Cependant, pour d'autres, la mission de contrôle des membres du conseil de surveillance s'entend du contrôle des membres du directoire, non du contrôle de la société (V. la note de T. Favario, *D. 2020. 640* ✐).

III. DÉFAUT DE COMMUNICATION DE RENSEIGNEMENTS

La loi du 26 juillet 2005 a apporté deux modifications, au second alinéa, par rapport au texte de l'ancien article L. 625-8. La référence à l'article L. 622-6 remplace la référence à « la liste complète et certifiées *[des]* créanciers et *[au]* montant *[des]* dettes » du débiteur, qui renvoyait déjà implicitement à l'ancien article L. 621-45. L'article L. 622-6 traduit un renforcement de l'obligation d'information et de communication de documents, au bénéfice du mandataire judiciaire, pesant sur le débiteur (V. ss. cet art.). D'où l'adaptation du texte de l'article L. 653-8.

L'ordonnance du 12 mars 2014 a ajouté aux comportements du débiteur passibles de l'interdiction de diriger le fait d'avoir manqué sciemment à la nouvelle obligation d'information, prévue à l'article L. 622-22, alinéa 2, bénéficiant au créancier poursuivant en cas d'instance en cours au jour du jugement d'ouverture.

IV. DÉCLARATION DE CESSATION DES PAIEMENTS

A. RÉFORME DE 2005

Plus clémente que les législateurs précédents, la loi du 26 juillet 2005 n'a plus fait de l'absence de déclaration de la cessation des paiements un cas de faillite personnelle. L'omission de déclaration de cessation des paiements (dans le nouveau délai, porté de quinze à quarante-cinq jours, sans avoir dans ce délai opté pour une procédure de conciliation, comme le permet l'art. L. 611-4 si les conditions de ce texte sont remplies) demeure cependant un cas passible d'une interdiction de gérer, prononcée dans cette hypothèse, non pas à la place d'une faillite personnelle, mais en tant que seule sanction légalement prévue. La nuance est significative, sachant que l'interdiction de gérer, à la différence de la faillite personnelle, ne permet pas la reprise des poursuites individuelles après clôture de la liquidation judiciaire pour insuffisance d'actif (V. art. L. 643-11, III, 1°). Ce déclassement traduit, ici aussi, une des lignes directrices de la réforme, animée du souci de distinguer le chef d'entreprise maladroit ou malheureux de l'entrepreneur malhonnête.

Autre précision, issue du décret de 2005 (art. R. 653-1, al. 2), pour l'application de l'article L. 653-8, la date retenue pour la cessation des paiements ne peut être différente de celle retenue lors de l'ouverture de la procédure en application de l'article L. 631-8. Cette solution, dont la Cour de cassation a tiré les conséquences par un arrêt du 5 octobre 2010 (V. note 6), revient sur la jurisprudence antérieure (V. note 2 ss. anc. art. L. 625-5). Malgré la restriction textuelle expresse à « l'application de l'article L. 653-8 », un auteur avait proposé de raisonner ici, plutôt qu'*a contrario*, par analogie, voire *a fortiori*, et d'appliquer cette nouvelle règle dans les autres cas aussi (F. Pérochon, Entreprises en difficulté, *LGDJ, 2012, 9e éd., n° 1553*). La chambre commerciale l'a entendu en étendant, de façon purement prétorienne, la solution à l'appréciation de la faute de gestion résultant de l'omission de déclaration de la cessation des paiements dans le cadre d'une action en responsabilité pour insuffisance d'actif, par un arrêt de principe du 4 novembre 2014 (V. note 46 ss. art. L. 651-2).

B. RÉFORME DE 2008

Par une modification de pure forme, sans portée normative, l'ordonnance du 18 décembre 2008 a amélioré la rédaction de la disposition, qui vise désormais toute personne « qui a omis de demander l'ouverture d'une procédure de redressement ou de liquidation judiciaire dans le délai de quarante-cinq jours à compter de la cessation des paiements ». Selon la commission des lois de l'Assemblée nationale : « Sur le fond, la substitution ne changera rien quant à la sanction de l'inaction du dirigeant ou du professionnel en état de cessation des paiements ; sur la forme, en revanche, il lui sera sans doute plus naturel – et donc facile – de se tourner vers le tribunal pour s'enquérir des procédures à entreprendre pour sauver ce qui peut encore l'être ou au contraire pour mettre un terme définitif aux difficultés rencontrées » (Avis AN, n° 895, 15 mai 2008). Selon un auteur, cette nouvelle rédaction viserait aussi, plus clairement, le débiteur qui, en cours d'exécution d'un plan de sauvegarde ou de redressement, se trouve en cessation des paiements, et qui doit demander l'ouverture d'un redressement ou d'une liquidation judiciaire, selon le cas, s'il ne procède pas à cette demande dans le délai de quarante-cinq jours, sans avoir demandé l'ouverture d'une conciliation (P.-M. Le Corre, Droit et pratique des procédures collectives,

Dalloz Action, 2023/2024, 913.124 ; comp., estimant que la modification n'a pas d'autre portée que sémantique : P. Roussel Galle, Le dirigeant de société et le « nouveau » droit des entreprises en difficulté issu de la réforme du 18 décembre 2008, *Rev. sociétés 2009. 249, n° 47*).

C. RÉFORME DE 2015

Par une modification déjà envisagée lors de la réforme de 2014, mais finalement retirée des textes promulgués, la loi n° 2015-990 du 6 août 2015 a dédramatisé le retard ou l'omission de la déclaration de cessation des paiements en limitant la sanction au cas de mauvaise foi du débiteur. Ainsi, par l'ajout de l'adverbe « sciemment », la sanction de l'interdiction de diriger ne peut plus frapper le débiteur ou le dirigeant simplement négligent, qui aurait laissé s'écouler le délai de quarante-cinq jours. Mais cette mesure de mansuétude est loin de faire l'unanimité, certaines critiques la jugeant, tout à la fois, inopportune et inutile (V. not. P. Rossi, *RPC 2015. Étude 15, n° 6*). Cependant, malgré un amendement en ce sens voté par le Sénat, lors de la discussion du projet de loi « Justice du XXIe siècle », le Parlement n'est pas revenu en arrière dans la loi du 18 novembre 2016, l'Assemblée nationale (tout comme la Chancellerie) s'y étant opposée.

Cela dit, la mesure devrait favoriser et sécuriser l'accès à la procédure de rétablissement professionnel (V. comm. ss. art. L. 645-9). Quant à son application dans le temps, notons que plusieurs cours d'appel avaient considéré que la loi nouvelle devait s'appliquer aux procédures en cours, puisqu'elle constitue une mesure favorable aux dirigeants (V. note 3). La solution, sans doute opportune en équité, pouvait cependant apparaître juridiquement discutable dès lors que les mesures d'interdiction de gérer avaient été analysées, par la Cour de cassation, non comme des sanctions, mais comme des mesures d'intérêt public (V. not. Com. 16 oct. 2007 : *cité note 10 ss. art. L. 653-1*). Toutefois, cette lecture paraissait validée par la position prise par le Conseil constitutionnel, pour lequel, à l'instar de la conception élargie de la matière pénale résultant de la jurisprudence de la Cour européenne des droits de l'homme, la qualification de sanction s'impose bien (V. Cons. const. 29 sept. 2016 : *cité note 3 ss. art. L. 653-5*).

Un arrêt (certes non publié) de la Cour de cassation était alors venu jeter le trouble, en estimant que la précision apportée par la loi du 6 août 2015, dépourvue de caractère interprétatif, est inapplicable aux procédures ouvertes avant son entrée en vigueur (Com. 14 juin 2017 : *cité note 3*). Quelques mois plus tard, cependant, refusant le renvoi d'une question prioritaire de constitutionnalité (QPC) relative à cette jurisprudence, la Cour de cassation a précisé que, n'étant saisie que du caractère interprétatif de la modification opérée par la loi de 2015, elle n'avait pas pris position sur l'application à l'article L. 653-8 modifié du principe de rétroactivité des lois modifiant dans un sens moins sévère les conditions des sanctions ayant le caractère d'une punition, lequel commande que les nouvelles dispositions, moins sévères, soient appliquées aux procédures collectives en cours (Com. 14 déc. 2017, n° 17-18.918). Voilà qui modifiait, en effet, la portée que l'on avait pu donner à la décision du 14 juin 2017. Cette position, conforme au principe constitutionnel de nécessité des peines, a été ensuite confirmée par un arrêt du 24 mai 2018, qui a levé tous les doutes en affirmant expressément que la loi nouvelle moins sévère doit être appliquée aux procédures en cours (V. note 3). Quant à la première jurisprudence, il n'est guère possible encore d'en tirer des lignes directrices. Notons, par exemple, deux arrêts rendus par la cour d'appel de Paris, le même jour, le premier concluant à la conscience de l'état de cessation des paiements du gérant ayant vendu ses biens propres dans l'espoir que l'activité de la société reprendrait (Paris, 3 juill. 2018, n° 17/10260), le second estimant que la connaissance de la cessation des paiements n'était pas suffisamment établie, se fondant notamment sur le jeune âge du dirigeant (18 ans), lequel exerçait ses premières fonctions de gérant (Paris, 3 juill. 2018, n° 17/11227 ; V. aussi, s'agissant d'une société n'ayant pratiquement pas de trésorerie, Com. 17 avr. 2019 : *cité note 7*). La Cour de cassation, elle, semble adopter une position plutôt minimaliste de la faveur résultant de la loi de 2015, se contentant de la démonstration que le dirigeant ne pouvait ignorer l'état de cessation des paiements (V. Com. 17 juin 2020 : *cité note 3*).

Notons encore, s'agissant de manière générale de la constitutionnalité de l'article L. 653-8, que, par un autre arrêt de non-renvoi de QPC, la chambre commerciale a précisé que le tribunal de la procédure collective qui prononce une mesure d'interdiction de gérer doit motiver sa décision, tant sur le principe que sur le quantum de la sanction, au regard de la gravité des fautes et de la situation personnelle de l'intéressé (Com. 5 juill. 2018 : *cité note 7*). Il s'agit là d'une autre conséquence de l'analyse de l'interdiction de gérer comme une sanction ayant le caractère d'une punition. La Cour de cassation a fait application de cette obligation, en cassant, dans cette même affaire, l'arrêt de la cour d'appel de Paris qui, pour prononcer une interdiction de gérer d'une durée de cinq années, s'était borné à retenir qu'au regard des fautes commises, il y a lieu de condamner le dirigeant à une mesure d'interdiction de gérer de cette durée (Com. 17 avr. 2019 : *cité note 7*).

V. RAPPORT DU JUGE-COMMISSAIRE

Il résulte de l'article R. 662-12 que le tribunal statue sur rapport du juge-commissaire. Selon la circulaire d'application du 9 janvier 2006, aucune condition de forme n'est requise pour ce rapport, mais il apparaît qu'un rapport écrit est préférable dans ce cas à un rapport oral, le juge-commissaire non appelé à siéger (V. art. L. 653-7, al. 3) pouvant alors ne pas être présent à l'audience (V. Circ. du 9 janv. 2006). ❑

1. Personnes visées. L'interdiction de gérer ne concerne pas les membres du conseil de surveillance d'une société anonyme qui, en vertu de l'art. L. 225-68 C. com., n'exercent qu'une mission de contrôle de la gestion de la société par le directoire, et non une fonction de direction. • Com. 8 janv. 2020, nº 18-23.991 P : *D. 2020. 640, note Favario ; ibid. Pan. 1867, obs. F.-X. Lucas ; Rev. sociétés 2020. 197, obs. Henry ; ibid. 417, note Godon ; RTD com. 2020. 665, obs. Moury ; JCP E 2020. 1344, nº 8, obs. Valiergue ; LEDEN 2/2020. 1, obs. F.-X. Lucas ; BJS 3/2020. 33, note Perrier ; Dr. sociétés 2020, nº 37, note Hamelin ; RJDA 2020, nº 164 ; BJE 3-4/2020. 52, note Lasserre Capdeville ; RJ com. 2020. 205, obs. Cordelier ; RPC 2020, nº 77, obs. Martin-Serf ; LPA 27 avr. 2020, obs. Gibirila.* ♦ Pour l'exclusion du champ de l'interdiction des entreprises individuelles qui ne seraient ni commerciales, ni artisanales, ni agricoles, et notamment des entreprises libérales, V. • Com. 19 mai 2021, nº 20-12.049 : *Dr. sociétés 2021, nº 126, note Legros ; Gaz. Pal. 26 oct. 2021, p. 81, obs. Montéran ; RPC 2022, nº 47, obs. Martin-Serf.* ♦ Pour une application de l'art. L. 653-8 : aux dirigeants d'une association, V. • TGI Créteil, 15 févr. 1989 : *RTD com. 1990. 271, obs. Haehl*. ♦ ... A un « gérant de paille », V. • Paris, 8 nov. 2016, nº 15/15004 : *Rev. sociétés 2017. 172, obs. Pisoni ; JCP E 2017. 1493, note Delattre.*

2. Agissements répréhensibles. Sur le régime antérieur à la L. nº 94-475 du 10 juin 1994, V. note 2 ss. anc. art. L. 625-8 aux éd. 2015 et antérieures du **C. pr. coll.** Le défaut de remise de la comptabilité n'est pas un fait de nature à justifier le prononcé d'une interdiction de gérer. • Com. 3 déc. 2003 : *RPC 2005. 159, obs. O. Barret.*

3. Déclaration tardive d'état de cessation des paiements. Le débiteur, qui est tenu de demander l'ouverture de la procédure collective au plus tard dans les quarante-cinq jours qui suivent la cessation des paiements, n'en est pas dispensé par la délivrance d'une assignation à cette fin par un créancier. • Com. 14 janv. 2014, nº 12-29.807 P : *D. 2014. 595, note Berger-Tarare ; ibid. Actu. 207, obs. Lienhard ; Rev. sociétés 2014. 197, obs. Roussel Galle ; LEDEN 3/2014. 4, obs. Parachkévova ; Dr. sociétés 2014, nº 69, note Legros ; BJE 2014. 100, note Le Mesle ; RJDA 2014, nº 467 ; RPC 2014, nº 86, obs. Martin-Serf* • 9 juin 2022, nº 21-11.083 : *Gaz. Pal. 27 sept. 2022, p. 63, obs. Reille ; RJDA 2022, nº 653 ; Dr. sociétés 2023, nº 25, note Legros.* ♦ Pour apprécier l'omission de déclaration de la cessation des paiements dans le délai légal, en application de l'art. L. 653-8, al. 3, dans sa rédaction issue de l'Ord. nº 2008-1345 du 18 déc. 2018, il n'y a pas lieu de considérer les motifs qui ont conduit le dirigeant à la différer ou l'absence de volonté caractérisée de celui-ci de se soustraire à ses obligations. • Com. 14 juin 2017, nº 15-27.851 : *D. 2017. Actu. 1300, obs. Lienhard ; JCP E 2017. 1689, note Stefania ; APC 2017, nº 194, obs. Vallansan ; BJS 2017. 548, note Brignon ; BJE 2017. 349, note Degenhardt ; RJDA 2017, nº 649 ; Dr. sociétés 2017, nº 172, note Legros ; RPC 2017, nº 153, obs. Martin-Serf ; Journ. sociétés 12/ 2017. 36, obs. Gibirila.* ♦ Pour l'application aux procédures collectives en cours de l'art. 239 de la L. nº 2015-990 du 6 août 2015, qui a modifié l'art. L. 653-8, al. 3, par l'ajout de l'adverbe « sciemment », écartant ainsi le prononcé d'une interdiction de gérer lorsque l'omission de déclarer la cessation des paiements procède d'une négligence de la part du chef d'entreprise, V. • Com. 24 mai 2018, nº 17-18.918 P : *D. 2018. Actu. 1149, obs. Lienhard ; ibid. Pan. 1838, obs. Cagnoli ; Rev. sociétés 2018. 542, obs. Henry ; JCP E 2018. 1429, nº 18, obs. Tehrani ; LEDEN 7/2018. 5, obs. Rubellin ; Dr. sociétés 2018, nº 129, note Legros ; APC 2018, nº 194, obs. Cerf-Hollender ; RJDA 2018, nº 669 ; BJS 2018. 520, note Perrier ; BJE 2018. 365, note Favario ; RPC 2018, nº 206, obs. Martin-Serf ; Gaz. Pal. 15 janv. 2019, p. 85, obs. Robaczewski.* ♦ Pour un exemple d'application de l'art. L. 653-8, al. 3, dans sa rédaction issue de la L. nº 2015-990 du 6 août 2015, dans l'hypothèse où un mandataire *ad hoc* avait été nommé, V. • Com. 17 juin 2020, nº 19-10.341 P : *D. 2020. Actu. 1357 ; Rev. sociétés 2020. 508,* *obs. Roussel Galle ; RTD com. 2021. 421, obs. Macorig-Venier ; LEDEN 9/2020. 5, obs. Lafaurie ; RPC 2020, n° 141, obs. Delattre.* ♦ Pour un autre exemple, V. • Com. 12 janv. 2022, n° 20-21.427 B : *D. 2022. Actu. 69 ; Rev. sociétés 2022. 190, obs. Roussel Galle ; JCP E 2022. 1163, n° 21, obs. Pétel ; LEDEN 2/2022. 5, obs. Azevedo ; APC 2022, n° 40, obs. Fin-Langer ; BJS 3/2022. 41, note Mouial-Bassilana ; RJDA 2022, n° 213 ; BJE 3-4/2022. 33, note Favario ; Gaz. Pal. 19 avr. 2022, p. 70, obs. Montéran ; Dr. sociétés 2022, n° 58, note Legros ; RPC 2022, n° 49, obs. Martin-Serf.*

4. Dès lors que la nouvelle procédure collective a été ouverte par résolution du plan de continuation [redressement] de l'entreprise pour inexécution des engagements financiers, la sanction de l'interdiction de gérer ne peut être fondée sur l'omission de faire, dans le délai de quinze jours [quarante-cinq jours], la déclaration de l'état de cessation des paiements. • Com. 29 mai 2001, n° 98-17.634 P : *D. 2002. Somm. 203, obs. Derrida ; D. 2001. AJ 2033, obs. Lienhard ; JCP E 2001, n° 37, p. 1425, obs. Pétel ; Dr. sociétés 2001, n° 142, note Legros ; RTD com. 2002. 155, obs. Saint-Alary-Houin* • 30 sept. 2008 : *cité note 1 ss. art. R. 651-2.*

5. La demande d'ouverture d'une procédure de liquidation judiciaire après cessation d'activité n'étant pas obligatoire, il ne saurait être fait application de la sanction prévue par l'art. L. 653-8, al. 3. • Besançon, 3 avr. 2013 : *BJE 2013. 275, note Favario.*

6. Il résulte des dispositions des art. L. 653-8, al. 3, dans sa rédaction issue de la loi du 26 juill. 2005, et R. 653-1, al. 2, que, pour sanctionner par l'interdiction de gérer le dirigeant de la société débitrice qui n'a pas déclaré la cessation des paiements de celle-ci dans le délai légal, la date de la cessation des paiements à retenir ne peut être différente de celle fixée par le jugement d'ouverture de la procédure collective ou un jugement de report ; dès lors, ce dirigeant a un intérêt personnel à contester la décision de report de la date de cessation des paiements. • Com. 5 oct. 2010, n° 09-69.010 P : *D. 2010. Actu. 2359, obs. Lienhard ; RTD com. 2011. 179, obs. Vallens ; JCP E 2011. 1030, n° 13, obs. Cabrillac ; LEDEN 11/2010. 6, obs. Rubellin ; RJDA 2010, n° 1181 ; RPC 2010, n° 215, obs. Saintourens ; Gaz. Pal. 7-8 janv. 2011, p. 46, obs. Montéran ; Dr. sociétés 2011, n° 58, note Legros ; RPC 2011, n° 25, obs. Cagnoli.*

7. Motivation de la décision. Il résulte de l'art. 455 C. pr. civ., applicable aux matières régies par le livre VI C. com. en vertu de l'art. R. 662-1 dudit code, et auquel l'art. L. 653-8 ne déroge pas, que le tribunal de la procédure collective qui prononce une mesure d'interdiction de gérer doit motiver sa décision, tant sur le principe que sur le *quantum* de la sanction, au regard de la gravité des fautes et de la situation personnelle de l'intéressé (non-renvoi de la QPC invoquant une contrariété de l'art. L. 653-8 à l'art. 8 DDH). • Com., QPC, 5 juill. 2018, n° 18-11.743 : *D. 2019. Pan. 1914, obs. Cagnoli ; Rev. sociétés 2018. 542, obs. Henry ; RJDA 2018, n° 756 ; RPC 2019, n° 87, obs. Martin-Serf ; Dr. sociétés 2019, n° 177, note Legros ; RPC 2019, n° 183, obs. Martin-Serf.* ♦ V. aussi, dans la même affaire : • Com. 17 avr. 2019, n° 18-11.743 P : *cité note 3 ss. art. L. 651-3 ; D. 2019. Chron. C. cass. 1374, obs. Barbot ; ibid. Pan. 1914, obs. Cagnoli ; APC 2019, n° 145, obs. Voinot ; Dr. sociétés 2019, n° 177, note Legros ; RPC 2019, n° 183, obs. Martin-Serf.*

8. Substitution par la cour d'appel. Une cour d'appel ne peut substituer à l'interdiction de gérer prononcée en première instance la sanction plus sévère de la faillite personnelle. • Com. 5 avr. 1994 : *BJS 1994. 1213* • 28 mars 2000 : *APC 2000, n° 114.*

9. Motifs de substitution. Pour des circonstances économiques spécifiques (guerre du Golfe), à l'origine des difficultés financières de la société, V. • Paris, 6 juill. 1995 : *D. 1995. IR 221 ; D. Affaires 1995. 45 ; JCP 1996. II. 22649, note Gibirila.* ♦ ... Pour une défaillance d'une filiale conséquence de la défaillance de la société-mère, V. • Paris, 26 mars 1996 : *Dr. sociétés 1996, n° 193, obs. Chaput.* ♦ ... Pour la possibilité de reclassement du dirigeant dans une activité commerciale individuelle mieux adaptée, V. • Paris, 25 sept. 1990 : *D. 1990. IR 229.* ♦ ... Pour les circonstances dans lesquelles une fille de 19 ans a accepté de prêter son nom à son père et la crainte révérencielle que celui-ci lui a inspirée, V. • Paris, 18 juin 1999 : *D. Affaires 1999. 1296 ; Dr. sociétés 2000, n° 8, obs. Chaput.*

10. Étendue de l'interdiction. Dès lors que le juge ne spécifie pas que la mesure d'interdiction de gérer prononcée est limitée à l'une des activités énumérées à l'art. L. 653-8, cette mesure s'étend nécessairement à l'ensemble de ces activités. • Com. 11 févr. 2014 : *JCP E 2014. 1299, note Delattre ; Dr. sociétés 2014, n° 106, note Legros ; BJE 2014. 266, note Lasserre Capdeville.*

11. Statut d'auto-entrepreneur. Pour l'impossibilité d'adopter le statut d'auto-entrepreneur pour la personne se trouvant sous le coup d'une interdiction de gérer une entreprise commerciale ou artisanale, V. * Rép. min. n° 107215 : *JOAN Q, 20 sept. 2011, p. 10061 ; JCP E 2012. 1069, obs. Delattre.* ♦ Pour un dirigeant autorisé à adopter ce statut pendant la durée de son interdiction de gérer, V. • Paris, 7 sept. 2010 : *Dr. sociétés 2011, n° 118, obs. Legros.* ♦ *Contra* : • Caen, 19 janv. 2017, n° 16/00875 : *JCP E 2017. 1657, obs. Delattre* • 2 nov. 2017, n° 17/00390 : *ibid.*

12. Violation de l'interdiction. V. art. L. 654-15 et notes ss. cet art.

13. Interdiction de gérer prévue par l'art. L. 653-8, al. 2. V. note 2 ss. art. L. 622-6.

14. Droit transitoire. Il résulte des art. 190 et 191 de la loi du 26 juill. 2005 que le chapitre III du titre V du livre VI C. com. dans sa nouvelle rédaction, relatif à la faillite personnelle et aux autres mesures d'interdiction, à l'exception de ses art. L. 653-7 et L. 653-11, n'est pas applicable aux procédures collectives en cours au 1er janv. 2006 (dans le cas où les dirigeants condamnés à une interdiction de gérer pour avoir omis de faire, dans le délai de quinze jours, la déclaration de l'état de cessation des paiements invoquaient la rétroactivité *in mitius* de la loi du 26 juill. 2005, qui a porté le délai de déclaration à quarante-cinq jours). • Com. 19 déc. 2006, n° 05-19.088 P : *D. 2007. AJ 87, obs. Lienhard ; Dr. sociétés 2007, n° 70, note Legros ; APC 2007, n° 20, obs. Regnaut-Moutier ; JCP E 2007. 1450, n° 15, obs. Pétel ; RPC 2007. 36, obs. Roussel Galle.* ♦ Il s'ensuit que les art. L. 625-3, L. 625-5 et L. 625-8, dans leur rédaction antérieure à la loi du 26 juill. 2005, demeurent applicables pour prononcer une interdiction de gérer à l'encontre d'une personne physique exerçant la profession de commerçant, d'agriculteur ou immatriculée au répertoire des métiers, soumise à une procédure collective ouverte antérieurement au 1er janv. 2006. • Com. 4 mars 2008 : *Gaz. Pal. 27-29 juill. 2008, p. 65, obs. Montéran (1re esp.).*

Art. L. 653-9 Le droit de vote des dirigeants frappés de la faillite personnelle ou de l'interdiction prévue à l'article L. 653-8 est exercé dans les assemblées des personnes morales soumises à une procédure de redressement judiciaire ou de liquidation judiciaire par un mandataire désigné par le tribunal à cet effet, à la requête de l'administrateur, du liquidateur ou du commissaire à l'exécution du plan.

Le tribunal peut enjoindre à ces dirigeants ou à certains d'entre eux, de céder leurs actions ou parts sociales dans la personne morale ou ordonner leur cession forcée par les soins d'un mandataire de justice, au besoin après expertise. Le produit de la vente est affecté au paiement de la part des dettes sociales dans le cas où ces dettes ont été mises à la charge des dirigeants. – *[C. com., anc. art. L. 625-9.]*

Cession de parts sociales. Le tribunal ne peut étendre la mesure prévue à l'art. 193 [C. com., art. L. 653-9], al. 2, aux parts sociales que les dirigeants sociaux peuvent détenir dans d'autres personnes morales, l'interdiction de contrôler ces personnes, de les gérer ou administrer, conséquence de la faillite personnelle, ne nécessitant pas obligatoirement une telle cession. • Versailles, 25 févr. 1993 : *D. 1993. IR 101 ; BJS 1993. 602, note P. L. C. ; Dr. sociétés 1994, n° 52, obs. Chaput* • 5 mai 1994 : *RJDA 1994, n° 1143.*

Art. L. 653-10 *(L. n° 2005-845 du 26 juill. 2005, art. 139)* **Le tribunal qui prononce la faillite personnelle peut prononcer l'incapacité d'exercer une fonction publique élective. L'incapacité est prononcée pour une durée égale à celle de la faillite personnelle, dans la limite de cinq ans. Lorsque la décision est devenue définitive, le ministère public notifie à l'intéressé l'incapacité, qui produit effet à compter de la date de cette notification.**

COMMENTAIRE

L'article L. 653-10 tire les leçons de la déclaration d'inconstitutionnalité de l'article 194 de la loi du 25 janvier 1985 résultant d'une décision du Conseil constitutionnel (V. note ss. cet art.). Enserrée dans les limites de la codification à droit constant, l'ordonnance du 18 septembre 2000 n'avait pu qu'abroger cette disposition, et la loi de ratification du 3 janvier 2003 n'était pas revenue sur la question.

Cherchant à combler le vide laissé par cette abrogation pure et simple, tout en respectant le principe de nécessité fondant la décision du Conseil constitutionnel, le législateur de 2005 a substitué, à l'incapacité élective de plein droit en cas de faillite personnelle, d'interdiction de gérer ou de liquidation judiciaire d'une personne physique que prévoyait l'article 194, une simple faculté, pour le tribunal qui prononce la faillite personnelle, de prononcer l'incapacité d'exercer une fonction publique élective. La Cour de cassation a rappelé ce caractère facultatif, dans un arrêt du 1er juillet 2020, en en déduisant la nécessité de motiver l'interdiction prononcée (V. Com. 1er juill. 2020 : *cité ci-dessous*).

Pour répondre au principe constitutionnel de nécessité des peines, il est précisé que l'incapacité est prononcée pour une durée égale à celle de la faillite personnelle (dont elle n'est que le complément), dans la limite de cinq ans (sur le texte du projet de loi, qui ne prévoyait pas de durée, V. P.-M. Le Corre, Les sanctions dans l'avant-projet de réforme des entreprises en difficulté, *Gaz. Pal. 19-20 déc. 2003, p. 7, n° 20*). ❑

Le prononcé de l'incapacité d'exercer une fonction publique élective doit être motivé. • Com. 1er juill. 2020, n° 18-17.786 P : *D. 2020. Actu. 1459 ; JCP E 2020. 1559, note Delattre ; RJDA 2020, n° 519 ; BJE 9-10/2020. 37, note Favario ; BJS 11/2020. 37, note Perrier ; RPC 2020, n° 165, obs. Martin-Serf ; Dr. sociétés 2020, n° 135, note Legros.*

Art. L. 653-11 *(L. n° 2005-845 du 26 juill. 2005, art. 140)* **Lorsque le tribunal prononce la faillite personnelle ou l'interdiction prévue à l'article L. 653-8, il fixe la durée de la mesure, qui ne peut être supérieure à quinze ans. Il peut ordonner l'exécution provisoire de sa décision. Les déchéances, les interdictions et l'incapacité d'exercer une fonction publique élective cessent de plein droit au terme fixé, sans qu'il y ait lieu au prononcé d'un jugement.**

Le jugement de clôture pour extinction du passif, y compris après exécution *(Ord. n° 2008-1345 du 18 déc. 2008, art. 138)* **« d'une condamnation prononcée à son encontre en application de l'article L. 651-2 », rétablit le** *(Ord. n° 2008-1345 du 18 déc. 2008, art. 163-II)* **« débiteur personne physique » ou les dirigeants de la personne morale dans tous leurs droits. Il les dispense ou relève de toutes les déchéances, interdictions et incapacité d'exercer une fonction publique élective.**

L'intéressé peut demander au tribunal de le relever, en tout ou partie, des déchéances et interdictions et de l'incapacité d'exercer une fonction publique élective s'il a apporté une contribution suffisante au paiement du passif.

Lorsqu'il a fait l'objet de l'interdiction prévue à l'article L. 653-8, il peut en être relevé s'il présente toutes garanties démontrant sa capacité à diriger ou contrôler l'une ou plusieurs des entreprises ou personnes visées par le même article. — *L'avant-dernier al. de l'art. L. 653-11 est applicable à l'interdiction prévue à l'art. L. 625-8, dans sa rédaction antérieure à l'entrée en vigueur de la L. n° 2005-845 du 26 juill. 2005 [1er janv. 2006], lorsque cette interdiction a été prononcée dans le cours d'une procédure close avant la date de cette entrée en vigueur (L. n° 2008-776 du 4 août 2008, art. 77-II).*

Lorsqu'il y a relèvement total des déchéances et interdictions et de l'incapacité, la décision du tribunal emporte réhabilitation.

L'art. L. 653-11 est applicable aux procédures en cours au jour de l'entrée en vigueur de la L. n° 2005-845 du 26 juill. 2005 [1er janv. 2006] (L. préc., art. 191).

V. art. R. 653-4.

BIBL. ▶ Delattre, *JCP E 2007. 1451* (durée des interdictions prononcées par les juridictions répressives) ; *RPC 2011. Étude 19* (procédure de réhabilitation).

Ancien art. L. 653-11 (al. 2, 1re phr.) ***Le jugement de clôture pour extinction du passif, y compris après exécution de l'obligation aux dettes sociales prononcée à son encontre, rétablit le chef d'entreprise ou les dirigeants de la personne morale dans tous leurs droits.***

COMMENTAIRE

I. DURÉE DE LA FAILLITE PERSONNELLE OU DE L'INTERDICTION DE GÉRER

L'article L. 653-11, issu de la loi du 26 juillet 2005, a repris la substance de l'ancien article L. 625-10. L'innovation essentielle par rapport à ce dernier résidait dans l'inversion des perspectives quant à la durée de la faillite personnelle ou de l'interdiction de gérer. Sous le régime antérieur, aucun maximum n'était prévu, la loi ne fixant qu'un minimum, de cinq ans. Il suffisait alors au tribunal de fixer cette durée, qui pouvait être très longue (30 ans, voire plus ; V. notes 1 et 2 ss. anc. art. L. 625-10). Ce dispositif avait été jugé compatible avec le principe de la légalité des délits et des peines (art. 7 Conv. EDH), dès lors que la faillite personnelle et l'interdiction de gérer, mesures d'assainissement de la vie économique, n'ont pas une nature de sanction pénale (Amiens, 13 mars 2003 : *cité note 4 ss. anc. art. L. 625-10*). Quand même paraissait-il excessivement rigoureux.

Quoi qu'il en soit, le nouveau régime est nettement moins sévère. Le tribunal, qui doit toujours fixer la durée de la mesure, n'est tenu par aucun plancher légal : la faillite personnelle (ou l'interdiction de gérer) pourra donc durer moins de cinq ans. En revanche, quelle que soit la gravité des faits qu'elle sanctionne, la faillite personnelle (ou l'interdiction de gérer) ne sera plus susceptible de se prolonger plus de quinze ans.

Une disposition « balai », consécutive à cette nouvelle règle, énonce que « dans tous les textes prévoyant une incapacité, une interdiction ou une déchéance résultant d'une faillite personnelle ou d'une interdiction de gérer, ces mesures doivent être comprises comme ayant une durée maximale de quinze ans à compter du jour où la décision les ayant prononcées est devenue définitive » (art. 190, *a* ; sur la portée et l'interprétation de ce texte, V. comm. dans l'éd. 2014).

II. NOUVEAU CAS DE RELÈVEMENT

Au relèvement en cas de contribution suffisante au paiement du passif, la loi de 2005 ajoute un nouveau cas permettant de demander le relèvement, total ou partiel, des déchéances et interdictions et de l'incapacité d'exercer une fonction publique élective, qui ne concerne cependant que l'interdiction de gérer. L'intéressé peut désormais bénéficier de ce relèvement à condition de présenter « toutes garanties démontrant sa capacité à diriger ou contrôler » une ou plusieurs des entreprises ou exploitations visées à l'article L. 653-8. L'exclusion de cette possibilité des personnes frappées de faillite personnelle traduit le souci de distinguer le débiteur personne physique maladroit ou malheureux de l'entrepreneur malhonnête. Selon l'article R. 653-4, ces garanties peuvent consister en une formation professionnelle (par exemple, une formation de comptabilité et de gestion : V. P.-M. Le Corre, Les sanctions dans l'avant-projet de réforme des entreprises en difficulté, *Gaz. Pal. 19-20 déc. 2003, p. 7, n° 24*), ce qu'a confirmé la première jurisprudence (Paris, 3e ch. B, 12 févr. 2009, *RG n° 08/22797*).

La définition légale de ce nouveau cas de relèvement est suffisamment vague pour laisser place à une large part d'appréciation au juge (sur la nécessité de remplir également la condition de contribution au passif, V. J.-P. Legros, note ss. Paris, 9 févr. 2011 : *JCP E 2011. 1528* ; V. aussi, de manière plus générale, C. Delattre, La procédure de réhabilitation des articles L. 653-11 et R. 653-4 du code de commerce, *RPC 2011. Étude 19*). De manière très logique, une décision a précisé que la formation invoquée devait avoir un rapport avec la direction et la gestion d'une entreprise commerciale et que seuls comptaient les diplômes obtenus après le prononcé de la mesure (Grenoble, 6 janv. 2011 : *Dr. sociétés 2011, n° 178, obs. Legros*).

III. APPLICATION DANS LE TEMPS

Ces dispositions étaient applicables aux procédures en cours le 1er janvier 2006, jour de l'entrée en vigueur de la loi du 26 juillet 2005 (art. 191, 7°), comme l'a rappelé la Cour de cassation s'agissant du nouveau cas de relèvement prévu par la réforme, à propos d'une procédure de relèvement en cours à cette date (Com. 12 juill. 2011 : *cité note 3*). Les nouvelles conditions de relèvement n'étaient donc initialement pas applicables aux mesures prononcées à l'occasion de procédures clôturées avant cette date. Mais les conditions de relèvement d'une interdiction de gérer prononcée à l'occasion d'une procédure en cours le 1er janvier 2006 pouvaient consister ainsi en une formation professionnelle (V. Circ. du 9 janv. 2006). La loi de modernisation de l'économie du 4 août 2008 (art. 77, II) est venue étendre le bénéfice du relèvement pour les personnes présentant toutes les garanties démontrant leur capacité à diriger ou contrôler une entreprise, à l'interdiction prévue à l'ancien article L. 625-8, lorsque celle-ci a été prononcée dans le cours d'une procédure clôturée avant le 1er janvier 2006. ❑

1. Droit transitoire. L'art. 190, 2°, de la loi du 26 juill. 2005 dispose que les mesures de faillite personnelle et d'interdiction de gérer ainsi que les déchéances et interdictions qui en ont résulté prennent fin à la date de publication de la loi, soit le 27 juill. 2005, lorsque, à cette date, elles ont été prononcées plus de quinze années auparavant par une décision devenue définitive ; une mesure de faillite personnelle prononcée le 12 juill. 1972 ayant ainsi pris fin, est sans objet le pourvoi en cassation formé contre l'arrêt de la cour d'appel qui a rejeté la demande de réhabilitation de l'intéressé ainsi que sa demande d'amnistie de la mesure par application de la loi du 3 août 1995. • Com. 29 nov. 2005, n° 04-17.972 P : *D. 2007. Chron. C. Cass. 1303, obs. Bélaval ; D. 2005. AJ 3085, obs. Lienhard ; APC 2005, n° 260, obs. Regnaut-Moutier ; JCP E 2006, n° 8, p. 359, note J.-H. Robert ; Dr. sociétés 2006, n° 19, note Legros ; BJS 2006. 325, note Mascala ; Rev. sociétés 2006. 186, note Roussel Galle* • 22 mai 2007, n° 06-12.766 P : *D. 2007. AJ 1507, obs. Lienhard ; Dr.*

sociétés 2007, n° 155, note Legros ; JCP E 2008. 1327, note Delattre. – Dans le même sens, V. • Orléans, 15 déc. 2005 : *BICC 2006, n° 1239.*

2. Selon l'art. 190, *a)*, de la loi du 26 juill. 2005, dans toutes les dispositions prévoyant une incapacité, une interdiction ou une déchéance résultant d'une faillite personnelle ou d'une interdiction de gérer, ces mesures doivent être comprises comme ayant une durée maximale de quinze ans à compter du jour où la décision les ayant prononcées est devenue définitive ; au sens de ce texte, la faillite personnelle doit être comprise comme ayant une durée maximale de quinze ans à compter du jour de la décision exécutoire qui la prononce. • Com. 23 mai 2006, n° 05-11.989 P : *D. 2007. Chron. C. Cass. 1303, obs. Bélaval ; D. 2006. AJ 1528, obs. Lienhard ; APC 2006, n° 148, obs. Martineau-Bourgninaud ; BJS 2006. 1138, note Pétel ; Gaz. Pal. 6-7 oct. 2006, p. 38, obs. Montéran ; Dr. sociétés 2007, n° 27, note Legros.*

3. Selon l'art. 191, 7°, de la loi du 26 juill. 2005, les dispositions de l'art. L. 653-11 s'appliquent aux procédures en cours au 1er janv. 2006. • Com. 12 juill. 2011, n° 10-21.882 P : *D. 2011. Actu. 1966, obs. Lienhard ; Rev. sociétés 2011. 525, obs. Roussel Galle ; LEDEN 9/2011. 5, obs. Parachkévova ; Gaz. Pal. 7-8 oct. 2011, p. 38, obs. Montéran ; Dr. sociétés 2011, n° 223, note Legros ; RPC 2011, n° 204, obs. Martin-Serf ; RJDA 2011, n° 1067.*

4. Domaine d'application. Pour l'application de l'art. L. 653-11, limitant la durée de la faillite personnelle et de l'interdiction de gérer à quinze ans, aux mesures de faillite personnelle et d'interdiction de gérer prononcées par le juge pénal en application de l'art. L. 654-6, V. • Crim. 8 nov. 2006 (3 arrêts), n° 05-85.271 P : *D. 2007. Pan. 1630, obs. Mascala ; ibid. AJ 10, obs. Lienhard ; Dr. pénal 2007, n° 9, obs. J.-H. Robert ; Dr. sociétés 2007, n° 17, note R. Salomon ; Gaz. Pal. 19-20 janv. 2007, p. 47, obs. Robaczewski ; APC 2007, n° 31, obs. Cerf-Hollender ; JCP E 2007. 1450, n° 16, obs. Pétel ; RPC 2007. 36, obs. Roussel Galle ; ibid. 157, obs. Mascala ; Defrénois 2007. 880, obs. Gibirila* • 19 févr. 2014 : *Dr. sociétés 2014, n° 110, note R. Salomon ; RJDA 2014, n° 660.*

5. Cumul de la faillite personnelle et de l'interdiction de gérer. Sur la possibilité, pour le juge commercial, de prononcer la faillite personnelle contre un dirigeant déjà condamné par le juge pénal, pour les mêmes faits, à une interdiction de gérer, dès lors que la durée cumulée de ces sanctions n'excède pas quinze ans, V. • Com. 24 mai 2018, n° 17-11.743 : *BJS 2018. 655, note Perrier.*

6. Relevé de déchéances. Sur le pouvoir souverain d'appréciation des juges du fond, V. • Com. 24 mai 2005, n° 04-11.964 : *RJDA 2005, n° 1373 ; Dr. sociétés 2006, n° 20, note Legros.* ♦ La faculté de demander le relevé des déchéances attachées à la faillite personnelle n'est pas de nature exclusivement quantitative, il convient de tenir compte aussi des possibilités contributives du failli et il est permis de retenir la part prise dans la création du passif. • Paris, 12 juin 1990 : *D. 1990. IR 192.* ♦ Sur les éléments pris en compte par le juge pour statuer sur une demande de relèvement fondée sur l'art. L. 653-11, al. 3, V. aussi • Paris, 14 sept. 1999 : *RPC 2000. 68, obs. Bach* • 3 févr. 2011 : *JCP E 2011. 1528, note Legros ; RJDA 2011, n° 648* • Douai, 16 sept. 2008 : *JCP E 2008. 2474, note Delattre ; RJDA 2009, n° 461* • 19 avr. 2012 : *JCP E 2012. 1634, note Delattre* • Versailles, 18 avr. 2013 : *RJDA 2013, n° 829.* ♦ Pour des décisions refusant de prononcer le relevé de déchéance, V. • Com. 3 nov. 1992, n° 90-19.545 P (versement mensuel de 250 F [env. 38 €] pour un passif supérieur à 200 000 F [env. 30 500 €]) • T. com. Paris, 20 mai 1999 : *RPC 2000. 68, obs. Bach* (contribution de 15 000 F [env. 2 300 €] pour une insuffisance d'actif de 2, 5 millions de francs [env. 381 000 €]) • T. com. Lille, 18 oct. 2016 : *JCP E 2017. 1181, note Delattre* • 15 nov. 2016 : *ibid.* ♦ Sur l'insuffisance de la seule offre de verser une somme consignée sur un compte, V. • Versailles, 11 sept. 1997 : *D. Affaires 1997. 1329.* ♦ ... De la justification d'avoir obtenu des dégrèvements fiscaux, V. • Dijon, 24 nov. 1998 : *RPC 2000. 68, obs. Bach.*

7. Le paiement total par le dirigeant des sommes auxquelles il a été condamné, destiné à indemniser le préjudice subi par les créanciers à la suite de son comportement fautif, constitue une réparation pécuniaire distincte et autonome de la sanction personnelle qu'est la mesure d'interdiction de gérer, qui vise à assainir les professions commerciales et à écarter l'intéressé des responsabilités économiques. • Douai, 15 févr. 2001 : *BICC 2001, n° 962.* ♦ Cette réparation n'équivaut donc pas à la contribution prévue par les dispositions de l'art. L. 625-10 [L. 653-11] C. com. • Versailles, 26 juin 2003 : *RJDA 2003, n° 1105.*

8. Les dispositions de l'art. L. 625-10 [L. 653-11] C. com. ne concernent que le relèvement des déchéances et interdictions et ne sont pas applicables aux condamnations pécuniaires. • Paris, 24 janv. 2003 : *RJDA 2003, n° 868.*

9. Retrait du casier judiciaire. Une mesure d'interdiction de gérer prononcée par une juridiction civile ou commerciale ne peut faire l'objet d'une demande de retrait du bulletin n° 2 du casier judiciaire. • Com., QPC, 13 avr. 2022, n° 22-10.380 : *BJE 5-6/2022. 32, note Delattre ; APC 2022, n° 152, obs. Cerf-Hollender ; RJDA 2022, n° 501.*

CHAPITRE IV *DE LA BANQUEROUTE ET DES AUTRES INFRACTIONS*

BIBL. GÉN. ▸ Régime issu de la loi du 26 juill. 2005 : ROBACZEWSKI, *Gaz. Pal. 2005. Doctr. 3027.* - J.-H. ROBERT, *Dr. pénal. 2005. Étude 15 ; Cah. dr. entr. 2006, n° 1, p. 34.* ▸ Régime issu de l'ordonnance du 18 déc. 2008 : MASCALA, *D. 2009. Pan. 1727* ; *RPC 2009. Dossier 15.* - ROBACZEWSKI, *Gaz. Pal. 2009. Doctr. 845.* - SORDINO, *ibid. 1605.* ▸ Autres thèmes : BÉNÉJAT, *RPC 2010. Étude 27* (faut-il sauver la banqueroute ?). - LASSERRE CAPDEVILLE, *RLDA juin 2014. 77* (le banquier complice de banqueroute : analyse contemporaine).

SECTION 1 *De la banqueroute*

Art. L. 654-1 **Les dispositions de la présente section sont applicables :**

1° A *(Ord. n° 2008-1345 du 18 déc. 2008, art. 139)* **« toute personne exerçant une activité commerciale ou artisanale, à tout agriculteur » et à toute personne physique exerçant une activité professionnelle indépendante, y compris une profession libérale soumise à un statut législatif ou réglementaire ou dont le titre est protégé » ;**

2° A toute personne qui a, directement ou indirectement, en droit ou en fait, dirigé ou liquidé une personne morale de droit privé *(Abrogé par L. n° 2005-845 du 26 juill. 2005, art. 141)* ***« ayant une activité économique »*** **;**

3° Aux personnes physiques représentants permanents de personnes morales dirigeants des personnes morales définies au 2° ci-dessus. – *[C. com., anc. art. L. 626-1.]*

COMMENTAIRE

Par rapport à l'ancien article L. 626-1, l'article L. 654-1 (de même que les art. L. 654-2 et L. 654-5 par rapport aux anciens art. L. 626-8 et L. 626-9) a été adapté par la loi du 26 juillet 2005 afin que, conformément à l'élargissement du domaine des procédures collectives, la banqueroute et les autres infractions visent aussi les membres des professions libérales. Notons qu'ici nulle exemption n'est prévue en faveur des professionnels libéraux soumis à une réglementation ou dont le titre est protégé, qui peuvent dès lors être condamnés, par la juridiction répressive, à la faillite personnelle ou à l'interdiction de gérer, à titre de sanction complémentaire (V. art. L. 654-6). Le régime n'est donc pas aligné sur celui de la faillite personnelle ou de l'interdiction de gérer prononcée à titre principal (V. art. L. 653-1 ; Ph. Reigné, L'application aux professions libérales des procédures de prévention et de traitement des difficultés des entreprises, Colloque du CRAJEFE du 27 mars 2004, *LPA 10 juin 2004, p. 10, n° 20*).

S'agissant d'une loi pénale nouvelle plus sévère, cette extension, bien évidemment, ne peut pas être appliquée rétroactivement à des faits commis avant le 1er janvier 2006 (J.-H. Robert, Banqueroute et autres infractions : commentaire des dispositions pénales de la loi n° 2005-845 du 26 juillet 2005, *Dr. pénal 2005. Étude 15, n° 6*).

Par ailleurs, comme en matière de faillite personnelle, est supprimée la mention, aux contours incertains, de « personne morale ayant une activité économique » (V. art. L. 653-2).

Depuis l'ordonnance du 18 décembre 2008, sont visées les personnes exerçant une activité artisanale (V. ss. art. L. 620-2). ❑

1. Application aux dirigeants de droit. Pour la condamnation pour banqueroute par tenue d'une comptabilité manifestement incomplète ou irrégulière d'un dirigeant qui invoquait son rôle d'« homme de paille », V. • Versailles, 14 déc. 2005 : *JCP E 2006, n° 46, p. 1944.*

2. Application aux dirigeants de fait. Les art. 196 et 197 [C. com., art. L. 654-1 et L. 654-2] sont indistinctement applicables aux dirigeants de droit ou de fait pour toutes les infractions qu'ils prévoient, y compris pour l'absence de toute comptabilité. • Crim. 7 déc. 1992, n° 92-80.627 P. – Dans le même sens, V. • Crim. 31 oct. 2007 : *RJDA 2008, n° 314 ; Rev. sociétés 2008. 165, note Matsopoulou* • 19 nov. 2008, n° 08-81.194 P : *Dr. sociétés 2009, n° 18, note R. Salomon ; APC 2009, n° 87, obs. Cerf-Hollender ; RJDA 2009, n° 462 ; Gaz. Pal. 26-28 avr. 2009, p. 50, obs. Robaczewski ; Rev. sociétés 2009. 653, note Matsopoulou* (condamnation du dirigeant de fait d'une entreprise individuelle).

3. Caractérise la gestion de fait, l'arrêt qui constate qu'un prévenu, théoriquement directeur commercial, était en réalité le seul à disposer d'une voiture de fonction, occupait le bureau directorial, prenait les décisions importantes et était le véritable patron, fixait les salaires, décidait des investissements et des prises de participation, et qu'il avait joué un rôle essentiel dans les procédés frauduleux. • Crim. 19 sept. 1994 : *BJS 1994. 1309, note J.-F. Barbièri.* ♦ Doit également être considéré comme gérant de fait le prévenu qui, après sa retraite, continue à animer la société en toute indépendance, établissant des relations avec les clients et les fournisseurs et procédant à des embauches. • Paris, 9 nov. 1998 : *Dr. sociétés 1999, n° 72, obs. Chaput.* ♦ Il en va de même du prévenu salarié dont le montant du salaire est nettement supérieur à celui perçu par la gérante de droit et qui, par ailleurs, exerce des fonctions de directeur financier, s'est porté caution solidaire pour des dettes sociales, encaisse les chèques clients sur un compte personnel et est en relation directe avec les fournisseurs de la société. • Paris, 16 févr. 1999 : *Dr. sociétés 2000, n° 4, obs. Chaput.* ♦ Pour d'autres exemples, V. • Crim. 19 déc. 1994 : *BJS 1995. 340* • 26 sept. 2001 : *Dr. sociétés 2002, n° 91, note Legros* • 29 nov. 2016, n° 15-86.116 P : *Rev. sociétés 2017. 438, note Bouloc ; RSC 2017. 314, obs. Matsopoulou ; Gaz. Pal. 27 juin 2017, p. 73, obs. Robaczewski* • Paris, 12 nov. 1993 : *Dr. sociétés 1994, n° 190* • 9 juin 1995 : *Dr. sociétés 1995, n° 215, obs. Chaput.*

V. aussi notes 17 s. ss. art. L. 651-2.

4. Condamnation simultanée d'un dirigeant de fait et d'un dirigeant de droit. Sur cette possibilité, V. • Crim. 19 sept. 1994 : *préc. note 3.*

5. Représentant permanent d'une personne morale. V. • Toulouse, 31 mai 2000 : *JCP 2001. IV. 1514 ; Dr. sociétés 2001, n° 44, obs. Chaput.*

6. Société d'économie mixte. Le fait qu'une société d'économie mixte locale, personne morale de droit privé, poursuive un but d'intérêt général et que la majorité de son capital soit détenue par une collectivité locale ou un groupement de communes, n'exclut pas que ses dirigeants puissent être poursuivis pour banqueroute. • Crim. 2 juin 1999, n° 98-81.454 P : *D. 1999. IR 206 ; D. Affaires 1999. 1118 ; Rev. sociétés 1999. 653, note Bouloc ; BJS 1999. 1201, note Barbièri ; RTD com. 1999. 980, obs. Mascala ; ibid. 2000. 200, obs. Bouloc ; RSC 1999. 830, obs. Renucci ; Dr. adm. 1999, n° 281, obs. Benjamin* • Toulouse, 31 mai 2000 : *préc. note 5.*

7. Faillite civile (Alsace-Moselle). La personne physique ayant fait l'objet d'une faillite civile de droit local d'Alsace-Moselle, prévue à l'art. L. 670-1, ne peut être poursuivie pour banqueroute. • Crim. 6 nov. 2024, n° 23-85.314 B : *D. 2024. Actu. 1957 .*

8. Compétence territoriale. La juridiction française est compétente pour connaître des faits de banqueroute relatifs à une société de droit étranger, dès lors que la liquidation judiciaire de cette société, qui avait un établissement en France, a été prononcée en application des dispositions du code de commerce. • Crim. 4 avr. 2012 : *D. 2013. Pan. 1651, obs. Mascala ; Dr. sociétés 2012, n° 131, note R. Salomon ; Gaz. Pal. 18-19 janv. 2013, p. 41, obs. Robaczewski.*

Art. L. 654-2 **En cas d'ouverture d'une procédure de redressement judiciaire ou de liquidation judiciaire, sont coupables de banqueroute les personnes mentionnées à l'article L. 654-1 contre lesquelles a été relevé l'un des faits ci-après :**

1° Avoir, dans l'intention d'éviter ou de retarder l'ouverture de la procédure de redressement judiciaire *(Ord. n° 2008-1345 du 18 déc. 2008, art. 140)* **« ou de liquidation judiciaire », soit fait des achats en vue d'une revente au-dessous du cours, soit employé des moyens ruineux pour se procurer des fonds ;**

2° Avoir détourné ou dissimulé tout ou partie de l'actif du débiteur ;

3° Avoir frauduleusement augmenté le passif du débiteur ;

4° Avoir tenu une comptabilité fictive ou fait disparaître des documents comptables de l'entreprise ou de la personne morale ou s'être abstenu de tenir toute comptabilité *(L. n° 2005-845 du 26 juill. 2005, art. 142-I)* **« lorsque les textes applicables en font obligation » ;**

5° Avoir tenu une comptabilité manifestement incomplète ou irrégulière au regard des dispositions légales. – *[C. com., anc. art. L. 626-2.]*

COMMENTAIRE

I. EXCLUSION DE LA SAUVEGARDE

Il résulte de la reprise, sans modification, des dispositions de l'ancien article L. 626-2 sous l'article L. 654-2, issu de la loi du 26 juillet 2005, que la banqueroute ne peut être prononcée en cas de procédure de sauvegarde. La raison est évidemment la même que celle qui avait conduit à exclure, dans cette hypothèse, la possibilité d'une condamnation au titre de l'obligation aux dettes sociales : il faut y voir une sorte de prime à la prévention, sous forme de clémence du législateur à l'égard de comportements normalement répréhensibles.

Cette impunité pénale a suscité la critique (C. Robaczewski, La non-réforme des sanctions pénales dans la loi de sauvegarde des entreprises, *Gaz. Pal. 9-10 sept. 2005, p. 48, n° 19*). Mais il faut bien voir aussi que la définition légale de la banqueroute même, dont l'un des éléments est la cessation des paiements, ne se prêtait guère à son extension à la sauvegarde (Ph. Roussel Galle, Réforme du droit des entreprises en difficulté, *Litec, 2e éd., 2007, n° 862*).

En revanche, il n'était pas logique que le texte ne visât pas la liquidation judiciaire au 1° (emploi de moyens ruineux en vue de retarder l'ouverture de la procédure) ; l'ordonnance du 18 décembre 2008 a réparé cette omission.

II. TENUE D'UNE COMPTABILITÉ

S'agissant de l'abstention de toute comptabilité, le 4°, résultant de la loi du 26 juillet 2005, ne fait plus référence, comme l'ancien article L. 626-2, aux « dispositions légales », mais aux « textes applicables », expression qui vise donc aussi les prescriptions comptables de nature réglementaire ou issues de textes communautaires. Cette modification s'explique par l'inclusion dans le champ de la loi des professions non commerciales, ni réglementées pour lesquelles l'obligation de tenir des comptes ne résulte que de règlements fiscaux, sociaux ou de police. Mais, étrangement, le 5°, lui, relatif à la comptabilité irrégulière, n'a pas été modifié, qui vise toujours les « dispositions légales », d'où le risque de réapparition ici d'une interprétation jurisprudentielle extensive, comme avant la réforme de 1994, assimilant les irrégularités grossières à l'absence de toute comptabilité lorsque le prévenu sera soumis à des dispositions de nature réglementaire (J.-H. Robert, Banqueroute et autres infractions : commentaire des dispositions pénales de la loi n° 2005-845 du 26 juillet 2005, *Dr. pén. 2005. Étude 15, n° 7* ; pour une suggestion de modification en ce sens, V. le Rapport Norguet de la CCIP, Pour une politique pénale adaptée à la vie des affaires, 10 janv. 2008, www.ccip.fr). ❑

1. Emploi de moyens ruineux. Pour la condamnation du directeur d'une agence bancaire qui, alors qu'il avait connaissance de l'état de cessation des paiements de la société, avait artificiellement maintenu les crédits en compte courant, dans le but de réaliser des actifs au profit de la banque et de réduire ainsi le débit du compte, V. • Crim. 22 sept. 2010 : *D. 2011. Pan. 1866, obs. Mascala ; Dr. sociétés 2011, n° 19, note R. Salomon ; RJDA 2011, n° 565; LPA 21 juin 2011, note Sordino ; Gaz. Pal. 7-8 oct. 2011, p. 46, obs. Robaczewski.*

2. Constitue le délit de banqueroute par emploi de moyens ruineux pour se procurer des fonds l'escompte de fausses factures et de traites de complaisance dont le coût ne peut qu'aggraver la situation financière de l'entreprise. • Crim. 6 déc. 1993, n° 93-81.475 P : *D. 1994. IR 50.* – Dans le même sens : • Crim. 24 mai 2000 : *Dr. pénal 2000, n° 129, obs. J.-H. Robert* • 27 juin 2012 : *D. 2013. Pan. 1652, obs. Mascala ; Rev. sociétés 2013. 172, note Bouloc.* ♦ V. aussi, pour l'utilisation de la technique de l'affacturage, • Crim. 13 mai 1991 : *RPC 1995. 354, obs. Devèze.* ♦ ... Pour l'accumulation de prêts et des opérations relevant du mécanisme dit de la « cavalerie », • Paris, 26 mai 1993 : *Gaz. Pal. 1994. 1. 69* • Crim. 19 sept. 1994 : *BJS 1994. 1309, note J.-F. Barbièri.* ♦ ... Pour la souscription de contrats de construction à un prix inférieur au prix des marchés de sous-traitance, • Rennes, 11 mai 1994 : *JCP 1996. IV. 211.* ♦ ... Pour un taux d'endettement excessif générant des frais trop importants pour l'entreprise, • Crim. 12 mars 1998, n° 96-85.739 P : *D. Affaires 1998. 962.*

3. La notion d'emploi de moyens pour se procurer des fonds suppose un ou des actes positifs permettant d'obtenir ou de faire rentrer des fonds et non pas une simple abstention de payer une dette légitimement préexistante. Le caractère ruineux des moyens suppose qu'il apparaisse dans le même temps que le recours à la technique et l'effet inéluctable de l'augmentation du passif par le recours auxdits moyens (à propos du non-paiement de dettes fiscales et sociales). • Versailles, 11 juin 1993 : *BICC 1993, n° 1272.*

4. Sur l'insuffisance du seul fait d'avoir souscrit un emprunt bancaire au profit d'une société en état de cessation des paiements depuis trois ans, manifestement incapable de le rembourser, V. • Crim. 26 sept. 1996 : *RJDA 1997, n° 135 ; BJS 1997. 112, note J.-F. Barbièri.* ♦ V. aussi, pour des emprunts successifs et sans intérêt, • Crim. 21 mars 2001 : *Dr. pénal 2001, n° 103, note J.-H. Robert.*

5. L'utilisation de fonds à un autre usage que celui auquel ils étaient destinés ne constitue pas un emploi de moyens ruineux pour se procurer des fonds. • Crim. 16 juin 1999 : *RPC 2000. 34, obs. Devèze.*

6. Le président d'une société anonyme qui a fait tout son possible pour réduire l'endettement de sa société et qui y est parvenu dans une très large mesure ne saurait se voir reprocher d'avoir recouru à des moyens ruineux dans l'intention d'éviter ou de retarder la constatation de la cessation des paiements, constitutifs de banqueroute. • Paris, 22 avr. 1992 : *Dr. sociétés 1992, n° 225, obs. Chaput ; Gaz. Pal. 1992. 2. 520, note Marchi.*

7. Le délit de banqueroute est constitué, que les faits constatés soient antérieurs ou postérieurs à la date de la cessation des paiements, dès lors que, procédant d'une même intention et tendant au même but, ils ont pour objet ou pour effet soit d'éviter ou de retarder la constatation de cet état, soit d'affecter la consistance de l'actif disponible dans des conditions de nature à placer l'intéressé dans l'impossibilité de faire face au passif exigible. • Crim. 21 sept. 1994 : *Gaz. Pal. 1994. 2. Somm. 712 ; JCP E 1995. II. 690, note A. Dekeuwer.* – Dans le même sens : • Crim. 6 févr. 1995 : *RPC 1996. 133, obs. Devèze* • 7 avr. 1998 : *RSC 1998. 773, obs. Renucci ; RTD com. 1998. 947, obs. Mascala.* – Comp. : • Crim. 18 juin 1998 : *JCP E 1999, n° 4, p. 174, note J.-H. Robert ; Rev. sociétés 1998. 817, note Bouloc.*

8. Détournement ou dissimulation d'actif. Pour la conformité à la Constitution de l'art. L. 654-2, V. • Cons. const. 29 sept. 2016, n° 2016-573 QPC : *cité note 1 ss. art. L. 654-6.* ♦ Le délit de banqueroute par détournement d'actif suppose l'existence d'une dissipation volontaire d'un élément de patrimoine d'un débiteur en état de cessation des paiements par l'une des personnes énumérées à l'art. 196 [C. com., art. L. 654-1]. • Crim. 5 juin 1989 : *D. 1989. IR 244.* • 10 mai 1993, n° 92-83.004 P : *RJDA 1993, n° 966.* – Rappr. : • Crim. 12 janv. 2005 : *Dr. sociétés 2005, n° 147, note R. Salomon ; JCP E 2005, n° 41, p. 1696, note J.-H. Robert.* ♦ Tout acte de disposition volontaire accompli sur le patrimoine du débiteur après la cessation des paiements, en fraude des droits des créanciers, constitue le délit de banqueroute par détournement d'actif. • Crim. 11 mai 1995, n° 94-83.515 P. ♦ Le délit de banqueroute par détournement d'actif n'exige pas que l'élément d'actif ait définitivement disparu du patrimoine soit par une destruction, soit par un acte de disposition, puisqu'il suffit qu'il ait été volontairement caché ou soustrait de façon à empêcher qu'il ne soit appréhendé au profit des créanciers (à propos d'un contrat de fiducie portant sur un bien immobilier, peu important à cet égard que ce contrat n'ait pas été publié dans les délais). • Crim. 25 oct. 2023, n° 22-84.650 : *D. 2024. Pan. 1601, obs. Mascala ; Dr. sociétés 2023, n° 145, note R. Salomon ; BJE 1-2/2024. 29, note Lasserre Capdeville ; Dr. pénal 2024, n° 9, obs. J.-H. Robert ; Gaz. Pal. 19 mars 2024, p. 79, obs. Eeckhoudt ; BJS 4/2024. 36, note Perrier ; RJDA 2024, n° 237 ; RPC 2024, n° 96, obs. Boustani-Aufan.* ♦ Sur l'absence d'élément intentionnel, dans l'hypothèse où le débiteur aurait consigné le prix de vente du fonds de commerce pour désintéresser les créanciers, V. • Crim. 13 juin 1996 : *D. Affaires 1996. 1227 ; Rev. sociétés 1997. 369, note Bouloc ; RPC 1997. 495, obs. Devèze.*

Dès lors qu'il n'est pas démontré, ni même allégué, que les cessions d'actif réalisées par le dirigeant aient reçu une contrepartie, une cour d'appel caractérise en tous ses éléments le délit de banqueroute. • Crim. 3 oct. 1996 : *D. Affaires 1997. 55.*

9. La dissipation volontaire de l'élément du patrimoine devant avoir été accomplie personnellement par l'une des personnes énumérées à l'art. 196 [C. com., art. L. 654-1], un gérant de société en liquidation judiciaire ne peut être condamné alors que l'élément principal de l'actif vendu l'a été par le liquidateur, avec l'autorisation du juge-commissaire. • Crim. 22 févr. 1996, n° 95-82.506 P : *BJS 1996. 694, note J.-F. Barbièri.*

10. L'art. L. 626-2 [L. 654-2] (2°) C. com. ne prévoit pas que la clôture des opérations de liquidation ait dû intervenir préalablement aux faits litigieux ou à leur poursuite. • Toulouse, 16 mars 2005 : *Dr. sociétés 2005, n° 186, note R. Salomon ; RJDA 2006, n° 448.*

11. Le délit de banqueroute par détournement d'actif suppose que les actes de détournement aient été commis postérieurement à la date de la cessation des paiements ou qu'ils l'aient provoquée. • Crim. 7 mai 2024, n° 23-82.948 : *JCP E 2024. 1208, n° 5, obs. R. Salomon ; RPC 2024, n° 97, obs. Boustani-Aufan ; Gaz. Pal. 24 sept. 2024, p. 70, obs. Eeckhoudt.* ♦ Sur le contrôle exercé par la Cour de cassation, V. • Crim. 23 mai 2024, n° 23-81.457 : *AJ pénal 2024. 392, obs. Sordino ; RTD com. 2024. 788, obs. Saenko.* ♦ Pour des détournements d'actif qui, bien qu'antérieurs à la date de cessation des paiements, ont pu constituer le délit de banqueroute, V. • Crim. 5 oct. 1992, n° 91-86.770 : *cité note 14.* ♦ V. aussi note 7. ♦ Pour déclarer constitué le délit de banqueroute, le juge répressif a le pouvoir de retenir, en tenant compte des éléments soumis à son appréciation, une date de cessation des paiements autre que celle déjà fixée par la juridiction consulaire. • Crim. 18 nov. 1991, n° 90-83.775 P : *JCP 1993. II. 22102, note Sordino ; D. 1992. IR 54 ; Gaz. Pal. 1992. 2. 515, note Marchi* • 21 juin 1993, n° 92-84.526 P : *BJS 1993. 1151 ; RJ com. 1994. 16, note Bernadini et Honorat.* – Comp. : • Lyon, 19 juin 1990 : *D. 1991. Somm. 117, obs. Derrida.*

12. Ne constitue pas le délit de banqueroute par détournement de l'actif d'une société le fait, par le dirigeant de celle-ci, de céder à un ou plusieurs créanciers de la personne morale tout ou partie des biens de cette dernière, dans la mesure où, égale ou supérieure à la valeur de ces biens, la créance du bénéficiaire est liquide, certaine et exigible. • Crim. 16 janv. 1989 : *D. 1989. IR 78.* ♦ Pareille dation en paiement, bien que réalisée durant la période suspecte, ne s'analyse qu'en un paiement préférentiel, lequel n'est plus pénalement punissable depuis l'abrogation par la loi du 25 janv. 1985 de l'ancien art. 131, al. 3, de la loi du 13 juill. 1967. • Même arrêt • Crim. 21 juin 1993 : *préc. note 11* • Douai, 10 janv. 1995 : *Dr. sociétés 1995, n° 123, obs. Chaput.* ♦ Comp., pour l'utilisation du produit de la vente du fonds de commerce pour rembourser des comptes courants d'associés dont le gérant et son fils étaient titulaires : • Crim. 11 mai 1995 : *préc. note 8.*

13. Le détournement de clientèle d'un fonds de commerce pris en location-gérance n'est pas constitutif du délit de banqueroute par détournement d'actif, dès lors que cet élément du fonds n'est pas la propriété de la société en cessation des paiements et ne figure pas dans ses actifs. • Crim. 22 août 1995, n° 94-83.750 P : *D. 1995. IR 243 ; D. Affaires 1995. 115 ; Rev. sociétés 1996. 339, note Ohl*. ♦ Comp. : • Crim. 14 févr. 2007 : *Dr. sociétés 2007, n° 102, note R. Salomon ; RPC 2007. 157, obs. Mascala ; Rev. sociétés 2007. 885, note Bouloc*. ♦ Comp., également, pour un délit de banqueroute par détournement d'actif résultant de la vente à un prix inférieur au prix d'acquisition de véhicules achetés avec une clause de réserve de propriété : • Crim. 20 oct. 2004, n° 03-85.238 P : *D. 2004. AJ 3223 ; RTD com. 2005. 429, obs. Bouloc.*

14. En revanche, commet le délit de banqueroute par détournement d'actif, le dirigeant : qui, titulaire d'un compte courant d'associé créditeur, a opéré, postérieurement au jugement prononçant le redressement judiciaire et au jugement arrêtant le plan de cession, des prélèvements sur le compte de la société aux fins de paiement de sa créance, dès lors que celle-ci était éteinte, faute d'avoir été déclarée, et que l'intéressé était dessaisi pour partie de ses pouvoirs de gestion. • Crim. 20 mars 1995, n° 94-82.163 P : *RJDA 1995, n° 907.* ♦ V. aussi, sur le détournement d'actif résultant de la position débitrice du compte courant d'associé, • Crim. 8 sept. 2004 : *JCP E 2005, n° 20, p. 818, obs. Muller.* ♦ ... Qui a détourné des règlements de clients et des contrats de construction, éléments du patrimoine social, ces agissements ayant provoqué la cessation des paiements de l'entreprise. • Crim. 5 oct. 1992, n° 91-86.770 P : *BJS 1993. 252, note Bouloc.* ♦ ... Qui a poursuivi l'activité de transport-déménagement de la société, avec certains salariés et un véhicule de celle-ci, et perçu personnellement les règlements des clients. • Crim. 5 août 1998 : *Rev. sociétés 1999. 170, note Bouloc*. ♦ ... Qui a cédé un élément d'actif d'une société en redressement judiciaire, pour une somme bien inférieure à sa valeur vénale, au bénéfice d'une autre société dans laquelle le dirigeant a des intérêts. • Crim. 7 déc. 1992 : *RJDA 1993, n° 67.* ♦ ... Qui a cédé des actifs de la société aux dépens de la procédure. • Paris, 17 mars 1997 : *Dr. sociétés 1997, n° 155.* ♦ ... Qui, après avoir mis en œuvre une procédure de divorce par consentement mutuel, a vendu un immeuble dépendant de la communauté et déposé le produit de la vente sur un compte bancaire ouvert au Luxembourg au nom de jeune fille de son épouse, dans l'intention de soustraire cet élément d'actif au gage des créanciers. • Crim. 29 mars 2000, n° 99-85.878 P : *D. 2000. AJ 268 ; RJDA 2000, n° 1024.* ♦ ... Qui a fait reprendre par d'autres sociétés les contrats de construction, lesquels constituaient la partie essentielle de son actif, et a organisé l'affectation des fonds payés par les clients soit au profit de la société de crédit immobilier, soit au profit d'autres sociétés. • Crim. 14 déc. 1994, n° 94-80.347 P. ♦ ... Qui, de concert avec la SCI propriétaire des murs, laisse celle-ci retrouver la disposition des locaux dans lesquels la SARL exerçait jusque-là son activité, sans réclamer une indemnité d'éviction correspondant à la perte du droit au bail. • Crim. 26 oct. 1995 : *RJDA 1996, n° 279.* ♦ ... Qui résilie le bail commercial pour le remplacer par un bail précaire, et augmente le loyer. • Paris, 30 mai 1996 : *Dr. sociétés 1997, n° 8, obs. Chaput.* ♦ ... Qui a détourné le droit au bail de la société au profit d'une autre société dont il était le dirigeant de fait. • Crim. 21 oct. 2020, n° 19-86.050 : *Dr. sociétés 2020, n° 151, note R. Salomon.* ♦ ... Qui occupe un appartement loué par la société sans versement de loyers. • Paris, 30 oct. 1996 : *Dr. sociétés 1997, n° 84.* ♦ ... Qui s'est octroyé des rémunérations excessives, au regard de la situation financière de la société. • Crim. 18 juin 1998 : *JCP E 1999, n° 4, p. 174, note J.-H. Robert.* ♦ ... Qui a signé un ordre de virement en vue de rembourser à des associés, membres de sa famille, leur compte courant. • Crim. 27 nov. 1997 : *RJDA 1998, n° 323.* ♦ ... Qui a fait régler par la société en difficulté d'importantes dépenses personnelles. • Paris, 4 déc. 1996 : *Dr. sociétés 1997, n° 155.* ♦ ... Qui a émis à son ordre, sur le compte de la société, un chèque, en remboursement de sommes versées en vue d'une augmentation de capital restée à l'état de projet, sans rapporter la preuve de l'existence d'une créance certaine, liquide et exigible. • Crim. 23 oct. 1997, n° 96-84.717 P : *D. 1998. IR 39 ; D. Affaires 1998. 115, obs. V. A.-R. ; Rev. sociétés 1998. 141, note Bouloc ; JCP E 1999. 321, note J.-H. Robert.* ♦ ... Qui n'a remis ni au mandataire liquidateur, ni au repreneur de la société, les codes sources permettant d'adapter, de modifier, et de faire évoluer en fonction des besoins de la clientèle les trois logiciels qui figuraient à l'actif du bilan de la société. • Crim. 26 nov. 1998, n° 97-86.438 P : *D. Affaires 1999. 260 ; Rev. sociétés 1999. 402, note Bouloc ; Dr. pénal 1999, n° 85, obs. Robert.* ♦ ... Qui a détourné, au profit d'une société concurrente, des sites internet et les fichiers clients d'une lettre informatique, V. • Paris, 14 mars 2005 : *Dr. sociétés 2005, n° 230, note R. Salomon.* ♦ V. aussi • Crim. 17 janv. 2018, n° 16-87.135 : *Dr. sociétés 2018, n° 55, note R. Salomon ; BJE 2018. 214, note Lasserre Capdeville ; Gaz. Pal. 17 avr. 2018, p. 87, obs. Robaczewski ; RPC 2018, n° 208, obs. Boustani* (détournement d'un fichier clients par l'ancien gérant d'une société en redressement judiciaire au profit d'une société nouvellement créée). ♦ Sur l'élément moral du délit, V. • Crim. 12 sept. 2018, n° 17-83.155 : *D. 2019. Pan. 1861, obs. Mascala ; Dr. sociétés 2018, n° 199, note R. Salomon ; RPC 2019, n° 47, obs. Boustani.*

15. Est coupable de banqueroute par détournement d'actif le dirigeant d'une association qui, en connaissance des graves difficultés financières de celle-ci, s'est sciemment approprié une partie de son actif, peu important l'accord du conseil d'administration, en continuant à se faire octroyer, après la cessation des paiements, une rémunération excessive. • Crim. 18 mars 2020, n° 18-86.492 P : *D. 2020. Pan. 1808, obs. Mascala ; Rev. sociétés 2020. 371, note Matsopoulou ; RTD com. 2020. 726, obs. Bouloc ; BJS 6/2020. 37, note Mouial-Bassilana ; APC 2020, n° 164, obs. Cerf ; Dr. sociétés 2020, n° 72, note R. Salomon ; LEDEN 6/2020. 6, obs. Cavelier ; RLDA juill. 2020. 36, obs. Gibirila ; BJE 7-8/2020. 31, note Lasserre Capdeville ; RPC 2020, n° 114, obs. Le Geut.*

16. L'intérêt de groupe ne peut constituer, en cas de poursuite pour banqueroute par détournement d'actifs, un fait justificatif. • Crim. 27 avr. 2000, n° 99-85.192 P : *D. 2000. AJ 327, obs. Lienhard ; D. 2002. Somm. 206, obs. Sortais ; APC 2000, n° 170, obs. Regnaut-Moutier ; RSC 2000. 842, obs. Renucci ; RTD com. 2000. 1030, obs. Bouloc ; LPA 9 avr. 2001, p. 13, note Sordino.* ♦ V. déjà, ayant jugé que justifie sa décision la cour d'appel qui refuse au dirigeant d'une entreprise en état de cessation des paiements, poursuivi pour avoir détourné partie de l'actif social au profit d'une autre entreprise dans laquelle il est intéressé, de se prévaloir de l'existence d'une union économique entre ces deux sociétés, en relevant que la procédure collective dont la première fait l'objet a restitué à celle-ci, dans l'intérêt des créanciers, son indépendance économique et financière, • Crim. 20 juill. 1993, n° 92-84.086 P : *Rev. sociétés 1994. 93, note Bouloc ; RJDA 1993, n° 968.* – V. aussi • Paris, 23 avr. 1997 : *Dr. sociétés 1997, n° 178, obs. Chaput.*

17. Les abandons de créances régulièrement visés aux conventions réglementées et approuvés par le commissaire aux comptes de la société peuvent être considérés comme un élément constitutif du délit de banqueroute par détournement d'actif, dès lors qu'il est établi que ces abandons constituaient des actes positifs de disposition d'un élément du patrimoine de la société, tendant à amoindrir le gage des créanciers * Rép. min. n° 1563 : *JO Sénat Q, 15 nov. 2007, p. 2091.*

18. Sur le point de départ du délai de prescription, V. note 1 ss. art. L. 654-16.

19. Augmentation frauduleuse du passif. Le fait, pour le dirigeant, de s'être abstenu de licencier les salariés qui n'étaient plus payés depuis plusieurs mois et d'avoir poursuivi le contrat de bail alors que la situation de la société était irrémédiablement compromise ne caractérise pas l'existence d'un acte tendant à l'augmentation frauduleuse du passif. • Crim. 26 janv. 2022, n° 21-81.822 B : *Rev. sociétés 2022. 370, note Matsopoulou ; RTD com. 2022. 675, obs. Bouloc ; Dr. sociétés 2022, n° 36, note R. Salomon ; BJE 5-6/2022. 39, note Lasserre Capdeville ; RJDA 2022, n° 357.* ♦ En revanche, le comportement du prévenu est frauduleux dès lors qu'il consiste en une omission, manifestement délibérée, de s'acquitter des cotisations sociales dues. • Crim. 1er févr. 2023, n° 22-82.368 B : *D. 2023. Pan. 1668, obs. Mascala ; Rev. sociétés 2023. 243, note Matsopoulou ; RTD com. 2023. 248, obs. Bouloc ; RPC 2023, n° 42, obs. Boustani-Aufan ; Dr. sociétés 2023, n° 52, note R. Salomon ; Gaz. Pal. 18 avr. 2023, p. 76, obs. Eeckhoudt ; APC 2023, n° 91, obs. Cerf-Hollender ; BJS 5/2023. 38, note Cahn ; BJE 5-6/2023. 51, note Lasserre Capdeville ; RJDA 2023, n° 396.*

20. Infractions relatives à la comptabilité. **BIBL.** Eichel, *Gaz. Pal. 1987. 2. Doctr. 481.* – Thorin, *ibid. 1989. 1. Doctr. 193.* – Stolowy, *JCP 2003. I. 147.* ♦ La loi du 25 janv. 1985, avant sa modification par la loi du 10 juin 1994, ne contenait aucune incrimination pénale pour des faits de tenue irrégulière de la comptabilité d'une société, lesquels ne pouvaient, en raison de l'interprétation stricte des lois pénales, être assimilés à une absence de toute comptabilité. • Crim. 26 janv. 1987 : *Bull. crim. n° 38 ; D. 1987. IR 43* • 15 oct. 1998 : *Rev. sociétés 1999. 184, note Bouloc.* ♦ Comp., depuis la L. n° 94-475 du 10 juin 1994 : art. L. 626-2 [L. 654-2] (5°). ♦ Sur ce texte, V. Devèze, *RPC 1996. 135.* ♦ Pour des applications, V. • Crim. 12 sept. 2001 : *RJDA 2002, n° 185* • 8 mars 2006 : *ibid. 2006, n° 686* • Versailles, 22 juin 2006 : *JCP E 2006, n° 46, p. 1944.*

21. Constitue le délit de banqueroute par tenue de comptabilité fictive le fait, pour le dirigeant d'une société, d'avoir donné personnellement des directives pour l'établissement de traites fictives. • Crim. 5 nov. 1998 : *JCP 1999. IV. 1326.*

22. L'existence de pièces permettant de reconstituer une comptabilité n'équivaut pas à l'existence même de cette comptabilité. • Riom, 13 mars 1991 : *Gaz. Pal. 1992. 2. Somm. 537.* ♦ Sur l'absence de comptabilité, V. aussi • Crim. 5 déc. 2001 : *Dr. sociétés 2002, n° 90, note Legros* • Paris, 7 déc. 1987 : *Gaz. Pal. 1988. 1. 362, note Marchi* • 14 déc. 1987 : *ibid.* • 20 janv. 1988 : *ibid.* • 14 juin 1988 : *ibid. 1988. 2. 694, note Marchi* • 28 juin 1988 : *ibid.*

23. L'art. L. 654-2, 5°, sanctionne tout manquement manifeste aux obligations comptables commis par le prévenu dès lors qu'il se trouve obligé de tenir une comptabilité en vertu d'une disposition légale ; l'obligation de tenir une comptabilité régulière en application de l'art. L. 123-12 C. com. ne se limite pas à l'établissement des comptes annuels à la clôture de l'exercice, mais implique également l'enregistrement chronologique des mouvements affectant le patrimoine dans les livres comptables et l'inventaire périodique, de sorte que le délit de banqueroute par tenue d'une comptabilité manifestement incomplète ou irrégulière se trouve constitué avant ladite clôture lorsque sont constatés des manquements ou des irrégularités manifestes dans la tenue des livres comptables. • Crim. 22 juin 2022, n° 21-83.036 B : *D. 2023. Pan. 1667, obs. Mascala ; Rev. sociétés 2022. 687, note Matsopoulou ; RTD com. 2022. 677, obs. Bouloc ; Dr. sociétés 2022, n° 100, note R. Salomon ; BJS 9/2022. 38, note Cahn ; Gaz. Pal. 27 sept. 2022, p. 67, obs. Eeckhoudt ; BJE 9-10/2022. 24, note Lasserre Capdeville ; APC 2022, n° 215, obs. Cerf-Hollender ; RJDA 2023, n° 101.* — V. déjà • Crim. 6 déc. 1993 : *préc. note 2.*

24. La tenue de la comptabilité d'une société commerciale et le respect des obligations légales qui y sont liées incombent aux seuls dirigeants, qui ne peuvent s'en exonérer en invoquant la faute de leur cabinet comptable pour échapper à leurs obligations. • Crim. 6 avr. 2011 : *RSC 2011. 621, obs. Matsopoulou.* ♦ Pour la condamnation d'un « gérant de paille », V. • Crim. 14 mai 2014 : *Rev. sociétés 2015. 131, note Bouloc.*

25. Commet le délit de banqueroute par soustraction de comptabilité le gérant d'une société à responsabilité limitée mise en redressement judiciaire qui ne représente pas la comptabilité, pourtant régulièrement tenue au sein de l'entreprise, aux organes de la procédure collective ou aux autorités judiciaires. • Crim. 19 oct. 1992 : *RJDA 1993, n° 33* • 3 déc. 2014, n° 13-86.846 : *D. 2015. Pan. 1510, obs. Mascala ; JCP E 2015. 1030, n° 6, obs. R. Salomon ; Gaz. Pal. 18-20 janv. 2015, p. 37, obs. Robaczewski.* ♦ V. aussi, pour la condamnation d'un dirigeant qui avait retardé la communication de la comptabilité au liquidateur jusqu'au moment où il avait eu connaissance de la citation le convoquant devant le tribunal correctionnel, • Crim. 19 janv. 2000, n° 99-82.749 P : *RJDA 2000, n° 708 ; Rev. sociétés 2000. 574, note Bouloc ; RSC 2000. 841, obs. Renucci.* ♦ ... D'un dirigeant qui avait invité la société d'archivage désignée par le liquidateur à venir prendre possession de la comptabilité dans un endroit particulièrement difficile d'accès, • Crim. 25 févr. 2004, n° 03-84.357 P : *Rev. sociétés 2004. 917, note Bouloc ; Dr. pénal 2004, n° 112, note J.-H. Robert ; RTD com. 2004. 610, obs. Mascala ; JCP E 2005, n° 20, p. 819, obs. Muller.*

26. L'incrimination peut concerner les exercices comptables antérieurs à la date de cessation des paiements. • Crim. 17 nov. 2004 : *Dr. pénal 2005, n° 61, note J.-H. Robert.* – Dans le même sens, V. • Crim. 26 janv. 2005 : *ibid. ; Dr. sociétés 2005, n° 146, note R. Salomon.*

27. Il résulte des art. L. 654-2, 4° et 5°, C. com. et 121-3 C. pén. que la caractérisation de l'élément intentionnel des délits de banqueroute par absence de comptabilité ou tenue d'une comptabilité manifestement irrégulière suppose la seule conscience de son auteur de se soustraire à ses obligations comptables légales ; elle n'exige pas la preuve que le prévenu a eu la volonté soit d'éviter ou de retarder la constatation de l'état de cessation des paiements, soit d'affecter la consistance de l'actif disponible dans des conditions de nature à placer l'intéressé dans l'impossibilité de faire face au passif exigible. • Crim. 25 nov. 2020, n° 19-85.205 P : *D. 2021. Pan. 1650, obs. Mascala ; Rev. sociétés 2021. 386, note Matsopoulou ; AJ pénal 2021. 90, obs. Sordino ; RTD com. 2021. 211, obs. Bouloc ; JCP E 2021. 1191, n° 22, obs. Tehrani ; LEDEN 1/2021. 5, obs. Maraud ; APC 2021, n° 26, obs. Besse ; BJE 1-2/2021. 46, note Lasserre Capdeville ; Dr. sociétés 2021, n° 29, note R. Salomon ; BJS 3/2021. 41, note Perrier ; RJDA 2021, n° 252 ; Gaz. Pal. 13 avr. 2021, p. 80, obs. Ghelfi.*

28. Les qualifications de tenue d'une comptabilité manifestement irrégulière ou incomplète, constitutive de banqueroute, et d'omission d'écritures en comptabilité, prévue par l'art. 1743 CGI, ne sont pas incompatibles entre elles et peuvent être retenues pour un même fait dès lors qu'elles sanctionnent la violation d'intérêts distincts, comportent des éléments constitutifs différents et qu'une seule peine a été prononcée conformément à l'art. 132-3 C. pén. • Crim. 4 mai 2006 : *BJS 2006. 1151.* ♦ Dans le même sens, pour la compatibilité des qualifications de banqueroute par tenue d'une comptabilité manifestement irrégulière et de présentation de comptes annuels infidèles, V. • Crim. 12 déc. 2007 : *Dr. sociétés 2008, n° 64, note R. Salomon.* ♦ Sur le non-cumul des qualifications de banqueroute par tenue d'une comptabilité irrégulière et de faux en comptabilité, V. • Crim. 9 sept. 2020, n° 18-86.351 : *Dr. sociétés 2020, n° 136, note R. Salomon.*

V. aussi note 2 ss. art. L. 654-1.

29. Cumul des cas de banqueroute. Ne méconnaît pas le principe *ne bis in idem* la cour d'appel qui retient à l'encontre du prévenu des faits constitutifs de banqueroute par tenue de comptabilité incomplète ou irrégulière, distincts de ceux pour lesquels elle l'a reconnu coupable de banqueroute par détournement ou dissimulation d'actif. • Crim. 9 févr. 2022, n° 20-81.038 : *D. 2022. Pan. 1640, obs. Mascala ; Dr. sociétés 2022, n° 47, note R. Salomon ; Gaz. Pal. 19 avr. 2022, p. 71, obs. Eeckhoudt.*

30. Complicité de banqueroute. **BIBL.** Kœring-Joulin, *D. 1980. Chron. 231.* – Mouly, *D. 1984. Chron. 32.* – Letartre, *Rev. dr. bancaire 1988. 192.* ♦ Ne justifie pas sa décision de relaxe du chef de complicité de banqueroute, la cour d'appel qui constate que le banquier poursuivi de ce chef a notifié à une personne morale l'interdiction d'émettre des chèques, puis a laissé le dirigeant social virer des fonds sociaux sur un compte personnel sur lequel des chèques ont ensuite été émis en méconnaissance de l'art. 65-4 du Décr. du 30 oct. 1935. • Crim. 9 oct. 1989, n° 89-80.160 P : *D. 1990. Somm. 120, obs. Cabrillac ; Rev. sociétés 1990. 279, note Bouloc.* ♦ Comp., pour l'absence de complicité, dès lors que les frais financiers étaient normaux et que la banque ignorait le caractère de complaisance d'un effet escompté :

• Crim. 13 nov. 1989 : *RPC 1990. 287, obs. Devèze.*

La complicité du banquier n'est établie que si la démonstration est faite qu'il connaissait pertinemment l'état de cessation des paiements du débiteur, le caractère ruineux du crédit, ainsi que la volonté du débiteur de retarder le dépôt de bilan ; il est nécessaire que le banquier ait eu une conscience infractionnelle et qu'il ait décidé de s'associer en connaissance de cause aux manœuvres du débiteur. • Saint-Denis de La Réunion, 17 déc. 1998 : *D. 1999. 609, note D.-R. Martin* . – Dans le même sens, V. • Paris, 14 févr. 2000 : *D. 2002. Somm. 205, obs. Sortais ; RTD com. 2001. 238, obs. Mascala* .

Pour la condamnation d'un avocat qui avait prêté main forte au débiteur pour dissimuler aux créanciers le produit de la vente d'un immeuble, V. • Crim. 29 mars 2000 : *préc. note 14.*

Sur la relaxe d'un administrateur judiciaire, poursuivi du chef de complicité de banqueroute par détournement d'actifs, V. • Crim. 12 juin 2003 : *cité par Soinne, RPC 2003. 283 ; Gaz. Pal. 12-14 sept. 2003, p. 4.*

V. aussi • Crim. 21 mars 2001 : *APC 2001, n° 145.*

31. Le principe de l'égalité des créanciers ne s'oppose pas à leur action individuelle contre les complices du banqueroutier qui ne font pas eux-mêmes l'objet d'une procédure collective et dont le patrimoine n'est pas en conséquence le gage de l'ensemble des créanciers. • Crim. 11 oct. 1993, n° 92-81.260 P : *D. 1994. IR 18 ; RJDA 1994, n° 102.*

32. Sur la condamnation civile du complice de banqueroute, V. • Douai, 14 déc. 2004 : *D. 2005. AJ 358, obs. Lienhard* .

33. Action civile des créanciers. V. notes ss. art. L. 654-17.

34. Recel de banqueroute. Le délit de recel de banqueroute ne peut être retenu à l'encontre de la personne qui a commis l'infraction principale. • Crim. 13 avr. 2022, n° 19-84.831 B : *D. 2022. 1504, note Auroy ; Rev. sociétés 2022. 622, note Bouloc ; RTD com. 2022. 662, obs. Saenko ; RSC 2022. 845, obs. Matsopoulou ; Dr. sociétés 2022, n° 72, note R. Salomon ; LEDEN 6/2022. 5, obs. Pin ; BJE 7-8/2022. 26, note Lasserre Capdeville ; BJS 9/2022. 40, note Grossi ; Gaz. Pal. 27 sept. 2022, p. 66, obs. Eeckhoudt.*

35. En obtenant le versement d'honoraires anormalement élevés sans rapport avec les prestations fournies à une société pour laquelle il devait mettre au point le plan de reprise d'activités par le même dirigeant, le prévenu, qui se prétend professionnel des procédures collectives, s'est rendu coupable du délit de recel de banqueroute dès lors qu'il lui appartenait, par des vérifications comptables sommaires, de vérifier que la société débitrice n'était pas en état virtuel de cessation des paiements. • Paris, 25 oct. 1993 : *Dr. sociétés 1994, n° 53, obs. Chaput.*

36. Sont coupables de recel de détournement d'actif les prévenus qui ont acheté des marchandises à une société en état de cessation des paiements, alors, qu'en tant que professionnels, ils ne pouvaient ignorer ni la situation irrémédiablement compromise de la société, ni le caractère dérisoire du prix payé. • Paris, 21 févr. 1995 : *Dr. sociétés 1995, n° 123, obs. Chaput.*

V. note 5 ss. art. L. 654-6.

37. Tentative. Aucune disposition légale ne réprime la tentative de banqueroute. • Crim. 7 avr. 1998 : *Rev. sociétés 1998. 624, note Bouloc* .

38. Jugement d'ouverture non définitif. Justifie sa décision la cour d'appel qui, pour déclarer un prévenu coupable de banqueroute par détournement ou dissimulation d'actifs, relève qu'il importe peu que les pourvois en cassation formés par celui-ci contre les arrêts ayant ouvert la procédure de redressement judiciaire et converti cette procédure en liquidation judiciaire soient pendants devant la Cour de cassation dès lors que la procédure collective était exécutoire au moment des détournements et que l'ouverture d'une procédure collective n'est qu'une condition préalable à l'exercice de l'action publique. • Crim. 24 mars 2010, n° 09-84.599 P : *D. 2010. Actu. 1204, obs. Lienhard ; D. 2011. Pan. 1865, obs. Mascala ; Rev. sociétés 2010. 407, obs. Roussel Galle ; ibid. 464, note Matsopoulou ; JCP E 2010. 1742, n° 13, obs. Pétel ; LEDEN 6/2010. 7, obs. Rubellin ; Dr. sociétés 2010, n° 151, note R. Salomon ; APC 2010, n° 166, obs. Cerf-Hollender ; Gaz. Pal. 2-3 juill. 2010, p. 43, obs. Robaczewski ; BJS 2010. 669, note Mouial-Bassilana ; RJDA 2010, n° 872.* ♦ V. aussi note 7.

39. Rapport avec l'abus de biens sociaux. **BIBL.** Sordino, *Mél. Cabrillac, Dalloz-Litec, 1999. p. 698.* ♦ En ce sens que les qualifications d'abus de biens sociaux et de banqueroute sont exclusives l'une de l'autre et que seule la banqueroute doit être prononcée lorsque les faits poursuivis ont été commis après la date de cessation des paiements, V. • Crim. 27 oct. 1999 : *RJDA 2000, n° 284 ; JCP E 2000, n° 26, p. 1045, note J.-H. Robert* • 30 juin 2004 : *JCP E 2004, n° 50, p. 1978, note J.-H. Robert ; RSC 2004. 895, obs. Rebut ; Dr. sociétés 2005, n° 18, note R. Salomon (1re esp.)* • 6 juin 2007 : *Rev. sociétés 2008. 405, note Bouloc* . ♦ V. aussi note 7.

Art. L. 654-3 La banqueroute est punie de cinq ans d'emprisonnement et de 75 000 € d'amende.

(Abrogé par Ord. n° 2008-1345 du 18 déc. 2008, art. 141) ***« Encourent les mêmes peines les complices de banqueroute, même s'ils n'ont pas la qualité de commerçant, d'agriculteur ou d'artisan ou ne dirigent pas, directement ou indirectement, en droit ou en fait, une personne***

morale de droit privé » *(Abrogé par L. n° 2005-845 du 26 juill. 2005, art. 142-II)* « ***ayant une activité économique*** ». – *[C. com., anc. art. L. 626-3.]*

COMMENTAIRE

L'article L. 654-3, issu de la loi du 26 juillet 2005, a repris les dispositions de l'ancien article L. 626-3, moyennant la seule suppression, ici aussi, de la mention de « personne morale ayant une activité économique » (V. art. L. 654-1 et L. 653-2).

A noter que le deuxième alinéa, qui traite de la complicité, ne visait pas les professions libérales, ce que la CCIP avait proposé de rectifier (Rapport Norguet de la CCIP, Pour une politique pénale adaptée à la vie des affaires, 10 janv. 2008, www.ccip.fr). Mais l'ordonnance du 18 décembre 2008 a préféré, plus radicalement, supprimer ce deuxième alinéa, laissant le droit commun s'appliquer (V. C. Mascala, Les sanctions pénales dans l'ordonnance du 18 décembre 2008, *RPC 2009. Dossier 15, n° 3*). ❑

Art. L. 654-4 **Lorsque l'auteur ou le complice de banqueroute est un dirigeant** *(Ord. n° 2017-1107 du 22 juin 2017, art. 15-3°, en vigueur le 3 janv. 2018)* « **d'un** *[ancienne rédaction : d'une entreprise]* » **prestataire de services d'investissement, les peines sont portées à sept ans d'emprisonnement et 100 000 € d'amende.** – *[C. com., anc. art. L. 626-4.]*

Art. L. 654-5 **Les personnes physiques coupables des infractions prévues par les articles L. 654-3 et L. 654-4 encourent également les peines complémentaires suivantes :**

1° L'interdiction des droits civiques, civils et de famille, suivant les modalités de l'article 131-26 du code pénal ;

(L. n° 2008-776 du 4 août 2008, art. 71-I) « **2° L'interdiction, suivant les modalités prévues par l'article 131-27 du code pénal, soit d'exercer une fonction publique ou d'exercer l'activité professionnelle ou sociale dans l'exercice ou à l'occasion de l'exercice de laquelle l'infraction a été commise, soit d'exercer une profession commerciale ou industrielle, de diriger, d'administrer, de gérer ou de contrôler à un titre quelconque, directement ou indirectement, pour son propre compte ou pour le compte d'autrui, une entreprise commerciale ou industrielle ou une société commerciale. Ces interdictions d'exercice peuvent être prononcées cumulativement** » **;**

3° L'exclusion des marchés publics pour une durée de cinq ans au plus ;

4° L'interdiction, pour une durée de cinq ans au plus, d'émettre des chèques autres que ceux qui permettent le retrait de fonds par le tireur auprès du tiré ou ceux qui sont certifiés ;

5° L'affichage ou la diffusion de la décision prononcée dans les conditions prévues par l'article 131-35 du code pénal. – *[C. com., anc. art. L. 626-5.]*

Lorsqu'elle est encourue à titre de peine complémentaire pour un crime ou un délit, l'interdiction d'exercer une fonction publique ou d'exercer une activité professionnelle ou sociale est soit définitive, soit temporaire ; dans ce dernier cas, elle ne peut excéder une durée de cinq ans.

L'interdiction d'exercer une profession commerciale ou industrielle, de diriger, d'administrer, de gérer ou de contrôler à un titre quelconque, directement ou indirectement, pour son propre compte ou pour le compte d'autrui, une entreprise commerciale ou industrielle ou une société commerciale est soit définitive, soit temporaire ; dans ce dernier cas, elle ne peut excéder une durée de quinze ans.

Cette interdiction n'est pas applicable à l'exercice d'un mandat électif ou de responsabilités syndicales. Elle n'est pas non plus applicable en matière de délit de presse (C. pén., art. 131-27, dans sa réd. issue de L. n° 2013-1117 du 6 déc. 2013, art. 2).

COMMENTAIRE

Par rapport à l'ancien article L. 626-5, l'article L. 654-5, 2°, issu de la loi du 26 juillet 2005, et tout comme l'article L. 654-6, tendait à éliminer le risque de double condamnation (V. ss. art. L. 654-6).

La réécriture de ce 2° par la loi de modernisation de l'économie du 4 août 2008 a modifié et aggravé, par renvoi à l'article 131-27 du code pénal complété par ce même texte, le régime de la peine complémentaire d'interdiction d'exercer en matière commerciale ou industrielle ou d'exercer une fonction publique ou l'activité à l'occasion de laquelle a été commis le délit de banqueroute.

Le nouvel alinéa 2 dudit article 131-27 dispose : « L'interdiction d'exercer une profession commerciale ou industrielle, de diriger, d'administrer, de gérer ou de contrôler à un titre quelconque, directement ou indirectement, pour son propre compte ou pour le compte d'autrui, une entreprise commerciale ou industrielle ou une société commerciale, est soit définitive, soit temporaire ; dans ce dernier cas, elle ne peut excéder une durée de dix ans *[durée portée à quinze ans par la L. n° 2013-1117 du 6 déc. 2013]* ». ❑

Pour la conformité à la Constitution de l'art. L. 654-5, 2°, dans sa rédaction issue de la L. n° 2008-776 du 4 août 2008, V. • Cons. const. 29 sept. 2016, n° 2016-573 QPC : *cité note 1 ss. art. L. 654-6.* ♦ En prononçant la peine complémentaire d'interdiction définitive de gérer pour sanctionner, en application de l'art. L. 654-5 dans sa rédaction issue de la L. n° 2008-776 du 4 août 2008, les faits, constituant le délit de banqueroute, commis après la date d'entrée en vigueur de cette loi, les juges du fond ont fait l'exacte application de l'art. préc. • Crim. 3 févr. 2016, n° 14-83.427 : *Rev. sociétés 2016. 454, note Matsopoulou*. ♦ En revanche, le juge pénal ne peut prononcer la peine complémentaire d'interdiction de gérer en répression de faits de banqueroute commis antérieurement à l'entrée en vigueur de la L. n° 2008-776 du 4 août 2008. • Crim. 18 mars 2020, n° 18-84.214 : *Rev. sociétés 2021. 124, note Bouloc ; Dr. sociétés 2020, n° 87, note R. Salomon ; BJE 7-8/2020. 29, note Lasserre Capdeville.*

Ancien art. L. 654-5 (2°) ***L'interdiction, pour une durée de cinq ans au plus, d'exercer une fonction publique ou d'exercer l'activité professionnelle ou sociale dans l'exercice ou à l'occasion de l'exercice de laquelle l'infraction a été commise*** *(L. n° 2005-845 du 26 juill. 2005, art. 142-III)* ***« à moins qu'une juridiction civile ou commerciale ait déjà prononcé une telle mesure par une décision définitive ».***

Art. L. 654-6 *(Abrogé par Cons. const. n° 2016-573 QPC du 29 sept. 2016, à compter du 1er oct. 2016) (L. n° 2005-845 du 26 juill. 2005, art. 143)* ***La juridiction répressive qui reconnaît l'une des personnes mentionnées à l'article L. 654-1 coupable de banqueroute peut, en outre,*** *(Ord. n° 2008-1345 du 18 déc. 2008, art. 142)* ***« dans les conditions prévues au premier alinéa de l'article L. 653-11, » prononcer soit la faillite personnelle de celle-ci, soit l'interdiction prévue à l'article L. 653-8, à moins qu'une juridiction civile ou commerciale ait déjà prononcé une telle mesure par une décision définitive*** *(Ord. n° 2008-1345 du 18 déc. 2008, art. 142)* ***« prise à l'occasion des mêmes faits ».***

Sur le relèvement des déchéances, interdictions ou incapacités prononcées en application de l'art. L. 654-6 ci-dessus, V. C. pr. pén., art. 702-1. — ***C. pr. pén.***

COMMENTAIRE

I. RISQUE DE DOUBLE CONDAMNATION

La modification, due à la loi du 26 juillet 2005, par rapport l'ancien article L. 626-6, tendait à éliminer le risque de double condamnation. Il était désormais interdit au juge pénal de prononcer à titre de sanction complémentaire la faillite personnelle ou l'interdiction de gérer dès lors qu'au moment où il se prononçait, une juridiction civile ou commerciale avait déjà prononcé une telle mesure par une décision définitive. Mais, contrairement à ce que la lecture de l'article L. 654-6, dans sa rédaction originelle, pouvait laisser penser, la chambre criminelle avait considéré, par un arrêt du 31 octobre 2007, que la règle nouvelle ne valait pas lorsque la sanction prononcée par cette dernière juridiction se fondait sur d'autres faits que ceux retenus contre le prévenu, et cela bien que le texte nouveau ne reprît alors pas cette condition d'identité de faits que contenait l'ancien texte (V. Crim. 31 oct. 2007 : *cité note 2*). Cette interprétation, discutable en l'état du texte de 2005 (et, du reste, pas nécessaire puisque, en l'espèce, la première condamnation à la peine complémentaire d'interdiction de diriger était intervenue dans le cadre d'une autre procédure collective : V. note H. Matsopoulou, *Rev. sociétés 2008. 165 , n° 13*), ne prêtait plus à critique depuis que l'ordonnance du 18 décembre 2008 était venue la consacrer (en visant « une décision définitive *prise à l'occasion des mêmes faits* »).

Restait la question de la solution à donner en cas de saisine en même temps de la juridiction civile et de la juridiction répressive (V. comm. dans l'éd. 2016).

Notons enfin, avec des commentateurs de la réforme, que l'ordonnance de 2008 n'avait toujours pas apporté de solution permettant de concilier les décisions civiles et pénales dans le cas où la juridiction pénale statue la première (T. Montéran, La réforme des responsabilités, *Gaz. Pal. 8-10 mars 2009, p. 57, spéc. p. 60* ; M.-C. Sordino, Les sanctions pénales du droit des entreprises en difficulté après l'ordonnance du 18 décembre 2008, *Gaz. Pal. 13-14 mai 2009, p. 5, spéc. p. 7*). Une nouvelle intervention législative apparaissait donc opportune (J. Lasserre Capdeville, De la nécessité de réformer l'article L. 654-6 du code de commerce, *LPA 10 déc. 2010, p. 3*).

II. INCONSTITUTIONNALITÉ DE L'ARTICLE L. 654-6

Dans sa décision n° 2016-573 QPC du 29 septembre 2016 (V. note 1), le Conseil constitutionnel a censuré les dispositions de l'article L. 654-6, en ce qu'elles permettaient qu'une même personne fasse l'objet tantôt deux fois d'une mesure de faillite personnelle ou d'une mesure d'interdiction, tantôt une seule fois de telles sanctions, selon que le juge – pénal, d'une part, civil ou commercial, de l'autre – statuait définitivement en premier. Estimant que cette différence de traitement méconnaissait le principe d'égalité, il a jugé la disposition contraire à la Constitution. Conséquence de l'abrogation de l'article L. 654-6, depuis le 1er octobre 2016, le juge pénal se verrait donc privé de la faculté de prononcer la faillite personnelle ou l'interdiction de gérer. Ce nouvel état du droit, évidemment favorable aux dirigeants, s'applique aux situations en cours. Mais, le Conseil n'ayant été saisi que de l'article L. 654-6 dans sa rédaction résultant de l'ordonnance du 18 décembre 2008, la censure ne devrait toucher, en réalité, que cette version du texte, faisant donc renaître la version précédente, issue de la loi du 26 juillet 2005, tout aussi critiquable sur le plan du principe d'égalité (V. note B. Saintourens, *BJS 2016. 738*).

Quoi qu'il en soit, la chambre criminelle de la Cour de cassation a illustré la portée de la décision du Conseil constitutionnel en annulant sur pourvoi une décision de faillite personnelle prononcée par un arrêt d'appel en date du mois d'avril 2016 (Crim. 22 nov. 2017, n° 16-83.549). ❑

1. Inconstitutionnalité de l'art. L. 654-6. Pour l'inconstitutionnalité de l'art. L. 654-6 dans sa rédaction issue de l'Ord. n° 2008-1345 du 18 déc. 2008, en ce qu'il méconnaît le principe d'égalité devant la loi, V. • Cons. const. 29 sept. 2016, n° 2016-573 QPC : *D. 2017. Pan. 1881, obs. Mascala ; Rev. sociétés 2016. 755, note Matsopoulou ; ibid. 770, obs. Roussel Galle ; JCP E 2016. 1632, note Cerf-Hollender ; LEDEN 11/2016. 5, obs. Lasserre Capdeville ; BJS 2016. 738, note Saintourens ; Journ. sociétés 11/2016. 43, obs. Brignon ; RJDA 2017, n° 40 ; Dr. sociétés 2017, n° 15, note R. Salomon ; Gaz. Pal. 10 janv. 2017, p. 80, obs. Robaczewski ; RPC 2017, n° 91, obs. Martin-Serf.* ♦ V. l'arrêt de renvoi de la QPC : • Crim. 28 juin 2016, n° 16-90.010 : *Dr. sociétés 2016, n° 175, note R. Salomon.* ♦ Pour un arrêt tirant les conséquences de cette déclaration d'inconstitutionnalité, V. • Crim. 22 nov. 2017, n° 16-83.549 P : *D. 2018. Pan. 1728, obs. Mascala ; Rev. sociétés 2018. 523, note Bouloc ; RSC 2018. 433, obs. Matsopoulou ; Dr. sociétés 2018, n° 15, note R. Salomon ; BJE 2018. 120, note Lasserre Capdeville ; RJDA 2018, n° 164 ; RPC 2018, n° 81, obs. Boustani.*

2. Pouvoir du juge. L'impossibilité pour la juridiction pénale de prononcer une mesure de faillite personnelle ou d'interdiction de gérer, lorsqu'une juridiction civile ou commerciale a déjà prononcé une telle mesure par une décision définitive, édictée par l'art. L. 654-6, issu de la loi du 26 juill. 2005, ne s'applique que si cette décision a été prise à l'occasion des mêmes faits. • Crim. 31 oct. 2007 : *D. 2007. AJ 3074, obs. Lienhard ; D. 2008. Pan. 1579, obs. Mascala ; Dr. pénal 2008, n° 10, obs. J.-H. Robert ; Dr. sociétés 2008, n° 18, note R. Salomon ; Gaz. Pal. 23-24 janv. 2008, p. 75, obs. Robaczewski ; BJS 2008. 332, note Chilstein ; Rev. sociétés 2008. 165, note Matsopoulou.* ♦ Jurisprudence confirmée par l'art. L. 654-6 dans sa réd. issue de l'Ord. n° 2008-1345 du 18 déc. 2008.

3. Durée de la sanction. V., déjà avant la modification de l'art. L. 654-6 par l'Ord. n° 2008-1345 du 18 déc. 2008, appliquant les dispositions de l'art. L. 653-11, note 4 ss. cet art. ♦ Comp., pour la jurisprudence antérrieure, appliquant l'art. 131-27 C. pén. : • Crim. 8 janv. 2003, n° 02-85.555 P : *D. 2003. IR 807 ; RTD com. 2003. 379, obs. Mascala ; Dr. pénal 2003, n° 46, note Véron ; JCP E 2003, n° 24, p. 1001, note J.-H. Robert ; APC 2003, n° 94, obs. Cerf-Hollender.* – V. Couvrat, *RSC 2003. 598* • 25 janv. 2006 : *Dr. sociétés 2006, n° 96, note R. Salomon.* ♦ ... Et jugeant que l'art. L. 626-6 [ancien] n'impose nullement que la durée de l'interdiction soit limitée : • Crim. 25 févr. 2004, n° 03-84.357 P : *D. 2004. AJ 1085 ; APC 2004, n° 119, obs. Cerf-Hollender ; BJS 2004. 779, note F.-X. Lucas ; Dr. pénal 2004, n° 112, note J.-H. Robert ; Gaz. Pal. 12-14 sept. 2004, p. 7, obs. Sordino ; Rev. sociétés 2004. 917, note Bouloc.*

4. Complicité de banqueroute. La faillite personnelle ne peut être prononcée à l'égard d'une personne condamnée pour complicité de banqueroute qui n'était ni gérant de droit, ni gérant de fait de la société en redressement judiciaire. • Crim. 30 juin 2004 : JCP E 2004, n° 50, p. 1978, note J.-H. Robert ; Dr. sociétés 2005, n° 18, note R. Salomon (1re esp.).

5. Recel de banqueroute. La personne déclarée coupable de recel de banqueroute ne peut être condamnée à une interdiction de gérer ou administrer toute entreprise commerciale ou artisanale et toute personne morale, aucun texte ne prévoyant une telle peine pour le délit retenu. • Crim. 5 août 1998 : *JCP 1999. I. 151, n° 6, obs. J.-H. Robert ; Rev. sociétés 1999. 175, note Bouloc*.

Art. L. 654-7 *(Ord. n° 2008-1345 du 18 déc. 2008, art. 143)* **Les personnes morales déclarées responsables pénalement des infractions prévues par les articles L. 654-3 et L. 654-4 encourent les peines suivantes :**

1° L'amende, suivant les modalités prévues par l'article 131-38 du code pénal ;

2° Les peines mentionnées à l'article 131-39 du code pénal.

L'interdiction mentionnée au 2° de l'article 131-39 du code pénal porte sur l'activité dans l'exercice ou à l'occasion de l'exercice de laquelle l'infraction a été commise. – *[C. com., anc. art. L. 626-7.]*

COMMENTAIRE

Le toilettage opéré ici par l'ordonnance du 18 décembre 2008 est la conséquence de la règle de généralité de la responsabilité pénale des personnes morales, applicable depuis le 31 décembre 2005 (V. C. pén., art. 121-2).

SECTION 2 *Des autres infractions*

Art. L. 654-8 *(L. n° 2005-845 du 26 juill. 2005, art. 144)* **Est passible d'un emprisonnement de deux ans et d'une amende de 30 000 € le fait :**

(Ord. n° 2008-1345 du 18 déc. 2008, art. 144) **« 1° Pour toute personne mentionnée à l'article L. 654-1, de passer un acte ou d'effectuer un paiement en violation des dispositions de l'article L. 622-7 » ;**

2° Pour toute personne mentionnée à l'article L. 654-1, d'effectuer un paiement en violation des modalités de règlement du passif prévues au plan de sauvegarde ou au plan de *(Ord. n° 2009-112 du 30 janv. 2009, art. 11-I)* **« redressement ou » de faire un acte de disposition sans l'autorisation prévue par l'article L. 626-14** *(Abrogé par Ord. n° 2008-1345 du 18 déc. 2008, art. 144)* ***« ou de procéder à la cession d'un bien rendu inaliénable, dans le cadre d'un plan de cession, en application de l'article L. 642-10 »*** ; – *Les dispositions de l' art. 11 de l'Ord. n° 2009-112 du 30 janv. 2009 entrent en vigueur le 15 févr. 2009 (Ord. préc., art. 12).*

3° Pour toute personne, pendant la période d'observation ou celle d'exécution du plan de sauvegarde ou du plan de redressement, en connaissance de la situation du débiteur, de passer avec celui-ci l'un des actes mentionnés aux 1° et 2° ou d'en recevoir un paiement irrégulier ; – *[C. com., anc. art. L. 626-8.]*

(Ord. n° 2008-1345 du 18 déc. 2008, art. 144) **« 4° Pour toute personne, de procéder à la cession d'un bien rendu inaliénable en application de l'article L. 642-10. »**

Ancien art. L. 654-8 *[réd. issue de L. n° 2005-845 du 26 juill. 2005]* ***Est passible d'un emprisonnement de deux ans et d'une amende de 30 000 € le fait :***

1° Pour toute personne mentionnée à l'article L. 654-1, de consentir pendant la période d'observation une hypothèque ou un nantissement ou de faire un acte de disposition sans l'autorisation prévue par le deuxième alinéa de l'article L. 622-7 ou de payer, en tout ou partie, une dette en violation de l'interdiction mentionnée au premier alinéa de cet article ;

[...]

COMMENTAIRE

Comme pour la banqueroute, le texte des articles L. 654-8 et suivants a été adapté par la loi du 26 juillet 2005 afin que les « autres infractions » concernent désormais également les activités indépendantes.

En revanche, à la différence de la banqueroute, ces autres incriminations s'appliquent aussi en cas de procédure de sauvegarde.

Plus particulièrement, l'article L. 654-8 diffère de l'ancien article L. 626-8 sur plusieurs points. En premier lieu, au 1°, l'infraction à raison de la violation de l'interdiction des paiements vise également, par le biais de l'article L. 622-7, alinéa 1er, le cas des créances nées irrégulièrement après le jugement ou nées régulièrement après celui-ci, mais exclues du bénéfice du paiement à l'échéance prévu par le I de l'article L. 622-17, parce qu'elles ne sont pas nées « pour les besoins du déroulement de la procédure ou de la période d'observation, ou en contrepartie d'une prestation fournie au débiteur pendant cette période ».

En deuxième lieu, s'agissant des personnes morales, afin de cohérence et de simplification, les 1° et 2° de l'article L. 654-8 renvoient, pour la définition de la liste des personnes susceptibles d'être pénalement sanctionnées, à celle des personnes mentionnées à l'article L. 654-1, pour la banqueroute. Ce changement ne modifie pas le périmètre des personnes visées.

En troisième lieu, on notera que le 2°, dans sa rédaction initiale, visait également le non-respect de l'inaliénabilité temporaire décidée par le tribunal en accompagnement d'un plan de cession, prévue par l'article L. 642-10, de même que la cession d'un bien rendu inaliénable par le tribunal dans le cadre d'un plan de sauvegarde ou de redressement en application de l'article L. 626-14. La nouvelle rédaction du texte réparait ainsi une omission (C. Robaczewski, La non-réforme des sanctions pénales dans la loi de sauvegarde des entreprises, *Gaz. Pal. 9-10 sept. 2005, p. 48, n° 8*).

L'ordonnance du 18 décembre 2008 s'est contentée d'une réécriture formelle du texte, liée notamment à l'extension du domaine de l'article L. 622-7, qui comporte désormais un 4°. Quant à ce texte, il faut noter qu'est désormais visée « toute personne », et non plus seulement « toute personne mentionnée à l'article L. 654-1 », ce qui permet d'inclure le cessionnaire (P. Roussel Galle, Le dirigeant de société et le « nouveau » droit des entreprises en difficulté issu de la réforme du 18 décembre 2008, *Rev. sociétés 2009. 249*, *n° 55*). ❑

Art. L. 654-9 Est puni des peines prévues par les articles L. 654-3 à L. 654-5 le fait :

1° Dans l'intérêt des personnes mentionnées à l'article L. 654-1, de soustraire, receler ou dissimuler tout ou partie des biens, meubles ou immeubles de celles-ci, *(Ord. n° 2010-1512 du 9 déc. 2010, art. 6-7°)* **« ces biens étant, si la personne est un entrepreneur individuel à responsabilité limitée** *(L. n° 2022-172 du 14 févr. 2022, art. 5, en vigueur le 15 mai 2022)* **« ou un entrepreneur individuel relevant du statut défini à la section 3 du chapitre VI du titre II du livre V », ceux du patrimoine visé par la procédure, » le tout sans préjudice de l'application de l'article 121-7 du code pénal ;** – *Pour les dispositions transitoires de la L. n° 2022-172 du 14 févr. 2022, V. note ss. art. L. 611-13.*

2° Pour toute personne, de déclarer frauduleusement dans la procédure *(L. n° 2005-845 du 26 juill. 2005, art. 145)* **« de sauvegarde, de redressement judiciaire » ou de liquidation judiciaire, soit en son nom, soit par interposition de personne, des créances supposées ;**

(L. n° 2005-845 du 26 juill. 2005, art. 145) **« 3° Pour toute personne exerçant une activité commerciale, artisanale, agricole ou toute autre activité indépendante, sous le nom d'autrui ou sous un nom supposé, de se rendre coupable d'un des faits prévus à l'article L. 654-14. »** – *[C. com., anc. art. L. 626-9.]*

COMMENTAIRE

Qu'il s'agisse de viser la sauvegarde ou les activités indépendantes, l'article L. 654-9, issu de la loi du 26 juillet 2005, a adapté les dispositions de l'ancien article L. 626-9 au nouveau champ d'application des procédures collectives. Notons que le texte ne vise pas le contrôleur, qui peut agir en cas de carence du mandataire judiciaire (V. ss. art. L. 622-20).

L'ordonnance du 9 décembre 2010 est venue adapter la formulation du 1° de l'article L. 654-9 à la situation particulière de l'entrepreneur individuel à responsabilité limitée, de sorte que les biens visés s'étendent à ceux de son patrimoine non affecté (patrimoine personnel). Lorsque la personne en cause est un entrepreneur individuel à responsabilité limitée, il apparaissait, en effet, nécessaire que le tiers visé au 1° ne puisse échapper à une condamnation du fait de la pluralité des patrimoines de l'entrepreneur. Ultérieurement, la loi du 14 février 2022 en faveur de l'activité professionnelle indépendante, applicable à compter du 15 mai 2022, qui a substitué à l'option pour le statut de l'entrepreneur individuel à responsabilité limitée (EIRL) une protection de plein droit du patrimoine personnel, seul le patrimoine professionnel étant engagé, a modifié le texte afin de viser également les entrepreneurs individuels soumis au nouveau statut. ❑

Art. L. 654-10 Le fait, pour le conjoint, les descendants ou les ascendants ou les collatéraux ou les alliés des personnes mentionnées à l'article L. 654-1, de détourner, divertir ou receler des effets dépendant de l'actif du débiteur soumis à une procédure *(L. n° 2005-845 du 26 juill. 2005, art. 146-I ; Ord. n° 2008-1345 du 18 déc. 2008, art. 145)* **« de redressement judiciaire ou de liquidation judiciaire », est puni des peines prévues par l'article 314-1 du code pénal.** – *[C. com., anc. art. L. 626-10.]*

COMMENTAIRE

Selon la CCIP, cet article n'a plus de sens dans la société civile d'aujourd'hui. Il conviendrait donc de le supprimer car il n'y a plus de raison de traiter différemment les membres de la famille du débiteur (Rapport Norguet de la CCIP, Pour une politique pénale adaptée à la vie des affaires, 10 janv. 2008, www.ccip.fr.). L'ordonnance du 18 décembre 2008, quant à elle, s'est contentée ici de réparer une omission textuelle, en visant désormais la liquidation judiciaire à côté du redressement judiciaire, tout en supprimant la mention de la sauvegarde (V. C. Mascala, Les sanctions pénales dans l'ordonnance du 18 décembre 2008, *RPC 2009. Dossier 15, n° 9* ; T. Montéran, La réforme des responsabilités, *Gaz. Pal. 8-10 mars 2009, p. 57, spéc. p. 60*). ❑

Art. L. 654-11 Dans les cas prévus par les articles précédents, la juridiction saisie statue, lors même qu'il y aurait relaxe :

1° D'office, sur la réintégration dans le patrimoine du débiteur de tous les biens, droits ou actions qui ont été frauduleusement soustraits ;

2° Sur les *(L. n° 2005-845 du 26 juill. 2005, art. 146-II)* **« dommages et intérêts » qui seraient demandés.** – *[C. com., anc. art. L. 626-11.]*

Art. L. 654-12 I. – Est puni des peines prévues par l'article 314-2 du code pénal le fait, pour tout administrateur, mandataire judiciaire, liquidateur ou commissaire à l'exécution du plan *(Ord. n° 2016-727 du 2 juin 2016, art. 7, en vigueur le 1er janv. 2017)* **« , y compris toute personne désignée en application des dispositions du premier alinéa du II de l'article L. 812-2 ou du III de ce même article » :**

1° De porter volontairement atteinte aux intérêts des créanciers ou du débiteur soit en utilisant à son profit des sommes perçues dans l'accomplissement de sa mission, soit en se faisant attribuer des avantages qu'il savait n'être pas dus ;

2° De faire, dans son intérêt, des pouvoirs dont il disposait, un usage qu'il savait contraire aux intérêts des créanciers ou du débiteur.

II. – Est puni des mêmes peines le fait, pour tout administrateur, mandataire judiciaire, liquidateur, commissaire à l'exécution du plan ou toute autre personne, à l'exception *(Abrogé par L. n° 2005-845 du 26 juill. 2005, art. 146-III) « des contrôleurs et »* **des représentants des salariés, de se rendre acquéreur pour son compte, directement ou indirectement, de biens du débiteur ou de les utiliser à son profit, ayant participé à un titre quelconque à la procédure. La juridiction saisie prononce la nullité de l'acquisition et statue sur les** *(L. n° 2005-845 du 26 juill. 2005, art. 146-III)* **« dommages et intérêts » qui seraient demandés.** – *[C. com., anc. art. L. 626-12.]*

L'Ord. n° 2016-727 du 2 juin 2016 est applicable aux procédures ouvertes après son entrée en vigueur (Ord. préc., art. 25, al. 2).

COMMENTAIRE

Les contrôleurs se voient, depuis la loi du 26 juillet 2005, frappés d'une interdiction absolue de présenter des offres de reprise de l'entreprise ou d'acquérir, dans les cinq années suivant la cession, des biens dépendant de la liquidation (V. art. L. 642-3). Dès lors, il n'y avait plus aucune raison de les excepter de l'incrimination du délit d'acquisition des biens du débiteur, comme le faisait l'ancien article L. 626-12 (II). Notons qu'à la différence de l'article L. 642-3, l'article L. 656-12 ne prévoit aucune limite temporelle.

On a pu regretter que le législateur n'ait pas profité de l'occasion pour préciser la notion, vague, de « toute autre personne ayant participé à un titre quelconque à la procédure », sur laquelle s'est prononcée la chambre criminelle le 15 décembre 2004 (V. note 10), par un arrêt dont la portée apparaît incertaine (C. Robaczewski, La non-réforme des sanctions pénales dans la loi de sauvegarde des entreprises, *Gaz. Pal. 9-10 sept. 2005, p. 48, n° 15*). ❑

1. Élément intentionnel. L'élément intentionnel du délit de malversation résulte de la seule conscience qu'a le prévenu de porter atteinte aux intérêts des créanciers ou du débiteur, afin de satisfaire son intérêt personnel. • Crim. 13 janv. 2016, n° 14-87.624 : *Dr. sociétés 2016, n° 70, note R. Salomon.*

2. L'art. 207, al. 2 [C. com., art. L. 654-12, II], ne rend nullement nécessaire que soit rapportée la preuve de la conscience qu'aurait eue le prévenu de porter atteinte aux intérêts des créanciers, l'intérêt protégé par la loi pénale n'étant pas alors l'intérêt particulier des créanciers mais l'intérêt général qui exige que les juges consulaires et les mandataires de justice ne puissent se porter acquéreurs des biens du débiteur lorsqu'ils ont participé à la procédure. • Crim. 23 mai 1995 : *RPC 1996. 240, obs. Soinne.*

3. Délit de malversation. Sont constitutifs du délit de malversation les prélèvements opérés par le syndic, alors qu'il n'avait obtenu aucune autorisation des organes compétents. • Paris, 31 mai 1990 : *D. 1991. 35, note Fortin.* ♦ En revanche, l'incrimination prévue par l'art. 207 [C. com., art. L. 654-12] ne peut être retenue contre un syndic qui a cédé un stock de marchandises dans des conditions douteuses, dès lors que l'intéressé n'a pas utilisé à son profit les sommes qu'il a perçues dans l'accomplissement de sa mission, ni fait un usage abusif des pouvoirs dont il disposait. • Même arrêt.

4. La non-consignation, par le syndic à la liquidation des biens, des fonds perçus à l'occasion de sa mission, en méconnaissance des prescriptions légales ou réglementaires, et leur utilisation à son profit, sont constitutives du délit de malversation. • Crim. 5 juill. 1993, n° 92-82.799 P : *D. 1993. IR 240.*

Doit être déclaré coupable de malversation l'administrateur qui a créé et accueilli, dans ses locaux, des sociétés « de façade » destinées à dissimuler les liens l'unissant à ses subordonnés qui en étaient les gérants de fait, et entretenu, dans l'esprit des dirigeants des entreprises en difficulté à qui il les recommandait, une confusion sur la nature de ses fonctions, en ayant conscience qu'en confiant à des tiers une partie de son mandat, il provoquait l'accroissement des charges de ces entreprises, l'intervention de ces tiers ayant eu pour but et pour effet d'alléger la charge de travail de son étude, de réduire le poids de ses frais généraux pour recevoir, nets de charge, les frais et honoraires dont il pouvait solliciter le paiement en application des barèmes légaux, auprès desdites entreprises. • Crim. 26 sept. 2001, n° 00-86.525 P : *D. 2001. AJ 3198, obs. Lienhard ; D. 2002. Somm. 208, obs. Derrida ; JCP E 2002, n° 13, p. 573, note J.-H. Robert ; RTD com. 2002. 181, obs. Bouloc ; RSC 2002. 340, obs. Renucci ; RJ com. 2003. 76, note Gil ; RPC 2003. 119, obs. Soinne.*

5. Fait un usage de ses pouvoirs contraire aux intérêts du débiteur ou des créanciers, au sens de l'art. 207, al. 1 (2°) [C. com., art. L. 654-12, I (2°)], l'administrateur qui laisse sciemment et dans son intérêt s'éteindre la créance de la société administrée sur le dirigeant social en redressement judiciaire. • Crim. 29 sept. 1999 : *Dr. sociétés 2000, n° 72, obs. Chaput.*

6. Sur la nullité d'une ordonnance qui autorise la location à titre précaire d'un immeuble d'un débiteur en redressement judiciaire au profit d'un juge-commissaire de la procédure, V. • Paris, 31 mai 1988 : *D. 1988. IR 218.*

7. Délit d'acquisition des biens du débiteur. Constituent des biens du débiteur, au sens de l'art. 207, al. 2 [C. com., art. L. 654-12, II], tous les éléments actifs et passifs du patrimoine ; par conséquent, ne peuvent en être exclues les créances sur le débiteur et les actions ou parts sociales de la société en redressement judiciaire, qui ouvrent droit à une quote-part de l'actif en cas de liquidation. • Crim. 19 juin 1997, n° 96-83.274 P : *D. Affaires 1997. 1193 ; BJS 1997. 1047, note Le Cannu ; RPC 1998. 182, obs. Soinne ; Rev. sociétés 1998. 384, note Bouloc.* – V. l'arrêt de renvoi : • Paris, 10 nov. 1998 : *D. Affaires 1999. 220.*

V. aussi note 5 ss. art. L. 642-9.

8. En ce sens que constitue une participation à la procédure, au sens de l'art. 207 [C. com., art. L. 654-12], le fait, pour un juge consulaire, de participer au jugement d'ouverture de la procédure collective, V. • Crim. 30 juin 1999, n° 97-85.764 P : *D. Affaires 1999. 1290, obs. A. L. ; APC 1999, n° 209, obs. Vallansan ; Rev. sociétés 2000. 553, note Bouloc.*

9. Pour la condamnation, sur le fondement de l'art. 207, al. 2 [C. com., art. L. 654-12, II], d'un administrateur qui avait acquis, par l'intermédiaire d'un prête-nom, 10 % des actions de la société administrée, V. • Crim. 29 sept. 1999 : *préc. note 5.*

10. L'expert-comptable de la société en liquidation judiciaire, n'étant ni un organe de la procédure ni une personne mandatée pour y intervenir, ne peut être déclaré coupable de malversation sur le fondement de l'art. L. 626-12 [L. 654-12] (II) C. com. • Crim. 15 déc. 2004, n° 04-81.207 P : *D. 2005. AJ 567, obs. Lienhard ; APC 2005, n° 62, obs. Saintourens ; Dr. pénal 2005, n° 46, note J.-H. Robert ; Gaz. Pal. 29-30 avr. 2005, p. 54, obs. Robaczewski ; BJS 2005. 567, note J.-F. Barbièri ; RSC 2005. 316, obs. Rebut.*

11. Complicité. Est punissable le syndic qui se rend complice de l'acquisition d'un élément de l'actif du débiteur par une société dans laquelle son collaborateur était majoritaire. • Paris, 31 mai 1990 : *préc. note 3.* ♦ V. aussi, pour la complicité d'un administrateur pour n'avoir pas joint le K-*bis* de la société candidate à la reprise à sa requête au juge-commissaire pour qu'il autorise la cession à forfait, • Crim. 23 mai 1995 : *préc. note 2.*

Pour un arrêt ayant retenu la complicité de malversation d'un magistrat, juge-commissaire et président de la formation ayant accordé la cession des actifs de la société en redressement judiciaire, pour ne pas s'être opposé à une manœuvre dont il connaissait le caractère frauduleux, V. • Crim. 30 juin 1999 : *préc. note 8.*

Art. L. 654-13 **Le fait, pour le créancier, après le jugement ouvrant la procédure** *(L. n° 2005-845 du 26 juill. 2005, art. 163)* **« de sauvegarde, de redressement judiciaire » ou de liquidation judiciaire, de passer une convention comportant un avantage particulier à la charge du débiteur est puni des peines prévues par l'article 314-1 du code pénal.**

La juridiction saisie prononce la nullité de cette convention. – *[C. com., anc. art. L. 626-13.]*

COMMENTAIRE

L'article L. 654-13 nouveau reprend, sans changement, le texte de l'ancien article L. 626-13. Cependant, pour un auteur, le nouveau contexte « plus contractuel » de cette disposition pourrait lui redonner un nouveau souffle, alors qu'elle avait perdu beaucoup de son intérêt depuis la disparition des concordats en 1985 (J.-H. Robert, Banqueroute et autres infractions : commentaire des dispositions pénales de la loi n° 2005-845 du 26 juillet 2005, *Dr. pén. 2005. Étude 15, n° 25*). Mais on peut douter que l'incrimination trouve vraiment à s'appliquer en cas d'accord avec les comités des créanciers aboutissant à l'homologation d'un plan en raison du contrôle opéré par le tribunal. ❑

Art. L. 654-14 **Est puni des peines prévues aux articles L. 654-3 à L. 654-5 le fait, pour les personnes mentionnées aux 2° et 3° de l'article L. 654-1, de mauvaise foi, en vue de soustraire tout ou partie de leur patrimoine aux poursuites de la personne morale qui a fait l'objet d'un jugement d'ouverture** *(L. n° 2005-845 du 26 juill. 2005, art. 163)* **« de sauvegarde, de redressement judiciaire » ou de liquidation judiciaire ou à celles des associés ou des créanciers de la personne morale, de détourner ou de dissimuler, ou de tenter de détourner ou de dissimuler, tout ou partie de leurs biens, ou de se faire frauduleusement reconnaître débitrice de sommes qu'elles ne devaient pas.** – *[C. com., anc. art. L. 626-14.]*

(Ord. n° 2010-1512 du 9 déc. 2010, art. 6-8°) **« Est puni des mêmes peines le fait, pour l'entrepreneur individuel à responsabilité limitée** *(L. n° 2022-172 du 14 févr. 2022, art. 5, en vigueur le 15 mai 2022)* **« ou un entrepreneur individuel relevant du statut défini à la section 3 du chapitre VI du titre II du livre V » qui a fait l'objet d'un jugement d'ouverture d'une procédure de sauvegarde, de redressement judiciaire ou de liquidation judiciaire à raison d'une activité à laquelle un patrimoine est affecté** *(L. n° 2022-172 du 14 févr. 2022, art. 5, en vigueur le 15 mai 2022)* **« ou à raison d'une ou de plusieurs activités professionnelles de l'entrepreneur individuel relevant du statut défini à la même section 3 », de mauvaise foi, en vue de se soustraire au paiement d'une condamnation susceptible d'être prononcée ou déjà prononcée en application du deuxième alinéa de l'article L. 651-2, de détourner ou de dissimuler, ou de tenter de détourner ou de dissimuler, tout ou partie des biens de son patrimoine non affecté** *(L. n° 2022-172 du 14 févr. 2022, art. 5, en vigueur le 15 mai 2022)* **« ou de son patrimoine personnel pour l'entrepreneur individuel relevant du statut défini à la section 3 du chapitre VI du titre II du livre V », ou de se faire frauduleusement reconnaître sur ce dernier débiteur de sommes qu'il ne devait pas. »**

Pour les dispositions transitoires de la L. n° 2022-172 du 14 févr. 2022, V. note ss. art. L. 611-13.

COMMENTAIRE

L'ordonnance du 9 décembre 2010 est venue adapter, dans un second alinéa, l'incrimination à la situation particulière de l'entrepreneur individuel à responsabilité limitée, à qui l'action en responsabilité pour insuffisance d'actif a été étendue (V. art. L. 651-2). Ultérieurement, la loi du 14 février 2022 en faveur de l'activité professionnelle indépendante, applicable à compter du 15 mai 2022, qui a substitué à l'option pour le statut de l'entrepreneur individuel à responsabilité limitée (EIRL) une protection de plein droit du patrimoine personnel, seul le patrimoine professionnel étant engagé, est venue modifier le texte afin de l'adapter aux entrepreneurs individuels soumis au nouveau statut. ❑

Art. L. 654-15 Le fait, pour toute personne, d'exercer une activité professionnelle ou des fonctions en violation des interdictions, déchéances ou incapacité prévues par les articles L. 653-2 et L. 653-8, est puni d'un emprisonnement de deux ans et d'une amende de 375 000 €. – *[C. com., art. L. 627-4.]*

Sur le fichier national automatisé des interdits de gérer, V. C. com., art. L. 128-1 s. et R. 128-1 s. – ***C. com.***

1. Justifie sa décision de condamner un prévenu poursuivi pour avoir, courant 2005, exercé la gestion d'une société, en violation d'une interdiction de gérer prononcée le 11 déc. 1979 par un tribunal de commerce, la cour d'appel qui relève que la commission des éléments constitutifs de l'infraction poursuivie est antérieure au 27 juill. 2005 et que les dispositions de l'art. L. 627-4 [anc.] C. com., applicables au moment des faits, incriminant le délit de violation d'une interdiction de gérer, ont été reprises, par la loi du 26 juill. 2005, à l'art. L. 654-15 C. com., et dès lors que l'art. 190 de ladite loi a mis fin, sans rétroactivité, aux peines d'interdiction de gérer prononcées plus de quinze ans avant sa date de publication. • Crim. 19 sept. 2007 : *D. 2007. AJ 2810, obs. Lienhard ; D. 2008. Pan. 1575, obs. Mascala ; JCP E 2008. 1474, note Delattre.*

2. Le prévenu, poursuivi pour avoir exercé une activité au sein d'une société en violation d'une interdiction de gérer, ne saurait faire valoir qu'un jugement du conseil de prud'hommes a validé un contrat de travail correspondant à cette nouvelle activité et que cette décision exclut la qualité reprochée de gérant de fait, dès lors qu'un contrat de travail régulier n'est pas exclusif d'une gestion de fait. • Crim. 23 févr. 2011 : *Gaz. Pal. 7-8 oct. 2011, p. 43, obs. Robaczewski.*

3. Le dirigeant déclaré coupable de direction, gestion ou contrôle d'une entreprise commerciale malgré une interdiction judiciaire ne peut être condamné à une interdiction d'exercer une profession commerciale ou industrielle, de diriger, d'administrer, de gérer ou de contrôler une entreprise ou une société dès lors que cette peine complémentaire n'est pas prévue par l'art. L. 654-15. • Crim. 1er juin 2023, n° 22-83.992 : *Rev. sociétés 2023. 528, note Matsopoulou.*

4. Les actes accomplis par un dirigeant social sous le coup d'une faillite personnelle ne sont pas affectés dans leur validité tant que les organes sociaux délibérants n'ont pas tiré les conséquences de la sanction personnelle frappant le dirigeant ou que la cessation des fonctions de ce dirigeant, sans préjudice d'une démission toujours possible, ne résulte d'une application des dispositions de l'art. 193 [C. com., art. L. 625-9]. • Paris, 9 oct. 1998 : *D. Affaires 1998. 1813, obs. A. L. ; RJ com. 1999. 170, note Pétel.*

5. Pour une application au dirigeant français d'une société étrangère, V. • Douai, 22 sept. 2005 : *cité note 3 ss. art. L. 653-2.*

SECTION 3 *Des règles de procédure*

Art. L. 654-16 Pour l'application des dispositions des sections 1 et 2 du présent chapitre, la prescription de l'action publique ne court que du jour du jugement *(L. n° 2005-845 du 26 juill. 2005, art. 146-IV)* **« ouvrant la procédure de sauvegarde, de redressement judiciaire ou de liquidation judiciaire » lorsque les faits incriminés sont apparus avant cette date.** – *[C. com., art. L. 626-15.]*

COMMENTAIRE

La loi du 26 juillet 2005 opère à l'article L. 656-16, par rapport à l'ancien article L. 626-15, une adaptation que la loi du 10 juin 1994 aurait déjà dû opérer, puisqu'elle tient, tout simplement, compte du fait que, depuis 1994, la liquidation judiciaire peut être immédiate, dès le jugement d'ouverture ; elle tient compte aussi de la possibilité d'ouvrir une procédure de sauvegarde.

Contrairement à ce que prévoyait le projet de loi, un amendement adopté par les députés a supprimé l'application aux procédures en cours des nouvelles règles de prescription en matière de banqueroute, car l'article L. 654-16 nouveau a pour effet de reculer la prescription, ce qui désavantage les débiteurs susceptibles d'être poursuivis. L'application rétroactive de cet article aux procédures en cours aurait été contraire au principe de non-rétroactivité des dispositions pénales plus sévères, et donc inconstitutionnelle. ❑

1. Lorsque le détournement d'actif constitutif du délit de banqueroute (art. L. 654-2) a été réalisé postérieurement au jugement ouvrant une procédure de sauvegarde, de redressement ou de liquidation judiciaire, le délai de prescription court, en application de l'art. 8 C. pr. pén., dans sa rédaction antérieure à la L. n° 2017-242 du 27 févr. 2017, à compter de la date de commission des faits, sauf s'il est établi que l'infraction a été délibérément dissimulée. • Crim. 25 nov. 2020, n° 19-85.091 P : *D. 2021. Pan. 1651, obs. Mascala ; Rev. sociétés 2021. 390, note Matsopoulou ; AJ pénal 2021. 90, obs. Sordino ; RTD com. 2021. 212, obs. Bouloc ; Dr. sociétés 2021, n° 14, note R. Salomon ; APC 2021, n° 41, obs. Cerf-Hollender ; RJDA 2021, n° 185 ; Gaz. Pal. 13 avr. 2021, p. 78, obs. Ghelfi ; RPC 2021, n° 110, obs. Boustani-Aufan.*

2. Le point de départ de la prescription de l'action publique du délit de malversation [C. com., art. L. 654-12, I] doit être fixé au jour où l'infraction est apparue et a pu être constatée dans les conditions permettant l'exercice de l'action publique. • Crim. 9 févr. 2005, n° 03-85.508 P : *D. 2005. AJ 1152, obs. Lienhard ; Dr. pénal 2005, n° 80, note J.-H. Robert.*

3. Sur le point de départ de la prescription du délit d'acquisition des biens du débiteur visé à l'art. L. 626-12 [L. 654-12] (II) C. com., V. • Crim. 19 févr. 2003 : *Dr. pénal 2003, n° 88, note J.-H. Robert.*

Art. L. 654-17 La juridiction répressive est saisie soit sur la poursuite du ministère public, soit sur constitution de partie civile de l'administrateur, du mandataire judiciaire, du représentant des salariés, du commissaire à l'exécution du plan *(L. n° 2005-845 du 26 juill. 2005, art. 146-V)* **« , du liquidateur ou de la majorité des créanciers nommés contrôleurs agissant dans l'intérêt collectif des créanciers lorsque le mandataire de justice ayant qualité pour agir n'a pas agi, après une mise en demeure restée sans suite dans un délai et des conditions fixés par décret en Conseil d'État. »** – *[C. com., anc. art. L. 626-16.] – V. art. R. 654-1.*

COMMENTAIRE

Tout comme en matière de responsabilité civile et patrimoniale des dirigeants ou de faillite personnelle, l'article L. 654-17 consacre le rôle supplétif des créanciers contrôleurs, s'agissant de la constitution de partie civile. ❑

1. Ordre des poursuites. L'art. L. 626-16 [L. 654-17] C. com. n'impose pas, comme condition de validité des poursuites engagées par le procureur de la République, leur antériorité à toute constitution de partie civile. • Crim. 11 avr. 2002, n° 02-80.778 P : *D. 2002. AJ 2258 ; Rev. sociétés 2002. 561, note Bouloc .*

2. Mise en mouvement de l'action publique. Seules peuvent mettre en mouvement l'action publique en matière de banqueroute les personnes limitativement énumérées par l'art. 211 [C. com., art. L. 654-17]. • Crim. 20 févr. 1997, n° 96-81.201 P : *RJDA 1997, n° 967.* ♦ Le débiteur, exclu de l'énumération limitative de l'art. L. 654-17 C. com., n'a pas qualité pour mettre en mouvement l'action publique, par voie de citation directe, du chef de malversation. • Crim. 10 mars 2010, n° 09-82.063 P : *D. 2010. 2758, note Bouloc ; Dr. sociétés 2010, n° 152, note R. Salomon ; Gaz. Pal. 2-3 juill. 2010, p. 45, obs. Robaczewski.* ♦ Toutefois, l'irrégularité résultant de l'ouverture d'une information du chef de banqueroute sur plainte avec constitution de partie civile d'une personne autre que celles désignées à cet art. est couverte par l'ordonnance de renvoi devant le tribunal correctionnel et ne peut plus être invoquée devant les juges du fond. • Crim. 5 mai 1997, n° 96-81.482 P : *Rev. sociétés 1998. 127, note Bouloc .*

3. Ouverture de l'action civile. BIBL. Matsopoulou, *JCP 1998. I. 164.* ♦ Il se déduit des art. L. 654-17 C. com. et 2 C. pr. pén. que les créanciers et actionnaires de la société débitrice ne peuvent se constituer partie civile dans le cadre d'une procédure suivie du chef de banqueroute qu'à la condition d'invoquer un préjudice distinct du montant de leur créance déclarée dans la procédure collective ouverte contre leur débiteur. • Crim. 22 juin 2022, n° 21-83.036 B : *cité note 24 ss. art. L. 654-2 ; D. 2023. Pan. 1669, obs. Mascala ; JCP E 2022. 1332, note J.-B. Barbièri.* – V. déjà : • Crim. 17 juin 2014, n° 13-83.288 P : *D. 2014. Actu. 1373 ; Rev. sociétés 2015. 195, note Bouloc ; RSC 2015. 334, obs. Matsopoulou ; JCP E 2014. 1410, n° 22, obs. R. Salomon ; LEDEN 9/2014. 7, obs. Lasserre Capdeville ; Gaz. Pal. 5-7 oct. 2014, p. 45, obs. Robaczewski ; BJE 2014. 320, note Sordino ; RJDA 2015, n° 36* • 8 juill. 2020, n° 18-83.536 : *Dr. sociétés 2020, n° 124, note R. Salomon ; BJE 9-10/2020. 43, note Lasserre Capdeville ; BJS 11/2020. 39, note Brignon et Gasbaoui.* – V. encore : • Crim. 11 oct. 1993, n° 92-81.260 P : *D. 1994. IR 18 ; Rev. sociétés 1994. 303, note Bouloc .* ♦ Le préjudice allégué par l'actionnaire d'une société en redressement judiciaire, constitué par la perte des fonds correspondant à sa participation au capital de la société, ne résulte pas directement du délit de banqueroute par détournement d'actif dont le dirigeant s'est rendu coupable. • Crim. 26 janv. 2005, n° 04-84.403 : *Dr. pénal 2006, n° 86,* *note J.-H. Robert.* ♦ V. jugeant recevable la constitution de partie civile de dirigeants de sociétés en redressement judiciaire des chefs de malversation et prise illégale d'intérêts : • Crim. 26 sept. 2001, n° 01-84.565 P : *D. 2001. AJ 3621*. ♦ Sur la notion de « préjudice particulier », • Crim. 17 nov. 2004 : *D. 2005. AJ 566, obs. Lienhard ; Dr. sociétés 2005, n° 58, note R. Salomon ; Rev. sociétés 2005. 433, note Bouloc*.

4. L'art. L. 654-17 donnant pouvoir au liquidateur de se constituer partie civile en cas de poursuites pour banqueroute sans avoir à justifier d'un préjudice, la chambre de l'instruction n'a pas à rechercher l'existence d'un préjudice personnel et direct subi par la partie civile. • Crim. 21 oct. 2020, n° 19-86.676 : *D. 2021. Pan. 1652, obs. Mascala ; Dr. pénal 2020, n° 212, obs. J.-H. Robert.* ♦ Pour la recevabilité de la constitution de partie civile du liquidateur en présence de carences comptables qui avaient retardé durablement le constat de la cessation des paiements et aggravé le montant du passif social, V. • Crim. 8 juill. 2015, n° 14-84.075 : *Dr. sociétés 2015, n° 223, note R. Salomon ; Gaz. Pal. 19 janv. 2016, p. 78, obs. Robaczewski.*

5. Est recevable la constitution de partie civile du cessionnaire des actifs de la société en redressement judiciaire qui subit un préjudice direct résultant du détournement de certains des actifs. • Crim. 30 oct. 2013, n° 12-86.707 : *RTD com. 2014. 204, obs. Bouloc ; Gaz. Pal 12-14 janv. 2014, p. 42, obs. Robaczewski ; Dr. sociétés 2014, n° 17, note R. Salomon.*

6. Le dirigeant d'une société doit répondre sur son patrimoine personnel des conséquences de ses agissements délictueux, notamment de banqueroute, dans la mesure où il n'est ni établi, ni même allégué, que la liquidation judiciaire lui ait été étendue ou qu'il ait été condamné au comblement du passif social (à propos d'un préjudice moral). • Crim. 30 mai 1994 : *BJS 1994. 1205, note Daigre ; RPC 1996. 137, obs. Mascala.* ♦ Comp., sur la compatibilité de l'action civile pour banqueroute et de l'action en comblement du passif : note 91 ss. art. L. 651-2.

7. Si, en cas de poursuites pour banqueroute, le créancier ne peut obtenir devant la juridiction répressive le montant de sa créance, il conserve le droit de demander réparation du préjudice particulier résultant de l'infraction à toutes les personnes étrangères à la procédure collective. • Crim. 14 févr. 1994, n° 93-81.537 P : *RJDA 1994, n° 590.* ♦ V. aussi note 14 ss. art. L. 622-21.

8. Pour la recevabilité de la constitution de partie civile : du commissaire à l'exécution du plan, V. • Crim. 17 nov. 2004 : *préc. note 3.* ♦ ... Et du mandataire *ad hoc* qui lui succède, V. • Crim. 16 nov. 2011, n° 10-85.470 : *Dr. sociétés 2012, n° 34, note R. Salomon.* ♦ V. aussi note 18 ss. art. L. 626-25.

9. Pour l'irrecevabilité de la constitution de partie civile du Conseil national des administrateurs et mandataires judiciaires, fondée sur l'atteinte portée à l'image de la profession par un administrateur déclaré coupable de malversation et d'abus de confiance, V. • Crim. 12 déc. 2007, n° 07-80.886 : *Dr. sociétés 2008, n° 41, note R. Salomon ; BJS 2008. 335, note Froehlich.*

10. Pour l'irrecevabilité de la constitution de partie civile : de l'AGS, V. • Crim. 7 mars 2012, n° 11-83.005 P : *D. 2012. Actu. 734 ; RTD com. 2012. 855, obs. Bouloc ; Dr. sociétés 2012, n° 90, note R. Salomon ; Gaz. Pal. 27-28 avr. 2012, p. 46, obs. Robaczewski ; LEDEN 5/2012. 7, obs. Lasserre Capdeville ; BJE 2012. 229, note Sordino.* ♦ ... D'un syndicat de salariés, V. • Crim. 27 oct. 1999 : *RJDA 2000, n° 285.* ♦ ... D'un salarié licencié, V. • Crim. 3 juin 2015, n° 13-88.608 : *RJDA 2015, n° 670.* ♦ ... De l'agent judiciaire du Trésor [devenu l'agent judiciaire de l'État], V. • Crim. 28 févr. 2006, n° 05-83.461 P : *D. 2006. 2145, note Jacopin ; ibid. AJ 1456, obs. Lienhard ; Rev. sociétés 2006. 389, note Bouloc ; Dr. sociétés 2006, n° 95, note R. Salomon ; APC 2006, n° 120, obs. Cerf-Hollender ; Gaz. Pal. 14-18 juill. 2006, p. 53, obs. Robaczewski ; BJS 2006. 1035, note Mascala.*

11. Évaluation du préjudice. Le préjudice subi par les créanciers résulte directement de la diminution de l'actif et est nécessairement égal à la valeur du bien frauduleusement soustrait. • Crim. 13 mars 1995, n° 94-81.418 P : *D. 1995. IR 147.* ♦ Aucune disposition de la loi ne permet de réduire, en raison de la négligence de la victime, le montant des réparations civiles dues par l'auteur d'une infraction intentionnelle contre les biens. • Crim. 20 mars 1995, n° 94-82.163 P.

Le montant du préjudice découlant directement du délit de banqueroute par absence de comptabilité et par comptabilité irrégulière doit être souverainement apprécié par les juges du fond et ne peut être forfaitairement fixé au montant des dettes de la société. • Crim. 7 mai 2024, n° 22-82.403 : *Gaz. Pal. 24 sept. 2024, p. 72, obs. Eeckhoudt.* ♦ Sur le pouvoir souverain d'appréciation des juges du fond, V. aussi • Crim. 8 août 1995, n° 94-84.608 : *Dr. sociétés 1995, n° 243* • 8 juill. 2015, n° 14-84.075 : *préc. note 4.*

Sur la réparation de la perte d'une chance, V. : • Crim. 4 déc. 1997 : *LPA 27 juill. 1998, p. 24, note Sordine.*

12. Instruction. Doit être rejetée la demande tendant à l'annulation des actes de l'instruction portant sur des faits de banqueroute par emploi de moyens ruineux en raison du fait que le juge d'instruction n'avait pas été saisi de cette infraction, le réquisitoire introductif ne visant que la banqueroute par détournement d'actif, dès lors que la qualification des faits par le réquisitoire n'est que provisoire et indicative et que les pièces jointes à ce réquisitoire, soit en particulier, la plainte des créanciers, dénoncent bien des faits d'emploi de moyens ruineux pour se procurer des fonds. • Crim. 11 avr. 2002, n° 02-80.778 P : *Rev. sociétés 2002. 561, note Bouloc ; APC 2002, n° 256, obs. Cerf-Hollender.*

13. De même, doit être rejetée la demande d'annulation du réquisitoire fondée sur la circonstance que le jugement ayant étendu la procédure de redressement judiciaire et le jugement ayant prononcé la liquidation judiciaire seraient réputés non avenus pour n'avoir pas été notifiés dans le délai prévu par l'art. 478 NCPC [C. pr. civ.] et qu'ainsi les faits de banqueroute, objet du réquisitoire, ne pourraient être constitués, dès lors qu'une telle circonstance est sans incidence sur la validité du réquisitoire et de la procédure ultérieure, l'ouverture du redressement judiciaire n'étant qu'une condition préalable à l'exercice de l'action publique. • Crim. 10 mars 2004, n° 03-87.441 P : *D. 2004. AJ 1237 ; RTD com. 2004. 608, obs. Mascala .*

14. Impartialité du juge. Le fait que le juge d'instruction ait, antérieurement à sa désignation, participé au jugement d'ouverture de la procédure de redressement judiciaire, puis à la décision étendant cette procédure et enfin au jugement de liquidation n'est pas, en soi, de nature à faire naître un doute objectivement justifié sur l'impartialité du magistrat en cause. • Crim. 10 mars 2004 : *préc. note 13.*

Art. L. 654-18 **Le ministère public peut requérir de l'administrateur ou du liquidateur la remise de tous les actes et documents détenus par ces derniers.** – *[C. com., anc. art. L. 626-17.]*

Art. L. 654-19 **Les frais de la poursuite intentée par l'administrateur, le mandataire judiciaire, le représentant des salariés, le commissaire à l'exécution du plan ou le liquidateur sont supportés par le Trésor public, en cas de relaxe.**

En cas de condamnation, le Trésor public ne peut exercer son recours contre le débiteur qu'après la clôture des opérations de liquidation judiciaire. – *[C. com., anc. art. L. 626-18.]*

Art. L. 654-20 **Les jugements et arrêts de condamnation rendus en application du présent chapitre sont publiés aux frais du condamné.** – *[C. com., anc. art. L. 626-19.]*

TITRE VI **DES DISPOSITIONS GÉNÉRALES DE PROCÉDURE**

CHAPITRE I ***DES VOIES DE RECOURS***

RÉP. COM. v° *Entreprise en difficulté : procédure et organes,* par CAGNOLI.

BIBL. GÉN. ▸ Régime de l'ordonnance du 18 déc. 2008 : STAES, *RPC 2009. Dossier 5.* - FRICERO, *Gaz. Pal. 2009. Doctr. 751.* - RÉMERY, *JCP 2009. I. 129.* - VALLENS, *RTD com. 2009. 462 .* - VALLANSAN et CAGNOLI, *RPC 2010. Étude 26.*

▸ Régime de la loi du 26 juill. 2005 : VALLENS, *RTD com. 2006. 219 .* - BALLU, *LPA 22 mai 2007, p. 3.* - RÉMERY, *JCP E 2008. 1154* (l'appel dans la loi de sauvegarde des entreprises).

▸ Autres thèmes : VALLENS, *RTD com. 2019. 218* (la procédure collective en appel) ; *ibid. 2020. 186* (incidences de la réforme de la procédure civile). - FAVARIO, *RJDA nov. 2023. 7* (tierce opposition de l'associé d'une société en difficulté). - MARAUD, *BJE 7-8/2024. 4* (voies de recours ouvertes aux associés d'une société en difficulté).

Art. L. 661-1 *(Ord. n° 2008-1345 du 18 déc. 2008, art. 146)* **« I. — Sont susceptibles d'appel ou de pourvoi en cassation :**

« 1° Les décisions statuant sur l'ouverture des procédures de sauvegarde ou de redressement judiciaire de la part du débiteur, du créancier poursuivant et du ministère public ;

« 2° Les décisions statuant sur l'ouverture de la liquidation judiciaire de la part du débiteur, du créancier poursuivant, du comité *(Ord. n° 2021-1193 du 15 sept. 2021, art. 66, en vigueur le 1er oct. 2021)* **« social et économique ou, dans les entreprises de moins de cinquante salariés, des membres de sa délégation du personnel » et du ministère public ;**

« 3° Les décisions statuant sur l'extension d'une procédure de sauvegarde, de redressement judiciaire ou de liquidation judiciaire *(Ord. n° 2010-1512 du 9 déc. 2010, art. 6-7°)* **« ou sur la réunion de patrimoines » de la part du débiteur soumis à la procédure, du débiteur visé par l'extension, du mandataire judiciaire ou du liquidateur, de l'administrateur et du ministère public ;**

« 4° Les décisions statuant sur la conversion de la procédure de sauvegarde en redressement judiciaire de la part du débiteur, de l'administrateur, du mandataire judiciaire et du ministère public ;

« 5° Les décisions statuant sur le prononcé de la liquidation judiciaire au cours d'une période d'observation de la part du débiteur, de l'administrateur, du mandataire judiciaire, du comité *(Ord. n° 2021-1193 du 15 sept. 2021, art. 66, en vigueur le 1er oct. 2021)* **« social et économique ou, dans les entreprises de moins de cinquante salariés, des membres de sa délégation du personnel » et du ministère public ;**

(Ord. n° 2021-1193 du 15 sept. 2021, art. 66, en vigueur le 1er oct. 2021) **« 6° Les décisions statuant sur l'arrêté du plan de sauvegarde ou du plan de redressement de la part du débiteur, de l'administrateur, du mandataire judiciaire, du comité social et économique ou, dans les entreprises de moins de cinquante salariés, des membres de sa délégation du personnel et du ministère public, ainsi que les décisions prises sur le fondement de l'article L. 626-33 ; »**

(L. n° 2015-990 du 6 août 2015, art. 238-II) **« 6° *bis* Les décisions statuant sur la désignation d'un mandataire prévue au 1° de l'article L. 631-19-2 et sur la cession de tout ou partie de la participation détenue dans le capital prévue au 2° du même article, de la part du débiteur, de l'administrateur, du mandataire judiciaire, du comité** *(Ord. n° 2021-1193 du 15 sept. 2021, art. 66, en vigueur le 1er oct. 2021)* **« social et économique ou, dans les entreprises de moins de cinquante salariés, des membres de sa délégation du personnel » ou, à défaut, du représentant des salariés mentionné à l'article L. 621-4, des associés ou actionnaires parties à la cession ou qui ont refusé la modification du capital prévue par le projet de plan et des cessionnaires ainsi que du ministère public ; »** *— Le 6° bis de l'art. L. 661-1 est applicable aux procédures de redressement judiciaire ouvertes à compter de la publication de la L. n° 2015-990 du 6 août 2015 (L. préc., art. 238-IV, JO 7 août).*

(Ord. n° 2021-1193 du 15 sept. 2021, art. 66, en vigueur le 1er oct. 2021) **« 7° Les décisions statuant sur la modification du plan de sauvegarde ou du plan de redressement de la part du débiteur, du commissaire à l'exécution du plan, du comité social et économique ou, dans les entreprises de moins de cinquante salariés, des membres de sa délégation du personnel et du ministère public, ainsi que les décisions prises sur le fondement de l'article L. 626-33 ; »**

« 8° Les décisions statuant sur la résolution du plan de sauvegarde ou du plan de redressement de la part du débiteur, du commissaire à l'exécution du plan, du comité *(Ord. n° 2021-1193 du 15 sept. 2021, art. 66, en vigueur le 1er oct. 2021)* **« social et économique ou, dans les entreprises de moins de cinquante salariés, des membres de sa délégation du personnel », du créancier poursuivant et du ministère public. »**

(L. n° 2005-845 du 26 juill. 2005, art. 147) **« II. — L'appel du ministère public est suspensif, à l'exception de celui portant sur les décisions statuant sur l'ouverture de la procédure de sauvegarde ou de redressement judiciaire.**

« III. — En l'absence de comité *(Ord. n° 2021-1193 du 15 sept. 2021, art. 66, en vigueur le 1er oct. 2021)* **« social et économique », le représentant des salariés exerce les voies de recours ouvertes à ces institutions par le présent article. »**

Pour les dispositions transitoires de l'Ord. n° 2021-1193 du 15 sept. 2021, V. note ss. art. L. 611-2.

V. art. R. 661-1 s.

COMMENTAIRE

Les dispositions de l'article L. 661-1 se rapprochaient à l'origine de celles de l'ancien article L. 623-1, que la loi du 26 juillet 2005 n'avait que peu retouchées. Mais l'ordonnance du 18 décembre 2008 a considérablement étoffé le texte, tout en le clarifiant par une meilleure distinction entre les décisions visées (V. J.-P. Rémery, Les voies de recours dans la réforme de la loi de sauvegarde, *JCP 2009. I. 129*).

I. DÉCISIONS STATUANT SUR L'OUVERTURE DE LA SAUVEGARDE OU DU REDRESSEMENT JUDICIAIRE

Par rapport à l'ancien article L. 623-1, la rédaction issue de la loi de sauvegarde des entreprises du 1° du I de l'article L. 661-1 avait mis fin à une incertitude tenant au chevauchement des 1° et 2°. Avant la réforme de 2005, le 1° régissait les recours contre les décisions statuant « sur l'ouverture de la procédure », ce qui, après 1994, pouvait viser aussi bien les décisions prononçant le redressement judiciaire ou la liquidation judiciaire *ab initio*. Or, le 2°, lui, était plus libéral en ce sens qu'il ouvrait l'appel ou le pourvoi en cassation, non seulement à l'administrateur et au mandataire judiciaire, mais aussi au comité d'entreprise ou aux délégués du personnel. Comment articuler alors ces deux dispositions ? La Cour de cassation avait tranché cette difficulté en combinant les deux textes, de sorte que chacun gardât une utilité en matière de liquidation judiciaire, et avait, par conséquent, cantonné le domaine du 2° aux jugements de conversion, c'est-à-dire aux décisions statuant sur la liquidation judiciaire prises à l'issue d'une période d'observation (Com. 20 mars 2001 : *D. 2001. AJ 1469*).

Alors que l'avant-projet de loi de sauvegarde revenait sur cette interprétation qui présentait l'inconvénient de fermer le recours au mandataire en cas de liquidation immédiate, le texte finalement retenu en 2005 l'avait confortée. Ainsi, le 1° concernait, en effet, expressément les décisions statuant sur l'ouverture « des procédures de sauvegarde, de redressement judiciaire et de liquidation judiciaire » ; quant au 2°, il n'avait été modifié que pour tenir compte des plans de sauvegarde, logiquement alignés, là aussi, sur les plans de redressement (correspondant aux anciens plans de continuation).

L'ordonnance du 18 décembre 2008 a clarifié cette question, en subdivisant mieux le texte de l'article L. 661-1. Ainsi, désormais, sans changement sur le fond, le 1° ne concerne plus que les décisions statuant sur l'ouverture de la procédure de sauvegarde ou de redressement judiciaire (c'est-à-dire les décisions ouvrant ou refusant d'ouvrir *ab initio* une de ces procédures). Quant aux décisions statuant sur l'ouverture de la liquidation judiciaire, elles sont maintenant traitées de façon autonome au nouveau 2°.

II. DÉCISIONS STATUANT SUR L'OUVERTURE DE LA LIQUIDATION JUDICIAIRE

Le nouveau 2°, lui, apporte un important changement sur le fond, par rapport à l'état du droit antérieur à 2008. L'appel ou le pourvoi en cassation contre les décisions statuant sur l'ouverture de la procédure de liquidation judiciaire (c'est-à-dire les décisions ouvrant ou refusant d'ouvrir *ab initio* cette procédure) est ouvert, non seulement aux personnes visées s'agissant de l'ouverture des procédures de sauvegarde et de redressement judiciaire, par le 1°, mais aussi au comité d'entreprise ou, à défaut, aux délégués du personnel. Cette modification rend caduque, s'agissant de ces institutions représentatives du personnel, la jurisprudence précitée, dont il résultait que le comité d'entreprise ne pouvait exercer de recours que contre le jugement prononçant la liquidation judiciaire en cours de procédure d'observation. Désormais, selon l'actualisation à laquelle a procédé l'ordonnance du 15 septembre 2021, sont visés le comité social et économique ou, dans les entreprises de moins de cinquante salariés, les membres de sa délégation du personnel.

III. DÉCISIONS STATUANT SUR L'EXTENSION DES PROCÉDURES

Le nouveau 3° comporte une disposition sans équivalent avant la réforme de 2008, qui prévoit un régime des recours contre les décisions d'extension de la procédure. Auparavant, du temps où l'extension de la procédure relevait de la pure création prétorienne, la situation était incertaine (V. P.-M. Le Corre, Droit et pratique des procédures collectives, *Dalloz Action, 2023/2024, 213.352*), la Cour de cassation semblant considérer que s'appliquait le droit commun (V. Com. 4 juill. 2000 : *cité note 36*).

L'ordonnance du 18 décembre 2008 est donc venue utilement sécuriser le régime en l'encadrant : sont ainsi susceptibles d'appel ou de pourvoi en cassation « les décisions statuant sur l'extension d'une procédure de sauvegarde, de redressement judiciaire ou de liquidation judiciaire, de la part du débiteur soumis à la procédure, du débiteur visé par l'extension, du mandataire judiciaire ou du liquidateur, de l'administrateur et du ministère public ». Sont donc visées aussi bien les décisions prononçant l'extension que les décisions refusant de la prononcer. S'agissant des demandeurs, il est intéressant de noter ici que le recours est ouvert au « débiteur visé par l'extension » (« débiteur », qui, rappelons-le, peut fort bien ne pas être en cessation des paiements), ce qui est tout à fait logique et judicieux, la décision lui faisant principalement grief (pour une première application par la Cour de cassation, V. Com. 6 déc. 2011 : *D. 2012. Actu. 6, obs. Lienhard*). En revanche, on a pu s'étonner que les recours ne soient pas ouverts aux représentants du personnel, qui ne pourront donc former qu'un appel-nullité en cas d'excès de pouvoir (O. Staes, Aspects de procédure et voies de recours, *RPC 2009. Dossier 5, n° 28*).

L'ordonnance du 9 décembre 2010 a étendu le mécanisme de l'extension de procédure à la situation particulière de l'entrepreneur individuel à responsabilité limitée, pour lequel il s'agit, faute de personnalité morale de l'EIRL, d'une action en « réunion de patrimoines » (V. art. L. 621-2). D'où l'adaptation de l'article L. 661-1, afin que, dans les mêmes conditions, la décision soit susceptible d'appel ou de pourvoi en cassation. Avec cette particularité, dans ce cas de figure, que le « débiteur soumis à la procédure » et le « débiteur visé par l'extension » seront une seule et même personne.

IV. DÉCISIONS STATUANT SUR LA CONVERSION DE LA SAUVEGARDE EN REDRESSEMENT JUDICIAIRE

Le texte de 2005 ne comportait aucune disposition visant expressément les décisions de conversion de sauvegarde, qu'il s'agisse de conversion en redressement ou en liquidation judiciaire, et que celles-ci interviennent suivant l'article L. 621-12 ou suivant l'article L. 622-10. Il en résultait, selon la doctrine, que ces décisions, qui ne sont pas assimilables à des décisions d'ouverture de la procédure, relevaient du droit commun (V. F. Pérochon et R. Bonhomme, Entreprises en difficulté, Instruments de crédit et de paiement, *LGDJ, 7e éd., 2006, no 349, non repris dans la 8e éd.).*

Le nouveau 4° de l'article L. 661-1, ajouté par l'ordonnance du 18 décembre 2008, a donc comblé donc utilement une lacune. Mais ce 4° ne concerne que la conversion, au sens strict, c'est-à-dire la conversion en redressement judiciaire, prévue à la fois par l'article L. 621-12, et l'article L. 622-10 précités. Quant à la « conversion » de la sauvegarde en liquidation judiciaire, prévue aussi par l'article L. 622-10, c'est le nouveau 5° qui en traite dans la catégorie des décisions « statuant sur le prononcé de la liquidation judiciaire au cours d'une période d'observation » (que le législateur ne considère donc pas comme des décisions de conversion, mais des décisions de prononcé de la liquidation judiciaire). Sont ainsi désormais susceptibles d'appel ou de pourvoi en cassation « les décisions statuant sur la conversion de la procédure de sauvegarde en redressement judiciaire, de la part du débiteur, de l'administrateur, du mandataire judiciaire et du ministère public ».

V. DÉCISIONS STATUANT SUR LE PRONONCÉ DE LA LIQUIDATION JUDICIAIRE AU COURS D'UNE PÉRIODE D'OBSERVATION

Ce nouveau 5°, qui vise les décisions prononçant (ou refusant de le faire) la liquidation judiciaire au cours d'une période d'observation, aussi bien de sauvegarde que de redressement judiciaire, distingue désormais ces décisions de celles arrêtant ou rejetant le plan, de nature pourtant différente, avec lesquelles l'ancien 2° les traitait avant la réforme de 2008 (sous l'expression, alors, de « décisions statuant sur la liquidation judiciaire »). Mais, sur le fond, quant aux personnes pouvant faire appel ou former un pourvoi, pas de changement.

VI. DÉCISIONS STATUANT SUR L'ARRÊTÉ DU PLAN DE SAUVEGARDE OU DE REDRESSEMENT

Le nouveau 6° (de la même manière que le nouveau 5° ; V. ci-dessus), issu de l'ordonnance de 2008, qui vise les décisions statuant sur l'arrêté du plan de sauvegarde ou du plan de redressement, n'est que la reprise, un peu remaniée dans sa formulation et complétée, déplacée et isolée, de la disposition qui figurait auparavant à l'ancien 2° avec les décisions statuant sur la liquidation judiciaire (V., pour un doute exprimé quant à l'application aux décisions de rejet des plans, B. Saintourens et P. Duprat, Les droits des salariés dans l'ordonnance du 18 décembre 2008 portant réforme du droit des entreprises en difficulté, *Gaz. Pal. 8-10 mars 2009, p. 40, spéc. p. 44*).

Rappelons que, avant la loi de sauvegarde des entreprises, la Fédération bancaire française *(Les Échos, 6 nov. 2003, p. 30)* avait regretté que les banquiers ne se soient pas vu reconnaître, dans le contexte de la réforme (et notamment de l'institution de la procédure de sauvegarde), un recours direct contre les décisions relatives au plan de sauvegarde ou au plan de redressement. Comme tous les créanciers, ceux-ci ne peuvent faire appel que par l'intermédiaire du mandataire judiciaire qui, par définition, ne peut agir que pour défendre l'intérêt collectif des créanciers. L'ordonnance du 18 décembre 2008 est venue exaucer en partie ce vœu en ouvrant le recours au créancier, membre d'un comité des créanciers ou de l'assemblée des obligataires, ayant formé une contestation, relative aux dispositions traitant de ces comités ou de cette assemblée en application de l'article L. 626-34-1 (V. ss. cet art.).

La Cour de cassation a refusé de renvoyer au Conseil constitutionnel une question prioritaire de constitutionnalité, qui estimait que l'article L. 661-1, I, 6°, par son caractère limitatif, portait atteinte au principe de l'égalité des armes devant la loi et au droit à un recours juridictionnel effectif (Com. 10 juill. 2012, n° 12-40.050).

L'ordonnance du 15 septembre 2021 a réécrit le 6° afin de l'adapter aux nouvelles modalités de représentation du personnel et aux nouvelles règles de contestation des décisions par une partie affectée ayant voté contre le plan.

VII. DÉCISIONS STATUANT SUR LA MODIFICATION DU PLAN DE SAUVEGARDE OU DE REDRESSEMENT

Sans rien changer quant aux personnes visées, le texte du 7°, retouché par l'ordonnance de 2008, visait « les décisions statuant sur la modification du plan de sauvegarde ou du plan de redressement », et non plus, comme l'ancien 3°, « les décisions modifiant le plan de sauvegarde ou le plan de redressement ». D'où un élargissement aux décisions refusant la modification. Ce qui est logique (et répare un évident oubli, ou plutôt une malfaçon du texte antérieur), puisque, sinon, viser le débiteur n'aurait guère eu de sens, celui-ci ayant surtout intérêt à contester les décisions de refus (outre celles ne modifiant pas le plan dans le sens demandé par lui). Là aussi, le recours avait été ouvert au créancier ayant formé une contestation en application de l'ancien article L. 626-34-1.

L'ordonnance du 15 septembre 2021 a réécrit le 7° afin de l'adapter aux nouvelles modalités de représentation du personnel et aux nouvelles règles de contestation des décisions par une partie affectée ayant voté contre la modification du plan.

VIII. DÉCISIONS STATUANT SUR LA RÉSOLUTION DU PLAN DE SAUVEGARDE OU DE REDRESSEMENT

Le 8°, ajouté par l'ordonnance du 18 décembre 2008, vise « les décisions statuant sur la résolution du plan de sauvegarde ou du plan de redressement », qui peuvent être frappées d'appel ou de pourvoi par le débiteur, le commissaire à l'exécution du plan (dans tous les cas de résolution : V. Com. 29 nov. 2017 : *cité note 34*), le comité social et économique ou, dans les entreprises de moins de cinquante salariés, les membres de sa délégation du personnel (selon l'actualisation opérée par l'Ord. du 15 sept. 2021), le créancier poursuivant et le ministère public.

Dans le silence de la loi jusque-là, sauf à appliquer par analogie le 7° précité, ce qui posait quand même problème (V. F. Pérochon et R. Bonhomme, Entreprises en difficulté, Instruments de crédit et de paiement, *LGDJ, 7e éd., 2006, n° 386*), il convenait sans doute d'appliquer le droit commun (ou éventuellement l'ancien 2°, visant les décisions statuant sur la liquidation judiciaire, celle-ci étant souvent prononcée dans la même décision que la résolution – V. art. L. 626-27 –, mais ce texte, pas conçu pour cet usage, ne mentionnait pas le commissaire à l'exécution du plan…).

La nature mixte de la décision (qui ouvre concomitamment un redressement ou une liquidation judiciaire) pose la question de la combinaison avec, selon le cas, le I, 1°, ou le I, 2°, qui, en pratique, se réduit à la recevabilité du recours des représentants du personnel contre la décision qui résout le plan et ouvre un redressement (en faveur du cumul des recours, V. F. Pérochon, Entreprises en difficulté, *LGDJ, 10e éd., 2014, n° 1061*).

IX. APPEL DU MINISTÈRE PUBLIC

La loi du 26 juillet 2005 a supprimé le caractère suspensif de l'appel du ministère public portant sur les décisions statuant sur l'ouverture du redressement judiciaire (auquel elle assimile, logiquement, la sauvegarde). Ces procédures ne pouvant tendre qu'à la continuation, l'idée était probablement, là, de ne pas retarder une procédure au risque de compromettre les chances d'adopter un plan de sauvegarde ou de redressement. Il s'agissait aussi de corriger une erreur d'appréciation des précédents législateurs : en pratique, le caractère suspensif de l'appel avait, semble-t-il, contribué à dissuader le procureur de la République de faire appel, au lieu d'inciter les parties et le tribunal à tenir compte de ce risque (J.-L. Vallens, La réforme du droit français des entreprises en difficulté, *Bull. act.*

Lamy droit commercial, sept. 2005, n° 41). Selon une interprétation doctrinale, malgré l'ambiguïté des textes sur ce point (V. art. L. 661-6, I, 1°, et VI), le caractère suspensif devrait aussi être dénié à l'appel du ministère public ne portant que sur la nomination de l'administrateur judiciaire (P.-M. Le Corre, Le caractère suspensif de l'appel du ministère public sur la désignation d'un administrateur judiciaire, *Gaz. Pal., 8-9 juill. 2011, p. 9*).

Quant à la possibilité, pour le ministère public, de former un recours même s'il n'a pas agi comme partie principale, plutôt que de la prévoir à chaque fois, l'ordonnance du 18 décembre 2008 a préféré la consacrer par une disposition générale par le nouvel article L. 661-12.

Notons encore que le décret de 2009 a aligné le délai d'appel du procureur général sur celui du procureur. Il est donc désormais de dix jours pour l'un comme pour l'autre, alors qu'auparavant il était de quinze jours pour le premier. Il s'agit là de se conformer à la jurisprudence européenne, relayée par la Cour de cassation, relative à l'égalité des armes (CEDH 3 oct. 2006, Ben Naceur c/ France : *D. 2007. Pan 979, obs. Pradel* ; Crim. 17 sept. 2008 : *AJ pénal 2008. 456, obs. Saas* ; A.-S. Texier et E. Russo, Le nouveau droit des entreprises en difficulté après l'ordonnance du 18 décembre 2008 et son décret d'application du 12 février 2009, *LPA 2 mars 2009, p. 3, n° 47*).

X. RÔLE DU REPRÉSENTANT DES SALARIÉS

Au représentant des salariés (désigné en vertu de l'art. L. 621-4) a été attribué par la loi du 26 juillet 2005 un rôle supplétif en l'absence de comité d'entreprise ou de délégué du personnel (désormais, selon l'actualisation opérée par l'Ord. du 15 sept. 2021, de comité social et économique) pour exercer les recours ouverts à ces derniers par l'article L. 661-1. La Cour de cassation avait déjà procédé, de façon prétorienne, à cette assimilation (Com. 29 févr. 2000, n° 97-12.395). Ce rôle supplétif ne concerne cependant que les recours visés par l'article L. 661-1 (O. Staes, Aspects procéduraux de la réforme des difficultés des entreprises, *Dr. et patr. 3/2006, p. 60, spéc. p. 69* ; V. aussi, sur la portée incertaine de l'art. R. 661-5, quant au représentant des salariés, R. Vatinet, Le volet social de la loi de sauvegarde des entreprises précisé par son décret d'application, *JCP S 2006, n° 11, p. 9, spéc. n° 7*).

Au-delà de cette correction par rapport à l'ancien article L. 623-1, certains regretteront que le législateur de 2005 n'ait pas profité de la réforme pour ouvrir davantage les voies de recours au comité d'entreprise (désormais au comité social et économique), qui se voit toujours privé de tout droit de critique à l'encontre des décisions les plus décisives pour le devenir de l'emploi, alors même que l'entreprise n'est pas condamnée à la liquidation judiciaire (décisions statuant sur l'ouverture de la procédure : V. P. Morvan, Le comité d'entreprise et ses doubles dans le droit des procédures collectives, *JCP E 2003, n° 47, p. 1852, spéc. n° 20 ;* V. aussi, estimant que cette situation constitue une atteinte au droit d'exercer un recours juridictionnel effectif, au sens de l'art. 6, § 1, Conv. EDH, P. Morvan, Le droit social dans la réforme du droit des entreprises en difficulté, *JCP E 2005, n° 42, p. 1751, spéc. n° 18*). ❑

Jurisprudence antérieure à l'Ord. du 18 déc. 2008.

I. APPEL OU POURVOI EN CASSATION

A. OUVERTURE DE LA PROCÉDURE

1. Aucune disposition de la loi et de son décret d'application n'interdit que l'appel, interjeté par le débiteur, soit limité à la disposition concernant la date provisoire de la cessation des paiements. • Paris, 8 mars 1991 : *Gaz. Pal. 1991. 2. Somm. 426* • Colmar, 11 sept. 1991 : *RPC 1993. 53, obs. Liénard.* – V. aussi • Versailles, 6 mars 1997 : *Gaz. Pal. 1997. 2. Somm. 353.*

Seule une décision passée en force de chose irrévocablement jugée étant de nature à rendre l'appel du débiteur sans objet, viole l'art. 1351 [1355] C. civ. et l'art. 3 de la loi de 1985 [C. com., ancien art. L. 621-1] l'arrêt qui, pour dire sans objet l'appel relevé par un débiteur en redressement judiciaire, relève que le tribunal a « converti » le redressement judiciaire en liquidation judiciaire et retient que sa décision est exécutoire de plein droit, à titre provisoire. • Com. 3 déc. 1996, n° 94-18.789 P : *D. 1997. IR 26*. ♦ V. aussi • Com. 1er oct. 2002 : *RPC 2004. 45, obs. Lebel.*

Si, aux termes de l'art. 9 [C. com., art. L. 631-8], al. 2, le débiteur ne peut agir à titre principal pour faire fixer la date de cessation des paiements, il peut se pourvoir en cassation contre un arrêt ayant statué sur une demande de report de cette date. • Com. 1er févr. 2000, n° 97-12.965 P : *D. 2000. AJ 128 ; APC 2000, n° 57, obs. Vallansan ; LPA 1er juin 2001, p. 12, note Courtier.* ♦ N'ayant pas formé de recours contre le jugement de redressement judiciaire, qui a reporté la date de cessation des paiements de la société débitrice au 30 juin 1995, le cogérant de celle-ci n'est pas recevable à critiquer le chef de l'arrêt d'appel fixant à cette date la cessation des paiements, sur une demande de report dont le tribunal s'est saisi d'office. • Même arrêt.

Faute d'appel à l'instance de l'administrateur judiciaire désigné, l'appel dirigé par le débiteur contre le jugement ayant ouvert son redressement judiciaire est irrecevable. • Com. 3 déc. 2003, n° 01-00.485 P : *Dr. sociétés 2004, n° 214, note Legros.* ♦ A défaut d'avoir été appelé à l'instance, l'administrateur judiciaire, par son intervention volontaire, permet la régularisation de la procédure. • Même arrêt.

2. L'art. L. 623-1, I, 1° [L. 661-1, 1°], réserve aux débiteur, créancier poursuivant et ministère public la possibilité de former un pourvoi contre les décisions statuant sur l'ouverture d'une procédure collective ; le liquidateur n'est donc pas recevable à se pourvoir contre un arrêt confirmant un jugement ayant dit n'y avoir lieu à ouverture d'une telle procédure. • Com. 18 mars 2014, n° 12-26.390 P : *D. 2014. Actu. 773 ; APC 2014, n° 149, obs. Staes ; RJDA 2014, n° 556 ; RPC 2014, n° 95, obs. Cagnoli.*

3. Le jugement d'ouverture de la liquidation judiciaire d'une société n'étant pas susceptible, en application de l'art. L. 661-1, I, 2°, d'un appel et d'un pourvoi en cassation de la part d'un associé de cette société, le pourvoi de l'associé, qui n'invoque aucun excès de pouvoir qu'aurait commis ou consacré la cour d'appel, n'est pas recevable, peu important qu'il soit intervenu volontairement en première instance pour contester l'état de cessation des paiements déclaré par la débitrice, cette intervention, fût-elle principale, n'ayant pas eu pour effet de lui ouvrir une voie de recours que la loi lui a fermée. • Com. 14 sept. 2022, n° 21-12.755 : *D. actu. 29 sept. 2022, obs. Ferrari ; Dr. sociétés 2022, n° 139, note Legros ; BJS 12/2022. 39, note Brignon ; RJDA 2023, n° 41.*

4. Les anciens dirigeants d'une société dissoute par application de l'art. 1844-7 (7°), C. civ. ayant intérêt à titre personnel à contester le report de la date de cessation des paiements, l'administrateur judiciaire ne saurait prétendre que ces dirigeants n'ont plus qualité pour représenter les sociétés dissoutes alors qu'il a engagé son action sans prendre la précaution de faire désigner un mandataire *ad hoc*. • Versailles, 7 déc. 1995 : *D. 1996. IR 56.* ♦ Le droit de faire appel du jugement reportant la date de cessation des paiements étant incontestable, les anciens dirigeants légaux ne peuvent se voir dénier le droit d'intervenir dans de telles instances, leur présence étant même nécessaire dès lors qu'une modification de la date de cessation des paiements peut leur être opposée. • Même arrêt. ♦ V. aussi, sur l'intérêt personnel du dirigeant à contester la décision de report de la cessation des paiements, pour un arrêt statuant après la réforme de 2005 : note 6 ss. art. L. 653-8.

5. Une banque, tiers opposant, n'étant pas créancier poursuivant, ne peut donc faire appel du jugement de redressement judiciaire et, par voie de conséquence, du jugement ayant statué sur sa tierce opposition. • Versailles, 19 déc. 1994 : *D. 1995. IR 51.* ♦ V. désormais, pour l'ouverture de l'appel du jugement statuant sur la tierce opposition : art. L. 661-2, dans sa réd. issue de L. n° 2005-845 du 26 juill. 2005.

6. Le recours contre le jugement qui reporte la date de cessation des paiements n'est pas soumis aux dispositions de l'art. L. 623-1 (1°) [L. 661-1, I, 1°] C. com. (recevabilité de l'intervention volontaire d'un créancier dans l'instance d'appel introduite par le débiteur). • Com. 24 janv. 2006 : *Gaz. Pal. 30 avr.-4 mai 2006, p. 20, obs. Lebel.*

7. L'appel-nullité ne peut être formé que par une partie au procès (à propos d'une banque ayant elle-même reconnu, en formant tierce opposition aux jugements dont elle a fait appel, par la suite, qu'elle n'était pas partie à l'instance). • Com. 19 nov. 1996, n° 94-19.533 P : *D. Affaires 1997. 131 ; LPA 13 mai 1998, p. 27, note Courtier.* ♦ V. aussi notes 25 s. ss. art. L. 661-6 et notes 20 s. ss. ancien art. L. 623-4.

8. Période d'observation. V. art. L. 661-9.

B. LIQUIDATION JUDICIAIRE

9. Qualité. Il résulte de l'art. 171 que le *représentant des salariés* peut relever appel des décisions statuant sur la liquidation judiciaire. • Limoges, 13 août 1986 : *D. 1987. 44, note Derrida ; Gaz. Pal. 1986. 2. 724, note Martin.* ♦ V., désormais, art. L. 661-1, III, dans sa réd. issue de L. n° 2005-845 du 26 juill. 2005. ♦ Est recevable à interjeter appel du jugement prononçant la liquidation judiciaire au cours de la période d'observation le représentant des salariés qui, malgré son licenciement par le liquidateur avec l'autorisation préalable de l'inspecteur du travail, est encore en fonction, son mandat ne prenant fin qu'à l'expiration de son préavis, fût-il dispensé de l'effectuer. • Orléans, 28 mai 2009 : *BICC 2010, n° 224.*

10. Le comité d'entreprise, pouvant interjeter appel du jugement statuant sur la liquidation judiciaire dans les dix jours de la signification de cette décision, n'est pas recevable à critiquer un tel jugement par la voie de la tierce opposition. • Com. 19 oct. 1993, n° 91-17.564 P : *D. 1994. Somm. 46, obs. Derrida ; RPC 1994. 150, obs. Liénard.*

11. En cas d'appel du ministère public contre un jugement ayant prononcé la liquidation judiciaire de l'entreprise, est recevable l'intervention des *délégués du personnel*. • Paris, 2 mai 1986 : *JCP 1986. II. 20713, note Jeantin.* ♦ En revanche, est irrecevable celle des *AGS* et du *GARP* alors que c'est au ministère public qu'il appartient de faire respecter la loi et que ces organismes d'assurance ne sont pas chargés de préserver les droits des salariés qui, en l'espèce, sont parties à la procédure pour la défense de leurs intérêts. • Même arrêt.

12. Sur le pourvoi en cassation du *mandataire judiciaire,* V. note 8 ss. art. L. 661-7.

13. Le *débiteur* est recevable, en vertu du droit propre qu'il tient de l'art. 171 (1) [C. com., art. L. 661-1], à former un pourvoi en cassation contre l'arrêt qui prononce sa liquidation judiciaire. Mais si ce débiteur est une société, sa dissolution par l'effet du jugement de liquidation judiciaire, en application de l'[ancien] art. 1844-7 (7°) C. civ., prive de pouvoirs ses *dirigeants*, y compris l'administrateur provisoire antérieurement désigné, et la société débitrice ne peut alors exercer son droit propre que par l'intermédiaire de son liquidateur amiable ou d'un mandataire *ad hoc.* • Com. 16 mars 1999, n° 96-19.078 P : *D. 2000. 513, note Kenfack ; BJS 1999. 1118, note Randoux ; RTD com. 2000. 130, obs. Monsèrié-Bon* – Comp., désormais : C. civ., art. 1844-7 (7°), dans sa réd. issue de l'Ord. n° 2014-326 du 12 mars 2014, qui diffère la dissolution de la société à la date du jugement de clôture de la liquidation judiciaire pour insuffisance d'actif.

Si le débiteur est recevable à critiquer la décision prononçant sa liquidation judiciaire, il ne peut se borner à former des griefs à l'encontre des dispositions rejetant le plan de cession. • Com. 10 mai 2000, n° 97-19.759 P : *APC 2000, n° 143, obs. Cagnoli* • 30 oct. 2000 : *RTD com. 2001. 245, obs. Vallens*. ♦ Sur le droit du débiteur de faire appel du jugement rejetant le plan de cession, V., désormais, art. L. 661-6, dans sa réd. issue de la L. n° 2005-845 du 26 juill. 2005, reprise par l'Ord. n° 2008-1345 du 18 déc. 2008.

14. Les *dirigeants sociaux,* à qui sont imputées la dissimulation d'actif ou la fraude pouvant justifier la reprise de la procédure de la liquidation judiciaire de la société débitrice, n'ont pas qualité pour interjeter appel, en leur nom propre du jugement ayant ordonné la réouverture de la procédure, en vertu de l'art. 169. • Com. 11 févr. 1997 : *Dr. sociétés 1997, n° 86, obs. Chaput.*

15. En retenant qu'un *associé* d'une société civile professionnelle, qui en tant que tel n'a pas la qualité de partie au jugement prononçant la liquidation judiciaire de cette société même s'il a été convoqué devant le tribunal, est irrecevable à relever appel de ce jugement, une cour d'appel n'a pas méconnu le droit d'accès de cet associé à un tribunal dès lors que l'intéressé aurait pu former tierce opposition à l'encontre de cette décision. • Com. 13 juin 2006 : *RJDA 2007, n° 81.*

16. Sur les recours contre la décision d'ouverture de la procédure de liquidation judiciaire, V. notes 2 et 3.

17. Décisions visées. Est recevable le pourvoi contre une décision ordonnant la jonction de procédures de liquidation judiciaire, en vertu de l'art. 7 [C. com., ancien art. L. 621-5], et se prononçant sur une demande de report de la date de cessation des paiements. • Com. 9 avr. 1991 : *D. 1991. IR 128.*

18. Est recevable l'appel de l'administrateur contre le jugement qui [dans le régime antérieur à la loi du 26 juill. 2005], arrêtant un plan de cession, rejette implicitement la liquidation judiciaire. • Com. 15 juill. 1992, n° 91-14.260 P : *D. 1994. Somm. 44, obs. Derrida*.

19. Le jugement rendu sur tierce opposition à un jugement ayant prononcé la liquidation judiciaire d'un débiteur est une décision statuant sur la liquidation judiciaire au sens de l'art. 171 [C. com., art. L. 661-1]. • Com. 14 déc. 1993, n° 90-19.382 P : *D. 1994. IR 18* • 16 avr. 1996 : *D. 1996. IR 144 ; D. Affaires 1996. 718.* ♦ V., désormais, art. L. 661-2.

20. Pluralité de parties. Si, lorsque la matière est indivisible, l'appel interjeté en temps utile contre l'une des parties conserve le droit de l'appelant vis-à-vis des autres et couvre l'irrégularité ou la tardiveté d'intimation, encore faut-il que les intéressés aient été mis en cause devant la juridiction d'appel. Il en résulte que la société mise en liquidation judiciaire ne peut faire appel du jugement d'ouverture en se bornant à attraire dans la procédure d'appel le seul liquidateur, en sa qualité de représentant des créanciers, sans intimer également ce créancier à l'initiative duquel la procédure collective avait été ouverte. • Com. 28 avr. 1998, n° 96-18.741 P : *D. Affaires 1998. 1052 ; RJDA 1998, n° 1021.*

C. PLAN DE CONTINUATION [DE SAUVEGARDE OU DE REDRESSEMENT]

21. Contrôle du sérieux du plan. Pour apprécier la recevabilité de l'appel formé, sur le fondement de l'art. 171 (2) [C. com., art. L. 661-1], à l'encontre d'un jugement qui aurait rejeté un plan de continuation, la cour d'appel doit rechercher si les propositions constituent un tel plan ; à défaut de contenir des engagements sérieux et efficaces, un projet ne peut, en dépit de son intitulé, être considéré comme un plan de continuation. • Com. 20 févr. 1996 : *D. 1996. IR 112 ; D. Affaires 1996. 491 ; Dr. sociétés 1996, n° 127, obs. Chaput.* – V. aussi • Com. 6 oct. 1992, n° 90-19.638 P : *D. 1994. Somm. 44, obs. Derrida* • Paris, 5 déc. 1997 : *RJ com. 1998. 325, note Monsèrié.*

22. Recours du débiteur. L'art. L. 661-1, 6°, ouvre au débiteur tant l'appel que le pourvoi en cassation contre les décisions qui statuent sur l'arrêté d'un plan de redressement ; le débiteur est dès lors recevable à former un pourvoi en cassation contre l'arrêt ayant déclaré irrecevable son appel contre le jugement qui a, à la fois, rejeté son plan de redressement et arrêté un plan de cession. • Com. 23 oct. 2019, n° 18-17.926 P : *D. 2020. Pan. 1866, obs. Cagnoli ; RTD com. 2019. 1007,* *obs. Poujade* ; *JCP E 2019. 1551, n° 6, obs. Pétel ; BJE 1-2/2020. 22 note Vincent ; Dr. sociétés 2020, n° 13, note Legros ; RJDA 2020, n° 95 ; RPC 2020, n° 4, obs. Cagnoli.* ♦ V. déjà, sous l'empire du droit antérieur : • Com. 6 mars 1990, n° 88-11.500 P : *D. 1990. 218, note Derrida* ; *JCP 1990. II. 21513, note Bolard* • 10 juill. 1990, n° 89-11.966 : *D. 1990. IR 193* (recours en cassation).

Le débiteur peut, même lorsqu'un administrateur a été désigné avec mission d'assurer seul et entièrement l'administration de l'entreprise, former un recours en cassation contre les décisions arrêtant ou rejetant le plan de continuation. • Com. 22 mai 1990, n° 89-20.043 P : *D. 1990. 415, note Derrida*. ♦ Ce droit n'est pas limité au seul cas où le débiteur lui-même a proposé le plan de continuation. • Versailles, 23 avr. 1992 : *D. 1992. IR 203 ; RJ com. 1992. 307, note Vallens.*

En ce sens qu'est recevable l'appel du débiteur tendant à faire adopter un plan de continuation par voie de reprise interne présenté par un tiers auquel doit être cédée la majorité des parts sociales, V. • Com. 6 juill. 1999, n° 98-20.883 P : *D. 1999. IR 214* ; *APC 1999, n° 197, obs. Fricero ; RTD com. 1999. 987, obs. Vallens* ; *JCP E 2000, n° 4, p. 126, obs. Pétel.*

23. Un associé d'une société à responsabilité limitée ne peut représenter la société dans l'exercice du recours qui lui est ouvert par ce texte. • Com. 28 juin 1990, n° 88-18.006 P : *D. 1990. IR 208.*

24. Recours du candidat à la reprise interne. Est irrecevable le pourvoi formé par une société ayant présenté un plan de continuation par voie de reprise interne, mais qui n'est pas le débiteur soumis à la procédure de redressement judiciaire. • Com. 25 oct. 1994, n° 93-10.095 P : *D. 1995. Somm. 4, obs. Derrida*. ♦ Une société candidate à la reprise interne des sociétés débitrices par rachat des actions de celles-ci n'a pas qualité pour former appel d'un jugement rejetant le plan de continuation d'une entreprise et prononçant sa liquidation judiciaire. • Paris, 29 avr. 1988 : *D. 1988. IR 160.*

25. Recours des créanciers. Il résulte de l'art. 171 (2) [C. com., art. L. 661-1] qu'un créancier ne peut ni faire *appel* d'un jugement arrêtant le plan de continuation de l'entreprise. • Com. 20 juin 1995 : *Rev. huiss. 1995. 1371, note Vidal.* ♦ ... Ni exercer un *recours en cassation* contre un arrêt statuant en la matière de plan de continuation d'une entreprise en redressement judiciaire. • Com. 14 mars 1989, n° 87-16.955 P : *D. 1989. IR 106.* ♦ La solution est la même en cas de carence du représentant des créanciers à user personnellement des voies de recours à l'égard d'une décision qui lui fait grief en violant les règles essentielles de procédure et de fond applicables aux procédures collectives. • Com. 20 juin 1995 : *préc.* – V. déjà • Com. 20 déc. 1988, n° 87-11.129 P : *D. 1989. 484, note Derrida (2e arrêt).* ♦ V. aussi notes ss. art. L. 661-7.

26. Un créancier ne peut exercer un recours en cassation contre l'arrêt qui statue sur le recours en révision formé contre la décision arrêtant le plan de continuation. • Com. 24 juin 2003, n° 00-18.118 P.

27. Si les créanciers peuvent être entendus par le tribunal en qualité de « personnes intéressées » en cas de modification substantielle du plan de continuation, ils ne peuvent pas être considérés comme étant des parties à l'instance en modification du plan ayant des prétentions à formuler. • Rouen, 27 janv. 2005 : *RJDA 2005, n° 734.*

28. Un créancier n'est pas recevable à relever appel-nullité de la décision du tribunal statuant sur l'arrêté du plan de redressement. • Com. 2 oct. 2012 : *BJE 2013. 34, note de Lajarte-Moukoko ; Gaz. Pal. 18-19 janv. 2013, p. 28, obs. Lebel.* ♦ ... A moins que ne soit en cause la méconnaissance par le juge d'un principe essentiel de procédure [jusqu'à l'arrêt de la chambre mixte du 28 janv. 2005 ; V. ss. anc. art. L. 623-4] ou l'excès de pouvoir. • Com. 28 mars 1995, n° 92-18.994 P : *D. 1995. IR 112.* ♦ V. aussi et Comp. notes 32 et 33 ss. art. L. 661-6, et note 22 ss. anc. art. L. 623-4.

29. V. aussi, à propos du recours des créanciers membres d'un comité : note 2 ss. art. L. 626-34-1.

30. Recours du mandataire judiciaire. Le représentant des créanciers [mandataire judiciaire] est recevable à former un appel-nullité contre une décision statuant sur l'exécution du plan dans la mesure où, par sa désignation, il est devenu partie à l'instance et qu'il entre dans sa mission de s'opposer à la violation des règles d'ordre public. • Pau, 17 déc. 2002 : *JCP E 2003, n° 50, p. 1991.*

31. Recours du ministère public. Le ministère public, chargé d'assurer le respect de la légalité et de l'ordre public économique, est investi par l'art. 171 [C. com., art. L. 661-1] du pouvoir d'exercer les voies de recours, même s'il n'a pas agi comme partie principale et est habile à invoquer, à cette occasion, toute violation de la loi. • Com. 28 févr. 1995, n° 93-10.012 P : *RJDA 1995, n° 895.*

32. Recours de l'ex-associé en cas de cession forcée des parts sociales ou des actions. V. notes 13 à 15 ss. art. L. 631-19-1.

33. Caducité du plan. Faute de disposition particulière limitant le droit d'appel d'une décision constatant la caducité du plan de continuation, ce droit est ouvert à toute partie y ayant intérêt (en l'espèce, le représentant des créanciers). • Versailles, 30 nov. 1995 : *RPC 1996. 453, obs. Soinne.*

34. Résolution du plan. En application de l'art. L. 661-1, 8°, C. com., toute décision prononçant la résolution du plan est susceptible d'appel de la part du commissaire à l'exécution du plan, qui est donc irrecevable à en former tierce opposition. • Com. 29 nov. 2017, n° 16-18.138 P : *D. 2017. Actu. 2421 ; RTD com. 2018. 206, obs. Saint-Alary-Houin ; LEDEN 2/2018. 4, obs. Minet ; RJDA 2018, n° 161.*

35. Le pourvoi en cassation contre les décisions statuant sur la résolution d'un plan et l'ouverture consécutive de la liquidation judiciaire n'étant ouvert, notamment, qu'au débiteur lui-même, il ne peut être formé, si le débiteur est une personne morale, que par le représentant légal de celle-ci ; il en résulte que ses associés ne sont pas recevables à se pourvoir en cassation contre une telle décision et doivent, le cas échéant, procéder par voie de tierce opposition. • Com. 2 juin 2021, n° 20-14.101 : *cité note 6 ss. art. L. 626-27.*

D. EXTENSION DE PROCÉDURE

36. La jonction de procédures collectives, sur le fondement de la confusion des patrimoines des débiteurs concernés, conduisant à l'existence d'une procédure unique, n'est pas assimilable à une jonction d'instances et ne constitue pas, dès lors, une décision d'administration judiciaire insusceptible de recours. • Com. 26 janv. 2016, n° 14-17.672 P : *D. 2016. Actu. 311 ; RTD com. 2016. 860, obs. Vallens ; BJE 2016. 233, note Favario ; LEDEN 3/2016. 3, obs. Pelletier ; Gaz. Pal. 12 avr. 2016, p. 59, obs. Reille.*

37. Il résulte de l'art. L. 623-1 [L. 661-1] C. com. que le débiteur dont la liquidation judiciaire a été étendue à une autre personne physique ou morale est recevable, en vertu de son droit propre, à relever appel du jugement d'extension. • Com. 24 mai 2005, n° 03-20.674 : *RTD com. 2005. 608, obs. Vallens ; RJDA 2005, n° 1252.*

38. Le jugement qui étend à une ou à plusieurs personnes une procédure de redressement ou de liquidation judiciaires n'est pas soumis aux dispositions de l'art. 171 (1) de la L. du 25 janv. 1985 en ce qui concerne les personnes susceptibles de former un recours ; il s'ensuit que le pourvoi formé par une banque contre l'arrêt qui a confirmé le jugement ayant rejeté la tierce opposition contre le jugement d'extension de la procédure est recevable. • Com. 4 juill. 2000, n° 98-12.117 P : *D. 2000. AJ 375, obs. Lienhard ; RJDA 2000, n° 1134.*

39. Pour l'irrecevabilité de l'appel-nullité formé par l'associé d'une société créée de fait contre le jugement ayant étendu à cette société la procédure de liquidation judiciaire ouverte à l'encontre d'une autre société, seule la voie de la tierce opposition étant ouverte, V. • Com. 11 févr. 2004, n° 01-01.642 P : *Dr. sociétés 2004, n° 128, note Legros ; Gaz. Pal. 2004. 2465, note Watremet ; JCP E 2005, n° 15-16, p. 670, note Gibirila.*

40. Sur les recours contre les décisions statuant sur l'extension d'une procédure, V., désormais, art. L. 661-1, I, 3°, et L. 661-2, dans leur réd. issue de l'Ord. n° 2008-1345 du 18 déc. 2008. ♦ Sur les modalités de l'appel interjeté par le débiteur, V. note ss. art. R. 661-6.

II. RECOURS EN RÉVISION

41. La révision d'un jugement passé en force de chose jugée ne pouvant être demandée que par les personnes qui y ont été parties ou représentées, un créancier ne peut demander la révision du jugement ayant ouvert le redressement judiciaire de son débiteur. • Com. 11 oct. 1994, n° 92-21.915 P : *D. 1994. IR 242.*

Comp. note 20 ss. art. L. 661-7.

III. DROIT TRANSITOIRE

42. Pour l'inapplicabilité de l'art. L. 661-1, dans sa rédaction issue de la L. du 26 juill. 2005, aux procédures collectives en cours au 1er janv. 2006, V. note 7 ss. art. L. 661-2.

Ancien art. L. 661-1 (I) *[réd. antérieure à Ord. n° 2008-1345 du 18 déc. 2008]* ***Sont susceptibles d'appel ou de pourvoi en cassation :***

1° Les décisions statuant sur l'ouverture *(L. n° 2005-845 du 26 juill. 2005, art. 147)* ***« des procédures de sauvegarde, de redressement judiciaire et de liquidation judiciaire » de la part du débiteur, du créancier poursuivant ainsi que du ministère public même s'il n'a pas agi comme partie principale ;***

2° Les décisions statuant sur la liquidation judiciaire, arrêtant ou rejetant le plan *(L. n° 2005-845 du 26 juill. 2005, art. 147)* ***« de sauvegarde ou le plan de redressement » de la part du débiteur, de l'administrateur, du mandataire judiciaire, du comité d'entreprise ou, à défaut, des délégués du personnel ainsi que du ministère public même s'il n'a pas agi comme partie principale ;***

3° Les décisions modifiant le plan *(L. n° 2005-845 du 26 juill. 2005, art. 147)* ***« de sauvegarde ou le plan de redressement » de la part du débiteur, du commissaire à l'exécution du plan, du comité d'entreprise ou, à défaut des délégués du personnel ainsi que du ministère public même s'il n'a pas agi comme partie principale.***

Ancien art. L. 661-1 (I) *[réd. antérieure à Ord. n° 2021-1193 du 15 sept. 2021] [...]*

6° Les décisions statuant sur l'arrêté du plan de sauvegarde ou du plan de redressement de la part du débiteur, de l'administrateur, du mandataire judiciaire, du comité d'entreprise ou, à défaut, des délégués du personnel et du ministère public, ainsi que de la part du créancier ayant formé une contestation en application de l'article L. 626-34-1 ;

[...]

7° Les décisions statuant sur la modification du plan de sauvegarde ou du plan de redressement de la part du débiteur, du commissaire à l'exécution du plan, du comité d'entreprise ou, à défaut, des délégués du personnel** [du comité social et économique] **et du ministère public, ainsi que de la part du créancier ayant formé une contestation en application de l'article L. 626-34-1 ;

[...]

Art. L. 661-2 Les décisions *(Ord. n° 2008-1345 du 18 déc. 2008, art. 147)* **« mentionnées aux 1° à 5° du I de l'article L. 661-1, à l'exception du 4°,** *[ancienne rédaction : statuant sur l'ouverture de la procédure]* **» sont susceptibles de tierce opposition.** *(L. n° 2005-845 du 26 juill. 2005, art. 148-I)* **« Le jugement statuant sur la tierce opposition est susceptible d'appel et de pourvoi en cassation de la part du tiers opposant. »** – *[C. com., anc. art. L. 623-2.]*

V. art. R. 661-2.

COMMENTAIRE

I. DÉCISIONS SUSCEPTIBLES DE TIERCE OPPOSITION

Bien que le texte initial, dans sa rédaction de 2005, à la lettre, ne visât que les décisions statuant sur l'ouverture de la procédure, sans doute fallait-il déjà considérer que le jugement prononçant (sur conversion) la liquidation judiciaire était susceptible aussi de tierce opposition (O. Staes, Aspects procéduraux de la réforme des difficultés des entreprises, *Dr. et patr. 3/2006, p. 60, spéc. p. 68*). Interprétation que confirme, *de lege feranda*, l'ordonnance du 18 décembre 2008 qui, en conséquence de la réorganisation et du développement de l'article L. 661-1, vise désormais, au titre des décisions susceptibles de tierce opposition, celles « mentionnées aux 1° à 5° du I de l'article L. 661-1, à l'exception du 4° ». C'est-à-dire, les décisions statuant sur : l'ouverture des procédures de sauvegarde ou de redressement judiciaire ; l'ouverture de la liquidation judiciaire ; l'extension d'une procédure sauvegarde, de redressement judiciaire ou de liquidation judiciaire ; le prononcé de la liquidation judiciaire au cours d'une période d'observation ; à l'exception des décisions statuant sur la conversion de la procédure de sauvegarde en redressement judiciaire.

Notons encore que, plus radicalement, mais dans le contexte particulier de l'affaire *Eurotunnel*, la Cour d'appel de Paris avait déclaré, de manière apparemment générale (et critiquable : V. M. Menjucq, *RPC 2008. 9* ; N. Fricero, Tierce-opposition et procédures collectives, *LPA 28 nov. 2008, p. 26, n° 16* ; comp., favorable au nom de la stabilité de la décision d'ouverture : C. Saint-Alary-Houin, *Dr. et patr. juill.-août 2008. 104*), irrecevables les tierces oppositions des créanciers contre le jugement d'ouverture de la sauvegarde (Paris, 29 nov. 2007 : *cité note 18 ss. art. 3 du Règl. CE 1346/2000 du 29 mai 2000*). Cette jurisprudence apparaissait problématique, d'autant plus que l'ordonnance de 2008 a facilité les conditions d'ouverture de la sauvegarde (V. Menjucq et G. Sonnier, Réforme de la sauvegarde : attractivité, aubaine ou abus ?, *La Tribune, 17 févr. 2009, p. 8*). Aussi faut-il se réjouir de l'arrêt de censure qu'a rendu la chambre commerciale sur pourvoi, qui, dans le cadre des procédures d'insolvabilité du règlement 1346/2000, où l'enjeu est moins la contestation du principe de l'ouverture d'une procédure et de la nature de celle-ci que la compétence des juridictions françaises pour ce faire, s'est fondée sur le droit d'accès au juge pour décider que les créanciers domiciliés dans un État membre autre que celui de la juridiction qui a ouvert une procédure principale d'insolvabilité ne peuvent être privés de la possibilité effective de contester la compétence assumée par cette juridiction (Com. 30 juin 2009 : *cité note 18 ss. art. 3 du Règl. CE 1346/2000 du 29 mai 2000*). Cette remarquable décision de principe devrait mettre fin à l'hostilité des juges du fond sur ce point (V., dernièrement, Dijon, 30 juin 2009 [8 arrêts] : cités par M. Menjucq, *RPC 2009. Repère 4*). La solution a été consacrée par le nouveau règlement n° 2015/848 du 20 mai 2015, applicable à compter du 26 juin 2017 (considérant 34, art. 5-1), puis prolongée et précisée par l'article L. 691-1, issu de l'ordonnance d'adaptation du 2 novembre 2017.

Restait à savoir si, s'agissant d'une procédure purement interne, la Cour de cassation serait prête, là aussi, à ouvrir la tierce opposition aux créanciers, faisant tomber à cette fin la discutable fiction de la représentation de ces derniers par le débiteur. Les conclusions de l'avocat général Régine Bonhomme, dans l'affaire *Eurotunnel*, n'y semblaient pas vraiment hostiles (*RPC 2009. Étude 16, n° 37*). Le pas a été franchi dans l'arrêt *Cœur Défense*, du 8 mars 2011 (V. note 1), qui ouvre la tierce opposition à l'encontre du jugement statuant sur l'ouverture de la procédure de sauvegarde à tout créancier invoquant des moyens qui lui sont propres (dans cette affaire, le créancier se fondait sur le fait que les deux sociétés débitrices avaient instrumentalisé la procédure de sauvegarde aux seules fins d'échapper à leurs obligations contractuelles à son égard). Cette solution ne doit toutefois pas signifier que la tierce opposition est désormais ouverte à tout créancier (V. M. Menjucq, *RPC 2011. Repère 2*), encore est-il possible de considérer aussi que la contestation, par un créancier, du principe même de l'ouverture de la procédure collective et des effets qu'elle va emporter à son égard constitue une objection commune à tous les créanciers, qui n'a donc rien de propre à celui qui prend l'initiative de la tierce opposition (V. F.-X. Lucas, *D. 2011. Pan. 2069*). Mais, en définitive, comme le suggère cet auteur, peut-être la leçon de la solution en l'espèce serait-elle que la tierce opposition ne serait ouverte qu'aux créanciers qui peuvent établir qu'ils sont personnellement victimes d'une instrumentalisation de la procédure destinée à les contraindre à négocier. Lecture que pourrait confirmer un arrêt rendu ultérieurement à propos de la recevabilité de la tierce opposition contre le jugement arrêtant le plan de sauvegarde (V. Com. 26 janv. 2016 : *cité note 1 ss. art. L. 661-3*).

II. RECOURS CONTRE LE JUGEMENT STATUANT SUR LA TIERCE OPPOSITION

Depuis la réforme de 2005, l'appel est ouvert sur le jugement statuant sur la tierce opposition et le pourvoi sur l'arrêt rendu par la cour d'appel sur ce jugement. L'ouverture expresse au tiers opposant de l'appel et du pourvoi en cassation constitue un alignement sur le droit commun (art. 592 C. pr. civ.). La Cour de cassation a été amenée à énoncer explicitement, ce qui résultait déjà indubitablement des articles 190 et 191 de la loi du 26 juillet 2005, que les articles L. 661-1 et L. 661-2 ne sont pas applicables aux procédures collectives en cours au 1er janvier 2006 (V. Com. 19 févr. 2008 : *cité note 6*). ❑

1. Recevabilité de la tierce opposition. Il résulte des art. L. 661-2 C. com., dans sa rédaction antérieure à l'Ord. du 18 déc. 2008, et 583, al. 2, C. pr. civ., que la tierce opposition est ouverte à l'encontre du jugement statuant sur l'ouverture de la procédure de sauvegarde à tout créancier invoquant des moyens qui lui sont propres (s'agissant d'un créancier qui alléguait une instrumentalisation de la procédure de sauvegarde de la part des sociétés débitrices à la seule fin d'échapper à leurs obligations contractuelles à son égard). • Com. 8 mars 2011 : *cité note 2 ss. art. L. 620-1 ; Procédures 2011, n° 179, note Rolland.* ♦ Pour la recevabilité de la tierce opposition d'un assureur-crédit à l'encontre du jugement d'ouverture d'une procédure de sauvegarde, V. • Lyon, 31 mai 2006 : *BICC 2006, n° 1770 ; RPC 2006. 253, obs. Roussel Galle ; RJ com. 2007. 71, obs. Sortais ; RJDA 2007, n° 380.* ♦ ... Du bailleur, par ailleurs associé de la société débitrice, à l'encontre du jugement de liquidation judiciaire, en ce que celui-ci affectait ses droits, V. • Com. 7 févr. 2012 : *cité note 1 ss. art. L. 641-11-1 ; LEDEN 3/2012. 5, obs. Rubellin ; Gaz. Pal. 27-28 avr. 2012, p. 14, obs. Reille.*

2. Il résulte des art. L. 661-2 C. com. et 583, al. 2, C. pr. civ. qu'un créancier, qui n'y était pas partie, peut former tierce opposition à un jugement statuant sur l'extension d'une procédure de liquidation judiciaire à son débiteur, à la condition que ce jugement ait été rendu en fraude de ses droits ou qu'il invoque des moyens qui lui sont propres. • Com. 20 oct. 2021, n° 20-17.765 B : *D. 2021. Actu. 1916 ; Rev. sociétés 2021. 729, obs. Reille ; LEDEN 11/2021. 2, obs. Rubellin ; JCP E 2022. 1010, n° 2, obs. Pétel ; Dr. sociétés 2022, n° 20, note Legros ; RPC 2022, n° 3, obs. Cagnoli.*

3. Le droit effectif au juge implique que l'associé d'une société civile immobilière, qui répond indéfiniment des dettes sociales à proportion de sa part dans le capital social, soit recevable à former tierce opposition à l'encontre du jugement ouvrant la liquidation judiciaire de la SCI. • Com. 19 déc. 2006, n° 05-14.816 P : *D. 2007. 1321, note Orsini ; ibid. AJ 157, obs. Lienhard ; JCP E 2007. 1186, note Cholet ; ibid. 1877, n° 9, obs. Caussain, Deboissy et Wicker ; Rev. sociétés 2007. 401, note Bonneau ; Dr. sociétés 2007, n° 22, note Lécuyer ; ibid., n° 24, note F.-X. Lucas ; BJS 2007. 466, note Cagnoli et Vallansan ; Gaz. Pal. 13-14 avr. 2007, p. 24, obs. Lebel ; Defrénois 2007. 890, obs. Gibirila.* – V. Souhami, *RLDA 2007, n° 15, p. 21.* ♦ V. aussi, pour la recevabilité de la tierce opposition de l'associé d'une SCI contre le jugement ayant fixé une créance dans une instance en paiement engagée contre cette personne morale avant l'ouverture de sa liquidation judiciaire, • Com. 26 mai 2010 : *D. 2010. Actu. 1415, obs. Lienhard ; Rev. sociétés 2010. 406, obs. Roussel Galle ; RTD com. 2010. 567, obs. Monsèrié-Bon ; ibid. 2011. 179, obs. Vallens ; JCP E 2010. 1861, note Perrot ; Procédures 2010, n° 284, obs. Rolland ; APC 2010, n° 180, obs. Fin-Langer ; Dr. sociétés 2010, n° 158, note Hovasse ; RPC 2010,* *n° 194, obs. Lebel ; BJS 2010. 839, obs. Staes.* ♦ Sur la notion de fraude aux droits des associés, V. • Lyon, 3 févr. 2022, n° 21/01403 : *BJS 4/2022. 56, note Saintourens.*

4. Sur l'ouverture au dirigeant et aux créanciers de la tierce opposition contre le jugement de report de la date de cessation des paiements, V. note 4 ss. art. L. 631-8.

5. Pour la recevabilité de la tierce opposition formée par des créanciers domiciliés au Royaume-Uni et au Luxembourg contre le jugement d'ouverture de la procédure principale de sauvegarde de la société *Eurotunnel*, V. note 18 ss. art. 3 du Règl. CE n° 1346/2000 du 29 mai 2000, 2e partie, *Droit européen.*

6. *Recours sur tierce opposition.* Il résulte de l'application combinée des art. L. 661-1, 1° et 5°, L. 661-2 C. com., et de l'art. 592 C. pr. civ. que l'arrêt statuant sur une tierce opposition au jugement d'ouverture du redressement judiciaire ne peut être frappé de pourvoi en cassation que par le tiers opposant ainsi que par le débiteur, le créancier poursuivant et le ministère public et que l'arrêt statuant sur la tierce opposition au jugement de conversion du redressement en liquidation judiciaire ne peut faire l'objet d'un pourvoi que de la part du tiers opposant, du débiteur, de l'administrateur, du mandataire judiciaire, du comité d'entreprise ou, à défaut, des délégués du personnel et du ministère public. • Com. 9 mai 2018, n° 14-11.367 P : *D. 2018. Actu. 1005 ; JCP E 2018. 1305, note Berthelot ; LEDEN 7/2018. 2, obs. Staes ; BJS 2018. 436, note Fin-Langer ; RJDA 2018, n° 656 ; Gaz. Pal. 9 oct. 2018, p. 66, obs. Rohart-Messager.*

7. *Droit transitoire.* Il résulte des dispositions de l'art. 191 de la loi du 26 juill. 2005 que les art. L. 661-1 et L. 661-2 C. com. ne sont pas applicables aux procédures collectives en cours au 1er janv. 2006. • Com. 19 févr. 2008, n° 06-16.527 P : *D. 2008. AJ 688, obs. Lienhard ; ibid. Chron. C. cass. 1235, obs. Orsini ; Procédures 2008, n° 148, obs. Rolland ; JCP E 2008. 1975, note Legros ; BJS 2008. 501, note Roussel Galle ; RPC 2008, n° 59, obs. Gorrias ; RJ com. 2008. 395, obs. Sortais et Roussel Galle.* – V. Cerati-Gauthier, *JCP E 2008. 1716.* ♦ La procédure de liquidation judiciaire étant en cours au 1er janv. 2006, les voies de recours contre le jugement statuant sur l'ouverture de cette procédure demeurent régies par les dispositions des anciens art. L. 623-1 et L. 623-2 C. com., qui ne comprennent pas les associés au nombre des personnes admises à former un appel contre une telle décision. • Même arrêt.

Art. L. 661-3 *(L. n° 2005-845 du 26 juill. 2005, art. 148-II)* **Les décisions arrêtant ou modifiant le plan de sauvegarde ou** *(Ord. n° 2008-1345 du 18 déc. 2008, art. 148)* **« de redressement ou rejetant la résolution de ce plan** *[ancienne rédaction : le plan de redressement]* **» sont susceptibles de tierce opposition.**

Le jugement statuant sur la tierce opposition est susceptible d'appel et de pourvoi en cassation de la part du tiers opposant.

(Ord. n° 2008-1345 du 18 déc. 2008, art. 148) **« Il ne peut être exercé de tierce opposition contre les décisions rejetant l'arrêté ou la modification du plan de sauvegarde ou de redressement ou prononçant la résolution de ce plan. »**

V. art. R. 661-2.

COMMENTAIRE

L'article L. 661-3, tel qu'issu de la loi du 26 juillet 2005, correspondait à un changement de cap à 180°. L'ancien article L. 623-3 disposait, en effet, négativement, que « les décisions arrêtant le plan de continuation ne sont pas susceptibles de tierce opposition ». Ce qui posait la question de la pertinence de son interprétation *a contrario* (V. P. Cagnoli, Essai d'analyse processuelle du droit des entreprises en difficulté, *LGDJ 2002, n° 446*).

Tout cela est devenu largement du passé, avec la loi de sauvegarde des entreprises, puisque, au contraire, ce texte a ouvert la tierce opposition, non seulement aux décisions arrêtant les plans de sauvegarde ou de redressement, mais aussi aux décisions modifiant ces plans. Mouvement qu'a prolongé l'ordonnance du 18 décembre 2008 qui a étendu ce recours aux décisions rejetant la résolution de ces plans. Dans tous ces cas, la voie de l'appel et du pourvoi en cassation est ouverte au tiers opposant.

Toutefois, il convient de préciser, quant à la situation des créanciers qui pourraient vouloir contester un plan de sauvegarde leur faisant grief, que seul le créancier invoquant un moyen propre est recevable à former la tierce opposition. La doctrine l'avait déjà dit, se fondant sur la jurisprudence antérieure (V. Com. 9 déc. 1997, n° 95-19.580 P ; Ph. Pétel, La réforme des plans de redressement, colloque CRAJEFE du 27 mars 2004, *LPA 10 juin 2004, p. 34, n° 21* ; P. Cagnoli, La qualité pour agir, questions procédurales, *RPC 2006. 209, spéc. 212*, citant l'exemple d'un créancier hypothécaire, sur un immeuble constituant l'essentiel des biens de l'entreprise, et qui obtiendrait une satisfaction totale par la liquidation judiciaire, plutôt que de subir les délais imposés dans le cadre d'un plan), avant que la Cour de cassation ne vienne le confirmer (Com. 26 janv. 2016 : *cité note 1*).

Doivent, bien sûr, se voir reconnaître la qualité de tiers, et être recevables à exercer cette voie de recours, les créanciers qui n'ont pas participé aux comités de créanciers ni accepté les délais de paiement ou les remises sollicités par le débiteur. Mais, vraisemblablement aussi les membres des comités, établissements de crédit et fournisseurs, qui se sentiraient lésés par le vote du plan, par hypothèse arrêté par le tribunal (qui doit, rappelons-le, s'assurer « que les intérêts de tous les créanciers sont suffisamment protégés » : V. art. L. 626-31). En définitive, résume un auteur, les seuls à ne pas pouvoir exercer un recours seraient ceux qui ont adhéré aux propositions du débiteur, qu'elles aient été présentées aux comités de créanciers ou par la voie de la consultation individuelle (J.-L. Vallens, Les voies de recours dans la loi de sauvegarde des entreprises, *RTD com. 2006. 219, spéc. 222*). Par ailleurs, ont évidemment cette qualité de tiers les concurrents du débiteur (P. Cagnoli, *préc.*, qui doute de l'opportunité de l'ouverture de la tierce opposition).

A contrario, il se déduisait alors déjà de l'article L. 661-3, que les décisions rejetant le plan ou la modification du plan n'étaient pas susceptibles de tierce opposition (P.-M. Le Corre, Premiers regards sur la loi de sauvegarde des entreprises, *D. 2005. Chron. 2297, n° 64*). Ce que la réforme de 2008 a confirmé. Un troisième alinéa, ajouté par l'ordonnance du 18 décembre 2008, est, en effet, venu préciser qu'il ne peut être exercé de tierce opposition contre les décisions rejetant l'arrêté ou la modification du plan de sauvegarde ou de redressement ou prononçant la résolution de ce plan. ❑

1. Il résulte des art. 583, al. 2, C. pr. civ. et L. 661-3 C. com., dans sa rédaction issue de l'Ord. du 18 déc. 2008, que le créancier n'est recevable à former tierce opposition contre le jugement arrêtant le plan de sauvegarde de son débiteur que s'il invoque un moyen qui lui est propre. • Com. 26 janv. 2016, n° 14-11.298 P : *D. 2016. Actu. 308, obs. Lienhard ; ibid. Pan. 1903, obs. F.-X. Lucas ; RTD com. 2016. 859, obs. Vallens ; JCP E 2016. 1198, n° 3, obs. Pétel ; LEDEN 3/2016. 5, obs. Mouial-Bassilana ; Procédures 2016, n° 166, note Rolland ; RPC 2016, n° 83, obs. Fraimout.* ♦ Tel n'est pas le cas du créancier qui soutient que le plan arrêté ne constitue pas une possibilité sérieuse de redressement de la société et méconnaît les impératifs dictés par les textes. • Même arrêt. ♦ … Ni du créancier qui invoque la non-inclusion de sa créance contestée au plan de sauvegarde. • Com. 21 oct. 2020, n° 18-23.749 : *RTD com. 2021. 205, obs. Poujade ; RPC 2020, n° 145, obs. Cagnoli.* ♦ … Ou encore du créancier qui invoque le traitement privilégié réservé à un autre créancier par le plan de sauvegarde. • Com. 20 oct. 2021, n° 20-15.299 : *RTD com. 2022. 151, obs. Saint-Alary-Houin.* ♦ V., en revanche, pour la recevabilité de la tierce opposition du créancier saisissant, lorsque le plan de redressement a été arrêté au mépris de la saisie-attribution pratiquée avant l'ouverture du redressement judiciaire : • Com. 7 oct. 2020, n° 19-14.126 : *RTD com. 2020. 957, obs. Poujade ; RJDA 2021, n° 44.* ♦ En ce sens qu'un créancier peut, à l'appui de sa tierce opposition au jugement ayant arrêté le plan de sauvegarde, invoquer une fraude à ses droits ou un moyen qui lui est propre, peu important qu'il n'ait pas été invoqué à l'occasion de la consultation de ce créancier sur le projet de plan de sauvegarde, V. • Com. 15 nov. 2017, n° 16-14.630 P : *D. 2017. Actu. 2366 ; APC 2017, n° 314, obs. Vallansan ; LEDEN 1/2018. 3, obs. Camensuli-Feuillard ; Gaz. Pal. 16 janv. 2018, p. 67, obs. Giorgini ; BJE 2018. 43, note Poujade ; RJDA 2018, n° 160.* ♦ Sur la notion de fraude, V. • Com. 16 juin 2021, n° 19-25.153 : *BJE 9-10/2021. 31, note Vincent ; BJS 10/2021. 44, note Sautonie-Laguionie ; Gaz. Pal. 26 oct. 2021, p. 62, obs. Ferrari ; RPC 2022, n° 26, obs. Lafaurie.*

2. Il résulte de l'art. 583 C. pr. civ. que, si l'associé est, en principe, représenté, dans les litiges opposant la société à des tiers, par le représentant légal de la société, il est néanmoins recevable à former tierce opposition contre un jugement auquel celle-ci a été partie s'il invoque une fraude à ses droits ou un moyen qui lui est propre ; l'associé qui prétend que le plan de redressement adopté porte atteinte à sa qualité d'associé et à son droit préférentiel de souscription invoque un moyen qui lui est propre, peu important que chacun des autres associés dispose d'un droit préférentiel de souscription, de sorte qu'il est recevable à former tierce opposition à l'arrêt ayant adopté le plan de redressement de la société. • Com. 31 mars 2021, n° 19-14-839 P : *D. 2021. Pan. 1748, obs. F.-X. Lucas ; Rev. sociétés 2021. 643, note Massengo ; RTD com. 2021. 439, obs. Poujade ; JCP E 2021. 1384, n° 3, obs. Deboissy et Wicker ; APC 2021, n° 116, obs. Cagnoli ; LEDEN 6/2021. 2, obs. Ollu ; RJDA 2021, n° 389 ; BJS 7-8/2021. 40, note F.-X. Lucas ; Gaz. Pal. 15 juin 2021, p. 70, obs. Laroche ; ibid. 26 oct. 2021, p. 60, obs. Ferrari ; Dr. sociétés 2021, n° 110, note Legros.* ♦ Pour une autre application, V. • Com. 8 févr. 2023, n° 21-14.189 :

D. 2023. Pan. 1722, obs. F.-X. Lucas ; Rev. sociétés 2023. 195, note Henry ; RJDA 2023, n° 255 ; Dr. sociétés 2023, n° 62, note Legros ; Gaz. Pal. 20 juin 2023, p. 47, obs. Barrillon ; RPC 2023, n° 48, obs. Lafaurie ; BJE 5-6/2023. 49, note Favario.

3. Avant la loi du 26 juill. 2005, le jugement modifiant le plan de continuation n'était pas susceptible de tierce opposition, sauf en cas d'excès de pouvoir. • Com. 18 mars 2014, n° 12-28.986 P : *D. 2014. Actu. 773 ; RJDA 2014, n° 555 ; BJE 2014. 235, note De Lajarte-Moukoko ; RPC 2014, n° 96, obs. Cagnoli ; Gaz. Pal. 5-7 oct. 2014, p. 36, obs. Lebel.* ♦ Commettait un excès de pouvoir le juge qui, se prononçant en matière de modification de plan de continuation, imposait une remise de dette au créancier qui s'y est opposé. • Même arrêt.

4. La tierce opposition-nullité à un jugement ayant modifié la durée des fonctions du commissaire à l'exécution du plan n'est recevable qu'en cas d'excès de pouvoir. • Com. 13 nov. 2007 : *cité note 2 ss. art. L. 626-26.*

Art. L. 661-4 *(L. n° 2005-845 du 26 juill. 2005, art. 149)* **Les jugements** *(Ord. n° 2008-1345 du 18 déc. 2008, art. 149)* **« ou ordonnances » relatifs à la nomination ou au remplacement du juge-commissaire ne sont pas susceptibles de recours.** – *[C. com., anc. art. L. 623-4.]*

COMMENTAIRE

Comparé à l'ancien article L. 623-4, l'article L. 661-4, issu de la loi du 26 juillet 2005, a libéralisé de façon assez remarquable les recours contre les décisions relatives au juge-commissaire, puisque, l'exception devenant le principe, depuis, tous les jugements rendus sur décisions de ce dernier ont été susceptibles de recours. Le texte n'interdit, en effet, plus que les recours contre les jugements relatifs à la nomination ou en remplacement du juge-commissaire, à quoi il fallait alors ajouter, en vertu de l'article L. 661-5 (ultérieurement abrogé par l'ordonnance de 2008), les recours statuant contre une ordonnance du juge-commissaire en matière de vente de biens du débiteur en liquidation judiciaire.

Le jugement rendu par le tribunal est donc maintenant toujours susceptible d'appel ou de pourvoi, selon qu'il est rendu en premier ou en dernier ressort (c'est-à-dire au-delà de 4 000 € aux termes de l'art. R. 721-6 C. com.).

L'évolution, certainement due à la poussée du droit à un procès équitable (la proximité du juge-commissaire et du tribunal condamnait la plupart des recours au rejet et méconnaissait parfois le principe de l'impartialité objective du tribunal, malgré l'interdiction faite au juge-commissaire de siéger au sein de la juridiction du jugement : V. J.-L. Vallens, Les voies de recours dans la loi de sauvegarde des entreprises, *RTD com. 2006. 219, spéc. 220*), est notable par rapport au texte du projet de loi de sauvegarde, qui, au titre de l'ouverture exceptionnelle des voies de recours contre les jugements statuant sur recours contre les ordonnances du juge-commissaire sauf dépassement d'attribution de ce dernier, n'envisageait d'ajouter au régime de l'ancien article L. 623-4 que les jugements statuant sur les demandes en restitution, se contentant par là de compléter les lacunes laissées par la loi de 1994, qui avait omis de traiter des demandes en restitution, régies alors essentiellement par le décret de 1985 tel que modifié par celui du 21 octobre 1994. Le résultat est maintenant que, en cas de jugement rendu en premier ressort, l'affaire pourra faire l'objet de trois examens au fond (V. O. Staes, Aspects procéduraux de la réforme des difficultés des entreprises, *Dr. et patr. 3/2006, p. 60, spéc. p. 68*).

L'ordonnance du 18 décembre 2008 s'est contentée d'étendre l'interdiction aux ordonnances relatives à la nomination ou au remplacement du juge-commissaire, visant par là certainement les ordonnances (d'ailleurs qualifiées de mesure d'administration judiciaire) par lesquelles le président du tribunal peut, aux termes de l'article L. 621-9 complété, remplacer le juge-commissaire empêché ou ayant cessé ses fonctions.

Comme il résulte de ce nouveau régime que les jugements statuant sur les recours formés contre les ordonnances rendues par le juge-commissaire, qui ne sont pas visés par les dispositions spéciales du livre VI réglementant les voies de recours, sont susceptibles de recours dans les termes du droit commun, par l'application combinée classique des articles 543 et 605 du code de procédure civile, si le jugement statuant sur ordonnance est susceptible d'appel, il ne peut faire l'objet d'un pourvoi en cassation (Com. 7 févr. 2012 : *cité note 1 ss. art. R. 662-1*). ❑

Art. L. 661-5 *(Abrogé par Ord. nº 2008-1345 du 18 déc. 2008, art. 150)* ***Ne sont susceptibles que d'un appel et d'un pourvoi en cassation de la part du ministère public, les jugements statuant sur les recours formés contre les ordonnances du juge-commissaire rendues en application des articles*** *(L. nº 2005-845 du 26 juill. 2005, art. 150)* **« L. 642-18 et L. 642-19 ».** – *[C. com., anc. art. L. 623-5.]*

V. art. R. 661-1 et R. 661-3 s.

COMMENTAIRE

La loi du 26 juillet 2005 s'était limitée à un simple toilettage par rapport à l'ancien article L. 623-5, tenant compte du passage du plan de cession de la phase de redressement à la phase de liquidation judiciaire, d'où la nouvelle référence aux articles L. 642-18 et L. 642-19 (cession des actifs du débiteur). L'ordonnance du 18 décembre 2008, elle, a purement et simplement abrogé l'article L. 661-5. Désormais, pour les procédures ouvertes à compter du 15 février 2009, le recours contre l'ordonnance se fait directement devant la cour d'appel (V. art. R. 642-37-1 et R. 642-37-3). La Cour de cassation a précisé qu'en raison de l'abrogation de l'article L. 661-5, le pourvoi en cassation contre l'arrêt statuant sur ce recours n'est plus réservé au ministère public ni subordonné à la justification d'un excès de pouvoir (Com. 8 juill. 2014 : *cité note 2 ss. art. R. 642-37-3*). ❑

1. Appel-nullité : cas d'ouverture. Les jugements statuant sur le recours formé contre les ordonnances rendues par le juge-commissaire en application de l'art. L. 622-16 C. com. dans sa rédaction antérieure à la loi du 26 juill. 2005 [désormais, art. L. 642-18] ne sont susceptibles d'un appel ou d'un pourvoi en cassation que de la part du ministère public ; il ne peut être dérogé à cette règle, comme à toute autre règle interdisant ou différant un recours, qu'en cas d'excès de pouvoir. • Com. 3 nov. 2009, nº 07-14.993 P : *D. 2009. AJ 2746 ; Gaz. Pal. 8-9 janv. 2010, p. 25, obs. Voinot ; RJDA 2010, nº 271.* ♦ Le tribunal ne fait qu'user des pouvoirs qu'il tient dudit art. L. 622-16 en ordonnant la vente de gré à gré de l'immeuble du débiteur, dès lors que la procédure de liquidation judiciaire n'est pas clôturée (dans le cas où le débiteur invoquait l'inutilité de la vente en l'absence de passif exigible). • Même arrêt. ♦ La violation de l'art. 4 C. pr. pén. [imposant au juge civil de surseoir à statuer dans l'attente de la décision du juge pénal sur l'action publique], dans sa rédaction antérieure à la L. du 5 mars 2007, ne constitue pas un excès de pouvoir. • Com. 11 mai 2010, nº 09-65.960 P : *D. 2010. Actu. 1277 ; LEDEN 7/2010. 7, obs. Staes ; DP diff. entr., Bull. nº 316, obs. Roussel Galle ; RJDA 2010, nº 986.* ♦ De même, ni la méconnaissance du principe de loyauté des débats, ni le grief tiré d'une violation de l'art. 6, § 1, de la Conv. EDH ne constituent un excès de pouvoir. • Com. 8 mars 2011, nº 09-71.764 P : *D. 2011. Actu. 815 ; RTD com. 2011. 424, obs. Vallens ; APC 2011, nº 128, obs. Cagnoli ; Procédures 2011, nº 178, note Rolland ; BJE 2011. 200, note Staes ; RJDA 2011, nº 646.* – Dans la même affaire, V. • Com. 12 juill. 2011, nº 09-71.764 P : *D. 2011. Actu. 1966, obs. Lienhard ; LEDEN 10/2011. 7, obs. Staes ; Procédures 2011, nº 343, note Rolland ; LPA 3 janv. 2012, obs. Roussel Galle.* ♦ V. aussi note 20 ss. anc. art. L. 623-4.

2. Appel-nullité du candidat repreneur évincé. L'auteur d'une offre d'acquisition de gré à gré d'un bien immobilier d'un débiteur en liquidation judiciaire n'ayant aucune prétention à soutenir au sens des art. 4 et 31 C. pr. civ., fût-il occupant sans droit ni titre, n'est pas recevable à interjeter appel-nullité du jugement ayant statué sur le recours formé contre l'ordonnance du juge-commissaire rejetant son offre et ordonnant la vente par adjudication judiciaire de ce bien. • Com. 14 déc. 2010, nº 10-17.235 P : *D. 2011. Actu. 69, obs. Lienhard ; JCP E 2011. 1263, nº 2, obs. Pétel ; LEDEN 2/2011. 3, obs. Staes ; APC 2011, nº 29, obs. Rolland ; DP diff. entr., Bull. nº 322, obs. Roussel Galle ; RJDA 2011, nº 340 ; RPC 2011, nº 27, obs. Cagnoli ; LPA 29 avr. 2011, obs. Nabet ; RJ com. 2011. 493, note Sortais.* ♦ L'auteur d'une offre d'acquisition de gré à gré d'un bien mobilier d'un débiteur en liquidation judiciaire, n'ayant aucune prétention à soutenir au sens des art. 4 et 31 C. pr. civ., n'a pas la qualité de partie, peu important que l'ordonnance retenant une offre concurrente lui ait été notifiée. • Com. 31 mai 2011, nº 10-17.774 P : *D. 2011. Actu. 1613, obs. Lienhard ; APC 2011, nº 190, obs. Vallansan ; LEDEN 7/2011. 7, obs. Borga ; Gaz. Pal. 7-8 oct. 2011, p. 28, obs. Théron.* – V. déjà • Com. 3 déc. 2003, nº 00-20.298 P : *D. 2004. AJ 141 ; RDBF 2004, nº 82, obs. F.-X. Lucas ; RJ com. 2004. 186, note Sortais* • 28 avr. 2009, nº 07-18.715 P : *D. 2009. AJ 1276 ; APC 2009, nº 160, obs. Vallansan ; LEDEN, juin 2009, p. 3, obs. F.-X. Lucas ; Gaz. Pal. 26-28 juill. 2009, p. 18, obs. Fricero ; RJDA 2009, nº 879 ; Defrénois 2010. 475, obs. Gibirila.* ♦ Solution reconduite sous le régime issu de l'Ord. du 18 déc. 2008 : V. note 2 ss. art. R. 642-37-1.

Pour l'irrecevabilité de la tierce opposition-nullité, V. • Com. 28 sept. 2004 : *D. 2005. Pan. 295, obs. Le Corre .*

3. Appel-nullité du débiteur. Il résulte de l'art. 14 C. pr. civ., ensemble l'art. L. 661-5 C. com., dans sa rédaction issue de la loi du 26 juill. 2005, et des principes régissant l'excès de pouvoir que constitue un excès de pouvoir le fait pour un juge, qui se prononce en matière de réalisation de l'actif du débiteur en liquidation judiciaire, de statuer sans que le débiteur ait été entendu ou dûment appelé. • Com. 16 juin 2009, n° 08-13.565 P : *D. 2009. AJ 1756, obs. Lienhard ; APC 2009, n° 209, obs. Vallansan et Cagnoli ; Gaz. Pal. 26-28 juill. 2009, p. 19, obs. Fricero ; ibid. 1er-3 nov. 2009, p. 19, obs. Voinot ; JCP E 2009. 1814, n° 5, obs. Pétel ; Procédures 2009, n° 280, obs. Rolland ; LEDEN 9/2009. 6, obs. Staes ; RLDA 2009, n° 43, p. 18, obs. Gorrias ; RPC 2010, n° 5, obs. Gorrias et Manie ; RJ com. 2010. 188, note Boillot* • 8 janv. 2013, n° 11-26.059 P : *D. 2013. Actu. 173, obs. Lienhard ; LEDEN 3/2013. 4, obs. Staes ; Procédures 2013, n° 111, obs. Rolland ; RPC 2013, n° 41, obs. Cagnoli ; Gaz. Pal. 1er-4 mai 2013, p. 24, obs. Théron ; BJE 2013. 166, note Sortais ; RJDA 2013, n° 743.* ♦ V. aussi note 1.

4. Ne commet pas d'excès de pouvoir le juge qui exige que, pour faire obstacle à la vente par le liquidateur d'un immeuble objet d'une déclaration d'insaisissabilité, celle-ci ait été publiée avant l'ouverture du redressement judiciaire dans tous les registres de publicité légale à caractère professionnel dans lesquels le débiteur était immatriculé. • Com. 2 juin 2015, n° 14-10.383 : *Gaz. Pal. 18-20 oct. 2015, p. 28, obs. Voinot ; BJE 2015. 292, note Théron ; RPC 2016, n° 51, obs. Reille.*

5. *Appel-nullité du bailleur.* V., refusant de voir un excès de pouvoir dans la décision du juge-commissaire autorisant la cession de gré à gré du droit au bail de la société en liquidation judiciaire à une date à laquelle la résiliation du bail était acquise par le jeu de la clause résolutoire, • Com. 1er févr. 2011, n° 09-17.182 P : *D. 2011. Actu. 514, obs. Lienhard ; LEDEN 3/2011. 5, obs. Staes ; Gaz. Pal. 1er-2 avr. 2011, p. 25, obs. Kendérian ; RPC 2011, n° 28, obs. Cagnoli ; RJDA 2011, n° 563.*

6. *Appel-nullité du créancier gagiste.* La participation à l'instance de recours devant le tribunal ayant fait nécessairement acquérir au créancier gagiste réclamant la qualité de partie, son appel-nullité est recevable. • Com. 22 mai 2012, n° 11-12.015 P : *D. 2012. Actu. 1398, obs. Lienhard ; LEDEN 7/2012. 2, obs. Laroche ; Gaz. Pal. 3-4 août 2012, p. 28, obs. Théron ; RJDA 2013, n° 352.* ♦ En refusant de reconnaître au créancier gagiste le bénéfice des prérogatives attachées à son droit de rétention, lequel constitue un droit réel opposable à la procédure collective, le juge-commissaire et le tribunal commettent un excès de pouvoir rendant recevable l'appel-nullité. • Même arrêt.

7. *Pouvoirs de la cour d'appel.* Par l'effet dévolutif de l'appel, la juridiction du second degré se trouve investie de l'entière connaissance du litige et elle est tenue, sans que ce pouvoir soit conditionné par l'existence d'une erreur manifeste d'appréciation de la part des premiers juges, de se prononcer, à son tour, sur l'opportunité d'ordonner ou non la cession prévue à l'art. 155 [C. com., anc. art. L. 622-17] à l'un des candidats repreneurs dont les offres avaient été écartées par le tribunal. • Com. 11 mars 1997, n° 96-19.588 P : *D. 1997. IR 144 ; JCP E 1997. I. 681, n° 7, obs. Pétel ; RJDA 1997, n° 965.* ♦ Il n'entre pas dans les pouvoirs juridictionnels de la cour d'appel, statuant sur un appel-nullité relevé à l'encontre d'un jugement rendu à la suite d'une ordonnance du juge-commissaire prise en application de l'art. L. 642-18 C. com., de se prononcer sur l'éventuelle cession forcée d'un immeuble grevé d'une clause d'inaliénabilité. • Com. 8 nov. 2011, n° 10-21.508 P : *D. 2011. Actu. 2789 ; APC 2011, n° 308, obs. Cagnoli ; LEDEN 1/2012. 5, obs. J.-P. Sénéchal ; RJDA 2012, n° 320 ; BJE 2012. 168, note Théron.*

8. *Pourvoi en cassation.* L'excès de pouvoir, lorsqu'il est établi, ouvre droit à un recours en annulation du jugement formé par la voie de l'appel ; le pourvoi en cassation est irrecevable dès lors que, selon l'art. 605 C. pr. civ., la voie de la cassation n'est ouverte que lorsque toutes les autres voies sont fermées. • Com., QPC, 26 juin 2012, n° 11-27.515 P : *D. 2012. Chron. C. cass. 2012. 2554, obs. Arbellot ; RJDA 2013, n° 149.*

Art. L. 661-6 *(Ord. n° 2008-1345 du 18 déc. 2008, art. 151)* I. — Ne sont susceptibles que d'un appel de la part du ministère public :

1° Les jugements ou ordonnances relatifs à la nomination ou au remplacement de l'administrateur, du mandataire judiciaire, du commissaire à l'exécution du plan, du liquidateur, des contrôleurs, du ou des experts ;

2° Les jugements statuant sur la durée de la période d'observation, sur la poursuite ou la cessation de l'activité.

II. — Ne sont susceptibles que d'un appel de la part du débiteur ou du ministère public, les jugements relatifs à la modification de la mission de l'administrateur.

III. — Ne sont susceptibles que d'un appel de la part soit du débiteur, soit du ministère public, soit du cessionnaire ou du cocontractant mentionné à l'article L. 642-7 les jugements qui arrêtent ou rejettent le plan de cession de l'entreprise. Le cessionnaire ne peut interjeter appel du jugement arrêtant le plan de cession que si ce dernier lui impose des charges autres que les engagements qu'il a souscrits au cours de la préparation du plan. Le cocontractant mentionné à l'article L. 642-7 ne peut interjeter appel que de la partie du jugement qui emporte cession du contrat.

IV. – Ne sont susceptibles que d'un appel de la part du ministère public ou du cessionnaire, dans les limites mentionnées à l'alinéa précédent, les jugements modifiant le plan de cession.

V. – Ne sont susceptibles que d'un appel de la part du débiteur, de l'administrateur, du liquidateur, du cessionnaire et du ministère public les jugements statuant sur la résolution du plan de cession.

VI. – L'appel du ministère public est suspensif *(L. n° 2016-1547 du 18 nov. 2016, art. 99-VIII-1°)* **« , sauf s'il porte sur une décision statuant sur l'ouverture de la procédure de sauvegarde ou de redressement judiciaire et n'est pas limité à la nomination de l'administrateur, du mandataire judiciaire ou des experts ».**

Le VIII de l'art. 99 de la L. n° 2016-1547 du 18 nov. 2016 n'est pas applicable aux procédures en cours au jour de la publication de cette loi (L. préc., art. 114-XVI, JO 19 nov.).

V. art. R. 661-3, R. 661-4 et R. 661-6.

Ancien art. L. 661-6 ***I. – Ne sont susceptibles que d'un appel de la part du ministère public même s'il n'a pas agi comme partie principale :***

1° Les jugements relatifs à la nomination ou au remplacement de l'administrateur, du mandataire judiciaire, du liquidateur, des contrôleurs, du ou des experts ;

2° Les jugements statuant sur la durée de la période d'observation, sur la poursuite ou la cessation de l'activité *(Abrogé par L. n° 2005-845 du 26 juill. 2005, art. 151)* ***« ou sur l'autorisation de la location-gérance prévue à l'article L. 621-34 ».***

II. – Ne sont susceptibles que d'un appel de la part, *(L. n° 2005-845 du 26 juill. 2005, art. 151)* ***« soit du débiteur, » soit du ministère public même s'il n'a pas agi comme partie principale, soit du cessionnaire ou du cocontractant mentionné à l'article*** *(L. n° 2005-845 du 26 juill. 2005, art. 151)* ***« L. 642-7 », les jugements qui arrêtent ou rejettent le plan de cession de l'entreprise. Le cessionnaire ne peut interjeter appel du jugement arrêtant le plan de cession que si ce dernier lui impose*** *(Abrogé par L. n° 2005-845 du 26 juill. 2005, art. 151)* ***« , en violation de l'article L. 621-63, » des charges autres que les engagements qu'il a souscrits au cours de la préparation du plan. Le cocontractant mentionné à l'article*** *(L. n° 2005-845 du 26 juill. 2005, art. 151)* ***« L. 642-7 » ne peut interjeter appel que de la partie du jugement qui emporte cession du contrat.***

III. – Ne sont susceptibles que d'un appel de la part soit du ministère public même s'il n'a pas agi comme partie principale, soit du cessionnaire, dans les limites mentionnées à l'alinéa précédent, les jugements modifiant le plan de cession.

IV. – L'appel du ministère public est suspensif. *– [C. com., anc. art. L. 623-6.]*

COMMENTAIRE

I. MODIFICATIONS ISSUES DE LA LOI DE 2005

A. DROIT D'APPEL DU DÉBITEUR

Le débiteur s'est vu reconnaître par la loi du 26 juillet 2005 le droit de faire appel des décisions arrêtant ou rejetant le plan de cession. Cette évolution, critiquée par certains (T. Montéran, Observations sur l'avant-projet de loi de sauvegarde des entreprises, *Gaz. Pal. 10-11 déc. 2003, p. 2*), peut se justifier car le plan constitue une grave atteinte à son droit de propriété et peut laisser à sa charge un important passif résiduel. Comme l'a fait observer un auteur, cet élargissement est d'autant plus remarquable que le plan de cession s'insère aujourd'hui aussi bien dans la logique d'une procédure de redressement judiciaire où le débiteur a un intérêt légitime à poursuivre l'activité, que dans celle d'une procédure de liquidation judiciaire, où le débiteur dessaisi est de toute façon évincé de son entreprise (J.-L. Vallens, Les voies de recours dans la loi de sauvegarde des entreprises, *RTD com. 2006. 219, spéc. 221*). Selon une lecture très restrictive de cette ouverture, l'appel du débiteur devrait toutefois être irrecevable lorsque aucun plan de redressement n'a été proposé en première instance, faute d'intérêt dans ce cas à former appel, l'intérêt s'appréciant à la mesure de la succombance (P. Cagnoli, La qualité pour agir, questions procédurales, *RPC 2006. 209, spéc. 211*). Un arrêt laisse toutefois entendre que, faute d'intérêt, l'appel ne pourrait pas tendre à faire désigner un autre repreneur que celui choisi par le tribunal, tout en considérant que la cour d'appel qui le déclarerait recevable commettrait une erreur de droit mais non un excès de pouvoir ouvrant la voie du pourvoi nullité (Com. 18 janv. 2011 : *cité note 6 ss. art. L. 661-7*).

En revanche, et comme l'a logiquement jugé la Cour de cassation, sur le fondement de l'article L. 661-7, si la cour d'appel rejette sa prétention, le pourvoi est fermé au débiteur qui ne pourrait, le cas échéant, que former un pourvoi-nullité en prouvant un excès de pouvoir (Com. 15 déc. 2009 : *cité note 2 ss. art. L. 661-7*).

Par ailleurs, revenant sur sa première position à cet égard, la Cour de cassation a jugé qu'il résulte de la combinaison des articles L. 661-6, III, du code de commerce, 31 et 546 du code de procédure civile que si le débiteur a qualité à interjeter appel du jugement arrêtant le plan de cession, il doit en outre justifier d'un intérêt personnel à exercer cette voie de recours (Com. 23 oct. 2019 : *cité note 3 ss. art. L. 661-6* ; V. auparavant, dans la même affaire : Com. 12 juill. 2017 : *cité note 2 ss. art. L. 661-7*).

Le délai d'appel du débiteur est de dix jours à compter du prononcé du jugement (art. R. 661-3, al. 2). Mais, conformément au droit commun processuel, rendu expressément applicable (art. R. 662-1), lorsque le débiteur n'a pas été averti de la date de prononcé du jugement, le délai ne commencera à courir que du jour où il en a eu connaissance (O. Staes, Aspects procéduraux de la réforme des difficultés des entreprises, *Dr. et patr. 3/2006, p. 60, spéc. p. 70*).

On a, par ailleurs, regretté que l'appel n'ait pas été ouvert au mandataire judiciaire et à l'administrateur (B. Soinne, La réforme des procédures collectives : la confusion des objectifs et des procédures [2e partie], *RPC 2004, p. 81, n° 34*).

B. ADAPTATION FORMELLE

La suppression, par la loi de 2005, par rapport à l'ancien article L. 623-6, de la référence à la « violation de l'article L. 621-63 » n'a fait qu'éliminer une précision inutile : comme avant la réforme, le cessionnaire ne peut former appel du jugement arrêtant le plan de cession que si celui-ci lui impose des charges autres que les engagements qu'il a souscrits au cours de la préparation du plan.

II. MODIFICATIONS ISSUES DE L'ORDONNANCE DE 2008

A. DÉCISIONS RELATIVES À UN ORGANE DE LA PROCÉDURE

Le 1° du I vise désormais, non seulement comme avant, les jugements, mais désormais aussi, les ordonnances, relatifs à la nomination ou au remplacement de l'administrateur, du mandataire judiciaire, du commissaire à l'exécution du plan (ce dernier n'était pas visé auparavant, simple omission probablement, aujourd'hui réparée), du liquidateur, des contrôleurs, du ou des experts.

La mention des ordonnances, à côté des jugements, découle de la possibilité désormais, pour le président du tribunal, de statuer par ordonnance sur requête, lorsque l'administrateur ou le mandataire judiciaire (art. L. 621-7) ou le commissaire à l'exécution du plan (art. L. 626-14) demande son remplacement.

Pour refuser le renvoi d'une question prioritaire de constitutionnalité, qui estimait que ce texte porte atteinte au principe d'égalité devant la justice et au droit à un recours juridictionnel effectif, en ce qu'il priverait le créancier du droit de former un recours contre les jugements ou ordonnances relatifs à la nomination de contrôleurs et de s'assurer ainsi du respect des dispositions de l'article L. 621-10, la Cour de cassation a jugé que les dispositions de l'article L. 661-6, I, 1°, n'ont ni pour objet ni pour effet de fermer le recours de droit commun ouvert contre les ordonnances du juge-commissaire devant le tribunal de la procédure collective par l'article R. 621-21 (Com. 21 févr. 2012 : *cité note 1* ; V. aussi Com. 20 mars 2012, n° 11-23.821). Mais la solution pose alors une autre question, celle de l'ouverture contre ce jugement rendu sur ordonnance des voies de recours du code de procédure civile, appel et pourvoi en cassation, dont la recevabilité reviendrait à abroger implicitement les articles L. 661-6, I, 1°, et L. 661-7, alinéa 1er, raison pour laquelle un auteur suggère de considérer que la Cour s'est limitée à créer un cas de recours exclusif devant le tribunal de la procédure, sans possibilité d'appel et de pourvoi de la part des parties à son encontre (B. Rolland, Les voies de recours contre les ordonnances du juge-commissaire : droit commun et droit spécial, *RPC 2012. Étude 23*).

B. JUGEMENTS RELATIFS À LA MODIFICATION DE LA MISSION DE L'ADMINISTRATEUR

L'ordonnance du 18 décembre 2008, insérant un nouveau II (l'ancien II devenant le nouveau III), a ajouté une disposition selon laquelle « ne sont susceptibles que d'un appel de la part du débiteur ou du ministère public, les jugements relatifs à la modification de la mission de l'administrateur ».

C. JUGEMENTS ARRÊTANT OU REJETANT UN PLAN DE CESSION

La Cour de cassation a refusé de renvoyer au Conseil constitutionnel une question prioritaire de constitutionnalité visant le caractère exclusif des dispositions de l'article L. 661-6, III. Elle a estimé que ce texte ne prive pas le représentant du comité d'entreprise du droit, constitutionnellement garanti, d'un recours juridictionnel effectif, lequel n'implique pas le droit à un double degré de juridiction, dès lors que la décision arrêtant un plan de cession est prise par le tribunal de la procédure collective qui statue après avoir notamment convoqué et entendu le représentant du comité d'entreprise ou à défaut les représentants du personnel. Quant à la limitation du droit d'appel au ministère public et au débiteur, elle a jugé qu'elle répondait à des impératifs d'efficacité et de célérité de la procédure collective et ne portait pas une atteinte disproportionnée au regard de l'objectif d'intérêt général poursuivi (Com. 2 juill. 2013 : *cité note 2* ; V. aussi, s'agissant de l'exclusion du repreneur évincé, Com. 24 oct. 2019, n° 19-13.160).

D. JUGEMENTS STATUANT SUR LA RÉSOLUTION

Le mutisme de la loi sur ce point auparavant n'empêchait pas que soit recevable l'appel du cessionnaire, mais l'incertitude existait quant au régime de cet appel, s'agissant, notamment, du point de départ du délai de dix jours (V. Com. 13 avr. 2010 : *cité note 7 ss. art. R. 661-3*).

III. MODIFICATION ISSUE DE LA LOI DU 18 NOVEMBRE 2016

La loi du 18 novembre 2016 est venue préciser expressément que l'appel du ministère public n'est pas suspensif lorsqu'il porte sur une décision statuant sur l'ouverture de la procédure de sauvegarde ou de redressement judiciaire et n'est pas limité au chef de ce jugement portant sur la nomination de l'administrateur, du mandataire judiciaire, ou des experts. ❑

I. APPEL-RÉFORMATION

A. CONSTITUTIONNALITÉ DE L'ART. L. 661-6

1. Les dispositions de l'art. L. 661-6, I, 1°, n'ont ni pour objet ni pour effet de fermer le recours de droit commun ouvert contre les ordonnances du juge-commissaire devant le tribunal de la procédure collective par l'art. R. 621-21 (non-lieu à renvoi de la QPC). • Com., QPC, 21 févr. 2012, n° 11-40.100 P : *D. 2012. Actu. 550, obs. Lienhard ; Gaz. Pal. 27-28 avr. 2012, p. 26, obs. Rohart-Messager ; Procédures 2012, n° 183, note Rolland ; RPC 2012, n° 61, obs. Cagnoli.*

2. Pour la conformité à la Constitution des dispositions de l'art. L. 661-6, III, V. • Com. 2 juill. 2013 : *LEDEN 9/2013. 6, obs. Favario ; RJDA 2013, n° 827 ; Gaz. Pal. 12-14 janv. 2014, p. 37, obs. Gailhbaud.* ♦ ... Et l'absence de contrariété avec les art. 6 et 16 DDH, V. • Com. 24 oct. 2019, n° 19-13.160 : *RTD com. 2020. 185, obs. Poujade.*

B. QUALITÉ POUR AGIR

3. *Débiteur.* Il résulte de la combinaison des art. L. 661-6, III, C. com., 31 et 546 C. pr. civ. que si le débiteur a qualité à interjeter appel du jugement arrêtant le plan de cession, il doit en outre justifier d'un intérêt personnel à exercer cette voie de recours. • Com. 23 oct. 2019, n° 18-21.125 P : *D. 2020. Pan. 1866, obs. Cagnoli ; Rev. sociétés 2019. 786, obs. Roussel Galle ; RTD com. 2019. 1007, obs. Poujade ; JCP E 2019. 1551, n° 7, obs. Pétel ; LEDEN 11/2019. 6, obs. Rubellin ; DP diff. entr., Bull. n° 419, obs. Rémery ; APC 2019, n° 271, obs. Théron ; RJDA 2020, n° 30 ; BJE 1-2/2020. 22, note Vincent ; Dr. sociétés 2020, n° 12, note Legros ; RPC 2020, n° 3, obs. Cagnoli ; RJ com. 2020. 268, obs. Staes.* ♦ Comp., pour la position antérieure de la chambre commerciale : • Com. 12 juill. 2017, n° 16-12.544 : *cité note 2 ss. art. L. 661-7 anc.*

4. *Ministère public.* Le ministère public étant recevable à agir pour la défense d'intérêts légitimes peut déférer à la cour tout jugement qui ne retiendrait pas l'offre de reprise permettant d'assurer dans les meilleures conditions l'emploi attaché à l'ensemble cédé et le paiement des créanciers. • Amiens, 24 juill. 1986 : *Gaz. Pal. 1986. 2. 643* • Aix-en-Provence, 2 juin 1988 : *D. 1990. Somm. 3, obs. Derrida.* – V. aussi • Nancy, 18 déc. 2003 : *RTD com. 2004. 162, obs. Vallens* (dans le cas où une offre préférable à celle retenue avait été présentée tardivement, en cours de délibéré). ♦ Le candidat dont l'offre n'a pas été retenue ne peut contester la recevabilité de l'appel interjeté par le ministère public. • Paris, 29 juill. 1987 : *Gaz. Pal. 1987. 2. 677.* ♦ L'appel du ministère public à l'encontre du jugement ayant arrêté un plan de redressement est un droit reconnu par le législateur, même s'il n'a pas agi comme partie principale, sans avoir à justifier d'un intérêt particulier. • Paris, 5 déc. 1997 : *RJ com. 1998. 325, note Monsèrié.* ♦ Sur la recevabilité, de la part du candidat évincé, d'une intervention accessoire aux prétentions du ministère public, V. note 15.

5. *Cessionnaire.* Est recevable l'appel du cessionnaire de l'entreprise contre le jugement arrêtant le plan de cession de l'entreprise, qui lui imposerait des charges autres que les engagements souscrits dans son offre. • Aix-en-Provence, 9 déc. 1988 : *D. 1990. Somm. 3, obs. Derrida* • Montpellier, 19 juin 1990 : *D. 1992. Somm. 93, obs. Derrida*. ♦ Ainsi, sont recevables les appels-réformation de créanciers hypothécaires dont l'offre de reprise a été écartée par le tribunal décidant qu'une partie du prix de cession d'immeubles sera réservée aux créanciers chirographaires, sans respecter les conditions des offres des établissements de crédit et en leur imposant une charge qu'ils n'avaient pas souscrite. • Paris, 8 juin 1993 : *D. 1993. IR 186 ; Gaz. Pal. 1994. 1. 20, note Marchi.* ♦ A défaut de cette condition, n'est pas recevable l'appel contre un jugement interprétatif concernant les modalités du plan de cession. • Com. 12 févr. 1991, nº 89-18.647 P : *JCP 1991. IV. 140.* ♦ Comp., admettant l'appel visant à contester la cession judiciaire de contrats : • Paris, 5 déc. 1997 : *préc. note 4.* ♦ L'auteur de l'offre de cession qui a été désigné dans le jugement comme bénéficiaire de la reprise a la qualité de cessionnaire au sens de l'art. L. 623-6 [L. 661-6] (II) C. com. et peut, à ce titre, même en cas d'exercice d'une faculté de substitution, interjeter appel du jugement qui lui imposerait d'autres engagements que ceux qu'il a pu souscrire : • Orléans, 21 juill. 2005 : *RJDA 2006, nº 54.* ♦ Pour la recevabilité de l'appel du cessionnaire limité au chef de jugement imposant l'inaliénabilité de l'immeuble et du fonds de commerce englobés dans la cession, V. • Caen, 31 oct. 2019, nº 19/01823 : *APC 2019, nº 286, obs. Cagnoli.*

6. Aucune disposition légale n'interdit au cessionnaire qui a demandé la modification du plan de cession d'interjeter appel du jugement rejetant cette demande. • Com. 3 mai 2006 : *cité note 2 ss. art. L. 661-7.*

7. *Cocontractant cédé.* Le cocontractant ne peut relever appel que de la partie du jugement qui emporte cession du contrat, ce qui ne lui permet pas de critiquer l'ensemble du jugement. • Limoges, 13 août 1986 : *D. 1987. 44, note Derrida ; JCP 1986. II. 20693, note Cabrillac ; Gaz. Pal. 1986. 2. 722, note J.-F. Martin.*

8. Le cocontractant mentionné à l'art. 86 [C. com., art. L. 642-7] n'est pas recevable à relever appel de la décision refusant le transfert de son contrat. • Paris, 22 oct. 1991 : *D. 1992. 417, note Derrida*. – V. aussi • Versailles, 15 avr. 1996 : *RPC 1998. 384, obs. Soinne.* ♦ Sur la recevabilité de l'appel-nullité, V. note 30.

C. *ABSENCE DE QUALITÉ*

9. *Administrateur.* Pour la recevabilité, dans le régime antérieur à la L. du 26 juill. 2005, de l'appel formé par l'administrateur contre un jugement qui, arrêtant un plan de cession, rejetait par là même un plan de continuation ou la liquidation judiciaire, V. note 18 ss. art. L. 661-1.

10. *Associé.* L'associé d'une société en redressement judiciaire est irrecevable à interjeter appel du jugement ayant arrêté le plan de cession de la société. • Com. 18 mars 2003 : *Dr. sociétés 2004, nº 60, note Legros.*

11. *Créanciers.* Il résulte de l'art. 174, al. 2 [C. com., art. L. 661-6, III], qu'un créancier ne peut interjeter appel d'un jugement statuant en matière de plan de cession. • Com. 3 mars 1992, nº 89-15.336 P. ♦ Ni les créanciers, ni les contrôleurs ne sont au nombre des personnes autorisées, par l'art. 174 [C. com., art. L. 661-6], à faire appel des jugements arrêtant le plan de cession de l'entreprise. • Paris, 8 juill. 1987 : *D. 1988. 11, concl. Sauvel.* ♦ Est irrecevable l'appel interjeté par un créancier hypothécaire contre un jugement arrêtant, conformément aux prévisions de l'art. 68 [C. com., art. L. 642-6], une modification substantielle dans les objectifs et les moyens du plan de cession. • Com. 8 juin 1993, nº 89-17.147 P : *D. 1994. Somm. 42, obs. Derrida ; Rev. huiss. 1994. 196, note Vidal.* ♦ V. aussi note 32.

12. La banque qui se prévaut d'un contrat de prêt affecté, dont le sort est réglé par les dispositions de l'art. L. 642-12 C. com., n'est pas un cocontractant au sens des dispositions de l'art. L. 642-7 du même code ; son appel est donc irrecevable. • Bordeaux, 17 nov. 2009 : *BICC 2010, nº 1381.* ♦ Lorsque, faute d'accord avec le créancier nanti à propos d'un paiement partiel des échéances d'emprunt restant dues postérieurement au transfert de propriété, les matériels grevés de nantissement ont été exclus de l'offre de reprise, de sorte que le tribunal n'a pas été appelé à statuer sur leur cession, le créancier nanti n'avait pas la qualité de partie à l'instance qui devait statuer sur le plan de cession ; son appel contre le jugement arrêtant ce plan est donc irrecevable. • Aix-en-Provence, 3 avr. 1997 : *D. 1999. Somm. 4, obs. Derrida*. – V. aussi • Amiens, 16 déc. 1988 : *D. 1990. Somm. 3, obs. Derrida*. ♦ Pour l'irrecevabilité de l'appel-nullité, V. note 32.

13. *Salariés et représentants du personnel.* Les représentants du comité d'entreprise ou, à défaut, les délégués du personnel dont l'audition se trouve ainsi requise par la loi ne disposent pas pour autant de la faculté de relever appel du jugement arrêtant ou rejetant le plan de cession.

• Paris, 13 janv. 1987 : *D. 1987. IR 42 ; Gaz. Pal. 1987. 1. 199, note Marchi* • Versailles, 9 févr. 1989 : *D. 1990. Somm. 3, obs. Derrida*. ♦ Sur l'irrecevabilité de l'appel des salariés, des représentants des salariés et des délégués du personnel, V. • Paris, 22 févr. 1989 : *D. 1989. IR 91* • 6 févr. 1987 : *D. 1987. IR 42.* ♦ Pour la recevabilité de l'appel-nullité du comité d'entreprise, V. note 37.

14. Candidats repreneurs évincés. Il résulte de l'art. 174 [C. com., art. L. 661-6] que les appels relevés par les repreneurs évincés contre le jugement arrêtant ou rejetant un plan de cession sont irrecevables. • Limoges, 13 août 1986 : *préc. note 7* • Amiens, 9 févr. 1989 : *D. 1990. Somm. 3, obs. Derrida* • Rouen, 5 juill. 1994 : *BICC 1995, n° 134.* ♦ En exerçant néanmoins un recours que la jurisprudence déclare irrecevable, le repreneur évincé commet une faute dont il doit réparation au cessionnaire et au mandataire de justice de l'entreprise cédée. • Com. 11 mai 1999, n° 98-11.392 P : *D. 2000. Somm. 96, obs. Honorat ; Dr. sociétés 1999, n° 115, obs. Chaput ; LPA 5 août 1999, p. 10, note P. M.*

15. Cependant, le candidat évincé est recevable en son intervention accessoire, conformément aux dispositions combinées des art. 330 et 554 NCPC [C. pr. civ.] ainsi que de l'art. 161, al. 4, du Décr. du 27 déc. 1985 [C. com., art. R. 661-5°], dans la mesure où il a intérêt, pour la conservation de ses droits, à soutenir désormais les prétentions du ministère public. • Paris, 6 févr. 1987 : *préc. note 13.* – V. aussi • Versailles, 23 avr. 1992 : *RJ com. 1992. 307, note Vallens* • Paris, 5 déc. 1997 : *préc. note 4.*

16. Sur la recevabilité de l'appel-nullité, V. note 29. ♦ Sur la recevabilité d'un pourvoi en cassation portant sur la recevabilité de l'appel, V. note 10 ss. art. L. 661-7.

D. JUGEMENTS VISÉS

17. Nomination ou remplacement d'un organe de la procédure. Selon l'art. L. 661-6, I, 1°, C. com., dans sa rédaction issue de la loi du 26 juill. 2005, les jugements relatifs à la nomination ou au remplacement de l'administrateur, du mandataire judiciaire, du liquidateur, des contrôleurs, du ou des experts ne sont susceptibles que d'un appel du ministère public. Il n'est dérogé à cette règle qu'en cas d'excès de pouvoir, lequel, s'il est établi, ouvre droit à un recours en annulation du jugement formé par la voie de l'appel (irrecevabilité du pourvoi en cassation du candidat contrôleur évincé). • Com. 16 mars 2010, n° 09-13.578 P : *D. 2010. Chron. C. cass. 1113, obs. Bélaval ; ibid. AJ 825 ; Rev. sociétés 2010. 195, obs. Roussel Galle ; RTD com. 2010. 430, obs. Vallens ; LEDEN 5/2010. 4, obs. Staes ; Gaz. Pal. 2-3 juill. 2010, p. 22, obs. Fricero ; RJDA 2010, n° 772 ; RPC 2011, n° 26, obs. Cagnoli.*

18. La décision qui se borne à modifier la désignation de l'associé représentant une société d'exercice libéral de mandataires judiciaires dans l'accomplissement de sa mission de liquidateur du débiteur, précédemment exercée par l'un des associés au nom de cette même société, n'est pas une décision de remplacement. • Com. 13 déc. 2005 : *APC 2006, n° 70.* – V. Soinne, *RPC 2006. 230.*

19. Le remplacement d'un contrôleur entraîne nécessairement dans un premier temps sa révocation et par conséquent les jugements qui ont trait à la révocation d'un contrôleur sont susceptibles de recours dans les mêmes conditions que les décisions de nomination ou de remplacement. Par suite, un créancier, fût-il contrôleur, ne dispose d'aucun droit d'appel à l'encontre du jugement qui prononce sa révocation. • Rouen, 11 sept. 1997 : *RJDA 1998, n° 455.*

20. Nomination ou remplacement de l'expert. Le terme expert revêt une acception générique renvoyant aux mesures d'instruction décidées au sein d'une procédure collective et confiées à des tiers désignés en considération de compétences techniques spécifiques, de sorte qu'il inclut le technicien nommé par le juge-commissaire sur le fondement de l'art. L. 621-9. • Com. 3 juill. 2024, n° 23-13.008 B : *D. actu. 25 sept. 2024, obs. Cagnoli ; JCP E 2024. 1287, n° 4, obs. Tehrani ; Gaz. Pal. 24 sept. 2024, p. 54, obs. Goujon-Bethan ; RJDA 2024, n° 607 ; APC 2024, n° 182, obs. Fin-Langer.*

21. Confirmation du plan de cession. Le jugement qui, sur requête du commissaire à l'exécution du plan, confirme le plan de cession arrêté par un précédent jugement n'entre pas dans la catégorie des jugements qui arrêtent ou rejettent un plan de cession ; les voies de recours de droit commun sont donc ouvertes contre ce jugement. • Paris, 14 sept. 1993 : *Gaz. Pal. 1994. 1. 23, note Marchi ; LPA 20 avr. 1994, note Calendini.*

22. Résolution du plan de cession. La loi du 25 janv. 1985 ne renferme aucune disposition prohibant l'exercice de l'appel à l'encontre d'une décision statuant sur une demande de résolution d'un plan de cession. • Com. 6 mai 1997, n° 94-19.017 P : *D. 1998. Somm. 6, obs. Derrida ; D. Affaires 1997. 766.* – Dans le même sens, V. • Paris, 26 févr. 2002 : *BICC 2002, n° 977.* ♦ Sur la restriction du droit d'appel, V., désormais, art. L. 661-6, V, dans sa réd. issue de l'Ord. n° 2008-1345 du 18 déc. 2008.

23. Prorogation de la durée du plan de cession. Le jugement prorogeant la durée du plan de cession et la mission du commissaire à l'exécution du plan est une décision modifiant le plan, de sorte qu'il n'est, selon l'art. L. 623-6, III, C. com. dans sa rédaction antérieure à la loi du 26 juill. 2005, susceptible que d'un appel du ministère public et qu'il en est de même du jugement rendu sur sa tierce opposition. • Com. 19 juin 2007, n° 06-12.101 P : *D. 2007. AJ 1965, obs. Lienhard ; D. 2008. Pan. 574, obs. F.-X. Lucas ; RDBF 2007, n° 157, obs. F.-X. Lucas ; Gaz. Pal. 26-27 oct. 2007, p. 43, obs. Voinot.*

24. *Clôture de la procédure.* Pour la recevabilité de l'appel du commissaire à l'exécution du plan contre le jugement ayant prononcé la clôture de la procédure et mis fin à la mission de ce mandataire alors qu'il restait des actifs immobiliers à réaliser, cette décision n'étant pas visée par les dispositions spéciales de la loi du 25 janv. 1985 réglementant les voies de recours, V. • Com. 5 mai 2004, n° 01-16.758 P : *D. 2004. AJ 1734 ; APC 2004, n° 143, obs. Cagnoli ; RTD com. 2004. 612, obs. Vallens.*

II. RECOURS-NULLITÉ

V. aussi notes 20 s. ss. ancien art. L. 623-4, notes 17 et 19 ss. art. L. 661-7 et note 2 ss. art. R. 621-17.

BIBL. Bolard, *D. 1988. Chron. 177 ; RPC 1991. 1 ; Justices juill.-déc. 1996, p. 119.* – Cadiet, *ibid. 1988. 17.* – Honorat et Mas, *LPA 1er juill. 1987.* – Gerbay, *D. 1993. Chron. 143.* – Pirovano, *D. 1988. Chron. 273.* – Soinne, *Gaz. Pal. 1987. 2. Doctr. 695.* – A. Robert, *Dr. et patr. 2/1998. 58.* – Santa-Croce, *Mél. Jeantin, Dalloz, 1999, p. 467.* – Perdriau, *D. 2002. Chron. 1993* (pourvoi-nullité). – Maupas, *RPC 2002. 229.* – De Lajarte-Moukoko, *BJE 2014. 53* (conditions d'ouverture de l'appel-nullité) ; *ibid. 2015. 265* (modalités d'exercice de l'appel-nullité) ; *ibid. 2018. 271* (effet suspensif de l'appel-nullité).

25. *Conditions de recevabilité.* Aucune disposition régissant les procédures collectives n'interdit de faire constater, selon les voies de recours du droit commun, la nullité d'une décision entachée d'excès de pouvoir. • Com. 3 mars 1992, n° 90-12.602 P : *D. 1992. 345, note Bolard ; Defrénois 1992. 1380, obs. Sénéchal* (intégration dans le plan de cession de biens n'appartenant pas au débiteur) • 11 avr. 1995 : *RPC 1996. 103, obs. Soinne* (même motif). – V. aussi • Com. 27 avr. 1993, n° 91-10.867 P : *D. 1994. Somm. 45, obs. Derrida ; Rev. sociétés 1993. 648, note Chaput* (charges supplémentaires imposées aux personnes exécutant le plan). ♦ Il en allait de même, avant l'arrêt de la chambre mixte du 28 janv. 2005 [V. note 20 ss. art. L. 623-4], en cas de violation d'un principe essentiel de procédure, tel que l'obligation de motivation des jugements. • Com. 17 mai 1994 : *Dr. sociétés 1994, n° 154, obs. Chaput* • 19 déc. 1995 : *ibid. 1996, n° 55, obs. Chaput.* ♦ Mais si, pour remédier à certains vices particulièrement graves, l'appel à fin d'annulation peut être formé, même lorsque l'appel à fin de réformation n'est pas ouvert, encore faut-il qu'il émane d'une partie qui y a intérêt, ainsi qu'en dispose l'art. 546 NCPC [C. pr. civ.]. • Paris, 8 juill. 1987 : *préc. note 11.*

26. L'administrateur judiciaire, chargé d'assister le débiteur déclaré en redressement judiciaire, et le représentant des créanciers ne sont, au sens de l'art. 583 NCPC [C. pr. civ.], ni des tiers au regard du débiteur, ni des étrangers par rapport à la procédure à laquelle ils auraient dû être appelés, si bien que la voie de la tierce opposition leur est fermée. L'appel est la seule voie de recours appropriée pour permettre aux mandataires de justice, en présence d'une décision obtenue à leur insu, de faire valoir les règles d'ordre public des procédures collectives. • Grenoble, 29 janv. 1992 : *BICC 1992, n° 1029.*

27. *Délai.* V. notes 3 et 7 ss. art. R. 661-3.

A. CARACTÈRE SUBSIDIAIRE DU RECOURS

28. L'appel-nullité, de caractère subsidiaire, ne peut être utilisé que lorsque aucune autre voie de recours n'est ouverte. • Com. 7 juill. 1998 : *APC 1998, n° 128* • Douai, 16 juill. 1987 : *Gaz. Pal. 1987. 2. 693.* ♦ Telle n'est pas la situation dans laquelle se trouve le procureur de la République qui dispose du droit d'appel des jugements arrêtant ou rejetant un plan de cession, en vertu de l'art. 174 [C. com., art. L. 661-6]. • Douai, 16 juill. 1987 : *préc.*

B. QUALITÉ DE PARTIE

BIBL. Derrida, *D. 1989. Chron. 77.*

29. *Candidats repreneurs évincés.* Avant de se prononcer sur le plan de redressement de l'entreprise, le tribunal n'est pas tenu de procéder à l'audition des candidats repreneurs et ceux-ci, quand bien même seraient-ils entendus pour une bonne administration de la justice, n'ont pas de prétentions à soutenir au sens des art. 4 et 31 NCPC [C. pr. civ.]. • Com. 22 mars 1988, n° 87-15.901 P : *D. 1988. 375, note Derrida et Julien ; Gaz. Pal. 1988. 2. 661, note Marchi* • 8 nov. 1988 : *D. 1988. IR 279 ; Bull. civ. IV, n° 295* • 22 oct. 1996 : *RPC 1997. 424, obs. Cadiou.* ♦ Dès lors, le candidat repreneur, qui n'était pas partie à l'instance et à l'encontre de qui aucune condamnation n'a été prononcée, est irrecevable à se pourvoir en cassation. • Com. 22 mars 1988 : *préc.* ♦ De même, son appel-annulation du jugement ayant arrêté le plan de redressement est-il irrecevable. • Com. 8 nov. 1988 : *préc.* – V. aussi • Lyon, 14 févr. 1992 : *D. 1994. Somm. 39, obs. Derrida* • Com. 2 avr. 1996, n° 94-13.201 P • 3 févr. 1998 : *RTD com. 1998. 680, obs. Saint-Alary-Houin.* – Comp. : • Douai, 31 mars 1988 : *D. 1990. Somm. 3, obs. Derrida* • Aix-en-Provence, 9 déc. 1988 : *ibid.* ♦ *Contra*, jugeant recevable l'appel-nullité relevé contre le jugement arrêtant un plan de redressement par une personne n'ayant pas été partie en première instance : • Pau, 14 avr. 1992 : *D. 1994. Somm. 45, obs. Derrida ; Cah. jurispr. Aquitaine 1992. 3. 414, note Legrand.* ♦ V. aussi note 4 ss. art. L. 661-7.

Sur l'irrecevabilité, faute d'avoir été partie en première instance, de l'appel-nullité du « repreneur » évincé, V. aussi • Lyon, 16 oct. 1987 : *Gaz. Pal. 1988. 1. 249* • Paris, 18 oct. 1988 : *D. 1989. Somm. 12, obs. Derrida.* ♦ V. également, pour l'appel de l'ancien locataire-gérant qui avait offert de racheter le fonds de commerce, • Paris, 5 mars 1991 : *D. 1991. 376, note Sortais*.

Le dirigeant d'une société en redressement judiciaire qui a présenté en son nom personnel, comme associé de la société, un plan de continuation doit être considéré comme un repreneur évincé et n'a donc pas qualité pour former un appel-nullité à l'encontre du jugement ayant arrêté le plan de cession. • Com. 29 févr. 2000 : *Dr. sociétés 2000, n° 104, obs. Chaput.*

30. Cocontractant cédé. N'ayant pas le droit de demander la cession forcée des contrats qui le lient à l'entreprise en redressement judiciaire et qui est décidée souverainement par le tribunal lorsque celui-ci la juge nécessaire au maintien de l'activité, le cocontractant mentionné à l'art. 86 [C. com., art. L. 642-7], dont le contrat n'a pas été transféré, n'a pas de prétentions à soutenir au sens des art. 4 et 31 NCPC [C. pr. civ.], et n'est donc pas partie à l'instance. • Paris, 22 oct. 1991 : *préc. note 8.* – Dans le même sens : • Com. 22 nov. 1994, n° 93-19.484 P : *D. 1997. Somm. 7, obs. Derrida*.

31. Cessionnaire. Pour la recevabilité du recours du cessionnaire en annulation du jugement ayant arrêté le plan de cession nonobstant l'absence de réalisation des conditions suspensives dont l'offre était assortie, V. • Com. 11 déc. 2001 : *RPC 2003. 108, obs. Gorrias.*

32. Créanciers. Ne peut former d'appel à fin d'annulation, la société qui, ni en tant que créancier, ni en tant que contrôleur n'était partie en première instance. • Paris, 8 juill. 1987 : *préc. note 11.* – Comp. : • Douai, 4 juin 1987 : *Gaz. Pal. 1987. 2. 691* • 22 mars 1988 : *préc. note 29.*

Lorsque l'Association française des banques était présente devant le tribunal en sa qualité de contrôleur, la subrogation dont elle prétend bénéficier dans les droits des déposants qu'elle a indemnisés au titre de la solidarité interbancaire n'a pas pour effet de lui donner le statut de partie au sens de l'art. 546 NCPC [C. pr. civ.], puisque les créanciers dans les droits desquels elle serait subrogée ne bénéficient pas eux-mêmes de cette qualité. • Paris, 5 avr. 1996 : *D. 1996. IR 139 ; RPC 1996. 331, obs. Soinne.* ♦ V. aussi note 34.

Toutefois, des créanciers, représentés en première instance par le représentant des créanciers, peuvent interjeter appel-nullité au cas d'inaction de ce dernier, tout créancier, qui estime que la décision arrêtant le plan de cession contrevient aux règles d'ordre public de la loi, étant autorisé à exercer l'action *ut singuli*. • Montpellier, 29 juill. 1992 (3e esp.) : *D. 1992. Somm. 357, obs. Vasseur*, conf. par • Com. 26 avr. 1994 : *cité note 35.*

Pour l'irrecevabilité de l'appel-nullité du créancier titulaire d'une sûreté réelle dont la charge a été transmise au cessionnaire en application de l'art. L. 642-12, V. • Com. 15 déc. 2009, n° 08-21.553 P : *D. 2010. Pan. 1827, obs. Le Corre ; ibid. AJ 11, obs. Lienhard (3e esp.) ; RJDA 2010, n° 272 ; RPC 2010, n° 65, obs. Pérochon ; RPC 2010, n° 96, obs. Cagnoli.*

33. En énonçant que faute d'appel-nullité recevable, un créancier, eût-il un droit propre distinct de celui invoqué par les autres créanciers, était irrecevable en son intervention volontaire en cause d'appel, une cour d'appel n'a pas excédé ses pouvoirs. • Com. 26 avr. 1994 : *cité note 35.*

34. Contrôleurs. V. note 32. ♦ Si, en application de l'art. 15 [C. com., art. L. 621-11], les contrôleurs désignés par le juge-commissaire assistent le représentant des créanciers dans ses fonctions, leur audition éventuelle ne leur confère pas la qualité de partie ; l'appel du contrôleur n'est donc pas recevable. • Com. 9 déc. 1997 : *D. 1998. IR 22 ; D. Affaires 1998. 77, obs. A. L. ; Quot. jur. 15 janv. 1998, p. 6, note P. M. ; RTD com. 1998. 952, obs. Vallens* • 6 juin 2000 : *RJDA 2000, n° 1005.* ♦ V. déjà, dans une espèce où l'Association française des banques avait été désignée comme contrôleur, • Paris, 5 avr. 1996 : *préc. note 32.*

V. aussi • Paris, 20 déc. 1996 : *D. 1997. IR 53 ; D. Affaires 1997. 351 ; Rev. dr. bancaire 1997. 80, obs. Campana et Calendini.*

35. Mandataire judiciaire. V., rejetant l'appel-nullité du représentant des créanciers [mandataire judiciaire], en cas de plan de cession : • Lyon, 4 nov. 1988 : *D. 1989. Somm. 12, obs. Derrida.* ♦ V. aussi note 26.

Le représentant des créanciers [mandataire judiciaire] d'une société en redressement judiciaire est irrecevable à se prévaloir devant la Cour de cassation de griefs, à supposer qu'ils visent un excès de pouvoir, qui sont personnels, d'un côté, à la société débitrice qu'il ne représente pas, d'un autre côté, à certains créanciers pris individuellement ayant formé appel, dès lors que lui-même n'a pas relevé, en vue de la défense de l'intérêt collectif des créanciers, appel du jugement ayant arrêté le plan de cession. • Com. 26 avr. 1994, n° 92-18.966 P : *D. 1994. 542, note Derrida ; RJDA 1994, nos 713 à 715, et p. 498, concl. M. Raynaud.* – V. aussi Vasseur, *D. 1994. Chron. 317*.

36. Représentant des salariés. Jugé que, même si le représentant des salariés doit être entendu avant le jugement, cette circonstance ne lui confère pas la qualité de partie ; il est donc irrecevable à relever appel du jugement, fût-ce pour en faire prononcer la nullité. • Limoges, 13 août 1986 : *préc. note 7.*

37. Comité d'entreprise. Même s'il ne peut relever appel-réformation du jugement statuant sur le plan de cession en application des dispositions de l'art. L. 661-6, III, le comité d'entreprise peut former un appel-nullité pour excès de pouvoir. • Com. 17 févr. 2015 : *D. 2015. Actu. 486 ; Rev. sociétés 2015. 411, obs. Henry ; JCP E 2015. 1204, n° 6, obs. Pétel ; DP diff. entr., Bull. n° 368, obs. Roussel Galle ; APC 2015, n° 81, obs. Staes ; Gaz. Pal. 1er-5 mai 2015, p. 42, obs. Gailhbaud ; RJDA 2015, n° 513 ; BJE 2015. 245,* *note De Lajarte-Moukoko ; RPC 2015, n° 84, obs. Cagnoli.*

38. Débiteur. Avant la loi du 26 juill. 2005, il était admis qu'aucune disposition légale n'interdisait au débiteur de faire constater par la voie de l'appel la nullité d'un jugement arrêtant un plan de cession. • Lyon, 4 nov. 1988 : *préc. note 35* • Paris, 4 févr. 1997 : *D. 1998. Somm. 3, obs. Derrida* . – *Contra* : • Versailles, 9 févr. 1989 : *D. 1990. Somm. 3, obs. Derrida* . ♦ V. aussi, refusant l'appel, dans un cas où un plan de continuation avait été résolu, • Paris, 15 janv. 1991 : *D. 1992. Somm. 92, obs. crit. Derrida* .

V., désormais, sur l'ouverture de l'appel-réformation : art. L. 661-6, II, dans sa réd. issue de L. n° 2005-845 du 26 juill. 2005.

39. Coïndivisaire. En ce sens qu'un coïndivisaire du débiteur n'a pas la qualité de partie, au sens de l'art. 546 NCPC [C. pr. civ.], V. • Paris, 7 févr. 1997 : *D. 1998. Somm. 4, obs. Derrida* .

40. Administrateur. V. note 26.

C. INTÉRÊT À AGIR

41. Excès de pouvoir. Sur la notion d'excès de pouvoir, V. • Douai, 16 mai 2006 : *D. 2006. AJ 1529, obs. Lienhard* • 9 juill. 2021, n° 21/02159 : *APC 2021, n° 197, obs. Salhi.* ♦ Pour la recevabilité d'un appel-nullité fondé sur une violation de la règle d'irrévocabilité des offres de reprise, édictée par l'art. 21, al. 2 [L. 642-2, V]. – V. • Paris, 4 févr. 1997 : *préc. note 38.* – Comp. note ss. art. R. 642-1. ♦ ... De la règle d'indépendance du repreneur, prévue par l'art. 21, al. 4 [L. 642-3], V. • Com. 4 oct. 2005 : *cité note 3 ss. art. L. 642-3 ; Gaz. Pal. 10-11 févr. 2006, p. 16, obs. Rohart-Messager.*

En ce sens que la violation de la règle d'égalité des créanciers, dans le choix du repreneur, n'est pas constitutive d'un abus de pouvoir, V. • Aix-en-Provence, 30 oct. 1997 : *D. 1999. Somm. 2, obs. Derrida* .

Le refus de nommer un créancier en qualité de contrôleur ne caractérise pas un excès de pouvoir : V. • Com. 29 sept. 2015, n° 14-15.619 P : *cité note 2 ss. art. L. 621-10.*

42. Pour des exemples d'excès de pouvoir, V. note 14 ss. art. L. 631-19-1 ; et • Com. 3 mars 1992 : *préc. note 25.* ♦ V. aussi note 20 ss. ancien art. L. 623-4, ss. art. L. 661-4.

43. La cour d'appel saisie d'un recours en annulation n'a pas à apprécier l'opportunité ni le contenu du plan arrêté par le jugement de première instance. • Versailles, 9 juill. 1986 : *D. 1987. Somm. 8, obs. Derrida ; Gaz. Pal. 1986. 2. 570, note J.-F. Martin.*

44. Grief. Aux termes de l'art. 114, al. 2, NCPC [C. pr. civ.], la nullité ne peut être prononcée qu'à charge pour l'adversaire qui l'invoque de prouver le grief que lui cause l'irrégularité, même lorsqu'il s'agit d'une formalité substantielle ou d'ordre public. • Lyon, 16 oct. 1987 : *Gaz. Pal. 1988. 1. 249.*

D. EFFET DÉVOLUTIF

45. Si la recevabilité de l'appel-nullité est conditionnée par l'existence de griefs autonomes tels l'excès de pouvoir ou la violation d'un principe fondamental de procédure, son effet dévolutif s'opère pour le tout en application de l'art. 562, al. 2, NCPC [C. pr. civ.], la cour d'appel ayant dès lors l'obligation, après avoir annulé la décision attaquée, de statuer au fond en répondant aux conclusions qui déterminent les moyens des parties. • Com. 28 mai 1996, n° 92-15.163 P : *D. 1997. 538, note Bolard* ; *D. Affaires 1996. 779 ; LPA 9 mai 1997, p. 13, note Lebel ; RTD com. 1998. 692, obs. Vallens* • 1er oct. 1997 : *D. Affaires 1997. 1224 ; JCP 1997. II. 22941, rapp. Rémery.* ♦ Comp., en cas d'appel-réformation concurrent irrecevable : • Basse-Terre, 2 déc. 1996 : *BICC 1997, n° 552 ; Gaz. Pal. 1997. 1. Somm. 154, obs. Vray.* – *Contra* : • Dijon, 27 juin 1995 : *BICC 1996, n° 64* • Nîmes, 16 sept. 1993 : *ibid. 1993, n° 1220* • Paris, 9 avr. 1991 : *D. 1992. Somm. 8, obs. Derrida* . ♦ Jugé, toutefois, que l'effet dévolutif ne peut jouer lorsque la cour se trouve dans l'impossibilité de statuer dès lors que tous les candidats repreneurs n'ont pas été attraits dans la procédure d'appel. • Paris, 4 févr. 1997 : *préc. note 38.*

46. Si l'appel tend à l'annulation du jugement, la dévolution s'opère pour le tout, même si l'acte introductif d'instance est annulé dès lors que l'appelant a comparu et conclu au fond en première instance. • Civ. 2e, 9 déc. 1997 : *D. 1998. 229, note Bolard* . ♦ Comp. : • Com. 17 févr. 1998 : *RPC 1999. 32, obs. Cadiou.*

Art. L. 661-7 *(Ord. n° 2021-1193 du 15 sept. 2021, art. 67, en vigueur le 1er oct. 2021)* **« Il ne peut être exercé de tierce opposition ou de recours en cassation contre :**

« 1° les décisions rendues en application du V de l'article L. 626-30 ;

« 2° les jugements mentionnés à l'article L. 661-6 et les arrêts rendus en application des I et II du même article. »

Le pourvoi en cassation n'est ouvert qu'au ministère public à l'encontre des arrêts rendus en application du *(Ord. n° 2008-1345 du 18 déc. 2008, art. 152)* **« III, IV et V » de l'article L. 661-6.** – *[C. com., anc. art. L. 623-7.]*

Pour les dispositions transitoires de l'Ord. n° 2021-1193 du 15 sept. 2021, V. note ss. art. L. 611-2.

V. art. R. 661-8.

Ancien art. L. 661-7 (al. 1er) *[réd. antérieure à Ord. n° 2021-1193 du 15 sept. 2021] (Ord. n° 2008-1345 du 18 déc. 2008, art. 152)* ***Il ne peut être exercé de tierce opposition ou de recours en cassation ni contre les jugements mentionnés à l'article L. 661-6, ni contre les arrêts rendus en application des I et II du même article.***

Ancien art. L. 661-7 *[réd. antérieure à Ord. n° 2008-1345 du 18 déc. 2008]* ***Il ne peut être exercé de tierce opposition ou de recours en cassation contre les arrêts rendus en application du I de l'article L. 661-6.***

Le pourvoi en cassation n'est ouvert qu'au ministère public à l'encontre des arrêts rendus en application du II et du III de l'article L. 661-6. – *[C. com., anc. art. L. 623-7.]*

COMMENTAIRE

La loi du 26 juillet 2005 n'avait pas modifié les dispositions contenues à l'article L. 661-7. L'ordonnance du 18 décembre 2008, quant à elle, adapte logiquement les renvois opérés par ce texte à l'article L. 661-6 à la réorganisation subie par ce dernier.

L'ordonnance du 15 septembre 2021 ajoute aux décisions n'ouvrant pas tierce opposition ou recours en cassation celles relatives aux modalités de répartition en classes de parties affectées et de calcul des voix correspondant aux créances ou aux droits affectés permettant d'exprimer un vote. ❑

A. RECOURS EN CASSATION

1. *Prolongation de la période d'observation.* Il résulte de l'art. L. 661-7, dans sa rédaction issue de l'Ord. n° 2008-1345 du 18 déc. 2008, que le pourvoi en cassation n'est pas ouvert au ministère public contre les arrêts rendus en application de l'art. L. 661-6, I, 2°. Il n'est dérogé à cette règle, comme à toute règle interdisant ou différant un recours, qu'en cas d'excès de pouvoir. • Com. 13 déc. 2017, n° 16-50.051 P : *D. 2018. Chron. C. cass. 1341, obs. Barbot ; Rev. sociétés 2018. 202, obs. Roussel Galle ; RTD com. 2018. 213, obs. Vallens ; JCP E 2018. 1159, n° 7, obs. Tehrani ; APC 2018, n° 33, obs. Delattre ; LEDEN 2/2018. 3, obs. Staes ; RJDA 2018, n° 253 ; RPC 2018, n° 61, obs. Lebel.* ♦ Ne commet pas d'excès de pouvoir le tribunal qui prolonge exceptionnellement, pour une durée n'excédant pas six mois, la période d'observation en l'absence de demande du ministère public ou en dépit de l'opposition de celui-ci. • Même arrêt.

2. *Plan de cession.* Il résulte de l'art. L. 661-7, al. 2, que le pourvoi n'est ouvert qu'au ministère public à l'encontre des arrêts qui arrêtent ou rejettent le plan de cession. Il n'est dérogé à cette règle, comme à toute autre règle interdisant ou différant un recours, qu'en cas d'excès de pouvoir (irrecevabilité du pourvoi formé par le *débiteur*). • Com. 15 déc. 2009, n° 08-21.235 P : *D. 2010. AJ 11, obs. Lienhard (2e esp.) ; Procédures 2010, n° 42, obs. Rolland ; RJDA 2010, n° 272 ; RPC 2010, n° 96, obs. Cagnoli ; RJ com. 2010. 191, note Boillot.* ♦ Le débiteur ayant, selon l'art. L. 661-6, III, qualité pour former appel du jugement arrêtant le plan de cession, une cour d'appel, en déclarant l'appel irrecevable, commet un excès de pouvoir négatif que le débiteur peut dénoncer par la voie du recours en cassation. • Com. 12 juill. 2017, n° 16-12.544 P : *D. 2017. Actu. 1469 ; Rev. sociétés 2017. 523, obs. Henry ; JCP E 2017. 1688, n° 4, obs. Pétel ; LEDEN 9/2017. 4, obs. Staes ; APC 2017, n° 239, obs. Fricero ; RJ com. 2017. 503, obs. Roussel Galle ; RPC 2017, n° 104, obs. Berthelot ; RJDA 2017, n° 743 ; BJE 2017. 435, note Vincent ; RPC 2018, n° 11, obs. Cagnoli.* ♦ V. toutefois, revenant sur cette jurisprudence et exigeant du débiteur qu'il justifie d'un intérêt personnel à agir : • Com. 23 oct. 2019, n° 18-21.125 P : *cité note 3 ss. art. L. 661-6.* ♦ L'adoption d'un plan de cession postérieurement à l'expiration de l'autorisation provisoire de la poursuite de l'activité donnée par le tribunal en application de l'art. L. 642-2, I, ne constitue pas un excès de pouvoir. • Com. 19 déc. 2018, n° 17-22.004 P : *D. 2019. Actu. 4 ; JCP E 2019. 1206, n° 9, obs. Pétel ; APC 2019, n° 21, obs. Cagnoli ; LEDEN 2/2019. 4, obs. Camensuli-Feuillard ; RJDA 2019, n° 213 ; BJE 3-4/2019. 64, note Staes.* ♦ L'art. L. 631-22, dans sa rédaction issue de l'Ord. du 18 déc. 2008, n'interdisant pas, contrairement à l'affirmation du moyen, d'ordonner la cession de l'entreprise avant la fin de la période d'observation, s'il est constaté que le débiteur est dans l'impossibilité d'en assurer lui-même le redressement, le moyen invoqué par la société débitrice et son président ne caractérise pas un excès de pouvoir rendant recevable le pourvoi en cassation. • Com. 3 mai 2016, n° 14-24.865 P : *D. 2016. Actu. 997 ; LEDEN 7/2016. 3, obs. Rubellin ; BJE 2016. 251, note Vincent ; RJ com. 2016. 655, obs. Lebel.* ♦ V. aussi, pour l'irrecevabilité du recours du propriétaire de l'immeuble dans lequel le débiteur exploitait son fonds de commerce, V. • Com. 30 mars 2010, n° 09-12.490 P : *D. 2010. Actu. 958 ; RTD com. 2010. 429, obs. Vallens ; RJDA 2010, n° 870.* ♦ V. déjà, en ce sens, dans le régime antérieur à la loi du 26 juill. 2005, • Com. 3 mai 2006, n° 04-15.760 P : *D. 2006. AJ 1369, obs. Lienhard ; Gaz. Pal. 14-18 juill. 2006, p. 19, obs. Rohart-Messager ; ibid., p. 26, obs. Voinot ; JCP E 2006, n° 37, p. 1532, obs.*

Pétel. – V. aussi • Com. 15 juill. 1987, n° 86-17.348 P : *D. 1987. IR 232 ; Gaz. Pal. 1987. 2. 676, note J.-F. Martin* • 20 déc. 1988 : *D. 1989. 484, note Derrida ; Bull. civ. IV, n° 346* • 24 janv. 1989 : *ibid., n° 34 ; D. 1989, préc.* • 14 nov. 1989 : *Bull. civ. IV, n° 287 ; D. 1989, préc.* • 12 juill. 1993, n° 91-16.826 P : *D. 1993. IR 262*.

3. L'ordonnance par laquelle le premier président de la cour d'appel arrête l'exécution provisoire d'un jugement qui arrête ou rejette le plan de cession est également insusceptible de pourvoi. • Com. 14 mai 1996, n° 94-21.847 P : *D. 1998. Somm. 1, obs. Derrida ; D. Affaires 1996. 814 ; JCP E 1996. I. 584, n° 2, obs. crit. Pétel.*

4. Il résulte de la combinaison des art. L. 661-6, III, et L. 661-7, al. 2, que le pourvoi en cassation n'est ouvert qu'au ministère public à l'encontre des arrêts qui statuent sur l'appel, interjeté par le *cocontractant* mentionné à l'art. L. 642-7, de la partie du jugement arrêtant le plan de cession de l'entreprise qui emporte cession du contrat. Il n'est dérogé à cette règle comme à toute autre règle interdisant ou différant un recours qu'en cas d'excès de pouvoir. • Com. 15 déc. 2009, n° 08-19.723 P : *D. 2010. Chron. C. cass. 1111, obs. Bélaval ; ibid. AJ 11, obs. Lienhard (1re esp.) ; LEDEN, févr. 2010, p. 6, obs. Staes ; Procédures 2010, n° 42, obs. Rolland ; RJDA 2010, n° 272 ; RPC 2010, n° 77, obs. Fraimout.* – Rappr. : • Com. 23 sept. 2020, n° 18-26.280 P : *RTD com. 2020. 958, obs. Saint-Alary-Houin*.

De même, sont irrecevables les pourvois élevés : par un *créancier* contre une décision qui a arrêté un plan de redressement d'une entreprise en organisant sa continuation assortie d'une cession partielle. • Com. 12 juin 1990 : *D. 1990. IR 193.* ♦ ... Par le *candidat repreneur évincé* contre l'arrêt ayant déclaré irrecevable son appel en annulation des jugements relatifs au plan de cession. • Com. 24 janv. 1989 : *préc. note 2* • Civ. 3e, 19 mai 2010 : *cité note 5 ss. art. L. 642-5* • Com. 10 mars 2015, n° 13-25.352 : *APC 2015, n° 304, obs. Vallansan.* ♦ ... Par le *cessionnaire* contre l'arrêt ayant statué sur son appel du jugement arrêtant le plan de cession qui lui imposait des charges autres que les engagements qu'il avait souscrits au cours de la préparation du plan. • Com. 5 avr. 1994, n° 91-18.853 P : *D. 1994. IR 117.* ♦ ... Ou contre l'arrêt ayant rejeté une demande de modification du plan. • Com. 6 juill. 2010 : *RPC 2010, n° 242, obs. Fraimout.* ♦ ... Par le *candidat contrôleur évincé* contre le jugement ayant rejeté sa demande. • Com. 16 mars 2010 : *cité note 17 ss. art. L. 661-6.* ♦ V. aussi note 29 ss. ancien art. L. 661-6.

5. Il résulte de l'art. L. 661-7, al. 2, que le pourvoi en cassation n'est ouvert qu'au ministère public à l'encontre de l'arrêt rendu sur appel d'un jugement qui statue sur la résolution du plan de cession, même limité à la disposition relative au sort du prix de cession. • Com. 9 juill. 2013 : *Gaz. Pal. 29 sept.-1er oct. 2013, p. 27, obs. Voinot.*

6. La violation des art. L. 661-6 C. com., 31 et 546 C. pr. civ., fût-elle établie, ne constitue pas un excès de pouvoir [rendant recevable le recours-nullité du candidat repreneur évincé], mais un mal-jugé par erreur de droit. • Com. 18 janv. 2011 : *D. 2011. Actu. 370, obs. Lienhard ; Gaz. Pal. 1er-2 avr. 2011, p. 28, obs. Voinot.*

7. La caution, qui n'a pas qualité pour interjeter appel du jugement qui arrête le plan de cession du débiteur principal, n'a pas davantage de prétention à faire valoir lors de l'arrêté de ce plan, de sorte que la cour d'appel, en déclarant irrecevable son intervention, n'a pas excédé ses pouvoirs. • Com. 12 janv. 2016, n° 13-24.058 P : *D. 2016. Pan. 1038, obs. Arbellot ; JCP E 2016. 1232, note Lebel ; JCP 2016. 120, obs. V. Legrand ; LEDEN 2/2016. 3, obs. Pelletier ; APC 2016, n° 43, obs. Cagnoli ; Procédures 2016, n° 103, note Rolland ; RJDA 2016, n° 306 ; BJE 2016. 184, note Staes.*

8. Remplacement d'un mandataire judiciaire. Les jugements relatifs au remplacement du liquidateur judiciaire ne sont susceptibles que d'un appel de la part du ministère public et aucun recours en cassation ne peut être exercé contre les arrêts rendus en application de l'art. L. 623-6 [L. 661-6], I, 1°, C. com., à moins que ne soit en cause l'excès de pouvoir. • Com. 2 nov. 2005, n° 04-12.856 P : *D. 2005. AJ 2874, obs. Lienhard ; APC 2006, n° 22, obs. Cagnoli ; Gaz. Pal. 10-11 févr. 2006, p. 19, obs. Gorrias.* ♦ Les juges statuent dans l'exercice de leur pouvoir discrétionnaire en procédant au remplacement du liquidateur judiciaire. • Même arrêt. ♦ V. déjà, en ce sens, • Com. 11 mai 1999, n° 96-20.959 P : *D. 1999. IR 153 ; LPA 8 juin 1999, p. 9, note P. M.* • 15 févr. 2005, n° 03-16.369 P : *RTD com. 2005. 422, obs. Vallens*.

9. Pourvois recevables. En revanche, est recevable le recours en cassation formé par le représentant des créanciers [mandataire judiciaire], en application de l'art. 171 (2) [C. com., art. L. 661-1, I, 2°], à l'encontre d'un arrêt qui, pour arrêter le plan de cession d'une entreprise proposé par un repreneur, a infirmé le jugement qui avait prononcé la liquidation judiciaire de cette entreprise. • Com. 26 juin 1990, n° 89-12.496 P.

10. De même, sous le régime antérieur à la loi du 26 juill. 2005, avait été jugé recevable le pourvoi formé par des repreneurs évincés contre l'arrêt ayant rejeté la cession de l'entreprise et homologué un plan de continuation, dès lors que ceux-ci demandaient la cassation de l'arrêt, uniquement en ce qu'il avait déclaré recevable l'appel du débiteur contre le jugement ayant arrêté le plan de cession, les cessionnaires désignés par un tel jugement ayant un intérêt légitime à invoquer l'éventuelle méconnaissance par la cour d'appel des dispositions d'ordre public relatives à l'exercice des voies de recours. • Com. 6 mars 1990, n° 88-11.500 P : *D. 1990. 218, note Derrida ; JCP 1990. II. 21513, note Bolard* • 14 mai 1991, n° 89-17.072 P : *D. 1992. Somm. 93, obs. Derrida*.

♦ Dans le même sens, s'agissant du pourvoi de l'administrateur et du débiteur tendant à la cassation d'un arrêt ayant déclaré recevable l'appel interjeté par un créancier contre le jugement ayant arrêté le plan de cession : • Com. 3 mars 1992, n° 89-15.336 P : *D. 1992. IR 118.* ♦ Pour la recevabilité du pourvoi formé par un repreneur évincé contre l'arrêt qui a déclaré son appel-nullité irrecevable et qui l'a condamné au paiement de dommages-intérêts, V. • Com. 11 mai 1999, n° 98-11.392 P : *Dr. sociétés 1999, n° 115, obs. Chaput ; LPA 5 août 1999, p. 10, note P. M. ; RTD com. 1999. 761, obs. Vallens.*

V. aussi, pour la recevabilité du pourvoi faisant grief à l'arrêt d'avoir déclaré un appel recevable en méconnaissance des dispositions relatives aux formes dans lesquelles doit s'exercer l'appel relevé contre les jugements arrêtant le plan de cession, • Com. 14 mai 1996, n° 94-21.847 P.

11. Est recevable le pourvoi formé par un débiteur contre un arrêt qui, après avoir infirmé la décision d'un tribunal de commerce prononçant la liquidation judiciaire de l'entreprise, a renvoyé la cause devant les premiers juges, afin qu'il soit statué à nouveau par eux au vu de l'offre d'acquisition de ladite entreprise par un tiers, reçue durant l'instance d'appel. • Com. 21 janv. 1992, n° 90-13.127 P : *JCP 1992. IV. 869.*

12. Le pourvoi formé par le liquidateur judiciaire contre la décision qui constate la caducité du plan de cession est recevable, cette décision n'étant pas de celles qui sont visées par les art. 174 et 175 [C. com., art. L. 661-6 et L. 661-7]. • Com. 6 févr. 1996, n° 93-11.081 P : *D. 1998. Somm. 6, obs. Derrida.*

13. Est recevable le pourvoi formé, dans le cas d'une procédure de redressement judiciaire, contre une ordonnance du juge-commissaire rectifiant, pour erreur matérielle, une précédente ordonnance, au motif que, celle-ci étant passée en force de chose jugée à l'expiration du délai prévu par l'art. 157, al. 3, du Décr. du 27 déc. 1985 [art. 330, al. 4, du Décr. du 28 déc. 2005], qui a couru à compter de la notification aux parties, il s'ensuit que la décision rectificative ne peut être attaquée que par la voie du recours en cassation conformément à l'art. 462, al. 5, NCPC [C. pr. civ.]. • Com. 17 mars 1992, n° 90-17.394 P : *JCP 1992. IV. 1516* • 11 oct. 1994, n° 92-18.500 P : *D. 1995. 297, rapp. Rémery.*

14. Jugement interprétatif. Les jugements interprétatifs ont, quant aux voies de recours, le même caractère et sont soumis aux mêmes règles que les jugements interprétés. • Com. 13 mai 2014, n° 13-11.622 P : *D. 2014. Actu. 1150 ; LEDEN 7/2014. 5, obs. Staes ; RJDA 2014, n° 656 ; Gaz. Pal. 5-7 oct. 2014, p. 30, obs. Fricero ; RPC 2014, n° 167, obs. Fraimout.*

15. Sur la recevabilité du pourvoi en cas d'excès de pouvoir, V. notes 2 et 4.

B. TIERCE OPPOSITION

16. Irrecevabilité de principe. Les tierces oppositions étant irrecevables, il n'est nul besoin de rechercher si elles seraient recevables du fait que le représentant des créanciers n'aurait pu valablement représenter les créanciers qui ne s'étaient pas manifestés à défaut de publicité du jugement de redressement judiciaire antérieurement au jugement arrêtant le plan de cession. • T. com. Montpellier, 29 juill. 1992 (2e esp.) : *D. 1992. Somm. 357, obs. Vasseur.*

Dès lors qu'elle a pour seul objet de critiquer le plan de cession arrêté après rejet de la proposition de plan de continuation, la tierce-opposition est irrecevable. • Com. 27 oct. 1998 : *RTD com. 1999. 207, obs. Vallens.*

17. Tierce opposition-nullité. Il résulte des dispositions de l'art. 175 [C. com., art. L. 661-7] que ne sont pas susceptibles de tierce opposition, fût-ce aux fins de prononcé de leur nullité, les jugements ou arrêts rendus en application de l'art. 174 [C. com., art. L. 661-6], à moins que ne soit en cause la violation d'un principe essentiel de procédure ou l'excès de pouvoir. • Com. 25 janv. 1994, n° 91-20.220 P : *D. 1994. 325, rapp. Pasturel , et 379, note Derrida* • 26 avr. 1994, n° 92-18.966 P : *D. 1994. 542, note Derrida ; RJDA 1994, nos 713 à 715, et p. 498, concl. M. Raynaud.* – V. aussi Vasseur, *D. 1994. Chron. 317.* – V. également • Com. 14 janv. 1997 : *D. 1997. IR 67* • 28 mai 1996 : *RPC 1998. 329, obs. Soinne.* ♦ Par un arrêt du 28 janv. 2005, la chambre mixte a restreint le recours-nullité au seul cas d'excès de pouvoir (V. note 20 ss. anc. art. L. 623-3).

18. Le jugement modifiant le plan de cession n'est pas susceptible de tierce opposition, à moins que ne soit en cause la violation d'un principe fondamental de procédure ou l'excès de pouvoir. • Com. 18 janv. 2005 : *Gaz. Pal. 29-30 avr. 2005, p. 29, obs. Voinot.*

19. Pour l'irrecevabilité de la tierce opposition-nullité du repreneur évincé et du cocontractant de la société cédée, V. • Com. 17 nov. 2009 : *D. 2009. AJ 2930, obs. Lienhard.*

C. RECOURS EN RÉVISION

Jurisprudence antérieure à la loi du 10 juin 1994.

20. Le recours en révision est ouvert contre tout jugement passé en force de chose jugée. Aucune disposition n'interdit l'exercice d'un tel recours contre le jugement rendu en application de l'art. 174 qui arrête ou rejette le plan de cession d'une entreprise. • Com. 2 avr. 1996, n° 92-20.728 P : *D. 1996. IR 123 ; JCP E 1996. I. 584, n° 1, obs. Cabrillac.* ♦ Comp., depuis la L. n° 94-475 du 10 juin 1994, art. L. 623-7 [L. 661-7], al. 1er.

21. La révision d'une décision ne pouvant être demandée que par les personnes qui y ont été parties ou représentées, le commissaire à l'exécution du plan ne peut demander la révision de l'arrêt auquel a éte partie le débiteur mis ensuite en redressement judiciaire. • Com. 16 mars 1999 : *D. 1999. IR 104 ; D. Affaires 1999. 718, obs. A. L.*

Art. L. 661-8 **Lorsque le ministère public doit avoir communication des procédures** *(L. nº 2005-845 du 26 juill. 2005, art. 163)* **« de sauvegarde, de redressement judiciaire » ou de liquidation judiciaire et des causes relatives à la responsabilité des dirigeants sociaux, le pourvoi en cassation pour défaut de communication n'est ouvert qu'à lui seul.** – *[C. com., anc. art. L. 623-8.]*

Le ministère public doit avoir communication des procédures de sauvegarde, de redressement judiciaire et de liquidation judiciaire, des causes relatives à la responsabilité pécuniaire des dirigeants sociaux et des procédures de faillite personnelle ou relatives aux interdictions prévues par l'art. L. 653-8 C. com. (C. pr. civ., art. 425 (2º), dans sa réd. issue du Décr. nº 2005-1677 du 28 déc. 2005).

BIBL. ▸ DELATTRE, *RPC 2011. Étude 24* (ministère public et contradictoire).

COMMENTAIRE

L'article L. 661-8 reprend, sans changement, les dispositions de l'ancien article L. 623-8.

1. Communication au ministère public. Pour des applications de l'art. 176 [C. com., art. L. 661-8], V. • Com. 22 févr. 1994, nº 92-11.634 P : *D. 1994. IR 95* • 6 juin 1995 : *JCP 1995. IV. 1896* • 23 janv. 1996, nº 92-21.642 P • 19 févr. 2002 : *JCP E 2002, nº 14, p. 597.*

2. Appel du ministère public. Dès lors que le ministère public n'a figuré que comme partie jointe et non comme partie principale à la procédure devant les premiers juges, et que les faits sanctionnés par la décision entreprise n'ont pas porté atteinte à l'ordre public, il est privé du droit d'appel. La cour d'appel doit, au besoin d'office, relever cette fin de non-recevoir. • Com. 20 janv. 1998 : *D. 1998. 125, rapp. Pasturel ; D. Affaires 1998. 297, obs. V. A.-R.*

3. Pourvoi en cassation. Les dispositions de l'art. L. 661-8, dans sa rédaction issue de la loi du 26 juill. 2005, ne sont pas applicables lorsque la loi prévoit que la décision sera rendue après avis du ministère public. • Com. 16 déc. 2008 : *cité note 6 ss. art. L. 626-27 ; APC 2009, nº 57, obs. Cagnoli ; Gaz. Pal. 26-28 avr. 2009, p. 20, obs. Fricéro* • 3 mai 2011 : *cité note 9 ss. art. L. 626-27.*

Art. L. 661-9 **En cas d'infirmation du jugement imposant de renvoyer l'affaire devant le tribunal, la cour d'appel peut ouvrir une nouvelle période d'observation. Cette période est d'une durée maximale de trois mois** *(Abrogé par L. nº 2005-845 du 26 juill. 2005, art. 152)* ***« réduite à un mois lorsqu'il a été fait application de la procédure simplifiée prévue à la section 5 du chapitre I ».***

En cas d'appel du jugement statuant sur la liquidation judiciaire *(L. nº 2005-845 du 26 juill. 2005, art. 152)* **« au cours de la période d'observation » ou arrêtant ou rejetant le plan** *(L. nº 2005-845 du 26 juill. 2005, art. 152)* **« de sauvegarde ou le plan de redressement judiciaire » et lorsque l'exécution provisoire est arrêtée, la période d'observation est prolongée jusqu'à l'arrêt de la cour d'appel.** – *[C. com., anc. art. L. 623-9.]*

Sur les mesures d'adaptation liées à l'urgence sanitaire (covid-19), V., infra, Ord. nº 2020-341 du 27 mars 2020, art. 2.

COMMENTAIRE

Une précision textuelle, au second alinéa de l'article L. 661-9, issu de la loi du 26 juillet 2005, par rapport à l'ancien article L. 623-9, pour une meilleure lisibilité de la disposition : n'est concerné que le jugement statuant sur la liquidation judiciaire au cours de la période d'observation, c'est-à-dire le jugement de conversion.

Mais, plus discrète puisqu'elle relève de la partie réglementaire du code et n'apparaît qu'en creux, la principale modification, relative à l'infirmation des jugements d'ouverture, consiste peut-être dans la non-reprise de la disposition de l'article 11 du décret du 27 décembre 1985, qui disposait : « La cour d'appel qui annule ou infirme un jugement de redressement judiciaire ou prononçant la liquidation judiciaire peut d'office, soit ouvrir la procédure de redressement judiciaire, soit prononcer la liquidation judiciaire ». Désormais, en effet, les articles R. 631-6 et R. 640-2, d'une part, n'évoquent plus la simple infirmation (mais seulement l'annulation), d'autre part, ne permettent plus, à la lettre, à la cour d'appel, après annulation d'un jugement statuant sur l'ouverture d'un redressement judiciaire, de prononcer la liquidation judiciaire, ou, inversement, sur appel d'un jugement de liquidation judiciaire, d'ouvrir un redressement judiciaire. Relevant que c'est dans ce dernier cas qu'une lecture littérale de ces textes s'avère problématique en ce qu'elle retarde inutilement l'ouverture inéluctable d'une procédure de redressement judiciaire, un auteur a suggéré de considérer que l'effet dévolutif général de l'appel-réformation permettrait cette substitution de procédure lorsqu'elle n'est pas préjudiciable au débiteur (J.-P. Rémery, L'appel dans la loi de sauvegarde des entreprises, *JCP E 2008. 1154*). ❑

1. Ouverture d'une nouvelle période d'observation. Pour un exemple d'application de l'art. L. 661-9, al. 1er, V. • Grenoble, 8 oct. 2008 : *RPC 2009, n° 156, obs. Lebel.*

2. Portée de l'arrêt de l'exécution provisoire. Il résulte de l'art. L. 661-9, al. 2, qu'en cas d'appel d'un jugement de conversion d'un redressement judiciaire en liquidation judiciaire, l'arrêt de l'exécution provisoire attachée audit jugement a pour effet de prolonger la période d'observation jusqu'à l'arrêt de la cour d'appel ; il s'ensuit que, tant que la cour d'appel n'a pas statué, les opérations de réalisation des actifs inhérentes à la liquidation judiciaire sont suspendues, ce qui emporte, par voie de conséquence, la suspension du délai d'examen de la clôture de la procédure de liquidation judiciaire imposé par l'art. L. 643-9, al. 1er, qui n'est pas un délai préfix, imparti par le jugement dont l'exécution provisoire a été arrêtée. • Com. 14 juin 2017, n° 15-20.229 P : *D. 2017. Actu. 1247 ; APC 2017, n° 211, obs. Fin-Langer ; RPC 2018, n° 12, obs. Cagnoli.*

3. Effet dévolutif de l'appel. Sur l'application de ce principe, en cas d'offre d'acquisition par un tiers d'une entreprise dont le tribunal de commerce avait prononcé la liquidation judiciaire, reçue durant l'instance d'appel, V. • Com. 21 janv. 1992, n° 90-13.127 P.

Art. L. 661-10 **Pour l'application du présent titre, les membres du comité** *(Ord. n° 2021-1193 du 15 sept. 2021, art. 68, en vigueur le 1er oct. 2021)* **« social et économique » désignent parmi eux la personne habilitée à exercer en leur nom les voies de recours.** – *[C. com., anc. art. L. 623-10.]*

Pour les dispositions transitoires de l'Ord. n° 2021-1193 du 15 sept. 2021, V. note ss. art. L. 611-2.

V. art. R. 661-5.

Art. L. 661-11 *(L. n° 2005-845 du 26 juill. 2005, art. 153)* **Les décisions rendues en application** *(Ord. n° 2014-326 du 12 mars 2014, art. 89, en vigueur le 1er juill. 2014)* **« de l'article L. 645-4 ainsi que » des chapitres Ier, II et III du titre V sont susceptibles d'appel de la part du ministère public** *(Abrogé par Ord. n° 2008-1345 du 18 déc. 2008, art. 153)* ***« , même s'il n'a pas agi comme partie principale ».***

L'appel du ministère public est suspensif.

COMMENTAIRE

L'article L. 661-11, issu de la loi du 26 juillet 2005, illustre bien la tendance générale de la loi du 26 juillet 2005 à renforcer la présence du parquet au cours des procédures collectives et son emprise sur celles-ci (V. E. Houlette, Le rôle du ministère public dans la loi de sauvegarde, *JCP E 2005, n° 42, p. 1772, spéc. n° 16 s.*). Le ministère public peut faire appel des dispositions relatives aux dirigeants, en particulier en matière de sanctions (art. L. 651-1 s. et L. 652-1 s.). Et cela même s'il n'a pas agi comme partie principale. Cette dernière précision figure désormais sous le nouvel article L. 661-12. Dans ce cas, comme dans tous les autres (sous la réserve introduite à l'art. L. 661-1), l'appel du parquet est suspensif (ce qui peut soulever une interrogation quant à la portée de l'article R. 661-1, alinéa 4, prévoyant l'arrêt de plein droit de l'exécution provisoire, dont on peut penser qu'elle ne concerne que l'exécution provisoire facultative, qui, du coup, serait implicitement admise : V. O. Staes, Aspects procéduraux de la réforme des difficultés des entreprises, *Dr. et patr. 3/2006, p. 60, spéc. p. 66 et 67* ; P. Hoonakker, Dernières réformes de l'exécution provisoire : raison et déraison, *D. 2006. Chron. 754, n° 7* ; cette position paraît confortée par la modification de l'art. 328 du décret du 28 déc. 2005 par le décret du 23 déc. 2006, devenu l'art. R. 661-1 : P. Roussel Galle, De quelques modifications du décret du 28 décembre 2005 pris en application de la loi de sauvegarde des entreprises par le décret du 23 décembre 2006, *JCP E 2007. Actu. 48*).

Cette intervention législative s'expliquait doublement. D'abord, elle comblait un vide, en ce sens qu'aucune disposition n'accordait expressément le droit d'appel au ministère public contre ces décisions. Ensuite, et surtout, elle constituait une réaction à la jurisprudence de la Cour de cassation qui fermait la voie de l'appel au ministère public lorsqu'il n'avait été que partie jointe en première instance (Com. 20 janv. 1998 : V. note 2 ss. art. L. 661-8). Cette solution était justifiée en l'état des textes antérieurs. Le parquet était bien recevable à intenter une action en comblement de passif ou en faillite personnelle (V. anciens art. L. 624-6 et L. 625-7) Mais, le plus souvent, ces actions sont engagées par un mandataire judiciaire, le ministère public devant alors recevoir communication de la procédure (art. 425, 2°, C. pr. civ.). De sorte que le parquet n'avait que la qualité de partie jointe. Ce qui lui interdisait de faire appel, faute de posséder la qualité requise de partie (art. 546 C. pr. civ.). A moins qu'il n'agît pour la défense de l'ordre public (art. 423 C. pr. civ. ; V. aussi Com. 8 juill. 2003 : *cité note 7 ss. art. R. 661-3*). L'article L. 661-11 allait dans le sens d'un souhait exprimé, à la fois, par la Cour de cassation dans son rapport pour 2002 (*D. 2003. 1276* ; www.courdecassation.fr) et par le rapport du sénateur Hyest (V. Prévention et traitement des difficultés des entreprises : une évaluation des procédures et de leur mise en œuvre, *Doc. AN, n° 3451, Doc. Sénat, n° 120, p. 92*).

Notons, à cette occasion, que le décret du 28 décembre 2005 a, quant à lui, tenu compte de la suggestion de modification de l'article 425, 2°, C pr. civ., également faite par la Cour de cassation dans ce même rapport. Pour la Haute Juridiction, la distinction opérée auparavant par ce texte ne se justifiait plus, qui ne prévoyait que la communication au ministère public des procédures de redressement et liquidation judiciaires des personnes morales, à l'exclusion des personnes physiques. L'article 357 du décret toilette et adapte le 2° de l'article 425, d'où resulte désormais l'obligation de communication : « des procédures de sauvegarde, de redressement judiciaire et de liquidation judiciaire, des causes relatives à la responsabilité pécuniaire des dirigeants sociaux et des procédures de faillite personnelle ou relatives aux interdictions prévues par l'article L. 653-8 du code de commerce ».

L'ordonnance du 12 mars 2014 a ajouté une référence à l'article L. 645-4 pour tenir compte de l'ouverture de la nouvelle procédure de rétablissement professionnel. ❑

Art. L. 661-12 *(Ord. n° 2008-1345 du 18 déc. 2008, art. 154)* **Les recours du ministère public prévus par le présent chapitre lui sont ouverts même s'il n'a pas agi comme partie principale.**

BIBL. ▸ ALLIX, *JCP E 2021. 1478* (recours du ministère public partie jointe).

COMMENTAIRE

Plutôt que de prévoir à chaque fois, et de manière générale avec le caractère suspensif (à l'article L. 611-11), comme auparavant, la possibilité, pour le ministère public, de former un recours même s'il n'a pas agi comme partie principale, l'ordonnance du 18 décembre 2008 a préféré consacrer cette règle par une disposition générale et autonome, au nouvel article L. 661-12 (sur le fond, V. ss. art. L. 661-11). ❑

CHAPITRE II ***AUTRES DISPOSITIONS***

BIBL. ▸ VALLENS, *D. 2008. 972* (impartialité du tribunal, procédures collectives et droits de la défense). – DELATTRE, *BJE 2013. 399* (tenue de l'audience).

Art. L. 662-1 Aucune opposition ou procédure d'exécution de quelque nature qu'elle soit sur les sommes versées à la Caisse des dépôts et consignations n'est recevable. – *[C. com., anc. art. L. 627-1.]*

Art. L. 662-2 *(L. n° 2005-845 du 26 juill. 2005, art. 154)* **Lorsque les intérêts en présence le justifient, la cour d'appel peut décider de renvoyer l'affaire devant une autre juridiction** *(Abrogé par Ord. n° 2014-326 du 12 mars 2014, art. 90-1°, à compter du 1er juill. 2014)* ***« de même nature »*****, compétente dans le ressort de la cour,** *(L. n° 2015-990 du 6 août 2015, art. 232-1°)* **« ou devant une juridiction mentionnée à l'article**

L. 721-8 » pour connaître *(Ord. n° 2008-1345 du 18 déc. 2008, art. 155)* **« du mandat *ad hoc*, de la procédure de conciliation ou » des procédures de sauvegarde, de redressement judiciaire ou de liquidation judiciaire, dans des conditions fixées par décret. La Cour de cassation, saisie dans les mêmes conditions, peut renvoyer l'affaire devant une juridiction du ressort d'une autre cour d'appel** *(L. n° 2015-990 du 6 août 2015, art. 232-2°)* **« ou une juridiction mentionnée à l'article L. 721-8 ».** *(Ord. n° 2014-326 du 12 mars 2014, art. 90-2°, en vigueur le 1er juill. 2014)* **« La décision de renvoi par laquelle une juridiction a été désignée pour connaître d'un mandat *ad hoc* ou d'une procédure de conciliation auquel le débiteur a recouru emporte prorogation de compétence au profit de la même juridiction pour connaître d'une procédure de sauvegarde, de redressement judiciaire ou de liquidation judiciaire qui pourrait directement s'ensuivre. »** – *V. art. R. 662-7.*

V. Circ. du 27 juill. 2016 relative à la compétence particulière de certains tribunaux de commerce (BOMJ n° 2016-08 du 31 août 2016).

COMMENTAIRE

Cet article, issu de la loi du 26 juillet 2005, a repris, en le codifiant dans la partie législative du code de commerce, l'alinéa 3 de l'article 7 de la loi du 25 janvier 1985, relatif au dépaysement des procédures.

L'ordonnance du 18 décembre 2008 a étendu le domaine du texte aux procédures contractuelles et préventives que sont le mandat *ad hoc* et la procédure de conciliation.

L'ordonnance du 12 mars 2014 a assoupli les conditions du renvoi, et cela à deux égards.

D'abord, est supprimée la nécessité que la juridiction bénéficiaire du renvoi soit « de même nature » que celle qui en décide. Cette suppression pourrait consacrer une solution jurisprudentielle (Com. 19 nov. 2013 : *cité note 8 ss. art. L. 621-2*), tout en présentant l'avantage d'être compatible avec les futures juridictions régionales prévues, pour les procédures importantes, par le projet de réforme de la justice commerciale. Ensuite, aux termes de la dernière phrase, ajoutée par l'ordonnance, la décision de renvoi prise pour un mandat *ad hoc* ou une conciliation reste valable en cas de procédure de sauvegarde, de redressement judiciaire ou de liquidation judiciaire subséquente. Cette disposition constitue, en quelque sorte, la généralisation de celle que prévoyait l'ancien article L. 628-7 pour la sauvegarde financière accélérée.

La loi n° 2015-990 du 6 août 2015 est venue aménager le texte afin de l'articuler avec la création des tribunaux de commerce spécialisés à compétence exclusive (V. C. com., art. L. 721-8 ; sur la portée de cette articulation, V. R. Dammann et M. Pigot, *BJE 2016. 158*). Il est à noter que, par ce biais, le mandat *ad hoc*, qui échappe à la juridiction des tribunaux spécialisés pour son ouverture (V. C. com., art. L. 721-8), s'y trouve, de façon un peu paradoxale, soumis s'agissant de son suivi (V. C. de Lajarte-Moukoko, *BJE 2017. 389*). ❑

1. Renvoi devant une autre juridiction. Sur le regroupement, au sein d'une juridiction commerciale unique, de procédures de redressement judiciaire dispersées sur le plan territorial, V. • Douai, 3 juill. 1986 : *D. 1987. Somm. 5, obs. Derrida.* ♦ Pour un renvoi opéré suite à l'annulation du jugement d'ouverture du redressement judiciaire d'une société membre d'un groupe, V. • Douai, 5 avr. 2002 : *APC 2002, n° 131, obs. Cagnoli.*

2. La loi ne spécifie pas que seul un intérêt économique doit être à l'origine du renvoi. • Douai, 31 mars 1988 : *D. 1989. Somm. 6, obs. Derrida ; Gaz. Pal. 1988. 2. 584, note Soinne.* – V. aussi • Montpellier, 19 juill. 1991 : *D. 1992. Somm. 7, obs. Derrida* • Poitiers, 9 oct. 2001 : *Dr. sociétés 2002, n° 213, note Legros* • Douai, 19 juill. 2018, n° 18/04050 : *D. 2018. Actu. 1645, obs. Vallens* (dans le cas d'une assignation en redressement judiciaire délivrée par une société dont le dirigeant était juge consulaire) • Douai, 4 déc. 2018, n° 18/06421 : *BJE 3-4/2019. 62, note Delattre* • Rennes, prem. prés., 19 mars 2019 : *RPC 2019. Étude 13, obs. Delattre.* ♦ Les dispositions de l'art. 7, al. 3 [L. 662-2], ne peuvent être mises en œuvre qu'à l'initiative du ministère public ou du président du tribunal (à propos d'une demande de renvoi formée par la société débitrice). • Douai, 5 avr. 2002 : *préc. note 1.*

3. Appel. La cour d'appel, saisie par une décision de renvoi, en vertu de l'art. 79, al. 2, NCPC, a l'obligation de statuer au fond, en se prononçant sur l'ouverture de la procédure de redressement judiciaire. • Com. 3 juin 1997, n° 95-12.802 P : *D. 1997. 538, note Bolard*.

4. Pouvoirs de la Cour de cassation. Dès lors que le tribunal de commerce n'a ouvert une procédure collective personnelle à l'encontre d'un commerçant que postérieurement à l'entrée en vigueur de la nouvelle rédaction des art. 7, al. 3, de la loi du 25 janv. 1985 et 3 du Décr. du 27 déc. 1985, c'est à bon droit que le premier président de la Cour de cassation use des pouvoirs qu'il tient des textes ainsi modifiés pour faire cesser le conflit de compétences provoqué par l'existence de ce nouveau jugement d'ouverture en désignant la juridiction qui sera saisie de l'affaire. • Com. 17 févr. 1998, n° 96-13.831 P : *D. 1998. 274, note Perdriau et Derrida ; D. Affaires 1998. 675, obs. V. A.-R. ; Quot. jur. 14 avr. 1998, p. 5, note P. M. ; JCP 1998. II. 10171, note Voinot.* ♦ V. aussi note 1 ss. art. R. 662-7.

Code de commerce

Art. L. 721-8 *(L. n° 2015-990 du 6 août 2015, art. 231-I-3°)* Des tribunaux de commerce spécialement désignés connaissent, lorsque le débiteur exerce une activité commerciale ou artisanale :

1° Des procédures de sauvegarde, de redressement judiciaire et de liquidation judiciaire mentionnées au livre VI, lorsque le débiteur est :

a) Une entreprise dont le nombre de salariés est égal ou supérieur à 250 et dont le montant net du chiffre d'affaires est d'au moins 20 millions d'euros ;

b) Une entreprise dont le montant net du chiffre d'affaires est d'au moins 40 millions d'euros ;

c) Une société qui détient ou contrôle une autre société, au sens des articles L. 233-1 et L. 233-3, dès lors que le nombre de salariés de l'ensemble des sociétés concernées est égal ou supérieur à 250 et que le montant net du chiffre d'affaires de l'ensemble de ces sociétés est d'au moins 20 millions d'euros ;

d) Une société qui détient ou contrôle une autre société, au sens des articles L. 233-1 et L. 233-3, dès lors que le montant net du chiffre d'affaires de l'ensemble de ces sociétés est d'au moins 40 millions d'euros ;

(Ord. n° 2017-1519 du 2 nov. 2017, art. 3-1°) « 2° Des procédures d'insolvabilité principales ouvertes à l'égard d'un débiteur qui possède un établissement sur le territoire d'un autre État membre, des procédures d'insolvabilité secondaires ou des procédures d'insolvabilité territoriales au sens de l'article 3 du règlement (UE) n° 2015/848 du 20 mai 2015 relatif aux procédures d'insolvabilité, ainsi que des instances introduites en application de la section 2 du chapitre II du titre IX du livre VI ; »

3° Des procédures pour l'ouverture desquelles la compétence internationale du tribunal résulte de la présence dans son ressort du centre principal des intérêts du débiteur ;

4° De la procédure de conciliation prévue au titre I du livre VI, sur saisine directe par le débiteur, à la demande du procureur de la République ou par décision du président du tribunal de commerce, lorsque le débiteur est une entreprise ou un ensemble de sociétés remplissant les conditions prévues aux *a* à *d* du 1°.

Le tribunal de commerce spécialisé compétent pour l'application des *c* et *d* du même 1° et du 4° du présent article est celui dans le ressort duquel se situe la société qui détient ou contrôle une autre société au sens des articles L. 233-1 et L. 233-3.

(Ord. n° 2017-1519 du 2 nov. 2017, art. 3-2°) « Pour l'application du 2° du présent article, le tribunal de commerce spécialisé compétent pour l'ouverture de la procédure d'insolvabilité principale est celui dans le ressort duquel est situé le centre des intérêts principaux du débiteur. Le tribunal de commerce spécialisé compétent pour l'ouverture d'une procédure secondaire ou d'une procédure territoriale est celui dans le ressort duquel est situé un établissement du débiteur au sens du point 10 de l'article 2 du règlement (UE) n° 2015/848 précité. »

Un décret, pris après avis du Conseil national des tribunaux de commerce, fixe la liste des tribunaux de commerce spécialisés. Ce décret détermine le ressort de ces juridictions, en tenant compte des bassins d'emplois et des bassins d'activité économique.

Le président du tribunal de commerce dans le ressort duquel l'entreprise a des intérêts ou un juge délégué par lui siège de droit au sein du tribunal de commerce spécialisé compétent.

L'art. L. 721-8 est applicable aux procédures ouvertes à compter du 1er mars 2016 (L. no 2015-990 du 6 août 2015, art. 231-II).

V. art. D. 721-19 et D. 721-19-1.

Sur la compétence, à titre expérimental, du tribunal des activités économiques pour connaître des procédures mentionnées aux 1o à 4o de l'art. L. 721-8, V. L. no 2023-1059 du 20 nov. 2023, art. 26, infra.

BIBL. ▸ VALLENS, *RTD com. 2015. 593*. – ROSSI, *BJE 2015. 423*. – MACORIG-VENIER, *RTD com. 2016. 192*. – RAIBAUT et SAINT-ALARY-HOUIN, *RJ com. 2016. 74*. – DAMMANN et PIGOT, *BJE 2016. 158* (introduction du *forum shopping* à la française). – VALLANSAN, *RPC 2016. Étude 22*. – BUISINE et ROUOT, *ibid.* 2020. *Fiche pratique 4* (seuils de compétence des tribunaux de commerce spécialisés et de co-désignation des administrateurs et mandataires judiciaires). – MONSÈRIÉ-BON et LE BERTRE, *RPC 2023. Dossier 33*. – SCHOLL, *Gaz. Pal. 19 sept. 2023, p. 35* (le tribunal des affaires économiques : une réforme nécessaire ?).

1. Date d'appréciation des seuils. En ce sens que les seuils déclenchant la compétence des tribunaux spécialisés doivent s'apprécier au jour de la demande d'ouverture de la procédure collective, V. • Lyon, 14 nov. 2019, no 16/07075 : *APC 2019, no 281, obs. Cagnoli ; LEDEN 1/2020. 2, obs. Camensuli-Feuillard ; RJ com. 2020. 273, obs. Némoz-Rajot.*

2. Extension de procédure. V. note 10 ss. art. L. 621-2.

3. Sanction. L'art. L. 721-8 ne prive pas le tribunal de commerce non spécialement désigné du pouvoir juridictionnel de connaître des procédures de sauvegarde, de redressement judiciaire et de liquidation judiciaire lorsque les seuils qu'il prévoit ne sont pas atteints mais détermine une règle de répartition de compétence entre les juridictions appelées à connaître des procédures, dont l'inobservation est sanctionnée par une décision d'incompétence et non par une décision d'irrecevabilité. • Com. 17 nov. 2021, no 19-50.067 B : *D. 2021. Chron. C. cass. 2265, obs. Barbot ; Rev. sociétés 2022. 185, obs. Henry ; LEDEN 1/2022. 3, obs. Camensuli-Feuillard ; RJDA 2022, no 156 ; RPC 2022, no 2, obs. Cagnoli ; APC 2022, no 43, obs. Ferrari ; Dr. sociétés 2022, no 44, note Legros ; BJE 3-4/2022. 25, note Guinamant ; Gaz. Pal. 19 avr. 2022, p. 51, obs. Rossi ; RJ com. 2022. 190, obs. Théron.*

Art. D. 721-19 *(Décr. no 2016-217 du 26 févr. 2016, art. 1er)* Le siège et le ressort des tribunaux de commerce et des chambres commerciales des *(Décr. no 2019-966 du 18 sept. 2019, art. 8, en vigueur le 1er janv. 2020)* « tribunaux judiciaires » des départements du Bas-Rhin, du Haut-Rhin et de la Moselle, spécialement désignés en application de l'article L. 721-8, sont fixés conformément aux tableaux des annexes 7-1-1 et 7-1-2 du présent livre. — *V. lesdites annexes.*

Art. D. 721-19-1 *(Décr. no 2019-167 du 6 mars 2019)* Les frais de transport et de séjour exposés par les présidents des tribunaux de commerce ou les juges délégués par eux mentionnés à l'article L. 721-8 sont remboursés selon la réglementation en vigueur applicable aux agents de l'État.

Art. L. 662-3 *(L. no 2005-845 du 26 juill. 2005, art. 156)* **Les débats devant le tribunal de commerce et le** *(Ord. no 2019-964 du 18 sept. 2019, art. 35, en vigueur le 1er janv. 2020)* **« tribunal judiciaire » ont lieu en chambre du conseil. Néanmoins, la publicité des débats est de droit après l'ouverture de la procédure si le débiteur, le mandataire judiciaire, l'administrateur, le liquidateur, le représentant des salariés ou le ministère public en font la demande. Le président du tribunal peut décider qu'ils auront lieu ou se poursuivront en chambre du conseil s'il survient des désordres de nature à troubler la sérénité de la justice.**

Par dérogation aux dispositions du premier alinéa, les débats relatifs aux mesures prises en application des chapitres Ier *(Abrogé par Ord. no 2008-1345 du 18 déc. 2008, art. 156)* **« ,** *II* **» et III du titre V ont lieu en audience publique. Le président du tribunal peut décider qu'ils ont lieu en chambre du conseil si** *(Ord. no 2008-1345 du 18 déc. 2008, art. 156)* **« l'une des personnes mises en cause** *[ancienne rédaction : le débiteur]* **» le demande avant leur ouverture.** — *V. art. R. 662-9.*

(Ord. no 2014-326 du 12 mars 2014, art. 91, en vigueur le 1er juill. 2014) **« Le tribunal peut entendre toute personne dont l'audition lui paraît utile, et notamment il peut entendre le représentant de l'État à sa demande. »**

L'art. L. 662-3 [la loi vise, par erreur, l'art. L. 662-4 ; V. Commentaire] est applicable aux procédures en cours au jour de l'entrée en vigueur de la L. n° 2005-845 du 26 juill. 2005 [1er janv. 2006] (L. préc., art. 191).

BIBL. ▶ BIGOT, *Gaz. Pal. 5-6 avr. 2006, p. 2.*

COMMENTAIRE

I. PUBLICITÉ DES DÉBATS

L'article L. 662-3, issu de la loi du 26 juillet 2005, a constitué une des innovations procédurales les plus remarquables de la réforme. Avec cette disposition cède un des derniers bastions de résistance au principe de publicité des débats. Il est vrai que, même s'agissant du point le plus sensible, les sanctions personnelles, la jurisprudence considérait que les articles 164 et 169 du décret du 27 décembre 1985 n'étaient pas incompatibles avec la Convention européenne des droits de l'homme (V. notes 6 et 7 ss. art. 164 du décret). Cette dérogation au principe général de publicité des débats affirmé par les articles 22 et 433 du code de procédure civile s'expliquait traditionnellement par la nécessité de préserver le crédit et l'honorabilité du débiteur (J.-L. Vallens, obs. ss. Com. 27 oct. 1998 : *RTD com. 1999. 205*). Malgré tout, cette entorse manifeste à l'article 6, § 1, Conv. EDH paraissait de plus en plus difficile à justifier à mesure que l'emprise de ce dernier texte en droit français s'accroît (V. N. Fricero, Les procédures collectives à l'épreuve du procès équitable, *in* Mél. en l'honneur d'Adrienne Honorat, *Éd. Frison-Roche, 2000, p. 17, n° 14*).

La réforme a adopté une position de compromis. Le principe demeure ; il est d'ailleurs, pour la première fois, et un peu paradoxalement, affirmé de manière générale, au moment où les exceptions l'entament pour une large partie : « les débats devant le tribunal de commerce et le tribunal de grande instance ont lieu en chambre du conseil. »

La première concerne les mesures frappant les dirigeants (responsabilité pour insuffisance d'actif : articles L. 651-1 s. ; obligation aux dettes sociales : art. L. 652-1 s. jusqu'à l'abrogation de ces art. par l'Ord. de 2008) et des mesures de faillite personnelle et d'interdiction de gérer (art. L. 653-1 s.). Dans ce domaine de sanction, la mise en conformité avec l'article 6, § 1, était difficilement évitable, sous peine, sinon, de voir un jour la France condamnée par la Cour européenne des droits de l'homme. Mais le texte a évolué sur ce point au cours de la discussion parlementaire. Le projet faisait de l'alinéa 2 de ce texte une disposition d'ordre public, à laquelle le tribunal n'aurait donc pu déroger, même avec l'accord de l'intéressé le dirigeant. Mais cette publicité obligatoire posait un sérieux problème en ce qu'elle se présentait comme une sanction supplémentaire, d'autant que, en pratique, environ la moitié des débats débouchent, faute de preuves suffisantes, sur une absence de condamnation (G. Teboul, La réforme des procédures collectives : le retour, *LPA 4 nov. 2003, p. 3 ;* Y. Neveu, Les innovations apportées au régime des sanctions par le projet de réforme, *RJ com., hors série 2004, p. 131 ;* V. aussi l'audition de Mme P. Rey, Rapport de la mission d'information sur la réforme du droit des sociétés – traitement des entreprises en difficulté, *Doc. AN, n° 2094*). Aussi le Sénat, puis la Commission mixte paritaire, sont-ils venus apporter un sérieux bémol au principe des débats en audience publique, en donnant au président du tribunal le pouvoir de décider que ceux-ci ont lieu en chambre du conseil. Cette décision suppose toutefois une demande de l'une des personnes mises en cause (comme est opportunément venue le dire l'ordonnance 2008, corrigeant le texte de la loi de 2005, qui visait « le débiteur » ; correction déjà effectuée dans la partie réglementaire par l'art. 345 du décret de 2005), formulée avant l'ouverture des débats. A la suite d'une intervention de M. Badinter au Sénat, la Commission mixte paritaire avait reformulé le texte pour qu'il ne soit plus douteux que la décision n'incombe pas au dirigeant, mais bien au président du tribunal, sur demande du débiteur (ce qu'un auteur regrette, estimant que la confidentialité devrait être de droit pour l'intéressé, à moins que les avis divergent entre les dirigeants poursuivis : F. Pérochon, Entreprises en difficulté, *LGDJ, 11e éd., 2022, n° 3065*). Il s'agit d'une mesure d'administration judiciaire non susceptible de recours (V. art. R. 662-9).

La deuxième exception est plus générale ; elle est aux mains des parties, plus exactement du débiteur, du mandataire judiciaire, de l'administrateur, du liquidateur, du représentant des salariés et du ministère public. Chacun d'eux peut demander, dès l'ouverture de la procédure, et tout au long de celle-ci, que les débats soient publics. Dans ce cas, la publicité des débats, dit le texte, est « de droit ». Ce qui signifie qu'aucun des intéressés n'a le pouvoir de s'y opposer. Cette automaticité pourrait, selon un auteur, s'avérer gênante s'agissant de la procédure de sauvegarde (G. Teboul, Le projet de loi de sauvegarde des entreprises diffusé par la Chancellerie le 12 mai 2004 : quoi de neuf ?, *LPA 29 juin 2004*). Seul le président du tribunal se voit reconnaître le pouvoir de décider qu'en raison de la survenance de « désordres de nature à troubler la sérénité de la justice », les débats « auront lieu ou se poursuivront en chambre du conseil ». Il peut prendre cette décision lors de l'ouverture de la procédure aussi bien qu'ultérieurement. A cet égard, l'article L. 662-3 ne fait que reprendre l'article 435 du code de procédure civile. A la différence duquel, toutefois, il ne précise pas que le juge peut opter pour le retour en chambre du conseil « si toutes les parties le demandent » (T. Montéran, Les sanctions pécuniaires et personnelles dans la loi du 26 juillet 2005, *Gaz. Pal. 9-10 sept. 2005, p. 37, spéc. p. 42*).

Notons encore que, par application de l'article 446 du code de procédure civile, la nullité pour inobservation des règles relatives à la publicité des débats doit être invoquée avant la clôture des débats, et qu'elle ne peut pas être relevée d'office. Enfin, n'est-il peut-être pas inutile de préciser que l'audience en chambre du conseil ne concerne que les débats au sens strict, ce qui n'interdit donc pas la pratique consulaire consistant à ce que la « mise en état » se fasse en audience publique jusqu'à ce que l'affaire soit en état d'être plaidée en chambre du conseil (J.-L. Bigot, Quelques aspects procéduraux de la loi de sauvegarde des entreprises, *Gaz. Pal. 5-6 avr. 2006, p. 2*).

II. APPLICATION DANS LE TEMPS

Ces dispositions étaient applicables aux procédures en cours le 1er janvier 2006, jour de l'entrée en vigueur de la loi du 26 juillet 2005 (art. 191, 8°, qui vise, manifestement par erreur, l'art. L. 662-4 au lieu de l'art. L. 662-3 ; V., sur ce point, J.-P. Legros, La loi du 26 juillet 2005 de sauvegarde des entreprises, Les mesures de prévention du nouveau titre I du livre VI du code de commerce [1re partie], *Dr. sociétés 2005. Étude 9, spéc. n° 6*).

III. AUDITION DU REPRÉSENTANT DE L'ÉTAT

L'ordonnance du 12 mars 2014 a ajouté la précision selon laquelle le tribunal peut entendre toute personne dont l'audition lui paraît utile (disposition transférée de l'art. L. 621-1, où elle figurait auparavant), et notamment, il peut entendre le représentant de l'État (sans doute le commissaire au redressement productif) à sa demande. Cet ajout procède de l'article 2, 7°, *b*, de la loi d'habilitation du 2 janvier 2014 prévoyant des mesures « améliorant l'information du tribunal et de son président et permettant une meilleure prise en compte d'autres intérêts que ceux représentés dans la procédure ». L'audition du représentant de l'État, à sa demande, semble être inspirée de l'expérience de certaines affaires dans lesquelles la voix de l'État n'a pu se faire entendre (not. l'affaire *Doux*). ❑

S'il résulte de l'art. L. 662-3, al. 2, que les débats relatifs à la responsabilité pour insuffisance d'actif et à la faillite personnelle sont publics, sauf décision du président prise à la demande d'une des personnes mises en cause, ce texte ne déroge pas aux dispositions de l'art. 446 C. pr. civ., lequel impose que la nullité fondée sur l'inobservation, notamment, des règles sur la publicité des débats soit invoquée avant la clôture de ceux-ci. • Com. 18 mai 2022, n° 19-25.606 : *RPC 2022, n° 110, obs. Martin-Serf.*

Art. L. 662-4 **Tout licenciement envisagé par l'administrateur, l'employeur ou le liquidateur, selon le cas, du représentant des salariés mentionné aux articles** *(L. n° 2005-845 du 26 juill. 2005, art. 157)* **« L. 621-4 et L. 641-1 » est obligatoirement soumis au comité d'entreprise** *[au comité social et économique]*, **qui donne un avis sur le projet de licenciement.**

Le licenciement ne peut intervenir que sur autorisation de l'inspecteur du travail dont dépend l'établissement. Lorsqu'il n'existe pas de comité *(Ord. n° 2021-1193 du 15 sept. 2021, art. 69, en vigueur le 1er oct. 2021)* **« social et économique » dans l'établissement, l'inspecteur du travail est saisi directement.**

Toutefois, en cas de faute grave, l'administrateur, l'employeur ou le liquidateur, selon le cas, a la faculté de prononcer la mise à pied immédiate de l'intéressé en attendant

la décision définitive. En cas de refus de licenciement, la mise à pied est annulée et ses effets supprimés de plein droit.

La protection instituée en faveur du représentant des salariés pour l'exercice de sa mission fixée à l'article L. 625-2 cesse lorsque toutes les sommes versées au mandataire judiciaire par les institutions mentionnées à l'article L. 143-11-4 *[L. 3253-13]* **du code du travail, en application du dixième alinéa de l'article L. 143-11-7** *[L. 3253-21, 2°]* **dudit code, ont été reversées par ce dernier aux salariés.**

Lorsque le représentant des salariés exerce les fonctions du comité *(Ord. n° 2021-1193 du 15 sept. 2021, art. 69, en vigueur le 1er oct. 2021)* **« social et économique »,** *(Abrogé par L. n° 2005-845 du 26 juill. 2005, art. 157)* ***« en application de l'article L. 621-135, »*** **la protection cesse au terme de la dernière audition ou consultation prévue par la procédure de redressement judiciaire.** – *[C. com., anc. art. L. 627-5.]*

Pour les dispositions transitoires de l'Ord. n° 2021-1193 du 15 sept. 2021, V. note ss. art. L. 611-2.

1. La période de protection du représentant des salariés dans l'entreprise en redressement ou en liquidation judiciaire instaurée par l'art. L. 627-5 [L. 662-4] C. com. correspond à la durée du mandat. • Soc. 1er mars 2005, n° 02-44.293 P. ♦ Il en résulte que le licenciement d'un candidat à une telle désignation ou élection n'est pas soumis à l'autorisation du comité d'entreprise et de l'inspecteur du travail. • Même arrêt.

2. La protection du représentant des salariés, qui exerce les fonctions du comité d'entreprise ou à défaut, des délégués du personnel en cas d'absence de ceux-ci, cesse au terme de la dernière audition ou consultation précédant l'adoption d'un plan de redressement. • Soc. 30 janv. 2013, n° 11-22.979 P : *D. 2013. Actu. 371 ; LEDEN 3/2013. 7, obs. G. Dedessus-Le-Moustier ; APC 2013, n° 58, obs. Jacotot ; RPC 2013, n° 33, obs. Roussel Galle ; Gaz. Pal. 1er-4 mai 2013, p. 39, obs. Duprat.*

3. Le licenciement d'un représentant des salariés désigné en vertu de l'art. 15 du Décr. n° 85-1388 du 27 déc. 1985 (C. com., art. R. 621-14] et dont la désignation n'a pas été annulée préalablement par le juge d'instance, auquel le second alinéa de l'art. L. 621-9 [L. 621-6] C. com. attribue compétence pour connaître de cette contestation, doit être autorisé par l'inspecteur du travail si sa mission n'a pas pris fin. • Soc. 23 sept. 2009, n° 08-40.603 P : *D. 2009. AJ 2341 ; APC 2009, n° 257, obs. Fin-Langer ; JCP E 2010. 1011, n° 14, obs. Pétel*

4. Le salarié protégé, qui a été licencié sans autorisation et qui ne demande pas la poursuite du contrat de travail illégalement rompu, a le droit d'obtenir non seulement une indemnité égale à la rémunération qu'il aurait perçue depuis la date de son éviction jusqu'à la fin de la période de protection, à titre de sanction de la méconnaissance par l'employeur du statut protecteur, mais encore, à défaut de faute grave, les indemnités de rupture et une indemnité si le licenciement est dépourvu de cause réelle et sérieuse. • Soc. 5 mai 1993, n° 92-40.835 P : *D. 1993. IR 138.*

5. Le cessionnaire, tenu de maintenir provisoirement le contrat de travail du représentant des salariés, en raison de la décision initiale de refus d'autorisation du licenciement de l'inspecteur du travail, peut tirer les conséquences du licenciement prononcé par l'administrateur en application du jugement arrêtant le plan de cession après autorisation de l'inspecteur du travail. • Soc. 14 mars 2007 : *D. 2007. AJ 1083 .*

Art. L. 662-5 *(L. n° 2003-7 du 3 janv. 2003, art. 47)* **Les fonds détenus par les syndics au titre des procédures de règlement judiciaire ou de liquidation des biens régies par la loi n° 67-563 du 13 juillet 1967 sur le règlement judiciaire, la liquidation des biens, la faillite personnelle et les banqueroutes sont immédiatement versés en compte de dépôt à la Caisse des dépôts et consignations. En cas de retard, le syndic doit, pour les sommes qu'il n'a pas versées, un intérêt dont le taux est égal au taux de l'intérêt légal majoré de cinq points.** – *[C. com., anc. art. L. 627-6.]*

Art. L. 662-6 *(L. n° 2005-845 du 26 juill. 2005, art. 159)* **Le greffe du tribunal de commerce et celui du** *(Ord. n° 2019-964 du 18 sept. 2019, art. 35, en vigueur le 1er janv. 2020)* **« tribunal judiciaire » établissent au terme de chaque semestre la liste des administrateurs judiciaires et des mandataires judiciaires désignés par la juridiction et des autres personnes auxquelles un mandat afférent aux procédures régies par le présent livre a été confié par ladite juridiction, pendant cette période. Ils y font figurer, pour chacun des intéressés, l'ensemble des dossiers qui lui ont été attribués et les informations relatives aux débiteurs concernés prévues par décret en Conseil d'État.** *(Abrogé par Ord. n° 2008-1345 du 18 déc. 2008, art. 157)* ***« Ils y annexent le montant du chiffre***

d'affaires qu'il a réalisé, au titre des mandats qui lui ont été confiés par la juridiction, au cours du semestre précédent. »

Ces informations sont portées à la connaissance du garde des sceaux, ministre de la justice, du ministère public du ressort concerné et des autorités chargées du contrôle et de l'inspection des administrateurs et des mandataires judiciaires, selon des modalités déterminées par un décret en Conseil d'État.

V. art. R. 662-15 et R. 662-16.

COMMENTAIRE

L'article L. 662-6, issu de la loi du 26 juillet 2005, a pour finalité d'améliorer la transparence dans la répartition des affaires et des rémunérations afin de créer un milieu professionnel plus concurrentiel, dans l'intérêt des entreprises qui doivent recourir aux services d'un administrateur ou d'un mandataire judiciaire. Ses modalités d'application sont prévues par les articles R. 662-15 et R. 662-16.

Notons que l'ordonnance du 18 décembre 2008 a supprimé l'obligation d'annexer le montant du chiffre d'affaires réalisé, au titre des mandats qui ont été confiés au mandataire de justice par la juridiction, au cours du semestre précédent. ❑

Art. L. 662-7 *(L. n° 2016-1547 du 18 nov. 2016, art. 99-VIII-2°)* **A peine de nullité du jugement, ne peut siéger dans les formations de jugement ni participer au délibéré de la procédure :**

1° Le président du tribunal, s'il a connu du débiteur en application des dispositions du titre I du présent livre ;

2° Le juge commis chargé de recueillir tous renseignements sur la situation financière, économique et sociale de l'entreprise, pour les procédures dans lesquelles il a été désigné ;

3° Le juge-commissaire ou, s'il en a été désigné un, son suppléant, pour les procédures dans lesquelles il a été désigné ;

4° Le juge commis chargé de recueillir tous renseignements sur la situation patrimoniale du débiteur, pour les procédures de rétablissement professionnel dans lesquelles il a été désigné.

Sur les dispositions transitoires de la L. n° 2016-1547 du 18 nov. 2016, V. note ss. art. L. 661-6.

Ancien art. L. 662-7 *(Ord. n° 2014-326 du 12 mars 2014, art. 92, en vigueur le 1er juill. 2014)* ***Le juge-commissaire ne peut siéger, à peine de nullité du jugement [,] dans les formations de jugement ni participer au délibéré de la procédure dans laquelle il a été désigné.***

COMMENTAIRE

I. RÈGLE D'IMPARTIALITÉ POSÉE PAR L'ORDONNANCE DU 12 MARS 2014

L'ordonnance du 12 mars 2014 avait créé le nouvel article L. 662-7, selon lequel, limité alors à cet alinéa unique, « le juge-commissaire ne peut siéger, à peine de nullité du jugement, dans la formation de jugement, ni participer au délibéré de la procédure dans laquelle il a été désigné ». Il s'agissait là de la traduction, désormais énoncée de manière générale dans une disposition autonome, de la règle d'impartialité, limitée jusque-là au champ des sanctions. Cette modification, qui était destinée à unifier les pratiques entre les juridictions commerciales, quelle que soit leur taille, devait assurer à la France d'être en conformité sur ce point avec l'impératif d'impartialité résultant de l'article 6, § 1, de la Convention européenne des droits de l'homme.

Ainsi s'achevait l'acclimatation progressive de la procédure collective au principe d'impartialité, quant au rôle ambigu du juge-commissaire. Rappelons que, dans un premier temps, la Cour de cassation avait jugé que la présence du juge-commissaire dans la formation ne portait pas atteinte au principe d'impartialité (Com. 3 nov. 1992 et 16 mars 1993 : *D. 1993. 538, note J.-L. Vallens* ; 16 oct. 2001 : *D. 2001. AJ 3273, obs. A. Lienhard* ; *ibid. Somm. 80, obs. F. Derrida*). Par la suite, toutefois, animées par un souci de précaution, la loi du 26 juillet 2005 puis l'ordonnance du 18 décembre 2008, par touches successives, avaient déjà posé l'interdiction pour le juge-commissaire de siéger dans la formation de jugement et de participer au délibéré. Mais cela, uniquement dans les dispositions relatives aux sanctions, aux articles L. 651-3 et L. 653-7, dont les alinéas 3 ont été logiquement abrogés par l'ordonnance de 2014, corrélativement à « l'autonomisation » de la règle. De surcroît, contrairement à ces dispositions abrogées, la nouvelle disposition est expressément prévue « à peine de nullité du jugement » (V., déjà, sanctionnant par la nullité du jugement, en matière de faillite personnelle, Paris, 26 févr. 2008 : *D. 2008. AJ 915, obs. A. Lienhard*).

Depuis la réécriture du texte par la loi du 18 novembre 2016, la règle posée par la réforme de 2014 se retrouve au 3° de l'article L. 662-7 modifié, par ailleurs étendue au juge-commissaire suppléant.

II. EXTENSION DE LA RÈGLE D'IMPARTIALITÉ PAR LA LOI DU 18 NOVEMBRE 2016

Afin d'assurer l'impartialité objective du tribunal à tous les stades de la procédure collective, la loi du 18 novembre 2016 a étendu la règle posée par l'ordonnance à d'autres situations. Ainsi s'applique-t-elle dorénavant aussi expressément : au président du tribunal, s'il a eu connaissance de la situation du débiteur dans le cadre d'une procédure de prévention des difficultés connues par l'entreprise ; au juge chargé de recueillir tous renseignements sur la situation financière, économique et sociale de l'entreprise, pour les procédures dans lesquelles il a été désigné ; au juge chargé de recueillir tous renseignements sur la situation patrimoniale du débiteur, pour les procédures de rétablissement professionnel dans lesquelles il a été désigné. ❑

Est entaché de nullité le jugement rendu par le tribunal présidé par le juge-commissaire, qui a rejeté l'opposition formée contre l'ordonnance, même si la décision ne mentionne pas le juge-commissaire parmi les trois juges qui ont délibéré, le terme « siéger » s'appliquant à l'évidence à toute participation à la formation de jugement. • Paris, 9 avr. 1991 : *D. 1992. Somm. 8, obs. Derrida* ; *Gaz. Pal. 1992. 2. 519, note Marchi.* ♦ Cette irrégularité exceptionnelle, spécialement sanctionnée par le législateur, est d'une gravité telle qu'elle rend recevable l'appel-nullité interjeté par le débiteur. Dans ce cas, jugé qu'il convient de renvoyer la cause devant le tribunal afin qu'il soit statué dans les formes prévues aux art. 25 et 26 [R. 621-21 et R. 621-22]. • Même arrêt. ♦ Dans le même sens : • Basse-Terre, 2 déc. 1996 : *Gaz. Pal. 1997. 1. Somm. 154, obs. Vray.*

Art. L. 662-8 *(L. n° 2015-990 du 6 août 2015, art. 233-I)* **Le tribunal est compétent pour connaître de toute procédure concernant une société qui détient ou contrôle, au sens des articles L. 233-1 et L. 233-3, une société pour laquelle une procédure est en cours devant lui. Il est également compétent pour connaître de toute procédure concernant une société qui est détenue ou contrôlée, au sens des articles L. 233-1 et L. 233-3, par une société pour laquelle une procédure est en cours devant lui.**

Il peut désigner un administrateur judiciaire et un mandataire judiciaire communs à l'ensemble des procédures.

Par dérogation à la première phrase du premier alinéa, toute procédure en cours concernant une société détenue ou contrôlée, au sens des articles L. 233-1 et L. 233-3, par une société pour laquelle une procédure est ouverte devant un tribunal de commerce spécialisé est renvoyée devant ce dernier. – *V. art. R. 662-18.*

L'art. L. 662-8 est applicable aux procédures ouvertes à compter du 1er mars 2016 (L. n° 2015-990 du 6 août 2015, art. 233-II).

BIBL. ▸ BRUNET et SONIER, *RPC 2016. Prat. 1.* – BORGA, *BJE 2017. 253* (incidence du calcul des seuils au sein d'un groupe).

COMMENTAIRE

Répondant aux regrets formulés en raison du silence de l'ordonnance de 2008 à cet égard, la loi d'habilitation du 2 janvier 2014 (art. 2, 7°, *a)* avait prévu des mesures « précisant et complétant les critères de renvoi d'une affaire devant une autre juridiction, pour tenir compte de l'appartenance du débiteur à un groupe ou de l'importance de l'affaire ». Dans sa première mouture, l'article L. 662-8, ajouté par l'ordonnance du 12 mars 2014, qui organisait une coordination des mandataires de justice, procèdait de cette disposition. Ses modalités d'application étaient détaillées par l'article R. 662-18.

La loi n° 2015-990 du 6 août 2015 est venue remanier l'article L. 662-8 afin d'instaurer, pour les procédures ouvertes à compter du 1er mars 2016, un nouveau mécanisme procédural permettant de prendre mieux encore en compte les groupes de sociétés, au-delà du mécanisme partiel et limité aux tribunaux de commerce spécialisés prévu par cette même loi à l'article L. 721-8 nouveau du code de commerce. Le dispositif généralisé prévu par le texte réécrit de l'article L. 662-8, qui consiste non seulement en la désignation d'un administrateur judiciaire et d'un mandataire judiciaire commun à l'ensemble des procédures, mais aussi et surtout en une prorogation de compétence pour les ouvertures de procédures visant des sociétés contrôlées ou contrôlantes, est d'autant plus opportun que, faute de disposition procédurale spécifique jusque-là, la Cour de cassation se refusait logiquement d'autoriser l'extension de procédure en dehors des strictes conditions légales, supposant la confusion des patrimoines ou la fictivité des sociétés, à seule fin de permettre le traitement de celles-ci au sein d'une procédure unique (V. Com. 16 déc. 2014 : *cité note 14 ss. art. L. 621-2*). Ce système a ceci de remarquable qu'il institue, de fait, un mécanisme de *forum shopping* à la française, en ce sens qu'il repose sur la règle de compétence du tribunal saisi en premier lieu (V., pour un mode d'emploi, R. Dammann et M. Pigot, *BJE 2016. 158*). ❑

1. Pour une application de l'art. L. 662-8 dans un contexte international, V. • T. com. Bobigny, 17 oct. 2019 : *RPC 2019, n° 166, obs. Menjucq.*

2. Pour un exemple de détournement de l'art. L. 662-8, V. • Reims, 4 juill. 2016, n° 16/01201 : *JCP E 2017. 1326, note Delattre.*

CHAPITRE III *DES FRAIS DE PROCÉDURE*

BIBL. GÉN. ▸ Dossier « Les coûts de faillite. Le droit des entreprises en difficulté est-il performant ? », *RPC 2018. Dossiers 1 à 14.*

Art. L. 663-1 I. — **Lorsque les fonds disponibles du débiteur n'y peuvent suffire immédiatement, le Trésor public, sur ordonnance motivée du juge-commissaire** *(Abrogé par Ord. n° 2008-1345 du 18 déc. 2008, art. 158)* ***« ou du président du tribunal »***, **fait l'avance des droits, taxes, redevances ou émoluments perçus par les greffes des juridictions,** *(Abrogé par L. n° 2011-94 du 25 janv. 2011, art. 32-11°, à compter du 1er janv. 2012)* ***« des débours tarifés et des émoluments dus aux avoués et »*** **des rémunérations des avocats dans la mesure où elles sont réglementées, des frais de signification et de publicité et de la rémunération des techniciens désignés par la juridiction après accord du ministère public, afférents :**

1° Aux décisions qui interviennent au cours de la procédure *(L. n° 2005-845 du 26 juill. 2005, art. 163)* **« de sauvegarde, de redressement judiciaire » ou de liquidation judiciaire rendues dans l'intérêt collectif des créanciers ou du débiteur ;**

2° A l'exercice des actions tendant à conserver ou à reconstituer le patrimoine du débiteur ou exercées dans l'intérêt collectif des créanciers ;

3° Et à l'exercice des actions mentionnées aux articles L. 653-3 à L. 653-6.

(Ord. n° 2014-326 du 12 mars 2014, art. 94, en vigueur le 1er juill. 2014) **« L'accord du ministère public n'est pas nécessaire pour l'avance de la rémunération des officiers publics ou des courtiers de marchandises assermentés désignés par le tribunal ou par le juge-commissaire en application des articles L. 621-4, L. 621-12, L. 622-6-1, L. 622-10, L. 631-9, L. 641-1 ou L. 644-1-1 pour réaliser l'inventaire prévu à l'article L. 622-6 et, le cas échéant, la prisée des actifs du débiteur. »**

II. — Le Trésor public, sur ordonnance motivée du président du tribunal, fait également l'avance des mêmes frais afférents à l'exercice de l'action en résolution et en modification du plan.

III. — Ces dispositions sont applicables aux procédures d'appel ou de cassation de toutes les décisions mentionnées ci-dessus.

IV. — Pour le remboursement de ses avances, le Trésor public est garanti par le privilège des frais de justice. — *[C. com., anc. art. L. 627-3.]*

(Ord. n° 2014-1088 du 26 sept. 2014, art. 11, en vigueur le 28 sept. 2014) **« V. — Sur ordonnance du président du tribunal, lorsque la procédure de rétablissement professionnel prévue par le chapitre V du titre IV fait l'objet d'un jugement de clôture entraînant effacement des dettes, le Trésor public fait l'avance des droits, taxes, redevances ou émoluments perçus par les greffes des juridictions ainsi que des frais de**

signification et de publicité. » — *Les modifications issues de l'Ord. n° 2014-1088 du 26 sept. 2014 ne s'appliquent pas aux procédures en cours au jour de son entrée en vigueur (Ord. préc., art. 13).*

V. art. R. 661-1 et R. 663-2.

Ancien art. L. 663-1 (I, dernière phr.) *[réd. issue de L. n° 2005-845 du 26 juill. 2005]* ***L'accord du ministère public n'est pas nécessaire pour l'avance de la rémunération des officiers publics désignés par le tribunal en application de l'article L. 621-4, pour réaliser l'inventaire prévu à l'article L. 622-6 et la prisée prévue à l'article L. 641-4.***

COMMENTAIRE

L'article L. 663-1, issu de la loi du 26 juillet 2005, a repris les dispositions de l'ancien article L. 627-3, relatives à la prise en charge par le Trésor public des frais de justice sous forme d'avances remboursables en fin de procédure. La loi de sauvegarde y a ajouté une exception visant l'avance de la rémunération des officiers publics chargés de réaliser l'inventaire et la prisée. Comme ces opérations sont obligatoires (V. art. L. 622-6 et L. 641-4), l'avance est dispensée de l'accord préalable du ministère public. L'ordonnance du 18 décembre 2008 est ensuite, logiquement, venue adapter les renvois aux modifications qu'elle a apportée au régime de la réalisation de l'inventaire et de la prisée.

Quant à l'article R. 663-2, portant application de l'article L. 663-1, il résulte du décret de codification de la partie réglementaire du code de commerce, du 25 mars 2007 (avant modification par le décret de 2009). Sa rédaction a été mise en cohérence avec les règles de procédure civile. L'article 25-1 du décret du 27 décembre 1985, qu'il reprend après l'avoir abrogé, relatif au recours devant la cour d'appel des ordonnances du juge-commissaire prises en application de l'ancien article L. 627-3, était en effet dépourvu de précision sur la question de la représentation devant la cour. Le recours pouvant être exercé par déclaration au greffe ou par lettre recommandée avec AR, c'est-à-dire sans déclaration au greffe signée par avoué, il est apparu opportun d'ajouter que l'appel est formé, instruit et jugé suivant la procédure sans représentation obligatoire, afin de lever toute ambiguïté éventuelle (C. Arrighi de Casanova et J. Théry-Schultz, Élaboration de la partie réglementaire du code de commerce, *D. 2007. Chron. 1221*).

L'ordonnance de 2008 a supprimé la possibilité, jusque-là prévue, d'une ordonnance émanant du président du tribunal.

L'ordonnance du 12 mars 2014 a actualisé la liste des renvois.

Quant à l'ordonnance du 26 septembre 2014, elle a prévu la possibilité que le Trésor public prenne en charge certains coûts de la procédure de rétablissement professionnel autres que l'indemnité due au mandataire de justice qui assiste le juge commis chargé de l'enquête. L'avance de ces frais par le Trésor génère à l'égard du débiteur une créance qui ne peut faire l'objet de l'effacement des dettes prévu par l'article L. 645-11. En outre, lorsque le patrimoine du débiteur le permettra, le tribunal pourra limiter le montant de ces avances. Ce dispositif est moins restrictif que le recours à l'aide juridictionnelle. Il ne s'appliquera qu'aux procédures ouvertes à compter du 28 septembre 2014. ❑

1. Frais et débours. Il résulte de la combinaison de l'art. 215 de la loi du 25 janv. 1985 et des art. R. 93 (7°) et R. 214 C. pr. pén., que les frais visés par le premier de ces textes, que le deuxième assimile aux frais de justice criminelle, correctionnelle et de police, sont taxés et liquidés d'après le tarif et selon les règles de la juridiction compétente. Ces frais, s'agissant de ceux dus aux avocats, ne pouvant ainsi comprendre, outre les débours, que la partie légalement tarifée de leur rémunération correspondant à l'exercice de la postulation, et non leurs honoraires qui, aux termes de l'art. 10 de la L. n° 71-1130 du 31 déc. 1971, sont fixés en accord avec le client, l'avance de frais et débours par le Trésor public ne peut couvrir les sommes réclamées par un avocat en vue d'assurer la défense du liquidateur devant une juridiction où la représentation par avocat n'est pas obligatoire. • Com. 6 mai 1997, n° 95-10.185 P : *D. 1997. 437, rapp. Rémery ; D. Affaires 1997. 799 ; Quot. jur. 24 juin 1997, p. 4, note P. M. ; RPC 1998. 70, obs. Soinne.* ♦ Solution confirmée par l'art. L. 627-3 C. com., dans sa rédaction, issue de la L. n° 2001-1275 du 28 déc. 2001 [devenu l'art. L. 663-1]. ♦ Pour une application, V. • Reims, 9 juin 2008 : *BICC 2009, n° 208.*

2. Seules les rémunérations des techniciens désignés par le juge-commissaire en application de l'art. L. 621-12 [L. 621-9] C. com., celles des personnes qualifiées désignées en application de l'art. 164 du Décr. n° 85-1388 du 27 déc. 1985 [C. com., art. R 651-5] ou celles des techniciens désignés pour exécuter des mesures d'instruction en application des art. 232 s. NCPC [C. pr. civ.] peuvent donner lieu à une avance du Trésor public dans les conditions fixées par l'art. L. 627-3 [L. 663-1]. • Com. 28 sept. 2004, n° 03-14.851 P : *D. 2004. AJ 2654 ; JCP E 2005, n° 1-2, p. 26, obs. Pétel ; BJS 2005. 217, note J.-F. Barbièri ; RPC 2006. 54, obs. Lebel.* ♦ Les honoraires d'un cabinet comptable, désigné pour assister le liquidateur judiciaire afin, notamment, de mener des investigations sur les responsabilités encourues par les dirigeants et de procéder à la révision du compte client, ne peuvent donner lieu à une avance par le Trésor public. • Même arrêt. ♦ Le commissaire-priseur, désigné pour procéder à une vente aux enchères publiques de l'actif mobilier d'une société en liquidation judiciaire, en application de l'art. L. 622-18 [L. 642-19] C. com., n'est pas un technicien au sens des art. L. 627-3 [L. 663-1] C. com. et 232 NCPC [C. pr. civ.]. • Limoges, 5 janv. 2005 : *BICC 2005, n° 441.*

3. L'art. L. 627-3 [L. 663-1], qui accorde le remboursement des frais et débours avancés dans les procédures impécunieuses, n'opère aucune distinction entre les sommes versées aux officiers publics et ministériels et les autres frais et débours ; ce texte n'exige nullement que pour le paiement des frais de greffe ou d'huissier de justice des justificatifs soient donnés affaire par affaire, ligne par ligne, ou récapitulés sur un état de frais spécifique certifié page par page. • Paris, 15 oct. 2002 : *RJ com. 2004. 29, note Sortais.*

4. L'action de la débitrice tendant à établir l'existence d'une contrefaçon à l'encontre d'une autre société et la désignation d'un expert pour rechercher la réalité de ladite contrefaçon est incontestablement dans l'intérêt collectif des créanciers puisqu'elle a pour but d'obtenir réparation d'un préjudice constituant le seul actif recouvrable de la procédure. • Agen, 22 janv. 2007 : *RPC 2008. 67, obs. Lebel.* ♦ L'avance des frais d'expertise par le Trésor public ne peut intervenir qu'une fois celle-ci effectuée et les honoraires de l'expert taxés. • Même arrêt.

5. Sur le contrôle de la motivation de l'ordonnance du juge-commissaire décidant l'avance des frais et débours par le Trésor public, V. • Besançon, 28 juin 2005 : *RTD com. 2005. 610, obs. Vallens.*

Art. L. 663-1-1 *(L. n° 2012-346 du 12 mars 2012, art. 4)* **Lorsque les mesures conservatoires ordonnées en application des articles L. 621-2, L. 631-10-1 et L. 651-4 portent sur des biens dont la conservation ou la détention génère des frais ou qui sont susceptibles de dépérissement, le juge-commissaire peut autoriser, aux prix et conditions qu'il détermine, l'administrateur, s'il a été nommé, le mandataire judiciaire ou le liquidateur à les céder. Les sommes provenant de cette cession sont immédiatement versées en compte de dépôt à la Caisse des dépôts et consignations.**

(Abrogé par Ord. n° 2014-326 du 12 mars 2014, art. 95, à compter du 1er juill. 2014) ***« Le juge-commissaire peut autoriser l'affectation des sommes provenant de cette cession au paiement des frais engagés par l'administrateur, le mandataire judiciaire ou le liquidateur pour les besoins de la gestion des affaires du propriétaire de ces biens, y compris pour assurer le respect des obligations sociales et environnementales résultant de la propriété de ces biens, si les fonds disponibles du débiteur n'y suffisent pas. »***

La L. n° 2012-346 du 12 mars 2012 est applicable aux procédures de sauvegarde, de redressement judiciaire ou de liquidation judiciaire en cours à la date de sa publication [JO 13 mars] (L. préc., art. 6).

V. art. R. 661-1, R. 662-17 et R. 663-45.

COMMENTAIRE

En raison du potentiel de risques de cette disposition, manifestement mal conçue et mal maîtrisée par le législateur (V. comm. [IV] ss. art. L. 631-10-1), l'ordonnance de 2014 est venue discrètement mais sagement (sans habilitation particulière donnée à cette fin par la loi n° 2014-1 du 2 janvier 2014) abroger le second alinéa de l'article L. 663-1-1, lequel prévoyait, depuis la loi n° 2012-346 du 12 mars 2012, dite Petroplus, que des sommes provenant de la cession de biens faisant l'objet d'une saisie conservatoire pouvaient être utilisées sur autorisation du juge-commissaire, bien qu'elles ne relèvent pas de l'actif de la procédure collective. ❑

Art. L. 663-2 *(L. n° 2015-990 du 6 août 2015, art. 50-I-3°)* **« Les modalités de rémunération des administrateurs judiciaires, des mandataires judiciaires, des commissaires à l'exécution du plan et des liquidateurs sont fixées conformément au titre IV *bis* du livre IV** *[V. ci-dessous]***. »** *(L. n° 2005-845 du 26 juill. 2005, art. 158-II)* **« Cette rémunération est exclusive de toute autre rémunération ou remboursement de frais au titre de**

la même procédure ou au titre d'une mission subséquente qui n'en serait que le prolongement *(Ord. n° 2014-326 du 12 mars 2014, art. 96, en vigueur le 1er juill. 2014)* **« à l'exception d'un mandat de justice confié au titre du troisième alinéa de l'article L. 643-9 ». »** *— V. art. R. 663-3 s.*

(L. n° 2016-1547 du 18 nov. 2016, art. 99-VIII-3°) **« Le mandataire de justice informe le président du coût des prestations qui ont été confiées par lui à des tiers lorsque ceux-ci n'ont pas été rétribués sur la rémunération qu'il a perçue. »** *— Sur les dispositions transitoires de la L. n° 2016-1547 du 18 nov. 2016, V. note ss. art. L. 661-6.*

V. art. R. 661-1.

COMMENTAIRE

Cet article, issu de la loi du 26 juillet 2005, a transféré, du livre VIII (dont l'art. L. 814-6 est abrogé) au livre VI du code, les règles relatives à la rémunération des mandataires de justice désignés dans les procédures collectives. Il vise par ailleurs à éviter, selon l'exposé de ses motifs, que les mandataires « ne soient désignés à d'autres titres dans le cours d'une même procédure ».

L'ordonnance du 12 mars 2014 a apporté une exception s'agissant du mandataire éventuellement désigné, lors de la clôture de la liquidation judiciaire, pour poursuivre les instances en cours et répartir, le cas échéant, les sommes perçues à l'issue de celle-ci (V. art. L. 643-9). Et, afin de donner un aperçu global du coût des procédures engagées et d'en améliorer la transparence, la loi du 18 novembre 2016 est venue préciser que le liquidateur doit informer le président du coût des prestations qui ont été confiées par lui à des tiers lorsque ceux-ci n'ont pas été rétribués sur la rémunération qu'il a perçue. ❑

Code de commerce

PREMIÈRE PARTIE : LÉGISLATIVE

TITRE IV *BIS*. (DU LIVRE IV) DE CERTAINS TARIFS RÉGLEMENTÉS

(L. n° 2015-990 du 6 août 2015, art. 50-I-1°)

Art. L. 444-1 Sont régis par le présent titre les tarifs réglementés applicables aux prestations *(Ord. n° 2016-728 du 2 juin 2016, art. 23-III, en vigueur le 1er juill. 2022)* « des commissaires de justice », *(L. n° 2023-1059 du 20 nov. 2023, art. 50)* « des greffiers de tribunal de commerce, » des administrateurs judiciaires, des mandataires judiciaires et des notaires. Sont également régis par le présent titre les droits et émoluments de l'avocat en matière de saisie immobilière, de partage, de licitation et de sûretés judiciaires mentionnés à l'article 10 de la loi n° 71-1130 du 31 décembre 1971 portant réforme de certaines professions judiciaires et juridiques.

Sauf disposition contraire, lorsqu'un professionnel mentionné au premier alinéa du présent article est autorisé à exercer une activité dont la rémunération est soumise à un tarif propre à une autre catégorie d'auxiliaire*[s]* de justice ou d'officier*[s]* public*[s]* ou ministériel*[s]*, sa rémunération est arrêtée conformément aux règles dudit tarif. Les prestations accomplies par les personnes mentionnées au deuxième alinéa de l'article L. 811-2 et au premier alinéa du II de l'article L. 812-2 sont rémunérées conformément aux tarifs réglementés applicables aux administrateurs et mandataires judiciaires.

Sauf disposition contraire, les prestations que les professionnels mentionnés au premier alinéa du présent article accomplissent en concurrence avec celles, non soumises à un tarif, d'autres professionnels ne sont pas soumises à un tarif réglementé. Les honoraires rémunérant ces prestations tiennent compte, selon les usages, de la situation de fortune du client, de la difficulté de l'affaire, des frais exposés par les professionnels concernés, de leur notoriété et des diligences de ceux-ci. Les professionnels concernés concluent par écrit avec leur client une convention d'honoraires, qui précise, notamment, le montant ou le mode de détermination des honoraires couvrant les diligences prévisibles, ainsi que les divers frais et débours envisagés.

Art. L. 444-2 Les tarifs mentionnés à l'article L. 444-1 prennent en compte les coûts pertinents du service rendu et une rémunération raisonnable, définie sur la base de critères objectifs.

Par dérogation au premier alinéa du présent article, peut être prévue une péréquation des tarifs applicables à l'ensemble des prestations servies. Cette péréquation peut notamment prévoir que les tarifs des prestations relatives à des biens ou des droits d'une valeur supérieure à un seuil fixé par l'arrêté conjoint prévu à l'article L. 444-3 soient fixés proportionnellement à la valeur du bien ou du droit.

(L. nº 2019-222 du 23 mars 2019, art. 20) « En application des deux premiers alinéas du présent article, l'arrêté conjoint mentionné au même article L. 444-3 fixe les tarifs sur la base d'un objectif de taux de résultat moyen, dont les modalités de détermination sont définies par un décret en Conseil d'État, et dont le montant est estimé globalement pour chaque profession pour l'ensemble des prestations tarifées en application de l'article L. 444-1. »

***Al.** abrogés par L. nº 2020-1672 du 24 déc. 2020, art. 29.*

Des remises peuvent être consenties lorsqu'un tarif est déterminé proportionnellement à la valeur d'un bien ou d'un droit en application du deuxième alinéa du présent article et lorsque l'assiette de ce tarif est supérieure à un seuil défini par l'arrêté conjoint prévu à l'article L. 444-3. Le taux des remises octroyées par un professionnel est fixe, identique pour tous et compris dans des limites définies par voie réglementaire. *(L. nº 2019-222 du 23 mars 2019, art. 20)* « Toutefois, pour certaines prestations et au-delà d'un montant d'émolument fixé par l'arrêté mentionné au même article L. 444-3, le professionnel et son client peuvent convenir du taux des remises. » — *V. art. R. 444-10-1.*

Art. L. 444-3 Le tarif de chaque prestation est arrêté conjointement par les ministres de la justice et de l'économie.

Ce tarif est révisé au moins tous les cinq ans.

Pour une période maximale de deux ans à compter de la publication du Décr. nº 2016-230 du 26 févr. 2016, dans l'attente du recueil des données et informations prévues aux art. R. 444-18 à R. 444-20, l'arrêté prévu à l'art. L. 444-3 peut fixer provisoirement des émoluments à partir de ceux applicables avant l'entrée en vigueur de l'art. 10 du Décr. préc. dans la limite d'une variation de 5 % (Décr. préc., art. 12, JO 28 févr.).

Art. L. 444-4 *(Ord. nº 2016-728 du 2 juin 2016, art. 23-III, en vigueur le 1er juill. 2022)* « Les commissaires de justice », *(L. nº 2023-1059 du 20 nov. 2023, art. 50)* « les greffiers de tribunal de commerce, » les administrateurs judiciaires, les mandataires judiciaires, les personnes mentionnées au deuxième alinéa de l'article L. 811-2 et au premier alinéa du II de l'article L. 812-2, les avocats pour les droits et émoluments mentionnés au premier alinéa de l'article L. 444-1 du présent code et les notaires affichent les tarifs qu'ils pratiquent, de manière visible et lisible, dans leur lieu d'exercice et sur leur site internet, selon des modalités fixées dans les conditions prévues *(Ord. nº 2016-301 du 14 mars 2016, art. 2, en vigueur le 1er juill. 2016)* « à l'article L. 112-1 » du code de la consommation.

Art. L. 444-5 Les ministres de la justice et de l'économie, pour l'application de l'article L. 444-3, et l'Autorité de la concurrence, pour l'application des articles L. 444-7 et L. 462-2-1, peuvent recueillir :

1° Toute donnée utile, auprès des professionnels mentionnés à l'article L. 444-1 ;

2° Les informations statistiques définies par voie réglementaire, auprès des instances représentatives de ces professionnels.

Art. L. 444-6 I. — Les agents mentionnés au II de l'article L. 450-1 recherchent et constatent les manquements aux articles L. 444-4 et L. 444-5 dans les conditions prévues aux articles L. 450-2 à L. 450-8. Ils peuvent enjoindre aux professionnels et à leurs instances représentatives de se conformer à leurs obligations dans les conditions prévues au I de l'article *(Ord. nº 2017-303 du 9 mars 2017, art. 2)* « L. 470-1 ».

II. — Les manquements aux articles L. 444-4 et L. 444-5 du présent code ainsi que l'inexécution des injonctions de se conformer à ces dispositions sont passibles de l'amende *(Ord. nº 2016-301 du 14 mars 2016, art. 6, en vigueur le 1er juill. 2016)* « administrative dont le montant ne peut excéder 3 000 euros pour une personne physique et 15 000 euros pour une personne morale. L'amende est prononcée dans les conditions prévues à l'article *(Ord. nº 2017-303 du 9 mars 2017, art. 2)* « L. 470-2 » du code de commerce ».

Art. L. 444-7 Un décret en Conseil d'État, pris après avis de l'Autorité de la concurrence, précise les modalités d'application du présent titre, notamment :

(L. nº 2019-222 du 23 mars 2019, art. 20) « 1° Les modalités selon lesquelles les coûts pertinents et la rémunération raisonnable, mentionnés au premier alinéa de l'article L. 444-

2, sont évalués globalement pour l'ensemble des prestations tarifées en application de l'article L. 444-1 ; »

2° Les caractéristiques de la péréquation prévue au deuxième alinéa de l'article L. 444-2 ;

3° Abrogé par L. n° 2020-1672 du 24 déc. 2020, art. 29.

4° La liste des informations statistiques mentionnées au 2° de l'article L. 444-5 et les modalités de leur transmission régulière ;

(L. n° 2019-222 du 23 mars 2019, art. 20) « 5° Les conditions dans lesquelles, en application du dernier alinéa de l'article L. 444-2, le professionnel et son client peuvent convenir du taux des remises. »

DEUXIÈME PARTIE : RÉGLEMENTAIRE

TITRE IV *BIS*. (DU LIVRE IV) DE CERTAINS TARIFS RÉGLEMENTÉS

(Décr. n° 2016-230 du 26 févr. 2016, art. 2)

S'agissant des administrateurs judiciaires, commissaires à l'exécution du plan, mandataires judiciaires et liquidateurs, l'art. 2 du Décr. n° 2016-230 du 26 févr. 2016 entre en vigueur à la date d'entrée en vigueur du premier arrêté portant fixation des tarifs de la profession concernée en application de l'art. L. 444-3 C. com., et au plus tard le 31 mai 2016 (Décr. préc., art. 13-III).

SECTION 1. *Fixation des tarifs*

Art. R. 444-1 La présente section est applicable aux tarifs mentionnés au premier alinéa de l'article L. 444-1.

SOUS-SECTION 1. *Dispositions générales*

Art. R. 444-2 Pour l'application du présent titre, sont retenues les définitions suivantes :

1° "Tarif" : ensemble des éléments permettant la détermination du montant des émoluments et des remboursements forfaitaires dus aux professionnels mentionnés au premier alinéa de l'article L. 444-1 au titre de leurs prestations soumises à une régulation ;

2° "Émolument" : somme perçue par l'un de ces professionnels en contrepartie des prestations dont les tarifs sont régis par le titre IV *bis* de la partie législative du présent code ;

3° "Émolument fixe" : émolument exprimé en euros, éventuellement intégré dans un barème, progressif ou dégressif, établi par tranches d'assiettes ;

4° "Émolument proportionnel" : émolument résultant soit de l'application d'un taux à une valeur d'assiette, soit de l'application d'un barème de taux, progressifs ou dégressifs, à différentes tranches d'assiettes ;

5° "Honoraire" : somme perçue par l'un de ces professionnels en contrepartie d'une prestation dont le montant n'est pas régi par le titre mentionné au 2° ;

6° "Frais" : dépense engagée par le professionnel pour la réalisation d'une prestation ;

7° "Débours" : somme avancée pour le compte du client ou du débiteur par le professionnel pour la réalisation d'une prestation ;

8° "Période de référence" : période de vingt-quatre mois séparant deux révisions du tarif applicable à une profession ;

9° "Prestation" : travaux ou diligences afférents à un acte, une formalité, ou un service, réalisés par un professionnel, au bénéfice d'un client ou dans le cadre d'une procédure judiciaire, incluant les conseils dispensés en lien avec cet acte, formalité ou service ;

10° "Formalité" : opération de toute nature préalable ou postérieure à un acte, liée à son accomplissement et rendue nécessaire par la loi ou les règlements ;

11° "Professionnel" : personne physique titulaire d'un office *(Décr. n° 2017-862 du 9 mai 2017, art. 2-I)* « , d'une étude ou d'un cabinet » ou ayant qualité d'associée d'une personne morale titulaire d'un office *(Décr. n° 2017-862 du 9 mai 2017, art. 2-I-1°)* « , d'une étude ou d'un cabinet » et exerçant une des professions mentionnées *(Décr. n° 2017-862 du 9 mai 2017, art. 2-I-1°)* « au premier alinéa » de l'article L. 444-1 au sein de cet office ou étude *[étude, ou cabinet]* ;

12° "Office" *(Décr. n° 2017-862 du 9 mai 2017, art. 2-I-2°)* « , "étude" ou "cabinet" » : entreprise individuelle immatriculée au nom d'un professionnel ou personne morale au sein de laquelle exercent un ou plusieurs professionnels ;

13° "Résultat" : différence entre les produits et les charges de l'exercice fiscal, correspondant respectivement, selon le régime de déclaration de l'office ou l'étude, au :

a) Bénéfice ou déficit du compte de résultat en cas de déclaration de bénéfices non commerciaux selon le régime de la déclaration contrôlée et selon qu'il s'agit d'une personne physique ou d'une personne morale ;

b) Résultat d'exploitation et résultat financier du compte de résultat simplifié en cas de déclaration d'impôt sur les sociétés selon le régime simplifié ;

c) Résultat courant avant impôts en cas de déclaration d'impôt sur les sociétés selon le régime normal ;

14° "*(Décr. n° 2020-179 du 28 févr. 2020, art. 2)* « Résultat » de la profession" : somme des résultats des professionnels d'une profession, au titre d'un exercice fiscal ;

(Décr. n° 2020-179 du 28 févr. 2020, art. 2) « 15° "Chiffre d'affaires de la profession" : somme cumulée des émoluments et des honoraires perçus par les professionnels d'une profession, au titre d'un exercice fiscal ;

« 16° "Taux de résultat de la profession" : rapport entre le résultat et le chiffre d'affaires de la profession respectivement mentionnés aux 14° et 15° ;

« 17° "Activité régulée" : part de l'activité des professionnels d'une profession rémunérée par des émoluments ;

« 18° "Chiffre d'affaires régulé de la profession" : somme cumulée des émoluments perçus par les professionnels d'une profession au titre d'un exercice fiscal ;

« 19° "Résultat régulé de la profession" : différence entre le chiffre d'affaires régulé de la profession mentionné au 18° et les coûts pertinents évalués dans les conditions prévues à l'article R. 444-6 ;

« 20° "Taux de résultat régulé de la profession" : rapport entre le résultat régulé et le chiffre d'affaires régulé de la profession respectivement mentionnés aux 19° et 18°. »

Sur les dispositions transitoires du Décr. n° 2017-862 du 9 mai 2017, V. ce texte, art. 7 (JO 10 mai).

Les dispositions du Décr. n° 2017-862 du 9 mai 2017 ne sont pas applicables dans les départements de la Moselle, du Bas-Rhin et du Haut-Rhin (Décr. préc., art. 8).

Les dispositions des art. 2 à 8 du Décr. n° 2020-179 du 28 févr. 2020 entrent en vigueur, pour chacune des professions concernées, à la date d'application du prochain arrêté portant fixation de ses tarifs en application de l'art. L. 444-3 C. com. (Décr. préc., art. 16). – Pour les administrateurs judiciaires et les mandataires judiciaires, ledit arrêté (Arr. du 28 févr. 2020, publié au JO du 1er mars) est entré en vigueur le 1er mars 2020.

Art. R. 444-3 Les articles annexe 4-7, annexe 4-8 et annexe 4-9 au présent titre précisent respectivement :

1° La liste des prestations des commissaires-priseurs judiciaires, greffiers de tribunaux de commerce, huissiers de justice, administrateurs judiciaires, commissaires à l'exécution du plan, mandataires judiciaires, liquidateurs, *(Décr. n° 2017-862 du 9 mai 2017, art. 2-II)* « notaires et avocats » dont le tarif est régi par le présent titre ;

2° La liste des frais et débours dont ces professionnels ont droit au remboursement en application du III de l'article R. 444-12 ;

3° Une liste indicative de prestations réalisées dans les conditions prévues au troisième alinéa de l'article L. 444-1, et, le cas échéant, les règles encadrant la perception par les professionnels concernés des honoraires correspondant à ces prestations.

V. notes ss. art. R. 442-2.

V. annexes 4-7 à 4-9 ss. art. R. 444-41.

SOUS-SECTION 2. *Méthode de fixation des tarifs*

Art. R. 444-4 Les arrêtés prévus à l'article L. 444-3 fixent les tarifs mentionnés à l'article R. 444-1 pour une période de référence.

Toutefois, au cours de la période de référence, un arrêté conjoint du ministre de la justice et du ministre chargé de l'économie peut fixer l'émolument applicable à une prestation ne figurant pas dans l'article annexe 4-7, avant son insertion dans la liste prévue au 1° de l'article R. 444-3 et la publication de l'arrêté pris en application du premier alinéa.

Art. R. 444-5 Les tarifs régis par le présent titre prennent en compte *(Abrogé par Décr. n° 2020-179 du 28 févr. 2020, art. 3)* « *, pour chaque prestation,* » les coûts pertinents du service rendu et une rémunération raisonnable. *(Décr. n° 2020-179 du 28 févr. 2020, art. 3)*

« Ils sont fixés selon les modalités prévues aux articles R. 444-6 et R. 444-7, sur la base des données communiquées par les instances professionnelles nationales en application des articles R. 444-18 à R. 444-21. »

Ils assurent *(Abrogé par Décr. nº 2020-179 du 28 févr. 2020, art. 3)* « *, en outre,* » une péréquation pour l'ensemble des prestations servies, en vue de favoriser l'accès aux prestations, l'installation des professionnels sur l'ensemble du territoire et l'orientation de l'activité économique.

(Décr. nº 2020-179 du 28 févr. 2020, art. 3) « Aux fins de la péréquation, des émoluments fixes ou proportionnels peuvent être prévus. »

Pour l'entrée en vigueur du Décr. nº 2020-179 du 28 févr. 2020, V. note ss. art. R. 444-2.

Art. R. 444-6 *(Décr. nº 2020-179 du 28 févr. 2020, art. 4)* Les coûts pertinents sont évalués globalement pour chaque profession comme la différence entre le chiffre d'affaires et le résultat de cette profession, affectée du coefficient correspondant à la part des coûts imputables aux seules activités régulées dans les coûts totaux de la profession.

Ce coefficient est réputé égal à la part du chiffre d'affaires régulé dans le chiffre d'affaires de la profession.

Pour l'entrée en vigueur du Décr. nº 2020-179 du 28 févr. 2020, V. note ss. art. R. 444-2.

Art. R. 444-7 *(Décr. nº 2020-179 du 28 févr. 2020, art. 5)* I. — La rémunération raisonnable est déterminée globalement pour chaque profession en appliquant au chiffre d'affaires régulé l'objectif de taux de résultat moyen de cette profession. Cet objectif est déterminé à partir d'un taux de référence égal à 20 %.

II. — L'objectif de taux de résultat moyen est égal au taux de référence mentionné au I affecté d'un coefficient correcteur multiplicateur, compris entre 1 et 1,6, afin de prendre en compte :

1° L'écart entre le taux de résultat régulé de la profession, constaté au titre de la dernière année disponible, et le taux de référence de 20 % ;

2° Le résultat moyen régulé des professionnels appartenant aux trois premiers déciles de la profession ;

3° Le cas échéant, les caractéristiques des prestations réalisées par la profession et l'évolution constatée de la qualité du service rendu ;

4° Le cas échéant, l'évolution constatée au cours des trois dernières années disponibles et l'évolution prévisible du chiffre d'affaires et du résultat moyens par professionnel.

III. — Les tarifs réglementés et l'objectif de taux de résultat moyen sont fixés de manière à ce que le chiffre d'affaires régulé de la profession ne puisse varier de plus de 5 % par rapport à la période de référence précédente.

Les dispositions du précédent alinéa ne font pas obstacle à ce que l'émolument perçu en contrepartie d'une prestation donnée évolue, en valeur absolue, de plus de 5 % par rapport à la période de référence précédente.

IV. — L'objectif de taux de résultat moyen de chaque profession est fixé par l'arrêté prévu à l'article L. 444-3. — *L'objectif de taux de résultat moyen est fixé à 28 % pour les administrateurs judiciaires et à 26,1 % pour les mandataires judiciaires (Arr. du 28 févr. 2024, art. 1er et 2, en vigueur le 1er mars 2024).*

Pour l'entrée en vigueur du Décr. nº 2020-179 du 28 févr. 2020, V. note ss. art. R. 444-2.

SOUS-SECTION 3. *Structure et modalités tarifaires*

Art. R. 444-8 Les émoluments régis par le présent titre sont fixes, sous réserve des dispositions de l'article R. 444-5.

Art. R. 444-9 La somme des émoluments perçus *(Décr. nº 2017-862 du 9 mai 2017, art. 2-III)* « par le notaire » au titre des prestations relatives à la mutation d'un bien ou d'un droit immobilier ne peut excéder 10 % de la valeur de ce bien ou droit, sans pouvoir être inférieure à un montant fixé par l'arrêté prévu à l'article L. 444-3, sans pouvoir être inférieure à 90 €.

V. notes ss. art. R. 444-2.

Art. R. 444-10 I. — Le taux de la remise que peut consentir un professionnel en application *(Décr. nº 2020-179 du 28 févr. 2020, art. 6 ; Décr. nº 2021-1302 du 7 oct. 2021, art. 1er)* « de la première phrase du dernier alinéa » de l'article L. 444-2 ne peut excéder *(Décr. nº 2020-179 du 28 févr. 2020, art. 6)* « 20 % » du montant de l'émolument arrêté pour une prestation afférente à un bien ou un droit d'une valeur supérieure à un seuil défini par un arrêté conjoint du ministre de la justice et du ministre chargé de l'économie.

II. — La limite prévue au I est portée à 40 % du montant de l'émolument arrêté pour les prestations suivantes, afférentes à un bien ou un droit d'une valeur supérieure à un seuil défini par un arrêté conjoint du ministre de la justice et du ministre chargé de l'économie :

1° Lorsqu'elles portent sur la mutation ou le financement de biens ou droits à usage non résidentiel :

a) Prestations de la sous-catégorie intitulée : "Actes relatifs principalement aux biens immobiliers et fonciers", du tableau 5 de l'article annexe 4-7 ;

b) Prestations figurant aux numéros 113 à 117 du tableau mentionné au *a* ;

c) Opérations d'apport d'immeubles ;

d) Opérations de fusion-absorption entraînant transfert de propriété immobilière ;

e) Opérations de financements assorties de sûretés hypothécaires.

2° Lorsqu'elles portent sur la mutation ou le financement de biens ou droits à usage résidentiel :

a) Opérations portant sur les biens ou droits immobiliers relevant de la législation sur les logements sociaux ;

b) Opérations portant sur des terrains ou des locaux dans un objectif de développement du parc de logement sociaux.

3° Lorsqu'elles portent sur la mutation de parts ou actions de sociétés, ou de biens immobiliers corporels ou incorporels affectés à l'exploitation d'une entreprise :

a) Opérations de mutation à titre gratuit bénéficiant des exonérations prévues aux articles 787 B et 787 C du code général des impôts.

III. — Lorsque la prestation porte sur un bien ou droit à usage mixte, la limite de 40 % prévue au II s'applique à la portion de l'émolument due au titre de cette prestation pour la part de la surface totale destinée, selon les cas prévus au 1° et au 2° du même II, à un usage non résidentiel ou à un usage résidentiel social. Dans le cas prévu au 3° du II, cette limite s'applique à la portion de l'émolument correspondant aux seuls parts, actions, ou biens exonérés de droit de mutation.

IV. — Les prestations réalisées dans le cadre d'un mandat de justice ne donnent pas lieu à remise.

Pour l'entrée en vigueur du Décr. n° 2020-179 du 28 févr. 2020, V. note ss. art. R. 444-2.

Art. R. 444-10-1 *(Décr. n° 2020-179 du 28 févr. 2020, art. 7)* Les prestations mentionnées à la dernière phrase du *(Décr. n° 2021-1302 du 7 oct. 2021, art. 1er)* « dernier » alinéa de l'article L. 444-2, pour lesquelles le taux de la remise peut, au-delà du montant d'émolument fixé par l'arrêté mentionné à l'article L. 444-3, être convenu entre le professionnel et son client, sont les suivantes :

1° Prestations mentionnées au II de l'article R. 444-10 ;

2° Prestations portant sur des opérations de financement et des garanties figurant dans la sous-catégorie "actes relatifs principalement aux prêts, dettes et sûretés participant à l'activité économique" du tableau 5 de l'annexe 4-7 ;

3° Prestations portant sur la transmission à titre gratuit, par décès ou entre vifs, de parts ou actions d'une société ayant une activité industrielle, commerciale, artisanale, agricole ou libérale ;

4° Actes relatifs aux autorisations d'occupation temporaire du domaine public mentionnées aux articles L. 1311-5 et suivants du code général des collectivités territoriales et qui sont constitutives de droits réels.

Pour l'entrée en vigueur du Décr. n° 2020-179 du 28 févr. 2020, V. note ss. art. R. 444-2.

Art. R. 444-11 L'arrêté pris en application de l'article L. 444-3 peut prévoir la majoration des émoluments afférents à des prestations qu'il détermine, sans que cette majoration puisse excéder 150 € ou, si le montant de l'émolument dépasse 500 €, 30 % de cet émolument, pour le cas où, à la demande du client, et pour des raisons pouvant tenir notamment à la nécessité de sauvegarder un droit, un bien ou une preuve, le professionnel réalise la prestation prévue dans un délai inférieur à un délai de référence fixé par le même arrêté conjoint.

Art. R. 444-11-1 *(Décr. n° 2016-1369 du 12 oct. 2016, art. 1er)* L'arrêté pris en application de l'article L. 444-3 peut prévoir une minoration de l'émolument proportionnel applicable aux donations ou legs au profit :

1° De l'une des personnes publiques mentionnées aux articles L. 1121-1 à L. 1121-6 du code général de la propriété des personnes publiques lorsque la donation ou le legs est destiné au domaine public mobilier ou immobilier ou est destiné à financer l'acquisition de biens relevant de l'un ou de l'autre ;

2° De l'une des personnes morales, autres que celles mentionnées au 1°, exonérées des droits de mutation à titre gratuit en application des articles 794 et 795 du code général des impôts.

La minoration prévue au premier alinéa peut consister en la réduction du taux applicable à la tranche d'assiette égale ou supérieure à 60 000 € à un taux spécifique, qui ne peut être inférieur à 0,45 %. En outre, cette minoration peut prévoir que l'émolument proportionnel n'excède pas un plafond, qui ne peut être inférieur à 200 000 €.

Art. R. 444-12 Le remboursement des frais mentionnés au 2° de l'article R. 444-3 peut être forfaitaire ou au coût réel de la dépense engagée par le professionnel pour la réalisation d'une prestation. Lorsque ce remboursement est forfaitaire, le montant du forfait est fixé par l'arrêté conjoint mentionné à l'article L. 444-3, sur la base d'une évaluation moyenne ou d'une valeur de référence appropriée, selon la nature des frais.

Art. R. 444-12-1 *(Décr. n° 2020-179 du 28 févr. 2020, art. 8)* I. — L'arrêté mentionné à l'article L. 444-3 peut prévoir une majoration des émoluments dans les départements et collectivités d'outre-mer, afin de tenir compte des caractéristiques et contraintes particulières de chaque territoire et des conditions d'exercice qui en résultent pour les professionnels qui y sont installés. Le taux de majoration ainsi fixé vise à rapprocher le taux de résultat moyen des professionnels installés dans ces départements et collectivités de l'objectif de taux de résultat moyen mentionné à l'article R. 444-7.

II. — L'effet cumulé des variations résultant respectivement du taux de majoration mentionné au I et de l'application de la méthode de fixation des tarifs définie à la sous-section 2 de la présente section ne peut conduire, pour une profession donnée, à ce que le chiffre d'affaires régulé de la profession puisse varier de plus de 5 % par rapport à la période de référence précédente dans le département ou la collectivité concernée.

III. — Les dispositions du II ne font pas obstacle à ce que, dans le département ou la collectivité concernée, l'émolument perçu en contrepartie d'une prestation donnée évolue de plus de 5 % par rapport à la période de référence précédente.

Pour l'entrée en vigueur du Décr. n° 2020-179 du 28 févr. 2020, V. note ss. art. R. 444-2.

SOUS-SECTION 4. *Droits et obligations des professionnels*

Art. R. 444-13 I. — Il est interdit aux professionnels mentionnés au premier alinéa de l'article L. 444-1 de demander ou de percevoir en raison des prestations soumises aux tarifs une somme autre que celles fixées par ces tarifs.

II. — Il leur est également interdit de demander ou de percevoir en raison des prestations mentionnées au troisième alinéa de l'article L. 444-1 une somme en dehors des honoraires stipulés dans la convention d'honoraires prévue par ce texte.

III. — Ces professionnels ont droit au remboursement des sommes dues à des tiers et payées ou avancées par eux pour le compte, selon le cas, du client ou du débiteur.

Art. R. 444-14 La perception par le professionnel d'une somme en méconnaissance de l'article précédent l'oblige à restitution, sans préjudice d'éventuelles sanctions disciplinaires.

Art. R. 444-15 Le droit de rétention appartient aux commissaires-priseurs judiciaires, aux huissiers de justice, *(Décr. n° 2017-862 du 9 mai 2017, art. 2-IV)* « aux notaires et aux avocats », pour garantir le paiement des tarifs régis par le présent titre, et, le cas échéant, le remboursement des frais et débours.

V. notes ss. art. R. 444-2.

Art. R. 444-16 Hormis ceux dus au titre d'un mandat de justice, les honoraires perçus en application du troisième alinéa de l'article L. 444-1 sont fixés librement entre le professionnel et le client, dans les conditions et selon les modalités prévues par ce texte et sous le contrôle de l'instance professionnelle désignée pour chaque profession par arrêté du garde des sceaux, ministre de la justice. En cas de contestation, ces honoraires sont fixés par le juge chargé de la taxation.

SOUS-SECTION 5. *Recueil de données et d'informations*

Art. R. 444-17 Les instances représentatives mentionnées au 2° de l'article L. 444-5 sont *(Décr. n° 2022-729 du 28 avr. 2022, art. 67, en vigueur le 1er juill. 2022)* « la Chambre nationale des commissaires de justice », le Conseil national des greffiers de tribunaux de commerce, le Conseil national des administrateurs judiciaires et des mandataires judiciaires, le Conseil supérieur du notariat et le Conseil national des barreaux.

Art. R. 444-18 Les informations statistiques pouvant être recueillies en application du 2° de l'article L. 444-5 sont, pour chaque année civile, notamment une estimation :

1° Du total des sommes investies nécessaires pour l'acquisition d'offices *(Décr. n° 2017-862 du 9 mai 2017, art. 2-V-1°)* « , *[d']*études ou *[de]* cabinets », de leur répartition par déciles, et de la valeur moyenne de la somme investie pour l'acquisition d'un office ou d'une étude ;

2° Du total des sommes autres que celles mentionnées au 1° investies lors de l'installation, de leur répartition par déciles, et de la valeur moyenne de la somme investie pour une installation ;

3° Du coût total de couverture des risques liés à la responsabilité professionnelle, et du montant moyen de ce coût ;

4° Du nombre et du taux de défaillance des structures d'exercice ;

5° Des valeurs moyennes du chiffre d'affaires, du bénéfice, des immobilisations matérielles et du besoin en fond de roulement par office *(Décr. n° 2017-862 du 9 mai 2017, art. 2-V-2°)* « , étude ou cabinet », ainsi que d'autres indicateurs comptables précisés en tant que de besoin par arrêté conjoint du ministre de la justice et du ministre chargé de l'économie, après avis de l'Autorité de la concurrence ;

6° Du nombre total de prestations réalisées et de la somme totale des émoluments perçus au titre de ces prestations *(Décr. n° 2017-862 du 9 mai 2017, art. 2-V-3°)* « , et s'agissant des avocats, de la répartition par décile de ce nombre et de cette somme » ;

7° Pour les émoluments proportionnels, du montant moyen de l'émolument perçu pour une prestation, et de la répartition par décile des assiettes de ces émoluments ;

8° Des sommes totales perçues au titre des frais et débours, du montant moyen de ces derniers et de leur répartition par décile ;

9° De la part respective des émoluments et des honoraires au sein du chiffre d'affaires total hors taxes de la profession, et, s'agissant des commissaires-priseurs judiciaires, du temps de travail moyen consacré aux offices publics et ministériels et de celui consacré aux sociétés mentionnées au troisième alinéa de l'article 29 de la loi du 10 juillet 2000 portant règlementation *[réglementation]* des ventes volontaires de meubles aux enchères publiques ;

10° Du nombre total d'offices *(Décr. n° 2017-862 du 9 mai 2017, art. 2-V-1°)* « , *[d']*études ou *[de]* cabinets », du nombre total de professionnels en exercice au sein de ces offices *(Décr. n° 2017-862 du 9 mai 2017, art. 2-V-1°)* « , études ou cabinets » au 1er janvier de l'année civile concernée, et du nombre de personnes y exerçant la profession concernée en qualité de salarié à cette même date.

(Décr. n° 2017-862 du 9 mai 2017, art. 2-V-4°) « S'agissant des avocats, ne sont recueillies en application du présent article que les informations relatives aux structures d'exercice et professionnels ayant réalisé au cours de l'année civile au moins un des actes de procédure listés au tableau 6 annexé à l'article R. 444-3. »

V. notes ss. art. R. 444-2.

Art. R. 444-19 Les informations statistiques mentionnées à l'article R. 444-18 sont estimées au plan national, ainsi que, pour celles mentionnées aux 1°, 2°, 5° et 10° de cet article, au plan *(Abrogé par Décr. n° 2023-916 du 3 oct. 2023, art. 6)* « *régional et* » départemental, pour chaque année civile.

Art. R. 444-20 I. — En application du 1° de l'article L. 444-5, les professionnels en exercice au 1er janvier de l'année civile communiquent aux ministres de la justice et de l'économie, aux fins de vérifications statistiques, leurs noms, prénoms, date de naissance et fonctions au sein de l'office ou de l'étude, ainsi que la raison sociale, le numéro SIREN, l'adresse et la date de création de cet office ou de cette étude.

II. — Aux fins du recueil des données utiles prévu par l'article L. 444-5, il est tenu, selon des modalités fixées par arrêté conjoint du ministre de la justice et du ministre chargé de l'économie, une comptabilité analytique qui :

1° Présente distinctement le détail des données relatives aux émoluments et aux honoraires perçus par l'office ou l'étude ;

2° Relate distinctement les charges afférentes à l'activité réglementée et à l'activité libre ;

3° Retrace, le cas échéant, la répartition des charges de l'office ou de l'étude avec une structure juridique qui lui est liée. — *Les dispositions du II sont applicables à compter du 1er janv. 2017 (Décr. nº 2016-230 du 26 févr. 2016, art. 13-I).*

(Décr. nº 2017-862 du 9 mai 2017, art. 2-VI) « III. — S'agissant des avocats, le I du présent article ne s'applique qu'aux professionnels mentionnés au douzième alinéa de l'article R. 444-18. »

V. notes ss. art. R. 444-2.

Art. R. 444-21 *(Décr. nº 2018-200 du 23 mars 2018, art. 2)* Les informations et données prévues aux articles R. 444-18 à R. 444-20 sont *(Décr. nº 2020-179 du 28 févr. 2020, art. 10)* « collectées auprès des professionnels mentionnés à l'article L. 444-1 par les instances professionnelles nationales énumérées à l'article R. 444-17 qui les transmettent » annuellement, soit par voie de communication électronique sécurisée, soit par tout autre moyen approprié, aux autorités mentionnées à l'article L. 444-5 *(Abrogé par Décr. nº 2023-916 du 3 oct. 2023, art. 6) « par les instances professionnelles nationales énumérées à l'article R. 444-17 »*, selon des modalités prévues par le présent article et, au plus tard, à une date fixée par arrêté conjoint des ministres de la justice et de l'économie. La transmission comprend à la fois les informations et données utiles originaires des professionnels et celles résultant de leur agrégation opérée par les services compétents des instances professionnelles nationales.

Les instances professionnelles nationales veillent, par tout moyen, à ce que les informations et données recueillies mentionnées au premier alinéa ne puissent être utilisées ou divulguées en violation de secrets protégés par la loi, notamment du secret des affaires. Chaque instance professionnelle désigne la ou les personnes en charge du respect de la confidentialité de ces informations et données.

Les instances professionnelles nationales élaborent, chacune pour ce qui la concerne, les directives régissant les conditions d'accès, d'usage et de conservation de ces informations et données et la traçabilité de leur consultation, aux fins d'en assurer la sécurité et la confidentialité.

Sans préjudice des obligations qui leur sont propres, les personnes spécialement habilitées par chacune des instances professionnelles nationales pour assurer la collecte, la vérification de cohérence de ces informations et données émanant des professionnels mentionnés à l'article L. 444-1 ainsi que leur agrégation conformément à l'article R. 444-19 et leur transmission aux autorités concernées sont tenues à une obligation de confidentialité à l'égard de ces informations et données. Elles ont seules accès aux informations et données utiles originaires des professionnels recueillies en application de l'article L. 444-5.

Les personnes mentionnées au précédent alinéa n'exercent pas la profession relevant de l'instance pour le compte de laquelle elles effectuent les opérations mentionnées à ce même alinéa.

SECTION 2. *Redistribution et fonds interprofessionnel de l'accès au droit et à la justice*

SOUS-SECTION 1. *Redistribution interprofessionnelle*

Art. R. 444-22 Pour favoriser la couverture de l'ensemble du territoire national par les professions mentionnées à la première phrase de l'alinéa 1er de l'article L. 444-1 et l'accès au droit du plus grand nombre, le fonds interprofessionnel de l'accès au droit et à la justice (FIADJ) assure la distribution d'aides à l'installation ou au maintien de ces professionnels dans les zones géographiques mentionnées à l'article R. 444-26.

§ 1. *Aides à l'installation*

Art. R. 444-23 Sous réserve des dispositions particulières relatives aux notaires, huissiers de justice et commissaires-priseurs judiciaires dans les départements du Bas-Rhin, du Haut-Rhin et de la Moselle, les aides à l'installation peuvent être octroyées pour l'installation dans un office vacant ou créé ainsi que pour la création ou la reprise d'une étude d'administrateur judiciaire ou de mandataire judiciaire inscrit sur la liste mentionnée à l'article L. 811-2 ou à l'article L. 812-2. Sont éligibles à ces aides les professionnels qui n'ont pas perçu :

1° D'aide de ce type pendant les cinq années civiles précédant l'installation ;

2° Une somme totale supérieure à 210 000 € au titre de bénéfices ou de salaires nets imposables au cours des trois derniers exercices comptables clos ou années civiles précédant l'installation ;

3° Un résultat annuel supérieur à 70 000 € au titre de l'exercice comptable ouvert au cours de l'année civile de réalisation des prestations pour lesquelles l'aide est sollicitée.

Art. R. 444-24 Les aides à l'installation ne peuvent être octroyées qu'au titre des prestations soumises aux tarifs et pour une durée maximum de trente-six mois suivant celui de l'installation.

§ 2. *Aides au maintien*

Art. R. 444-25 Sont éligibles aux aides au maintien les professionnels répondant aux conditions cumulatives suivantes :

1° Le chiffre d'affaires annuel hors taxes moyen hors aides et hors honoraires réalisé au cours des trois derniers exercices comptables clos est inférieur au premier décile de chiffre d'affaires de la profession concernée, constaté à partir des dernières données disponibles sur une période d'au moins deux ans ;

2° Le bénéfice moyen au cours des trois derniers exercices comptables clos est inférieur à 75 000 € ;

3° Le ratio des charges annuelles rapportées au chiffre d'affaires, calculés sur le dernier exercice clos, n'est pas supérieur à 80 %.

Toutefois, une aide au maintien peut être octroyée à un professionnel ne remplissant pas la condition prévue au 3° sous réserve que, sans compromettre la qualité du service, il mette en œuvre un engagement de réduction de ses coûts selon des modalités précisées par arrêté conjoint du ministre de la justice et du ministre chargé de l'économie quant au délai et aux postes de dépenses concernés.

L'arrêté conjoint mentionné au précédent alinéa précise notamment les conditions dans lesquelles est vérifiée la mise en œuvre de l'engagement de réduction de coût, préalablement au versement de l'aide.

§ 3. *Dispositions communes*

Art. R. 444-26 Un arrêté du ministre de la justice détermine les zones géographiques où peuvent être octroyées des aides au maintien ou des aides à l'installation.

Les zones mentionnées à l'alinéa précédent sont définies notamment en fonction du nombre de professionnels installés, du nombre de projets d'installation, et des besoins identifiés.

Art. R. 444-27 Les aides à l'installation et au maintien prennent la forme de subventions d'un montant fixe versé pour chaque prestation répondant aux conditions suivantes :

1° Leur émolument est proportionnel ;

2° Elles portent sur une assiette monétaire inférieure à un seuil fixé, pour chaque profession concernée, par arrêté conjoint du ministre de la justice et du ministre chargé du budget, qui n'excède pas 80 000 €.

Art. R. 444-28 Les aides à l'installation et au maintien sont octroyées dans la limite :

1° D'un plafond par prestation défini, pour chaque profession concernée, par l'arrêté prévu au 2° de l'article R. 444-27, et qui n'excède pas 100 € ;

2° D'un plafond global par professionnel de 50 000 € par année civile.

Art. R. 444-29 Les aides à l'installation et les aides au maintien ne sont pas cumulables pour une même prestation.

Art. R. 444-30 Pour une même catégorie de prestations, le montant de subvention versé par prestation au titre du même type d'aide, à l'installation ou au maintien, est identique pour tous les bénéficiaires.

Art. R. 444-31 Le montant de subvention versé par prestation peut varier en fonction du type d'aide, à l'installation ou au maintien.

Art. R. 444-32 Les aides relatives aux prestations réalisées pendant une année civile font l'objet d'un versement unique au cours de l'année civile suivante, à une date arrêtée par le ministre chargé du budget.

Art. R. 444-33 Préalablement à l'octroi de toute aide :

1° La société mentionnée à l'article R. 444-36 informe le demandeur que l'aide est soumise aux dispositions du règlement (UE) n° 360/2012 du 25 avril 2012 relatif à l'application des articles 107 et 108 du traité sur le fonctionnement de l'Union européenne aux aides *de minimis* accordées à des entreprises fournissant des services d'intérêt économique général ;

2° Le demandeur établit, selon un modèle précisé par arrêté conjoint du ministre de la justice et du ministre chargé du budget, une attestation qu'il transmet à la société susmentionnée, précisant le montant total des aides *de minimis* qu'il a perçues au cours des trois derniers exercices fiscaux, dont celui en cours.

Art. R. 444-34 Si le cumul du montant de l'aide envisagée et du montant total mentionné au 2° de l'article R. 444-33 excède 500 000 €, l'aide n'est pas octroyée.

Art. R. 444-35 Toute aide à l'installation ou au maintien versée sans que les conditions prévues par le présent chapitre ne soient remplies donne lieu à remboursement au fonds interprofessionnel de l'accès au droit et à la justice. En cas de refus du bénéficiaire de l'aide de procéder à son remboursement, la société mentionnée à l'article R. 444-36 peut exercer toute action en justice, à l'expiration d'un délai de trois mois à compter de l'envoi d'une mise en demeure restée infructueuse par lettre recommandée avec demande d'avis de réception.

SOUS-SECTION 2. *Société de gestion du fonds interprofessionnel de l'accès au droit et à la justice*

Art. R. 444-36 à R. 444-40 *V. C. com.*

Art. R. 444-41 Un décret précise les conditions dans lesquelles la société de gestion du fonds met en œuvre les dispositions de la présente section, notamment pour la gestion des demandes et de l'octroi des aides.

ANNEXE 4-7

(Décr. n° 2016-230 du 26 févr. 2016, art. 2)

La liste des prestations dont les tarifs sont régis par le titre IV *bis* (partie réglementaire) du code de commerce est la suivante :

[...]

Tableau 4-1 annexé à l'article R. 444-3 *(mod. par Décr. n° 2023-434 du 3 juin 2023, art. 16)*

ADMINISTRATEURS JUDICIAIRES	
Numéro	**Nature de la prestation**
1	Diagnostic de la procédure de sauvegarde ou de redressement judiciaire au titre de laquelle l'administrateur judiciaire a été désigné
2	Élaboration du bilan économique, social et environnemental et assistance apportée au débiteur pour la préparation d'un plan de sauvegarde ou de redressement
3	Constitution des classes de parties affectées et préparation des opérations de vote
4	Mission d'assistance du débiteur au cours d'une procédure de sauvegarde ou de redressement judiciaire
5	Mission de surveillance au cours d'une procédure de sauvegarde
6	Mission d'administration de l'entreprise au cours d'une procédure de redressement ou de liquidation judiciaire

ADMINISTRATEURS JUDICIAIRES	
Numéro	**Nature de la prestation**
7	Arrêté d'un plan conforme au projet adopté par les classes de parties affectées mentionnées au numéro 3 du présent tableau
8	Arrêté d'un plan en application des dispositions de l'article L. 628-8
9	Arrêté d'un plan de cession au cours d'une procédure de redressement ou de liquidation judiciaire
10	Augmentation des fonds propres prévue par un plan de sauvegarde ou de redressement
10-1	Apports de trésorerie nécessaires à la poursuite de l'activité pendant la période d'observation et à l'exécution du plan de sauvegarde ou de redressement
11	Contentieux portant sur une demande en revendication ou en restitution ayant donné lieu à une décision du juge-commissaire

Tableau 4-2 annexé à l'article R. 444-3 *(mod. par Décr. nº 2023-434 du 3 juin 2023, art. 16)*

COMMISSAIRES À L'EXÉCUTION DU PLAN	
Numéro	**Nature de la prestation**
1	Mission de surveillance de l'exécution du plan, actions engagées ou poursuivies dans l'intérêt collectif des créanciers, exécution des actes permettant la mise en œuvre du plan et rapport annuel prévu à l'article R. 626-43
2	Assistance du débiteur dans la préparation d'un projet ayant pour objet une modification substantielle dans les objectifs ou les moyens du plan
2-1	Assistance du débiteur lors d'une modification à titre exceptionnel des classes de parties affectées dans le cadre de la préparation d'un projet ayant pour objet une modification substantielle dans les objectifs et les moyens du plan
3	Présentation au tribunal d'une demande en résolution du plan
3-1	Apports de trésorerie nécessaires pour l'exécution du plan modifié par le tribunal
4	Mission de perception et de répartition des dividendes arrêtés par le plan
5	Inscription des créances sur la liste prévue à l'article R. 622-15

Tableau 4-3 annexé à l'article R. 444-3 *(mod. par Décr. nº 2023-434 du 3 juin 2023, art. 16)*

MANDATAIRES JUDICIAIRES ET LIQUIDATEURS	
Numéro	**Nature de la prestation**
1	Ensemble des diligences effectuées par le mandataire judicaire dans le cadre des procédures de sauvegarde ou de redressement judiciaire
2	Ensemble des diligences effectuées par le liquidateur dans le cadre de la procédure de liquidation judiciaire
3	Enregistrement des créances déclarées et non vérifiées, ainsi que des créances portées sur la liste prévue à l'article R. 622-15

MANDATAIRES JUDICIAIRES ET LIQUIDATEURS	
Numéro	**Nature de la prestation**
4	Vérification des créances autres que salariales, inscrites sur l'état des créances mentionné à l'article R. 624-8
5	Établissement des relevés des créances salariales
6	Contestation des créances autres que salariales dont l'admission ou le rejet a donné lieu à une décision du juge-commissaire inscrite sur l'état des créances mentionné à l'article R. 624-8
7	Contentieux portant sur une demande en revendication ou en restitution ayant donné lieu à une décision du juge-commissaire
7-1	Décision du juge-commissaire ou du tribunal statuant sur une requête en contestation de la qualité de partie affectée, des modalités de répartitions en classes et du calcul des voix correspondant aux créances ou droits permettant d'exprimer un vote, formée en application de l'article R. 626-58-1
8	Introduction ou la reprise d'une instance devant la juridiction prud'homale en application des articles L. 625-1 et L. 625-3 et à laquelle il a été mis fin soit par une décision judiciaire au terme d'une instance dans laquelle le mandataire judiciaire a été présent ou représenté, soit par la conclusion d'un accord amiable visé par le juge-commissaire auquel le mandataire judiciaire a été partie
9	Mission de répartition des fonds entre les créanciers confiée par le tribunal au mandataire judiciaire en application de l'article L. 631-16
10	Ensemble des obligations résultant de la cessation d'activité d'une ou de plusieurs installations classées au sens du titre Ier du livre V du code de l'environnement
11	Réalisation de l'inventaire confiée au liquidateur en application des dispositions du deuxième alinéa de l'article L. 641-2
12	Mission d'administration de l'entreprise lorsque le maintien de l'activité a été autorisé en application de l'article L. 641-10
13	Cessions d'actifs mobiliers corporels
14	Encaissement de créance ou recouvrement de créance
15	Réalisation d'actifs immobiliers et mobiliers incorporels
16	Répartitions aux créanciers mentionnés à l'article L. 622-24 et les paiements des créances mentionnées au I de l'article L. 641-13
17	Arrêté d'un plan de cession
18	Action engagée en application des dispositions du premier aliéna de l'article L. 653-7 et aboutissant au prononcé d'une sanction prévue aux articles L. 653-3 à L. 653-6 et L. 653-8

ANNEXE 4-8

(Décr. n° 2016-230 du 26 févr. 2016)

I. — Les frais et débours dont le professionnel peut demander le remboursement sont les suivants :

1° S'agissant des administrateurs judiciaires, commissaires à l'exécution du plan, mandataires judiciaires et liquidateurs :

a) Toute somme due à des tiers et payée par le professionnel au titre de son mandat ;

b) Les droits de toute nature payés au Trésor ;

c) Les frais postaux, de reprographie, de déplacement, et d'hébergement supportés par le mandataire de justice dans l'exercice de sa mission.

[...]

ANNEXE 4-9

(Décr. n° 2016-230 du 26 févr. 2016)

I. — Sont notamment réalisées par les professions concernées dans les conditions prévues au troisième alinéa de l'article L. 444-1, les prestations dont la liste suit :

1° S'agissant des administrateurs judiciaires et des mandataires judiciaires :

a) L'ensemble des prestations prévues au chapitre I du titre I du livre VI du présent code, réalisées dans le cadre d'un mandat *ad hoc*, d'une procédure de conciliation, d'un mandat à l'exécution de l'accord ou d'une expertise ;

[...]

Art. L. 663-3 *(L. n° 2005-845 du 26 juill. 2005, art. 158-III)* **Lorsque le produit de la réalisation des actifs de l'entreprise ne permet pas au liquidateur ou au mandataire judiciaire d'obtenir, au titre de la rémunération qui lui est due en application des dispositions de l'article** *(L. n° 2015-990 du 6 août 2015, art. 50-I-4°)* **« L. 444-2 », une somme au moins égale à un seuil fixé par décret en Conseil d'État, le dossier est déclaré impécunieux par décision du tribunal, sur proposition du juge-commissaire et au vu des justificatifs présentés par le liquidateur ou le mandataire judiciaire.**

La même décision fixe la somme correspondant à la différence entre la rémunération effectivement perçue par le liquidateur ou le mandataire judiciaire et le seuil visé au premier alinéa.

La somme versée au mandataire judiciaire ou au liquidateur est prélevée sur une quote-part des intérêts servis par la Caisse des dépôts et consignations sur les fonds déposés en application des articles L. 622-18, L. 626-25 et L. 641-8. Cette quote-part est spécialement affectée à un fonds géré par la Caisse des dépôts et consignations sous le contrôle d'un comité d'administration. Les conditions d'application du présent alinéa sont fixées par un décret en Conseil d'État. — *Ce prélèvement est effectué à compter du 1er juill. 2004 sur l'ensemble des intérêts versés quelle que soit la date d'ouverture de la procédure au titre de laquelle les fonds ont été déposés (Décr. n° 2004-518 du 10 juin 2004, art. 109). — Le taux du prélèvement est fixé à 5 % (Arr. du 2 févr. 2007, JO 28 févr.).*

V. art. R. 663-41 s. et R. 661-1.

COMMENTAIRE

L'article L. 663-3 a transféré, du livre VIII (dont l'art. L. 814-7 est abrogé) au livre VI du code, les règles relatives à la rémunération des dossiers impécunieux.

La possibilité, pour un mandataire judiciaire, de percevoir l'indemnisation, prévue par le texte, ne peut se concevoir que dans la situation, rare, où, dans une même procédure impécunieuse, un mandataire judiciaire et un liquidateur différents se sont succédé, dès lors qu'il ne semble pas admissible qu'un même professionnel soit indemnisé deux fois (J. Deharveng, Le tarif des mandataires de justice, organes des procédures collectives, *JCP E 2007. 1688, n° 150*). ❑

Art. L. 663-3-1 *(Ord. n° 2014-326 du 12 mars 2014, art. 97, en vigueur le 1er juill. 2014)* **La rémunération du mandataire nommé pour assister le juge commis en application de l'article L. 645-4 est prélevée sur les sommes affectées au fonds mentionné à l'article L. 663-3. Les conditions d'application du présent article sont fixées par décret en Conseil d'État.** — *V. art. R. 663-41.*

Art. L. 663-4 Le juge-commissaire a droit, sur l'actif du débiteur, au remboursement de ses frais de déplacement. — *[C. com., anc. art. L. 627-2.]*

V. art. R. 661-1.

TITRE VII DISPOSITIONS DÉROGATOIRES PARTICULIÈRES AUX DÉPARTEMENTS DE LA MOSELLE, DU BAS-RHIN ET DU HAUT-RHIN

RÉP. COM. v° *Alsace et Moselle,* par VALLENS.

BIBL. GÉN. ▸ FROEHLICH, *Mél. Vallens, Joly éd., 2017, p. 247.*

Art. L. 670-1 *(L. n° 2005-845 du 26 juill. 2005, art. 160-I)* **« Les dispositions du présent titre sont applicables aux personnes physiques, domiciliées dans les départements de la Moselle, du Bas-Rhin et du Haut-Rhin, et à leur succession, qui ne sont** *(Ord. n° 2008-1345 du 18 déc. 2008, art. 159)* **« ni des agriculteurs, ni des personnes exerçant une activité commerciale, artisanale ou » toute autre activité professionnelle indépendante, y compris une profession libérale soumise à un statut législatif ou réglementaire, lorsqu'elles sont de bonne foi et en état d'insolvabilité notoire. Les dispositions des titres II à VI du présent livre s'appliquent dans la mesure où elles ne sont pas contraires à celles du présent titre. »**

(L. n° 2003-710 du 1er août 2003, art. 37) **« Avant qu'il ne soit statué sur l'ouverture de la procédure, le tribunal commet, s'il l'estime utile, une personne compétente choisie dans la liste des organismes agréés, pour recueillir tous renseignements sur la situation économique et sociale du débiteur.**

« Les déchéances et interdictions qui résultent de la faillite personnelle ne sont pas applicables à ces personnes. »

(Abrogé par L. n° 2011-525 du 17 mai 2011, art. 135) ***« Les modalités d'application du présent article sont fixées par décret. »*** – *[C. com., anc. art. L. 628-1.]*

V. art. R. 670-1 s.

Les dispositions du C. consom. relatives au règlement des situations de surendettement des particuliers ne font pas obstacle à l'application de l'art. L. 670-1 C. com. (C. consom., art. L. 711-3, al. 2).

1. Bénéfice de la procédure. Le fonds de garantie automobile étant, en vertu de l'art. L. 643-11, II, C. com., en droit de reprendre des poursuites contre un débiteur après clôture de la procédure collective, il est vain d'ouvrir une procédure de faillite civile régie par l'art. L. 670-1 au profit d'un particulier qui n'a de dettes qu'à l'égard de cet organisme. • Colmar, 3 avr. 2007 : *BICC 2007, n° 1887.*

2. Insolvabilité notoire. L'insolvabilité notoire ne se confond pas avec la cessation des paiements ; elle est caractérisée lorsque des faits et circonstances extérieurs, notamment des mesures d'exécution demeurées infructueuses, sont de nature à accréditer l'opinion que cette insolvabilité existe et révèlent, en outre, non seulement un arrêt matériel des paiements et une insuffisance d'actif, mais une situation patrimoniale irrémédiablement compromise et sans autre issue, notamment par l'obtention de garanties, de crédit ou de délais de paiement. • Colmar, 16 mars 1988 : *D. 1989. Somm. 4, obs. Derrida.* – V. aussi • Com. 26 nov. 1990 : *Gaz. Pal. 1991. 1. Pan. 94* • 29 sept. 2015, n° 14-18.979 P : *D. 2015. Actu. 2007 ; APC 2015, n° 280, obs. Cagnoli* • Colmar, 14 mai 1996 : *JCP E 1997. Pan. 596 et 597* • 17 déc. 1996 : *LPA 2 mai 1997, p. 8, note Vallens* • 17 févr. 1998 : *JCP 2000. IV. 1134* • Metz, 17 mai 2005 : *RPC 2006. 299, obs. Lebel* • Colmar, 19 juin 2007 : *JCP E 2007. 2213.*

3. Bonne foi du débiteur. Pour l'application de l'art. L. 670-1, l'appréciation de la bonne foi du débiteur relève du pouvoir souverain du juge du fond. • Civ. 2e, 21 nov. 2024, n° 22-18.118 B : *D. 2024. Actu. 2060.* ♦ Un débiteur étranger n'est pas de bonne foi, au sens de l'art. L. 670-1 C. com., et ne peut bénéficier de l'ouverture d'une procédure de faillite civile de droit local lorsqu'il affecte de prendre un domicile en France uniquement dans le but d'effacer un passif constitué essentiellement auprès du fisc allemand, alors que les procédures en vigueur en Allemagne n'ont pas cet effet. • Colmar, 16 sept. 2008 : *BICC 2009, n° 1321.* – Rappr. : • Colmar, 2 oct. 2001 : *RTD com. 2001. 983, obs. Vallens* • 26 juin 2013 : *cité par Dammann et Lavenant, RPC 2013. Étude 25.* ♦ De même, n'est pas de bonne foi au sens de l'art. L. 628-1 [L. 670-1] C. com. le débiteur dont la plupart des dettes ont pour origine des condamnations pénales ou des amendes contraventionnelles, peu important que ces condamnations soient en relation avec une pathologie psychiatrique. • Colmar, 28 févr. 2006 : *JCP 2006. IV. 2065.* ♦ Pour un autre ex., V. • Civ. 2e, 6 janv. 2012 : *RPC 2012, n° 23, obs. Saintourens.* ♦ Aux termes de l'art. 2268 [devenu l'art. 2274] C. civ., la bonne foi est toujours présumée. • Civ. 2e, 2 juill. 2009, n° 08-17.355 P : *D. 2009. AJ 1892 ; Gaz. Pal. 1er-3 nov. 2009, p. 3, obs. Reille ; JCP 2009. 562, obs. Sander.*

4. Clôture de la procédure. Pour l'impossibilité de clôturer la procédure de redressement judiciaire ouverte à l'égard d'un débiteur en état d'insolvabilité notoire pour défaut d'accomplissement par celui-ci des actes de procédure, V. • Metz, 15 mai 2012 : *JCP 2012. 863, obs. Sander.*

5. Sur l'application des dispositions de l'anc. art. L. 622-32 [L. 643-11] C. com. en cas de clôture de la procédure pour insuffisance d'actif, V. note 2 ss. art. L. 643-11.

6. Garantie de l'AGS. V. note 5 ss. art. L. 3253-6 C. trav., ss. art. L. 625-9.

7. Exclusion de la banqueroute. V. note 7 ss. art. L. 654-1.

Art. L. 670-1-1 *(L. n° 2011-1862 du 13 déc. 2011, art. 55)* Le présent titre est également applicable aux personnes physiques domiciliées dans les départements de la Moselle, du Bas-Rhin et du Haut-Rhin ayant *(L. n° 2019-486 du 22 mai 2019, art. 7)* « constitué un » patrimoine affecté conformément à l'article L. 526-7 et dont l'activité agricole, commerciale, artisanale ou indépendante est exclusivement exercée avec affectation de patrimoine.

Sauf dispositions contraires, les références faites à la personne, au débiteur, au contrat et au cocontractant s'entendent, respectivement :

– de la personne en tant que titulaire d'un patrimoine non affecté ;
– du débiteur en tant que titulaire d'un patrimoine non affecté ;
– du contrat passé par le débiteur ainsi défini ;
– du cocontractant ayant conclu avec lui un tel contrat.

Les dispositions qui intéressent les biens, droits ou obligations des personnes mentionnées au premier alinéa doivent, sauf dispositions contraires, être comprises comme visant les éléments du seul patrimoine non affecté. Les dispositions qui intéressent les droits ou obligations des créanciers de ces personnes s'appliquent, sauf dispositions contraires, dans les limites du seul patrimoine non affecté.

Art. L. 670-2 *(L. n° 2005-845 du 26 juill. 2005, art. 160-II)* Le juge-commissaire peut ordonner la dispense de l'inventaire des biens des personnes visées à l'article L. 670-1. – *[C. com., anc. art. L. 628-2.]*

Art. L. 670-3 *(L. n° 2003-710 du 1er août 2003, art. 39) (Abrogé par L. n° 2005-845 du 26 juill. 2005, art. 160-III)* ***« Par dérogation à l'article L. 621-102, »*** Il n'est pas procédé, en cas de liquidation judiciaire, à la vérification des créances s'il apparaît que le produit de la réalisation de l'actif sera entièrement absorbé par les frais de justice, sauf décision contraire du juge-commissaire. – *[C. com., anc. art. L. 628-3.]*

Art. L. 670-4 *(L. n° 2003-710 du 1er août 2003, art. 40)* Lors de la clôture des opérations de liquidation judiciaire, le tribunal peut, à titre exceptionnel, imposer au débiteur une contribution destinée à l'apurement du passif dans les proportions qu'il détermine. Le tribunal désigne dans ce jugement un commissaire chargé de veiller à l'exécution de la contribution.

Pour fixer les proportions de la contribution, le tribunal prend en compte les facultés contributives du débiteur déterminées au regard de ses ressources et charges incompressibles. Le tribunal réduit le montant de la contribution en cas de diminution des ressources ou d'augmentation des charges du contributeur.

Son paiement doit être effectué dans un délai de deux ans.

(Abrogé par L. n° 2011-525 du 17 mai 2011, art. 135) ***« Les modalités d'application du présent article sont fixées par décret. »*** – *[C. com., anc. art. L. 628-4.]*

Art. L. 670-5 *(L. n° 2003-710 du 1er août 2003, art. 41)* Outre les cas prévus à l'article *(L. n° 2005-845 du 26 juill. 2005, art. 160-IV)* « L. 643-11 », les créanciers recouvrent également leur droit de poursuite individuelle à l'encontre du débiteur lorsque le tribunal constate, d'office ou à la demande du commissaire, l'inexécution de la contribution visée à l'article L. 670-4. – *[C. com., anc. art. L. 628-5.]*

Art. L. 670-6 *(L. n° 2019-486 du 22 mai 2019, art. 59)* Le jugement prononçant la liquidation judiciaire est mentionné pour une durée de cinq ans dans le fichier prévu à l'article L. 751-1 du code de la consommation.

Art. L. 670-7 *(L. n° 2003-710 du 1er août 2003, art. 38-I)* L'assiette et la liquidation de la taxe sur les frais de justice en matière de redressement ou de liquidation judiciaire sont provisoirement réglées conformément aux dispositions des lois locales. – *[C. com., anc. art. L. 628-7.]*

Art. L. 670-8 *(L. n° 2003-710 du 1er août 2003, art. 38-I)* **Les dispositions de l'article 1er de la loi n° 75-1256 du 27 décembre 1975 relative à certaines ventes de biens immeubles dans les départements du Haut-Rhin, du Bas-Rhin et de la Moselle cessent d'être applicables aux ventes forcées d'immeubles compris dans le patrimoine d'un débiteur ayant fait l'objet d'une procédure de redressement judiciaire ouverte postérieurement au 1er janvier 1986.** – *[C. com., anc. art. L. 628-8.]*

TITRE VIII DISPOSITIONS PARTICULIÈRES À L'ENTREPRENEUR INDIVIDUEL À RESPONSABILITÉ LIMITÉE

(Ord. n° 2010-1512 du 9 déc. 2010, art. 8)

BIBL. GÉN. ▸ V. Bibl. gén. en tête de l'ouvrage.

Art. L. 680-1 **Lorsque les dispositions des titres Ier à VI du présent livre sont appliquées à raison des activités professionnelles exercées par un entrepreneur individuel à responsabilité limitée, elles le sont patrimoine par patrimoine.**

COMMENTAIRE

I. ADAPTATION DU LIVRE VI DU CODE DE COMMERCE À L'EIRL

Trois ans après le premier coup de canif porté par l'introduction de la fiducie dans notre droit, en 2007, c'est un grand coup de pied dans le bel ordonnancement édifié au milieu du XIXe siècle par les strasbourgeois Aubry et Rau qu'est venu donner le législateur en offrant à l'entrepreneur individuel, par la loi du 15 juin 2010, une protection fondée sur la séparation de son patrimoine (V., entre autres innombrables articles, F. Marmoz, L'EIRL : nouvelle technique d'organisation de l'entreprise, *D. 2010. Chron. 1570* ; B. Saintourens, L'entrepreneur individuel à responsabilité limitée, *Rev. sociétés 2010. 351*). Tel est le dessein unique de l'EIRL, acronyme qui ne désigne expressément que l'entrepreneur individuel à responsabilité limitée, mais qui, en vérité, crée bien un statut d'entreprise individuelle à responsabilité limitée, non dotée de personnalité juridique distincte de l'entrepreneur mais pourvue d'un patrimoine propre. Fin du règne de la théorie classique de l'unité du patrimoine, donc, et consécration de la théorie moderne du patrimoine d'affectation préconisée par le professeur Claude Champaud dans les années 1970. Autrement dit, de façon très schématique : d'un côté, un patrimoine affecté à l'activité professionnelle, dont les créanciers professionnels devront se contenter pour l'exercice de leurs poursuites ; de l'autre, un patrimoine personnel, seul gage général des créanciers non professionnels. Évidemment, la situation n'est pas si simple, les compartiments n'étaient pas toujours parfaitement étanches. Il y a les cas que la loi a anticipés : la fraude et les manquements qui feront tomber la cloison. Et tous les autres que la doctrine imagine déjà, et que la pratique révèlera. Mais, comme souvent, c'est à l'épreuve des procédures collectives que l'efficacité du dispositif sera jugée. Le législateur, qui l'avait oublié pour la déclaration d'insaisissabilité instaurée par la loi du 1er août 2003, s'en est heureusement souvenu cette fois. Aussi a-t-il eu la sagesse d'habiliter le gouvernement à prendre par voie d'ordonnance, dans un délai de six mois, « les dispositions relevant du domaine de la loi nécessaires pour adapter au patrimoine affecté de l'entrepreneur individuel à responsabilité limitée les dispositions du livre VI du code de commerce [...] ». C'est l'objet de l'ordonnance du 9 décembre 2010, qui, tout comme la loi du 15 juin 2010, est, de fait, entrée en vigueur le 1er janvier 2011, bien que les mesures réglementaires d'adaptation n'aient été prises qu'à l'occasion du décret n° 2014-736 du 30 juin 2014, applicables aux procédures ouvertes à compter du 1er juillet 2014.

II. MÉTHODOLOGIE DE L'ADAPTATION

La principale difficulté qu'ont rencontrée les rédacteurs tenait, bien entendu, au fait que les dispositions du livre VI du code de commerce ont été rédigées à une époque où, par définition, il n'était pas concevable que le débiteur soit titulaire d'une dualité ou d'une pluralité de patrimoines. Mais, avec la loi du 15 juin 2010, c'est l'équation fondamentale jusque-là « un débiteur = un patrimoine » qui s'est écroulée, et, avec elle, toute la construction du droit des procédures collectives. Comme cela a été résumé, avec l'EIRL, « le patrimoine affecté devient bénéficiaire du traitement des difficultés des entreprises ; il devient éligible à la procédure collective, non en tant que sujet de droit, mais en qualité d'universalité ou de gage affecté » (M. Douaoui-Chamssedine, L'adaptation et l'articulation délicates des procédures d'exécution à l'EIRL [procédures collectives et surendettement], *RDBF 2010. Étude 10, n° 7*). Dès lors, et même si l'entreprise à responsabilité limitée est appelée à demeurer un cas particulier de l'exercice d'une activité professionnelle, c'est, de manière un peu disproportionnée, tout le livre VI que le gouvernement devait toiletter.

En vérité, ce toilettage consiste en deux opérations de portée bien différente : une opération conceptuelle, la plus délicate, d'une part, et une opération sémantique, plus fastidieuse, d'autre part, encore cette distinction ne rend-elle qu'imparfaitement compte des objectifs du gouvernement dont le souci de limiter les risques de « fraude » transparaît aussi tout au long du texte.

La construction de l'ordonnance du 9 décembre 2010 traduit parfaitement cette dualité. L'adaptation conceptuelle résulte, pour l'essentiel, des dispositions placées, dans le nouveau titre VIII, consacré aux Dispositions particulières à l'entrepreneur individuel à responsabilité limitée, comportant les nouveaux articles L. 680-1 à L. 680-7. Il s'agit là des lignes directrices, du cadre d'application du droit des procédures collectives à l'EIRL, d'« une grille de lecture des titres Ier à VI applicable à tous les dispositifs prévus par le livre VI », comme dit le Rapport au président de la République. Leur portée sera précisée sous chacun des articles. La pièce maîtresse est sans conteste l'article L. 680-4 qui adapte les références faites à ces notions clés de la matière que sont le débiteur, l'entreprise, le contrat, le cocontractant. Viser le débiteur, de façon générique, n'était, en effet, plus possible, dès lors que, en présence d'un EIRL, seul le patrimoine affecté de ce dernier est appréhendé par la procédure, son patrimoine personnel ne subissant normalement pas « l'effet réel » de celle-ci.

L'adaptation sémantique, elle, relève de la plupart des autres dispositions qui balayent les articles des titres I à VI du livre VI pour les compléter ou les modifier, selon le cas, de quelques mots ou de plusieurs alinéas, afin de tenir compte des spécificités et des risques inhérents au mécanisme d'affectation de patrimoines institué par la loi du 15 juin 2010.

III. OBJET DE L'ARTICLE L. 680-1

L'article L. 680-1 pose une règle générale, fondamentale, et d'apparence simple, de l'ère post « unité du patrimoine ». C'est volontairement que sa formulation a été conçue de manière à tenir dans cette équation commode, véritable *vade-mecum* de l'EIRL en difficulté : s'agissant d'appliquer le livre VI, les activités de l'EIRL sont appréhendées, de façon distributive, « patrimoine par patrimoine ». Ce cloisonnement, qui ne cèdera qu'en cas de « fraude » (action en réunion du patrimoine : V. art. L. 621-2 ; action en responsabilité pour insuffisance d'actif : V. art. L. 651-2), permet, malgré le « big bang patrimonial » du 1er janvier 2011, de retomber sur l'équation « un débiteur = un patrimoine ». Choix législatif qui n'allait pas de soi, et qui procède d'un parti pris, celui d'éluder, du livre VI, deux sources de complexité générées par la loi du 15 juin 2010. La première, expressément énoncée par celle-ci : la possibilité, à partir de 2013, pour une même personne, de constituer plusieurs patrimoines affectés à une activité professionnelle. La seconde, implicite mais non moins certaine la faculté (puisque rien ne l'interdit), pour l'entrepreneur individuel, tout à la fois de constituer un patrimoine affecté à une activité professionnelle et d'exercer, à côté, une autre activité, sans patrimoine affecté, c'est-à-dire au moyen du « reste du patrimoine » (sans séparation, donc, sur ce dernier, entre le gage général des créanciers professionnels et celui des créanciers personnels). Dans ce cas, ces deux activités professionnelles indépendantes relèveront du livre VI, la difficulté consistant alors à organiser leur autonomie, puisque seul le patrimoine, affecté ou non, correspondant à l'activité en difficulté (le plus souvent en cessation des paiements), subira les effets de la procédure collective.

C'est en cela que le passage, opéré par l'article L. 680-1, d'un raisonnement « débiteur par débiteur » à un raisonnement « patrimoine par patrimoine » a quelque chose de simpliste. Mais, malgré tout, par son indéniable côté pédagogique, la méthode adoptée par les auteurs de l'ordonnance doit être approuvée, sachant qu'elle répondra à l'immense majorité des situations.

IV. EXTINCTION DU RÉGIME DE L'EIRL

La loi du 14 février 2022 en faveur de l'activité professionnelle indépendante, applicable à compter du 15 mai 2022, a substitué à l'option pour le statut de l'entrepreneur individuel à responsabilité limitée (EIRL) une protection de plein droit du patrimoine personnel, seul le patrimoine professionnel étant engagé. La loi nouvelle abroge pour l'avenir le statut de l'EIRL par plusieurs dispositions mettant fin notamment à la possibilité pour un débiteur d'affecter son patrimoine professionnel de façon séparée de son patrimoine personnel. Toutefois, les personnes ayant opté antérieurement pour ce statut en conservent le bénéfice (C. com., art. L. 526-8, L. 526-17 et L. 526-19 ; abrogation de l'art. L 526-16 ; V. ces art., 2e partie, *Prévention des difficultés des entreprises*). Pour cette raison, le législateur a-t-il maintenu aussi les articles L. 680-1 et suivants dédiés à l'EIRL, en parallèle des nouveaux articles L. 681-1 et suivants consacrés à l'entrepreneur individuel relevant du nouveau statut. ❑

Art. L. 680-2 Les dispositions des titres Ier à VI du présent livre qui intéressent la situation économique ou les biens, droits ou obligations du débiteur entrepreneur individuel à responsabilité limitée doivent, sauf dispositions contraires, être comprises comme visant les éléments du seul patrimoine affecté à l'activité en difficulté ou, si l'activité est exercée sans affectation de patrimoine, du seul patrimoine non affecté.

COMMENTAIRE

L'article L. 680-2 constitue la disposition d'adaptation générale des dispositions du livre VI au regard de la situation du débiteur entrepreneur individuel à responsabilité limitée, plus exactement, pour ratisser large, de sa situation économique, de ses biens, droits ou obligations. Les droits ou obligations concernés peuvent être d'origine contractuelle ou prévus par la loi, précise le Rapport. C'est le pendant de l'article suivant, L. 680-3, qui s'intéresse à la situation des créanciers. La règle posée est supplétive, puisque le texte réserve la possibilité de dispositions contraires. Elle est commandée à la fois par l'hypothèse de pluralités de patrimoines affectés, mais surtout par celle d'exercice d'une activité autonome sans patrimoine affecté. Ainsi, les dispositions des procédures collectives ne visent-elles, soit que les éléments du seul patrimoine affecté à l'activité en difficulté, soit (en cas d'exercice d'une activité sans affectation de patrimoine) le seul patrimoine non affecté. Où l'on retrouve donc, selon la logique déjà énoncée à propos de l'article L. 680-1, l'équation « un débiteur = un patrimoine » (affecté ou non), moyennant, bien évidemment, cette différence essentielle avec l'ère d'avant la loi du 15 juin 2010 que ce débiteur peut fort bien, par ailleurs, être titulaire d'un autre patrimoine (son patrimoine personnel, qui échappe, normalement, à l'effet réel de la procédure, en cas de défaillance d'une activité exercée avec affectation de patrimoine).

Concrètement, il résulte de cette règle que la cessation des paiements doit être appréciée en tenant compte des seuls éléments d'actif et de passif compris dans le patrimoine visé par la procédure (V., en cas d'inopposabilité de la déclaration d'affectation, faute de mention de l'exercice sous forme d'EIRL, Com. 6 mars 2019 : V. note ci-dessous). De même, évidemment, les restrictions imposées au débiteur en matière d'administration et de disposition de ses biens ne sont applicables qu'à la condition que ces biens soient compris dans le patrimoine visé par la procédure. En outre, la règle devrait jouer s'agissant de l'appréciation des différents seuils chiffrés (nombre de salariés, chiffre d'affaires ; V. B. Dondero, *EIRL-Duo in carne una, JCP 2010. 1261*). Et, s'agissant également du bénéfice de la sauvegarde, même si cela peut paraître choquant, devrait être sans importance que le patrimoine non affecté pourrait permettre de régler les difficultés (P.-M. Le Corre, L'heure de vérité de l'EIRL : le passage sous la toise du droit des entreprises en difficulté, *D. 2011. Chron. 91*).

Pour cette même raison, encore, en cas de procédure collective frappant un seul patrimoine (le plus souvent le patrimoine affecté), les autres patrimoines (par hypothèse, le patrimoine personnel) devraient pouvoir bénéficier, le cas échéant, des diverses dispositions protectrices visant les « personnes physiques coobligées ou ayant consenti une sûreté personnelle ou ayant affecté ou cédé un bien en garantie » (V. art. L. 622-28, L. 626-11, L. 631-14 ; V. aussi, pour l'opposabilité d'un accord de conciliation, art. L. 611-10-2). Dans ce cas aussi, en effet, dans la logique voulue par l'ordonnance du 9 décembre 2010, qu'importe que le garant personne physique ne soit pas un tiers par rapport au débiteur, puisque le raisonnement se fait patrimoine par patrimoine, et non plus débiteur par débiteur. L'application de ces textes à l'EIRL est d'ailleurs une condition essentielle du succès du dispositif instauré par la loi du 15 juin 2010. Tout comme les autres débiteurs, l'EIRL doit bénéficier des mesures l'incitant à l'anticipation en cas de difficulté, il ne doit pas craindre de demander l'ouverture d'une procédure de sauvegarde ou d'un redressement judiciaire (V. P.-M. Le Corre, L'heure de vérité de l'EIRL, le passage sous la toise du droit des entreprises en difficulté, *préc.* ; R. Dammann et G. Podeur, L'adaptation du droit des entreprises en difficulté et des procédures de traitement des situations de surendettement à l'EIRL par l'ordonnance du 9 décembre 2010, *Gaz. Pal. 22 déc. 2010, p. 8*). ❑

En application de l'art. L. 680-2, lorsqu'un entrepreneur individuel à responsabilité limitée est soumis à une procédure collective à raison de son activité professionnelle, les dispositions des titres I à VI du livre VI C. com. doivent être comprises comme visant les éléments du seul patrimoine affecté à l'activité en difficulté ; ces règles s'appliquent quand bien même le jugement d'ouverture et sa mention au BODACC ne précisent pas qu'ils ne visent que les éléments du seul patrimoine affecté en difficulté. • Com. 23 oct. 2019, n° 18-19.952 P : *D. 2019. 2390, note V. Legrand ; JCP E 2020. 1092, note Lebel ; APC 2019, n° 272, obs. Leprovaux ; LEDEN 12/2019. 2, obs. Valiergue ; BJE 1-2/2020. 41, note Favario ; RPC 2020, n° 5, obs. Saintourens.* ♦ Comp., pour un précédent arrêt ayant admis que le tribunal ayant ouvert la procédure collective sans préciser qu'elle ne visait que les éléments du seul patrimoine affecté à l'activité en difficulté et les publications faites de ce jugement, le rendant opposable aux créanciers, ne mentionnant pas la dénomination sous laquelle le débiteur exerçait son activité d'entrepreneur individuel à responsabilité limitée ni ces derniers mots ou les initiales EIRL, il en résulte que la banque pouvait déclarer sa créance relative au prêt consenti au débiteur pour l'acquisition de son logement à la procédure collective de celui-ci telle qu'elle avait été ouverte et rendue publique : • Com. 6 mars 2019, n° 17-26.605 P : *D. 2019. 797, note V. Legrand ; Rev. sociétés 2019. 421, obs. Roussel Galle ; RTD com. 2019. 479, obs. Martin-Serf ; JCP E 2019. 1376, note Lebel ; APC 2019, n° 76, obs. Petit ; RJDA 2019, n° 355 ; LEDEN 5/2019. 2, obs. Valiergue ; BJE 5-6/2019. 29, note Dols-Magneville ; RLDA juin 2019. 16, obs. Le Ruyet ; BJS 5/2019. 34, note Reille ; RDBF 2019, n° 99, obs. Houin-Bressand ; RJ com. 2019. 259, obs. Dugourd ; BRDA 2019, n° 13, p. 25, obs. Mliczak.*

Art. L. 680-3 Les dispositions des titres Ier à VI du présent livre qui intéressent les droits ou obligations des créanciers du débiteur entrepreneur individuel à responsabilité limitée s'appliquent, sauf dispositions contraires, dans les limites du seul patrimoine affecté à l'activité en difficulté ou, si l'activité est exercée sans affectation de patrimoine, du seul patrimoine non affecté.

BIBL. ► Demeyere, *RPC 2012. Dossier 19* (caractère collectif de la procédure et EIRL).

COMMENTAIRE

Pendant de l'article L. 680-2, relatif au débiteur, l'article L. 680-3 constitue la disposition d'adaptation générale des dispositions du livre VI au regard de la situation des créanciers de l'EIRL, plus précisément de leurs droits et obligations. La règle ne fait pas double emploi avec la précédente, puisqu'elle couvre les droits ou obligations des créanciers qui ne trouvent pas leur corollaire dans les droits ou obligations du débiteur, comme, par exemple, l'obligation de déclaration des créances nées antérieurement au jugement d'ouverture. Même logique, donc : les droits et obligations des créanciers ne s'exercent que sur le patrimoine affecté (en cas d'affectation) ou, si la défaillance concerne une activité exercée sans affectation de patrimoine, sur le seul patrimoine non affecté (qui comprendra alors le patrimoine personnel).

Comme le souligne le Rapport au président de la République, les créanciers auxquels la déclaration d'affectation est inopposable sont, en creux, directement concernés par les principes énoncés à l'article L. 680-3. En effet, ni l'arrêt des poursuites individuelles et des procédures d'exécution imposé par l'article L. 622-21, ni l'interdiction du paiement des créances nées avant l'ouverture de la procédure, prévue à l'article L. 622-7, n'empêcheront ces créanciers d'exercer des poursuites, si nécessaire par la voie d'une exécution forcée, sur l'actif du patrimoine non visé par la procédure. Mais, à l'inverse, évidemment, ils ne pourront se prévaloir de la déchéance du terme prévue à l'article L. 643-1, en cas de liquidation judiciaire, qui ne vaut que pour les besoins de celle-ci et non pour obtenir le paiement de la totalité d'une créance sur l'actif d'un patrimoine non visé par cette procédure, et devront limiter leurs poursuites aux créances exigibles. Ces créanciers peuvent évidemment aussi, et *a fortiori*, concourir à la procédure visant le patrimoine affecté ; il leur appartient alors de déclarer leur créance (sur les incertitudes en cas de créance afférente à un bien affecté au patrimoine professionnel, mais utilisé aussi pour la vie privée de l'entrepreneur, V. M. Douadi-Chamseddine, EIRL : la mise en concurrence conflictuelle des procédures civiles et commerciales d'exécution [sort de la créance portant sur un bien mixte], *RLDA juill.-août 2011. 69*).

De même devraient logiquement effectuer une déclaration de créance les créanciers non professionnels désireux, en vertu de l'article L. 526-12, dernier alinéa, de faire valoir leur droit sur le bénéfice du dernier exercice clos en cas d'insuffisance du patrimoine non affecté (P. Pétel, L'adaptation des procédures collectives à l'EIRL, *JCP E 2011. 1071, n° 7*). ❑

1. Sur la possibilité, pour un créancier antérieur à qui la déclaration d'affectation à l'EIRL est inopposable, d'assigner son débiteur en redressement judiciaire sur le patrimoine non affecté, V. • Riom, 8 oct. 2014 : *APC 2014, n° 346, obs. Cagnoli.*

2. En ce sens que la créance de RSI est rattachée à l'activité professionnelle de l'EIRL et doit, à ce titre, être déclarée à la procédure collective de celui-ci. • T. com. Bordeaux, 15 juill. 2015 : *RPC 2017. Chron. 1, n° 12, obs. Lafaurie.*

Art. L. 680-4 Sauf dispositions contraires, les références faites par les titres Ier à VI du présent livre au débiteur, à l'entreprise, au contrat, au cocontractant s'entendent, respectivement :

– du débiteur en tant qu'il exerce l'activité en difficulté et est titulaire du patrimoine qui se rattache à celle-ci, à l'exclusion de tout autre ;

– de l'entreprise exploitée dans le cadre de l'activité en difficulté ;

– si un patrimoine est affecté à l'activité en difficulté, du contrat passé à l'occasion de l'exercice de cette activité ou, si l'activité est exercée sans affectation de patrimoine, du contrat passé en dehors du ou des activités auxquelles un patrimoine est affecté ;

– du cocontractant ayant conclu le contrat mentionné au précédent alinéa.

COMMENTAIRE

L'article L. 680-4 vient compléter les articles L. 680-2 et L. 680-3. Plus analytique que les précédents, son objet est d'adapter certaines notions courantes du droit des procédures collectives (le débiteur, l'entreprise, le contrat, le cocontractant, ces deux dernières se rattachant, bien entendu, au régime de la continuation des contrats en cours) au cas particulier de l'exercice d'une activité avec affectation de patrimoine.

Le débiteur n'est donc appréhendé qu'en tant qu'il exerce l'activité défaillante. L'idée est toujours la même : réduire toutes ces notions au seul périmètre de l'activité exercée par l'EIRL objet de la procédure (ou par le débiteur, par ailleurs, en dehors de l'activité exercée en EIRL).

I. PORTÉE GÉNÉRALE DU TEXTE

Il n'en reste pas moins certaines zones d'ombre. Se pose, notamment, dans le silence de la loi du 15 juin et l'ordonnance du 9 décembre 2010, la question de la possibilité de nouer des relations contractuelles entre les patrimoines d'un même débiteur, ce qui impliquerait alors, entre autres conséquences, l'application du mécanisme des contrats en cours (art. L. 622-13 et L. 622-14). On pourrait soutenir, dans l'hypothèse par exemple de mise à disposition temporaire d'un bien à titre gratuit ou onéreux, qu'il s'agit là plutôt d'un acte unilatéral que d'un contrat (V. P. Pétel, L'adaptation des procédures collectives à l'EIRL, *JCP E 2011. 1071, n° 12*). Pourtant tout semble quand même implicitement militer dans le sens de la reconnaissance de la validité de ces contrats entre patrimoines : l'adaptation des dispositions relatives à l'inventaire et à la revendication (art. L. 622-6 et L. 624-19), d'une part, mais aussi, et surtout, l'article L. 651-2 modifié, relatif à la responsabilité pour insuffisance d'actif, qui interdit à l'entrepreneur individuel à responsabilité limitée de participer aux répartitions à concurrence des sommes au versement desquelles il a été condamné, qui semble bien supposer que le débiteur peut être créancier du patrimoine affecté visé par la procédure, autrement dit qu'il a conclu un contrat à titre onéreux avec lui-même (en ce sens : P.-M. Le Corre, L'heure de vérité de l'EIRL : le passage sous la toise du droit des entreprises en difficulté, *D. 2011. Chron. 91*, *spéc.*

109 ; comp., doutant de la portée de cette simple disposition de coordination : P. Pétel, *préc.*). Il s'agirait alors, en quelque sorte, d'une consécration implicite de la théorie de la « propersonnalité » (V. F. Terré, *in* EIRL, L'entrepreneur individuel à responsabilité limitée, *Litec, 2011, n° 11* ; E. Dubuisson, La non-adoption de la « propersonnalité », *Dr. et patr. 4/2010. 75*).

A cet égard, la question la plus controversée est sans doute celle dite des « auto-garanties », autrement dit des garanties grevant tout ou partie des biens d'un patrimoine en garantie d'une dette de l'autre patrimoine (V., entre autres, F. Pérochon, EIRL : un patrimoine peut en garantir un autre, *RPC 2011. Dossier 25*). Le problème se pose, en particulier, à propos du cautionnement, où s'opposent deux thèses : celle de l'impossibilité, résultant du fait que la caution serait nécessairement une personne et non un patrimoine (V., notamment, P. Simler, EIRL et communauté de biens entre époux, *JCP 2011. 4, n° 5*) ; et celle de la validité, au nom, précisément, de la dualité de qualités qu'entraînerait nécessairement la dualité de patrimoines (V., notamment, F. Pérochon, *préc., n° 3*, qui admet la validité de principe des auto-garanties, tant réelles que personnelles, sous réserve de nullité de la période suspecte).

II. CONTINUATION DES CONTRATS EN COURS

Selon un auteur, la souplesse de l'expression « contrat passé à l'occasion de l'exercice de l'activité » devrait permettre de soumettre un contrat conclu pour les besoins de l'activité d'une entreprise autre que celle concernée par la procédure collective aux règles de la continuation des contrats en cours, dès lors que le bien, qui en est l'objet, est utilisé par cette entreprise, du chef de laquelle l'entrepreneur individuel a été placé sous procédure collective, et qu'il a été conclu après le démarrage de cette activité (P.-M. Le Corre, Droit et pratique des procédures collectives, *Dalloz Action, 2023/2024, 430.092* ; V. aussi, de manière plus générale, S. Becqué-Ickowicz et M.-P. Dumont-Lefrand, Les contrats conclus par l'EIRL, *Cah. dr. entr. 5-6/2011. Dossier 15*). ❑

Art. L. 680-5 Lorsque les dispositions des titres Ier à VI du présent livre sont appliquées à raison d'une activité professionnelle exercée sans affectation de patrimoine, les éléments d'actif et de passif qui, le cas échéant, proviennent d'un patrimoine dont l'affectation a cessé de produire ses effets en application de l'article L. 526-15 sont considérés comme étant hors du patrimoine non affecté. Cette exclusion prend fin dès lors que les créances ayant composé l'ancien patrimoine sont éteintes.

Le présent article n'est pas applicable si l'exercice de l'activité à laquelle le patrimoine était affecté s'est poursuivi après la cessation de l'affectation.

COMMENTAIRE

Beaucoup plus difficile à comprendre que les précédents, l'article L. 680-5 traite des conséquences de la renonciation de l'EIRL à l'affectation, prévue par l'article L. 526-15. Selon le Rapport au président de la République, cet article « prévoit que les éléments provenant d'un patrimoine dont l'affectation a cessé de produire ses effets en application de l'article L. 526-15 et qui sont soumis à la règle du gel des gages énoncé au même article sont exclus du périmètre de la procédure collective qui, le cas échéant, pourrait être ouverte à raison de l'activité professionnelle abritée par le patrimoine non affecté, s'il en existe une. En effet, l'application de la règle du gel des gages dans le cadre d'une procédure collective soulèverait d'importantes difficultés ».

Chacun des deux alinéas correspond à une branche de l'alternative, dont le pivot repose sur la poursuite ou non de l'exercice de l'activité à laquelle le patrimoine était affecté.

I. ABSENCE DE POURSUITE DE L'EXERCICE DE L'ACTIVITÉ

En l'absence de poursuite de l'exercice de l'activité à laquelle le patrimoine était affecté après la cessation de l'affectation, si le débiteur se retrouve en difficulté à raison d'une activité professionnelle (par hypothèse exercée sans affectation de patrimoine), le texte neutralise les effets de cette renonciation afin de lutter contre les renonciations « opportunes », sinon frauduleuses. Dans ce cas, dit l'article, « les éléments d'actif et de passif qui, le cas échéant, proviennent d'un patrimoine dont l'affectation a cessé de produire ses effets [...] sont considérés comme étant hors du patrimoine non affecté ». Cette formule, sous forme de double négation, revient à considérer que la renonciation n'entraîne pas « réunion » du patrimoine pour les besoins de la procédure qui s'ouvre. Celle-ci produit les mêmes effets que si l'affectation était encore en cours. Bien que l'activité professionnelle défaillante (qu'il s'agisse d'une nouvelle activité ou d'une activité parallèle à celle précédemment exercée avec affectation de patrimoine) soit exercée sans patrimoine affecté, la fiction de l'affectation est maintenue, par la force de la loi, ce qui implique le cantonnement de l'effet réel de la procédure. La séparation patrimoniale résiste à la renonciation afin de permettre le paiement des créanciers professionnels, qui conservent donc leur droit de gage général exclusif sur le patrimoine affecté.

En réalité, l'article L. 680-5 se rapproche un peu des articles L. 631-3 et L. 640-3 (non modifiés par l'ordonnance de 2010), relatifs au redressement ou à la liquidation judiciaires du débiteur qui a cessé son activité professionnelle dès lors que le passif ayant conduit à la cessation des paiements provient en totalité ou partiellement seulement de l'activité professionnelle cessée. Ici, de même, semble principalement visée l'hypothèse de dettes professionnelles impayées provenant de l'EIRL. Et c'est bien pour cette raison que le texte pose une limite, à la fois temporelle et téléologique, en précisant que « cette exclusion prend fin dès lors que les créances ayant composé l'ancien patrimoine sont éteintes ».

II. POURSUITE DE L'EXERCICE DE L'ACTIVITÉ

En revanche, du moment que l'exercice de l'activité à laquelle le patrimoine était affecté s'est poursuivi après la cessation de l'affectation, la renonciation à celle-ci n'est pas remise en cause par l'ouverture ultérieure d'une procédure collective. Cette procédure concernera donc l'ensemble du patrimoine du débiteur. Dans ce cas de figure, le législateur a sans doute considéré que la continuité dans l'exercice de l'activité ne nuisait, en général, pas aux créanciers dont le gage général portera, après cessation de l'affectation, sur une plus large assiette, ce qui devrait suffire à écarter toute intention frauduleuse. ❑

Art. L. 680-6 Le jugement d'ouverture d'une procédure de sauvegarde, de redressement judiciaire ou de liquidation judiciaire emporte, de plein droit, jusqu'à la clôture de la procédure ou, le cas échéant, jusqu'à la fin des opérations du plan, interdiction pour tout débiteur d'affecter à une activité professionnelle un bien compris dans le patrimoine visé par la procédure ou, sous réserve du versement des revenus mentionnés à l'article L. 526-18, de modifier l'affectation d'un tel bien, lorsqu'il en résulterait une diminution de l'actif de ce patrimoine.

Tout acte passé en violation des dispositions du présent article est annulé à la demande de tout intéressé ou du ministère public dans le délai de trois ans à compter de sa date.

COMMENTAIRE

L'article L. 680-6 vise à cristalliser, à geler l'actif du débiteur après ouverture d'une procédure collective et jusqu'à l'achèvement de celle-ci, voire au-delà (selon le cas, jusqu'à la fin des opérations du plan de sauvegarde ou de redressement ou jusqu'à la clôture de la liquidation judiciaire).

Cette disposition est la bienvenue, car, sinon, du moins lorsque le débiteur n'est pas dessaisi, c'est-à-dire en cas de sauvegarde ou de redressement judiciaire, rien n'aurait pu l'empêcher soit d'affecter un bien de son patrimoine à une autre activité, soit, à l'inverse, si son activité défaillante est exercée avec affectation, de renoncer à celle-ci. Or, dans la première hypothèse, une telle affectation aurait évidemment soustrait des biens au gage général des créanciers (professionnels ou personnels). Et, dans la seconde, cette renonciation aurait entraîné des conséquences très perturbatrices de la procédure, puisqu'elle aurait modifié, à la fois, l'actif et le passif. Comme le précise le Rapport, il découle *a fortiori* de cette règle, pendant la même période, une interdiction de créer un patrimoine affecté constitué d'éléments compris dans le patrimoine visé par la procédure.

Le législateur a donc, purement et simplement, prohibé, à peine d'une nullité (prévue à l'alinéa 2) calquée sur celle des actes et paiements effectués en violation de l'article L. 622-7, de tels actes d'affectation ou de modification d'affectation. S'il ne l'avait pas fait, sans doute la Cour de cassation aurait-elle essayé d'atteindre le même résultat par une solution prétorienne, comme elle a su y parvenir quand il s'est agi de neutraliser les effets de la transmission universelle de patrimoine résultant de plein droit de la réunion des parts sociales d'une société en une seule main, en vertu de l'article 1844-5 du code civil. Elle avait alors invoqué les « principes gouvernant le redressement et la liquidation judiciaires des entreprises en difficulté » pour écarter le texte en cause (Com. 12 juill. 2005 : *D. 2005. AJ 2002, obs. Lienhard* ; *ibid. Pan. 2956, obs. Hallouin et Lamazerolles*).

A cette prohibition, deux exceptions quand même.

D'une part, l'interdiction ne jouant logiquement qu'afin de préserver l'actif des créanciers, l'affectation peut être modifiée si cette modification n'altère pas le gage des créanciers. Autrement dit, serait valable une modification dans la composition du patrimoine affecté sans incidence sur l'actif ou, *a fortiori*, augmentant ce dernier. Cette désaffection « à titre onéreux », selon l'expression du professeur Philippe Pétel, revient, en quelque sorte, à autoriser le rachat par l'EIRL de ses biens affectés. Encore cette opération suppose-t-elle le respect des dispositions générales restreignant la marge de manœuvre du débiteur en cours de procédure : l'autorisation du juge-commissaire requise pour les actes de disposition étrangers à la gestion courante (art. L. 622-7) et l'interdiction de présenter une offre de reprise ou d'acquisition d'un élément d'actif (art. L. 642-3 et L. 642-20 ; P. Pétel, L'adaptation des procédures collectives à l'EIRL, *JCP E 2011. 1071, n° 8*).

D'autre part, l'article L. 680-6 réserve le cas des revenus versés dans le patrimoine non affecté que l'article L. 526-18 autorise l'entrepreneur à déterminer. Le jugement d'ouverture, sous réserve du dessaisissement du débiteur en cas de liquidation judiciaire, ne tarit donc pas cette source de revenus pour le patrimoine personnel. Mais sans doute l'entrepreneur ne pourrait-il pas, après l'ouverture de la procédure, augmenter ce montant. La difficulté ici vient aussi de l'article L. 526-18 lui-même, dont la formule vague de « revenus » est sujette à interprétation (deux conceptions sont possibles : le résultat de l'exercice augmenté des réserves accumulées, classique ; le *free cash flow*, généralement supérieur au résultat net comptable, compte tenu des amortissements, plus audacieux). Quoi qu'il en soit, la souplesse laissée à l'EIRL paraît, en la matière, supérieure au régime de distribution des dividendes dans une EURL, en ce que la notion de revenu lui permet de disposer de sa trésorerie dans la mesure, toutefois, où les versements ne portent pas atteinte à la substance de l'entreprise (V. R. Dammann et G. Podeur, L'adaptation du droit des entreprises en difficulté et des procédures de traitement des situations de surendettement à l'EIRL par l'ordonnance du 9 décembre 2010, *Gaz. Pal. 22 déc. 2010, p. 8* ; P. Pétel, *préc., n° 14*). A ce sujet, il a encore été noté qu'en cas de sauvegarde ou de redressement judiciaire, l'accord de l'administrateur judiciaire investi d'une mission d'assistance semble s'imposer pour tout versement de revenus, de même que, lorsque le montant des « revenus » ressortira à un « acte de disposition étranger à la gestion courante », l'EIRL devra se munir de l'autorisation du juge-commissaire (R. Dammann et G. Podeur, *préc.*, art. L. 622-7).

Ajoutons qu'une réponse ministérielle a estimé, s'agissant de la constitution d'un patrimoine d'affectation après le jugement d'ouverture, qui ne serait possible que si elle ne concerne pas le patrimoine du débiteur en cessation des paiements, gage commun des créanciers, que serait envisageable l'affectation d'un bien insaisissable (Rép. min. n° 53658 : *JOAN Q, 5 janv. 2016, p. 158*). ❑

Art. L. 680-7 **Sans préjudice de la compétence attribuée au juge-commissaire par l'article L. 624-19, le tribunal saisi d'une procédure de sauvegarde, de redressement judiciaire ou de liquidation judiciaire ouverte à l'égard d'un entrepreneur individuel à responsabilité limitée connaît des contestations relatives à l'affectation des éléments du patrimoine de cet entrepreneur qui s'élèvent à l'occasion de cette procédure.**

COMMENTAIRE

Par cette disposition, l'ordonnance du 9 décembre 2010 étend la compétence d'attribution du tribunal de la procédure à toutes les contestations relatives à l'affectation des éléments du patrimoine objet de la procédure susceptibles de survenir au cours de celle-ci. L'article L. 680-7 est conçu comme un décalque, une extension, de l'article R. 662-3, qui consacre la règle de prorogation de compétence au profit du tribunal de la procédure pour connaître de tout ce qui concerne la procédure. A lui seul, en effet, ce texte réglementaire n'aurait peut-être pas suffi à englober les contestations relatives à l'affectation professionnelle, malgré la lecture large faite par la Cour de cassation de ce texte, qui reconnaît la compétence du tribunal « pour connaître des contestations nées de la procédure collective ou sur lesquelles cette procédure exerce une influence juridique » (V. note 1 ss. art. R. 662-3). ❑

Code de la consommation

PREMIÈRE PARTIE : **LÉGISLATIVE**

(Ord. n° 2016-301 du 14 mars 2016, en vigueur le 1er juill. 2016)

Art. L. 711-7 Les dispositions du présent livre *[relatif au traitement des situations de surendettement]* sont applicables au débiteur qui a procédé à une déclaration de constitution de patrimoine affecté conformément à l'article L. 526-7 du code de commerce, sous les réserves énoncées par le présent article.

Elles s'appliquent à raison d'une situation de surendettement résultant uniquement de dettes non professionnelles. En ce cas, celles de ces dispositions qui intéressent les biens, droits et obligations du débiteur doivent être comprises, sauf dispositions contraires, comme visant les seuls éléments du patrimoine non affecté. Celles qui intéressent les droits et obligations des créanciers du débiteur s'appliquent dans les limites du seul patrimoine non affecté. – *[Anc. art. L. 337-7, al. 1er et 2.]*

V. comm. ss. art. L. 711-8.

BIBL. ▶ V. Legrand, *LPA 29 mars 2011.*

La seule circonstance que le patrimoine affecté de l'entrepreneur individuel à responsabilité limitée relève de la procédure instituée par les titres II à IV du livre VI C. com. n'est pas de nature à exclure le patrimoine non affecté du débiteur de la procédure de traitement des situations de surendettement. • Com. 27 sept. 2018, n° 17-22.013 P : *D. 2018. 2071, note V. Legrand ; JCP E 2018. 1528, note Pellier ; APC 2018, n° 242, obs. Petit ; RJDA 2019, n° 33 ; RDBF 2018, n° 164, obs. S. Piedelièvre ; RPC 2018, n° 171, obs. Gjidara-Decaix ; Gaz. Pal. 15 janv. 2019, p. 52, obs. Mouial-Bassilana.* ♦ V. aussi • Civ. 2e, 26 oct. 2023, n° 21-25.581 B : *D. 2023. Actu. 1900 ; RPC 2024, n° 98, obs. Gjidara-Decaix.*

Art. L. 711-8 Lorsqu'une procédure de surendettement est engagée devant une commission à la demande d'un entrepreneur individuel à responsabilité limitée, celui-ci indique, lors du dépôt du dossier, si une procédure instituée par les titres II à IV du livre VI du code de commerce est ouverte à son bénéfice et auprès de quelle juridiction.

Lorsqu'une procédure instituée par les titres II à IV du livre VI du code de commerce est ouverte au bénéfice du débiteur après le dépôt du dossier et avant, selon les cas, l'approbation du plan conventionnel de redressement prévu à l'article L. 732-1, jusqu'à la décision imposant les mesures prévues *(L. n° 2016-1547 du 18 nov. 2016, art. 58-I-2°, en vigueur le 1er janv. 2018)* « aux articles L. 733-1, L. 733-4, L. 733-7 *[ancienne rédaction : par l'article L. 733-1, jusqu'à l'homologation par le juge des mesures recommandées en application des articles L. 733-7, L. 733-8]* » et L. 741-1, jusqu'au jugement prononçant un redressement personnel sans liquidation judiciaire ou jusqu'au jugement d'ouverture d'une procédure de rétablissement personnel avec liquidation judiciaire, le débiteur en informe la commission de surendettement et indique auprès de quelle juridiction cette procédure a été ouverte. – *[Anc. art. L. 333-7, al. 3 et 4.]*

Les dispositions issues de la L. n° 2016-1547 du 18 nov. 2016 s'appliquent aux procédures de surendettement en cours au 1er janv. 2018, sauf lorsque le juge d'instance [juge du tribunal judiciaire, à compter du 1er janv. 2020] a été saisi par la commission de surendettement aux fins d'homologation. Dans ce cas, l'affaire est poursuivie et jugée conformément au livre VII C. consom., dans sa rédaction antérieure à la L. préc. (L. préc., art. 58-II).

COMMENTAIRE

Comme l'intitulé du nouveau chapitre III *bis*, ajouté par l'ordonnance du 9 décembre 2010 à l'ancien code de la consommation, l'indiquait, le nouvel article L. 333-7 instituait des « dispositions particulières au traitement de la situation de surendettement d'un entrepreneur individuel à responsabilité limitée ». Après la recodification opérée par l'ordonnance n° 2016-301 du 14 mars 2016, ce texte se retrouve, depuis le 1er juillet 2016, sous l'article L. 711-7. Il s'agissait là incontestablement d'une des questions les plus délicates qu'aient eu à résoudre les rédacteurs de l'ordonnance. On le savait depuis l'avènement de la loi du 15 juin 2010, relative à l'entrepreneur individuel à responsabilité limitée, qui a permis, grâce à la technique de l'affectation à une activité professionnelle, à une même personne de posséder plusieurs patrimoines, possibilité entraînant, dans le cas le plus fréquent (et le seul possible jusqu'en 2013), la coexistence d'un patrimoine professionnel (affecté) et d'un patrimoine personnel (non affecté). Or, le réalisme économique conduit à penser que, bien souvent, l'état de cessation des paiements au titre du patrimoine affecté ne tardera pas à entraîner une situation d'insolvabilité au titre du patrimoine personnel (ne serait-ce qu'en raison du flux de revenus du premier vers le second, autorisé dans les conditions de l'art. L. 526-18 C. com.). D'où cette situation, problématique, d'une même personne, passible en même temps, d'un côté, d'une procédure collective soumise au livre VI du code de commerce et, d'un autre côté, susceptible de bénéficier du dispositif de traitement du surendettement organisé par le code de la consommation. Et, cela, sans même parler des hypothèses de fraude, de confusion des patrimoines, qui, du reste, se résoudront plus facilement, puisque alors l'ordonnance a prévu une action en réunion des patrimoines, calquée sur l'action en extension de la procédure pour confusion ou fictivité (V. C. com., art. L. 621-2).

Tous les commentateurs de la loi du 15 juin 2010 ont pointé cette difficulté, montrant combien l'articulation des procédures soulevait de questions, non seulement techniques, mais aussi, et sans doute plus fondamentalement, « politiques », en ce sens que l'enjeu était ici celui du maintien de l'autonomie de la procédure de surendettement, normalement plus protectrice (V., entre autres, V. Legrand, L'EIRL pourra-t-il prétendre à une procédure de surendettement ?, *D. 2010. Chron. 2385* ; M. Douaoui-Chamssedine, L'adaptation et l'articulation délicates des procédures d'exécution à l'EIRL [procédures collectives et surendettement], *RDBF 2010. Étude 10*), alors que la facilité et l'efficacité militaient pour une procédure unique, solution qui eût inévitablement soumis le patrimoine personnel à l'attraction de la procédure collective.

L'article L. 711-7 représente donc un compromis entre ces objectifs difficiles à concilier. Afin de ne pas trahir l'esprit de la loi Novelli du 15 juin 2010, les rédacteurs de l'ordonnance ont instauré un mécanisme de coordination des procédures respectivement soumises au code de commerce et au code de la consommation. Mécanisme qui est immédiatement apparu comme minimaliste en ce qu'il laisse bien des questions, de fond comme de procédure, en suspens (V. Legrand, Le chapitre II de l'ordonnance du 9 décembre 2010 concernant le surendettement de l'entrepreneur individuel à responsabilité limitée : premiers constats et déception, *D. 2011. Chron. 99* ; M. Douaoui-Chamssedine, L'adaptation du droit du surendettement à l'EIRL, *JCP E 2011. 1116*).

Sachant que les dispositions du code de la consommation relatives au traitement des situations de surendettement (art. L. 711-1 s.) ne s'appliquent pas aux personnes relevant des procédures collectives (art. L. 711-1), ce qui exclurait les entrepreneurs individuels à responsabilité limitée, l'ordonnance du 9 décembre 2010 a affirmé liminairement le principe de l'application des dispositions en cause du code « au débiteur qui a procédé à une déclaration d'affectation » (V., désormais, C. consom., art. L. 711-7). Pour autant, comme cela a été remarqué, restent incertaines les conditions exactes de l'éligibilité de l'EIRL, notamment quant à l'exigence de bonne foi requise par l'article L. 711-3 (V. Legrand, *préc.* ; M. Douaoui-Chamssedine, *préc.*). Quoi qu'il en soit, ce postulat posé, le texte commence, logiquement, à l'article L. 711-7 par délimiter le champ de la procédure de surendettement aux seules dettes non professionnelles et au seul patrimoine non affecté. C'est cette règle qu'a mise en œuvre, pour la première fois, la deuxième chambre civile de la Cour de cassation, en affirmant, par un arrêt de cassation du 27 septembre 2018, que « la seule circonstance que le patrimoine affecté de l'entrepreneur individuel à responsabilité limitée relève de la procédure instituée par les titres II à IV du livre VI du code de commerce relative au traitement des difficultés des entreprises n'était pas de nature à exclure le patrimoine non affecté du débiteur de la procédure de traitement des situations de surendettement » (V. note ss. art. L. 711-7).

Ensuite, l'article L. 711-8 organise la coordination des procédures, en distinguant deux situations selon un critère chronologique. Premier cas : lors de l'engagement de la procédure de surendettement devant la commission de surendettement, l'entrepreneur individuel à responsabilité limitée fait déjà l'objet d'une procédure du livre VI du code de commerce. Il doit alors l'indiquer à la commission, lors du dépôt du dossier, en précisant la juridiction concernée. La question se posera sans doute de la sanction du silence volontairement gardé par l'entrepreneur : s'agira-t-il là d'un cas de mauvaise foi procédurale entraînant une irrecevabilité de la demande, ou, conformément à la jurisprudence, faudra-t-il établir que le débiteur a délibérément omis de transmettre une information afin de bénéficier de la procédure pour que la déchéance soit envisageable (V. Civ. 1re, 11 oct. 1994 : *Bull. civ. I, n° 288* ; V. Legrand, *préc.* ; M. Douaoui-Chamssedine, *préc.*). Second cas : une procédure du livre VI du code de commerce est ouverte au bénéfice du débiteur après le dépôt du dossier et avant, selon les cas, l'approbation du plan conventionnel de redressement prévu à l'article L. 732-1, jusqu'à la décision imposant les mesures prévues par l'article L. 733-1, jusqu'à l'homologation par le juge des mesures recommandées en application des articles L. 733-7, L. 733-8 et L. 741-1, jusqu'au jugement prononçant un redressement personnel sans liquidation judiciaire (selon l'ajout issu de la L. du 26 juill. 2013, effectif à partir du 1er janv. 2014) ou jusqu'au jugement d'ouverture d'une procédure de rétablissement personnel avec liquidation judiciaire. Dans ce cas, pareillement, le débiteur doit en informer la commission de surendettement et indiquer auprès de quelle juridiction cette procédure a été ouverte. ❑

TITRE VIII *BIS* DISPOSITIONS PARTICULIÈRES À L'ENTREPRENEUR INDIVIDUEL RELEVANT DU STATUT DÉFINI À LA SECTION 3 DU CHAPITRE VI DU TITRE II DU LIVRE V

(L. n° 2022-172 du 14 févr. 2022, art. 5, en vigueur le 15 mai 2022)

Pour les dispositions transitoires de la L. n° 2022-172 du 14 févr. 2022, V. note ss. art. L. 611-13.

BIBL. GÉN. ▸ VALLENS, *D. 2022. Chron. 1269*. – DONDERO, *Rev. sociétés 2022. 199, spéc. 208*. – ROUSSEL-GALLE, *DP diff. entr., Bull. n° 445* ; *ibid. n° 449* (saisine du tribunal). – PETIT, *APC 2022, n° 64 s.* – *BRDA 2022, n° 6, p. 30.* – ROSSI, *JCP E 2022. 1138.* – PÉROCHON, *BJE 3-4/2022. 4.* – BUISINE, *RPC 2022. Étude 2.* – SAINTOURENS, *ibid., n° 62* (ouverture de la procédure). – VALLANSAN, *JCP E 2022. 1379.* – Dossier « La défaillance économique de la personne physique », *RPC 2022. Dossiers 39 à 48.* – MARTINEAU-BOURGNINAUD, *BJE 5-6/2023. 64* (dualité de traitement de la défaillance de l'entrepreneur individuel). – SALHI, *RPC 2023. Dossier 32* (juge de la procédure collective ou juge du surendettement ?). – LELOUP-THOMAS et VALLANSAN, *JCP E 2023. 1291* (déroulé de la procédure collective de l'entrepreneur individuel). – ROSSI, LAROCHE et ASSOUAD, *Gaz. Pal. 19 mars 2024, p. 42* (statut de l'entrepreneur individuel et office du juge).

Art. L. 681-1 **Toute demande d'ouverture d'une procédure prévue aux titres II à IV du présent livre ou d'une procédure de surendettement prévue au livre VII du code de la consommation à l'égard d'un entrepreneur individuel relevant du statut défini à la section 3 du chapitre VI du titre II du livre V du présent code est portée devant le tribunal compétent pour connaître des procédures prévues aux titres II à IV du présent livre.**

Sous réserve des règles propres au rétablissement professionnel, le tribunal, saisi d'une telle demande, apprécie à la fois :

1° Si les conditions d'ouverture d'une procédure prévue aux titres II à IV du présent livre sont réunies, en fonction de la situation du patrimoine professionnel de l'entrepreneur individuel ;

2° Si les conditions prévues à l'article L. 711-1 du code de la consommation sont réunies, en fonction de l'actif du patrimoine personnel et de l'ensemble des dettes exigibles ou à échoir dont le recouvrement peut être poursuivi sur cet actif.

COMMENTAIRE

Les articles L. 681-1 et suivants sont issus de la loi du 14 février 2022 en faveur de l'activité professionnelle indépendante, applicable à compter du 15 mai 2022. Ils ont pour objet, comme les articles L. 680-1 et suivants pour l'EIRL, de préciser, par des dispositions particulières, les règles procédurales régissant les entrepreneurs individuels soumis au nouveau statut institué par cette loi.

A cette fin, l'article L. 681-1 pose notamment des règles de compétence, déterminant la juridiction, tribunal de commerce ou tribunal judiciaire, ayant à connaître de l'ouverture d'une procédure à l'égard d'un entrepreneur individuel, selon l'activité professionnelle exercée, commerciale ou civile. Il incombe alors à ce tribunal d'apprécier la situation financière du débiteur au regard de chacun de ses patrimoines, professionnel et personnel, de manière distincte, avant d'ouvrir, le cas échéant, une procédure collective au titre des difficultés rencontrées par le débiteur dans son activité professionnelle vis-à-vis de ses créanciers. ❑

Autoentrepreneur. Un autoentrepreneur relève de la commission de surendettement, et non du livre VI C. com., dès lors que ses dettes sont exclusivement personnelles, son activité n'ayant en réalité jamais été effective, et qu'il a bénéficié d'un plan de surendettement portant sur des dettes dont il fait état à l'appui de sa requête. • TJ Lisieux, 17 oct. 2022, n° 22/00006 : *APC 2023, n° 2, obs. Petit.*

Art. L. 681-2 **I. — Le tribunal ouvre une procédure prévue aux titres II à IV du présent livre si les conditions en sont réunies. Les dispositions propres à la procédure ouverte s'appliquent, sous réserve du présent titre.**

II. — Dans le cadre de la procédure ouverte, si les conditions prévues au 2° de l'article L. 681-1 ne sont pas réunies à la date du jugement d'ouverture, les dispositions des titres II à IV du présent livre qui intéressent les biens, droits ou obligations du débiteur sont comprises, sauf dispositions contraires, comme visant les éléments du seul patrimoine professionnel. Celles qui intéressent les droits ou obligations des créanciers du débiteur s'appliquent, sauf dispositions contraires, dans les limites du seul patrimoine professionnel.

III. — Si les conditions prévues aux 1° et 2° de l'article L. 681-1 sont réunies à la date du jugement d'ouverture, les dispositions des titres II à IV du présent livre qui intéressent les biens, droits ou obligations du débiteur entrepreneur individuel sont comprises, sauf dispositions contraires, comme visant à la fois les éléments du patrimoine professionnel et ceux du patrimoine personnel.

Les droits de chaque créancier sur le patrimoine professionnel, le patrimoine personnel ou tout ou partie de ces patrimoines sont déterminés conformément à la section 3 du chapitre VI du titre II du livre V et du présent livre.

Le tribunal traite, dans un même jugement, des dettes dont l'entrepreneur individuel est redevable sur ses patrimoines professionnel et personnel, en fonction du droit de gage de chaque créancier, sauf dispositions contraires.

IV. — Par dérogation au III, lorsque la distinction des patrimoines professionnel et personnel a été strictement respectée et que le droit de gage des créanciers dont les droits sont nés à l'occasion de l'activité professionnelle de l'entrepreneur individuel ne porte pas sur le patrimoine personnel de ce dernier, le tribunal qui ouvre la procédure saisit, avec l'accord du débiteur, la commission de surendettement aux fins de traitement des dettes dont l'entrepreneur individuel est redevable sur son patrimoine personnel. Le livre VII du code de la consommation ainsi que le sixième alinéa de l'article L. 526-22 du présent code sont alors applicables. Le tribunal exerce les fonctions du juge des contentieux de la protection, qu'il peut déléguer en tout ou partie au juge-commissaire.

Le tribunal et la commission de surendettement s'informent réciproquement de l'évolution de chacune des procédures ouvertes.

V. — Le tribunal connaît des contestations relatives à la séparation des patrimoines de l'entrepreneur individuel qui s'élèvent à l'occasion de la procédure ouverte.

VI. — Le jugement d'ouverture d'une procédure de sauvegarde, de redressement judiciaire ou de liquidation judiciaire emporte, de plein droit, jusqu'à la clôture de la procédure ou, le cas échéant, jusqu'à la fin des opérations du plan, interdiction pour tout

débiteur entrepreneur individuel, sous réserve du versement de ses revenus, de modifier son patrimoine professionnel, lorsqu'il en résulterait une diminution de l'actif de ce patrimoine.

Tout acte passé en violation du présent article est annulé à la demande de tout intéressé ou du ministère public dans le délai de trois ans à compter de sa date.

VII. – Lorsqu'une procédure de liquidation judiciaire est ouverte, l'entrepreneur individuel peut exercer une nouvelle activité professionnelle. Un nouveau patrimoine professionnel est alors constitué. Ce patrimoine professionnel n'est pas concerné par la procédure ouverte.

Le débiteur ne peut constituer plus de deux patrimoines distincts de son patrimoine personnel.

La faculté d'exercer une nouvelle activité professionnelle dans les conditions prévues au premier alinéa du présent VII ne s'applique pas au débiteur qui, au titre de l'un quelconque de ses patrimoines, a fait l'objet, depuis moins de cinq ans, d'une procédure de liquidation judiciaire clôturée pour insuffisance d'actif ou d'une décision de clôture d'une procédure de rétablissement professionnel.

En cas de scission du patrimoine professionnel prévue au présent VII, le jugement de liquidation judiciaire emporte interdiction de toute opération entraînant une diminution de l'actif du patrimoine faisant l'objet de la procédure au profit de toute autre activité exercée par le débiteur.

COMMENTAIRE

L'article L. 681-2 précise le rôle du tribunal saisi en fonction de la situation de l'entrepreneur individuel, relativement à ses patrimoines professionnel et personnel.

A défaut d'une situation de surendettement caractérisée, le tribunal se limitera à ouvrir une procédure collective dont les effets s'appliqueront aux seuls éléments du patrimoine professionnel (art. L. 681-2, I et II).

Si, en revanche, l'entrepreneur est également en état de surendettement pour ses dettes non professionnelles (dont seul son patrimoine personnel répond), la loi rend la procédure collective ainsi ouverte applicable à l'ensemble de ses biens, avant que les droits des créanciers sur chacun des patrimoines soient déterminés (art. L. 681-2, III).

Le tribunal « saisit » *(sic)* la commission de surendettement avec l'accord du débiteur aux fins de traiter les dettes relevant de la procédure de surendettement à l'égard de son patrimoine personnel. La procédure de surendettement ainsi ouverte par le tribunal est transmise pour compétence à ladite commission, le tribunal exerçant à son égard les fonctions du juge des contentieux de la protection, qu'il peut déléguer au juge-commissaire. Une règle générale est instaurée prescrivant une information réciproque du tribunal et de la commission de surendettement (art. L. 681-2, IV). Ainsi, la recevabilité d'une demande de surendettement, qui impose un examen de l'endettement et de la bonne foi du débiteur, relève désormais du tribunal saisi, dès lors que ce débiteur exerce une activité professionnelle indépendante. Une demande adressée à la commission de surendettement serait en conséquence irrecevable, la commission ne pouvant rendre une décision d'incompétence au sens des articles 74 et suivants du code de procédure civile (J.-L. Vallens, L'entrepreneur individuel en difficulté et ses patrimoines, *D. 2022. 1269*).

L'innovation majeure ainsi créée retire sa pleine compétence à la commission de surendettement, que la loi limite désormais aux seules personnes n'exerçant pas d'activité professionnelle indépendante : consommateurs, salariés, retraités, anciens artisans ou anciens commerçants.

Il est ajouté que les contestations relatives à la séparation des patrimoines et des procédures relèveront de la compétence du tribunal (art. L. 681-2, V).

Quant à l'ouverture d'une procédure collective, elle produira à l'égard de l'entrepreneur individuel un effet d'interdiction : il ne pourra modifier son patrimoine professionnel lorsqu'il en résulterait une diminution de l'actif de ce patrimoine (art. L. 681-2, VI). Cette disposition semble se surajouter aux règles générales attachant à l'ouverture d'une procédure collective régie par le livre VI du code de commerce une interdiction plus générale de disposer de ses biens sauf autorisation (art. L. 622-7, II). A moins de considérer que seraient autorisées les modifications du patrimoine professionnel qui n'auraient pas d'incidence sur son actif, mais cela créerait un risque de confusion supplémentaire avec la règle générale préexistante (J.-L. Vallens, *préc.*).

Une autre innovation vient améliorer la situation du débiteur : lorsqu'une procédure de liquidation judiciaire est ouverte (au titre du patrimoine professionnel), l'entrepreneur individuel peut (désormais) exercer une nouvelle activité professionnelle (art. L. 681-2, VII). Un nouveau patrimoine professionnel est alors constitué, et ce patrimoine professionnel n'est pas concerné par la procédure ouverte. Ainsi, l'insaisissabilité des biens et des revenus générés par la nouvelle activité vis-à-vis des créanciers antérieurs au jugement d'ouverture semble de nature à inciter le débiteur à entreprendre une nouvelle activité, ce qui, comme cela a été relevé (J.-L. Vallens, *préc.*), s'inscrit dans les orientations préconisées par la directive européenne du 20 juin 2019 sur les cadres de restructuration préventive, les procédures d'insolvabilité et le nouveau départ (Dir. (UE) 2019/1023 du 20 juin 2019, art. 22 et consid. 72 et 73). ❑

Sur les conditions d'application de l'art. L. 681-2, III, V. • Grenoble, 4 avr. 2024, nº 23/04146 : *APC 2024, nº 126, obs. Vincent.*

Art. L. 681-3 **Si les conditions prévues au 2° de l'article L. 681-1 sont seules réunies, le tribunal dit n'y avoir lieu à l'ouverture d'une procédure prévue aux titres II à IV du présent livre et renvoie l'affaire, avec l'accord du débiteur, devant la commission de surendettement. Le livre VII du code de la consommation ainsi que le sixième alinéa de l'article L. 526-22 du présent code sont alors applicables.**

Si la commission de surendettement constate au cours de la procédure que les conditions en sont remplies, elle invite le débiteur à demander l'ouverture d'une procédure prévue aux titres II à IV du présent livre. Le tribunal qui ouvre cette procédure en informe la commission de surendettement, qui est dessaisie, sauf si les conditions prévues au IV de l'article L. 681-2 sont réunies. Dans ce dernier cas, le tribunal et la commission de surendettement s'informent réciproquement de l'évolution de chacune des procédures ouvertes. Les dispositions du présent alinéa relatives à la commission de surendettement sont également applicables au juge des contentieux de la protection.

COMMENTAIRE

L'article L. 681-3 traite de la question de l'articulation entre les compétences du tribunal saisi et de la commission de surendettement selon que la procédure à ouvrir concerne le patrimoine professionnel, seul, le patrimoine personnel, seul, ou les deux patrimoines.

Si le débiteur qui a saisi le tribunal d'une demande d'ouverture d'une procédure collective ou qui a été assigné à cette fin ne se trouve pas en état de cessation des paiements, ni dans une situation financière insurmontable, le tribunal doit néanmoins examiner sa situation au regard de son endettement personnel : en présence d'un état de surendettement, le tribunal doit renvoyer l'affaire devant la commission de surendettement. Si, à l'inverse, c'est la commission de surendettement qui est saisie initialement et qu'elle constate que le débiteur et/ou paraît insolvable au titre de son patrimoine lié à son activité professionnelle, elle doit inviter le débiteur à saisir le tribunal à cette fin. Un devoir d'information réciproque est prescrit au tribunal et à la commission de surendettement. ❑

Art. L. 681-4 **Un décret en Conseil d'État précise les conditions d'application du présent titre.**

Code de la consommation

PREMIÈRE PARTIE : **LÉGISLATIVE**

(Ord. nº 2016-301 du 14 mars 2016, en vigueur le 1er juill. 2016)

Art. L. 711-9 *(L. nº 2022-172 du 14 févr. 2022, art. 5, en vigueur le 15 mai 2022)* Le présent livre est applicable à l'entrepreneur individuel relevant du statut défini à la section 3 du chapitre VI du titre II du livre V du code de commerce lorsque la commission de surendettement est saisie dans les conditions prévues au titre VIII *bis* du livre VI du même code et sous les réserves ci-après énoncées.

Les dispositions qui intéressent les biens, droits et obligations du débiteur doivent être comprises comme visant les seuls éléments du patrimoine personnel. Celles qui intéressent les droits et obligations des créanciers du débiteur s'appliquent dans les limites du seul patrimoine personnel.

Pour l'application du 1° de l'article L. 724-1 et du second alinéa de l'article L. 742-21 du présent code, les biens non professionnels indispensables à l'exercice de l'activité professionnelle du débiteur ne sont pas pris en compte.

L'art. 5 de la L. nº 2022-172 du 14 févr. 2022 n'est pas applicable aux procédures en cours au jour de son entrée en vigueur (L. préc., art. 19-I).

TITRE IX DISPOSITIONS PARTICULIÈRES AUX PROCÉDURES D'INSOLVABILITÉ RELEVANT DU RÈGLEMENT (UE) Nº 2015/848 DU 20 MAI 2015 RELATIF AUX PROCÉDURES D'INSOLVABILITÉ

(Ord. nº 2017-1519 du 2 nov. 2017, art. 2)

BIBL. GÉN. ▸ DAMMANN et GUERMONPREZ, *D. 2017. Chron. 2435* (nouvel équilibre entre procédure principale et secondaire). – VALLENS, *ibid. 2439* (traitement des groupes de sociétés en difficulté). – ROUSSEL GALLE et TABELING, *JCP E 2017. Actu. 832*. – MASTRULLO et MENJUCQ, *RPC 2017. Étude 19*. – GIORGINI, *Gaz. Pal. 16 janv. 2018, p. 53*. – SAUTONIE-LAGUIONIE, *BJE 2018. 58*. – Dossier spécial, *BJE 2018. 133*.

Art. L. 690-1 **Le tribunal saisi d'une demande d'ouverture d'une procédure d'insolvabilité à l'égard d'un débiteur peut ouvrir, selon le cas, une procédure d'insolvabilité principale ou une procédure d'insolvabilité territoriale ou secondaire.**

COMMENTAIRE

I. PORTÉE DU NOUVEAU RÈGLEMENT EUROPÉEN

Le règlement européen du 20 mai 2015, qui a révisé le règlement du 29 mai 2000, édicte des règles de procédure applicables aux débiteurs qui exercent leur activité économique dans plusieurs États membres. Comme l'expose le rapport au président de la République, le règlement de 2015 reprend les principes du règlement de 2000 concernant la reconnaissance immédiate et de plein droit de la décision d'ouverture d'une procédure d'insolvabilité dans les autres États membres et de la loi du for applicable à cette procédure. Le juge compétent est le juge du lieu où se situe le centre des intérêts principaux du débiteur. Le règlement définit ce centre comme le lieu où le débiteur gère habituellement ses intérêts et qui est vérifiable par les tiers. La procédure ouverte dans le ressort du tribunal où est situé le centre des intérêts principaux du débiteur est dite « procédure d'insolvabilité principale ».

L'objectif du législateur européen est de n'ouvrir qu'une seule procédure d'insolvabilité principale pour chaque débiteur. Des « procédures d'insolvabilité secondaires » peuvent néanmoins être ouvertes dans d'autres États membres si le débiteur y possède un ou des établissements. Une procédure d'insolvabilité secondaire ne produit ses effets que sur les biens du débiteur situés dans l'État membre où cette procédure a été ouverte, alors que la procédure d'insolvabilité principale peut produire ses effets dans tous les États membres.

Par ailleurs, le règlement du 20 mai 2015 crée un nouveau dispositif permettant d'éviter l'ouverture d'une procédure d'insolvabilité secondaire sans léser les créanciers locaux : le praticien de l'insolvabilité de la procédure d'insolvabilité principale peut prendre l'engagement de garantir aux créanciers de l'établissement le même traitement que si une procédure d'insolvabilité secondaire avait été ouverte.

Le nouveau règlement introduit également des règles afin de faciliter la coordination des procédures d'insolvabilité ouvertes dans différents États membres. De même, il instaure une obligation de coopération et de communication pour les juridictions de différents États membres chargées de procédures d'insolvabilité intéressant le même débiteur ou le même groupe de sociétés.

Enfin, le règlement traite spécifiquement la question de l'insolvabilité des groupes de sociétés : si chaque entité juridiquement distincte bénéficie d'une procédure autonome, le règlement pose le principe de la coordination de ces procédures et institue une procédure de coordination.

II. ADAPTATION DU DROIT FRANÇAIS

Les dispositions du titre IX du livre VI, issues de l'ordonnance du 2 novembre 2017, prise sur habilitation de la loi du 18 novembre 2017, visent à adapter le droit français des procédures collectives au règlement européen du 20 mai 2015 relatif aux procédures d'insolvabilité, entré en vigueur dans les États membres le 26 juin 2017.

En France, le règlement est applicable aux procédures de sauvegarde, de sauvegarde accélérée, de sauvegarde financière accélérée, de redressement judiciaire et de liquidation judiciaire. Il n'est pas applicable aux consommateurs.

Bien que d'effet direct, comme le règlement précédent du 29 mai 2000, le règlement du 20 mai 2015, plus complexe que son prédécesseur, nécessitait des adaptations législatives nationales. Tel est l'objet des nouveaux articles L. 691-1 et suivants, qu'ont complétés les articles R. 690-1 et suivants, issus du décret d'application n° 2018-452 du 5 juin 2018. ❑

CHAPITRE I ***DES PROCÉDURES D'INSOLVABILITÉ PRINCIPALES***

Art. L. 691-1 Sans préjudice des voies de recours qui leur sont ouvertes par ailleurs, le ministère public, par la voie de l'appel, et tout créancier, par la voie de l'appel ou de la tierce opposition, selon le cas, peuvent contester la décision d'ouverture de la procédure d'insolvabilité principale pour un motif de compétence internationale.

COMMENTAIRE

Comme l'expose le rapport au président de la République, déjà reconnu par la pratique, le droit du ministère public d'interjeter appel de la décision d'ouverture d'une procédure d'insolvabilité principale pour un motif de compétence internationale, est désormais expressément consacré par la loi.

Quant au recours ouvert à tout créancier pour un motif de compétence internationale, prévu par l'article 5 du règlement du 20 mai 2015, l'article L. 691-1 précise qu'il peut s'exercer sous la forme d'un appel ou d'une tierce-opposition, en application des règles de procédure civile. ❑

Art. L. 691-2 Le juge-commissaire autorise le mandataire de justice désigné dans la procédure d'insolvabilité principale ouverte par un tribunal situé sur le territoire national à prendre, en application de l'article 36 du règlement (UE) n° 2015/848 précité, un engagement envers les créanciers locaux d'un établissement du débiteur situé sur le territoire d'un autre État membre.

COMMENTAIRE

Le mandataire de justice désigné dans la procédure d'insolvabilité ouverte sur le territoire national, soit un administrateur judiciaire, soit un mandataire judiciaire, est doté, sur autorisation du juge-commissaire de la procédure d'insolvabilité principale, du pouvoir de prendre, à l'égard des créanciers de l'établissement du débiteur situé dans un autre État membre, l'engagement, prévu par l'article 36 du règlement, de garantir à ces créanciers le même traitement que si une procédure d'insolvabilité secondaire avait été ouverte, afin d'éviter l'ouverture de celle-ci. ❑

Art. L. 691-3 Le tribunal statue sur les contestations élevées ou les demandes présentées, conformément aux paragraphes 7 ou 8 de l'article 36 du règlement (UE) n° 2015/848 précité, par les créanciers locaux d'un établissement du débiteur situé sur le territoire d'un autre État membre pour obtenir le respect de l'engagement pris par le mandataire de justice ou sa conformité à la loi applicable ou pour obtenir à ces fins toute mesure adéquate.

Le jugement peut faire l'objet d'un appel de la part du mandataire de justice, du débiteur non dessaisi, du créancier local demandeur ou du ministère public.

COMMENTAIRE

L'article L. 691-3 précise la procédure applicable aux recours des créanciers locaux devant le tribunal de la procédure d'insolvabilité principale ouverte sur le territoire national en application du règlement européen. ❑

Art. L. 691-4 **Un décret en Conseil d'État précise les conditions d'application du présent chapitre.** – *V. art. R. 691-1 et R. 691-2.*

CHAPITRE II *DES PROCÉDURES D'INSOLVABILITÉ SECONDAIRES*

SECTION 1 *De l'ouverture et du déroulement d'une procédure d'insolvabilité secondaire*

Art. L. 692-1 **Outre les personnes mentionnées respectivement à l'article L. 631-4 et aux premier et deuxième alinéas de l'article L. 631-5 ou à l'article L. 640-4 et aux premier et deuxième alinéas de l'article L. 640-5, le praticien de l'insolvabilité de la procédure d'insolvabilité principale ouverte sur le territoire d'un autre État membre peut demander l'ouverture d'une procédure d'insolvabilité secondaire de redressement judiciaire ou de liquidation judiciaire à l'égard du débiteur qui possède un établissement situé sur le territoire français. L'ouverture d'une procédure d'insolvabilité secondaire de sauvegarde peut être demandée par le débiteur.**

Le tribunal qui prononce l'ouverture de la procédure d'insolvabilité secondaire fixe la date de cessation des paiements selon les conditions prévues à l'article L. 631-8 et au IV de l'article L. 641-1.

BIBL. ▸ BOCHÉ-ROBINET, *RPC 2018. Étude 4.*

COMMENTAIRE

I. OUVERTURE DE LA PROCÉDURE SECONDAIRE

L'article L. 692-1 rappelle les personnes habilitées à présenter une telle demande selon le droit national et précise que le praticien de l'insolvabilité de la procédure d'insolvabilité principale peut également demander l'ouverture d'une procédure de redressement judiciaire ou de liquidation judiciaire. Comme l'indique le rapport au président de la République, « il se déduit de cet article que ce praticien ne peut demander l'ouverture d'une procédure de sauvegarde, de sauvegarde accélérée ni de sauvegarde financière accélérée ». La solution est présentée comme logique dès lors qu'il résulte des articles L. 620-1, L. 628-1 et L. 628-9 que ces procédures ne peuvent être ouvertes qu'à la demande du débiteur, s'agissant de procédures préventives uniquement destinées aux débiteurs qui ne sont pas en état de cessation des paiements. Pourtant, ce choix de transposition est critiqué par Reinhard Dammann, qui estime que l'ordonnance du 2 novembre 2017 aurait dû permettre au praticien de l'insolvabilité de la procédure principale de librement choisir la procédure secondaire la plus adéquate parmi les trois types de procédures collectives offerts par le code de commerce (V. R. Dammann, *D. 2017. 2435* ✎).

Par ailleurs, comme cela a été souligné par le même auteur, la rédaction de l'article L. 692-1 ne semble pas exclure la possibilité pour un débiteur non dessaisi de demander, le cas échéant, l'ouverture d'une procédure de redressement ou de liquidation judiciaire, à la condition toutefois que les conditions matérielles d'ouverture posées par le droit français soient remplies.

II. FIXATION DE LA DATE DE CESSATION DES PAIEMENTS

L'article L. 692-1, alinéa 2, relatif à la fixation de la date de cessation des paiements, semble transposer le raisonnement adopté par le tribunal de commerce de Nanterre dans l'affaire *Alkor* (T. com. Nanterre, 30 nov. 2011 : *cité ss. art. 29 du Règl. 29 mai 2000*). ❑

Art. L. 692-2 I. – Le tribunal saisi d'une demande d'ouverture d'une procédure d'insolvabilité secondaire rejette la demande lorsque le praticien de l'insolvabilité de la procédure d'insolvabilité principale ou le débiteur non dessaisi, entendu ou dûment convoqué, justifie avoir pris un engagement conformément aux dispositions des articles L. 692-7 et L. 692-8.

II. – Le tribunal qui suspend l'ouverture d'une procédure d'insolvabilité secondaire dans les conditions du paragraphe 3 de l'article 38 du règlement (UE) n° 2015/848 précité, peut ordonner, d'office ou à la demande du praticien de l'insolvabilité de la procédure principale ou du débiteur non dessaisi, de tout créancier local ou du ministère public, toute mesure provisoire ou conservatoire afin de protéger les intérêts des créanciers locaux.

COMMENTAIRE

L'article L. 692-2 précise les pouvoirs du tribunal qui, saisi d'une demande d'ouverture d'une procédure d'insolvabilité secondaire, en a ordonné la suspension à la demande du praticien de l'insolvabilité de la procédure d'insolvabilité principale en application de l'article 38, § 3, du règlement européen. Cette suspension, d'une durée maximale de trois mois, doit favoriser les négociations entre le débiteur, le praticien de l'insolvabilité et les créanciers. Afin de protéger les créanciers locaux durant cette période de suspension, le tribunal peut ordonner toute mesure provisoire ou conservatoire utile. ❑

Art. L. 692-3 Le jugement d'ouverture d'une procédure d'insolvabilité secondaire est susceptible d'appel ou de tierce-opposition de la part du praticien de l'insolvabilité de la procédure d'insolvabilité principale si celui-ci estime que le tribunal n'a pas respecté les dispositions de l'article 38 du règlement (UE) n° 2015/848 précité.

Art. L. 692-4 Aux fins d'application de l'article 46 du règlement (UE) n° 2015/848 précité, le tribunal ou le juge-commissaire qui, après avoir recueilli l'avis du ministère public, accueille la demande de suspension, en tout ou en partie, de la procédure de réalisation des actifs du débiteur situés sur le territoire national, peut ordonner toute mesure provisoire ou conservatoire de nature à garantir les intérêts des créanciers locaux. Il en est de même si, saisi dans les mêmes conditions, il prolonge ou renouvelle la suspension prononcée.

Les décisions statuant sur les demandes de suspension, de prolongation, de renouvellement et de levée de la suspension de la procédure de réalisation des actifs sont susceptibles d'appel par les mandataires de justice, le ministère public, le débiteur non dessaisi et le praticien de l'insolvabilité désigné dans la procédure d'insolvabilité principale.

La réalisation des actifs ne peut intervenir pendant le délai dont dispose le praticien de l'insolvabilité de la procédure d'insolvabilité principale pour saisir le tribunal de sa demande de suspension ou tant que cette demande n'a pas été définitivement rejetée ou que la suspension n'est pas définitivement levée.

COMMENTAIRE

L'article L. 692-4 comporte des dispositions permettant la mise en œuvre du droit pour le praticien de l'insolvabilité de la procédure d'insolvabilité principale de demander la suspension de la réalisation des actifs de la procédure secondaire, comme le prévoit l'article 46 du règlement. ❑

Art. L. 692-5 I. – Le praticien de l'insolvabilité de la procédure d'insolvabilité principale peut proposer dans la procédure d'insolvabilité secondaire un projet de plan de sauvegarde ou de redressement élaboré selon les dispositions de l'article L. 626-2.

(Ord. n° 2021-1193 du 15 sept. 2021, art. 70, en vigueur le 1er oct. 2021) « II. – Le contenu et les modalités de présentation du projet de plan proposé par le praticien de l'insolvabilité de la procédure d'insolvabilité principale sont ceux relatifs au projet de plan présenté conformément aux dispositions de l'article L. 626-30-2 si le débiteur entre dans le champ d'application de l'article L. 626-29 et, le cas échéant, dans les conditions prévues à l'article L. 631 19 en présence d'un projet de plan de redressement. » – *Pour les dispositions transitoires de l'Ord. n° 2021-1193 du 15 sept. 2021, V. note ss. art. L. 611-2.*

III. – Si tel n'est pas le cas, le praticien de l'insolvabilité de la procédure d'insolvabilité principale communique au mandataire judiciaire et au juge-commissaire les propositions de règlement du passif prévues à l'article L. 626-5 et procède aux informations, consultations et communications prévues à l'article L. 626-8.

Les dispositions des articles L. 626-2-1, L. 626-6 et L. 626-7 sont applicables. L'état mentionné à l'article L. 626-7 est également adressé au praticien de l'insolvabilité de la procédure d'insolvabilité principale.

Le tribunal statue, au vu du rapport du juge-commissaire, sur le projet de plan proposé par le praticien de l'insolvabilité de la procédure d'insolvabilité principale, dans les conditions prévues par l'article L. 626-9, ce praticien entendu ou dûment convoqué.

COMMENTAIRE

L'article L. 692-5 détermine les conditions dans lesquelles le praticien de l'insolvabilité de la procédure d'insolvabilité principale peut proposer un plan de restructuration dans la procédure d'insolvabilité secondaire en application de l'article 47 du règlement.

La disposition d'adaptation au régime français précise les modalités de cette proposition de plan, en distinguant, logiquement, selon que le débiteur relève du mécanisme des classes de parties affectées (art. L. 626-29 s.), du fait du franchissement des seuils, ou, sinon, de la procédure de consultation individuelle des créanciers (art. L. 626-2 s.). ❑

Ancien art. L. 692-5 (II) *Le contenu et les modalités de présentation du projet de plan proposé par le praticien de l'insolvabilité de la procédure d'insolvabilité principale sont ceux relatifs au projet de plan présenté par un créancier conformément aux dispositions de l'article L. 626-30-2 si le débiteur entre dans le champ d'application de l'article L. 626-29.*

Art. L. 692-6 Le juge-commissaire constate par ordonnance l'accord des créanciers mentionné au paragraphe 2 de l'article 47 du règlement (UE) n° 2015/848 précité.

COMMENTAIRE

Selon le rapport au président de la République, l'article L. 692-6 confie le soin au juge-commissaire de constater l'accord des créanciers de la procédure d'insolvabilité principale pour élargir les effets de la procédure d'insolvabilité principale ou secondaire à des biens qui ne sont pas concernés par cette procédure, accord exigé par l'article 47, § 2, du règlement. ❑

SECTION 2 *De l'absence d'ouverture d'une procédure d'insolvabilité secondaire sur le territoire national*

SOUS-SECTION 1 *De l'engagement pris par le praticien de l'insolvabilité de la procédure d'insolvabilité principale*

Art. L. 692-7 Le praticien de l'insolvabilité de la procédure d'insolvabilité principale qui se propose de prendre un engagement en application de l'article 36 du règlement (UE) n° 2015/848 précité recueille l'accord de tous les créanciers locaux concernés par cet engagement, y compris les institutions de garantie mentionnées à l'article L. 3253-14 du code du travail. A cette occasion, il informe chaque créancier concerné des caractéristiques de sa créance.

Le praticien de l'insolvabilité communique l'engagement au comité d'entreprise de l'établissement ou, à défaut, aux délégués du personnel.

Le défaut de réponse des salariés et des créanciers publics dans le délai de soixante jours à compter de la réception de la proposition d'engagement vaut refus de l'engagement. Le défaut de réponse des autres créanciers locaux dont les droits sont affectés, dans ce même délai, vaut approbation de l'engagement.

COMMENTAIRE

L'article L. 692-7 instaure des garanties en faveur des créanciers locaux à qui un praticien de l'insolvabilité de la procédure principale propose, en application de l'article 36 du règlement, un engagement de leur garantir le même traitement que si une procédure d'insolvabilité secondaire avait été ouverte.

I. GARANTIES OFFERTES AUX CRÉANCIERS LOCAUX EN CAS D'ENGAGEMENT

Le rapport au président de la République rappelle les garanties dont les créanciers bénéficient en droit français : « Le créancier peut notamment contester le montant de sa créance établi par le mandataire judiciaire auprès du juge-commissaire. Il peut effectuer un recours à l'encontre de la décision du juge-commissaire. Les salariés bénéficient d'une protection plus importante : ils ne sont pas tenus de déclarer leur créance qui est établie par le mandataire judiciaire par le relevé de créances salariales. Ce relevé est, après vérification par le représentant des salariés, communiqué dans les dix jours au greffe du tribunal et publié dans un journal d'annonces légales. Les salariés sont, en outre, assistés par un représentant des salariés spécialement désigné pour la procédure ».

Afin que les créanciers locaux puissent vérifier que l'engagement proposé est conforme à leurs droits et à la loi française, l'article L. 692-7 prévoit que le praticien de l'insolvabilité de la procédure principale communique l'engagement non seulement aux créanciers locaux, mais également à l'Association de garantie des salaires (AGS) et aux représentants des salariés.

L'Association de garantie des salaires est ainsi considérée comme un créancier local en présence de créances salariales dans la procédure, au sens du règlement. Ce dispositif permet d'informer les organes chargés de veiller aux intérêts des créanciers, en particulier des créanciers salariés, et, en cas d'engagement non conforme à la loi française, de solliciter l'ouverture d'une procédure secondaire.

II. MODALITÉS DE LA CONSULTATION DES CRÉANCIERS LOCAUX

Comme l'expose le rapport au président de la République, « le règlement indique que si différentes procédures sont prévues pour l'adoption des plans de restructuration par le droit national, les États membres doivent désigner la procédure pertinente dans ce contexte ». A cet égard, l'ordonnance du 2 novembre 2017 a opté pour la procédure de consultation individuelle, plutôt que pour le régime des comités de créanciers, cette procédure étant plus courante, plus adaptée à la taille d'un établissement et plus simple (pour une critique de la complexité de ce mécanisme, aboutissant à la nécessité d'une adoption à l'unanimité des créanciers locaux, rendant inutile le contrôle du respect de l'intérêt général des créanciers prévu par l'art. 38, § 2, du règlement, V. R. Dammann, *D. 2017. 2435*).

Les règles de consultation déjà existantes ont ainsi été reprises aux fins d'approbation de l'engagement. Le praticien de l'insolvabilité devra donc recueillir l'accord de chaque créancier sur la proposition de l'engagement. Seul le délai au terme duquel le défaut de réponse vaut approbation de la proposition a été adapté : il a été doublé, passant de trente à soixante jours, en tenant compte de ce que les créanciers locaux doivent s'assurer, durant ce délai, que l'engagement respecte bien leur droit conformément aux dispositions nationales, ce qui les conduira à rechercher des informations juridiques ou à solliciter des conseils.

Quant aux protections accordées en droit français aux créances salariales, en application de l'article L. 626-20, et aux créanciers publics, en application de l'article L. 626-6, elles ont été reprises mais adaptées : ici le silence de ces créanciers sur la proposition d'engagement, au terme de soixante jours, vaut refus, et non acceptation. ❑

Art. L. 692-8 **I. — Le praticien de l'insolvabilité de la procédure d'insolvabilité principale saisit par requête le président du tribunal de commerce spécialement désigné ou du** *(Ord. n° 2019-964 du 18 sept. 2019, art. 35, en vigueur le 1er janv. 2020)* **« tribunal judiciaire » compétent dans le ressort duquel est situé l'établissement aux fins de vérifier les conditions d'approbation de l'engagement.**

L'engagement ne peut être exécuté qu'au visa de l'ordonnance rendue par le président.

II. — L'ouverture d'une procédure d'insolvabilité secondaire ne peut plus être demandée à l'expiration du délai de trente jours à compter de la notification de l'ordonnance.

COMMENTAIRE

Le I de l'article L. 692-8 prévoit que le président du tribunal vérifie les conditions d'approbation de l'engagement. L'article 36, § 6, du règlement européen dispose que « l'engagement pris et approuvé conformément au présent article est contraignant en ce qui concerne le patrimoine », ce qui impose une vérification de la conformité de l'engagement et l'octroi de la force exécutoire à l'engagement. L'intervention du président du tribunal et l'avis donné au ministère public constituent, en outre, des garanties pour les créanciers locaux, comme le souligne le rapport au président de la République. ❑

Art. L. 692-9 **Le jugement qui statue sur les demandes des créanciers locaux tendant, sur le fondement du paragraphe 9 de l'article 36 du règlement (UE) n° 2015/848 précité, à ce que soient prises des mesures provisoires ou conservatoires en vue d'assurer le respect des termes de l'engagement par le praticien de l'insolvabilité de la procédure d'insolvabilité principale peut faire l'objet d'un appel de la part de ce praticien, du débiteur non dessaisi, du créancier local demandeur et du ministère public. Le cas échéant, le praticien de l'insolvabilité de la procédure d'insolvabilité principale peut former tierce opposition.**

SOUS-SECTION 2 *Des licenciements en l'absence d'ouverture d'une procédure secondaire*

Art. L. 692-10 **I. — La compétence du tribunal mentionné au paragraphe 2 de l'article 13 du règlement (UE) n° 2015/848 précité est déterminée en application du 2° de l'article L. 721-8 si le débiteur exerce une activité commerciale ou artisanale. Le** *(Ord. n° 2019-964 du 18 sept. 2019, art. 35, en vigueur le 1er janv. 2020)* **« tribunal judiciaire » sur le ressort duquel est situé l'établissement est compétent dans les autres cas.**

II. — Si le débiteur est en état de cessation des paiements et si la procédure d'insolvabilité principale le concernant est une procédure analogue au redressement judiciaire, les règles applicables à l'approbation des licenciements sont celles prévues à l'article L. 631-17. Si le débiteur est en état de cessation des paiements et si la procédure d'insolvabilité principale le concernant est une procédure analogue à la liquidation judiciaire avec maintien de l'activité, l'article L. 641-10 est applicable.

Le tribunal ou, le cas échéant, le juge désigné par celui-ci exerce les missions confiées par les articles précités au juge-commissaire.

Le jugement de la juridiction compétente en application du I du présent article, qui statue sur la résiliation des contrats de travail découlant de la procédure d'insolvabilité principale est susceptible d'appel de la part du débiteur non dessaisi, du praticien de l'insolvabilité de la procédure d'insolvabilité principale, de l'une des institutions représentatives du personnel ou, à défaut, du représentant des salariés ainsi que du ministère public. Le II de l'article L. 661-1 est applicable.

Art. L. 692-11 **Un décret en Conseil d'État précise les conditions d'application du présent chapitre.** — *V. art. R. 692-1 s.*

CHAPITRE III ***DE L'INFORMATION DES CRÉANCIERS ÉTRANGERS ET DE LA DÉCLARATION DES CRÉANCES***

Art. L. 693-1 **Tout créancier étranger ou son préposé ou mandataire de son choix ainsi que, le cas échéant, les praticiens de l'insolvabilité désignés pour représenter les intérêts des créanciers dans le cadre des procédures d'insolvabilité ouvertes dans les autres États membres déclarent leurs créances dans les conditions légales portées à leur connaissance par le mandataire judiciaire désigné par la juridiction nationale. Les dispositions de l'article L. 622-26 leur sont applicables.**

En cas de contestation de tout ou partie de la créance, les dispositions de l'article L. 622-27 sont applicables. Le délai de trente jours prévu par cet article ne s'applique pas à la production de la traduction de la déclaration de créances et des pièces justificatives demandées. — *V. art. R. 693-1 s.*

CHAPITRE IV *DES PROCÉDURES D'INSOLVABILITÉ CONCERNANT DES MEMBRES D'UN GROUPE DE SOCIÉTÉS ÉTABLIES DANS PLUSIEURS ÉTATS MEMBRES*

SECTION 1 *De la suspension de la réalisation des actifs dans une procédure d'insolvabilité ouverte à l'encontre d'un membre d'un groupe de sociétés*

Art. L. 694-1 Aux fins de la mise en œuvre de la suspension d'une procédure de réalisation des actifs mentionnée au b du paragraphe 1 et au paragraphe 2 de l'article 60 du règlement (UE) n° 2015/848 précité, les dispositions de l'article L. 692-4 sont applicables.

Le praticien de l'insolvabilité désigné dans une procédure d'insolvabilité ouverte par la juridiction d'un autre État membre peut à cette fin former appel ou tierce-opposition à l'encontre de la décision rendue par le tribunal ou le juge-commissaire.

SECTION 2 *De la procédure de coordination collective*

Art. L. 694-2 En application du paragraphe 1 de l'article 71 du règlement (UE) n° 2015/848 peuvent exercer les missions de coordinateur les personnes inscrites sur la liste des administrateurs judiciaires ou des mandataires judiciaires en application des articles L. 811-2 et L. 812-2 ou un praticien de l'insolvabilité d'un autre État membre.

Les dispositions des trois derniers alinéas des articles L. 811-2 et L. 812-2 sont applicables aux praticiens de l'insolvabilité des autres États membres.

Art. L. 694-3 Le tribunal qui a prononcé l'ouverture de la procédure de coordination collective statue sur la demande du coordinateur présentée conformément au paragraphe 6 de l'article 72 du règlement et sur la déclaration finale établie en application de l'article 77 de ce règlement. L'article L. 663-1 n'est pas applicable.

Le jugement rendu sur la déclaration finale peut faire l'objet d'un appel de la part de tout praticien de l'insolvabilité ayant participé à la procédure de coordination collective et élevé une objection ainsi que de la part du débiteur non dessaisi et du ministère public.

Art. L. 694-4 Les jugements du tribunal statuant sur les demandes de suspension et de levée de la suspension de la procédure d'insolvabilité présentées par le coordinateur en application du *e* du 2 de l'article 72 sont susceptibles d'appel de la part du débiteur, de l'administrateur, du mandataire judiciaire, du coordinateur et du ministère public.

Art. L. 694-5 Le jugement qui révoque le coordinateur en application de l'article 75 du règlement (UE) n° 2015/848 précité n'est pas susceptible d'appel.

COMMENTAIRE

L'article L. 694-5 précise que le jugement qui révoque le coordinateur n'est pas susceptible d'appel, s'agissant, selon le rapport au président de la République, d'une mesure d'administration judiciaire. ❑

Art. L. 694-6 Le juge-commissaire autorise le mandataire de justice à accepter ou refuser l'inclusion dans une procédure de coordination de la procédure d'insolvabilité dans laquelle il est désigné, ainsi qu'à demander à participer volontairement à la procédure de coordination. La décision n'est pas susceptible de recours.

L'autorisation du juge-commissaire est également nécessaire pour signer l'accord mutuel prévu au paragraphe 2 de l'article 66 du règlement (UE) n° 2015/848 précité.

Art. L. 694-7 Le juge-commissaire autorise, s'il y a lieu, la communication de documents confidentiels entre le mandataire de justice et le coordinateur dans les conditions prévues à l'article L. 695-2.

Art. L. 694-8 Le juge-commissaire apprécie les motifs dont, en application du paragraphe 2 de l'article 70 du règlement (UE) n° 2015/848 précité, lui fait part le mandataire de justice qui ne suit pas les recommandations du coordinateur ou le programme de coordination collective.

Art. L. 694-9 Le juge-commissaire statue par une ordonnance non susceptible de recours sur les désaccords relatifs à la procédure de coordination collective entre l'administrateur judiciaire et le mandataire judiciaire désignés dans la procédure d'insolvabilité ouverte sur le territoire national.

Art. L. 694-10 Un décret en Conseil d'État précise les conditions d'application du présent chapitre. – *V. art. R. 694-1 s.*

CHAPITRE V *DE LA COOPÉRATION ET DE LA COMMUNICATION DES PRATICIENS DE L'INSOLVABILITÉ ET DES JURIDICTIONS*

Art. L. 695-1 Les dispositions du présent chapitre sont applicables à la coopération et à la communication entre praticiens de l'insolvabilité, entre juridictions et entre praticiens de l'insolvabilité, et entre juridictions, dans le cadre de procédures d'insolvabilité ouvertes à l'égard d'un même débiteur ou à l'égard de débiteurs membres d'un même groupe de sociétés.

COMMENTAIRE

Selon le rapport au président de la République, le chapitre V porte sur la coopération et la communication des praticiens de l'insolvabilité et des juridictions, qui représente un élément central du règlement révisé tant pour la gestion efficace des procédures européennes que pour favoriser la confiance mutuelle entre les différents organes de l'insolvabilité dans les États membres.

Le règlement édicte des règles différentes selon que cette obligation de coopération et de communication s'impose lorsqu'un même débiteur fait l'objet de procédures d'insolvabilité ouvertes dans différents États membres ou concerne un groupe de sociétés. Les dispositions d'adaptation du droit français, qui ne reprennent pas ces règles matérielles, sont communes à ces deux situations, comme le précise l'article L. 695-1. ❑

Art. L. 695-2 I. – Le mandataire de justice informe le juge-commissaire des demandes de coopération et de communication adressées par le praticien de l'insolvabilité désigné dans une procédure ouverte par la juridiction d'un autre État membre, en application des articles 41 et 56 du règlement (UE) n° 2015/848 précité.

Il sollicite l'autorisation du juge-commissaire aux fins d'être autorisé à communiquer des informations confidentielles à tout praticien de l'insolvabilité désigné dans une procédure ouverte dans un autre État membre à l'encontre du même débiteur ou à l'égard d'un débiteur membre du même groupe de sociétés et informe sans délai le débiteur, tout autre mandataire de justice, les contrôleurs mentionnés à l'article L. 621-10 et le ministère public de la demande de communication.

II. – Le mandataire de justice désigné dans la procédure d'insolvabilité soumet à l'approbation du juge-commissaire tout accord ou protocole conclu en application des articles 41 et 56 du règlement (UE) n° 2015/848 précité avec tout praticien de l'insolvabilité d'un autre État membre désigné dans une procédure d'insolvabilité ouverte à l'égard du même débiteur ou à l'égard d'un débiteur membre du même groupe de sociétés.

COMMENTAIRE

Le texte prévoit que le mandataire de justice informe le juge-commissaire des demandes de coopération et de communication (art. L. 695-2, I) et qu'il puisse solliciter l'autorisation de communiquer des informations confidentielles au juge-commissaire. Ce dispositif permet, à la fois, de protéger le secret des affaires et de limiter la responsabilité de ce professionnel. Le mandataire de justice doit également obtenir l'autorisation de conclure des protocoles destinés à coordonner les procédures d'insolvabilité (art. L. 695-2, II). ❑

Art. L. 695-3 Le tribunal qui a ouvert une procédure d'insolvabilité peut désigner un juge, habiliter le juge-commissaire ou désigner un mandataire de justice pour mettre en œuvre la coopération et la communication entre juridictions et entre juridictions et praticiens de l'insolvabilité.

Art. L. 695-4 Le juge ou le mandataire de justice désigné en application de l'article L. 695-3 communique avec les juridictions et les organes désignés dans le cadre d'une procédure d'insolvabilité ouverte à l'égard du débiteur par la juridiction d'un autre État membre par écrit ou par tout moyen de communication électronique qui préserve la sécurité, la confidentialité et la conservation des échanges. L'écrit ou l'enregistrement sont versés au dossier. Le débiteur, le créancier qui a demandé l'ouverture de la procédure, le ministère public, les juridictions qui ont ouvert une procédure à l'encontre du même débiteur et les praticiens de l'insolvabilité désignés par ces juridictions en sont avisés.

Art. L. 695-5 Un décret en Conseil d'État précise les conditions d'application du présent chapitre. — *V. art. R. 695-1 s.*

CHAPITRE VI *DES DISPOSITIONS APPLICABLES AUX DÉPARTEMENTS ET RÉGIONS D'OUTRE-MER*

Art. L. 696-1 Pour l'application en Guadeloupe, en Guyane, en Martinique et à la Réunion du titre IX du livre VI, les mots : "tribunal de commerce spécialement désigné" sont remplacés par les mots : "tribunal de commerce territorialement compétent".

DEUXIÈME PARTIE : *RÉGLEMENTAIRE*

LIVRE VI **DES DIFFICULTÉS DES ENTREPRISES**

Le Décr. n° 2005-1677 du 28 déc. 2005, dont les dispositions sont codifiées au livre VI de la partie réglementaire du code de commerce, est entré en vigueur le 1er janv. 2006 (Décr. préc., art. 360). Aux termes de son art. 361, ce texte n'est pas applicable aux procédures en cours, à l'exception des dispositions suivantes :

1° Le chapitre IV du titre IV (codifié aux art. R. 644-1 à R. 644-4) ;

2° Les art. 158 et 159 (codifiés aux art. R. 626-47 et R. 626-48) en ce qu'ils s'appliquent au redressement judiciaire ;

3° Les art. 226 et 306 (codifiés aux art. R. 641-13 et R. 643-19) ;

4° L'art. 309 (codifié à l'art. R. 643-20) ;

5° Les chapitres I et II du titre V (codifiés aux art. R. 651-1 à R. 651-6, R. 652-1 et R. 652-2), à l'exception de l'art. 316 (désormais codifié à l'art. R. 651-1) ;

6° L'art. 324 (codifié à l'art. R. 653-2).

Le titre I du Décr. n° 2009-160 du 12 févr. 2009 et son art. 154, à l'exception du 2° du I de cet art., entrent en vigueur le 15 févr. 2009. Leurs dispositions sont applicables aux seules procédures ouvertes à compter de cette date, sauf en ce qui concerne :

1° Les dispositions de l'art. 38 (V. art. R. 626-48), qui sont applicables aux plans de sauvegarde en cours d'exécution à cette date ;

2° Les dispositions de l'art. 34 (V. art. R. 626-20), qui sont applicables aux plans de sauvegarde en cours d'exécution à la date d'entrée en vigueur du Décr. n° 2009-1661 du 28 déc. 2009 relatif aux frais de justice en matière commerciale et aux auxiliaires de justice [JO 30 déc.] (Décr. n° 2009-160 du 12 févr. 2009, art. 155-I, mod. par Décr. n° 2009-1661 du 28 déc. 2009, art. 8).

Sur les dispositions du Décr. n° 2009-160 du 12 févr. 2009 relatives à l'outre-mer, V. ce texte, art. 154 (JO 13 févr.).

Le Décr. n° 2014-736 du 30 juin 2014 est applicable dans les îles Wallis-et-Futuna. Il n'est pas applicable aux procédures en cours au jour de son entrée en vigueur, à l'exception des dispositions des art. 65, 128 et 129 [V. art. R. 626-57, R. 663-34 et R. 663-40-1 à R. 663-40-4] (Décr. préc., art. 143 et 144).

Le Décr. n° 2015-1009 du 18 août 2015 est applicable dans les îles Wallis-et-Futuna en tant qu'il concerne les administrateurs judiciaires et les personnes désignées en application de l'art. L. 811-2, al. 2, C. com. (Décr. préc., art. 17).

Le Décr. n° 2021-1218 du 23 sept. 2021 est applicable à Wallis-et-Futuna. Il n'est pas applicable aux procédures en cours au jour de son entrée en vigueur (Décr. préc., art. 50-I et 51-I).

BIBL. GÉN. ▸ Sur le décret n° 2005-1677 du 28 déc. 2005 : Lienhard, *D. 2006. Chron. 150*. – Roussel Galle et Girardin, *JCP E 2006, n° 3, p. 111*. – Vallansan, *APC 2006, n° 2 ; RPC 2006. 5*. – Montéran et Le Corre, *Gaz. Pal. 22-24 janv. 2006 ; BRDA 2006, n° 2, p. 15*. – Texier, *RLDA 2006, n° 1, p. 21*. – Vatinet, *JCP S 2006, n° 11, p. 9* (volet social). – Croze, *Procédures 2006. Étude 4*. – Chaput, *JCP 2006. I. 130*. – Macorig-Venier, *RTD com. 2006. 189* (prévention des difficultés). – Legros, *Dr. sociétés 2006. Étude 9*.

▸ Sur le décret modificatif du 23 déc. 2006 : Roussel Galle, *JCP E 2007. 48 ; RPC 2007. 26*. – Montéran, *Gaz. Pal. 2007. Doctr. 78*. – Vallens, *RLDA 2007, n° 13, p. 21*.

▸ Sur le décret modificatif du 12 févr. 2009 : Lienhard, *D. 2009. 420*. – Roussel Galle, *JCP E 2009. Actu. 125*. – Teboul, *LPA 24 mars 2009* (aspects procéduraux). – Vallansan, *RPC 2009. Étude 5*.

▸ Sur le décret modificatif du 30 juin 2014 : Lienhard, *D. 2014. Actu. 1447 ; ibid. 1448* (déclaration des créances). – Henry, *Rev. sociétés 2014. 525*. – *BRDA 2014, n°s 15-16, p. 12*. – Roussel Galle, *RPC 2014. Étude 15 ; JCP E 2014. 1479*.

Art. R. 600-1 **Sans préjudice des dispositions** *(Décr. n° 2018-452 du 5 juin 2018, art. 4)* **« du 2° de l'article L. 721-8 et » de l'article R. 662-7, le tribunal territorialement compétent pour connaître des procédures prévues par le livre VI de la partie législative du présent code est celui dans le ressort duquel le débiteur, personne morale, a son siège ou le débiteur, personne physique, a déclaré l'adresse de son entreprise ou de son activité. A défaut de siège en territoire français, le tribunal compétent est celui dans le ressort duquel le débiteur a le centre principal de ses intérêts en France.**

Toutefois, en cas de changement de siège de la personne morale dans les six mois ayant précédé la saisine du tribunal, le tribunal dans le ressort duquel se trouvait le siège initial demeure seul compétent. Ce délai court à compter de l'inscription modificative au registre du commerce et des sociétés du siège initial. – *[Décr. n° 2005-1677 du 28 déc. 2005, art. 1er.]*

BIBL. ▸ Vallens, *RPC 2012. Étude 21* (tourisme judiciaire et insolvabilité : les risques du *forum shopping*) ; *RTD com. 2019. 1009* (procédures collectives et conflits de compétence). – Étienne-Martin et Montagnon, *ibid. 2013. Étude 8* (la réforme de la justice commerciale à l'épreuve des règles de compétence territoriale des groupes de sociétés en difficulté).

1. Siège de l'entreprise. Est incompétent le tribunal dans le ressort duquel se trouvent des établissements secondaires d'une société dont le siège est fixé dans le ressort d'un autre tribunal. • Paris, 12 mai 1987 : *D. 1989. Somm. 5, obs. Derrida*. – V. aussi • Com. 14 déc. 1993 : *RJDA 1994, n° 577*.

En cas d'extension de la procédure à d'autres sociétés du même groupe, V. note 9 ss. art. L. 621-2.

S'agissant d'une personne physique (un agriculteur), le siège de l'entreprise correspond au lieu de son domicile professionnel qui peut être distinct du lieu de son habitation. • Com. 17 févr. 1998, n° 95-19.433 P : *D. 1998. IR 82 ; D. Affaires 1998. 429*.

2. Entité économique. Pour une bonne administration de la justice, le tribunal, considérant que trois sociétés incriminées constituent une même entité économique, du fait de la même marque, de l'identité de leur activité, des relations et liens financiers très étroits existant entre elles, dira qu'il y a lieu d'ouvrir une procédure unique de redressement judiciaire. • T. com. Paris, 13 févr. 1986 : *Gaz. Pal. 1986. 1. Somm. 220*. – V. aussi • Paris, 12 mai 1987 : *préc. note 1*.

3. Transfert du siège social. Lorsqu'il apparaît qu'un transfert effectif de siège social a eu lieu depuis près de sept ans, et que c'est par la négligence d'un greffe ou d'un autre qu'une inscription modificative n'a pas été portée au RCS mentionnant le transfert du siège social et la fermeture de l'établissement secondaire, le tribunal compétent est exclusivement celui du nouveau siège social. • Basse-Terre, 3 mai 1999 : *Dr. sociétés 2000, n° 29, obs. Chaput*.

Sur l'inopposabilité du transfert du siège social, à défaut des mesures de publicité prévues par l'art. 289 du Décr. n° 67-236 du 23 mars 1967 [devenu C. com., art. R. 210-11], V. • Paris, 13 juin 1989 : *D. 1989. IR 219*.

4. Siège social fictif. Dans le cas où il s'avère que le siège social est fictif et que le véritable centre des intérêts de la personne morale est situé dans un autre lieu, il est conforme à l'intérêt des créanciers et à la réalité économique de retenir la compétence du tribunal de commerce où la personne morale a le centre principal de ses intérêts. • Versailles, 1er avr. 1996 : *BICC 1996, n° 854*. ♦ En ce sens, pour un arrêt ayant écarté la compétence du tribunal du siège social au motif que le débiteur n'était propriétaire d'aucun bien dans ce ressort et n'y disposait d'aucun bureau ni infrastructure justifiant l'exercice d'une activité réelle, V. • Com. 5 janv. 1999 : *RJDA 1999, n° 440*.

5. Il appartient au ministère public qui invoque la fictivité du siège social de la démontrer, l'indication donnée dans les statuts s'imposant s'il ne ressort ni des documents ni des circonstances de la cause que le siège social ne correspond pas à la réalité. • Amiens, 15 déc. 1989 : *Gaz. Pal. 1990. 1. Somm. 315.*

V. aussi • Paris, 26 juill. 1991 : *JCP 1991. IV. 422* (Rép. min. n° 28199 : *JOAN Q, 13 nov. 1995, p. 4821*).

6. Siège social à l'étranger (Décr. du 21 oct. 1994). S'il n'existe aucune convention internationale donnant compétence au tribunal du lieu du siège d'une société étrangère pour ouvrir une procédure collective, les règles d'ordre public de la loi du 25 janv. 1985 doivent recevoir application. Or, aux termes de l'art. 1er [R. 600-1], al. 1er, à défaut de siège en France, le tribunal territorialement compétent est celui dans le ressort duquel l'entreprise a le centre principal de ses intérêts. • Com. 26 oct. 1999 : *APC 1999, n° 279, obs. Regnaut-Moutier ; BJS 2000. 385, note Menjucq ; RJDA 2000, n° 418.* ♦ Le centre principal des intérêts en France d'une société anglaise se trouve au lieu de situation de locaux que celle-ci a pris en crédit-bail et dans lesquels est exploitée une maison de retraite, dès lors que la prise en crédit-bail des locaux est une forme d'exploitation de ces locaux, même si la gestion de la maison de retraite est confiée à un sous-locataire, et que la seule activité en France de la société est liée au contrat de crédit-bail. • Même arrêt. – Rappr. : • Com. 1er oct. 2002 : *RJDA 2003, n° 152 ; Dr. sociétés 2003, n° 89, note Legros.*

Pour la compétence des juridictions françaises pour ouvrir une procédure de liquidation judiciaire à l'égard d'une société algérienne ayant un établissement situé en France, V. • Com. 21 mars 2006 : *cité note 33 ss. art. L. 620-2.*

7. Siège social à l'étranger (jurisprudence antérieure au Décr. du 21 oct. 1994). L'art. 1er donne compétence à un tribunal français pour ouvrir une procédure collective de redressement judiciaire à l'encontre de sociétés ayant leur siège à l'étranger lorsque celles-ci ont une présence commerciale réelle et une activité en France. • T. com. Paris, 23 juill. 1991 : *D. 1992. 232, note Rémery*, conf. par • Paris, 8 juill. 1992 : *D. 1992. 476, note Vasseur ; RJ com. 1993. 7, note Vallens,* puis par • Com. 11 avr. 1995, n° 92-20.032 P : *D. 1995. 640, note Vasseur ; BJS 1995. 697, note Martin-Serf ; JCP E 1995. I. 487, n° 1, obs. Pétel* (précisant que le principal établissement, au sens de l'art. 1er, dans son ancienne rédaction, désigne le principal des établissements secondaires situés en France). ♦ Le principal établissement d'une banque internationale qui exploite des agences de banque à Paris, Marseille et Cannes étant situé à Paris, il s'ensuit que le tribunal de Paris est normalement compétent pour connaître d'une procédure collective ouverte à l'encontre de cette banque, en sa succursale de Paris, comme aussi à celle de Monaco en vertu de l'art. 2, 2°, de la Convention franco-monégasque du 13 sept. 1950. • Mêmes décisions. – V. aussi • Paris, 29 mars 1994 : *D. 1995. Somm. 385, obs. Vasseur*, conf. par • Com. 14 mai 1996, n° 94-16.186 P : *D. 1996. 586, note Vasseur ; D. Affaires 1996. 810 ; BJS 1996. 838, note Martin-Serf* • Paris, 15 juin 1994 : *D. 1995. Somm. 391, obs. Vasseur.*

L'art. 8, al. 1er, du traité franco-belge du 8 juill. 1899, selon lequel le tribunal du lieu du domicile d'un commerçant français ou belge en Belgique est seul compétent pour déclarer la faillite de ce commerçant, ne s'applique pas lorsque la personne en cause n'est pas commerçante. • Civ. 1re, 24 mars 1993, n° 91-15.272 P : *Dr. sociétés 1993, n° 119, obs. Chaput.* ♦ Par application de ce texte, les tribunaux français sont incompétents pour se prononcer sur l'ouverture d'une procédure collective à l'égard d'une société ayant son siège en Belgique ou de son établissement situé en France qui ne peut faire l'objet d'une procédure autonome. • Com. 16 mars 1999 : *BJS 1999. 637, note Menjucq ; RJDA 1999, n° 690.* ♦ De même, cette règle ne permet-elle pas au tribunal du siège d'une société de retenir sa compétence pour se prononcer sur la faillite d'un associé commerçant, fût-il associé commandité d'une société en commandite simple, ayant son domicile dans l'autre État contractant, dès lors que n'a pas été constatée une confusion entre le patrimoine de la personne morale et celui de l'associé commandité, d'où pourrait résulter une unité de fait de la faillite. • Nîmes, 14 sept. 1993 : *Dr. sociétés 1994, n° 113, obs. Chaput.*

Les juridictions françaises n'ont pas compétence pour ouvrir une procédure collective à l'égard d'une société suisse qui a en Suisse son siège, donc sa résidence au sens de l'art. 6, al. 1er, de la convention franco-suisse du 15 juin 1869 [applicable jusqu'au 1er janv. 1992], quand bien même cette société a participé en France à des actes constitutifs d'une société de droit français par l'intermédiaire d'un mandataire. • Com. 8 mars 1994, n° 91-17.872 P : *BJS 1994. 537, note Ramackers ; D. 1994. IR 157.*

8. Changement de siège dans les six mois avant la saisine. Le Décr. du 29 mai 1989, modifiant l'art. 1er et entré en vigueur le 1er juin 1989, est d'application immédiate et s'impose au juge comme comprenant des dispositions d'ordre public. • Versailles, 1er mars 1990 : *Gaz. Pal. 1990. 2. Somm. 455.*

9. Pour des exemples d'application de l'art. 1er, al. 2 [R. 600-1, al. 2], V. • Paris, 21 sept. 2004 : *RTD com. 2005. 176, obs. Vallens* • 4 avr. 2006 : *Dr. sociétés 2006, n° 180, note Legros.* ♦ Pour le refus d'appliquer cette disposition au cas de transfert ayant pour effet de ramener le siège social au lieu réel des activités de la société, V. • Paris, 21 mars 1990 : *JCP E 1991. I. 44, n° 3, obs. Pétel.*

10. L'inscription modificative visée à l'art. 1er, al. 2 [R. 600-1, al. 2], est celle de la radiation de la société au RCS tenu par le greffier du tribunal de l'ancien siège social. Il résulte, en effet, de l'art. 19 du Décr. n° 84-406 du 30 mai 1984 [désormais codifié aux art. R. 123-72 et R. 123-73 C. com.]

qu'en cas de transfert de son siège dans le ressort d'un autre tribunal, la personne morale immatriculée doit, dans le mois, demander une nouvelle immatriculation dans le ressort de ce tribunal et que le greffier du nouveau siège notifie dans les quinze jours la nouvelle immatriculation au greffier de l'ancien siège, qui procède d'office à la radiation et notifie l'accomplissement de la formalité à l'assujetti et au greffier du nouveau siège. • Com. 6 janv. 1998, n° 95-18.259 P : *D. Affaires 1998. 205, obs. V. A.-R.; BJS 1998. 393, note Pétel; Defrénois 1998. 950, obs. Le Cannu.* ♦ V. aussi, note 3.

11. En ce sens qu'il convient de se référer à la date de saisine initiale du tribunal pour déterminer le tribunal compétent en cas de transfert du siège social (dans l'hypothèse d'une saisine d'office de la cour d'appel intervenue après l'écoulement du délai de six mois), V. • Com. 6 févr. 2001 : *APC 2001, n° 95.*

12. Privilège de juridiction. Les règles de compétence édictées par l'art. R. 600-1 C. com. ne dérogent pas à l'application des dispositions de l'art. 47 C. pr. civ. (reconnaissant à l'avocat partie à un litige la possibilité de saisir une juridiction limitrophe en vertu du privilège de juridiction). • Com. 28 oct. 2008, n° 07-20.801 P : *D. 2008. AJ 2791, obs. Lienhard ; APC 2008, n° 320, obs. Rétif; JCP E 2009. 1008, n° 2, obs. Pétel; Procédures 2009, n° 20, obs. Croze; RPC 2009, n° 75, obs. Soinne; Dr. et patr. 9/2009. 108, obs. Monsèrié-Bon; Dr. et pr. 2009. 335, obs. Gibirila* • 31 janv. 2012, n° 10-25.693 P : *D. 2012. Chron. C. cass. 1222, obs. Arbellot ; ibid. Actu. 433, obs. Lienhard ; Rev. sociétés 2012. 191, obs. Roussel Galle ; JCP E 2012. 1227, n° 9, obs. Pétel; Procédures 2012, n° 121, note Rolland; LEDEN 4/2012. 6, obs. F. Legrand; APC 2012, n° 65, obs. Vallansan; BJE 2012. 172, note Favario; RPC 2012, n° 60, obs. Cagnoli; LPA 15 juin 2012, p. 7, obs. Gerbay; RJDA 2012, n° 874.* ♦ Dans le même sens, à propos de la compétence territoriale du juge-commissaire, V. • Com. 12 oct. 2010 : *D. 2010. Actu. 2510, obs. Lienhard ; RTD com. 2011. 180, obs. Vallens ; JCP 2010. 1086, obs. Roussel Galle; LEDEN 12/2010. 4, obs. Berthelot; Gaz. Pal. 7-8 janv. 2011, p. 27, obs. Fricero.* ♦ Sur cette question, V. encore Roussel Galle, *RPC 2013. Étude 7.* ♦ *Contra*, désormais, pour les litiges qui relèvent de la compétence du juge-commissaire : art. R. 662-3-1, issu du Décr. n° 2014-736 du 30 juin 2014.

Art. R. 600-2 Les mesures prévues à l'article L. 611-2 relèvent de la compétence du président du tribunal du lieu du siège du débiteur, personne morale, ou, le cas échéant, du lieu où le débiteur, personne physique, a déclaré l'adresse de son entreprise ou de son activité.

La compétence territoriale du président du tribunal pour désigner un mandataire *ad hoc* est déterminée par l'article R. 600-1. – *[Décr. n° 2005-1677 du 28 déc. 2005, art. 2.]*

Art. R. 600-3 Pour l'application de l'article L. 610-1, le siège et le ressort des juridictions commerciales et des *(Décr. n° 2019-966 du 18 sept. 2019, art. 8, en vigueur le 1er janv. 2020)* « tribunaux judiciaires *[ancienne rédaction : tribunaux de grande instance]* » compétents en métropole sont fixés conformément aux tableaux des annexes 6-1 et 6-2 du présent livre. – *[COJ, art. R. 411-1, al. 2.] – V. Annexes 6-1 et 6-2.*

Art. R. 600-4 Pour l'application de l'article L. 610-1, le siège et le ressort des juridictions commerciales et des *(Décr. n° 2019-966 du 18 sept. 2019, art. 8, en vigueur le 1er janv. 2020)* « tribunaux judiciaires *[ancienne rédaction : tribunaux de grande instance]* » compétents dans les départements d'outre-mer sont fixés conformément aux tableaux de l'annexe 6-3 et 6-4 du présent livre. – *[COJ, art. R. 921-6, al. 2.] – V. Annexes 6-3 et 6-4.*

TITRE I DE LA PRÉVENTION DES DIFFICULTÉS DES ENTREPRISES

CHAPITRE I *DE LA PRÉVENTION DES DIFFICULTÉS DES ENTREPRISES, DU MANDAT AD HOC ET DE LA PROCÉDURE DE CONCILIATION*

SECTION 1 *Des groupements de prévention agréés*

Art. D. 611-1 Pour bénéficier de l'agrément prévu à l'article L. 611-1, les groupements de prévention agréés doivent remplir les conditions prévues aux articles D. 611-2 à D. 611-8. – *[Décr. n° 85-910 du 27 août 1985, art. 1er.]*

Art. D. 611-2 Les groupements de prévention agréés sont constitués sous toute forme juridique qui leur confère une personnalité morale de droit privé. – *[Décr. n° 85-910 du 27 août 1985, art. 2.]*

Art. D. 611-3 Les demandes d'agrément sont déposées auprès du préfet de la région dans laquelle le groupement a son siège ; il en accuse réception après s'être assuré que le dossier est complet.

Les demandes indiquent :

1° L'objet du groupement qui correspond à la mission définie à l'article L. 611-1 ;

2° Le ressort dans lequel il assure son activité, qui ne dépasse pas le cadre de la région dans laquelle il a son siège ;

3° Les personnes morales appelées à adhérer au groupement ;

4° Les moyens dont dispose le groupement, et les personnes intervenant en son nom avec l'indication de leurs qualifications professionnelles ;

5° Les méthodes d'analyse des informations comptables et financières ainsi que leur fréquence. – *[Décr. n° 85-910 du 27 août 1985, art. 3.]*

Art. D. 611-4 Toute demande d'agrément est accompagnée des documents suivants :

1° Un exemplaire des statuts et, le cas échéant, du règlement intérieur du groupement ;

2° La justification de l'exécution des formalités prévues par la législation en vigueur pour la création et la régularité du fonctionnement du groupement selon la forme juridique choisie ;

3° La liste des personnes qui dirigent, gèrent ou administrent le groupement avec, pour chacune d'elles, l'indication de leurs nom, prénoms, date et lieu de naissance, nationalité, domicile, profession et nature de l'activité exercée dans le groupement ;

4° Pour chacun des dirigeants, gérants, administrateurs, une attestation selon laquelle il n'a fait l'objet d'aucune incapacité d'exercer le commerce ou une profession, d'aucune interdiction de diriger, gérer, administrer, contrôler une personne morale ou une entreprise individuelle ou artisanale ;

5° Une copie certifiée conforme du contrat d'assurance mentionné à l'article D. 611-5 ;

6° L'engagement prévu à l'article D. 611-5. – *[Décr. n° 85-910 du 27 août 1985, art. 4.]*

Art. D. 611-5 Les groupements s'engagent :

A ne faire aucune publicité, sauf dans les journaux et bulletins professionnels ;

A faire figurer sur leur correspondance et sur tous les documents établis par leurs soins leur qualité de groupements de prévention agréé et les références de la décision d'agrément ;

A informer le préfet des modifications apportées à leur statut et des changements intervenus en ce qui concerne les personnes qui dirigent, gèrent ou administrent les groupements dans le délai d'un mois à compter de la réalisation de ces modifications et changements ;

A exiger de toute personne collaborant à leurs travaux le respect du secret professionnel ;

A souscrire un contrat auprès d'une société d'assurances ou d'un assureur agréé les garantissant contre les conséquences pécuniaires de la responsabilité civile professionnelle qu'ils peuvent encourir en raison des négligences et fautes commises dans l'exercice de leurs activités ;

Au cas où l'agrément leur serait retiré, à en informer leurs adhérents dès réception de la notification de la décision de retrait. – *[Décr. n° 85-910 du 27 août 1985, art. 5.]*

Art. D. 611-6 Le préfet de région dispose d'un délai de trois mois pour accorder ou refuser son agrément.

Le point de départ de ce délai est fixé au jour de la délivrance de l'accusé de réception précisant le caractère complet du dossier de demande déposé par le groupement.

Si le préfet de région n'a pas notifié sa réponse dans le délai qui lui est imparti, le groupement est réputé agréé.

Le retrait de l'agrément, prononcé par le préfet de région, est notifié par lettre au groupement et à toutes les administrations. – *[Décr. n° 85-910 du 27 août 1985, art. 6.]*

Art. D. 611-7 L'agrément est accordé pour une durée maximale de trois ans renouvelable par arrêté du préfet de la région où est situé le siège du groupement.

La décision tient compte notamment :

De la conformité des objectifs du groupement à ceux définis par l'article L. 611-1 ;

De l'adéquation des moyens mis en œuvre aux objectifs poursuivis ;

Des engagements souscrits en application de l'article D. 611-5, de leur respect en cas de demande de renouvellement ;

Des garanties de bonne moralité offertes par les dirigeants, gérants, administrateurs et toutes personnes intervenant au nom du groupement et de leur expérience dans l'analyse des informations comptables et financières ainsi que dans la gestion des entreprises.

L'agrément peut être retiré, selon une procédure identique à celle de son octroi dès lors que les conditions fixées à l'article D. 611-5 ne sont plus respectées. – *[Décr. nº 85-910 du 27 août 1985, art. 7.]*

Art. D. 611-8 Le groupement adresse au préfet de région un exemplaire des conventions conclues avec les établissements de crédit *(Décr. nº 2014-1316 du 3 nov. 2014, art. 7)* « , les sociétés de financement » et les entreprises d'assurance en application du cinquième alinéa de l'article L. 611-1. – *[Décr. nº 85-910 du 27 août 1985, art. 8.]*

Art. D. 611-9 Le concours que l'État et ses établissements publics peuvent prêter aux groupements est sollicité par ces derniers après accord écrit et formulé au cas par cas des entreprises adhérentes en cause.

Les renseignements nominatifs éventuellement délivrés conservent leur caractère confidentiel. L'inobservation de cette règle entraîne de plein droit le retrait de l'agrément dans les formes prévues pour son octroi. – *[Décr. nº 85-910 du 27 août 1985, art. 9.]*

SECTION 2 *De la détection des difficultés des entreprises par le président du tribunal* (*Décr. nº 2014-736 du 30 juin 2014, art. 2*).

Art. R. 611-10 Dans le cas prévu au premier alinéa de l'article L. 611-2 *(Décr. nº 2014-736 du 30 juin 2014, art. 3-1º)* « ou lorsqu'il est fait application de l'article L. 611-2-1 », le président du tribunal fait convoquer par le greffier le représentant légal de la personne morale débitrice ou le débiteur personne physique par lettre recommandée avec demande d'avis de réception et par lettre simple, reproduisant les termes du I de l'article L. 611-2 *(Décr. nº 2014-736 du 30 juin 2014, art. 3-1º)* « et, le cas échéant, ceux de l'article L. 611-2-1, » ainsi que des articles R. 611-11 et R. 611-12. *(Décr. nº 2014-736 du 30 juin 2014, art. 3-2º)* « Le cas échéant, la lettre précise la dénomination de l'activité professionnelle exercée par l'entrepreneur *(Abrogé par Décr. nº 2022-890 du 14 juin 2022, art. 1er)* ***« individuel à responsabilité limitée »***. » La convocation est envoyée un mois au moins à l'avance. Il est joint une note par laquelle le président du tribunal expose les faits qui ont motivé son initiative. – *[Décr. nº 2005-1677 du 28 déc. 2005, art. 3.]*

Art. R. 611-10-1 *(Décr. nº 2014-736 du 30 juin 2014, art. 4)* En application du second alinéa de l'article L. 611-2-1, le président du tribunal informe l'ordre ou l'autorité compétente dont relève l'intéressé par une note exposant les difficultés de nature à compromettre la continuité de l'activité du professionnel qui ont été portées à sa connaissance. Cette note est transmise par le greffier au représentant légal de l'un ou l'autre de ces organismes par lettre recommandée avec demande d'avis de réception. Le représentant de l'ordre ou de l'autorité compétente est invité à faire connaître au président du tribunal, dans la même forme, les suites données à cette information dans le délai d'un mois.

Art. R. 611-11 L'entretien prévu au premier alinéa de l'article L. 611-2 *(Décr. nº 2009-160 du 12 févr. 2009, art. 2)* « , qui se tient hors la présence du greffier, » donne lieu à l'établissement par le président du tribunal d'un procès-verbal qui ne mentionne que la date et le lieu de l'entretien ainsi que l'identité des personnes présentes. Ce procès-verbal est signé par ces dernières et le président du tribunal.

Si la personne convoquée ne se rend pas à la convocation, un procès-verbal de carence est dressé le jour même par le greffier *(Abrogé par Décr. nº 2021-1218 du 23 sept. 2021, art. 2, à compter du 1er oct. 2021)* ***« aux fins d'application des dispositions du second alinéa du I de l'article L. 611-2 »***. A ce procès-verbal est joint l'avis de réception de la convocation. Une copie de ce procès-verbal est notifiée sans délai par le greffier à la personne convoquée par lettre recommandée avec demande d'avis de réception *(Abrogé par Décr. nº 2021-1218 du 23 sept. 2021, art. 2, à compter du 1er oct. 2021)* ***« reproduisant les termes du second alinéa du I de l'article L. 611-2 »***.

(Décr. nº 2014-736 du 30 juin 2014, art. 5) « Ce procès-verbal mentionne, s'il y a lieu, la dénomination utilisée par l'entrepreneur *(Abrogé par Décr. nº 2022-890 du 14 juin 2022, art. 1er)* *« individuel à responsabilité limitée »* pour l'exercice de l'activité professionnelle concernée. Il est déposé au greffe. » – *[Décr. nº 2005-1677 du 28 déc. 2005, art. 4.]*

Les dispositions du Décr. nº 2021-1218 du 23 sept. 2021 ne sont pas applicables aux procédures en cours au jour de son entrée en vigueur (Décr. préc., art. 51-I).

Art. R. 611-12 La demande de renseignements prévue au deuxième alinéa de l'article L. 611-2 est adressée dans le délai *(Décr. nº 2021-1218 du 23 sept. 2021, art. 3, en vigueur le 1er oct. 2021)* « de trois mois au plus tard à compter de la date d'envoi de la convocation ». Elle est accompagnée de la copie *(Décr. nº 2021-1218 du 23 sept. 2021, art. 3, en vigueur le 1er oct. 2021)* « de la lettre de convocation adressée au représentant légal de la personne morale débitrice ou au débiteur personne physique et de la note établie en application de l'article R. 611-10 ».

Si la demande a été présentée dans les formes et délai prescrits au premier alinéa, les personnes et organismes interrogés communiquent les renseignements réclamés dans le délai d'un mois. Dans le cas contraire, ils ne sont pas tenus d'y répondre. – *[Décr. nº 2005-1677 du 28 déc. 2005, art. 5.]*

Pour les dispositions transitoires du Décr. nº 2021-1218 du 23 sept. 2021, V. note ss. art. R. 611-11.

Art. R. 611-13 Pour l'application du II de l'article L. 611-2, le président du tribunal rend une ordonnance faisant injonction au représentant légal de la personne morale de déposer les comptes annuels *(Décr. nº 2014-736 du 30 juin 2014, art. 6)* « ou à l'entrepreneur individuel à responsabilité limitée de déposer les documents mentionnés au premier alinéa de l'article L. 526-14 » dans un délai d'un mois à compter de la notification ou de la signification de l'ordonnance, sous peine d'astreinte.

Cette ordonnance fixe le taux de l'astreinte et mentionne, en outre, les lieu, jour et heure de l'audience à laquelle l'affaire sera examinée.

Elle n'est pas susceptible de recours. – *[Décr. nº 2005-1677 du 28 déc. 2005, art. 6.]*

Art. R. 611-14 Le greffier notifie l'ordonnance au représentant légal de la personne morale. La lettre de notification reproduit les dispositions du second alinéa du II de l'article L. 611-2 ainsi que l'article R. 611-15 et le premier alinéa de l'article R. 611-16.

Si la lettre est retournée avec une mention précisant qu'elle n'a pas été réclamée par son destinataire, le greffier fait signifier l'ordonnance. La signification reproduit les dispositions mentionnées à l'alinéa premier.

Si la lettre est retournée avec une mention précisant que le destinataire ne se trouve plus à l'adresse indiquée, l'affaire est retirée du rôle par le président du *(Décr. nº 2014-736 du 30 juin 2014, art. 7-1º)* « tribunal qui en informe le ministère public. Le greffier » porte la mention de la cessation d'activité sur le registre du commerce et des sociétés.

L'ordonnance portant injonction de faire est conservée à titre de minute au greffe. – *[Décr. nº 2005-1677 du 28 déc. 2005, art. 7.]*

(Décr. nº 2014-736 du 30 juin 2014, art. 7-2º) « Les dispositions du présent article sont applicables à l'entrepreneur individuel à responsabilité limitée à l'exception de la seconde phrase du troisième alinéa. »

Art. R. 611-15 Lorsque l'injonction de faire a été exécutée dans les délais impartis, l'affaire est retirée du rôle par le président du tribunal.

Dans le cas contraire, le greffier constate le non-dépôt des comptes par procès-verbal. – *[Décr. nº 2005-1677 du 28 déc. 2005, art. 8.]*

Art. R. 611-16 En cas d'inexécution de l'injonction de faire qu'il a délivrée, le président du tribunal statue sur la liquidation de l'astreinte.

Il statue en dernier ressort lorsque le montant de l'astreinte n'excède pas le taux de compétence en dernier ressort du tribunal de commerce.

Le montant de la condamnation prononcée *(Abrogé par Décr. n° 2014-736 du 30 juin 2014, art. 8-1°)* *« à l'encontre du représentant légal de la personne morale »* est versé au Trésor public et recouvré comme en matière de créances étrangères à l'impôt.

La décision est communiquée au Trésor public et signifiée à la diligence du greffier au représentant légal de la personne morale *(Décr. n° 2014-736 du 30 juin 2014, art. 8-2°)* « ou à l'entrepreneur individuel à responsabilité limitée ». L'appel est formé, instruit et jugé selon les règles applicables à la procédure sans représentation obligatoire. *(Décr. n° 2017-1225 du 2 août 2017, art. 15)* « Les voies de recours sont ouvertes au ministère public. » – *[Décr. n° 2005-1677 du 28 déc. 2005, art. 9.]*

Art. R. 611-17 La demande de renseignements prévue au dernier alinéa de l'article L. 611-2 est adressée à compter de l'expiration du délai prévu au premier alinéa de l'article R. 611-13. Elle est écrite et accompagnée de la copie de l'ordonnance mentionnée à l'article R. 611-13 ainsi que du procès-verbal mentionné à l'article R. 611-15.

Si la demande a été présentée dans les formes et délai prescrits au premier alinéa, les personnes et organismes interrogés communiquent les renseignements réclamés dans le délai d'un mois. Dans le cas contraire, ils ne sont pas tenus d'y répondre. – *[Décr. n° 2005-1677 du 28 déc. 2005, art. 10.]*

SECTION 3 *Du mandat ad hoc*

Art. R. 611-18 La demande de désignation d'un mandataire *ad hoc* prévue à l'article L. 611-3 est présentée par écrit. Elle est adressée ou remise au président du tribunal de commerce ou du *(Décr. n° 2019-966 du 18 sept. 2019, art. 8, en vigueur le 1er janv. 2020)* « tribunal judiciaire » selon le cas par le représentant légal de la personne morale ou par le débiteur personne physique et déposée au greffe.

Cette demande expose les raisons qui la motivent. – *[Décr. n° 2005-1677 du 28 déc. 2005, art. 11.]*

(Décr. n° 2009-160 du 12 févr. 2009, art. 3) « Lorsque le débiteur propose un mandataire *ad hoc* à la désignation du président du tribunal, il précise son identité et son adresse. »

Art. R. 611-19 Dès réception de la demande, le président du tribunal fait convoquer, par le greffier, le représentant légal de la personne morale ou le débiteur personne physique pour recueillir ses observations.

Al. 2 abrogé par Décr. n° 2009-160 du 12 févr. 2009, art. 4.

L'ordonnance qui désigne le mandataire *ad hoc* définit l'objet de sa mission *(Décr. n° 2014-736 du 30 juin 2014, art. 9)* « en précisant, si le débiteur est un entrepreneur *(Abrogé par Décr. n° 2022-890 du 14 juin 2022, art. 1er)* *« individuel à responsabilité limitée »*, l'activité concernée » et fixe les conditions de sa rémunération conformément aux dispositions de la section 5 du présent chapitre. – *[Décr. n° 2005-1677 du 28 déc. 2005, art. 12.]*

BIBL. ▶ DRUMMEN, *BJE 2011. 283* (rémunération du mandataire *ad hoc*).

Art. R. 611-20 La décision statuant sur la désignation du mandataire *ad hoc* est notifiée au demandeur. *(Décr. n° 2009-160 du 12 févr. 2009, art. 5)* « En cas de refus de désignation, celui-ci peut interjeter appel. L'appel est formé, instruit et jugé conformément aux dispositions de l'article R. 611-26. »

La décision nommant le mandataire *ad hoc* est notifiée à ce dernier par le greffier. La lettre de notification reproduit les dispositions de l'article L. 611-13.

Le mandataire *ad hoc* fait connaître sans délai au président du tribunal son acceptation ou son refus. En cas d'acceptation, il lui adresse l'attestation sur l'honneur prévue à l'article L. 611-13. *(Décr. n° 2014-736 du 30 juin 2014, art. 10)* « Dès réception de cette attestation, le greffier communique par lettre recommandée avec demande d'avis de réception la décision de désignation du mandataire *ad hoc* au commissaire aux comptes du débiteur s'il en a été désigné. » – *[Décr. n° 2005-1677 du 28 déc. 2005, art. 13.]*

Art. R. 611-21 Lorsque le débiteur en fait la demande, le président du tribunal met fin sans délai à la mission du mandataire *ad hoc*. – *[Décr. n° 2005-1677 du 28 déc. 2005, art. 14.]*

Art. R. 611-21-1 *(Décr. n° 2014-736 du 30 juin 2014, art. 11)* Le mandataire *ad hoc* fait connaître sans délai au président du tribunal tout élément qui pourrait justifier qu'il soit mis fin à sa mission.

SECTION 4 *De la procédure de conciliation*

Art. R. 611-22 La requête aux fins d'ouverture d'une procédure de conciliation adressée ou remise au président du tribunal en application de l'article L. 611-6 est accompagnée, sous réserve des dispositions particulières applicables au débiteur, des pièces suivantes :

(Décr. n° 2021-631 du 21 mai 2021, art. 4) « 1° Le numéro unique d'identification ; »

2° L'état des créances et des dettes accompagné d'un échéancier ainsi que la liste des principaux créanciers ;

3° L'état actif et passif des sûretés ainsi que celui des engagements hors bilan ;

4° Les comptes annuels, le tableau de financement ainsi que la situation de l'actif réalisable et disponible, valeurs d'exploitation exclues, et du passif exigible des trois derniers exercices, si ces documents ont été établis ;

(Décr. n° 2009-160 du 12 févr. 2009, art. 6) « 5° Une attestation sur l'honneur certifiant l'absence de procédure de conciliation dans les trois mois précédant la date de la demande ; »

(Décr. n° 2014-736 du 30 juin 2014, art. 12) « 6° Une déclaration indiquant, le cas échéant, la prise en charge par un tiers des frais de la procédure demandée. »

Le cas échéant, la requête précise la date de cessation des paiements.

Lorsque le débiteur exerce une profession libérale soumise à un statut législatif ou réglementaire ou dont le titre est protégé, elle précise l'ordre professionnel ou l'autorité dont il relève.

Lorsque le débiteur propose un conciliateur à la désignation du président du tribunal, il précise son identité et son adresse. – *[Décr. n° 2005-1677 du 28 déc. 2005, art. 15.]*

L'art. 4 du Décr. n° 2021-631 du 21 mai 2021 entre en vigueur le 1er nov. 2021. Un décret peut prévoir une date d'entrée en vigueur ultérieure, au plus tard le 1er nov. 2022 (Décr. préc., art. 22).

Art. R. 611-23 Dès réception de la demande, le président du tribunal fait convoquer, par le greffier, le représentant légal de la personne morale débitrice ou le débiteur personne physique pour recueillir ses explications.

L'ordonnance qui désigne le conciliateur définit l'objet de sa mission et fixe les conditions de sa rémunération conformément aux dispositions de la section 5 du présent chapitre ainsi que la durée de la procédure conformément à l'article L. 611-6. – *[Décr. n° 2005-1677 du 28 déc. 2005, art. 16.]*

BIBL. ▸ DRUMMEN, *BJE 2011. 283* (rémunération du conciliateur).

Art. R. 611-23-1 *(Décr. n° 2016-1851 du 23 déc. 2016, art. 27, en vigueur le 1er janv. 2017)* I. – Lorsque les conditions prévues au 4° de l'article L. 721-8 sont réunies, le débiteur adresse ou remet directement au président du tribunal de commerce spécialisé compétent sa requête aux fins d'ouverture d'une procédure de conciliation.

II. – Lorsqu'un président de tribunal de commerce saisi estime que l'examen de la requête aux fins d'ouverture d'une procédure de conciliation relève de la compétence d'un tribunal de commerce spécialisé, il peut décider d'office du renvoi de la requête devant ce tribunal. Il statue par ordonnance motivée après avoir entendu ou dûment appelé le débiteur et recueilli l'avis du ministère public. Le greffier du tribunal de commerce saisi transmet aussitôt le dossier au président du tribunal de commerce spécialisé désigné, avec une copie de l'ordonnance de renvoi.

Ces dispositions s'appliquent également en cours de procédure au renvoi au tribunal de commerce spécialisé décidé d'office par le président du tribunal de commerce saisi.

III. – Le renvoi devant le tribunal de commerce spécialisé compétent peut également être demandé par requête motivée du débiteur ou du ministère public près le tribunal de commerce saisi.

Le greffier du tribunal de commerce saisi notifie la requête aux parties sans délai. Le président du tribunal statue sur la demande de renvoi par ordonnance motivée après avoir entendu ou dûment appelé le débiteur et recueilli l'avis du ministère public. S'il est fait droit à la demande de renvoi, le greffier du tribunal de commerce saisi transmet aussitôt le dossier au président du tribunal de commerce spécialisé désigné, avec une copie de l'ordonnance de renvoi.

IV. — Les décisions prises en application du présent article sont des mesures d'administration judiciaire non susceptibles de recours. Elles s'imposent aux parties et à la juridiction de renvoi désignée.

Les art. 27 à 29 du Décr. n° 2016-1851 du 23 déc. 2016 ne sont pas applicables dans les collectivités relevant de l'art. 73 de la Constitution et dans les collectivités d'outre-mer de Saint-Barthélemy, de Saint-Martin et de Saint-Pierre-et-Miquelon (Décr. préc., art. 52-I).

Art. R. 611-24 Le président du tribunal peut faire usage des dispositions du *(Décr. n° 2009-160 du 12 févr. 2009, art. 7)* « cinquième » alinéa de l'article L. 611-6 à tout moment de la procédure de conciliation. — *[Décr. n° 2005-1677 du 28 déc. 2005, art. 17.]*

Art. R. 611-25 L'ordonnance statuant sur la demande est notifiée par le greffier au requérant. En cas de désignation d'un conciliateur, la notification reproduit les dispositions des articles R. 611-27 et R. 611-28.

La décision ouvrant la procédure de conciliation est communiquée sans délai par le greffier au ministère public et, le cas échéant, à l'ordre professionnel ou à l'autorité dont relève le débiteur.

Elle est notifiée au conciliateur. La lettre de notification reproduit les dispositions de l'article L. 611-13 et des articles R. 611-27 et R. 611-28.

Le conciliateur fait connaître sans délai au président du tribunal son acceptation ou son refus. En cas d'acceptation, il lui adresse l'attestation sur l'honneur prévue à l'article L. 611-13. — *[Décr. n° 2005-1677 du 28 déc. 2005, art. 18.]*

Art. R. 611-26 S'il n'est pas fait droit à la demande de désignation d'un conciliateur ou de prorogation de la mission de celui-ci, appel peut être interjeté par le débiteur *(Décr. n° 2009-160 du 12 févr. 2009, art. 8)* « par une déclaration faite ou adressée par lettre recommandée avec demande d'avis de réception au greffe du tribunal. Toutefois, le débiteur est dispensé du ministère de l'avocat *(Abrogé par Décr. n° 2012-634 du 3 mai 2012, art. 21-5°)* ***« ou de l'avoué »***.

Al. abrogé par Décr. n° 2009-160 du 12 févr. 2009, art. 8.

Le président du tribunal peut, dans un délai de cinq jours à compter de la déclaration d'appel, modifier ou rétracter sa décision.

En cas de modification ou de rétractation, le greffier notifie la décision au débiteur.

Dans le cas contraire, le greffier du tribunal transmet sans délai au greffe de la cour le dossier de l'affaire avec la déclaration d'appel et une copie de la décision. Il avise le débiteur de cette transmission.

L'appel est instruit et jugé selon les règles applicables en matière gracieuse devant le *(Décr. n° 2019-966 du 18 sept. 2019, art. 8, en vigueur le 1er janv. 2020)* « tribunal judiciaire ». — *[Décr. n° 2005-1677 du 28 déc. 2005, art. 19.]*

Art. R. 611-26-1 *(Décr. n° 2009-160 du 12 févr. 2009, art. 9)* L'appel interjeté par le ministère public à l'encontre de l'ordonnance qui ouvre la procédure de conciliation est instruit et jugé selon la procédure sans représentation obligatoire.

Art. R. 611-26-2 *(Décr. n° 2014-736 du 30 juin 2014, art. 13)* La demande mentionnée à la troisième phrase du premier alinéa de l'article L. 611-7 est accompagnée des éléments suivants :

1° La demande d'avis adressée aux créanciers participants, qui reproduit les dispositions du premier alinéa de l'article L. 611-7 et du I de l'article L. 642-2 et sur laquelle chaque créancier a mentionné son avis ou, à défaut, un document justificatif de la demande d'avis ;

2° L'accord du conciliateur pour prendre en charge la mission ;

3° L'accord du débiteur sur les conditions de rémunération dues au titre de cette mission.

L'ordonnance par laquelle le président fait droit à la demande et détermine ou modifie la mission du conciliateur fixe, conformément aux dispositions de la section 5 du présent chapitre, les conditions de rémunération de cette mission complémentaire. Elle est notifiée par le greffier au requérant et au conciliateur. Les dispositions du deuxième alinéa de l'article R. 611-25 ainsi que celles des articles R. 611-47 et R. 611-50 lui sont applicables.

Art. R. 611-27 En application de l'article L. 611-6, le débiteur peut demander la récusation du conciliateur si ce dernier se trouve dans l'une des situations suivantes :

1° Il a directement ou indirectement un intérêt personnel à la procédure ;

2° Il existe un lien direct ou indirect, quelle qu'en soit la nature, entre le conciliateur et l'un des créanciers ou l'un des dirigeants ou préposés de celui-ci ;

3° Il existe une cause de défiance entre le conciliateur et le débiteur ;

4° Il est dans l'une des situations d'incompatibilité visées à l'article L. 611-13 ;

5° Il a été définitivement radié ou destitué d'une profession réglementée. – *[Décr. n° 2005-1677 du 28 déc. 2005, art. 20.]*

Art. R. 611-28 La demande de récusation est formée dans les quinze jours de la notification de la décision désignant le conciliateur, par acte remis au greffe ou par une déclaration consignée par le greffier dans un procès-verbal.

Elle est motivée et, le cas échéant, accompagnée des pièces propres à la justifier.

Elle suspend la procédure jusqu'à ce qu'une décision définitive statue sur la récusation. – *[Décr. n° 2005-1677 du 28 déc. 2005, art. 21.]*

Art. R. 611-29 Le greffier notifie la demande de récusation au conciliateur, par lettre recommandée avec demande d'avis de réception. La lettre de notification reproduit les deuxième et troisième alinéas du présent article.

Dès réception de la notification de la demande, le conciliateur s'abstient jusqu'à ce qu'il ait été statué sur la récusation.

Dans les huit jours de cette réception, il fait connaître par écrit au président du tribunal soit son acquiescement à la récusation, soit les motifs pour lesquels il s'y oppose. – *[Décr. n° 2005-1677 du 28 déc. 2005, art. 22.]*

Art. R. 611-30 Si le conciliateur acquiesce, il est remplacé sans délai. – *[Décr. n° 2005-1677 du 28 déc. 2005, art. 23.]*

Art. R. 611-31 Si le conciliateur s'oppose à la récusation ou ne répond pas, la demande est examinée par le président du tribunal, le débiteur et le conciliateur entendus ou dûment appelés.

L'ordonnance statuant sur la demande de récusation est notifiée par le greffier au débiteur.

Copie de cette décision est également remise ou adressée au conciliateur. – *[Décr. n° 2005-1677 du 28 déc. 2005, art. 24.]*

Art. R. 611-32 Si la récusation est admise, il est procédé au remplacement du conciliateur sans délai. – *[Décr. n° 2005-1677 du 28 déc. 2005, art. 25.]*

Art. R. 611-33 La décision qui rejette la demande de récusation peut être frappée de recours par le débiteur devant le premier président de la cour d'appel dans un délai de dix jours à compter de la notification.

Le recours est formé par la remise ou l'envoi au greffe de la cour d'appel d'une note en exposant les motifs. – *[Décr. n° 2005-1677 du 28 déc. 2005, art. 26.]*

Art. R. 611-34 Le greffier de la cour d'appel convoque le débiteur et le conciliateur par lettre recommandée avec demande d'avis de réception adressée quinze jours au moins à l'avance. La note mentionnée au second alinéa de l'article R. 611-33 est jointe à la convocation adressée au conciliateur.

Le premier président ou son délégué les entend contradictoirement.

La décision est notifiée par le greffier au débiteur. Le conciliateur en est avisé. – *[Décr. n° 2005-1677 du 28 déc. 2005, art. 27.]*

Art. R. 611-34-1 *(Décr. n° 2014-736 du 30 juin 2014, art. 14)* Le conciliateur fait connaître sans délai au président du tribunal tout élément qui pourrait constituer un motif de récusation ainsi que tout autre motif qui pourrait justifier qu'il soit mis fin à sa mission, dont il n'avait pas connaissance au moment de l'acceptation de sa mission.

Art. R. 611-35 Pour l'application de l'avant-dernier alinéa de l'article L. 611-7 *(Décr. n° 2014-736 du 30 juin 2014, art. 15-1°)* « ou du dernier alinéa de l'article L. 611-10-

1 », le débiteur assigne le créancier *(Décr. n° 2021-1218 du 23 sept. 2021, art. 4, en vigueur le 1er oct. 2021)* « mentionné par ces dispositions » devant le président du tribunal qui a ouvert la procédure de conciliation. Celui-ci statue sur les délais *(Décr. n° 2019-1419 du 20 déc. 2019, art. 2)* « selon la procédure accélérée au fond » après avoir recueilli les observations du conciliateur *(Décr. n° 2014-736 du 30 juin 2014, art. 15-1°)* « ou, le cas échéant, du mandataire à l'exécution de l'accord ».

La demande est *(Décr. n° 2009-160 du 12 févr. 2009, art. 10)* « , le cas échéant, » portée à la connaissance de la juridiction saisie de la poursuite, qui surseoit à statuer jusqu'à la décision se prononçant sur les délais.

La décision rendue par le président du tribunal est communiquée à cette juridiction par le greffier. *(Décr. n° 2014-736 du 30 juin 2014, art. 15-2° et 3°)* « Elle est notifiée par le greffier au débiteur et au créancier et communiquée au conciliateur si celui-ci est encore en fonction ou, le cas échéant, au mandataire à l'exécution de l'accord. – *[Décr. n° 2005-1677 du 28 déc. 2005, art. 28.]*

« Le créancier mentionné au cinquième alinéa de l'article L. 611-7 est informé par le greffier, par lettre recommandée avec demande d'avis de réception, de la conclusion de l'accord dès sa constatation ou son homologation ainsi que de toute décision mettant fin à la procédure de conciliation.

« La décision prononçant la résolution de l'accord est portée à la connaissance du créancier selon les mêmes modalités. »

Les dispositions du Décr. n° 2019-1419 du 20 déc. 2019 s'appliquent aux demandes introduites à compter du 1er janv. 2020 (Décr. préc., art. 24-II).

Pour les dispositions transitoires du Décr. n° 2021-1218 du 23 sept. 2021, V. note ss. art. R. 611-11.

Le créancier poursuivant ne peut, pour s'opposer au sursis à statuer, soutenir qu'il n'est pas applicable si les poursuites ont été engagées antérieurement au jugement d'ouverture. • Versailles, 19 oct. 2006 : *BICC 2007, n° 479 ; RPC 2007. 37, obs. Roussel Galle ; RTD com. 2007. 830, obs. Macorig-Venier ; RPC 2008, n° 102, obs. Delattre.*

Art. R. 611-36 Le conciliateur peut demander au président du tribunal de mettre fin à sa mission lorsqu'il estime indispensables les propositions faites par lui au débiteur en application du premier alinéa de l'article L. 611-7 et que celui-ci les a rejetées. – *[Décr. n° 2005-1677 du 28 déc. 2005, art. 29.]*

Art. R. 611-37 Lorsque le débiteur en fait la demande, le président du tribunal met fin sans délai à la procédure de conciliation. – *[Décr. n° 2005-1677 du 28 déc. 2005, art. 30.]*

Art. R. 611-38 La décision mettant fin à la procédure de conciliation n'est pas susceptible de recours. – *[Décr. n° 2005-1677 du 28 déc. 2005, art. 31.]*

(Décr. n° 2014-736 du 30 juin 2014, art. 16) « L'ordonnance est communiquée par le greffier au conciliateur et au ministère public. »

Art. R. 611-38-1 *(Décr. n° 2011-236 du 3 mars 2011, art. 9-I)* L'ouverture d'une procédure de sauvegarde, de redressement judiciaire ou de liquidation judiciaire met fin de plein droit à la procédure de conciliation.

Art. R. 611-38-2 *(Décr. n° 2014-736 du 30 juin 2014, art. 17)* Le conciliateur adresse copie du rapport prévu par le dernier alinéa de l'article L. 611-7 au débiteur. Le rapport est déposé au greffe. Il est communiqué par le greffier au ministère public.

Art. R. 611-39 En application du I de l'article L. 611-8, l'accord des parties est constaté par une ordonnance du président du tribunal qui y fait apposer la formule exécutoire par le greffier. La déclaration certifiée du débiteur lui est annexée.

L'accord et ses annexes sont déposés au greffe. Des copies ne peuvent être délivrées qu'aux parties et aux personnes qui peuvent se prévaloir des dispositions de l'accord. Elles valent titre exécutoire. – *[Décr. n° 2005-1677 du 28 déc. 2005, art. 32.]*

Art. R. 611-39-1 *(Décr. n° 2021-1218 du 23 sept. 2021, art. 5, en vigueur le 1er oct. 2021)* Un état de l'intégralité des frais mis à sa charge est préparé par le débiteur, assisté par le conciliateur. Il comprend :

1° La rémunération du conciliateur, si elle a été arrêtée, ou, à défaut, les conditions de cette rémunération telles qu'elles ont été fixées par le président du tribunal, ainsi que la rémunération du mandataire *ad hoc* si un mandat *ad hoc* a immédiatement précédé l'ouverture de la conciliation ;

2° La rémunération de tout intervenant ou expert, désigné par le juge ou auquel le conciliateur a eu recours ;

3° Les honoraires des conseils du débiteur ou ceux réglés par le débiteur dans le cadre de la procédure de conciliation et de la procédure de mandat *ad hoc* qui l'a le cas échéant immédiatement précédée ;

4° Les honoraires des conseils auxquels le créancier a fait appel lorsqu'ils sont mis à la charge du débiteur.

Cet état est signé et déposé au greffe par le débiteur. Avant de constater ou d'homologuer l'accord, le président du tribunal ou le tribunal s'assure de ce dépôt.

Le conciliateur, le président du tribunal, le tribunal et le ministère public peuvent, seuls, en prendre connaissance. Le tribunal qui ouvre une procédure de sauvegarde, de redressement judiciaire, de rétablissement professionnel ou de liquidation judiciaire du débiteur peut d'office ou à la demande du ministère public en obtenir communication. Lorsque les conditions de l'article L. 721-8 sont réunies et que le débiteur est une entreprise ou une des sociétés mentionnées aux *a* à *d* du 1° de cet article, le président du tribunal de commerce spécialisé, ce tribunal et le ministère public peuvent également en obtenir communication.

Pour les dispositions transitoires du Décr. n° 2021-1218 du 23 sept. 2021, V. note ss. art. R. 611-11.

Art. R. 611-40 *Al. 1er abrogé par Décr. n° 2009-160 du 12 févr. 2009, art. 11.*

Les personnes appelées à l'audience d'homologation en application du premier alinéa de l'article L. 611-9 peuvent prendre connaissance de l'accord au greffe du tribunal.

Le jugement ne reprend pas les termes de l'accord. Il mentionne les garanties et privilèges constitués pour en assurer l'exécution. Il précise les montants garantis par le privilège institué par l'article L. 611-11. – *[Décr. n° 2005-1677 du 28 déc. 2005, art. 33.]*

Art. R. 611-40-1 *(Décr. n° 2014-736 du 30 juin 2014, art. 18)* Lorsque le débiteur demande la désignation d'un mandataire à l'exécution de l'accord, le conciliateur est invité à présenter ses observations sur l'intérêt d'une telle mission. Le mandataire ne peut être désigné qu'après avoir exprimé son accord.

Art. R. 611-41 Le jugement statuant sur l'homologation de l'accord est notifié par le greffier au débiteur et aux créanciers signataires de l'accord. Il est communiqué au conciliateur et au ministère public. – *[Décr. n° 2005-1677 du 28 déc. 2005, art. 34.]*

Art. R. 611-42 L'appel du jugement rejetant l'homologation est formé, instruit et jugé selon les règles propres à la procédure en matière gracieuse. Toutefois, les parties sont dispensées du ministère de l'avocat *(Abrogé par Décr. n° 2012-634 du 3 mai 2012, art. 21-5°)* ***« ou de l'avoué »***. – *[Décr. n° 2005-1677 du 28 déc. 2005, art. 35.]*

(Décr. n° 2009-160 du 12 févr. 2009, art. 12) « Dans les autres cas, l'appel est formé, instruit et jugé selon les règles propres à la procédure sans représentation obligatoire. »

Art. R. 611-43 Un avis du jugement d'homologation est adressé pour insertion au *Bulletin officiel des annonces civiles et commerciales*. Cette insertion contient l'indication du nom du débiteur, de son siège ou, lorsqu'il est une personne physique, de l'adresse de son entreprise ou de son activité. Il est également mentionné son numéro unique d'identification ainsi que, le cas échéant, le nom de la ville où se trouve le greffe ou la *(Décr. n° 2010-1356 du 11 nov. 2010, art. 25)* « chambre de métiers et de l'artisanat de région » *(Décr. n° 2022-1014 du 19 juill. 2022, art. 8, en vigueur le 1er janv. 2023)* « dont il relève ». *(Décr. n° 2014-736 du 30 juin 2014, art. 19)* « Lorsque l'activité en difficulté est celle à laquelle un entrepreneur individuel à responsabilité limitée a affecté un patrimoine, l'insertion précise le registre où a été *(Décr. n° 2019-987 du*

25 sept. 2019, art. 32, en vigueur le 1er oct. 2019) « inscrite » la déclaration d'affectation. »

Le même avis est publié dans un *(Décr. nº 2020-106 du 10 févr. 2020, art. 12)* « support » d'annonces légales du lieu où le débiteur a son siège ou, lorsqu'il est une personne physique, l'adresse de son entreprise ou de son activité.

Il mentionne que le jugement est déposé au greffe où tout intéressé peut en prendre connaissance.

Ces publicités sont faites d'office par le greffier dans les huit jours de la date du jugement. – *[Décr. nº 2005-1677 du 28 déc. 2005, art. 36.]*

Art. R. 611-44 Sous réserve de l'instance ouverte par la tierce opposition mentionnée à l'article L. 611-10, et en dehors de l'autorité judiciaire, à qui l'accord homologué et le rapport d'expertise peuvent être communiqués en application de l'article L. 621-1, l'accord ne peut être communiqué qu'aux parties et aux personnes qui peuvent s'en prévaloir et le rapport d'expertise qu'au débiteur et au conciliateur. *(Décr. nº 2021-1218 du 23 sept. 2021, art. 6, en vigueur le 1er oct. 2021)* « L'accord ne peut être communiqué au tiers opposant qu'une fois la tierce opposition déclarée recevable. » – *Pour les dispositions transitoires du Décr. nº 2021-1218 du 23 sept. 2021, V. note ss. art. R. 611-11.*

L'accord homologué est transmis par le greffier au commissaire aux comptes du débiteur. – *[Décr. nº 2005-1677 du 28 déc. 2005, art. 37.]*

Art. R. 611-45 *(Décr. nº 2009-160 du 12 févr. 2009, art. 13)* « Pour l'application du deuxième alinéa de l'article L. 611-10-2 », le débiteur justifie de la levée de l'interdiction d'émettre des chèques auprès de l'établissement de crédit qui est à l'origine de cette mesure par la remise d'une copie du jugement homologuant l'accord, à laquelle il joint un relevé des incidents de paiement.

L'établissement de crédit qui est à l'origine de l'interdiction informe la Banque de France de la levée de cette interdiction aux fins de régularisation. – *[Décr. nº 2005-1677 du 28 déc. 2005, art. 38.]*

Art. R. 611-46 *(Décr. nº 2009-160 du 12 févr. 2009, art. 14)* La demande de résolution de l'accord constaté ou homologué présentée en application de l'article L. 611-10-3 est formée par assignation. Toutes les parties à l'accord ainsi que les créanciers *(Décr. nº 2021-1218 du 23 sept. 2021, art. 7, en vigueur le 1er oct. 2021)* « à l'égard desquels il a été fait » en application du cinquième alinéa de l'article L. 611-7 *(Décr. nº 2014-736 du 30 juin 2014, art. 20)* « ou du dernier alinéa de l'article L. 611-10-1 » sont mis en cause par le demandeur, le cas échéant sur injonction du tribunal.

Le jugement rendu est communiqué au ministère public et notifié par le greffier aux créanciers mentionnés à l'alinéa précédent.

La décision prononçant la résolution de l'accord homologué fait l'objet des publicités prévues à l'article R. 611-43. – *[Décr. nº 2005-1677 du 28 déc. 2005, art. 39.]*

Pour les dispositions transitoires du Décr. nº 2021-1218 du 23 sept. 2021, V. note ss. art. R. 611-11.

Art. R. 611-46-1 *(Décr. nº 2014-736 du 30 juin 2014, art. 21)* Lorsque l'ouverture de la procédure de conciliation est demandée par un entrepreneur *(Abrogé par Décr. nº 2022-890 du 14 juin 2022, art. 1er)* ***« individuel à responsabilité limitée »***, les dispositions de la présente section ne s'appliquent qu'au patrimoine qui fait l'objet de cette demande. Toutefois, les situations d'incompatibilité du conciliateur sont appréciées en considération de l'ensemble des patrimoines dont le demandeur est titulaire.

SECTION 5 *De la rémunération du mandataire ad hoc, du conciliateur, du mandataire à l'exécution de l'accord et de l'expert* (*Décr. nº 2014-736 du 30 juin 2014, art. 22*).

Art. R. 611-47 Les conditions de *[la]* rémunération du mandataire *ad hoc*, du conciliateur *(Décr. nº 2014-736 du 30 juin 2014, art. 23)* « *[,]* du mandataire à l'exécution de l'accord » et de l'expert mentionnées à l'article L. 611-14 comprennent les critères sur la base desquels elle sera arrêtée, son montant maximal et *(Décr. nº 2014-736 du 30 juin 2014, art. 23)* « , le cas échéant, le montant ou les modalités de versement des provisions ». – *[Décr. nº 2005-1677 du 28 déc. 2005, art. 40.]*

Sur le pouvoir de contrôle du président du tribunal, V. • T. com. Valenciennes, ord. prés., 20 févr. 2024 : *RPC 2024, n° 39, obs. Delattre.*

Art. R. 611-47-1 *(Décr. n° 2014-736 du 30 juin 2014, art. 24)* Les propositions faites par le mandataire *ad hoc* ou le conciliateur au débiteur sur les conditions de sa rémunération sont jointes à la demande mentionnée à l'article R. 611-18 ou à la requête mentionnée à l'article R. 611-22. Les propositions faites par le conciliateur sont transmises sans délai par le greffier au ministère public.

Le président ne peut désigner un mandataire *ad hoc* ou un conciliateur dont la désignation ne lui a pas été proposée par le débiteur qu'après avoir obtenu l'accord de celui-ci sur les conditions de sa rémunération.

En l'absence d'avis du ministère public, le président ne peut ouvrir la procédure de conciliation avant l'expiration d'un délai de quarante-huit heures à compter de la transmission prévue au premier alinéa.

Avis du ministère public. Sur la possibilité, pour le ministère public, de refuser de donner son avis, en l'absence d'éléments d'information suffisants, V. les décisions citées par Delattre, *RPC 2019, n° 156.*

Art. R. 611-48 L'accord du débiteur sur les conditions de rémunération du mandataire *ad hoc*, du conciliateur ou de l'expert est consigné par écrit préalablement à leur désignation. Il est annexé à l'ordonnance de désignation. – *[Décr. n° 2005-1677 du 28 déc. 2005, art. 41.]*

Art. R. 611-49 Si le mandataire *ad hoc*, le conciliateur ou l'expert estime au cours de sa mission que le montant maximal de la rémunération fixé par l'ordonnance qui l'a désigné est insuffisant, il en informe le président du tribunal.

Le président du tribunal fixe les nouvelles conditions de la rémunération en accord avec le débiteur *(Décr. n° 2014-736 du 30 juin 2014, art. 25)* « et après avoir recueilli l'avis du ministère public en cas de recours à la conciliation ». L'accord est consigné par écrit.

A défaut d'accord, il est mis fin à sa mission. – *[Décr. n° 2005-1677 du 28 déc. 2005, art. 42.]*

Art. R. 611-50 Le greffier notifie l'ordonnance arrêtant la rémunération au mandataire *ad hoc*, au conciliateur *(Décr. n° 2014-736 du 30 juin 2014, art. 26-1°)* « , au mandataire à l'exécution de l'accord » et à l'expert, ainsi qu'au débiteur. *(Décr. n° 2014-736 du 30 juin 2014, art. 26-1° et 2°)* « La décision prise en cas de recours à la conciliation est communiquée sans délai au ministère public.

« Elle peut être frappée d'un recours par le débiteur, le mandataire *ad hoc*, le conciliateur, le mandataire à l'exécution de l'accord ou l'expert ; elle peut l'être également par le ministère public sauf si elle porte sur la rémunération du mandataire *ad hoc*. Dans tous les cas, le recours est porté devant le premier président de la cour d'appel. »

Le recours est formé, instruit et jugé dans les délais et conditions prévus par les articles 714 à 718 du code de procédure civile. – *[Décr. n° 2005-1677 du 28 déc. 2005, art. 43.]*

Art. R. 611-51 *(Décr. n° 2014-736 du 30 juin 2014, art. 27)* Les conditions de rémunération de la mission ayant pour objet l'organisation d'une cession partielle ou totale de l'entreprise sont fixées après avis du ministère public. Le président du tribunal arrête cette rémunération à l'issue de cette mission. Sa décision est communiquée par le greffier au ministère public. Les dispositions de l'article R. 611-50 sont applicables.

Lorsque la cession préparée dans le cadre de la conciliation est mise en œuvre après l'ouverture d'une procédure de sauvegarde, de redressement judiciaire ou de liquidation judiciaire par la même personne en exécution du mandat de justice qui lui a été confié par la juridiction qui a ouvert cette procédure collective, la rémunération n'est due qu'au titre de ce dernier mandat.

Art. R. 611-52 *(Décr. n° 2014-736 du 30 juin 2014, art. 27)* La décision qui prévoit le bénéfice de provisions au mandataire à l'exécution de l'accord, en application de l'article R. 611-47, peut préciser qu'elles seront allouées au terme de chacune des années de l'exécution de l'accord. Le montant annuel de la provision est fixé par ordonnance communiquée par le greffier au ministère public.

CHAPITRE II *DES DISPOSITIONS APPLICABLES AUX PERSONNES MORALES DE DROIT PRIVÉ NON COMMERÇANTES AYANT UNE ACTIVITÉ ÉCONOMIQUE*

Art. R. 612-1 Les personnes morales de droit privé non commerçantes ayant une activité économique, mentionnées à l'article L. 612-1, sont tenues d'établir des comptes annuels et de désigner au moins un commissaire aux comptes et un suppléant lorsqu'elles dépassent, à la fin de l'année civile ou à la clôture de l'exercice, les chiffres ci-dessous fixés pour deux des trois critères suivants :

1° Cinquante pour le nombre de salariés ; les salariés pris en compte sont ceux qui sont liés à la personne morale par un contrat de travail à durée indéterminée ; le nombre de salariés est égal à la moyenne arithmétique des effectifs à la fin de chaque trimestre de l'année civile ou de l'exercice comptable lorsque celui-ci ne coïncide pas avec l'année civile ;

2° 3 100 000 € pour le montant hors taxes du chiffre d'affaires ou des ressources ; le montant hors taxes du chiffre d'affaires est égal au montant des ventes de produits et services liés à l'activité courante ; le montant des ressources est égal au montant des cotisations, subventions et produits de toute nature liés à l'activité courante ; *(Abrogé par Décr. n° 2012-721 du 9 mai 2012, art. 6-1°)* « *toutefois, pour les associations professionnelles ou interprofessionnelles collectant la participation des employeurs à l'effort de construction, le montant des ressources, qui s'entendent des sommes recueillies au sens de l'article R. 313-25 du code de la construction et de l'habitation, est fixé à 750 000 € ;* »

3° 1 550 000 € pour le total du bilan ; celui-ci est égal à la somme des montants nets des éléments d'actif.

Les personnes morales mentionnées au premier alinéa ne sont plus tenues à l'obligation d'établir des comptes annuels lorsqu'elles ne dépassent pas les chiffres fixés pour deux des trois critères définis ci-dessus pendant deux exercices successifs. Il est mis fin dans les mêmes conditions au mandat du commissaire aux comptes par l'organe délibérant appelé à statuer sur les comptes annuels.

Les dispositions du présent article relatives à l'établissement de comptes annuels ou à la désignation d'un commissaire aux comptes s'appliquent sans préjudice des dispositions réglementaires propres à certaines formes de personnes morales entrant dans l'une des catégories mentionnées à l'article L. 612-1. – *[Décr. n° 2005-1677 du 28 déc. 2005, art. 44.]*

Art. R. 612-2 Les comptes annuels comprennent un bilan, un compte de résultat et une annexe. Ils sont établis selon les principes et méthodes comptables définis aux articles L. 123-12 et suivants et aux articles R. 123-172 à R. 123-208 pris pour leur application, sous réserve des adaptations que rend nécessaires la forme juridique ou la nature de l'activité de ces personnes morales. Les plans comptables applicables à ces personnes morales sont fixés par règlement *(Ord. n° 2009-79 du 22 janv. 2009, art. 6)* « de l'Autorité des normes comptables ». Si des particularités d'activité, de structure ou d'opérations le justifient, des adaptations peuvent être apportées, dans les mêmes formes, aux dispositions de ces plans comptables.

Les comptes annuels sont soumis, en même temps qu'un rapport de gestion, à l'approbation de l'organe délibérant au plus tard dans les six mois de la clôture de l'exercice et transmis aux commissaires aux comptes quarante-cinq jours au moins avant la réunion à laquelle ils doivent être approuvés. Le délai de six mois peut être prolongé à la demande du représentant légal de la personne morale, par ordonnance du président du *(Décr. n° 2019-966 du 18 sept. 2019, art. 8, en vigueur le 1er janv. 2020)* « tribunal judiciaire », statuant sur requête. – *[Décr. n° 2005-1677 du 28 déc. 2005, art. 45.]*

Art. R. 612-3 Les personnes morales de droit privé non commerçantes ayant une activité économique qui, à la fin de l'année civile ou à la clôture de l'exercice, comptent trois cents salariés ou plus ou dont le montant du chiffre d'affaires hors taxes ou des ressources est supérieur ou égal à 18 000 000 €, sont tenues d'établir les documents mentionnés à l'article L. 612-2. Ces critères sont définis selon les dispositions prévues à l'article R. 612-1.

Elles ne sont plus tenues à cette obligation lorsqu'elles ne dépassent aucun des chiffres fixés pour ces critères pendant deux exercices successifs.

Les dispositions des articles R. 232-3 à R. 232-7 sont applicables, sous réserve des adaptations que rend nécessaires la forme juridique de ces personnes morales. – *[Décr. n° 2005-1677 du 28 déc. 2005, art. 46.]*

Art. R. 612-4 Lorsque le commissaire aux comptes met en œuvre la procédure d'alerte prévue à l'article L. 612-3, il est fait application soit des dispositions des articles R. 234-1 et suivants si la personne morale a un organe collégial chargé de l'administration distinct de l'organe chargé de la direction, soit des articles *(Décr. n° 2007-812 du 10 mai 2007, art. 6)* « R. 234-5 » et suivants dans les autres cas.

Pour l'application de ces deux dispositions, le président du tribunal compétent est celui du *(Décr. n° 2019-966 du 18 sept. 2019, art. 8, en vigueur le 1er janv. 2020)* « tribunal judiciaire ». – *[Décr. n° 2005-1677 du 28 déc. 2005, art. 47.]*

Art. D. 612-5 Le montant visé au premier alinéa de l'article L. 612-4 est fixé à 153 000 €. – *[Décr. n° 2006-335 du 21 mars 2006, art. 1er.] – Le Décr. n° 2006-335 du 21 mars 2006 [dont l'art. 1er est codifié à l'art. D. 612-5 C. com.] est applicable aux exercices comptables des associations ouverts à compter du 1er janv. 2006 (Décr. préc., art. 4).*

Art. R. 612-6 Le rapport mentionné au premier alinéa de l'article L. 612-5 contient :

1° L'énumération des conventions soumises à l'approbation de l'organe délibérant ou jointes aux documents communiqués aux adhérents en l'absence d'organe délibérant ;

2° Le nom des administrateurs intéressés ou des personnes intéressées assurant un rôle de mandataire social ;

3° La désignation de la personne ayant passé une convention dans les conditions du deuxième alinéa de l'article L. 612-5 ;

4° La nature et l'objet desdites conventions ;

5° Les modalités essentielles de ces conventions notamment l'indication des prix ou tarifs pratiqués, des ristournes et commissions consenties, des délais de paiement accordés, des intérêts stipulés, des sûretés conférées et, le cas échéant, toutes autres indications permettant à l'organe délibérant ou aux adhérents d'apprécier l'intérêt qui s'attachait à la conclusion des conventions analysées. – *[Décr. n° 2005-1677 du 28 déc. 2005, art. 48.]*

Art. R. 612-7 Lorsque le rapport est établi par le commissaire aux comptes, le représentant légal de la personne morale avise ce dernier des conventions mentionnées à l'article L. 612-5 dans le délai d'un mois à compter de la conclusion desdites conventions. – *[Décr. n° 2005-1677 du 28 déc. 2005, art. 49.]*

TITRE II DE LA SAUVEGARDE

CHAPITRE I *DE L'OUVERTURE DE LA PROCÉDURE*

SECTION 1 *De la saisine et de la décision du tribunal*

Art. R. 621-1 La demande d'ouverture de la procédure de sauvegarde est déposée par le représentant légal de la personne morale ou par le débiteur personne physique au greffe du tribunal compétent. Elle expose la nature des difficultés qu'il rencontre et les raisons pour lesquelles il n'est pas en mesure de les surmonter. *(Décr. n° 2009-160 du 12 févr. 2009, art. 15)* « Elle précise s'il s'engage à établir l'inventaire dans les conditions prévues à l'article L. 622-6-1 ainsi que le délai nécessaire à l'établissement de celui-ci ou s'il demande la désignation par le tribunal d'une personne chargée de réaliser l'inventaire en application du sixième alinéa de l'article L. 621-4. »

A cette demande sont jointes, outre les comptes annuels du dernier exercice, les pièces ci-après :

(Décr. n° 2021-631 du 21 mai 2021, art. 4) « 1° Le numéro unique d'identification ; »

2° Une situation de trésorerie *(Abrogé par Décr. n° 2009-160 du 12 févr. 2009, art. 15) « datant de moins de huit jours »* ;

3° Un compte de résultat prévisionnel ;

4° Le nombre des salariés employés à la date de la demande *(Décr. n° 2020-100 du 7 févr. 2020, art. 6)* « , déterminé conformément aux dispositions de l'article R. 130-1

du code de la sécurité sociale, » et le montant du chiffre d'affaires, défini conformément aux dispositions du *(Décr. n° 2020-100 du 7 févr. 2020, art. 6)* **« sixième » alinéa de l'article** *(Décr. n° 2015-903 du 23 juill. 2015, art. 3)* **« D. 123-200 », apprécié à la date de clôture du dernier exercice comptable ;** *– Les dispositions du Décr. n° 2015-903 du 23 juill. 2015 s'appliquent aux comptes afférents aux exercices ouverts à compter du 1er janv. 2016 (Décr. préc., art. 5). – Celles des art. 6 à 10 du Décr. n° 2020-100 du 7 févr. 2020 ne s'appliquent pas aux procédures ouvertes à la date d'entrée en vigueur dudit Décr. (Décr. préc., art. 15, JO 8 févr.).*

5° L'état chiffré des créances et des dettes avec l'indication *(Décr. n° 2011-236 du 3 mars 2011, art. 9-II)* **« *[,]* selon le cas, du nom ou de la dénomination et du domicile ou siège » des créanciers ainsi que, par créancier ou débiteur, le montant total des sommes à payer et à recouvrer au cours d'une période de trente jours à compter de la demande ;** *(Décr. n° 2014-736 du 30 juin 2014, art. 28-2°)* **« lorsque la demande est formée par un entrepreneur individuel à responsabilité limitée pour l'activité à laquelle un patrimoine a été affecté, les dettes portées sur l'état chiffré sont celles qui sont affectées à ce patrimoine et celles qui sont nées à l'occasion de l'exercice de cette activité ; »**

6° L'état actif et passif des sûretés ainsi que celui des engagements hors bilan ;

7° L'inventaire sommaire des biens du débiteur *(Décr. n° 2014-736 du 30 juin 2014, art. 28-3°)* **« ou, si un patrimoine a été affecté à l'activité en difficulté, des biens affectés à l'exercice de cette activité » ;**

8° Le nom et l'adresse des représentants *(Décr. n° 2021-1218 du 23 sept. 2021, art. 8, en vigueur le 1er oct. 2021)* **« de la délégation du personnel du comité social et économique » habilités à être entendus par le tribunal s'ils ont déjà été désignés ;** *– Pour les dispositions transitoires du Décr. n° 2021-1218 du 23 sept. 2021, V. note ss. art. R. 611-11.*

9° Une attestation sur l'honneur certifiant l'absence de mandat *ad hoc* ou de procédure de conciliation dans les dix-huit mois précédant la date de la demande ou, dans le cas contraire, mentionnant la date de la désignation du mandataire *ad hoc* ou de l'ouverture de la procédure de conciliation ainsi que l'autorité qui y a procédé ; *(Décr. n° 2014-736 du 30 juin 2014, art. 28-4°)* **« lorsque la demande est faite par un entrepreneur à responsabilité limitée, ces informations ne concernent que l'activité en difficulté ; »**

10° Lorsque le débiteur exerce une profession libérale soumise à un statut législatif ou réglementaire ou dont le titre est protégé, la désignation de l'ordre professionnel ou de l'autorité dont il relève ;

11° Lorsque le débiteur exploite une ou des installations classées au sens du titre I du livre V du code de l'environnement, la copie de la décision d'autorisation *(Décr. n° 2010-368 du 13 avr. 2010, art. 43-I)* **« ou d'enregistrement » ou la déclaration.**

(Décr. n° 2009-160 du 12 févr. 2009, art. 15) **« 12° Lorsque le débiteur propose un administrateur à la désignation du tribunal, l'indication de l'identité et de l'adresse de la personne concernée. »**

Ces documents doivent être datés, signés et certifiés sincères et véritables par le débiteur. Ceux qui sont mentionnés aux *(Décr. n° 2009-160 du 12 févr. 2009, art. 15 ; Décr. n° 2021-631 du 21 mai 2021, art. 4)* **« 2° à 7°, à l'exception du 4°, sont établis à la date de la demande ou dans les sept jours qui précèdent ».**

Dans le cas où l'un ou l'autre de ces documents ne peut être fourni ou ne peut l'être qu'incomplètement, la demande indique les motifs qui empêchent cette production. – *[Décr. n° 2005-1677 du 28 déc. 2005, art. 50.]*

Le Décr. n° 2015-1009 du 18 août 2015 remplace, aux art. R. 621-1, al. 6, R. 621-11, al. 2, R. 631-1 (4°), D. 641-10 et R. 663-3 la référence à l'art. R. 123-200 par une référence à l'art. D. 123-200 (V. Décr. préc., art. 12, en vigueur le 1er oct. 2015). Le Décr. n° 2015-903 du 23 juill. 2015 avait déjà procédé à ce remplacement, mais portait une date d'entrée en vigueur différente (V. 4° ci-dessus).

Pour l'entrée en vigueur du Décr. n° 2021-631 du 21 mai 2021, V. note ss. art. R. 611-22.

Art. R. 621-2 Avant qu'il ne soit statué sur l'ouverture de la procédure, le greffier, à la demande du président du tribunal, avise le représentant légal de la personne morale débitrice ou le débiteur personne physique qu'il doit réunir le comité *(Décr. n° 2021-*

1354 du 16 oct. 2021, art. 43) « social et économique », pour que soient désignées les personnes habilitées à être entendues par le tribunal et à exercer les voies de recours conformément à l'article L. 661-10. Une copie de cet avis est adressée par le greffier au secrétaire du comité *(Décr. n° 2021-1354 du 16 oct. 2021, art. 43)* « social et économique ». Le procès-verbal de désignation est déposé au greffe. – *[Décr. n° 2005-1677 du 28 déc. 2005, art. 51.]*

Art. R. 621-2-1 *(Décr. n° 2014-736 du 30 juin 2014, art. 29)* Lorsque le nombre de salariés employés par le débiteur *(Décr. n° 2020-100 du 7 févr. 2020, art. 7)* « , déterminé conformément aux dispositions du 4° de l'article R. 621-1, » est au moins égal à 50, les institutions de garantie mentionnées à l'article L. 3253-14 du code du travail sont invitées par le greffier à faire connaître la personne habilitée à les représenter à l'audience. Les observations prévues au cinquième alinéa de l'article L. 621-4 peuvent également être recueillies par écrit ; elles sont alors communiquées au débiteur et au ministère public par le greffe.

Pour les dispositions transitoires du Décr. n° 2020-100 du 7 févr. 2020, V. note ss. art. R. 621-1, 4°.

Art. R. 621-3 La décision du tribunal de commettre un juge, avant de statuer, en application de l'article L. 621-1, pour recueillir tous les renseignements sur la situation financière, économique et sociale de l'entreprise, est rendue dans les mêmes conditions que celles prévues aux deux premiers alinéas du même article, pour l'ouverture de la procédure.

Le rapport de ce juge, auquel est annexé le rapport de l'expert, lorsqu'il en a été désigné, est déposé au greffe et communiqué par le greffier au débiteur et au ministère public.

Le greffier informe le comité *(Décr. n° 2021-1218 du 23 sept. 2021, art. 9, en vigueur le 1er oct. 2021)* « social et économique » que leurs *[ses]* représentants peuvent prendre connaissance du rapport au greffe et *(Décr. n° 2021-1354 du 16 oct. 2021, art. 43)* « l'avise » en même temps de la date de l'audience. – *[Décr. n° 2005-1677 du 28 déc. 2005, art. 52.]*

Pour les dispositions transitoires du Décr. n° 2021-1218 du 23 sept. 2021, V. note ss. art. R. 611-11.

BIBL. ▶ DELATTRE, *JCP E 2018. 1217* (rapport du juge enquêteur).

1. Désignation d'un juge. La décision de désigner un juge commis, n'étant pas un jugement au sens de l'art. 455 NCPC [C. pr. civ.], n'a pas à être motivée. • Paris, 15 mai 1998 : *D. Affaires 1998. 1048, obs. A. L. ; RJ com. 1999. 426, obs. Legrand.*

2. Rapport. Le magistrat commis par le tribunal saisi d'une assignation en redressement judiciaire pour recueillir tous renseignements sur la situation financière, économique et sociale d'une entreprise, ne peut, à l'audience du jugement d'ouverture de la procédure de redressement judiciaire qui le désigne en qualité de juge-commissaire, présenter un rapport qu'en qualité de juge commis et non de juge-commissaire. • Com. 3 avr. 1990, n° 88-18.844 P : *D. 1990. IR 109.*

3. Aucune disposition réglementaire ne fait obligation au juge commis par le tribunal de convoquer les représentants de l'entreprise avant de déposer son rapport au greffe. • Com. 28 janv. 1997 : *RPC 1997. 408, obs. Cadiou.*

Art. R. 621-4 Le tribunal statue, le cas échéant, sur le rapport du juge commis. *(Décr. n° 2014-736 du 30 juin 2014, art. 30)* « Celui-ci ne peut siéger ni participer au délibéré. » Si le jugement ne peut être rendu sur-le-champ, le prononcé en est renvoyé à une prochaine audience dont la date est communiquée, lors de l'audience, au débiteur.

Le jugement d'ouverture de la procédure prend effet à compter de sa date. – *[Décr. n° 2005-1677 du 28 déc. 2005, art. 55.]*

1. L'art. 14 [R. 621-4] ci-dessus déroge aux dispositions de l'art. 66 du Décr. du 30 mai 1984 [C. com., art. L. 123-9] (selon lequel les personnes assujetties à l'immatriculation au RCS ne peuvent opposer aux tiers les faits ou actes sujets à mention que si ces derniers ont été publiés au registre). • Com. 11 mars 1997 : *RPC 1998. 43, obs. Cadiou.*

2. Les débats l'ayant précédé ayant eu lieu à une date où l'ouverture de la procédure de redressement judiciaire du défendeur n'était pas encore intervenue, un jugement (prononçant la résolution d'un contrat) est opposable aux organes de son redressement judiciaire, peu important qu'il ait été rendu le jour même du jugement prononçant l'ouverture de cette procédure. • Com. 9 juill. 1996, n° 94-18.676 P : *RJDA 1996, n° 1535.*

3. En ce sens que les dispositions de l'art. 21 [R. 621-8] qui organisent la publicité du jugement avec insertion au BODACC ne dérogent pas à celles de l'art. 14 [R. 621-4], qui sont d'ordre public, et n'ont donc pas pour effet de reporter au jour de la publication la date d'effet du jugement d'ouverture vis-à-vis des tiers. V. • Rennes, 19 nov. 1999 : *JCP E 2000, n° 46, p. 1812, note Humann* • Grenoble, 13 nov. 2001 : *Rev. huiss. 2002. 121, obs. Putman.*

4. Tous les effets du jugement d'ouverture devant s'appliquer à compter de sa date, laquelle est réputée se situer entre zéro et vingt-quatre heures le jour de la décision, est donc nul le virement effectué le jour du jugement, la loi interdisant à compter de ce jour le paiement de toute créance antérieure. • Limoges, 29 oct. 1991 : *Dr. sociétés oct. 1992, n° 204, obs. Chaput.* ♦ Comp., jugeant, au regard de l'art. 43 de la loi du 9 juill. 1991 (devenu l'art. L. 211-2 C. pr. exéc. ; V. note 78 ss. art. L. 622-21), que la « survenance » du jugement d'ouverture, qui se situe nécessairement au moment de son prononcé et non à la date de sa prise d'effet éventuellement rétroactive, ne saurait remettre en cause l'attribution immédiate qu'emporte l'acte de saisie lorsque celui-ci est antérieur : • Caen, 29 avr. 1997 : *RPC 1997. 417, obs. crit. Cadiou* • 10 oct. 1995 : *ibid. 1998. 91, obs. crit. Canet.*

V. aussi note 3 ss. art. L. 631-17.

Art. R. 621-5 **Lorsqu'il apparaît que le débiteur ne remplit pas les conditions requises pour l'ouverture d'une procédure de sauvegarde, le tribunal rejette la demande.**

(Abrogé par Décr. n° 2014-736 du 30 juin 2014, art. 31) ***« S'il estime devoir se saisir d'office en vue de l'ouverture d'une procédure de redressement judiciaire ou de liquidation judiciaire, il est fait application des dispositions de l'article R. 631-3. »*** – *[Décr. n° 2005-1677 du 28 déc. 2005, art. 56.]*

Art. R. 621-6 **Le jugement qui ouvre la procédure de sauvegarde est notifié au débiteur par le greffier dans les huit jours de la date du jugement.** – *[Décr. n° 2005-1677 du 28 déc. 2005, art. 60.]*

Art. R. 621-7 **Le greffier adresse sans délai une copie du jugement ouvrant la procédure :**

1° Aux mandataires de justice désignés ;

2° Au procureur de la République ;

3° Au *(Décr. n° 2014-551 du 27 mai 2014, art. 4-2°)* **« directeur départemental ou, le cas échéant, régional des finances publiques » du département dans lequel le débiteur a son siège et à celui du département où se trouve le principal établissement.** – *[Décr. n° 2005-1677 du 28 déc. 2005, art. 61.]*

Art. R. 621-7-1 *(Décr. n° 2014-736 du 30 juin 2014, art. 32)* **Le greffier informe la personne chargée de réaliser l'inventaire de sa désignation par tout moyen.**

Art. R. 621-8 **Le jugement d'ouverture de la procédure de sauvegarde est mentionné avec l'indication des pouvoirs conférés à l'administrateur, lorsqu'il en a été désigné, au registre du commerce et des sociétés s'il s'agit d'un commerçant ou d'une personne morale immatriculée à ce registre.** *(Décr. n° 2018-452 du 5 juin 2018, art. 5)* **« En outre, pour les procédures ouvertes à compter du 26 juin 2018, le jugement est mentionné avec l'indication de la nature principale, secondaire ou territoriale de la procédure d'insolvabilité au sens des paragraphes 1, 2 ou 4 de l'article 3 du règlement (UE) n° 2015/848 du 20 mai 2015 relatif aux procédures d'insolvabilité, de la juridiction compétente pour connaître du recours à l'encontre de la décision d'ouverture de la procédure d'insolvabilité pour un motif de compétence internationale et du délai imparti pour former ce recours, et du délai imparti pour la déclaration des créances avec les références électroniques du portail prévu par les articles L. 814-2 et L. 814-13. »**

(Décr. n° 2022-1014 du 19 juill. 2022, art. 8, en vigueur le 1er janv. 2023) **« Le greffe du tribunal qui a ouvert la procédure sollicite du teneur du Registre national des entreprises l'inscription des mêmes mentions pour les entreprises individuelles qui y sont immatriculées, dans les conditions prévues par l'article R. 123-294. »**

S'il s'agit d'une personne non immatriculée au registre du commerce et des sociétés ou *(Décr. n° 2022-1014 du 19 juill. 2022, art. 8, en vigueur le 1er janv. 2023)* **« au Registre national des entreprises », les mentions sont portées sur un registre ouvert à cet effet au greffe du** *(Décr. n° 2019-966 du 18 sept. 2019, art. 8, en vigueur le 1er janv. 2020)* **« tribunal judiciaire ». Dans ce cas, le greffier indique, selon le cas, le siège ou l'adresse du débiteur, les nom, prénoms et adresse du représentant légal de la personne morale débitrice ou du débiteur personne physique.**

(Décr. n° 2022-890 du 14 juin 2022, art. 1er) « Si une déclaration d'affectation a été faite conformément à l'article L. 526-7 ou si le débiteur est un entrepreneur individuel dont le statut est défini à la section 3 du chapitre VI du titre II du livre V, mention du jugement d'ouverture est également portée, à la demande du greffier du tribunal qui l'a prononcé, soit sur le registre spécial mentionné à l'article R. 526-15, soit sur celui mentionné à l'article R. 134-6 *(Abrogé par Décr. n° 2022-1014 du 19 juill. 2022, art. 8, à compter du 1er janv. 2023)* ***« , soit sur le registre prévu par l'article L. 311-2 du code rural et de la pêche maritime »***, lorsque le débiteur est immatriculé à l'un de ces registres. »

Un avis du jugement est adressé pour insertion au *Bulletin officiel des annonces civiles et commerciales.* Cette insertion contient l'indication du nom du débiteur *(Décr. n° 2014-736 du 30 juin 2014, art. 33-2°)* « ou, lorsque la procédure est ouverte à raison de l'activité d'un entrepreneur individuel à responsabilité limitée à laquelle un patrimoine est affecté, la dénomination prévue par le dernier alinéa de l'article L. 526-6 », selon le cas de son siège ou de son adresse professionnelle, de son numéro unique d'identification ainsi que, s'il y a lieu, du nom de la ville du greffe ou de la *(Décr. n° 2010-1356 du 11 nov. 2010, art. 25-2°)* « chambre de métiers et de l'artisanat de région » *(Décr. n° 2022-1014 du 19 juill. 2022, art. 8, en vigueur le 1er janv. 2023)* « dont il relève » *(Décr. n° 2014-736 du 30 juin 2014, art. 33-2°)* « ou, si un patrimoine a été affecté à l'activité en difficulté et selon le cas, de la ville où le greffe tient le registre prévu par l'article L. 526-7 *(Abrogé par Décr. n° 2022-1014 du 19 juill. 2022, art. 8, à compter du 1er janv. 2023)* ***« ou celle où est située la chambre d'agriculture mentionnée par ce texte »*** », de l'activité exercée *(Décr. n° 2015-1009 du 18 août 2015, art. 3-1°, en vigueur le 1er oct. 2015)* « , de la date du jugement qui a ouvert la procédure et, le cas échéant, de celle de la cessation des paiements fixée par le tribunal si elle est différente ». Elle précise également le nom et l'adresse du mandataire judiciaire et de l'administrateur s'il en a été désigné avec, dans ce cas, l'indication des pouvoirs qui lui sont conférés. Elle comporte *(Abrogé par Décr. n° 2015-1009 du 18 août 2015, art. 3-2°, à compter du 1er oct. 2015)* ***« enfin »*** l'avis aux créanciers d'avoir à déclarer leurs créances entre les mains du mandataire judiciaire et le délai imparti pour cette déclaration. *(Décr. n° 2015-1009 du 18 août 2015, art. 3-3°, en vigueur le 1er oct. 2015)* « Elle indique enfin les références électroniques du portail prévu par les articles L. 814-2 et L. 814-13. » *(Décr. n° 2018-452 du 5 juin 2018, art. 5)* « En outre, pour les procédures ouvertes à compter du 26 juin 2018, cette insertion précise la nature principale, secondaire ou territoriale de la procédure d'insolvabilité au sens des paragraphes 1, 2 ou 4 de l'article 3 du règlement n° (UE) 2015/848 du 20 mai 2015 relatif aux procédures d'insolvabilité et la juridiction compétente pour connaître du recours à l'encontre de la décision d'ouverture de la procédure pour un motif de compétence internationale, ainsi que le délai pour former ce recours. »

Le même avis est publié dans un *(Décr. n° 2020-106 du 10 févr. 2020, art. 12)* « support » d'annonces légales du lieu où le débiteur a son siège ou son adresse professionnelle et, le cas échéant, ses établissements secondaires.

Le greffier procède d'office à ces publicités dans les quinze jours de la date du jugement. – *[Décr. n° 2005-1677 du 28 déc. 2005, art. 63.]*

BIBL. ▶ VALLENS, *D. 2016. Chron. 732* (pour la publicité des jugements de redressement et de liquidation judiciaires).

1. Publicité foncière. Le jugement d'ouverture est soumis aux seules formalités de publicité édictées à l'art. 21 [R. 621-8] ci-dessus, à l'exclusion de celles prévues à l'art. 28-2° du Décr. n° 55-22 du 4 janv. 1955. • Com. 7 juill. 1992, n° 90-17.756 P : *D. 1992. 433, note Derrida.*

2. Publicité irrégulière. S'il ne résulte pas des art. R. 621-8, al. 4 [5], R. 631-7 et R. 661-2 C. com. que l'avis du jugement d'ouverture de la procédure de redressement judiciaire inséré au *Bulletin officiel des annonces civiles et commerciales* doit mentionner la date de cessation des paiements que ce jugement fixe, l'indication de cette date, lorsqu'elle figure dans l'insertion, doit être exacte. • Com. 27 janv. 2015 : *D. 2015. Actu. 316 ; RTD com. 2015. 376, obs. Martin-Serf ; JCP E 2015. 1108, note Brignon ; ibid. 1204, n° 8, obs. Pétel ; DP diff. entr., Bull. n° 367, obs. Rémery ; APC 2015, n° 64, obs. Vallansan ; LEDEN 3/2015. 5, obs. Staes ; Gaz. Pal. 1er-5 mai 2015, p. 18, obs. Reille ; BJE 2015. 151, note Thullier ; RJDA 2015, n° 442.* ♦ V., désormais, exigeant la mention de la date de la cessation des paiements lorsqu'elle est différente de celle du jugement d'ouverture : art. R. 621-8, al. 5, dans sa rédaction issue du Décr. n° 2015-1009 du 18 août 2015. ♦ Dès lors que l'avis relatif au jugement d'ouverture permet l'identification de la société mise en redressement judiciaire malgré l'absence d'indication du numéro d'immatriculation, il y a lieu de rejeter la demande tendant à faire constater la nullité de la publication. • Com. 5 févr. 2002 : *RJDA 2002, n° 522.* – V. aussi • Com. 9 nov. 2004 : *RJDA 2005, n° 424.* ♦ Sur la sanction de la publicité irrégulière, V. • Com. 6 juill. 1993 : *Rev. huiss. 1994. 1125, note Lièvremont.* ♦ V. aussi note 7 ss. art. 66 du Décr. n° 85-1388 du 27 déc. 1985.

3. Jugement d'extension de la procédure. V. note 5 ss. art. R. 661-2.

Art. R. 621-8-1 *(Décr. n° 2022-890 du 14 juin 2022, art. 1er)* **« Pour l'application des deuxième et troisième alinéas de l'article L. 621-2, le tribunal est saisi par voie d'assignation aux fins d'extension de la procédure ou de réunion des patrimoines de l'entrepreneur ou, le cas échéant, dans les formes et selon la procédure prévues à l'article R. 631-4. »**

Le jugement est signifié au débiteur soumis à la procédure et au débiteur visé par l'extension, à la diligence du greffier, dans les huit jours de son prononcé. Il est communiqué, dans le même délai, aux personnes citées à l'article R. 621-7.

(Décr. n° 2014-736 du 30 juin 2014, art. 34-2°) **« L'identification du destinataire de l'assignation et de la signification prévues aux deux alinéas précédents ainsi que de la convocation mentionnée à l'article R. 631-4 est complétée, le cas échéant, par la dénomination de l'entrepreneur individuel à responsabilité limitée ainsi que l'objet de l'activité professionnelle à laquelle le patrimoine a été affecté** *(Décr. n° 2022-890 du 14 juin 2022, art. 1er)* **« ou la dénomination de l'entrepreneur dont le statut est défini à la section 3 du chapitre VI du titre II du livre V ainsi que l'objet de son ou ses activités professionnelles indépendantes ». »**

Le jugement qui prononce l'extension *(Décr. n° 2014-736 du 30 juin 2014, art. 34-3°)* **« ou ordonne la réunion » fait l'objet des publicités prévues à l'article R. 621-8.** *(Décr. n° 2014-736 du 30 juin 2014, art. 34-4°)* **« Toutefois, en cas d'appel du ministère public en application de l'article L. 661-1 ou en cas d'arrêt de l'exécution provisoire ordonnée en vertu du** *(Décr. n° 2019-1333 du 11 déc. 2019, art. 16, en vigueur le 1er janv. 2020)* **« quatrième » alinéa de l'article R. 661-1, ces publicités ne sont effectuées par le greffier du tribunal qu'au vu de l'arrêt de la cour d'appel qui lui est transmis par le greffier de cette cour dans les huit jours de son prononcé. »**

Le Décr. n° 2019-1333 du 11 déc. 2019 est applicable aux instances en cours au 1er janv. 2020 (Décr. préc., art. 55-I).

Art. R. 621-8-2 *(Décr. n° 2012-1190 du 25 oct. 2012, art. 2)* **Pour l'application du quatrième alinéa de l'article L. 621-2, le juge détermine le montant des sommes pour la garantie desquelles la mesure conservatoire est ordonnée au vu du passif déclaré dans la procédure collective ouverte ou, si le délai mentionné au premier alinéa de l'article R. 622-24 n'est pas expiré, au vu des relevés mentionnés à l'article R. 625-1.**

Art. R. 621-9 La période d'observation ouverte par le jugement peut être *(Décr. n° 2021-1218 du 23 sept. 2021, art. 10, en vigueur le 1er oct. 2021)* **« renouvelée », en application de l'article L. 621-3, pour une durée maximale de six mois.**

Le président fixe l'affaire au rôle du tribunal au plus tard dix jours avant l'expiration de chaque période d'observation. Le greffier convoque à cette audience le débiteur, les mandataires de justice, les contrôleurs et en avise le ministère public.

Le tribunal statue sur *(Décr. n° 2021-1218 du 23 sept. 2021, art. 10, en vigueur le 1er oct. 2021)* **« le renouvellement » de la période d'observation après avis du ministère public. Il recueille préalablement les observations du débiteur, de l'administrateur, du mandataire judiciaire et des contrôleurs.**

La décision *(Décr. n° 2021-1218 du 23 sept. 2021, art. 10, en vigueur le 1er oct. 2021)* **« renouvelant » la période d'observation est communiquée aux personnes mentionnées à l'article R. 621-7 et aux contrôleurs.** *(Décr. n° 2014-736 du 30 juin 2014, art. 35)* **« Elle est mentionnée aux registres** *(Abrogé par Décr. n° 2022-1014 du 19 juill. 2022, art. 8, à compter du 1er janv. 2023)* ***« ou répertoires »*** **prévus aux** *(Décr. n° 2022-1014 du 19 juill. 2022, art. 8, en vigueur le 1er janv. 2023)* **« quatre » premiers alinéas de l'article R. 621-8. »** – *[Décr. n° 2005-1677 du 28 déc. 2005, art. 64.]*

Pour les dispositions transitoires du Décr. n° 2021-1218 du 23 sept. 2021, V. note ss. art. R. 611-11.

Art. R. 621-10 Dans le jugement d'ouverture ou à tout moment de la procédure, le tribunal peut désigner un juge-commissaire suppléant qui exerce les attributions du juge-commissaire momentanément empêché. – *[Décr. n° 2005-1677 du 28 déc. 2005, art. 65.]*

Aucune disposition légale ou réglementaire ne prévoit la suppléance automatique d'un juge-commissaire (suppléant) empêché par le président de la juridiction consulaire. • Besançon, 19 févr. 1993 : *RPC 1994. 25, obs. Dureuil.*

Art. R. 621-11 Les seuils fixés en application du quatrième alinéa de l'article L. 621-4 sont pour le chiffre d'affaires hors taxes de 3 000 000 € et pour le nombre de salariés de vingt.

Le montant du chiffre d'affaires est défini conformément aux dispositions du *(Décr. n° 2020-100 du 7 févr. 2020, art. 8)* « sixième » alinéa de l'article *(Décr. n° 2015-903 du 23 juill. 2015, art. 3)* « D. 123-200 ». Il est apprécié à la date de clôture du dernier exercice comptable. – *Les dispositions du Décr. n° 2015-903 du 23 juill. 2015 s'appliquent aux comptes afférents aux exercices ouverts à compter du 1er janv. 2016 (Décr. préc., art. 5).*

Le nombre de salariés à prendre en compte est le nombre des salariés employés par le débiteur à la date de la demande d'ouverture de la procédure *(Décr. n° 2020-100 du 7 févr. 2020, art. 8)* « , déterminé conformément aux dispositions du 4° de l'article R. 621-1 ». – *[Décr. n° 2005-1677 du 28 déc. 2005, art. 53.]*

Pour les dispositions transitoires du Décr. n° 2020-100 du 7 févr. 2020, V. note ss. art. R. 621-1, 4°.

Art. R. 621-11-1 *(Décr. n° 2016-400 du 1er avr. 2016, art. 2)* I. – Le nombre d'établissements secondaires mentionné au 1° de l'article L. 621-4-1 est de trois.

Le seuil mentionné au *(Décr. n° 2020-100 du 7 févr. 2020, art. 9)* « sixième » alinéa de ce même article correspond à un chiffre d'affaires net de 20 millions d'euros. Ce montant est défini conformément aux dispositions du cinquième alinéa de l'article D. 123-200 et est apprécié à la date de clôture du dernier exercice comptable.

II. – Le deuxième administrateur judiciaire et le deuxième mandataire judiciaire prévus à l'article L. 621-4-1 doivent être inscrits depuis dix ans au moins sur la liste mentionnée aux articles L. 811-2 et L. 812-2 et être titulaires, associés ou salariés d'une étude employant au moins quinze salariés. *(Décr. n° 2020-100 du 7 févr. 2020, art. 9)* « Le nombre de salariés à prendre en compte est le nombre de salariés employés par l'étude à la date de la demande d'ouverture de la procédure, défini conformément aux dispositions du septième alinéa de l'article D. 123-200. »

L'art. R. 621-11-1 est applicable aux procédures collectives ouvertes à compter de la publication du Décr. n° 2016-400 du 1er avr. 2016 (Décr. préc., art. 22-I, JO 3 avr.).

Pour les dispositions transitoires du Décr. n° 2020-100 du 7 févr. 2020, V. note ss. art. R. 621-1, 4°.

Art. R. 621-12 Lorsque, en application des articles L. 811-2 ou L. 812-2, le tribunal désigne pour exercer les fonctions d'administrateur judiciaire ou de mandataire judiciaire une personne physique qui n'est pas inscrite sur l'une des listes prévues par ces articles, celle-ci lui adresse sans délai l'attestation sur l'honneur prévue au quatrième alinéa de l'article L. 811-2 ou au troisième alinéa du II de l'article L. 812-2, la justification de la garantie et de l'assurance prévues à l'article L. 814-5 ainsi que le nom du commissaire aux comptes assurant, en application de l'article L. 811-11-1, le contrôle de sa comptabilité spéciale. – *[Décr. n° 2005-1677 du 28 déc. 2005, art. 54.]*

Art. R. 621-13 Lorsque l'administrateur judiciaire ou le mandataire judiciaire désigné n'est pas inscrit sur l'une des listes prévues aux articles L. 811-2 ou L. 812-2, il est joint, par le greffier, à la copie du jugement mentionnée à l'article R. 621-7, un document reproduisant les termes selon le cas de l'article L. 811-2 ou de l'article L. 812-2, de l'article L. 811-11-1, de l'article L. 814-5 *(Décr. n° 2016-1851 du 23 déc. 2016, art. 30, en vigueur le 1er janv. 2017)* « , du dernier alinéa de l'article L. 621-4 », des articles L. 622-18, L. 626-25 et L. 641-8, de l'article R. 621-12 ainsi que des articles R. 814-24 et R. 814-38. – *[Décr. n° 2005-1677 du 28 déc. 2005, art. 62.]*

Art. R. 621-14 Dans les dix jours du prononcé du jugement d'ouverture, le représentant légal de la personne morale débitrice ou le débiteur personne physique, assisté

de l'administrateur s'il en a été désigné, réunit le comité *(Décr. n° 2021-1218 du 23 sept. 2021, art. 11, en vigueur le 1er oct. 2021)* **« social et économique » ou, à défaut, les salariés. Les salariés élisent alors leur représentant par vote secret au scrutin uninominal à un tour.** – *Pour les dispositions transitoires du Décr. n° 2021-1218 du 23 sept. 2021, V. note ss. art. R. 611-11.*

Le procès-verbal de désignation du représentant des salariés, ou le procès-verbal de carence établi dans les conditions du deuxième alinéa de l'article L. 621-4, est immédiatement déposé au greffe du tribunal. – *[Décr. n° 2005-1677 du 28 déc. 2005, art. 57.]*

En raison des fonctions et prérogatives attribuées au représentant des salariés, la méconnaissance des règles régissant leur désignation ou leur remplacement porte atteinte à l'intérêt collectif de la profession (cassation du jugement ayant déclaré irrecevable l'intervention volontaire du syndicat au soutien de l'action du salarié). • Soc. 15 juin 2011, n° 10-60.392 P : *D. 2011. Actu. 1752 ; APC 2011, n° 196, obs. Fin-Langer ; LEDEN 9/2011. 7, obs. G. Dedessus-Le-Moustier ; Gaz. Pal. 7-8 oct. 2011, p. 32, obs. Gailhbaud ; BJE 2011. 344, note Donnette ; LPA 3 janv. 2012, obs. Jacotot.*

Art. R. 621-15 **Le** *(Décr. n° 2019-966 du 18 sept. 2019, art. 8, en vigueur le 1er janv. 2020)* **« tribunal judiciaire » est saisi des contestations relatives à la désignation du représentant des salariés par** *(Décr. n° 2019-1333 du 11 déc. 2019, art. 16, en vigueur le 1er janv. 2020)* **« requête ».**

Cette *(Décr. n° 2019-1333 du 11 déc. 2019, art. 16, en vigueur le 1er janv. 2020)* **« requête » n'est recevable que si elle est faite dans les deux jours suivant la désignation du représentant des salariés.**

Dans les cinq jours de sa saisine, le *(Décr. n° 2019-966 du 18 sept. 2019, art. 8, en vigueur le 1er janv. 2020)* **« tribunal judiciaire » statue en dernier ressort, sans frais ni forme de procédure et sur simple avertissement qu'il donne deux jours à l'avance à toutes les parties intéressées.**

La décision du *(Décr. n° 2019-966 du 18 sept. 2019, art. 8, en vigueur le 1er janv. 2020)* **« tribunal judiciaire » est notifiée par le greffier dans les deux jours.**

Le délai du pourvoi en cassation est de cinq jours. Le pourvoi est formé, instruit et jugé dans les conditions fixées par les articles 999 à 1008 du code de procédure civile. – *[Décr. n° 2005-1677 du 28 déc. 2005, art. 58.]*

Pour les dispositions transitoires du Décr. n° 2019-1333 du 11 déc. 2019, V. note ss. art. R. 621-8-1.

1. Compétence. L'art. 16 [C. com., art. R. 621-15] ne prévoit la compétence du tribunal d'instance, qui statue en dernier ressort, qu'en ce qui concerne les contestations relatives à l'élection, prévue par l'art. 10 de la loi du 25 janv. 1985 [C. com., art. L. 621-4], du représentant des salariés dans les dix jours du prononcé du jugement d'ouverture de la procédure de redressement judiciaire ; la contestation d'une élection antérieure à l'ouverture de la procédure collective, non prévue par un texte légal, relève des règles de procédure de droit commun et le jugement rendu est susceptible d'appel. • Soc. 12 nov. 1996, n° 95-61.000 P : *D. 1996. IR 267.*

2. Délai de contestation. La contestation de la désignation du représentant des salariés doit intervenir, à peine de forclusion, dans les deux jours de celle-ci ; ce délai ne court qu'à compter de la proclamation nominative des résultats de l'élection ou, à défaut, de l'accomplissement de la formalité de dépôt du procès-verbal au greffe ; il en va de même en cas de remplacement du représentant des salariés. • Soc. 15 juin 2011 : *cité ss. art. R. 621-14.* ♦ De même, le délai de deux jours pour contester le procès-verbal de carence qui est établi lorsque aucun représentant des salariés ne peut être désigné ou élu ne court qu'à compter de l'accomplissement de la formalité de dépôt du procès-verbal au greffe. • Soc. 7 déc. 2016, n° 16-10.826 P : *APC 2017, n° 45, obs. Fin-Langer ; BJE 2017. 237, note Donnette-Boissière ; RPC 2017, n° 86, obs. Jacotot.*

Art. R. 621-16 **Le licenciement du représentant des salariés désigné en application de l'article L. 621-4 est régi par les dispositions des articles R. 436-1 à R. 436-8 et de l'article R. 436-10** *[R. 2421-15]* **du code du travail.** – *[Décr. n° 2005-1677 du 28 déc. 2005, art. 59.]*

SECTION 2 *Des organes de la procédure et des contrôleurs*

Art. R. 621-17 *(Décr. n° 2014-736 du 30 juin 2014, art. 36-1°)* **« Pour l'application du quatrième alinéa de l'article L. 621-7, le juge-commissaire est saisi par voie de requête déposée ou adressée au greffe. Le greffier convoque par lettre recommandée**

avec demande d'avis de réception le demandeur ainsi que, selon les cas, l'administrateur, le mandataire judiciaire ou l'expert ; il avise le ministère public de la date de l'audience. »

Lorsqu'une demande de remplacement de l'administrateur, de l'expert ou du mandataire judiciaire est portée devant le tribunal par le ministère public ou par le juge-commissaire ou lorsque le tribunal se saisit d'office aux mêmes fins, la convocation de la personne dont le remplacement ou la révocation est en cause est faite dans les formes et selon la procédure prévue à l'article R. 631-3 ou R. 631-4, selon le cas. Il en va de même lorsqu'une demande de révocation de l'un des contrôleurs est portée devant le tribunal par le ministère public.

Le tribunal statue après avis du ministère public, si celui-ci n'est pas demandeur.

Les dispositions qui précèdent s'appliquent pour l'adjonction d'un ou de plusieurs administrateurs ou d'un ou de plusieurs mandataires judiciaires. – *[Décr. n° 2005-1677 du 28 déc. 2005, art. 72.]*

(Décr. n° 2009-160 du 12 févr. 2009, art. 17) « Lorsque l'administrateur ou le mandataire judiciaire demande son remplacement en application du *(Décr. n° 2014-736 du 30 juin 2014, art. 36-2°)* « sixième » alinéa de l'article L. 621-7, la demande est formée par lettre simple adressée au juge-commissaire. L'ordonnance rendue par le président du tribunal est communiquée au ministère public par le greffier, qui en avise, par lettre simple, l'administrateur ou le mandataire judiciaire qui est remplacé, l'administrateur ou le mandataire judiciaire désigné pour le remplacer ainsi que le débiteur. »

1. Respect des droits de la défense. Doit être annulée la mesure de remplacement décidée par un tribunal sans avoir observé toutes les formalités qui sont destinées à éviter que soit prononcée, au mépris des droits de la défense, une décision qui s'apparente à une sanction disciplinaire. • Montpellier, 10 août 1994 : *RPC 1995. 289, obs. Dureuil.*

2. Le rapport du juge-commissaire étant une formalité substantielle dont l'omission entraîne la nullité du jugement relatif à la nomination ou au remplacement du liquidateur, l'appel-nullité d'un liquidateur est à la fois recevable et bien fondé. • Paris, 17 janv. 1991 : *D. 1992. Somm. 7, obs. Derrida.*

Art. R. 621-18 Le mandataire de justice qui cesse ses fonctions rend ses comptes à celui qui le remplace, en présence du juge-commissaire, le débiteur entendu ou appelé à la diligence du greffier du tribunal. – *[Décr. n° 2005-1677 du 28 déc. 2005, art. 73.]*

Art. R. 621-19 Le mandataire judiciaire prend toute mesure pour informer et consulter les créanciers.

Les créanciers qui en font la demande par lettre recommandée avec demande d'avis de réception au mandataire judiciaire sont tenus informés par celui-ci des étapes essentielles de la procédure au fur et à mesure du déroulement de celle-ci. – *[Décr. n° 2005-1677 du 28 déc. 2005, art. 70.]*

Art. R. 621-20 Dans le délai de deux mois après le jugement d'ouverture, le mandataire judiciaire et l'administrateur, lorsqu'il en a été désigné, adressent un rapport au juge-commissaire et au ministère public sur le déroulement de la procédure et la situation économique et financière dans laquelle se trouve le débiteur. Ce rapport est déposé au greffe. – *[Décr. n° 2005-1677 du 28 déc. 2005, art. 71.]*

Les faits dénoncés au procureur de la République par le représentant des créanciers en exécution de l'obligation prévue à l'art. 29 [C. com., art. R. 621-20] ci-dessus ne peuvent constituer l'élément matériel du délit de dénonciation calomnieuse. • Crim. 14 janv. 2014, n° 12-86.781 P : *D. 2014. Actu. 145 ; APC 2014, n° 67, obs. Cerf-Hollender ; Gaz. Pal. 29 juin-1er juill. 2014, p. 39, obs. Robaczewski ; BJE 2014. 260, note Delattre.*

Art. R. 621-21 Le juge-commissaire statue par ordonnance sur les demandes, contestations et revendications relevant de sa compétence ainsi que sur les réclamations formulées contre les actes de l'administrateur, du mandataire judiciaire et du commissaire à l'exécution du plan. *(Décr. n° 2014-736 du 30 juin 2014, art. 37)* « Le juge-commissaire est saisi par requête *(Abrogé par Décr. n° 2019-1333 du 11 déc. 2019, art. 16, à compter du 1er janv. 2020)* ***« ou par déclaration au greffe de la juridiction »***, sauf s'il en est disposé autrement. »

Si le juge-commissaire n'a pas statué dans un délai raisonnable, le tribunal peut être saisi à la demande d'une partie ou du ministère public.

Les ordonnances du juge-commissaire sont déposées sans délai au greffe qui les communique aux mandataires de justice et les notifie aux parties et aux personnes dont les droits et obligations sont affectés. Sur sa demande, elles sont communiquées au ministère public.

Ces ordonnances peuvent faire l'objet d'un recours devant le tribunal dans les dix jours de la communication ou de la notification, par déclaration faite contre récépissé ou adressée par lettre recommandée avec demande d'avis de réception au greffe.

Le ministère public peut également saisir le tribunal par requête motivée, dans les dix jours de la communication qui lui est faite de l'ordonnance.

L'examen du recours est fixé à la première audience utile du tribunal, les intéressés et les mandataires de justice étant avisés. – *[Décr. n° 2005-1677 du 28 déc. 2005, art. 67.]*

Pour les dispositions transitoires du Décr. n° 2019-1333 du 11 déc. 2019, V. note ss. art. R. 621-8-1.

BIBL. ▶ ROLLAND, *RPC 2012. Étude 23* (voies de recours contre les ordonnances du juge-commissaire : droit commun et droit spécial).

1. Qualité pour agir. Il résulte de l'art. R. 621-21, rendu applicable au redressement judiciaire par l'art. R. 631-16, que le créancier qui entend former un recours contre une ordonnance du juge-commissaire au motif que ses droits et obligations sont affectés, doit invoquer un intérêt personnel distinct de l'intérêt collectif des créanciers que le mandataire judiciaire a seul qualité à défendre en vue de la protection et de la reconstitution de leur gage commun. • Com. 6 mars 2024, n° 22-19.471 B : *cité note 1 ss. art. L. 3253-16 C. trav., ss. art. L. 625-9.* ♦ Pour l'irrecevabilité du recours formé par un créancier nommé contrôleur, V. note 3 ss. art. L. 622-20.

2. Point de départ du délai de recours. Il résulte de l'art. 651, al. 3, C. pr. civ. qu'est autorisée la notification d'un jugement par voie de signification à l'initiative d'une partie, alors même que la loi la prévoit en la forme ordinaire à la diligence du greffe ; les ordonnances du juge-commissaire [accueillant la demande en revendication d'un bien vendu sous réserve de propriété] ayant été signifiées au sous-acquéreur, à l'initiative du créancier revendiquant, par acte d'huissier reproduisant de manière très apparente l'art. R. 621-21 C. com., cette signification a fait courir le délai de recours de dix jours ouvert par ce texte. • Com. 10 mars 2015 : *D. 2015. Actu. 678 ; APC 2015, n° 93, obs. Cagnoli ; LEDEN 4/2015. 6, obs. Staes ; Gaz. Pal. 1er-5 mai 2015, p. 40, obs. Le Corre-Broly ; BJE 2015. 232, note Laroche ; RJDA 2015, n° 770 ; Dr. sociétés 2016, n° 16, note Legros.*

3. Recours formé par un mandataire de justice. Si, en application de l'art. 651, al. 3, C. pr. civ, la notification à l'égard des mandataires de justice peut être faite à l'initiative d'une partie, cette dernière doit procéder par voie de signification. • Com. 24 janv. 2018, n° 16-20.197 P : *D. 2018. Actu. 166 ; RTD com. 2018. 215, obs. Vallens ; JCP E 2018. 1159, n° 5, obs. Tehrani ; APC 2018, n° 60, obs. Cagnoli ; LEDEN 3/2018. 4, obs. Staes ; RJDA 2018, n° 343 ; Gaz. Pal. 10 juill. 2018, p. 60, obs. Le Corre-Broly.*

4. Ordonnance statuant sur une demande en revendication. Le recours de l'art. R. 621-21 contre les ordonnances rendues par le juge-commissaire statuant sur une demande de revendication étant ouvert, dans un délai de dix jours à compter de leur notification, aux personnes dont les droits et obligations sont affectés par ces décisions, la tierce opposition leur est fermée. • Com. 7 juill. 2020, n° 19-10.499 : *BJE 11-12/2020. 26, note Vincent.*

5. Décisions statuant sur le relevé de forclusion. V. note 29 ss. art. L. 622-26.

Art. R. 621-22 *(Abrogé par Décr. n° 2014-736 du 30 juin 2014, art. 38)* ***Le juge-commissaire ne peut siéger, à peine de nullité du jugement, lorsque le tribunal statue sur un recours formé contre une de ses ordonnances.*** – *[Décr. n° 2005-1677 du 28 déc. 2005, art. 68.] – Dispositions désormais reprises à l'art. L. 662-7.*

Art. R. 621-23 Avant de désigner un technicien en application de l'article L. 621-9, le juge-commissaire recueille les observations du débiteur. *(Décr. n° 2014-736 du 30 juin 2014, art. 39)* « Toutefois, lorsqu'il apparaît fondé de ne pas appeler de partie adverse, le juge-commissaire statue non contradictoirement. »

Dès l'achèvement de la mission du technicien, le juge-commissaire arrête sa rémunération en fonction notamment des diligences accomplies, de la qualité du travail fourni et du respect des délais impartis.

Lorsque le juge-commissaire envisage de fixer cette rémunération à un montant inférieur au montant demandé, il doit au préalable inviter le technicien à formuler des observations.

Le juge-commissaire délivre au technicien, sur sa demande, un titre exécutoire. – *[Décr. n° 2005-1677 du 28 déc. 2005, art. 69.]*

Art. R. 621-24 Le créancier demandant à être nommé contrôleur en application du premier alinéa de l'article L. 621-10 doit en faire la déclaration au greffe. Il indique le montant de sa ou de ses créances, ainsi que, le cas échéant, la nature des sûretés dont il est titulaire.

(Décr. n° 2014-736 du 30 juin 2014, art. 40-1°) « Les créanciers et institutions mentionnés au deuxième alinéa de l'article L. 621-10, qui demandent à être désignés contrôleurs, en font la déclaration au greffe, transmettent leur demande par lettre recommandée avec demande d'avis de réception ; ils indiquent, selon les mêmes modalités, le nom de la personne qui les représente dans ces fonctions. Le délai prévu par l'alinéa suivant n'est pas applicable. »

Aucun contrôleur ne peut être désigné par le juge-commissaire avant l'expiration d'un délai de vingt jours à compter du prononcé du jugement d'ouverture de la procédure.

Le cas échéant, l'ordre professionnel ou l'autorité compétente dont relève le débiteur déclare au greffe *(Décr. n° 2014-736 du 30 juin 2014, art. 40-2°)* « ou transmet par lettre recommandée avec demande d'avis de réception » le nom de la personne qu'il a désignée pour le représenter dans sa fonction de contrôleur. En l'absence de cette déclaration, son représentant légal exerce cette fonction.

Le créancier qui demande à être désigné contrôleur atteste sur l'honneur qu'il remplit les conditions prévues au *(Décr. n° 2014-736 du 30 juin 2014, art. 40-3°)* « troisième » alinéa de l'article L. 621-10. – *[Décr. n° 2005-1677 du 28 déc. 2005, art. 74.]*

V. note 2 ss. art. L. 621-10.

Art. R. 621-25 Les fonctions du juge-commissaire et des contrôleurs prennent fin au jour où le compte rendu de fin de mission de l'administrateur judiciaire, du mandataire judiciaire et, le cas échéant, du commissaire à l'exécution du plan, a été approuvé. – *[Décr. n° 2005-1677 du 28 déc. 2005, art. 75.]*

Art. R. 621-26 Pour l'application de l'article L. 621-12, le tribunal est saisi par voie de requête ou, le cas échéant, dans les formes et selon la procédure prévue à l'article *(Abrogé par Décr. n° 2015-1009 du 18 août 2015, art. 4, à compter du 1er oct. 2015)* « *R. 631-3 ou* » R. 631-4.

Il statue après avoir entendu ou dûment appelé le mandataire judiciaire, l'administrateur lorsqu'il en a été désigné, les contrôleurs et les représentants *(Décr. n° 2021-1218 du 23 sept. 2021, art. 12, en vigueur le 1er oct. 2021)* « de la délégation du personnel du comité social et économique », et après avoir recueilli l'avis du ministère public.

Le jugement par lequel le tribunal convertit la procédure de sauvegarde en une procédure de redressement judiciaire est signifié à la diligence du greffier dans les huit jours de son prononcé aux personnes qui ont qualité pour interjeter appel, à l'exception du ministère public.

Il est communiqué aux personnes citées à l'article R. 621-7 *(Décr. n° 2006-1709 du 23 déc. 2006, art. 46)* « et fait l'objet des publicités prévues » à l'article R. 621-8. – *[Décr. n° 2005-1677 du 28 déc. 2005, art. 76.]*

Pour les dispositions transitoires du Décr. n° 2021-1218 du 23 sept. 2021, V. note ss. art. R. 611-11.

CHAPITRE II *DE L'ENTREPRISE AU COURS DE LA PÉRIODE D'OBSERVATION*
(Décr. n° 2009-160 du 12 févr. 2009, art. 17).

Art. R. 622-1 La demande de modification de la mission de l'administrateur est adressée par requête au tribunal qui statue après avoir recueilli les observations du débiteur ainsi que celles de l'administrateur, du mandataire judiciaire et du ministère public lorsqu'ils ne sont pas demandeurs.

Toute décision modifiant la mission de l'administrateur est notifiée au débiteur. Elle est communiquée aux personnes citées à l'article R. 621-7 et mentionnée aux registres

(Abrogé par Décr. n° 2022-1014 du 19 juill. 2022, art. 8, à compter du 1er janv. 2023) ***« ou répertoires »*** **prévus** *(Décr. n° 2014-736 du 30 juin 2014, art. 41)* **« aux** *(Décr. n° 2022-1014 du 19 juill. 2022, art. 8, en vigueur le 1er janv. 2023)* **« quatre » premiers alinéas de l'article R. 621-8 ».** – *[Décr. n° 2005-1677 du 28 déc. 2005, art. 77.]*

SECTION 1 *Des mesures conservatoires*

Art. R. 622-2 **Dès le jugement d'ouverture, le débiteur est tenu de signaler à l'administrateur ou, à défaut, au mandataire judiciaire, tous ses établissements et d'en faciliter l'accès, de communiquer la liste du personnel ainsi que tous éléments permettant de déterminer les salaires et indemnités à payer.** – *[Décr. n° 2005-1677 du 28 déc. 2005, art. 78.]*

Art. R. 622-3 **Dans le cas où des comptes annuels n'ont pas été établis ou mis à sa disposition, l'administrateur, lorsqu'il en a été désigné, dresse à l'aide de tout document ou renseignement disponible un état de la situation.** – *[Décr. n° 2005-1677 du 28 déc. 2005, art. 79.]*

Art. R. 622-4 **L'inventaire prévu à l'article L. 622-6 est réalisé, le débiteur ou ses ayants droit connus, présents ou appelés.**

Al. 2 abrogé par Décr. n° 2009-160 du 12 févr. 2009, art. 18.

Le débiteur remet à la personne désignée pour dresser l'inventaire la liste des biens gagés, nantis ou placés sous sujétion douanière ainsi que celle des biens qu'il détient en dépôt, location ou crédit-bail, ou sous réserve de propriété ou, plus généralement, qui sont susceptibles d'être revendiqués par des tiers. *(Décr. n° 2014-736 du 30 juin 2014, art. 42)* **« Il énumère les biens dont il est susceptible de demander la reprise dans les conditions prévues par l'article L. 624-19. » Cette liste est annexée à l'inventaire.**

Le cas échéant, lorsqu'il n'est pas immatriculé au registre du commerce et des sociétés ou au répertoire des métiers, il informe le mandataire judiciaire de la déclaration d'insaisissabilité à laquelle il a procédé en application de l'article L. 526-1.

L'inventaire est déposé au greffe du tribunal par celui qui l'a réalisé. Celui-ci en remet une copie au débiteur, à l'administrateur, lorsqu'il en a été désigné, et au mandataire judiciaire.

Le président du tribunal ou son délégué arrête la rémunération de la personne désignée pour dresser l'inventaire *(Abrogé par Décr. n° 2009-160 du 12 févr. 2009, art. 18)* ***« et réaliser la prisée »*****, au vu d'un compte détaillé, le cas échéant selon le tarif qui lui est applicable.**

En l'absence de tarif réglementé, les dispositions des deuxième et troisième alinéas de l'article R. 621-23 sont applicables. – *[Décr. n° 2005-1677 du 28 déc. 2005, art. 80.]*

Il résulte de la combinaison des art. L. 641-1, II, al. 7, celui-ci dans sa rédaction issue de l'Ord. n° 2016-727 du 2 juin 2016, R. 622-4, al. 5 et 6, rendu applicable à la liquidation judiciaire par l'art. R. 641-14, et R. 444-13, III, C. com. et des art. 714 et 715 C. pr. civ. que le commissaire-priseur judiciaire ne peut obtenir du président du tribunal la taxation que des seuls émoluments, honoraires, frais et débours exposés pour l'accomplissement de la mission que lui a confiée le tribunal de la procédure collective ou le juge-commissaire qui l'a désigné. • Com. 21 oct. 2020, n° 19-17.434 P : *D. 2020. Actu. 2117 ; LEDEN 12/2020. 2, obs. Camensuli-Feuillard.*

Art. R. 622-4-1 *(Décr. n° 2009-160 du 12 févr. 2009, art. 19)* **Lorsque l'inventaire est établi par le débiteur en application de l'article L. 622-6-1, celui-ci tient informés l'administrateur, lorsqu'il en a été désigné, et le mandataire judiciaire du déroulement des opérations. Ces mandataires de justice ainsi que le juge-commissaire et le ministère public peuvent requérir communication de tous actes ou documents relatifs à l'inventaire.**

Le débiteur annexe à l'inventaire la liste mentionnée au deuxième alinéa de l'article R. 622-4 et procède à l'information prévue au troisième alinéa du même article.

L'inventaire est déposé au greffe du tribunal par le débiteur qui en remet une copie à l'administrateur, lorsqu'il en a été désigné, et au mandataire judiciaire.

Pour l'application du deuxième alinéa de l'article L. 622-6-1, la demande est formée par requête déposée ou adressée au greffe. Le greffier convoque le débiteur par lettre recommandée avec demande d'avis de réception et avise de la date de l'audience

l'administrateur, lorsqu'il en a été désigné, le mandataire judiciaire et le ministère public. En cas de saisine d'office, une note par laquelle le juge-commissaire expose les faits de nature à motiver sa saisine est jointe à la convocation et aux avis.

Art. R. 622-5 La liste des créanciers établie par le débiteur conformément à l'article L. 622-6 comporte les nom ou dénomination, siège ou domicile de chaque créancier avec l'indication du montant des sommes dues au jour du jugement d'ouverture, des sommes à échoir et de leur date d'échéance, de la nature de la créance, des sûretés et privilèges dont chaque créance est assortie. Elle comporte l'objet des principaux contrats en cours.

Dans les huit jours qui suivent le jugement d'ouverture, le débiteur remet la liste à l'administrateur et au mandataire judiciaire. Celui-ci la dépose au greffe. – *[Décr. n° 2005-1677 du 28 déc. 2005, art. 81.]*

(Décr. n° 2014-736 du 30 juin 2014, art. 43) « Pour l'application du troisième alinéa de l'article L. 622-24, *(Décr. n° 2015-1009 du 18 août 2015, art. 5, en vigueur le 1er oct. 2015)* « toute » déclaration faite par le débiteur, dans le délai fixé par le premier alinéa de l'article R. 622-24, doit comporter les éléments prévus aux deux premiers alinéas de l'article L. 622-25 et, le cas échéant, ceux prévus par le 2° de l'article R. 622-23. »

L'art. R. 622-5 rend obligatoire pour le débiteur l'information sur toute créance, serait-elle incertaine dans son montant. • Com. 2 févr. 2022, n° 20-19.157 : *RTD com. 2022. 375, obs. Martin-Serf ; LEDEN 3/2022. 5, obs. Urbain ; RJDA 2022, n° 210 ; RDBF 2022, n° 106, obs. Houin-Bressand.*

Art. R. 622-5-1 *(Décr. n° 2021-1218 du 23 sept. 2021, art. 13, en vigueur le 1er oct. 2021)* Le débiteur porte à la connaissance du mandataire judiciaire l'identité des personnes physiques coobligées ou ayant consenti une sûreté personnelle ou ayant affecté ou cédé un bien en garantie.

Le mandataire judiciaire les informe de la possibilité qui leur est offerte de solliciter le bénéfice des dispositions de la procédure prévue aux articles L. 711-1 et suivants du code de la consommation.

Pour les dispositions transitoires du Décr. n° 2021-1218 du 23 sept. 2021, V. note ss. art. R. 611-11.

SECTION 2 *De la gestion de l'entreprise*

Art. R. 622-6 *(Décr. n° 2009-160 du 12 févr. 2009, art. 20)* Lorsque le juge-commissaire statue sur une demande d'autorisation présentée par le débiteur en application du II de l'article L. 622-7, le greffier convoque le débiteur, l'administrateur, lorsqu'il en a été désigné, le mandataire judiciaire et, s'il y a lieu, les créanciers titulaires de sûretés spéciales sur les biens dont la vente est envisagée.

(Décr. n° 2014-736 du 30 juin 2014, art. 44) « La demande d'autorisation portant sur un acte susceptible d'avoir une incidence déterminante sur l'issue de la procédure est formée par requête du débiteur et, s'il en a été nommé, de l'administrateur judiciaire sauf s'il n'a qu'une mission de surveillance. Sur la demande du juge-commissaire, le greffe du tribunal adresse copie de la requête au ministère public au plus tard huit jours avant la date de l'audience. »

1. Pour l'irrecevabilité de la demande d'homologation d'une transaction présentée par l'administrateur seul, dès lors que celui-ci est investi d'une mission d'assistance et non de représentation, V. • Com. 23 sept. 2014, n° 13-21.686 P : *D. 2014. Actu. 1937 ; LEDEN 11/2014. 3, obs. Staes ; Gaz. Pal. 18-20 janv. 2015, p. 18, obs. Bidan ; RJDA 2015, n° 120 ; Dr. sociétés 2015, n° 98, note Legros.*

2. La convocation du représentant des créanciers [mandataire judiciaire] constitue une formalité substantielle. • TGI Annecy, 28 mai 1999 : *RPC 2000. 204, obs. Soinne.*

Art. R. 622-7 En cas de vente d'un bien visé au premier alinéa de l'article L. 622-8, *(Décr. n° 2021-1218 du 23 sept. 2021, art. 14, en vigueur le 1er oct. 2021)* « la quote-part du prix est remise » à l'administrateur ou, à défaut, au mandataire judiciaire en vue de son versement à la Caisse des dépôts et consignations. Les fonds sont indisponibles pendant la période d'observation.

Toutefois, des paiements provisionnels peuvent être effectués dans les conditions définies au deuxième alinéa de l'article L. 622-8. *(Décr. n° 2009-160 du 12 févr. 2009, art. 21)* « Sur avis du débiteur et de l'administrateur s'il en a été désigné ou, à défaut, du mandataire judiciaire », le juge-commissaire saisi d'une demande d'un des créanciers statue au vu de la déclaration de créance, des documents justificatifs de la déclaration de créance et, le cas échéant, de la garantie prévue au même article. La provision est allouée à hauteur d'un montant non sérieusement contestable en fonction de ces éléments et du rang de collocation de la créance.

Sur ordonnance du juge-commissaire, les fonds indûment versés sont restitués sur première demande du mandataire de justice habilité. – *[Décr. n° 2005-1677 du 28 déc. 2005, art. 83.]*

Pour les dispositions transitoires du Décr. n° 2021-1218 du 23 sept. 2021, V. note ss. art. R. 611-11.

Art. R. 622-8 Le juge-commissaire statue sur la requête aux fins de substitution formée conformément au troisième alinéa de l'article L. 622-8 après avoir entendu le débiteur, l'administrateur, le créancier en cause et le mandataire judiciaire, ou ceux-ci convoqués par le greffier.

Les radiations et inscriptions de sûretés sont requises par le demandeur ou le bénéficiaire sur injonction faite par le juge-commissaire dans son ordonnance. Les frais y afférents sont à la charge du débiteur. La radiation ne peut intervenir qu'après constitution de la garantie substituée. – *[Décr. n° 2005-1677 du 28 déc. 2005, art. 84.]*

SECTION 3 *De la poursuite de l'activité*

Art. R. 622-9 A la fin de chaque période d'observation fixée par le tribunal et, à tout moment, à la demande du ministère public ou du juge-commissaire, le débiteur informe ces derniers, l'administrateur s'il en a été désigné, le mandataire judiciaire et les contrôleurs des résultats de l'exploitation, de la situation de trésorerie et de sa capacité à faire face aux dettes mentionnées au I de l'article L. 622-17. – *[Décr. n° 2005-1677 du 28 déc. 2005, art. 85.]*

Art. R. 622-10 *(Décr. n° 2009-160 du 12 févr. 2009, art. 22)* Pour l'application du premier alinéa de l'article L. 622-10, le tribunal est saisi par voie de requête. Le jugement qui ordonne la cessation partielle de l'activité est communiqué aux personnes citées à l'article R. 621-7 et mentionné aux registres *(Abrogé par Décr. n° 2022-1014 du 19 juill. 2022, art. 8, à compter du 1er janv. 2023) « ou répertoires »* prévus *(Décr. n° 2014-736 du 30 juin 2014, art. 45)* « aux *(Décr. n° 2022-1014 du 19 juill. 2022, art. 8, en vigueur le 1er janv. 2023)* « quatre » premiers alinéas de l'article R. 621-8 ».

Art. R. 622-11 *(Décr. n° 2009-160 du 12 févr. 2009, art. 23)* « Pour l'application des deuxième et troisième alinéas de l'article L. 622-10, le tribunal est saisi par voie de requête ou, le cas échéant, dans les formes et selon la procédure prévues à l'article R. 631-3 ou R. 631-4. »

Le jugement qui convertit la procédure en redressement judiciaire ou prononce la liquidation judiciaire est notifié au débiteur dans les huit jours de son prononcé. Lorsqu'il n'est pas demandeur, il lui est signifié dans le même délai.

Ce jugement est, en outre, signifié à la diligence du greffier, dans le même délai, aux personnes qui ont qualité pour interjeter appel, à l'exception du ministère public.

Il est communiqué aux personnes citées à l'article R. 621-7 *(Décr. n° 2006-1709 du 23 déc. 2006, art. 46)* « et fait l'objet des publicités prévues à l'article R. 621-8. » – *[Décr. n° 2005-1677 du 28 déc. 2005, art. 86, al. 2 à 5.]*

Art. R. 622-12 La décision par laquelle le tribunal met fin à la procédure en application de l'article L. 622-12 est sans délai suivie d'un compte rendu de fin de mission déposé par les mandataires de justice dans les conditions des articles R. 626-39 et R. 626-40. Elle est communiquée aux personnes citées à l'article R. 621-7 et fait l'objet des publicités prévues à l'article R. 621-8. L'article R. 626-41 est applicable. – *[Décr. n° 2005-1677 du 28 déc. 2005, art. 87.]*

Sur la radiation d'office du registre du commerce et des sociétés des mentions relatives à la procédure de sauvegarde lorsqu'il est mis fin à cette procédure en application de l'art. L. 622-12 C. com., V. C. com., art. R. 123-135 (1°). – **C. com.**

Art. R. 622-13 **Le greffier avise le cocontractant de la décision du juge-commissaire accordant à l'administrateur la prolongation prévue au** *(Décr. nº 2009-160 du 12 févr. 2009, art. 24)* **« 1° du III » de l'article L. 622-13.**

Le juge-commissaire constate, sur la demande de tout intéressé, la résiliation de plein droit des contrats dans les cas prévus *(Décr. nº 2009-160 du 12 févr. 2009, art. 24)* **« au III » de l'article L. 622-13 et à l'article L. 622-14, ainsi que la date de cette résiliation.** – *[Décr. nº 2005-1677 du 28 déc. 2005, art. 88.]*

(Décr. nº 2009-160 du 12 févr. 2009, art. 24) **« La demande de résiliation présentée par l'administrateur en application du IV de l'article L. 622-13 est formée par requête adressée ou déposée au greffe. Le greffier convoque le débiteur et le cocontractant par lettre recommandée avec demande d'avis de réception et avise l'administrateur de la date de l'audience. »**

1. Juridiction des référés. La compétence donnée au juge-commissaire par l'art. 61-1 [R. 622-13] ci-dessus, introduit par le Décr. du 21 oct. 1994, pour constater la résiliation de plein droit des contrats poursuivis après l'ouverture de la procédure collective n'exclut pas la compétence du juge des référés, appelé à statuer en application de la clause résolutoire insérée au bail et de l'art. 25 du Décr. du 30 sept. 1953 [C. com., art. L. 145-41], indépendamment du déroulement de la procédure collective. • Com. 10 juill. 2001, nº 99-10.397 P : *D. 2001. AJ 2830, obs. Lienhard ; APC 2001, nº 177, obs. Regnaut-Moutier ; Procédures 2001, nº 215, note Laporte ; Loyers et copr. 2001, nº 260, obs. Brault et Pereira ; JCP E 2002. 175, nº 14, obs. Pétel ; Gaz. Pal. 2002. 74, note Brault.* – Dans le même sens, V. • Paris, 24 oct. 2008 : *JCP E 2008. 2475.* ♦ V. aussi note 5.

2. Résiliation judiciaire. L'art. 61-1 [R. 622-13] ne vise que le cas où le bailleur demande la résiliation de plein droit du bail, et non pas le cas où il demande la résiliation judiciaire. • Pau, 26 juin 2000 : *APC 2000, nº 216* • TGI Bobigny, 7 nov. 1995 : *Gaz. Pal. 1996. 1. 82.* ♦ V. aussi, jugeant qu'aucun texte relatif aux procédures collectives n'exclut la compétence du juge de droit commun (tribunal d'instance) pour prononcer, à la suite d'un manquement du preneur, la résiliation judiciaire d'un bail conclu entre un commerçant et un non commerçant, • Dijon, 4 juill. 1995 : *RPC 1998. 68, obs. crit. Soinne.*

3. Pour la nécessité d'un constat par le juge-commissaire, V. note 55 ss. art. L. 622-13.

4. Notification aux créanciers inscrits. En ce sens que la demande doit être notifiée aux créanciers inscrits sur le fonds, en application de l'art. 14 de la loi du 17 mars 1909 [devenu C. com., art. L. 143-2], V., par analogie, • Civ. 3e, 22 janv. 1997 : *Rev. loyers 1997. 254, note Gallet.*

5. Expulsion. L'art. 61-1 [R. 622-13] ne fait nullement échec aux dispositions du code de procédure civile donnant compétence au président du TGI, statuant en référé, notamment en matière de locations commerciales, pour allouer au bailleur une provision et ordonner l'expulsion du preneur, mesures qui sont le corrolaire de la constatation de la résiliation du bail et échappent totalement à l'appréciation du magistrat consulaire. • Paris, 28 juin 1996 : *JCP E 1996. Pan. 1009 ; Gaz. Pal. 1997. 1. Somm. 141, obs. Brault* • 26 nov. 2003 : *Loyers et copr. 2004, nº 112, note Brault.* – V. aussi • Aix-en-Provence, 6 mai 1997 : *JCP E 1998, nº 10, p. 380, obs. Brault* (compétence du juge des référés du TGI pour constater la résiliation et ordonner l'expulsion, sur le fondement de l'art. 25 du Décr. du 30 sept. 1953, devenu l'art. L. 145-41 C. com.). ♦ *Contra* : • TGI La Roche-sur-Yon, réf., 28 oct. 1996 : *Rev. loyers 1999. 24, obs. Gallet.*

Art. R. 622-14 **La décision du juge-commissaire qui autorise les** *(Décr. nº 2021-1887 du 29 déc. 2021, art. 3-I)* **« apports de trésorerie mentionnés au 2° et les délais de paiement mentionnés au 3° » du III de l'article L. 622-17 est transcrite sur le registre tenu à cet effet au greffe du tribunal avec l'indication de l'identité du débiteur,** *(Décr. nº 2021-1887 du 29 déc. 2021, art. 3-I)* **« du montant des apports de trésorerie, de l'identification de l'apporteur ou du cocontractant et de l'échéance du prêt » ou des délais de paiement.** – *[Décr. nº 2005-1677 du 28 déc. 2005, art. 89.]*

Les dispositions du I et du III de l'art. 3 du Décr. nº 2021-1887 du 29 déc. 2021 s'appliquent aux procédures de sauvegarde, de redressement et de liquidation judiciaire ouvertes à compter du 1er oct. 2021 (Décr. préc., art. 15-II).

Art. R. 622-15 *(Décr. nº 2009-160 du 12 févr. 2009, art. 26)* **« L'administrateur, lorsqu'il en a été désigné, tient le mandataire judiciaire informé des créances mentionnées au I de l'article L. 622-17** *(Décr. nº 2014-736 du 30 juin 2014, art. 46-1°)* **« dont il a eu connaissance dans les conditions prévues au » IV du même article.**

« La liste de ces créances est transmise par l'administrateur ou, à défaut, le mandataire judiciaire, dès la cessation de leurs fonctions, au commissaire à l'exécution du plan, ou au liquidateur, selon le cas, qui la complète. »

Le commissaire à l'exécution du plan ou le liquidateur dépose cette liste au greffe du tribunal à l'issue du délai d'un an qui suit la fin de la période d'observation, où tout intéressé peut en prendre connaissance. Le greffier fait publier au *Bulletin officiel des annonces civiles et commerciales* une insertion indiquant ce dépôt *(Décr. n° 2009-160 du 12 févr. 2009, art. 26)* « et le délai pour présenter une contestation ».

Tout intéressé peut contester cette liste devant le juge-commissaire dans un délai d'un mois à compter de la publication.

Les créances rejetées de cette liste par le juge-commissaire sont réputées avoir été déclarées dans les conditions de l'article L. 622-24. *(Décr. n° 2006-1709 du 23 déc. 2006, art. 48)* « Dans ce cas, le créancier adresse au mandataire judiciaire les informations prévues à l'article L. 622-25 et à l'article R. 622-23 » *(Décr. n° 2014-736 du 30 juin 2014, art. 46-2° et 3°)* « ; si ces informations ont déjà été transmises par le créancier ou pour son compte à l'occasion d'une déclaration faite conformément à l'article L. 622-24 et sur l'admission de laquelle il n'a pas été statué, le créancier en conserve le bénéfice. Toutefois, le mandataire judiciaire peut opposer au créancier les délais prévus à l'article L. 622-24 lorsque celui-ci a reçu, pour la même créance, un avertissement d'avoir à déclarer sa créance. – *[Décr. n° 2005-1677 du 28 déc. 2005, art. 90.]*

« Lorsque l'information prévue au premier alinéa a été faite par la voie du portail mentionné aux articles L. 814-2 et L. 814-13, les documents justificatifs peuvent également être transmis par la même voie. »

1. L'absence d'inscription d'une créance sur la liste des créances postérieures instituée par l'art. R. 622-15, qui n'est sanctionnée que par la perte du privilège du paiement prioritaire, est sans effet sur le droit de poursuite du créancier devant la juridiction de droit commun, lorsque sa créance répond aux conditions de l'art. L. 622-17. • Com. 28 juin 2016, n° 14-21.668 P : *D. 2016. Actu. 1494 ; Rev. sociétés 2016. 550, obs. Henry ; RTD com. 2016. 851, obs. Martin-Serf ; JCP E 2016. 1596, note Boissin et Reille ; ibid. 1661, n° 9, obs. Pétel ; RJDA 2016, n° 709 ; LEDEN 10/2016. 3, obs. Berthelot ; Gaz. Pal. 18 oct. 2016, p. 55, obs. Boustani ; RDBF 2016, n° 211, obs. Houin-Bressand ; RJ com. 2016. 656, obs. Lebel ; RPC 2016, n° 214, obs. Rolland ; ibid. 2017, n° 147, obs. Saint-Alary-Houin.*

2. Les créances [liées à la poursuite d'un contrat de crédit-bail], nées et à naître postérieurement au jugement d'ouverture, ne peuvent être admises au passif de la société crédit-preneur mais doivent être inscrites sur la liste des créances prévue à l'art. R. 622-15, al. 1er ; cette inscription est cependant sans effet sur l'obligation du crédit-preneur de payer les loyers à leur échéance et le droit du crédit-bailleur de l'y contraindre. • Versailles, 21 févr. 2008 : *D. 2008. AJ 1054*.

Art. R. 622-16 Le débiteur, l'administrateur s'il en a été désigné et, le cas échéant, le mandataire judiciaire indiquent au juge-commissaire et au ministère public, lorsqu'ils en font la demande, le solde des comptes bancaires *(Décr. n° 2022-890 du 14 juin 2022, art. 1er)* « du débiteur » ainsi que celui des comptes ouverts à la Caisse des dépôts et consignations.

Si la poursuite de l'activité l'exige, le juge-commissaire peut modifier la répartition des sommes entre, d'une part, les comptes *(Décr. n° 2022-890 du 14 juin 2022, art. 1er)* « du débiteur » et, d'autre part, les comptes ouverts à la Caisse des dépôts et consignations. – *[Décr. n° 2005-1677 du 28 déc. 2005, art. 91.]*

Art. R. 622-17 La déclaration à l'administration fiscale faite en application de l'article L. 622-19 incombe au débiteur. – *[Décr. n° 2005-1677 du 28 déc. 2005, art. 92.]*

Art. R. 622-18 En application du premier alinéa de l'article L. 622-20, l'action d'un créancier nommé contrôleur, dans l'intérêt collectif des créanciers, n'est recevable qu'après une mise en demeure adressée au mandataire judiciaire par lettre recommandée avec demande d'avis de réception restée infructueuse pendant deux mois à compter de la réception de celle-ci. – *[Décr. n° 2005-1677 du 28 déc. 2005, art. 93.]*

Pour la régularisation, sur le fondement de l'art. 126 C. pr. civ., du recours formé par un contrôleur contre une ordonnance du juge-commissaire avant l'expiration du délai de deux mois de l'art. R. 622-18, V. • Amiens, 5 mars 2009 : *RTD com. 2010. 793, obs. Vallens*.

Art. R. 622-19 Conformément au II de l'article L. 622-21, les procédures *(Décr. n° 2006-936 du 27 juill. 2006, art. 154-I)* « de distribution du prix de vente d'un immeuble et les procédures de distribution du prix de vente d'un meuble ne faisant pas suite à une procédure » d'exécution ayant produit un effet attributif avant le jugement d'ouverture, en cours au jour de ce jugement, sont caduques. Les fonds sont remis au mandataire judiciaire, le cas échéant par le séquestre qui par cette remise est libéré à l'égard des parties.

Si le tribunal arrête un plan, le mandataire judiciaire remet ces fonds au commissaire à l'exécution du plan aux fins de répartition.

Lorsque la procédure de distribution du prix de vente d'un immeuble mentionnée au premier alinéa a été ouverte dans les conditions prévues au premier alinéa de l'article *(Décr. n° 2012-783 du 30 mai 2012, art. 2, en vigueur le 1er juin 2012)* « **R. 331-3** du code des procédures civiles d'exécution » et que l'acquéreur a accompli les formalités de purge ou a été dispensé d'y procéder, celui-ci peut saisir le *(Décr. n° 2019-966 du 18 sept. 2019, art. 8, en vigueur le 1er janv. 2020)* « tribunal judiciaire » aux fins de faire prononcer la radiation des inscriptions.

L'acquéreur joint à sa demande un justificatif du paiement du prix, un état des inscriptions sur formalité, la justification de l'accomplissement des formalités de purge ou de l'obtention de l'accord des créanciers inscrits pour l'en dispenser et la justification du paiement des frais préalables de vente mentionnés à *(Décr. n° 2006-936 du 27 juill. 2006, art. 154-III)* « l'article **2209** du code civil ».

(Décr. n° 2006-936 du 27 juill. 2006, art. 154-III) « Le greffier convoque les créanciers qui n'ont pas donné mainlevée de leurs inscriptions, à domicile élu, par lettre recommandée avec demande d'avis de réception. La convocation comporte l'indication qu'ils disposent d'un délai de trente jours à compter de la réception de la lettre recommandée pour faire opposition au paiement du prix par déclaration au greffe ou par lettre recommandée avec demande d'avis de réception.

« Le juge statue sur les oppositions et ordonne la radiation des inscriptions. » – *[Décr. n° 2005-1677 du 28 déc. 2005, art. 94.]*

Le Décr. n° 2006-936 du 27 juill. 2006 n'est pas applicable aux procédures collectives ouvertes avant le 1er janv. 2006, ni aux ventes d'immeubles et aux procédures subséquentes de distribution de prix, lorsque ces ventes ont été ordonnées avant son entrée en vigueur [1er janv. 2007] au cours d'une procédure collective ouverte après le 1er janv. 2006 (Décr. préc., art. 168).

BIBL. ▸ Staes, *RPC 2012. Étude 18* (critère de la caducité des procédures de distribution en cours : effet attributif des voies d'exécution ou de la distribution ?). – Fabriès-Lecea, *ibid. Étude 19* (application dans le temps et légalité du texte).

1. La procédure de distribution du prix de cession d'un fonds de commerce ayant fait l'objet, avant le jugement d'ouverture, d'un séquestre conventionnel en cours à la date de ce jugement constitue une procédure de distribution du prix de vente d'un meuble ne faisant pas suite à une procédure d'exécution ayant produit un effet attributif avant le jugement d'ouverture au sens des dispositions de l'art. R. 622-19 dans sa rédaction issue du décret du 27 juill. 2006. • Com. 8 juin 2010, n° 09-68.591 P : *D. 2010. Actu. 1478, obs. Lienhard ; Rev. sociétés 2010. 411, obs. Roussel Galle ; JCP E 2010. 1742, n° 4, obs. Pétel ; Procédures 2010, n° 318, obs. Rolland ; LEDEN 9/2010. 1, obs. F.-X. Lucas et M. Sénéchal ; APC 2010, n° 194, obs. Lebel ; RJDA 2010, n° 1168 ; JCP N 2010. 1297, obs. Garçon ; RJ com. 2011. 58, note Sortais ; Dr. et patr. 9/2011. 73, obs. Monsèrié-Bon* (V. l'arrêt d'appel : • Paris, pôle 5, ch. 8, 2 juin 2009 : *D. 2009. AJ 1691 ; Gaz. Pal. 26-28 juill. 2009, p. 28, obs. Roussel Galle*). – V. aussi • Cass, avis, 25 juin 2010, n° 10-00.003 P : *BICC 1er oct. 2010, rapp. Espel et obs. Bonhomme ; JCP E 2010. 1837, note Lebel.* ♦ V. désormais, art. L. 622-21, dans sa réd. issue de l'Ord. n° 2008-1345 du 18 déc. 2008, visant, sans distinction, les « procédures de distribution ».

2. Le liquidateur ne peut pas se prévaloir des dispositions de l'art. R. 622-19, al. 1er, dès lors que la procédure de saisie-vente a produit son effet attributif antérieurement au jugement d'ouverture de sorte que les biens vendus étaient sortis du patrimoine du débiteur à cette date. • Com. 27 mars 2012 : *cité note 83 ss. art. L. 622-21.*

3. Dès lors que c'est sur la déclaration de l'état de cessation des paiements du débiteur en date du 28 déc. 2006, en cours d'exécution de son plan de continuation, que le tribunal a prononcé la résolution du plan et ouvert concomitamment une procédure de liquidation judiciaire par jugement du 18 janv. 2007, cette nouvelle procédure est soumise aux dispositions de l'art. R. 622-19 applicable aux procédures ouvertes à compter du 1er janv. 2006. • Com. 13 sept. 2011, n° 10-14.721 P : *D. 2011. Actu. 2271, obs. Lienhard ; APC 2011, n° 250, obs. Fin-Langer ; LEDEN 11/2011. 3, obs. Rubellin ; RJDA 2012, n° 74 ; Gaz. Pal. 20-21 janv. 2012, p. 31, obs. Roussel Galle.*

4. Si les fonds séquestrés à la suite d'une opposition au paiement du prix de la cession amiable d'un fonds de commerce n'ont pas encore été distribués à la date d'ouverture du redressement judiciaire et doivent être remis au mandataire judiciaire, c'est, aux termes des art. R. 622-19, al. 2, et R. 641-24, al. 2, seulement aux fins de répartition, soit dans le cadre du plan qui sera arrêté, soit, en cas de conversion, au titre des opérations de la liquidation judiciaire, les fonds étant alors remis par le mandataire judiciaire au commissaire à l'exécution du plan ou au liquidateur ; il en résulte que ces fonds n'ont pas vocation à financer une poursuite d'activité et que le prix de cession du fonds de commerce ne peut donc être utilisé par l'administrateur judiciaire ou le débiteur dans l'intérêt du redressement de ce dernier. • Com. 17 nov. 2015, n° 14-19.504 P : *D. 2015. Actu. 2438 ; JCP E 2016. 1198, n° 4, obs. Pétel ; DP diff. entr., Bull. n° 376, obs. Rémery ; LEDEN 1/2016. 4, obs. Camensuli-Feuillard ; APC 2016, n° 1, obs. Staes ; BJS 2016. 112, note Pelletier ; RJDA 2016, n° 465 ; RPC 2016, n° 32, obs. Cagnoli ; ibid., n° 49, obs. Berthelot et Faure.*

Art. R. 622-20 L'instance interrompue en application de l'article L. 622-22 est reprise à l'initiative du créancier demandeur, dès que celui-ci a produit à la juridiction saisie de l'instance une copie de la déclaration de sa créance *(Décr. n° 2014-736 du 30 juin 2014, art. 47)* « ou tout autre élément justifiant de la mention de sa créance sur la liste prévue par l'article L. 624-1 » et mis en cause le mandataire judiciaire ainsi que, le cas échéant, l'administrateur lorsqu'il a pour mission d'assister le débiteur ou le commissaire à l'exécution du plan.

Les décisions passées en force de chose jugée rendues après reprise d'instance sont à la demande du mandataire judiciaire portées sur l'état des créances par le greffier du tribunal ayant ouvert la procédure. – *[Décr. n° 2005-1677 du 28 déc. 2005, art. 95.]*

1. Aucune disposition de la loi n'impose au créancier bénéficiaire d'une décision passée en force de chose jugée rendue après reprise d'une instance en cours, de faire porter sa créance par le greffier sur l'état des créances, dans un certain délai, à peine de forclusion. • Com. 21 févr. 2006, n° 04-20.135 P : *D. 2006. AJ 719, obs. Lienhard ; JCP E 2006, n° 14-15, p. 671, obs. Pétel ; APC 2006, n° 58, obs. Regnaut-Moutier ; RDBF 2006, n° 70, obs. F.-X. Lucas ; Gaz. Pal. 30 avr.-4 mai 2006, p. 46, obs. Le Corre ; RPC 2006. 273, obs. Staes ; RTD. com. 2006. 666, obs. Martin-Serf.*

2. Il résulte de l'art. 65 [R. 622-20], al. 2, ci-dessus que les créances ayant fait l'objet des décisions visées par ce texte échappent au contrôle du juge-commissaire, qui n'a pas à se prononcer sur leur admission, non plus que sur leur caractère privilégié ou chirographaire ; c'est à la juridiction saisie de l'instance qu'il appartient de se prononcer sur le caractère privilégié ou chirographaire de la créance, malgré les termes de l'art. 48 de la loi. • Lyon, 7 mai 1992 : *BICC 1993, n° 79.*

V. également note 15 ss. art. L. 622-22.

SECTION 4 *De la déclaration de créances*

Art. R. 622-21 Le mandataire judiciaire, dans le délai de quinze jours à compter du jugement d'ouverture, avertit les créanciers connus d'avoir à lui déclarer leurs créances dans le délai mentionné à l'article R. 622-24.

Les cocontractants mentionnés aux articles L. 622-13 et L. 622-14 bénéficient d'un délai d'un mois à compter de la date de la résiliation de plein droit ou de la notification de la décision prononçant la résiliation pour déclarer au passif la créance résultant de cette résiliation. Il en est de même des créanciers d'indemnités et pénalités mentionnées au *(Décr. n° 2009-160 du 12 févr. 2009, art. 27)* « 2° » du III de l'article L. 622-17 en cas de résiliation d'un contrat régulièrement poursuivi.

L'avertissement du mandataire judiciaire reproduit les dispositions légales et réglementaires relatives aux délais et formalités à observer pour la déclaration des créances, pour la demande en relevé de forclusion et pour les actions en revendication et en restitution. Cet avertissement reproduit également les articles L. 621-10, R. 621-19 *(Décr. n° 2015-1009 du 18 août 2015, art. 6, en vigueur le 1er oct. 2015)* « , R. 621-24 et D. 814-58-3 ». *(Décr. n° 2014-736 du 30 juin 2014, art. 48)* « Le cas échéant, l'avertissement précise que la créance a été portée par le débiteur sur la liste prévue par l'article L. 622-6 conformément aux dispositions du second alinéa de l'article R. 622-5. » Les créanciers titulaires d'une sûreté publiée ou liés au débiteur par un contrat publié sont avertis personnellement ou, s'il y a lieu, à domicile élu, par lettre recommandée avec demande d'avis de réception.

Les institutions mentionnées à l'article L. 143-11-4 *[L. 3253-14]* du code du travail déclarent les créances figurant sur les relevés prévus à l'article L. 625-1, y compris celles qu'elles refusent de régler pour quelque cause que ce soit. Le délai de déclaration prend fin

quinze jours après l'expiration des délais de règlement prévus au troisième alinéa de l'article L. 143-11-7 du code du travail. – *[Décr. n° 2005-1677 du 28 déc. 2005, art. 96.]*

1. Défaut d'avertissement : relevé de forclusion. Le défaut d'envoi de l'avertissement prévu à l'art. R. 622-21 C. com. au créancier lui-même ou, s'il est en liquidation judiciaire, à son liquidateur n'a pas pour effet de dispenser le créancier retardataire ou son liquidateur, ès qualités, d'établir qu'avant l'expiration du délai de déclaration des créances sa défaillance n'était pas due à son fait. • Com. 8 juin 2010, n° 09-15.769 P : *D. 2010. Actu. 1549 ; Rev. sociétés 2010. 410, obs. Roussel Galle ; LEDEN 7/2010. 2, obs. Rubellin ; RJDA 2010, n° 1171.*

2. Indemnité de résiliation (art. R. 622-21, al. 2). N'est pas forclos le cocontractant mentionné à l'art. L. 622-13 C. com. qui a déclaré une créance d'indemnité de résiliation du contrat, fût-elle éventuelle, avant que le délai prévu par l'art. R. 622-21, al. 2, n'ait commencé à courir, dès lors qu'il a procédé à la déclaration à titre conservatoire de la créance devant résulter de la résiliation du contrat dans le délai de l'art. R. 622-24. • Com. 5 nov. 2013, n° 12-20.263 P : *D. 2013. Actu. 2639, obs. Lienhard ; RTD com. 2014. 186, obs. Martin-Serf ; APC 2013, n° 281, obs. Cagnoli ; RLDA déc. 2013. 18, obs. Lebel ; Gaz. Pal. 12-14 janv. 2014, p. 30, obs. Le Corre ; BJE 2014. 28, note Benilsi ; RJDA 2014, n° 141 ; RDBF 2014, n° 64, obs. Houin-Bressand.* ♦ Dans l'hypothèse inverse d'une déclaration faite après l'expiration du délai de l'art. R. 622-21, al. 2, V. note 1 ss. art. R. 622-24. ♦ L'augmentation de deux mois du délai de déclaration des créances pour les créanciers qui ne demeurent pas sur le territoire de la France métropolitaine [art. R. 622-24, al. 2] ne concerne pas le délai prévu à l'art. R. 622-21, al. 2, ouvert au cocontractant du débiteur pour déclarer au passif la créance résultant de la résiliation d'un contrat en cours, courant à compter de la date de la résiliation de plein droit ou de la date du prononcé de la résiliation. • Com. 18 janv. 2023, n° 21-15.514 B : *D. 2023. 676, note Vallens ; ibid. Pan. 1719, obs. Cagnoli ; RTD com. 2023. 445, obs. Martin-Serf ; LEDEN 2/2023. 1, obs. F.-X. Lucas ; APC 2023, n° 46, obs. V. Legrand ; RJDA 2023, n° 210 ; BJS 4/2023. 46, note Robine ; Gaz. Pal. 18 avr. 2023, p. 61, obs. Giorgini ; BJE 3-4/2023. 36, note Jazottes ; JCP E 2023. 1157, n° 14, obs. Tehrani ; Dr. sociétés 2023, n° 75, note Legros.*

Art. R. 622-22 En application du *(Décr. n° 2014-736 du 30 juin 2014, art. 49)* « sixième » alinéa de l'article L. 622-24, les créanciers dont les créances, nées régulièrement après le jugement d'ouverture autres que celles mentionnées au I de l'article L. 622-17, résultent d'un contrat à exécution successive déclarent leurs créances, pour la totalité des sommes échues et à échoir, sur la base d'une évaluation, dans un délai de deux mois à compter de la publication du jugement d'ouverture au *Bulletin officiel des annonces civiles et commerciales.*

Lorsque le contrat est conclu postérieurement à ce jugement, les créanciers déclarent leurs créances pour la totalité des sommes échues et à échoir, sur la base d'une évaluation, dans un délai de deux mois à compter de la première échéance impayée, qu'elle ait été ou non régularisée. – *[Décr. n° 2005-1677 du 28 déc. 2005, art. 97.]*

Art. R. 622-23 Outre les indications prévues à l'article L. 622-25, la déclaration de créance contient :

1° Les éléments de nature à prouver l'existence et le montant de la créance si elle ne résulte pas d'un titre ; à défaut, une évaluation de la créance si son montant n'a pas encore été fixé ;

2° Les modalités de calcul des intérêts dont le cours n'est pas arrêté, cette indication valant déclaration pour le montant ultérieurement arrêté ;

3° L'indication de la juridiction saisie si la créance fait l'objet d'un litige ;

(Décr. n° 2021-1218 du 23 sept. 2021, art. 15, en vigueur le 1er oct. 2021) « 4° La date de la sûreté et les éléments de nature à prouver son existence, sa nature et son assiette, si cette sûreté n'a pas fait l'objet d'une publicité. » – *Pour les dispositions transitoires du Décr. n° 2021-1218 du 23 sept. 2021, V. note ss. art. R. 611-11.*

A cette déclaration sont joints sous bordereau les documents justificatifs ; ceux-ci peuvent être produits en copie. A tout moment, le mandataire judiciaire peut demander la production de documents qui n'auraient pas été joints. – *[Décr. n° 2005-1677 du 28 déc. 2005, art. 98.]*

1. Portée de l'art. R. 622-23. V. note 11 ci-dessous et note 22 ss. art. L. 622-25.

2. Évaluation de la créance. En application de l'art. 50 de la loi du 25 janv. 1985 [C. com., art. L. 622-24] et de l'art. 67 du Décr. du 27 déc. 1985 [C. com., art. R. 622-23], une créance dont le montant n'est pas encore fixé doit être déclarée sur la base d'une évaluation effectuée au moment de la déclaration, ce qui est distinct d'une déclaration faite à titre « provisionnel ». • Com. 15 févr. 2000 : *RJDA 2000, n° 563* • 21 janv. 2003 : *RJDA 2003, n° 620 ; Procédures 2003, n° 148, note Laporte.*

Ne contient pas l'évaluation provisoire exigée à défaut de titre, la lettre, adressée en copie au représentant des créanciers, par laquelle le locataire commercial de la société en redressement judiciaire demande des informations sur le sort du bail et sur les intentions de l'administrateur de maintenir les effets d'un congé avec offre de payer une indemnité d'éviction. • Com. 19 mars 1996, n° 94-13.630 P : *D. 1996. IR 101 ; D. Affaires 1996. 557.*

3. L'art. 67 [R. 622-23], 1°, n'impartissant aucun délai au déclarant pour confirmer son évaluation ou pour la réduire, celui-ci a le droit de le faire jusqu'à ce que le juge statue. • Com. 27 mai 2003, n° 00-17.716 P : *D. 2003. AJ 1631, obs. Lienhard ; APC 2003, n° 157, obs. Regnaut-Moutier ; RDBF 2003, n° 232, obs. F.-X. Lucas ; JCP 2004. II. 10020, note Galliard (2e arrêt) ; RTD com. 2003. 817, obs. Martin-Serf.*

4. Il résulte des art. L. 622-24, al. 3 [réd. issue de L. n° 2005-845 du 26 juill. 2005], et R. 622-23, 1°, C. com. que le juge qui statue sur l'admission d'une créance au passif doit se prononcer dans les limites du montant indiqué dans la déclaration de cette créance, y compris lorsque, non encore définitivement fixé, il l'a été sur la base d'une évaluation ; celle-ci ne peut être augmentée après l'expiration du délai légal de déclaration. • Com. 3 nov. 2010, n° 09-72.029 P : *D. 2010. Actu. 2701, obs. Lienhard ; RTD com. 2011. 414, obs. Martin-Serf ; RJDA 2011, n° 63 ; Gaz. Pal. 7-8 janv. 2011, p. 40, obs. Le Corre-Broly ; LPA 29 avr. 2011, obs. Zattara-Gros ; BJE 2011. 133, note Brignon.*

5. Modalités de calcul des intérêts. Si les modalités de calcul des intérêts, dont le cours n'est pas arrêté, doivent être indiquées dans la déclaration de créance, cette obligation n'existe pas à l'égard des intérêts échus. • Com. 23 nov. 1999 : *D. 2000. AJ 15 ; Procédures 2000, n° 98, obs. Laporte.*

L'art. R. 622-23 n'exige l'indication des modalités de calcul des intérêts dont le cours n'est pas arrêté que dans le cas où leur montant ne peut être calculé au jour de la déclaration de la créance ; la déclaration incluant le montant, déjà calculé, des intérêts à échoir, elle n'a pas, ni l'ordonnance d'admission du juge-commissaire, à en prévoir les modalités de calcul. • Com. 5 mai 2015, n° 14-13.213 P : *D. 2015. Actu. 1093 ; Rev. sociétés 2015. 547, obs. Henry ; RTD com. 2015. 585, obs. Martin-Serf ; JCP E 2015. 1339, note Brignon ; LEDEN 6/2015. 3, obs. Pelletier ; Gaz. Pal. 19-21 juill. 2015, p. 22, obs. Le Corre ; RJDA 2015, n° 681 ; RDBF 2015, n° 164, obs. Houin-Bressand ; RPC 2016, n° 5, obs. F. et M.-N. Legrand* • 7 nov. 2018, n° 17-22.194 P : *D. 2018. Actu. 2181 ; Rev. sociétés 2018. 748, obs. Henry ; RTD com. 2019. 208, obs. Martin-Serf ; LEDEN 1/2019. 4, obs. Jazottes ; RJDA 2019, n° 110.* – V. déjà • Com. 2 mars 1993, n° 90-21.353 P : *D. 1993. IR 77.* ♦ Le montant de la créance à admettre est celui existant au jour de l'ouverture de la procédure collective ; c'est donc à cette date que le juge-commissaire qui admet une créance d'intérêts dont le cours n'est pas arrêté doit se placer pour déterminer, soit les modalités de calcul des intérêts, soit leur montant, si celui-ci peut être calculé, sans qu'il ait, au moment de l'admission, à tenir compte d'événements postérieurs pouvant influer sur le cours des intérêts à échoir. • Com. 1er juill. 2020, n° 19-10.331 P : *D. 2020. Pan. 1860, obs. F.-X. Lucas ; Rev. sociétés 2020. 511, obs. Henry ; RTD com. 2020. 948, obs. Martin-Serf ; LEDEN 9/2020. 4, obs. Jazottes ; APC 2020, n° 214, obs. Vallansan ; RJDA 2020, n° 585 ; RDBF 2020, n° 117, obs. Houin-Bressand ; RPC 2021, n° 57, obs. F. Legrand.* ♦ Ainsi, le juge-commissaire peut admettre les intérêts à échoir pour leur montant déjà calculé, sans prendre en considération les modalités d'un plan ou les sommes pour lesquelles le créancier sera effectivement retenu dans les répartitions et les dividendes. • Com. 13 févr. 2019, n° 17-26.361 P : *D. 2019. Actu. 381 ; JCP E 2019. 1206, n° 14, obs. Tehrani ; LEDEN 4/2019. 4, obs. Jazottes ; RJDA 2019, n° 356 ; BJE 5-6/2019. 40, note Perruchot-Triboulet ; RDBF 2019, n° 100, obs. Houin-Bressand ; RPC 2019, n° 137, obs. F. Legrand.* ♦ Aucun texte n'oblige le créancier à distinguer, dans la déclaration de créance, le montant des intérêts à échoir du montant du capital à échoir. • Com. 5 mai 2015 : *préc.*

La déclaration de créances relatives à des prêts hypothécaires qui renvoie, pour les intérêts reportés capitalisés et pour les intérêts en cours, aux modalités de calcul fixées par les contrats, satisfait aux exigences de l'art. 67 [R. 622-23], al. 2, dès lors que les contrats de prêts annexés à la déclaration contiennent la mention précise des modalités de calcul des intérêts. • Com. 14 oct. 1997 : *RJDA 1998, n° 188.* ♦ En revanche, une banque ne satisfait pas au formalisme exigé par l'art. 67 [R. 622-23], en mentionnant sur sa déclaration de créance les intérêts postérieurs « pour mémoire », cette seule mention ne pouvant être considérée comme suffisante et la carence de la banque ne pouvant être suppléée par le fait que les modalités de calcul figuraient dans l'acte de prêt notarié et étaient rappelées de manière sibylline en tête du décompte certifié sincère. • Com. 21 janv. 2003 : *RJDA 2003, n° 619.* – Dans le même sens, V. • Com. 15 mars 2005 : *cité note 21 ss. art. L. 622-25.* ♦ De même, la seule mention, dans la déclaration de créance, du principal de la créance « outre intérêts » ne peut, en l'absence de toute précision sur les modalités de calcul des intérêts dans la déclaration elle-même ou par renvoi exprès de celle-ci à un document joint indiquant ces modalités, valoir déclaration des intérêts dont le cours n'est pas arrêté. • Com. 17 oct. 2018, n° 17-17.268 : *Rev. sociétés 2018. 748, obs. Henry ; RTD com. 2019. 208, obs. Martin-Serf.* ♦ Dans le même sens, à propos d'une déclaration de créance qui ne mentionnait que le seul taux des intérêts de retard, V. • Com. 23 nov. 2022, n° 21-14.116 : *D. actu. 13 déc. 2022, obs. Ferrari ; RJDA 2023, n° 156.* ♦ V. aussi note 7 ss. art. L. 624-2. ♦ En ce sens que le juge ne peut retenir le mode de calcul des intérêts échus, figurant dans la déclaration, pour le calcul des intérêts à échoir, V. • Com. 24 nov. 1998 : *D. Affaires 1999. 34, obs. V. A.-R.* ♦ V. aussi note 1 ss. art. L. 622-25.

6. Documents justificatifs. Les documents justificatifs de la créance pouvant être produits en copie, la créance ne peut être rejetée d'office pour défaut de production de l'original. • Com. 9 juill. 1996, n° 93-12.297 P : *D. 1996. IR 211 ; RTD com. 1997. 121, obs. Cabrillac.*

7. Il ne peut être fait grief au représentant des créanciers de n'avoir pas fait usage de la faculté, prévue à l'art. 67 [R. 622-23], de demander la production de documents qui n'auraient pas été joints à la déclaration de créance. • Com. 26 mai 1999 : *Procédures 1999, n° 203, obs. Laporte.*

8. Lorsque le débiteur ou le liquidateur conteste la déclaration de créance en invoquant l'absence ou l'insuffisance des justifications produites à l'appui de celle-ci, il appartient au créancier de verser aux débats, le cas échéant, des pièces complémentaires sans que la cour d'appel soit tenue de l'y inviter. • Com. 2 juin 2015, n° 14-10.931 P : *D. 2015. Actu. 1271 ; RTD com. 2015. 750, obs. Martin-Serf ; JCP E 2015. 1422, n° 5, obs. Pétel ; Journ. sociétés 7/2015, p. 45, obs. Brignon ; LEDEN 9/2015. 6, obs. Staes ; RJDA 2015, n° 683 ; RDBF 2015, n° 165, obs. Houin-Bressand.* ♦ En revanche, il résulte des art. L. 622-25, al. 1er, et R. 622-23 C. com. que le juge-commissaire qui estime que la créance déclarée n'est pas suffisamment justifiée ne peut la rejeter sans inviter au préalable le créancier déclarant à produire les documents justificatifs faisant défaut. • Com. 5 juin 2012, n° 11-17.603 P : *D. 2012. Actu. 1541, obs. Lienhard ; RTD com. 2013. 345, obs. Martin-Serf ; JCP E 2012. 1508, n° 5, obs. Pétel ; LEDEN 7/2012. 5, obs. Staes ; RJDA 2012, n° 877 ; Gaz. Pal. 12-13 oct. 2012, p. 29, obs. Le Corre.*

9. Les pièces justificatives qui ne sont produites qu'après l'expiration du délai de déclaration n'en ont pas moins une valeur probatoire. • Com. 23 mars 2022, n° 20-19.274 : *LEDEN 5/2022. 2, obs. Berthelot ; Dr. sociétés 2022, n° 82, note Legros.* ♦ V. aussi • Com. 15 févr. 2005 : *APC 2005, n° 53, obs. Vallansan ; Gaz. Pal. 29-30 avr. 2005, p. 37, obs. Le Corre.*

10. Sur la sanction du défaut de production des justificatifs, V. note 22 ss. art. L. 622-25.

11. Litige en cours. Si, par application des dispositions d'e l'art. R. 622-23, 3°, C. com., la déclaration de créance doit indiquer la juridiction saisie lorsque la créance fait l'objet d'un litige, cette mention, dont l'omission n'est pas sanctionnée par la nullité de la déclaration, ne concerne que les instances en cours à l'ouverture de la procédure collective. • Com. 26 mars 2013, n° 12-13.673 P : *D. 2013. Actu. 904, obs. Lienhard ; RTD com. 2013. 343, obs. Martin-Serf ; APC 2013, n° 105, obs. Vallansan ; RJDA 2013, n° 537 ; Gaz. Pal. 12-13 juill. 2013, p. 24, obs. Le Corre.*

Art. R. 622-24 **Le délai de déclaration fixé en application de l'article L. 622-26 est de deux mois à compter de la publication du jugement d'ouverture au *Bulletin officiel des annonces civiles et commerciales*.** *(Décr. n° 2014-736 du 30 juin 2014, art. 50-1°)* **« Le même délai est applicable à l'information prévue par le troisième alinéa de l'article L. 622-24. »**

Lorsque la procédure est ouverte par une juridiction qui a son siège sur le territoire de la France métropolitaine, le délai *(Décr. n° 2014-736 du 30 juin 2014, art. 50-2°)* **« de déclaration » est augmenté de deux mois pour les créanciers qui ne demeurent pas sur ce territoire.**

Lorsque la procédure est ouverte par une juridiction qui a son siège dans un département ou une collectivité d'outre-mer, le délai *(Décr. n° 2014-736 du 30 juin 2014, art. 50-2°)* **« de déclaration » est augmenté de deux mois pour les créanciers qui ne demeurent pas dans ce département ou cette collectivité.** – *[Décr. n° 2005-1677 du 28 déc. 2005, art. 99.]*

1. Délai de déclaration. Il résulte de la combinaison des art. L. 622-24, al. 1er, R. 622-21, al. 1er, et R. 622-24, al. 1er, C. com. que ne peut encourir de forclusion le créancier titulaire d'une sûreté publiée qui a déclaré sa créance dans le délai de deux mois à compter de la publication du jugement d'ouverture au BODACC, peu important qu'il ait été averti personnellement avant cette publication par le liquidateur d'avoir à déclarer sa créance. • Com. 30 oct. 2012, n° 11-22.836 P : *D. 2013. Chron. C. cass. 1179, obs. Arbellot ; ibid. Pan. 2371, obs. Le Corre ; Rev. sociétés 2012. 732, obs. Roussel Galle ; RTD com. 2013. 340, obs. Martin-Serf ; JCP E 2012. 1757, n° 13, obs. Pétel ; APC 2012, n° 294, obs. Théron ; BJE 2013. 22, note Macorig-Venier ; Gaz. Pal. 18-19 janv. 2013, p. 9, note Le Corre ; RJDA 2013, n° 248 ; RPC 2013, n° 70, obs. F. et M.-N. Legrand* • 18 juin 2013, n° 12-20.615 P : *D. 2013. Actu. 1616 ; RTD com. 2013. 594, obs. Vallens ; Rev. sociétés 2013. 527, obs. Roussel Galle ; LEDEN 9/2013. 2, obs. Rubellin ; RJDA 2013, n° 820 ; RDBF 2013, n° 165, obs. Houin-Bressand.* ♦ N'encourt pas de forclusion le bailleur qui, dans le délai de deux mois à compter de la publication du jugement d'ouverture au BODACC, a déclaré une créance résultant de la résiliation du bail décidée par le liquidateur en application de l'art. L. 641-12

C. com., peu important que ce délai ait expiré postérieurement à celui imparti par l'art. R. 622-21, al. 2, du même code. • Com. 26 mars 2013, n° 11-21.060 P : *D. 2013. Actu. 903, obs. Lienhard ; ibid. Pan. 2371, obs. Le Corre ; RTD com. 2013. 596, obs. Vallens ; Rev. sociétés 2013. 379, obs. Henry ; RTD com. 2013. 341, obs. Martin-Serf ; JCP E 2013. 1276, note Cerati-Gauthier ; JCP E 2013. 1434, n° 2, obs. Pétel ; Gaz. Pal. 12-13 juill. 2013, p. 22, obs. Le Corre ; BJE 2013. 223, note Rohart-Messager ; RJDA 2013, n° 737.*

2. La déclaration à titre privilégié d'une créance initialement déclarée à titre chirographaire par un créancier titulaire d'une sûreté publiée, avant qu'il ne soit personnellement averti, doit être faite dans le délai légal à peine de forclusion. • Com. 13 mai 2003, n° 00-12.354 P : *D. 2003. AJ 1563, obs. Lienhard ; RTD com. 2003. 818, obs. Martin-Serf ; JCP E 2003, n° 40, p. 1571, obs. Pétel ; APC 2003, n° 158, obs. Modi Koko Bebey ; RDBF 2003, n° 233, obs. F.-X. Lucas ; Defrénois 2004. 726, obs. Théry.*

3. Le créancier qui souhaite substituer sa propre déclaration à celle effectuée en son nom par le débiteur (en application de l'art. L. 622-24, al. 3) est tenu d'y procéder dans le délai de droit commun de deux mois de l'art. R. 622-24. • T. com. Paris, 10 mai 2016 : *LPA 31 oct. 2016, p. 20, obs. Armand-Prévost.*

4. Sur le point de départ du délai de déclaration de la créance de dommages-intérêts alloués à la victime d'un abus de biens sociaux, V. • Crim. 1er juill. 2009, n° 08-87.407 : *D. 2010. Pan. 1668, obs. Mascala ; Dr. sociétés 2009, n° 233, obs. R. Salomon.*

5. Chacun des codébiteurs solidaires s'engageant distinctement à l'égard du même créancier, le jugement qui étend à l'un la procédure collective ouverte à l'égard de l'autre fait courir au profit de ce créancier, à compter de sa date de publication, un nouveau délai pour déclarer sa créance quand bien même il l'a déjà déclarée au passif de la procédure initialement ouverte ; il en résulte que ce créancier, lorsqu'il est titulaire d'une sûreté régulièrement publiée, doit être averti personnellement d'avoir à déclarer sa créance au passif de celui à qui la procédure a été étendue. • Com. 28 juin 2017, n° 16-16.746 P : *D. 2017. Actu. 1357 ; Rev. sociétés 2017. 524, obs. Roussel Galle ; RTD com. 2017. 987, obs. Martin-Serf ; JCP E 2017. 1478, note Cerati-Gauthier ; APC 2017, n° 225, obs. Favario ; RJDA 2017, n° 739 ; RDBF 2017, n° 221, obs. Houin-Bressand ; BJE 2017. 403, note Bézert.*

6. Créancier demeurant à l'étranger. Après avoir constaté que le délai de déclaration de l'art. R. 622-24, al. 1er, n'était pas expiré lorsque le cessionnaire de la créance en est devenu titulaire par un acte auquel la société débitrice était représentée, de sorte que la cession de créance lui est opposable, une cour d'appel retient à bon droit que l'appréciation du lieu où demeure le créancier doit se faire en considération de la personne du créancier cessionnaire déclarant, de sorte que la déclaration de créance effectuée par celui-ci à l'intérieur du délai de quatre mois de l'art. R. 622-24, al. 2, n'est pas forclose. • Com. 15 oct. 2013, n° 12-22.008 P : *D. 2013. Actu. 2462 ; Rev. sociétés 2013. 725, obs. Henry ; RTD com. 2014. 185, obs. Martin-Serf ; JCP E 2014. 1020, n° 6, obs. Pétel ; APC 2013, n° 276, obs. Robine ; LEDEN 12/2013. 2, obs. Borga ; BJE 2014. 30, note Le Corre-Broly ; RJDA 2014, n° 142.* – V. Dalmau, *RPC 2014. Étude 18.* ♦ L'art. 855 C. pr. civ. [relatif à l'élection de domicile en France pour les demandeurs résidant à l'étranger] n'est pas applicable à la déclaration de créance. • Com. 5 nov. 2013, n° 12-20.234 P : *D. 2013. Actu. 2639 ; RTD com. 2014. 183, obs. Martin-Serf ; Gaz. Pal. 12-14 janv. 2014, p. 10, obs. Le Corre ; BJS 2014. 109, note Mouial-Bassilana ; RJDA 2014, n° 143 ; LEDEN 5/2014. 2, obs. Martineau-Bourgninaud.* ♦ Dès lors qu'à la date de la publication du jugement d'ouverture, la personne ayant le pouvoir de déclarer la créance d'une banque, qu'elle soit le représentant légal ou un délégataire de celle-ci, ne se trouve pas au sein de son établissement en France mais à son siège social à l'étranger, de sorte qu'elle subit la contrainte résultant de son éloignement, elle doit bénéficier de l'allongement du délai de déclaration de créance prévu à l'art. R. 622-24, al. 2. • Com. 26 oct. 2022, n° 20-22.416 B : *D. 2023. Pan. 1719, obs. Cagnoli ; RTD com. 2023. 212, obs. Martin-Serf ; BJS 2/2023. 53, note Robine ; RPC 2023, n° 1, obs. Cagnoli ; BJE 5-6/2023. 28, note Berthelot et Houssin.*

Art. R. 622-25 **Lorsque le juge-commissaire a relevé le créancier de sa forclusion après le dépôt de la liste des créances prévu à l'article L. 624-1 et que sa décision est devenue définitive, il statue sur la créance dans les conditions de l'article L. 624-2. Une mention est portée par le greffier sur l'état des créances.**

Les frais de l'instance en relevé de forclusion sont supportés par le créancier défaillant. *(Décr. n° 2014-736 du 30 juin 2014, art. 51)* **« Toutefois, le juge peut décider que les frais seront supportés par le débiteur qui n'a pas mentionné la créance sur la liste prévue par l'article L. 622-6 ou n'a pas porté utilement cette créance à la connaissance du mandataire judiciaire dans le délai prévu par l'article R. 622-24. »** — *[Décr. n° 2005-1677 du 28 déc. 2005, art. 100.]*

Frais de l'instance. Les frais de l'instance doivent être entièrement supportés par les créanciers défaillants lorsque ceux-ci sont relevés de leur forclusion, sans qu'il y ait à distinguer entre les dépens relatifs aux deux degrés de juridiction. • Com. 29 mai 1990, n° 88-16.434 P : *D. 1990. IR 162*. ♦ Ainsi, les dépens d'appel ne peuvent être mis à la charge du débiteur, même lorsque celui-ci a été débouté de son recours contre l'ordonnance ayant relevé un créancier de la forclusion. • Même arrêt. – Dans le même sens : • Com. 2 févr. 1993, n° 89-10.594 P. ♦ Comp., désormais : art. R. 622-25, dans sa réd. issue du Décr. n° 2014-736 du 30 juin 2014.

Art. R. 622-26 Les instances et les procédures civiles d'exécution suspendues en application du deuxième alinéa de l'article L. 622-28 sont poursuivies à l'initiative des créanciers bénéficiaires de garanties mentionnés au dernier alinéa de cet article sur justification du jugement arrêtant le plan, selon les dispositions applicables à l'opposabilité de ce plan à l'égard des garants.

En application du troisième alinéa de l'article L. 622-28, ces créanciers peuvent pratiquer des mesures conservatoires dans les conditions prévues aux articles *(Décr. n° 2012-783 du 30 mai 2012, art. 2, en vigueur le 1er juin 2012)* « R. 511-1 et suivants du code des procédures civiles d'exécution. » – *[Décr. n° 2005-1677 du 28 déc. 2005, art. 101.] – V. lesdits art. au* ***C. pr. civ.***

V. note 9 ss. art. L. 626-11.

CHAPITRE III *DE L'ÉLABORATION DU BILAN ÉCONOMIQUE, SOCIAL ET ENVIRONNEMENTAL*

Art. R. 623-1 *(Décr. n° 2009-160 du 12 févr. 2009, art. 28)* L'administrateur dépose au greffe et communique aux autorités et personnes mentionnées à l'article L. 626-8, par lettre recommandée avec demande d'avis de réception, le bilan établi conformément à l'article L. 623-1.

Art. R. 623-2 Le bilan environnemental prévu à l'article L. 623-1 est réalisé à la demande de l'administrateur par le débiteur ou par un technicien désigné par le juge-commissaire, si ce dernier estime nécessaire une telle intervention.

Ce bilan porte sur l'identification et la description du ou des sites où sont exploités la ou les installations classées et de leur environnement, l'existence de pollutions potentielles, les mesures d'urgence de mise en sécurité déjà prises, prévues ou à prendre et les mesures réalisées afin de surveiller l'impact de l'exploitation sur l'environnement.

Il est établi selon les rubriques fixées par un arrêté pris par le garde des sceaux, ministre de la justice, et par le ministre chargé des installations classées. – *[Décr. n° 2005-1677 du 28 déc. 2005, art. 102, al. 2 à 4.] – V. art. A. 623-1.*

CHAPITRE IV *DE LA DÉTERMINATION DU PATRIMOINE DU DÉBITEUR*

SECTION 1 *De la vérification et de l'admission des créances*

SOUS-SECTION 1 *De la vérification des créances*

Art. R. 624-1 La vérification des créances est faite par le mandataire judiciaire, le débiteur et, le cas échéant, les contrôleurs désignés, présents ou dûment appelés.

Si une créance autre que celle mentionnée à l'article L. 625-1 est discutée, le mandataire judiciaire en avise le créancier ou son mandataire par lettre recommandée avec demande d'avis de réception. Le délai de trente jours prévu à l'article L. 622-27 court à partir de la réception de la lettre. Cette lettre précise l'objet de la discussion, indique le montant de la créance dont l'inscription est proposée et rappelle les dispositions de l'article L. 622-27. – *[Décr. n° 2005-1677 du 28 déc. 2005, art. 103.]*

(Décr. n° 2014-736 du 30 juin 2014, art. 52) « Le délai prévu par le deuxième alinéa de l'article L. 624-1 est de trente jours. Il court à compter de la date à laquelle le débiteur a été mis en mesure, par le mandataire judiciaire, de formuler ses observations. Lorsque le débiteur ne participe pas à la vérification des créances, le délai court à compter de la réception de la lettre recommandée avec demande d'avis de réception qui lui est adressée par le mandataire judiciaire. Cette lettre comporte les propositions d'admission, de rejet ou de renvoi mentionnées au premier alinéa de l'article L. 624-1.

« Il appartient au mandataire judiciaire de justifier de la date à laquelle il a sollicité les observations du débiteur. »

1. Participation du débiteur. Seul le débiteur a qualité pour se prévaloir de l'irrégularité de la procédure de vérification des créances, née du fait que le liquidateur n'a pas recueilli ses observations. • Com. 19 nov. 2003, n° 02-13.826 P : *D. 2003. AJ 3050 ; LPA 17 févr. 2004, p. 12, note F.-X. Lucas ; BJS 2004. 214, note Pétel ; RTD com. 2004. 593, obs. Martin-Serf*. ♦ Une société en liquidation judiciaire qui, par la personne de son ancien dirigeant, a participé à la procédure de vérification des créances sans invoquer le défaut de pouvoir de celui-ci, n'est pas recevable à contester l'état des créances établi à l'issue de ladite procédure en se prévalant de l'éventuelle irrégularité de cette dernière. • Com. 3 juin 2009, n° 08-12.279 P : *D. 2009. AJ 1604 ; RTD com. 2010. 197, obs. Martin-Serf ; LEDEN, sept. 2009, p. 3, obs. F.-X. Lucas ; APC 2009, n° 214, obs. Pagnucco ; Rev. sociétés 2009. 662, note Le Corre*. ♦ La caution n'a pas qualité pour se prévaloir de l'irrégularité de la procédure de vérification des créances résultant du défaut de pouvoir du gérant de la société en liquidation judiciaire. • Com. 13 févr. 2007 : *cité note 2 ss. art. R. 624-3.*

2. Il ne saurait être exigé du débiteur qu'il rapporte la preuve de son défaut de convocation par le liquidateur pour la vérification des créances. • Com. 28 mars 2018, n° 17-10.600 P : *D. 2018. Actu. 717 ; Rev. sociétés 2018. 413, obs. Roussel Galle ; DP diff. entr., Bull. n° 402, obs. Rémery ; LEDEN 5/2018. 2, obs. Staes ; APC 2018, n° 119, obs. Dumery ; RJDA 2018, n° 519 ; RDBF 2018, n° 78, obs. Houin-Bressand ; Procédures 2018, n° 219, note Rolland.*

3. Lettre du représentant des créanciers. La lettre visée par les art. 54 de la loi du 25 janv. 1985 [C. com., art. L. 622-27] et 72 du Décr. du 27 déc. 1985 [C. com., art. R. 624-1] doit indiquer l'objet de la contestation de la créance afin que le créancier puisse faire connaître ses explications sur les points contestés. • Com. 20 juin 2000 : *RDBF 2000, n° 158, obs. F.-X. Lucas ; APC 2000, n° 180, obs. Vallansan* • 27 juin 2006, n° 05-13.696 P : *D. 2006. AJ 1893, obs. Lienhard ; Gaz. Pal. 6-7 oct. 2006, p. 26, obs. Le Corre ; RTD com. 2006. 915, obs. Martin-Serf ; RDBF 2007, n° 24, obs. F.-X. Lucas.* ♦ La lettre adressée au créancier doit obligatoirement contenir un avertissement quant aux conséquences de son abstention, par la reproduction de l'art. L. 622-27 C. com., y compris la mention de ce texte réservant la faculté de discuter la proposition du mandataire malgré l'absence de réponse dans le délai, lorsque la discussion porte sur la régularité de la déclaration. • Com. 29 juin 2022, n° 21-11.652 : *RTD com. 2022. 859, obs. Martin-Serf ; Gaz. Pal. 27 sept. 2022, p. 56, obs. Berthelot ; BJE 9-10/2022. 19, note Jazottes ; APC 2022, n° 208, obs. Ghandour.* ♦ La lettre du représentant des créanciers, non conforme aux prescriptions de l'art. 72 [R. 624-1], al. 2 ci-dessus, ne peut faire courir à l'encontre du créancier le délai prévu par l'art. 54 de la loi [C. com., art. L. 622-27]. • Com. 5 déc. 1995, n° 93-18.803 P : *D. Affaires 1996. 182 ; Dr. sociétés 1996, n° 35, obs. Chaput ; JCP E 1996. I. 554, n° 16, obs. Pétel.*

4. Dès lors que la lettre se borne, conformément aux dispositions de l'art. 67 [R. 622-23], à demander à la banque créancière de joindre à sa déclaration des documents justificatifs, sans lui faire connaître si la créance est discutée et, dans l'affirmative, sur quoi porte la discussion, l'absence de réponse n'empêche pas la banque d'interjeter appel de l'ordonnance du juge-commissaire de rejet de la créance. • Com. 14 mai 1996, n° 94-15.314 P : *D. 1996. IR 143 ; D. Affaires 1996. 809 ; JCP 1996. II. 22657, rapp. Rémery.*

5. Sur la portée d'une lettre adressée à l'avocat du créancier, V. note 11 ss. art. L. 622-27.

6. Il n'est pas interdit au mandataire judiciaire de soutenir devant le juge-commissaire une autre proposition que celle formulée dans la lettre de contestation et de relever appel de toute décision de celui-ci rendue en matière d'admission des créances. • Com. 29 mai 2019, n° 18-14.911 P : *cité note 1 ss. art. L. 622-27 ; JCP E 2019. 1375, n° 15, obs. Pétel.*

Art. R. 624-2 **La liste des créances contenant les indications prévues à l'article L. 622-25 et à l'article R. 622-23 ainsi que les propositions du mandataire judiciaire et les observations du débiteur** *(Décr. n° 2014-736 du 30 juin 2014, art. 53-1°)* **« , avec indication de leur date, » est déposée au greffe pour être sans délai remise au juge-commissaire. Elle est communiquée à l'administrateur, s'il en a été désigné, et, le cas échéant, au commissaire à l'exécution du plan.**

Les créanciers dont la créance n'a pas été portée définitivement sur la liste des créances, dans le délai prévu par l'article L. 624-1, peuvent demander à être relevés de la forclusion prévue par le *(Décr. n° 2014-736 du 30 juin 2014, art. 53-2°)* **« quatrième » alinéa de l'article L. 622-24 selon les modalités prévues par l'article L. 622-26.**

Après le dépôt au greffe de cette liste, celle-ci est complétée par le greffier agissant à la demande du mandataire judiciaire ou du créancier intéressé, par l'inscription des créances définitivement fixées à l'issue d'une instance judiciaire ou administrative et

de celles admises à la suite d'un relevé de forclusion intervenu après le dépôt de l'état des créances. – *[Décr. nº 2005-1677 du 28 déc. 2005, art. 104.]*

SOUS-SECTION 2 *De l'admission des créances*

Art. R. 624-3 *(Décr. nº 2009-160 du 12 févr. 2009, art. 29)* **« Les décisions d'admission sans contestation sont matérialisées par l'apposition de la signature du juge-commissaire sur la liste des créances établie par le mandataire judiciaire.**

« Le greffier avise par lettre simple les créanciers ou leur mandataire de cette admission. Ces avis précisent le montant pour lequel la créance est admise ainsi que les sûretés *(Abrogé par Décr. nº 2021-1218 du 23 sept. 2021, art. 16, à compter du 1er oct. 2021)* **« *et privilèges* » dont elle est assortie et reproduisent les dispositions des articles L. 622-27 et L. 624-3. »**

Le mandataire judiciaire et l'administrateur, lorsqu'il en a été désigné, sont avisés contre récépissé des décisions rendues. – *[Décr. nº 2005-1677 du 28 déc. 2005, art. 105.]*

Pour les dispositions transitoires du Décr. nº 2021-1218 du 23 sept. 2021, V. note ss. art. R. 611-11.

1. *Erreur matérielle.* BIBL. Rouger, *RPC 2001. 182.* ♦ Viole les art. 1351 C. civ. (autorité de la chose jugée) et 462 NCPC (désormais, art. 462 C. pr. civ., relatif à la rectification) le juge-commissaire qui, sur requête du représentant des créanciers, rectifie une ordonnance passée en force de chose jugée et admettant un créancier à titre privilégié en ajoutant au dispositif de celle-ci les mots « sous réserve de la validité du nantissement ». • Com. 17 déc. 1996 : *D. 1997. 177, rapp. Rémery.*

2. *Décision d'admission complémentaire.* L'absence de mention, dans l'état publié au BODACC, d'une créance déclarée, qui fait obstacle à ce que la décision du juge-commissaire ait l'autorité de la chose jugée à l'égard du créancier, autorise l'admission de la créance par une décision ultérieure résultant d'un état complémentaire (irrecevabilité du recours de la caution contre la décision d'admission). • Com. 1er févr. 2000 : *RJDA 2000, nº 565 ; JCP E 2000, nº 45, p. 1764, note Le Corre.* – Dans le même sens, V. • Com. 5 févr. 2002, nº 98-15.310 P : *JCP E 2002, nº 12, p. 499 ; RDBF 2002, nº 189, obs. F.-X. Lucas ; RPC 2003. 24, obs. Legrand* • 13 févr. 2007, nº 05-20.413 P : *D. 2007. AJ 803, obs. Lienhard ; RDBF 2007, nº 73, obs. F.-X. Lucas.*

3. *Preuve de la créance.* C'est au créancier qu'il incombe de prouver l'existence et le montant d'une créance contestée par la caution et dont il n'est pas justifié, si elle a été déclarée à la liquidation judiciaire du débiteur, qu'elle ait été admise. • Com. 11 oct. 1994, nº 92-18.344 P : *Dr. sociétés 1995, nº 8, obs. Chaput.*

4. *Montant à admettre.* Le montant de la créance à admettre doit être celui existant au jour de l'ouverture de la procédure collective. • Com. 20 juin 2001 : *cité note 2 ss. art. L. 624-2* • 8 juin 2010, nº 09-14.624 P : *D. 2010. Actu. 1622 ; RTD com. 2011. 417, obs. Martin-Serf ; JCP E 2010. 1742, nº 9, obs. Cabrillac ; RJDA 2010, nº 1174.* ♦ Les paiements effectués par les cautions de la société débitrice entre les mains d'une banque créancière, postérieurement au jugement d'ouverture de la procédure collective, n'affectent pas le montant de la créance à admettre, peu important que les cautions aient conventionnellement accepté de ne faire valoir leurs droits contre le débiteur principal qu'après que le créancier eut été intégralement désintéressé. • Com. 2 févr. 1999, nº 95-15.291 P : *D. 1999. IR 63 ; D. Affaires 1999. 636, obs. J. F. ; JCP E 1999, nº 18-19, p. 810, obs. Cabrillac ; Banque et Dr. 7-8/1999. 47, obs. Guillot.*

5. *Prescription de la créance.* Dès lors qu'un créancier est admis au passif, la prescription trentenaire [dans le régime antérieur à la L. nº 2008-561 du 17 juin 2008] découlant de l'ordonnance du juge-commissaire portant admission de la créance se substitue à la prescription décennale [dans le régime antérieur à la L. nº 2008-561 du 17 juin 2008] édictée par l'art. 189 *bis* [L. 110-4] C. com. ou à toute autre prescription relative à la nature de la créance. • Com. 12 mai 1998, nº 96-12.194 P : *D. 1999. Somm. 71, obs. Honorat ; D. Affaires 1998. 1006 ; Quot. jur. 25 juin 1998, p. 4, note P. M.* ♦ La décision d'admission de la créance au passif de la procédure collective du débiteur principal est opposable à la caution en ce qui concerne la substitution de la prescription trentenaire à la prescription décennale. • Com. 13 avr. 1999 : *RJDA 1999, nº 700 ; RPC 2000. 57, obs. Kerckhove* • 15 oct. 2002 : *RDBF 2003, nº 33, obs. F.-X. Lucas* • 5 déc. 2006, nº 05-11.761 P : *D. 2007. AJ 229 ; RPC 2008. 83, obs. Perot-Reboul et Patureau.* ♦ Dans le même sens, pour l'opposabilité au codébiteur solidaire, V. • Com. 30 oct. 2007, nº 04-16.655 P : *D. 2007. AJ 2952, obs. Lienhard ; Gaz. Pal. 23-24 janv. 2008, p. 65, obs. Le Corre.* ♦ ... Au tiers constituant d'une sûreté réelle en garantie de la dette du débiteur, V. • Com. 17 nov. 2009 : *cité note 153 ss. art. L. 622-24.* ♦ ... A l'associé en nom, obligé au paiement de la dette sociale, V. • Com. 29 sept. 2009, nº 08-19.777 P : *D. 2009. AJ 2422, obs. Lienhard ; APC 2009, nº 276, obs. Pagnucco ; Dr. sociétés 2009, nº 225, note Gallois-Cochet ; RJ com. 2009. 334, note Sortais ; JCP E*

2010. 1011, n° 10, obs. Cabrillac ; BJS 2010. 64, note Rubellin. ♦ De même, lorsqu'à l'obligation contractuelle, soumise à la prescription quinquennale édictée par l'art. 2277 [ancien] C. civ., s'est substituée celle découlant de l'ordonnance rendue par le juge-commissaire portant admission de la créance d'un crédit-bailleur, dans les droits duquel une banque caution est subrogée, le bénéfice de cette ordonnance, comme celui de toute autre décision de justice opposable à l'une et l'autre des cautions engagées au profit du crédit-bailleur, se prescrit suivant le droit commun (loi de 1967). • Com. 16 avr. 1996 : *D. Affaires 1996. 686.* – V., sur renvoi, • Dijon, 18 nov. 1997 : *Gaz. Pal. 1998. 1. Somm. 289, obs. Vray.* ♦ Mais si, à défaut de réclamation, la décision d'admission de la créance est opposable à la caution tant en ce qui concerne l'existence et le montant de la créance que la substitution de la prescription trentenaire à la prescription originaire, cette opposabilité est tenue en échec lorsque l'action du créancier contre la caution, fût-elle solidaire, se trouve atteinte par la forclusion à la date de la déclaration de créance (à propos de la forclusion prévue par l'anc. art. L. 311-37 [désormais art. L. 218-2] C. consom.). • Com. 19 nov. 1996, n° 94-17.909 P : *D. 1997. Somm. 165, obs. Aynès ; D. Affaires 1997. 158 ; Quot. jur. 5 déc. 1996, p. 6, note P. M.* ♦ Si l'opposabilité aux cautions solidaires de la substitution de la prescription trentenaire à la prescription décennale résultant de la décision d'admission des créances garanties au passif du débiteur principal n'a pas pour effet de soumettre l'action en paiement du créancier contre ces cautions à cette prescription trentenaire, le délai pour agir de ce dernier est néanmoins interrompu pendant toute la durée de la procédure collective jusqu'à la date de sa clôture. • Com. 12 janv. 2016, n° 14-21.295 : *APC 2016, n° 19, obs. Vallansan.* ♦ Comp., jugeant, pour les créances fiscales, que la production par le receveur des impôts de ses créances a eu pour effet d'interrompre la prescription sans pour autant que l'admission de celles-ci par la décision du juge-commissaire ait eu pour effet, eu égard à la nature de l'avis de mise en recouvrement, qui vaut par lui-même titre exécutoire au profit du Trésor public, et aux dispositions particulières de l'art. 1975 CGI, de substituer à la prescription décennale une prescription trentenaire : • CE 3 juin 1992 : *Dr. sociétés 1992, n° 223, obs. Chaput ; RTD com. 1993. 181, obs. Martin-Serf.*

6. Sur la recevabilité d'un appel formé contre une décision rejetant sa créance, par un créancier auquel n'avait pas été notifiée l'ordonnance par laquelle le juge-commissaire avait mis fin aux fonctions du représentant des créanciers, V. • Com. 16 oct. 1990, n° 88-17.103 P : *D. 1991. Somm. 333, obs. Honorat.*

7. Autorité de la chose jugée de la décision d'admission. BIBL. Lebois, *RPC 2002. 234.* ♦ Le commissaire à l'exécution du plan d'une société, dont les actions ont été achetées grâce à un prêt garanti par le nantissement des titres du cédant, ne peut demander la nullité des sûretés dès lors que la créance des prêteurs, déclarée au passif, a été portée à l'état des créances contre lequel il n'a élevé aucune réclamation dans le délai de quinze jours suivant la publication au BODACC et qui a donc acquis autorité de chose jugée. • Com. 5 déc. 1995, n° 93-20.981 P : *Rev. huiss. 1997. 446, note Courtier.* ♦ De même, l'action en nullité, qui vise à mettre à néant rétroactivement un contrat de crédit-bail ayant donné naissance à des créances, dont la décision d'admission à un caractère irrévocable, est incompatible avec le caractère définitif de la chose jugée concernant l'existence, la nature et le montant de la créance du crédit-bailleur. • Com. 14 oct. 1997, n° 95-15.544 P : *D. 1998. Somm. 96, obs. Honorat ; D. Affaires 1998. 31, obs. O. B. ; Rev. dr. bancaire 1998. 71, obs. Campana et Calendini.*

Sur la recevabilité de l'action en nullité de la période suspecte, V. note 1 ss. art. L. 632-1.

Une créance ayant été irrévocablement admise au passif d'une société, faute de réclamation dans le délai légal, la chose ainsi jugée s'impose à la caution qui ne peut pas contester l'existence de la créance dans son principe, ni en faire modifier le montant, et ne peut davantage faire prononcer la nullité de la convention principale. • Com. 11 juin 1996, n° 93-16.058 P : *D. 1996. IR 174* • 9 janv. 2001 : *RJDA 2001, n° 611.* – V. aussi • Com. 12 nov. 1997 : *RJDA 1998, n° 313.* ♦ Le jugement, devenu irrévocable, qui arrête le montant de la créance d'un créancier sur le débiteur est opposable de ce chef à tout codébiteur solidaire, et donc, à la caution solidaire. • Com. 22 avr. 1997, n° 95-11.532 P : *RJDA 1997, n° 1110.* ♦ Mais la décision d'admission n'est pas opposable à la caution, qui demeure fondée à faire valoir les exceptions qu'aurait pu faire valoir le débiteur, lorsque le dépôt au greffe de l'état des créances n'a pas fait l'objet de la publicité prévue par l'art. 83 du Décr. du 27 déc. 1985 [C. com., art. R. 624-8]. • Com. 20 juin 2000 : *RDBF 2000, n° 160, obs. F.-X. Lucas.* ♦ Par ailleurs, il résulte de la combinaison des art. 1208, 1351, 2021 [relatif au bénéfice de discussion] C. civ. et 48 de la L. n° 84-148 du 1er mars 1984 [relatif à l'information des cautions] que, nonobstant la chose jugée par l'admission définitive d'une créance à la procédure collective d'un débiteur, la caution solidaire du paiement de cette créance peut opposer au créancier toutes les exceptions qui lui sont personnelles (en l'occurrence, la déchéance du droit aux intérêts en raison de l'inexécution de l'obligation d'information annuelle de la caution, par la banque, prévue audit art. 48). • Com. 22 avr. 1997 : *D. 1997. IR 121 ; D. Affaires 1997. 671.* ♦ V. C. civ., art. 2303, 2e partie, *Prévention des difficultés des entreprises.*

Pour l'autorité de la chose jugée de la décision d'admission de la créance du bailleur à l'égard du colocataire sodidaire du débiteur en liquidation judiciaire, V. • Com. 24 juin 2003, n° 00-18.078 P : *D. 2003. AJ 2011*.

S'il est vrai que la décision du juge de la procédure collective rendue dans les rapports entre le créancier et le débiteur principal s'impose à la caution, il n'en demeure pas moins que le créancier peut poursuivre et obtenir la condamnation de la caution devant le juge du cautionnement avant toute déclaration de créance ou, si la déclaration a été faite, avant toute admission, en établissant l'existence et le montant de sa créance selon les règles du droit commun. • Com. 18 janv. 2000, n° 96-16.833 P : *D. 2000. AJ 97, obs. Lienhard ; APC 2000, n° 28, obs. Vallansan ; JCP E 2000, n°s 18-19, p. 754, obs. Cabrillac ; RDBF 2000, n° 11, obs. Legeais ; Banque et Dr. 5-6/2000. 39, obs. Rontchevsky ; RPC 2000. 133, obs. Kerckhove ; RTD com. 2001. 514, obs. Martin-Serf* • 11 févr. 2004 : *Rev. contrats 2004. 745, obs. Houtcieff.* ♦ En raison du caractère accessoire du cautionnement, le juge du cautionnement, saisi d'une action en paiement par le créancier contre la caution, est tenu de respecter la décision passée en force de chose jugée par le juge compétent de la procédure collective dans les rapports entre le créancier et le débiteur principal, et concernant l'existence ainsi que le montant de la créance. • Com. 18 janv. 2000, n° 96-20.798 P : *D. 2001. Somm. 695, obs. Aynès ; D. 2000. AJ 97, obs. Lienhard ; APC 2000, n° 28, obs. Vallansan ; JCP E 2000, n°s 18-19, p. 754, obs. Cabrillac ; RDBF 2000, n° 11, obs. Legeais ; Banque et Dr. 5-6/2000. 39, obs. Rontchevsky ; RPC 2000. 133, obs. Kerckhove ; RTD com. 2001. 514, obs. Martin-Serf* • 17 sept. 2002 : *cité note 36 ss. ancien art. L. 621-46.* ♦ En revanche, tant qu'une telle décision n'est pas intervenue, et sauf la faculté discrétionnaire qu'il conserve de surseoir à statuer dans l'intérêt d'une bonne administration de la justice, le juge du cautionnement est juge de l'exception par application de l'art. 49 NCPC [C. pr. civ.] et, par suite, tenu de statuer sur toutes les exceptions inhérentes à la dette invoquées par la caution, sa décision ne s'imposant que dans les rapports entre le créancier et la caution. • Mêmes arrêts.

L'autorité de la chose jugée attachée à la décision admettant la créance d'une caution porte uniquement sur l'existence et le montant de la créance (et non sur le concours entre un créancier du débiteur et la caution de celui-ci exerçant son recours personnel). • Com. 23 juin 1998 : *D. Affaires 1998. 1365, obs. V. A.-R. ; Quot. jur. 28 juill. 1998, p. 5 ; JCP E 1998, n° 52, p. 2066, obs. Cabrillac et Pétel ; RTD com. 1999. 501, obs. Martin-Serf*. – V. aussi note 4, et note 1 ss. art. L. 632-4.

L'admission de la créance de la caution au passif du débiteur principal s'impose aux sous-cautions. • Com. 29 mai 2001, n° 98-16.325 P : *D. 2001. AJ 1948, obs. Lienhard ; APC 2001, n° 153, obs. Regnaut-Moutier ; Banque et Dr. 7-8/2001. 56, obs. Jacob ; JCP E 2001, n° 38, p. 1471, obs. Cabrillac ; Dr. et patr. 11/2001. 111, obs. Monsèrié-Bon ; RJ com. 2002. 370, note Nemedeu.*

Si la décision d'admission des créances, devenue irrévocable, est opposable au codébiteur solidaire en ce qui concerne l'existence et le montant des créances, elle n'a pas d'effet sur l'exigibilité de la dette à l'égard des coobligés. • Com. 15 juin 2011 : *cité note 2 ss. art. L. 643-1 ; RTD com. 2012. 612, obs. Martin-Serf*.

L'autorité de la chose jugée attachée à la décision d'admission de la créance du cessionnaire au passif de la procédure collective du cédant ne fait pas obstacle à ce que le débiteur cédé puisse opposer au cessionnaire l'exception d'inexécution de son obligation par le cédant (dans le cadre d'une cession « Dailly »). • Com. 1er avr. 2008, n° 06-21.458 P : *D. 2008. AJ 1138 ; Banque et Dr. 7-8/2008. 16, obs. Bonneau ; Gaz. Pal. 27-29 juill. 2008, p. 49, obs. Bonhomme ; ibid., p. 58, obs. Le Corre ; JCP E 2008. 2062, n° 10, obs. Cabrillac ; RTD com. 2009. 208, obs. Martin-Serf*.

Sur la possibilité de compensation pour connexité d'une créance définitivement admise, V. note 64 ss. art. L. 622-7.

8. Annulation de l'ordonnance d'admission. La cassation d'un arrêt qui prononce une condamnation entraîne, par application de l'art. 625, al. 2, NCPC [C. pr. civ.], l'annulation de l'ordonnance du juge-commissaire qui a admis au passif d'une procédure collective la créance née de cette condamnation. • Com. 13 mai 2003, n° 00-16.012 P : *JCP E 2003, n° 40, p. 1572, obs. Pétel.*

9. Appel des décisions du juge-commissaire. V. art. R. 624-7.

Art. R. 624-4 Lorsque la compétence du juge-commissaire est contestée ou que ce juge soulève d'office son incompétence *(Décr. n° 2014-736 du 30 juin 2014, art. 54-1°)* « ou encore en présence d'une contestation sérieuse », le greffier convoque par lettre recommandée avec demande d'avis de réception le débiteur, le créancier, le mandataire judiciaire et l'administrateur, lorsqu'il en a été désigné. *(Décr. n° 2014-736 du 30 juin 2014, art. 54-1°)* « La convocation du créancier reproduit les dispositions du deuxième alinéa de l'article L. 624-1 et du troisième alinéa de l'article R. 624-3. »

Ces dispositions sont applicables lorsque le juge-commissaire est appelé à statuer sur une contestation de créance. *(Décr. n° 2009-160 du 12 févr. 2009, art. 30)* « Toutefois, il n'y a pas lieu à convocation du créancier lorsque celui-ci n'a pas contesté la proposition du mandataire judiciaire dans le délai prévu à l'article L. 622-27. – *[Décr. n° 2005-1677 du 28 déc. 2005, art. 106.]*

« Les décisions statuant sur la compétence *(Décr. n° 2014-736 du 30 juin 2014, art. 54-2°)* « , sur l'existence d'une contestation sérieuse » ou sur la contestation d'une créance sont notifiées au débiteur et au créancier ou à son mandataire par le greffier, dans les huit jours.

« Ces notifications précisent le montant pour lequel la créance est admise ainsi que les sûretés et privilèges dont elle est assortie et reproduisent les dispositions des articles L. 622-27 et L. 624-3.

« Le mandataire judiciaire et l'administrateur, lorsqu'il en a été désigné, sont avisés contre récépissé des décisions rendues. »

1. Contestation de créances. Le juge-commissaire ne peut statuer sur les créances contestées sans convocation préalable du débiteur. • Com. 2 nov. 2016, n° 14-29.292 P : *D. 2016. Actu. 2279 ; JCP E 2016. 1661, n° 7, obs. Pétel ; APC 2016, n° 296, obs. Cagnoli ; LEDEN 12/2016. 2, obs. Camensuli-Feuillard ; RJDA 2017, n° 34 ; RDBF 2017, n° 91, obs. Houin-Bressand.* ♦ Lorsque la convocation du débiteur, prévue par l'art. 73, al. 3 [C. com., art. R. 624-4, al. 2], est dirigée vers une autre société, cette convocation est irrégulière, peu important que les deux sociétés en cause fassent l'objet d'une procédure collective commune et aient été dirigées par la même personne physique. • Paris, 19 janv. 1996 : *D. Affaires 1996. 358.*

2. Aucune disposition ne subordonne le maintien de la contestation d'une créance, émise par le débiteur au cours de la vérification des créances, à l'existence d'observations de sa part sur les réponses reçues des créanciers en application de l'art. L. 622-27, ou à la présence du débiteur au rendez-vous fixé par le liquidateur pour la signature de la liste des créances. • Com. 2 nov. 2016, n° 14-29.292 P : *préc. note 1.*

3. Pour l'application des dispositions de l'art. R. 624-4 lorsque la créance contestée a été déclarée par le débiteur pour le compte du créancier, en application de l'art. L. 622-24, al. 3, V. • Com. 13 sept. 2017, n° 16-12.422 : *APC 2017, n° 244, obs. Vallansan.*

4. Comparution du créancier. Si, en application de l'art. R. 624-4, le créancier qui n'a pas contesté la proposition du mandataire judiciaire dans le délai de trente jours prévu à l'art. L. 622-27 n'a pas à être convoqué devant le juge-commissaire appelé à statuer sur la contestation de sa créance, le juge-commissaire tient des art. 8, 13 et 184 C. pr. civ. la faculté d'ordonner la comparution des parties afin de recueillir leurs explications sur les points de fait et de droit qui lui paraissent nécessaires pour statuer sur l'admission de la créance. • Com. 18 janv. 2023, n° 21-12.678 : *Rev. sociétés 2023. 197, note Henry .*

5. Notifications des décisions d'admission. Le délai de notification de huit jours prévu à l'art. 73, al. 4 [C. com., art. R. 624-4, al. 3], n'est pas prescrit à peine de nullité de celle-ci. • Com. 17 mars 1992, n° 90-17.394 P : *D. 1992. Somm. 254, obs. Derrida .*

6. Les notifications adressées aux créanciers par le greffier mentionnant leur admission au passif, au vu des décisions prises par le juge-commissaire, font foi jusqu'à inscription de faux. • Com. 19 mars 2002, n° 00-11.218 : *RPC 2003. 23, obs. Legrand.*

7. Appel des décisions du juge-commissaire. V. art. R. 624-7.

Art. R. 624-5 *(Décr. n° 2014-736 du 30 juin 2014, art. 55)* **« Lorsque le juge-commissaire se déclare incompétent ou constate l'existence d'une contestation sérieuse, il renvoie, par ordonnance spécialement motivée, les parties à mieux se pourvoir et invite, selon le cas, le créancier, le débiteur ou le mandataire judiciaire à saisir la juridiction compétente dans un délai d'un mois à compter de la notification ou de la réception de l'avis délivré à cette fin, à peine de forclusion à moins** *(Décr. n° 2017-891 du 6 mai 2017, art. 5, en vigueur le 1er sept. 2017)* **« d'appel » dans les cas où cette voie de recours est ouverte. »**

Les tiers intéressés ne peuvent former tierce opposition contre la décision rendue par la juridiction compétente que dans le délai d'un mois à compter de sa transcription sur l'état des créances. – *[Décr. n° 2005-1677 du 28 déc. 2005, art. 107.]*

BIBL. ▸ FRICERO et HENRY, *BJE 11-12/2020. 57* (désignation de la partie en charge de saisir le juge compétent en cas de contestation sérieuse : entre confirmation et clarification).

1. Défaut de pouvoir juridictionnel. Le délai de forclusion prévu à l'art. R. 624-5 s'applique aussi lorsque le juge-commissaire constate que la contestation ne relève pas de son pouvoir juridictionnel et sursoit à statuer après avoir invité les parties à saisir le juge compétent. • Com. 13 mai 2014, n° 13-13.284 P : *D. 2014. Actu. 1093, obs. Lienhard ; ibid. Pan. 2148, obs. Le Corre ; Rev. sociétés 2014. 405, obs. Henry ; JCP E 2014. 615, obs. Cagnoli ; ibid. 1447, n° 6, obs. Pétel ; JCP 2014. 818, note Roussel Galle ; Gaz. Pal. 29 juin-1er juill. 2014, p. 14, note Boustani ; APC 2014, n° 170, obs. Vallansan ; RDBF 2014, n° 148, obs. Houin-Bressand ; RPC 2014, n° 92, obs. Cagnoli ;*

RJDA 2014, n° 78 ; BJE 2014. 310, note Rubellin. ♦ Pour des applications, V. • Com. 23 sept. 2014, n° 13-22.539 P : *D. 2014. Actu. 1936, obs. Lienhard ; JCP E 2014. 1637, n° 8, obs. Pétel ; APC 2014, n° 301, obs. Cagnoli ; LEDEN 11/2014. 3, obs. Théron ; Gaz. Pal. 18-20 janv. 2015, p. 27, obs. Le Corre ; RJDA 2015, n° 511* • 27 sept. 2016, n° 14-18.998 P : *D. 2017. Pan. 1943, obs. Le Corre ; RTD com. 2017. 427, obs. Martin-Serf ; JCP E 2016. 1661, n° 8, obs. Pétel ; APC 2016, n° 233, obs. Borga ; Procédures 2016, n° 370, note Rolland ; RDBF 2016, n° 255, obs. Houin-Bressand ; Gaz. Pal. 10 janv. 2017, p. 72, obs. Le Corre.*

2. *Incompétence.* Dès lors que le juge-commissaire s'est déclaré incompétent, serait-ce à tort, pour statuer sur la créance déclarée, sans se borner à constater son absence de pouvoir juridictionnel pour trancher la seule contestation dont cette créance était l'objet, et s'est ainsi définitivement dessaisi de la demande de fixation au passif, il appartient au créancier, conformément à l'art. R. 624-5, dans sa rédaction antérieure au décret du 30 juin 2014, soit de former un contredit contre cette décision d'incompétence, soit de saisir, dans le mois, le tribunal de commerce désigné par l'ordonnance du juge-commissaire. • Com. 4 mai 2017, n° 15-25.919 : *Rev. sociétés 2017. 384, obs. Henry.* ♦ Lorsque le juge-commissaire se déclare incompétent pour statuer sur la contestation d'une créance déclarée au passif d'un débiteur en procédure collective, il est dessaisi relativement à cette contestation, y compris lorsque les parties, invitées à saisir le juge compétent, ne l'ont pas fait dans le délai imparti par l'art. R. 624-5. • Com. 28 févr. 2018, n° 16-19.718 : *Rev. sociétés 2018. 411, obs. Reille ; JCP E 2018. 1429, n° 11, obs. Pétel ; BJS 2018. 205, avis Le Mesle.*

3. *Contestation sérieuse.* Il résulte des art. L. 624-2 et R. 624-5 que le juge-commissaire, ou la cour d'appel statuant à sa suite sur l'admission des créances, ne peut renvoyer les parties à mieux se pourvoir et inviter l'une d'entre elles à saisir la juridiction compétente qu'en cas de contestation sérieuse de la créance déclarée. • Com. 29 mars 2023, n° 21-20.452 B : *D. 2023. Actu. 644 ; Rev. sociétés 2023. 395, obs. Henry ; RTD com. 2023. 732, obs. Martin-Serf ; JCP E 2023. 1306, n° 17, obs. Tehrani ; APC 2023, n° 96, obs. Lafaurie ; BJE 7-8/2023. 32, note Jazottes ; RJDA 2023, n° 445.*

4. Si la cour d'appel confirme l'ordonnance ayant invité l'une des parties à saisir la juridiction compétente dans le délai d'un mois à compter de la notification de l'ordonnance, l'arrêt se substitue à l'ordonnance attaquée et la notification de l'arrêt fait courir un nouveau délai de forclusion d'un mois. • Com. 23 oct. 2024, n° 23-17.962 B : *D. 2024. Actu. 1861 ; APC 2024, n° 237, obs. Le Bars ; LEDEN 12/2024. 3, obs. Camensuli-Feuillard.*

5. S'il résulte des art. L. 624-2 et R. 624-5 que l'instance introduite devant la juridiction compétente pour trancher, sur l'invitation du juge-commissaire, une contestation sérieuse dont une créance déclarée est l'objet s'inscrit dans la procédure de vérification du passif à laquelle le débiteur lui-même est personnellement partie, au titre d'un droit propre, de sorte qu'il peut être désigné pour saisir la juridiction compétente, toute autre partie à cette procédure, tel le liquidateur en sa qualité de représentant de l'intérêt collectif des créanciers, est toutefois recevable à saisir cette juridiction et c'est seulement en l'absence de saisine de celle-ci par l'une des parties à l'instance en contestation de créance que la forclusion prévue par le second texte précité peut être encourue par la partie désignée. • Com. 2 mars 2022, n° 20-21.712 B : *D. 2022. Pan. 1679, obs. Cagnoli ; RTD com. 2022. 377, obs. Martin-Serf ; LEDEN 4/2022. 2, obs. Dumont ; APC 2022, n° 88, obs. Vallansan ; RJDA 2022, n° 352 ; RDBF 2022, n° 108, obs. Houin-Bressand.*

6. Si l'art. R. 624-5 impose au juge-commissaire de désigner la partie qui devra saisir le juge compétent pour trancher la contestation qui a été déclarée sérieuse, une ordonnance qui, en désignant toutes les parties, ne respecte pas cette règle est entachée d'une erreur de droit qui ne peut être réparée en application de l'art. 462 C. pr. civ. et, faute d'avoir fait l'objet d'une voie de recours, est irrévocable. • Com. 11 mars 2020, n° 18-23.586 P : *D. 2020. Pan. 1861, obs. Cagnoli ; Rev. sociétés 2020. 381, obs. Henry ; RTD com. 2020. 461, obs. Martin-Serf ; JCP E 2020. 1353, n° 11, obs. Pétel ; LEDEN 4/2020. 4, obs. Jazottes ; RJDA 2020, n° 320 ; DP diff. entr., Bull. n° 425, obs. Dizel ; APC 2020, n° 137, obs. Théron ; RPC 2020, n° 53, obs. Borga ; BJE 7-8/2020. 18, note de Lajarte-Moukoko ; RDBF 2020, n° 115, obs. Houin-Bressand.* ♦ Sur la détermination de la partie en charge de saisir la juridiction compétente en présence d'une contestation sérieuse, V. aussi • Com. 9 mai 2018, n° 16-27.243 : *Rev. sociétés 2018. 412, obs. Henry ; LEDEN 6/2018. 5, obs. Rubellin ; BJE 2018. 258, note Staes ; Gaz. Pal. 9 oct. 2018, p. 77, obs. Le Corre.*

7. Il résulte de la combinaison des art. R. 624-5 et R. 662-3 que la juridiction compétente pour trancher la contestation sérieuse dont une créance déclarée au passif d'une procédure collective fait l'objet n'est pas le tribunal de la procédure collective mais celui que déterminent une clause attributive de compétence ou, à défaut, les règles de droit commun. • Com. 1er juill. 2020, n° 18-25.522 P : *D. 2020. Pan. 1862, obs. Cagnoli ; Rev. sociétés 2020. 513, obs. Reille ; RTD com. 2020. 946, obs. Martin-Serf ; JCP E 2020. 1353, n° 12, obs. Pétel ; LEDEN 9/2020. 3, obs. Ollu ; APC 2020, n° 193, obs. Staes ; Gaz. Pal. 13 oct. 2020, p. 77, obs. Le Corre ; RJDA 2020, n° 581 ; RDBF 2020, n° 116, obs. Houin-Bressand ; Dr. sociétés 2021, n° 26, note Legros.*

8. L'instance introduite devant la juridiction compétente par l'une des parties à la procédure de vérification des créances sur l'invitation du juge-commissaire s'inscrit dans cette même procédure, laquelle est indivisible entre le créancier, le débiteur et le mandataire judiciaire ou le liquidateur ; il en résulte que la partie qui saisit le juge compétent doit mettre en cause devant ce juge les deux autres parties (irrecevabilité de la demande du créancier qui, saisissant le tribunal compétent dans le délai imparti, n'avait cependant pas assigné le débiteur, titulaire d'un droit propre en matière de vérification du passif). • Com. 5 sept. 2018, n° 17-15.978 P : *D. 2019. Pan. 1909, obs. Cagnoli ; RTD com. 2019. 206, obs. Martin-Serf ; JCP E 2019. 1001, note Berthelot ; Procédures 2018, n° 339, note Rolland ; BJE 1-2/2018. 447, note Théron ; Gaz. Pal. 15 janv. 2019, p. 74, obs. Le Corre ; Dr. sociétés 2019, n° 96, note Legros ; RJ com. 2019. 269, obs. Dumont.* ♦ La partie qui saisit la juridiction compétente dans le délai de l'art. R. 624-5 n'encourt pas la forclusion que ce texte prévoit et a la faculté d'appeler les parties omises après l'expiration de ce délai jusqu'à ce que le juge statue. • Com. 14 juin 2023, n° 21-24.458 B : *D. 2023. Actu. 1174 ; RTD com. 2023. 942, obs. Martin-Serf ; JCP E 2023. 1306, n° 18, obs. Tehrani ; RJDA 2023, n° 446 ; BJE 9-10/2023. 32, note Jazottes ; RDBF 2023, n° 156, obs. Houin-Bressand.*

9. Le juge-commissaire qui, en application de l'art. R. 624-5, dans sa rédaction issue du Décr. n° 2014-736 du 30 juin 2014, constate l'existence d'une contestation sérieuse, renvoie les parties à mieux se pourvoir et invite l'une d'elles à saisir le juge compétent pour trancher cette contestation, reste compétent, une fois la contestation tranchée ou la forclusion acquise, pour statuer sur la créance déclarée, en l'admettant ou en la rejetant. • Com. 11 mars 2020, n° 18-23.586 P : *préc. note 6.*

10. Saisine du tribunal. Il résulte de l'art. R. 624-5 que le tribunal est réputé saisi dès la date de la délivrance de l'assignation, dès lors que celle-ci est remise au greffe. • Com. 4 oct. 2023, n° 22-14.439 B : *RTD com. 2024. 162, obs. Martin-Serf ; RJDA 2024, n° 43 ; LEDEN 11/2023. 3, obs. Rubellin ; RDBF 2023, n° 180, obs. Houin-Bressand.*

11. Forclusion. En cas de forclusion, l'admission ou le rejet de la créance déclarée dépend du point de savoir quelle partie avait intérêt à saisir le juge compétent, seule cette partie devant, dans le cadre de la procédure de vérification et d'admission des créances, supporter les conséquences de l'absence de saisine de ce juge. • Com. 29 sept. 2021, n° 20-13.367 : *RTD com. 2022. 145, obs. Martin-Serf ; RJDA 2021, n° 786.*

12. Arbitrage. Le délai d'un mois prévu par l'art. R. 624-5 est respecté dès lors que le secrétariat de la Cour internationale d'arbitrage a reçu dans le délai la demande d'arbitrage par la personne désignée par le juge-commissaire. • Com. 5 oct. 2022, n° 20-22.409 B : *D. 2023. Pan. 1720, obs. Cagnoli ; RTD com. 2023. 215, obs. Martin-Serf ; LEDEN 11/2022. 3, obs. Allais ; APC 2022, n° 230, obs. F.-X. Lucas, Pérochon, Reille et Roussel Galle ; BJE 11-12/2022. 18, note Henry ; RDBF 2022, n° 174, obs. Houin-Bressand ; RJDA 2023, n° 44.*

Art. R. 624-6 **A la requête du Trésor public, le juge-commissaire, après avoir recueilli l'avis du mandataire judiciaire, prononce l'admission définitive des créances admises à titre provisionnel en application du** *(Décr. n° 2014-736 du 30 juin 2014, art. 56)* **« quatrième » alinéa de l'article L. 622-24 et qui ont fait l'objet d'un titre exécutoire ou ne sont plus contestées. Lorsque le juge-commissaire n'est plus en fonctions, le président du tribunal, saisi par requête du représentant du Trésor public, prononce l'admission définitive. Les décisions sont portées sur l'état des créances.**

Les décisions rendues en méconnaissance des dispositions du *(Décr. n° 2014-736 du 30 juin 2014, art. 56)* **« quatrième » alinéa de l'article L. 622-24 sont susceptibles d'appel.** — *[Décr. n° 85-1388 du 27 déc. 1985, art. 74.]*

L'appel du trésorier contre la décision de sursis à statuer prétendument rendue en méconnaissance des dispositions de l'art. 50, al. 3, de la L. du 25 janv. 1985, devenu l'art. L. 621-43, al. 3, C. com. [désormais, C. com., art. L. 622-24, al. 4], est recevable en vertu de l'art. 74 du Décr. du 27 déc. 1985 [C. com., art. R. 624-6] et n'est pas soumis aux dispositions de l'art. 380 NCPC [C. pr. civ.]. • Com. 16 oct. 2001, n° 98-18.731 P : *D. 2001. AJ 3351 ; APC 2001, n° 269, obs. Regnaut-Moutier ; JCP E 2002. 175, n° 12, obs. Cabrillac.*

Art. R. 624-7 **Le recours contre les décisions du juge-commissaire statuant sur l'admission des créances est formé devant la cour d'appel.** — *[Décr. n° 2005-1677 du 28 déc. 2005, art. 108.]*

1. Le délai d'appel de dix jours dont le mandataire judiciaire dispose à l'encontre de la décision rendue par le juge-commissaire, statuant sur la contestation d'une créance, court à compter de la date du récépissé de l'avis qui lui est donné de cette décision en application de l'art. R. 624-4, al. 5. • Com. 10 juill. 2012, n° 11-18.867 P : *D. 2012. Actu. 1953 ; JCP E 2012. 1757, n° 15, obs. Pétel ; LEDEN 9/2012. 6, obs. Staes ; ibid. oct. 2012, p. 6, obs. F. Legrand ; APC 2012, n° 229, obs. Cagnoli ; Procédures 2012, n° 289, note Rolland ; Gaz. Pal. 12-13 oct. 2012, p. 17, obs. Le Corre.*

2. Il résulte des art. L. 624-3 C. com., 366 du décret du 28 déc. 2005 [C. com., art. R. 662-1] et 899 NCPC [C. pr. civ.] que l'appel des ordonnances du juge-commissaire en matière de contestation de créance doit être interjeté par déclaration au greffe de la cour par un avoué à la cour ; l'appel interjeté par le débiteur directement au greffe de la cour est irrecevable. • Paris, 12 juin 2007 : *D. 2007. AJ 1789*.

3. Lorsqu'il forme seul appel contre la décision d'admission d'une créance, le débiteur doit intimer, non seulement le créancier, mais aussi le mandataire judiciaire, et respecter à l'égard de chacun d'eux les règles de la procédure d'appel. • Com. 2 nov. 2016, n° 14-25.536 P : *D. 2016. Actu. 2279 ; APC 2016, n° 297, obs. Vallansan ; RJDA 2017, n° 37 ; RPC 2017, n° 11, obs. Cagnoli ; RDBF 2017, n° 93, obs. Houin-Bressand.* ♦ En application des dispositions des art. 908 et 911 C. pr. civ., le débiteur est tenu, à peine de caducité de sa déclaration d'appel, de signifier ses conclusions au mandataire judiciaire intimé n'ayant pas constitué avocat. • Même arrêt.

4. En l'absence de mise en cause du débiteur, il incombe à la cour d'appel de relever d'office l'irrecevabilité de l'appel eu égard au lien d'indivisibilité unissant les parties à l'instance relative à l'admission des créances. • Com. 15 nov. 2016, n° 14-29.885 P : *D. 2016. Actu. 2334 ; RTD com. 2017. 181, obs. Martin-Serf ; LEDEN 1/2017. 3, obs. Camensuli-Feuillard ; RJDA 2017, n° 102 ; RPC 2017, n° 6, obs. Vallansan ; RDBF 2017, n° 93, obs. Houin-Bressand.*

5. L'administrateur judiciaire n'a pas, quand le débiteur est soumis à une procédure de sauvegarde, à être intimé sur l'appel d'un créancier contestant le rejet de la créance qu'il a déclarée. • Com. 20 avr. 2017, n° 15-18.182 P : *D. 2017. Actu. 917 ; RTD com. 2017. 437, obs. Vallens ; APC 2017, n° 155, obs. Pedemons ; DP diff. entr., Bull. n° 392, obs. Rémery ; LEDEN 6/2017. 3, obs. Staes ; RJDA 2017, n° 486 ; Gaz. Pal. 27 juin 2017, p. 57, obs. Le Corre ; RPC 2017, n° 137, obs. Lebel ; ibid. 2018, n° 104, obs. Cagnoli.*

SOUS-SECTION 3 *De l'état des créances*

Art. R. 624-8 **Les décisions prononcées par le juge-commissaire sont portées par le greffier sur la liste des créances mentionnée au premier alinéa de l'article R. 624-2. Cette liste ainsi complétée et les relevés des créances résultant du contrat de travail constituent l'état des créances.**

Cet état est déposé au greffe du tribunal, où toute personne peut en prendre connaissance.

Le greffier fait publier au *Bulletin officiel des annonces civiles et commerciales* une insertion indiquant ce dépôt et le délai pour présenter une réclamation.

Tout intéressé peut présenter une réclamation devant le juge-commissaire dans le délai d'un mois à compter de la publication. *(Décr. n° 2021-1218 du 23 sept. 2021, art. 17, en vigueur le 1er oct. 2021)* **« Les personnes mentionnées au second alinéa de l'article L. 624-3-1 ne peuvent se voir opposer l'état des créances en l'absence de signification de la décision d'admission prévue à l'article L. 624-2. A leur égard, le délai d'un mois prévu pour présenter une réclamation court à compter cette signification.**

« En cas d'appel, les personnes coobligées ou ayant consenti une sûreté personnelle ou ayant affecté ou cédé un bien en garantie qui n'ont pas été appelées dans la cause peuvent former tierce-opposition *[tierce opposition]*. **»** — *[Décr. n° 2005-1677 du 28 déc. 2005, art. 109.]*

Pour les dispositions transitoires du Décr. n° 2021-1218 du 23 sept. 2021, V. note ss. art. R. 611-11.

BIBL. ► LE CORRE, *Gaz. Pal. 2014. Doctr. 2107* (recours du dirigeant social après admission des créances).

1. État des créances. L'état des créances, même visé par le juge-commissaire, ne confère pas à ce relevé le caractère d'un titre exécutoire au sens de l'art. R. 145-1 [R. 3252-1] C. trav., qui permettrait au liquidateur judiciaire de faire procéder à la saisie des rémunérations dues au débiteur par son employeur, à concurrence du passif de sa procédure collective. • Com. 2 mai 2001, n° 97-19.536 P : *D. 2001. IR 1671 ; APC 2001, n° 143, obs. Salvat ; Procédures 2001, n° 151, note Laporte ; RDBF 2001, n° 157, obs. Delleci ; RTD com. 2001. 773, obs. Vallens.*

2. Le dépôt d'un document ne comportant aucune décision du juge-commissaire statuant sur les créances ne peut constituer le dépôt de l'état des créances. • Com. 7 déc. 1999, n° 97-16.491 P : *D. 2000. AJ 58, obs. Lienhard ; JCP E 2000, n° 17, p. 699, obs. Cabrillac ; RTD com. 2000. 186, obs. Vallens.*

3. Dès lors que la créance rectificative, résultant de la résiliation du contrat de crédit-bail, a été régulièrement déclarée en application des dispositions de l'art. R. 622-21 et que cette créance, qui n'a pas été contestée, a été omise sur l'état des créances, le créancier est recevable à saisir le juge-commissaire pour que celui-ci statue sur cette créance. • Com. 17 sept. 2013, n° 12-20.498 P : *D. 2013. Actu. 2222 ; JCP E 2014. 1020, n° 8, obs. Pétel ; APC 2013, n° 235, obs. Cagnoli ; Procédures 2013, n° 351, note Rolland.* ♦ V. aussi, dans le cas où le créancier avait déclaré sa créance dans le délai imparti, mais après la publication de l'état des créances : • Com. 5 mai 2021, n° 19-19.127 : *RTD com. 2021. 921, obs. Martin-Serf ; RJDA 2021, n° 498 ; Gaz. Pal. 13 juill. 2021, p. 66, obs. Lafaurie ; BJE 7-8/2021. 34, note Sahel ; RDBF 2021, n° 139, obs. Houin-Bressand.*

4. Réclamations des tiers. L'art. 83 du décret du 27 déc. 1985 et l'art. 4, 3°, du décret du 25 mars 2007 [désormais, C. com., art. R. 624-7 et R. 624-8] n'interdisent pas que le recours ouvert à toute personne intéressée autre que le créancier, le débiteur, l'administrateur ou le représentant des créanciers puisse être formé dès que le réclamant a connaissance de l'état des créances qu'il conteste. • Com. 21 févr. 2012, n° 10-27.594 P : *D. 2012. Actu. 679, obs. Lienhard ; RJDA 2012, n° 519.*

5. Réclamations des créanciers. Si un créancier autre que celui dont la créance est en cause a la faculté, comme toute personne intéressée, de former une réclamation contre les décisions du juge-commissaire portées sur l'état des créances, c'est à la condition d'invoquer un intérêt personnel et distinct de celui des autres créanciers pour discuter de l'existence, du montant ou de la nature de la créance. • Com. 13 mai 2003, n° 01-14.173 P : *D. 2003. AJ 1761, obs. Lienhard ; APC 2003, n° 160, obs. Regnaut-Moutier ; JCP E 2003, n° 40, p. 1572, obs. Pétel ; RTD com. 2003. 820, obs. Martin-Serf .* ♦ ... Que le représentant des créanciers soit ou non toujours en fonction. • Com. 30 janv. 2007, n° 06-10.707 : *RTD com. 2007. 457, obs. Vallens .* ♦ Des créanciers ont un intérêt personnel et distinct de celui des autres créanciers à agir, dès lors que le succès de leur contestation – portant sur le caractère privilégié d'une créance – pourrait leur permettre d'obtenir une position plus avantageuse lors des répartitions après la réalisation des actifs du débiteur. • Com. 2 juin 2021, n° 19-24.154 P : *D. actu. 16 juin 2021, obs. Ferrari ; RTD com. 2021. 922, obs. Martin-Serf ; JCP E 2021. 1411, note Houssin ; DP diff. entr., Bull. n° 437, obs. Rémery ; LEDEN 7/2021. 4, obs. Azevedo ; APC 2021, n° 162, obs. Revel Pedemons ; RJDA 2021, n° 729.*

6. Réclamations du débiteur ou du dirigeant social. Le débiteur ne peut relever appel des décisions d'admission portées sur l'état des créances, l'indication par le greffe de l'existence d'une voie de recours inexistante ne pouvant avoir pour effet d'ouvrir un recours au débiteur. • Com. 9 nov. 2004, n° 03-11.016 : *RJDA 2005, n° 297 ; RTD com. 2005. 173, obs. Vallens .* ♦ Pour l'irrecevabilité de la réclamation du président du conseil d'administration de la société débitrice, agissant en sa qualité de représentant légal de cette société, V. • Com. 28 nov. 2000, n° 98-18.298 : *APC 2001, n° 3.* ♦ Si le dirigeant de la société débitrice, à titre personnel, peut, en sa qualité de tiers, former une réclamation contre la décision d'admission d'un créancier, son recours, lorsqu'il n'a pas été fait par déclaration au greffe, mais a été porté sur l'état des créances, est irrecevable. • Même arrêt. ♦ Le dirigeant de société poursuivi en paiement des dettes sociales, qui est une personne intéressée au sens de l'art. 103 [R. 624-8], est recevable à former une réclamation contre l'état des créances. • Com. 28 sept. 2004, n° 03-10.760 : *D. 2005. Pan. 299, obs. Le Corre ; RJDA 2005, n° 428. – Contra* : • Com. 18 févr. 2003, n° 99-20.631 : *RTD com. 2003. 383, obs. Vallens .* ♦ Pour la conformité à l'art. 6, § 1, Conv. EDH de l'irrecevabilité du recours du dirigeant condamné à supporter les dettes sociales contre l'ordonnance d'admission de la créance, dès lors que celui-ci est intervenu volontairement devant le juge-commissaire saisi de la demande d'admission de la créance, pour faire valoir ses droits, V. • Com. 11 mars 2020, n° 19-13.233 : *BJE 5-6/2020. 39, note Fricero ; Gaz. Pal. 13 oct. 2020, p. 76, obs. Ferrari.*

7. Réclamation de l'associé d'une société civile. L'autorité de chose jugée qui s'attache à la décision irrévocable d'admission d'une créance au passif de la liquidation d'une société civile s'impose à ses associés, de sorte que, s'il n'a pas présenté contre une telle décision la réclamation prévue par l'art. R. 624-8, dans le délai fixé par ce texte, l'associé d'une société civile en liquidation judiciaire est sans intérêt à former tierce opposition à la décision, antérieure, condamnant la société au paiement de ladite créance et sur le fondement de laquelle celle-ci a été admise. • Com. 20 janv. 2021, n° 19-13.539 P : *D. 2021. Actu. 132 ; Rev. sociétés 2021. 201, obs. Henry ; RTD com. 2021. 429, obs. Martin-Serf ; DP diff. entr., Bull. n° 433, obs. Rémery ; JCP E 2021. 1191, n° 11, obs. Pételet ; LEDEN 2/2021. 2, obs. Ollu ; APC 2021, n° 57, obs. Théron ; Procédures 2021, n° 104, note Rolland ; BJS 4/2021. 59, note F.-X. Lucas ; RJDA 2021, n° 324 ; Dr. sociétés 2021, n° 66, note Legros ; BJE 5-6/2021. 39, note Maraud ; RJ com. 2021. 273, obs. Favario ; RPC 2021, n° 59, obs. Borga.*

8. Réclamations de l'administrateur. En ce sens que, lorsqu'il n'est pas chargé de l'administration de l'entreprise du débiteur, l'administrateur ne peut se voir reconnaître la qualité de « personne intéressée » visée par l'art. 103 [R. 624-8], V. • Com. 28 févr. 1995, n° 92-17.991 : *RPC 1995. 291, obs. Dureuil.* ♦ V. aussi note 27 ss. art. L. 624-2.

9. Réclamations du commissaire à l'exécution du plan. Le commissaire à l'exécution du plan qui, dans la procédure de vérification des créances, succède à l'administrateur, n'est pas une personne intéressée au sens de l'art. 103 [R. 624-8] et n'a pas qualité pour former une réclamation contre l'état des créances. • Com. 13 oct. 1998, n° 95-17.670 P : *D. Affaires 1998. 1863 ; JCP E 1998, n° 52, p. 2067, obs. Cabrillac ; RTD com. 1999. 970, obs. Martin-Serf*.

10. Réclamations des cautions. Si la décision d'admission de la créance au passif du débiteur principal est, en principe, opposable à la caution quant à l'existence et au montant de la dette garantie, la caution, comme tout intéressé, dispose, aux termes de l'art. L. 624-3-1, complété par l'art. R. 624-8, d'un délai d'un mois, à compter de la publication au BODACC, de l'avis du greffier mentionnant le dépôt de l'état des créances, pour présenter au juge-commissaire une réclamation ; il en résulte que la caution, dont la situation est distincte de celle du débiteur principal, n'est pas privée du droit à un recours juridictionnel effectif pour empêcher que la décision d'admission de la créance lui soit rendue opposable (non-renvoi de la QPC). • Com., QPC, 12 janv. 2016, n° 15-40.036 : *BJE 2016. 116, note Borga.* ♦ Les cautions du débiteur pouvant former réclamation contre l'état des créances déposé au greffe du tribunal de commerce par le juge-commissaire, en qualité de tiers intéressés conformément aux dispositions de l'art. R. 624-8 C. com., la tierce opposition contre l'arrêt confirmant l'ordonnance d'admission de la créance ne leur est pas ouverte. • Com. 6 déc. 2011, n° 10-25.571 P : *D. 2012. Actu. 7 ; Banque et Dr. 1-2/2012. 58, obs. Rontchevsky ; RJDA 2012, n° 313 ; BJE 2012. 88, note Brena ; Gaz. Pal. 27-28 avr. 2012, p. 39, obs. Le Corre-Broly.* ♦ V. déjà, reconnaissant à la caution qualité pour former une réclamation contre l'état des créances : • Com. 3 mai 1994, n° 92-16.158 P : *D. 1994. IR 156 ; JCP E 1994. II. 627, note Wagner* • 16 mars 1999, n° 96-21.920 P : *D. 1999. IR 103 ; D. Affaires 1999. 674, obs. P. P. ; RTD com. 1999. 971, obs. Martin-Serf ; APC 1999, n° 94, obs. Vallansan ; RPC 2000. 57, obs. Kerckhove.*

11. La caution a la possibilité, dans sa réclamation fondée sur l'art. 103 [R. 624-8], de contester la validité des déclarations de créance. • Com. 16 oct. 2001, n° 98-19.316 P : *D. 2001. AJ 3275, obs. Lienhard ; APC 2001, n° 247, obs. Vallansan ; RDBF 2001, n° 236, obs. F.-X. Lucas.*

12. Réclamations des tiers constituants d'une sûreté réelle. Le tiers constituant d'une sûreté réelle est une personne intéressée au sens de l'art. 103 [R. 624-8] ; faute d'avoir exercé le recours qui lui est ouvert en application de ce texte, la décision passée en force de chose jugée rendue par le juge compétent de la procédure collective dans les rapports entre le créancier et le débiteur s'impose au tiers constituant, quant à l'existence et au montant de la créance assortie de la sûreté. • Com. 7 mars 2006, n° 04-13.762 P : *D. 2006. AJ 782, obs. Lienhard ; RTD com. 2006. 660, obs. Martin-Serf.*

13. Réclamation d'un tiers détenteur. Le tiers détenteur d'un bien immobilier, poursuivi par le créancier titulaire d'une sûreté sur ce bien en vertu de son droit de suite, est une personne intéressée au sens des art. L. 624-3-1 et R. 624-8 et est, en conséquence, recevable à former la réclamation prévue par ces textes pour contester la décision rendue par le juge-commissaire dans les rapports entre le créancier et le débiteur quant à l'existence et au montant de la créance assortie de la sûreté. • Com. 5 avr. 2016, n° 14-20.467 P : *D. 2016. Actu. 838 ; LEDEN 5/2016. 2, obs. Camensuli-Feuillard ; Gaz. Pal. 28 juin 2016, p. 67, obs. Le Corre ; BJE 2016. 320, note Perruchot-Triboulet ; RJDA 2016, n° 881.*

14. Réclamations de coïndivisaires. V. • Civ. 1re, 20 déc. 1993, n° 92-11.189 P : *D. 1994. 358, note Derrida et Honorat ; RTD civ. 1994. 393, obs. Patarin ; ibid. 895, obs. Zénati.*

15. Réclamations du cessionnaire de l'actif. V. note 9 ss. art. L. 624-3 C. com.

16. Recours devant la cour d'appel. Pour l'irrecevabilité de l'appel de l'ancien dirigeant de la société en liquidation judiciaire contre la décision du juge-commissaire statuant sur une réclamation au sens de l'art. 103 [R. 624-8], faute d'avoir été partie en première instance, V. • Com. 19 nov. 2003, n° 02-13.826 P : *D. 2003. AJ 3050.*

Art. R. 624-9 L'état des créances mentionné à l'article R. 624-8 est complété par :

1° Lorsque la matière est de la compétence d'une autre juridiction, les décisions rendues par la juridiction compétente ;

2° Les décisions mentionnées au premier alinéa de l'article R. 624-11 ;

3° Les décisions rendues par la cour d'appel statuant sur les recours formés contre les décisions du juge-commissaire. — *[Décr. n° 2005-1677 du 28 déc. 2005, art. 110.]*

Art. R. 624-10 Les réclamations des tiers mentionnées au dernier alinéa de l'article R. 624-8 sont formées par *(Décr. n° 2019-1333 du 11 déc. 2019, art. 16, en vigueur le 1er janv. 2020)* « requête remise ou adressée au greffe ». Elles sont mentionnées sur l'état des créances par le greffier.

Le greffier convoque les parties intéressées ou leur mandataire par lettre recommandée avec demande d'avis de réception et avise le mandataire judiciaire et l'administrateur, lorsqu'il en a été désigné.

(Décr. n° 2006-1709 du 23 déc. 2006, art. 50) « Le recours contre les décisions du juge-commissaire statuant sur une réclamation est formé devant la cour d'appel. » – *[Décr. n° 2005-1677 du 28 déc. 2005, art. 111.]*

Pour les dispositions transitoires du Décr. n° 2019-1333 du 11 déc. 2019, V. note ss. art. R. 621-8-1.

Art. R. 624-11 Le créancier dont les droits ont été reconnus par une décision d'une autre juridiction passée en force de chose jugée adresse au greffier du tribunal qui a ouvert la procédure une expédition de cette décision.

Le greffier avise le mandataire judiciaire ainsi que l'administrateur et le commissaire à l'exécution du plan, s'il y a lieu, de toute modification ainsi apportée à l'état des créances. – *[Décr. n° 2005-1677 du 28 déc. 2005, art. 112.]*

SECTION 2 *Des droits du conjoint*

Art. R. 624-12 Le conjoint du débiteur doit être entendu ou dûment convoqué avant toute décision autorisant la vente des biens de la communauté.

Lorsque, au cours de la procédure, la dissolution de la communauté existant entre le débiteur et son conjoint devient opposable aux tiers, ce conjoint est entendu ou dûment convoqué avant toute décision autorisant la vente des biens de l'indivision. – *[Décr. n° 2005-1677 du 28 déc. 2005, art. 113.]*

SECTION 3 *Des droits du vendeur de meubles, des revendications et des restitutions*

Art. R. 624-13 La demande en revendication d'un bien est adressée dans le délai prévu à l'article L. 624-9 par lettre recommandée avec demande d'avis de réception à l'administrateur s'il en a été désigné ou, à défaut, au débiteur. Le demandeur en adresse une copie au mandataire judiciaire.

A défaut d'acquiescement dans le délai d'un mois à compter de la réception de la demande, le demandeur doit, sous peine de forclusion, saisir le juge-commissaire au plus tard dans un délai d'un mois à compter de l'expiration du délai de réponse.

Avant de statuer, le juge-commissaire recueille les observations des parties intéressées.

La demande en revendication emporte de plein droit demande en restitution. – *[Décr. n° 2005-1677 du 28 déc. 2005, art. 114.]*

1. Portée de la procédure préalable. V. note 1 ss. art. L. 624-17.

2. Nature de la demande en revendication. La demande en revendication d'un bien visée à l'art. 85-1 [R. 624-13], al. 1er, ne constitue pas une demande en justice. • Com. 6 mars 2001, n° 98-15.099 P : *D. 2001. AJ 1099, obs. Lienhard ; APC 2001, n° 91, obs. Vallansan ; Procédures 2001, n° 128, obs. Laporte ; RTD com. 2001. 524, obs. Vallens ; JCP E 2001, n° 38, p. 1472, obs. Cabrillac et Pétel.* ♦ Dès lors, une demande en revendication ne peut être déclarée irrecevable aux motifs qu'elle est signée par un préposé pour le compte du chef du contentieux, que la société requérante n'a ni prouvé ni offert de prouver l'existence d'une délégation de pouvoir consentie à ce signataire et qu'un acte irrégulier ne peut produire effet. • Même arrêt. – Dans le même sens, V. • Com. 5 nov. 2003 : *RJDA 2004, n° 346 ; RPC 2004. 379, obs. Monsèrié-Bon.*

3. Forme de la demande en revendication. Une lettre qui n'invite pas son destinataire à se prononcer sur le droit de propriété du bailleur sur le bien ne vaut pas demande en revendication. • Com. 12 mars 2013, n° 11-24.729 P : *D. 2013. 1249, note Pailler ; ibid. Actu. 768, obs. Lienhard ; ibid. Pan. 2375, obs. Le Corre ; RTD com. 2013. 350, obs. Martin-Serf ; LEDEN 4/2013. 4, obs. Rubellin ; APC 2013, n° 98, obs. Voinot ; Gaz. Pal. 1er-4 mai 2013, p. 33, obs. Le Corre-Broly ; JCP E 2013. 1434, n° 6, obs. Pétel ; RJDA 2013, n° 540 ; BJE 2013. 228, note Laroche ; RPC 2013, n° 134, obs. Monsèrié-Bon.*

4. Destinataire de la demande en revendication. L'art. R. 624-13, al. 1er, n'exige pas que la lettre recommandée avec demande d'avis de réception contenant la demande de revendication soit adressée au débiteur lorsque ce dernier est assisté d'un administrateur ou représenté par le liquidateur. • Com. 2 nov. 2016, n° 14-18.898 P : *D. 2016. Actu. 2279 ; RTD com. 2017. 431, obs. Martin-Serf ; RJDA 2017, n° 99.*

5. Information du mandataire judiciaire. Si l'art. R. 624-13 impose au revendiquant d'adresser au mandataire judiciaire une copie de la lettre recommandée contenant la demande de revendication qu'il doit envoyer à l'administrateur dans le délai prescrit à l'art. L. 624-9, aucun texte ne sanctionne la méconnaissance de cette formalité, édictée pour l'information du mandataire, lequel, selon l'art. L. 624-17, n'a pas à prendre position sur la revendication dans l'hypothèse d'une procédure de redressement judiciaire comportant la désignation d'un administrateur. • Com. 3 oct. 2018, nº 17-10.557 P : *D. 2019. Pan. 1911, obs. F.-X. Lucas ; Rev. sociétés 2018. 750, obs. Reille ; RTD com. 2018. 1020, obs. Martin-Serf ; JCP E 2018. 1621, note Lebel ; LEDEN 11/2018. 5, obs. Laroche ; APC 2018, nº 261, obs. Cagnoli ; RJDA 2018, nº 929 ; Gaz. Pal. 15 janv. 2019, p. 75, obs. Le Corre-Broly ; BJE 2019. 22, note Laroche ; RDBF 2019, nº 61, obs. Houin-Bressand.*

6. Saisine du juge-commissaire. Seule la demande en revendication faite dans les formes prescrites par les dispositions de l'art. 85-1 [R. 624-13] permet de saisir le juge-commissaire. • Com. 10 mai 2000 : *RJDA 2000, nº 893.*

7. Dès lors que la procédure préliminaire de la revendication d'un bien devant l'administrateur ou, à défaut, devant le débiteur, ou le liquidateur, prévue par les art. R. 624-13 et R. 641-31 C. com., qui constitue un préalable obligatoire à la saisine du juge-commissaire, a été suivie, le revendiquant est recevable à saisir ce juge d'une demande de revendication du prix de ce bien. • Com. 5 déc. 2018, nº 17-15.973 P : *D. 2019. Pan. 1911, obs. F.-X. Lucas ; Rev. sociétés 2019. 217, obs. Reille ; JCP E 2019. 1206, nº 15, obs. Tehrani ; APC 2019, nº 19, obs. Thiberge ; LEDEN 2/2019. 3, obs. Cavelier ; RJDA 2019, nº 115 ; BJE 3-4/2019. 55, note Laroche ; Gaz. Pal. 16 avr. 2019, p. 75, obs. Le Corre-Broly.* ♦ Ainsi, la demande de revendication de biens vendus avec réserve de propriété ou de leur prix de revente formée par un créancier devant le juge-commissaire est recevable dès lors que le créancier, en respectant les délais prévus par la loi, a, au préalable, adressé au liquidateur une demande de revendication des biens, lequel n'y a pas acquiescé. • Même arrêt.

8. Le délai d'un mois pour saisir le juge-commissaire, prévu par l'art. 85-1 [R. 624-13], court à compter de l'expiration du délai imparti au mandataire de justice pour répondre à la demande en revendication qu'il a reçue. • Com. 28 sept. 2004, nº 03-11.876 P : *D. 2004. AJ 2715 ; APC 2004, nº 210, obs. Le Corre ; JCP E 2005, nº 1-2, p. 31, obs. Cabrillac et Pételetel ; RPC 2005. 376, obs. Monsérié-Bon.* ♦ La décision expresse de l'administrateur judiciaire de rejeter la demande en revendication s'analyse en un défaut d'acquiescement au sens de l'art. 85-1 [R. 624-13], al. 2, et le délai de forclusion prévu par ce texte pour saisir le juge-commissaire, qui court à compter de l'expiration du délai imparti au mandataire de justice pour répondre à la demande en revendication qu'il a reçue, est applicable. • Com. 2 nov. 2005, nº 04-16.593 P : *D. 2005. AJ 2874, obs. Lienhard ; APC 2005, nº 242, obs. Vallansan.* ♦ La lettre de l'administrateur judiciaire sollicitant du revendiquant des justificatifs n'a pas pour conséquence de différer le point de départ du délai de saisine du juge-commissaire au-delà de l'expiration du délai ouvert par la lettre initiale de revendication. • Orléans, 19 sept. 2002 : *RJDA 2002, nº 1302.* ♦ L'augmentation de délai prévue par l'art. 643 NCPC [désormais art. 643 C. pr. civ., prévoyant une augmentation des délais pour les personnes demeurant à l'étranger] ne s'applique pas à l'action en revendication portée devant le juge-commissaire. • Com. 28 sept. 2004 : *préc.* ♦ Conformément à l'art. 668 NCPC [C. pr. civ.], la date de notification par voie postale est, à l'égard de celui qui y procède, notamment un créancier à une procédure collective, la date de l'expédition. • Poitiers, 7 sept. 2004 : *D. 2004. AJ 2572 .* ♦ V. aussi, sur la forclusion résultant de la saisine du juge-commissaire après l'expiration du délai d'un mois visé à l'art. 85-1 [R. 624-13], al. 2, • Com. 3 avr. 2001 : *cité note 32 ss. art. L. 624-9.*

9. Dès lors que la demande en revendication a été adressée au liquidateur judiciaire dans le délai prévu par l'art. L. 621-115 C. com. [dans sa réd. antérieure à L. 26 juill. 2005] et que l'acquiescement de ce dernier a été porté à la connaissance du revendiquant dans le délai qui lui était imparti pour saisir le juge-commissaire, la forclusion attachée à l'absence de saisine de ce dernier ne peut plus être opposée au revendiquant. • Com. 7 févr. 2006, nº 04-11.867 P : *D. 2006. AJ 576, obs. Lienhard (1re esp.) ; JCP E 2006, nº 14-15, p. 671, obs. Cabrillac ; APC 2006, nº 51, obs. Vallansan ; Gaz. Pal. 30 avr.-4 mai 2006, p. 50, obs. Le Corre-Broly ; RJ com. 2006. 398, note Sortais ; RPC 2006. 362, obs. Monsèrié-Bon ; RTD com. 2007. 232, obs. Martin-Serf .*

10. Il résulte des art. 853 NCPC [C. pr. civ.] et 85-1, al. 2, du Décr. du 27 déc. 1985 [C. com., art. R. 624-13] que la personne qui saisit, pour le compte d'un tiers, le juge-commissaire d'une demande en revendication doit, si elle n'est pas avocat, être munie d'un pouvoir spécial donné par écrit (nullité de la requête en revendication présentée par un huissier de justice non investi d'un pouvoir spécial et écrit). • Com. 5 juill. 2005, nº 04-11.132 P : *D. 2005. AJ 1998, obs. Lienhard ; APC 2005, nº 205, obs. Fricero ; Gaz. Pal. 4-5 nov. 2005, p. 55, obs. Pérochon ; Dr. et pr. 2005. 339, obs. Crocq ; RDBF 2005, nº 180, obs. F.-X. Lucas ; RPC 2005. 375, obs. Monsèrié-Bon ; JCP E 2006, nº 2, p. 76, obs. Pétel.* ♦ Ce pouvoir doit accompagner la requête engageant l'action en revendication devant le juge-commissaire ou être produit dans le délai légal de celle-ci. • Même arrêt. ♦ V. aussi, pour l'irrecevabilité de la requête en revendication formée par un préposé du revendiquant dont le pouvoir d'agir en revendication n'était pas établi, • Orléans, 19 janv. 2006 : *RJDA 2006, nº 439.*

Art. R. 624-13-1 *(Décr. nº 2014-736 du 30 juin 2014, art. 57)* **La demande formée en application de l'article L. 624-19 est adressée à l'administrateur, s'il en a été désigné, dans le délai prévu à l'article L. 624-9 par lettre recommandée avec demande d'avis de**

réception. L'entrepreneur *(Abrogé par Décr. nº 2022-890 du 14 juin 2022, art. 1er)* *« individuel à responsabilité limitée »* en adresse copie au mandataire judiciaire. A défaut d'acquiescement par l'administrateur transmis dans le délai d'un mois à compter de la réception de la demande, le demandeur doit, à peine de forclusion, saisir le juge-commissaire dans le délai prévu au deuxième alinéa de l'article R. 624-13.

En l'absence d'administrateur, l'entrepreneur *(Abrogé par Décr. nº 2022-890 du 14 juin 2022, art. 1er)* *« individuel à responsabilité limitée »* saisit le juge-commissaire par requête dans le délai de l'article L. 624-9.

Avant de statuer, le juge-commissaire recueille les observations du demandeur, de l'administrateur judiciaire, le cas échéant, et du mandataire judiciaire.

Art. R. 624-14 Pour l'application de l'article L. 624-10, la demande en restitution est faite par le propriétaire du bien par lettre recommandée avec demande d'avis de réception à l'administrateur, s'il en a été désigné, ou, à défaut, au débiteur. Une copie de cette demande est adressée au mandataire judiciaire.

A défaut d'accord dans le délai d'un mois à compter de la réception de la demande ou en cas de contestation, le juge-commissaire peut être saisi à la diligence du propriétaire afin qu'il soit statué sur les droits de ce dernier. Même en l'absence de demande préalable en restitution, le juge-commissaire peut également être saisi à cette même fin par l'administrateur ou par le débiteur. – *[Décr. nº 2005-1677 du 28 déc. 2005, art. 116.]*

1. L'action en restitution n'est qu'une simple faculté ouverte au propriétaire dispensé de faire reconnaître son droit de propriété et n'est soumise à aucun délai. • Com. 18 sept. 2012 : *cité note 2 ss. art. L. 624-10 ; RPC 2013, nº 137, obs. Monsèrié-Bon.* ♦ Dans le même sens, sur deuxième pourvoi, V. • Com. 2 juin 2015, nº 14-13.116 : *Gaz. Pal. 18-20 oct. 2015, p. 31, obs. Le Corre-Broly ; BJE 2015. 298, note Laroche.* ♦ V. aussi • Com. 2 mai 2024, nº 21-25.720 B : *D. actu. 23 mai 2024, obs. Azevedo ; RTD com. 2024. 753, obs. Martin-Serf ; JCP E 2024. 1287, nº 17, obs. Tehrani ; APC 2024, nº 132, obs. Fin-Langer ; RDBF 2024, nº 125, obs. Houin-Bressand.*

2. V. notes ss. art. L. 624-17 et note 17 ss. anc. art. L. 623-4.

Art. R. 624-15 Pour bénéficier des dispositions de l'article L. 624-10, les contrats qui y sont mentionnés doivent avoir été publiés avant le jugement d'ouverture selon les modalités qui leur sont applicables.

Aux mêmes fins, en l'absence de réglementation particulière, le propriétaire du bien doit avoir fait publier le contrat avant le jugement d'ouverture, selon le cas, *(Décr. nº 2023-369 du 11 mai 2023, art. 1er)* « au registre prévu aux articles R. 313-4 et R. 313-5 du code monétaire et financier » ou au registre prévu au troisième alinéa de l'article R. 621-8 du présent code. – *[Décr. nº 2005-1677 du 28 déc. 2005, art. 117.]*

V. C. mon. fin., art. R. 313-4 et R. 313-5 (**C. mon. fin.**)*, et Arr. du 23 oct. 2023 relatif aux bordereaux d'inscriptions initiales, modificatives, de renouvellement et de radiation des opérations de crédit-bail en matière mobilière et des contrats portant sur un bien qui ont fait l'objet d'une publicité conformément aux dispositions de l'art. L. 624-10 C. com. au registre des sûretés mobilières (JO 27 oct.).*

Ne répond pas aux exigences de l'art. R. 624-15 l'enregistrement du contrat de cession [d'un droit au bail commercial] auprès des services des impôts. • Com. 5 nov. 2013 : *cité note 7 ss. art. L. 624-9 ; BJE 2014. 32, note Laroche ; RDBF 2014, nº 66, obs. Houin-Bressand.*

Art. R. 624-16 En cas de revendication du prix des biens en application de l'article L. 624-18, les sommes correspondantes payées par le sous-acquéreur postérieurement à l'ouverture de la procédure doivent être versées par le débiteur *(Décr. nº 2009-160 du 12 févr. 2009, art. 31)* « ou l'administrateur » entre les mains du mandataire judiciaire. Celui-ci les remet au créancier revendiquant à concurrence de sa créance. – *[Décr. nº 2005-1677 du 28 déc. 2005, art. 115.]*

Les sous-acquéreurs des biens vendus sous réserve de propriété, auxquels les biens ont été directement livrés et qui ne se sont pas acquittés du prix auprès de l'acquéreur à la date d'ouverture de la procédure collective de celui-ci, peuvent se libérer valablement entre les mains du liquidateur de la société revendiquante. • Com. 20 sept. 2005, nº 04-14.702 P : *D. 2005. AJ 2445, obs. Lienhard ; APC 2005, nº 215, obs. Vallansan ; RDBF 2005, nº 211, obs. Legeais ; JCP E 2006, nº 2, p. 77, obs. Cabrillac.* ♦ Solution confirmée par l'art. R. 624-16.

SECTION 4 *Dispositions particulières aux sociétés*

(Décr. nº 2014-736 du 30 juin 2014, art. 58)

Art. R. 624-17 Pour l'application du second alinéa de l'article L. 622-20, le mandataire judiciaire met en demeure l'associé ou l'actionnaire défaillant par lettre recommandée avec demande d'avis de réception. Cette lettre reproduit les dispositions de l'article L. 624-20.

Art. R. 624-18 Le délai mentionné à l'article R. 228-26 est applicable à la mise en demeure prévue par le second alinéa de l'article L. 622-20.

CHAPITRE V *DU RÈGLEMENT DES CRÉANCES RÉSULTANT DU CONTRAT DE TRAVAIL*

Art. R. 625-1 Au vu des documents ou à partir des informations fournies par les salariés, par le débiteur, par l'administrateur ainsi que par le représentant des salariés, le mandataire judiciaire vérifie les créances résultant d'un contrat de travail et en établit des relevés. Cette vérification a lieu même en l'absence de la vérification des créances chirographaires.

Le débiteur tient à la disposition du représentant des salariés les éléments à partir desquels le mandataire judiciaire a établi les relevés et notamment le livre de paye et le registre du personnel. Le représentant des salariés appose sa signature sur les relevés en formulant au besoin des réserves ou observations. En l'absence de signature, le juge-commissaire entend le représentant des salariés.

Les relevés sont, à la diligence du mandataire judiciaire, visés par le juge-commissaire. Ils sont remis par le mandataire judiciaire aux institutions mentionnées à l'article L. 143-11-4 *[L. 3253-14]* du code du travail avant l'expiration des délais prévus, pour chaque catégorie de créances, à l'article L. 143-11-7 du même code. – *[Décr. nº 2005-1677 du 28 déc. 2005, art. 118.]*

Art. R. 625-2 Les relevés des créances résultant du contrat de travail mentionnent l'identité de chaque salarié, la nature de son contrat de travail, la date de son entrée dans l'entreprise, l'emploi occupé et sa qualification, l'exercice ou non d'un mandat social, la date de rupture du contrat de travail, les sommes déjà versées et celles qui restent à payer. Le montant de ces sommes est calculé déduction faite des prélèvements légaux et conventionnels, y compris lorsque ces sommes correspondent à des créances définitivement établies par décision de justice. – *[Décr. nº 2005-1677 du 28 déc. 2005, art. 119.]*

Il appartient au représentant des créanciers [mandataire judiciaire] de porter sur le relevé des créances déposé au greffe du tribunal de commerce, les créances résultant du contrat de travail, déduction faite des prélèvements légaux et conventionnels, y compris lorsque les créances ont été définitivement établies par décision de justice sans tenir compte de ces déductions. • Soc. 4 mars 1997, nº 93-46.558 P.

Art. R. 625-3 Le mandataire judiciaire informe par tout moyen chaque salarié de la nature et du montant des créances admises ou rejetées et lui indique la date du dépôt au greffe du relevé des créances. Il rappelle que le délai de forclusion prévu à l'article L. 625-1 court à compter de la publication prévue au troisième alinéa ci-après. Les salariés dont les créances sont admises sont informés au moment du paiement.

Le salarié dont la créance a été omise peut être relevé de la forclusion par le conseil de prud'hommes dans le délai prévu au *(Décr. nº 2009-160 du 12 févr. 2009, art. 32)* « troisième » alinéa de l'article L. 622-26. Le relevé de forclusion bénéficie aux institutions mentionnées à l'article L. 143-11-4 *[L. 3253-14]* du code du travail.

La publicité mentionnée à l'article L. 625-1 est faite à la diligence du mandataire judiciaire par la publication, dans un *(Décr. nº 2020-106 du 10 févr. 2020, art. 12)* « support » habilité à recevoir les annonces légales dans le département du siège de la personne morale ou du lieu où le débiteur personne physique a déclaré l'adresse de son entreprise ou de son activité et, le cas échéant, dans le département de chacun de ses établissements secondaires, d'un avis indiquant que l'ensemble des relevés des créances est déposé au greffe du tribunal. Cette publication intervient au plus tard trois mois après l'expiration de la dernière période de garantie prévue par l'article L. 143-11-1 du code du travail *[devenu C. trav., art. R. 3253-4]*.

L'avis signé par le mandataire judiciaire est daté du jour de la publication prévue au troisième alinéa ci-dessus. Cette date fait courir le délai de forclusion prévu à l'article L. 625-1. – *[Décr. n° 2005-1677 du 28 déc. 2005, art. 120.]*

En application de l'art. R. 625-3, le salarié dont la créance a été omise peut être relevé de la forclusion par le conseil de prud'hommes sous la seule condition d'agir à cette fin dans le délai de six mois prévu à l'art. L. 622-26, al. 3. • Soc. 24 janv. 2018, n° 16-16.503 P : *D. 2018. Actu. 239 ; LEDEN 4/2018. 7, obs. Dedessus-Le-Moustier ; APC 2018, n° 70, obs. Fin-Langer ; BJE 2018. 222, note Jacotot.*

Art. R. 625-4 Le mandataire judiciaire ou le commissaire à l'exécution du plan restitue aux institutions mentionnées à l'article L. 143-11-4 *[L. 3253-14]* du code du travail les sommes avancées par elles qui n'ont pas été perçues par les salariés lorsque le délai de validité du titre de paiement est expiré. Ces institutions versent les sommes dues aux salariés qui en font la demande. – *[Décr. n° 2005-1677 du 28 déc. 2005, art. 122.]*

Art. R. 625-5 Le débiteur donne toutes les informations utiles au mandataire judiciaire et à l'administrateur, s'il en a été désigné, sur les instances en cours devant la juridiction prud'homale à la date du jugement d'ouverture. – *[Décr. n° 2005-1677 du 28 déc. 2005, art. 123.]*

Sur la responsabilité civile du débiteur pour défaut d'information du mandataire judiciaire, V. • Besançon, 29 juin 1993 : *BICC 1993, n° 1169.*

Art. R. 625-6 Les institutions mentionnées à l'article L. 143-11-4 *[L. 3253-14]* du code du travail font connaître au mandataire judiciaire leur refus de régler une créance figurant sur un relevé, dans les mêmes délais que ceux qui sont prévus à l'article L. 143-11-7 du même code, pour le versement des sommes impayées. Ces institutions indiquent la nature et le montant de la créance refusée ainsi que les motifs de leur refus.

Le mandataire judiciaire avertit le salarié du refus par les institutions mentionnées ci-dessus de régler la créance et en avise le représentant des salariés. – *[Décr. n° 2005-1677 du 28 déc. 2005, art. 121.]*

Art. R. 625-7 Les recours prévus à l'article L. 625-6 sont exercés dans le délai d'un mois. – *[Décr. n° 2005-1677 du 28 déc. 2005, art. 124.]*

CHAPITRE VI *DU PLAN DE SAUVEGARDE*

SECTION 1 *De l'élaboration du projet de plan*

SOUS-SECTION 1 *De la convocation des assemblées*

Art. R. 626-1 Pour l'application de l'article L. 626-3, les assemblées sont convoquées conformément aux dispositions du livre II, sous réserve des dispositions de la présente section. – *[Décr. n° 2005-1677 du 28 déc. 2005, art. 125.]*

Art. R. 626-2 Pour les sociétés anonymes et les sociétés en commandite par actions, outre les indications mentionnées aux articles R. 225-66 et R. 225-73, l'avis de convocation doit comporter :

1° La date à laquelle se réunira éventuellement la deuxième assemblée, à défaut pour la première d'avoir atteint le quorum requis ;

2° Le rappel du délai prévu au premier alinéa de l'article R. 626-3.

Le délai entre les deux assemblées est de six jours au moins. – *[Décr. n° 2005-1677 du 28 déc. 2005, art. 126.]*

Art. R. 626-3 Par dérogation à l'article R. 225-72, la demande d'inscription *(Décr. n° 2010-1619 du 23 déc. 2010)* « d'un point ou » d'un projet de résolution par les actionnaires à l'ordre du jour de l'assemblée est envoyée au siège social quinze jours au moins avant la date de l'assemblée réunie sur première convocation. – *[Décr. n° 2005-1677 du 28 déc. 2005, art. 127.]*

Les dispositions du Décr. nº 2010-1619 du 23 déc. 2010 s'appliquent aux assemblées tenues à compter du 1er janv. 2011 (Décr. préc., art. 13).

SOUS-SECTION 2 *[ABROGÉE]* *Du remplacement de dirigeants de l'entreprise*

(Abrogée par Décr. nº 2009-160 du 12 févr. 2009, art. 33)

Art. R. 626-4 *Lorsque le ministère public demande, en application de l'article L. 626-4, que l'adoption du plan soit subordonnée au remplacement d'un ou plusieurs dirigeants, il saisit le tribunal par une requête indiquant les faits de nature à motiver cette demande.*

Le président du tribunal fait convoquer, à la diligence du greffier, le ou les dirigeants de la personne morale dont le remplacement est demandé, quinze jours au moins avant l'audience, par acte d'huissier de justice. A cette convocation est jointe la requête du ministère public.

Le tribunal statue après avoir entendu ou dûment appelé, le cas échéant, le débiteur, l'administrateur s'il en a été désigné, le mandataire judiciaire ainsi que les représentants du comité d'entreprise ou, à défaut, des délégués du personnel.

Le jugement est signifié à la diligence du greffier à chaque dirigeant en cause et au représentant légal de la personne morale. Les personnes citées à l'article R. 621-7 ainsi que les représentants du comité d'entreprise ou, à défaut, des délégués du personnel sont avisés de ce jugement. — [Décr. nº 2005-1677 du 28 déc. 2005, art. 128.]

Art. R. 626-5 *L'administrateur s'il en a été désigné ou le mandataire judiciaire convoque les organes sociaux compétents aux fins de délibérer sur la demande de remplacement.*

Le tribunal statue sur le plan au vu de cette délibération. — [Décr. nº 2005-1677 du 28 déc. 2005, art. 129.]

Art. R. 626-6 *Le mandataire prévu au deuxième alinéa de l'article L. 626-4 peut être l'administrateur judiciaire. — [Décr. nº 2005-1677 du 28 déc. 2005, art. 130.]*

SOUS-SECTION 3 *De la consultation des créanciers*

Art. R. 626-7 *(Décr. nº 2011-236 du 3 mars 2011, art. 2)* I. — Pour l'application des deuxième et troisième alinéas de l'article L. 626-5, les propositions pour le règlement des dettes sont communiquées par lettre recommandée avec demande d'avis de réception, par le mandataire judiciaire, à chaque créancier consulté ayant déclaré sa créance.

II. — La lettre adressée aux créanciers auxquels sont proposés des délais et remises précise la forme choisie pour la consultation. En cas de consultation individuelle, elle contient la reproduction des dispositions des deux premières phrases du deuxième alinéa de l'article L. 626-5. En cas de consultation collective, elle comporte la convocation prévue à l'article R. 626-8.

Sont joints à cette lettre :

1° Un état de la situation active et passive avec ventilation du passif privilégié et du passif chirographaire ;

2° L'ensemble des propositions relatives au règlement des dettes et l'indication des garanties offertes ;

3° L'avis du mandataire judiciaire ainsi que des contrôleurs s'il en a été nommé.

III. — La lettre adressée aux créanciers auxquels est proposée une conversion de créances en titres donnant ou pouvant donner accès au capital contient la reproduction des dispositions du troisième alinéa de l'article L. 626-5.

Sont joints à cette lettre, outre les éléments d'information mentionnés aux 1°, 2° et 3° ci-dessus :

1° Un document établi par l'administrateur ou, s'il n'en a pas été nommé, par le débiteur, exposant l'origine, l'importance et la nature des difficultés de l'entreprise ;

2° Un compte de résultat prévisionnel ;

3° La liste des créanciers destinataires d'une proposition de conversion.

Art. R. 626-8 Lorsque le mandataire judiciaire décide de recueillir collectivement l'accord des créanciers *(Décr. nº 2011-236 du 3 mars 2011, art. 3-1º)* « auxquels sont proposés des délais de paiement et des remises de dette », ceux-ci sont convoqués à une réunion tenue sous sa présidence, aux lieu, jour et heure fixés dans la lettre mentionnée à l'article R. 626-7. Un avis de convocation peut en outre être inséré dans un *(Décr. nº 2020-106 du 10 févr. 2020, art. 12)* « support » d'annonces légales du lieu du siège de la personne morale ou de l'adresse de l'entreprise ou de l'activité du débiteur personne physique.

Les créanciers peuvent se faire représenter par une personne munie d'un pouvoir spécial.

Le mandataire judiciaire fait aux créanciers un rapport sur l'état de la procédure ainsi que sur les conditions de la poursuite de l'activité du débiteur depuis son ouverture.

L'accord de chaque créancier présent ou représenté sur les propositions *(Décr. nº 2011-236 du 3 mars 2011, art. 3-2º)* « portant sur des délais et remises » est recueilli par écrit. – *[Décr. nº 2005-1677 du 28 déc. 2005, art. 132.]*

SOUS-SECTION 4 *Du règlement des créances publiques*

BIBL. GÉN. ▶ Sur le décret du 6 avr. 2009 : TEBOUL, *LPA 20 avr. 2009.* - ROUSSEL GALLE, *DP diff. entr., Bull. 303, avr. 2009.* - SERLOOTEN, *RPC 2009. Étude 10.* - ABERGEL *LPA 22 avr. 2010* (remises de dettes publiques et privées : aspects financiers et comptables). - LAGARDE, *ibid.* (conséquences comptables et fiscales). ▶ Régime antérieur : LAGARDE, *Gaz. Pal. 2007. Doctr. 853.* - MILSAN, *JCP E 2007. 1901.* - DRIGUEZ, *LPA 3 août 2007* (critère de la concomitance des remises de dettes publiques et privées). - GOURDAIN, *D. 2007. 2546* (remise des créances publiques : le frein de l'art. R. 626-13). - COCHETEUX, *LPA 21 déc. 2007.* - MACORIG-VENIER, *RTD com. 2007. 827.* - RÉTIF, *Dr. et patr. 2/2008. 30.* - TOGNACCIOLI, *RPC 2008. 14.*

Art. D. 626-9 *(Décr. nº 2009-385 du 6 avr. 2009)* **Les remises de dettes consenties, pour l'application de l'article L. 626-6, par les administrations financières, les organismes de sécurité sociale,** *(Décr. nº 2024-606 du 26 juin 2024, art. 11, en vigueur le 1er juill. 2024)* **« l'opérateur France Travail » pour le compte de l'organisme gestionnaire du régime d'assurance chômage, les institutions régies par le livre IX du code de la sécurité sociale et les institutions régies par le livre VII du code rural et de la pêche maritime sont opérées dans les conditions et selon les modalités définies par les articles D. 626-10 à D. 626-15.**

Les dispositions des art. D. 626-9 à D. 626-15 sont applicables aux demandes en cours d'instruction à la date de publication du Décr. nº 2009-385 du 6 avr. 2009 [JO 8 avr.] (Décr. préc., art. 2).

Art. D. 626-10 *(Décr. nº 2009-385 du 6 avr. 2009)* **Les dettes susceptibles d'être remises correspondent :**

1º Aux pénalités, intérêts de retard, intérêts moratoires, amendes fiscales ou douanières, majorations, frais de poursuite, quel que soit l'impôt ou le produit divers du budget de l'État auquel ces pénalités ou frais s'appliquent ;

2º Aux majorations de retard, frais de poursuite, pénalités et amendes attachés aux cotisations et contributions sociales recouvrées par les organismes de sécurité sociale et par les institutions régies par le livre IX du code de la sécurité sociale et par les institutions régies par le livre VII du code rural et de la pêche maritime ;

3º Aux majorations de retard, frais de poursuite et pénalités attachés aux contributions et cotisations recouvrées par *(Décr. nº 2024-606 du 26 juin 2024, art. 11, en vigueur le 1er juill. 2024)* **« l'opérateur France Travail » pour le compte de l'organisme gestionnaire du régime d'assurance chômage ;**

4º Aux cotisations et contributions sociales patronales d'origine légale ou conventionnelle qu'un employeur est tenu de verser au titre de l'emploi de personnel salarié ;

5º Aux droits au principal afférents aux seuls impôts directs perçus au profit de l'État et des collectivités territoriales ;

6º Aux créances de l'État étrangères à l'impôt et au domaine, aux redevances domaniales, aux redevances pour services rendus et aux autres produits divers du budget de l'État.

Les remises de dettes sont consenties par priorité sur les frais de poursuite, les majorations et amendes, puis sur les intérêts de retard et les intérêts moratoires, et enfin sur les droits et les sommes dus au principal. Les dettes dues au principal ne peuvent pas faire l'objet d'une remise totale.

Pour l'entrée en vigueur, V. note ss. art. D. 626-9.

Art. D. 626-11 *(Décr. n° 2009-385 du 6 avr. 2009)* Peuvent être remises les dettes exigibles à la date de réception de la demande de remise, valant saisine de la commission mentionnée à l'article D. 626-14, et dues aux administrations, organismes et institutions mentionnés à l'article D. 626-9.

Pour l'entrée en vigueur, V. note ss. art. D. 626-9.

Art. D. 626-12 *(Décr. n° 2009-385 du 6 avr. 2009)* En cas d'ouverture d'une procédure de conciliation, le débiteur ou le conciliateur saisit, y compris par voie dématérialisée, la commission mentionnée à l'article D. 626-14 de la demande de remise de dettes. Cette saisine a lieu, sous peine de forclusion, dans un délai de *(Décr. n° 2021-1218 du 23 sept. 2021, art. 18, en vigueur le 1er oct. 2021)* « cinq » mois à compter de la date d'ouverture de la procédure. *(Décr. n° 2021-1218 du 23 sept. 2021, art. 18, en vigueur le 1er oct. 2021)* « Elle ne peut être effectuée après la fin de la procédure. »

A. – Cette demande est accompagnée *(Décr. n° 2021-1218 du 23 sept. 2021, art. 18, en vigueur le 1er oct. 2021)* « ou complétée par l'envoi dans le délai prévu au premier alinéa » :

1° De l'état actif et passif des sûretés ainsi que de celui des engagements hors bilan ;

2° Des comptes annuels et des tableaux de financement des trois derniers exercices, si ces documents ont été établis, ainsi que de la situation de l'actif réalisable et disponible et du passif exigible ;

3° Du montant des dettes privées. Les dettes privées correspondent à l'ensemble des concours consentis par les créanciers autres que ceux mentionnés à l'article D. 626-9.

B. – Elle peut être utilement complétée *(Décr. n° 2021-1218 du 23 sept. 2021, art. 18, en vigueur le 1er oct. 2021)* « , dans le délai prévu au premier alinéa, » par tous documents, notamment :

1° Un plan de trésorerie prévisionnel ;

2° Un état prévisionnel des commandes ;

3° Le montant des remises sollicitées ou obtenues auprès des créanciers privés.

Pour l'entrée en vigueur, V. note ss. art. D. 626-9.

Pour les dispositions transitoires du Décr. n° 2021-1218 du 23 sept. 2021, V. note ss. art. R. 611-11.

Art. D. 626-13 *(Décr. n° 2009-385 du 6 avr. 2009)* En cas d'ouverture d'une procédure de sauvegarde ou de redressement judiciaire, l'administrateur judiciaire ou le mandataire judiciaire saisit, y compris par voie dématérialisée, la commission mentionnée à l'article D. 626-14 de la demande de remise de dettes. Cette saisine a lieu, sous peine de forclusion, dans un délai de *(Décr. n° 2021-1218 du 23 sept. 2021, art. 19, en vigueur le 1er oct. 2021)* « six » mois à compter de la date d'ouverture de la procédure. *(Décr. n° 2021-1218 du 23 sept. 2021, art. 19, en vigueur le 1er oct. 2021)* « Elle ne peut être effectuée après la fin de la procédure. »

A. – Cette demande est accompagnée *(Décr. n° 2021-1218 du 23 sept. 2021, art. 19, en vigueur le 1er oct. 2021)* « ou complétée par l'envoi dans le délai prévu au premier alinéa » :

1° De l'état actif et passif des sûretés ainsi que de celui des engagements hors bilan ;

2° Des comptes annuels et des tableaux de financement des trois derniers exercices, si ces documents ont été établis, ainsi que de la situation de l'actif réalisable et disponible et du passif exigible ;

3° Du montant des dettes privées. Les dettes privées correspondent à l'ensemble des concours consentis par les créanciers autres que ceux mentionnés à l'article D. 626-9.

B. – Elle peut être utilement complétée *(Décr. n° 2021-1218 du 23 sept. 2021, art. 19, en vigueur le 1er oct. 2021)* « , dans le délai prévu au premier alinéa, » par tous documents, notamment :

1° Un plan de trésorerie prévisionnel ;

2° Un état prévisionnel des commandes ;

3° Le montant des remises sollicitées ou obtenues auprès des créanciers privés.

La commission peut également être saisie d'une demande de remise de dettes présentée dans le cadre d'une saisine du tribunal aux fins d'une modification substantielle du plan.

Pour l'entrée en vigueur, V. note ss. art. D. 626-9.

Pour les dispositions transitoires du Décr. n° 2021-1218 du 23 sept. 2021, V. note ss. art. R. 611-11.

Art. D. 626-14 *(Décr. n° 2009-385 du 6 avr. 2009)* Les demandes de remise de dettes sont examinées au sein d'une commission réunissant les chefs des services financiers et les représentants des organismes et institutions intéressés.

La composition et les conditions de fonctionnement de cette commission sont fixées par le décret n° 2007-686 du 4 mai 2007 instituant dans chaque département une commission des chefs des services financiers et des représentants des organismes de sécurité sociale et de l'assurance chômage pour l'examen de la situation des débiteurs retardataires. – *V. ce texte, 2e partie, III. Prévention des difficultés des entreprises.*

Le président de la commission recueille les décisions des administrations, organismes et institutions représentés et en assure la notification. Lorsqu'elle est favorable, la notification précise les montants d'abandon de créances publiques ainsi que les conditions qui y sont attachées vis-à-vis des créanciers privés. Le président peut déléguer sa signature à l'un des membres de la commission.

Le défaut de réponse dans un délai de deux mois à partir de la date de réception de l'ensemble des éléments mentionnés aux articles D. 626-12 et D. 626-13 vaut décision de rejet.

Pour l'entrée en vigueur, V. note ss. art. D. 626-9.

Art. D. 626-15 *(Décr. n° 2009-385 du 6 avr. 2009)* Les remises de dettes ont pour objet de faciliter la restructuration financière de l'entreprise en difficulté, la poursuite de son activité économique et le maintien de l'emploi. La remise de dettes n'est pas justifiée dès lors que l'entreprise n'est plus viable. Elle ne doit pas représenter un avantage économique injustifié pour l'entreprise bénéficiaire. Les efforts des créanciers publics sont coordonnés avec ceux des autres créanciers en vue de faciliter le redressement durable de l'entreprise et permettre le recouvrement de recettes publiques futures.

La recevabilité de la demande de remise est subordonnée à la constatation que le débiteur, ou, s'il est une personne morale, ses organes ou ses représentants, n'a pas fait l'objet depuis au moins dix ans d'une condamnation définitive pour l'une des infractions sanctionnées par les articles L. 8224-1, L. 8224-2, L. 8224-3 et L. 8224-5 du code du travail.

L'examen de la demande est effectué en tenant compte :

– des efforts consentis par les créanciers autres que ceux mentionnés à l'article D. 626-9 ;

– des efforts financiers consentis par les actionnaires et les dirigeants ;

– de la situation financière du débiteur et des perspectives de son rétablissement pérenne ;

– du comportement habituel du débiteur vis-à-vis des créanciers mentionnés à l'article D. 626-9 ;

– des éventuels autres efforts consentis par ces créanciers portant sur les cessions de rang de privilège ou d'hypothèque ou l'abandon de ces sûretés ou les délais de paiement déjà accordés.

Pour l'entrée en vigueur, V. note ss. art. D. 626-9.

Décret n° 2007-154 du 5 février 2007,

Désignant les autorités compétentes au sein des administrations financières pour statuer sur les demandes de remise présentées en application de l'article L. 626-6 du code de commerce.

Art. 1er En ce qui concerne les administrations financières, le pouvoir de statuer sur les demandes de remise présentées dans le cadre de la procédure définie par le décret *[n° 2007-153]* du 5 février 2007 susvisé *[art. D. 626-9 à D. 626-15 C. com.]*, pris en application de l'article L. 626-6 du code de commerce, appartient :

1° *(Décr. n° 2014-551 du 27 mai 2014, art. 59-1°)* « S'agissant des impôts et des pénalités fiscales, d'une part, et des frais de poursuites, intérêts moratoires et majorations afférents, d'autre part, au directeur départemental ou, le cas échéant, régional des finances publiques ou au directeur chargé d'un service à compétence nationale ou d'une direction spécialisée pour les créances établies à l'initiative de ces services ; »

2° *Abrogé par Décr. nº 2014-551 du 27 mai 2014, art. 59-2°.*

3° S'agissant des créances recouvrées par les services de la direction générale des douanes et droits indirects, au directeur régional des douanes et droits indirects ;

4° S'agissant des produits divers du budget de l'État, majorations, frais de poursuites et intérêts y afférents, au *(Décr. nº 2014-551 du 27 mai 2014, art. 59-3°)* « directeur départemental ou, le cas échéant, régional des finances publiques » ou au comptable *(Décr. nº 2014-551 du 27 mai 2014, art. 59-3°)* « de la direction générale des finances publiques » qui a pris en charge les ordres de recettes ;

5° S'agissant des frais de poursuites afférents aux produits et redevances du domaine de l'État *(Décr. nº 2014-551 du 27 mai 2014, art. 59-4°)* « [,] au directeur départemental ou, le cas échéant, régional des finances publiques » ou au comptable spécialisé du Domaine.

Les responsables mentionnés aux alinéas précédents peuvent déléguer leur signature aux agents placés sous leur autorité.

SECTION 2 *Du jugement arrêtant le plan et de l'exécution du plan*

SOUS-SECTION 1 *De l'arrêté du plan*

Art. R. 626-17 **Dès le dépôt au greffe** *(Décr. nº 2006-1709 du 23 déc. 2006, art. 51)* **« du projet de plan par le débiteur », le greffier convoque, par lettre recommandée avec demande d'avis de réception, le débiteur, les représentants** *(Décr. nº 2021-1218 du 23 sept. 2021, art. 20, en vigueur le 1er oct. 2021)* **« de la délégation du personnel du comité social et économique » et les contrôleurs.** — *Pour les dispositions transitoires du Décr. nº 2021-1218 du 23 sept. 2021, V. note ss. art. R. 611-11.*

Le ministère public ainsi que l'administrateur et le mandataire judiciaire sont avisés de la date de l'audience. — *[Décr. nº 2005-1677 du 28 déc. 2005, art. 133.]*

Art. R. 626-18 **Le tribunal statue avant l'expiration des délais prévus à l'article L. 621-3.**

(Décr. nº 2006-1709 du 23 déc. 2006, art. 52) **« Lorsqu'il n'est pas présenté de projet de plan en temps utile, le tribunal peut être saisi aux fins de clôture de la procédure par le ministère public, par tout créancier ou par les mandataires de justice. Il statue, le débiteur ayant été entendu ou appelé. »**

Le jugement de clôture est notifié au débiteur et fait l'objet des publicités prévues à l'article R. 621-8.

La clôture de la procédure est prononcée dans les conditions de l'article L. 626-9.

Les mandataires de justice déposent sans délai un compte rendu de fin de mission dans les conditions des articles R. 626-39 et R. 626-40. L'article R. 626-41 est applicable. — *[Décr. nº 2005-1677 du 28 déc. 2005, art. 134.]*

Sur l'appréciation de la présentation du projet de plan « en temps utile », V. • Com. 16 juin 2021, nº 19-25.151 : *Rev. sociétés 2021. 545, obs. Reille* ; *BJE 9-10/2021. 6, note Vincent ; Gaz. Pal. 26 oct. 2021, p. 58, obs. Farhi.*

Art. R. 626-19 **Les seuils fixés en application de l'article L. 626-9 au-delà desquels les débats relatifs à l'arrêté du plan doivent avoir lieu en présence du ministère public sont ceux fixés à l'article R. 621-11.** — *[Décr. nº 2005-1677 du 28 déc. 2005, art. 135.]*

Art. R. 626-20 **Le jugement arrêtant le plan est communiqué par le greffier aux personnes mentionnées au 3° de l'article R. 621-7** *(Décr. nº 2006-1709 du 23 déc. 2006, art. 46)* **« et fait l'objet des publicités prévues » à l'article R. 621-8.** — *[Décr. nº 2005-1677 du 28 déc. 2005, art. 136.]*

(Décr. nº 2009-160 du 12 févr. 2009, art. 34) **« Si le plan est toujours en cours à l'expiration d'un délai de deux ans à compter de son arrêté, les mentions relatives à la procédure et à l'exécution du plan sont, à l'initiative du débiteur, radiées des registres** *(Abrogé par Décr. nº 2022-1014 du 19 juill. 2022, art. 8, à compter du 1er janv. 2023)* ***« ou répertoires »*** **sur lesquels elles ont été portées. Cette radiation fait obstacle à toute nouvelle mention relative à l'exécution du plan.**

« Les dispositions de l'alinéa qui précède ne sont pas applicables aux mentions relatives aux mesures d'inaliénabilité décidées par le tribunal et aux décisions prononçant la résolution du plan. »

Les dispositions de l'art. 34 du Décr. nº 2009-160 du 12 févr. 2009 sont applicables aux plans de sauvegarde en cours d'exécution à la date d'entrée en vigueur du Décr. nº 2009-1661 du 28 déc. 2009 relatif aux frais de justice en matière commerciale et aux auxiliaires de justice [JO 30 déc.] (Décr. nº 2009-160 préc., art. 155-I, mod. par Décr. nº 2009-1661 préc., art. 8).

Sur la radiation d'office du registre du commerce et des sociétés des mentions relatives à la procédure de sauvegarde lorsque le plan de sauvegarde est toujours en cours à l'expiration d'un délai de deux ans à compter de son arrêté, V. C. com., art. R. 123-135 (4º). – **C. com.**

Art. R. 626-21 **Le jugement arrêtant ou rejetant le plan est notifié au débiteur et aux représentants** *(Décr. nº 2021-1218 du 23 sept. 2021, art. 20, en vigueur le 1er oct. 2021)* **« de la délégation du personnel du comité social et économique » et porté à la connaissance du ministère public et des mandataires de justice par le greffier, dans les huit jours de la date du jugement. Il est en outre notifié par le greffier à toute personne tenue de l'exécuter, conformément à l'article L. 626-10.** – *[Décr. nº 2005-1677 du 28 déc. 2005, art. 137.]*

Pour les dispositions transitoires du Décr. nº 2021-1218 du 23 sept. 2021, V. note ss. art. R. 611-11.

Art. R. 626-22 **Lorsque la décision rejetant le plan est devenue définitive et qu'il n'a pas été fait application des dispositions du deuxième** *(Décr. nº 2009-160 du 12 févr. 2009, art. 35)* **« ou du troisième » alinéa de l'article L. 622-10,** *(Décr. nº 2006-1709 du 23 déc. 2006, art. 53)* **« le tribunal se saisit d'office aux fins de clôture de la procédure. Il statue dans les conditions de l'article L. 626-9.**

« Le jugement de clôture est notifié au débiteur et fait l'objet des publicités prévues à l'article R. 621-8. »

Les mandataires de justice déposent sans délai un compte rendu de fin de mission dans les conditions des articles R. 626-39 et R. 626-40. L'article R. 626-41 est applicable. – *[Décr. nº 2005-1677 du 28 déc. 2005, art. 138.]*

SOUS-SECTION 2 *De l'exécution du plan*

Art. R. 626-23 **Le tribunal qui a arrêté le plan demeure compétent pour connaître des conditions de son exécution nonobstant le changement du lieu du siège social de la personne morale ou de l'adresse de l'entreprise ou de l'activité du débiteur personne physique.** – *[Décr. nº 2005-1677 du 28 déc. 2005, art. 139.]*

Art. R. 626-24 **Pour l'application de l'article L. 626-13, le débiteur justifie de la levée de l'interdiction d'émettre des chèques auprès de l'établissement de crédit qui est à l'origine de cette mesure par la remise d'une copie du jugement arrêtant le plan, à laquelle il joint un relevé des incidents de paiement.**

L'établissement de crédit qui est à l'origine de l'interdiction informe la Banque de France de la levée de cette interdiction aux fins de régularisation. – *[Décr. nº 2005-1677 du 28 déc. 2005, art. 140.]*

Art. R. 626-25 **La mesure d'inaliénabilité prévue à l'article L. 626-14 est, à la diligence du commissaire à l'exécution du plan, mentionnée aux registres publics sur lesquels les biens déclarés inaliénables et les droits qui les grèvent sont inscrits** *(Abrogé par Décr. nº 2021-1887 du 29 déc. 2021, art. 3-II, à compter du 1er janv. 2023)* ***« ou, à défaut, aux registres mentionnés à l'article R. 621-8 ».***

(Décr. nº 2021-1887 du 29 déc. 2021, art. 3-II, en vigueur le 1er janv. 2023) **« A défaut, elle est mentionnée au registre prévu à l'article R. 521-1 si le débiteur est immatriculé au registre du commerce et des sociétés, ou, selon le cas, aux registres mentionnés aux deuxième et troisième alinéas de l'article R. 621-8. »** – *V. C. com., art. R. 521-1* (**C. com.**)*, et Arr. du 23 oct. 2023 relatif aux bordereaux d'inscriptions initiales, modificatives, de renouvellement et de radiation des mesures d'inaliénabilité décidées par le tribunal en application des art. L. 626-14 et L. 642-10 C. com. au registre des sûretés mobilières (JO 27 oct.).*

La publicité mentionne la durée de l'inaliénabilité. – *[Décr. nº 2005-1677 du 28 déc. 2005, art. 141.]*

Art. R. 626-26 Lorsqu'en application de l'article L. 626-14, la décision arrêtant ou modifiant le plan prononce l'inaliénabilité temporaire de biens mobiliers d'équipement du débiteur, et est passée en force de chose jugée, le commissaire à l'exécution du plan demande l'inscription de la mesure d'inaliénabilité sur le registre prévu à l'article *(Décr. n° 2021-1887 du 29 déc. 2021, art. 3-II, en vigueur le 1er janv. 2023)* « **R. 521-1** ». – *[Décr. n° 51-194 du 17 févr. 1951, art. 8.]*

Art. R. 626-27 *(Décr. n° 2021-1887 du 29 déc. 2021, art. 3-II, en vigueur le 1er janv. 2023)* Le commissaire à l'exécution du plan indique également sur le bordereau prévu à l'article **R. 521-6** si le bien peut être déplacé et la durée de la mesure d'inaliénabilité.

Art. R. 626-28 *(Abrogé par Décr. n° 2021-1887 du 29 déc. 2021, art. 3-II, à compter du 1er janv. 2023) Le greffier porte sur les bordereaux la mention de la date à laquelle l'inscription est effectuée et le numéro sous lequel elle est portée au registre mentionné à l'article R. 626-26.*

Les bordereaux sont établis, conservés et l'un d'eux remis au débiteur dans les conditions prévues aux articles R. 525-2, R. 525-3 et R. 525-5.

Le greffier tient un fichier alphabétique des débiteurs avec l'indication des numéros des inscriptions les concernant. – [Décr. n° 51-194 du 17 févr. 1951, art. 9, al. 6 à 8.]

Art. R. 626-29 *(Abrogé par Décr. n° 2021-1887 du 29 déc. 2021, art. 3-II, à compter du 1er janv. 2023) Les bordereaux reçoivent un numéro d'entrée au moment où ils sont produits.*

Ces pièces sont enregistrées sur le registre mentionné à l'article R. 626-26 ; il est délivré un récépissé extrait dudit registre mentionnant :

1° Le numéro d'entrée apposé sur les pièces comme il est dit au premier alinéa ;

2° La date du dépôt des pièces ;

3° Le nombre et la nature des pièces avec l'indication du but de ce dépôt ;

4° Le nom ou la dénomination du débiteur ;

5° La nature et la situation des biens inaliénables et, éventuellement, la mention qu'ils peuvent être déplacés. – [Décr. n° 51-194 du 17 févr. 1951, art. 10.]

Art. R. 626-30 *(Abrogé par Décr. n° 2021-1887 du 29 déc. 2021, art. 3-II, à compter du 1er janv. 2023) « Le greffier mentionne, en marge du bordereau d'inscription, la radiation totale ou partielle de la mesure d'inaliénabilité portant sur des biens dont le tribunal a autorisé l'aliénation en application du premier alinéa de l'article L. 626-14.*

« Lorsque le délai fixé pour la mesure d'inaliénabilité temporaire décidée par le jugement est expiré, le greffier mentionne d'office en marge de l'inscription, la radiation de celle-ci. Il délivre un certificat de radiation au débiteur qui le demande.

« Il est tenu de délivrer à tous ceux qui le requièrent l'état des inscriptions existantes avec la mention, le cas échéant, des radiations partielles. »

Les frais de radiation sont inclus dans le coût de l'inscription. – *[Décr. n° 51-194 du 17 févr. 1951, art. 11.]*

Art. R. 626-31 Le tribunal statue sur l'autorisation prévue à l'article L. 626-14 sur requête du débiteur au vu du rapport du commissaire à l'exécution du plan.

Sa décision est notifiée au débiteur et communiquée au ministère public et au commissaire à l'exécution du plan. Elle est soumise aux recours prévus à l'encontre des décisions modifiant le plan. – *[Décr. n° 2005-1677 du 28 déc. 2005, art. 142.]*

Art. R. 626-32 Pour l'application de l'article L. 626-16, les assemblées compétentes sont convoquées dans les formes et délais prévus aux articles R. 626-1 à R. 626-3. – *[Décr. n° 2005-1677 du 28 déc. 2005, art. 143.]*

Art. R. 626-32-1 *(Décr. n° 2014-736 du 30 juin 2014, art. 59)* Lorsque le tribunal a modifié, conformément à l'article L. 626-16-1, les conditions de vote, mention doit en être faite lors de la convocation des assemblées compétentes.

Art. R. 626-33 Le délai d'un an prévu au *(Décr. n° 2011-236 du 3 mars 2011, art. 4)* « quatrième » alinéa de l'article L. 626-18 court à compter du jour du jugement arrêtant le plan. – *[Décr. n° 2005-1677 du 28 déc. 2005, art. 144.]*

Art. R. 626-33-1 *(Décr. n° 2014-736 du 30 juin 2014, art. 60)* L'acceptation des délais et remises portant sur les créances mentionnées à l'article L. 626-20 ne peut être qu'expresse.

Art. R. 626-34 Le montant maximal de chaque créance remboursable sans remise ni délai en application du II de l'article L. 626-20 est de *(Décr. n° 2014-736 du 30 juin 2014, art. 61)* « 500 » €. – *[Décr. n° 2005-1677 du 28 déc. 2005, art. 145.]*

Art. R. 626-35 La demande de substitution de garanties prévue à l'article L. 626-22 est faite par le débiteur au créancier en cause. A défaut d'accord de celui-ci, elle peut être demandée au tribunal par requête.

Le tribunal statue, le débiteur, le créancier et le commissaire à l'exécution du plan entendus ou dûment appelés.

Le débiteur procède à ses frais à la radiation et à l'inscription des sûretés. La radiation ne peut intervenir qu'après constitution de la garantie substituée. – *[Décr. n° 2005-1677 du 28 déc. 2005, art. 146.]*

La banque qui n'a pas exigé, comme le lui permet l'art. 100, al. 2 [C. com., art. R. 626-35, al. 3], qu'il soit procédé à l'inscription de la garantie substituée avant radiation de chaque sûreté, a renoncé à la sûreté dont elle bénéficiait et ne peut plus invoquer une créance de nature privilégiée sur le prix des véhicules vendus. • Com. 20 févr. 1996 : *Rev. huiss. 1997. 511, note Courtier ; RPC 1998. 367, obs. Soinne.*

Art. R. 626-36 Après le versement à la Caisse des dépôts et consignations fait en application de l'article L. 626-22, des paiements provisionnels peuvent être effectués dans les conditions définies au deuxième alinéa de l'article L. 622-8. Le commissaire à l'exécution du plan répartit le prix entre les créanciers, effectue le paiement et procède à la radiation des inscriptions.

En cas de vente d'un immeuble, le prix est versé après l'accomplissement par l'acquéreur des formalités de purge des hypothèques prescrites par les articles *(Décr. n° 2021-1888 du 29 déc. 2021, art. 5, en vigueur le 1er janv. 2022)* « 2464 » et suivants du code civil et suivant la procédure d'ordre définie aux articles R. 643-3 à R. 643-14.

Les créanciers inscrits du chef d'un précédent propriétaire et titulaires d'un droit de suite sont avertis par le commissaire à l'exécution du plan par lettre recommandée avec demande d'avis de réception qu'ils ont l'obligation de produire leur créance à la procédure d'ordre dans le délai d'un mois à compter de l'avertissement.

La production de la créance mentionne la sûreté inscrite sur le bien. Un décompte des sommes dues en principal, intérêts et accessoires et les documents justificatifs sont joints à la production.

A défaut de production dans le délai mentionné au troisième alinéa, le créancier est déchu des droits de participer à la distribution.

En cas de réduction des dividendes, en application du deuxième alinéa de l'article L. 626-22, l'état de collocation dressé par le commissaire à l'exécution du plan mentionne les modalités de calcul de cette réduction. – *[Décr. n° 2005-1677 du 28 déc. 2005, art. 147.]*

Art. R. 626-37 Le recours prévu à l'article R. 643-11 est ouvert au débiteur. Le greffier adresse à celui-ci une copie de l'état de collocation. Cet avis précise le délai et les modalités du recours. – *[Décr. n° 2005-1677 du 28 déc. 2005, art. 148.]*

Art. R. 626-38 L'administrateur rend compte au juge-commissaire de l'exécution des actes permettant la mise en œuvre du plan conformément à l'article L. 626-24.

Le mandataire judiciaire rend compte de sa mission au juge-commissaire qui met fin à celle-ci, après avoir constaté l'achèvement de la vérification des créances et le versement des sommes dues aux salariés en application de l'article L. 143-11-7 du code du travail. – *[Décr. n° 2005-1677 du 28 déc. 2005, art. 150.]*

Art. R. 626-39 Lorsque l'administrateur ou le mandataire judiciaire a accompli sa mission, il dépose au greffe un compte rendu de fin de mission. Tout intéressé peut en prendre connaissance.

(Décr. n° 2014-736 du 30 juin 2014, art. 62) « Lorsque le mandataire judiciaire a été informé de la mise en œuvre d'une procédure administrative d'établissement de l'impôt, il en informe les comptables publics compétents par lettre recommandée avec demande d'avis de réception quinze jours au moins avant la date de ce dépôt. »

Ce compte rendu est communiqué par le greffier au ministère public et notifié par le mandataire de justice au débiteur et aux contrôleurs par lettre recommandée avec demande d'avis de réception. Cette notification précise qu'ils peuvent former des observations devant le juge-commissaire dans un délai de quinze jours.

Le juge-commissaire approuve le compte rendu de fin de mission, le cas échéant au vu des observations présentées. Il peut demander au mandataire de justice de lui produire tout justificatif. Sa décision est déposée au greffe. Elle n'est pas susceptible de recours. – *[Décr. n° 2005-1677 du 28 déc. 2005, art. 151.]*

Art. R. 626-40 Le compte rendu de fin de mission comporte :

1° La reddition des comptes telle qu'elle ressort de l'édition analytique du mandat dans la comptabilité spéciale de l'administrateur ou du mandataire judiciaire. Le classement analytique distingue, par nature, les opérations de recettes et dépenses ;

2° Le détail des débours et des émoluments perçus tels qu'ils ont été arrêtés, avec la référence au tarif prévu par les textes ;

3° Les rétributions que le mandataire de justice a prélevées sur sa rémunération au profit d'un intervenant extérieur au titre du mandat, en application des articles L. 811-1 et L. 812-1 ;

(Décr. n° 2009-160 du 12 févr. 2009, art. 36) « 4° La rémunération des experts désignés par le tribunal et des techniciens désignés par le juge-commissaire, y compris les officiers publics ou ministériels. » – *[Décr. n° 2005-1677 du 28 déc. 2005, art. 152.]*

Art. R. 626-41 Dès le dépôt au greffe du compte rendu de fin de mission des mandataires de justice, le greffier adresse au débiteur, aux contrôleurs ainsi qu'au ministère public le compte détaillé de ses émoluments, de ses frais et de ses débours établi selon les dispositions des articles R. 743-140 à R. 743-157. Ce compte est déposé au greffe et annexé à celui des mandataires de justice. Il est complété si le greffier est appelé à régler postérieurement d'autres frais. – *[Décr. n° 2005-1677 du 28 déc. 2005, art. 153.]*

Art. R. 626-42 Lorsque le compte rendu de fin de mission de l'administrateur et du mandataire judiciaire a été approuvé, la procédure fait l'objet d'une ordonnance de clôture rendue par le président du tribunal.

Cette décision est une mesure d'administration judiciaire non susceptible de recours.

Elle est communiquée aux personnes citées à l'article R. 621-7 et mentionnée aux registres *(Abrogé par Décr. n° 2022-1014 du 19 juill. 2022, art. 8, à compter du 1er janv. 2023)* « *et répertoires* » prévus *(Décr. n° 2014-736 du 30 juin 2014, art. 63)* « aux *(Décr. n° 2022-1014 du 19 juill. 2022, art. 8, en vigueur le 1er janv. 2023)* « quatre » premiers alinéas de l'article R. 621-8 ». – *[Décr. n° 2005-1677 du 28 déc. 2005, art. 154.]*

Art. R. 626-43 Sans préjudice des dispositions de l'article R. 626-51, le commissaire à l'exécution du plan fait un rapport annuel sur l'exécution des engagements du débiteur et sur les paiements et répartitions auxquels il a procédé. Ce rapport est déposé au greffe, communiqué au ministère public et tenu à la disposition de tout créancier. – *[Décr. n° 2005-1677 du 28 déc. 2005, art. 149.]*

Art. R. 626-44 Lorsque le remplacement du commissaire à l'exécution du plan est demandé par le ministère public ou que le tribunal se saisit d'office aux mêmes fins, la convocation de l'intéressé est faite selon le cas dans les formes et selon la procédure prévues à l'article R. 631-3 ou R. 631-4. – *[Décr. n° 2005-1677 du 28 déc. 2005, art. 155.]*

(Décr. n° 2009-160 du 12 févr. 2009, art. 37) « La demande de remplacement présentée par le commissaire à l'exécution du plan est formée par lettre simple. L'ordonnance rendue par le président du tribunal est communiquée au ministère public par le greffier, qui en avise, par lettre simple, le commissaire à l'exécution du plan qui est remplacé, celui désigné pour le remplacer ainsi que le débiteur. »

Art. R. 626-45 La demande présentée par le débiteur en application de l'article L. 626-26 *(Décr. n° 2019-1333 du 11 déc. 2019, art. 16, en vigueur le 1er janv. 2020)* « ou par le commissaire à l'exécution du plan est faite par requête ».

Le greffier convoque, par lettre recommandée avec demande d'avis de réception, le débiteur, les contrôleurs, les représentants *(Décr. n° 2021-1218 du 23 sept. 2021, art. 21, en vigueur le 1er oct. 2021)* « de la délégation du personnel du comité social et économique » qui sont désignés conformément à l'article R. 621-2. Il avise de la date de l'audience le ministère public ainsi que le commissaire à l'exécution du plan.

Lorsque la modification porte sur les modalités d'apurement du passif, le greffier en informe les créanciers intéressés par lettre recommandée avec demande d'avis de réception. Ceux-ci disposent *(Abrogé par Décr. n° 2021-1218 du 23 sept. 2021, art. 21, à compter du 1er oct. 2021)* ***« alors »*** **d'un délai de** *(Décr. n° 2021-1218 du 23 sept. 2021, art. 21, en vigueur le 1er oct. 2021)* **« vingt et un jours à compter de la réception de cette information » pour faire valoir leurs observations par lettre recommandée avec demande d'avis de réception au commissaire à l'exécution du plan.**

Le jugement est notifié conformément aux dispositions de l'article R. 626-21. – *[Décr. n° 2005-1677 du 28 déc. 2005, art. 156.]*

Pour les dispositions transitoires du Décr. n° 2019-1333 du 11 déc. 2019, V. note ss. art. R. 621-8-1.

En cas de modification du plan de sauvegarde ou du plan de redressement arrêté dans une procédure ouverte avant le 22 mai 2020, les dispositions de l'art. R. 626-45 dans sa rédaction résultant de l'art. 21 du Décr. n° 2021-1218 du 23 sept. 2021 sont applicables (Décr. préc., art. 51-II).

Aucune disposition légale ou réglementaire ne déduit de l'absence d'observations adressées au commissaire à l'exécution du plan par un créancier informé par le greffier, en application de l'art. R. 626-45, al. 3, sur une proposition de modification du plan portant sur les modalités d'apurement du passif, l'acceptation par celui-ci de la modification proposée. • Com. 29 sept. 2021, n° 20-10.436 B : *D. 2021. Chron. C. cass. 2262, obs. Barbot ; ibid. 2022. Pan. 1682, obs. F.-X. Lucas ; Rev. sociétés 2021. 732, obs. Reille ; RTD com. 2022. 156, obs. Saint-Alary-Houin ; JCP E 2021. 1460, note Jonzo ; LEDEN 11/2021. 5, obs. J.-B. Barbièri ; RJDA 2021, n° 787 ; APC 2021, n° 258, obs. Borga ; BJE 1-2/2022. 21, note Poujade ; Dr. sociétés 2022, n° 35, note Legros ; RPC 2022, n° 31, obs. Lafaurie.* ♦ Sur la notion de « créanciers intéressés », V. • Paris, 21 juin 1996 : *RPC 1996. 452, obs. Soinne.*

Art. R. 626-46 **Une copie du jugement modifiant le plan est adressée par le greffier aux personnes mentionnées au 3° de l'article R. 621-7. Le jugement fait l'objet des publicités prévues à l'article R. 621-8.** – *[Décr. n° 2005-1677 du 28 déc. 2005, art. 157.]*

Art. R. 626-47 **Le commissaire à l'exécution du plan signale, dans un rapport adressé au président du tribunal et au ministère public, l'inexécution du plan de la part du débiteur ou de toute autre personne.**

Le rapport fait état des observations du débiteur et propose éventuellement les solutions qui seraient de nature à permettre l'exécution du plan.

Le commissaire à l'exécution du plan rend compte de sa mission au président du tribunal. – *[Décr. n° 2005-1677 du 28 déc. 2005, art. 158.]*

Les art. 158 et 159 du Décr. n° 2005-1677 du 28 déc. 2005 [C. com., art. R. 626-47 et R. 626-48] sont applicables aux procédures en cours au 1er janv. 2006 en ce qu'ils s'appliquent au redressement judiciaire (Décr. préc., art. 361).

Art. R. 626-47-1 *(Décr. n° 2014-736 du 30 juin 2014, art. 65)* **Pour l'exécution de la mission prévue par le premier alinéa du I de l'article L. 626-27, le commissaire à l'exécution du plan saisit le président du tribunal aux fins d'obtention d'un titre exécutoire, s'il n'en dispose pas. Le président statue par ordonnance.**

L'art. R. 626-47-1 est applicable aux procédures en cours au jour de l'entrée en vigueur du Décr. n° 2014-736 du 30 juin 2014 (Décr. préc., art. 144).

Art. R. 626-48 **En application du I de l'article L. 626-27, le tribunal est saisi aux fins de résolution du plan par voie de requête ou, le cas échéant, dans les formes et selon la procédure prévue à l'article** *(Abrogé par Décr. n° 2014-736 du 30 juin 2014, art. 66)* ***« R. 631-3 ou »*** **R. 631-4. Il statue dans les conditions de l'article L. 626-9, le commissaire à l'exécution du plan étant entendu ou dûment appelé et présentant son rapport en lieu et place de celui de l'administrateur.**

Lorsque le tribunal décide la résolution du plan en application du *(Décr. n° 2009-160 du 12 févr. 2009, art. 38)* **« troisième » alinéa du I de l'article L. 626-27, il** *(Décr. n° 2009-160 du 12 févr. 2009, art. 38)* **« ouvre, dans le même jugement, une procédure, selon le cas, de redressement judiciaire ou de » liquidation judiciaire du débiteur.**
— Les dispositions du Décr. n° 2009-160 du 12 févr. 2009 sont applicables aux plans de sauvegarde en cours d'exécution au 15 févr. 2009 (art. 155-I).

Le jugement est signifié à la diligence du greffier dans les huit jours de son prononcé aux personnes qui ont qualité pour interjeter appel, à l'exception du ministère public.

Il est communiqué aux personnes mentionnées à l'article R. 621-7.

Le jugement qui décide la résolution du plan fait l'objet des publicités prévues à l'article R. 621-8. – *[Décr. n° 2005-1677 du 28 déc. 2005, art. 159.]*

V. note ss. art. R. 626-47.

Il ressort de la combinaison des art. L. 626-27, R. 626-48, R. 631-3 et R. 631-4 C. com. que la résolution d'un plan de continuation ne peut se faire que si le débiteur est dûment appelé par voie d'assignation. • Paris, 16 mars 2010 : *RPC 2010, n° 167, obs. Fraimout.*

Art. R. 626-49 Pour l'application du III de l'article L. 626-27, le commissaire à l'exécution du plan transmet au greffier la liste des créances admises à ce plan en déduisant, pour chacune d'elles, les sommes déjà perçues. Le greffier porte cette liste sur l'état des créances de la nouvelle procédure. – *[Décr. n° 2005-1677 du 28 déc. 2005, art. 159-1.]*

(Décr. n° 2014-736 du 30 juin 2014, art. 67) « Dans les mêmes conditions, les créances portées sur la liste mentionnée à l'article R. 622-15 ou à l'article R. 641-39 et qui n'ont pas été rejetées sont portées par le greffier sur l'état des créances de la nouvelle procédure. »

Art. R. 626-50 Lorsqu'il est saisi en application de l'article L. 626-28, le tribunal statue au vu d'un rapport établi par le commissaire à l'exécution du plan.

La décision du tribunal est communiquée au ministère public.

A l'initiative du débiteur, les décisions relatives à la procédure sont radiées des registres sur lesquels elles ont été portées. – *[Décr. n° 2005-1677 du 28 déc. 2005, art. 160.] – Sur la radiation d'office du registre du commerce et des sociétés, V. C. com., art. R. 123-135 (3°).* – ***C. com.***

Art. R. 626-51 Dans les deux mois qui suivent l'achèvement de sa mission, le commissaire à l'exécution du plan dépose un compte rendu de fin de mission dans les conditions des articles R. 626-39 et R. 626-40. L'article R. 626-41 est applicable. – *[Décr. n° 2005-1677 du 28 déc. 2005, art. 161.]*

SECTION 3 *Des classes de parties affectées*

(Décr. n° 2021-1218 du 23 sept. 2021, art. 22, en vigueur le 1er oct. 2021)

Pour les dispositions transitoires du Décr. n° 2021-1218 du 23 sept. 2021, V. note ss. art. R. 611-11.

V. l'ancienne section 3 ss. art. D. 626-65.

Art. R. 626-52 Les seuils fixés en application de l'article L. 626-29 sont de :

1° 250 salariés et 20 millions d'euros de chiffre d'affaires net ; ou

2° 40 millions d'euros de chiffre d'affaires net.

Ces seuils sont appréciés à la date de la demande d'ouverture de la procédure.

Art. R. 626-53 Lorsque le tribunal n'a pas désigné d'administrateur et que le juge-commissaire autorise qu'il soit fait application des dispositions des articles L. 626-29 à L. 626-34, le juge-commissaire désigne un administrateur aux fins d'exercer les missions qui lui sont dévolues par les articles L. 626-30 à L. 626-34.

Art. R. 626-54 La décision par laquelle le juge-commissaire autorise qu'il soit fait application des dispositions des articles L. 626-29 à L. 626-34 est une mesure d'administration judiciaire.

Art. R. 626-55 L'administrateur avise par tout moyen chaque partie affectée qu'elle est membre d'une classe et lui fait connaître les modalités lui permettant de communiquer par voie électronique.

Sous réserve des dispositions de la présente section, les dispositions de la sous-section 5 de la section 4 du chapitre IV du titre I du livre VIII sont applicables.

Vaut consentement à la transmission par voie électronique l'utilisation de ces modalités de communication électronique.

L'administrateur invite, par l'avis mentionné au premier alinéa, les parties affectées à lui faire connaître par tout moyen l'existence d'un accord mentionné au II de l'article L. 626-30, au plus tard dans un délai de dix jours à compter de la réception ou de la publication de cet avis.

Les modalités de transmission des actes de procédure par voie électronique sont définies par arrêté du garde des sceaux, ministre de la justice.

Art. R. 626-56 Le débiteur remet sans délai à l'administrateur la liste des créances ainsi que le montant de chacune d'entre elles, certifié par son ou ses commissaires aux comptes ou, lorsqu'il n'en a pas été désigné, établi par son expert-comptable. Lorsque les détenteurs de capital sont affectés par le projet de plan, la liste est complétée par des informations relatives aux modalités de participation au capital du débiteur, aux statuts et aux droits des détenteurs de capital. Ces informations sont accompagnées de tout document ou pièce justificative utile.

Art. R. 626-57 Pour l'application du deuxième alinéa de l'article L. 626-30-1, le transfert d'une créance née antérieurement au jugement d'ouverture est porté à la connaissance de l'administrateur par lettre recommandée avec demande d'avis de réception.

Art. R. 626-58 I. – Pour l'application du V de l'article L. 626-30, l'administrateur arrête le montant, calculé toutes taxes comprises, des créances détenues par les membres des classes appelées à se prononcer.

Au moins vingt et un jours avant la date du vote, il notifie à chaque partie affectée, sur le fondement du V de l'article L. 626-30, les modalités de répartition en classes et de calcul des voix retenues, au sein de la ou des classes auxquelles elle est affectée. Par le même acte, l'administrateur précise les critères retenus pour la composition des classes de parties affectées et dresse la liste de celles-ci. L'administrateur soumet également ces modalités de répartition et de calcul au débiteur et au mandataire judiciaire. Il en informe le ministère public.

II. – La notification mentionnée au premier alinéa est transmise par voie électronique, sauf dans les cas suivants :

1° En l'absence de consentement du destinataire au sens de l'article R. 626-55 ;

2° Pour une cause étrangère à l'administrateur qui l'accomplit.

Dans ces deux cas, elle peut être adressée par tout moyen conférant date certaine.

Les modalités de cette communication électronique sont définies par arrêté du garde des sceaux, ministre de la justice.

En présence d'obligataires ou de détenteurs de capital affectés par le projet de plan, ceux-ci sont avisés des modalités de répartition en classes et de calcul des voix conformément aux dispositions des articles R. 626-61 et R. 626-62.

III. – En présence d'une clause d'indexation du taux d'intérêt, le montant des intérêts restant à échoir au jour du jugement d'ouverture de la procédure est calculé au taux applicable à la date de ce jugement. Les créances en monnaie étrangère sont converties en euros selon le cours du change à la date du même jugement.

Art. R. 626-58-1 La qualité de partie affectée et les modalités de répartition en classes et de calcul des voix correspondant aux créances ou droits permettant d'exprimer un vote peuvent être contestées par chaque partie affectée, le débiteur, l'administrateur, le mandataire judiciaire et le ministère public. Le juge-commissaire est saisi de cette contestation par requête dans un délai de dix jours à compter de la notification prévue au premier alinéa de l'article R. 626-58, à peine d'irrecevabilité.

Le débiteur, l'administrateur, le mandataire judiciaire, même dans le cas où ils ne sont pas demandeurs, et la partie affectée, si elle est l'auteur de la contestation ou si ses droits font l'objet de celle-ci, sont convoqués par tout moyen et sans délai par le greffe.

Le juge-commissaire recueille les observations de l'administrateur et l'avis du ministère public. Si le juge-commissaire ne statue pas dans un délai de dix jours à compter de sa saisine, le tribunal peut être saisi par requête par toute personne mentionnée au premier alinéa ainsi que par le ministère public. Dans ce cas, le tribunal exerce les pouvoirs du juge-commissaire et statue dans un délai de dix jours à compter de sa saisine.

La décision du juge-commissaire ou du tribunal est notifiée par le greffe aux parties convoquées à l'audience. Elle est communiquée au ministère public.

Un appel peut être formé par les parties mentionnées à l'alinéa précédent à l'encontre de cette décision, dans un délai de cinq jours à compter de sa notification. Le ministère public peut également interjeter appel dans le même délai à compter de la communication de cette même décision. La cour d'appel statue dans un délai de quinze jours à compter de sa saisine*[.]* L'appel est formé, instruit et jugé suivant les modalités prévues par les premier au sixième alinéas de l'article R. 661-6, à l'exclusion du 2° de cet article.

Dès qu'il a été statué par décision devenue définitive sur la contestation, et au moins trois jours avant la date du vote, l'administrateur actualise, s'il y a lieu, les modalités de constitution des classes et de répartition des droits de vote. Il en informe les parties affectées, le mandataire judiciaire et le ministère public.

Les créanciers ne sont pas fondés, dans le cadre de la contestation fondée sur l'art. R. 626-58-1, à critiquer l'attribution d'un privilège à un autre créancier. • Versailles, 14 mars 2023, nº 23/00519 : *LEDEN 5/2023. 1, obs. F.-X. Lucas.*

Art. R. 626-59 L'administrateur invite le mandataire judiciaire et les représentants de la délégation du personnel du comité social et économique à présenter leurs observations à chacune des classes avant que celles-ci ne se prononcent sur le projet de plan.

Art. R. 626-60 Sans préjudice des dispositions des articles R. 626-61 et R. 626-62, l'administrateur est seul compétent pour décider des modalités de convocation des classes. Il est également seul compétent pour décider des modalités de déroulement du vote par les classes, à l'exception des classes de détenteurs de capital qui statuent dans les conditions prévues à l'article L. 626-30-2. S'il décide notamment que le vote a lieu à distance ou par voie électronique, sa décision ne peut faire l'objet d'aucune contestation. Sont scrutateurs de la classe les deux parties affectées qui sont titulaires des créances ou droits les plus importants en montant pour les créances et en valeur nominale pour les droits et qui acceptent cette fonction. L'absence de scrutateurs n'est pas une cause de nullité.

Chaque partie affectée est informée du projet de plan, au plus tard dix jours avant le vote des classes.

Art. R. 626-61 Pour l'application du V de l'article L. 626-30 et de l'article L. 626-30-2, les obligataires sont le cas échéant répartis au sein d'une ou de plusieurs classes de parties affectées. Un avis de convocation des obligataires est inséré à l'initiative de l'administrateur dans un support habilité à recevoir les annonces légales dans le département du siège social du débiteur et, en outre, si le débiteur a fait publiquement appel à l'épargne ou si toutes ses obligations ne revêtent pas la forme nominative, au *Bulletin des annonces légales obligatoires*. Cet avis contient les indications prévues à l'article R. 228-66 et l'indication du lieu mentionné à l'article R. 626-61.

Si toutes les obligations émises par le débiteur sont nominatives, les insertions prévues à l'alinéa précédent peuvent être remplacées par une convocation adressée à chaque obligataire par lettre recommandée avec demande d'avis de réception. Dans le cas d'obligations indivises, les convocations sont adressées à tous les co-indivisaires *[coïndivisaires]* . Lorsque les obligations sont grevées d'un usufruit, la convocation est adressée au nu-propriétaire.

Le délai entre la date soit de l'insertion contenant l'avis de convocation, soit de l'envoi des lettres de convocation et la date du vote par les obligataires est au moins de quinze jours.

L'avis mentionné au premier alinéa et la convocation mentionnée au deuxième alinéa comportent les informations mentionnées au I de l'article R. 626-58.

L'invitation mentionnée au troisième alinéa de l'article R. 626-55 est insérée dans l'avis prévu par le troisième alinéa du présent article ou à la convocation prévue par le deuxième alinéa.

Chaque obligataire a le droit, pendant le délai de dix jours qui précède le vote, de prendre par lui-même ou par mandataire connaissance du projet de plan.

Art. R. 626-62 I. – Pour l'application du V de l'article L. 626-30 et de l'article L. 626-30-2, les détenteurs de capital sont répartis au sein d'une ou plusieurs classes de parties affectées et convoqués conformément aux dispositions du livre II, sous réserve des dispositions du présent article.

II. – Le délai entre la date soit de l'insertion ou de la dernière des insertions contenant un avis de convocation, soit de l'envoi des lettres, soit de la transmission de la convocation par voie de communication électronique et la date du vote de la classe des détenteurs de capital est au moins de dix jours.

L'avis prévu par le I de l'article R. 225-73 est publié au *Bulletin des annonces légales obligatoires* au plus tard vingt et un jours avant la date de la réunion de la classe des détenteurs de capital. Cet avis contient les informations mentionnées au I de l'article R. 626-58. A défaut d'avis publié, ces informations figurent dans l'avis de convocation à l'assemblée.

III. – Par dérogation à l'article R. 225-72, la demande d'inscription d'un point ou d'un projet de résolution par les détenteurs de capital à l'ordre du jour de l'assemblée est envoyée au siège social du débiteur, quinze jours au moins avant la date de la réunion de la classe des détenteurs de capital. Ce délai est rappelé dans les documents mentionnés au II.

IV. – Pour les sociétés anonymes et les sociétés en commandite par actions, l'avis de convocation doit comporter les indications mentionnées aux articles R. 225-66 et R. 225-73 et le rappel du délai prévu au III.

V. – Le délai prévu au deuxième alinéa de l'article R. 225-89 et au premier alinéa de l'article R. 225-90 est réduit à dix jours. La liste des actionnaires mentionnée au second alinéa de l'article R. 225-90 est arrêtée le onzième jour qui précède la réunion de l'assemblée.

Art. R. 626-63 Les seuils fixés en application du *a* du 5° de l'article L. 626-32 sont de :

1° 250 salariés et 20 millions d'euros de chiffre d'affaires net ; ou

2° 40 millions d'euros de chiffres d'affaires net.

Ces seuils sont appréciés à la date de la demande d'ouverture de la procédure.

Art. R. 626-64 I. – Au plus tard dans un délai de dix jours à compter du vote des classes sur le projet de plan, la partie affectée, qui a voté contre le projet de plan et qui entend contester le respect de la condition prévue au 4° de l'article L. 626-31 ou du cinquième ou du dixième alinéa de l'article L. 626-32, saisit le tribunal par requête déposée au greffe contre récépissé.

Le greffe convoque l'ensemble des parties à l'audience portant sur l'examen du projet de plan, ainsi que le comité social et économique, par lettre recommandée avec demande d'avis de réception. Il joint à cette convocation la copie des requêtes déposées en application du premier alinéa. Lorsqu'il est saisi de telles requêtes, le tribunal détermine la valeur de l'entreprise du débiteur, au besoin en ordonnant une expertise. Après avoir recueilli l'avis du ministère public, il statue, dans un même jugement, sur cette valeur, les *[sur]* contestations relatives à l'application de l'article L. 626-31 ou de l'article L. 626-32 et sur l'arrêt du plan demandé par l'administrateur ou le débiteur avec l'accord de l'administrateur.

II. – La décision prise par le tribunal en application de l'article L. 626-31 ou de l'article L. 626-32 peut faire l'objet d'un recours formé devant la cour d'appel dans un délai de dix jours à compter soit de sa notification, soit, pour l'appel formé par le ministère public, de sa communication. Ce recours peut être exercé par chaque partie, le débiteur, l'administrateur, le mandataire judiciaire ou le ministère public. L'appel est formé, instruit et jugé suivant les modalités prévues par les premier au sixième alinéas de l'article R. 661-6, à l'exclusion du 2° de cet article.

Art. D. 626-65 *(Décr. n° 2021-1218 du 23 sept. 2021, art. 23, en vigueur le 1er oct. 2021)* Le projet de plan prévu à l'article L. 626-30-2 doit comporter au minimum les informations suivantes :

1° L'identité du débiteur ;

2° L'actif et le passif du débiteur au moment de la présentation du plan de restructuration, y compris la valeur nette comptable des actifs, une description de la situation économique du débiteur et de la situation des salariés, et une description des causes et de l'ampleur des difficultés du débiteur ;

3° Les parties affectées, ainsi que leurs créances ou droits concernés par le plan de restructuration ;

4° Les classes dans lesquelles les parties affectées ont été regroupées aux fins de l'adoption du plan de restructuration, ainsi que le montant des créances et la valeur nominale des droits dans chaque classe ;

5° Les parties qui ne sont pas affectées par le plan de restructuration, ainsi qu'une description des raisons pour lesquelles il est proposé de ne pas les inclure parmi les parties concernées ;

6° L'identité du ou des administrateurs judiciaires et mandataires judiciaires désignés ;

7° Les conditions du plan de restructuration, incluant notamment :

– les éventuelles mesures de restructuration ;

– la durée proposée de toute mesure de restructuration proposée ;

– le rappel des modalités d'information et de consultation du comité social et économique ;

– le cas échéant, les conséquences générales sur l'emploi, par exemple licenciements, modalités de travail à temps partiel ou similaires ;

– les éventuels nouveaux financements anticipés dans le cadre du plan de restructuration et les raisons pour lesquelles le nouveau financement est nécessaire pour mettre en œuvre ce plan ;

8° Un exposé des motifs expliquant pourquoi le plan de restructuration offre une perspective raisonnable d'éviter la cessation des paiements du débiteur ou de garantir sa viabilité, et comprenant les conditions préalables nécessaires au succès du plan.

SECTION 3 *[ANCIENNE]* *Des comités de créanciers*

Ancien art. R. 626-52 *Les seuils fixés en application de l'article L. 626-29 sont de 150 salariés et de 20 millions d'euros de chiffre d'affaires.*

Ils sont définis conformément aux dispositions du deuxième et du troisième alinéa de l'article R. 621-11. – [Décr. n° 2005-1677 du 28 déc. 2005, art. 162.]

Ancien art. R. 626-53 *Lorsque le tribunal n'a pas désigné d'administrateur et que le juge-commissaire autorise qu'il soit fait application des dispositions des articles L. 626-29 à L. 626-35, le juge-commissaire désigne un administrateur aux fins d'exercer les missions qui lui sont dévolues par les articles L. 626-30* (Décr. n° 2009-160 du 12 févr. 2009, art. 39) *« à » L. 626-33.* – [Décr. n° 2005-1677 du 28 déc. 2005, art. 163.]

Ancien art. R. 626-54 (Décr. n° 2006-1709 du 23 déc. 2006, art. 56) *La décision par laquelle le juge-commissaire autorise qu'il soit fait application des dispositions des articles L. 626-29 à L. 626-35 est une mesure d'administration judiciaire non susceptible de recours.* – [Décr. n° 2005-1677 du 28 déc. 2005, art. 163-1.]

Ancien art. R. 626-55 (Décr. n° 2009-160 du 12 févr. 2009, art. 40) *L'administrateur avise chacun des créanciers mentionné[s] au deuxième alinéa de l'article L. 626-30 qu'il est membre de droit du comité des établissements de crédit.*

(Décr. n° 2014-1315 du 3 nov. 2014, art. 9-7°) *« Les sociétés de financement, les établissements de crédit et ceux assimilés » sont ceux mentionnés à l'article L. 511-1 du code monétaire et financier, les institutions mentionnées à l'article L. 518-1 du même code, les établissements intervenant en libre établissement ou en libre prestation de services sur le territoire des États parties à l'accord sur l'Espace économique européen mentionnés au livre V du même code et toute autre entité auprès de laquelle le débiteur a conclu une opération de crédit.*

Toute mise à disposition de fonds rémunérés, à titre onéreux, par un créancier a pour effet de lui conférer la qualité de membre de plein droit du comité des établissements de crédit et assimilés. • Paris, 11 mai 2016, n° 16/03704 : *cité ss. art. L. 626-30-2.* ♦ En visant toute entité auprès de laquelle le débiteur a conclu une opération de crédit, l'art. R. 626-55, al. 2, fait référence à l'opération de crédit elle-même et non pas au seul statut de l'opérateur, de sorte que les créanciers éligibles à devenir membres de droit du comité des établissements de crédit ne sont pas uniquement les établissements de crédit et qu'une convention intra groupe n'est pas exclue du champ d'application de cet art. • Même arrêt.

Ancien art. R. 626-56 *Pour déterminer la composition du comité des principaux fournisseurs, est pris en compte le montant des créances* (Décr. n° 2009-160 du 12 févr. 2009, art. 41) *« toutes taxes comprises » existant à la date du jugement d'ouverture.*

A cette fin, le débiteur remet sans délai à l'administrateur la liste des créances de ses fournisseurs ainsi que le montant de chacune d'entre elles, certifié par son ou ses commissaires aux comptes ou, lorsqu'il n'en a pas été désigné, établi par son expert-comptable.

(Décr. nº 2009-160 du 12 févr. 2009, art. 41) *« L'administrateur avise chaque fournisseur dont les créances représentent plus de 3 % du total des créances toutes taxes comprises des fournisseurs qu'il est membre de droit du comité des principaux fournisseurs. »* – [Décr. nº 2005-1677 du 28 déc. 2005, art. 165.]

Ancien art. R. 626-57 (Décr. nº 2009-160 du 12 févr. 2009, art. 42) *« Au plus tard quinze jours avant la présentation au comité des principaux fournisseurs des propositions du débiteur* (Décr. nº 2014-736 du 30 juin 2014, art. 68) *« ou des projets soumis par les créanciers », l'administrateur peut demander à tout fournisseur dont les créances ne représentent pas plus de 3 % du total des créances toutes taxes comprises des fournisseurs d'être membre de ce comité. »*

A défaut d'une acceptation écrite adressée à l'administrateur dans un délai de huit jours à compter de la réception de l'avis, le fournisseur sollicité est réputé avoir refusé. – [Décr. nº 2005-1677 du 28 déc. 2005, art. 166.]

Ancien art. R. 626-57-1 (Décr. nº 2009-160 du 12 févr. 2009, art. 43) *Pour l'application du troisième alinéa de l'article L. 626-30-1, le transfert d'une créance née antérieurement au jugement d'ouverture est porté à la connaissance de l'administrateur par lettre recommandée avec demande d'avis de réception.*

Ancien art. R. 626-57-2 (Décr. nº 2009-160 du 12 févr. 2009, art. 43) *Le créancier membre d'un comité qui entend soumettre des propositions* (Abrogé par Décr. nº 2014-736 du 30 juin 2014, art. 69-1º) *« en application de l'article L. 626-30-2 » transmet celles-ci, par tout moyen, au débiteur et à l'administrateur. Le débiteur, avec le concours de l'administrateur, apprécie s'il y a lieu de les soumettre au comité de créanciers.*

(Décr. nº 2014-736 du 30 juin 2014, art. 69-2º) *« Les projets de plan mentionnés à la seconde phrase de l'article L. 626-30-2 sont transmis à l'administrateur par lettre recommandée avec demande d'avis de réception au plus tard quinze jours avant la date du premier vote. »*

Ancien art. R. 626-58 (Décr. nº 2014-736 du 30 juin 2014, art. 70-1º) *« Lorsqu'il transmet les avis mentionnés aux articles R. 626-55, R. 626-57 et au deuxième alinéa du présent article, l'administrateur invite les créanciers concernés à lui faire connaître sans délai l'existence éventuelle d'une convention ou d'un accord mentionnés au quatrième alinéa de l'article L. 626-30-2. »* – V. anc. art. R. 626-60, al. 4.

(Décr. nº 2011-236 du 3 mars 2011, art. 5) *« Huit jours avant la date du vote, l'administrateur arrête le montant, calculé toutes taxes comprises, des créances détenues par les membres du comité appelés à se prononcer. A la même date, il dresse la liste des créances qui, en application du cinquième alinéa de l'article L. 626-30-2, n'ouvrent pas droit à participer au vote. Cette liste est portée à la connaissance des créanciers présents ou représentés le jour du vote.* (Décr. nº 2014-736 du 30 juin 2014, art. 70-2º) *« Au plus tard huit jours avant cette date, l'administrateur soumet au créancier concerné les modalités de calcul retenues sur le fondement du quatrième alinéa de l'article L. 626-30-2 ; en cas de désaccord exprimé au plus tard quarante-huit heures avant la date du vote, l'administrateur peut saisir le président du tribunal conformément à ces dispositions. Les modalités de calcul appliquées sont portées à la connaissance des créanciers en complément de la liste des créances. »*

« En présence d'une clause d'indexation du taux d'intérêt, le montant des intérêts restant à échoir au jour du jugement d'ouverture de la procédure est calculé au taux applicable à la date de ce jugement. Les créances en monnaie étrangère sont converties en euros selon le cours du change à la date du même jugement. »

Ancien art. R. 626-59 *L'administrateur invite le mandataire judiciaire et les représentants du comité d'entreprise ou, à défaut, des délégués du personnel* [les représentants du comité social et économique] *à présenter leurs observations à chacun des comités avant que ceux-ci ne se prononcent* (Décr. nº 2014-736 du 30 juin 2014, art. 71) *« sur le ou les projets de plan ».* – [Décr. nº 2005-1677 du 28 déc. 2005, art. 168.]

Ancien art. R. 626-60 (Décr. nº 2009-160 du 12 févr. 2009, art. 45) *Pour l'application de l'article L. 626-32, un avis de convocation de l'assemblée générale des obligataires est inséré à l'initiative de l'administrateur dans un* (Décr. nº 2020-106 du 10 févr. 2020, art. 12) *« support » habilité à recevoir les annonces légales dans le département du siège social du débiteur et, en outre, si le débiteur a fait publiquement appel à l'épargne ou si toutes ses obligations ne revêtent* *pas la forme nominative, au Bulletin des annonces légales obligatoires. Cet avis contient les indications prévues à l'article R. 228-66 et l'indication du lieu mentionné à l'article R 626-61.*

Si toutes les obligations émises par le débiteur sont nominatives, les insertions prévues à l'alinéa précédent peuvent être remplacées par une convocation adressée à chaque obligataire par lettre simple ou recommandée. Dans le cas d'obligations indivises, les convocations sont adressées à tous les co-indivisaires. Lorsque les obligations sont grevées d'un usufruit, la convocation est adressée au nu-propriétaire.

Le délai entre la date soit de l'insertion contenant l'avis de convocation, soit de l'envoi des lettres de convocation et la date du vote par l'assemblée générale des obligataires est au moins de quinze jours.

(Décr. nº 2014-736 du 30 juin 2014, art. 72) *« L'invitation mentionnée au premier alinéa de l'article R. 626-58 est insérée dans l'avis prévu par le premier alinéa du présent article ou à la convocation prévue par le second alinéa. »*

Ancien art. R. 626-61 (Décr. nº 2009-160 du 12 févr. 2009, art. 45) *Chaque obligataire a le droit, pendant le délai de quinze jours qui précède la réunion de l'assemblée générale, de prendre par lui-même ou par mandataire, en tout lieu fixé par la convocation, connaissance* (Décr. nº 2014-736 du 30 juin 2014, art. 73-1º) *« du projet de plan adopté et, s'il est différent, du projet de plan présenté par le débiteur ».*

Le débiteur, avec le concours de l'administrateur, présente à l'assemblée générale des obligataires le projet de plan adopté par les comités de créanciers. (Décr. nº 2014-736 du 30 juin 2014, art. 73-2º) *« Lorsque le projet adopté n'est pas celui proposé par le débiteur, il est porté à la connaissance de l'assemblée par l'administrateur ; le débiteur qui soutient le plan qu'il a présenté et qui n'a pas été adopté est invité à faire connaître ses observations ; le rapport de l'administrateur porte sur chacun de ces plans. »*

Ancien art. R. 626-61-1 (Décr. nº 2011-236 du 3 mars 2011, art. 7) *Huit jours avant la date de réunion de l'assemblée générale, l'administrateur arrête le montant des créances qui ouvrent droit à participer au vote. Il est fait application* (Décr. nº 2014-736 du 30 juin 2014, art. 74) *« des dispositions des deux dernières phrases du deuxième alinéa et de celles du troisième » alinéa de l'article R. 626-58.*

Ancien art. R. 626-62 (Décr. nº 2009-160 du 12 févr. 2009, art. 45) *L'administrateur est seul compétent pour décider des modalités de déroulement du vote par les comités et l'assemblée générale des obligataires. S'il décide que le vote a lieu à bulletin secret, sa décision ne peut faire l'objet d'aucune contestation. Sont scrutateurs de l'assemblée ou du comité les deux obligataires ou créanciers titulaires des créances les plus importantes et acceptant cette fonction.*

Ancien art. R. 626-63 (Décr. nº 2009-160 du 12 févr. 2009, art. 45) *Le délai pour former les contestations relatives à l'application des articles L. 626-30 à L. 626-32 est de dix jours à compter du vote du comité de créanciers ou de l'assemblée générale des obligataires dont est membre l'auteur de la contestation. A peine d'irrecevabilité, les contestations sont formées par* (Décr. nº 2019-1333 du 11 déc. 2019, art. 16, en vigueur le 1er janv. 2020) *« requête » déposée au greffe contre récépissé. Une copie de la* (Décr. nº 2019-1333 du 11 déc. 2019, art. 16, en vigueur le 1er janv. 2020) *« requête » est adressée par lettre simple au débiteur et à l'administrateur par le greffier.*

Le greffier convoque l'auteur de la contestation, par lettre simple, à l'audience au cours de laquelle il sera débattu de l'arrêté ou de la modification du plan.

L'audience ne peut avoir lieu moins de cinq jours après l'expiration du délai imparti pour former les contestations.

Le jugement est notifié, par le greffier, à l'auteur de la contestation.

Pour les dispositions transitoires du Décr. nº 2019-1333 du 11 déc. 2019, V. note ss. art. R. 621-8-1.

Est irrecevable la contestation formée après l'expiration du délai de dix jours de l'art. R. 626-63, al. 1er, quand bien même elle aurait été introduite par voie d'intervention volontaire principale • T. com. Nanterre, 17 févr. 2010 : *D. 2010. AJ 500, obs. Lienhard ; Rev. sociétés 2010. 244, note Grelon.*

Ancien art. R. 626-64 (Décr. nº 2014-736 du 30 juin 2014, art. 75) *Le créancier qui a exprimé son désaccord aux modalités de calcul des voix soumises par l'administrateur conformément au quatrième alinéa de l'article L. 626-30-2 peut interjeter appel de l'ordonnance rendue par le président du tribunal dans le délai de dix jours à compter de sa notification.*

CHAPITRE VII *DISPOSITIONS PARTICULIÈRES EN L'ABSENCE D'ADMINISTRATEUR JUDICIAIRE*

Art. R. 627-1 En l'absence d'administrateur, le cocontractant adresse au débiteur la mise en demeure prévue à l'article L. 622-13, par lettre recommandée avec demande d'avis de réception. Il en informe simultanément le mandataire judiciaire en lui adressant copie de cette mise en demeure par lettre recommandée avec demande d'avis de réception.

Le mandataire judiciaire doit, sans délai, faire part de son avis au débiteur et au cocontractant.

A défaut de réponse du mandataire dans le délai de quinze jours à compter de la réception par le débiteur de la mise en demeure, ce dernier peut saisir le juge-commissaire.

(Décr. n° 2009-160 du 12 févr. 2009, art. 46) « La saisine du juge-commissaire suspend le délai de réponse prévu au 1° du III de l'article L. 622-13. Le greffier avise le cocontractant de cette saisine et de son effet suspensif.

« Les dispositions de l'article R. 622-13 sont applicables lorsque le débiteur exerce la faculté ouverte à l'administrateur de demander la résiliation des contrats en cours. Le débiteur joint à sa requête l'avis conforme du mandataire judiciaire s'il l'a obtenu. Le greffier avise le mandataire judiciaire, aux lieu et place de l'administrateur, de la date de l'audience. »

CHAPITRE VIII *DE LA SAUVEGARDE ACCÉLÉRÉE*

(Décr. n° 2014-736 du 30 juin 2014, art. 76)

SECTION 1 *De l'ouverture de la procédure* *(Décr. n° 2021-1218 du 23 sept. 2021, art. 24, en vigueur le 1er oct. 2021).*

Art. R. 628-1 La procédure de sauvegarde accélérée est soumise aux dispositions réglementaires applicables à la procédure de sauvegarde à l'exception des articles R. 621-20, R. 621-26, R. 622-11, R. 622-13, R. 626-17, R. 626-18 et R. 626-22 et de la section 3 du chapitre IV et sous réserve des dispositions du présent chapitre.

Art. R. 628-2 *(Décr. n° 2021-1218 du 23 sept. 2021, art. 25, en vigueur le 1er oct. 2021)* « I. – » En complément des pièces et informations mentionnées à l'article R. 621-1, la demande d'ouverture de la procédure expose les éléments démontrant que le projet de plan remplit les conditions prévues par le deuxième alinéa de l'article L. 628-1. La preuve du soutien prévu par ce texte, recueillie auprès des *(Décr. n° 2021-1218 du 23 sept. 2021, art. 25, en vigueur le 1er oct. 2021)* « parties affectées *[ancienne rédaction : créanciers pour lesquels le projet de plan modifie les modalités de paiement et ne prévoit pas un paiement intégral en numéraire dès l'arrêté du plan ou dès l'admission de leurs créances]* », est apportée par tout moyen au plus tard au moment où le juge statue.

Lorsque le débiteur n'est pas en cessation des paiements et demande à être dispensé de procéder à l'inventaire, cette demande remplace les éléments prévus par la dernière phrase du premier alinéa de l'article R. 621-1.

Pour l'application du 5° de l'article R. 621-1, la demande précise, également, les dettes ayant fait l'objet d'une négociation dans le cadre de la procédure de conciliation en cours.

Le cas échéant, la demande précise la date de cessation des paiements.

Sont également joints :

1° Une copie de la décision d'ouverture de la procédure de conciliation ;

2° Un tableau de financement et, lorsque le débiteur établit des comptes consolidés, un tableau des flux de trésorerie ;

3° Un budget de trésorerie pour les trois mois à venir ;

4° Un plan de financement prévisionnel ;

5° Le projet de plan mentionné au deuxième alinéa de l'article L. 628-1.

Les documents prévus aux 2° à 4° sont datés, signés et certifiés sincères par le débiteur. Ils sont établis à la date de la demande ou dans les sept jours qui précèdent. Si l'un des documents ne peut être fourni ou ne peut l'être qu'incomplètement, la demande indique les motifs qui empêchent cette production.

(Décr. n° 2021-1218 du 23 sept. 2021, art. 25, en vigueur le 1er oct. 2021) « II. – Lorsque le débiteur demande l'ouverture d'une procédure dont les effets sont limités aux créanciers mentionnés au troisième alinéa de l'article L. 628-1 :

« 1° La demande d'ouverture de la procédure de sauvegarde accélérée expose, outre les éléments prévus à l'article R. 628-2, ceux relatifs à la nature de l'endettement du débiteur ;

« 2° Les sociétés de financement, les établissements de crédit et ceux assimilés sont ceux mentionnés à l'article L. 511-1 du code monétaire et financier, les institutions mentionnées à l'article L. 518-1 du même code, les établissements intervenant en libre établissement ou en libre prestation de services sur le territoire des États parties à l'accord sur l'Espace économique européen mentionnés au livre V du même code et toute autre entité auprès de laquelle le débiteur a conclu une opération de crédit ;

« 3° Pour l'application du 5° de l'article R. 621-1, l'état chiffré des dettes distingue les dettes qui ne seront pas soumises aux effets de la procédure en cas d'ouverture et, parmi les autres, celles ayant fait l'objet d'une négociation dans le cadre de la procédure de conciliation en cours. »

Pour les dispositions transitoires du Décr. n° 2021-1218 du 23 sept. 2021, V. note ss. art. R. 611-11.

Art. D. 628-3 *(Abrogé par Décr. n° 2021-1218 du 23 sept. 2021, art. 26, à compter du 1er oct. 2021)* ***Les seuils fixés en application de l'article L. 628-1 sont de vingt salariés, 3 000 000 euros de chiffre d'affaires hors taxe et 1 500 000 euros pour le total du bilan.***

Le total du bilan et le montant du chiffre d'affaires sont définis conformément aux *(Décr. n° 2020-101 du 7 févr. 2020, art. 8)* ***« cinquième et sixième » alinéas de l'article D. 123-200 et sont appréciés à la date de clôture du dernier exercice comptable. Le nombre de salariés à prendre en compte est le nombre de salariés employés par le débiteur à la date de la demande d'ouverture de la procédure*** *(Décr. n° 2020-101 du 7 févr. 2020, art. 8)* ***« , déterminé conformément aux dispositions du 4° de l'article R. 621-1 ».***

Les dispositions des art. 8 à 10 du Décr. n° 2020-101 du 7 févr. 2020 ne s'appliquent pas aux procédures ouvertes à la date d'entrée en vigueur dudit Décr. (Décr. préc., art. 15, JO 8 févr.).

Pour les dispositions transitoires du Décr. n° 2021-1218 du 23 sept. 2021, V. note ss. art. R. 611-11.

Art. R. 628-4 Le rapport du conciliateur prévu par l'article L. 628-2 est déposé au greffe et communiqué par le greffier au débiteur et au ministère public. Il est complété par tout élément permettant d'apprécier la pertinence du projet du plan, notamment au regard des conditions économiques et financières de la poursuite de l'activité énoncées par ce projet, et l'ampleur du soutien des *(Décr. n° 2021-1218 du 23 sept. 2021, art. 27, en vigueur le 1er oct. 2021)* « parties affectées *[ancienne rédaction : créanciers]* » exigé par l'article L. 628-1. Il comporte également un avis sur l'exactitude de la liste des créances ayant fait l'objet d'une négociation dans le cadre de la procédure de conciliation telle qu'elle résulte de l'état chiffré joint à la demande d'ouverture.

Le tribunal statue sur l'ouverture de la procédure après avoir entendu le conciliateur.

Pour les dispositions transitoires du Décr. n° 2021-1218 du 23 sept. 2021, V. note ss. art. R. 611-11.

Art. R. 628-5 *(Décr. n° 2021-1218 du 23 sept. 2021, art. 28, en vigueur le 1er oct. 2021)* Les pièces et actes visés à l'article L. 628-2 sont communiqués sans délai par le greffier au ministère public.

Pour les dispositions transitoires du Décr. n° 2021-1218 du 23 sept. 2021, V. note ss. art. R. 611-11.

Art. R. 628-6 Le délai de vingt jours prévu à l'article R. 621-24 avant l'expiration duquel le juge-commissaire ne peut désigner aucun contrôleur est réduit à quinze jours.

Art. R. 628-7 Lorsque le ministère public demande la clôture de la procédure, il présente au tribunal une requête indiquant les faits de nature à motiver cette demande.

Le président du tribunal, par les soins du greffier, fait convoquer le débiteur par lettre recommandée avec demande d'avis de réception à comparaître dans le délai qu'il fixe.

A cette convocation est jointe la requête du ministère public.

SECTION 2 ***Des effets de la sauvegarde accélérée*** *(Décr. n° 2021-1218 du 23 sept. 2021, art. 24, en vigueur le 1er oct. 2021).*

Art. R. 628-8 Dans les dix jours du jugement d'ouverture, le débiteur dépose au greffe deux exemplaires de la liste des créances prévue par l'article L. 628-7. Le greffier en remet un exemplaire au mandataire judiciaire.

La liste comporte les éléments mentionnés aux deux premiers alinéas de l'article L. 622-25 et à la première phrase de l'article R. 622-5 ainsi qu'au 2° de l'article R. 622-23. *(Décr. n° 2021-1218 du 23 sept. 2021, art. 29, en vigueur le 1er oct. 2021)* « Lorsque les détenteurs de capital sont affectés par le projet de plan, la liste est complétée par des informations relatives aux modalités de participation au capital du débiteur, aux statuts et aux droits des détenteurs de capital. Ces informations sont accompagnées de tout document ou pièce justificative utiles *[utile]*. » — *Pour les dispositions transitoires du Décr. n° 2021-1218 du 23 sept. 2021, V. note ss. art. R. 611-11.*

Si les informations portées sur cette liste et celles portées sur la liste prévue à l'article L. 622-6 diffèrent, seules les premières sont prises en considération.

Art. R. 628-9 Dans les huit jours suivant la remise de la liste par le greffier, le mandataire judiciaire communique par lettre recommandée avec demande d'avis de réception, ou, le cas échéant, par la voie du portail mentionné aux articles L. 814-2 et L. 814-13, à chaque créancier concerné les informations relatives aux créances dont il est titulaire telles qu'elles résultent de la liste et porte à sa connaissance les dispositions de l'article L. 628-7 et du présent article.

Cette information vaut avertissement au sens des articles L. 622-24 et R. 622-21.

Art. R. 628-10 Dans le jugement qui ouvre la procédure, le tribunal fixe la date de l'audience à l'issue de laquelle il sera statué sur le projet de plan. Dans les huit jours, le greffier avise le ministère public, l'administrateur et le mandataire judiciaire de la date de cette audience et convoque, par lettre recommandée avec demande d'avis de réception, le débiteur, les représentants *(Décr. n° 2021-1218 du 23 sept. 2021, art. 30, en vigueur le 1er oct. 2021)* « de la délégation du personnel du comité social et économique » et les contrôleurs *(Décr. n° 2015-1009 du 18 août 2015, art. 7, en vigueur le 1er oct. 2015)* « déjà connus. Les contrôleurs désignés ultérieurement par le juge-commissaire sont convoqués dans les mêmes conditions sans délai. »

Pour les dispositions transitoires du Décr. n° 2021-1218 du 23 sept. 2021, V. note ss. art. R. 611-11.

Art. R. 628-11 Le tribunal peut être saisi à tout moment pour statuer sur le projet de plan ou aux fins de clôture de la procédure par requête du débiteur, du ministère public, de l'administrateur ou du mandataire judiciaire *(Abrogé par Décr. n° 2021-1218 du 23 sept. 2021, art. 31, à compter du 1er oct. 2021)* ***« ou par assignation d'un créancier »***. Lorsqu'il est saisi par voie de requête, le président du tribunal fait convoquer le débiteur par le greffier par lettre recommandée avec demande d'avis de réception. Le ministère public, l'administrateur et le mandataire judiciaire sont avisés de la date de l'audience par le greffier.

Pour les dispositions transitoires du Décr. n° 2021-1218 du 23 sept. 2021, V. note ss. art. R. 611-11.

Art. R. 628-12 Le jugement de clôture est notifié au débiteur, communiqué aux personnes citées à l'article R. 621-7 et fait l'objet des publicités prévues à l'article R. 621-8. L'administrateur et le mandataire judiciaire déposent sans délai un compte rendu de fin de mission dans les conditions des articles R. 626-39 et R. 626-40. L'article R. 626-41 est applicable.

Art. R. 628-13 *(Décr. n° 2021-1218 du 23 sept. 2021, art. 32, en vigueur le 1er oct. 2021)* Dans le cas prévu au troisième alinéa de l'article L. 628-1, l'avis du jugement d'ouverture adressé pour insertion au ***Bulletin officiel des annonces civiles et commerciales***

et dans un support d'annonces légales contient, outre les informations prévues par les cinquième et sixième alinéas de l'article R. 621-8, la reproduction des dispositions du troisième alinéa de l'article L. 628-1. — *Pour les dispositions transitoires du Décr. nº 2021-1218 du 23 sept. 2021, V. note ss. art. R. 611-11.*

Art. R. 628-14 *(Abrogé par Décr. nº 2021-1218 du 23 sept. 2021, art. 33, à compter du 1er oct. 2021)* ***L'avis du jugement d'ouverture adressé pour insertion au Bulletin officiel des annonces civiles et commerciales et dans un*** *(Décr. nº 2020-106 du 10 févr. 2020, art. 12)* ***« support » d'annonces légales contient, outre les informations prévues par les cinquième et sixième alinéas de l'article R. 621-8, la reproduction des dispositions de l'article L. 628-9.***

Pour les dispositions transitoires du Décr. nº 2021-1218 du 23 sept. 2021, V. note ss. art. R. 611-11.

Art. R. 628-15 *(Abrogé par Décr. nº 2021-1218 du 23 sept. 2021, art. 33, à compter du 1er oct. 2021)* ***Le délai de vingt jours prévu à l'article R. 621-24 avant l'expiration duquel le juge-commissaire ne peut désigner aucun contrôleur est réduit à huit jours.***

Pour les dispositions transitoires du Décr. nº 2021-1218 du 23 sept. 2021, V. note ss. art. R. 611-11.

Art. R. 628-16 *(Abrogé par Décr. nº 2021-1218 du 23 sept. 2021, art. 33, à compter du 1er oct. 2021)* ***Lorsque le juge-commissaire a réduit le délai prévu au troisième alinéa de l'article L. 626-30-2 en deçà de quinze jours, l'administrateur accomplit les diligences prévues aux articles R. 626-58 et R. 626-61-1 trois jours avant la date du vote du comité. Le délai minimum*** *[minimal]* ***prévu par l'article R. 626-60 entre la convocation de l'assemblée générale des obligataires et le vote est alors réduit à dix jours et le droit conféré à chaque obligataire par l'article R. 626-61 de prendre connaissance du projet de plan s'exerce dans les dix jours qui précèdent la réunion de cette assemblée.***

Pour les dispositions transitoires du Décr. nº 2021-1218 du 23 sept. 2021, V. note ss. art. R. 611-11.

Art. R. 628-17 *(Abrogé par Décr. nº 2021-1218 du 23 sept. 2021, art. 33, à compter du 1er oct. 2021)* ***Le délai entre la date soit de l'insertion ou de la dernière des insertions contenant un avis de convocation, soit de l'envoi des lettres, soit de la transmission de la convocation par voie de communication électronique, et la date de l'assemblée des actionnaires est au moins de dix jours sur première convocation.***

Pour les dispositions transitoires du Décr. nº 2021-1218 du 23 sept. 2021, V. note ss. art. R. 611-11.

Art. R. 628-18 *(Abrogé par Décr. nº 2021-1218 du 23 sept. 2021, art. 33, à compter du 1er oct. 2021)* ***L'avis prévu par le I de l'article R. 225-73 est publié au Bulletin des annonces légales obligatoires au plus tard vingt et un jours avant la tenue de l'assemblée des actionnaires.***

La demande d'inscription d'un point ou d'un projet de résolution par les actionnaires à l'ordre du jour de l'assemblée est envoyée au siège social du débiteur quinze jours au moins avant la date de l'assemblée réunie sur première convocation.

Pour les dispositions transitoires du Décr. nº 2021-1218 du 23 sept. 2021, V. note ss. art. R. 611-11.

Art. R. 628-19 *(Abrogé par Décr. nº 2021-1218 du 23 sept. 2021, art. 33, à compter du 1er oct. 2021)* ***Le délai prévu au deuxième alinéa de l'article R. 225-89 et au premier alinéa de l'article R. 225-90 est réduit à dix jours. La liste des actionnaires mentionnée au second alinéa de l'article R. 225-90 est arrêtée le onzième jour qui précède la réunion de l'assemblée.***

Pour les dispositions transitoires du Décr. nº 2021-1218 du 23 sept. 2021, V. note ss. art. R. 611-11.

TITRE III DU REDRESSEMENT JUDICIAIRE

CHAPITRE I *DE L'OUVERTURE ET DU DÉROULEMENT DE LA PROCÉDURE*

SECTION 1 *De l'ouverture de la procédure*

SOUS-SECTION 1 *De la saisine et de la décision du tribunal*

Art. R. 631-1 La demande d'ouverture de la procédure de redressement judiciaire est déposée par le représentant légal de la personne morale ou par le débiteur personne physique au greffe du tribunal compétent.

A cette demande sont jointes, outre les comptes annuels du dernier exercice, les pièces ci-après :

(Décr. n° 2022-890 du 14 juin 2022, art. 1er) « 1° L'état du passif exigible et de l'actif disponible ainsi qu'une déclaration de cessation des paiements. Lorsque l'activité en difficulté est exercée par un entrepreneur personne physique, cet état est complété, le cas échéant, par la liste des autres créances dont le paiement est poursuivi sur le patrimoine en cause ; »

(Décr. n° 2021-631 du 21 mai 2021, art. 4 ; Décr. n° 2022-890 du 14 juin 2022, art. 1er) « 2° S'il y a lieu, le numéro unique d'identification ; »

3° Une situation de trésorerie datant de moins d'un mois ;

4° Le nombre des salariés employés à la date de la demande, *(Décr. n° 2020-100 du 7 févr. 2020, art. 10)* « déterminé conformément aux dispositions de l'article R. 130-1 du code de la sécurité sociale, » le nom et l'adresse de chacun d'entre eux et le montant du chiffre d'affaires, défini conformément aux dispositions du *(Décr. n° 2020-100 du 7 févr. 2020, art. 10)* « sixième » alinéa de l'article *(Décr. n° 2015-903 du 23 juill. 2015, art. 3)* « D. 123-200 », apprécié à la date de clôture du dernier exercice comptable ; — *Les dispositions du Décr. n° 2015-903 du 23 juill. 2015 s'appliquent aux comptes afférents aux exercices ouverts à compter du 1er janv. 2016 (Décr. préc., art. 5). — Pour les dispositions transitoires du Décr. n° 2020-100 du 7 févr. 2020, V. note ss. art. R. 621-1, 4°.*

5° L'état chiffré des créances et des dettes avec l'indication *(Décr. n° 2011-236 du 3 mars 2011, art. 9-II)* « *[,]* selon le cas, du nom ou de la dénomination et du domicile ou siège » des créanciers et, pour les salariés, le montant global des sommes impayées ;

6° L'état actif et passif des sûretés ainsi que celui des engagements hors bilan ;

7° L'inventaire sommaire des biens du débiteur *(Décr. n° 2014-736 du 30 juin 2014, art. 77-2°)* « ou, si un patrimoine a été affecté à l'activité en difficulté, des biens affectés à l'exercice de cette activité » ;

8° S'il s'agit d'une personne morale comportant des membres responsables solidairement des dettes sociales, la liste de ceux-ci avec l'indication de leur nom et domicile ;

9° Le nom et l'adresse des représentants *(Décr. n° 2021-1218 du 23 sept. 2021, art. 34, en vigueur le 1er oct. 2021)* « de la délégation du personnel du comité social et économique » habilités à être entendus par le tribunal s'ils ont déjà été désignés ; — *Pour les dispositions transitoires du Décr. n° 2021-1218 du 23 sept. 2021, V. note ss. art. R. 611-11.*

10° Une attestation sur l'honneur certifiant l'absence de mandat *ad hoc* ou de procédure de conciliation *(Décr. n° 2014-736 du 30 juin 2014, art. 77-3°)* « relatives *[relatifs]* au patrimoine en cause » dans les dix-huit mois précédant la date de la demande ou, dans le cas contraire, mentionnant la date de la désignation du mandataire *ad hoc* ou de l'ouverture de la procédure de conciliation ainsi que l'autorité qui y a procédé ;

11° Lorsque le débiteur exerce une profession libérale soumise à un statut législatif ou réglementaire ou dont le titre est protégé, la désignation de l'ordre professionnel ou de l'autorité dont il relève ;

12° Lorsque le débiteur exploite une ou des installations classées au sens du titre I du livre V du code de l'environnement, la copie de la décision d'autorisation *(Décr. n° 2010-368 du 13 avr. 2010, art. 43-I)* « ou d'enregistrement » ou la déclaration.

Ces documents sont datés, signés et certifiés sincères et véritables par le demandeur. Ceux qui sont mentionnés aux 1°, *(Abrogé par Décr. n° 2021-631 du 21 mai 2021, art. 4)* « 2°, » 5°, 6°, 7° et 8° sont établis à la date de la demande *(Décr. n° 2009-160 du 12 févr. 2009, art. 47)* « ou dans les sept jours qui précèdent ».

Dans le cas où l'un ou l'autre de ces documents ne peut être fourni ou ne peut l'être qu'incomplètement, la demande indique les motifs qui empêchent cette production. – *[Décr. n° 2005-1677 du 28 déc. 2005, art. 170.]*

Pour l'entrée en vigueur du Décr. n° 2021-631 du 21 mai 2021, V. note ss. art. R. 611-22.

1. Qualité pour déclarer la cessation des paiements. La déclaration de cessation des paiements, qui doit être considérée comme un acte de gestion effectué dans l'intérêt de la société, peut être accomplie par un seul gérant de SARL, sans que son cogérant ait à être appelé en la cause. • Orléans, 5 nov. 1998 : *Dr. sociétés 1999, n° 97.* ♦ Pour une déclaration de cessation des paiements déposée par un administrateur de société anonyme délégué à cet effet par le conseil d'administration, V. • Paris, 31 janv. 2002 : *Dr. sociétés 2003, n° 9, note Legros.*

N'étant personnellement créancier ni de la société, ni même de ses deux autres associés, un associé d'une société civile de moyens n'a aucune qualité à demander le redressement judiciaire de la société, l'action ne pouvant pas davantage être analysée comme une déclaration de cessation des paiements, le demandeur ayant perdu sa qualité de cogérant par suite de sa démission. • Paris, 20 oct. 1995 : *Dr. sociétés 1996, n° 31, obs. Chaput.*

Un administrateur provisoire peut être chargé par le juge des référés de procéder à la déclaration de cessation des paiements si la situation de l'entreprise l'exige. • Lyon, 28 mai 2019, n° 18/06902 : *Dr. sociétés 2019, n° 205, note Legros.*

2. Déclaration par avocat. La déclaration de cessation des paiements, lorsqu'elle n'émane pas du débiteur lui-même, ne peut être reçue qu'en vertu d'un pouvoir spécial, qui n'est pas inclus dans la mission de représentation et d'assistance des avocats. • Com. 19 juill. 1988 (loi de 1967) : *D. 1989. Somm. 5, obs. Derrida.*

3. Liquidation amiable. Le liquidateur amiable, comme le dirigeant de la personne morale, est visé par l'obligation de déclarer l'état de cessation des paiements. • Paris, 6 mars 2008 : *Gaz. Pal. 27-29 juill. 2008, p. 27, obs. Lebel.*

4. Mandat ad hoc. V. note 3 ss. anc. art. L. 611-3.

5. Déclaration abusive. En ce sens que le débiteur, en déposant son bilan alors que sa situation ne le justifie pas, engage sa responsabilité à l'égard du mandataire judiciaire qui a exposé inutilement des frais, V. • Grenoble, 23 oct. 2002 : *RDBF 2003, n° 115, obs. F.-X. Lucas.*

Art. R. 631-2 **L'assignation d'un créancier précise la nature et le montant de la créance et contient tout élément de preuve de nature à caractériser la cessation des paiements du débiteur. Lorsqu'il s'agit d'une exploitation agricole, le créancier joint à sa demande une attestation, délivrée par le greffier, de la saisine du président du** *(Décr. n° 2019-966 du 18 sept. 2019, art. 8, en vigueur le 1er janv. 2020)* **« tribunal judiciaire »** *(Décr. n° 2014-736 du 30 juin 2014, art. 78-1°)* **« en application de l'article L. 351-2 du code rural et de la pêche maritime ».**

La demande d'ouverture d'une procédure de redressement judiciaire est à peine d'irrecevabilité, qui doit être soulevée d'office, exclusive de toute autre demande *(Décr. n° 2014-736 du 30 juin 2014, art. 78-2°)* **« relative au même patrimoine »** *(Décr. n° 2009-160 du 12 févr. 2009, art. 48)* **« , à l'exception d'une demande d'ouverture d'une procédure de liquidation judiciaire formée à titre subsidiaire ».** – *[Décr. n° 2005-1677 du 28 déc. 2005, art. 171.]*

1. Contenu de l'assignation. Selon l'art. R. 631-2, auquel renvoie l'art. R. 640-1, l'assignation du créancier doit préciser la nature et le montant de la créance et contenir tout élément de preuve de nature à caractériser la cessation des paiements du débiteur, sans qu'il soit requis d'y faire figurer l'indication des procédures ou voies d'exécution engagées pour le recouvrement de la créance. • Com. 16 mars 2010 : *cité note 28 ss. art. L. 620-2.*

2. Titre exécutoire. Le créancier qui assigne son débiteur en redressement judiciaire n'a pas à justifier d'un titre exécutoire, pourvu que sa créance soit certaine, liquide et exigible. • Com. 28 juin 2017, n° 16-10.025 P : *D. 2017. Actu. 1357 ; Rev. sociétés 2017. 519, obs. Henry ; JCP E 2017. 1540, note Legros ; APC 2017, n° 227, obs. Cagnoli ; RJDA 2017, n° 735.*

3. Exclusivité de la demande. Les dispositions de l'art. R. 631-2, al. 2, dans sa rédaction antérieure au Décr. du 12 févr. 2009, rendu applicable à la liquidation judiciaire par l'art. R. 640-1, ne s'appliquent pas à la demande d'extension d'une telle procédure. • Com. 9 juill. 2013 : *D. 2013. Actu. 1831, obs. Lienhard ; JCP E 2013. 1644, note Legros ; LEDEN 9/2013. 5, obs. Favario ; Procédures 2013, n° 291, note Rolland ; Gaz. Pal. 29 sept.-1er oct. 2013, p. 16, obs. Reille ; APC 2013, n° 216, obs. Cagnoli, BJE 2013. 353, note Sortais ; RJDA 2014, n° 137 ; RPC 2014, n° 49, obs. Saintourens.*

4. Les art. R. 631-2, al. 2, et R. 640-1, al. 2, n'interdisent pas au créancier poursuivant de présenter, en outre, une demande de remboursement de frais hors dépens en application de l'art. 700 C. pr. civ. • Com. 17 juin 2020, n° 19-

10.464 P : *cité note 16 ss. art. L. 620-2 ; DP diff. entr., Bull. n° 427, obs. Rémery.*

5. Abus de droit. Pour la sanction d'une assignation utilisée comme moyen de pression, V. • T. com. Lille Métropole, 5 mars 2018, n° 2018001176 : *D. 2018. Actu. 613, obs. Vallens ; LEDEN 5/2018. 1, obs. F.-X. Lucas ; BJE 2018. 190, note Voinot.*

Art. R. 631-3 *(Décr. n° 2014-736 du 30 juin 2014, art. 79)* **« Lorsque le tribunal exerce son pouvoir d'office et à moins que les parties intéressées n'aient été invitées préalablement à présenter leurs observations, le tribunal fait convoquer le débiteur à la diligence du greffier, par lettre recommandée avec demande d'avis de réception, à comparaître dans le délai qu'il fixe.**

« A la convocation est jointe une note dans laquelle sont exposés les faits de nature à motiver l'exercice par le tribunal de son pouvoir d'office. »

Le greffier adresse copie de cette note au ministère public. – *[Décr. n° 2005-1677 du 28 déc. 2005, art. 172.]*

1. Convocation. La mention du rappel de l'affaire ou la comparution du débiteur ne peuvent suppléer à l'absence d'une convocation faite en vue de la conversion d'office du redressement en liquidation et dans les formes prévues par l'art. R. 631-3, sans le respect desquelles la saisine du tribunal est irrégulière. • Com. 1er mars 2016, n° 14-21.997 P : *D. 2016. Actu. 597 ; LEDEN 4/2016. 5, obs. Staes ; BJE 2016. 181, note Rossi ; RJDA 2016, n° 466 ; Procédures 2016, n° 204, note Rolland ; Gaz. Pal. 28 juin 2016, p. 63, obs. Lebel ; Dr. sociétés 2016, n° 152, note Legros.* ♦ La convocation régulière à l'audience pour examen du plan, la comparution du représentant de la société débitrice ou la demande de conversion formée à l'audience par les organes de la procédure ou le ministère public ne peuvent suppléer à l'absence d'invitation préalable faite aux parties de présenter leurs observations ou de convocation en vue de la conversion d'office du redressement en liquidation judiciaire dans les formes prévues par l'article R. 631-3, sans le respect desquelles la saisine d'office est irrégulière. • Com. 20 juin 2018, n° 17-13.204 P : *D. 2018. Actu. 1308 ; RTD com. 2018. 1023, obs. Saint-Alary-Houin ; RPC 2018, n° 143, obs. Lebel ; ibid., n° 147, obs. Cagnoli ; APC 2018, n° 208, obs. Salhi ; LEDEN 9/2018. 6, obs. Camensuli-Feuillard ; RJDA 2018, n° 751 ; Procédures 2018, n° 301, note Rolland ; Gaz. Pal. 9 oct. 2018, p. 70, obs. Giorgini ; BJE 2018. 438, note Staes.* ♦ N'a pas excédé ses pouvoirs, un tribunal de commerce qui, après avoir mis en redressement judiciaire une société, s'est ultérieurement saisi d'office en vue d'ordonner une expertise ayant pour objet la recherche des conditions contestables de l'acquisition par la société de parts d'une autre société et, éventuellement, la mise en redressement judiciaire des vendeurs de ces parts, ceux-ci ayant été dûment convoqués par le président du tribunal conformément aux dispositions de l'art. 8 [R. 631-3]. • Com. 31 mars 1992, n° 90-13.217 P : *D. 1992. Somm. 376, obs. Derrida .*

2. Note du président. Il résulte de la combinaison des art. R. 631-3 et R. 631-24, al. 1er, que, lorsque le tribunal se saisit d'office, pendant la période d'observation, en vue de convertir le redressement judiciaire en liquidation judiciaire en application de l'art. L. 631-15, II, le président du tribunal fait convoquer le débiteur à la diligence du greffier, par acte d'huissier de justice, et qu'à la convocation doit être jointe une note par laquelle le président expose les faits de nature à motiver cette saisine d'office (cassation pour violation de l'art. 16 C. pr. civ. [respect du contradictoire] et des art. R. 631-3 et R. 631-24, al. 1er, préc.). • Com. 9 févr. 2010, n° 09-10.925 P : *D. 2010. AJ 500 ; RTD com. 2010. 431, obs. Vallens ; JCP E 2010. 1324, note Rolland ; LEDEN 4/2010. 5, obs. Staes ; Dr. sociétés 2010, n° 122, note Legros ; RJDA 2010, n° 658 ; RPC 2010, n° 93, obs. Cagnoli ; Gaz. Pal. 2-3 juill. 2010, p. 28, obs. Voinot.* ♦ En l'absence de la note prévue par l'art. 8 [R. 631-3], al. 2, il ne peut suffire, pour satisfaire à ce texte, que la personne citée ait eu connaissance des faits de nature à motiver la saisine d'office. • Com. 25 juin 1996, n° 93-17.122 P.

Une ordonnance du président constitue la note visée à l'art. 8 [R. 631-3], al. 2. • Riom, 13 mars 1991 : *Gaz. Pal. 1992. 2. Somm. 537.*

L'art. 8 [R. 631-3] n'exige pas que les faits soient relatés dans l'acte de citation, et si ce texte prévoit que les faits doivent être exposés dans une note du président, jointe à la convocation, rien n'interdit au président de s'approprier le rapport adressé par le mandataire-liquidateur au juge-commissaire, d'y renvoyer comme étant la note exposant les faits justifiant la saisine et de le joindre à son ordonnance. • Lyon, 11 janv. 2001 : *D. 2002. Somm. 204, obs. Derrida ; Procédures 2001, n° 59, obs. Laporte.* – V. aussi • Versailles, 12 déc. 1996 : *RPC 2003. 162, obs. Martin-Serf.*

Sur le contenu de la note, V. • Com. 20 janv. 1998 : *D. Affaires 1999. 716, obs. A. L.*

Art. R. 631-4 Lorsque le ministère public demande l'ouverture de la procédure *(Décr. n° 2015-1009 du 18 août 2015, art. 8, en vigueur le 1er oct. 2015)* **« par requête, celle-ci indique » les faits de nature à motiver cette demande. Le président du tribunal, par les**

soins du greffier, fait convoquer le débiteur par *(Décr. n° 2014-736 du 30 juin 2014, art. 80)* **« lettre recommandée avec demande d'avis de réception » à comparaître dans le délai qu'il fixe.**

A cette convocation est jointe la requête du ministère public. – *[Décr. n° 2005-1677 du 28 déc. 2005, art. 173.]*

Lorsque, en application de l'art. R. 631-4, le président du tribunal fait convoquer, par lettre recommandée avec demande d'avis de réception, un dirigeant de personne morale et que l'avis de réception de la lettre retourné au greffe n'a pas été signé dans les conditions prévues à l'art. 670 C. pr. civ., il incombe au greffier d'inviter le ministère public, demandeur à l'instance, à procéder par voie de signification. • Cass., avis, 4 avr. 2016, n° 16-70.001 P : *D. 2016. Actu. 839 ; BICC 1er oct. 2016, rapp. Vaissette et concl. Le Mesle ; APC 2016, n° 129, obs. Rolland ; Dr. sociétés 2016, n° 110, note Legros ; RJDA 2016, n° 558 ; RPC 2016, n° 201, obs. Martin-Serf.* ♦ Il ne peut être suppléé à l'accomplissement de cette formalité par l'exercice de la simple faculté offerte au juge par l'art. 471 C. pr. civ. de faire procéder à une nouvelle citation lorsque le défendeur ne comparaît pas. • Même avis.

Art. R. 631-5 Lorsque, dans le cas prévu au deuxième alinéa de l'article L. 631-3, le tribunal *(Abrogé par Décr. n° 2014-736 du 30 juin 2014, art. 81-1°)* **« *décide de se saisir d'office ou* » est saisi sur la requête du ministère public,** *(Décr. n° 2014-736 du 30 juin 2014, art. 81-2°)* **« l'article R. 631-4 est applicable » aux héritiers du débiteur dont l'adresse est connue. S'il existe des héritiers dont l'adresse est inconnue, le président du** *(Décr. n° 2019-966 du 18 sept. 2019, art. 8, en vigueur le 1er janv. 2020)* **« tribunal judiciaire » se saisissant d'office, ou saisi sur la requête du ministère public, de l'administrateur ou du mandataire judiciaire désigne un mandataire chargé de les représenter.** – *[Décr. n° 2005-1677 du 28 déc. 2005, art. 174.]*

Art. R. 631-6 *(Décr. n° 2009-160 du 12 févr. 2009, art. 49)* **La cour d'appel qui annule ou infirme un jugement statuant sur l'ouverture de la procédure de redressement judiciaire peut, d'office, ouvrir la procédure de redressement judiciaire ou de liquidation judiciaire.**

1. Domaine d'application. Il résulte de la combinaison des art. 562 NCPC [C. pr. civ.], 6 (1) Conv. EDH et 11 du Décr. du 27 déc. 1985 [C. com., art. R. 631-6] que lorsque l'appel tend à l'annulation du jugement pour irrégularité de la saisine de la juridiction de première instance, la cour d'appel qui annule l'acte introductif et le jugement, n'a pas le pouvoir de prononcer d'office le redressement ou la liquidation judiciaires d'un dirigeant d'une personne morale. • Com. 4 janv. 2005, n° 03-11.465 P : *D. 2005. AJ 280, obs. Lienhard ; ibid. Pan. 2012, obs. F.-X. Lucas ; JCP E 2005, n° 13, p. 583, note Cagnoli ; ibid., n° 17, p. 706, obs. Pétel ; Gaz. Pal. 2005. 1101, note Gerbay ; Dr. sociétés 2005, n° 89, note Legros ; RPC 2005. 134, obs. Gorrias ; Dr. et pr. 2005. 217, obs. Gibirila* • 24 mai 2005 : *RJDA 2005, n° 1253 ; Dr. sociétés 2006, n° 22, note Legros.* ♦ *Contra*, auparavant : • Com. 13 juin 1989 : *Bull. civ. IV, n° 185 ; RTD com. 1989. 732, obs. Haehl* • 9 mai 1990, n° 89-10.219 P : *D. 1990. IR 149* • 19 janv. 1993, n° 91-11.819 P • 26 mai 1998, n° 96-11.491 P : *D. Affaires 1998. 1176 ; Quot. jur. 7 juill. 1998, p. 5, note P. M.* ♦ V. aussi note ss. art. R. 640-2.

2. Les dispositions de l'art. 11 [C. com., art. R. 631-6] sont applicables en cas de rétractation par la cour d'appel d'un jugement de redressement judiciaire frappé de tierce opposition. • Com. 14 déc. 1993, n° 91-18.635 P : *D. 1994. IR 43*.

3. En revanche, une cour d'appel ne peut user de la faculté ouverte par l'art. 11 du décret [C. com., art. R. 631-6] d'ouvrir elle-même d'office une procédure collective lorsque le délai préfix prévu à l'art. 17 de la loi [C. com., art. L. 631-5] pour la mise en redressement judiciaire d'un commerçant radié du RCS est expiré au jour de sa saisine. • Com. 10 oct. 1995, n° 93-11.441 P : *D. 1996. Somm. 86, obs. Honorat ; D. Affaires 1995. 180.*

4. Absence d'effet rétroactif. L'annulation du jugement qui a ouvert la procédure de redressement judiciaire, et qui est exécutoire par provision, ne fait pas disparaître rétroactivement les actes accomplis en vertu de cette procédure. • Paris, 30 sept. 1991 : *D. 1992. Somm. 5, obs. Derrida*. ♦ L'annulation par la cour d'appel du jugement d'ouverture ne s'étend pas aux déclarations de créances régulièrement effectuées avant cette annulation, dès lors que la cour d'appel ouvre elle-même le redressement judiciaire du débiteur. • Com. 25 mai 1993, n° 91-13.704 P • 8 mars 1994, n° 91-20.379 P : *D. 1994. IR 80*.

5. Lorsque la cour d'appel prononce le redressement judiciaire en usant des pouvoirs qu'elle tient de l'art. 11 [C. com., art. R. 631-6], l'annulation du jugement ayant prononcé le redressement judiciaire ne s'étend pas au plan de cession arrêté en suite de ce jugement. • Com. 14 déc. 1993 : *préc. note 2.*

En revanche, l'annulation par la cour d'appel du jugement d'ouverture du redressement judiciaire d'une société prive de tout fondement juridique le jugement, rendu postérieurement à cette annulation, ayant arrêté le plan de cession des actifs de cette société. • Com. 29 févr. 2000, n° 97-11.852 P : *D. 2000. AJ 189*.

6. L'annulation du jugement d'ouverture ouvre de nouveaux délais de déclaration et de forclusion aux créanciers n'ayant pas déclaré leurs créances. • Com. 1er juill. 1997, n° 94-21.894 P : *D. 1998. Somm. 98, obs. Honorat ; D. Affaires 1997. 1009 ; JCP E 1998, n° 1-2, p. 31, obs. Cabrillac ; RDBB 1998. 21, obs. Campana et Calendini* (V. l'arrêt cassé : • Paris, 20 sept. 1994 : *Rev. dr. bancaire 1995. 82, obs. Campana et Calendini*).

7. Organes de la procédure. La cour d'appel n'a pas l'obligation de désigner elle-même les organes de la procédure et peut charger le tribunal de procéder lui-même à cette désignation. • Com. 26 mai 1998 : *préc. note 1.*

8. Frais de procédure collective. Les frais de procédure collective peuvent être laissés à la charge de la société débitrice, après annulation du jugement qui avait ouvert à son encontre, sur assignation de l'URSSAF, une procédure de redressement judiciaire, dès lors que ladite société n'avait consigné les sommes réclamées que postérieurement au jugement d'ouverture, tandis qu'elle avait été régulièrement convoquée, ainsi que sa gérante, dix mois auparavant en chambre du conseil, qu'elle n'avait pas mis à profit ce délai pour s'acquitter d'une dette modique et que seule l'ouverture de la procédure collective avait mis fin à ses atermoiements. • Com. 14 mai 1996 : *D. 1996. IR 162.* ♦ Comp. note 12 ss. art. 7 du Décr. n° 85-1388 du 27 déc. 1985.

Art. R. 631-7 Les articles R. 621-2 à R. 621-4, R. 621-7 à R. 621-9 et R. 621-14 à R. 621-16 sont applicables à la procédure de redressement judiciaire sous réserve des dispositions de la présente section. – *[Décr. n° 2005-1677 du 28 déc. 2005, art. 176.]*

Art. R. 631-7-1-A *(Décr. n° 2021-1218 du 23 sept. 2021, art. 35, en vigueur le 1er oct. 2021)* Pour l'application du deuxième alinéa de l'article L. 631-7, le président fait convoquer par le greffier à l'audience le débiteur, les mandataires de justice, les contrôleurs et avise de la date de l'audience le ministère public.

Le tribunal statue sur la demande de prolongation de la période d'observation après avoir entendu les observations du débiteur, de l'administrateur, du mandataire judiciaire et des contrôleurs.

La décision prolongeant la période d'observation est communiquée aux personnes mentionnées à l'article R. 621-7 et aux contrôleurs. Elle est mentionnée aux registres *(Abrogé par Décr. n° 2022-1014 du 19 juill. 2022, art. 8, à compter du 1er janv. 2023)* ***« ou répertoires »*** prévus aux *(Décr. n° 2022-1014 du 19 juill. 2022, art. 8, en vigueur le 1er janv. 2023)* « quatre » premiers alinéas de l'article R. 621-8.

Pour les dispositions transitoires du Décr. n° 2021-1218 du 23 sept. 2021, V. note ss. art. R. 611-11.

Art. R. 631-7-1 *(Décr. n° 2012-1190 du 25 oct. 2012, art. 3)* La mesure conservatoire prise en application du quatrième alinéa de l'article L. 621-2, dès sa signification au défendeur mentionné à ce texte, est portée sans délai à la connaissance des personnes désignées conformément à l'article R. 621-2.

Art. R. 631-8 Le cas échéant, le greffier avertit les créanciers poursuivants qu'ils peuvent prendre connaissance au greffe du rapport mentionné au deuxième alinéa de l'article R. 621-3 et les avise en même temps de la date de l'audience. – *[Décr. n° 2005-1677 du 28 déc. 2005, art. 177.]*

Art. R. 631-9 Pour l'application de l'article R. 621-11, le nombre des salariés à prendre en compte est apprécié à la date de la demande ou, en cas de saisine d'office, à la date de la convocation du débiteur. – *[Décr. n° 2005-1677 du 28 déc. 2005, art. 178.]*

Art. R. 631-10 Pour l'application de l'article R. 621-4, si le jugement ne peut être rendu sur-le-champ, la date de son prononcé est communiquée au débiteur et, le cas échéant, au créancier poursuivant. – *[Décr. n° 2005-1677 du 28 déc. 2005, art. 179.]*

Art. R. 631-11 Lorsqu'il apparaît que le débiteur ne remplit pas les conditions requises pour l'ouverture d'une procédure de redressement judiciaire, le tribunal rejette la demande.

(Abrogé par Décr. n° 2014-736 du 30 juin 2014, art. 82) (Décr. n° 2009-160 du 12 févr. 2009, art. 50) ***« A défaut d'avoir été saisi d'une demande aux fins d'ouverture d'une procédure de liquidation judiciaire, formée à titre subsidiaire dans l'acte introductif d'instance ou à l'audience en présence du débiteur ou de son représentant, et si le tribunal estime devoir se***

saisir d'office en vue de l'ouverture d'une telle procédure, il est fait application des dispositions de l'article R. 631-3. **»** – *[Décr. n° 2005-1677 du 28 déc. 2005, art. 180.]*

Il résulte de la combinaison des art. L. 640-5, R. 631-3 et R. 631-11 C. com. que, lorsque le tribunal estime devoir se saisir d'office aux fins d'ouverture d'une procédure de liquidation judiciaire, après avoir été saisi de l'ouverture d'une procédure de redressement judiciaire par le créancier, le président du tribunal fait convoquer le débiteur à la diligence du greffier, par acte d'huissier de justice, et qu'à la convocation doit être jointe une note par laquelle le président expose les faits de nature à motiver cette saisine d'office. • Com. 13 mai 2014, n° 13-13.745 P : *D. 2014. Actu. 1149, obs. Lienhard ; JCP E 2014. 1333, note Cerati-Gauthier ; LEDEN 7/2014. 4, obs. Favario ; APC 2014, n° 194, obs. Rolland ; Dr. sociétés 2014, n° 153, note Legros.*

Art. R. 631-12 **Le jugement qui statue sur l'ouverture de la procédure est notifié au débiteur** *(Décr. n° 2006-1709 du 23 déc. 2006, art. 58)* **« ou au créancier », lorsqu'il est demandeur, par le greffier dans les huit jours de son prononcé. Lorsque le débiteur n'est pas demandeur, le jugement lui est signifié dans le même délai.** – *[Décr. n° 2005-1677 du 28 déc. 2005, art. 181.]*

1. Pour la validité de la notification du jugement d'ouverture du redressement judiciaire faite au seul administrateur provisoire ayant reçu mission de diriger la société débitrice, V. • Com. 5 sept. 2018, n° 17-14.758 : *Gaz. Pal. 15 janv. 2019, p. 59, obs. Rohart-Messager.*

2. V. aussi note 2 ss. art. R. 661-3.

Art. R. 631-13 **La décision par laquelle le tribunal modifie la date de cessation des paiements est notifiée au débiteur, communiquée aux personnes mentionnées à l'article R. 621-7 et fait l'objet des publicités prévues à l'article R. 621-8.** – *[Décr. n° 2005-1677 du 28 déc. 2005, art. 182.]*

Il résulte de la combinaison des art. 21, 22 et 156, al. 2 [C. com., art. R. 621-8, R. 631-12 et R. 661-2, al. 2], que la décision modifiant la date de cessation des paiements doit faire l'objet d'une mention au registre du commerce et des sociétés, qu'un avis du jugement doit être adressé pour insertion au *BODACC* et qu'il peut être formé tierce opposition à l'encontre de la décision dans les dix jours de sa publication au *BODACC*. • Com. 3 nov. 1992, n° 90-19.326 P.

V. aussi note 4 ss. art. R. 661-2.

Art. R. 631-14 **A leur demande, l'administrateur délivre** *(Décr. n° 2009-160 du 12 févr. 2009, art. 51)* **« aux personnes » dont les parts représentatives de leurs droits sociaux sont virées au compte spécial prévu à l'article L. 631-10 un certificat leur permettant de participer aux assemblées de la société.**

Sauf décision contraire du tribunal, il est mis fin à ce compte spécial, à la demande de la personne intéressée la plus diligente après l'adoption du plan de redressement ou après la clôture des opérations.

En cas d'incessibilité ou de cession de parts sociales, *(Décr. n° 2009-160 du 12 févr. 2009, art. 51)* **« titres de capital ou valeurs mobilières donnant accès au capital prononcée en application de l'article L. 631-19-1 », il est mis fin au compte spécial après que la décision ordonnant la cession ou levant la mesure d'incessibilité est passée en force de chose jugée.** – *[Décr. n° 2005-1677 du 28 déc. 2005, art. 183.]*

Art. R. 631-14-1 *(Décr. n° 2012-1190 du 25 oct. 2012, art. 4)* **Le montant des sommes pour la garantie desquelles la mesure conservatoire est ordonnée ne peut excéder le montant des dommages et intérêts demandés en réparation du préjudice causé par la faute invoquée.**

Art. R. 631-15 *(Décr. n° 2009-160 du 12 févr. 2009, art. 52)* **Les rémunérations ou subsides prévus à l'article L. 631-11 sont fixés par le juge-commissaire par décision spécialement motivée, l'administrateur, le mandataire judiciaire et le débiteur personne physique ou le dirigeant entendus ou dûment appelés.**

SOUS-SECTION 2 *Des organes de la procédure et des contrôleurs*

Art. R. 631-16 **Les articles R. 621-10 à R. 621-25, à l'exclusion du premier alinéa de l'article R. 621-23** *(Décr. n° 2006-1709 du 23 déc. 2006, art. 53)* **« et de l'article R. 621-20 », sont applicables à la procédure de redressement judiciaire.** – *[Décr. n° 2005-1677 du 28 déc. 2005, art. 185.]*

SECTION 2 *Du déroulement de la procédure*

SOUS-SECTION 1 *De la modification de la mission de l'administrateur*

Art. R. 631-17 L'article R. 622-1 est applicable à la procédure de redressement judiciaire. – *[Décr. n° 2005-1677 du 28 déc. 2005, art. 186.]*

SOUS-SECTION 2 *Des mesures conservatoires au cours de la période d'observation*

Art. R. 631-18 Les articles R. 622-2 à *(Décr. n° 2021-1218 du 23 sept. 2021, art. 36, en vigueur le 1er oct. 2021)* « R. 622-5-1 » *(Décr. n° 2009-160 du 12 févr. 2009, art. 53)* « , à l'exclusion de l'article R. 622-4-1, » sont applicables à la procédure de redressement judiciaire. – *[Décr. n° 2005-1677 du 28 déc. 2005, art. 187.]*

(Décr. n° 2014-736 du 30 juin 2014, art. 83) « Le greffier informe la personne chargée de réaliser l'inventaire de sa désignation par tout moyen. »

(Décr. n° 2009-160 du 12 févr. 2009, art. 53) « Les règles prévues aux quatrième à sixième alinéas de l'article R. 622-4 sont applicables à la prisée des actifs du débiteur effectuée en cas d'ouverture d'une procédure de redressement judiciaire ou de conversion d'une procédure de sauvegarde en un redressement judiciaire. »

Pour les dispositions transitoires du Décr. n° 2021-1218 du 23 sept. 2021, V. note ss. art. R. 611-11.

SOUS-SECTION 3 *De la gestion de l'entreprise au cours de la période d'observation*

Art. R. 631-19 Les articles R. 622-6 à R. 622-8 sont applicables à la procédure de redressement judiciaire. – *[Décr. n° 2005-1677 du 28 déc. 2005, art. 188.]*

(Décr. n° 2009-160 du 12 févr. 2009, art. 54) « L'article R. 622-6 est également applicable lorsque la demande d'autorisation présentée sur le fondement du II de l'article L. 622-7 émane de l'administrateur.

« Pour l'application du deuxième alinéa de l'article R. 622-7, le juge-commissaire saisi d'une demande de paiement provisionnel statue sur avis de l'administrateur s'il en a été désigné ou, à défaut, du débiteur et du mandataire judiciaire. »

SOUS-SECTION 4 *De la poursuite de l'activité de l'entreprise au cours de la période d'observation*

Art. R. 631-20 Les articles R. 622-9 et R. 622-13 à R. 622-20 sont applicables à la procédure de redressement judiciaire, sous réserve des dispositions de la présente sous-section. – *[Décr. n° 2005-1677 du 28 déc. 2005, art. 189.]*

Art. R. 631-21 L'administrateur, lorsqu'il en a été désigné, est tenu des obligations d'information qui incombent au débiteur en application des articles R. 622-9 et R. 622-16. – *[Décr. n° 2005-1677 du 28 déc. 2005, art. 190.]*

Art. R. 631-22 Pour l'application de l'article R. 622-17, l'obligation de déclaration incombe à l'administrateur, lorsqu'il a pour mission d'administrer seul l'entreprise.

Pour l'application de l'article R. 622-20, l'administrateur est mis en cause quelle que soit sa mission. – *[Décr. n° 2005-1677 du 28 déc. 2005, art. 191.]*

Art. R. 631-23 *(Décr. n° 2009-160 du 12 févr. 2009, art. 55)* Aux fins de prononcé de la cessation partielle de l'activité en application du II de l'article L. 631-15, le tribunal est saisi par voie de requête ou, le cas échéant, dans les formes et selon la procédure prévues aux articles R. 631-3 ou R. 631-4.

Le jugement qui ordonne la cessation partielle de l'activité est communiqué aux personnes citées à l'article R. 621-7 et mentionné aux registres *(Abrogé par Décr. n° 2022-1014 du 19 juill. 2022, art. 8, à compter du 1er janv. 2023)* *« ou répertoires »* prévus *(Décr. n° 2014-736 du 30 juin 2014, art. 84)* « aux *(Décr. n° 2022-1014 du 19 juill. 2022, art. 8, en vigueur le 1er janv. 2023)* « quatre » premiers alinéas de l'article R. 621-8 ».

Art. R. 631-24 Aux fins de prononcé de la liquidation judiciaire, le tribunal est saisi par voie de requête ou, le cas échéant, dans les formes et selon la procédure prévues aux articles R. 631-3 ou R. 631-4.

Le jugement qui prononce la liquidation judiciaire est notifié au débiteur dans les huit jours de son prononcé. Lorsque le débiteur n'est pas demandeur, le jugement lui est signifié dans le même délai.

Ce jugement est, en outre, signifié à la diligence du greffier, dans le même délai, aux personnes qui ont qualité pour interjeter appel, à l'exception du ministère public.

Il est communiqué aux personnes citées à l'article R. 621-7 *(Décr. nº 2006-1709 du 23 déc. 2006, art. 46)* **« et fait l'objet des publicités prévues à l'article R. 621-8 ».** – *[Décr. nº 2005-1677 du 28 déc. 2005, art. 192, al. 2 à 5.]*

Si l'art. R. 631-24, al. 1er, prévoit que le tribunal est saisi par voie de requête d'une demande de conversion de la procédure de redressement en liquidation judiciaire au cours de la période d'observation, ce texte n'interdit pas de procéder par voie d'assignation. • Com. 17 nov. 2015, nº 14-19.504 P : *cite note 4 ss. art. R. 622-19.* ♦ La mention évoquant la liquidation faite par l'administrateur judiciaire dans son rapport ne constitue pas une demande de conversion du redressement en liquidation judiciaire. • Com. 24 mai 2018, nº 16-27.296 P : *D. 2018. Actu. 1149 ; JCP E 2018. 1387, note Ghandour ; ibid. 1429, nº 4, obs. Pétel ; LEDEN 7/2018. 3, obs. Camensuli-Feuillard ; APC 2018, nº 181, obs. Rolland ; RPC 2018, nº 142, obs. Lebel ; ibid., nº 147, obs. Cagnoli ; RJDA 2018, nº 752 ; BJE 2018. 356, note Staes ; Dr. sociétés 2019, nº 14, note Legros.* ♦ V. notes ss. art. R. 631-3.

Art. R. 631-25 La décision par laquelle le tribunal met fin à la procédure en application de l'article L. 631-16 est suivie sans délai d'un compte rendu de fin de mission déposé par les mandataires de justice dans les conditions des articles R. 626-39 et R. 626-40. Elle est communiquée aux personnes mentionnées à l'article R. 621-7 et fait l'objet des publicités prévues à l'article R. 621-8. L'article R. 626-41 est applicable. – *[Décr. nº 2005-1677 du 28 déc. 2005, art. 193.]*

Sur la radiation d'office du registre du commerce et des sociétés des mentions relatives à la procédure de redressement judiciaire lorsqu'il est mis fin à cette procédure en application de l'art. L. 631-16 C. com., V. C. com., art. R. 123-135 (2º). – **C. com.**

SOUS-SECTION 5 *De la situation des salariés au cours de la période d'observation*

Art. R. 631-26 L'ordonnance rendue par le juge-commissaire en application de l'article L. 631-17 indique le nombre des salariés dont le licenciement est autorisé ainsi que les activités et catégories professionnelles concernées.

L'ordonnance est notifiée au *(Décr. nº 2021-1218 du 23 sept. 2021, art. 37, en vigueur le 1er oct. 2021)* **« comité social et économique » ou, le cas échéant, au représentant des salariés. Elle est transmise au ministère public, à l'administrateur et au mandataire judiciaire.** – *[Décr. nº 2005-1677 du 28 déc. 2005, art. 194.]*

Pour les dispositions transitoires du Décr. nº 2021-1218 du 23 sept. 2021, V. note ss. art. R. 611-11.

1. Juge-commissaire. Il appartient à l'administrateur judiciaire sous le contrôle prud'homal, de désigner les salariés à licencier. L'ordonnance rendue par le juge-commissaire n'a donc pas à dresser la liste nominative des salariés licenciés. • Soc. 18 juin 1997, nº 96-40.279 P : *RPC 1997. 357, obs. Taquet.* ♦ Une liste nominative des salariés licenciés n'a pas à être dressée et serait en toute hypothèse dépourvue d'effet. • Soc. 27 oct. 1998 : *D. 1998. IR 247 ; JCP E 1999, nº 44-45, p. 1773, obs. Coursier* • 5 oct. 2004, nº 02-42.111 P : *D. 2005. 293, obs. Le Corre ; APC 2004, nº 220, obs. Masquefa-Neau-Leduc.*

2. En application de l'art. R. 631-26, des licenciements économiques ne peuvent être valablement prononcés en vertu d'une autorisation de licencier donnée par la juridiction qui arrête un plan de cession qu'à la condition que cette décision précise, dans son dispositif, le nombre de salariés dont le licenciement est autorisé, ainsi que les activités et catégories professionnelles concernées (dans le cas où l'ordonnance du juge-commissaire renvoyait à une annexe qui n'était pas signée). • Soc. 23 mars 2016, nº 14-22.950 P : *cité note 9 ss. art. L. 631-17.*

3. Conseil de prud'hommes. Il résulte des dispositions de l'art. L. 511-1, al. 3 [abrogé], C. trav. et de l'art. 45 de la loi du 25 janv. 1985 [C. com., ancien art. L. 621-37, abrogé par L. nº 2005-845 du 26 juill. 2005 ; V., désormais, C. com., art. L. 631-17] que le conseil de prud'hommes demeure compétent pour statuer, dans le cadre de l'ordonnance rendue par le juge-commissaire tel qu'il est délimité par l'art. 63 [R. 631-26] ci-dessus et au regard de la situation individuelle des salariés licenciés, sur les demandes formées par ces derniers contre leur employeur. • Soc. 6 mars 1990, nº 89-40.028 P : *D. 1990. Somm. 218, obs.*

Honorat. – V. aussi • Versailles, 20 févr. 2001 : *Gaz. Pal. 2001. Somm. 1728.*

4. Il résulte de l'art. 45 de la loi [C. com., art. L. 631-17] que l'autorité d'une ordonnance du juge-commissaire qui autorise les licenciements n'est attachée, par l'effet de l'art. 63 [R. 631-26] du décret, qui en précise le contenu, outre l'indication du nombre de salariés dont le licenciement est autorisé ainsi que des activités professionnelles concernées, qu'à l'existence d'une suppression ou transformation d'emploi ou d'une modification du contrat de travail consécutive à des difficultés économiques, à une mutation technologique ou à une réorganisation nécessaire à la sauvegarde de la compétitivité de l'entreprise. Par contre, cette autorité ne saurait s'étendre à la question de la situation individuelle des salariés au regard de l'obligation de reclassement qui pèse sur l'employeur et qui relève de la compétence du juge prud'homal. • Soc. 3 mars 1998, n° 95-45.201 P : *D. 1998. 418, note Bailly* ; *JCP E 1998, n° 36, p. 1363, note Serret* • 8 juin 1999, n° 96-44.811 P : *D. 2000. Somm. 6, obs. Derrida* • 1er mars 2000 : *RPC 2000. 109, obs. Taquet.* ♦ ... Ni au droit individuel du salarié inclus dans un licenciement collectif de contester la régularité de la procédure prévue à l'art. L. 321-1 [L. 1233-1 s.] C. trav. et de demander, conformément à l'art. L. 122-14-4, dernier al. [L. 1235-13], du même code, l'allocation d'une indemnité calculée en fonction de son préjudice. • Soc. 12 janv. 1999, n° 96-41.756 P : *JCP E 1999, nos 18-19, p. 812, obs. Pétel* ; *ibid., nos 44-45, p. 1773, obs. Coursier.*

5. Toutefois, la régularité de l'ordonnance ne saurait être remise en cause devant le juge prud'homal dès lors que cette décision n'a pas fait l'objet d'un recours et ce même si les salariés prétendent qu'ils n'ont eu connaissance de sa teneur qu'en cours d'instance. • Toulouse, 15 sept. 1995 : *BICC 1996, n° 341.*

SOUS-SECTION 6 *De la déclaration de créances*

Art. R. 631-27 Les articles R. 622-21 à R. 622-26 sont applicables à la procédure de redressement judiciaire. – *[Décr. n° 2005-1677 du 28 déc. 2005, art. 195.]*

SOUS-SECTION 7 *De l'élaboration du plan [bilan] économique, social et environnemental*

Art. R. 631-28 Les articles R. 623-1 et R. 623-2 sont applicables à la procédure de redressement judiciaire. *(Abrogé par Décr. n° 2009-160 du 12 févr. 2009, art. 56)* ***« Toutefois, l'administrateur, lorsqu'il en a été désigné, est tenu des obligations d'information qui incombent au débiteur en application de ces articles. »*** – *[Décr. n° 2005-1677 du 28 déc. 2005, art. 196.]*

SOUS-SECTION 8 *De la vérification et de l'admission des créances*

Art. R. 631-29 Les articles R. 624-1, à l'exclusion du premier alinéa, et R. 624-2 à R. 624-11 sont applicables à la procédure de redressement judiciaire.

La vérification des créances est faite par le mandataire judiciaire en présence du débiteur ou celui-ci appelé, de l'administrateur s'il a pour mission d'assurer l'administration de l'entreprise et, le cas échéant, des contrôleurs désignés, présents ou dûment appelés. – *[Décr. n° 2005-1677 du 28 déc. 2005, art. 197.]*

SOUS-SECTION 9 *Des droits du conjoint du débiteur*

Art. R. 631-30 Le conjoint du débiteur est entendu ou dûment convoqué avant toute décision ordonnant ou autorisant la vente des biens de la communauté.

Lorsque, au cours de la procédure, la dissolution de la communauté existant entre le débiteur et son conjoint devient opposable aux tiers, ce conjoint est entendu ou dûment convoqué avant toute décision ordonnant ou autorisant la vente des biens de l'indivision. – *[Décr. n° 2005-1677 du 28 déc. 2005, art. 198.]*

SOUS-SECTION 10 *Des droits du vendeur de meubles, des revendications et des restitutions*

Art. R. 631-31 Les articles R. 624-13 à *(Décr. n° 2007-1851 du 26 déc. 2007)* « R. 624-16 » sont applicables à la procédure de redressement judiciaire. – *[Décr. n° 2005-1677 du 28 déc. 2005, art. 199.]*

SOUS-SECTION 11 *Du règlement des créances résultant d'un contrat de travail*

Art. R. 631-32 Les articles R. 625-1 à R. 625-7 sont applicables à la procédure de redressement judiciaire. – *[Décr. n° 2005-1677 du 28 déc. 2005, art. 200.]*

Art. R. 631-33 Lorsque des instances sont en cours devant la juridiction prud'homale à la date du jugement d'ouverture du redressement judiciaire, les informations relatives à l'objet et aux circonstances du litige ainsi que les éléments justificatifs sont transmis par le mandataire judiciaire aux institutions mentionnées à l'article L. 143-11-4 *[L. 3253-14]* du code du travail, mises en cause devant la juridiction prud'homale conformément à l'article L. 631-18 du présent code. – *[Décr. n° 2005-1677 du 28 déc. 2005, art. 201.]*

SOUS-SECTION 12 *Du projet de plan*

Art. R. 631-34 Les articles R. 626-1 à *(Décr. n° 2009-160 du 12 févr. 2009, art. 57)* « R. 626-3, relatifs à la convocation des assemblées, » sont applicables à la procédure de redressement judiciaire.

Toutefois, pour l'application de l'article L. 626-3, l'administrateur convoque les assemblées si les dirigeants n'y procèdent pas. – *[Décr. n° 2005-1677 du 28 déc. 2005, art. 202.]*

(Décr. n° 2021-1218 du 23 sept. 2021, art. 38, en vigueur le 1er oct. 2021) « Pour l'application du troisième alinéa de l'article L. 631-19, la partie affectée qui entend soumettre des propositions transmet celles-ci au débiteur et à l'administrateur, par tout moyen, au plus tard quinze jours avant la date du vote sur le projet de plan présenté par le débiteur. Les propositions des parties affectées transmises dans ce délai*[,]* avec l'ensemble des informations prévues, sont présentées aux classes par l'administrateur, suivant les modalités prévues pour le vote sur le projet de plan du débiteur. » – *Pour les dispositions transitoires du Décr. n° 2021-1218 du 23 sept. 2021, V. note ss. art. R. 611-11.*

Art. R. 631-34-1 *(Décr. n° 2009-160 du 12 févr. 2009, art. 58)* Lorsque le ministère public demande, en application de l'article L. 631-19-1, que l'adoption du plan soit subordonnée au remplacement d'un ou plusieurs dirigeants, il saisit le tribunal par une requête indiquant les faits de nature à motiver cette demande.

Le président du tribunal fait convoquer, à la diligence du greffier, le ou les dirigeants de la personne morale dont le remplacement est demandé, quinze jours au moins avant l'audience, par acte *(Décr. n° 2022-949 du 29 juin 2022, art. 67, en vigueur le 1er juill. 2022)* « de commissaire de justice ». A cette convocation est jointe la requête du ministère public.

Le tribunal statue après avoir entendu ou dûment appelé, le cas échéant, le débiteur, l'administrateur s'il en a été désigné, le mandataire judiciaire ainsi que les représentants *(Décr. n° 2021-1218 du 23 sept. 2021, art. 39, en vigueur le 1er oct. 2021)* « de la délégation du personnel du comité social et économique ».

Le jugement est signifié à la diligence du greffier à chaque dirigeant en cause et au représentant légal de la personne morale. Les personnes citées à l'article R. 621-7 ainsi que les représentants *(Décr. n° 2021-1218 du 23 sept. 2021, art. 39, en vigueur le 1er oct. 2021)* « de la délégation du personnel du comité social et économique » sont avisés de ce jugement.

Pour les dispositions transitoires du Décr. n° 2021-1218 du 23 sept. 2021, V. note ss. art. R. 611-11.

La demande du ministère public tendant à la cession forcée des parts sociales du dirigeant doit être faite dans les formes et délais prescrits par l'art. R. 631-34-1. • Com. 22 mai 2013, n° 12-15.305 P : *D. 2013. Actu. 1343, obs. Lienhard ; Rev. sociétés 2013. 521, obs. Roussel Galle ; JCP E 2013. 1357, note Cerati-Gauthier ; DP diff. entr., Bull. n° 349, obs. Rémery ; LEDEN 7/2013. 1, obs. F.-X. Lucas ; Gaz. Pal. 12-13 juill. 2013, p. 18, obs. Lebel ; BJE 2013. 244, note Favario ; APC 2013, n° 144, obs. Delattre ; Dr. sociétés 2013, n° 167, note Legros ; BJS 2013. 509, note Parachkévova ; RJDA 2013, n° 1039.*

Art. R. 631-34-2 *(Décr. n° 2009-160 du 12 févr. 2009, art. 58)* L'administrateur s'il en a été désigné ou le mandataire judiciaire convoque les organes sociaux compétents aux fins de délibérer sur la demande de remplacement.

Le tribunal statue sur le plan au vu de cette délibération.

Art. R. 631-34-3 *(Décr. n° 2009-160 du 12 févr. 2009, art. 58)* **Le mandataire prévu au deuxième alinéa de l'article L. 631-19-1 peut être l'administrateur judiciaire.**

Art. R. 631-34-4 *(Décr. n° 2009-160 du 12 févr. 2009, art. 58)* **Les articles R. 626-7 et R. 626-8, relatifs à la consultation des créanciers, et la sous-section 4 de la section 1 du chapitre VI du titre II du présent livre, relative au règlement des créances publiques, sont applicables à la procédure de redressement judiciaire.**

Art. R. 631-34-5 *(Décr. n° 2014-736 du 30 juin 2014, art. 85)* **Lorsque les assemblées mentionnées à l'article L. 626-3 ont été appelées, en vain, à reconstituer les capitaux propres devenus inférieurs à la moitié du capital social, le procès-verbal des délibérations précise, le cas échéant, le sens du vote de chaque associé ou actionnaire.**

La feuille de présence est annexée à ce procès-verbal.

Art. R. 631-34-6 *(Décr. n° 2014-736 du 30 juin 2014, art. 85)* **La demande formée par l'administrateur judiciaire conformément à l'article L. 631-9-1 est faite auprès du président du tribunal par assignation de la société. Le président du tribunal statue sur cette demande par ordonnance de référé.**

L'ordonnance fixe l'ordre du jour de l'assemblée. Elle est susceptible d'appel.

Art. R. 631-34-7 *(Décr. n° 2014-736 du 30 juin 2014, art. 85)* **Pour l'application de l'article L. 631-9-1, les assemblées sont convoquées et tenues conformément aux dispositions non contraires du livre II.**

SOUS-SECTION 13 *Du jugement arrêtant le plan*

Art. R. 631-35 **Les articles R. 626-17 à R. 626-51,** *(Décr. n° 2009-160 du 12 févr. 2009, art. 59)* **« à l'exclusion de l'article R. 626-18, des deuxième et troisième alinéas de l'article R. 626-20, et de l'article R. 626-22 », sont applicables à la procédure de redressement judiciaire.** — *[Décr. n° 2005-1677 du 28 déc. 2005, art. 203.]*

(Décr. n° 2009-160 du 12 févr. 2009, art. 59) **« Le greffier procède aux convocations et avis mentionnés à l'article R. 626-17 dès le dépôt au greffe du projet de plan par l'administrateur.**

« Pour l'application de l'article R. 626-48, lorsque le tribunal décide la résolution du plan en application du troisième alinéa du I de l'article L. 626-27, il ouvre, dans le même jugement, la liquidation judiciaire du débiteur. »

Sur la radiation d'office du registre du commerce et des sociétés des mentions relatives à la procédure de redressement judiciaire lorsque le plan de redressement est toujours en cours à l'expiration d'un délai de deux ans à compter de son arrêté, V. C. com., art. R. 123-135 (5°). — **C. com.**

Art. R. 631-36 **Lorsqu'en application du** *(Décr. n° 2014-736 du 30 juin 2014, art. 86)* **« III » de l'article L. 631-19 l'administrateur ou le débiteur prévoit dans son projet de plan des licenciements pour motif économique, il joint au rapport déposé au greffe ou il produit à l'audience les documents suivants :**

(Décr. n° 2021-1218 du 23 sept. 2021, art. 40, en vigueur le 1er oct. 2021) **« 1° Le procès-verbal des délibérations du comité social et économique consulté en application de l'article L. 1233-58 du code du travail ; »** — *Pour les dispositions transitoires du Décr. n° 2021-1218 du 23 sept. 2021, V. note ss. art. R. 611-11.*

2° La copie de la lettre informant l'autorité administrative, en application de l'article L. 321-8 *[L. 1233-60]* **du code du travail, du projet de licenciement.**

Le jugement arrêtant le plan indique le nombre de salariés dont le licenciement est autorisé ainsi que les activités et catégories professionnelles concernées. — *[Décr. n° 2005-1677 du 28 déc. 2005, art. 204.]*

L'autorité du jugement arrêtant un plan qui prévoit des licenciements pour motif économique n'est attachée par l'effet de l'art. 64 [R. 631-36] qu'à l'existence d'une suppression ou transformation d'emploi ou d'une modification du contrat de travail consécutives à des difficultés économiques, à une mutation technologique ou à une réorganisation nécessaire à la sauvegarde de la compétitivité de l'entreprise et ne saurait s'étendre à la question de la situation individuelle des salariés au regard de l'obligation de reclassement qui pèse sur l'employeur. • Soc. 10 mai 1999 : *D. 1999. IR 148 ; RTD com. 1999. 965, obs. Saint-Alary-Houin* • 20 oct. 1999 : *APC 2000, n° 39.*

V. aussi notes ss. art. L. 631-19.

SOUS-SECTION 14 *Des comités de créanciers*

Art. R. 631-37 Les articles R. 626-52 à *(Décr. nº 2021-1218 du 23 sept. 2021, art. 41, en vigueur le 1er oct. 2021)* « D. 626-65 » sont applicables à la procédure de redressement judiciaire. *(Décr. nº 2009-160 du 12 févr. 2009, art. 60)* « L'administrateur, avec le concours du débiteur, exerce les prérogatives dévolues à ce dernier *(Abrogé par Décr. nº 2021-1218 du 23 sept. 2021, art. 41, à compter du 1er oct. 2021)* ***« par les articles R. 626-57-2 et R. 626-61 »***. » – *[Décr. nº 2005-1677 du 28 déc. 2005, art. 205.]*

Pour les dispositions transitoires du Décr. nº 2021-1218 du 23 sept. 2021, V. note ss. art. R. 611-11.

SOUS-SECTION 15 *Dispositions particulières en l'absence d'administrateur judiciaire*

Art. R. 631-38 L'article R. 627-1 est applicable à la procédure de redressement judiciaire. Le mandataire judiciaire exerce les fonctions dévolues à l'administrateur par l'article R. 631-14. – *[Décr. nº 2005-1677 du 28 déc. 2005, art. 206.]*

SOUS-SECTION 16 *De la cession partielle ou totale de l'entreprise*

Art. R. 631-39 *(Décr. nº 2006-1709 du 23 déc. 2006, art. 60)* « Sans préjudice de l'application des deux premiers alinéas de l'article R. 642-40, » l'administrateur *(Abrogé par Décr. nº 2009-160 du 12 févr. 2009, art. 61)* ***« s'il en a été désigné, »*** communique au greffe les caractéristiques essentielles de l'entreprise ou de la ou des branches d'activité susceptibles d'être cédées en application de l'article L. 631-22. Il fixe le délai dans lequel les offres peuvent lui être soumises en application de l'article L. 631-13. *(Décr. nº 2006-1709 du 23 déc. 2006, art. 60)* « Tout intéressé peut prendre connaissance de ces informations au greffe. »

L'administrateur porte le délai fixé pour le dépôt des offres à la connaissance du mandataire judiciaire et des contrôleurs.

Toute offre doit être communiquée à l'administrateur dans le délai qu'il a fixé. Sauf accord entre le débiteur, le représentant des salariés, le mandataire judiciaire et les contrôleurs, le délai entre la réception d'une offre par l'administrateur et l'audience au cours de laquelle le tribunal examine cette offre est de quinze jours au moins. – *[Décr. nº 2005-1677 du 28 déc. 2005, art. 207.]*

Art. R. 631-40 Les articles R. 642-1 à R. 642-21 *(Décr. nº 2009-160 du 12 févr. 2009, art. 62)* « , à l'exclusion du premier alinéa de l'article R. 642-10, » sont applicables à la cession mentionnée à l'article L. 631-22. – *[Décr. nº 2005-1677 du 28 déc. 2005, art. 208.]*

(Décr. nº 2009-160 du 12 févr. 2009, art. 62) « Le mandataire judiciaire exerce les missions dévolues au liquidateur par les articles R. 642-8, R. 642-18, R. 642-20 et R. 642-21. »

Art. R. 631-41 *(Abrogé par Décr. nº 2009-160 du 12 févr. 2009, art. 63)* ***Lorsque la cession totale ou partielle de l'entreprise a été ordonnée, la procédure est poursuivie dans les limites prévues par l'article L. 621-3 aux fins, selon le cas, de l'arrêté d'un plan de redressement ou de la liquidation judiciaire du débiteur.*** – *[Décr. nº 2005-1677 du 28 déc. 2005, art. 209.]*

Art. R. 631-42 Lorsque la cession totale ou partielle de l'entreprise a été ordonnée par le tribunal en application de l'article L. 631-22, le mandataire judiciaire reçoit le prix de cession nonobstant la passation des actes par l'administrateur.

Lorsque le débiteur bénéficie d'un plan de redressement, le mandataire judiciaire remet le prix au commissaire à l'exécution du plan.

Lorsque le débiteur est soumis à une liquidation judiciaire, le mandataire judiciaire conserve le prix en sa qualité de liquidateur ou le remet au liquidateur désigné par le tribunal. – *[Décr. nº 2005-1677 du 28 déc. 2005, art. 210.]*

SOUS-SECTION 17 *De la clôture de la procédure*

Art. R. 631-43 Lorsque le compte rendu de fin de mission de l'administrateur et du mandataire judiciaire ont été approuvés *[a été approuvé]* par le juge-commissaire, la procédure fait l'objet d'une ordonnance de clôture rendue par le président du tribunal.

Cette décision est une mesure d'administration judiciaire non susceptible de recours. Elle est communiquée aux personnes citées à l'article R. 621-7 et mentionnée aux registres *(Abrogé par Décr. n° 2022-1014 du 19 juill. 2022, art. 8, à compter du 1er janv. 2023)* « ***et répertoires*** » prévus *(Décr. n° 2014-736 du 30 juin 2014, art. 87)* « aux *(Décr. n° 2022-1014 du 19 juill. 2022, art. 8, en vigueur le 1er janv. 2023)* « quatre » premiers alinéas de l'article R. 621-8 ». – *[Décr. n° 2005-1677 du 28 déc. 2005, art. 211.]*

CHAPITRE II *DE LA NULLITÉ DE CERTAINS ACTES*

Le présent chapitre ne comprend pas de dispositions réglementaires.

TITRE IV DE LA LIQUIDATION JUDICIAIRE ET DU RÉTABLISSEMENT PROFESSIONNEL *(Décr. n° 2014-736 du 30 juin 2014, art. 88).*

CHAPITRE PRÉLIMINAIRE *DE L'OUVERTURE ET DU DÉROULEMENT DE LA LIQUIDATION JUDICIAIRE*

Art. R. 640-1 La demande d'ouverture de la procédure de liquidation judiciaire est présentée selon les modalités prévues aux articles R. 631-1 *(Décr. n° 2009-160 du 12 févr. 2009, art. 64)* « , R. 631-2, à l'exception du deuxième alinéa, *(Décr. n° 2015-1009 du 18 août 2015, art. 9-1°, en vigueur le 1er oct. 2015)* « R. 631-4 » et » *(Abrogé par Décr. n° 2014-736 du 30 juin 2014, art. 89)* « ***R. 631-3 à*** » R. 631-5.

(Décr. n° 2009-160 du 12 févr. 2009, art. 64) « La demande d'ouverture d'une procédure de liquidation judiciaire présentée par un créancier est à peine d'irrecevabilité, qui doit être soulevée d'office, exclusive de toute autre demande, à l'exception d'une demande d'ouverture d'une procédure de redressement judiciaire formée à titre subsidiaire. »

Les éléments de nature à établir que le redressement est manifestement impossible doivent être joints à la demande du débiteur, à l'assignation d'un créancier, à la *(Décr. n° 2015-1009 du 18 août 2015, art. 9-2°, en vigueur le 1er oct. 2015)* « demande » du ministère public *(Abrogé par Décr. n° 2015-1009 du 18 août 2015, art. 9-2°, à compter du 1er oct. 2015)* « ***, à la note du président du tribunal en cas de saisine d'office*** » ou au rapport du juge commis par le tribunal. – *[Décr. n° 2005-1677 du 28 déc. 2005, art. 212.]*

V. note 3 ss. art. R. 631-2.

Art. R. 640-1-1 *(Décr. n° 2014-736 du 30 juin 2014, art. 90)* Lorsque le débiteur, personne physique, demande également le bénéfice d'une procédure de rétablissement professionnel, il précise[,] en complément de l'inventaire, les modalités d'évaluation de ses biens. L'inventaire ainsi complété est établi à la date de la demande.

Il doit, en outre, attester qu'il satisfait aux conditions prévues par les articles L. 645-1 et L. 645-2.

Les conditions prévues aux deux derniers alinéas de l'article R. 631-1 sont applicables.

Art. R. 640-2 La cour d'appel qui annule un jugement statuant sur l'ouverture de la procédure de liquidation judiciaire ou son prononcé peut, d'office, ouvrir la procédure de liquidation judiciaire ou la prononcer. *(Décr. n° 2009-160 du 12 févr. 2009, art. 65)* « En cas d'infirmation d'un jugement ouvrant la procédure de liquidation judiciaire, elle peut, d'office, ouvrir la procédure de redressement judiciaire. » – *[Décr. n° 2005-1677 du 28 déc. 2005, art. 213.]*

1. Il résulte de la combinaison des art. 562 C. pr. civ. et R. 640-2 C. com., dans sa rédaction antérieure au décr. du 12 févr. 2009, que lorsque l'appel tend à l'annulation du jugement pour irrégularité de la saisine de la juridiction de première instance, la cour d'appel, qui annule l'acte introductif et le jugement, n'a pas le pouvoir de prononcer d'office la liquidation judiciaire du débiteur (cassation pour violation de l'art. 6, § 1, Conv. EDH et des art. préc.). • Com. 17 nov. 2009, n° 08-15-693 : *D. 2009. AJ 2930, obs. Lienhard ; Procédures 2010, n° 2, obs. Perrot ; ibid., n° 14, obs. Rolland ; Gaz. Pal. 8-9 janv. 2010, p. 16, obs. Reille ; Dr. sociétés 2010, n° 57, note Legros.* ♦ Comp., lorsque l'irrégularité affecte non pas l'acte de saisine de la juridiction mais la régularité de la procédure de première instance : note 9 ss. art. L. 621-1.

2. L'annulation du jugement d'ouverture de la procédure de liquidation judiciaire n'affecte pas les licenciements régulièrement prononcés avant cette annulation par le liquidateur, dès lors que la cour d'appel ayant annulé le jugement a ouvert elle-même la liquidation judiciaire du débiteur. • Soc. 22 nov. 2023, n° 20-23.640 B : *JCP E 2024. 1116, n° 2, obs. Pétel ; APC 2024, n° 35, obs. Fin-Langer.*

CHAPITRE I *DU JUGEMENT DE LIQUIDATION JUDICIAIRE*

SECTION 1 *De la saisine et de la décision du tribunal*

Art. R. 641-1 Les dispositions des articles R. 621-2 à R. 621-4, R. 621-7, *(Décr. n° 2009-160 du 12 févr. 2009, art. 66 ; Décr. n° 2014-736 du 30 juin 2014, art. 91)* « R. 621-7-1, R. 621-8-1, à l'exception du dernier alinéa, *(Décr. n° 2012-1190 du 25 oct. 2012, art. 5)* « R. 621-8-2, » R. 621-10 » et R. 621-12 à R. 621-16 *(Décr. n° 2012-1190 du 25 oct. 2012, art. 5)* « , ainsi que l'article R. 631-7-1, » sont applicables à la procédure de liquidation judiciaire sous réserve des dispositions de la présente section. – *[Décr. n° 2005-1677 du 28 déc. 2005, art. 214.]*

Art. R. 641-2 Le cas échéant, le greffier avertit les créanciers poursuivants qu'ils peuvent prendre connaissance au greffe du rapport mentionné au second alinéa de l'article R. 621-3 et les avise en même temps de la date de l'audience. – *[Décr. n° 2005-1677 du 28 déc. 2005, art. 215.]*

Art. R. 641-3 *(Décr. n° 2016-400 du 1er avr. 2016, art. 3)* I. – Lorsque le tribunal désigne au moins un deuxième mandataire judiciaire en qualité de liquidateur en application des dispositions de l'article L. 641-1-2, le nombre d'établissements secondaires mentionné au 1° de l'article L. 621-4-1 et le seuil mentionné au cinquième alinéa de ce même article sont ceux fixés aux deux premiers alinéas de l'article R. 621-11-1.

II. – Le deuxième mandataire judiciaire doit être inscrit depuis dix ans au moins sur la liste mentionnée à l'article L. 812-2 et être titulaire, associé ou salarié d'une étude employant au moins quinze salariés.

L'art. R. 641-3 est applicable aux procédures collectives ouvertes à compter de la publication du Décr. n° 2016-400 du 1er avr. 2016 (Décr. préc., art. 22-I, JO 3 avr.).

Art. R. 641-4 Pour l'application de l'article R. 621-4, si le jugement ne peut être rendu sur-le-champ, la date de son prononcé est communiquée au débiteur et, le cas échéant, au créancier poursuivant. – *[Décr. n° 2005-1677 du 28 déc. 2005, art. 217.]*

Art. R. 641-5 Lorsqu'il apparaît que le débiteur ne remplit pas les conditions requises pour l'ouverture d'une procédure de liquidation judiciaire, le tribunal rejette la demande.

(Abrogé par Décr. n° 2014-736 du 30 juin 2014, art. 92) (Décr. n° 2009-160 du 12 févr. 2009, art. 68) ***« A défaut d'avoir été saisi d'une demande aux fins d'ouverture d'une procédure de redressement judiciaire, formée à titre subsidiaire dans l'acte introductif d'instance ou à l'audience en présence du débiteur ou de son représentant et si le tribunal estime devoir se saisir d'office en vue de l'ouverture d'une telle procédure, il est fait application des dispositions de l'article R. 631-3. »*** – *[Décr. n° 2005-1677 du 28 déc. 2005, art. 218.]*

Jurisprudence antérieure au décret du 12 févr. 2009

1. Pouvoirs du tribunal. Il appartient au tribunal qui décide que les conditions ne sont pas remplies pour ouvrir une liquidation judiciaire et qui souhaite ouvrir un redressement judiciaire de rejeter la demande du créancier concernant la première procédure et de se saisir d'office pour ouvrir la seconde, en appliquant les dispositions de l'art. R. 631-3 C. com. • Besançon, 8 août 2007 : *APC 2008, n° 155, obs. Vallansan.* ♦ Il n'appartient pas au tribunal de faire injonction au débiteur de faire lui-même une demande d'ouverture de procédure de redressement judiciaire. • Même arrêt. ♦ Comp. : art. R. 641-5, al. 2, dans sa réd. issue du Décr. n° 2009-160 du 12 févr. 2009.

2. Pouvoirs de la cour d'appel. Il n'est pas du pouvoir de la cour, qui infirme un jugement statuant sur l'ouverture de la procédure de liquidation judiciaire sur l'assignation d'un créancier, d'ouvrir elle-même une procédure de redressement judiciaire. • Paris, 26 févr. 2008 : *APC 2008, n° 142, obs. Cagnoli ; Gaz. Pal. 27-29 juill. 2008, p. 32, obs. Lebel.* ♦ Solution infirmée par l'art. R. 640-2 dans sa réd. issue du Décr. n° 2009-160 du 12 févr. 2009.

Art. R. 641-6 Le jugement statuant sur l'ouverture de la procédure de liquidation judiciaire est notifié au débiteur *(Décr. n° 2006-1709 du 23 déc. 2006, art. 58)* « ou au créancier » par le greffier dans les huit jours de son prononcé. Lorsque le débiteur n'est pas demandeur, le jugement lui est signifié dans le même délai.

Il est communiqué aux personnes mentionnées à l'article R. 621-7. – *[Décr. n° 2005-1677 du 28 déc. 2005, art. 219.]*

Art. R. 641-7 Le jugement ouvrant la procédure de liquidation judiciaire *(Décr. n° 2014-736 du 30 juin 2014, art. 93)* « , prononçant son extension ou ordonnant la réunion de patrimoines du même entrepreneur » *(Abrogé par Décr. n° 2022-890 du 14 juin 2022, art. 1er)* *« individuel à responsabilité limitée »* fait l'objet des mesures de publicité prévues à l'article R. 621-8.

Toutefois, en cas d'appel du ministère public en application de l'article L. 661-1 ou en cas d'arrêt de l'exécution provisoire ordonnée en vertu du *(Décr. n° 2019-1333 du 11 déc. 2019, art. 16, en vigueur le 1er janv. 2020)* « quatrième » alinéa de l'article R. 661-1, ces publicités ne sont effectuées par le greffier du tribunal qu'au vu de l'arrêt de la cour d'appel qui lui est transmis par le greffier de la cour d'appel dans les huit jours de son prononcé. – *[Décr. n° 2005-1677 du 28 déc. 2005, art. 220.]*

Pour les dispositions transitoires du Décr. n° 2019-1333 du 11 déc. 2019, V. note ss. art. R. 621-8-1.

Art. R. 641-8 *(Décr. n° 2016-1851 du 23 déc. 2016, art. 2, en vigueur le 1er janv. 2017)* I. – Le greffier joint à la copie du jugement mentionnée à l'article R. 621-7 un document reproduisant les termes du II du présent article, ainsi que :

1° Ceux des articles L. 812-2, L. 814-5, L. 814-10, du dernier alinéa du II de l'article L. 641-1, des articles L. 641-8, R. 814-24 et R. 814-38, si le liquidateur est une personne choisie sur le fondement du premier alinéa du II de l'article L. 812-2 ;

2° Ceux des articles L. 812-2, L. 812-8-1, L. 814-5, L. 814-10-1, L. 814-10-2, du dernier alinéa du II de l'article L. 641-1, du premier alinéa de l'article L. 641-8 et des articles R. 814-24 et R. 814-41-1, si le liquidateur est une personne choisie sur le fondement du III de l'article L. 812-2.

II. – Lorsque le liquidateur désigné par le tribunal est une personne mentionnée au premier alinéa du II et au III de l'article L. 812-2, celle-ci adresse sans délai l'attestation sur l'honneur prévue au troisième alinéa du II de cet article, la justification de la garantie et de l'assurance prévues à l'article L. 814-5 ainsi que le nom du commissaire aux comptes assurant le contrôle de sa comptabilité spéciale en application, selon le cas, de l'article L. 811-11-1 ou du III de l'article L. 814-10-1.

III. – Pour l'application du troisième alinéa du III de l'article L. 812-2, la copie de cette attestation est adressée au magistrat du parquet général chargé des inspections de la cour d'appel dans le ressort de laquelle la personne a son domicile professionnel.

Art. D. 641-8-1 *(Décr. n° 2016-1851 du 23 déc. 2016, art. 3, en vigueur le 1er janv. 2017)* Le montant du chiffre d'affaires mentionné au III de l'article L. 812-2 est défini conformément aux dispositions du *(Décr. n° 2020-101 du 7 févr. 2020, art. 9)* « sixième » alinéa de l'article D. 123-200. Il est apprécié à la date de clôture du dernier exercice comptable.

L'absence de salarié mentionnée au III de l'article L. 812-2 est appréciée sur une période de six mois précédant le jour de l'ouverture de la procédure.

Pour les dispositions transitoires du Décr. n° 2020-101 du 7 févr. 2020, V. note ss. art. D. 628-3.

Art. R. 641-9 La décision par laquelle le tribunal modifie la date de cessation des paiements est notifiée au débiteur par le greffier, communiquée aux personnes mentionnées à l'article R. 621-7 et fait l'objet des publicités prévues à l'article R. 621-8. – *[Décr. n° 2005-1677 du 28 déc. 2005, art. 222.]*

V. notes ss. art. R. 661-3.

SECTION 2 *Des conditions d'application de la liquidation judiciaire simplifiée*

Art. D. 641-10 *(Décr. nº 2009-160 du 12 févr. 2009, art. 71)* **Les seuils prévus par l'article L. 641-2, pour l'application obligatoire de la procédure de liquidation judiciaire simplifiée, sont fixés pour le chiffre d'affaires hors taxes à** *(Décr. nº 2019-1208 du 21 nov. 2019, art. 1er)* **« 750 000 € et pour le nombre de salariés à 5.**

« Les seuils prévus par l'article L. 644-5 sont fixés pour le chiffre d'affaires hors taxes à 300 000 € et pour le nombre de salariés à 1. »

Le montant du chiffre d'affaires est défini conformément aux dispositions du *(Décr. nº 2020-101 du 7 févr. 2020, art. 10)* **« sixième » alinéa de l'article** *(Décr. nº 2015-903 du 23 juill. 2015, art. 3)* **« D. 123-200 ». Il est apprécié à la date de clôture du dernier exercice comptable.** – *Les dispositions du Décr. nº 2015-903 du 23 juill. 2015 s'appliquent aux comptes afférents aux exercices ouverts à compter du 1er janv. 2016 (Décr. préc., art. 5). – V. note ss. art. R. 621-1.*

Le nombre de salariés mentionné au premier ou au deuxième alinéa ne doit pas avoir été dépassé au cours des six mois précédant l'ouverture de la procédure. *(Décr. nº 2020-101 du 7 févr. 2020, art. 10)* **« Il est déterminé conformément aux dispositions l'article R. 130-1 du code de la sécurité sociale. »**

Le Décr. nº 2019-1208 du 21 nov. 2019 entre en vigueur le lendemain de sa date de publication. Il s'applique aux procédures ouvertes à compter de cette date (Décr. préc., art. 2, JO 22 nov.).

Pour les dispositions transitoires du Décr. nº 2020-101 du 7 févr. 2020, V. note ss. art. D. 628-3.

SECTION 3 *Des organes de la procédure et des contrôleurs*

Art. R. 641-11 *(Décr. nº 2009-160 du 12 févr. 2009, art. 72)* **« A l'exception de l'article R. 621-20 et** *(Décr. nº 2014-736 du 30 juin 2014, art. 94)* **« de la première phrase » du premier alinéa de l'article R. 621-23, les dispositions des articles R. 621-17 à R. 621-24 et R. 622-18 sont applicables aux organes de la procédure et aux contrôleurs. »**

Le juge-commissaire statue dans les conditions de l'article R. 621-21 sur les réclamations formulées contre les actes du liquidateur.

Les obligations d'information incombant au mandataire judiciaire en application des articles R. 621-18 et R. 621-19 incombent au liquidateur. – *[Décr. nº 2005-1677 du 28 déc. 2005, art. 224.]*

Art. R. 641-12 **Lorsqu'une demande de remplacement du liquidateur est formée devant le tribunal, en application** *(Décr. nº 2009-160 du 12 févr. 2009, art. 73)* **« de l'article L. 641-1-1 », les dispositions de l'article R. 621-17 sont applicables. Il en est de même pour une demande d'adjonction d'un ou de plusieurs liquidateurs** *(Décr. nº 2009-160 du 12 févr. 2009, art. 73)* **« ou lorsque le liquidateur demande son remplacement ».** – *[Décr. nº 2005-1677 du 28 déc. 2005, art. 225.]*

Art. R. 641-13 **Les fonctions du juge-commissaire et des contrôleurs prennent fin au jour où le compte rendu de fin de mission du liquidateur a été approuvé.** – *[Décr. nº 2005-1677 du 28 déc. 2005, art. 226.]*

L'art. 226 du Décr. nº 2005-1677 du 28 déc. 2005 [C. com., art. R. 641-13] est applicable aux procédures en cours au 1er janv. 2006 (Décr. préc., art. 361).

SECTION 4 *Des mesures conservatoires*

Art. R. 641-14 **Les articles R. 622-2 à** *(Décr. nº 2021-1218 du 23 sept. 2021, art. 42, en vigueur le 1er oct. 2021)* **« R. 622-5-1 »** *(Décr. nº 2009-160 du 12 févr. 2009, art. 74)* **« , à l'exclusion de l'article R. 622-4-1, » sont applicables à la procédure de liquidation judiciaire. Le liquidateur exerce les fonctions dévolues au mandataire judiciaire par ces dispositions.** – *[Décr. nº 2005-1677 du 28 déc. 2005, art. 227.]*

(Décr. nº 2009-160 du 12 févr. 2009, art. 74) **« Les règles prévues aux quatrième à sixième alinéas de l'article R. 622-4 sont applicables à la prisée des actifs du débiteur effectuée en cas d'ouverture d'une procédure de liquidation judiciaire ou de prononcé d'une telle procédure au cours d'une procédure de sauvegarde. »**

Pour les dispositions transitoires du Décr. n° 2021-1218 du 23 sept. 2021, V. note ss. art. R. 611-11.

Art. R. 641-15 Le juge-commissaire peut ordonner l'apposition des scellés sur tout ou partie des biens du débiteur. Dans ce cas, il est procédé selon les règles prévues pour les scellés après décès.

Il est donné avis de l'apposition des scellés au juge-commissaire qui l'a ordonnée.

Lorsque le débiteur exerce une profession libérale soumise à un statut législatif ou réglementaire ou dont le titre est protégé, l'apposition des scellés a lieu en présence d'un représentant de l'ordre professionnel ou de l'autorité dont il relève. – *[Décr. n° 2005-1677 du 28 déc. 2005, art. 228.]*

Art. R. 641-16 Les biens, documents et effets dispensés ou extraits de scellés par décision du juge-commissaire sont inventoriés sans délai avec estimation de leur valeur par la personne chargée de réaliser l'inventaire. Leur état est décrit sommairement dans le procès-verbal d'apposition des scellés. – *[Décr. n° 2005-1677 du 28 déc. 2005, art. 229.]*

Art. R. 641-17 Le liquidateur ou l'administrateur, s'il en a été désigné un, requiert la levée des scellés en vue des opérations d'inventaire. – *[Décr. n° 2005-1677 du 28 déc. 2005, art. 230.]*

SECTION 5 *Du maintien de l'activité*

Art. R. 641-18 Le maintien de l'activité peut être autorisé dans les conditions prévues à l'article L. 641-10 pour une période qui ne peut excéder trois mois, sous réserve des dispositions applicables aux exploitations agricoles.

Cette autorisation peut être prolongée une fois, pour la même période, à la demande du ministère public. – *[Décr. n° 2005-1677 du 28 déc. 2005, art. 231.]*

Art. R. 641-19 Les seuils au-delà desquels le tribunal désigne un administrateur pour administrer l'entreprise sont identiques aux seuils fixés par l'article R. 621-11. – *[Décr. n° 2005-1677 du 28 déc. 2005, art. 232.]*

Art. R. 641-20 Le liquidateur ou l'administrateur qui assure l'administration de l'entreprise après l'ouverture ou le prononcé de la liquidation judiciaire tient informés le juge-commissaire et le ministère public des résultats de l'activité à l'issue de la période pendant laquelle elle a été poursuivie. – *[Décr. n° 2005-1677 du 28 déc. 2005, art. 233.]*

Art. R. 641-21 *(Décr. n° 2009-160 du 12 févr. 2009, art. 75)* Le greffier avise le cocontractant de la décision du juge-commissaire accordant au liquidateur, ou à l'administrateur lorsqu'il en a été désigné, la prolongation prévue au 1° du III de l'article L. 641-11-1.

Le juge-commissaire constate, sur la demande de tout intéressé, la résiliation de plein droit des contrats dans les cas prévus au III de l'article L. 641-11-1 et à l'article L. 641-12 ainsi que la date de cette résiliation.

La demande de résiliation présentée par l'administrateur ou, à défaut, le liquidateur en application du IV de l'article L. 641-11-1 est formée par requête adressée ou déposée au greffe. Le greffier convoque le débiteur et le cocontractant par lettre recommandée avec demande d'avis de réception et avise l'administrateur ou, à défaut, le liquidateur de la date de l'audience.

Les dispositions du présent article sont également applicables lorsque le maintien de l'activité n'a pas été autorisé.

Il n'entre pas dans les pouvoirs du juge-commissaire, saisi sur le fondement de l'art. R. 641-21, al. 2, d'accorder des délais de paiement. • Com. 18 mai 2022, n° 20-22.164 B : *D. 2022. Chron. C. cass. 1421, obs. Barbot ; RTD com. 2022. 465, obs. Kendérian ; RJDA 2022, n° 494 ; JCP E 2022. 1311, note Brault ; LEDEN 9/2022. 3, obs. Rubellin ; Gaz. Pal. 27 sept. 2022, p. 41, obs. Berthelot.*

Art. R. 641-22 *(Décr. n° 2021-1887 du 29 déc. 2021, art. 3-III)* Les dispositions de l'article R. 622-14 sont applicables à la liquidation judiciaire.

Pour les dispositions transitoires du Décr. n° 2021-1887 du 29 déc. 2021, V. note ss. art. R. 622-14.

SECTION 6 *Des instances interrompues et des procédures d'ordre en cours*

Art. R. 641-23 Les articles R. 622-19 et R. 622-20 sont applicables à la procédure de liquidation judiciaire. – *[Décr. n° 2005-1677 du 28 déc. 2005, art. 234.]*

Art. R. 641-24 Pour l'application de l'article R. 622-19, les fonds sont remis au liquidateur aux fins de répartition.

En cas de prononcé de la liquidation judiciaire pendant le cours d'une période d'observation, le mandataire judiciaire les remet au liquidateur à cette fin. – *[Décr. n° 2005-1677 du 28 déc. 2005, art. 235.]*

Lorsque l'immeuble d'un débiteur mis en liquidation judiciaire a été vendu sur saisie immobilière, le juge compétent pour constater la caducité de la procédure de distribution du prix de vente n'ayant pas produit son effet attributif avant le jugement d'ouverture, en vertu de l'art. R. 622-19, rendu applicable à la liquidation judiciaire par l'art. R. 641-23, et pour ordonner, en conséquence, la remise des fonds au liquidateur aux fins de répartition, en vertu de l'art. R. 641-24, est non le juge des référés, mais le juge de l'exécution, en application de l'art. L. 213-6 COJ. • Com. 21 oct. 2020, n° 19-15.171 P : *D. 2020. Chron. C. cass. 2477, obs. Barbot ; BJE 1-2/2021. 41, note Hugon ; RJDA 2021, n° 38 ; RDBF 2021, n° 16, obs. S. Piedelièvre ; Gaz. Pal. 13 avr. 2021, p. 70, obs. Guastella.* ♦ Le juge des référés n'étant pas compétent pour se prononcer sur la demande du liquidateur tendant à ce que les fonds lui soient remis aux fins de répartition, en vertu de l'art. R. 641-24, le fait que l'obligation de remise ne soit pas sérieusement contestable est sans incidence. • Même arrêt.

SECTION 7 *De la déclaration des créances*

Art. R. 641-25 Les articles R. 622-21 à R. 622-25 sont applicables à la procédure de liquidation judiciaire. Le liquidateur exerce les fonctions dévolues au mandataire judiciaire par ces dispositions. – *[Décr. n° 2005-1677 du 28 déc. 2005, art. 236.]*

Art. R. 641-26 Les instances et les procédures civiles d'exécution suspendues en application du deuxième alinéa de l'article L. 622-28 sont poursuivies à l'initiative des créanciers bénéficiaires de garanties mentionnés au dernier alinéa de cet article sur justification du jugement prononçant la liquidation judiciaire.

En application du troisième alinéa de l'article L. 622-28, ces créanciers peuvent pratiquer des mesures conservatoires dans les conditions prévues aux articles *(Décr. n° 2012-783 du 30 mai 2012, art. 2, en vigueur le 1er juin 2012)* « R. 511-1 et suivants du code des procédures civiles d'exécution ». – *[Décr. n° 2005-1677 du 28 déc. 2005, art. 237.] – V. lesdits art. au* **C. pr. civ.**

SECTION 8 *De la vérification et de l'admission des créances*

Art. R. 641-27 Le liquidateur, dans les deux mois de son entrée en fonctions, remet au juge-commissaire un état mentionnant l'évaluation des actifs et du passif privilégié et chirographaire.

Au vu de cet état et après avoir recueilli les observations du liquidateur, le juge-commissaire décide s'il y a lieu ou non, conformément à l'article L. 641-4, d'engager ou de poursuivre la vérification des créances chirographaires. – *[Décr. n° 2005-1677 du 28 déc. 2005, art. 238.]*

La mesure, par laquelle le juge-commissaire dispense de la vérification des créances ou remet en cause cette décision en ordonnant la vérification, est une mesure d'administration judiciaire qui n'a pas autorité de chose jugée, de sorte qu'elle peut être modifiée à tout moment. • Com. 17 sept. 2013, n° 12-30.158 P : *D. 2013. Chron. C. cass. 2555, obs. Guillou ; Rev. sociétés 2013. 730, obs. Roussel Galle ; RTD com. 2014. 199, obs. Vallens ; JCP E 2014. 1020, n° 1, obs. Pétel ; APC 2013, n° 242, obs. Cagnoli ; BJE 2013. 371, note Théron.*

Art. R. 641-28 Les articles R. 624-1 à R. 624-11 sont applicables à la procédure de liquidation judiciaire. Le liquidateur exerce les fonctions dévolues au mandataire judiciaire par ces dispositions. – *[Décr. n° 2005-1677 du 28 déc. 2005, art. 239.]*

Art. R. 641-29 Lorsque la liquidation judiciaire est prononcée au cours d'une procédure de sauvegarde ou de redressement judiciaire, le liquidateur complète la liste des créances mentionnées à l'article R. 624-2. Il dépose la liste ainsi complétée au greffe. Tout créancier peut en prendre connaissance. – *[Décr. n° 2005-1677 du 28 déc. 2005, art. 240.]*

SECTION 9 *Des droits du conjoint du débiteur*

Art. R. 641-30 Le conjoint du débiteur doit être entendu ou dûment convoqué avant toute décision ordonnant ou autorisant la vente des biens de la communauté.

Lorsque, au cours de la procédure, la dissolution de la communauté existant entre le débiteur et son conjoint devient opposable aux tiers, ce conjoint est entendu ou dûment convoqué avant toute décision ordonnant ou autorisant la vente des biens de l'indivision. – *[Décr. n° 2005-1677 du 28 déc. 2005, art. 241.]*

SECTION 10 *Des droits du vendeur de meubles, des revendications et des restitutions*

Art. R. 641-31 *(Décr. n° 2014-736 du 30 juin 2014, art. 95)* I. – Les articles R. 624-13 à R. 624-15 sont applicables à la procédure de liquidation judiciaire sous réserve des dispositions suivantes :

La demande formée sur le fondement des articles L. 624-9, L. 624-10, L. 624-18 ou L. 624-19 est adressée au liquidateur. Le demandeur en adresse une copie à l'administrateur judiciaire, s'il en a été désigné.

Même en l'absence de demande préalable de restitution, le juge-commissaire peut être saisi par le liquidateur.

II. – En cas de revendication du prix des biens en application de l'article L. 624-18, les sommes correspondantes payées par le sous-acquéreur postérieurement à l'ouverture de la procédure sont remises au créancier revendiquant par le liquidateur.

Art. R. 641-32 Le bien qui ne fait pas l'objet d'une demande en restitution peut être vendu selon les formes prévues au titre IV du livre VI de la partie législative du présent code à l'expiration d'un délai d'un mois après l'envoi d'une mise en demeure au propriétaire. Cette mise en demeure, qui peut être envoyée dès l'ouverture de la procédure, est adressée par le liquidateur au dernier domicile connu du propriétaire par lettre recommandée avec demande d'avis de réception.

Le prix de vente est consigné par le liquidateur à la Caisse des dépôts et consignations et, sous déduction des frais, est tenu à la disposition du créancier, qui en est averti par le liquidateur par lettre recommandée avec demande d'avis de réception. Après clôture de la procédure, le montant ainsi consigné est restitué au créancier ou à ses ayants droit par la Caisse des dépôts et consignations sur ordonnance du président. – *[Décr. n° 2005-1677 du 28 déc. 2005, art. 243.]*

Art. R. 641-32-1 *(Décr. n° 2014-736 du 30 juin 2014, art. 96)* Le bien mentionné à l'article L. 624-19 qui ne fait pas l'objet d'une reprise dans les conditions prévues par ce texte peut être vendu. Il est fait application des dispositions du premier alinéa de l'article R. 641-32 lorsque ce bien fait l'objet d'un contrat publié.

SECTION 11 *Du règlement des créances résultant du contrat de travail*

Art. R. 641-33 Les articles R. 625-1 à R. 625-7 sont applicables à la procédure de liquidation judiciaire. Le liquidateur exerce les fonctions dévolues par ces dispositions au mandataire judiciaire. Il remplit l'obligation mise à la charge du débiteur par le deuxième alinéa de l'article R. 625-1. – *[Décr. n° 2005-1677 du 28 déc. 2005, art. 244.]*

Art. R. 641-34 Lorsque des instances sont en cours devant la juridiction prud'homale à la date du jugement d'ouverture de la liquidation judiciaire, les informations relatives à l'objet et aux circonstances du litige ainsi que les éléments justificatifs sont transmis par le liquidateur aux institutions mentionnées à l'article L. 143-11-4 *[L. 3253-14]* du code du travail, mises en cause devant la juridiction prud'homale conformément à l'article L. 641-14 du présent code. – *[Décr. n° 2005-1677 du 28 déc. 2005, art. 245.]*

SECTION 12 *Dispositions diverses*

Art. R. 641-35 *(Décr. nº 2014-736 du 30 juin 2014, art. 97)* Sauf dispositions contraires du présent titre, les dispositions réglementaires relatives aux actions qui relèvent de la compétence du mandataire judiciaire sont applicables lorsqu'elles sont poursuivies ou introduites par le liquidateur conformément à l'article L. 641-4.

Les dispositions des articles R. 624-17 et R. 624-18 sont également applicables lorsque la mise en demeure est faite par le liquidateur.

Art. R. 641-36 Lorsque le débiteur exerce une profession libérale soumise à un statut législatif ou réglementaire ou dont le titre est protégé, le tribunal désigne, lors de l'ouverture de la procédure, le représentant de l'ordre professionnel ou de l'autorité compétente dont, le cas échéant, il relève, aux fins d'exercer les actes de la profession.

Ce représentant peut déléguer cette mission à l'un des membres de la profession, en activité ou retraité.

Les rémunérations ou subsides prévus à l'article L. 631-11 sont fixés par le juge-commissaire après avis du liquidateur et de l'administrateur, lorsqu'il en a été désigné.

Pour l'application du premier alinéa, le juge-commissaire fixe la rémunération de la personne chargée d'exercer les actes de la profession. – *[Décr. nº 2005-1677 du 28 déc. 2005, art. 247.]*

La demande de fixation des honoraires dus à l'avocat, dessaisi par l'effet du jugement ouvrant sa liquidation judiciaire, est un acte de la profession d'avocat qui échappe aux pouvoirs du liquidateur. • Com. 4 juill. 2018, nº 15-18.134 : *RJDA 2018, nº 753 ; Gaz. Pal. 9 oct. 2018, p. 57, obs. Ferrari.*

Art. R. 641-37 Le liquidateur peut faire fonctionner sous sa signature les comptes bancaires du débiteur pendant un délai de six mois à compter du jugement prononçant la liquidation ou, au-delà, pendant la durée du maintien de l'activité autorisée par le tribunal en application de l'article L. 641-10. L'utilisation ultérieure de ces comptes est subordonnée à l'autorisation du juge-commissaire délivrée après avis du ministère public.

En cas de maintien de l'activité, cette disposition bénéficie à l'administrateur, lorsqu'il en a été désigné. – *[Décr. nº 2005-1677 du 28 déc. 2005, art. 248.]*

Art. R. 641-38 Outre les informations trimestrielles mentionnées à l'article L. 641-7, le liquidateur remet à tout moment, à leur demande, et au moins le 31 décembre de chaque année, au juge-commissaire et au procureur de la République un rapport de liquidation indiquant :

1° Le montant du passif admis ou, à défaut, l'état de la vérification des créances ;

2° L'état des opérations de réalisation d'actif ;

3° L'état de répartition aux créanciers ;

4° L'état des sommes détenues à la Caisse des dépôts et consignations ;

5° Les perspectives d'évolution et de clôture de la procédure ;

(Décr. nº 2023-434 du 3 juin 2023, art. 2) « 6° Le montant des frais de justice engagés de l'année écoulée. » – *Pour les dispositions transitoires du Décr. nº 2023-434 du 3 juin 2023, V. note ss. art. R. 663-1-1.*

Le débiteur et tout créancier peuvent prendre connaissance de ce rapport au greffe. – *[Décr. nº 2005-1677 du 28 déc. 2005, art. 249.]*

Art. R. 641-39 La liste des créances mentionnées au I de l'article L. 641-13, portées à la connaissance de l'administrateur lorsqu'il en a été désigné ou du liquidateur, en application du IV du même article, est déposée, par le liquidateur, au greffe à l'issue du délai de six mois à compter de la publication du jugement ouvrant ou prononçant la liquidation ou, le cas échéant, à l'issue du délai d'un an à compter de celle du jugement arrêtant le plan de cession de l'entreprise. Tout intéressé peut en prendre connaissance. Le greffier fait publier au *Bulletin officiel des annonces civiles et commerciales* une insertion indiquant ce dépôt.

Tout intéressé peut contester cette liste devant le juge-commissaire dans un délai d'un mois à compter de la publication.

Les créances rejetées par le juge-commissaire sont réputées avoir été déclarées dans les conditions prévues par l'article L. 622-24.

Dans ce cas, le créancier adresse au *(Décr. n° 2009-160 du 12 févr. 2009, art. 78)* « liquidateur » les informations prévues à l'article L. 622-25 et à l'article R. 622-23. *(Décr. n° 2014-736 du 30 juin 2014, art. 98)* « Si ces informations ont déjà été transmises par le créancier ou pour son compte à l'occasion d'une déclaration faite conformément à l'article L. 622-24 et sur l'admission de laquelle il n'a pas été statué, le créancier en conserve le bénéfice. Toutefois, le liquidateur peut opposer au créancier les délais prévus à l'article L. 622-24 lorsque celui-ci a reçu, pour la même créance, un avertissement d'avoir à déclarer sa créance. – *[Décr. n° 2005-1677 du 28 déc. 2005, art. 250.]*

« Lorsque l'information prévue au premier alinéa a été faite par la voie du portail mentionné aux articles L. 814-2 et L. 814-13, les documents justificatifs peuvent être transmis par la même voie. »

Art. R. 641-40 En application de l'article L. 641-15, le liquidateur peut, sur ordonnance du juge-commissaire, demander au représentant légal de la personne morale ou au débiteur personne physique ou à tout autre salarié du débiteur pouvant recevoir des informations utiles de transférer de façon automatique le courrier électronique de leurs messageries professionnelles vers l'adresse électronique qu'il leur désigne.

(Décr. n° 2009-160 du 12 févr. 2009, art. 79) « A cette fin, le liquidateur et, le cas échéant, l'administrateur peuvent également requérir l'assistance de tout salarié du débiteur.

« L'ordonnance du juge-commissaire désigne les personnes physiques dont le courrier électronique est transféré au liquidateur et, le cas échéant, à l'administrateur.

« Le liquidateur et l'administrateur détruisent sans délai les messages transférés dépourvus de caractère professionnel.

« Dès l'achèvement de sa mission, l'administrateur transfère au liquidateur les messages encore en sa possession. A la clôture de la liquidation, le liquidateur détruit les messages transférés qu'il a pu conserver. »

CHAPITRE II *DE LA RÉALISATION DE L'ACTIF*

SECTION 1 *De la cession de l'entreprise*

Art. R. 642-1 L'auteur de l'offre atteste qu'il ne tombe pas sous le coup des incapacités prévues au premier alinéa de l'article L. 642-3 et joint, lorsqu'il est tenu de les établir, ses comptes annuels relatifs aux trois derniers exercices et ses comptes prévisionnels. Sans préjudice du IV de l'article L. 642-2, les offres et documents qui y sont joints ne sont communiqués qu'au juge-commissaire et au procureur de la République.

Les modifications des offres effectuées dans les conditions du V de l'article L. 642-2 sont communiquées par le liquidateur ou l'administrateur s'il en a été désigné, aux personnes mentionnées au IV de l'article L. 642-2.

A peine d'irrecevabilité, aucune modification ne peut être apportée à une offre *(Décr. n° 2009-160 du 12 févr. 2009, art. 80)* « moins de deux jours ouvrés avant la date fixée pour l'audience d'examen des offres par le tribunal ». *(Décr. n° 2014-736 du 30 juin 2014, art. 99)* « Lorsque le tribunal décide de ne pas faire application du premier alinéa de l'article L. 642-2, il fixe la date de l'audience d'examen des offres ; d'autres offres de reprise peuvent parvenir au liquidateur ou à l'administrateur, s'il en a été désigné, au plus tard huit jours avant cette date. »

En cas de renvoi de l'affaire à une audience ultérieure, le tribunal peut fixer un nouveau délai pour la présentation de nouvelles offres *(Décr. n° 2009-160 du 12 févr. 2009, art. 80)* « ou l'amélioration des offres préalablement déposées ». – *[Décr. n° 2005-1677 du 28 déc. 2005, art. 252.]*

BIBL. ▶ GOURDAIN, *JCP E 2007. 2584* (amélioration de l'offre de cession d'entreprise : jusqu'à quand ?).

Jugé qu'une modification de l'offre de reprise non contradictoirement débattue est recevable dès lors qu'il n'est pas contesté qu'elle est plus favorable aux objectifs poursuivis par le plan de cession sans modifier fondamentalement l'offre initiale (irrecevabilité de l'appel-nullité du débiteur). • Paris, 15 oct. 1996 : *RJ com. 1997. 37, note X. Vincent ; RPC 1998. 258, obs. Soinne.*

Art. R. 642-2 Les seuils prévus par le deuxième alinéa de l'article L. 642-5 au-delà desquels les débats relatifs à l'arrêté du plan de cession doivent avoir lieu en présence du ministère public sont identiques aux seuils fixés par l'article R. 621-11. – *[Décr. n° 2005-1677 du 28 déc. 2005, art. 253.]*

Art. R. 642-3 Les personnes appelées à l'audience au cours de laquelle il est débattu de l'arrêté du plan de cession sont convoquées selon les modalités prévues à l'article R. 626-17.

(Décr. n° 2006-1709 du 23 déc. 2006, art. 63) « Lorsque le plan de cession prévoit des licenciements pour motif économique, le liquidateur, ou l'administrateur lorsqu'il en a été désigné, produit à l'audience les documents mentionnés à l'article R. 631-36. Le jugement arrêtant le plan indique le nombre de salariés dont le licenciement est autorisé ainsi que les activités et catégories professionnelles concernées. » – *[Décr. n° 2005-1677 du 28 déc. 2005, art. 254.]*

Sur la régularité du jugement ayant ordonné les licenciements au lieu de les autoriser, V. • Soc. 5 janv. 2022, n° 20-14.410 : *APC 2022, n° 38, obs. Fin-Langer ; Gaz. Pal. 19 avr. 2022, p. 67, obs. Berthelot.*

Art. R. 642-4 Le jugement arrêtant le plan de cession de l'entreprise est communiqué par le greffier aux personnes mentionnées à l'article R. 621-7 et fait l'objet des publicités prévues à l'article R. 621-8.

Il est signifié à la diligence du greffier dans les huit jours de la date du jugement aux personnes, autres que le procureur de la République, le cocontractant ou le bailleur, qui ont qualité pour interjeter appel. – *[Décr. n° 2005-1677 du 28 déc. 2005, art. 255.]*

Art. R. 642-5 La demande présentée en application de l'article L. 642-6 est faite par *(Décr. n° 2019-1333 du 11 déc. 2019, art. 16, en vigueur le 1er janv. 2020)* « requête » du cessionnaire.

Le jugement modifiant le plan de cession est communiqué par le greffier aux personnes citées à l'article R. 621-7 et mentionné aux registres *(Abrogé par Décr. n° 2022-1014 du 19 juill. 2022, art. 8, à compter du 1er janv. 2023)* « ***ou répertoires*** » prévus *(Décr. n° 2014-736 du 30 juin 2014, art. 100)* « aux *(Décr. n° 2022-1014 du 19 juill. 2022, art. 8, en vigueur le 1er janv. 2023)* « quatre » premiers alinéas de l'article R. 621-8 ».

Il est signifié à la diligence du greffier dans les huit jours de la date du jugement aux personnes, autres que le procureur de la République, qui ont qualité pour interjeter appel. – *[Décr. n° 2005-1677 du 28 déc. 2005, art. 258.]*

Pour les dispositions transitoires du Décr. n° 2019-1333 du 11 déc. 2019, V. note ss. art. R. 621-8-1.

Art. R. 642-6 Les personnes appelées à l'audience au cours de laquelle il est débattu de la modification du plan de cession sont convoquées selon les modalités prévues à l'article R. 626-17. – *[Décr. n° 2005-1677 du 28 déc. 2005, art. 259.]*

Art. R. 642-7 Lorsque le tribunal est appelé à se prononcer sur la cession des contrats mentionnés à l'article L. 642-7, ou à constater le transfert d'une sûreté mentionnée à son article L. 642-12, le ou les cocontractants ou le ou les titulaires de la sûreté sont convoqués à l'audience, quinze jours au moins avant la date d'audience, par lettre recommandée avec demande d'avis de réception, par le greffier sur les indications de l'administrateur, lorsqu'il en a été désigné, ou du liquidateur. – *[Décr. n° 2005-1677 du 28 déc. 2005, art. 260.]*

Sur les mesures d'adaptation liées à l'urgence sanitaire (covid-19), V., infra, Ord. n° 2020-596 du 20 mai 2020, art. 7.

1. Convocation du cocontractant. L'art. 105 [R. 642-7] ne requiert que la convocation du ou des cocontractants sans prévoir celle du cessionnaire. • Paris, 26 janv. 1996 : *D. 1997. Somm. 7, obs. Derrida.*

2. Jugé que le cocontractant ne saurait prétendre à la nullité du jugement qui emporte cession du contrat du fait qu'il n'a pas été convoqué conformément à l'art. 105 [R. 642-7], cette formalité n'étant pas prescrite à peine de nullité et son inobservation n'ayant entraîné aucun grief. • Limoges, 13 août 1986 : *D. 1987. 44, note Derrida ; JCP 1986. II. 20693, note Cabrillac ; Gaz. Pal. 1986. 2. 722, note Martin.* – Dans le même sens : • Paris,

17 mars 2000 : *D. 2000. AJ 249, obs. Pisoni*. – *Contra* : • Agen, 15 janv. 1990 : *Rev. huiss. 1990. 115, note D. M.* – V. aussi • Com. 28 mars 1995, n° 93-11.641 P : *D. 1995. IR 208 ; Quot. jur. 13 juin 1995, p. 4, note P. B.*

3. Convocation du titulaire de la sûreté. L'art. 105 [R. 642-7] prévoit la convocation des titulaires d'une sûreté uniquement lorsque le tribunal est appelé à se prononcer sur « le transfert d'un nantissement » [transfert d'une sûreté] dans les conditions de l'art. 93 de la loi [C. com., art. L. 642-12]. Dès lors, il ne peut être imputé à faute à une banque, non partie à la procédure d'affectation d'une quote-part aux biens grevés et de répartition des fonds, de ne pas être intervenue auprès du tribunal. • Com. 26 mai 1999, n° 96-14.675 P : *D. 1999. IR 161*.

Art. R. 642-8 Lorsqu'en application du *(Décr. n° 2009-160 du 12 févr. 2009, art. 81)* « quatrième » alinéa de l'article L. 642-7 il y a désaccord entre les parties sur la valeur du bien objet du contrat de crédit-bail, le tribunal fixe cette valeur, au besoin après expertise, dans le plan de cession ou, à défaut, à la requête de l'une ou l'autre des parties.

Les sommes qui restent dues au sens de l'article L. 642-7 sont, à peine de nullité du paiement, versées par le cessionnaire au liquidateur, qui les remet sans délai au crédit-bailleur. Ces sommes viennent en déduction de la créance admise du crédit-bailleur lorsqu'elles sont relatives à des loyers impayés au jour du jugement d'ouverture. – *[Décr. n° 2005-1677 du 28 déc. 2005, art. 261.]*

Art. R. 642-9 Dès l'accomplissement des actes de cession, le liquidateur ou l'administrateur, lorsqu'il en a été désigné, en fait rapport. Ce rapport est déposé au greffe du tribunal. – *[Décr. n° 2005-1677 du 28 déc. 2005, art. 256.]*

Art. R. 642-10 Le prix de cession de l'entreprise est réparti par le liquidateur conformément aux dispositions de la première section du chapitre III du présent titre.

Lorsque la cession porte sur un fonds de commerce, le cessionnaire peut, après avoir payé le prix, saisir le juge-commissaire pour faire prononcer la radiation des inscriptions grevant le fonds ; les dispositions de l'article R. 642-38 sont applicables. Toutefois aucune justification de la purge n'est nécessaire. – *[Décr. n° 2005-1677 du 28 déc. 2005, art. 257.]*

Art. R. 642-11 L'administrateur *(Décr. n° 2009-160 du 12 févr. 2009, art. 82)* « ou, à défaut, le liquidateur » rend compte au juge-commissaire de l'exécution des actes permettant la mise en œuvre du plan conformément à l'article L. 642-8.

Lorsqu'il a accompli sa mission, il dépose au greffe un compte rendu de fin de mission dans les conditions des articles R. 626-39 et R. 626-40. L'article R. 626-41 est applicable. – *[Décr. n° 2005-1677 du 28 déc. 2005, art. 262.]*

Art. R. 642-12 La mesure d'inaliénabilité prévue à l'article L. 642-10 est, à la diligence *(Décr. n° 2009-160 du 12 févr. 2009, art. 83)* « de l'administrateur ou, à défaut, » du liquidateur, mentionnée aux registres publics sur lesquels les biens déclarés inaliénables et les droits qui les grèvent sont inscrits *(Abrogé par Décr. n° 2021-1887 du 29 déc. 2021, art. 3-IV, à compter du 1er janv. 2023)* ***« ou, à défaut, aux registres mentionnés à l'article R. 621-8 ».***

(Décr. n° 2021-1887 du 29 déc. 2021, art. 3-IV, en vigueur le 1er janv. 2023) « A défaut, elle est mentionnée au registre prévu à l'article R. 521-1 si le débiteur est immatriculé au registre du commerce et des sociétés, ou, selon le cas, aux registres mentionnés aux deuxième et troisième alinéas de l'article R. 621-8. » – *V. C. com., art. R. 521-1 (**C. com.**), et Arr. du 23 oct. 2023 relatif aux bordereaux d'inscriptions initiales, modificatives, de renouvellement et de radiation des mesures d'inaliénabilité décidées par le tribunal en application des art. L. 626-14 et L. 642-10 C. com. au registre des sûretés mobilières (JO 27 oct.).*

La publicité mentionne la durée de l'inaliénabilité. – *[Décr. n° 2005-1677 du 28 déc. 2005, art. 263.]*

Art. R. 642-13 Lorsque, en application de l'article L. 642-10, la décision arrêtant ou modifiant le plan prononce l'inaliénabilité temporaire de biens mobiliers d'équipement du cessionnaire et est passée en force de chose jugée, l'administrateur ou, à défaut, le *(Décr. n° 2009-160 du 12 févr. 2009, art. 84)* « liquidateur » demande l'inscription de la mesure d'inaliénabilité sur le registre prévu à l'article *(Décr. n° 2021-1887 du 29 déc. 2021, art. 3-IV, en vigueur le 1er janv. 2023)* « R. 521-1 ». – *[Décr. n° 51-194 du 17 févr. 1951, art. 8.]*

Art. R. 642-14 *(Décr. n° 2021-1887 du 29 déc. 2021, art. 3-IV, en vigueur le 1er janv. 2023)* L'administrateur judiciaire, ou à défaut le liquidateur, indique également sur le bordereau prévu à l'article R. 521-6 si le bien peut être déplacé et la durée de la mesure d'inaliénabilité.

Art. R. 642-15 *(Abrogé par Décr. n° 2021-1887 du 29 déc. 2021, art. 3-IV, à compter du 1er janv. 2023)* ***Le greffier porte sur les bordereaux la mention de la date à laquelle l'inscription est effectuée et le numéro sous lequel elle est portée au registre mentionné à l'article R. 642-13.***

Les bordereaux sont établis, conservés et l'un d'eux remis au cessionnaire dans les conditions prévues aux articles R. 525-2, R. 525-3-et R. 525-5.

Le greffier tient un fichier alphabétique des cessionnaires avec l'indication des numéros des inscriptions les concernant. – *[Décr. n° 51-194 du 17 févr. 1951, art. 9, al. 6 à 8.]*

Art. R. 642-16 *(Abrogé par Décr. n° 2021-1887 du 29 déc. 2021, art. 3-IV, à compter du 1er janv. 2023)* ***Les bordereaux reçoivent un numéro d'entrée au moment où ils sont produits.***

Ces pièces sont enregistrées sur le registre mentionné à l'article R. 642-13 ; il est délivré un récépissé extrait dudit registre mentionnant :

1° Le numéro d'entrée apposé sur les pièces comme il est dit au premier alinéa ;

2° La date du dépôt des pièces ;

3° Le nombre et la nature des pièces avec l'indication du but de ce dépôt ;

4° Le nom ou la dénomination du cessionnaire ;

5° La nature et la situation des biens inaliénables et, éventuellement, la mention qu'ils peuvent être déplacés. – *[Décr. n° 51-194 du 17 févr. 1951, art. 10.]*

Art. R. 642-17 *(Abrogé par Décr. n° 2021-1887 du 29 déc. 2021, art. 3-IV, à compter du 1er janv. 2023)* ***« Lorsque le délai fixé pour la mesure d'inaliénabilité temporaire décidée par le jugement est expiré, le greffier mentionne d'office en marge de l'inscription, la radiation de celle-ci. Il délivre un certificat de radiation au cessionnaire qui le demande.***

« Il est tenu de délivrer à tous ceux qui le requièrent l'état des inscriptions existantes. »

Les frais de radiation sont inclus dans le coût de l'inscription. – *[Décr. n° 51-194 du 17 févr. 1951, art. 11.]*

Art. R. 642-17-1 *(Décr. n° 2009-160 du 12 févr. 2009, art. 85)* Le tribunal statue sur l'autorisation prévue à l'article L. 642-10 sur requête du cessionnaire.

La décision est notifiée au cessionnaire et communiquée au ministère public par le greffier. Elle est soumise aux recours prévus à l'encontre des décisions modifiant le plan de cession.

Art. R. 642-18 Le liquidateur signale, dans un rapport adressé au juge-commissaire et au procureur de la République et déposé au greffe, l'inexécution du plan par le cessionnaire.

Pour l'application du deuxième alinéa de l'article L. 642-11, le cessionnaire est convoqué par le greffier par lettre recommandée avec demande d'avis de réception pour être entendu par le tribunal.

Les autres personnes appelées à l'audience sont convoquées selon les modalités prévues à l'article R. 626-17.

Le tribunal se prononce sur la résolution du plan de cession dans les conditions des deux premiers alinéas de l'article L. 642-5.

Le jugement prononçant la résolution du plan de cession est communiqué par le greffier aux personnes mentionnées à l'article R. 621-7 et fait l'objet des mesures de publicité prévues à l'article R. 621-8.

Il est signifié à la diligence du greffier dans les huit jours de la date de son prononcé aux personnes, autres que le procureur de la République, qui ont qualité pour interjeter appel. – *[Décr. n° 2005-1677 du 28 déc. 2005, art. 264.]*

Art. R. 642-19 Le tribunal vérifie que les conditions requises par l'article L. 642-12 sont remplies et constate dans le jugement arrêtant le plan les sûretés dont la charge est transmise.

Un extrait du jugement est adressé par le greffier aux personnes mentionnées à l'article R. 642-7. – *[Décr. n° 2005-1677 du 28 déc. 2005, art. 265.]*

Art. R. 642-20 Dans le cas prévu au troisième alinéa de l'article L. 642-12, le cessionnaire informe préalablement le liquidateur de tout projet d'aliénation d'un bien cédé. Il est également tenu d'en informer le tribunal si l'aliénation n'était pas envisagée lors du dépôt de son offre dans les conditions du 7° du II de l'article L. 642-2.

Le liquidateur, informé par le cessionnaire dans les conditions du premier alinéa ou d'office, avertit sans délai le juge-commissaire et les créanciers bénéficiant d'un droit de suite s'il y en a. – *[Décr. nº 2005-1677 du 28 déc. 2005, art. 266.]*

Art. R. 642-21 Le liquidateur signale, dans un rapport adressé au juge-commissaire et au procureur de la République et déposé au greffe, toute atteinte aux éléments pris en location-gérance ainsi que le défaut d'exécution par le locataire-gérant de ses obligations. Ce rapport fait état des observations du locataire-gérant et propose éventuellement les solutions qui seraient de nature à permettre l'exécution du plan. – *[Décr. nº 2005-1677 du 28 déc. 2005, art. 267.]*

SECTION 2 *De la cession des actifs du débiteur*

SOUS-SECTION 1 *Des ventes des immeubles*

§ 1 *Dispositions communes aux ventes par voie d'adjudication judiciaire et par voie d'adjudication amiable (Décr. nº 2009-160 du 12 févr. 2009, art. 86).*

Art. R. 642-22 Le juge-commissaire qui ordonne, en application de l'article L. 642-18, la vente des immeubles par voie *(Décr. nº 2006-936 du 27 juill. 2006, art. 155-I)* « d'adjudication judiciaire ou amiable » détermine :

1° La mise à prix de chacun des biens à vendre et les conditions essentielles de la vente ;

2° Les modalités de la publicité compte tenu de la valeur, de la nature et de la situation des biens ;

(Décr. nº 2009-160 du 12 févr. 2009, art. 87) « 3° Les modalités de visite des biens. »

Lorsque la vente est poursuivie par un créancier, en application de l'article L. 643-2, la mise à prix est déterminée en accord avec le créancier poursuivant.

Le juge-commissaire peut préciser qu'à défaut d'enchères atteignant cette mise à prix la vente pourra se faire sur une mise à prix inférieure qu'il fixe. – *[Décr. nº 2005-1677 du 28 déc. 2005, art. 268.]*

Pour l'entrée en vigueur du Décr. nº 2006-936 du 27 juill. 2006, V. note ss. art. R. 622-19.

Art. R. 642-23 L'ordonnance est notifiée à la diligence du greffier par lettre recommandée avec demande d'avis de réception au débiteur et aux créanciers inscrits à domicile élu dont les noms sont indiqués dans l'ordonnance *(Abrogé par Décr. nº 2009-160 du 12 févr. 2009, art. 88)* ***« ainsi qu'aux créanciers bénéficiant du privilège général immobilier »***. *(Décr. nº 2009-160 du 12 févr. 2009, art. 88)* « Les contrôleurs en sont avisés par le greffier. »

(Décr. nº 2006-936 du 27 juill. 2006, art. 156) « L'ordonnance produit les effets du commandement prévu à l'article *(Décr. nº 2012-783 du 30 mai 2012, art. 2, en vigueur le 1er juin 2012)* « R. 321-1 du code des procédures civiles d'exécution » ; *(Décr. nº 2012-1462 du 26 déc. 2012, art. 35, en vigueur le 1er janv. 2013)* « elle est publiée au fichier immobilier à la diligence du liquidateur ou du créancier poursuivant », dans les conditions prévues pour *(Décr. nº 2006-936 du 27 juill. 2006, art. 156)* « ledit commandement ».

(Décr. nº 2012-1462 du 26 déc. 2012, art. 35, en vigueur le 1er janv. 2013) « Le service de la publicité foncière » procède à la formalité de publicité de l'ordonnance même si des commandements ont été antérieurement publiés. Ces commandements cessent de produire effet à compter de la publication de l'ordonnance. – *[Décr. nº 2005-1677 du 28 déc. 2005, art. 269.]*

Pour l'entrée en vigueur du Décr. nº 2006-936 du 27 juill. 2006, V. note ss. art. R. 622-19.

1. Notification de l'ordonnance. Aucun domicile n'étant élu dans le cadre de la procédure collective, le domicile élu auquel doit avoir lieu la notification prévue par l'art. R. 642-23 ne peut être que celui élu par le créancier inscrit dans l'inscription elle-même. • Com. 26 févr. 2020, nº 18-21.575 P : *D. 2020. Actu. 485* ; *RJDA 2020, nº 280 ; BJE 5-6/2020. 34, note Favre-Rochex.*

2. Péremption. La sanction de la péremption prévue par les art. R. 321-20 et R. 321-21 C. pr. exéc. s'applique à l'ordonnance du juge-commissaire ordonnant la vente d'un immeuble d'un débiteur en liquidation judiciaire par adjudication judiciaire ; le juge de l'exécution est compétent pour statuer sur une demande de prorogation des effets d'une telle ordonnance. • Cass., avis, 18 avr. 2018, nº 18-70.005 P : *D. 2018. Actu. 845 ; RTD com. 2018. 486, obs. Vallens ; JCP E 2018. 1429, nº 6, obs. Pétel ; LEDEN 5/2018. 3, obs. Staes ; DP diff. entr., Bull. nº 403, obs. Rémery ; Procédures 2018, nº 181, note Laporte ; Dr. et pr. 2018. 113, note Vinckel ; APC 2018, nº 159, obs. Salhi ; RJDA 2018, nº 662 ; RPC 2018, nº 145, obs. Cagnoli.* – V. Neveu et Bottin, *RPC 2018. Étude 21.*

3. Alsace-Moselle. Il résulte de la combinaison des art. R. 642-23 et R. 670-5 C. com. et de l'art. L. 341-1 C. pr. exéc., qui réservent l'application des règles du droit local en matière de saisie immobilière, que, si l'ordonnance du juge-commissaire produisant les effets du commandement valant saisie immobilière doit être publiée, dans les départements du Bas-Rhin, du Haut-Rhin et de la Moselle, au livre foncier, l'absence de publication de l'ordonnance dans les deux mois de sa signification n'est pas sanctionnée par sa caducité. • Com. 13 déc. 2016, nº 14-29.732 P : *D. 2017. Actu. 5 ; LEDEN 2/2017. 3, obs. Rubellin ; Gaz. Pal. 28 mars 2017, p. 61, obs. Hoonakker.*

Art. R. 642-24 *(Décr. nº 2009-160 du 12 févr. 2009, art. 89)* **« Lorsque le juge-commissaire, en application du deuxième alinéa de l'article L. 642-18, autorise le liquidateur à reprendre la procédure de saisie immobilière suspendue par le jugement d'ouverture de la procédure de liquidation judiciaire, il fixe la mise à prix, les modalités de la publicité et les modalités de visite du bien. Il statue dans les conditions prévues à l'article R. 642-36-1. »**

L'ordonnance du juge-commissaire est, à la requête du liquidateur, mentionnée en marge de la copie du commandement *(Décr. nº 2012-1462 du 26 déc. 2012, art. 35, en vigueur le 1er janv. 2013)* **« publié au fichier immobilier ».**

Le créancier qui avait engagé la procédure de saisie immobilière remet au liquidateur, contre récépissé, les pièces de la poursuite. Ses frais de procédure lui sont restitués dans l'ordre. – *[Décr. nº 2005-1677 du 28 déc. 2005, art. 270.]*

1. Lorsque le juge-commissaire autorise le liquidateur à reprendre la procédure de saisie immobilière suspendue par le jugement de liquidation judiciaire, il fixe, quel que soit le stade auquel la procédure de saisie immobilière a été arrêtée, la mise à prix, les modalités de la publicité et les modalités de visite du bien, de sorte que, saisie par l'effet dévolutif de l'appel, il incombe à la cour d'appel de compléter en ce sens l'ordonnance du juge-commissaire. • Com. 11 avr. 2018, nº 16-23.607 P : *D. 2018. Actu. 797 ; JCP E 2018. 1429, nº 7, obs. Pétel ; LEDEN 5/2018. 4, obs. Camensuli-Feuillard ; RDBF 2018, nº 74, obs. S. Piedelièvre ; BJE 2018. 261, note Hugon ; RJDA 2018, nº 659 ; APC 2018, nº 151, obs. Hoonakker.*

2. L'ordonnance du juge-commissaire qui autorise le liquidateur à reprendre la procédure de saisie immobilière suspendue par l'ouverture de la procédure collective emportant subrogation du liquidateur dans les droits du créancier saisissant pour les actes que celui-ci a effectués, le liquidateur est recevable à demander la prorogation des effets du commandement aux fins de saisie immobilière. • Civ. 2e, 19 déc. 2002 : *APC 2003, nº 59, obs. Salvat.*

3. Pour l'inapplicabilité de l'art. 722 C. pr. civ. anc., qui subordonnait la subrogation dans les droits du créancier saisissant à l'inaction ou à la négligence de celui-ci, V. • Civ. 2e, 29 janv. 2004, nº 02-14.944 P : *D. 2004. AJ 421 ; Dr. et procédures 2004. 229, note Leborgne ; RJ com. 2004. 387, note Sortais.*

Art. R. 642-25 *(Décr. nº 2009-160 du 12 févr. 2009, art. 90)* **Le poursuivant ou le notaire commis établit un cahier des conditions de vente.**

Par exception à l'article *(Décr. nº 2012-783 du 30 mai 2012, art. 2, en vigueur le 1er juin 2012)* **« R. 322-10 du code des procédures civiles d'exécution », le cahier des conditions de vente contient :**

1º L'énonciation de l'ordonnance qui a ordonné la vente avec la mention de sa publication ;

2º La désignation de l'immeuble à vendre, l'origine de propriété, les servitudes grevant l'immeuble, les baux consentis sur celui-ci et le procès-verbal de description ;

3º La mention de la mise à prix, des conditions de la vente et des modalités de paiement du prix selon les règles prévues au deuxième alinéa de l'article R. 643-3.

Art. R. 642-26 Le liquidateur ne peut, en qualité de mandataire, être déclaré adjudicataire des immeubles du débiteur. – *[Décr. nº 2005-1677 du 28 déc. 2005, art. 272.]*

§ 2 *Dispositions particulières à la vente par voie d'adjudication judiciaire (Décr. n° 2009-160 du 12 févr. 2009, art. 85).*

Art. R. 642-27 **La vente** *(Décr. n° 2006-936 du 27 juill. 2006, art. 157)* **« par voie d'adjudication judiciaire » est soumise aux dispositions** *(Décr. n° 2012-783 du 30 mai 2012, art. 5-I-1°, en vigueur le 1er juin 2012)* **« des titres Ier et II du livre III du code des procédures civiles d'exécution » et dans la mesure où il n'y est pas dérogé par les dispositions du présent livre.** – *[Décr. n° 2005-1677 du 28 déc. 2005, art. 273.]*

Pour l'entrée en vigueur du Décr. n° 2006-936 du 27 juill. 2006, V. note ss. art. R. 622-19.

Art. R. 642-28 **L'ordonnance qui ordonne la vente par voie** *(Décr. n° 2006-936 du 27 juill. 2006, art. 158)* **« d'adjudication judiciaire » rendue à la demande du liquidateur ou d'un créancier poursuivant comporte, outre les indications mentionnées à l'article R. 642-22, les énonciations exigées** *(Décr. n° 2012-783 du 30 mai 2012, art. 2, en vigueur le 1er juin 2012)* **« aux 1°, 5°, 10° de l'article R. 321-3 du code des procédures civiles d'exécution ».** – *[Décr. n° 2005-1677 du 28 déc. 2005, art. 274.]*

Pour l'entrée en vigueur du Décr. n° 2006-936 du 27 juill. 2006, V. note ss. art. R. 622-19.

Art. R. 642-29 **Le juge-commissaire peut autoriser le liquidateur ou le créancier à poursuivre simultanément la vente de plusieurs immeubles, même s'ils sont situés dans des ressorts de** *(Décr. n° 2019-966 du 18 sept. 2019, art. 8, en vigueur le 1er janv. 2020)* **« tribunaux judiciaires » différents.**

Il décide si la vente de ces biens sera poursuivie devant le juge de l'exécution du *(Décr. n° 2019-966 du 18 sept. 2019, art. 8, en vigueur le 1er janv. 2020)* **« tribunal judiciaire » dans le ressort duquel chaque immeuble se trouve ou devant celui dans le ressort duquel est situé** *(Décr. n° 2009-160 du 12 févr. 2009, art. 92)* **« l'adresse de l'entreprise ou de l'activité déclarée par le débiteur personne physique ou le siège du débiteur personne morale ».** – *[Décr. n° 2005-1677 du 28 déc. 2005, art. 275.]*

Pour l'entrée en vigueur du Décr. n° 2006-936 du 27 juill. 2006, V. note ss. art. R. 622-19.

Art. R. 642-29-1 *(Décr. n° 2009-160 du 12 févr. 2009, art. 93)* **Le cahier des conditions de vente est déposé par le poursuivant au greffe du juge de l'exécution du** *(Décr. n° 2019-966 du 18 sept. 2019, art. 8, en vigueur le 1er janv. 2020)* **« tribunal judiciaire » compétent dans un délai de deux mois à compter de la publication de l'ordonnance du juge-commissaire.**

Par exception *(Décr. n° 2012-783 du 30 mai 2012, art. 5-I-2°, en vigueur le 1er juin 2012)* **« aux sous-sections 2 et 4 de la section 1 et aux sections 2 et 3 du chapitre II du titre II du livre III du code des procédures civiles d'exécution », au plus tard le cinquième jour ouvrable suivant le dépôt du cahier des conditions de vente, le poursuivant avise, par acte** *(Décr. n° 2022-949 du 29 juin 2022, art. 67, en vigueur le 1er juill. 2022)* **« de commissaire de justice », les créanciers inscrits à domicile élu et, si la vente porte sur un bien de la communauté, le conjoint du débiteur, de la date de l'audience d'adjudication. La date est fixée, à sa diligence, dans un délai compris entre deux et quatre mois suivant celle de l'avis.**

Outre les mentions prescrites pour les actes *(Décr. n° 2022-949 du 29 juin 2022, art. 67, en vigueur le 1er juill. 2022)* **« de commissaire de justice », l'avis contient, à peine de nullité :**

1° L'indication des lieu, jour et heure de l'audience d'adjudication du juge de l'exécution ;

2° La sommation de prendre connaissance du cahier des conditions de vente et l'indication du greffe du juge de l'exécution ainsi que du cabinet de l'avocat du poursuivant où celui-ci peut être consulté ;

3° L'indication, en caractères très apparents, qu'à peine d'irrecevabilité, seules les contestations relatives à un acte de procédure postérieur à l'ordonnance du juge-commissaire peuvent être soulevées, dans les quinze jours de l'acte ou, le cas échéant, de sa notification, par conclusions d'avocat déposées au greffe du juge de l'exécution.

Aux fins du 3°, l'avis vaut notification du cahier des conditions de vente.

En cas de contestation formée en application du 3°, les parties sont convoquées à une audience par le greffe du juge de l'exécution, conformément *(Décr. n° 2012-783 du*

30 mai 2012, art. 2, en vigueur le 1er juin 2012) « au troisième alinéa de l'article R. 311-6 du code des procédures civiles d'exécution ».

Lorsque les délais mentionnés au premier et au deuxième alinéas ont été dépassés, le juge de l'exécution déclare l'ordonnance du juge-commissaire non avenue, à moins qu'il ne soit justifié d'un motif légitime.

Art. R. 642-29-2 *(Décr. no 2009-160 du 12 févr. 2009, art. 93)* Seules sont applicables à la cession des actifs du débiteur par voie d'adjudication judiciaire celles des dispositions *(Décr. no 2012-783 du 30 mai 2012, art. 5-I-3o, en vigueur le 1er juin 2012)* « de la section 4 du chapitre II du titre II du livre III du code des procédures civiles d'exécution » qui sont mentionnées ci-après.

A l'audience d'adjudication, il est procédé comme il est dit à la *(Décr. no 2012-783 du 30 mai 2012, art. 5-I-3o, en vigueur le 1er juin 2012)* « sous-section 3 de la section 4 susmentionnée ».

L'article *(Décr. no 2012-783 du 30 mai 2012, art. 2, en vigueur le 1er juin 2012)* « R. 322-58 du code des procédures civiles d'exécution » est applicable au paiement des frais taxés.

Outre les mentions prescrites pour tout jugement, le jugement d'adjudication vise l'ordonnance du juge-commissaire ayant ordonné la vente, les jugements tranchant les contestations et le cahier des conditions de vente. Il désigne le poursuivant. Il mentionne les éléments énumérés aux troisième et quatrième phrases de l'article *(Décr. no 2012-783 du 30 mai 2012, art. 2, en vigueur le 1er juin 2012)* « R. 322-59 du même code ».

Le jugement d'adjudication est notifié par le poursuivant au débiteur, aux créanciers inscrits, à l'adjudicataire, ainsi qu'à toute personne ayant élevé une contestation tranchée par la décision.

Les modalités de recours à l'encontre de ce jugement sont fixées par les dispositions du deuxième alinéa de l'article *(Décr. no 2012-783 du 30 mai 2012, art. 2, en vigueur le 1er juin 2012)* « R. 322-60 du même code ».

Les dispositions des articles *(Décr. no 2012-783 du 30 mai 2012, art. 2, en vigueur le 1er juin 2012)* « R. 322-61 à R. 322-63 du même code » sont applicables au titre de vente.

La vente par adjudication judiciaire produit les effets prévus par l'article *(Décr. no 2012-783 du 30 mai 2012, art. 2, en vigueur le 1er juin 2012)* « R. 322-64 du même code ».

La surenchère est régie par les articles *(Décr. no 2012-783 du 30 mai 2012, art. 2, en vigueur le 1er juin 2012)* « R. 322-50 à R. 322-55 du même code ».

La réitération des enchères est régie par les articles *(Décr. no 2012-783 du 30 mai 2012, art. 2, en vigueur le 1er juin 2012)* « R. 322-66 à R. 322-72 du même code ».

§ 3 *Dispositions particulières à la vente par voie d'adjudication amiable (Décr. no 2009-160 du 12 févr. 2009, art. 94).*

Art. R. 642-30 L'ordonnance qui ordonne la vente par voie d'adjudication amiable comporte, outre les indications mentionnées à l'article R. 642-22, les énonciations exigées *(Décr. no 2012-783 du 30 mai 2012, art. 2, en vigueur le 1er juin 2012)* « au 5° de l'article R. 321-3 du code des procédures civiles d'exécution ». Elle désigne le notaire qui procédera à l'adjudication. – *[Décr. no 2005-1677 du 28 déc. 2005, art. 276.]*

Art. R. 642-31 Le notaire informe par lettre recommandée avec demande d'avis de réception les créanciers inscrits portés sur l'état délivré après publication de l'ordonnance d'avoir à prendre communication du cahier des *(Décr. no 2009-160 du 12 févr. 2009, art. 95)* « conditions de vente » déposé en son étude deux mois au moins avant la date fixée pour l'adjudication et d'y faire inscrire leurs dires et observations un mois au moins avant cette date. Par la même lettre, le notaire convoque les créanciers à la vente.

Si un créancier formule un dire, il saisit le *(Décr. no 2009-936 du 27 juill. 2006, art. 165)* « juge de l'exécution » du *(Décr. no 2019-966 du 18 sept. 2019, art. 8, en vigueur le 1er janv. 2020)* « tribunal judiciaire » dans les huit jours à peine de déchéance, par assignation du liquidateur à comparaître à la première audience éventuelle utile. Il en informe immédiatement le notaire qui invite les autres personnes sommées à contester le dire. Le jugement est communiqué par le liquidateur au notaire qui modifie s'il y a lieu le cahier des *(Décr. n° 2009-160 du 12 févr. 2009, art. 95)* « conditions de vente ».

Le liquidateur, le débiteur et les créanciers inscrits sont convoqués à la vente par le notaire au moins un mois à l'avance. – *[Décr. n° 2005-1677 du 28 déc. 2005, art. 277.]*

Pour l'entrée en vigueur du Décr. n° 2006-936 du 27 juill. 2006, V. note ss. art. R. 622-19.

Art. R. 642-32 *(Décr. n° 2006-936 du 27 juill. 2006, art. 160-I)* « Avant l'ouverture des enchères*[,]* le notaire se fait remettre par les enchérisseurs une caution bancaire irrévocable ou un chèque de banque conformément à l'article *(Décr. n° 2012-783 du 30 mai 2012, art. 2, en vigueur le 1er juin 2012)* « **R. 322-41** du code des procédures civiles d'exécution ». Lorsque l'adjudicataire est défaillant, la somme versée ou la caution apportée est acquise pour être distribuée avec l'actif réalisé.

« Le notaire rappelle que les enchères partiront du montant de la mise à prix fixé conformément à l'article **R. 642-22**. »

Les enchères peuvent être faites sans ministère d'avocat. *(Décr. n° 2006-936 du 27 juill. 2006, art. 160-II)* « Elles sont pures et simples. » Si aucune enchère n'atteint le montant de la mise à prix, le notaire constate l'offre la plus élevée et peut adjuger le bien à titre provisoire pour le montant de cette offre. Le juge-commissaire qui a fixé la mise à prix, saisi à la requête du notaire ou de tout intéressé, peut soit déclarer l'adjudication définitive et la vente réalisée, soit ordonner qu'une nouvelle vente aura lieu suivant l'une des formes prescrites par l'article **L. 642-18**. Si la nouvelle vente est une vente aux enchères, il fixe le délai de la nouvelle vente sans que ce délai puisse être inférieur à quinze jours, la mise à prix ainsi que les modalités de publicité.

(Décr. n° 2006-936 du 27 juill. 2006, art. 160-III) « Le titre de vente consiste dans l'expédition du cahier des conditions de vente revêtue de la formule exécutoire, à la suite de laquelle est transcrit un procès-verbal d'adjudication dressé par le notaire. » – *[Décr. n° 2005-1677 du 28 déc. 2005, art. 278.]*

Pour l'entrée en vigueur du Décr. n° 2006-936 du 27 juill. 2006, V. note ss. art. R. 622-19.

Art. R. 642-33 Dans les quinze jours qui suivent l'adjudication, toute personne peut faire surenchère du dixième par *(Décr. n° 2019-1333 du 11 déc. 2019, art. 16, en vigueur le 1er janv. 2020)* « requête remise ou adressée » au greffe du juge de l'exécution du *(Décr. n° 2019-966 du 18 sept. 2019, art. 8, en vigueur le 1er janv. 2020)* « tribunal judiciaire » dans le ressort duquel réside le notaire qui a procédé à la vente.

Le surenchérisseur dénonce cette *(Décr. n° 2019-1333 du 11 déc. 2019, art. 16, en vigueur le 1er janv. 2020)* « requête » par acte *(Décr. n° 2022-949 du 29 juin 2022, art. 67, en vigueur le 1er juill. 2022)* « de commissaire de justice » à la personne ou au domicile de l'adjudicataire dans le délai de l'article *(Décr. n° 2012-783 du 30 mai 2012, art. 2, en vigueur le 1er juin 2012)* « **R. 322-52** du code des procédures civiles d'exécution » et informe le notaire de cette *(Décr. n° 2019-1333 du 11 déc. 2019, art. 16, en vigueur le 1er janv. 2020)* « requête ». Le tribunal, par le jugement qui valide la surenchère, renvoie la nouvelle adjudication devant le même notaire qui procède selon le cahier des *(Décr. n° 2009-160 du 12 févr. 2009, art. 95)* « conditions de vente » précédemment dressé. – *V. Décr. préc. au* ***C. pr. civ.***

Lorsqu'une seconde adjudication a lieu après surenchère, aucune autre surenchère des mêmes biens ne peut avoir lieu. – *[Décr. n° 2005-1677 du 28 déc. 2005, art. 279.]*

Pour l'entrée en vigueur du Décr. n° 2006-936 du 27 juill. 2006, V. note ss. art. R. 622-19.

Pour les dispositions transitoires du Décr. n° 2019-1333 du 11 déc. 2019, V. note ss. art. R. 621-8-1.

1. Délai. Le point de départ du délai de surenchère est fixé au jour où l'adjudication provisoire est déclarée définitive par le juge-commissaire, même si l'ordonnance de ce dernier a fait l'objet d'un recours en vertu de l'art. 25 [R. 621-21]. • Grenoble, 30 juin 1992 : *D. 1992. Somm. 374, obs. Honorat*.

2. Compétence territoriale. La règle énoncée par l'art. 135 [R. 642-33], al. 1er, étant une règle de fond d'ordre public, il s'ensuit que la surenchère formée devant le greffe d'un tribunal territorialement incompétent doit être frappée d'une nullité absolue relevée d'office. • TGI Guéret, 11 févr. 1992 : *D. 1993. Somm. 280, obs. Julien*.

Art. R. 642-34 S'il y a lieu à *(Décr. n° 2009-160 du 12 févr. 2009, art. 96)* « réitération des enchères », la procédure est poursuivie devant le *(Décr. n° 2009-936 du 27 juill. 2006, art. 165)* « juge de l'exécution du » *(Décr. n° 2019-966 du 18 sept. 2019, art. 8, en vigueur le 1er janv. 2020)* « tribunal judiciaire » dans le ressort duquel réside le notaire qui a procédé à la vente. Une copie authentique du procès-verbal d'adjudication est déposée au greffe du *(Décr. n° 2009-936 du 27 juill. 2006, art. 165)* « juge de l'exécution du » *(Décr. n° 2019-966 du 18 sept. 2019, art. 8, en vigueur le 1er janv. 2020)* « tribunal judiciaire ». – *[Décr. n° 2005-1677 du 28 déc. 2005, art. 280.]*

Pour l'entrée en vigueur du Décr. n° 2006-936 du 27 juill. 2006, V. note ss. art. R. 622-19.

Art. R. 642-35 La vente par voie d'adjudication amiable est soumise aux dispositions des *(Décr. n° 2012-783 du 30 mai 2012, art. 2, en vigueur le 1er juin 2012)* « articles R. 322-39, R. 322-41, troisième alinéa, R. 322-42, R. 322-44, R. 322-45, R. 322-46, R. 322-48, deuxième et troisième alinéas, R. 322-62, troisième et quatrième alinéas*[,]* et R. 322-66 à R. 322-72 du code des procédures civiles d'exécution. » – *[Décr. n° 2005-1677 du 28 déc. 2005, art. 281.] – V.* ***C. pr. civ.***

§ 4 *Dispositions particulières à la vente de gré à gré (Décr. n° 2009-160 du 12 févr. 2009, art. 97).*

Art. R. 642-36 L'autorisation de vente de gré à gré d'un ou plusieurs immeubles, délivrée en application de l'article L. 642-18, détermine le prix de chaque immeuble et les conditions essentielles de la vente.

L'ordonnance est notifiée conformément au premier alinéa de l'article R. 642-23.

Le liquidateur passe les actes nécessaires à la réalisation de la vente. Il ne peut, en qualité de mandataire, se porter acquéreur des immeubles du débiteur. – *[Décr. n° 2005-1677 du 28 déc. 2005, art. 282.]*

§ 5 *Dispositions communes à toutes les ventes (Décr. n° 2009-160 du 12 févr. 2009, art. 98).*

Art. R. 642-36-1 *(Décr. n° 2009-160 du 12 févr. 2009, art. 98)* Le juge-commissaire statue sur la vente après avoir recueilli les observations des contrôleurs et entendu ou dûment appelé le débiteur et son conjoint lorsque celui-ci se trouve dans l'une des situations prévues à l'article R. 641-30, ainsi que le liquidateur.

Art. R. 642-37 La décision qui, soit dans le jugement prononçant la liquidation judiciaire, soit ultérieurement, accorde les délais mentionnés à l'avant-dernier alinéa de l'article L. 642-18, fixe l'indemnité d'occupation due par le débiteur. – *[Décr. n° 2005-1677 du 28 déc. 2005, art. 283.]*

Art. R. 642-37-1 *(Décr. n° 2009-160 du 12 févr. 2009, art. 99)* Le recours contre les ordonnances du juge-commissaire rendues en application de l'article L. 642-18 est formé devant la cour d'appel.

1. Le recours de l'art. R. 642-37-1 est ouvert aux parties et aux personnes, dont les droits et obligations sont affectés par ces décisions, dans les dix jours de leur communication ou notification. • Com. 18 mai 2016, n° 14-19.622 P : *D. 2016. Chron. C. cass. 2245, obs. Arbellot ; RTD com. 2016. 856, obs. Vallens ; JCP E 2016. 1361, note Brignon ; ibid. 1465, n° 2, obs. Pétel ; APC 2016, n° 155, obs. Cagnoli ; LEDEN 7/2016. 4, obs. Camensuli-Feuillard ; RJDA 2016, n° 637 ; BJE 2016. 429, note Vallens.* ♦ Un créancier hypothécaire inscrit sur l'immeuble cédé est recevable à former ce recours. • Même arrêt. ♦ Il en va de même du bailleur des parcelles dont la cession a été ordonnée sur le fondement de l'art. L. 642-19. • Com. 29 nov. 2016, n° 14-29.410 : *RPC 2017, n° 67, obs. Reille.* ♦ ... Ou encore de la société qui se prétend propriétaire de l'immeuble dont la cession a été ordonnée sur le fondement de l'art. L. 642-18. • Com. 3 avr. 2019, n° 17-28.954 P : *D. 2019. Actu. 758 ; RTD com. 2019. 772, obs. Vallens ; LEDEN 6/2019. 6, obs. Croze ; RJDA 2019, n° 452 ; BJE 7-8/2019. 46, note Théron ; RPC 2019, n° 129, obs. Cagnoli ; JCP E 2020. 1023, note Berthelot.* ♦ Si un créancier hypothécaire a qualité pour former le recours prévu par l'art. R. 642-37-1 contre l'ordonnance du juge-commissaire autorisant la vente de l'immeuble hypothéqué, il doit justifier, en outre, de son intérêt à agir en démontrant que ses droits et obligations sont affectés par cette décision ; tel n'est pas le cas lorsque le prix de vente de l'immeuble fixé par le juge-commissaire permet le paiement intégral de la créance hypothécaire. • Com. 1er juill.

2020, n° 19-11.337 : *RJDA 2020, n° 509 ; Gaz. Pal. 13 oct. 2020, p. 72, obs. Ferrari.*

2. L'auteur d'une offre d'acquisition de gré à gré d'un actif d'un débiteur en liquidation judiciaire, n'ayant aucune prétention à soutenir au sens des art. 4 et 31 C. pr. civ., n'est pas recevable à exercer un recours contre la décision du juge-commissaire rejetant son offre. • Com. 23 sept. 2014 : *RJDA 2015, n° 206.*

3. La cour d'appel, qui se trouve saisie du litige en son entier par l'effet dévolutif de l'appel, est tenue de statuer sur le fond. • Com. 17 févr. 2015, n° 14-10.100 : *BJE 2015. 156, note Théron.*

SOUS-SECTION 2 *De la vente des autres biens*

Art. R. 642-37-2 *(Décr. n° 2009-160 du 12 févr. 2009, art. 100)* **Le juge-commissaire statue sur la vente après avoir recueilli les observations des contrôleurs et entendu ou dûment appelé le débiteur et son conjoint, lorsque celui-ci se trouve dans l'une des situations prévues à l'article R. 641-30, ainsi que le liquidateur.**

Il appartient à la cour d'appel saisie sur recours contre l'ordonnance du juge-commissaire rendue en application de l'art. R. 642-37-2 de s'assurer de la réalité de la convocation du débiteur à l'audience. • Com. 17 janv. 2024, n° 22-12.802 : *D. actu. 4 mars 2024, obs. Berthelot.*

Art. R. 642-37-3 *(Décr. n° 2009-160 du 12 févr. 2009, art. 100)* **Les ordonnances rendues en application de l'article L. 642-19 sont, à la diligence du greffier, notifiées au débiteur et communiquées par lettre simple aux contrôleurs.**

Les recours contre ces décisions sont formés devant la cour d'appel.

1. Ouverture du recours. Le recours de l'art. R. 642-37-3 est ouvert aux parties et aux personnes dont les droits et obligations sont affectés par les ordonnances du juge-commissaire rendues en application de l'art. L. 642-19 (irrecevabilité de la tierce opposition formée par le bailleur contre l'ordonnance autorisant la cession du bail sur le fondement de l'art. L. 642-19 au motif qu'il disposait du recours prévu par l'art. R. 642-37-3). • Com. 20 sept. 2017, n° 16-15.829 P : *D. 2017. Actu. 1830, obs. Lienhard ; JCP E 2017. 1688, n° 6, obs. Pétel ; DP diff. entr., Bull. n°s 395/396, obs. Rémery ; LEDEN 11/2017. 3, obs. Staes ; RJDA 2017, n° 749 ; RPC 2018, n° 14, obs. Cagnoli.* – V. aussi • Com. 24 janv. 2018, n° 16-18.795 P : *D. 2018. Actu. 239 ; RTD com. 2018. 216, obs. Vallens ; JCP E 2018. 1201, note Berthelot ; RJDA 2018, n° 342.*

2. Pourvoi en cassation. En raison de l'abrogation de l'art. L. 661-5 C. com. par l'Ord. du 18 déc. 2008, le pourvoi en cassation contre l'arrêt statuant sur le recours contre une ordonnance du juge-commissaire autorisant la vente de biens mobiliers du débiteur n'est plus réservé au ministère public ni subordonné à la justification d'un excès de pouvoir. • Com. 8 juill. 2014, n° 13-19.395 P : *D. 2014. Actu. 1542 ; RJDA 2014, n° 791.*

Art. R. 642-38 **En cas de cession d'un fonds de commerce, le cessionnaire peut saisir le juge-commissaire pour faire prononcer la radiation des inscriptions. Il joint à sa demande un état des inscriptions, la justification de l'accomplissement des formalités de purge ou de l'accord des créanciers inscrits pour l'en dispenser, et la justification du paiement des frais préalables de vente.**

Le greffier du tribunal avise par lettre recommandée avec demande d'avis de réception les créanciers qui n'ont pas donné mainlevée de leurs inscriptions qu'ils disposent d'un délai de trente jours à compter de l'envoi de la lettre pour contester, par *(Décr. n° 2019-1333 du 11 déc. 2019, art. 16, en vigueur le 1er janv. 2020)* **« requête » ou par lettre recommandée avec demande d'avis de réception, la demande de radiation pour tout motif tiré du non-paiement du prix.** – *[Décr. n° 2005-1677 du 28 déc. 2005, art. 284.]*

Pour les dispositions transitoires du Décr. n° 2019-1333 du 11 déc. 2019, V. note ss. art. R. 621-8-1.

Art. R. 642-39 *(Décr. n° 2014-736 du 30 juin 2014, art. 101)* **Pour l'application du deuxième alinéa de l'article L. 642-20, le juge-commissaire est saisi par le ministère public, le liquidateur ou le débiteur. Lorsque la vente de gré à gré au profit d'une même personne porte sur un ou plusieurs biens pour un prix, hors taxe, supérieur au taux de compétence en dernier ressort du** *(Décr. n° 2019-966 du 18 sept. 2019, art. 8, en vigueur le 1er janv. 2020)* **« tribunal judiciaire », le liquidateur établit un rapport sur les diligences effectuées pour la recherche d'un cessionnaire.**

SECTION 3 *Dispositions communes*

Art. R. 642-40 En application de l'article *(Décr. n° 2022-890 du 14 juin 2022, art. 1er)* « L. 642-22-1 », la publicité des cessions d'entreprises et des réalisations d'actifs est faite par les mandataires de justice au moyen d'un service informatique accessible par l'internet.

Toute cession d'entreprise fait l'objet d'une publicité par voie de presse. Son étendue est définie par le juge-commissaire. Le juge-commissaire détermine s'il y a lieu d'effectuer une publicité par voie de presse pour les actifs de faible valeur.

Le liquidateur, ou l'administrateur lorsqu'il en a été désigné, communique au greffe les caractéristiques essentielles de l'entreprise ou de la ou des branches d'activité susceptibles d'être cédées. Tout intéressé peut prendre connaissance de ces informations au greffe. – *[Décr. n° 2005-1677 du 28 déc. 2005, art. 286.]*

(Décr. n° 2014-736 du 30 juin 2014, art. 102) « Pour l'application du deuxième alinéa de l'article L. 642-2, le tribunal s'assure que, *(Décr. n° 2015-1009 du 18 août 2015, art. 10, en vigueur le 1er oct. 2015)* « compte tenu de la nature de l'activité en cause, les démarches » effectuées par le mandataire *ad hoc* ou le conciliateur désigné en application des articles L. 611-3 ou L. 611-6 ont assuré une publicité suffisante de la préparation de la cession. »

Art. R. 642-41 Lorsqu'en application de l'article L. 642-24, il y a lieu, pour le juge-commissaire, d'autoriser le liquidateur à compromettre ou à transiger, le greffier convoque le débiteur à l'audience quinze jours avant celle-ci en joignant à cette convocation la copie de la requête du liquidateur.

Si le compromis ou la transaction doit être soumis à l'homologation du tribunal, le débiteur est convoqué dans les mêmes conditions. – *[Décr. n° 2005-1677 du 28 déc. 2005, art. 287.]*

CHAPITRE III *DE L'APUREMENT DU PASSIF*

SECTION 1 *Du règlement des créanciers*

Art. R. 643-1 Lorsque la vente est poursuivie par un créancier en application de l'article L. 643-2, la mise à prix est fixée par le juge-commissaire en accord avec le créancier poursuivant. – *[Décr. n° 2005-1677 du 28 déc. 2005, art. 288.]*

Art. R. 643-2 Le juge-commissaire, saisi de la demande d'un créancier sur le fondement de l'article L. 643-3, statue après avis du liquidateur au vu des documents justificatifs de l'admission définitive de la créance dont il est demandé un paiement provisionnel et, le cas échéant, de la garantie prévue au second alinéa de l'article susmentionné.

La provision est allouée à hauteur d'un montant déterminé en fonction de l'existence, du montant et du rang des autres créances, dues ou susceptibles d'être ultérieurement dues.

Sur ordonnance du juge-commissaire, les fonds indûment versés sont restitués sur première demande du liquidateur. – *[Décr. n° 2005-1677 du 28 déc. 2005, art. 289.]*

Art. R. 643-3 L'adjudicataire fait publier *(Décr. n° 2012-1462 du 26 déc. 2012, art. 35, en vigueur le 1er janv. 2013)* « au service de la publicité foncière » l'acte ou le jugement d'adjudication dans les deux mois de sa date et en cas d'appel dans les deux mois de l'arrêt confirmatif, sous peine de *(Décr. n° 2009-160 du 12 févr. 2009, art. 102)* « réitération des enchères » à la diligence du liquidateur.

Dans les trois mois de l'adjudication, l'adjudicataire verse au compte de dépôt ouvert par le liquidateur à la Caisse des dépôts et consignations la totalité du prix de l'adjudication y compris les intérêts au taux légal à compter du jour où la vente est devenue définitive jusqu'au jour du paiement. Passé ce délai, le liquidateur lui enjoint par lettre recommandée avec demande d'avis de réception de faire le versement sous peine de *(Décr. n° 2009-160 du 12 févr. 2009, art. 102)* « réitération des enchères ».

En cas de vente de gré à gré, le notaire chargé de la vente remet le prix, dès sa perception, au liquidateur.

Le prix de vente ne peut faire l'objet d'aucun prélèvement par le liquidateur jusqu'à ce que soit justifié par l'acquéreur qu'il a conduit à son terme la procédure de purge ou qu'il a obtenu des créanciers inscrits la dispense d'y procéder.

En cas de surenchère, le prix est restitué sans délai à l'acquéreur par le liquidateur, par l'intermédiaire du notaire. – *[Décr. n° 2005-1677 du 28 déc. 2005, art. 290.]*

Compétence. V. note 12 ss. art. L. 641-4.

Art. R. 643-4 Dès la publication de la vente, le liquidateur requiert *(Décr. n° 2012-1462 du 26 déc. 2012, art. 35, en vigueur le 1er janv. 2013)* « du service de la publicité foncière l'état des inscriptions subsistantes conformément à l'article 2449 du code civil », en vue de régler l'ordre entre les créanciers et procéder à la distribution du prix.

En cas de vente de gré à gré, le liquidateur soit d'office, soit requis par l'acquéreur ou par tout intéressé procède à l'ouverture de l'ordre, après accomplissement, par l'acquéreur, des formalités de purge prescrites par les articles *(Décr. n° 2021-1888 du 29 déc. 2021, art. 5, en vigueur le 1er janv. 2022)* « 2464 » et suivants du code civil et versement du prix à la Caisse des dépôts et consignations. – *[Décr. n° 2005-1677 du 28 déc. 2005, art. 291.]*

Art. R. 643-5 Les créanciers inscrits du chef d'un précédent propriétaire et titulaires d'un droit de suite *(Décr. n° 2014-736 du 30 juin 2014, art. 103)* « ou du chef de l'entrepreneur *(Abrogé par Décr. n° 2022-890 du 14 juin 2022, art. 1er)* « *individuel à responsabilité limitée* » sur un bien *(Décr. n° 2022-890 du 14 juin 2022, art. 1er)* « compris dans le » patrimoine en cause en garantie d'une créance affectant un autre patrimoine » sont avertis par le liquidateur par lettre recommandée avec demande d'avis de réception qu'ils ont l'obligation de produire leur créance à la procédure d'ordre dans le délai de deux mois à compter de l'avertissement. Cet avis reproduit les deuxième et troisième alinéas du présent article.

La production mentionne la sûreté inscrite sur le bien. Un décompte des sommes dues en principal, intérêts et accessoires et les documents justificatifs sont joints à la production.

A défaut de production dans le délai mentionné au premier alinéa, le créancier est déchu du droit de participer à la distribution. – *[Décr. n° 2005-1677 du 28 déc. 2005, art. 292.]*

Il résulte de l'art. R. 643-5 que, sous peine d'être déchu de son droit de participer à la distribution, le créancier d'un propriétaire antérieur qui a fait connaître au liquidateur l'existence de son droit de suite dans le délai de deux mois après l'avertissement de ce dernier participe à la distribution des biens au même titre que les créanciers de la procédure. • Com. 14 juin 2023, n° 21-15.864 B : *cité note 2 ss. art. L. 642-12 ; JCP E 2023. 1306, n° 30, obs. Pétel ; BJE 9-10/2023. 18, note Favre-Rochex.*

Art. R. 643-6 Après le versement du prix de vente en cas d'adjudication ou l'accomplissement, par l'acquéreur, des formalités de purge en cas de vente de gré à gré, le liquidateur dresse l'état de collocation au vu des inscriptions, des créances admises et de la liste des créances mentionnées à l'article L. 641-13. Il peut, s'il l'estime utile, convoquer les créanciers inscrits, l'adjudicataire ou l'acquéreur. L'état est déposé par ses soins au greffe du tribunal devant lequel s'est déroulée la procédure. Toute personne peut prendre connaissance de cet état.

Le greffier avertit les créanciers et l'adjudicataire ou l'acquéreur du dépôt de l'état de collocation par une insertion dans un ou plusieurs *(Décr. n° 2020-106 du 10 févr. 2020, art. 13)* « supports » d'annonces légales et par une insertion au *Bulletin officiel des annonces civiles et commerciales* contenant l'indication du journal [support] d'annonces légales dans lequel a été faite la première insertion et la mention du délai de recours prévu à l'article R. 643-11.

Le greffier adresse en outre, sauf dispense du juge-commissaire, à chaque créancier colloqué et à chaque créancier inscrit sur l'immeuble à domicile élu, une copie de l'état de collocation et indique le délai et les modalités du recours prévu à l'article R. 643-11.

L'état de collocation est adressé aux institutions mentionnées à l'article L. 143-11-4 *[L. 3253-14]* **du code du travail lorsqu'elles en auront fait la demande préalable.** – *[Décr. n° 2005-1677 du 28 déc. 2005, art. 293.]*

1. Le créancier hypothécaire exerçant son droit de suite et de préférence doit être colloqué sans avoir à déclarer sa créance au passif de la procédure collective ouverte à l'encontre de l'adjudicataire du bien grevé. • Com. 11 juin 2002, n° 00-20.981 P : *D. 2002. AJ 2470 ; JCP E 2002, n° 38, p. 1484, note Rémery ; ibid. 2003, n° 5, p. 221, obs. Cabrillac ; RTD com. 2003. 364, obs. Martin-Serf ; LPA 29 janv. 2003, p. 15, note M. Sénéchal ; Defrénois 2003. 417, obs. Théry.* – Dans le même sens, V. • Com. 10 mars 2004, n° 02-16.474 P : *D. 2004. Somm. 2146, obs. Le Corre ; ibid. 2710, obs. Aynès ; Banque et Dr. 5-6/2004. 45, obs. Jacob.* ♦ Comp., désormais : art. R. 643-5, dans sa réd. issue du Décr. n° 2005-1677 du 28 déc. 2005.

2. Sur la loi applicable à la répartition entre créanciers hypothécaires et privilégiés du prix d'adjudication d'un immeuble en cas de procédure collective ouverte à l'étranger, V. • Com. 12 mars 2013, n° 11-27.748 P : *D. 2013. Actu. 768 ; Rev. crit. DIP 2013. 649, Rapp. Rémery et note d'Avout ; LEDEN 4/2013. 7, obs. Mélin ; RJDA 2013, n° 441 ; BJE 2013. 177, note Henry ; RPC 2014, n° 13, obs. Mastrullo.*

Art. R. 643-7 **S'il ne s'élève aucune contestation, le liquidateur est tenu dans les quinze jours qui suivent l'expiration du délai prévu au premier alinéa de l'article R. 643-11 de procéder à la clôture de l'ordre. Il dépose le procès-verbal de clôture de l'ordre au greffe du tribunal devant lequel s'est déroulée la procédure de liquidation judiciaire.**

A compter du dépôt du procès-verbal de clôture de l'ordre, la collocation des créanciers est définitivement arrêtée en capital et intérêts. Toutefois, les intérêts de la somme ainsi liquidée continuent de courir au bénéfice des créanciers au taux servi par la Caisse des dépôts et consignations. – *[Décr. n° 2005-1677 du 28 déc. 2005, art. 294.]*

Sur le droit des créanciers inscrits aux intérêts servis par la Caisse des dépôts et consignations, V. • Com. 3 déc. 2003, n° 01-01.400 P : *JCP E 2004, n° 22, p. 857, obs. Cabrillac ; APC 2004, n° 51, obs. Salvat.*

Art. R. 643-8 **Lorsque le prix de vente a été payé selon les modalités prévues à l'article R. 643-3 et que des créanciers n'ont pas donné mainlevée de leurs inscriptions, le liquidateur fait prononcer la radiation des inscriptions. A cette fin, il saisit le** *(Décr. n° 2009-936 du 27 juill. 2006, art. 163-I)* **« juge de l'exécution » du** *(Décr. n° 2019-966 du 18 sept. 2019, art. 8, en vigueur le 1er janv. 2020)* **« tribunal judiciaire » devant lequel s'est déroulée la procédure de liquidation judiciaire ou dans le ressort duquel cette procédure s'est déroulée. Il joint à sa demande l'état des inscriptions, l'état de collocation et la justification du paiement des frais préalables de vente mentionnés à** *(Décr. n° 2009-936 du 27 juill. 2006, art. 163-II)* **« l'article 2209 du code civil ». Il transmet le procès-verbal de clôture de l'ordre lorsque celui-ci est établi.**

Après l'accomplissement des formalités de purge et le versement du prix de vente, l'acquéreur peut *(Décr. n° 2006-936 du 27 juill. 2006, art. 163-III)* **« également » saisir le** *(Décr. n° 2006-936 du 27 juill. 2006, art. 163-I)* **« juge de l'exécution » du tribunal prévu à l'alinéa précédent pour faire prononcer la radiation des inscriptions. Il joint à sa demande un état des inscriptions, la justification de l'accomplissement des formalités de purge ou de l'obtention de l'accord des créanciers inscrits pour en dispenser, et la justification du paiement des frais préalables de vente mentionnés ci-dessus.**

Le greffier de *(Décr. n° 2006-936 du 27 juill. 2006, art. 163-I)* **« cette juridiction » avise les créanciers qui n'ont pas donné mainlevée de leurs inscriptions, à domicile élu, par lettre recommandée avec demande d'avis de réception qu'ils disposent d'un délai de trente jours à compter de l'envoi de la lettre recommandée pour faire opposition au paiement du prix par déclaration au greffe ou par lettre recommandée avec demande d'avis de réception.**

Le *(Décr. n° 2006-936 du 27 juill. 2006, art. 163-I)* **« juge de l'exécution » statue sur les oppositions et ordonne la radiation des inscriptions.** – *[Décr. n° 2005-1677 du 28 déc. 2005, art. 295.]*

Pour l'entrée en vigueur du Décr. n° 2006-936 du 27 juill. 2006, V. note ss. art. R. 622-19.

Art. R. 643-9 **Le liquidateur remet** *(Décr. n° 2012-1462 du 26 déc. 2012, art. 35, en vigueur le 1er janv. 2013)* **« au service de la publicité foncière » une expédition du**

procès-verbal de clôture de l'ordre, de l'ordonnance du juge des ordres prononçant la radiation des inscriptions ou l'acte par lequel les créanciers ont donné mainlevée de leurs inscriptions.

(Décr. n° 2012-1462 du 26 déc. 2012, art. 35, en vigueur le 1er janv. 2013) « Le service de la publicité foncière » procède à la radiation des inscriptions mais reste tenu de procéder à l'inscription définitive prévue aux articles *(Décr. n° 2012-783 du 30 mai 2012, art. 2, en vigueur le 1er juin 2012)* « **R. 533-1** et suivants du code des procédures civiles d'exécution ». – *[Décr. n° 2005-1677 du 28 déc. 2005, art. 296.] – V. lesdits art. au* ***C. pr. civ.***

Art. R. 643-10 Le liquidateur fixe les frais de radiation et de poursuite de l'ordre qui sont colloqués suivant les règles prévues à l'article **L. 641-13**. Il liquide en outre les frais de chaque créancier colloqué en rang utile, détermine les sommes qui leur sont dues et en effectue le paiement. – *[Décr. n° 2005-1677 du 28 déc. 2005, art. 297.]*

Art. R. 643-11 Les contestations sont formées dans le délai de trente jours à compter de l'insertion au *Bulletin officiel des annonces civiles et commerciales* avisant du dépôt de l'état de collocation. Elles sont faites par *(Décr. n° 2019-1333 du 11 déc. 2019, art. 16, en vigueur le 1er janv. 2020)* « requête remise ou adressée au greffe » du *(Décr. n° 2006-936 du 27 juill. 2006, art. 163-I)* « juge de l'exécution du » *(Décr. n° 2019-966 du 18 sept. 2019, art. 8, en vigueur le 1er janv. 2020)* « tribunal judiciaire » devant lequel s'est déroulée la procédure de liquidation judiciaire ou dans le ressort duquel la procédure s'est déroulée.

La contestation est, à peine d'irrecevabilité, dénoncée, dans les dix jours de son dépôt au greffe, aux créanciers en cause et au liquidateur par acte *(Décr. n° 2022-949 du 29 juin 2022, art. 67, en vigueur le 1er juill. 2022)* « de commissaire de justice ». Cet acte indique que les créanciers et le liquidateur doivent constituer avocat dans le délai de quinze jours à compter de la dénonciation.

(Décr. n° 2006-936 du 27 juill. 2006 art. 165) « Il est statué sur les contestations selon la procédure applicable devant le juge de l'exécution. Les articles *(Décr. n° 2012-783 du 30 mai 2012, art. 2, en vigueur le 1er juin 2012)* « **R. 311-4**, **R. 311-6**, premier alinéa, et **R. 311-7** du code des procédures civiles d'exécution » sont applicables. » – *[Décr. n° 2005-1677 du 28 déc. 2005, art. 298.]*

Pour les dispositions transitoires du Décr. n° 2019-1333 du 11 déc. 2019, V. note ss. art. R. 621-8-1.

1. Le délai de trente jours pour former une contestation à l'état de collocation est un délai uniforme dont le point de départ ne peut varier en fonction des notifications individuelles dont le juge-commissaire peut discrétionnairement dispenser le greffier. • Com. 13 févr. 2007, n° 05-17.794 P : *D. 2007. AJ 731 ; JCP E 2007. 1450, n° 5, obs. Cabrillac ; Gaz. Pal. 13-14 avr. 2007, p. 37, obs. M. Sénéchal.*

2. La dénonciation de la contestation à l'état de collocation prévue à l'art. 148 du décr. du 27 déc. 1985 [C. com., art. R. 643-11] doit être faite, à peine d'irrecevabilité, outre au liquidateur, au créancier dont la créance est contestée et à ceux qui lui sont postérieurs. • Com. 16 sept. 2008, n° 07-13.135 P : *D. 2008. AJ 2425 ; APC 2008, n° 273, obs. Salvat ; JCP E 2009. 1008, n° 10, obs. Cabrillac ; RJ com. 2009. 64, obs. Sortais.*

3. Les contestations à l'état de collocation, dressé en matière de distribution par voie d'ordre du prix de vente d'un immeuble, doivent, lorsqu'elles sont soumises à la cour d'appel, être jugées sur les conclusions du ministère public, cette communication étant d'ordre public. • Com. 30 mars 2005, n° 03-19.029 P : *D. 2005. AJ 1227, obs. Lienhard ; APC 2005, n° 134, obs. Salvat.*

4. Même entachée d'une irrégularité de fond, la contestation de l'état de collocation, qui équivaut à une demande en justice, interrompt le délai fixé par l'art. R. 643-11 pendant la durée de l'instance, de sorte que l'irrégularité affectant cette contestation peut être couverte jusqu'à ce que le juge statue, notamment par voie de conclusions, peu important qu'elles soient signifiées après le délai précité qui est suspendu pendant le cours de l'instance. • Com. 17 oct. 2018, n° 17-17.331 : *BJE 1-2/2019. 28, note de Lajarte-Moukoko.*

Art. R. 643-12 En cas de contestation, le liquidateur peut néanmoins régler l'ordre et délivrer les titres de paiement pour les créances antérieures à celles qui sont contestées. Il peut même régler l'ordre pour les créances postérieures, en réservant une somme suffisante pour les créances contestées. – *[Décr. n° 2005-1677 du 28 déc. 2005, art. 299.]*

Art. R. 643-13 Dans les huit jours qui suivent l'expiration du délai d'appel et en cas d'appel dans les huit jours de la signification de l'arrêt, le liquidateur règle définitivement l'ordre des créances contestées et des créances postérieures conformément aux articles R. 643-7 à R. 643-10. – *[Décr. nº 2005-1677 du 28 déc. 2005, art. 300.]*

Art. R. 643-14 En cas d'adjudication sur *(Décr. nº 2009-160 du 12 févr. 2009, art. 96)* « réitération des enchères » intervenant dans le cours de l'ordre et même après le règlement définitif, le liquidateur modifie l'état de collocation, le montant des sommes dues aux créanciers inscrits au procès-verbal de l'ordre suivant les résultats de l'adjudication et effectue les paiements correspondants. – *[Décr. nº 2005-1677 du 28 déc. 2005, art. 301.]*

Art. R. 643-15 Pour l'application de la présente section, en cas de retour au liquidateur d'une lettre de notification qui n'a pu être remise à son destinataire, le liquidateur procède par voie de signification. – *[Décr. nº 2005-1677 du 28 déc. 2005, art. 302.]*

SECTION 2 *De la clôture des opérations de liquidation judiciaire*

Art. R. 643-16 L'insuffisance d'actif est caractérisée lorsque le produit de la réalisation des actifs du débiteur et des actions et procédures engagées dans l'intérêt de l'entreprise ou des créanciers ne permet plus de désintéresser, même partiellement, les créanciers. – *[Décr. nº 2005-1677 du 28 déc. 2005, art. 303.]*

En ce sens que l'insuffisance d'actif n'est pas caractérisée lorsque, compte tenu de la rémunération du débiteur, il reste une quotité saisissable permettant de désintéresser partiellement les créanciers, V. • Com. 5 mars 2002, nº 98-22.646 P : *D. 2002. AJ 1422*.

Art. R. 643-17 Le greffier, au plus tard deux mois avant l'expiration du délai fixé par le tribunal, en application du premier alinéa de l'article L. 643-9, pour l'examen de la clôture de la procédure, fait convoquer à cette fin le débiteur par acte *(Décr. nº 2022-949 du 29 juin 2022, art. 67, en vigueur le 1er juill. 2022)* « de commissaire de justice ». Il avise le liquidateur et les contrôleurs de la date de l'audience.

Lorsqu'il est fait application du *(Décr. nº 2014-736 du 30 juin 2014, art. 104)* « quatrième » alinéa du même article, il est procédé aux convocations et avis mentionnés à l'alinéa précédent. Toutefois, le débiteur ou le créancier, lorsqu'il est demandeur, est convoqué à la diligence du greffier par lettre recommandée avec demande d'avis de réception. – *[Décr. nº 2005-1677 du 28 déc. 2005, art. 304.]*

Art. R. 643-18 Le tribunal statue sur la clôture de la procédure sur le rapport du liquidateur.

(Décr. nº 2014-736 du 30 juin 2014, art. 105) « Le cas échéant, le liquidateur est désigné pour exercer la mission prévue au troisième alinéa de l'article L. 643-9 à moins que n'existe un conflit d'intérêts. Par décision motivée, le tribunal peut, à la demande du débiteur ou du ministère public, désigner une autre personne dans les conditions prévues à l'article L. 812-2. Le mandataire désigné est soumis aux mêmes obligations que celles qui auraient été applicables au liquidateur s'il avait poursuivi les instances en cours et réparti les sommes issues de celles-ci. »

Le jugement prononçant la clôture de la procédure pour extinction du passif ou pour insuffisance d'actif fait l'objet des publicités prévues à l'article R. 621-8. Le jugement est notifié par le greffier au débiteur.

Lorsque le tribunal autorise, par ce jugement, la reprise des actions individuelles de tout créancier à l'encontre du débiteur, il en est fait mention dans ces publicités. Dans ce cas, le jugement est signifié au débiteur à la diligence du greffier dans les huit jours de son prononcé.

Lorsque cette autorisation est postérieure au jugement prononçant la clôture de la procédure, la décision du tribunal fait l'objet des mêmes publicités et est signifiée au débiteur dans les mêmes conditions. – *[Décr. nº 2005-1677 du 28 déc. 2005, art. 305.]*

S'il résulte de la combinaison des al. 4 et 5 de l'art. R. 643-18 que le jugement qui, postérieurement à celui clôturant la liquidation judiciaire pour insuffisance d'actif, autorise, à titre exceptionnel, la reprise des actions individuelles des créanciers doit être signifié au débiteur dans les huit jours de son prononcé, le non-respect de ce délai n'est pas sanctionné par la nullité pour irrégularité de l'acte de signification délivré après son expiration, de sorte que cet acte fait courir le délai d'appel. • Com. 9 déc. 2020, n° 19-14.441 P : *D. 2021. Actu. 5 ; LEDEN 2/2021. 3, obs. Camensuli-Feuillard ; RJDA 2021, n° 182 ; BJE 3-4/2021. 40, note Vallens ; Dr. sociétés 2021, n° 54, note Legros.* ♦ Sur le délai d'appel, V. note 5 ss. art. R. 661-3.

Art. R. 643-19 Dans les deux mois qui suivent l'achèvement de sa mission, le liquidateur dépose un compte rendu de fin de mission dans les conditions prévues par les articles R. 626-39 et R. 626-40. L'article R. 626-41 est applicable. – *[Décr. n° 2005-1677 du 28 déc. 2005, art. 306.]*

(Décr. n° 2014-736 du 30 juin 2014, art. 106) « Lorsque le liquidateur judiciaire a été informé de la mise en œuvre d'une procédure administrative d'établissement de l'impôt, il en informe les comptables publics compétents par lettre recommandée avec demande d'avis de réception quinze jours au moins avant la date de ce dépôt.

« Le mandataire désigné en application du troisième alinéa de l'article L. 643-9 dépose un compte rendu de fin de mission dans les mêmes conditions. Le cas échéant, le président du tribunal exerce les fonctions attribuées à cette fin au juge-commissaire. »

L'art. 306 du Décr. n° 2005-1677 du 28 déc. 2005 [C. com., art. R. 643-19] est applicable aux procédures en cours au 1er janv. 2006 (Décr. préc., art. 361).

Sur la responsabilité du liquidateur négligent dans l'exécution de son obligation de reddition des comptes, V. • Com. 4 juill. 2018, n° 17-11.847 : *Gaz. Pal. 9 oct. 2018, p. 67, obs. Boustani ; RJDA 2018, n° 931.*

Art. R. 643-20 Le créancier dont la créance a été admise et qui recouvre son droit de poursuite individuelle conformément à l'article L. 643-11 peut obtenir, par ordonnance du président du tribunal rendue sur requête, le titre prévu au V du même article. La caution ou le co-obligé mentionné au II du même article peut, dans les mêmes conditions, obtenir un titre exécutoire sur justification du paiement effectué. *(Décr. n° 2009-160 du 12 févr. 2009, art. 103)* « La procédure de l'injonction de payer prévue aux articles 1405 et suivants du code de procédure civile n'est pas applicable. »

Lorsque la créance a été admise lors de la procédure, le président du tribunal qui a ouvert celle-ci est compétent. Lorsque la créance n'a pas été vérifiée, la compétence du tribunal est déterminée selon les règles du droit commun.

L'ordonnance vise l'admission définitive du créancier et le jugement de clôture pour insuffisance d'actif. Elle contient l'injonction de payer et est revêtue par le greffier de la formule exécutoire.

Dans le cas prévu aux I, II et III de l'article L. 643-11, l'ordonnance est rendue, le débiteur entendu ou appelé. – *[Décr. n° 2005-1677 du 28 déc. 2005, art. 309.]*

L'art. 309 du Décr. n° 2005-1677 du 28 déc. 2005 [C. com., art. R. 643-19] est applicable aux procédures en cours au 1er janv. 2006 (Décr. préc., art. 361).

Art. R. 643-21 Si le débiteur fait l'objet d'une mesure d'interdiction d'émettre des chèques prise en application de l'article L. 131-73 du code monétaire et financier, le liquidateur se fait remettre par la Banque de France un relevé des incidents de paiement de chèques enregistrés au nom de l'intéressé *(Décr. n° 2014-736 du 30 juin 2014, art. 107)* « et, si le débiteur est un entrepreneur *(Abrogé par Décr. n° 2022-890 du 14 juin 2022, art. 1er)* ***« individuel à responsabilité limitée »***, des incidents de paiement afférents » *(Décr. n° 2022-890 du 14 juin 2022, art. 1er)* « au patrimoine, ou aux patrimoines, faisant l'objet de la procédure » et le dépose au greffe. Le greffier conserve ce relevé pendant cinq ans à compter du jugement d'ouverture de la procédure. – *[Décr. n° 2005-1677 du 28 déc. 2005, art. 307.]*

Art. R. 643-22 Pour l'application de l'article L. 643-12, le débiteur justifie de la suspension de l'interdiction d'émettre des chèques auprès de l'établissement de crédit qui est à l'origine de cette mesure par la remise d'une copie du jugement de clôture, à laquelle il joint un relevé des incidents de paiement.

L'établissement de crédit qui est à l'origine de l'interdiction informe la Banque de France de la suspension de cette interdiction aux fins de régularisation. – *[Décr. n° 2005-1677 du 28 déc. 2005, art. 308.]*

Art. R. 643-23 Si la mesure d'interdiction d'émettre des chèques ayant fait l'objet d'une suspension en application de l'article L. 643-12 reprend ses effets à la suite du recouvrement par les créanciers de leur droit de poursuite individuelle, l'ordonnance revêtue de la formule exécutoire visée au *(Décr. n° 2009-160 du 12 févr. 2009, art. 104)* « V » de l'article L. 643-11 est notifiée par le greffier, aux frais du créancier poursuivant, à la Banque de France, accompagnée du relevé des incidents de paiement de chèques mentionné à l'article R. 643-22. – *[Décr. n° 2005-1677 du 28 déc. 2005, art. 310.]*

Art. R. 643-24 Le tribunal statue sur la reprise de la procédure de liquidation judiciaire prévue à l'article L. 643-13 après avoir entendu ou dûment appelé le débiteur. La décision de reprise de la procédure fait l'objet des avis et publicités prévus aux articles R. 621-7 et R. 621-8. Elle est signifiée au débiteur et, le cas échéant, notifiée au créancier demandeur. – *[Décr. n° 2005-1677 du 28 déc. 2005, art. 311.]*

CHAPITRE IV *DE LA LIQUIDATION JUDICIAIRE SIMPLIFIÉE*

Le chapitre IV est applicable aux procédures en cours au 1er janv. 2006 (Décr. n° 2005-1677 du 28 déc. 2005, art. 361).

Art. R. 644-1 *(Décr. n° 2009-160 du 12 févr. 2009, art. 105)* « Lorsque la décision sur l'application à la procédure des règles de la liquidation judiciaire simplifiée, prévue au chapitre IV du titre IV du livre VI, relève de la compétence du président du tribunal, celui-ci statue d'office au vu du rapport du liquidateur. »

Cette décision est une mesure d'administration judiciaire non susceptible de recours. Elle est communiquée au débiteur et au liquidateur et est mentionnée aux registres *(Abrogé par Décr. n° 2022-1014 du 19 juill. 2022, art. 8, à compter du 1er janv. 2023)* ***« ou répertoires »*** prévus *(Décr. n° 2014-736 du 30 juin 2014, art. 108)* « aux *(Décr. n° 2022-1014 du 19 juill. 2022, art. 8, en vigueur le 1er janv. 2023)* « quatre » premiers alinéas de l'article R. 621-8 ». – *[Décr. n° 2005-1677 du 28 déc. 2005, art. 312.]*

BIBL. ► VALLANSAN, *APC 2007, n° 7.*

Le jugement du tribunal qui ouvre ou prononce lui-même la liquidation judiciaire simplifiée ou la décision de son président qui, après rapport du liquidateur, applique à la liquidation déjà ouverte ou prononcée les règles de la liquidation simplifiée peuvent être modifiés à tout moment, dans les conditions prévues à l'art. L. 644-6 ; ce jugement ou cette décision constituent des mesures d'administration judiciaire non susceptibles de recours. • Com. 2 juin 2021, n° 19-25.556 P : *D. 2021. Actu. 1077 ; Rev. sociétés 2021. 546, obs. Roussel Galle ; JCP E 2021. 1424, n° 8, obs. Tehrani ; LEDEN 7/2021. 4, obs. Camensuli-Feuillard ; APC 2021, n° 158, obs. Rolland ; Gaz. Pal. 26 oct. 2021, p. 67, obs. Ferrari ; RJDA 2021, n° 732 ; RPC 2022, n° 4, obs. Cagnoli.* – V. déjà • Com. 4 mars 2008, n° 07-10.033 P : *D. 2008. AJ 847, obs. Lienhard ; ibid. Chron. C. cass. 1233, obs. Orsini ; APC 2008, n° 105, obs. Staes ; Procédures 2008, n° 147, obs. Rolland ; Dr. sociétés 2008, n° 127, note Legros ; Gaz. Pal. 27-29 juill. 2008, p. 39, obs. Voinot ; RPC 2008, n° 53, obs. Gorrias ; JCP E 2008. 2062, n° 7, obs. Cabrillac ; RTD com. 2008. 631, obs. Vallens ; RJ com. 2008. 378, obs. Sortais.*

Art. R. 644-2 *(Décr. n° 2009-160 du 12 févr. 2009, art. 106)* « L'état des créances complété par le » projet de répartition établi par le liquidateur à l'issue de la procédure de vérification et d'admission des créances et de la réalisation des biens est déposé au greffe où tout intéressé peut en prendre connaissance. Un avis de ce dépôt est publié au ***Bulletin officiel des annonces civiles et commerciales*** ainsi que dans un *(Décr. n° 2020-106 du 10 févr. 2020, art. 12)* « support » d'annonces légales.

(Décr. n° 2014-736 du 30 juin 2014, art. 109-1°) « Lorsque l'état des créances ne fait l'objet que d'un dépôt au greffe conformément aux dispositions de la dernière phrase du premier alinéa de l'article L. 644-4, le liquidateur notifie aux créanciers mentionnés *(Décr. n° 2021-1218 du 23 sept. 2021, art. 43, en vigueur le 1er oct. 2021)* « aux 1° à 6° de l'article L. 643-8 » le dépôt au greffe de cet état par lettre recommandée avec demande d'avis de réception. Lorsque ces créanciers ont déclaré leur créance par la voie du portail mentionné aux articles L. 814-2 et L. 814-13, le liquidateur leur notifie le dépôt au greffe de l'état des créances par la même voie. » – *Pour les dispositions transitoires du Décr. n° 2021-1218 du 23 sept. 2021, V. note ss. art. R. 611-11.*

Le délai dans lequel *(Décr. n° 2009-160 du 12 févr. 2009, art. 106)* « il peut être formé réclamation » devant le juge-commissaire, en application de l'article L. 644-4, est d'un mois à compter de la publication *(Décr. n° 2014-736 du 30 juin 2014, art. 109-2°)* « de l'avis de dépôt au greffe de l'état des créances ou de la notification de ce dépôt ». – *[Décr. n° 2005-1677 du 28 déc. 2005, art. 313.]*

Art. R. 644-3 La décision par laquelle le juge-commissaire statue sur les contestations formées contre *(Décr. n° 2009-160 du 12 févr. 2009, art. 107)* « l'état des créances complété par » le projet de répartition fait l'objet des mesures de publicité prévues à l'article R. 644-2. Elle est notifiée par le greffier aux créanciers intéressés. Ceux-ci peuvent former un recours dans les délais et selon les formes prévus à l'article R. 621-21. – *[Décr. n° 2005-1677 du 28 déc. 2005, art. 314.]*

Art. R. 644-4 Lorsque le tribunal envisage, en application de l'article L. 644-6, de ne plus faire application des règles de la liquidation judiciaire simplifiée, il fait convoquer le débiteur à l'audience par le greffier par lettre recommandée avec demande d'avis de réception.

Il statue au vu d'un rapport du liquidateur.

(Décr. n° 2014-736 du 30 juin 2014, art. 110) « La décision est communiquée par le greffier au débiteur et au liquidateur et transmise par celui-ci au ministère public. Elle n'est pas susceptible de recours.

« Mention de la décision est portée sur les registres *(Abrogé par Décr. n° 2022-1014 du 19 juill. 2022, art. 8, à compter du 1er janv. 2023)* « ***et répertoires*** » prévus aux *(Décr. n° 2022-1014 du 19 juill. 2022, art. 8, en vigueur le 1er janv. 2023)* « quatre » premiers alinéas de l'article R. 621-8. » – *[Décr. n° 2005-1677 du 28 déc. 2005, art. 315.]*

CHAPITRE V *DU RÉTABLISSEMENT PROFESSIONNEL*

(Décr. n° 2014-736 du 30 juin 2014, art. 111)

Art. R. 645-1 La valeur de réalisation de l'actif mentionné au premier alinéa de l'article L. 645-1 est inférieure à *(Décr. n° 2021-1218 du 23 sept. 2021, art. 44, en vigueur le 1er oct. 2021)* « 15 000 » euros. Cet actif est déclaré conformément à l'article R. 640-1-1. – *Pour les dispositions transitoires du Décr. n° 2021-1218 du 23 sept. 2021, V. note ss. art. R. 611-11.*

BIBL. ▶ Degenhardt, *BJE 2014. 335* (détermination de l'actif : faut-il prendre en compte les biens acquis sous réserve de propriété et le patrimoine affecté de l'EIRL ?).

Art. R. 645-2 Lorsque le tribunal ouvre la procédure de rétablissement professionnel à la demande du débiteur, il sursoit à statuer sur la demande d'ouverture de la procédure de liquidation judiciaire faite par ce dernier et, le cas échéant, sur l'assignation du créancier ou sur la requête du ministère public aux mêmes fins.

Art. R. 645-3 Lorsqu'il apparaît que le débiteur ne remplit pas les conditions requises pour bénéficier de la procédure de rétablissement professionnel, le tribunal rejette sa demande et statue sur la demande d'ouverture de la procédure de liquidation judiciaire.

Art. R. 645-4 Le jugement statuant sur la demande d'ouverture de la procédure de rétablissement professionnel est notifié par le greffier au débiteur par lettre recommandée avec demande d'avis de réception au débiteur dans les huit jours de son prononcé. La lettre de notification reprend les dispositions du premier alinéa de l'article L. 645-9 et des articles L. 645-11 et L. 645-12.

Le jugement est communiqué aux personnes mentionnées à l'article R. 621-7 et, le cas échéant, à l'ordre professionnel ou à l'autorité dont relève le débiteur.

Art. R. 645-5 *(Décr. n° 2016-1851 du 23 déc. 2016, art. 4, en vigueur le 1er janv. 2017)* I. – Le greffier joint à la copie du jugement mentionnée à l'article R. 645-4 un document reproduisant les termes du II du présent article, ainsi que :

1° Ceux des articles L. 645-4, L. 812-2, L. 814-5, L. 814-10, R. 814-24 et R. 814-38, si le mandataire judiciaire est une personne choisie sur le fondement du premier alinéa du II de l'article L. 812-2 ;

2° Ceux des articles L. 645-4, L. 812-2, L. 812-8-1, L. 814-5, L. 814-10-1, L. 814-10-2, R. 814-24 et R. 814-41-1, si le mandataire judiciaire est une personne choisie sur le fondement du III de l'article L. 812-2.

II. – Lorsque le mandataire judiciaire désigné par le tribunal est une personne mentionnée au II ou III de l'article L. 812-2, celle-ci adresse sans délai l'attestation sur l'honneur prévue au troisième alinéa du II de cet article, la justification de la garantie et de l'assurance prévues à l'article L. 814-5 ainsi que le nom du commissaire aux comptes assurant le contrôle de sa comptabilité spéciale en application, selon le cas, de l'article L. 811-11-1 ou du III de l'article L. 814-10-1.

III. – Pour l'application du troisième alinéa du III de l'article L. 812-2, la copie de cette attestation est adressée au magistrat du parquet général chargé des inspections de la cour d'appel dans le ressort de laquelle la personne a son domicile professionnel.

Les art. 4 à 11 du Décr. nº 2016-1851 du 23 déc. 2016 ne sont applicables qu'aux procédures ouvertes après l'entrée en vigueur de ce décret (Décr. préc., art. 53-III).

Art. R. 645-6 Le président du tribunal est compétent pour remplacer le juge commis empêché ou ayant cessé ses fonctions. La décision par laquelle il est pourvu au remplacement est une mesure d'administration judiciaire.

Art. R. 645-7 Pour l'application du premier alinéa de l'article L. 645-6, la procédure est celle prévue à l'article R. 611-35 et le juge commis exerce les pouvoirs attribués par ce texte au président du tribunal.

Art. R. 645-8 Les actes nécessaires à la conservation des droits du débiteur et à la préservation de ses biens font l'objet d'un compte rendu remis au juge commis dont copie est transmise au ministère public par le mandataire judiciaire *(Décr. nº 2016-1851 du 23 déc. 2016, art. 5, en vigueur le 1er janv. 2017)* « ou par la personne choisie sur le fondement du premier alinéa du II ou du III de l'article L. 812-2 ».

Pour les dispositions transitoires du Décr. nº 2016-1851 du 23 déc. 2016, V. note ss. art. R. 645-5.

Art. R. 645-9 L'état chiffré des créances et des dettes mentionné au 5° de l'article R. 631-1 peut être complété par le débiteur dans les quinze jours suivant le jugement d'ouverture de la procédure de rétablissement professionnel. Le débiteur porte sans délai ces modifications à la connaissance du mandataire judiciaire *(Décr. nº 2016-1851 du 23 déc. 2016, art. 6, en vigueur le 1er janv. 2017 ; Décr. nº 2017-1225 du 2 août 2017, art. 16)* « ou de la personne choisie sur le fondement du premier alinéa du II ou du III de l'article L. 812-2 ».

Pour les dispositions transitoires du Décr. nº 2016-1851 du 23 déc. 2016, V. note ss. art. R. 645-5.

Art. R. 645-10 Pour l'application de l'article L. 645-8, le mandataire judiciaire *(Décr. nº 2016-1851 du 23 déc. 2016, art. 7, en vigueur le 1er janv. 2017)* « ou la personne choisie sur le fondement du premier alinéa du II ou du III de l'article L. 812-2 » informe par lettre simple les créanciers connus de l'ouverture de la procédure de rétablissement professionnel. Cette lettre reproduit les dispositions des articles L. 645-8, L. 645-11 et R. 645-19 et comprend en annexe copie de l'inventaire des biens du débiteur et de la liste des créances déclarées par ce dernier.

Pour les dispositions transitoires du Décr. nº 2016-1851 du 23 déc. 2016, V. note ss. art. R. 645-5.

Art. R. 645-11 Le mandataire judiciaire *(Décr. nº 2016-1851 du 23 déc. 2016, art. 7, en vigueur le 1er janv. 2017)* « ou la personne choisie sur le fondement du premier alinéa du II ou du III de l'article L. 812-2 » informe, par lettre recommandée avec demande d'avis de réception, de l'ouverture de la procédure de rétablissement professionnel, les cautions et les personnes coobligées ou ayant consenti une sûreté personnelle ou ayant affecté un bien en garantie, dont l'existence a été portée à sa connaissance par le débiteur ou par un créancier.

Pour les dispositions transitoires du Décr. nº 2016-1851 du 23 déc. 2016, V. note ss. art. R. 645-5.

Art. R. 645-12 A tout moment de l'enquête, le mandataire judiciaire *(Décr. nº 2016-1851 du 23 déc. 2016, art. 7, en vigueur le 1er janv. 2017)* « ou la personne choisie sur le fondement du premier alinéa du II ou du III de l'article L. 812-2 » qui se heurte à une difficulté, peut demander par lettre simple au juge commis de fixer un délai de réponse aux demandes de renseignements faites en application de l'article L. 645-5.

Pour les dispositions transitoires du Décr. n° 2016-1851 du 23 déc. 2016, V. note ss. art. R. 645-5.

Art. R. 645-13 Le rapport du mandataire judiciaire *(Décr. n° 2016-1851 du 23 déc. 2016, art. 8, en vigueur le 1er janv. 2017)* « ou de la personne choisie sur le fondement du premier alinéa du II ou du III de l'article L. 812-2 » est transmis par celui-ci au juge commis et au ministère public.

Pour les dispositions transitoires du Décr. n° 2016-1851 du 23 déc. 2016, V. note ss. art. R. 645-5.

Art. R. 645-14 Après avoir recueilli l'avis du ministère public, le juge commis dépose son rapport au greffe du tribunal au plus tard trois jours avant l'audience. Toutefois, lorsqu'est demandée *[lorsque est]* l'ouverture de la procédure de liquidation judiciaire en application des dispositions de l'article L. 645-9, le rapport peut être déposé et porté à la connaissance du débiteur le jour de l'audience.

Art. R. 645-15 La demande faite par le débiteur en application du deuxième alinéa de l'article L. 645-9 est déposée par celui-ci au greffe.

Le juge commis qui renvoie l'affaire devant le tribunal conformément à l'article L. 645-10 fait convoquer le débiteur à comparaître dans le délai qu'il fixe par les soins du greffier, par lettre recommandée avec demande d'avis de réception. Le greffier informe le débiteur, le cas échéant, qu'il peut prendre connaissance du rapport du juge commis au greffe.

En cas de requête du ministère public, il est fait application de l'article R. 631-4.

Art. R. 645-16 Le juge commis ne peut siéger dans la formation collégiale, ni participer à son délibéré, sous peine de nullité du jugement.

Art. R. 645-17 Le jugement de clôture comprend l'état chiffré des créances effacées avec l'indication, selon le cas, du nom ou de la dénomination et du domicile ou siège des créanciers.

Il entraîne la caducité de la demande d'ouverture de la procédure de liquidation judiciaire.

Art. R. 645-18 Le jugement de clôture est notifié au débiteur et communiqué au ministère public par le greffier. A leur demande, les créanciers dont les dettes sont effacées peuvent obtenir du greffier un extrait certifié conforme du jugement.

Art. R. 645-19 Un avis du jugement de clôture est adressé pour insertion au *Bulletin officiel des annonces civiles et commerciales*. Cette insertion contient l'indication du nom du débiteur, de son adresse professionnelle, de son numéro unique d'identification ainsi que, s'il y a lieu, du nom du greffe ou de la chambre des *[de]* métiers et de l'artisanat de région *(Décr. n° 2022-1014 du 19 juill. 2022, art. 8, en vigueur le 1er janv. 2023)* « dont il relève », de l'activité exercée et de la date du jugement ainsi que du tribunal qui l'a rendu.

Le même avis est publié dans un *(Décr. n° 2020-106 du 10 févr. 2020, art. 12)* « support » d'annonces légales du lieu où le débiteur a son adresse professionnelle.

Le greffier procède d'office à ces publicités dans les quinze jours de la date du jugement.

Toutefois, en cas d'appel du ministère public en application du dernier alinéa de l'article R. 661-1 ou en cas d'arrêt de l'exécution provisoire ordonnée en vertu du *(Décr. n° 2019-1333 du 11 déc. 2019, art. 16, en vigueur le 1er janv. 2020)* « quatrième » alinéa de l'article R. 661-1, ces publicités ne sont effectuées par le greffier du tribunal qu'au vu de l'arrêt de la cour d'appel qui lui est transmis par le greffier de cette cour dans les huit jours de son prononcé.

Un avis est également adressé pour insertion dans les registres *(Abrogé par Décr. n° 2022-1014 du 19 juill. 2022, art. 8, à compter du 1er janv. 2023)* ***« ou répertoires »*** prévus aux *(Décr. n° 2022-1014 du 19 juill. 2022, art. 8, en vigueur le 1er janv. 2023)* « quatre » premiers alinéas de l'article R. 621-8.

Pour les dispositions transitoires du Décr. n° 2019-1333 du 11 déc. 2019, V. note ss. art. R. 621-8-1.

Art. R. 645-20 Les articles R. 643-21 et R. 643-22 sont applicables lorsque le tribunal prononce la clôture de la procédure de rétablissement professionnel sans liquidation. Le mandataire judiciaire *(Décr. n° 2016-1851 du 23 déc. 2016, art. 7, en vigueur le 1er janv. 2017)* « ou la personne choisie sur le fondement du premier alinéa du II ou du III de l'article L. 812-2 » exerce les fonctions attribuées par l'article R. 643-21 au liquidateur judiciaire.

Pour les dispositions transitoires du Décr. n° 2016-1851 du 23 déc. 2016, V. note ss. art. R. 645-5.

Art. R. 645-21 L'appel du débiteur est fait par une déclaration faite ou adressée par lettre recommandée avec demande d'avis de réception au greffe de la cour d'appel.

L'appel est formé, instruit et jugé suivant la procédure sans représentation obligatoire.

Art. R. 645-22 Le jugement par lequel le tribunal ouvre la procédure de liquidation judiciaire en application de l'article L. 645-9 met fin de plein droit à la procédure de rétablissement professionnel sans que les dettes soient effacées.

Art. R. 645-23 En cas d'infirmation ou d'annulation du jugement ouvrant la procédure de rétablissement professionnel ou la clôturant, la cour d'appel peut, d'office, statuer sur la demande d'ouverture de la procédure de liquidation judiciaire.

Art. R. 645-24 Lorsque le mandataire judiciaire *(Décr. n° 2016-1851 du 23 déc. 2016, art. 9-1°, en vigueur le 1er janv. 2017)* « ou la personne choisie sur le fondement du premier alinéa du II ou du III de l'article L. 812-2 » a accompli sa mission, il dépose au greffe un compte rendu de fin de mission comprenant le détail de ses débours et remet au président du tribunal une copie de ce compte rendu ainsi qu'une copie du rapport mentionné à l'article R. 645-13.

Le président du tribunal, sur les observations du juge commis, fixe par ordonnance le montant de la somme allouée au mandataire judiciaire *(Décr. n° 2016-1851 du 23 déc. 2016, art. 9-2°, en vigueur le 1er janv. 2017)* « ou à la personne choisie sur le fondement du premier alinéa du II ou du III de l'article L. 812-2, » conformément aux dispositions des trois derniers alinéas de l'article R. 663-41. Cette ordonnance n'est pas susceptible de recours.

Pour les dispositions transitoires du Décr. n° 2016-1851 du 23 déc. 2016, V. note ss. art. R. 645-5.

Art. R. 645-25 Dès le dépôt au greffe du compte rendu de fin de mission du mandataire *(Décr. n° 2016-1851 du 23 déc. 2016, art. 10, en vigueur le 1er janv. 2017)* « judiciaire ou de la personne choisie sur le fondement du premier alinéa du II ou du III de l'article L. 812-2 », le greffier adresse au débiteur, ainsi qu'au ministère public *[,]* le compte détaillé de ses émoluments, de ses frais et de ses débours établi selon les dispositions des articles R. 743-140 à R. 743-157. Ce compte est déposé au greffe et annexé à celui du mandataire *(Décr. n° 2016-1851 du 23 déc. 2016, art. 10, en vigueur le 1er janv. 2017)* « judiciaire ou de la personne choisie sur le fondement du premier alinéa du II ou du III de l'article L. 812-2 ». Il est complété si le greffier est appelé à régler postérieurement d'autres frais.

Pour les dispositions transitoires du Décr. n° 2016-1851 du 23 déc. 2016, V. note ss. art. R. 645-5.

TITRE V DES RESPONSABILITÉS ET DES SANCTIONS

CHAPITRE I *DE LA RESPONSABILITÉ POUR INSUFFISANCE D'ACTIF*

Le chapitre I est applicable aux procédures en cours au 1er janv. 2006, à l'exception de l'art. 316 [C. com., art. R. 651-1] (Décr. n° 2005-1677 du 28 déc. 2005, art. 361).

Art. R. 651-1 Le tribunal compétent pour statuer dans *(Décr. n° 2014-736 du 30 juin 2014, art. 112-1°)* « les cas prévus » à l'article L. 651-2 est celui qui a ouvert ou pro-

noncé *(Décr. n° 2009-160 du 12 févr. 2009, art. 108)* « **la liquidation judiciaire** » *(Abrogé par Décr. n° 2014-736 du 30 juin 2014, art. 112-2°)* « ***de la personne morale*** ». – *[Décr. n° 2005-1677 du 28 déc. 2005, art. 316.]*

1. Seul le tribunal de la procédure collective a compétence pour déterminer si la personne poursuivie en comblement du passif a ou non dirigé en fait la personne morale en redressement ou en liquidation judiciaires. • Orléans, 8 mars 2001 : *RJDA 2001, n° 589 ; RPC 2001. 262, obs. Martin-Serf.* ♦ Par conséquent, même si les différents contrats passés entre cette personne morale et la ou les personnes poursuivies en paiement de ses dettes contiennent une clause d'arbitrage, les arbitres n'ont pas compétence, fût-ce à titre préjudiciel, pour se prononcer sur la qualité de dirigeant de fait. • Même arrêt.

2. L'action en comblement de passif relève de la compétence du tribunal qui a ouvert la procédure collective, même à l'égard du dirigeant de nationalité étrangère et dont le domicile est à l'étranger. • Com. 5 mai 2004, n° 01-02.041 P : *D. 2004. 1796, note Vallens ; ibid. Somm. 2145, obs. Henry ; JCP E 2004, n° 36, p. 1350, note Reifegerste ; APC 2004, n° 156, obs. Dom ; RTD com. 2004. 601, obs. Mascala ; Rev. sociétés 2004. 715, note Le Corre ; BJS 2004. 1349, note Monsèrié-Bon ; Dr. sociétés 2004, n° 211, note Legros ; RPC 2005. 149, obs. Martin-Serf ; ibid. 233, obs. Dumont, et 243, obs. Menjucq .*

3. Pour l'application des dispositions de l'art. 47 NCPC [désormais, art. 47 C. pr. civ., qui permet à un auxiliaire de justice partie à un litige relevant de la compétence de la juridiction dans le ressort de laquelle il exerce ses fonctions de demander un renvoi devant une juridiction limitrophe], V. • Com. 26 juin 2001, n° 98-17.823 P : *D. 2001. AJ 2593, obs. Lienhard ; D. 2002. Somm. 82, obs. Sortais ; ibid. 1481, obs. Honorat ; RTD com. 2001. 777, obs. Vallens ; Procédures 2001, n° 217, note Laporte ; Dr. sociétés 2001, n° 159, note Legros ; RPC 2003. 161, obs. Martin-Serf.*

Art. R. 651-2 *(Décr. n° 2009-160 du 12 févr. 2009, art. 109)* **Pour l'application de l'article L. 651-2, le tribunal est saisi, selon le cas, par voie d'assignation ou dans les formes et selon la procédure prévues à l'article R. 631-4.** – *[Décr. n° 2005-1677 du 28 déc. 2005, art. 317-1.]*

BIBL. ▸ GOURDAIN, *D. 2008. 1357* . – LE CORRE, *Gaz. Pal. 2009. Doctr. 1236* . – GRIGNON-DERENNE, *RPC 2017. Étude 16.*

1. Application dans le temps. Il résulte de l'art. 361 du Décr. du 28 déc. 2005 [V. note précédant l'art. R. 651-1] que les dispositions des art. 318, al. 2, et 324 de ce décret [désormais, C. com., art. R. 651-2 et R. 653-2], applicables aux procédures en cours, régissent à compter du 1er janv. 2006 les actions en paiement de l'insuffisance d'actif engagées sur le fondement de l'art. L. 624-3 C. com. dans sa rédaction antérieure à la loi du 26 juill. 2005 et celles tendant au prononcé de la faillite personnelle ou d'autres mesures d'interdiction introduites sur le fondement des art. L. 625-3 à L. 625-6 de ce code. • Com. 30 sept. 2008, n° 06-21.895 P : *D. 2008. Chron. C. cass. 2750, obs. Bélaval ; ibid. AJ 2500, obs. Lienhard ; APC 2008, n° 276, obs. Saintourens ; Dr. sociétés 2008, n° 250, note Legros ; Gaz. Pal. 21-22 janv. 2009, p. 57, obs. Montéran ; BJS 2009. 271, note Rolland ; RPC 2009, n° 95, obs. Martin-Serf.* ♦ Dès lors, s'agissant d'une convocation adressée après le 1er janv. 2006, le dirigeant doit être convoqué un mois au moins avant son audition en chambre du conseil. • Même arrêt. ♦ La conversion en liquidation judiciaire, le 27 mars 2009, d'une procédure de redressement judiciaire ouverte le 13 févr. 2009 n'a pas pour effet de rendre applicables les modifications apportées à l'art. R. 651-2 par le Décr. n° 2009-160 du 12 févr. 2009. • Com. 24 mars 2015, n° 14-11.023 : *RJDA 2015, n° 453 ; Dr. sociétés 2015, n° 179, note Legros.*

2. Assignation du dirigeant. L'assignation par laquelle un tribunal de commerce est saisi pour l'application de l'art. L. 651-2 doit, à peine de nullité, mentionner la faculté pour le dirigeant de se faire assister ou représenter par toute personne de son choix. • Com. 26 oct. 2022, n° 21-17.202 : *Dr. sociétés 2023, n° 35, note Legros.*

3. Convocation du dirigeant. Il résulte des dispositions de l'art. R. 651-2, dans sa rédaction antérieure au décret du 12 févr. 2009, que la convocation du dirigeant de la personne morale, poursuivi en paiement des dettes sociales, pour être entendu personnellement par le tribunal, est un préalable obligatoire aux débats et que l'omission de cet acte qui fait obstacle à toute condamnation constitue une fin de non-recevoir. • Com. 22 mai 2012, n° 11-12.132 P : *D. 2012. Actu. 1397, obs. Lienhard ; Rev. sociétés 2012. 533, obs. Roussel Galle ; LEDEN 7/2012. 4, obs. Parachkévova ; Gaz. Pal. 3-4 août 2012, p. 36, obs. Montéran ; Dr. sociétés 2012, n° 169, note Legros ; LPA 1er-2 nov. 2012, note Sortais ; RLDA sept. 2012. 25, obs. Montéran et Simonnot ; RPC 2012, n° 213, obs. Martin-Serf.* ♦ V. aussi, sur la sanction de l'inobservation du délai d'un mois entre la date de la convocation et celle de la comparution du dirigeant prescrit par l'art. R. 651-2 dans sa rédaction antérieure au Décr. du 12 févr. 2009 : • Com. 5 mai 2015, n° 14-13.300 : *Dr. sociétés 2016, n° 88, note Legros.*

Art. R. 651-3 Les jugements rendus en application de l'article L. 651-2 sont communiqués par le greffier au procureur de la République. – *[Décr. n° 2005-1677 du 28 déc. 2005, art. 320.]*

Art. R. 651-4 Pour l'application de l'article L. 651-3, la mise en demeure faite au mandataire de justice d'engager l'action en responsabilité est délivrée par au moins deux créanciers contrôleurs. Leur action n'est recevable que si cette mise en demeure, adressée au mandataire de justice par lettre recommandée avec demande d'avis de réception, est restée infructueuse pendant deux mois à compter de la réception de la mise en demeure. – *[Décr. n° 2005-1677 du 28 déc. 2005, art. 317.]*

Pour la légalité de l'art. R. 651-4, V. • CE 25 juill. 2013 : *RJDA 2014, n° 259 ; RPC 2014, n° 174, obs. Martin-Serf.*

Art. R. 651-5 *(Décr. n° 2006-1709 du 23 déc. 2006, art. 69)* Pour l'application de l'article L. 651-4, le juge désigné par le président du tribunal peut se faire assister de toute personne de son choix dont les constatations sont consignées dans son rapport. Ce rapport est déposé au greffe et communiqué par le greffier au ministère public. *(Décr. n° 2014-736 du 30 juin 2014, art. 113)* « Au moins un mois avant la date de l'audience, le greffier communique ce rapport aux dirigeants ou à l'entrepreneur *(Abrogé par Décr. n° 2022-890 du 14 juin 2022, art. 1er)* « *individuel à responsabilité limitée* » mis en cause par lettre recommandée avec demande d'avis de réception. »

Le tribunal statue sur le rapport du juge désigné après avoir entendu ou dûment appelé les contrôleurs. – *[Décr. n° 2005-1677 du 28 déc. 2005, art. 318.]*

(Décr. n° 2012-1190 du 25 oct. 2012, art. 6) « Le montant des sommes pour la garantie desquelles la mesure conservatoire est ordonnée conformément au deuxième alinéa de l'article L. 651-4 ne peut excéder le montant de la demande formée à l'encontre du dirigeant *(Décr. n° 2022-890 du 14 juin 2022, art. 1er)* « ou de l'entrepreneur ». »

BIBL. ▸ DELATTRE, *RPC 2011. Étude 16* (rapport du juge-commissaire).

Art. R. 651-6 Lorsqu'un dirigeant d'une personne morale *(Décr. n° 2014-736 du 30 juin 2014, art. 114)* « ou un entrepreneur » *(Abrogé par Décr. n° 2022-890 du 14 juin 2022, art. 1er)* « *individuel à responsabilité limitée* » est déjà soumis à une procédure de sauvegarde, de redressement ou de liquidation judiciaires, le montant du passif mis à sa charge est déterminé après mise en cause du mandataire judiciaire ou du liquidateur désigné dans la procédure à laquelle il est soumis. La décision de condamnation est portée par le greffier sur l'état des créances de la procédure à laquelle *(Décr. n° 2014-736 du 30 juin 2014, art. 114)* « l'intéressé » est soumis ou transmise au greffier compétent pour y procéder. – *[Décr. n° 2005-1677 du 28 déc. 2005, art. 319.]*

1. Le législateur n'a pas entendu exclure que l'action en comblement de passif intentée sur le fondement de l'anc. art. L. 624-3 C. com., dont le contenu est désormais repris à l'art. L. 651-2, à l'encontre du dirigeant d'une entreprise soumise à une procédure collective puisse l'être à l'encontre d'un dirigeant étant lui-même soumis à une telle procédure, y compris après l'expiration du délai de déclaration des créances dans le cadre de la procédure de redressement ou de liquidation judiciaire de ce dirigeant ; dans cette hypothèse, une telle action déroge nécessairement à l'interdiction du paiement de toute créance posée par l'art. L. 622-7, à l'interdiction des poursuites des créanciers individuels tendant à la condamnation du débiteur au paiement d'une somme d'argent posée par l'art. L. 622-21 et à l'obligation de déclaration des créances posée par l'anc. art. L. 621-43, repris en substance par l'art. L. 622-24. • CE 20 mai 2011 : *D. 2011. Actu. 1552, obs. Lienhard ; JCP E 2011. 1498, note Lebel ; BJS 2011. 812, note Parachkévova ; BJE 2011. 334, note Sortais ; RPC 2011, n° 200, obs. Martin-Serf ; RJDA 2012, n° 188.* ♦ L'art. R. 651-6 ci-dessus, qui institue une exception à l'obligation de déclaration des créances détenues sur ce dirigeant, n'a pas pour effet de méconnaître les dispositions de l'art. L. 621-43 anc. et n'est pas entaché d'illégalité. • Même arrêt. ♦ V. déjà : • Com. 14 mai 2002, n° 99-12.166 P : *D. 2002. AJ 1904 ; APC 2002, n° 145, obs. Vallansan ; Procédures 2002, n° 232, note Laporte* • 22 janv. 2002, n° 98-15.028 P : *D. 2002. AJ 724 ; JCP E 2002, n° 21, p. 855, obs. Pétel ; Dr. sociétés 2002, n° 194, note Legros.*

2. Le juge saisi d'une action en responsabilité pour insuffisance d'actif doit, en application de l'art. R. 651-6, déterminer le montant de l'insuffisance d'actif mis à la charge du dirigeant, cette condamnation devant alors être portée par le greffier sur l'état des créances de la procédure à laquelle l'intéressé est soumis, et il en résulte que le règlement de cette créance suit l'ordre de répartition d'ordre public entre les créanciers de la procédure collective sans que ce créancier bénéficie d'une priorité de paiement ; la saisie conservatoire n'ayant pas été convertie en saisie-attribution avant le jugement d'ouverture de la liquidation judiciaire de la société, l'arrêt de toute procédure d'exécution à compter de ce jugement implique la mainlevée de cette saisie. • Com. 27 nov. 2019, n° 18-19.861 P : *D. 2019. Actu. 2349 ; LEDEN 1/2020. 6, obs. Urbain ; APC 2020, n° 14, obs. Fin-Langer ; BJS 3/2020. 35, note Mazeaud ; Dr. sociétés 2020, n° 40, note Legros ; RJDA 2020, n° 163 ; BJE 3-4/2020. 32, note Favario ; RPC 2020, n° 71, obs. Martin-Serf.* – V. aussi • Com. 29 juin 2022, n° 21-12.998 : *cité note 45 ss. art. L. 651-2 ; RJDA 2022, n° 652 ; RPC 2022, n° 112, obs. Martin-Serf ; BJS 12/2022. 36, note Golshani et Grima ; Dr. sociétés 2023, n° 12, note Legros.*

CHAPITRE II *[ABROGÉ]* ***DE L'OBLIGATION AUX DETTES SOCIALES***

(Abrogé par Décr. n° 2009-160 du 12 févr. 2009, art. 110)

Le chapitre II était applicable aux procédures en cours au 1er janv. 2006 (Décr. n° 2005-1677 du 28 déc. 2005, art. 361).

Art. R. 652-1 ***Le tribunal compétent pour statuer dans le cas prévu à l'article L. 652-1 est celui qui a ouvert ou prononcé la sauvegarde, le redressement ou la liquidation judiciaires de la personne morale.***

Les dispositions des articles *(Décr. n° 2007-1851 du 26 déc. 2007)* ***« R. 651-2 et R. 651-4 à R. 651-6 » sont applicables.*** – *[Décr. n° 2005-1677 du 28 déc. 2005, art. 321.]*

Art. R. 652-2 ***Les jugements rendus en application de l'article L. 652-1 sont communiqués par le greffier au procureur de la République.*** – *[Décr. n° 2005-1677 du 28 déc. 2005, art. 322.]*

CHAPITRE III ***DE LA FAILLITE PERSONNELLE ET DES AUTRES MESURES D'INTERDICTION***

Art. R. 653-1 Lorsque les mandataires de justice mentionnés à l'article L. 653-7 ont connaissance de faits prévus aux articles L. 653-3 à L. 653-6 *(Décr. n° 2009-160 du 12 févr. 2009, art. 111)* « et L. 653-8 », ils en informent le procureur de la République et le juge-commissaire.

Pour l'application de l'article L. 653-8, la date retenue pour la cessation des paiements ne peut être différente de celle retenue en application de l'article L. 631-8. – *[Décr. n° 2005-1677 du 28 déc. 2005, art. 323.]*

BIBL. ▸ Delattre, *RPC 2009. Étude 14* (le liquidateur engage-t-il sa responsabilité en signalant des infractions au ministère public ?).

Les dispositions de l'art. R. 653-1, al. 2, ne méconnaissent pas les exigences attachées au droit à un procès équitable garanti par l'art. 6, § 1, Conv. EDH. • Com. 18 mai 2017, n° 15-21.503 : *Gaz. Pal. 10 oct. 2017, p. 79, obs. Montéran.*

Art. R. 653-2 *(Décr. n° 2009-160 du 12 févr. 2009, art. 112)* « Pour l'application de l'article L. 653-7, le tribunal est saisi, selon le cas, par voie d'assignation ou dans les formes et selon la procédure prévues à l'article R. 631-4. La mise en demeure faite au mandataire de justice d'engager l'action en sanction est délivrée par au moins deux créanciers contrôleurs. » Leur action n'est recevable que si cette mise en demeure, adressée au mandataire de justice par lettre recommandée avec demande d'avis de réception, est restée infructueuse pendant deux mois à compter de la réception de la mise en demeure. – *[Décr. n° 2005-1677 du 28 déc. 2005, art. 324.]*

L'art. 324 du Décr. n° 2005-1677 du 28 déc. 2005 [C. com., art. R. 653-2] est applicable aux procédures en cours au 1er janv. 2006 (Décr. préc., art. 361).

V. note 1 ss. art. R. 651-2.

Art. R. 653-3 *(Décr. n° 2021-1218 du 23 sept. 2021, art. 45, en vigueur le 1er oct. 2021)* « Lorsque le tribunal prononce la faillite personnelle ou l'interdiction prévue à l'article L. 653-8, il est mentionné dans l'acte de notification du jugement que la procédure pour obtenir le relèvement de ces sanctions est régie par les articles L. 653-11 et R. 653-4 du code de commerce. » – *Pour les dispositions transitoires du Décr. n° 2021-1218 du 23 sept. 2021, V. note ss. art. R. 611-11.*

Indépendamment des mentions portées au casier judiciaire en application du 5e de l'article 768 du code de procédure pénale, les jugements prononçant la faillite personnelle ou l'interdiction prévue à l'article L. 653-8 font l'objet des publicités prévues à l'article R. 621-8 et sont adressés par le greffier aux personnes mentionnées à l'article R. 621-7.

Ces décisions sont signifiées dans les quinze jours de leur date à la diligence, selon le cas, du greffier du tribunal ou de la cour d'appel aux personnes sanctionnées. – *[Décr. n° 2005-1677 du 28 déc. 2005, art. 325.]*

Ni l'art. 6 Conv. EDH, ni l'art. L. 654-15 C. com., incriminant la violation d'une interdiction de gérer, n'exigent qu'une telle interdiction, lorsqu'elle est prononcée par une juridiction commerciale, ait été portée à la connaissance du prévenu dans les formes du code de procédure pénale. • Crim. 19 mars 2008 : *Dr. sociétés 2008, n° 164, note R. Salomon ; Dr. pénal 2008, n° 116, note J.-H. Robert.*

Art. R. 653-4 Toute demande en relevé des déchéances, interdictions et incapacités est adressée par requête à la juridiction qui les a prononcées. Sont joints à la requête tous documents justifiant de la contribution au paiement du passif ou, lorsque l'intéressé a fait l'objet de l'interdiction prévue à l'article L. 653-8, des garanties démontrant sa capacité à diriger ou contrôler l'une ou plusieurs des entreprises ou personnes visées par cet article. Ces garanties peuvent consister en une formation professionnelle.

La juridiction statue après avoir entendu le demandeur et recueilli l'avis du ministère public. – *[Décr. n° 2005-1677 du 28 déc. 2005, art. 326.]*

CHAPITRE IV *DE LA BANQUEROUTE ET DES AUTRES INFRACTIONS*

Art. R. 654-1 Pour l'application de l'article L. 654-17, la mise en demeure faite au mandataire de justice de se constituer partie civile est délivrée par au moins deux créanciers contrôleurs. Leur action n'est recevable que si cette mise en demeure, adressée au mandataire de justice par lettre recommandée avec demande d'avis de réception, est restée infructueuse pendant deux mois à compter de la réception de la mise en demeure. – *[Décr. n° 2005-1677 du 28 déc. 2005, art. 327.]*

TITRE VI DES DISPOSITIONS GÉNÉRALES DE PROCÉDURE

CHAPITRE I *DES VOIES DE RECOURS*

Art. R. 661-1 Les jugements et ordonnances rendus en matière de *(Décr. n° 2009-160 du 12 févr. 2009, art. 113)* « mandat *ad hoc*, de conciliation, de » sauvegarde, *(Décr. n° 2014-736 du 30 juin 2014, art. 115-1°)* « de redressement judiciaire, de rétablissement professionnel et de liquidation judiciaire » sont exécutoires de plein droit à titre provisoire.

Toutefois, ne sont pas exécutoires de plein droit à titre provisoire les jugements et ordonnances rendus en application des articles *(Décr. n° 2009-160 du 12 févr. 2009, art. 113)* « L. 622-8, L. 626-22, du premier alinéa de l'article L. 642-20-1, de l'article L. 651-2, » des articles L. 663-1 à L. 663-4 ainsi que *(Décr. n° 2012-1190 du 25 oct. 2012, art. 7)* « les décisions prises sur le fondement de l'article L. 663-1-1 et » les jugements qui prononcent la faillite personnelle ou l'interdiction prévue à l'article L. 653-8.

(Décr. n° 2019-1333 du 11 déc. 2019, art. 16, en vigueur le 1er janv. 2020) « Les dispositions des articles 514-1 et 514-2 du code de procédure civile ne sont pas applicables. »

(Décr. n° 2014-736 du 30 juin 2014, art. 115-2°) « Par dérogation aux dispositions de l'article *(Décr. n° 2019-1333 du 11 déc. 2019, art. 16, en vigueur le 1er janv. 2020)* « 514-3 » du code de procédure civile, le premier président de la cour d'appel, statuant en référé, ne peut arrêter l'exécution provisoire des décisions mentionnées aux deux premiers alinéas du présent article que lorsque les moyens à l'appui de l'appel paraissent sérieux. » *(Décr. n° 2012-1190 du 25 oct. 2012, art. 7)* « L'exécution provi-

soire des décisions prises sur le fondement de l'article L. 663-1-1 peut être arrêtée, en outre, lorsque l'exécution risque d'entraîner des conséquences manifestement excessives. » Dès le prononcé de la décision du premier président arrêtant l'exécution provisoire, le greffier de la cour d'appel en informe le greffier du tribunal.

En cas d'appel du ministère public d'un jugement mentionné aux articles *(Décr. n° 2014-736 du 30 juin 2014, art. 115-3°)* « **L. 645-11,** » **L. 661-1**, à l'exception du jugement statuant sur l'ouverture de la procédure de sauvegarde ou de redressement judiciaire, **L. 661-6** et **L. 661-11**, l'exécution provisoire est arrêtée de plein droit à compter du jour de cet appel. Le premier président de la cour d'appel peut, sur requête du procureur général, prendre toute mesure conservatoire pour la durée de l'instance d'appel. – *[Décr. n° 2005-1677 du 28 déc. 2005, art. 328.]*

Les dispositions issues du Décr. n° 2019-1333 du 11 déc. 2019 sont applicables aux instances introduites à compter du 1er janv. 2020 (Décr. préc., art. 55, mod. par Décr. n° 2019-1419 du 20 déc. 2019, art. 22).

BIBL. ▸ HOONAKKER, *D. 2006. Chron. 754*. – VALLENS, *RTD com. 2014. 700* (régime issu de l'Ord. du 12 mars 2014 et du Décr. du 30 juin 2014). – TEBOUL, *RPC 2016. Étude 3* (effets de l'infirmation d'un plan de cession).

1. Il résulte des art. L. 626-27, al. 2, et L. 631-19 C. com. et 159 du décret du 28 déc. 2005 [C. com., art. R. 626-48] que lorsque la cessation des paiements du débiteur est constatée au cours de l'exécution du plan, le tribunal décide sa résolution et prononce, par un même jugement, la liquidation judiciaire ; il s'ensuit que l'arrêt de l'exécution provisoire d'un tel jugement, autorisé dans les conditions prévues à l'art. 328 du décret du 28 déc. 2005 [C. com., art. R. 661-1], en ce qu'il statue sur l'ouverture d'une procédure de liquidation judiciaire, emporte nécessairement arrêt de l'exécution provisoire du jugement en ce qu'il décide la résolution du plan. • Com. 18 sept. 2007, n° 06-20.289 P : *D. 2007. AJ 2386, obs. Lienhard ; APC 2007, n° 194, obs. Vallansan ; Gaz. Pal. 26-27 oct. 2007, p. 42, obs. Voinot ; JCP E 2007. 2585, note Lebel ; ibid. 2008. 1207, n° 7, obs. Cabrillac ; RPC 2008, n° 115, obs. Saintourens.*

2. Le défaut de caractérisation de l'état de cessation des paiements constitue un moyen sérieux, au sens de l'art. R. 661-1, justifiant qu'il soit fait droit à la demande d'arrêt de l'exécution provisoire du jugement d'ouverture de la liquidation judiciaire. • Douai, 15 févr. 2021, n° 21/00010 : *JCP E 2021. 1309, note Delattre.*

3. Le jugement qui a déclaré une vente parfaite et constaté le transfert de propriété de droits immobiliers au profit d'une société à la suite de l'ordonnance du juge-commissaire ayant autorisé cette vente de gré à gré, ayant été rendu en matière de liquidation judiciaire au sens de l'art. R. 661-1 C. com., est assorti de l'exécution provisoire de droit dont l'arrêt ne peut être ordonné. • Com. 1er oct. 2013, n° 12-23.999 P : *D. 2013. Actu. 2335 ; RTD com. 2014. 197, obs. Vallens ; LEDEN 11/2013. 2, obs. Mouial-Bassilana ; BJE 2013. 386, note Le Mesle ; RJDA 2014, n° 54 ; Gaz. Pal. 12-14 janv. 2014, p. 23, obs. Fricero ; RPC 2014, n° 3, obs. Cagnoli.*

4. L'art. R. 661-1 n'ouvrant pas, par une disposition spéciale, la voie du recours en cassation contre la décision d'un premier président de cour d'appel saisi d'une demande tendant à arrêter l'exécution provisoire facultative d'un jugement rendu en matière de responsabilité pour insuffisance d'actif et de faillite personnelle ou d'interdiction de gérer, il y a lieu, conformément à l'art. R. 662-1, 1°, d'appliquer l'art. 525-2 C. pr. civ., selon lequel les décisions arrêtant ou refusant d'arrêter l'exécution provisoire ne peuvent, en droit commun, faire l'objet d'un pourvoi ; il en est, par conséquent, de même de celles qui rectifieraient une erreur matérielle affectant de telles décisions ; il n'est fait exception à l'interdiction du recours en cassation qu'en cas d'excès de pouvoir. • Com. 17 févr. 2021, n° 19-12.417 P : *D. 2021. Actu. 422 ; APC 2021, n° 80, obs. Cagnoli ; LEDEN 5/2021. 4, obs. Minet ; RJDA 2021, n° 419 ; RPC 2021, n° 164, obs. Martin-Serf.*

5. V. aussi note 5 ss. art. L. 652-1.

Art. R. 661-2 *(Décr. n° 2009-160 du 12 févr. 2009, art. 114)* « **Sauf dispositions contraires, l'opposition et la tierce opposition sont formées contre les décisions rendues en matière de mandat *ad hoc*, de conciliation, de sauvegarde,** *(Décr. n° 2014-736 du 30 juin 2014, art. 116)* « **de redressement judiciaire, de rétablissement professionnel et de liquidation judiciaire** », **de responsabilité pour insuffisance d'actif, de faillite personnelle ou d'interdiction prévue à l'article L. 653-8, par déclaration au greffe dans le délai de dix jours à compter du prononcé de la décision.** »

Al. 2 abrogé par Décr. n° 2009-160 du 12 févr. 2009, art. 114.

Toutefois, pour les décisions soumises aux formalités d'insertion dans un *(Décr. n° 2020-106 du 10 févr. 2020, art. 12)* « **support** » **d'annonces légales et au *Bulletin***

***officiel des annonces civiles et commerciales*, le délai ne court que du jour de la publication au *Bulletin officiel des annonces civiles et commerciales*. Pour les décisions soumises à la formalité d'insertion dans un** *(Décr. n° 2020-106 du 10 févr. 2020, art. 12)* **« support » d'annonces légales, le délai ne court que du jour de la publication de l'insertion.** – *[Décr. n° 2005-1677 du 28 déc. 2005, art. 329.]*

1. Exclusion du droit commun. L'art. R. 661-2 C. com. est exclusif des règles de droit commun, que la tierce opposition soit principale ou incidente. • Com. 14 juin 2017, n° 15-25.698 P : *D. 2017. Actu. 1246 ; Rev. sociétés 2017. 520, obs. Roussel Galle ; RTD com. 2017. 698, obs. Vallens ; JCP E 2017. 1499, note Stefania ; DP diff. entr., Bull. n° 394, obs. Rémery ; LEDEN 9/2017. 3, obs. Mouial-Bassilana ; APC 2017, n° 212, obs. Staes ; BJE 2017. 344, note Favario ; RJ com. 2017. 508, obs. Lebel ; RJDA 2017, n° 736 ; Dr. sociétés 2017, n° 196, note Legros ; RPC 2018, n° 103, obs. Cagnoli.* – V. déjà • Com. 14 mai 2002, n° 99-10.325 P : *D. 2002. AJ 1981 ; APC 2002, n° 146, obs. Cagnoli.* ♦ L'ordonnance relevant le créancier de la forclusion est une décision rendue en matière de redressement et de liquidation judiciaires et la tierce opposition contre cette ordonnance, qui ne concerne pas directement les droits et obligations de la caution, doit être formée par celle-ci dans les dix jours à compter de son prononcé (inapplicabilité de l'art. 586, al. 2, C. pr. civ.). • Com. 11 juill. 2006, n° 05-11.508 P : *D. 2006. AJ 2100, obs. Lienhard ; D. 2007. Pan. 46, obs. Le Corre ; RJ com. 2007. 67, obs. Sortais.* ♦ L'art. R. 661-2 étant exclusif de l'application des règles de droit commun, le seul mode de saisine de la cour d'appel d'une opposition à un arrêt, rendu par défaut, ouvrant une liquidation judiciaire, est la déclaration au greffe, de sorte que l'opposition formée par des conclusions adressées par le Réseau privé virtuel des avocats (RPVA) est irrecevable. • Com. 10 mars 2021, n° 19-15.497 P : *D. 2021. Actu. 573 ; LEDEN 5/2021. 4, obs. Camensuli-Feuillard ; Procédures 2021, n° 140, note Rolland ; RJDA 2021, n° 416.*

2. Conditions de recevabilité. La lettre recommandée avec demande d'avis de réception ne peut être assimilée à la déclaration au greffe qu'exige l'art. R. 661-2 ; la tierce opposition faite autrement que par déclaration au greffe est irrecevable comme ne répondant pas au mode de saisine prescrit par la loi, et celui qui invoque l'irrecevabilité n'a pas, en conséquence, à justifier d'un grief. • Com. 17 févr. 2021, n° 19-16.470 P : *D. 2021. Actu. 421 ; LEDEN 4/2021. 4, obs. Camensuli-Feuillard ; APC 2021, n° 81, obs. Rolland ; RJDA 2021, n° 417.* ♦ V. déjà, en ce sens, à propos du dépôt de conclusions : • Com. 6 juill. 1999, n° 97-14.158 P : *D. 2000. Somm. 329, obs. Honorat ; RTD com. 1999. 990, obs. Vallens ; JCP E 2000, n° 4, p. 124, obs. Cabrillac ; RJDA 1999, n° 1113.* ♦ V. aussi, pour l'irrecevabilité de tierces oppositions formées : par voie d'assignation, • Com. 26 avr. 2000 : *Procédures 2000, n° 167, obs. Laporte.* ♦ ... Par télécopie, • Com. 29 avr. 2014, n° 12-20.988 : *RJDA 2014, n° 790.* ♦ Après avoir relevé que les modalités formelles de la tierce opposition, aussi strictes soient-elles, n'ont pas pour effet de priver les créanciers de l'exercice de ce recours, ceux-ci ayant toute latitude, en cas d'impossibilité pour eux de se déplacer au greffe, de mandater un avocat pour ce faire, et constaté que la déclaration par lettre recommandée avait été adressée au greffe par le conseil du créancier, la cour d'appel a pu retenir que l'exigence d'une présentation au greffe n'avait pas restreint l'accès ouvert à ce créancier d'une manière ou à un point tels que son droit d'accès à un tribunal s'en était trouvé atteint dans sa substance même. • Com. 17 févr. 2021, n° 19-16.470 P : *préc.*

3. Conformité à la Conv. EDH. V. • Com. 27 oct. 1998 : *RTD com. 1999. 204, obs. Vallens .*

4. Point de départ du délai. En application de l'art. 156 [R. 661-2], le délai d'opposition et de tierce opposition est, même en cas d'excès de pouvoir les rendant recevables, de dix jours à compter du prononcé de la décision. • Com. 6 janv. 1998 : *RPC 1999. 30, obs. Cadiou.*

Si le délai de dix jours pour former le recours prévu par l'art. 156 [R. 661-2] s'ouvre à compter du prononcé de la décision, il n'en est pas ainsi, en l'absence de notification, lorsque la décision rendue à l'insu de l'auteur de la tierce opposition concerne directement ses droits et obligations (à propos d'un jugement désignant un mandataire à l'effet de rechercher la responsabilité des tiers opposants). • Com. 7 févr. 2006 : *Gaz. Pal. 30 avr.-4 mai 2006, p. 23, obs. Rohart-Messager.* ♦ V. aussi • Com. 19 mai 2004 : *RDBF 2004, n° 247, obs. F.-X. Lucas.*

Le jugement qui condamne le dirigeant d'une personne morale en liquidation judiciaire à supporter l'insuffisance d'actif de celle-ci ne concerne pas directement, et par lui-même, les droits et obligations de son conjoint commun en biens, de sorte qu'il n'a pas à être notifié à ce dernier ; il en résulte que le délai de tierce opposition contre une telle décision a pour point de départ, conformément à l'art. R. 661-2, al. 1er, C. com., la date du prononcé de cette décision. • Com. 22 mars 2017, n° 15-16.579 : *RTD com. 2017. 698, obs. Vallens ; RJDA 2017, n° 423 ; Gaz. Pal. 27 juin 2017, p. 71, obs. Montéran.*

Un dirigeant ou un ancien dirigeant, comme un créancier, informés par la publication au BODACC d'un jugement de report de la date de cessation des paiements, qui est susceptible d'avoir une incidence sur leurs droits en application, pour les deux premiers, des dispositions du titre V du livre VI C. com. et, pour le dernier, des art. L. 632-1 et L. 632-2 du même code, ont, dès la date de publication, un intérêt à former tierce opposition à la décision de report s'ils n'y étaient pas parties. • Com. 17 juin 2020, n° 18-25.262 P : *D. 2020. Actu. 1357 ; RTD com. 2020. 712, obs. Martin-Serf ; JCP E 2020. 1353, n° 3, obs. Pétel ; APC 2020, n° 187, obs. Lafaurie ; Dr. sociétés 2020, n° 106, note Legros ; RJDA 2020, n° 514 ; Gaz. Pal. 13 oct. 2020, p. 58, obs. Reille.* ♦ V. déjà, en ce sens : • Com. 14 juin 2017, n° 15-25.698 P : *préc. note 1 ; RTD com. 2017. 1000, obs. Martin-Serf ; LEDEN 11/2017. 5, obs. Rubellin ; RPC 2018, n° 33, obs. Blanc.*

Viole les art. 21, 22 et 156, al. 2, [désormais, art. R. 621-8, R. 631-13 et R. 661-2, al. 3] du décret, l'arrêt qui, pour déclarer irrecevable la tierce opposition formée par une banque contre une décision modifiant la date de cessation des paiements, retient que les décisions de cette sorte n'étaient pas soumises à une publicité par voie d'un avis au BODACC, et que, dès lors, la tierce opposition dont elles pouvaient faire l'objet devait, conformément à l'art. 156 [R. 661-2], al. 1er, être formée dans le délai de dix jours à compter de leur prononcé. • Com. 15 mai 1990, n° 88-19.312 P : *D. 1990. IR 149.*

La fixation du point de départ du délai de la tierce opposition au prononcé de l'arrêt confirmatif de report de la date de cessation des paiements contrevient de manière disproportionnée au principe conventionnel de l'accès effectif au juge en raison du caractère occulte de cette décision ; ce caractère occulte disparaît lorsque la décision est portée à la connaissance des intéressés avec une précision au moins équivalente à celle résultant de la publication, rendant alors inutile la notification de la décision (fixant, en conséquence, le point de départ du délai de la tierce opposition au jour de la remise de l'assignation en nullité d'un acte passé pendant la période suspecte). • Com. 8 mars 2017, n° 15-18.692 : *RTD com. 2017. 698, obs. Vallens ; RJDA 2017, n° 419.*

5. Au regard de la publicité prévue par l'art. 21 [C. com., art. R. 621-8] du décret un jugement prononçant une extension de procédure collective ou décidant la poursuite sous procédure unique de plusieurs procédures collectives, doit être assimilé à un jugement ouvrant le redressement judiciaire d'un débiteur ; il s'ensuit que le délai pour former tierce opposition contre ce jugement ne court que du jour de sa publication au BODACC. • Com. 16 mai 2006, n° 05-14.595 P : *D. 2006. AJ 1530, obs. Lienhard ; Gaz. Pal. 14-18 juill. 2006, p. 15, obs. Lebel.* – V. déjà. • Com. 8 oct. 2003 : *D. 2003. 2817, note Le Corre ; LPA 16 févr. 2004, p. 9, obs. Lécuyer.*

6. En ce sens que le délai pour former tierce opposition ne court pas en cas d'erreur sur les éléments d'identification du débiteur dans la publication au BODACC, V. • Com. 17 mars 1998 : *RPC 1999. 30, obs. Cadiou.* – V. aussi • Rennes, 29 mars 1995 : *ibid.*

7. Sanction. A défaut d'avoir été exercée suivant la forme prévue par l'art. 156 [R. 661-2], la tierce opposition est irrecevable et cette fin de non-recevoir peut, conformément à l'art. 123 NCPC [C. pr. civ.], être proposée en tout état de cause, l'art. 112 de ce même code étant dès lors inapplicable. • Com. 9 avr. 1991, n° 89-16.915 P : *D. 1991. IR 165.*

Art. R. 661-3 **Sauf dispositions contraires, le délai d'appel des parties est de dix jours à compter de la notification qui leur est faite des décisions rendues en** *(Décr. n° 2009-160 du 12 févr. 2009, art. 115)* **« matière de mandat *ad hoc*, de conciliation, de sauvegarde,** *(Décr. n° 2014-736 du 30 juin 2014, art. 117-1°)* **« de redressement judiciaire, de rétablissement professionnel et de liquidation judiciaire », de responsabilité pour insuffisance d'actif, de faillite personnelle ou d'interdiction prévue à l'article L. 653-8. »**

Toutefois, le délai dans lequel le débiteur peut interjeter appel du jugement arrêtant ou rejetant le plan de cession de l'entreprise est de dix jours à compter du prononcé du jugement.

Dans les cas prévus au troisième alinéa de l'article L. 642-1 et à l'article L. 642-7, le greffier notifie la décision, dans les quarante-huit heures de son prononcé, au cocontractant, au cessionnaire ou au bailleur. Le délai d'appel est de dix jours à compter de la notification.

(Décr. n° 2009-160 du 12 févr. 2009, art. 115) **« Le délai d'appel du procureur de la République et du procureur général est de dix jours. Ces délais sont comptés à partir de la réception par le procureur de la République de l'avis qui lui est donné de la décision dans les formes prévues, selon le cas, aux articles R. 611-25, R. 611-41 »** *(Décr. n° 2014-736 du 30 juin 2014, art. 117-2°)* **« , R. 621-7 ou R. 645-19. »** – *[Décr. n° 2005-1677 du 28 déc. 2005, art. 330.]*

1. Domaine d'application. Le jugement ayant condamné le créancier saisissant à rapporter à la liquidation les sommes reçues postérieurement au prononcé de la liquidation judiciaire, au titre de la saisie-attribution pratiquée antérieurement, n'est pas rendu en matière de redressement et de liquidation judiciaires ; dès lors, l'appel de ce jugement est soumis au droit commun. • Com. 5 nov. 2003, n° 99-20.223 P : *D. 2003. AJ 2964.*

2. Délai de dix jours. Lorsque le jugement de redressement judiciaire a été signifié par le demandeur, le délai d'appel court contre le débiteur qui ne peut invoquer la signification ultérieure par le greffier pour prétendre que le délai d'appel ne court que de cette dernière. • Paris, 22 janv. 1988 : *D. 1989. Somm. 11, obs. Derrida.*

3. Jugement arrêtant le plan de cession. L'appel interjeté par le débiteur plus de dix jours après le jugement ayant arrêté le plan de cession est recevable dès lors que l'acte de signification du jugement indiquait, par erreur, un délai d'appel de dix jours à compter de ladite signification. • Dijon, 26 avr. 2012 : *JCP 2012. 721, obs. Goutay.*

4. Jugement de report de la date de cessation des paiements. Il résulte des art. R. 641-9 et R. 661-3 que le liquidateur judiciaire peut interjeter appel du jugement statuant sur sa demande de report de la date de la cessation des paiements dans les dix jours de la communication qui lui est faite de la décision. • Com. 5 oct. 2010 : *cité note 6 ss. art. L. 653-8.*

5. Jugement autorisant la reprise des poursuites individuelles. Le délai d'appel du jugement autorisant la reprise des actions individuelles des créanciers, que ce jugement soit celui de clôture de la liquidation judiciaire ou un jugement postérieur, lequel obéit au même régime, est le délai de dix jours prévu par l'art. R. 661-3, al. 1er, ces décisions étant, au sens de ce texte, rendues en matière de liquidation judiciaire. • Com. 9 déc. 2020, nº 19-14.441 P : *cité ss. art. R. 643-18.*

6. Mandataire judiciaire. Est recevable l'appel du représentant des créanciers [mandataire judiciaire] à qui le jugement prononçant le redressement judiciaire n'a jamais été signifié. • Versailles, 3 mars 1988 : *D. 1988. IR 103.* – V. aussi • Douai, 19 nov. 1987 : *D. 1989. Somm. 13, obs. Derrida* • Paris, 25 sept. 1998 : *D. Affaires 1998. 1746, obs. A. L.*

7. Exclusion du droit commun. En matière de redressement judiciaire ou de liquidation judiciaire, les voies de recours restent soumises aux conditions de forme et de délai qui leur sont propres, sans qu'il y ait lieu de distinguer selon qu'elles tendent à la réformation, à l'annulation ou à la rétractation de la décision attaquée. • Com. 15 janv. 1991, nº 89-18.185 P : *D. 1992. Somm. 91, obs. Derrida ; JCP E 1991. II. 165, note Barret ; Gaz. Pal. 1992. 1. 85, note Marchi* • 26 avr. 1994, nº 92-18.966 P : *D. 1994. 542, note Derrida* (confirmant • Montpellier, 29 juill. 1992 : *D. 1992. Somm. 357, obs. Vasseur*) • 14 mars 1995 : *préc. note 1* • 3 juin 1997, nº 94-12.934 P • 13 avr. 2010 : *D. 2010. Actu. 1071, obs. Lienhard ; LEDEN 6/2010. 3, obs. Staes ; RJDA 2010, nº 987.*

En application de l'art. 157, al. 3 [R. 661-3, al. 4], l'appel du procureur de la République doit être interjeté dans le délai de dix jours à compter de la réception de l'avis qui lui est donné du jugement, même s'il déclare agir comme partie principale sur le fondement de l'art. 423 NCPC [C. pr. civ.]. • Com. 8 juill. 2003, nº 01-13.693 P : *D. 2003. AJ 2173 ; APC 2003, nº 204, obs. Cagnoli ; RTD com. 2003. 827, obs. Vallens ; RPC 2005. 162, obs. O. Barret.*

8. Omission de l'indication du délai et des modalités d'appel dans la notification. Est nulle, conformément à l'art. 680 NCPC [C. pr. civ.], la signification n'indiquant pas la possibilité d'appel ni le délai de cette voie de recours. • Paris, 9 mai 1997 : *RJ com. 1998. 203, obs. Legrand* • Com. 13 oct. 1998 : *RJDA 1998, nº 1392 ; Procédures 1999, nº 34, obs. Laporte ; APC 1998, nº 148* (ordonnance de rejet d'une créance). ♦ Dans le même sens, pour un délai erroné, V. • Civ. 2e, 16 déc. 1999 : *RTD com. 2000. 462, obs. Vallens* • Com. 29 mai 2001, nº 98-17.469 P : *APC 2001, nº 160, obs. Regnaut-Moutier* • Paris, 28 mars 1997 : *RPC 1998. 242, obs. Cadiou.*

9. En ce sens que la notification de l'ordonnance de rejet d'une créance doit indiquer devant quelle juridiction doit être formalisé l'acte d'appel, V. • Civ. 2e, 3 mai 2001, nº 99-18.326 P : *D. 2001. AJ 1797, obs. Lienhard.*

10. Fin de non-recevoir d'ordre public. Selon l'art. 125 C. pr. civ., les juges doivent relever d'office les fins de non-recevoir d'ordre public lorsqu'elles résultent de l'inobservation des délais dans lesquels doivent être exercées les voies de recours. • Com. 17 mai 2011, nº 10-16.526 P : *D. 2011. Actu. 1550 ; BJE 2011. 263, note De Lajarte ; Gaz. Pal. 7-8 oct. 2011, p. 29, obs. Le Corre-Broly ; RJDA 2011, nº 952.*

Art. R. 661-4 L'appel du procureur de la République et du procureur général est fait par une déclaration d'appel remise ou adressée au greffe de la cour d'appel.

Lorsque cette déclaration est faite par voie postale, la date de l'acte d'appel est celle de l'expédition.

Lorsque l'appel du procureur de la République ou du procureur général est interjeté à l'encontre d'un jugement mentionné aux articles **L. 661-6**, **L. 661-9** ou rendu en application des chapitres Ier *(Abrogé par Décr. nº 2009-160 du 12 févr. 2009, art. 116)* « , *II* » et III du titre V du livre VI de la partie législative du présent code, l'appelant en informe immédiatement, par tout moyen, le greffier du tribunal et les mandataires de justice. Le greffier de la cour d'appel notifie par lettre simple cet appel au débiteur et aux personnes mentionnées au 4° de l'article **R. 661-6**. – *[Décr. nº 2005-1677 du 28 déc. 2005, art. 331.]*

Forme de l'appel. Le procureur de la République est autorisé à faire appel par voie postale, notamment par télécopie, en respectant les dispositions de l'art. 158 [R. 661-4]. • Amiens, 15 déc. 1989 : *Gaz. Pal. 1990. 1. Somm. 315* • Versailles, 9 juill. 1993 : *ibid. 1994. 2. Somm. 445.*

Art. R. 661-5 **La personne exerçant une voie de recours au nom** *(Décr. nº 2021-1218 du 23 sept. 2021, art. 46, en vigueur le 1er oct. 2021)* **« de la délégation du personnel du comité social et économique » ou, le cas échéant, le représentant des salariés doit, à peine d'irrecevabilité, justifier de son habilitation.** – *[Décr. nº 2005-1677 du 28 déc. 2005, art. 332.]*

Pour les dispositions transitoires du Décr. nº 2021-1218 du 23 sept. 2021, V. note ss. art. R. 611-11.

En l'absence dans les textes de précisions à ce sujet, l'habilitation est donnée dans les conditions prévues pour la désignation même du représentant des salariés. • Paris, 4 juill. 1997 : *JCP E 1997. Pan. 909.* ♦ V. art. R. 621-14.

Art. R. 661-6 **L'appel des jugements rendus en application des articles L. 661-1, L. 661-6** *(Décr. nº 2018-452 du 5 juin 2018, art. 6)* **« , des chapitres Ier et III du titre V, de la section 2 du chapitre II et du chapitre IV du titre IX » du livre VI de la partie législative du présent code, est formé, instruit et jugé suivant les modalités de la procédure avec représentation obligatoire prévue par les articles 901 à 925 du code de procédure civile, sous réserve des dispositions qui suivent :**

1º Les mandataires de justice qui ne sont pas appelants doivent être intimés.

Dans tous les cas, le procureur général est avisé de la date de l'audience ;

2º L'appel des jugements arrêtant ou rejetant le plan de cession est soumis à la procédure à jour fixe ;

3º Dans les cas autres que ceux qui sont mentionnés au 2º ci-dessus et sauf s'il est recouru à la procédure à jour fixe, l'affaire est instruite conformément aux *(Décr. nº 2023-1391 du 29 déc. 2023, art. 12, en vigueur le 1er sept. 2024)* **« règles applicables à la procédure à bref délai** *[ancienne rédaction : dispositions de l'article 905 du code de procédure civile]* **». Le président de la chambre peut toutefois décider que l'affaire sera instruite** *(Décr. nº 2023-1391 du 29 déc. 2023, art. 12, en vigueur le 1er sept. 2024)* **« selon les règles applicables à la procédure avec mise en état** *[ancienne rédaction : sous le contrôle d'un magistrat de la chambre dans les conditions prévues par les articles 907 à 916 du même code]* **».** – *Le Décr. nº 2023-1391 du 29 déc. 2023 est applicable aux instances d'appel introduites à compter du 1er sept. 2024 et aux instances reprises devant la cour d'appel à la suite d'un renvoi après cassation lorsque la juridiction de renvoi est saisie à compter de cette même date (Décr. préc., art. 16).*

4º Lorsqu'ils ne sont pas parties à l'instance d'appel, les représentants *(Décr. nº 2021-1218 du 23 sept. 2021, art. 47, en vigueur le 1er oct. 2021)* **« de la délégation du personnel du comité social et économique » et, le cas échéant, le représentant des salariés ainsi que, le cas échéant, le cessionnaire, le cocontractant mentionné à l'article L. 642-7, les titulaires des sûretés mentionnées à l'article L. 642-12 ou le bénéficiaire de la location-gérance sont convoqués pour être entendus par la cour. La convocation est faite par lettre simple du greffier ;**

5º Aucune intervention n'est recevable dans les dix jours qui précèdent la date de l'audience ;

6º La cour d'appel statue au fond dans les quatre mois suivant le prononcé des jugements mentionnés à l'article L. 661-6. – *[Décr. nº 2005-1677 du 28 déc. 2005, art. 333.]*

Pour les dispositions transitoires du Décr. nº 2019-1333 du 11 déc. 2019, V. note ss. art. R. 621-8-1.

Pour les dispositions transitoires du Décr. nº 2021-1218 du 23 sept. 2021, V. note ss. art. R. 611-11.

BIBL. ▸ Delattre, *BJE 5-6/2021. 47* (l'intimation de l'art. R. 661-6 : un enjeu procédural).

1. Représentation obligatoire. L'appel du débiteur contre le jugement prononçant sa liquidation judiciaire est irrecevable dans la mesure où il a été formé par simple lettre déposée au greffe du tribunal sans mention de la constitution d'avoué, cette procédure, en vertu de l'art. 899, al. 1er, NCPC [C. pr. civ.], étant obligatoire et ne pouvant être considérée comme contraire à l'art. 6

Conv. EDH. • Pau, 30 mars 2004 : *JCP E 2004, n° 41, p. 1568.* ♦ Comp. • Nancy, 1er oct. 1991 : *JCP 1992. II. 21902, note crit. Giverdon et Lecharny* • 25 oct. 1991 : *ibid.*

2. *Appel à l'instance de l'administrateur judiciaire.* L'appel contre un jugement ouvrant une procédure de redressement judiciaire est irrecevable faute d'appel à l'instance de l'administrateur judiciaire désigné. • Com. 3 déc. 2003, n° 01-00.485 P : *D. 2003. AJ 139.* ♦ Mais à défaut d'avoir été appelé à l'instance, l'administrateur judiciaire, par son intervention volontaire, permet la régularisation de la procédure. • Même arrêt.

3. *Liquidateur intimé en cas d'extension de la procédure.* En raison de l'unicité de la procédure de liquidation judiciaire découlant d'une décision d'extension fondée sur la confusion du patrimoine des débiteurs, ceux-ci ont un liquidateur judiciaire unique de sorte qu'il importe peu que le débiteur appelant d'une telle décision n'ait pas précisé en intimant ce liquidateur que celui-ci était aussi intimé en qualité de liquidateur de sa propre liquidation judiciaire. • Com. 6 déc. 2011, n° 10-24.885 P : *D. 2012. Chron. C. cass. 1226, obs. Arbellot ; ibid. Actu. 6, obs. Lienhard ; LEDEN 2/2012. 4, obs. Favario ; RPC 2012, n° 6, obs. Cagnoli ; RJDA 2012, n° 321 ; Gaz. Pal. 27-28 avr. 2012, p. 14, obs. Reille ; BJE 2012. 170, note Staes ; Dr. sociétés 2012, n° 170, note Legros.*

4. *Conversion du redressement en liquidation judiciaire.* Il résulte de l'art. R. 661-6, 1°, que les mandataires de justice qui ne sont pas appelants doivent être intimés sur l'appel d'un jugement de conversion d'un redressement judiciaire en liquidation judiciaire. • Com. 14 juin 2017, n° 15-20.229 P : *cité note 2 ss. art. L. 661-9.*

5. *Résolution du plan.* Il résulte de l'art. R. 661-6, 1°, que le débiteur qui fait appel du jugement qui prononce la résolution de son plan et sa liquidation judiciaire doit intimer les mandataires de justice qui ne sont pas appelants, y compris le liquidateur désigné par ce jugement ; en cas d'omission, l'appel peut être régularisé par une assignation en intervention forcée de ce mandataire. • Com. 11 oct. 2016, n° 14-28.889 P : *D. 2016. Actu. 2060 ; RTD com. 2016. 860, obs. Vallens ; JCP E 2017. 1033, note Rolland ; APC 2016, n° 278, obs. Staes ; RPC 2017, n° 10, obs. Cagnoli.*

6. *Inapplicabilité du principe d'indivisibilité au ministère public.* Il résulte de la combinaison des art. L. 661-1, 2°, et R. 661-6, 1°, C. com., et de l'art. 424 C. pr. civ. que, si le débiteur qui fait appel du jugement prononçant sa liquidation judiciaire doit intimer les mandataires de justice, à raison du lien d'indivisibilité existant, en cette matière, entre le débiteur et ces mandataires, un tel lien n'existe pas à l'égard du ministère public, partie jointe, auquel il appartient seulement à la cour d'appel de communiquer l'affaire. • Com. 9 sept. 2020, n° 18-26.824 P : *D. 2020. Actu. 1790 ; Rev. sociétés 2020. 716, obs. Henry ; LEDEN 10/2020. 2, obs. Camensuli-Feuillard ; BJE 11-12/2020. 37, note Vallens ; RJDA 2020, n° 654 ; RPC 2020, n° 144, obs. Cagnoli ; Dr. sociétés 2021, n° 11, note Legros ; Gaz. Pal. 13 avr. 2021, p. 51, obs. Goujon-Bethan.*

7. *Procédure à jour fixe.* Il résulte des dispositions de l'art. R. 661-6, 2° et 3°, dans sa rédaction issue du Décr. n° 2012-1451 du 24 déc. 2012, que lorsque dans un même jugement, le tribunal rejette un plan de redressement et arrête un plan de cession, l'appel de cette décision, ouvert au débiteur tant en application de l'art. L. 661-1, 6°, que de l'art. L. 661-1, III, doit néanmoins être formé, instruit et jugé selon la procédure à jour fixe. • Com. 23 oct. 2019, n° 18-17.926 P : *cité note 22 ss. art. L. 661-1.*

8. L'art. 160-II [R. 661-6, 2°] s'impose également au ministère public. • Poitiers, 25 mars 1992 : *JCP 1992. IV. 2951.* ♦ Aucune disposition légale ne dispense le ministère public de présenter au premier président, au plus tard dans les huit jours de la déclaration d'appel, la requête exigée par les art. 917 à 919 NCPC [C. pr. civ.], imposée par le législateur pour limiter les retards procéduraux et favoriser la survie des entreprises. Si une telle requête n'a pas été déposée dans le délai imparti, la déclaration d'appel du ministère public devient caduque sans que puissent être invoquées les dispositions de l'art. 114 NCPC [C. pr. civ.], la sanction de l'inobservation des délais de procédure ne relevant pas du régime des nullités pour vice de forme. • Poitiers, 2 févr. 1994 : *JCP 1994. IV. 1689.*

9. Toutefois, l'emploi par le ministère public de la procédure ordinaire aux lieu et place de la procédure à jour fixe n'affecte pas le lien d'instance régulièrement formé par la déclaration, de sorte que l'appel est recevable. • Com. 14 mai 1996, n° 94-21.847 P : *D. 1998. Somm. 1, obs. Derrida ; D. Affaires 1996. 751 ; Rev. huiss. 1997. 781, note Courtier.* ♦ L'irrégularité de la requête en fixation de la date d'audience présentée plus de huit jours après la déclaration d'appel par le ministère public au premier président n'a pas pour effet de vicier la déclaration d'appel elle-même et, par voie de conséquence, d'entraîner l'irrecevabilité du recours formé par déclaration au greffe de la cour d'appel dans les dix jours du prononcé du jugement arrêtant le plan de cession. L'irrégularité de la requête ne peut être sanctionnée que par le refus du premier président d'autoriser l'assignation à jour fixe et non par la cour d'appel à qui l'ordonnance de fixation s'impose, sauf rétractation. • Com. 20 janv. 1998 : *D. Affaires 1998. 340, obs. V. A.-R. ; JCP 1998. II. 10021, rapp. Rémery.* – V. aussi • Besançon, 13 févr. 2001 : *RPC 2002. 166, obs. Gorrias.*

10. *Convocation du cocontractant.* La convocation du cocontractant devant la cour d'appel ne s'impose que lorsque la cession du contrat, dans le cadre d'un plan de cession d'entreprise, est envisagée. • Com. 23 janv. 1996, n° 94-13.391 P :

D. 1997. Somm. 6, obs. Derrida ; D. Affaires 1996. 328.

11. Principe du contradictoire. Sur l'obligation de respecter le principe du contradictoire, V. • Com. 15 oct. 1991 : *D. 1991. IR 280.*

12. Intervention d'un candidat repreneur évincé. V. note 15 ss. art. L. 661-6.

13. Application du droit commun. Lorsque conformément à l'art. R. 661-6, 3°, C. com., le président de la chambre saisie décide que l'affaire sera instruite sous le contrôle d'un magistrat de la chambre dans les conditions prévues aux art. 763 à 787 C. pr. civ., les dispositions de l'art. 908 du même code ne s'appliquent pas. • Civ. 2e, 3 déc. 2015, n° 14-20.912 P : *D. 2015. Actu. 2558 ; RTD com. 2016. 861, obs. Vallens ; LEDEN 1/2016. 6, obs. Staes ; Gaz. Pal. 12 avr. 2016, p. 61, obs. Fricero ; RPC 2016, n° 35, obs. Cagnoli.* – Comp. : • Com. 15 nov. 2016, n° 14-22.784 : *Gaz. Pal. 10 janv. 2017, p. 62, obs. Fricero.*

Art. R. 661-7 Le greffier de la cour d'appel transmet dans les huit jours du prononcé de l'arrêt une copie de celui-ci au greffier du tribunal pour l'accomplissement des mesures de publicité prévues à l'article R. 621-8 lorsque l'arrêt infirme une décision soumise à la publicité.

Il notifie l'arrêt aux parties et, par remise contre récépissé, au procureur général. Il informe les personnes mentionnées au 4° de l'article R. 661-6 du prononcé de l'arrêt. – *[Décr. n° 2005-1677 du 28 déc. 2005, art. 334.]*

1. La notification faite au représentant des créanciers [mandataire judiciaire] par le greffier de la cour d'appel, en la forme ordinaire prévue par l'art. 161 [R. 661-7], al. 2, de l'arrêt retenant le plan de continuation [redressement] d'une entreprise en redressement judiciaire est régulière, car il n'incombe pas au greffier de notifier au préalable l'arrêt à l'avoué [avocat] du représentant des créanciers, bien que la procédure soit avec représentation obligatoire. Dès lors, la société débitrice ayant, dans le délai de deux mois pour former pourvoi (art. 612 C. pr. civ.) ouvert par cette notification, fait signifier l'arrêt au représentant des créanciers, après notification à son avoué, cette seconde notification par voie de signification faite dans le délai ouvert par la première a eu pour effet d'ouvrir un nouveau délai de deux mois à compter de sa date, rendant ainsi recevable le pourvoi dudit représentant formé après l'expiration du premier délai de deux mois. • Com. 6 févr. 1996, n° 92-19.032 P : *RJDA 1996, n° 695.*

2. Le pourvoi dirigé contre un arrêt rendu sur l'appel d'un jugement statuant en dehors des cas prévus par les art. 160 et 170, al. 1er, du Décr. du 27 déc. 1985 [C. com., art. R. 661-6 et R. 653-3, al. 1er], dans lesquels la notification ou la signification incombe au greffier, n'est recevable qu'à condition que cet arrêt ait été préalablement signifié par la partie la plus diligente. • Com. 13 nov. 2007, n° 05-13.248 P : *D. 2007. AJ 3010, obs. Lienhard (2e esp.) ; JCP E 2008. 1155, note Cholet ; ibid. 1432, n° 2, obs. Pétel ; Defrénois 2008. 1223, obs. Gibirila.*

Art. R. 661-8 Le pourvoi en cassation du ministère public est fait par une déclaration au greffe de la Cour de cassation selon les règles prévues au premier alinéa de l'article R. 661-4. – *[Décr. n° 2005-1677 du 28 déc. 2005, art. 335.]*

CHAPITRE II *AUTRES DISPOSITIONS*

Art. R. 662-1 A moins qu'il n'en soit disposé autrement par le présent livre :

1° Les règles du code de procédure civile sont applicables dans les matières régies par le livre VI de la partie législative du présent code ;

2° Les notifications des décisions auxquelles procède le greffier sont faites par lettre recommandée avec demande d'avis de réception, conformément aux dispositions de la section 4 du chapitre III du titre XVII du livre I du code de procédure civile ; – *[Décr. n° 2005-1677 du 28 déc. 2005, art. 336.]*

(Décr. n° 2014-736 du 30 juin 2014, art. 118) « 3° Les notifications et communications adressées au débiteur personne physique par lettre recommandée avec demande d'avis de réception sont régulièrement faites à l'adresse préalablement indiquée au greffe du tribunal à l'ouverture de la procédure ou en cours de procédure. La date de la notification est celle de la signature de l'avis de réception. Toutefois, lorsque l'avis de réception n'a pas été signé par son destinataire ou une personne munie d'un pouvoir à cet effet, la date de la notification est celle de la présentation de la lettre recommandée. Les lettres de l'administrateur, du mandataire judiciaire ou du liquidateur sont transmises à cette même adresse ;

« 4° Les notifications et lettres adressées au débiteur, personne morale de droit privé, peuvent l'être au domicile de son représentant légal ou du mandataire *ad hoc* désigné conformément au II de l'article L. 641-9. »

1. Les jugements statuant sur les recours formés contre les ordonnances rendues par le juge-commissaire, qui ne sont pas visés par les dispositions spéciales de la loi du 26 juill. 2005 réglementant les voies de recours, sont susceptibles de recours dans les termes du droit commun. • Com. 7 févr. 2012, n° 10-26.164 P : *D. 2012. Actu. 430, obs. Lienhard ; LEDEN 3/2012. 5, obs. Favario ; Procédures 2012, n° 122, note Rolland ; RJDA 2012, n° 425 ; RLDA avr. 2012. 16, obs. Lebel ; RPC 2012, n° 62, obs. Cagnoli ; RJ com. mai-juin 2012. 62, note Sortais.* – V. déjà • Com. 14 oct. 2008 : *Procédures 2008, n° 336, note Rolland ; JCP E 2009. 1008, n° 15, obs. Cabrillac.*

2. Pour l'obligation de respecter le principe de la contradiction dans le cadre de la procédure de sanction d'un dirigeant, V. • Com. 3 déc. 2013, n° 12-29.334 P : *D. 2013. Actu. 2910 ; Rev. sociétés 2014. 202, obs. Roussel Galle ; LEDEN 2/2014. 4, obs. Favario ; Dr. sociétés 2014, n° 88, note Legros ; Gaz. Pal. 29 juin-1er juill. 2014, p. 38, obs. Montéran* • 4 mai 2017, n° 15-24.504 P : *D. 2017. Actu. 976 ; BJE 2017. 286, note Favario ; LEDEN 9/2017. 4, obs. Staes ; Dr. sociétés 2017, n° 152, note Legros ; RPC 2018, n° 10, obs. Cagnoli ; ibid., n° 122, obs. Martin-Serf.* ♦ S'agissant de l'obligation de communiquer au dirigeant, avant l'audience, la note d'actualisation établie par l'administrateur ou le mandataire judiciaire, V. les décisions citées par Delattre, *JCP E 2017. 1390.*

Art. R. 662-1-1 *(Décr. n° 2012-1190 du 25 oct. 2012, art. 8)* **Les mesures conservatoires prévues aux articles L. 621-2, L. 631-10-1** *(Décr. n° 2018-452 du 5 juin 2018, art. 7)* **« , L. 651-4, L. 692-2, L. 692-4 et L. 692-9, » sont soumises aux dispositions de la partie réglementaire du code des procédures civiles d'exécution sous réserve des dispositions du présent livre.**

Art. R. 662-1-2 *(Décr. n° 2012-1190 du 25 oct. 2012, art. 8)* **Les mesures conservatoires mentionnées aux articles L. 621-2, L. 631-10-1 et L. 651-4 sont mises en œuvre à l'initiative de l'administrateur judiciaire, du mandataire judiciaire ou, le cas échéant, du liquidateur.**

Art. R. 662-2 Les formes de procéder applicables devant le *(Décr. n° 2019-966 du 18 sept. 2019, art. 8, en vigueur le 1er janv. 2020)* **« tribunal judiciaire » dans les matières prévues par le livre VI de la partie législative du présent code sont déterminées par les articles 853 et suivants du code de procédure civile pour tout ce qui n'est pas réglé par ce livre et par le présent livre.**

Toute partie qui ne se présente pas personnellement ne peut être représentée que par un avocat. – *[Décr. n° 2005-1677 du 28 déc. 2005, art. 337.]*

Art. R. 662-3 Sans préjudice des pouvoirs attribués en premier ressort au juge-commissaire, le tribunal saisi d'une procédure de sauvegarde, de redressement judiciaire ou de liquidation judiciaire connaît de tout ce qui concerne la sauvegarde, le redressement et la liquidation judiciaires, *(Décr. n° 2009-160 du 12 févr. 2009, art. 117)* **« l'action en responsabilité pour insuffisance d'actif, » la faillite personnelle ou l'interdiction prévue à l'article L. 653-8, à l'exception des actions en responsabilité civile exercées à l'encontre de l'administrateur, du mandataire judiciaire, du commissaire à l'exécution du plan ou du liquidateur qui sont de la compétence du** *(Décr. n° 2019-966 du 18 sept. 2019, art. 8, en vigueur le 1er janv. 2020)* **« tribunal judiciaire ».** – *[Décr. n° 2005-1677 du 28 déc. 2005, art. 339.]*

BIBL. ▸ Dossier « Compétence et procédure collective », *RPC 2023. Dossiers 31 à 40.*

1. Tribunal de la procédure. Il résulte de l'art. 174 [R. 662-3] que le tribunal saisi d'une procédure de redressement judiciaire n'est compétent que pour connaître des contestations nées de la procédure collective ou sur lesquelles cette procédure exerce une influence juridique. • Com. 8 juin 1993, n° 90-13.821 P : *Rev. huiss. 1994. 72, note Vidal.*

Le tribunal de la procédure est compétent pour ordonner les mesures conservatoires ou de remise en état qui s'imposent, soit pour prévenir un dommage imminent, soit pour faire cesser un trouble manifestement illicite. • Com. 6 févr. 1996 : *RJDA 1996, n° 828.*

2. Relève de la compétence du tribunal saisi de la procédure collective l'action en nullité, exercée par le liquidateur, de l'acquisition d'un fonds par une personne dessaisie en vertu de l'art. 152 [L. 641-9]. • Paris, 6 mars 1991 : *D. 1991. IR 127.*

3. En vertu de l'art. L. 281 LPF, la juridiction administrative est compétente pour connaître des contestations relatives au recouvrement des impositions mentionnées au premier al. de l'art. L. 199 LPF lorsqu'elles portent sur l'existence de l'obligation de payer, le montant de la dette, l'exigibilité de la somme réclamée ou tout autre motif ne remettant pas en cause l'assiette et le calcul de l'impôt ; toutefois, le tribunal de la procédure collective est, quelle que soit la nature des créances en cause, seul compétent pour connaître des contestations relatives à la mise en œuvre des règles propres à la procédure collective. • T. confl. 13 avr. 2015 : *D. 2015. Actu. 917, obs. de Montecler ; Gaz. Pal. 19-21 juill. 2015, p. 22, obs. Le Corre ; RJDA 2015, n° 588 ; BJE 2015. 311, note Dedeurwaerder ; RPC 2015, n° 195, obs. Vabres.* ♦ Ainsi, la contestation soulevée par les débiteurs auxquels le trésorier a fait délivrer un commandement, invoquant la suspension des poursuites en se prévalant de l'absence de déclaration de créance, qui se rattache au déroulement de la procédure de redressement judiciaire, ressortit à la compétence de la juridiction de l'ordre judiciaire. • T. confl. 26 mai 2003, n° 03-03.354 P : *D. 2003. AJ 2010 ; RTD com. 2004. 153, obs. Martin-Serf ; LPA 7 nov. 2003, note Brandeau.* ♦ De même, la juridiction saisie du redressement judiciaire est seule compétente pour statuer sur une demande fondée sur le principe de la suspension des poursuites individuelles dirigées contre le débiteur en ce qui concerne les effets d'un avis à tiers détenteur, qu'il ait ou non acquis un caractère définitif avant le jugement d'ouverture de la procédure collective, une telle contestation n'entrant pas dans les prévisions de l'art. L. 281 LPF. • Com. 2 oct. 1990, n° 88-13.709 P. ♦ En revanche, la juridiction administrative est compétente pour connaître de la responsabilité des services fiscaux en cas de déclaration prématurée d'une créance fiscale au passif d'un redevable en redressement judiciaire. • T. confl. 15 oct. 2012, n° C-3869 P : *BJE 2013. 41, note Dedeurwaerder.*

4. Le tribunal de la procédure collective est compétent pour connaître de la demande du liquidateur en mainlevée des saisies conservatoires, fondée sur la règle de l'arrêt des poursuites individuelles, propre à cette procédure collective et faite en vue de réaliser les actifs de la société en liquidation. • Com. 1er févr. 2000 : *RJDA 2000, n° 554.*

5. Relève de la compétence du tribunal de la procédure collective l'action du liquidateur judiciaire tendant à la restitution du prix d'adjudication prétendument distribué au mépris de la règle de l'arrêt des voies d'exécution énoncée aux art. L. 622-21 et R. 622-19 C. com. dès lors que cette action est née de la procédure collective et est soumise à l'influence juridique de celle-ci. • Com. 6 mars 2024, n° 22-22.465 B : *D. actu. 27 mars 2024, obs. Cagnoli ; RJDA 2024, n° 292 ; BJE 5-6/2024. 33, note Hugon.* ♦ Il s'en déduit que, lorsque la procédure de saisie immobilière a pris fin par l'effet de la remise du prix d'adjudication au créancier poursuivant, le juge de l'exécution n'est plus compétent pour statuer sur l'action en restitution des fonds engagée par le liquidateur judiciaire sur le fondement des art. préc., laquelle relève alors de la seule compétence du tribunal saisi de la procédure collective. • Même arrêt.

6. L'action en nullité d'un contrat de vente immobilière, fondée sur l'art. L. 632-1, I, 2°, C. com., est née de la procédure collective et soumise à son influence juridique, et relève, par conséquent, de la compétence spéciale et d'ordre public du tribunal de la procédure collective édictée à l'art. R. 662-3, qui déroge aux règles de compétence de droit commun. • Com. 18 mai 2017, n° 15-23.973 P : *D. 2017. Actu. 1117 ; RTD com. 2017. 695, obs. Martin-Serf ; DP diff. entr., Bull. n° 393, obs. Rémery ; APC 2017, n° 196, obs. Boustani ; LEDEN 7/2017. 4, obs. Reille ; RJDA 2017, n° 562 ; BJE 2017. 343, note Favario ; Gaz. Pal. 10 oct. 2017, p. 71, obs. Roussel Galle ; RJ com. 2017. 509, obs. Lebel ; RPC 2018, n° 9, obs. Cagnoli ; ibid., n° 30, obs. Blanc.* ♦ Dans le même sens, pour l'action en nullité d'une transaction, V. • Soc. 12 juin 2019, n° 17-26.197 P : *cité note 4 ss. art. L. 632-4 ; BJE 9-10/2019. 46, note Donnette-Boissière ; RPC 2019, n° 142, obs. Taquet.* ♦ V. déjà • Com. 28 sept. 2004, n° 02-19.500 : *D. 2005. Pan. 297, obs. Le Corre* (incompétence du juge-commissaire) • TGI Paris, réf., 4 juill. 1988 : *RPC 1989. 222, obs. Guyon* (incompétence du TGI statuant en référé). ♦ Lorsque deux litiges connexes sont pendants, l'un devant le tribunal de grande instance, juridiction de droit commun compétente pour en connaître en application de l'art. L. 211-3 COJ, et l'autre devant le tribunal de commerce, juridiction d'exception dotée, s'agissant d'une action en nullité d'un acte conclu en période suspecte, née de la procédure collective et soumise à son influence juridique, d'une compétence exclusive d'ordre public, par application de l'art. R. 662-3 C. com., chacune des deux juridictions saisies doit conserver la connaissance de l'affaire qui lui est soumise. • Com. 7 avr. 2009, n° 08-16.884 P : *D. 2009. AJ 1138 ; APC 2009, n° 150, obs. Rolland ; LEDEN, juin 2009, p. 2, obs. Staes ; Gaz. Pal. 26-28 juill. 2009, p. 31, obs. Roussel Galle ; RJDA 2009, n° 982.* ♦ L'action paulienne, distincte de l'action en annulation des actes passés pendant la période suspecte, ne relève pas de la compétence exclusive du tribunal de la procédure collective, prévue par l'art. R. 662-3 C. com. • Com. 16 juin 2015, n° 14-13.970 P : *D. 2015. Actu. 1366 ; JCP E 2015. 1422, n° 2, obs. Pétel ; APC 2015, n° 200, obs. Staes ; LEDEN 9/2015. 5, obs. Rubellin ; Procédures 2015, n° 302, note Rolland ; RJDA 2015, n° 679 ; BJE 2015. 374, note Sautonie-Laguionie.* ♦ Pour l'inapplicabilité d'une clause compromissoire, V. note 17 ss. art. L. 632-4.

7. L'action de l'administrateur judiciaire consistant en une demande de restitution du solde de comptes bancaires de ses administrées n'est diligentée qu'à raison et dans le cadre de la procédure collective, et comme telle relève bien de la compétence spéciale édictée par l'art. 174. • Versailles, 17 févr. 1995 : *Gaz. Pal. 1996. 1. Somm. 181.*

8. La contestation, au seul motif qu'elle serait susceptible de constituer un dommage imminent, de la résiliation unilatérale par le cocontractant du débiteur d'un contrat à durée indéterminée régulièrement poursuivi après le jugement d'ouverture d'une procédure collective ne subit pas l'influence juridique de cette procédure, dès lors que ne sont pas en cause les règles propres à la résiliation des contrats en cours continués. • Com. 5 sept. 2018, n° 17-10.975 P : *D. 2019. Pan. 1906, obs. Cagnoli ; JCP E 2019. 1000, n° 3, obs. Tehrani ; LEDEN 10/2018. 2, obs. Rubellin ; RJDA 2018, n° 852 ; BJE 2018. 441, note Staes ; Gaz. Pal. 15 janv. 2019, p. 62, obs. Kendérian ; RJ com. 2019. 272, obs. Némoz-Rajot.*

9. La résiliation du bail ayant été constatée par une ordonnance du juge-commissaire, la demande tendant à faire restituer les lieux par un occupant sans droit ni titre n'est pas une contestation née de la procédure collective et n'est pas soumise à l'influence directe de cette procédure, de sorte que la règle de compétence édictée par l'art. 174 [R. 662-3] n'est pas applicable. • Com. 6 mars 2001, n° 98-12.835 P : *D. 2001. AJ 1469 ; RTD com. 2001. 523, obs. Vallens ; Gaz. Pal. 8-9 août 2001, p. 16, note Brault.* ♦ Le juge des référés commerciaux est compétent pour connaître de la demande d'expulsion de l'immeuble commun, préalablement à sa réalisation, dirigée par le liquidateur contre l'épouse du débiteur à laquelle la jouissance du domicile conjugal avait été attribuée par ordonnance de non-conciliation postérieure au jugement d'ouverture. • Paris, 9 févr. 1990 : *Gaz. Pal. 1991. 1. Somm. 58.* ♦ V. aussi, sur la compétence du juge des référés pour statuer sur la demande d'un crédit-bailleur tendant à la constatation de l'acquisition d'une clause résolutoire pour défaut de règlement des loyers échus postérieurement au prononcé du redressement judiciaire du crédit-preneur et au paiement de ces loyers, note 73 ss. art. L. 622-13.

10. L'action d'une banque, tendant au remboursement d'un prêt consenti à un débiteur après l'ouverture de sa procédure collective, n'est pas née de cette procédure et la circonstance que le juge soit amené, pour trancher la contestation, à faire application des règles du droit des procédures collectives pour déterminer les conséquences à tirer du dessaisissement du débiteur ne suffit pas à la soumettre à l'influence juridique de la procédure collective. • Com. 3 avr. 2019, n° 18-10.469 P : *D. 2019. Pan. 1906, obs. Cagnoli ; Rev. sociétés 2019. 423, obs. Henry ; JCP E 2019. 1375, n° 2, obs. Tehrani ; APC 2019, n° 130, obs. Théron ; RPC 2019, n° 62, obs. Cagnoli ; LEDEN 7/2019. 2, obs. Rubellin ; BJS 7-8/2019. 56, note Fin-Langer ; BJE 7-8/2019. 44, note Staes ; RJDA 2019, n° 571 ; RDBF 2019, n° 136, obs. Houin-Bressand.*

11. Sur l'incompétence du tribunal saisi de la procédure collective pour connaître de la question préalable de la validité d'un contrat de sous-traitance conclu et partiellement exécuté avant l'ouverture du redressement judiciaire du sous-traitant, V. • Com. 21 janv. 2003 : *RJDA 2003, n° 611.*

12. Le tribunal saisi de la procédure collective ne peut connaître du litige opposant des particuliers à une banque nonobstant la transaction conclue entre celle-ci et le liquidateur judiciaire d'une société liée aux deux parties en litige. • Paris, 20 nov. 2002 : *D. 2003. 1560, note Sortais .*

13. L'action en remboursement de prix, intentée avant l'ouverture de la procédure collective, par un acheteur de marchandises antérieurement payées par lui et reçues avariées, ne trouve pas sa cause juridique dans la liquidation judiciaire de cet acheteur, laquelle n'exerce aucune influence sur le procès et ne met en jeu aucune règle de la procédure collective. • Com. 14 avr. 1992, n° 90-15.901 P : *D. 1992. Somm. 377, obs. Honorat .* ♦ De même, le tribunal de commerce saisi de la procédure de redressement judiciaire ouverte à l'égard d'une société n'est pas compétent pour connaître de la demande dirigée par cette société contre un non-commerçant, alors que le litige, portant sur des faits antérieurs à l'ouverture du redressement judiciaire, se serait présenté de la même manière si ladite société n'avait pas été soumise à une procédure collective. • Com. 8 juin 1993 : *préc. note 1.* ♦ Dans le même sens : pour des actions en réparation résultant de la résiliation d'un contrat de concession, intervenue avant l'ouverture du redressement judiciaire, intentées par le liquidateur, au nom collectif des créanciers, et par ceux-ci à titre individuel, V. • Com. 17 janv. 1995, n° 92-17.886 P : *D. 1995. IR 66 ; Rev. huiss. 1995. 585, note Vidal.* ♦ ... Pour une demande d'attribution judiciaire d'un gage, détenu par un tiers, V. • Com. 28 janv. 1997, n° 93-21.662 P : *Quot. jur. 6 mars 1997, p. 3.* ♦ ... Pour une action en recouvrement de créances impayées, V. • Lyon, 19 févr. 2004 : *BICC 2005, n° 1638.*

V. aussi, sur le critère de l'antériorité des faits invoqués par rapport à la procédure collective, • Com. 19 nov. 1996 : *RPC 1997. 409, obs. Cadiou* • 28 janv. 1997 : *ibid.*

14. L'action principale introduite par un créancier contre la caution est radicalement indépendante de la procédure collective ouverte à l'encontre du débiteur principal en liquidation, la procédure collective étant par nature sans effet sur le cautionnement, à défaut de quoi cette garantie perdrait sa raison d'être. • Versailles, 1er févr. 1996 : *D. Affaires 1996. 585.* ♦ En ce sens que l'action contre la caution n'est pas soumise à l'influence juridique de la procédure collective ouverte à l'égard du créancier garanti, dans le cas d'un cautionnement pris après l'ouverture de cette procédure, au cours de l'élaboration du plan de redressement, V. • Com. 12 juin 2001 : *RJDA 2001, n° 1227 ; RPC 2003. 106, obs. Gorrias.*

15. S'agissant de déterminer si, à la suite de la résiliation du bail commercial par l'administrateur du bailleur, le preneur remplit ou non les conditions pour pouvoir bénéficier d'une indemnité d'éviction, la règle d'ordre public de l'art. 29 du Décr. du 30 sept. 1953 [C. com., art. R. 145-23], qui donne compétence au tribunal de grande instance du lieu de situation de l'immeuble, doit s'appliquer. • Paris, 5 mai 1999 : *Loyers et copr. 2000, n° 15, obs. Brault.* ♦ Sur la compétence d'attribution du tribunal de grande instance en matière de baux commerciaux, V. aussi • Versailles, 20 mars 1997 : *RJDA 1997, n° 1178.* ♦ En revanche, la demande tendant à ce que l'administrateur soit déclaré tenu de verser au preneur une somme d'argent à valoir sur l'indemnité d'éviction, sur les fonds qu'il détient issus du plan de cession, ne peut relever que de la compétence du tribunal de commerce qui a arrêté le plan, car elle est susceptible d'avoir une incidence sur l'exécution de ce plan. • Paris, 5 mai 1999 : *préc.*

16. L'action en annulation d'un plan social formé par un syndicat étant fondée sur l'inexécution d'obligations résultant de l'art. L. 321-4-1 [L. 1233-61 s.] C. trav. et, par suite, pouvant être engagée en l'absence du redressement judiciaire qui en a été seulement l'occasion, c'est à bon droit qu'une cour d'appel, sans méconnaître l'autorité de la chose jugée attachée à l'ordonnance du juge-commissaire autorisant l'administrateur à procéder à des licenciements pour motif économique pendant la période d'observation, décide que le tribunal de commerce ne peut en connaître et qu'elle relève de la compétence du juge civil de droit commun. • Soc. 14 oct. 1997, n° 96-18.876 P : *D. 1997. IR 229 ; JCP E 1998, n° 1-2, p. 32, obs. Pétel ; ibid. 1998, n° 11, p. 424, note Duquesne* (confirmant • Versailles, 20 juin 1996 : *D. 1996. IR 216*).

17. Juge de l'exécution. **BIBL.** Liénard, *RPC 1995. 15.* ♦ Seul le juge de l'exécution, en application de l'art. L. 311-12-1 [L. 213-6] COJ, est compétent pour apprécier la régularité de la signification de l'arrêt de liquidation judiciaire, laquelle obéit, comme n'importe quelle autre décision judiciaire, aux règles de droit commun posées par le nouveau code de procédure civile : • Versailles, 5 févr. 1998 : *D. 1998. IR 103.*

18. Conseil des prud'hommes. **BIBL.** Maggi-Germain, *LPA 12 août 1998.* ♦ Le conseil des prud'hommes est incompétent pour fixer l'ordre des paiements des sommes dues aux créanciers d'une société en redressement ou en liquidation judiciaires. • Soc. 3 oct. 1989, n° 87-44.686 P : *D. 1990. Somm. 216, obs. Honorat.*

19. V. aussi note 22.

20. Tribunal des affaires de sécurité sociale. S'agissant de statuer, non sur le sort de la procédure de redressement judiciaire, mais sur celui des cotisations sociales afférentes aux sommes versées aux salariés licenciés, à l'effet de déterminer si une telle créance est née antérieurement ou postérieurement à l'ouverture du redressement judiciaire, le tribunal des affaires de sécurité sociale est compétent pour connaître du litige. • Com. 2 mai 1990, n° 88-16.527 P : *D. 1991. 241, note crit. Pagès* • 9 juill. 1991, n° 89-19.503 P : *D. 1992. Somm. 282, obs. Honorat ; JCP E 1991. I. 100, n° 1, obs. Pétel.*

21. Le tribunal des affaires de sécurité sociale est seul compétent pour connaître de l'opposition à une contrainte décernée par un organisme de sécurité sociale et, en cas d'ouverture d'une procédure de redressement judiciaire à l'égard du débiteur prétendu de cotisations, la juridiction de la sécurité sociale demeure saisie de l'opposition, sauf à constater, s'il y a lieu, la suspension de l'instance. • Soc. 14 juin 1990, n° 87-18.761 P : *D. 1990. IR 194.*

22. Actions en responsabilité civile. Il résulte de l'art. R. 662-3 C. com. que le tribunal de la procédure collective n'est pas compétent pour connaître des actions en responsabilité civile exercées contre l'administrateur, le mandataire judiciaire, le commissaire à l'exécution du plan ou le liquidateur, lesquelles relèvent de la compétence du tribunal de grande instance. • Com. 5 déc. 2018, n° 17-20.065 P : *D. 2018. Actu. 2358 ; JCP E 2019. 1119, note Lebel ; RJDA 2019, n° 112 ; RPC 2019, n° 3, obs. Cagnoli.* ♦ Il s'ensuit que la demande indemnitaire formée contre la société civile professionnelle au titre de sa responsabilité civile personnelle n'est pas recevable devant la cour d'appel statuant avec les seuls pouvoirs du tribunal de la procédure collective en matière de résolution du plan et de prononcé de la liquidation judiciaire. • Même arrêt.

Il résulte des art. R. 662-3 et L. 625-1 C. com. que la juridiction prud'homale n'est pas compétente pour connaître de la demande incidente formée par un salarié pour obtenir la condamnation du liquidateur de la société qui l'employait à garantir le paiement des sommes fixées au titre des créances salariales, au passif de la liquidation. • Soc. 19 janv. 2022, n° 19-19.313 B : *D. 2022. Actu. 164 ; LEDEN 2/2022. 3, obs. de Frémont ; Gaz. Pal. 19 avr. 2022, p. 56, obs. Berthelot ; RPC 2022, n° 34, obs. Jacotot ; Dr. sociétés 2022, n° 68, note Legros.*

La compétence du tribunal de grande instance pour connaître des actions en responsabilité civile exercées à l'encontre du représentant des créanciers n'est pas exclusive de celle du juge des référés statuant sur demande d'extension d'expertise ordonnée dans le cadre des art. 808 et 809 ou de l'art. 145 NCPC [C. pr. civ.]. • Paris, 24 sept. 1997 : *D. Affaires 1997. 1472.*

Le tribunal de la procédure collective n'est pas compétent pour connaître de l'action intentée par le liquidateur judiciaire contre une société pour des faits de concurrence déloyale, commis après l'ouverture du redressement judiciaire, en violation d'un contrat de concession. • Com. 3 mars 1998 : *JCP E 1998, n° 19, p. 729 ; RJDA 1998, n° 881.* ♦ ... De l'action en responsabilité civile intentée par le liquidateur contre le commissaire aux comptes de la société en liquidation judiciaire. • Com. 15 nov. 2017, n° 16-12.941 : *BJS 2018. 49, note J.-F. Barbièri ; RJDA 2018, n° 146 ; Dr. sociétés 2018, n° 91, note Legros ; RPC 2018, n° 129, obs. Martin-Serf.*

L'action en responsabilité pour soutien abusif, fondée sur l'art. L. 650-1 C. com., n'est pas née de la procédure collective ou soumise à son influence juridique. • Com. 12 juill. 2016, n° 14-29.429 P : *D. 2016. 2554, note Robine ; LEDEN 9/2016. 4, obs. Staes ; APC 2016, n° 212, obs. Fricero ; RJDA 2016, n° 711 ; Procédures 2016, n° 297, note Rolland ; Gaz. Pal. 18 oct. 2016, p. 64, obs. Lasserre Capdeville ; BJE 2016. 435, note Favario ; Banque et Dr. 11-12/2016. 25, obs. Bonneau ; RPC 2016, n° 203, obs. Martin-Serf.* ♦ Sur la compétence territoriale du tribunal qui a ouvert la procédure pour connaître d'une action en responsabilité pour rupture abusive de crédit, V. note 12 ss. art. L. 622-20.

N'est pas née de la procédure collective et n'est pas soumise à son influence juridique l'action des salariés d'une société en liquidation judiciaire reposant sur des fautes imputées à la société mère. • Soc. 13 juin 2018, n° 16-25.873 P : *D. 2018. Actu. 1308 ; APC 2018, n° 188, obs. Fin-Langer ; LEDEN 9/2018. 7, obs. Dedessus-Le-Moustier ; Dr. sociétés 2018, n° 196, note Legros.*

23. Action en responsabilité d'une collectivité publique. La prorogation de compétence instituée par l'art. R. 662-3 C. com. au profit du tribunal saisi de la procédure collective ne permet pas de déroger à la compétence d'attribution exclusive des juridictions administratives ; il en résulte que l'ordre de juridiction compétent pour connaître d'une action en responsabilité engagée par une collectivité publique dont le préjudice serait né d'un défaut de déclaration de sa créance par une personne privée doit être déterminé selon les règles habituellement applicables en la matière, peu important que la personne privée en cause soit en liquidation judiciaire. * Rép. min. n° 3174 : *JO Sénat Q, 24 juill. 2008, p. 1518.*

24. Fraude du représentant des créanciers. L'appréciation d'un tel comportement relève de la compétence du tribunal de grande instance. • Com. 14 janv. 1997 : *D. 1997. IR 39.*

25. Clause d'arbitrage. Dès lors que le liquidateur, qui n'était pas partie au contrat stipulant la clause compromissoire, agit en responsabilité dans l'intérêt des créanciers contre le franchiseur pour soutien abusif apporté à la société franchisée, ce dont il résulte que ladite clause est étrangère au litige, il y a lieu de rejeter l'exception d'incompétence du tribunal de la procédure au profit du tribunal arbitral. • Com. 14 janv. 2004, n° 02-15.541 P : *D. 2004. AJ 278, obs. Lienhard ; JCP 2004. I. 119, n° 1, obs. Béguin ; APC 2004, n° 77, obs. Fricero.* – Comp. : • Com. 4 mars 2003 : *JCP 2003. I. 164, n° 6, obs. Seraglini.*

26. Clause d'attribution de compétence. L'action exercée par le liquidateur judiciaire d'une société, qui n'est pas née de la procédure collective mais de l'exécution, ou de l'inexécution, d'engagements antérieurs aurait pu exister même s'il n'y avait pas eu ouverture d'une procédure collective. Dès lors, le juge compétent est celui de droit commun ou celui désigné par une clause d'attribution de compétence. • Bourges, 24 oct. 1990 : *BJS 1991. 504, note Sorensen* • Com. 14 avr. 1992 : *préc. note 13.*

27. Dès lors que la contestation dont le tribunal est saisi et qui est relative à des fautes contractuelles commises après le jugement d'ouverture et la résiliation de la convention de franchise par le juge-commissaire n'est pas née de la procédure collective de la société franchisée, qu'elle n'est pas soumise à l'influence juridique de cette procédure, la juridiction désignée par la clause attributive de compétence du contrat de franchise est compétente. • Com. 7 févr. 2012, n° 11-10.851 P : *D. 2012. Actu. 495, obs. Lienhard ; LEDEN 3/2012. 6, obs. Parachkévova ; DP diff. entr., Bull. n° 335, obs. Roussel Galle ; APC 2012, n° 80, obs. Fin-Langer ; RPC 2012, n° 59, obs. Cagnoli ; RJDA 2012, n° 694.*

28. Sur la mise à l'écart d'une clause attributive de compétence territoriale dans le cadre d'un litige opposant un concessionnaire automobile en redressement judiciaire et son administrateur judiciaire au constructeur automobile à propos de la résolution, sur le fondement de l'art. 37 de la loi du 25 janv. 1985 [C. com., art. L. 622-13], du contrat de concession et portant sur des griefs nés postérieurement à l'ouverture de la procédure collective, V. • Com. 20 févr. 1996 : *D. 1996. IR 102 ; D. Affaires 1996. 490.*

29. Renvoi après cassation. Pour des arrêts ayant écarté l'application de l'art. 174 [R. 662-3], V. • Com. 5 déc. 1995 : *D. 1996. 125, note Derrida* • 14 mai 1996 : *D. 1997. 160, note Perdriau et Derrida.*

30. Renvoi devant une juridiction limitrophe. V. note 3 ss. art. R. 651-1.

Art. R. 662-3-1 *(Décr. n° 2014-736 du 30 juin 2014, art. 119)* **Les dispositions de l'article 47 du code de procédure civile ne sont pas applicables aux litiges qui relèvent de la compétence du seul juge-commissaire.**

Art. R. 662-4 **Les exceptions d'incompétence sont réglées par les articles 75 à 99 du code de procédure civile sous réserve des dispositions des articles** *(Décr. n° 2016-1851 du 23 déc. 2016, art. 28, en vigueur le 1er janv. 2017)* **« R. 611-23-1, R. 662-5 à R. 662-7 et R. 662-18 ».** – *[Décr. n° 2005-1677 du 28 déc. 2005, art. 340.]*

Sur l'application en outre-mer du Décr. n° 2016-1851 du 23 déc. 2016, V. note ss. art. R. 611-23-1.

Pour une application, à propos de l'art. 91 C. pr. civ., relatif au contredit, V. • Com. 27 mai 2014, nº 12-29.787 P : *D. 2014. Actu. 1198* ; *Gaz. Pal. 5-7 oct. 2014, p. 29, obs. Reille.*

Art. R. 662-5 Le tribunal, lorsqu'il se déclare incompétent, peut ordonner les mesures conservatoires ou provisoires mentionnées au dernier alinéa de l'article R. 662-7. – *[Décr. nº 2005-1677 du 28 déc. 2005, art. 341.]*

Art. R. 662-6 Lorsque sa compétence est contestée, le tribunal, s'il se déclare compétent, statue au fond dans le même jugement. – *[Décr. nº 2005-1677 du 28 déc. 2005, art. 342.]*

Art. R. 662-7 Lorsque les intérêts en présence justifient le renvoi de l'une des procédures prévues par le livre VI de la partie législative du présent code devant une autre juridiction en application de l'article L. 662-2, ce renvoi peut être décidé d'office par le président du tribunal saisi, qui transmet sans délai le dossier par ordonnance motivée au premier président de la cour d'appel ou, s'il estime que l'affaire relève d'une juridiction du ressort d'une autre cour d'appel, au premier président de la Cour de cassation.

Ce renvoi peut également être demandé, par requête motivée *(Décr. nº 2014-736 du 30 juin 2014, art. 120-1º)* « du débiteur, du créancier poursuivant et du ministère public » près le tribunal saisi ou près du tribunal qu'il estime devoir être compétent, au premier président de la cour d'appel ou de la Cour de cassation.

(Décr. nº 2014-736 du 30 juin 2014, art. 120-2º et 3º) « Lorsque la demande n'est pas formée conjointement par les procureurs près les *(Décr. nº 2019-966 du 18 sept. 2019, art. 8, en vigueur le 1er janv. 2020)* « tribunaux judiciaires » concernés, celui qui n'en est pas l'auteur fait connaître ses observations au greffe de la cour d'appel ou de la Cour de cassation au plus tard dans les quarante-huit heures de la transmission qui lui en est faite sans délai par le ministère public demandeur. Il en transmet copie au procureur demandeur.

« Dans les cas prévus au deuxième alinéa, » le greffier du tribunal saisi notifie la requête aux parties sans délai et transmet le dossier à la cour d'appel ou à la Cour de cassation. S'il n'a pas été statué sur l'ouverture de la procédure, le tribunal sursoit à statuer dans l'attente de la décision du premier président de la cour d'appel ou du premier président de la Cour de cassation.

Le premier président de la cour d'appel ou le premier président de la Cour de cassation désigne dans les dix jours de la réception du dossier, après avis du ministère public, la juridiction qui sera saisie de l'affaire. Dans les mêmes conditions, le premier président de la cour d'appel peut, s'il estime que les intérêts en présence justifient le renvoi de l'affaire devant une juridiction du ressort d'une autre cour d'appel, ordonner la transmission du dossier au premier président de la Cour de cassation.

Les décisions du président du tribunal et du premier président de la cour d'appel ou de la Cour de cassation sont notifiées aux parties sans délai par le greffier du tribunal ou de la cour.

Les décisions prises en application du présent article sont des mesures d'administration judiciaire non susceptibles de recours. Ces décisions s'imposent aux parties et à la juridiction de renvoi désignée. *(Décr. nº 2014-736 du 30 juin 2014, art. 120-4º)* « En cas de renvoi de l'affaire, il en est fait mention aux registres *(Abrogé par Décr. nº 2022-1014 du 19 juill. 2022, art. 8, à compter du 1er janv. 2023)* ***« ou répertoires »*** mentionnés à l'article R. 621-8 par le greffier du tribunal qui a ouvert, le cas échéant, cette procédure. »

Dans l'attente de la décision du premier président, le tribunal peut désigner un administrateur judiciaire, sous l'autorité d'un juge commis temporairement à cet effet, pour accomplir, notamment, les diligences prévues à l'article L. 622-4. Le tribunal peut également ordonner, à titre de mesures provisoires, l'inventaire des biens et, en cas de procédure de liquidation judiciaire, l'apposition des scellés. – *[Décr. nº 2005-1677 du 28 déc. 2005, art. 343.]*

1. Interdiction des recours. Si les décisions rendues en application de l'art. 3 [R. 662-7] peuvent, en fonction d'informations nouvelles portées à sa connaissance, être librement modifiées par le premier président de la Cour de cassation, en vue d'une meilleure sauvegarde des intérêts en présence, sans qu'il en résulte que ce magistrat aurait ainsi accueilli une demande de rétractation en référé, leur nature exclut que les parties puissent exercer à leur encontre un pourvoi en cassation, fût-ce en invoquant l'excès de pouvoir (application de l'art. 3, al. 4, du Décr. du 27 déc.

1985, devenu l'art. R. 662-7, al. 6, C. com., et de l'art. 537 C. pr. civ.) • Com. 17 févr. 1998, n° 96-13.831 P : *D. 1998. 274, note Perdriau et Derrida ; D. Affaires 1998. 675, obs. V. A.-R. ; Quot. jur. 14 avr. 1998, p. 5, note P. M. ; JCP 1998. II. 10171, note Voinot ; RPC 1999. 25, obs. Cadiou.* ♦ V. aussi • Civ. 2e, 23 mars 2023, n° 21-13.093 B : *Dr. sociétés 2023, n° 90, note Legros.*

2. Effet de la décision. La décision s'imposant aux parties et à la juridiction de renvoi désignée, il en résulte qu'elle met fin, par elle-même, à la contrariété existant entre les différents jugements d'ouverture en emportant caducité de plein droit des décisions prononçant le redressement ou la liquidation judiciaires du même débiteur rendues par toutes juridictions autres que celle désignée par le premier président. • Com. 17 févr. 1998 : *préc. note 1.*

Art. R. 662-8 Le président du tribunal, saisi aux fins de désignation d'un mandataire *ad hoc* en application de l'article L. 611-3, peut faire application, avec l'accord du débiteur, des dispositions du premier alinéa de l'article R. 662-7. Il le peut également pendant le cours de la mission du mandataire *ad hoc*.

Le débiteur peut également demander ce renvoi en saisissant par voie de requête le premier président de la cour d'appel ou le premier président de la Cour de cassation.

Les dispositions des troisième à sixième alinéas de l'article R. 662-7 sont alors applicables. – *[Décr. n° 2005-1677 du 28 déc. 2005, art. 344.]*

Art. R. 662-9 *(Décr. n° 2009-160 du 12 févr. 2009, art. 118)* « La demande, faite par l'une des personnes poursuivies au président du tribunal en application du *(Décr. n° 2014-736 du 30 juin 2014, art. 121)* « deuxième » alinéa de l'article L. 662-3 tendant à ce que les débats relatifs aux mesures prises en application des chapitres Ier et III du titre V du livre VI de la partie législative du présent code aient lieu en chambre du conseil, est consignée par le greffier. »

La décision rendue par le président est une mesure d'administration judiciaire non susceptible de recours. – *[Décr. n° 2005-1677 du 28 déc. 2005, art. 345.]*

Art. R. 662-10 Le ministère public est avisé de la date de l'audience par le greffier dans toute affaire qui doit lui être communiquée.

Lorsque les débats doivent avoir lieu en présence du ministère public, le greffier en fait mention dans cet avis. – *[Décr. n° 2005-1677 du 28 déc. 2005, art. 346.]*

Art. R. 662-11 Lorsque le débiteur relève d'un ordre professionnel ou d'une autorité, cet ordre ou cette autorité fait connaître au greffe et aux organes de la procédure la personne habilitée à le représenter. En l'absence d'une telle déclaration, son représentant légal exerce cette fonction. – *[Décr. n° 2005-1677 du 28 déc. 2005, art. 347.]*

Art. R. 662-12 Le tribunal statue sur rapport du juge-commissaire sur tout ce qui concerne la sauvegarde, le redressement et la liquidation judiciaires, *(Abrogé par Décr. n° 2009-160 du 12 févr. 2009, art. 119 ; Décr. n° 2006-1709 du 23 déc. 2006, art. 73)* « *y compris* » *(Décr. n° 2006-1709 du 23 déc. 2006, art. 73)* « l'action en responsabilité pour insuffisance d'actif » *(Abrogé par Décr. n° 2009-160 du 12 févr. 2009, art. 119)* « *ou en obligation aux dettes sociales* », la faillite personnelle ou l'interdiction prévue à l'article L. 653-8.

Toutefois, il n'est pas fait de rapport lorsque le tribunal statue sur un recours formé contre une ordonnance de ce juge. – *[Décr. n° 2005-1677 du 28 déc. 2005, art. 348.]*

BIBL. ► DELATTRE, *RPC 2017. Étude 7* (rapport du juge-commissaire).

1. Aucun texte ne fait obligation à la cour d'appel, saisie de l'entier litige par l'effet dévolutif de l'appel, de statuer sur rapport du juge-commissaire. • Com. 22 mai 2013 : *D. 2013. Chron. C. cass. 2555, obs. Guillou ; Dr. sociétés 2013, n° 145, note Legros ; RJDA 2013, n° 927.* ♦ Sur la formalité du rapport, V. aussi • Aix-en-Provence, 6 mars 2014 : *JCP E 2014. 1334, note Delattre* • Versailles, 2 oct. 2018, n° 18/01670 : *JCP E 2018. 1650, note Delattre* • 9 oct. 2018, n° 18/02220 : *ibid.*

2. La formalité du rapport du juge-commissaire est un préalable à l'examen par la juridiction d'une action en sanction, mais nullement un préalable à la mise en mouvement de l'action publique. • Douai, 27 févr. 2020, n° 19/04195 : *BJS 7-8/2020. 24, note Perrier.* ♦ Aucun texte ne prévoit une information préalable de la partie et une communication formelle du rapport à cette dernière, hormis lorsqu'il s'agit du rapport effectué en application de l'art. L. 651-4. • Même arrêt.

3. Il ne saurait être reproché au juge-commissaire, dès lors qu'il n'a pas vocation à délibérer de la décision à prendre, de donner son avis, eu égard à sa connaissance du dossier de la procédure collective, sur les fautes de gestion reprochées au dirigeant, dès lors seulement que les termes de ses rapports ne trahissent pas l'existence d'une « amitié ou inimitié notoire », au sens de l'art. L. 111-6 COJ, envers l'une des parties, auquel cas il s'exposerait à une récusation pour partialité. • Rennes, 1er févr. 2022, n° 21/04813 : *APC 2022, n° 46, obs. Ghandour.*

Art. R. 662-12-1 *(Décr. n° 2014-736 du 30 juin 2014, art. 122)* **La note par laquelle le président du tribunal informe le ministère public, conformément aux articles L. 631-3-1 ou L. 640-3-1, est communiquée à ce dernier par le greffier du tribunal.** *(Décr. n° 2015-1009 du 18 août 2015, art. 11, en vigueur le 1er oct. 2015)* **« Le cas échéant, elle est jointe à l'assignation que le ministère public délivre pour saisir le tribunal ou à la convocation adressée au débiteur en application de l'article R. 631-4. »**

Art. R. 662-13 **Les jugements rendus par le tribunal sont prononcés en audience publique, à l'exception de ceux rejetant la demande d'ouverture de l'une des procédures prévues au livre VI de la partie législative du présent code et de ceux rejetant l'homologation de l'accord amiable à l'issue d'une procédure de conciliation.** – *[Décr. n° 2005-1677 du 28 déc. 2005, art. 349.]*

Art. R. 662-14 **Si des fonds dus au débiteur ont été consignés à la Caisse des dépôts et consignations par des tiers, la caisse transfère ces fonds avec les droits, charges et inscriptions qui les grèvent sur le compte de dépôt ouvert par le mandataire de justice qui exerce les fonctions d'administrateur, de commissaire à l'exécution du plan ou de liquidateur. Le mandataire de justice est tenu vis-à-vis de l'acquéreur et des créanciers des obligations qui découlent de ces sûretés.** – *[Décr. n° 2005-1677 du 28 déc. 2005, art. 338.]*

Art. R. 662-15 **La liste des dossiers qui ont été attribués à chacune des personnes auxquelles un mandat afférent aux procédures régies par le livre VI de la partie législative du présent code a été confié, établie en application de l'article L. 662-6, mentionne, pour chacun des débiteurs concernés, son chiffre d'affaires et le nombre de ses salariés tels qu'ils sont définis par l'article R. 621-11.**

(Abrogé par Décr. n° 2009-160 du 12 févr. 2009, art. 120) ***« Ces personnes transmettent au greffier, avant le terme de chaque semestre, le montant du chiffre d'affaires qu'elles ont réalisé au cours du semestre précédent, au titre de l'ensemble des mandats prévus par le livre VI de la partie législative du présent code. Ce montant est annexé par le greffier à la liste qu'il établit. »*** – *[Décr. n° 2005-1677 du 28 déc. 2005, art. 350.]*

Art. R. 662-16 **Les informations prévues par l'article L. 662-6 sont portées, par le greffe, à la connaissance du garde des sceaux, ministre de la justice, du procureur de la République près les tribunaux qui ont désigné les personnes concernées, du magistrat inspecteur régional, du magistrat coordonnateur mentionné à l'article R. 811-40 ainsi qu'au Conseil national des administrateurs judiciaires et des mandataires judiciaires, dans les deux mois qui suivent le terme de chaque semestre.** – *[Décr. n° 2005-1677 du 28 déc. 2005, art. 351.]*

Art. R. 662-17 *(Décr. n° 2012-1190 du 25 oct. 2012, art. 9)* **Le juge-commissaire statue sur la requête par laquelle l'administrateur judiciaire, le mandataire judiciaire ou le liquidateur sollicite l'autorisation prévue** *(Décr. n° 2014-736 du 30 juin 2014, art. 123)* **« à » l'article L. 663-1-1** *(Abrogé par Décr. n° 2014-736 du 30 juin 2014, art. 123)* ***« ou sur l'affectation des sommes mentionnées au second alinéa de cet article »*** **après avoir entendu ou dûment appelé le propriétaire des biens qui font l'objet de la saisie conservatoire et le débiteur.**

La demande est examinée en présence du ministère public.

Art. R. 662-18 *(Décr. n° 2016-1851 du 23 déc. 2016, art. 29, en vigueur le 1er janv. 2017)* **I. – Le renvoi devant le tribunal de commerce spécialisé en application du troisième alinéa de l'article L. 662-8 est prononcé d'office par le président du tribunal saisi, par ordonnance motivée, après avoir entendu ou dûment appelé le débiteur et recueilli l'avis du ministère public. Le greffier du tribunal de commerce saisi transmet aussitôt le dossier au président du tribunal de commerce spécialisé désigné, avec une copie de l'ordonnance de renvoi.**

II. – Le renvoi devant le tribunal de commerce spécialisé compétent peut également être demandé par requête motivée du débiteur, de l'administrateur judiciaire, du mandataire judiciaire ou du ministère public près le tribunal de commerce saisi.

Le greffier du tribunal de commerce saisi notifie la requête aux parties sans délai. Le président du tribunal statue sur la demande de renvoi par ordonnance motivée après avoir entendu ou dûment appelé le débiteur, le mandataire de justice et recueilli l'avis du ministère public. S'il est fait droit à la demande de renvoi, le greffier du tribunal de commerce saisi transmet aussitôt le dossier au président du tribunal de commerce spécialisé désigné, avec une copie de l'ordonnance de renvoi.

III. – Les décisions prises en application du présent article sont des mesures d'administration judiciaire non susceptibles de recours. Elles s'imposent aux parties et à la juridiction de renvoi désignée.

Sur l'application en outre-mer du Décr. nº 2016-1851 du 23 déc. 2016, V. note ss. art. R. 611-23-1.

Art. R. 662-19 à R. 662-21 *Abrogés par Décr. nº 2016-230 du 26 févr. 2016, art. 10.*

Pour l'entrée en vigueur du Décr. nº 2016-230 du 26 févr. 2016, V. note en tête de la section 2 du chap. III du présent titre.

CHAPITRE III *DES FRAIS DE PROCÉDURE*

BIBL. GÉN. ▶ CHEVALIER et GAINOT, *Gaz. Pal. 19 sept. 2023, p. 32* (réforme du tarif des mandataires de justice : nouvelles rémunérations et principe d'efficacité).

Art. R. 663-1 *(Décr. nº 2006-1709 du 23 déc. 2006, art. 74)* Il ne peut être demandé par le greffier aucune provision au débiteur qui demande l'ouverture d'une procédure de redressement ou de liquidation judiciaire. – *[Décr. nº 2005-1677 du 28 déc. 2005, art. 351-1.]*

Art. R. 663-1-1 *(Décr. nº 2023-434 du 3 juin 2023, art. 3)* Le liquidateur remet à tout moment, sur demande du juge-commissaire ou du procureur de la République, un état de frais de justice prévisibles qui comporte :

1º Le détail des débours et des émoluments prévisibles, avec la référence au tarif prévu par les textes ;

2º Les rétributions prévisibles que le mandataire de justice prélèvera sur sa rémunération au profit d'un intervenant extérieur au titre du mandat, en application des articles L. 811-1 et L. 812-1 ;

3º La rémunération prévisible des experts désignés par le tribunal et des techniciens désignés par le juge-commissaire, y compris les officiers publics ou ministériels ;

4º Le cas échéant, le montant des acomptes à valoir sur la rémunération du mandataire judiciaire et du liquidateur, qui ont été fixés par le président du tribunal sur proposition du juge-commissaire en application de l'article R. 663-36.

Les dispositions du Décr. nº 2023-434 du 3 juin 2023 s'appliquent aux procédures ouvertes à compter du 5 juin 2023. Par dérogation, les art. 5, 6, 8, 9, 10, 16 et 17 du Décr. préc. s'appliquent aux procédures ouvertes à compter du 1er oct. 2021 et qui ne sont pas encore clôturées à la date du 4 juin 2023. Les émoluments déjà arrêtés demeurent acquis. Les administrateurs judiciaires et mandataires judiciaires peuvent demander à bénéficier d'un complément de rémunération au titre de l'application des nouveaux tarifs prévus par ces mêmes art. (Décr. préc., art. 18).

SECTION 1 *De la prise en charge de certains frais de justice par le Trésor public*

Art. R. 663-2 Les ordonnances du juge-commissaire, rendues en application de l'article L. 663-1, sont notifiées par le greffier aux mandataires de justice, au débiteur, au Trésor public ainsi qu'au procureur de la République. Elles peuvent faire l'objet d'un recours dans le mois suivant leur notification, par déclaration au greffe faite contre récépissé ou adressée par lettre recommandée avec demande d'avis de réception. Le recours est porté devant la cour d'appel. L'appel est formé, instruit et jugé suivant la procédure sans représentation obligatoire. *(Décr. nº 2009-160 du 12 févr. 2009, art. 121)* « Les mandataires de justice, le débiteur, le Trésor public et le ministère public qui ne sont pas appelants sont intimés. » – *[Décr. nº 85-1388 du 27 déc. 1985, art. 25-1.]*

SECTION 2 *De la rémunération de l'administrateur judiciaire, du commissaire à l'exécution du plan, du mandataire judiciaire et du liquidateur*

(Décr. n° 2016-230 du 26 févr. 2016, art. 4)

S'agissant des administrateurs judiciaires, commissaires à l'exécution du plan, mandataires judiciaires et liquidateurs, l'art. 4 ainsi que le 7° de l'art. 10 du Décr. n° 2016-230 du 26 févr. 2016 entrent en vigueur à la date d'entrée en vigueur du premier arrêté portant fixation des tarifs de la profession concernée en application de l'art. L. 444-3 C. com., et au plus tard le 31 mai 2016. Toutefois, les dispositions mentionnées à l'art. 4 et au 7° de l'art. 10 du Décr. préc. restent applicables dans leur rédaction antérieure à ce décret aux procédures ouvertes avant la date d'entrée en vigueur de cet arrêté. Les dispositions du Décr. n° 2016-230 du 26 févr. 2016 sont applicables à Wallis-et-Futuna (Décr. préc., art. 13-III et 14). — L'Arr. susvisé du 28 mai 2016 fixant les tarifs réglementés applicables aux administrateurs judiciaires, commissaires à l'exécution du plan, mandataires judiciaires et liquidateurs est entré en vigueur le 31 mai 2016 (Arr. préc., art. 2).

SOUS-SECTION 1 *De la rémunération de l'administrateur judiciaire*

Art. R. 663-3 **I. — Les émoluments de l'administrateur judiciaire sont, pour l'accomplissement des diligences résultant de l'application des titres II à IV du livre VI de la partie législative du présent code, soumises aux règles prévues par les articles suivants.**

II. — Pour l'application de la présente section :

***a)* Le montant du chiffre d'affaires est défini hors taxes conformément aux dispositions du** *(Décr. n° 2020-100 du 7 févr. 2020, art. 11)* **« sixième » alinéa de l'article** *(Décr. n° 2018-200 du 23 mars 2018, art. 4)* **« D. 123-200 ». Il est apprécié à la date de clôture du dernier exercice comptable. Pour l'application des articles R. 663-5 à R. 663-8 et R. 663-28, le chiffre d'affaires est celui réalisé pendant la période d'observation ou de maintien de l'activité. Lorsque le débiteur est une personne morale de droit privé non commerçante, la référence au chiffre d'affaires est, le cas échéant, remplacée par la référence aux ressources hors taxes ou produits hors taxes ;**

***b)* Le total du bilan est défini conformément aux dispositions du** *(Décr. n° 2020-100 du 7 févr. 2020, art. 11)* **« cinquième » alinéa de l'article** *(Décr. n° 2018-200 du 23 mars 2018, art. 4)* **« D. 123-200 » et apprécié à la date de clôture du dernier exercice comptable ;**

***c)* Le nombre des salariés est celui des salariés employés par le débiteur à la date de la demande d'ouverture de la procédure** *(Décr. n° 2020-100 du 7 févr. 2020, art. 11)* **« , déterminé conformément aux dispositions du 4° de l'article R. 621-1 ».**

Pour le calcul du nombre de salariés, l'art. R. 663-3 ne distingue pas entre les salariés employés dans le cadre de contrats à durée indéterminée, de contrats à temps partiel ou de contrats aidés. • Com. 17 sept. 2013, n° 11-25.660 : *APC 2013, n° 217, obs. Fin-Langer ; BJE 2013. 394, note Donnette ; Gaz. Pal. 12-14 janv. 2014, p. 19, obs. Bidan ; RJDA 2014, n° 140.*

Art. R. 663-4 **Il est alloué à l'administrateur judiciaire, pour les diligences relatives au diagnostic de la procédure de sauvegarde ou de redressement judiciaire au titre de laquelle il a été désigné, un émolument déterminé par un arrêté pris en application de l'article L. 444-3 en fonction du nombre de salariés employés par le débiteur ou de son chiffre d'affaires.**

(Décr. n° 2018-200 du 23 mars 2018, art. 5) **« Toutefois, lorsque le total du bilan mentionné au *b* du II de l'article R. 663-3 est supérieur ou égal à un seuil précisé par l'arrêté mentionné au premier alinéa, l'émolument est déterminé uniquement en fonction de ce total de bilan. »**

Cet émolument est versé par le débiteur à l'administrateur judiciaire sans délai dès l'ouverture de la procédure. — *V. art. A. 663-4.*

La rémunération allouée à l'administrateur pour les diligences relatives au diagnostic de la procédure au titre de laquelle il a été désigné est versée par le débiteur sans délai dès l'ouverture de la procédure, et n'est pas conditionnée à l'établissement d'un diagnostic sous forme d'un rapport écrit et distinct du bilan économique, social et environnemental. • Com. 8 juin 2010, n° 09-14.301 P : *D. 2010. Actu. 1551, obs. Lienhard ; APC 2010, n° 181, obs. Cagnoli ; Gaz. Pal. 15-16 oct. 2010, p. 25, obs. Bidan ; RJDA 2010, n° 1167 ; RPC 2011, n° 2, obs. Lebel.*

Art. R. 663-5 Il est alloué à l'administrateur judiciaire, au titre d'une mission d'assistance du débiteur au cours d'une procédure de sauvegarde ou de redressement judiciaire, un émolument déterminé par un arrêté pris en application de l'article L. 444-3 en considération du chiffre d'affaires du débiteur. Au-delà de 20 000 000 €, les dispositions de l'article R. 663-13 sont applicables. — *V. art. A. 663-5.*

Art. R. 663-6 Il est alloué à l'administrateur judiciaire, au titre d'une mission de surveillance au cours d'une procédure de sauvegarde, l'émolument prévu à l'article R. 663-5 diminuée *[diminué]* de 25 %. — *V. art. A. 663-6.*

Art. R. 663-7 Il est alloué à l'administrateur judiciaire, au titre d'une mission d'administration de l'entreprise au cours d'une procédure de redressement ou de liquidation judiciaire, l'émolument prévu à l'article R. 663-5 majoré de 50 %.

Si, en application de l'article L. 631-12, l'administrateur judiciaire est assisté, pour la gestion de l'entreprise, d'un ou de plusieurs experts, la majoration prévue au premier alinéa n'est pas due. — *V. art. A. 663-7.*

Art. R. 663-8 La rémunération prévue aux articles R. 663-5, R. 663-6 et R. 663-7 est acquise lorsque le tribunal soit a mis fin à la procédure de sauvegarde ou de redressement en application des articles L. 622-12 ou L. 631-16, soit a statué sur le plan de sauvegarde ou de redressement, soit a prononcé la liquidation judiciaire du débiteur au cours d'une procédure de sauvegarde ou de redressement judiciaire. Elle est également acquise, dans une procédure de liquidation judiciaire, lorsque le tribunal a arrêté la cession de l'entreprise ou mis fin au maintien de son activité.

Art. R. 663-9 Il est alloué à l'administrateur judiciaire, pour l'élaboration du bilan économique, social et environnemental et l'assistance apportée au débiteur pour la préparation d'un plan de sauvegarde ou de redressement, un émolument déterminé par un arrêté pris en application de l'article L. 444-3 en fonction du nombre de salariés employés par le débiteur ou de son chiffre d'affaires.

(Décr. nº 2018-200 du 23 mars 2018, art. 5) « Toutefois, lorsque le total du bilan mentionné au *b* du II de l'article R. 663-3 est supérieur ou égal à un seuil précisé par l'arrêté mentionné au premier alinéa, l'émolument est déterminé uniquement en fonction de ce total de bilan. »

Cette rémunération est acquise lorsque le tribunal a statué sur le plan de sauvegarde ou de redressement ou a prononcé la liquidation judiciaire du débiteur au cours d'une procédure de sauvegarde ou de redressement judiciaire. Elle est majorée de 50 % en cas d'arrêté du plan.

Lorsque le plan est arrêté conformément aux dispositions du premier alinéa de l'article L. 628-8, la rémunération prévue à l'alinéa précédent est majorée de 50 %.

Dernier al. *abrogé par Décr. nº 2023-434 du 3 juin 2023, art. 4.*

Pour les dispositions transitoires du Décr. nº 2023-434 du 3 juin 2023, V. note ss. art. R. 663-1-1.

V. art. A. 663-8 et A. 663-9.

L'art. R. 663-9 ne subordonne pas l'octroi de la majoration de rémunération de 50 % en cas d'arrêté du plan à la circonstance que le plan ait été établi et adopté à l'initiative de l'administrateur judiciaire. • Com. 8 juin 2010, nº 09-14.301 P : *cité ss. art. R. 663-4.*

Art. R. 663-10 *(Décr. nº 2023-434 du 3 juin 2023, art. 5)* Il est alloué à l'administrateur judiciaire, au titre de la constitution des classes de parties affectées et de la préparation des opérations de vote, un émolument qui ne peut être inférieur à un montant fixé par un arrêté pris en application de l'article L. 444-3, ainsi qu'un autre émolument déterminé par un arrêté pris en application du même article, en fonction du montant des créances prises en compte en application de l'article R. 626-58, lorsque le plan a été arrêté conformément au projet adopté par les classes de parties affectées.

Lorsque le montant des créances mentionné au premier alinéa est supérieur à 25 000 000 d'euros, la rémunération due à l'administrateur judiciaire est arrêtée par le magistrat de la cour d'appel délégué à cette fin par le premier président dans les conditions prévues aux deuxième et troisième alinéas de l'article R. 663-13.

La rémunération prévue au présent article n'est pas due à l'administrateur judiciaire lorsque le tribunal convertit la procédure de sauvegarde en procédure de redressement judiciaire et que les classes de parties affectées ont été constituées antérieurement à cette conversion. – *V. art. A. 663-10.*

Pour les dispositions transitoires du Décr. n° 2023-434 du 3 juin 2023, V. note ss. art. R. 663-1-1.

Art. R. 663-11 Il est alloué à l'administrateur judiciaire, en cas d'arrêté d'un plan de cession au cours d'une procédure de redressement ou de liquidation judiciaire, un émolument déterminé par un arrêté pris en application de l'article L. 444-3, en considération du montant total hors taxe du prix de cession de l'ensemble des actifs compris dans le plan.

Cette rémunération n'est acquise que sur la justification de la passation de la totalité des actes de cession. – *V. art. A. 663-11.*

La prise en charge d'une créance nantie ainsi que le montant des congés payés et du treizième mois des salariés repris, s'ils constituent des charges supplémentaires pour le repreneur, ne peuvent être assimilés à des éléments d'actif cédés pour le calcul du droit proportionnel alloué à l'administrateur. • Com. 12 juill. 2016, n° 15-50.008 P : *D. 2016. Actu. 1646 ; APC 2016, n° 195, obs. Petit ; LEDEN 9/2016. 1, obs. F.-X. Lucas ; RJDA 2016, n° 705 ; RPC 2016, n° 165, obs. Vallansan ; BJE 2017. 22, note Saint-Alary-Houin.* – V. Baujet et Thévenot, *RPC 2016. Étude 15.*

Art. R. 663-12 Il est alloué à l'administrateur judiciaire un émolument calculé sur le montant de l'augmentation des fonds propres prévue par un plan de sauvegarde ou de redressement et fixé dans les mêmes conditions que celui prévu à l'article R. 663-11.

Cette rémunération n'est acquise que sur la justification du versement de ces fonds. – *V. art. A. 663-12.*

Art. R. 663-12-1 *(Décr. n° 2023-434 du 3 juin 2023, art. 6)* **Il est alloué à l'administrateur judiciaire, au titre des diligences qu'il a effectuées dans le cadre des nouveaux apports de trésorerie prévus à L. 626-10, un émolument dont le montant maximum est fixé par arrêté pris en application de l'article L. 444-3, tenant compte du montant cumulé de ces apports autorisés par le juge-commissaire ou mentionnés dans le jugement arrêtant le plan.** – *V. art. A. 663-12-1.*

Cette rémunération n'est acquise que sur la justification du versement des fonds.

Pour les dispositions transitoires du Décr. n° 2023-434 du 3 juin 2023, V. note ss. art. R. 663-1-1.

Art. R. 663-13 Par dérogation aux dispositions de la présente sous-section, l'entière rémunération de l'administrateur judiciaire est arrêtée en considération des frais engagés et des diligences accomplies par lui *(Décr. n° 2023-434 du 3 juin 2023, art. 7)* **« , de la complexité de l'affaire, de ses enjeux et des objectifs fixés par les articles L. 620-1, L. 631-1 et L. 640-1, » et sans qu'il puisse être fait référence au tarif prévu par la présente sous-section lorsque le total de la rémunération calculée en application de ce tarif excède 100 000 € hors taxes.**

Dans le cas prévu au premier alinéa, la rémunération de l'administrateur, qui ne peut être inférieure à 100 000 € hors taxes, est arrêtée par le magistrat de la cour d'appel délégué à cette fin par le premier président, sur proposition du juge-commissaire, au vu d'un état de frais et d'un état descriptif des diligences accomplies. Le magistrat délégué recueille au préalable l'avis du ministère public et demande celui du débiteur. *(Décr. n° 2023-434 du 3 juin 2023, art. 7)* **« Il statue dans un délai de six mois à compter de sa saisine. » Sa décision peut être frappée de recours devant le premier président de la cour d'appel par l'administrateur, le débiteur ou le ministère public.**

La rémunération prévue à l'article R. 663-4 ainsi que les *(Décr. n° 2023-434 du 3 juin 2023, art. 7)* **« acomptes perçus restent acquis à l'administrateur judiciaire », dans la limite du montant arrêté en application des alinéas qui précèdent.**

Pour les dispositions transitoires du Décr. n° 2023-434 du 3 juin 2023, V. note ss. art. R. 663-1-1.

1. Le premier président de la cour d'appel dispose d'un pouvoir souverain pour fixer la rémunération, hors tarif, de l'administrateur judiciaire dans les conditions prévues par l'art. R. 663-13. • Com. 27 nov. 2012, n° 11-23.465 P : *D. 2012. Actu. 2887 ; LEDEN 12/2012. 1, obs. F.-X. Lucas ; DP diff. entr., Bull. n° 343, obs. Rémery ; Gaz. Pal. 18-19 janv. 2013, p. 23, obs. Bidan ; BJE 2013. 102, note Rohart-Messager ; RPC 2013, n° 35, obs. Étienne-Martin.* ♦ V. aussi note ss. art. R. 663-39.

2. Si, dans l'hypothèse où le jugement d'ouverture a désigné deux administrateurs judiciaires, l'un ne peut, au nom de l'autre, demander la fixation des honoraires dus en application de l'art. R. 663-13 et former un recours contre la décision ayant déclaré sa requête irrecevable qu'à la condition qu'il justifie d'un mandat spécial et écrit de la part de celui pour le compte duquel il agit, l'irrégularité de fond résultant de l'absence d'un tel mandat peut être régularisée avant que le juge statue. • Com. 9 juill. 2019, n° 18-16.008 P : *D. 2019. Actu. 1493 ; RJDA 2019, n° 644 ; Gaz. Pal. 15 oct. 2019, p. 53, obs. Berthelot.*

Art. R. 663-13-1 Il est alloué à l'administrateur judiciaire un émolument fixé par un arrêté pris en application de l'article L. 444-3 pour tout contentieux portant sur une demande en revendication ou en restitution ayant donné lieu à une décision du juge-commissaire. — *V. art. A. 663-13.*

SOUS-SECTION 2 *De la rémunération du commissaire à l'exécution du plan*

Art. R. 663-14 Au terme de chacune des années de l'exécution du plan, il est alloué au commissaire à l'exécution du plan, au titre de sa mission de surveillance de l'exécution du plan, des actions qu'il engage ou qu'il poursuit dans l'intérêt collectif des créanciers et de l'exécution des actes permettant la mise en œuvre du plan et de son rapport annuel prévu à l'article R. 626-43, une rémunération égale à la moitié de la rémunération fixée en application de l'article R. 663-4.

Cette rémunération n'est acquise que sur justification du dépôt de ce rapport. — *V. art. A. 663-14.*

Art. R. 663-15 Il peut être alloué, par le président du tribunal ou son délégué, une rémunération au commissaire à l'exécution du plan lorsqu'il a assisté le débiteur dans la préparation d'un projet ayant pour objet une modification substantielle dans les objectifs ou les moyens du plan. Cette rémunération ne peut être supérieure à la moitié de celle fixée en application de l'article R. 663-9. La situation du débiteur est appréciée à la date de la demande au tribunal de la modification du plan.

(Décr. n° 2023-434 du 3 juin 2023, art. 8) « Lorsque le projet de plan prévu à l'alinéa précédent nécessite une modification des classes de parties affectées conformément à la troisième phrase du second alinéa de l'article L. 626-31-1, il peut être alloué, par le président du tribunal ou son délégué, une rémunération au commissaire à l'exécution du plan au titre de cette modification et de la préparation des opérations de vote.

« Cette rémunération ne peut excéder 25 % de celle fixée en application de l'article R. 663-10, dans la limite d'un montant de créances fixé à 25 000 000 euros. »

Il est alloué au commissaire à l'exécution du plan, dans les mêmes conditions, la rémunération prévue au premier alinéa lorsqu'il a présenté au tribunal une demande en résolution du plan. — *V. art. A. 663-15.*

Pour les dispositions transitoires du Décr. n° 2023-434 du 3 juin 2023, V. note ss. art. R. 663-1-1.

Art. R. 663-15-1 *(Décr. n° 2023-434 du 3 juin 2023, art. 9)* Il est alloué au commissaire à l'exécution du plan, au titre des diligences qu'il a effectuées dans le cadre de nouveaux apports de trésorerie prévus au troisième alinéa de l'article L. 626-26, un émolument dont le montant est fixé par arrêté pris en application de l'article L. 444-3, tenant compte du montant cumulé de ces apports mentionnés dans le jugement modifiant le plan. — *V. art. A. 663-15-1.*

Cette rémunération n'est acquise que sur la justification du versement des fonds.

Pour les dispositions transitoires du Décr. n° 2023-434 du 3 juin 2023, V. note ss. art. R. 663-1-1.

Art. R. 663-16 Il est alloué au commissaire à l'exécution du plan, au titre d'une mission de perception et de répartition des dividendes arrêtés par le plan, une rémunération égale à un émolument déterminé par un arrêté pris en application de l'article

L. 444-3, en fonction du montant cumulé des sommes encaissées par l'ensemble des créanciers ou, à défaut d'encaissement par les créanciers, consignées à la Caisse des dépôts et consignations au cours de chacune des années d'exécution du plan.

Lorsqu'il n'est pas fait de répartition entre plusieurs créanciers, un seul d'entre eux étant en mesure de percevoir le dividende, cette rémunération est réduite de moitié.

Les rémunérations prévues au présent article sont arrêtées conformément aux règles de l'article R. 663-13 lorsque le montant de la rémunération calculé en application du premier alinéa du présent article dépasse 15 000 € au titre d'une année. Dans ce cas, les rémunérations ne peuvent être inférieures à 15 000 €. – *V. art. A. 663-16.*

Art. R. 663-17 La rémunération prévue à l'article R. 663-22 est allouée au commissaire à l'exécution du plan au titre des créances qu'il porte sur la liste prévue à l'article R. 622-15. – *V. art. A. 663-17.*

SOUS-SECTION 3 *De la rémunération du mandataire judiciaire et du liquidateur*

Art. R. 663-18 Le mandataire judiciaire reçoit, pour l'ensemble de la procédure de sauvegarde ou de redressement judiciaire, un émolument déterminé par un arrêté pris en application de l'article L. 444-3. S'il est ensuite désigné comme liquidateur, il ne peut, à ce titre, prétendre à cette rémunération.

Si, dans une même procédure, un mandataire judiciaire et un liquidateur distinct sont désignés par le tribunal, le mandataire judiciaire reçoit l'intégralité de la rémunération prévue au premier alinéa et le liquidateur en reçoit la moitié.

Lorsqu'un liquidateur est désigné dans une procédure secondaire d'insolvabilité au sens du règlement (CE) n° 1346/2000 du Conseil du 29 mai 2000 relatif aux procédures d'insolvabilité *[abrogé et remplacé par le Règl. (UE) n° 2015/848 du 20 mai 2015]*, il perçoit un second émolument déterminé par un arrêté pris en application de l'article L. 444-3 au titre du devoir d'information auquel il est tenu à l'égard du syndic de la procédure principale. Il en va de même lorsqu'une procédure principale dans laquelle il est désigné est suivie d'une ou de plusieurs procédures secondaires. Dans ce dernier cas, il perçoit autant d'émoluments qu'il existe de procédures secondaires.

La rémunération est versée, sans délai, par le débiteur au liquidateur dès que la décision d'ouverture d'une procédure secondaire est portée à sa connaissance. – *V. art. A. 663-18.*

En ce sens que lorsque le mandataire judiciaire désigné comme représentant des créanciers à un redressement judiciaire au cours duquel est adopté un plan est, par la suite, désigné comme liquidateur au titre d'une procédure de liquidation judiciaire immédiate, ouverte consécutivement à la résolution du plan, il ne peut prétendre au droit fixe au titre de cette dernière mission, V. • Com. 15 févr. 2011, n° 10-10.005 P : *D. 2011. Actu. 672, obs. Lienhard ; Gaz. Pal. 1er-2 avr. 2011, p. 21, obs. Gorrias ; LEDEN 4/2011. 5, obs. F. Legrand ; BJE 2011. 184, note Berthelot* (arrêt rendu au visa des art. 12 et 12-1 du Décr. n° 85-1390 du 27 déc. 1985, dans sa rédaction antérieure au Décr. n° 2006-1709 du 23 déc. 2006).

Art. R. 663-19 Le liquidateur désigné en application des dispositions de l'article L. 641-1 perçoit pour l'ensemble de la procédure de liquidation judiciaire la rémunération prévue à l'article R. 663-18, dès que la décision le désignant est portée à sa connaissance et sous réserve du versement au greffier de la somme prévue au IV de l'article R. 743-142-6.

Les dispositions des articles R. 663-22 à R. 663-25 et R. 663-27 lui sont applicables.

Pour l'application de l'article R. 663-22, la liste des créances est celle de l'article R. 641-39. – *V. art. A. 663-19.*

Art. R. 663-20 En cas de désignation de plusieurs mandataires judiciaires ou de plusieurs liquidateurs, chacun d'entre eux perçoit la rémunération prévue à l'article R. 663-18 selon les modalités, le cas échéant, prévues par le deuxième alinéa de l'article R. 663-18.

Lorsqu'un mandataire de justice est nommé liquidateur en remplacement d'un confrère précédemment désigné en qualité de liquidateur unique lors de l'ouverture ou du prononcé d'une liquidation judiciaire, il ne peut prétendre percevoir le droit fixe visé par l'art. R. 663-20, dans sa rédaction issue du Décr. n° 2006-1709 du 23 déc. 2006, ni la majoration de 30 % des émoluments prévue par l'art. R. 663-35, al. 1er, dans la même rédaction, ces rémunérations étant exclusivement prévues dans l'hypothèse d'une désignation conjointe de deux liquidateurs pour la même mission. • Com. 7 juill. 2021, n° 21-70.009 : *BJE 9-10/2021. 16, note Henry ; APC 2021, n° 202, obs. Diesbecq.*

Art. R. 663-21 Pour l'application de la présente section, constitue une créance :

1° Le total des sommes déclarées par chaque fournisseur créancier ;

2° Le total des sommes déclarées par chaque prestataire de service créancier au titre de chacun des contrats qu'il a conclus avec le débiteur ;

3° Le total des sommes déclarées par chaque établissement de crédit créancier ou société de financement créancière au titre de chacun des contrats qu'il a conclus avec le débiteur ;

4° Le total des sommes déclarées par chaque organisme social créancier pour chacun des rangs de privilège dont ses créances sont assorties ;

5° Le total des sommes déclarées par le Trésor public par catégorie de créances.

Art. R. 663-22 Il est alloué au mandataire judiciaire, pour l'enregistrement des créances déclarées et non vérifiées ainsi que des créances portées sur la liste prévue à l'article R. 622-15, un émolument par créance déterminé par un arrêté pris en application de l'article L. 444-3. — *V. art. A. 663-20.*

Art. R. 663-23 Il est alloué au mandataire judiciaire, pour la vérification des créances, un émolument déterminé par un arrêté pris en application de l'article L. 444-3 par créance, autre que salariale, inscrite sur l'état des créances mentionné à l'article R. 624-8. — *V. art. A. 663-21.*

Art. R. 663-24 Pour l'établissement des relevés des créances salariales, il est alloué au mandataire judiciaire un émolument déterminé par un arrêté pris en application de l'article L. 444-3, par salarié. — *V. art. A. 663-21-1.*

Art. R. 663-25 Il est alloué au mandataire judiciaire un émolument déterminé par un arrêté pris en application de l'article L. 444-3 :

1° Pour la contestation des créances autres que salariales, par créance dont l'admission ou le rejet a donné lieu à une décision du juge-commissaire inscrite sur l'état des créances mentionné à l'article R. 624-8 ;

2° Pour tout contentieux portant sur une demande en revendication ou en restitution ayant donné lieu à une décision du juge-commissaire ;

3° Pour toute instance introduite ou reprise devant la juridiction prud'homale en application des articles L. 625-1 et L. 625-3 et à laquelle il a été mis fin soit par une décision judiciaire au terme d'une instance dans laquelle il a été présent ou représenté, soit par la conclusion d'un accord amiable visé par le juge-commissaire auquel le mandataire judiciaire a été partie ;

(Décr. n° 2023-434 du 3 juin 2023, art. 10) « 4° Pour toute décision du juge-commissaire ou du tribunal statuant sur une requête en contestation de la qualité de partie affectée, des modalités de répartition en classes ou [et] du calcul des voix correspondant aux créances ou droits permettant d'exprimer un vote, formée en application de l'article R. 626-58-1. » — *Pour les dispositions transitoires du Décr. n° 2023-434 du 3 juin 2023, V. note ss. art. R. 663-1-1. — V. art. A. 663-22.*

Art. R. 663-26 Lorsqu'il est fait application de l'article L. 631-16 et que le mandataire judiciaire est désigné par le tribunal pour répartir des fonds entre les créanciers, il lui est alloué la rémunération prévue à l'article R. 663-16. — *V. art. A. 663-23.*

Art. R. 663-27 Il est alloué au liquidateur un émolument déterminé par un arrêté pris en application de l'article L. 444-3 au titre de l'ensemble des obligations résultant de la cessation d'activité d'une ou de plusieurs installations classées au sens du titre I du livre V du code de l'environnement. Cet émolument varie selon que :

1° La ou les installations sont soumises à déclaration ;

2° L'une au moins des installations classées est soumise à autorisation ou enregistrement ;

3° L'une au moins des installations classées figure sur une liste prévue au IV de l'article L. 515-8 du code de l'environnement.

Cet émolument est doublé lorsque l'une au moins des installations classées soumises à autorisation ou à enregistrement a fait l'objet d'un arrêté de l'autorité administrative prescrivant des mesures d'urgence et de mise en sécurité du site. — *V. art. A. 663-24.*

Art. R. 663-27-1 Il est alloué au liquidateur, au titre de la mission de réalisation de l'inventaire qui lui est confiée en application des dispositions du deuxième alinéa de l'article L. 641-2, un émolument déterminé par un arrêté pris en application de l'article L. 444-3. — *V. art. A. 663-25.*

Art. R. 663-28 Il est alloué au liquidateur, au titre d'une mission d'administration de l'entreprise lorsque le maintien de l'activité a été autorisé en application de l'article L. 641-10, un émolument déterminé par un arrêté pris en application de l'article L. 444-3 en fonction du chiffre d'affaires. — *V. art. A. 663-26.*

Art. R. 663-29 I. — Il est alloué au liquidateur des émoluments déterminés par un arrêté pris en application de l'article L. 444-3 :

1° Au titre des cessions d'actifs mobiliers corporels, en fonction du montant total toutes taxes comprises du prix des actifs cédés, déduction faite de la rémunération toutes taxes comprises des intervenants, autres que le liquidateur, ayant participé aux opérations de cession ;

2° Pour tout encaissement de créance ou recouvrement de créance, en fonction du montant total toutes taxes comprises des sommes encaissées ou recouvrées, déduction faite de la rémunération toutes taxes comprises des intervenants, autres que le liquidateur, ayant participé aux recouvrements ;

3° Au titre de la réalisation d'actifs immobiliers et mobiliers incorporels, en fonction du montant du prix, le cas échéant toutes taxes comprises, de chacun des actifs cédés.

II. — La rémunération prévue au présent article n'est pas due au liquidateur au titre de la cession des actifs compris dans un plan de cession. Lorsqu'il n'a pas été désigné d'administrateur judiciaire, il lui est alloué à ce titre l'émolument prévu à l'article R. 663-11.

III. — La rémunération prévue au I du présent article n'est pas due au titre de la cession autorisée en application du premier alinéa de l'article L. 663-1-1 tant que la saisie conservatoire n'a pas fait l'objet d'un acte de conversion. — *V. art. A. 663-27.*

La seule perception du prix de vente du fonds de commerce cédé par le débiteur antérieurement à l'ouverture de sa liquidation judiciaire ne constitue pas un « encaissement de créance » au sens de l'art. R. 663-29, I-2°, de sorte que le liquidateur ne peut prétendre à une rémunération au titre de la réalisation d'un actif. • Douai, 10 mars 2015, n° 14/01834 : *LEDEN 7/2015. 1, obs. F.-X. Lucas.* ♦ V. déjà, à propos de l'art. 18 du Décr. n° 85-1390 du 27 déc. 1985, en ce sens que le terme de recouvrement implique l'existence d'une démarche amiable ou judiciaire en vue de la récupération d'un élément d'actif, ce qui exclut les simples encaissements sans intervention de la part du liquidateur : • Com. 14 oct. 1997, n° 95-10.245 P : *D. 1998. Somm. 98, obs. Honorat ; D. Affaires 1997. 1291 ; RPC 1998. 174, obs. Soinne ; JCP 1997. II. 22956, note R. Martin ; JCP E 1998, n° 3, p. 80, note Béhar-Touchais.* — Dans le même sens, V. • Com. 4 juill. 2000, n° 97-16.659 P : *D. 2000. AJ 414 ; RJDA 2000, n° 1141.* ♦ Les prêts consentis au débiteur ne sont pas des actifs recouvrés. • Com. 2 févr. 1999, n° 96-15.893 P : *D. 1999. IR 63 ; RPC 2000. 215, obs. Soinne.* ♦ Pour des exemples de recouvrements d'actif ouvrant droit au bénéfice du droit proportionnel, V. • Com. 13 juin 2006, n° 04-18.484 : *Gaz. Pal. 6-7 oct. 2006, p. 18, obs. Gorrias* • 19 juin 2007, n° 06-14.242 P : *D. 2007. AJ 1966, obs. Lienhard ; Gaz. Pal. 26-27 oct. 2007, p. 35, obs. Gorrias.*

Art. R. 663-30 Il est alloué au liquidateur, au terme des répartitions aux créanciers mentionnés à l'article L. 622-24 et des paiements des créances mentionnées au I de l'article L. 641-13, un émolument déterminé par un arrêté pris en application de l'article L. 444-3, en fonction du montant cumulé des sommes encaissées par l'ensemble des créanciers ou consignées à la Caisse des dépôts et consignations.

Lorsqu'il n'est pas fait de répartition entre plusieurs de ces créanciers, un seul d'entre eux étant en mesure de percevoir un versement, cette rémunération est réduite de moitié. — *V. art. A. 663-28.*

Art. R. 663-31 Par dérogation aux dispositions de la présente sous-section, l'entière rémunération du liquidateur est arrêtée en considération des frais engagés et des diligences accomplies par lui *(Décr. n° 2023-434 du 3 juin 2023, art. 11)* « , de la complexité de l'affaire, de ses enjeux et des objectifs fixés par l'article L. 640-1, » et sans qu'il puisse être fait référence au tarif prévu par la présente sous-section lorsque le total de la rémunération calculée en application de ce tarif excède 75 000 € hors taxes.

Dans le cas prévu au premier alinéa, la rémunération du liquidateur, qui ne peut être inférieure à 75 000 € hors taxes, est arrêtée par le magistrat de la cour d'appel délégué à cette fin par le premier président, sur proposition du juge-commissaire, au vu d'un état de frais et d'un état descriptif des diligences accomplies. Le magistrat délégué recueille au préalable l'avis du ministère public et demande celui du débiteur. *(Décr. n° 2023-434 du 3 juin 2023, art. 11)* « Il statue dans un délai de six mois à compter de sa saisine. » Sa décision peut être frappée de recours devant le premier président de la cour d'appel par le liquidateur, le débiteur et le ministère public.

L'émolument prévu à l'article R. 663-18 ainsi que les acomptes perçus restent acquis *(Abrogé par Décr. n° 2023-434 du 3 juin 2023, art. 11)* ***« en tant qu'acomptes sur la rémunération »*** dans la limite du montant arrêté en application des alinéas précédents.

Pour les dispositions transitoires du Décr. n° 2023-434 du 3 juin 2023, V. note ss. art. R. 663-1-1.

L'art. R. 663-31 ne s'applique qu'à la rémunération due au liquidateur judiciaire, et non à celle que le mandataire de justice réclame au titre de sa mission de représentant des créanciers. • Com. 19 déc. 2018, n° 17-18.851 : *BJE 3-4/2019. 31, note Ghandour.*

Art. R. 663-31-1 Il est alloué au mandataire judiciaire ou au liquidateur judiciaire, au titre des actions engagées par eux en application des dispositions du premier alinéa de l'article L. 653-7 et aboutissant au prononcé d'une sanction prévue aux articles L. 653-3 à L. 653-6 et à l'article L. 653-8, un émolument fixé par un arrêté pris en application de l'article L. 444-3. – *V. art. A. 663-29.*

SOUS-SECTION 4 *Dispositions communes à la rémunération de l'administrateur judiciaire, du commissaire à l'exécution du plan, du mandataire judiciaire et du liquidateur*

Art. R. 663-32 Les administrateurs judiciaires, commissaires à l'exécution du plan, mandataires judiciaires et liquidateurs ont droit au remboursement des frais et débours mentionnés sur la liste prévue au 2° de l'article R. 444-3, arrêtés par le président du tribunal ou par son délégué, sur justificatif de leur compte détaillé. Ce remboursement peut être trimestriel. – *V. art. R. 444-3 ss. art. L. 663-2.*

Art. R. 663-33 Les administrateurs judiciaires, commissaires à l'exécution du plan, mandataires judiciaires et liquidateurs ont droit au remboursement des taxes et droits fiscaux payés par eux pour le compte de l'entreprise.

Art. R. 663-34 Les rémunérations dues au titre de la procédure de sauvegarde, de redressement judiciaire ou de liquidation judiciaire sont arrêtées avant la clôture de la procédure. Sous réserve des dispositions des articles R. 663-13 et R. 663-31, le président du tribunal ou son délégué statue au vu d'un compte détaillé. Lorsque la procédure est de la compétence du *(Décr. n° 2019-966 du 18 sept. 2019, art. 8, en vigueur le 1er janv. 2020)* « tribunal judiciaire », le président du tribunal délègue un magistrat à cette fin.

A l'exception des rémunérations prévues aux articles R. 663-4 et R. 663-18 à R. 663-20 et des *(Abrogé par Décr. n° 2023-434 du 3 juin 2023, art. 12)* ***« provisions et »*** acomptes autorisés, elles ne sont perçues qu'après avoir été arrêtées. – *Pour les dispositions transitoires du Décr. n° 2023-434 du 3 juin 2023, V. note ss. art. R. 663-1-1.*

Les rémunérations dues au titre de la procédure de liquidation judiciaire sont arrêtées au vu du rapport de clôture déposé par le liquidateur. Elles ne sont définitivement acquises qu'après leur arrêté définitif par le président du tribunal ou son délégué. Aucune rémunération ne peut être perçue par le liquidateur après l'approbation de son compte rendu de fin de mission, sans préjudice de la perception de l'indemnité prévue par l'article L. 663-3. Toutefois, lorsqu'est demandée la désignation d'un mandataire en application du troisième alinéa de l'article L. 643-9, l'arrêté des rémunérations du liquidateur n'est pas définitif. Des rémunérations complémentaires peuvent, le cas échéant, être perçues par le liquidateur.

Art. R. 663-35 Lorsque plusieurs administrateurs judiciaires, commissaires à l'exécution du plan, mandataires judiciaires ou liquidateurs sont désignés dans une même procédure, chacun des mandataires de justice désignés perçoit une part, convenue entre eux, des émoluments dus au titre de cette procédure. A défaut d'accord, le président du tribunal ou son délégué détermine la part de la rémunération qui revient à chacun après avoir entendu le débiteur et recueilli l'avis du ministère public.

En cas de remplacement de l'un des mandataires de justice et à défaut d'accord entre eux, le président du tribunal ou son délégué partage ces émoluments entre chacun des mandataires successivement désignés en fonction des diligences qu'il a effectuées, après avoir entendu le débiteur et recueilli l'avis du ministère public.

V. note ss. art. R. 663-20.

Art. R. 663-36 *(Abrogé par Décr. n° 2023-434 du 3 juin 2023, art. 13)* *« En cas de nécessité, »* Par dérogation aux dispositions de l'article R. 663-34, le président du tribunal fixe, sur proposition du juge-commissaire, le montant d'acomptes à valoir sur la rémunération *(Décr. n° 2023-434 du 3 juin 2023, art. 13)* « de l'administrateur judiciaire, » du mandataire judiciaire et du liquidateur.

Ces acomptes sont fixés sur justification de l'accomplissement des diligences au titre desquelles leur droit à rémunération est acquis et au vu d'un compte provisoire détaillé de leurs émoluments *(Décr. n° 2023-434 du 3 juin 2023, art. 13)* « et d'un état de frais de justice prévisibles établi conformément à l'article R. 663-1-1 lorsque celui-ci est demandé ».

Le montant total des acomptes, qui comprennent le droit prévu aux articles R. 663-18 à R. 663-20, ne peut excéder les deux tiers de la rémunération due *(Décr. n° 2023-434 du 3 juin 2023, art. 13)* « à l'administrateur judiciaire, » au mandataire judiciaire et au liquidateur ni les deux tiers de la somme mentionnée au premier alinéa *(Décr. n° 2023-434 du 3 juin 2023, art. 13)* « de l'article R. 663-13 ou » de l'article R. 663-31. Il ne peut être autorisé plus d'un acompte par semestre.

Pour les dispositions transitoires du Décr. n° 2023-434 du 3 juin 2023, V. note ss. art. R. 663-1-1.

Art. R. 663-37 S'il advient que des sommes ont été perçues à titre *(Abrogé par Décr. n° 2023-434 du 3 juin 2023, art. 14)* *« de provision ou »* d'acomptes et qu'elles se révèlent excéder les montants fixés *(Abrogé par Décr. n° 2023-434 du 3 juin 2023, art. 14)* *« au dernier alinéa de l'article R. 663-9 et »* à l'article R. 663-36, elles sont immédiatement restituées. – *Pour les dispositions transitoires du Décr. n° 2023-434 du 3 juin 2023, V. note ss. art. R. 663-1-1.*

Art. R. 663-38 La décision autorisant le versement *(Abrogé par Décr. n° 2023-434 du 3 juin 2023, art. 14)* *« d'une provision ou »* d'un acompte ou arrêtant les rémunérations des administrateurs judiciaires, commissaires à l'exécution du plan, mandataires judiciaires et liquidateurs peut être contestée par le mandataire de justice concerné, le débiteur ou le ministère public. Elle est, dans les quinze jours de sa date, communiquée au ministère public et, selon le cas, à l'administrateur judiciaire ou au mandataire judiciaire concerné par le greffier de la juridiction et notifiée par lui au débiteur par lettre recommandée avec demande d'avis de réception. La lettre de notification indique le délai et les modalités selon lesquels la contestation peut être portée devant le président du *(Décr. n° 2019-966 du 18 sept. 2019, art. 8, en vigueur le 1er janv. 2020)* « tribunal judiciaire » ou le premier président de la cour d'appel territorialement compétent. – *Pour les dispositions transitoires du Décr. n° 2023-434 du 3 juin 2023, V. note ss. art. R. 663-1-1.*

1. La notification par le greffier au débiteur de la décision arrêtant les émoluments du représentant des créanciers, conformément aux dispositions de l'art. 27 du Décr. n° 85-1390 du 27 déc. 1985 dans sa rédaction antérieure au Décr. n° 2006-1709 du 23 déc. 2006, plus de quinze jours après sa date, n'est assortie d'aucune sanction et n'entraîne pas la caducité de cette décision. • Com. 11 mai 2010, n° 09-15.320 P : *D. 2010. Actu. 1276*.

2. Il résulte de l'art. R. 663-38 que la décision statuant sur la rémunération de l'administrateur judiciaire n'a pas à lui être notifiée mais simplement communiquée, de sorte que les règles posées par ce texte sur le contenu de la notification de cette décision, qu'il réserve au débiteur, ainsi que celles posées par l'art. 713 C. pr. civ. auquel l'art. 126 C. pr. civ. renvoie, ne sont pas applicables. • Com. 9 juill. 2019, n° 18-16.008 P : *cité note 2 ss. art. R. 663-13.*

Art. R. 663-39 La demande de taxe peut être faite dans le délai d'un mois à compter de la communication ou de la notification prévue à l'article précédent, oralement ou par écrit, au greffe du *(Décr. n° 2019-966 du 18 sept. 2019, art. 8, en vigueur le 1er janv. 2020)* « tribunal judiciaire » ou de la cour d'appel. Elle est motivée.

Le président du *(Décr. n° 2019-966 du 18 sept. 2019, art. 8, en vigueur le 1er janv. 2020)* « tribunal judiciaire », ou le magistrat délégué par lui à cet effet, statue sur la demande dans les conditions prévues par les articles 709 et 711 à 718 du code de procédure civile.

1. Le recours contre l'ordonnance du magistrat délégué par le premier président de la cour d'appel fixant la rémunération de l'administrateur judiciaire en application de l'art. R. 663-13 peut être formé par voie de télécopie. • Com. 27 nov. 2012, n° 11-23.465 P : *cité note 1 ss. art. R. 663-13.*

2. Il résulte des art. R. 663-39 C. com. et 716 C. pr. civ. que le premier président, statuant sur une contestation d'émoluments de mandataires de justice, doit faire convoquer les parties par le greffier quinze jours au moins à l'avance et les entendre contradictoirement. • Com. 4 juill. 2018, n° 17-15.347 P : *D. 2018. Actu. 1487 ; JCP E 2018. 1494, note Berthelot ; LEDEN 9/2018. 3, obs. Camensuli-Feuillard ; RJDA 2018, n° 922 ; RPC 2018, n° 193, obs. Vallansan.*

Art. R. 663-40 Les actions des administrateurs judiciaires, commissaires à l'exécution du plan, mandataires judiciaires et liquidateurs, en matière de rémunération, se prescrivent par six mois à compter de la notification prévue à l'article R. 663-38.

SOUS-SECTION 5 *Du mandataire désigné en application du troisième alinéa de l'article L. 643-9*

Art. R. 663-40-1 Les dispositions relatives à la rémunération et aux frais et débours du liquidateur sont applicables au mandataire désigné en application du troisième alinéa de l'article L. 643-9.

Les modalités de calcul des émoluments sont déterminées sans tenir compte de la pluralité des missions. La rémunération prévue par l'article R. 663-25 fait, le cas échéant, l'objet d'une répartition selon les missions attribuées au mandataire.

Art. R. 663-40-2 Le juge-commissaire détermine selon quelles modalités les fonds versés en compte de dépôt à la Caisse des dépôts et consignations seront affectés pour l'exécution de cette mission.

Art. R. 663-40-3 Le juge-commissaire, ou, s'il a cessé ses fonctions, le président du tribunal, sur les observations du liquidateur et du mandataire, détermine, après avoir recueilli l'avis du ministère public, la part de la rémunération qui aurait été due au liquidateur s'il avait poursuivi sa mission, qui revient au mandataire ainsi désigné.

Art. R. 663-40-4 La rémunération du mandataire est arrêtée par le président du tribunal au vu d'un compte détaillé. S'il y a lieu, le président arrête alors à titre définitif la rémunération due au liquidateur.

SECTION 3 *De l'indemnisation des dossiers impécunieux*

Art. R. 663-41 Le seuil mentionné à l'article L. 663-3 est fixé à la somme de 1 500 € (HT). – *[Décr. n° 85-1390 du 27 déc. 1985, art. 18-1.]*

(Décr. n° 2014-736 du 30 juin 2014, art. 130) « La somme prélevée conformément aux dispositions de l'article L. 663-3-1 est de :

« 1 200 euros (HT) si l'actif déclaré est égal ou inférieur à 1 000 euros ;

« 1 500 euros (HT) si l'actif déclaré est supérieur à 1 000 euros. »

Art. R. 663-42 Le comité d'administration du fonds institué par l'article *(Décr. n° 2006-1709 du 23 déc. 2006, art. 28)* « L. 663-3 » est présidé par un magistrat de la Cour des comptes désigné par le premier président de cette juridiction. Il comprend un représentant du garde des sceaux, ministre de la justice et un membre du Conseil national des administrateurs judiciaires et des mandataires judiciaires, désignés, sur proposition de ce conseil, par le garde des sceaux, ministre de la justice. Un représentant de la Caisse des dépôts et consignations est entendu en tant que de besoin par le comité. – *[Décr. n° 85-1390 du 27 déc. 1985, art. 18-2.]*

Art. R. 663-43 La Caisse des dépôts et consignations assure la gestion administrative, comptable et financière du fonds.

A ce titre, elle est chargée :

1° D'effectuer les opérations de prélèvement sur les intérêts servis sur les dépôts mentionnés au troisième alinéa de l'article *(Décr. n° 2006-1709 du 23 déc. 2006, art. 28)* « L. **663-3** » ;

2° De verser aux mandataires judiciaires et aux liquidateurs les sommes qui leur sont attribuées en application du deuxième alinéa de l'article *(Décr. n° 2006-1709 du 23 déc. 2006, art. 28)* « L. **663-3** » ;

3° De gérer la trésorerie excédentaire du fonds ;

4° D'assurer la surveillance de son équilibre financier ;

5° De tenir sa comptabilité ;

6° De rendre compte de sa gestion. – *[Décr. n° 85-1390 du 27 déc. 1985, art. 18-3.]*

Art. R. 663-44 La Caisse des dépôts et consignations ouvre dans ses livres un compte bancaire spécifique au nom du fonds. – *[Décr. n° 85-1390 du 27 déc. 1985, art. 18-4.]*

Art. R. 663-45 La Caisse des dépôts et consignations précise la nomenclature des comptes bancaires rémunérés à vue et à terme ouverts dans ses livres, destinés à recevoir les fonds déposés en application des articles L. **622-18**, L. **626-25** et L. **641-8** *(Décr. n° 2012-1190 du 25 oct. 2012, art. 11)* « , ainsi que les fonds déposés en application de l'article L. **663-1-1** ».

Les intérêts des comptes bancaires *(Décr. n° 2012-1190 du 25 oct. 2012, art. 11)* « , à l'exception de ceux dus au titre de sommes déposées en application de l'article L. **663-1-1**, » sont imputés au crédit du compte ouvert au nom du fonds dans les livres de la Caisse des dépôts et consignations.

Le garde des sceaux, ministre de la justice, fixe par arrêté le taux du prélèvement sur les intérêts, sur proposition du comité d'administration du fonds. En cas de modification de ce taux, celui-ci s'applique à tous les intérêts servis à compter de la date d'effet de cette modification, quelle que soit la période au titre de laquelle ces intérêts ont été produits. – *[Décr. n° 85-1390 du 27 déc. 1985, art. 18-5.]*

Art. R. 663-46 Le versement des sommes aux mandataires judiciaires et aux liquidateurs est effectué par la Caisse des dépôts et consignations sur un compte bancaire ouvert au nom du bénéficiaire au vu d'un extrait de la décision qui les accorde *(Décr. n° 2019-1333 du 11 déc. 2019, art. 16, en vigueur le 1er janv. 2020)* « et d'un certificat de non-appel si cette décision ne bénéficie pas de l'exécution provisoire ». – *[Décr. n° 85-1390 du 27 déc. 1985, art. 18-6.]*

Pour les dispositions transitoires du Décr. n° 2019-1333 du 11 déc. 2019, V. note ss. art. R. 661-1.

Art. R. 663-47 Une convention entre le garde des sceaux, ministre de la justice, agissant au nom de l'État et la Caisse des dépôts et consignations précise les modalités selon lesquelles les missions mentionnées aux articles R. **663-43** et R. **663-46** sont assurées par la caisse, ainsi que les modalités de calcul des frais de gestion du fonds, qui sont imputés au débit du compte ouvert au nom de celui-ci. – *[Décr. n° 85-1390 du 27 déc. 1985, art. 18-7.]*

Art. R. 663-48 *(Décr. n° 2006-1709 du 23 déc. 2006, art. 31)* Lorsqu'il a approuvé le compte rendu de fin de mission du mandataire judiciaire ou du liquidateur, le juge-commissaire propose au tribunal de faire application de l'article L. **663-3** si les conditions prévues par cet article sont réunies. Cette proposition, qu'il joint, dans ce cas, à sa décision d'approbation, mentionne le montant des émoluments perçus par le mandataire de justice et est accompagnée des pièces du compte rendu de fin de mission en justifiant.

Le tribunal se saisit d'office. La décision par laquelle il statue sur l'impécuniosité et fixe le montant de l'indemnité qui sera versée au mandataire judiciaire ou au liquidateur est susceptible d'appel de la part du ministère public, du mandataire judiciaire et du liquidateur. – *[Décr. n° 85-1390 du 27 déc. 1985, art. 18-8.]*

Art. R. 663-49 *(Décr. n° 2006-1709 du 23 déc. 2006, art. 32)* Lorsque la procédure de liquidation judiciaire est reprise après avoir été clôturée et que le liquidateur a bénéficié de l'indemnisation prévue à l'article L. 663-3, toute demande d'émolument au titre de cette reprise de procédure est transmise pour avis au ministère public. Ce droit à rémunération est réduit du montant de l'indemnisation perçue avant de pouvoir être acquis. – *[Décr. n° 85-1390 du 27 déc. 1985, art. 18-9.]*

Art. R. 663-50 *(Décr. n° 2016-1851 du 23 déc. 2016, art. 11, en vigueur le 1er janv. 2017)* En cas d'ouverture d'une procédure de liquidation judiciaire dans les conditions prévues aux articles L. 645-9 et L. 645-12, l'indemnité prévue aux articles L. 663-3 et R. 663-41 est versée au mandataire judiciaire ou à la personne choisie sur le fondement du premier alinéa du II ou du III de l'article L. 812-2, déduction faite des sommes déjà versées sur le fondement des trois derniers alinéas de l'article R. 663-41.

Pour les dispositions transitoires du Décr. n° 2016-1851 du 23 déc. 2016, V. note ss. art. R. 645-5.

TITRE VII DISPOSITIONS DÉROGATOIRES PARTICULIÈRES AUX DÉPARTEMENTS DE LA MOSELLE, DU BAS-RHIN ET DU HAUT-RHIN

Art. R. 670-1 Les formes de procéder applicables devant les *(Décr. n° 2019-966 du 18 sept. 2019, art. 8, en vigueur le 1er janv. 2020)* « tribunaux judiciaires » des départements du Bas-Rhin, du Haut-Rhin et de la Moselle dans les matières prévues par le présent code sont déterminées par l'article 31 de la loi du 1er juin 1924 portant introduction des lois commerciales françaises dans ces départements et par les articles 37 à 39 de l'annexe du code de procédure civile relative à l'application de ce code dans ces mêmes départements. – *[Décr. n° 85-1388 du 27 déc. 1985, art. 176.]*

(Décr. n° 2013-692 du 30 juill. 2013, art. 1er) « Toutefois, devant le tribunal qui les a désignés, les règles relatives à la représentation obligatoire par avocat ne s'imposent au mandataire *ad hoc*, au conciliateur, à l'administrateur, au mandataire judiciaire, au commissaire à l'exécution du plan et au liquidateur, pour l'exécution de leur mission, que lorsque leur demande est formée par assignation ou par la remise de l'acte mentionné à l'article 31 de l'annexe du code de procédure civile. Elles ne s'imposent à ceux-ci devant le juge-commissaire que pour les procédures relevant de la section 1 du chapitre IV du titre II du présent livre. » – *Cet al. est applicable aux procédures de conciliation, de sauvegarde, de redressement judiciaire ou de liquidation judiciaire ouvertes à compter du lendemain de la publication du Décr. n° 2013-692 du 30 juill. 2013 (Décr. préc., art. 3, JO 1er août).*

Sur les mesures d'adaptation liées à l'urgence sanitaire (covid-19), V., infra, Ord. n° 2020-341 du 27 mars 2020, art. 5.

Art. R. 670-2 Dans les départements du Bas-Rhin, du Haut-Rhin et de la Moselle, le tribunal de l'exécution connaît :

1° Des difficultés d'exécution des décisions prises par le juge commissaire en application de l'article L. 642-18 ;

2° Des contestations relatives au règlement de l'ordre par le liquidateur.

Le tribunal d'exécution exerce les attributions conférées par le présent livre au juge des ordres du *(Décr. n° 2019-966 du 18 sept. 2019, art. 8, en vigueur le 1er janv. 2020)* « tribunal judiciaire ».

Le liquidateur ne peut, ni en son nom personnel, ni en qualité de mandataire judiciaire, être déclaré adjudicataire des immeubles du débiteur. – *[Décr. n° 85-1388 du 27 déc. 1985, art. 177.]*

Art. R. 670-3 Dans les départements du Bas-Rhin, du Haut-Rhin et de la Moselle :

1° L'ordonnance prévue à l'article R. 642-28 comporte, outre les indications mentionnées à l'article R. 642-22, les énonciations figurant à l'article 144 de la loi du

1er juin 1924 mettant en vigueur la législation civile française dans les départements du Bas-Rhin, du Haut-Rhin et de la Moselle ;

2° L'ordonnance prévue à l'article R. 642-30 comporte, outre les indications mentionnées à l'article R. 642-22, les énonciations figurant au deuxième alinéa de l'article 261 de la même loi ;

3° La vente par voie d'adjudication amiable est soumise aux dispositions des articles 249 à 254 de la même loi. – *[Décr. n° 85-1388 du 27 déc. 1985, art. 177-1.]*

Art. R. 670-4 Dans les départements du Bas-Rhin, du Haut-Rhin et de la Moselle, la répartition du produit des ventes et le règlement de l'ordre des créanciers par le liquidateur mentionnés au *(Décr. n° 2009-160 du 12 févr. 2009, art. 122)* « cinquième » alinéa de l'article L. 642-18 sont exclusivement soumis aux dispositions prévues par le présent livre. – *[Décr. n° 85-1388 du 27 déc. 1985, art. 177-2.]*

Art. R. 670-5 Pour l'application des dispositions du présent livre dans les départements du Bas-Rhin, du Haut-Rhin et de la Moselle, les mots : *(Décr. n° 2012-1462 du 26 déc. 2012, art. 35, en vigueur le 1er janv. 2013)* « "service de la publicité foncière" ou "fichier immobilier" » doivent s'entendre comme signifiant "bureau foncier" *(Décr. n° 2012-1462 du 26 déc. 2012, art. 35, en vigueur le 1er janv. 2013)* « ou "livre foncier" ». – *[Décr. n° 85-1388 du 27 déc. 1985, art. 178.]*

Art. R. 670-6 *Abrogé par Décr. n° 2009-1193 du 7 oct. 2009, art. 101.*

TITRE VIII *BIS* DISPOSITIONS PARTICULIÈRES À L'ENTREPRENEUR INDIVIDUEL RELEVANT DU STATUT DÉFINI À LA SECTION 3 DU CHAPITRE VI DU TITRE II DU LIVRE V

(Décr. n° 2022-890 du 14 juin 2022, art. 1er)

Art. R. 681-1 I. – La demande d'ouverture mentionnée à l'article L. 681-1 est présentée conformément aux dispositions des titres II à IV du présent livre, sous réserve des dispositions suivantes :

1° La situation de trésorerie, l'état chiffré des créances et des dettes, l'état actif et passif des sûretés ainsi que celui des engagements hors bilan et l'inventaire sommaire des biens du débiteur exigé par les 2° et 5° à 7° de l'article R. 621-1 et les 3° et 5° à 7° de l'article R. 631-1 sont présentés en distinguant les biens, droits ou obligations du débiteur relevant du patrimoine professionnel et ceux relevant du patrimoine personnel. Les actes de renonciation à la protection du patrimoine personnel de l'entrepreneur individuel prévus à l'article L. 526-25 sont mentionnés en précisant le nom du créancier concerné ainsi que le montant de l'engagement ;

2° Les pièces et informations mentionnées aux articles R. 621-1 et R. 631-1 sont complétées par celles mentionnées aux articles R. 721-2 et R. 721-3 du code de la consommation et, le cas échéant, par la copie de tout acte de renonciation mentionné au 1°.

II. – Le débiteur peut solliciter, dans sa demande d'ouverture, le bénéfice des mesures de traitement de sa situation de surendettement prévues au livre VII du code de la consommation.

Art. R. 681-2 L'accord du débiteur mentionné au IV de l'article L. 681-2 et à l'article L. 681-3 peut être recueilli lors de l'audience au cours de laquelle le tribunal examine la demande d'ouverture d'une procédure prévue aux titres II à IV du présent livre.

Art. R. 681-3 Le tribunal apprécie dans un même jugement si les conditions d'ouverture mentionnées aux 1° et 2° de l'article L. 681-1 sont, alternativement ou cumulativement, réunies.

Lorsque la commission de surendettement territorialement compétente est saisie en application du IV de l'article L. 681-2, le greffe du tribunal transmet sans délai au secrétariat de cette commission une copie du jugement et de l'ensemble des pièces du dossier.

Lorsqu'il est fait application de l'article L. 681-3, le greffe du tribunal transmet sans délai au secrétariat de la commission de surendettement territorialement compétente une copie du jugement ainsi que l'ensemble des pièces du dossier.

Dès que la commission de surendettement est saisie en application du IV de l'art. L. 681-2 ou de l'art. L. 681-3 C. com., elle en informe la Banque de France pour qu'il soit procédé à l'inscription [au fichier des incidents de paiement] prévue à l'art. L. 752-2 C. consom. La commission informe également la Banque de France, aux mêmes fins, lorsqu'elle est saisie par la cour d'appel statuant sur un recours formé contre une décision de rejet de la demande d'ouverture mentionnée à l'art. L. 681-1 C. com. (C. consom., art. R. 752-2).

Art. R. 681-4 L'avis du jugement mentionné à l'article R. 611-43 et au cinquième alinéa de l'article R. 621-8 contient, outre les mentions prévues par ces dispositions, la dénomination utilisée pour l'exercice de l'activité professionnelle incorporant son nom ou nom d'usage, précédé ou suivi immédiatement des initiales "EI" ou "entrepreneur individuel" et l'indication de la procédure ouverte en application du II, du III ou du IV de l'article L. 681-2.

Lorsqu'il est fait application du IV de l'article L. 681-2 ou de l'article L. 681-3, le jugement est notifié par le greffe au débiteur et aux créanciers dont l'existence a été signalée par le débiteur. S'il y a lieu, le greffe en avise également le mandataire judiciaire, le ministère public et l'administrateur judiciaire lorsqu'il en a été désigné un. La notification aux autres organismes et personnes mentionnés aux articles R. 722-1 et R. 722-6 du code de la consommation est effectuée par la commission de surendettement dans les conditions prévues par ces articles.

La décision de rejet de la demande d'ouverture mentionnée à l'article L. 681-1 est notifiée par le greffe au débiteur.

Art. R. 681-5 Les jugements rendus en application du IV de l'article L. 681-2 et de l'article L. 681-3 sont susceptibles d'appel par les parties dans un délai de dix jours à compter de leur notification.

Art. R. 681-6 Le créancier qui n'est pas partie à un jugement mentionné à l'article R. 681-5 peut contester la séparation des patrimoines de l'entrepreneur individuel par déclaration au greffe du tribunal dans un délai de dix jours à compter de la notification qui lui a été faite, ou à compter de la publication du jugement au *Bulletin officiel des annonces civiles et commerciales*.

En cas de contestation, l'entrepreneur individuel, les créanciers connus, le mandataire judiciaire, le ministère public et l'administrateur judiciaire, lorsqu'il en a été désigné un, sont convoqués par tout moyen et sans délai par le greffe. Le tribunal recueille leurs observations et statue sur l'ensemble des contestations soulevées.

La décision du tribunal est notifiée par le greffe. Elle est susceptible d'appel dans un délai de dix jours à compter de sa notification.

Art. R. 681-7 Quand il a été fait application du IV de l'article L. 681-2, le tribunal et la commission de surendettement se communiquent réciproquement toutes informations qu'ils jugent utiles à l'accomplissement de leur mission, et notamment les décisions et mesures qu'ils prennent ainsi que les pièces versées à leurs dossiers susceptibles d'éclairer la situation financière générale de l'entrepreneur individuel concerné par les deux procédures.

TITRE IX DISPOSITIONS PARTICULIÈRES AUX PROCÉDURES D'INSOLVABILITÉ RELEVANT DU RÈGLEMENT (UE) N° 2015/848 DU 20 MAI 2015 RELATIF AUX PROCÉDURES D'INSOLVABILITÉ

(Décr. n° 2018-452 du 5 juin 2018, art. 8)

BIBL. GÉN. ▸ VALLENS, *RTD com. 2018. 781*.

Art. R. 690-1 Outre les documents mentionnés aux articles R. 621-1, R. 631-1 ou R. 640-1, sont jointes à la demande d'ouverture d'une procédure d'insolvabilité les pièces suivantes :

1° Tout élément permettant de déterminer la localisation du centre des intérêts principaux ;

2° Toute information relative aux éventuels transferts de siège dans les trois mois précédant la demande d'ouverture ;

3° Toute information relative aux transferts d'actifs dans les trois mois précédant la demande d'ouverture ;

4° Toute information relative aux établissements et aux actifs situés sur le territoire d'un autre État membre ;

5° Toute information relative à l'intégration dans un groupe de sociétés.

CHAPITRE I *DES PROCÉDURES D'INSOLVABILITÉ PRINCIPALES*

Art. R. 691-1 Si des *(Décr. n° 2021-1218 du 23 sept. 2021, art. 48, en vigueur le 1er oct. 2021)* « classes de créanciers ont été constituées », l'administrateur judiciaire recueille, par tout moyen, leur avis sur le projet d'engagement mentionné à l'article L. 691-2. Il informe sans délai le juge-commissaire de ces avis. – *Pour les dispositions transitoires du Décr. n° 2021-1218 du 23 sept. 2021, V. note ss. art. R. 611-11.*

Art. R. 691-2 Le tribunal est saisi par requête des contestations élevées ou des demandes présentées en application de l'article L. 691-3.

Le tribunal statue sur la requête après avoir entendu ou dûment appelé en chambre du conseil le débiteur non dessaisi, le ou les mandataires de justice, les créanciers requérants et avoir recueilli l'avis du ministère public.

Le jugement est notifié au débiteur et au créancier requérant par le greffier qui en adresse copie aux mandataires de justice et au ministère public.

CHAPITRE II *DES PROCÉDURES D'INSOLVABILITÉ SECONDAIRES*

SECTION 1 *De l'ouverture et du déroulement d'une procédure d'insolvabilité secondaire*

Art. R. 692-1 Outre les pièces mentionnées aux articles R. 621-1, R. 631-1 ou R. 641-1, et à l'article R. 690-1, sont jointes à la demande d'ouverture d'une procédure d'insolvabilité secondaire formée par le débiteur ou le praticien de l'insolvabilité de la procédure d'insolvabilité principale les pièces suivantes, présentées en français ou accompagnées d'une traduction en langue française :

1° La copie de la décision d'ouverture de la procédure d'insolvabilité principale par la juridiction d'un autre État membre ;

2° Les informations permettant de préciser la nature de la procédure d'insolvabilité principale ouverte, notamment si elle est préventive au sens du cinquième alinéa du paragraphe 1 de l'article 1er du règlement (UE) n° 2015/848 du 20 mai 2015 relatif aux procédures d'insolvabilité, si elle permet une restructuration de l'entreprise ou si elle est liquidative ;

3° Le ou les établissements concernés par la demande ainsi que leur localisation ;

4° Une présentation de la situation comptable, économique et financière du ou des établissements situés sur le territoire français et des actifs situés sur le territoire français ;

5° Le nombre de salariés employés dans le ou les établissements situés sur le territoire français ou dont le contrat de travail se rattache à de tels établissements.

Art. R. 692-2 I. – Le tribunal saisi d'une demande d'ouverture d'une procédure d'insolvabilité secondaire en informe sans délai le praticien de l'insolvabilité de la procédure d'insolvabilité principale ouverte sur le territoire d'un autre État membre et le débiteur non dessaisi par lettre recommandée avec demande d'avis de réception qui mentionne le délai et les modalités pour s'opposer à la demande d'ouverture de la procédure d'insolvabilité secondaire et pour solliciter la suspension de l'ouverture de la procédure d'insolvabilité secondaire conformément au paragraphe 3 de l'article 38 du règlement (UE) n° 2015/848 précité.

Le délai prévu au premier alinéa est de 20 jours à compter de la réception de la lettre recommandée avec demande d'avis de réception.

II. – Le tribunal se prononce sur la demande d'ouverture de procédure d'insolvabilité secondaire et sur la demande de suspension mentionnée au paragraphe 3 de l'article 38 du règlement (UE) n° 2015/848 précité au cours de la même audience et par un même jugement. Le jugement qui fait droit à la demande de suspension et sursoit à statuer sur la demande d'ouverture de procédure d'insolvabilité secondaire fixe la date à laquelle la mesure sera réexaminée avant l'expiration du délai de trois mois. Il fait l'objet des mesures de publicité prévues aux cinq premiers alinéas de l'article R. 621-8.

III. – Le jugement statuant sur la demande d'ouverture de la procédure d'insolvabilité secondaire est notifié sans délai au praticien de l'insolvabilité de la procédure d'insolvabilité principale par le greffier.

Le praticien de l'insolvabilité de la procédure d'insolvabilité principale dispose d'un délai de 10 jours à compter de la réception de la lettre recommandée avec demande d'avis de réception, pour exercer le recours mentionné à l'article L. 692-3 à l'encontre de la décision d'ouverture de la procédure d'insolvabilité secondaire.

Art. R. 692-3 Le tribunal statue sur les demandes de mesures provisoires ou conservatoires mentionnées au II de l'article L. 692-2 après avoir entendu ou dûment appelé en chambre du conseil, le débiteur non dessaisi, le praticien de l'insolvabilité de la procédure principale, le cas échéant le créancier qui a demandé la mesure provisoire ou conservatoire, et avoir recueilli l'avis du ministère public.

Art. R. 692-4 Aux fins de l'application de l'article 46 du règlement (UE) n° 2015/848 précité, le mandataire de justice informe sans délai, par lettre recommandée avec demande d'avis de réception ou, s'il y a consenti, par courrier électronique avec demande d'avis de réception, le praticien de l'insolvabilité de la procédure d'insolvabilité principale de toute demande tendant à la cession de l'entreprise ou d'un élément d'actif de la procédure d'insolvabilité secondaire et du délai dont il dispose pour solliciter la suspension de cette cession.

Le praticien de l'insolvabilité de la procédure d'insolvabilité principale peut solliciter par requête, auprès du tribunal ou du juge-commissaire compétent pour ordonner la cession, la suspension de la cession totale ou partielle de l'entreprise ou de la cession d'actifs dans le délai de vingt jours à compter de la réception de la lettre recommandée avec demande d'avis de réception ou du courrier électronique avec demande d'avis de réception mentionné au premier alinéa.

Art. R. 692-5 S'il est fait droit à la demande de suspension prévue à l'article précédent, le tribunal fixe la date à laquelle la mesure sera réexaminée avant l'expiration d'un délai de trois mois.

La mesure suspend les délais de procédure mentionnés aux articles L. 621-3 et L. 643-2.

Art. R. 692-6 En application du III de l'article L. 692-5, dès le dépôt au greffe du projet de plan par le débiteur ou l'administrateur judiciaire, le greffier avise le praticien de l'insolvabilité de la procédure d'insolvabilité principale de la date de l'audience d'examen du plan prévue à l'article L. 626-9 par lettre recommandée avec demande d'avis de réception.

Le praticien de l'insolvabilité de la procédure d'insolvabilité principale transmet le projet de plan qu'il propose, au débiteur et, le cas échéant, à l'administrateur judiciaire, par lettre recommandée avec demande d'avis de réception au plus tard quinze jours avant la date d'examen du projet de plan par le tribunal. L'audience ne peut se tenir avant l'expiration de ce délai.

SECTION 2 *De l'absence d'ouverture d'une procédure d'insolvabilité secondaire sur le territoire national*

SOUS-SECTION 1 *De l'engagement pris par le praticien de l'insolvabilité de la procédure d'insolvabilité principale*

Art. R. 692-7 I. – Le praticien de l'insolvabilité de la procédure d'insolvabilité principale notifie l'engagement qu'il se propose de prendre en application de l'article 36 du règlement (UE) n° 2015/848 du 20 mai 2015 aux créanciers locaux connus du débiteur qui a un établissement sur le territoire national, par lettre recommandée avec demande d'avis de réception.

Sont joints à cet envoi :

1° Un état de la situation active et passive du débiteur avec ventilation du passif privilégié et du passif chirographaire ;

2° L'ensemble des propositions relatives au règlement des dettes.

II. – L'accord de chaque créancier est recueilli par écrit par le praticien de l'insolvabilité, y compris, si le créancier y a consenti, par voie électronique.

III. – Le praticien de l'insolvabilité de la procédure d'insolvabilité principale peut faire application des dispositions de l'article R. 626-8.

Art. R. 692-8 I. – La requête présentée par le praticien de l'insolvabilité de la procédure d'insolvabilité principale en application de l'article L. 692-8 est accompagnée :

1° De l'engagement ;

2° De la liste des créances des créanciers locaux ;

3° De tout document relatif à la réception de la proposition de l'engagement par les créanciers connus concernés ainsi que des documents mentionnés aux 1° et 2° de l'article R. 692-7, et ;

4° De la preuve de l'accord des créanciers locaux connus concernés.

II. – La décision prise en application de l'article L. 692-8 fait l'objet des mesures de publicité prévues aux cinq premiers alinéas de l'article R. 621-8. Elle est notifiée au praticien de l'insolvabilité requérant et au débiteur. Le greffier adresse sans délai une copie de la décision au ministère public. Le praticien de l'insolvabilité de la procédure d'insolvabilité principale avise par tout moyen et sans délai l'ensemble des créanciers locaux connus de la décision.

III. – La décision est susceptible de recours, selon le cas, dans le délai de dix jours de sa notification ou à compter de sa publication au *Bulletin officiel des annonces civiles et commerciales*.

Art. R. 692-9 Le *(Décr. n° 2019-1419 du 20 déc. 2019, art. 2)* « président du tribunal » est saisi *(Décr. n° 2019-1419 du 20 déc. 2019, art. 2)* « selon la procédure accélérée au fond » des demandes de mesures provisoires ou conservatoires prévues à l'article L. 692-9.

Il statue en chambre du conseil après avoir entendu ou dûment appelé le débiteur non dessaisi, le praticien de l'insolvabilité de la procédure d'insolvabilité principale, le ou les créanciers requérants, et avoir recueilli l'avis du ministère public.

Le jugement est notifié au débiteur, au créancier requérant et au praticien de l'insolvabilité de la procédure d'insolvabilité principale, par le greffier qui en adresse copie au ministère public.

Dernier al. abrogé par Décr. n° 2019-1419 du 20 déc. 2019, art. 2.

Pour les dispositions transitoires du Décr. n° 2019-1419 du 20 déc. 2019, V. note ss. art. R. 611-35.

SOUS-SECTION 2 *Des licenciements en l'absence d'ouverture d'une procédure secondaire*

Art. R. 692-10 En application de l'article L. 692-10, dans le cadre d'une procédure analogue au redressement judiciaire ou à une liquidation judiciaire avec maintien d'activité, la demande d'autorisation des licenciements est déposée par le praticien de l'insolvabilité de la procédure d'insolvabilité principale au greffe du tribunal compétent.

A cette demande sont jointes les pièces suivantes :

1° La copie de décision d'ouverture de la procédure d'insolvabilité principale ;

2° Les informations permettant de préciser la nature de la procédure d'insolvabilité principale ouverte, notamment si elle est préventive au sens du cinquième alinéa du paragraphe 1 de l'article 1er du règlement (UE) n° 2015/848 du 20 mai 2015 relatif aux procédures d'insolvabilité, si elle permet une restructuration de l'entreprise ou si elle est liquidative ;

3° La liste des salariés employés à la date de la demande d'ouverture, le nom et l'adresse de chacun d'eux, la catégorie socio-professionnelle à laquelle ils appartiennent, le lieu d'exercice de leur activité et le poste occupé ;

4° Le nom et l'adresse des représentants du personnel habilités à être entendus par le tribunal s'ils ont déjà été désignés.

Le jugement rendu en application de l'article L. 692-10 indique le nombre de salariés dont le licenciement est autorisé ainsi que les activités et catégories professionnelles concernées.

Il est notifié aux représentants du personnel, ainsi qu'au praticien de l'insolvabilité de la procédure d'insolvabilité principale. Il est transmis au ministère public.

Le jugement est exécutoire par provision. Il est susceptible d'appel dans les dix jours de sa notification. Le dernier alinéa de l'article R. 661-3, les articles R. 661-4 à R. 661-6 sont applicables.

CHAPITRE III *DE L'INFORMATION DES CRÉANCIERS ÉTRANGERS ET DE LA DÉCLARATION DES CRÉANCES*

Art. R. 693-1 A moins qu'il n'en soit disposé autrement par le présent chapitre, les dispositions des articles R. 624-1 à R. 624-11 sont applicables aux créanciers étrangers.

Art. R. 693-2 Le mandataire judiciaire informe les créanciers étrangers de l'ouverture de la procédure d'insolvabilité, de l'obligation de déclarer leurs créances, du délai de déclaration des créances et des sanctions encourues en cas de dépassement du délai par lettre recommandée avec demande d'avis de réception ou, s'ils y ont consenti, par courrier électronique avec demande d'avis de réception.

Art. R. 693-3 Les délais prévus aux articles R. 622-22 et R. 622-24 ne sont pas opposables aux créanciers qui n'ont pas été informés selon les modalités prévues à l'article 54 du règlement précité.

Art. R. 693-4 Les créances sont déclarées en langue française ou accompagnées d'une traduction en langue française. Le créancier peut produire la traduction de la déclaration de créance et des pièces justificatives jusqu'à ce que le juge-commissaire statue.

CHAPITRE IV *DES PROCÉDURES D'INSOLVABILITÉ CONCERNANT DES MEMBRES D'UN GROUPE DE SOCIÉTÉS ÉTABLIES DANS PLUSIEURS ÉTATS MEMBRES*

SECTION 1 *De la suspension de la réalisation des actifs dans une procédure d'insolvabilité ouverte à l'encontre d'un membre d'un groupe de sociétés*

Art. R. 694-1 Les dispositions des articles R. 692-4 et R. 692-5 sont applicables à la mesure de suspension mentionnée à l'article 60 du règlement (UE) n° 2015/848 précité.

SECTION 2 *De la procédure de coordination collective*

Art. R. 694-2 Le tribunal, saisi par requête, statue sur l'ouverture de la procédure de coordination collective en chambre du conseil après avoir entendu ou mis en mesure d'être entendus le débiteur, les praticiens de l'insolvabilité concernés, les contrôleurs et après avoir recueilli l'avis du ministère public.

Le jugement est assorti de l'exécution provisoire de plein droit.

Il est notifié au débiteur et aux praticiens de l'insolvabilité concernés, par le greffier qui en adresse copie au ministère public.

Il fait l'objet des mesures de publicité prévues aux cinq premiers alinéas de l'article R. 621-8.

Il est susceptible de recours dans un délai de dix jours à compter de sa notification aux personnes mentionnées au premier alinéa ou à compter de sa publication au *Bulletin officiel des annonces civiles et commerciales*.

Art. R. 694-3 Le tribunal est saisi par requête des demandes présentées en application de l'article L. 694-3. Il statue en chambre du conseil après avoir entendu ou dûment convoqué le coordinateur et les praticiens de l'insolvabilité désignés dans les procédures incluses dans la procédure de coordination.

Art. R. 694-4 Le tribunal statue sur la demande de révocation du coordinateur en chambre du conseil après avoir entendu ou mis en mesure d'être entendus le débiteur, le coordinateur, les praticiens de l'insolvabilité concernés, les contrôleurs et après avoir recueilli l'avis du ministère public.

Art. R. 694-5 Les trois premiers alinéas de l'article R. 621-21 sont applicables aux décisions prises par le juge-commissaire en application des articles L. 694-6, L. 694-8 et L. 694-9.

Art. R. 694-6 Le tribunal est saisi par requête de la demande relative à la suspension de la procédure d'insolvabilité, présentée par le coordinateur en application de l'article L. 694-4.

Il statue sur la demande en chambre du conseil après avoir convoqué le débiteur, les mandataires de justice, le coordinateur, les contrôleurs et après avoir recueilli l'avis du ministère public. Le mandataire judiciaire avise, par tout moyen, les créanciers.

Le jugement fait l'objet des mesures de publicité prévues aux cinq premiers alinéas de l'article R. 621-8. Il est communiqué aux mandataires de justice, aux contrôleurs, au ministère public et au coordinateur.

Art. R. 694-7 Aux fins de mise en œuvre de l'article L. 694-8, le mandataire de justice qui ne suit pas les recommandations du programme de coordination collective informe le juge-commissaire de ses motifs. Le juge-commissaire en fait rapport au tribunal et en avise le ministère public.

CHAPITRE V *DE LA COOPÉRATION ET DE LA COMMUNICATION DES PRATICIENS DE L'INSOLVABILITÉ ET DES JURIDICTIONS*

Art. R. 695-1 Le juge-commissaire statue sur la demande de communication d'informations confidentielles en application du second alinéa du I de l'article L. 695-2 dans les huit jours de sa saisine après avoir sollicité les observations écrites des mandataires de justice, du débiteur et du ministère public. La décision est notifiée au débiteur, aux mandataires de justice et au procureur de la République.

Art. R. 695-2 Le tribunal, le juge-commissaire ou le mandataire de justice désigné en application de l'article L. 695-3 peuvent exiger que toute demande de communication, de coopération ou d'assistance soit présentée par écrit en langue française ou accompagnée d'une traduction en langue française. La demande peut être présentée, si le tribunal, le juge-commissaire ou le mandataire de justice désigné en application de l'article L. 695-3 y consent, par voie électronique.

Art. R. 695-3 Les personnes mentionnées à la dernière phrase de l'article L. 695-4 sont avisées de la communication par le greffe par tout moyen.

Art. R. 695-4 Si le débiteur remplit les conditions du premier alinéa de l'article L. 626-29, l'administrateur judiciaire avise sans délai le praticien de l'insolvabilité désigné dans une procédure d'insolvabilité ouverte par la juridiction d'un autre État membre à l'égard du débiteur des dates de réunion des *(Décr. nº 2021-1218 du 23 sept. 2021, art. 49, en vigueur le 1er oct. 2021)* « classes de parties affectées », et au plus tard vingt jours avant la date du premier vote. — *Pour les dispositions transitoires du Décr. nº 2021-1218 du 23 sept. 2021, V. note ss. art. R. 611-11.*

CHAPITRE VI *DES DISPOSITIONS APPLICABLES AUX DÉPARTEMENTS ET RÉGIONS D'OUTRE-MER*

Le présent chapitre ne comprend pas de dispositions réglementaires.

TROISIÈME PARTIE : *ARRÊTÉS*

LIVRE VI DES DIFFICULTÉS DES ENTREPRISES

TITRE I DE LA PRÉVENTION DES DIFFICULTÉS DES ENTREPRISES

Le présent titre ne comprend pas de dispositions pour les arrêtés.

TITRE II DE LA SAUVEGARDE

CHAPITRE I *DE L'OUVERTURE DE LA PROCÉDURE*

Le présent chapitre ne comprend pas de dispositions pour les arrêtés.

CHAPITRE II *DE L'ENTREPRISE AU COURS DE LA PÉRIODE D'OBSERVATION*

Le présent chapitre ne comprend pas de dispositions pour les arrêtés.

CHAPITRE III *DE L'ÉLABORATION DU BILAN ÉCONOMIQUE, SOCIAL ET ENVIRONNEMENTAL*

Art. A. 623-1 *(Arr. du 14 janv. 2009)* **Le bilan environnemental prévu à l'article L. 623-1 est établi selon les rubriques fixées à l'annexe 6-1 au présent livre.** — *V. Annexe 6-1* .

CHAPITRE IV *DE LA DÉTERMINATION DU PATRIMOINE DU DÉBITEUR*

Le présent chapitre ne comprend pas de dispositions pour les arrêtés.

CHAPITRE V *DU RÈGLEMENT DES CRÉANCES RÉSULTANT DU CONTRAT DE TRAVAIL*

Le présent chapitre ne comprend pas de dispositions pour les arrêtés.

CHAPITRE VI *DU PLAN DE SAUVEGARDE*

Le présent chapitre ne comprend pas de dispositions pour les arrêtés.

CHAPITRE VII *DISPOSITIONS PARTICULIÈRES EN L'ABSENCE D'ADMINISTRATEUR JUDICIAIRE*

Le présent chapitre ne comprend pas de dispositions pour les arrêtés.

TITRE III DU REDRESSEMENT JUDICIAIRE

Le présent titre ne comprend pas de dispositions pour les arrêtés.

TITRE IV DE LA LIQUIDATION JUDICIAIRE

Le présent titre ne comprend pas de dispositions pour les arrêtés.

TITRE V DES RESPONSABILITÉS ET DES SANCTIONS

Le présent titre ne comprend pas de dispositions pour les arrêtés.

TITRE VI DES DISPOSITIONS GÉNÉRALES DE PROCÉDURE

(Arr. du 28 mai 2016)

CHAPITRE I *DES VOIES DE RECOURS*

Le présent chapitre ne comprend pas de dispositions pour les arrêtés.

CHAPITRE II *AUTRES DISPOSITIONS*

Le présent chapitre ne comprend pas de dispositions pour les arrêtés.

CHAPITRE III *DES FRAIS DE PROCÉDURE*

SECTION 1 *De la prise en charge de certains frais pour le Trésor public*

La présente section ne comporte pas de dispositions pour les arrêtés.

SECTION 2 *De la rémunération de l'administrateur judiciaire, du commissaire à l'exécution du plan, du mandataire judiciaire et du liquidateur*

(Arr. du 28 mai 2016, en vigueur le 31 mai 2016)

Les dispositions de la présente section ne sont pas applicables aux procédures ouvertes avant le 31 mai 2016 (Arr. du 28 mai 2016, art. 2). — Pour la légalité de l'Arr. du 28 mai 2016, V. CE n° 398801 du 24 mai 2017.

Art. A. 663-3 Les prestations figurant aux tableaux 4-1 à 4-3 de l'article Annexe 4-7 donnent lieu à la perception d'émoluments fixés conformément aux dispositions respectives de la sous-section 1 pour les administrateurs judiciaires (tableau 4-1), de la sous-section 2 pour les commissaires à l'exécution du plan (tableau 4-2), et de la sous-section 3 pour les mandataires judiciaires et liquidateurs (tableau 4-3).

Les émoluments applicables *(Arr. du 28 févr. 2024, art. 3, en vigueur le 1er mars 2024)* « jusqu'au 28 février 2026 » sont ceux qui sont prévus par la présente section.

Par dérogation à l'art. A. 663-3, les prestations figurant aux tableaux 4-1 de l'art. annexe 4-7 donnent lieu, pour les procédures ouvertes avant le 1er mars 2024, à la perception d'émoluments fixés conformément aux dispositions de la section 2 du chapitre III du titre VI du livre VI de la partie Arrêtés dans leur rédaction antérieure à l'Arr. modificatif du 28 févr. 2024 (Arr. préc., art. 10-II).

SOUS-SECTION 1 *De la rémunération de l'administrateur judiciaire*

Art. A. 663-4 L'émolument prévu au premier alinéa de l'article R. 663-4*[,]* au titre du diagnostic de la procédure de sauvegarde ou de redressement judiciaire (numéro 1 du tableau 4-1), est ainsi fixé :

1° Lorsque le total du bilan du débiteur est inférieur à 3 650 000 €, cet émolument varie en fonction du nombre de salariés employés par le débiteur ou du montant de son chiffre d'affaires, selon le barème suivant :

NOMBRE DE SALARIÉS	CHIFFRE D'AFFAIRES EN €	ÉMOLUMENT EN €
		(Arr. du 28 févr. 2024, art. 5, en vigueur le 1er mars 2024)
De 0 à 5	De 0 à 750 000	912,29
De 6 à 19	De 750 001 à 3 000 000	1824,57
De 20 à 49	De 3 000 001 à 7 000 000	3649,14
De 50 à 149	De 7 000 001 à 20 000 000	7298,28
A compter de 150	Au-delà de 20 000 000	9122,85

Lorsque le débiteur relève de deux tranches de rémunération différentes au titre respectivement du nombre de salariés employés et du montant de son chiffre d'affaires, il y a lieu de se référer à la tranche la plus élevée.

2° Lorsque le total du bilan du débiteur est compris entre 3 650 000 € et 10 000 000 €, cet émolument est d'un montant fixe de *(Arr. du 28 févr. 2024, art. 5, en vigueur le 1er mars 2024)* « 7 298,28 » €, quel que soit le nombre de salariés ou le montant de son chiffre d'affaires ;

3° Lorsque le total du bilan du débiteur est supérieur à 10 000 000 €, cet émolument est d'un montant fixe de *(Arr. du 28 févr. 2024, art. 5, en vigueur le 1er mars 2024)* « 9 122,85 » €, quel que soit le nombre de salariés ou le montant de son chiffre d'affaires.

Sur les dispositions transitoires de l'Arr. du 28 févr. 2024, V. note ss. art. A. 663-3.

Art. A. 663-5 L'émolument prévu à l'article R. 663-5*[,]* au titre de la mission d'assistance du débiteur (numéro 4 du tableau 4-1), est fixé proportionnellement au chiffre d'affaires de ce débiteur, selon le barème suivant :

CHIFFRE D'AFFAIRES EN €	TAUX DE L'ÉMOLUMENT EN %
	(Arr. du 28 févr. 2024, art. 6, en vigueur le 1er mars 2024)
De 0 à 150 000	1,825

CHIFFRE D'AFFAIRES EN €	TAUX DE L'ÉMOLUMENT EN %
De 150 001 à 750 000	0,913
De 750 001 à 3 000 000	0,547
De 3 000 001 à 7 000 000	0,365
De 7 000 001 à 20 000 000	0,274

Sur les dispositions transitoires de l'Arr. du 28 févr. 2024, V. note ss. art. A. 663-3.

Art. A. 663-6 Conformément aux dispositions de l'article R. 663-6, la mission de surveillance au cours de la procédure de sauvegarde (numéro 5 du tableau 4-1) donne lieu à la perception de l'émolument fixé à l'article A. 663-5 diminué de 25 %.

Art. A. 663-7 Conformément aux dispositions du premier alinéa de l'article R. 663-7, la mission d'administration de l'entreprise au cours d'une procédure de redressement ou de liquidation judiciaire (numéro 6 du tableau 4-1) donne lieu à la perception de l'émolument fixé à l'article A. 663-5 majoré de 50 %.

Art. A. 663-8 L'émolument prévu au premier alinéa de l'article R. 663-9*[,]*, au titre de l'élaboration du bilan économique, social et environnemental et de l'assistance apportée au débiteur pour la préparation d'un plan de sauvegarde ou de redressement (numéro 2 du tableau 4-1), est ainsi fixé :

1° Lorsque le total du bilan du débiteur est inférieur à 3 650 000 €, cet émolument varie en fonction du nombre de salariés employés par le débiteur ou du montant de son chiffre d'affaires, selon le barème suivant :

NOMBRE DE SALARIÉS	CHIFFRE D'AFFAIRES EN €	ÉMOLUMENT EN €
		(Arr. du 28 févr. 2024, art. 7, en vigueur le 1er mars 2024)
De 0 à 5	De 0 à 750 000	1 368,43
De 6 à 19	De 750 001 à 3 000 000	1 824,57
De 20 à 49	De 3 000 001 à 7 000 000	5 473,71
De 50 à 149	De 7 000 001 à 20 000 000	9 122,85
A compter de 150	Au-delà de 20 000 000	13 684,28

Lorsque le débiteur relève de deux tranches de rémunération différentes au titre respectivement du nombre de salariés employés et du montant de son chiffre d'affaires, il y a lieu de se référer à la tranche la plus élevée.

2° Lorsque le total du bilan du débiteur est compris entre 3 650 000 € et 10 000 000 €, cet émolument est fixé à *(Arr. du 28 févr. 2024, art. 7, en vigueur le 1er mars 2024)* « 9 122,85 » € quel que soit le nombre de salariés ou le montant de son chiffre d'affaires ;

3° Lorsque le total du bilan du débiteur est supérieur à 10 000 000 €, cet émolument est fixé à *(Arr. du 28 févr. 2024, art. 7, en vigueur le 1er mars 2024)* « 13 684,28 » € quel que soit le nombre de salariés ou le montant de son chiffre d'affaires.

Sur les dispositions transitoires de l'Arr. du 28 févr. 2024, V. note ss. art. A. 663-3.

Art. A. 663-9 Conformément aux dispositions du troisième alinéa de l'article R. 663-9, la rémunération prévue à l'article A. 663-8 est majorée de 50 % en cas d'arrêté du plan de sauvegarde ou de redressement.

Lorsque le plan de sauvegarde ou de redressement est arrêté dans les conditions prévues au premier alinéa de l'article L. 628-8 (numéro 8 du tableau 4-1), la rémunération prévue au premier alinéa est majorée de 50 % conformément aux dispositions du quatrième alinéa de l'article R. 663-9.

Art. A. 663-10 *(Arr. du 22 août 2023, art. 1er)* L'émolument prévu à l'article R. 663-10 au titre de la constitution des classes de parties affectées et de la préparation des opérations de vote (numéro 3 du tableau 4-1) est fixé, en fonction du montant des créances prises en compte en application de l'article R. 626-58 de la manière suivante :

1° Lorsque le montant des créances est inférieur ou égal à 500 000 €, cet émolument est d'un montant de 940 € ;

2° Lorsque le montant des créances est supérieur à 500 000 €, cet émolument est proportionnel à ce montant au taux de 0,188 %.

Lorsque le plan est arrêté conformément au projet adopté par les classes de parties affectées (numéro 7 du tableau 4-1), l'émolument prévu au 1° ou 2° du présent article est majoré de 50 %.

Les dispositions de l'Arr. du 22 août 2023 s'appliquent aux procédures ouvertes à compter du 1er oct. 2021, à l'exception des prestations accomplies par les administrateurs et mandataires judiciaires dans le cadre des procédures ouvertes postérieurement au 1er oct. 2021 et qui ont donné lieu à une taxation avant la date d'entrée en vigueur de l'Arr. préc. [JO 13 sept.], qui demeurent acquis. Les administrateurs judiciaires et mandataires judiciaires peuvent demander à bénéficier d'un complément de rémunération au titre de l'application des nouveaux tarifs (Arr. préc., art. 6, renvoyant au Décr. no 2023-434 du 3 juin 2023, art. 18).

Art. A. 663-11 L'émolument prévu à l'article R. 663-11 au titre de l'arrêté d'un plan de cession au cours d'une procédure de redressement ou de liquidation judiciaire (numéro 9 du tableau 4-1) est fixé proportionnellement au montant total hors taxes du prix de cession de l'ensemble des actifs compris dans le plan, selon le barème suivant :

TRANCHES D'ASSIETTE EN €	TAUX DE L'ÉMOLUMENT EN %
	(Arr. du 28 févr. 2024, art. 8 en vigueur le 1er mars 2024)
De 0 à 15 000	4,562
De 15 001 à 50 000	3,649
De 50 001 à 150 000	2,737
De 150 001 à 300 000	1,369
Au-delà de 300 000	0,913

Sur les dispositions transitoires de l'Arr. du 28 févr. 2024, V. note ss. art. A. 663-3.

Art. A. 663-12 L'émolument prévu à l'article R. 663-12 au titre de l'augmentation des fonds propres prévue par le plan de sauvegarde ou de redressement (numéro 10 du tableau 4-1) est fixé proportionnellement au montant de cette augmentation selon le barème prévu à l'article A. 663-11.

Art. A. 663-12-1 *(Arr. du 22 août 2023, art. 2)* Conformément aux dispositions de l'article R. 663-12-1, l'émolument dû à l'administrateur judiciaire au titre des diligences qu'il a effectuées dans le cadre de nouveaux apports de trésorerie en application des dispositions de l'article L. 626-10 (numéro 10-1 du tableau 4-1)*[,]* qui ne peut excéder 20 000 euros, est fixé proportionnellement au montant cumulé de ces apports autorisés par le juge-commissaire ou mentionnés dans le jugement arrêtant le plan, selon le barème suivant :

TRANCHES D'ASSIETTE EN €	TAUX DE L'ÉMOLUMENT EN %
De 0 à 15 000	3,292 %
De 15 001 à 50 000	2,351 %
De 50 001 à 150 000	1,411 %
De 150 001 à 300 000	0,470 %
Au-delà de 300 000	0,235 %

Sur les dispositions transitoires de l'Arr. du 22 août 2023, V. note ss. art. A. 663-10.

Art. A. 663-13 L'émolument prévu à l'article R. 663-13-1 au titre du contentieux portant sur une demande en revendication ou en restitution ayant donné lieu à une décision du juge-commissaire (numéro 11 du tableau 4-1) est fixé à *(Arr. du 28 févr. 2024, art. 9, en vigueur le 1er mars 2024)* « 91,23 » €.

Sur les dispositions transitoires de l'Arr. du 28 févr. 2024, V. note ss. art. A. 663-3.

SOUS-SECTION 2 *De la rémunération du commissaire à l'exécution du plan*

Art. A. 663-14 L'émolument prévu à l'article R. 663-14 au titre de la mission de surveillance de l'exécution du plan, des actions engagées ou poursuivies dans l'intérêt collectif des créanciers, de l'exécution des actes permettant la mise en œuvre du plan et du rapport annuel prévu à l'article R. 626-43 (numéro 1 du tableau 4-2) est égal à 50 % de celui fixé à l'article A. 663-4.

Art. A. 663-15 Conformément aux dispositions de l'article R. 663-15, la rémunération due au titre de l'assistance du débiteur dans la préparation d'un projet ayant pour objet une modification substantielle dans les objectifs ou les moyens du plan (numéro 2 du tableau 4-2) *(Abrogé par Arr. du 22 août 2023, art. 3)* ***« ou au titre de la présentation au tribunal d'une demande en résolution du plan (numéro 3 de ce tableau) »*** ne peut être supérieure à 50 % de l'émolument fixé à l'article A. 663-8.

(Arr. du 22 août 2023, art. 3) « Lorsque le projet de plan nécessite une modification des classes de parties affectées (numéro 2-1 du tableau 4-2), la rémunération ne peut excéder 25 % de l'émolument fixé à l'article A. 663-10 dans la limite d'un montant de créances fixé à 25 000 000 euros ;

« La présentation au tribunal d'une demande en résolution du plan (numéro 3 du tableau 4-2) donne lieu à un émolument égal à celui fixé au premier alinéa. »

Sur les dispositions transitoires de l'Arr. du 22 août 2023, V. note ss. art. A. 663-10.

Art. A. 663-15-1 *(Arr. du 22 août 2023, art. 4)* Conformément aux dispositions de l'article R. 663-15-1, l'émolument dû au commissaire à l'exécution du plan, au titre des diligences qu'il a effectuées dans le cadre de nouveaux apports de trésorerie prévus au troisième alinéa de l'article L. 626-26 (numéro 3-1 du tableau 4-2), qui ne peut excéder 20 000 euros, est fixé proportionnellement au montant cumulé de ces apports mentionnés dans le jugement modifiant le plan, selon le barème suivant :

TRANCHES D'ASSIETTE EN €	TAUX DE L'ÉMOLUMENT EN %
De 0 à 15 000	3,292 %
De 15 001 à 50 000	2,351 %
De 50 001 à 150 000	1,411 %

TRANCHES D'ASSIETTE EN €	TAUX DE L'ÉMOLUMENT EN %
De 150 001 à 300 000	0,470 %
Au-delà de 300 000	0,235 %

Sur les dispositions transitoires de l'Arr. du 22 août 2023, V. note ss. art. A. 663-10.

Art. A. 663-16 L'émolument prévu à l'article R. 663-16 au titre de la mission de perception et de répartition des dividendes arrêté par le plan (numéro 4 du tableau 4-2) est fixé proportionnellement au montant cumulé des sommes encaissées par l'ensemble des créanciers ou, à défaut d'encaissement par les créanciers, au montant cumulé des sommes consignées à la Caisse des dépôts et consignations au cours de chacune des années d'exécution du plan, selon le barème suivant :

TRANCHES D'ASSIETTE EN €	TAUX DE L'ÉMOLUMENT EN %
	(Arr. du 28 févr. 2020, en vigueur le 1er mars 2020)
De 0 à 15 000	3,292
De 15 001 à 50 000	2,351
De 50 001 à 150 000	1,411
De 150 001 à 300 000	0,470
Au-delà de 300 000	0,235

Sur les dispositions transitoires de l'Arr. du 28 févr. 2020, V. ce texte, art. 21 (JO 1er mars).

Art. A. 663-17 Conformément aux dispositions de l'article R. 663-17, l'émolument prévu au titre de l'inscription des créances sur la liste prévue à l'article R. 622-15 (numéro 5 du tableau 4-2) donne lieu à la perception d'un émolument égal à celui fixé à l'article A. 663-20.

SOUS-SECTION 3 *De la rémunération du mandataire judiciaire et du liquidateur*

Art. A. 663-18 L'émolument prévu au premier alinéa de l'article R. 663-18 au profit du mandataire judiciaire pour l'ensemble de la procédure de sauvegarde ou de redressement judiciaire (numéro 1 du tableau 4-3) est fixé à *(Arr. du 28 févr. 2020, en vigueur le 1er mars 2020)* « 2 351,25 » €.

L'émolument prévu au troisième alinéa de cet article au profit du liquidateur (numéro 2 du tableau 4-3) est également fixé à *(Arr. du 28 févr. 2020, en vigueur le 1er mars 2020)* « 2 351,25 » €.

Sur les dispositions transitoires de l'Arr. du 28 févr. 2020, V. ce texte, art. 21 (JO 1er mars).

Art. A. 663-19 Conformément aux dispositions de l'article R. 663-19, le liquidateur*[,]* désigné en application des dispositions de l'article L. 641-1, perçoit*[,]* pour l'ensemble de la procédure de liquidation judiciaire, l'émolument prévu à l'article A. 663-18.

Art. A. 663-20 L'émolument prévu à l'article R. 663-22 au titre de l'enregistrement des créances déclarées et non vérifiées, ainsi que des créances portées sur la liste prévue à l'article R. 622-15 (numéro 3 du tableau 4-3), est fixé à :

1° *(Arr. du 28 févr. 2020, en vigueur le 1er mars 2020)* « 4,70 » € par créance lorsque le montant de la créance est inférieur à 150 € ;

2° *(Arr. du 28 févr. 2020, en vigueur le 1er mars 2020)* « 9,41 » € par créance lorsque le montant de la créance est égal ou supérieur à 150 €.

Sur les dispositions transitoires de l'Arr. du 28 févr. 2020, V. ce texte, art. 21 (JO 1er mars).

Art. A. 663-21 L'émolument prévu à l'article R. 663-23 au titre de la vérification des créances non salariales (numéro 4 du tableau 4-3) varie en fonction du montant de la créance selon le barème suivant :

MONTANT DE LA CRÉANCE EN €	ÉMOLUMENT EN € (PAR CRÉANCE)
	(Arr. du 28 févr. 2020, en vigueur le 1er mars 2020)
De 40 à 150	28,22
Supérieur ou égal à 150	47,03

Sur les dispositions transitoires de l'Arr. du 28 févr. 2020, V. ce texte, art. 21 (JO 1er mars).

Art. A. 663-21-1 *(Arr. du 28 févr. 2020, en vigueur le 1er mars 2020)* L'émolument prévu à l'article R. 663-24 au titre de l'établissement des relevés des créances salariales (numéro 5 du tableau 4-7) est fixé à 112,86 € par salarié.

Sur les dispositions transitoires de l'Arr. du 28 févr. 2020, V. ce texte, art. 21 (JO 1er mars).

Art. A. 663-22 Est fixé à *(Arr. du 28 févr. 2020, en vigueur le 1er mars 2020)* « 94,05 » € l'émolument prévu à l'article R. 663-25 au titre de :

1° La contestation des créances autres que salariales dont l'admission ou le rejet a donné lieu à une décision du juge-commissaire inscrite sur l'état des créances mentionné à l'article R. 624-8 (numéro 6 du tableau 4-3) ;

2° Tout contentieux portant sur une demande en revendication ou en restitution ayant donné lieu à une décision du juge-commissaire (numéro 7 du tableau 4-3) ;

3° Toute instance introduite ou reprise devant la juridiction prud'homale en application des articles L. 625-1 et L. 625-3 et à laquelle il a été mis fin soit par une décision judiciaire au terme d'une instance dans laquelle le mandataire judiciaire a été présent ou représenté, soit par la conclusion d'un accord amiable visé par le juge-commissaire auquel le mandataire judiciaire a été partie (numéro 8 du tableau 4-3) ;

(Arr. du 22 août 2023, art. 5) « 4° Pour toute décision du juge-commissaire ou du tribunal statuant sur une requête en contestation de la qualité de partie affectée, des modalités de répartition en classes et du calcul des voix correspondant aux créances ou droits permettant d'exprimer un vote, formée en application de l'article R. 626-58-1 (numéro 7-1 du tableau 4-3). »

Sur les dispositions transitoires de l'Arr. du 28 févr. 2020, V. ce texte, art. 21 (JO 1er mars) ; ... de l'Arr. du 22 août 2023, V. note ss. art. A. 663-10.

Art. A. 663-23 Conformément aux dispositions de l'article R. 663-26, l'émolument dû au titre de la mission de répartition des fonds entre les créanciers confiée par le tribunal au mandataire judiciaire en application de l'article L. 631-16 (numéro 9 du tableau 4-3) est fixé conformément à l'article A. 663-16.

Art. A. 663-24 L'émolument prévu à l'article R. 663-27 au titre des obligations résultant de la cessation d'activité d'une ou de plusieurs installations classées au sens du titre I du livre V du code de l'environnement (numéro 10 du tableau 4-3) est fixé à :

1° *(Arr. du 28 févr. 2020, en vigueur le 1er mars 2020)* « 470,25 » € lorsque la ou les installations classées sont soumises à déclaration ;

2° *(Arr. du 28 févr. 2020, en vigueur le 1er mars 2020)* « 1 410,75 » € lorsque l'une au moins des installations classées est soumise à autorisation ou à enregistrement ;

3° *(Arr. du 28 févr. 2020, en vigueur le 1er mars 2020)* « 4 232,25 » € lorsque l'une au moins des installations classées figure sur une liste prévue au IV de l'article L. 515-8 du code de l'environnement.

Sur les dispositions transitoires de l'Arr. du 28 févr. 2020, V. ce texte, art. 21 (JO 1er mars).

Art. A. 663-25 L'émolument prévu à l'article R. 663-27-1 au titre de l'inventaire réalisé en application des dispositions du deuxième alinéa de l'article L. 641-2 (numéro

11 du tableau 4-3) est fixé à *(Arr. du 28 févr. 2020, en vigueur le 1er mars 2020)* **« 94,05 » €.**

Sur les dispositions transitoires de l'Arr. du 28 févr. 2020, V. ce texte, art. 21 (JO 1er mars).

Art. A. 663-26 L'émolument prévu à l'article R. 663-28 au titre de la mission d'administration de l'entreprise, lorsque le maintien de l'activité a été autorisé en application de l'article L. 641-10 (numéro 12 du tableau 4-3), est fixé proportionnellement au montant du chiffre d'affaires, selon le barème suivant :

CHIFFRE D'AFFAIRES EN €	TAUX DE L'ÉMOLUMENT EN %
	(Arr. du 28 févr. 2020, en vigueur le 1er mars 2020)
De 0 à 150 000	2,822
De 150 001 à 750 000	1,411
De 750 001 à 3 000 000	0,846

Sur les dispositions transitoires de l'Arr. du 28 févr. 2020, V. ce texte, art. 21 (JO 1er mars).

Art. A. 663-27 I. — Les émoluments prévus au I de l'article R. 663-29 sont fixés proportionnellement :

1° Au montant du total toutes taxes comprises du prix des actifs cédés, déduction faite de la rémunération toutes taxes comprises des intervenants, autres que le liquidateur, ayant participé aux opérations de cession, s'agissant des cessions d'actifs mobiliers corporels (numéro 13 du tableau 4-3) ;

2° Au montant total toutes taxes comprises des sommes encaissées ou recouvrées, déduction faite de la rémunération toutes taxes comprises des intervenants, autres que le liquidateur, ayant participé aux recouvrements, s'agissant de tout encaissement ou recouvrement de créance (numéro 14 du tableau 4-3) ;

3° Au montant du prix, le cas échéant toutes taxes comprises, de chacun des actifs cédés, s'agissant de la réalisation d'actifs immobiliers et mobilier*[s]* **incorporels** *(Annulé par CE no 420243 du 28 déc. 2018, à compter du 28 déc. 2018) (Arr. du 27 févr. 2018, en vigueur le 1er mars 2018)* ***« (numéro 15 du tableau 4-3) ».***

Selon le barème suivant :

TRANCHES D'ASSIETTE EN €	TAUX DE L'ÉMOLUMENT EN %
	(Arr. du 28 févr. 2020, en vigueur le 1er mars 2020)
De 0 à 15 000	4,703
De 15 001 à 50 000	3,762
De 50 001 à 150 000	2,822
De 150 001 à 300 000	1,411
Au-delà de 300 000	0,941

Pour l'application de ce barème, l'assiette des montants pris en compte est nette des intérêts servis par la Caisse des dépôts et consignations.

II. — Conformément aux dispositions du II de l'article R. 663-29, l'émolument perçu par le liquidateur au titre de la cession des actifs compris dans un plan de cession est fixé conformément à l'article A. 663-11, à condition qu'aucun administrateur judiciaire n'a *[n'ait]* **été désigné** *(Annulé par CE no 420243 du 28 déc. 2018, à compter du 28 déc. 2018) (Arr. du 27 févr. 2018, en vigueur le 1er mars 2018)* ***« (numéro 17 du tableau 4-3) ».***

Sur les dispositions transitoires de l'Arr. du 28 févr. 2020, V. ce texte, art. 21 (JO 1er mars).

Art. A. 663-28 L'émolument prévu à l'article R. 663-30 au titre de la répartition aux créanciers mentionnés à l'article L. 622-24 et des paiements des créances mentionnées au I de l'article L. 641-13 (numéro 16 du tableau 4-3) est fixé proportionnellement au montant cumulé des sommes encaissées par l'ensemble des créanciers ou consignées à la Caisse des dépôts et consignations, selon le barème suivant :

TRANCHES D'ASSIETTE EN €	TAUX DE L'ÉMOLUMENT EN %
	(Arr. du 28 févr. 2020, en vigueur le 1er mars 2020)
De 0 à 15 000	4,232
De 15 001 à 50 000	3,292
De 50 001 à 150 000	2,351
De 150 001 à 300 000	1,411
Au-delà de 300 000	0,705

Sur les dispositions transitoires de l'Arr. du 28 févr. 2020, V. ce texte, art. 21 (JO 1er mars).

Art. A. 663-29 L'émolument prévu à l'article R. 663-31-1 au titre des actions engagées en application des dispositions du premier alinéa de l'article L. 653-7 est fixé à 300 euros par action engagée aboutissant au prononcé d'une sanction prévue aux articles L. 653-3 à L. 653-6 et à l'article L. 653-8 (numéro 18 du tableau 4-3).

Cet émolument est doublé en cas de confirmation de la sanction en appel.

TITRE VII DISPOSITIONS DÉROGATOIRES PARTICULIÈRES AUX DÉPARTEMENTS DE LA MOSELLE, DU BAS-RHIN ET DU HAUT-RHIN

Le présent titre ne comprend pas de dispositions pour les arrêtés.

Circulaire du 22 juillet 2005,

Relative aux mesures d'application immédiate de la loi de sauvegarde des entreprises (BOMJ 2005, no 99) .

Circulaire du 9 janvier 2006,

Relative aux mesures législatives et réglementaires applicables de la loi de sauvegarde des entreprises applicables aux procédures en cours (BOMJ 2006, no 101) .

Circulaire du 16 novembre 2006,

Relative à l'intervention des ordres professionnels ou des autorités compétentes dans le cours des procédures du livre VI du code de commerce ouvertes à l'égard de professionnels libéraux appartenant à des professions réglementées (BOMJ 2006, no 104) .

Circulaire du 6 avril 2007,

Relative à l'application du décret no 2006-1709 du 23 décembre 2006 pris en application de la loi de sauvegarde des entreprises et portant diverses dispositions relatives aux administrateurs judiciaires et aux mandataires judiciaires (BOMJ no 2007-03 du 30 juin 2007) .

Ordonnance no 2020-341 du 27 mars 2020,

Portant adaptation des règles relatives aux difficultés des entreprises et des exploitations agricoles à l'urgence sanitaire et modifiant certaines dispositions de procédure pénale.

BIBL. ▶ Teboul, *D. 2020. Chron. 785*. – Macorig-Venier, *RTD com. 2020. 447* (prévention des difficultés). – Poujade, *ibid. 474* (prolongation de la durée des plans). – Allais et Houssin,

JCP E 2020. 1161. – Roussel Galle, *DP diff. entr., Bull. n° 424*. – Numéro spécial, *APC 2020, n°s 103 s.* – Petit, *ibid., n° 128* (incidence sur les fonctions de la cessation des paiements) ; *ibid., n° 166* (incidence sur le délai de cessation des paiements). – Buisine, *RPC 2020. Étude 8*. – Berthelot, *JCP E 2020. 1205*. – Douaoui-Chamseddine, *ibid. 1261* (gel de l'état de cessation des paiements et moratoire). – Borga et Théron, *RJ com. 2020. 249*. – Dossier spécial, *BJE 5-6/2020. 54*. – Dossier spécial, *Gaz. Pal. 13 juill. 2020, p. 57*. – Legros, *Dr. sociétés 2020, n° 96*. – Dossier « Dispositions covid : quelles mesures pérenniser ? », *BJE 1-2/2021. 55*. ▸ Sur l'Ord. n° 2020-306 du 25 mars 2020 (prorogation des délais échus pendant la période d'urgence sanitaire) : Borga et Couturier, *RPC 2020. Étude 16*.

Art. 1er I. — *(Ord. n° 2020-596 du 20 mai 2020, art. 9)* **« Jusqu'au 23 août 2020 inclus » :**

1° L'état de cessation des paiements est apprécié en considération de la situation du débiteur à la date du 12 mars 2020, sans préjudice des dispositions des deuxième, troisième et quatrième alinéas de l'article L. 631-8 du code de commerce, de la possibilité pour le débiteur de demander l'ouverture d'une procédure de redressement judiciaire ou de liquidation judiciaire ou le bénéfice d'un rétablissement professionnel, et de la possibilité de fixer, en cas de fraude, une date de cessation de paiements postérieure ;

2° Les relevés des créances résultant d'un contrat de travail sont transmis sans délai par le mandataire aux institutions de garantie mentionnées à l'article L. 3253-14 du code du travail. Les dispositions du premier alinéa de l'article L. 625-1 et de l'article L. 625-2 du code de commerce s'appliquent sans avoir pour effet l'allongement du délai de cette transmission.

II. — La période mentionnée à la première phrase du deuxième alinéa de l'article L. 611-6 du code de commerce est prolongée de plein droit *(Ord. n° 2020-596 du 20 mai 2020, art. 9)* **« d'une durée de cinq mois ».**

Jusqu'à l'expiration du délai prévu au I, et sans préjudice des dispositions du dernier alinéa de l'article L. 611-7 du même code, la dernière phrase du deuxième alinéa de l'article L. 611-6 n'est pas applicable.

III. — S'agissant des plans arrêtés par le tribunal en application des dispositions de l'article L. 626-12 ou de l'article L. 631-19 du code de commerce :

1° Jusqu'à l'expiration du délai prévu au I, le président du tribunal, statuant sur requête du commissaire à l'exécution du plan, peut prolonger ces plans dans la limite *(Ord. n° 2020-596 du 20 mai 2020, art. 9)* **« d'une durée de cinq mois ». Sur requête du ministère public, la prolongation peut toutefois être prononcée pour une durée maximale d'un an ;**

2° Après l'expiration du délai prévu au I, et pendant un délai de six mois, sur requête du ministère public ou du commissaire à l'exécution du plan, le tribunal peut prolonger la durée du plan pour une durée maximale d'un an. — *V., infra, Arr. du 15 déc. 2020.*

IV. — Jusqu'à l'expiration du délai prévu au I, le président du tribunal, statuant sur requête de l'administrateur judiciaire, du mandataire judiciaire, du liquidateur ou du commissaire à l'exécution du plan, peut prolonger les délais qui sont imposés à ces derniers *(Ord. n° 2020-596 du 20 mai 2020, art. 9)* **« d'une durée de cinq mois ».**

Art. 2 I. — *(Ord. n° 2020-596 du 20 mai 2020, art. 9)* **« Jusqu'au 23 juin 2020 inclus » :**

1° Le I de l'article L. 631-15 du code de commerce n'est pas applicable ;

2° Les actes par lesquels le débiteur saisit la juridiction sont remis au greffe par tout moyen. Le débiteur peut y insérer une demande d'autorisation à formuler par écrit ses prétentions et ses moyens, en application du second alinéa de l'article 446-1 du code de procédure civile. Lorsque la procédure relève de sa compétence, le président du tribunal peut recueillir les observations du demandeur par tout moyen ;

3° Les communications entre le greffe du tribunal, l'administrateur judiciaire et le mandataire judiciaire ainsi qu'entre les organes de la procédure se font par tout moyen.

II. — Sont prolongés, jusqu'à l'expiration du délai prévu au I, *(Ord. n° 2020-596 du 20 mai 2020, art. 9)* **« d'une durée de trois mois » :**

1° Les durées relatives à la période d'observation, au plan, au maintien de l'activité, et à la durée de la procédure de liquidation judiciaire simplifiée, prévues par les

titres II, III et IV du livre VI du code de commerce, ainsi que la durée prévue par l'article L. 661-9 du même code ;

2° Les délais mentionnés aux *b*, *c* et *d* du 2° de l'article L. 3253-8 du code du travail ;

3° Les durées mentionnées au 5° du même article.

Art. 3 Pour l'application des articles L. 351-1 à L. 351-7 du code rural et de la pêche maritime, *(Ord. n° 2020-596 du 20 mai 2020, art. 9)* « jusqu'au 23 août 2020 inclus » :

1° Le juge ne peut refuser de désigner un conciliateur au motif que la situation du débiteur s'est aggravée postérieurement au 12 mars 2020 ;

2° Lorsque l'accord ne met pas fin à l'état de cessation des paiements, ce dernier est apprécié en considération de la situation du débiteur à la date du 12 mars 2020.

Art. 4 *Modification de l'Ord. n° 2020-303 du 25 mars 2020.*

Art. 5 I. — La présente ordonnance s'applique aux procédures en cours.

II. — Nonobstant les dispositions de l'article R. 670-1 du code de commerce, les dispositions de l'article R. 662-2 du même code sont applicables dans les départements de la Moselle, du Bas-Rhin et du Haut-Rhin *(Ord. n° 2020-596 du 20 mai 2020, art. 9)* « jusqu'au 23 juin 2020 inclus ».

III. — La présente ordonnance est applicable à Wallis-et-Futuna *(Ord. n° 2020-596 du 20 mai 2020, art. 9)* « dans sa rédaction résultant de l'ordonnance n° 2020-596 du 20 mai 2020 ». Pour l'application du 2° du I de l'article 1er et des 2° et 3° du II de l'article 2, la référence au code du travail est remplacée par la référence aux dispositions applicables localement.

IV. — L'article 4 est applicable sur l'ensemble du territoire de la République.

V., infra, Circ. du 30 mars 2020 de présentation des art. 1er, 2, 3 et 5 de l'Ord. n° 2020-341 du 27 mars 2020.

Circulaire du 30 mars 2020,

De présentation des articles 1er, 2, 3 et 5 de l'ordonnance n° 2020-341 du 27 mars 2020 portant adaptation des règles relatives aux difficultés des entreprises et des exploitations agricoles à l'urgence sanitaire et modifiant certaines dispositions de procédure pénale.

INTRODUCTION

La loi n° 2020-290 du 23 mars 2020 habilite le gouvernement à prendre par ordonnance, dans un délai de trois mois, toute mesure, pouvant entrer en vigueur, si nécessaire, à compter du 12 mars 2020, afin de faire face aux conséquences économiques, financières et sociales de la propagation de l'épidémie de covid-19 et aux conséquences des mesures prises pour limiter cette propagation, et notamment afin de prévenir et limiter la cessation d'activité des personnes physiques et morales exerçant une activité économique et des associations ainsi que ses incidences sur l'emploi, en prenant toute mesure adaptant les dispositions du livre VI du code de commerce et celles du chapitre I du titre V du livre III du code rural et de la pêche maritime afin de prendre en compte les conséquences de la crise sanitaire pour les entreprises et les exploitations (article 11, I 1° *d*)).

L'ordonnance n° 2020-341 du 27 mars 2020 portant adaptation des règles relatives aux difficultés des entreprises et des exploitations agricoles à l'urgence sanitaire et modifiant certaines dispositions de procédure pénale a été publiée au *Journal Officiel* du 28 mars 2020 avec le rapport au Président de la République.

La présente circulaire présente les dispositions des articles 1er, 2, 3 et 5 de cette ordonnance, (l'art. 4 étant relatif à des dispositions de procédure pénale).

Ses dispositions abrogent et remplacent les termes de ma dépêche du 19 mars 2020 relative à l'activité des tribunaux de commerce.

I APPLICATION AU TRAITEMENT JUDICIAIRE DES ENTREPRISES EN DIFFICULTÉ DES AUTRES ORDONNANCES PRISES SUR LE FONDEMENT DE LOI N° 2020-290 DU 23 MARS 2020

Le droit des entreprises en difficulté est impacté par les ordonnances prises en application de la loi du 23 mars 2020 précitées ainsi que d'autres textes réglementaires destinés à permettre le soutien des entreprises pendant la période d'état d'urgence sanitaire. Il en va ainsi notamment :

– du décret n° 2020-325 du 25 mars 2020 relatif à l'activité partielle ;

– de l'ordonnance n° 2020-317 du 25 mars 2020 portant création d'un fonds de solidarité à destination des entreprises particulièrement touchées par les conséquences économiques, financières et sociales de la propagation de l'épidémie de covid-19 et des mesures prises pour limiter cette propagation*[;]*

– l'ordonnance n° 2020-316 du 25 mars 2020 relative au paiement des loyers, des factures d'eau, de gaz et d'électricité afférents aux locaux professionnels des entreprises dont l'activité est affectée par la propagation de l'épidémie de covid-19 ;

Deux ordonnances ont en outre un impact direct sur le traitement judiciaire des entreprises en difficulté :

1) *L'ordonnance n° 2020-306 du 25 mars 2020 relative à la prorogation des délais échus pendant la période d'urgence sanitaire et à l'adaptation des procédures pendant cette même période.*

Les dispositions générales de cette ordonnance sont présentées dans une circulaire du 26 mars à laquelle il convient de référer.

En particulier, l'article 2 de l'ordonnance n° 2020-306, s'applique, sauf disposition spéciale contraire, à l'ensemble des délais qui ont expiré ou qui expirent entre le 12 mars 2020 et l'expiration d'un délai d'un mois à compter de la date de cessation de l'état d'urgence sanitaire déclaré dans les conditions de l'article 4 de la loi du 23 mars 2020 (période désignée par convention sous les termes « période juridiquement protégée »). Cet article prévoit que les actes prescrits par la loi ou le règlement et qui devaient être accomplis dans cette période pourront être réalisés dans un délai de deux mois après cette période.

Exemples :

* Le délai de déclaration de créance, entre dans le champ d'application de cet article 2 de l'ordonnance n° 2020-306 (délai prévu à peine de forclusion). Ce délai est prévu par l'article L. 622-24 du code de commerce et précisé par l'article R. 622-24 du même code. Il est de deux mois à compter de la publication du jugement d'ouverture au *Bulletin officiel des annonces civiles et commerciales.*

⇒ S'il expire entre le 12 mars 2020 et l'expiration de la « période juridiquement protégée », le créancier peut valablement déclarer sa créance dans les deux mois suivant l'expiration de cette période, c'est-à-dire dans les trois mois suivant l'expiration de l'état d'urgence sanitaire, sans avoir à présenter une demande de relevé de forclusion.

Par contre, si le délai de déclaration commence à courir après le délai de protection, et même si la publication concerne un jugement rendu pendant cette période, et, plus généralement, expire après, le créancier ne bénéficiera pas d'une quelconque suspension ou interruption des délais que l'ordonnance n'institue aucunement.

* Le délai de trois mois pour revendiquer les meubles, prévu par l'article L. 624-9 du code de commerce, entre également dans le champ d'application de l'article 2 de l'ordonnance n° 2020- 306 ; s'il expire entre le 12 mars 2020 et l'expiration de la « période juridiquement protégée » la revendication doit se faire avant l'expiration du délai de deux mois suivant la fin de cette période.

* S'il expirait pendant la période juridiquement protégée, le délai d'un mois prévu au deuxième alinéa de l'article R. 624-13, avant l'expiration duquel le vendeur doit, à peine de forclusion, saisir le juge-commissaire de la revendication des marchandises expédiées au débiteur, court à compter de la fin de la période juridiquement protégée. Il convient donc de prendre en compte la portée de ces dispositions, tout particulièrement en cas d'ouverture d'une procédure collective pendant la période de protection juridique.

2) *L'ordonnance n° 2020-304 du 25 mars 2020 portant adaptation des règles applicables aux juridictions de l'ordre judiciaire statuant en matière non pénale.*

Cette ordonnance a fait l'objet d'une circulaire du 26 mars 2020 à laquelle il convient de se référer. Pour mémoire :

– L'article 2 de cette ordonnance rend applicable aux délais de procédure devant les juridictions statuant en matière non pénale le report des délais prévu par l'article 2 de l'ordonnance n° 2020-306 mentionnée au 1° ci-dessus.

Les délais prévus en matière de saisie-immobilière sont, quant à eux, suspendus. Cette suspension concerne la mise en œuvre des dispositions des articles de la section 2 du chapitre 2 du titre IV du livre VI du code de commerce et s'ajoute à la suspension mentionnée à l'article L. 642-18 de ce code.

– L'article 3 de l'ordonnance n° 2020-304 concerne la situation d'une juridiction qui se trouve dans l'incapacité totale ou partielle de fonctionner. Elle permet de transférer la compétence territoriale d'une juridiction à une autre juridiction de la même cour d'appel. Il convient de préciser que cette possibilité de transfert ne doit pas être confondue avec celle prévue par l'article L. 662-2 du code de commerce, qui permet, si les intérêts en présence le justifient, le renvoi de l'affaire devant une autre juridiction.

– L'article 4 de l'ordonnance citée ci-dessus simplifie les conditions de renvois des affaires appelées à une audience annulée en raison de l'état d'urgence sanitaire.

Son application doit être coordonnée avec les dispositions de la présente ordonnance, par exemple celles relatives à la durée de la période d'observation. Il convient de souligner que la décision sera rendue par défaut, dans les conditions détaillées par l'ordonnance n° 2020-304, dérogeant aux dispositions de l'article 473 du code de procédure civile. Le défendeur pourra donc exercer un recours sous forme d'opposition. Dans ce cas, les restrictions à l'exercice des voies de recours du titre VI du livre VI du code de commerce devraient être écartées. Il convient, notamment en cas d'ouverture d'une procédure non demandée par le débiteur lui-même, de prendre en considération cette dérogation, alors que le principe demeure celui de l'exécution provisoire pour les jugements mentionnés à l'article R. 661-1 du code de commerce.

L'article 5 de l'ordonnance permet, même en matière de procédures collectives, la tenue d'audiences soit en juge unique, soit, s'agissant du tribunal de commerce, devant un juge chargé de rapporter l'affaire. La décision est prise par le président du tribunal.

L'article 6 concerne les échanges d'écritures ou de pièces entre les parties.

L'ordonnance présentée par la présente circulaire complète cette souplesse pour les autres communications et prévoit que l'audience pourra se tenir dans les conditions précisées par l'article 446-1 du code de procédure civile.

Le même article 6 est relatif à la restriction de la publicité des audiences. Ses dispositions font notamment obstacle à celles de l'article L. 662-3 du code de commerce qui permettent de demander la publicité des débats.

L'article 7 permet de tenir toutes les audiences grâce à un moyen de communication audiovisuel, et, le cas échéant, par tout moyen de communication électronique. Il s'applique aux audiences de procédures collectives. Il ne dispense pas du respect des obligations de consultation et des auditions prévues par le livre VI du code de commerce, par ces mêmes moyens.

II DISPOSITIONS DE L'ORDONNANCE N° 2020-341 DU 27 MARS 2020 PORTANT ADAPTATION DES RÈGLES RELATIVES AUX DIFFICULTÉS DES ENTREPRISES ET DES EXPLOITATIONS AGRICOLES À L'URGENCE SANITAIRE ET MODIFIANT CERTAINES DISPOSITIONS DE PROCÉDURE PÉNALE

Certaines des mesures prévues par cette ordonnance s'appliquent à une période qui couvre la période qui s'étend jusqu'à trois mois après la fin de l'état d'urgence sanitaire. D'autres ne s'appliquent qu'à la période juridiquement protégée (état d'urgence sanitaire + un mois).

1° *Les mesures qui s'appliquent pendant l'état d'urgence sanitaire et s'étendent trois mois après sa cessation.*

a) La cristallisation de l'état de cessation des paiements au 12 mars 2020

L'article 1er gèle au 12 mars 2020 l'appréciation de la situation des entreprises ou exploitations agricoles s'agissant de l'éventuel état de cessation des paiements. Il s'agit d'éviter que l'aggravation de la situation du débiteur ou de l'exploitant, à compter du 12 mars 2020, ne lui porte préjudice. L'ordonnance permet toutefois à ce dernier d'invoquer son état de cessation des paiements même intervenu postérieurement à cette date pour demander l'ouverture d'une procédure collective, qu'il s'agisse d'un redressement judiciaire, ou d'une liquidation judiciaire. Cette cristallisation relative de la date de la cessation des paiements est faite sous réserve de la fraude et, de manière plus précise, mais dans le même esprit, de la possibilité de déterminer la durée réelle de la période suspecte.

Ainsi, si le débiteur se trouve, après le 12 mars 2020, en état de cessation des paiements, il pourra néanmoins demander l'ouverture d'une procédure de sauvegarde. Le calcul de l'ancienneté de l'état de cessation des paiements, qui détermine notamment, et outre la possibilité de sanctions personnelles, l'ouverture d'une procédure de conciliation, ne prendra pas en compte la période postérieure au 12 mars. Bien évidemment, la nomination d'un mandataire *ad hoc*, qui n'est pas soumise par les textes à une condition précise relative à l'état de cessation des paiements, devra être décidée en considération des circonstances particulières de la crise.

L'article 3 comporte des dispositions propres au règlement amiable agricole qui ont la même finalité de protection du débiteur.

b) L'accélération de la prise en charge par l'AGS

Le 2° de l'article 1er permet une prise en charge plus rapide par l'association pour la gestion du régime de garantie des créances des salariés (AGS). Il permet d'accélérer le traitement par cette institution des relevés des créances salariales établis par la mandataire judiciaire, sous sa responsabilité. Ces relevés peuvent ainsi être transmis à l'AGS sans attendre l'intervention du représentant des salariés ni le visa du juge-commissaire.

c) L'adaptation des délais

De façon générale, le IV de l'article 1er de l'ordonnance du 27 mars [rectification du 1er avr. 2020] 2020 dispose que jusqu'à l'expiration de la période prévue au I (état d'urgence sanitaire + trois mois), le président du tribunal, statuant sur requête de l'administrateur judiciaire, du mandataire judiciaire, du liquidateur ou du commissaire à l'exécution du plan, peut prolonger les délais qui sont imposés à ces derniers d'une durée équivalente à cette période.

Sur le fondement de ces dispositions, il appartiendra au président du tribunal d'apprécier s'il est nécessaire d'accorder aux mandataires de justice désignés une prolongation des délais qui leur sont imposés, comme celui relatif à la réalisation des actifs en application des dispositions de l'article L. 644-2 du code de commerce, ou celui, fixé en application de l'article L. 624-1 de ce code, relatif à la liste des créances. Cette adaptation ne peut porter sur les délais qui concernent la garantie des créances nées d'un contrat de travail, puisque ces derniers font l'objet d'autres dispositions de la présente ordonnance ; elle doit être compatible avec les autres dispositions d'adaptation de délais prises sur le fondement de la loi du 23 mars 2020 *[Rectification du 1er avr. 2020]*. Ainsi, par exemple, la prolongation accordée pour la mise en application des dispositions de l'article L. 644-2 précité doit être cohérente avec la limitation dans le temps de la prolongation de la durée de la procédure de liquidation judiciaire simplifiée prévue par le 1° du II de l'article 2 de la présente ordonnance.

S'agissant du plan, plusieurs causes de prolongation sont prévues. Ces prolongations ne se confondent pas avec la procédure de modification substantielle dans les objectifs et les moyens du plan, prévue par l'article L. 626-26 du code de commerce et ne sont donc pas soumises aux règles de procédure prévues par cet article. Elles justifieront, le cas échéant, un rééchelonnement des échéances prévues par le plan exigibles après la date de la décision ou après le 12 mars.

Tout d'abord, une prolongation de plein droit est prévue par le II de l'article 2 de l'ordonnance du 27 mars 2020 pour la durée définie à son I (état d'urgence sanitaire + un mois [Rectification du 1er avr. 2020). Jusqu'à l'expiration de cette période, le président pourra, par ailleurs, sur requête du commissaire à l'exécution du plan, accorder une prolongation limitée à la durée de cette période. Enfin, sur requête du ministère public, le président pourra décider de porter la durée de cette prolongation à un an, au maximum, à compter de sa décision. Enfin, passé la période d'état d'urgence sanitaire + trois mois la décision d'accorder une prolongation n'appartiendra plus au président du tribunal : le tribunal seul pourra, pendant une nouvelle période dérogatoire limitée, accorder une prolongation d'un an à compter de sa décision. Pour apprécier qui, du tribunal ou du président du tribunal, est compétent pour accorder la prolongation, il convient de se placer à la date de la décision accordant cette prorogation.

Ces dérogations, justifiées par l'urgence et le risque d'engorgement des juridictions, doivent être d'interprétation stricte, même si le texte de l'ordonnance permet une application cumulative, et être mises en œuvre avec prudence. Par ailleurs, les dispositions de l'article L. 626-26 demeurent applicables. Ainsi, c'est à titre tout à fait exceptionnel que des délais pourraient être accordés par le président, puis, la situation de l'entreprise ou de l'exploitation s'étant encore aggravée, de nouveau par le tribunal.

La procédure de conciliation est, enfin, également adaptée afin de la rendre plus attractive et compatible avec les contraintes de l'état d'urgence sanitaire. Outre le fait qu'elle peut être ouverte même si la situation du débiteur s'est aggravée après le 12 mars 2020, l'article 1er de l'ordonnance prévoit, dans son II, que la conciliation dont la durée est, en principe, de 5 mois maximum (C. com., art. L. 611-6, al. 1er), est prolongée de plein droit d'une durée égale à celle de la période prévue au I (état d'urgence sanitaire + trois mois). Cette disposition concerne les procédures de conciliation en cours, ou celles qui seraient ouvertes pendant ladite période de protection. Par ailleurs, s'il apparaît souhaitable de reprendre entièrement les négociations, par exemple en y appelant d'autres créanciers, une nouvelle procédure pourra être ouverte sans devoir respecter le délai imposé par l'article L. 611-6 du code de commerce et la durée de cette nouvelle procédure sera déterminée par la prolongation dérogatoire prévue par l'ordonnance. Il convient de rappeler cependant que l'article 1er de l'ordonnance réserve l'hypothèse de la fraude et que l'article L. 631-5 du code de commerce, qui fait obstacle pendant la conciliation à l'ouverture d'une procédure de redressement judiciaire (ou de liquidation judiciaire) non demandée par le débiteur lui-même peut être, à l'expiration de la période de protection juridique, source de risques auxquels le conciliateur et le président du tribunal, ainsi que le ministère public, devront être attentifs.

2° *Les mesures qui s'appliquent pendant la période d'état d'urgence sanitaire + un mois « période juridiquement protégée ».*

a) Aménagements de certaines règles de procédure

En complément de l'ordonnance n° 2020-304 du 25 mars 2020, il est prévu la possibilité de tenir une audience sans la présence du débiteur qui demande l'ouverture d'une procédure collective, puisque ce dernier est invité, dès la saisine de la juridiction, à solliciter l'autorisation de formuler par écrit ses prétentions et ses moyens, en application de l'article 446-1 du code de procédure civile, alinéa 2, sans se présenter à l'audience.

L'ordonnance facilite, d'une manière générale, les échanges entre différents acteurs de la procédure qui pourront se faire par tout moyen. Tel sera, par exemple, le cas pour l'application de l'article L. 612-11 du code de commerce qui permet aux contrôleurs de prendre connaissance de tous les documents transmis à l'administrateur et au mandataire judiciaire. En visant les organes de la procédure, l'ordonnance évoque aussi le juge-commissaire, qui devra, naturellement, veiller au respect du principe de la contradiction.

De même, le président pourra prendre connaissance des observations du demandeur à un mandat *ad hoc* ou une conciliation par tout moyen.

Par ailleurs, l'ordonnance écarte l'organisation de l'audience prévue par le I de l'article L. 631-15 (deux mois après le jugement d'ouverture). La période d'observation définie par le jugement ouvrant la procédure de redressement judiciaire se poursuivra donc jusqu'à son terme, sauf demande de conversion.

Enfin, le décompte du temps procédural est suspendu pour les durées mentionnées au 1° du II de l'article 2, et ceci au-delà de la seule période correspondant à une impossibilité de tenir des audiences, pour prendre en considération la persistance prévisible des difficultés des juridictions et des études des administrateurs ou mandataires judiciaires.

Ces adaptations de procédure seront applicables en Moselle et dans les départements du Bas- Rhin et du Haut-Rhin. Elles dérogent ainsi aux règles de procédure civile qui résultent de l'application du droit local.

b) L'extension des garanties de l'Association pour la Gestion du régime d'assurance des créances des Salaires (ou des institutions ayant le même objet)

Le 2° de l'article L. 3253-8 du code du travail subordonne la garantie de l'AGS au respect de délais stricts pour la rupture des contrats de travail. Le 2° du II de l'article 2 de l'ordonnance du 27 mars 2020 prolonge ces délais.

Pour que cette prolongation ne préjudicie pas aux salariés, les durées mentionnées au 5° du même article ont été adaptées.

En effet, selon le 2° de l'article L. 3253-8 du code du travail, l'AGS garantit les créances résultant de la rupture des contrats de travail qui interviennent :

– dans le mois suivant le jugement qui arrête le plan de sauvegarde, de redressement ou de cession ;

– dans les quinze jours, ou vingt et un jours lorsqu'un plan de sauvegarde de l'emploi est élaboré, suivant le jugement de liquidation, et pendant le maintien provisoire de l'activité autorisé par le jugement de liquidation judiciaire et ;

– dans les quinze jours, ou vingt et un jours lorsqu'un plan de sauvegarde de l'emploi est élaboré, suivant la fin de ce maintien de l'activité.

Ainsi, si la rupture du contrat de travail d'un salarié intervient plus de quinze après le jugement qui prononce la liquidation judiciaire, malgré les termes du *c)* de ce 2°, mais avant l'expiration du délai correspondant à la durée de la période de protection juridique précisée ci-dessus, les indemnités de rupture pourront être prises en charge par l'AGS, et la limite de 45 jours prévue au 5° sera portée à une durée incluant ladite période.

Ordonnance n° 2020-596 du 20 mai 2020,

Portant adaptation des règles relatives aux difficultés des entreprises et des exploitations agricoles aux conséquences de l'épidémie de covid-19.

V. aussi, infra, Circ. du 16 juin 2020.

BIBL. GÉN. ▸ MACORIG-VENIER, *RTD com. 2020. 447* (prévention des difficultés). – POUJADE, *ibid. 474* (prolongation de la durée des plans) ; *ibid. 715* (libéralisation sous contrôle de la cession d'entreprise). – Numéro spécial, *LEDEN 6/2020.* – Dossier spécial, *BJE 5-6/2020. 54* ; *ibid. 7-8/2020. 71*. – Dossier spécial, *Gaz. Pal. 13 juill. 2020, p. 57.* – LEGROS, *Dr. sociétés 2020, n° 96.* – BUISINE, *RPC 2020. Étude 15.* – J.-F. BARBIÈRI, *BJS 9/2020. 35* (alerte par le commissaire aux comptes). – LANGET et FALIH, *BJE 9-10/2020. 55.*

Art. 1er I. — Le présent article est applicable en cas de mise en œuvre de la procédure d'alerte prévue par les articles L. 234-1, L. 234-2 et L. 612-3 du code de commerce.

II. — Lorsqu'il lui apparaît que l'urgence commande l'adoption de mesures immédiates et que le dirigeant s'y refuse ou propose des mesures que le commissaire aux comptes estime insuffisantes, ce dernier peut en informer le président du tribunal compétent dès la première information faite, selon le cas, au président du conseil d'administration ou de surveillance ou au dirigeant.

Dans ce cas, le commissaire aux comptes informe par tout moyen et sans délai le président du tribunal de ses constats et démarches. Il lui adresse la copie de tous les documents utiles à cette information ainsi que l'exposé des raisons qui l'ont conduit à constater l'insuffisance des décisions prises.

Le commissaire aux comptes peut, à son initiative ou à la demande du président du tribunal, transmettre à ce dernier tout renseignement complémentaire de nature à lui donner une exacte information sur la situation économique et financière de l'entreprise.

Le commissaire aux comptes peut également, et à tout moment, demander à être entendu par le président du tribunal.

Il est délié du secret professionnel à l'égard du président du tribunal.

III. — Les dispositions des articles L. 234-1 à L. 234-4 et L. 612-3 du code de commerce demeurent applicables, sous réserve des dispositions du II.

Art. 2 I. – Le présent article est applicable lorsqu'est mise en œuvre la procédure de conciliation prévue par les articles L. 611-4 et L. 611-5 du code de commerce.

II. – Lorsqu'un créancier appelé à la conciliation n'accepte pas, dans le délai imparti par le conciliateur, la demande faite par ce dernier de suspendre l'exigibilité de sa créance pendant la durée de la procédure, le débiteur peut demander au président du tribunal ayant ouvert cette procédure, qui statue par ordonnance sur requête :

1° D'interrompre ou d'interdire toute action en justice de la part de ce créancier et tendant à la condamnation du débiteur au paiement d'une somme d'argent ou à la résolution d'un contrat pour défaut de paiement d'une somme d'argent ;

2° D'arrêter ou d'interdire toute procédure d'exécution de la part de ce créancier tant sur les meubles que sur les immeubles ainsi que toute procédure de distribution n'ayant pas produit un effet attributif avant la demande ;

3° De reporter ou d'échelonner le paiement des sommes dues.

Les observations du conciliateur sont jointes à la requête.

Lorsqu'il est fait application du 1° ou du 2°, les délais impartis à peine de déchéance ou de résolution des droits sont suspendus. Lorsqu'il est fait application du 3°, les majorations d'intérêts ou les pénalités prévues en cas de retard ne sont pas encourues pendant le délai fixé par le juge.

Les mesures ordonnées par le président du tribunal ne produisent leur effet que jusqu'au terme de la mission confiée au conciliateur.

L'ordonnance est communiquée au ministère public.

III. – Par dérogation au cinquième alinéa de l'article L. 611-7 du code de commerce, le débiteur peut demander au juge qui a ouvert la procédure de conciliation de faire application de l'article 1343-5 du code civil avant toute mise en demeure ou poursuite à l'égard d'un créancier qui n'a pas accepté, dans le délai imparti par le conciliateur, la demande faite par ce dernier de suspendre l'exigibilité de la créance.

Si le refus de négocier du créancier n'a pas pour conséquence de mettre en péril le succès d'une négociation avec les autres créanciers, il n'y a pas lieu de faire droit à la requête visant à lui interdire toute poursuite et de suspendre l'exigibilité de ses créances. • T. com. Nanterre, réf., 12 mai 2021 : *LEDEN 9/2021. 1, obs. F.-X. Lucas.*

Art. 3 *(Abrogé par Ord. n° 2021-1193 du 15 sept. 2021, art. 73, à compter du 1er oct. 2021)* ***Lorsque l'ouverture d'une procédure de sauvegarde accélérée prévue à l'article L. 628-1 ou à l'article L. 628-9 du code de commerce est demandée, les conditions de seuils mentionnés au quatrième alinéa de l'article L. 628-1 ne sont pas applicables.***

A défaut de plan arrêté dans le délai prévu au premier alinéa de l'article L. 628-8 du même code, le tribunal, à la demande du débiteur, de l'administrateur, du mandataire judiciaire, ou du ministère public, ouvre une procédure de redressement judiciaire, si les conditions de l'article L. 631-1 sont réunies, ou prononce la liquidation judiciaire, si les conditions de l'article L. 640-1 sont réunies. Cette décision met fin à la procédure.

Il est mis fin à compter du 1er oct. 2021, pour les procédures non encore ouvertes à cette date, à l'application des dispositions de l'art. 3, du IV de l'art. 5 et de l'art. 6 de l'Ord. n° 2020-596 du 20 mai 2020, prolongées par l'art. 124 de la L. n° 2020-1525 du 7 déc. 2020 (Ord. n° 2021-1193 du 15 sept. 2021, art. 73-IV).

Art. 4 A la demande de l'administrateur judiciaire, s'il en a été désigné un, ou du mandataire judiciaire, le juge-commissaire peut réduire à quinze jours le délai prévu par la deuxième phrase du deuxième alinéa de l'article L. 626-5.

Pour l'application des deuxième et troisième alinéas de l'article L. 626-5 ainsi que de l'article L. 626-32 du code de commerce, les propositions pour le règlement des dettes ainsi que les éventuelles réponses à ces propositions peuvent être communiquées par tout moyen permettant au mandataire judiciaire d'établir avec certitude la date de leur réception.

Lorsque les engagements pour le règlement du passif mentionnés à l'article L. 626-10 du code de commerce peuvent être établis sur la base d'une attestation de l'expert-comptable ou du commissaire aux comptes, ils portent sur les créances déclarées admises ou non contestées, ainsi que sur les créances identifiables, notamment celles dont le délai de déclaration n'est pas expiré.

Art. 5 I. — Sur requête du ministère public ou du commissaire à l'exécution du plan, le tribunal peut prolonger la durée du plan arrêté en application des dispositions de l'article L. 626-12 ou de l'article L. 631-19 du code de commerce pour une durée maximale de deux ans, s'ajoutant, le cas échéant à la ou aux prolongations prévues au III de l'article 1 et au II de l'article 2 de l'ordonnance *[n° 2020-341]* du 27 mars 2020 susvisée.

Lorsque le plan fait l'objet d'une prolongation en application de l'alinéa précédent ou de l'ordonnance susvisée, le président du tribunal ou le tribunal, selon les cas, adapte les délais des paiements initialement fixés par le tribunal à la durée du plan qu'il prolonge ou a prolongée, en dérogeant le cas échéant aux dispositions de l'article L. 626-18 du même code. Ils peuvent faire application des dispositions des trois premiers alinéas de l'article 1343-5 du code civil, dans la limite du terme du plan tel que prolongé en application des dispositions de l'alinéa précédent.

II. — La durée maximale du plan arrêté par le tribunal conformément à l'article L. 626-12 ou L. 631-19 du code de commerce est portée, en cas de modification substantielle, à douze ans ou, lorsque le débiteur est une personne exerçant une activité agricole définie à l'article L. 311-1 du code rural et de la pêche maritime, dix-sept ans.

III. — Lorsque la demande de modification substantielle du plan prévue par l'article L. 626-26 du même code porte sur les modalités d'apurement du passif, le défaut de réponse des créanciers intéressés à la lettre recommandée prévue par le troisième alinéa de l'article R. 626-45 vaut acceptation des modifications proposées, sauf s'il s'agit de remises de dettes ou de conversions en titres donnant ou pouvant donner accès au capital.

(Abrogé par Ord. n° 2021-1193 du 15 sept. 2021, art. 73, à compter du 1er oct. 2021) ***« IV. — Les personnes qui consentent un nouvel apport de trésorerie au débiteur pendant la période d'observation définie par l'article L. 621-3 du même code en vue d'assurer la poursuite d'activité de l'entreprise et sa pérennité et celles qui s'engagent, pour l'exécution du plan de sauvegarde ou de redressement arrêté ou modifié par le tribunal conformément aux dispositions des titres II et III du livre VI du code de commerce, à effectuer un tel apport bénéficient du privilège de sauvegarde ou de redressement dans la limite de cet apport.***

« Les apports mentionnés au premier alinéa consentis pendant la période d'observation sont autorisés par le juge-commissaire dont la décision est transcrite sur le registre mentionné à l'article R. 622-14 du même code avec l'indication de l'identité de leur auteur et de leur montant.

« Le jugement qui arrête ou modifie le plan mentionne chaque privilège ainsi constitué et précise les montants garantis. Il est notifié par le greffier à ces créanciers.

« Les créanciers bénéficiant du privilège de sauvegarde ou de redressement prévu au premier alinéa sont payés, pour le montant de leur apport, par privilège avant toutes les autres créances, dans l'ordre prévu au III de l'article L. 622-17 et au III de l'article L. 641-13 du même code, après les créances mentionnées au 1° de ces dispositions et avant celles mentionnées au 2°.

« Par dérogation aux articles L. 626-18, L. 626-19 et L. 626-30-2 du code de commerce, les créances garanties par le privilège de sauvegarde ne peuvent faire l'objet de remises ou de délais qui n'auraient pas été acceptés par les créanciers.

« Les apports consentis par les actionnaires et associés du débiteur dans le cadre d'une augmentation de capital ne peuvent être garantis par le privilège de sauvegarde ou de redressement. » — *Pour les dispositions transitoires de l'Ord. n° 2021-1193 du 15 sept. 2021, V. note ss. art. 3.*

V., infra, Arr. du 15 déc. 2020.

BIBL. ▸ Douaoui-Chamseddine, *RLDA févr. 2021. 30* (la créance d'argent frais d'un prêt garanti par l'État peut-elle bénéficier du privilège de *new money* ou de *post money* et de la garantie de l'État ?).

Modification substantielle du plan. La modification des modalités d'apurement du passif décidée dans le cadre de l'art. 5, III, de l'Ord. du 20 mai 2020 doit s'appliquer à tous les créanciers, y compris à ceux qui n'ont pas répondu à la lettre recommandée prévue par l'art. R. 626-45, al. 3, C. com. • Paris, 2 sept. 2021, n° 21/06344 : *RJDA 2022, n° 100.*

Arrêté du 15 décembre 2020,

Adaptant temporairement les tarifs applicables aux administrateurs judiciaires et commissaires à l'exécution du plan pour l'application des ordonnances n° 2020-341 du 27 mars 2020 et n° 2020-596 du 20 mai 2020 portant adaptation des règles relatives aux difficultés des entreprises et des exploitations agricoles - épidémie de covid-19.

Art. 1er Il est alloué au commissaire à l'exécution du plan, pour la première demande de prolongation de la durée du plan, à laquelle il est fait droit et qu'il a présentée sur le fondement du 2° du III de l'article 1er de l'ordonnance n° 2020-341 du 27 mars 2020 portant adaptation des règles relatives aux difficultés des entreprises et des exploitations agricoles à l'urgence sanitaire et modifiant certaines dispositions de procédure pénale ou sur le fondement du I de l'article 5 de l'ordonnance n° 2020-596 du 20 mai 2020 portant adaptation des règles relatives aux difficultés des entreprises et des exploitations agricoles aux conséquences de l'épidémie de covid-19, un émolument fixé en fonction du nombre de salariés, du chiffre d'affaires et du total du bilan du débiteur.

Cet émolument est exclusif de toute autre rémunération au titre d'une autre demande de prolongation sur l'un des fondements prévus au précédent alinéa.

La situation du débiteur est appréciée à la date de la demande de prolongation mentionnée au premier alinéa.

L'émolument prévu au premier alinéa est ainsi fixé :

1° Lorsque le total du bilan du débiteur est inférieur à 3 650 000 euros, cet émolument varie en fonction du nombre de salariés employés par le débiteur ou du montant de son chiffre d'affaires, selon le barème suivant :

NOMBRE DE SALARIÉS	CHIFFRE D'AFFAIRES EN €	ÉMOLUMENT EN €
De 0 à 5	De 0 à 750 000	76,53 €
De 6 à 19	De 750 001 à 3 000 000	112,04 €
De 20 à 49	De 3 000 001 à 7 000 000	306,13 €
De 50 à 149	De 7 000 001 à 20 000 000	510,22 €
A compter de 150	Au-delà de 20 000 000	765,33 €

Lorsque le débiteur relève de deux tranches de rémunération différentes au titre respectivement du nombre de salariés employés et du montant de son chiffre d'affaires, il y a lieu de se référer à la tranche la plus élevée.

2° Lorsque le total du bilan du débiteur est compris entre 3 650 000 € et 10 000 000 €, cet émolument est fixé à 510,22 € quel que soit le nombre de salariés ou le montant de son chiffre d'affaires ;

3° Lorsque le total du bilan du débiteur est supérieur à 10 000 000 €, cet émolument est fixé à 765,33 € quel que soit le nombre de salariés ou le montant de son chiffre d'affaires.

Art. 2 Il est alloué à l'administrateur judiciaire, au titre des diligences qu'il a effectuées pour l'application du IV de l'article 5 de l'ordonnance n° 2020-596 du 20 mai 2020 portant adaptation des règles relatives aux difficultés des entreprises et des exploitations agricoles aux conséquences de l'épidémie de covid-19, un émolument proportionnel au montant cumulé des apports de trésorerie autorisés par le juge-commissaire ou mentionnés dans le jugement arrêtant le plan.

Cet émolument, qui ne peut excéder 20 000 euros, est fixé selon le barème suivant :

TRANCHES D'ASSIETTE EN €	TAUX DE L'ÉMOLUMENT EN %
De 0 à 15 000	3,292 %
De 15 001 à 50 000	2,351 %
De 50 001 à 150 000	1,411 %
De 150 001 à 300 000	0,470 %
Au-delà de 300 000	0,235 %

Cette rémunération n'est acquise que sur la justification du versement des fonds. Elle est arrêtée conformément à l'article R. 663-34 du code de commerce. Elle entre en compte dans le calcul du total de la rémunération de l'administrateur judiciaire pour l'application de l'article R. 663-13 de ce même code.

Art. 3 Il est alloué au commissaire à l'exécution du plan, au titre des diligences qu'il a effectuées pour l'application du IV de l'article 5 de l'ordonnance n° 2020-596 du 20 mai 2020 portant adaptation des règles relatives aux difficultés des entreprises et des exploitations agricoles aux conséquences de l'épidémie de covid-19, un émolument proportionnel au montant cumulé des apports de trésorerie mentionnés dans le jugement modifiant le plan.

L'émolument prévu au premier alinéa, qui ne peut excéder 20 000 euros, est fixé selon le barème suivant :

TRANCHES D'ASSIETTE EN €	TAUX DE L'ÉMOLUMENT EN %
De 0 à 15 000	3,292 %
De 15 001 à 50 000	2,351 %
De 50 001 à 150 000	1,411 %
De 150 001 à 300 000	0,470 %
Au-delà de 300 000	0,235 %

Cette rémunération n'est acquise que sur la justification du versement des fonds. Elle est arrêtée conformément à l'article R. 663-34 du code de commerce.

Art. 4 Le présent arrêté est applicable aux procédures et aux plans en cours entrant dans le champ d'application de l'ordonnance n° 2020-341 du 27 mars 2020 portant adaptation des règles relatives aux difficultés des entreprises et des exploitations agricoles à l'urgence sanitaire et modifiant certaines dispositions de procédure pénale et de l'ordonnance n° 2020-596 du 20 mai 2020 portant adaptation des règles relatives aux difficultés des entreprises et des exploitations agricoles aux conséquences de l'épidémie de covid-19.

Art. 5 Les dispositions du présent arrêté sont applicables à Wallis-et-Futuna.

Art. 6 *(Abrogé par Ord. n° 2021-1193 du 15 sept. 2021, art. 73, à compter du 1er oct. 2021)* ***La procédure de liquidation judiciaire simplifiée prévue au chapitre IV du titre IV du livre VI du code de commerce est ouverte à l'égard de toute personne physique dont le patrimoine ne comprend pas de biens immobiliers. Toutefois, si le nombre de salariés du débiteur au cours des six mois précédant l'ouverture de la procédure est supérieur à cinq, le tribunal peut décider, par un jugement spécialement motivé, de ne pas faire application des dérogations prévues pour cette procédure.***

La valeur de l'actif mentionnée au premier alinéa de l'article L. 645-1 du code de commerce est fixée à 15 000 euros.

Pour les dispositions transitoires de l'Ord. n° 2021-1193 du 15 sept. 2021, V. note ss. art. 3.

Art. 7 Lorsque la cession envisagée est en mesure d'assurer le maintien d'emplois, la requête prévue au deuxième alinéa de l'article L. 642-3 du code de commerce peut être formée par le débiteur ou l'administrateur judiciaire. Les débats ont alors lieu en présence du ministère public. Le tribunal statue par un jugement spécialement motivé, après avoir demandé l'avis des contrôleurs. Le recours formé par le ministère public contre ce jugement est suspensif.

Le délai de convocation prévu à l'article R. 642-7 du code de commerce est réduit à huit jours.

Pour une application de l'art. 7 ci-dessus (cession demandée par les coadministrateurs et autorisée au profit d'une société détenue par le dirigeant de la société débitrice), V. • T. com. Marseille, 14 sept. 2020 : *APC 2020, n° 216, obs. Petit.*

Art. 8 Les délais mentionnés aux 4°et 5° de l'article R. 123-135 du code de commerce sont réduits à un an.

Art. 9 *Modification de l'Ord. n° 2020-341 du 27 mars 2020.*

Art. 10 I. — Les dispositions des articles 1er, 2, 4, 5, à l'exception de celles du IV, et 7 de la présente ordonnance sont applicables jusqu'au 31 décembre 2020 inclus.

II. — Les dispositions de l'article 3, du IV de l'article 5, et celles de l'article 6 de la présente ordonnance s'appliquent aux procédures ouvertes entre la date de son entrée en vigueur et celle de l'entrée en vigueur de l'ordonnance prévue par l'article 196 de la loi n° 2019-486 du 22 mai 2019 relative à la croissance et à la transformation des entreprises, et au plus tard jusqu'au 17 juillet 2021 inclus.

III. — Les dispositions des articles 2, 4, 5 à l'exception de celles du IV, 7 et 8 de la présente ordonnance sont applicables aux procédures en cours.

IV. — Les dispositions de l'article 8 s'appliquent aux procédures ouvertes jusqu'à la date d'entrée en vigueur de l'ordonnance prévue par l'article 196 de la loi n° 2019-486 du 22 mai 2019 susvisée, et au plus tard jusqu'au 17 juillet 2021 inclus.

V. — Les délais fixés au second alinéa de l'article 7 et à l'article 8 peuvent être modifiés par décret.

VI. — La présente ordonnance est applicable à Wallis-et-Futuna.

Les dispositions des art. 1er à 6 de l'Ord. n° 2020-596 du 20 mai 2020 sont prolongées jusqu'au 31 déc. 2021 inclus (L. n° 2020-1525 du 7 déc. 2020, art. 124).

Circulaire du 16 juin 2020,

De présentation de l'ordonnance n° 2020-596 du 20 mai 2020 portant adaptation des règles relatives aux difficultés des entreprises et des exploitations agricoles aux conséquences de l'épidémie de covid-19.

Introduction

La loi n° 2020-290 du 23 mars 2020 habilite le gouvernement à prendre par ordonnance, dans un délai de trois mois, toute mesure, pouvant entrer en vigueur, si nécessaire, à compter du 12 mars 2020, relevant du domaine de la loi (article 11 I), afin de faire face aux conséquences économiques, financières et sociales de la propagation de l'épidémie de covid-19 et aux conséquences des mesures prises pour limiter cette propagation, et notamment afin de prévenir et limiter la cessation d'activité des personnes physiques et morales exerçant une activité économique et des associations ainsi que ses incidences sur l'emploi (art. 11 I 1°) ; elle permet d'adapter ainsi les dispositions du livre VI du code de commerce et celles du chapitre I du titre V du livre III du code rural et de la pêche maritime afin de prendre en compte les conséquences de la crise sanitaire pour les entreprises et les exploitations (article 11, I 1° *d*).

L'ordonnance n° 2020-341 du 27 mars 2020 (publiée au *Journal officiel* du 28 mars 2020) portant adaptation des règles relatives aux difficultés des entreprises et des exploitations agricoles à l'urgence sanitaire et modifiant certaines dispositions de procédure pénale, a apporté une première réponse aux difficultés immédiates rencontrées par les entreprises et exploitations agricoles. Elle a fait l'objet d'une circulaire datée du 30 mars 2020, rectifiée le 1er avril.

L'ordonnance n° 2020-596 du 20 mai 2020 [,] portant adaptation des règles relatives aux difficultés des entreprises et des exploitations agricoles aux conséquences de l'épidémie de covid-19 (publiée au *Journal officiel* du 21 mai 2020) a pour objet [,] d'une part, de compléter ou préciser les dispositions de l'ordonnance n° 2020-341 du 27 mars 2020, et, d'autre part, d'adapter provisoirement quelques dispositions du livre VI du code de commerce.

La présente circulaire présente les dispositions *[de]* l'ordonnance n° 2020-596 du 20 mai 2020. La circulaire du 30 mars 2020 relative à l'ordonnance n° 2020-341 du 27 mars 2020 (NOR : JUSC2008794C) demeure en vigueur, sauf précision contraire mentionnée dans la présente circulaire.

I. LA DÉLIMITATION DANS LE TEMPS DES DÉLAIS OU DURÉES MENTIONNÉS PAR L'ORDONNANCE N° 2020-341 DU 27 MARS 2020

L'ordonnance du 20 mai 2020 a modifié les dispositions de l'ordonnance du 27 mars 2020 qui fixaient la durée d'application dans le temps de certaines mesures. Dans sa rédaction initiale, l'ordonnance du 27 mars 2020 prévoyait des mesures applicables pendant la durée de l'état d'urgence sanitaire augmentée soit de trois mois (article 1er) soit d'un mois (article 2).

L'ordonnance du 20 mai 2020 a remplacé ces échéances "flottantes" par des dates fixes équivalentes à la durée qui pouvait être initialement anticipée compte tenu de la durée de l'état d'urgence sanitaire prévue par l'article 4 de la loi n° 2020-290 du 23 mars 2020 (qui avait décidé de l'état d'urgence sanitaire pour deux mois).

Ainsi, désormais*[,]* les mesures prévues par l'article 1er de l'ordonnance du 27 mars 2020 sont applicable *[applicables]* jusqu'au 23 août 2020 (et non plus trois mois après la fin de l'état d'urgence sanitaire) et les mesures prévues par l'article 2 de cette même ordonnance sont applicables jusqu'au 23 juin (et non plus un mois après la fin de l'état d'urgence sanitaire).

Dès lors, la prorogation de l'état d'urgence sanitaire par la loi n° 2020-546 du 11 mai 2020 est sans incidence sur la durée des mesures prévues par l'ordonnance du 27 mars 2020.

De la même façon, les "durées" mentionnées dans l'ordonnance du 27 mars, initialement prévue *[prévues]* en référence à la durée de l'état d'urgence sanitaire, sont remplacées par des durées fixes de cinq mois (article 1er) ou de trois mois (article 2).

1° *Exemple pour l'article 1er de l'ordonnance : la conciliation*

La durée d'une procédure de conciliation est prolongée de cinq mois si celle-ci n'avait pas pris fin avant la date d'entrée en vigueur de l'ordonnance du 27 mars. La prolongation s'applique aux conciliations en cours à la date de l'ordonnance et à celle *[celles]* ouvertes jusqu'au 23 août. Cette adaptation a pour objet d'éviter que la mission du conciliateur ne prenne fin de plein droit, alors qu'il n'aurait pas pu exercer réellement sa mission, mais elle ne fait pas obstacle à l'application des dispositions des articles R. 611-36 à R. 611-38-1 du code de commerce.

La circonstance que la durée de la conciliation ouverte par le président du tribunal a été de moins de quatre mois ou qu'elle a été prorogée dans la limite de cinq mois par décision motivée, comme le permet l'article L. 611-6, est sans incidence sur l'application de la prolongation de cinq mois prévue par l'article 1er de l'ordonnance du 27 mars 2020.

Compte tenu des conséquences de l'application combinée de l'article L. 631-5 du code de commerce et du 1° du I de l'article 1er de l'ordonnance du 27 mars 2020, une vigilance toute particulière s'imposera au conciliateur, sous le contrôle du président du tribunal, pour éviter que ces prolongations, destinées à permettre à des négociations d'aboutir à une solution favorisant le maintien de l'activité, ne retardent anormalement l'ouverture d'une procédure fondée sur l'état de cessation des paiements du débiteur alors que la recherche d'un accord avec les créanciers est vouée à l'échec.

Le président du tribunal et le ministère public devront être attentifs aux incidences possibles de la prolongation sur la rémunération du conciliateur.

2° *Exemple pour l'article 2 de l'ordonnance : les dispositions relatives à la période d'observation et à l'AGS*

La durée de la période d'observation ouverte ou en cours entre la date d'entrée en vigueur de l'ordonnance du 27 mars et la date du 23 juin est prolongée de plein droit de trois mois en application de l'article 2 de l'ordonnance du 27 mars. Cette prolongation de droit, qui concerne la première période d'observation, ou une période renouvelée, voire prolongée, par décision du tribunal conformément à l'article L. 621-3 du code de commerce, ne fait pas obstacle à ce que le plan soit soumis à ce tribunal sans attendre son expiration, ni à une décision de conversion pouvant intervenir à tout moment. Elle n'est pas incompatible avec un rappel de l'affaire dans le délai normal. En effet, si la procédure a été ouverte avant ou même après l'entrée en vigueur de la première ordonnance, il n'était pas possible de connaître, avant la seconde ordonnance, la durée réelle de la prolongation. Dans cette hypothèse où l'affaire serait appelée avant le terme des six mois prévus par le code de commerce, le tribunal, s'il n'est pas conduit à ordonner une conversion, constatera que la période d'observation n'est pas parvenue à son terme ou pourra renvoyer l'affaire.

Les prolongations prévues au 1° du II de l'article 2 de l'ordonnance du 27 mars et les difficultés pour la mise en place des procédures de licenciement, lors du confinement, peuvent compromettre le respect des délais imposés par l'article L. 3253-8 du code du travail. C'est pourquoi ces délais ont également été prolongés. S'agissant du 5° de cet article, les périodes mentionnées au *a)*, au *b)*, au *c)* et au *d)* entrent dans le champ de ces prolongations. Le rapport au Président de la République relatif à cette ordonnance n° 2020-341 expose : *"La prolongation du délai accordé au mandataire de justice n'aurait pas de sens si les limites de la garantie de l'AGS n'étaient pas adaptées"*. Le montant maximal de la garantie fixé par la première phrase du 5° de l'article L. 3253-8 du code du travail est déterminé par une durée (un mois et demi de travail). Sous réserve de l'interprétation par les tribunaux de cette disposition du 3° du II de l'article 2 de l'ordonnance, l'extension de durée prévue par ce texte s'applique donc à cette référence aux 45 jours.

La définition du champ de la prolongation justifiée par l'état d'urgence sanitaire a ainsi des incidences financières, et les acteurs de la procédure, notamment le juge-commissaire dans l'exercice de son pouvoir de surveillance générale, de veiller à ce que tout soit mis en œuvre pour que les assouplissements introduits par l'ordonnance ne conduisent pas à des abus ou de*[des]* reports de simple opportunité.

Ces mesures ont, en effet, comme justification celle d'assurer l'effectivité des dispositions légales ou réglementaires malgré les restrictions liées à l'état d'urgence sanitaire et notamment aux mesures de confinement. Leur application pourrait générer un contentieux ou fonder une action à l'encontre du liquidateur qui aurait tardé à mettre fin au contrat de travail, sans autre justification que la prolongation accordée par l'ordonnance.

II. LA DÉTECTION ET LA PRÉVENTION DES DIFFICULTÉS DES ENTREPRISES ET DES EXPLOITATIONS AGRICOLES

L'anticipation des difficultés des entreprises et des exploitations agricoles est un objectif prioritaire qui doit permettre de mieux traiter ces difficultés identifiées le plus en amont possible, afin de prévenir également les effets en chaîne liés à l'ouverture d'une procédure collective, notamment liquidative. Les articles 1er et 2 de l'ordonnance n° 2020-596 du 20 mai 2020 portent respectivement sur la détection des difficultés et le recours à la procédure de conciliation.

1° *L'information par le commissaire aux comptes du président du tribunal (art. 1er)*

L'article 1er renforce l'information du président du tribunal pour la détection des difficultés des entreprises en facilitant une transmission plus rapide et plus complète par le commissaire aux comptes mettant en œuvre la procédure d'alerte.

Pour les entreprises ou entités qui font appel à un commissaire aux comptes, l'organisation de la procédure d'alerte par les articles L. 234-1 à L. 234-4, les articles

R. 234-1 à R. 234-7 et l'article L. 612-3 du code de commerce, prévoit une information du président du tribunal de commerce ou du tribunal judiciaire.

Ces dispositions du livre II du code de commerce et l'article L. 612-3 prévoient que*[,]* lorsqu'il relève des faits de nature à compromettre la continuité d'exploitation, le commissaire aux comptes informe sans délai le président du conseil d'administration ou du directoire ou le dirigeant. Ceux-ci disposent de 15 jours pour répondre. L'information du président du tribunal est prévue si la procédure se poursuit, et de manière graduée, la transmission complète des documents n'étant prévue, pour les personnes morales ayant un organe collégial d'administration, qu'encore plus tard, soit 38 jours après le déclenchement de la procédure.

L'objet de l'article 1er de l'ordonnance du 20 mai 2020 est de permettre au commissaire aux comptes de transmettre au président tous les éléments utiles, dès la première information faite, selon le cas, au président du conseil d'administration ou du directoire, ou au dirigeant, puis à tout moment, sur le critère de l'urgence.

L'ordonnance ne modifie les dispositions relatives à l'alerte qu'en ce qui concerne ces relations avec le président de la juridiction compétente, afin de permettre à ce dernier de tirer toutes les conséquences utiles des éléments ainsi communiqués. Le président pourra, s'il l'estime pertinent, convoquer les dirigeants sur le fondement des dispositions des articles L. 611-2 ou L. 611-2-1 du code de commerce.

2° *La possibilité pour le débiteur de solliciter une suspension des poursuites ou de demander des délais de paiement en procédure de conciliation (art. 2)*

L'article 2 de l'ordonnance n° 2020-596 permet au débiteur de demander au président du tribunal, qui a ordonné l'ouverture d'une procédure de conciliation sur le fondement des articles L. 611-4 et suivants du code de commerce, deux types de mesures : la suspension temporaire des poursuites et l'octroi de délais de grâce.

(i) *La suspension temporaire et individuelle des poursuites : II de l'article 2*

Le conciliateur peut proposer à un ou plusieurs créanciers de suspendre l'exigibilité d'une ou plusieurs créances pendant la durée de cette négociation. En cas de refus, même implicite, le débiteur – et non le conciliateur, qui n'a pas la qualité de partie à la procédure – peut, en premier lieu, saisir le président du tribunal afin, notamment, de préserver sa trésorerie à titre conservatoire le temps de la négociation, en lui demandant d'ordonner des mesures comparables à celles de l'article L. 611-10-1 du code de commerce. Ces mesures ont *[sont]* également comparables à celles qui sont prévues en cas d'ouverture d'une procédure collective par l'article L. 622-21, mais sans publicité et sans effet collectif. L'ordonnance prévoit une suspension des délais impartis à peine de déchéance ou de résolution des droits, et non une interruption, d'une part, et les intérêts des créances continuent à courir, d'autre part. En revanche, lorsque le juge décide de reporter les sommes dues (3°), les majorations d'intérêts ou pénalités de retard ne sont pas encourues.

Les mesures sont ordonnées par décision prise sur requête à l'égard du ou des créanciers concernés ; la requête doit désigner la ou les créances en cause. En effet, les créanciers appelés à la conciliation peuvent l'être au titre de certaines créances seulement.

Les mesures ordonnées par le président du tribunal ne produisent leur effet que jusqu'au terme de la mission confiée au conciliateur. Si l'ordonnance précise la durée de la mission et que la procédure fait l'objet d'une prolongation, une nouvelle requête pourra être formée dans les mêmes conditions.

La procédure relève des dispositions des articles 493 et suivants du code de procédure civile, et de celles de l'article R. 661-3 du code de commerce.

L'ordonnance est, enfin, communiquée au ministère public, ce qui lui permet de savoir dans quelles conditions les négociations se sont déroulées. Cette information pourrait être utile en cas d'échec de la négociation et de demande d'ouverture d'une nouvelle conciliation, par exemple, ou pour le contrôle de la rémunération du conciliateur.

(ii) *L'octroi de délais de grâce : III de l'article 2*

Le débiteur peut également, comme le prévoit déjà le 5e alinéa de l'article L. 611-7 du code de commerce, demander au juge qui a ouvert la procédure l'application de l'article 1343-5 du code civil. Toutefois, jusqu'au 31 décembre 2020 inclus, la demande du débiteur peut, par dérogation au 5e alinéa de l'article L. 611-7, être formée avant toute mise en demeure ou poursuite par un créancier, lorsque ce créancier n'a pas accepté, dans le délai imparti par le conciliateur, la demande faite par ce dernier de suspendre l'exigibilité de la créance. Le critère est identique à celui qui concerne la requête évoquée ci-dessus. C'est la date de la saisine du juge qui détermine l'application de ce régime dérogatoire et non le fait que la procédure de conciliation soit en cours au 31 décembre 2020.

L'ordonnance du juge rendue sur le fondement du 5e alinéa de cet article, dans le cadre d'une procédure accélérée au fond, peut imposer des délais de paiement allant jusqu'à deux ans, ce qui peut donc excéder le temps de la négociation.

Ces deux séries de mesures de protection du débiteur peuvent se cumuler, sous réserve des règles particulières qui s'y appliquent, telle que leur durée. Si le président a accordé des délais de grâce par ordonnance sur requête, ces délais viennent toutefois en déduction, le cas échéant, de la limite fixée par l'article 1343-5 du code civil, conformément à la jurisprudence relative à ces délais de grâce (Cass. civ. 1re 6 juillet 1959). En outre, le fait d'inciter le débiteur à recourir à une procédure de conciliation est justifié par la volonté d'éviter l'ouverture d'une procédure dont les effets collectifs reporteraient sans distinction les difficultés de trésorerie d'une entreprise sur l'ensemble de ses partenaires. La situation du créancier doit donc être prise en compte, comme le prévoit l'article 1343-5 du code civil. L'individualisation de ces procédures complémentaires à celle de la conciliation ne s'explique pas seulement par l'exclusion de toute mesure collective liée à la nécessité de préserver le principe de la confidentialité affirmée par l'article L. 611-15 du code de commerce. Le juge statue "en considération des besoins du créancier".

III. LES PROCÉDURES DE SAUVEGARDE ET DE REDRESSEMENT JUDICIAIRE

1° *Les conditions d'ouverture des procédures de sauvegarde accélérée (art. 3)*

Lorsqu'un débiteur a obtenu l'ouverture d'une procédure de conciliation, mais ne parvient pas à recueillir un accord des créanciers appelés à cette procédure pouvant faire l'objet d'un constat par le président ou d'une homologation par tribunal, il peut, à certaines conditions, demander l'ouverture d'une procédure de sauvegarde accélérée ou de sauvegarde financière accélérée.

Parmi ces conditions, le troisième alinéa de l'article L. 628-1 mentionne des seuils dont la fixation relève du décret. L'article 3 de l'ordonnance n° 2020-596 supprime temporairement ces conditions de seuils. Mais les autres conditions restent inchangées, notamment celles relatives à la certification ou l'établissement des comptes.

La demande d'ouverture d'une sauvegarde accélérée ou financière accélérée demeure possible même si l'entreprise est déjà en cessation des paiements, comme le prévoit le dernier alinéa de l'article L. 628-1 précité. Cette précision est à rapprocher de l'article 1er de l'ordonnance du 27 mars 2020 qui fige au 12 mars la date de la cessation des paiements, cette cristallisation pouvant être invoquée jusqu'au 23 août 2020 si le tribunal n'a pas statué sur cette date avant l'entrée en vigueur de l'ordonnance du 27 mars 2020.

Toutefois, il n'est pas souhaitable, en cas d'échec de la procédure accélérée, que la situation du débiteur ne soit pas traitée immédiatement par l'ouverture d'une procédure – distincte – de redressement judiciaire ou de liquidation judiciaire, en cas de cessation des paiements. C'est pourquoi ce même article 3 étend aux mandataires de justice – s'ils n'ont pas cessé leurs fonctions – la faculté de saisir le tribunal à cette fin. Le juge, *à la date où il statuera*, pourra constater cette cessation des paiements.

Sans instituer une conversion de la procédure de sauvegarde accélérée, ni prévoir une possible saisine d'office aux fins de conversion, l'ordonnance introduit une nouvelle cause de clôture de cette procédure. La procédure collective ouverte dans cette hypothèse sera distincte de la procédure qui a échoué.

2° *L'adoption des plans de sauvegarde ou de redressement judiciaire (art. 4)*

L'article 4 de l'ordonnance du 20 mai 2020 a pour objet de faciliter l'adoption plus rapide d'un plan de sauvegarde ou de redressement. Un raccourcissement des délais de consultation des créanciers peut ainsi être autorisé par le juge-commissaire. A la demande de l'administrateur judiciaire, s'il en a été désigné un, ou du mandataire judiciaire, le juge-commissaire peut réduire à quinze jours le délai prévu par la deuxième phrase du deuxième alinéa de l'article L. 626-5. Le juge-commissaire pourra ainsi apprécier la complexité des propositions faites aux créanciers et la pertinence d'un délai de réponse abrégé.

Un allègement des formalités de consultation des créanciers est également prévu : les propositions pour le règlement des dettes ainsi que les éventuelles réponses à ces propositions peuvent être communiquées par tout moyen permettant au mandataire judiciaire d'établir avec certitude la date de leur réception. La voie dématérialisée est donc possible. Les dispositions réglementaires de l'article R. 626-7 du code de commerce sont ainsi écartées mais l'ordonnance impose de pouvoir établir la réception. En effet, le silence du créancier vaut acceptation, y compris de propositions de remise de dette. Il est possible de se référer à l'article L. 100 du code des postes et des communications électroniques. D'une manière générale, en dehors de l'application de ce dernier texte, la charge de la preuve pèse, en cas de contentieux, sur le mandataire judiciaire.

Le troisième alinéa de l'article 4 prévoit, à titre temporaire, que lorsque les engagements pour le règlement du passif peuvent être établis sur la base d'une attestation de l'expert-comptable ou du commissaire aux comptes, ils portent sur les créances déclarées, admises ou non contestées, ainsi que sur les créances identifiables, notamment celles dont le délai de déclaration n'est pas expiré, comme celles de l'AGS. Il s'agit d'une référence au passif vraisemblable, établi notamment à partir des informations comptables. L'inscription d'une créance contestée au plan ne préjuge pas de son admission ou de son rejet. L'allègement des modalités d'établissement du passif conduit à déroger temporairement à la jurisprudence de la Chambre commerciale de la Cour de cassation (Cass. com. 20 mars 2019, pourvoi n° 17-27.527) selon laquelle le plan ne peut être arrêté qu'en considération des créances déclarées, même contestées, à l'exception de celles qui ont déjà été rejetées.

3° *L'exécution des plans de sauvegarde ou de redressement judiciaire (art. 5)*

(i) *La durée du plan*

Le I de l'article 5 de l'ordonnance du 20 mai facilite d'abord l'exécution des plans de sauvegarde et de redressement en organisant la possibilité pour le tribunal de prolonger la durée du plan pour une durée maximale de 2 ans, durée s'ajoutant le cas échéant à la prolongation déjà prévue par l'ordonnance n° 2020-341 du 27 mars 2020.

Ainsi, outre la prolongation de droit prévue par l'article 2 de l'ordonnance du 27 mars (d'une durée de trois mois), une première prolongation peut être décidée par le président sur le fondement de *[du]* 1° du III *[de]* l'article 1er de cette ordonnance. Cette possibilité est ouverte jusqu'au 23 août 2020. Après cette date, l'ordonnance du 27 mars précise que la décision de prolongation ressortit à la compétence du tribunal et peut aller jusqu'à un an supplémentaire. L'article 5 de l'ordonnance du 20 mai prévoit que le tribunal peut prolonger la durée du plan pour une durée maximale de deux ans. Cette disposition est applicable jusqu'au 31 décembre 2020, selon l'article 10 de l'ordonnance n° 2020-596. La possibilité de cumul concernera donc, en fait, la prolongation de droit, celle, le cas échéant, accordée par le président, et la décision du tribunal rendue en application de cet article 5.

Quelle que soit l'autorité juridictionnelle qui accorde la prolongation, l'ordonnance du 20 mai prévoit la possibilité d'adapter les délais de paiement initialement fixés par le tribunal à la durée du plan prolongée, en dérogeant le cas échéant aux dispositions de l'article L. 626-18 du code de commerce. Peuvent notamment être écartées les obligations relatives au premier paiement, et au montant minimal des annuités. Cette dérogation a pour objet d'éviter une accumulation des échéances à régulariser. Le président du tribunal ou le tribunal peut, en outre, faire application des dispositions des trois premiers alinéas de l'article 1343-5 du code civil, dans la limite du terme du plan tel que prolongé en application des dispositions de l'alinéa précédent, soit au maximum deux ans, même en cas de cumul des prolongations. La référence aux trois premiers alinéas de l'article 1343-5 du code civil a pour finalité de leur permettre de prendre en compte les besoins individuels des créanciers, ce qui déroge aussi au principe de l'uniformité des délais de paiement dans cette hypothèse.

(ii) *La modification du plan*

En cas de modification substantielle du plan, la durée maximale du plan arrêté par le tribunal conformément à l'article L. 626-12 ou L. 631-19 du code de commerce est portée par le II de l'article 5 à douze ans ou, lorsque le débiteur est une personne exerçant une activité agricole définie à l'article L. 311-1 du code rural et de la pêche maritime, à dix-sept ans. Cette durée dérogatoire ne concerne pas la durée maximale des plans telle qu'elle s'impose au moment où le tribunal les arrête initialement.

Il en ressort que deux modalités de modification des délais de paiement initialement fixés par le tribunal sont possibles suivant que la demande de prolongation du plan est effectuée en application du I, ou du II de l'article 5. La durée maximale du plan sera différente suivant la procédure de prolongation utilisée. En cas de cumul des prolongations successives de droit ou décidées hors procédure de modification substantielle, le total peut dépasser sensiblement les deux ans (par exemple : 3 mois, puis six mois par le président, puis deux ans par le tribunal), de sorte qu'un plan d'une durée initiale de dix ans pourrait durer plus de douze ans dans cette hypothèse.

Le III de l'article 5 prévoit, par ailleurs, qu'en cas d'utilisation de la procédure de modification substantielle du plan de droit commun, le défaut de réponse des créanciers consultés vaut acceptation des propositions qui leur sont faites, sauf s'il s'agit de remises de dettes ou de conversions en titres donnant ou pouvant donner accès au capital. S'il y a prolongation sans modification substantielle, aucune consultation n'est prévue ; les remises de dettes ne peuvent, par contre, être envisagées.

(iii) *L'institution d'un nouveau privilège*

Un privilège de sauvegarde ou de redressement est créé au IV de l'article 5, pour encourager le financement des entreprises en procédure de sauvegarde ou de redressement, ainsi que pendant l'exécution du plan de remboursement arrêté par le tribunal.

Le classement de ce privilège est situé au même niveau que certaines créances nées après l'ouverture de la procédure collective et relevant des dispositions des articles L. 622-17 ou L. 641-13 du code de commerce. Il prend rang *[,]* notamment, après le privilège dit de conciliation et le super privilège des créances salariales. Les créanciers bénéficiant du privilège de sauvegarde ou de redressement prévu au premier alinéa sont ainsi payés, pour le montant de leur apport, dans l'ordre prévu au III de l'article L. 622-17 et au III de l'article L. 641-13 du même code, après les créances mentionnées au 1° de ces dispositions et avant celles mentionnées au 2°.

En cas de liquidation judiciaire, ce privilège "d'argent frais" prime celui attaché aux avances faites par l'AGS en application du 5° de l'article L. 3253-8 4° du code du travail.

Ce privilège permet d'inciter des personnes à consentir un apport en trésorerie, soit lors de la période d'observation, soit dans le cadre du plan de sauvegarde ou de redressement. A la différence des prêts consentis pendant la période d'observation, qui font également l'objet d'une autorisation du juge-commissaire comme le prévoient les articles L. 622-17 et L. 641-13, la finalité de ces apports ne se limite pas à la période d'observation et l'ordonnance (reprenant la formule de l'article L. 611-11 du code de commerce) exige qu'ils assurent la pérennité de l'entreprise. Il existe néanmoins un risque de confusion avec les prêts qui impose que l'autorisation accordée par le juge-commissaire soit suffisamment précise et que ce rang soit précisé lors de la publicité prévue.

Le privilège attaché à ces apports en trésorerie, qu'ils soient autorisés par le juge-commissaire ou prévus pour l'exécution du plan dans le cadre d'un engagement, sont mentionnés *[est mentionné]* dans le jugement qui arrête ou modifie le plan. Ce jugement fait l'objet des publicités prévues à l'article R. 621-8 du code de commerce. Mais l'opposabilité du privilège de l'apport autorisé par le juge-commissaire dépend de la publicité prévue par l'ordonnance au registre mentionné à l'article R. 622-14 du code de commerce, et non de cette mention dans le jugement.

Les apports consentis par les actionnaires et associés du débiteur dans le cadre d'une augmentation de capital ne peuvent, quant à eux, être garantis par ce privilège.

Outre le bénéfice de ce privilège, l'apport en trésorerie permet à celui qui l'effectue d'échapper aux remises ou délais qui pourraient lui être imposés dans le cadre d'un plan. Ce risque correspond à l'hypothèse d'une résolution du plan de sauvegarde et à l'ouverture subséquente d'une procédure de redressement judiciaire. La protection ne s'applique pas au privilège de redressement. La résolution d'un plan de redressement judiciaire conduit à l'ouverture d'une liquidation judiciaire si le débiteur est en cessation des paiements et non à une seconde procédure de redressement. On pourrait certes concevoir que la seconde procédure collective ne soit pas la conséquence de la résolution du plan de la première et ne soit pas liquidative, mais cette hypothèse rare n'a pas été retenue.

IV. LE TRAITEMENT DES SITUATIONS D'ENTREPRISES EN SITUATION IRRÉMÉDIABLEMENT COMPROMISE

L'article 6 de l'ordonnance du 20 mai 2020 élargit les conditions d'accès aux procédures concernant des personnes physiques dont la situation ne permet pas d'envisager l'adoption d'un plan de sauvegarde ou de redressement judiciaire. Les modifications portent, d'une part, sur la procédure de liquidation judiciaire simplifiée et, d'autre part, *[sur]* le rétablissement professionnel.

L'article 6 écarte tout d'abord les conditions de seuils de la procédure de liquidation judiciaire simplifiée pour les personnes physiques dont le patrimoine ne comprend pas de bien immobilier. Il permet toutefois au tribunal de ne pas faire application, dès le jugement d'ouverture, de la procédure de liquidation judiciaire simplifiée pour les entreprises comptant au moins six salariés. Les articles L. 644-5 et L. 644-6 du code de commerce sont, par ailleurs, toujours applicables.

La valeur de l'actif mentionnée au premier alinéa de l'article L. 645-1 du code de commerce pour l'application du rétablissement professionnel est, par ailleurs, fixée à 15 000 euros, au lieu du seuil de 5 000 euros actuellement prévu. L'ordonnance ne précise pas la composition de l'actif qui doit être retenue et le critère de l'article R. 645-1 demeure déterminant, à savoir la valeur de réalisation de l'actif.

V. LA CESSION D'ENTREPRISE EN PLAN

L'article 7 de l'ordonnance du 20 mai 2020 facilite l'adoption d'un plan de cession totale ou partielle de l'entreprise en liquidation judiciaire voire en redressement judiciaire. Les premières analyses des conséquences de la crise font apparaître, en effet, que le maintien des emplois imposera plus fréquemment une telle opération, dans un marché affecté par cette crise.

Le premier alinéa de l'article 7 ne déroge pas au principe prévu par l'article L. 642-3 du code de commerce mais, lorsque la cession envisagée est en mesure d'assurer le maintien d'emplois, la requête prévue au deuxième alinéa de l'article L. 642-3 du code de commerce peut être formée par le débiteur ou l'administrateur judiciaire, s'il en existe un. Les débats ont alors lieu en présence du ministère public. Le non-respect de cette condition de présence est sanctionné par la nullité du jugement, même si l'ordonnance ne le précise pas et il convient de renvoyer à la jurisprudence relative à l'expression, à l'audience, de la position du ministère public (Cass. com. 7 septembre 2017, n° 16-19-549).

Le tribunal statue par un jugement spécialement motivé, après avoir demandé l'avis des contrôleurs. Le recours du ministère public est suspensif, comme le précise au demeurant déjà le II de l'article L. 661-1 du code de commerce.

Comme le souligne le rapport au Président de la République, le tribunal et le ministère public devront ainsi veiller à ce que le plan de cession ne soit pas seulement l'occasion, pour le débiteur, d'effacer ses dettes et de réduire ses effectifs en présentant lui-même, ou par personne interposée, une offre de reprise. Le principe selon lequel la fraude corrompt tout peut s'appliquer pleinement.

La préservation des emplois devra évidemment faire l'objet d'une attention particulière.

Le deuxième alinéa de l'article 5 prévoit, quant à lui, de réduire le délai de convocation prévu à l'article R. 642-7 du code de commerce à huit jours, afin de permettre que des plans de cession soient arrêtés de manière plus rapide, le risque de volatilité des offres étant réel dans un tel contexte.

VI. LE REBOND

L'article 8 de l'ordonnance n° 2020-596 réduit à un an le délai au terme duquel est radiée du registre du commerce et des sociétés la mention d'un plan de sauvegarde ou de redressement, lorsque le plan arrêté est toujours en cours. Les délais mentionnés aux 4° et 5° de l'article R. 123-135 du code de commerce sont ainsi temporairement modifiés. Le bénéfice de cette disposition, d'application temporaire, ne concerne pas les plans déjà arrêtés.

VII. L'APPLICATION DANS LE TEMPS DES DISPOSITIONS NOUVELLES

L'article 10 de l'ordonnance précise les dispositions introduites par l'ordonnance qui s'appliquent aux procédures en cours.

Tel ne sera pas le cas des dispositions qui affectent les droits des créanciers dans la procédure et notamment qui instituent un privilège nouveau.

Les dispositions relatives à l'exécution des plans s'appliquent évidemment, quant à elles, aux plans en cours.

L'article 10 de l'ordonnance distingue, en outre les dispositions qui sont applicables jusqu'au 31 décembre 2020, et celles qui, compte tenu du temps nécessaire à leur complète efficacité et de la durée des conséquences économiques de la crise liée à l'épidémie de covid-19, demeurent applicables jusqu'à la date à laquelle la directive (UE) 2019/1023 du Parlement européen et du Conseil du 20 juin 2019 doit être transposée, au plus tard. Il s'agit d'ailleurs des dispositions qui correspondent au champ de cette transposition.

Ordonnance n° 2020-1443 du 25 novembre 2020,

Portant adaptation des règles relatives aux difficultés des entreprises aux conséquences de l'épidémie de covid-19.

BIBL. GÉN ▸ Houssin et Allais, *Gaz. Pal. 15 déc. 2020, p. 14.* – Borga, *RPC 2021. Étude 1.*

Art. 1er La durée de la procédure de conciliation définie par la première phrase du deuxième alinéa de l'article L. 611-6 du code de commerce peut être prorogée, une ou plusieurs fois, à la demande du conciliateur, par décision motivée du président du tribunal, sans que cette durée ne puisse excéder dix mois.

Pour le refus d'accorder, au-delà du 31 déc. 2021, date de fin d'application de l'Ord. n° 2020-1443 du 25 nov. 2020, une prorogation de la procédure de conciliation ouverte en application de l'Ord. préc., V. • T. com. Évry, ord., 9 févr. 2022 : *LEDEN 3/2022. 2, obs. Fauquenot.*

Art. 2 Dès que le mandataire judiciaire a établi le relevé mentionné à la première phrase de l'article L. 625-1 du code de commerce, il en transmet un exemplaire, sous sa seule signature, à l'association prévue à l'article L. 3253-14 du code du travail.

Lorsque cet exemplaire n'est pas conforme au relevé sur lequel est apposé le visa du juge-commissaire, le mandataire judiciaire transmet sans délai ce dernier à l'association prévue à l'article L. 3253-14 du code du travail.

Art. 3 Les communications effectuées dans le cadre des procédures du livre VI du code de commerce, entre, d'une part, l'administrateur judiciaire, le mandataire judiciaire, le liquidateur, le commissaire à l'exécution du plan, le mandataire *ad hoc* désigné en application de l'article L. 611-3 du code de commerce ou le conciliateur désigné en application de l'article L. 611-6 du même code, et, d'autre part, le greffe du tribunal ainsi que les organes juridictionnels de la procédure se font par tout moyen. Les dispositions de la phrase précédente ne s'appliquent pas aux documents pour lesquels le livre VI du code de commerce prévoit la faculté d'en prendre connaissance au greffe du tribunal.

Art. 4 I. — Les dispositions des articles 1er à 3 s'appliquent jusqu'au 31 décembre 2021 inclus.

II. — Les dispositions de l'article 1er s'appliquent aux procédures en cours qui ont été ouvertes à compter du 24 août 2020 ainsi qu'à celles qui sont ouvertes à compter de l'entrée en vigueur de la présente ordonnance.

III. — Les dispositions de l'article 2 s'appliquent aux procédures en cours.

IV. — Les dispositions de l'article 3 s'appliquent aux communications effectuées à compter de la date d'entrée en vigueur de la présente ordonnance.

Art. 5 La présente ordonnance est applicable à Wallis-et-Futuna. Pour l'application de l'article 2, la référence au code du travail est remplacée par la référence aux dispositions applicables localement.

Loi nº 2021-689 du 31 mai 2021,

Relative à la gestion de la sortie de crise sanitaire.

BIBL. GÉN ▸ LEMERCIER et MERCIER, *D. actu. 7 juin 2021 ; ibid. 20 oct. 2021* (décrets d'application). – T. DE RAVEL D'ESCLAPON et GUYOMARD, *D. 2021. Chron. 1486*. – DOUAOUI-CHAMSEDDINE, *BJE 7-8/2021. 58* (passif et adoption du plan). – SAINTOURENS, *RPC 2021. Étude 14 ; ibid. Étude 19* (décrets d'application). – CAGNOLI, *APC 2021, nº 247* (même thème). – ROLLAND, *Procédures 2022. Étude 2*. – NÉMOZ-RAJOT, *RLDA mars 2022, p. 31*. – POUJADE, *RJ com. 2022. 186* (plan de « traitement de sortie de crise »). – ALMASEANU, *RPC 2022. Étude 8* (premières applications par le tribunal de commerce de Paris).

Art. 13 I. — A. — Il est institué une procédure de traitement de sortie de crise ouverte sur demande d'un débiteur mentionné à l'article L. 620-2 du code de commerce qui, étant en cessation des paiements, dispose cependant des fonds disponibles pour payer ses créances salariales et justifie être en mesure, dans les délais prévus au présent article, d'élaborer un projet de plan tendant à assurer la pérennité de l'entreprise.

La procédure ne peut être ouverte qu'à l'égard d'un débiteur dont le nombre de salariés et le total de bilan sont inférieurs à des seuils fixés par décret et dont les comptes apparaissent réguliers, sincères et aptes à donner une image fidèle de la situation financière de l'entreprise.

L'ouverture de la procédure est examinée en présence du ministère public.

B. — Le tribunal désigne un mandataire inscrit sur la liste prévue à l'article L. 811-2 du code de commerce ou sur celle prévue à l'article L. 812-2 du même code. Par décision spécialement motivée, il peut désigner une autre personne dans les conditions prévues aux mêmes articles L. 811-2 et L. 812-2. Les troisième et quatrième alinéas de l'article L. 621-4 et l'article L. 621-4-1 dudit code ne sont pas applicables.

Le mandataire ainsi désigné exerce les fonctions prévues aux articles L. 622-1, à l'exception de toute mission d'assistance, et L. 622-20 du même code.

C. — Les contrôleurs sont désignés dans les conditions prévues à l'article L. 621-10 du code de commerce. Le deuxième alinéa du même article L. 621-10 n'est pas applicable.

D. — Le jugement ouvre une période d'observation d'une durée de trois mois. Au plus tard au terme d'un délai de deux mois à compter du jugement d'ouverture, le tribunal ordonne la poursuite de la période d'observation s'il lui apparaît que le débiteur dispose à cette fin de capacités de financement suffisantes.

E. — Le ministère public saisit le tribunal à l'effet de mettre fin à la procédure de traitement de sortie de crise s'il apparaît que le débiteur ne sera pas en mesure de proposer un plan, avec l'assistance du mandataire désigné, dans le délai de trois mois mentionné au D du I du présent article. Le tribunal peut également être saisi aux mêmes fins par le mandataire désigné ou le débiteur. Il est alors fait application, le cas échéant, du D du IV.

II. — A. — L'inventaire du patrimoine du débiteur ainsi que des garanties qui le grèvent est établi dans les conditions prévues aux articles L. 622-6 et L. 622-6-1 du code de commerce. Le tribunal peut dispenser le débiteur, à sa demande, de procéder à l'inventaire.

B. — Le débiteur établit la liste des créances de chaque créancier identifié dans ses documents comptables ou avec lequel il est lié par un engagement dont il peut justifier l'existence. Cette liste comporte les indications prévues aux deux premiers alinéas de l'article L. 622-25 du code de commerce. Elle fait l'objet d'un contrôle dont les modalités sont fixées par décret en Conseil d'État.

C. — La liste est déposée au greffe du tribunal par le débiteur. Le mandataire désigné transmet à chaque créancier figurant sur la liste l'extrait de cette liste déposée concernant sa créance. Dans des délais fixés par décret en Conseil d'État, les créanciers peuvent faire connaître au mandataire leur demande d'actualisation des créances mentionnées ou toute contestation sur le montant et l'existence de ces créances.

D. — Les engagements pour le règlement du passif, mentionnés à l'article L. 626-10 du code de commerce, peuvent être établis sur la base de la liste prévue au B du présent II, actualisée le cas échéant, dès lors que ces créances ne sont pas contestées.

III. — A. — La procédure de traitement de sortie de crise est soumise aux règles prévues au titre III du livre VI du code de commerce, sous réserve du présent article. Les III et IV de l'article L. 622-13, les sections 1, 3 et 4 du chapitre IV et le chapitre V du titre II du livre VI du même code ne sont pas applicables.

B. — En cas de contestation par un créancier de l'existence ou du montant de sa créance portée sur la liste établie par le débiteur, le juge-commissaire, saisi par le mandataire désigné, le débiteur ou le créancier, statue sur la créance dans les conditions fixées à l'article L. 624-2 du code de commerce. La décision du juge-commissaire n'a d'autorité qu'à l'égard des parties entendues ou convoquées. Les conditions et formes du recours contre sa décision sont fixées par décret en Conseil d'État.

IV. — A. — Le tribunal arrête le plan dans les conditions prévues au chapitre VI du titre II du livre VI du code de commerce, sous réserve du présent article. Toutefois, le plan ne peut comporter de dispositions relatives à l'emploi que le débiteur ne pourrait financer immédiatement. Le mandataire désigné exerce les fonctions confiées au mandataire judiciaire par le même chapitre VI.

B. — Le plan ne peut affecter que les créances mentionnées sur la liste prévue au B du II du présent article, nées antérieurement à l'ouverture de la procédure. Il ne peut affecter les créances nées d'un contrat de travail, les créances alimentaires, les créances d'origine délictuelle, ni celles d'un montant inférieur à une somme fixée par décret en Conseil d'État.

C. — Le montant des annuités prévues par le plan à compter de la troisième ne peut être inférieur à 8 % du passif établi par le débiteur.

D. — A défaut de plan arrêté dans le délai de trois mois prévu au D du I, le tribunal, à la demande du débiteur, du mandataire désigné ou du ministère public, ouvre une procédure de redressement judiciaire, si les conditions prévues à l'article L. 631-1 du code de commerce sont réunies, ou prononce la liquidation judiciaire, si les conditions prévues à l'article L. 640-1 du même code sont réunies. Cette décision met fin à la procédure. La durée de la période d'observation de la procédure de traitement de sortie de crise s'ajoute à celle de la période définie à l'article L. 631-8 dudit code.

V. — Les titres VI et VIII du livre VI du code de commerce sont applicables à la procédure de traitement de sortie de crise prévue au présent article.

VI. — Le présent article est applicable à Wallis-et-Futuna.

VII. — Le présent article s'applique aux procédures ouvertes à compter du premier jour suivant la publication de la présente loi *[JO 1er juin]* et aux demandes formées avant l'expiration d'un délai de deux ans à compter de cette même date.

Les I à VI de l'art. 13 s'appliquent aux procédures ouvertes à compter du lendemain de la publication de la L. n° 2023-1059 du 20 nov. 2023 et aux demandes formées avant l'expiration d'un délai de deux ans à compter de cette même date (L. préc., art. 46, JO 21 nov.).

V. Décr. nos 2021-1354 et 2021-1355 du 16 oct. 2021.

En ce sens que l'ouverture d'une procédure de traitement de sortie de crise n'impose pas la preuve d'un lien de causalité entre les difficultés et la crise sanitaire, V. • T. com. Paris, 15 déc. 2021, n° 202105763 : *Gaz. Pal. 19 avr. 2022, p. 51, obs. Rossi.*

Décret n° 2021-1354 du 16 octobre 2021,

Relatif à la procédure de traitement de sortie de crise.

CHAPITRE I *DISPOSITIONS SPÉCIFIQUES À LA PROCÉDURE DE TRAITEMENT DE SORTIE DE CRISE*

Art. 1er La demande d'ouverture de la procédure de traitement de sortie de crise est déposée par le représentant légal de la personne morale ou par le débiteur personne physique au greffe du tribunal compétent. Elle précise s'il s'engage à établir l'inventaire, qui sera remis au mandataire désigné conformément au B du I de l'article 13 de la loi *[n° 2021-689]* du 31 mai 2021 susvisée, dans les conditions prévues à l'article L. 622-6-1 du code de commerce ainsi que le délai nécessaire à l'établissement de celui-ci, ou s'il demande à en être dispensé, ou s'il demande la désignation de l'une des personnes mentionnées à l'article L. 622-6-1 pour y procéder à sa place.

A cette demande sont jointes, outre les comptes annuels du dernier exercice, les pièces suivantes :

1° L'état du passif exigible et de l'actif disponible ainsi qu'une déclaration de cessation des paiements ; lorsque l'activité en difficulté est exercée par un entrepreneur individuel à responsabilité limitée, cet état est complété, le cas échéant, par la liste des autres créances dont le paiement est poursuivi sur le patrimoine en cause ;

2° Un extrait d'immatriculation aux registres et répertoires mentionnés à l'article R. 621-8 du code de commerce et à l'article L. 526-7 du même code ou, le cas échéant, le numéro unique d'identification ;

3° Une situation de trésorerie ;

4° Un compte de résultat prévisionnel ;

5° Le nombre des salariés employés à la date de la demande et le total du bilan ainsi que le montant du chiffre d'affaires, défini conformément au sixième alinéa de l'article D. 123-200 du code de commerce, appréciés à la date de clôture du dernier exercice comptable ;

6° La justification du paiement des créances salariales, au sens de l'article L. 3253-1 du code du travail, échues et l'état chiffré des créances salariales à échoir ; à défaut, le débiteur peut attester sur l'honneur être à jour de ses obligations à l'égard de ses salariés ;

7° L'état chiffré des créances et des dettes avec l'indication selon le cas, du nom ou de la dénomination et du domicile ou siège des créanciers ainsi que, par créancier ou débiteur, le montant total des sommes à payer et à recouvrer au cours d'une période de trente jours à compter de la demande ; lorsque la demande est formée par un entrepreneur individuel à responsabilité limitée pour l'activité à laquelle un patrimoine a été affecté, les dettes portées sur l'état chiffré sont celles qui sont affectées à ce patrimoine et celles qui sont nées à l'occasion de l'exercice de cette activité ;

8° L'état actif et passif des sûretés ainsi que celui des engagements hors bilan ;

9° L'inventaire sommaire des biens du débiteur ou, si un patrimoine a été affecté à l'activité en difficulté, des biens affectés à l'exercice de cette activité ;

10° S'il s'agit d'une personne morale comportant des membres responsables solidairement des dettes sociales, la liste de ceux-ci avec l'indication de leur nom et domicile ;

11° Le nom et l'adresse des représentants de la délégation du personnel du comité social et économique habilité à être entendus par le tribunal s'ils ont déjà été désignés ;

12° Une attestation sur l'honneur certifiant l'absence de mandat *ad hoc* ou de procédure de conciliation relative au patrimoine en cause dans les dix-huit mois précédant la date de la demande ou, dans le cas contraire, mentionnant la date de la désignation du mandataire *ad hoc* ou de l'ouverture de la procédure de conciliation ainsi que l'autorité qui y a procédé ;

13° Lorsque le débiteur exerce une profession libérale soumise à un statut législatif ou réglementaire ou dont le titre est protégé, la désignation de l'ordre professionnel ou de l'autorité dont il relève ;

14° Lorsque le débiteur exploite une ou des installations classées au sens du titre I du livre V du code de l'environnement, la copie de la décision d'autorisation ou d'enregistrement ou la déclaration.

Ces documents doivent être datés, signés et certifiés sincères et véritables par le débiteur. Ceux qui sont mentionnés aux 1°, 2°, 3°, 7°, 9° et 10° sont établis à la date de la demande ou dans les sept jours qui précèdent.

Dans le cas où l'un ou l'autre de ces documents ne peut être fourni ou ne peut l'être qu'incomplètement, la demande indique les motifs qui empêchent cette production.

Art. 2 Lorsque les comptes du débiteur n'ont pas été certifiés par un commissaire aux comptes, ou établis par un expert-comptable, le tribunal peut désigner un administrateur judiciaire, un mandataire judiciaire, un expert, un commissaire aux comptes ou un expert-comptable, dont il détermine la rémunération, afin d'assister le juge mentionné au quatrième alinéa de l'article L. 621-1 du code de commerce. Cette mission, confiée par le tribunal, porte sur le contrôle de la condition de qualité des comptes du débiteur définie par la deuxième phrase du A du I de l'article 13 de la loi du 31 mai 2021 susvisée. Elle peut également porter sur le respect, par l'employeur, de ses obligations relatives aux créances salariales au sens de l'article L. 3253-1 du code du travail. Elle ne peut excéder un mois.

Art. 3 Lorsque la demande d'ouverture de la procédure de traitement de sortie de crise a été faite alors que le débiteur était engagé dans une procédure de conciliation, le tribunal statue sur l'ouverture de la procédure après un rapport du conciliateur sur la situation comptable, économique et financière du débiteur.

Art. 4 Lorsqu'il apparaît que le débiteur ne remplit pas les conditions requises pour l'ouverture d'une procédure de traitement de sortie de crise, le tribunal rejette la demande.

Le jugement qui statue sur la demande d'ouverture de la procédure est notifié au débiteur par le greffier dans les huit jours de son prononcé.

Art. 5 Dans le jugement qui ouvre la procédure, le tribunal fixe la date de l'audience prévue par la dernière phrase du D du I de l'article 13 de la loi du 31 mai 2021 susvisée. Dans les huit jours de son prononcé, le greffier avise le ministère public ainsi que le mandataire désigné conformément au B du I du même article 13 de la date de cette audience et convoque, par lettre recommandée avec demande d'avis de réception, le débiteur ainsi que les représentants de la délégation du personnel du comité social et économique. Les contrôleurs désignés par le juge-commissaire sont convoqués dans les mêmes formes sans délai.

Art. 6 Dans les dix jours du jugement d'ouverture, le débiteur dépose au greffe la liste mentionnée au B du II de l'article 13 de la loi du 31 mai 2021 susvisée. Outre les éléments prévus par ce texte, la liste comporte les nom ou dénomination, siège ou domicile de chaque créancier avec l'indication du montant des sommes dues au jour du jugement d'ouverture, des sommes à échoir et de leur date d'échéance, de la nature de la créance, des sûretés et privilèges dont chaque créance est assortie. Elle indique l'objet des principaux contrats en cours. Elle précise également les modalités de calcul des intérêts dont le cours n'est pas arrêté.

Le greffier remet un exemplaire de la liste au mandataire désigné en application du B du I du même article 13. Celui-ci vérifie la conformité de la liste aux documents comptables de l'entreprise.

Si les informations portées sur cette liste et celles portées sur la liste prévue au 7° de l'article 1er du présent décret diffèrent, seules les premières sont prises en considération.

Art. 7 Le délai prévu au C du II de l'article 13 de la loi du 31 mai 2021 susvisée est d'un mois à compter soit de la publication du jugement d'ouverture au *Bulletin officiel des annonces civiles et commerciales* soit, si elle postérieure, de la date de la communication prévue à l'alinéa suivant.

Dans les huit jours suivant la remise par le greffier de la liste mentionnée au B du II de l'article 13 de la loi du 31 mai 2021 susvisée, le mandataire désigné communique par lettre recommandée avec demande d'avis de réception, ou, le cas échéant, par la voie du portail mentionné aux articles L. 814-2 et L. 814-13 du code de commerce, à chaque créancier concerné les informations relatives aux créances dont il est titulaire telles qu'elles résultent de la liste et porte à sa connaissance les dispositions du C du II du même article 13 ainsi que le délai fixé au présent article.

Art. 8 Le mandataire désigné informe, par lettre recommandée avec demande d'avis de réception, de l'ouverture de la procédure de traitement de sortie de crise, les personnes coobligées ou ayant consenti une sûreté personnelle ou ayant affecté un bien en garantie, dont l'existence a été portée à sa connaissance par le débiteur ou par tout autre moyen.

Lorsqu'une créance n'a pas été mentionnée sur la liste prévue par le B du II de l'article 13 de la loi 31 mai 2021 susvisée et est portée à sa connaissance, le mandataire désigné informe le créancier, s'il peut être identifié, par lettre simple de l'ouverture de la procédure et l'invite à préciser les caractéristiques de la créance qu'il invoque à l'égard du débiteur. Cette lettre reproduit les termes du présent alinéa ainsi que ceux du B du II et du B du IV de l'article 13 de la loi du 31 mai 2021 susvisée.

Lorsqu'une ou plusieurs créances omises sont de nature à remettre en cause la qualité des comptes de l'entreprise ou à compromettre l'exécution d'un plan de traitement de sortie de crise, le mandataire en informe sans délai le juge-commissaire.

Art. 9 Le juge-commissaire constate, sur la demande de tout intéressé, la résiliation de plein droit du bail des immeubles donnés à bail au débiteur et utilisés pour l'activité de l'entreprise lorsque le mandataire désigné conformément au B du I de l'article 13 de la loi du 31 mai 2021 susvisée a fait connaître sa décision de ne pas continuer le bail. Le mandataire désigné porte sur la liste des créances établie par le débiteur les dommages et intérêts auxquels donnent lieu la résiliation.

Art. 10 Le mandataire désigné par le tribunal établit la liste des créances mentionnées au I de l'article L. 622-17 du code de commerce dont il a connaissance. Il la transmet dès la cessation de ses fonctions au commissaire à l'exécution du plan, ou, à défaut, la dépose au greffe.

A l'issue du délai d'un an qui suit la fin de la période d'observation, le commissaire à l'exécution du plan dépose cette liste au greffe du tribunal, où tout intéressé peut en prendre connaissance.

Le greffier fait publier au *Bulletin officiel des annonces civiles et commerciales* une insertion indiquant ce dépôt et le délai pour présenter une contestation.

Tout intéressé peut contester cette liste devant le juge-commissaire dans un délai d'un mois à compter de la publication.

Les créances rejetées de cette liste par le juge-commissaire ne peuvent se voir imposer les délais mentionnés au quatrième alinéa de l'article L. 626-18 du code de commerce lorsqu'elles n'ont pas été mentionnées sur la liste prévue par le B du II de l'article 13 de la loi du 31 mai 2021 susvisée.

Art. 11 L'instance interrompue en application de l'article L. 622-22 du code de commerce est reprise à l'initiative du créancier demandeur, dès que celui-ci a mis en cause le mandataire désigné en application du B du I de l'article 13 de la loi du 31 mai 2021 susvisée, ou le commissaire à l'exécution du plan.

Les créances résultant de décisions passées en force de chose jugée rendues après reprise d'instance sont, à la demande de ce mandataire, ajoutées, s'il y a lieu, à la liste prévue au B du II du même article par le greffier du tribunal qui a ouvert la procédure.

Art. 12 I. - Le tribunal peut être saisi à tout moment pour statuer sur le projet de plan.

II. — Lorsque le délai de trois mois prévu au D du I de l'article 13 de la loi du 31 mai 2021 susvisée est écoulé, à défaut de plan arrêté, le tribunal met fin à la procédure de traitement de sortie de crise.

III. — Pour l'application du D du IV du même article 13, le tribunal est saisi par voie de requête. Le jugement qui ouvre la procédure de redressement ou de liquidation judiciaire met fin à la procédure de traitement de sortie de crise.

IV. — Dans les cas prévus aux II et III, le tribunal fait convoquer le débiteur, lorsqu'il n'est pas le demandeur, à la diligence du greffier, par lettre recommandée avec demande d'avis de réception. Lorsque le tribunal est saisi par voie de requête, elle est jointe à la convocation. Le ministère public et le mandataire désigné en application du B du I de l'article 13 de la loi du 31 mai 2021 susvisée sont avisés de la date de l'audience par le greffier.

V. – Le jugement qui met fin à la procédure de traitement de sortie de crise est notifié au débiteur dans les huit jours de son prononcé. Lorsqu'il n'est pas demandeur, il lui est signifié dans le même délai.

Ce jugement est, en outre, signifié à la diligence du greffier, dans le même délai, aux personnes qui ont qualité pour interjeter appel, à l'exception du ministère public.

Il est communiqué aux personnes citées à l'article R. 621-7 du code de commerce et fait l'objet des publicités prévues à l'article R. 621-8 du même code.

Le mandataire désigné dépose sans délai un compte rendu de fin de mission dans les conditions des articles R. 626-39 et R. 626-40 du code de commerce. L'article R. 626-41 du même code est applicable.

Art. 13 A moins qu'il n'en soit disposé autrement par le présent décret :

1° Les règles du code de procédure civile sont applicables ;

2° Les notifications des décisions auxquelles procède le greffier sont faites par lettre recommandée avec demande d'avis de réception, conformément aux dispositions de la section 4 du chapitre III du titre XVII du livre I du code de procédure civile ;

3° Les notifications et communications adressées au débiteur personne physique par lettre recommandée avec demande d'avis de réception sont régulièrement faites à l'adresse préalablement indiquée au greffe du tribunal à l'ouverture de la procédure ou en cours de procédure. Les lettres du mandataire désigné en application du B du I de l'article 13 de la loi du 31 mai 2021 susvisée ou du commissaire à l'exécution du plan sont transmises à cette même adresse. La date de la notification est celle de la signature de l'avis de réception. Toutefois, lorsque l'avis de réception n'a pas été signé par son destinataire ou une personne munie d'un pouvoir à cet effet, la date de la notification est celle de la présentation de la lettre recommandée ;

4° Les notifications et lettres adressées au débiteur, personne morale de droit privé, peuvent l'être au domicile de son représentant légal.

Art. 14 Les formes de procéder applicables devant le tribunal judiciaire sont déterminées par les articles 853 et suivants du code de procédure civile pour tout ce qui n'est pas réglé par l'article 13 de la loi du 31 mai 2021 susvisée et le présent décret.

Toute partie qui ne se présente pas personnellement ne peut être représentée que par un avocat.

Art. 15 Les dispositions de l'article 47 du code de procédure civile ne sont pas applicables aux litiges qui relèvent de la compétence du seul juge-commissaire.

Art. 16 Lorsque sa compétence est contestée, le tribunal, s'il se déclare compétent, statue au fond dans le même jugement.

Art. 17 Le ministère public est avisé de la date de l'audience par le greffier dans toute affaire qui doit lui être communiquée.

Art. 18 Lorsque le débiteur relève d'un ordre professionnel ou d'une autorité, cet ordre ou cette autorité fait connaître au greffe et aux organes de la procédure la personne habilitée à le représenter. En l'absence d'une telle déclaration, son représentant légal exerce cette fonction.

Art. 19 Le tribunal statue sur rapport du juge-commissaire.

Toutefois, il n'est pas fait de rapport lorsque le tribunal statue sur un recours formé contre une ordonnance de ce juge.

Art. 20 Les jugements rendus par le tribunal sont prononcés en audience publique, à l'exception de ceux rejetant la demande d'ouverture de la procédure de traitement de sortie de crise.

Art. 21 Si des fonds dus au débiteur ont été consignés à la Caisse des dépôts et consignations par des tiers, la caisse transfère ces fonds avec les droits, charges et inscriptions qui les grèvent sur le compte de dépôt ouvert par le mandataire de justice désigné par le jugement d'ouverture de la procédure ou le commissaire à l'exécution du plan. Le mandataire de justice est tenu vis-à-vis de l'acquéreur et des créanciers des obligations qui découlent de ces sûretés.

Art. 22 Les informations prévues par l'article R. 662-15 du code de commerce sont complétées par celles correspondant aux procédures de traitement de sortie de crise.

Art. 23 Sont mentionnées d'office au registre du commerce et des sociétés les décisions intervenues dans les procédures de traitement de sortie de crise :

1° Ouvrant la procédure avec l'indication du nom du mandataire de justice désigné ;

2° Arrêtant le plan de traitement de sortie de crise, avec l'indication du nom du commissaire à l'exécution du plan ;

3° Modifiant ce plan ;

4° Prononçant la résolution du plan de traitement de sortie de crise ;

5° Mettant fin à la procédure de traitement de sortie de crise ;

6° Modifiant la date de cessation des paiements ;

7° Remplaçant le mandataire désigné conformément au B du I de l'article 13 de la loi du 31 mai 2021 susvisée.

Art. 24 Sont radiées d'office les mentions relatives aux décisions mentionnées à l'article 23 du présent décret lorsque :

1° Il a été mis fin à la procédure de traitement de sortie de crise en application du E du I de l'article 13 de la loi du 31 mai 2021 susvisée ;

2° Il a été constaté l'achèvement de l'exécution du plan arrêté dans la procédure instituée par ce même article ;

3° Le plan de traitement de sortie de crise est toujours en cours à l'expiration d'un délai d'un an à compter de son arrêté. La radiation fait alors obstacle à toute nouvelle mention intéressant l'exécution du plan de traitement de sortie de crise, sauf si celle-ci est relative à une mesure d'inaliénabilité décidée par le tribunal ou à une décision prononçant la résolution du plan.

CHAPITRE II *DISPOSITIONS RÉGLEMENTAIRES DES TITRES II ET III DU LIVRE VI DU CODE DE COMMERCE APPLICABLES À LA PROCÉDURE DE TRAITEMENT DE SORTIE DE CRISE*

Art. 25 I. – Pour l'application des dispositions du A du III de l'article 13 de la loi du 31 mai susvisée et sous réserve des dispositions incompatibles avec celles de cette loi et du chapitre I du présent décret, et les références à l'administrateur judiciaire ou au mandataire judiciaire y étant, en tant que de besoin, remplacées par des références au mandataire désigné en application du B du I du même article 13, sont applicables à la procédure de traitement de sortie de crise les articles suivants des titres II et III du livre VI du code de commerce :

– l'article R. 621-2 ;
– les articles R. 621-3 et R. 621-4 ;
– les articles R. 621-7 à R. 621-10 ;
– les articles R. 621-12 à R. 621-18 ;
– les articles R. 621-21 et R. 621-23 ;
– l'article R. 621-24 à l'exception de ses deuxième et troisième alinéas ;
– l'article R. 621-25 ;
– les articles R. 622-1, R. 622-2, R. 622-4 et R. 622-4-1 ;
– l'article R. 622-6 ;
– le premier alinéa de l'article R. 622-7 ;
– les articles R. 622-8, R. 622-14 et R. 622-16 à R. 622-19 ;
– l'article R. 622-26 ;
– les articles R. 623-1 et R. 623-2 ;
– les articles R. 624-17 et R. 624-18 ;
– les articles R. 631-13 à R. 631-15 ;
– les articles R. 631-23, R. 631-25 et R. 631-26 ;
– l'article R. 631-30.

II. – L'article R. 621-21 est applicable aux ordonnances rendues par le juge-commissaire saisi d'une contestation prévue par le B du III de l'article 13 de la loi du 31 mai 2021 susvisée.

Art. 26 I. – Pour l'application du A du IV de l'article 13 de la loi du 31 mai 2021 susvisée et sous réserve des dispositions incompatibles avec celles de cette loi et du chapitre I du présent décret, sont applicables à la procédure de traitement de sortie de crise les articles suivants du titre II du livre VI du code de commerce :

– les articles R. 626-1 à R. 626-3 ;
– l'article R. 626-17 ;
– l'article R. 626-20, le délai mentionné au deuxième alinéa étant toutefois réduit à un an ;
– l'article R. 626-21 ;
– les articles R. 626-23 à R. 626-51.

II. – A la demande du mandataire désigné en application du B du I de la loi du 31 mai 2021 susvisée, le juge-commissaire peut réduire à quinze jours les délais prévus par la deuxième phrase du deuxième alinéa et la dernière phrase du troisième alinéa de l'article L. 626-5 du code de commerce.

Pour l'application des deuxième et troisième alinéas de l'article L. 626-5 du code de commerce, les propositions pour le règlement des dettes ainsi que les éventuelles réponses à ces propositions peuvent être communiquées par tout moyen permettant au mandataire désigné d'établir avec certitude la date de leur réception.

Sous réserve des alinéas précédents, le mandataire désigné en application du B du I de l'article 13 de la loi du 31 mai 2021 susvisée effectue les actes prévus par les dispositions des articles R. 626-7 et R. 626-8 du code de commerce en ce qu'elles concernent les créanciers mentionnés au B et au C du II du même article 13 et au second alinéa de l'article 11 du présent décret.

III. – Le montant des créances ne pouvant être affectées par le plan, conformément au B du IV du même article 13, est défini par l'article R. 626-34 du code de commerce.

CHAPITRE III *DISPOSITIONS RELATIVES AUX VOIES DE RECOURS*

Art. 27 Les jugements et ordonnances rendus en matière de procédure de traitement de sortie de crise sont exécutoires de plein droit à titre provisoire.

Toutefois, ne sont pas exécutoires de plein droit à titre provisoire les jugements et ordonnances rendus en application des articles L. 622-8 et L. 626-22 du code de commerce, rendus applicables à cette procédure.

Les dispositions des articles 514-1 et 514-2 du code de procédure civile ne sont pas applicables.

Par dérogation aux dispositions de l'article 514-3 du code de procédure civile, le premier président de la cour d'appel, statuant en référé, ne peut arrêter l'exécution provisoire des décisions mentionnées aux deux premiers alinéas du présent article que lorsque les moyens à l'appui de l'appel paraissent sérieux.

Dès le prononcé de la décision du premier président arrêtant l'exécution provisoire, le greffier de la cour d'appel en informe le greffier du tribunal.

En cas d'appel du ministère public d'un jugement mentionné au A du I ou au A du IV de l'article 13 de la loi du 31 mai 2021 susvisée, l'exécution provisoire est arrêtée de plein droit à compter du jour de cet appel.

Le premier président de la cour d'appel peut, sur requête du procureur général, prendre toute mesure conservatoire pour la durée de l'instance d'appel.

Art. 28 L'opposition et la tierce opposition sont formées contre les décisions rendues en matière de procédure de traitement de sortie de crise par déclaration au greffe dans le délai de dix jours à compter du prononcé de la décision.

Toutefois, pour les décisions soumises aux formalités d'insertion dans un support d'annonces légales et au *Bulletin officiel des annonces civiles et commerciales*, le délai ne court que du jour de la publication au *Bulletin officiel des annonces civiles et commerciales*. Pour les décisions soumises à la formalité d'insertion dans un support d'annonces légales, le délai ne court que du jour de la publication de l'insertion.

Art. 29 Sauf dispositions contraires, le délai d'appel des parties est de dix jours à compter de la notification qui leur est faite des décisions rendues en matière de procédure de traitement de sortie de crise.

Le délai d'appel du procureur de la République et du procureur général est de dix jours. Ces délais sont comptés à partir de la réception par le procureur de la République de l'avis qui lui est donné de la décision dans les formes prévues, selon le cas, à l'article R. 621-7 du code de commerce.

Art. 30 L'appel du procureur de la République et du procureur général est fait par une déclaration d'appel remise ou adressée au greffe de la cour d'appel.

Lorsque cette déclaration est faite par voie postale, la date de l'acte d'appel est celle de l'expédition.

Lorsque l'appel est interjeté par le procureur de la République ou le procureur général, l'appelant en informe immédiatement, par tout moyen, le greffier du tribunal et le mandataire désigné en application du B du I de l'article 13 de la loi du 31 mai 2021 susvisée. Le greffier de la cour d'appel notifie par lettre simple cet appel au débiteur et aux représentants des salariés lorsqu'ils ne sont pas parties à la procédure.

Art. 31 Le mandataire de justice qui n'est pas appelant doit être intimé.

Le procureur général est avisé de la date de l'audience.

Lorsqu'ils ne sont pas parties à l'instance d'appel, les représentants de la délégation du personnel du comité social et économique sont convoqués pour être entendus par la cour. La convocation est faite par lettre simple du greffier.

Art. 32 Le greffier de la cour d'appel transmet dans les huit jours du prononcé de l'arrêt une copie de celui-ci au greffier du tribunal pour l'accomplissement des mesures de publicité prévues à l'article R. 621-8 du code de commerce lorsque l'arrêt infirme une décision soumise à la publicité.

Il notifie l'arrêt aux parties et, par remise contre récépissé, au procureur général. Il informe les représentants des salariés du prononcé de l'arrêt.

Art. 33 Le pourvoi en cassation du ministère public est fait par une déclaration au greffe de la Cour de cassation selon les règles prévues au premier alinéa de l'article 30 du présent décret.

CHAPITRE IV *DISPOSITIONS RELATIVES AUX FRAIS DE PROCÉDURE ET AUX ÉMOLUMENTS DU MANDATAIRE DÉSIGNÉ EN APPLICATION DU B DU I DE L'ARTICLE 13 DE LA LOI SUSVISÉE*

Art. 34 I. – Les émoluments du mandataire désigné conformément au B du I de l'article 13 de la loi du 31 mai 2021 susvisée sont, pour l'accomplissement des diligences résultant de l'application de cet article, soumises aux règles prévues par les articles suivants.

II. – Pour l'application du présent chapitre :

1° Le montant du chiffre d'affaires est défini hors taxes conformément aux dispositions du sixième alinéa de l'article D. 123-200 du code de commerce. Il est apprécié à la date de clôture du dernier exercice comptable. Pour l'application de l'article 36 du présent décret, le chiffre d'affaires est celui réalisé pendant la période d'observation. Lorsque le débiteur est une personne morale de droit privé non commerçante, la référence au chiffre d'affaires est, le cas échéant, remplacée par la référence aux ressources hors taxes ou produits hors taxes ;

2° Le total du bilan est défini conformément aux dispositions du cinquième alinéa de l'article D. 123-200 du code de commerce et apprécié à la date de clôture du dernier exercice comptable ;

3° Le nombre des salariés est celui des salariés employés par le débiteur à la date de la demande d'ouverture de la procédure.

Art. 35 Il est alloué au mandataire désigné, pour les diligences relatives au diagnostic, un émolument déterminé par un arrêté conjoint du garde des sceaux, ministre de la justice et du ministre chargé de l'économie en fonction du nombre de salariés employés par le débiteur ou de son chiffre d'affaires, qui ne peut excéder un montant fixé par le même arrêté. – *V. Arr. du 5 nov. 2021, art. 1er.*

Art. 36 Il est alloué au mandataire désigné, au titre de sa mission de surveillance du débiteur, un émolument déterminé par un arrêté conjoint du garde des sceaux, ministre de la justice et du ministre chargé de l'économie en fonction du nombre de salariés employés par le débiteur ou de son chiffre d'affaires. – *V. Arr. du 5 nov. 2021, art. 2.*

Art. 37 Il est alloué au mandataire désigné, pour l'élaboration du bilan économique, social et environnemental et l'assistance apportée au débiteur pour la préparation d'un plan de traitement de sortie de crise, un émolument déterminé par un arrêté conjoint du garde des sceaux, ministre de la justice et du ministre chargé de l'économie en fonction du nombre de salariés employés par le débiteur ou de son chiffre d'affaires. Cet émolument ne peut excéder un montant fixé par le même arrêté. – *V. Arr. du 5 nov. 2021, art. 3.*

L'émolument prévu au présent article est majoré de 50 % en cas d'arrêté du plan de traitement de sortie de crise. Toutefois, cette majoration n'est pas due si le mandataire désigné a été rémunéré au titre d'une conciliation ou d'un mandat *ad hoc* demandé par le même débiteur dans les cinq mois précédant l'ouverture de la procédure de traitement de sortie de crise.

Art. 38 Ces rémunérations sont acquises lorsque le tribunal a statué sur le plan de traitement de sortie de crise ou mis fin à la procédure.

S'il est mis fin à la procédure sans plan de traitement de sortie de crise :

1° Lorsqu'une procédure de redressement judiciaire est ouverte à l'égard du même débiteur avant l'expiration d'un délai de deux mois à compter du jugement mettant fin à la procédure de traitement de sortie de crise, la rémunération due au titre de l'article R. 663-4 du code de commerce à l'administrateur judiciaire éventuellement désigné est diminuée de 50 % ;

2° Lorsqu'une procédure de redressement judiciaire est ouverte à l'égard du même débiteur avant l'expiration d'un délai de deux mois à compter du jugement mettant fin à la procédure de traitement de sortie de crise, et que le mandataire judiciaire a été désigné pour exercer les fonctions prévues au B du I de l'article 13 de la loi du 31 mai 2021 susvisée dans cette procédure, l'émolument prévu au premier alinéa de l'article R. 663-18 du code de commerce est diminué de 50 % ;

3° Lorsqu'une procédure de liquidation judiciaire est ouverte à l'égard du même débiteur avant l'expiration d'un délai de deux mois à compter du jugement mettant fin à la procédure de traitement de sortie de crise, et que le liquidateur a été désigné pour exercer les fonctions prévues au B du I de l'article 13 de la loi du 31 mai 2021 susvisée dans cette procédure, l'émolument prévu au premier alinéa de l'article R. 663-18 du code de commerce est diminué de 50 %.

Art. 39 Au terme de chacune des années de l'exécution du plan, il est alloué au commissaire à l'exécution du plan, au titre de sa mission de surveillance de l'exécution du plan, des actions qu'il engage ou qu'il poursuit dans l'intérêt collectif des créanciers, de l'exécution des actes permettant la mise en œuvre du plan et de son rapport annuel prévu à l'article R. 626-43 du code de commerce applicable à la procédure de traitement de sortie de crise, une rémunération égale à la moitié de la rémunération fixée en application de l'article 35 du présent décret. Cette rémunération n'est acquise que sur justification du dépôt de ce rapport.

Le président du tribunal peut demander à ce que ce rapport soit présenté oralement, le débiteur dûment appelé.

Art. 40 Il peut être alloué, par le président du tribunal ou son délégué, une rémunération au commissaire à l'exécution du plan lorsqu'il a assisté le débiteur dans la préparation d'un projet ayant pour objet une modification substantielle dans les objectifs ou les moyens du plan, ou lorsqu'il a présenté au tribunal une demande en résolution du plan ou saisi le président du tribunal sur le fondement de l'article R. 626-47-1 du code de commerce applicable à la procédure de traitement de sortie de crise.

Cette rémunération ne peut être supérieure à la moitié de celle fixée en application du barème prévu à l'article 37 du présent décret. La situation du débiteur est appréciée à la date de la saisine du tribunal ou du président du tribunal.

Art. 41 Il est alloué au commissaire à l'exécution du plan, au titre d'une mission de perception et de répartition des dividendes arrêtés par le plan, une rémunération égale à un émolument déterminé par un arrêté conjoint du garde des sceaux, ministre de la justice et du ministre chargé de l'économie, en fonction du montant cumulé des sommes encaissées par l'ensemble des créanciers ou, à défaut d'encaissement par les créanciers, consignées à la Caisse des dépôts et consignations au cours de chacune des années d'exécution du plan.

Lorsqu'il n'est pas fait de répartition entre plusieurs créanciers, un seul d'entre eux étant en mesure de percevoir le dividende, cette rémunération est réduite de moitié.

Cette rémunération ne peut excéder un montant fixé par le même arrêté. – *V. Arr. du 5 nov. 2021, art. 4.*

Art. 42 Sont applicables les articles R. 663-32 et R. 663-33, le second alinéa de l'article R. 663-35 et les articles R. 663-38, R. 663-39 et R. 663-40 du code de commerce.

CHAPITRE V *DISPOSITIONS DIVERSES ET FINALES*

Art. 43 *Modification des art. R. 621-2 et R. 621-3 C. com. - V. ces art., supra.*

Art. 44 I. – Le présent décret est applicable dans les îles Wallis-et-Futuna.

II. – *Modification de l'art. R. 950-1 C. com. – V.* ***C. com.***

Décret n° 2021-1355 du 16 octobre 2021,

Portant diverses mesures d'application de l'article 13 de la loi n° 2021-689 du 31 mai 2021 relative à la gestion de la sortie de crise sanitaire et fixant notamment les seuils prévus par le A du I de cet article.

Art. 1er Les seuils fixés en application du A du I de l'article 13 de la loi susvisée sont pour le nombre de salariés de vingt et pour le bilan de 3 000 000 euros de total du passif hors capitaux propres.

Art. 2 Le nombre de salariés à prendre en compte est le nombre de salariés employés par le débiteur à la date de la demande d'ouverture de la procédure.

Art. 3 Le critère relatif au bilan est apprécié à la date de clôture du dernier exercice comptable.

Art. 4 Les articles D. 626-9 à D. 626-15 du code de commerce sont applicables à la procédure de traitement de sortie de crise instituée par l'article 13 de la loi susvisée.

Toutefois, la saisine de la commission mentionnée à l'article D. 626-14 du même code est faite, en cas d'ouverture d'une procédure de traitement de sortie de crise, par le mandataire désigné conformément au B du I de l'article 13 de la loi susvisée.

Art. 5 Le présent décret est applicable dans les îles Wallis-et-Futuna.

Arrêté du 5 novembre 2021,

Adaptant temporairement les tarifs applicables aux administrateurs judiciaires, mandataires judiciaires et commissaires à l'exécution du plan pour l'application des dispositions de l'article 13 de la loi n° 2021-689 du 31 mai 2021 relative à la gestion de la sortie de crise sanitaire.

Art. 1er 1° L'émolument prévu à l'article 35 du décret n° 2021-1354 du 16 octobre 2021 pour le mandataire désigné conformément au B du I de l'article 13 de la loi susvisée au titre de l'élaboration du diagnostic, varie en fonction du nombre de salariés employés par le débiteur ou du montant de son chiffre d'affaires, selon le barème suivant :

NOMBRE DE SALARIÉS	CHIFFRE D'AFFAIRES EN €	ÉMOLUMENT EN €
De 0 à 5	De 0 à 750 000	940,50 €
De 6 à 19	De 750 001 à 3 000 000	1 881,00 €

Lorsque le débiteur relève de deux tranches de rémunération différentes au titre respectivement du nombre de salariés employés et du montant de son chiffre d'affaires, il y a lieu de se référer à la tranche la plus élevée.

2° Lorsque le montant du chiffre d'affaires du débiteur est supérieur à 3 000 000 €, cet émolument est d'un montant fixe de 3 762 €, quel que soit le nombre de salariés.

Art. 2 L'émolument prévu à l'article 36 du décret n° 2021-1354 du 16 octobre 2021 pour le mandataire désigné conformément au B du I de l'article 13 de la loi susvisée au titre de la mission de surveillance, est fixé proportionnellement au chiffre d'affaires de ce débiteur, selon le barème suivant :

CHIFFRE D'AFFAIRES EN €	TAUX DE L'ÉMOLUMENT EN €
De 0 à 150 000	1,411 %
De 150 001 à 750 000	0,706 %
Au-delà de 750 001	0,423 %

Art. 3 1° L'émolument prévu à l'article 37 du décret n° 2021-1354 du 16 octobre 2021 pour le mandataire désigné conformément au B du I de l'article 13 de la loi susvisée au titre de l'élaboration du bilan économique, social et environnemental et de l'assistance apportée au débiteur pour la préparation d'un plan de traitement de sortie de crise, varie en fonction du nombre de salariés employés par le débiteur ou du montant de son chiffre d'affaires, selon le barème suivant :

NOMBRE DE SALARIÉS	CHIFFRE D'AFFAIRES EN €	ÉMOLUMENT EN €
De 0 à 5	De 0 à 750 000	1 410,75 €
De 6 à 19	De 750 001 à 3 000 000	1 881,00 €

Lorsque le débiteur relève de deux tranches de rémunération différentes au titre respectivement du nombre de salariés employés et du montant de son chiffre d'affaires, il y a lieu de se référer à la tranche la plus élevée.

2° Lorsque le montant du chiffre d'affaires du débiteur est supérieur à 3 000 000 €, cet émolument est d'un montant fixe de 5 643 €, quel que soit le nombre de salariés.

Art. 4 L'émolument*[,]* prévu à l'article 41 du décret n° 2021-1354 du 16 octobre 2021 pour le commissaire à l'exécution du plan au titre d'une mission de perception et de répartition des dividendes arrêtés par le plan, est fixé proportionnellement au montant cumulé des sommes encaissées par l'ensemble des créanciers ou, à défaut d'encaissement par les créanciers, au montant cumulé des sommes consignées à la Caisse des dépôts et consignations au cours de chacune des années d'exécution du plan, selon le barème suivant :

TRANCHES D'ASSIETTE EN €	TAUX DE L'ÉMOLUMENT EN €
De 0 à 15 000	3,292 %
De 15 001 à 50 000	2,351 %
De 50 001 à 150 000	1,411 %
De 150 001 à 300 000	0,470 %
Au-delà de 300 000	0,235 %

L'émolument est réduit de moitié lorsqu'il n'est pas fait de répartition entre plusieurs créanciers et qu'un seul d'entre eux est en mesure de percevoir le dividende.

Art. 5 Le présent arrêté est applicable aux procédures ouvertes entrant dans le champ d'application de l'article 13 de la loi n° 2021-689 du 31 mai 2021 relative à la gestion de la sortie de crise sanitaire à compter de l'entrée en vigueur du décret n° 2021-1354 du 16 octobre 2021 relatif à la procédure de traitement de sortie de crise *[JO 17 oct.]*.

Art. 6 Les dispositions du présent arrêté sont applicables à Wallis-et-Futuna.

Loi n° 2023-1059 du 20 novembre 2023,

D'orientation et de programmation du ministère de la justice 2023-2027.

Art. 26 I. — A titre expérimental, les compétences du tribunal de commerce sont étendues dans les conditions prévues au II du présent article. Dans le cadre de cette expérimentation, le tribunal de commerce est renommé tribunal des activités économiques.

[…]

Le greffe du tribunal des activités économiques est assuré par le greffier du tribunal de commerce.

Le tribunal des activités économiques est soumis au livre I du code de l'organisation judiciaire.

Les décisions du tribunal des activités économiques sont susceptibles de recours dans les conditions prévues au chapitre I du titre VI du livre VI du code de commerce.

II. — Par dérogation au premier alinéa du I de l'article L. 611-2 et au premier alinéa de l'article L. 611-2-1 du code de commerce, relatifs au pouvoir de convocation du président du tribunal, au deuxième alinéa de l'article L. 611-3 du même code, relatif au mandat *ad hoc*, et à l'article L. 611-4 dudit code ainsi qu'au premier alinéa de l'article L. 611-5 du même code, relatifs à la conciliation, et nonobstant les dispositions du code de l'organisation judiciaire, le président du tribunal des activités économiques connaît de la procédure d'alerte et des procédures amiables, quels que soient le statut et l'activité de la personne physique ou morale qui éprouve des difficultés, à l'exception des professions mentionnées au second alinéa de l'article L. 722-6-1 du code de commerce.

Par dérogation à l'article L. 351-2 du code rural et de la pêche maritime, la demande de désignation d'un conciliateur est introduite devant le président du tribunal des activités économiques.

Par dérogation à l'article L. 621-2 du code de commerce, relatif à l'ouverture de la procédure de sauvegarde, applicable en redressement judiciaire sur renvoi de l'article L. 631-7 du même code et en liquidation judiciaire sur renvoi de l'article L. 641-1 dudit code, et nonobstant les dispositions du code de l'organisation judiciaire, le tribunal des activités économiques connaît des procédures collectives, quels que soient le statut et l'activité du débiteur, à l'exception de celles ouvertes à l'égard des personnes exerçant l'une des professions mentionnées au second alinéa de l'article L. 722-6-1 du code de commerce.

Par dérogation au dernier alinéa de l'article L. 631-5 du même code, la procédure ne peut être ouverte à l'égard d'un débiteur exerçant une activité agricole qui n'est pas constitué sous la forme d'une société commerciale que si le président du tribunal des activités économiques a été saisi, préalablement à l'assignation, d'une demande tendant à la désignation d'un conciliateur présentée en application de l'article L. 351-2 du code rural et de la pêche maritime.

Par dérogation au dernier alinéa de l'article L. 640-5 du code de commerce, lorsque sont applicables les dispositions relatives à la procédure prévue à l'article L. 351-1 du code rural et de la pêche maritime, le président du tribunal des activités économiques doit être saisi, préalablement à l'assignation, d'une demande tendant à la désignation d'un conciliateur présentée en application de l'article L. 351-2 du même code, sauf si la procédure de rétablissement professionnel prévue au chapitre V du titre IV du livre VI du code de commerce est en cours.

Nonobstant les dispositions du code de l'organisation judiciaire et sans préjudice des pouvoirs attribués en premier ressort au juge-commissaire, le tribunal des activités économiques, saisi de la procédure de sauvegarde, de redressement ou de liquidation judiciaire du débiteur, connaît de toutes les actions et les contestations relatives aux baux commerciaux qui sont nées de la procédure et qui présentent avec celle-ci des liens de connexité suffisants.

Lorsque le tribunal des activités économiques est par ailleurs un tribunal de commerce spécialisé en application de l'article L. 721-8 du code de commerce, il connaît des procédures mentionnées aux 1° à 4° du même article L. 721-8, sous les mêmes conditions, quels que soient le statut et l'activité du débiteur, à l'exception de celles ouvertes à l'égard des personnes exerçant l'une des professions mentionnées au second alinéa de l'article L. 722-6-1 du même code.

Par dérogation au premier alinéa de l'article 4 de la loi n° 71-1130 du 31 décembre 1971 portant réforme de certaines professions judiciaires et juridiques, devant le tribunal des activités économiques, les parties sont dispensées de l'obligation de constituer avocat dans les cas prévus par la loi ou le règlement, lorsque la demande porte sur un montant inférieur ou égal à 10 000 euros ou qu'elle a pour origine l'exécution d'une obligation dont le montant n'excède pas 10 000 euros, dans le cadre des procédures prévues au livre VI du code de commerce, pour les litiges relatifs à la tenue du registre du commerce et des sociétés ou pour la procédure de règlement amiable agricole prévue aux articles L. 351-1 à L. 351-7 du code rural et de la pêche maritime.

Dans les cas prévus à l'avant-dernier alinéa du présent II, elles ont la faculté de se faire assister ou représenter par toute personne de leur choix.

III. — Le I est applicable à au moins neuf et au plus douze tribunaux de commerce désignés par arrêté du ministre de la justice, pendant une durée de quatre ans à compter de la date fixée par cet arrêté, qui ne peut être postérieure de plus de douze mois à la publication du décret pris pour l'application du présent article, pour le jugement des procédures ouvertes à compter de la date fixée par l'arrêté mentionné au présent alinéa.

Six mois au moins avant le terme de l'expérimentation, le Gouvernement remet au Parlement un rapport d'évaluation. L'ensemble des acteurs judiciaires et économiques est associé à cette évaluation. Cette dernière associe également, à parité entre les femmes et les hommes, deux députés et deux sénateurs, dont au moins un député et un sénateur appartenant à un groupe d'opposition, désignés respectivement par le président de l'Assemblée nationale et le président du Sénat. L'évaluation porte notamment sur la durée des procédures de liquidation judiciaire, le taux de réformation des décisions, la qualité du service rendu au justiciable et l'appréciation des auxiliaires de justice, au vu des statistiques fournies par le ministère de la justice, d'une part, et de questionnaires de satisfaction, d'autre part.

Un décret en Conseil d'État précise les modalités d'application du présent article, notamment les modalités de conduite et d'évaluation de l'expérimentation ainsi que les règles d'information des usagers. — *V. Décr. n° 2024-674 du 3 juill. 2024 (JO 5 juill.) et, infra, Arr. du 5 juill. 2024.*

Sur la dispense de contribution économique bénéficiant au demandeur à l'ouverture d'une procédure amiable ou collective prévue au livre VI C. com. et aux art. L. 351-1 à L. 351-7-1 C. rur., à l'État, aux collectivités territoriales et à leurs groupements, ainsi qu'aux personnes physiques ou morales de droit privé employant moins de 250 salariés, V. L. n° 2023-1059 du 20 nov. 2023, art. 27 (JO 21 nov.).

BIBL. ▶ KENDÉRIAN, *D. 2024. Chron. 130* (transfert au tribunal des affaires économiques du contentieux du bail commercial en lien avec les procédures collectives : une fausse bonne idée). – KENDÉRIAN et SCHOLL, *Gaz. Pal. 24 sept. 2024, p. 34* (textes réglementaires).

Arrêté du 5 juillet 2024,

Relatif à l'expérimentation du tribunal des affaires économiques.

Art. 1er L'expérimentation prévue par l'article 26 de la loi n° 2023-1059 du 20 novembre 2023 susvisée, dont les conditions d'application sont précisées par le décret n° 2024-674 du 3 juillet 2024 susvisé, débute le 1er janvier 2025, pour une durée de quatre ans.

Art. 2 En application du III de l'article 26 de la loi du 20 novembre 2023 susvisée, les douze tribunaux de commerce désignés tribunaux des activités économiques sont les suivants :

Cour d'appel	Siège et ressort des tribunaux de commerce	
	Siège	Ressort
Cour d'appel d'Aix-en-Provence	Marseille	Ressort du tribunal judiciaire de Marseille
Cour d'appel d'Angers	Le Mans	Ressort du tribunal judiciaire du Mans
Cour d'appel de Limoges	Limoges	Ressort du tribunal judiciaire de Limoges
Cour d'appel de Lyon	Lyon	Ressort du tribunal judiciaire de Lyon
Cour d'appel de Nancy	Nancy	Ressort du tribunal judiciaire de Nancy
Cour d'appel de Nîmes	Avignon	Ressort des tribunaux judiciaires d'Avignon et de Carpentras
Cour d'appel de Paris	Auxerre	Ressort du tribunal judiciaire d'Auxerre
Cour d'appel de Paris	Paris	Ressort du tribunal judiciaire de Paris
Cour d'appel de Rennes	Saint-Brieuc	Ressort du tribunal judiciaire de Saint-Brieuc
Cour d'appel de Rouen	Le Havre	Ressort du tribunal judiciaire du Havre
Cour d'appel de Versailles	Nanterre	Ressort du tribunal judiciaire de Nanterre
Cour d'appel de Versailles	Versailles	Ressort du tribunal judiciaire de Versailles

Art. 3 Pendant la durée de l'expérimentation, les tribunaux des activités économiques désignés à l'article 2 sont compétents pour connaître des procédures prévues au II de l'article 26 de la loi du 20 novembre 2023 susvisée et ouvertes à compter du 1er janvier 2025.

Pendant cette même période, les tribunaux judiciaires dont le ressort correspond au ressort des tribunaux des activités économiques ne sont pas compétents pour connaître des procédures prévues au II de l'article 26 de la loi du 20 novembre 2023 susvisée et ouvertes à compter du 1er janvier 2025.

II RÉGIME ANTÉRIEUR À LA LOI DU 26 JUILLET 2005

Code de commerce

LIVRE VI *[ANCIEN]* DES DIFFICULTÉS DES ENTREPRISES

TITRE I *[ANCIEN]* DE LA PRÉVENTION ET DU RÈGLEMENT AMIABLE DES DIFFICULTÉS DES ENTREPRISES

V. éd. 2023 et antérieures du **C. pr. coll.**

TITRE II *[ANCIEN]* DU REDRESSEMENT ET DE LA LIQUIDATION JUDICIAIRES DES ENTREPRISES

BIBL. GÉN. ▶ V. **C. pr. coll.** 🏛.

Ancien art. L. 620-1 ***Il est institué une procédure de redressement judiciaire destinée à permettre la sauvegarde de l'entreprise, le maintien de l'activité et de l'emploi et l'apurement du passif.***

Le redressement judiciaire est assuré selon un plan arrêté par décision de justice à l'issue d'une période d'observation. Ce plan prévoit, soit la continuation de l'entreprise, soit sa cession.

La liquidation judiciaire peut être prononcée sans ouverture d'une période d'observation lorsque l'entreprise a cessé toute activité ou lorsque le redressement est manifestement impossible. *— [L. n° 85-98 du 25 janv. 1985, art. 1er.] — V aussi ancien art. L. 622-1.*

L'art. 99 de la L. n° 94-475 du 10 juin 1994 (qui a modifié la L. n° 85-98 du 25 janv. 1985, aujourd'hui codifiée aux anciens art. L. 620-1 s. C. com.), mod. par l'art. 35 de la L. n° 94-679 du 8 août 1994, dispose : « Les dispositions de la présente loi entreront en vigueur à une date fixée par décret et au plus tard le 1er octobre 1994. Elles seront applicables aux procédures ouvertes à compter de cette date. » — L'art. 134 du Décr. n° 94-910 du 21 oct. 1994, publié au JO du 22 oct. 1994, prévoit que, vu l'urgence, ce décret entre immédiatement en vigueur. — V. notes ci-dessous.

BIBL. ▶ Bazin, *Rev. huiss. 1996. 1181* (sauvegarde de l'activité).

ENTRÉE EN VIGUEUR DE LA LOI DU 10 JUIN 1994

BIBL. Alix, *LPA 14 août 1996, p. 19* (procédures ouvertes entre le 1er et le 22 oct. 1994).

1. En ce sens que les dispositions issues de la loi du 10 juin 1994 ne sont pas applicables aux procédures ouvertes entre le 1er et le 22 oct. 1994 (V. note rédactionnelle ci-dessus) en raison du caractère indivisible de la réforme (Rép. min. n° 20757 : *JOAN Q, 24 avr. 1995, p. 2210*). • Aix-en-Provence, 15 juin 1995 : *D. 1996. 202, note F. D.* ♦ Comp., en faveur de l'application de la loi nouvelle aux procédures ouvertes à compter du 1er oct. 1994 : Cass., rép., *BICC 1er mai 1996, p. 36* • Com. 25 nov. 1997, n° 95-17.443 P. ♦ Comp., aussi, en ce sens que les dispositions réglementaires antérieures à l'entrée en vigueur du décret du 21 oct. 1994 devaient recevoir application dès lors qu'elles étaient compatibles avec les nouvelles dispositions législatives : • Paris, 27 juin 1997 : *Bull. act. Lamy droit commercial août-sept. 1997, p. 9.* ♦ V. également notes 2 à 5 ss. anc. art. L. 621-46.

2. Il faut entendre le terme « procédure » dans son acception commune, et non dans une acception plus large, spécifique au droit de la faillite, qui aurait pour effet de placer sous le même régime, au regard de l'application dans le temps de la loi du 10 juin 1994 et du décret du 21 oct. 1994, toutes les actions se rattachant à la même procédure collective. Ainsi la procédure en paiement de l'insuffisance d'actif, introduite contre les dirigeants sociaux, qui fait l'objet d'une instance distincte, doit être considérée, quant à ce, de manière autonome. • Montpellier, 10 août 1996 : *BICC 1997, n° 91.* ♦ V. aussi note 1 ss. anc. art. L. 621-18, note 2 s. ss. anc. art. L. 621-46 et note 10 ss. art. L. 624-16.

3. Pour l'inapplicabilité de la loi du 10 juin 1994 en Nouvelle-Calédonie, V. • Com. 19 juin 2007, n° 05-17.753 P : *D. 2007. AJ 1877, obs. Lienhard ; JCP E 2007. 2243, note Eschylle ; Gaz. Pal. 26-27 oct. 2007, p. 51, obs. Le Corre-Broly.*

4. Sur l'application dans le temps du décret du 21 oct. 1994, V. note précédant l'art. 1er du décret du 27 déc. 1985.

Ancien art. L. 620-2 *Le redressement et la liquidation judiciaires sont applicables à tout commerçant, à toute personne immatriculée au répertoire des métiers, à tout agriculteur et à toute personne morale de droit privé.*

Les personnes physiques ou morales qui emploient cinquante salariés au plus et dont le chiffre d'affaires hors taxe est inférieur à un seuil fixé par décret en Conseil d'État bénéficient de la procédure simplifiée prévue à la section 5 du chapitre I. – *[L. n° 85-98 du 25 janv. 1985, art. 2.]*

CHAPITRE I *[ANCIEN]* ***DU REDRESSEMENT JUDICIAIRE***

SECTION 1 *[ANCIENNE]* ***De la période d'observation***

SOUS-SECTION 1 *[ANCIENNE]* De l'ouverture de la procédure

§ 1 *[ANCIEN]* *De la saisine et de la décision du tribunal*

Ancien art. L. 621-1 *La procédure de redressement judiciaire est ouverte à toute entreprise, mentionnée à l'article L. 620-2, qui est dans l'impossibilité de faire face au passif exigible avec son actif disponible.*

L'ouverture de cette procédure doit être demandée par le débiteur au plus tard dans les quinze jours qui suivent la cessation des paiements définie à l'alinéa précédent. – *[L. n° 85-98 du 25 janv. 1985, art. 3.] – V. Décr. n° 85-1388 du 27 déc. 1985, art. 6.*

BIBL. ▶ Chaput, *RTD com. 1986, n° spéc., p. 17.* - Delesalle, *RPC 1987, n° 4, p. 1.* - Nanterme et Ponceblanc, *Gaz. Pal. 1986. 2. Doctr. 661.* - Teboul, *RJ com. 1998. 169.* - Montéran, *RPC 2001. 1.* - Delattre, *Gaz. Pal. 2002. Doctr. 152* (notion de cessation des paiements : passif exigible ou passif exigé ?). - Teboul, *LPA 25 juill. 2002, p. 4* (approche de l'avocat). - Martineau-Bourgninaud, *RTD com. 2002. 245* (la cessation des paiements, notion fonctionnelle). - Derrida, *Mél. Sortais, Bruylant, 2002, p. 73* (notion de cessation des paiements). - Tricot, *Gaz. Pal. 29-30 avr. 2005, p. 13* (la cessation des paiements : une notion stable).

Ancien art. L. 621-2 *La procédure peut également être ouverte sur l'assignation d'un créancier, quelle que soit la nature de sa créance. Toutefois, sous réserve des articles L. 621-14 et L. 621-15, la procédure ne peut être ouverte à l'encontre d'une exploitation agricole qui n'est pas constituée sous la forme d'une société commerciale que si le président du tribunal de grande instance a été préalablement saisi d'une demande tendant à la désignation d'un conciliateur présentée en application de l'article L. 351-2 du code rural.* – *V. ce texte, 2e partie.*

En outre, le tribunal peut se saisir d'office ou être saisi par le procureur de la République. – *V. note ci-dessous.*

Le comité d'entreprise ou, à défaut, les délégués du personnel peuvent communiquer au président du tribunal ou au procureur de la République tout fait révélant la cessation des paiements de l'entreprise. – *[L. n° 85-98 du 25 janv. 1985, art. 4.] – V. Décr. n° 85-1388 du 27 déc. 1985, art. 7.*

Au 2e al. de l'art. L. 621-2, dans sa version applicable à la Polynésie française, les mots : « se saisir d'office ou » sont contraires à la Constitution. Cette déclaration d'inconstitutionnalité prend effet à compter de la date de publication de la décision du Conseil constitutionnel et est applicable à tous les jugements d'ouverture d'une procédure de redressement judiciaire ou de liquidation judiciaire rendus postérieurement à cette date (Cons. const. n° 2013-352 QPC du 15 nov. 2013, JO 17 nov. ; D. 2013. Actu. 2640 ; LEDEN 1/2014. 5, obs. Favario).

Ancien art. L. 621-3 *En cas d'inexécution des engagements financiers conclus dans le cadre de l'accord amiable prévu soit par l'article L. 611-4, soit par l'article L. 351-6 du code rural, la procédure peut être ouverte sur demande du procureur de la République, du débiteur ou d'un créancier partie à l'accord. Le tribunal prononce la résolution de l'accord. Les créanciers recouvrent l'intégralité de leurs créances et sûretés, déduction faite des sommes perçues.* – *[L. n° 85-98 du 25 janv. 1985, art. 5.]*

BIBL. ▶ Pons, *RPC 1994. 129* (ouverture d'une procédure de redressement judiciaire à l'égard d'un professionnel libéral en cas d'inexécution d'un accord de règlement amiable).

Ancien art. L. 621-4 *Le tribunal statue sur l'ouverture de la procédure, après avoir entendu ou dûment appelé en chambre du conseil le débiteur et les représentants du comité d'entreprise ou, à défaut, des délégués du personnel.*

Il peut également entendre toute personne dont l'audition lui paraîtrait utile.

Dans le cas mentionné à l'article L. 621-3, il statue après avoir entendu ou dûment appelé le conciliateur en présence duquel l'accord a été conclu. – [L. n° 85-98 du 25 janv. 1985, art. 6.] – V. Décr. n° 85-1388 du 27 déc. 1985, art. 14.

Ancien art. L. 621-5 *Le tribunal compétent est le tribunal de commerce si le débiteur est commerçant ou est immatriculé au répertoire des métiers. Le tribunal de grande instance est compétent dans les autres cas. S'il se révèle que la procédure ouverte doit être étendue à une ou plusieurs autres personnes, le tribunal initialement saisi reste compétent.*

Un décret en Conseil d'État détermine dans chaque département le tribunal ou les tribunaux appelés à connaître des procédures de redressement judiciaire applicables aux personnes autres que celles mentionnées au deuxième alinéa de l'article L. 620-2, ainsi que le ressort dans lequel ces tribunaux exercent les attributions qui leur sont dévolues. – [L. n° 85-98 du 25 janv. 1985, art. 7.]

Ancien art. L. 621-6 *Le jugement de redressement judiciaire ouvre une période d'observation en vue de l'établissement d'un bilan économique et social et de propositions tendant à la continuation ou à la cession de l'entreprise. Dès lors qu'aucune de ces solutions n'apparaît possible, le tribunal prononce la liquidation judiciaire.*

La durée maximale de la période d'observation, qui peut être renouvelée une fois par décision motivée à la demande de l'administrateur, du débiteur, du procureur de la République ou d'office par le tribunal, est fixée par décret en Conseil d'État. Elle peut en outre être exceptionnellement prolongée à la demande du procureur de la République par décision motivée du tribunal pour une durée fixée par décret en Conseil d'État. – V. Décr. n° 85-1388 du 27 déc. 1985, art. 20.

Le tribunal arrête le plan ou prononce la liquidation judiciaire avant l'expiration de la période d'observation qu'il a fixée. – [L. n° 85-98 du 25 janv. 1985, art. 8.]

Ancien art. L. 621-7 *Le tribunal fixe, s'il y a lieu, la date de cessation des paiements. A défaut de détermination de cette date, la cessation des paiements est réputée être intervenue à la date du jugement qui la constate. Elle peut être reportée une ou plusieurs fois, sans pouvoir être antérieure de plus de dix-huit mois à la date du jugement d'ouverture.*

Il se prononce d'office ou à la demande de l'administrateur, du représentant des créanciers, du liquidateur ou du procureur de la République. La demande de modification de date doit être présentée au tribunal avant l'expiration du délai de quinze jours qui suit le dépôt du rapport prévu à l'article L. 621-54 ou du projet de plan prévu à l'article L. 621-141 ou du dépôt de l'état des créances si la liquidation est prononcée. – [L. n° 85-98 du 25 janv. 1985, art. 9.]

BIBL. ▸ DIENER, *D. 1993. Chron. 255*. – TEBOUL, *RJ com. 2000. 204.*

1. Fixation de la date. V. notes 10 s. ss. art. L. 631-1 nouv.

2. Demande de report de la date. La place de l'art. 9 [C. com., art. L. 621-7] au sein du chapitre « La procédure d'observation » n'en limite cependant pas l'application à la période d'observation puisque le liquidateur peut présenter une demande de report de la date de cessation des paiements jusqu'à la date du dépôt de l'état des créances. • Paris, 3 mai 1994 : *D. 1994. IR 157 ; RJ com. 1995. 272, note X. Vincent ; RPC 1996. 198, obs. Calendini.* ♦ Est recevable, dès lors que la liquidation judiciaire est prononcée par le tribunal, la demande en report de la date de cessation des paiements présentée avant l'expiration du délai de quinze jours qui a suivi le dépôt de l'état des créances (bien qu'à ce moment là, la liquidation n'eût pas encore été prononcée). • Com. 27 juin 1989, n° 87-19.994 P : *JCP E 1990. II. 15668, n° 12, obs. Cabrillac.*

3. En disposant que la date de cessation des paiements peut être reportée une ou plusieurs fois et en prescrivant la présentation au tribunal de la demande de modification de date avant l'expiration du délai de quinze jours qui suit chacun des rapports, l'art. 9 [C. com., art. L. 621-7] impose des délais uniformes d'action courant à compter de chacun des dépôts qui en marque le point de départ, ces délais étant cumulatifs. • Com. 26 oct. 1999, n° 97-13.542 P : *JCP E 2000, n° 4, p. 129, obs. Cabrillac et Pétel ; RTD com. 2000. 186, obs. Vallens*. ♦ Une cour d'appel fait une exacte application des art. 9, al. 2 [C. com., art. L. 621-7], et 103 de la loi du 25 janv. 1985, 82 et 83 du décret du 27 déc. 1985, en retenant que le point de départ de l'action en report de la date de cessation des paiements est la date du dépôt au greffe du tribunal de l'état des créances (et non la date de publication au BODACC de l'insertion par laquelle le greffier indique que l'état des créances est constitué et déposé au greffe). • Com. 26 mai 1998, n° 96-17.465 P : *D. 1998. IR 164 ; D. Affaires 1998. 1131, obs. A. L.* ♦ ... Peu important que celui-ci soit complété par l'adjonction de décisions ultérieures du juge-commissaire. • Com. 16 mars 1999 : *APC 1999, n° 115.* – Dans le même sens, en cas d'extension de la procédure à un autre débiteur, V. • Com. 17 déc. 2003 : *RJDA 2004, n° 589 ; RPC 2004. 212, obs. Lebel.* ♦ ... Ou qu'il ait été déposé antérieurement au prononcé de la liquidation judiciaire. • Com. 7 déc. 1999, n° 97-16.491 P : *D. 2000. AJ*

58, obs. Lienhard ; JCP E 2000, n° 17, p. 699, obs. Cabrillac ; RTD com. 2000. 186, obs. Vallens ; LPA 27 juill. 2000, p. 29, note Courtier ; Defrénois 2000. 999, obs. Gibirila. ♦ Pour un arrêt décidant qu'en l'absence de dépôt de l'état des créances prévu à l'art. 103 de la loi du 25 janv. 1985 (en cas de demande de dispense de vérification des créances, en vertu de l'art. 99 [C. com., art. L. 621-102]), le délai de quinze jours ne peut commencer à courir : • Com. 13 avr. 1999, n° 97-12.087 P : *D. 1999. 490, note Derrida ; D. Affaires 1999. 834 ; JCP E 1999, n° 39, p. 1530, obs. Cabrillac et Pétel ; RTD com. 1999. 758, obs. Vallens ; ibid. 951, obs. Laude ; APC 1999, n° 114, obs. Macorig-Venier ; Procédures 2000, n° 11, obs. Laporte.* ♦ *Contra*, jugeant, dans cette hypothèse, que le délai court à compter du jour où la décision du juge-commissaire est devenue définitive, soit, en l'absence d'opposition et conformément à l'art. 25 du décret du 27 déc. 1985, à compter du neuvième jour suivant son dépôt au greffe pour ce qui concerne le mandataire-liquidateur : • Lyon, 16 nov. 2001 : *D. 2002. AJ 92 ; JCP E. 2002, n° 20, p. 804, obs. Cabrillac et Pétel ; Procédures 2002, n° 31, note Laporte.*

4. Le tribunal étant saisi, conformément à l'art. 857 NCPC [C. pr. civ.], par la remise au greffe d'une copie de l'assignation, il convient de se référer à la date de cette remise, et non à la date de délivrance de l'assignation. • Com. 22 nov. 1994, n° 92-17.868 P : *D. 1995. IR 19.*

5. En ce sens que le tribunal est valablement saisi par voie de requête du représentant des créanciers lorsque le débiteur est présent à l'audience fixée pour l'examen de cette requête, V. • Com. 16 févr. 1999, n° 96-16.858 P : *D. 1999. 276, note Derrida ; D. Affaires 1999. 477, obs. A. L. ; JCP E 1999, n° 39, p. 1530, obs. Cabrillac ; RTD com. 1999. 511, obs. Vallens.* – V. Courtier, *RPC 1999. 139 ; ibid. 755, obs. Martin-Serf.*

6. Les délais impartis par l'art. 9, al. 2 [C. com., art. L. 621-7], sont des délais butoirs et n'interdisent nullement d'agir avant si le requérant est déjà en possession des éléments permettant le prononcé du report. • Reims, 13 avr. 1992 : *JCP 1993. IV. 970.* – Dans le même sens : • Com. 28 févr. 1995 : *RPC 1996. 41, obs. Calendini.*

7. L'existence d'une décision d'irrecevabilité ou de rejet d'une demande de report de la date de cessation des paiements, fût-elle revêtue de la force de chose jugée, ne fait pas obstacle à l'introduction d'une nouvelle demande fondée sur l'art. L. 621-7, al. 1er, C. com. • Com. 8 juill. 2003 : *RDBF 2004, n° 28, obs. F.-X. Lucas.*

8. Fixation de la date reportée. En ce sens que l'impossibilité de faire face au passif exigible avec l'actif disponible doit être caractérisée à la date à laquelle il est décidé de reporter la cessation des paiements, V. • Com. 2 mars 1999 : *APC 1999, n° 113* • 26 oct. 1999 : *préc. note 3* • 29 mai 2001 : *RJDA 2001, n° 1126.*

Une amélioration de la situation déficitaire d'une entreprise n'interdit pas le report de la date de cessation de ses paiements à l'époque où l'état de cessation des paiements était avéré. • Paris, 22 mars 1996 : *D. 1996. IR 111.*

Dès lors que ni l'ordonnance ouvrant le règlement amiable, ni l'ordonnance suspendant les poursuites, ni l'ordonnance homologuant l'accord n'ont l'autorité de la chose jugée quant à la date de cessation des paiements, l'ouverture de la procédure de règlement amiable n'empêche pas le report de la date de cessation des paiements. • Com. 14 mai 2002, n° 98-22.446 P : *D. 2002. AJ 1837, obs. Lienhard ; D. 2003. 615, note Martineau-Bourgninaud ; APC 2002, n° 149, obs. Regnaut-Moutier ; JCP E 2002, n° 39, p. 1520, obs. Pétel ; ibid. 2003, n° 3, p. 131, note Vinckel ; RTD com. 2002. 532, obs. Macorig-Venier ; Procédures 2002, n° 189, note Laporte ; RJ com. 2002. 412, note Armand-Prevost ; RDBF 2002, n° 186, obs. F.-X. Lucas.*

En ce sens que la date de cessation des paiements ne peut être antérieure à l'immatriculation de la société au registre du commerce et des sociétés, V. • Com. 1er févr. 2000 : *RJDA 2000, n° 553 ; JCP E 2000, n° 48, p. 1909, note Besnard-Goudet ; Dr. sociétés 2000, n° 125, obs. Chaput ; ibid. 2001, n° 82, obs. Legros.* ♦ V. aussi, ayant jugé qu'il n'apparaît pas conforme aux dispositions légales de fixer une date de cessation des paiements antérieure à la création de la société, sauf à démontrer que cette société était créée de fait avant son immatriculation au registre du commerce et des sociétés et qu'elle était déjà en cessation des paiements, • Versailles, 16 janv. 1997 : *RPC 1998. 35, obs. Calendini.* ♦ Comp., en cas d'extension de la procédure sur le fondement de la confusion des patrimoines : • Bourges, 31 août 2004 : *BRDA 2005, n° 11, p. 6.*

En tout état de cause, la date de cessation des paiements ne peut être antérieure de plus de dix-huit mois à la date du jugement d'ouverture, V. • Com. 17 janv. 1995 : *RPC 1996. 199, obs. Calendini.*

En ce sens que le report ne peut s'opérer que vers le passé, V. • Paris, 2 juill. 1997 : *RPC 1998. 81, obs. Canet.*

9. Saisine d'office du tribunal. Il résulte de l'art. 9 [C. com., art. L. 621-7] que le tribunal ne peut prononcer d'office le report de la date de cessation des paiements que s'il se saisit avant l'expiration du délai de 15 jours qui suit le dépôt du rapport prévu à l'art. 18 [C. com., art. L. 621-54] ou du projet de plan prévu à l'art. 145 [C. com., art. L. 621-141] ou du dépôt de l'état des créances prévu à l'art. 103 de la loi du 25 janv. 1985 si la liquidation est prononcée. • Com. 11 juin 1991, n° 90-14.552 P : *D. 1992. Somm. 3, obs. Derrida* • Cass., Ass. plén., 31 mars 1995, n° 92-15.077 P : *D. 1995. 321, concl. Jéol et note Derrida ; Quot. jur. 2 mai 1995, p. 3, note P. M. ; BICC 15 mai 1995, p. 7, concl. Jéol et note Borra ; Gaz. Pal. 1995. 2. 410, concl. Jéol ; BJS 1995. 780, note Jeantin* (dans la même affaire, sur deuxième pourvoi). • Com. 4 oct. 2005 : *cité note 10.*

10. Qualité pour agir. Il résulte de l'art. 9 [C. com., art. L. 621-7] que le représentant des créanciers peut demander le report de la date de cessation des paiements dans les quinze jours suivant le dépôt du rapport de l'administrateur (bien qu'il ne soit pas l'auteur du rapport établi en application de l'art. 18 [C. com., art. L. 621-54]). • Com. 16 févr. 1999 : *préc. note 5.*

Si le commissaire à l'exécution du plan peut demander l'annulation d'un acte accompli pendant la période suspecte, il n'a pas qualité pour agir en report de la date de cessation des paiements lorsque l'action n'a pas été préalablement introduite par l'administrateur ou le représentant des créanciers. • Com. 4 oct. 2005, n° 04-10.445 P : *D. 2005. AJ 2679, obs. Lienhard ; JCP E 2006, n° 2, p. 75, obs. Cabrillac ; Gaz. Pal. 10-11 févr. 2006, p. 12, obs. Lebel ; RTD com. 2007. 600, obs. Martin-Serf.* ♦ V. aussi, pour l'irrecevabilité de la demande introduite par l'administrateur ou le représentant des créanciers après le jugement arrêtant le plan de cession, • Com. 9 juill. 2002 : *APC 2002, n° 232.*

Sur l'irrecevabilité de la demande émanant d'un créancier, V. • Lyon, 18 oct. 1996 : *préc. note 8* • Paris, 27 juin 2003 : *RTD com. 2003. 826, obs. Vallens.*

Le débiteur ne peut agir à titre principal pour faire fixer la date de cessation des paiements à une date autre que celle qui résulte du jugement d'ouverture de la procédure collective ou d'un jugement postérieur. • Com. 7 déc. 1999, n° 96-20.168 P.

11. Principe du contradictoire. Le débiteur soumis à une procédure collective dispose d'un droit propre à se défendre à l'action tendant au report de la date de cessation des paiements dont la nature est contentieuse, et à cette fin, à défaut de la remise au greffe d'une requête conjointe et de la présentation volontaire des parties constatées par la signature d'un procès-verbal, une assignation doit lui être délivrée (irrecevabilité de l'assignation délivrée à l'ancien dirigeant de la société en liquidation judiciaire, sans qualité pour la représenter). • Com. 1er mars 2005, n° 03-19.956 P : *D. 2005. AJ 953, obs. Lienhard ; APC 2005, n° 75, obs. Regnaut-Moutier ; Dr. et procédures 2005. 277, obs. Le Corre ; RDBF 2005, n° 139, obs. F.-X. Lucas ; BJS 2005. 942, note M. Sénéchal ; RPC 2006. 49, obs. Lebel.*

12. Notification du jugement. En l'absence de dispositions dérogatoires dans la loi du 25 janv. 1985 [C. com., art. L. 620-1 s.] et le décret du 27 déc. 1985, le jugement ayant statué sur la demande de report de la date de cessation des paiements doit être notifié par voie de signification conformément à l'art. 675 NCPC [C. pr. civ.]. • Com. 15 déc. 1992, n° 90-20.480 P.

13. Exécution provisoire. V. notes ss. l'art. 155 du décret du 27 déc. 1985.

14. Voies de recours. V. notes 1, 3, 6 ss. art. L. 661-1 nouv. et note 4 ss. art. L. 661-2 nouv.

15. Action en comblement de passif, faillite personnelle et banqueroute. Sur le pouvoir du juge de retenir une autre date de cessation des paiements, V. note 46 ss. art. L. 651-2 nouv., note 11 ss. art. L. 654-2 nouv. et note 16 ss. anc. art. L. 624-5.

§ 2 *[ANCIEN]* *Des organes de la procédure et des contrôleurs*

Ancien art. L. 621-8 *Dans le jugement d'ouverture, le tribunal désigne le juge-commissaire et deux mandataires de justice qui sont l'administrateur et le représentant des créanciers. Il invite le comité d'entreprise ou, à défaut, les délégués du personnel ou, à défaut de ceux-ci, les salariés à désigner, au sein de l'entreprise, un représentant des salariés. Les salariés élisent leur représentant par vote secret au scrutin uninominal à un tour.*

(L. n° 2003-7 du 3 janv. 2003, art. 40) « Le tribunal peut, soit d'office, soit à la demande du procureur de la République, désigner plusieurs administrateurs et plusieurs représentants des créanciers. »

L'administrateur peut demander la désignation d'un ou plusieurs experts.

(L. n° 2002-73 du 17 janv. 2002) « L'administrateur informe par courrier recommandé avec accusé de réception le maire de la commune et le président de l'établissement public de coopération intercommunale, s'il existe, du fait qu'une procédure de redressement judiciaire vient d'être ouverte vis-à-vis d'une société ayant son siège sur le territoire de la commune. »

Aucun parent ou allié jusqu'au quatrième degré inclusivement du chef d'entreprise ou des dirigeants, s'il s'agit d'une personne morale, ne peut être désigné à l'une des fonctions prévues au présent article sauf dans les cas où cette disposition empêche la désignation d'un représentant des salariés.

Lorsque aucun représentant des salariés ne peut être désigné, un procès-verbal de carence est établi par le chef d'entreprise.

En l'absence de comité d'entreprise ou de délégué du personnel, le représentant des salariés exerce les fonctions dévolues à ces institutions par les dispositions du chapitre premier. — [L. n° 85-98 du 25 janv. 1985, art. 10.] — V. Décr. n° 85-1388 du 27 déc. 1985, art. 15 et 17.

Sur les mandataires de justice, V. 2e partie, art. L. 811-1 s.

BIBL. ▸ Bachason, *Gaz. Pal. 1998. 2. Doctr. 1699* (représentation du débiteur et des créanciers). – Soinne, *RPC 2002. 1* (information du maire). ▸ Sur la responsabilité civile des mandataires de justice : Perdriau, *JCP E 1989. II. 15547.* – Saint-Alary-Houin, *Mél. Honorat, Frison-Roche, 2000, p. 193.* – F. Aubert, *Rapport de la Cour de Cassation pour 2002, p. 145.* ésentants des salariés : Jeantin, *Dr. soc. 1986. 664.* – Lafarge, *RJ com., no spéc., févr. 1987. 178.* – Serfati-Apter et Lafarge, *Gaz. Pal. 1986. 2. Doctr. 657.*

Ancien art. L. 621-9 *Le représentant des salariés ainsi que les salariés participant à sa désignation ne doivent avoir encouru aucune des condamnations prévues par les articles L. 5 et L. 6 du code électoral. Le représentant des salariés doit être âgé de dix-huit ans accomplis.* – *La loi no 92-1336 du 16 déc. 1992 a substitué une nouvelle référence à la référence aux délits prévus par l'art. L. 5 du code électoral ; V. l'art. 336 de cette loi.* – **C. pén.**

Les contestations relatives à la désignation du représentant des salariés sont de la compétence du tribunal d'instance qui statue en dernier ressort. – *[L. no 85-98 du 25 janv. 1985, art. 11.]*

Ancien art. L. 621-10 *Le tribunal peut, soit d'office, soit sur proposition du juge-commissaire ou à la demande du procureur de la République, procéder au remplacement de l'administrateur, de l'expert ou du représentant des créanciers. Il peut adjoindre dans les mêmes conditions un ou plusieurs administrateurs (L. no 2003-7 du 3 janv. 2003, art. 41) « ou représentants des créanciers à ceux déjà nommés ».*

L'administrateur, le représentant des créanciers ou un contrôleur peut demander au juge-commissaire de saisir à cette fin le tribunal. Dans les mêmes conditions, le débiteur peut demander le remplacement de l'administrateur ou de l'expert. Les créanciers peuvent demander le remplacement de leur représentant.

Le comité d'entreprise ou, à défaut, les délégués du personnel ou, à défaut, les salariés de l'entreprise peuvent seuls procéder au remplacement du représentant des salariés. – *[L. no 85-98 du 25 janv. 1985, art. 12.] – V. Décr. no 85-1388 du 27 déc. 1985, art. 27 et 30.*

BIBL. ▸ Bolard, *D. 1988. Chron. 261* (déontologie des mandataires).

Ancien art. L. 621-11 *L'administrateur et le représentant des créanciers tiennent informés le juge-commissaire et le procureur de la République du déroulement de la procédure. Ceux-ci peuvent à toute époque requérir communication de tous actes ou documents relatifs à la procédure.*

Le procureur de la République communique au juge-commissaire sur la demande de celui-ci ou d'office, nonobstant toute disposition législative contraire, tous les renseignements qu'il détient et qui peuvent être utiles à la procédure. – *[L. no 85-98 du 25 janv. 1985, art. 13.]*

Ancien art. L. 621-12 *Le juge-commissaire est chargé de veiller au déroulement rapide de la procédure et à la protection des intérêts en présence.* – *[L. no 85-98 du 25 janv. 1985, art. 14.] – En cas de liquidation judiciaire, V. ancien art. L. 622-11.*

BIBL. ▸ Vallens, *JCP E 1985. II. 14550.*

Ancien art. L. 621-13 *Le juge-commissaire désigne un à cinq contrôleurs parmi les créanciers qui lui en font la demande. Lorsqu'il désigne plusieurs contrôleurs, il veille à ce qu'au moins l'un d'entre eux soit choisi parmi les créanciers titulaires de sûretés et qu'un autre soit choisi parmi les créanciers chirographaires.*

Aucun parent ou allié jusqu'au quatrième degré inclusivement du chef d'entreprise ou des dirigeants de la personne morale ne peut être nommé contrôleur ou représentant d'une personne morale désignée comme contrôleur. – *V. Décr. no 85-1388 du 27 déc. 1985, art. 31-1 à 31-3.*

Les contrôleurs assistent le représentant des créanciers dans ses fonctions et le juge-commissaire dans sa mission de surveillance de l'administration de l'entreprise. Ils peuvent prendre connaissance de tous les documents transmis à l'administrateur et au représentant des créanciers. Ils sont tenus au secret professionnel sous les peines prévues à l'article 226-13 du code pénal.

Les fonctions de contrôleur sont gratuites. Le contrôleur peut se faire représenter par l'un de ses préposés ou par ministère d'avocat. Les contrôleurs peuvent être révoqués par le tribunal sur proposition du juge-commissaire ou du représentant des créanciers. Ils ne répondent que de leur faute lourde. – *[L. no 85-98 du 25 janv. 1985, art. 15.]*

BIBL. ▸ Calendini, *LPA 14 sept. 1994, p. 67.* – Carpentier et Charveriat, *Gaz. Pal. 1995. 1. Doctr. 255.* – Frison-Roche, *LPA 14 juin 1995, p. 8.* – Sorensen, *ibid. 25 août 1995, p. 5.* – Teboul, *Gaz. Pal. 1999. 1. Doctr. 695.* – Derrida, *Mél. Honorat, Frison-Roche, 2000, p. 89.*

§ 3 *[ANCIEN]* *Des cas particuliers*

Ancien art. L. 621-14 *Lorsqu'un commerçant, une personne immatriculée au répertoire des métiers ou un agriculteur est décédé en état de cessation des paiements, le tribunal est saisi dans le délai d'un an à partir de la date du décès, soit sur la déclaration d'un héritier, soit sur assignation d'un créancier.*

Le tribunal peut également se saisir d'office ou être saisi sur requête du procureur de la République dans le même délai, les héritiers connus étant entendus ou dûment appelés. — [L. n° 85-98 du 25 janv. 1985, art. 16.] — V. Décr. n° 85-1388 du 27 déc. 1985, art. 10.

BIBL. ▶ ROBINNE, *LPA 5 juill. 1999*, p. 10 (commerçant décédé). - J.-P. SÉNÉCHAL, *LPA 24 avr. 2003*, p. 55 (décès du débiteur).

Ancien art. L. 621-15 *I. — Le tribunal ne peut être saisi que dans le délai d'un an à partir de l'un des événements mentionnés ci-après et lorsque celui-ci est postérieur à la cessation des paiements du débiteur :*

1° Radiation du registre du commerce et des sociétés ; s'il s'agit d'une personne morale, le délai court de la radiation consécutive à la publication de la clôture des opérations de liquidation ;

2° Cessation de l'activité, s'il s'agit d'une personne immatriculée au répertoire des métiers ou d'un agriculteur ;

3° Publication de l'achèvement de la liquidation, s'il s'agit d'une personne morale non soumise à l'immatriculation.

II. — Le tribunal ne peut être saisi en vue de l'ouverture d'une procédure de redressement ou de liquidation judiciaires à l'égard d'une personne, membre ou associée d'une personne morale et indéfiniment et solidairement responsable du passif social, que dans le délai d'un an à partir de la mention de son retrait du registre du commerce et des sociétés lorsque la cessation des paiements de la personne morale est antérieure à cette mention.

III. — Dans tous les cas, le tribunal est saisi ou se saisit d'office dans les conditions prévues par l'article L. 621-2. — [L. n° 85-98 du 25 janv. 1985, art. 17.]

SOUS-SECTION 2 *[ANCIENNE]* *De l'entreprise au cours de la période d'observation*

§ 1 *[ANCIEN]* *Des mesures conservatoires*

Ancien art. L. 621-16 *Dès son entrée en fonction, l'administrateur est tenu de requérir du chef d'entreprise ou, selon le cas, de faire lui-même tous actes nécessaires à la conservation des droits de l'entreprise contre les débiteurs de celle-ci et à la préservation des capacités de production.*

L'administrateur a qualité pour inscrire au nom de l'entreprise tous hypothèques, nantissements, gages ou privilèges que le chef d'entreprise aurait négligé de prendre ou de renouveler. — [L. n° 85-98 du 25 janv. 1985, art. 26.]

Ancien art. L. 621-17 *Dès le jugement d'ouverture, tout tiers détenteur est tenu de remettre à l'administrateur ou, à défaut, au représentant des créanciers, à la demande de celui-ci, les documents et livres comptables en vue de leur examen.* — [Décr. n° 85-1388 du 27 déc. 1985, art. 46, al. 2.]

Ancien art. L. 621-18 *Il est procédé à l'inventaire des biens de l'entreprise dès l'ouverture de la procédure.*

L'absence d'inventaire ne fait pas obstacle à l'exercice des actions en revendication ou en restitution. — [L. n° 85-98 du 25 janv. 1985, art. 27.] — V. Décr. n° 85-1388 du 27 déc. 1985, art. 50 et 51.

1. *Application de la loi dans le temps.* L'art. 27 [devenu C. com., art. L. 621-18], dans sa rédaction issue de la loi du 10 juin 1994, est applicable aux procédures ouvertes à compter du 1er oct. 1994. • Com. 15 févr. 2000, n° 97-11.670 P : *D. 2000. AJ 127, obs. Lienhard*.

2. *Conversion en liquidation judiciaire.* Aucun texte n'impose un nouvel inventaire lors de la conversion en liquidation judiciaire. • Com. 19 févr. 2008 : *Gaz. Pal. 27-29 avr. 2008, p. 18, obs. Gorrias ; RJDA 2008, n° 689 ; RPC 2008, n° 118, obs. Lebel.*

Ancien art. L. 621-19 *A compter du jugement d'ouverture, les dirigeants de droit ou de fait, rémunérés ou non, ne peuvent, à peine de nullité, céder les parts sociales, actions ou certificats d'investissement ou de droit de vote représentant leurs droits sociaux dans la société qui a fait l'objet du jugement d'ouverture que dans les conditions fixées par le tribunal.*

Les actions et certificats d'investissement ou de droit de vote sont virés à un compte spécial bloqué, ouvert par l'administrateur au nom du titulaire et tenu par la société ou l'intermédiaire financier selon le cas. Aucun mouvement ne peut être effectué sur ce compte sans l'autorisation du juge-commissaire.

L'administrateur fait, le cas échéant, mentionner sur les registres de la personne morale l'incessibilité des parts des dirigeants. – [L. n° 85-98 du 25 janv. 1985, art. 28.] – V. Décr. n° 85-1388 du 27 déc. 1985, art. 52.

BIBL. ▸ DE BERMOND DE VAULX, *Rev. sociétés 1990. 221* .

Ancien art. L. 621-20 *Au cours de la période d'observation, le juge-commissaire peut ordonner la remise à l'administrateur des lettres adressées au débiteur.*

Le débiteur, informé, peut assister à leur ouverture.

Toutefois, l'administrateur doit restituer immédiatement au débiteur toutes les lettres qui ont un caractère personnel. – [L. n° 85-98 du 25 janv. 1985, art. 29.] – V., en cas de liquidation judiciaire, ancien art. L. 622-15.

BIBL. ▸ SOINNE, *RPC 2002. 227* (prise en charge des frais engendrés par le détournement de courrier du débiteur).

Ancien art. L. 621-21 *Le juge-commissaire fixe la rémunération afférente aux fonctions exercées par le chef d'entreprise ou les dirigeants de la personne morale.*

En l'absence de rémunération, les personnes mentionnées à l'alinéa précédent peuvent obtenir sur l'actif, pour eux et leur famille, des subsides fixés par le juge-commissaire. – [L. n° 85-98 du 25 janv. 1985, art. 30.] – V. Décr. n° 85-1388 du 27 déc. 1985, art. 53.

§ 2 *[ANCIEN]* De la gestion de l'entreprise

SOUS-§ 1 *[ANCIEN]* De l'administration de l'entreprise

Ancien art. L. 621-22 *I. – Outre les pouvoirs qui leur sont conférés par le présent titre, la mission du ou des administrateurs est fixée par le tribunal.*

II. – Ce dernier les charge ensemble ou séparément :

1° Soit de surveiller les opérations de gestion ;

2° Soit d'assister le débiteur pour tous les actes concernant la gestion ou certains d'entre eux ;

3° Soit d'assurer seuls, entièrement ou en partie, l'administration de l'entreprise.

III. – Dans sa mission, l'administrateur est tenu au respect des obligations légales et conventionnelles incombant au chef d'entreprise.

IV. – A tout moment, le tribunal peut modifier la mission de l'administrateur sur la demande de celui-ci, du représentant des créanciers, du procureur de la République ou d'office.

V. – L'administrateur peut faire fonctionner sous sa signature les comptes bancaires ou postaux dont le débiteur est titulaire si ce dernier a fait l'objet des interdictions prévues aux articles 65-2 et 68, troisième alinéa, du décret [décret-loi] du 30 octobre 1935 unifiant le droit en matière de chèques [C. mon. fin., art. L. 131-72 et L. 163-6, al. 3]. – [L. n° 85-98 du 25 janv. 1985, art. 31.]

Ancien art. L. 621-22-1 *(L. n° 2003-7 du 3 janv. 2003, art. 42) Le commissaire aux comptes du débiteur ne peut opposer le secret professionnel aux demandes du commissaire aux comptes de l'administrateur judiciaire tendant à la communication de tous renseignements ou documents relatifs au fonctionnement, à compter de la désignation de cet administrateur, des comptes bancaires ou postaux ouverts au nom du débiteur.*

Ancien art. L. 621-23 *Le débiteur continue à exercer sur son patrimoine les actes de disposition et d'administration, ainsi que les droits et actions qui ne sont pas compris dans la mission de l'administrateur.*

En outre, sous réserve des dispositions des articles L. 621-24 et L. 621-28, les actes de gestion courante qu'accomplit seul le débiteur sont réputés valables à l'égard des tiers de bonne foi. – [L. n° 85-98 du 25 janv. 1985, art. 32.]

BIBL. ▸ MATSOPOULOU, *JCP 1998. I. 164* (incidence d'une procédure collective sur l'exercice de l'action civile). - MONSÈRIÉ-BON, *RPC 2003. 168* (pouvoirs de gestion dans le redressement judiciaire).

Ancien art. L. 621-24 *Le jugement ouvrant la procédure emporte, de plein droit, interdiction de payer toute créance née antérieurement au jugement d'ouverture. Cette interdiction ne fait pas obstacle au paiement par compensation de créances connexes.*

Le juge-commissaire peut autoriser le chef d'entreprise ou l'administrateur à faire un acte de disposition étranger à la gestion courante de l'entreprise, à consentir une hypothèque ou un nantissement ou à compromettre ou transiger. – V. Décr. n° 85-1388 du 27 déc. 1985, art. 55.

Le juge-commissaire peut aussi les autoriser à payer des créances antérieures au jugement, pour retirer le gage ou une chose légitimement retenue, lorsque ce retrait est justifié par la poursuite de l'activité.

Tout acte ou tout paiement passé en violation des dispositions du présent article est annulé à la demande de tout intéressé, présentée dans un délai de trois ans à compter de la conclusion de l'acte ou du paiement de la créance. Lorsque l'acte est soumis à publicité, le délai court à compter de celle-ci. – [L. n° 85-98 du 25 janv. 1985, art. 33.]

BIBL. ▸ Devèze, *RPC 1992. 119* (créanciers titulaires d'un gage, d'un nantissement ou d'un droit de rétention). - Derrida, *Defrénois 1995. 1073* (réalisation des immeubles). - Pourquier, *RTD com. 2000. 569* (droit de rétention). - Campana et Calendini, *JCP E 1998, n° 27, p. 1082* (droit de rétention). - Pollaud-Dulian, *JCP 1998. I. 138* (principe d'égalité). - Le Corre-Broly, *D. Affaires 1998. 1802 et 1838* (droit de rétention sur documents d'immatriculation). - Courtier, *RPC 1999. 210* (pouvoirs donnés au juge-commissaire par l'art. 33, al. 3). - Pérochon, *Mél. Cabrillac, Dalloz-Litec, 1999, p. 379* (droit de rétention). - Le Corre, *D. 2001. Chron. 2815* (invincibilité du droit de rétention).

Ancien art. L. 621-25 *En cas de vente d'un bien grevé d'un privilège spécial, d'un nantissement ou d'une hypothèque, la quote-part du prix correspondant aux créances garanties par ces sûretés est versée en compte de dépôt à la Caisse des dépôts et consignations. Après l'adoption du plan de redressement ou en cas de liquidation, les créanciers bénéficiaires de ces sûretés ou titulaires d'un privilège général sont payés sur le prix suivant l'ordre de préférence existant entre eux et conformément à l'article L. 621-80 lorsqu'ils sont soumis aux délais du plan de continuation.* – V. Décr. n° 85-1388 du 27 déc. 1985, art. 102.

Le juge-commissaire peut ordonner le paiement provisionnel de tout ou partie de leur créance aux créanciers titulaires de sûretés sur le bien. Sauf décision spécialement motivée du juge-commissaire ou lorsqu'il intervient au bénéfice du Trésor ou des organismes sociaux ou organismes assimilés, ce paiement provisionnel est subordonné à la présentation par son bénéficiaire d'une garantie émanant d'un établissement de crédit.

Le débiteur ou l'administrateur peut proposer aux créanciers, la substitution aux garanties qu'ils détiennent de garanties équivalentes. En l'absence d'accord, le juge-commissaire peut ordonner cette substitution. Le recours contre cette ordonnance est porté devant la cour d'appel. – [L. n° 85-98 du 25 janv. 1985, art. 34.] – V. Décr. n° 85-1388 du 27 déc. 1985, art. 55-1, 56 et 155.

BIBL. ▸ Kornmann, *JCP N 1988. Prat. 726*. - D. Martin, *D. 1986. Chron. 325*. - Devèze, *RPC 1992. 10 7*. - Pohé, *ibid. 1992. 245* (substitution judiciaire de garanties). - Huille, *Gaz. Pal. 2001. Doctr. 298* (répartitions provisionnelles).

SOUS-§ 2 *[ANCIEN]* De la poursuite de l'activité

Ancien art. L. 621-26 *L'activité de l'entreprise est poursuivie pendant la période d'observation, sous réserve des dispositions des articles L. 621-27 à L. 621-35.* – [L. n° 85-98 du 25 janv. 1985, art. 35.]

Ancien art. L. 621-27 *A tout moment, le tribunal, à la demande de l'administrateur, du représentant des créanciers, d'un contrôleur, du débiteur, du procureur de la République ou d'office et sur rapport du juge-commissaire, peut ordonner la cessation totale ou partielle de l'activité ou la liquidation judiciaire.*

Le tribunal statue après avoir entendu ou dûment appelé en chambre du conseil, le débiteur, l'administrateur, le représentant des créanciers, un contrôleur et les représentants du comité d'entreprise ou, à défaut, des délégués du personnel.

Lorsque le tribunal prononce la liquidation, il met fin à la période d'observation et à la mission de l'administrateur. – [L. n° 85-98 du 25 janv. 1985, art. 36.]

Ancien art. L. 621-28 *L'administrateur a seul la faculté d'exiger l'exécution des contrats en cours en fournissant la prestation promise au cocontractant du débiteur. Le contrat est résilié de plein droit après une mise en demeure adressée à l'administrateur restée plus d'un mois sans réponse. Avant l'expiration de ce délai, le juge-commissaire peut impartir à l'administrateur un délai plus court ou lui accorder une prolongation, qui ne peut excéder deux mois, pour prendre parti.* – V. Décr. n° 85-1388 du 27 déc. 1985, art. 61, 61-1 et 66.

Lorsque la prestation porte sur le paiement d'une somme d'argent, celui-ci doit se faire au comptant, sauf pour l'administrateur à obtenir l'acceptation, par le cocontractant du débiteur, de délais de paiement. Au vu des documents prévisionnels dont il dispose, l'administrateur s'assure, au moment où il demande l'exécution, qu'il disposera des fonds nécessaires à cet effet. S'il s'agit d'un contrat à exécution ou paiement échelonnés dans le temps, l'administrateur y met fin s'il lui apparaît qu'il ne disposera pas des fonds nécessaires pour remplir les obligations du terme suivant.

A défaut de paiement dans les conditions définies à l'alinéa précédent et d'accord du cocontractant pour poursuivre les relations contractuelles, le contrat est résilié de plein droit et le parquet, l'administrateur, le représentant des créanciers ou un contrôleur peut saisir le tribunal aux fins de mettre fin à la période d'observation. – V. Décr. n° 85-1388 du 27 déc. 1985, art. 61-1 et 66.

Le cocontractant doit remplir ses obligations malgré le défaut d'exécution par le débiteur d'engagements antérieurs au jugement d'ouverture. Le défaut d'exécution de ces engagements n'ouvre droit au profit des créanciers qu'à déclaration au passif.

Si l'administrateur n'use pas de la faculté de poursuivre le contrat, l'inexécution peut donner lieu à des dommages-intérêts dont le montant sera déclaré au passif au profit de l'autre partie. Celle-ci peut néanmoins différer la restitution des sommes versées en excédent par le débiteur en exécution du contrat jusqu'à ce qu'il ait été statué sur les dommages-intérêts.

Nonobstant toute disposition légale ou toute clause contractuelle, aucune indivisibilité, résiliation ou résolution du contrat ne peut résulter du seul fait de l'ouverture d'une procédure de redressement judiciaire.

Les dispositions du présent article ne concernent pas les contrats de travail. – [L. n° 85-98 du 25 janv. 1985, art. 37.]

BIBL. ▸ Régime issu de la loi du 10 juin 1994 : BOCCARA, *JCP E 1994. I. 385.* - LEMISTRE et MERCIER, *LPA 14 sept. 1994, p. 55.* - MACORIG-VENIER, *LPA 6 sept. 2000, p. 21* (rupture des contrats). - BRUNETTI-PONS, *RTD com. 2000. 783* (spécificité du régime des contrats en cours). - LE CORRE-BROLY, *JCP E 2002, n° 40, p. 1565* (résiliation de plein droit des contrats du fait de la liquidation judiciaire non assortie d'une période de poursuite provisoire d'activité). - MONTÉRAN, *Gaz. Pal. 2003. Doctr. 2716* (influence des procédures collectives sur la poursuite et la fin des contrats). - TEBOUL, *Gaz. Pal. 2004. Doctr. 938* (le sort des contrats pendant les procédures collectives : quels choix opérer ?).

Sur les baux commerciaux, V. Bibl. ss. ancien art. L. 621-29.

Ancien art. L. 621-29 *A compter du jugement d'ouverture, le bailleur peut demander la résiliation judiciaire ou la résiliation de plein droit du bail des immeubles affectés à l'activité de l'entreprise pour défaut de paiement des loyers et des charges afférents à une occupation postérieure audit jugement. Cette action ne peut être introduite moins de deux mois après le jugement d'ouverture.* – V. Décr. n° 85-1388 du 27 déc. 1985, art. 61-1 et 66.

Nonobstant toute clause contraire, le défaut d'exploitation pendant la période d'observation dans un ou plusieurs immeubles loués par l'entreprise n'entraîne pas résiliation du bail. – [L. n° 85-98 du 25 janv. 1985, art. 38.]

BIBL. ▸ Régime issu de la loi du 10 juin 1994 : BOCCARA, *JCP E 1994. I. 385.* - MONÉGER, *ibid. 1995. I. 438.* - PÉDAMON, *Gaz. Pal. 1995. 1. Doctr. 10 ; RTD com. 1995. 108*. - GRUNDELER, *Administrer 11/1994. 6 ; ibid. janv. 1998. 13.* - R. MARTIN, *Ann. loyers 1994. 1001.* - GALLET, *Rev. loyers 1994. 430.* - BRAULT, *Gaz. Pal. 1995. 1. Doctr. 243 ; Loyers et copr. 1995. Chron. 6* (résiliation anticipée du bail à l'instigation de l'administrateur ou du liquidateur) ; *ibid. 1996. Chron. 14* (droits locatifs et créance d'indemnité d'éviction) ; *ibid. 1999. Chron. 12* (conséquences de l'ouverture d'une procédure collective pour le bailleur et le preneur). - RAFFIN et ROZIAU, *JCP E 1996. I. 518* (observations relatives à l'adjectif « afférent »). - VALLENS, *ibid. 1996. I. 536* (même thème). - Colloque CRAJEFE du 27 avr. 1996, *LPA 8 juill. 1996.* - GAUDIN, *D. Affaires 1996. 1083.* - AUQUE, *RPC 1997. 131.* - LE CORRE, *AJDI 2002. 186*. - DELATTRE, *Ann. loyers 2003. 20* (résiliation du bail commercial en procédure collective) ; *ibid. 2214* (bail commercial dans le cadre d'une procédure collective). - KENDÉRIAN, *D. 2003. Chron. 610* (sort du bail commercial en cas de procédure collective du bailleur). - KÉITA, *LPA 30 juill. 2003, p. 6* (même thème). - TIRVAUDEY-BOURDIN, *RPC 2004. 30* (même thème).

Ancien art. L. 621-30 *En cas de cession du bail, toute clause imposant au cédant des dispositions solidaires avec le cessionnaire est inopposable à l'administrateur.* – [L. n° 85-98 du 25 janv. 1985, *art. 38-1.] – L'art. 38-1 de la loi n° 85-98 du 25 janv. 1985, codifié à l'ancien art. L. 621-30, était issu de la loi n° 94-475 du 10 juin 1994. – Pour l'entrée en vigueur de cette loi, V. note ss. ancien art. L. 620-1.*

BIBL. ▶ V. Bibl. ss. ancien art. L. 621-29.

Ancien art. L. 621-31 ***En cas de redressement judiciaire, le bailleur n'a privilège que pour les deux dernières années de loyers avant le jugement d'ouverture de la procédure.***

Si le bail est résilié, le bailleur a, en outre, privilège pour l'année courante, pour tout ce qui concerne l'exécution du bail et pour les dommages-intérêts qui pourront lui être alloués par les tribunaux.

Si le bail n'est pas résilié, le bailleur ne peut exiger le paiement des loyers à échoir lorsque les sûretés qui lui ont été données lors du contrat sont maintenues ou lorsque celles qui ont été fournies depuis le jugement d'ouverture sont jugées suffisantes.

Le juge-commissaire peut autoriser le débiteur ou l'administrateur, selon le cas, à vendre des meubles garnissant les lieux loués soumis à dépérissement prochain, à dépréciation imminente ou dispendieux à conserver, ou dont la réalisation ne met pas en cause, soit l'existence du fonds, soit le maintien de garanties suffisantes pour le bailleur. – *[L. n° 85-98 du 25 janv. 1985, art. 39.]*

Ancien art. L. 621-32 *I.* – ***Les créances nées régulièrement après le jugement d'ouverture sont payées à leur échéance lorsque l'activité est poursuivie. En cas de cession totale ou lorsqu'elles ne sont pas payées à l'échéance en cas de continuation, elles sont payées par priorité à toutes les autres créances, assorties ou non de privilèges ou sûretés, à l'exception des créances garanties par le privilège établi aux articles L. 143-10*** *[L. 3253-2 et L. 3253-3]*, ***L. 143-11*** *[L. 3253-4]*, ***L. 742-6 et L. 751-15*** *[L. 7313-8]* ***du code du travail.*** – *V. Décr. n° 85-1388 du 27 déc. 1985, art. 62-1 et 121-1.*

II. – En cas de liquidation judiciaire, elles sont payées par priorité à toutes les autres créances, à l'exception de celles qui sont garanties par le privilège établi aux articles L. 143-10 [L. 3253-2 et L. 3253-3], L. 143-11 [L. 3253-4], L. 742-6 et L. 751-15 [L. 7313-8] du code du travail, des frais de justice, de celles qui sont garanties par des sûretés immobilières ou mobilières spéciales assorties d'un droit de rétention ou constituées en application du chapitre V du titre II du livre V. – *V. Décr. n° 85-1388 du 27 déc. 1985, art. 60.*

III. – Leur paiement se fait dans l'ordre suivant :

1° Les créances de salaires dont le montant n'a pas été avancé en application des articles L. 143-11-1 à L. 143-11-3 du code du travail *[devenus C. trav., art. L. 3253-6 s.]* ***;***

2° Les frais de justice ;

3° Les prêts consentis par les établissements de crédit ainsi que les créances résultant de l'exécution des contrats poursuivis conformément aux dispositions de l'article L. 621-28 et dont le cocontractant accepte de recevoir un paiement différé ; ces prêts et délais de paiement sont autorisés par le juge-commissaire dans la limite nécessaire à la poursuite de l'activité pendant la période d'observation et font l'objet d'une publicité. En cas de résiliation d'un contrat régulièrement poursuivi, les indemnités et pénalités sont exclues du bénéfice de la présente disposition ; – *V. Décr. n° 85-1388 du 27 déc. 1985, art. 66.*

4° Les sommes dont le montant a été avancé en application du 3° de l'article L. 143-11-1 du code du travail *[devenu C. trav., art. L. 3253-6 s.]* ***;*** – *V. aussi art. L. 143-11-9, al. 2, C. trav., ss. ancien art. L. 621-132.*

5° Les autres créances, selon leur rang. – *[L. n° 85-98 du 25 janv. 1985, art. 40.]*

Sur la rédaction de l'art. 40 de la loi n° 85-98 du 25 janv. 1985 (codifié à l'anc. art. L. 621-32) antérieure à la loi n° 94-475 du 10 juin 1994, V. éd. 1993-1994 et antérieures du **C. com.** *– Sur l'entrée en vigueur de cette loi, V. note ss. anc. art. L. 620-1.*

BIBL. ▶ Régime issu de la loi du 10 juin 1994 : Cabrillac et Pétel, *D. 1994. 243* ; *LPA 14 sept. 1994, p. 59.* - Campana et Legeais, *ibid. 14 sept. 1994, p. 49.* - Campana, *RPC 1994. 489 et 491.* - Calendini, *Banque oct. 1994. 54* ; *RPC 1994. 497.* - D. Martin, *LPA 14 sept. 1994, p. 53.* - Bac, *RPC 1994. 515.* - Soinne, *ibid. 1997. 249* (répartitions). - Dymant et Le Corre, *JCP E 2000, n° 23, p. 884* (droit de poursuite individuelle). - Jazottes, *LPA 6 sept. 2000, p. 36* ; *RLDA, suppl. au n° 80, mars 2005, p. 132* (périmètre du privilège de l'art. L. 621-32). - Desprat, *Gaz. Pal. 2001. Doctr. 322.* - Baron, *RTD com. 2001. 1* (date de naissance des créances contractuelles). - Derrida, *D. 2002. 800* (même thème). - Pétel, *Mél. Guyon, Dalloz, 2003, p. 917* (pour une relecture de l'art. L. 621-32). - Saint-Alary-Houin, *LPA 9 nov. 2004, p. 11* (date de naissance des créances).

I. NATURE DE LA PRIORITÉ DE PAIEMENT

1. La priorité de paiement instituée par l'art. 40, dans sa rédaction antérieure à la loi n° 94-475 du 10 juin 1994, qui ne dépend pas de la qualité de la créance, ne constitue pas un privilège au sens de l'art. 2095 [2324] C. civ. • Com. 5 févr. 2002, n° 98-18.018 P : *D. 2002. AJ 805, obs. Lienhard ; APC 2002, n° 100, obs. Piedelièvre ; JCP E 2002, n° 21, p. 854, obs. Cabrillac et Pétel ; JCP 2002. II. 10186, note Cuif ; RTD civ. 2002. 337, obs. Crocq ; RTD com. 2002. 542, obs. Martin-Serf ; RPC 2003. 144, obs. Saint-Alary-Houin.*

II. DOMAINE D'APPLICATION

A. PROCÉDURE EN COURS

2. Plan de continuation. Ne sont pas soumises aux dispositions de l'art. 40 [C. com., art. L. 621-32] les créances nées après le jugement arrêtant le plan de continuation de l'entreprise. • Com. 3 avr. 1990, n° 88-19.807 P : *D. 1990. 385, note Jeantin ; RTD com. 1990. 497, obs. Martin-Serf* (V. l'arrêt cassé, rendu à propos d'un plan de continuation ultérieurement résolu : • Versailles, 6 oct. 1988 : *D. 1989. 155, note Jeantin*). ♦ V. note 71.

3. Plan de cession. Le jugement qui arrête le plan de cession d'une entreprise en redressement judiciaire, s'il met fin à la période d'observation, et, sauf disposition contraire, fait recouvrer au débiteur tous ses pouvoirs, n'entraîne pas la clôture de la procédure collective, laquelle est prononcée après l'accomplissement de tous les actes nécessaires à la réalisation de la cession. Aussi, ces actes n'ayant pas été passés, la créance d'une banque, résultant de la poursuite de l'activité, bénéficie de l'art. 40 [C. com., art. L. 621-32]. • Com. 6 déc. 1994, n° 92-10.008 P : *Quot. jur. 19 janv. 1995, p. 2 ; RTD com. 1996. 128, obs. Martin-Serf*. – V. aussi • Montpellier, 9 févr. 1993 : *RPC 1993. 524, obs. Soinne.* ♦ Les créances afférentes à des contrats qui n'ont pas été transmis par le plan de cession relèvent des dispositions de l'art. 40, devenu l'art. L. 621-32 C. com., jusqu'à l'achèvement ou la résiliation de ces contrats, peu important la date de clôture de la procédure. • Com. 15 oct. 2002 : *RJDA 2003, n° 278.*

Comp., en cas d'annulation du plan de cession : note 12 ss. art. L. 642-8.

Sur la recevabilité de l'action en paiement, V. note 84.

4. Liquidation judiciaire. L'art. 40 [C. com., art. L. 621-32] étant applicable aux créances nées régulièrement après l'ouverture du redressement judiciaire, doit en bénéficier la créance de cotisations de l'URSSAF relative aux indemnités de congés payés et de préavis consécutives aux licenciements opérés après le prononcé de la liquidation judiciaire. • Com. 20 févr. 1990, n° 88-17.200 P : *D. 1991. Somm. 3, obs. Derrida* (V. l'arrêt cassé : • Agen, 16 juin 1988 : *Gaz. Pal. 1988. 2. 689, note Soinne*) • 10 juill. 1990, n° 88-20.493 P : *D. 1990. IR 192 ; RTD com. 1991. 294, obs. Martin-Serf*. ♦ De même, la créance d'indemnité de préavis résultant de la rupture du contrat de travail intervenue dans les quinze jours du jugement de liquidation judiciaire entre dans les prévisions de l'art. 40 [C. com., art. L. 621-32], peu important qu'elle soit, pour partie, garantie par l'AGS. • Soc. 7 oct. 1992 : *RJDA 1992, n° 1170.* ♦ V. aussi note 10.

5. Pour l'application de l'ordre de priorité édicté par le II de l'art. L. 621-32 C. com. en cas de liquidation judiciaire immédiate (loi du 10 juin 1994), V. • Montpellier, 26 janv. 1999 : *RPC 1999. 221, obs. Saint-Alary-Houin.*

6. Rétractation du jugement d'extension de la procédure. En ce sens que la créance d'honoraires d'un expert désigné après extension de la procédure initiale à d'autres sociétés, avec mission d'établir l'historisque des difficultés des sociétés et de déterminer leur situation active et passive, ne saurait bénéficier de l'art. 40 en cas de rétractation du jugement d'extension, V. • Com. 2 oct. 2001 : *RJDA 2002, n° 172.*

7. Condition de poursuite de l'activité. V. art. L. 622-10. ♦ Le bénéfice de l'art. 40 [C. com., art. L. 621-32] n'est pas limité aux créances relatives à la poursuite de l'activité ou à la liquidation elle-même : V. • Com. 22 juin 1999 : *APC 1999, n° 213* • 27 oct. 1998 : *cité note 33* • 8 déc. 1998 : *cité note 49* • 17 janv. 1995, n° 92-16.941 P : *D. 1995. Somm. 216, obs. Honorat* • 2 avr. 1996, n° 94-14.651 P : *D. 1996. IR 123 ; RPC 1997. 68, obs. Saint-Alary-Houin.* – Comp. : • Com. 23 oct. 1990 : *D. 1993. Somm. 6*. – *Contra* : • Paris, 11 mai 1989 : *D. 1989. IR 184* • Versailles, 18 févr. 1988 : *D. 1988. IR 103* • Aix-en-Provence, 13 nov. 1997 : *BICC 1998, n° 661 ; Gaz. Pal. 1998. 2. Somm. 705 ; RPC 1999. 158, obs. Monsèrié.*

B. CRÉANCES NÉES RÉGULIÈREMENT

8. Pour l'exclusion d'une créance n'étant pas née régulièrement, le débiteur ne pouvant pas s'engager sans l'assistance de l'administrateur, V. • Com. 4 févr. 1992 : *D. 1993. Somm. 5, obs. Derrida* • 31 mars 1998 : *APC 1998, n° 22 ; RPC 1999. 157, obs. Monsèrié ; RJ com. 2000. 37, obs. Teilliais* • 29 févr. 2000 : *RJDA 2000, n° 556.* ♦ Pour l'exclusion du bénéfice de l'art. 40 des honoraires d'avocats relatifs à une mission d'assistance d'une société en liquidation judiciaire, V. • Com. 19 mai 2004, n° 01-13.515 P : *D. 2004. AJ 2045 ; JCP E 2004, n° 37, p. 1391, obs. Pétel ; LPA 12 avr. 2005, p. 6, note Zattara.* – V. aussi • Com. 30 mars 2010, n° 09-10.729 P : *D. 2010. Chron. C. cass. 1110, obs. Bélaval ; ibid. Actu. 958 ; RTD com. 2010. 612, obs. Martin-Serf ; JCP E 2010. 1742, n° 5, obs. Cabrillac ; APC 2010, n° 143, obs. Regnaut-Moutier ; LEDEN 6/2010. 2, obs. Parachkévova ; RPC 2010, n° 156, obs. Lebel ; RJDA 2010, n° 982.* ♦ L'engagement de caution solidaire signé sans autorisation du juge-commissaire ne peut donner naissance à une dette régulière bénéficiant de la priorité de paiement prévue par l'art. 40 [C. com., art. L. 621-32]. • Douai, 15 oct. 1998 : *RPC 1999. 219, obs. Saint-Alary-Houin.* ♦ Il en va de même du soutien financier accordé à la société débitrice sans autorisation du juge-commissaire. • T. com. Paris, 20 mai 1997 : *RPC 1999. 219, obs. Saint-Alary-Houin.*

9. L'art. 40 [C. com., art. L. 621-32] étant applicable aux créances nées après le jugement d'ouverture conformément aux règles gouvernant les pouvoirs du débiteur ou de l'administrateur s'il en est désigné un, la créance née du chef du débiteur après l'ouverture à son égard d'une procédure simplifiée de redressement judiciaire sans désignation d'un administrateur, entre dans les prévisions de ce texte, même si le tribunal, à l'issue de la période d'enquête, n'a pris aucune décision pour exercer l'option prévue à l'art. 142 [C. com., art. L. 621-138]. • Com. 9 juin 1992, n° 90-16.915 P : *D. 1993. Somm. 5, obs. Derrida ; RTD com. 1993. 382, obs. Martin-Serf.* ♦ Il appartient aux juges du fond de rechercher si une créance délictuelle postérieure est née régulièrement, c'est-à-dire conformément aux règles gouvernant les pouvoirs du débiteur ou, le cas échéant, de l'administrateur. • Com. 13 oct. 1998, n° 95-21.988 P : *D. Affaires 1998. 1816, obs. A. L. ; APC 1998, n° 139, obs. Pétel ; JCP E 1998, n° 52, p. 2069, obs. Cabrillac et Pétel ; ibid. 1999, n° 24, p. 1060, note Rossi ; RPC 1999. 157, obs. Monsèrié ; RTD com. 1999. 979, obs. Martin-Serf.*

10. Sauf en cas de fraude, est opposable à la procédure collective la créance du salarié née de la poursuite illicite de l'activité par l'employeur en liquidation judiciaire, sans que puissent être opposés l'usage irrégulier de ses pouvoirs par le débiteur et la méconnaissance de son dessaisissement. • Com. 13 juill. 2010 : *D. 2010. Actu. 1935, obs. Lienhard ; LEDEN 10/2010. 4, obs. Camensuli-Feuillard ; RPC 2012, n° 41, obs. Saint-Alary-Houin.* – *Contra* : • Com. 27 mars 2007 : *RPC 2007. 143, obs. Saint-Alary-Houin.*

11. V., accordant le bénéfice de l'art. 40 [C. com., art. L. 621-32] à la créance née d'une escroquerie commise par le débiteur après sa mise en redressement judiciaire, aux motifs que les faits n'étaient pas étrangers à l'activité de celui-ci et qu'ils avaient eu pour but de lui permettre de tenter de redresser ses activités commerciales, • Papeete, 22 mars 2001 : *RDBF 2002, n° 144, obs. F.-X. Lucas ; RJDA 2003, n° 43.*

12. Les créances quasi délictuelles nées postérieurement au jugement d'ouverture entrent dans les prévisions de l'art. 40 [C. com., art. L. 621-32]. • Com. 31 mars 1992 : *RPC 1993. 66, obs. Saint-Alary-Houin.*

13. La créance de l'ASSEDIC se rapportant à des allocations chômage versées au débiteur pour une période postérieure au jugement d'ouverture ne rentre pas dans les prévisions de l'art. 40 [C. com., art. L. 621-32] ; en effet, si elle est née postérieurement au jugement d'ouverture de la procédure collective, cette créance n'est pas née régulièrement dans la mesure où le débiteur, en déposant une demande d'allocations auprès de l'ASSEDIC, n'a pas agi dans l'exercice de son activité commerciale et a de plus fait preuve d'un comportement fautif, qui lui est seul imputable, en se faisant consentir deux fois les mêmes droits par deux ASSEDIC différentes. • Paris, 31 mars 2000 : *D. 2000. AJ 251 ; RPC 2002. 99, obs. Saint-Alary-Houin.*

14. Les créances nées irrégulièrement après le jugement d'ouverture sont hors procédure, ce dont il résulte que leurs titulaires ne peuvent être payés qu'après désintéressement des créanciers de la procédure. • Com. 5 juill. 2005 : *D. 2005. AJ 2146, obs. Lienhard ; RDBF 2005, n° 178, obs. F.-X. Lucas ; Gaz. Pal. 4-5 nov. 2005, p. 26, obs. Henry ; ibid., p. 30, obs. Voinot.*

C. CRÉANCES NÉES APRÈS LE JUGEMENT D'OUVERTURE

15. *Cotisations sociales.* BIBL. Diesbecq, *Gaz. Pal. 1991. 1. 223.* ♦ Les dispositions relatives à l'exigibilité des cotisations de sécurité sociale ne peuvent prévaloir sur celles de la loi du 25 janv. 1985 [du code de commerce] qui interdisent de payer toute créance née antérieurement au jugement d'ouverture du redressement judiciaire. • Com. 8 nov. 1988, n° 87-11.158 P : *D. 1989. 36, note Honorat.* ♦ Dès lors que les cotisations se rapportent à des salaires perçus pour une période de travail antérieure à l'ouverture de la procédure collective, la créance de cotisations est née antérieurement au jugement d'ouverture et, par suite, peu important l'époque à laquelle les salaires correspondants ont été payés, l'acte tendant à obtenir paiement de cette créance doit être annulé. • Même arrêt. • Com. 18 juill. 1989, n° 88-13.922 P : *D. 1989. Somm. 288, obs. Honorat* • 20 févr. 1990 : *préc. note 4* • 19 mars 1991, n° 89-20.572 P • 19 mai 1992, n° 90-17.425 P : *D. 1992. IR 220 ; JCP E 1992. I. 168, n° 19, obs. Pétel* (indemnités de congés payés effectivement pris) • 5 avr. 1994, n° 90-17.597 P : *RPC 1995. 303, obs. Saint-Alary-Houin* • 14 nov. 1995 : *RPC 1997. 70, obs. Monsèrié.* ♦ Le juge-commissaire ne sort pas des limites de sa compétence lorsqu'il juge que la perte du droit aux prestations ne peut être opposée à l'assuré bénéficiaire d'une procédure de redressement judiciaire à raison du non-paiement des cotisations dues antérieurement à cette procédure. • Aix-en-Provence, 10 sept. 1992 : *RPC 1993. 398, obs. Dureuil.*

16. En revanche, entre dans le champ d'application de l'art. 40 [C. com., art. L. 621-32], la créance de cotisation sociale annuelle du régime d'assurance-maladie des travailleurs non salariés des professions non agricoles, dès lors qu'elle est due en raison de l'activité exercée après le jugement d'ouverture, même si elle est calculée d'après les revenus professionnels nets de l'année précédente. • Com. 15 déc. 1992, n° 89-14.493 P : *JCP 1993. IV. 544.*

17. Sont admises au bénéfice de l'art. 40 [C. com., art. L. 621-32] des créances de cotisations sociales relatives aux indemnités consécutives aux licenciements opérés après la liquidation judiciaire. V. note 4. ♦ ... Aux licenciements opérés durant la période d'observation. • Com. 2 mai 1990, n° 88-17.099 P : *D. 1991. 241, note Pagès* • 19 mai 1992, n° 90-16.962 P : *D. 1992. IR 220 ; JCP E 1992. I. 168, n° 19, obs. crit. Pétel* • 20 oct. 1992, n° 89-18.523 P : *D. 1993. Somm. 7, obs. Derrida*. ♦ ... Même si le Fonds national de garantie des salaires a réglé les indemnités en question au lieu et place de l'employeur. • Soc. 9 oct. 1997, n° 95-11.201 P • Paris, 16 sept. 1992 : *D. 1992. IR 255.*

Sur la compétence juridictionnelle, V. note 20 ss. art. R. 662-3.

18. Créances salariales. **BIBL.** *Cah. dr. social, JCP E 1992. I. 198.* – Cardi-Broda, *Gaz. Pal. 1986. 2. Doctr. 425.* – Ramackers, *D. 1989. Chron. 301.* ♦ V. aussi obs. Honorat, ss. • Paris, 14 mars 1989 : *D. 1989. Somm. 286.* ♦ Pour des créances salariales relatives au paiement d'un treizième mois, V. • Soc. 23 oct. 1991, n° 88-41.624 P : *D. 1993. Somm. 8, obs. Derrida ; JCP E 1992. I. 168, n° 20, obs. Pétel.*

La créance d'indemnité de congés payés née après le jugement d'ouverture du redressement judiciaire entre dans les prévisions de l'art. 40 [C. com., art. L. 621-32], peu important qu'elle soit ou non garantie par l'AGS. • Soc. 30 mars 1999 : *APC 1999, n° 136.* ♦ Dès lors qu'un licenciement a été prononcé conformément au plan de cession de l'entreprise, en sorte que les créances indemnitaires résultant de la rupture du contrat de travail sont nées régulièrement après le jugement d'ouverture, ces créances relèvent de l'art. 40, devenu l'art. L. 621-32 C. com., peu important la date de conclusion du contrat de travail. • Soc. 2 oct. 2001, n° 97-21.827 P : *D. 2001. AJ 3122*. ♦ Dans le même sens, pour des créances nées de licenciements décidés après le jugement arrêtant le plan de cession et avant la clôture de la procédure collective, V. • Paris, 20 oct. 1999 : *D. 2001. Somm. 116, obs. Derrida ; RPC 2002. 102, obs. Saint-Alary-Houin.* ♦ En revanche, l'indemnité de préavis, l'indemnité de congés payés sur préavis, l'indemnité de licenciement et l'indemnité pour licenciement sans cause réelle et sérieuse dont le fait générateur, à savoir la rupture abusive du contrat de travail, est antérieur au prononcé du redressement judiciaire, ne peuvent être qualifiées de créances de l'art. 40 [C. com., art. L. 621-32], peu important que ces créances n'aient été liquidées dans leur quantum que postérieurement au jugement d'ouverture de la procédure collective. • TGI Castres, JEX, 12 mars 1998 : *LPA 2 juill. 1999, p. 20, note Devésa.*

V. aussi note 4.

19. Créances fiscales. **BIBL.** Soinne, *RPC 1987, n° 2, p. 1* (fait générateur). – Deleneuville, *ibid. 1998. 20* (fait générateur des taxes assises sur les salaires). – Guillou, *ibid. 1999. 57* (fait générateur, origine, exigibilité de l'impôt). ♦ Si une créance d'impôt née régulièrement après le jugement d'ouverture du redressement judiciaire n'est pas payée à l'échéance lorsque l'activité est poursuivie, les dispositions des art. 40, 47 et 49 de la loi [C. com., art. L. 621-32, L. 621-40 et L. 621-42] et 61 [dans sa rédaction antérieure au décret du 21 oct. 1994], et 62 du décret n'interdisent pas au comptable du Trésor chargé du recouvrement d'exercer son droit de poursuite individuelle, le cas échéant, par voie d'avis à tiers détenteur notifié conformément aux règles fiscales applicables. • Com. 20 juin 1989, n° 87-19.594 P : *RTD com. 1990. 106, obs. Martin-Serf* • Poitiers, 14 sept. 1994 : *RPC 1995. 304, obs. Dureuil.* ♦ V. notes 71 et 80 s.

20. Le fait générateur de l'impôt sur les revenus résulte, non pas de leur perception, mais de l'expiration de l'année au cours de laquelle ils ont été perçus. • Com. 12 juill. 1994, n° 90-18.265 P : *D. 1995. Somm. 9, obs. Derrida ; JCP E 1995. I. 417, n° 19, obs. crit. Pétel* • 14 janv. 2004 : *RJDA 2004, n° 856 (3ᵉ esp.) ; RPC 2004. 244, obs. Saint-Alary-Houin* • Rennes, 25 avr. 2001 : *RPC 2002. 102, obs. Saint-Alary-Houin ; ibid. 210, obs. Neau-Leduc.*

21. Le fait générateur de l'impôt sur les sociétés et la taxe y afférente résulte, en application des art. 36, 38 et 209 CGI, de la clôture de l'exercice comptable et non pas de la perception des impôts. • Com. 16 déc. 2008, n° 08-12.142 P : *D. 2009. AJ 164, obs. Lienhard (1ʳᵉ esp.) ; APC 2009, n° 75, obs. Serlooten ; JCP E 2009. 1347, n° 9, obs. Pétel ; Gaz. Pal. 26-28 avr. 2009, p. 22, obs. Henry ; RTD com. 2009. 618, obs. Martin-Serf ; RPC 2009, n° 120, obs. Saint-Alary-Houin.*

22. Le fait générateur de la créance de l'administration fiscale relative à la taxe sur la valeur ajoutée grevant l'acquisition d'un immeuble est l'expiration du délai de cinq ans prévu par l'art. 257, 7°, CGI (cette taxe étant regardée comme déductible tant que cet immeuble demeure, pendant la durée de cinq ans, destiné à la vente). • Com. 16 déc. 2008, n° 07-13.081 P : *D. 2009. AJ 164, obs. Lienhard (2ᵉ esp.) ; APC 2009, n° 75, obs. Serlooten ; Gaz. Pal. 26-28 avr. 2009, p. 22, obs. Henry ; RTD com. 2009. 619, obs. Martin-Serf ; RPC 2009, n° 120, obs. Saint-Alary-Houin.*

23. Entre dans les prévisions de l'art. 40 [C. com., art. L. 621-32] la créance du percepteur relative à la taxe foncière, née régulièrement au cours des opérations de liquidation. • Com. 17 janv. 1995 : *préc. note 7.* ♦ ... Peu important l'absence de poursuite d'activité. • Com. 14 nov. 2000 : *RPC 2002. 210, obs. Neau-Leduc.* ♦ V. aussi • TGI Paris, 18 juin 1998 : *RJ com. 1999. 426, obs. Legrand.*

24. Il résulte de la combinaison des art. L. 313-1 CCH et 235 *bis* CGI que le fait générateur de la créance fiscale afférente à la cotisation due au titre de la participation des employeurs à l'effort de construction, et donc sa naissance régulière, se situe à la date à laquelle expire le délai imparti à l'employeur pour investir. • Com. 7 juill. 1998, n° 96-12.014 P : *D. 1998. IR 207 ; D. Affaires 1998. 1400, obs. A. L. ; RTD com. 1999. 509, obs. Martin-Serf*. – Dans le même sens : • Douai, 16 déc. 1999 : *D. 2000. AJ 116* • 11 janv. 2001 : *RPC 2002. 102, obs. Saint-Alary-Houin.* ♦ V. aussi, pour la taxe d'apprentissage, • Douai, 16 déc. 1999 : *préc.*

25. Est une créance antérieure, la créance de TVA, dès lors qu'il résulte des comptes de la société en redressement judiciaire que des travaux avaient été réalisés et facturés avant l'ouverture de la procédure. • TGI Béthune, ord., 20 juin 1996 : *RPC 1997. 455, obs. Saint-Alary-Houin.*

26. La créance du Trésor public au titre des droits d'enregistrement d'un jugement d'adjudication, qui naît de la formalité de l'enregistrement, n'a pas à être déclarée lorsque celle-ci est postérieure au jugement d'ouverture de la procédure collective. • Com. 10 mars 2004, n° 00-22.783 P : *APC 2004, n° 113, obs. Behar-Touchais ; JCP E 2004, n° 37, p. 1390, obs. Cabrillac ; ibid., n° 47, p. 1839, note Kéita.*

27. Le fait générateur des droits d'enregistrement dus par un marchand de biens en cas de non-respect de l'engagement de revendre prévu par l'art. 1115 CGI est l'acte de mutation. • Com. 22 mars 2011 : *BJE 2011. 252, note Sortais.*

28. Contribution sociale de solidarité. Cette contribution, mise à la charge de certaines sociétés par les art. L. 651-1 s. CSS, dont l'assiette est le chiffre d'affaires de l'année précédente, a pour fait générateur l'existence de l'entreprise débitrice au 1er janv. de l'année au titre de laquelle elle est due. • Com. 28 juin 1994, n° 92-16.407 P : *D. 1994. IR 198 ; JCP E 1995. I. 417, n° 19, obs. Pétel.*

29. Charges de copropriété. V. • Com. 3 déc. 1996, n° 93-21.323 P : *D. 1997. IR 18 ; RPC 1997. 457, obs. Saint-Alary-Houin* (dettes de la masse, à propos de la loi de 1967).

30. Marchés publics. Sur le fait générateur de la créance correspondant au solde définitif des sommes dues au titre de l'exécution d'un marché public, constitué par l'établissement du décompte général définitif ou, à défaut, par la décision du juge arrêtant ce solde, V. • Com. 23 sept. 2014 : *BJE 2015. 32, note Reille ; RJDA 2015, n° 293.*

31. Crédits. **BIBL.** Calendini, *Cah. dr. entr. 1988, n° 1, p. 22.*

32. Intérêts à échoir. Les intérêts résultant de contrats de prêt conclus pour une durée égale ou supérieure à un an, à échoir au moment du prononcé du redressement judiciaire, ne peuvent bénéficier de la priorité de paiement édictée par l'art. 40 [C. com., art. L. 621-32]. • Dijon, 15 juin 1993 : *RPC 1999. 220, obs. Saint-Alary-Houin.*

33. Contrats poursuivis. Bénéficient de l'art. 40 [C. com., art. L. 621-32] des créances nées pendant la période d'observation et relatives à des contrats en cours au jour du jugement d'ouverture, pour lesquels l'administrateur n'a pas encore exercé son option (à propos de contrats de location de voitures) : V. • Com. 16 oct. 1990, n° 89-12.930 P : *JCP E 1992. II. 300, note Le Corre ; D. 1990. IR 261 ; RTD com. 1991. 461, obs. Martin-Serf*. – V. aussi • Com. 10 juill. 1990 : *cité note 76* • 15 oct. 1991 : *D. 1992. Somm. 260, obs. Derrida* • 12 juill. 1994 : *RPC 1995. 299, obs. Saint-Alary-Houin* • 20 janv. 1998 : *AJDI 1998. 927, note Gallet*. ♦ La créance pour loyers dus postérieurement au jugement d'ouverture de la procédure collective du preneur est née régulièrement après cette décision et entre dans les prévisions de l'art. 40 [C. com., art. L. 621-32], peu important l'absence de poursuite de l'activité et de délivrance à l'administrateur d'une mise en demeure d'opter sur la continuation du bail. • Com. 27 oct. 1998, n° 95-21.286 P : *D. Affaires 1999. 33, obs. A. L. ; RPC 1999. 157, obs. Monsèrié ; Loyers et copr. 1999, n° 127, obs. Brault et Mutelet ; AJDI 1999. 696, note Gallet*. – V. déjà • Com. 2 avr. 1996 : *préc. note 7.*

34. De même, avant l'intervention de la loi du 10 juin 1994, l'indemnité contractuelle de résiliation relevait de l'art. 40 [devenu C. com., art. L. 621-32], et non de l'art. 37, al. 4 [5] [devenu C. com., art. L. 621-28], qui ne concerne que les dommages-intérêts dus par l'entreprise lorsque l'administrateur n'use pas de la faculté de poursuivre le contrat. • Com. 3 mai 1994, n° 91-20.479 P : *D. 1994. IR 157 ; JCP E 1994. I. 397, n° 15, obs. Pétel ; RTD com. 1995. 487, obs. Martin-Serf*. – V. aussi • Com. 9 juill. 1996, n° 94-11.856 P : *D. Affaires 1996. 1039 ; RPC 1997. 456, obs. Saint-Alary-Houin* (créance contractuelle d'indemnité de préavis). ♦ La clause pénale figurant dans un contrat de location de matériel et consistant en une majoration du loyer non payé à son échéance doit suivre le sort de celui-ci. Par suite, s'agissant de créances échues postérieurement au jugement d'ouverture du redressement judiciaire, elles bénéficiaient de l'art. 40 [devenu C. com., art. L. 621-32] et l'art. 55 [devenu C. com., art. L. 621-48] n'était pas applicable. • Com. 25 nov. 1997 : *RJDA 1998, n° 462 ; RPC 1998. 295, obs. Saint-Alary-Houin.* ♦ Comp., désormais : art. L. 621-32, III (3°), excluant du bénéfice de l'art. L. 621-32 les indemnités de résiliation des contrats régulièrement poursuivis. ♦ La modification apportée par la loi du 10 juin 1994 n'ayant pas de caractère interprétatif n'est pas applicable aux procédures ouvertes avant le 1er oct. 1994. • Paris, 7 oct. 1998 : *D. 1998. IR 246 ; D. Affaires 1998. 1956, obs. A. L.* ♦ Les créances d'indemnités et pénalités subséquentes à la résiliation d'un contrat régulièrement poursuivi sont exclues de la priorité de paiement instituée par l'art. 40, devenu l'art. L. 621-32 C. com., et soumises à déclaration au passif de la procédure collective comme les créances antérieures au jugement d'ouverture. • Com. 15 oct. 2002, n° 00-10.898 P : *D. 2002. AJ 2942, obs. Lienhard ; APC 2002, n° 248, obs. Roussel Galle ; JCP E 2003, n° 5, p. 218, obs. Cabrillac ; RTD com. 2003. 166, obs. Martin-Serf* • Paris, 21 sept. 2000 : *D. 2000. AJ 421, obs. Lienhard .* ♦ Les sommes mises à la charge d'une société en raison de l'inexécution de son obligation de réintégration des salariés, prévue en cas de résiliation du contrat, constituent une indemnité résultant de la résiliation d'un contrat régulièrement poursuivi et sont exclues, en application de l'art. L. 621-32, III, 3° C. com., de la priorité de paiement instituée pour les créances nées après le jugement d'ouverture et soumises à déclaration au passif, sans qu'il y ait lieu de distinguer entre les sommes versées aux salariés non repris au titre des prestations postérieures à la résiliation et celles payées au titre des licenciements. • Paris, 26 févr. 2008 : *RJDA 2008, n° 827.*

35. La redevance prévue par un contrat à exécution successive poursuivi par l'administrateur est une créance de la procédure pour la prestation afférente à la période postérieure au jugement d'ouverture et constitue une créance née antérieurement au jugement d'ouverture pour la prestation afférente à la période antérieure à ce jugement et soumise à déclaration au passif, peu important la date à laquelle la redevance est devenue exigible. • Com. 28 mai 2002, n° 99-12.275 P : *D. 2002. AJ 2124, obs. Lienhard ; APC 2002, n° 172, obs. Vallansan et Golhen ; JCP E 2003, n° 6, p. 269, obs. Pétel ; RTD com. 2002. 726, obs. Martin-Serf ; RPC 2003. 146, obs. Saint-Alary-Houin.* ♦ La créance relative aux loyers du crédit-bail dus pour la période de jouissance suivant l'ouverture du redressement judiciaire constitue une créance née régulièrement après le jugement d'ouverture, qui n'est pas soumise à l'obligation de déclaration, et ne peut donc être éteinte en raison de l'irrégularité de cette dernière. • Com. 12 janv. 2010, n° 08-21.456 P : *D. 2010. Pan. 1826, obs. Le Corre ; ibid. AJ 203, obs. Lienhard ; RJDA 2010, n° 651 ; RPC 2010, n° 160, obs. Pérochon.* ♦ En ce sens que doit bénéficier de l'art. 40 [C. com., art. L. 621-32] le loyer trimestriel d'un bail commercial poursuivi arrivant à échéance le jour de l'ouverture de la procédure, le fait générateur de la créance de loyer étant la jouissance du local, peu important que le loyer soit payable à terme échu ou à échoir, V. • Paris, 1er déc. 1994 : *RPC 1996. 76, obs. Saint-Alary-Houin.* – Dans le même sens, V. • Com. 28 mai 2002 : *RJDA 2002, n° 1294 ; RPC 2003. 148, obs. Saint-Alary-Houin.* ♦ *Contra*, n'appliquant l'art. 40 [C. com., art. L. 621-32] qu'à partir de l'échéance trimestrielle suivante : • Colmar, 9 juill. 1994 : *ibid.*

36. Dès lors qu'il avait fait savoir qu'il n'entendait pas poursuivre le bail commercial consenti au débiteur avant sa mise en liquidation judiciaire, un liquidateur ne peut sérieusement contester avoir l'obligation personnelle de libérer les lieux et à défaut, il est redevable au propriétaire d'une indemnité d'occupation pour la période postérieure à la résiliation du contrat et jusqu'à remise à disposition effective des lieux concernés. • Com. 31 mars 1992, n° 90-13.942 P : *D. 1993. Somm. 8, obs. Derrida ; JCP E 1992. I. 166, n° 9, obs. Cabrillac.* ♦ Le fait générateur de l'indemnité est l'occupation sans droit ni titre des locaux par la société postérieurement au jugement d'ouverture de la procédure collective et la créance du bailleur, née postérieurement à ce jugement, n'est pas soumise à déclaration et bénéficie de la priorité de paiement instaurée par l'art. 40 [C. com., art. L. 621-32]. • Com. 25 janv. 1994, n° 91-20.603 P : *D. 1994. IR 88 ; JCP E 1994. II. 629, note Rossi ; RTD com. 1995. 489, obs. Martin-Serf* • 9 mai 1995 : *RPC 1996. 76, obs. Saint-Alary-Houin.* – V. aussi • Com. 12 oct. 1999 : *AJDI 2000. 927, note Gallet .* ♦ L'indemnité d'occupation en cas de défaut de restitution des locaux, du fait de la nature quasi délictuelle de la faute du liquidateur, ne constitue pas une indemnité ou pénalité contractuelle visée par l'art. 40 (3°) [C. com., art. L. 621-32]. • Paris, 17 oct. 1997 : *Loyers et copr. 1998, n° 14, obs. Brault.*

V. aussi, en ce sens que la créance de restitution des lieux loués a pour fait générateur la résiliation du bail, • Com. 6 mars 2001, n° 98-12.835 P : *D. 2001. AJ 1469 ; APC 2001, n° 89, obs. Vallansan.*

La créance de remise en état des lieux ne peut bénéficier de l'art. 40 [C. com., art. L. 621-32], dès lors que le bailleur avait, antérieurement à l'ouverture de la procédure collective du preneur, délivré congé à celui-ci sans offre d'indemnité d'éviction en invoquant les fautes commises par lui et notamment le défaut d'entretien. • Com. 26 mai 1998, n° 95-19.615 P : *D. Affaires 1998. 1132, obs. A. L. ; Gaz. Pal. 1998. 2. 807, note Brault ; AJPI 1998. 1059, note Gallet ; RTD com. 1999. 510, obs. Martin-Serf .* ♦ Comp., dans le cas d'un bail commercial poursuivi après l'ouverture de la procédure collective, fixant le fait générateur de la créance de remise en état des lieux à la date de commission des dégradations : • Com. 13 mars 2007 : *Gaz. Pal. 20-21 juill. 2007, p. 37, obs. Henry.*

37. En ce sens qu'entrent dans le cadre de l'art. 40 [C. com., art. L. 621-32] les dépenses conservatoires d'assurance, de gardiennage, d'entretien d'un immeuble et d'un navire résultant de contrats antérieurs à l'ouverture de la procédure, dont la poursuite s'impose jusqu'à la réalisation, dans les meilleures conditions possibles, des cessions de ces actifs, V. • T. com. Paris, 22 févr. 1995 : *Gaz. Pal. 1996. 1. Somm. 52.*

38. Le fait générateur d'une créance de matériel étant la remise de celui-ci, si le matériel est livré au commissaire à l'exécution du plan postérieurement au jugement d'ouverture, la créance entre dans les prévisions de l'art. 40 [C. com., art. L. 621-

32] sans qu'il y ait lieu de prendre en considération la date mentionnée sur les factures. • Com. 22 nov. 1994, n° 91-18.981 P : *D. 1995. IR 7.* ♦ Relèvent de l'art. 40 [C. com., art. L. 621-32] les créances qui trouvent leur origine postérieurement au jugement d'ouverture de la procédure collective, dans la mesure où la livraison des marchandises est intervenue après le jugement, dans le cadre de la poursuite de l'activité de la société, même si la date des commandes de ces marchandises n'est pas connue. • Rennes, 1er déc. 1994 : *Dr. sociétés 1995, n° 212, obs. Chaput.* ♦ V. aussi, en ce sens que la créance d'une société correspondant à une commande passée avant le redressement judiciaire de la société débitrice et livrée à celle-ci postérieurement au jugement d'ouverture bénéficie de l'art. 40 [C. com., art. L. 621-32], • Com. 15 févr. 2000, n° 96-17.884 P : *D. 2000. AJ 160, obs. Lienhard ; RJ com. 2001. 83, note Courtier.* ♦ Comp., pour des modalités postérieures de l'exécution de l'obligation de livrer : • Paris, 30 janv. 1998 : *Gaz. Pal. 1998. 1. Somm. 216.*

39. Entre dans les prévisions de l'art. L. 621-32 C. com. la créance d'un GIE à l'égard d'une société adhérente, dès lors qu'après l'ouverture de la procédure collective la société a poursuivi son activité en utilisant les services communs afin d'assurer l'exécution de ses propres prestations et que les sommes réclamées correspondent à des dépenses de fonctionnement du compte prorata engagées postérieurement. • Com. 27 févr. 2007 : *BJS 2007. 833, note Vallansan.*

40. Bénéficient de l'art. 40 [C. com., art. L. 621-32] : l'indemnité de retard de livraison d'un immeuble vendu en l'état futur d'achèvement. • Versailles, 27 janv. 1995 : *Rev. loyers 1995. 522, note Gallet ; RPC 1995. 70, obs. Saint-Alary-Houin.* ♦ ... L'indemnité de retard due par une entreprise de déménagement, née à compter de la livraison, postérieure au jugement déclaratif. • Paris, 12 nov. 1993 : *RPC 1995. 301, obs. Saint-Alary-Houin.*

41. Les créances de réparation nées régulièrement après le jugement d'ouverture bénéficient de l'art. 40 [C. com., art. L. 621-32] (à propos de désordres se rapportant à des travaux exécutés dans le cadre de la poursuite d'un contrat de construction en cours). • Com. 23 juin 1998 : *D. Affaires 1998. 1273.* ♦ Dès lors que l'exécution d'un contrat conclu avant la mise en redressement judiciaire a été poursuivie par l'administrateur judiciaire, les pénalités dues en raison du retard apporté par le débiteur à l'achèvement des prestations à sa charge et le coût de réparations de malfaçons afférentes à la poursuite du contrat constituent des créances de l'art. 40 [C. com., art. L. 621-32]. • Com. 26 oct. 1999 : *APC 1999, n° 267, obs. Blanc.* ♦ En revanche, est exclue du bénéfice de l'art. 40 [C. com., art. L. 621-32] la créance résultant de l'application d'une clause pénale, qui est née de l'inexécution, constatée avant le jugement d'ouverture, de l'obligation de construire mise à la charge du débiteur. • Civ. 3e, 13 oct. 1999, n° 97-15.994 P : *RJDA 1999, n° 1353 ; APC 1999, n° 268, obs. Blanc ; Gaz. Pal. 2000. 602, note Courtier ; AJDI 2000. 611, note Gallet* .

42. En l'état d'un contrat stipulant une pénalité par jour calendaire de retard, due de plein droit sans l'accomplissement d'aucune formalité dès que le retard serait dûment contrôlé, seule la partie de la créance constituée par les indemnités de retard acquises à compter du jugement d'ouverture n'est pas soumise à déclaration. • Com. 26 avr. 2000, n° 97-21.001 P : *D. 2000. AJ 293, obs. Lienhard ; RTD com. 2001. 233, obs. Martin-Serf* .

43. Entrent dans le champ d'application de l'art. 40 [C. com., art. L. 621-32] : la créance de restitution d'un commerçant née de l'annulation d'un contrat passé antérieurement à la mise en redressement judiciaire du cocontractant. • Com. 5 déc. 1995, n° 93-21.172 P : *D. 1996. IR 43 ; D. Affaires 1996. 183 ; JCP E 1996. I. 554, n° 3, obs. Cabrillac* • 20 juin 2000, n° 97-11.422 P : *D. 2000. AJ 368, obs. Pisoni ; JCP E 2001, n° 5, p. 221, obs. Cabrillac ; RTD com. 2000. 1010, obs. Martin-Serf* • 23 nov. 2004 : *D. 2005. Pan. 293, obs. Le Corre* . ♦ ... La créance de restitution du prix née de l'annulation de la vente d'un immeuble prononcée après le jugement d'ouverture de la procédure collective. • Com. 12 oct. 2004 : *RJDA 2005, n° 291* • Civ. 3e, 28 mars 2007, n° 05-21.679 P : *D. 2007. AJ 1082, obs. Lienhard ; Gaz. Pal. 20-21 juill. 2007, p. 36, obs. Henry ; JCP E 2007. 2119, n° 12, obs. Cabrillac ; RPC 2007. 168, obs. Lebel.* ♦ V. l'arrêt rectificatif : • Civ. 3e, 26 juin 2007 : *D. 2007. AJ 2036* . ♦ ... La créance de restitution d'acomptes versés sur le prix d'actions devant être cédées, née à la date – postérieure au jugement d'ouverture – de la caducité de la vente. • Com. 15 nov. 2005, n° 04-16.416 P : *D. 2005. AJ 3012, obs. Lienhard ; APC 2005, n° 253, obs. Regnaut-Moutier ; Gaz. Pal. 10-11 févr. 2006, p. 23, obs. Henry ; RTD com. 2006. 204, obs. Martin-Serf* . ♦ ... La créance de restitution d'un acompte sur une subvention accordée par l'ANAH, née de la décision de retrait de la subvention prise postérieurement à l'ouverture de la procédure collective pour sanctionner l'absence de respect des conditions d'attribution de l'aide. • Com. 13 mai 2003, n° 99-16.156 P : *D. 2003. AJ 1764 ; APC 2003, n° 143, obs. Vallansan ; JCP E 2003, n° 40, p. 1575, obs. Cabrillac et Pétel ; RTD com. 2003. 821, obs. Martin-Serf ; RPC 2004. 244, obs. Saint-Alary-Houin* • 7 févr. 2006 : *RTD com. 2006. 917, obs. Martin-Serf ; Gaz. Pal. 30 avr.-4 mai 2006, p. 30, obs. Henry.* ♦ ... La créance de restitution générée par la résiliation, prononcée en cours de procédure collective, d'un contrat de crédit. • Com. 20 mai 1997, n° 93-20.819 P : *D. Affaires 1997. 863 ; RTD com. 1998. 420, obs. Martin-Serf* . ♦ ... La garantie de remboursement du prêt prévue par l'art. L. 311-22 [L. 312-56] C. consom., dès lors qu'elle trouve son origine, non pas dans la conclusion des contrats, mais dans la résolution du contrat de vente par le fait du vendeur et la résiliation consécutive du contrat de crédit prononcées postérieurement au jugement d'ouverture de la procédure collective de celui-ci, de telle sorte qu'une telle créance n'a pas à être déclarée. • Com. 3 févr. 1998, n° 95-19.203 P : *D. 1998. IR 61* ; *D. Affaires 1998. 477, obs. V. A.-R.* ; *JCP 1998. II. 10042, rapp. Rémery* ; *JCP E 1998, n° 17, p. 658, obs. Cabrillac et Pétel.* ♦ ... La créance de restitution d'un assureur condamné à tort à verser une provision sur une indemnité d'assurance avant le jugement d'ouverture. • Com. 29 avr. 1997 : *RPC 1997. 454, obs. Saint-Alary-Houin.* ♦ ... La créance de restitution née de l'infirmation, postérieurement à l'ouverture de la procédure collective, d'un jugement de condamnation, • Com. 21 janv. 2003 : *RJDA 2003, n° 617 (1re esp.).* ♦ Comp. notes 16 ss. art. L. 622-7 et 37 ss. art. L. 622-24.

44. Créance d'indu. L'origine de la créance d'indu étant le fait juridique du paiement, la créance d'indu contre le bénéficiaire d'un chèque trouve son origine non dans l'émission du chèque mais dans son encaissement. • Com. 5 juin 2007, n° 06-14.863 P : *D. 2007. AJ 1730, obs. Lienhard* ; *JCP E 2007. 2119, n° 13, obs. Cabrillac* ; *Gaz. Pal. 26-27 oct. 2007, p. 52, obs. Bonhomme* ; *RTD com. 2007. 840, obs. Martin-Serf* ; *RPC 2009, n° 118, obs. Saint-Alary-Houin.*

45. Recours de la caution. La créance de la caution qui a payé la dette [postérieurement à l'ouverture de la procédure collective] et qui agit contre le débiteur principal sur le fondement de l'art. 2305 C. civ. prend naissance à la date de l'engagement de caution. • Com. 30 sept. 2008 : *LPA 21 sept. 2009, note Sortais.* ♦ V. aussi, à propos du recours de la caution contre un cofidéjusseur en redressement judiciaire, • Com. 16 juin 2004 : *cité note 62 ss. art. L. 622-24.*

46. Contrats conclus postérieurement. Les ristournes nées de trois ventes effectuées à une société après le jugement d'ouverture sont des créances de l'art. 40 [C. com., art. L. 621-32]. • Lyon, 3 déc. 1993 : *RPC 1995. 301, obs. Saint-Alary-Houin.*

47. Promesse unilatérale d'achat. La créance du prix de vente convenu dans une promesse unilatérale d'achat souscrite par le débiteur mis ultérieurement en redressement judiciaire naît postérieurement au jugement d'ouverture si son bénéficiaire lève l'option après celui-ci. • Com. 3 mai 2011, n° 10-18.031 P : *D. 2011. Actu. 1279, obs. Lienhard* ; *ibid. Pan. 2077, obs. Le Corre* ; *RTD com. 2011. 798, obs. Martin-Serf* ; *JCP E 2011. 1596, n° 8, obs. Pétel* ; *APC 2011, n° 148, obs. Fin-Langer* ; *LEDEN 6/2011. 3, obs. Borga* ; *RJDA 2011, n° 833* ; *BJE 2011. 250, note Benilsi* ; *RJ com. 2011. 502, note Sortais* ; *LPA 3 janv. 2012, obs. Zattara-Gros.*

48. Cessions de marchandises couvertes par une clause de réserve de propriété. **BIBL.** Soinne, *RPC 1995. 202.* ♦ Les commissaires à l'exécution du plan ne pouvant, fût-ce en vertu de ce plan, procéder à la cession de matériels vendus avec clause de réserve de propriété, un arrêt décide à bon droit, après avoir ordonné leur restitution, qu'à défaut, lesdits commissaires seraient débiteurs de leur valeur au titre des sommes visées par l'art. 40, al. 2 [3], 5° [C. com., art. L. 621-32]. • Com. 8 juin 1993, n° 90-21.928 P : *D. 1993. Somm. 296, obs. Pérochon* • 6 juin 1995 : *RPC 1995. 486, obs. Soinne* • 10 oct. 1995 : *RJDA 1996, n° 122* – V. déjà • Com. 9 juin 1992, n° 90-16.804 P : *D. 1993. Somm. 6, obs. Derrida*.

La revendication ne rend pas les marchandises vendues avec clause de réserve de propriété indisponibles tandis que l'activité de l'entreprise est poursuivie ; mais la créance du vendeur sous réserve de propriété, dont la marchandise a été revendue par le liquidateur, née régulièrement après le jugement d'ouverture, entre dans les prévisions de l'art. 40 [C. com., art. L. 621-32]. • Com. 11 mars 1997, n° 94-20.069 P : *D. 2000. Somm. 77, obs. Pérochon et Mainguy* ; *D. Affaires 1997. 510* ; *JCP E 1997. I. 681, n° 11, obs. Cabrillac* • 17 févr. 1998 : *D. Affaires 1998. 626* • 26 juin 2001 : *APC 2001, n° 183* ; *RJDA 2001, n° 1234* ; *RTD civ. 2001. 932, obs. Crocq*. ♦ Viole, par conséquent, l'art. 40 [C. com., art. L. 621-32] l'arrêt qui décide que la créance du vendeur sous réserve de propriété n'entre pas dans le champ d'application de l'art. 40 [C. com., art. L. 621-32] mais bénéficie des art. 121 et 122 [C. com., art. L. 621-122 et L. 621-124] et doit donc être déclarée payable par priorité aux autres créances. • Com. 20 févr. 1996 : *D. 1996. IR 101* ; *D. Affaires 1996. 422* (cassant • Amiens, 24 févr. 1994 : *JCP 1994. II. 22355, note Massot-Durin*). – V. déjà • Com. 17 mai 1994, n° 92-13.216 P : *D. 1996. Somm. 221, obs. Pérochon* ; *RTD com. 1996. 130, obs. Martin-Serf*. – Dans le même sens que l'arrêt cassé : • Besançon, 10 juin 1992 : *RPC 1993. 123, obs. Soinne* • Dijon, 26 nov. 1992 : *D. 1993. Somm. 296, obs. Pérochon* • Paris, 8 juill. 1994 : *D. 1994. IR 238.*

V. aussi, désormais, art. L. 621-122, al. 4, issu de la loi n° 94-475 du 10 juin 1994.

Sur la responsabilité civile du mandataire judiciaire, V. note 43 ss. art. L. 624-16.

49. Astreinte. La liquidation d'une astreinte provisoire, assortissant une condamnation du liquidateur à restituer un bien et prononcée après le jugement d'ouverture, fait naître à la charge de la procédure une dette relevant de l'art. 40 [C. com., art. L. 621-32]. • Com. 8 déc. 1998, n° 96-17.793 P : *D. 1999. Somm. 190, obs. Honorat* ; *D. Affaires 1999. 133* ; *APC 1999, n° 10, obs. Regnaut-Moutier* ; *RTD com. 1999. 978, obs. Martin-Serf*.

V. aussi note 37 ss. art. L. 622-21.

50. Frais de justice. Pour la primauté des créances garanties par des sûretés immobilières ou mobilières spéciales sur les frais de justice postérieurs au jugement d'ouverture, V. note 68.

51. Sur le fait générateur de la créance d'honoraires de l'avocat du débiteur, V. note 64 ss. art. L. 622-24 ♦ La créance correspondant aux honoraires de l'avocat fixés en accord avec le client, et non à la partie légalement tarifée de la rémunération de l'avocat correspondant à l'exercice de la postulation, n'entre pas dans les prévisions de l'art. 40 [C. com., art. L. 621-32]. • Com. 4 janv. 2005 : *APC 2005, n° 65.*

52. Jugé que les frais exposés par le débiteur sur le fondement de ses droits propres, pour la sauvegarde de ses intérêts, ne relèvent pas des dispositions des art. 30 ou 40 de la loi du 25 janv. 1985 [C. com., art. L. 621-21 et L. 621-32], mais doivent rester à sa charge. • Aix-en-Provence, 13 nov. 1997 : *préc. note 7.* ♦ Comp. note 7.

53. Créance de dépens. BIBL. Cunha, *Gaz. Pal. 25-26 juin 2004, p. 8.* ♦ La créance des dépens et des frais résultant de l'application de l'art. 700 NCPC [C. pr. civ.], mise à la charge du débiteur, trouve son origine dans la décision qui statue sur ces dépens et frais et entre dans les prévisions de l'art. L. 621-32 C. com. lorsque cette décision est postérieure au jugement d'ouverture de la procédure collective. • Com. 11 juin 2002, n° 00-12.289 P : *D. 2002. AJ 2121, obs. Lienhard ; ibid. Somm. 2642, obs. Fricero ; JCP E 2003, n° 6, p. 271, obs. Cabrillac et Pétel ; RTD com. 2002. 724, obs. Martin-Serf* • Civ. 3e, 12 juin 2002, n° 00-19.038 P : *ibid. ; Loyers et copr. 2003, n° 12, note Brault* • Com. 10 déc. 2002 : *RPC 2003. 146, obs. Saint-Alary-Houin* • Soc. 12 févr. 2003 : *D. 2003. AJ 768 ; RTD com. 2003. 371, obs. Martin-Serf ; Procédures 2003, n° 145, obs. Laporte.* ♦ Avant ces décisions, la jurisprudence distinguait selon que le débiteur était demandeur ou défendeur à l'action se soldant par la mise des dépens à sa charge. Dans le premier cas, il était admis que la créance de dépens et celle résultant de l'art. 700 NCPC étaient nées régulièrement après le jugement d'ouverture, dès lors que l'instance avait été engagée ou reprise par l'administrateur après ledit jugement. • Com. 17 mars 1992, n° 90-13.148 P : *D. 1993. Somm. 8, obs. Derrida* • Soc. 18 juill. 2000 : *APC 2000, n° 204.* ♦ Dans le second cas (débiteur défendeur), la créance de dépens et celle résultant de l'art. 700 NCPC n'entraient dans les prévisions de l'art. L. 621-32 C. com. que si le fait générateur de la créance sur laquelle se fondait la demande principale se situait après le jugement d'ouverture de la procédure collective. • Com. 9 déc. 1997, n° 95-18.300 P : *D. 1998. 381, note Pasturel ; D. Affaires 1998. 114, obs. A. L.* • 17 févr. 1998, n° 95-18.686 P : *D. 1998. 381, note Pasturel ; Procédures 1998, n° 91, obs. Croze ; RTD com. 1998. 939, obs. Martin-Serf* • 24 nov. 1998, n° 94-19.698 P : *D. 1999. Somm. 188, obs. Honorat ; D. Affaires 1999. 561, obs. A. L. ; RTD com. 1999. 977, obs. Martin-Serf.*

54. Créance pour procédure abusive. La créance de dommages-intérêts pour procédure abusive trouve son origine dans la décision qui prononce la condamnation et entre dans les prévisions de l'art. L. 621-32 C. com. lorsque cette décision est postérieure au jugement d'ouverture de la procédure collective. • Com. 11 juin 2003, n° 00-21.775 P : *D. 2003. AJ 2174 ; APC 2003, n° 196, obs. Vallansan ; RTD com. 2004. 158, obs. Martin-Serf.*

55. Créance de l'adjudicataire. La créance due à l'adjudicataire d'un immeuble, née de l'occupation sans droit ni titre de cet immeuble par le débiteur en liquidation judiciaire postérieurement à la signification du jugement d'adjudication, entre dans les prévisions de l'art. L. 621-32 C. com., sans que la clause du cahier des charges mentionnant la présence du débiteur saisi dans les lieux puisse exonérer le vendeur de l'immeuble de son obligation de délivrance et dispenser en conséquence le liquidateur de prendre, de sa propre initiative, les mesures nécessaires à la libération des lieux. • Com. 30 mars 2005, n° 01-11.620 P : *D. 2005. AJ 1083, obs. Lienhard ; RTD com. 2006. 478, obs. Martin-Serf.*

56. Créance née du manquement d'un dépositaire. Dès lors qu'elle résulte, non de la résiliation d'un contrat de dépôt-vente, mais du non-respect par le dépositaire de ses obligations après le jugement d'ouverture du redressement judiciaire, consistant à apporter tous les soins nécessaires, la créance est née postérieurement à la procédure collective, et relève donc de l'art. L. 621-32 C. com. • Aix-en-Provence, 10 sept. 2003 : *D. 2003. AJ 2767.*

57. Créance de soulte. Sur le fait générateur de la créance de soulte de l'art. 826 C. civ., fixé par ce texte à la date du partage, V. • Com. 3 nov. 2010, n° 09-14.600 P : *D. 2010. Actu. 2700, obs. Lienhard ; RTD com. 2011. 639, obs. Martin-Serf ; JCP E 2011. 1263, n° 10, obs. Pétel ; APC 2010, n° 278, obs. Leprovaux ; LEDEN 1/2011. 3, obs. J.-P. Sénéchal ; RPC 2011, n° 75, obs. Dumont-Lefrand ; BJE 2011. 153, note Becqué-Ickowicz ; RJDA 2011, n° 558.*

58. Créance d'un expert judiciaire. En ce sens que cette créance naît le jour du dépôt du rapport d'expertise, V., à propos de la loi de 1967, • Com. 14 mars 1995, n° 92-20.228 P : *D. 1996. Somm. 81, obs. crit. Honorat ; Quot. jur. 30 mai 1995, p. 3, note P. M.*

59. Créance du commissaire aux comptes. En ce sens que, lorsque la mission de certification des comptes du commissaire aux comptes se poursuit après le jugement d'ouverture de la procédure collective, seuls les honoraires correspondant à des prestations accomplies postérieurement à ce jugement bénéficient de l'art. 40 [C. com., art. L. 621-32], V. • Com. 2 oct. 2001, n° 98-22.493 P : *D. 2001. AJ 3118, obs. Lienhard ; APC 2001, n° 231, obs. Regnaut-Moutier ; LPA 20 déc. 2001, p. 88, note F.-X. Lucas ; JCP E 2002, n° 4, p. 181,* *note Pasqualini ; ibid. 175, n° 16, obs. Cabrillac ; BJS 2002. 39, note Vidal ; RPC 2002. 264, obs. Dumont.* (V. l'arrêt cassé : • Paris, 23 oct. 1998 : *D. 1998. IR 259 ; D. Affaires 1998. 1908, obs. A. L. ; BJS 1999. 345, note Pasqualini ; Rev. sociétés 1999. 195, obs. Guyon*).

60. *Créance environnementale.* BIBL. Voinot, *RTD com. 2001. 581*. – Lavoillotte, *RPC 2003. 100*. – Colloque « droit des entreprises en difficulté et protection de l'environnement » du 24 oct. 2003, *ibid. 2004. 140*. – Pelletreau, *LPA 1er avr. 2005, p. 4.* La créance résultant de l'application de l'art. 23 de la loi n° 76-663 du 19 juill. 1976 [C. envir., art. L. 514-1], qui prévoit les sanctions administratives à l'inobservation des conditions imposées à l'exploitant d'une installation classée qui n'a pas déféré à une injonction de faire des travaux, a pour fait générateur l'arrêté préfectoral ordonnant au débiteur la consignation des sommes répondant du montant des travaux à réaliser. • Com. 17 sept. 2002, n° 99-16.507 P : *D. 2002. AJ 2735, obs. Lienhard ; APC 2002, n° 221, obs. Vallansan ; JCP E 2003, n° 5, p. 230, note Voinot ; ibid., n° 6, p. 272, obs. Cabrillac ; RTD com. 2003. 167, obs. Martin-Serf ; Gaz. Pal. 2003. 501, note Lavoillotte ; LPA 26 mai 2003, p. 17, note Lévy ; ibid. 6 août 2003, p. 15, note Rolland ; RPC 2003. 147, obs. Saint-Alary-Houin.* – Comp. : • TGI Béthune, 13 mai 1998 : *APC 1999, n° 95, obs. Voinot ; RPC 1999. 220, obs. Saint-Alary-Houin.*

61. *Créance pénale.* Si les amendes et confiscations douanières ont un caractère pénal, les agissements qu'elles sanctionnent et qui constituent le fait générateur de la créance sont antérieurs à l'ouverture de la procédure collective ; elles ne peuvent donc être recouvrées à leur échéance, en vertu de l'art. 40 [C. com., art. L. 621-32]. • Crim. 5 févr. 1998, n° 96-85.596 P : *D. 1998. IR 127 ; D. Affaires 1998. 912, obs. A. L. ; Rev. sociétés 1998. 421, note Bouloc ; JCP E 1998, n° 37, p. 1400, obs. Cabrillac* et *Pétel ; RTD com. 1998. 945, obs. Martin-Serf ; RPC 1999. 221, obs. Saint-Alary-Houin.* – V. aussi • Crim. 17 janv. 2007 : *JCP E 2007. 1607, note Rétif ; RTD com. 2007. 838, obs. Martin-Serf*. En revanche, la chambre commerciale considère que les sanctions pécuniaires répressives naissent avec la décision constitutive qui les prononce, de sorte que les créances du Trésor public relatives à des amendes prononcées en cours de procédure collective pour des faits délictuels antérieurs au jugement d'ouverture relèvent de l'art. 40, devenu l'art. L. 621-32 C. com. • Com. 14 janv. 2004 : *RJDA 2004, n° 856 (1re esp.) ; RPC 2004. 243, obs. Saint-Alary-Houin.* V. aussi : note 39 ss. art. L. 622-24.

62. *Cotisations dues à une association.* En ce sens qu'est exclue du bénéfice de l'art. 40 [C. com., art. L. 621-32] la créance de cotisations annuelles d'amortissement de l'investissement réalisé par une association pour le compte de ses membres, qui trouve son origine dans l'adhésion à l'association, antérieure à l'ouverture de la procédure collective, V. • Com. 22 juin 1999 : *APC 1999, n° 214* • 8 juill. 2003 : *RPC 2004. 243, obs. Saint-Alary-Houin.* En revanche, dès lors que le contrat d'adhésion à l'association s'est poursuivi après le jugement d'ouverture du redressement judiciaire de l'adhérent, les cotisations réclamées à celui-ci, qui ont eu comme contrepartie les prestations fournies par l'association, constituent une créance née régulièrement après le jugement d'ouverture et relèvent, à ce titre, de l'art. 40 [C. com., art. L. 621-32]. • Com. 30 oct. 2000 : *RJDA 2001, n° 187* • 9 nov. 2004 : *Dr. sociétés 2005, n° 64, note F.-X. Lucas.*

63. *Créance de garantie d'un maître de l'ouvrage.* La créance de garantie d'un maître de l'ouvrage contre un entrepreneur principal, ayant dû payer à la place de ce dernier les sous-traitants, qui est la conséquence d'une faute commise par ce maître de l'ouvrage avant le jugement d'ouverture de la procédure collective de l'entrepreneur principal (non-respect des obligations découlant de l'art. 14-1 de la loi n° 75-1334 du 31 déc. 1975), ne saurait bénéficier du régime prévu par l'art. 40 [C. com., art. L. 621-32], mais doit être déclarée à la procédure. • Paris, 12 sept. 2000 : *D. 2000. AJ 405*.

D. CHARGE DE LA PREUVE

64. Il appartient à celui qui réclame paiement d'une créance, en application des dispositions de l'art. L. 621-32 C. com., de justifier que sa créance est née régulièrement après le jugement d'ouverture. • Com. 3 févr. 2009 : *Gaz. Pal. 26-28 avr. 2009, p. 23, obs. Henry.*

E. PRIMAUTÉ DES SÛRETÉS SPÉCIALES ANTÉRIEURES (L. N° 94-475 DU 10 JUIN 1994)

65. L'expression « sûretés immobilières ou mobilières spéciales assorties d'un droit de rétention », prévue à l'art. 40, al. 2 [C. com., art. L. 621-32], doit être interprétée comme n'appliquant l'exigence d'un droit de rétention qu'aux seules sûretés mobilières : * Rép. min. n° 35796 : *JOAN Q, 22 juill. 1996, p. 4005 ; JCP 1997. I. 4033, n° 15, obs. Delebecque ; RTD com. 1997. 330, obs. Martin-Serf*. V. aussi note 68.

III. CLASSEMENT DES CRÉANCIERS

66. La circonstance qu'un découvert accordé par un établissement de crédit à une société en redressement judiciaire n'ait pas été autorisé par le juge-commissaire n'a pas pour effet de faire perdre à la banque sa qualité de créancier de la procédure, mais seulement de la priver du droit de revendiquer le rang plus favorable reconnu par l'art. 40, al. 3, 3° [C. com., art. L. 621-32, III-3°], aux créances nées d'un crédit autorisé par le juge-commissaire et publié, pour ne pouvoir bénéficier du paiement prioritaire du cinquième et dernier rang, en application de l'art. 40, al. 3, 5° [C. com., art. L. 621-32]. • Paris, 26 oct. 1999 : *D. 1999. AJ 79 ; LPA 25 avr. 2000, p. 11, note Courtier.*

67. La collocation d'un syndicat de copropriétaires, en raison des créances garanties en vertu de l'art. 2103-1° *bis* [2374] C. civ. dont il est titulaire à l'encontre d'un copropriétaire mis en liquidation judiciaire, est soumise, s'agissant de créances nées postérieurement au jugement d'ouverture, aux dispositions de l'art. 40, 5°, devenu l'art. L. 621-32, III, 5°, C. com. • Cass., avis, 21 janv. 2002, n° 01-00.009 P : *D. 2003. Somm. 1334, obs. Giverdon ; JCP E 2002, n° 20, p. 812, note Fraimout ; ibid., n° 39, p. 1526, obs. Cabrillac ; RTD com. 2002. 727, obs. Martin-Serf ; RDBF 2002, n° 90, obs. Legeais ; JCP N 2004, n° 46-47, p. 1739, obs. Vauvillé.* – V. Fosset-Lefebvre, *RPC 2002. 4* ; Giverdon, *Loyers et copr. 2003. Chron. 1.*

68. Il résulte de l'art. L. 621-32, II et III, C. com. que, en cas de liquidation judiciaire, les créances nées régulièrement après le jugement d'ouverture sont payées par priorité à toutes les autres créances à l'exception de celles qui sont garanties par le superprivilège des salaires, des frais de justice antérieurs au jugement d'ouverture et de celles qui sont garanties par des sûretés immobilières ou mobilières spéciales et que les frais de justice postérieurs au jugement d'ouverture, notamment la rémunération des mandataires de justice, sont réglés dans l'ordre prévu pour les créances nées régulièrement après le jugement d'ouverture. • Com. 21 sept. 2010, n° 09-68.604 P : *D. 2010. Actu. 2223, obs. Lienhard ; JCP E 2011. 1030, n° 12, obs. Cabrillac ; APC 2010, n° 257, obs. Regnaut-Moutier ; LEDEN 11/2010. 1, obs. F.-X. Lucas et M. Sénéchal ; BJE 2011. 22, note Macorig-Venier ; RJDA 2011, n° 444 ; RPC 2012, n° 53, obs. Saint-Alary-Houin.*

69. Dès lors que le liquidateur, qui a mentionné la TVA sur la facture de vente du stock, en était redevable et que cette taxe ainsi mise à la charge de l'acquéreur était acquise de plein droit au trésor public, l'UNEDIC-AGS ne peut faire valoir son privilège que sur le prix de vente hors taxe (application de l'art. 283 (3) CGI). • Com. 2 juin 2004, n° 01-11.757 P : *D. 2004. AJ 2046 ; LPA 26 oct. 2004, p. 11, note Brandeau.*

70. L'AGS, titulaire d'un privilège général sur les immeubles du débiteur prévu par l'art. 2104 C. civ., ne saurait se prévaloir de la primauté prévue par l'art. 2105 C. civ., dès lors que l'art. L. 621-32 C. com., disposition spéciale, dispose que les créances garanties par le superprivilège des salaires, les frais de justice et les créances hypothécaires priment toutes les autres créances antérieures ou postérieures à l'ouverture de la procédure collective. • Metz, 11 avr. 2006 : *JCP 2007. IV. 2172.*

IV. EXERCICE DU DROIT

71. Superprivilège des salariés. **BIBL.** V. note 18. ♦ Si l'art. 40, al. 1er [C. com., art. L. 621-32], énonce que les créances nées régulièrement après le jugement d'ouverture du redressement judiciaire doivent être payées avant les créances nées antérieurement, il réserve cependant le cas des créances superprivilégiées de salaires qui l'emportent sur toutes les autres, mêmes postérieures au jugement d'ouverture. • Com. 6 juill. 1993, n° 91-14.269 P : *D. 1993. 530, note Ramackers ; Dr. sociétés 1993, n° 181, obs. Chaput.* ♦ Applique donc exactement ce texte l'arrêt conférant la priorité de paiement à l'Assedic, subrogée dans les droits des créanciers superprivilégiés. • Même arrêt. (V. aussi l'arrêt confirmé : • Besançon, 30 janv. 1991 : *D. 1991. 490, note Saint-Alary-Houin)*. ♦ Toutefois, l'avis à tiers détenteur délivré par le Trésor public pour assurer le recouvrement d'une créance fiscale née après le jugement d'ouverture ayant produit, en application de l'art. 43 de la loi n° 91-650 du 9 juill. 1991 [C. pr. exéc., art. L. 211-2, à compter du 1er juin 2012], l'effet d'attribution immédiate que lui confère l'art. 86 de la même loi, cette attribution immédiate ne peut être remise en cause par l'existence de créances garanties par le privilège établi aux art. L. 143-10, L. 143-11 [L. 3253-2 à L. 3253-4], L. 742-6 et L. 751-15 [L. 7313-8] C. trav. • Com. 13 nov. 2002, n° 00-11.200 P : *D. 2002. AJ 3206, obs. Lienhard ; JCP E 2003, n° 20, p. 848, obs. Cabrillac ; RDBF 2003, n° 86, obs. Delleci.* – V. aussi • Com. 13 mai 2003 : *D. 2003. AJ 1763*. – V. déjà • Poitiers, 8 mars 1995 : *D. 1996. 256, note Derrida*. ♦ V. note 80.

72. Compensation. V. notes 32 s. ss. art. L. 622-7 et note 44 ss. art. L. 622-13.

73. Attribution judiciaire d'un gage. **BIBL.** Courtier, *Rev. huiss. 1998. 193.* ♦ Le créancier nanti peut demander l'attribution judiciaire de son gage, au cas de liquidation judiciaire, sans que des créanciers puissent se prévaloir pour s'y opposer des droits qu'ils tiennent de l'art. 40 [C. com., art. L. 621-32]. • Com. 6 mars 1990, n° 88-16.036 P : *D. 1990. 311, note Derrida ; JCP E 1990. II. 15815, note Amlon.* ♦ V. note 1 ss. art. L. 642-2. ♦ Mais l'art. 159 [C. com., art. L. 622-21] ne constitue une dérogation à l'art. 40 [C. com., art. L. 621-32] que dans le cas où ce dernier texte s'applique dans le cadre d'une liquidation judiciaire, et non en cas de cession totale. • Paris, 18 févr. 1994 : *D. 1994. IR 95.*

74. Aliénation d'un bien grevé. Le versement du prix d'adjudication entre les mains du Crédit foncier ne vaut paiement qu'à l'égard de l'adjudicataire libéré par la consignation des fonds, et l'affectation particulière aux créanciers hypothécaires ne prive pas les créanciers privilégiés de leur droit d'être payés par préférence sur le prix qui demeure jusqu'à sa distribution dans le patrimoine du débiteur. • Com. 22 févr. 1994, n° 91-21.202 P : *D. 1995. Somm. 24, obs. Honorat*.

75. Délais de grâce. Les dispositions d'ordre public relatives au règlement prioritaire des créances visées à l'art. 40 [C. com., art. L. 621-32] dérogent au texte général de l'art. 1244-1 [1343-5] C.

civ. et s'opposent à l'octroi de délais judiciaires de paiement aux loyers échus d'un bail commercial depuis le jugement d'ouverture. • Dijon, 13 sept. 1994 : *D. 1995. IR 29. – Contra* • TGI Paris, réf., 23 mai 1997 : *RJ com. 1998. 79, obs. Gallet.*

76. Poursuites individuelles. V. note 19. ♦ Justifie sa décision de condamner le liquidateur ès qualités à payer à un créancier une certaine somme, la cour d'appel qui relève que cette créance, née régulièrement après le jugement d'ouverture du redressement judiciaire, devait, conformément à l'art. 40 [C. com., art. L. 621-32], être payée à son échéance, le moyen tiré de l'existence nécessaire de fonds suffisants pour régler cette dette n'étant pas fondé. • Com. 10 juill. 1990, n° 88-19.810 P : *D. 1990. 468, note Derrida ; RTD com. 1991. 110, obs. Martin-Serf* • Paris, 16 juin 1992 : *D. 1993. Somm. 11, obs. Derrida* • Versailles, 1er oct. 1992 : *ibid.* – Comp. : • Toulouse, 12 févr. 1991 : *RPC 1991. 217, obs. Saint-Alary-Houin.*

77. Sur la question de l'applicabilité des art. 2104 et 2105 [2375 et 2376] C. civ. au paiement des créanciers postérieurs, V. • Toulouse, 9 juin 1993 : *RPC 1994. 42, obs. Saint-Alary-Houin.*

78. Les dispositions de l'art. 61 du décret du 27 déc. 1985, dans sa rédaction résultant du décret du 29 mai 1989 [mais antérieure au décret du 21 oct. 1994], et l'art. 122 du même texte, n'avaient pas pour effet de subordonner à l'établissement de la « liste des créances mentionnées à l'art. 40 [C. com., art. L. 621-32] qui n'ont pas été payées » [que prévoyait ledit art. 61 ; V. désormais art. 62-1], ni à l'inscription sur cette liste, l'exercice du droit de poursuite individuelle dont dispose tout créancier dont la créance née régulièrement après le jugement d'ouverture du redressement judiciaire n'a pas été payée à son échéance. • Com. 8 févr. 1994, n° 91-22.168 P : *D. 1994. 609, note Derrida ; Gaz. Pal. 1994. 2. 427, note Massoni ; Defrénois 1995. 263, note Sénéchal ; JCP 1995. II. 22451, note Vignal ; Dr. sociétés 1994, n° 71, obs. Chaput* • 26 mars 1996 : *LPA 7 août 1996, p. 40, note Brandeau ; RPC 1996. 346, obs. Canet ; RTD com. 1997. 151, obs. Martin-Serf.* – V. Soinne, *RPC 1994. 15.* – V. déjà • Com. 20 oct. 1992, n° 89-18.523 P : *D. 1993. Somm. 10, obs. Derrida.* ♦ V. aussi, pour la validité, en ce cas, d'une saisie-arrêt, • Com. 6 juill. 1993, n° 91-15.161 P : *D. 1993. IR 215.* ♦ V. encore, dans l'hypothèse où la société débitrice avait fait l'objet d'un plan de cession, • Com. 4 juill. 2000 : *APC 2000, n° 203.* ♦ L'art. 61 ayant, depuis l'intervention du décret du 21 oct. 1994, un tout autre objet, l'établissement de cette liste n'était plus prévu par aucun texte jusqu'à la parution du décret n° 98-1232 du 29 déc. 1998, ayant ajouté les art. 62-1 et 121-1 au décret de 1985.

79. Référé. Sur la compétence du juge des référés pour connaître des demandes de paiement de créances échues postérieurement au jugement d'ouverture, V. note 73 ss. art. L. 622-13.

Le juge des référés est compétent pour connaître de la demande d'un salarié tendant au paiement de sommes dues au titre de la poursuite et de la rupture de son contrat de travail postérieurement au redressement judiciaire de l'employeur et relevant des dispositions de l'art. 40 [C. com., art. L. 621-32]. • Soc. 7 oct. 1998, n° 97-45.769 P : *Procédures 1999, n° 37, obs. Laporte.*

80. Voies d'exécution. BIBL. Ghelfi-Tastevin, *LPA 18 oct. 1999, p. 6 ; ibid., 20 oct. 1999, p. 13.* – Martin-Serf, *RPC 2000. 172* (avis à tiers détenteur). – Kéita, *LPA 7 oct. 2004, p. 5* (évolutions récentes).

♦ Le titulaire d'une créance de l'art. 40 [C. com., art. L. 621-32], demeurée impayée, peut exercer librement son droit de poursuite individuelle. Dès lors que le droit d'être payé à l'échéance de la créance est indissociable du droit d'exercer des poursuites, une cour d'appel n'a violé ni les art. 148 s. de la loi de 1985 [C. com., art. L. 622-1 s.], ni les art. 86 et 43 de la loi n° 91-650 du 9 juill. 1991 [C. pr. exéc., art. L. 211-2 ; LPF, art. L. 263, dans sa réd. antérieure à la L. n° 2017-1775 du 28 déc. 2017] en refusant d'annuler l'avis à tiers détenteur délivré au liquidateur par le receveur en vue d'obtenir le recouvrement d'une créance née régulièrement après le jugement d'ouverture du redressement judiciaire et venue à échéance. • Com. 25 juin 1996 : *D. 1996. 615, note Derrida ; RPC 1997. 45, obs. Canet.* – V. aussi • CE 9 févr. 2000 : *cité note 1 ss. art. L. 627-1.* ♦ Les sommes saisies par un percepteur suite à la notification d'un avis à tiers détenteur, doivent être remises à celui-ci, peu important l'existence, éventuellement, d'autres créances bénéficiant d'un rang préférable dans l'ordre de classement établi par l'art. 40 [C. com., art. L. 621-32]. • Com. 11 févr. 1997, n° 94-21.784 P : *D. 1997. IR 93 ; D. Affaires 1997. 350 ; JCP E 1997. I. 651, n° 1, obs. Cabrillac ; Rev. dr. bancaire 1997. 78, obs. Campana et Calendini ; RPC 1997. 312, obs. Canet* • 13 nov. 2001 : *RJDA 2002, n° 309.* ♦ Dans l'exercice de son droit de poursuite individuelle, et sans porter atteinte à l'ordre des paiements fixé par l'art. 40 [C. com., art. L. 621-32], le créancier dont la créance est née régulièrement après le jugement d'ouverture peut obtenir un titre exécutoire (peu important les conséquences du concours entre ce créancier et l'Assedic agissant au titre du superprivilège des salariés). • Com. 13 oct. 1998, n° 94-19.892 P : *D. 2001. Somm. 116, obs. Derrida ; D. Affaires 1998. 1780, obs. A. L. ; JCP E 1998, n° 52, p. 2063, obs. Cabrillac ; RPC 1999. 112, obs. Canet.* – Comp. : • Com. 12 nov. 1997, n° 95-16.758 P : *D. Affaires 1998. 30, obs. A. L. ; RTD com. 1998. 419, obs. Martin-Serf ; RPC 1998. 300, obs. Saint-Alary-Houin.* – V. aussi • Paris, 10 mars 1989 : *JCP E 1989. II. 15591, n° 4, obs. Cabrillac* • 25 nov. 1999 : *D. 2000. AJ 33* • TGI Grenoble, 27 juin 1994 : *JCP E 1995. II. 687, note R. Martin* (saisie-attribution) • TGI Montluçon, 29 juin 1994 : *RPC 1995. 304, obs. Saint-Alary-Houin* (saisie-attribution).

Pour des arrêts ayant jugé, tout en admettant la validité de la délivrance d'un avis à tiers détenteur, que l'ordre prévu par l'art. 40, al. 3 [C. com., art. L. 621-32], doit tout de même être respecté (hypothèses de liquidation judiciaire), V. • Montpellier, 2 mai 1995 : *RPC 1996. 79, obs. Saint-Alary-Houin* • Douai, 9 nov. 1995 : *ibid. 1996. 64, obs. Canet*. – En sens contraire, V. • Poitiers, 8 mars 1995 : *préc. note 71* • Dijon, 6 juin 1995 : *RPC 1996. 346, obs. Canet* • Toulouse, 27 févr. 1996 : *ibid.*

81. La nécessité de régler l'ordre entre les créanciers et de procéder à la distribution du prix de vente d'un immeuble ne faisant pas obstacle à la mesure d'exécution d'un créancier de la procédure sur le prix de vente, le titulaire d'une créance de l'art. 40 [C. com., art. L. 621-32] peut exercer librement son droit de poursuite individuelle. • Com. 26 avr. 2000, nº 97-16.953 P : *D. 2000. AJ 247, obs. Lienhard ; JCP E 2000, nº 40, p. 1565, obs. Pétel ; APC 2000, nº 120, obs. Regnaut-Moutier.* ♦ De même, les dispositions de l'art. 92 [C. com., art. L. 621-95] ne font pas obstacle à l'exercice par un créancier de son droit de poursuite individuelle afin d'obtenir un titre exécutoire pour le recouvrement d'une créance de loyer née après le jugement d'ouverture de la procédure collective et non réglée à son échéance. • Com. 20 mars 2001, nº 98-15.784 P : *D. 2001. AJ 1319, obs. Lienhard ; RTD com. 2001. 768, obs. Martin-Serf*. ♦ La cour d'appel de Paris a toutefois considéré que le prix de cession étant indisponible pour le temps de sa répartition, un créancier, fût-il titulaire d'une créance relevant de l'art. 40 [C. com., art. L. 621-32], ne peut, par une saisie-attribution à l'effet attributif immédiat, prétendre se faire payer au détriment de l'ordre des créanciers et de leurs droits respectifs. • Paris, 4 févr. 1999 : *D. Affaires 1999. 520, obs. A. L. ; RJDA 1999, nº 960.* ♦ La saisie-attribution ne peut avoir effet que sur le solde de la somme restant après que la répartition du prix aura été faite selon les droits des créanciers d'après les règles de la procédure collective. • Même arrêt. ♦ V. aussi, en ce sens que lorsqu'un plan de cession totale a été adopté, cesse d'être applicable le principe selon lequel l'inscription d'une créance de loyers postérieure au jugement d'ouverture ne fait pas obstacle à la poursuite individuelle de ladite créance, soustraite à tout concours avec les autres dettes de l'art. 40 [C. com., art. L. 621-32]. • Paris, 24 juin 1998 : *RPC 1999. 221, obs. Saint-Alary-Houin.*

82. L'administrateur judiciaire du débiteur est un tiers saisi qui peut être condamné personnellement, à la demande du créancier, à payer les sommes dues à celui-ci, dès lors qu'il n'a pas rempli les obligations prévues aux art. 44 de la loi du 9 juill. 1991 et 59 du décret du 31 juill. 1992 [C. pr. exéc., art. L. 211-3 et R. 211-4, à compter du 1er juin 2012]. • Com. 1er avr. 2003, nº 99-18.063 P : *D. 2003. AJ 1093, obs. Lienhard ; ibid. Somm. 1624, obs. F.-X. Lucas ; APC 2003, nº 108, obs. Vallansan ; JCP E 2003, nº 40, p. 1576, obs. Pétel.* ♦ V. aussi, jugeant : que le liquidateur judiciaire doit être considéré comme dépositaire ou détenteur de fonds appartenant ou devant appartenir au débiteur au sens de l'art. L. 262 LPF : • Com. 20 févr. 2001, nº 98-13.049 P : *D. 2001. AJ 921, obs. Lienhard* • 13 mai 2003 : *préc. note 71 ; Procédures 2003, nº 168, obs. Perrot ; RDBF 2003, nº 156, obs. Delleci.* ♦ ... Qu'un commissaire à l'exécution du plan de cession d'une entreprise est un « tiers détenteur » des sommes appartenant au redevable, au sens de l'art. L. 262 LPF, dès lors qu'il détient les fonds provenant notamment du prix de vente des biens de celui-ci jusqu'à leur répartition aux créanciers. • Rouen, 10 juin 1998 : *Gaz. Pal. 1998. 2. Somm. 707.* ♦ V. encore, pour un arrêt de la 2e Chambre civile de la Cour de cassation ayant admis, de façon incidente, la qualité de tiers saisi du liquidateur, • Civ. 2e, 5 avr. 2001 : *cité note 56 ss. art. L. 641-9.* ♦ Auparavant, la jurisprudence considérait que le liquidateur ne détenant pas en son nom personnel mais en qualité d'organe de la procédure les sommes d'argent appartenant au débiteur qui lui étaient remises dans l'exercice de ses fonctions, il ne pouvait être pratiqué de saisie-attribution entre ses mains. • Com. 3 févr. 1998, nº 96-15.773 P : *D. 1998. IR 62 ; D. Affaires 1998. 338, obs. A. L. ; JCP E 1998, nº 17, p. 654, obs. Cabrillac et Pétel ; RPC 1999. 111, obs. Canet.*

Sur l'insaisissabilité des sommes déposées à la Caisse des depôts et consignations, V. art. L. 627-1.

83. Résiliation du contrat. Le non-paiement des sommes dues, en vertu de l'art. 40 [C. com., art. L. 621-32], à l'échéance contractuelle, autorise le cocontractant à résilier le contrat. • T. com. Paris, 10 févr. 1997 : *Gaz. Pal. 1998. 1. Somm. 216.*

84. Recevabilité de l'action en paiement. La demande en paiement d'une créance postérieure, après l'arrêt d'un plan de cession, ne peut être dirigée contre le seul commissaire à l'exécution du plan, hors la présence du débiteur. • Besançon, 25 avr. 1997 : *RPC 1998. 299, obs. Saint-Alary-Houin.*

85. Créances à déclarer. Les créances liées à une précédente procédure collective clôturée par un plan de continuation de l'entreprise, qui ont leur origine antérieurement au jugement d'ouverture de la seconde procédure collective, doivent, à l'exception des créances des salariés, être déclarées au représentant des créanciers de cette seconde procédure ; il n'y a donc pas lieu de rechercher si les créances, nées lors de la première procédure, relèvent ou non de l'art. 40 [C. com., art. L. 621-32]. • Com. 28 juin 1994, nº 91-16.090 P : *D. 1994. IR 198 ; RTD com. 1995. 486, obs. Martin-Serf* • 10 oct. 1995 : *Dr. sociétés 1995, nº 241, obs. Chaput* • 28 mars 2000 : *RJDA 2000, nº 779.* ♦ Lorsque le plan de redressement adopté au profit d'un débiteur reste inexécuté et que le tribunal en prononce la résolution, il s'ouvre une nouvelle procédure de redressement [liquidation] judiciaire, en application de l'art. 80 [C. com., art. L. 621-82] et, dans ce cas, la loi ne distingue pas entre les créanciers dont la créance est antérieure à l'ouverture de la première procédure, et ceux dont la créance est née entre le jugement arrêtant le plan et sa résolution ; aussi la priorité de paiement doit-elle être écartée pour les créances nées pendant la première période d'observation écoulée. • Com. 12 juill. 1994 : *préc. note 20.* – V. aussi • Com. 11 juin 1996 : *RPC 1997. 455, obs. Saint-Alary-Houin* (créance fiscale) • 20 juin 2000 : *APC 2000, n° 194* • Toulouse, 18 juin 1990 : *RPC 1991. 215, obs. Saint-Alary-Houin ; RTD com. 1992. 245, note Martin-Serf* • Paris, 2 avr. 1993 : *JCP 1993. IV. 1827 ; BICC 1993, n° 970* • 28 mars 1997 : *D. 1997. IR 119* • Versailles, 3 déc. 1998 : *Gaz. Pal. 1999. 2. Somm. 615* • Orléans, 28 août 2001 : *RJDA 2002, n° 277.* – *Contra* : • Limoges, 17 nov. 1992 : *Gaz. Pal. 1994. 2. Somm. 446.*

86. A défaut de déclaration, les créances dont l'origine est antérieure au jugement d'ouverture de la procédure collective consécutif à la résolution du plan de continuation sont éteintes. • Com. 6 déc. 1994, n° 93-12.321 P : *D. 1995. IR 18.* ♦ Le créancier ne peut se prévaloir utilement de la déclaration de créance opérée dans le cadre de la liquidation judiciaire résultant de la conversion de la seconde procédure de redressement ouverte après résolution du plan de continuation, dès lors que cette dernière déclaration n'a pu emporter régularisation de l'omission de la déclaration qui aurait dû être accomplie dans le cadre de la seconde procédure collective. • Versailles, 3 déc. 1998 : *préc. note 85.* ♦ Sur l'opposabilité de l'extinction de la créance par la caution, V. notes 27 s. ss. anc. art. L. 621-46.

87. En revanche, les créances nées régulièrement après le jugement d'ouverture de la nouvelle procédure ne sont pas soumises à déclaration. • Com. 20 juin 1995 : *RPC 1996. 78, obs. Saint-Alary-Houin.*

88. La créance détenue contre un tiers, qui est née avant le jugement d'ouverture de la procédure collective de ce tiers par extension, en raison de la confusion des patrimoines, de celle précédemment ouverte à l'égard de la société débitrice, n'entre pas dans le champ d'application de l'art. 40 [C. com., art. L. 621-32]. • Com. 20 févr. 2001 : *RJDA 2001, n° 709* • 15 mars 2005 : *Gaz. Pal. 6-7 juill. 2005, p. 15, obs. Le Corre ; RTD com. 2006. 480, obs. Martin-Serf.*

V. aussi notes 36 s. ss. art. L. 622-24.

89. Responsabilité de l'administrateur. V. anc. art. L. 621-28 et note 13 ss. art. L. 621-4.

Ancien art. L. 621-33 *Toute somme perçue par l'administrateur ou le représentant des créanciers qui n'est pas portée sur les comptes bancaires ou postaux du débiteur, pour les besoins de la poursuite d'activité, doit être versée immédiatement en compte de dépôt à la Caisse des dépôts et consignations.*

En cas de retard, l'administrateur ou le représentant des créanciers doit, pour les sommes qu'il n'a pas versées, un intérêt dont le taux est égal au taux de l'intérêt légal majoré de cinq points. – *[L. n° 85-98 du 25 janv. 1985, art. 41.]*

Pour l'insaisissabilité des sommes déposées à la Caisse des dépôts et consignations, V. ancien art. L. 627-1.

Ancien art. L. 621-34 *Le tribunal, à la demande du procureur de la République et après consultation du comité d'entreprise ou, à défaut, des délégués du personnel, peut, au cours de la période d'observation, autoriser la conclusion d'un contrat de location-gérance, même en présence de toute clause contraire, notamment dans le bail de l'immeuble, lorsque la disparition de l'entreprise serait de nature à causer un trouble grave à l'économie nationale ou régionale.*

Le contrat est conclu pour une durée maximale de deux ans. La durée de la période d'observation est prorogée jusqu'au terme du contrat.

Les dispositions des articles L. 144-3, L. 144-4 et L. 144-7 ne sont pas applicables. – *V. lesdits art.,* **C. com.** – *[L. n° 85-98 du 25 janv. 1985, art. 42.]*

Ancien art. L. 621-35 *L'administrateur veille au respect des engagements du locataire-gérant.*

Lorsque le locataire-gérant accomplit un acte de nature à porter atteinte aux éléments pris en location-gérance ou lorsqu'il diminue les garanties qu'il avait données, le tribunal peut ordonner la résiliation du contrat de location-gérance, soit d'office, soit à la demande de l'administrateur, du représentant des créanciers ou du procureur de la République, après consultation du comité d'entreprise ou, à défaut, des délégués du personnel. – *[L. n° 85-98 du 25 janv. 1985, art. 43.]*

§ 3 *[ANCIEN]* *De la situation des salariés*

Ancien art. L. 621-36 *Le relevé des créances résultant des contrats de travail est soumis pour vérification par le représentant des créanciers au représentant des salariés mentionné à l'article L. 621-8. Le représentant des créanciers doit lui communiquer tous documents et informations utiles. En cas de difficultés, le représentant des salariés peut s'adresser à l'administrateur et, le cas échéant, saisir le juge-commissaire. Il est tenu à l'obligation de discrétion mentionnée à l'article L. 432-7 du code du travail* [devenu C. trav., art. L. 2143-21 et L. 2325-5]. *Le temps passé à* *l'exercice de sa mission tel qu'il est fixé par le juge-commissaire est considéré de plein droit comme temps de travail et payé par l'employeur, l'administrateur ou le liquidateur, selon le cas, à l'échéance normale.* — [L. n° 85-98 du 25 janv. 1985, art. 44.] — V. Décr. n° 85-1388 du 27 déc. 1985, art. 76 s.

BIBL. ▸ HENRY, *Dr. soc. 1986. 678 ; ibid. 1987. 799.* - LANGLOIS, *RTD com. 1987, n° spéc., p. 11.*

Ancien art. L. 621-37 ***Lorsque des licenciements pour motif économique présentent un caractère urgent, inévitable et indispensable pendant la période d'observation, l'administrateur peut être autorisé par le juge-commissaire à procéder à ces licenciements. Préalablement à la saisine du juge-commissaire, l'administrateur consulte le comité d'entreprise ou, à défaut, les délégués du personnel dans les conditions prévues à l'article L. 321-9*** [L. 1233-58] ***du code du travail et informe l'autorité administrative compétente dans les conditions prévues à l'article L. 321-8 du même code. Il joint, à l'appui de la demande qu'il adresse au juge-commissaire, l'avis recueilli et les justifications de ses diligences en vue de faciliter l'indemnisation et le reclassement des salariés.*** — [L. n° 85-98 du 25 janv. 1985, art. 45.] — V. Décr. n° 85-1388 du 27 déc. 1985, art. 63.

BIBL. ▸ TILLIÉ, *Dr. ouvrier 1985. 167.* - GRELON, *Gaz. Pal. 1984. 1. Doctr. 101.* - LANGLOIS, *Mél. Jeantin, Dalloz, 1999, p. 419* (divorce du droit social et du droit du redressement judiciaire). - SAVENIER, *RPC 2001. 224* (obligation de reclassement) ; *ibid. 227* (plan social). - PEZZINO, *ibid. 230* (licenciements). - BECQUET, *ibid. 237* (décision du juge-commissaire). - MORAND, *Cah. dr. entr. 2002, n° 2, p. 21* (particularités des licenciements économiques).

Ancien art. L. 621-38 ***Toute somme versée par l'association mentionnée à l'article L. 143-11-4*** [L. 3253-14] ***du code du travail en application des articles L. 143-11-1 à L. 143-11-3 du même code donne lieu à déclaration à l'administration fiscale.*** — V. ces textes, ss. ancien art. L. 621-132. — [L. n° 85-98 du 25 janv. 1985, art. 45-1.]

L'art. 45-1 de la loi n° 85-98 du 25 janv. 1985, codifié à l'ancien art. L. 621-38, était issu de la loi n° 94-475 du 10 juin 1994. — Pour l'entrée en vigueur de cette loi, V. note ss. ancien art. L. 620-1.

§ 4 *[ANCIEN]* *De la situation des créanciers*

SOUS-§ 1 *[ANCIEN]* De la représentation des créanciers

Ancien art. L. 621-39 ***Sans préjudice des droits reconnus aux contrôleurs, le représentant des créanciers désigné par le tribunal a seul qualité pour agir au nom et dans l'intérêt des créanciers.***

Le représentant des créanciers communique au juge-commissaire et au procureur de la République les observations qui lui sont transmises à tout moment de la procédure par les contrôleurs.

Les sommes recouvrées à la suite des actions du représentant des créanciers entrent dans le patrimoine du débiteur et sont affectées en cas de continuation de l'entreprise selon les modalités prévues pour l'apurement du passif. — [L. n° 85-98 du 25 janv. 1985, art. 46.]

BIBL. ▸ L.-M. MARTIN, *Rev. dr. bancaire 1990. 64.* - SAINT-ALARY-HOUIN, *RPC 1991. 129.* - DAIGRE, *LPA 1er juin 1990.* - RAKOTOVAHINY, *LPA 27 déc. 1999, p. 6.*

SOUS-§ 2 *[ANCIEN]* De l'arrêt des poursuites individuelles

Ancien art. L. 621-40 ***I. — Le jugement d'ouverture suspend ou interdit toute action en justice de la part de tous les créanciers dont la créance a son origine antérieurement audit jugement et tendant :***

1° A la condamnation du débiteur au paiement d'une somme d'argent ;

2° A la résolution d'un contrat pour défaut de paiement d'une somme d'argent.

II. — Il arrête ou interdit également toute voie d'exécution de la part de ces créanciers tant sur les meubles que sur les immeubles. — V. ancien art. L. 622-16, al. 2.

III. — Les délais impartis à peine de déchéance ou de résolution des droits sont en conséquence suspendus. — [L. n° 85-98 du 25 janv. 1985, art. 47.]

BIBL. ▸ VALLENS, *RTD com. 1991. 529* ✐. - ALIX, *Gaz. Pal. 1996. 1. Doctr. 412.* - F. AUBERT, *Dr. et patr. 2/1998. 46.* - POLLAUD-DULIAN, *JCP 1998. I. 138* (principe d'égalité). - GARÇON, *JCP N 1998, n° 26, p. 998* (la détention d'un prix de vente en présence de voies d'exécution mobilières diligentées à l'encontre du vendeur objet d'une procédure collective). - MACORIG-VENIER, *LPA 6 sept. 2000, p. 21* (rupture des contrats).

Ancien art. L. 621-41 ***Sous réserve des dispositions de l'article L. 621-126, les instances en cours sont suspendues jusqu'à ce que le créancier poursuivant ait procédé à la déclaration de sa créance. Elles sont alors reprises de plein droit, le représentant des créanciers et, le cas échéant, l'adminis-***

trateur dûment appelés, mais tendent uniquement à la constatation des créances et à la fixation de leur montant. *– [L. nº 85-98 du 25 janv. 1985, art. 48.] – V. Décr. nº 85-1388 du 27 déc. 1985, art. 65 et 65-1.*

BIBL. ▶ VALLENS, *RTD com. 1991. 529*.

Ancien art. L. 621-42 ***Les actions en justice et les voies d'exécution autres que celles visées à l'article L. 621-40 sont poursuivies au cours de la période d'observation à l'encontre du débiteur, après mise en cause de l'administrateur et du représentant des créanciers ou après une reprise d'instance à leur initiative.*** *– [L. nº 85-98 du 25 janv. 1985, art. 49.]*

SOUS-§ 3 *[ANCIEN]* De la déclaration des créances

Ancien art. L. 621-43 ***A partir de la publication du jugement, tous les créanciers dont la créance a son origine antérieurement au jugement d'ouverture, à l'exception des salariés, adressent la déclaration de leurs créances au représentant des créanciers. Les créanciers titulaires d'une sûreté ayant fait l'objet d'une publication ou d'un contrat de crédit-bail publié sont avertis personnellement et, s'il y a lieu, à domicile élu.*** *– V. ancien art. L. 621-46, al. 2, et Décr. nº 85-1388 du 27 déc. 1985, art. 66.*

La déclaration des créances peut être faite par le créancier ou par tout préposé ou mandataire de son choix.

La déclaration des créances doit être faite alors même qu'elles ne sont pas établies par un titre. Les créances du Trésor public et des organismes de prévoyance et de sécurité *(L. nº 2003-7 du 3 janv. 2003, art. 50-II)* ***« sociale » ainsi que les créances recouvrées par les organismes visés à l'article L. 351-21*** *[L. 5427-6]* ***du code du travail qui n'ont pas fait l'objet d'un titre exécutoire au moment de leur déclaration sont admises à titre provisionnel pour leur montant déclaré. En tout état de cause, les déclarations du Trésor et de la sécurité sociale sont toujours faites sous réserve des impôts et autres créances non établis à la date de la déclaration. Sous réserve des procédures judiciaires ou administratives en cours, leur établissement définitif doit, à peine de forclusion, être effectué dans le délai prévu à l'article L. 621-103.*** *– V. Décr. nº 85-1388 du 27 déc. 1985, art. 68 et 74.*

Les institutions mentionnées à l'article L. 143-11-4 *[L. 3253-14]* ***du code du travail sont soumises aux dispositions du présent article pour les sommes qu'elles ont avancées et qui leur sont remboursées dans les conditions prévues pour les créances nées antérieurement au jugement ouvrant la procédure.*** *– [L. nº 85-98 du 25 janv. 1985, art. 50.] – Sur la rédaction de l'art. 50 de la loi nº 85-98 du 25 janv. 1985 (désormais codifié à l'art. L. 621-43) antérieure à la loi nº 94-475 du 10 juin 1994, V. éditions 1993-1994 et antérieures du* ***C. com.*** *– Sur l'entrée en vigueur de cette loi, V. note ss. ancien art. L. 620-1.*

BIBL. ▶ CHAPUT, *RPC 1988. 149 ; Dr. sociétés 1995. Chron. 7* (créanciers avertis et créanciers ignorants). - SOINNE, *ibid. 1986, nº 4, p. 1.* - R. MARTIN, *Ann. loyers 1994. 620* (créance d'indemnité d'éviction du preneur commercial). - CHOTIN, *LPA 14 sept. 1994, p. 86* (sort des créances fiscales). - GUILLOU, *RPC 1999. 57* (fait générateur, origine, exigibilité de l'impôt). - LARRIEU, *LPA 6 sept. 2000, p. 15.* - BARON, *RTD com. 2001. 1* (date de naissance des créances contractuelles). - RODRIGUEZ, *JCP 2002. I. 161* (le Trésor face à l'obligation de déclaration des créances). - RÉMERY, *RPC 2003. 66* (aspects européens de la déclaration des créances dans une procédure collective ouverte en France). - SAINT-ALARY-HOUIN, *LPA 9 nov. 2004, p. 11* (date de naissance des créances). - LE CORRE-BROLY, *Gaz. Pal. 2005. Doctr. 1010* (déclaration de créance du bailleur financier et du crédit-bailleur). - DE KERGOMMEAUX et VAN GALLEBAERT, *RTDF 2006, nº 2, p. 88* (origine et nature des créances titrisées). - THOMASSIN, *RTD com. 2007. 655* (date de naissance des créances contractuelles).

Ancien art. L. 621-44 ***La déclaration porte le montant de la créance due au jour du jugement d'ouverture avec indication des sommes à échoir et de la date de leurs échéances. Elle précise la nature du privilège ou de la sûreté dont la créance est éventuellement assortie.*** *– V. Décr. nº 85-1388 du 27 déc. 1985, art. 67.*

Lorsqu'il s'agit de créances en monnaie étrangère, la conversion *(L. nº 2003-7 du 3 janv. 2003, art. 50-II)* ***« en euros » a lieu selon le cours du change à la date du jugement d'ouverture.***

Sauf si elle résulte d'un titre exécutoire, la créance déclarée est certifiée sincère par le créancier. Le visa du commissaire aux comptes ou, à défaut, de l'expert-comptable sur la déclaration de créance peut être demandé par le juge-commissaire. Le refus de visa est motivé. *– [L. nº 85-98 du 25 janv. 1985, art. 51.]*

BIBL. ▶ LE CORRE-BROLY, *Banque et Dr. 1-2/1998. 3* (contenu de la déclaration de créance du crédit-bailleur).

Ancien art. L. 621-45 *Le débiteur remet au représentant des créanciers la liste certifiée de ses créanciers et du montant de ses dettes.* — *[L. nº 85-98 du 25 janv. 1985, art. 52.] — V. Décr. nº 85-1388 du 27 déc. 1985, art. 69. — Sur la sanction, V. ancien art. L. 625-8, al. 2.*

1. Effets de l'omission sur la forclusion. L'omission de la créance sur la liste dressée par le débiteur en vertu de l'art. 52 [C. com., art. L. 621-45] n'a pas pour effet, en l'absence de disposition particulière, de déroger à l'application de la règle d'ordre public de l'art. 53, al. 1er [C. com., art. L. 621-46, al. 1er]. • Com. 19 janv. 1993, nº 91-11.462 P : *D. 1993. IR 55* • 2 mars 1999 : *Dr. sociétés 1999, nº 130, obs. Chaput ; RPC 1999. 213, obs. Larrieu* • 30 juin 2004, nº 03-11.046 P : *D. 2004. AJ 2044 ; RDBF 2004, nº 208, obs. F.-X. Lucas* • 19 déc. 2006, nº 05-19.257 P : *D. 2007. AJ 228, obs. Lienhard ; Gaz. Pal. 13-14 avr. 2007, p. 47, obs. Le Corre-Broly.* ♦ Cette solution s'applique nonobstant les dispositions de l'art. 192, al. 2 [C. com., art. L. 625-8], qui prévoient, dans ce cas de figure, la faculté de prononcer une interdiction de gérer à l'encontre du débiteur de mauvaise foi. • Com. 7 déc. 1999, nº 97-15.709 P : *D. 2000. AJ 33 ; APC 2000, nº 4, obs. Vallansan ; JCP E 2000, nºs 18-19, p. 753, obs. Cabrillac et Pétel ; RDBF 2000, nº 23, obs. F.-X. Lucas.*

2. Pour des décisions accordant le relevé de forclusion en raison du caractère intentionnel de l'omission, V. • Douai, 30 janv. 1997 : *RPC 1999. 213, obs. Larrieu* • Pau, 22 mars 1999 : *APC 1999, nº 202, obs. Vallansan.*

3. Pour une décision relevant de forclusion un créancier ayant déclaré sa créance hors délai, au motif, notamment, que le débiteur n'avait pas remis la liste prévue à l'art. 52 [C. com., art. L. 621-45], V. • T. com. Nantes, ord., 16 févr. 1994 : *RJ com. 1995. 79, obs. Gallet.*

4. Effets de l'omission sur la responsabilité du représentant des créanciers. **BIBL.** Le Corre, *Banque et Dr. 3-4/1998. 20.* ♦ Le représentant des créanciers n'ayant pas l'obligation de pallier la carence du débiteur dans l'établissement et le dépôt de la liste des créanciers prescrits par les art. 52 de la loi [C. com., art. L. 621-45] et 69 du décret, en recherchant lui-même ceux d'entre eux bénéficiant d'une sûreté ayant fait l'objet d'une publication, sa responsabilité ne peut être retenue dans l'extinction de la créance d'un créancier ayant privilège et hypothèque inscrits sur les immeubles du débiteur pour ne pas l'avoir averti d'avoir à la déclarer, sans que soient relevées de circonstances propres à établir que le représentant des créanciers avait failli à son obligation d'avertir un créancier connu. • Com. 9 mai 1995 : *RJDA 1995, nº 1274.* ♦ Comp., dans la même affaire, sur deuxième pourvoi, admettant un partage de responsabilité entre le créancier qui a omis de prendre connaissance de la publication du jugement d'ouverture au BODACC et le représentant des créanciers qui s'est abstenu de rechercher auprès de l'administrateur des informations tirées des charges de remboursement des crédits, d'utiliser les déclarations de créances hypothécaires pour connaître les éléments du patrimoine immobilier et d'interroger la conservation des hypothèques sur d'éventuelles sûretés grevant l'immeuble d'habitation du débiteur : • Com. 23 mai 2000, nº 97-21.493 P : *D. 2000. AJ 309, obs. Lienhard ; JCP E 2000, nº 28, p. 1140, note Le Corre ; APC 2000, nº 131, obs. Vallansan ; ibid., nº 171, obs. Regnaut-Moutier ; RDBF 2000, nº 157, obs. F.-X. Lucas.* ♦ Comp. également : • Com. 18 janv. 2000 : *RPC 2000. 85, obs. Soinne ; RDBF 2000, nº 120, obs. F.-X. Lucas ; APC 2000, nº 171, obs. Regnaut-Moutier* • 29 oct. 2002 : *RJDA 2003, nº 276 (2 arrêts)* • Toulouse, 21 févr. 2001 : *Gaz. Pal. 2001. Somm. 1728.* ♦ Sur l'obligation faite aux juges du fond de retenir des faits circonstanciés, V. • Com. 20 juin 2000, nº 96-20.806 P : *D. 2000. AJ 337, obs. Lienhard ; APC 2000, nº 171, obs. Regnaut-Moutier ; RDBF 2000, nº 157, obs. F.-X. Lucas.* ♦ V. désormais art. L. 621-43, al. 1er, mod. par loi nº 94-475 du 10 juin 1994, et art. 66, al. 3, du décret du 27 déc. 1985, mod. par décret nº 94-910 du 21 oct. 1994.

5. Effets de l'omission sur la responsabilité du débiteur. Dès lors que n'est pas constatée une fraude commise par le débiteur, le créancier qui n'a pas été mentionné sur la liste des créanciers et qui n'a pas déclaré sa créance n'est pas recevable à agir en réparation, sur le fondement de l'art. 1382 [1240] C. civ., du préjudice lié à l'extinction de sa créance. • Com. 2 mai 2001, nº 98-16.146 P : *D. 2001. AJ 1725, obs. Lienhard ; APC 2001, nº 119, obs. Regnaut-Moutier ; JCP E 2001, nº 38, p. 1470, obs. Pétel.* ♦ Pour un arrêt optant en faveur d'un partage de responsabilité entre le débiteur et le créancier défaillant, V. • Angers, 10 mai 2005 : *RDBF 2006, nº 23, obs. F.-X. Lucas.* ♦ Pour un arrêt écartant la fraude du débiteur qui avait omis de mentionner sur la liste de ses créanciers l'existence d'une dette personnelle et poursuivi le remboursement d'un prêt bancaire, V. • Com. 16 juin 2009 : *Gaz. Pal. 1er-3 nov. 2009, p. 28, obs. Le Corre-Broly.* ♦ Pour un cas de fraude, V. • TGI Auxerre, 14 oct. 2002 : *Banque et Dr. 5-6/2004. 53, obs. Guillot.* ♦ V. aussi note 17 ss. art. L. 643-11.

6. Effets de l'omission sur la reprise des poursuites individuelles après clôture de la liquidation. Sur les conséquences de la dissimulation de ses dettes par le débiteur sur le droit des créanciers de recouvrer leur droit de poursuite individuelle en cas de clôture de la liquidation judiciaire pour insuffisance d'actif, V. note 17 ss. art. L. 643-11.

Ancien art. L. 621-46 *A défaut de déclaration dans des délais fixés par décret en Conseil d'État, les créanciers ne sont pas admis dans les répartitions et dividendes à moins que le juge-commissaire ne les relève de leur forclusion s'ils établissent que leur défaillance n'est pas due à leur fait. En ce cas, ils ne peuvent concourir que pour la distribution des répartitions postérieures à leur demande.* — V. Décr. n° 85-1388 du 27 déc. 1985, art. 66.

La forclusion n'est pas opposable aux créanciers mentionnés dans la seconde phrase du premier alinéa de l'article L. 621-43, dès lors qu'ils n'ont pas été avisés personnellement.

L'action en relevé de forclusion ne peut être exercée que dans le délai d'un an à compter de la décision d'ouverture ou, pour les institutions mentionnées à l'article L. 143-11-4 [L. 3253-14] *du code du travail, de l'expiration du délai pendant lequel les créances résultant du contrat de travail sont garanties par ces institutions. L'appel de la décision du juge-commissaire statuant sur le relevé de forclusion est porté devant la cour d'appel.*

Les créances qui n'ont pas été déclarées et n'ont pas donné lieu à relevé de forclusion sont éteintes.

Cette extinction vaut régularisation de l'incident de paiement au sens de l'article 65-3 du décret du 30 octobre 1935 unifiant le droit en matière de chèques et relatif aux cartes de paiement [C. mon. fin., art. L. 131-73]. — [L. n° 85-98 du 25 janv. 1985, art. 53.] — Cette disposition est applicable aux seules procédures ouvertes après l'entrée en vigueur de la L. n° 98-657 du 29 juill. 1998 (L. préc., art. 112, III). — V. Décr. n° 85-1388 du 27 déc. 1985, art. 68-1.

BIBL. ▸ NEVEU, *Banque et Dr. 1988. 10*. - VALLANSAN, *RJ com. 2000. 50* (le créancier oublié). - HOUTCIEFF, *Bull. act. Lamy droit commercial juill. 2002* (indemnisation du créancier forclos en cas de fraude du débiteur). - DELATTRE, *RJDA août-sept. 2002, p. 720* (incidence de la fraude du débiteur sur la demande en relevé de forclusion). - SEXER et MARTIAL, *RPC 2004. 117* (moyens de surmonter la forclusion). ▸ Modification apportée par la loi du 10 juin 1994 : CALENDINI, *LPA 31 janv. 1996, p. 15*. - LE CORRE, *LPA 29 juill. 1998, p. 8*.

I. AVERTISSEMENT AUX CRÉANCIERS CONNUS

1. Avis du représentant des créanciers. V. art. 66 du décret du 27 déc. 1985.

II. AVERTISSEMENT PERSONNEL DES CRÉANCIERS PRIVILÉGIÉS (ART. L. 621-46, AL. 2)

2. Application de la loi dans le temps. L'application de l'art. 53, al. 2 [devenu C. com., art. L. 621-46, al. 2], issu de la loi du 10 juin 1994, n'était pas subordonnée à la parution du décret d'application du 21 oct. 1994 (le 22 oct.), puisque ce texte ne nécessite pas de mesures réglementaires. • Paris, 22 nov. 1996 : *D. Affaires 1997. 159 ; RJDA 1997, n° 430.* ♦ Ce texte s'applique donc aux procédures ouvertes après le 1er oct. 1994. • Paris, 28 févr. 1997 : *D. 1997. IR 109* • 25 sept. 1998 : *D. Affaires 1998. 1746, obs. A. L.* ♦ Il s'ensuit qu'à l'occasion de ces procédures les dispositions réglementaires antérieures à l'entrée en vigueur du décret du 21 oct. 1994 doivent recevoir application dès lors qu'elles sont compatibles avec les nouvelles dispositions législatives. • Paris, 26 sept. 1997 : *D. 1997. IR 236 ; D. Affaires 1997. 128.* ♦ Comp., pour une application rétroactive de cette disposition : • T. com. Nanterre, 29 sept. 1995 : *Banque et Dr. 9-10/1996. 34, obs. Guillot.*

3. Dès lors que la procédure collective a été ouverte antérieurement à l'entrée en vigueur de la loi du 10 juin 1994, la disposition introduite par cette loi concernant l'inopposabilité de la forclusion au créancier titulaire d'une sûreté qui n'a pas été avisé personnellement ne peut recevoir application. • Com. 11 juin 2002 : *APC 2002, n° 202.*

4. La procédure collective ouverte postérieurement à l'entrée en vigueur de la loi du 10 juin 1994, à la suite de la résolution, pour inexécution des engagements, du plan de continuation antérieurement arrêté, reste soumise aux dispositions de l'art. 53 de la loi du 25 janv. 1985, dans sa rédaction initiale, de sorte que le défaut de l'avertissement prévu à l'art. 66 du décret du 27 déc. 1985 n'a pas pour effet de dispenser le créancier retardataire d'établir que sa défaillance n'est pas due à son fait. • Com. 20 juin 2000 : *APC 2000, n° 177.*

5. En ce sens que les créanciers d'une personne à laquelle une procédure collective a été étendue postérieurement à l'entrée en vigueur de la loi du 10 juin 1994 ne peuvent bénéficier du mécanisme de l'inopposabilité de la forclusion, dès lors que la procédure initiale a été ouverte antérieurement, V. • Com. 4 janv. 2005 : *Gaz. Pal. 29-30 avr. 2005, p. 36, obs. Le Corre.*

6. Avertissement tardif. En ce sens que le créancier n'encourt pas de forclusion lorsque, averti par le représentant des créanciers après l'expiration du délai légal de déclaration, il déclare sa créance dans le délai de deux mois à compter de la réception de cet avertissement, V. • Com. 14 mars 2000, n° 97-20.715 P : *D. 2000. AJ 167, obs. Lienhard ; JCP E 2000, n° 40, p. 1571, note Le Corre ; APC 2000, n° 88, obs. Regnaut-Moutier ; RDBF 2000, n° 69, obs. F.-X. Lucas ; RTD com. 2000. 716, obs. Martin-Serf.* ♦ A l'expiration de ce délai de deux mois, le créancier peut se faire relever de la forclusion s'il présente sa demande dans le délai d'un an à compter du jugement d'ouverture de la procédure. • Com. 26 nov. 2002, n° 99-16.504 P : *D. 2003. AJ 66, obs. Lienhard ; JCP E 2003, n° 20, p. 852, obs. Pétel ; APC 2003, n° 2, obs. Vallansan ; RDBF 2003, n° 29, obs. F.-X. Lucas ; RTD com. 2003. 366, obs. Martin-Serf*.

Comp., ayant jugé que le créancier ne peut être dispensé de faire la preuve que son retard n'est pas dû à son fait dès lors qu'il a été informé personnellement de la procédure collective de son débiteur dans le délai légal pour déclarer, fût-ce plus de quinze jours après le jugement d'ouverture. • Paris, 22 sept. 1998 : *APC 1998, n° 132, obs. Regnaut-Moutier.*

7. Défaut d'avertissement. Le créancier privilégié n'ayant pas été averti personnellement, sa requête en relevé de forclusion ne peut être rejetée. • Amiens, 20 mars 1997 : *Gaz. Pal. 1998. 2. Somm. 409.* ♦ Si le juge-commissaire, saisi d'une requête en relèvement de la forclusion, peut constater qu'il n'y a pas lieu à relèvement en raison de l'inopposabilité de la forclusion au créancier, non avisé personnellement et bénéficiant d'une sûreté ayant fait l'objet d'une publication ou d'un crédit-bail publié, la requête qui a pour seul objet de faire juger que la forclusion est inopposable au créancier requérant n'autorise pas le juge-commissaire à accorder un relèvement qui n'est pas sollicité. • Paris, 30 oct. 1998 : *D. 1998. IR 263 ; D. Affaires 1998. 1954, obs. A. L.* ♦ V. aussi, pour des applications distributives du relevé de forclusion et de l'inopposabilité de forclusion à l'égard de créanciers dont la créance est, pour partie privilégiée, pour partie chirographaire, • Paris, 18 nov. 1997 : *RTD com. 1998. 934, obs. Martin-Serf* • 16 juin 1998 : *ibid.*

Comp., en ce sens que le créancier doit exercer une action en déclaration d'inopposabilité de la forclusion et non pas une action en relevé de forclusion. • Rennes, 18 févr. 1998 : *JCP E 1998, n° 25, p. 993, note F.-X. Lucas ; RJDA 1998, n° 1134* • Douai, 9 sept. 1999 : *BICC 2000, n° 871.* ♦ V. aussi, jugeant que le créancier, dont la requête doit être qualifiée de requête en inopposabilité de forclusion, doit être renvoyé devant le juge, resté saisi, pour que l'instance soit reprise dans les conditions de l'art. 48 [C. com., art. L. 621-41], après déclaration de la créance, la cour d'appel ne pouvant, sauf à violer le principe du double degré de juridiction, se prononcer elle-même sur l'admission de la créance, • Versailles, 4 mars 1999 : *Annonces de la Seine, supp. au n° 16 du 28 févr. 2000, p. 2.* ♦ Sur la charge des dépens, V. • Versailles, 4 mars 1999 : *préc.* ♦ S'agissant d'une action en inopposabilité de forclusion et non d'une action en relevé de forclusion, le délai d'un an prévu par l'art. 53, al. 3 [C. com., art. L. 621-46], n'est pas applicable. • Paris, 21 nov. 1997 : *RTD com. 1998. 934, obs. Martin-Serf* • 22 janv. 1999 : *D. Affaires 1999. 342.* ♦ En ce sens que le créancier débouté de son action en relevé de forclusion en première instance peut invoquer l'inopposabilité de la forclusion en appel, V. • Douai, 9 sept. 1999 : *APC 2000, n° 237.* ♦ L'action en inopposabilité étant distincte de l'action en fixation et admission de créance, les parties sont invitées à se conformer à la procédure particulière de vérification des créances. • Paris, 21 nov. 1997 : *préc.*

8. Portée de l'inopposabilité prévue par l'art. L. 621-46, al. 2. Si la forclusion n'est pas opposable au créancier titulaire d'un contrat de crédit-bail publié dès lors qu'il n'a pas été averti personnellement d'avoir à déclarer sa créance, celui-ci reste néanmoins tenu de le faire pour agir contre la caution. • Com. 30 janv. 2007, n° 05-13.751 P : *D. 2007. AJ 508, obs. Lienhard ; D. 2008. Pan. 578, obs. Le Corre ; APC 2007, n° 47, obs. Salvat ; JCP E 2007. 1450, n° 10, obs. Cabrillac ; RTD com. 2007. 449, obs. Martin-Serf ; RTD civ. 2007. 597, obs. Crocq*.

9. Sur l'intérêt du créancier ayant été désintéressé par une caution à agir en inopposabilité de la forclusion, V. • Com. 27 mars 2007 : *APC 2007, n° 103, obs. Cagnoli ; Gaz. Pal. 20-21 juill. 2007, p. 47, obs. Le Corre-Broly.*

10. La banque qui a déclaré hors délai tant sa créance garantie par une sûreté publiée, pour laquelle elle aurait dû être avertie, qu'une créance chirographaire correspondant au solde débiteur du compte courant de l'entreprise en redressement judiciaire ne peut invoquer l'inopposabilité de la forclusion que pour la première et non pour la seconde. • Orléans, 14 juin 2002 : *RJDA 2002, n° 1170.* – Dans le même sens, V. • Versailles, 27 nov. 2003 : *RJDA 2004, n° 441.*

11. Recours. V. note 61.

III. FORCLUSION

12. Caractère de la sanction. La créance qui n'a pas été déclarée dans le délai réglementaire est éteinte de plein droit, sauf relevé de forclusion. • Com. 16 févr. 1999, n° 95-22.324 P : *D. Affaires 1999. 523, obs. P. P.* ♦ Sur le caractère de sanction impérative de la forclusion, V. aussi obs. Martin-Serf ss. • Versailles, 21 mai 1991 : *RTD com. 1991. 664*. ♦ La forclusion ne suppose pas qu'une faute du créancier ait été constatée. • Com. 23 oct. 1990, n° 88-19.257 P : *D. 1992. Somm. 250, obs. Derrida*. ♦ V. aussi notes 5 et 6 ss. anc. art. 66 du décret du 27 déc. 1985.

13. Le créancier dont la créance est éteinte pour n'avoir pas été déclarée au redressement judiciaire de son débiteur dans les délais prévus, ne saurait arguer, pour poursuivre la vente sur saisie immobilière des biens de celui-ci, d'une convention prise par conversion d'une obligation naturelle en obligation civile. • Com. 31 mai 1994, n° 91-16.016 P : *D. 1995. Somm. 25, obs. Honorat ; D. 1995. Somm. 90, obs. Delebecque ; RTD com. 1994. 785, obs. Martin-Serf*. – Dans le même sens, V. • Com. 1er oct. 2002 : *RJDA 2003, n° 159 ; RDBF 2003, n° 74, obs. F.-X. Lucas.* ♦ Comp., ayant jugé, dans l'hypothèse où un plan de continuation avait été homologué avant l'expiration du délai de déclaration des créances, sans faire réserve d'aucune d'entre elles, ni de leur déclaration, que l'obligation naturellement souscrite au sens de l'art. 1235 C. civ. par la société débitrice dans le cadre du plan s'est trouvée muée en une obligation civile, souscrite hors le cadre de la procédure collective : • Paris, 29 juin 2000 : *D. 2000. AJ 360, obs. Lienhard ; Banque et Dr. 5-6/2001. 57, obs. Guillot ; RPC 2001. 80, obs. Soinne.*

En ce sens que la créance résultant de l'obligation de rembourser un prêt à la suite de l'annulation d'un paiement effectué en période suspecte qui n'a pas été déclarée et n'a pas donné lieu à relevé de forclusion dans le délai d'un an à compter du jugement d'ouverture est éteinte, peu important que la banque créancière ait été assignée en annulation du remboursement d'un prêt plus d'un an après l'expiration du délai de l'action en relevé de forclusion, V. • Com. 30 oct. 2000 : *cité note 21 ss. art. L. 632-4.*

14. Sur la conformité de la sanction à la DDH (non-renvoi d'une QPC), V. • Com. 22 mai 2013 : *D. 2013. Actu. 1269 ; RTD com. 2013. 584, obs. Martin-Serf ; RJDA 2013, n° 653 ; RPC 2014, n° 18, obs. F. et M.-N. Legrand.*

15. Portée de la sanction. L'art. 53, al. 3 [4] [C. com., art. L. 621-46], ne vise que les créances soumises à déclaration. • Com. 3 déc. 1996 : *Rev. dr. bancaire 1997. 36, obs. Campana et Calendini ; RJDA 1997, n° 417.*

16. L'absence de déclaration de leur créance par des banques bénéficiaires d'une hypothèque conventionnelle inscrite sur un immeuble commun au débiteur en liquidation judiciaire et à son épouse n'affecte que l'exercice dans le cadre de la procédure collective des droits hypothécaires des banques, mais non leur existence et la radiation de l'hypothèque ne peut, en l'état, être ordonnée du chef de l'épouse, alors que la créance litigieuse, éteinte à l'égard du mari, ne l'était pas à l'égard de la femme en raison de la solidarité des dettes. • Com. 14 mai 1996, n° 94-11.366 P : *D. 1996. 460, note Derrida ; D. 1996. Somm. 387, obs. S. Piedelièvre ; JCP E 1996. I. 584, n° 9, obs. Pétel.* – V. aussi Martin-Serf, *RJ com. 1996. 337 ;* Derrida, *D. 1997. Chron. 117* ; Comanzo, *JCP N 1998, n° 8, p. 279.* ♦ Il résulte des art. 1413 C. civ. et 53 de la loi du 25 janv. 1985 [C. com., art. L. 621-46] que le créancier au profit duquel des époux communs en biens se sont solidairement engagés en constituant des sûretés réelles sur un immeuble commun ne peut, s'il n'a pas déclaré sa créance au passif de la liquidation judiciaire ouverte ultérieurement à l'égard de l'un des conjoints, prétendre participer aux répartitions faites dans le cadre de cette procédure collective mais, demeurant créancier de l'autre conjoint, peut faire valoir ses sûretés sur le produit de la vente de l'immeuble grevé, une fois désintéressés tous les créanciers admis. • Com. 26 oct. 1999 : *RJDA 2000, n° 70* • 1er févr. 2000 : *RJDA 2000, n° 692* • 2 mai 2001, n° 98-13.039 P : *D. 2001. AJ 2030, obs. Lienhard ; APC 2001, n° 141, obs. Vallansan ; JCP E 2001, n° 47, p. 1857, obs. Delebecque.*

17. L'extinction de la créance, faute de déclaration au passif de l'indivisaire soumis à la procédure collective, est sans incidence sur le droit de poursuivre les biens indivis que le créancier tient de l'art. 815-17, al. 1er, C. civ., dès lors que les créanciers de l'indivision préexistante à l'ouverture de la procédure collective de l'un des indivisaires, qui auraient pu agir sur les biens indivis avant qu'il y eût indivision, conservent leur droit de poursuivre la saisie de ces biens, malgré l'ouverture de cette procédure. • Civ. 1re, 13 déc. 2005 : *cité note 25 ss. art. L. 622-21.*

18. L'absence de déclaration de créance du porteur de la lettre de change au passif du redressement judiciaire du tiré est sans incidence sur l'action en responsabilité quasi délictuelle formée par le porteur à l'encontre de la banque ayant refusé de régler l'effet. • Com. 23 nov. 1999, n° 96-17.278 P.

19. Suite à l'extinction de la créance d'indemnité d'éviction non déclarée au passif du bailleur, le preneur, déchu de son droit de recevoir cette indemnité, ne peut plus se prévaloir du droit au maintien dans les lieux. • Com. 4 janv. 2005, n° 03-10.284 P : *APC 2005, n° 27, obs. Vallansan ; Loyers et copr. 2005, n° 96, obs. Brault ; RJDA 2005, n° 593.*

20. En l'absence de déclaration de créance à la procédure collective d'un des époux qui se sont portés cautions solidaires et ont hypothéqué deux immeubles dépendant de leur communauté en garantie de crédits consentis à une société, la créance étant éteinte à l'égard de cet époux, il en résulte que le commandement aux fins de saisie immobilière ne doit être signifié qu'à son épouse, qui demeure la seule débitrice. • Com. 3 mai 2006 : *D. 2006. AJ 1451, obs. Lienhard ; APC 2006, n° 130, obs. Henry.*

21. Une caisse de retraite dont la créance de cotisations est éteinte en l'absence de déclaration est cependant fondée à procéder à l'annulation des points attribués en contrepartie de la créance éteinte ; l'extinction de la créance de cotisations en conséquence du défaut de déclaration ne fait pas obstacle à la liquidation des droits à la retraite du débiteur. • Com. 13 nov. 2007 : *JCP E 2008. 1432, n° 13, obs. Pétel.*

22. La sentence d'un tribunal arbitral qui s'est prononcé, en retenant l'existence d'un préjudice fondé sur l'insuffisance de bonne foi du débiteur, sur une demande n'ayant pas fait l'objet d'une déclaration de créance doit être annulée dès lors que la règle de l'extinction des créances non déclarées est d'ordre public. • Civ. 1re, 28 sept. 2011 : *D. 2011. Actu. 2410, obs. Delpech ; Rev. sociétés 2011. 732, obs. Roussel Galle ; RTD com. 2012.*

189, obs. Martin-Serf ; JCP E 2011. 1738, obs. Béguin ; Procédures 2011, n° 339, note Weiller ; LEDEN 11/2011. 5, obs. Mélin ; BJE 2012. 27, note Vidal.

23. La décision de relevé de forclusion du juge-commissaire de la seconde procédure collective [ouverte après résolution du plan de continuation] est dénuée de tout effet lorsque la créance est déjà éteinte par suite de la forclusion intervenue dans la première procédure collective. • Com. 21 juin 2005, n° 04-13.892 P : *D. 2005. AJ 1939, obs. Lienhard ; D. 2006. Pan. 84, obs. Le Corre ; APC 2005, n° 221, obs. Cagnoli ; RJ com. 2005. 450, note Sortais ; RTD com. 2006. 201, obs. Martin-Serf.*

24. Un créancier n'est pas recevable à se prévaloir de l'extinction de la créance d'un autre créancier pour défaut de déclaration dans le délai légal après que ce créancier a été irrévocablement relevé de la forclusion encourue. • Com. 19 févr. 2002 : *RDBF 2002, n° 99, obs. F.-X. Lucas.*

25. L'extinction de la créance, conséquence de l'irrégularité de la déclaration à la procédure collective du débiteur, survenue postérieurement à l'ouverture de la procédure collective, ne constitue pas une circonstance nouvelle, au sens de l'art. 488, al. 2, C. pr. civ., permettant de rapporter ou de modifier en référé une ordonnance de référé. • Com. 8 janv. 2008, n° 06-13.746 P : *D. 2008. AJ 290 ; JCP E 2008. 1432, n° 12, obs. Pétel; APC 2008, n° 60, obs. Bléry.*

26. Régularisation d'incident de paiement. Avant l'intervention de la loi du 29 juill. 1998, qui a ajouté à l'art. 53 [devenu C. com., art. L. 621-46] un al. 5, la procédure collective ne pouvait en aucun cas valoir régularisation des incidents au sens de l'art. 65-3 du décret-loi du 30 oct. 1935 [C. mon. fin., art. L. 131-73]. • Metz, 30 oct. 1998 : *Banque et Dr. 9-10/1998. 37, obs. Guillot.* ♦ Comp., désormais : art. L. 621-46, al. 5.

27. Caution. BIBL. Courtier, *LPA 23 sept. 1992.* ♦ L'extinction de la créance en application de l'art. 53, al. 3 [4] [C. com., art. L. 621-46], est une exception inhérente à la dette et, conformément à l'art. 2036 [2313] C. civ., la caution peut l'opposer au créancier. • Com. 17 juill. 1990, n° 88-16.630 P : *D. 1990. 494, note Honorat ; D. 1991. Somm. 12, obs. Derrida ; Gaz. Pal. 1990. 2. 678, note Piedelièvre ; JCP E 1991. II. 101, note Amlon* • 23 oct. 1990, n° 88-19.257 P : *D. 1990. IR 267* • 30 mars 1993, n° 91-15.351 P : *D. 1993. IR 131.* ♦ V., dans le même sens, pour un avaliste, • Com. 25 oct. 1994, n° 90-14.030 P : *D. 1995. 590, note Crionnet ; D. 1995. Somm. 306, obs. Honorat ; RTD com. 1996. 124, obs. Martin-Serf ; Rev. huiss. 1995. 57, note Vidal* • 3 déc. 1996, n° 94-16.745 P : *D. 1997. IR 19* (avaliste d'un billet à ordre). – *Contra* : • Lyon, 18 nov. 1988 : *D. 1989. 71, note Derrida* • Bordeaux, 16 mars 1989 : *D. 1989. 473, note Derrida* • CE 14 juin 2000 : *RJDA 2001, n° 475* (engagement de caution en remplacement d'une retenue de garantie, dans un marché de travaux publics). – Rappr. : • Versailles, 21 mai 1991 : *D. 1992. Somm. 251, obs. Derrida.* ♦ La solution est évidemment différente lorsque le prétendu cautionnement s'analyse, en réalité, en garantie à première demande. • TGI Paris, 8 mars 1995 : *Rev. dr. bancaire 1995. 191, obs. Contamine-Raynaud.*

28. La créance étant éteinte par application de l'art. 53 [C. com., art. L. 621-46], peu important la clôture de la liquidation judiciaire du débiteur principal pour insuffisance d'actif, aucune action ne peut plus être engagée contre la caution. • Com. 11 juin 1996, n° 93-16.058 P : *Rev. dr. bancaire 1996. 213, obs. Campana et Calendini.* ♦ De même, la décision, prise en application de l'art. 71 du décret du 27 déc. 1985 (et de l'art. 99 de la loi [C. com., art. L. 621-102]), de ne pas engager ou poursuivre la vérification des créances, est sans influence sur l'extinction de la créance. • Com. 23 nov. 1999, n° 97-16.870 P : *D. 2000. AJ 13, obs. A. L. ; RTD com. 2000. 188, obs. Vallens.* ♦ – *Contra* : • Versailles, 21 mai 1991 : *D. 1992. Somm. 251, obs. Derrida ; RTD com. 1991. 664, obs. Martin-Serf.*

29. Dès lors que la caution a seule fait une déclaration de créance, le créancier ne peut invoquer, pour remédier à sa propre carence, les dispositions de l'art. 2032 [2309] C. civ., lesquelles, en vue d'accroître les garanties de la caution, l'autorisent à agir contre le débiteur principal avant même d'avoir payé et retourner ainsi contre la caution, en le détournant de sa finalité, un texte destiné à faciliter l'exercice de son action récursoire. • Com. 23 oct. 1990 : *préc. note 12* • 17 juill. 1990, n° 89-13.138 P • 12 juill. 1994, n° 92-41.483 P : *D. 1994. IR 207* Pas plus, à l'inverse, le fait par un créancier d'avoir déclaré sa créance, ne peut dispenser la caution entendant se prévaloir des dispositions de l'art. 2032 [2309] C. civ., de déclarer également sa propre créance contre le débiteur principal, à défaut de quoi cette créance est éteinte. • Com. 2 mars 1993, n° 90-21.025 P : *D. 1993. Somm. 310, obs. Aynès* • Civ. 1re, 25 oct. 1994, n° 91-16.729 P : *D. 1994. IR 255.*

30. De même, il importe peu, dès lors que la créance est éteinte, que la caution ait été mise en demeure de payer antérieurement à la mise en redressement judiciaire du débiteur principal. • Rennes, 1er déc. 1994 : *Dr. sociétés 1995, n° 213.*

31. Le prononcé à l'encontre de la caution d'un jugement la condamnant à exécuter son engagement ne fait pas non plus obstacle à ce qu'elle oppose au créancier l'extinction de sa créance pour une cause postérieure audit jugement, celui-ci serait-il passé en force de chose jugée. • Com. 5 déc. 1995, n° 94-14.793 P : *Quot. jur. 1er févr. 1996, p. 6, note P. M. ; JCP E 1996. I. 554, n° 18, obs. Cabrillac ; RTD com. 1997. 326, obs. Martin-Serf* • 6 juin 2000 : *APC 2000, n° 181, obs. Vallansan ; RDBF 2000, n° 201, obs. F.-X. Lucas.* ♦ Ainsi, la caution, condamnée à exécuter son engagement pour une créance ayant été déclarée, peut demander la mainlevée de la saisie-exécution lorsque le plan de continuation dont avait bénéficié le débiteur avait été résolu, et la liquidation judiciaire prononcée alors que le créancier n'avait pas à nouveau déclaré sa créance à la nouvelle procédure collective. • Com. 23 juin 1998 : *APC 1998, n° 121 ; RTD com. 1999. 502, obs. Martin-Serf.*

Sur la décharge de la caution lorsque le créancier omet de déclarer sa créance dans le cadre de la seconde procédure collective ouverte après résolution du plan de continuation, V. aussi • Com. 10 déc. 2002 : *RJDA 2003, n° 518* • Versailles, 3 déc. 1998 : *Gaz. Pal. 1999. 2. Somm. 615.*

En revanche, l'extinction de la créance ne peut plus être opposée par la caution à la société créancière dès lors qu'elle était acquise au jour du jugement de condamnation de la caution, prononcé après l'expiration du délai de déclaration et en l'absence de demande de relevé de forclusion de la part du créancier. • Com. 4 oct. 2005, n° 04-13.679 P : *D. 2005. AJ 2805, obs. Lienhard ; Gaz. Pal. 10-11 févr. 2006, p. 41, obs. Le Corre ; RDBF 2006, n° 21, obs. F.-X. Lucas.*

32. Pour la nullité, faute d'objet, d'une transaction conclue entre une banque et les cautions de la société débitrice, la créance de la banque étant éteinte au jour de la transaction, pour n'avoir pas été déclarée à la procédure collective de la société, V. • Civ. 1re, 29 mai 2001, n° 99-16.753 P : *D. 2001. AJ 1944, obs. Avena-Robardet ; Banque et Dr. 7-8/2001. 55, obs. Jacob ; JCP E 2001, n° 46, p. 1815, obs. Simler.* ♦ *Contra,* s'agissant d'une transaction conclue après condamnation définitive de la caution au paiement : • Civ 1re, 19 déc. 2000, n° 98-12.015 P : *D. 2001. AJ 629, obs. Avena-Robardet ; APC 2001, n° 19, obs. Regnaut-Moutier ; JCP E 2001, n° 18, p. 753, obs. Pétel ; Banque et Dr. 5-6/2001. 46, obs. Jacob ; RTD com. 2001. 976, obs. Martin-Serf.*

33. En l'absence de décision d'admission de la créance garantie opposable à la caution, une cour d'appel, saisie par celle-ci d'une exception tenant au caractère tardif de la déclaration de créance à la procédure collective du débiteur principal, peut, elle-même, après avoir constaté que la créance garantie a été déclarée hors délai, en déduire qu'elle est éteinte, à moins que le créancier ne justifie avoir demandé au juge-commissaire à être relevé de la forclusion encourue. • Com. 17 mars 1998, n° 95-20.027 P : *JCP E 1998, n° 10, obs. Cabrillac.* ♦ Dès lors que la banque ne prétend pas, en l'espèce, avoir saisi le juge-commissaire d'une demande en relevé de forclusion, la cour d'appel, sans être tenue de surseoir à statuer, peut se prononcer sur le caractère tardif de la déclaration litigieuse. • Même arrêt.

34. Sur la possibilité, par ailleurs, pour une caution solidaire, d'invoquer la décharge édictée par l'art. 2037 [2314] C. civ., en raison de l'omission du créancier de déclarer sa créance au redressement judiciaire d'un cofidéjusseur, V. • Aix-en-Provence, 19 janv. 1995 : *Bull. Aix 1995. 116.* ♦ V. aussi, déchargeant la caution du fait de l'omission par une banque de déclarer au passif du tiré accepteur un effet impayé, • Com. 6 févr. 1996, n° 94-13.622 P : *D. 1996. IR 82 ; D. Affaires 1996. 391.*

35. Subrogée dans les droits du créancier, la caution qui a payé celui-ci et qui ne prétend pas l'avoir fait après l'extinction des droits du créancier principal pour défaut de déclaration ne peut lui reprocher de n'avoir pas déclaré une créance éteinte. • Com. 6 juin 2000 : *APC 2000, n° 181, obs. Vallansan ; RJDA 2000, n° 1047 ; JCP 2002. II. 10008, note Boronad-Lesoin ; RTD com. 2002. 369, obs. Martin-Serf.*

36. A défaut de déclaration de la créance de la banque caution, celle-ci est éteinte à l'égard des sous-cautions qui garantissent non la créance de la société bénéficiaire du cautionnement à l'égard du débiteur principal en liquidation judiciaire, mais celle de la banque caution à l'égard du débiteur principal, lequel n'étant titulaire d'aucun droit à l'égard des sous-cautions n'a pu en transmettre le bénéfice par l'effet de la subrogation. • Civ. 1re, 7 mai 2002, n° 99-21.088 P : *D. 2002. AJ 1902, obs. Lienhard ; JCP E 2002, n° 39, p. 1523, obs. Cabrillac ; Dr. et procédures 2002. 286, obs. Courtier ; RDBF 2002, n° 132, obs. Legeais ; RTD com. 2003. 165, obs. Martin-Serf* • Com. 30 mars 2005, n° 00-20.733 P : *D. 2005. AJ 1151, obs. Lienhard ; APC 2005, n° 118, obs. Legeais ; JCP E 2005, n° 36, p. 1426, obs. Cabrillac ; Gaz. Pal. 6-7 juill. 2005, p. 41, obs. Le Corre* • 17 mai 2017, n° 15-18.460 P : *D. 2017. Actu. 1117 ; RTD com. 2017. 693, obs. Martin-Serf ; APC 2017, n° 201, obs. Mauger-Vielpeau et Vallansan ; LEDEN 7/2017. 5, obs. Pelletier ; Gaz. Pal. 10 oct. 2017, p. 78, obs. Le Corre-Broly ; RJDA 2017, n° 759 ; RDBF 2017, n° 220, obs. Houin-Bressand ; BJE 2017. 428, note Atsarias.* ♦ Le défaut de déclaration de sa créance par le créancier initial ne fait pas obstacle au recours de la caution qui a déclaré sa créance au passif de la société cautionnée contre la sous-caution. • Com. 11 févr. 2004 : *RJDA 2004, n° 1017 ; JCP 2004. I. 188, n° 9, obs. Simler.* – Dans le même sens, V. • Com. 21 févr. 2006 : *Gaz. Pal. 14-18 juill. 2006, p. 39, obs. Le Corre.* ♦ La caution qui a déclaré sa créance avant paiement au redressement judiciaire du débiteur principal peut se retourner contre la sous-caution après le paiement effectué par elle au créancier, sans avoir à procéder à une nouvelle déclaration de créance. • Com. 17 déc. 2003, n° 00-19.993 P. ♦ Sauf en cas d'admission de la créance de la caution au passif du débiteur principal, la sous-caution est fondée à contester, à l'égard de la caution, la réalité et le montant de la créance de celle-ci contre le débiteur principal. • Com. 17 sept. 2002, n° 00-14.190 P : *D. 2002. Somm. 3336, obs. Aynès ; APC 2002, n° 208, obs. Regnaut-Moutier ; JCP E 2003, n° 6, p. 272, obs. Cabrillac ; RDBF 2002, n° 235, obs. F.-X. Lucas ; RTD* *com. 2003. 370, obs. Martin-Serf ; LPA 30 juin 2003, p. 10, note Houtcieff.*

37. Garantie autonome. Une garantie autonome n'est pas éteinte lorsqu'en cas de redressement ou de liquidation judiciaire du donneur d'ordre, le créancier bénéficiaire de la garantie ne déclare pas au passif sa créance ; en conséquence, celui-ci peut assigner directement le garant. • Com. 30 janv. 2001 : *D. 2001. Somm. 3426, obs. Honorat ; JCP E 2001, n° 13, p. 568, note Legeais ; ibid., n° 20-21, p. 850, note Rémery ; Banque et Dr. 5-6/2001. 50, obs. Prüm ; RTD com. 2001. 763, obs. Martin-Serf .* ♦ En raison du caractère autonome de son engagement, le garant ne peut ni imputer à faute au bénéficiaire de la garantie la non-déclaration de sa créance au titre du contrat de base au passif du redressement judiciaire des sociétés garanties, ni prétendre avoir de ce fait subi un préjudice. • Com. 9 juin 2004, n° 02-12.115 P : *Rev. sociétés 2004. 894, note Pariente ; Banque et Dr. 9-10/2004. 77, obs. Rontchevsky.*

38. Codébiteurs solidaires. L'extinction, en vertu de l'art. 53, al. 3 [4] [C. com., art. L. 621-46], de la créance à l'égard du débiteur faisant l'objet d'une procédure collective, laisse subsister l'obligation distincte contractée par son codébiteur solidaire. • Com. 19 janv. 1993, n° 89-16.518 P : *D. 1993. 331, note Honorat et Patarin ; JCP 1993. II. 22056, note Pétel ; Defrénois 1993. 1045, note Derrida ; ibid. 1993. 1220, obs. Sénéchal* • Civ. 1re, 17 nov. 1993, n° 92-11.348 P : *D. 1994. Somm. 214, obs. Delebecque ; Defrénois 1994. 1121, obs. D. Mazeaud* • Civ. 3e, 8 oct. 1997 : *RJDA 1997, n° 1543* • 14 mars 2000 : *RDBF 2000, n° 68, obs. F.-X. Lucas ; RJDA 2000, n° 691* • Paris, 22 juin 2001 : *D. 2002. Somm. 638, obs. R. Martin .* ♦ Ainsi, l'extinction de la créance à l'égard du mari faisant l'objet d'une procédure collective laisse subsister l'obligation distincte contractée par son épouse, codébiteur solidaire, et n'affecte pas l'existence des droits hypothécaires du créancier sur les biens communs. • Com. 11 déc. 2001, n° 98-22.643 P : *D. 2002. AJ 402, obs. Lienhard ; APC 2002, n° 23, obs. Regnaut-Moutier ; Procédures 2002, n° 52, note Croze ; RDBF 2002, n° 60, obs. F.-X. Lucas ; JCP E 2002, n° 20, p. 807, obs. Pétel ; RTD com. 2002. 363, obs. Martin-Serf .* ♦ Il en résulte que le créancier qui, après l'extension de la procédure collective à l'épouse, a régulièrement déclaré sa créance au passif de celle-ci, conserve ses droits dans cette procédure. • Même arrêt. ♦ L'extinction de la créance du bailleur à l'égard du locataire, objet d'une procédure collective, faute de déclaration à celle-ci, laisse subsister l'obligation personnelle de son épouse, cotitulaire du bail, en vertu de l'art. 1751 C. civ. • Civ. 3e, 23 mars 2005 : *D. 2005. AJ 1084, obs. Lienhard ; Gaz. Pal. 6-7 juill. 2005, p. 43, obs. Le Corre.* ♦ La négligence imputable au créancier pour avoir omis de déclarer sa créance en temps utile au passif de la liquidation judiciaire du codébiteur ne révèle de sa part, ni un manquement à son obligation de bonne foi, ni une manifestation de déloyauté à l'égard de ses cocontractants, susceptible d'engager sa responsabilité civile. • Com. 23 oct. 2001, n° 99-12.504 P : *D. 2001. AJ 3433, obs. Lienhard ; D. 2003. Somm. 1284, obs. Brémond ; LPA 4 déc. 2001, p. 14, note E. C. ; JCP 2002. II 10103, note de Gentili-Picard.* ♦ Comp., pour la condamnation d'une banque à réparer le préjudice subi par le codébiteur *in bonis* tenu au paiement de la totalité de la dette, l'absence de déclaration de créance de la banque à la procédure collective de l'autre codébiteur, alors qu'elle avait été avertie par le représentant des créanciers de l'ouverture de cette procédure, ayant empêché la réalisation de la garantie hypothécaire, V. • Versailles, 13 oct. 2000 : *BRDA 2000, n° 22, p. 8.*

V. aussi note 16.

39. En application des dispositions de l'art. 1208 C. civ., si l'extinction de la créance à l'égard du débiteur faisant l'objet d'une procédure collective en raison du défaut de déclaration laisse subsister l'obligation distincte contractée par son codébiteur solidaire, en revanche, ce dernier peut opposer au créancier la chose jugée résultant de l'admission irrévocable de la créance dans la procédure collective ouverte à l'égard de l'autre codébiteur solidaire. • Com. 25 nov. 2008, n° 07-14.583 P : *D. 2008. AJ 3008, obs. Lienhard ; APC 2009, n° 51, obs. Cagnoli ; Gaz. Pal. 21-22 janv. 2009, p. 51, obs. Le Corre ; JCP E 2009. 1347, n° 8, obs. Cabrillac ; Defrénois 2009. 1400, obs. Gibirila ; RJDA 2009, n° 869 (2e esp.).*

40. L'extinction de la créance à l'égard du locataire-gérant, résultant du défaut de déclaration, ne profite pas au loueur solidairement responsable en application de l'art. 8 de la loi du 20 mars 1956 [C. com., art. L. 144-7]. • Com. 27 mai 1997 : *D. Affaires 1997. 1042* • Montpellier, 18 janv. 1990 : *RPC 1990. 413, obs. Dureuil ; RTD com. 1991. 292, obs. crit. Martin-Serf .*

41. Lorsque la cession de créance professionnelle est effectuée à titre de garantie d'un crédit, le cédant reste tenu, en sa qualité de débiteur principal, vis-à-vis de l'établissement cessionnaire lui ayant accordé le crédit, peu important que la créance cédée n'ait pas été déclarée au passif du débiteur cédé. • Com. 20 oct. 2009, n° 08-18.233 P : *D. 2009. AJ 2611 ; RTD com. 2010. 422, obs. Martin-Serf ; APC 2009, n° 303, obs. F. Petit ; Gaz. Pal. 8-9 janv. 2010, p. 31, obs. Bonhomme ; LEDEN 1/2010. 4, obs. Mouial-Bassilana ; Banque et Dr. 1-2/2010. 18, obs. Bonneau ; RPC 2010, n° 63, obs. Pérochon ; RDBF 2010, n° 39, obs. Crédot et Samin.*

42. En vertu des conditions générales du contrat de carte *American Express*, le titulaire de la carte délivrée à la demande d'une personne morale n'étant pas la caution de cette dernière, mais son codébiteur solidaire, le défaut de déclaration de la créance au redressement judiciaire de la personne morale ne l'éteint pas envers le titulaire de la carte. • Paris, 5 juin 1992 : *JCP E 1993. Pan. 176.*

43. Pluralité de débiteurs. L'extinction de la créance, à défaut de déclaration, laissant subsister l'éventuelle obligation distincte susceptible de peser sur un autre débiteur, c'est à tort que le crédit-bailleur, propriétaire d'un véhicule loué à une entreprise en redressement judiciaire et détenu par un garagiste qui avait effectué des travaux de réparation, prétend que la demande en paiement des réparations formée à son encontre est irrecevable en raison de l'absence de déclaration par le garagiste de sa créance au passif de l'entreprise utilisatrice. • Versailles, 21 sept. 1994 : *RJDA 1994, n° 1366.*

44. Cofidéjusseurs. **BIBL.** J. Mestre, *Dr. et patr. 1/1998. 66 ; avr. 1998. 64.* ♦ Il résulte de l'art. 2025 [2302] C. civ. que l'extinction de la dette de la caution en liquidation judiciaire est sans effet sur l'obligation de l'autre caution à toute la dette. • Com. 28 janv. 1997, n° 94-21.702 P : *D. 1997. Somm. 167, obs. Aynès ; D. 1997. Somm. 213, obs. Honorat ; JCP 1997. II. 22946, note Dagorne-Labbe.*

45. Co-avalistes. En ce sens que la condamnation à paiement prononcée contre un avaliste, nonobstant le défaut de déclaration de créance du bénéficiaire d'un billet à ordre à la procédure collective du souscripteur, a autorité de la chose jugée contre l'autre avaliste, dès lors que celui-ci ne prétend pas que l'instance engagée contre le co-avaliste a été menée en fraude des intérêts, V. • Com. 1er juin 1999, n° 96-18.466 P : *D. Affaires 1999. 1114, obs. X. D. ; APC 1999, n° 174, obs. Cabrillac ; Banque et Dr. 9-10/1999. 47, obs. Jacob.*

46. Indivisaire post-communautaire. Une personne qui n'est pas recherchée comme caution mais comme indivisaire d'un bien dépendant de l'indivision post-communautaire, pour une dette née du chef de l'ex-époux pendant la communauté, ne peut se prévaloir de l'extinction de la créance non déclarée au passif du débiteur. • Com. 10 mai 2012, n° 10-20.974 P : *D. 2012. Actu. 1326 ; APC 2012, n° 157, obs. Leprovaux ; BJE 2012. 248, note Cabrillac ; LEDEN 9/2012. 3, obs. Rubellin ; RJDA 2012, n° 878 ; RPC 2013, n° 100, obs. Dumont-Lefrand.*

47. Associés tenus du passif social. L'extinction de la créance d'un créancier contre une SCI fait disparaître l'obligation des associés, qui ne sont tenus que du passif social. • Civ. 3e, 22 mars 1995, n° 92-20.048 P : *Rev. sociétés 1995. 559, note Barbièri ; Dr. sociétés 1995, n° 96, obs. Chaput ; BJS 1995. 551, note Jeantin* • 10 juill. 1996 : *D. 1997. Somm. 80, obs. Honorat ; Dr. sociétés 1996, n° 169, obs. Chaput ; BJS 1996. 958, note Calendini.* ♦ De même, l'extinction de la créance d'un créancier contre une société en nom collectif emporte, si elle est établie, la disparition de l'obligation des associés qui ne sont tenus que du passif social. • Com. 25 nov. 1997, n° 95-10.942 P : *D. Affaires 1998. 27, obs. A. L. ; BJS 1998. 156, note Le Cannu.*

Faute d'ouverture d'une procédure collective concernant personnellement les associés d'une société en nom collectif en liquidation judiciaire et en l'absence de toute mesure de publicité d'une telle décision, les délais prévus par l'art. 53, devenu l'art. L. 621-46 C. com., n'ont pas commencé à courir et, la créance n'étant pas éteinte, est justifiée la condamnation des associés à payer un créancier social. • Com. 11 déc. 2001 : *APC 2002, n° 47 ; Dr. sociétés 2002, n° 65, note Legros.*

48. Délégation. L'obligation du délégué est une obligation personnelle, indépendante de l'obligation du délégant, de sorte que l'extinction de la créance du délégataire contre le délégant pour défaut de déclaration au passif de sa liquidation judiciaire laisse subsister l'obligation distincte du délégué. • Com. 7 déc. 2004 : *D. 2005. AJ 79, obs. Lienhard ; ibid. Pan. 1427, obs. Boujeka ; APC 2005, n° 31, obs. Saint-Alary-Houin ; JCP E 2005, n° 17, p. 711, obs. Pétel ; Banque et Dr. 3-4/2005. 39, obs. Rontchevsky ; Dr. et patr. 4/2005. 116, obs. Monsèrié-Bon ; Gaz. Pal. 29-30 avr. 2005, p. 33, obs. Le Corre.*

49. Garantie financière professionnelle. En raison de son autonomie, la garantie financière exigée des personnes exerçant des activités relatives à certaines opérations portant sur les immeubles et les fonds de commerce et affectée au remboursement des fonds, effets ou valeurs qu'elles ont reçus n'est pas éteinte lorsqu'en cas de redressement ou de liquidation judiciaire de l'agent immobilier, le client ne déclare pas au passif sa créance de restitution de la somme versée. • Cass., Ass. plén., 4 juin 1999, n° 96-18.094 P : *D. 2000. Somm. 140, obs. Capoulade ; D. Affaires 1999. 1082, obs. A. L. ; JCP E 1999, n° 30-34, p. 1294, note Béhar-Touchais ; RTD civ. 1999. 665, obs. Crocq ; Banque et Dr. sept-oct. 1999. 46, obs. Rontchevsky ; RTD com. 2000. 175, obs. Martin-Serf* • Com. 15 févr. 2000 : *RPC 2002. 174, obs. Lebel* (pour la garantie financière d'un syndic de copropriété) • Civ. 1re, 12 déc. 2000 : *APC 2001, n° 50 ; RDBF 2001, n° 113, obs. Cerles* • 25 juin 2002 : *AJDI 2003. 529, note Thioye ; RPC 2003. 347, obs. Lebel.* ♦ Comp., pour la position de la première Chambre civile antérieure à l'arrêt d'Assemblée plénière du 4 juin 1999 : • Civ. 1re, 10 janv. 1995, n° 93-10.140 P : *D. 1995. 178, note Aynès ; JCP 1995. II. 22489, note Béhar-Touchais* • 27 juin 1995, n° 92-16.233 P : *D. 1995. IR 165.* ♦ De même, la garantie imposée par la loi n° 71-1130 du 31 déc. 1971 [dans sa rédaction initiale], et spécialement affectée au remboursement des fonds, effets ou valeurs reçus par les conseils juridiques, ne s'éteint que pour l'une des causes énumérées de manière limitative par l'art. 20 du décret n° 72-671 du 13 juill. 1972 et seulement dans les conditions fixées par les art. 21, 22 et 23 de ce décret ; cette garantie ne cesse pas, en cas d'ouverture du redressement judiciaire du conseil juridique, si le client omet de déclarer au passif sa créance de restitution des sommes versées. • Com. 5 oct. 1993, n° 91-13.948 P : *D. 1994. 267, note Sortais et Derrida ; RTD com. 1994. 122, obs. Martin-Serf ; JCP 1994. II. 22225, note Béhar-Touchais* (V. l'arrêt cassé : • Paris, 28 févr. 1991 : *JCP 1992. II. 21911, note Ginestet* ; et l'arrêt de renvoi : • Versailles, 14 nov. 1996 : *D. Affaires 1997. 223*). ♦ *Contra* : • Com. 1er oct. 1991 : *JCP 1993. II. 21990, note Béhar-Touchais.*

50. Garantie d'achèvement. La garantie d'achèvement des travaux prévue à l'art. R. 315-34 C. urb. possédant un caractère spécifique et ne s'assimilant pas à un cautionnement prévu par les art. 2011 [2288] s. C. civ., sa mise en œuvre n'est pas soumise à une déclaration préalable de créance en cas de redressement ou de liquidation judiciaires du lotisseur : • Civ. 3e, 14 janv. 1998 : *D. 1998. IR 54 ; D. Affaires 1998. 257, obs. J. F. ; JCP E 1998, n° 9, p. 298, obs. Morvan* • 28 nov. 2001, n° 00-12.947 P : *D. 2002. AJ 213 ; JCP 2003. I. 124, n° 10, obs. Delebecque.*

51. Caution de retenue de garantie. Le cautionnement solidaire substitué à la retenue de garantie [souscrit en application de la loi n° 71-584 du 16 juill. 1971] possédant un caractère spécifique et ne s'assimilant pas au cautionnement prévu par les art. 2011 [2288] s. C. civ., sa mise en œuvre n'est pas soumise à une déclaration préalable de créance en cas de redressement ou de liquidation judiciaire de l'entrepreneur. • Civ. 3e, 3 oct. 2001, n° 99-18.080 P : *D. 2001. AJ 3121, obs. Lienhard ; APC 2001, n° 260, obs. Le Corre ; JCP E 2002, n° 3, p. 132, note F.-X. Lucas ; Banque et Dr. 3-4/2002. 49, obs. Jacob ; RTD com. 2002. 368, obs. Martin-Serf . – Contra* : • Paris, 28 mai 1999 : *Banque et Dr. 1-2/2000. 68, obs. Guillot.* ♦ Dans le même sens que l'arrêt de la Cour de cassation, pour une caution de retenue de garantie consentie dans les conditions de l'art. 322 (anc.) C. marchés publ., V. • CE 14 juin 2000 : *D. 2001. 2117, note Ancel ; RJDA 2001, n° 475 ; JCP 2001. I. 356, n° 10, obs. Simler.*

52. Action directe du sous-traitant. En ce sens que l'extinction de la créance du sous-traitant faute de déclaration au passif de la procédure collective dont est l'objet l'entrepreneur principal, ne préjudicie pas à l'exercice de l'action directe du sous-traitant contre le maître de l'ouvrage, en vertu de l'art. 12, al. 3, de la loi du 31 déc. 1975, V. • Paris, 27 nov. 1990 : *JCP 1992. II. 21782, note Dubois* • Versailles, 4 juill. 1991 : *D. 1992. Somm. 116, obs. Bénabent ; RTD com. 1991. 664, obs. Martin-Serf .* ♦ V. ce texte, 2e partie.

53. Vente à terme. Même si elle libère l'acquéreur de l'obligation de payer la partie du prix restant due, l'extinction de la créance par application de l'art. 53 [C. com., art. L. 621-46] ne constitue pas le terme contractuellement fixé pour le transfert de propriété. • Com. 9 janv. 1996, n° 93-12.667 P : *D. 1996. 184, note Derrida ; Dr. sociétés 1996, n° 58, obs. Chaput ; JCP E 1996. I. 554, n° 19, obs. Cabrillac.* – V. Larroumet, *D. Affaires 1996. 603* ; Charlery, *JCP 1997. I. 4013.*

54. Salariés. V. art. L. 621-125.

55. Compensation. La créance qui n'a pas été déclarée et n'a pas donné lieu à un relevé de forclusion est éteinte, ce qui exclut la compensation judiciaire entre créance et dette respectives. • Com. 8 juin 1999 : *Dr. sociétés 1999, n° 148, obs. Chaput* • Grenoble, 28 janv. 1988 : *LPA 31 août 1988, note Gallet.*

56. En l'absence de déclaration d'une créance d'indemnités contractuelles, le créancier, assigné en paiement après que la banque cessionnaire lui a notifié une cession de créance par le débiteur en liquidation judiciaire, ne peut ensuite invoquer cette créance comme un élément d'une compensation, y compris dans les relations avec la banque cessionnaire, en l'absence de toute dette personnelle de celle-ci. • Com. 18 juin 1996 : *D. 1996. IR 186 .*

57. Partie civile. L'extinction de la créance de la victime en application de l'art. L. 621-46 C. com. ne saurait la priver de son droit de se constituer partie civile pour corroborer l'action publique. • Crim. 23 janv. 2008 : *APC 2008, n° 122, obs. Cerf-Hollender ; JCP E 2008. 2062, n° 15, obs. Cabrillac ; RPC 2008, n° 136, obs. Legrand.* ♦ Dès lors que les juges ont constaté l'extinction de la créance de la partie civile, pour défaut de déclaration dans la liquidation judiciaire du prévenu, celui-ci ne peut être placé sous le régime du sursis avec mise à l'épreuve comportant l'obligation spéciale de réparer les dommages causés par l'infraction. • Crim. 11 juin 1998 : *Rev. sociétés 1998. 814, note Bouloc .*

58. Action paulienne. Le créancier qui n'a pas déclaré sa créance dans les délais et qui n'a pas été relevé de sa forclusion est irrecevable, même après la clôture de la liquidation de son débiteur, à exercer l'action paulienne. • Com. 2 févr. 1999, n° 96-18.450 P : *D. 1999. Somm. 351, obs. Honorat ; APC 1999, n° 49, obs. Vallansan ; RTD com. 1999. 745, obs. Martin-Serf .* – Rappr. : • Com. 10 juin 2008 : *RTD com. 2008. 861, obs. Martin-Serf .*

59. Action en responsabilité engagée par le créancier forclos. La société qui n'a pas déclaré sa créance devant, comme tout créancier, veiller à la sauvegarde de ses droits, le dirigeant de la société débitrice qui n'avait pas l'obligation d'informer le créancier du prononcé du redressement judiciaire n'a pas commis de faute engageant sa responsabilité en raison de l'extinction de la créance. • Com. 16 févr. 1993 : *Dr. sociétés 1993, n° 75, obs. Chaput.* ♦ En effet, l'extinction de la créance résulte du défaut de déclaration par le créancier et non pas du silence conservé par le débiteur. • Com. 20 janv. 1998 : *D. Affaires 1998. 336, obs. X. D. ; JCP 1998. II. 10121, note Dagorne-Labbe ; Defrénois 1998. 952, obs. Le Cannu ; RTD com. 2000. 172, obs. Martin-Serf*

• 14 mai 1996 : *D. 1996. IR 174*. ♦ V. aussi • Com. 13 avr. 1999 : *RJDA 1999, n° 698 ; APC 1999, n° 130, obs. Vallansan* • 14 mai 2002 : *RJDA 2002, n° 1061.* ♦ Comp., pour une condamnation du débiteur, fondée sur l'art. 123 NCPC (désormais, art. 123 C. pr. civ., relatif à l'abstention de soulever une fin de non-recevoir à des fins dilatoires) : • Aix-en-Provence, 31 mai 1996 : *Gaz. Pal. 1997. 1. 55, note Latil.* ♦ De même, l'administrateur et le commissaire à l'exécution du plan n'ont aucune obligation d'informer les créanciers de l'ouverture d'une procédure collective. • Com. 14 mai 2002 : *préc.* ♦ Sur la responsabilité du représentant des créanciers pour défaut d'avertissement d'un créancier, V. note 6 ss. art. 66 du décret du 27 déc. 1985. ♦ Dans le cas où la créance a fait l'objet d'une déclaration tardive, le représentant des créanciers n'a pas l'obligation d'aviser le créancier de la tardiveté de sa déclaration. • Com. 18 févr. 2003 : *RPC 2003. 320, obs. Legrand.*

60. Sur la responsabilité d'un huissier ayant reçu du créancier mandat d'assigner le débiteur en redressement judiciaire, faute d'avoir porté à la connaissance du créancier mandant le jugement d'ouverture, V. • Paris, 2 juill. 1997 : *RJDA 1997, n° 1484.*

IV. RECOURS

61. *Décisions relatives à l'inopposabilité de la forclusion.* Il résulte de l'art. 53, devenu l'art. L. 621-46 C. com., que lorsque le juge-commissaire statue sur la demande en inopposabilité de la forclusion au créancier titulaire d'une sûreté ou d'un contrat de crédit-bail publiés qui n'a pas été avisé personnellement, l'appel de sa décision est porté devant la cour d'appel. • Com. 14 janv. 2004, n° 00-19.555 P : *D. 2004. AJ 279, obs. Lienhard ; JCP E 2004, n° 22, p. 858, obs. Pétel ; APC 2004, n° 59, obs. Vallansan ; Dr. et patr. 6/2004. 101, obs. Monsèrié-Bon.*

62. *Décisions statuant en matière de relevé de forclusion.* V. art. L. 621-46, al. 3, et notes ss. art. 25 du décret du 27 déc. 1985. ♦ V. aussi notes 20 et 21 ss. anc. art. L. 623-4. ♦ En ce sens que les dispositions de l'art. 53, al. 3 [C. com., art. L. 621-46, al. 3], issues de la loi du 10 juin 1994, ne sont pas applicables aux procédures ouvertes avant le 1er oct. 1994, V. • Com. 10 mai 2000 : *APC 2000, n° 158.*

V. ORDRE PUBLIC INTERNATIONAL

63. L'absence d'extinction de la créance pour défaut de déclaration à la procédure collective du débiteur principal n'est pas contraire à la conception française de l'ordre public international. • Com. 16 oct. 2007, n° 06-14.681 P : *D. 2007. AJ 2734, obs. Lienhard ; Gaz. Pal. 23-24 janv. 2008, p. 27, obs. Mélin ; RJDA 2008, n° 175 ; RJ com. 2008. 221, note Sortais ; Rev. crit. DIP 2008. 289, note Bureau*.

Ancien art. L. 621-47 ***S'il y a discussion sur tout ou partie d'une créance autre que celles mentionnées à l'article L. 621-125, le représentant des créanciers en avise le créancier intéressé en l'invitant à faire connaître ses explications. Le défaut de réponse dans le délai de trente jours interdit toute contestation ultérieure de la proposition du représentant des créanciers.*** – *[L. n° 85-98 du 25 janv. 1985, art. 54.] – V. Décr. n° 85-1388 du 27 déc. 1985, art. 72 et 73.*

SOUS-§ 4 *[ANCIEN]* De l'arrêt du cours des intérêts et de l'absence de déchéance du terme

Ancien art. L. 621-48 ***Le jugement d'ouverture du redressement judiciaire arrête le cours des intérêts légaux et conventionnels, ainsi que de tous intérêts de retard et majorations, à moins qu'il ne s'agisse des intérêts résultant de contrats de prêt conclus pour une durée égale ou supérieure à un an ou de contrats assortis d'un paiement différé d'un an ou plus. Les cautions et coobligés ne peuvent se prévaloir des dispositions du présent alinéa.***

Le jugement d'ouverture du redressement judiciaire suspend jusqu'au jugement arrêtant le plan de redressement ou prononçant la liquidation toute action contre les cautions personnelles personnes physiques. Le tribunal peut ensuite leur accorder des délais ou un différé de paiement dans la limite de deux ans.

Les créanciers bénéficiaires de ces cautionnements peuvent prendre des mesures conservatoires. – *[L. n° 85-98 du 25 janv. 1985, art. 55.] – V. Décr. n° 85-1388 du 27 déc. 1985, art. 70-1. – Les dispositions ajoutées par la loi n° 94-475 du 10 juin 1994 [dernière phrase de l'al. 1er, et al. 2 et 3] sont applicables aux cautionnements souscrits à compter de la date de publication de ladite loi [JO 11 juin] (L. préc., art. 38, II).*

BIBL. ▸ Kornmann, *Gaz. Pal. 1990. 1. Doctr. 332.* – Pascal, *Banque et Dr. 1989. 200 ; ibid. 1992. 11.* – Soinne, *RPC 1988. 213.* – Gauthier, *Gaz. Pal. 28 févr.-1er mars 2001, p. 51* (continuation du cours des intérêts dans le cadre de la liquidation judiciaire).

▸ Sur la situation de la caution depuis la loi du 10 juin 1994 : Chaput, *RPC 1994. 523.* – Devèze, *LPA 12 oct. 1994, p. 10.* – Brocard, *ALD 1994. 169 ; RJ com. 1994. 368.* – Rubellin, *LPA 21 juin 1995, p. 16* (recours personnel contre le débiteur). – C. Saint-Alary-Houin et B. Saint-Alary, *Dr. et patr. 3/1996. 42.* – D. Boccara, *LPA 18 juill. 1997, p. 8* (continuation du compte courant cautionné). – Seigneur, *D. Affaires 1999. 1009.*

Ancien art. L. 621-49 ***Le jugement d'ouverture du redressement judiciaire ne rend pas exigibles les créances non échues à la date de son prononcé. Toute clause contraire est réputée non écrite.*** – *[L. n° 85-98 du 25 janv. 1985, art. 56.]*

SOUS-§ 5 *[ANCIEN]* De l'interdiction des inscriptions

Ancien art. L. 621-50 ***Les hypothèques, nantissements et privilèges ne peuvent plus être inscrits postérieurement au jugement d'ouverture du redressement judiciaire.***

Toutefois, le Trésor public conserve son privilège pour les créances qu'il n'était pas tenu d'inscrire à la date du jugement d'ouverture et pour les créances mises en recouvrement après cette date si ces créances sont déclarées dans les conditions prévues à l'article L. 621-43.

Le vendeur du fonds de commerce, par dérogation aux dispositions du premier alinéa, peut inscrire son privilège. – *[L. n° 85-98 du 25 janv. 1985, art. 57.]*

BIBL. ► GROSJEAN, *Defrénois 1998. 1345* (sort des inscriptions hypothécaires sur les immeubles appartenant concurremment au débiteur et à d'autres personnes). – CORDIER, *RJDA 1999, p. 939* (publication du crédit-bail après l'ouverture de la procédure collective du preneur). – BIGUENET-MAUREL, *JCP E 2005, n° 41, p. 1692* (publication des actes translatifs postérieurement au redressement judiciaire).

SOUS-§ 6 *[ANCIEN]* Des cautions et des coobligés

BIBL. GÉN. ► SOINNE, *ALD 1985. 99.* – CAMPANA, *Gaz. Pal. 1986. 2. Doctr. 717.* – LIÉNART, *RPC 1988. 121.* – BÉHAR-TOUCHAIS, *RTD civ. 1993. 737* (banquier et caution face à la défaillance du débiteur). – PUYGAUTHIER, *JCP N 1995. I. 1259.* – COURTIER, *Rev. huiss. 1995. 1287.* – FRAIMOUT, *Gaz. Pal. 2000. Doctr. 1598* (la caution exerçant ses recours). – LE CORRE, *RPC 2004. 181* (cautions, coobligés et garants). ► Sur la responsabilité du banquier vis-à-vis de la caution pour l'octroi abusif de crédits à un débiteur en difficulté : obs. HAEHL, *RTD com. 1990. 275*. ► Sur les modifications apportées par la loi du 10 juin 1994, V. aussi Bibl. ss. art. L. 621-48.

Ancien art. L. 621-51 ***Le créancier, porteur d'engagements souscrits, endossés ou garantis solidairement par deux ou plusieurs coobligés soumis à une procédure de redressement judiciaire, peut déclarer sa créance pour la valeur nominale de son titre, dans chaque procédure.*** – *[L. n° 85-98 du 25 janv. 1985, art. 58.] – Pour l'application à la liquidation judiciaire, V. anc. art. L. 622-14.*

Ancien art. L. 621-52 ***Aucun recours pour les paiements effectués n'est ouvert aux coobligés soumis à une procédure de redressement judiciaire les uns contre les autres à moins que la réunion des sommes versées en vertu de chaque procédure n'excède le montant total de la créance, en principal et accessoire ; en ce cas, cet excédent est dévolu, suivant l'ordre des engagements, à ceux des coobligés qui auraient les autres pour garants.*** – *[L. n° 85-98 du 25 janv. 1985, art. 59.] – Pour l'application à la liquidation judiciaire, V. anc. art. L. 622-14.*

Ancien art. L. 621-53 ***Si le créancier porteur d'engagements solidairement souscrits par le débiteur en état de redressement judiciaire et d'autres coobligés a reçu un acompte sur sa créance avant le jugement d'ouverture, il ne peut déclarer sa créance que sous déduction de cet acompte et conserve, sur ce qui lui reste dû, ses droits contre le coobligé ou la caution.***

Le coobligé ou la caution qui a fait le paiement partiel peut déclarer sa créance pour tout ce qu'il a payé à la décharge du débiteur. – *[L. n° 85-98 du 25 janv. 1985, art. 60.] – Pour l'application à la liquidation judiciaire, V. anc. art. L. 622-14.*

SOUS-SECTION 3 *[ANCIENNE]* *De l'élaboration du bilan économique et social et du projet de plan de redressement de l'entreprise*

BIBL. GÉN. ► BOLARD, *RPC 2003. 252* (élaboration du plan et exercice des voies de recours).

Ancien art. L. 621-54 ***L'administrateur, avec le concours du débiteur et l'assistance éventuelle d'un ou plusieurs experts, est chargé de dresser dans un rapport le bilan économique et social de l'entreprise. Au vu de ce bilan, l'administrateur propose soit un plan de redressement, soit la liquidation judiciaire.***

Le bilan économique et social précise l'origine, l'importance et la nature des difficultés de l'entreprise.

(L. n° 2003-699 du 30 juill. 2003, art. 24-I) ***« Dans le cas où l'entreprise exploite une ou des installations classées au sens du titre I du livre V du code de l'environnement, le bilan économique et social est complété par un bilan environnemental que l'administrateur fait réaliser dans des conditions prévues par décret en conseil d'État. »*** – *V. Décr. n° 85-1388 du 27 déc. 1985, art. 41-1.*

Le projet de plan de redressement de l'entreprise détermine les perspectives de redressement en fonction des possibilités et des modalités d'activités, de l'état du marché et des moyens de financement disponibles.

Il définit les modalités de règlement du passif et les garanties éventuelles que le chef d'entreprise doit souscrire pour en assurer l'exécution.

Ce projet expose et justifie le niveau et les perspectives d'emploi ainsi que les conditions sociales envisagées pour la poursuite d'activité. Lorsque le projet prévoit des licenciements pour motif économique, il rappelle les mesures déjà intervenues et définit les actions à entreprendre en vue de faciliter le reclassement et l'indemnisation des salariés dont l'emploi est menacé.

(L. nº 2003-699 du 30 juill. 2003, art. 24-II) *« Ce projet tient compte des travaux recensés par le bilan environnemental ».* – [L. nº 85-98 du 25 janv. 1985, art. 18.] – V. Décr. nº 85-1388 du 27 déc. 1985, art. 44.

BIBL. ▸ LAUBIE, *RPC 1986, nº 4, p. 19.* - PATIN, *RTD com., nº spéc., 1986. 75.* - PEYRAMAURE, *JCP E 1986. II. 15167.* - ROLLAND, *ibid. 2004, nº 10, p. 369* (à propos de la loi du 30 juill. 2003).

Ancien art. L. 621-55 *Le juge-commissaire peut, nonobstant toute disposition législative ou réglementaire contraire, obtenir communication par les commissaires aux comptes, les membres et représentants du personnel, par les administrations et organismes publics, les organismes de prévoyance et de sécurité sociales, les établissements de crédit ainsi que les services chargés de centraliser les risques bancaires et les incidents de paiement des renseignements de nature à lui donner une exacte information sur la situation économique et financière de l'entreprise.* – [L. nº 85-98 du 25 janv. 1985, art. 19.]

Ancien art. L. 621-56 *L'administrateur reçoit du juge-commissaire tous renseignements et documents utiles à l'accomplissement de sa mission et de celle des experts.*

Lorsque la procédure est ouverte en application de l'article L. 621-3, l'administrateur reçoit communication du rapport d'expertise mentionné à l'article L. 611-3 ou, le cas échéant, du rapport d'expertise et du compte rendu mentionnés aux articles L. 351-3 et L. 351-6 du code rural. – V. ancien art. L. 611-3, et C. rur., art. L. 351-3 et L. 351-6, 2ᵉ partie.

L'administrateur consulte le débiteur et le représentant des créanciers et entend toute personne susceptible de l'informer sur la situation et les perspectives de redressement de l'entreprise, les modalités de règlement du passif et conditions sociales de la poursuite de l'activité.

Il informe de l'avancement de ses travaux le débiteur, le représentant des créanciers ainsi que le comité d'entreprise ou, à défaut, les délégués du personnel. Il les consulte sur les mesures qu'il envisage de proposer au vu des informations et offres reçues. – [L. nº 85-98 du 25 janv. 1985, art. 20.]

Ancien art. L. 621-57 *Dès l'ouverture de la procédure, les tiers sont admis à soumettre à l'administrateur des offres tendant au maintien de l'activité de l'entreprise, selon une ou plusieurs des modalités définies à la section 2 du présent chapitre.*

L'offre ainsi faite ne peut être modifiée ou retirée après la date du dépôt du rapport de l'administrateur. Son auteur reste lié par elle jusqu'à la décision du tribunal arrêtant le plan, à condition que cette dernière intervienne dans le mois du dépôt du rapport. Il ne demeure lié au-delà, et notamment en cas d'appel, que s'il y consent.

Les offres sont annexées au rapport de l'administrateur qui en fait l'analyse.

Ni les dirigeants de la personne morale en redressement judiciaire ni les parents ou alliés jusqu'au deuxième degré inclusivement de ces dirigeants ou du débiteur personne physique ne sont admis, directement ou par personne interposée, à présenter une offre. Lorsqu'il s'agit d'une exploitation agricole, le tribunal peut accorder une dérogation à l'interdiction concernant les parents ou alliés. – [L. nº 85-98 du 25 janv. 1985, art. 21.] – V. Décr. nº 85-1388 du 27 déc. 1985, art. 32 et 44.

BIBL. ▸ COURET, *Dr. et patr. 11/1995. 41* (modifications apportées par la loi du 10 juin 1994). - TEBOUL, *RJ com. 1999. 103* (notion de tiers acquéreur). - CARAMALLI, *D. 2005. 2210* (qualité de tiers repreneur : la candidature des actionnaires).

Ancien art. L. 621-58 *Lorsque l'administrateur envisage de proposer au tribunal un plan de continuation prévoyant une modification du capital, il demande au conseil d'administration, au directoire ou aux gérants, selon le cas, de convoquer l'assemblée générale extraordinaire ou l'assemblée des associés. En cas de besoin, l'administrateur peut convoquer lui-même l'assemblée. La convocation de celle-ci est faite dans les formes et délais prévus par décret en Conseil d'État.* – V. Décr. nº 85-1388 du 27 déc. 1985, art. 33.

Si, du fait des pertes constatées dans les documents comptables, les capitaux propres sont inférieurs à la moitié du capital social, l'assemblée est d'abord appelée à reconstituer ces capitaux à concurrence du montant proposé par l'administrateur et qui ne peut être inférieur à la moitié du capital social. Elle peut également être appelée à décider la réduction et l'augmentation du capital en faveur d'une ou plusieurs personnes qui s'engagent à exécuter le plan.

Les engagements pris par les actionnaires ou associés ou par de nouveaux souscripteurs sont subordonnés dans leur exécution à l'acceptation du plan par le tribunal.

Les clauses d'agrément sont réputées non écrites. — [L. nº 85-98 du 25 janv. 1985, art. 22.]

BIBL. ▶ FEUGÈRE, *Gaz. Pal.* 1988. 1. Doctr. 251. - LE CANNU, *LPA* 16 juin 1993.

Ancien art. L. 621-59 *Lorsque la survie de l'entreprise le requiert, le tribunal, sur la demande de l'administrateur, du procureur de la République ou d'office, peut subordonner l'adoption du plan de redressement de l'entreprise au remplacement d'un ou plusieurs dirigeants.*

A cette fin et dans les mêmes conditions, le tribunal peut prononcer l'incessibilité des actions, parts sociales ou certificats de droit de vote détenus par un ou plusieurs dirigeants de droit ou de fait, rémunérés ou non, et décider que le droit de vote y attaché sera exercé, pour une durée qu'il fixe, par un mandataire de justice désigné à cet effet. Il peut encore ordonner la cession de ces actions ou parts sociales, le prix de cession étant fixé à dire d'expert. — V. Décr. nº 85-1388 du 27 déc. 1985, art. 41 et 52.

Pour l'application du présent article, les dirigeants et les représentants du comité d'entreprise ou, à défaut, des délégués du personnel sont entendus ou dûment appelés. — [L. nº 85-98 du 25 janv. 1985, art. 23.]

BIBL. ▶ DE BERMOND DE VAULX, *Rev. sociétés* 1990. 221. - BARBIÈRI, *RPC* 1991. 153. - CERATI-GAUTHIER, *LPA* 1er-2 janv. 2004, p. 4.

Ancien art. L. 621-60 *Les propositions pour le règlement des dettes sont, au fur et à mesure de leur élaboration et sous la surveillance du juge-commissaire, communiquées par l'administrateur au représentant des créanciers, aux contrôleurs, ainsi qu'au comité d'entreprise ou, à défaut, aux délégués du personnel.*

Le représentant des créanciers recueille individuellement ou collectivement l'accord de chaque créancier qui a déclaré sa créance conformément à l'article L. 621-43, sur les délais et remises qui lui sont proposés. En cas de consultation par écrit, le défaut de réponse dans le délai de trente jours à compter de la réception de la lettre du représentant des créanciers vaut acceptation. Ces dispositions sont applicables aux institutions visées à l'article L. 143-11-4 [L. 3253-14] du code du travail pour les sommes dont elles font l'avance en application du troisième alinéa de l'article L. 621-43, même si leurs créances ne sont pas encore déclarées.

En ce qui concerne les créances du Trésor public, des organismes de sécurité sociale et des institutions régies par le livre IX du code de la sécurité sociale, des remises peuvent être consenties dans les conditions précisées par décret en Conseil d'État. Il en est de même pour les cessions de rang de privilège ou d'hypothèque ou l'abandon de ces sûretés. — V. Décr. nº 85-1388 du 27 déc. 1985, art. 180. — V. aussi CGI, art. 1756, 2e partie ; CSS, art. L. 243-5, 2e partie, et art. R. 243-20. — **CSS.**

Le représentant des créanciers dresse un état des réponses faites par les créanciers. Cet état est adressé à l'administrateur en vue de l'établissement de son rapport. — [L. nº 85-98 du 25 janv. 1985, art. 24.] — V. Décr. nº 85-1388 du 27 déc. 1985, art. 42 s.

Ancien art. L. 621-61 *Le débiteur, le comité d'entreprise ou, à défaut, les délégués du personnel, un contrôleur et le représentant des créanciers sont informés et consultés sur le rapport qui leur est communiqué par l'administrateur.*

Ce rapport est simultanément adressé à l'autorité administrative compétente en matière de droit du travail. Le procès-verbal de la réunion à l'ordre du jour de laquelle a été inscrite la consultation des représentants du personnel est transmis au tribunal ainsi qu'à l'autorité administrative mentionnée ci-dessus.

Le procureur de la République reçoit, sur sa demande, communication du rapport. — [L. nº 85-98 du 25 janv. 1985, art. 25.] — V. Décr. nº 85-1388 du 27 déc. 1985, art. 44 et 45.

SECTION 2 *[ANCIENNE]* ***Du plan de continuation ou de cession de l'entreprise***

BIBL. GÉN. ▶ PÉROCHON, *LPA* 22 déc. 1993 (contrôle des plans de redressement). - JADAUD, *ibid.*, 16 juin 1993 (fiscalité des plans de redressement). - BOY et PIROVANO, *Rev. inter. dr. éco.* 1995. 283 (cession et partition de l'entreprise). - Colloque du CREDA du 13 déc. 1995 (réalités et perspectives des plans de redressement), *JCP E 1996. I. 566.* ▶ Sur la réforme du 10 juin 1994 : Saint-Alary-Houin, *LPA 14 sept. 1994, p. 107.*

SOUS-SECTION 1 *[ANCIENNE]* *Du jugement arrêtant le plan*

Ancien art. L. 621-62 *Après avoir entendu ou dûment appelé le débiteur, l'administrateur, le représentant des créanciers, un contrôleur ainsi que les représentants du comité d'entreprise ou, à défaut, des délégués du personnel, le tribunal statue au vu du rapport de l'administrateur et arrête un plan de redressement ou prononce la liquidation.*

Ce plan organise soit la continuation de l'entreprise, soit sa cession, soit sa continuation assortie d'une cession partielle.

Le plan organisant la cession totale ou partielle de l'entreprise peut inclure une période de location-gérance de tout ou partie du fonds de commerce. Dans ce cas, le contrat de location-gérance comporte l'engagement d'acquérir à son terme. – [L. nº 85-98 du 25 janv. 1985, art. 61.]

Ancien art. L. 621-63 *Le plan désigne les personnes tenues de l'exécuter et mentionne l'ensemble des engagements qui ont été souscrits par elles et qui sont nécessaires au redressement de l'entreprise. Ces engagements portent sur l'avenir de l'activité, les modalités du maintien et du financement de l'entreprise, du règlement du passif né antérieurement au jugement d'ouverture ainsi que, s'il y a lieu, les garanties fournies pour en assurer l'exécution.*

Le plan expose et justifie le niveau et les perspectives d'emploi ainsi que les conditions sociales envisagés pour la poursuite d'activité.

Les personnes qui exécuteront le plan, même à titre d'associés, ne peuvent pas se voir imposer des charges autres que les engagements qu'elles ont souscrits au cours de sa préparation, sous réserve des dispositions prévues aux articles L. 621-58, L. 621-74, L. 621-88, L. 621-91 et L. 621-96. – [L. nº 85-98 du 25 janv. 1985, art. 62.]

Ancien art. L. 621-64 *Lorsque le plan prévoit des licenciements pour motif économique, il ne peut être arrêté par le tribunal qu'après que le comité d'entreprise ou, à défaut, les délégués du personnel ainsi que l'autorité administrative compétente ont été informés et consultés conformément aux dispositions des articles L. 321-8* [L. 1233-60] *et L. 321-9* [L. 1233-58] *du code du travail.*

Le plan précise notamment les licenciements qui doivent intervenir dans le délai d'un mois après le jugement. Dans ce délai, ces licenciements interviennent sur simple notification de l'administrateur, sans préjudice des droits de préavis prévus par la loi, les conventions ou accords collectifs du travail. – [L. nº 85-98 du 25 janv. 1985, art. 63.] – V. Décr. nº 85-1388 du 27 déc. 1985, art. 64.

Ancien art. L. 621-65 *Le jugement qui arrête le plan en rend les dispositions opposables à tous.*

Toutefois, les cautions solidaires et coobligés ne peuvent s'en prévaloir. – [L. nº 85-98 du 25 janv. 1985, art. 64.]

BIBL. ▶ Campana, *Gaz. Pal. 1986. 2. Doctr. 317.* - Liénart, *RPC 1988. 121.* - Frémeaux, *LPA 29 déc. 1997, p. 4* (remises de dettes et plans de règlement). - Nsie, *RPC 1998. 138* (remises de dettes consenties aux débiteurs en difficulté).

Ancien art. L. 621-66 *Sans préjudice de l'application des dispositions de l'article L. 621-76, la durée du plan est fixée par le tribunal. Cette durée est éventuellement prorogée de celle résultant de l'article L. 621-100 ci-après. Elle ne peut excéder dix ans. Lorsque le débiteur est un agriculteur, elle ne peut excéder quinze ans.* – [L. nº 85-98 du 25 janv. 1985, art. 65.] – V. Décr. nº 85-1388 du 27 déc. 1985, art. 96-1.

Avant la loi nº 94-475 du 10 juin 1994, qui a modifié l'art. 65 de la loi nº 85-98 du 25 janv. 1985 (désormais codifié à l'ancien art. L. 621-66), aucune disposition ne limitait la durée du plan. – Pour l'entrée en vigueur de cette loi, V. note ss. ancien art. L. 620-1.

Ancien art. L. 621-67 *Le tribunal fixe la mission de l'administrateur et lui attribue les pouvoirs nécessaires à la mise en œuvre du plan.*

Le représentant des créanciers demeure en fonction pendant le temps nécessaire à la vérification des créances. – [L. nº 85-98 du 25 janv. 1985, art. 66.]

Ancien art. L. 621-68 *Le tribunal nomme pour la durée fixée à l'article L. 621-66 à laquelle s'ajoute éventuellement celle résultant des dispositions de l'article L. 621-100 ci-après un commissaire chargé de veiller à l'exécution du plan. L'administrateur ou le représentant des créanciers peut être nommé à cette fonction. Le commissaire à l'exécution du plan peut être remplacé par le tribunal soit d'office, soit à la demande du procureur de la République.* – V. ancien art. L. 621-90.

Les actions introduites avant le jugement qui arrête le plan soit par l'administrateur, soit par le représentant des créanciers, sont poursuivies par le commissaire à l'exécution du plan.

Le commissaire à l'exécution du plan peut se faire communiquer tous les documents et informations utiles à sa mission.

Il rend compte au président du tribunal et au procureur de la République du défaut d'exécution du plan. Il en informe le comité d'entreprise ou, à défaut, les délégués du personnel. – [L. nº 85-98 du 25 janv. 1985, art. 67.]

(L. nº 2003-7 du 3 janv. 2003, art. 43) « *Toute somme perçue par le commissaire à l'exécution du plan est immédiatement versée en compte de dépôt à la Caisse des dépôts et consignations. En cas de retard, le commissaire à l'exécution du plan doit, pour les sommes qu'il n'a pas versées, un intérêt dont le taux est égal au taux de l'intérêt légal majoré de cinq points.* »

Pour l'insaisissabilité des sommes versées à la Caisse des dépôts et consignations, V. ancien art. L. 627-1.

BIBL. ▶ Bolard, *Mél. Honorat, Frison-Roche, 2000, p. 27.* - Brill-Venkatasamy, *RJ com. 1994. 1* (sort des actions en responsabilité à l'encontre des tiers non dirigeants après l'adoption d'un plan de redressement). - Soinne, *RPC 2001. 163 ; ibid. 2003. 3 ; LPA 15 janv. 2002, p. 4 ; ibid. 16 janv. 2002, p. 8 ; ibid. 17 janv. 2002, p. 13* (répartition des pouvoirs entre les organes de la procédure). - Montéran et Le Bourgeois, *RPC 2003. 294* (pouvoirs du commissaire à l'exécution du plan). - Le Corre, *Gaz. Pal. 29-30 déc. 2004* (durée des fonctions du commissaire à l'exécution du plan).

Ancien art. L. 621-69 *Une modification substantielle dans les objectifs et les moyens du plan ne peut être décidée que par le tribunal, à la demande du chef d'entreprise et sur le rapport du commissaire à l'exécution du plan.* – V. Décr. nº 85-1388 du 27 déc. 1985, art. 95 et 108.

Le tribunal statue après avoir entendu ou dûment appelé les parties, les représentants du comité d'entreprise ou, à défaut, des délégués du personnel et toute personne intéressée.

Toutefois, en cas de cession de l'entreprise, le montant du prix tel qu'il a été fixé dans le jugement arrêtant le plan ne peut être modifié. – [L. nº 85-98 du 25 janv. 1985, art. 68.]

Ancien art. 68 (al. 3) de la loi du 25 janv. 1985 [*rédaction antérieure à L. nº 94-475 du 10 juin 1994*] *Toutefois, sous réserve des dispositions du second alinéa de l'article 98, en cas de cession de l'entreprise, le montant du prix tel qu'il est fixé dans le jugement arrêtant le plan ne peut pas être modifié.* – Pour l'entrée en vigueur de la loi du 10 juin 1994, V. note ss. ancien art. L. 620-1.

SOUS-SECTION 2 *[ANCIENNE]* De la continuation de l'entreprise

BIBL. GÉN. ▶ Chaput, *JCP E 1986. II. 14693.* - Reigné et Amoros, *BJB 2001. 7* (emprunt obligataire et plan de continuation de l'émetteur).

Ancien art. L. 621-70 *Le tribunal décide, sur le rapport de l'administrateur, la continuation de l'entreprise lorsqu'il existe des possibilités sérieuses de redressement et de règlement du passif.*

Cette continuation est accompagnée, s'il y a lieu, de l'arrêt, de l'adjonction ou de la cession de certaines branches d'activité. Les cessions faites en application du présent article sont soumises aux dispositions des articles L. 621-84 à L. 621-93 et L. 621-96. – [L. nº 85-98 du 25 janv. 1985, art. 69.] – V. Décr. nº 85-1388 du 27 déc. 1985, art. 27.

Ancien art. L. 621-71 *Lorsque le débiteur fait l'objet d'une interdiction d'émettre des chèques conformément à l'article 65-3 du décret-loi du 30 octobre 1935 unifiant le droit en matière de chèques et relatif aux cartes de paiement* [C. mon. fin., art. L. 131-73], *mise en œuvre à l'occasion du rejet d'un chèque émis avant le jugement d'ouverture de la procédure, le tribunal peut prononcer la suspension des effets de cette mesure pour une durée ne pouvant excéder les délais arrêtés en application de l'article L. 621-76 ou de l'article L. 621-77, selon le cas.*

La décision du tribunal prononçant, en application de l'article L. 621-82, la résolution du plan met fin de plein droit à la suspension des effets de l'interdiction.

Le respect des échéances et des modalités prévues par le plan vaut régularisation de l'incident au sens de l'article 65-3 du décret-loi du 30 octobre 1935 précité [C. mon. fin., art. L. 131-73]. – [L. nº 85-98 du 25 janv. 1985, art. 69-1.] – V. Décr. nº 85-1388 du 27 déc. 1985, art. 103-1.

L'art. 69-1 de la loi nº 85-98 du 25 janv. 1985, codifié à l'ancien art. L. 621-71, était issu de la loi nº 94-475 du 10 juin 1994. – Pour l'entrée en vigueur de cette loi, V. note ss. ancien art. L. 620-1.

Ancien art. L. 621-72 *Dans le jugement arrêtant le plan ou le modifiant, le tribunal peut décider que les biens qu'il estime indispensables à la continuation de l'entreprise ne pourront être aliénés, pour une durée qu'il fixe, sans son autorisation.*

La publicité de l'inaliénabilité temporaire est assurée pour les immeubles conformément aux dispositions de l'article 28 du décret n° 55-22 du 4 janvier 1955 portant réforme de la publicité foncière et pour les biens mobiliers d'équipement au greffe du tribunal dans les conditions prévues par décret en Conseil d'État. – V. ledit art. 28 au **C. civ.**, et Décr. n° 51-194 du 17 févr. 1951, art. 8 à 11, aux éd. 2007 et antérieures du **C. com.** – V. aussi Décr. n° 85-1388 du 27 déc. 1985, art. 87-1.

Tout acte passé en violation des dispositions du premier alinéa est annulé à la demande de tout intéressé, présentée dans le délai de trois ans à compter de la conclusion de l'acte. Lorsque l'acte est soumis à publicité, le délai court à compter de celle-ci. – [L. n° 85-98 du 25 janv. 1985, art. 70.]

§ 1 [ANCIEN] De la modification des statuts des personnes morales

BIBL. ▶ LE CANNU, *LPA 16 juin 1993.*

Ancien art. L. 621-73 *Le plan mentionne les modifications des statuts nécessaires à la continuation de l'entreprise.* – [L. n° 85-98 du 25 janv. 1985, art. 71.]

Ancien art. L. 621-74 *Le jugement qui arrête le plan donne mandat à l'administrateur de convoquer, dans les formes et délais fixés par décret en Conseil d'État, l'assemblée compétente pour mettre en œuvre les modifications prévues par le plan.* – [L. n° 85-98 du 25 janv. 1985, art. 72.] – V. Décr. n° 85-1388 du 27 déc. 1985, art. 99.

Ancien art. L. 621-75 *Les associés ou actionnaires sont tenus de libérer le capital qu'ils souscrivent dans le délai fixé par le tribunal. En cas de libération immédiate, ils peuvent bénéficier de la compensation à concurrence du montant de leurs créances admises et dans la limite de la réduction dont elles sont l'objet dans le plan sous forme de remises ou de délais.* – [L. n° 85-98 du 25 janv. 1985, art. 73.]

§ 2 [ANCIEN] Des modalités d'apurement du passif

Ancien art. L. 621-76 *Le tribunal donne acte des délais et remises acceptés par les créanciers dans les conditions prévues aux deuxième et troisième alinéas de l'article L. 621-60. Ces délais et remises peuvent, le cas échéant, être réduits par le tribunal. Pour les autres créanciers, le tribunal impose des délais uniformes de paiement, sous réserve, en ce qui concerne les créances à terme, des délais supérieurs stipulés par les parties avant l'ouverture de la procédure.*

Les délais peuvent excéder la durée du plan. Le premier paiement ne peut intervenir au-delà d'un délai d'un an.

Pour les contrats de crédit-bail, ces délais prennent fin si, avant leur expiration, le crédit preneur lève l'option d'achat. Celle-ci ne peut être levée si, sous déduction des remises acceptées, l'intégralité des sommes dues en vertu du contrat n'a pas été réglée. – [L. n° 85-98 du 25 janv. 1985, art. 74.] – V. Décr. n° 85-1388 du 27 déc. 1985, art. 96-1 et 102-1.

Ancien art. L. 621-77 *Le plan peut prévoir un choix pour les créanciers comportant un paiement dans des délais uniformes plus brefs mais assorti d'une réduction proportionnelle du montant de la créance.*

Dans ce cas, les délais ne peuvent excéder la durée du plan.

La réduction de créance n'est définitivement acquise qu'après versement, au terme fixé, de la dernière échéance prévue par le plan. – [L. n° 85-98 du 25 janv. 1985, art. 75.]

Ancien art. L. 621-78 *I. – Par dérogation aux dispositions des articles L. 621-76 et L. 621-77, ne peuvent faire l'objet de remises ou de délais :*

1° Les créances garanties par le privilège établi aux articles L. 143-10, L. 143-11, L. 742-6 et L. 751-15 du code du travail ;

2° Les créances résultant d'un contrat de travail garanties par les privilèges prévus au 4° de l'article 2101 et au 2° de l'article 2104 [2375] du code civil lorsque le montant de celles-ci n'a pas été avancé par les institutions mentionnées à l'article L. 143-11-4 [L. 3253-14] du code du travail ou n'a pas fait l'objet d'une subrogation.

II. – Dans la limite de 5 % du passif estimé, les créances les plus faibles prises dans l'ordre croissant de leur montant et sans que chacune puisse excéder un montant fixé par décret, sont remboursées sans remise ni délai. Cette disposition ne s'applique pas lorsque le montant des créances détenues par une même personne excède un dixième du pourcentage ci-dessus fixé ou lorsqu'une subrogation a été consentie ou un paiement effectué pour autrui. – [L. n° 85-98 du 25 janv. 1985, art. 76.] – V. Décr. n° 85-1388 du 27 déc. 1985, art. 101.

Ancien art. L. 621-79 *L'inscription d'une créance au plan et l'octroi de délais ou remises par le créancier ne préjugent pas l'admission définitive de la créance au passif.*

Les sommes à répartir correspondant aux créances litigieuses ne sont versées qu'à compter de l'admission définitive de ces créances au passif. Toutefois, la juridiction saisie du litige peut décider que le créancier participera à titre provisionnel, en tout ou partie, aux répartitions faites avant l'admission définitive.

Sauf disposition législative contraire ou si le plan n'en dispose autrement, les paiements prévus par le plan sont portables. – [L. n° 85-98 du 25 janv. 1985, art. 77.]

BIBL. ▶ HUILLE, *Gaz. Pal. 2001. Doctr. 298* (répartitions provisionnelles).

Ancien art. L. 621-80 *En cas de vente d'un bien grevé d'un privilège spécial, d'un nantissement ou d'une hypothèque, les créanciers bénéficiaires de ces sûretés ou titulaires d'un privilège général sont payés sur le prix après le paiement des créances garanties par le privilège établi aux articles L. 143-10, L. 143-11, L. 742-6 et L. 751-15 [L. 7313-8] du code du travail.*

Ils reçoivent les dividendes à échoir d'après le plan, réduits en fonction du paiement anticipé, suivant l'ordre de préférence existant entre eux.

Si un bien est grevé d'un privilège, d'un nantissement ou d'une hypothèque, une autre garantie peut lui être substituée en cas de besoin, si elle présente des avantages équivalents. En l'absence d'accord, le tribunal peut ordonner cette substitution. – [L. n° 85-98 du 25 janv. 1985, art. 78.] – V. Décr. n° 85-1388 du 27 déc. 1985, art. 100, 102 et 155.

Ancien art. L. 621-81 *En cas de cession partielle d'actifs, le prix est versé à l'entreprise sous réserve de l'application de l'article L. 621-80.* – [L. n° 85-98 du 25 janv. 1985, art. 79.]

Ancien art. L. 621-82 *Si le débiteur n'exécute pas ses engagements dans les délais fixés par le plan, le tribunal peut, d'office ou à la demande d'un créancier, le commissaire à l'exécution du plan entendu, prononcer la résolution du plan et l'ouverture d'une procédure de liquidation judiciaire.*

Le tribunal peut également être saisi à la demande du commissaire à l'exécution du plan ou du procureur de la République.

Les créanciers soumis au plan déclarent l'intégralité de leurs créances et sûretés, déduction faite des sommes perçues. – [L. n° 85-98 du 25 janv. 1985, art. 80.] – V. Décr. n° 85-1388 du 27 déc. 1985, art. 103-1, al. 3.

BIBL. ▶ FRISON-ROCHE, *RPC 1994. 339* (sort des engagements non financiers). - SEUBE, *JCP E 1999, n° 13, p. 564* (effets de la résolution). - FEUGÈRE, *JCP E 2001, n° 26, p. 1078* (le plan de continuation : de la résolution à la caducité).

1. Décision judiciaire. L'inexécution du plan de redressement par le débiteur n'entraîne pas de plein droit à l'échéance la résolution de ce plan, laquelle doit être judiciairement prononcée, peu important que la durée du plan soit expirée. • Com. 15 févr. 2005 : *RJDA 2005, n° 733.*

2. Domaine d'application. La résolution du plan de continuation doit être prononcée en l'absence de règlement du passif à l'échéance fixée, sans qu'il soit nécessaire qu'il y ait eu mise en demeure du débiteur. • Com. 9 déc. 1997, ⚖ n° 95-14.082 P. ♦ Constitue une inexécution du plan de continuation de l'entreprise, justifiant sa résolution, le défaut de paiement à l'échéance d'une créance fiscale visée au CGI qui, n'étant pas quérable selon l'art. 1680 de ce code, dont l'anc. art. 77, al. 3, de la loi du 25 janv. 1985 réservait l'application, n'avait pas à faire l'objet, avant la demande de résolution du plan, d'une réclamation de la part du comptable du Trésor. • Com. 2 févr. 1993, ⚖ n° 89-14.999 P. ♦ En revanche, en présence d'un plan de continuation précisant expressément que chaque annuité serait calculée en fonction du montant du passif vérifié et admis, il ne peut être reproché au débiteur une infraction au plan de redressement suffisamment sérieuse pour entraîner sa résolution, dès lors que, le passif vérifié et admis n'ayant été établi que courant octobre 1996, le montant de chaque annuité, et en conséquence de chaque provision mensuelle, n'était pas connu avant octobre 1996. • Besançon, 29 avr. 1998 : *RJ com. 1999. 358, note Haennig.* – Dans le même sens, V. • Com. 8 juin 1999 : ⚖ *RJDA 1999, n° 1108 ; RTD com. 2000. 449, obs. Saint-Alary-Houin* ✎. ♦ En ce sens que lorsque l'entreprise est viable, la résolution du plan de continuation doit être écartée au profit de sa modification, V. • Rouen, 10 juin 1999 : *APC 2000, n° 156 ; RPC 2001. 79, obs. Soinne* • Toulouse, 31 mars 2005 : *RJDA 2006, n° 677.*

3. Sur la recevabilité d'une demande du commissaire à l'exécution du plan de résolution de ce dernier, motivée par le refus de l'assemblée des associés de voter les modifications de statuts prévues par le plan, V. • Com. 15 janv. 1991 : ⚖ *cité note 33 ss. art. L. 626-25.*

4. Pour l'application de l'art. 80 [C. com., art. L. 621-82] à la résolution du plan de continuation consécutive à la cessation des paiements du bénéficiaire du plan, V. • Com. 4 janv. 2000 : ⚖ *cité* *note 15* • 10 mai 2005, n° 03-18.797 P : *D. 2005. AJ 1413, obs. Lienhard ; APC 2005, n° 123, obs. Regnaut-Moutier ; JCP E 2005, n° 36, p. 1423, obs. Cabrillac ; Gaz. Pal. 6-7 juill. 2005, p. 17, obs. Voinot ; ibid. 4-5 nov. 2005, p. 15, obs. Lebel.* – V. déjà • Paris, 19 févr. 1991 : *D. 1995. Somm. 8, obs. crit. Derrida*. – V. aussi • Com. 27 oct. 1998 : *cité note 15* • Cass., avis, 10 juill. 2000, n° 02-02.000 P : *D. 2000. AJ 404, note Lienhard ; APC 2000, n° 225, obs. Regnaut-Moutier ; JCP E 2001, n° 4, p. 175, obs. Cabrillac et Pétel ; RTD com. 2001. 219, obs. Saint-Alary-Houin* • Com. 11 déc. 2007 : *APC 2008, n° 12, obs. Vallansan.* ♦ Sur la distinction entre l'inexécution du jugement d'arrêté de plan, qui entraîne la résolution, et l'apparition de nouvelles dettes impayées, pouvant entraîner l'ouverture d'une nouvelle procédure, V. Soinne, *RPC 1996. 449.*

5. *Juridiction compétente.* Sur la compétence du tribunal qui a ouvert la procédure pour prononcer la résolution du plan, V. • Paris, 26 janv. 1989 : *D. 1989. Somm. 215, obs. Honorat* • Poitiers, 2 avr. 1996 : *BICC 1996, n° 900 ; JCP E 1996. II. 857, note Daigre ; RPC 1996. 450, obs. Soinne.*

6. *Audition du commissaire à l'exécution du plan.* En ce sens que le débiteur ne peut reprocher aux juges du fond d'avoir prononcé la résolution du plan sans que le commissaire à l'exécution du plan ait été préalablement entendu, dès lors qu'il n'invoque aucun grief tiré du défaut d'accomplissement de cette formalité, V. • Com. 27 oct. 1998 : *cité note 15.*

7. *Ouverture d'une nouvelle procédure.* La constatation de l'état de cessation des paiements n'est pas une condition nécessaire de l'ouverture d'une nouvelle procédure de redressement judiciaire [de liquidation judiciaire, depuis la loi du 10 juin 1994] consécutive à la résolution du plan de continuation. • Com. 23 mai 1995, n° 92-19.088 P • 27 oct. 1998 : *Dr. sociétés 1999, n° 9, obs. Chaput.* ♦ Sur la fixation de la date de cessation des paiements dans le cadre de la nouvelle procédure, V. • Colmar, 22 nov. 1989 : *RPC 1991. 314, obs. Soinne.*

8. Lorsque, à la suite de la résolution du plan de continuation, le tribunal ouvre, en application de l'art. 80 [C. com., art. L. 621-82], une nouvelle procédure de redressement judiciaire [de liquidation judiciaire, désormais], il n'y a pas lieu de distinguer entre les créanciers dont la créance est antérieure à l'ouverture de la première procédure et ceux dont la créance est née entre le jugement arrêtant le plan et le jugement prononçant sa résolution, • Com. 2 avr. 1996, n° 93-11.058 P : *D. 1997. Somm. 77, obs. Honorat* • Dijon, 17 nov. 1998 : *Gaz. Pal. 2000. Somm. 352.* ♦ Aussi, dès lors qu'un commandement de payer avait été délivré avant la résolution du plan de redressement, et qu'à la date du jugement d'ouverture de la seconde procédure collective, l'acquisition de la clause résolutoire pour défaut de paiement des loyers antérieurs n'avait encore été constatée par aucune décision passée en force de chose jugée, il en résulte qu'en vertu de l'art. 47 [C. com., art. L. 621-40], le jugement d'ouverture de la seconde procédure avait suspendu l'action tendant à la résiliation du contrat de bail pour défaut de paiement des loyers échus avant son prononcé. • Com. 2 avr. 1996 : *préc.*

9. Sous réserve de la décision concernant la régularité de la déclaration dans la première procédure collective, l'admission ou le rejet de la créance dans cette procédure collective n'a pas autorité de la chose jugée dans la seconde procédure collective ouverte à l'encontre du même débiteur suite à la résolution du plan de continuation. • Com. 3 déc. 2003, n° 02-14.474 P : *D. 2004. AJ 62 ; APC 2004, n° 15, obs. Regnaut-Moutier ; Gaz. Pal. 2003. 480, note Le Corre ; JCP E 2004, n° 22, p. 858, obs. Pétel ; RDBF 2004, n° 78, obs. F.-X. Lucas ; RTD com. 2004. 373, obs. Martin-Serf*. – Dans la même affaire, V. • Cass., Ass. plén., 10 avr. 2009, n° 08-10.154 P : *BICC 15 juin 2009, rapp. Crédeville et avis Bornet ; D. 2009. AJ 1138 ; RTD com. 2010. 423, obs. Martin-Serf ; APC 2009, n° 141, obs. Cagnoli ; Procédures 2009, n° 197, obs. Rolland ; LEDEN 6/2009. 3, obs. Staes ; JCP E 2009. 1814, n° 9, obs. Pétel ; Dr. et patr. 9/2009. 114, obs. Monsèrié-Bon ; RJDA 2009, n° 869 (1re esp.) ; RPC 2010, n° 1, obs. Gorrias et Manie.* ♦ Les créances déclarées au passif de la liquidation judiciaire ouverte après résolution du plan de continuation sont soumises à la procédure de vérification et d'admission des créances propre à cette nouvelle procédure, distincte de la procédure de redressement judiciaire initiale. • Com. 27 mars 2007, n° 06-10.267 P : *D. 2007. AJ 1145, obs. Lienhard ; APC 2007, n° 86, obs. Regnaut-Moutier ; RPC 2007. 138, obs. Staes.*

10. En l'absence de décision du juge de la première procédure collective sur la créance déclarée dans cette procédure, le juge de la seconde procédure collective ouverte à l'encontre du même débiteur après résolution du plan doit statuer sur la régularité de la déclaration de créance effectuée dans la première procédure collective, et, le cas échéant, constater l'extinction de la créance. • Com. 13 févr. 2007, n° 05-17.676 P : *D. 2007. AJ 661, obs. Lienhard ; JCP E 2007. 1450, n° 11, obs. Pétel ; Gaz. Pal. 13-14 avr. 2007, p. 48, obs. Le Corre-Broly ; RDBF 2007, n° 72, obs. F.-X. Lucas ; RTD com. 2007. 448, obs. Martin-Serf*.

11. L'AGS, légalement subrogée dans les droits des salariés au titre des avances effectuées pour leurs créances superprivilégiées dans le cadre de la première procédure, ne perd pas le bénéfice de cette subrogation du fait de l'ouverture de la seconde procédure et demeure en conséquence dispensée de l'obligation de déclarer cette créance. • Com. 3 févr. 2009, n° 07-19.631 P : *D. 2009. AJ 495 ; RTD com. 2010. 189, obs. Saint-Alary-Houin ; JCP E 2009. 1347, n° 3, obs.*

Pétel ; Gaz. Pal. 26-28 avr. 2009, p. 39, obs. Duprat ; RJDA 2009, n° 763 ; Dr. et patr. 9/2009. 111, obs. Monsèrié-Bon. ♦ V. aussi • Poitiers, 23 avr. 1996 : *D. 1996. Somm. 284, obs. Honorat.*

12. Sur le sort : des créances nées entre l'ouverture de la première procédure et la date à laquelle le plan de continuation a été arrêté, V. aussi notes 85 et 86 ss. anc. art. L. 621-32 et note 31 ss. anc. art. L. 621-46. ♦ ... Des réductions de créances consenties dans le cadre du plan, V. note 2 ss. art. L. 626-19. ♦ Sur les effets du défaut de déclaration dans la première procédure collective, V. note 23 ss. anc. art. L. 621-46.

13. Sur la fin de la suspension des effets d'une éventuelle interdiction d'émettre des chèques, V. anc. art. L. 621-71, al. 2.

14. Sur l'effet dévolutif de l'appel, V. • Com. 27 oct. 1998 : *RTD com. 1999. 959, obs. Saint-Alary-Houin.*

15. Application dans le temps des dispositions modifiées par la loi du 10 juin 1994. La procédure collective, ouverte postérieurement à l'entrée en vigueur de la loi du 10 juin 1994, à la suite de la résolution du plan de continuation pour inexécution des engagements contenus dans le plan, reste soumise aux dispositions de l'art. 80, dans sa rédaction initiale. • Com. 4 janv. 2000, n° 97-10.011 P : *D. 2000. AJ 71, obs. Avena-Robardet ; APC 2000, n° 22, obs. Regnaut-Moutier ; JCP E 2000, n°s 21-22, p. 849, note Le Corre ; RTD com. 2000. 450, obs. Saint-Alary-Houin ; LPA 9 août 2000, p. 15, note Gallet ; ibid., 30 oct. 2000, p. 12, note Courtier* • 2 mai 2001 : *D. 2001. AJ 1727, obs. Lienhard.* ♦ Par suite, seul un créancier ou un groupe de créanciers représentant au moins quinze pour cent des créances peut saisir le tribunal aux fins de résolution du plan et le tribunal ne peut prononcer la liquidation judiciaire qu'après avoir ouvert une procédure de redressement judiciaire. • Mêmes arrêts.

En revanche, lorsque c'est sur la déclaration de l'état de cessation des paiements du débiteur, en cours d'exécution du plan de continuation, que le tribunal prononce la résolution du plan et ouvre une nouvelle procédure collective, cette procédure doit être soumise aux dispositions de la loi du 10 juin 1994. • Com. 4 janv. 2000, n° 96-17.802 P : *D. 2000. AJ 71, obs. Avena-Robardet ; APC 2000, n° 22, obs. Regnaut-Moutier ; JCP E 2000, n° 17, p. 699, obs. Cabrillac et Pétel ; RTD com. 2000. 450, obs. Saint-Alary-Houin.* – V. déjà • Com. 27 oct. 1998, n° 96-20.325 P : *D. 2000. Somm. 67, obs. Pérochon et Mainguy ; APC 1998, n° 162 ; Dr. sociétés 1999, n° 40, obs. Chaput ; RTD com. 1999. 958, obs. Saint-Alary-Houin.*

16. Sort des garanties souscrites par le dirigeant. Sur l'exécution de l'engagement de caution après résolution du plan et ouverture d'une nouvelle procédure collective, V. • Com. 8 juill. 2008, n° 07-13.274 P : *D. 2008. Chron. C. cass. 2750, obs. Bélaval ; ibid. AJ 1991, obs. Lienhard ; Dr. sociétés 2008, n° 227, note Legros ; JCP E 2008. 2493, n° 6, obs. Simler ; RTD com. 2008. 864, obs. Martin-Serf ; RPC 2009, n° 6, obs. Fraimout.* ♦ Sur le maintien des garanties à première demande, V. • Orléans, 25 juin 2009 : *RPC 2010, n° 168, obs. Fraimout.*

17. Responsabilité civile. L'inexécution d'un engagement pris dans le cadre du plan de continuation d'une entreprise constitue en principe une faute qui autorise le mandataire de justice à mettre en cause la responsabilité de la partie défaillante pour obtenir réparation du préjudice constitué par la liquidation judiciaire qui s'en est suivie, indépendamment des actions et mesures prévues par la loi du 25 janv. 1985 [désormais codifiée au C. com.] dans un tel cas. Toutefois, le bien-fondé de cette action suppose la démonstration que, sans cette faute, la liquidation judiciaire aurait été évitée et que l'exécution du plan se serait poursuivie dans les conditions arrêtées par le tribunal. • Paris, 30 oct. 1992 : *RJDA 1993, n° 446.*

SOUS-SECTION 3 *[ANCIENNE]* *De la cession de l'entreprise*

§ 1 *[ANCIEN]* *Dispositions générales*

Ancien art. L. 621-83 ***Au vu du rapport établi par l'administrateur, le tribunal peut ordonner la cession de l'entreprise.*** – *V. Décr. n° 85-1388 du 27 déc. 1985, art. 27 et 104.*

La cession a pour but d'assurer le maintien d'activités susceptibles d'exploitation autonome, de tout ou partie des emplois qui y sont attachés et d'apurer le passif.

Elle peut être totale ou partielle. Dans ce dernier cas, elle porte sur un ensemble d'éléments d'exploitation qui forment une ou plusieurs branches complètes et autonomes d'activités.

En l'absence de plan de continuation de l'entreprise, les biens non compris dans le plan de cession sont vendus et les droits et actions du débiteur sont exercés par le commissaire à l'exécution du plan selon les modalités prévues au chapitre II. – *[L. n° 85-98 du 25 janv. 1985, art. 81.]*

§ 2 *[ANCIEN] Des modalités de réalisation de la cession*

Ancien art. L. 621-84 *La cession ne peut être ordonnée que si elle porte sur un ou plusieurs ensembles au sens de l'article L. 621-83.*

Le tribunal statue sur la composition de ces ensembles.

Lorsqu'un ensemble est essentiellement constitué du droit à un bail rural, le tribunal peut, sous réserve des droits à indemnité du preneur sortant mais nonobstant les autres dispositions du statut du fermage, soit autoriser le bailleur, son conjoint ou l'un de ses descendants à reprendre le fonds pour l'exploiter, soit attribuer le bail rural à un autre preneur proposé par le bailleur ou, à défaut, à tout repreneur dont l'offre a été recueillie dans les conditions fixées aux articles L. 621-85, L. 621-86 et L. 621-87. Toutefois, lorsque plusieurs offres ont été recueillies, le tribunal tient compte des dispositions contenues aux 1°, 2°, 3° et 4° de l'article L. 331-7 du code rural. Dans tous les cas, les dispositions relatives au contrôle des structures agricoles ne sont pas applicables. – [L. n° 85-98 du 25 janv. 1985, art. 82.] – V. Décr. n° 85-1388 du 27 déc. 1985, art. 157, al. 2.

Ancien art. L. 621-85 *I. – Toute offre doit être communiquée à l'administrateur dans le délai qu'il a fixé et qu'il a porté à la connaissance du représentant des créanciers et des contrôleurs. Sauf accord entre le débiteur, le représentant des salariés, le représentant des créanciers et les contrôleurs, un délai de quinze jours au minimum doit s'étendre entre la réception d'une offre par l'administrateur et l'audience au cours de laquelle le tribunal examine cette offre. Toute offre comporte l'indication :*

1° Des prévisions d'activité et de financement ;

2° Du prix de cession et de ses modalités de règlement ;

3° De la date de réalisation de la cession ;

4° Du niveau et des perspectives d'emploi justifiés par l'activité considérée ;

5° Des garanties souscrites en vue d'assurer l'exécution de l'offre ;

6° Des prévisions de cession d'actifs au cours des deux années suivant la cession. – V. Décr. n° 85-1388 du 27 déc. 1985, art. 108.

II. – Le juge-commissaire peut demander des indications complémentaires.

III. – L'administrateur informe les personnes mentionnées au premier alinéa du contenu des offres reçues. – [L. n° 85-98 du 25 janv. 1985, art. 83.]

BIBL. ▸ Wernert, *JCP E 1999, n° 3, p. 111.*

Ancien art. L. 621-86 *L'administrateur donne au tribunal tout élément permettant de vérifier le caractère sérieux de l'offre ainsi que la qualité de tiers de son auteur.* – [L. n° 85-98 du 25 janv. 1985, art. 84.]

Ancien art. L. 621-87 *Le tribunal retient l'offre qui permet dans les meilleures conditions d'assurer le plus durablement l'emploi attaché à l'ensemble cédé et le paiement des créanciers.* – [L. n° 85-98 du 25 janv. 1985, art. 85.]

Ancien art. L. 621-88 *Le tribunal détermine les contrats de crédit-bail, de location ou de fournitures de biens ou services nécessaires au maintien de l'activité au vu des observations des cocontractants du débiteur transmises par l'administrateur.*

Le jugement qui arrête le plan emporte cession de ces contrats même lorsque la cession est précédée de la location-gérance prévue à l'article L. 621-97.

Ces contrats doivent être exécutés aux conditions en vigueur au jour de l'ouverture de la procédure, nonobstant toute clause contraire, sous réserve des délais de paiement que le tribunal, le cocontractant entendu ou dûment appelé, peut imposer pour assurer la poursuite de l'activité.

En cas de cession d'un contrat de crédit-bail, ces délais prennent fin si, avant leur expiration, le crédit preneur lève l'option d'achat. Cette option ne peut être levée qu'en cas de paiement des sommes restant dues dans la limite de la valeur du bien fixée d'un commun accord entre les parties ou, à défaut, par le tribunal à la date de la cession. – [L. n° 85-98 du 25 janv. 1985, art. 86.] – V. Décr. n° 85-1388 du 27 déc. 1985, art. 105, 105-2 et 157. – Pour l'entrée en vigueur des dispositions de l'al. 3, issues de la loi n° 94-475 du 10 juin 1994, V. note ss. ancien art. L. 620-1.

BIBL. ▸ Mestre, *RTD civ. 1987. 532.* - Calendini, *RJ com. nov. 1992. 110* (détermination des contrats cédés). - Delebecque, *ibid. nov. 1992. 134* (régime des contrats cédés). - Le Corre-Broly, *LPA 10 juin 1996, p. 4* (régime de la levée de l'option d'achat du contrat de crédit-bail cédé). - Bac, *JCP E 2000, n° 1-2, p. 22* (situation de la caution). - Brunetti-Pons, *RTD com. 2000. 783* ✎ (spécificité du régime des contrats en cours). - Le Corre, *AJDI 2002. 437* ✎ (cession du bail commercial). - Berger, *D. 2003. Chron. 1682* ✎ (sort de la caution).

Ancien art. L. 621-89 *En exécution du plan arrêté par le tribunal, l'administrateur passe tous les actes nécessaires à la réalisation de la cession.*

Dans l'attente de l'accomplissement de ces actes, l'administrateur peut, sous sa responsabilité, confier au cessionnaire la gestion de l'entreprise cédée. – [*L. n° 85-98 du 25 janv. 1985, art. 87.*]

BIBL. ► H. Bureau, *JCP E 1999, n° 27-28, p. 1182.*

Ancien art. L. 621-90 *La mission du commissaire à l'exécution du plan dure jusqu'au paiement intégral du prix de cession, par exception à l'article L. 621-68.* – [*L. n° 85-98 du 25 janv. 1985, art. 88.*]

1. Durée des fonctions. **BIBL.** Le Corre, *Gaz. Pal. 29-30 déc. 2004.* ♦ Lorsque le jugement arrêtant le plan de cession ne fixe pas de durée au plan, la mission du commissaire à l'exécution du plan dure jusqu'à la clôture de la procédure, sans qu'elle puisse excéder dix ans, ou, si le débiteur est un agriculteur, quinze ans. • Com. 10 mars 2004, n° 02-17.820 P : *D. 2004. AJ 949, obs. Lienhard ; APC 2004, n° 98, obs. Regnaut-Moutier ; JCP E 2004, n° 37, p. 1385, obs. Cabrillac* • 20 oct. 2009, n° 08-16.935 P : *D. 2009. AJ 2610, obs. Lienhard ; RTD com. 2010. 190, obs. Saint-Alary-Houin ; APC 2009, n° 298, obs. F.-X. Lucas ; JCP E 2010. 1011, n° 5, obs. Cabrillac ; RJDA 2010, n° 269.* – Dans le même sens, V. • Crim. 23 mars 2005, n° 04-80.703 P : *D. 2005. AJ 1228, obs. Lienhard ; Rev. sociétés 2005. 888, note Bouloc.* ♦ Lorsque le jugement arrêtant le plan de cession ne fixe pas de durée au plan, la mission du commissaire à l'exécution du plan dure jusqu'à la clôture de la procédure, si celle-ci a été ouverte avant l'entrée en vigueur de la loi du 10 juin 1994. • Com. 10 mars 2004, n° 01-12.915 P : *ibid. ; RDBF 2004, n° 175, obs. F.-X. Lucas.*

2. L'art. 88 [C. com., art. L. 621-90] ne peut être interprété dans le sens qu'il réduit la durée de la mission dans le cas où le prix aurait été payé entièrement à l'expiration de la durée du plan, mais doit s'entendre comme une exception dans le sens où il prévoit l'allongement de cette durée au-delà de celle du plan, pour permettre au commissaire à l'exécution du plan de veiller au paiement du prix et de remplir son rôle relatif à la distribution de celui-ci. • Montpellier, 19 mars 1996 : *D. 1996. IR 134,* conf. par • Com. 9 juin 1998 : *D. 1998. IR 197* – V. aussi : • Com. 7 janv. 2003 : *RJDA 2003, n° 622* • Crim. 9 févr. 2005 : *D. 2005. AJ 1025, obs. Lienhard ; ibid. Pan. 2017, obs. F.-X. Lucas ; Rev. sociétés 2005. 673, note Bouloc* • Douai, 10 mai 1999 : *RTD com. 2002. 154, obs. Saint-Alary-Houin.* ♦ *Contra* : • Chambéry, 21 mai 1996 : *Banque et Dr. 9-10/1996. 35, obs. Guillot.*

3. L'action en recouvrement du prix de cession engagée par le commissaire à l'exécution du plan avant l'expiration de sa mission doit, à l'issue de celle-ci, être poursuivie par un mandataire de justice spécialement désigné à cet effet par le tribunal. • Com. 20 oct. 2009 : *préc. note 1.*

4. Si les art. 92 de la loi [C. com., art. L. 621-95] et 94 du décret du 27 déc. 1985 prévoient que le commissaire procède à la répartition du prix entre les créanciers et à la reddition de comptes auprès du président du tribunal et le dépôt de ces comptes au greffe, ces deux textes, qui ne concernent que les conséquences du paiement, ne sauraient permettre au commissaire, qui a reçu l'intégralité du prix conformément au jugement arrêtant le plan de cession, de poursuivre des actions antérieurement engagées ; il est nécessaire pour ce faire qu'un mandataire « *ad hoc* » soit désigné, conformément aux dispositions de l'art. 90 du décret. • Toulouse, 13 janv. 1997 : *Gaz. Pal. 1998. 1. Somm. 219.*

5. Voies de recours. V. note 23 ss. art. L. 661-6.

§ 3 *[ANCIEN]* *Des obligations du cessionnaire*

Ancien art. L. 621-91 *Tant que le prix de cession n'est pas intégralement payé, le cessionnaire ne peut, à l'exception des stocks, aliéner ou donner en location-gérance les biens corporels ou incorporels qu'il a acquis.*

Leur aliénation totale ou partielle, leur affectation à titre de sûreté, leur location ou leur location-gérance peuvent être autorisées par le tribunal après rapport du commissaire à l'exécution du plan qui devra préalablement consulter le comité d'entreprise ou, à défaut, les délégués du personnel. Le tribunal doit tenir compte des garanties offertes par le cessionnaire.

Tout acte passé en violation des dispositions du présent article est annulé à la demande de tout intéressé, présentée dans le délai de trois ans à compter de la conclusion de l'acte. Lorsque l'acte est soumis à publicité, le délai court à compter de celle-ci.

Le cessionnaire rend compte au commissaire à l'exécution du plan de l'application des dispositions prévues par le plan de cession à l'issue de chaque exercice suivant celle-ci. Si le cessionnaire n'exécute pas ses engagements, le tribunal peut, d'office, à la demande du procureur de la République, du commissaire à l'exécution du plan, du représentant des créanciers ou d'un créancier, prononcer la résolution du plan. – [*L. n° 85-98 du 25 janv. 1985, art. 89.*]

Pour l'entrée en vigueur des dispositions de l'al. 4, issues de la L. n° 94-475 du 10 juin 1994, V. note ss. ancien art. L. 620-1.

BIBL. ▶ Seube, *JCP E 1999, n° 13, p. 564* (effets de la résolution du plan). - Chatelon et Grillier, *RPC 2002. 47* (même thème).

Ancien art. L. 621-92 ***Le tribunal peut assortir le plan de cession d'une clause rendant inaliénables, pour une durée qu'il fixe, tout ou partie des biens cédés.***

La publicité de cette clause est assurée dans des conditions fixées par un décret en Conseil d'État. *— [L. n° 85-98 du 25 janv. 1985, art. 89-1.] — V. Décr. n° 51-194 du 17 févr. 1951, art. 8 à 11, aux éd. 2007 et antérieures du* **C. com.** *; Décr. n° 55-22 du 4 janv. 1955, art. 28,* **C. civ.** *— V. aussi Décr. n° 85-1388 du 27 déc. 1985, art. 87-1.*

L'art. 89-1 de la loi n° 85-98 du 25 janv. 1985, codifié à l'ancien art. L. 621-92, était issu de la loi n° 94-475 du 10 juin 1994. — Pour l'entrée en vigueur de cette loi, V. note ss. ancien art. L. 620-1.

Ancien art. L. 621-93 ***En cas de défaut de paiement du prix de cession, le tribunal peut, d'office, à la demande du commissaire à l'exécution du plan, du procureur de la République ou de tout intéressé, nommer un administrateur ad hoc dont il détermine la mission.*** *— [L. n° 85-98 du 25 janv. 1985, art. 90.] — V. Décr. n° 85-1388 du 27 déc. 1985, art. 107.*

BIBL. ▶ Haehl, *LPA 16 juin 1993.*

§ 4 *[ANCIEN]* *Des effets à l'égard des créanciers*

Ancien art. L. 621-94 ***Le jugement qui arrête le plan de cession totale de l'entreprise rend exigibles les dettes non échues.*** *— [L. n° 85-98 du 25 janv. 1985, art. 91.]*

Ancien art. L. 621-95 ***En cas de cession totale de l'entreprise, le tribunal prononce la clôture des opérations après régularisation des actes nécessaires à la cession, paiement du prix et réalisation des actifs non compris dans le plan.***

Le prix de cession est réparti par le commissaire à l'exécution du plan entre les créanciers suivant leur rang.

Les créanciers recouvrent, après le jugement de clôture, leur droit de poursuite individuelle dans les limites fixées par l'article L. 622-32. *— [L. n° 85-98 du 25 janv. 1985, art. 92.] — V. Décr. n° 85-1388 du 27 déc. 1985, art. 27.*

BIBL. ▶ Soinne, *RPC 1997. 249* (répartitions). - Canet, *Gaz. Pal. 2001. Doctr. 292* (même thème). - Rouger, *ibid. 303* (distribution du prix de vente des immeubles). - M. Sénéchal, *LPA 12 mai 2004, p. 4* (distribution du prix de vente d'un immeuble grevé de sûretés).

1. Clôture des opérations. L'accomplissement de tous les actes nécessaires à la réalisation de la cession n'entraîne pas par lui-même la clôture des opérations, en l'absence d'un jugement le prononçant. • Com. 27 avr. 1993, n° 91-14.203 P : *RPC 1993. 478, obs. Soinne.*

Sur le sort des créances nées après le jugement qui arrête le plan de cession, V. note 3 ss. anc. art. L. 621-32.

2. Dissolution de société. V. C. civ., art. 1844-7 (7°) et notes ss. cet art., 2e partie.

3. Caution. En ce sens que la caution est libérée par l'effet du jugement ordonnant la cession totale des actifs de la société créancière, V. • Toulouse, 6 mai 1999 : *Dr. sociétés 1999, n° 163, obs. Chaput.*

4. Répartition du prix de cession. Sur le caractère d'ordre public de l'art. 92 [C. com., art. L. 621-95], al. 2, V. • Colmar, 8 mars 1994 : *LPA 22 juin 1994, p. 19, note Calendini.*

5. L'art. 92 [C. com., art. L. 621-95] ne dispose pas que la totalité du prix doit être parvenue entre les mains du commissaire pour que ce dernier effectue la répartition. • Versailles, 18 nov. 1993 : *RJDA 1994, n° 1073.*

Sur la portée de l'art. L. 621-95, al. 2, V. note 4 ss. anc. art. L. 621-90.

Sur l'incidence de la répartition du prix de cession quant au droit de poursuite individuelle des créanciers de l'art. 40 [C. com., art. L. 621-32], V. note 81 ss. anc. art. L. 621-32.

6. Reprise des poursuites individuelles. L'arrêt du plan de cession ne met pas fin à la suspension des poursuites individuelles visées à l'art. 47 [C. com., art. L. 621-40]. • Com. 14 mars 2000 : *RJDA 2000, n° 687.* ♦ En effet, le droit de poursuite individuelle des créanciers n'est pas susceptible d'être recouvré tant que le tribunal de commerce n'a pas prononcé la clôture des opérations. • Civ. 2e, 5 févr. 1997 : *D. 1997. IR 114.*

7. L'art. 33 [C. com., art. L. 621-24] emportant interdiction de payer toute créance née antérieurement au jugement d'ouverture, dès lors qu'il n'est fait état d'aucun jugement de clôture des opérations de cession, il résulte de l'art. 92 [C. com., art. L. 621-95], al. 3, que les créanciers n'ont pas recouvré leur droit de poursuites individuelles. • Com. 11 avr. 1995, n° 93-16.969 P : *D. 1999. Somm. 7, obs. Derrida.*

8. Les dispositions du dernier alinéa de l'art. 92, devenu l'art. L. 621-95 C. com., ne sont pas applicables aux créanciers dont la créance est née régulièrement après l'ouverture de la procédure collective, et qui peuvent poursuivre le recouvrement de leurs créances après clôture de la procédure en cas de cession totale de l'entreprise. • Com. 1er avr. 2003 : *APC 2003, n° 161.*

Ancien art. L. 621-96 *Lorsque la cession porte sur des biens grevés d'un privilège spécial, d'un nantissement ou d'une hypothèque, une quote-part du prix est affectée par le tribunal à chacun de ces biens pour la répartition du prix et l'exercice du droit de préférence.*

Le paiement du prix de cession fait obstacle à l'exercice à l'encontre du cessionnaire des droits des créanciers inscrits sur ces biens.

Toutefois, la charge des sûretés immobilières et mobilières spéciales garantissant le remboursement d'un crédit consenti à l'entreprise pour lui permettre le financement d'un bien sur lequel portent ces sûretés est transmise au cessionnaire. Celui-ci est alors tenu d'acquitter entre les mains du créancier les échéances convenues avec lui et qui restent dues à compter du transfert de la propriété ou, en cas de location-gérance, de la jouissance du bien sur lequel porte la garantie, sous réserve des délais de paiement qui pourront être accordés dans les conditions prévues au troisième alinéa de l'article L. 621-88. Il peut être dérogé aux dispositions du présent alinéa par accord entre le cessionnaire et les créanciers titulaires des sûretés.

Jusqu'au paiement complet du prix qui emporte purge des inscriptions grevant les biens compris dans la cession, les créanciers bénéficiant d'un droit de suite ne peuvent l'exercer qu'en cas d'aliénation du bien cédé par le cessionnaire. – [L. n° 85-98 du 25 janv. 1985, art. 93.] – V. Décr. n° 85-1388 du 27 déc. 1985, art. 105, 105-1 et 108.

BIBL. ▶ Pérochon, *Mél. Cabrillac, Dalloz-Litec, 1999, p. 379.* - Le Corre, *D. 2001. Chron. 2815.*

▶ Sur les modifications apportées par la loi du 10 juin 1994 : Cabrillac et Pétel, *D. 1994. Chron. 243.* - Le Corre, *LPA 14 sept. 1994, p. 93 ; ibid. 7 oct. 1994, p. 4.* - Sénéchal, *ibid. 28 oct. 1998, p. 36* (vente d'immeuble). - Coudert, *ibid. 4 janv. 1999, p. 5.* - Dubois et Terrier, *Mél. Jeantin, Dalloz, 1999, p. 389.* - Vigreux, *RPC 1999. 141.* - Soltner, *RJ com. 1999. 381.*

§ 5 *[ANCIEN]* *De la location-gérance*

BIBL. GÉN. ▶ Guérin, *JCP E 1985. II. 14547.*

Ancien art. L. 621-97 *Par le jugement qui arrête le plan de cession, le tribunal peut autoriser la conclusion d'un contrat de location-gérance dans les conditions prévues à l'article L. 621-62, même en présence de toute clause contraire notamment dans le bail de l'immeuble, au profit de la personne qui a présenté l'offre d'acquisition permettant dans les meilleures conditions d'assurer le plus durablement l'emploi et le paiement des créanciers. – [L. n° 85-98 du 25 janv. 1985, art. 94.]*

Ancien art. L. 621-98 *Le commissaire à l'exécution du plan peut se faire communiquer par le locataire-gérant tous les documents et informations utiles à sa mission. Il rend compte au tribunal de toute atteinte aux éléments pris en location-gérance ainsi que de l'inexécution des obligations incombant au locataire-gérant.*

Le tribunal, d'office ou à la demande du commissaire à l'exécution du plan ou du procureur de la République, peut ordonner la résiliation du contrat de location-gérance et la résolution du plan.

La résolution du plan entraîne l'ouverture d'une nouvelle procédure de redressement judiciaire à l'égard du loueur. Les créanciers appelés à la répartition du prix de cession recouvrent l'intégralité de leurs créances et sûretés, déduction faite des sommes perçues. – [L. n° 85-98 du 25 janv. 1985, art. 95.]

Les procédures ouvertes en vertu de l'art. L. 621-98, dans sa réd. antérieure à la L. n° 2005-845 du 26 juill. 2005, ne sont pas affectées par son entrée en vigueur (L. préc., art. 192).

Ancien art. L. 621-99 *Les dispositions des articles L. 144-3, L. 144-4 et L. 144-7 ne sont pas applicables. – V. lesdits art. – [L. n° 85-98 du 25 janv. 1985, art. 96.]*

Ancien art. L. 621-100 *En cas de location-gérance, l'entreprise doit être effectivement cédée dans les deux ans du jugement qui arrête le plan. – [L. n° 85-98 du 25 janv. 1985, art. 97.]*

Ancien art. L. 621-101 *Si le locataire-gérant n'exécute pas son obligation d'acquérir dans les conditions et délais fixés par le plan, une procédure de redressement judiciaire est ouverte à son égard, à la demande du commissaire à l'exécution du plan, du procureur de la République ou de tout intéressé, sans qu'il y ait lieu de constater la cessation des paiements.*

Toutefois, lorsque le locataire-gérant justifie qu'il ne peut acquérir aux conditions initialement prévues pour une cause qui ne lui est pas imputable, il peut demander au tribunal, avant l'expiration du contrat de location et après avis du commissaire à l'exécution du plan, de modifier ces conditions, sauf en ce qui concerne le montant du prix. – *[L. n° 85-98 du 25 janv. 1985, art. 98.] – Dans sa rédaction antérieure à la loi n° 94-475 du 10 juin 1994, l'art. 98 de la loi n° 85-98 du 25 janv. 1985 (désormais codifié à l'art. L. 621-101) ne s'opposait pas à une modification du montant du prix d'acquisition. – Pour l'entrée en vigueur, V. notes ss. ancien art. L. 620-1.*

SECTION 3 *[ANCIENNE]* ***Du patrimoine de l'entreprise***

SOUS-SECTION 1 *[ANCIENNE]* *De la vérification et de l'admission des créances*

Ancien art. L. 621-102 ***En cas de cession ou de liquidation judiciaire, il n'est pas procédé à la vérification des créances chirographaires, s'il apparaît que le produit de la réalisation de l'actif sera entièrement absorbé par les frais de justice et les créances privilégiées, à moins que, s'agissant d'une personne morale, il n'y ait lieu de mettre à la charge des dirigeants sociaux de droit ou de fait, rémunérés ou non, tout ou partie d u passif conformément à l'article L. 624-3.*** – *[L. n° 85-98 du 25 janv. 1985, art. 99.]*

BIBL. ▶ LE CORRE, *D. 2000. Chron. 275.*

Ancien art. L. 621-103 ***Dans le délai fixé par le tribunal, le représentant des créanciers établit, après avoir sollicité les observations du débiteur, la liste des créances déclarées avec ses propositions d'admission, de rejet ou de renvoi devant la juridiction compétente. Il transmet cette liste au juge-commissaire.*** – *V. Décr. n° 85-1388 du 27 déc. 1985, art. 68 et 72.*

Le représentant des créanciers ne peut être rémunéré au titre des créances déclarées ne figurant pas sur la liste établie dans le délai mentionné ci-dessus. – *[L. n° 85-98 du 25 janv. 1985, art. 100.] – Pour l'application à la liquidation judiciaire, V. ancien art. L. 622-14.*

Ancien art. L. 621-104 ***Au vu des propositions du représentant des créanciers, le juge-commissaire décide de l'admission ou du rejet des créances ou constate soit qu'une instance est en cours, soit que la contestation ne relève pas de sa compétence.*** – *[L. n° 85-98 du 25 janv. 1985, art. 101, al. 1er.] – Pour l'application à la liquidation judiciaire, V. ancien art. L. 622-14.*

Le second al. de l'art. 101 de la L. n° 85-98 du 25 janv. 1985 est abrogé à compter de la date d'entrée en vigueur de la partie réglementaire du code de commerce (Ord. n° 2000-912 du 18 sept. 2000, art. 5, ratifiée par L. n° 2003-7 du 3 janv. 2003, art. 50-I). – Les dispositions de l'art. 101, al. 2, préc. sont reprises à l'art. 4-1° du Décr. n° 2007-431 du 25 mars 2007. – V. ce texte ss. ancien art. L. 621-105.

BIBL. ▶ DELENEUVILLE, *RPC 1995. 391* (compétence du juge-commissaire).

Ancien art. L. 621-105 ***Le recours contre les décisions du juge commissaire prises en application de la présente sous-section est ouvert au créancier, au débiteur, à l'administrateur lorsqu'il a pour mission d'assurer l'administration ou au représentant des créanciers.***

Toutefois, le créancier dont la créance est discutée en tout ou en partie et qui n'a pas répondu au représentant des créanciers dans le délai mentionné à l'article L. 621-47 ne peut pas exercer de recours contre la décision du juge-commissaire lorsque celle-ci confirme la proposition du représentant des créanciers.

Les conditions et les formes du recours prévu au premier alinéa sont fixées par décret en Conseil d'État.– *[L. n° 85-98 du 25 janv. 1985, art. 102, al. 1er, 2e phrase et al. 2.] – Pour l'application à la liquidation judiciaire, V. ancien art. L. 622-14.*

La première phrase du premier al. et le troisième al. de l'art. 102 de la L. n° 85-98 du 25 janv. 1985 sont abrogés à compter de la date d'entrée en vigueur de la partie réglementaire du code de commerce (Ord. n° 2000-912 du 18 sept. 2000, art. 4-III, ratifiée par L. n° 2003-7 du 3 janv. 2003, art. 50-I). – Les dispositions préc. sont reprises à l'art. 4-2° du Décr. n° 2007-431 du 25 mars 2007 (texte reproduit ci-dessous).

BIBL. ▶ DELENEUVILLE, *RPC 1995. 391* (compétence du juge-commissaire).

Les art. 103 et 104 de la loi n° 85-98 du 25 janv. 1985 sont abrogés à compter de la date d'entrée en vigueur de la partie réglementaire du code de commerce (Ord. n° 2000-912 du 18 sept. 2000, art. 4-III, ratifiée par L. n° 2003-7 du 3 janv. 2003, art. 50-I). – Les dispositions des art. 103 et 104 préc. sont reprises à l'art. 4-3° du Décr. n° 2007-431 du 25 mars 2007 (texte reproduit ci-dessous).

Décret nº 2007-431 du 25 mars 2007,

Relatif à la partie réglementaire du code de commerce.

Art. 4 Les dispositions suivantes sont applicables aux procédures de redressement et de liquidation judiciaires ouvertes avant le 1er janvier 2006 :

1° Le juge-commissaire ne peut rejeter en tout ou en partie une créance ou se déclarer incompétent qu'après avoir entendu ou dûment appelé le créancier, le débiteur, l'administrateur lorsqu'il a pour mission d'assurer l'administration et le représentant des créanciers ;

2° Lorsque la matière est de la compétence du tribunal qui a ouvert le redressement ou la liquidation judiciaire, le recours contre les décisions du juge-commissaire qui décide de l'admission ou du rejet des créances ou constate soit qu'une instance est en cours, soit que la contestation ne relève pas de sa compétence est porté devant la cour d'appel.

Lorsque la matière est de la compétence d'une autre juridiction, la notification de la décision d'incompétence prononcée par le juge-commissaire fait courir un délai de deux mois, au cours duquel le demandeur doit saisir la juridiction compétente à peine de forclusion.

3° Les décisions d'admission ou de rejet des créances ou d'incompétence prononcées par le juge-commissaire sont portées sur un état qui est déposé au greffe du tribunal. Toute personne intéressée, à l'exclusion de celles mentionnées à l'article L. 621-105 peut en prendre connaissance et former réclamation dans le délai fixé à l'article 83 du décret nº 85-1388 du 27 décembre 1985 relatif au redressement et à la liquidation judiciaire des entreprises.

Le juge-commissaire statue sur la réclamation, après avoir entendu ou dûment appelé le représentant des créanciers et les parties intéressées.

Le recours contre la décision du juge-commissaire statuant sur la réclamation est porté devant la cour d'appel.

4° La décision rendue par la juridiction saisie dans les conditions prévues au deuxième alinéa du 2° ci-dessus est portée sur l'état mentionné au 3° ci-dessus. Les tiers intéressés ne peuvent former tierce opposition contre cette décision que dans le délai d'un mois à compter de sa transcription sur l'état au greffe du tribunal.

L'art. 4 ci-dessus reprend les dispositions des art. 101 à 104 de la L. nº 85-98 du 25 janv. 1985, qui ont été abrogés par l'Ord. nº 2000-912 du 18 sept. 2000 à compter de l'entrée en vigueur de la partie réglementaire du code de commerce.

Il résulte de l'art. 4, 3°, ci-dessus, que l'autorité de la chose jugée attachée à une décision d'admission de créance portée sur l'état des créances n'est pas opposable à la personne intéressée qui forme une réclamation contre cet état. • Com. 12 juill. 2011 : *APC 2011, nº 231, obs. Vallansan.*

Ancien art. L. 621-106 ***Le juge-commissaire statue en dernier ressort dans les cas prévus à la présente sous-section lorsque la valeur de la créance en principal n'excède pas le taux de compétence en dernier ressort du tribunal qui a ouvert la procédure.*** *— [L. nº 85-98 du 25 janv. 1985, art. 105.] — Pour l'application à la liquidation judiciaire, V. ancien art. L. 622-14.*

SOUS-SECTION 2 *[ANCIENNE]* *De la nullité de certains actes*

Ancien art. L. 621-107 ***I. — Sont nuls, lorsqu'ils auront été faits par le débiteur depuis la date de cessation des paiements, les actes suivants :***

1° Tous les actes à titre gratuit translatifs de propriété mobilière ou immobilière ;

2° Tout contrat commutatif dans lequel les obligations du débiteur excèdent notablement celles de l'autre partie ;

3° Tout paiement, quel qu'en ait été le mode, pour dettes non échues au jour du paiement ;

4° Tout paiement pour dettes échues, fait autrement qu'en espèces, effets de commerce, virements, bordereaux de cession visés par la loi nº 81-1 du 2 janvier 1981 facilitant le crédit aux entreprises ou tout autre mode de paiement communément admis dans les relations d'affaires ;

5° Tout dépôt et toute consignation de sommes effectués en application de l'article 2075-1 du code civil, à défaut d'une décision de justice ayant acquis force de chose jugée ;

6° Toute hypothèque conventionnelle, toute hypothèque judiciaire ainsi que l'hypothèque légale des époux et tout droit de nantissement constitués sur les biens du débiteur pour dettes antérieurement contractées ;

7° Toute mesure conservatoire, à moins que l'inscription ou l'acte de saisie ne soit antérieur à la date de cessation de paiement.

II. — Le tribunal peut, en outre, annuler les actes à titre gratuit visés *(L. n° 2003-7 du 3 janv. 2003, art. 50-II)* ***« au 1° du I » faits dans les six mois précédant la date de cessation des paiements.*** *— [L. n° 85-98 du 25 janv. 1985, art. 107.] — Pour l'application à la liquidation judiciaire, V. ancien art. L. 622-14.*

BIBL. ▸ MARTIN-SERF, *RPC 2000. 167* (les nullités de la période suspecte, l'avis à tiers détenteur et la loi Dailly). - TEBOUL, *Gaz. Pal. 2001. Doctr. 1525* (actes à titre gratuit). - FEUGÈRE, *JCP E 2002, n° 27, p. 1128* (sort d'une remise de dette consentie au cours de la période suspecte du créancier). - BONNEAU, *APC 18 oct. 2002* (contrats de garantie financière). - BRIAND-MÉLÉDO, *Mél. Paillusseau, Dalloz, 2003, p. 385* (quelques repères sur les nullités de la période suspecte).

Ancien art. L. 621-108 ***Les paiements pour dettes échues effectués après la date de cessation des paiements et les actes à titre onéreux accomplis après cette même date peuvent être annulés si ceux qui ont traité avec le débiteur ont eu connaissance de la cessation des paiements.*** *— [L. n° 85-98 du 25 janv. 1985, art. 108.] — Pour l'application à la liquidation judiciaire, V. ancien art. L. 622-14.*

BIBL. ▸ TEBOUL, *Gaz. Pal. 2001. Doctr. 2050* (décisions récentes).

Ancien art. L. 621-109 ***Les dispositions des articles L. 621-107 et L. 621-108 ne portent pas atteinte à la validité du paiement d'une lettre de change, d'un billet à ordre ou d'un chèque.***

Toutefois, l'administrateur ou le représentant des créanciers peut exercer une action en rapport contre le tireur de la lettre de change ou, dans le cas de tirage pour compte, contre le donneur d'ordre, ainsi que contre le bénéficiaire d'un chèque et le premier endosseur d'un billet à ordre, s'il est établi qu'ils avaient connaissance de la cessation des paiements. *— [L. n° 85-98 du 25 janv. 1985, art. 109.] — Pour l'application à la liquidation judiciaire, V. ancien art. L. 622-14.*

Ancien art. L. 621-110 ***L'action en nullité est exercée par l'administrateur, par le représentant des créanciers, par le liquidateur ou par le commissaire à l'exécution du plan. Elle a pour effet de reconstituer l'actif du débiteur.*** *— [L. n° 85-98 du 25 janv. 1985, art. 110.] — Pour l'application à la liquidation judiciaire, V. anc. art. L. 622-14.*

BIBL. ▸ MARTIN-SERF, *RPC 2000. 167.*

SOUS-SECTION 3 *[ANCIENNE]* *Des droits du conjoint*

BIBL. GÉN. ▸ DERRIDA, *Mél. Colomer, Litec, 1993, p. 153* (sort du passif du chef du conjoint en cas de redressement judiciaire d'un époux sous le régime de la communauté légale).

Ancien art. L. 621-111 ***Le conjoint du débiteur soumis à une procédure de redressement judiciaire établit la consistance de ses biens personnels conformément aux règles des régimes matrimoniaux.*** *— [L. n° 85-98 du 25 janv. 1985, art. 111.] — Pour l'application à la liquidation judiciaire, V. ancien art. L. 622-14.*

Ancien art. L. 621-112 ***Le représentant des créanciers ou l'administrateur peut, en prouvant par tous les moyens que les biens acquis par le conjoint du débiteur l'ont été avec des valeurs fournies par celui-ci, demander que les acquisitions ainsi faites soient réunies à l'actif.*** *— [L. n° 85-98 du 25 janv. 1985, art. 112.] — Pour l'application à la liquidation judiciaire, V. ancien art. L. 622-14.*

BIBL. ▸ BRÉMOND, *JCP N 2006, n° 17, p. 825* (moyens de défense de l'époux faisant l'objet d'une action en « réunion d'actif »).

Ancien art. L. 621-113 ***Les reprises faites en application de l'article L. 621-111 ne sont exercées qu'à charge des dettes et hypothèques dont ces biens sont légalement grevés.*** *— [L. n° 85-98 du 25 janv. 1985, art. 113.] — Pour l'application à la liquidation judiciaire, V. ancien art. L. 622-14.*

Ancien art. L. 621-114 ***Le conjoint du débiteur qui était commerçant, immatriculé au répertoire des métiers ou agriculteur lors de son mariage ou l'est devenu dans l'année de celui-ci ne peut exercer dans le redressement judiciaire aucune action à raison des avantages faits par l'un des époux à l'autre, dans le contrat de mariage ou pendant le mariage. Les créanciers ne peuvent, de leur côté, se prévaloir des avantages faits par l'un des époux à l'autre.*** *— [L. n° 85-98 du 25 janv. 1985, art. 114.] — Pour l'application à la liquidation judiciaire, V. ancien art. L. 622-14.*

SOUS-SECTION 4 *[ANCIENNE] Des droits du vendeur de meubles et des revendications*

Ancien art. L. 621-115 ***La revendication des meubles ne peut être exercée que dans le délai de trois mois suivant la publication du jugement ouvrant la procédure de redressement judiciaire ou de liquidation judiciaire immédiate.*** *— V. ancien art. L. 621-123.*

Pour les biens faisant l'objet d'un contrat en cours au jour de l'ouverture de la procédure, le délai court à partir de la résiliation ou du terme du contrat. *— [L. n° 85-98 du 25 janv. 1985, art. 115.] — Pour l'application à la liquidation judiciaire, V. ancien art. L. 622-14. — V. Décr. n° 85-1388 du 27 déc. 1985, art. 85-1.*

BIBL. ▸ Régime issu de la loi du 10 juin 1994 : PÉROCHON, *D. 1994. Chron. 251*. - BENEZERA, *Gaz. Pal. 1994. 2. Doctr. 1289*. - SOINNE, *RPC 1994. 471 ; ibid. 1997. 199* (nouvel art. 121, al. 2). - MARTIN-SERF, *LPA 28 oct. 1998, p. 23* (questions procédurales). - COURTIER, *Dr. sociétés 2000. Chron. 8* (requête en revendication). - DEVÉSA, *Gaz. Pal. 2002. Doctr. 156* (de l'alternative : action en revendication de l'objet ou action en résolution du contrat de vente). - PÉROCHON, *RPC 2002. 123* (dernières évolutions jurisprudentielles). - LE CORRE-BROLY et LE CORRE, *D. 2002. Chron. 948* (analyse jurisprudentielle de la demande en acquiescement de revendication). - DELENEUVILLE, *RPC 2004. 199* (modalités procédurales et voies de recours : actualité jurisprudentielle).

Ancien art. L. 621-116 ***Le propriétaire d'un bien est dispensé de faire reconnaître son droit de propriété lorsque le contrat portant sur ce bien a fait l'objet d'une publicité.*** *— [L. n° 85-98 du 25 janv. 1985, art. 115-1.] — V. Décr. n° 85-1388 du 27 déc. 1985, art. 85-4 et 85-5. — Pour l'application à la liquidation judiciaire, V. ancien art. L. 622-14.*

L'art. 115-1 de la loi n° 85-98 du 25 janv. 1985, codifié à l'art. L. 621-116, était issu de la loi n° 94-475 du 10 juin 1994. — Pour l'entrée en vigueur de cette loi, V. note ss. ancien art. L. 620-1.

BIBL. ▸ V. Bibl. ss. art. L. 621-115.

Ancien art. L. 621-117 ***Le privilège, l'action résolutoire et le droit de revendication établis par le 4° de l'article 2102 du code civil au profit du vendeur de meubles ne peuvent être exercés que dans la limite des dispositions des articles L. 621-118 à L. 621-124.*** *— [L. n° 85-98 du 25 janv. 1985, art. 116.] — Pour l'application à la liquidation judiciaire, V. ancien art. L. 622-14.*

Ancien art. L. 621-118 ***Peuvent être revendiquées, si elles existent en nature, en tout ou partie, les marchandises dont la vente a été résolue antérieurement au jugement ouvrant le redressement judiciaire soit par décision de justice, soit par le jeu d'une condition résolutoire acquise.***

La revendication doit pareillement être admise bien que la résolution de la vente ait été prononcée ou constatée par décision de justice postérieurement au jugement ouvrant le redressement judiciaire lorsque l'action en revendication ou en résolution a été intentée antérieurement au jugement d'ouverture par le vendeur pour une cause autre que le défaut de paiement du prix. *— [L. n° 85-98 du 25 janv. 1985, art. 117.] — Pour l'application à la liquidation judiciaire, V. ancien art. L. 622-14.*

Ancien art. L. 621-119 ***Peuvent être revendiquées les marchandises expédiées au débiteur tant que la tradition n'en a point été effectuée dans ses magasins ou dans ceux du commissionnaire chargé de les vendre pour son compte.***

Néanmoins, la revendication n'est pas recevable si, avant leur arrivée, les marchandises ont été revendues sans fraude, sur factures ou titres de transport réguliers. *— [L. n° 85-98 du 25 janv. 1985, art. 118.] — Pour l'application à la liquidation judiciaire, V. ancien art. L. 622-14.*

Ancien art. L. 621-120 ***Peuvent être retenues par le vendeur les marchandises qui ne sont pas délivrées ou expédiées au débiteur ou à un tiers agissant pour son compte.*** *— [L. n° 85-98 du 25 janv. 1985, art. 119.] — Pour l'application à la liquidation judiciaire, V. ancien art. L. 622-14.*

Ancien art. L. 621-121 ***Peuvent être revendiqués, s'ils se trouvent encore dans le portefeuille du débiteur, les effets de commerce ou autres titres non payés, remis par leur propriétaire pour être recouvrés ou pour être spécialement affectés à des paiements déterminés.*** *— [L. n° 85-98 du 25 janv. 1985, art. 120.] — Pour l'application à la liquidation judiciaire, V. ancien art. L. 622-14.*

Ancien art. L. 621-122 ***Peuvent être revendiquées, à condition qu'elles se retrouvent en nature, les marchandises consignées au débiteur, soit à titre de dépôt, soit pour être vendues pour le compte du propriétaire.***

Peuvent également être revendiqués, s'ils se retrouvent en nature au moment de l'ouverture de la procédure, les biens vendus avec une clause de réserve de propriété subordonnant le transfert de

propriété au paiement intégral du prix. Cette clause, qui peut figurer dans un écrit régissant un ensemble d'opérations commerciales convenues entre les parties, doit avoir été convenue entre les parties dans un écrit établi, au plus tard, au moment de la livraison. Nonobstant toute clause contraire, la clause de réserve de propriété est opposable à l'acheteur et aux autres créanciers, à moins que les parties n'aient convenu par écrit de l'écarter ou de la modifier.

La revendication en nature peut s'exercer dans les mêmes conditions sur les biens mobiliers incorporés dans un autre bien mobilier lorsque leur récupération peut être effectuée sans dommage pour les biens eux-mêmes et le bien dans lequel ils sont incorporés. La revendication en nature peut également s'exercer sur des biens fongibles lorsque se trouvent entre les mains de l'acheteur des biens de même espèce et de même qualité. — V. Décr. nº 85-1388 du 27 déc. 1985, art. 85-2.

Dans tous les cas, il n'y a pas lieu à revendication si le prix est payé immédiatement. Le juge-commissaire peut, avec le consentement du créancier requérant, accorder un délai de règlement. Le paiement du prix est alors assimilé à celui d'une créance née régulièrement après le jugement d'ouverture. — [L. nº 85-98 du 25 janv. 1985, art. 121.] — Pour l'application à la liquidation judiciaire, V. ancien art. L. 622-14.

BIBL. ▶ M. Storck, *D. 1988. Chron. 131* (sort du contrat de vente). - Bretzner, *RPC 1991. 377* (nullités de la période suspecte). - Jacomet, *BJS 1991. 977* (vente d'actions avec réserve de propriété). - Demoures, *Gaz. Pal. 1993. 2. Doctr. 1337* (triple méprise de la clause de réserve de propriété). - Courtier, *LPA 18 avr. 1994*. - Ophele-Rosseto, *RTD com. 1995. 87* (protection pénale des biens). - Delebecque, *RJ com. 1994. 385*. - Colloque de Montpellier du 28 avr. 1995 (faut-il retarder le transfert de propriété ?), *Cah. dr. entr. 1995, nº 5*. - Bac, *JCP E 1998, nº 32135, p. 1294* (obstacles de la dernière heure, parades possibles). - Ribadeau Dumas, *D. 2008. Chron. 2190* (saisie-revendication).

▶ Régime issu de la loi du 10 juin 1994. - V. Bibl. ss. anc. art. L. 621-115.

Ancien art. L. 621-123 *L'administrateur, ou à défaut le représentant des créanciers ou le liquidateur, peut acquiescer à la demande en revendication ou en restitution d'un bien visé à la présente section, avec l'accord du débiteur. A défaut d'accord ou en cas de contestation, la demande est portée devant le juge-commissaire qui statue sur le sort du contrat, au vu des observations du créancier, du débiteur et du mandataire de justice précédemment saisi.* — [L. nº 85-98 du 25 janv. 1985, art. 121-1.] — Pour l'application à la liquidation judiciaire, V. ancien art. L. 622-14. — V. Décr. nº 85-1388 du 27 déc. 1985, art. 85-1.

L'art. 121-1 de la loi nº 85-98 du 25 janv. 1985, codifié à l'art. L. 621-123, était issu de la loi nº 94-475 du 10 juin 1994. — Pour l'entrée en vigueur de cette loi, V. note ss. ancien art. L. 620-1.

BIBL. ▶ Le Corre-Broly et Le Corre, *D. 2002. Chron. 948* (analyse jurisprudentielle de la demande en acquiescement de revendication).

Ancien art. L. 621-124 *Peut être revendiqué le prix ou la partie du prix des biens visés à l'article L. 621-122 qui n'a été ni payé, ni réglé en valeur, ni compensé en compte courant entre le débiteur et l'acheteur à la date du jugement ouvrant la procédure de redressement judiciaire.* — [L. nº 85-98 du 25 janv. 1985, art. 122.] — V. Décr. nº 85-1388 du 27 déc. 1985, art. 85-3. — Pour l'application à la liquidation judiciaire, V. ancien art. L. 622-14.

SECTION 4 *[ANCIENNE]* ***Du règlement des créances résultant du contrat de travail***

SOUS-SECTION 1 *[ANCIENNE]* *De la vérification des créances*

Ancien art. L. 621-125 *Après vérification, le représentant des créanciers établit, dans les délais prévus à l'article L. 143-11-7 du code du travail, les relevés des créances résultant d'un contrat de travail, le débiteur entendu ou dûment appelé. Les relevés des créances sont soumis au représentant des salariés dans les conditions prévues à l'article L. 621-36. Ils sont visés par le juge-commissaire, déposés au greffe du tribunal et font l'objet d'une mesure de publicité dans des conditions fixées par décret en Conseil d'État.* — V. Décr. nº 85-1388 du 27 déc. 1985, art. 76 s.

Le salarié dont la créance ne figure pas en tout ou en partie sur un relevé peut saisir à peine de forclusion le conseil de prud'hommes dans un délai de deux mois à compter de l'accomplissement de la mesure de publicité mentionnée à l'alinéa précédent. Il peut demander au représentant des salariés de l'assister ou de le représenter devant la juridiction prud'homale.

Le représentant des créanciers cité devant le conseil de prud'hommes ou, à défaut, le demandeur appelle devant cette juridiction les institutions visées à l'article L. 143-11-4 [L. 3253-14] du code du travail. Le débiteur ou l'administrateur lorsqu'il a pour mission d'assurer l'administra-

tion est mis en cause. *– [L. nº 85-98 du 25 janv. 1985, art. 123.] – Pour l'application à la liquidation judiciaire, V. ancien art. L. 622-14.*

Ancien art. L. 621-126 ***Les instances en cours devant la juridiction prud'homale, à la date du jugement d'ouverture du redressement judiciaire, sont poursuivies en présence du représentant des créanciers et de l'administrateur lorsqu'il a pour mission d'assurer l'administration ou ceux-ci dûment appelés.***

Le représentant des créanciers informe dans les dix jours la juridiction saisie et les salariés parties à l'instance de l'ouverture de la procédure de redressement judiciaire.

Les institutions mentionnées à l'article L. 143-11-4 *[L. 3253-14]* ***du code du travail sont mises en cause par le représentant des créanciers ou, à défaut, les salariés requérants, dans les dix jours du jugement d'ouverture du redressement judiciaire.*** *– [L. nº 85-98 du 25 janv. 1985, art. 124.] – Pour l'application à la liquidation judiciaire, V. ancien art. L. 622-14.*

Ancien art. L. 621-127 ***Lorsque les institutions mentionnées à l'article L. 143-11-4 [L. 3253-14] du code du travail refusent pour quelque cause que ce soit de régler une créance figurant sur un relevé des créances résultant d'un contrat de travail, elles font connaître leur refus au représentant des créanciers qui en informe immédiatement le représentant des salariés et le salarié concerné.***

Ce dernier peut saisir du litige le conseil de prud'hommes. Le représentant des créanciers, le chef d'entreprise ou l'administrateur lorsqu'il a pour mission d'assurer l'administration sont mis en cause.

Le salarié peut demander au représentant des salariés de l'assister ou de le représenter devant la juridiction prud'homale. *– [L. nº 85-98 du 25 janv. 1985, art. 125.] – Pour l'application à la liquidation judiciaire, V. ancien art. L. 622-14.*

Ancien art. L. 621-128 ***Les litiges soumis au conseil de prud'hommes en application des articles L. 621-125 et L. 621-127 sont portés directement devant le bureau de jugement.*** *– [L. nº 85-98 du 25 janv. 1985, art. 126.] – Pour l'application à la liquidation judiciaire, V. ancien art. L. 622-14.*

Ancien art. L. 621-129 ***Les relevés des créances résultant d'un contrat de travail, visés par le juge-commissaire, ainsi que les décisions rendues par la juridiction prud'homale sont portés sur l'état des créances déposé au greffe. Toute personne intéressée, à l'exclusion de celles visées aux articles L. 621-125 à L. 621-127, peut former une réclamation ou une tierce opposition dans des conditions prévues par décret en Conseil d'État.*** *– [L. nº 85-98 du 25 janv. 1985, art. 127.] – Pour l'application à la liquidation judiciaire, V. ancien art. L. 622-14.*

SOUS-SECTION 2 *[ANCIENNE]* *Du privilège des salariés*

Ancien art. L. 621-130 ***Les créances résultant d'un contrat de travail sont garanties en cas d'ouverture d'une procédure de redressement judiciaire ou de liquidation judiciaire :***

1º Par le privilège établi par les articles L. 143-10, L. 143-11, L. 742-6 et L. 751-15 *[L. 7313-8]* ***du code du travail, pour les causes et montants définis auxdits articles ;*** *– V. C. trav., art. L. 143-10 et L. 143-11, ss. ancien art. L. 621-132.*

2º Par le privilège du 4º de l'article 2101 et du 2º de l'article 2104 *[2375]* ***du code civil.*** *– [L. nº 85-98 du 25 janv. 1985, art. 128.]*

Ancien art. L. 621-131 ***Nonobstant l'existence de toute autre créance, les créances que garantit le privilège établi aux articles L. 143-10, L. 143-11, L. 742-6 et L. 751-15 [L. 7313-8] du code du travail doivent être payées par l'administrateur sur ordonnance du juge-commissaire, dans les dix jours du prononcé du jugement ouvrant la procédure de redressement judiciaire ou de liquidation judiciaire, si l'administrateur dispose des fonds nécessaires.***

Toutefois, avant tout établissement du montant de ces créances, l'administrateur doit, avec l'autorisation du juge-commissaire et dans la mesure des fonds disponibles, verser immédiatement aux salariés, à titre provisionnel, une somme égale à un mois de salaire impayé, sur la base du dernier bulletin de salaire, et sans pouvoir dépasser le plafond visé à l'article L. 143-10 du code du travail.

A défaut de disponibilités, les sommes dues en vertu des deux alinéas précédents doivent être acquittées sur les premières rentrées de fonds. *– [L. nº 85-98 du 25 janv. 1985, art. 129.] – V. C. trav., art. L. 143-10 et L. 143-11, ss. ancien art. L. 621-132.*

BIBL. ▶ SOINNE, *RPC 1997. 249* (répartitions).

SOUS-SECTION 3 *[ANCIENNE] De la garantie du paiement des créances résultant du contrat de travail*

Ancien art. L. 621-132 *Sans préjudice des règles fixées aux articles L. 621-130 et L. 621-131, les créances résultant du contrat de travail ou du contrat d'apprentissage sont garanties dans les conditions fixées aux articles L. 143-10 à L. 143-11-9 et L. 143-13-1 du code du travail, reproduits ci-après :*

Art. L. 143-10 *Lorsqu'est ouverte une procédure de redressement ou de liquidation judiciaire, les rémunérations de toute nature dues aux salariés et apprentis et l'indemnité mentionnée à l'article L. 980-11-1 due par l'employeur aux bénéficiaires d'un stage d'initiation à la vie professionnelle pour les soixante derniers jours de travail ou d'apprentissage doivent, déduction faite des acomptes déjà perçus, être payées, nonobstant l'existence de toute autre créance privilégiée, jusqu'à concurrence d'un plafond mensuel identique pour toutes les catégories de bénéficiaires.*

Ce plafond est fixé par voie réglementaire sans pouvoir être inférieur à deux fois le plafond retenu pour le calcul des cotisations de sécurité sociale. – V. C. trav., ancien art. D. 143-1 [devenu C. trav., art. D. 3253-1] *fixant ce plafond à deux fois le plafond retenu, par mois, pour le calcul des cotisations de sécurité sociale.* – **C. trav.**

Les rémunérations prévues au premier alinéa ci-dessus comprennent non seulement les salaires, appointements ou commissions proprement dites mais encore tous les accessoires et notamment l'indemnité mentionnée à l'article L. 122-3-4, l'indemnité pour inobservation du délai congé mentionnée à l'article L. 122-8, l'indemnité compensatrice mentionnée à l'article L. 122-32-6 et l'indemnité mentionnée à l'article L. 124-4-4 (L. nº 2005-841 du 26 juill. 2005, art. 24-II) *« , ainsi que les contributions dues par l'employeur dans le cadre des conventions de reclassement personnalisé mentionnées à l'article L. 321-4-2 ».* – *Les dispositions de l'art. 24 de la L. nº 2005-841 du 26 juill. 2005 sont applicables aux accords mentionnés au cinquième al. du I de l'art. L. 321-4-2 [ancien] C. trav. conclus à compter du 1er avr. 2005 (L. préc., art. 36-VI).*

Art. L. 143-11 *En outre, lorsqu'est ouverte une procédure de redressement ou de liquidation judiciaire, les indemnités de congés payés prévues aux articles L. 223-11 à L. 223-15 et R. 223-2 doivent être payées nonobstant l'existence de toute autre créance privilégiée, jusqu'à concurrence d'un plafond identique à celui établi pour une période de trente jours de rémunération par l'article L. 143-9.*

Art. L. 143-11-1 *Tout employeur ayant la qualité de commerçant, d'artisan, d'agriculteur ou de personne morale de droit privé et occupant un ou plusieurs salariés doit assurer ses salariés, y compris les travailleurs salariés détachés à l'étranger ainsi que les travailleurs salariés expatriés visés à l'article L. 351-4, contre le risque de non-paiement, en cas de procédure de redressement ou de liquidation judiciaire, des sommes qui leur sont dues* (L. nº 2002-73 du 17 janv. 2002) *« et contre le risque de rupture du contrat de travail pour cause de force majeure consécutive à un sinistre » en exécution du contrat de travail.*

L'assurance couvre :

1º Les sommes dues aux salariés à la date du jugement d'ouverture de toute procédure de redressement ou de liquidation judiciaire (L. nº 2005-841 du 26 juill. 2005, art. 24-I) *« , ainsi que les contributions dues par l'employeur dans le cadre de la convention de reclassement personnalisé mentionnée à l'article L. 321-4-2 » ;* – V. note ss. 2º bis.

2º Les créances résultant de la rupture des contrats de travail intervenant pendant la période d'observation, dans le mois suivant le jugement qui arrête le plan de redressement, dans les quinze jours suivant le jugement de liquidation et pendant le maintien provisoire de l'activité autorisé par le jugement de liquidation judiciaire ;

Al. abrogé par Ord. nº 2004-602 du 24 juin 2004, art. 13.

(L. nº 2005-841 du 26 juill. 2005, art. 24-II) *« 2º bis Les créances résultant de la rupture du contrat de travail des salariés auxquels a été proposée la convention de reclassement personnalisé mentionnée à l'article L. 321-4-2, sous réserve que l'administrateur, l'employeur ou le liquidateur, selon le cas, ait proposé cette convention aux intéressés au cours de l'une des périodes indiquées au 2º, y compris les contributions dues par l'employeur dans le cadre de cette convention et les salaires dus pendant le délai de réponse du salarié ; »* – *Les dispositions de l'art. 24 de la L. nº 2005-841 du 26 juill. 2005 sont applicables aux accords mentionnés au cinquième al. du I de l'art. L. 321-4-2 [ancien] C. trav. conclus à compter du 1er avr. 2005 (L. préc., art. 36-VI).*

3° Lorsque le tribunal prononce la liquidation judiciaire, dans la limite d'un montant maximal correspondant à un mois et demi de travail, les sommes dues au cours de la période d'observation, des quinze jours suivant le jugement de liquidation ou du mois suivant le jugement de liquidation en ce qui concerne les représentants des salariés prévus par les articles L. 621-8 et L. 621-135 du code de commerce et pendant le maintien provisoire de l'activité autorisé par le jugement de liquidation. – V. C. trav., ancien art. D. 143-3 [devenu C. trav., art. D. 3253-1.] – **C. trav.**

La garantie des sommes et créances visées aux 1°, 2° et 3° ci-dessus inclut les cotisations et contributions sociales salariales d'origine légale ou d'origine conventionnelle imposée par la loi. – Cette disposition, issue de la loi n° 96-1160 du 27 déc. 1996, est applicable aux relevés de créances prévus à l'art. L. 143-11-7 établis à compter du 1er janv. 1997 (L. préc., art. 36, III).

Al. abrogés par Ord. n° 2004-602 du 24 juin 2004, art. 13.

(L. n° 2002-73 du 17 janv. 2002) *« L'assurance couvre les sommes dues aux salariés en application des articles L. 122-9-1 et L. 122-3-4-1. »*

Art. L. 143-11-2 *Les créances résultant du licenciement des salariés bénéficiaires d'une protection particulière relative au licenciement sont couvertes par l'assurance dès lors que l'administrateur, l'employeur ou le liquidateur, selon le cas, a manifesté, au cours des périodes mentionnées au 2° de l'article L. 143-11-1, son intention de rompre le contrat de travail.*

Art. L. 143-11-3 *Lorsqu'elles revêtent la forme d'un droit de créance sur l'entreprise, les sommes dues au titre de l'intéressement conformément aux dispositions des articles L. 441-1 et suivants, au titre de la participation des salariés aux fruits de l'expansion conformément aux dispositions des articles L. 442-1 et suivants ou en application d'un accord créant un fonds salarial dans les conditions prévues par les articles L. 471-1 et suivants, sont couvertes par l'assurance prévue à l'article L. 143-11-1.*

Les arrérages de préretraite dus à un salarié ou à un ancien salarié en application d'un accord professionnel ou interprofessionnel, d'une convention collective ou d'un accord d'entreprise sont également couverts par l'assurance. Ces dispositions s'appliquent lorsque l'accord ou la convention prévoit le départ en préretraite à cinquante-cinq ans au plus tôt. La garantie prévue par le présent alinéa est limitée dans des conditions fixées par décret. – V. C. trav., ancien art. D. 143-4 [devenu C. trav., art. D. 3253-1.] – **C. trav.**

Les créances visées au premier et au deuxième alinéa sont garanties :

— lorsqu'elles sont exigibles à la date du jugement d'ouverture de la procédure ;

— lorsque, si un plan organisant la continuation de l'entreprise intervient à l'issue de la procédure, elles deviennent exigibles du fait de la rupture du contrat de travail, dans les délais prévus au 2° de l'article L. 143-11-1 ;

— lorsque intervient un jugement de liquidation judiciaire ou un jugement arrêtant le plan de cession totale de l'entreprise.

(L. n° 2004-391 du 4 mai 2004, art. 57) *« L'assurance prévue à l'article L. 143-11-1 ne couvre pas les sommes qui concourent à l'indemnisation du préjudice causé par la rupture du contrat de travail dans le cadre d'un licenciement pour motif économique, en application d'un accord d'entreprise ou d'établissement ou de groupe ou d'une décision unilatérale de l'employeur, lorsque l'accord a été conclu et déposé ou la décision notifiée moins de dix-huit mois avant la date du jugement d'ouverture de la procédure de redressement ou de liquidation judiciaires. »*

Art. L. 143-11-4 *Le régime d'assurance prévu à l'article L. 143-11-1 est mis en œuvre par une association créée par les organisations nationales professionnelles d'employeurs les plus représentatives et agréée par le ministre chargé du travail.* – Cette association a pris le nom d'Association pour la gestion du régime d'assurance des salariés (AGS).

Cette association passe une convention de gestion avec les institutions gestionnaires du régime d'assurance mentionné à la section 1 du chapitre I du titre V du livre III de la première partie du code du travail.

En cas de dissolution de cette association, le ministre chargé du travail confie aux institutions prévues à l'alinéa précédent la gestion du régime d'assurance institué à l'article L. 143-11-1. – V. ancien art. L. 621-38.

Art. L. 143-11-5 *Le droit du salarié est indépendant de l'observation par l'employeur tant des prescriptions des articles L. 143-11-1 à L. 143-11-9 que des obligations dont il est tenu à l'égard des institutions prévues à l'article L. 143-11-4.*

Art. L. 143-11-6 *L'assurance est financée par des cotisations des employeurs qui sont assises sur les rémunérations servant de base au calcul des contributions au régime d'assurance-chômage défini par la section 1 du chapitre I du titre V du livre III du présent code.*

Les dispositions de l'article L. 351-6 sont applicables au recouvrement de ces cotisations et des majorations de retard y afférentes.

Art. L. 143-11-7 *Le représentant des créanciers établit les relevés des créances dans les conditions suivantes :*

1. Pour les créances mentionnées aux articles L. 143-10, L. 143-11, L. 742-6 et L. 751-15, dans les dix jours suivant le prononcé du jugement d'ouverture de la procédure ;

2. Pour les autres créances également exigibles à la date du jugement d'ouverture de la procédure, dans les trois mois suivant le prononcé du jugement ;

3. Pour les salaires et les indemnités de congés payés couvertes en application du 3° de l'article L. 143-11-1 et les salaires couverts en application du dernier alinéa de ce même article, dans les dix jours suivant l'expiration des périodes de garantie prévues à ce 3° et ceux, jusqu'à concurrence du plafond mentionné aux articles L. 143-10, L. 143-11, L. 742-6 et L. 751-15.

4. Pour les autres créances dans les trois mois suivant l'expiration de la période de garantie.

Le relevé des créances précise le montant des cotisations et contributions visées au septième alinéa de l'article L. 143-11-1 dues au titre de chacun des salariés, intéressés ; – Cette disposition, issue de la loi n° 96-1160 du 27 déc. 1996, est applicable aux relevés de créances établis à compter du 1er janv. 1997 (L. préc., art. 36, III).

Si les créances ne peuvent être payées en tout ou partie sur les fonds disponibles avant l'expiration des délais prévus ci-dessus, le représentant des créanciers demande, sur prestation des relevés, l'avance des fonds nécessaires aux institutions mentionnées à l'article L. 143-11-4.

Les institutions susmentionnées versent au représentant des créanciers les sommes figurant sur les relevés et restées impayées :

1° Dans les cinq jours suivant la réception des relevés visés aux 1 et 3 ci-dessus ;

2° Dans les huit jours suivant la réception des relevés visés aux 2 et 4 ci-dessus.

(L. n° 2005-841 du 26 juill. 2005, art. 24-III) « Par dérogation aux dispositions des trois alinéas précédents, l'avance des contributions de l'employeur au financement de la convention de reclassement personnalisé mentionnée à l'article L. 321-4-2 est versée directement aux organismes gestionnaires mentionnés à l'article L. 351-21. » – Les dispositions de l'art. 24 de la L. n° 2005-841 du 26 juill. 2005 sont applicables aux accords mentionnés au cinquième al. du I de l'art. L. 321-4-2 [ancien] C. trav. conclus à compter du 1er avr. 2005 (L. préc., art. 36-VI).

Al. abrogé par Ord. n° 2004-602 du 24 juin, art. 13.

Le représentant des créanciers reverse immédiatement les sommes qu'il a reçues aux salariés et organismes créanciers, à l'exclusion des créanciers subrogés, et en informe le représentant des salariés.

Les institutions mentionnées ci-dessus doivent avancer les sommes comprises dans le relevé même en cas de contestation par un tiers.

(L. n° 2001-624 du 17 juill. 2001) « Elles doivent également avancer les sommes correspondantes à des créances établies par décision de justice exécutoire, même si les délais de garantie sont expirés. Les décisions de justice seront de plein droit opposables à l'association visée à l'article L. 143-11-4 ». Dans le cas où le représentant des créanciers a cessé ses fonctions, le greffier du tribunal ou le commissaire à l'exécution du plan, selon le cas, adresse un relevé complémentaire aux institutions mentionnées ci-dessus, à charge pour lui de reverser les sommes aux salariés et organismes créanciers.

Art. L. 143-11-7-1 *(L. n° 2002-73 du 17 janv. 2002) L'employeur des salariés entrant dans le cadre des prévisions des articles L. 122-9-1 et L. 122-3-4-1 transmet le justificatif des créances prévues aux articles L. 122-9-1 et L. 122-3-4 aux institutions mentionnées à l'article L. 143-11-4. Celles-ci versent auxdits salariés le montant des indemnités prévues aux articles L. 122-9-1 et L. 122-3-4-1 dans les cinq jours suivant la réception de la demande.*

Lorsque les institutions mentionnées à l'article L. 143-11-4 refusent pour quelque cause que ce soit de régler la créance résultant de l'application des articles L. 122-9-1 et L. 122-3-4-1, elles font connaître leur refus au salarié. Celui-ci peut saisir du litige le conseil de prud'hommes.

Art. L. 143-11-8 *La garantie des institutions mentionnées à l'article L. 143-11-4 est limitée, toutes créances du salarié confondues à un ou des montants fixés par décret, en réfé-*

rence au plafond mensuel retenu pour le calcul des contributions du régime d'assurance-chômage prévu à la section 2 du chapitre I du titre V du livre III du présent code. – V. C. trav., ancien art. D. 143-2. – **C. trav.**

(L. n° 2002-73 du 17 janv. 2002) *« Les sommes versées au salarié en application des articles L. 122-9-1 et L. 122-3-4-1 sont le cas échéant prises en compte pour la détermination du ou des montants prévus à l'alinéa précédent. »*

Art. L. 143-11-9 *Les institutions mentionnées à l'article L. 143-11-4 sont subrogées dans les droits des salariés pour lesquels elles ont effectué des avances, en ce qui concerne les créances garanties par le privilège prévu aux articles L. 143-10, L. 143-11, L. 742-6 et L. 751-15 et les créances avancées au titre du 3° de l'article L. 143-11-1.*

Al. abrogé par Ord. n° 2004-602 du 24 juin 2004, art. 13.

Les autres sommes avancées sont remboursées aux institutions susmentionnées dans les conditions prévues par le titre II du livre VI du code de commerce pour le règlement des créances nées antérieurement au jugement d'ouverture de la procédure et bénéficient des privilèges attachés à celles-ci.

Art. L. 143-13-1 *Les étrangers mentionnés à l'article L. 341-6-1 bénéficient des dispositions de la présente section pour les sommes qui leur sont dues en application de cet article.*

SECTION 5 *[ANCIENNE]* *De la procédure simplifiée applicable à certaines entreprises*

Ancien art. L. 621-133 ***Les personnes mentionnées au second alinéa de l'article L. 620-2 bénéficient, sous réserve des dispositions de l'article L. 621-134 ci-après, de la procédure simplifiée prévue à la présente section. Les autres dispositions du présent titre leur sont applicables dans la mesure où elles ne sont pas contraires à celles de la présente section.*** – *[L. n° 85-98 du 25 janv. 1985, art. 137.]*

Ancien art. L. 621-134 ***Jusqu'au jugement arrêtant le plan, le tribunal, à la demande du débiteur, du procureur de la République ou d'office, peut décider de faire application intégrale de la procédure prévue par les sections 1 à 4 du présent chapitre, s'il estime qu'elle est de nature à favoriser le redressement de l'entreprise.***

Dans ce cas, la durée de la période d'observation déjà écoulée s'impute sur celle prévue au deuxième alinéa de l'article L. 621-6. – *[L. n° 85-98 du 25 janv. 1985, art. 138.]*

SOUS-SECTION 1 *[ANCIENNE]* *Du jugement d'ouverture et de la période d'observation*

Ancien art. L. 621-135 ***Dans le jugement d'ouverture du redressement judiciaire, le tribunal désigne le juge-commissaire et un mandataire de justice chargé de représenter les créanciers. Il invite les délégués du personnel ou, à défaut de ceux-ci, les salariés à désigner au sein de l'entreprise un représentant des salariés.***

Dans les entreprises ne remplissant pas les conditions prévues à l'article L. 421-1 du code du travail ou dans les entreprises n'ayant pas d'institutions représentatives du personnel, le représentant des salariés exerce les fonctions dévolues à ces institutions par les dispositions des sections 1 à 4 du présent chapitre. – *[L. n° 85-98 du 25 janv. 1985, art. 139.] – V. Décr. n° 85-1388 du 27 déc. 1985, art. 17 et 159.*

BIBL. ▸ SOINNE, *RPC 1996. 319* (désignation du juge-commissaire ; condition d'ancienneté).

Ancien art. L. 621-136 ***La durée maximale de la période d'observation, qui peut être renouvelée une fois par décision motivée du tribunal qui statue, soit à la demande du débiteur, du procureur de la République ou de l'administrateur, s'il en a été nommé un, soit d'office, est fixée par décret en Conseil d'État. Lorsqu'il s'agit d'une exploitation agricole, le tribunal peut proroger la durée de la période d'observation jusqu'au terme de l'année culturale en cours compte tenu des usages spécifiques aux productions concernées.*** – *V. Décr. n° 85-1388 du 27 déc. 1985, art. 111.*

Le juge-commissaire dispose des pouvoirs prévus à l'article L. 621-55. – *[L. n° 85-98 du 25 janv. 1985, art. 140.]*

Ancien art. L. 621-137 ***I. – Pendant cette période, l'activité est poursuivie par le débiteur sauf s'il apparaît nécessaire au tribunal de nommer un administrateur qui peut être soit un administrateur judiciaire, soit*** *(L. n° 2003-7 du 3 janv. 2003, art. 44)* ***« une personne choisie sur le fondement du deuxième alinéa de l'article L. 811-2 ». Dans ce cas, le débiteur est soit dessaisi et représenté par l'administrateur, soit assisté par celui-ci.*** – *V. Décr. n° 85-1388 du 27 déc. 1985, art. 15.*

II. — En l'absence d'administrateur :

1° Le débiteur exerce les fonctions dévolues à celui-ci par l'article L. 621-37 ; il exerce la faculté ouverte par l'article L. 621-122 et par l'article L. 621-28 s'il y est autorisé par le juge-commissaire ;

2° Le représentant des créanciers exerce les fonctions dévolues à l'administrateur par l'article L. 621-19 ;

3° L'assemblée générale extraordinaire ou l'assemblée des associés est, pour l'application de l'article L. 621-58, convoquée à la demande du juge-commissaire qui fixe le montant de l'augmentation du capital proposée à l'assemblée pour reconstituer les capitaux propres. — [L. n° 85-98 du 25 janv. 1985, art. 141.]

1. Mission de l'administrateur. Sur la nullité d'un jugement ayant désigné un administrateur judiciaire sans préciser sa mission, V. • Versailles, 5 janv. 1988 : *D. 1990. Somm. 9, obs. Derrida*.

2. Conséquences du défaut de désignation. L'appel du débiteur contre un jugement le condamnant au paiement d'une certaine somme d'argent ne peut être déclaré irrecevable au motif que le débiteur ne pouvait interjeter appel de ce jugement sans l'intervention et l'assistance du représentant des créanciers, alors qu'aucun administrateur n'avait été désigné. • Com. 18 avr. 1989, n° 87-17.647 P : *D. 1990. Somm. 9, obs. Derrida*.

3. Dès lors que la procédure est ouverte sous le régime simplifié sans nomination d'administrateur judiciaire, le débiteur a toute latitude pour engager des actions en justice, notamment celles en recouvrement de créances, actes courants et correspondant à l'activité normale de l'entreprise et engagés au bénéfice de celle-ci. • Douai, 2 déc. 1999 : *RPC 2002. 92, obs. Lebel.* ♦ En revanche, le débiteur ne peut accomplir seul des actes dépassant la gestion courante de l'entreprise (application de l'art. L. 621-24, al. 2, C. com.). • Orléans, 24 mars 2005 : *RJDA 2005, n° 844.*

4. Il résulte de l'art. 141, al. 1er, devenu l'art. L. 621-137 C. com., que le gérant d'une SARL qui fait l'objet d'une procédure simplifiée de redressement judiciaire reste tenu, à défaut d'être dessaisi et représenté par un administrateur judiciaire, au respect des obligations légales lui incombant et doit, par conséquent, convoquer l'assemblée générale des associés pour lui soumettre les comptes sociaux dans les six mois de la clôture de l'exercice (en application de l'art. L. 223-26 C. com.). • Crim. 4 avr. 2001 : *BJS 2001. 991, note Barbièri ; RJDA 2001, n° 1118 ; Dr. sociétés 2002, n° 7, note Legros ; RPC 2002. 92, obs. Lebel.*

Ancien art. L. 621-138 *Le tribunal peut décider soit la poursuite de l'activité en vue de l'élaboration d'un projet de plan de redressement de l'entreprise, soit la liquidation judiciaire à laquelle s'appliquent les dispositions du chapitre II.* — [L. n° 85-98 du 25 janv. 1985, art. 142.]

Dans la procédure simplifiée de redressement judiciaire, la liquidation judiciaire peut être décidée, en vertu de l'art. 142 [C. com., art. L. 621-132], sans que les délégués du personnel ou le représentant des salariés soient entendus ou dûment appelés. • Com. 12 mai 1992, n° 90-10.414 P : *D. 1992. IR 195* • Nancy, 29 juin 1995 : *RPC 1998. 265, obs. Soinne.*

SOUS-SECTION 2 *[ANCIENNE]* *De l'élaboration du plan de redressement de l'entreprise*

Ancien art. L. 621-139 *Pendant la période d'observation, le débiteur ou l'administrateur, s'il en a été nommé un, établit un projet de plan de redressement de l'entreprise avec le concours éventuel d'un expert nommé par le tribunal.* — V. Décr. n° 85-1388 du 27 déc. 1985, art. 112.

Le débiteur ou l'administrateur communique au représentant des créanciers et au juge-commissaire les propositions de règlement du passif prévues à l'article L. 621-60 et procède aux informations et consultations prévues au troisième alinéa de l'article L. 621-56 et à l'article L. 621-61. — [L. n° 85-98 du 25 janv. 1985, art. 143.]

1. Plan de redressement. Il résulte des dispositions de l'anc. art. 143, al. 2 [C. com., art. L. 621-139, al. 1er], seules applicables en cas d'ouverture d'une procédure simplifiée de redressement judiciaire, lorsqu'aucun administrateur n'a été désigné, que le débiteur élabore un projet de plan de redressement de l'entreprise avec le concours éventuel de l'expert qui a assisté le juge-commissaire dans son enquête. • Com. 19 mars 1991, n° 89-17.977 P. ♦ Cet art. n'interdit pas au débiteur d'élaborer un projet de plan de redressement de l'entreprise lorsqu'un administrateur a été nommé. • Com. 25 mars 1997, n° 95-10.936 P : *D. Affaires 1997. 613.*

2. Propositions de règlement du passif. Il résulte de l'esprit de la loi du 25 janv. 1985 et *a contrario* des dispositions des art. 144 et 145 du même texte [C. com., art. L. 621-140 et L. 621-141] que, lorsqu'un administrateur judiciaire est nommé dans une procédure simplifiée, aux côtés du débiteur au cours de la phase d'élaboration du plan, c'est à lui qu'il appartient de prendre l'initiative des propositions, ou tout au moins de collaborer activement avec le débiteur en ce sens. • Versailles, 28 avr. 1986 : *D. 1987. Somm. 76, obs. Honorat.*

Ancien art. L. 621-140 *S'il n'est pas nommé d'administrateur, les offres d'acquisition mentionnées aux articles L. 621-57 et L. 621-85 sont adressées au greffe du tribunal qui les communique au juge-commissaire, au débiteur et au représentant des créanciers.*

Dans ce cas, le débiteur fait état dans son projet de toutes les offres dont le juge-commissaire aura vérifié la recevabilité. – [L. n° 85-98 du 25 janv. 1985, art. 144.]

Ancien art. L. 621-141 *S'il n'est pas nommé d'administrateur, le débiteur dépose au greffe du tribunal le projet de plan de redressement de l'entreprise.*

Dans ce cas, le juge-commissaire fait rapport au tribunal et lui soumet le projet de plan en donnant son avis motivé. – [L. n° 85-98 du 25 janv. 1985, art. 145.]

Ancien art. L. 621-142 *A tout moment de la procédure, le tribunal, à la demande d'une des personnes mentionnées à l'article L. 621-27 ou d'office, peut prononcer une des mesures prévues à cet article.* – [L. n° 85-98 du 25 janv. 1985, art. 146.]

SOUS-SECTION 3 *[ANCIENNE]* *De l'exécution du plan de redressement de l'entreprise*

Ancien art. L. 621-143 *En l'absence d'administrateur, le commissaire à l'exécution du plan assiste le débiteur dans l'accomplissement des actes nécessaires à la mise en œuvre du plan.* – [L. n° 85-98 du 25 janv. 1985, art. 147.]

CHAPITRE II *[ANCIEN]* ***DE LA LIQUIDATION JUDICIAIRE***

SECTION 1 *[ANCIENNE]* ***Du jugement de liquidation judiciaire***

SOUS-SECTION 1 *[ANCIENNE]* *De la liquidation judiciaire ouverte sans période d'observation*

Ancien art. L. 622-1 *La procédure de liquidation judiciaire est ouverte sans période d'observation à l'égard de toute entreprise mentionnée au premier alinéa de l'article L. 620-2 en état de cessation des paiements, dont l'activité a cessé ou dont le redressement est manifestement impossible.* – V. Décr. n° 85-1388 du 27 déc. 1985, art. 118-1 et 118-2.

Elle est engagée selon les modalités prévues au second alinéa de l'article L. 621-1 et aux articles L. 621-2 à L. 621-5 ainsi que L. 621-14 et L. 621-15.

La date de cessation des paiements est fixée conformément à l'article L. 621-7. – [L. n° 85-98 du 25 janv. 1985, art. 148.]

Ancien art. L. 622-2 (L. n° 2003-7 du 3 janv. 2003, art. 45) « *Dans le jugement qui ouvre la liquidation judiciaire, le tribunal désigne le juge-commissaire et, en qualité de liquidateur, un mandataire judiciaire inscrit ou une personne choisie sur le fondement du premier alinéa du II de l'article L. 812-2. Le liquidateur est remplacé suivant les règles prévues au deuxième alinéa de l'article L. 622-5. Il peut lui être adjoint dans les mêmes conditions un ou plusieurs liquidateurs.* »

Un représentant des salariés est désigné dans les conditions prévues au premier alinéa de l'article L. 621-8 ou au premier alinéa de l'article L. 621-135 selon le cas. Il est remplacé dans les conditions prévues au troisième alinéa de l'article L. 621-10. Il exerce la mission prévue à l'article L. 621-36 et, dans le cas mentionné au deuxième alinéa de l'article L. 621-135, les fonctions qui lui sont dévolues par ces dispositions.

Les contrôleurs sont désignés comme il est dit à l'article L. 621-13 et exercent leurs attributions dans les mêmes conditions que celles prévues au chapitre I. – [L. n° 85-98 du 25 janv. 1985, art. 148-1.]

BIBL. ▶ SOINNE, *RPC 1996. 319* (désignation du juge-commissaire ; condition d'ancienneté).

Ancien art. L. 622-3 *Le jugement qui ouvre la liquidation judiciaire a les mêmes effets que ceux qui sont prévus en cas de redressement judiciaire par les premier et quatrième alinéas de l'article L. 621-24 et par les articles L. 621-40, L. 621-41, L. 621-43, L. 621-48, L. 621-50, L. 621-115, L. 621-116 et L. 621-122.*

Les créanciers déclarent leurs créances au liquidateur selon les modalités prévues aux articles L. 621-43 à L. 621-47. – [L. n° 85-98 du 25 janv. 1985, art. 148-2.]

Ancien art. L. 622-4 *Le liquidateur procède aux opérations de liquidation en même temps qu'à la vérification des créances. Il peut introduire les actions qui relèvent de la compétence du représentant des créanciers.*

Le liquidateur exerce les missions dévolues à l'administrateur et au représentant des créanciers par les articles L. 621-18, L. 621-41, L. 621-42, L. 621-126 et L. 621-127.

Les licenciements sont soumis aux dispositions du quatrième alinéa de l'article L. 622-5. – [L. n° 85-98 du 25 janv. 1985, art. 148-3.]

SOUS-SECTION 2 [ANCIENNE] De la liquidation judiciaire prononcée au cours de la période d'observation

Ancien art. L. 622-5 *Le tribunal qui prononce la liquidation judiciaire nomme le représentant des créanciers en qualité de liquidateur. Toutefois, le tribunal peut, par décision motivée, à la demande de l'administrateur, d'un créancier, du débiteur ou du procureur de la République, (L. n° 2003-7 du 3 janv. 2003, art. 46) « désigner en qualité de liquidateur une autre personne dans les conditions prévues à l'article L. 812-2 ».*

Le tribunal peut soit d'office, soit sur proposition du juge-commissaire ou à la demande du procureur de la République, procéder au remplacement du liquidateur. Le débiteur ou un créancier peut demander au juge-commissaire de saisir à cette fin le tribunal. – V. Décr. n° 85-1388 du 27 déc. 1985, art. 27 et 30.

Le liquidateur procède aux opérations de liquidation en même temps qu'il achève éventuellement la vérification des créances et qu'il établit l'ordre des créanciers. Il poursuit les actions introduites avant le jugement de liquidation soit par l'administrateur, soit par le représentant des créanciers, et peut introduire les actions qui relèvent de la compétence du représentant des créanciers.

Les licenciements auxquels procède le liquidateur en application de la décision prononçant la liquidation sont soumis aux dispositions des articles L. 321-8 et L. 321-9 du code du travail. – [L. n° 85-98 du 25 janv. 1985, art. 148-4.]

BIBL. ▶ SOINNE, *RPC 1997. 249* (répartitions).

SOUS-SECTION 3 [ANCIENNE] Dispositions communes

Ancien art. L. 622-6 *Aucun parent ou allié jusqu'au quatrième degré inclusivement du chef d'entreprise ou des dirigeants s'il s'agit d'une personne morale ne peut être nommé liquidateur. – [L. n° 85-98 du 25 janv. 1985, art. 149.]*

Ancien art. L. 622-7 *Le liquidateur tient informés, au moins tous les trois mois, le juge-commissaire et le procureur de la République du déroulement des opérations. – [L. n° 85-98 du 25 janv. 1985, art. 150.] – V. Décr. n° 85-1388 du 27 déc. 1985, art. 123.*

Ancien art. L. 622-8 *Toute somme reçue par le liquidateur dans l'exercice de ses fonctions est immédiatement versée en compte de dépôt à la Caisse des dépôts et consignations. En cas de retard, le liquidateur doit, pour les sommes qu'il n'a pas versées, un intérêt dont le taux est égal au taux de l'intérêt légal majoré de cinq points. – [L. n° 85-98 du 25 janv. 1985, art. 151.]*

Pour l'insaisissabilité des sommes déposées à la Caisse des dépôts et consignations, V. ancien art. L. 627-1.

BIBL. ▶ TUDELA, *Gaz. Pal. 1999. 2. Doctr. 1223.*

Ancien art. L. 622-9 *Le jugement qui ouvre ou prononce la liquidation judiciaire emporte de plein droit, à partir de sa date, dessaisissement pour le débiteur de l'administration et de la disposition de ses biens même de ceux qu'il a acquis à quelque titre que ce soit tant que la liquidation judiciaire n'est pas clôturée. Les droits et actions du débiteur concernant son patrimoine sont exercés pendant toute la durée de la liquidation judiciaire par le liquidateur.*

Toutefois, le débiteur peut se constituer partie civile dans le but d'établir la culpabilité de l'auteur d'un crime ou d'un délit dont il serait victime, s'il limite son action à la poursuite de l'action publique sans solliciter de réparation civile. – [L. n° 85-98 du 25 janv. 1985, art. 152.]

BIBL. ▶ TEBOUL, *RJ com. 2002. 360* (effets du dessaisissement). - SAINT-ALARY-HOUIN, *RPC 2003. 173.* - MONSÈRIÉ-BON, *RLDA, suppl. au n° 80, mars 2005, p. 53* (dessaisissement et avènement des droits propres).

Ancien art. L. 622-10 *Si l'intérêt public ou celui des créanciers l'exige, le maintien de l'activité peut être autorisé par le tribunal pour une durée maximale fixée par décret en Conseil d'État. Elle peut être prolongée à la demande du procureur de la République pour une durée fixée par la même voie. Lorsqu'il s'agit d'une exploitation agricole, ce délai est fixé par le tribunal en fonction de l'année culturale en cours et des usages spécifiques aux productions concernées. Les dispositions de l'article L. 621-32 sont applicables aux créances nées pendant cette période. – V. Décr. n° 85-1388 du 27 déc. 1985, art. 119-2.*

L'administration de l'entreprise est assurée par l'administrateur, qui reste en fonctions par dérogation aux dispositions de l'article L. 621-27, ou, à défaut, par le liquidateur. L'administrateur ou, à défaut, le liquidateur procède aux licenciements dans les conditions prévues aux articles L. 321-8 et L. 321-9 du code du travail.

Lorsque l'administrateur ne dispose pas des sommes nécessaires à la poursuite de l'activité, il peut, sur autorisation du juge-commissaire, se les faire remettre par le liquidateur. — *[L. n° 85-98 du 25 janv. 1985, art. 153.]*

1. Bénéfice de l'art. L. 621-32. V. notes 4 et 7 ss. anc. art. L. 621-32.

2. Poursuite de l'activité sans autorisation. Sur la responsabilité du liquidateur, V. Soinne, *RPC 1996. 360.*

Ancien art. L. 622-11 *Le juge-commissaire exerce les compétences qui lui sont dévolues par les articles L. 621-12, L. 621-13, L. 621-55, L. 621-20 et L. 621-21, par le premier alinéa de l'article L. 621-28 et le quatrième alinéa de l'article L. 621-31.*

Les renseignements détenus par le procureur de la République lui sont communiqués selon les règles prévues au deuxième alinéa de l'article L. 621-11. — *[L. n° 85-98 du 25 janv. 1985, art. 153-1.] — L'art. 153-1 de la loi n° 85-98 du 25 janv. 1985, codifié à l'art. L. 622-11, était issu de la loi n° 94-475 du 10 juin 1994. — Pour l'entrée en vigueur de cette loi, V. note ss. ancien art. L. 620-1.*

Ancien art. L. 622-12 *Le liquidateur reçoit du juge-commissaire tous les renseignements et documents utiles à l'accomplissement de sa mission. Il exerce les fonctions dévolues à l'administrateur ou au représentant des créanciers, selon le cas, par les articles L. 621-16, L. 621-20 et L. 621-112.*

L'administrateur, dans le cas mentionné au deuxième alinéa de l'article L. 622-10, ou, à défaut, le liquidateur, a la faculté d'exiger l'exécution des contrats en cours dans les conditions prévues à l'article L. 621-28. — *[L. n° 85-98 du 25 janv. 1985, art. 153-2.] — L'art. 153-2 de la loi n° 85-98 du 25 janv. 1985, codifié à l'art. L. 622-12, était issu de la loi n° 94-475 du 10 juin 1994. — Pour l'entrée en vigueur de cette loi, V. note ss. ancien art. L. 620-1.*

Ancien art. L. 622-13 *La liquidation judiciaire n'entraîne pas de plein droit la résiliation du bail des immeubles affectés à l'activité de l'entreprise.*

Le liquidateur ou l'administrateur peut continuer le bail ou le céder dans les conditions prévues au contrat conclu avec le bailleur avec tous les droits et obligations qui s'y rattachent.

Si le liquidateur ou l'administrateur décide de ne pas continuer le bail, celui-ci est résilié sur sa simple demande. La résiliation prend effet au jour de cette demande.

Le bailleur qui entend demander ou faire constater la résiliation pour des causes antérieures au jugement de liquidation judiciaire doit, s'il ne l'a déjà fait, introduire sa demande dans les trois mois du jugement. Les dispositions de l'article L. 621-29 sont applicables, que l'activité soit ou non poursuivie.

Le privilège du bailleur est déterminé conformément aux trois premiers alinéas de l'article L. 621-31. — *[L. n° 85-98 du 25 janv. 1985, art. 153-3.] — L'art. 153-3 de la loi n° 85-98 du 25 janv. 1985, codifié à l'art. L. 622-13, était issu de la loi n° 94-475 du 10 juin 1994. — Pour l'entrée en vigueur de cette loi, V. note ss. ancien art. L. 620-1.*

BIBL. ▶ Le Corre-Broly, *D. Affaires 1998. 1114.*

Ancien art. L. 622-14 *Les articles L. 621-51 à L. 621-53, L. 621-103 à L. 621-129 s'appliquent à la procédure de liquidation judiciaire.* — *[L. n° 85-98 du 25 janv. 1985, art. 153-4.] — Sur la rédaction de l'art. 153-4 de la loi n° 85-98 du 25 janv. 1985 (désormais codifié à l'art. L. 622-14) antérieure à la loi n° 96-588 du 1er juill. 1996, V. éd. 1993-1994 et antérieures du* **C. com.**

BIBL. ▶ Crocq, *LPA 14 sept. 1994* (clause de réserve de propriété et nouvel art. 153-4). - Soinne, *RPC 1997. 198* (modification apportée par la loi du 1er juill. 1996).

Ancien art. L. 622-15 *Pendant la procédure de liquidation judiciaire, le liquidateur est le destinataire du courrier adressé au débiteur. Les dispositions des deuxième et troisième alinéas de l'article L. 621-20 sont applicables.* — *[Décr. n° 85-1388 du 27 déc. 1985, art. 119-3.]*

BIBL. ▶ V. Bibl. ss. anc. art. L. 621-20.

SECTION 2 *[ANCIENNE]* *De la réalisation de l'actif*

BIBL. ▶ Le Corre, *RLDA, suppl. au n° 80, mars 2005, p. 61* (difficultés pratiques).

Ancien art. L. 622-16 *Les ventes d'immeubles ont lieu suivant les formes prescrites en matière de saisie immobilière. Toutefois, le juge-commissaire fixe, après avoir recueilli les observations des contrôleurs, le débiteur et le liquidateur entendus ou dûment appelés, la mise à prix et les conditions essentielles de la vente et détermine les modalités de la publicité.*

Lorsqu'une procédure de saisie immobilière engagée avant l'ouverture du redressement ou de la liquidation judiciaires a été suspendue par l'effet de cette dernière, le liquidateur peut être subrogé dans les droits du créancier saisissant pour les actes que celui-ci a effectués, lesquels sont réputés accomplis pour le compte du liquidateur qui procède à la vente des immeubles. La saisie immobilière peut alors reprendre son cours au stade où le jugement d'ouverture l'avait suspendue. — V. Décr. n° 85-1388 du 27 déc. 1985, art. 126-1.

Dans les mêmes conditions, le juge-commissaire peut, si la consistance des biens, leur emplacement ou les offres reçues sont de nature à permettre une cession amiable dans de meilleures conditions, autoriser la vente soit par adjudication amiable sur la mise à prix qu'il fixe, soit de gré à gré aux prix et conditions qu'il détermine. En cas d'adjudication amiable, il peut toujours être fait surenchère.

Les adjudications réalisées en application des alinéas qui précèdent emportent purge des hypothèques.

Le liquidateur répartit le produit des ventes et règle l'ordre entre les créanciers, sous réserve des contestations qui sont portées devant le tribunal de grande instance.

En cas de liquidation judiciaire d'un agriculteur, le tribunal peut, en considération de la situation personnelle et familiale du débiteur, lui accorder des délais de grâce dont il détermine la durée pour quitter sa maison d'habitation principale.

Les modalités d'application du présent article sont fixées par décret en Conseil d'État. — [L. n° 85-98 du 25 janv. 1985, art. 154.] — V. Décr. n° 85-1388 du 27 déc. 1985, art. 124-1.

Sur les ventes d'immeubles dans les départements du Bas-Rhin, du Haut-Rhin et de la Moselle, V. ancien art. L. 628-8.

BIBL. ▶ Sénéchal, *LPA 28 oct. 1998, p. 36* (vente des immeubles et distribution de leur prix). - Derrida, *Defrénois 1995. 1073.* - Vauvillé, *Dr. et patr. 10/1997. 33* (purge des inscriptions). - Fernandez, *LPA 17 déc. 1997, p. 9* (même thème). - Garçon, *JCP E 1999, n° 13, p. 561* (pacte de préférence). - Colloque organisé par le Crajefe le 29 mai 1999, *LPA 12 janv. 2000.* - Navarre-Laroche, *Gaz. Pal. 2000. Doctr. 718* (sort de l'immeuble indivis hypothéqué). - Journée d'études organisée par l'IFPPC le 4 mai 1999, *LPA 18 juill. 2000, p. 7, et 19 juill. 2000, p. 4.* - M. Sénéchal, *D. 2004. Chron. 2845* (réalisation des droits du créancier hypothécaire).

Ancien art. L. 622-17 *Des unités de production composées de tout ou partie de l'actif mobilier ou immobilier peuvent faire l'objet d'une cession globale.*

Le liquidateur suscite des offres d'acquisition et fixe le délai pendant lequel elles seront reçues. Toute personne intéressée peut soumettre son offre au liquidateur.

Toutefois, ni le débiteur, ni les dirigeants de droit ou de fait de la personne morale en liquidation judiciaire, ni aucun parent, ni allié de ceux-ci jusqu'au deuxième degré inclusivement ne peuvent se porter acquéreur.

Toute offre doit être écrite et comprendre les indications prévues aux 1° à 5° du I de l'article L. 621-85. Elle est déposée au greffe du tribunal où tout intéressé peut en prendre connaissance. Elle est communiquée au juge-commissaire.

Le juge-commissaire, après avoir entendu ou dûment convoqué le débiteur, le comité d'entreprise ou à défaut les délégués du personnel, les contrôleurs et, le cas échéant, le propriétaire des locaux dans lesquels l'unité de production est exploitée, le ministère public dûment avisé, choisit l'offre qui lui paraît la plus sérieuse et qui permet dans les meilleures conditions d'assurer durablement l'emploi et le paiement des créanciers.

Le liquidateur rend compte de l'exécution des actes de cession.

Une quote-part du prix de cession est affectée à chacun des biens cédés pour la répartition du prix et l'exercice du droit de préférence. — [L. n° 85-98 du 25 janv. 1985, art. 155.] — V. Décr. n° 85-1388 du 27 déc. 1985, art. 27, 138-1, 139 et 139-1.

BIBL. ▶ Lagraula, Guérin et Audinet, *Gaz. Pal. 1986. 2. Doctr. 759.* - Haehl, *RTD com. 1989. 310.* - Pérochon, *D. 1990. Chron. 252*. - Garçon, *JCP N 1994. I. 177 ; JCP E 1999, n° 13, p. 561* (pacte de préférence) ; *JCP E 2001, n° 13, p. 548* (droit de préemption urbain après la loi SRU du 13 déc. 2000). - Saint-Alary-Houin, *RTD com. 2001. 221* (même thème). - Canet,

RJDA 1997, p. 587 (liquidation judiciaire et sauvegarde de l'emploi). – Rakotovahiny, *LPA 31 janv. 2000, p. 4.*

1. Unité de production. L'unité de production correspond à un ensemble de biens de production (matériels) qui nécessairement associés à une force humaine de travail, concourt par elle-même soit à transformer de la matière première en produit fini ou semi-fini, soit plus généralement à générer de la valeur ajoutée hors le seul profit de vente. • T. com. Lyon, 29 juill. 1986 : *D. 1987. Somm. 93, obs. Derrida ; RTD com. 1989. 310, obs. Haehl.* ♦ L'unité de production suppose un ensemble de moyens matériels et humains permettant la poursuite ou la naissance d'une activité économique. • Paris, 27 févr. 1990 : *Gaz. Pal. 1991. 1. 314, note Marchi ; RTD com. 1990. 479, obs. Haehl* • 8 oct. 1999 : *APC 1999, n° 257.* ♦ L'unité de production suppose le maintien d'une activité minimale. • Lyon, 6 sept. 1996 : *JCP E 1997. I. 623, n° 4, obs. Cabrillac.* ♦ Une entreprise ayant cessé toute activité, depuis un certain temps, peut uniquement être vendue comme « les autres biens » et dans les formes prescrites par l'art. 156. • T. com. Paris, 27 sept. 1994 : *RPC 1995. 351, obs. Dureuil.*

2. La cession autorisée par le juge-commissaire n'étant pas limitée au bail mais comprenant le fonds de commerce y inclus les baux, et le bailleur ne démontrant pas que cette cession serait une cession « camouflée » du seul droit au bail, une cour d'appel a pu en déduire que l'opération constituait une cession globale d'unité de production au sens de l'art. 155 [C. com., art. L. 622-17]. • Com. 19 oct. 1993, n° 91-15.310 P : *Dr. sociétés 1994, n° 7, obs. Chaput ; Rev. loyers 1995. 111, note Gallet.* ♦ En revanche, la cession étant limitée au droit au bail d'un terrain et n'étant associée à aucun autre élément d'exploitation, une cour d'appel a pu en déduire, nonobstant la mention par le cessionnaire dans l'acte de cession du caractère indispensable à l'exploitation de ce bail, qu'en l'absence de cession d'un ensemble de biens de production associés à une force humaine de travail, la vente n'était pas celle d'une unité de production. • Com. 9 mai 2007, n° 06-10.064 P : *D. 2007. AJ 1508, obs. Lienhard ; JCP E 2007. 2119, n° 5, obs. Pétel ; APC 2007, n° 119, obs. Vallansan.*

3. Le juge-commissaire ne peut autoriser la cession d'une unité de production comportant celle du droit au bail d'un bien rural dans le cadre d'une liquidation, sans porter cette cession à la connaissance du bailleur. • Caen, 14 avr. 1994 : *JCP 1994. IV. 1350.*

4. Nature de la cession globale. S'agissant non d'une vente de droit commun librement contractée entre les parties mais d'une cession globale d'unité de production, opération dont le caractère forfaitaire implique l'existence d'un aléa exclusif de l'application des garanties prévues dans le droit commun de la vente et obéissant à des règles propres édictées en vue du maintien au moins partiel de l'activité, par une loi d'ordre public, le cessionnaire ne peut se prévaloir des dispositions légales relatives à la garantie d'éviction et demander sur ce fondement la résolution de la cession d'un portefeuille d'assurance sur lequel des salariés de l'entreprise liquidée font valoir des droits concurrents. • Com. 12 oct. 1993, n° 91-18.505 P : *D. 1993. IR 245 ; RPC 1993. 496, obs. Soinne ; Defrénois 1994. 565, obs. Sénéchal ; RTD com. 1994. 559, obs. Haehl* • Paris, 13 sept. 1994 : *RJDA 1995, n° 213 ; RPC 1995. 402, obs. Soinne.*

5. L'offre du repreneur dans le cadre de l'art. 155 [C. com., art. L. 622-17] n'étant ni une promesse unilatérale de vente ni une cession amiable, elle ne relève pas des art. 1840 A CGI [abrogé ; V. désormais C. civ., art. 1589-2] et 12 de la loi du 29 juin 1935 [C. com., art. L. 141-1]. • Paris, 2 juin 1992 : *RPC 1992. 412, obs. Soinne.* ♦ Comp., sur l'application dudit art. 12 : • Rouen, 5 août 1992 : *JCP 1993. IV. 812.*

6. Réalisation de la cession. La décision du juge-commissaire, rendue sur le fondement des art. 155 ou 156 [C. com., art. L. 622-17 ou L. 622-18] pour ordonner soit la cession globale d'une unité de production, soit la cession de gré à gré d'un élément de l'actif mobilier d'un débiteur en liquidation judiciaire ne vaut pas vente par elle-même. La cession ainsi ordonnée n'est réalisée que par les actes que doit passer le liquidateur après l'ordonnance, d'où il résulte que l'exigibilité du prix est subordonnée à l'établissement des actes nécessaires à la réalisation de la cession. • Com. 5 déc. 1995, n° 93-17.793 P : *D. 1996. IR 35 ; Quot. jur. 30 janv. 1996, p. 2.* ♦ Ainsi, le notaire qui s'abstient, bien qu'il en ait été requis, de dresser ces actes, commet une faute à l'origine de la perte de la chance éprouvée par le liquidateur de percevoir le prix de cession avant la mise en redressement judiciaire de l'acquéreur. • Même arrêt. ♦ Tant que les actes nécessaires à la réalisation de la cession n'ont pas été passés, le cessionnaire n'a qu'un droit de jouissance sur les biens de l'entreprise et ne peut accomplir aucun acte de disposition sur l'un quelconque des éléments composant l'unité de production. • Paris, 10 oct. 2000 : *APC 2001, n° 41, obs. Vallansan.* ♦ Comp., en ce sens que si la vente de gré à gré d'un fonds de commerce du débiteur en liquidation judiciaire n'est réalisée que par l'accomplissement d'actes postérieurs à la décision du juge-commissaire qui ordonne, sur le fondement de l'art. 155 [C. com., art. L. 622-17], la cession du fonds, celle-ci n'en est pas moins parfaite dès l'ordonnance, sous la condition suspensive que la décision acquière force de chose jugée : • Com. 6 juin 2000 : *RJDA 2000, n° 1142 ; RTD com. 2001. 224, obs. Saint-Alary-Houin.*

7. Le liquidateur, autorisé par le juge-commissaire à céder des biens du débiteur, doit respecter le pacte de préférence stipulé au profit d'un tiers. • Com. 13 févr. 2007, n° 06-11.289 P : *D. 2007. AJ 648, obs. Lienhard (2e esp.) ; APC 2007, n° 51, obs. Regnaut-Moutier ; JCP E 2007. 1450, n° 3, obs. Pétel ; Gaz. Pal. 13-14 avr. 2007, p. 38, obs. M. Sénéchal ; RTD civ. 2007. 367, obs. P.-Y. Gautier* . ♦ V. déjà, dans le cadre de la cession des parts d'une SCI dont la société en liquidation judiciaire était titulaire, pour l'obligation faite au liquidateur de respecter la clause statutaire de la SCI relative au droit de préemption des associés, nonobstant l'autorité de la chose jugée de l'ordonnance ayant décidé la cession globale des actifs, y compris les parts de la SCI, • Com. 23 janv. 1996, n° 92-18.874 P : *D. 1996. 310, note Derrida ; D. Affaires 1996. 327 ; Dr. sociétés 1996, n° 56, obs. Chaput ; JCP E 1996. I. 554, n° 10, obs. Pétel ; BJS 1996. 488, note Calendini.*

8. La SAFER peut exercer son droit de préemption sur les biens composant une unité de production dont le juge-commissaire a ordonné la cession globale dans le cadre de la liquidation judiciaire. • Com. 15 oct. 2002, n° 99-17.765 P : *D. 2002. AJ 3012, obs. Lienhard ; JCP E 2003, n° 5, p. 220, obs. Pétel ; LPA 14 juill. 2003, p. 8, note Roussel Galle.* – Dans le même sens, V. • Civ. 3e, 30 avr. 2003, n° 02-10.368 P : *D. 2003. AJ 1365 ; LPA 10 déc. 2003, p. 17, note Roussel Galle ; JCP N 2004, n° 46-47, p. 1737, obs. Vauvillé.*

9. Sur la pratique consistant à organiser des enchères non prévues directement par les textes, V. • T. com. Lyon, ord., 11 août 1992 : *RTD com. 1994. 566, obs. Haehl* • 13 déc. 1993 : *ibid.* • 21 févr. 1994 : *ibid.* • 4 mars 1994 : *ibid.* • 9 mars 1994 : *ibid.*

10. *Parents et alliés.* V. • T. com. Lyon, 29 juill. 1986 : *préc. note 1.*

11. *Transmission de l'offre.* Jugé qu'il ne résulte nullement de l'art. 155 [C. com., art. L. 622-17] qu'il serait fait obligation au greffier de transmettre au juge-commissaire les offres reçues par lui en application de ce texte ; c'est au candidat acquéreur qu'il appartient de faire parvenir son offre au juge-commissaire. • T. com. Nanterre, 4 sept. 1997 : *RPC 1998. 259, obs. Soinne.*

12. *Portée de l'offre.* Sur la possibilité pour un repreneur de rétracter une offre faite sous une condition suspensive dont la réalisation n'est pas établie, V. • Com. 25 mai 1993, n° 91-12.773 P : *D. 1994. Somm. 3, obs. Derrida ; RPC 1993. 466, obs. Soinne ; JCP E 1993. I. 295, n° 8, obs. Cabrillac et Pétel ; RTD com. 1994. 563, obs. Haehl* .

13. *Choix de l'offre.* L'intérêt relatif des différentes offres ne peut être apprécié qu'en l'état où elles se trouvaient au terme du délai fixé par le liquidateur pour leur réception. • T. com. Paris, 17 mars 1989 : *Gaz. Pal. 1990. 1. Somm. 190.*

14. En application de l'art. 155 [C. com., art. L. 622-17], le débiteur est appelé à donner un simple avis sur les offres reçues, il n'est pas partie et n'a pas vocation à faire opposition, même s'il n'a pas déféré à la convocation du juge-commissaire, seul le défaillant à une instance à laquelle il est partie pouvant exercer cette voie de recours. • Versailles, 14 déc. 1995 : *D. 1996. IR 56.*

15. Le tribunal saisi sur une opposition à l'ordonnance du juge-commissaire qui a rejeté les offres d'acquisition d'unités de production ne saurait déclarer irrecevables les améliorations à celles-ci sans organiser un débat unique respectant le principe de la contradiction. • Paris, 10 mai 1996 : *RJ com. 1996. 275, note L. R.*

16. Sur le pouvoir souverain des juges du fond de retenir, ou non, une proposition de cession globale d'une unité de production, V. • Com. 16 mars 1993, n° 91-11.358 P : *D. 1993. IR 101.*

17. *Faculté de substitution.* En ce sens que cette faculté doit être expressément prévue par l'ordonnance du juge-commissaire, V. • Civ 3e, 11 juin 1997 : *RJDA 1997, n° 1417 ; JCP E 1997. Pan. 896.*

18. *Ordre de préférence.* Le juge-commissaire statue en dehors des limites de ses attributions en établissant un ordre de préférence entre les créanciers, peu important que l'attribution prioritaire du prix aux créanciers hypothécaires inscrits et aux créanciers titulaires d'un nantissement sur matériel soit apparue, en l'espèce, comme une condition nécessaire de la cession. • Com. 16 mars 1993, n° 90-20.161 P.

19. *Poursuite des contrats de travail.* **BIBL.** Bailly, *Gaz. Pal. 2002. Doctr. 1359.* – Béraud, *RPC 2003. 91.* – Przemyski, *Dr. et procédures 2004. 197.* – Moreuil et Morvan, *JCP E 2004, n° 52-53, p. 2060.* ♦ La clause de la convention de cession d'une entité économique autonome, qui ne prévoit que la reprise d'une partie des salariés, contraire aux dispositions d'ordre public de l'art. L. 122-12, al. 2, [L. 1224-1] C. trav., doit être réputée non écrite, sans qu'en soit affectée entre les parties la validité de la convention de cession. • Cass., ch. mixte, 7 juill. 2006, n° 04-14.788 P : *BICC 1er nov. 2006, p. 51, rapp. Guirimand et avis de Gouttes ; D. 2006. AJ 1954, obs. Lienhard ; APC 2006, n° 171, obs. Regnaut-Moutier ; LPA 13 sept. 2006, p. 10, note Vignal ; Gaz. Pal. 6-7 oct. 2006, p. 20, obs. Voinot ; JCP E 2007, n° 1, p. 22, obs. Pétel.* ♦ Cet arrêt confirme la jurisprudence de la Chambre sociale, qui avait déjà admis que le fait, pour le juge-commissaire, d'accepter une offre d'acquisition en vertu de l'art. 155 [C. com., art. L. 622-17] et d'ordonner en conséquence la cession, n'était pas de nature à faire échec à l'application de l'art. L. 122-12, al. 2, [L. 1224-1] C. trav. • Soc. 8 juill. 1992, n° 90-42.590 P • 21 oct. 1998 : *D. 2000. Somm. 3, obs. Derrida* • 27 oct. 1999, n° 97-43.194 P : *JCP 2000. I. 247, p. 1423, obs. Morvan ; RPC 2000. 65, obs. Taquet.* ♦ La cession d'unités de production entraîne de plein droit le transfert d'une entité économique autonome et, par voie de conséquence, la poursuite avec le cessionnaire des contrats de travail des salariés des unités transférées, peu important qu'ils aient été licenciés par le mandataire-liquidateur avant la cession ainsi que l'interruption de courte durée de l'activité cédée. • Soc. 19 avr. 2005, n° 03-43.240 P : *D. 2005. AJ 1352, obs. Lienhard ; ibid. Pan. 2017, obs. F.-X. Lucas*. – V. déjà, en ce sens, • Soc. 16 mars 1999 : *D. 2000. Somm. 2, obs. Derrida* • 3 avr. 2001, n° 98-44.778 P : *D. 2001. AJ 1618, obs. Lienhard ; APC 2001, n° 128, obs. Masquefa.* ♦ Pour l'application de l'art. L. 122-12 [L. 1224-1] C. trav. à des salariés qui avaient adhéré à une convention de conversion le jour même où la cession de l'unité de production avait été autorisée par le juge-commissaire, V. • Soc. 3 avr. 2001, n° 99-40.841 P : *D. 2001. AJ 1618, obs. Lienhard*.

20. Résiliation du bail. La cession ordonnée, en application de l'art. 155 [C. com., art. L. 622-17], ne saurait priver le propriétaire de l'immeuble dans lequel le fonds de commerce est exploité du droit de poursuivre la résiliation judiciaire du bail pour une cause antérieure à l'ordonnance rendue par le juge-commissaire. • Com. 22 oct. 1996 : *RJDA 1997, n° 265 ; Loyers et copr. 1997, n° 114, note Brault.* ♦ Le propriétaire de l'immeuble dans lequel le fonds de commerce est exploité n'est pas tenu de former un recours contre l'ordonnance du juge-commissaire ordonnant la cession du fonds de commerce, dès lors qu'il n'entend pas obtenir la nullité ou la résolution de la vente du fonds de commerce dont la cession est ordonnée, mais seulement la résiliation du bail, qui n'est qu'un élément du fonds de commerce. • Même arrêt.

21. Inapplicabilité de l'art. L. 621-88. Les cessions opérées au cours des opérations de liquidation judiciaire n'entraînent pas transmission forcée des contrats de fourniture de biens ou services concernant les biens cédés. • Com. 19 déc. 1995, n° 93-13.927 P : *D. 1997. Somm. 3, obs. Derrida ; D. Affaires 1996. 180* • 4 févr. 2003 : *RJDA 2003, n° 747 ; RDBF 2003, n° 151, obs. F.-X. Lucas ; RPC 2003. 243, obs. Roussel Galle* • 13 mai 2003 : *LPA 8 déc. 2003, p. 12, obs. Mottet.* ♦ V. aussi, pour l'incessibilité du contrat de franchise, en cas de liquidation judiciaire du franchiseur, • Orléans, 14 sept. 2000 : *D. 2001. 1017, note Marot*.

22. Poursuite d'un crédit-bail. En cas de poursuite d'un contrat de crédit-bail par le repreneur d'une partie de l'activité de la société en liquidation judiciaire, la caution qui garantissait les dettes de la débitrice reste tenue au titre des créances nées du chef de cette dernière, mais est déchargée des créances nées du chef du repreneur. • Paris, 22 mai 1998 : *APC 1998, n° 107.*

23. Inapplicabilité de l'art. L. 621-84, al. 3. Si dans les conditions et suivant les modalités prévues à l'art. 82 [C. com., art. L. 621-84], al. 3, il est possible de céder un bail rural en vue du redressement de l'entreprise par la voie d'un plan de cession, cette faculté est exclue au cours des opérations de liquidation judiciaire, fût-ce à l'occasion de la cession globale d'une unité de production, dès lors que, dans ce cas, les contrats ne peuvent être cédés qu'aux conditions qui leur sont applicables et qu'il n'existe aucune dérogation aux dispositions d'ordre public de l'art. L. 411-35 C. rur. qui interdisent la cession d'un bail rural. • Com. 1er oct. 1997, n° 94-15.084 P : *D. Affaires 1997. 1224 ; JCP 1997. II. 22941, rapp. Rémery.*

24. Recours. V. art. 25 du décret du 27 déc. 1985 et note 29 ss. cet art., note 3 ss. anc. art. L. 623-4 et anc. art. L. 623-5.

Ancien art. L. 622-18 *Le juge-commissaire ordonne la vente aux enchères publiques ou de gré à gré des autres biens de l'entreprise, le débiteur entendu ou dûment appelé et après avoir recueilli les observations des contrôleurs.*

Le juge-commissaire peut demander que le projet de vente amiable lui soit soumis afin de vérifier si les conditions qu'il a fixées ont été respectées. – [L. n° 85-98 du 25 janv. 1985, art. 156.] – V. Décr. n° 85-1388 du 27 déc. 1985, art. 151-2.

Pour les contrats d'édition, V. 2e partie, CPI (L. n° 92-597 du 1er juill. 1992), art. L. 132-15.

BIBL. ▸ SOINNE, *RPC 1988. 1.* – GARÇON, *JCP E 1999, n° 13, p. 561* (pacte de préférence). – RAKOTOVAHINY, *D. 2000. Chron. 51* (vente de gré à gré du fonds de commerce) ; *LPA 31 janv. 2000, p. 4.* – MACORIG-VENIER, *JCP N 2004, n° 27, p. 1070* (ventes de gré à gré dans la liquidation judiciaire : actualité et perspectives).

Ancien art. L. 622-19 *Avant toute vente ou toute destruction des archives du débiteur, le liquidateur en informe l'autorité administrative compétente pour la conservation des archives. Cette autorité dispose d'un droit de préemption.* – [L. n° 85-98 du 25 janv. 1985, art. 157.]

Ancien art. L. 622-20 *Le liquidateur peut, avec l'autorisation du juge-commissaire et le débiteur entendu ou dûment appelé, compromettre et transiger sur toutes les contestations qui intéressent collectivement les créanciers même sur celles qui sont relatives à des droits et actions immobiliers.*

Si l'objet du compromis ou de la transaction est d'une valeur indéterminée ou excède la compétence en dernier ressort du tribunal, le compromis ou la transaction est soumis à l'homologation du tribunal. – [L. n° 85-98 du 25 janv. 1985, art. 158.] – V. Décr. n° 85-1388 du 27 déc. 1985, art. 124 et 151-2.

Ancien art. L. 622-21 *Le liquidateur autorisé par le juge-commissaire peut, en payant la dette, retirer les biens constitués en gage par le débiteur ou la chose retenue.*

A défaut de retrait, le liquidateur doit, dans les six mois du jugement de liquidation judiciaire, demander au juge-commissaire l'autorisation de procéder à la réalisation. Le liquidateur notifie l'autorisation au créancier quinze jours avant la réalisation. — *V. Décr. n° 85-1388 du 27 déc. 1985, art. 155.*

Le créancier gagiste, même s'il n'est pas encore admis, peut demander, avant la réalisation, l'attribution judiciaire. Si la créance est rejetée en tout ou en partie, il restitue au liquidateur le bien ou sa valeur, sous réserve du montant admis de sa créance.

En cas de vente par le liquidateur, le droit de rétention est de plein droit reporté sur le prix. L'inscription éventuellement prise pour la conservation du gage est radiée à la diligence du liquidateur. — *[L. n° 85-98 du 25 janv. 1985, art. 159.]*

BIBL. ▸ MARTIN-SERF, *RTD com. 1988. 692.* - NEVEU, *Banque 1985. 1030 ; RJ com. nov. 1994, n° spéc., p. 149.* - DEVÈZE, *RPC 1992. 119.* - POURQUIER, *D. Affaires 1998. 936 ; RTD com. 2000. 569* ✎. - CAMPANA et CALENDINI, *JCP E 1998, n° 27, p. 1083.* - LE CORRE-BROLY, *D. Affaires 1998. 1802 et 1838* (droit de rétention sur documents d'immatriculation). - PÉROCHON, *Mél. Cabrillac, Dalloz-Litec, 1999, p. 379.*

SECTION 3 *[ANCIENNE]* De l'apurement du passif

SOUS-SECTION 1 *[ANCIENNE]* Du règlement des créanciers

Ancien art. L. 622-22 *Le jugement qui ouvre ou prononce la liquidation judiciaire rend exigibles les créances non échues.*

Lorsque ces créances sont exprimées dans une monnaie autre que celle du lieu où a été prononcée la liquidation judiciaire, elles sont converties en la monnaie de ce lieu, selon le cours du change à la date du jugement. — *[L. n° 85-98 du 25 janv. 1985, art. 160.]*

§ 1 *[ANCIEN]* Du droit de poursuite individuelle

Ancien art. L. 622-23 *Les créanciers titulaires d'un privilège spécial, d'un nantissement ou d'une hypothèque et le Trésor public pour ses créances privilégiées peuvent, dès lors qu'ils ont déclaré leurs créances même s'ils ne sont pas encore admis, exercer leur droit de poursuite individuelle si le liquidateur n'a pas entrepris la liquidation des biens grevés dans le délai de trois mois à compter du jugement qui ouvre ou prononce la liquidation judiciaire.*

En cas de vente d'immeubles, les dispositions des premier, troisième et cinquième alinéas de l'article L. 622-16 sont applicables. Lorsqu'une procédure de saisie immobilière a été engagée avant le jugement d'ouverture, le créancier titulaire d'une hypothèque est dispensé, lors de la reprise des poursuites individuelles, des actes et formalités effectués avant ce jugement. — *[L. n° 85-98 du 25 janv. 1985, art. 161.]*

Ancien art. L. 622-24 *Le juge-commissaire peut, d'office ou à la demande du représentant des créanciers, du liquidateur, du commissaire à l'exécution du plan ou d'un créancier, ordonner le paiement à titre provisionnel d'une quote-part d'une créance définitivement admise.*

Ce paiement provisionnel peut être subordonné à la présentation par son bénéficiaire d'une garantie émanant d'un établissement de crédit. — *[L. n° 85-98 du 25 janv. 1985, art. 161-1.]* — *L'art. 161-1 de la loi n° 85-98 du 25 janv. 1985, codifié à l'art. L. 622-24, était issu de la loi n° 94-475 du 10 juin 1994.* — *Pour l'entrée en vigueur de cette loi, V. ancien art. L. 620-1.*

BIBL. ▸ HUILLE, *Gaz. Pal. 2001. Doctr. 298.*

§ 2 *[ANCIEN]* De la répartition du produit de la liquidation judiciaire

BIBL. ▸ SOINNE, *RPC 1997. 249.* - PIERRE, *RPC 2000. 1* (l'indu et les erreurs de répartition). - CANET, *Gaz. Pal. 2001. Doctr. 292* (compétence pour prescrire les répartitions et statuer sur les conflits de privilèges). - ROUGER, *ibid. p. 303* (distribution du prix de vente des immeubles).

Ancien art. L. 622-25 *Si une ou plusieurs distributions de sommes précèdent la répartition du prix des immeubles, les créanciers privilégiés et hypothécaires admis concourent aux répartitions dans la proportion de leurs créances totales.*

Après la vente des immeubles et le règlement définitif de l'ordre entre les créanciers hypothécaires et privilégiés, ceux d'entre eux qui viennent en rang utile sur le prix des immeubles pour la totalité de leur créance ne perçoivent le montant de leur collocation hypothécaire que sous la déduction des sommes par eux reçues.

Les sommes ainsi déduites profitent aux créanciers chirographaires. — *[L. n° 85-98 du 25 janv. 1985, art. 162.]*

Ancien art. L. 622-26 *Les droits des créanciers hypothécaires qui sont colloqués partiellement sur la distribution du prix des immeubles sont réglés d'après le montant qui leur reste dû après la collocation immobilière. L'excédent des dividendes qu'ils ont touchés dans des distributions antérieures par rapport au dividende calculé après collocation est retenu sur le montant de leur collocation hypothécaire et est inclus dans les sommes à répartir aux créanciers chirographaires. – [L. nº 85-98 du 25 janv. 1985, art. 163.]*

Ancien art. L. 622-27 *Les créanciers privilégiés ou hypothécaires, non remplis sur le prix des immeubles, concourent avec les créanciers chirographaires pour ce qui leur reste dû. – [L. nº 85-98 du 25 janv. 1985, art. 164.]*

Ancien art. L. 622-28 *Sous réserve du troisième alinéa de l'article L. 622-21, les dispositions des articles L. 622-25 à L. 622-27 s'appliquent aux créanciers bénéficiaires d'une sûreté mobilière spéciale. – [L. nº 85-98 du 25 janv. 1985, art. 165.]*

Ancien art. L. 622-29 *Le montant de l'actif, distraction faite des frais et dépens de la liquidation judiciaire, des subsides accordés au chef d'entreprise ou aux dirigeants ou à leur famille et des sommes payées aux créanciers privilégiés, est réparti entre tous les créanciers au marc le franc de leurs créances admises.*

La part correspondant aux créances sur l'admission desquelles il n'aurait pas été statué définitivement et, notamment, les rémunérations des dirigeants sociaux tant qu'il n'aura pas été statué sur leur cas, est mise en réserve. – [L. nº 85-98 du 25 janv. 1985, art. 166.]

BIBL. ▶ CABRILLAC, *Mél. Breton-Derrida, p. 31* (égalité entre les créanciers).

SOUS-SECTION 2 *[ANCIENNE]* De la clôture des opérations de liquidation judiciaire

BIBL. ▶ SOINNE, *RPC 1993. 217.*

Ancien art. L. 622-30 *A tout moment, le tribunal peut prononcer, même d'office, le débiteur entendu ou dûment appelé et sur rapport du juge-commissaire, la clôture de la liquidation judiciaire :*

1º Lorsqu'il n'existe plus de passif exigible ou que le liquidateur dispose des sommes suffisantes pour désintéresser les créanciers ;

2º Lorsque la poursuite des opérations de liquidation judiciaire est rendue impossible en raison de l'insuffisance de l'actif. – [L. nº 85-98 du 25 janv. 1985, art. 167.] – V. Décr. nº 85-1388 du 27 déc. 1985, art. 152-1.

BIBL. ▶ VALLENS, *LPA 19 sept. 1997, p. 4.*

Ancien art. L. 622-31 *Le liquidateur procède à la reddition des comptes. Il est responsable des documents qui lui ont été remis au cours de la procédure pendant cinq ans à compter de cette reddition. – [L. nº 85-98 du 25 janv. 1985, art. 168.]*

Ancien art. L. 622-32 *I. – Le jugement de clôture de liquidation judiciaire pour insuffisance d'actif ne fait pas recouvrer aux créanciers l'exercice individuel de leurs actions contre le débiteur, sauf si la créance résulte :*

1º D'une condamnation pénale soit pour des faits étrangers à l'activité professionnelle du débiteur, soit pour fraude fiscale, au seul bénéfice, dans ce cas, du Trésor public ;

2º De droits attachés à la personne du créancier.

II. – Toutefois, la caution ou le coobligé qui a payé au lieu et place du débiteur peut poursuivre celui-ci.

III. – Les créanciers recouvrent leur droit de poursuite individuelle en cas de fraude à l'égard des créanciers, de faillite personnelle, d'interdiction de diriger ou contrôler une entreprise commerciale ou une personne morale, de banqueroute ou lorsque le débiteur ou la personne morale dont il a été le dirigeant a été déclaré en état de cessation des paiements et que la procédure a été clôturée pour insuffisance d'actif.

IV. – Les créanciers dont les créances ont été admises et qui recouvrent l'exercice individuel de leurs actions peuvent obtenir, par ordonnance du président du tribunal, un titre exécutoire. – [L. nº 85-98 du 25 janv. 1985, art. 169.] – V. Décr. nº 85-1388 du 27 déc. 1985, art. 27, 154 et 154-1.

BIBL. ▶ DUREUIL et MESTRE, *RPC 1989. 389.* - MACORIG-VENIER, *ibid. 2003. 186.*

▶ Après la loi du 10 juin 1994 : BROCARD, *ALD 1994. 169 ; RJ com. 1994. 368.* - DEVÈZE, *LPA 12 oct. 1994, p. 10.* - DE VALBRAY, *ibid., 14 sept. 1994, p. 73.* - CHAPUT, *RPC 1994. 523.* - COURTIER, *Rev. huiss. 1995. 257.* - RUBELLIN, *LPA 21 juin 1995, p. 16.* - DELVILLE, *JCP 1996. I. 3961.*

Ancien art. L. 622-33 *La clôture de la liquidation judiciaire suspend les effets de la mesure d'interdiction d'émettre des chèques, dont le débiteur fait l'objet au titre de l'article 65-3 du décret du 30 octobre 1935 unifiant le droit en matière de chèques et relatif aux cartes de paiement* [C. mon. fin., art. L. 131-73], *mise en œuvre à l'occasion du rejet d'un chèque émis avant le jugement d'ouverture de la procédure.* — V. C. mon. fin., art. L. 131-73. — **C. mon. fin.**

Si les créanciers recouvrent leur droit de poursuite individuelle, la mesure d'interdiction reprend effet, à compter de la délivrance du titre exécutoire visé au dernier alinéa de l'article L. 622-32. — [L. n° 85-98 du 25 janv. 1985, art. 169-1.] — Cette disposition est applicable aux seules procédures dont la clôture interviendra après l'entrée en vigueur de la L. n° 98-657 du 29 juill. 1998 (L. préc., art. 112, III). — V. Décr. n° 85-1388 du 27 déc. 1985, art. 153-2 et 154-2.

Ancien art. L. 622-34 *Si la clôture de la liquidation judiciaire est prononcée pour insuffisance d'actif et s'il apparaît que des actifs n'ont pas été réalisés ou que des actions dans l'intérêt des créanciers n'ont pas été engagées, la procédure peut être reprise, à la demande de tout créancier intéressé, par décision spécialement motivée du tribunal, sur la justification que les fonds nécessaires aux frais des opérations ont été consignés à la Caisse des dépôts et consignations. Par priorité sur les sommes recouvrées à la suite de la reprise de la procédure, le montant des frais consignés est remboursé au créancier qui a avancé les fonds.* — [L. n° 85-98 du 25 janv. 1985, art. 170.]

CHAPITRE III *[ANCIEN]* DES VOIES DE RECOURS

BIBL. GÉN. ▸ Argelliès, Cabrillac et Massart, *Gaz. Pal. 1987. 1. Doctr. 175.* - Girard, *Gaz. Pal. 1986. 2. Doctr. 653.* - Cadiet, *RPC 1989. 371.* - Perdriau, *JCP 1987. I. 3288 ; Err. 3223* (contrôle de la Cour de cassation). - Frison-Roche, *LPA 28 oct. 1998, p. 16* (autorité de chose jugée et voies de recours). - Perdriau et Derrida, *Mél. P. Julien, Edilaix, 2003, p. 144* (les irrecevabilités du pourvoi en cassation propres aux procédures de redressement et de liquidation judiciaires).

▸ Sur la réforme du 10 juin 1994 : Frison-Roche et Guillot, *LPA 14 sept. 1994, p. 113.*

Ancien art. L. 623-1 *I. — Sont susceptibles d'appel ou de pourvoi en cassation :*

1° Les décisions statuant sur l'ouverture de la procédure de la part du débiteur, du créancier poursuivant ainsi que du ministère public même s'il n'a pas agi comme partie principale ;

2° Les décisions statuant sur la liquidation judiciaire, arrêtant ou rejetant le plan de continuation de l'entreprise de la part du débiteur, de l'administrateur, du représentant des créanciers, du comité d'entreprise ou, à défaut, des délégués du personnel ainsi que du ministère public même s'il n'a pas agi comme partie principale ;

3° Les décisions modifiant le plan de continuation de l'entreprise de la part du débiteur, du commissaire à l'exécution du plan, du comité d'entreprise ou, à défaut des délégués du personnel ainsi que du ministère public même s'il n'a pas agi comme partie principale.

II. — L'appel du ministère public est suspensif. — [L. n° 85-98 du 25 janv. 1985, art. 171.] — V. Décr. n° 85-1388 du 27 déc. 1985, art. 21, dernier al., et 155 s.

BIBL. ▸ Frison-Roche et Guillot, *LPA 30 sept. 1994, p. 26* (effet suspensif des recours du ministère public). - Rahon, *Gaz. Pal. 2003. Doctr. 683* (appel des décisions de mise en liquidation judiciaire).

Ancien art. L. 623-2 *Les décisions statuant sur l'ouverture de la procédure sont susceptibles de tierce opposition.* — [L. n° 85-98 du 25 janv. 1985, art. 171-1.] — V. Décr. n° 85-1388 du 27 déc. 1985, art. 155 s.. — L'art. 171-1 de la loi n° 85-98 du 25 janv. 1985, codifié à l'art. L. 623-2, était issu de la loi n° 94-475 du 10 juin 1994. — Pour l'entrée en vigueur de cette loi, V. note ss. ancien art. L. 620-1.

Ancien art. L. 623-3 *Les décisions arrêtant le plan de continuation ne sont pas susceptibles de tierce opposition.* — [L. n° 85-98 du 25 janv. 1985, art. 172.] — V. Décr. n° 85-1388 du 27 déc. 1985, art. 155 s.

Ancien art. L. 623-4 *Ne sont susceptibles ni d'opposition, ni de tierce opposition, ni d'appel, ni de recours en cassation :*

1° Les jugements relatifs à la nomination ou au remplacement du juge-commissaire ;

2° Les jugements par lesquels le tribunal statue sur le recours formé contre les ordonnances rendues par le juge-commissaire dans la limite de ses attributions, à l'exception de ceux statuant sur les revendications. — [L. n° 85-98 du 25 janv. 1985, art. 173.] — V. Décr. n° 85-1388 du 27 déc. 1985, art. 155 s.

1. Conformité à la Constitution et à la Conv. EDH. Les dispositions de l'art. L. 623-4, 2°, C. com. ne méconnaissent pas le droit d'exercer un recours effectif devant une juridiction en ce que le juge-commissaire est une juridiction et que celles de ses ordonnances qui ne sont pas susceptibles d'appel peuvent être contestées devant le tribunal en vertu de l'art. 25 du Décr. du 27 déc. 1985 (non-renvoi de la QPC au Conseil constitutionnel). • Com., QPC, 14 déc. 2010 : *LPA, 29 avr. 2011, obs. Henry.* ♦ V. aussi, pour l'absence de contrariété de l'art. L. 623-4 C. com. à l'art. 6 de la Conv. EDH • Nancy, 3 déc. 2002 : *JCP 2003. IV. 2811.*

2. Relevé de forclusion. Le pourvoi formé contre un arrêt statuant sur le relevé de forclusion n'est pas soumis aux dispositions de l'art. 173, devenu l'art. L. 623-4 C. com. • Com. 29 oct. 2002, n° 99-18.499 P : *RJDA 2003, n° 283.*

Sur le cumul d'un relevé de forclusion et d'admission, V. note 2 ss. l'art. 25 du décret du 27 déc. 1985.

3. Cessions d'actif. Sur l'irrecevabilité de l'appel contre un jugement statuant sur un recours formé à la suite d'une ordonnance portant sur : la cession aux enchères publiques de biens mobiliers ne constituant pas une unité de production de l'entreprise en liquidation judiciaire, V. • Com. 26 oct. 1999, n° 96-13.186 P : *D. 2000. Somm. 330, obs. Honorat ; ibid. 1999. AJ 95 ; RJDA 1999, n° 1363 ; RTD com. 2000. 189, obs. Vallens ; LPA 29 mai 2000, p. 12, note Courtier.* ♦ ... La cession d'un fonds de commerce d'une entreprise en liquidation judiciaire comprenant un droit au bail, V. • Com. 9 janv. 2001 : *APC 2001, n° 70.* ♦ Sur l'irrecevabilité d'un pourvoi en cassation contre des décisions statuant sur le recours formé à la suite d'une ordonnance portant : sur la cession d'unités de production, V. • Com. 20 déc. 1988, n° 87-15.549 P : *D. 1989. 484, note Derrida (3e arrêt).* ♦ ... Une cession de gré à gré, V. • Com. 19 mars 1991, n° 89-20.381 P : *D. 1992. Somm. 89, obs. Derrida .* ♦ ... Une vente aux enchères du fonds de commerce ou d'autres biens mobiliers, V. • Com. 13 janv. 1993, n° 89-13.601 P • 26 juin 2001 : *JCP E 2002, n° 28, p. 1199, note Perdriau (2e esp.).* ♦ Sur le rejet d'une demande d'attribution judiciaire de biens mobiliers nantis dont la vente aux enchères a été ordonnée, V. • Com. 6 déc. 1988 : *Bull. civ. IV, n° 337 ; D. 1988. IR 302.* ♦ V. aussi note 12. ♦ Comp., depuis la loi n° 94-475 du 10 juin 1994, anc. art. L. 623-5.

4. Recours abusif. Il a été jugé que doit également être déclaré irrecevable l'appel élevé à l'égard des condamnations à des dommages et intérêts résultant des demandes incidentes en réparation du préjudice causé par l'exercice abusif d'un appel principal irrecevable. • Paris, 11 oct. 1988 : *D. 1988. IR 279.*

5. Portée de l'art. L. 623-4 (2°). L'irrecevabilité de l'appel, édictée par l'art. 173 (2) [C. com., art. L. 623-4 (2°)], ne peut s'appliquer qu'à la disposition du jugement statuant sur l'ordonnance du juge-commissaire proprement dite et non pas à la disposition par laquelle le tribunal s'est prononcé sur une demande qui lui avait été présentée pour la première fois. • Com. 22 oct. 1996 : *RJDA 1997, n° 279.* – V. aussi • Com. 7 févr. 2006 : *APC 2006, n° 72.*

6. Est irrecevable l'appel du jugement qui, statuant sur recours contre l'ordonnance du juge-commissaire ayant rejeté la demande en relevé de forclusion, a accueilli celle-ci et renvoyé les parties devant le juge-commissaire pour qu'il soit statué sur l'admission de la créance en cause. • Com. 6 mai 1997, n° 94-13.037 P : *RJDA 1997, n° 1130.*

7. Sur l'inapplicabilité de l'art. 173 (2) [C. com., art. L. 623-4] dans l'hypothèse de saisine d'office du tribunal, prévue par l'art. 25, al. 2, du décret, V. note 8 ss. art. 25 du décret du 27 déc. 1985.

8. La fin de non-recevoir tirée de l'absence d'ouverture d'une voie de recours contre les jugements visés à l'art. L. 623-4 (2°) C. com. doit, en raison de son caractère d'ordre public, être relevée d'office : V. • Civ. 2e, 10 mars 2004, n° 02-12.606 P : *D. 2004. AJ 951 ; APC 2004, n° 108, obs. Cagnoli.*

9. Dépassement d'attributions. Pour un appel recevable contre un jugement ayant statué sur le recours contre une ordonnance excédant les attributions du juge-commissaire (location d'un immeuble du débiteur à titre précaire), V. • Paris, 31 mai 1988 : *D. 1988. IR 218.* ♦ V. aussi, pour une ordonnance appréciant la régularité d'un droit de rétention, • Com. 6 juin 1995, n° 93-14.702 P : *D. 1996. Somm. 86, obs. Honorat .* ♦ ... Une expertise probatoire en vue d'une action en responsabilité ultérieure opposant les créanciers à des tiers, • Paris, 2 avr. 1991 : *D. 1992. Somm. 9, obs. Derrida ; Gaz. Pal. 1992. 2. 88, note Marchi.* – V. aussi • Paris, 17 janv. 1995 : *D. 1995. IR 115 ; RPC 1995. 286, obs. Dureuil.* ♦ Comp., sur cette question controversée : note 14 ss. art. 164 du décret du 27 déc. 1985. ♦ ... Une rétractation d'ordonnance prescrivant une expertise aux fins d'application des art. 180 s. [C. com., art. L. 624-3 s.], • Paris, 29 juin 1993 : *RPC 1995. 48, obs. Dureuil.* ♦ ... La décision commettant un huissier pour procéder au changement des serrures d'un appartement du débiteur occupé par des tiers, • T. com. Nice, 17 sept. 1991 : *D. 1992. Somm. 9, obs. Derrida .* ♦ ... Une autorisation de cession de fonds de commerce, dans le cadre d'une vente de gré à gré d'une entreprise en liquidation judiciaire, sans respecter la clause d'agrément du propriétaire, • Com. 14 oct. 1997 : *D. Affaires 1997. 1469.* ♦ ... Une ordonnance autorisant la cession du fonds de commerce d'une entreprise en liquidation judiciaire après la levée de l'option d'achat par le bénéficiaire d'une promesse de vente sur ledit fonds de commerce, • Com. 7 mars 2006 : *cité note 2 ss. art. L. 642-19.* ♦ ... Le refus, dans le cadre d'une liquidation résiduelle, d'apprécier si l'actif disponible permet de faire face au passif exigible avant d'autoriser la vente des biens résiduels, • Com. 22 avr. 1997 : *RPC 1998. 68, obs. Soinne.* ♦ ... Une ordonnance constituant une modification substantielle des conditions de la cession précédemment ordonnée en application des art. 155 et 156 [C. com., art. L. 622-17 et L. 622-18]. • Com. 16 mars 1999, n° 95-20.982 P : *D. 1999. IR 103 ; JCP E 1999, n° 39, p. 1533, obs. Pétel.* ♦ ... Une ordonnance autorisant la vente d'actifs d'un débiteur en liquidation judiciaire pour un prix fictif. • Com. 28 sept. 2004, n° 02-11.210 P : *D. 2005. 302, note Rakotovahiny ; APC 2004, n° 216, obs. Vallansan ; JCP E 2005, n° 1-2, p. 29, obs. Cabrillac ; LPA 13 avr. 2005, p. 8, note F.-X. Lucas ; RTD civ. 2005. 157, obs. P.-Y. Gautier.* ♦ ... Une ordonnance se prononçant sur la répartition entre les créanciers du prix de cession des actifs. • Com. 7 déc. 2004 : *RPC 2005. 131, obs. Gorrias.* ♦ ... Une ordonnance rendue dans une matière réservée au conseil de prud'hommes. • Com. 19 janv. 1999 : *APC 1999, n° 127.* ♦ ... Une ordonnance ayant attribué au liquidateur un pouvoir de sélection des dossiers des créanciers susceptibles de voir le montant de leur créance réglé par le fonds de garantie des assurances obligatoires de dommages, V. • Com. 13 nov. 2007, n° 06-17.734 P : *D. 2007. AJ 3075 ; RJ com. 2008. 230, note Sortais.* ♦ ... Une ordonnance rejetant, sur le fondement de l'art. 107 [C. com., art. L. 621-107], une demande d'attribution judiciaire du gage, V. note 9 ss. art. L. 642-20-1. ♦ ... Une ordonnance autorisant le liquidateur à résoudre amiablement le bail et à engager une action en responsabilité contre l'acquéreur du fonds de commerce de la société en liquidation, ce pouvoir appartenant au liquidateur seul. • Com. 19 déc. 2000 : *RJDA 2001, n° 617.* ♦ Sur les limitations des attributions du juge-commissaire résultant de la compétence du juge de l'exécution, V. note 3 ss. art. L. 621-9.

10. Malgré les dispositions de l'art. 173 (2) [C. com., art. L. 623-4], est susceptible d'appel un jugement statuant sur le recours formé contre une ordonnance rendue par le juge-commissaire dans les limites de ses attributions en ce que ce jugement aurait fait une inexacte application des dispositions de l'art. 25 du décret du 27 déc. 1985 relatives aux formes et délai du recours contre l'ordonnance du juge-commissaire. • Com. 2 févr. 1993, n° 89-10.594 P : *RPC 1993. 398, obs. Dureuil* • 28 mai 1996, n° 94-14.232 P • 17 juin 1997 : *D. Affaires 1997. 965* • 6 janv. 1998 : *RPC 1999. 27, obs. Cadiou.* ♦ Lorsque le jugement attaqué est susceptible d'appel en ce qu'il aurait fait une inexacte application des dispositions dudit art. 25, il s'ensuit qu'il ne peut faire l'objet d'un pourvoi en cassation. • Com. 14 déc. 1993, n° 91-21.184 P : *D. 1994. IR 40.*

De même est recevable, par application des art. 103, al. 3, et 173 (2) [C. com., art. L. 623-4], l'appel formé par une banque contre le jugement d'un tribunal de commerce ayant, à tort, accueilli le recours formé par des cautions des engagements d'une société en liquidation judiciaire envers ladite banque contre l'ordonnance du juge-commissaire qui avait décidé l'admission au passif de la créance de cette banque. • Com. 22 oct. 1996, n° 94-20.372 P : *D. 1997. Somm. 79, obs. Honorat ; D. Affaires 1996. 1355 ; JCP 1996. II. 22738, rapp. Rémery.*

11. L'irrecevabilité du recours édictée par l'art. 173 (2) [C. com., art. L. 623-4] ne s'applique pas à la disposition du jugement par laquelle le tribunal s'est prononcé sur une demande qui lui était soumise pour la première fois de dommages-intérêts présentée par le liquidateur de la liquidation judiciaire, et les juges du second degré qui déclarent l'appel recevable, usent légalement de leur pouvoir de réformation. • Com. 22 mars 1994, n° 91-19.981 P.

12. Le juge-commissaire ne sort pas de ses attributions en décidant des suites que la cession lui paraît devoir comporter quant aux sûretés grevant certains biens compris dans l'ensemble des actifs cédés en application de l'art. 155 [C. com., art. L. 622-17]. • Paris, 7 mai 1999 : *Gaz. Pal. 1999. 2. Somm. 778.*

13. La faculté ouverte au créancier nanti par les dispositions de l'art. L. 622-21, al. 3, C. com. de demander l'attribution judiciaire du gage s'exerce en saisissant le juge-commissaire qui, en répondant à cette requête, statue ainsi dans les limites de ses attributions. • Orléans, 20 mars 2003 : *RJDA 2003, n° 987.*

14. Le tribunal qui statue sur opposition à une ordonnance du juge-commissaire ayant autorisé la vente de gré à gré de haras n'excède pas ses pouvoirs en annulant cette ordonnance et en invitant le juge-commissaire à organiser une cession selon d'autres modalités. • Versailles, 14 mars 1996 : *BICC 1996, n° 845.*

15. Revendications. Il résulte de l'art. 173 (2) [C. com., art. L. 623-4] que l'appel dirigé contre un jugement par lequel le tribunal s'est prononcé sur le recours formé contre une ordonnance rendue par le juge-commissaire sur une revendication n'est recevable que dans cette limite et il est interdit à la cour d'appel de connaître d'une demande présentée sur un autre fondement. • Com. 14 juin 1994, n° 92-10.860 P : *D. 1994. IR 206.*

16. L'appel contre les jugements statuant sur le recours formé contre les ordonnances rendues par le juge-commissaire en matière de revendication n'est pas recevable lorsque la valeur de la marchandise ou du bien revendiqué n'excède pas le plafond de compétence fixé à 13 000 F par l'art. 639 C. com. [plafond désormais fixé à 5 000 € par l'art. R. 721-6 C. com.] • Colmar, 10 oct. 1990 : *RPC 1992. 158, obs. Dureuil.*

17. Demandes en restitution. Les jugements par lesquels le tribunal statue sur le recours formé contre les ordonnances rendues par le juge-commissaire sur les demandes en restitution prévues par l'art. 85-4 du décret du 27 déc. 1985, sont, à l'instar de ceux se prononçant sur les demandes en revendication, susceptibles d'appel. • Com. 3 févr. 2009, n° 07-18.931 P : *D. 2009. AJ 495 ; APC 2009, n° 102, obs. Petit ; Gaz. Pal. 26-28 avr. 2009, p. 45, obs. Le Corre-Broly ; LEDEN 4/2009. 2, obs. Le Bars ; RJDA 2009, n° 880 ; RPC 2010, n° 4, obs. Gorrias et Manie.*

18. Reddition des comptes de la liquidation. Pour l'inapplicabilité des dispositions de l'art. L. 623-4 (2°) C. com. aux recours contre le jugement statuant sur les comptes de la liquidation, la contestation des comptes relevant directement du tribunal de la procédure collective et le juge-commissaire n'ayant pas à homologuer la reddition des comptes, V. • Orléans, 24 déc. 2002 : *RJDA 2003, n° 290.*

19. Pourvoi en cassation. A supposer que le juge-commissaire statue hors la limite de ses attributions ou que soit en cause un excès de pouvoir, le jugement est susceptible d'appel ; la voie de la cassation n'est ouverte que lorsque toutes les autres voies sont fermées. • Com. 18 sept. 2007, n° 06-11.223 P : *D. 2007. AJ 2475, obs. Lienhard* • Civ. 1re, 12 déc. 2007, n° 06-20.962 P : *D. 2008. AJ 84 ; Procédures 2008, n° 51, obs. Rolland.* ♦ V. aussi note 24.

20. Appel-nullité et pourvoi-nullité. Aucune disposition ne peut interdire de faire constater, selon les voies de recours du droit commun, la nullité d'une décision entachée d'excès de pouvoir. • Com. 12 mai 1992, n° 90-14.124 P : *D. 1992. 345, note Bolard ; Defrénois 1992. 1376, obs. Sénéchal.* – V. aussi • Com. 26 juin 2001 : *JCP E 2002, n° 28, p. 1199, note Perdriau (1re esp.).* ♦ Depuis l'arrêt de la chambre mixte du 28 janv. 2005, le recours-nullité n'est ouvert qu'en cas d'excès de pouvoir : V. • Cass. ch. mixte, 28 janv. 2005, n° 02-19.153 P : *D. 2005. IR 386, obs. Avena-Robardet.* – En ce sens, V. • Com. 3 mai 2006 : *RTD com. 2006. 671, obs. Vallens.* ♦ L'excès de pouvoir consiste pour le juge à méconnaître l'étendue de son pouvoir de juger. • Civ. 1re, 20 févr. 2007 : *D. 2007. AJ 803 ; Gaz. Pal. 20-21 juill. 2007, p. 31, obs. Fricero ; RTD com. 2007. 459, obs. Vallens.* ♦ Ne constituent un excès de pouvoir ni la violation du principe de la contradiction, ni la méconnaissance de l'objet du litige prévu par l'art. 4 C. pr. civ. • Com. 28 janv. 2014, n° 12-25.008 P : *D. 2014. Chron. C. cass. 1017, obs. Arbellot ; LEDEN 3/2014. 5, obs. Staes ; Procédures 2014, n° 99, note Perrot ; RJDA 2014, n° 464 ; RPC 2014, n° 96, obs. Cagnoli.* – Comp. note 1 ss. art. L. 661-5. ♦ Dans le même sens, à propos : des règles relatives à la composition des juridictions, V. • Civ. 2e, 17 nov. 2005 : *D. 2005. AJ 3085, obs. Lienhard ; APC 2006, n° 22, obs. Cagnoli ; Procédures 2006, n° 12, obs. Junillon.* ♦ ... De la violation de l'obligation de motivation, V. • Com. 26 janv. 2010, n° 08-21.330 P : *D. 2010. AJ 380 ; JCP 2010. 223, note Arbellot ; RJDA 2010, n° 699 ; RPC 2010, n° 97, obs. Cagnoli ; RTD civ. 2010. 375, obs. Perrot.* ♦ ... Du défaut de communication de la procédure au parquet ou de la non-réponse à un moyen, V. • Paris, 18 oct. 2007 : *RTD com. 2008. 190, obs. Vallens.* ♦ ... De la méconnaissance des art. 6, § 1, et 13 de la Conv. EDH (droit à un procès équitable et à un recours effectif), V. • Com. 19 juin 2012, n° 11-20.066 P : *D. 2012. Actu. 1670 ; LEDEN 10/2012. 7, obs. Staes ; Gaz. Pal. 12-13 oct. 2012, p. 22, obs. Fricero.* ♦ Comp., auparavant : note 21.

Ont été déclarés recevables : un appel-nullité contre un jugement ayant refusé de statuer sur le recours formé par le débiteur contre une ordonnance du juge-commissaire dont le délai d'exercice n'avait pas commencé à courir faute de notification régulière de l'ordonnance, • Com. 22 mai 2007, n° 06-11.794 P : *D. 2007. AJ 1600 ; RDBF 2007, n° 115, obs. F.-X. Lucas ; APC 2007, n° 142, obs. Cagnoli.* ♦ ... Un appel-nullité contre un jugement ayant statué sur une demande en relevé de forclusion introduite plus d'une année après le jugement d'ouverture sans relever d'office cette fin de non-recevoir d'ordre public, • Com. 16 nov. 1993, n° 91-15.143 P • 28 mai 1996 : *D. 1996. IR 161* • 19 déc. 2000 : *RJDA 2001, n° 486.* – *Contra* : • Aix-en-Provence, 7 janv. 1993 : *Gaz. Pal. 1992. 2. 346, note Latil ; JCP E 1993. I. 298, n° 12, obs. crit. Cabrillac et Pétel* • Versailles, 1er déc. 1994 : *D. 1995. IR 51 ; RPC 1995. 288, obs. crit. Dureuil.* ♦ ... Un appel-nullité contre le jugement d'un tribunal de commerce s'étant prononcé, malgré l'art. 28 [anc.] du décret n° 85-1390 du 27 déc. 1985, sur la contestation d'une ordonnance d'un juge-commissaire arrêtant les émoluments du liquidateur. • Com. 31 mai 1994 : *D. 1994. IR 221.* ♦ ... Un appel-nullité contre un jugement ayant confirmé une ordonnance par laquelle le juge-commissaire avait statué sur une créance née après l'ouverture de la procédure collective, • Com. 12 mai 2009 : *Gaz. Pal. 26-28 juill. 2009, p. 41, obs. Le Corre-Broly.* ♦ ... Un pourvoi-nullité contre un arrêt ayant statué dans une matière où la cour d'appel est incompétente, • Com. 30 mars 1993, n° 91-12.287 P : *D. 1993. IR 131.* ♦ ... Un pourvoi-nullité contre un arrêt ayant rejeté le recours formé par un cocontractant du débiteur dont le contrat avait fait l'objet d'une cession forcée accessoirement à la vente de gré à gré d'un bien visé à l'art. 156, devenu l'art. L. 622-18 C. com., • Com. 26 juin 2001 : *JCP E 2002, n° 28, p. 1199, note Perdriau (3e esp.) ; RDBF 2002, n° 20, obs. F.-X. Lucas.*

Constitue un excès de pouvoir le fait pour les premiers juges d'avoir déclaré irrecevable le recours formé par un débiteur en liquidation judiciaire, qui exerce son droit propre, contre la décision d'autorisation de vente prise par le juge-commissaire, dont il prétend qu'elle a violé la nature ou la portée des règles relatives à son dessaisissement. • Com. 5 oct. 2010, n° 09-16.602 P : *D. 2010. Actu. 2359 ; RJDA 2010, n° 1203 ; RPC 2010, n° 246, obs. Berthelot ; Gaz. Pal. 7-8 janv. 2011, p. 31, obs. Voinot.*

21. Avant l'arrêt de la chambre mixte du 28 janv. 2005 [préc. note 20], il était admis qu'aucune disposition ne pouvait interdire de faire constater selon les voies de recours du droit commun la nullité d'une décision rendue en violation d'un principe essentiel de procédure, telle l'obligation de motivation des jugements. • Com. 30 mars 1993, n° 90-21.980 P (à propos d'une ordonnance du juge-commissaire) • 18 janv. 2005 : *RPC 2005. 131, obs. Gorrias* (même cas de figure) • Dijon, 23 oct. 2001 : *JCP E 2002, n° 10, p. 402* (à propos d'un jugement relevant un créancier de sa forclusion). ♦ Comp., s'agissant de l'obligation de motiver les ordonnances du juge-commissaire : • Aix-en-Provence, 6 janv. 1994 : *Gaz. Pal. 1994. 429, note Latil ; RPC 1995. 43, obs. Dureuil.*

L'appel-nullité était ainsi recevable en cas de violation du principe de la contradiction. • Com. 14 févr. 1995, n° 92-20.941 P : *D. 1995. IR 75 ; RPC 1995. 288, obs. Dureuil* • 19 déc. 1995 : *ibid. 1996. 321, obs. Soinne*. ♦ ... Ou en cas d'absence de motivation. • Dijon, 4 juin 1996 : *JCP 1997. IV. 291.* ♦ ... Ou de participation du juge-commissaire à la formation de jugement (statuant sur le recours). • Basse-Terre, 2 déc. 1996 : *BICC 1997, n° 552.*

22. L'appel-nullité était recevable dès lors qu'un créancier invoquait l'application inexacte faite par le tribunal des dispositions du décret du 27 déc. 1985 relatives aux formes et délais du recours formé contre une ordonnance rendue par le juge-commissaire, dans la limite de ses attributions. • Com. 28 mai 1996, n° 94-14.232 P : *D. Affaires 1996. 779.*

Sur l'ouverture de l'appel-nullité en cas d'atteinte au principe de l'effet dévolutif du recours et à la règle du dessaisissement du juge-commissaire et de contradiction entre les motifs et le dispositif, V. • Paris, 12 févr. 1991 : *D. 1992. Somm. 8, obs. Derrida*. – V. aussi • Lyon, 11 oct. 1991 : *ibid.* ♦ Sur la nécessité d'un intérêt à agir, V. • Paris, 6 mars 1991 : *D. 1992. Somm. 92, obs. Derrida*.

23. Le remplacement du juge-commissaire est une mesure d'administration judiciaire qui n'a pas à être motivée, conformément à l'art. 499 C. pr. civ., et qui n'ouvre donc pas droit à un appel-nullité en vertu des art. 537 C. pr. civ. et L. 623-4 C. com. • Pau, 11 déc. 2007 : *JCP E 2008. 1158.*

24. La voie de la cassation n'étant ouverte que lorsque toutes les autres voies sont fermées, est irrecevable le pourvoi formé contre un jugement d'un tribunal qui a rejeté les recours contre une ordonnance du juge-commissaire refusant d'accueillir les requêtes en relevé de forclusion, alors que le tribunal ayant excédé ses pouvoirs en se prononçant dans une matière où seule la cour d'appel était compétente dès lors que la procédure collective avait été ouverte postérieurement à l'entrée en vigueur de la loi du 10 juin 1994, un tel recours en annulation pouvait être formé par la voie de l'appel. • Com. 28 nov. 2000, n° 97-20.718 P : *D. 2001. AJ 127, obs. Lienhard ; APC 2001, n° 16, obs. Vallansan.* ♦ V. aussi note 19.

25. L'appel en annulation suppose que le jugement et non l'ordonnance du juge-commissaire soit affecté d'une irrégularité de nature à justifier la recevabilité de cette voie de recours. • Toulouse, 6 juill. 2000 : *BICC 2002, n° 650.* – Rappr. : • Com. 17 juill. 2001 : *RPC 2002. 171, obs. Gorrias.*

26. Les actes de notification des jugements visés à l'art. L. 623-4 C. com., qui n'ont pas à faire mention des délais et modalités de l'appel, ne doivent pas non plus indiquer qu'un appel-nullité est exceptionnellement ouvert en cas d'excès de pouvoir, ni préciser le délai et les modalités d'exercice de cette voie de recours. • Com. 30 mars 2010 : *RTD com. 2010. 432, obs. Vallens*.

27. Sur l'autonomie des conditions de l'appel-nullité par rapport à celles de l'appel-réformation, V. • Com. 27 mai 2003, n° 00-18.942 P : *D. 2003. AJ 2013*.

28. L'appel-nullité n'est pas soumis aux dispositions de l'art. 380 NCPC [C. pr. civ.], qui dispose que l'appel d'une décision de sursis à statuer nécessite l'autorisation du premier président de la cour d'appel. • Com. 7 juill. 1998 : *APC 1998, n° 142.*

29. Sur l'effet dévolutif de l'appel-nullité, V. notes 45 et 46 ss. art. L. 661-6.

V. aussi notes 25 s. ss. art. L. 661-6, note 30 ss. art. 25.

Ancien art. L. 623-5 ***Ne sont susceptibles que d'un appel et d'un pourvoi en cassation de la part du ministère public, les jugements statuant sur les recours formés contre les ordonnances du juge-commissaire rendues en application des articles L. 622-16, L. 622-17 et L. 622-18.*** – *[L. n° 85-98 du 25 janv. 1985, art. 173-1.] – L'art. 173-1 de la loi n° 85-98 du 25 janv. 1985, codifié à l'art. L. 623-5, était issu de la loi n° 94-475 du 10 juin 1994. – Pour l'entrée en vigueur de cette loi, V. note ss. ancien art. L. 620-1.*

Ancien art. L. 623-6 ***I. – Ne sont susceptibles que d'un appel de la part du ministère public même s'il n'a pas agi comme partie principale :***

1° Les jugements relatifs à la nomination ou au remplacement de l'administrateur, du représentant des créanciers, du liquidateur, des contrôleurs, du ou des experts ;

2° Les jugements statuant sur la durée de la période d'observation, sur la poursuite ou la cessation de l'activité ou sur l'autorisation de la location-gérance prévue à l'article L. 621-34.

II. — Ne sont susceptibles que d'un appel de la part, soit du ministère public même s'il n'a pas agi comme partie principale, soit du cessionnaire ou du cocontractant mentionné à l'article L. 621-88, les jugements qui arrêtent ou rejettent le plan de cession de l'entreprise. Le cessionnaire ne peut interjeter appel du jugement arrêtant le plan de cession que si ce dernier lui impose, en violation de l'article L. 621-63, des charges autres que les engagements qu'il a souscrits au cours de la préparation du plan. Le cocontractant mentionné à l'article L. 621-88 ne peut interjeter appel que de la partie du jugement qui emporte cession du contrat.

III. — Ne sont susceptibles que d'un appel de la part soit du ministère public même s'il n'a pas agi comme partie principale, soit du cessionnaire, dans les limites mentionnées à l'alinéa précédent, les jugements modifiant le plan de cession.

IV. — L'appel du ministère public est suspensif. — [L. nº 85-98 du 25 janv. 1985, art. 174.] — V. Décr. nº 85-1388 du 27 déc. 1985, art. 21, dernier al., et 155 s.

Ancien art. L. 623-7 *Il ne peut être exercé de tierce opposition ou de recours en cassation contre les arrêts rendus en application du I de l'article L. 623-6.*

Le pourvoi en cassation n'est ouvert qu'au ministère public à l'encontre des arrêts rendus en application du II et du III de l'article L. 623-6. — [L. nº 85-98 du 25 janv. 1985, art. 175.] — V. Décr. nº 85-1388 du 27 déc. 1985, art. 156 et 162.

Ancien art. L. 623-8 *Lorsque le ministère public doit avoir communication des procédures de redressement judiciaire ou de liquidation judiciaire et des causes relatives à la responsabilité des dirigeants sociaux, le pourvoi en cassation pour défaut de communication n'est ouvert qu'à lui seul.* — [L. nº 85-98 du 25 janv. 1985, art. 176.]

BIBL. ▸ Perdriau, *JCP 1986. I. 3228 ; Err. 3233.*

Ancien art. L. 623-9 *En cas d'infirmation du jugement imposant de renvoyer l'affaire devant le tribunal, la cour d'appel peut ouvrir une nouvelle période d'observation. Cette période est d'une durée maximale de trois mois réduite à un mois lorsqu'il a été fait application de la procédure simplifiée prévue à la section 5 du chapitre I.*

En cas d'appel du jugement statuant sur la liquidation judiciaire ou arrêtant ou rejetant le plan de continuation ou de cession et lorsque l'exécution provisoire est arrêtée, la période d'observation est prolongée jusqu'à l'arrêt de la cour d'appel. — [L. nº 85-98 du 25 janv. 1985, art. 177.] — V. Décr. nº 85-1388 du 27 déc. 1985, art. 155, al. 2, et 158, al. 2.

Ancien art. L. 623-10 *Pour l'application du présent titre, les membres du comité d'entreprise ou les délégués du personnel désignent parmi eux la personne habilitée à exercer en leur nom les voies de recours.* — [L. nº 85-98 du 25 janv. 1985, art. 226.] — V. Décr. nº 85-1388 du 27 déc. 1985, art. 159.

CHAPITRE IV *[ANCIEN]* ***DISPOSITIONS PARTICULIÈRES AUX PERSONNES MORALES ET À LEURS DIRIGEANTS***

BIBL. GÉN. ▸ Chaput, *JCP E 1986. II. 14705.* - Marchi, *Gaz. Pal. 1986. 2. Doctr. 434.* - Bloch, *Gaz. Pal. 1996. 2. Doctr. 626.* - Mascala, *LPA 6 sept. 2000, p. 50* (sanctions applicables aux dirigeants) ; *RLDA, suppl. au nº 80, mars 2005, p. 80* (évolution du régime des sanctions).
▸ Sur la réforme du 10 juin 1994 : Haehl, *LPA 14 sept. 1994, p. 22.* - Chaput, *RPC 1994. 523.*

Ancien art. L. 624-1 *Le jugement qui ouvre le redressement ou la liquidation judiciaires de la personne morale produit ses effets à l'égard de toutes les personnes membres ou associées de la personne morale et indéfiniment et solidairement responsables du passif social. Le tribunal ouvre à l'égard de chacune d'elles une procédure de redressement judiciaire ou de liquidation judiciaire selon le cas.* — [L. nº 85-98 du 25 janv. 1985, art. 178.]

Les procédures ouvertes en vertu de l'art. L. 624-1, dans sa réd. antérieure à la L. nº 2005-845 du 26 juill. 2005, ne sont pas affectées par son entrée en vigueur (L. préc., art. 192).

BIBL. ▸ Barbièri, *RPC 1991. 153.*

1. Ordre public. V. • Paris, 13 janv. 1995 : *BJS 1995. 262, note Jeantin.*

2. Qualification. L'ouverture d'une procédure collective à l'encontre d'un associé indéfiniment responsable du passif social n'est pas une sanction au sens des dispositions de l'art. 6-1 de la Convention européenne de sauvegarde des droits de l'homme et des libertés fondamentales. • Paris, 8 sept. 2000 : *D. 2001. Somm. 1070, obs. F.-X. Lucas* ; *D. 2002. Somm. 76, obs. Sortais* ; *Dr. sociétés 2001, nº 8, obs. Chaput.* ♦ Dès lors, l'associé d'une société en nom collectif en liquidation judiciaire qui voit s'ouvrir à son encontre une procédure collective sur le fondement de l'art. 178 [C. com., art. L. 624-1] ne peut s'y opposer en arguant du caractère disproportionné de la sanction ainsi prononcée, la liquidation ayant été causée par les agissements frauduleux d'un autre associé. • Même arrêt.

3. *Jugements successifs.* Les dispositions de l'art. 178, devenu l'art. L. 624-1 C. com., n'impliquent pas que l'ouverture de la procédure collective des associés soit simultanée par rapport à celle de la personne morale et soit contenue dans le même jugement. • Com. 10 déc. 2002 : *APC 2003, n° 48.*

4. *Groupements d'intérêt économique.* Pour une hypothèse de confusion de patrimoines entre des sociétés adhérentes d'un groupement d'intérêt économique, ayant conduit à prononcer un redressement judiciaire unique pour toutes ces entreprises, V. • Versailles, 16 déc. 1987 : *D. 1988. Somm. 383, obs. Honorat ; Rev. sociétés 1989. 434, note Honorat.* – Comp. : • Com. 6 mars 1990 : *Dr. sociétés 1990, n° 173.* ♦ Lorsqu'un règlement judiciaire a été prononcé à titre personnel à l'encontre d'un membre d'un GIE puis étendu à ce dernier pour confusion des patrimoines, la procédure ouverte par extension à l'égard du GIE ne saurait justifier l'ouverture d'une procédure à l'encontre de chacun des autres membres par application de l'art. 97 de la loi du 13 juill. 1967, en l'absence de cessation des paiements propre au GIE et de confusion des patrimoines entre celui-ci et ceux-là. • Com. 1er déc. 1992 : *BJS 1993. 237, note Daigre.*

Comp., pour les GEIE : art. 36 du Règl. CEE n° 2137-85 du 25 juill. 1985, ss. art. L. 252-13, **C. com.** ou **C. sociétés**.

5. *Sociétés en nom collectif.* Pour des applications à des associés indéfiniment et solidairement responsables du passif social, V., • Com. 25 mai 1988 : *Rev. sociétés 1989. 277, note Daigre* • Paris, 2 mars 1990 : *Gaz. Pal. 1990. 2. 683, note Marchi* • 24 mars 1992 : *D. 1992. IR 167* • 8 mars 1996 : *D. Affaires 1996. 559.* – Comp. : • Paris, 11 juill. 1990 : *JCP E 1991. I. 22, n° 1, obs. Viandier et Caussain ; RPC 1991. 198, obs. Calendini.*

Tant que la cession des parts sociales de l'associé en nom collectif n'a pas été inscrite au registre du commerce et des sociétés, l'associé ne peut l'opposer aux tiers pour se soustraire à l'art. 178 [C. com., art. L. 624-1]. • Com. 10 déc. 1996 : *D. Affaires 1997. 191 ; BJS 1997. 238, note Le Cannu ; JCP 1997. II. 22886, note E. Savatier* • Paris, 1er déc. 2000 : *BJS 2001. 451, note Bahans ; APC 2001, n° 225, obs. Vallansan.* ♦ L'appel en garantie par un associé de SNC ayant fait l'objet d'un redressement judiciaire alors qu'il avait cédé ses parts sociales mais que la cession n'avait pas été publiée à temps au RCS, de la société mandatée pour procéder à cette publication, est irrecevable, faute d'un lien suffisant entre l'objet de l'instance principale et celui de l'action en garantie, au sens de l'art. 325 NCPC [C. pr. civ.]. • Paris, 14 oct. 1997 : *D. Affaires 1997. 1360.*

Si la mise en tutelle d'un majeur associé en nom collectif le prive juridiquement de la capacité d'être commerçant, la poursuite de son activité commerciale, nonobstant la mesure d'incapacité prononcée à son égard, le laisse justiciable des dispositions de l'art. 178 [C. com., art. L. 624-1]. • Com. 8 déc. 1998, n° 96-15.315 P : *D. 1999. IR 29 ; D. Affaires 1999. 129, obs. A. L. ; JCP 1999. II. 10130, note Gibirila ; JCP E 1999, n° 18-19, p. 813, obs. Cabrillac ; BJS 1999. 386, note Le Cannu ; APC 1999, n° 9, obs. Regnaut-Moutier ; Defrénois 1999. 612, obs. J. Honorat.* ♦ V. aussi • Com. 28 nov. 2000 : *D. 2001. Somm. 1514, obs. Lemouland ; Dr. sociétés 2001, n° 23, obs. Chaput ; RDBF 2001, n° 17, obs. F.-X. Lucas ; Bull. Lamy droit commercial mai 2001, p. 2, obs. Gibirila.*

Le tribunal peut, sans contradiction, prononcer la liquidation judiciaire immédiate d'un associé, alors qu'il a mis en redressement judiciaire les sociétés en nom collectif dans lesquelles il est associé, dès lors qu'il constate, qu'à son égard, un redressement est manifestement impossible. • Paris, 27 janv. 1995 : *Gaz. Pal. 1995. 1. Somm. 70.*

6. Il résulte de l'art. 178 [C. com., art. L. 624-1] que le tribunal ne peut être saisi ou se saisir d'office de la procédure de redressement judiciaire des associés tenus indéfiniment et solidairement du passif social qu'après l'ouverture de la procédure collective de la société en nom collectif. • Com. 25 nov. 1997, n° 95-10.942 P : *D. 1998. IR 14 ; D. Affaires 1998. 27, obs. A. L. ; BJS 1998. 153, note Le Cannu.* ♦ La saisine d'office du tribunal à une époque où la société n'était pas en procédure collective du fait de l'annulation, par la cour d'appel, du jugement d'ouverture, n'a pas pour effet d'engager valablement l'action contre les associés. • Même arrêt.

7. *Sociétés en commandite.* L'ouverture d'une procédure collective à l'encontre d'une société en commandite simple entraîne, en application de l'art. 178 [C. com., art. L. 624-1], l'ouverture d'une procédure de redressement à l'égard de chaque associé commandité, ceux-ci ayant, selon l'art. 23 de la loi du 24 juill. 1966 [C. com., art. L. 222-1], le même statut que les associés en nom et se trouvant ainsi indéfiniment et solidairement responsables du passif social. • Poitiers, 2 déc. 1997 : *Dr. sociétés 1999, n° 51, obs. Chaput.* ♦ La cession de ses parts par l'associé, antérieurement au jugement d'ouverture de la procédure et à la date de cessation des paiements, est sans incidence dès lors que l'associé reste responsable du passif préexistant à son départ et qu'à ce moment-là, la société, assignée par un créancier en vue de l'ouverture du redressement judiciaire, ne pouvait faire face à ce passif exigible avec l'actif disponible. • Même arrêt.

8. *Sociétés civiles professionnelles.* S'agissant d'un associé d'une SCP de notaires, l'absence de publicité au registre du commerce et des sociétés (obligatoire, en vertu de l'art. 39, al. 2, du Décr. n° 67-868 du 2 oct. 1967), impliquant une présomption irréfragable que l'associé est demeuré membre de la société, le retrayant ne peut échapper au principe automatique de l'ouverture du redressement judiciaire en vertu de l'art. 178 [C. com., art. L. 624-1]. • Douai, 25 sept. 1997 : *LPA 3 déc. 1997, p. 17, note Soinne.* ♦ C'est à compter de la publication du retrait au RCS, et non de l'arrêté de retrait ou de sa publication au *Journal officiel*, que le retrayant cesse d'être associé. • Même arrêt. ♦ V. aussi, pour l'application de l'art. L. 624-1 C. com. à un associé destitué n'ayant pas cédé ses parts au jour de la mise en redressement judiciaire de la SCP, • Com. 22 mai 2007, n° 06-12.193 P : *D. 2007. AJ 1668 ; APC 2007, n° 138, obs. Rétif ; RPC 2007. 167, obs. Lebel ; Dr. sociétés 2007, n° 178, note Legros.*

9. *Sociétés civiles agricoles.* Sur l'inapplicabilité de l'art. 178 [C. com., art. L. 624-1] à l'associé d'une société civile d'exploitation agricole, V. • Com. 3 oct. 2000 : *APC 2000, n° 226, obs. Regnaut-Moutier ; Dr. sociétés 2000, n° 172, obs. Chaput ; LPA 7 mai 2001, p. 12, note Gibirila.*

10. *Sociétés créées de fait.* La condition préalable à l'application des art. 178 [C. com., art. L. 624-1] et 182 [C. com., art. L. 624-5] (existence d'une procédure collective à l'encontre de la société) ne peut être réalisée à l'égard d'une société créée de fait, alors que, aux termes de l'art. 2 [C. com., art. L. 620-2], seuls les groupements de droit privé dotés de la personnalité morale peuvent être soumis à la procédure de redressement judiciaire. • Paris, 22 janv. 1993 : *D. 1993. IR 117.* – V. aussi • Com. 30 mars 1993, n° 91-11.560 P : *BJS 1993. 775, note Le Nabasque* • Paris, 13 sept. 1994 : *Dr. sociétés 1994, n° 191, obs. Chaput.*

11. *Plan de continuation.* La procédure collective de l'associé de la personne morale, indéfiniment et solidairement responsable du passif social, ne peut être ouverte après que le tribunal, mettant fin au redressement judiciaire, a arrêté le plan de continuation de la personne morale. • Com. 13 nov. 2002, n° 01-02.109 P : *D. 2002. AJ 3342, obs. Lienhard ; APC 2002, n° 264, obs. Regnaut-Moutier ; JCP E 2003, n° 13, p. 566, note Legros ; BJS 2003. 128, note F.-X. Lucas ; LPA 19 sept. 2003, p. 13, note Cerati-Gauthier ; RTD com. 2003. 814, obs. Saint-Alary-Houin ; RPC 2004. 266, obs. Dumont.*

12. *Clôture de la liquidation judiciaire pour insuffisance d'actif.* La clôture pour insuffisance d'actif de la personne morale, qui laisse subsister la responsabilité solidaire des associés, ne fait pas obstacle à l'ouverture ultérieure d'une procédure collective à l'encontre de ces derniers dans le cadre de l'art. L. 624-1 C. com. • Grenoble, 21 mai 2003 : *RPC 2004. 219, obs. Lebel.*

13. *Rétractation du jugement d'ouverture.* La rétractation du jugement ayant ouvert la procédure collective d'une société en nom collectif entraîne l'annulation du jugement ayant, en vertu de l'art. 178 [C. com., art. L. 624-1], ouvert la procédure collective de l'associé, indéfiniment et solidairement responsable du passif social, qui en constitue la suite ou l'application. • Com. 13 déc. 2016, n° 15-24.464 : *BJE 2017. 186, note Reille.*

14. *Effets.* **BIBL.** Le Corre, *D. 2002. Chron. 1122* (sort des créances). ♦ Les procédures collectives ainsi ouvertes sont indépendantes les unes des autres, chacune conservant son autonomie et suivant son régime propre. • Paris, 24 mars 1992 : *préc. note 5.*

Si l'ouverture d'une procédure collective à l'égard d'une personne morale produit ses effets à l'égard de toutes les personnes membres de la personne morale et indéfiniment et solidairement responsables du passif social, il n'en demeure pas moins qu'il s'agit de procédures distinctes et que, par voie de conséquence, il incombe au créancier qui se prévaut de l'obligation des associés au passif social, de déclarer sa créance non seulement à la procédure suivie contre la personne morale mais encore à chacune de celles suivies contre ses membres ou associés. • Com. 20 févr. 2001, n° 97-14.256 P : *D. 2001. AJ 1101, obs. Avena-Robardet ; APC 2001, n° 76, obs. Regnaut-Moutier ; JCP E 2001, n° 20-21, p. 850, note Rémery ; BJS 2001. 605, note Le Nabasque ; Dr. sociétés 2001, n° 97, note Legros ; RDBF 2001, n° 120, obs. F.-X. Lucas ; RJ com. 2002. 44, note Gibirila ; RTD com. 2002. 722, obs. Martin-Serf.* ♦ *Contra,* jugeant que par l'effet de l'art. 178 [C. com., art. L. 624-1], la dette de la société en nom collectif étant devenue également la dette de l'associé, le créancier n'a pas l'obligation de déclarer sa créance au passif de l'associé personnellement dès lors qu'il l'a déclarée au passif de la société et que tout le passif de la société doit être déclaré, par le représentant des créanciers, au passif personnel de l'associé : • Paris, 2 juill. 1999 : *APC 1999, n° 205, obs. Vallansan.* ♦ V. aussi note 47 ss. anc. art. L. 621-46.

En ce sens que le créancier doit déclarer sa créance résultant de l'engagement de caution de l'associé en nom au passif de la procédure collective de ce dernier, V. • Paris, 2 juill. 1999 : *préc.*

Jugé que le passif social mis à la charge de l'associé en nom en application de l'art. 178 [C. com., art. L. 624-1] étant de même nature que celui déterminé dans le cadre de la vérification du passif de la société, une créance fiscale admise au passif de la société à titre privilégié le sera de même au passif de l'associé. • Paris, 18 sept. 1998 : *RPC 2000. 126, obs. crit. Deleneuville.*

La déclaration de créance effectuée par le créancier au passif d'un des associés en nom a pour effet de sauvegarder la créance sur celui-ci, obligé à la dette, mais non la créance contributive de cet associé dans ses rapports avec ses coassociés qui font aussi l'objet d'une procédure collective, de sorte qu'il ne peut pas, en l'absence de déclaration au passif de ses coassociés, appeler ceux-ci en garantie pour la créance déclarée à son propre passif. • Paris, 9 sept. 2003 : *RJDA 2004, n° 326.*

15. Lorsqu'il a été fait application de l'art. L. 624-1 C. com. aux personnes, membres ou associées d'une personne morale en procédure collective, indéfiniment et solidairement responsables du passif social, la date de la cessation des paiements de ces personnes, soumises chacune à une procédure collective indépendante, est la date fixée pour la personne morale, peu important que cette date soit antérieure de plus de dix-huit mois à celle du jugement d'ouverture des personnes concernées. • Com. 27 juin 2006, n° 05-16.200 P : *D. 2006. AJ 1890, obs. Lienhard ; Gaz. Pal. 6-7 oct. 2006, p. 11, obs. Lebel ; Dr. sociétés 2006, n° 182, note Legros ; JCP E 2007, n° 1, p. 23, obs. Pétel ; Rev. sociétés 2007. 174, note Roussel Galle*.

16. Application cumulative des art. L. 624-1 et L. 624-3. L'ouverture à l'égard d'un associé d'une procédure de redressement judiciaire en application de l'art. 178 [C. com., art. L. 624-1] rend sans objet la demande présentée sur le fondement de l'art. 180 [C. com., art. L. 624-3]. • Com. 8 févr. 1994 : *préc. note 4* • 11 avr. 1995 : *RJDA 1995, n° 771.*

17. Articulation avec le droit des sociétés. Sur la possibilité, pour les créanciers dont la créance est née postérieurement à l'ouverture de la procédure collective d'une société en nom collectif, de mettre en œuvre la responsabilité indéfinie et solidaire des associés, telle qu'elle résulte de l'art. 10 de la loi du 24 juill. 1966 [C. com., art. L. 221-1], V. • Com. 26 oct. 1999 : *APC 1999, n° 274, obs. Regnaut-Moutier ; RDBF 2000, n° 21, obs. F.-X. Lucas ; RPC 2000. 126, obs. Deleneuville.*

18. Droit transitoire. Selon l'art. 192 de la loi du 26 juill. 2005, les procédures ouvertes en vertu de l'art. L. 624-1 C. com., dans sa rédaction antérieure à cette loi, ne sont pas affectées par son entrée en vigueur ; il s'ensuit que la procédure de redressement ou de liquidation judiciaire ouverte à l'égard des personnes, membres ou associées d'une personne morale en procédure collective, indéfiniment et solidairement responsables du passif social, par une décision prononcée antérieurement au 1er janv. 2006, fût-elle frappée de recours, continue d'être régie par les dispositions du code de commerce dans sa rédaction antérieure à la loi précitée, peu important que l'exécution provisoire ait été, le cas échéant, arrêtée. • Com. 27 juin 2006 : *préc. note 15.* – V. aussi Bélaval, *D. 2007. Chron. C. Cass. 1303*. ♦ Le caractère distinct de la procédure devant être ouverte à l'égard d'un associé indéfiniment et solidairement responsable du passif social par application de l'art. L. 624-1 C. com., dans sa rédaction antérieure à celle issue de la loi du 26 juill. 2005, qui l'a abrogé, fait obstacle à la recevabilité d'une telle demande d'ouverture après le 1er janv. 2006, date d'entrée en vigueur de cette loi, même si la procédure collective de la société a été ouverte antérieurement. • Com. 5 sept. 2018, n° 17-13.282 : *BJS 2018. 643, note Saintourens.* ♦ Pour l'inapplicabilité de l'art. L. 624-1 aux associés d'une société dont la liquidation judiciaire a été prononcée concomitamment à la résolution d'un plan de redressement, en application des dispositions issues de la loi du 26 juill. 2005, V. note 2 ss. art. L. 626-27.

Ancien art. L. 624-2 *Lorsqu'une procédure de redressement judiciaire ou de liquidation judiciaire est ouverte à l'égard d'une personne morale de droit privé les dispositions suivantes du présent titre sont applicables à ses dirigeants personnes physiques ou morales ainsi qu'aux personnes physiques représentants permanents de ces dirigeants personnes morales.* – *[L. n° 85-98 du 25 janv. 1985, art. 179.]*

Ancien art. L. 624-3 *Lorsque le redressement judiciaire ou la liquidation judiciaire d'une personne morale fait apparaître une insuffisance d'actif, le tribunal peut, en cas de faute de gestion ayant contribué à cette insuffisance d'actif, décider que les dettes de la personne morale seront supportées, en tout ou en partie, avec ou sans solidarité, par tous les dirigeants de droit ou de fait, rémunérés ou non, ou par certains d'entre eux.*

L'action se prescrit par trois ans à compter du jugement qui arrête le plan de redressement ou, à défaut, du jugement qui prononce la liquidation judiciaire.

Les sommes versées par les dirigeants en application de l'alinéa 1er entrent dans le patrimoine du débiteur et sont affectées en cas de continuation de l'entreprise selon les modalités prévues par le plan d'apurement du passif. En cas de cession ou de liquidation, ces sommes sont réparties entre tous les créanciers au marc le franc. – *[L. n° 85-98 du 25 janv. 1985, art. 180.]* – *V. Décr. n° 85-1388 du 27 déc. 1985, art. 155, al. 2, 163, 164 et 167.*

BIBL. ▸ ROSENFELD et SEXER, *D. Affaires 1995. 145.* – POLLAUD-DULIAN, *RTD com. 1997. 349* (avatars de l'action en responsabilité civile dans le droit des affaires). – Y. COLIN, *Dr. sociétés 1998. Chron. 5.* – FEUGÈRE, *RJ com. 1999. 333.* – DERRIDA, *D. 2001. Chron. 1377*. – SAINT-ALARY-HOUIN, *RPC 2001. 145.* – DELENEUVILLE, *RPC 2002. 76.* – SORTAIS, *Mél. Bézard, Montchrestien, 2002, p. 321.* – DESCORPS DECLÈRE, *RTD com. 2003. 25* (pour une réhabilitation de la responsabilité civile des dirigeants sociaux). – ROUVIÈRE, *ibid. 2006. 529* (concours de l'action en comblement de passif et de l'action civile exercée devant la juridiction répressive).

Ancien art. L. 624-4 *Le tribunal peut ouvrir une procédure de redressement judiciaire ou de liquidation judiciaire à l'égard des dirigeants à la charge desquels a été mis tout ou partie du passif*

d'une personne morale et qui ne s'acquittent pas de cette dette. – *[L. n° 85-98 du 25 janv. 1985, art. 181.] – V. Décr. n° 85-1388 du 27 déc. 1985, art. 163, 164 et 167.*

Les procédures ouvertes en vertu de l'art. L. 624-4, dans sa réd. antérieure à la L. n° 2005-845 du 26 juill. 2005, ne sont pas affectées par son entrée en vigueur (L. préc., art. 192).

BIBL. ▶ DELATTRE, *RPC 2000. 183.* – LE CORRE, *D. 2002. Chron. 1122* (sort des créances).

1. Héritiers. Le texte ne s'applique pas à ceux qui à titre d'héritiers d'un dirigeant social ont été condamnés au comblement de passif (loi de 1967). • Com. 3 mai 1988 : *D. 1988. IR 140.*

2. Dirigeant déjà soumis à une procédure collective. V. note 20 ss. art. L. 620-2.

3. Liquidateur amiable. Le porteur de parts au sein d'une SARL désigné en qualité de liquidateur amiable ne saurait être condamné comme un dirigeant, au sens de l'art. L. 624-4 C. com. • Amiens, 19 janv. 2006 : *APC 2006, n° 252, obs. crit. Regnaut-Moutier.*

4. Date de cessation des paiements. Il convient de se référer au droit commun et de rechercher à quelle date le dirigeant social a effectivement cessé ses paiements (loi de 1967). • Com. 3 mai 1988, n° 86-11.776 P : *D. 1988, IR 140.*

5. Rapports avec la faillite personnelle. L'action tendant au prononcé du redressement judiciaire du dirigeant pour non-paiement des dettes sociales mises à sa charge par le tribunal, ayant un objet et une cause distincts de l'action ayant donné lieu à l'arrêt qui tendait au prononcé de sa faillite personnelle pour non-déclaration, dans le délai légal, de l'état de cessation des paiements de la société, une cour d'appel ne méconnaît pas l'autorité de la chose jugée par cette dernière décision en prononçant la liquidation judiciaire du dirigeant. • Com. 14 mai 1996 : *D. 1996. Somm. 339, obs. Honorat ; D. Affaires 1996. 813.*

6. Rapports avec l'interdiction de gérer. Sur l'indépendance de la procédure fondée sur l'art. L. 624-4 C. com. de celle d'interdiction de gérer, V. • Paris, 6 nov. 2001 : *RJDA 2002, n° 289.*

7. Exemples d'application. V. • Com. 4 oct. 2005 : *Gaz. Pal. 10-11 févr. 2006, p. 46, obs. Montéran* • Paris, 25 sept. 1998 : *RPC 1999. 237, obs. Bach* • 15 déc. 1998 : *ibid.* • Paris, 28 janv. 2005 : *Dr. sociétés 2005, n° 132, note Legros.*

8. Prescription. V. note 65 ss. art. L. 651-2.

9. Compétence. V. note 2 ss. art. R. 651-1.

10. Droit transitoire. Il résulte de l'art. 192 de la loi du 26 juill. 2005 que les instances aux fins de sanction, engagées à l'égard des dirigeants des personnes morales sur le fondement de l'art. L. 624-4 C. com. dans sa rédaction antérieure à cette loi, ne peuvent plus être poursuivies si la procédure de redressement ou de liquidation judiciaire n'a pas été ouverte avant le 1er janv. 2006. • Com. 13 mars 2007, n° 06-12.880 P : *D. 2007. AJ 872, obs. Lienhard ; APC 2007, n° 97, obs. F.-X. Lucas ; Dr. sociétés 2007, n° 114, note Legros ; BJS 2007. 946, note Staes ; Rev. sociétés 2007. 896, note Roussel Galle .* – Dans le même sens, V. • Limoges, 24 mai 2006 : *RPC 2007. 83, obs. Martin-Serf.* ♦ V. aussi, en cas d'annulation, après le 1er janv. 2006, d'un jugement ayant ouvert, avant cette date, le redressement judiciaire de dirigeants sociaux sur le fondement de l'art. L. 624-4, • Com. 21 juin 2007, n° 06-18.045 P : *D. 2007. AJ 1876, obs. Lienhard ; APC 2007, n° 167, obs. Blanc ; Dr. sociétés 2007, n° 176, note Legros ; Gaz. Pal. 26-27 oct. 2007, p. 60, obs. Montéran.*

Ancien art. L. 624-5 ***I. — En cas de redressement judiciaire ou de liquidation judiciaire d'une personne morale, le tribunal peut ouvrir une procédure de redressement judiciaire ou de liquidation judiciaire à l'égard de tout dirigeant de droit ou de fait, rémunéré ou non, contre lequel peut être relevé un des faits ci-après :***

1° Avoir disposé des biens de la personne morale comme des siens propres ;

2° Sous le couvert de la personne morale masquant ses agissements, avoir fait des actes de commerce dans un intérêt personnel ;

3° Avoir fait des biens ou du crédit de la personne morale un usage contraire à l'intérêt de celle-ci à des fins personnelles ou pour favoriser une autre personne morale ou entreprise dans laquelle il était intéressé directement ou indirectement ;

4° Avoir poursuivi abusivement, dans un intérêt personnel, une exploitation déficitaire qui ne pouvait conduire qu'à la cessation des paiements de la personne morale ;

5° Avoir tenu une comptabilité fictive ou fait disparaître des documents comptables de la personne morale ou s'être abstenu de tenir toute comptabilité conforme aux règles légales ; – *Les dispositions du 5° du I de l'art. L. 624-5, dans sa rédaction applicable en Polynésie française, ont été déclarées contraires à la Constitution. – V. 2e note rédactionnelle ci-dessous.*

6° Avoir détourné ou dissimulé tout ou partie de l'actif ou frauduleusement augmenté le passif de la personne morale ;

7° Avoir tenu une comptabilité manifestement incomplète ou irrégulière au regard des dispositions légales. – *Ce dernier cas d'ouverture a été ajouté par la loi n° 94-475 du 10 juin 1994. – Pour l'entrée en vigueur de cette loi, V. note ss. ancien art. L. 620-1. – Les dispositions du 7° du I de l'art.*

L. 624-5, dans sa rédaction applicable en Polynésie française, ont été déclarées contraires à la Constitution. — V. 2e note rédactionnelle ci-dessous.

II. — En cas de redressement judiciaire ou de liquidation judiciaire prononcé en application du présent article, le passif comprend, outre le passif personnel, celui de la personne morale.

III. — La date de la cessation des paiements est celle fixée par le jugement d'ouverture du redressement judiciaire ou de la liquidation judiciaire de la personne morale.

IV. — L'action se prescrit par trois ans à compter du jugement qui arrête le plan de redressement de l'entreprise ou, à défaut, du jugement qui prononce la liquidation judiciaire. *— [L. nº 85-98 du 25 janv. 1985, art. 182.] — V. Décr. nº 85-1388 du 27 déc. 1985, art. 155, al. 2, 163, 164, 166 et 167.*

Les procédures ouvertes en vertu de l'art. L. 624-5, dans sa réd. antérieure à la loi nº 2005-845 du 26 juill. 2005, ne sont pas affectées par son entrée en vigueur (L. préc., art. 192). — Pour une application de cette disposition, V. note 30.

Les dispositions des 5º et 7º du I de l'art. L. 624-5, dans sa rédaction applicable en Polynésie française, sont contraires à la Constitution. Cette déclaration d'inconstitutionnalité prend effet à compter de la publication de la décision du Conseil constitutionnel ; elle est applicable à tous les jugements d'ouverture d'une procédure de redressement ou de liquidation judiciaire à l'égard d'un dirigeant de droit ou de fait rendus postérieurement à cette date. Le surplus du I de l'art. L. 624-5 ainsi que le II de cet art. sont conformes à la Constitution (Cons. const., nº 2015-487 QPC du 7 oct. 2015 : JO 9 oct. ; D. 2015. Actu. 2006 ; APC 2015, nº 299, obs. Cerf-Hollender ; Dr. sociétés 2015, nº 219, note Legros).

BIBL. ▶ Charvériat, *RJDA 1993. 839.* – Teboul, *LPA 14 sept. 1999, p. 4* (poursuite abusive d'une exploitation déficitaire). – Saint-Alary-Houin, *Cah. dr. entr. 2001, nº 3, p. 30 ; RPC 2001. 145.*

1. Nature de la procédure ouverte. La procédure collective dont le dirigeant peut être l'objet, en application de l'art. 182 [C. com., art. L. 624-5], est subordonnée à l'ouverture préalable d'une telle procédure à l'égard de la personne morale elle-même. • Com. 11 déc. 2001 : *APC 2002, nº 55 ; Dr. sociétés 2002, nº 64, note Legros* • Paris, 6 avr. 1990 : *D. 1991. Somm. 115, obs. Derrida.*

Sur la distinction entre la procédure ouverte sur le fondement de l'art. 182 [C. com., art. L. 624-5] et l'extension pour confusion des patrimoines, V. • Com. 8 déc. 1998, nº 94-20.540 P : *RJDA 1999, nº 209 ; JCP E 1999, nº 18-19, p. 816, obs. Pétel* • 13 oct. 1998 : *RPC 1999. 184, obs. Bach* • 14 nov. 2000 : *RJDA 2001, nº 348.*

2. Avant la loi du 10 juin 1994, le tribunal, saisi sur le fondement de l'art. 182, ne pouvait ouvrir une procédure de liquidation judiciaire à l'égard du dirigeant poursuivi, sans faire précéder cette décision d'un jugement de redressement judiciaire le concernant, même si la personne morale qu'il dirigeait avait été mise en liquidation judiciaire. • Com. 16 mars 1993, nº 91-12.763 P : *D. 1993. IR 101* • 20 janv. 1998, nº 95-14.005 P : *D. 1998. IR 61 ; D. Affaires 1998. 298, obs. V. A.-R. ; Quot. jur. 12 mars 1998, p. 6, note P. M.* ♦ De même, le tribunal ne pouvait prononcer, par deux jugements rendus le même jour, le redressement puis la liquidation judiciaires du dirigeant de la société et de son épouse, alors que la procédure de redressement judiciaire ouverte en application de l'art. 182 à l'égard des époux et celle concernant la société n'étaient pas communes, et que la liquidation judiciaire desdits époux ne pouvait être prononcée sans que soit constatée l'impossibilité de l'une ou l'autre des solutions du redressement judiciaire prévues par l'art. 1er. • Com. 6 juill. 1993, nº 90-13.029 P : *JCP 1993. IV. 2318.*

3. Toutefois, en cas de confusion de patrimoine entre une société commerciale et un de ses dirigeants, la liquidation judiciaire de la société pouvait déjà être étendue à celui-ci sans recourir préalablement à la procédure de redressement judiciaire. • Com. 15 oct. 1991, nº 90-10.930 P. ♦ Il en allait de même en cas de fictivité de la société. • Com. 16 mars 1993 : *préc. note 2.* ♦ Il résulte désormais des dispositions des art. 1er [C. com., art. L. 620-1], al. 3, et 182 [C. com., art. L. 624-5], al. 1er, dans leur rédaction de la loi du 10 juin 1994, que la liquidation judiciaire immédiate du dirigeant peut être prononcée, même en l'absence de confusion entre son patrimoine et celui de la personne morale ou de fictivité de cette dernière, dès lors que son redressement personnel est manifestement impossible. • Com. 13 oct. 1998 : *préc. note 1.* ♦ S'agissant de l'application dans le temps de la loi nouvelle, la procédure collective du dirigeant est soumise à la loi applicable à la procédure collective de la personne morale telle qu'elle était en vigueur à la date d'ouverture de la procédure collective de celle-ci. • Com. 20 janv. 1998 : *préc. note 2* • 11 déc. 2001 : *préc. note 1* • 5 mars 2002 : *Dr. sociétés 2002, nº 155, note Legros.* ♦ Les juges qui prononcent d'emblée la liquidation judiciaire doivent indiquer en quoi le redressement personnel du dirigeant est impossible. • Com. 6 févr. 2001 : *Dr. sociétés 2001, nº 81, obs. Legros* • 4 avr. 2006, nº 05-13.277 P : *D. 2006. AJ 1106, obs. Lienhard ; Gaz. Pal. 14-18 juill. 2006, p. 51, obs. Montéran ; Dr. sociétés 2006, nº 161, note Legros.*

4. Sur l'obligation d'ouvrir une procédure distincte à l'encontre du dirigeant, V. • Paris, 19 déc. 1991 : *BJS 1992. 325.* ♦ Toutefois, lorsque l'existence d'une confusion de patrimoine est établie, un tribunal peut étendre la procédure ouverte à l'encontre d'une personne morale ou physique sans que les conditions exigées par l'art. 182 [C. com., art. L. 624-5] soient réunies. • Versailles, 29 mars 1990 : *BJS 1990. 561, note Pétel.*

5. La date de la cessation des paiements du dirigeant est celle fixée par le jugement d'ouverture du redressement judiciaire de la personne morale dont le passif vient s'ajouter au passif personnel du dirigeant. • Com. 20 janv. 1998 : *préc. note 2* • 11 déc. 2001 : *préc. note 1.* ♦ Il ne peut être fixé qu'une seule date de cessation des paiements du dirigeant commun de plusieurs personnes morales soumises chacune à une procédure collective indépendante, cette date étant nécessairement la plus ancienne. • Com. 4 févr. 2003, nº 99-21.554 P : *D. 2003. 1496, note Martineau-Bourgninaud ; APC 2003, nº 61, obs. Vallansan ; JCP E 2003, nº 20, p. 855, obs. Pétel ; Dr. sociétés 2003, nº 193, note Legros ; Defrénois 2004. 571, obs. Gibirila ; RPC 2004. 269, obs. Dumont.*

6. *Dirigeants de droit.* Le dirigeant de droit ne peut, pour se soustraire à l'application de l'art. 182 [C. com., art. L. 624-5], soutenir qu'il a abandonné l'exercice effectif de ses fonctions à un dirigeant de fait. • Com. 9 mai 1995, nº 93-11.338 P : *D. 1996. Somm. 84, obs. Honorat ; Rev. sociétés 1996. 765 ; Rev. huiss. 1996. 217, note Courtier.*

7. *Dirigeants de fait.* La qualité d'associé majoritaire ne peut être regardée, en soi, comme impliquant une participation effective à la gestion d'une société. • Paris, 10 mai 1989 : *JCP E 1989. II. 15558.* ♦ Une opération financière isolée par laquelle l'associé majoritaire d'une SARL a certes utilisé dans un intérêt personnel la société en dehors de son domaine d'activité propre, sans toutefois lui porter préjudice, ne suffit pas à caractériser une participation effective à la gestion de la société. • Même arrêt. – V. aussi • Toulouse, 11 mars 1993 : *JCP 1993. IV. 1625.*

Le fait que l'épouse d'un commerçant ait exploité le fonds de commerce « de notoriété publique » et qu'elle se soit présentée au tribunal au lieu et place de son mari sont insuffisants à établir la qualité de dirigeant de fait de l'épouse, aucun document produit n'établissant par ailleurs que celle-ci traitait avec les fournisseurs ou qu'elle disposait de la signature bancaire. • Aix-en-Provence, 23 nov. 1995 : *Dr. sociétés 1996, nº 211, obs. Chaput.*

Le seul fait de détenir la signature de comptes bancaires ne suffit pas, faute d'autres éléments positifs de gestion et de direction, à caractériser la qualité de gérant de fait. • Paris, 7 oct. 1997 : *BJS 1998. 55* • 30 juin 1998 : *APC 1998, nº 140.* ♦ De même, la fonction de conseiller d'une société n'implique pas nécessairement qu'outrepassant son rôle technique, la personne qui l'exerce se soit immiscée dans la direction générale de la société et ait participé de façon continue aux affaires. • Paris, 9 avr. 1996 : *D. 1996. IR 134.*

La qualité de dirigeant de fait découle de la signature d'effets de complaisance en connaissance de cause pour financer l'activité de la société. • Com. 8 oct. 1996 : *Dr. sociétés 1996, nº 211, obs. Chaput.*

Pour un « contrôleur de gestion » (non judiciairement désigné) ayant dépassé ses fonctions en participant de façon permanente et en toute indépendance aux affaires de la société, V. • Paris, 27 sept. 1994 : *BJS 1994. 1337, note Couret ; Dr. sociétés 1994, nº 192, obs. Chaput.* ♦ Comp., réformant un jugement ayant considéré comme un dirigeant de fait, un constructeur automobile s'étant immiscé dans la gestion d'un concessionnaire : • Toulouse, 30 juin 1997 : *RJDA 1997, nº 1420 ; BJS 1998. 53,* conf. par : • Com. 26 oct. 1999 : *RJDA 1999, nº 1213 ; BJS 2000. 149, note Le Cannu ; Dr. sociétés 2000, nº 58, obs. Chaput.* – V. rapp. Rémery, *RJDA 1999, p. 945.*

En ce sens que des actes relatifs à la gestion d'un établissement secondaire de la société en liquidation judiciaire, en vertu de mandats donnés par le dirigeant de droit, ne permettent pas de retenir la qualité de dirigeant de fait, en l'absence d'une activité positive de gestion de l'ensemble de la personne morale, V. • Com. 13 févr. 2007 : *cité note 32 ; Rev. sociétés 2007. 630, note Saintourens ; Gaz. Pal. 20-21 juill. 2007, p. 57, obs. Montéran (1re esp.).*

8. *Dirigeant décédé.* En cas de décès du dirigeant d'une personne morale, le tribunal de la procédure collective de celle-ci, saisi dans les conditions fixées par l'art. L. 624-5 C. com. et dans le délai d'un an à partir de la date du décès, peut ouvrir le redressement ou la liquidation judiciaires de ce dirigeant, les héritiers étant appelés en la cause. • Com. 21 juin 2005, nº 04-13.850 P : *D. 2005. AJ 1848, obs. Lienhard ; D. 2006. Pan. 87, obs. Le Corre ; JCP E 2005, nº 46, p. 1935, note Maitre ; RPC 2005. 237, obs. Dumont ; APC 2005, nº 196, obs. Saintourens ; Dr. sociétés 2005, nº 177, note Legros ; RJ com. 2005. 440, note Sortais ; JCP 2006. II. 10025, note Labarthette ; Rev. sociétés 2006. 416, note Roussel Galle .* – V. Houot-Thomas, *RPC 2005. 190.* ♦ Une indivision successorale étant dépourvue de la personnalité morale, seule peut être ouverte la procédure collective du dirigeant décédé. • Même arrêt. ♦ Le décès du dirigeant en cours d'instance n'entraîne pas l'extinction de celle-ci qui doit être poursuivie, à son égard, les héritiers étant appelés en la cause. • Com. 21 juin 2005, nº 04-12.281 P : *Rev. sociétés 2006. 146, note Roussel Galle ; Dr. sociétés 2005, nº 176, note Legros.*

9. *Date de prise des fonctions du dirigeant.* Une procédure de liquidation judiciaire peut être ouverte à l'encontre du dirigeant d'une société contre lequel est relevé l'un des faits énumérés à l'art. L. 624-5 C. com. dès lors que ces faits sont antérieurs à l'ouverture de la procédure collective de la société, peu important qu'il ait pris ses fonctions postérieurement à la date de cessation des paiements retenue pour la société. • Com. 17 févr. 2009, nº 07-20.903 P : *D. 2009. AJ 727, obs.*

Lienhard ; Dr. sociétés 2009, n° 81, note Legros ; RLDA 2009, n° 38, p. 21, obs. Guyader ; Gaz. Pal. 26-28 avr. 2009, p. 48, obs. Montéran.

10. Société objet d'un plan de redressement. La décision qui arrête le plan de redressement d'une personne morale ne fait pas obstacle à l'ouverture d'une procédure de redressement ou de liquidation judiciaires à l'égard du dirigeant contre lequel peut être relevé un des faits prévus à l'art. L. 624-5 C. com. ; la constatation d'une insuffisance d'actif n'est donc pas une condition nécessaire à l'exercice de l'action visée par ce texte. • Com. 7 juin 2005, n° 03-11.229 P : *D. 2006. Pan. 87, obs. Le Corre ; JCP E 2005, n° 36, p. 1427, obs. Pétel ; APC 2005, n° 161, obs. Vallansan ; RPC 2005. 236, obs. Dumont ; Rev. sociétés 2005. 906, note Le Corre .*

11. Lorsqu'une société fait l'objet d'un plan de redressement, aucune procédure de redressement ou de liquidation judiciaire ne peut être ouverte à son égard au motif que cette société aurait été le dirigeant de fait d'une autre société soumise à une procédure collective et aurait commis l'un des agissements prévus par l'art. 182 [C. com., art. L. 624-5]. • Com. 5 févr. 2002, n° 98-17.846 P : *JCP E 2002, n° 39, p. 1527, obs. Pétel ; APC 2002, n° 91, obs. Vallansan ; Dr. sociétés 2002, n° 92, note Legros.* – V. Delattre, *APC juin 2002.*

12. Date des faits. Seuls des faits antérieurs au jugement d'ouverture du redressement [ou de la liquidation] judiciaire d'une personne morale peuvent justifier le prononcé du redressement [ou de la liquidation] judiciaire de ses dirigeants sur le fondement de l'art. 182 [C. com., art. L. 624-5]. • Com. 12 oct. 1993, n° 89-18.900 P : *D. 1993. IR 245 ; BJS 1993. 1268, note Pétel* • 28 nov. 2000 : *RJDA 2001, n° 349* • 20 févr. 2001 : *Dr. sociétés 2001, n° 98, note Legros.*

13. Les juges peuvent ne retenir que des faits postérieurs à la décision arrêtant le plan de continuation et antérieurs à celle ouvrant, après la résolution de celui-ci, une nouvelle procédure de redressement judiciaire (V. désormais, art. L. 621-82, al. 1er). • Com. 11 mars 1997, n° 95-10.327 P : *D. Affaires 1997. 481 ; Dr. sociétés 1997, n° 85, obs. Chaput ; BJS 1997. 586, note Le Cannu.*

14. Des faits caractérisant un détournement de clientèle, commis après la démission du dirigeant de fait et postérieurement à la liquidation de la société, alors que ce dirigeant s'était réinstallé en son nom personnel, ne peuvent relever de l'art. 182 [C. com., art. L. 624-5]. • Montpellier, 7 mars 2000 : *APC 2000, n° 222.*

15. Comportements répréhensibles. Les dispositions de l'art. 182 [C. com., art. L. 624-5] (1°) n'exigent pas que soit rapportée la preuve que les actes de disposition ont été accomplis dans l'intérêt personnel du dirigeant ; il suffit que ces actes soient sans commune mesure avec les facultés de la société. • Paris, 7 juill. 1992 : *RJDA 1993, n° 29.* ♦ Entrent ainsi dans le champ d'application de l'art. 182 [C. com., art. L. 624-5] : des prélèvements importants dans la caisse sociale. • Paris, 2 nov. 1988 : *RPC 1989. 595, obs. Chaput.* ♦ ... Des ventes à prix coûtant à la famille du dirigeant de véhicules sociaux et la prise en charge par la société de dépenses personnelles, • Com. 14 oct. 1997 : *BJS 1998. 56.* ♦ ... La vente, à un prix inférieur à sa valeur d'achat, d'un actif immobilier au profit d'une société dans laquelle le dirigeant était intéressé, • Com. 8 janv. 2008 : *Gaz. Pal. 27-29 avr. 2008, p. 44, obs. Montéran.* ♦ ... Des mobilisations de créances fictives et des cessions de créances à des conditions anormalement avantageuses pour le cessionnaire, • Com. 25 nov. 1997 : *BJS 1998. 148.* ♦ ... Des remboursements indus de frais de voyage, • Bourges, 19 oct. 1988 : *ibid.* – V. aussi • Com. 8 déc. 1998 : *BJS 1999. 453, note J.-F. Barbièri.* ♦ Comp., en cas de rémunération modeste : • Com. 19 nov. 1996 : *RJDA 1997, n° 581.* ♦ ... Ou de régularisation dans les comptes sociaux et le patrimoine personnel du dirigeant : • Com. 20 mai 1997 : *Dr. sociétés 1999, n° 6.* ♦ ... Le paiement par la société, sans l'accord du conseil d'administration, de mensualités d'une assurance retraite souscrite par le président, • Com. 8 déc. 1998 : *préc.* ♦ ... Le recel du produit d'escroquerie aux cartes bancaires dérobées à la clientèle. • Paris, 16 oct. 1990 : *D. 1990. IR 267.* ♦ ... La conclusion par un gérant, au profit d'une association dont il est président, de contrats pour lesquels il a fait un usage des biens et du crédit de la société contraire à l'intérêt de cette dernière. • Com. 28 mai 1991 : *BJS 1991. 840, note Jeantin.* ♦ ... L'achat, par la société, d'actifs d'une autre société à la seule fin de permettre à celle-ci de rembourser un prêt cautionné par le dirigeant de la première société. • Com. 4 janv. 2000 : *RJDA 2000, n° 460.* ♦ ... Le virement, sans contrepartie, du compte de la société débitrice à celui d'une autre société dans laquelle le dirigeant a un intérêt direct. • Com. 26 mai 1998, n° 95-13.529 P : *D. 1998. IR 216 ; D. Affaires 1998. 1130, obs. P. P.* ♦ ... Le fait, pour un gérant commun à deux sociétés, d'avoir déclaré la cessation des paiements de l'une d'elles, qui était la maîtresse de ses biens au jour de la déclaration, pour favoriser le règlement de la procédure collective de l'autre. • Com. 1er févr. 2000 : *RJDA 2000, n° 790.* ♦ V. aussi, dans l'hypothèse d'une confusion des patrimoines de sociétés ayant un gérant commun, • Com. 6 juin 2000 : *APC 2000, n° 196.* ♦ ... La mise en place d'un montage juridique masquant la situation réelle du groupe, dont les dirigeants ont retiré des avantages financiers au détriment du groupe et des petits actionnaires, poursuivant une exploitation déficitaire qui ne pouvait conduire qu'à la cessation des paiements. • Versailles, 4 mai 1995 : *BJS 1995. 788, note Couret.* – V. aussi • Com. 5 mars 2002 : *APC 2002, n° 119* • Versailles, 28 oct. 1999 : *RJDA 2000, n° 74.* ♦ ... La rupture, par un gérant, d'un contrat de location-gérance à seule fin de pouvoir céder son fonds dans de bonnes conditions. • Grenoble, 23 nov. 1995 : *Dr. sociétés 1997, n° 88.* ♦ ... Le gérant qui a engagé l'EURL dans des travaux d'aménagement d'un local qu'il envisageait d'acquérir pour lui-même. • Rennes, 8 janv. 1992 : *Dr. sociétés 1992, n° 226, obs. Chaput.*

Sur les conditions d'application de l'art. L. 624-5 (3°), V. • Com. 3 avr. 2001 : *RJDA 2001, n° 716 ; APC 2001, n° 113.* ♦ Pour un exemple d'application de ce texte, à propos de la présentation de nombreuses lettres de change non causées, tirées sur des tierces personnes non averties, faits qui pouvaient exposer la société et son dirigeant au risque anormal de poursuites pénales et fiscales et porter atteinte au crédit et à la réputation de la société, V. • Com. 21 juin 2005 : *préc. note 8 (2e arrêt).* ♦ Pour des cas de poursuite abusive d'exploitation, V. • Com. 12 juin 2001 : *RJDA 2001, n° 1238* • Paris, 8 oct. 1991 : *BJS 1991. 1139* • 9 juill. 1993 : *Gaz. Pal. 1994. 1. 21, note Marchi.*

Le redressement judiciaire doit être étendu au dirigeant qui, malgré une procédure d'alerte déclenchée par le commissaire aux comptes, a maintenu une activité déficitaire. • Pau, 23 mai 1995 : *Dr. sociétés 1996, n° 6, obs. Chaput.*

Seul un fait positif de poursuite abusive d'une exploitation déficitaire peut être retenu à l'encontre d'un dirigeant. • Com. 25 juin 1996 : *BJS 1996. 1063, note Daigre.*

Constitue un intérêt personnel, au sens de l'art. 182 [C. com., art. L. 624-5] (4°), le seul fait, pour des dirigeants, de poursuivre abusivement l'exploitation d'une société en vue de retarder la mise en œuvre des garanties personnelles qu'ils ont consenties aux créanciers sociaux. • Com. 8 oct. 1996 : *RJDA 1997, n° 134.* ♦ L'intérêt personnel poursuivi par le dirigeant est caractérisé lorsque celui-ci a pris soin de régler le passif social qu'il garantissait par préférence aux autres charges courantes qui, elles, sont demeurées impayées. • Com. 27 oct. 1998 : *RJDA 1999, n° 450.* – Rappr. : • Paris, 11 févr. 2000 : *RPC 2001. 111, obs. Barret.* ♦ Sur la caractérisation de l'intérêt personnel, V. aussi • Com. 14 janv. 1997 : *RJDA 1997, n° 582* • 23 janv. 2001 : *RPC 2002. 115, obs. Barret* • 15 mars 2005 : *Gaz. Pal. 6-7 juill. 2005, p. 50, obs. Montéran.*

Pour une exonération des dirigeants sociaux justifiée, par l'attitude des pouvoirs publics, qui ont soutenu la poursuite d'activité de la société débitrice, dans un but économique et politique, V. • Bourges, 3 mai 2000 : *APC 2000, n° 223.* ♦ ... Par la mise en œuvre par le dirigeant de moyens financiers destinés à redresser la situation, V. • Bordeaux, 7 janv. 2003 : *Cah. jurispr. Aquitaine 2003, n° 2, p. 321.*

16. Le juge, qui fait application de l'art. 182 [C. com., art. L. 624-5] (4°), n'est pas tenu par la date de cessation des paiements judiciairement fixée. • Paris, 10 juin 1994 : *D. 1994. IR 188.*

17. Le fait, pour un dirigeant d'association, d'avoir repris dans celle-ci, à la faveur d'une clause nulle d'actualisation du montant nominal de ses apports en numéraire, autre chose que ce qu'il y avait apporté, démontre qu'il a perçu de manière illicite des fonds constituant des actifs de l'association, ce qui révèle un détournement d'actif au sens de l'art. L. 624-5 (6°) C. com. • Com. 5 juill. 2005, n° 02-10.233 P : *D. 2005. AJ 2219, obs. Lienhard ; Dr. sociétés 2005, n° 172, note F.-X. Lucas ; RTD com. 2005. 783, obs. Grosclaude ; RPC 2006. 83, obs. A. Barret ; Rev. sociétés 2006. 182, note Sortais.* ♦ Constitue le grief défini à l'art. 182 [C. com., art. L. 624-5] (6°) le fait de donner le fonds de commerce, seul élément d'actif, en location-gérance à un administrateur, avec clause de préemption, à une époque où la société était déjà en cessation des paiements. • Paris, 21 oct. 1994 : *Dr. sociétés 1995, n° 31, obs. Chaput.*

18. En revanche, il ne suffit pas de constater qu'un dirigeant de fait d'une société a sous-traité à son propre bureau d'études des activités sociales, dès lors qu'il n'a pas masqué ses agissements sous le couvert de la société qu'il dirigeait, ni fait des biens de la société un usage contraire à l'intérêt de celle-ci. • Paris, 16 déc. 1987 : *Gaz. Pal. 1988. 1. Somm. 209 ; RPC 1989. 81, obs. Chaput.* ♦ V. aussi, lorsque les actes en question (travaux sur propriété personnelle) ont été faits ostensiblement au nom de leur destinataire réel, • Com. 28 mars 1995, n° 92-17.452 P : *D. 1995. IR 107 ; Dr. sociétés 1995, n° 140, obs. Chaput.* ♦ De même, l'importance du passif constitué pendant la gestion d'une personne morale n'est pas, en elle-même, l'un des faits visés aux art. 182 et 189 [C. com., art. L. 624-5 et L. 625-5]. • Paris, 4 juin 1992 : *BJS 1992. 959.*

19. La mauvaise foi n'est pas une condition exigée par l'art. 182 [C. com., art. L. 624-5] (5°). • Com. 27 oct. 1998 : *D. Affaires 1998. 2020.* – V. aussi • Bourges, 12 juin 2001 : *APC 2001, n° 255.*

La remise lacunaire ou tardive des pièces comptables au mandataire liquidateur ne suffit pas à justifier la condamnation du gérant d'une SARL en liquidation judiciaire, en application de l'art. 182 [C. com., art. L. 624-5] (5°). • Paris, 16 avr. 1999 : *RJDA 1999, n° 979.* ♦ *Contra*, ayant condamné un dirigeant qui avait remis, dans la semaine de la liquidation judiciaire, les documents comptables de l'exercice précédent, au motif que le respect des obligations comptables ne s'apprécie pas postérieurement à la liquidation judiciaire, mais au cours de la période d'activité de l'entreprise : • Amiens, 19 nov. 1998 : *RPC 1999. 236, obs. Bach.* ♦ La non-remise au mandataire judiciaire de la comptabilité équivaut à l'absence de toute comptabilité. Il s'agit, néanmoins, d'une présomption simple et le dirigeant peut, à tout moment de la procédure, tenter d'expliquer les raisons pour lesquelles il n'a pas été à même de présenter la comptabilité. • Paris, 9 juin 1998 : *RPC 1999. 236, obs. Bach.* – V. aussi • Com. 14 janv. 2004 : *RPC 2005. 155, obs. A. Barret.*

Avant la loi du 10 juin 1994, l'absence de livre journal et de livre d'inventaire, n'équivalant pas à l'absence de toute comptabilité, n'entrait pas dans le champ d'application de l'art. 182. • Paris, 19 mars 1993 : *RJDA 1993, n° 801.* – V. aussi : • Com. 8 déc. 1998 : *APC 1999, n° 28* (absence de mise à jour du livre d'inventaire) • 3 avr. 2001 : *APC 2001, n° 113* (absence de provisions pour créances irrécouvrables). ♦ Comp., désormais, depuis la loi du 10 juin 1994, art. L. 624-5 (7°). ♦ Pour l'entrée en vigueur de cette loi, V. note ss. art. L. 620-1. ♦ Pour des applications de l'art. 182 [C. com., art. L. 624-5] (7°), V. • Com. 17 sept. 2002 : *RJDA 2002, n° 1307 ; Dr. sociétés 2003, n° 90, note Legros* (application à un dirigeant de fait) • Paris, 28 avr. 2000 : *Dr. sociétés 2000, n° 137, obs. Chaput.*

Sur la charge de la preuve pesant sur l'autorité de poursuite, V. • Com. 23 nov. 2004 : *Dr. sociétés 2005, n° 90, note Legros.*

20. Caractère facultatif de la sanction. Il résulte expressément de l'art. 182 [C. com., art. L. 624-5] qu'à supposer même que ses conditions d'application soient réunies, cette sanction commerciale n'est que facultative. • Rennes, 6 sept. 2000 : *RPC 2001. 108, obs. Barret. – Contra :* • Bourges, 12 juin 2001 : *préc. note 19.*

21. Application cumulative des art. L. 624-3 et L. 624-5. Une même décision judiciaire ne peut à la fois condamner le dirigeant d'une personne morale en redressement judiciaire à supporter l'insuffisance d'actif et prononcer à son égard le redressement judiciaire en vertu de l'art. 182 [C. com., art. L. 624-5]. • Com. 17 nov. 1992, n° 90-20.299 P : *Rev. sociétés 1993. 445, note Chaput* • 5 févr. 2002 : *RJDA 2002, n° 537 ; Dr. sociétés 2002, n° 193, note Legros.*

22. Cumul avec une interdiction de gérer. Pour la compatibilité de l'action de l'art. L. 624-5 et de l'action tendant au prononcé d'une interdiction de gérer, V. • Com. 17 déc. 2003 : *RJDA 2004, n° 459 ; RPC 2005. 153, obs. A. Barret.*

23. Cumul avec une condamnation pour banqueroute. V. • Com. 4 avr. 2006 : *Dr. sociétés 2007, n° 29, note Legros.*

24. Effets de la confusion des patrimoines. BIBL. Le Corre, *D. 2002. Chron. 1122* (sort des créances). ♦ Dès lors que la liquidation judiciaire d'une société a été étendue à son dirigeant avec passif commun, le privilège général sur les immeubles, dans lequel le Fonds national de garantie des salaires est subrogé, s'exerce sur l'ensemble des deux patrimoines et ce superprivilège, né au titre de la personne morale, est opposable aux créanciers du dirigeant, sans qu'il y ait lieu à publicité préalable. • Com. 6 févr. 1996, n° 93-10.333 P : *D. 1996. IR 75 ; JCP E 1996. I. 584, n° 19, obs. crit. Pétel.*

25. Les créanciers admis au passif de la personne morale n'ont pas à déclarer leur créance dans la procédure collective du dirigeant dès lors que c'est par l'effet de la loi et du seul fait de l'ouverture du redressement judiciaire du dirigeant que le passif de celui-ci comprend, outre ses dettes personnelles, celles de la personne morale. • Com. 17 févr. 1998, n° 95-21.569 P : *D. 1998. IR 90 ; JCP E 1998, n° 37, p. 1401, obs. Pétel* • 12 oct. 1999 : *JCP E 2000, n° 9, p. 366, rapp. Rémery ; RJDA 1999, n° 1369.* ♦ La déclaration de créance à la procédure collective du dirigeant est inutile et ne peut en aucun cas ouvrir une procédure contradictoire d'admission sur contestation devant le juge-commissaire. • Grenoble, 12 déc. 2002 : *JCP E 2003, n° 30, p. 1219.* ♦ Toutefois, l'extension au dirigeant d'une société, sur le fondement de l'art. L. 624-5 C. com., de la procédure collective ouverte à l'égard de cette société, si elle a pour conséquence de mettre à la charge du dirigeant le passif social, n'a pas d'incidence sur les créances qui résultent des infractions dont celui-ci s'est rendu coupable et qui, faute d'avoir été déclarées dans la procédure suivie contre lui, sont éteintes. • Crim. 10 mai 2007, n° 06-84.419 P : *D. 2007. AJ 1788, obs. Lienhard ; Gaz. Pal. 20-21 juill. 2007, p. 61, obs. Robaczewski.* ♦ La vérification des créances composant le passif de la personne morale relève des organes de la procédure collective de celle-ci et non de ceux de la procédure collective du dirigeant. • Com. 15 févr. 2000 : *RJDA 2000, n° 707.*

Il résulte de l'art. 182 [C. com., art. L. 624-5], al. 2, qu'il doit être tenu compte des droits de préférence des créanciers privilégiés de la personne morale dans la procédure collective ouverte à l'égard du dirigeant. • Com. 2 mars 1999, n° 95-19.917 P : *D. 1999. Somm. 301, obs. Piedelièvre ; JCP 1999. I. 158, n° 16, obs. Delebecque ; JCP E 1999, n° 39, p. 1536, obs. Cabrillac ; BJS 1999. 856, note Sénéchal ; RPC 1999. 237, obs. Bach ; RTD civ. 1999. 436, obs. Crocq ; LPA 23 mars 2000, p. 14, note Honorat et Henry ; APC 1999, n° 85, obs. Vallansan.*

Si, selon l'art. L. 624-5 C. com., en cas de redressement ou liquidation judiciaires prononcé en application de ce texte, le passif du dirigeant comprend, outre son passif personnel, celui de la personne morale, les créances admises dans la procédure collective de la personne morale et qui ont fait l'objet d'une réclamation de la part du dirigeant, dans les conditions fixées à l'art. 103 de la loi du 25 janv. 1985, ne sont comprises de plein droit dans la procédure collective du dirigeant que dans les termes de la décision rendue sur cette réclamation. • Com. 4 avr. 2006, n° 05-12.248 P : *D. 2006. AJ 1167, obs. Lienhard ; Dr. sociétés 2006, n° 124, note Legros ; RTD. com. 2006. 660, obs. Martin-Serf.*

Le dirigeant de fait mis en redressement judiciaire après l'expiration du délai de recours de l'art. 103 de la loi du 25 janv. 1985 ne saurait se trouver privé d'un recours effectif au juge pour discuter du passif de la personne morale mis à sa charge. • Com. 22 nov. 2011, n° 10-25.096 P : *D. 2011. Actu. 2927, obs. Lienhard ; APC 2011, n° 317, obs. Cagnoli ; LEDEN 1/2012. 2, obs.*

Laroche ; BJS 2012. 236, note Le Corre ; RJDA 2012, n° 324 ; Dr. sociétés 2012, n° 129, note Legros.

26. En décidant que le passif du dirigeant comprendrait outre son passif personnel et celui d'une première société, mis à sa charge par un précédent jugement, celui d'une seconde société, sans prononcer le redressement judiciaire du dirigeant en tant que dirigeant de fait de cette société, au motif qu'il avait été antérieurement mis en redressement judiciaire en qualité de dirigeant de droit de la première société, une cour d'appel viole l'art. 182 de la loi du 25 janv. 1985 [C. com., art. L. 624-5] et l'art. 166 du décret du 27 déc. 1985 (dans sa rédaction antérieure au décret du 21 oct. 1994). • Com. 26 mai 1998 : *préc. note 15.* – Dans le même sens, V. • Com. 17 déc. 2003 : *RJDA 2004, n° 602.*

27. L'art. 182 [C. com., art. L. 624-5] prévoyant que la procédure collective du dirigeant comprend, outre le passif personnel, celui de la personne morale, il appartient au débiteur, qui critique le jugement convertissant en liquidation la procédure de redressement judiciaire, de justifier de la possibilité de présentation d'un plan de redressement permettant de procéder à l'apurement des deux passifs confondus. • Amiens, 19 févr. 1998 : *Gaz. Pal. 2000. Somm. 2207, obs. Canet.*

28. *Prescription.* La prescription de l'action prévue par l'art. L. 624-5 C. com. commence à courir à la date du jugement prononçant la liquidation judiciaire de la société (et non à compter du jour où cette décision est passée en force de chose jugée). • Com. 13 mai 2003, n° 00-16.247 P : *D. 2003. AJ 1564 ; JCP E 2003, n° 41, p. 1630, note Legros ; BJS 2003. 907, note Pétel ; RTD com. 2003. 823, obs. Vallens ; RPC 2004. 269, obs. Dumont.* ♦ S'agissant de faits commis par le dirigeant, postérieurement au jugement arrêtant le plan de continuation, pendant l'exécution de celui-ci, la prescription court du jugement qui, après résolution du plan, et ouverture d'une nouvelle procédure collective, ordonne la cession de l'entreprise ou sa liquidation (à propos de l'anc. art. 80, al. 1er). • Com. 22 avr. 1997, n° 95-12.037 P : *D. 1997. IR 135 ; D. Affaires 1997. 704.* ♦ V. aussi note 63 ss. art. L. 651-2. ♦ La prescription étant acquise à la date de résolution du plan de cession, la résolution n'a pas eu pour effet de faire courir un nouveau délai pour les faits commis antérieurement au jugement d'arrêté de ce plan. • Com. 5 mars 2002 : *RPC 2003. 337, obs. Barret.*

29. *Rapport avec l'action civile en cas d'abus de biens sociaux.* La condamnation d'un dirigeant au paiement de dommages-intérêts à la suite d'un abus de biens sociaux n'interdit pas l'ouverture à son encontre d'une procédure collective sur le fondement de l'art. L. 624-5, I, al. 3, C. com. • Com. 4 janv. 2005 : *Dr. sociétés 2005, n° 68, note Legros ; RJDA 2005, n° 606 ; Gaz. Pal. 29-30 avr. 2005, p. 53, obs. Montéran ; RPC 2006. 82, obs. A. Barret.*

30. *Droit transitoire.* Selon l'art. 192 de la loi du 26 juill. 2005, les procédures ouvertes en vertu de l'art. L. 624-5 C. com., dans sa rédaction antérieure à cette loi, ne sont pas affectées par son entrée en vigueur ; il s'ensuit que la procédure de redressement ou de liquidation judiciaires ouverte, à titre de sanction, contre un dirigeant social par une décision prononcée antérieurement au 1er janv. 2006, fût-elle frappée de voies de recours, continue d'être régie par les dispositions de l'art. L. 624-5 C. com. dans sa rédaction antérieure à la loi précitée, peu important que l'exécution provisoire ait été, le cas échéant, arrêtée. • Com. 4 janv. 2006, n° 04-19.868 P : *D. 2007. Chron. C. Cass. 1303, obs. Bélaval ; D. 2006. AJ 142, obs. Lienhard ; JCP E 2006, n° 14-15, p. 675, note Legros ; APC 2006, n° 20, obs. Regnaut-Moutier ; RJ com. 2006. 55, note Sortais ; Gaz. Pal. 30 avr.-4 mai 2006, p. 52, obs. Montéran* • 27 nov. 2007 : *Procédures 2008, n° 18, obs. Rolland ; Dr. sociétés 2008, n° 30, note Legros ; Gaz. Pal. 23-24 janv. 2008, p. 73, obs. Montéran.* ♦ V. aussi, en cas de décès de la personne poursuivie, • Agen, 12 juill. 2006 : *BICC 2006, n° 2173.*

31. Il résulte de la combinaison des art. 190 et 192 de la loi du 26 juill. 2005 que les instances engagées aux fins d'ouverture d'une procédure collective à l'égard des dirigeants des personnes morales sur le fondement des art. L. 624-5 et L. 624-6 C. com. dans leur rédaction antérieure à cette loi peuvent être poursuivies si la procédure de redressement ou de liquidation judiciaire a été ouverte avant le 1er janv. 2006, peu important le mode de saisine du tribunal. • Com. 16 mai 2006, n° 05-16.668 P : *D. 2007. Chron. C. Cass. 1303, obs. Bélaval ; D. 2006. AJ 1449, obs. Lienhard ; Dr. sociétés 2007, n° 48, note Legros.*

32. Il résulte de la combinaison des art. 190 à 192 de la loi du 26 juill. 2005 que les instances aux fins de sanction engagées à l'égard des dirigeants des personnes morales sur le fondement de l'art. L. 624-5 C. com., dans sa rédaction antérieure à cette loi, ne peuvent plus être poursuivies si la procédure de redressement ou de liquidation judiciaires n'a pas été ouverte avant le 1er janv. 2006. • Com. 7 mars 2006, n° 04-20.252 P : *D. 2007. Chron. C. Cass. 1303, obs. Bélaval ; D. 2006. AJ 856, obs. Lienhard ; APC 2006, n° 95, obs. Regnaut-Moutier ; Dr. sociétés 2006, n° 88, note Legros ; JCP E 2006, n° 37, p. 1530, obs. Pétel* • 30 mai 2006 : *Gaz. Pal. 6-7 oct. 2006, p. 37, obs. Montéran.* ♦ Le dirigeant ayant été remis à la tête de ses biens avant cette date, jour de l'entrée en vigueur de la loi du 26 juill. 2005, est devenu sans objet le pourvoi formé par le liquidateur contre l'arrêt de cour d'appel ayant infirmé les décisions ouvrant un redressement judiciaire, puis prononçant une liquidation judiciaire contre ce dirigeant. • Com. 7 mars 2006 : *préc.* ♦ V. aussi • Com. 30 janv. 2007 : *Dr. sociétés 2007, n° 115, note Legros* • 13 févr. 2007, n° 05-20.126 P : *D. 2007. Chron. C. Cass. 1303, obs. Bélaval ; ibid.*

AJ 731, obs. Lienhard ; *Dr. sociétés 2007, n° 95, note Legros* ; *BJS 2007. 697, note Lecourt.*

33. L'abrogation, avec effet immédiat, de la sanction prévue par l'art. L. 624-5 C. com. ne prive pas la personne morale débitrice elle-même d'une espérance légitime de créance, pouvant présenter le caractère d'un bien au sens de l'art. 1er, § 1, du protocole additionnel à la Conv. EDH. • Com. 17 mai 2011 : *cité note 6 ss. art. L. 652-1.*

34. V. aussi notes 2 et 5 ss. art. L. 652-1.

Ancien art. L. 624-6 *Dans les cas prévus aux articles L. 624-3 à L. 624-5, le tribunal se saisit d'office ou est saisi par l'administrateur, le représentant des créanciers, le commissaire à l'exécution du plan, le liquidateur ou le procureur de la République. – [L. n° 85-98 du 25 janv. 1985, art. 183.] – V. Décr. n° 85-1388 du 27 déc. 1985, art. 164.*

Droit transitoire. V. notes 1 et 2 ss. nouvel art. L. 651-3.

Ancien art. L. 624-7 *Pour l'application des dispositions des articles L. 624-3 à L. 624-5, d'office ou à la demande de l'une des personnes mentionnées à l'article L. 624-6 le tribunal peut charger le juge-commissaire ou, à défaut, un membre de la juridiction qu'il désigne d'obtenir, nonobstant toute disposition législative contraire, communication de tout document ou information sur la situation patrimoniale des dirigeants personnes physiques ou morales ainsi que des personnes physiques représentants permanents des dirigeants personnes morales mentionnées à l'article L. 624-2 de la part des administrations et organismes publics, des organismes de prévoyance et de sécurité sociales [sociale] et des établissements de crédit. – [L. n° 85-98 du 25 janv. 1985, art. 184.] – V. Décr. n° 85-1388 du 27 déc. 1985, art. 164.*

CHAPITRE V *[ANCIEN]* DE LA FAILLITE PERSONNELLE ET DES AUTRES MESURES D'INTERDICTION

BIBL. GÉN. ▸ Sur la réforme du 10 juin 1994 : HAEHL, *LPA 14 sept. 1994, p. 22.* - CHAPUT, *RPC 1994. 523.*

Ancien art. L. 625-1 *Lorsqu'une procédure de redressement judiciaire ou de liquidation judiciaire est ouverte, les dispositions du présent chapitre sont applicables :*

1° Aux personnes physiques exerçant la profession de commerçant, d'agriculteur ou immatriculées au répertoire des métiers ;

2° Aux personnes physiques, dirigeants de droit ou de fait de personnes morales ayant une activité économique ;

3° Aux personnes physiques, représentants permanents de personnes morales, dirigeants des personnes morales définies au 2° ci-dessus. – [L. n° 85-98 du 25 janv. 1985, art. 185.]

Ancien art. L. 625-2 *La faillite personnelle emporte interdiction de diriger, gérer, administrer ou contrôler, directement ou indirectement, toute entreprise commerciale ou artisanale, toute exploitation agricole et toute personne morale ayant une activité économique.*

Elle entraîne également les interdictions et déchéances applicables aux personnes qui étaient déclarées en état de faillite au sens donné à ce terme antérieurement au 1er janvier 1968. – [L. n° 85-98 du 25 janv. 1985, art. 186.]

Ancien art. L. 625-3 *A toute époque de la procédure, le tribunal peut prononcer la faillite personnelle de toute personne physique commerçante, de tout agriculteur ou de toute personne immatriculée au répertoire des métiers contre lequel a été relevé l'un des faits ci-après :*

1° Avoir poursuivi abusivement une exploitation déficitaire qui ne pouvait conduire qu'à la cessation des paiements ;

2° Avoir omis de tenir une comptabilité conformément aux dispositions légales ou fait disparaître tout ou partie des documents comptables ;

3° Avoir détourné ou dissimulé tout ou partie de l'actif ou frauduleusement augmenté son passif. – [L. n° 85-98 du 25 janv. 1985, art. 187.] – V. Décr. n° 85-1388 du 27 déc. 1985, art. 169.

Ancien art. L. 625-4 *A toute époque de la procédure, le tribunal peut prononcer la faillite personnelle de tout dirigeant, de droit ou de fait, rémunéré ou non, d'une personne morale qui a commis l'un des actes mentionnés à l'article L. 624-5. – [L. n° 85-98 du 25 janv. 1985, art. 188.] – V. Décr. n° 85-1388 du 27 déc. 1985, art. 169.*

1. Délai pour prononcer la décision. V. note 12 ss. art. L. 653-1 nouv.

2. Dirigeants de droit. L'ancien président-directeur général devenu président du conseil de surveillance, n'ayant plus qualité pour déclarer la cessation des paiements, ne peut faire l'objet d'une interdiction de diriger. • Paris, 9 juin 1995 : *JCP E 1996. I. 541, n° 10, obs. Viandier et Caussain ;*

Dr. sociétés 1995, n° 214, obs. Chaput. ♦ De même, la faillite personnelle ne peut être prononcée contre un gérant pour des faits postérieurs à sa démission. • Com. 14 janv. 1997 : *RJDA 1997, n° 580.* ♦ V. aussi • Paris, 9 mars 1999 : *RJDA 1999, n° 705.*

Un dirigeant de droit, au sens de l'art. 188 [C. com., art. L. 625-4], ne peut, pour se soustraire à l'application de ce texte, prétendre n'avoir été que le prête-nom du dirigeant de fait de la société. • Com. 12 nov. 1991, n° 89-20.496 P : *D. 1992. IR 39.* – Dans le même sens, V. • Paris, 21 déc. 2001 : *Dr. sociétés 2003, n° 10, note Legros.*

Pour la condamnation à la faillite personnelle d'un liquidateur amiable, V. • Bordeaux, 22 juin 1999 : *Cah. jurispr. Aquitaine 2000. 96.*

3. Dirigeants de fait. **BIBL.** V. note16 s. ss. art. L. 651-2. nouv. ♦ En droit, la qualification de dirigeant de fait d'une société se caractérise par l'exercice, en toute souveraineté et indépendance, d'activités positives de gestion et de direction engageant celle-ci. • Paris, 16 déc. 1997 : *D. 1998. IR 44 ; BJS 1998. 369.* ♦ Le seul fait de détenir la signature sociale, pour une durée de quelques mois, ne suffit pas, faute de démontrer l'existence d'autres éléments positifs de gestion et de direction, à caractériser la qualité de gérant de fait. • Même arrêt. ♦ V. aussi, pour un salarié qui disposait de la signature bancaire et avait discuté avec l'administration fiscale afin d'obtenir un moratoire et la mainlevée d'un avis à tiers détenteur, • Com. 13 févr. 2007 : *Dr. sociétés 2007, n° 194, note Legros.* ♦ La qualité de gérant de fait ne peut être déduite de la seule fictivité du contrat de travail de l'intéressé : • Com. 24 mai 2005 : *Dr. sociétés 2005, n° 195, note Legros (2e esp.).* ♦ La qualité d'associé, même majoritaire, n'implique pas, en elle-même, une participation effective à la gestion sociale et n'emporte pas nécessairement la qualité de dirigeant de fait. • Paris, 19 sept. 1995 : *BRDA 1995, n° 20, p. 5.* ♦ De même, la possession par un salarié de près du quart du capital d'une société, comme la souscription par lui d'un engagement de caution au bénéfice d'un créancier de cette société, à la bonne marche de laquelle il était intéressé en raison même de sa participation au capital, ne sont pas des éléments suffisants pour établir, à eux seuls, sa qualité de gérant de fait. • Paris, 19 janv. 1996 : *D. Affaires 1996. 245.* ♦ En revanche, la qualité de gérant de fait a été retenue à l'égard de l'époux de la gérante de droit d'une SARL, titulaire d'une procuration permettant d'engager la société, caution de celle-ci, et qui avait mis à sa disposition un compte courant d'associé. • Paris, 6 févr. 1996 : *D. Affaires 1996. 527.*

4. Condamnation antérieure. Le titulaire de plusieurs mandats sociaux peut faire l'objet d'une sanction de faillite personnelle en qualité de dirigeant de chacune des personnes morales dans laquelle il exerce son mandat ; il peut donc être condamné en qualité de gérant d'une société à responsabilité limitée, même s'il a auparavant fait l'objet d'une mesure identique en tant que dirigeant d'une autre société. • Versailles, 14 nov. 1996 : *RJDA 1997, n° 283.*

5. Comportements répréhensibles. Seuls des faits antérieurs au jugement d'ouverture de la procédure collective peuvent justifier le prononcé de la faillite personnelle. • Com. 17 oct. 2000 : *APC 2000, n° 252 ; LPA 30 mai 2001, p. 27, note Gibirila* • 28 avr. 2009 : *APC 2009, n° 162, obs. Vallansan.* ♦ La faillite personnelle du dirigeant ne peut être prononcée que si celui-ci a commis l'un des actes mentionnés à l'art. 182 [C. com., art. L. 624-5], et non en raison d'un des faits prévus à l'art. 187 [C. com., art. L. 625-3]. • Com. 17 nov. 1992, n° 90-20.299 P : *D. 1992. IR 277.*

Le défaut de remise de la comptabilité ou de la liste des créanciers et des dettes de la société n'est pas un fait de nature à justifier le prononcé de la faillite personnelle. • Com. 27 févr. 2007, n° 05-21.795 P : *D. 2007. AJ 1021, obs. Lienhard ; Dr. sociétés 2007, n° 133, note Legros ; Gaz. Pal. 20-21 juill. 2007, p. 59, obs. Montéran ; JCP E 2007. 2401, note Delattre.* ♦ Comp., désormais : art. L. 653-5, 5°, dans sa réd. issue de L. n° 2005-845 du 26 juill. 2005.

Avant la loi du 10 juin 1994, la tenue d'une comptabilité irrégulière ne figurait pas parmi les faits qui pouvaient être sanctionnés, l'art. 188 [C. com., art. L. 625-4], qui renvoie à l'art. 182 [C. com., art. L. 624-5], retenant seulement le cas où le dirigeant a fait disparaître les documents comptables ou s'est abstenu de tenir une comptabilité. • Paris, 13 juin 1989 : *D. 1989. IR 211* • 29 oct. 1991 : *D. 1992. IR 54* • 28 mars 1995, n° 92-17.452 P : *D. 1995. IR 107.* ♦ Le seul défaut de mise à jour était distinct de l'absence totale de comptabilité qui seule pouvait motiver une interdiction professionnelle. • Paris, 29 mai 1990 : *D. 1990. IR 162.* ♦ Comp., désormais : art. L. 624-5 (7°), dans sa réd. issue de la L. n° 94-475 du 10 juin 1994. ♦ Pour la condamnation, sur le fondement de ce texte, d'un gérant de fait, V. • Com. 3 oct. 2006 : *APC 2006, n° 239, obs. Vallansan.* ♦ A défaut de remise au mandataire-liquidateur des documents légaux, l'attestation d'un cabinet d'expert-comptable produite par le gérant ne suffit pas à établir que les exigences légales en matière de comptabilité ont été remplies. • Paris, 3 juill. 2008 : *JCP E 2008. 2334, note Delattre.*

V., désormais : art. L. 653-5, 6°, dans sa réd. issue de la L. n° 2005-845 du 26 juill. 2005.

V. aussi notes 15 à 19 ss. anc. art. L. 624-5.

6. Sanctions. Sur le caractère facultatif de la sanction, V. • Com. 11 juill. 2006 : *Gaz. Pal. 6-7 oct. 2006, p. 41, obs. Montéran.*

7. Prescription. Les actions en matière de sanctions personnelles restent soumises à la prescription de droit commun, l'art. 188 [C. com., anc. art. L. 625-4] ne faisant référence aux dispositions de l'art. 182 [C. com., anc. art. L. 624-5] que pour la définition de certains cas d'application de la faillite personnelle. • Paris, 30 avr. 1993 : *D. 1993. IR 158.* ♦ Comp., désormais : art. L. 653-1, II, dans sa réd. issue de L. n° 2005-845 du 26 juill. 2005, prévoyant une prescription de trois ans à compter du jugement d'ouverture.

8. Droit transitoire. Il résulte des art. 190 et 191 de la loi du 26 juill. 2005 de sauvegarde des entreprises que le chapitre III du titre V du livre VI C. com. dans sa nouvelle rédaction, relatif à la faillite personnelle et aux autres mesures d'interdiction, à l'exception de ses art. L. 653-7 et L. 653-11, n'est pas applicable aux procédures collectives en cours au 1er janv. 2006. • Com. 4 avr. 2006, n° 04-19.637 P : *D. 2007. Chron. C. Cass. 1303, obs. Bélaval ; D. 2006. AJ 1107, obs. Lienhard ; APC 2006, n° 95, obs. Regnaut-Moutier ; Dr. sociétés 2006, n° 123, note Legros ; RPC 2007. 93, obs. O. Barret.* ♦ Il s'ensuit que l'art. L. 624-5 C. com. dans sa rédaction antérieure à la loi du 26 juill. 2005, auquel renvoie l'art. L. 625-4, bien qu'abrogé par cette loi, peut encore servir de fondement au prononcé d'une mesure de faillite personnelle ou d'interdiction de gérer contre le dirigeant d'une personne morale soumise à une procédure collective en cours au 1er janv. 2006, ayant commis l'un des actes qui y sont mentionnés. • Même arrêt. ♦ Dans le même sens, V. • Com. 4 mars 2008 : *Dr. sociétés 2008, n° 99, note Legros.*

Ancien art. L. 625-5 *A toute époque de la procédure, le tribunal peut prononcer la faillite personnelle de toute personne mentionnée à l'article L. 625-1 contre laquelle a été relevé l'un des faits ci-après :*

1° Avoir exercé une activité commerciale, artisanale ou agricole ou une fonction de direction ou d'administration d'une personne morale contrairement à une interdiction prévue par la loi ;

2° Avoir, dans l'intention d'éviter ou de retarder l'ouverture de la procédure de redressement judiciaire ou de liquidation judiciaire, fait des achats en vue d'une revente au-dessous du cours ou employé des moyens ruineux pour se procurer des fonds ;

3° Avoir souscrit, pour le compte d'autrui, sans contrepartie, des engagements jugés trop importants au moment de leur conclusion, eu égard à la situation de l'entreprise ou de la personne morale ;

4° Avoir payé ou fait payer, après cessation des paiements et en connaissance de cause de celle-ci, un créancier au préjudice des autres créanciers ;

5° Avoir omis de faire, dans le délai de quinze jours, la déclaration de l'état de cessation de paiements. – [L. n° 85-98 du 25 janv. 1985, art. 189.] – V. Décr. n° 85-1388 du 27 déc. 1985, art. 169.

1. Déclaration tardive de l'état de cessation des paiements. L'obligation de déclarer l'état de cessation de paiements de la société pèse sur le dirigeant de fait (alors même qu'il n'est pas le représentant légal ou n'a pas reçu pouvoir spécial pour déclarer la cessation de paiements de la société). • Com. 6 janv. 1998, n° 95-18.478 P : *D. Affaires 1998. 158, obs. A. L. ; BJS 1998. 370, note Routier ; JCP 1998. II. 10068, note Daigre.* ♦ Sur cette question, V. Cunha, *RPC 2006. 24.* ♦ A défaut d'être un dirigeant de fait, la non-déclaration ne peut être imputée à un administrateur. • Paris, 25 oct. 1996 : *Dr. sociétés 1998, n° 5, obs. Chaput.*

Les membres du conseil d'administration qui n'allèguent pas avoir agi au sein du conseil en vue de la déclaration de cessation des paiements entrent dans le champ d'application des art. 189 [C. com., art. L. 625-5] (5) et 192 [C. com., art. L. 625-8]. • Com. 9 juin 1992 : *Dr. sociétés 1992, n° 203, obs. Chaput* • 7 juill. 1998 : *D. Affaires 1998. 1536, obs. A. L. ; BJS 1998. 1297, note Le Cannu.* – V. aussi • Com. 16 févr. 1999 : *Dr. sociétés 1999, n° 55, obs. Chaput ; RJDA 1999, n° 451 ; BJS 1999. 774, note P. S.* ♦ Le directeur général d'une société, par ailleurs professionnel de l'exercice comptable et fiscal, ne peut prétendre être exonéré de son obligation de déclarer l'état de cessation des paiements dans le délai légal en se retranchant derrière la volonté des associés. • Paris, 6 nov. 1998 : *RPC 1999. 235, obs. Bach.* ♦ Le fait, pour une personne, d'avoir accepté d'être un gérant de complaisance ne l'exonère pas de la responsabilité qui pèse sur tout dirigeant de veiller à la bonne marche de l'entreprise et de satisfaire aux obligations légales. • Paris, 9 janv. 1996 : *RJDA 1996, n° 562.* – V. aussi • Paris, 8 déc. 2000 : *RTD com. 2001. 242, obs. Mascala .* ♦ Comp., pour une décision tenant compte du jeune âge et des liens de filiation avec le président : • Paris, 23 oct. 1998 : *APC 1998, n° 182 ; RPC 1999. 235, obs. Bach.*

2. Le juge qui fait application de l'art. 189 [C. com., art. L. 625-5] (5) n'est tenu ni par la limitation de délai énoncée à l'art. 9 [C. com., art. L. 621-7], al. 1er. • Com. 20 oct. 1992, n° 90-20.964 P : *D. 1992. IR 265 ; BJS 1993. 122, note Le Nabasque* • 30 nov. 1993, n° 91-20.554 P • Versailles, 18 nov. 1999 : *RJDA 2000, n° 198.* ♦ … Ni par l'absence de demande de report dans le délai formulé par l'art. 9 [C. com., art. L. 621-7], al. 2. • Com. 11 juin 1996, n° 94-14.844 P : *D. 1996. Somm. 341, obs. Honorat ; D. Affaires 1996. 952 ; BJS 1996. 955, note Saintourens.* ♦ … Ni par la décision antérieure du tribunal qui a retenu, par une appréciation de la situation au jour où il statuait, que la personne morale n'était pas en état de cessation des paiements. • Com. 19 nov. 1996, n° 93-11.190 P : *D. 1997. Somm. 310, obs. Honorat ; D. Affaires 1997. 79 ; BJS 1997. 235, note Saintourens ; JCP E 1997. I. 651, n° 19, obs.*

Pétel ; Rev. sociétés 1997. 387, note Honorat. – V. aussi • Paris, 7 déc. 2001 : *Dr. sociétés 2002, n° 136, note Legros.* ♦ Sur la nécessité, cependant, de retenir une date précise de cessation des paiements, V. • Com. 20 mai 1997, n° 93-21.347 P : *D. 1997. IR 144 ; D. Affaires 1997. 767 ; BJS 1997. 801, note Saintourens* • 20 juin 2000 : *RPC 2001. 108, obs. Barret.* ♦ La faillite personnelle ne peut être prononcée par application de l'art. 189 [C. com., art. L. 625-5] (5) que s'il est établi que l'entreprise était en état de cessation des paiements plus de quinze jours avant la délivrance de l'assignation du créancier. • Com. 16 mars 1999 : *APC 1999, n° 143.* ♦ Les juges du fond doivent constater l'impossibilité, pour le débiteur, de faire face au passif exigible avec son actif disponible à la date retenue comme étant celle de la cessation des paiements. • Com. 15 févr. 2000 : *RPC 2001. 50, obs. Barret* • 9 juill. 2002 : *Dr. sociétés 2003, n° 8, note Legros.* ♦ En revanche, ils ne sont pas tenus de fixer le montant de l'insuffisance d'actif tel qu'il existait lorsque la cessation des paiements aurait dû être déclarée par le dirigeant. • Com. 26 oct. 1999 : *RPC 2000. 115, obs. Barret.* ♦ La cassation de l'arrêt d'appel, en ce qu'il avait statué sur le report de la date de cessation des paiements atteint, par un lien de dépendance nécessaire, la condamnation du dirigeant pour absence de déclaration de cessation des paiements (sur le fondement de l'art. 180 [C. com., art. L. 624-3]). • Com. 12 nov. 1997, n° 94-15.829 P : *D. Affaires 1997. 1468.* ♦ Le dirigeant poursuivi est en droit de contester, pour les besoins de sa défense, le bien-fondé de la date de cessation des paiements retenue dans le jugement d'ouverture de la procédure. • Com. 4 juill. 2000 : *RPC 2001. 107, obs. Barret ; RJ com. 2001. 276, note Teboul.*

Le défaut de déclaration de cessation des paiements à l'encontre du dirigeant de fait et du dirigeant de droit de la société débitrice est suffisamment établi par la seule circonstance que la procédure a été ouverte sur saisine d'office du tribunal en résolution du plan de redressement. • Paris, 27 mars 1998 : *APC 1998, n° 28.*

La responsabilité de l'absence de déclaration dans le délai incombe exclusivement au débiteur, même dans le cas où il n'a différé sa déclaration que sur les conseils d'un tiers. • Com. 30 nov. 1993 : *préc.* • Douai, 18 juin 1998 : *RPC 1999. 235, obs. Bach.* ♦ Il n'y a pas lieu de considérer les motifs qui ont conduit le dirigeant à différer la déclaration d'état de cessation des paiements ou l'absence de caractère intentionnel de son abstention. • Com. 10 oct. 1995, n° 93-16.899 P : *D. 1996. Somm. 84, obs. Honorat ; D. Affaires 1995. 159 ; BJS 1996. 62 ; Rev. huiss. 1996. 596, note Courtier* • 8 oct. 1996, n° 94-14.459 P : *D. 1996. IR 242 ; D. Affaires 1996. 1264* • 13 avr. 1999 : *RJDA 1999, n° 979 ; BJS 1999. 1082, note Scholer* • 14 mars 2000 : *RPC 2000. 226, obs. Barret.* ♦ ... Peu important, par ailleurs, les mesures de redressement et les accords avec les créanciers envisagés ultérieurement, hors du cadre du règlement amiable de la loi du 1er mars 1984 (à propos de l'art. 180 [C. com., art. L. 624-3]). • Com. 8 oct. 1996, n° 94-18.384 P : *D. Affaires 1996. 1356 ; BJS 1996. 1057, note Calendini ; JCP E 1997. II. 917, note Daigre.* – V. aussi • Com. 26 juin 2001 : *Dr. sociétés 2001, n° 143, note Legros* • Versailles, 11 avr. 1996 : *D. 1996. IR 161 ; BJS 1996. 703, note Le Cannu* • Paris, 18 juin 1999 : *RPC 2001. 50, obs. Barret.* ♦ V. aussi, en cas de règlement amiable, note 2 ss. anc. art. L. 611-3.

Le débiteur, qui est tenu de demander l'ouverture de la procédure de redressement judiciaire au plus tard dans les quinze jours qui suivent la cessation des paiements, n'en est pas dispensé par la délivrance d'une assignation à cette fin par un créancier : • Com. 19 janv. 1999, n° 96-16.635 P : *D. 2002. Somm. 203, obs. Sortais ; D. Affaires 1999. 259, obs. A. L. ; JCP E 1999, n° 18-19, p. 816, obs. Pétel ; Dr. sociétés 1999, n° 37, obs. Chaput ; LPA 9 juill. 1999, p. 24, note Courtier.*

Sur la prise en compte de l'absence d'incidence du retard sur le montant du passif, V. • Paris, 19 juin 1998 : *APC 1998, n° 126.* ♦ ... De la collaboration du dirigeant au bon déroulement de la procédure, V. • Paris, 15 févr. 2000 : *RPC 2000. 226, obs. Barret.* ♦ ... Du fait que les difficultés de l'entreprise sont en partie imputables à des causes étrangères au dirigeant, V. • Paris, 25 janv. 2000 : *RPC 2001. 277, obs. Barret.* ♦ Pour l'exemption de toute sanction d'un dirigeant qui avait déclaré la cessation des paiements douze jours seulement après sa prise de fonctions, V. • Paris, 21 sept. 2001 : *Dr. sociétés 2002, n° 62, note Legros.* ♦ V. aussi, sur l'opportunité de prononcer une sanction en application de l'art. 189 [C. com., art. L. 625-5] (5) : • Paris, 23 sept. 1997 : *RPC 1999. 133, obs. Bach* • 3 juill. 1998 : *ibid.* • Besançon, 3 mai 2000 : *RPC 2001. 108, obs. Barret.*

Pour des applications de l'art. 189 [C. com., art. L. 625-5] (5), V. • Paris, 25 sept. 1990 : *D. 1990. IR 229* • 4 juill. 1995 : *D. 1995. IR 221 ; D. Affaires 1995. 45.*

3. Dès lors que la société avait obtenu un plan de redressement (par la suite résolu en vertu de l'art. 80 [C. com., art. L. 621-82]), il ne peut être reproché au dirigeant de n'avoir pas déclaré la cessation des paiements avant la décision ayant arrêté ce plan. • Com. 17 mars 1998, n° 94-18.684 P : *RJDA 1998, n° 1025.*

4. Violation de l'interdiction. V. anc. art. L. 627-4.

Ancien art. L. 625-6 ***Le tribunal peut prononcer la faillite personnelle du dirigeant de la personne morale qui n'a pas acquitté les dettes de celle-ci mises à sa charge.*** – *[L. n° 85-98 du 25 janv. 1985, art. 190.] – V. Décr. n° 85-1388 du 27 déc. 1985, art. 169.*

Ancien art. L. 625-7 *Dans les cas prévus aux articles L. 625-3 à L. 625-6, le tribunal se saisit d'office ou est saisi par l'administrateur, le représentant des créanciers, le liquidateur ou le procureur de la République. – [L. n° 85-98 du 25 janv. 1985, art. 191.] – V. Décr. n° 85-1388 du 27 déc. 1985, art. 168.*

Ancien art. L. 625-8 *Dans les cas prévus aux articles L. 625-3 à L. 625-6, le tribunal peut prononcer, à la place de la faillite personnelle, l'interdiction de diriger, gérer, administrer ou contrôler, directement ou indirectement, soit toute entreprise commerciale ou artisanale, toute exploitation agricole et toute personne morale, soit une ou plusieurs de celles-ci.*

L'interdiction mentionnée au premier alinéa peut également être prononcée à l'encontre de toute personne mentionnée à l'article L. 625-1 qui, de mauvaise foi, n'aura pas remis au représentant des créanciers la liste complète et certifiée de ses créanciers et le montant de ses dettes dans les huit jours suivant le jugement d'ouverture. – [L. n° 85-98 du 25 janv. 1985, art. 192.] – V. Décr. n° 85-1388 du 27 déc. 1985, art. 155.

BIBL. ▶ CALOMILI, *LPA 11 févr. 2011, p. 20* (efficacité du superprivilège des salaires).

Ancien art. L. 625-9 *Le droit de vote des dirigeants frappés de la faillite personnelle ou de l'interdiction prévue à l'article L. 625-8 est exercé dans les assemblées des personnes morales soumises à une procédure de redressement judiciaire ou de liquidation judiciaire par un mandataire désigné par le tribunal à cet effet, à la requête de l'administrateur, du liquidateur ou du commissaire à l'exécution du plan.*

Le tribunal peut enjoindre à ces dirigeants ou à certains d'entre eux, de céder leurs actions ou parts sociales dans la personne morale ou ordonner leur cession forcée par les soins d'un mandataire de justice, au besoin après expertise. Le produit de la vente est affecté au paiement de la part des dettes sociales dans le cas où ces dettes ont été mises à la charge des dirigeants. – [L. n° 85-98 du 25 janv. 1985, art. 193.] – V. Décr. n° 85-1388 du 27 déc. 1985, art. 52.

Ancien art. L. 625-10 *Lorsque le tribunal prononce la faillite personnelle ou l'interdiction prévue à l'article L. 625-8, il fixe la durée de la mesure, qui ne peut être inférieure à cinq ans. Il peut ordonner l'exécution provisoire de sa décision. Les déchéances et les interdictions cessent de plein droit au terme fixé, sans qu'il y ait lieu au prononcé d'un jugement.*

Le jugement de clôture pour extinction du passif rétablit le chef d'entreprise ou les dirigeants de la personne morale dans tous leurs droits. Il les dispense ou relève de toutes les déchéances et interdictions.

Dans tous les cas, l'intéressé peut demander au tribunal de le relever, en tout ou partie, des déchéances et interdictions s'il a apporté une contribution suffisante au paiement du passif.

Lorsqu'il y a relèvement total des déchéances et interdictions, la décision du tribunal emporte réhabilitation. – [L. n° 85-98 du 25 janv. 1985, art. 195.] – V. Décr. n° 85-1388 du 27 déc. 1985, art. 171.

Les dispositions de l'art. 195 de la L. n° 85-98 du 25 janv. 1985 faisant référence à l'incapacité d'exercer une fonction publique élective n'ont pas été codifiées. Ces dispositions avaient été déclarées contraires à la Constitution par le Conseil constitutionnel (Cons. const. 15 mars 1999 : D. 2000. Somm. 116, obs. Roujou de Boubée ; JCP 1999. I. 151, n° 5, obs. Robert ; JCP E 1999, n° 39, p. 1537, obs. Pétel).

BIBL. ▶ Sur le relèvement et la réhabilitation : MASCALA, *RPC 2003. 192.*

1. Fixation de la durée. En décidant que, compte tenu des éléments relevés à l'encontre du gérant d'une société mise en liquidation judiciaire, il convenait de prononcer sa faillite personnelle mais qu'il n'y avait pas lieu de limiter cette mesure dans le temps, s'agissant d'une sanction qui ne se circonscrit pas dans la durée, un arrêt viole l'art. 195 [C. com., art. L. 625-10]. • Com. 3 nov. 1992, n° 90-16.555 P. ♦ De même, viole ce texte l'arrêt qui a déchu à vie le président du conseil d'administration de la société du droit de diriger, gérer, administrer ou contrôler toute entreprise commerciale. • Com. 9 janv. 1996, n° 93-16.463 P : *D. 1996. IR 43 ; BJS 1996. 530, note Vallansan.* – Dans le même sens : • Com. 23 nov. 1999 : *RPC 2000. 115, obs. Barret.*

2. L'interdiction de gérer prononcée à l'encontre d'un gérant de SARL âgé de trente-deux ans n'est pas perpétuelle, dès lors que sa durée a été limitée à trente ans. • Com. 20 juin 1995 : *RJDA 1995, n° 1048.* – V. aussi • Com. 3 avr. 2001 : *RPC 2001. 276, obs. Barret.*

3. En fixant à vingt ans la durée de la faillite personnelle, une cour d'appel, statuant avant le 1er janv. 2006, date de l'entrée en vigueur de la loi du 26 juill. 2005, a, à bon droit, fait application de l'art. L. 625-10 C. com. dans sa rédaction antérieure à cette loi qui ne fixe pas de durée maximale à cette mesure. • Com. 22 mai 2007 : *cité note 1 ss. nouvel art. L. 653-11 C. com.* ♦ V. aussi, pour l'inapplicabilité des dispositions de l'art. 131-27 C. pén. à l'interdiction de gérer prononcée en application des art. L. 625-8 et L. 625-10 C. com., V. • Paris, 10 sept. 2004 : *Rev. sociétés 2004. 967, obs. Urbain-Parléani ; RJDA 2005, n° 309.*

4. Conformité à la Conv. EDH. La faillite personnelle et l'interdiction de gérer n'ont pas une nature de sanctions pénales et ne sont donc pas soumises au principe de légalité des délits et des peines ; il en résulte que les art. L. 625-5 s. C. com., qui ne prévoient pas de plafond pour la durée de la sanction, ne sont pas contraires à l'art. 7 Conv. EDH, ni à l'art. 15 du pacte international relatif aux droits civils et politiques. • Amiens, 13 mars 2003 : *BICC 2003, n° 1417 ; Dr. sociétés 2004, n° 41, note Legros ; RJDA 2004, n° 603 ; RTD com. 2004. 606, obs. Mascala* .

5. Suspension de l'exécution provisoire. V. note 10 ss. art. 155 du Décr. du 27 déc. 1985.

6. Effets du jugement de clôture pour extinction du passif. Il résulte des art. 1844-7, 7°, et 1844-8, al. 3, C. civ., que le jugement de clôture pour extinction du passif est sans influence sur la dissolution, consécutive au prononcé de la liquidation judiciaire, de la personne morale dont la personnalité ne subsiste que pour les besoins de sa liquidation. • Com. 26 oct. 1999, n° 97-12.640 P : *D. 1999. AJ 77, obs. A. L.* ; *APC 1999, n° 245, obs. Regnaut-Moutier ; JCP E 2000, n° 4, p. 128, obs. Cabrillac et Pétel ; BJS 2000. 49, note Le Cannu ; Dr. sociétés 2000, n° 27, obs. Chaput ; RTD com. 2000. 124, obs. Champaud et Danet* . ♦ Viole ces textes l'arrêt qui, pour dire n'y avoir lieu à la désignation d'un liquidateur de la société, retient que l'art. 195 de la loi du 25 janv. 1985 [C. com., art. L. 625-10] doit être interprété comme rétablissant la société dans ses droits, et que celle-ci, qui avait été rétablie dans son existence sociale par l'effet de la clôture de sa liquidation judiciaire pour extinction du passif, disposait de ses organes sociaux. • Même arrêt.

CHAPITRE VI *[ANCIEN]* *DE LA BANQUEROUTE ET DES AUTRES INFRACTIONS*

BIBL. GÉN. ▸ Bouloc, *RSC 1985. 613.* - Derrida, *ibid. 1989. 658.* - Laborde, *RPC 1987, n° 1, p. 1.* - Langlade, *JCP E 1986. II. 15710.* - Brieuc de Massiac, *RJDA 1992, p. 658.* - Devèze, *RPC 1992. 319.* - Jonville, *JCP N. 1994. Prat. 3053* (responsabilité pénale des personnes morales). - Jeandidier, *RJ com. nov. 2001, n° spéc., p. 131* (le droit pénal de la banqueroute ou les avatars de la pénalisation).

▸ Sur la réforme du 10 juin 1994 : Haehl, *LPA 14 sept. 1994, p. 22.* - Chaput, *RPC 1994. 523.*

SECTION 1 *[ANCIENNE]* *De la banqueroute*

Ancien art. L. 626-1 *Les dispositions de la présente section sont applicables :*

1° A tout commerçant, agriculteur ou personne immatriculée au répertoire des métiers ;

2° A toute personne qui a, directement ou indirectement, en droit ou en fait, dirigé ou liquidé une personne morale de droit privé ayant une activité économique ;

3° Aux personnes physiques représentants permanents de personnes morales dirigeants des personnes morales définies au 2° ci-dessus. — *[L. n° 85-98 du 25 janv. 1985, art. 196.]*

BIBL. ▸ Conte, *Mél. Jean Larguier* (la banqueroute du commerçant radié du registre du commerce et des sociétés) ; *Dr. pénal, hors-série, déc. 2000, p. 4* (la banqueroute, un exemple des ambiguïtés de la dépénalisation).

Ancien art. L. 626-2 *En cas d'ouverture d'une procédure de redressement judiciaire ou de liquidation judiciaire, sont coupables de banqueroute les personnes mentionnées à l'article L. 626-1 contre lesquelles a été relevé l'un des faits ci-après :*

1° Avoir, dans l'intention d'éviter ou de retarder l'ouverture de la procédure de redressement judiciaire, soit fait des achats en vue d'une revente au-dessous du cours, soit employé des moyens ruineux pour se procurer des fonds ;

2° Avoir détourné ou dissimulé tout ou partie de l'actif du débiteur ;

3° Avoir frauduleusement augmenté le passif du débiteur ;

4° Avoir tenu une comptabilité fictive ou fait disparaître des documents comptables de l'entreprise ou de la personne morale ou s'être abstenu de tenir toute comptabilité lorsque la loi en fait l'obligation ;

5° Avoir tenu une comptabilité manifestement incomplète ou irrégulière au regard des dispositions légales. — *Ce dernier cas de banqueroute a été ajouté par la loi n° 94-475 du 10 juin 1994. — Pour l'entrée en vigueur de cette loi, V. note ss. ancien art. L. 620-1.* — *[L. n° 85-98 du 25 janv. 1985, art. 197.]*

BIBL. ▸ Gioanni, *D. 1994. Chron. 53* (la cessation des paiements dans l'infraction de banqueroute). - Dekeuwer, *JCP E 1995. I. 420* (même thème).

Ancien art. L. 626-3 *La banqueroute est punie de cinq ans d'emprisonnement et de 75 000 € d'amende.*

Encourent les mêmes peines les complices de banqueroute, même s'ils n'ont pas la qualité de commerçant, d'agriculteur ou d'artisan ou ne dirigent pas, directement ou indirectement, en droit ou en fait, une personne morale de droit privé ayant une activité économique. – [L. n° 85-98 du 25 janv. 1985, art. 198.] – V. note ss. ancien art. L. 626-5.

Ancien art. L. 626-4 *Lorsque l'auteur ou le complice de banqueroute est un dirigeant d'une entreprise prestataire de services d'investissement, les peines sont portées à sept ans d'emprisonnement et 100 000 € d'amende.* – [L. n° 85-98 du 25 janv. 1985, art. 199.] – V. note ss. ancien art. L. 626-5.

Ancien art. L. 626-5 *Les personnes physiques coupables des infractions prévues par les articles L. 626-3 et L. 626-4 encourent également les peines complémentaires suivantes :*

1° L'interdiction des droits civiques, civils et de famille, suivant les modalités de l'article 131-26 du code pénal ;

2° L'interdiction, pour une durée de cinq ans au plus, d'exercer une fonction publique ou d'exercer l'activité professionnelle ou sociale dans l'exercice ou à l'occasion de l'exercice de laquelle l'infraction a été commise ;

3° L'exclusion des marchés publics pour une durée de cinq ans au plus ;

4° L'interdiction, pour une durée de cinq ans au plus, d'émettre des chèques autres que ceux qui permettent le retrait de fonds par le tireur auprès du tiré ou ceux qui sont certifiés ;

5° L'affichage ou la diffusion de la décision prononcée dans les conditions prévues par l'article 131-35 du code pénal. – [L. n° 85-98 du 25 janv. 1985, art. 200.] – La L. n° 92-1336 du 16 déc. 1992 relative à l'entrée en vigueur du nouveau code pénal est entrée en vigueur le 1er mars 1994 (L. préc., art. 373).

Ancien art. L. 626-6 *La juridiction répressive qui reconnaît l'une des personnes mentionnées à l'article L. 626-1 coupable de banqueroute peut, en outre, prononcer soit la faillite personnelle de celle-ci, soit l'interdiction prévue à l'article L. 625-8.*

Lorsqu'une juridiction répressive et une juridiction civile ou commerciale ont, par des décisions définitives, prononcé à l'égard d'une personne la faillite personnelle ou l'interdiction prévue à l'article L. 625-8 à l'occasion des mêmes faits, la mesure ordonnée par la juridiction répressive est seule exécutée. – [L. n° 85-98 du 25 janv. 1985, art. 201.]

Ancien art. L. 626-7 *I. – Les personnes morales peuvent être déclarées responsables pénalement, dans les conditions prévues par l'article 121-2 du code pénal, des infractions prévues par les articles L. 626-3 et L. 626-4.*

II. – Les peines encourues par les personnes morales sont :

1° L'amende, suivant les modalités prévues par l'article 131-38 du code pénal ;

2° Les peines mentionnées à l'article 131-39 du code pénal.

III. – L'interdiction mentionnée au 2° de l'article 131-39 du code pénal porte sur l'activité dans l'exercice ou à l'occasion de l'exercice de laquelle l'infraction a été commise. – [L. n° 85-98 du 25 janv. 1985, art. 202.] – V. note ss. ancien art. L. 626-5.

BIBL. ▶ DUCOULOUX-FAVARD, *LPA 6 oct. 1993, p. 61* (banqueroute par moyens ruineux et complicité des établissements financiers au regard du nouveau code pénal). - JONVILLE, *JCP N 1994. Prat. 3053.*

SECTION 2 *[ANCIENNE]* **Des autres infractions**

Ancien art. L. 626-8 *Est passible d'un emprisonnement de deux ans et d'une amende de 30 000 € le fait :*

1° Pour tout commerçant, toute personne immatriculée au répertoire des métiers, tout agriculteur ou tout dirigeant, de droit ou de fait, rémunéré ou non, d'une personne morale, de consentir pendant la période d'observation une hypothèque ou un nantissement ou de faire un acte de disposition sans l'autorisation prévue par l'article L. 621-24 ou de payer, en tout ou partie, une dette née antérieurement à la décision d'ouverture de la procédure ;

2° Pour tout commerçant, toute personne immatriculée au répertoire des métiers, tout agriculteur ou tout dirigeant, de droit ou de fait, rémunéré ou non, d'une personne morale d'effectuer un paiement en violation des modalités de règlement du passif prévues au plan de continuation ou de faire un acte de disposition sans l'autorisation prévue par l'article L. 621-72 ;

3° Pour toute personne, pendant la période d'observation ou celle d'exécution du plan de continuation, en connaissance de la situation du débiteur, de passer avec celui-ci l'un des actes mentionnés aux 1° et 2° ci-dessus ou d'en recevoir un paiement irrégulier. – [L. n° 85-98 du 25 janv. 1985, art. 203.]

BIBL. ▶ E. LE CORRE, *Banque et Dr. 7-8/2004. 19* (éléments constitutifs de l'infraction de paiements interdits).

Ancien art. L. 626-9 *Est puni des peines prévues par les articles L. 626-3 à L. 626-5 le fait :*

1° Dans l'intérêt des personnes mentionnées à l'article L. 626-1, de soustraire, receler ou dissimuler tout ou partie des biens, meubles ou immeubles de celles-ci, le tout sans préjudice de l'application de l'article 121-7 du code pénal ;

2° Pour toute personne, de déclarer frauduleusement dans la procédure de redressement judiciaire ou de liquidation judiciaire, soit en son nom, soit par interposition de personne, des créances supposées ;

3° Pour toute personne exerçant une activité commerciale, artisanale ou agricole sous le nom d'autrui ou sous un nom supposé, de se rendre coupable d'un des faits prévus à l'article L. 626-14. — [L. n° 85-98 du 25 janv. 1985, art. 204.] — V. note ss. ancien art. L. 626-5.

Ancien art. L. 626-10 *Le fait, pour le conjoint, les descendants ou les ascendants ou les collatéraux ou les alliés des personnes mentionnées à l'article L. 626-1, de détourner, divertir ou receler des effets dépendant de l'actif du débiteur soumis à une procédure de redressement judiciaire, est puni des peines prévues par l'article 314-1 du code pénal.* — [L. n° 85-98 du 25 janv. 1985, art. 205.] — V. notes ss. anciens art. L. 626-2 et L. 626-5.

Ancien art. L. 626-11 *Dans les cas prévus par les articles précédents, la juridiction saisie statue, lors même qu'il y aurait relaxe :*

1° D'office, sur la réintégration dans le patrimoine du débiteur de tous les biens, droits ou actions qui ont été frauduleusement soustraits ;

2° Sur les dommages-intérêts qui seraient demandés. — [L. n° 85-98 du 25 janv. 1985, art. 206.]

Ancien art. L. 626-12 *I. — Est puni des peines prévues par l'article 314-2 du code pénal le fait, pour tout administrateur, représentant des créanciers, liquidateur ou commissaire à l'exécution du plan :*

1° De porter volontairement atteinte aux intérêts des créanciers ou du débiteur soit en utilisant à son profit des sommes perçues dans l'accomplissement de sa mission, soit en se faisant attribuer des avantages qu'il savait n'être pas dus ;

2° De faire, dans son intérêt, des pouvoirs dont il disposait, un usage qu'il savait contraire aux intérêts des créanciers ou du débiteur.

II. — Est puni des mêmes peines le fait, pour tout administrateur, représentant des créanciers, liquidateur, commissaire à l'exécution du plan ou toute autre personne, à l'exception des contrôleurs et des représentants des salariés, de se rendre acquéreur pour son compte, directement ou indirectement, de biens du débiteur ou de les utiliser à son profit, ayant participé à un titre quelconque à la procédure. La juridiction saisie prononce la nullité de l'acquisition et statue sur les dommages intérêts qui seraient demandés. — [L. n° 85-98 du 25 janv. 1985, art. 207.] — V. notes ss. anciens art. L. 626-2 et L. 626-5.

V. aussi C. civ., art. 1597. — **C. civ.**

BIBL. ▶ FREYRIA, *RPC 2000. 174* (notion de malversation).

Ancien art. L. 626-13 *Le fait, pour le créancier, après le jugement ouvrant la procédure de redressement judiciaire ou de liquidation judiciaire, de passer une convention comportant un avantage particulier à la charge du débiteur est puni des peines prévues par l'article 314-1 du code pénal.*

La juridiction saisie prononce la nullité de cette convention. — [L. n° 85-98 du 25 janv. 1985, art. 208.] — V. note ss. ancien art. L. 626-5.

Ancien art. L. 626-14 *Est puni des peines prévues aux articles L. 626-3 à L. 626-5 le fait, pour les personnes mentionnées aux 2° et 3° de l'article L. 626-1, de mauvaise foi, en vue de soustraire tout ou partie de leur patrimoine aux poursuites de la personne morale qui a fait l'objet d'un jugement d'ouverture de redressement judiciaire ou de liquidation judiciaire ou à celles des associés ou des créanciers de la personne morale, de détourner ou de dissimuler, ou de tenter de détourner ou de dissimuler, tout ou partie de leurs biens, ou de se faire frauduleusement reconnaître débitrice de sommes qu'elles ne devaient pas.* — [L. n° 85-98 du 25 janv. 1985, art. 209.] — V. note ss. ancien art. L. 626-5.

SECTION 3 *[ANCIENNE]* **Des règles de procédure**

Ancien art. L. 626-15 *Pour l'application des dispositions des sections 1 et 2 du présent chapitre, la prescription de l'action publique ne court que du jour du jugement prononçant l'ouverture de la procédure de redressement judiciaire lorsque les faits incriminés sont apparus avant cette date.* — [L. n° 85-98 du 25 janv. 1985, art. 210.]

Ancien art. L. 626-16 *La juridiction répressive est saisie soit sur la poursuite du ministère public, soit sur constitution de partie civile de l'administrateur, du représentant des créanciers, du représentant des salariés, du commissaire à l'exécution du plan ou du liquidateur. – [L. n° 85-98 du 25 janv. 1985, art. 211.]*

Ancien art. L. 626-17 *Le ministère public peut requérir de l'administrateur ou du liquidateur la remise de tous les actes et documents détenus par ces derniers. – [L. n° 85-98 du 25 janv. 1985, art. 212.]*

Ancien art. L. 626-18 *Les frais de la poursuite intentée par l'administrateur, le représentant des créanciers, le représentant des salariés, le commissaire à l'exécution du plan ou le liquidateur sont supportés par le Trésor public, en cas de relaxe.*

En cas de condamnation, le Trésor public ne peut exercer son recours contre le débiteur qu'après la clôture des opérations de liquidation judiciaire. – [L. n° 85-98 du 25 janv. 1985, art. 213.]

Ancien art. L. 626-19 *Les jugements et arrêts de condamnation rendus en application du présent chapitre sont publiés aux frais du condamné. – [L. n° 85-98 du 25 janv. 1985, art. 214.]*

CHAPITRE VII *[ANCIEN]* ***DISPOSITIONS COMMUNES***

Ancien art. L. 627-1 *Aucune opposition ou procédure d'exécution de quelque nature qu'elle soit sur les sommes versées à la Caisse des dépôts et consignations n'est recevable. – [Décr. n° 85-1388 du 27 déc. 1985, art. 173.]*

BIBL. ▸ Sur la codification opérée par l'ordonnance du 18 sept. 2000 : LIENHARD, *D. 2000, n° 34, Cah. dr. aff., p. III.* - ARRIGHI DE CASANOVA et DOUVRELEUR, *JCP 2001. I. 285.* - BOUTIN, *APC 2003, n° 44* (ratification de l'Ord. par la loi du 3 janv. 2003). - V. aussi note 2.

Jurisprudence relative à l'art. 173 du décret n° 85-1388 du 27 déc. 1985.

I. ILLÉGALITÉ DE L'ART. 173 RÉSULTANT DE L'ARRÊT DU 9 FÉVR. 2000

1. En instituant, par l'art. 173, un régime d'insaisissabilité des sommes reçues par le liquidateur dans l'exercice de ses fonctions au nom de l'entreprise mise en liquidation et déposées à la Caisse des dépôts et consignations, l'autorité réglementaire est intervenue dans une matière réservée au législateur. Par suite, les dispositions de l'art. 173 sont entachées d'illégalité. • CE 9 févr. 2000 : *D. 2000. AJ 136, obs. Lienhard ; JCP 2000. II. 10314, note Croze et Moussa ; LPA 16 mars 2000, p. 19, obs. Lagarde ; Procédures 2000, n° 123, obs. Croze ; RTD com. 2000. 724, obs. Martin-Serf.* – V. Dymant et Le Corre, *JCP E 2000, n° 23, p. 884.* – V. concl. Savoie, *LPA 30 août 2000, p. 4.* ♦ L'art. 173 ayant été déclaré illégal par le Conseil d'État et cette déclaration d'illégalité, même décidée à l'occasion d'une autre instance, s'imposant au juge civil qui ne peut faire application de ce texte illégal, il s'ensuit que cet art. ne peut être invoqué pour faire obstacle à une voie d'exécution sur les sommes versées à la Caisse des dépôts et consignations. • Com. 26 avr. 2000, n° 97-16.953 P : *D. 2000. AJ 247, obs. Lienhard ; JCP E 2000, n° 40, p. 1565, obs. Pétel ; APC 2000, n° 120, obs. Regnaut-Moutier ; Procédures 2000, n° 166, obs. Laporte ; RDBF 2000, n° 162, obs. F.-X. Lucas ; RTD com. 2000. 724, obs. Martin-Serf* • 20 juin 2000 : *RDBF 2000, n° 162, obs. F.-X. Lucas* • 20 févr. 2001 : *D. 2001. AJ 921, obs. Lienhard ; APC 2001, n° 75, obs. Regnaut-Moutier ; RDBF 2001, n° 128, obs. Delleci* • 3 avr. 2001 : *RDBF 2001, n° 165, obs. Delleci.* – V. aussi Rolland, *LPA 3 oct. 2000, p. 9.* ♦ Pour l'effet rétroactif de cette déclaration d'illégalité, V. note 3. ♦ Sur l'illégalité de l'art. 173, V. déjà Derrida, obs. ss. • Com. 8 févr. 1994 : *D. 1994. 609.*

II. CODIFICATION DE L'ART. 173 PAR L'ORD. DU 18 SEPT. 2000

2. En codifiant les dispositions de l'art. 173 dans la partie législative du code de commerce, le gouvernement, loin de méconnaître l'autorité de la chose jugée de l'arrêt du Conseil d'État du 9 févr. 2000 [préc. note 1], a procédé aux modifications rendues nécessaires par cette décision, afin d'assurer le respect de la hiérarchie des normes, ainsi que l'y habilitait la loi du 16 déc. 1999 (rejet du recours en annulation formé contre l'ord. du 18 sept. 2000). • CE 27 mai 2002 : *D. 2002. AJ 2188, obs. Lienhard ; APC 2002, n° 180, obs. Boutin ; RDBF 2002, n° 192, obs. F.-X. Lucas ; JCP E 2003, n° 6, p. 271, obs. Pétel ; RTD com. 2003. 372, obs. Martin-Serf.* – V. Roussel Galle, *RPC 2002. 155 ;* Prétot, *RJDA janv. 2003, p. 3.* ♦ V. aussi • TGI Saint-Quentin, 21 juin 2001 : *RPC 2002. 103, obs. Saint-Alary-Houin.* ♦ L'Ord. n° 2000-912 du 18 sept. 2000 a été ratifiée par la loi n° 2003-7 du 3 janv. 2003, art. 50-I *(JO 4 janv.).*

3. Viole la loi des 16-24 août 1790 la cour d'appel qui, pour rejeter une demande tendant à l'annulation et à la mainlevée d'une saisie-attribution pratiquée entre les mains de la Caisse des dépôts et consignations, le 30 mars 2000, énonce que l'art. L. 627-1 C. com. reprend intégralement les termes de l'art. 173 du décret du 27 déc. 1985, déclaré illégal le 9 févr. 2000, et a été introduit par l'ord. du 18 sept. 2000 non encore ratifiée, alors que, l'annulation de l'art. 173 étant sans incidence sur l'art. L. 627-1, peu important l'identité de leur contenu, elle a apprécié la légalité de cette dernière disposition alors de nature réglementaire. • Civ. 1re, 13 nov. 2003, n° 01-12.446 P : *D. 2003. AJ 2886, obs. Lienhard ; APC 2003, n° 258, obs. Regnaut-Moutier ; LPA 18 févr. 2004, p. 8, note F.-X. Lucas ; RTD com. 2004. 159, obs. Martin-Serf.*

♦ Sur renvoi, la Cour d'appel de Paris a jugé que la déclaration d'illégalité de l'art. 173 du décret résultant de l'arrêt du Conseil d'État du 9 février 2000 a eu un effet rétroactif et que l'art. L. 627-1 C. com. n'est donc pas applicable à un avis à tiers détenteur notifié le 16 sept. 1998 : • Paris, 3 juin 2005 : *Gaz. Pal. 4-5 nov. 2005, p. 26, obs. Henry.*

Ancien art. L. 627-2 *Le juge-commissaire a droit, sur l'actif du débiteur, au remboursement de ses frais de déplacement. — [L. n° 85-98 du 25 janv. 1985, art. 215 A.]*

Ancien art. L. 627-3 *(L. n° 2001-1275 du 28 déc. 2001) I. — Lorsque les fonds disponibles du débiteur n'y peuvent suffire immédiatement, le Trésor public, sur ordonnance motivée du juge-commissaire ou du président du tribunal, fait l'avance des droits, taxes, redevances ou émoluments perçus par les greffes des juridictions, des débours tarifés et des émoluments dus aux avoués et des rémunérations des avocats dans la mesure où elles sont réglementées, des frais de signification et de publicité et de la rémunération des techniciens désignés par la juridiction après accord du ministère public, afférents :*

1° Aux décisions qui interviennent au cours de la procédure de redressement judiciaire ou de liquidation judiciaire rendues dans l'intérêt collectif des créanciers ou du débiteur ;

2° A l'exercice des actions tendant à conserver ou à reconstituer le patrimoine du débiteur ou exercées dans l'intérêt collectif des créanciers ;

3° Et à l'exercice des actions mentionnées aux articles L. 625-3 à L. 625-6.

II. — Le Trésor public, sur ordonnance motivée du président du tribunal, fait également l'avance des mêmes frais afférents à l'exercice de l'action en résolution et en modification du plan.

III. — Ces dispositions sont applicables aux procédures d'appel ou de cassation de toutes les décisions mentionnées ci-dessus.

IV. — Pour le remboursement de ses avances, le Trésor public est garanti par le privilège des frais de justice.

Sur les recours, V. Décr. n° 85-1388 du 27 déc. 1985, art. 25-1.

BIBL. ▸ Bréval, *LPA 13 janv. 1997, p. 9* (règlement des honoraires d'expertise).

Ancien art. L. 627-4 *Le fait, pour toute personne, d'exercer une activité professionnelle ou des fonctions en violation des interdictions, déchéances ou incapacité prévues par les articles L. 625-2 et L. 625-8, est puni d'un emprisonnement de deux ans et d'une amende de 375 000 € — [L. n° 85-98 du 25 janv. 1985, art. 216.]*

Ancien art. L. 627-5 *Tout licenciement envisagé par l'administrateur, l'employeur ou le liquidateur, selon le cas, du représentant des salariés mentionné aux articles L. 621-8, L. 621-135 et L. 622-2 est obligatoirement soumis au comité d'entreprise, qui donne un avis sur le projet de licenciement.*

Le licenciement ne peut intervenir que sur autorisation de l'inspecteur du travail dont dépend l'établissement. Lorsqu'il n'existe pas de comité d'entreprise dans l'établissement, l'inspecteur du travail est saisi directement.

Toutefois, en cas de faute grave, l'administrateur, l'employeur ou le liquidateur, selon le cas, a la faculté de prononcer la mise à pied immédiate de l'intéressé en attendant la décision définitive. En cas de refus de licenciement, la mise à pied est annulée et ses effets supprimés de plein droit.

La protection instituée en faveur du représentant des salariés pour l'exercice de sa mission fixée à l'article L. 621-36 cesse lorsque toutes les sommes versées au représentant des créanciers par les institutions mentionnées à l'article L. 143-11-4 [L. 3253-14] du code du travail, en application du dixième alinéa de l'article L. 143-11-7 dudit code, ont été reversées par ce dernier aux salariés.

Lorsque le représentant des salariés exerce les fonctions du comité d'entreprise ou, à défaut, des délégués du personnel, en application de l'article L. 621-135, la protection cesse au terme de la dernière audition ou consultation prévue par la procédure de redressement judiciaire. — [L. n° 85-98 du 25 janv. 1985, art. 228.]

Ancien art. L. 627-6 *(L. n° 2003-7 du 3 janv. 2003, art. 47) Les fonds détenus par les syndics au titre des procédures de règlement judiciaire ou de liquidation des biens régies par la loi n° 67-563 du 13 juillet 1967 sur le règlement judiciaire, la liquidation des biens, la faillite personnelle et les banqueroutes sont immédiatement versés en compte de dépôt à la Caisse des dépôts et*

consignations. En cas de retard, le syndic doit, pour les sommes qu'il n'a pas versées, un intérêt dont le taux est égal au taux de l'intérêt légal majoré de cinq points.

CHAPITRE VIII *[ANCIEN]* ***DISPOSITIONS APPLICABLES AUX DÉPARTEMENTS DU HAUT-RHIN, DU BAS-RHIN ET DE LA MOSELLE***

V. éd. 2023 et antérieures du **C. pr. coll.**

Décret n° 85-1388 du 27 décembre 1985,

Relatif au redressement et à la liquidation judiciaires des entreprises.

Sont abrogés les art. 1er à 175 du Décr. n° 85-1388 du 27 déc. 1985, à l'exception des art. 25-1 et 74. Toutefois, sous réserve de l'art. 361 du Décr. n° 2005-1677 du 28 déc. 2005, les procédures ouvertes avant le 1er janv. 2006 demeurent régies par ces dispositions (Décr. préc., art. 354). — Sont abrogés les art. 179 et 181 du Décr. n° 85-1388 du 27 déc. 1985. Toutefois, les procédures ouvertes avant l'entrée en vigueur du Décr. n° 2007-153 du 5 févr. 2007 demeurent régies par ces dispositions (Décr. n° 2007-153 préc., art. 9, JO 7 févr.). — Le Décr. n° 85-1388 du 27 déc. 1985 est abrogé, à l'exception de ses art. 180, 195, 198 et 199 (Décr. n° 2007-431 du 25 mars 2007, art. 3-I).

Le Décr. modificatif n° 94-910 du 21 oct. 1994 [JO 22 oct.], pris en application de la L. n° 94-475 du 10 juin 1994, vu l'urgence, entre immédiatement en vigueur (Décr. préc., art. 134). — Sur l'entrée en vigueur de la L. du 10 juin 1994, V. note ss. art. L. 620-1 C. com.

BIBL. GÉN. ▶ Sur le décret du 21 oct. 1994 : Chaput, *JCP 1995. I. 3829.* - Sentex, *Rev. jurispr. com. 1995. 25* (crédit-bail). - Rouger, *LPA 14 juin 1995, p. 4.* - Vallens, *ibid., 14 juin 1995, p. 16* (information des créanciers). - F. Aubert, *ibid., 14 juin 1995, p. 25* (délais et voies de recours). - Haehl, *ibid., 14 juin 1995, p. 37.*

Application dans le temps du Décr. du 21 oct. 1994. S'agissant d'une demande d'arrêt de l'exécution provisoire d'un jugement ayant condamné un dirigeant au paiement des dettes sociales, l'action en paiement des dettes sociales découlant de la procédure collective, ouverte avant le 1er oct. 1994, la disposition de l'art. 155 du Décr. du 27 déc. 1985 dans sa rédaction d'origine est seule applicable. • Com. 11 déc. 2001 : *RPC 2003. 110, obs. Gorrias.* - V. aussi • Montpellier, 10 août 1996 : *BICC 1997, n° 91.* ♦ Comp., en faveur de l'application immédiate de l'art. 155, quelle que soit la date d'ouverture de la procédure : • Paris, 24 mai 1996 : *RJ com. 1997. 293.* ♦ Comp. également, en ce sens que les dispositions issues du décret du 21 oct. 1994 ne sont applicables qu'aux procédures collectives ouvertes à compter de sa date d'entrée en vigueur : • Orléans, 14 déc. 1994 : *JCP 1995. IV. 1221.* ♦ Comp. aussi : note 1 ss. anc. art. L. 620-1 C. com.

Art. 1er *(Abrogé par Décr. n° 2005-1677 du 28 déc. 2005, art. 354) (Décr. n° 94-910 du 21 oct. 1994)* ***« Le tribunal territorialement compétent pour connaître de la procédure de redressement ou de liquidation judiciaire est celui dans le ressort duquel le débiteur a le siège de son entreprise ou, à défaut de siège en territoire français, le centre principal de ses intérêts en France. »***

(Décr. n° 89-339 du 29 mai 1989) ***« Toutefois, en cas de changement de siège de la personne morale dans les six mois ayant précédé la saisine du tribunal, le tribunal dans le ressort duquel se trouvait le siège initial demeure seul compétent. Ce délai court à compter de l'inscription modificative au registre du commerce et des sociétés. »*** *— Entrée en vigueur le 1er juin 1989.*

BIBL. ▶ Martin-Serf, *JDI 1995. 31* (faillite internationale).

Art. 2 *(Abrogé par Décr. n° 2005-1677 du 28 déc. 2005, art. 354)* ***Les exceptions d'incompétence sont réglées par les articles 75 à 99 du code de procédure civile sous réserve des dispositions des articles 3, 4 et 5 ci-après.***

Art. 3 *(Abrogé par Décr. n° 2005-1677 du 28 déc. 2005, art. 354) (Décr. n° 94-910 du 21 oct. 1994)* ***Lorsque les intérêts en présence justifient le renvoi de l'affaire devant une autre juridiction en application du troisième alinéa de l'article 7 de la loi n° 85-98 du 25 janvier 1985 relative au redressement et à la liquidation judiciaires des entreprises, le président du tribunal transmet immédiatement le dossier par ordonnance motivée au premier président de la cour d'appel ou, s'il estime que l'affaire relève d'une juridiction du ressort d'une autre cour d'appel, au premier président de la Cour de cassation.***

Ce renvoi peut également être demandé par requête motivée du ministère public au premier président de la cour d'appel ou de la Cour de cassation. En ce cas, le greffier du tribunal notifie immédiatement aux parties la requête et transmet le dossier à la cour d'appel ou à la Cour de cassation.

Le premier président de la cour d'appel ou le premier président de la Cour de cassation saisi en application des deux alinéas précédents désigne dans les dix jours de la réception du dossier, après avis du ministère public, la juridiction qui sera saisie de l'affaire. Dans les mêmes conditions, le premier président de la cour d'appel peut aussi, s'il estime que les intérêts en présence justifient le renvoi de l'affaire devant une juridiction du ressort d'une autre cour d'appel, ordonner la transmission du dossier au premier président de la Cour de cassation. Les décisions du président du tribunal et du premier président de la cour d'appel ou de la Cour de cassation sont immédiatement notifiées aux parties par le greffier du tribunal ou de la cour.

Les décisions prises en application du présent article sont des mesures d'administration judiciaire et ne sont susceptibles d'aucun recours. Ces décisions s'imposent aux parties et à la juridiction de renvoi désignée.

Dans l'attente de la décision du premier président, le tribunal peut désigner un administrateur judiciaire, sous l'autorité d'un juge commis temporairement à cet effet, pour accomplir, notamment, les diligences prévues à l'article L. 621-16 du code de commerce. Le tribunal peut également ordonner, à titre de mesures provisoires, l'inventaire des biens et l'apposition des scellés.

Art. 4 (Abrogé par Décr. n° 2005-1677 du 28 déc. 2005, art. 354) *Dans les cas autres que celui qui résulte de l'application du deuxième alinéa de l'article L. 621-5 du code de commerce, le tribunal, lorsqu'il se déclare incompétent, peut ordonner les mesures conservatoires ou provisoires mentionnées au dernier alinéa de l'article précédent.*

Art. 5 (Abrogé par Décr. n° 2005-1677 du 28 déc. 2005, art. 354) *Lorsque sa compétence est contestée, le tribunal, s'il se déclare compétent, doit, dans le même jugement, statuer sur le fond.*

TITRE I **RÉGIME GÉNÉRAL DU REDRESSEMENT JUDICIAIRE**

CHAPITRE I ***PROCÉDURE D'OBSERVATION***

SECTION 1 ***Saisine et décision du tribunal***

SOUS-SECTION 1 *Saisine sur déclaration du débiteur*

Art. 6 (Abrogé par Décr. n° 2005-1677 du 28 déc. 2005, art. 354) *La déclaration de cessation des paiements ou d'inexécution des engagements financiers d'un règlement amiable est déposée par le débiteur au greffe du tribunal compétent.*

A cette déclaration sont jointes, outre les comptes annuels du dernier exercice, les pièces ci-après, établies à la date de la déclaration :

1° Un extrait d'immatriculation aux registres et répertoires mentionnés à l'article 21 ci-dessous ;

2° Une situation de trésorerie datant de moins de trois mois ;

3° Le nombre des salariés et le montant du chiffre d'affaires tels qu'ils sont définis à l'article 1er du décret n° 85-1387 du 27 décembre 1985 pris pour l'application des articles 2 et 7 de la loi n° 85-98 du 25 janvier 1985 [C. com., art. L. 620-2 et L. 621-5] *;*

4° L'état chiffré des créances et des dettes avec l'indication des noms et du domicile des créanciers et, pour les salariés, le montant global des sommes impayées ;

5° L'état actif et passif des sûretés ainsi que celui des engagements hors bilan ;

6° L'inventaire sommaire des biens du débiteur ;

(Décr. n° 94-910 du 21 oct. 1994) *« 7° Lorsque la liquidation judiciaire est sollicitée, les éléments de nature à établir que l'entreprise a cessé toute activité ou que le redressement est manifestement impossible ;*

« 8° » S'il s'agit d'une personne morale comportant des membres responsables solidairement des dettes sociales, la liste de ceux-ci avec l'indication de leur nom et domicile ;

(Décr. n° 94-910 du 21 oct. 1994) « 9° » ***Le nom et l'adresse des représentants du comité d'entreprise ou des délégués du personnel habilités à être entendus par le tribunal s'ils ont déjà été désignés.***

Ces documents doivent être datés, signés et certifiés sincères et véritables par le déclarant.

Dans le cas où l'un ou l'autre de ces documents ne peut être fourni ou ne peut l'être qu'incomplètement, la déclaration doit indiquer les motifs qui empêchent cette production.

SOUS-SECTION 2 *Saisine sur assignation d'un créancier*

Art. 7 *(Abrogé par Décr. n° 2005-1677 du 28 déc. 2005, art. 354)* ***L'assignation d'un créancier doit préciser la nature et le montant de la créance et contenir l'indication des procédures ou voies d'exécution*** *(Abrogé par Décr. n° 94-910 du 21 oct. 1994)* ***« éventuellement » engagées pour le recouvrement de la créance.*** *(Décr. n° 89-339 du 29 mai 1989)* ***« Lorsqu'il s'agit d'une exploitation agricole, le créancier joint à sa demande une attestation, délivrée par le greffier, de la saisine du président du tribunal de grande instance aux fins de désignation d'un conciliateur ».*** *– Le Décr. n° 89-339 du 29 mai 1989 entre en vigueur le 1er juin 1989 (Décr. préc., art. 17).*

(Décr. n° 94-910 du 21 oct. 1994) ***« La demande tendant à la liquidation judiciaire doit être accompagnée des éléments de nature à établir que l'entreprise a cessé toute activité ou que le redressement est manifestement impossible. »***

(Abrogé par Décr. n° 94-910 du 21 oct. 1994) ***« Sauf dans le cas d'inexécution d'un règlement amiable, » la demande d'ouverture d'une procédure de redressement judiciaire*** *(Décr. n° 94-910 du 21 oct. 1994)* ***« ou de liquidation judiciaire » est à peine d'irrecevabilité qui doit être soulevée d'office, exclusive de toute autre demande.***

BIBL. ▸ CALMELS, *Gaz. Pal. 1986. 1. Doctr. 304.* - LAPORTE, *Procédures 2002, Chron. 1.*

1. Qualité de créancier. V. note 1 ss. art. R. 631-1.

2. Nature et montant de la créance. En ce sens qu'est recevable une demande d'ouverture de procédure collective d'un créancier n'ayant qu'une créance à recouvrer, dès lors que l'actif disponible du débiteur ne lui permet pas de faire face à sa dette exigible envers le créancier, V. • Com. 8 mars 1994, n° 90-12.941 P : *D. 1994. IR 80 ; Dr. sociétés 1994, n° 90, obs. Chaput.*

3. Preuve à la charge du créancier. Le créancier n'a pas à prouver que le débiteur ne l'a pas payé parce qu'il ne pouvait pas le faire et pas seulement par mauvaise volonté. • Com. 8 mars 1994 : *préc. note 2.*

4. Voies d'exécution engagées. L'assignation d'un créancier contient, à peine d'irrecevabilité de la demande qui doit être relevée d'office, l'indication des procédures ou voies d'exécution engagées pour le recouvrement de la créance. • Com. 1er mars 2005, n° 03-12.425 P : *D. 2005. AJ 712, obs. Lienhard ; ibid. Pan. 2012, obs. F.-X. Lucas ; APC 2005, n° 63, obs. Regnaut-Moutier ; JCP E 2005, n° 24, p. 1024, note Legros ; RTD com. 2005. 419, obs. Vallens ; Gaz. Pal. 5-7 juill. 2005, p. 13, obs. Le Corre ; Defrénois 2005. 1916, obs. Gibirila.* ♦ Viole l'art. 7, al. 1er, dans sa rédaction issue du décret du 21 oct. 1994, la cour d'appel qui retient que l'indication, dans l'assignation du créancier, des procédures ou voies d'exécution engagées pour le recouvrement de la créance, à la supposer requise par ce texte, ne constitue qu'une condition de pure forme, de sorte que la nullité n'est encourue qu'en cas de démonstration d'un grief. • Même arrêt. ♦ Au contraire, l'art. 7, al. 1er, exigeant seulement, dans sa rédaction antérieure au décret du 21 oct. 1994, l'indication, dans l'assignation du créancier, des procédures ou voies d'exécution *éventuellement* engagées pour le recouvrement de la créance, il n'était pas nécessaire qu'un créancier entreprenne des poursuites ou voies d'exécution avant d'assigner une société en ouverture de redressement judiciaire. • Com. 13 mars 1990, n° 88-17.458 P : *D. 1990. IR 86.*

5. Exclusivité de la demande. Est irrecevable la demande alternative portant à la fois sur l'ouverture d'une procédure collective et le paiement de la créance. • Paris, 3 oct. 1989 : *Rev. dr. bancaire 1990. 86, obs. Campana et Calendini.* ♦ En revanche, viole l'art. 7, l'arrêt qui déclare irrecevable la demande d'un organisme de sécurité sociale en vue de l'ouverture d'une procédure de redressement judiciaire faute de paiement à l'audience d'une créance de cotisations, alors que l'assignation ne contenait aucune prétention ayant pour objet la condamnation du débiteur au paiement desdites cotisations et ne tendait qu'au redressement judiciaire. • Com. 26 mai 1992, n° 90-16.983 P.

6. Est irrecevable l'assignation tendant à titre principal à ce que la procédure de redressement judiciaire ouverte à l'égard d'une société, et qui avait déjà abouti au prononcé de la liquidation judiciaire, soit étendue à d'autres débiteurs ayant encore la maîtrise de leurs biens, en raison de la confusion des patrimoines relevée, et, à titre subsidiaire, à la condamnation des défendeurs au paiement d'une certaine somme. • Com. 1er déc. 1992, n° 90-20.409 P : *Dr. sociétés 1993, n° 31, obs. Chaput* • 17 févr. 1998, n° 95-14.839

P : *D. Affaires 1998. 427, obs. A. L. ; BJS 1998. 656, note Le Cannu* (extension d'une SARL à une SCI).

7. Toutefois, l'art. 7 n'interdit pas les demandes reconventionnelles qui ne sont qu'une réponse à la demande principale. • Paris, 23 févr. 1988 : *Gaz. Pal. 1988. 2. Somm. 302.*

8. Il n'est pas interdit au créancier qui a agi en paiement contre le débiteur de former contre celui-ci une demande distincte aux fins d'ouverture d'une procédure de redressement judiciaire. • Com. 5 déc. 1995 : *Dr. sociétés 1996, n° 32, obs. Chaput.*

9. La demande d'ouverture d'une procédure de redressement judiciaire formée subsidiairement à une demande de liquidation judiciaire n'est pas une autre demande au sens de l'art. 7, dès lors qu'elle tend aussi à l'ouverture d'une procédure collective. • Com. 29 mai 2001 : *RJDA 2001, n° 1126 ; RPC 2002. 58, obs. Deleneuville.*

10. Les dispositions de l'art. 7, al. 3, du décret de 1985 ne s'appliquent pas lorsque le tribunal est saisi par l'administrateur, le représentant des créanciers, le commissaire à l'exécution du plan, le liquidateur ou le procureur de la République, en vertu des pouvoirs attribués à chacun d'eux par l'art. 183 de la loi du 25 janv. 1985 [C. com., anc. art. L. 624-6], d'une demande tendant à l'ouverture du redressement judiciaire du dirigeant d'une personne morale en redressement ou en liquidation judiciaires. • Com. 14 oct. 1997, n° 95-13.563 P : *D. Affaires 1997. 1292 ; JCP E 1998, n° 1-2, p. 34, obs. Pétel* • 26 mai 1999 : *Dr. sociétés 1999, n° 145, obs. Chaput.* – Dans le même sens, V. • Paris, 21 sept. 2004 : *Dr. sociétés 2005, n° 47, note Legros.*

11. Sur l'impossibilité, pour le créancier qui assigne son débiteur en redressement judiciaire, de demander en outre une indemnité au titre des frais non recouvrables (art. 700 C. pr. civ.), V. • Paris, 31 janv. 2006 : *RTD com. 2006. 486, obs. Vallens.*

12. Demande abusive. Commet une faute et doit être condamné au paiement des frais de procédure, le créancier qui demande l'ouverture d'une procédure de redressement judiciaire à l'égard de son débiteur, dès lors qu'il ne pouvait déduire d'une lettre de ce dernier lui faisant une offre de règlement, même faible, un état de cessation des paiements caractérisé, et que, en délivrant successivement deux assignations en redressement judiciaire, il entendait exercer sur lui un moyen de pression, contrairement aux art. 3 de la loi [C. com., anc. art. L. 621-1] et 7, al. 2, du décret. • Com. 5 déc. 1989 : *Bull. civ. IV, n° 305 ; D. 1990. IR 8 ; RTD com. 1990. 108, obs. Haehl.* ♦ De même, doit être condamnée, pour procédure abusive, une URSSAF ayant assigné en redressement judiciaire, dès lors, d'une part, que la demande de mise en redressement judiciaire ne peut être utilisée comme moyen de pression pour obtenir le règlement de dettes et qu'il existe des procédures amiables ou judiciaires adaptées à une demande de règlement, et, d'autre part, que le débiteur a établi de manière incontestable qu'il disposait et dispose d'une trésorerie suffisante pour régler immédiatement sa dette. • Com. 1er oct. 1997, n° 95-13.262 P : *D. 1997. IR 231 ; D. Affaires 1997. 1258 ; RDBB 1998. 20, obs. Campana et Calendini ; JCP E 1998, n° 12, p. 469, obs. F.-X. Lucas.* – V. aussi • Com. 16 mars 1993 : *Dr. sociétés 1993, n° 115, obs. Chaput* • Versailles, 13 avr. 1995 : *RPC 2002. 57, obs. Deleneuville* • Paris, 18 févr. 1997 : *RPC 1999. 21, obs. Cadiou* • Metz, 25 nov. 1999 : *ibid. 2002. 52, obs. Deleneuville.* ♦ Comp. note 8 ss. art. R. 631-6.

En revanche, un créancier ne détourne pas la procédure de redressement judiciaire de sa finalité pour contraindre son débiteur à accélérer son paiement dès lors qu'il pouvait avoir une légitime croyance en l'état de cessation des paiements de son débiteur, qui ne s'était pas spontanément acquitté de sa dette après une première condamnation, était resté sans réaction après le commandement de payer qui lui avait été délivré et n'avait pas respecté le protocole relatif au rééchelonnement de sa dette. • Pau, 23 mars 2000 : *RPC 2002. 57, obs. Deleneuville.*

13. Mode de saisine. La pratique consistant à saisir le tribunal de commerce par voie de requête est irrégulière. • Versailles, 6 mars 1997 : *Gaz. Pal. 1997. 2. Somm. 352 ; RPC 1998. 226, obs. Cadiou.*

14. Représentation. S'agissant d'une demande de redressement judiciaire, la représentation n'est pas obligatoire. • Paris, 14 mars 1997 : *JCP E 1997. Pan. 637.* ♦ V. art. 853 C. pr. civ.

SOUS-SECTION 3 *Saisine d'office ou à la requête du procureur de la République*

Art. 8 *(Abrogé par Décr. n° 2005-1677 du 28 déc. 2005, art. 354)* ***En cas de saisine d'office, le président du tribunal fait convoquer le débiteur, par les soins du greffier, par acte d'huissier de justice, à comparaître dans le délai qu'il fixe devant le tribunal siégeant en chambre du conseil.***

A la convocation est jointe une note par laquelle le président expose les faits de nature à motiver la saisine d'office.

Le greffier adresse copie de cette note au procureur de la République en l'avisant de la date d'audition du débiteur.

(Abrogé par Décr. n° 94-910 du 21 oct. 1994) ***« Le jugement est prononcé en audience publique. »***

Art. 9 (Abrogé par Décr. n° 2005-1677 du 28 déc. 2005, art. 354) *Lorsque le procureur de la République demande l'ouverture d'une procédure de redressement judiciaire* (Décr. n° 94-910 du 21 oct. 1994) *« ou de liquidation judiciaire », il présente au tribunal une requête indiquant les faits de nature à motiver cette demande. Le président du tribunal, par les soins du greffier, fait convoquer le débiteur par acte d'huissier de justice à comparaître dans le délai qu'il fixe, devant le tribunal siégeant en chambre du conseil.*

A cette convocation est jointe la requête du procureur de la République.

Le procureur de la République est avisé de la date d'audition du débiteur.

(Abrogé par Décr. n° 94-910 du 21 oct. 1994) *« Le jugement est prononcé en audience publique. »*

Art. 10 (Abrogé par Décr. n° 2005-1677 du 28 déc. 2005, art. 354) (Décr. n° 94-910 du 21 oct. 1994) *Les articles 8 et 9 ci-dessus sont applicables aux héritiers connus du débiteur lorsque, dans le cas prévu à l'article L. 621-14 du code de commerce, le tribunal décide de se saisir d'office ou est saisi à la requête du procureur de la République. S'il existe des héritiers dont l'adresse est inconnue, ceux-ci sont représentés par un mandataire commis par le président du tribunal de grande instance se saisissant d'office, ou saisi à la requête du procureur de la République, de l'administrateur, du représentant des créanciers ou du liquidateur.*

Art. 11 (Abrogé par Décr. n° 2005-1677 du 28 déc. 2005, art. 354) *La cour d'appel qui annule ou infirme un jugement de redressement judiciaire ou prononçant la liquidation judiciaire peut d'office, soit ouvrir la procédure de redressement judiciaire, soit prononcer la liquidation judiciaire.*

SOUS-SECTION 4 *Information du tribunal*

Art. 12 (Abrogé par Décr. n° 2005-1677 du 28 déc. 2005, art. 354) *Avant qu'il ne soit statué sur l'ouverture de la procédure, le greffier, à la demande du président du tribunal, avise le chef d'entreprise qu'il doit réunir le comité d'entreprise ou, à défaut, les délégués du personnel, pour que soient désignées les personnes habilitées à être entendues par le tribunal et à exercer les voies de recours conformément à l'article L. 623-10 du code de commerce. Copie de cet avis est adressée par le greffier au secrétaire du comité d'entreprise ou, à défaut, aux délégués du personnel. Le nom des personnes désignées est communiqué au greffier.*

Art. 13 (Abrogé par Décr. n° 2005-1677 du 28 déc. 2005, art. 354) *Avant qu'il ne soit statué sur l'ouverture de la procédure, le président du tribunal ou le tribunal, commet, s'il l'estime utile, un juge pour recueillir tous renseignements sur la situation financière, économique et sociale de l'entreprise ainsi que sur le nombre des salariés et le montant du chiffre d'affaires au sens de l'article 1er du décret n° 85-1387 du 27 décembre 1985 précité. Le juge commis peut se faire assister de toute personne de son choix dont les constatations sont consignées dans le rapport du juge. Ce rapport est déposé au greffe et communiqué par le greffier au procureur de la République.* — V. ancien art. L. 620-2 C. com. (note).

Le greffier avertit le débiteur et (Décr. n° 94-910 du 21 oct. 1994) *« , s'il en existe, le ou les créanciers poursuivants » qu'ils peuvent prendre connaissance du rapport dans les délais et suivant les modalités fixées par le président du tribunal. Il informe le comité d'entreprise ou à défaut les délégués du personnel que leurs représentants peuvent prendre connaissance du rapport au greffe et les avise en même temps de la date de l'audience.*

Le président du tribunal s'assure qu'il s'est écoulé un temps suffisant entre les avis du greffier et la date de l'audience.

SOUS-SECTION 5 *Ouverture de la procédure*

Art. 14 (Abrogé par Décr. n° 2005-1677 du 28 déc. 2005, art. 354) *Le tribunal statue, sur le rapport du juge commis s'il y a lieu, dans les conditions définies à l'article L. 621-4 du code de commerce. Si le jugement ne peut être rendu sur le champ, le prononcé en est renvoyé à une prochaine audience dont la date est communiquée, lors de l'audience, au débiteur et le cas échéant au créancier poursuivant.*

(Décr. n° 94-910 du 21 oct. 1994) *« Le jugement d'ouverture de la procédure est prononcé en audience publique ; il prend effet à compter de sa date. »*

Art. 15 (Abrogé par Décr. n° 2005-1677 du 28 déc. 2005, art. 354) (Décr. n° 94-910 du 21 oct. 1994) *Dans les dix jours du prononcé du jugement d'ouverture, le chef d'entreprise,* *assisté de l'administrateur s'il en a été nommé un, ou l'administrateur, réunit le comité d'entreprise, les délégués du personnel ou à défaut les salariés pour qu'ils désignent le représentant des salariés.*

Le procès-verbal de désignation du représentant des salariés, ou le procès-verbal de carence établi dans les conditions du quatrième alinéa de l'article L. 621-8 du code de commerce, est immédiatement déposé au greffe du tribunal.

Art. 16 (Abrogé par Décr. n° 2005-1677 du 28 déc. 2005, art. 354) *Le tribunal d'instance est saisi des contestations relatives à la désignation du représentant des salariés par déclaration au greffe.*

Cette déclaration n'est recevable que si elle est faite dans les deux jours suivant la désignation du représentant des salariés.

Dans les cinq jours de sa saisine, le tribunal d'instance statue en dernier ressort, sans frais ni forme de procédure et sur simple avertissement qu'il donne deux jours à l'avance à toutes les parties intéressées.

La décision du tribunal d'instance est notifiée par le greffe dans les deux jours par lettre recommandée avec demande d'avis de réception.

Le délai du pourvoi en cassation est de cinq jours. Le pourvoi est formé, instruit et jugé dans les conditions fixées par les articles 999 à 1008 du code de procédure civile.

Art. 17 (Abrogé par Décr. n° 2005-1677 du 28 déc. 2005, art. 354) *Le licenciement du représentant des salariés désigné en application de l'article L. 621-8 ou de l'article L. 621-135 du code de commerce est régi par les dispositions des articles R. 436-1 à R. 436-8 et de l'article R. 436-10 du code du travail* [devenu C. trav., art. R. 2421-15].

Art. 18 (Abrogé par Décr. n° 2005-1677 du 28 déc. 2005, art. 354) *Le jugement qui ouvre la procédure est signifié au débiteur par les soins du greffier* (Décr. n° 88-430 du 21 avr. 1988) *« dans les huit jours de la date du jugement ».*

Art. 19 (Abrogé par Décr. n° 2005-1677 du 28 déc. 2005, art. 354) *Le greffier adresse immédiatement une copie du jugement ouvrant la procédure de redressement judiciaire* (Décr. n° 94-910 du 21 oct. 1994) *« ou de liquidation judiciaire » :*

1° Aux mandataires de justice désignés ;

2° Au procureur de la République ;

3° Au trésorier-payeur général du département dans lequel le débiteur a son siège et à celui du département où se trouve le principal établissement.

Art. 20 (Abrogé par Décr. n° 2005-1677 du 28 déc. 2005, art. 354) (Décr. n° 94-910 du 21 oct. 1994) *« La période d'observation est limitée à six mois. Elle est renouvelable une fois pour une durée égale au plus à six mois. Elle peut en outre être exceptionnellement prolongée à la demande du ministère public, pour une durée n'excédant pas huit mois.*

« Pendant cette période, l'activité est poursuivie, dans les conditions prévues au chapitre I du titre I de la loi précitée [section 1 du chapitre I du titre II du livre VI du code de commerce]. *Le président fixe l'affaire au rôle du tribunal au plus tard dix jours avant l'expiration de chaque période fixée par celui-ci. Le greffier convoque à cette audience le débiteur, les mandataires, les contrôleurs et en avise le procureur de la République. Sous réserve des dispositions de l'article L. 623-9, alinéa 2, du code de commerce et de l'article 119-2 ci-dessous, la poursuite d'activité ne peut en aucun cas excéder la durée maximale fixée ci-dessus. »*

Le tribunal statue sur la prolongation de la période d'observation au vu du rapport du juge-commissaire et après avis du procureur de la République. (Décr. n° 94-910 du 21 oct. 1994) *« Il recueille préalablement les observations du débiteur, de l'administrateur, du représentant de* [des] *créanciers et des contrôleurs. »*

La décision prolongeant la période d'observation est communiquée aux autorités citées à l'article 19 (Décr. n° 94-910 du 21 oct. 1994) *« et aux contrôleurs ». Elle est mentionnée aux registres ou répertoires prévus à l'article 21.*

Si la période d'observation est prolongée, les délais prévus aux titres Ier et II du présent décret, à l'exception de ceux qui sont relatifs à la saisine des juges et aux voies de recours, peuvent être allongés par ordonnance du juge-commissaire rendue d'office ou à la demande de l'administrateur, du débiteur ou du représentant des créanciers.

Art. 20-1 (Abrogé par Décr. n° 2005-1677 du 28 déc. 2005, art. 354) (Décr. n° 94-910 du 21 oct. 1994) *Lorsqu'au cours d'une procédure de redressement ou de liquidation judi-*

ciaire la dissolution de la communauté existant entre le débiteur et son conjoint devient opposable aux tiers, ce conjoint doit être entendu ou dûment convoqué avant toute décision ordonnant ou autorisant la vente des biens de l'indivision.

SOUS-SECTION 6 *Publicité du jugement*

BIBL. GÉN. ▸ DAGOT, *JCP 1986. I. 3262.* - CARLI, *JCP N 1993. I. 471* (pour un nouvel apport de la télématique et des banques de données). - DELENEUVILLE, *RPC 1999. 1.*

Art. 21 (*Abrogé par Décr. n° 2005-1677 du 28 déc. 2005, art. 354*) *Le jugement ouvrant le redressement judiciaire d'un débiteur est mentionné avec l'indication des pouvoirs conférés à l'administrateur au registre du commerce et des sociétés s'il s'agit d'un commerçant ou d'une personne morale immatriculée à ce registre.*

A la demande du greffier du tribunal qui a ouvert la procédure, les mêmes mentions sont portées sur le répertoire des métiers ou sur le répertoire des entreprises dans les départements du Bas-Rhin, du Haut-Rhin et de la Moselle, s'il s'agit d'un artisan.

S'il s'agit d'une personne non immatriculée au registre du commerce et des sociétés, au répertoire des métiers ou au répertoire des entreprises, les mentions sont portées sur un registre ouvert à cet effet au greffe du tribunal de grande instance ; dans ce cas, le greffier indique le siège de l'entreprise, les nom, prénoms et adresse du chef d'entreprise ou des dirigeants sociaux.

Un avis du jugement est adressé pour insertion au BODACC. Cette insertion contient l'indication du nom du débiteur, du siège de l'entreprise, de son numéro d'immatriculation aux registres ou répertoires visés ci-dessus, (Décr. n° 88-430 du 21 avr. 1988) *« de l'activité exercée et » de la date du jugement qui a ouvert la procédure de redressement judiciaire. Elle précise également le nom et l'adresse du représentant des créanciers et de l'administrateur s'il en a été nommé un* (Décr. n° 94-910 du 21 oct. 1994) *« avec, dans ce cas, l'indication des pouvoirs qui lui sont conférés ». Elle comporte enfin l'avis aux créanciers de déclarer leurs créances entre les mains du représentant des créanciers.* — Dans tous les textes réglementaires, la référence aux mentions visées aux 1 et 2 de l'art. 72 du décret n° 84-406 du 30 mai 1984 relatif au registre du commerce et des sociétés est substituée à la référence au numéro d'immatriculation au registre du commerce et des sociétés (Décr. n° 98-550 du 2 juill. 1998, art. 35).

Le même avis est fait dans un journal d'annonces légales du lieu où le débiteur a le siège de son entreprise ou des établissements secondaires.

(Décr. n° 94-910 du 21 oct. 1994) *« Les publicités prévues ci-dessus sont faites d'office par le greffier dans les quinze jours de la date du jugement. Toutefois, en cas d'appel du ministère public en application des articles L. 623-1 et L. 623-6 du code de commerce, ou en cas de suspension de l'exécution provisoire ordonnée en vertu du deuxième alinéa de l'article 155 ci-dessous, ces publicités ne sont effectuées par le greffier du tribunal qu'au vu de l'arrêt de la cour d'appel qui lui est transmis par le greffier de la cour d'appel dans les huit jours de son prononcé. »*

Art. 22 (*Abrogé par Décr. n° 2005-1677 du 28 déc. 2005, art. 354*) *La décision modifiant la date de cessation des paiements* (Décr. n° 94-910 du 21 oct. 1994) *« est prononcée en audience publique et » est mentionnée aux registres ou répertoires prévus à l'article 21 ci-dessus.*

SECTION 2 ***Les organes de la procédure et les contrôleurs*** (Décr. n° 94-910 du 21 oct. 1994).

Art. 23 (*Abrogé par Décr. n° 2005-1677 du 28 déc. 2005, art. 354*) *Dans le jugement d'ouverture ou à tout moment de la procédure, le tribunal peut désigner un juge-commissaire suppléant qui exerce les attributions du juge-commissaire momentanément empêché.*

Art. 24 (*Abrogé par Décr. n° 2005-1677 du 28 déc. 2005, art. 354*) *A l'exception du cas prévu à l'article 26, le tribunal statue, après rapport du juge-commissaire, sur toutes les contestations qui sont nées du redressement ou de la liquidation judiciaires et qui sont portées devant lui.*

Art. 25 (*Abrogé par Décr. n° 2005-1677 du 28 déc. 2005, art. 354*) *Le juge-commissaire statue par ordonnance sur les demandes, contestations et revendications relevant de sa compétence ainsi que sur les réclamations formulées contre les actes de l'administrateur, du*

représentant des créanciers, du commissaire à l'exécution du plan, du liquidateur et du représentant des salariés.

Si le juge-commissaire n'a pas statué dans un délai raisonnable, le tribunal peut se saisir d'office ou être saisi à la demande d'une partie.

(Décr. n° 94-910 du 21 oct. 1994) ***« Les ordonnances du juge-commissaire sont immédiatement déposées au greffe et notifiées par le greffier aux mandataires de justice, aux parties et, le cas échéant, aux personnes désignées dans l'ordonnance, par lettre recommandée avec demande d'avis de réception. Sur sa demande, ces ordonnances sont communiquées au procureur de la République. Elles peuvent faire l'objet de recours dans les huit jours de la notification par déclaration faite contre récépissé ou adressée par lettre recommandée avec demande d'avis de réception au greffe. »***

(Décr. n° 2004-518 du 10 juin 2004, art. 3-I) ***« Dans les quinze jours du dépôt au greffe de l'ordonnance, le tribunal peut se saisir d'office, aux fins d'annulation ou de réformation de celle-ci, dans les formes prévues à l'article 8. Il peut être saisi aux mêmes fins, par le procureur de la République, dans les quinze jours de la communication qui lui est faite de l'ordonnance, dans les formes prévues à l'article 9. »***

(Décr. n° 94-910 du 21 oct. 1994) ***« L'examen du recours est fixé à la première audience utile du tribunal, les intéressés et les mandataires étant avisés. »***

Ancien art. 25, al. 4 *[réd. antérieure au Décr. n° 2004-518 du 10 juin 2004] (Décr. n° 94-910 du 21 oct. 1994)* ***Dans les quinze jours du dépôt au greffe de l'ordonnance, le tribunal peut se saisir d'office, ou être saisi par le procureur de la République dans les formes des articles 8 et 9, aux fins d'annulation ou de réformation de celle-ci.***

1. Compétence du tribunal (jurisprudence antérieure à la loi du 10 juin 1994). Avant la modification de l'art. 53 de la loi du 25 janv. 1985 par la loi du 10 juin 1994, les ordonnances rendues par le juge-commissaire lorsqu'il rejetait une demande de relevé de forclusion n'étaient susceptibles que d'un recours devant le tribunal de commerce. • Com. 3 oct. 1989, n° 88-14.298 P : *D. 1990. Somm. 9, obs. Derrida* • 12 juin 1990 : *Gaz. Pal. 1990. 2. Pan. 204.* ♦ Aucune disposition de la loi de 1985 ou du décret de 1985 ne donnait compétence à la cour d'appel pour statuer en matière de forclusion. • Com. 30 mars 1993, n° 91-12.287 P : *D. 1993. IR 131* • 2 nov. 1993 : *Rev. huiss. 1994. 227* • Paris, 12 sept. 1995 : *D. Affaires 1995. 91.* ♦ ... L'indication erronée, selon laquelle il pouvait être fait appel de l'ordonnance de refus de relevé de forclusion, contenue dans la notification du greffier, ne pouvait avoir pour effet d'ouvrir au créancier la voie de l'appel. • Com. 3 oct. 1989 : *préc.*

2. En revanche, c'était à juste titre qu'une cour d'appel déclarait recevable l'appel formé contre l'ordonnance du juge-commissaire qui, à la fois, relevait un créancier de la forclusion et admettait ses créances. • Com. 29 mai 1990, n° 88-16.434 P : *D. 1991. 153, note Derrida* • 29 janv. 1991, n° 88-20.089 P : *D. 1991. IR 68* • 14 avr. 1992 : *RJDA 1992, n° 762.* – Comp. : • Rennes, 15 juill. 1987 : *Gaz. Pal. 1987. 2. 547, note Massart* • Rouen, 30 janv. 1992 : *RJDA 1992, n° 509.* ♦ ... Alors qu'à l'inverse, n'était pas recevable l'appel contre l'ordonnance rejetant la demande en relevé de forclusion et rejetant la créance, en visant les art. 101 s. de la loi du 25 janv. 1985. • Com. 22 févr. 1994 : *Dr. sociétés 1994, n° 115, obs. Chaput.* ♦ Comp., désormais : art. L. 621-46, al. 3, C. com., dans sa rédaction issue de la loi n° 94-475 du 10 juin 1994. ♦ Sur la date d'application de cette disposition, V. note 62 ss. anc. art. L. 621-46 C. com.

3. Les ordonnances rendues par le juge-commissaire lorsqu'il ordonne la continuation des contrats en cours ne sont susceptibles que d'un recours devant le tribunal de commerce. • Civ. 2e, 5 mai 1993, n° 91-19.254 P : *RJDA 1993, n° 949.*

4. Selon l'art. 25, le recours contre les ordonnances du juge-commissaire est porté devant le tribunal à l'exception du recours contre les ordonnances statuant sur l'admission des créances au passif qui, conformément à l'art. 102 de la loi, est porté devant la cour d'appel. • Paris, 26 oct. 1993 : *D. 1994. IR 7 ; LPA 27 juill. 1994, p. 49, note Dadouche.* ♦ Est donc irrecevable l'appel formé devant la cour contre une ordonnance par laquelle le juge-commissaire refuse l'inscription sur la liste, prévue par l'art. 40 de la loi du 25 janv. 1985 [et supprimée par le décret du 21 oct. 1994], des créances nées après le jugement d'ouverture, dès lors que, ne concernant pas le contentieux de l'admission au passif, elle doit être attaquée devant le tribunal. • Même arrêt.

Pour un arrêt ouvrant la voie du contredit, V. • Dijon, 4 juill. 1995 : *RPC 1996. 330, obs. crit. Soinne.*

5. Tribunal statuant à la place du juge-commissaire. Pour des applications de l'art. 25, al. 2, V. • Com. 5 juill. 2005 : *cité note 2 ss. art. L. 624-17 C. com.* (créancier exerçant une action en restitution) • T. com. Paris, 12 juill. 1994 : *Gaz. Pal. 1994. 2. Somm. 784* (créancier sollicitant sa nomination aux fonctions de contrôleur).

6. L'art. 25, al. 2, ne s'applique pas à la procédure de vérification des créances, qui échappe à la compétence du tribunal. • Com. 19 mars 2002 : *RPC 2003. 23, obs. Legrand.*

7. Viole les art. 25, al. 2, et 70, al. 1er, le tribunal qui, dans un jugement rendu en dernier ressort, se prononce sur la demande en relevé de forclusion soumise au juge-commissaire sans constater soit que celui-ci n'avait pas statué dans un délai raisonnable, soit qu'il n'était plus en fonctions. • Com. 5 déc. 1995 : *D. 1996. 125, note Derrida.*

8. En ce sens que, dans l'hypothèse de l'art. 25, al. 2, du décret, les dispositions de l'art. 173 (2) de la loi [C. com., anc. art. L. 623-4 (2)] ne sont pas applicables, et que, par conséquent, la voie de l'appel est ouverte, V. • Rennes, 15 mai 1996 : *RPC 1998. 248, obs. Cadiou.*

9. Irrecevabilité des actions en nullité. Le tribunal qui accueille une action principale en nullité dirigée contre une décision du juge-commissaire commet un excès de pouvoir. • Com. 27 avr. 1993, n° 90-16.639 P : *D. 1993. IR 131.* – V. aussi • Com. 1er oct. 1997, n° 94-16.697 P : *D. 1997. IR 231.* ♦ Les ordonnances du juge-commissaire, même lorsque celui-ci excède ses pouvoirs, ne peuvent faire l'objet que d'un recours, conformément aux dispositions de l'art. 25, al. 3. • Com. 2 févr. 1999 : *APC 1999, n° 128.*

10. Respect du contradictoire. BIBL. Soinne, *LPA 27 mars 1996, p. 12.* ♦ L'exigence du respect du principe du contradictoire s'impose même dans le cadre d'une procédure orale et même devant le tribunal de commerce statuant sur le recours contre une ordonnance du juge commissaire exercé conformément à l'art. 25. • Paris, 4 juill. 1997 : *RJ com. 1998. 202, obs. Legrand.* ♦ Sur le caractère contradictoire de la procédure de revendication, V. • Grenoble, 3 févr. 1988 : *Gaz. Pal. 1988. 2. 477, note Benezera.*

11. Délai de recours (jurisprudence antérieure au décret du 21 oct. 1994). Le délai de huit jours expirant, aux termes de l'art. 642 NCPC [C. pr. civ.], le huitième jour à 24 heures, jugé qu'a été enregistrée dans les délais une déclaration régularisée le lendemain du dernier jour, s'il s'agit d'un jour ouvrable. • T. com. Lyon, 3 déc. 1990 : *RPC 1991. 414, obs. Dureuil.*

L'art. 669 NCPC [C. pr. civ.], selon lequel la date de l'expédition de la notification est celle qui figure sur le cachet du bureau d'émission, s'applique. • Paris, 27 janv. 1995 : *RPC 1995. 484, obs. Soinne* • 19 mai 1995 : *ibid.*

Sur la sanction d'une computation erronée, V. • Paris, 21 févr. 1989 : *D. 1989. IR 91.*

12. Aucune disposition de la loi du 25 janv. 1985 et du décret du 27 déc. 1985 n'excluant l'application des règles générales de l'art. 643 NCPC [C. pr. civ.], le délai est augmenté de deux mois pour les personnes qui demeurent à l'étranger. • Civ. 2e, 25 févr. 1997, n° 94-19.233 P : *D. 1997. IR 77 ; Dr. sociétés 1997, n° 62, obs. Chaput.*

13. Le délai fixé par l'art. 25, lorsque la notification aux parties intéressées est faite par lettre recommandée avec avis de réception, court à partir du premier acte permettant la remise, soit à partir de la première présentation au destinataire. • T. com. Paris, 11 sept. 1998 : *Gaz. Pal. 1999. 2. Somm. 616 ; RPC 2000. 202, obs. Soinne.*

14. Les dispositions de l'art. 25, al. 3, relatives au point de départ des recours, de portée générale, doivent recevoir application même au cas particulier où la voie de l'appel est encore ouverte. • Paris, 2 févr. 1990 : *D. 1991. Somm. 239, obs. Honorat ; Gaz. Pal. 1991. 2. Somm. 428.* ♦ Les admissions de créance sans contestation n'ayant, aux termes de l'art. 73 du décret, pas à être notifiées au débiteur, le délai de l'appel contre l'ordonnance du juge-commissaire ratifiant la liste des créances proposée par le représentant des créanciers, ouvert au débiteur qui ne l'a pas contestée, court à compter du dépôt au greffe de cette décision. • Même arrêt.

15. Dès lors que l'ordonnance n'a pas été rendue à la requête de l'auteur du recours, et qu'elle ne renfermait aucune disposition quant aux destinataires et à la forme de sa notification, le délai prévu à l'art. 25 n'a pu courir, à l'égard de l'auteur du recours, qu'à compter de la formalité du dépôt au greffe de l'ordonnance, non assimilable à son prononcé. • Com. 16 mars 1993, n° 90-20.161 P.

16. Les ordonnances du juge-commissaire n'ayant pas, avant l'intervention du décret du 21 oct. 1994, à être notifiées aux mandataires de justice de la procédure collective, lesquels en recevaient communication lors de leur dépôt au greffe, il en résultait qu'à l'égard de ces derniers le délai du recours dont ces ordonnances pouvaient faire l'objet courait à compter du dépôt qui en avait été fait au greffe. Il en était ainsi même lorsque le juge-commissaire avait, de manière erronée, ordonné la notification de sa décision aux mandataires de justice et quelle que fût la qualité en laquelle ceux-ci avaient figuré à l'instance. • Com. 30 mars 1993, n° 91-19.620 P : *D. 1993. IR 102.* – Comp. : • Douai, 12 sept. 1991 : *Gaz. Pal. 1993. 2. 340.* ♦ Comp., désormais : art. 25, al. 3, dans sa rédaction issue du décret n° 94-910 du 21 oct. 1994.

17. Sous l'empire de l'anc. art. 25, al. 3, lorsque le juge ne s'était pas prononcé sur la forme de la notification, cette omission ne pouvait entraîner la modification du point de départ du recours par substitution de la date de dépôt au greffe de l'ordonnance à la date de notification. • Com. 2 nov. 1993, n° 91-20.423 P : *D. 1994. IR 8.* ♦ V. aussi • Com. 16 mars 1999, n° 96-18.978 P : *D. 1999. IR 104 ; JCP E 1999, n° 39, p. 1531, obs. Pétel.* ♦ Comp., désormais : art. 25, al. 3, dans sa rédaction issue du décret n° 94-910 du 21 oct. 1994, qui prévoit la forme de la notification.

18. Lorsqu'une ordonnance doit être notifiée mais que sa notification n'a pas été faite parce que le juge-commissaire ne l'a pas prévue, l'opposition peut être présentée tant qu'il n'a pas été procédé à cette notification suivant une forme régulière. • Com. 22 oct. 1996 : *RPC 1997. 420, obs. Cadiou.*

19. Il résulte de l'art. 6, paragr. 1, de la Convention européenne des droits de l'homme que, lorsqu'une ordonnance du juge-commissaire n'a pas été notifiée au débiteur, le dépôt au greffe de l'ordonnance ne peut avoir pour effet de priver ce dernier de l'exercice du recours prévu par l'art. 25, et que son opposition à l'ordonnance est recevable. • Paris, 19 mai 1995 : *D. 1996. Somm. 87, obs. Honorat* • Dijon, 23 mai 1995 : *Gaz. Pal. 6-7 mai 1996.* ♦ V. déjà, sous l'empire de la loi de 1967, • Com. 17 mai 1994, n° 91-21.627 P : *D. 1994. 510, note Derrida ; LPA 3 févr. 1995, p. 21, note Courtier.*

De même, ne donne pas de base légale à sa décision, au regard dudit art. 6, la cour d'appel qui, pour confirmer le jugement ayant déclaré irrecevable l'opposition d'un crédit-bailleur à l'encontre d'une ordonnance du juge-commissaire ayant autorisé le liquidateur à vendre le matériel loué en crédit-bail à la société mise en liquidation judiciaire et ce, sans prévoir la notification de l'ordonnance au crédit-bailleur, retient que le recours a été formé plus de huit jours après le dépôt au greffe de l'ordonnance du juge-commissaire, sans rechercher – dès lors qu'il était soutenu par le crédit-bailleur que les dispositions de l'art. 115 de la loi du 25 janv. 1985 [C. com., anc. art. L. 621-115] ne pouvaient lui être opposées en raison de la continuation du contrat de crédit-bail par l'administrateur – si le crédit-bailleur pouvait se voir privé d'exercer un recours contre une décision rendue à son insu et concernant directement ses droits et obligations. • Com. 11 mars 1997, n° 94-14.437 P : *D. 1997. IR 87 ; D. Affaires 1997. 483 ; JCP E 1997. I. 681, n° 6, obs. Cabrillac.* ♦ En l'absence de notification au crédit-bailleur de l'ordonnance donnant acte au vendeur sous réserve de propriété de sa revendication de matériel et de sa propriété, le délai de recours prévu par l'art. 25 n'a pu courir à son égard. • Com. 30 mars 1999 : *APC 1999, n° 126.* ♦ V. notes 10 s. ss. art. L. 624-9 C. com. ♦ V. aussi, pour la recevabilité du recours d'un créancier formé plus de huit jours après le dépôt au greffe d'une ordonnance qui concernait directement ses droits et obligations, • Com. 26 avr. 2000 : *APC 2000, n° 142.* – Rappr. : • Com. 4 janv. 2000 : *RPC 2000. 202, obs. Soinne.*

Même si la procédure collective leur est commune, des époux conservent, dans les instances ayant trait à cette procédure, la qualité de parties distinctes, ce dont il résulte que l'acte de notification effectué par l'envoi d'un pli unique adressé aux deux époux est inexistant à l'égard de l'époux non signataire de l'accusé de réception, contre lequel le délai de huit jours de l'art. 25 ne court pas. • Aix-en-Provence, 29 juin 2004 : *RDBF 2005, n° 56, obs. F.-X. Lucas ; RPC 2005. 130, obs. Gorrias.*

En ce sens que lorsque les cautions, engagées par contrat accessoire, n'ont pas été désignées dans l'ordonnance ayant relevé les créanciers de leur forclusion, pour recevoir notification de celle-ci, leur recours, formé plus de huit jours après le dépôt au greffe de l'ordonnance, doit être déclaré tardif par application de l'art. 25, V. • Com. 26 mai 1999, n° 97-14.276 P : *JCP E 1999, n° 39, p. 1531, obs. Pétel ; APC 1999, n° 177, obs. Regnaut-Moutier ; RPC 2000. 201, obs. Soinne.* ♦ *Contra,* jugeant que le délai de huit jours prévu par l'art. 25 n'est pas opposable à la caution lorsque l'ordonnance relevant le créancier de sa forclusion ne lui a pas été notifiée. • T. com. Nanterre, 18 déc. 1998 : *APC 1999, n° 110, obs. Regnaut-Moutier.*

Comp., décidant qu'il importe peu que l'ordonnance du juge-commissaire autorisant le licenciement pour motif économique d'un salarié d'une société faisant l'objet d'une procédure simplifiée de redressement judiciaire ait été ou non notifiée personnellement audit salarié, dès lors qu'elle a été régulièrement transmise à la société en redressement judiciaire, au représentant des salariés et à celui des créanciers conformément à l'art. 25 [ancienne rédaction] ; et que, l'ordonnance n'ayant pas été frappée de recours par le salarié, ce dernier est irrecevable à contester la cause économique du licenciement, lequel se trouve définitivement acquis : • Soc. 5 mars 1997 : *D. 1997. 522, note Bailly*. – V. aussi • Versailles, 20 févr. 2001 : *Gaz. Pal. 2001. Somm. 1728.*

L'ordonnance du juge-commissaire autorisant la cession de gré à gré d'un immeuble ne concerne pas directement les droits et obligations d'une personne qui n'a pas fait d'offre antérieurement à cette ordonnance et n'a pas à lui être notifiée, de sorte que le délai de recours prévu par l'art. 25 court, à l'encontre de cette personne, à compter du dépôt de l'ordonnance au greffe. • Versailles, 17 janv. 2002 : *BICC 2002, n° 908.*

20. En ce sens que le destinataire de l'ordonnance, domicilié à l'étranger, doit, pour obtenir la nullité de la notification qui lui a été faite, rapporter la preuve du grief que lui a causé cette notification au lieu et place de la signification prévue à l'art. 683 NCPC [C. pr. civ.], V. • Com. 16 mars 1999 : *RTD com. 1999. 762, obs. Vallens ; RPC 2000. 202, obs. Soinne.*

21. Forme du recours (jurisprudence antérieure au décret du 21 oct. 1994). Une lettre missive ne répondait pas aux exigences de l'anc. art. 25, al. 3, suivant lequel les ordonnances du juge-commissaire pouvaient faire l'objet d'un recours par simple déclaration au greffe. • Com. 27 mars 1990, n° 88-17.769 P : *D. 1990. IR 102* • 5 oct. 1993 : *RPC 1994. 27, obs. Dureuil* • 6 févr. 2001 : *APC 2001, n° 146.* – *Contra* : • T. com. Senlis, 6 nov. 1992 : *RJDA 1993, n° 63.* ♦ Conformément à l'art. 74 NCPC [C. pr. civ.], cette exception devait, à peine d'irrecevabilité, être soulevée avant toute défense au fond ou fin de non-recevoir. • Paris, 3 févr. 1995 : *RPC 1995. 485, obs. Soinne.* ♦ Mais en l'absence de registre tenu au greffe du tribunal de la procédure collective pour inscrire les recours formés à l'encontre des ordonnances du juge-commissaire, et en raison du dysfonctionnement du greffe qui en résultait, le dépôt au rang des minutes du greffe d'une lettre missive pouvait valoir déclaration au greffe du recours, au sens de l'art. 25, al. 3. • Com. 13 avr. 1999, n° 96-19.428 P. ♦ Comp., désormais : art. 25, al. 3, dans sa rédaction issue du décret n° 94-910 du 21 oct. 1994.

En ce sens que le nouvel al. 3 de l'art. 25 n'est pas applicable aux procédures collectives ouvertes avant la date d'entrée en vigueur du décret du 21 oct. 1994, V. • Com. 22 avr. 1997 : *RPC 1998. 63, obs. Soinne* • Orléans, 14 déc. 1994 : *JCP 1995. IV. 1221* • Amiens, 27 mars 1998 : *Gaz. Pal. 2000. Somm. 2208, obs. Canet.*

Sur la validité des déclarations déposées au greffe par les avocats et sur lesquelles le greffe a apposé un cachet précisant la date, V. • Com. 28 janv. 1997, n° 94-20.475 P : *D. 1997. IR 72.*

22. Forme de la procédure. La procédure applicable au recours contre l'ordonnance du juge-commissaire refusant un relevé de forclusion est la procédure sur requête qui ne met nécessairement en présence que la partie réclamante et le représentant des créanciers. L'appel-nullité fondé sur l'intervention du débiteur doit être déclaré irrecevable car si l'intervention du débiteur n'est pas prévue par les textes, elle n'est pas interdite ; il n'y a pas violation d'un principe fondamental ou d'ordre public, tel par exemple le non-respect du contradictoire. • Pau, 11 oct. 1994 : *JCP 1995. IV. 1567.* ♦ V. aussi note 20 ss. anc. art. L. 623-4 C. com.

23. Motivation. Sur l'obligation de motiver l'opposition, V. • T. com. Bobigny, 4 déc. 1996 : *RPC 1998. 63, obs. Soinne.*

24. Qualité pour agir. En ce sens qu'est valable le recours formé par un préposé du liquidateur muni d'un pouvoir spécial, V. • Caen, 1er juill. 1997 : *RPC 1998. 238, obs. Cadiou.*

25. Revendications (jurisprudence antérieure à la loi du 10 juin 1994). Avant la loi du 10 juin 1994, qui a ajouté l'art. 121-1 à la loi du 25 janv. 1985 [devenu C. com., anc. art. L. 621-123], aucune disposition de cette dernière et du décret du 27 déc. 1985 n'interdisait de soumettre une revendication au tribunal saisi de la procédure collective. • Com. 10 juill. 1990, n° 89-13.091 P : *D. 1990. IR 188; Gaz. Pal. 1991. 1. 322, note Benezera* • 1er oct. 1991 : *D. 1992. Somm. 6, obs. Derrida ; D. 1993. Somm. 294, obs. Pérochon.* ♦ Devait dès lors être censuré l'arrêt qui retenait que l'art. 25 du décret donnait expressément compétence au juge-commissaire pour statuer sur les revendications et que le tribunal ne pouvait être saisi en dehors de l'hypothèse où le juge-commissaire n'avait pas statué dans un délai raisonnable. • Mêmes arrêts. – *Contra* : • T. com. Nanterre, 17 mai 1991 : *Gaz. Pal. 1992. 1. Somm. 68.* ♦ Comp., désormais : art. L. 621-123 C. com., issu de la loi n° 94-475 du 10 juin 1994.

26. En revanche, la compétence du juge-commissaire est exclusive de celle du juge des référés. • Grenoble, 11 oct. 1990 : *Gaz. Pal. 1991. 1. 208, note Gallet* • Com. 9 juill. 1991, n° 89-19.254 P : *D. 1993. Somm. 294, obs. Pérochon ; RTD com. 1992. 469, obs. Martin-Serf.*

V. aussi note 9.

27. Signature du greffier. En ce sens que les ordonnances du juge-commissaire doivent être signées par le greffier à peine de nullité, V. • Com. 18 mars 2003, n° 01.15.264 P : *APC 2003, n° 135, obs. Cagnoli.*

28. Notifications aux personnes désignées. Dans le cadre de la liquidation, la désignation par le juge-commissaire des personnes auxquelles son ordonnance doit être notifiée va au-delà de la simple information et a pour objet de mettre en mouvement d'éventuels recours de la part des offrants écartés qui, en améliorant leur proposition, permettent un meilleur apurement du passif. • Paris, 22 févr. 1991 : *D. 1991. IR 96.* ♦ Est donc recevable l'opposition faite par un acquéreur potentiel ainsi désigné. • Même arrêt.

29. Cession d'actifs dans le cadre de la liquidation judiciaire. V. note 2 ss. art. L. 661-5.

30. Pouvoirs du tribunal. Le tribunal est saisi de l'entier litige par le recours exercé en vertu de l'art. 25. • Com. 27 mai 2003, n° 00-18.571 P : *D. 2003. AJ 1693 ; JCP E 2003, n° 40, p. 1570, obs. Pétel.* ♦ Ainsi, en ordonnant la vente aux enchères publiques de l'actif du débiteur en liquidation judiciaire comme étant le mode de réalisation des actifs le plus adapté aux circonstances de l'espèce, le tribunal ne commet aucun excès de pouvoir. • Même arrêt.

31. Notification des jugements rendus sur recours. Les art. 25 et 161 disposent que tant les ordonnances du juge-commissaire que les arrêts rendus par la cour d'appel, en matière de redressement ou liquidation judiciaires, sont notifiés aux parties par les soins du greffier ; il en va de même pour les jugements rendus sur recours des ordonnances du juge-commissaire. • Com. 3 déc. 2003, n° 00-21.589 P : *D. 2004. 1079, note Cagnoli et Le Bars ; RTD com. 2004. 160, obs. Vallens.*

32. Recours contre les jugements du tribunal. V. anc. art. L. 623-4 (2) C. com. ♦ Sur la recevabilité de l'appel contre un jugement statuant sur le recours formé contre une ordonnance rendue par le juge-commissaire, ayant fait une inexacte application de l'art. 25, V. note 10 ss. anc. art. L. 623-4 C. com. ♦ V. aussi, en cas d'excès de pouvoir du tribunal, • Com. 27 avr. 1993 : *préc. note 9.* ♦ ... Ou en cas de violation d'un principe fondamental ou d'ordre public, note 22.

Art. 25-1 *(Abrogé par Décr. n° 2007-431 du 25 mars 2007, art. 3-I) (Décr. n° 2004-518 du 10 juin 2004, art. 3-II)* ***Les ordonnances du juge-commissaire, rendues en application de l'article L. 627-3 du code de commerce, sont notifiées par le greffier aux mandataires de justice, au débiteur, au Trésor public ainsi qu'au procureur de la République. Elles peuvent faire l'objet d'un recours dans le mois suivant leur notification, par déclaration au greffe faite contre récépissé ou adressée par lettre recommandée avec demande d'avis de réception. Le recours est porté devant la cour d'appel.***

Les dispositions de l'art. 25-1 sont applicables aux procédures en cours à la date de publication du Décr. n° 2004-518 du 10 juin 2004. Les recours portés devant le tribunal compétent et n'ayant pas été jugés à la date de publication de ce décret sont transmis à la cour d'appel (Décr. préc., art. 108-I, JO 11 juin).

Art. 26 *(Abrogé par Décr. n° 2005-1677 du 28 déc. 2005, art. 354)* ***Le juge-commissaire ne peut siéger, à peine de nullité du jugement, lorsque le tribunal, en vertu des dispositions de l'article précédent, s'est saisi d'office ou statue sur un recours formé contre une de ses ordonnances.***

Art. 27 *(Abrogé par Décr. n° 2005-1677 du 28 déc. 2005, art. 354)* ***Le représentant des créanciers prend toute mesure pour informer et consulter les créanciers.***

(Décr. n° 94-910 du 21 oct. 1994) ***« Les créanciers qui en font la demande par lettre recommandée avec demande d'avis de réception au représentant des créanciers doivent être tenus informés par celui-ci des étapes essentielles de la procédure au fur et à mesure du déroulement de celle-ci, et notamment des décisions prises par la juridiction en application des articles L. 621-10, L. 621-70, L. 621-83, L. 621-95, L. 622-5, L. 622-17 et L. 622-32 du code de commerce. »***

Art. 28 *(Abrogé par Décr. n° 2005-1677 du 28 déc. 2005, art. 354) (Décr. n° 94-910 du 21 oct. 1994)* ***Le juge-commissaire peut autoriser l'administrateur, le liquidateur ou le débiteur à remettre au greffier du tribunal ou au représentant des créanciers les sommes nécessaires à l'accomplissement de leur mission.***

Art. 29 *(Abrogé par Décr. n° 2005-1677 du 28 déc. 2005, art. 354) (Décr. n° 94-910 du 21 oct. 1994)* ***« Dans le délai de deux mois après** [ancienne rédaction : Un mois après]* ***» le jugement d'ouverture, l'administrateur et le représentant des créanciers font rapport au juge-commissaire et au procureur de la République sur le déroulement de la procédure et la situation de l'entreprise.***

Art. 30 *(Abrogé par Décr. n° 2005-1677 du 28 déc. 2005, art. 354)* ***Lorsque le juge-commissaire, saisi d'une demande de remplacement en application du deuxième alinéa de l'article L. 621-10 ou du deuxième alinéa de l'article L. 622-5 du code de commerce ne s'est pas prononcé dans un délai de trois jours, la demande peut être portée directement par assignation devant le tribunal.***

Lorsque le remplacement des personnes mentionnées aux deux premiers alinéas de l'article L. 621-10 et au deuxième alinéa de l'article L. 622-5 de ce code est demandé par le procureur de la République** (Décr. n° 94-910 du 21 oct. 1994)* ***« ou par le juge-commissaire » ou lorsque le tribunal se saisit d'office aux mêmes fins, la convocation est faite dans les formes et selon la procédure prévues à l'article 8 ou 9, selon le cas.

(Décr. n° 94-910 du 21 oct. 1994) ***« Dans tous les cas, le tribunal statue sur rapport du juge-commissaire et après avis du procureur de la République par jugement prononcé en audience publique. »***

Les dispositions qui précèdent s'appliquent pour l'adjonction d'un ou de plusieurs administrateurs.

Art. 31 *(Abrogé par Décr. n° 2005-1677 du 28 déc. 2005, art. 354)* ***Le mandataire de justice qui cesse ses fonctions doit rendre ses comptes à celui qui le remplace, en présence du juge-commissaire, le débiteur entendu ou appelé** (Décr. n° 94-910 du 21 oct. 1994)* ***« à la diligence du greffier du tribunal ».***

Art. 31-1 *(Abrogé par Décr. n° 2005-1677 du 28 déc. 2005, art. 354) (Décr. n° 94-910 du 21 oct. 1994)* ***Le créancier demandant à être nommé contrôleur en application de l'alinéa 1er de l'article L. 621-13 du code de commerce doit en faire la déclaration au greffe. Il doit indiquer le montant de sa ou de ses créances, ainsi que, le cas échéant, la nature des sûretés dont il est titulaire.***

Aucun contrôleur ne peut être désigné avant l'expiration d'un délai de vingt jours à compter du prononcé du jugement d'ouverture de la procédure.

BIBL. ► FRISON-ROCHE, *LPA 14 juin 1995, p. 8.*

Art. 31-2 *(Abrogé par Décr. n° 2005-1677 du 28 déc. 2005, art. 354) (Décr. n° 94-910 du 21 oct. 1994)* *Le juge-commissaire statue sur chaque demande, soit dans les dix jours de l'expiration du délai fixé au deuxième alinéa de l'article 31-1 ci-dessus soit, pour les demandes déposées après l'expiration dudit délai, dans les dix jours du dépôt de la demande.*

Si le juge-commissaire n'a pas statué dans le délai indiqué au premier alinéa ci-dessus, le tribunal peut se saisir d'office ou être saisi par le demandeur.

Art. 31-3 *(Abrogé par Décr. n° 2005-1677 du 28 déc. 2005, art. 354) (Décr. n° 94-910 du 21 oct. 1994)* *Les fonctions des contrôleurs prennent fin au jour où passent en force de chose jugée soit la décision arrêtant un plan de continuation, soit, en cas de plan de cession ou de liquidation judiciaire, la décision prononçant la clôture de la procédure. Elles peuvent également cesser par démission.*

Les contrôleurs peuvent être révoqués par décision du tribunal saisi par le juge-commissaire, le ministère public, l'administrateur, le représentant des créanciers ou le liquidateur. Le tribunal est saisi sur requête.

SECTION 3 *Rapport et propositions de l'administrateur*

Art. 32 *(Abrogé par Décr. n° 2005-1677 du 28 déc. 2005, art. 354) (Décr. n° 94-910 du 21 oct. 1994)* *Dès que l'entreprise est susceptible de bénéficier d'un plan de redressement, l'administrateur communique au greffe les caractéristiques essentielles des éléments d'actif qui pourront faire l'objet du plan, ainsi que le délai pour le dépôt des offres aussitôt que celui-ci est fixé. Le greffier tient cette information à la disposition du public.*

L'offre reçue par l'administrateur en application de l'article L. 621-57 du code de commerce est déposée au greffe. L'auteur de l'offre doit attester qu'il ne tombe pas sous le coup des incapacités prévues au quatrième alinéa de l'article L. 621-57 du code de commerce et, lorsqu'il est tenu de les établir, joindre ses comptes annuels relatifs aux trois derniers exercices et ses comptes prévisionnels.

Sans préjudice des dispositions des articles L. 621-61 et L. 621-85 du code précité, et 103-2 ci-dessous, les offres et documents qui y sont joints ne sont communiqués qu'au juge-commissaire et au procureur de la République.

Art. 33 *(Abrogé par Décr. n° 2005-1677 du 28 déc. 2005, art. 354)* *Lorsqu'une assemblée générale extraordinaire ou une assemblée des associés doit être réunie en application de l'article L. 621-58 du code de commerce, l'administrateur en fait la demande par lettre recommandée avec demande d'avis de réception au conseil d'administration, au directoire ou au gérant. Cette demande fixe l'ordre du jour ; elle est accompagnée d'un projet de résolution et d'un rapport exposant les motifs de la modification de capital envisagée.*

Le conseil d'administration, le directoire ou le gérant doit, dans les trois jours de la réception de la demande de l'administrateur, faire connaître à celui-ci la date fixée pour la réunion de l'assemblée. Celle-ci doit se tenir dans le délai de trente jours de la réception de la demande de l'administrateur. A défaut de réponse, l'administrateur convoque l'assemblée.

Quel que soit l'auteur de la convocation, l'assemblée est réunie selon les formes et délais prévus par le décret n° 67-236 du 23 mars 1967 sur les sociétés commerciales, à l'exception des assemblées des sociétés anonymes et des sociétés en commandite par actions pour lesquelles les dispositions des articles 34 à 40 ci-après sont applicables.

Art. 34 *(Abrogé par Décr. n° 2005-1677 du 28 déc. 2005, art. 354)* *Les actionnaires dont les titres sont nominatifs et assortis d'un droit de vote sont convoqués par lettre recommandée aux frais de la société. Lorsque les actions de la société sont inscrites à une bourse de valeurs, au second marché ou répondent aux conditions prévues par l'article 163 octies du code général des impôts, la convocation est faite par un avis inséré au Bulletin des annonces légales obligatoires.*

Tous les copropriétaires d'actions ou de parts indivises sont convoqués par lettre recommandée lorsque leurs droits sont constatés par une inscription nominative. Il en est de même lorsque des actions sont grevées d'un usufruit pour le titulaire du droit de vote déterminé par l'alinéa premier de l'article L. 225-110 du code de commerce.

Art. 35 (Abrogé par Décr. nº 2005-1677 du 28 déc. 2005, art. 354) *L'avis de convocation contient les indications mentionnées à l'article 123 du décret nº 67-236 du 23 mars 1967 précité.*

Il doit comporter en outre :

1º La date à laquelle se réunira éventuellement la deuxième assemblée, à défaut pour la première d'avoir atteint le quorum requis ;

2º Le rappel du délai prévu au premier alinéa de l'article 37 ci-après.

Le délai entre les deux assemblées est de six jours au moins.

Art. 36 (Abrogé par Décr. nº 2005-1677 du 28 déc. 2005, art. 354) *Le délai entre la date soit de l'insertion contenant l'avis de convocation, soit de l'envoi des lettres de convocation et la date de la première assemblée est de quinze jours au moins.*

Art. 37 (Abrogé par Décr. nº 2005-1677 du 28 déc. 2005, art. 354) *La demande d'inscription d'un projet de résolution par les actionnaires à l'ordre du jour de l'assemblée est soumise aux conditions de recevabilité de l'article 128 du décret nº 67-236 du 23 mars 1967 précité et doit être envoyée au siège social par lettre recommandée avec demande d'avis de réception huit jours au moins avant la date de l'assemblée réunie sur première convocation.*

Il doit être accusé réception des projets de résolution dans les trois jours.

Art. 38 (Abrogé par Décr. nº 2005-1677 du 28 déc. 2005, art. 354) *Il peut être donné procuration pour se faire représenter à une assemblée dans les conditions mentionnées aux articles 132 et 134 du décret du 23 mars 1967 précité.*

Les formules de procuration sont adressées aux actionnaires ou porteurs de certificat de droit de vote. A cet effet elles comportent :

1º L'ordre du jour ;

2º Le texte des projets de résolution présentés par le conseil d'administration, le directoire, le gérant, l'administrateur ou les actionnaires ;

3º Le rapport des commissaires aux comptes, dans les cas où il est prescrit par la loi du 24 juillet 1966 [livre II du code de commerce] *et le décret du 23 mars 1967 précités.*

Art. 39 (Abrogé par Décr. nº 2005-1677 du 28 déc. 2005, art. 354) *Dans les huit jours qui précèdent la date de l'assemblée, tout actionnaire ou titulaire de certificat de droit de vote a le droit de prendre connaissance ou copie, au siège de la société, des rapports de l'administrateur, des commissaires aux comptes ainsi que des projets de résolution.*

Art. 40 (Abrogé par Décr. nº 2005-1677 du 28 déc. 2005, art. 354) *A compter de la convocation de l'assemblée et jusqu'au cinquième jour inclusivement avant la réunion, tout actionnaire titulaire de titres nominatifs peut demander à la société ou à l'administrateur de lui envoyer à l'adresse indiquée, les rapports de l'administrateur et des commissaires aux comptes ainsi que les projets de résolution.*

Le même droit est ouvert à tout actionnaire dont les titres sont au porteur et qui justifie d'un certificat de l'intermédiaire habilité, prévu par l'article premier du décret nº 83-359 du 2 mai 1983 pris pour l'application de l'article 94-II de la loi de finances pour 1982 [devenu C. mon. fin., art. R. 211-1] *et relatif au régime des valeurs mobilières, constatant l'indisponibilité des actions inscrites en compte jusqu'à la date de l'assemblée.* – V. C. mon. fin., art. R. 211-1. – **C. mon. fin.** ou **C. sociétés.**

Art. 41 (Abrogé par Décr. nº 2005-1677 du 28 déc. 2005, art. 354) *Le remplacement d'un ou plusieurs dirigeants de la personne morale peut être demandé en application de l'article L. 621-59 du code de commerce au plus tard lorsque le tribunal statue sur le plan de redressement de l'entreprise. Le ou les dirigeants sont convoqués huit jours au moins avant leur audition par acte d'huissier de justice ou dans les formes prévues aux articles 8 ou 9, selon le cas.*

L'administrateur, lorsqu'il n'est pas le demandeur, et le représentant des créanciers ainsi que les représentants du comité d'entreprise ou, à défaut, des délégués du personnel et, dans le cas du deuxième alinéa de l'article L. 621-135 du même code, le représentant des salariés, sont entendus ou convoqués par le greffier.

Les débats ont lieu en chambre du conseil : le juge-commissaire est entendu en son rapport, le procureur de la République donne son avis. Le jugement est rendu en audience publique.

Le jugement est signifié à la diligence du greffier à chaque dirigeant en cause et à l'organe représentant légalement la personne morale. Avis du jugement est donné aux autorités citées à l'article 19 ainsi qu'aux personnes mentionnées à l'alinéa 2 ci-dessus. Mention en est faite sur les registres ou répertoires mentionnés à l'article 21.

Le mandataire prévu au deuxième alinéa de l'article L. 621-59 du code de commerce peut être l'administrateur.

Art. 41-1 (Abrogé par Décr. nº 2005-1677 du 28 déc. 2005, art. 354) (Décr. nº 2005-1469 du 29 nov. 2005) *Le bilan environnemental prévu à l'article L. 621-54 du code de commerce est réalisé, à la demande de l'administrateur, par le débiteur ou par un technicien désigné par le juge-commissaire, si ce dernier estime nécessaire une telle intervention.*

Ce bilan porte sur l'identification et la description du ou des sites où sont exploités la ou les installations classées et de leur environnement, l'existence de pollutions potentielles, les mesures d'urgence de mise en sécurité déjà prises, prévues ou à prendre et les mesures réalisées afin de surveiller l'impact de l'exploitation sur l'environnement.

Il est établi selon les rubriques fixées par un arrêté pris par le garde des sceaux, ministre de la justice, et par le ministre chargé des installations classées. — V. Arr. 12 déc. 2005 (JO 16 déc.).

Art. 42 (Abrogé par Décr. nº 2005-1677 du 28 déc. 2005, art. 354) *Les propositions de l'administrateur ou du débiteur selon le cas, relatives aux délais de paiement et remises de dettes, en vue d'un plan de continuation de l'entreprise, sont communiquées par lettre recommandée avec demande d'avis de réception, par le représentant des créanciers, à chaque créancier connu ou ayant déclaré sa créance ainsi qu'aux institutions mentionnées à l'article L. 143-11-4 [L. 3253-14] du code du travail.*

La lettre contient :

1º L'indication qu'une action a été introduite en application de l'article L. 621-59 du code de commerce ou, le cas échéant, le dispositif de la décision rendue ;

2º L'indication de la manière soit individuelle, soit collective, dont la réponse doit être reçue ;

3º La reproduction des dispositions de la deuxième phrase du deuxième alinéa de l'article L. 621-60 du code de commerce.

Sont joints à cette lettre :

1º Un état de la situation active et passive avec ventilation du passif privilégié et du passif chirographaire ;

2º Les propositions de l'administrateur ou du débiteur et l'indication des garanties offertes ;

3º L'avis du représentant des créanciers ainsi que des contrôleurs s'il en a été nommé.

Le représentant des créanciers informe l'administrateur des réponses au fur et à mesure qu'elles lui parviennent.

Art. 43 (Abrogé par Décr. nº 2005-1677 du 28 déc. 2005, art. 354) *Lorsque le représentant des créanciers décide de consulter collectivement les créanciers, ceux-ci se réunissent sous sa présidence, aux lieu, jour et heure fixés dans la lettre mentionnée à l'article précédent. Un avis de convocation peut en outre être inséré dans un journal d'annonces légales du lieu du siège du débiteur.*

La réunion doit avoir lieu entre le quinzième et le vingt et unième jour de l'envoi de la lettre.

Les créanciers peuvent se faire représenter par une personne munie d'un pouvoir spécial.

Le représentant des créanciers fait aux créanciers un rapport sur l'état du redressement judiciaire ainsi que sur la poursuite de l'activité depuis l'ouverture de la procédure.

L'accord de chaque créancier présent ou représenté sur les propositions de règlement du passif est recueilli par écrit.

Le défaut de réponse par écrit dans le délai de trente jours à compter de la réception de la lettre recommandée mentionnée à l'article précédent vaut acceptation.

Art. 44 (Abrogé par Décr. nº 2005-1677 du 28 déc. 2005, art. 354) *Au plus tard* (Décr. nº 94-910 du 21 oct. 1994) *« dix jours avant la fin* [ancienne rédaction : quinze jours avant l'expiration] *» de la période d'observation, l'administrateur communique aux autorités et personnes mentionnées à l'article L. 621-61 du code de commerce, par lettre recommandée avec demande d'avis de réception, le rapport établi conformément aux dispositions de l'article L. 621-54 et* (Décr. nº 94-910 du 21 oct. 1994) *« de l'avant-dernier » alinéa de l'article L. 621-57 du code précité. L'administrateur ou le débiteur, selon le cas, réunit le comité d'entreprise ou à défaut les délégués du personnel pour les consulter sur le rapport.*

(Abrogé par Décr. n° 94-910 du 21 oct. 1994) *« Le débiteur et le représentant des créanciers font connaître leurs observations à l'administrateur dans un délai de huit jours à compter de la date de réception de la lettre prévue à l'alinéa précédent. »*

Le rapport ainsi que les réponses aux consultations et le procès-verbal mentionné à l'article L. 621-61 du même code sont déposés au greffe. Tout créancier peut en prendre connaissance.

Art. 45 *(Abrogé par Décr. n° 2005-1677 du 28 déc. 2005, art. 354)* *Si le rapport n'a pas été déposé par l'administrateur ou le débiteur selon le cas, huit jours au moins avant l'expiration de la période d'observation ou s'il apparaît qu'il ne pourra l'être, le juge-commissaire en réfère au tribunal qui décide des mesures à prendre.*

SECTION 4 *L'entreprise au cours de la période d'observation*

SOUS-SECTION 1 *Mesures conservatoires*

Art. 46 *(Abrogé par Décr. n° 2005-1677 du 28 déc. 2005, art. 354) (Décr. n° 94-910 du 21 oct. 1994)* *Dès le jugement d'ouverture, le chef d'entreprise est tenu de signaler à l'administrateur ou, à défaut, au représentant des créanciers, tout établissement de l'entreprise et d'en faciliter l'accès, de communiquer la liste du personnel ainsi que tous les éléments permettant de déterminer les salaires et indemnités à payer, d'établir et de déposer la liste des créanciers si elle n'avait pas été annexée à une déclaration de cessation des paiements, et, s'il y a lieu, de la compléter.*

Al. 2 abrogé par Ord. n° 2000-912 du 18 sept. 2000 et codifié ss. C. com., ancien art. L. 621-17.

Art. 47 *(Abrogé par Décr. n° 2005-1677 du 28 déc. 2005, art. 354)* *Dans le cas où les comptes annuels n'ont pas été établis ou mis à sa disposition, l'administrateur dresse à l'aide de tout document ou renseignement disponible un état de la situation.*

Art. 48 *(Abrogé par Décr. n° 2005-1677 du 28 déc. 2005, art. 354) (Décr. n° 94-910 du 21 oct. 1994)* *« Le juge-commissaire peut ordonner l'apposition des scellés sur tout ou partie des biens du débiteur. Dans ce cas, il est procédé selon les règles prévues pour les scellés après décès. »*

Il est donné avis de l'apposition des scellés au juge-commissaire qui l'a ordonnée.

Art. 49 *(Abrogé par Décr. n° 2005-1677 du 28 déc. 2005, art. 354)* *Les biens, documents et effets dispensés ou extraits de scellés par décision du juge-commissaire sont tout de suite inventoriés avec estimation de leur valeur par l'administrateur ou, s'il n'en a pas été nommé, par le représentant des créanciers. L'état dans lequel ils ont été trouvés est décrit sommairement dans le procès-verbal d'apposition des scellés.*

L'administrateur ou le représentant des créanciers peut se faire assister par toute personne compétente pour l'estimation des biens.

Art. 50 *(Abrogé par Décr. n° 2005-1677 du 28 déc. 2005, art. 354) (Décr. n° 94-910 du 21 oct. 1994)* *L'administrateur ou, s'il n'en a pas été nommé, le représentant des créanciers, requiert la levée des scellés en vue des opérations d'inventaire.*

Art. 51 *(Abrogé par Décr. n° 2005-1677 du 28 déc. 2005, art. 354) (Décr. n° 2004-518 du 10 juin 2004, art. 4-I)* *« Il est procédé par un commissaire-priseur judiciaire, un huissier ou un notaire à l'inventaire précis et à l'estimation chiffrée des biens détenus par le débiteur, celui-ci ou ses ayants droit connus, présents ou appelés. »*

(Décr. n° 94-910 du 21 oct. 1994) *L'inventaire est dressé en double exemplaire. L'un est déposé au greffe du tribunal, l'autre reste entre les mains de l'administrateur ou du représentant des créanciers.*

(Abrogé par Décr. n° 2004-518 du 10 juin 2004, art. 4-II) *« L'administrateur ou le représentant des créanciers peut se faire assister par toute personne compétente pour la rédaction de l'inventaire comme pour l'estimation chiffrée des biens. » A moins que la nature ou la valeur des biens le justifie, l'inventaire est réalisé sous seing privé.*

Les biens détenus en dépôt, location ou crédit-bail, sous réserve de propriété, gagés, nantis ou placés sous sujétion douanière et plus généralement susceptibles d'être revendiqués par des tiers font l'objet d'une mention spéciale dès que le mandataire a connaissance qu'un statut particulier est invoqué à leur sujet.

Les dispositions de l'art. 4 du Décr. nº 2004-518 du 10 juin 2004 sont applicables aux procédures en cours à la date de publication de ce décret (Décr. préc., art. 108-I, JO 11 juin).

BIBL. ▶ Roussel Galle, *Dr. et procédures 2004. 308* (décret du 10 juin 2004).

Art. 52 (Abrogé par Décr. nº 2005-1677 du 28 déc. 2005, art. 354) (Décr. nº 94-910 du 21 oct. 1994) « *A leur demande,* » *l'administrateur délivre aux dirigeants dont les parts représentatives de leurs droits sociaux sont virées au compte spécial prévu à l'article L. 621-19 du code de commerce, un certificat leur permettant de participer aux assemblées de la société.*

Sauf décision contraire du tribunal, il est mis fin à ce compte spécial, à la demande de la personne intéressée la plus diligente après l'adoption du plan de redressement ou après la clôture des opérations.

En cas d'incessibilité ou de cession de parts sociales, actions ou certificats d'investissement ou de droit de vote prononcée en application des articles L. 621-59 et L. 625-9 du code de commerce, il est mis fin au compte spécial après que la décision ordonnant la cession ou levant la mesure d'incessibilité est passée en force de chose jugée.

Art. 53 (Abrogé par Décr. nº 2005-1677 du 28 déc. 2005, art. 354) *Les rémunérations ou subsides prévus à l'article L. 621-21 du code de commerce sont fixés par le juge-commissaire après avis de l'administrateur et du représentant des créanciers.*

SOUS-SECTION 2 Gestion de l'entreprise

Art. 54 (Abrogé par Décr. nº 2005-1677 du 28 déc. 2005, art. 354) *La demande de modification de la mission de l'administrateur est adressée par requête au tribunal qui statue sur rapport du juge-commissaire et après avoir recueilli les observations du débiteur ainsi que des personnes mentionnées au quatrième alinéa* [IV] *de l'article L. 621-22 du code de commerce lorsqu'elles ne sont pas demandeurs.*

Toute décision modifiant la mission de l'administrateur est communiquée aux autorités citées à l'article 19 et mentionnée aux registres ou répertoires prévus à l'article 21.

Art. 55 (Abrogé par Décr. nº 2005-1677 du 28 déc. 2005, art. 354) *Lorsque le juge-commissaire statue sur une demande d'autorisation présentée par l'administrateur en application du deuxième alinéa de l'article L. 621-24 du code de commerce, le greffier convoque le débiteur* (Décr. nº 94-910 du 21 oct. 1994) « *, le représentant des créanciers* » *et, s'il y a lieu, les créanciers titulaires de sûretés spéciales sur les biens dont la vente est envisagée.*

Art. 55-1 (Abrogé par Décr. nº 2005-1677 du 28 déc. 2005, art. 354) (Décr. nº 94-910 du 21 oct. 1994) *En cas de vente d'un bien visé au premier alinéa de l'article L. 621-25 du code de commerce, le prix est remis à l'administrateur ou, à défaut, au représentant des créanciers en vue de son dépôt à la Caisse des dépôts et consignations. Les fonds sont indisponibles pendant la période d'observation. Toutefois, des paiements provisionnels peuvent être effectués dans les conditions définies au deuxième alinéa de l'article L. 621-25 du code précité.*

Sur avis de l'administrateur s'il en a été nommé un, ou à défaut du débiteur et du représentant des créanciers, le juge-commissaire saisi d'une demande d'un des créanciers visés au deuxième alinéa de l'article L. 621-25 du code précité statue au vu de la déclaration de créance, des documents justificatifs de la déclaration de créance et, le cas échéant, de la garantie prévue au même article. La provision est allouée à hauteur d'un montant non sérieusement contestable en fonction de ces éléments et du rang de collocation de la créance.

Sur ordonnance du juge-commissaire, les fonds indûment versés sont restitués sur première demande du mandataire de justice habilité.

Art. 56 (Abrogé par Décr. nº 2005-1677 du 28 déc. 2005, art. 354) *Le juge-commissaire statue sur la demande de substitution formée conformément au deuxième alinéa de l'article L. 621-25 du code de commerce après avoir entendu le débiteur ou l'administrateur, le créancier en cause et le représentant des créanciers, ou ceux-ci convoqués par le greffier.*

Les radiations et inscriptions de sûretés sont requises par le demandeur ou le bénéficiaire sur injonction faite par le juge-commissaire dans son ordonnance. Celle-ci précise en outre la personne à qui incombe la charge des frais. La radiation ne peut intervenir qu'après constitution de la garantie substituée.

SOUS-SECTION 3 *Poursuite de l'activité*

Art. 57 *(Abrogé par Décr. n° 2005-1677 du 28 déc. 2005, art. 354) (Décr. n° 94-910 du 21 oct. 1994)* ***L'administrateur, ou à défaut le débiteur, doit à la fin de chaque période de poursuite d'activité fixée par le tribunal et à tout moment à la demande du ministère public ou du juge-commissaire informer le juge-commissaire, le procureur de la République, le représentant des créanciers et les contrôleurs, des résultats de l'exploitation, de la situation de trésorerie et de la capacité prévisible du débiteur à faire face aux dettes nées après le jugement d'ouverture.***

Art. 58 *(Abrogé par Décr. n° 2005-1677 du 28 déc. 2005, art. 354)* ***Les décisions qui autorisent la conclusion d'un contrat de location-gérance pendant la période d'observation ou qui ordonnent la cessation totale ou partielle de l'activité, sont communiquées aux autorités citées à l'article 19 et mentionnées aux registres ou répertoires prévus à l'article 21.***

Art. 59 *(Abrogé par Décr. n° 2005-1677 du 28 déc. 2005, art. 354)* ***Si l'activité est continuée à la suite d'un contrat de location-gérance, l'administrateur doit rendre compte, dans les conditions prévues à l'article 57, de l'exécution par le locataire-gérant de ses engagements et des résultats de l'exploitation, en précisant le montant des sommes reçues du locataire-gérant.***

L'administrateur peut se faire communiquer par le locataire-gérant tous documents et informations et procéder aux investigations nécessaires à sa mission.

Art. 60 *(Abrogé par Décr. n° 2005-1677 du 28 déc. 2005, art. 354)* ***La décision du juge-commissaire qui autorise les prêts et accorde des délais de paiement conformément au 3° du deuxième alinéa*** *[III]* ***de l'article L. 621-32 du code de commerce*** *(Décr. n° 94-910 du 21 oct. 1994)* ***« est transcrite sur le registre tenu à cet effet au greffe du tribunal.***

« Sont notamment mentionnés l'identité du débiteur, le montant des prêts, l'identification de l'organisme prêteur et l'échéance des prêts ou des délais de paiement. »

Art. 61 *(Abrogé par Décr. n° 2005-1677 du 28 déc. 2005, art. 354) (Décr. n° 94-910 du 21 oct. 1994)* ***Le greffier avise le cocontractant de la décision du juge-commissaire accordant à l'administrateur la prolongation prévue à l'alinéa premier de l'article L. 621-28 du code de commerce.***

Art. 61-1 *(Abrogé par Décr. n° 2005-1677 du 28 déc. 2005, art. 354) (Décr. n° 94-910 du 21 oct. 1994)* ***Le juge-commissaire constate, sur la demande de tout intéressé, la résiliation de plein droit des contrats dans les cas prévus aux premier et troisième alinéas de l'article L. 621-28 et à l'article L. 621-29 du code de commerce, ainsi que la date de cette résiliation.***

BIBL. ► R. MARTIN, *Ann. loyers 1997. 1163 et 1165.*

Art. 62 *(Abrogé par Décr. n° 2005-1677 du 28 déc. 2005, art. 354)* ***L'administrateur et le représentant des créanciers indiquent au juge-commissaire et au procureur de la République, lorsqu'ils en font la demande, le solde des comptes bancaires et postaux de l'entreprise ainsi que celui des comptes ouverts à la caisse des dépôts et consignations.***

Si la poursuite de l'activité l'exige, le juge-commissaire peut modifier la répartition des sommes entre, d'une part, les comptes de l'entreprise et, d'autre part, les comptes ouverts à la caisse des dépôts et consignations.

Art. 62-1 *(Abrogé par Décr. n° 2005-1677 du 28 déc. 2005, art. 354) (Décr. n° 98-1232 du 29 déc. 1998)* ***L'administrateur ou le débiteur, selon le cas, dépose au greffe, trois mois après l'expiration de la période d'observation, la liste des créances mentionnées à l'article L. 621-32 du code de commerce qui n'ont pas été payées.***

Le greffier communique cette liste au procureur de la République et, selon les cas, au commissaire à l'exécution du plan, au liquidateur, ou, à sa demande, au mandataire désigné pour répartir le prix de vente en application du troisième alinéa de l'article 102.

Tout créancier peut prendre connaissance de cette liste. — *V. art. 121-1.*

BIBL. ► SÉNÉCHAL, *Defrénois 1999. 252.*

La liste des créances n'a qu'une valeur indicative et ne saurait faire obstacle à la décision rendue par l'autorité compétente déclarant non valable une créance inscrite ou reconnaissant valable une créance non inscrite. • Paris, 26 oct. 1993 : *LPA 27 juill. 1994, p. 49, note Dadouche.* ♦ V. aussi note 78 ss. anc. art. L. 621-32 C. com.

SOUS-SECTION 4 *Situation des salariés*

Art. 63 *(Abrogé par Décr. nº 2005-1677 du 28 déc. 2005, art. 354)* ***L'ordonnance rendue par le juge-commissaire en application de l'article L. 621-37 du code de commerce indique le nombre des salariés dont le licenciement est autorisé ainsi que les activités et catégories professionnelles concernées.***

L'ordonnance est notifiée au comité d'entreprise ou à défaut aux délégués du personnel et, dans le cas du deuxième alinéa de l'article L. 621-135 de ce code, au représentant des salariés.

Art. 64 *(Abrogé par Décr. nº 2005-1677 du 28 déc. 2005, art. 354) (Décr. nº 88-430 du 21 avr. 1988)* ***Lorsqu'en application de l'article L. 621-64 du code de commerce, l'administrateur ou le débiteur prévoit dans son projet de plan des licenciements pour motif économique, il joint au rapport déposé au greffe ou il produit à l'audience les documents suivants :***

1º Le procès-verbal des délibérations du comité d'entreprise ou des délégués du personnel consultés en application de l'article L. 321-9 du code du travail *[devenu C. trav., art. L. 1233-58]* ***;***

2º La copie de la lettre informant l'autorité administrative, en application de l'article L. 321-8 du code du travail *[devenu C. trav., art. L. 1233-60]*, ***du projet de licenciement.***

Le jugement arrêtant le plan indique le nombre de salariés dont le licenciement est autorisé ainsi que les activités et catégories professionnelles concernées.

CHAPITRE II *ÉTABLISSEMENT DU PASSIF, REVENDICATIONS ET RESTITUTIONS*

(Décr. nº 94-910 du 21 oct. 1994).

SECTION 1 *Déclaration des créances*

Art. 65 *(Abrogé par Décr. nº 2005-1677 du 28 déc. 2005, art. 354)* ***L'instance suspendue en application de l'article L. 621-41 du code de commerce est reprise à l'initiative du créancier demandeur, dès que celui-ci a produit à la juridiction saisie de l'instance, une copie de la déclaration de sa créance et mis en cause le représentant des créanciers ainsi que, le cas échéant, l'administrateur.***

Les décisions passées en force de chose jugée rendues après reprise d'instance sont à la demande de l'intéressé portées sur l'état des créances par le greffier du tribunal devant lequel s'est déroulée la procédure de redressement *(Décr. nº 94-910 du 21 oct. 1994)* ***« ou de liquidation judiciaire ».***

Art. 65-1 *(Abrogé par Décr. nº 2005-1677 du 28 déc. 2005, art. 354) (Décr. nº 94-910 du 21 oct. 1994)* ***Les procédures d'ordre en cours lors du prononcé du jugement d'ouverture sont interrompues.***

Si le tribunal arrête un plan de redressement, ces procédures sont caduques et les fonds sont remis au commissaire à l'exécution du plan.

En cas de liquidation judiciaire, elles sont reprises à l'initiative de tout créancier intéressé, dès que celui-ci a produit à la juridiction saisie de l'instance une copie de la déclaration de sa créance et mis en cause le liquidateur.

Art. 66 *(Abrogé par Décr. nº 2005-1677 du 28 déc. 2005, art. 354)* ***Le représentant des créanciers, dans le délai de*** *(Décr. nº 94-910 du 21 oct. 1994)* ***« quinze jours*** *[ancienne rédaction : huit jours]* ***» à compter du jugement d'ouverture, avertit les créanciers connus d'avoir à lui déclarer leurs créances dans un délai de*** *(Décr. nº 88-430 du 21 avr. 1988)* ***« deux mois » à compter de la publication du jugement d'ouverture au BODACC. Ce dernier délai est augmenté de*** *(Décr. nº 88-430 du 21 avr. 1988)* ***« deux mois » pour les créanciers domiciliés hors de la France métropolitaine.***

(Décr. nº 94-910 du 21 oct. 1994) ***« Les cocontractants mentionnés aux articles L. 621-28 et L. 621-29 du code de commerce bénéficient d'un délai supplémentaire d'un mois à compter de la date de la résiliation de plein droit ou de la notification de la date de la décision prononçant la résiliation pour déclarer au passif la créance éventuelle résultant de ladite résiliation. Il en est de même des créanciers d'indemnités et pénalités mentionnées au 3º*** *[du III]* ***de l'article L. 621-32 du code de commerce en cas de résiliation d'un contrat régulièrement poursuivi.***

« L'avertissement du représentant des créanciers reproduit les dispositions légales et réglementaires relatives aux délais et formalités à observer pour la déclaration des créances, pour

la demande en relevé de forclusion et pour les actions en revendication et en restitution. Cet avertissement reproduit également les dispositions des articles L. 621-13 du code de commerce et 31-1 du présent décret. Les créanciers titulaires d'une sûreté ayant fait l'objet d'une publication ou d'un contrat de bail** [crédit-bail] **publié sont avertis par lettre recommandée avec demande d'avis de réception. »

Les institutions mentionnées à l'article L. 143-11-4** [L. 3253-14] **du code du travail déclarent les créances figurant sur les relevés prévus à l'article L. 621-125 du code de commerce y compris celles qu'elles refusent de régler pour quelque cause que ce soit. Le délai de déclaration prend fin quinze jours après l'expiration des délais de règlement prévus au troisième alinéa de l'article L. 143-11-7 du code du travail.

(Abrogé par Décr. n° 94-910 du 21 oct. 1994) ***« Pour le cocontractant mentionné à l'article 37 de la loi du 25 janvier 1985, le délai de déclaration expire quinze jours après la date à laquelle la renonciation à continuer le contrat est acquise si cette date est postérieure à celle de la publication prévue au premier alinéa ci-dessus. »***

BIBL. ▶ CHAPUT, *RPC 1988. 149* (responsabilité du représentant des créanciers). – LE CORRE-BROLY, *Banque et Dr. 1-2/1998. 3* (contenu de la déclaration de créance du crédit-bailleur) ; *ibid. mars-avr. 1998. 20* (avertissement du créancier par le représentant des créanciers). – DELENEUVILLE, *RPC 2002. 34* (délai de déclaration).

1. Caractère obligatoire. L'avis au créancier d'avoir à déclarer la créance s'impose au représentant des créanciers, même si le créancier a connaissance de la procédure et si celui-ci a déjà manifesté son intention de produire sa créance. • T. com. Roubaix-Tourcoing, 2 oct. 1986 : *Gaz. Pal. 1987. 1. 27. – Contra,* • T. com. Paris, 15 oct. 1987 : *Gaz. Pal. 1987. 2. 780, note Marchi.*

2. Créanciers connus. Il ne résulte d'aucune disposition de la loi ou de son décret d'application que le mandataire judiciaire aurait l'obligation de pallier la carence du débiteur dans l'établissement de la liste des créanciers en recherchant lui-même ceux des créanciers qui bénéficient d'une sûreté ayant fait l'objet d'une publication ; pas plus, il n'a l'obligation, dans le but de découvrir ou afin de rechercher d'éventuels créanciers titulaires de sûretés réelles, de vérifier la consistance passive et active du patrimoine du débiteur. • Paris, 28 nov. 1997 : *D. 1998. IR 22.* ♦ Les créanciers connus visés par l'art. 66 sont ceux qui figurent sur la liste déposée par le débiteur à l'appui de sa déclaration de cessation de paiement (art. 6, 4°), ceux qui figurent sur la liste officielle établie par le débiteur en application de l'art. 69, ceux dont l'existence est révélée par l'examen des livres et documents comptables remis par le débiteur en application de l'art. 46, et ceux dont l'existence s'évince de la connaissance d'un bien immobilier ou mobilier révélé à l'ouverture de la procédure. • Bordeaux, 27 nov. 1995 : *RPC 1996. 57, obs. Dureuil.* ♦ S'agissant d'un bien immobilier, l'obligation d'avertir les créanciers inscrits pèse sur le représentant des créanciers dès l'instant où il connaît l'existence de ce bien, car il a alors l'obligation professionnelle d'identifier ces créanciers par tous moyens utiles, et notamment par la levée immédiate de copies, extraits, actes ou états en application des art. 38-1 s. du décret du 14 oct. 1955. Ne saurait constituer un obstacle sérieux à l'accomplissement de cette diligence le fait que l'inscription serait prise en une conservation des hypothèques éloignée du lieu d'ouverture de la procédure collective. • Même arrêt. ♦ V. Décr. n° 55-1350 du 14 oct. 1955. – **C. civ.**

3. Forme de l'avertissement. L'art. 66 n'impose pas la forme du mode d'envoi, la production de la liste des créanciers avertis par le représentant des créanciers est un justificatif suffisant de l'accomplissement de cette formalité. • Versailles, 13 nov. 1997 : *BICC 1998, n° 851.* ♦ La société débitrice justifiant de la remise de la liste des créanciers au mandataire de justice et produisant l'avis de ce dernier adressé au créancier, il ne saurait être reproché au représentant des créanciers de ne pas avoir adressé une lettre recommandée avec accusé de réception et d'avoir fait usage d'un document type stéréotypé, aucune disposition législative ou réglementaire n'imposant de faire parvenir une lettre personnalisée ou obéissant à un formalisme particulier quant aux conditions de son expédition. • Amiens, 19 févr. 1998 : *Gaz. Pal. 2000. 2205, obs. Canet.* ♦ Comp., pour les créanciers titulaires d'une sûreté publiée, note 21 ss. art. L. 622-24 C. com.

4. Reproduction des dispositions légales et réglementaires. Il ne résulte d'aucun texte que l'absence de reproduction des dispositions légales et réglementaires visées à l'art. 66, al. 3, affecterait la validité de l'avertissement en ce qui concerne l'opposabilité de la forclusion. • Paris, 6 févr. 1998 : *Gaz. Pal. 1998. I. Somm. 216.*

5. Défaut d'avertissement (jurisprudence partiellement antérieure à la loi du 10 juin 1994). Avant l'intervention de la loi du 10 juin 1994, le défaut de l'avertissement prévu à l'art. 66 n'avait, en aucun cas, pour effet de dispenser le créancier retardataire d'établir que sa défaillance n'était pas due à son fait. • Com. 11 oct. 1988 : *D. 1989. Somm. 13, obs. Derrida ; Bull. civ. IV, n° 267* • 29 janv. 1991, n° 89-16.421 P : *D. 1991. Somm. 239, obs. Honorat* • 19 déc. 2006, n° 05-19.257 P : *D. 2007. AJ 228, obs. Lienhard ; Gaz. Pal. 13-14 avr. 2007, p. 47, obs. Le Corre-Broly.* – V. aussi • Com. 11 oct. 1994, n° 92-14.771 P :

Defrénois 1995. 977, obs. Sénéchal • Caen, 11 févr. 1999 : *RPC 1999. 213, obs. Larrieu* (avertissement envoyé à une adresse erronée). – Comp. : • Douai, 19 oct. 1989 : *RTD com. 1990. 262, obs. Martin-Serf* • T. com. Saumur, 24 janv. 1995 : *RJ com. 1995. 341, obs. Gallet.* ♦ V. aussi, relevant de forclusion le créancier en cas de fraude du débiteur, • T. com. Paris, 12 mai 1989 : *Rev. dr. bancaire 1990. 141, obs. Campana et Calendini* • T. com. Marseille, 12 déc. 1991 : *RPC 1992. 82, obs. Dureuil.* ♦ Comp., désormais : art. L. 621-46, al. 2, C. com., issu de la loi n° 94-475 du 10 juin 1994, selon lequel la forclusion n'est pas opposable aux créanciers titulaires d'une sûreté ayant fait l'objet d'une publication ou d'un contrat de crédit-bail publié, à défaut d'avertissement personnel. ♦ Sur la date d'application de cette nouvelle disposition, V. notes 2 à 4 ss. anc. art. L. 621-46 C. com. ♦ Cette jurisprudence demeure, bien sûr, applicable en cas de défaut d'avertissement d'un créancier non visé par le nouvel art. 53, al. 2 [C. com., anc. art. L. 621-46, al. 2] : V. • Com. 7 déc. 1999 : *D. 2000. AJ 33 ; APC 2000, n° 4, obs. Vallansan* • 30 juin 2004 : *cité note 1 ss. art. L. 621-45 C. com.* • Paris, 17 sept. 1999 : *D. 1999. AJ 22*.

6. Mais le représentant des créanciers pouvait être responsable à titre personnel du préjudice subi par un créancier hypothécaire, résultant de la non-déclaration de sa créance, en raison de l'absence d'avertissement. • Grenoble, 14 déc. 1992 : *Banque 1993. 94, obs. Guillot.* ♦ V. aussi, pour un liquidateur judiciaire, • Paris, 18 févr. 1994 : *D. 1994. IR 95.* ♦ Comp., pour un partage de responsabilité entre le créancier et le mandataire : • Com. 3 juin 1997, n° 94-21.982 P : *RJDA 1997, n° 1402* • Paris, 31 mars 2006 : *RTD com. 2006. 912, obs. Martin-Serf*. ♦ V. aussi note 4 ss. anc. art. L. 621-45 C. com.

Le dirigeant d'une société débitrice n'a pas d'obligation d'informer le créancier (une entreprise d'affacturage subrogée) du prononcé du redressement judiciaire de sa société. • Com. 20 janv. 1998 : *D. Affaires 1998. 336, obs. X. D. ; JCP 1998. II. 10121, note Dagorne-Labbe ; Defrénois 1998. 952, obs. Le Cannu ; RTD com. 2000. 172, obs. Martin-Serf*. – V. aussi Pérochon, *Mél. Alfandari, Dalloz, p. 149.* ♦ S'agissant de la mise en liquidation judiciaire d'une caution, V. • Com. 23 juin 1998 : *D. Affaires 1998. 1363, obs. J. F. ; RTD com. 2000. 172, obs. Martin-Serf*.

Sur les conséquences du défaut d'avertissement, au regard de la possibilité des créanciers de recouvrer le droit de poursuite individuelle après clôture de la liquidation judiciaire pour insuffisance d'actif, en cas de fraude du débiteur, V. note 17 ss. art. L. 643-11 C. com.

7. Délai de deux mois. En vertu des dispositions de l'art. 668 NCPC [C. pr. civ.], la date de notification de la déclaration de créance effectuée par voie postale est, à l'égard du créancier qui y procède, celle de l'expédition ; on ne peut donc soutenir que la date de la déclaration est celle de la réception par le représentant des créanciers. • Com. 28 janv. 1997, n° 94-21.125 P : *D. 1997. Somm. 214, obs. Honorat ; JCP E 1997. I. 651, n° 13, obs. Cabrillac ; Rev. dr. bancaire 1997. 78, obs. Campana et Calendini* • 9 juill. 2002 : *RPC 2003. 318, obs. Legrand* • Versailles, 30 oct. 1991 : *JCP E 1992. I. 168, n° 12, obs. Cabrillac.* ♦ Selon l'art. 669, al. 3°, NCPC [C. pr. civ.], la date de réception d'une notification faite par lettre recommandée avec demande d'avis de réception est celle qui est apposée par l'Administration des postes lors de la remise de la lettre à son destinataire. • Com. 28 avr. 1998, n° 96-16.440 P : *D. 1998. IR 141 ; D. Affaires 1998. 1004, obs. V. A.-R.* ♦ V. art. 668 et 669 C. pr. civ. – **C. pr. civ.**

Le créancier ne disposant que de l'avis de réception de la déclaration par le destinataire, et non d'un récépissé de son envoi indiquant la date à laquelle il a été effectué, il ne peut être remédié à ce défaut de preuve par l'absence de contestation émanant du représentant des créanciers, ce silence valant d'autant moins approbation que la société débitrice a fait l'objet d'une clôture pour insuffisance d'actif. • Paris, 23 nov. 2001 : *Gaz. Pal. 2002. Somm. 1207.*

Le délai de deux mois est un délai préfix. • Paris, 6 déc. 1991 : *RPC 1992. 83, obs. Dureuil* • 25 juin 1993 : *D. 1993. IR 223.* ♦ En cas d'irrégularité de la publication (erreurs portant sur le nom et le sigle, omission du numéro d'immatriculation au RCS) prévue par l'art. 21, formalité d'ordre public, l'insertion n'a pu faire courir le délai de déclaration des créances, applicable à tous les créanciers. • Com. 14 févr. 1995, n° 93-10.151 P : *D. 1996. Somm. 85, obs. A. Honorat ; Defrénois 1995. 1301, obs. J. Honorat* (V. l'arrêt confirmé : • Aix-en-Provence, 29 oct. 1992 : *RJ com. 1993. 285, note Auque et Lemistre*) • Com. 5 févr. 2002 : *APC 2002, n° 84* (erreur portant sur la date du jugement d'ouverture) • 4 mars 2003, n° 00-11.553 P : *D. 2003. AJ 831, obs. Lienhard ; RDBF 2003, n° 231, obs. F.-X. Lucas* • 12 avr. 2005, n° 03-20.691 P : *D. 2005. AJ 1227, obs. Lienhard ; Gaz. Pal. 6-7 juill. 2005, p. 26, obs. Le Corre ; RTD com. 2005. 601, obs. Martin-Serf* (erreur portant sur la date du jugement d'ouverture). ♦ V. aussi, en cas d'erreurs commises dans l'insertion au BODACC du jugement ouvrant le redressement judiciaire d'un dirigeant, sur le fondement de l'art. 182 de la loi [C. com., anc. art. L. 624-5], • Paris, 20 nov. 1998 : *APC 1999, n° 86.* ♦ *A fortiori,* en l'absence de publication du jugement d'ouverture au BODACC, le délai ne court pas et le créancier n'a pas à être relevé d'une forclusion inexistante. • Com. 20 juin 1995, n° 93-16.549 P : *D. 1995. IR 176.* – Rappr. : • Com. 17 mars 1998, n° 95-20.027 P : *D. 1998. IR 109 ; D. Affaires 1998. 626 ; JCP E 1998, n° 37, p. 1397, obs. Cabrillac.* ♦ ... La publication du jugement de conversion en liquidation judiciaire étant sans influence sur le délai de déclaration des créances. • Com. 9 janv. 2001, n° 98-11.002 P : *D. 2001. AJ*

548, obs. Lienhard ; JCP E 2001, n° 18, p. 753, obs. Pétel ; RDBF 2001, n° 68, obs. F.-X. Lucas ; RJ com. 2001. 320, note Courtier ; RTD com. 2002. 365, obs. Martin-Serf . ♦ Comp., jugeant que l'absence, dans la publication, de l'adresse du contribuable est sans incidence à l'égard d'une trésorerie principale, compte tenu des moyens de vérification et d'investigation à sa disposition : • Versailles, 13 nov. 1997 : *Les Annonces de la Seine, 9 févr. 1998, p. 14.* – Rappr. : • Paris, 26 sept. 1997 : *RJDA 1998, n° 469.*

Le défaut de publication du jugement d'ouverture dans un journal d'annonces légales du lieu de l'établissement secondaire du débiteur ne fait pas obstacle à l'écoulement du délai de déclaration des créances. • Com. 16 oct. 2001 : *RPC 2002. 97, obs. Legrand.*

Sur le point de départ en cas d'annulation du jugement d'ouverture, V. note 6 ss. art. R. 631-6 C. com.

La déclaration de créance peut être effectuée avant la publication au BODACC du jugement ouvrant la procédure collective. • Com. 9 déc. 1997 : *RJDA 1998, n° 468.*

8. Computation du délai. La disposition de l'art. 642 NCPC (devenu l'art. 642 C. pr. civ., selon lequel, notamment, le délai qui expirerait normalement un samedi, un dimanche ou un jour férié ou chômé, est prorogé jusqu'au premier jour ouvrable suivant) n'est que l'expression en matière procédurale d'une règle de portée générale applicable à la notification de tous les actes juridiques ou judiciaires. Il en est ainsi quelle que soit la qualification du délai et quand bien même il s'agirait d'un délai préfix, comme le délai de déclaration. • Com. 17 févr. 1998, n° 95-18.686 P : *D. 1998. IR 78 ; D. Affaires 1998. 429 ; Procédures 1998, n° 91, obs. Croze ; JCP E 1998, n° 37, p. 1398, obs. Pétel.*

9. Prolongation de deux mois. Le délai de déclaration des créances ne constitue pas un délai de comparution au sens de l'art. 644 NCPC [C. pr. civ.] et la prolongation prévue par l'art. 66, al. 1er, du décret ne bénéficie qu'aux seuls créanciers domiciliés hors de la France métropolitaine (et non pas aux créanciers domiciliés en France métropolitaine lorsque la procédure collective est ouverte hors de la France métropolitaine). • Com. 23 nov. 1999, n° 96-21.034 P : *D. 2000. AJ 31, obs. A.L. ; APC 2000, n° 5, obs. Vallansan ; JCP E 2000, nos 18-19, p. 752, obs. Pétel ; Procédures 2000, n° 66, obs. Laporte ; RTD com. 2000. 185, obs. Vallens .* ♦ L'allongement du délai de déclaration de créance prévu par l'art. 66, al. 1er, du décret ne peut être étendu aux créanciers domiciliés dans un département ou territoire d'outre-mer ayant à déclarer leurs créances dans une procédure ouverte dans le même département ou territoire. • Com. 13 juill. 2010, n° 09-13.103 P : *D. 2010. Actu. 1865, obs. Lienhard ; JCP E 2010. 1744, note Roussel Galle ; LEDEN 9/2010. 2, obs. Parachkévova ; RJDA 2010, n° 1170 ; Gaz. Pal. 15-16 oct. 2010, p. 32, obs. Le Corre-Broly ; LPA 20 déc. 2010, obs. Zattara-Gros ; RJ com. 2011. 62, note Sortais ; RPC 2011, n° 37, obs. F. Legrand et M.-N. Legrand.* ♦ Si la convention conclue entre le créancier, domicilié à l'étranger, et le débiteur prévoit l'élection de domicile des parties à Marseille pour attribuer aux juridictions de cette ville la compétence pour toutes les contestations à naître de l'exécution du contrat, cette élection n'est pas opposable au créancier tenu de déclarer sa créance dans la procédure collective ouverte devant une autre juridiction, et celui-ci bénéficie, dès lors, d'un délai supplémentaire pour déclarer sa créance. • Com. 19 févr. 2002, n° 99-15.579 P : *D. 2002. AJ 1141 ; RTD com. 2002. 546, obs. Vallens .*

Pour l'inapplicabilité de la prorogation de délai prévue par l'art. 66 au délai de l'action en relevé de forclusion, V. note 16 ss. art. L. 622-26 C. com.

10. Délai supplémentaire d'un mois. Doivent être déclarées dans les deux mois à compter de la publication du jugement d'ouverture du redressement judiciaire toutes les créances, même éventuelles, dont l'origine est antérieure à ce jugement, et la faculté ouverte par l'art. 66, al. 2, n'a pour effet que d'allonger la période de déclaration de certaines créances. • Com. 24 oct. 1995 : *Rev. dr. bancaire 1996. 130, obs. Campana et Calendini.* ♦ Le délai supplémentaire, prévu par l'art. 66, pour déclarer la créance résultant de la résiliation court à compter de la réception de la réponse de l'administrateur. • Com. 18 mars 2003 : *cité note 42 ss. art. L. 622-13 C. com.* ♦ Lorsque l'administrateur judiciaire décide de ne pas poursuivre un contrat en cours sans avoir au préalable été mis en demeure, le délai supplémentaire d'un mois pour déclarer la créance résultant de la résiliation court à compter de la date de notification de la décision prononçant cette résiliation. • Com. 16 juin 2004, n° 02-14.942 P : *D. 2004. AJ 1974 ; RPC 2004. 228, obs. Roussel Galle ; RTD com. 2004. 807, obs. Martin-Serf .* ♦ Pour l'application de l'art. 644 NCPC (désormais, art. 644 C. pr. civ., relatif à l'allongement du délai au profit des personnes résidant à l'étranger), V. • Lyon, 27 nov. 2003 : *RPC 2005. 42, obs. Roussel Galle.* – Comp. note 9.

11. Allongement du délai en cas de liquidation judiciaire prononcée au cours de la période d'observation. V. art. 119.

12. Recours. V. notes 1 s. ss. art. 25.

Art. 67 (*Abrogé par Décr. n° 2005-1677 du 28 déc. 2005, art. 354*) ***Outre les indications prévues à l'article L. 621-44 du code de commerce, la déclaration de créance contient :***

1° Les éléments de nature à prouver l'existence et le montant de la créance si elle ne résulte pas d'un titre ; à défaut, une évaluation de la créance si son montant n'a pas encore été fixé ;

2° Les modalités de calcul des intérêts dont le cours n'est pas arrêté, cette indication valant déclaration pour le montant ultérieurement arrêté ;

3° L'indication de la juridiction saisie si la créance fait l'objet d'un litige.

A cette déclaration sont joints sous bordereau les documents justificatifs ; ceux-ci peuvent être produits en copie. A tout moment, le représentant des créanciers peut demander la production de documents qui n'auraient pas été joints.

Art. 68 (Abrogé par Décr. n° 2005-1677 du 28 déc. 2005, art. 354) (Décr. n° 94-910 du 21 oct. 1994) *Les créanciers dont la créance n'a pas été portée définitivement sur l'état dans le délai prévu par l'article L. 621-103 du code de commerce peuvent demander à être relevés de la forclusion édictée par le troisième alinéa de l'article L. 621-43 du même code selon les modalités de son article L. 621-46.*

Art. 68-1 (Abrogé par Décr. n° 2005-1677 du 28 déc. 2005, art. 354) (Décr. n° 99-656 du 29 juill. 1999) *Lorsque l'extinction d'une créance correspondant au montant d'un chèque impayé pour absence ou insuffisance de provision vaut régularisation en application du dernier alinéa de l'article L. 621-46 du code de commerce, le débiteur demande au banquier tiré d'aviser la Banque de France de cette régularisation. Il justifie à cette fin auprès du banquier tiré de l'absence de déclaration de créance et du défaut de relevé de forclusion dans le délai prévu à l'article 621-46 précité par la remise d'une attestation émanant du représentant des créanciers, du liquidateur, du commissaire à l'exécution du plan ou du greffier.*

Art. 69 (Abrogé par Décr. n° 2005-1677 du 28 déc. 2005, art. 354) *La liste des créanciers établie par le débiteur conformément à l'article L. 621-45 du code de commerce comporte les nom ou dénomination, siège ou domicile de chaque créancier avec l'indication du montant des sommes dues au jour du jugement d'ouverture, des sommes à échoir et de leur date d'échéance, de la nature de la créance, des sûretés et privilèges dont chaque créance est assortie.*

(Décr. n° 94-910 du 21 oct. 1994) *« Dans les huit jours qui suivent le jugement d'ouverture, le débiteur remet la liste au représentant des créanciers qui la dépose au greffe. »*

Art. 70 (Abrogé par Décr. n° 2005-1677 du 28 déc. 2005, art. 354) *Lorsque le juge-commissaire n'est plus en fonctions, le tribunal statue* (Décr. n° 94-910 du 21 oct. 1994) *« selon le cas sur l'inopposabilité ou » sur le relevé de forclusion et fixe le montant de la créance admise. Mention en est portée par le greffier sur l'état des créances.*

Les frais de l'instance en relevé de forclusion sont supportés par les créanciers défaillants.

1. Juge-commissaire plus en fonctions. V. note 7 ss. art. 25.

2. Distinction entre inopposabilité de la forclusion et relevé de forclusion. V. note 7 ss. anc. art. L. 621-46 C. com.

Art. 70-1 (Abrogé par Décr. n° 2005-1677 du 28 déc. 2005, art. 354) (Décr. n° 94-910 du 21 oct. 1994) *Les instances ou les voies d'exécution suspendues en application du deuxième alinéa de l'article L. 621-48 du code de commerce sont poursuivies à l'initiative des créanciers bénéficiaires de cautionnements personnels de personnes physiques sur justification du jugement arrêtant le plan ou prononçant la liquidation judiciaire.*

En application du troisième alinéa de l'article L. 621-48 susvisé, ces créanciers peuvent pratiquer des mesures conservatoires dans les conditions prévues aux articles 210 et suivants du décret n° 92-755 du 31 juillet 1992 instituant de nouvelles règles relatives aux procédures civiles d'exécution pour l'application de la loi n° 91-650 du 9 juillet 1991 portant réforme des procédures civiles d'exécution.

SECTION 2 *Vérification des créances*

Art. 71 (Abrogé par Décr. n° 2005-1677 du 28 déc. 2005, art. 354) *En cas de cession totale ou de liquidation judiciaire, le commissaire à l'exécution du plan ou le liquidateur, dans le mois de leur entrée en fonctions, remet au juge-commissaire un état mentionnant le prix de cession ou l'évaluation des actifs et du passif privilégié et chirographaire.*

Au vu de cet état et après avoir recueilli les observations du commissaire à l'exécution du plan, du représentant des créanciers ou du liquidateur selon le cas, le juge-commissaire décide s'il y a lieu ou non, conformément à l'article L. 621-102 du code de commerce, d'engager ou de poursuivre la vérification des créances.

Art. 72 *(Abrogé par Décr. nº 2005-1677 du 28 déc. 2005, art. 354)* ***La vérification des créances est faite par le représentant des créanciers en présence du débiteur ou lui appelé et de l'administrateur s'il a pour mission d'assurer l'administration, avec l'assistance des contrôleurs s'il en a été nommé.***

(Décr. nº 94-910 du 21 oct. 1994) ***« Le délai prévu par l'article L. 621-103 du code de commerce ne peut être inférieur à six mois à compter du terme du délai imparti aux créanciers pour déclarer leurs créances. Un nouveau délai peut être accordé par décision spécialement motivée.***

« Si une créance autre que celle mentionnée à l'article L. 621-125 du code de commerce est contestée, le représentant des créanciers en avise le créancier ou son mandataire par lettre recommandée avec demande d'avis de réception. » Le délai de trente jours prévu à l'article L. 621-47 de ce code court à partir de la réception de la lettre. Cette lettre précise l'objet de la contestation, indique éventuellement le montant de la créance dont l'inscription est proposée et rappelle les dispositions de l'article L. 621-47 précité.

Allongement du délai de dépôt de la liste des créances. L'art. 72 n'énumérant pas les personnes pouvant solliciter du tribunal la prorogation du délai, initialement fixé, prévu par l'art. L. 621-103 [anc.] C. com., la demande du receveur des Impôts est recevable. • Com. 18 janv. 2005, nº 03-10.076 P : *D. 2005. AJ 356, obs. Lienhard (1re esp.) ; JCP E 2005, nº 17, p. 710, obs. Cabrillac ; Gaz. Pal. 29-30 avr. 2005, p. 35, obs. Le Corre ; RPC 2006. 74, obs. Neau-Leduc et Hubert* • 3 mai 2006 : *RPC 2007. 50, obs. Legrand.* ♦ Le Trésor public, qui tient de l'art. 72, al. 2, la faculté de solliciter du tribunal la prolongation du délai imparti au représentant des créanciers ou au liquidateur pour établir la liste des créances déclarées, doit présenter cette demande avant l'expiration du délai initialement fixé à peine d'encourir la forclusion prévue par l'art. L. 621-43 [anc.] C. com. • Com. 15 mars 2005, nº 03-15.567 P : *D. 2005. AJ 954, obs. Lienhard ; Gaz. Pal. 6-7 juill. 2005, p. 27, obs. Le Corre ; JCP E 2006, nº 13, p. 647, note D. F. ; RTD com. 2006. 476, obs. Martin-Serf ; RPC 2007. 152, obs. Neau-Leduc et Hubert.* ♦ La demande de prorogation du délai imparti par le tribunal au représentant des créanciers pour établir la liste des créances déclarées, qui relève de la juridiction gracieuse, est formée par requête. • Com. 9 mai 2007, nº 06-10.928 P : *D. 2007. AJ 1426, obs. Lienhard.*

Art. 73 *(Abrogé par Décr. nº 2005-1677 du 28 déc. 2005, art. 354)* *(Décr. nº 94-910 du 21 oct. 1994)* ***« La liste des créances contenant les indications prévues à l'article L. 621-44 du code de commerce, la nature et, le cas échéant, la date d'inscription des sûretés, la désignation succincte des biens affectés à celles-ci, ainsi que les propositions du représentant des créanciers et les observations du débiteur, est remise au juge-commissaire et est communiquée à l'administrateur et au commissaire à l'exécution du plan le cas échéant. Après le terme du délai fixé par le tribunal en application de l'article L. 621-103 du code précité, cette liste est, le cas échéant, complétée par les soins du greffier agissant à la demande du représentant des créanciers ou du créancier intéressé, par l'inscription des créances définitivement fixées à l'issue d'une instance judiciaire ou administrative. »***

Le juge-commissaire décide, le cas échéant, de l'admission des créances non échues.

(Décr. nº 94-910 du 21 oct. 1994) ***« Lorsque le juge-commissaire statue sur la compétence de la juridiction à laquelle il appartient ou sur une créance contestée, le greffier convoque par lettre recommandée avec demande d'avis de réception le débiteur et, s'il a répondu dans le délai mentionné à l'article L. 621-47 du code de commerce, le créancier. Il avise le représentant des créanciers et l'administrateur s'il y a lieu. »***

Les décisions d'incompétence ou statuant sur la contestation d'une créance sont notifiées aux parties *(Décr. nº 94-910 du 21 oct. 1994)* ***« ou à leur mandataire » par le greffier dans les huit jours par lettre recommandée avec demande d'avis de réception. Dans tous les cas, le représentant des créanciers et l'administrateur sont avisés des décisions rendues.***

Les décisions d'admission sans contestation sont notifiées par lettre simple aux créanciers *(Décr. nº 94-910 du 21 oct. 1994)* ***« ou à leur mandataire ». La notification précise, d'une part, le montant pour lequel la créance est admise et, d'autre part, les sûretés et privilèges dont elle est assortie.***

Art. 74 *(Abrogé par Décr. nº 2007-431 du 25 mars 2007, art. 3-I)* ***A la requête du Trésor public, le juge-commissaire, après avoir recueilli l'avis du représentant des créanciers, prononce l'admission définitive des créances admises à titre provisionnel en application du deuxième*** [troisième] ***alinéa de l'article L. 621-43 du code de commerce et qui ont fait l'objet d'un titre exécutoire ou ne sont plus contestées. Lorsque le juge-commissaire n'est plus en***

fonctions, le président du tribunal, saisi par requête du représentant du Trésor public, prononce l'admission définitive. Les décisions sont portées sur l'état des créances.

Les décisions rendues en méconnaissance des dispositions du deuxième [troisième] *alinéa de l'article L. 621-43 du code de commerce sont susceptibles d'appel dans le délai prévu au troisième alinéa de l'article 157 ci-après.*

Art. 75 (Abrogé par Décr. nº 2005-1677 du 28 déc. 2005, art. 354) *Toute personne peut prendre connaissance au greffe* (Décr. nº 94-910 du 21 oct. 1994) *« de la liste* [ancienne rédaction : des listes] *» des créances sur lesquelles sont portées les décisions du juge-commissaire et qui précisent, en cas d'admission, le montant de la créance ainsi que les sûretés et privilèges dont celle-ci est assortie.*

SECTION 3 *Vérification des créances résultant du contrat de travail*

Art. 76 (Abrogé par Décr. nº 2005-1677 du 28 déc. 2005, art. 354) *Au vu des documents ou à partir des informations fournies par les salariés, par le débiteur, par l'administrateur ainsi que par le représentant des salariés, le représentant des créanciers vérifie les créances résultant d'un contrat de travail. Cette vérification a lieu même en l'absence de la vérification des créances chirographaires.*

(Abrogé par Décr. nº 94-910 du 21 oct. 1994) *« Lorsque le représentant des salariés n'a pas assisté aux opérations de vérification, les relevés des créances prévus à l'article 123 de la loi du 25 janvier 1985 lui sont communiqués au fur et à mesure de leur établissement et, au plus tard, trois jours au moins avant l'expiration du délai fixé à l'article L. 143-11-7 du code du travail, pour les créances mentionnées aux 1 et 3 de cet article et dix jours au moins avant l'expiration du délai fixé aux 2 et 4 de ce même article, pour les créances qui y sont mentionnées. » Le représentant des créanciers tient à la disposition du représentant des salariés les éléments à partir desquels il a établi les relevés et notamment le livre de paye et le registre du personnel. Le représentant des salariés appose sa signature sur les relevés en formulant au besoin des réserves ou observations. En l'absence de signature, le juge-commissaire vérifie que le représentant des salariés a été à même d'accomplir sa mission.*

Les relevés sont, à la diligence du représentant des créanciers, visés par le juge-commissaire. Ils sont remis par le représentant des créanciers aux institutions mentionnées à l'article L. 143-11-4 [L. 3253-14] *du code du travail avant l'expiration des délais prévus, pour chaque catégorie de créances, à l'article L. 143-11-7 précité.*

Art. 77 (Abrogé par Décr. nº 2005-1677 du 28 déc. 2005, art. 354) *Les relevés des créances résultant du contrat de travail mentionnent l'identité de chaque salarié, la nature de son contrat de travail, la date de son entrée dans l'entreprise, l'emploi occupé et sa qualification, l'exercice ou non d'un mandat social, la date de rupture du contrat de travail, les sommes déjà versées et celles qui restent à payer. Le montant de ces sommes est calculé déduction faite des prélèvements légaux et conventionnels* (Décr. nº 94-910 du 21 oct. 1994) *« , y compris lorsque ces sommes correspondent à des créances définitivement établies par décision de justice ».*

Art. 78 (Abrogé par Décr. nº 2005-1677 du 28 déc. 2005, art. 354) *Le représentant des créanciers informe par tout moyen chaque salarié de la nature et du montant des créances admises ou rejetées et lui indique la date du dépôt au greffe du relevé des créances. Il rappelle que le délai de forclusion prévu à l'article L. 621-125 du code de commerce court à compter de* (Décr. nº 94-910 du 21 oct. 1994) *« la publication prévue » au troisième alinéa ci-après. Les salariés dont les créances sont admises sont informés au moment du paiement.*

Le salarié dont la créance a été omise peut être relevé de la forclusion par le conseil de prud'hommes dans le délai prévu au deuxième [troisième] *alinéa de l'article L. 621-46 du code précité. Le relevé de forclusion bénéficie aux institutions mentionnées à l'article L. 143-11-4* [L. 3253-14] *du code du travail.*

(Décr. nº 94-910 du 21 oct. 1994) *« La publicité mentionnée à l'article L. 621-125 du code précité est faite à la diligence du représentant des créanciers par la publication, dans un journal habilité à recevoir les annonces légales dans le département du siège de l'entreprise, et le cas échéant, dans le département de chacun de ses établissements secondaires, d'un avis indiquant que l'ensemble des relevés des créances est déposé au greffe du tribunal. Cette publication intervient au plus tard trois mois après l'expiration de la dernière période de garantie prévue par l'article L. 143-11-1 du code du travail* [devenu C. trav., art. L. 3253-8]. *»*

L'avis signé par le représentant des créanciers est daté du jour de (Décr. n° 94-910 du 21 oct. 1994) *« la publication prévue au troisième alinéa ci-dessus ». Cette date fait courir le délai de forclusion prévu à l'article L. 621-125 précité.*

Dernier al. *abrogé par Décr. n° 94-910 du 21 oct. 1994.*

Art. 79 (Abrogé par Décr. n° 2005-1677 du 28 déc. 2005, art. 354) *Les institutions mentionnées à l'article L. 143-11-4 [L. 3253-14] du code du travail font connaître au représentant des créanciers leur refus de régler une créance figurant sur un relevé, dans les mêmes délais que ceux qui sont prévus à l'article L. 143-11-7 de ce code, pour le versement des sommes impayées. Ces institutions indiquent la nature et le montant de la créance refusée ainsi que les motifs de leur refus.*

Le représentant des créanciers avertit le salarié du refus par l'institution ci-dessus mentionnée de régler la créance et en avise le représentant des salariés.

Art. 80 (Abrogé par Décr. n° 2005-1677 du 28 déc. 2005, art. 354) *Le représentant des créanciers, le commissaire à l'exécution du plan ou le liquidateur restitue aux institutions mentionnées à l'article L. 143-11-4 [L. 3253-14] du code du travail, les sommes avancées par elles qui n'ont pas été perçues par les salariés lorsque le délai de validité du titre de paiement est expiré. Ces institutions versent les sommes dues aux salariés qui en font la demande.*

Art. 81 (Abrogé par Décr. n° 2005-1677 du 28 déc. 2005, art. 354) *L'administrateur ou le débiteur, selon le cas, donne toutes les informations utiles au représentant des créanciers sur les instances en cours devant la juridiction prud'homale à la date du jugement d'ouverture.*

(Décr. n° 94-910 du 21 oct. 1994) *« Les informations relatives à l'objet et aux circonstances du litige ainsi que les éléments justificatifs sont transmis par le représentant des créanciers aux institutions mentionnées à l'article L. 143-11-4 [L. 3253-14] du code du travail, mises en cause devant la juridiction prud'homale conformément à l'article L. 621-126 du code de commerce. »*

SECTION 4 *État des créances*

Art. 82 (Abrogé par Décr. n° 2005-1677 du 28 déc. 2005, art. 354) (Décr. n° 94-910 du 21 oct. 1994) *La liste des créances visée à l'article L. 621-103 du code de commerce, sur laquelle sont portées les décisions du juge-commissaire s'il y a lieu, et le relevé des créances résultant du contrat de travail constituent l'état des créances au sens de l'article 103 de la loi du 25 janvier 1985.*

Art. 83 (Abrogé par Décr. n° 2005-1677 du 28 déc. 2005, art. 354) *Le greffier fait publier au BODACC une insertion indiquant que l'état des créances est constitué et déposé au greffe. Le délai pour faire réclamation est de quinze jours à compter de cette publication mention en est faite dans l'insertion.*

Art. 84 (Abrogé par Décr. n° 2005-1677 du 28 déc. 2005, art. 354) (Décr. n° 94-910 du 21 oct. 1994) *« Les réclamations des tiers sont formées par déclaration faite contre récépissé ou par lettre recommandée avec demande d'avis de réception au greffe et sont mentionnées sur l'état par le greffier. Le greffier convoque devant le juge-commissaire par lettre recommandée avec demande d'avis de réception les parties intéressées ou leur mandataire et avise le représentant des créanciers et l'administrateur s'il y a lieu. »*

Le greffier notifie dans les huit jours les décisions du juge-commissaire par lettre recommandée avec demande d'avis de réception. Le représentant des créanciers et l'administrateur, s'il y a lieu, en sont avisés.

Art. 85 (Abrogé par Décr. n° 2005-1677 du 28 déc. 2005, art. 354) *Le créancier dont les droits ont été reconnus par une décision passée en force de chose jugée adresse au greffier du tribunal devant lequel s'est déroulée la procédure de redressement judiciaire une expédition de cette décision. Le greffier mentionne la décision sur l'état des créances.*

(Décr. n° 94-910 du 21 oct. 1994) *« Le greffier avise le représentant des créanciers ainsi que l'administrateur et le commissaire à l'exécution du plan, s'il y a lieu, de toute modification ainsi apportée à l'état des créances. »*

SECTION 5 *Restitutions et revendications*

(Décr. nº 94-910 du 21 oct. 1994)

BIBL. GÉN. ▶ J.-L. Bigot, *Gaz. Pal. 1994. 2. Doctr. 1400*. – Benezra, *ibid. 1995. 1. Doctr. 211*. – Pérochon, *LPA 14 juin 1995, p. 32*. – Martin-Serf, *LPA 28 oct. 1998, p. 23*.

Art. 85-1 *(Abrogé par Décr. nº 2005-1677 du 28 déc. 2005, art. 354) (Décr. nº 94-910 du 21 oct. 1994)* ***La demande en revendication d'un bien est adressée dans le délai de l'article L. 621-115 du code de commerce par lettre recommandée avec demande d'avis de réception au mandataire de justice mentionné à l'article L. 621-123 du même code.***

A défaut d'acquiescement du mandataire dans le délai d'un mois à compter de la réception de la demande, le demandeur doit, sous peine de forclusion, saisir le juge-commissaire dans un délai identique à compter de l'expiration du délai de réponse du mandataire.

La demande en revendication emporte de plein droit demande en restitution.

BIBL. ▶ Diesbecq et Laverrière, *JCP E 2005, nº 25, p. 1053* (prorogation des délais de revendication à raison de la distance et computation).

Légalité de l'art. 85-1. Si les juridictions judiciaires peuvent, par exception à la règle générale, apprécier la validité d'un acte réglementaire sur le fondement duquel est intervenu l'acte contesté, c'est à la condition que ce règlement porte une atteinte grave à une liberté individuelle ou au droit de propriété. • Civ. 1re, 16 mai 2000, nº 98-10.489 P : *D. 2000. AJ 291, obs. Lienhard ; JCP E 2000, nº 40, p. 1564, obs. Pétel ; APC 2000, nº 124, obs. Regnaut-Moutier ; Procédures 2000, nº 218, obs. Laporte ; RPC 2001. 30, obs. Soinne* • Paris, 21 mars 2003 : *D. 2003. AJ 1294*. ♦ Le décret du 21 oct. 1994, dont est issu l'art. 85-1 ajouté au décret du 27 déc. 1985, à supposer même qu'il ait empiété sur le domaine réservé à la loi par l'art. 34 de la Constitution, ne saurait être considéré comme portant gravement atteinte au droit de propriété dans la mesure où la forclusion qu'il institue en son al. 2 n'est que la conséquence de l'inaction du revendiquant informé du défaut d'acquiescement par le mandataire de justice à sa demande conformément à l'al. 1er. • Mêmes arrêts.

Art. 85-2 *(Abrogé par Décr. nº 2005-1677 du 28 déc. 2005, art. 354) (Décr. nº 94-910 du 21 oct. 1994)* ***En cas d'action en restitution ou en revendication de biens fongibles ou incorporés à un autre bien mobilier, le créancier revendiquant doit établir que les conditions fixées par l'alinéa 3 de l'article L. 621-122 du code de commerce sont réunies.***

Art. 85-3 *(Abrogé par Décr. nº 2005-1677 du 28 déc. 2005, art. 354) (Décr. nº 94-910 du 21 oct. 1994)* ***En cas de revendication du prix des biens visés à l'article L. 621-122 du code de commerce en application de l'article L. 621-124 du même code, les sommes correspondantes payées par le sous-acquéreur postérieurement à l'introduction de l'action en revendication doivent être versées par le débiteur entre les mains de l'administrateur s'il en a été nommé un ou, à défaut, du représentant des créanciers ou du mandataire judiciaire afin d'être attribuées au créancier revendiquant à concurrence de sa créance.***

Art. 85-4 *(Abrogé par Décr. nº 2005-1677 du 28 déc. 2005, art. 354) (Décr. nº 94-910 du 21 oct. 1994)* ***Pour l'application de l'article L. 621-116 du code de commerce, la demande en restitution est faite par le propriétaire du bien par lettre recommandée avec demande d'avis de réception au mandataire de justice mentionné à l'article L. 621-123 du même code.***

A défaut d'accord du mandataire dans le délai d'un mois à compter de la réception de la demande ou en cas de contestation, le juge-commissaire peut être saisi à la diligence du propriétaire afin qu'il soit statué sur les droits de ce dernier. Même en l'absence de demande préalable en restitution, le juge-commissaire peut également être saisi à cette même fin par le mandataire de justice.

Le bien qui ne fait pas l'objet d'une demande en restitution peut être vendu selon les formes prévues au titre III de la même loi *[chapitre II du titre II du livre IV du code de commerce]* ***à l'expiration d'un délai d'un mois après l'envoi d'une mise en demeure au propriétaire. Cette mise en demeure peut être envoyée dès l'ouverture de la procédure. Elle est faite par lettre recommandée avec demande d'avis de réception adressée au dernier domicile connu du propriétaire, par l'administrateur ou, à défaut, par le représentant des créanciers, ou le liquidateur.***

Le prix de vente est consigné par l'administrateur, le représentant des créanciers ou le liquidateur à la Caisse des dépôts et consignations et, sous déduction des frais, est tenu à la dis-

position du créancier. Après clôture de la procédure, le montant ainsi consigné est restitué au créancier ou à ses ayants droit sur ordonnance du président.

Art. 85-5 (Abrogé par Décr. n° 2005-1677 du 28 déc. 2005, art. 354) (Décr. n° 94-910 du 21 oct. 1994) *Pour bénéficier des dispositions de l'article L. 621-116 du code de commerce, les contrats de location ou les contrats de vente assortis d'une réserve de propriété doivent être publiés dans les conditions prévues aux articles 1er à 7 et 9 du décret n° 72-665 du 4 juillet 1972.*

Pour l'application de l'article 1er dudit décret, les renseignements doivent permettre d'identifier les parties au contrat visé à l'alinéa ci-dessus et, s'il y a lieu, le nom de la personne qui leur est subrogée, le bien vendu ou loué et, le cas échéant, l'indication de son prix et de la date d'exigibilité de celui-ci.

Pour l'application des articles 2, 3 et 4 du même décret, le loueur ou le vendeur bénéficiaire de la clause de réserve de propriété sont soumis aux conditions applicables aux entreprises de crédit-bail.

CHAPITRE III *PLAN DE CONTINUATION OU DE CESSION DE L'ENTREPRISE*

SECTION 1 *Dispositions communes aux jugements relatifs au plan*

Art. 86 (Abrogé par Décr. n° 2005-1677 du 28 déc. 2005, art. 354) *Dès le dépôt au greffe du rapport de l'administrateur ou du projet de plan, le greffier convoque en chambre du conseil, par lettre recommandée avec demande d'avis de réception, le débiteur, les représentants du comité d'entreprise ou, à défaut, des délégués du personnel ou, dans le cas prévu au deuxième alinéa de l'article L. 621-135 du code de commerce, le représentant des salariés.*

Le procureur de la République ainsi que (Décr. n° 94-910 du 21 oct. 1994) *« l'administrateur, le représentant des créanciers et les contrôleurs » sont avisés de la date de l'audience.*

(Abrogé par Décr. n° 94-910 du 21 oct. 1994) *« Tout créancier ou tout groupe de créanciers représentant au moins 15 p. 100 du montant des créances déclarées est entendu par le tribunal s'il fait à cette fin une déclaration motivée au greffe. »*

Art. 87 (Abrogé par Décr. n° 2005-1677 du 28 déc. 2005, art. 354) *Le jugement arrêtant ou rejetant le plan de continuation ou de cession de l'entreprise est rendu en audience publique.*

Une copie du jugement est adressée immédiatement par le greffier aux autorités citées à l'article 19 (Abrogé par Décr. n° 94-910 du 21 oct. 1994) *« ainsi qu'au commissaire de la République » dans les conditions prévues au 3° de cet article.*

Le jugement arrêtant le plan fait l'objet des publicités prévues à l'article 21.

Art. 87-1 (Abrogé par Décr. n° 2005-1677 du 28 déc. 2005, art. 354) (Décr. n° 94-910 du 21 oct. 1994) *La clause d'inaliénabilité prévue aux articles L. 621-72 et L. 621-92 du code de commerce est, à la diligence du commissaire à l'exécution du plan, mentionnée aux registres publics sur lesquels les biens déclarés inaliénables et les droits qui les grèvent sont inscrits.*

Art. 88 (Abrogé par Décr. n° 2005-1677 du 28 déc. 2005, art. 354) *L'administrateur rend compte au juge-commissaire s'il est encore en fonction ou au président du tribunal, de l'exécution des actes permettant la mise en œuvre du plan conformément à l'article L. 621-67 du code de commerce.*

Le représentant des créanciers rend compte de sa mission au juge-commissaire qui met fin à celle-ci, après avoir constaté l'achèvement de la vérification des créances et le versement des sommes dues aux salariés en application de l'article L. 143-11-7 du code du travail.

L'administrateur et le représentant des créanciers notifient au débiteur et déposent au greffe dans les deux mois qui suivent l'achèvement de leur mission, un exemplaire de leurs comptes relatifs aux opérations de recettes ou dépenses faites à la caisse des dépôts et consignations. Tout créancier peut en prendre connaissance au greffe.

Le débiteur dispose d'un délai de huit jours à compter de la notification pour contester les comptes auprès du tribunal par déclaration au greffe.

Art. 89 (Abrogé par Décr. n° 2005-1677 du 28 déc. 2005, art. 354) *Les fonctions du juge-commissaire prennent fin dès la reddition définitive des comptes de l'administrateur et du représentant des créanciers.*

Art. 90 *(Abrogé par Décr. n° 2005-1677 du 28 déc. 2005, art. 354)* ***Les instances auxquelles est partie l'administrateur ou le représentant des créanciers et qui ne sont pas terminées lorsque la mission de ces derniers a pris fin, sont poursuivies par le commissaire à l'exécution du plan ou si celui-ci n'est plus en fonction, par un** (Décr. n° 94-910 du 21 oct. 1994)* ***« mandataire de justice désigné spécialement à cet effet** [ancienne rédaction : mandataire ad hoc désigné]* ***» par le tribunal devant lequel s'est déroulée la procédure de redressement judiciaire.***

1. Poursuite des instances par le commissaire à l'exécution du plan. Si l'art. 90 prévoit une reprise des instances en cours par le commissaire à l'exécution du plan, c'est uniquement dans le cadre des dispositions de la loi nouvelle sans que soit prévue sa substitution au syndic encore en place, d'une liquidation des biens régie par la loi ancienne. • Com. 21 janv. 1992, n° 90-11.744 P : *JCP 1992. IV. 867.*

2. Il se déduit de l'art. 90 que le commissaire à l'exécution du plan n'a pas qualité pour poursuivre des instances auxquelles l'administrateur ou le représentant des créanciers n'étaient pas parties. • Paris, 29 mai 1998 : *APC 1998, n° 112.*

3. Désignation d'un mandataire ad hoc. L'art. 90 n'exclut pas la possibilité de désigner un mandataire *ad hoc* pour poursuivre les actions engagées par le seul commissaire à l'exécution du plan. • Montpellier, 19 mars 1996 : *D. 1996. IR 134 ; RPC 1996. 377, obs. Soinne*, conf. par • Com. 9 juin 1998, n° 96-16.465 P : *D. 1998. IR 197 ; D. Affaires 1998. 1218 ; Quot. jur. 24 sept. 1998, p. 3, note P. M. ; RTD com. 1998. 931, obs. Saint-Alary-Houin ; RPC 1999. 187, obs. Martin-Serf.* ♦ En revanche, doit être rejetée la demande tendant à la désignation d'un mandataire *ad hoc* dès lors qu'elle est sollicitée non pas pour poursuivre une instance en cours mais pour engager une action à l'encontre des banques. • Com. 18 mars 2008 : *RPC 2008, n° 55, obs. Gorrias.*

L'art. 67 de la loi [C. com., anc. art. L. 621-68] et l'art. 90 du décret ne distinguent pas suivant que la créance objet de l'action est ou non étrangère au plan de cession. • Com. 9 janv. 1996 : *RPC 1996. 377, obs. Soinne.*

Ne peut être désigné en qualité de mandataire *ad hoc* le commissaire à l'exécution du plan qui ne donne aucun élément permettant de constater que la mission du représentant des créanciers est terminée en raison de l'achèvement de la vérification des créances, ni aucun élément sur l'achèvement éventuel de sa mission d'administrateur au regard de la mise en œuvre du plan. • Douai, 18 févr. 1999 : *BICC 1999, n° 1304.*

Pour la recevabilité de la requête présentée par le ministère public, sur le fondement de l'art. 423 C. pr. civ., aux fins de désignation d'un mandataire *ad hoc*, V. • Com. 11 oct. 2011 : *RPC 2012, n° 1, obs. Cagnoli.*

4. Pouvoirs du tribunal. Il n'appartient pas aux juges, à ce stade de la procédure, d'apprécier la recevabilité de l'action engagée pour se déterminer sur la désignation d'un mandataire *ad hoc*. • Montpellier, 19 mars 1996 : *préc. note 3.* ♦ La désignation par le juge, en vertu de l'art. 90, d'un mandataire *ad hoc* chargé de poursuivre les instances en cours lorsque les organes de la procédure collective ont cessé leurs fonctions relève de la juridiction gracieuse. • Com. 9 juin 1998 : *préc. note 3.*

5. Mise en cause du débiteur. Viole les art. 1844-7, 7°, C. civ., 14 NCPC [C. pr. civ.], L. 621-68 [anc.] C. com. et 90 du décret la cour d'appel qui retient que l'art. 90 préc. n'impose pas, après une décision arrêtant le plan de cession, au demandeur de mettre en cause le débiteur pour obtenir le paiement d'une créance de l'art. L. 621-32 [anc.] C. com., alors que le commissaire à l'exécution du plan ne représentait pas la société débitrice contre laquelle l'action devait être dirigée. • Com. 12 juill. 2004, n° 01-16.034 P : *D. 2004. AJ 2154 ; APC 2004, n° 192, obs. Vallansan ; RDBF 2004, n° 255, obs. F.-X. Lucas.* ♦ V. aussi, à propos de la dénonciation d'une saisie-attribution, • Com. 10 janv. 2006 : *Gaz. Pal. 30 avr.-4 mai 2006, p. 32, obs. Voinot.*

6. Recours. La décision désignant sur requête un mandataire de justice à l'effet de poursuivre les instances en cours lorsque les organes de la procédure ont cessé leurs fonctions ne peut être attaquée, s'agissant d'un intéressé, que par le recours en rétractation institué par l'art. 496 NCPC [C. pr. civ.] qui relève de la compétence exclusive du juge qui a désigné ce mandataire. • Com. 30 oct. 2007, n° 06-16.129 P : *D. 2007. AJ 2878, obs. Lienhard ; D. 2008. Pan. 574, obs. F.-X. Lucas ; JCP E 2008. 1207, n° 14, obs. Cabrillac ; Gaz. Pal. 23-24 janv. 2008, p. 58, obs. Routier ; RTD com. 2008. 191, obs. Vallens ; Defrénois 2008. 1219, obs. Gibirila.* ♦ Les établissements de crédit, qui, comme tout intéressé, pouvaient en référer au tribunal qui avait désigné l'ancien représentant des créanciers puis commissaire à l'exécution du plan en qualité de « mandataire *ad hoc* », ne sont pas recevables à contester cette désignation devant le juge saisi de l'action en soutien abusif engagée contre eux par le représentant des créanciers, puis poursuivie par le commissaire à l'exécution du plan et enfin par le « mandataire *ad hoc* » après que les organes de la procédure collective ont cessé leurs fonctions. • Même arrêt.

7. V. aussi, sur la contestation de la désignation du commissaire à l'exécution du plan en qualité de mandataire *ad hoc*, • Com. 2 oct. 2007 : *JCP E 2008. 1046, note Regnaut-Moutier (2e esp.).*

Art. 91 (*Abrogé par Décr. n° 2005-1677 du 28 déc. 2005, art. 354*) *Le juge-commissaire ou si celui-ci n'est plus en fonction, le président du tribunal, autorise le débiteur ou le cessionnaire à remettre au commissaire à l'exécution du plan les sommes nécessaires à l'accomplissement de la mission de ce dernier.*

Art. 92 (*Abrogé par Décr. n° 2005-1677 du 28 déc. 2005, art. 354*) *Lorsque le remplacement du commissaire à l'exécution du plan est demandé par le procureur de la République ou que le tribunal se saisit d'office aux mêmes fins, la convocation de l'intéressé est faite selon le cas dans les formes et selon la procédure prévues aux articles 8 ou 9.*

Art. 93 (*Abrogé par Décr. n° 2005-1677 du 28 déc. 2005, art. 354*) *En cas de continuation de l'entreprise, assortie de cessions partielles, le tribunal peut nommer un seul commissaire à l'exécution de l'ensemble des opérations.*

Art. 94 (*Abrogé par Décr. n° 2005-1677 du 28 déc. 2005, art. 354*) *Le commissaire à l'exécution du plan signale, dans un rapport adressé au président du tribunal et au procureur de la République, l'inexécution du plan de la part du débiteur, du cessionnaire ou de toute autre personne.*

Le rapport fait état des observations du chef d'entreprise et propose éventuellement les solutions qui seraient de nature à permettre l'exécution du plan.

Le commissaire à l'exécution du plan rend compte de sa mission au président du tribunal. Il remet ses comptes au greffe dans les deux mois qui suivent l'achèvement de sa mission. Le débiteur ou le cessionnaire, selon le cas, peut contester ces comptes dans les formes et délais prévus au quatrième alinéa de l'article 88. — V. art. 103.

Art. 95 (*Abrogé par Décr. n° 2005-1677 du 28 déc. 2005, art. 354*) *Les demandes présentées en application de l'article L. 621-69 du code de commerce sont faites par déclaration au greffe du débiteur ou du cessionnaire.*

Le greffier convoque en chambre du conseil, par lettre recommandée avec demande d'avis de réception le demandeur, les représentants du comité d'entreprise ou à défaut des délégués du personnel qui sont désignés conformément à l'article 12. Il avise de la date de l'audience le procureur de la République ainsi que le commissaire à l'exécution du plan.

(*Décr. n° 94-910 du 21 oct. 1994*) *« Lorsque la modification porte sur les modalités d'apurement du passif, le greffier du tribunal informe les créanciers intéressés. Ceux-ci disposent alors d'un délai de quinze jours pour faire valoir leurs observations par lettre recommandée avec demande d'avis de réception adressée au commissaire à l'exécution du plan. »*

Le tribunal statue en audience publique. Le jugement est signifié et notifié conformément aux dispositions de l'article 97 ci-après.

Art. 96 (*Abrogé par Décr. n° 2005-1677 du 28 déc. 2005, art. 354*) *Une copie du jugement modifiant le plan est adressée aux autorités mentionnées aux articles 19 et 87. Le jugement fait l'objet des publicités prévues à l'article 21.*

SECTION 2 **Continuation de l'entreprise**

Art. 96-1 (*Abrogé par Décr. n° 2005-1677 du 28 déc. 2005, art. 354*) (*Décr. n° 94-910 du 21 oct. 1994*) *La durée du plan est fixée dans les limites définies par les deux dernières phrases de l'article L. 621-66 du code de commerce, sans préjudice du différé de paiement prévu au second alinéa de l'article L. 621-76 du même code.*

Le délai d'un an prévu au second alinéa de l'article L. 621-76 du code précité court à compter du jour du jugement arrêtant le plan.

Art. 97 (*Abrogé par Décr. n° 2005-1677 du 28 déc. 2005, art. 354*) *Le jugement arrêtant ou rejetant le plan de continuation est signifié à la diligence du greffier* (*Décr. n° 88-430 du 21 avr. 1988*) *« dans les huit jours de la date du jugement » aux personnes autres que le procureur de la République qui ont qualité pour interjeter appel. Il est en outre notifié par le greffier à toute personne tenue de l'exécuter, conformément à l'article L. 621-63 du code de commerce.*

Art. 98 (*Abrogé par Décr. n° 2005-1677 du 28 déc. 2005, art. 354*) *L'autorisation prévue à l'article L. 621-72 du code de commerce est donnée par le tribunal au vu du rapport du commissaire à l'exécution du plan.*

Art. 99 (Abrogé par Décr. n° 2005-1677 du 28 déc. 2005, art. 354) *L'assemblée des associés ou l'assemblée générale extraordinaire appelée à modifier les statuts conformément aux indications du plan est convoquée dans les formes et délais prévus aux articles 33 à 40.*

Art. 100 (Abrogé par Décr. n° 2005-1677 du 28 déc. 2005, art. 354) *La substitution de garantie, prévue à l'article L. 621-80 du code de commerce, est ordonnée par le tribunal devant lequel s'est déroulée la procédure de redressement judiciaire. Le débiteur, le créancier, le commissaire à l'exécution du plan sont entendus ou convoqués par le greffier.*

Les radiations et les inscriptions des sûretés sont requises par le demandeur ou le bénéficiaire, sur injonction contenue dans le jugement qui précise la personne à qui incombe la charge des frais. La radiation ne peut intervenir qu'après constitution de la garantie substituée.

Art. 101 (Abrogé par Décr. n° 2005-1677 du 28 déc. 2005, art. 354) *Le montant maximal de chaque créance remboursable sans remise ni délai en application de l'article L. 621-78 du code de commerce est de 152,45 €.*

Art. 102 (Abrogé par Décr. n° 2005-1677 du 28 déc. 2005, art. 354) *Le prix de vente ou la quote-part de ce prix, d'un bien mentionné aux articles L. 621-25 et L. 621-80 du code de commerce, est versé à la Caisse des dépôts et consignations.* (Décr. n° 94-910 du 21 oct. 1994) *« A l'issue de ce versement, des paiements provisionnels peuvent être effectués dans les conditions définies à l'alinéa 2 de l'article L. 621-25 du code de commerce ». Le commissaire à l'exécution du plan ou le liquidateur, selon le cas, répartit le prix entre les créanciers, effectue le paiement et procède à la radiation des inscriptions.*

En cas de vente d'un immeuble, le prix est versé après l'accomplissement des formalités de purge des hypothèques prescrites par les articles 2181 et suivants du code civil [devenu C. civ., art. 2476 s.] *et suivant la procédure d'ordre définie aux articles 140 à 151 ci-après.*

Si, lors de la vente d'un bien mentionné à l'article L. 621-80 du code précité, le commissaire à l'exécution du plan a cessé ses fonctions, la répartition du prix est faite par un (Décr. n° 94-910 du 21 oct. 1994) *« mandataire désigné spécialement à cet effet* [ancienne rédaction : mandataire ad hoc désigné] *» par le président du tribunal devant lequel s'est déroulée la procédure.*

Art. 102-1 (Abrogé par Décr. n° 2005-1677 du 28 déc. 2005, art. 354) (Décr. n° 94-910 du 21 oct. 1994) *En cas d'application du dernier alinéa de l'article L. 621-76 du code de commerce, les sommes versées par le débiteur au crédit-bailleur au titre des sommes dues avant le jugement d'ouverture viennent en déduction de la créance du crédit-bailleur.*

Art. 103 (Abrogé par Décr. n° 2005-1677 du 28 déc. 2005, art. 354) (Décr. n° 94-910 du 21 oct. 1994) *Sans préjudice de l'application des dispositions de l'article 94 ci-dessus, le commissaire à l'exécution du plan fait un rapport annuel sur l'exécution des engagements du débiteur. Ce rapport est déposé au greffe et est tenu à la disposition du procureur de la République et de tout créancier.*

Art. 103-1 (Abrogé par Décr. n° 2005-1677 du 28 déc. 2005, art. 354) (Décr. n° 94-910 du 21 oct. 1994) *A la demande de l'administrateur s'il en a été désigné un, du commissaire à l'exécution du plan ou du débiteur, le tribunal peut, dans le jugement arrêtant le plan de continuation ou par décision ultérieure, prononcer la suspension des effets d'une interdiction d'émettre des chèques en application du premier alinéa de l'article L. 621-71 du code de commerce.*

Le demandeur doit joindre à sa requête le relevé de l'ensemble des incidents de paiement de chèques enregistrés au nom du débiteur à la Banque de France.

La décision de suspension prise par le tribunal doit mentionner les incidents correspondant aux chèques émis antérieurement au jugement d'ouverture de la procédure qui ont provoqué l'interdiction d'émettre des chèques. Cette décision, ainsi que celle qui prononce, en application de l'article L. 621-82 du code de commerce, la résolution du plan, est accompagnée du relevé des incidents visé à l'alinéa précédent et est notifiée par le greffier à la Banque de France accompagnée de ce relevé. Le greffier du tribunal conserve pendant la durée de la suspension fixée par le tribunal le relevé des incidents ci-dessus mentionné.

SECTION 3 *Cession de l'entreprise*

Art. 103-2 *(Abrogé par Décr. nº 2005-1677 du 28 déc. 2005, art. 354) (Décr. nº 94-910 du 21 oct. 1994)* ***Le délai de l'article L. 621-85 du code de commerce ne fait pas obstacle aux modifications des offres déposées dans un sens plus favorable aux objectifs énoncés au second alinéa de l'article 621-83 dudit code. A peine d'irrecevabilité, ces modifications ne peuvent être déposées moins de deux jours ouvrés avant la date fixée pour l'audience d'examen des offres par le tribunal.***

Au terme de ce délai, aucune modification n'est recevable. L'administrateur procède alors, par tous moyens, à l'information sur le contenu définitif des offres, prévue au dernier alinéa de l'article L. 621-85 précité. Cette information est également transmise au juge-commissaire et au procureur de la République.

En cas de renvoi de l'affaire à une audience ultérieure, le tribunal fixe, conformément aux dispositions du premier alinéa de l'article L. 621-85 du code de commerce et du premier alinéa ci-dessus, un nouveau délai pour la présentation de nouvelles offres ou l'amélioration des offres préalablement déposées.

Art. 103-3 *(Abrogé par Décr. nº 2005-1677 du 28 déc. 2005, art. 354) (Décr. nº 94-910 du 21 oct. 1994)* ***Le prix de cession de l'entreprise est réparti par le commissaire à l'exécution du plan conformément aux dispositions du deuxième alinéa de l'article L. 621-95 du code de commerce. Il établit l'ordre conformément aux articles 110 à 150 ci-après.***

Lorsque la cession porte sur un fonds de commerce, le cessionnaire peut, après avoir payé le prix, saisir le juge-commissaire pour faire prononcer la radiation des inscriptions grevant le fonds ; les dispositions de l'article 151-1 ci-après sont applicables. Toutefois aucune justification de la purge n'est nécessaire.

Art. 104 *(Abrogé par Décr. nº 2005-1677 du 28 déc. 2005, art. 354)* ***La vente des biens mentionnés au dernier alinéa de l'article L. 621-83 du code de commerce est faite par le commissaire à l'exécution du plan. Dans ce cas, le juge-commissaire demeure en fonction pour exercer les attributions qui lui sont conférées par les articles L. 622-16 à L. 622-18 du code précité.***

La répartition du prix de cession d'un immeuble obéit aux règles prévues par les articles 140 à 151 ci-après pour la procédure d'ordre.

(Décr. nº 94-910 du 21 oct. 1994) ***« Lorsque la cession porte sur un fonds de commerce, l'acquéreur peut, après avoir payé le prix, saisir le juge-commissaire pour faire prononcer la radiation des inscriptions grevant le fonds selon la procédure prévue à l'article 151-1 ci-après. »***

Art. 105 *(Abrogé par Décr. nº 2005-1677 du 28 déc. 2005, art. 354) (Décr. nº 94-910 du 21 oct. 1994)* ***Lorsque le tribunal est appelé à se prononcer sur la cession des contrats mentionnés à l'article L. 621-88 du code de commerce, ou à constater le transfert d'une sûreté mentionnée à son article L. 621-96, le ou les co-contractants ou le ou les titulaires de la sûreté sont convoqués à l'audience, quinze jours au moins avant la date d'audience, par lettre recommandée avec demande d'avis de réception, par les soins du greffier sur les indications de l'administrateur ou du chef d'entreprise.***

Art. 105-1 *(Abrogé par Décr. nº 2005-1677 du 28 déc. 2005, art. 354) (Décr. nº 94-910 du 21 oct. 1994)* ***Le tribunal vérifie que les conditions requises par l'article L. 621-96 du code de commerce sont remplies et constate dans le jugement arrêtant le plan les sûretés dont la charge est transmise.***

Un extrait du jugement est adressé par les soins du greffier aux personnes mentionnées à l'article 105 ci-dessus.

Art. 105-2 *(Abrogé par Décr. nº 2005-1677 du 28 déc. 2005, art. 354) (Décr. nº 94-910 du 21 oct. 1994)* ***Lorsqu'en cas d'application du dernier alinéa de l'article L. 621-88 du code de commerce il y a désaccord entre les parties sur la valeur du bien objet du contrat de crédit-bail, le tribunal fixe cette valeur, au besoin après expertise, dans le plan de cession ou, à défaut, à la requête de l'une ou l'autre des parties, en tenant compte notamment de l'utilité du bien pour le cessionnaire et de son coût de remplacement.***

Les sommes restant dues au sens du dernier alinéa de l'article L. 621-88 précité sont, à peine de nullité du paiement, versées par le cessionnaire au commissaire à l'exécution du plan qui les remet immédiatement au crédit-bailleur. Ces sommes viennent en déduction de la

créance admise du crédit-bailleur lorsqu'elles sont relatives à des loyers impayés au jour du jugement d'ouverture.

BIBL. ▶ LE CORRE-BROLY, *LPA 10 juin 1996, p. 4.*

Art. 106 (Abrogé par Décr. nº 2005-1677 du 28 déc. 2005, art. 354) (Décr. nº 94-910 du 21 oct. 1994) *Dès l'accomplissement des actes de cession, l'achèvement de la vérification des créances, l'achèvement des opérations de réalisation des actifs non compris dans le plan et, le cas échéant, le terme des actions et procédures engagées dans l'intérêt de l'entreprise ou des créanciers, les mandataires chargés de ces missions en font rapport. Ces rapports sont déposés au greffe du tribunal pour être communiqués au juge-commissaire aux fins de saisine du tribunal afin que soit prononcée la clôture de la procédure.*

Le jugement de clôture est mentionné aux registres ou répertoires prévus à l'article 21 ci-dessus.

Art. 107 (Abrogé par Décr. nº 2005-1677 du 28 déc. 2005, art. 354) *Pour l'application de l'article L. 621-93 du code de commerce, le cessionnaire est convoqué par le greffier pour être entendu en chambre du conseil.*

Art. 108 (Abrogé par Décr. nº 2005-1677 du 28 déc. 2005, art. 354) (Décr. nº 94-910 du 21 oct. 1994) *Dans le cas prévu au dernier alinéa de l'article L. 621-96 du code de commerce, le cessionnaire informe préalablement le commissaire à l'exécution du plan de tout projet d'aliénation d'un bien cédé. Il est également tenu d'en informer le tribunal si l'aliénation n'était pas envisagée lors du dépôt de son offre dans les conditions du 6º* [du I] *de l'article L. 621-85 du code.*

Le commissaire à l'exécution du plan, informé par le cessionnaire dans les conditions de l'alinéa précédent ou d'office, avertit immédiatement le juge-commissaire ou, à défaut, le président du tribunal et les créanciers bénéficiant d'un droit de suite s'il y en a.

Toute aliénation non autorisée par le tribunal dans les conditions de l'article L. 621-69 du code est annulée dans les conditions prévues au troisième alinéa de l'article L. 621-91 du code précité.

Le tribunal peut en outre, s'il l'estime justifiée, décider la résolution du plan dans les conditions prévues au quatrième alinéa de l'article L. 621-91 du code précité.

Art. 109 (Abrogé par Décr. nº 2005-1677 du 28 déc. 2005, art. 354) *Le commissaire à l'exécution du plan signale, dans un rapport adressé au président du tribunal et au procureur de la République, toute atteinte aux éléments pris en location-gérance ainsi que le défaut d'exécution par le locataire-gérant de ses obligations. Ce rapport fait état des observations du locataire-gérant et propose éventuellement les solutions qui seraient de nature à permettre l'exécution du plan.*

TITRE II **PROCÉDURE SIMPLIFIÉE**

Art. 110 (Abrogé par Décr. nº 2005-1677 du 28 déc. 2005, art. 354) *Les dispositions du titre I ci-dessus et des titres III et suivants ci-après sont applicables à la procédure simplifiée dans la mesure où il n'y est pas dérogé par celles du présent titre.*

Art. 111 (Abrogé par Décr. nº 2005-1677 du 28 déc. 2005, art. 354) (Décr. nº 94-910 du 21 oct. 1994) *La période d'observation est limitée à quatre mois. Elle peut être renouvelée une fois, et éventuellement prorogée lorsqu'il s'agit d'une exploitation agricole jusqu'au terme de l'année culturale en cours, dans les conditions fixées par l'article L. 621-136 du code de commerce.*

Pendant cette période, l'activité est poursuivie, dans les conditions prévues à l'article L. 621-137 du code précité. Le président fixe l'affaire au rôle du tribunal au plus tard dix jours avant l'expiration de chaque période fixée par celui-ci. Le greffier convoque à cette audience le débiteur, les mandataires, les contrôleurs, et en avise le procureur de la République. Sous réserve des dispositions de l'article L. 623-9, alinéa 2, du code de commerce et de l'article 119-2 ci-dessous, cette poursuite d'activité ne peut en aucun cas excéder la durée maximale fixée ci-dessus.

Art. 112 (Abrogé par Décr. nº 2005-1677 du 28 déc. 2005, art. 354) (Décr. nº 94-910 du 21 oct. 1994) *A tout moment, le tribunal peut désigner l'expert mentionné au premier* *alinéa de l'article L. 621-139 du code de commerce aux fins d'assister l'administrateur ou le débiteur dans l'élaboration d'un projet de plan de redressement.*

Art. 113 (Abrogé par Décr. n° 2005-1677 du 28 déc. 2005, art. 354) (Décr. n° 94-910 du 21 oct. 1994) *Le représentant des créanciers et l'administrateur, s'il en a été nommé un, tiennent informés un mois après le jugement d'ouverture de la procédure le juge-commissaire et le procureur de la République du déroulement de la procédure et de la situation de l'entreprise.*

Art. 114 (Abrogé par Décr. n° 2005-1677 du 28 déc. 2005, art. 354) *En l'absence d'administrateur, le représentant des créanciers exerce les fonctions dévolues à l'administrateur par l'article 52.*

Art. 115 (Abrogé par Décr. n° 2005-1677 du 28 déc. 2005, art. 354) *Le juge-commissaire fait aviser par les soins du greffier, le représentant légal de la société du montant de l'augmentation du capital qui doit être proposée à l'assemblée générale extraordinaire ou à l'assemblée des associés pour reconstituer les fonds propres.*

Art. 116 (Abrogé par Décr. n° 2005-1677 du 28 déc. 2005, art. 354) (Décr. n° 94-910 du 21 oct. 1994) *« Au plus tard dix jours avant la fin de la période d'observation, l'administrateur, ou, à défaut, le débiteur communique le projet de plan de redressement au juge-commissaire, au représentant des créanciers, au représentant des salariés et aux contrôleurs. Il réunit les délégués du personnel et le comité d'entreprise pour les consulter sur ce projet. Le projet est également communiqué, sur sa demande, au procureur de la République. »*

(Abrogé par Décr. n° 94-910 du 21 oct. 1994) *« Le débiteur si le projet a été communiqué par l'administrateur, le représentant des créanciers et le représentant des salariés dans le cas mentionné au deuxième alinéa de l'article 139 (alinéa 2) de la loi du 25 janvier 1985, font connaître leurs observations à l'administrateur ou au débiteur selon le cas ainsi qu'au juge-commissaire, dans le délai de huit jours suivant la date de réception de la lettre. »*

Le projet de plan, les réponses aux consultations ainsi que le procès-verbal des délibérations des délégués du personnel ou l'avis du représentant des salariés, sont déposés au greffe.

Art. 117 (Abrogé par Décr. n° 2005-1677 du 28 déc. 2005, art. 354) *Si le projet de plan n'a pas été déposé au greffe cinq jours au moins avant l'expiration de la période d'observation ou s'il apparaît qu'il ne pourra l'être, le juge-commissaire en réfère au tribunal qui décide des mesures à prendre.*

Art. 118 (Abrogé par Décr. n° 2005-1677 du 28 déc. 2005, art. 354) (Décr. n° 88-430 du 21 avr. 1988) *Lorsque le projet de plan prévoit des licenciements pour motif économique, le juge-commissaire joint à son rapport ou produit à l'audience les documents suivants :*

1° Le procès-verbal des délibérations des délégués du personnel, consultés en application de l'article L. 321-9 du code du travail ou, dans le cas prévu au deuxième alinéa de l'article L. 621-135 du code de commerce, l'avis du représentant des salariés ;

2° La copie de la lettre informant l'autorité administrative, en application de l'article L. 321-8 du code du travail, du projet de licenciement.

TITRE III **LIQUIDATION JUDICIAIRE**

CHAPITRE I *LE JUGEMENT DE LIQUIDATION JUDICIAIRE* (Décr. n° 94-910 du 21 oct. 1994).

SECTION 1 *Liquidation judiciaire ouverte sans période d'observation* (Décr. n° 94-910 du 21 oct. 1994).

Art. 118-1 (Abrogé par Décr. n° 2005-1677 du 28 déc. 2005, art. 354) (Décr. n° 94-910 du 21 oct. 1994) *La liquidation judiciaire peut être ouverte sans période d'observation selon les modalités prévues aux articles 1er à 19 ci-dessus. Les dispositions du premier alinéa de l'article 119 ci-dessous sont applicables au jugement d'ouverture de la procédure.*

Si le président ou le tribunal commet un juge dans les conditions prévues à l'article 13 ci-dessus, ce dernier doit établir de manière circonstanciée que les conditions prévues au troisième alinéa de l'article L. 620-1 et au premier alinéa de l'article L. 622-1 du code de commerce sont réunies.

Art. 118-2 *(Abrogé par Décr. nº 2005-1677 du 28 déc. 2005, art. 354) (Décr. nº 94-910 du 21 oct. 1994)* ***En cas de prononcé de liquidation judiciaire sans période d'observation, les dispositions des articles 23 et 30 à 31-3 ci-dessus sont applicables aux organes de la procédure et aux contrôleurs.***

Le liquidateur exerce les fonctions dévolues au représentant des créanciers par les articles 46, 49 à 51 et 53 et par les dispositions du chapitre II du titre I ci-dessus.

SECTION 2 *Liquidation judiciaire prononcée au cours de la période d'observation* *(Décr. nº 94-910 du 21 oct. 1994).*

Art. 119 *(Abrogé par Décr. nº 2005-1677 du 28 déc. 2005, art. 354)* ***Le jugement prononçant la liquidation judiciaire est rendu en audience publique. Il est signifié à la diligence du greffier aux personnes autres que le procureur de la République qui ont qualité pour en interjeter appel. Il fait l'objet des publicités prévues à l'article 21. Une copie de ce jugement est adressée immédiatement par le greffier aux autorités citées à l'article 19.***

(Décr. nº 94-910 du 21 oct. 1994) ***« Le tribunal ordonne, dans les limites compatibles avec le délai d'un an prévu à l'article L. 621-46 du code de commerce et le délai fixé par le tribunal dans les conditions de l'article L. 621-103 du même code, l'allongement du délai de déclaration des créances qui court à compter de la publication du jugement d'ouverture au BODACC. » L'insertion mentionne, dans ce cas, l'allongement du délai de déclaration des créances.***

Ancien art. 119, al. 2 *[réd. antérieure au Décr. nº 94-910 du 21 oct. 1994]* ***Le tribunal peut ordonner, dans des limites compatibles avec le délai de forclusion prévu à l'article 53 de la loi du 25 janvier 1985, l'allongement du délai de déclaration des créances qui court à compter de la publication du jugement de liquidation au BODACC. L'insertion mentionne, dans ce cas, l'allongement du délai de déclaration des créances.***

BIBL. ▸ BIGOT, *Gaz. Pal. 1987. 2. Doctr. 653* (créanciers retardataires). – DELENEUVILLE, *RPC 2002. 34* (délai de déclaration). – LE CORRE, *D. 2004. 1002* (conséquences de l'absence d'allongement du délai de déclaration des créances).

1. Avant l'intervention du décret du 21 oct. 1994, l'allongement du délai de déclaration des créances prévu par l'anc. art. 119, al. 2, ne constituait qu'une faculté pour le tribunal. • Com. 10 janv. 1995, nº 92-12.047 P : *D. 1995. IR 66 ; JCP E 1995. I. 457, nº 11, obs. Pétel.* ♦ Comp., désormais : art. 119, al. 2, dans sa rédaction issue du décret nº 94-910 du 21 oct. 1994.

2. Le créancier qui n'a pas déclaré sa créance dans le délai légal à la suite de l'ouverture du redressement judiciaire peut déclarer sa créance dans le délai imparti par le tribunal, lors du prononcé de la liquidation judiciaire, dès lors que sa créance n'est pas éteinte au jour de cette déclaration faite avant l'expiration du délai d'un an prévu à l'art. 53 de la loi du 25 janv. 1985 [C. com., anc. art. L. 621-46]. • Com. 19 févr. 2002, nº 99-10.801 P : *D. 2002. AJ 1068, obs. Lienhard ; APC 2002, nº 76, obs. Regnaut-Moutier ; JCP E 2002, nº 39, p. 1524, obs. Cabrillac et Pétel ; JCP 2003. II. 10048, note Ayissi Manga ; RJ com. 2002. 279, note Courtier ; RTD com. 2002. 366, obs. Martin-Serf* • Paris, 30 mars 2004 : *D. 2004. AJ 1165*.

3. Faute par le tribunal d'ordonner l'allongement du délai de déclaration des créances, le prononcé du jugement de liquidation judiciaire après une période d'observation est sans influence sur ce délai qui court à compter de la publication du jugement de redressement judiciaire. • Com. 29 oct. 2002, nº 99-18.499 P : *D. 2002. AJ 3078, obs. Lienhard ; APC 2002, nº 246, obs. Vallansan ; JCP E 2003, nº 5, p. 219, obs. Pétel ; RTD com. 2003. 162, obs. Martin-Serf ; Dr. et patr. 3/2003. 93, obs. Monsèrié-Bon* (V. l'arrêt cassé : • Paris, 11 juin 1999 : *APC 1999, nº 216, obs. Regnaut-Moutier ; RTD com. 2001. 229, obs. Martin-Serf*).

Art. 119-1 *(Abrogé par Décr. nº 2005-1677 du 28 déc. 2005, art. 354) (Décr. nº 94-910 du 21 oct. 1994)* ***Le liquidateur désigné exerce et poursuit les fonctions dévolues au représentant des créanciers par les articles 46, 49 à 51 et 53 et par les dispositions du chapitre II du titre I ci-dessus.***

SECTION 3 *Dispositions communes* *(Décr. nº 94-910 du 21 oct. 1994).*

Art. 119-2 *(Abrogé par Décr. nº 2005-1677 du 28 déc. 2005, art. 354) (Décr. nº 94-910 du 21 oct. 1994)* ***Le maintien de l'activité peut être autorisé dans les conditions prévues à l'article L. 622-10 du code de commerce pour une période qui ne peut excéder deux mois, éventuellement prorogée lorsqu'il s'agit d'une exploitation agricole jusqu'au terme de l'année culturale en cours, dans les conditions fixées par l'article L. 622-10 susvisé.***

Cette autorisation peut en outre être prolongée une fois, pour une période qui ne peut excéder deux mois, à la demande du ministère public.

Art. 119-3 *Abrogé par Ord. n° 2000-912 du 18 sept. 2000 et codifié ss. C. com., ancien art. L. 622-15.*

Art. 120 *(Abrogé par Décr. n° 2005-1677 du 28 déc. 2005, art. 354)* ***Le liquidateur ou l'administrateur qui assure l'administration de l'entreprise après le prononcé de la liquidation judiciaire tient informés le juge-commissaire et le procureur de la République des résultats de l'activité à l'issue de la période pendant laquelle elle a été poursuivie.***

Art. 121 *(Abrogé par Décr. n° 2005-1677 du 28 déc. 2005, art. 354)* ***Le liquidateur peut faire fonctionner sous sa signature les comptes bancaires ou postaux du débiteur pendant un délai de six mois à compter du jugement prononçant la liquidation. Au-delà de ce délai, l'utilisation de ces comptes est subordonnée à l'autorisation du juge-commissaire et à l'avis du procureur de la République.***

Art. 121-1 *(Abrogé par Décr. n° 2005-1677 du 28 déc. 2005, art. 354) (Décr. n° 98-1232 du 29 déc. 1998)* ***Le liquidateur complète la liste des créances mentionnées à l'article 62-1 du présent décret. Il dépose la liste ainsi complétée au greffe. Tout créancier peut en prendre connaissance.***

V., par analogie, note ss. art. 62-1 du décret et note 78 ss. anc. art. L. 621-32 C. com.

Art. 122 *(Abrogé par Décr. n° 2005-1677 du 28 déc. 2005, art. 354) (Décr. n° 94-910 du 21 oct. 1994)* ***Le juge-commissaire, saisi de la demande d'un créancier sur le fondement de l'article L. 622-24 du code de commerce, statue après avis du liquidateur au vu des documents justificatifs de l'admission définitive de la créance dont il est demandé un paiement provisionnel et, le cas échéant, de la garantie prévue au second alinéa de l'article susvisé.***

La provision est allouée à hauteur d'un montant déterminé en fonction de l'existence, du montant et du rang des autres créances, dues ou susceptibles d'être ultérieurement dues.

Sur ordonnance du juge-commissaire, les fonds indûment versés sont restitués sur première demande du liquidateur.

Art. 123 *(Abrogé par Décr. n° 2005-1677 du 28 déc. 2005, art. 354) (Décr. n° 98-1232 du 29 déc. 1998)* ***Outre les informations trimestrielles mentionnées à l'article L. 622-7 du code de commerce, le liquidateur remet à tout moment, à leur demande, et au moins le 31 décembre de chaque année, au juge commissaire et au procureur de la République un rapport de liquidation indiquant :***

1° Le montant du passif admis ou, à défaut, l'état de la vérification des créances ;

2° L'état des opérations de réalisation d'actif ;

3° L'état de répartition aux créanciers ;

4° L'état des sommes détenues à la Caisse des dépôts et consignations ;

5° Les perspectives d'évolution et de clôture de la procédure.

Tout créancier peut prendre connaissance de ce rapport au greffe.

Art. 124 *(Abrogé par Décr. n° 2005-1677 du 28 déc. 2005, art. 354)* ***Lorsqu'en application de l'article L. 622-20 du code de commerce, il y a lieu, pour le juge-commissaire, d'autoriser le liquidateur à compromettre ou à transiger, le greffier, trois jours avant la décision du juge-commissaire, convoque le débiteur à l'audience en joignant à cette convocation la copie de la requête du liquidateur.***

Si le compromis ou la transaction doit être soumis à l'homologation du tribunal, le débiteur est convoqué dans les mêmes conditions.

Art. 124-1 *(Abrogé par Décr. n° 2005-1677 du 28 déc. 2005, art. 354) (Décr. n° 89-339 du 29 mai 1989)* ***La décision qui, soit dans le jugement prononçant la liquidation judiciaire, soit ultérieurement, accorde les délais mentionnés à l'avant-dernier alinéa de l'article L. 622-16 du code de commerce, fixe l'indemnité d'occupation due par le débiteur.*** *– Entrée en vigueur le 1er juin 1989.*

CHAPITRE II *RÉALISATION DE L'ACTIF*

SECTION 1 *Vente des immeubles*

SOUS-SECTION 1 *Vente par voie de saisie immobilière ou d'adjudication amiable*

1 *Dispositions communes*

Art. 125 (*Abrogé par Décr. n° 2005-1677 du 28 déc. 2005, art. 354*) *Le juge-commissaire qui autorise, en application de l'article L. 622-16 du code de commerce la vente des immeubles par voie de saisie immobilière ou d'adjudication amiable détermine :*

1° La mise à prix de chacun des biens à vendre et les conditions essentielles de la vente ;

2° Les modalités de la publicité compte tenu de la valeur, de la nature et de la situation des biens.

Lorsque la vente est poursuivie par un créancier, en application de l'article L. 622-23 du code précité, la mise à prix est déterminée en accord avec le créancier poursuivant.

Le juge-commissaire peut préciser qu'à défaut d'enchères atteignant cette mise à prix, la vente pourra se faire sur une mise à prix inférieure qu'il fixe. Il peut, si la valeur et la consistance des biens le justifient, faire procéder à leur estimation totale ou partielle.

Art. 126 (*Abrogé par Décr. n° 2005-1677 du 28 déc. 2005, art. 354*) *L'ordonnance est notifiée à la diligence du greffier en la forme déterminée par le juge-commissaire au débiteur et aux créanciers inscrits à domicile élu dont les noms sont indiqués dans l'ordonnance.*

L'ordonnance se substitue au commandement prévu aux articles 2217 du code civil et 673 du code de procédure civile [ancien] *; elle est publiée à la diligence du liquidateur ou du créancier poursuivant au bureau des hypothèques de la situation des biens, dans les conditions prévues pour le commandement à l'article 674 du code de procédure civile* [ancien.]

Le conservateur des hypothèques procède à la formalité de publicité de l'ordonnance même si des commandements ont été antérieurement publiés. Ces commandements cessent de produire effet à compter de la publication de l'ordonnance.

Le délai de publication de 90 jours (prévu par l'art. 674 C. pr. civ. anc.) court à compter de la date à laquelle l'ordonnance du juge-commissaire est passée en force de chose jugée à l'égard des personnes mentionnées à l'art. 126, al. 1er. • Civ. 2e, 30 mars 2000, n° 96-21.478 P : *D. 2000. AJ 241 ; Procédures 2000, n° 149, obs. Laporte.*

Art. 126-1 (*Abrogé par Décr. n° 2005-1677 du 28 déc. 2005, art. 354*) (*Décr. n° 94-910 du 21 oct. 1994*) *Dans le cas prévu au deuxième alinéa de l'article L. 622-16 du code de commerce, le juge-commissaire autorise le liquidateur, le débiteur entendu ou dûment appelé, à reprendre la procédure suspendue par le jugement d'ouverture de redressement ou de liquidation judiciaire. Il fixe la mise à prix et, si la procédure avait été suspendue après les publicités, les nouvelles publicités qu'il y a lieu d'effectuer.*

L'ordonnance du juge-commissaire est, à la requête du liquidateur, mentionnée en marge de la copie du commandement publié à la conservation des hypothèques.

Le créancier qui avait engagé la procédure de saisie immobilière remet au liquidateur, contre récépissé, les pièces de la poursuite. Ses frais de procédure lui sont restitués dans l'ordre.

Art. 127 (*Abrogé par Décr. n° 2005-1677 du 28 déc. 2005, art. 354*) *Le poursuivant ou le notaire commis établit un cahier des charges.*

Le cahier des charges indique l'ordonnance qui a autorisé la vente, désigne les biens à vendre, mentionne la mise à prix, les conditions de la vente et les modalités de paiement du prix selon les règles prévues à l'article 140.

Art. 128 (*Abrogé par Décr. n° 2005-1677 du 28 déc. 2005, art. 354*) *Le liquidateur ne peut, ni en son nom personnel, ni en qualité de représentant des créanciers, être déclaré adjudicataire des immeubles du débiteur.*

2 *Dispositions particulières à la vente sur saisie immobilière*

Art. 129 (*Abrogé par Décr. n° 2005-1677 du 28 déc. 2005, art. 354*) *La vente sur saisie immobilière est soumise aux dispositions du titre XII du livre V du code de procédure civile* [ancien] (*Décr. n° 94-910 du 21 oct. 1994*) *« à l'exception de l'article 692 de ce code et » dans la mesure où il n'y est pas dérogé par les dispositions du présent décret.*

Art. 130 (Abrogé par Décr. nº 2005-1677 du 28 déc. 2005, art. 354) *L'ordonnance qui autorise la vente par voie de saisie immobilière rendue à la demande du liquidateur ou d'un créancier poursuivant comporte, outre les indications mentionnées à l'article 125 ci-dessus, les énonciations exigées aux 4º, 5º, 6º et 7º du deuxième alinéa de l'article 673 du code de procédure civile* [ancien.]

Art. 131 (Abrogé par Décr. nº 2005-1677 du 28 déc. 2005, art. 354) *Le juge-commissaire peut autoriser le liquidateur ou le créancier à poursuivre simultanément la vente de plusieurs immeubles, même s'ils sont situés dans des ressorts de tribunaux de grande instance différents.*

Il décide si la vente de ces biens sera poursuivie devant le tribunal de grande instance dans le ressort duquel chaque immeuble se trouve ou devant celui dans le ressort duquel est situé le domicile du débiteur ou le siège de l'entreprise.

3 *Dispositions particulières à la vente par voie d'adjudication amiable*

Art. 132 (Abrogé par Décr. nº 2005-1677 du 28 déc. 2005, art. 354) *L'ordonnance qui autorise la vente par voie d'adjudication amiable comporte, outre les indications mentionnées à l'article 125, les énonciations exigées aux 4º et 5º du deuxième alinéa de l'article 673 du code de procédure civile* [ancien.] *Elle désigne le notaire qui procédera à l'adjudication.*

Art. 133 (Abrogé par Décr. nº 2005-1677 du 28 déc. 2005, art. 354) *Le notaire informe par lettre recommandée avec demande d'avis de réception les créanciers inscrits portés sur l'état délivré après publication de l'ordonnance d'avoir à prendre communication du cahier des charges déposé en son étude deux mois au moins avant la date fixée pour l'adjudication et d'y faire inscrire leurs dires et observations un mois au moins avant cette date. Par la même lettre, le notaire convoque les créanciers à la vente.*

(Décr. nº 94-910 du 21 oct. 1994) *« Si un créancier formule un dire, il saisit le tribunal de grande instance dans les huit jours à peine de déchéance, par assignation du liquidateur à comparaître à la première audience éventuelle utile. Il en informe immédiatement le notaire qui invite les autres personnes sommées à contester le dire. Le jugement est communiqué par le liquidateur au notaire qui modifie s'il y a lieu le cahier des charges.*

« Le liquidateur, le débiteur et les créanciers inscrits sont convoqués à la vente par le notaire au moins un mois à l'avance. »

Art. 134 (Abrogé par Décr. nº 2005-1677 du 28 déc. 2005, art. 354) *Les enchères peuvent être faites sans ministère d'avocat. Si aucune enchère n'atteint le montant de la mise à prix, le notaire constate l'offre la plus élevée et peut adjuger le bien à titre provisoire pour le montant de cette offre. Le juge-commissaire qui a fixé la mise à prix, saisi à la requête du notaire ou de tout intéressé peut, soit déclarer l'adjudication définitive et la vente réalisée, soit ordonner qu'une nouvelle vente aura lieu suivant l'une des formes prescrites par l'article L. 622-16 du code de commerce. Si la nouvelle vente est une vente aux enchères, il fixe le délai de la nouvelle vente sans que ce délai puisse être inférieur à quinze jours, la mise à prix ainsi que les modalités de publicité.*

Art. 135 (Abrogé par Décr. nº 2005-1677 du 28 déc. 2005, art. 354) *Dans les dix jours qui suivent l'adjudication, toute personne peut faire surenchère du dixième par déclaration au greffe du tribunal de grande instance dans le ressort duquel réside le notaire qui a procédé à la vente.*

Le surenchérisseur dénonce cette déclaration par acte d'huissier de justice à la personne ou au domicile de l'adjudicataire dans le délai de l'article 709 du code de procédure civile [ancien] *et informe le notaire de cette déclaration. Le tribunal, par le jugement qui valide la surenchère, renvoie la nouvelle adjudication devant le même notaire qui procède selon le cahier des charges précédemment dressé.*

Lorsqu'une seconde adjudication a lieu après surenchère, aucune autre surenchère des mêmes biens ne peut avoir lieu.

Art. 136 (Abrogé par Décr. nº 2005-1677 du 28 déc. 2005, art. 354) *S'il y a lieu à folle enchère, la procédure est poursuivie devant le tribunal de grande instance dans le ressort duquel réside le notaire qui a procédé à la vente.* (Abrogé par Décr. nº 94-910 du 21 oct. 1994) *« Le certificat constatant que l'adjudicataire n'a pas exécuté les clauses et conditions de l'adjudication est délivré par le liquidateur ».* (Décr. nº 94-910 du 21 oct. 1994) *« Une*

copie authentique du procès-verbal d'adjudication *[ancienne rédaction : Le procès-verbal d'adjudication]* ***» est déposé*** *[déposée]* ***au greffe du tribunal de grande instance.***

Art. 137 *(Abrogé par Décr. n° 2005-1677 du 28 déc. 2005, art. 354)* ***La vente par voie d'adjudication amiable est soumise aux dispositions des articles 701, 705 à 707, 711 à 713, 733 à 741 b et 742 du code de procédure civile*** *[ancien].*

SOUS-SECTION 2 *Vente de gré à gré*

Art. 138 *(Abrogé par Décr. n° 2005-1677 du 28 déc. 2005, art. 354)* ***L'autorisation de vente de gré à gré d'un ou plusieurs immeubles, donnée en application de l'article L. 622-16 du code de commerce, détermine le prix de chaque immeuble et les conditions essentielles de la vente.***

L'ordonnance est notifiée conformément au premier alinéa de l'article 126.

Le liquidateur passe les actes nécessaires à la réalisation de la vente. Il ne peut, ni en son nom personnel, ni en qualité de représentant des créanciers, se porter acquéreur des immeubles du débiteur.

SECTION 2 *Vente des unités de production*

Art. 138-1 *(Abrogé par Décr. n° 2005-1677 du 28 déc. 2005, art. 354) (Décr. n° 94-910 du 21 oct. 1994)* ***Dès qu'il apparaît au liquidateur qu'une ou plusieurs unités de production sont susceptibles de faire l'objet d'une cession globale en application de l'article L. 622-17 du code de commerce, il communique au greffe un descriptif succinct de la ou des unités de production concernées ainsi que le délai pour la réception des offres aussitôt que celui-ci est fixé. Le greffier tient cette information à la disposition du public.***

Art. 139 *(Abrogé par Décr. n° 2005-1677 du 28 déc. 2005, art. 354)* ***Le liquidateur recueille l'avis des personnes mentionnées au cinquième alinéa de l'article L. 622-17 du code de commerce sur les offres reçues en application de cet article. Ces avis sont joints à la demande de cession avec les observations du débiteur et des contrôleurs s'il en a été nommé ainsi que le procès-verbal des délibérations du comité d'entreprise ou, à défaut, des délégués du personnel et, dans le cas prévu au deuxième alinéa de l'article L. 621-135 de ce code, l'avis du représentant des salariés.***

(Décr. n° 94-910 du 21 oct. 1994) ***« La demande de cession, les avis mentionnés au premier alinéa ci-dessus, ainsi que le cas échéant les autres offres reçues par le liquidateur sont communiqués par le greffier au procureur de la République au plus tard lorsque celui-ci est avisé de la date d'audience fixée par le juge-commissaire.***

« A la diligence du greffier, l'ordonnance autorisant la cession est immédiatement communiquée au procureur de la République et notifiée aux autres personnes mentionnées au cinquième alinéa de l'article L. 622-17 ainsi que, sur les indications du liquidateur, aux créanciers munis de sûretés concernés par la cession. »

Le liquidateur passe les actes nécessaires à la réalisation de la cession. Il ne peut, ni en son nom personnel, ni en qualité de représentant des créanciers, se porter acquéreur des biens.

Art. 139-1 *(Abrogé par Décr. n° 2005-1677 du 28 déc. 2005, art. 354) (Décr. n° 94-910 du 21 oct. 1994)* ***Lorsque l'unité de production cédée comprend un fonds de commerce, l'acquéreur peut, après avoir payé le prix, saisir le juge-commissaire pour faire prononcer la radiation des inscriptions grevant le fonds selon la procédure prévue à l'article 151-1 ci-après.***

SECTION 3 *Procédure d'ordre*

Art. 140 *(Abrogé par Décr. n° 2005-1677 du 28 déc. 2005, art. 354)* ***L'adjudicataire fait publier au bureau des hypothèques l'acte ou le jugement d'adjudication dans les deux mois de sa date et en cas d'appel dans les deux mois de l'arrêt confirmatif, sous peine de revente sur folle enchère à la diligence du liquidateur.***

Dans les trois mois de l'adjudication, l'adjudicataire verse au compte de dépôt ouvert par le liquidateur à la Caisse des dépôts et consignations la totalité du prix de l'adjudication y compris les intérêts au taux légal à compter du jour où la vente est devenue définitive jusqu'au jour du paiement. Passé ce délai, le liquidateur lui enjoint par lettre recommandée avec demande d'avis de réception de faire le versement sous peine de revente sur folle enchère.

(*Décr. n° 94-910 du 21 oct. 1994*) « ***En cas de vente de gré à gré, le notaire chargé de la vente remet le prix au liquidateur après l'accomplissement des formalités de purge ou l'obtention de l'accord des créanciers inscrits pour en dispenser.*** »

BIBL. ▶ VAUVILLÉ, *Dr. et patr. 10/1997. 33* (purge des inscriptions). – FERNANDEZ, *LPA 17 déc. 1997, p. 9* (même thème).

L'ordonnance par laquelle le juge-commissaire oblige le notaire détenteur du prix d'adjudication à le verser en totalité, conformément à la règle, qui s'applique à l'exclusion de toute autre, édictée par l'art. 140, au compte de dépôt ouvert par le liquidateur à la Caisse des dépôts et consignations est rendue dans les limites des attributions de ce magistrat, le jugement, statuant sur le recours formé contre une telle décision, étant, dès lors, insusceptible d'appel. • Com. 28 juin 1994, n° 90-14.828 P : *D. 1994. 477, rapp. Rémery, note Honorat* ; *Defrénois 1996. 273, obs. Sénéchal.*

SOUS-SECTION 1 *L'ordre*

Art. 141 (*Abrogé par Décr. n° 2005-1677 du 28 déc. 2005, art. 354*) ***Dès la publication de la vente, le liquidateur requiert du conservateur des hypothèques, l'état des inscriptions conformément à l'article 2196 du code civil, en vue de régler l'ordre entre les créanciers et procéder à la distribution du prix.***

En cas de vente de gré à gré, le liquidateur soit d'office, soit requis par l'acquéreur ou par tout intéressé procède à l'ouverture de l'ordre, après accomplissement des formalités de purge prescrites par les articles 2181 et suivants du code civil [*devenu C. civ., art. 2476*] ***et versement du prix à la Caisse des dépôts et consignations.***

Art. 142 (*Abrogé par Décr. n° 2005-1677 du 28 déc. 2005, art. 354*) ***Après le versement du prix de vente en cas d'adjudication ou l'accomplissement des formalités de purge en cas de vente de gré à gré, le liquidateur dresse l'état de collocation au vu des inscriptions, des créances admises et de la liste des créances mentionnées à l'article L. 621-32 du code de commerce. Il peut, s'il l'estime utile, convoquer les créanciers inscrits, l'adjudicataire ou l'acquéreur. L'état est déposé par ses soins au greffe du tribunal devant lequel s'est déroulée la procédure de redressement judiciaire. Toute personne peut prendre connaissance de cet état.***

Le greffier avertit les créanciers et l'adjudicataire ou l'acquéreur du dépôt de l'état de collocation par une insertion dans un ou plusieurs journaux d'annonces légales et par une insertion au BODACC contenant l'indication du journal d'annonces légales dans lequel a été faite la première insertion et la mention du délai de recours prévue à l'article 148.

Le greffier adresse en outre, sauf dispense du juge-commissaire, à chaque créancier colloqué et à chaque créancier inscrit sur l'immeuble à domicile élu, une copie de l'état de collocation et indique le délai et les modalités du recours prévu à l'article 148 précité.

(*Décr. n° 94-910 du 21 oct. 1994*) « ***En tout état de cause, l'état de collocation est notifié aux institutions mentionnées à l'article L. 143-11-4 [L. 3253-14] du code du travail lorsqu'elles en auront fait la demande préalable.*** »

Art. 143 (*Abrogé par Décr. n° 92-755 du 31 juill. 1992, à compter du 1er janv. 1993*) ***S'il y a eu inscription à titre conservatoire, le créancier ne peut obtenir le paiement que sur présentation de l'inscription définitive prévue à l'article 54 du code de procédure civile*** [*ancien.*] ***En cas de mainlevée, tout intéressé peut requérir la réouverture de l'ordre.***

Art. 144 (*Abrogé par Décr. n° 2005-1677 du 28 déc. 2005, art. 354*) ***S'il ne s'élève aucune contestation, le liquidateur est tenu dans les quinze jours qui suivent l'expiration du délai prévu au premier alinéa de l'article 148 de procéder à la clôture de l'ordre. Il dépose le procès-verbal de clôture de l'ordre au greffe du tribunal devant lequel s'est déroulée la procédure de redressement judiciaire.***

(*Décr. n° 94-910 du 21 oct. 1994*) « ***A compter du dépôt du procès-verbal de clôture de l'ordre, la collocation des créanciers est définitivement arrêtée en capital et intérêts. Toutefois, les intérêts de la somme ainsi liquidée continuent de courir au bénéfice des créanciers au taux servi par la Caisse des dépôts et consignations.*** »

SOUS-SECTION 2 *Radiation des inscriptions*

Art. 145 (*Abrogé par Décr. n° 2005-1677 du 28 déc. 2005, art. 354*) ***Lorsque le prix de vente a été payé selon les modalités prévues à l'article 140 et que des créanciers n'ont pas***

donné mainlevée de leurs inscriptions, le liquidateur fait prononcer la radiation des inscriptions. A cette fin, il saisit le juge des ordres du tribunal de grande instance devant lequel s'est déroulée la procédure de redressement judiciaire ou dans le ressort duquel cette procédure s'est déroulée. Il joint à sa demande l'état des inscriptions, l'état de collocation et la justification du paiement des frais préalables de vente mentionnés à l'article 713 du code de procédure civile [ancien.] *Il transmet le procès-verbal de clôture de l'ordre lorsque celui-ci est établi.*

Après l'accomplissement des formalités de purge et le versement du prix de vente, l'acquéreur peut saisir le juge des ordres du tribunal prévu à l'alinéa précédent pour faire prononcer la radiation des inscriptions. Il joint à sa demande un état des inscriptions (Décr. n° 94-910 du 21 oct. 1994) *« , la justification de l'accomplissement des formalités de purge ou de l'obtention de l'accord des créanciers inscrits pour en dispenser, » et la justification du paiement des frais préalables de vente mentionnés ci-dessus.*

Le greffier de ce tribunal avise les créanciers qui n'ont pas donné mainlevée de leurs inscriptions, à domicile élu, par lettre recommandée avec demande d'avis de réception qu'ils disposent d'un délai de trente jours à compter de l'envoi de la lettre recommandée pour faire opposition (Décr. n° 94-910 du 21 oct. 1994) *« au paiement du prix par déclaration au greffe ou par lettre recommandée avec demande d'avis de réception ».*

Le juge des ordres statue sur les oppositions et ordonne la radiation des inscriptions.

Art. 146 (Abrogé par Décr. n° 2005-1677 du 28 déc. 2005, art. 354) *Le liquidateur remet au conservateur des hypothèques une expédition du procès-verbal de clôture de l'ordre, de l'ordonnance du juge des ordres prononçant la radiation des inscriptions ou l'acte par lequel les créanciers ont donné mainlevée de leurs inscriptions.*

Le conservateur procède à la radiation des inscriptions mais reste tenu de procéder à l'inscription définitive prévue à l'article 54 du code de procédure civile [ancien] [abrogé par L. n° 91-650 du 9 juill. 1991, à compter du 1er janv. 1993.]

Art. 147 (Abrogé par Décr. n° 2005-1677 du 28 déc. 2005, art. 354) *Le liquidateur fixe les frais de radiation et de poursuite de l'ordre qui sont colloqués suivant les règles prévues à l'article L. 621-32 du code de commerce. Il liquide en outre les frais de chaque créancier colloqué en rang utile, détermine les sommes qui leur sont dues et en effectue le paiement.*

SOUS-SECTION 3 *Contestations*

Art. 148 (Abrogé par Décr. n° 2005-1677 du 28 déc. 2005, art. 354) *Les contestations sont formées dans le délai de trente jours à compter de l'insertion au BODACC avisant du dépôt de l'état de collocation. Elles sont faites par déclaration au greffe du tribunal de grande instance devant lequel s'est déroulée la procédure de redressement judiciaire ou dans le ressort duquel la procédure s'est déroulée.*

La contestation est, à peine d'irrecevabilité, dénoncée, dans les dix jours de son dépôt au greffe, aux créanciers en cause et au liquidateur par acte d'huissier de justice. Cet acte indique que les créanciers et le liquidateur doivent constituer avocat dans le délai de quinze jours à compter de la dénonciation.

Les contestations sont soumises aux dispositions des articles 761 à 764, 766 et 768 du code de procédure civile [ancien.]

Art. 149 (Abrogé par Décr. n° 2005-1677 du 28 déc. 2005, art. 354) *En cas de contestation, le liquidateur peut néanmoins régler l'ordre et délivrer les titres de paiement pour les créances antérieures à celles qui sont contestées. Il peut même régler l'ordre pour les créances postérieures, en réservant une somme suffisante pour les créances contestées.*

Art. 150 (Abrogé par Décr. n° 2005-1677 du 28 déc. 2005, art. 354) *Dans les huit jours qui suivent l'expiration du délai d'appel et en cas d'appel dans les huit jours de la signification de l'arrêt, le liquidateur règle définitivement l'ordre des créances contestées et des créances postérieures conformément aux articles 144 à 147.*

Art. 151 (Abrogé par Décr. n° 2005-1677 du 28 déc. 2005, art. 354) *En cas d'adjudication sur folle enchère intervenant dans le cours de l'ordre et même après le règlement définitif, le liquidateur modifie l'état de collocation, le montant des sommes dues aux créanciers inscrits au procès-verbal de l'ordre suivant les résultats de l'adjudication et effectue les paiements correspondants.*

SECTION 4 *Vente des autres biens* *(Décr. nº 94-910 du 21 oct. 1994).*

Art. 151-1 *(Abrogé par Décr. nº 2005-1677 du 28 déc. 2005, art. 354) (Décr. nº 94-910 du 21 oct. 1994)* ***En cas de vente d'un fonds de commerce, l'acquéreur peut saisir le juge-commissaire pour faire prononcer la radiation des inscriptions. Il joint à sa demande un état des inscriptions, la justification de l'accomplissement des formalités de purge ou de l'accord des créanciers inscrits pour l'en dispenser, et la justification du paiement des frais préalables de vente.***

Le greffier du tribunal avise par lettre recommandée avec demande d'avis de réception les créanciers qui n'ont pas donné mainlevée de leurs inscriptions qu'ils disposent d'un délai de trente jours à compter de l'envoi de la lettre pour contester, par déclaration au greffe ou par lettre recommandée avec demande d'avis de réception, la demande de radiation pour tout motif tiré du non-paiement du prix.

Art. 151-2 *(Abrogé par Décr. nº 2005-1677 du 28 déc. 2005, art. 354) (Décr. nº 94-910 du 21 oct. 1994)* ***Les ordonnances rendues en application des articles L. 622-18 et L. 622-20 du code de commerce sont, à la diligence du greffier, notifiées au débiteur et aux contrôleurs.***

CHAPITRE III *CLÔTURE DES OPÉRATIONS*

Art. 152 *(Abrogé par Décr. nº 2005-1677 du 28 déc. 2005, art. 354)* ***Le jugement prononçant la clôture de la procédure pour extinction du passif ou pour insuffisance d'actif fait l'objet des publicités prévues à l'article 21.***

Art. 152-1 *(Abrogé par Décr. nº 2005-1677 du 28 déc. 2005, art. 354) (Décr. nº 94-910 du 21 oct. 1994)* ***L'insuffisance d'actif, au sens de l'article L. 622-30 du code de commerce, est caractérisée lorsque le produit de la réalisation des actifs du débiteur et des actions et procédures engagées dans l'intérêt de l'entreprise ou des créanciers ne permet plus de désintéresser, même partiellement, les créanciers.***

Art. 153 *(Abrogé par Décr. nº 2005-1677 du 28 déc. 2005, art. 354)* ***Le liquidateur remet ses comptes au débiteur et les dépose au greffe dans les trois mois de la clôture des opérations de la liquidation judiciaire.***

Ces comptes font apparaître le détail des opérations de réalisation des actifs et de répartition du prix. Tout créancier peut en prendre connaissance au greffe.

Le débiteur peut contester ces comptes selon les modalités prévues au quatrième alinéa de l'article 88.

Art. 153-1 *(Abrogé par Décr. nº 2005-1677 du 28 déc. 2005, art. 354) (Décr. nº 99-656 du 29 juill. 1999)* ***Si le débiteur fait l'objet d'une mesure d'interdiction d'émettre des chèques prise en application de l'article 65-3 du décret-loi du 30 octobre 1935 unifiant le droit en matière de chèques et relatif aux cartes de paiement*** *[C. mon. fin., art. L. 131-73]*, ***le liquidateur se fait remettre par la Banque de France un relevé des incidents de paiement de chèques enregistrés au nom de l'intéressé et le dépose au greffe dans un délai de trois mois suivant le jugement prononçant la clôture de la procédure pour insuffisance d'actif. Le greffier conserve ce relevé pendant dix ans à compter du jugement d'ouverture de la procédure.***

Art. 153-2 *(Abrogé par Décr. nº 2005-1677 du 28 déc. 2005, art. 354) (Décr. nº 99-656 du 29 juill. 1999)* ***En cas de suspension des effets d'une mesure d'interdiction d'émettre des chèques en application de l'article L. 622-33 du code de commerce, le débiteur justifie de cette suspension auprès du banquier tiré par la remise d'une expédition du jugement de clôture de la liquidation judiciaire, à laquelle il joint un relevé des incidents de paiement de chèques enregistrés à son nom à la Banque de France.***

Art. 154 *(Abrogé par Décr. nº 2005-1677 du 28 déc. 2005, art. 354)* ***Le créancier dont la créance a été admise et qui recouvre son droit de poursuite individuelle conformément à l'article L. 622-32 du code de commerce peut obtenir, par ordonnance du président du tribunal rendue sur requête, le titre prévu au troisième alinéa de cet article.*** *(Décr. nº 94-910 du 21 oct. 1994)* ***« La caution ou le co-obligé mentionné au deuxième alinéa*** *[II]* ***de l'article L. 622-32 du code de commerce peut, dans les mêmes conditions, obtenir un titre exécutoire sur justification du paiement effectué. »***

*Dans (Décr. n° 94-910 du 21 oct. 1994) « **les cas prévus aux premier et deuxième alinéas** » [I et II] **de l'article L. 622-32 de ce code, l'ordonnance est rendue, le débiteur entendu ou appelé.***

L'ordonnance vise l'admission définitive de ce créancier et le jugement de clôture pour insuffisance d'actif ; elle contient l'injonction de payer et est revêtue par le greffier de la formule exécutoire.

Art. 154-1 *(Abrogé par Décr. n° 2005-1677 du 28 déc. 2005, art. 354) (Décr. n° 94-910 du 21 oct. 1994)* ***La reprise de la procédure de liquidation judiciaire fait l'objet des avis et publicités prévus aux articles 19 et 21 du présent décret.***

Art. 154-2 *(Abrogé par Décr. n° 2005-1677 du 28 déc. 2005, art. 354) (Décr. n° 99-656 du 29 juill. 1999)* ***Si la mesure d'interdiction d'émettre des chèques ayant fait l'objet d'une suspension en application de l'article L. 622-33 du code de commerce reprend ses effets à la suite du recouvrement par les créanciers de leur droit de poursuite individuelle, l'ordonnance revêtue de la formule exécutoire visée au dernier alinéa*** *[IV]* ***de l'article L. 622-32 de ce code est notifiée par le greffier, aux frais du créancier poursuivant, à la Banque de France, accompagnée du relevé des incidents de paiement de chèques mentionné à l'article 153-1.***

TITRE IV **VOIES DE RECOURS**

Art. 155 *(Abrogé par Décr. n° 2005-1677 du 28 déc. 2005, art. 354)* ***Les jugements et ordonnances rendus en matière de redressement et de liquidation judiciaires sont exécutoires de plein droit à titre provisoire, à l'exception de ceux qui sont mentionnés aux articles L. 621-25, L. 621-80 et au deuxième alinéa de l'article L. 622-21 du code de commerce ainsi que de ceux qui prononcent la faillite personnelle ou l'interdiction prévue à l'article L. 625-8 dudit code.***

L'exécution provisoire des jugements mentionnés au deuxième alinéa de l'article L. 623-9 *(Décr. n° 94-910 du 21 oct. 1994)* « ***et aux articles L. 624-3 et L. 624-5*** » ***de ce même code ne peut être arrêtée en cas d'appel que par le premier président de la cour d'appel, statuant en référé, si les moyens invoqués à l'appui de l'appel apparaissent sérieux.*** *(Décr. n° 88-430 du 21 avr. 1988)* « ***Dès le prononcé de la décision du premier président arrêtant l'exécution provisoire, le greffier de la cour d'appel en informe le greffier du tribunal*** ».

(Décr. n° 94-910 du 21 oct. 1994) « ***En cas d'appel du ministère public d'un jugement mentionné aux articles L. 623-1 et L. 623-6 du code de commerce, l'exécution provisoire est arrêtée de plein droit à compter du jour de cet appel. Le premier président de la cour d'appel peut, sur requête du procureur général, prendre toute mesure conservatoire pour la durée de l'instance d'appel.*** »

BIBL. ▸ Vallens, *D. 1997. Chron. 111* ; *RTD com. 2004. 815* (sur l'application de l'art. 524 NCPC, dans sa réd. issue du décret n° 2004-836 du 20 août 2004). – Deleneuville, *RPC 1999. 1.*

1. Décisions exécutoires. Le jugement qui reporte la date de la cessation des paiements du débiteur, n'entrant dans aucune des exceptions énumérées par l'art. 155, est exécutoire de plein droit à titre provisoire. • Com. 3 janv. 1989, n° 87-12.510 P.

2. Arrêt d'exécution provisoire. C'est par dérogation aux dispositions de l'art. 524, dernier al., NCPC [dans sa réd. antérieure au décret n° 2004-836 du 20 août 2004], qui autorise l'aménagement mais non l'arrêt de l'exécution provisoire de droit, que l'art. 155, al. 2, ci-dessus permet au premier président de la cour d'appel d'arrêter l'exécution provisoire de certains jugements rendus en matière de redressement ou de liquidation judiciaires, dont ceux arrêtant le plan de cession de l'entreprise. • Com. 22 févr. 1994, n° 92-14.160 P : *JCP E 1994. I. 394, n° 2, obs. Pétel.*

3. Il suffit qu'un appel ait été formé contre un jugement visé à l'art. 155, al. 2, pour que la demande d'arrêt de l'exécution provisoire soit recevable, le premier président n'ayant pas à juger de la régularité ou de la recevabilité de l'appel, questions qui échappent manifestement à sa compétence. • Limoges, 2 juill. 1986 : *D. 1986. IR 380.* ♦ Le pouvoir reconnu au premier président par l'art. 155 doit le conduire, par l'examen de la décision attaquée, à dire si cette décision n'est pas entachée d'irrégularités formelles tellement manifestes ou grossières, ou si elle a apprécié les faits de la cause d'une manière tellement erronée que, les moyens proposés apparaissant sérieux, l'arrêt de l'exécution provisoire s'impose. • Même arrêt. ♦ Jugé que les informations recueillies de manière irrégulière et incomplète, les avocats de toutes les parties n'ayant pas été appelés par le tribunal à la comparution de chacune d'entre elles, lors de l'audience de comparution personnelle des dirigeants sociaux, n'occupant qu'une place secondaire dans la motivation du jugement et n'ayant pas déterminé la décision, il s'ensuit que le moyen tiré de l'irrégularité de la procédure d'instruction, au regard de l'art. 192 NCPC [C. pr. civ.], ne justifie pas l'arrêt de l'exécution provisoire. • Montpellier, 10 août 1996 : *BICC 1997, n° 91.*

4. L'exécution provisoire des ordonnances du juge-commissaire ne peut être arrêtée. • Com. 14 janv. 2004 : *APC 2004, n° 107.*

5. L'exécution provisoire du jugement d'ouverture ne peut être arrêtée. • Paris, 30 oct. 1990 : *Rev. huiss. 1991. 238.* ♦ ... Pas plus que celle du jugement qui a étendu le redressement judiciaire à une autre société. • Paris, 27 avr. 1993 : *Dr. sociétés 1993, n° 139, obs. Chaput* • Chambéry, 14 oct. 1994 : *Gaz. Pal. 1995. 1. Somm. 214* • T. com. Saint-Gaudens, 25 avr. 1997 : *Dr. sociétés 1997, n° 105, obs. Chaput.*

6. En vertu des art. 177 de la loi [C. com., anc. art. L. 623-9] et 155 du décret, l'exécution provisoire de plein droit des jugements rendus en matière de redressement et de liquidation judiciaires ne peut être arrêtée qu'en cas d'appel du jugement statuant sur la liquidation judiciaire ou arrêtant ou rejetant le plan de continuation ou de cession de l'entreprise. • Com. 23 juin 1998, n° 96-12.632 P : *D. 1999. Somm. 71, obs. Honorat ; D. Affaires 1998. 1535, obs. A. L. ; JCP E 1998, n° 52, p. 2063, obs. Pétel ; Quot. jur. 28 juill. 1998, p. 7, note P. M.* ♦ Le premier président d'une cour d'appel ne peut, pour arrêter l'exécution provisoire du jugement prononçant la résolution du plan de continuation et ouvrant une procédure de redressement judiciaire, considérer que ce jugement participait de la nature même des jugements ayant arrêté un plan de redressement. • Même arrêt. – Dans le même sens, V. • Paris, 12 déc. 2000 : *RJ com. 2001. 139, obs. Neveu.*

7. L'art. 177, al. 2, de la loi [C. com., anc. art. L. 623-9, al. 2] auquel se réfère l'art. 155, al. 2, ci-dessus vise notamment les appels des jugements statuant sur la liquidation judiciaire, sans distinguer selon que cette liquidation est prononcée ou non après une période d'observation. • Paris, 27 janv. 1995 : *Gaz. Pal. 1995. 2. 503, note Vray.* ♦ Le jugement étendant à une personne la procédure de liquidation judiciaire d'une autre personne est un jugement statuant sur la liquidation judiciaire, peu important l'absence de période d'observation. • Com. 11 mai 1999, n° 97-14.132 P : *D. 2000. Somm. 98, obs. Honorat ; JCP E 1999, n° 39, p. 1530, obs. Pétel ; LPA 1er juin 1999, p. 9, note P. M. ; ibid., 28 déc. 1999, p. 15, note Courtier ; RTD com. 1999. 760, obs. Vallens* • Versailles, 21 mars 1996 : *Dr. sociétés 1996, n° 194, obs. Chaput.*

8. Il y a lieu de suspendre l'exécution provisoire du jugement arrêtant le plan de cession de l'entreprise, dès lors que les moyens avancés par le procureur apparaissent sérieux (d'une part, en écartant la solution liquidative le tribunal n'a pas fait le choix le plus judicieux s'agissant de fonds de commerce autonomes ne constituant que de manière artificielle un groupe ; d'autre part, à conditions similaires, il a choisi une entreprise moins-disante). • Paris, 9 sept. 1994 : *Dr. sociétés 1995, n° 3, obs. Chaput.*

9. Le déficit d'exploitation prévu ne s'étant pas réalisé et la société ayant poursuivi une activité bénéficiaire pendant la période d'autorisation, il y a lieu de suspendre l'exécution provisoire du jugement de liquidation judiciaire. • Paris, 22 juin 1993 : *Dr. sociétés 1993, n° 223.* ♦ Pour une autre décision de suspension, V. • Aix-en-Provence, 16 févr. 1995 : *D. 1995. IR 90* (méconnaissance de l'art. 80 de la loi du 25 janv. 1985).

10. Il ne peut être pris en considération, pour ordonner l'arrêt de l'exécution provisoire du jugement prononçant la liquidation judiciaire, le fait que cette liquidation emporte, par application de l'art. 194 de la loi du 25 janv. 1985 [abrogé par ord. n° 2000-912 du 18 sept. 2000], l'incapacité d'exercer des fonctions publiques électives, la notion de « moyen sérieux », au sens de l'art. 155, art. 2, ci-dessus n'étant en rien assimilable à la condition prévue par l'art. 524 NCPC [C. pr. civ.], qui permet au premier président de suspendre l'exécution provisoire d'un jugement ordonnée en première instance « si elle risque d'entraîner des conséquences manifestement excessives ». • Paris, 27 janv. 1995 : *préc. note 7.*

11. Sur l'incidence, en cas de plan de cession, de la prise de possession par le cessionnaire, en vertu de l'art. 87, al. 2, de la loi [C. com., anc. art. L. 621-89, al. 2], V. Soinne, *RPC 1998. 388.*

Sur l'application de l'art. 155, V. aussi • Paris, 25 août 1987 : *Gaz. Pal. 1987. 2. 735* • 1er sept. 1987 : *ibid.* • Grenoble, 13 mai 1987 : *ibid.* • Lyon, 23 sept. 1988 : *D. 1989. Somm. 13, obs. Derrida* • Angers, 17 nov. 1988 : *Gaz. Pal. 1989. 2. Somm. 305* • Paris, 27 mai 1991 : *D. 1992. Somm. 89, obs. Derrida* • Aix-en-Provence, 10 juill. 1991 : *ibid.* • Paris, 11 juin 1993 : *Dr. sociétés 1993, n° 223, obs. Chaput* • Dijon, 19 janv. 1999 : *Banque et Dr. 11-12/1999. 61, obs. Guillot* • Angers, 30 mars 2001 : *APC 2002, n° 43* • 18 avr. 2001 : *ibid.*

12. Prolongation de la période d'observation. En dehors de circonstances exceptionnelles, il n'est pas opportun que, par le biais d'un appel et d'un arrêt de l'exécution provisoire d'un jugement de liquidation judiciaire, soit prolongée la période d'observation au-delà des limites fixées par l'art. 8 de la loi du 25 janv. 1985 [C. com., anc. art. L. 621-6]. • Lyon, 24 juill. 1987 : *JCP 1987. II. 20911, note Haehl.*

13. Pourvoi en cassation. L'ordonnance du premier président, statuant conformément à l'art. 155, al. 2, sur une demande tendant à l'arrêt de l'exécution provisoire d'un jugement ayant prononcé la liquidation judiciaire, décision qui statue sur un incident d'exécution provisoire sans mettre fin à l'instance, ne peut être frappée de pourvoi en cassation indépendamment du jugement sur le fond. • Com. 20 juin 1989 : *Gaz. Pal. 1989. 2. 602.*

14. Décisions non exécutoires de droit. V. art. 524 C. pr. civ. – **C. pr. civ.** ♦ Lorsque, en application de l'art. 195 de la loi [C. com., anc. art. L. 625-10], le tribunal de commerce ordonne l'exécution provisoire de la disposition de son jugement prononçant la faillite personnelle, le premier président est valablement saisi d'une demande d'arrêt de l'exécution provisoire de ce chef formée en application de l'art. 524 NCPC [C. pr. civ.], s'agissant d'une exécution provisoire facultative. • Agen, 15 déc. 1994 : *BICC 1995, n° 254.* ♦ Compte tenu des conséquences d'une telle décision sur l'étendue des droits civils et civiques susceptibles de ne pouvoir être réparées, en cas de réformation, l'arrêt de l'exécution provisoire peut être ordonné, les conséquences personnelles liées à la faillite ne devant résulter que d'une décision définitive. • Même arrêt. ♦ De même, il y a lieu de suspendre l'exécution provisoire de la sanction personnelle prononcée à l'encontre d'un dirigeant social, dès lors qu'une infirmation est possible et que l'exécution provisoire aurait des conséquences manifestement excessives en raison de l'activité actuelle de mandataire social d'une petite société. • Paris, 28 sept. 1993 : *Dr. sociétés 1994, n° 8, obs. Chaput.*

15. Réformation d'une décision exécutoire. La réformation d'un jugement arrêtant un plan de continuation assorti d'une cession partielle d'actifs ne porte pas en elle-même atteinte aux actes accomplis au titre de l'exécution provisoire de ce jugement, lesquels demeurent valables dans la mesure où ils sont conformes à la disposition qui les avait autorisés et où ils ne sont pas affectés d'une cause d'invalidation procédant d'un vice du consentement ou du défaut de capacité de ceux qui y ont concouru et qui justifierait leur annulation par le juge compétent. • Aix-en-Provence, 21 juill. 1993 : *RPC 1996. 438, obs. Soinne.*

16. Responsabilité du mandataire. Il ne peut être reproché au liquidateur judiciaire d'avoir exécuté les jugements et ordonnances rendus en matière de redressement et de liquidation, exécutoires de plein droit à titre provisoire par application des dispositions de l'art. 155. • Douai, 30 mai 1996 : *RPC 1997. 329, obs. Soinne.* ♦ De même, l'exécution par l'administrateur d'une décision exécutoire de plein droit à titre provisoire n'entraîne, sauf gestion dolosive ou action intempestive, aucune responsabilité à son encontre si la mesure qui frappe le débiteur est annulée ou rapportée en appel. • Paris, 16 déc. 1997 : *RPC 2000. 82, obs. Soinne.* ♦ Pour une autre application, V. • Com. 30 oct. 2012 : *APC 2012, n° 281, obs. Vallansan.*

17. Application dans le temps des modifications apportées par le décret du 21 oct. 1994. V. note précédant l'art. 1er.

18. Signification de l'arrêt de liquidation judiciaire. Sur la compétence du jex pour en apprécier la régularité, V. note 17 ss. art. R. 662-3 C. com.

Art. 156 *(Abrogé par Décr. n° 2005-1677 du 28 déc. 2005, art. 354)* ***L'opposition et la tierce opposition lorsqu'elles sont recevables, sont formées contre les décisions rendues en matière de redressement et de liquidation judiciaires, de faillite personnelle ou autres sanctions, par déclaration au greffe dans le délai de dix jours à compter du prononcé de la décision.***

Toutefois, pour les décisions soumises aux formalités d'insertion dans un journal d'annonces légales ou au BODACC, le délai ne court que du jour de la publication au BODACC.

Art. 157 *(Abrogé par Décr. n° 2005-1677 du 28 déc. 2005, art. 354) (Décr. n° 94-910 du 21 oct. 1994)* ***« Le délai d'appel des parties est de dix jours à compter de la notification qui leur est faite des décisions. Toutefois, le délai d'appel du cessionnaire pour les jugements mentionnés à l'article L. 623-6 du code de commerce est de dix jours à compter du prononcé du jugement. »***

(Décr. n° 89-339 du 29 mai 1989) ***« Le greffier informe par lettre simple, au plus tard dans les quarante-huit heures du prononcé du jugement, le cocontractant dans le cas prévu à l'article L. 621-88 du code de commerce et le bailleur dans le cas prévu au troisième alinéa de l'article L. 621-84 de ce code. Le délai d'appel du cocontractant et du bailleur est de dix jours à compter du prononcé du jugement. »*** – *Entrée en vigueur le 1er juin 1989.*

(Décr. n° 94-910 du 21 oct. 1994) ***« Le délai d'appel du procureur de la République est de dix jours. Le délai d'appel du procureur général est de quinze jours. Ces délais sont comptés à partir de la réception par le procureur de la République de l'avis qui lui est donné de la décision selon les formes prévues à l'article 19. »***

1. Jugement arrêtant le plan de cession. Pour les procédures collectives ouvertes après l'entrée en vigueur de la loi du 10 juin 1994 et sous réserve des dispositions applicables au ministère public, l'appel-nullité formé contre un jugement arrêtant un plan de cession est soumis au délai d'appel applicable au cessionnaire prévu par l'art. 157, al. 1er, du décret du 27 déc. 1985, modifié par le décret du 21 oct. 1994 ; dès lors, les appelants disposent d'un délai de dix jours à compter du prononcé du jugement pour former un appel-nullité et, à défaut d'avoir relevé appel dans ce délai, leur recours est irrecevable comme tardif. • Com. 2 oct. 2007, n° 04-19.526 P :

D. 2007. AJ 2610, obs. Lienhard ; APC 2007, n° 209, obs. Rétif ; JCP E 2008. 1207, n° 8, obs. Cabrillac.

2. Jugement statuant sur la résolution du plan de cession. A l'exception des décisions mentionnées à l'art. L. 623-6 II et III C. com., le délai d'appel des décisions, tel le jugement statuant sur une demande de résolution du plan de cession, est de dix jours à compter de la notification qui en est faite aux parties. • Com. 13 avr. 2010, n° 08-21.825 P : *D. 2010. Actu. 1071, obs. Lienhard ; LEDEN 6/2010. 3, obs. Staes ; RJDA 2010, n° 987.* ♦ Le délai de dix jours ouvert au cessionnaire pour interjeter appel à l'encontre du jugement prononçant la résolution du plan de cession court à compter de la notification qui lui est faite. • Même arrêt.

Art. 158 (Abrogé par Décr. n° 2005-1677 du 28 déc. 2005, art. 354) ***L'appel du procureur de la République*** (Décr. n° 94-910 du 21 oct. 1994) ***« et du procureur général » est fait par une déclaration d'appel remise ou adressée au greffe de la cour d'appel.***

Lorsque cette déclaration est faite par voie postale, la date de l'acte d'appel est celle de l'expédition.

(Décr. n° 94-910 du 21 oct. 1994) ***« Lorsque l'appel du procureur de la République ou du procureur général est interjeté à l'encontre d'un jugement mentionné aux articles L. 623-6 et L. 623-9 du code de commerce, l'appelant en informe immédiatement, par tout moyen, le greffier du tribunal et les mandataires de justice. Le greffier de la cour d'appel notifie par lettre simple cet appel au débiteur et aux personnes mentionnées au IV de l'article 160 ci-dessous. »***

Art. 159 (Abrogé par Décr. n° 2005-1677 du 28 déc. 2005, art. 354) ***La personne exerçant une voie de recours au nom du comité d'entreprise ou des délégués du personnel ou le représentant des salariés dans le cas prévu au deuxième alinéa de l'article L. 621-135 du code de commerce, doit, à peine d'irrecevabilité, justifier de son habilitation.***

Art. 160 (Abrogé par Décr. n° 2005-1677 du 28 déc. 2005, art. 354) (Décr. n° 88-430 du 21 avr. 1988) ***L'appel des jugements rendus en application des articles L. 623-1 et L. 623-6 du code de commerce est formé, instruit et jugé suivant les modalités de la procédure avec représentation obligatoire prévue par les articles 901 à 925 du code de procédure civile, sous réserve des dispositions qui suivent :***

I. — Les mandataires de justice qui ne sont pas appelants doivent être intimés.

Dans tous les cas, le procureur général est avisé de la date de l'audience.

II. — L'appel des jugements arrêtant ou rejetant le plan de cession est soumis à la procédure à jour fixe.

(Décr. n° 2004-836 du 20 août 2004, art. 32) ***« III. — Dans les cas autres que ceux qui sont mentionnés au II ci-dessus et sauf s'il est recouru à la procédure à jour fixe, l'affaire est instruite selon les dispositions du deuxième alinéa de l'article 910 du code de procédure civile. Le président de la chambre peut toutefois décider que l'affaire sera instruite selon les modalités prévues au premier alinéa du même article. »*** — *Cette disposition est applicable uniquement aux recours dirigés à l'encontre des décisions rendues à compter du 1er janv. 2005 (Décr. n° 2004-836 du 20 août 2004, art. 59, JO 22 août).*

IV. — Lorsqu'ils ne sont pas parties à l'instance d'appel, les représentants du comité d'entreprise ou des délégués du personnel et, dans le cas prévu au deuxième alinéa de l'article L. 621-135 du code précité, le représentant des salariés ainsi que, le cas échéant, le cessionnaire, le co-contractant mentionné à l'article L. 621-88 du même code, (Décr. n° 94-910 du 21 oct. 1994) ***« les titulaires des sûretés mentionnées à l'article L. 621-96 » du même code ou le bénéficiaire de la location-gérance sont convoqués pour être entendus par la Cour. La convocation est faite par lettre simple du greffier.***

V. — Aucune intervention n'est recevable dans les dix jours qui précèdent la date de l'audience.

VI. — La cour d'appel doit statuer au fond dans les quatre mois suivant le prononcé des jugements mentionnés à l'article L. 623-6 du code de commerce.

Art. 161 (Abrogé par Décr. n° 2005-1677 du 28 déc. 2005, art. 354) (Décr. n° 88-430 du 21 avr. 1988) ***Le greffier de la cour d'appel transmet dans les huit jours du prononcé de l'arrêt une copie de celui-ci au greffier du tribunal pour l'accomplissement des mesures de publicité prévues à l'article 21 lorsque l'arrêt infirme une décision soumise à la publicité.***

Il notifie l'arrêt aux parties par lettre recommandée avec demande d'avis de réception et au procureur général par remise contre récépissé. Il informe les personnes mentionnées au IV de l'article 160 du prononcé de l'arrêt.

Art. 162 *(Abrogé par Décr. nº 2005-1677 du 28 déc. 2005, art. 354)* ***Le pourvoi en cassation du ministère public est fait par une déclaration au greffe de la Cour de cassation selon les règles prévues à l'article 158.***

TITRE V DISPOSITIONS PARTICULIÈRES AUX PERSONNES MORALES ET À LEURS DIRIGEANTS

Art. 163 *(Abrogé par Décr. nº 2005-1677 du 28 déc. 2005, art. 354)* ***Le tribunal compétent pour statuer dans les cas prévus aux articles L. 624-3, L. 624-4 et L. 624-5 du code de commerce est celui qui a prononcé le redressement*** *(Décr. nº 94-910 du 21 oct. 1994)* ***« ou la liquidation » judiciaire de la personne morale.***

Art. 164 *(Abrogé par Décr. nº 2005-1677 du 28 déc. 2005, art. 354) (Décr. nº 94-910 du 21 oct. 1994)* ***Pour l'application des articles L. 624-3 à L. 624-7 du code de commerce, le juge désigné par le tribunal peut se faire assister de toute personne de son choix dont les constatations sont consignées dans son rapport. Ce rapport est déposé au greffe et communiqué par le greffier au procureur de la République.***

Le ou les dirigeants mis en cause sont avertis par le greffier qu'ils peuvent prendre connaissance du rapport et sont convoqués huit jours au moins avant leur audition en chambre du conseil, par acte d'huissier de justice ou dans les formes prévues aux articles 8 et 9.

Le tribunal statue, sur rapport du juge désigné, par jugement prononcé en audience publique.

Ancien art. 164 *[réd. antérieure au Décr. nº 94-910 du 21 oct. 1994]* ***Pour l'application des articles 180 à 182 de la loi, le ou les dirigeants mis en cause sont convoqués huit jours au moins avant leur audition en chambre du conseil, par acte d'huissier de justice ou dans les formes prévues aux articles 8 ou 9.***

Les mandataires de justice mentionnés à l'article 183 de la loi du 25 janvier 1985 sont convoqués par le greffier lorsqu'ils ne sont pas demandeurs.

Le tribunal statue en audience publique, le juge-commissaire entendu en son rapport.

1. Dépôt du rapport au greffe. L'art. 164, tel que modifié par le décret du 21 oct. 1994, doit être compris comme exigeant désormais : que le juge-commissaire dépose au greffe un rapport ; que le dirigeant soit avisé par le greffier qu'il peut prendre connaissance de ce rapport. • Versailles, 30 sept. 1999 : *D. 1999. AJ 95 ; RJDA 2000, nº 75.*

La faculté de consultation du dossier au greffe, prévue par l'art. 164 dans sa rédaction issue du décret du 21 oct. 1994, ne dispense pas le greffe de communiquer à la partie qui le demande le rapport communiqué au ministère public (application de l'art. 6, § 1, de la Conv. EDH, disposant que « toute personne a droit à ce que sa cause soit entendue équitablement »). • Com. 10 janv. 2012, nº 10-24.426 P : *D. 2012. Chron. C. cass. 1223, obs. Arbellot ; JCP E 2012. 1227, nº 12, obs. Pétel ; LEDEN 2/2012. 5, obs. Mouial-Bassilana ; APC 2012, nº 35, obs. Delattre ; Gaz. Pal. 27-28 avr. 2012, p. 44, obs. Montéran ; BJE 2012. 172, note Favario ; RJDA 2012, nº 790 ; RPC 2012, nº 212, obs. Martin-Serf.*

La nécessité de porter le rapport à la connaissance des dirigeants préalablement à l'audience et celle de procéder à l'audition des intéressés en chambre du conseil s'imposent dans tous les cas où le tribunal est appelé à faire application des dispositions de l'art. L. 624-3 [anc.] C. com., l'art. 164 du décret n'opérant aucune distinction selon que la procédure est mise en œuvre d'office par le juge ou à la demande du liquidateur par voie d'assignation. • Paris, 2 avr. 2002 : *BICC 2003, nº 300.*

2. Absence de rapport. L'art. 164, al. 3, ne trouve à s'appliquer qu'en cas d'usage de la faculté ouverte au tribunal par l'art. 184 de la loi du 25 janv. 1985, devenu l'art. L. 624-7 [anc.] C. com., de charger un juge aux fins d'enquête sur la situation patrimoniale des dirigeants de l'entreprise débitrice. • Com. 24 sept. 2003, nº 01-00.477 P : *D. 2003. 2440, obs. Lienhard ; JCP E 2004, nº 6, p. 230, obs. Pétel ; Dr. sociétés 2004, nº 9, note Legros (1re esp.) ; RTD com. 2004. 603, obs. Mascala ; RPC 2004. 270, obs. Dumont.* ♦ Dans le même sens, à propos d'une mesure de faillite personnelle, V. • Com. 27 mars 2012, nº 11-12.188 P : *D. 2012. Actu. 943, obs. Lienhard ; Dr. sociétés 2012, nº 128, note Legros.*

3. Convocation et comparution du dirigeant. La convocation du dirigeant de la personne morale, poursuivi en paiement des dettes sociales, en vue de son audition personnelle par le tribunal est un préalable obligatoire ; l'omission de cet acte, qui fait obstacle à toute condamnation, constitue une fin de non-recevoir. • Com. 28 oct. 2008, nº 07-13.133 P : *D. 2008. AJ 2865,* *obs. Lienhard ; APC 2008, n° 305, obs. Vallansan ; JCP E 2009. 1141, note Legros ; Gaz. Pal. 21-22 janv. 2009, p. 56, obs. Montéran ; BJS 2009. 272, note Rolland ; RPC 2009, n° 95, obs. Martin-Serf* • 17 févr. 2009 : *LPA 7 juill. 2009, note Sortais* • 10 mars 2009, n° 07-20.632 P : *D. 2009. AJ 871, obs. Lienhard ; BJS 2009. 696, note Le Corre ; Gaz. Pal. 26-28 juill. 2009, p. 51, obs. Montéran ; RPC 2009, n° 95, obs. Martin-Serf.* ♦ Les dirigeants, qui n'ont pas invoqué devant les juges du fond leur absence de convocation en chambre du conseil, sont irrecevables à présenter cette fin de non-recevoir mélangée de fait et de droit, fût-elle d'ordre public, pour la première fois, devant la Cour de cassation. • Com. 10 mars 2009 : *préc.*

La nullité d'un acte de procédure ne peut être prononcée pour vice de forme qu'à la charge pour celui qui l'invoque de prouver le grief que lui cause l'irrégularité commise. • Com. 24 avr. 2007, n° 06-10.273 P : *D. 2007. AJ 1267, obs. Lienhard ; ibid. Chron. C. cass. 2766, obs. Orsini ; APC 2007, n° 108, obs. Cagnoli ; Gaz. Pal. 27-31 mai 2007, p. 11, note Jullien ; JCP E 2007. 1981, note Pétel-Teyssié ; BJS 2007. 1157, note Staes ; RPC 2007. 235, obs. Martin-Serf.* – V. aussi Laroche, *RLDA 2007, n° 21, p. 58.* ♦ Dès lors que le dirigeant, qui a été, au préalable, régulièrement assigné en paiement des dettes sociales et a reçu une convocation mentionnant sans équivoque l'obligation d'avoir à se présenter en personne pour être entendu en chambre du conseil, n'invoque aucun grief découlant du fait que cette convocation a été faite par voie de notification et non par acte d'huissier de justice, le moyen tiré de la nullité de la procédure doit être écarté. • Même arrêt. ♦ Dès lors que le dirigeant a été cité pour être entendu personnellement par le tribunal par acte d'huissier délivré selon les modalités de l'art. 659 C. pr. civ. et qu'il a été convoqué par le greffe à la suite du renvoi de l'affaire pour être entendu personnellement, puis qu'il a comparu à l'audience à laquelle l'affaire avait été retenue et a pu s'expliquer et faire valoir ses observations, l'irrégularité invoquée [convocation comportant une adresse erronée] ne constitue qu'un vice de forme et il n'est pas démontré que cette irrégularité a causé un grief. • Com. 19 juin 2012, n° 10-16.890 P : *D. 2012. Actu. 1671 ; Rev. sociétés 2012. 533, obs. Roussel Galle ; BJS 2012. 733, note Mouial-Bassilana ; RJDA 2012, n° 887 ; Gaz. Pal. 12-13 oct. 2012, p. 36, obs. Montéran.*

La convocation des dirigeants aux fins de leur audition en chambre du conseil ne doit pas être faite nécessairement dans l'acte introductif d'instance. • Com. 6 févr. 2001, n° 98-15.129 P : *D. 2001. AJ 861 ; D. 2002. Somm. 81, obs. Sortais ; Procédures 2001, n° 150, note Laporte* • 25 févr. 2004 : *RTD com. 2004. 377, obs. Vallens.*

La convocation du dirigeant en chambre du conseil, exigée lorsque celui-ci est assigné en paiement des dettes sociales, ne s'impose pas en cas d'action en responsabilité dirigée, fût-ce à titre subsidiaire, contre une banque à laquelle il est reproché un soutien abusif de crédit. • Com. 8 janv. 2008 : *BJS 2008. 325, note Staes ; Gaz. Pal. 27-29 avr. 2008, p. 32, obs. Routier ; Dr. sociétés 2008, n° 152, note Legros.* ♦ De même, les dispositions de l'art. 164 ne s'appliquent pas aux personnes assignées en vue de l'extension à leur encontre d'une procédure collective ouverte à l'encontre d'une autre personne. • Com. 20 janv. 2009 : *Dr. sociétés 2009, n° 58, note Legros.*

V. aussi notes 7 et 9.

4. Mentions de l'assignation. Pour introduire à l'égard du dirigeant une action fondée sur les art. 180 s. de la loi du 25 janv. 1985 [C. com., anciens art. L. 624-3 s.], le liquidateur doit agir par voie d'assignation aux formes et avec les mentions prévues par les art. 56 et 855 NCPC [C. pr. civ.]. • Amiens, 19 févr. 1998 : *Gaz. Pal. 1998. 2. Somm. 705.* ♦ Dans le même sens, à propos d'une action tendant au prononcé d'une interdiction de gérer, V. • Com. 24 nov. 1998 : *RTD com. 1999. 206, obs. Vallens ; JCP E 2000, n° 10, p. 419, note Legros* • 4 oct. 2005 : *Dr. sociétés 2006, n° 4, note Legros.*

5. Délai. L'art. 643 NCPC [C. pr. civ.], relatif à l'augmentation d'un mois des délais de comparution pour les personnes demeurant outre-mer, est applicable au délai de huit jours. • Paris, 19 févr. 1991 : *D. 1991. IR 108 ; Gaz. Pal. 1991. 1. 363, note Marchi* • 13 janv. 1995 : *D. 1995. IR 66* • Douai, 13 mars 1997 : *RPC 1997. 413, obs. Cadiou.*

Sur le non-respect du délai de huit jours comme motif d'annulation de la procédure, V. les arrêts cités par F. Bach, *RPC 2000. 66.* ♦ Comp., en l'absence de grief causé au dirigeant : • T. com. Bobigny, 11 mai 1998 : *RPC 2000. 114, obs. Barret.*

6. Audition en chambre du conseil. V. note 1. ♦ Les art. 164 et 169 n'étant pas incompatibles avec l'art. 6 (1) de la Conv. EDH, aucun dirigeant ne peut être admis à réclamer, pour lui-même, la publicité des débats devant un tribunal, puisque cette publicité serait contraire, notamment, aux intérêts des codirigeants mis en cause. • Paris, 26 janv. 1996 : *D. 1997. 52, note Bernard.*

En ce sens qu'est mal fondé l'appel-nullité interjeté par des dirigeants contre le jugement ayant refusé qu'il soit procédé à l'audition de chacun en présence des autres, dès lors que chacun des dirigeants poursuivis a été entendu en présence de son conseil, par le tribunal en chambre du conseil, conformément aux dispositions de l'art. 164 et que les intéressés, qui ne sont pas recevables à élever une prétention contre un co-dirigeant, peuvent librement discuter les procès-verbaux d'audition lors des débats, V. • Com. 14 mars 2000, n° 97-13.336 P : *D. 2000. AJ 212 ; JCP E 2000, n° 25, p. 996, note Cagnoli ; RJDA 2000, n° 787 ; LPA 21 nov. 2000, p. 15, note Gibirila.*

Sur la nécessité d'invoquer la nullité fondée sur l'inobservation des dispositions relatives à la publicité des débats devant la cour d'appel avant leur clôture, V. • Com. 27 oct. 1998 : *RTD com. 1999. 205, obs. Vallens*.

7. Il résulte de l'art. 164 que le dirigeant n'a pas la faculté de se faire représenter lors de son audition en chambre du conseil et des art. 853 et 855 NCPC [C. pr. civ.] que l'acte introductif d'instance mentionne les conditions dans lesquelles le défendeur peut se faire assister ou représenter devant le tribunal hors cette audition. • Com. 19 févr. 2002, n° 99-15.359 P : *D. 2002. AJ 1485, obs. Lienhard ; APC 2002, n° 133, obs. Regnaut-Moutier ; RPC 2003. 163, obs. Martin-Serf.* ♦ L'assignation n'est pas entachée de nullité pour avoir mentionné la faculté de se faire représenter hors l'audience des plaidoiries. • Même arrêt. ♦ La procédure de l'action en paiement par les dirigeants sociaux de l'insuffisance d'actif se déroulant en audience publique, seule l'audition personnelle des dirigeants mis en cause ayant lieu en chambre du conseil, l'assignation aux fins de les faire comparaître à une audience publique n'est pas faite en méconnaissance de l'art. 164. • Montpellier, 10 août 1996 : *BICC 1997, n° 91.*

8. L'audition en chambre du conseil du débiteur, à qui le tribunal entend imputer une faute de gestion ayant contribué à l'insuffisance d'actif, constitue une formalité substantielle. L'inobservation de cette formalité ne saurait être couverte par l'assignation devant le tribunal. • Toulouse, 22 janv. 1997 : *RPC 1998. 249, obs. Cadiou.*

9. Jugé que le non-respect de la formalité substantielle que constitue la convocation par acte d'huissier du dirigeant pour son audition en chambre du conseil et de la mention de l'obligation de se présenter en personne entache de nullité la saisine des premiers juges et cette irrégularité fait obstacle à l'effet dévolutif dès lors que l'appelant n'a conclu sur le fond qu'à titre subsidiaire. • Com. 21 mars 2006 : *Dr. sociétés 2007, n° 28, note Legros (Décr. 1967, art. 95).* – Comp. : • Com. 18 juill. 1989, n° 87-19.237 P. – Comp., également : note 3. ♦ V. aussi note 45 ss. art. L. 661-6 C. com.

10. Présence du juge-commissaire (jurisprudence antérieure au décret du 21 oct. 1994). La présence, conformément aux art. 24, 164 [anc.] et 169, du juge-commissaire dans la juridiction qui statue sur l'ouverture d'une procédure de redressement judiciaire ou sur le prononcé de l'interdiction prévue à l'art. 192 de la loi du 25 janv. 1985 [C. com., anc. art. L. 625-8] à l'encontre du dirigeant d'une personne morale en redressement ou en liquidation judiciaires, n'est pas contraire aux dispositions de l'art. 6 (1) de la Conv. EDH • Com. 3 nov. 1992, n° 90-16.751 P : *D. 1993. 538, note Vallens* • 16 mars 1993 : *ibid.* • 23 janv. 1996, n° 94-13.391 P : *D. 1996. IR 51* • Versailles, 18 nov. 1999 : *D. 2000. AJ 49 ; RJDA 2000, n° 198 ; JCP E 2000, n° 25, p. 988, obs. Garaud.* – V. aussi • CEDH 24 janv. 2002 : *RJDA 2002, n° 586.* ♦ Le dirigeant condamné au comblement du passif social n'ayant pas précisé en quoi la présidence, par le juge-commissaire, de la formation de jugement, justifiait objectivement ses appréhensions sur le défaut d'impartialité de la juridiction, l'arrêt d'appel n'encourt pas les griefs de la violation de l'art. 6 (1) de la Conv. EDH. • Com. 16 oct. 2001, n° 98-12.568 P : *D. 2001. AJ 3273, obs. Lienhard ; D. 2002. Somm. 80, obs. Derrida ; JCP E 2002, n° 3, p. 126, obs. Pétel ; RPC 2002. 113, obs. Martin-Serf.* ♦ Comp., annulant, sur le fondement de l'art. 6 (1), un jugement prononçant la faillite personnelle, au motif qu'un même magistrat avait siégé comme président et juge-commissaire : • Grenoble, 11 sept. 1997 : *D. 1998. 128, note Renucci*. ♦ Comp. aussi, désormais : art. 164, al. 3, dans sa rédaction issue du décret n° 94-910 du 21 oct. 1994.

11. Impartialité du juge. Sur la nullité d'une citation à comparaître délivrée à un dirigeant pour le voir « condamner à supporter le passif de la société, prononcer son redressement judiciaire personnel et sa faillite personnelle, en fixer la durée et en ordonner l'exécution provisoire », au motif que le libellé de la citation et le contenu de la note jointe prévue à l'art. 8, al. 2, dans laquelle le président du tribunal de grande instance tenait pour établi le comportement fautif à ses yeux de la personne visée, pouvaient apparemment laisser penser que le président de la juridiction de jugement ne disposait pas de l'impartialité objective du juge, V. • Com. 3 nov. 1992 : *préc. note 3* • 16 mars 1993 : *préc. note 10.* – V. Eudier, *Mél. Mercadal, Francis Lefebvre, 2002, spéc. p. 36.* ♦ De même, doit être annulée, sur le fondement de l'art. 6 (1) Conv. EDH (impartialité du tribunal), l'ordonnance de saisine d'office par laquelle le président du tribunal convoque le dirigeant « en vue d'une mesure de faillite personnelle ou d'interdiction de gérer ». • Metz, 9 sept. 1997 : *LPA 15 déc. 1997, p. 21, note Vallens.* ♦ V. aussi • Grenoble, 11 sept. 1997 : *préc. note 10* • Dijon, 26 janv. 1999 : *RTD com. 1999. 989, obs. Vallens ; JCP E 2000, n° 25, p. 988, obs. Garaud* • 25 avr. 2000 : *Dr. sociétés 2000, n° 157, obs. Chaput.*

La référence à l'exercice d'une profession privée, à côté des fonctions judiciaires exercées, enlève à l'acte fait par le juge son caractère d'acte émis par une autorité indépendante et impartiale, et affecte ainsi sa validité intrinsèque (annulation du rapport du juge-commissaire et du jugement ayant statué au vu de ce rapport, le juge-commissaire, qui se trouvait être responsable du service contentieux d'une banque créancière de la société débitrice, ayant conclu au prononcé d'une sanction sur du papier à en-tête de la banque). • Colmar, 5 déc. 2000 : *RTD com. 2001. 247, obs. Vallens*.

12. Délai raisonnable. Pour une annulation d'une décision, sur le fondement de l'art. 6 Conv. EDH en raison de la durée manifestement anormale (6 ans) du délibéré, V. • Paris, 7 nov. 1997 : *D. Affaires 1998. 80, obs. J. F. ; JCP E 1997. Pan. 1388 ; RJDA 1998, n° 633.*

13. Procédure devant la cour d'appel. Les dispositions de l'art. 164, relatives à l'audition du dirigeant en chambre du conseil, ne s'appliquent qu'à la procédure de première instance et ne concernent pas la procédure devant la cour d'appel. • Com. 9 mai 1995, n° 92-20.746 P : *D. 1996. Somm. 83, obs. Honorat* • 20 juin 2000 : *RJDA 2000, n° 1148.*

14. Mesure d'instruction. BIBL. Rosenfeld et Sexer, *D. Affaires 1995. 145.* ♦ La mission confiée par le juge-commissaire à un expert en diagnostic d'entreprise ne constitue pas une mesure d'expertise au sens des art. 263 s. NCPC [C. pr. civ.], mais une mission d'investigation dans le cadre d'une procédure collective. • Com. 23 juin 1998, n° 96-12.222 P : *D. 1999. Somm. 71, obs. Honorat ; D. Affaires 1998. 1324, obs. A. L.* ♦ Dès lors qu'il n'est pas contesté que le rapport a été soumis à la libre discussion des parties, que ce technicien avait organisé une réunion contradictoire et qu'il s'était adjoint un expert-comptable de son choix avec l'autorisation du juge, tout motif de nullité de ces opérations doit être écarté. • Même arrêt. – V. aussi • Com. 25 juin 2002 : *Dr. sociétés 2003, n° 6, note Legros (1re esp.)* • 30 oct. 2000, n° 98-12.671 P : *D. 2000. AJ 438* • 26 avr. 2000 : *RJDA 2000, n° 785* • 9 juill. 1996 : *RPC 1996. 325, obs. Soinne* • Paris, 25 janv. 2002 : *RTD com. 2002. 687, obs. Champaud et Danet* ♦ Sur le défaut d'intérêt légitime des dirigeants de la société en redressement judiciaire à discuter le bien-fondé de l'ordonnance du juge-commissaire désignant un « expert », V. • Com. 11 mai 1999, n° 96-18.896 P : *D. 1999. IR 153 ; D. Affaires 1999. 1043, obs. P. P. ; RJ com. 1999. 410, note Saintourens ; RTD com. 1999. 762, obs. Vallens ; JCP E 1999, n° 47, p. 1878, note Courtier ; RPC 2000. 198, obs. Soinne.* ♦ Comp., jugeant que la personne désignée par le juge-commissaire pour éclairer les mandataires de justice sur l'application des textes relatifs au comblement de passif ne peut avoir qu'un rôle d'assistance et de conseil et que le juge-commissaire qui ordonne « l'assistance » d'un « expert » dans le seul but de réunir les éléments de preuve pour rechercher si deux sociétés sont les dirigeants de fait d'une troisième et si elles ont commis des fautes ayant contribué à l'insuffisance d'actif, dépasse les limites de ses attributions : • Versailles, 1er juin 1995 : *JCP 1995. IV. 2329.* ♦ V. aussi note 9 ss. anc. art. L. 623-4 C. com.

15. Les juges du fond sont souverains pour estimer que le liquidateur a un intérêt légitime à solliciter, en référé, une expertise *in futurum*, sur le fondement de l'art. 145 NCPC [C. pr. civ.], pour rechercher la responsabilité des dirigeants de sociétés dans leur mise en liquidation judiciaire. • Com. 1er oct. 1997, n° 95-13.477 P : *D. 1997. IR 250 ; D. Affaires 1997. 1330 ; BJS 1998. 58, note Daigre ; RJ com. 1998. 201, obs. Legrand.* ♦ Le juge des référés peut, en vertu d'un pouvoir concurrent de celui du juge-commissaire, ordonner une expertise préventive, telle que prévue par l'art. 145 NCPC [C. pr. civ.]. • Com. 27 oct. 1998 : *Procédures 1999, n° 36, obs. Laporte.* ♦ En revanche, est irrecevable la demande de désignation d'un expert avec mission de donner son avis sur les responsabilités éventuelles. • Versailles, 10 mai 1996 : *Banque et Dr. 11-12/1996. 38, obs. Guillot.*

Art. 165 *(Abrogé par Décr. n° 2005-1677 du 28 déc. 2005, art. 354)* ***Lorsqu'un dirigeant d'une personne morale est déjà soumis à une procédure de redressement ou de liquidation judiciaire, le montant du passif mis à la charge de ce dirigeant est déterminé par le tribunal qui a prononcé le redressement*** *(Décr. n° 94-910 du 21 oct. 1994)* ***« ou la liquidation judiciaire » de la personne morale après mise en cause du représentant des créanciers ou du liquidateur désigné dans la procédure ouverte contre le dirigeant. La décision rendue est portée à la demande du mandataire de justice qui a exercé l'action, sur l'état des créances de la procédure de redressement*** *(Décr. n° 94-910 du 21 oct. 1994)* ***« ou la [de] liquidation judiciaire » du dirigeant.***

Art. 166 *(Abrogé par Décr. n° 2005-1677 du 28 déc. 2005, art. 354) (Décr. n° 94-910 du 21 oct. 1994)* ***Lorsque le redressement ou la liquidation judiciaire sont prononcés en application de l'article L. 624-5 du code de commerce à l'encontre d'un dirigeant déjà soumis à l'une de ces procédures, le déroulement de la procédure se poursuit devant le tribunal qui a déjà prononcé le redressement ou la liquidation judiciaire du dirigeant. Toutefois, si par l'effet des dispositions de l'article L. 624-5 du code précité, le dirigeant se trouve simultanément soumis à une procédure de redressement judiciaire et à une procédure de liquidation judiciaire, la procédure se poursuit devant le tribunal qui a prononcé la liquidation judiciaire.***

Les créanciers admis dans le cadre de la procédure qui n'est pas poursuivie en application des dispositions de l'alinéa précédent sont admis de plein droit dans la procédure poursuivie.

La date de cessation des paiements du dirigeant ne peut être postérieure à celle prévue à l'avant-dernier alinéa de l'article L. 624-5 du code précité.

1. Admission de plein droit. V. note 25 ss. anc. art. L. 624-5 C. com.

2. Passif personnel et passif de la personne morale. V. notes 26 et 27 ss. anc. art. L. 624-5 C. com.

Art. 167 *(Abrogé par Décr. n° 2005-1677 du 28 déc. 2005, art. 354)* ***Les jugements intervenus en application des articles L. 624-3 à L. 624-5 du code de commerce sont adressés par le greffier aux autorités citées à l'article 19. Ils sont mentionnés aux registres ou répertoires prévus à l'article 21.***

Seuls les jugements prononcés en application des articles L. 624-4 et L. 624-5 du code précité sont publiés par extrait dans un journal d'annonces légales et au BODACC dans les conditions prévues à l'article 21. La publication au BODACC est faite en ce qui concerne les associés ou dirigeants d'une personne morale immatriculée au registre du commerce et des sociétés sous le numéro d'immatriculation de cette personne morale et, s'ils sont eux-mêmes commerçants, elle est faite en outre sous leur numéro personnel d'immatriculation à ce registre.

Art. 168 *(Abrogé par Décr. n° 2005-1677 du 28 déc. 2005, art. 354)* ***Lorsque les mandataires de justice mentionnés à l'article L. 625-7 du code de commerce ont connaissance de faits prévus aux articles L. 625-3 à L. 625-6 de ce code, ils en informent le procureur de la République et le juge-commissaire.***

Art. 169 *(Abrogé par Décr. n° 2005-1677 du 28 déc. 2005, art. 354)* ***Dans les cas prévus aux articles L. 625-3 à L. 625-6 du code de commerce, le tribunal se saisit d'office ou est saisi dans les conditions prévues à l'article 164. Il statue selon les modalités prévues à cet article.***

1. Délai. Lorsqu'un tribunal de commerce se saisit d'office, et cite à comparaître le dirigeant social pour l'entendre sur l'application à son encontre des dispositions des art. 187 et 189 de la loi du 25 janv. 1985 [C. com., anciens art. L. 625-3 et L. 625-5], alors que le délai légal de huit jours minimum n'a pas été respecté, il en résulte que ce dirigeant demande à bon droit l'annulation de l'intégralité de la procédure y compris la citation initiale en relevant que, par suite de l'irrégularité de cet acte, il a été jugé et condamné en première instance sans être en mesure de présenter ses moyens de défense puisqu'il n'était ni présent, ni représenté. • Paris, 10 mars 1992 : *D. 1992. IR 149.*

2. Rapport du juge commis. V. note 2 ss. anc. art. 164.

3. Audition en chambre du conseil. V. note 6 ss. anc. art. 164.

4. Procès équitable. Pour une application de l'art. 6, § 1, de la Conv. EDH, V. • Caen, 7 févr. 2002 : *RJDA 2002, n° 675 ; RDBF 2002, n° 147, obs. F.-X. Lucas.*

Art. 170 *(Abrogé par Décr. n° 2005-1677 du 28 déc. 2005, art. 354)* ***Indépendamment des mentions prévues au casier judiciaire par l'article 768 (5°) du code de procédure pénale, les jugements prononçant la faillite personnelle ou les autres sanctions prévues au*** *(Décr. n° 94-910 du 21 oct. 1994)* ***« titres V et VI » de la loi du 25 janvier 1985*** *[chapitres IV et V du titre II du livre VI du code de commerce]* ***font l'objet des publicités prévues à l'article 21 et sont adressés par le greffier aux autorités mentionnées à l'article 19.***

(Décr. n° 94-910 du 21 oct. 1994) ***« Ces décisions sont signifiées dans les quinze jours de leur date à la diligence, selon le cas, du greffier du tribunal ou de la cour d'appel aux personnes sanctionnées. En l'absence de fonds permettant la prise en charge des frais, ces décisions sont signifiées par le ministère public près la juridiction qui les a prononcées. »***

Art. 171 *(Abrogé par Décr. n° 2005-1677 du 28 déc. 2005, art. 354)* ***Toute demande en relevé des déchéances, interdictions et incapacités est adressée par requête*** *(Décr. n° 94-910 du 21 oct. 1994)* ***« à la juridiction qui les a prononcées ». Sont joints à la requête tous documents justifiant de la contribution au paiement du passif.***

(Décr. n° 94-910 du 21 oct. 1994) ***« La juridiction statue en audience publique après avoir entendu le demandeur et le ministère public en chambre du conseil. »***

TITRE VI **DISPOSITIONS DIVERSES**

Art. 172 *(Abrogé par Décr. n° 2005-1677 du 28 déc. 2005, art. 354)* ***Si des fonds dus au débiteur ont été consignés à la Caisse des dépôts et consignations par des tiers, la caisse transfère ces fonds avec les droits, charges et inscriptions qui les grèvent sur le compte de***

dépôt ouvert par le mandataire de justice qui exerce les fonctions d'administrateur, de commissaire à l'exécution du plan ou de liquidateur. Le mandataire de justice est tenu vis-à-vis de l'acquéreur et des créanciers des obligations qui découlent de ces sûretés.

Art. 173 *Abrogé par Ord. n° 2000-912 du 18 sept. 2000 et codifié ss. C. com., ancien art. L. 627-1.*

Art. 174 *(Abrogé par Décr. n° 2005-1677 du 28 déc. 2005, art. 354) (Décr. n° 94-910 du 21 oct. 1994)* ***« Sans préjudice des pouvoirs attribués en premier ressort au juge-commissaire, » le tribunal saisi d'une procédure de redressement judiciaire connaît de tout ce qui concerne le redressement et la liquidation judiciaires, la faillite personnelle ou autres sanctions prévues par la loi du 25 janvier 1985*** *[titre II du livre VI du code de commerce]*, ***à l'exception des actions en responsabilité civile exercées à l'encontre de l'administrateur, du représentant des créanciers, du commissaire à l'exécution du plan ou du liquidateur qui sont de la compétence du tribunal de grande instance.***

BIBL. ▶ LAGARDE, *LPA 19 mars 2001*, p. 4 (le juge commercial et le Trésor public) ; *Annonces de la Seine 5 févr. 2004* (procédures collectives et compétence juridictionnelle).

Art. 175 *(Abrogé par Décr. n° 2005-1677 du 28 déc. 2005, art. 354)* ***Les formes de procéder applicables devant le tribunal de grande instance dans les matières prévues par la loi du 25 janvier 1985*** *[titre II du livre VI du code de commerce]* ***sont déterminées par les articles 853 et suivants du code de procédure civile pour tout ce qui n'est pas réglé par cette loi et par le présent décret.***

Toute partie qui ne se présente pas personnellement ne peut être représentée que par un avocat.

Art. 176 à 178 *Abrogés par Décr. n° 2007-431 du 25 mars 2007, art. 3-I.*

Art. 179 *(Abrogé par Décr. n° 2007-153 du 5 févr. 2007, art. 9)* ***Des remises, modérations ou transactions portant sur les créances fiscales peuvent être accordées aux entreprises soumises à la procédure de redressement ou de liquidation judiciaires dans les limites et conditions fixées par l'article L. 247 du Livre des procédures fiscales.***

Dans le régime général du redressement judiciaire, l'administration statue sur les demandes écrites des représentants des créanciers dans le délai de six semaines suivant la date de leur présentation. Ce délai est porté à huit semaines lorsque l'administration doit consulter le comité du contentieux fiscal, douanier ou des changes. Dans la procédure simplifiée, elle statue dans un délai de quatre semaines qui est porté à six semaines en cas de consultation du comité.

Les délais de trente jours et de quinze jours prévus aux articles R. 247-12 et R. 247-13 du Livre des procédures fiscales ne sont pas applicables.

Le défaut de réponse de l'administration dans les délais impartis vaut rejet des demandes.
— Les procédures ouvertes avant l'entrée en vigueur du Décr. n° 2007-153 du 5 févr. 2007 demeurent régies par les dispositions de l'art. 179 ci-dessus (Décr. préc., art. 9, JO 7 févr.).

Art. 180 Les cessions de rang de privilège ou d'hypothèque ou l'abandon de ces sûretés prévus au troisième alinéa de l'article L. 621-60 du code de commerce peuvent, sans extinction préalable de la créance, être accordés après consultation de la commission des chefs des services financiers prévue par le décret n° 78-486 du 31 mars 1978. Les frais afférents à ces opérations sont à la charge du débiteur.

Art. 181 *(Abrogé par Décr. n° 2007-153 du 5 févr. 2007, art. 9) (Décr. n° 87-243 du 3 avr. 1987)* ***« Ont compétence pour accorder des remises*** *(Décr. n° 94-910 du 21 oct. 1994)* ***« les comptables du Trésor et le ministre du budget » lorsqu'il s'agit de créances de l'État mentionnées à l'article 80 du décret n° 62-1587 du 29 décembre 1962 portant règlement général sur la comptabilité publique.***

« Ils exercent cette compétence en tant que de besoin dans les conditions prévues par le décret » *(Décr. n° 94-910 du 21 oct. 1994)* ***« n° 62-1587 du 27 décembre 1962 modifié portant régime*** *[règlement]* ***général sur la comptabilité publique. »***

Al. 3 à 6 *abrogés par Décr. n° 2005-802 du 18 juill. 2005, art. 2-III.*

« Dans le régime général du redressement judiciaire, il est statué sur les demandes écrites des représentants des créanciers dans les six semaines suivant la date de leur présentation *(Abrogé par Décr. n° 2005-802 du 18 juill. 2005, art. 2-III)* ***« Ce délai est porté à huit***

semaines en cas de consultation du comité en formation restreinte. » Dans la procédure simplifiée, il est statué sur les demandes dans le délai de quatre semaines** (Abrogé par Décr. n° 2005-802 du 18 juill. 2005, art. 2-III) **« qui est porté à six semaines en cas de consultation du comité ».

Le défaut de réponse de l'administration dans les délais impartis vaut rejet des demandes.
— Les procédures ouvertes avant l'entrée en vigueur du Décr. n° 2007-153 du 5 févr. 2007 demeurent régies par les dispositions de l'art. 181 ci-dessus (Décr. préc., art. 9, JO 7 févr.).

Art. 182 *Modifie l'art. 425 C. pr. civ.*

Art. 183 *Abrogé par Décr. n° 88-430 du 21 avr. 1988, art. 19.*

Art. 184 et 185 *Modifiaient le Décr. n° 51-194 du 17 févr. 1951, abrogé depuis.*

Art. 186 *Modifie les art. 28 et 32 du Décr. n° 55-22 du 4 janv. 1955. —* **C. civ.**

Art. 187 à 193 *Modifiaient le Décr. n° 84-406 du 30 mai 1984, abrogé et codifié au C. com.*

Art. 194 *Modifiait l'art. 10 du Décr. n° 83-487 du 10 juin 1983, abrogé depuis.*

TITRE VII **DISPOSITIONS TRANSITOIRES**

Art. 195 Lorsque dans une procédure de règlement judiciaire ou de liquidation des biens, le syndic fait, après le 1er janvier 1986, un versement en compte de dépôt à la Caisse des dépôts et consignations, les fonds précédemment consignés dans la même procédure sont virés sur le compte de dépôt après autorisation du juge-commissaire.

Néanmoins, si des fonds dus au débiteur ont été consignés par des tiers avant l'ouverture de la procédure de règlement judiciaire ou de liquidation des biens, ils demeureront sur le compte de consignation ouvert au nom du débiteur.

Les articles 25 et 86 du décret n° 67-1120 du 22 décembre 1967 ne sont pas applicables aux fonds versés au compte de dépôt ou consignés conformément au présent article.

TITRE VIII **DISPOSITIONS FINALES**

Art. 196 et 197 *Abrogés par Décr. n° 2007-431 du 25 mars 2007, art. 3-I.*

Art. 198 Sous réserve des alinéas 2, 3 et 4 de l'article 240 de la loi du 25 janvier 1985 et à l'exception de l'article 195 ci-dessus, les dispositions du présent décret ne sont applicables qu'aux procédures ouvertes après leur entrée en vigueur.

Art. 199 Les dispositions de la loi n° 85-98 du 25 janvier 1985 et du présent décret entreront en vigueur le 1er janvier 1986.

DEUXIÈME PARTIE

I DROIT EUROPÉEN

Règlement (UE) 2015-848 du 20 mai 2015,

Relatif aux procédures d'insolvabilité (JOUE L 141 du 5 juin).

Le présent règlement remplace le Règl. (CE) n° 1346/2000 du 29 mai 2000, qui est abrogé. Il est applicable à partir du 26 juin 2017, à l'exception des art. 24, 25 et 86 (V. art. 91 et 92).

RÉP. COM. v° *Entreprise en difficulté : droit international et européen*, par MASTRULLO.

BIBL. GÉN. ▶ DAMMANN et PODEUR, *D. 2014. Actu. 2520*. – ROUSSEL GALLE, *Rev. sociétés 2015. 198*. – HENRY, *D. 2015. Chron. 979*. – V. LEGRAND, *LPA 22 janv. 2015 ; APC 2015, n° 32* (procédure principale et procédures secondaires) ; *LPA 28 juin 2017* (entrée en application du règlement : nouveau recul du droit international privé commun ?). – DAMMANN, MENJUCQ et ROUSSEL GALLE, *RPC 2015. Étude 2*. – Colloque du CNAJMJ du 9 déc. 2014, *ibid. Dossiers 1 à 17*. – VALLENS, *RLDA juill.-août 2015. 17 ; RTD com. 2017. 194* (questions de procédure) ; *D. 2017. Chron. 1257* (entrée en vigueur) ; *RTD com. 2017. 1001* (déclaration de créance) ; *RPC 2020. Étude 25* (procédure d'insolvabilité et procédure d'arbitrage : interactions) ; *RTD com. 2020. 993* (la procédure de conciliation dans l'angle mort du droit européen). – MENJUCQ, *BJE 2015. 259 ; RPC 2016. Dossier 31* (champ d'application) ; *Mél. Vallens, Joly éditions, 2017, p. 341* (protection des intérêts des créanciers de la procédure secondaire dans la procédure principale : quelles obligations en découlent pour le praticien de la procédure secondaire ?). – MÉLIN, *BRDA 2015, n° 18, p. 20*. – DE MATOS, *Journ. sociétés 11/2015. 58*. – HEYMANN, *Europe 2015. Étude 9*. – NABET, *BJE 2016. 72* (champ d'application dans le temps) ; *Mél. Vallens, Joly éditions, 2017, p. 351* (articulation des procédures principale et secondaires). – JAULT-SESEKE et ROBINE, *Rev. crit. DIP 2016. 21 ; Mél. Vallens, Joly éditions, 2017, p. 359* (sort des droits réels). – LUCIANO, *RPC 2016. Étude 9* (articulation de la procédure principale et des procédures secondaires) ; *ibid. 2018. Étude 8* (lutte contre le *forum shopping*). – Dossier « Procédures collectives internationales : vers une coopération des tribunaux », *BJE 7-8/2020. 48*. – LECEA, *Europe 2022. 6* (Brexit ou la concurrence des modèles en droit de l'insolvabilité internationale). – MASTRULLO, *RPC 2023. Dossier 34* (compétence de la juridiction française ou étrangère).

LE PARLEMENT EUROPÉEN ET LE CONSEIL DE L'UNION EUROPÉENNE,
considérant ce qui suit :

(1) Le 12 décembre 2012, la Commission a adopté un rapport sur l'application du règlement (CE) n° 1346/2000 du Conseil *[Règl. (CE) n° 1346/2000 du Conseil relatif aux procédures d'insolvabilité, JO L 160 du 30 juin 2000, p. 1]*. **Dans son rapport, la Commission conclut que le règlement fonctionne bien en règle générale, mais qu'il conviendrait d'améliorer l'application de certaines de ses dispositions afin de renforcer l'efficacité de la gestion des procédures d'insolvabilité transfrontalières. Étant donné que ce règlement a été modifié à plusieurs reprises et que de nouvelles modifications s'imposent, il convient, dans un souci de clarté, de procéder à une refonte dudit règlement.**

(2) L'Union s'est fixé pour objectif d'établir un espace de liberté, de sécurité et de justice.

(3) Le bon fonctionnement du marché intérieur exige que les procédures d'insolvabilité transfrontalières fonctionnent de manière efficace et effective. L'adoption du présent règlement est nécessaire pour atteindre cet objectif, qui relève du domaine de la coopération judiciaire civile au sens de l'article 81 du traité.

(4) Les activités des entreprises ont de plus en plus souvent des effets transfrontaliers, et sont dès lors de plus en plus réglementées par le droit de l'Union. L'insolvabilité de telles entreprises affecte également le bon fonctionnement du marché intérieur, et il est nécessaire d'adopter un acte de l'Union qui impose la coordination des mesures à prendre concernant le patrimoine d'un débiteur insolvable.

(5) Il est nécessaire, pour assurer le bon fonctionnement du marché intérieur, d'éviter que les parties ne soient incitées à déplacer des avoirs ou des procédures judiciaires

d'un État membre à un autre en vue d'améliorer leur situation juridique au détriment de la masse des créanciers ("forum shopping").

(6) Le présent règlement devrait comprendre des dispositions régissant la compétence pour l'ouverture de procédures d'insolvabilité et d'actions qui découlent directement de procédures d'insolvabilité et qui y sont étroitement liées. Il devrait, en outre, contenir des dispositions relatives à la reconnaissance et à l'exécution de décisions rendues dans le cadre de ces procédures, ainsi que des dispositions concernant la loi applicable aux procédures d'insolvabilité. Par ailleurs, le présent règlement devrait fixer des règles relatives à la coordination des procédures d'insolvabilité qui se rapportent à un même débiteur ou à plusieurs membres d'un même groupe de sociétés.

(7) Les faillites, les procédures relatives à la liquidation de sociétés ou autres personnes morales insolvables, les concordats et les autres procédures analogues, ainsi que les actions liées à de telles procédures sont exclus du champ d'application du règlement (UE) n° 1215/2012 du Parlement européen et du Conseil *[Règl. (UE) n° 1215-2012 du Parlement européen et du Conseil du 12 décembre 2012 concernant la compétence judiciaire, la reconnaissance et l'exécution des décisions en matière civile et commerciale, JO L 351 du 20 déc. 2012, p. 1]*. Ces procédures devraient être couvertes par le présent règlement. L'interprétation du présent règlement devrait, autant que possible, combler les lacunes réglementaires entre les deux instruments.Toutefois, le simple fait qu'une procédure nationale ne figure pas à l'annexe A du présent règlement ne devrait pas impliquer qu'elle relève du règlement (UE) n° 1215/2012.

(8) Pour atteindre l'objectif visant à améliorer et à accélérer les procédures d'insolvabilité ayant des effets transfrontaliers, il paraît nécessaire et approprié que les dispositions relatives à la compétence, à la reconnaissance et au droit applicable dans ce domaine soient contenues dans un acte de l'Union qui soit obligatoire et directement applicable dans tout État membre.

(9) Le présent règlement devrait s'appliquer aux procédures d'insolvabilité qui remplissent les conditions fixées dans celui-ci, que le débiteur soit une personne physique ou morale, un commerçant ou un particulier. Ces procédures d'insolvabilité sont limitativement énumérées à l'annexe A. En ce qui concerne les procédures nationales qui figurent à l'annexe A, le présent règlement devrait s'appliquer sans que les juridictions d'un autre État membre examinent si les conditions fixées dans le présent règlement sont réunies. Les procédures d'insolvabilité nationales qui ne figurent pas à l'annexe A ne devraient pas relever du présent règlement.

(10) Le champ d'application du présent règlement devrait être étendu aux procédures qui favorisent le redressement d'entreprises économiquement viables mais en difficulté, et qui donnent une seconde chance aux entrepreneurs. Il devrait, en particulier, être étendu aux procédures qui prévoient la restructuration d'un débiteur à un stade où il n'existe qu'une probabilité d'insolvabilité, et aux procédures qui laissent au débiteur le contrôle total ou partiel de ses actifs et de ses affaires. Le champ d'application devrait également être étendu aux procédures prévoyant la décharge ou l'ajustement de dettes en ce qui concerne des consommateurs et des indépendants, par exemple en réduisant le montant à payer par le débiteur ou en allongeant le délai de paiement qui lui est accordé. Étant donné que de telles procédures n'entraînent pas nécessairement la désignation d'un praticien de l'insolvabilité, elles devraient relever du présent règlement si elles sont menées sous le contrôle ou la surveillance d'une juridiction. Dans ce contexte, le terme "contrôle" devrait couvrir les situations dans lesquelles la juridiction n'intervient que sur recours d'un créancier ou d'autres parties intéressées.

(11) Le présent règlement devrait également s'appliquer aux procédures qui prévoient l'octroi d'une suspension provisoire des actions en exécution engagées par des créanciers individuels lorsque ces actions pourraient nuire aux négociations et compromettre les possibilités de restructuration de l'entreprise du débiteur. Ces procédures ne devraient pas porter préjudice à la masse des créanciers et, si aucun accord ne peut être dégagé sur un plan de restructuration, elles devraient être préalables à d'autres procédures relevant du présent règlement.

(12) Le présent règlement devrait s'appliquer aux procédures dont l'ouverture est rendue publique afin de permettre aux créanciers de prendre connaissance de la procédure et de produire leurs créances, ce qui garantit le caractère collectif de la procé-

dure, et de leur donner la possibilité de contester la compétence de la juridiction qui a ouvert la procédure.

(13) Par conséquent, les procédures d'insolvabilité qui sont confidentielles devraient être exclues du champ d'application du présent règlement. Même si ces procédures peuvent jouer un rôle important dans certains États membres, il est impossible à un créancier ou à une juridiction établi(e) dans un autre État membre de savoir que de telles procédures ont été ouvertes, du fait de leur caractère confidentiel, et il est donc difficile d'assurer la reconnaissance de leurs effets dans l'ensemble de l'Union.

(14) Les procédures collectives qui relèvent du présent règlement devraient se dérouler avec la participation de la totalité ou d'une partie importante des créanciers auxquels le débiteur doit la totalité ou une part importante de ses dettes en cours, pour autant que cela ne porte pas préjudice aux créances des créanciers qui ne sont pas parties à ces procédures. Celles-ci devraient également englober les procédures auxquelles participent uniquement les créanciers financiers d'un débiteur. Les procédures qui sont engagées sans la participation de la totalité des créanciers d'un débiteur devraient viser au redressement du débiteur. Les procédures conduisant à la cessation définitive des activités du débiteur ou à la liquidation de ses actifs devraient se dérouler avec la participation de la totalité de ses créanciers. En outre, le fait que certaines procédures d'insolvabilité concernant des personnes physiques excluent la possibilité de décharge de dettes pour des catégories spécifiques de créances, telles que les créances alimentaires, ne devrait pas signifier que ces procédures ne sont pas des procédures collectives.

(15) Le présent règlement devrait également s'appliquer aux procédures qui, en vertu du droit de certains États membres, sont ouvertes et menées pendant une certaine période, à titre intérimaire ou provisoire, avant qu'une juridiction ne rende une décision confirmant la poursuite de ces procédures à titre non provisoire. Bien qu'elles soient qualifiées de "provisoires", ces procédures devraient répondre à toutes les autres exigences du présent règlement.

(16) Le présent règlement devrait s'appliquer aux procédures fondées sur des législations relatives à l'insolvabilité. Toutefois, les procédures fondées sur une disposition générale du droit des sociétés qui n'a pas été exclusivement prévue pour les situations d'insolvabilité ne devraient pas être considérées comme fondées sur des législations relatives à l'insolvabilité. De même, les procédures ayant pour objet un ajustement de dettes ne devraient pas englober les procédures spécifiques d'effacement des dettes d'une personne physique ayant de très faibles revenus et des actifs de très faible valeur, à condition que ce type de procédure ne prévoie en aucun cas le paiement de créanciers.

(17) Le champ d'application du présent règlement devrait s'étendre aux procédures déclenchées par des situations dans lesquelles le débiteur rencontre des difficultés non financières, à condition que ces difficultés engendrent une menace réelle et grave pour la capacité actuelle ou future du débiteur à payer ses dettes à l'échéance. La période à prendre en considération aux fins de la détermination d'une telle menace peut être de plusieurs mois ou même davantage, afin de tenir compte des cas où le débiteur rencontre des difficultés non financières qui menacent la continuité de ses activités et, à moyen terme, ses liquidités. Tel peut être le cas, par exemple, si le débiteur a perdu un contrat qui revêt une importance capitale pour lui.

(18) Le présent règlement ne devrait préjuger en rien des règles relatives à la récupération des aides d'État auprès de sociétés insolvables, conformément à la jurisprudence de la Cour de justice de l'Union européenne.

(19) Les procédures d'insolvabilité qui concernent les entreprises d'assurance, les établissements de crédit, les entreprises d'investissement et d'autres firmes, établissements ou entreprises couverts par la directive 2001/24/CE du Parlement européen et du Conseil *[Dir. 2001/24/CE du Parlement européen et du Conseil du 4 avr. 2001 concernant l'assainissement et la liquidation des établissements de crédit, JO L 125 du 5 mai 2001, p. 15]* et les organismes de placement collectif devraient être exclues du champ d'application du présent règlement car ceux-ci sont tous soumis à un régime particulier et les autorités nationales de surveillance disposent de pouvoirs d'intervention étendus.

(20) Les procédures d'insolvabilité n'impliquent pas nécessairement l'intervention d'une autorité judiciaire. Par conséquent, le terme "juridiction" employé dans le pré-

sent règlement devrait, dans certaines dispositions, être pris au sens large et viser également une personne ou un organe habilité par le droit national à ouvrir des procédures d'insolvabilité. Aux fins de l'application du présent règlement, les procédures (qui comprennent les actes et formalités inscrits dans la loi) devraient non seulement satisfaire aux dispositions du présent règlement, mais aussi être officiellement reconnues et être exécutoires dans l'État membre dans lequel les procédures d'insolvabilité sont ouvertes.

(21) Les praticiens de l'insolvabilité sont définis dans le présent règlement et sont énumérés à l'annexe B. Les praticiens de l'insolvabilité qui sont désignés sans l'intervention d'une instance judiciaire devraient, en vertu du droit national, faire l'objet d'une réglementation appropriée et être dûment autorisés à agir dans le cadre des procédures d'insolvabilité. Le cadre réglementaire national devrait comporter des dispositions appropriées pour traiter d'éventuels conflits d'intérêts.

(22) Le présent règlement tient compte du fait qu'en raison des divergences considérables qui existent entre les droits matériels, il n'est pas pratique de mettre en place une procédure d'insolvabilité ayant une portée universelle pour toute l'Union. Dans ce contexte, l'application sans exception du droit de l'État d'ouverture de la procédure susciterait fréquemment des difficultés. Cela vaut, par exemple, pour les lois nationales sur les sûretés qui présentent d'importantes divergences selon les États membres. Par ailleurs, les droits préférentiels dont jouissent certains créanciers dans les procédures d'insolvabilité sont, dans certains cas, conçus de manière très différente. Lors de la prochaine révision du présent règlement, il conviendra d'envisager de nouvelles mesures afin d'améliorer les droits préférentiels des travailleurs au niveau européen. Le présent règlement devrait tenir compte de telles divergences entre les législations nationales de deux manières distinctes. D'une part, il convient de prévoir des règles spéciales relatives à la loi applicable à certains droits et situations juridiques particulièrement importants (par exemple les droits réels et les contrats de travail). D'autre part, il y a également lieu d'autoriser, outre une procédure d'insolvabilité principale de portée universelle, des procédures nationales qui ne concernent que les actifs situés dans l'État d'ouverture de la procédure.

(23) Le présent règlement permet d'ouvrir la procédure d'insolvabilité principale dans l'État membre où se situe le centre des intérêts principaux du débiteur. Cette procédure a une portée universelle et vise à inclure tous les actifs du débiteur. En vue de protéger les différents intérêts, le présent règlement permet d'ouvrir des procédures d'insolvabilité secondaires parallèlement à la procédure d'insolvabilité principale. Des procédures d'insolvabilité secondaires peuvent être ouvertes dans l'État membre dans lequel le débiteur a un établissement. Les effets des procédures d'insolvabilité secondaires se limitent aux actifs situés dans cet État. Des règles impératives de coordination avec les procédures d'insolvabilité principales satisfont l'unité nécessaire au sein de l'Union.

(24) Lorsqu'une procédure d'insolvabilité principale a été ouverte à l'encontre d'une personne morale ou d'une société dans un État membre autre que celui dans lequel se situe son siège statutaire, il devrait être possible d'ouvrir une procédure d'insolvabilité secondaire dans l'État membre où se situe son siège statutaire, pour autant que le débiteur exerce une activité économique dans cet État, avec des moyens humains et des actifs, conformément à la jurisprudence de la Cour de justice de l'Union européenne.

(25) Le présent règlement s'applique uniquement aux procédures concernant un débiteur dont le centre des intérêts principaux est situé dans l'Union.

(26) Les règles de compétence contenues dans le présent règlement ne fixent que la compétence internationale, c'est-à-dire qu'elles désignent l'État membre dont les juridictions peuvent ouvrir une procédure d'insolvabilité. La compétence territoriale au sein de cet État membre devrait être déterminée par le droit national de l'État concerné.

(27) Avant d'ouvrir une procédure d'insolvabilité, la juridiction compétente devrait examiner d'office si le centre des intérêts principaux ou l'établissement du débiteur est réellement situé dans son ressort.

(28) Lorsque l'on cherche à déterminer si le centre des intérêts principaux du débiteur est vérifiable par des tiers, il convient d'accorder une attention particulière aux

créanciers et à la perception qu'ils ont du lieu où le débiteur gère ses intérêts. Il peut être nécessaire, dans le cas d'un déplacement du centre des intérêts principaux, d'informer les créanciers en temps utile du nouveau lieu à partir duquel le débiteur exerce ses activités, par exemple en attirant l'attention sur le changement d'adresse dans sa correspondance commerciale, ou en rendant publique la nouvelle localisation par d'autres moyens appropriés.

(29) Le présent règlement devrait contenir un certain nombre de garanties visant à empêcher la recherche frauduleuse ou abusive de la juridiction la plus favorable.

(30) Par conséquent, les présomptions selon lesquelles le siège statutaire, le lieu d'activité principal et la résidence habituelle constituent le centre des intérêts principaux devraient être réfragables, et la juridiction compétente d'un État membre devrait examiner attentivement si le centre des intérêts principaux du débiteur se situe réellement dans cet État membre. Pour une société, il devrait être possible de renverser cette présomption si l'administration centrale de la société est située dans un État membre autre que celui de son siège statutaire et si une appréciation globale de l'ensemble des éléments pertinents permet d'établir, d'une manière vérifiable par des tiers, que le centre effectif de direction et de contrôle de ladite société ainsi que de la gestion de ses intérêts se situe dans cet autre État membre. Pour une personne physique n'exerçant pas une profession libérale ou toute autre activité d'indépendant, il devrait être possible de renverser cette présomption, par exemple si la majeure partie des actifs du débiteur est située en dehors de l'État membre de résidence habituelle du débiteur, ou s'il peut être établi que le principal motif de son déménagement était d'ouvrir une procédure d'insolvabilité auprès de la nouvelle juridiction et si l'ouverture de cette procédure risque de nuire sérieusement aux intérêts des créanciers dont les relations avec le débiteur ont débuté avant le déménagement.

(31) Dans le même objectif d'empêcher la recherche frauduleuse ou abusive de la juridiction la plus favorable, la présomption selon laquelle le centre des intérêts principaux est respectivement le lieu du siège statutaire, le lieu d'activité principal d'une personne physique ou sa résidence habituelle ne devrait pas s'appliquer lorsque, respectivement, dans le cas d'une société, d'une personne morale ou d'une personne physique exerçant une profession libérale ou toute autre activité d'indépendant, le débiteur a transféré son siège statutaire ou son lieu d'activité principal dans un autre État membre au cours des trois mois précédant la demande d'ouverture d'une procédure d'insolvabilité ou, dans le cas d'une personne physique n'exerçant pas une profession libérale ou toute autre activité d'indépendant, le débiteur a déplacé sa résidence habituelle dans un autre État membre au cours des six mois précédant la demande d'ouverture d'une procédure d'insolvabilité.

(32) Dans tous les cas, si les circonstances de l'espèce suscitent des doutes quant à la compétence de la juridiction, celle-ci devrait exiger du débiteur un supplément de preuves à l'appui de ses allégations et, si la loi applicable aux procédures d'insolvabilité le permet, donner aux créanciers du débiteur l'occasion de présenter leur point de vue sur la question de la compétence.

(33) Lorsque la juridiction saisie d'une demande d'ouverture d'une procédure d'insolvabilité constate que le centre des intérêts principaux n'est pas situé sur le territoire de l'État dont elle relève, elle ne devrait pas ouvrir de procédure principale d'insolvabilité.

(34) De plus, tout créancier du débiteur devrait disposer d'un droit de recours effectif contre la décision d'ouverture d'une procédure d'insolvabilité. Les conséquences d'un recours contre la décision d'ouverture d'une procédure d'insolvabilité devraient être régies par le droit national.

(35) Les juridictions de l'État membre sur le territoire duquel des procédures d'insolvabilité ont été ouvertes devraient également être compétentes à l'égard des actions qui découlent directement des procédures d'insolvabilité et qui y sont étroitement liées. Ces actions devraient englober les actions révocatoires engagées contre des défendeurs établis dans d'autres États membres, ainsi que les actions concernant des obligations qui naissent au cours d'une procédure d'insolvabilité, comme le paiement anticipé des frais de procédure. En revanche, les actions relatives à l'exécution des obligations résultant d'un contrat conclu par le débiteur avant l'ouverture de la procédure ne découlent pas directement de la procédure. Lorsqu'une telle action est liée à une autre

action fondée sur les dispositions générales du droit civil et commercial, le praticien de l'insolvabilité devrait avoir la possibilité de porter les deux actions devant les juridictions du domicile du défendeur, s'il estime qu'il est plus efficace de porter l'action devant ces instances. Il pourrait en être ainsi, par exemple, si le praticien de l'insolvabilité souhaite combiner une action en responsabilité à l'encontre d'un dirigeant fondée sur le droit de l'insolvabilité avec une action fondée sur le droit des sociétés ou sur le droit de la responsabilité civile.

(36) La juridiction compétente pour ouvrir une procédure d'insolvabilité principale devrait être habilitée à ordonner des mesures provisoires et conservatoires à compter de la demande d'ouverture de la procédure. Des mesures conservatoires ordonnées tant avant qu'après le début de la procédure d'insolvabilité sont importantes pour en garantir l'efficacité. Le présent règlement devrait prévoir, à cet égard, différentes possibilités. D'une part, la juridiction compétente pour la procédure d'insolvabilité principale devrait également pouvoir ordonner des mesures provisoires et conservatoires en ce qui concerne les biens situés sur le territoire d'autres États membres. D'autre part, un praticien de l'insolvabilité provisoire désigné avant l'ouverture de la procédure d'insolvabilité principale devrait pouvoir, dans les États membres dans lesquels le débiteur possède un établissement, demander les mesures conservatoires prévues par la loi de ces États membres.

(37) Avant l'ouverture de la procédure d'insolvabilité principale, l'ouverture d'une procédure d'insolvabilité dans l'État membre où le débiteur a un établissement ne devrait pouvoir être demandée que par les créanciers locaux et par les autorités publiques, ou lorsque le droit de l'État membre où se situe le centre des intérêts principaux du débiteur ne permet pas d'ouvrir une procédure d'insolvabilité principale. Cette limitation est justifiée par le fait que l'on vise à limiter au strict minimum les cas dans lesquels des procédures d'insolvabilité territoriales indépendantes sont demandées avant la procédure d'insolvabilité principale.

(38) Après l'ouverture de la procédure d'insolvabilité principale, le présent règlement ne fait pas obstacle à la demande d'ouverture d'une procédure d'insolvabilité dans l'État membre où le débiteur a un établissement. Le praticien de l'insolvabilité de la procédure d'insolvabilité principale ou toute autre personne habilitée à cet effet par le droit national de cet État membre peut demander l'ouverture d'une procédure d'insolvabilité secondaire.

(39) Le présent règlement devrait prévoir des règles visant à déterminer la localisation des actifs du débiteur, lesquelles devraient s'appliquer lorsqu'il s'agit de déterminer quels sont les actifs qui relèvent de la procédure d'insolvabilité principale et ceux qui relèvent de la procédure d'insolvabilité secondaire, ainsi que dans les cas faisant intervenir les droits réels de tiers. En particulier, le présent règlement devrait prévoir que les brevets européens à effet unitaire, une marque communautaire ou tout autre droit analogue, comme le régime de protection communautaire des obtentions végétales ou les dessins ou modèles communautaires, devraient uniquement relever de la procédure d'insolvabilité principale.

(40) Hormis la protection des intérêts locaux, les procédures d'insolvabilité secondaires peuvent poursuivre d'autres objectifs. Ce pourrait être le cas lorsque la masse de l'insolvabilité du débiteur est trop complexe pour être administrée en bloc, ou lorsque les différences entre les systèmes juridiques concernés sont à ce point importantes que des difficultés peuvent résulter de l'extension des effets de la loi de l'État d'ouverture de la procédure aux autres États membres où se trouvent les actifs. C'est la raison pour laquelle le praticien de l'insolvabilité de la procédure d'insolvabilité principale peut demander l'ouverture d'une procédure d'insolvabilité secondaire dans l'intérêt d'une administration efficace de la masse de l'insolvabilité.

(41) Les procédures d'insolvabilité secondaires peuvent également entraver la gestion efficace de la masse de l'insolvabilité. Par conséquent, le présent règlement prévoit deux situations spécifiques dans lesquelles la juridiction saisie d'une demande d'ouverture d'une procédure d'insolvabilité secondaire devrait être en mesure, à la demande du praticien de l'insolvabilité de la procédure d'insolvabilité principale, de reporter ou de refuser l'ouverture d'une telle procédure.

(42) Tout d'abord, le présent règlement confère au praticien de l'insolvabilité de la procédure d'insolvabilité principale la possibilité de prendre, à l'égard des créanciers

locaux, l'engagement qu'ils seront traités comme si une procédure d'insolvabilité secondaire avait été ouverte. Cet engagement doit remplir un certain nombre de conditions énoncées dans le présent règlement ; il doit notamment être approuvé par une majorité qualifiée de créanciers locaux. Lorsqu'un tel engagement a été pris, la juridiction saisie d'une demande d'ouverture d'une procédure d'insolvabilité secondaire devrait être en mesure de refuser cette demande si elle a l'assurance que l'engagement protège correctement l'intérêt collectif des créanciers locaux. Lorsqu'elle procède à l'évaluation de cet intérêt collectif, la juridiction devrait tenir compte du fait que l'engagement a été approuvé par une majorité qualifiée de créanciers locaux.

(43) Aux fins de prendre cet engagement à l'égard des créanciers locaux, les actifs et les droits se situant dans l'État membre où le débiteur a un établissement devraient constituer une sous-catégorie dans la masse de l'insolvabilité et, lors de la répartition de ceux-ci ou des produits résultant de leur réalisation, le praticien de l'insolvabilité de la procédure d'insolvabilité principale devrait respecter les droits de priorité qui auraient été conférés aux créanciers si une procédure d'insolvabilité secondaire avait été ouverte dans cet État membre.

(44) Le droit national devrait être applicable, le cas échéant, en ce qui concerne l'approbation d'un engagement. En particulier, lorsque, en vertu du droit national, les règles de vote applicables à l'adoption d'un plan de restructuration exigent l'approbation préalable des créances des créanciers, celles-ci devraient être réputées approuvées aux fins du vote sur l'engagement. Si différentes procédures sont prévues pour l'adoption de plans de restructuration par le droit national, les États membres devraient désigner la procédure spécifique qui devrait être pertinente dans ce contexte.

(45) Par ailleurs, le présent règlement devrait prévoir la possibilité, pour la juridiction, de suspendre provisoirement l'ouverture d'une procédure d'insolvabilité secondaire lorsqu'une suspension provisoire des poursuites individuelles a été accordée dans le cadre de la procédure d'insolvabilité principale, de manière à préserver l'efficacité de la suspension accordée dans le cadre de la procédure d'insolvabilité principale. La juridiction devrait être en mesure d'accorder la suspension provisoire si elle a l'assurance que des mesures adéquates sont en place pour protéger l'intérêt général des créanciers locaux. Dans ce cas, tous les créanciers qui pourraient être affectés par les résultats des négociations relatives à un plan de restructuration devraient être informés de ces négociations et être autorisés à y participer.

(46) Pour assurer une protection effective des intérêts locaux, le praticien de l'insolvabilité de la procédure d'insolvabilité principale ne devrait pas être en mesure de réaliser ou de déplacer, de manière abusive, les actifs se trouvant dans l'État membre où un établissement est situé, en particulier dans le but d'éluder la possibilité que ces intérêts puissent être effectivement satisfaits en cas d'ouverture ultérieure d'une procédure d'insolvabilité secondaire.

(47) Le présent règlement ne devrait pas empêcher les juridictions de l'État membre dans lequel une procédure d'insolvabilité secondaire a été ouverte de sanctionner les dirigeants du débiteur pour violation de leurs obligations, pour autant que lesdites juridictions soient compétentes pour connaître de ces litiges en vertu de leur droit national.

(48) La procédure d'insolvabilité principale et les procédures d'insolvabilité secondaires peuvent contribuer à la gestion efficace de la masse de l'insolvabilité du débiteur ou à la réalisation effective de la totalité des actifs s'il existe une bonne coopération entre les acteurs intervenant dans toutes les procédures parallèles. Une bonne coopération suppose une coopération étroite entre les différents praticiens de l'insolvabilité et les juridictions concernées, qui doit notamment comprendre un échange d'informations suffisant. Pour garantir le rôle prédominant de la procédure d'insolvabilité principale, il convient d'accorder au praticien de l'insolvabilité de cette procédure plusieurs possibilités d'intervention dans les procédures d'insolvabilité secondaires en cours au même moment. Le praticien de l'insolvabilité devrait notamment être en mesure de proposer un plan de restructuration ou un concordat, ou de demander la suspension de la réalisation des actifs dans le cadre des procédures d'insolvabilité secondaires. Dans le cadre de leur coopération, les praticiens de l'insolvabilité et les juridictions devraient tenir compte des meilleures pratiques en matière de coopération dans les affaires d'insolvabilité transfrontalières, telles qu'elles sont énoncées dans les principes

et lignes directrices concernant la communication et la coopération adoptés par les organisations européennes et internationales actives dans le domaine du droit de l'insolvabilité, et en particulier dans les lignes directrices pertinentes élaborées par la Commission des Nations unies pour le droit commercial international (CNUDCI).

(49) A la lumière d'une telle coopération, les praticiens de l'insolvabilité et les juridictions devraient pouvoir conclure des accords et des protocoles aux fins de faciliter la coopération transfrontalière pour des procédures d'insolvabilité multiples ouvertes dans différents États membres en ce qui concerne le même débiteur ou des membres du même groupe de sociétés, lorsque cela est compatible avec les règles applicables à chacune des procédures. Ces accords et protocoles sont susceptibles de différer en ce qu'ils peuvent, en termes de forme, être écrits ou oraux, et en termes de champ d'application, varier de génériques à spécifiques, et ils peuvent être conclus par différentes parties. Les accords génériques simples peuvent insister sur la nécessité d'une étroite coopération entre les parties, sans traiter de questions spécifiques, tandis que les accords spécifiques, plus détaillés, peuvent établir un cadre de principes visant à régir les procédures d'insolvabilité multiples et peuvent être approuvés par les juridictions concernées, lorsque le droit national l'exige. Ils peuvent refléter un accord entre les parties visant à prendre, ou à s'abstenir de prendre, certaines mesures ou actions.

(50) De même, les juridictions de différents États membres peuvent coopérer en coordonnant la désignation de praticiens de l'insolvabilité. Dans ce contexte, elles peuvent désigner un seul praticien de l'insolvabilité pour plusieurs procédures d'insolvabilité concernant le même débiteur ou pour différents membres d'un groupe de sociétés, pour autant *[que]* ce soit compatible avec les règles applicables à chacune des procédures, en particulier avec les exigences éventuelles en matière de qualification et d'agrément du praticien de l'insolvabilité.

(51) Le présent règlement devrait assurer la gestion efficace des procédures d'insolvabilité qui concernent différentes sociétés faisant partie d'un groupe de sociétés.

(52) Lorsque des procédures d'insolvabilité concernant plusieurs sociétés d'un même groupe ont été ouvertes, il convient d'instaurer une bonne coopération entre les acteurs intervenant dans lesdites procédures. Les divers praticiens de l'insolvabilité et les juridictions concernées devraient donc être soumis à une obligation de coopérer et de communiquer entre eux similaire à celle incombant à ceux qui interviennent dans la procédure d'insolvabilité principale et les procédures d'insolvabilité secondaires concernant le même débiteur. La coopération entre les praticiens de l'insolvabilité ne devrait pas aller à l'encontre des intérêts des créanciers dans chacune des procédures, et l'objectif de cette coopération devrait être de trouver une solution qui fasse jouer les synergies au sein du groupe.

(53) L'instauration de règles relatives aux procédures d'insolvabilité de groupes de sociétés ne devrait pas limiter la possibilité, pour une juridiction, d'ouvrir une procédure d'insolvabilité à l'égard de plusieurs sociétés d'un même groupe et d'exercer sa compétence en tant que juridiction unique, si elle constate que le centre des intérêts principaux de ces sociétés se situe dans un seul État membre. Dans un tel cas, la juridiction devrait également être en mesure de désigner, s'il y a lieu, le même praticien de l'insolvabilité dans toutes les procédures en cause, pour autant que ce ne soit pas incompatible avec les règles applicables à ces procédures.

(54) En vue d'améliorer encore la coordination des procédures d'insolvabilité ouvertes à l'encontre des membres d'un groupe de sociétés, et afin de permettre une restructuration coordonnée du groupe, le présent règlement devrait introduire des règles de procédure relatives à la coordination des procédures d'insolvabilité ouvertes à l'encontre des membres d'un groupe de sociétés. Il convient, à cet égard, de s'efforcer de garantir l'efficacité de la coordination, tout en respectant la personnalité morale distincte de chaque membre du groupe.

(55) Un praticien de l'insolvabilité désigné dans une procédure d'insolvabilité ouverte à l'encontre d'un membre d'un groupe de sociétés devrait pouvoir demander l'ouverture d'une procédure de coordination collective. Néanmoins, lorsque la loi applicable à l'insolvabilité l'exige, ce praticien de l'insolvabilité devrait être dûment agréé à cet effet avant de faire une telle demande. La demande devrait préciser les éléments essentiels de la coordination, et en particulier exposer les grandes lignes du programme de coor-

dination, inclure une proposition concernant la personne qu'il convient de désigner en tant que coordinateur et donner un aperçu des coûts estimés de la coordination.

(56) Afin de garantir la nature volontaire des procédures de coordination collective, les praticiens de l'insolvabilité concernés devraient pouvoir s'opposer à leur participation à la procédure dans un délai donné. Afin que les praticiens de l'insolvabilité concernés puissent décider en connaissance de cause de leur participation à la procédure de coordination collective, ils devraient être informés à un stade précoce des éléments essentiels de la coordination. Toutefois, tout praticien de l'insolvabilité qui s'est initialement opposé à une participation à la procédure de coordination collective devrait pouvoir demander ultérieurement à y participer. Dans cette éventualité, le coordinateur devrait prendre une décision concernant la recevabilité de la demande. Tous les praticiens de l'insolvabilité, y compris le praticien de l'insolvabilité requérant, devraient être informés de la décision du coordinateur et avoir la possibilité de contester cette décision devant la juridiction qui a ouvert la procédure de coordination collective.

(57) Une procédure de coordination collective devrait toujours viser à faciliter la gestion efficace de la procédure d'insolvabilité ouverte à l'encontre des membres du groupe et à avoir une incidence globalement positive sur les créanciers. Le présent règlement devrait donc garantir que la juridiction saisie d'une demande d'ouverture d'une procédure de coordination collective procède à une évaluation de ces critères avant d'ouvrir une telle procédure.

(58) Les coûts d'une procédure de coordination collective ne devraient pas l'emporter sur ses avantages. Il est, par conséquent, nécessaire de veiller à ce que les coûts de la coordination, ainsi que la répartition de ces coûts entre les membres du groupe, soient adéquats, proportionnés et raisonnables, et soient déterminés conformément au droit national de l'État membre dans lequel la procédure de coordination collective a été ouverte. Les praticiens de l'insolvabilité concernés devraient également avoir la possibilité de contrôler ces coûts à un stade précoce de la procédure. Lorsque le droit national l'exige, le contrôle des coûts à un stade précoce de la procédure pourrait impliquer, dans le chef du praticien de l'insolvabilité, de demander l'approbation d'une juridiction ou d'un comité de créanciers.

(59) Lorsque le coordinateur estime que sa mission ne peut être accomplie sans une augmentation importante des coûts par rapport à l'estimation des coûts réalisée initialement et, en tout état de cause, dès lors que les coûts sont supérieurs de 10 % aux coûts estimés, le coordinateur devrait être autorisé par la juridiction qui a ouvert la procédure de coordination collective à dépasser ces coûts. Avant de prendre sa décision, la juridiction qui a ouvert la procédure de coordination collective devrait donner aux praticiens de l'insolvabilité participants la possibilité d'être entendus devant elle, afin qu'ils puissent communiquer leurs observations sur le bien-fondé de la demande du coordinateur.

(60) Pour les membres d'un groupe de sociétés qui ne participent pas à une procédure de coordination collective, le présent règlement devrait également prévoir un autre mécanisme de coordination qui permette de mener à bien une restructuration coordonnée du groupe. Un praticien de l'insolvabilité désigné dans une procédure relative à un membre d'un groupe de sociétés devrait avoir qualité pour demander la suspension de toute mesure liée à la réalisation des actifs dans le cadre de la procédure ouverte à l'encontre d'autres membres du groupe qui ne font pas l'objet d'une procédure de coordination collective. Cette suspension ne devrait pouvoir être demandée que si un plan de restructuration est présenté pour les membres du groupe concernés, si le plan est dans l'intérêt des créanciers concernés par la procédure pour laquelle la suspension est demandée, et si la suspension est nécessaire pour garantir la bonne mise en œuvre du plan.

(61) Le présent règlement ne devrait pas empêcher les États membres d'établir des règles nationales qui viendraient compléter les règles régissant la coopération, la communication et la coordination en ce qui concerne l'insolvabilité de membres de groupes de sociétés qui sont énoncées dans le présent règlement, pour autant que le champ d'application de ces règles nationales se limite à la compétence nationale et que leur mise en œuvre ne porte pas préjudice à l'efficacité des règles prévues par le présent règlement.

(62) Les règles régissant la coopération, la communication et la coordination dans le cadre de l'insolvabilité de membres d'un groupe de sociétés prévues au présent règlement ne devraient s'appliquer que dans la mesure où les procédures concernant différents membres d'un même groupe de sociétés ont été ouvertes dans plus d'un État membre.

(63) Tout créancier ayant sa résidence habituelle, son domicile ou son siège statutaire dans l'Union devrait avoir le droit de produire ses créances dans le cadre de chacune des procédures d'insolvabilité en cours dans l'Union en ce qui concerne les actifs du débiteur. Cela devrait s'appliquer également aux autorités fiscales et aux organismes de sécurité sociale. Le présent règlement ne devrait pas empêcher le praticien de l'insolvabilité de produire des créances au nom de certains groupes de créanciers, par exemple au nom des travailleurs, si le droit national le prévoit. Toutefois, afin d'assurer l'égalité de traitement des créanciers, il convient de coordonner la répartition du produit de la réalisation. Chaque créancier devrait pouvoir effectivement conserver ce qu'il a obtenu dans le cadre d'une procédure d'insolvabilité, mais il ne devrait pas pouvoir participer à la répartition de la totalité des actifs effectuée dans le cadre d'une autre procédure tant que les créanciers du même rang n'auront pas obtenu, en pourcentage, un dividende équivalent.

(64) Il est essentiel que les créanciers ayant leur résidence habituelle, leur domicile ou leur siège statutaire dans l'Union soient informés de l'ouverture d'une procédure d'insolvabilité portant sur les actifs de leur débiteur. Afin d'assurer une transmission rapide des informations aux créanciers, le règlement (CE) n° 1393/2007 du Parlement européen et du Conseil *[Règl. (CE) n° 1393/2007 du Parlement européen et du Conseil du 13 nov. 2007 relatif à la signification et à la notification dans les États membres des actes judiciaires et extrajudiciaires en matière civile ou commerciale (signification ou notification des actes), et abrogeant le Règl. (CE) n° 1348/2000 du Conseil, JO L 324 du 10 déc. 2007, p. 79 ; remplacé, à compter du 1er juill. 2022, par le Règl. (UE) 2020/1784 du 25 nov. 2020, JOUE L 405 du 2 déc. 2020, p. 40]* ne devrait pas s'appliquer lorsque le présent règlement évoque l'obligation d'informer les créanciers. L'utilisation de formulaires uniformisés disponibles dans toutes les langues officielles des institutions de l'Union devrait faciliter la tâche des créanciers qui produisent leurs créances dans le cadre de procédures ouvertes dans un autre État membre. La question des conséquences découlant de la présentation d'un formulaire uniformisé incomplet devrait relever du droit national.

(65) Le présent règlement devrait prévoir la reconnaissance immédiate des décisions relatives à l'ouverture, au déroulement et à la clôture d'une procédure d'insolvabilité qui relève de son champ d'application, ainsi que des décisions qui ont un lien direct avec cette procédure d'insolvabilité. La reconnaissance automatique devrait dès lors entraîner l'extension à tous les autres États membres des effets attribués à cette procédure par la loi de l'État membre d'ouverture de la procédure. La reconnaissance des décisions rendues par les juridictions des États membres devrait reposer sur le principe de la confiance mutuelle. A cet égard, les motifs de non-reconnaissance devraient être réduits au minimum nécessaire. Ce principe devrait également prévaloir lors de la résolution d'un conflit lorsque les juridictions de deux États membres se considèrent toutes deux compétentes pour ouvrir la procédure d'insolvabilité principale. La décision de la juridiction qui ouvre la première la procédure devrait être reconnue dans tous les autres États membres, sans que ceux-ci aient la faculté de soumettre la décision de cette juridiction à un contrôle.

(66) Le présent règlement devrait, dans les matières visées par celui-ci, établir des règles de conflit de lois uniformes qui remplacent, dans le cadre de leur champ d'application, les règles nationales du droit international privé. Sauf disposition contraire, la loi de l'État membre d'ouverture de la procédure devrait être applicable *(lex concursus)*. Cette règle de conflit de lois devrait s'appliquer tant à la procédure d'insolvabilité principale qu'aux procédures locales. La *lex concursus* détermine tous les effets de la procédure d'insolvabilité, qu'ils soient procéduraux ou substantiels, sur les personnes et les rapports juridiques concernés. Elle régit toutes les conditions liées à l'ouverture, au déroulement et à la clôture de la procédure d'insolvabilité.

(67) La reconnaissance automatique d'une procédure d'insolvabilité à laquelle s'applique normalement la loi de l'État d'ouverture de la procédure peut interférer avec les règles en vertu desquelles les transactions sont réalisées dans d'autres États

membres. Pour protéger la confiance légitime et la sécurité des transactions dans des États membres différents de celui de l'ouverture de la procédure, il convient de prévoir des dispositions visant un certain nombre d'exceptions à la règle générale.

(68) Il est particulièrement nécessaire de prévoir, pour les droits réels, un rattachement particulier qui déroge à la loi de l'État d'ouverture de la procédure, étant donné que ces droits revêtent une importance considérable pour l'octroi de crédits. Dès lors, la justification, la validité et la portée des droits réels devraient normalement être déterminés *[déterminées]* en vertu de la loi du lieu de situation et ne pas être affectés *[affectées]* par l'ouverture d'une procédure d'insolvabilité. Le titulaire d'un droit réel devrait pouvoir ainsi continuer de faire valoir son droit de séparer la garantie de la masse. Si, en vertu de la loi du lieu de situation, les actifs sont soumis à des droits réels dans un État membre, mais *[que]* la procédure d'insolvabilité principale est engagée dans un autre État membre, le praticien de l'insolvabilité de la procédure d'insolvabilité principale devrait pouvoir demander l'ouverture d'une procédure d'insolvabilité secondaire dans l'État membre où sont nés les droits réels dans la mesure où le débiteur a un établissement dans cet État. Si aucune procédure d'insolvabilité secondaire n'est ouverte, tout excédent du produit de la vente d'un actif soumis à des droits réels devrait être versé au praticien de l'insolvabilité de la procédure d'insolvabilité principale.

(69) Le présent règlement prévoit plusieurs dispositions permettant à une juridiction d'ordonner la suspension, soit d'une procédure d'ouverture, soit d'une procédure d'exécution. Une telle suspension ne devrait pas porter préjudice aux droits réels de créanciers ou de tiers.

(70) Si la loi de l'État d'ouverture de la procédure n'autorise pas la compensation de créances, un créancier devrait néanmoins avoir droit à une compensation si celle-ci est possible en vertu de la loi applicable à la créance du débiteur insolvable. La compensation deviendrait ainsi une sorte de garantie régie par une loi dont le créancier concerné peut se prévaloir au moment de la naissance de la créance.

(71) Il existe aussi un besoin de protection particulier en ce qui concerne les systèmes de paiement et les marchés financiers, par exemple en rapport avec la compensation et la liquidation prévues dans ces systèmes, ainsi que la cession de titres et les sûretés constituées pour ces transactions, conformément, notamment, à la directive 98/26/CE du Parlement européen et du Conseil *[Dir. 98/26/CE du Parlement européen et du Conseil du 19 mai 1998 concernant le caractère définitif du règlement dans les systèmes de paiement et de règlement des opérations sur titres, JO L 166 du 11 juin 1998, p. 45]*. Seule la loi applicable au système ou au marché concerné devrait s'appliquer à ces transactions. Cette loi vise à éviter toute modification des mécanismes de paiement et de règlement des transactions, prévus dans des systèmes de paiement ou de règlement ou sur les marchés financiers réglementés des États membres, en cas d'insolvabilité d'une des parties à une transaction. La directive 98/26/CE contient des dispositions particulières qui devraient prévaloir sur les règles générales prévues par le présent règlement.

(72) Aux fins de la protection des travailleurs et des emplois, les effets de la procédure d'insolvabilité sur la poursuite ou la cessation des relations de travail et sur les droits et les obligations de chaque partie à ces relations devraient être déterminés par la loi applicable au contrat de travail concerné en vertu des règles générales de conflit de lois. En outre, lorsque la résiliation des contrats de travail requiert l'approbation d'une juridiction ou d'une autorité administrative, l'État membre dans lequel se situe un établissement du débiteur devrait demeurer compétent pour donner cette approbation, même si aucune procédure d'insolvabilité n'a été ouverte dans cet État membre. Toute autre question relative à l'insolvabilité, telle que, par exemple, celle de savoir si les créances des travailleurs sont garanties par un privilège et quel est le rang éventuel de ce privilège, devrait être déterminée par la loi de l'État membre dans lequel la procédure d'insolvabilité (principale ou secondaire) a été ouverte, sauf si un engagement a été pris afin d'éviter une procédure d'insolvabilité secondaire, conformément au présent règlement.

(73) La loi applicable aux effets de la procédure d'insolvabilité sur une action en justice ou une procédure arbitrale en cours concernant un bien ou un droit qui fait partie de la masse de l'insolvabilité du débiteur devrait être la loi de l'État membre dans lequel l'action en justice est en cours ou dans lequel l'instance arbitrale a son siège.

Néanmoins, cette règle ne devrait pas affecter les règles nationales en vigueur en matière de reconnaissance et d'exécution des sentences arbitrales.

(74) Afin de tenir compte des particularités procédurales des systèmes judiciaires de certains États membres, il convient de prévoir la souplesse nécessaire concernant certaines règles prévues par le présent règlement. Ainsi, lorsque, dans le présent règlement, il est fait référence à la notification adressée par une instance judiciaire d'un État membre, cela devrait inclure, si les règles de procédure de l'État membre le requièrent, la décision de ladite instance judiciaire de faire procéder à cette notification.

(75) Dans l'intérêt des transactions, il convient, à la demande du praticien de l'insolvabilité, de publier le contenu essentiel de la décision d'ouverture de la procédure, dans un État membre autre que celui où se situe la juridiction qui a rendu ladite décision. S'il existe un établissement dans l'État membre concerné, la publication de cette information devrait être obligatoire. Dans les deux cas, la publication ne devrait toutefois pas être une condition préalable de la reconnaissance de la procédure menée dans un autre État membre.

(76) Afin d'améliorer la communication d'informations aux créanciers et juridictions concernés et d'éviter l'ouverture de procédures d'insolvabilité parallèles, les États membres devraient être tenus de publier les informations pertinentes relatives aux affaires d'insolvabilité transfrontalières dans un registre électronique accessible à tous. Pour permettre aux juridictions et aux créanciers domiciliés ou établis dans d'autres États membres d'accéder aisément à cette information, le présent règlement devrait prévoir l'interconnexion de ces registres d'insolvabilité par l'intermédiaire du portail européen e-Justice. Les États membres devraient être libres de publier les informations pertinentes dans plusieurs registres, et il devrait être possible d'interconnecter plusieurs registres par État membre.

(77) Le présent règlement devrait fixer les informations minimales à publier dans les registres d'insolvabilité. Les États membres ne devraient pas être empêchés d'y faire figurer d'autres informations. Lorsque le débiteur est une personne physique, les registres d'insolvabilité ne devraient obligatoirement indiquer qu'un numéro d'enregistrement si le débiteur exerce une profession libérale ou toute autre activité d'indépendant. Ce numéro d'enregistrement devrait s'entendre comme étant le numéro d'enregistrement unique de la profession libérale ou de toute autre activité d'indépendant exercée par le débiteur, publié au registre des sociétés, le cas échéant.

(78) Les informations relatives à certains aspects de la procédure d'insolvabilité sont essentielles pour les créanciers, comme par exemple les délais fixés pour la production des créances ou pour attaquer les décisions. Le présent règlement ne devrait toutefois pas obliger les États membres à calculer ces délais au cas par cas. Les États membres devraient pouvoir s'acquitter des obligations qui leur incombent en ajoutant, sur le portail européen e-Justice, des hyperliens permettant d'obtenir des informations suffisamment explicites sur les critères à utiliser pour calculer ces délais.

(79) Pour assurer une protection suffisante des informations relatives aux personnes physiques n'exerçant pas une profession libérale ou toute autre activité d'indépendant, les États membres devraient être en mesure de subordonner l'accès à ces informations à des critères de recherche supplémentaires tels que le numéro d'identification personnel du débiteur, son adresse, sa date de naissance ou le ressort de la juridiction compétente, ou subordonner cet accès à une demande adressée à l'autorité compétente ou à la vérification de l'existence d'un intérêt légitime.

(80) Les États membres devraient également avoir la possibilité de ne pas faire figurer dans leurs registres d'insolvabilité des informations relatives aux personnes physiques n'exerçant pas une profession libérale ou toute autre activité d'indépendant. Dans ce cas, les États membres devraient veiller à ce que les informations pertinentes soient fournies aux créanciers par l'envoi individuel d'une note, et à ce que la procédure ne porte pas atteinte aux créances des créanciers qui n'ont pas reçu ces informations.

(81) Il se peut qu'une partie des personnes concernées ne soit pas au courant de l'ouverture de la procédure d'insolvabilité et agisse de bonne foi en contradiction avec les nouvelles circonstances. Afin de protéger ces personnes qui, dans l'ignorance de l'ouverture de la procédure dans un autre État membre, effectuent un paiement au

profit du débiteur au lieu du praticien de l'insolvabilité dans un autre État membre, il convient de prévoir le caractère libératoire de ce paiement.

(82) Afin d'assurer des conditions uniformes d'exécution du présent règlement, il convient de conférer des compétences d'exécution à la Commission. Ces compétences devraient être exercées en conformité avec le règlement (UE) nº 182/2011 du Parlement européen et du Conseil *[Règl. (UE) nº 182/2011 du Parlement européen et du Conseil du 16 févr. 2011 établissant les règles et principes généraux relatifs aux modalités de contrôle par les États membres de l'exercice des compétences d'exécution par la Commission, JO L 55 du 28 févr. 2011, p. 13]*.

(83) Le présent règlement respecte les droits fondamentaux et observe les principes consacrés par la charte des droits fondamentaux de l'Union européenne. Le présent règlement vise, en particulier, à encourager l'application des articles 8, 17 et 47 qui concernent, respectivement, la protection des données à caractère personnel, le droit de propriété et le droit à un recours effectif et à accéder à un tribunal impartial.

(84) La directive 95/46/CE du Parlement européen et du Conseil *[Dir. 95/46/CE du Parlement européen et du Conseil du 24 oct. 1995 relative à la protection des personnes physiques à l'égard du traitement des données à caractère personnel et à la libre circulation de ces données, JO L 281 du 23 oct. 1995, p. 31]* et le règlement (CE) nº 45/2001 du Parlement européen et du Conseil *[Règl. (CE) nº 45/2001 du 18 déc. 2000 relatif à la protection des personnes physiques à l'égard du traitement des données à caractère personnel par les institutions et organes communautaires et à la libre circulation de ces données, JO L 8 du 12 janv. 2001, p. 1]* sont applicables au traitement des données à caractère personnel effectué dans le cadre du présent règlement.

(85) Le présent règlement s'applique sans préjudice du règlement (CEE, Euratom) nº 1182/71 du Conseil *[Règl. (CEE, Euratom) nº 1182/71 du 18 déc. 2000 du Conseil du 3 juin 1971 portant détermination des règles applicables aux délais, aux dates et aux termes, JO L 124 du 8 juin 1971, p. 1]*.

(86) Étant donné que l'objectif du présent règlement ne peut pas être atteint de manière suffisante par les États membres mais peut, en raison de la création d'un cadre juridique pour la bonne administration des procédures d'insolvabilité transfrontalières, l'être mieux au niveau de l'Union, celle-ci peut prendre des mesures, conformément au principe de subsidiarité consacré à l'article 5 du traité sur l'Union européenne. Conformément au principe de proportionnalité tel qu'énoncé audit article, le présent règlement n'excède pas ce qui est nécessaire pour atteindre cet objectif.

(87) Conformément à l'article 3 et à l'article 4 *bis*, paragraphe 1, du protocole nº 21 sur la position du Royaume-Uni et de l'Irlande à l'égard de l'espace de liberté, de sécurité et de justice, annexé au traité sur l'Union européenne et au traité sur le fonctionnement de l'Union européenne, ces États membres ont notifié leur souhait de participer à l'adoption et à l'application du présent règlement.

(88) Conformément aux articles 1er et 2 du protocole nº 22 sur la position du Danemark annexé au traité sur l'Union européenne et au traité sur le fonctionnement de l'Union européenne, le Danemark ne participe pas à l'adoption du présent règlement et n'est pas lié par celui-ci ni soumis à son application.

(89) Le Contrôleur européen de la protection des données a été consulté et a rendu un avis le 27 mars 2013 *[JO C 358 du 7 déc. 2013, p. 15]*.

ONT ADOPTÉ LE PRÉSENT RÈGLEMENT :

CHAPITRE I *DISPOSITIONS GÉNÉRALES*

Art. 1er *Champ d'application.* 1. Le présent règlement s'applique aux procédures collectives publiques, y compris les procédures provisoires, qui sont fondées sur des législations relatives à l'insolvabilité et au cours desquelles, aux fins d'un redressement, d'un ajustement de dettes, d'une réorganisation ou d'une liquidation :

a) un débiteur est totalement ou partiellement dessaisi de ses actifs et un praticien de l'insolvabilité est désigné ;

b) les actifs et les affaires d'un débiteur sont soumis au contrôle ou à la surveillance d'une juridiction ; ou

c) une suspension provisoire des poursuites individuelles est accordée par une juridiction ou de plein droit pour permettre des négociations entre le débiteur et ses créanciers, pour autant que la procédure pour laquelle la suspension est accordée prévoie des mesures adéquates pour protéger la masse des créanciers et, si aucun accord n'est dégagé, qu'elle soit préalable à l'une des procédures visées au point a) ou b).

Lorsque les procédures visées au présent paragraphe peuvent être engagées dans des situations où il n'existe qu'une probabilité d'insolvabilité, leur objectif doit être d'éviter l'insolvabilité du débiteur ou la cessation de ses activités.

La liste des procédures visées au présent paragraphe figure à l'annexe A.

2. Le présent règlement ne s'applique pas aux procédures visées au paragraphe 1 qui concernent :

a) les entreprises d'assurance ;

b) les établissements de crédit ;

c) les entreprises d'investissement et autres firmes, établissements ou entreprises, pour autant qu'ils relèvent de la directive 2001/24/CE ; ou

d) les organismes de placement collectif.

Art. 2 *Définitions.* Aux fins du présent règlement, on entend par :

1) "procédures collectives", les procédures auxquelles participe la totalité ou une partie importante des créanciers d'un débiteur, pour autant que, dans ce dernier cas, les procédures ne portent pas atteinte aux créances des créanciers qui ne sont pas parties à ces procédures ;

2) "organismes de placement collectifs", les organismes de placement collectif en valeurs mobilières (OPCVM) au sens de la directive 2009/65/CE du Parlement européen et du Conseil *[Dir. 2009/65/CE du Parlement européen et du Conseil du 13 juill. 2009 portant coordination des dispositions législatives, réglementaires et administratives concernant certains organismes de placement collectif en valeurs mobilières (OPCVM), JO L 302 du 17 nov. 2009, p. 32]* et les fonds d'investissement alternatifs (FIA) au sens de la directive 2011/61/UE du Parlement européen et du Conseil *[Dir. 2011/61/UE du Parlement européen et du Conseil du 8 juin 2011 sur les gestionnaires de fonds d'investissement alternatifs et modifiant les Dir. 2003/41/CE et 2009/65/CE ainsi que les Règl. (CE) n° 1060/2009 et (UE) n° 1095/2010, JO L 174 du 1er juill. 2011, p. 1]* ;

3) "débiteur non dessaisi", un débiteur à l'encontre duquel une procédure d'insolvabilité a été ouverte, qui n'implique pas nécessairement la désignation d'un praticien de l'insolvabilité ou le transfert de l'ensemble des droits et des devoirs de gestion des actifs du débiteur à un praticien de l'insolvabilité et dans le cadre de laquelle le débiteur continue, dès lors, de contrôler en totalité ou au moins en partie ses actifs et ses affaires ;

4) "procédure d'insolvabilité", les procédures mentionnées sur la liste figurant à l'annexe A ;

5) "praticien de l'insolvabilité", toute personne ou tout organe dont la fonction, y compris à titre intérimaire, consiste à :

i) vérifier et admettre les créances soumises dans le cadre d'une procédure d'insolvabilité ;

ii) représenter l'intérêt collectif des créanciers ;

iii) administrer, en tout ou en partie, les actifs dont le débiteur est dessaisi ;

iv) liquider les actifs visés au point iii) ; ou

v) surveiller la gestion des affaires du débiteur.

La liste des personnes et organes visés au premier alinéa figure à l'annexe B ;

6) "juridiction" :

i) à l'article 1er, paragraphe 1, points b) et c), à l'article 4, paragraphe 2, aux articles 5 et 6, à l'article 21, paragraphe 3, à l'article 24, paragraphe 2, point j), aux articles 36 et 39 et aux articles 61 à 77, l'organe judiciaire d'un État membre ;

ii) dans tous les autres articles, l'organe judiciaire ou tout autre organe compétent d'un État membre habilité à ouvrir une procédure d'insolvabilité, à confirmer l'ouverture d'une telle procédure ou à prendre des décisions au cours d'une telle procédure ;

7) "décision d'ouverture de la procédure d'insolvabilité", une décision qui comprend :

i) la décision de toute juridiction d'ouvrir une procédure d'insolvabilité ou de confirmer l'ouverture d'une telle procédure ; et

ii) la décision d'une juridiction de désigner un praticien de l'insolvabilité ;

8) "moment de l'ouverture de la procédure", le moment auquel la décision d'ouverture de la procédure d'insolvabilité prend effet, que cette décision soit ou non définitive ;

9) "État membre dans lequel les actifs sont situés" :

i) pour les actions nominatives de sociétés autres que celles visées au point ii), l'État membre sur le territoire duquel la société qui a émis les actions a son siège statutaire ;

ii) pour les instruments financiers dont la propriété est prouvée par une inscription dans un registre ou sur un compte tenu par un intermédiaire ou au nom d'un intermédiaire ("titres en compte courant"), l'État membre dans lequel est tenu le registre ou le compte où figure l'inscription ;

iii) pour les espèces détenues sur des comptes ouverts auprès d'un établissement de crédit, l'État membre mentionné dans le code IBAN du compte ou, pour les espèces détenues sur des comptes ouverts auprès d'un établissement de crédit ne possédant pas de code IBAN, l'État membre dans lequel l'établissement de crédit détenant le compte a son administration centrale ou, si le compte est ouvert auprès d'une succursale, d'une agence ou d'un autre établissement, l'État membre dans lequel se situe la succursale, l'agence ou l'autre établissement ;

iv) pour les biens et les droits que le propriétaire ou le titulaire du droit inscrit dans un registre public autre que ceux visés au point i), l'État membre sous l'autorité duquel ce registre est tenu ;

v) pour les brevets européens, l'État membre pour lequel le brevet européen est délivré ;

vi) pour les droits d'auteur et les droits voisins, l'État membre sur le territoire duquel le titulaire de ces droits a sa résidence habituelle ou son siège statutaire ;

vii) pour les biens corporels autres que ceux visés aux points i) à iv), l'État membre sur le territoire duquel le bien est situé ;

viii) pour les créances sur des tiers autres que celles portant sur les actifs visés au point iii), l'État membre sur le territoire duquel se situe le centre des intérêts principaux du tiers débiteur, tel qu'il est déterminé conformément à l'article 3, paragraphe 1 ;

10) "établissement", tout lieu d'opérations où un débiteur exerce ou a exercé au cours de la période de trois mois précédant la demande d'ouverture de la procédure d'insolvabilité principale, de façon non transitoire, une activité économique avec des moyens humains et des actifs ;

11) "créancier local", un créancier dont les créances sur un débiteur sont nées de l'exploitation d'un établissement situé dans un État membre autre que l'État membre où se situe le centre des intérêts principaux du débiteur, ou sont liées à cette exploitation ;

12) "créancier étranger", un créancier qui a sa résidence habituelle, son domicile ou son siège statutaire dans un État membre autre que l'État d'ouverture de la procédure, y compris les autorités fiscales et les organismes de sécurité sociale des États membres ;

13) "groupe de sociétés", une entreprise mère et l'ensemble de ses filiales ;

14) "entreprise mère", une entreprise qui contrôle, soit directement, soit indirectement, une ou plusieurs filiales. Une entreprise qui prépare des états financiers consolidés conformément à la directive 2013/34/UE du Parlement européen et du Conseil *[Dir. 2013/34/UE du Parlement européen et du Conseil du 26 juin 2013 relative aux états financiers annuels, aux états financiers consolidés et aux rapports y afférents de certaines formes d'entreprises, modifiant la Dir. 2006/43/CE du Parlement européen et du Conseil et abrogeant les Dir. 78/660/CEE et 83/349/CEE du Conseil, JO L 182 du 29 juin 2013, p. 19]* est réputée être une entreprise mère.

Art. 3 *Compétence internationale.* 1. Les juridictions de l'État membre sur le territoire duquel est situé le centre des intérêts principaux du débiteur sont compétentes pour ouvrir la procédure d'insolvabilité (ci-après dénommée "procédure d'insolvabilité principale"). Le centre des intérêts principaux correspond au lieu où le débiteur gère habituellement ses intérêts et qui est vérifiable par des tiers.

Pour les sociétés et les personnes morales, le centre des intérêts principaux est présumé, jusqu'à preuve du contraire, être le lieu du siège statutaire. Cette présomption ne s'applique que si le siège statutaire n'a pas été transféré dans un autre État membre au cours des trois mois précédant la demande d'ouverture d'une procédure d'insolvabilité.

Pour une personne physique exerçant une profession libérale ou toute autre activité d'indépendant, le centre des intérêts principaux est présumé, jusqu'à preuve du contraire, être le lieu d'activité principal de l'intéressé. Cette présomption ne s'applique que si le lieu d'activité principal de la personne physique n'a pas été transféré dans un autre État membre au cours des trois mois précédant la demande d'ouverture d'une procédure d'insolvabilité.

Pour toute autre personne physique, le centre des intérêts principaux est présumé, jusqu'à preuve du contraire, être la résidence habituelle de l'intéressé. Cette présomption ne s'applique que si la résidence habituelle n'a pas été transférée dans un autre État membre au cours des six mois précédant la demande d'ouverture d'une procédure d'insolvabilité.

2. Lorsque le centre des intérêts principaux du débiteur est situé sur le territoire d'un État membre, les juridictions d'un autre État membre ne sont compétentes pour ouvrir une procédure d'insolvabilité à l'égard de ce débiteur que si celui-ci possède un établissement sur le territoire de cet autre État membre. Les effets de cette procédure sont limités aux biens du débiteur se trouvant sur ce dernier territoire.

3. Lorsqu'une procédure d'insolvabilité a été ouverte en application du paragraphe 1, toute procédure ouverte ultérieurement en application du paragraphe 2 est une procédure d'insolvabilité secondaire.

4. La procédure d'insolvabilité territoriale visée au paragraphe 2 ne peut être ouverte avant l'ouverture d'une procédure d'insolvabilité principale en application du paragraphe 1 que si :

a) une procédure d'insolvabilité ne peut pas être ouverte en application du paragraphe 1 en raison des conditions établies par le droit de l'État membre sur le territoire duquel est situé le centre des intérêts principaux du débiteur ; ou

b) l'ouverture de la procédure d'insolvabilité territoriale est demandée par :

i) un créancier dont la créance est née de l'exploitation d'un établissement situé sur le territoire de l'État membre dans lequel l'ouverture de la procédure territoriale est demandée, ou est liée à celle-ci ; ou

ii) une autorité publique qui, en vertu du droit de l'État membre sur le territoire duquel l'établissement est situé, a le droit de demander l'ouverture d'une procédure d'insolvabilité.

Lorsqu'une procédure d'insolvabilité principale est ouverte, la procédure d'insolvabilité territoriale devient une procédure d'insolvabilité secondaire.

Pour la mention au registre du commerce et des sociétés des décisions rendues en application de l'art. 3 (1), V. C. com., art. R. 123-91. — ***C. com.*** *ou* ***C. sociétés.***

1. Centre des intérêts principaux (personne physique). L'art. 3, § 1, al. 1er et 4, du Règl. (UE) 2015/848 du 20 mai 2015 doit être interprété en ce sens que la présomption qu'il prévoit pour déterminer la compétence internationale aux fins de l'ouverture d'une procédure d'insolvabilité, selon laquelle le centre des intérêts principaux d'une personne physique n'exerçant pas une profession libérale ou toute autre activité d'indépendant est sa résidence habituelle, n'est pas renversée du seul fait que l'unique bien immobilier de cette personne est situé en dehors de l'État membre de résidence habituelle. • CJUE 16 juill. 2020, n° C-253/19 : *D. 2020. Pan. 1985, obs. d'Avout ; ibid. 2104, note Vallens ; JCP E 2021. 1122, note Clavel-Thoraval ; RPC 2021, n° 121, obs. Menjucq.*

2. L'art. 3, § 1, al. 3, du Règl. (UE) 2015/848 du 20 mai 2015 doit être interprété en ce sens que la notion de « lieu d'activité principal » d'une personne physique exerçant une profession libérale ou une autre activité d'indépendant, au sens de cette disposition, ne correspond pas à la notion d'« établissement » définie à l'art. 2, pt. 10, du Règl. préc. • CJUE 19 sept. 2024, n° C-501/23 : *D. 2024. Actu. 1620 ; LEDEN 11/2024. 2, obs. Giorgini.* ♦ L'art. 3, § 1, al. 3, du Règl. préc. doit être interprété en ce sens que s'agissant d'une personne physique exerçant une profession libérale ou toute autre activité d'indépendant, il est présumé, jusqu'à preuve du contraire, que le centre des intérêts principaux de cette personne se situe au lieu d'activité principal de ladite personne, quand bien même cette activité ne nécessite aucun moyen humain ou aucun actif. • Même arrêt.

3. L'art. 3, § 1, du Règl. (UE) 2015/848 du 20 mai 2015 doit être interprété en ce sens que la juridiction d'un État membre saisie d'une demande d'ouverture d'une procédure d'insolvabilité principale conserve une compétence exclusive pour ouvrir une telle procédure lorsque le centre des intérêts principaux du débiteur est transféré vers un autre État membre après l'introduction de cette demande, mais avant que cette juridiction n'ait statué sur celle-ci ; en conséquence, et pour autant que ce règlement demeure applicable à ladite demande, la juridiction d'un autre État membre ultérieurement saisie d'une demande introduite aux mêmes fins ne peut, en principe, se déclarer compétente pour ouvrir une procédure d'insolvabilité principale tant que la première juridiction n'a pas statué et décliné sa compétence. • CJUE 24 mars 2022, n° C-723-20 : *D. 2022. Actu. 653* ; *Rev. sociétés 2022. 569, note Morelli* ; *JCP E 2022. 1370, n° 1, obs. Tehrani ; LEDEN 6/2022. 2, obs. Rubellin ; BJS 7-8/2022. 44, note Jault-Seseke et Robine ; BJE 7-8/2022. 30, note Fabriès-Lecea ; RPC 2022, n° 72, obs. Menjucq.*

4. Sur l'application dans le temps du Règl. (UE) n° 2015/848 du 20 mai 2015, V. • Civ. 2e, 4 nov. 2021, n° 20-11.030 : *Gaz. Pal. 19 avr. 2022, p. 48, obs. Giorgini ; RPC 2022, n° 70, obs. Mastrullo.*

5. Extension de procédure. Le Règl. (UE) 2015/848 du 20 mai 2015 ne contenant pas de règle de compétence se référant expressément à l'extension, au motif d'une confusion des patrimoines, d'une procédure d'insolvabilité ouverte dans un État membre à une société dont le siège statutaire est situé dans un autre État membre et son art. 3, § 1, étant rédigé dans des termes identiques à celui de l'art. 3, § 1, du Règl. (CE) 1346/2000 du 29 mai 2000, il s'en déduit que la règle énoncée par la CJUE dans son arrêt du 15 déc. 2011 [V. note 16 ss. art. 3 du Règl. 1346/2000 préc.] s'applique de façon similaire aux procédures soumises au Règl. du 20 mai 2015. • Com. 13 sept. 2023, n° 22-12.855 B : *D. 2023. 2181, note Vallens* ; *Rev. sociétés 2023. 815, obs. Reille* ; *APC 2023, n° 206, obs. V. Legrand ; LEDEN 10/2023. 3, obs. Mélin ; RJDA 2023, n° 674 ; BJS 12/2023. 41, note Jault-Seseke et Robine ; BJE 11-12/2023. 42, note Fabriès-Lecea ; Dr. sociétés 2023, n° 143, note Legros ; JCP E 2024. 1116, n° 1, obs. Tehrani.*

6. Procédure d'insolvabilité secondaire. L'art. 3, § 2, et l'art. 34 du Règl. (UE) 2015/848 du 20 mai 2015 doivent être interprétés en ce sens que la masse des actifs situés dans l'État d'ouverture de la procédure d'insolvabilité secondaire est uniquement constituée des actifs qui se trouvent sur le territoire de cet État membre au moment de l'ouverture de cette procédure. • CJUE 18 avr. 2024, n° C-765/22 : *D. 2024. Actu. 774* ; *RDT 2024. 417, obs. Jault-Seseke* ; *JCP E 2024. 1287, nos 5 et 21, obs. Tehrani ; LEDEN 6/2024. 2, obs. Fabriès-Lecea ; Gaz. Pal. 24 sept. 2024, p. 50, obs. Giorgini.*

Art. 4 ***Vérification de la compétence.*** **1. La juridiction saisie d'une demande d'ouverture d'une procédure d'insolvabilité examine d'office si elle est compétente en vertu de l'article 3. Dans sa décision d'ouverture de la procédure d'insolvabilité, la juridiction indique les fondements de sa compétence, et précise notamment si sa compétence est fondée sur le paragraphe 1 ou 2 de l'article 3.**

2. Sans préjudice du paragraphe 1, lorsqu'une procédure d'insolvabilité est ouverte conformément au droit national en dehors de toute décision juridictionnelle, les États membres peuvent charger le praticien de l'insolvabilité désigné dans ladite procédure d'examiner si l'État membre dans lequel une demande d'ouverture d'une procédure est en cours est compétent en vertu de l'article 3. Si tel est le cas, le praticien de l'insolvabilité indique, dans la décision d'ouverture de la procédure, les fondements de cette compétence, et précise notamment si ladite compétence est fondée sur le paragraphe 1 ou 2 de l'article 3.

Selon l'art. 4 ci-dessus, la juridiction saisie d'une demande d'ouverture d'une procédure d'insolvabilité entrant dans le champ d'application du Règl. (UE) 2015/848 du 20 mai 2015 examine d'office si elle est compétente en vertu de l'art. 3, indique, dans sa décision d'ouverture de la procédure d'insolvabilité, les fondements de sa compétence et précise notamment si sa compétence est fondée sur le § 1 ou le § 2 de l'art. 3. • Com. 11 mars 2020, n° 19-10.657 P : *D. 2020. Actu. 597* ; *Rev. sociétés 2020. 387, obs. Henry* ; *ibid. 500, note Morelli* ; *JCP E 2020. 1285, note Sautonie-Laguionie ; JCP 2020. 957, note Lisanti ; LEDEN 4/2020. 2, obs. Mélin ; APC 2020, n° 136, obs. Gosselin-Gorand ; RJDA 2020, n° 326 ; Dr. sociétés 2020, n° 86, note Legros ; Gaz. Pal. 13 juill. 2020, p. 49, obs. Giorgini ; BJS 7-8/2020. 31, note Jault-Seseke et Robine ; BJE 7-8/2020. 37, note Fabriès-Lecea ; RPC 2021, n° 89, obs. Mastrullo.* ♦ La cour d'appel qui, pour ouvrir la liquidation judiciaire de la « SARL membre de la CE Vertu Operations Limited dont le principal établissement en France est au 18 rue Royale, 75008 Paris », s'est prononcée seulement sur l'état de cessation des paiements et l'impossibilité manifeste du redressement de l'entreprise, sans examiner d'office si elle était internationalement compétente pour ouvrir une procédure d'insolvabilité à l'égard de la société Vertu Operations Limited, ni indiquer les fondements de sa compétence, ni préciser si sa compétence était fondée sur le § 1 ou le § 2 de l'art. 3 du Règl. (UE) 2015/848, rendant ainsi impossible la détermination du périmètre et des effets de la liquidation judiciaire qu'elle prononçait, a violé l'art. 4 précité. • Même arrêt.

Art. 5 *Contrôle juridictionnel de la décision d'ouverture d'une procédure d'insolvabilité principale.* 1. Le débiteur ou tout créancier peut attaquer devant une juridiction la décision d'ouverture de la procédure d'insolvabilité principale pour des motifs de compétence internationale.

2. La décision d'ouverture de la procédure d'insolvabilité principale peut être attaquée par des parties autres que celles visées au paragraphe 1, ou pour des motifs autres que l'absence de compétence internationale, si le droit national le prévoit.

Art. 6 *Compétence juridictionnelle pour une action qui découle directement de la procédure d'insolvabilité et qui y est étroitement liée.* 1. Les juridictions de l'État membre sur le territoire duquel la procédure d'insolvabilité a été ouverte en application de l'article 3 sont compétentes pour connaître de toute action qui découle directement de la procédure d'insolvabilité et y est étroitement liée, telles les actions révocatoires.

2. Lorsqu'une action visée au paragraphe 1 est liée à une action en matière civile et commerciale intentée contre le même défendeur, le praticien de l'insolvabilité peut porter les deux actions devant les juridictions de l'État membre sur le territoire duquel le défendeur est domicilié ou, si l'action est dirigée contre plusieurs défendeurs, devant les juridictions de l'État membre sur le territoire duquel l'un d'eux est domicilié, à condition que ces juridictions soient compétentes en vertu du règlement (UE) nº 1215/2012.

Le premier alinéa s'applique au débiteur non dessaisi, pour autant que le droit national l'autorise à intenter des actions au nom de la masse de l'insolvabilité.

3. Sont réputées connexes, aux fins du paragraphe 2, les actions qui sont à ce point étroitement liées qu'il y a un intérêt à les instruire et à les juger en même temps afin d'éviter que ne soient rendues des décisions inconciliables, issues de procédures séparées.

Art. 7 *Loi applicable.* 1. Sauf disposition contraire du présent règlement, la loi applicable à la procédure d'insolvabilité et à ses effets est celle de l'État membre sur le territoire duquel cette procédure est ouverte (ci-après dénommé "État d'ouverture").

2. La loi de l'État d'ouverture détermine les conditions liées à l'ouverture, au déroulement et à la clôture de la procédure d'insolvabilité. Elle détermine notamment les éléments suivants :

a) les débiteurs susceptibles de faire l'objet d'une procédure d'insolvabilité du fait de leur qualité ;

b) les biens qui font partie de la masse de l'insolvabilité et le sort des biens acquis par le débiteur ou qui lui reviennent après l'ouverture de la procédure d'insolvabilité ;

c) les pouvoirs respectifs du débiteur et du praticien de l'insolvabilité ;

d) les conditions d'opposabilité d'une compensation ;

e) les effets de la procédure d'insolvabilité sur les contrats en cours auxquels le débiteur est partie ;

f) les effets de la procédure d'insolvabilité sur les procédures engagées par des créanciers individuels, à l'exception des instances en cours ;

g) les créances à produire au passif du débiteur et le sort des créances nées après l'ouverture de la procédure d'insolvabilité ;

h) les règles régissant la production, la vérification et l'admission des créances ;

i) les règles régissant la distribution du produit de la réalisation des actifs, le rang des créances et les droits des créanciers qui ont été partiellement désintéressés après l'ouverture de la procédure d'insolvabilité en vertu d'un droit réel ou par l'effet d'une compensation ;

j) les conditions et les effets de la clôture de la procédure d'insolvabilité, notamment par concordat ;

k) les droits des créanciers après la clôture de la procédure d'insolvabilité ;

l) la charge des frais et des dépenses de la procédure d'insolvabilité ;

m) les règles relatives à la nullité, à l'annulation ou à l'inopposabilité des actes juridiques préjudiciables à la masse des créanciers.

Les art. 7 et 35 du Règl. (UE) 2015/848 du 20 mai 2015, lus en combinaison avec le considérant 72 de ce Règl., doivent être interprétés en ce sens que la loi de l'État d'ouverture de la procédure d'insolvabilité secondaire s'applique au sort des seules créances nées après l'ouverture de cette procédure, et non au sort des créances nées entre l'ouverture de la procédure d'insolvabilité principale et celle de la procédure d'insolvabilité secondaire. • CJUE 18 avr. 2024, n° C-765/22 : *cité note 6 ss. art. 3.*

Art. 8 *Droits réels des tiers.* 1. L'ouverture de la procédure d'insolvabilité n'affecte pas le droit réel d'un créancier ou d'un tiers sur des biens corporels ou incorporels, meubles ou immeubles, à la fois des biens déterminés et des ensembles de biens indéterminés dont la composition est sujette à modification, appartenant au débiteur et qui sont situés, au moment de l'ouverture de la procédure, sur le territoire d'un autre État membre.

2. Les droits visés au paragraphe 1 sont notamment :

a) le droit de réaliser ou de faire réaliser un bien et d'être désintéressé par le produit ou les revenus de ce bien, en particulier en vertu d'un gage ou d'une hypothèque ;

b) le droit exclusif de recouvrer une créance, notamment en vertu de la mise en gage ou de la cession de cette créance à titre de garantie ;

c) le droit de revendiquer un bien et/ou d'en réclamer la restitution entre les mains de quiconque le détient ou en jouit contre la volonté de l'ayant droit ;

d) le droit réel de percevoir les fruits d'un bien.

3. Est assimilé à un droit réel le droit, inscrit dans un registre public et opposable aux tiers, sur le fondement duquel un droit réel au sens du paragraphe 1 peut être obtenu.

4. Le paragraphe 1 ne fait pas obstacle aux actions en nullité, en annulation ou en inopposabilité visées à l'article 7, paragraphe 2, point m).

Art. 9 *Compensation.* 1. L'ouverture de la procédure d'insolvabilité n'affecte pas le droit des créanciers d'invoquer la compensation de leurs créances avec les créances du débiteur, lorsque cette compensation est permise par la loi applicable à la créance du débiteur insolvable.

2. Le paragraphe 1 ne fait pas obstacle aux actions en nullité, en annulation ou en inopposabilité visées à l'article 7, paragraphe 2, point m).

Art. 10 *Réserve de propriété.* 1. L'ouverture d'une procédure d'insolvabilité à l'encontre de l'acheteur d'un bien n'affecte pas les droits des vendeurs qui sont fondés sur une réserve de propriété, lorsque ce bien est situé, au moment de l'ouverture de la procédure, sur le territoire d'un État membre autre que l'État d'ouverture.

2. L'ouverture d'une procédure d'insolvabilité contre le vendeur d'un bien, après la livraison de ce bien, ne constitue pas une cause de résolution ou de résiliation de la vente et ne fait pas obstacle à l'acquisition par l'acheteur de la propriété du bien vendu, lorsque ce bien est situé au moment de l'ouverture de la procédure sur le territoire d'un État membre autre que l'État d'ouverture.

3. Les paragraphes 1 et 2 ne font pas obstacle aux actions en nullité, en annulation ou en inopposabilité visées à l'article 7, paragraphe 2, point m).

Art. 11 *Contrats portant sur un bien immobilier.* 1. Les effets de la procédure d'insolvabilité sur un contrat donnant le droit d'acquérir un bien immobilier ou d'en jouir sont régis exclusivement par la loi de l'État membre sur le territoire duquel ce bien est situé.

2. La juridiction qui a ouvert la procédure d'insolvabilité principale est compétente pour approuver la résiliation ou la modification des contrats visés dans le présent article, dans les cas où :

a) la loi de l'État membre applicable à ces contrats exige que ce type de contrats ne peut être résilié ou modifié qu'avec l'approbation de la juridiction qui a ouvert la procédure d'insolvabilité ; et

b) si aucune procédure d'insolvabilité n'a été ouverte dans cet État membre.

Art. 12 *Systèmes de paiement et marchés financiers.* 1. Sans préjudice de l'article 8, les effets de la procédure d'insolvabilité sur les droits et obligations des participants à un système de paiement ou de règlement ou à un marché financier sont régis exclusivement par la loi de l'État membre applicable audit système ou marché.

2. Le paragraphe 1 ne fait pas obstacle à l'exercice d'une action en nullité, en annulation ou en inopposabilité des paiements ou des transactions en vertu de la loi applicable au système de paiement ou au marché financier concerné.

Art. 13 *Contrats de travail.* 1. Les effets de la procédure d'insolvabilité sur les contrats de travail et sur les relations de travail sont régis exclusivement par la loi de l'État membre applicable au contrat de travail.

2. Les juridictions de l'État membre dans lequel une procédure d'insolvabilité secondaire peut être ouverte demeurent compétentes pour approuver la résiliation ou la modification des contrats visés au présent article, même si aucune procédure d'insolvabilité n'a été ouverte dans cet État membre.

Le premier alinéa s'applique également à une autorité compétente en vertu du droit national pour approuver la résiliation ou la modification des contrats visés au présent article.

BIBL. ▸ Nabet, *RPC 2021. Étude 17.*

Pour un exemple d'application, V. • Angers, 11 mars 2021, n° 19/00133 : *JCP E 2021. 1455, note Nabet.*

Art. 14 *Effets sur les droits soumis à enregistrement.* Les effets de la procédure d'insolvabilité sur les droits d'un débiteur sur un bien immobilier, un navire ou un aéronef qui sont soumis à inscription dans un registre public sont régis par la loi de l'État membre sous l'autorité duquel ce registre est tenu.

Art. 15 *Brevets européens à effet unitaire et marques communautaires.* Aux fins du présent règlement, un brevet européen à effet unitaire, une marque communautaire ou tout autre droit analogue établi par le droit de l'Union ne peut être inclus que dans la procédure visée à l'article 3, paragraphe 1.

Art. 16 *Actes préjudiciables.* L'article 7, paragraphe 2, point m), n'est pas applicable lorsque celui qui a bénéficié d'un acte préjudiciable à l'ensemble des créanciers apporte la preuve :

a) que cet acte est soumis à la loi d'un État membre autre que l'État d'ouverture ; et

b) que la loi dudit État membre ne permet en l'espèce, par aucun moyen, d'attaquer cet acte.

Art. 17 *Protection du tiers acquéreur.* Lorsque, par un acte conclu après l'ouverture de la procédure d'insolvabilité, un débiteur dispose à titre onéreux :

a) d'un bien immobilier ;

b) d'un navire ou d'un aéronef soumis à inscription dans un registre public ; ou

c) de valeurs mobilières dont l'existence nécessite une inscription dans un registre prévu par la loi,

la validité de cet acte est régie par la loi de l'État sur le territoire duquel ce bien immobilier est situé, ou sous l'autorité duquel ce registre est tenu.

Art. 18 *Effets de la procédure d'insolvabilité sur les instances ou les procédures arbitrales en cours.* Les effets de la procédure d'insolvabilité sur une instance ou une procédure arbitrale en cours concernant un bien ou un droit qui fait partie de la masse de l'insolvabilité d'un débiteur sont régis exclusivement par la loi de l'État membre dans lequel l'instance est en cours ou dans lequel le tribunal arbitral a son siège.

CHAPITRE II *RECONNAISSANCE DE LA PROCÉDURE D'INSOLVABILITÉ*

Art. 19 *Principe.* 1. Toute décision ouvrant une procédure d'insolvabilité rendue par une juridiction d'un État membre compétente en vertu de l'article 3 est reconnue dans tous les autres États membres dès qu'elle produit ses effets dans l'État d'ouverture.

La règle énoncée au premier alinéa s'applique également lorsqu'un débiteur, du fait de sa qualité, n'est pas susceptible de faire l'objet d'une procédure d'insolvabilité dans d'autres États membres.

2. La reconnaissance de la procédure visée à l'article 3, paragraphe 1, ne fait pas obstacle à l'ouverture de la procédure visée à l'article 3, paragraphe 2, par une juridiction d'un autre État membre. Dans ce cas, cette dernière procédure est une procédure d'insolvabilité secondaire au sens du chapitre III.

Art. 20 *Effets de la reconnaissance.* 1. La décision d'ouverture de la procédure d'insolvabilité visée à l'article 3, paragraphe 1, produit, sans aucune autre formalité, dans tout autre État membre les mêmes effets que ceux prévus par la loi de l'État d'ouverture, sauf disposition contraire du présent règlement et aussi longtemps qu'aucune procédure visée à l'article 3, paragraphe 2, n'est ouverte dans cet autre État membre.

2. Les effets de la procédure visée à l'article 3, paragraphe 2, ne peuvent pas être contestés dans d'autres États membres. Toute limitation des droits des créanciers, notamment un sursis de paiement ou une remise de dette, ne peut être opposée, quant aux biens situés sur le territoire d'un autre État membre, qu'aux créanciers qui ont exprimé leur accord.

Art. 21 *Pouvoirs du praticien de l'insolvabilité.* 1. Le praticien de l'insolvabilité désigné par une juridiction compétente en vertu de l'article 3, paragraphe 1, peut exercer dans un autre État membre tous les pouvoirs qui lui sont conférés par la loi de l'État d'ouverture, aussi longtemps qu'aucune autre procédure d'insolvabilité n'a été ouverte dans cet autre État membre et qu'aucune mesure conservatoire contraire n'y a été prise à la suite d'une demande d'ouverture d'une procédure d'insolvabilité dans cet État. Sous réserve des articles 8 et 10, le praticien de l'insolvabilité peut notamment déplacer les actifs du débiteur hors du territoire de l'État membre dans lequel ils se trouvent.

2. Le praticien de l'insolvabilité désigné par une juridiction compétente en vertu de l'article 3, paragraphe 2, peut faire valoir dans tout autre État membre, par voie judiciaire ou extrajudiciaire, qu'un bien mobilier a été transféré du territoire de l'État d'ouverture sur le territoire de cet autre État membre après l'ouverture de la procédure d'insolvabilité. Le praticien de l'insolvabilité peut également exercer toute action révocatoire utile aux intérêts des créanciers.

3. Dans l'exercice de ses pouvoirs, le praticien de l'insolvabilité respecte la loi de l'État membre sur le territoire duquel il entend agir, en particulier quant aux modalités de réalisation des actifs. Ces pouvoirs ne peuvent inclure l'emploi de moyens contraignants, à moins qu'ils ne soient ordonnés par une juridiction de cet État membre, ni le droit de statuer sur une action en justice ou un différend.

1. Déplacement des actifs. L'art. 21, § 1, doit être interprété en ce sens que le praticien de l'insolvabilité de la procédure d'insolvabilité principale peut déplacer les actifs du débiteur hors du territoire d'un État membre autre que celui de la procédure d'insolvabilité principale alors qu'il a connaissance de l'existence, d'une part, de créances de travail détenues par des créanciers locaux sur le territoire de cet autre État membre, reconnues par des décisions de justice, et, d'autre part, d'une saisie conservatoire d'actifs décidée par une juridiction du travail de ce dernier État membre. • CJUE 18 avr. 2024, n° C-765/22 : *cité note 6 ss. art. 3.*

2. Action révocatoire. L'art. 21, § 2, doit être interprété en ce sens que le praticien de l'insolvabilité de la procédure d'insolvabilité secondaire peut exercer une action révocatoire contre un acte qui a été accompli par le praticien de l'insolvabilité de la procédure d'insolvabilité principale. • CJUE 18 avr. 2024, n° C-765/22 : *cité note 6 ss. art. 3.*

Art. 22 *Preuve de la désignation du praticien de l'insolvabilité.* La désignation du praticien de l'insolvabilité est établie par la présentation d'une copie, certifiée conforme à l'original, de la décision qui le nomme, ou par tout autre certificat établi par la juridiction compétente.

Une traduction dans la langue officielle ou une des langues officielles de l'État membre sur le territoire duquel il entend agir peut être exigée. Aucune légalisation ou autre formalité analogue n'est requise.

Art. 23 *Restitution et imputation.* 1. Le créancier qui, après l'ouverture de la procédure visée à l'article 3, paragraphe 1, obtient par tout moyen, notamment par des voies d'exécution, satisfaction totale ou partielle en ce qui concerne sa créance sur les biens du débiteur qui se situent sur le territoire d'un autre État membre restitue ce qu'il a obtenu au praticien de l'insolvabilité, sous réserve des articles 8 et 10.

2. Afin d'assurer un traitement égal des créanciers, un créancier qui a obtenu, dans une procédure d'insolvabilité, un dividende sur sa créance ne participe aux répartitions ouvertes dans une autre procédure que lorsque les créanciers de même rang ou de même catégorie ont obtenu, dans cette autre procédure, un dividende équivalent.

Art. 24 *Création de registres d'insolvabilité.* 1. Les États membres créent et tiennent, sur leur territoire, un ou plusieurs registres dans lesquels sont publiées des informations concernant les procédures d'insolvabilité (ci-après dénommés "registres d'insolvabilité"). Ces informations sont publiées dès que possible après l'ouverture de ces procédures.

2. Les informations visées au paragraphe 1 du présent article sont rendues publiques, sous réserve des conditions prévues à l'article 27, et comportent les élément suivants (ci-après dénommés "informations obligatoires") :

a) la date d'ouverture de la procédure d'insolvabilité ;

b) la juridiction qui ouvre la procédure d'insolvabilité et le numéro de référence de l'affaire, le cas échéant ;

c) le type de procédure d'insolvabilité visée à l'annexe A qui a été ouverte et, le cas échéant, tout sous-type pertinent de procédure ouverte conformément au droit national ;

d) l'indication selon laquelle la compétence pour l'ouverture d'une procédure est fondée sur l'article 3, paragraphe 1, 2 ou 4 ;

e) si le débiteur est une société ou une personne morale, le nom du débiteur, son numéro d'enregistrement, son siège statutaire ou, si elle est différente, son adresse postale ;

f) si le débiteur est une personne physique exerçant une profession libérale ou toute autre activité d'indépendant, le nom du débiteur, son numéro d'enregistrement, le cas échéant, et son adresse postale ou, si l'adresse est protégée, son lieu et sa date de naissance ;

g) le nom, l'adresse postale ou l'adresse électronique du praticien de l'insolvabilité désigné, le cas échéant, dans la procédure ;

h) le délai fixé pour la production des créances, le cas échéant, ou une référence aux critères à utiliser pour calculer ce délai ;

i) la date de clôture de la procédure d'insolvabilité principale, le cas échéant ;

j) la juridiction devant laquelle et, le cas échéant, le délai dans lequel un recours contre la décision d'ouverture de la procédure d'insolvabilité doit être formé, conformément à l'article 5, ou une référence aux critères à utiliser pour calculer ce délai.

3. Le paragraphe 2 n'empêche pas les États membres de faire figurer des documents ou d'autres informations dans leurs registres d'insolvabilité nationaux, tels que les déchéances de dirigeants liées à des situations d'insolvabilité.

4. Les États membres ne sont pas tenus de faire figurer dans les registres d'insolvabilité les informations visées au paragraphe 1 du présent article concernant des personnes physiques n'exerçant pas une profession libérale ou toute autre activité d'indépendant, ni de rendre ces informations disponibles au public par l'intermédiaire du système d'interconnexion de ces registres, pour autant que des créanciers étrangers connus soient informés, conformément à l'article 54, des éléments visés au paragraphe 2, point j), du présent article.

Lorsqu'un État membre fait usage de la possibilité visée au premier alinéa, la procédure d'insolvabilité n'affecte pas les créances des créanciers étrangers qui n'ont pas reçu les informations visées au premier alinéa.

5. La publication d'informations dans les registres, réalisée en vertu du présent règlement, n'a pas d'autres effets juridiques que ceux définis dans le droit national et à l'article 55, paragraphe 6.

Art. 25 *Interconnexion des registres d'insolvabilité.* 1. La Commission met en place, par voie d'actes d'exécution, un système décentralisé permettant l'interconnexion des registres d'insolvabilité. Ce système comporte les registres d'insolvabilité et le portail européen e-Justice, qui sert de point central d'accès public par voie électronique aux informations disponibles dans le système. Le système propose une fonction de recherche dans toutes les langues officielles des institutions de l'Union afin de permettre l'accès aux informations obligatoires ainsi qu'aux autres documents ou informations figurant dans les registres d'insolvabilité que les États membres décideraient de rendre disponibles par l'intermédiaire du portail européen e-Justice.

2. Par voie d'actes d'exécution pris en conformité avec la procédure visée à l'article 87, la Commission adopte, au plus tard le 26 juin 2019 :

a) le cahier des charges précisant les modes de communication et d'échange d'informations par voie électronique compte tenu de la spécification d'interface retenue pour le système d'interconnexion des registres d'insolvabilité ;

b) les mesures techniques garantissant les normes minimales de sécurité des technologies de l'information pour la communication et la diffusion de l'information au sein du système d'interconnexion des registres d'insolvabilité ;

c) les critères minimaux de la fonction de recherche proposée par le portail européen e-Justice compte tenu des informations énoncées à l'article 24 ;

d) les critères minimaux de présentation des résultats de ces recherches compte tenu des informations énoncées à l'article 24 ;

e) les modalités et les conditions techniques de disponibilité des services fournis par le système d'interconnexion ; et

f) un glossaire comportant une explication de base des procédures nationales d'insolvabilité dont la liste figure à l'annexe A.

Art. 26 *Coût de la création et de l'interconnexion des registres d'insolvabilité.* 1. La création, la tenue et le développement futur du système d'interconnexion des registres d'insolvabilité sont financés sur le budget général de l'Union.

2. Chaque État membre supporte les coûts de création et d'adaptation nécessaires pour permettre l'interopérabilité de ses registres d'insolvabilité nationaux avec le portail européen e-Justice, ainsi que les coûts de gestion, d'exploitation et de tenue de ces registres. Cela s'entend sans préjudice de la possibilité pour les États membres de solliciter l'octroi de subventions destinées au soutien de ces activités dans le cadre des programmes financiers de l'Union.

Art. 27 *Conditions d'accès aux informations par l'intermédiaire du système d'interconnexion.* 1. Les États membres veillent à ce que les informations obligatoires visées à l'article 24, paragraphe 2, points a) à j), soient disponibles gratuitement par l'intermédiaire du système d'interconnexion des registres d'insolvabilité.

2. Le présent règlement n'empêche pas les États membres de réclamer des droits raisonnables pour accorder l'accès aux documents ou autres informations visés à l'article 24, paragraphe 3, par l'intermédiaire du système d'interconnexion des registres d'insolvabilité.

3. Les États membres peuvent subordonner l'accès aux informations obligatoires concernant des personnes physiques n'exerçant pas une profession libérale ou toute autre activité d'indépendant, ainsi que des personnes physiques exerçant une profession libérale ou toute autre activité d'indépendant lorsque la procédure d'insolvabilité n'est pas liée à cette activité, à des critères de recherche supplémentaires concernant le débiteur, en plus des critères minimaux visés à l'article 25, paragraphe 2, point c).

4. Les États membres peuvent exiger que l'accès aux informations visées au paragraphe 3 soit subordonné à une demande adressée à l'autorité compétente. Ils peuvent subordonner cet accès à la vérification de l'existence d'un intérêt légitime à accéder à ces informations. La personne requérante doit avoir la possibilité de soumettre sa demande d'information par voie électronique, au moyen d'un formulaire uniformisé par l'intermédiaire du portail européen e-Justice. Lorsqu'un intérêt légitime est exigé, la personne requérante est autorisée à justifier sa demande en envoyant des copies électroniques des documents pertinents. La personne requérante reçoit une réponse de l'autorité compétente dans les trois jours ouvrables. – *Sur le formulaire uniformisé préc., V. Règl. d'exécution (UE) 2017/1105 du 12 juin 2017, Annexe IV (JOUE L 160 du 22 juin).*

La personne requérante n'est pas tenue de fournir des traductions des documents justifiant sa demande ni de prendre en charge les frais éventuels de traduction auxquels l'autorité compétente pourrait être exposée.

Art. 28 *Publication dans un autre État membre.* 1. Le praticien de l'insolvabilité ou le débiteur non dessaisi demande que le contenu essentiel de la décision d'ouverture de la procédure d'insolvabilité et, le cas échéant, de la décision de désignation du praticien de l'insolvabilité soit publié dans tout autre État membre où est situé un établissement du débiteur, conformément aux modalités de publication prévues dans cet État membre. Cette publication mentionne, le cas échéant, le praticien de l'insolvabilité désigné et précise si la règle de compétence appliquée est celle du paragraphe 1 ou du paragraphe 2 de l'article 3.

2. Le praticien de l'insolvabilité ou le débiteur non dessaisi peut demander que les informations visées au paragraphe 1 soient publiées dans tout autre État membre où le praticien de l'insolvabilité ou le débiteur non dessaisi le juge nécessaire, conformément aux modalités de publication prévues dans cet État membre.

Art. 29 *Inscription dans les registres publics d'un autre État membre.* 1. Si la loi d'un État membre où est situé un établissement du débiteur et où cet établissement est inscrit dans un registre public de cet État membre, ou la loi d'un État membre dans lequel se situent des biens immobiliers appartenant au débiteur, exige que les informations relatives à l'ouverture d'une procédure d'insolvabilité visée à l'article 28 soient publiées au registre foncier, au registre des sociétés ou dans tout autre registre public, le praticien de l'insolvabilité ou le débiteur non dessaisi prend toutes les mesures nécessaires pour procéder à cette inscription.

2. Le praticien de l'insolvabilité ou le débiteur non dessaisi peut demander que cette inscription soit effectuée dans un autre État membre, pour autant que la loi de l'État membre dans lequel le registre est tenu l'autorise.

Art. 30 *Frais.* Les frais des mesures de publicité et d'inscription prévues aux articles 28 et 29 sont considérés comme des frais et dépenses de la procédure.

Art. 31 *Exécution au profit du débiteur.* 1. Celui qui, dans un État membre, exécute une obligation au profit d'un débiteur soumis à une procédure d'insolvabilité ouverte dans un autre État membre, alors qu'il aurait dû le faire au profit du praticien de l'insolvabilité de cette procédure, est libéré s'il ignorait l'ouverture de la procédure.

2. Celui qui a exécuté cette obligation avant les mesures de publicité prévues à l'article 28 est présumé, jusqu'à preuve du contraire, avoir ignoré l'ouverture de la procédure d'insolvabilité. Celui qui l'a exécutée après ces mesures de publicité est présumé, jusqu'à preuve du contraire, avoir eu connaissance de l'ouverture de la procédure.

Art. 32 *Reconnaissance et caractère exécutoire d'autres décisions.* 1. Les décisions relatives au déroulement et à la clôture d'une procédure d'insolvabilité rendues par une juridiction dont la décision d'ouverture est reconnue conformément à l'article 19 ainsi que les concordats approuvés par une telle juridiction sont également reconnus sans autre formalité. Ces décisions sont exécutées conformément aux articles 39 à 44 et 47 à 57 du règlement (UE) n° 1215/2012.

Le premier alinéa s'applique également aux décisions qui découlent directement de la procédure d'insolvabilité et qui y sont étroitement liées, même si elles ont été rendues par une autre juridiction.

Le premier alinéa s'applique également aux décisions relatives aux mesures conservatoires prises après la demande d'ouverture d'une procédure d'insolvabilité ou en rapport avec celle-ci.

2. La reconnaissance et l'exécution de décisions autres que celles visées au paragraphe 1 du présent article sont régies par le règlement (UE) n° 1215/2012, pour autant que ledit règlement soit applicable.

Art. 33 *Ordre public.* Tout État membre peut refuser de reconnaître une procédure d'insolvabilité ouverte dans un autre État membre ou d'exécuter une décision rendue dans le cadre d'une telle procédure, lorsque cette reconnaissance ou cette exécution produirait des effets manifestement contraires à son ordre public, en particulier à ses principes fondamentaux ou aux droits et aux libertés individuelles garantis par sa Constitution.

Sur la notion d'exception d'ordre public, V. • Paris, 3 mars 2022, n° 21/06066 : *LEDEN 9/2022. 2, obs. Bézert.*

CHAPITRE III *PROCÉDURES D'INSOLVABILITÉ SECONDAIRES*

Art. 34 *Ouverture de la procédure.* Lorsqu'une procédure d'insolvabilité principale a été ouverte par une juridiction d'un État membre et reconnue dans un autre État membre, une juridiction de cet autre État membre qui est compétente en vertu de l'article 3, paragraphe 2, peut ouvrir une procédure d'insolvabilité secondaire conformément aux dispositions énoncées au présent chapitre. Lorsque la procédure d'insolvabilité principale exigeait que le débiteur soit insolvable, l'insolvabilité de ce dernier n'est pas réexaminée dans l'État membre dans lequel la procédure d'insolvabilité secondaire peut être ouverte. Les effets de la procédure d'insolvabilité secondaire sont limités aux actifs du débiteur se trouvant sur le territoire de l'État membre dans lequel ladite procédure a été ouverte.

V. note 6 ss. art. 3.

Art. 35 *Loi applicable.* Sauf disposition contraire du présent règlement, la loi applicable à la procédure d'insolvabilité secondaire est celle de l'État membre sur le territoire duquel la procédure d'insolvabilité secondaire est ouverte.

V. note ss. art. 7.

Art. 36 *Droit de prendre un engagement afin d'éviter une procédure d'insolvabilité secondaire.* 1. Afin d'éviter l'ouverture d'une procédure d'insolvabilité secondaire, le praticien de l'insolvabilité de la procédure d'insolvabilité principale peut prendre un engagement unilatéral (ci-après dénommé "engagement") en ce qui concerne les actifs se trouvant dans l'État membre dans lequel une procédure d'insolvabilité secondaire pourrait être ouverte, selon lequel, lors de la répartition de ces actifs ou des produits provenant de leur réalisation, il respectera les droits de répartition et de priorité prévus par le droit national, qui auraient été conférés aux créanciers si une procédure d'insolvabilité secondaire avait été ouverte dans cet État membre. L'engagement précise les circonstances factuelles sur lesquelles il repose, notamment en ce qui concerne la valeur des actifs se trouvant dans l'État membre concerné et les différentes options disponibles pour réaliser ces actifs.

2. Si un engagement a été pris conformément au présent article, la loi applicable à la répartition des produits résultant de la réalisation des actifs visés au paragraphe 1, au rang des créances des créanciers et aux droits des créanciers pour les actifs visés au paragraphe 1 est la loi de l'État membre dans lequel la procédure d'insolvabilité secondaire aurait pu être ouverte. Le moment pertinent auquel les actifs visés au paragraphe 1 sont recensés correspond au moment où l'engagement est pris.

3. L'engagement est établi dans la langue officielle ou dans l'une des langues officielles de l'État membre dans lequel la procédure d'insolvabilité secondaire aurait pu être ouverte, ou, s'il y a plusieurs langues officielles dans cet État membre, dans la langue officielle ou dans l'une des langues officielles du lieu où la procédure d'insolvabilité secondaire aurait pu être ouverte.

4. L'engagement est établi par écrit. Il est soumis à toute autre exigence de forme et obligation d'approbation des répartitions requises, le cas échéant, par l'État d'ouverture de la procédure d'insolvabilité principale.

5. L'engagement est approuvé par les créanciers locaux connus. Les règles relatives à la majorité qualifiée et au vote qui s'appliquent à l'adoption de plans de restructuration, en vertu de la loi de l'État membre dans lequel une procédure d'insolvabilité secondaire aurait pu être ouverte, s'appliquent également à l'approbation de l'engagement. Lorsque le droit national les y autorise, les créanciers peuvent participer au vote en utilisant des moyens de communication à distance. Le praticien de l'insolvabilité informe les créanciers locaux connus de l'engagement, ainsi que des règles et des modalités pour l'approuver, et de son approbation ou de son refus de l'engagement.

6. Un engagement pris et approuvé conformément au présent article est contraignant en ce qui concerne le patrimoine. Si une procédure d'insolvabilité secondaire est ouverte conformément aux articles 37 et 38, le praticien de l'insolvabilité de la procédure d'insolvabilité principale transfère tous les actifs qu'il a déplacés hors du territoire de cet État membre après que l'engagement a été pris ou, si les actifs ont déjà

été réalisés, les produits qui en résultent au praticien de l'insolvabilité de la procédure d'insolvabilité secondaire.

7. Lorsque le praticien de l'insolvabilité a pris un engagement, il informe les créanciers locaux de ses intentions en matière de répartition avant de procéder à la répartition des actifs et des produits visés au paragraphe 1. Si ces informations ne sont pas conformes aux termes de l'engagement ou aux dispositions de la loi applicable, tout créancier local a la possibilité de contester cette répartition devant les juridictions de l'État membre dans lequel la procédure d'insolvabilité principale a été ouverte, afin d'obtenir une répartition qui soit conforme aux termes de l'engagement et à la loi applicable. Dans ce cas, aucune répartition n'a lieu avant que la juridiction n'ait statué sur le recours.

8. Les créanciers locaux peuvent s'adresser aux juridictions de l'État membre dans lequel la procédure d'insolvabilité principale a été ouverte afin de demander au praticien de l'insolvabilité de la procédure d'insolvabilité principale de prendre toutes les mesures adéquates nécessaires pour assurer le respect des termes de l'engagement prévues par la loi de l'État d'ouverture de la procédure d'insolvabilité principale.

9. Les créanciers locaux peuvent également s'adresser aux juridictions de l'État membre dans lequel une procédure d'insolvabilité secondaire aurait pu être ouverte pour leur demander de prendre des mesures provisoires ou conservatoires en vue d'assurer le respect des termes de l'engagement par le praticien de l'insolvabilité.

10. Le praticien de l'insolvabilité est responsable de tout dommage causé aux créanciers locaux par suite du non-respect, dans son chef, des obligations et des exigences énoncées dans le présent article.

11. Aux fins du présent article, une autorité qui est établie dans l'État membre dans lequel une procédure d'insolvabilité secondaire aurait pu être ouverte et qui est tenue, en vertu de la directive 2008/94/CE du Parlement européen et du Conseil *[Dir. 2008/94/CE du Parlement européen et du Conseil du 22 oct. 2008 relative à la protection des travailleurs salariés en cas d'insolvabilité de l'employeur, JO L 283 du 28 oct. 2008, p. 36]*, de garantir le paiement des créances impayées des travailleurs salariés résultant de contrats de travail ou de relations de travail est réputée être un créancier local, si le droit national le prévoit.

Art. 37 *Droit de demander l'ouverture d'une procédure d'insolvabilité secondaire.* 1. L'ouverture d'une procédure d'insolvabilité secondaire peut être demandée par :

a) le praticien de l'insolvabilité de la procédure d'insolvabilité principale ;

b) toute autre personne ou autorité habilitée à demander l'ouverture d'une procédure d'insolvabilité en vertu de la loi de l'État membre sur le territoire duquel l'ouverture de la procédure d'insolvabilité secondaire est demandée.

2. Lorsqu'un engagement est devenu contraignant en application de l'article 36, la demande d'ouverture d'une procédure d'insolvabilité secondaire est introduite dans un délai de trente jours à compter de la réception de l'avis d'approbation de l'engagement.

Art. 38 *Décision d'ouverture d'une procédure d'insolvabilité secondaire.* 1. La juridiction saisie d'une demande d'ouverture d'une procédure d'insolvabilité secondaire en informe immédiatement le praticien de l'insolvabilité ou le débiteur non dessaisi de la procédure d'insolvabilité principale et lui donne la possibilité d'être entendu au sujet de la demande.

2. Lorsque le praticien de l'insolvabilité de la procédure d'insolvabilité principale a pris un engagement conformément à l'article 36, la juridiction visée au paragraphe 1 du présent article, à la demande du praticien de l'insolvabilité, n'ouvre pas de procédure d'insolvabilité secondaire si elle considère que l'engagement protège correctement l'intérêt général des créanciers locaux.

3. Lorsqu'une suspension provisoire des poursuites individuelles a été accordée pour permettre des négociations entre le débiteur et ses créanciers, la juridiction, à la demande du praticien de l'insolvabilité ou du débiteur non dessaisi, peut suspendre l'ouverture d'une procédure d'insolvabilité secondaire pour une période ne dépassant pas trois mois, pour autant que les mesures adéquates soient mises en place afin de protéger les intérêts des créanciers locaux.

La juridiction visée au paragraphe 1 peut ordonner des mesures conservatoires pour protéger les intérêts des créanciers locaux en demandant au praticien de l'insolvabilité ou au débiteur non dessaisi de ne déplacer ni d'aliéner aucun des actifs qui se trouvent dans l'État membre dans lequel se situe l'établissement, à moins que cette opération ne s'inscrive dans le cadre de leurs activités habituelles. La juridiction peut également ordonner d'autres mesures afin de protéger les intérêts des créanciers locaux pendant une suspension, à moins que ce soit incompatible avec les règles de procédure civile applicables au niveau national.

La suspension de l'ouverture d'une procédure d'insolvabilité secondaire est levée par la juridiction d'office ou à la demande de tout créancier si, pendant la période de suspension, un accord est intervenu dans le cadre des négociations visées au premier alinéa.

La suspension peut être levée par la juridiction d'office ou à la demande de tout créancier si le maintien de la suspension porte préjudice aux droits des créanciers, en particulier si les négociations ont été interrompues, s'il est devenu évident qu'elles ont peu de chances d'aboutir ou si le praticien de l'insolvabilité ou le débiteur non dessaisi a enfreint l'interdiction d'aliéner ses actifs ou de les déplacer hors du territoire de l'État membre dans lequel se situe l'établissement.

4. A la demande du praticien de l'insolvabilité de la procédure d'insolvabilité principale, la juridiction visée au paragraphe 1 peut ouvrir un type de procédure d'insolvabilité mentionné sur la liste figurant à l'annexe A autre que celui qui a été demandé initialement, pour autant que les conditions d'ouverture de ce type de procédure prévues dans le droit national soient remplies et que ce type de procédure soit le plus approprié au regard des intérêts des créanciers locaux et de la cohérence entre les procédures d'insolvabilité principale et secondaire. L'article 34, deuxième phrase, s'applique.

Art. 39 *Contrôle juridictionnel de la décision d'ouverture d'une procédure d'insolvabilité secondaire.* Le praticien de l'insolvabilité de la procédure d'insolvabilité principale peut attaquer la décision d'ouverture d'une procédure d'insolvabilité secondaire devant les juridictions de l'État membre dans lequel la procédure d'insolvabilité secondaire a été ouverte, au motif que la juridiction n'a pas respecté les conditions et exigences fixées à l'article 38.

Art. 40 *Avance de frais et dépens.* Lorsque la loi de l'État membre dans lequel l'ouverture d'une procédure d'insolvabilité secondaire est demandée exige que les actifs du débiteur soient suffisants pour couvrir en tout ou en partie les frais et dépens de la procédure, la juridiction saisie d'une telle demande peut exiger du demandeur une avance de frais ou une garantie d'un montant approprié.

Art. 41 *Coopération et communication entre praticiens de l'insolvabilité.* 1. Le praticien de l'insolvabilité de la procédure d'insolvabilité principale et le ou les praticiens de l'insolvabilité des procédures d'insolvabilité secondaires concernant le même débiteur coopèrent, pour autant que cette coopération ne soit pas incompatible avec les règles applicables à chacune des procédures. Cette coopération peut prendre n'importe quelle forme, dont la conclusion d'accords ou de protocoles.

2. Dans le cadre de la mise en œuvre de la coopération visée au paragraphe 1, les praticiens de l'insolvabilité :

a) se communiquent dès que possible toute information qui peut être utile aux autres procédures, notamment l'état de la production et de la vérification des créances et toutes les mesures visant au redressement ou à la restructuration du débiteur, ou visant à mettre fin à la procédure, à condition que des dispositions appropriées soient prises pour protéger les informations confidentielles ;

b) explorent la possibilité de restructurer le débiteur et, si une telle possibilité existe, coordonnent l'élaboration et la mise en œuvre d'un plan de restructuration ;

c) coordonnent la gestion de la réalisation ou de l'utilisation des actifs et des affaires du débiteur ; le praticien de l'insolvabilité de la procédure d'insolvabilité secondaire permet en temps utile au praticien de l'insolvabilité de la procédure d'insolvabilité principale de présenter des propositions relatives à la réalisation ou à l'utilisation des actifs dans le cadre de la procédure d'insolvabilité secondaire.

3. Les paragraphes 1 et 2 s'appliquent *mutatis mutandis* aux situations où, dans le cadre de la procédure d'insolvabilité principale ou de la procédure d'insolvabilité secon-

daire ou de toute procédure d'insolvabilité territoriale concernant le même débiteur et ouvertes en même temps, le débiteur n'est pas dessaisi de ses actifs.

Art. 42 *Coopération et communication entre juridictions.* 1. Pour faciliter la coordination des procédures d'insolvabilité principale, territoriales et secondaires concernant le même débiteur, une juridiction devant laquelle une demande d'ouverture d'une procédure d'insolvabilité est en cours ou qui a ouvert une telle procédure coopère avec toute autre juridiction devant laquelle une demande d'ouverture d'une procédure d'insolvabilité est en cours ou qui a ouvert une telle procédure, dans la mesure où cette coopération n'est pas incompatible avec les règles applicables à chacune des procédures. A cette fin, les juridictions peuvent, au besoin, désigner une personne ou un organe indépendant agissant sur leurs instructions, pour autant que ce ne soit pas incompatible avec les règles applicables à ces procédures.

2. Dans le cadre de la mise en œuvre de la coopération visée au paragraphe 1, les juridictions, ou toute personne ou tout organe désigné agissant en leur nom, dont il est fait mention au paragraphe 1, peuvent communiquer directement entre elles, ou se demander directement des informations ou de l'aide, à condition que cette communication respecte les droits procéduraux des parties à la procédure et la confidentialité des informations.

3. La coopération visée au paragraphe 1 peut être mise en œuvre par tout moyen que la juridiction juge approprié. Elle peut notamment concerner :

a) la coordination de la désignation des praticiens de l'insolvabilité ;

b) la communication d'informations par tout moyen jugé approprié par la juridiction ;

c) la coordination de la gestion et de la surveillance des actifs et des affaires du débiteur ;

d) la coordination du déroulement des audiences ;

e) la coordination de l'approbation des protocoles, si nécessaire.

Art. 43 *Coopération et communication entre praticiens de l'insolvabilité et juridictions.* 1. Pour faciliter la coordination des procédures d'insolvabilité principale, territoriales et secondaires ouvertes à l'encontre du même débiteur :

a) le praticien de l'insolvabilité d'une procédure d'insolvabilité principale coopère et communique avec toute juridiction devant laquelle une demande d'ouverture d'une procédure d'insolvabilité secondaire est en cours ou qui a ouvert une telle procédure ;

b) le praticien de l'insolvabilité d'une procédure d'insolvabilité territoriale ou secondaire coopère et communique avec la juridiction devant laquelle une demande d'ouverture d'une procédure d'insolvabilité principale est en cours ou qui a ouvert une telle procédure ; et

c) le praticien de l'insolvabilité d'une procédure d'insolvabilité territoriale ou secondaire coopère et communique avec la juridiction devant laquelle une demande d'ouverture d'autres procédures d'insolvabilité territoriales ou secondaires est en cours ou qui a ouvert de telles procédures,

dans la mesure où cette coopération et cette communication ne sont pas incompatibles avec les règles applicables à chacune des procédures et où elles n'entraînent aucun conflit d'intérêts.

2. La coopération visée au paragraphe 1 peut être mise en œuvre par tout moyen approprié, tels que ceux exposés à l'article 42, paragraphe 3.

Art. 44 *Frais liés à la coopération et à la communication.* Les exigences fixées aux articles 42 et 43 ne peuvent conduire à ce que les juridictions exigent l'une de l'autre des frais liés à la coopération et à la communication.

Art. 45 *Exercice des droits des créanciers.* 1. Tout créancier peut produire sa créance à la procédure d'insolvabilité principale et à toute procédure d'insolvabilité secondaire.

2. Les praticiens de l'insolvabilité de la procédure d'insolvabilité principale et de toute procédure d'insolvabilité secondaire produisent, dans le cadre des autres procédures, les créances déjà produites dans le cadre de la procédure pour laquelle ils ont été désignés, pour autant que cette production soit utile aux créanciers de la procédure pour laquelle ils ont été désignés, et sous réserve du droit de ceux-ci de s'y opposer ou de retirer la production de leurs créances lorsque la loi applicable le prévoit.

3. Le praticien de l'insolvabilité d'une procédure d'insolvabilité principale ou secondaire est habilité à participer, au même titre que tout créancier, à une autre procédure, notamment en prenant part à des assemblées de créanciers.

Art. 46 *Suspension de la procédure de réalisation des actifs.* 1. La juridiction qui a ouvert la procédure d'insolvabilité secondaire suspend en tout ou en partie la procédure de réalisation des actifs, à la demande du praticien de l'insolvabilité de la procédure d'insolvabilité principale. Dans ce cas, elle peut exiger du praticien de l'insolvabilité de la procédure d'insolvabilité principale qu'il prenne toute mesure adéquate pour garantir les intérêts des créanciers de la procédure d'insolvabilité secondaire et de certains groupes de créanciers. La demande du praticien de l'insolvabilité ne peut être rejetée que si elle est manifestement sans intérêt pour les créanciers de la procédure d'insolvabilité principale. La suspension de la procédure de réalisation des actifs peut être ordonnée pour une durée maximale de trois mois. Elle peut être prolongée ou renouvelée pour des périodes de même durée.

2. La juridiction visée au paragraphe 1 met fin à la suspension de la procédure de réalisation des actifs :

a) à la demande du praticien de l'insolvabilité de la procédure d'insolvabilité principale ;

b) d'office, à la demande d'un créancier ou à la demande du praticien de l'insolvabilité de la procédure d'insolvabilité secondaire, si cette mesure n'apparaît plus justifiée, notamment par les intérêts des créanciers de la procédure d'insolvabilité principale ou de ceux de la procédure d'insolvabilité secondaire.

Art. 47 *Pouvoir du praticien de l'insolvabilité de proposer des plans de restructuration.* 1. Lorsque la loi de l'État membre dans lequel la procédure d'insolvabilité secondaire a été ouverte prévoit la possibilité de clore cette procédure sans liquidation par un plan de restructuration, un concordat ou une mesure comparable, une telle mesure peut être proposée par le praticien de l'insolvabilité de la procédure d'insolvabilité principale, conformément à la procédure en vigueur dans cet État membre.

2. Toute limitation des droits des créanciers, notamment un sursis de paiement ou une remise de dette, découlant d'une mesure visée au paragraphe 1 et proposée dans une procédure d'insolvabilité secondaire, ne produit ses effets sur les biens du débiteur qui ne sont pas concernés par cette procédure qu'avec l'accord de tous les créanciers intéressés.

Art. 48 *Conséquences de la clôture de la procédure d'insolvabilité.* 1. Sans préjudice de l'article 49, la clôture de la procédure d'insolvabilité n'empêche pas la poursuite des autres procédures d'insolvabilité concernant le même débiteur qui sont toujours ouvertes à la date concernée.

2. Lorsqu'une procédure d'insolvabilité concernant une personne morale ou une société dans l'État membre du siège statutaire de ladite personne morale ou société entraînerait la dissolution de la personne morale ou de la société, cette personne morale ou société ne cesse d'exister que lorsque toutes les autres procédures d'insolvabilité concernant le même débiteur ont été closes, ou lorsque le ou les praticiens de l'insolvabilité concernés par ces procédures ont donné leur accord à la dissolution.

Art. 49 *Surplus d'actif de la procédure d'insolvabilité secondaire.* Si la réalisation des actifs dans le cadre de la procédure d'insolvabilité secondaire permet de payer toutes les créances admises dans cette procédure, le praticien de l'insolvabilité désigné dans cette procédure transfère sans délai le surplus d'actif au praticien de l'insolvabilité de la procédure d'insolvabilité principale.

Art. 50 *Ouverture ultérieure de la procédure d'insolvabilité principale.* Lorsque la procédure visée à l'article 3, paragraphe 1, est ouverte après l'ouverture de la procédure visée à l'article 3, paragraphe 2, dans un autre État membre, les articles 41, 45, 46, 47 et 49 s'appliquent à la procédure ouverte en premier lieu, dans la mesure où l'état de cette procédure le permet.

Art. 51 *Conversion de la procédure d'insolvabilité secondaire.* 1. À la demande du praticien de l'insolvabilité de la procédure d'insolvabilité principale, la juridiction de l'État membre dans lequel la procédure d'insolvabilité secondaire a été ouverte peut ordonner la conversion de la procédure d'insolvabilité secondaire en un autre type de procédure d'insolvabilité mentionné à l'annexe A, pour autant que les conditions d'ouverture de ce type de procédure prévues dans le droit national soient remplies et que ce type de procédure soit le plus approprié au regard des intérêts des créanciers locaux et de la cohérence entre les procédures d'insolvabilité principale et secondaire.

2. Lorsqu'elle examine la demande visée au paragraphe 1, la juridiction peut solliciter des informations auprès des praticiens de l'insolvabilité concernés par les deux procédures.

Art. 52 *Mesures conservatoires.* Lorsque la juridiction d'un État membre compétente en vertu de l'article 3, paragraphe 1, désigne un administrateur provisoire en vue d'assurer la conservation des biens d'un débiteur, cet administrateur provisoire est habilité à demander toute mesure de conservation et de protection des biens du débiteur qui se situent dans un autre État membre prévue par la loi de cet État membre, pour la période séparant la demande d'ouverture d'une procédure d'insolvabilité de la décision d'ouverture.

CHAPITRE IV *INFORMATION DES CRÉANCIERS ET PRODUCTION DE LEURS CRÉANCES*

Art. 53 *Droit de produire les créances.* Tout créancier étranger peut produire ses créances dans le cadre de la procédure d'insolvabilité par tous les moyens de transmission qui sont acceptés par le droit de l'État d'ouverture. La représentation par un avocat ou un autre professionnel du droit n'est pas obligatoire aux seules fins de la production de créances.

Art. 54 *Obligation d'informer les créanciers.* 1. Dès qu'une procédure d'insolvabilité est ouverte dans un État membre, la juridiction compétente de cet État ou le praticien de l'insolvabilité désigné par cette juridiction en informe sans délai les créanciers étrangers connus.

2. L'information visée au paragraphe 1, assurée par l'envoi individuel d'une note, porte notamment sur les délais à observer, les sanctions prévues quant à ces délais, l'organe ou l'autorité habilité(e) à recevoir la production des créances et toute autre mesure prescrite. Cette note indique également si les créanciers dont les créances sont garanties par un privilège ou une sûreté réelle doivent produire leurs créances. La note comporte aussi une copie du formulaire uniformisé de production de créances visé à l'article 55 ou des informations indiquant où ce formulaire est disponible.

3. Les éléments d'information visés aux paragraphes 1 et 2 du présent article sont communiqués au moyen du formulaire uniformisé élaboré conformément à l'article 88. Le formulaire est publié sur le portail européen e-Justice et porte l'intitulé "Note concernant la procédure d'insolvabilité" dans toutes les langues officielles des institutions de l'Union. Il est transmis dans la langue officielle de l'État d'ouverture ou, s'il y a plusieurs langues officielles dans cet État membre, dans la langue officielle ou dans l'une des langues officielles du lieu où la procédure d'insolvabilité a été ouverte, ou dans une autre langue que ledit État a déclaré pouvoir accepter, conformément à l'article 55, paragraphe 5, s'il est permis de penser que les créanciers étrangers comprendront plus facilement cette langue. – *Sur ledit formulaire, V. Règl. d'ex. (UE) 2017/1105 du 12 juin 2017, Annexe I (JOUE L 160 du 22 juin).*

4. Dans le cas où la procédure d'insolvabilité concerne une personne physique n'exerçant pas une profession libérale ou toute autre activité d'indépendant, le formulaire uniformisé visé au présent article ne doit pas obligatoirement être utilisé si les créanciers ne sont pas tenus de produire leurs créances pour que celles-ci soient prises en compte au cours de la procédure.

Art. 55 *Procédure de production des créances.* 1. Tout créancier étranger peut produire ses créances au moyen du formulaire de demande uniformisé à établir conformément à l'article 88. Le formulaire porte l'intitulé "Production de créances" dans toutes les langues officielles des institutions de l'Union. – *Sur ledit formulaire, V. Règl. d'ex. (UE) 2017/1105 du 12 juin 2017, Annexe II (JOUE L 160 du 22 juin).*

2. Les formulaires de demande uniformisés visés au paragraphe 1 comportent les informations suivantes :

a) le nom, l'adresse postale, l'adresse électronique, le cas échéant, le numéro d'identification personnel, le cas échéant, et les coordonnées bancaires du créancier étranger visé au paragraphe 1 ;

b) le montant de la créance, en spécifiant le montant en principal et, le cas échéant, les intérêts, ainsi que la date à laquelle celle-ci est née et la date à laquelle elle est devenue exigible, s'il s'agit d'une date différente ;

c) si des intérêts sont demandés, le taux d'intérêt, la nature légale ou contractuelle des intérêts, la période pour laquelle les intérêts sont demandés et le montant capitalisé des intérêts ;

d) si des frais exposés par le créancier pour faire valoir ses droits avant l'ouverture de la procédure sont demandés, le montant et le détail de ceux-ci ;

e) la nature de la créance ;

f) la question de savoir si un statut de créancier privilégié est revendiqué et le fondement de cette revendication ;

g) la question de savoir si le créancier allègue que sa créance est garantie par une sûreté réelle ou une réserve de propriété et, si tel est le cas, quels sont les actifs couverts par la sûreté qu'il invoque, la date à laquelle la sûreté a été octroyée et, si la sûreté a été enregistrée, le numéro d'enregistrement ; et

h) la question de savoir si une compensation est revendiquée et, dans ce cas, les montants des créances réciproques à la date d'ouverture de la procédure d'insolvabilité, la date à laquelle elles sont nées et le montant réclamé, après déduction de la compensation.

Le formulaire de demande uniformisé est accompagné de copies de toute pièce justificative, le cas échéant.

3. Le formulaire de demande uniformisé indique qu'il n'est pas obligatoire de fournir des informations concernant les coordonnées bancaires et le numéro d'identification personnel du créancier visés au paragraphe 2, point a).

4. Si le créancier produit sa créance en utilisant d'autres moyens que le formulaire de demande uniformisé visé au paragraphe 1, la demande contient les informations visées au paragraphe 2.

5. Les créances peuvent être produites dans n'importe quelle langue officielle des institutions de l'Union. La juridiction, le praticien de l'insolvabilité ou le débiteur non dessaisi peut demander au créancier de fournir une traduction dans la langue officielle de l'État d'ouverture ou, s'il y a plusieurs langues officielles dans cet État membre, dans la langue officielle ou dans l'une des langues officielles du lieu où la procédure d'insolvabilité a été ouverte, ou dans une autre langue que l'État membre concerné aura déclaré pouvoir accepter. Chaque État membre indique s'il accepte une langue officielle des institutions de l'Union autre que sa propre langue aux fins de la production de créances.

6. Les créances sont produites dans le délai prévu par la loi de l'État d'ouverture. Pour un créancier étranger, ce délai n'est pas inférieur à trente jours suivant la publication de la décision d'ouverture de la procédure d'insolvabilité au registre d'insolvabilité de l'État d'ouverture. Lorsqu'un État membre invoque l'article 24, paragraphe 4, ce délai n'est pas inférieur à trente jours suivant le moment où un créancier a été informé en application de l'article 54.

7. Lorsque la juridiction, le praticien de l'insolvabilité ou le débiteur non dessaisi a des doutes en ce qui concerne une créance produite conformément au présent article, il donne au créancier la possibilité de fournir des éléments complémentaires attestant l'existence de la créance et son montant.

CHAPITRE V *PROCÉDURES D'INSOLVABILITÉ CONCERNANT DES MEMBRES D'UN GROUPE DE SOCIÉTÉS*

SECTION 1 *Coopération et communication*

Art. 56 *Coopération et communication entre praticiens de l'insolvabilité.* 1. Lorsque des procédures d'insolvabilité concernent deux membres ou plus d'un groupe de sociétés, le praticien de l'insolvabilité désigné dans la procédure relative à un membre du groupe coopère avec tout praticien de l'insolvabilité désigné dans la procédure visant un autre membre du même groupe, pour autant qu'une telle coopération soit de nature à faciliter la gestion efficace de ces procédures, ne soit pas incompatible avec les règles applicables à ces procédures et n'entraîne aucun conflit d'intérêts. Cette coopération peut prendre n'importe quelle forme, dont la conclusion d'accords ou de protocoles.

2. Dans le cadre de la mise en œuvre de la coopération visée au paragraphe 1, les praticiens de l'insolvabilité :

a) se communiquent dès que possible toute information qui peut être utile aux autres procédures, à condition que des dispositions appropriées soient prises pour protéger les informations confidentielles ;

b) examinent s'il existe des possibilités de coordonner la gestion et la surveillance des affaires des membres du groupe qui font l'objet de la procédure d'insolvabilité et, si tel est le cas, coordonnent cette gestion et cette surveillance ;

c) examinent s'il existe des possibilités de restructurer les membres du groupe qui font l'objet de la procédure d'insolvabilité et, si tel est le cas, coordonnent leurs efforts en vue de proposer et de négocier un plan de restructuration coordonné.

Aux fins des points b) et c), tous les praticiens de l'insolvabilité visés au paragraphe 1, ou une partie d'entre eux, peuvent convenir de conférer des pouvoirs supplémentaires au praticien de l'insolvabilité désigné dans l'une des procédures, lorsque les règles applicables à chacune des procédures l'autorisent. Ils peuvent également marquer leur accord sur la répartition de certaines tâches entre eux, lorsque les règles applicables à chacune des procédures l'autorisent.

Art. 57 *Coopération et communication entre juridictions.* 1. Lorsque des procédures d'insolvabilité concernent deux membres ou plus d'un groupe de sociétés, une juridiction qui a ouvert une telle procédure coopère avec toute autre juridiction devant laquelle une demande d'ouverture de procédure concernant un autre membre du même groupe est en cours ou qui a ouvert une telle procédure, pour autant que cette coopération soit de nature à faciliter la gestion efficace des procédures, ne soit pas incompatible avec les règles qui leur sont applicables et n'entraîne aucun conflit d'intérêts. A cette fin, les juridictions peuvent, au besoin, désigner une personne ou un organe indépendant agissant sur leurs instructions, pour autant que ce ne soit pas incompatible avec les règles applicables à ces juridictions.

2. Dans le cadre de la mise en œuvre de la coopération visée au paragraphe 1, les juridictions, ou toute personne ou tout organe désigné agissant en leur nom, dont il est fait mention au paragraphe 1, peuvent communiquer directement entre elles, ou se demander directement des informations ou de l'aide, à condition que cette communication respecte les droits procéduraux des parties à la procédure et la confidentialité des informations.

3. La coopération visée au paragraphe 1 peut être mise en œuvre par tout moyen que la juridiction estime approprié. Elle peut notamment concerner :

a) la coordination de la désignation des praticiens de l'insolvabilité ;

b) la communication d'informations par tout moyen jugé approprié par la juridiction ;

c) la coordination de la gestion et de la surveillance des actifs et des affaires des membres du groupe ;

d) la coordination du déroulement des audiences ;

e) la coordination de l'approbation des protocoles, si nécessaire.

Art. 58 *Coopération et communication entre praticiens de l'insolvabilité et juridictions.* Un praticien de l'insolvabilité désigné dans une procédure d'insolvabilité concernant un membre d'un groupe de sociétés :

a) coopère et communique avec toute juridiction devant laquelle une demande d'ouverture de procédure à l'encontre d'un autre membre du même groupe de sociétés est en cours ou qui a ouvert une telle procédure ; et

b) peut demander à ladite juridiction des informations concernant la procédure relative à l'autre membre du groupe ou demander de l'aide concernant la procédure dans laquelle il a été désigné,

pour autant que cette coopération et cette communication soient de nature à faciliter la gestion efficace des procédures, n'entraînent aucun conflit d'intérêts et ne soient pas incompatibles avec les règles applicables à ces procédures.

Art. 59 *Frais liés à la coopération et à la communication dans les procédures concernant des membres d'un groupe de sociétés.* Les frais liés à la coopération et à la communication prévues aux articles 56 à 60, supportés par un praticien de l'insolvabilité ou par une juridiction, sont considérés comme des frais et dépenses des procédures respectives.

Art. 60 *Pouvoirs du praticien de l'insolvabilité dans les procédures concernant des membres d'un groupe de sociétés.* 1. Un praticien de l'insolvabilité désigné dans une procédure d'insolvabilité ouverte à l'encontre d'un membre d'un groupe de sociétés peut, pour autant ce soit de nature à faciliter la gestion efficace des procédures :

a) être entendu dans toute procédure ouverte à l'encontre de tout autre membre du même groupe ;

b) demander une suspension de toute mesure liée à la réalisation des actifs dans le cadre de la procédure ouverte à l'encontre de tout autre membre du même groupe, à condition que :

i) soit proposé un plan de restructuration pour tous les membres du groupe ou pour certains d'entre eux, à l'encontre desquels la procédure d'insolvabilité a été ouverte, conformément à l'article 56, paragraphe 2, point c), et que celui-ci ait des chances raisonnables de produire les résultats escomptés ;

ii) cette suspension soit nécessaire pour assurer la mise en œuvre correcte du plan de restructuration ;

iii) le plan de restructuration soit dans l'intérêt des créanciers concernés par la procédure pour laquelle la suspension est demandée ; et

iv) ni la procédure d'insolvabilité dans laquelle le praticien de l'insolvabilité visé au paragraphe 1 du présent article a été désigné ni la procédure pour laquelle la suspension est demandée ne font l'objet d'une coordination en application de la section 2 du présent chapitre ;

c) demander l'ouverture d'une procédure de coordination collective, conformément à l'article 61.

2. La juridiction ayant ouvert la procédure visée au paragraphe 1, point b), suspend entièrement ou partiellement toute mesure relative à la réalisation des actifs dans le cadre de la procédure, si elle estime que les conditions visées au paragraphe 1, point b), sont remplies.

Avant d'ordonner la suspension, la juridiction entend le praticien de l'insolvabilité désigné dans la procédure pour laquelle la suspension est demandée. La suspension peut être ordonnée pour toute période, ne dépassant pas trois mois, que la juridiction juge appropriée et qui est compatible avec les règles applicables à la procédure.

La juridiction ordonnant la suspension peut exiger que le praticien de l'insolvabilité visé au paragraphe 1 prenne toute mesure prévue dans le droit national de nature à garantir les intérêts des créanciers de la procédure.

La juridiction peut prolonger la durée de la suspension d'une ou de plusieurs nouvelles périodes, si elle l'estime approprié et si ces prolongations sont compatibles avec les règles applicables à la procédure, pour autant que les conditions visées au paragraphe 1, points b) ii) à iv), soient toujours remplies et que la durée totale de la suspension (période initiale plus prolongations éventuelles) ne dépasse pas six mois.

SECTION 2 *Coordination*

SOUS-SECTION 1 *Procédure*

Art. 61 *Demande d'ouverture d'une procédure de coordination collective.* 1. L'ouverture d'une procédure de coordination collective peut être demandée auprès de toute juridiction compétente en matière de procédures d'insolvabilité à l'encontre d'un membre du groupe par un praticien de l'insolvabilité désigné dans une procédure d'insolvabilité ouverte à l'encontre d'un membre du groupe.

2. La demande visée au paragraphe 1 est adressée conformément aux conditions prévues par la loi applicable à la procédure dans laquelle le praticien de l'insolvabilité a été désigné.

3. La demande visée au paragraphe 1 est accompagnée des éléments suivants :

a) une proposition indiquant le nom de la personne à nommer en qualité de coordinateur de groupe (ci-après dénommé "coordinateur"), précisant que celle-ci remplit les critères d'éligibilité prévus à l'article 71, comprenant des informations au sujet de ses qualifications ainsi que l'accord écrit de l'intéressé pour exercer la fonction de coordinateur ;

b) une description de la coordination collective proposée, précisant en particulier les raisons pour lesquelles les conditions énoncées à l'article 63, paragraphe 1, sont remplies ;

c) une liste des praticiens de l'insolvabilité désignés pour les membres du groupe et, le cas échéant, des juridictions et des autorités compétentes concernées par les procédures d'insolvabilité menées à l'encontre des membres du groupe ;

d) un aperçu de l'estimation des coûts de la coordination collective et une estimation de la part de ces coûts à acquitter par chacun des membres du groupe.

Art. 62 *Règle de priorité.* Sans préjudice de l'article 66, lorsque l'ouverture de la procédure de coordination collective est demandée auprès de juridictions de différents États membres, toute juridiction autre que celle saisie en premier lieu se déclare incompétente au profit de celle-ci.

Art. 63 *Notification de la juridiction saisie.* 1. La juridiction saisie d'une demande d'ouverture d'une procédure de coordination collective notifie dans les meilleurs délais cette demande ainsi que le nom du coordinateur proposé aux praticiens de l'insolvabilité désignés pour les membres du groupe figurant dans la demande visée à l'article 61, paragraphe 3, point c), si elle estime :

a) que l'ouverture d'une telle procédure est de nature à faciliter la gestion efficace de la procédure d'insolvabilité visant les différents membres du groupe ;

b) qu'aucun créancier d'un membre du groupe dont on prévoit la participation à la procédure n'est susceptible d'être financièrement désavantagé par l'inclusion de ce membre dans la procédure ; et

c) que le coordinateur proposé remplit les exigences prévues à l'article 71.

2. La notification visée au paragraphe 1 du présent article mentionne les éléments énumérés à l'article 61, paragraphe 3, points a) à d).

3. La notification visée au paragraphe 1 est envoyée par courrier recommandé avec accusé de réception.

4. La juridiction saisie donne aux praticiens de l'insolvabilité concernés la possibilité d'être entendus.

Art. 64 *Objections formulées par les praticiens de l'insolvabilité.* 1. Un praticien de l'insolvabilité désigné pour l'un des membres du groupe peut formuler des objections en ce qui concerne :

a) l'inclusion, dans une procédure de coordination collective, de la procédure d'insolvabilité pour laquelle il a été désigné ; ou

b) la personne proposée en qualité de coordinateur.

2. Les objections formulées en vertu du paragraphe 1 du présent article sont introduites auprès de la juridiction visée à l'article 63 dans les trente jours à compter de la réception de la notification de la demande d'ouverture de la procédure de coordination collective par le praticien de l'insolvabilité visé au paragraphe 1 du présent article.

Ces objections peuvent être formulées au moyen du formulaire uniformisé établi conformément à l'article 88. — *Sur ledit formulaire, V. Règl. d'ex. (UE) 2017/1105 du 12 juin 2017, Annexe III (JOUE L 160 du 22 juin).*

3. Avant de prendre la décision de participer ou non à la coordination en application du paragraphe 1, point a), le praticien de l'insolvabilité veille à obtenir tout agrément qui pourrait être requis en vertu de la loi de l'État d'ouverture de la procédure pour laquelle il a été désigné.

Art. 65 *Conséquences des objections à l'inclusion dans une coordination collective.* 1. Lorsqu'un praticien de l'insolvabilité a formulé des objections à l'inclusion de la procédure pour laquelle il a été désigné dans une procédure de coordination collective, ladite procédure n'est pas incluse dans la procédure de coordination collective.

2. Les compétences de la juridiction visées à l'article 68, ou du coordinateur, découlant de ladite procédure n'ont aucun effet en ce qui concerne ce membre et n'entraînent pas de coûts à charge de ce membre.

Art. 66 *Choix de la juridiction pour une procédure de coordination collective.* 1. Lorsque les deux tiers au moins de tous les praticiens de l'insolvabilité désignés dans des procédures d'insolvabilité concernant les membres du groupe sont convenus qu'une juridiction compétente d'un autre État membre est la juridiction la plus appropriée pour ouvrir une procédure de coordination collective, ladite juridiction a une compétence exclusive.

2. Le choix de la juridiction s'effectue sous la forme d'un accord mutuel écrit ou attesté par écrit. Il est possible jusqu'au moment où a lieu l'ouverture de la procédure de coordination collective conformément à l'article 68.

3. Toute juridiction autre que celle qui est saisie en vertu du paragraphe 1 se déclare incompétente au profit de celle-ci.

4. La demande d'ouverture d'une procédure de coordination collective est introduite auprès de la juridiction choisie conformément à l'article 61.

Art. 67 *Conséquences des objections à l'encontre du coordinateur proposé.* Lorsque des objections à la personne proposée en qualité de coordinateur ont été formulées par un praticien de l'insolvabilité qui ne fait pas objection pour autant à l'inclusion dans la procédure de coordination collective du membre pour lequel il a été désigné, la juridiction peut s'abstenir de désigner cette personne et inviter le praticien de l'insolvabilité qui a émis les objections à introduire une nouvelle demande conformément à l'article 61, paragraphe 3.

Art. 68 *Décision d'ouverture d'une procédure de coordination collective.* 1. Une fois écoulé le délai fixé à l'article 64, paragraphe 2, la juridiction peut ouvrir la procédure de coordination collective si elle estime que les conditions de l'article 63, paragraphe 1, sont remplies. Dans ce cas, la juridiction :

a) désigne un coordinateur ;

b) rend une décision sur les grandes lignes de la coordination ; et

c) rend une décision sur l'estimation des coûts et la part des coûts à acquitter par les membres du groupe.

2. La décision d'ouverture de la procédure de coordination collective est notifiée aux praticiens de l'insolvabilité participants et au coordinateur.

Art. 69 *Participation volontaire ultérieure de praticiens de l'insolvabilité.* 1. Conformément à son droit national, tout praticien de l'insolvabilité peut demander, après que la décision judiciaire visée à l'article 68 a été rendue, l'inclusion de la procédure pour laquelle il a été désigné, lorsque :

a) des objections quant à l'inclusion de la procédure d'insolvabilité dans la procédure de coordination collective ont été formulées ; ou

b) une procédure d'insolvabilité à l'encontre d'un membre du groupe a été ouverte après que la juridiction a ouvert une procédure de coordination collective.

2. Sans préjudice du paragraphe 4, le coordinateur peut accéder à cette demande après avoir consulté les praticiens de l'insolvabilité concernés :

a) s'il estime que, compte tenu du stade atteint par la procédure de coordination collective au moment de la demande, les critères énoncés à l'article 63, paragraphe 1, points a) et b), sont remplis ; ou

b) si tous les praticiens de l'insolvabilité concernés y consentent, sous réserve des conditions définies dans leur droit national.

3. Le coordinateur informe la juridiction et les praticiens de l'insolvabilité participants de la décision qu'il prend en vertu du paragraphe 2, et des raisons de cette décision.

4. Tout praticien de l'insolvabilité participant ou tout praticien de l'insolvabilité dont la demande d'inclusion dans la procédure de coordination collective a été rejetée peut contester la décision visée au paragraphe 2 conformément à la procédure prévue par la loi de l'État membre dans lequel la procédure de coordination collective a été ouverte.

Art. 70 *Recommandations et programme de coordination collective.* 1. Les praticiens de l'insolvabilité conduisent leur procédure d'insolvabilité en tenant compte des recommandations du coordinateur et du contenu du programme de coordination collective visé à l'article 72, paragraphe 1.

2. Le praticien de l'insolvabilité n'est pas tenu de suivre en tout ou en partie les recommandations du coordinateur ou le programme de coordination collective.

S'il ne suit pas les recommandations du coordinateur ou le programme de coordination collective, il fait part de ses motifs aux personnes ou aux organes auxquels il doit rendre compte en vertu de son droit national, ainsi qu'au coordinateur.

SOUS-SECTION 2 *Dispositions générales*

Art. 71 *Le coordinateur.* 1. Le coordinateur est une personne qui est habilitée, selon le droit d'un État membre, à agir en qualité de praticien de l'insolvabilité.

2. Le coordinateur ne peut pas être l'un des praticiens de l'insolvabilité désignés pour un membre du groupe, et n'a aucun conflit d'intérêts à l'égard des membres du groupe, de leurs créanciers et des praticiens de l'insolvabilité désignés pour tout membre du groupe.

Art. 72 *Missions et droits du coordinateur.* 1. Le coordinateur :

a) définit et élabore des recommandations pour la conduite coordonnée des procédures d'insolvabilité ;

b) propose un programme de coordination collective servant à définir, à détailler et à recommander une série complète de mesures appropriées pour une approche intégrée de la résolution des insolvabilités des membres du groupe. Ce programme peut contenir en particulier des propositions concernant :

i) les mesures à prendre afin de rétablir les performances économiques et la solidité financière du groupe ou d'une partie de celui-ci ;

ii) le règlement des litiges au sein du groupe pour ce qui est des transactions intragroupe et des actions révocatoires ;

iii) les accords entre les praticiens de l'insolvabilité des membres du groupe insolvables.

2. Le coordinateur peut également :

a) être entendu et participer, notamment en assistant aux réunions des créanciers, à toute procédure ouverte à l'encontre de tout membre du groupe ;

b) arbitrer tout litige qui pourrait survenir entre deux praticiens de l'insolvabilité des membres du groupe ou plus ;

c) présenter et expliquer son programme de coordination collective aux personnes ou aux organes auquel il doit rendre compte en vertu de son droit national ;

d) demander des informations à tout praticien de l'insolvabilité concernant tout membre du groupe, qui sont ou pourraient être utiles afin de définir et d'élaborer des stratégies et des mesures visant à coordonner les procédures ; et

e) demander une suspension, pour une durée maximale de six mois, de la procédure ouverte à l'encontre de tout membre du groupe, à condition que cette suspension soit nécessaire pour assurer la mise en œuvre correcte du programme et soit dans l'intérêt des créanciers concernés par la procédure pour laquelle la suspension est demandée ; ou réclamer la levée de toute suspension existante. Une telle demande est introduite auprès de la juridiction qui a ouvert la procédure pour laquelle la suspension est demandée.

3. Le programme visé au paragraphe 1, point b), ne comporte pas de recommandations concernant une consolidation des procédures ou des masses de l'insolvabilité.

4. Les missions et les droits du coordinateur définis au présent article ne s'étendent à aucun membre du groupe qui ne participe pas à la procédure de coordination collective.

5. Le coordinateur honore ses obligations de manière impartiale et avec la diligence requise.

6. Lorsque le coordinateur estime que sa mission ne peut être accomplie sans une augmentation importante des coûts par rapport à l'estimation des coûts visée à l'article 61, paragraphe 3, point d), et, en tout état de cause, dès lors que les coûts sont 10 % plus élevés que les coûts estimés :

a) il le fait savoir sans retard aux praticiens de l'insolvabilité participants ; et

b) il demande l'approbation préalable de la juridiction chargée d'ouvrir la procédure de coordination collective.

Art. 73 *Langues.* 1. Le coordinateur communique avec le praticien de l'insolvabilité d'un membre du groupe participant dans la langue convenue avec le praticien de l'insolvabilité ou, à défaut d'accord en la matière, dans la langue officielle ou l'une des langues officielles des institutions de l'Union, et de la juridiction qui a ouvert la procédure à l'encontre de ce membre du groupe.

2. Le coordinateur communique avec une juridiction dans la langue officielle applicable à cette juridiction.

Art. 74 *Coopération entre les praticiens de l'insolvabilité et le coordinateur.* 1. Les praticiens de l'insolvabilité désignés pour des membres d'un groupe et le coordinateur coopèrent dans la mesure où cette coopération n'est pas incompatible avec les règles applicables à chacune des procédures.

2. En particulier, les praticiens de l'insolvabilité communiquent toute information utile au coordinateur pour l'accomplissement de ses missions.

Art. 75 *Révocation du coordinateur.* La juridiction révoque le coordinateur d'office ou à la demande du praticien de l'insolvabilité d'un membre du groupe participant, si :

a) le coordinateur agit au détriment des créanciers d'un membre du groupe participant ; ou

b) le coordinateur manque à ses obligations en vertu du présent chapitre.

Art. 76 *Débiteur non dessaisi.* Les dispositions applicables au praticien de l'insolvabilité au titre du présent chapitre s'appliquent aussi, s'il y a lieu, au débiteur non dessaisi.

Art. 77 *Coûts et répartition.* 1. La rémunération du coordinateur est adéquate et proportionnée aux missions accomplies, et correspond à des dépenses raisonnables.

2. Lorsqu'il a accompli ses missions, le coordinateur établit la déclaration finale des coûts et leur répartition entre les membres, et soumet cette déclaration à chacun des praticiens de l'insolvabilité participants ainsi qu'à la juridiction ayant ouvert la procédure de coordination.

3. En l'absence d'objections de la part des praticiens de l'insolvabilité dans un délai de trente jours à compter de la réception de la déclaration mentionnée au paragraphe 2, les coûts et leur répartition entre les membres sont réputés acceptés. La déclaration est soumise à la juridiction ayant ouvert la procédure de coordination pour confirmation.

4. Dans le cas où des objections sont formulées, la juridiction qui a ouvert la procédure de coordination collective décide, à la demande du coordinateur ou de tout praticien de l'insolvabilité participant, des coûts et de leur répartition entre les membres, selon les critères visés au paragraphe 1 du présent article et en tenant compte de l'estimation des coûts visée à l'article 68, paragraphe 1*[,]* et, le cas échéant, à l'article 72, paragraphe 6.

5. Tout praticien de l'insolvabilité participant peut contester la décision visée au paragraphe 4 conformément à la procédure prévue par la loi de l'État membre dans lequel la procédure de coordination collective a été ouverte.

CHAPITRE VI *PROTECTION DES DONNÉES*

Art. 78 *Protection des données.* 1. Les règles nationales mettant en œuvre la directive 95/46/CE s'appliquent au traitement des données à caractère personnel effectué dans les États membres au titre du présent règlement, pour autant que les opérations de traitement visées à l'article 3, paragraphe 2, de ladite directive ne soient pas concernées.

2. Le règlement (CE) n° 45/2001 s'applique au traitement des données à caractère personnel effectué par la Commission au titre du présent règlement.

Art. 79 *Responsabilités des États membres en ce qui concerne le traitement des données à caractère personnel dans les registres d'insolvabilité nationaux.* 1. Chaque État membre communique à la Commission le nom de la personne physique ou morale, de l'autorité publique, du service ou de tout autre organisme désigné par le droit national pour exercer les fonctions de responsable du traitement, conformément à l'article 2, point d), de la directive 95/46/CE, en vue de sa publication sur le portail européen e-Justice.

2. Les États membres veillent à ce que les mesures techniques nécessaires pour assurer la sécurité des données à caractère personnel traitées dans leurs registres d'insolvabilité nationaux visés à l'article 24 soient mises en œuvre.

3. Il appartient aux États membres de vérifier que le responsable du traitement, désigné par le droit national conformément à l'article 2, point d), de la directive 95/46/CE, assure le respect des principes relatifs à la qualité des données, en particulier l'exactitude et la mise à jour des données stockées dans les registres d'insolvabilité nationaux.

4. Les États membres sont responsables, conformément à la directive 95/46/CE, de la collecte et du stockage des données dans les bases de données nationales ainsi que des décisions prises afin d'assurer la mise à disposition de ces données dans le registre interconnecté, qui peut être consulté sur le portail européen e-Justice.

5. Dans le cadre des informations à fournir aux personnes concernées afin de leur permettre d'exercer leurs droits, et en particulier le droit à l'effacement des données, les États membres informent les personnes concernées de la période durant laquelle les données à caractère personnel stockées dans les registres d'insolvabilité sont accessibles.

Art. 80 *Responsabilités de la Commission dans le cadre du traitement des données à caractère personnel.* 1. La Commission exerce la fonction de responsable du traitement, en application de l'article 2, point d), du règlement (CE) n° 45/2001, conformément aux responsabilités qui lui incombent en vertu du présent article.

2. La Commission définit les politiques nécessaires et applique les solutions techniques nécessaires pour exercer les responsabilités qui lui incombent dans le cadre de sa fonction de responsable du traitement.

3. La Commission met en œuvre les mesures techniques requises pour assurer la sécurité des données à caractère personnel, en particulier la confidentialité et l'intégrité de toute transmission de données vers le portail européen e-Justice et à partir de celui-ci.

4. Les obligations qui incombent à la Commission ne portent pas préjudice aux responsabilités des États membres et des autres organes en ce qui concerne le contenu et l'exploitation des bases de données nationales interconnectées gérées par leurs soins.

Art. 81 *Obligation d'information.* Sans préjudice des informations à communiquer aux personnes concernées conformément aux articles 11 et 12 du règlement (CE) n° 45/2001, la Commission informe les personnes concernées, par voie de publication sur le portail européen e-Justice, de son rôle dans le traitement des données et des finalités pour lesquelles les données seront traitées.

Art. 82 *Stockage des données à caractère personnel.* En ce qui concerne les informations provenant des bases de données nationales interconnectées, aucune donnée à caractère personnel relative aux personnes concernées n'est stockée sur le portail européen e-Justice. Toutes les données de ce type sont stockées dans les bases de données nationales gérées par les États membres ou par d'autres organes.

Art. 83 *Accès aux données à caractère personnel par l'intermédiaire du portail européen e-Justice.* Les données à caractère personnel stockées dans les registres d'insolvabilité nationaux visés à l'article 24 sont accessibles par l'intermédiaire du portail européen e-Justice aussi longtemps qu'elles demeurent accessibles en vertu du droit national.

CHAPITRE VII *DISPOSITIONS TRANSITOIRES ET FINALES*

Art. 84 *Application dans le temps.* 1. Les dispositions du présent règlement ne sont applicables qu'aux procédures d'insolvabilité ouvertes à compter du 26 juin 2017. Les actes accomplis par le débiteur avant cette date continuent d'être régis par la loi qui leur était applicable au moment où ils ont été accomplis.

2. Nonobstant l'article 91 du présent règlement, le règlement (CE) n° 1346/2000 continue de s'appliquer aux procédures d'insolvabilité relevant du champ d'application dudit règlement et qui ont été ouvertes avant le 26 juin 2017.

Art. 85 *Relations avec les conventions.* 1. Le présent règlement remplace, dans les relations entre les États membres et pour les matières auxquelles il se réfère, les conventions conclues entre deux ou plusieurs de ces États, à savoir :

a) la convention entre la Belgique et la France sur la compétence judiciaire, sur l'autorité et l'exécution des décisions judiciaires, des sentences arbitrales et des actes authentiques, signée à Paris le 8 juillet 1899 ;

b) la convention entre la Belgique et l'Autriche sur la faillite, le concordat et le sursis de paiement (avec protocole additionnel du 13 juin 1973), signée à Bruxelles le 16 juillet 1969 ;

c) la convention entre la Belgique et les Pays-Bas sur la compétence judiciaire territoriale, sur la faillite, ainsi que sur l'autorité et l'exécution des décisions judiciaires, des sentences arbitrales et des actes authentiques, signée à Bruxelles le 28 mars 1925 ;

d) le traité entre l'Allemagne et l'Autriche en matière de faillite et de concordat, signé à Vienne le 25 mai 1979 ;

e) la convention entre la France et l'Autriche sur la compétence judiciaire, la reconnaissance et l'exécution des décisions en matière de faillite, signée à Vienne le 27 février 1979 ;

f) la convention entre la France et l'Italie sur l'exécution des jugements en matière civile et commerciale, signée à Rome le 3 juin 1930 ;

g) la convention entre l'Italie et l'Autriche en matière de faillite et de concordat, signée à Rome le 12 juillet 1977 ;

h) la convention entre le Royaume des Pays-Bas et la République fédérale d'Allemagne sur la reconnaissance et l'exécution mutuelles des décisions judiciaires et autres titres exécutoires en matière civile et commerciale, signée à La Haye le 30 août 1962 ;

i) la convention entre le Royaume-Uni et le Royaume de Belgique sur l'exécution réciproque des jugements en matière civile et commerciale, et son protocole, signée à Bruxelles le 2 mai 1934 ;

j) la convention entre le Danemark, la Finlande, la Norvège, la Suède et l'Islande, relative à la faillite, signée à Copenhague le 7 novembre 1933 ;

k) la convention européenne sur certains aspects internationaux de la faillite, signée à Istanbul le 5 juin 1990 ;

l) la convention entre la République fédérative socialiste de Yougoslavie et le Royaume de Grèce sur la reconnaissance et l'exécution des décisions, signée à Athènes le 18 juin 1959 ;

m) l'accord entre la République fédérative socialiste de Yougoslavie et la République d'Autriche sur la reconnaissance et l'exécution réciproques des décisions et sentences arbitrales en matière commerciale, signé à Belgrade le 18 mars 1960 ;

n) la convention entre la République fédérative socialiste de Yougoslavie et la République italienne relative à l'entraide judiciaire en matière civile et administrative, signée à Rome le 3 décembre 1960 ;

o) l'accord entre la République fédérative socialiste de Yougoslavie et le Royaume de Belgique relatif à la coopération judiciaire en matière civile et commerciale, signé à Belgrade le 24 septembre 1971 ;

p) la convention entre le gouvernement de la Yougoslavie et le gouvernement de la France relative à la reconnaissance et à l'exécution des décisions judiciaires en matière civile et commerciale, signée à Paris le 18 mai 1971 ;

q) l'accord entre la République socialiste tchécoslovaque et la République hellénique sur l'assistance judiciaire en matière civile et pénale, signé à Athènes le 22 octobre 1980, toujours en vigueur entre la République tchèque et la Grèce ;

r) l'accord entre la République socialiste tchécoslovaque et la République de Chypre relatif à l'assistance judiciaire en matière civile et pénale, signé à Nicosie le 23 avril 1982, toujours en vigueur entre la République tchèque et Chypre ;

s) le traité entre le gouvernement de la République socialiste tchécoslovaque et le gouvernement de la République française relatif à l'entraide judiciaire, à la reconnaissance et à l'exécution des décisions, en matière civile, familiale et commerciale, signé à Paris le 10 mai 1984, toujours en vigueur entre la République tchèque et la France ;

t) le traité entre la République socialiste tchécoslovaque et la République italienne relatif à l'assistance judiciaire en matière civile et pénale, signé à Prague le 6 décembre 1985, toujours en vigueur entre la République tchèque et l'Italie ;

u) l'accord entre la République de Lettonie, la République d'Estonie et la République de Lituanie relatif à l'assistance judiciaire et les relations judiciaires, signé à Tallinn le 11 novembre 1992 ;

v) l'accord entre l'Estonie et la Pologne relatif à l'entraide judiciaire et à l'établissement de relations judiciaires en matière civile, pénale et du travail, signé à Tallinn le 27 novembre 1998 ;

w) l'accord entre la République de Lituanie et la République de Pologne relatif à l'entraide judiciaire et aux relations judiciaires en matière civile, familiale, pénale et du travail, signé à Varsovie le 26 janvier 1993 ;

x) la convention entre la République socialiste de Roumanie et la République hellénique concernant l'entraide judiciaire en matière civile et pénale et son protocole, signés à Bucarest le 19 octobre 1972 ;

y) la convention entre la République socialiste de Roumanie et la République française concernant l'entraide judiciaire en matière civile et commerciale, signée à Paris le 5 novembre 1974 ;

z) l'accord entre la République populaire de Bulgarie et la République hellénique relatif à l'entraide judiciaire en matière civile et pénale, signé à Athènes le 10 avril 1976 ;

aa) l'accord entre la République populaire de Bulgarie et la République de Chypre relatif à l'entraide judiciaire en matière civile et pénale, signé à Nicosie le 29 avril 1983 ;

ab) l'accord entre le gouvernement de la République populaire de Bulgarie et le gouvernement de la République française relatif à l'entraide judiciaire en matière civile, signé à Sofia le 18 janvier 1989 ;

ac) le traité entre la Roumanie et la République tchèque relatif à l'entraide judiciaire en matière civile, signé à Bucarest le 11 juillet 1994 ;

ad) le traité entre la Roumanie et la République de Pologne relatif à l'entraide judiciaire et aux relations judiciaires dans les affaires civiles, signé à Bucarest le 15 mai 1999.

2. Les conventions visées au paragraphe 1 continuent à produire leurs effets en ce qui concerne les procédures ouvertes avant l'entrée en vigueur du règlement (CE) n° 1346/2000.

3. Le présent règlement n'est pas applicable :

a) dans tout État membre, dans la mesure où il est incompatible avec les obligations en matière de faillite résultant d'une convention conclue antérieurement à l'entrée en vigueur du règlement (CE) n° 1346/2000 par cet État membre avec un ou plusieurs pays tiers ;

b) au Royaume-Uni de Grande-Bretagne et d'Irlande du Nord, dans la mesure où il est incompatible avec les obligations en matière de faillite et de liquidation de sociétés insolvables résultant d'accords avec le Commonwealth applicables au moment de l'entrée en vigueur du règlement (CE) n° 1346/2000.

Art. 86 *Informations sur le droit national et le droit de l'Union en matière d'insolvabilité.* 1. Les États membres fournissent, dans le cadre du réseau judiciaire européen en matière civile et commerciale créé par la décision 2001/470/CE du Conseil *[Décis. 2001/470/CE du Conseil du 28 mai 2001 relative à la création d'un réseau judiciaire européen en matière civile et commerciale, JO L 174 du 27 juin 2001, p. 25]*, et dans le but de permettre l'accès de tous à l'information, une brève description de leur droit national et de leurs procédures dans le domaine de l'insolvabilité, notamment en ce qui concerne les éléments énumérés à l'article 7, paragraphe 2, du présent règlement.

2. Les États membres actualisent régulièrement l'information visée au paragraphe 1.

3. La Commission met les informations relatives au présent règlement à la disposition du public.

Art. 87 *Établissement de l'interconnexion de registres.* La Commission adopte des actes d'exécution visant à établir l'interconnexion des registres d'insolvabilité visée à l'article 25 du présent règlement. Ces actes d'exécution sont adoptés en conformité avec la procédure d'examen visée à l'article 89, paragraphe 3.

Art. 88 *Établissement et modification ultérieure des formulaires uniformisés.* La Commission adopte des actes d'exécution visant à établir et, le cas échéant, à modifier les formulaires visés à l'article 27, paragraphe 4, aux articles 54 et 55 et à l'article 64, paragraphe 2, du présent règlement. Ces actes d'exécution sont adoptés en conformité avec la procédure consultative visée à l'article 89, paragraphe 2.

Art. 89 *Comité.* 1. La Commission est assistée par un comité. Ledit comité est un comité au sens du règlement (UE) n° 182/2011.

2. Lorsqu'il est fait référence au présent paragraphe, l'article 4 du règlement (UE) n° 182/2011 s'applique.

3. Lorsqu'il est fait référence au présent paragraphe, l'article 5 du règlement (UE) n° 182/2011 s'applique.

Art. 90 *Clause de réexamen.* 1. Au plus tard le 27 juin 2027, et tous les cinq ans par la suite, la Commission présente au Parlement européen, au Conseil et au Comité économique et social européen un rapport relatif à l'application du présent règlement. Ce rapport est accompagné, le cas échéant, de propositions visant à adapter le présent règlement.

2. Au plus tard le 27 juin 2022, la Commission présente au Parlement européen, au Conseil et au Comité économique et social européen un rapport relatif à l'application de la procédure de coordination collective. Ce rapport est accompagné, le cas échéant, de propositions visant à adapter le présent règlement.

3. Le 1er janvier 2016 au plus tard, la Commission présente au Parlement européen, au Conseil et au Comité économique et social européen une étude concernant les problèmes transfrontaliers qui se posent dans le domaine de la responsabilité et des déchéances de dirigeants.

4. Au plus tard le 27 juin 2020, la Commission présente au Parlement européen, au Conseil et au Comité économique et social européen une étude concernant la question de la recherche abusive de la juridiction la plus favorable.

Art. 91 *Abrogation.* Le règlement (CE) n° 1346/2000 est abrogé.

Les références faites au règlement abrogé s'entendent comme faites au présent règlement et sont à lire selon le tableau de correspondance figurant à l'annexe D du présent règlement.

Art. 92 *Entrée en vigueur.* Le présent règlement entre en vigueur le vingtième jour suivant celui de sa publication au *Journal officiel de l'Union européenne.*

Il est applicable à partir du 26 juin 2017, à l'exception de :

a) l'article 86, qui est applicable à partir du 26 juin 2016 ;

b) l'article 24, paragraphe 1, qui est applicable à partir du 26 juin 2018 ; et

c) l'article 25, qui est applicable à partir du 26 juin 2019.

Le présent règlement est obligatoire dans tous ses éléments et directement applicable dans tout État membre conformément aux traités.

ANNEXE A

Procédures d'insolvabilité visées à l'art. 2, point 4)

(Règl. (UE) 2021/2260 du 15 déc. 2021)

Le Règl. (UE) 2021/2260 du 15 déc. 2021 entre en vigueur le vingtième jour suivant celui de sa publication au JOUE (Règl. préc., art. 2, JOUE L 455 du 20 déc. 2021).

BELGIQUE/BELGIË

— Het faillissement/La faillite,

— De gerechtelijke reorganisatie door een collectief akkoord/La réorganisation judiciaire par accord collectif,

— De gerechtelijke reorganisatie door een minnelijk akkoord/La réorganisation judiciaire par accord amiable,

— De gerechtelijke reorganisatie door overdracht onder gerechtelijk gezag/La réorganisation judiciaire par transfert sous autorité de justice,

— De collectieve schuldenregeling/Le règlement collectif de dettes,

— De vrijwillige vereffening/La liquidation volontaire,

— De gerechtelijke vereffening/La liquidation judiciaire,

— De voorlopige ontneming van het beheer, als bedoeld in artikel XX.32 van het Wetboek van economisch recht/Le dessaisissement provisoire de la gestion, visé à l'article XX.32 du Code de droit économique,

БЪЛГАРИЯ

— Производство по несъстоятелност,

— Производство по стабилизаия на търговеца,
ČESKÁ REPUBLIKA
— Konkurs,
— Reorganizace,
— Oddlužení,
DEUTSCHLAND
— Das Konkursverfahren,
— Das gerichtliche Vergleichsverfahren,
— Das Gesamtvollstreckungsverfahren,
— Das Insolvenzverfahren,
— Die öffentliche Restrukturierungssache,
EESTI
— Pankrotimenetlus,
— Võlgade ümberkujundamise menetlus,
ÉIRE/IRELAND
— Compulsory winding-up by the court,
— Bankruptcy,
— The administration in bankruptcy of the estate of persons dying insolvent,
— Winding-up in bankruptcy of partnerships,
— Creditors' voluntary winding-up (with confirmation of a court),
— Arrangements under the control of the court which involve the vesting of all or part of the property of the debtor in the Official Assignee for realisation and distribution,
— Examinership,
— Debt Relief Notice,
— Debt Settlement Arrangement,
— Personal Insolvency Arrangement,
ΕΛΛΑΔΑ
— Ή πτώχευσΗ,
— Ή ειδική εκκαθάρισΗ εν λειτουργία,
— Σχέδιο αναδιοργάνωσΗς,
— ΑπλοποιΗμένΗ διαδικασία επί πτωχεύσεων μικρού αντικειμένου,
— Διαδικασία εξυγίανσΗς,
ESPAÑA
— Concurso,
— Procedimiento de homologación de acuerdos de refinanciación,
— Procedimiento de acuerdos extrajudiciales de pago,
— Procedimiento de negociación pública para la consecución de acuerdos de refinanciación colectivos, acuerdos de refinanciación homologados y propuestas anticipadas de convenio,
FRANCE
— Sauvegarde,
— Sauvegarde accélérée,
— Sauvegarde financière accélérée,
— Redressement judiciaire,
— Liquidation judiciaire,
HRVATSKA
— Stečajni postupak,
— Predstečajni postupak,
— Postupak stečaja potrošača,
— Postupak izvanredne uprave u trgovačkim društvima od sistemskog značaja za Republiku Hrvatsku,
ITALIA
— Fallimento
[jusqu'au 15 mai 2022],
— Liquidazione giudiziale
[à partir du 16 mai 2022],
— Concordato preventivo,
— Liquidazione coatta amministrativa,
— Amministrazione straordinaria,
— Accordi di ristrutturazione,
— Procedure di composizione della crisi da sovraindebitamento del consumatore (accordo o piano)
[jusqu'au 15 mai 2022],
— Liquidazione dei beni

[jusqu'au 15 mai 2022],
— Ristrutturazione dei debiti del consumatore
[à partir du 16 mai 2022],
— Concordato minore
[à partir du 16 mai 2022],
— Liquidazione controllata del sovraindebitato
[à partir du 16 mai 2022],
ΚΥΠΡΟΣ
— Υποχρεωτική εκκαθάρισΗ από το Δικαστήριο,
— Εκούσια εκκαθάρισΗ από μέλΗ,
— Εκούσια εκκαθάρισΗ από πιστωτές,
— ΕκκαθάρισΗ με τΗν εποπτεία του ΔικαστΗρίου,
— Διάταγμα παραλαβής και πτώχευσΗς κατόπιν Δικαστικού Διατάγματος,
— ΔιαχείρισΗ τΗς περιουσίας προσώπων που απεβίωσαν αφερέγγυα,
— Διορισμός Εξεταστή,
— Προσωπικά Σχέδια ΑποπλΗρωμής,
LATVIJA
— Tiesiskās aizsardzības process,
— Juridiskās personas maksātnespējas process,
— Fiziskās personas maksātnespējas process,
LIETUVA
— Juridinio asmens restruktūrizavimo byla,
— Juridinio asmens bankroto byla,
— Juridinio asmens bankroto procesas ne teismo tvarka,
— Fizinio asmens bankroto procesas,
LUXEMBOURG
— Faillite,
— Gestion contrôlée,
— Concordat préventif de faillite (par abandon d'actif),
— Régime spécial de liquidation du notariat,
— Procédure de règlement collectif des dettes dans le cadre du surendettement,
MAGYARORSZÁG
— Csődeljárás,
— Felszámolási eljárás,
— Nyilvános szerkezetátalakítási eljárás
[à partir du 1er juillet 2022],
MALTA
— Xoljiment,
— Amministrazzjoni,
— Stralċ volontarju mill-membri jew mill-kredituri,
— Stralċ mill-Qorti,
— Falliment f'każ ta' kummerċjant,
— Proċedura biex kumpanija tirkupra,
NEDERLAND
— Het faillissement,
— De surseance van betaling,
— De schuldsaneringsregeling natuurlijke personen,
— De openbare akkoordprocedure buiten faillissement,
ÖSTERREICH
— Das Konkursverfahren (Insolvenzverfahren),
— Das Sanierungsverfahren ohne Eigenverwaltung (Insolvenzverfahren),
— Das Sanierungsverfahren mit Eigenverwaltung (Insolvenzverfahren),
— Das Schuldenregulierungsverfahren,
— Das Abschöpfungsverfahren,
— Das Europäische Restrukturierungsverfahren,
POLSKA
— Upadłość,
— Postępowanie o zatwierdzenie układu,
— Postępowanie o zatwierdzenie układu na zgromadzeniu wierzycieli przez osobę fizyczną nieprowadzącą działalności gospodarczej,
— Przyspieszone postępowanie układowe,
— Postępowanie układowe,
— Postępowanie sanacyjne,

PORTUGAL
— Processo de insolvência,
— Processo especial de revitalização,
— Processo especial para acordo de pagamento,
ROMÂNIA
— Procedura insolvenei,
— Reorganizarea judiciară,
— Procedura falimentului,
— Concordatul preventiv,
SLOVENIJA
— Postopek preventivnega prestrukturiranja,
— Postopek prisilne poravnave,
— Postopek poenostavljene prisilne poravnave,
— Stečajni postopek : stečajni postopek nad pravno osebo, postopek osebnega stečaja in postopek stečaja zapuščine,
SLOVENSKO
— Konkurzné konanie,
— Reštrukturalizačné konanie,
— Oddlženie,
SUOMI/FINLAND
— Konkurssi/konkurs,
— Yrityssaneeraus/företagssanering,
— Yksityishenkilön velkajärjestely/skuldsanering för privatpersoner,
SVERIGE
— Konkurs,
— Företagsrekonstruktion,
— Skuldsanering.

ANNEXE B

Praticiens de l'insolvabilité visés à l'art. 2, point 5)

(Règl. (UE) 2021/2260 du 15 déc. 2021)

Pour l'entrée en vigueur du Règl. (UE) n° 2021/2260 du 15 déc. 2021, V. note ss. Annexe A.
BELGIQUE/BELGIË
— De curator/Le curateur,
— De gerechtsmandataris/Le mandataire de justice,
— De schuldbemiddelaar/Le médiateur de dettes,
— De vereffenaar/Le liquidateur,
— De voorlopige bewindvoerder/L'administrateur provisoire,
БЪЛГАРИЯ
— Назначен предварително временен синдик,
— Временен синдик,
— (Постоянен) синдик,
— Служебен синдик,
— Доверено лице,
ČESKÁ REPUBLIKA
— Insolvenční správce,
— Předběžný insolvenční správce,
— Oddělený insolvenční správce,
— Zvláštní insolvenční správce,
— Zástupce insolvenčního správce,
DEUTSCHLAND
— Konkursverwalter,
— Vergleichsverwalter,
— Sachwalter (nach der Vergleichsordnung),
— Verwalter,
— Insolvenzverwalter,
— Sachwalter (nach der Insolvenzordnung),
— Treuhänder,
— Vorläufiger Insolvenzverwalter,

— Vorläufiger Sachwalter,
— Restrukturierungsbeauftragter,
EESTI
— Pankrotihaldur,
— Ajutine pankrotihaldur,
— Usaldusisik,
ÉIRE/IRELAND
— Liquidator,
— Official Assignee,
— Trustee in bankruptcy,
— Provisional Liquidator,
— Examiner,
— Personal Insolvency Practitioner,
— Insolvency Service,
ΕΛΛΑΔΑ
— Ο σύνδικος,
— Ο εισΗγΗτής,
— Ή επιτροπή των πιστωτών,
— Ο ειδικός εκκαθαριστής,
ESPAÑA
— Administrador concursal,
— Mediador concursal,
FRANCE
— Mandataire judiciaire,
— Liquidateur,
— Administrateur judiciaire,
— Commissaire à l'exécution du plan,
HRVATSKA
— Stečajni upravitelj,
— Privremeni stečajni upravitelj,
— Stečajni povjerenik,
— Povjerenik,
— Izvanredni povjerenik,
ITALIA
— Curatore,
— Commissario giudiziale,
— Commissario straordinario,
— Commissario liquidatore,
— Liquidatore giudiziale,
— Professionista nominato dal Tribunale,
— Organismo di composizione della crisi nella procedura di composizione della crisi da sovraindebitamento del consumatore
[jusqu'au 15 mai 2022],
— Organismo di composizione della crisi da sovraindebitamento
[à partir du 16 mai 2022],
— Liquidatore,
ΚΥΠΡΟΣ
— Εκκαθαριστής και Προσωρινός Εκκαθαριστής,
— ΕπίσΗμος ΠαραλήπτΗς,
— Διαχειριστής τΗς ΠτώχευσΗς,
— Εξεταστής,
— Σύμβουλος ΑφερεγγυότΗτας,
LATVIJA
— Maksātnespējas procesa administrators,
— Tiesiskās aizsardzības procesa uzraugošā persona,
LIETUVA
— Nemokumo administratorius,
LUXEMBOURG
— Le curateur,
— Le commissaire,
— Le liquidateur,
— Le conseil de gérance de la section d'assainissement du notariat,
— Le liquidateur dans le cadre du surendettement,

MAGYARORSZÁG
— Vagyonfelügyelő,
— Felszámoló,
— Szerkezetátalakítási szakértő
[à partir du 1er juillet 2022],
MALTA
— Amministratur Proviżorju,
— Riċevitur Uffiċjali,
— Stralċjarju,
— Manager Speċjali,
— Kuraturi f'każ ta' proċeduri ta' falliment,
— Kontrolur Speċjali,
NEDERLAND
— De curator in het faillissement,
— De bewindvoerder in de surseance van betaling,
— De bewindvoerder in de schuldsaneringsregeling natuurlijke personen,
— De herstructureringsdeskundige in de openbare akkoordprocedure buiten faillissement,
— De observator in de openbare akkoordprocedure buiten faillissement,
ÖSTERREICH
— Masseverwalter,
— Sanierungsverwalter,
— Restrukturierungsbeauftragter,
— Besonderer Verwalter,
— Einstweiliger Verwalter,
— Sachwalter,
— Treuhänder,
— Insolvenzgericht,
— Konkursgericht,
POLSKA
— Syndyk,
— Nadzorca sądowy,
— Zarządca,
— Nadzorca układu,
— Tymczasowy nadzorca sądowy,
— Tymczasowy zarządca,
— Zarządca przymusowy,
PORTUGAL
— Administrador da insolvência,
— Administrador judicial provisório,
ROMÂNIA
— Practician îninsolventabreve,
— Administrator concordatar,
— Administrator judiciar,
— Lichidator judiciar,
SLOVENIJA
— Upravitelj,
SLOVENSKO
— Predbežný správca,
— Správca,
SUOMI/FINLAND
— Pesänhoitaja/boförvaltare,
— Selvittäjä/utredare,
SVERIGE
— Förvaltare,
— Rekonstruktör.

Règlement (CE) n° 1346/2000 du 29 mai 2000 *[Abrogé]*,

Relatif aux procédures d'insolvabilité (JOCE n° L 160 du 30 juin).

Le présent règlement est abrogé et remplacé par le Règl. (UE) 2015-848 du 20 mai 2015, applicable à partir du 26 juin 2017. — V. ce texte.

RÉP. COM. v° *Entreprise en difficulté : droit international et européen*, par MASTRULLO.

BIBL. GÉN. ▶ VALLENS, *RLDA sept. 2000. 3 ; LPA 13 juin 2002, p. 15* (exequatur des jugements étrangers de faillite après le règlement sur les procédures d'insolvabilité) ; *D. 2003. Chron. 1421* (mise en œuvre du règlement sur les procédures d'insolvabilité : questions de procédure). – CHAPUT, *Dr. sociétés 2000. Chron. 22*. – MENJUCQ, *BJS 2000. 1109 ; RJDA 2001, p. 579* (créanciers dans le règlement sur les procédures d'insolvabilité) ; *LPA 12 déc. 2003, p. 10* (apports concernant le rôle des mandataires judiciaires dans les procédures communautaires d'insolvabilité) ; *RJ com. 2007. 105* (le droit communautaire des procédures d'insolvabilité à l'épreuve des juridictions nationales) ; *RPC 2009. Étude 12* (efficacité des sûretés à l'épreuve des procédures transfrontalières). – IDOT, *JCP E 2000, n° 42, p. 1648*. – MATHIEU-BOUYSSOU, *D. 2002. Chron. 2245* (règles de droit judiciaire privé relatives aux procédures d'insolvabilité européennes après le règlement n° 1346/2000). – HONORAT ET HENRY, *Mél. Sortais, Bruylant, 2002, p. 313* (compétence juridictionnelle dans le règlement n° 1346/2000). – JAULT-SESEKE et ROBINE, *D. 2004. Chron. 1009* . – URBAIN-PARLÉANI, *Rev. sociétés 2005. 101* . – MÉLIN, *BJS 2005. 927* (conflits de juridictions et procédures européennes d'insolvabilité) ; *JCP E 2009. 1022* (le règlement du 29 mai 2000 et la coordination des procédures d'insolvabilité). – DAMMANN, *Banque et Dr. 5-6/2005. 36* (le droit européen des faillites : source d'incertitudes et d'opportunités pour les banques) ; *D. 2005. Chron. 1779* (problématique des conflits de juridictions et de *forum shopping*). – BEAUBRUN, *Defrénois 2005. 1874*. – BRÉMOND, *LPA 13 déc. 2005, p. 3* (inscription à l'Annexe B du redressement judiciaire). – URBAN, *JCP 2006. I. 122* (la protection juridique incertaine des salariés dans une procédure collective transfrontalière). – Colloque du 10 nov. 2005, *LPA 19 oct. 2006* (traitement des difficultés des entreprises dans le marché unique européen). – Dossier, *RLDA 2006, n° 10, p. 98* (bilan d'application). – TEBOUL, *LPA 6 mars 2007, p. 6* (vers une évolution du droit des groupes : la jurisprudence sur le règlement sur les procédures d'insolvabilité). – ADELINE, *ibid., p. 9* (créanciers en matière de faillite internationale). – JAZOTTES et MONSÈRIÉ-BON, *Europe 2007. Étude 19* (premières applications du règlement : la recherche de l'efficacité). – JAZOTTES et M. SÉNÉCHAL, *RPC 2008. Dossier 4* (ouverture d'une « faillite européenne »). – DAMMANN et PODEUR, *D. 2008. Chron. 2738* (interprétation jurisprudentielle souple du règlement). – KUNTZ, *BJS 2009. 308* (la liquidation amiable : une procédure d'insolvabilité au sens du règlement 1346/2000 ?). – FINK et P. STORCK, *Journ. sociétés 9/2009. 30* (« Forum Shopping » et concurrence entre les procédures collectives en Europe). – Colloque du 17 nov. 2011, *BJE 2012. 49* (refonte du règlement 1346/2000 : regards croisés). – NABET, *RJ com. janv.-févr. 2012. 4* (dix ans d'application du règlement : bilan et perspectives) ; *BJE 2014. 273* (champ d'application spatial du règlement) ; *ibid. 2015. 56* (champ d'application matériel direct du règlement). – KHAIRALLAH, *Mél. Merle, Dalloz, 2012, p. 417* (le droit commun de la faillite internationale à l'heure du droit européen de l'insolvabilité). – Colloque du CREDIMI du 11 oct. 2013, *RPC 2013. Dossiers 47 à 58* (l'insolvabilité internationale à l'épreuve des groupes de sociétés). – BURBIDGE, *Mél. Le Cannu, Dalloz-LGDJ, 2014, p. 587* (l'Angleterre comme paradis de la faillite et les propositions de réforme du règlement 1346/2000). – GUYOMARC'H, *JCP E 2015. 1244* (nécessité d'intégrer le mandat *ad hoc* et la conciliation dans le règlement 1346/2000).

CHAPITRE I ***DISPOSITIONS GÉNÉRALES***

Art. 1er Champ d'application. ***1. Le présent règlement s'applique aux procédures collectives fondées sur l'insolvabilité du débiteur qui entraînent le dessaisissement partiel ou total de ce débiteur ainsi que la désignation d'un syndic.***

2. Le présent règlement ne s'applique pas aux procédures d'insolvabilité qui concernent les entreprises d'assurance et les établissements de crédit, les entreprises d'investissement qui fournissent des services impliquant la détention de fonds ou de valeurs mobilières de tiers, ainsi qu'aux organismes de placement collectif.

1. Pour l'application à la procédure de sauvegarde, V. • CJUE 22 nov. 2012 : *cité note 10 ss. art. 4* • Paris, 26 juin 2012 : *RPC 2012, n° 186, obs. Menjucq ; RJDA 2013, n° 355* (affaire Eurotunnel) • T. com. Paris, 2 août 2006 : *D. 2006. 2329, note Dammann et Podeur ; BJS 2007. 37, note Jault-Seseke et Robine* (même affaire).

2. Pour l'exclusion du champ d'application du règlement de la procédure de conciliation, V. * Rép. min. n° 120292 : *JOAN Q, 1er mai 2007, p. 4159 ; D. 2007. 1332*.

3. Les procédures de traitement du surendettement des particuliers ne sont pas au nombre de celles auxquelles s'applique le Règl. n° 1346/2000 du 29 mai 2000. • Civ. 2e, 17 mars 2016, n° 14-26.868 P : *D. 2016. Actu. 700 ; APC 2016, n° 99, obs. V. Legrand ; RDBF 2016, n° 132, obs. S. Piedelièvre ; Dr. et patr. juill.-août 2016. 92, obs. Macorig-Venier ; BJE 2016. 284, note Mélin ; RPC 2016, n° 102, obs. Gjidara-Decaix ; RPC 2016, n° 174, obs. Menjucq.*

4. Pour l'inapplicabilité du Règl. n° 1346/2000 du 29 mai 2000 à une procédure liquidative ouverte au Danemark et les effets de l'absence d'exequatur des jugements rendus par la juridiction danoise, V. • Com. 28 juin 2016, n° 14-10.415 P : *Rev. sociétés 2016. 556, obs. Roussel Galle ; Rev. crit. DIP 2017. 443, note Jault-Seseke ; APC 2016, n° 191, obs. Staes ; RJDA 2016, n° 718 ; Gaz. Pal. 18 oct. 2016, p. 45, obs. Henry.*

Art. 2 Définitions. *Aux fins du présent règlement, on entend par :*

a) "procédure d'insolvabilité" : les procédures collectives visées à l'article 1er, paragraphe 1. La liste de ces procédures figure à l'annexe A ;

b) "syndic" : toute personne ou tout organe dont la fonction est d'administrer ou de liquider les biens dont le débiteur est dessaisi ou de surveiller la gestion de ses affaires. La liste de ces personnes et organes figure à l'annexe C ;

c) "procédure de liquidation" : une procédure d'insolvabilité au sens du point a) qui entraîne la liquidation des biens du débiteur, y compris lorsque cette procédure est clôturée par un concordat ou une autre mesure mettant fin à l'insolvabilité, ou est clôturée en raison de l'insuffisance de l'actif. La liste de ces procédures figure à l'annexe B ;

d) "juridiction" : l'organe judiciaire ou toute autre autorité compétente d'un État membre habilité(e) à ouvrir une procédure d'insolvabilité ou à prendre des décisions au cours de cette procédure ;

e) "décision" : lorsqu'il s'agit de l'ouverture d'une procédure d'insolvabilité ou de la nomination d'un syndic, la décision de toute juridiction compétente pour ouvrir une telle procédure ou pour nommer un syndic ;

f) "moment de l'ouverture de la procédure" : le moment où la décision d'ouverture prend effet, que cette décision soit ou non définitive ;

g) "État membre dans lequel se trouve un bien" :

— pour les bien corporels, l'État membre sur le territoire duquel le bien est situé,

— pour les biens et les droits que le propriétaire ou le titulaire doit faire inscrire dans un registre public, l'État membre sous l'autorité duquel ce registre est tenu,

— pour les créances, l'État membre sur le territoire duquel se trouve le centre des intérêts principaux du tiers débiteur, tel qu'il est déterminé à l'article C, paragraphe 1 ;

h) "établissement" : tout lieu d'opérations où le débiteur exerce de façon non transitoire une activité économique avec des moyens humains et des biens.

BIBL. ▸ Menjucq, *RPC 2015. Étude 18* (analyse de l'art. 2, *g*).

Art. 3 Compétence internationale. *1. Les juridictions de l'État membre sur le territoire duquel est situé le centre des intérêts principaux du débiteur sont compétentes pour ouvrir la procédure d'insolvabilité. Pour les sociétés et les personnes morales, le centre des intérêts principaux est présumé, jusqu'à preuve contraire, être le lieu du siège statutaire.*

2. Lorsque le centre des intérêts principaux du débiteur est situé sur le territoire d'un État membre, les juridictions d'un autre État membre ne sont compétentes pour ouvrir une procédure d'insolvabilité à l'égard de ce débiteur que si celui-ci possède un établissement sur le territoire de cet autre État membre. Les effets de cette procédure sont limités aux biens du débiteur se trouvant sur ce dernier territoire.

3. Lorsqu'une procédure d'insolvabilité est ouverte en application du paragraphe 1, toute procédure d'insolvabilité ouverte ultérieurement en application du paragraphe 2 est une procédure secondaire. Cette procédure doit être une procédure de liquidation.

4. Une procédure territoriale d'insolvabilité visée au paragraphe 2 ne peut être ouverte avant l'ouverture d'une procédure principale d'insolvabilité en application du paragraphe 1 que :

a) si une procédure d'insolvabilité ne peut pas être ouverte en application du paragraphe 1 en raison des conditions établies par la loi de l'État membre sur le territoire duquel est situé le centre des intérêts principaux du débiteur

ou

b) si l'ouverture de la procédure territoriale d'insolvabilité est demandée par un créancier dont le domicile, la résidence habituelle ou le siège se trouve dans l'État membre sur le territoire duquel est situé l'établissement concerné, ou dont la créance a son origine dans l'exploitation de cet établissement.

Pour la mention au registre du commerce et des sociétés des décisions rendues en application de l'art. 3 (1), V. C. com., art. R. 123-91. — **C. com.** *ou* **C. sociétés.**

BIBL. ▸ Dammann et M. Sénéchal, *RLDA 2006, n° 9, p. 81* (procédure secondaire : mode d'emploi). – Dannenberger, *RPC 2007. 112* (interprétation de la notion d'établissement principal). – Montéran, *Gaz. Pal. 2007. Doctr. 3165* (critères de territorialité appliqués aux groupes de sociétés). – Martin-Serf, *Mél. Tricot, Dalloz-Litec, 2011, p. 534* (le siège social à l'épreuve des procédures collectives).

1. Notion de « centre des intérêts principaux ». La notion de « centre des intérêts principaux » du débiteur, visée à l'art. 3, § 1, doit être interprétée par référence au droit de l'Union. • CJUE 20 oct. 2011 : *D. 2011. 2915, note Vallens ; ibid. Actu. 2593, obs. Lienhard ; Rev. sociétés 2011. 726, obs. Roussel Galle ; ibid. 2012. 116, note Mastrullo ; DP diff. entr., Bull. n° 331, obs. Rémery ; RJDA 2012, n° 80 ; BJE 2012. 34, note Henry ; BJS 2012. 164, obs. Kuntz et Nurit ; RLDA janv. 2012. 18, obs. Mélin ; Dr. sociétés 2012, n° 150, note Legros.* – V. Menjucq, *RPC 2011. Étude 32* ; Dammann et Albertini, *JCP E 2012. 1309.* ♦ Lorsque le siège statutaire n'est pas le centre des intérêts principaux de la société, la juridiction compétente n'est pas celle dans le ressort de laquelle est situé le siège statutaire mais celle dans le ressort de laquelle est situé le centre des intérêts principaux de la société, à charge pour cette juridiction de constater que ce fait est démontré. • Versailles, 4 sept. 2003 : *BICC 2004, n° 800 ; D. 2003. 2352, note Vallens ; Rev. crit. DIP 2003. 655, note Khairallah ; JCP E 2003, n° 50, p. 2012, note Likillimba ; Rev. sociétés 2003. 891, note Rémery ; JCP 2004. II. 10007, note Menjucq ; APC 2003, n° 224, obs. Dom ; Procédures 2003, n° 239, obs. Nourissat.* – V. Mélin, *RJDA janv. 2004* ; G. Brémond, *Dr. et patr. 1/2004. 28* ; Masson, *RPC 2004. 38* ; Castell, *Gaz. Pal. 24-25 févr. 2006, p. 8.* ♦ Arrêt conf. par • Com. 27 juin 2006 : *cité note 1 ss. art. 16.* ♦ La notion d'établissement n'est appelée à jouer que pour l'ouverture d'une procédure d'insolvabilité secondaire. • Même arrêt. ♦ La notion de centre des intérêts principaux revêt une signification autonome et doit être interprétée de manière uniforme et indépendante des législations nationales en s'appuyant sur des éléments objectifs et vérifiables par les tiers permettant de prouver l'existence d'une situation réelle différente de celle que la localisation au siège statutaire est censée refléter. • T. com. Paris, 2 août 2006 : *cité note 1 ss. art. 1er.*

2. La présomption établie par l'art. 3 en faveur du siège statutaire n'est qu'une présomption simple ; pour déterminer le centre des intérêts principaux, il convient de se référer au concept des *head office functions* et à un contrôle très intensif visible pour les tiers. • T. com. Nanterre, 15 févr. 2006 : *D. 2006. 793, note Vallens ; Banque et Dr. 3-4/2006. 56, obs. Urban ; Gaz. Pal. 30 avr.-4 mai 2006, p. 12, note Mélin ; BJS 2006. 575, note Jault-Seseke et Robine (affaire EMTEC),* décidant l'ouverture d'une procédure de redressement judiciaire à l'encontre de filiales étrangères d'une société française, le centre des intérêts principaux des filiales étant situé au lieu du siège de la société mère. ♦ V. les propos des organes désignés dans cette procédure recueillis par T. Montéran, *Gaz. Pal. 30 avr.-4 mai 2006, p. 6.* ♦ Pour d'autres applications, V. • Paris, 26 nov. 2009 : *Rev. sociétés 2010. 395, note Mastrullo ; RJDA 2010, n° 416* • 21 déc. 2016, n° 15/22807 : *Rev. sociétés 2017. 178, obs. Roussel Galle ; RPC 2017, n° 63, obs. Menjucq* • Riom, 10 sept. 2008 : *JCP E 2009. 1815, note Legros* • TGI Lure, 29 mars 2006 : *D. 2006. AJ 1043, obs. Lienhard* • T. com. Roubaix-Tourcoing, 21 avr. 2008 : *BJS 2008. 993, note Mélin ; RTD com. 2010. 204, obs. Vallens .* • T. com. Beaune, 16 juill. 2008 : *D. 2008. AJ 2141 ; Rev. sociétés 2008. 891, note Menjucq ; BJS 2008. 1015, note Mélin ; ibid. 2009. 53, note Coquelet ; RTD com. 2010. 205, obs. Vallens .* ♦ Lorsqu'une société exerce son activité sur le territoire de l'État membre où est situé son siège social, le fait que ses choix économiques soient ou puissent être contrôlés par une société mère établie dans un autre État membre ne suffit pas pour écarter la présomption prévue par l'art. 3 en faveur du siège statutaire. • CJCE 2 mai 2006 : *D. 2006. 1752, note Dammann ; ibid. AJ 1286, obs. Lienhard ; ibid. Pan. 2251, obs. F.-X. Lucas ; JCP 2006. II. 10089, note Menjucq ; Rev. sociétés 2006. 360, note Rémery ; BJS 2006. 907, note Fasquelle ; Gaz. Pal. 14-18 juill. 2006, p. 7, obs. Mélin ; Banque et Dr. 7-8/2006. 70, obs. Affaki et Stoufflet ; JCP E 2006, n° 37, p. 1531, obs. Pétel (affaire Eurofood).* – V. Chaput, *RLDA 2006, n° 6, p. 26 ;* Vallens, *JCP E 2006, n° 27-28, p. 1220.* ♦ Dans l'hypothèse où les organes de direction et de contrôle d'une société se trouvent au lieu de son siège statutaire et que les décisions de gestion de cette société sont prises, de manière vérifiable par les tiers, en ce lieu, la présomption prévue à l'art. 3, § 1, trouve pleinement à s'appliquer. • CJUE 20 oct. 2011 : *préc. note 1.*

3. L'art. 3, § 1, ne présume pas que le centre des intérêts principaux du débiteur personne physique est situé à son domicile ou à sa résidence ; celui-ci s'entend du lieu où le débiteur gère habituellement ses intérêts et qui est donc vérifiable par les tiers. • Com. 15 févr. 2011, n° 10-13.832 P : *D. 2011. 1738, note Dammann et Rapp ; JCP E 2011. 1298, note Mélin ; APC 2011, n° 92, obs. Vallansan ; DP diff. entr., Bull. n° 324, obs. Rémery ; RJDA 2011, n° 343 ; RLDA juin 2011. 16, obs. Likillimba ; RPC 2011, n° 170, obs. Menjucq.*

4. L'art. 3, § 1, doit être interprété en ce sens que la juridiction de l'État membre sur le territoire duquel est situé le centre des intérêts principaux du débiteur lors de l'introduction de la demande d'ouverture de la procédure d'insolvabilité par le débiteur demeure compétente pour ouvrir ladite procédure lorsque ledit débiteur déplace le centre de ses intérêts principaux sur le territoire d'un autre État membre après l'introduction de la demande mais avant l'intervention de l'ouverture de la procédure. • CJCE 17 janv. 2006 : *D. 2006. 1752, note Dammann ; ibid. AJ 367, obs. Lienhard ; RJDA 2006, n° 449 ; Gaz. Pal. 30 avr.-4 mai 2006,* *p. 19, obs. Mélin ; Rev. sociétés 2006. 346, note Vallens ; BJS 2006. 753, note Fasquelle ; RJ com. 2006. 243, note Sortais (affaire Staubitz/Schreiber).* – V. Volders et Rétornaz, *RPC 2006. 241.*

5. L'art. 3, § 1, doit être interprété en ce sens que, dans la circonstance où le siège statutaire d'une société a été transféré d'un État membre vers un autre État membre, la juridiction, saisie ultérieurement audit transfert, d'une demande d'ouverture d'une procédure d'insolvabilité dans l'État membre d'origine ne peut écarter la présomption selon laquelle le centre des intérêts principaux de cette société est situé au lieu du nouveau siège statutaire et considérer que le centre de ces intérêts demeurait, à la date à laquelle elle a été saisie, dans cet État membre d'origine, bien que cette société n'y eût plus d'établissement, que s'il résulte d'autres éléments objectifs et vérifiables par les tiers que, néanmoins, le centre effectif de direction et de contrôle de ladite société ainsi que de la gestion de ses intérêts s'y trouvait encore à cette date. • CJUE 24 mai 2016, n° C-353/15 : *Rev. crit. DIP 2016. 692, note d'Avout ; RPC 2016, n° 170, obs. Menjucq.*

6. *Action contre un défendeur domicilié dans un État tiers.* L'art. 3, § 1, doit être interprété en ce sens que les juridictions de l'État membre sur le territoire duquel la procédure d'insolvabilité a été ouverte sont compétentes pour statuer sur une action révocatoire fondée sur l'insolvabilité et dirigée contre un défendeur ayant son siège statutaire dans un autre État membre. • CJCE 12 févr. 2009 : *D. 2009. 1311, note Vallens ; JCP E 2009. 1482, note Mélin ; ibid. 1814, n° 1, obs. Pétel ; RPC 2009, n° 152, obs. Mastrullo.* – V. Ehret, *RPC 2009. Étude 7.* ♦ ... Ou contre un défendeur n'ayant pas son domicile sur le territoire d'un État membre. • CJUE 16 janv. 2014 : *D. 2014. 915, note Jault-Seseke et Robine ; ibid. Pan. 1979, obs. d'Avout ; Rev. crit. DIP 2014. 670, note Bureau ; JCP 2014. 253, note Mélin ; BJE 2014. 108, note Henry ; RJDA 2014, n° 369 ; RJ com. 2014. 204, note Sortais ; RPC 2015, n° 141, obs. Menjucq.* – V. Dammann et Bleicher, *D. 2014. Chron. 1708* ; Vallens, *RPC 2014. Étude 16.* ♦ Cette compétence est exclusive. • CJUE 14 nov. 2018, n° C-296/17 : *D. 2019. 619, note Dammann et Rotaru ; Rev. crit. DIP 2019. 476, note Bureau ; Procédures 2019, n° 13, note Nourissat ; BJS 2/2019. 48, note Jault-Seseke et Robine ; RPC 2019, n° 161, obs. Menjucq.* ♦ Dans le même sens, pour l'action du curateur à la faillite d'une société dirigée contre le gérant de celle-ci, et tendant au remboursement de paiements effectués après la survenance de l'insolvabilité ou après constatation du surendettement de la société, lorsque le gérant a son domicile dans un État partie à la convention du 30 oct. 2007 concernant la compétence judiciaire, la reconnaissance et l'exécution des décisions en matière civile et commerciale, V. • CJUE 4 déc. 2014 : *D. 2015. Actu. 71 ; ibid. Pan. 2043, obs. d'Avout ; Rev. crit. DIP 2015. 462, note Bureau ; APC 2015, n° 79, obs. V. Legrand ; Procédures 2015, n° 83, note Nourissat ; Gaz. Pal. 1er-5 mai 2015, p. 17, obs. Henry ; BJE 2015. 139, obs. Dammann et Rapp ; RPC 2015, n° 141, obs. Menjucq.*

7. *Action en inopposabilité à la masse des créanciers.* L'art. 3, § 1, doit être interprété en ce sens que l'action du syndic, désigné par une juridiction de l'État membre sur le territoire duquel la procédure d'insolvabilité a été ouverte, ayant pour objet de faire déclarer inopposables à la masse des créanciers la vente d'un bien immeuble situé dans un autre État membre ainsi que l'hypothèque consentie sur celui-ci, relève de la compétence exclusive des juridictions du premier État membre. • CJUE 4 déc. 2019, n° C-493/18 : *D. 2019. Actu. 2349 ; Rev. crit. DIP 2020. 545, note Farnoux ; RJDA 2020, n° 165 ; RPC 2021, n° 93, obs. Mastrullo.* ♦ Pour une application, V. • Com. 25 mars 2020, n° 16-20.520 P : *D. 2020. Actu. 1103 ; JCP E 2020. 1353, n° 4, obs. Tehrani ; ibid. 1450, note Sautonie-Laguionie ; DP diff. entr., Bull. n° 426, obs. Rémery ; APC 2020, n° 175, obs. V. Legrand ; BJS 7-8/2020. 27, note Vallens ; RJDA 2020, n° 520 ; Gaz. Pal. 13 oct. 2020, p. 51, obs. Giorgini ; RPC 2021, n° 118, obs. Mastrullo.*

8. *Action en responsabilité extracontractuelle d'un salarié.* L'action en responsabilité extracontractuelle d'un salarié, engagée à l'encontre de la société qui fait l'objet d'une procédure secondaire d'insolvabilité et des *joint administrators*, et fondée sur la faute extracontractuelle qui aurait été commise du fait de l'ouverture de la procédure principale d'insolvabilité à l'encontre de la filiale de cette société, qui employait ce salarié, relève du champ d'application du Règl. n° 1346/2000. • Soc. 10 janv. 2017, n° 15-12.284 P : *D. 2017. 1287, note Robine et Jault-Seseke ; Rev. sociétés 2017. 507, note Mastrullo ; APC 2017, n° 61, obs. Gosselin-Gorand ; BJS 2017. 187, note Vallens ; LEDEN 4/2017. 6, obs. Dedessus-Le-Moustier ; RPC 2017, n° 61, obs. Menjucq.*

9. *Action non liée à la procédure d'insolvabilité.* N'entre pas dans le champ d'application de l'art. 3, § 1, l'action en paiement d'une créance fondée sur la fourniture de services de transport, exercée par le syndic d'une entreprise en faillite, désigné dans le cadre d'une procédure d'insolvabilité ouverte dans un État membre, et dirigée contre le bénéficiaire de ces services, établi dans un autre État membre. • CJUE 4 sept. 2014 : *D. 2014. Actu. 1822 ; ibid. Pan. 2043, obs. d'Avout ; RTD com. 2015. 180, obs. Marmisse-d'Abbadie d'Arrast ; Rev. crit. DIP 2015. 207, note Legros ; RPC 2015, n° 90, obs. Mastrullo.*

10. L'art. 3, § 1, doit être interprété en ce sens que ne relève pas de la compétence du tribunal ayant ouvert la procédure d'insolvabilité une action en responsabilité pour concurrence déloyale introduite contre le cessionnaire d'une branche d'activité acquise dans le cadre d'une procédure d'insolvabilité. • CJUE 9 nov. 2017, n° C-641/16 : *BJS 2018. 51, note Jault-Seseke et Robine ; BJE 2018. 130, note Henry ; Procédures 2018, n° 12, obs. Nourissat ; RPC 2018, n° 105, obs. Mastrullo.* ♦ V. l'arrêt rendu après renvoi à la CJUE pour interprétation : • Com. 9 mai 2018, n° 14-23.273 : *Rev. sociétés 2018. 415, obs. Henry ; LEDEN 6/2018. 2, obs. Mélin ; Gaz. Pal. 10 juill. 2018, p. 52, obs. Giorgini.*

11. L'action du salarié fondée sur l'art. L. 1224-1 C. trav., prévoyant en cas de survenance d'une modification dans la situation juridique de l'employeur, la subsistance, entre le nouvel employeur et le personnel de l'entreprise, de tous les contrats de travail en cours au jour de la modification, ne dérive pas directement d'une procédure d'insolvabilité. • Soc. 8 déc. 2021, n° 20-13.905 B : *D. 2021. Actu. 2229 ; Rev. crit. DIP 2023. 103, note Farnoux ; JCP E 2022. 1163, n° 2, obs. Tehrani ; APC 2022, n° 23, obs. V. Legrand ; BJS 2/2022. 41, note Robine et Jault-Seseke ; Gaz. Pal. 19 avr. 2022, p. 47, obs. Giorgini ; RPC 2022, n° 35, obs. Jacotot ; RJDA 2022, n° 299* • 20 déc. 2023, n° 21-18.146 B : *D. 2024. Actu. 12 ; JCP E 2024. 1116, n° 18, obs. Tehrani ; APC 2024, n° 52, obs. Fabries-Lecea ; BJS 3/2024. 44, note Mastrullo ; Gaz. Pal. 19 mars 2024, p. 55, obs. Giorgini.* – V. Vallens, *RJDA 2022. 351.*

12. Notion d'« établissement ». La notion d'« établissement » au sens de l'art. 3, § 2, doit être interprétée en ce sens qu'elle requiert la présence d'une structure comportant un minimum d'organisation et une certaine stabilité en vue de l'exercice d'une activité économique ; la seule présence de biens isolés ou de comptes bancaires ne répond pas, en principe, à cette définition. • CJUE 20 oct. 2011 : *préc. note 1.*

13. Procédure secondaire. L'art. 3, § 2, doit être interprété en ce sens que, dans le cadre de la mise en liquidation d'une société dans un État membre autre que celui dans lequel elle a son siège social, cette société peut également faire l'objet d'une procédure secondaire d'insolvabilité dans l'autre État membre, où elle a son siège social et où elle est dotée d'une personnalité juridique. • CJUE 4 sept. 2014 : *D. 2015. 45, note Dammann et Rapp ; ibid. Pan. 2043, obs. d'Avout ; Procédures 2014, n° 296, note Nourissat ; LEDEN 11/2014. 7, obs. Mélin ; BJS 2014. 714, note Jault-Seseke et Robine ; BJE 2014. 387, note Henry ; RLDA déc. 2014. 18, obs. Marchand ; Dr. sociétés 2015, n° 76, note Legros ; RPC 2015, n° 142, obs. Mastrullo.* ♦ Le règlement CE n° 1346/2000 doit être interprété en ce sens que, dès lors que la procédure principale d'insolvabilité est une procédure de liquidation, la prise en compte de critères d'opportunité par la juridiction saisie d'une demande tendant à l'ouverture d'une procédure secondaire d'insolvabilité relève du droit national de l'État membre sur le territoire duquel l'ouverture de cette procédure est demandée. Les États membres, quand ils fixent les conditions pour l'ouverture d'une telle procédure, doivent toutefois respecter le droit de l'Union et, notamment, les principes généraux de celui-ci ainsi que les dispositions du règlement CE n° 1346/2000. • Même arrêt. ♦ L'ouverture d'une procédure d'insolvabilité secondaire n'est souhaitable que si elle présente une utilité que le demandeur doit démontrer. V. • Versailles, 15 déc. 2005 : *D. 2006. 379, note Dammann ; ibid. AJ 142, obs. Lienhard ; Gaz. Pal. 10-11 févr. 2006, p. 4, note Mélin.* – V. Boccon-Gibod et Desnos, *Gaz. Pal. 3-4 févr. 2006, p. 14* ; Castell, *ibid. 24-25 févr. 2006, p. 8.* – V. le jugement confirmé dans cette affaire *(Rover France)* : • T. com. Nanterre, 19 mai 2005 : *D. 2005. 1787, note Dammann ; JCP 2005. II. 10116, note Menjucq ; Gaz. Pal. 2005. 2670, note Mélin ; RPC 2005. 241, obs. Menjucq ; RJDA 2006, n° 59.* – V. Mélin, *BJS 2005. 927* ; Fasquelle, *JCP E 2005, n° 39, p. 1576.* – V. aussi notes ss. art. 27.

14. Procédure territoriale indépendante. L'expression « conditions établies », qui figure à l'art. 3, § 4, sous a), et qui renvoie aux conditions empêchant, selon la loi de l'État membre sur le territoire duquel le débiteur a le centre de ses intérêts principaux, l'ouverture d'une procédure principale d'insolvabilité dans cet État, doit être interprétée en ce sens qu'elle ne vise pas les conditions excluant certaines personnes déterminées du cercle de celles habilitées à demander l'ouverture d'une telle procédure. • CJUE 17 nov. 2011 : *RJDA 2012, n° 189 ; LEDEN 3/2012. 7, obs. Mélin ; BJE 2012. 111, note Vallens.* – V. Mastrullo, *RPC 2012. Étude 12.*

15. Le terme « créancier », qui figure à l'art. 3, § 4, sous b), et qui est utilisé pour désigner le cercle des personnes habilitées à demander l'ouverture d'une procédure territoriale indépendante, doit être interprété en ce sens qu'il n'inclut pas une autorité d'un État membre qui, selon le droit national de celle-ci, a pour mission d'agir dans l'intérêt général, mais qui n'intervient pas en tant que créancier, ni au nom et pour le compte des créanciers. • CJUE 17 nov. 2011 : *préc. note 14.*

16. Extension de procédure. Le Règl. CE n° 1346/2000 du 29 mai 2000 doit être interprété en ce sens qu'une juridiction d'un État membre qui a ouvert une procédure principale d'insolvabilité à l'encontre d'une société, en retenant que le centre des intérêts principaux de celle-ci est situé sur le territoire de cet État, ne peut étendre, en application d'une règle de son droit national, cette procédure à une deuxième société, dont le siège statutaire est situé dans un autre État membre, qu'à la condition qu'il soit démontré que le centre des intérêts principaux de cette dernière se trouve dans le premier État membre. • CJUE 15 déc. 2011 : *D. 2012. 403, note Vallens ; ibid. 406, note Dammann et Müller ; ibid. Pan. 2197, obs. F.-X. Lucas ; Rev. sociétés 2012. 189, obs. Roussel*

Galle ; *ibid. 313, note Morelli* ; *Rev. crit. DIP 2012. 435, note Khairallah* ; *JCP E 2012. 1088, note Paclot et Poracchia* ; *ibid. 1227, n° 1, obs. Pétel* ; *LEDEN 2/2012. 6, obs. Mélin* ; *LPA 7 févr. 2012, obs. V. Legrand* ; *APC 2012, n° 17, obs. Vallansan* ; *BJS 2012. 240, obs. Kuntz et Nurit* ; *BJE 2012. 117, note Henry* ; *RLDA mars 2012. 21, obs. Amri et Jebbour* ; *Dr. sociétés 2012, n° 127, note Legros* ; *BJS 2012. 576, note Borga* ; *RPC 2012, n° 185, obs. Mastrullo*. – V. Menjucq, *RPC 2012. Étude 2*. ♦ Dans l'hypothèse où une société, dont le siège statutaire est situé sur le territoire d'un État membre, est visée par une action tendant à lui étendre les effets d'une procédure d'insolvabilité ouverte dans un autre État membre à l'encontre d'une autre société établie sur le territoire de ce dernier État, la seule constatation de la confusion des patrimoines de ces sociétés ne suffit pas à démontrer que le centre des intérêts principaux de la société visée par ladite action se trouve également dans ce dernier État. Il est nécessaire, pour renverser la présomption selon laquelle ce centre se trouve au lieu du siège statutaire, qu'une appréciation globale de l'ensemble des éléments pertinents permette d'établir que, de manière vérifiable par les tiers, le centre effectif de direction et de contrôle de la société visée par l'action aux fins d'extension se situe dans l'État membre où a été ouverte la procédure d'insolvabilité initiale. • Même arrêt. ♦ Pour des applications, V. • Com. 10 mai 2012, n° 09-12.642 P : *D. 2012. 1803, note Jault-Seseke* ; *Rev. sociétés 2012. 529, obs. Roussel Galle* ; *LEDEN 6/2012. 7, obs. Mélin* ; *RJDA 2012, n° 705* ; *BJE 2012. 243, note Henry* ; *Dr. sociétés 2012, n° 149, note Legros* ; *Dr. et patr. 9/2012. 97, obs. Monsèrié-Bon* • Paris, 21 janv. 2014 : *LEDEN 2/2014. 1, obs. F.-X. Lucas* • T. com. Nevers, 25 mars 2013 : *BJS 2013. 423, note F.-X. Lucas*.

17. Instance en cours dans un autre État membre. En présence d'une décision ayant ouvert la procédure principale d'insolvabilité dans un État membre de l'Union européenne et d'une instance en cours devant une juridiction d'un autre État membre en vue de l'ouverture d'une procédure identique à l'égard du même débiteur, le conflit se résout en faveur de la décision d'ouverture déjà intervenue qui doit être internationalement reconnue, et non en fonction des dates respectives de saisine des juridictions ou par application de la loi désignée par l'article 15 du Règl. n° 1346/2000, lequel, ne concernant que les instances relatives à un bien ou un droit dont le débiteur est dessaisi, ne vise pas l'instance en ouverture de la procédure. • Com. 27 mai 2014, n° 13-14.956 P : *D. 2014. Actu. 1198* ; *Rev. sociétés 2014. 534, obs. Roussel Galle* ; *ibid. 737, note Mastrullo* ; *LEDEN 7/2014. 7, obs. Vallens* ; *APC 2014, n° 211, obs. Henry* ; *RJDA 2014, n° 718* ; *BJE 2014. 328, note Nabet* ; *RPC 2015, n° 94, obs. Menjucq*.

18. Voies de recours. Les créanciers domiciliés dans un État membre autre que celui de la juridiction qui a ouvert une procédure principale d'insolvabilité ne peuvent être privés de la possibilité effective de contester la compétence assumée par cette juridiction (cassation, pour méconnaissance du droit d'accès au juge, violation du Règl. CE 1346/2000 et de l'art. 6, § 1, de la Conv. EDH, de l'arrêt ayant jugé irrecevable la tierce opposition de créanciers domiciliés au Royaume-Uni et au Luxembourg contre le jugement d'ouverture de la procédure principale de sauvegarde de la société Eurotunnel). • Com. 30 juin 2009, n° 08-11.902 P : *D. 2009. 2591, note Moreil* ; *ibid. Chron. C. cass. 2582, obs. Orsini* ; *ibid. AJ 1886, obs. Lienhard* ; *Rev. crit. DIP 2010. 179, note Bureau* ; *Gaz. Pal. 26-28 juill. 2009, p. 7, note Fricéro* ; *ibid. 1er-3 nov. 2009, p. 6, obs. Reille* ; *JCP E 2009. 1974, note Rolland* ; *ibid. 2010. 1011, n° 2, obs. Pétel* ; *RTD com. 2009. 625, obs. Vallens* ; *DP diff. entr. 2009, Bull. n° 306, obs. Rémery* ; *LEDEN 9/2009. 1, obs. F.-X. Lucas* ; *BJS 2009. 877, note Jault-Seseke et Robine* ; *APC 2009, n° 224, obs. Dom* ; *RLDA 2009, n° 42, p. 25, obs. Mélin* ; *Dr. sociétés 2009, n° 230, note Legros* ; *RPC 2009, n° 147, obs. Mastrullo* ; *Dr. et patr. 10/2010. 88, obs. Saint-Alary-Houin et Monsèrié-Bon*. – V. concl. Bonhomme, *RPC 2009. Étude 16*. – V. l'arrêt cassé : • Paris, 29 nov. 2007 : *D. 2008. AJ 12, obs. Lienhard* ; *APC 2008, n° 50, obs. Cagnoli* ; *RTD com. 2008. 424, obs. Vallens* ; *Dr. et patr. juill.-août 2008. 104, obs. Saint-Alary-Houin*. – A propos de cet arrêt, V. aussi Scholastique, *JCP E 2008. 1087* ; Menjucq, *RPC 2008. 9*.

Art. 4 Loi applicable. 1. *Sauf disposition contraire du présent règlement, la loi applicable à la procédure d'insolvabilité et à ses effets est celle de l'État membre sur le territoire duquel la procédure est ouverte, ci-après dénommé "État d'ouverture".*

2. La loi de l'État d'ouverture détermine les conditions d'ouverture, le déroulement et la clôture de la procédure d'insolvabilité. Elle détermine notamment :

a) les débiteurs susceptibles de faire l'objet d'une procédure d'insolvabilité du fait de leur qualité ;

b) les biens qui font l'objet du dessaisissement et le sort des biens acquis par le débiteur après l'ouverture de la procédure d'insolvabilité ;

c) les pouvoirs respectifs du débiteur et du syndic ;

d) les conditions d'opposabilité d'une compensation ;

e) les effets de la procédure d'insolvabilité sur les contrats en cours auxquels le débiteur est partie ;

f) les effets de la procédure d'insolvabilité sur les poursuites individuelles, à l'exception des instances en cours ;

g) les créances à produire au passif du débiteur et le sort des créances nées après l'ouverture de la procédure d'insolvabilité ;

h) les règles concernant la production, la vérification et l'admission des créances ;

i) les règles de distribution du produit de la réalisation des biens, le rang des créances et les droits des créanciers qui ont été partiellement désintéressés après l'ouverture de la procédure d'insolvabilité en vertu d'un droit réel ou par l'effet d'une compensation ;

j) les conditions et les effets de la clôture de la procédure d'insolvabilité, notamment par concordat ;

k) les droits des créanciers après la clôture de la procédure d'insolvabilité ;

l) la charge des frais et des dépenses de la procédure d'insolvabilité ;

m) les règles relatives à la nullité, à l'annulation ou à l'inopposabilité des actes préjudiciables à l'ensemble des créanciers.

1. Clause de réserve de propriété. L'exception prévue à l'art. 1er, § 2, sous b), du Règl. n° 44/2001 du 22 déc. 2000 [concernant la compétence judiciaire, la reconnaissance et l'exécution des décisions en matière civile et commerciale, qui prévoit que sont exclus de son application « les faillites, concordats et autres procédures analogues »], lu en combinaison avec l'art. 7, § 1, du Règl. n° 1346/2000 du 29 mai 2000, doit être interprétée, compte tenu des dispositions de l'art. 4, § 2, sous *b)*, de ce dernier règlement, en ce sens qu'elle ne s'applique pas à une action d'un vendeur exercée au titre d'une clause de réserve de propriété contre un acheteur en situation de faillite lorsque le bien faisant l'objet de cette clause se trouve dans l'État membre d'ouverture de la procédure d'insolvabilité au moment de l'ouverture de cette procédure à l'encontre dudit acheteur. • CJCE 10 sept. 2009 : *D. 2009. 2782, note Vallens ; LEDEN 11/2009. 7, obs. Mélin ; RPC 2009, n° 154, obs. Mastrullo.* – V. aussi Franco, *RPC 2010. Étude 28.*

2. Déclaration des créances. Aux termes de l'art. 4, § 2, sous h), du Règl. (CE) n° 1346/2000 du 29 mai 2000, la loi de l'État d'ouverture détermine les conditions d'ouverture, le déroulement et la clôture de la procédure d'insolvabilité et notamment les règles concernant la production, la vérification et l'admission des créances. Il en résulte que dans le cas d'une procédure d'insolvabilité ouverte en France, la déclaration de créance, faite à titre personnel, par une personne morale, si elle n'émane pas des organes habilités par la loi à la représenter, peut encore être effectuée par tout préposé titulaire d'une délégation de pouvoirs lui permettant d'accomplir un tel acte, émanant d'un des organes précités ou d'un préposé ayant lui-même reçu d'un organe habilité le pouvoir de déclarer les créances ainsi que la faculté de le subdéléguer. • Com. 15 déc. 2009, n° 08-14.949 P : *D. 2010. AJ 86, obs. Lienhard ; Rev. sociétés 2010. 187, note Dammann et Sauteraud ; RTD com. 2010. 210, obs. Vallens ; JCP E 2010. 1296, n° 10, obs. Pétel ; APC 2010, n° 22, obs. Vallansan ; LEDEN 2/2010. 7, obs. Mélin ; RJDA 2010, n° 542 ; BJS 2010. 367, note Jault-Seseke et Robine ; RPC 2010, n° 217, obs. Menjucq* • 22 juin 2010, n° 09-65.481 P : *D. 2010. Actu. 1702 ; RTD com. 2010. 783, obs. Martin-Serf ; Rev. sociétés 2011. 304, note Mélin ; DP diff. entr., Bull. n° 317, obs. Rémery ; BJS 2010. 755, note Vallens ; APC 2010, n° 225, obs. Robine ; RJDA 2010, n° 1172 ; RPC 2010, n° 217, obs. Menjucq.* ♦ Pour la validité de la déclaration de créance réalisée par l'avocat d'un créancier luxembourgeois à une procédure collective ouverte en France, cet avocat étant dispensé, conformément au droit français applicable, de justifier de son mandat de déclarer les créances, il importait peu qu'il ait omis d'indiquer qui était le représentant légal de la société créancière, V. • Com. 6 mars 2019, n° 17-22.365 : *Rev. sociétés 2019. 765, note Mastrullo ; RTD com. 2019. 987, obs. Martin-Serf ; BJE 5-6/2019. 64, note Fabriès Lecea ; RPC 2019, n° 136, obs. Borga.* ♦ S'agissant d'une procédure ouverte en France, les dispositions de l'art. L. 622-26, al. 3, C. com., dans leur rédaction issue de la loi du 26 juill. 2005, s'appliquent ; le délai de l'action en relevé de forclusion court donc à compter de la publication du jugement d'ouverture, sans distinction selon le lieu d'établissement, en France ou à l'étranger, du créancier. • Com. 16 nov. 2010, n° 09-16.572 P : *D. 2010. Actu. 2832, obs. Lienhard ; Rev. sociétés 2011. 196, obs. Roussel Galle ; RTD com. 2011. 181, obs. Vallens ; DP diff. entr., Bull. n° 321, obs. Rémery ; LEDEN 1/2011. 7, obs. Mélin ; Gaz. Pal. 7-8 janv. 2011, p. 39, obs. Le Corre-Broly ; RJDA 2011, n° 170 ; LPA 29 avr. 2011, obs. Nabet ; RPC 2011, n° 175, obs. Menjucq.* ♦ La dissimulation éventuelle par la société débitrice de sa dette envers la société créancière, si elle peut constituer un cas de relevé de forclusion, est, en revanche, sans incidence sur le point de départ du délai de l'action tendant à ce relevé, qui court dès la publication du jugement d'ouverture, laquelle n'est pas dissimulée par l'omission de la créance. • Même arrêt. ♦ V. aussi cet arrêt sur les conditions du bénéfice du délai dérogatoire d'action en relevé de forclusion d'un an (art. L. 622-26, al. 3, dern. phrase).

3. Si, aux termes de l'art. 4, § 2, h), du Règl. (CE) n° 1346/2000 du 29 mai 2000, la loi de l'État d'ouverture de la procédure collective détermine les règles concernant la production, la vérification et l'admission des créances, il appartient à la loi de la source de celles-ci de définir la qualité de créancier (à propos de la déclaration de créance d'un *trustee* soumis au droit de l'État de New York). • Com. 13 sept. 2011, n° 10-25.533 P : *D. 2011. 2518, note D'Avout et Borga ; RTD com. 2011. 801, obs. Vallens ; ibid. 2012. 190, obs. Martin-Serf ; RTD civ. 2012. 116, obs. Fages ; Rev. crit. DIP 2011. 870, rapp. Rémery ; BRDA 2011, n° 18, p. 13 ; LEDEN 10/2011. 1, obs. F.-X. Lucas ; APC 2011, n° 259, obs. Jault-Seseke et Robine ; DP diff. entr., Bull. n° 330, obs. Roussel Galle ; BJE 2011. 305, note Henry et Houin-Bressand ; RJDA 2011, n° 943 ; BJS 2011. 987, note Libchaber ; RPC 2011, n° 173, obs. Menjucq et Mastrullo ; Dr. et patr. 12/2011. 95, obs. Ancel ; Gaz. Pal. 20-21 janv. 2012, p. 12, obs. Mélin ; LPA 27 juin 2012, p. 14, obs. Tabourot-Hyest.* – V. Rapp. Rémery, *RJDA nov. 2011, p. 827.* – V. aussi Dammann et Albertini, *JCP E 2011. 1803* ; Fiszelson, *RLDA nov. 2011. Étude 32* ; Dammann, *Dr. et patr. 4/2012. 91* ; Garcia et Bebe Epale, *Banque et Dr. 3-4/2012. 14.* ♦ Dans le même sens, V. • Com. 19 avr. 2023, n° 21-20.183 : *Rev. sociétés 2023. 393, obs. Henry ; Rev. crit. DIP 2023. 904, obs. Larribère ; APC 2023, n° 134, obs. Ghandour ; BJE 7-8/2023. 50, note Fabriès-Lecea ; Dr. sociétés 2023, n° 116, note Legros.*

4. V. aussi note ss. art. 40.

5. Exception de compensation. L'art. 4 du Règl. (CE) n° 1346/2000 du 29 mai 2000, tel que modifié par le Règl. (CE) n° 788/2008 du 24 juill. 2008, doit être interprété en ce sens qu'il n'est pas applicable à une action formée par le syndic d'une société en faillite, établie dans un premier État membre, et visant au paiement de marchandises livrées, en exécution d'un contrat conclu avant l'ouverture de la procédure d'insolvabilité à l'égard de cette société, contre l'autre société cocontractante, qui est établie dans un second État membre. • CJUE 21 nov. 2019, n° C-198/18 : *D. 2019. Actu. 2294 ; Rev. crit. DIP 2020. 545, note Farnoux ; BJS 3/2020. 42, note Mastrullo.*

6. Déchéance des droits des créanciers. L'art. 4 du Règl. (CE) n° 1346/2000 du 29 mai 2000 doit être interprété en ce sens que relèvent de son champ d'application les dispositions du droit interne de l'État membre sur le territoire duquel une procédure d'insolvabilité est ouverte, qui prévoient, à l'égard d'un créancier qui n'a pas participé à cette procédure, la déchéance du droit de faire valoir sa créance ou la suspension de l'exécution forcée d'une telle créance dans un autre État membre. • CJUE 9 nov. 2016, n° C-212/15 : *D. 2017. Pan. 1019, obs. Gaudemet-Tallon ; APC 2017, n° 84, obs. V. Legrand ; RPC 2017, n° 60, obs. Mastrullo.*

7. Contrats de travail. Le litige relatif à la rupture du contrat de travail du salarié et aux créances salariales durant la relation de travail ne relève pas de la procédure d'insolvabilité, ainsi que cela résulte des art. 4 et 10 du Règl. (CE) n° 1346/2000 du 29 mai 2000 ; la compétence juridictionnelle pour connaître de ce litige doit être déterminée en application de l'art. 19 du Règl. (CE) n° 44/2001 du 22 déc. 2000. • Soc. 28 oct. 2015, n° 14-21.319 P : *Rev. crit. DIP 2016. 534, note Jault-Seseke ; RPC 2016, n° 53, obs. Fin-Langer ; ibid., n° 175, obs. Menjucq.*

8. Remboursement de paiements effectués par le dirigeant. L'art. 4 du Règl. (CE) n° 1346/2000 du 29 mai 2000 doit être interprété en ce sens que relève de son champ d'application une action dirigée contre le dirigeant d'une société de droit anglais ou gallois, faisant l'objet d'une procédure d'insolvabilité ouverte en Allemagne, intentée devant une juridiction allemande par le curateur de cette société et tendant, sur le fondement d'une disposition nationale telle que l'art. 64, § 2, première phrase, de la loi relative aux sociétés à responsabilité limitée, au remboursement de paiements effectués par ce dirigeant avant l'ouverture de la procédure d'insolvabilité, mais après la date à laquelle la survenance de l'insolvabilité de cette société a été fixée. • CJUE 10 déc. 2015, n° C-594/14 : *D. 2016. Pan. 2028, obs. Bollée ; Rev. sociétés 2016. 311, note Parleani ; Rev. crit. DIP 2016. 544, note Nabet ; BJS 2016. 152, note Jault-Seseke et Robine ; RPC 2016, n° 171, obs. Mastrullo.*

9. Saisie-attribution. Selon l'art. 4, § 2, *m)*, du Règl. (CE) n° 1346/2000 du 29 mai 2000, sauf disposition contraire du règlement, la loi applicable à la procédure d'insolvabilité et à ses effets est celle de l'État membre sur le territoire duquel la procédure est ouverte, laquelle loi détermine notamment les règles relatives à la nullité, à l'annulation ou à l'inopposabilité des actes préjudiciables à l'ensemble des créanciers. • Com. 16 févr. 2016, n° 14-10.378 P : *D. 2016. Pan. 2040, obs. d'Avout ; Rev. crit. DIP 2016. 556, note Bureau ; APC 2016, n° 79, obs. V. Legrand ; LEDEN 4/2016. 6, obs. Mélin ; Procédures 2016, n° 125, note Laporte ; RJDA 2016, n° 638 ; RPC 2016, n° 176, obs. Mastrullo.* ♦ Il en résulte que la loi slovaque, en tant que loi applicable à la procédure d'insolvabilité de la société débitrice, doit être consultée pour déterminer si l'ouverture d'une telle procédure peut remettre en cause une saisie-attribution pratiquée antérieurement en France, sauf à la société créancière à établir, conformément à l'art. 13 du Règl. (CE) n° 1346/2000, que la loi française, applicable au lieu de saisie, en particulier l'art. L. 632-2, al. 2, C. com., ne permet, en l'espèce, par aucun moyen, d'attaquer cet acte. • Même arrêt.

10. Clôture de la procédure. L'art. 4, § 2, sous j), du Règl. (CE) n° 1346/2000 du 29 mai 2000, tel que modifié par le Règl. (CE) n° 788/2008 du 24 juill. 2008, doit être interprété en ce sens qu'il appartient au droit national de l'État membre dans lequel la procédure d'insolvabilité a été ouverte de déterminer à quel moment intervient la clôture de cette procédure. • CJUE 22 nov.

2012 : *D. 2013. 468, note Dammann et Leclair de Bellevue ; Rev. sociétés 2013. 184, obs. Henry ; Rev. crit. DIP 2014. 404, note Jault-Seseke et Robine ; JCP E 2013. 1050, note d'Avout ; BJE 2013. 47, note Sortais ; LEDEN 3/2013. 6, obs. Mélin ; RPC 2013, n° 29, obs. Mastrullo ; APC 2013, n° 111, obs. V. Legrand.*

Art. 5 Droits réels des tiers. 1. *L'ouverture de la procédure d'insolvabilité n'affecte pas le droit réel d'un créancier ou d'un tiers sur des biens corporels ou incorporels, meubles ou immeubles — à la fois des biens déterminés et des ensembles de biens indéterminés dont la composition est sujette à modification — appartenant au débiteur, et qui se trouvent, au moment de l'ouverture de la procédure, sur le territoire d'un autre État membre.*

2. *Les droits visés au paragraphe 1 sont notamment :*

a) le droit de réaliser ou de faire réaliser le bien et d'être désintéressé par le produit ou les revenus de ce bien, en particulier en vertu d'un gage ou d'une hypothèque ;

b) le droit exclusif de recouvrer une créance, notamment en vertu de la mise en gage ou de la cession de cette créance à titre de garantie ;

c) le droit de revendiquer le bien et/ou d'en réclamer la restitution entre les mains de quiconque le détient ou en jouit contre la volonté de l'ayant droit ;

d) le droit réel de percevoir les fruits d'un bien.

3. *Est assimilé à un droit réel, le droit, inscrit dans un registre public et opposable aux tiers, permettant d'obtenir un droit réel au sens du paragraphe 1.*

4. *Le paragraphe 1 ne fait pas obstacle aux actions en nullité, en annulation ou en inopposabilité visées à l'article 4, paragraphe 2, point m).*

L'art. 5 du Règl. (CE) n° 1346/2000 du 29 mai 2000 doit être interprété en ce sens que constitue un « droit réel », au sens de cet art., une sûreté constituée en vertu d'une disposition de droit national (droit allemand), selon laquelle l'immeuble du débiteur de taxes foncières est grevé de plein droit d'une charge foncière de droit public et ce propriétaire doit tolérer l'exécution forcée du titre constatant la créance fiscale, sur cet immeuble. • CJUE 26 oct. 2016, n° C-195/15 : *D. 2017. 852, note Dammann ; ibid. Pan. 1019, obs. Gaudemet-Tallon ; Rev. crit. DIP 2017. 449, note Perreau-Saussine ; BJE 2017. 139, note Henry ; BJS 2017. 248, note Robine et Jault-Seseke ; RPC 2017, n° 59, obs. Mastrullo.* ♦ Sur le domaine d'application de l'art. 5, § 1, V. aussi les décisions citées par Gautron et Dal Maso, *Banque et Dr. 9-10/2013. 13.* ♦ Le jugement d'une juridiction anglaise déclarant la faillite d'un débiteur ne constitue pas, au sens de l'art. 2234 C. civ., une impossibilité de poursuivre la réalisation des hypothèques sur des immeubles du débiteur situés en France. • Civ. 2e, 28 sept. 2022, n° 20-21.627 : *Rev. crit. DIP 2023. 245, note Bureau ; RDBF 2022, n° 170, obs. S. Piedelièvre.*

Art. 6 Compensation. 1. *L'ouverture de la procédure d'insolvabilité n'affecte pas le droit d'un créancier d'invoquer la compensation de sa créance avec la créance du débiteur, lorsque cette compensation est permise par la loi applicable à la créance du débiteur insolvable.*

2. *Le paragraphe 1 ne fait pas obstacle aux actions en nullité, en annulation ou en inopposabilité visées à l'article 4, paragraphe 2, point m).*

V. note 33 ss. art. L. 622-7 C. com., 1re partie.

Art. 7 Réserve de propriété. 1. *L'ouverture d'une procédure d'insolvabilité contre l'acheteur d'un bien n'affecte pas les droits du vendeur fondés sur une réserve de propriété, lorsque ce bien se trouve, au moment de l'ouverture de la procédure, sur le territoire d'un autre État membre que l'État d'ouverture.*

2. *L'ouverture d'une procédure d'insolvabilité contre le vendeur d'un bien, après la livraison de ce bien, ne constitue pas une cause de résolution ou de résiliation de la vente et ne fait pas obstacle à l'acquisition par l'acheteur de la propriété du bien vendu, lorsque ce bien se trouve au moment de l'ouverture de la procédure sur le territoire d'un autre État membre que l'État d'ouverture.*

3. *Les paragraphes 1 et 2 ne font pas obstacle aux actions en nullité, en annulation ou en inopposabilité visées à l'article 4, paragraphe 2, point m).*

S'agissant d'un bien se trouvant dans l'État membre d'ouverture de la procédure d'insolvabilité au moment de l'ouverture de cette procédure, V. note 1 ss. art. 4.

Art. 8 Contrat portant sur un bien immobilier. *Les effets de la procédure d'insolvabilité sur un contrat donnant le droit d'acquérir un bien immobilier ou d'en jouir sont régis exclusivement par la loi de l'État membre sur le territoire duquel ce bien est situé.*

Art. 9 Systèmes de paiement et marchés financiers. 1. *Sans préjudice de l'article 5, les effets de la procédure d'insolvabilité sur les droits et obligations des participants à un système de paiement ou de règlement ou à un marché financier sont régis exclusivement par la loi de l'État membre applicable audit système ou marché.*

2. Le paragraphe 1 ne fait pas obstacle à l'exercice d'une action en nullité, en annulation ou en inopposabilité des paiements ou des transactions en vertu de la loi applicable au système de paiement ou au marché financier concerné.

Art. 10 Contrat de travail. *Les effets de la procédure d'insolvabilité sur un contrat de travail et sur le rapport de travail sont régis exclusivement par la loi de l'État membre applicable au contrat de travail.*

Art. 11 Effets sur les droits soumis à enregistrement. *Les effets de la procédure d'insolvabilité concernant les droits du débiteur sur un bien immobilier, un navire ou un aéronef, qui sont soumis à inscription dans un registre public, sont régis par la loi de l'État membre sous l'autorité duquel ce registre est tenu.*

Art. 12 Brevets et marques communautaires. *Aux fins du présent règlement, un brevet communautaire, une marque communautaire, ou tout autre droit analogue établi par des dispositions communautaires ne peut être inclus que dans une procédure visée à l'article 3, paragraphe 1.*

Art. 13 Actes préjudiciables. *L'article 4, paragraphe 2, point m), n'est pas applicable lorsque celui qui a bénéficié d'un acte préjudiciable à l'ensemble des créanciers apporte la preuve que :*

— cet acte est soumis à la loi d'un autre État membre que l'État d'ouverture,

et que

— cette loi ne permet en l'espèce, par aucun moyen, d'attaquer cet acte.

1. L'art. 13 doit être interprété en ce sens qu'il est applicable à une situation dans laquelle le paiement, contesté par un syndic, d'une somme d'argent saisie antérieurement à l'ouverture de la procédure d'insolvabilité n'est intervenu qu'après l'ouverture de cette procédure. • CJUE 16 avr. 2015 : *D. 2015. 2105, note Dammann et Dang ; ibid. Pan. 2043, obs. d'Avout ; RTD com. 2015. 383, obs. Vallens ; Rev. sociétés 2015. 551, obs. Henry ; Procédures 2015, n° 193, note Nourissat ; RPC 2015, n° 87, obs. Mastrullo.* ♦ L'art. 13 doit être interprété en ce sens que le régime d'exception qu'il instaure inclut également les délais de prescription, les délais d'exercice de l'action révocatoire et les délais de forclusion qui sont prévus par la loi à laquelle est soumis l'acte contesté par le syndic. • Même arrêt. ♦ Les règles de forme à respecter pour l'exercice d'une action révocatoire sont déterminées, aux fins de l'application de l'art. 13, par la loi à laquelle est soumis l'acte contesté par le syndic. • Même arrêt.

2. L'art. 13 ci-dessus et l'art. 12, § 1, sous b), du Règl. CE 593/2008 du 17 juin 2008, sur la loi applicable aux obligations contractuelles (Rome I), doivent être interprétés en ce sens que la loi applicable au contrat en vertu de ce dernier règlement régit également le paiement effectué par un tiers en exécution de l'obligation contractuelle de paiement de l'une des parties au contrat, lorsque, dans le cadre d'une procédure d'insolvabilité, ce paiement est contesté en tant qu'acte préjudiciable à l'ensemble des créanciers. • CJUE 22 avr. 2021, n° C-73/20 : *D. 2021. Actu. 845 ; LEDEN 6/2021. 2, obs. Marchadier ; BJS 9/2021. 50, note Jault-Seseke et Robine ; RPC 2021, n° 120, obs. Mastrullo ; Banque et Dr. 9-10/2021. 51, obs. Chacornac.*

3. L'art. 13 doit être interprété en ce sens que son application est soumise à la condition que l'acte concerné ne puisse pas être attaqué sur le fondement de la loi applicable à cet acte (*lex causae*), compte tenu de toutes les circonstances de l'espèce. • CJUE 15 oct. 2015, n° C-310/14 : *D. 2016. 526, note Dammann et Pigot ; Rev. sociétés 2015. 762, obs. Henry ; RTD com. 2015. 755, obs. Vallens ; JCP E 2016. 1154, n° 10, obs. Menjucq ; LEDEN 11/2015. 6, obs. Mélin ; Europe 2015, n° 538, obs. Idot ; RJDA 2016, n° 49 ; BJE 2016. 53, note Henry ; RPC 2016, n° 172, obs. Mastrullo.* ♦ Aux fins de l'application de l'art. 13 et dans l'hypothèse où le défendeur à une action en nullité, en annulation ou en inopposabilité d'un acte soulève une disposition de la loi applicable à cet acte (*lex causae*) selon laquelle cet acte n'est attaquable que dans les circonstances prévues par cette disposition, il incombe à ce défendeur d'invoquer l'absence de ces circonstances et d'en apporter la preuve. • Même arrêt. ♦ L'art. 13 doit être interprété en ce sens que les termes « ne permet [...], par aucun moyen, d'attaquer cet acte » visent, en sus des dispositions de la loi applicable à cet acte (*lex causae*) applicables en matière d'insolvabilité, l'ensemble des dispositions et des principes généraux de cette loi. • Même arrêt. ♦ L'art. 13 doit être interprété en ce sens que le défendeur à une action en nullité, en annulation ou en inopposabilité d'un acte doit démontrer que la loi applicable à cet acte (*lex causae*), dans son ensemble, ne permet pas de contester ledit acte. • Même arrêt.

4. L'art. 13 doit être interprété en ce sens que la forme et le délai dans lesquels le bénéficiaire d'un acte préjudiciable à la masse des créanciers doit soulever une exception en vertu de cet art., pour s'opposer à une action tendant à la révocation de cet acte selon les dispositions de la *lex fori concursus*, ainsi que la question de savoir si cet art. peut également être appliqué d'office par la juridiction compétente, le cas échéant après l'expiration du délai imparti à la partie concernée, relèvent du droit procédural de l'État membre sur le territoire duquel le litige est pendant ; ce droit ne doit toutefois pas être moins favorable que celui régissant des situations similaires soumises au droit interne (principe d'équivalence) et ne doit pas rendre impossible en pratique ou excessivement difficile l'exercice des droits conférés par le droit de l'Union (principe d'effectivité), ce qu'il incombe à la juridiction de renvoi de vérifier. • CJUE 8 juin 2017, n° C-54/16 : *D. 2017. 2073, note Dammann et Huchot ; Rev. crit. DIP 2017. 594, note Jault-Seseke ; JCP E 2017. 1546, n° 11, obs. Menjucq ; LEDEN 7/2017. 2, obs. Mélin ; BJE 2017. 354, note Vallens ; RPC 2018, n° 106, obs. Mastrullo ; RPC 2018, n° 106, obs. Mastrullo.* ♦ L'art. 13 doit être interprété en ce sens que la partie sur laquelle pèse la charge de la preuve doit prouver que, lorsque la *lex causae* permet d'attaquer un acte considéré comme étant préjudiciable, les conditions requises pour qu'un recours introduit contre cet acte puisse être accueilli, différentes de celles prévues par la *lex fori concursus*, ne sont pas concrètement réunies. • Même arrêt. ♦ L'art. 13 peut être valablement invoqué lorsque les parties à un contrat, qui ont leur siège dans un seul et même État membre, sur le territoire duquel sont également localisés tous les autres éléments pertinents de la situation concernée, ont désigné comme loi applicable à ce contrat celle d'un autre État membre, à condition que ces parties n'aient pas choisi cette loi d'une façon frauduleuse ou abusive, ce qu'il incombe à la juridiction de renvoi de vérifier. • Même arrêt.

Art. 14 Protection du tiers acquéreur. ***Lorsque, par un acte conclu après l'ouverture de la procédure d'insolvabilité, le débiteur dispose à titre onéreux :***

— d'un bien immobilier,

— d'un navire ou d'un aéronef soumis à inscription dans un registre public,

ou

— de valeurs mobilières dont l'existence suppose une inscription dans un registre prévu par la loi,

la validité de cet acte est régie par la loi de l'État sur le territoire duquel ce bien immobilier est situé, ou sous l'autorité duquel ce registre est tenu.

Art. 15 Effets de la procédure d'insolvabilité sur les instances en cours. ***Les effets de la procédure d'insolvabilité sur une instance en cours concernant un bien ou un droit dont le débiteur est dessaisi sont régis exclusivement par la loi de l'État membre dans lequel cette instance est en cours.***

Domaine d'application. L'art. 15 ci-dessus doit être interprété en ce sens qu'il s'applique à une instance en cours devant une juridiction d'un État membre ayant pour objet la condamnation d'un débiteur au paiement d'une somme d'argent, due en vertu d'un contrat de prestation de services, ainsi qu'à une indemnisation pécuniaire pour non-respect de cette même obligation contractuelle, dans le cas où ce débiteur a été déclaré insolvable dans le cadre d'une procédure d'insolvabilité ouverte dans un autre État membre et où cette déclaration d'insolvabilité s'étend à l'ensemble du patrimoine dudit débiteur. • CJUE 6 juin 2018, n° C-250/17 : *D. 2018. Actu. 1206 ; LEDEN 9/2018. 2, obs. Allais ; BJE 2018. 369, note Nabet ; Procédures 2018, n° 296, obs. Nourissat ; RPC 2019, n° 158, obs. Mastrullo.* ♦ Dans le même sens, V. • Com. 13 déc. 2023, n° 22-17.464 : *Gaz. Pal. 19 mars 2024, p. 58, obs. Giorgini ; RJDA 2024, n° 178.* ♦ V. aussi note 17 ss. art. 3.

CHAPITRE II *RECONNAISSANCE DE LA PROCÉDURE D'INSOLVABILITÉ*

Art. 16 Principe. 1. ***Toute décision ouvrant une procédure d'insolvabilité prise par une juridiction d'un État membre compétente en vertu de l'article 3 est reconnue dans tous les autres États membres, dès qu'elle produit ses effets dans l'État d'ouverture.***

Cette règle s'applique également lorsque le débiteur, du fait de sa qualité, n'est pas susceptible de faire l'objet d'une procédure d'insolvabilité dans les autres États membres.

2. La reconnaissance d'une procédure visée à l'article 3, paragraphe 1, ne fait pas obstacle à l'ouverture d'une procédure visée à l'article 3, paragraphe 2, par une juridiction d'un autre État membre. Dans ce cas cette dernière procédure est une procédure secondaire d'insolvabilité au sens du chapitre III.

1. L'art. 16, § 1, al. 1er, doit être interprété en ce sens que la procédure d'insolvabilité principale ouverte par une juridiction d'un État membre doit être reconnue par les juridictions des autres États membres, sans que celles-ci puissent contrôler la compétence de la juridiction de l'État d'ouverture. • CJCE 2 mai 2006 : *cité note 2 ss. art. 3.* ♦ ... Ou les motifs ayant permis à celle-ci de renverser la présomption visée à l'art. 3 du règlement. • Com. 27 juin 2006, n° 03-19.863 P : *D. 2006. 2257, note Vallens ; ibid. AJ 1816, obs. Lienhard ; JCP E 2006, n° 36, p. 1488, note Mélin ; JCP 2006. II. 10147, note Menjucq ; Banque et Dr. 7-8/2006. 70, obs. Affaki et Stoufflet ; APC 2006, n° 173, obs. Modi Koko Bebey ; Gaz. Pal. 10-12 sept. 2006, p. 3, note Lafortune ; Dr. sociétés 2006, n° 141, note Legros ; BJS 2006. 1379, note Fasquelle ; Rev. sociétés 2007. 166, note Roussel Galle (affaire Daisytek)*. – V. Reinhard et Podeur, *Banque et Dr. 9-10/2006. 3* ; Scholastique, *Dr. et procédures 2006. 312* ; Lafortune, *LPA 27 mars 2007, p. 4*. ♦ Postérieurement à l'ouverture d'une procédure principale d'insolvabilité dans un État membre, les autorités compétentes d'un autre État membre, dans lequel aucune procédure secondaire d'insolvabilité n'a été ouverte, sont tenues, sous réserve des motifs de refus tirés des art. 25, § 3, et 26 du règlement n° 1346/2000, de reconnaître et d'exécuter toutes les décisions relatives à cette procédure principale d'insolvabilité et, partant, ne sont pas en droit d'ordonner, en application de la législation de cet autre État membre, des mesures d'exécution portant sur les biens du débiteur déclaré insolvable situés sur le territoire dudit autre État membre, lorsque la législation de l'État d'ouverture ne le permet pas et que les conditions auxquelles est soumise l'application des art. 5 et 10 dudit règlement ne sont pas remplies. • CJUE 21 janv. 2010 : *D. 2011. 498, note Dammann et Carole-Brisson ; Rev. sociétés 2011. 44, note Mélin ; JCP E 2010. 1833, n° 11, obs. Menjucq ; DP diff. entr., Bull. n° 312, obs. Rémery ; Procédures 2010, n° 72, obs. Nourissat ; BJS 2010. 493, note Jault-Seseke*. – V. Mastrullo, *RPC 2010. Étude 16*. ♦ Un refus de reconnaissance est possible, par application de l'art. 26 du règlement, lorsque celle-ci produirait des effets manifestement contraires à l'ordre public national ; un tel refus peut être fondé sur la méconnaissance du droit d'accès au juge et, notamment, sur l'impossibilité pour un créancier domicilié dans un État membre autre que celui d'ouverture de la procédure principale d'insolvabilité de contester effectivement, dans l'État d'ouverture, la compétence assumée par ses juridictions (jugeant que la procédure italienne de *concordato preventivo* doit être reconnue en France). • Com. 15 févr. 2011, n° 09-71.436 P : *D. 2011. 1738, note Dammann et Rapp ; ibid. Actu. 588, obs. Lienhard ; Rev. sociétés 2011. 443, note Mastrullo ; JCP E 2011. 1745, n° 10, obs. Menjucq ; RJDA 2011, n° 344 ; LEDEN 4/2011. 7, obs. Mélin ; BJS 2011. 426, note d'Avout ; BJE 2011. 146, note Vallens ; LPA 3 janv. 2012, obs. Nabet.*

2. L'ouverture d'une procédure d'insolvabilité principale contre une société de droit français, filiale d'une société de droit anglais, par une juridiction britannique interdit à toute juridiction française d'ouvrir ultérieurement une autre procédure d'insolvabilité principale et, donc, à un tribunal de commerce français d'ouvrir à son tour une procédure de redressement judiciaire. • Versailles, 4 sept. 2003 : *cité note 1 ss. art. 3*, conf. par • Com. 27 juin 2006 : *préc. note 1*. – V. aussi • Paris, 26 févr. 2013 : *BJS 2013. 341, note Vallens.*

3. Constitue une décision d'ouverture de la procédure d'insolvabilité au sens de l'art. 16, § 1, al. 1er, la décision rendue par une juridiction d'un État membre saisie d'une demande à cet effet, fondée sur l'insolvabilité du débiteur et tendant à l'ouverture d'une procédure visée à l'annexe A du règlement n° 1346/2000, lorsque cette décision entraîne le dessaisissement du débiteur et porte nomination d'un syndic visé à l'annexe C dudit règlement. Ce dessaisissement implique que le débiteur perde les pouvoirs de gestion qu'il détient sur son patrimoine. • CJCE 2 mai 2006 : *cité note 2 ss. art. 3.*

Art. 17 Effets de la reconnaissance. *1. La décision d'ouverture d'une procédure visée à l'article 3, paragraphe 1, produit, sans aucune autre formalité, dans tout autre État membre les effets que lui attribue la loi de l'État d'ouverture, sauf disposition contraire du présent règlement et aussi longtemps qu'aucune procédure visée à l'article 3, paragraphe 2, n'est ouverte dans cet autre État membre.*

2. Les effets d'une procédure visée à l'article 3, paragraphe 2, ne peuvent être contestés dans les autres États membres. Toute limitation des droits des créanciers, notamment un sursis des paiements ou une remise de dette résultant de cette procédure, ne peut être opposée, quant aux biens situés sur le territoire d'un autre État membre, qu'aux créanciers qui ont exprimé leur accord.

Pour des applications, V. • Soc. 14 oct. 2009, n° 08-40.723 P : *D. 2009. AJ 2549 ; APC 2009, n° 308, obs. Fin-Langer ; RTD com. 2010. 209, obs. Vallens* • Versailles, 15 déc. 2005 : *cité note 13 ss. art. 3.*

Art. 18 Pouvoirs du syndic. *1. Le syndic désigné par une juridiction compétente en vertu de l'article 3, paragraphe 1, peut exercer sur le territoire d'un autre État membre tous les pouvoirs qui lui sont conférés par la loi de l'État d'ouverture, aussi longtemps qu'aucune autre procédure d'insolvabilité n'y a été ouverte ou qu'aucune mesure conservatoire contraire n'y a été prise à la suite d'une demande d'ouverture d'une procédure d'insolvabilité dans cet État. Il peut notamment déplacer les biens du débiteur hors du territoire de l'État membre sur lequel ils se trouvent, sous réserve des articles 5 et 7.*

2. Le syndic désigné par une juridiction compétente en vertu de l'article 3, paragraphe 2, peut, dans tout autre État membre faire valoir par voie judiciaire ou extrajudiciaire, qu'un bien mobilier a été transféré du territoire de l'État d'ouverture sur le territoire de cet autre État membre après l'ouverture de la procédure d'insolvabilité. Il peut également exercer toute action révocatoire utile aux intérêts des créanciers.

3. Dans l'exercice de ses pouvoirs, le syndic doit respecter la loi de l'État membre sur le territoire duquel il entend agir, en particulier quant aux modalités de réalisation des biens. Ces pouvoirs ne peuvent inclure l'emploi de moyens contraignants, ni le droit de statuer sur un litige ou un différend.

Dès lors que l'ordonnance de faillite rendue par la juridiction anglaise est une décision d'ouverture d'une procédure d'insolvabilité principale, elle produit, sans aucune autre formalité dans tout État membre, les effets que lui attribue la loi de l'État d'ouverture et en particulier le transfert au syndic de la propriété des biens du débiteur, incluant sa quote-part indivise de l'immeuble situé en France, lui permettant d'exercer sur le territoire de cet État tous les pouvoirs qui lui sont conférés par ce transfert de propriété et, en conséquence, celui d'agir en partage de l'indivision. • Com. 16 juill. 2020, n° 17-16.200 P : *D. 2020. 1814, note Jault-Seseke et Robine ; Rev. sociétés 2020. 514, obs. Henry ; Rev. crit. DIP 2021. 595, note Farnoux ; JCP E 2020. 1505, note Delmas ; LEDEN 9/2020. 2, obs. Mélin ; Gaz. Pal. 13 oct. 2020, p. 56, obs. Giorgini ; RJDA 2020, n° 590 ; APC 2020, n° 246, obs. V. Legrand ; BJE 11-12/2020. 53, note Fabriès-Lecea ; RLDA nov. 2020. 43, obs. Vallens.*

Art. 19 Preuve de la nomination du syndic. *La nomination du syndic est établie par la présentation d'une copie, certifiée conforme à l'original, de la décision qui le nomme, ou par tout autre certificat établi par la juridiction compétente.*

Une traduction dans la langue officielle ou une des langues officielles de l'État membre sur le territoire duquel le syndic entend agir peut être exigée. Aucune légalisation ou autre formalité analogue n'est requise.

Art. 20 Restitution et imputation. *1. Le créancier qui, après l'ouverture d'une procédure visée à l'article 3, paragraphe 1, obtient par tout moyen, notamment par des voies d'exécution, satisfaction totale ou partielle en ce qui concerne sa créance sur des biens du débiteur qui se trouvent sur le territoire d'un autre État membre, doit restituer ce qu'il a obtenu au syndic, sous réserve des articles 5 et 7.*

2. Afin d'assurer un traitement égal des créanciers, le créancier qui a obtenu, dans une procédure d'insolvabilité, un dividende sur sa créance, ne participe aux répartitions ouvertes dans une autre procédure, que lorsque les créanciers de même rang ou de même catégorie ont obtenu, dans cette autre procédure, un dividende équivalent.

Art. 21 Publicité. *1. Le syndic peut demander que le contenu essentiel de la décision ouvrant la procédure d'insolvabilité et, le cas échéant, de la décision qui le nomme soit publié dans tout autre État membre, selon les modalités de publication prévues dans cet État. Ces mesures de publicité indiquent en outre le syndic désigné et précisent si la règle de compétence appliquée est celle de l'article 3, paragraphe 1 ou 2.*

2. Toutefois, la publication obligatoire peut être prévue par tout État membre sur le territoire duquel le débiteur a un établissement. Dans ce cas, le syndic ou toute autorité habilitée à cet effet dans l'État membre où la procédure visée à l'article 3, paragraphe 1, a été ouverte doit prendre les mesures nécessaires pour assurer cette publication.

L'art. 21 ci-dessus ne prévoit la publicité de la décision ouvrant la procédure dans les autres États membres qu'à la requête du syndic ou sur décision de ces autres États, mais à la condition, dans ce second cas, que le débiteur, et non pas le créancier, y ait un établissement. • Com. 16 nov. 2010 : *cité note 2 ss. art. 4.*

Art. 22 Inscription dans un registre public. *1. Le syndic peut demander que la décision ouvrant une procédure visée à l'article 3, paragraphe 1, soit inscrite au livre foncier, au registre du commerce et à tout autre registre public tenu dans les autres États membres.*

2. Toutefois, l'inscription obligatoire peut être prévue par tout État membre. Dans ce cas, le syndic ou toute autorité habilitée à cet effet dans l'État membre où la procédure visée à l'article 3, paragraphe 1, a été ouverte doit prendre les mesures nécessaires pour assurer cette inscription.

Art. 23 Frais. *Les frais des mesures de publicité et d'inscription prévues aux articles 21 et 22 sont considérés comme des frais et dépenses de la procédure.*

Art. 24 Exécution au profit du débiteur. *1. Celui qui, dans un État membre, exécute une obligation au profit du débiteur soumis à une procédure d'insolvabilité ouverte dans un autre État membre, alors qu'il aurait dû le faire au profit du syndic de cette procédure, est libéré s'il ignorait l'ouverture de la procédure.*

2. Celui qui a exécuté cette obligation avant les mesures de publicité prévues à l'article 21 est présumé, jusqu'à preuve contraire, avoir ignoré l'ouverture de la procédure d'insolvabilité ; celui qui l'a exécutée après ces mesures de publicité est présumé jusqu'à preuve contraire, avoir eu connaissance de l'ouverture de la procédure.

L'art. 24, § 1, doit être interprété en ce sens que ne relève pas du champ d'application de cette disposition un paiement fait, sur l'ordre d'un débiteur soumis à une procédure d'insolvabilité, à un créancier de celui-ci. • CJUE 19 sept. 2013 : *D. 2013. Actu. 2271 ; D. 2014. Pan. 1979, obs. d'Avout ; RLDA oct. 2013. 20, obs. Mélin ; RJDA 2013, n° 928 ; APC 2013, n° 244, obs. V. Legrand ; BJS 2013. 820, note Vallens ; BJE 2014. 45, note Henry ; RPC 2014, n° 8, obs. Menjucq.*

Art. 25 Reconnaissance et caractère exécutoire d'autres décisions. *1. Les décisions relatives au déroulement et à la clôture d'une procédure d'insolvabilité rendues par une juridiction dont la décision d'ouverture est reconnue conformément à l'article 16 ainsi qu'un concordat approuvé par une telle juridiction sont reconnus également sans aucune autre formalité. Ces décisions sont exécutées conformément aux articles 31 à 51 (à l'exception de l'article 34, paragraphe 2) de la convention de Bruxelles concernant la compétence judiciaire et l'exécution des décisions en matière civile et commerciale, modifiée par les conventions relatives à l'adhésion à cette convention.*

Le premier alinéa s'applique également aux décisions qui dérivent directement de la procédure d'insolvabilité et qui s'y insèrent étroitement, même si elles sont rendues par une autre juridiction.

Le premier alinéa s'applique également aux décisions relatives aux mesures conservatoires prises après la demande d'ouverture d'une procédure d'insolvabilité.

2. La reconnaissance et l'exécution des décisions autres que celles visées au paragraphe 1 sont régies par la convention visée au paragraphe 1, pour autant que cette convention soit applicable.

3. Les États membres ne sont pas tenus de reconnaître ou d'exécuter une décision visée au paragraphe 1, qui aurait pour effet de limiter la liberté individuelle ou le secret postal.

1. L'art. 25, § 1, doit être interprété en ce sens qu'une décision par laquelle une juridiction de l'État membre d'ouverture autorise le syndic à engager une action dans un autre État membre, quand bien même celle-ci relèverait de la compétence exclusive de cette juridiction, ne saurait avoir pour effet de conférer une compétence internationale aux juridictions de cet autre État membre. • CJUE 4 déc. 2019, n° C-493/18 : *cité note 7 ss. art. 3.*

2. Sur la qualification de « mesure conservatoire », au sens de l'art. 25, § 1, al. 3, de la désignation d'un administrateur judiciaire provisoire en droit allemand, V. • Colmar, 31 mars 2010 : *D. 2010. 1262, note Vallens.*

3. L'art. 25, § 2, du Règl. CE n° 1346/2000 du 29 mai 2000 doit être interprété en ce sens que les termes « pour autant que cette convention soit applicable » impliquent que, avant de pouvoir conclure à l'application des règles de reconnaissance et d'exécution prévues par le Règl. CE n° 44/2001 du 22 déc. 2000, concernant la compétence judiciaire, la reconnaissance et l'exécution des décisions en matière civile et commerciale, aux décisions autres que celles visées à l'art. 25, § 1, du Règl. n° 1346/2000, il est nécessaire de vérifier si ces décisions ne se trouvent pas placées hors du champ d'application matériel du règlement n° 44/2001. • CJCE 10 sept. 2009 : *cité note 1 ss. art. 4.*

Art. 26 Ordre public. *Tout État membre peut refuser de reconnaître une procédure d'insolvabilité ouverte dans un autre État membre ou d'exécuter une décision prise dans le cadre d'une telle procédure, lorsque cette reconnaissance ou cette exécution produirait des effets manifestement contraires à son ordre public, en particulier à ses principes fondamentaux ou aux droits et aux libertés individuelles garantis par sa constitution.* — *V. la déclaration du Portugal concernant l'application de l'art. 26 (JOCE C 183 du 30 juin 2000, p. 1).*

1. L'art. 26 doit être interprété en ce sens qu'un État membre peut refuser de reconnaître une procédure d'insolvabilité ouverte dans un autre État membre lorsque la décision d'ouverture a été prise en violation manifeste du droit fondamental à être entendue dont dispose une personne concernée par une telle procédure. • CJCE 2 mai 2006 : *cité note 2 ss. art. 3.* ♦ L'absence d'audition des représentants du personnel préalablement à la décision d'ouverture de la procédure d'insolvabilité ne constitue pas une violation manifeste du droit fondamental à être entendue dont dispose une personne concernée par cette procédure. • Com. 27 juin 2006 : *cité note 1 ss. art. 16.*

2. La règle du transfert au syndic de la propriété des biens du débiteur, personne physique, mis en liquidation judiciaire, résultant de la loi anglaise, ne produit pas des effets manifestement contraires à la conception française de l'ordre public international. • Com. 16 juill. 2020, n° 17-16.200 P : *cité ss. art. 18.*

3. Le Règl. (CE) n° 1346/2000 du 29 mai 2000 exclut les motifs de refus de reconnaissance des décisions prises par le tribunal d'ouverture de la faillite du Règl. (CE) n° 44/2001 pour substituer ses propres motifs de refus. • Civ. 1re, 6 juill. 2016, n° 15-14.664 P : *Rev. sociétés 2017. 303, note Morelli ; LEDEN 9/2016. 5, obs. Mélin ; Gaz. Pal. 18 oct. 2016, p. 45, obs. Henry ; RJDA 2016, n° 894 ; RJ com. 2016. 658, obs. Roussel Galle ; RPC 2016, n° 177, obs. Menjucq.* – V. Cuniberti, *Rev. crit. DIP 2017. 191.*

CHAPITRE III *PROCÉDURES SECONDAIRES D'INSOLVABILITÉ*

Art. 27 Ouverture. *La procédure visée à l'article 3, paragraphe 1, qui est ouverte par une juridiction d'un État membre et reconnue dans un autre État membre (procédure principale) permet d'ouvrir, dans cet autre État membre, dont une juridiction serait compétente en vertu de l'article 3, paragraphe 2, une procédure secondaire d'insolvabilité sans que l'insolvabilité du débiteur soit examinée dans cet autre État. Cette procédure doit être une des procédures mentionnées à l'annexe B. Ses effets sont limités aux biens du débiteur situés sur le territoire de cet autre État membre.*

1. L'art. 27 du Règl. CE n° 1346/2000, tel que modifié par le Règl. CE n° 788/2008, doit être interprété en ce sens qu'il permet l'ouverture d'une procédure secondaire d'insolvabilité dans l'État membre dans lequel se trouve un établissement du débiteur, alors que la procédure principale poursuit une finalité protectrice (en l'occurrence, une procédure de sauvegarde ouverte en France). Il incombe à la juridiction compétente pour ouvrir une procédure secondaire de prendre en considération les objectifs de la procédure principale et de tenir compte de l'économie du règlement dans le respect du principe de coopération loyale. • CJUE 22 nov. 2012 : *cité note 10 ss. art. 4.* ♦ L'art. 27 préc. doit être interprété en ce sens que la juridiction saisie d'une demande d'ouverture d'une procédure secondaire d'insolvabilité ne peut pas examiner l'insolvabilité du débiteur à l'encontre duquel une procédure principale a été ouverte dans un autre État membre, même si cette dernière poursuit une finalité protectrice. • Même arrêt.♦ Il en résulte que le dirigeant n'a pas à déclarer la cessation de ses paiements dans le pays d'ouverture d'une procédure secondaire. • Com. 7 févr. 2018, n° 17-10.056 P : *D. 2018. 1195, note Dammann et Podeur ; Rev. sociétés 2018. 203, obs. Henry ; ibid. 396, note Reygrobellet ; JCP E 2018. 1159, n° 2, obs. Tehrani ; ibid. 1237, note Guyader ; LEDEN 3/2018. 2, obs. Mélin ; BJS 2018. 217, note Jault-Seseke et Robine ; APC 2018, n° 75, obs. Sautonie-Laguonie ; RPC 2018. Étude 5, obs. Vallens ; ibid. n° 108, obs. Menjucq ; RJDA 2018, n° 448 ; BJE 2018. 225, note Degenhardt ; Dr. sociétés 2018, n° 197, obs. Legros.*

2. Les art. 3, § 2, et 27 du Règl. CE n° 1346/2000 doivent être interprétés en ce sens que les juridictions de l'État membre d'ouverture d'une procédure secondaire d'insolvabilité sont compétentes, alternativement avec les juridictions de l'État membre d'ouverture de la procédure principale, pour statuer sur la détermination des biens du débiteur entrant dans le périmètre des effets de cette procédure secondaire. • CJUE 11 juin 2015, n° C-649/13 : *D. 2015. 1514, note Dammann et Boché-Robinet ; ibid. Pan. 2042, obs. Bollée ; Rev. sociétés 2015. 549, obs. Henry ; APC 2015, n° 185, obs. V. Legrand ; BRDA 2015, n° 12, p. 8 ; BJE 2015. 209, obs. Henry ; RPC 2015, n° 91, obs. Menjucq ; Procédures 2015, n° 261, note Nourissat ; Europe 2015, n° 351, obs. Idot ; RJDA 2015, n° 693 ; BJS 2015. 514, note Robine et Jault-Seseke.* – V. Dupoirier, *D. 2015. Point de vue 1718.* ♦ La détermination desdits biens doit être effectuée conformément aux dispositions de l'art. 2, *g*, du règl. CE n° 1346/2000. • Même arrêt.

3. Pour l'impossibilité de prononcer une interdiction de gérer à l'encontre du dirigeant dans le cadre d'une procédure d'insolvabilité secondaire, V. • Com. 22 janv. 2013, n° 11-17.968 P : *D. 2013. 755, note Dammann et Rapp ; ibid. Actu. 301, obs. Lienhard ; Rev. sociétés 2013. 573, note Morelli ; Rev. crit. DIP 2014. 404, note Jault-Seseke et Robine ; JCP E 2013. 1216, n° 11, obs. Pétel ; ibid. 1218, note Lemay ; APC 2013, n° 53, obs. Legrand ; LEDEN 3/2013. 6, obs. Mélin ; BJS 2013. 263, note Vallens ; RPC 2013, n° 30, obs. Mastrullo ; Dr. sociétés 2013, n° 89, note Legros ; RJDA 2013, n° 440 ; BJE 2013. 175, note Sortais.* – V. d'Avout, *RPC 2013. Étude 19.* ♦ Comp., s'agissant d'une action en responsabilité pour insuffisance d'actif : • T. com. Nanterre, 24 oct. 2013 : *D. 2013. Actu. 2641, obs. Delpech ; D. 2014. Pan. 1980, obs. d'Avout ; BJS 2014. 110, note Borga ; RPC 2014, n° 12, obs. Menjucq.*

Art. 28 Loi applicable. *Sauf disposition contraire du présent règlement, la loi applicable à la procédure secondaire est celle de l'État membre sur le territoire duquel la procédure secondaire est ouverte.*

Art. 29 Droit de demander l'ouverture. *L'ouverture d'une procédure secondaire peut être demandée par :*

a) le syndic de la procédure principale ;

b) toute autre personne ou autorité habilitée à demander l'ouverture d'une procédure d'insolvabilité en vertu de la loi de l'État membre sur le territoire duquel l'ouverture de la procédure secondaire est demandée.

L'art. 29, sous b), doit être interprété en ce sens que la question de savoir quelle personne ou autorité est habilitée à demander l'ouverture d'une procédure secondaire d'insolvabilité doit être appréciée sur le fondement du droit national de l'État membre sur le territoire duquel l'ouverture de cette procédure est demandée. Le droit de demander l'ouverture d'une procédure secondaire d'insolvabilité ne peut toutefois pas être limité aux seuls créanciers domiciliés ou ayant leur siège social dans l'État membre sur le territoire duquel est situé l'établissement concerné ou aux seuls créanciers dont la créance a son origine dans l'exploitation de cet établissement. • CJUE 4 sept. 2014 : *cité note 13 ss. art. 3.* ♦ Pour une application, V. • Com. 2 déc. 2014 : *D. 2014. Actu. 2519 ; Rev. sociétés 2015. 200, obs. Roussel Galle ; LEDEN 1/2015. 6, obs. Mélin ; BJE 2015. 121, note Henry ; RJDA 2015, n° 372 ; RPC 2015, n° 93, obs. Mastrullo.* ♦ Pour l'ouverture d'une procédure secondaire en France à la demande du syndic provisoire de la procédure principale ouverte en Allemagne, V. • T. com. Nanterre, 30 nov. 2011 : *D. 2012. 596, note Henry.*

Art. 30 Avance de frais et dépens. *Lorsque la loi de l'État membre où l'ouverture d'une procédure secondaire est demandée exige que l'actif du débiteur soit suffisant pour couvrir en tout ou en partie les frais et dépens de la procédure, la juridiction saisie d'une telle demande peut exiger du demandeur une avance de frais ou une garantie d'un montant approprié.*

Art. 31 Devoir de coopération et d'information. *1. Sous réserve des règles limitant la communication de renseignements, le syndic de la procédure principale et les syndics des procédures secondaires sont tenus d'un devoir d'information réciproque. Ils doivent communiquer sans délai tout renseignement qui peut être utile à l'autre procédure, notamment l'état de la production et de la vérification des créances et les mesures visant à mettre fin à la procédure.*

2. Sous réserve des règles applicables à chacune des procédures, le syndic de la procédure principale et les syndics des procédures secondaires sont tenus d'un devoir de coopération réciproque.

3. Le syndic d'une procédure secondaire doit en temps utile permettre au syndic de la procédure principale de présenter des propositions relatives à la liquidation ou à toute utilisation des actifs de la procédure secondaire.

Art. 32 Exercice des droits des créanciers. *1. Tout créancier peut produire sa créance à la procédure principale et à toute procédure secondaire.*

2. Les syndics de la procédure principale et des procédures secondaires produisent dans les autres procédures les créances déjà produites dans la procédure pour laquelle ils ont été désignés, dans la mesure où cette production est utile aux créanciers de la procédure pour laquelle ils ont été désignés et sous réserve du droit de ceux-ci de s'y opposer ou de retirer leur production, lorsque la loi applicable le prévoit.

3. Le syndic d'une procédure principale ou secondaire est habilité à participer, au même titre que tout créancier, à une autre procédure, notamment en prenant part à une assemblée de créanciers.

L'art. 32, § 2, lu en combinaison avec les art. 4 et 28, doit être interprété en ce sens que la production, dans une procédure d'insolvabilité secondaire, de créances déjà produites dans la procédure d'insolvabilité principale, par le syndic de cette dernière procédure, est soumise aux dispositions relatives aux délais de production des créances et aux conséquences des productions tardives, prévues par la loi de l'État d'ouverture de cette procédure secondaire. • CJUE 25 nov. 2021, n° C-25/20 : *D. 2022. 264, note Vallens ; JCP E 2022. 1163, n° 13, obs. Tehrani ; Procédures 2022, n° 12, obs. Nourissat ; BJS 2/2022. 45, note Jault-Seseke et Robine ; RJDA 2022, n° 160 ; Gaz. Pal. 19 avr. 2022, p. 46, obs. Giorgini ; RPC 2022, n° 73, obs. Mastrullo.*

Art. 33 Suspension de la liquidation. *1. La juridiction qui a ouvert la procédure secondaire suspend en tout ou en partie les opérations de liquidation, sur la demande du syndic de la procédure principale, sous réserve de la faculté d'exiger en ce cas du syndic de la procédure principale toute mesure adéquate pour garantir les intérêts des créanciers de la procédure secondaire et de certains groupes de créanciers. La demande du syndic de la procédure principale ne peut être rejetée que si elle est manifestement sans intérêt pour les créanciers de la procédure principale. La suspension de la liquidation peut être ordonnée pour une durée maximale de trois mois. Elle peut être prolongée ou renouvelée pour des périodes de même durée.*

2. La juridiction visée au paragraphe 1 met fin à la suspension des opérations de liquidation :

— à la demande du syndic de la procédure principale,

— d'office, à la demande d'un créancier ou à la demande du syndic de la procédure secondaire, si cette mesure n'apparaît plus justifiée, notamment par l'intérêt des créanciers de la procédure principale ou de ceux de la procédure secondaire.

Art. 34 Mesures mettant fin à la procédure secondaire d'insolvabilité. *1. Lorsque la loi applicable à la procédure secondaire prévoit la possibilité de clôturer cette procédure sans liquidation par un plan de redressement, un concordat ou une mesure comparable, une telle mesure peut être proposée par le syndic de la procédure principale.*

La clôture de la procédure secondaire par une mesure visée au premier alinéa ne devient définitive qu'avec l'accord du syndic de la procédure principale, ou, à défaut de son accord, lorsque la mesure proposée n'affecte pas les intérêts financiers des créanciers de la procédure principale.

2. Toute limitation des droits des créanciers, tels qu'un sursis de paiement ou une remise de dette, découlant d'une mesure visée au paragraphe 1 et proposée dans une procédure secondaire ne peut produire ses effets sur les biens du débiteur qui ne sont pas visés par cette procédure qu'avec l'accord de tous les créanciers intéressés.

3. Durant la suspension des opérations de liquidation ordonnée en vertu de l'article 33, seul le syndic de la procédure principale, ou le débiteur avec son accord, peut proposer dans la procédure secondaire des mesures prévues au paragraphe 1 du présent article ; aucune autre proposition visant une telle mesure ne peut être soumise au vote ni homologuée.

Art. 35 Surplus d'actif de la procédure secondaire. *Si la liquidation des actifs de la procédure secondaire permet de payer toutes les créances admises dans cette procédure, le syndic désigné dans cette procédure transfère sans délai le surplus d'actif au syndic de la procédure principale.*

Art. 36 Ouverture ultérieure de la procédure principale. *Lorsqu'une procédure visée à l'article 3, paragraphe 1, est ouverte après l'ouverture d'une procédure visée à l'article 3, paragraphe 2, dans un autre État membre, les articles 31 à 35 s'appliquent à la procédure ouverte en premier, dans la mesure où l'état de cette procédure le permet.*

Art. 37 Conversion de la procédure antérieure. *Le syndic de la procédure principale peut demander la conversion en une procédure de liquidation d'une procédure mentionnée à l'annexe A antérieurement ouverte dans un autre État membre, si cette conversion s'avère utile aux intérêts des créanciers de la procédure principale.*

La juridiction compétente en vertu de l'article 3, paragraphe 2, ordonne la conversion en une des procédures mentionnées à l'annexe B. — V. la déclaration du Portugal concernant l'application de l'art. 37 (JOCE C 183 du 30 juin 2000, p. 1).

Art. 38 Mesures conservatoires. *Lorsque la juridiction d'un État membre compétente en vertu de l'article 3, paragraphe 1, désigne un syndic provisoire en vue d'assurer la conservation des biens du débiteur, ce syndic provisoire est habilité à demander toute mesure de conservation ou de protection sur les biens du débiteur qui se trouvent dans un autre État membre prévue par la loi de cet État, pour la période séparant la demande d'ouverture d'une procédure d'insolvabilité de la décision d'ouverture.*

CHAPITRE IV *INFORMATION DES CRÉANCIERS ET PRODUCTION DE LEURS CRÉANCES*

Art. 39 Droit de produire les créances. *Tout créancier qui a sa résidence habituelle, son domicile ou son siège dans un État membre autre que l'État d'ouverture, y compris les autorités fiscales et les organismes de sécurité sociale des États membres, ont le droit de produire leurs créances par écrit dans la procédure d'insolvabilité.*

Art. 40 Obligation d'informer les créanciers. *1. Dès qu'une procédure d'insolvabilité est ouverte dans un État membre, la juridiction compétente de cet État ou le syndic nommé par celle-ci informe sans délai les créanciers connus qui ont leur résidence habituelle, leur domicile ou leur siège dans les autres États membres.*

2. Cette information, assurée par l'envoi individuel d'une note, porte notamment sur les délais à observer, les sanctions prévues quant à ces délais, l'organe ou l'autorité habilité à recevoir la production des créances et les autres mesures prescrites. Cette note indique également si les créanciers dont la créance est garantie par un privilège ou une sûreté réelle doivent produire leur créance.

BIBL. ▸ THULLIER, *BJE 2014. 126.*

Dans le silence des art. 40 et 42, § 1, du Règl. CE n° 1346/2000 du 29 mai 2000, qui ne prévoient pas directement de sanction en cas d'omission du formulaire « Invitation à produire une créance. Délais à respecter » [visé par ledit art. 42, § 1], il appartient à la loi de l'État d'ouverture, conformément aux dispositions générales de l'art. 4 § 2, point *h*, du règlement, de déterminer les conséquences d'un défaut d'information du créancier, de sorte qu'en France seule la voie du relevé de forclusion est ouverte, par l'art. L. 622-26 C. com., à un créancier chirographaire établi dans un autre État membre. • Com. 17 déc. 2013, n° 12-26.411 P : *D. 2014. Actu. 5 ; LEDEN 2/2014. 7, obs. Mélin ; APC 2014, n° 36, obs. Voinot ; RJDA 2014, n° 263.* – V. déjà • Bordeaux, 3 janv. 2011 : *D. 2011. 1669, note Lecourt ; RPC 2012, n° 12, obs. F. et M.-N. Legrand.* ♦ Dans le même sens, lorsque le document adressé au créancier présente un contenu insuffisant, V. • Com. 18 nov. 2014 : *RJDA 2015, n° 129 ; BJE 2015. 119, note Thullier ; LPA 22 juin 2015, note Favarel ; RPC 2015, n° 144, obs. Menjucq.* ♦ Pour les créanciers chirographaires, le délai de l'action en relevé de forclusion court à compter de la publication du jugement d'ouverture, sans distinction selon le lieu d'établissement, en France ou à l'étranger, du créancier. • Com. 22 janv. 2020, n° 18-19.917 : *Rev. sociétés 2020. 199, obs. Henry ; Dr. sociétés 2020, n° 85, note Legros.* ♦ L'art. 40 ci-dessus n'impose pas l'envoi d'une lettre d'information sous forme de pli recommandé. • Douai, 14 sept. 2011 : *RJDA 2012, n° 75.*

Art. 41 Contenu de la production d'une créance. *Le créancier envoie une copie des pièces justificatives, s'il en existe, et indique la nature de la créance, sa date de naissance et son montant ; il indique également s'il revendique, pour cette créance, un privilège, une sûreté réelle ou une réserve de propriété, et quels sont les biens sur lesquels porte la garantie qu'il invoque.*

L'art. 41 du Règl. CE n° 1346/2000 du 29 mai 2000 doit être interprété en ce sens qu'un créancier peut, dans le cadre d'une procédure d'insolvabilité, produire une créance sans indiquer formellement la date de naissance de celle-ci, lorsque la loi de l'État membre sur le territoire duquel cette procédure a été ouverte n'impose pas l'obligation d'indiquer cette date et que cette dernière peut, sans difficulté particulière, être déduite des pièces justificatives visées à cet art. 41, ce qu'il appartient à l'autorité compétente, chargée de la vérification des créances, d'apprécier. • CJUE 18 sept. 2019, n° C-47/18 : *D. 2019. 2277, note Vallens ; APC 2019, n° 270, obs. V. Legrand ; RJDA 2019, n° 774 ; RPC 2019, n° 160, obs. Mastrullo ; RDBF 2019, n° 207, obs. Houin-Bressand.*

Art. 42 Langues. *1. L'information prévue à l'article 40 est assurée dans la ou dans une des langue(s) officielle(s) de l'État d'ouverture. Un formulaire portant, dans toutes les langues officielles des institutions de l'Union européenne, le titre "Invitation à produire une créance. Délais à respecter", est utilisé à cet effet.*

2. Tout créancier qui a sa résidence habituelle, son domicile ou son siège dans un autre État membre que l'État d'ouverture peut produire sa créance dans la ou dans une des langue(s) officielle(s) de cet autre État. Dans ce cas, la production de sa créance doit néanmoins porter le titre "Production de créance" dans la ou dans une des langue(s) officielle(s) de l'État d'ouverture. En outre, une traduction dans la ou une des langue(s) officielle(s) de l'État d'ouverture peut lui être réclamée.

V. note ss. art. 40.

CHAPITRE V *DISPOSITIONS TRANSITOIRES ET FINALES*

Art. 43 Application dans le temps. *Les dispositions du présent règlement ne sont applicables qu'aux procédures d'insolvabilité ouvertes postérieurement à son entrée en vigueur. Les actes accomplis par le débiteur avant l'entrée en vigueur du présent règlement continuent d'être régis par la loi qui leur était applicable au moment où ils ont été accomplis.*

Art. 44 Relations avec les conventions. *1. Après son entrée en vigueur, le présent règlement remplace dans les relations entre les États membres, pour les matières auxquelles il se réfère, les conventions conclues entre deux ou plusieurs de ces États, à savoir :*

a) la convention entre la Belgique et la France sur la compétence judiciaire, sur l'autorité et l'exécution des décisions judiciaires, des sentences arbitrales et des actes authentiques, signée à Paris, le 8 juillet 1899 ;

b) la convention entre la Belgique et l'Autriche sur la faillite, le concordat et le sursis de paiement (avec protocole additionnel du 13 juin 1973), signée à Bruxelles le 16 juillet 1969 ;

c) la convention entre la Belgique et les Pays-Bas sur la compétence judiciaire territoriale, sur la faillite, ainsi que sur l'autorité et l'exécution des décisions judiciaires, des sentences arbitrales et des actes authentiques, signée à Bruxelles, le 28 mars 1925 ;

d) le traité entre l'Allemagne et l'Autriche en matière de faillite et de concordat, signé à Vienne le 25 mai 1979 ;

e) la convention entre la France et l'Autriche sur la compétence judiciaire, la reconnaissance et l'exécution des décisions en matière de faillite, signée à Vienne le 27 février 1979 ;

f) la convention entre la France et l'Italie sur l'exécution des jugements en matière civile et commerciale, signée à Rome, le 3 juin 1930 ;

g) la convention entre l'Italie et l'Autriche en matière de faillite et de concordat, signée à Rome le 12 juillet 1977 ;

h) la convention entre le Royaume des Pays-Bas et la République fédérale d'Allemagne sur la reconnaissance et l'exécution mutuelles des décisions judiciaires et autres titres exécutoires en matière civile et commerciale, signée à La Haye, le 30 août 1962 ;

i) la convention entre le Royaume-Uni et le Royaume de Belgique sur l'exécution réciproque des jugements en matière civile et commerciale, et son protocole, signée à Bruxelles, le 2 mai 1934 ;

j) la convention entre le Danemark, la Finlande, la Norvège, la Suède et l'Islande, relative à la faillite, signée à Copenhague le 11 novembre 1933 ;

k) la convention européenne sur certains aspects internationaux de la faillite, signée à Istanbul le 5 juin 1990 ;

l) la convention entre la République fédérative socialiste de Yougoslavie et le Royaume de Grèce sur la reconnaissance et l'exécution des décisions, signée à Athènes le 18 juin 1959 ;

m) l'accord entre la République fédérative socialiste de Yougoslavie et la République d'Autriche sur la reconnaissance et l'exécution réciproques des décisions et sentences arbitrales en matière commerciale, signé à Belgrade le 18 mars 1960 ;

n) la convention entre la République fédérative socialiste de Yougoslavie et la République italienne relative à l'entraide judiciaire en matière civile et administrative, signée à Rome le 3 décembre 1960 ;

o) l'accord entre la République fédérative socialiste de Yougoslavie et le Royaume de Belgique relatif à la coopération judiciaire en matière civile et commerciale, signé à Belgrade le 24 septembre 1971 ;

p) la convention entre le gouvernement de la Yougoslavie et le gouvernement de la France relative à la reconnaissance et à l'exécution des décisions judiciaires en matière civile et commerciale, signée à Paris le 18 mai 1971 ;

q) l'accord entre la République socialiste tchécoslovaque et la République hellénique sur l'assistance judiciaire en matière civile et pénale, signé à Athènes le 22 octobre 1980, toujours en vigueur entre la République tchèque et la Grèce ;

r) l'accord traité entre la République socialiste tchécoslovaque et la République de Chypre relatif à l'assistance judiciaire en matière civile et pénale, signé à Nicosie le 23 avril 1982, toujours en vigueur entre la République tchèque et Chypre ;

s) le traité entre le gouvernement de la République socialiste tchécoslovaque et le gouvernement de la République française relatif à l'entraide judiciaire, à la reconnaissance et à l'exécution des décisions, en matière civile, familiale et commerciale, signé à Paris le 10 mai 1984, toujours en vigueur entre la République tchèque et la France ;

t) le traité entre la République socialiste tchécoslovaque et la République italienne relatif à l'assistance judiciaire en matière civile et pénale, signé à Prague le 6 décembre 1985, toujours en vigueur entre la République tchèque et l'Italie ;

u) l'accord entre la République de Lettonie, la République d'Estonie et la République de Lituanie relatif à l'assistance judiciaire et les relations judiciaires, signé à Tallinn le 11 novembre 1992 ;

v) l'accord entre l'Estonie et la Pologne relatif à l'entraide judiciaire et à l'établissement de relations judiciaires en matière civile, pénale et du travail, signé à Tallinn le 27 novembre 1998 ;

w) l'accord entre la République de Lituanie et la République de Pologne relatif à l'entraide judiciaire et aux relations judiciaires en matière civile, familiale, pénale et du travail, signé à Varsovie le 26 janvier 1993.

2. Les conventions visées au paragraphe 1 continuent à produire leurs effets en ce qui concerne les procédures ouvertes avant l'entrée en vigueur du présent règlement.

3. Le présent règlement n'est pas applicable :

a) dans tout État membre, dans la mesure où il est incompatible avec les obligations en matière de faillite résultant d'une convention conclue antérieurement à son entrée en vigueur par cet État avec un ou plusieurs pays tiers ;

b) au Royaume-Uni de Grande-Bretagne et d'Irlande du Nord, dans la mesure où il est incompatible avec les obligations en matière de faillite et de liquidation de sociétés insolvables résultant d'accords avec le Commonwealth applicables au moment de l'entrée en vigueur du présent règlement.

Art. 45 Modification des annexes. *Le Conseil, statuant à la majorité qualifiée, à l'initiative d'un ou de plusieurs de ses membres ou sur proposition de la Commission, peut modifier les annexes.*

Art. 46 Rapport. *Au plus tard le 1er juin 2012, et ensuite tous les cinq ans, la Commission présente au Parlement européen, au Conseil et au Comité économique et social un rapport relatif à l'application du présent règlement. Ce rapport est accompagné, le cas échéant, de propositions visant à adapter le présent règlement.*

Art. 47 Entrée en vigueur. *Le présent règlement entre en vigueur le 31 mai 2002.*

Le présent règlement est obligatoire dans tous ses éléments et directement applicable dans tout État membre conformément au traité instituant la Communauté européenne [*devenu le Traité sur le fonctionnement de l'Union européenne*].

ANNEXES

V. ces annexes 🏛.

Circulaire du 15 décembre 2006,

Relative au règlement n° 1346/2000 du 29 mai 2000 relatif aux procédures d'insolvabilité 🏛.

Directive (UE) 2019/1023 du Parlement européen et du Conseil du 20 juin 2019,

Relative aux cadres de restructuration préventive, à la remise de dettes et aux déchéances, et aux mesures à prendre pour augmenter l'efficacité des procédures en matière de restructuration, d'insolvabilité et de remise de dettes, et modifiant la directive (UE) 2017/1132 (directive sur la restructuration et l'insolvabilité) 🏛.

BIBL. GÉN. ▸ DAMMANN et ALLE, *D. 2019. Chron. 2047* (introduction des classes de créanciers en droit français). – ROTARU et VERMEILLE, *RTDF 2019, n° 2, p. 3.* – BUISINE, *RPC 2019. Étude 12* (propositions relatives à la transposition de la directive et à la réforme du droit des sûretés). – Numéro spécial, *APC 9/2019.* – LAMY, *RLDA oct. 2019. 56* (ouverture de la restructuration préventive) ; *ibid. nov. 2019. 53* (déroulement de la restructuration préventive). – VALLENS, *BRDA 2019, n° 24, p. 26* (articulation de la directive et du règlement sur les procédures d'insolvabilité). – Dossier « Premiers regards sur la directive relative aux cadres de restructuration préventifs et à la seconde chance », *RPC 2019. Dossiers 10 à 22.* – Dossier spécial, *JCP E 2020. 1075 à 1079.* – BUISINE et ROUSSEAU, *RPC 2020. Étude 10* (commentaire du titre IV). – BONNEAU, *ibid. Étude 11* (mécanisme dit du *cross-class cram-down*). – HCJP, *RTDF 2020, n° 3, p. 38* (rapport sur les classes de créanciers pour la transposition de la Dir. du 20 juin 2019). – VERMEILLE, JAUFFRET et OUDIN, *ibid., n° 4, p. 17* (commentaire du rapport du HCJP). – Dossier « Vers une nouvelle directive sur l'insolvabilité ? », *BJE 7-8/2022. 32.* ▸ Sur la proposition de Dir. du 7 déc. 2022 : MASTRULLO, *Rev. sociétés 2023. 140*. – Dossier spécial, *BJE 9-10/2023. 48.* – THEVENOT, *RPC 2023. Étude 3* (la procédure de *prepack* du livre VI face à la proposition de Dir. du 7 déc. 2022). – VALLENS, *RTD com. 2024. 199* (actions révocatoires et droit français).

II MANDATAIRES JUDICIAIRES

Sur la rémunération des mandataires judiciaires, V. C. com., art. R. 663-3 s., et Circ. du 6 avr. 2007, 1re partie, I. Régime issu de la loi du 26 juillet 2005.

Code de commerce

PREMIÈRE PARTIE : *LÉGISLATIVE*

TITRE I (DU LIVRE VIII) DES ADMINISTRATEURS JUDICIAIRES, MANDATAIRES JUDICIAIRES ET EXPERTS EN DIAGNOSTIC D'ENTREPRISE *(L. nº 2005-845 du 26 juill. 2005, art. 165-V).*

RÉP. COM. vº *Entreprise en difficulté : procédure et organes,* par CAGNOLI.

BIBL. GÉN. ▶ RUELLAN, *Dr. pénal 2000. Chron. 25 et 28* (responsabilité pénale des administrateurs judiciaires). – BOULOC, *Mél. Sortais, Bruylant, 2002, p. 21* (même thème). – SAINT-ALARY-HOUIN, *Mél. Honorat, Frison-Roche, 2000, p. 193* (responsabilité des mandataires judiciaires). – F. AUBERT, *Rapport de la Cour de cassation pour 2002, p. 145* (même thème). – Colloque organisé par le CNAJMJ le 7 nov. 2000, *LPA 20 nov. 2001* (les professionnels du traitement des entreprises en difficulté dans l'Union européenne). – GÉNITEAU, *RPC 2006. 1* (l'administrateur judiciaire et le nouveau livre VI C. com.). – Colloque des 19 et 20 juin 2008, *LPA 9 avr. 2009* (pratique et statut des mandataires de justice). – FASQUELLE et INACIO, *RPC 2014. Étude 21* (bref regard de droit comparé sur le statut des professionnels de l'insolvabilité dans l'UE). – Table ronde « La responsabilité civile des professionnels des procédures collectives », *RPC sept.-oct. 2015. 63.* – SAPIN et DEBOST, *Gaz. Pal. 2018. 101* (responsabilité de l'administrateur judiciaire : précisions jurisprudentielles). – MATTATIA, *RPC 2018. Étude 9* (administrateurs et mandataires judiciaires face au RGPD). – INACIO, *ibid. 2019. Étude 2* (sort des praticiens français de l'insolvabilité face à la directive européenne relative aux cadres de restructuration préventifs). – LEDAN-CABARROQUE, *BJE 3-4/2019. 70* (réforme de l'obligation de vigilance des administrateurs et des mandataires judiciaires).

▶ Sur la loi nº 2005-845 du 26 juill. 2005 : SOINNE, *RPC 2008. Étude 18.*

▶ Sur la loi nº 2015-990 du 6 août 2015 : PERRUCHOT-TRIBOULET, *Journ. sociétés 9/2015. 61.* – LE CORRE, *Gaz. Pal. 18-20 oct. 2015, p. 18.* – ROSSI, *RPC 2015. Étude 15.* – F.-X. LUCAS, *BJE 2015. 317.*

CHAPITRE I *DES ADMINISTRATEURS JUDICIAIRES*

SECTION 1 *De la mission, des conditions d'accès et d'exercice et des incompatibilités*

SOUS-SECTION 1 *Des missions*

Art. L. 811-1 Les administrateurs judiciaires sont les mandataires *(L. nº 2003-7 du 3 janv. 2003, art. 1er-I)* « , personnes physiques ou morales, » chargés par décision de justice d'administrer les biens d'autrui ou d'exercer des fonctions d'assistance ou de surveillance dans la gestion de ces biens. — *[L. nº 85-99 du 25 janv. 1985, art. 1er.]*

(L. nº 2003-7 du 3 janv. 2003, art. 1er-II) « Les tâches que comporte l'exécution de leur mandat *(L. nº 2015-990 du 6 août 2015, art. 236-1º)* « incombent personnellement aux administrateurs judiciaires désignés par le tribunal. Ils peuvent toutefois déléguer tout ou partie de ces tâches à un administrateur judiciaire salarié, sous leur responsabilité. Ils peuvent, en outre », lorsque le bon déroulement de la procédure le requiert et sur autorisation motivée du président du tribunal, confier sous leur responsabilité à des tiers une partie de ces tâches.

« Lorsque les administrateurs judiciaires confient à des tiers des tâches qui relèvent de la mission que leur a confiée le tribunal, ils les rétribuent sur la rémunération qu'ils perçoivent » *(Abrogé par Ord. nº 2008-1345 du 18 déc. 2008, art. 160, à compter du 15 févr. 2009)* *« en application du décret prévu à l'article* *(L. nº 2005-845 du 26 juill. 2005, art. 158-V)* « L. 663-2 ». »

V. Circ. du 22 avr. 2022 relative aux modalités de recours aux intervenants extérieurs dans le cadre des procédures collectives (BOMJ 25 avr. 2022).

BIBL. ▶ DOLLEY, *Dr. et patr. juill.-août 2003. 39* (limitations au recours à la sous-traitance). – SOINNE, *RPC 2003. 96* (intervention de tiers dans l'administration ou la gestion des procédures collectives). – DELATTRE, *ibid. 2017. Étude 20* (recours à des tiers).

1. Choix de l'administrateur judiciaire. Sur la caractérisation du préjudice lié à la « sous-désignation » d'un administrateur judiciaire ouvrant droit à une réparation de l'État, V. • Civ. 1re, 26 oct. 2022, n° 21-16.688 : *LEDEN 1/2023. 2, obs. Lemberg.*

2. Tâches confiées à des tiers. L'art. L. 811-1, qui prévoit que l'administrateur judiciaire est tenu de rétribuer sur sa rémunération le tiers auquel il a confié, sur autorisation du président du tribunal, tout ou partie des tâches lui incombant personnellement, n'est pas applicable lorsque le juge-commissaire désigne un technicien en application de l'art. L. 621-9, fût-ce à la requête de l'administrateur, la rémunération du technicien ainsi désigné incombant alors à la procédure collective. • Com. 13 déc. 2017, n° 16-15.962 P : *D. 2017. Actu. 2533 ; APC 2018, n° 19, obs. Petit ; RJDA 2018, n° 145 ; RPC 2018, n° 6, obs. Leloup-Thomas ; LEDEN 3/2018. 2, obs. Borga ; Dr. sociétés 2018, n° 131, note Legros.* ♦ V. aussi note 3 ss. art. L. 812-1 et note 4 ss. art. L. 654-12, 1re partie.

3. Responsabilité. Les prétendues défaillances de l'administrateur et du liquidateur judiciaires, lesquels sont des collaborateurs du service public de la justice, distincts de l'institution judiciaire, ne peuvent avoir pour conséquence que d'engager leur responsabilité personnelle. • Civ. 1re, 30 janv. 2013 : *LEDEN 3/2013. 5, obs. Favario.*

4. Diffamation envers un mandataire judiciaire. En ce sens que les fonctions d'administrateur judiciaire et de mandataire judiciaire ne participent d'aucune prérogative de puissance publique et que ces mandataires ne sont donc pas des citoyens protégés par les dispositions de l'art. 31 de la loi du 29 juill. 1881 réprimant plus sévèrement le délit de diffamation, V. • Cass., ch. mixte, 4 nov. 2002 (3 arrêts), n° 00-13.524 P : *D. 2003. 1194, note Dreyer ; JCP 2003. II. 10006, note Derieux ; JCP E 2003, n° 27, p. 1141, obs. Pasqualini et Pasqualini-Salerno ; Rev. sociétés 2003. 370, note Bouloc ; Dr. pénal 2003, n° 18, note Véron ; LPA 16 sept. 2003, p. 6, note Gil ; RPC 2004. 54, obs. Soinne* (V. l'arrêt cassé : • Paris, 14 janv. 2000 : *D. 2000. IR 52 ; RPC 2000. 186, obs. Soinne*) • Civ. 2e, 27 mars 2003, n° 00-19.551 P : *D. 2003. IR 1009*. – V. déjà, en ce sens : • Crim. 19 juin 2001 : *Dr. pénal 2001, n° 128, note Véron.*

SOUS-SECTION 2 *Des conditions d'accès à la profession*

Art. L. 811-2 *(L. n° 2003-7 du 3 janv. 2003, art. 2)* Nul ne peut être désigné en justice pour exercer ces fonctions, sous réserve des dispositions particulières à certaines matières, notamment celles relatives aux mineurs et aux majeurs protégés, ou sous réserve des missions occasionnelles qui peuvent être confiées aux membres des professions judiciaires et juridiques en matière civile, s'il n'est inscrit sur la liste établie par une Commission nationale instituée à cet effet.

Toutefois, *(Abrogé par Ord. n° 2008-1345 du 18 déc. 2008, art. 161-I)* ***« à titre exceptionnel, »*** le tribunal peut, *(Abrogé par Ord. n° 2008-1345 du 18 déc. 2008, art. 161-I)* ***« par décision spécialement motivée et »*** après avis du procureur de la République, désigner comme administrateur judiciaire une personne physique justifiant d'une expérience ou d'une qualification particulière au regard de la nature de l'affaire et remplissant les conditions définies aux 1° à 4° de l'article L. 811-5. *(Ord. n° 2008-1345 du 18 déc. 2008, art. 161-II)* « Il motive spécialement sa décision au regard de cette expérience ou de cette qualification particulière. » — *L'Ord. n° 2008-1345 du 18 déc. 2008 entre en vigueur le 15 févr. 2009 (Ord. préc., art. 173).*

Les personnes visées à l'alinéa précédent ne doivent pas, au cours des cinq années précédentes, avoir perçu à quelque titre que ce soit, directement ou indirectement, une rétribution ou un paiement de la part de la personne physique ou morale faisant l'objet d'une mesure d'administration, d'assistance ou de surveillance, d'une personne qui détient le contrôle de cette personne morale ou de l'une des sociétés contrôlées par elle au sens des II et III de l'article L. 233-16, ni s'être trouvées en situation de conseil de la personne physique ou morale concernée ou de subordination par rapport à elle. Elles doivent, en outre, n'avoir aucun intérêt dans le mandat qui leur est donné et n'être pas au nombre des anciens administrateurs ou mandataires judiciaires ayant fait l'objet d'une décision de radiation ou de retrait des listes en application des articles L. 811-6, L. 811-12 et L. 812-4. Elles sont tenues d'exécuter les mandats qui leur sont confiés en se conformant, dans l'accomplissement de leurs diligences profession-

nelles, aux mêmes obligations que celles qui s'imposent aux administrateurs judiciaires inscrits sur la liste. Elles ne peuvent exercer les fonctions d'administrateur judiciaire à titre habituel.

Les personnes désignées en application du deuxième alinéa doivent, lors de l'acceptation de leur mandat, attester sur l'honneur qu'elles remplissent les conditions fixées aux 1° à 4° de l'article L. 811-5*[,]* **qu'elles se conforment aux obligations énumérées à l'alinéa précédent et qu'elles ne font pas l'objet d'une interdiction d'exercice en application de l'avant-dernier alinéa de l'article L. 814-10.** – *V. C. com., art. R. 621-12, 1re partie.*

Lorsque le tribunal nomme une personne morale, il désigne en son sein une ou plusieurs personnes physiques pour la représenter dans l'accomplissement du mandat qui lui est confié.

(L. n° 2016-1547 du 18 nov. 2016, art. 97-1°) **« Les personnes désignées pour exercer les missions définies au premier alinéa de l'article L. 811-1, sous les réserves énoncées au premier alinéa du présent article, qui ne sont pas inscrites sur la liste qui y est mentionnée sont soumises, en ce qui concerne l'exercice de ces fonctions, à la surveillance du ministère public et aux inspections prévues au premier alinéa de l'article L. 811-11.**

« Un décret en Conseil d'État précise l'organisation et les modalités des contrôles concernant les personnes mentionnées à l'avant-dernier alinéa du présent article. » – *Le 1° de l'art. 97 de la L. n° 2016-1547 du 18 nov. 2016 entre en vigueur selon des modalités fixées par décret, et au plus tard 1er mai 2017 (L. préc., art. 114-XIII).*

Le mandat des membres de la Commission nationale prévue à l'art. L. 811-2, en fonction à la date d'entrée en vigueur du Décr. n° 2011-1660 du 29 nov. 2011 [1er déc. 2011], prend fin à cette date (Décr. préc., art. 9).

Pour l'application de l'art. L. 811-2, le délai à l'expiration duquel le silence gardé par la commission vaut décision d'acceptation de la demande d'inscription sur la liste est fixé à douze mois (V. Décr. n° 2014-1278 du 23 oct. 2014, applicable aux demandes présentées à compter du 12 nov. 2014).

Pour une application de l'art. L. 811-2, al. 2, V. • Bordeaux, 5 juill. 2000 : *Dr. sociétés 2001, n° 41, note Bonneau ; RTD com. 2001. 919, obs. Champaud et Danet*.

Art. L. 811-3 **La liste nationale est divisée en sections** *(Abrogé par L. n° 2003-7 du 3 janv. 2003, art. 3)* **« *régionales* » correspondant au ressort de chaque cour d'appel.** – *[L. n° 85-99 du 25 janv. 1985, art. 3.]*

(L. n° 2015-990 du 6 août 2015, art. 236-2°) **« Lorsque l'administrateur judiciaire est salarié, la liste précise cette qualité et le nom de son employeur. »**

(L. n° 2016-1547 du 18 nov. 2016, art. 97-2° et 114-XIV-A, en vigueur le 1er nov. 2017) **« Elle comporte, pour chacune des personnes inscrites, la mention de la nature, civile ou commerciale, de sa spécialité. Un administrateur judiciaire peut faire état de ces deux spécialités. »**

La liste mentionnée à l'art. L. 811-3 comporte, pour chaque administrateur inscrit à la date de promulgation de la L. n° 2016-1547 du 18 nov. 2016, la mention de la nature commerciale de son activité. Sans préjudice des dispositions qui précèdent, peuvent demander, à titre complémentaire ou exclusif, à bénéficier de l'inscription comme administrateur judiciaire spécialisé en matière civile jusqu'au premier jour du douzième mois suivant la promulgation de la L. préc. les administrateurs judiciaires pouvant justifier d'une compétence en matière civile qu'ils ont acquise au cours de leur expérience professionnelle, appréciée par la Commission nationale d'inscription et de discipline, dans des conditions prévues par décret (L. préc., art. 114-XIV-B et C).

La demande d'inscription de la mention de la spécialité civile prévue au C du XIV de l'art. 114 de la L. n° 2016-1547 du 18 nov. 2016 [reproduit ci-dessus], est adressée par lettre recommandée avec demande d'avis de réception au secrétariat de la Commission nationale d'inscription et de discipline des administrateurs judiciaires et des mandataires judiciaires.

Elle est accompagnée des pièces justificatives suivantes :

1° Tout document justifiant d'une connaissance suffisante des différentes matières civiles dans lesquelles le professionnel pourra se voir confier des mandats. Il en est ainsi :

a) Des documents attestant de l'inscription dans la sous-section prévue pour les administrateurs judiciaires en matière civile par l'art. 21 du Décr. n° 85-1389 du 27 déc. 1985 relatif aux administrateurs judiciaires, mandataires judiciaires à la liquidation des entreprises et experts en diagnostic d'entreprise dans sa rédaction antérieure au Décr. n° 2004-518 du 10 juin 2004 ;

b) Du certificat de spécialisation en matière civile auquel ouvre droit l'épreuve écrite optionnelle prévue à l'art. A. 811-19 C. com. ;

c) Ou de tout autre document qui justifie que le professionnel a suffisamment acquis, entretenu et perfectionné ses connaissances dans les différentes matières civiles ;

2° Tout document justifiant d'une pratique suffisante et diversifiée des missions qui peuvent être confiées par les juridictions en matière civile ;

3° Tout document permettant de justifier que le professionnel dispose des moyens humains et matériels suffisants pour la bonne exécution des mandats civils qui pourront lui être confiés.

Le silence gardé par la Commission nationale d'inscription et de discipline au terme d'un délai de quatre mois à compter de la réception du dossier complet d'une demande d'inscription de la mention civile, vaut décision d'acceptation (Décr. n° 2017-1225 du 2 août 2017, art. 26).

Art. L. 811-4 *Abrogé par Ord. n° 2015-1287 du 15 oct. 2015, art. 4, à compter du 1er févr. 2016.*

Art. L. 811-5 *(L. n° 2003-7 du 3 janv. 2003, art. 5-I)* **« Nul ne peut être inscrit sur la liste par la commission s'il ne remplit les conditions suivantes :**

« 1° Être français ou ressortissant d'un État membre de la Communauté européenne ou d'un État partie à l'accord sur l'Espace économique européen ;

« 2° N'avoir pas été l'auteur de faits contraires à l'honneur ou à la probité ayant donné lieu à une condamnation pénale ;

« 3° N'avoir pas été l'auteur de faits de même nature ayant donné lieu à une sanction disciplinaire ou administrative de destitution, de radiation, de révocation, de retrait d'agrément ou de retrait d'autorisation ;

« 4° N'avoir pas été frappé de faillite personnelle ou d'une des mesures d'interdiction ou de déchéance prévues au chapitre V du titre II du livre VI du présent code, au titre VI de la loi n° 85-98 du 25 janvier 1985 relative au redressement et à la liquidation judiciaires des entreprises ou, dans le régime antérieur à cette loi, au titre II de la loi n° 67-563 du 13 juillet 1967 sur le règlement judiciaire, la liquidation des biens, la faillite personnelle et les banqueroutes ;

« 5° *(L. n° 2015-990 du 6 août 2015, art. 61-I-1°)* **« Être titulaire du diplôme de master en administration et liquidation d'entreprises en difficulté et remplir des conditions d'expérience ou de stage fixées par voie réglementaire, ou » avoir subi avec succès l'examen d'accès au stage professionnel, accompli ce stage et subi avec succès l'examen d'aptitude aux fonctions d'administrateur judiciaire.**

« Ne peuvent être admises à se présenter à l'examen d'accès au stage professionnel que les personnes titulaires des titres ou diplômes déterminés par décret.

(L. n° 2015-990 du 6 août 2015, art. 61-I-1°) **« Un décret en Conseil d'État fixe les conditions de compétence et d'expérience professionnelle donnant droit à une dispense de l'examen d'accès au stage professionnel, de tout ou partie du stage professionnel et de tout ou partie de l'examen d'aptitude aux fonctions d'administrateur judiciaire. Ce décret précise également les conditions d'expérience ou de stage requises pour l'inscription sur la liste mentionnée au premier alinéa du présent article, en complément de la détention du diplôme mentionné au 5°. »** *– V. art. R. 811-28-1 s.*

« Les personnes morales inscrites ne peuvent exercer les fonctions d'administrateur judiciaire que par l'intermédiaire d'un de leurs membres lui-même inscrit sur la liste. » *– V. art. R. 811-7, R. 811-8, R. 811-19, R. 811-25 et R. 811-26.*

Sont dispensées de conditions de diplôme, de stage et d'examen professionnel prévues aux *(L. n° 2003-7 du 3 janv. 2003, art. 5-II)* **« sixième et septième » alinéas les personnes qui justifient avoir acquis, dans un État membre des Communautés européennes autre que la France ou un autre État partie à l'accord sur l'Espace économique européen, une qualification suffisante pour l'exercice de la profession d'administrateur judiciaire, sous réserve d'avoir subi, dans des conditions fixées par**

décret en Conseil d'État, un examen de contrôle des connaissances. La liste des candidats admis à se présenter à l'examen est arrêtée par la commission. – *[L. n° 85-99 du 25 janv. 1985, art. 5.] – Pour l'application de l'art. L. 811-5, dernier al., le délai à l'expiration duquel le silence gardé par la commission vaut décision d'acceptation de la demande d'inscription sur la liste des candidats soumis à l'examen de contrôle est fixé à quatre mois (V. Décr. n° 2014-1278 du 23 oct. 2014, applicable aux demandes présentées à compter du 12 nov. 2014). – V. art. R. 811-27 et R. 811-28. – La disposition ajoutée par la L. n° 93-1420 du 31 déc. 1993 [dispense accordée aux personnes ayant acquis une qualification suffisante dans « un autre État partie à l'accord sur l'Espace économique européen »] entre en vigueur à la date d'entrée en vigueur de l'accord sur l'Espace économique européen [1er janv. 1994] (L. préc., art. 10).*

Les dispositions de l'art. L. 811-5, en tant qu'elles instituent un examen d'accès au stage professionnel, ne sont applicables qu'aux personnes qui, à la date de promulgation de la L. n° 2003-7 du 3 janv. 2003, ne sont pas encore inscrites sur le registre de stage (L. préc., art. 39-I, JO 4 janv.).

Sur la dispense de stage dont peuvent bénéficier les greffiers de tribunal de commerce dont l'office est supprimé par suite d'une nouvelle délimitation de circonscriptions judiciaires, V. C. com., art. R. 742-35. – ***C. com.***

Sur l'accès à la profession d'administrateur judiciaire des avoués près les cours d'appel qui renoncent à faire partie de la profession d'avocat et des personnes ayant travaillé en qualité de collaborateur d'avoué, V. L. n° 2011-94 du 25 janv. 2011, art. 21 (JO 26 janv.), et Décr. n° 2011-451 du 22 avr. 2011 (JO 24 avr.).

SOUS-SECTION 3 *Des conditions d'exercice*

Art. L. 811-6 *(L n° 2003-7 du 3 janv. 2003, art. 6)* **« La Commission nationale, de sa propre initiative ou saisie sur requête du garde des sceaux, ministre de la justice, du président du Conseil national des administrateurs judiciaires et des mandataires judiciaires, du commissaire du Gouvernement ou du procureur de la République du ressort de la juridiction dans lequel est établi l'administrateur judiciaire, peut, par décision motivée et après avoir mis l'intéressé en demeure de présenter ses observations, retirer de la liste mentionnée à l'article L. 811-2 l'administrateur judiciaire qui, en raison de son état physique ou mental, est empêché d'assurer l'exercice normal de ses fonctions ou l'administrateur judiciaire qui a révélé son inaptitude à assurer l'exercice normal de ses fonctions. »**

Le retrait de la liste ne fait pas obstacle à l'exercice de poursuites disciplinaires contre l'administrateur judiciaire si les faits qui lui sont reprochés ont été commis pendant l'exercice de ses fonctions. – *[L. n° 85-99 du 25 janv. 1985, art. 6.]*

Pour un retrait motivé : par des manquements graves et répétés de l'administrateur à la probité et à ses obligations professionnelles, V. • Civ. 1re, 13 nov. 1996, n° 94-12.792 P : *D. 1996. IR 267 ; D. Affaires 1997. 130.* ♦ ... Par le fait que l'intéressé avait décidé de se consacrer, à titre exclusif, à l'exercice d'une activité de consultant auprès d'entreprises en difficulté et cédé à un mandataire-liquidateur la « structure de son cabinet », V. • Com. 24 juin 2003, n° 00-16.821 P : *D. 2003. AJ 2175 ; RPC 2004. 53, obs. Soinne.*

Art. L. 811-7 *(L. n° 2015-990 du 6 août 2015, art. 63-VII-1°)* **Les administrateurs judiciaires peuvent constituer entre eux, pour l'exercice en commun de leur profession, des entités dotées de la personnalité morale, à l'exception des formes juridiques qui confèrent à leurs associés la qualité de commerçant. Ils peuvent aussi être membres d'un groupement d'intérêt économique ou d'un groupement européen d'intérêt économique ou associés d'une société de participations** *(Ord. n° 2023-77 du 8 févr. 2023, art. 133, en vigueur le 1er sept. 2024)* **« financières de professions libérales régie par le livre V de l'ordonnance n° 2023-77 du 8 février 2023 relative à l'exercice en société des professions libérales réglementées ».**

(Abrogé par Ord. n° 2023-77 du 8 févr. 2023, art. 131, à compter du 1er sept. 2024) ***« Lorsque la forme juridique d'exercice est une société, le capital social et les droits de vote peuvent être détenus par toute personne exerçant une profession juridique ou judiciaire ou par toute personne légalement établie dans un État membre de l'Union européenne, dans un autre État partie à l'accord sur l'Espace économique européen ou dans la Confédération suisse qui exerce, dans l'un de ces États, une activité soumise à un statut législatif ou réglementaire ou***

subordonnée à la possession d'une qualification nationale ou internationale reconnue, et exerçant l'une quelconque desdites professions et, s'il s'agit d'une personne morale, qui satisfait aux exigences de détention du capital et des droits de vote prévues par la loi n° 90-1258 du 31 décembre 1990 précitée.

« Toute société doit au moins comprendre, parmi ses associés, un administrateur judiciaire remplissant les conditions requises pour exercer ses fonctions.

« Au moins un membre de la profession d'administrateur judiciaire exerçant au sein de la société doit être membre du conseil d'administration ou du conseil de surveillance de la société.

« Dans le respect des règles de déontologie applicables à chaque profession, un décret en Conseil d'État détermine les conditions d'application du présent article. Il présente notamment les conditions d'inscription et d'omission de ces sociétés auprès de l'autorité professionnelle compétente. » — V. art. R. 811-30.

(Ord. n° 2023-77 du 8 févr. 2023, art. 132, en vigueur le 1er sept. 2024) « Lorsque la forme juridique d'exercice est une société à responsabilité limitée, une société anonyme, une société par actions simplifiée ou une société en commandite par actions régies par les dispositions du livre II du code de commerce, celle-ci est également soumise aux dispositions de l'ordonnance n° 2023-77 du 8 février 2023 relative à l'exercice en société des professions libérales réglementées à l'exception des obligations de dénomination prévues au premier alinéa de l'article 41 de cette ordonnance qui deviennent facultatives. »

Les sociétés mentionnées à l'art. L. 811-7 disposent d'un délai d'un an à compter de l'entrée en vigueur de l'Ord. n° 2023-77 du 8 févr. 2023 pour se mettre en conformité avec les exigences de celle-ci, à l'exception de celles prévues à l'art. 44 (Ord. préc., art. 134, en vigueur le 1er sept. 2024). — V. ce texte au **C. sociétés**. *— Sur le régime antérieur, pour les sociétés civiles professionnelles, V. L. n° 66-879 du 29 nov. 1966 (***C. sociétés***) ; ... pour les sociétés d'exercice libéral, V. L. n° 90-1258 du 31 déc. 1990 (***C. sociétés***).*

Art. L. 811-7-1-A *(Ord. n° 2016-394 du 31 mars 2016, art. 5-1°)* L'administrateur judiciaire peut exercer sa profession dans le cadre d'une société pluri-professionnelle d'exercice, prévue au *(Ord. n° 2023-77 du 8 févr. 2023, art. 133, en vigueur le 1er sept. 2024)* « livre IV de l'ordonnance n° 2023-77 du 8 février 2023 relative à l'exercice en société des professions libérales réglementées », ayant pour objet l'exercice en commun de la profession d'administrateur judiciaire et d'une ou plusieurs autres professions prévues à ce titre.

Les dispositions des troisième et quatrième alinéas de l'article L. 811-7 sont applicables à une telle société.

Les conditions d'application du présent article sont fixées par décret en Conseil d'État, notamment :

1° Les conditions d'inscription de la société sur la liste établie par la commission nationale prévue à l'article L. 811-2, de son interdiction temporaire et de sa destitution ainsi que les règles applicables en cas d'empêchement, de retrait ou de décès d'un associé exerçant la profession ;

2° Les modalités particulières de la surveillance et de l'inspection prévues aux articles L. 811-11 à L. 811-11-3 et d'application des règles de discipline prévues aux articles L. 811-12-A à L. 811-15. — *V. Ord. n° 2023-77 du 8 févr. 2023, art. 96 s. —* **C. sociétés**.

Le chap. Ier du titre II de l'Ord. n° 2016-394 du 31 mars 2016, à l'exception des 2° et 4° de l'art. 5, entre en vigueur le 8 mai 2017 (Décr. n° 2017-796 du 5 mai 2017, art. 2, JO 7 mai).

Art. L. 811-7-1 *(L. n° 2015-990 du 6 août 2015, art. 236-3°)* L'administrateur judiciaire peut exercer sa profession en qualité de salarié d'une personne physique ou morale inscrite sur la liste prévue à l'article L. 811-2.

Une personne physique inscrite sur cette liste ne peut pas employer plus de deux administrateurs judiciaires salariés. Une personne morale inscrite sur ladite liste ne peut pas employer un nombre d'administrateurs judiciaires salariés supérieur au double de celui des administrateurs judiciaires associés qui y exercent la profession.

Le contrat de travail de l'administrateur judiciaire salarié ne peut porter atteinte aux règles déontologiques de la profession d'administrateur judiciaire. Nonobstant toute clause du contrat de travail, l'administrateur judiciaire salarié peut refuser à son employeur de recevoir un acte ou d'accomplir une mission lorsque cet acte ou cette mission lui paraissent contraires à sa conscience ou susceptibles de porter atteinte à son indépendance. Toute clause de non-concurrence est réputée non écrite.

L'administrateur salarié ne peut avoir de mandat à titre personnel.

Le présent livre est applicable à l'administrateur judiciaire salarié, sauf disposition contraire.

V. art. R. 811-60 s.

Art. L. 811-8 *(L. n° 2003-7 du 3 janv. 2003, art. 7)* Les dossiers suivis par l'administrateur judiciaire qui quitte ses fonctions, pour quelque motif que ce soit, sont répartis par la juridiction entre les autres administrateurs dans un délai de trois mois à compter de la cessation de fonctions.

Toutefois, dans l'intérêt d'une bonne administration de la justice, la juridiction peut autoriser l'ancien administrateur judiciaire à poursuivre le traitement d'un ou de plusieurs dossiers en cours, sauf si une radiation est la cause de l'abandon de ses fonctions. Cet administrateur judiciaire demeure soumis aux dispositions des articles **L. 811-10** à **L. 811-16**, *(Ord. n° 2015-1287 du 15 oct. 2015, art. 3, en vigueur le 1er févr. 2016)* « **L. 814-1-1** » et **L. 814-5**.

Droit de présentation. L'administrateur judiciaire qui cesse ses fonctions ne saurait valablement recevoir le paiement d'un droit de présentation de son successeur. • Civ. 1re, 25 avr. 1990 : *D. 1990. IR 119.*

Art. L. 811-9 Les personnes inscrites sur la liste ont vocation à exercer leurs fonctions sur l'ensemble du territoire. – *[L. n° 85-99 du 25 janv. 1985, art. 10.]*

SOUS-SECTION 4 *Des incompatibilités*

Art. L. 811-10 *(L. n° 2003-7 du 3 janv. 2003, art. 8)* La qualité d'administrateur judiciaire inscrit sur la liste est incompatible avec l'exercice de toute autre profession, à l'exception de celle d'avocat.

Elle est, par ailleurs, incompatible avec :

1° Toutes les activités à caractère commercial, qu'elles soient exercées directement ou par personne interposée ;

2° La qualité d'associé dans une société en nom collectif, d'associé commandité dans une société en commandite simple ou par actions, de gérant d'une société à responsabilité limitée, de président du conseil d'administration, membre du directoire, directeur général ou directeur général délégué d'une société anonyme, de président ou de dirigeant d'une société par actions simplifiée, de membre du conseil de surveillance ou d'administrateur d'une société commerciale, de gérant d'une société civile, à moins que ces sociétés n'aient pour objet l'exercice de la profession d'administrateur judiciaire *(Ord. n° 2016-394 du 31 mars 2016, art. 5-2°)* « ou d'une profession prévue au » *(Ord. n° 2023-77 du 8 févr. 2023, art. 133, en vigueur le 1er sept. 2024)* « livre IV de l'ordonnance n° 2023-77 du 8 février 2023 relative à l'exercice en société des professions libérales réglementées » ou l'acquisition de locaux pour cet exercice. Un administrateur judiciaire peut en outre exercer les fonctions de gérant d'une société civile dont l'objet exclusif est la gestion d'intérêts à caractère familial.

La qualité d'administrateur judiciaire inscrit sur la liste ne fait pas obstacle à l'exercice d'une activité de consultation dans les matières relevant de la qualification de l'intéressé, *(L. n° 2016-1547 du 18 nov. 2016, art. 97-3°)* « ni à des activités rémunérées d'enseignement, » ni à l'accomplissement des mandats de mandataire *ad hoc* *(Ord. n° 2014-326 du 12 mars 2014, art. 98-1°, en vigueur le 1er juill. 2014)* « , de conciliateur et de mandataire à l'exécution de l'accord prévus aux articles L. 611-3, L. 611-6 et L. 611-8 » du présent code et par l'article L. 351-4 du code rural et de la pêche maritime, de commissaire à l'exécution du plan, d'administrateur ou de liquidateur amiable, d'expert judiciaire *(Ord. n° 2015-1024 du 20 août 2015, art. 4-1°)* « , de séquestre amiable ou judiciaire et d'administrateur en application des articles L. 612-34, L. 612-34-1 ou L. 613-51-1 du code monétaire et financier ». *(L. n° 2016-1547 du 18 nov. 2016, art. 97-3°)* « Elle ne fait pas non plus obstacle à l'accomplissement de mandats de mandataire *ad hoc* et d'administrateur provisoire désignés en application de la loi n° 65-557 du 10 juillet 1965 fixant le statut de la copropriété des immeubles bâtis ou de mandataire de justice nommé en application de l'article 131-46 du code pénal, ni à l'exercice de missions pour le compte de l'Agence de gestion et de recouvrement des avoirs saisis et confisqués. Sans préjudice de l'article L. 663-2 du présent code, les mandats d'administrateur ou de liquidateur amiable, d'expert judiciaire et de séquestre amiable ou judiciaire ne peuvent être acceptés concomitamment ou subséquemment à une mesure de prévention, à une procédure collective ou à une mesure de mandat *ad hoc* ou d'administration provisoire prononcée sur le fondement de la loi n° 65-557 du 10 juillet 1965 précitée dans laquelle l'administrateur judiciaire a été désigné. Ces activités » et ces mandats, à l'exception des mandats de mandataire *ad hoc*, de conciliateur *(Ord. n° 2014-326 du 12 mars 2014, art. 98-2°, en vigueur le 1er juill. 2014)* « , de mandataire à l'exécution de l'accord » *(Ord. n° 2015-1024 du 20 août 2015, art. 4-1°)* « , de commissaire à l'exécution du plan et d'administrateur nommé en application des articles L. 612-34, L. 612-34-1 ou L. 613-51-1 du code monétaire et financier », *(L. n° 2016-1547 du 18 nov. 2016, art. 97-3°)* « ainsi que des mandats de mandataire *ad hoc* et d'administrateur provisoire désignés en application de la loi n° 65-557 du 10 juillet 1965 précitée » ne peuvent être exercés qu'à titre accessoire.

Les conditions du présent article sont, à l'exception du quatrième alinéa, applicables aux personnes morales inscrites. — *[L. n° 85-99 du 25 janv. 1985, art. 4.]*

Pour l'entrée en vigueur de l'Ord. n° 2016-394 du 31 mars 2016, V. note ss. art. L. 811-7-1-A.

BIBL. ▸ Bourbouloux et Du Plantier, *BJE 2016. 61* (nouvelles missions pour les administrateurs et les mandataires judiciaires résultant de l'Ord. du 20 août 2015).

V. note 1 ss. art. L. 813-1.

SECTION 2 *De la surveillance, de l'inspection et de la discipline*

SOUS-SECTION 1 *De la surveillance et de l'inspection*

Art. L. 811-11 *(L. n° 2003-7 du 3 janv. 2003, art. 9)* Les administrateurs judiciaires sont placés sous la surveillance du ministère public. Ils sont soumis, dans leur activité professionnelle, à des inspections confiées à l'autorité publique et à l'occasion desquelles ils sont tenus de fournir tous renseignements ou documents utiles sans pouvoir opposer le secret professionnel.

L'organisation et les modalités de ces inspections sont déterminées par décret en Conseil d'État. — *V. art. R. 811-40 s.*

Dans le cadre du contrôle dont est chargé le conseil national mentionné à l'article L. 814-2, les administrateurs judiciaires sont tenus, sans pouvoir opposer le secret professionnel, de déférer aux demandes des personnes chargées du contrôle tendant à la communication de tous renseignements ou documents utiles.

Le commissaire aux comptes de l'administrateur judiciaire soumis à un contrôle ou à une inspection est tenu, sans pouvoir opposer le secret professionnel, de déférer aux demandes des personnes chargées du contrôle ou de l'inspection tendant à la communication de tout renseignement recueilli ou de tout document établi dans le cadre de l'exécution de sa mission.

(L. n° 2005-845 du 26 juill. 2005, art. 155) « La Caisse des dépôts et consignations est tenue, sans pouvoir opposer le secret professionnel, de déférer aux demandes des personnes chargées de l'inspection ainsi qu'à celles du conseil national mentionné à l'article L. 814-2 pour l'exercice du contrôle dont il est chargé, tendant à la communication de tout renseignement ou document utiles à la connaissance des mouvements de fonds intervenus sur les comptes ouverts dans ses livres au nom de chaque administrateur judiciaire et de sommes qui y sont déposées au titre des mandats sur lesquels porte l'inspection ou le contrôle. » — *Cet al. est applicable aux procédures et situations en cours dès la publication de la L. n° 2005-845 du 26 juill. 2005 (L. préc., art. 190, JO 27 juill.).*

(L. n° 2011-331 du 28 mars 2011, art. 20-3°, en vigueur le 1er déc. 2011) « Les administrateurs judiciaires établissent, au terme de chaque exercice, une situation financière qu'ils communiquent au Conseil national des administrateurs judiciaires et des mandataires judiciaires, au plus tard dans les six mois de la clôture de l'exercice. Le contenu de cette situation financière, défini par décret, est adapté selon que l'administrateur

tient une comptabilité d'encaissement ou d'engagement. » – *V. art. D. 811-40-1 et D. 814-3-1.*

V. note 1 ss. art. L. 812-9.

Art. L. 811-11-1 *(Ord. nº 2005-1126 du 8 sept. 2005, art. 2)* Les administrateurs judiciaires sont tenus de désigner un commissaire aux comptes qui assure le contrôle de leur comptabilité spéciale et exerce, à ce titre, une mission permanente de contrôle de l'ensemble des fonds, effets, titres et autres valeurs appartenant à autrui, dont les administrateurs judiciaires sont seuls détenteurs en vertu d'un mandat reçu dans l'exercice de leurs fonctions.

Ce contrôle porte également sur les comptes bancaires ou postaux ouverts pour les besoins de l'activité au nom des débiteurs faisant l'objet de l'une des procédures prévues au titre II du livre VI et qui fonctionnent sous la seule signature de l'administrateur ou de ses délégués dûment habilités.

Les commissaires aux comptes peuvent en outre, aux fins de contrôle, avoir accès à la comptabilité générale de l'étude, aux procédures confiées à l'administrateur et se faire communiquer par lui ou par les tiers détenteurs des fonds, nonobstant toute disposition contraire, tous renseignements utiles à leur mission de contrôle.

Art. L. 811-11-2 *(Ord. nº 2005-1126 du 8 sept. 2005, art. 2)* Les commissaires aux comptes informent, dans des conditions fixées par décret en Conseil d'État, les autorités auxquelles sont confiées la surveillance, les inspections et le contrôle des administrateurs judiciaires, des résultats de leur mission et signalent les anomalies ou irrégularités dont ils ont connaissance au cours de l'exécution de leur mission.

Art. L. 811-11-3 *(Ord. nº 2008-1345 du 18 déc. 2008, art. 162)* Le commissaire aux comptes du débiteur soumis à une procédure de sauvegarde, de redressement judiciaire ou de liquidation judiciaire ne peut opposer le secret professionnel aux demandes du commissaire aux comptes de l'administrateur judiciaire tendant à la communication de tous renseignements ou documents relatifs au fonctionnement, à compter de la désignation de cet administrateur, des comptes bancaires ou postaux ouverts au nom du débiteur. – *L'Ord. nº 2008-1345 du 18 déc. 2008 entre en vigueur le 15 févr. 2009 (Ord. préc., art. 173).*

SOUS-SECTION 2 *De la discipline*

Art. L. 811-12 A *(L. nº 2003-7 du 3 janv. 2003, art. 10)* Toute contravention aux lois et règlements, toute infraction aux règles professionnelles, tout manquement à la probité ou à l'honneur, même se rapportant à des faits commis en dehors de l'exercice professionnel, expose l'administrateur judiciaire qui en est l'auteur à des poursuites disciplinaires.

Art. L. 811-12 *(L. nº 2003-7 du 3 janv. 2003, art. 11)* « L'action disciplinaire est engagée par le garde des sceaux, ministre de la justice, le procureur général près la cour d'appel dans le ressort de laquelle ont été commis les faits, *(L. nº 2016-1547 du 18 nov. 2016, art. 97-4º)* « le magistrat du parquet général désigné pour les inspections des administrateurs judiciaires pour les faits commis par les administrateurs ayant leur domicile professionnel dans les ressorts des cours d'appel pour lesquelles il est compétent, » le commissaire du Gouvernement ou le président du Conseil national des administrateurs judiciaires et des mandataires judiciaires. L'acceptation de la démission d'une personne inscrite sur la liste des administrateurs judiciaires ne fait pas obstacle aux poursuites disciplinaires si les faits qui lui sont reprochés ont été commis pendant l'exercice de ses fonctions. »

I. – La Commission nationale d'inscription siège comme chambre de discipline. Le commissaire du Gouvernement y exerce les fonctions du ministère public. Elle peut prononcer les peines disciplinaires suivantes :

1º L'avertissement ;

2º Le blâme ;

3º L'interdiction temporaire pour une durée n'excédant pas *(L. nº 2016-1547 du 18 nov. 2016, art. 97-4º)* « cinq ans » ;

4º La radiation de la liste des administrateurs judiciaires.

II. – L'avertissement et le blâme peuvent être accompagnés, pendant un délai d'un an, de mesures de contrôle soumettant l'administrateur judiciaire à des obligations particulières déterminées par la commission. Ces obligations peuvent également être prescrites par la commission lorsque l'administrateur judiciaire interdit temporairement reprend ses fonctions.

(L. n° 2016-1547 du 18 nov. 2016, art. 97-4°) « La peine d'interdiction temporaire peut être assortie du sursis. Si, dans un délai de cinq ans à compter du prononcé de la sanction, l'administrateur judiciaire a commis une infraction ou une faute ayant entraîné le prononcé d'une nouvelle sanction disciplinaire, celle-ci entraîne, sauf décision motivée, l'exécution de la première sanction, sans confusion possible avec la seconde. »

III. – *(L. n° 2003-7 du 3 janv. 2003, art. 11)* « Lorsqu'elle prononce une peine disciplinaire, la commission peut décider, eu égard à la gravité des faits commis, de mettre à la charge de l'administrateur judiciaire tout ou partie des frais occasionnés par la présence d'un commissaire aux comptes ou d'un expert lors des contrôles ou des inspections ayant permis la constatation de ces faits. »

(Ord. n° 2016-1635 du 1er déc. 2016, art. 16-3°) « IV. – Lorsqu'elle prononce une peine disciplinaire relative à un manquement aux dispositions des sections 3 à 6 du chapitre I du titre VI du livre V code monétaire et financier, il est également fait application des dispositions de l'article L. 561-36-3 de ce même code. » – *[L. n° 85-99 du 25 janv. 1985, art. 13.]*

1. Recours. Est recevable le recours formé contre une décision de la Commission nationale d'inscription et de discipline, par le commissaire du Gouvernement auprès de cette commission, devant laquelle il occupe, aux termes de l'art. 13 [C. com., art. L. 811-12], les fonctions du ministère public, dans la plénitude des pouvoirs qu'il tire de la mission de surveillance qui lui a été confiée par la loi. • Civ. 1re, 26 nov. 1991 : *D. 1992. IR 12 ; Gaz. Pal. 1992. 2. 443, note Delafaye.*

2. V. note 2 ss. art. L. 812-9.

Art. L. 811-13 Tout administrateur judiciaire qui fait l'objet d'une poursuite pénale ou disciplinaire peut être suspendu provisoirement de l'exercice de ses fonctions par *(L. n° 2004-130 du 11 févr. 2004, art. 69)* « le *(Ord. n° 2019-964 du 18 sept. 2019, art. 35, en vigueur le 1er janv. 2020)* « tribunal judiciaire » du lieu où il est établi ».

En cas d'urgence, la suspension provisoire peut être prononcée même avant l'exercice des poursuites pénales ou disciplinaires si des inspections ou vérifications ont laissé apparaître des risques pour les sommes perçues par l'administrateur judiciaire, à raison de ses fonctions.

(L. n° 2004-130 du 11 févr. 2004, art. 69) « Le tribunal » peut, à tout moment, à la requête soit du commissaire du Gouvernement, soit de l'administrateur judiciaire, mettre fin à la suspension provisoire.

La suspension cesse de plein droit dès que les actions pénales ou disciplinaires sont éteintes. Elle cesse également de plein droit, dans le cas prévu au deuxième alinéa, si, à l'expiration d'un délai d'un mois à compter de son prononcé, aucune poursuite pénale ou disciplinaire n'a été engagée. – *[L. n° 85-99 du 25 janv. 1985, art. 14.] – V. art. R. 811-50. – V. aussi art. R. 814-92.*

Art. L. 811-14 L'action disciplinaire se prescrit par dix ans *(L. n° 2011-331 du 28 mars 2011, art. 20-5°)* « à compter de la commission des faits ou, lorsque les faits se rapportent à l'exercice professionnel, à compter de l'achèvement de la mission à l'occasion de laquelle ils ont été commis.

« Si l'administrateur judiciaire est l'auteur de faits ayant donné lieu à une condamnation pénale, l'action se prescrit par deux ans à compter de la date à laquelle cette condamnation est devenue définitive. » – *[L. n° 85-99 du 25 janv. 1985, art. 16.]*

L'art. 20-5° de la L. n° 2011-331 du 28 mars 2011 est applicable aux actions disciplinaires introduites à compter de la publication de cette loi [JO 29 mars] et aux manquements pour lesquels la prescription n'est pas encore acquise lors de cette publication (L. préc., art. 37, al. 4).

Sur le point de départ de la prescription, V. • Com. 30 oct. 2007, n° 06-17.436 P : *D. 2007. AJ 2879, obs. Lienhard ; APC 2007, n° 227, obs. Regnaut-Moutier ; Gaz. Pal. 23-24 janv. 2008, p. 40, obs. Gorrias.*

Art. L. 811-15 L'administrateur judiciaire interdit, radié ou suspendu doit s'abstenir de tout acte professionnel.

Les actes accomplis au mépris de cette prohibition peuvent être déclarés nuls, à la requête de tout intéressé ou du ministère public, par le tribunal statuant en chambre du conseil. La décision est exécutoire à l'égard de toute personne.

Toute infraction aux dispositions qui précèdent est punie des peines encourues pour le délit d'usurpation de titre prévu par l'article 433-17 du code pénal. – *[L. n° 85-99 du 25 janv. 1985, art. 17.]*

L'obligation faite par l'art. L. 811-15, al. 1er, à l'administrateur judiciaire suspendu de s'abstenir de tout acte professionnel, rendue applicable au mandataire judiciaire par l'art. L. 812-9, lui interdit d'exercer des mandats de justice, peu important qu'il n'en ait pas été déchargé par les juridictions mandantes ; l'acte de procédure accompli en violation de cette obligation n'encourt pas la nullité facultative prévue par l'art. L. 811-15, al. 2, mais est entaché d'une irrégularité de fond relevant des dispositions des art. 117 s. C. pr. civ. • Com. 10 mars 2015 : *D. 2015. Actu. 678* ; *LEDEN 4/2015. 3, obs. Pelletier.*

Art. L. 811-15-1 *(L. n° 2016-1547 du 18 nov. 2016, art. 97-5°)* En cas de suspension provisoire, d'interdiction ou de radiation, un ou plusieurs administrateurs provisoires, désignés et rémunérés dans des conditions fixées par décret en Conseil d'État, peuvent seuls accomplir les actes professionnels, poursuivre l'exécution des mandats en cours ou être nommés pour assurer, pendant la durée de la suspension provisoire, les nouveaux mandats confiés par les juridictions.

Lorsque l'administrateur provisoire constate que l'administrateur judiciaire interdit, radié ou suspendu est en état de cessation des paiements, il doit, après en avoir informé le juge qui l'a désigné et le Conseil national des administrateurs judiciaires et des mandataires judiciaires, saisir le tribunal compétent d'une demande d'ouverture d'une procédure de redressement judiciaire ou de liquidation judiciaire.

Dans un délai de trois mois à compter de l'expiration de sa mission, l'administrateur provisoire demande à la juridiction compétente de désigner un autre administrateur judiciaire pour exécuter les mandats en cours.

L'art. L. 811-15-1 entre en vigueur selon des modalités fixées par décret, et au plus tard le 1er mai 2017 (L. n° 2016-1547 du 18 nov. 2016, art. 114-XIII).

Art. L. 811-16 Nul ne peut faire état du titre d'administrateur judiciaire, en dehors de la mission qui lui a été confiée, en vertu du deuxième alinéa de l'article L. 811-2 *(L. n° 2003-7 du 3 janv. 2003, art. 12)* « ou du second alinéa de l'article L. 811-8, » s'il n'est inscrit sur la liste des administrateurs judiciaires.

Toute infraction à cette disposition est punie des peines encourues pour le délit d'usurpation de titre prévu par l'article 433-17 du code pénal.

Est puni des mêmes peines celui qui aura fait usage d'une dénomination présentant une ressemblance de nature à causer une méprise dans l'esprit du public avec le titre d'administrateur judiciaire. – *[L. n° 85-99 du 25 janv. 1985, art. 18.]*

CHAPITRE II ***DES MANDATAIRES JUDICIAIRES*** *(L. n° 2005-845 du 26 juill. 2005, art. 165-V).*

Dans tous les textes législatifs et réglementaires, les références faites au : « mandataire judiciaire au redressement et à la liquidation des entreprises » sont remplacées par des références au : « mandataire judiciaire » (L. n° 2005-845 du 26 juill. 2005, art. 165-V, en vigueur le 1er janv. 2006).

BIBL. GÉN. ▸ Brunet, *RPC 1986, n° 3, p. 35.* – Dureuil, *ibid. 1986, n° 2, p. 11.*

SECTION 1 ***Des missions, des conditions d'accès et d'exercice et des incompatibilités***

SOUS-SECTION 1 *Des missions*

Art. L. 812-1 Les mandataires judiciaires sont les mandataires *(L. n° 2003-7 du 3 janv. 2003, art. 14)* « , personnes physiques ou morales, » chargés par décision de justice de représenter les créanciers et de procéder *(Abrogé par L. n° 2004-130 du 11 févr. 2004, art. 69)* « *éventuellement* » à la liquidation d'une entreprise dans les conditions définies par le titre II du livre VI. – *[L. n° 85-99 du 25 janv. 1985, art. 19.]*

(L. n° 2003-7 du 3 janv. 2003, art. 14) **« Les tâches que comporte l'exécution de leur mandat** *(L. n° 2015-990 du 6 août 2015, art. 236-4°)* **« incombent personnellement aux mandataires judiciaires désignés par le tribunal. Ils peuvent toutefois déléguer tout ou partie de ces tâches à un mandataire judiciaire salarié, sous leur responsabilité. Ils peuvent, en outre », lorsque le bon déroulement de la procédure le requiert et sur autorisation motivée du président du tribunal, confier sous leur responsabilité à des tiers une partie de ces tâches.**

« Lorsque les mandataires judiciaires confient à des tiers des tâches qui relèvent de la mission que leur a confiée le tribunal, ils les rétribuent sur la rémunération qu'ils perçoivent » *(Abrogé par Ord. n° 2008-1345 du 18 déc. 2008, art. 160, à compter du 15 févr. 2009)* ***« en application du décret prévu à l'article*** *(L. n° 2005-845 du 26 juill. 2005, art. 158-V)* ***« L. 663-2 ». »***

V. Circ. du 22 avr. 2022 relative aux modalités de recours aux intervenants extérieurs dans le cadre des procédures collectives (BOMJ 25 avr. 2022).

BIBL. ▶ V. ss. art. L. 811-1.

1. Choix du liquidateur. La victime d'un dommage subi en raison de sa qualité de collaborateur du service public peut, même en l'absence de faute, en demander réparation à l'État, dès lors que son préjudice est anormal, spécial et d'une certaine gravité. • Civ. 1re, 30 janv. 1996, n° 91-20.266 P : *D. 1997. 83, note Legrand ; JCP 1996. II. 22608, rapp. Sargos ; RPC 1996. 337, obs. Soinne ; Gaz. Pal. 1997. 1. 256, concl. Sainte-Rose* (cassant l'arrêt qui avait jugé qu'en l'absence de toute disposition légale ou réglementaire fixant les modalités selon lesquelles les affaires sont réparties entre tous les mandataires-liquidateurs inscrits, le juge désigne librement le mandataire de son choix sur les listes établies près les cours d'appel ; qu'un mandataire ne peut invoquer un abus de droit dès lors qu'il ne rapporte pas la preuve d'un refus délibéré de le nommer révélateur d'une intention de nuire, ni que les missions confiées à ses confrères l'ont été pour des motifs autres que l'intérêt des parties et celui d'une bonne administration de la justice : • Paris, 20 sept. 1991 : *D. 1992. Somm. 283, obs. Honorat)*. ♦ V. l'arrêt rendu sur renvoi : • Paris, 3 déc. 1997 : *D. Affaires 1998. 160, obs. A.L.* ♦ Dans la même affaire, V. note ss. art. L. 814-3. – Comp. : • Civ. 2e, 14 déc. 1992, n° 91-17.274 P : *D. 1993. Somm. 192, obs. Honorat* • Com. 12 avr. 2005 : *cité par Soinne, RPC 2005. 111* • Civ. 1re, 14 févr. 2006, n° 04-15.595 P : *D. 2006. AJ 1042, obs. Lienhard*. – V. Soinne, *RPC 2006. 240.* ♦ Les mandataires judiciaires n'ayant aucun droit acquis à leur désignation par une juridiction, le préjudice lié à l'absence de mandat, lorsque celle-ci engage la responsabilité de l'État, doit être mesuré à la chance perdue et ne peut être égal à l'avantage qu'aurait procuré cette chance si elle s'était réalisée (cassation de l'arrêt qui avait fixé le montant du préjudice par référence aux bénéfices réalisés par l'activité de mandataire liquidateur de l'intéressé antérieure à la cessation de sa désignation). • Civ. 1re, 26 sept. 2007, n° 06-13.772 P : *D. 2007. AJ 2539, obs. Lienhard ; Gaz. Pal. 23-24 janv. 2008, p. 39, obs. Gorrias.* ♦ Sur la qualité de collaborateur du service public des mandataires de justice, V. Lemaire, *RPC 1999. 10.* ♦ V. aussi note 23 ss. art. L. 621-4, 1re partie.

2. V. aussi, précisant que la désignation des mandataires de justice relève du pouvoir souverain des cours et tribunaux compétents dont les juges ne peuvent voir leur responsabilité engagée à raison de leur choix en ce domaine * Rép. min. n° 39326 : *JOAN Q, 29 juill. 1996, p. 4180.*

3. Tâches confiées à des tiers. En donnant à un avocat la mission de le représenter en justice, ès qualités, un mandataire judiciaire au redressement et à la liquidation des entreprises ne confie pas à un tiers une partie des tâches que comporte l'exécution de son mandat et qui lui incombent personnellement au sens de l'art. L. 812-1, al. 2. • Com. 30 juin 2021, n° 20-13.722 B : *D. 2021. Actu. 1333 ; LEDEN 9/2021. 2, obs. Camensuli-Feuillard ; BJE 9-10/2021. 22, note Reille ; Gaz. Pal. 26 oct. 2021, p. 57, obs. Berthelot ; RJDA 2021, n° 728 ; RPC 2024, n° 45, obs. Vallansan et Leloup-Thomas.* — V. déjà • Cass., avis, 27 févr. 2006, n° 05-00.027 P : *D. 2006. AJ 860, obs. Lienhard ; JCP E 2006, n° 37, p. 1531, obs. Pétel ; RPC 2006. 273, obs. Staes.* ♦ L'avocat mandaté par le mandataire judiciaire aux fins de le représenter en justice, ès qualités, n'effectue pas au profit de l'entreprise une tâche technique non comprise dans la mission confiée au mandataire judiciaire de sorte que les art. L. 814-6 C. com. [abrogé] et 31 du décret n° 85-1390 du 27 déc. 1985 ne sont pas davantage applicables à sa désignation. • Même avis. ♦ V. note 4 ss. art. L. 654-12, 1re partie.

4. Diffamation envers un mandataire judiciaire. V. note 4 ss. art. L. 811-1.

SOUS-SECTION 2 *Des conditions d'accès à la profession*

Art. L. 812-2 I. – Nul ne peut être désigné en justice pour exercer les fonctions de mandataire judiciaire *(Abrogé par L. nº 2004-130 du 11 févr. 2004, art. 69)* « *, dans une procédure de redressement judiciaire,* » s'il n'est inscrit sur la liste établie à cet effet par une commission *(L. nº 2003-7 du 3 janv. 2003, art. 15)* « nationale ».

(L. nº 2003-7 du 3 janv. 2003, art. 15) « II. – Toutefois, *(Abrogé par Ord. nº 2008-1345 du 18 déc. 2008, art. 161-I)* « *à titre exceptionnel,* » le tribunal peut, *(Abrogé par Ord. nº 2008-1345 du 18 déc. 2008, art. 161-I)* « *par décision spécialement motivée et* » après avis du procureur de la République, désigner comme mandataire judiciaire une personne physique justifiant d'une expérience ou d'une qualification particulière au regard de la nature de l'affaire et remplissant les conditions définies aux 1° à 4° de l'article L. 812-3. *(Ord. nº 2008-1345 du 18 déc. 2008, art. 161-II, en vigueur le 15 févr. 2009)* « Il motive spécialement sa décision au regard de cette expérience ou de cette qualification particulière. »

« Les personnes visées à l'alinéa précédent ne doivent pas, au cours des cinq années précédentes, avoir perçu à quelque titre que ce soit, directement ou indirectement, une rétribution ou un paiement de la part de la personne physique ou morale faisant l'objet *(Ord. nº 2016-727 du 2 juin 2016, art. 8-1°, en vigueur le 1er janv. 2017)* « d'une mesure de redressement judiciaire, de liquidation judiciaire ou de rétablissement professionnel », d'une personne qui détient le contrôle de cette personne morale ou de l'une des sociétés contrôlées par elle au sens des II et III de l'article L. 233-16, ni s'être trouvées en situation de conseil de la personne physique ou morale concernée ou de subordination par rapport à elle. Elles doivent, en outre, n'avoir aucun intérêt dans le mandat qui leur est donné et n'être pas au nombre des anciens administrateurs ou mandataires judiciaires ayant fait l'objet d'une décision de radiation ou de retrait des listes en application des articles L. 811-6, L. 811-12, L. 812-4 et L. 812-9. Elles sont tenues d'exécuter les mandats qui leur sont confiés en se conformant, dans l'accomplissement de leurs diligences professionnelles, aux mêmes obligations que celles qui s'imposent aux mandataires judiciaires inscrits sur la liste. Elles ne peuvent exercer les fonctions de mandataire judiciaire à titre habituel.

« Les personnes désignées en application du premier alinéa du présent II doivent, lors de l'acceptation de leur mandat, attester sur l'honneur qu'elles remplissent les conditions fixées aux 1° à 4° de l'article L. 812-3, qu'elles se conforment aux obligations énumérées à l'alinéa précédent et qu'elles ne font pas l'objet d'une interdiction d'exercice en application de l'avant-dernier alinéa de l'article L. 814-10. » – *V. C. com., art. R. 621-12, 1re partie.*

(Ord. nº 2016-727 du 2 juin 2016, art. 8-2°, en vigueur le 1er janv. 2017) « III. – Le tribunal peut en outre désigner à titre habituel *(Ord. nº 2016-728 du 2 juin 2016, art. 23, en vigueur le 1er juill. 2022)* « des commissaires de justice » en qualité de liquidateur dans les procédures de liquidation lorsque ces procédures sont ouvertes à l'encontre de débiteurs n'employant aucun salarié et réalisant un chiffre d'affaires annuel hors taxes inférieur ou égal à 100 000 €, ou d'assistant du juge commis dans le cadre des procédures de rétablissement professionnel. – *V. art. D. 641-8-1.*

« Ces personnes sont soumises aux dispositions des deux premières phrases du deuxième alinéa et du troisième alinéa du II.

« Elles communiquent sans délai une copie de l'attestation mentionnée au troisième alinéa du II au magistrat du parquet général chargé des inspections des mandataires judiciaires et désigné par le garde des sceaux, ministre de la justice.

« IV. – Lorsque le tribunal nomme une personne morale, il désigne en son sein une ou plusieurs personnes physiques pour la représenter dans l'accomplissement du mandat qui lui est confiée *[confié]*. »

(L. nº 2016-1547 du 18 nov. 2016, art. 97-6°) « V. – Les personnes désignées pour exercer les missions définies au premier alinéa de l'article L. 812-1 sans être inscrites sur la liste mentionnée au I du présent article sont soumises, en ce qui concerne l'exercice de ces fonctions, à la surveillance du ministère public et aux inspections prévues au premier alinéa de l'article L. 811-11.

« Un décret en Conseil d'État précise l'organisation et les modalités des contrôles concernant les personnes mentionnées au premier alinéa du présent V. » – *Le 6° de l'art. 97 de la L. n° 2016-1547 du 18 nov. 2016 entre en vigueur selon des modalités fixées par décret, et au plus tard le 1er mai 2017 (L. préc., art. 114-XIII).*

Les mandataires judiciaires à la liquidation des entreprises inscrits sur les listes régionales à la date de promulgation de la L. n° 2003-7 du 3 janv. 2003 sont inscrits d'office sur la liste nationale des mandataires judiciaires (L. préc., art. 39-II, JO 4 janv.).

Le mandat des membres de la Commission nationale prévue à l'art. L. 812-2, en fonction à la date d'entrée en vigueur du Décr. n° 2011-1660 du 29 nov. 2011 [1er déc. 2011], prend fin à cette date (Décr. préc., art. 9).

Pour l'application de l'art. L. 812-2, le délai à l'expiration duquel le silence gardé par la commission vaut décision d'acceptation de la demande d'inscription sur la liste est fixé à douze mois (V. Décr. n° 2014-1278 du 23 oct. 2014, applicable aux demandes présentées à compter du 12 nov. 2014).

L'Ord. n° 2016-727 du 2 juin 2016 est applicable aux procédures ouvertes après son entrée en vigueur (Ord. préc., art. 25, al. 2).

Pour le refus de transmettre au Conseil constitutionnel une QPC contestant la possibilité, prévue par l'art. L. 812-2 dans sa rédaction issue de l'Ord. n° 2016-727 du 2 juin 2016, de nommer des huissiers de justice et des commissaires-priseurs judiciaires en qualité de liquidateur, V. • CE 12 juill. 2017, n° 402068.

Art. L. 812-2-1 *(L. n° 2003-7 du 3 janv. 2003, art. 16)* **La liste mentionnée à l'article L. 812-2 est divisée en sections correspondant au ressort de chaque cour d'appel.**

(L. n° 2015-990 du 6 août 2015, art. 236-5°) **« Lorsque le mandataire judiciaire est salarié, elle précise cette qualité et le nom de son employeur. »**

Art. L. 812-2-2 *Abrogé par Ord. n° 2015-1287 du 15 oct. 2015, art. 4, à compter du 1er févr. 2016.*

Art. L. 812-3 *(L. n° 2003-7 du 3 janv. 2003, art. 17)* **« Nul ne peut être inscrit sur la liste par la commission s'il ne remplit les conditions suivantes :**

« 1° Être français ou ressortissant d'un État membre de la Communauté européenne ou d'un État partie à l'accord sur l'Espace économique européen ;

« 2° N'avoir pas été l'auteur de faits contraires à l'honneur ou à la probité ayant donné lieu à une condamnation pénale ;

« 3° N'avoir pas été l'auteur de faits de même nature ayant donné lieu à une sanction disciplinaire ou administrative de destitution, de radiation, de révocation, de retrait d'agrément ou de retrait d'autorisation ;

« 4° N'avoir pas été frappé de faillite personnelle ou d'une des mesures d'interdiction ou de déchéance prévues au chapitre V du titre II du livre VI du présent code, au titre VI de la loi n° 85-98 du 25 janvier 1985 précitée ou, dans le régime antérieur à cette loi, au titre II de la loi n° 67-563 du 13 juillet 1967 précitée ;

« 5° *(L. n° 2015-990 du 6 août 2015, art. 61-I-2°)* **« Être titulaire du diplôme de master en administration et liquidation d'entreprises en difficulté et remplir des conditions d'expérience ou de stage fixées par voie réglementaire, ou » avoir subi avec succès l'examen d'accès au stage professionnel, accompli ce stage et subi avec succès l'examen d'aptitude aux fonctions de mandataire judiciaire.**

« Ne peuvent être admises à se présenter à l'examen d'accès au stage professionnel que les personnes titulaires des titres ou diplômes déterminés par décret.

(L. n° 2015-990 du 6 août 2015, art. 61-I-2°) **« Un décret en Conseil d'État fixe les conditions de compétence et d'expérience professionnelle donnant droit à une dispense de l'examen d'accès au stage professionnel, de tout ou partie du stage professionnel et de tout ou partie de l'examen d'aptitude aux fonctions de mandataire judiciaire. Ce décret précise également les conditions d'expérience ou de stage requises pour l'inscription sur la liste mentionnée au premier alinéa du présent article, en complément de la détention du diplôme mentionné au 5°. »** — *V. art. R. 812-4 s. et R. 812-18-1 s.*

« Les personnes morales inscrites ne peuvent exercer les fonctions de mandataire judiciaire que par l'intermédiaire d'un de leurs membres lui-même inscrit sur la liste. »

Sont dispensées des conditions de diplôme, de stage et d'examen professionnel prévues aux *(L. n° 2003-7 du 3 janv. 2003, art. 17)* **« sixième et septième » alinéas les**

personnes qui justifient avoir acquis, dans un État membre des communautés européennes autre que la France ou un autre État partie à l'accord sur l'Espace économique européen, une qualification suffisante pour l'exercice de la profession de mandataire judiciaire, sous réserve d'avoir subi, dans des conditions fixées par décret en Conseil d'État, un examen de contrôle des connaissances. La liste des candidats admis à se présenter à l'examen est arrêtée par la commission *(Abrogé par L. n° 2003-7 du 3 janv. 2003, art. 17)* ***« instituée au siège de la cour d'appel de Paris. Le candidat qui a subi avec succès les épreuves de l'examen peut solliciter son inscription sur la liste établie par la commission instituée au siège de la cour d'appel dans le ressort de laquelle il envisage d'établir son domicile professionnel ».*** *– [L. n° 85-99 du 25 janv. 1985, art. 21.] – Pour l'application de l'art. L. 812-3, dernier al., le délai à l'expiration duquel le silence gardé par la commission vaut décision de rejet de la demande d'inscription sur la liste est fixé à quatre mois (V. Décr. n° 2014-1278 du 23 oct. 2014, applicable aux demandes présentées à compter du 12 nov. 2014). – V. art. R. 812-15 s. – La disposition ajoutée par la L. n° 93-1420 du 31 déc. 1993 [dispense accordée aux personnes ayant acquis une qualification suffisante dans « un autre État partie à l'accord sur l'Espace économique européen »] entre en vigueur à la date d'entrée en vigueur de l'accord sur l'Espace économique européen [1er janv. 1994] (L. préc., art. 10).*

Les dispositions de l'art. L. 812-3, en tant qu'elles instituent un examen d'accès au stage professionnel, ne sont applicables qu'aux personnes qui, à la date de promulgation de la L. n° 2003-7 du 3 janv. 2003, ne sont pas encore inscrites sur le registre de stage (L. préc., art. 39-I, JO 4 janv.).

Sur la dispense de stage dont peuvent bénéficier les greffiers de tribunal de commerce dont l'office est supprimé par suite d'une nouvelle délimitation de circonscriptions judiciaires, V. C. com., art. R. 742-35. – ***C. com.***

Sur l'accès à la profession de mandataire judiciaire des avoués près les cours d'appel qui renoncent à faire partie de la profession d'avocat et des personnes ayant travaillé en qualité de collaborateur d'avoué, V. L. n° 2011-94 du 25 janv. 2011, art. 21 (JO 26 janv.), et Décr. n° 2011-451 du 22 avr. 2011 (JO 24 avr.).

Recours. Sur l'irrecevabilité de l'appel élevé par un groupement professionnel en l'absence d'atteinte à l'intérêt collectif de la profession : V. • Amiens, 15 nov. 1990 : *JCP E 1991, Bloc-notes, 17 janv. 1991.*

SOUS-SECTION 3 *Des conditions d'exercice*

Art. L. 812-4 *(L. n° 2003-7 du 3 janv. 2003, art. 18)* **« La Commission nationale, de sa propre initiative ou saisie sur requête du garde des sceaux, ministre de la justice, du président du Conseil national des administrateurs judiciaires et des mandataires judiciaires, du commissaire du Gouvernement ou du procureur de la République du ressort de la juridiction dans lequel est établi le mandataire judiciaire, peut, par décision motivée et après avoir mis l'intéressé en demeure de présenter ses observations, retirer de la liste mentionnée à l'article L. 812-2 le mandataire judiciaire qui, en raison de son état physique ou mental, est empêché d'assurer l'exercice normal de ses fonctions ou le mandataire judiciaire qui a révélé son inaptitude à assurer l'exercice normal de ses fonctions. »**

Le retrait de la liste ne fait pas obstacle à l'exercice de poursuites disciplinaires contre le mandataire judiciaire si les faits qui lui sont reprochés ont été commis pendant l'exercice de ses fonctions. *– [L. n° 85-99 du 25 janv. 1985, art. 22.]*

Art. L. 812-5 *(L. n° 2015-990 du 6 août 2015, art. 63-VII-2°)* **Les mandataires judiciaires peuvent constituer entre eux, pour l'exercice en commun de leur profession, des entités dotées de la personnalité morale, à l'exception des formes juridiques qui confèrent à leurs associés la qualité de commerçant. Ils peuvent aussi être membres d'un groupement d'intérêt économique ou d'un groupement européen d'intérêt économique ou associés d'une société de participations** *(Ord. n° 2023-77 du 8 févr. 2023, art. 133, en vigueur le 1er sept. 2024)* **« financières de professions libérales régie par le livre V de l'ordonnance n° 2023-77 du 8 février 2023 relative à l'exercice en société des professions libérales réglementées ».**

(Abrogé par Ord. n° 2023-77 du 8 févr. 2023, art. 131, à compter du 1er sept. 2024) ***« Lorsque la forme juridique d'exercice est une société, le capital social et les droits de vote***

peuvent être détenus par toute personne exerçant une profession juridique ou judiciaire ou par toute personne légalement établie dans un État membre de l'Union européenne, dans un autre État partie à l'accord sur l'Espace économique européen ou dans la Confédération suisse qui exerce, dans l'un de ces États, une activité soumise à un statut législatif ou réglementaire ou subordonnée à la possession d'une qualification nationale ou internationale reconnue, et exerçant l'une quelconque desdites professions et, s'il s'agit d'une personne morale, qui satisfait aux exigences de détention du capital et des droits de vote prévues par la loi nº 90-1258 du 31 décembre 1990 précitée.

« Toute société doit au moins comprendre, parmi ses associés, un mandataire judiciaire remplissant les conditions requises pour exercer ses fonctions.

« Au moins un membre de la profession de mandataire judiciaire exerçant au sein de la société doit être membre du conseil d'administration ou du conseil de surveillance de la société.

« Dans le respect des règles de déontologie applicables à chaque profession, un décret en Conseil d'État détermine les conditions d'application du présent article. Il présente notamment les conditions d'inscription et d'omission de ces sociétés auprès de l'autorité professionnelle compétente. » — *V. art. R. 812-18.*

(Ord. nº 2023-77 du 8 févr. 2023, art. 132, en vigueur le 1er sept. 2024) « Lorsque la forme juridique d'exercice est une société à responsabilité limitée, une société anonyme, une société par actions simplifiée ou une société en commandite par actions régies par les dispositions du livre II du code de commerce, celle-ci est également soumise aux dispositions de l'ordonnance nº 2023-77 du 8 février 2023 relative à l'exercice en société des professions libérales réglementées à l'exception des obligations de dénomination prévues au premier alinéa de l'article 41 de cette ordonnance qui deviennent facultatives. »

Les sociétés mentionnées à l'art. L. 812-5 disposent d'un délai d'un an à compter de l'entrée en vigueur de l'Ord. nº 2023-77 du 8 févr. 2023 pour se mettre en conformité avec les exigences de celle-ci, à l'exception de celles prévues à l'art. 44 (Ord. préc., art. 134, en vigueur le 1er sept. 2024). — V. ce texte au **C. sociétés**. *— Sur le régime antérieur, pour les sociétés civiles professionnelles, V. L. nº 66-879 du 29 nov. 1966 (***C. sociétés***) ; ... pour les sociétés d'exercice libéral, V. L. nº 90-1258 du 31 déc. 1990 (***C. sociétés***).*

Art. L. 812-5-1-A *(Ord. nº 2016-394 du 31 mars 2016, art. 5-3º)* Le mandataire judiciaire peut exercer sa profession dans le cadre d'une société pluri-professionnelle d'exercice, prévue au *(Ord. nº 2023-77 du 8 févr. 2023, art. 133, en vigueur le 1er sept. 2024)* « livre IV de l'ordonnance nº 2023-77 du 8 février 2023 relative à l'exercice en société des professions libérales réglementées », ayant pour objet l'exercice en commun de la profession de mandataire judiciaire et d'une ou plusieurs autres professions prévues à ce titre.

Les dispositions des troisième et quatrième alinéas de l'article L. 812-5 sont applicables à une telle société.

Les conditions d'application du présent article sont fixées par décret en Conseil d'État, notamment :

1º Les conditions d'inscription de la société sur la liste établie par la commission nationale prévue à l'article L. 812-2, de son interdiction temporaire et de sa destitution ainsi que les règles applicables en cas d'empêchement, de retrait ou de décès d'un associé exerçant la profession ;

2º Les modalités particulières de la surveillance et de l'inspection prévues aux articles L. 812-9 et L. 811-11 à L. 811-11-3 et d'application des règles de discipline prévues aux articles L. 812-9 et L. 811-12-A à L. 811-15. — *V. Ord. nº 2023-77 du 8 févr. 2023, art. 96 s. —* ***C. sociétés****.*

Pour l'entrée en vigueur, V. note ss. art. L. 811-7-1-A.

Art. L. 812-5-1 *(L. nº 2015-990 du 6 août 2015, art. 236-6º)* Le mandataire judiciaire peut exercer sa profession en qualité de salarié d'une personne physique ou morale inscrite sur la liste prévue à l'article L. 812-2.

Une personne physique inscrite sur cette liste ne peut pas employer plus de deux mandataires judiciaires salariés. Une personne morale inscrite sur ladite liste ne peut pas employer un nombre de mandataires judiciaires salariés supérieur au double de celui des mandataires judiciaires associés qui y exercent la profession.

Le contrat de travail du mandataire judiciaire salarié ne peut porter atteinte aux règles déontologiques de la profession de mandataire judiciaire. Nonobstant toute clause du contrat de travail, le mandataire judiciaire salarié peut refuser à son employeur de recevoir un acte ou d'accomplir une mission lorsque cet acte ou cette mission lui paraissent contraires à sa conscience ou susceptibles de porter atteinte à son indépendance. Toute clause de non-concurrence est réputée non écrite.

Le mandataire judiciaire salarié ne peut avoir de mandat à titre personnel.

Le présent livre est applicable au mandataire judiciaire salarié, sauf disposition contraire.

V. art. R. 812-24.

Art. L. 812-6 *(L. n° 2003-7 du 3 janv. 2003, art. 19)* Les dossiers suivis par le mandataire judiciaire *(Ord. n° 2016-727 du 2 juin 2016, art. 9-1°, en vigueur le 1er janv. 2017)* « ou la personne mentionnée au III de l'article L. 812-2 » qui quitte ses fonctions, pour quelque motif que ce soit, sont répartis par la juridiction entre les autres mandataires *(Ord. n° 2016-727 du 2 juin 2016, art. 9-1°, en vigueur le 1er janv. 2017)* « ou lorsque les conditions sont remplies, entre les personnes mentionnées au III de l'article L. 812-2 » dans un délai de trois mois à compter de la cessation de fonctions.

Toutefois, dans l'intérêt d'une bonne administration de la justice, la juridiction peut autoriser l'ancien mandataire *(Ord. n° 2016-727 du 2 juin 2016, art. 9-2°, en vigueur le 1er janv. 2017)* « *[,]* ou la personne mentionnée au III de l'article L. 812-2, » à poursuivre le traitement d'un ou de plusieurs dossiers en cours, sauf si une radiation est la cause de l'abandon de ses fonctions. *(Ord. n° 2016-727 du 2 juin 2016, art. 9-3°, en vigueur le 1er janv. 2017)* « Le mandataire judiciaire demeure soumis aux dispositions des articles L. 812-8, L. 812-9, L. 812-10, L. 814-1-1 et L. 814-5. La personne mentionnée au III de l'article L. 812-2 demeure soumise aux dispositions du III de l'article L. 812-2, *[et des articles]* L. 812-8-1, L. 814-1-1, L. 814-10-1, L. 814-10-2 et L. 814-5. »

L'Ord. n° 2016-727 du 2 juin 2016 est applicable aux procédures ouvertes après son entrée en vigueur (Ord. préc., art. 25, al. 2).

Il résulte de la combinaison des art. L. 812-6 et L. 812-8 C. com. que la qualité d'ancien mandataire autorisé à poursuivre le traitement d'un ou de plusieurs dossiers est incompatible avec l'exercice de toute autre profession et donc avec celle d'administrateur judiciaire. • Com. 19 févr. 2008 : *Gaz. Pal. 27-29 avr. 2008, p. 17, obs. Bidan.*

Art. L. 812-7 *(L. n° 2003-7 du 3 janv. 2003, art. 20)* Les personnes inscrites sur la liste ont vocation à exercer leurs fonctions sur l'ensemble du territoire.

SOUS-SECTION 4 *Des incompatibilités*

Art. L. 812-8 *(L. n° 2003-7 du 3 janv. 2003, art. 21)* La qualité de *(L. n° 2005-845 du 26 juill. 2005, art. 165-V)* « mandataire judiciaire » inscrit sur la liste est incompatible avec l'exercice de toute autre profession.

Elle est, par ailleurs, incompatible avec :

1° Toutes les activités à caractère commercial, qu'elles soient exercées directement ou par personne interposée ;

2° La qualité d'associé dans une société en nom collectif, d'associé commandité dans une société en commandite simple ou par actions, de gérant d'une société à responsabilité limitée, de président du conseil d'administration, membre du directoire, directeur général ou directeur général délégué d'une société anonyme, de président ou de dirigeant d'une société par actions simplifiée, de membre du conseil de surveillance ou d'administrateur d'une société commerciale, de gérant d'une société civile, à moins que ces sociétés n'aient pour objet l'exercice de la profession de *(L. n° 2005-845 du 26 juill. 2005, art. 165-V)* « mandataire judiciaire » *(Ord. n° 2016-394 du 31 mars 2016, art. 5-4°)* « ou d'une profession prévue au » *(Ord. n° 2023-77 du 8 févr. 2023, art. 133, en vigueur le 1er sept. 2024)* « livre IV de l'ordonnance n° 2023-77 du 8 février 2023 relative à l'exercice en société des professions libérales réglementées » ou l'acquisition de

locaux pour cet exercice. Un mandataire peut en outre exercer les fonctions de gérant d'une société civile dont l'objet exclusif est la gestion d'intérêts à caractère familial.

La qualité de *(L. nº 2005-845 du 26 juill. 2005, art. 165-V)* **« mandataire judiciaire » inscrit sur la liste ne fait pas obstacle à l'exercice d'une activité de consultation dans les matières relevant de la qualification de l'intéressé,** *(L. nº 2016-1547 du 18 nov. 2016, art. 97-7º)* **« ni à des activités rémunérées d'enseignement, » ni à l'accomplissement des mandats de mandataire *ad hoc*** *(Ord. nº 2014-326 du 12 mars 2014, art. 99-1º, en vigueur le 1er juill. 2014)* **« , de conciliateur et de mandataire à l'exécution de l'accord prévus aux articles L. 611-3, L. 611-6 et L. 611-8 » du présent code et par l'article L. 351-4 du code rural et de la pêche maritime, de commissaire à l'exécution du plan ou de liquidateur amiable des biens d'une personne physique ou morale, d'expert judiciaire** *(Ord. nº 2015-1024 du 20 août 2015, art. 4-2º)* **« , de séquestre judiciaire et d'administrateur en application des articles L. 612-34, L. 612-34-1 ou L. 613-51-1 du code monétaire et financier ».** *(L. nº 2016-1547 du 18 nov. 2016, art. 97-7º)* **« Elle ne fait pas non plus obstacle à l'accomplissement de mandats de liquidateur nommé en application des articles L. 5122-25 à L. 5122-30 du code des transports ou à l'exercice de missions pour le compte de l'Agence de gestion et de recouvrement des avoirs saisis et confisqués. Sans préjudice de l'article L. 663-2 du présent code, les mandats de liquidateur amiable, de liquidateur en application du code des transports, d'expert judiciaire et de séquestre amiable ou judiciaire ne peuvent être acceptés concomitamment ou subséquemment à une mesure de prévention ou à une procédure collective dans laquelle le mandataire judiciaire a été désigné. Ces activités » et ces mandats, à l'exception des mandats de mandataire *ad hoc*, de conciliateur** *(Ord. nº 2014-326 du 12 mars 2014, art. 99-2º, en vigueur le 1er juill. 2014)* **« , de mandataire à l'exécution de l'accord »** *(Ord. nº 2015-1024 du 20 août 2015, art. 4-2º)* **« , de commissaire à l'exécution du plan et d'administrateur nommé en application des articles L. 612-34, L. 612-34-1 ou L. 613-51-1 du code monétaire et financier », ne peuvent être exercés qu'à titre accessoire.** *(Ord. nº 2014-326 du 12 mars 2014, art. 99-3º, en vigueur le 1er juill. 2014)* **« La même personne ne peut exercer successivement les fonctions de conciliateur et de mandataire judiciaire avant l'expiration d'un délai d'un an à moins qu'elle ait été chargée, dans le cadre de la conciliation, de la mission d'organiser une cession partielle ou totale de l'entreprise. Le tribunal peut, en outre, lors de l'ouverture de la procédure de sauvegarde ou de redressement judiciaire et après avoir recueilli l'avis du ministère public, déroger à cette incompatibilité si celle-ci n'apparaît pas faire obstacle à l'exercice, par le mandataire judiciaire, de la mission prévue par le premier alinéa de l'article L. 622-20. »**

Les conditions du présent article sont, à l'exception du quatrième alinéa, applicables aux personnes morales inscrites.

Pour l'entrée en vigueur de l'Ord. nº 2016-394 du 31 mars 2016, V. note ss. art. L. 811-7-1-A.

BIBL. ▸ V. ss. art. L. 811-10.

1. L'art. L. 812-8, al. 1er, dans sa rédaction résultant de la L. nº 2016-1547 du 18 nov. 2016, n'est pas contraire à la Constitution en ce qu'il interdit aux mandataires judiciaires d'exercer la profession d'avocat, alors que cet exercice est ouvert aux administrateurs judiciaires par l'art. L. 811-10. • Cons. const. 5 août 2022, nº 2022-1008 QPC : *D. 2022. Actu. 1469 ; Rev. sociétés 2022. 518, obs. Henry ; LEDEN 9/2022. 1, obs. F.-X. Lucas ; Gaz. Pal. 27 sept. 2022, p. 40, obs. Rossi ; APC 2022, nº 191, obs. Guillaume et Diesbecq ; BJE 11-12/2022. 4, obs. Henry ; RPC 2024, nº 43, obs. Vallansan et Leloup-Thomas.*

2. L'activité de mandataire judiciaire n'est pas, en soi, incompatible avec l'indépendance nécessaire à l'exercice de missions judiciaires d'expertise dans le respect des dispositions de l'art. L. 812-8. • Civ. 2e, 15 juin 2023, nº 23-60.013 B : *LEDEN 7/2023. 2, obs. Lemberg-Guez.*

3. V. note ss. art. L. 812-6.

Art. L. 812-8-1 *(Ord. nº 2016-727 du 2 juin 2016, art. 10, en vigueur le 1er janv. 2017)* **Les personnes mentionnées au III de l'article L. 812-2 sont soumises aux règles d'incompatibilité prévues par leur statut.**

L'Ord. nº 2016-727 du 2 juin 2016 est applicable aux procédures ouvertes après son entrée en vigueur (Ord. préc., art. 25, al. 2).

SECTION 2 *De la surveillance, de l'inspection et de la discipline*

Art. L. 812-9 Les dispositions relatives à la surveillance, à l'inspection et à la discipline des administrateurs judiciaires prévues par les articles L. 811-11 à *(L. n° 2016-1547 du 18 nov. 2016, art. 97-8°)* « L. 811-15-1 » sont applicables aux mandataires judiciaires.

La commission *(L. n° 2003-7 du 3 janv. 2003, art. 13-II)* « nationale » d'inscription siège comme chambre de discipline. Le commissaire du Gouvernement y exerce les fonctions du ministère public. – *[L. n° 85-99 du 25 janv. 1985, art. 28.]*

1. Les art. 12 et 28 [C. com., art. L. 811-11 et L. 812-9] ne sauraient concerner les relations entre le mandataire-liquidateur et la juridiction qui l'a commis. • Crim. 28 févr. 1993 : *RPC 1993. 587, obs. Soinne.*

2. L'administrateur et le représentant des créanciers peuvent être nommés commissaire à l'exécution du plan et répondent des manquements commis dans l'exécution de cette mission dans les conditions prévues par les art. 13 et 28, devenus les art. L. 811-12 et L. 812-9 C. com. • Com. 8 juill. 2003, n° 00-21.473 P : *D. 2003. AJ 2175 ; RTD com. 2003. 812, obs. Saint-Alary-Houin ; RPC 2004. 56, obs. Soinne.* ♦ Le professionnel désigné commissaire à l'exécution du plan en considération de ses fonctions de représentant des créanciers doit, sur le plan disciplinaire, répondre de ses manquements de mandataire-liquidateur dans l'exécution de sa mission. • Même arrêt.

Art. L. 812-10 *(L. n° 2003-7 du 3 janv. 2003, art. 23)* « Nul ne peut faire état du titre de mandataire judiciaire, en dehors de la mission qui lui a été confiée en vertu du premier alinéa du II de l'article L. 812-2 *(Ord. n° 2016-727 du 2 juin 2016, art. 11, en vigueur le 1er janv. 2017)* « , du III de ce même article » et du second alinéa de l'article L. 812-6, s'il n'est inscrit sur la liste des mandataires judiciaires.

« Toute infraction à cette disposition est punie des peines encourues pour le délit d'usurpation de titre prévu par l'article 433-17 du code pénal. »

Est puni des mêmes peines celui qui aura fait usage d'une dénomination présentant une ressemblance de nature à causer une méprise dans l'esprit du public avec le titre prévu au premier alinéa. – *[L. n° 85-99 du 25 janv. 1985, art. 29.]*

L'Ord. n° 2016-727 du 2 juin 2016 est applicable aux procédures ouvertes après son entrée en vigueur (Ord. préc., art. 25, al. 2).

CHAPITRE III *DES EXPERTS EN DIAGNOSTIC D'ENTREPRISE*

BIBL. GÉN. ▶ GANDUR, *Gaz. Pal. 1985. 2. Doctr. 698.* - OLIVIER, *ibid. Doctr. 191.*

Art. L. 813-1 Les experts en diagnostic d'entreprise sont désignés en justice pour établir un rapport sur la situation économique et financière d'une entreprise en cas de *(L. n° 2005-845 du 26 juill. 2005, art. 165)* « procédure de conciliation ou de procédure de sauvegarde ou de redressement judiciaire », ou concourir à l'élaboration d'un tel rapport en cas de *(L. n° 2005-845 du 26 juill. 2005, art. 165)* « procédure de sauvegarde ou de redressement judiciaire ».

(L. n° 2003-7 du 3 janv. 2003, art. 24-I) « Ces experts ne doivent pas, au cours des cinq années précédentes, avoir perçu à quelque titre que ce soit, directement ou indirectement, une rétribution ou un paiement de la part de la personne physique ou morale faisant l'objet d'une mesure d'administration, d'assistance ou de surveillance ou de la part d'une personne qui détient le contrôle de cette personne morale, ni s'être trouvés en situation de subordination par rapport à la personne physique ou morale concernée. Ils doivent, en outre, n'avoir aucun intérêt dans le mandat qui leur est donné.

« Les experts ainsi désignés doivent attester sur l'honneur, lors de l'acceptation de leur mandat, qu'ils se conforment aux obligations énumérées à l'alinéa précédent. »

Ces experts peuvent être choisis parmi les experts de cette spécialité inscrits sur les listes dressées, pour l'information des juges, en application de l'article 2 de la loi n° 71-498 du 29 juin 1971 relative aux experts judiciaires.

(L. n° 2004-130 du 11 févr. 2004, art. 53-I) « Chaque cour d'appel procède à l'inscription des experts de cette spécialité selon les dispositions de l'article 2 de la loi n° 71-498 du 29 juin 1971 relative aux experts judiciaires. *(Abrogé par L. n° 2011-331 du 28 mars 2011, art. 20-4°, à compter du 1er déc. 2011)* « ***Leur inscription sur la liste***

nationale des experts judiciaires est faite après avis de la commission nationale créée à l'article L. 812-2. » – [L. n° 85-99 du 25 janv. 1985, art. 30.] – V. L. n° 71-498 du 29 juin 1971 au **C. pr. civ.**

1. Inscription sur la liste. Annulation, pour violation des art. 11 et 30 [C. com., art. L. 811-10 et L. 813-1], de la décision d'une cour d'appel qui refuse l'inscription d'un administrateur judiciaire sur la liste des experts en diagnostic d'entreprise, non pas en raison d'une inopportunité propre à la candidature du demandeur, mais au motif qu'il « est inopportun qu'un administrateur judiciaire exerce également les fonctions d'expert en diagnostic d'entreprise ». • Civ. 1re, 7 juin 1988, n° 86-19.338 P : *D. 1989. Somm. 77, obs. Honorat.*

2. Nature de la mission. V. note 14 ss. art. 164 du décret n° 85-1388 du 27 déc. 1985, 1re partie.

Art. L. 813-2 *Abrogé par L. n° 2004-130 du 11 févr. 2004, art. 53.*

CHAPITRE IV ***DISPOSITIONS COMMUNES***

SECTION 1 ***De la Commission nationale d'inscription et de discipline des administrateurs judiciaires et des mandataires judiciaires et de la représentation de la profession auprès des pouvoirs publics*** *(Ord. n° 2015-1287 du 15 oct. 2015, art. 2, en vigueur le 1er févr. 2016).*

SOUS-SECTION 1 *De la Commission nationale d'inscription et de discipline (Ord. n° 2015-1287 du 15 oct. 2015, en vigueur le 1er févr. 2016)*

Art. L. 814-1 I. – Il est institué une Commission nationale d'inscription et de discipline des administrateurs judiciaires et des mandataires judiciaires comprenant :

1° Un conseiller à la Cour de cassation, président de la commission, désigné par le premier président de la Cour de cassation ;

2° Un membre du Conseil d'État désigné par le vice-président du Conseil d'État ;

3° Un membre de la Cour des comptes désigné par le premier président de la Cour des comptes ;

4° Un membre de l'inspection générale des finances désigné par le ministre chargé de l'économie ;

5° Deux magistrats du siège de l'ordre judiciaire, désignés par le premier président de la Cour de cassation ;

6° Un membre d'une juridiction commerciale du premier degré désigné par le premier président de la Cour de cassation ;

7° Deux personnalités qualifiées en matière juridique, économique ou sociale et deux professeurs ou maîtres de conférences de droit, de sciences économiques ou de gestion, désignés par le ministre de la justice.

Un suppléant est désigné pour chaque membre de la commission, à l'exception du président, qui dispose de deux suppléants, et des deux membres mentionnés au 5° pour lesquels un seul suppléant est désigné. Les suppléants sont désignés dans les mêmes conditions que les titulaires.

Lorsqu'elle est saisie en application de l'article L. 811-6 ou de l'article L. 812-4 ou lorsqu'elle siège en chambre de discipline, la commission comprend en outre trois administrateurs judiciaires ou trois mandataires judiciaires inscrits sur la liste, exerçant la même profession que la personne concernée et élus par leurs pairs dans des conditions déterminées par décret en Conseil d'État.

(Ord. n° 2016-727 du 2 juin 2016, art. 12, en vigueur le 1er janv. 2017) « Lorsqu'elle siège comme chambre de discipline à l'encontre d'une personne désignée dans les conditions prévues au III de l'article L. 812-2, elle comprend en outre trois *(Ord. n° 2016-728 du 2 juin 2016, art. 23, en vigueur le 1er juill. 2022)* « commissaires de justice » selon le statut de l'intéressé, désignés par leurs pairs dans des conditions déterminées par décret en Conseil d'État. »

Les membres de la commission et les suppléants sont désignés pour un mandat de trois ans renouvelable.

En cas de vacance d'un siège, pour quelque cause que ce soit, il est procédé à la nomination, dans les conditions prévues au présent article, d'un nouveau membre pour la durée du mandat restant à courir.

II. – Deux magistrats du parquet et un suppléant sont désignés pour exercer les fonctions de commissaire du Gouvernement auprès de la commission et assurer notamment l'instruction des demandes d'inscription.

III. – Les décisions sont prises à la majorité des voix. En cas d'égalité des voix, celle du président est prépondérante.

Les frais de fonctionnement de la commission sont à la charge de l'État.

L'Ord. nº 2016-727 du 2 juin 2016 est applicable aux procédures ouvertes après son entrée en vigueur (Ord. préc., art. 25, al. 2).

V. art. R. 814-1 s.

Art. L. 814-1-1 Les recours contre les décisions de la commission, tant en matière d'inscription ou de retrait que de discipline, sont portés devant la cour d'appel de Paris.

Ces recours ont un caractère suspensif.

V. art. R. 814-2 et R. 814-2-1.

SOUS-SECTION 2 *De la représentation des professions auprès des pouvoirs publics*

Art. L. 814-2 *(L. nº 2003-7 du 3 janv. 2003, art. 26)* Les professions d'administrateur judiciaire et de mandataire judiciaire sont représentées auprès des pouvoirs publics par un Conseil national des administrateurs judiciaires et des mandataires judiciaires, établissement d'utilité publique doté de la personnalité morale, chargé d'assurer la défense des intérêts collectifs de ces professions. *(L. nº 2011-331 du 28 mars 2011, art. 23)* « Le conseil national peut, devant toutes les juridictions, exercer tous les droits réservés à la partie civile relativement aux faits portant un préjudice direct ou indirect à l'intérêt collectif des deux professions. » Il incombe, en outre, au conseil national de veiller au respect de leurs obligations par les mandataires de justice, d'organiser leur formation professionnelle, de s'assurer qu'ils se conforment à leur obligation d'entretien et de perfectionnement des connaissances *(L. nº 2011-331 du 28 mars 2011, art. 20-7º)* « et de contrôler leurs études. »

(L. nº 2023-1059 du 20 nov. 2023, art. 45) « Le Conseil national met en place un portail électronique qui permet l'envoi et la réception des actes de procédure, des pièces, avis, avertissements ou convocations et des rapports par les administrateurs, les mandataires judiciaires et les personnes désignées en application du deuxième alinéa de l'article L. 811-2 et du premier alinéa du II ou du III de l'article L. 812-2. Les caractéristiques de ce portail sont fixées par décret en Conseil d'État pris après avis de la Commission nationale de l'informatique et des libertés. » – *V. art. R. 814-58-1 s.*

(L. nº 2011-331 du 28 mars 2011, art. 20-7º) « Le Conseil national rend compte de l'accomplissement de ces missions dans un rapport qu'il adresse chaque année au garde des sceaux, ministre de la justice. » – *V. art. R. 814-4.*

Les modes d'élection et de fonctionnement du Conseil national, qui comprend en nombre égal un collège représentant les administrateurs judiciaires et un collège représentant les mandataires judiciaires, sont fixés par décret en Conseil d'État. – *[L. nº 85-99 du 25 janv. 1985, art. 33.] – V. art. R. 814-5 s.*

Constitution de partie civile du Conseil national. V. note 9 ss. art. L. 654-17 C. com.

SECTION 2 *De la garantie de la représentation des fonds, de la responsabilité civile professionnelle et de la rémunération*

SOUS-SECTION 1 *De la garantie de la représentation des fonds et de la responsabilité civile professionnelle*

Art. L. 814-3 *(L. nº 2003-7 du 3 janv. 2003, art. 27)* Une caisse dotée de la personnalité civile et gérée par les cotisants a pour objet de garantir le remboursement des fonds, effets ou valeurs reçus ou gérés par chaque administrateur judiciaire et par chaque mandataire judiciaire inscrits sur les listes, à l'occasion des opérations dont ils sont chargés à raison de leurs fonctions. Deux magistrats du parquet sont désignés pour exercer, l'un en qualité de titulaire, l'autre de suppléant, les fonctions de commissaire du Gouvernement auprès de la caisse.

L'adhésion à cette caisse est obligatoire pour chaque administrateur judiciaire et pour chaque mandataire judiciaire inscrits sur les listes *(L. nº 2015-990 du 6 août 2015, art. 236-7º)* **« , à l'exception des administrateurs judiciaires et des mandataires judiciaires exerçant leur profession en qualité de salarié ».**

Les ressources de la caisse sont constituées par le produit d'une cotisation spéciale annuelle payée par chaque administrateur judiciaire et par chaque mandataire judiciaire inscrits sur les listes.

Les cotisations payées par les administrateurs judiciaires et par les mandataires judiciaires sont affectées à la garantie des seuls administrateurs judiciaires et mandataires judiciaires inscrits sur les listes.

Au cas où les ressources de la caisse s'avèrent insuffisantes pour exécuter ses obligations, elle procède à un appel de fonds complémentaire auprès des professionnels inscrits sur les listes.

La garantie de la caisse joue sans que puisse être opposé aux créanciers le bénéfice de discussion prévu à l'article *(Ord. nº 2021-1192 du 15 sept. 2021, art. 34-V, en vigueur le 1er janv. 2022)* **« 2305 » du code civil et sur la seule justification de l'exigibilité de la créance et de la non-représentation des fonds par l'administrateur judiciaire ou le mandataire judiciaire inscrits sur les listes.**

La caisse est tenue de s'assurer contre les risques résultant pour elle de l'application du présent code.

Les recours contre les décisions de la caisse sont portés devant le *(Ord. nº 2019-964 du 18 sept. 2019, art. 35, en vigueur le 1er janv. 2020)* **« tribunal judiciaire » de Paris.** – *[L. nº 85-99 du 25 janv. 1985, art. 34.] – V. art. R. 814-16 s.*

BIBL. ▸ BOLARD, *D. 1988. Chron. 263.* – GUYON, *RPC 1988. 159.* – PERDRIAU, *JCP E 1989. II. 15547.* – SOINNE, *RPC 1990. 261.*

1. Adhésion obligatoire. L'adhésion à une caisse de garantie est obligatoire pour les administrateurs judiciaires et les mandataires liquidateurs et chaque adhérent est tenu de payer le montant de la cotisation correspondant aux frais de fonctionnement et missions légales de la caisse, à savoir la garantie de la représentation des fonds et les assurances obligatoires tant de celle-ci que de chaque adhérent pour sa responsabilité civile professionnelle. • Civ. 1re, 30 janv. 1996, nº 93-11.271 P : *D. 1996. IR 62 ; JCP 1996. II. 22613, rapp. Sargos.* – V. aussi, sur renvoi, • Paris, 3 déc. 1997 : *JCP E 1998, nº 4, p. 102.* ♦ Dans la même affaire, V. note s s. art. L. 812-1. ♦ Pour un autre arrêt, dans le même sens, V. • Civ. 1re, 10 juin 1997 : *RPC 1998. 199, obs. Soinne.*

2. Contrôle du juge administratif (jurisprudence antérieure à la loi du 3 janv. 2003). En raison de la mission exercée par la caisse de garantie, du contrôle auquel celle-ci est soumise pour la fixation de la cotisation et des prérogatives de puissance publique dont elle dispose pour imposer une cotisation et en fixer le montant, les décisions par lesquelles elle fixe les principes de calcul de la cotisation annuelle et son montant pour chaque affilié sont des actes administratifs dont la légalité relève de l'appréciation du juge administratif. • CE 29 déc. 1999 : *D. 2000. IR 30.* ♦ Jurisprudence infirmée par l'art. L. 814-3, dans sa réd. issue de la loi nº 2003-7 du 3 janv. 2003, qui donne compétence au tribunal de grande instance de Paris.

3. Modalités de calcul. V., écartant un calcul *prorata temporis* de la cotisation annuelle en cas de démission d'un mandataire judiciaire en cours d'année et appliquant des pénalités de retard, • Com. 15 févr. 2011, nº 10-14.921 P : *JCP E 2011. 1243 ; RJDA 2011, nº 331 ; Gaz. Pal. 1er-2 avr. 2011, p. 20, obs. Bidan.*

4. Cotisation complémentaire. Si l'art. 34 [C. com., art. L. 814-3] a prévu le principe d'une cotisation annuelle, il n'a ni pour objet ni pour effet d'interdire au conseil d'administration de la caisse de garantie de prévoir une cotisation complémentaire lorsque l'appel de cette cotisation est rendu nécessaire par des circonstances particulières. • CE 29 déc. 1999 : *préc. note 2.* – Dans le même sens, V. • Com. 13 mai 2003, nº 99-14.320 P : *RJDA 2003, nº 1090.* ♦ Le fait de refuser le paiement de la cotisation exceptionnelle constitue une faute disciplinaire. • Com. 13 mai 2003 : *préc.* • Colmar, 19 mars 1998 : *RPC 2000. 211, obs. Soinne* • Paris, 24 févr. 1999 : *ibid.* ♦ Jurisprudence confirmée par l'art. L. 814-3, al. 5, dans sa réd. issue de la loi nº 2003-7 du 3 janv. 2003. ♦ Si aucune des dispositions de la loi relatives aux cotisations n'interdit au conseil d'administration de la Caisse de garantie d'appeler, lorsque les circonstances le justifient, une cotisation supplémentaire auprès des professionnels qui lui sont obligatoirement affiliés, ces mêmes dispositions font, en revanche, obstacle à ce que cette cotisation soit unilatéralement étendue aux administrateurs et mandataires judiciaires non inscrits sur une liste et autorisés à titre exceptionnel à achever certaines de leurs missions. • CE 10 août 2005 : *JCP E 2005, nº 38, p. 1544, concl. Aguila.*

5. Action directe contre l'assureur. L'assurance souscrite pour elle-même par la Caisse de garantie au titre de sa garantie de non-représentation des fonds, contrairement à celle souscrite par son intermédiaire par ses cotisants en application de l'art. L. 814-4, n'est pas une assurance de responsabilité et n'ouvre pas, dès lors, aux créanciers auxquels des fonds n'ont pas été représentés une action directe contre l'assureur de la Caisse de garantie. • Civ. 2e, 14 oct. 2021, n° 19-24.728 B : *D. actu. 29 oct. 2021, obs. Bigot ; APC 2021, n° 282, obs. Cayol.*

Art. L. 814-4 *(L. n° 2003-7 du 3 janv. 2003, art. 28)* **Il doit être justifié par chaque administrateur judiciaire ainsi que par chaque mandataire judiciaire inscrits sur les listes d'une assurance souscrite par l'intermédiaire de la caisse de garantie. Cette assurance couvre les conséquences pécuniaires de la responsabilité civile encourue par les administrateurs judiciaires et les mandataires judiciaires, du fait de leurs négligences ou de leurs fautes ou de celles de leurs préposés, commises dans l'exercice de leurs mandats.** – *[L. n° 85-99 du 25 janv. 1985, art. 35.] – V. art. R. 814-23 et R. 814-24.*

Art. L. 814-5 *(L. n° 2003-7 du 3 janv. 2003, art. 29)* **L'administrateur judiciaire non inscrit sur la liste nationale, désigné dans les conditions prévues par le deuxième alinéa de l'article L. 811-2, le mandataire judiciaire non inscrit sur la liste nationale, désigné dans les conditions prévues par le premier alinéa du II de l'article L. 812-2** *(Ord. n° 2016-727 du 2 juin 2016, art. 14, en vigueur le 1er janv. 2017)* **« ou par le III de ce même article », doit justifier, lorsqu'il accepte sa mission, d'une garantie affectée au remboursement des fonds, effets ou valeurs ainsi que d'une assurance souscrite le cas échéant auprès de la caisse de garantie. Cette assurance couvre les conséquences pécuniaires de la responsabilité civile encourue par cet administrateur judiciaire ou ce mandataire judiciaire, du fait de ses négligences ou de ses fautes ou de celles de ses préposés, commises dans l'exercice de son mandat.** – *[L. n° 85-99 du 25 janv. 1985, art. 36.]*

L'Ord. n° 2016-727 du 2 juin 2016 est applicable aux procédures ouvertes après son entrée en vigueur (Ord. préc., art. 25, al. 2).

SOUS-SECTION 2 *[ABROGÉE]* *De la rémunération*

Art. L. 814-6 et L. 814-7 *Abrogés par L. n° 2005-845 du 26 juill. 2005, art. 158-IV.*

SECTION 3 ***Dispositions diverses***

(L. n° 2003-7 du 3 janv. 2003, art. 30)

Art. L. 814-8 *(L. n° 2003-7 du 3 janv. 2003, art. 31)* **Lorsqu'un administrateur judiciaire ou un mandataire judiciaire inscrit sur les listes et désigné par une juridiction pour accomplir à l'égard d'une entreprise les missions prévues par les dispositions du livre VI est déjà intervenu pour le compte de celle-ci à titre de conseil ou au titre des missions prévues aux avant-derniers alinéas des articles L. 811-10 et L. 812-8, il informe la juridiction de la nature et de l'importance des diligences accomplies au cours des cinq années précédentes.** *(Ord. n° 2016-727 du 2 juin 2016, art. 15, en vigueur le 1er janv. 2017)* **« Cette obligation s'applique également aux personnes désignées dans les conditions prévues au III de l'article L. 812-2 lorsque celles-ci sont déjà intervenues au titre d'une mission prévue par leur statut. »** – *L'Ord. n° 2016-727 du 2 juin 2016 est applicable aux procédures ouvertes après son entrée en vigueur (Ord. préc., art. 25, al. 2).*

Le non-respect des dispositions de l'alinéa précédent est passible de poursuites disciplinaires.

Art. L. 814-9 *(L. n° 2003-7 du 3 janv. 2003, art. 32)* **Les administrateurs judiciaires et les mandataires judiciaires inscrits sur les listes sont tenus de suivre une formation continue leur permettant d'entretenir et de perfectionner leurs connaissances.** *(L. n° 2016-1547 du 18 nov. 2016, art. 97-10°)* **« Un décret en Conseil d'État détermine la nature et la durée des activités susceptibles d'être validées au titre de l'obligation de formation continue. » Cette formation est organisée par le conseil national mentionné à l'article L. 814-2.**

(Ord. n° 2016-727 du 2 juin 2016, art. 16, en vigueur le 1er janv. 2017) **« Les personnes mentionnées au III de l'article L. 812-2 sont également tenues de suivre une formation continue leur permettant d'entretenir et de perfectionner leurs connais-**

sances des procédures dans lesquelles elles peuvent être désignées à titre habituel. Cette formation est organisée selon les modalités prévues par leur statut. » — *L'Ord. nº 2016-727 du 2 juin 2016 est applicable aux procédures ouvertes après son entrée en vigueur (Ord. préc., art. 25, al. 2).*

Le 10º de l'art. 97 de la L. nº 2016-1547 du 18 nov. 2016 entre en vigueur selon des modalités fixées par décret, et au plus tard le 1er mai 2017 (L. préc., art. 114-XIII).

V. art. R. 814-28-1 s.

Art. L. 814-10 *(L. nº 2003-7 du 3 janv. 2003, art. 35)* Les administrateurs judiciaires et les *(L. nº 2005-845 du 26 juill. 2005, art. 165-V)* « mandataires judiciaires » non inscrits sur les listes nationales, désignés dans les conditions prévues au deuxième alinéa de l'article L. 811-2 *(L. nº 2005-845 du 26 juill. 2005, art. 164-III)* « ou au premier alinéa du II de l'article L. 812-2 », sont placés sous la surveillance du ministère public et sont soumis, dans leur activité professionnelle, à des inspections de l'autorité publique à l'occasion desquelles ils sont tenus de fournir tous renseignements ou documents utiles sans pouvoir opposer le secret professionnel.

Les commissaires aux comptes des administrateurs ou mandataires judiciaires non inscrits et qui font l'objet d'une inspection sont tenus, sans pouvoir opposer le secret professionnel, de déférer aux demandes des personnes chargées de l'inspection tendant à la communication de tout renseignement recueilli ou de tout document établi dans le cadre de leur mission.

Le procureur de la République peut, dans le cas où ces mandataires de justice se verraient reprocher d'avoir commis un acte constitutif de la contravention, de l'infraction ou du manquement visés à l'article L. 811-12 A, demander au *(Ord. nº 2019-964 du 18 sept. 2019, art. 35, en vigueur le 1er janv. 2020)* « tribunal judiciaire » de leur interdire d'exercer les fonctions d'administrateur ou de mandataire judiciaires.

Les mesures d'interdiction prononcées en application de l'alinéa précédent sont communiquées au garde des sceaux, ministre de la justice, pour être diffusées auprès des procureurs généraux.

Art. L. 814-10-1 *(Ord. nº 2016-727 du 2 juin 2016, art. 17, en vigueur le 1er janv. 2017)* I. — Les personnes désignées dans les conditions prévues au III de l'article L. 812-2 sont placées sous la surveillance du ministère public et sont soumises, pour cette activité professionnelle, à des inspections de l'autorité publique à l'occasion desquelles elles sont tenues de fournir tous renseignements ou documents utiles sans pouvoir opposer le secret professionnel.

L'organisation et les modalités de ces inspections sont déterminées par décret en Conseil d'État. — *V. art. R. 814-42 s.*

II. — Elles sont soumises au contrôle de cette activité professionnelle. Ce contrôle est confié au conseil national mentionné à l'article L. 814-2. Elles sont tenues, sans pouvoir opposer le secret professionnel, de déférer aux demandes des personnes chargées du contrôle tendant à la communication de tous renseignements ou documents utiles.

L'organisation et les modalités de ce contrôle sont déterminées par décret en Conseil d'État.

III. — Elles sont tenues de désigner un commissaire aux comptes qui assure le contrôle de leur comptabilité spéciale et exerce, à ce titre, une mission permanente de contrôle de l'ensemble des fonds, effets, titres et autres valeurs appartenant à autrui, qu'elles détiennent en vertu d'un mandat reçu dans l'exercice de leurs fonctions.

Les commissaires aux comptes peuvent en outre, aux fins du contrôle prévu au précédent alinéa, avoir accès à la comptabilité générale de l'office, aux procédures confiées à celles-ci et se faire communiquer par elles ou par les tiers détenteurs des fonds, nonobstant toute disposition contraire, tous renseignements utiles à leur mission de contrôle.

Ils informent, dans des conditions fixées par décret en Conseil d'État, les autorités auxquelles sont confiées *[confiés]* la surveillance, les inspections et le contrôle des personnes mentionnées au III de l'article L. 812-2, des résultats de leur mission et signalent les anomalies ou irrégularités dont ils ont connaissance au cours de l'exécution de leur mission.

Ils sont en outre tenus de déférer aux demandes des personnes chargées du contrôle ou de l'inspection tendant à la communication de tout renseignement recueilli ou de tout document établi dans le cadre de l'exécution de leur mission, sans pouvoir opposer le secret professionnel.

IV. — La Caisse des dépôts et consignations est tenue, sans pouvoir opposer le secret professionnel, de déférer aux demandes des personnes chargées de l'inspection ainsi qu'à celles du conseil national mentionné à l'article L. 814-2 pour l'exercice du contrôle dont il est en charge, tendant à la communication de tout renseignement ou document utiles *[utile]* à la connaissance des mouvements de fonds intervenus sur les comptes ouverts dans ses livres au nom de chaque personne mentionnée au III de l'article L. 812-2 et de sommes qui y sont déposées au titre des mandats sur lesquels porte l'inspection ou le contrôle.

L'Ord. n° 2016-727 du 2 juin 2016 est applicable aux procédures ouvertes après son entrée en vigueur (Ord. préc., art. 25, al. 2).

Art. L. 814-10-2 *(Ord. n° 2016-727 du 2 juin 2016, art. 17, en vigueur le 1er janv. 2017)* I. — L'action disciplinaire à l'encontre d'une personne désignée dans les conditions prévues au III de l'article L. 812-2 ne peut porter que sur des faits commis dans le cadre ou à l'occasion de la mission qui lui a été confiée.

Elle est engagée par le garde des sceaux, ministre de la justice, le procureur général près la cour d'appel dans le ressort de laquelle ont été commis les faits, le magistrat du parquet général chargé des inspections des personnes mentionnées au III de l'article L. 812-2 dont le domicile professionnel est situé dans le ressort de la cour d'appel pour laquelle il est compétent, l'instance professionnelle représentative ou le président du Conseil national des administrateurs judiciaires et des mandataires judiciaires.

II. — La commission nationale mentionnée à l'article L. 814-1 siège comme chambre de discipline. Le commissaire du Gouvernement y exerce les fonctions du ministère public.

Elle informe sans délai, le garde des sceaux, ministre de la justice, ainsi que le président de la chambre de discipline compétente à l'égard de l'intéressé en application de son statut, de toute action disciplinaire dont elle est saisie.

L'action disciplinaire engagée devant elle à l'encontre d'une personne désignée dans les conditions prévues au III de l'article L. 812-2 interdit toute action devant la chambre de discipline dont relève l'intéressé*[e]* en application de son statut lorsque celle-ci porte sur les mêmes faits.

La Commission nationale d'inscription et de discipline des administrateurs judiciaires et des mandataires judiciaires peut prononcer les peines disciplinaires suivantes :

1° L'avertissement ;

2° Le blâme ;

3° L'interdiction temporaire d'exercer toutes missions confiées en application du III de l'article L. 812-2 pour une durée n'excédant pas cinq ans, cette interdiction temporaire pouvant être assortie du sursis ;

4° L'interdiction définitive d'exercer toutes missions confiées en application du III de l'article L. 812-2.

L'avertissement et le blâme peuvent être accompagnés, pendant un délai d'un an, de mesures de contrôle soumettant la personne mentionnée au III de l'article L. 812-2 à des obligations particulières déterminées par la commission. Ces obligations peuvent également être prescrites par la commission lorsque cette personne interdite temporairement reprend ses fonctions.

La peine de l'interdiction temporaire peut être assortie du sursis. Si, dans le délai de cinq ans à compter du prononcé de la sanction, la personne mentionnée au III de l'article L. 812-2 a commis une infraction ou une faute ayant entraîné le prononcé d'une nouvelle sanction disciplinaire, celle-ci entraîne*[,]* sauf décision motivée, l'exécution de la première sanction sans confusion possible avec la seconde.

III. — Lorsqu'elle prononce une peine disciplinaire, la commission peut décider, eu égard à la gravité des faits commis, de mettre à la charge de la personne mentionnée au III de l'article L. 812-2 tout ou partie des frais occasionnés par la présence d'un commissaire aux comptes ou d'un expert lors des contrôles ou des inspections ayant permis la constatation de ces faits.

IV. – Toute personne mentionnée au III de l'article L. 812-2 qui fait l'objet d'une poursuite pénale ou disciplinaire peut être suspendue provisoirement de l'exercice de ces fonctions par le *(Ord. n° 2019-964 du 18 sept. 2019, art. 35, en vigueur le 1er janv. 2020)* « tribunal judiciaire » du lieu où elle est établie.

En cas d'urgence, la suspension provisoire peut être prononcée même avant l'exercice des poursuites pénales ou disciplinaires si des inspections ou vérifications ont laissé apparaître des risques pour les sommes perçues par cette personne, à raison de ses fonctions.

Le tribunal peut, à tout moment, à la requête soit du commissaire du Gouvernement, soit du magistrat du parquet général désigné pour les inspections ou de l'intéressé, mettre fin à la suspension provisoire.

La suspension cesse de plein droit dès que les actions pénales ou disciplinaires sont éteintes. Elle cesse également de plein droit, dans le cas prévu au deuxième alinéa, si, à l'expiration d'un délai d'un mois à compter de son prononcé, aucune poursuite pénale ou disciplinaire n'a été engagée.

V. – L'action disciplinaire se prescrit par dix ans à compter de la commission des faits ou, lorsque les faits se rapportent à l'exercice professionnel, à compter de l'achèvement de la mission à l'occasion de laquelle ils ont été commis.

Si la personne mentionnée au III de l'article L. 812-2 est l'auteure de faits ayant donné lieu à une condamnation pénale, l'action se prescrit par deux ans à compter de la date à laquelle cette condamnation est devenue définitive.

VI. – La personne mentionnée au III de l'article L. 812-2 interdite ou suspendue doit s'abstenir de tout acte professionnel relevant des missions prévues à cet article.

Les actes accomplis au mépris de cette prohibition peuvent être déclarés nuls, à la requête de tout intéressé ou du ministère public, par le tribunal statuant en chambre du conseil. La décision est exécutoire à l'égard de toute personne.

Toute infraction aux dispositions qui précèdent est punie des peines encourues pour le délit d'usurpation de titre prévu par l'article 433-17 du code pénal.

(Ord. n° 2016-1635 du 1er déc. 2016, art. 16-4°) « VII. – Lorsqu'elle prononce une peine disciplinaire relative à un manquement aux dispositions des sections 3 à 6 du chapitre I du titre VI du livre V du code monétaire et financier, il est également fait application des dispositions de l'article L. 561-36-3 de ce même code. »

L'Ord. n° 2016-727 du 2 juin 2016 est applicable aux procédures ouvertes après son entrée en vigueur (Ord. préc., art. 25, al. 2).

V. art. R. 812-23-1 et R. 812-23-2.

Art. L. 814-11 *(L. n° 2003-7 du 3 janv. 2003, art. 36)* Toute somme détenue par un administrateur judiciaire ou un mandataire judiciaire au titre d'un mandat amiable est versée, dès sa réception, en compte de dépôt à la Caisse des dépôts et consignations, sauf décision expresse du mandant de désigner un autre établissement financier. En cas de retard, l'administrateur judiciaire ou le mandataire judiciaire doit, pour les sommes qu'il n'a pas versées, un intérêt dont le taux est égal au taux de l'intérêt légal majoré de cinq points.

Art. L. 814-12 *(L. n° 2011-331 du 28 mars 2011, art. 20-6°)* Tout administrateur judiciaire ou mandataire judiciaire *(Abrogé par L. n° 2015-990 du 6 août 2015, art. 236-8°) « inscrit sur les listes »* qui, dans l'exercice de ses fonctions, acquiert la connaissance d'un crime ou d'un délit est tenu d'en donner avis sans délai au procureur de la République et de transmettre à ce magistrat tous les renseignements, procès-verbaux et actes qui y sont relatifs.

Art. L. 814-13 *Al. 1er abrogé par L. n° 2023-1059 du 20 nov. 2023, art. 45.*

(L. n° 2011-331 du 28 mars 2011, art. 20-6°) Les administrateurs judiciaires et les mandataires judiciaires procèdent par voie électronique lorsque les tiers destinataires ou émetteurs des actes *(L. n° 2023-1059 du 20 nov. 2023, art. 45)* « de procédure, des pièces, avis, avertissements ou convocations et des rapports » ont *(L. n° 2023-1059 du 20 nov. 2023, art. 45)* « consenti à l'utilisation de » cette voie. A cette fin, ils utilisent le portail mis à leur disposition par le conseil national en application de l'article L. 814-2. Un décret en Conseil d'État, pris après avis de la Commission nationale de

l'informatique et des libertés, fixe les conditions d'application du présent alinéa. – *V. art. R. 814-58-1 s.*

Art. L. 814-14 *(L. n° 2015-990 du 6 août 2015, art. 236-9°)* Un décret en Conseil d'État fixe les modalités d'application des articles L. 811-7-1 et L. 812-5-1, notamment les règles applicables au règlement des litiges nés à l'occasion de l'exécution d'un contrat de travail après médiation du président du Conseil national des administrateurs judiciaires et des mandataires judiciaires, celles relatives au licenciement de l'administrateur judiciaire ou du mandataire judiciaire salarié et, dans ce cas, les conditions dans lesquelles il peut être retiré de la liste mentionnée aux articles L. 811-2 ou L. 812-2.

Art. L. 814-15 *(L. n° 2016-1547 du 18 nov. 2016, art. 97-11°)* Les fonds, effets, titres et autres valeurs reçus par les administrateurs judiciaires et mandataires judiciaires pour le compte de débiteurs devant être versés à la Caisse des dépôts et consignations en application d'une disposition législative ou réglementaire sont déposés sur un compte distinct par procédure de sauvegarde, de redressement judiciaire ou de liquidation judiciaire lorsque le nombre de salariés ou le chiffre d'affaires du débiteur sont supérieurs à des seuils fixés par décret. – *V. art. D. 814-37-1.*

Les dispositions de l'art. L. 814-15 entrent en vigueur le 1er mai 2017. Elles ne s'appliquent qu'aux procédures ouvertes à compter de cette date (Décr. n° 2017-304 du 8 mars 2017, art. 3).

Art. L. 814-16 *(L. n° 2016-1547 du 18 nov. 2016, art. 97-11°)* Lorsqu'il lui apparaît que le compte distinct mentionné à l'article L. 814-15 n'a fait l'objet d'aucune opération, hors inscription d'intérêts et débit par la Caisse des dépôts et consignations de frais et commissions de toutes natures ou d'éventuels prélèvements sur les intérêts versés au profit du fonds mentionné à l'article L. 663-3 pendant une période de six mois consécutifs, la Caisse des dépôts et consignations en avise le magistrat désigné par le ministre de la justice et placé auprès du directeur des affaires civiles et du sceau pour coordonner l'activité des magistrats inspecteurs régionaux.

L'art. L. 814-16 entre en vigueur selon des modalités fixées par décret, et au plus tard le 1er mai 2017 (L. n° 2016-1547 du 18 nov. 2016, art. 114-XIII).

DEUXIÈME PARTIE : *PARTIE RÉGLEMENTAIRE*

(Décr. n° 2007-431 du 25 mars 2007)

TITRE I DES ADMINISTRATEURS JUDICIAIRES, DES MANDATAIRES JUDICIAIRES ET DES EXPERTS EN DIAGNOSTIC D'ENTREPRISE

CHAPITRE I *DES ADMINISTRATEURS JUDICIAIRES*

SECTION 1 *De l'accès à la profession*

SOUS-SECTION 1 *Des administrateurs judiciaires membres de la Commission nationale d'inscription et de discipline (Décr. n° 2016-109 du 3 févr. 2016, art. 2-I).*

Art. R. 811-1 *et* R. 811-2 *Abrogés par Décr. n° 2016-109 du 3 févr. 2016, art. 2-II.*

Art. R. 811-3 L'élection des administrateurs judiciaires et de leurs suppléants, membres de la Commission nationale, est organisée par le Conseil national des administrateurs judiciaires et des mandataires judiciaires. Elle a lieu au scrutin majoritaire plurinominal à un tour.

Ne peuvent prendre part aux opérations électorales les administrateurs judiciaires qui, depuis la date à laquelle a été arrêtée la liste, ont fait l'objet d'une suspension provisoire, d'une interdiction temporaire, d'une radiation ou d'un retrait de la liste.

L'électeur vote pour trois candidats titulaires et leurs suppléants. Il barre sur le bulletin qui lui a été adressé le nom de ceux qu'il ne retient pas. Les bulletins sont valables même s'ils portent moins de noms qu'il y a de membres à élire. Lorsque les bulletins comportent plus de noms qu'il y a de membres à élire, seuls sont comptés les trois premiers noms inscrits, dans l'ordre de préférence indiqué par l'électeur. Tout bulletin surchargé est nul.

Sont élus les trois candidats titulaires et leurs suppléants qui ont obtenu le plus grand nombre de voix. En cas d'égalité des voix, le plus âgé des candidats titulaires l'emporte. – *[Décr. nº 85-1389 du 27 déc. 1985, art. 3.]*

Art. R. 811-4 Tout administrateur judiciaire peut déférer les élections à la cour d'appel de Paris dans le délai de cinq jours à compter de la proclamation des résultats. La réclamation est adressée par lettre recommandée avec demande d'avis de réception au greffier en chef de la cour d'appel, qui en avise le commissaire du gouvernement.

Le recours peut aussi être exercé par le commissaire du gouvernement. – *[Décr. nº 85-1389 du 27 déc. 1985, art. 3-1.]*

Art. R. 811-5 En cas de vacance du siège d'un titulaire et de son suppléant, il est pourvu à leur remplacement par le premier candidat et son suppléant non élus. S'il n'y a plus de candidat non élu, il est procédé à une élection au scrutin majoritaire à un tour selon les modalités prévues à l'article R. 811-3. – *[Décr. nº 85-1389 du 27 déc. 1985, art. 3-2.]*

Art. R. 811-6 Les autres modalités de l'élection des administrateurs judiciaires à la Commission nationale et notamment celles du vote par correspondance sont déterminées par le bureau du Conseil national des administrateurs judiciaires et des mandataires judiciaires selon des règles soumises à l'approbation du garde des sceaux, ministre de la justice. – *[Décr. nº 85-1389 du 27 déc. 1985, art. 3-3.] – V. art. A. 811-1.*

SOUS-SECTION 2 *Des conditions d'inscription sur la liste des administrateurs judiciaires*

§ 1 *De l'examen d'accès au stage professionnel, du stage professionnel, de l'examen d'aptitude aux fonctions d'administrateur judiciaire (Décr. nº 2016-400 du 1er avr. 2016, art. 4).*

Art. R. 811-7 Ne peuvent être admises à se présenter à l'examen d'accès au stage professionnel prévu à l'article L. 811-5 que les personnes titulaires de l'un des titres ou diplômes ci-après :

1° Maîtrise en droit ;

2° Maîtrise en sciences économiques ou maîtrise de sciences de gestion ;

3° Diplôme revêtu du visa du ministre chargé de l'éducation nationale, délivré par un établissement d'enseignement supérieur de commerce et de gestion reconnu par l'État et autorisé à délivrer un tel diplôme ;

4° Autres titres et diplômes sanctionnant un deuxième cycle d'enseignement supérieur ou d'un niveau équivalent et figurant sur une liste fixée par arrêté conjoint du garde des sceaux, ministre de la justice, et du ministre chargé de l'éducation nationale ; – *V. art. A. 811-2.*

5° Certificat d'aptitude aux fonctions de commissaire aux comptes ou diplôme d'expertise comptable ;

6° Diplôme d'études supérieures comptables et financières régi par le décret nº 88-80 du 22 janvier 1988 relatif au diplôme préparatoire aux études comptables et financières, au diplôme d'études comptables et financières, au diplôme d'études supérieures comptables et financières et abrogeant le décret nº 81-537 du 12 mai 1981 relatif au diplôme d'études comptables supérieures ;

7° Diplôme d'études approfondies en droit ou en gestion des entreprises ;

8° Diplôme d'études supérieures spécialisées en droit ou diplôme d'études supérieures spécialisées en administration des entreprises (ancien certificat d'aptitude à l'administration des entreprises). – *[Décr. nº 85-1389 du 27 déc. 1985, art. 4, al. 1er à 10.]*

Art. R. 811-8 Les titulaires du diplôme d'études comptables supérieures régi antérieurement par le décret nº 81-537 du 12 mai 1981 relatif au diplôme d'études comptables supérieures sont considérés pour l'application du présent chapitre comme titulaires du diplôme d'études supérieures comptables et financières. – *[Décr. nº 85-1389 du 27 déc. 1985, art. 4, al. 11.]*

Art. R. 811-9 L'examen d'accès au stage est organisé par le Conseil national des administrateurs judiciaires et des mandataires judiciaires selon un programme et des modalités fixés par arrêté du garde des sceaux, ministre de la justice. – *V. art. A. 811-3 s.*

Nul ne peut se présenter plus de trois fois à l'examen. – *[Décr. nº 85-1389 du 27 déc. 1985, art. 4-1.]*

Art. R. 811-10 Le jury de l'examen d'accès au stage est composé ainsi qu'il suit :

1° Un magistrat de l'ordre judiciaire *(Décr. nº 2017-1225 du 2 août 2017, art. 17)* « ou un conseiller à la Cour de cassation ou un avocat général près cette cour, en service extraordinaire », président ;

2° Un magistrat de l'ordre judiciaire ;

3° Un professeur ou un maître de conférences de droit ;

4° Un professeur ou un maître de conférences de sciences économiques ou de gestion ;

5° Deux administrateurs judiciaires.

En cas de partage égal des voix, celle du président est prépondérante. – *[Décr. nº 85-1389 du 27 déc. 1985, art. 4-2.]*

Art. R. 811-11 Les membres du jury sont nommés par arrêté du garde des sceaux, ministre de la justice, après avis, en ce qui concerne les administrateurs judiciaires, du Conseil national des administrateurs judiciaires et des mandataires judiciaires.

Des suppléants sont nommés en nombre égal dans les mêmes conditions.

Le président et les membres du jury sont nommés pour une période de *(Décr. nº 2016-109 du 3 févr. 2016, art. 3)* « trois ans », renouvelable une fois. – *[Décr. nº 85-1389 du 27 déc. 1985, art. 4-3.]*

Art. R. 811-12 Lorsqu'un membre est définitivement empêché en cours de mandat, il est remplacé par une personne appartenant à la même catégorie pour la durée du mandat restant à courir. – *[Décr. nº 85-1389 du 27 déc. 1985, art. 4-4.]*

Art. R. 811-13 En application des dispositions de l'article L. 811-5, sont dispensés de l'examen d'accès au stage professionnel :

1° Les mandataires judiciaires ayant exercé leur profession pendant trois ans au moins ;

2° Les avocats, les notaires, *(Décr. nº 2022-949 du 29 juin 2022, art. 67, en vigueur le 1er juill. 2022)* « les commissaires de justice », les greffiers des tribunaux de commerce, les experts-comptables et les commissaires aux comptes, ayant exercé leur profession pendant cinq ans au moins ;

(Décr. nº 2016-400 du 1er avr. 2016, art. 5-2º) « 3° Les personnes titulaires de l'un des titres ou diplômes mentionnés à l'article R. 811-7, justifiant de cinq ans au moins de pratique professionnelle comptable, juridique ou financière dans le domaine de l'administration, du financement, de la restructuration, dont les fusions-acquisitions, ou de la reprise d'entreprises, notamment en difficulté ;

« 4° Les personnes ayant exercé les fonctions de collaborateur d'un administrateur judiciaire pendant une durée de cinq ans. » – *[Décr. nº 85-1389 du 27 déc. 1985, art. 4-5.]*

Les dispositions du chap. II du Décr. nº 2016-400 du 1er avr. 2016 sont applicables aux demandes de dispense et aux demandes d'inscription reçues par la commission nationale d'inscription et de discipline à compter de la publication de ce décret (Décr. préc., art. 22-II, JO 3 avr.).

Art. R. 811-14 Le secrétaire de la commission tient un registre sur lequel est inscrit le nom du stagiaire, le nom du ou des maîtres de stage, les dates de commencement et de fin de stage.

Toute inscription sur le registre de stage est portée à la connaissance du Conseil national dans le délai de huit jours. – *[Décr. nº 85-1389 du 27 déc. 1985, art. 5.]*

Art. R. 811-15 La durée du stage est de trois ans au moins et de six ans au plus.

Le stage consiste dans la pratique d'activités permettant d'acquérir une expérience suffisante dans le domaine professionnel des administrateurs judiciaires, en qualité de collaborateur d'un administrateur judiciaire et sous son contrôle direct.

Le stage peut être accompli pour une période n'excédant pas le tiers de sa durée auprès d'une personne exerçant une autre profession juridique réglementée ou auprès d'un expert-comptable ou d'un commissaire aux comptes dans les conditions prévues à l'article R. 811-16, ou dans les services juridiques ou financiers d'un *(Décr. n° 2014-1315 du 3 nov. 2014, art. 9-9°)* « établissement de crédit ou d'une société de financement régis » par le code monétaire et financier. – *[Décr. n° 85-1389 du 27 déc. 1985, art. 6.]*

Art. R. 811-16 Il est passé entre le candidat stagiaire et le maître de stage une convention qui précise la durée du stage et la nature des tâches demandées au stagiaire, ainsi que les modalités de sa rémunération. Une copie en est adressée par le stagiaire au secrétariat de la commission. – *[Décr. n° 85-1389 du 27 déc. 1985, art. 7.]*

Art. R. 811-17 Le stage correspond à la durée normale du travail telle qu'elle résulte des règlements, conventions collectives, accords ou usages en vigueur pour la catégorie professionnelle considérée ; il est rémunéré conformément à ces mêmes règlements, conventions collectives, accords ou usages. Il ne doit pas avoir été interrompu pendant plus d'un an sauf motif légitime.

Al. abrogé par Décr. n° 2016-400 du 1er avr. 2016, art. 16. – [Décr. n° 85-1389 du 27 déc. 1985, art. 8.]

L'art. 16 du Décr. n° 2016-400 du 1er avr. 2016 entre en vigueur à compter de la publication de l'arrêté prévu à l'art. R. 811-28-2 (Décr. préc., art. 22-III). Ledit Arr. du 7 mars 2017 a été publié au JO du 25 mars.

Art. R. 811-18 Le stage qui a été régulièrement accompli donne lieu à la délivrance d'une attestation établie par le maître de stage ; ce document précise les appréciations de ce dernier, la nature des tâches et la qualité du travail effectués par le stagiaire ; il est communiqué au stagiaire qui certifie en avoir pris connaissance et peut apporter ses observations *(Décr. n° 2016-400 du 1er avr. 2016, art. 6)* « écrites ». Il est ensuite transmis par le maître de stage au secrétaire de la commission. Le commissaire du gouvernement, le cas échéant après enquête, délivre le certificat de fin de stage. Le refus de délivrance du certificat, qui est motivé, est notifié à l'intéressé par lettre recommandée avec demande d'avis de réception. L'intéressé peut le déférer dans les mêmes formes à la commission dans le délai d'un mois à compter de la notification qui lui en a été faite. La commission statue alors dans les conditions prévues aux articles R. 811-33 à R. 811-35. – *[Décr. n° 85-1389 du 27 déc. 1985, art. 9.]*

Pour l'entrée en vigueur des dispositions du Décr. n° 2016-400 du 1er avr. 2016, V. note ss. art. R. 811-13.

Art. R. 811-19 Le jury de l'examen d'aptitude prévu à l'article L. 811-5 est composé ainsi qu'il suit :

1° Un magistrat de l'ordre judiciaire *(Décr. n° 2017-1225 du 2 août 2017, art. 17)* « ou un conseiller à la Cour de cassation ou un avocat général près cette cour, en service extraordinaire », président ;

2° Un magistrat de l'ordre judiciaire ;

3° Un membre d'une juridiction commerciale du premier degré ;

4° Une personne qualifiée en matière *(Décr. n° 2018-262 du 11 avr. 2018, art. 2)* « juridique, économique, sociale ou financière » ;

5° Deux administrateurs judiciaires *(Décr. n° 2018-262 du 11 avr. 2018, art. 2)* « dont l'un est inscrit sur la liste prévue à l'article L. 811-2 avec la mention de la spécialité civile et l'autre avec la mention de la spécialité commerciale ».

En cas de partage égal des voix, celle du président est prépondérante. – *[Décr. n° 85-1389 du 27 déc. 1985, art. 10.]*

Art. R. 811-20 Les membres du jury sont nommés par arrêté du garde des sceaux, ministre de la justice, après avis, en ce qui concerne les administrateurs judiciaires, du Conseil national des administrateurs judiciaires et des mandataires judiciaires.

Des suppléants sont nommés en nombre égal dans les mêmes conditions.

Le président et les membres du jury sont nommés pour une période de *(Décr. n° 2016-109 du 3 févr. 2016, art. 3)* « trois ans », renouvelable une fois. – *[Décr. n° 85-1389 du 27 déc. 1985, art. 10-1.]*

Art. R. 811-21 Lorsqu'un membre est définitivement empêché en cours de mandat, il est remplacé par une personne appartenant à la même catégorie pour la durée du mandat restant à courir. – *[Décr. nº 85-1389 du 27 déc. 1985, art. 10-2.]*

Art. R. 811-22 L'examen d'aptitude est organisé par le Conseil national des administrateurs judiciaires et des mandataires judiciaires. Ne peuvent être admises à s'y présenter que les personnes titulaires du certificat de fin de stage délivré dans les conditions fixées à l'article R. 811-18 *(Décr. nº 2016-400 du 1er avr. 2016, art. 7)* « ainsi que les personnes dispensées de stage professionnel en application des dispositions du I de l'article R. 811-25 et les personnes mentionnées au deuxième alinéa de l'article R. 811-28-2. » – *[Décr. nº 85-1389 du 27 déc. 1985, art. 11.]*

Pour l'entrée en vigueur des dispositions du Décr. nº 2016-400 du 1er avr. 2016, V. note ss. art. R. 811-13.

Art. R. 811-23 *(Décr. nº 2018-262 du 11 avr. 2018, art. 3)* L'examen d'aptitude comporte deux options, au choix du candidat, l'une en matière commerciale, l'autre en matière civile.

Le programme et les modalités de cet examen, comprenant des épreuves à caractère théorique et pratique et un mémoire de stage, sont fixés par arrêté du garde des sceaux, ministre de la justice. Certaines des épreuves peuvent être communes aux deux options.

Chaque candidat peut choisir l'une des options, ou les deux. Lorsqu'un candidat choisit les deux options, les épreuves correspondantes sont subies au cours de la même session.

Le succès à l'examen ouvre droit à la mention de la spécialité correspondant à l'option choisie.

V. art. A. 811-13 s.

Art. R. 811-24 En cas de premier échec à l'examen d'aptitude, le candidat peut poursuivre son stage. Le certificat de fin de stage initial demeure valide. *(Décr. nº 2016-1851 du 23 déc. 2016, art. 31, en vigueur le 1er janv. 2017)* « Nul ne peut se présenter plus de trois fois à l'examen d'aptitude. » – *[Décr. nº 85-1389 du 27 déc. 1985, art. 11-2.]*

Les dispositions de l'art. 14 du Décr. nº 2004-518 du 10 juin 2004 [dont est issu l'art. R. 811-24 ci-dessus] relatives à l'examen d'aptitude n'entreront en vigueur qu'à compter de la date du renouvellement du jury chargé de cet examen. Par dérogation à l'art. 14, les personnes mentionnées au premier al. du V [personnes inscrites sur le registre de stage à la date de promulgation de la L. nº 2003-7 du 3 janv. 2003 ou ayant obtenu un certificat de fin de stage à la date de publication du décret précité du 10 juin 2004] peuvent se présenter trois fois à l'examen d'aptitude. Les examens subis antérieurement à la date du renouvellement du jury sont pris en compte au titre de ces trois sessions (Décr. préc., art. 108-III, JO 11 juin, mod. par Décr. nº 2006-1709 du 23 déc. 2006, art. 42).

Art. R. 811-25 *(Décr. nº 2016-400 du 1er avr. 2016, art. 9)* I. – En application des dispositions du huitième alinéa de l'article L. 811-5, sont dispensés de stage professionnel :

– les mandataires judiciaires, les avocats, les notaires, *(Décr. nº 2022-949 du 29 juin 2022, art. 67, en vigueur le 1er juill. 2022)* « les commissaires de justice », les greffiers des tribunaux de commerce, les anciens avoués, les experts-comptables, les commissaires aux comptes ayant exercé leur profession pendant dix ans au moins ;

– les personnes ayant exercé pendant une durée de dix ans au moins les fonctions de collaborateur d'un administrateur judiciaire ;

– les personnes titulaires de l'un des titres ou diplômes mentionnés à l'article R. 811-7 et justifiant de quinze ans au moins de pratique professionnelle comptable, juridique ou financière *(Décr. nº 2016-1851 du 23 déc. 2016, art. 32-I, en vigueur le 1er janv. 2017)* « , dans le domaine de l'administration, du financement, de la restructuration, dont les fusions-acquisitions, » ou de la reprise d'entreprises, notamment en difficulté.

II. – La durée du stage professionnel est d'un an au moins pour :

– les mandataires judiciaires, les avocats, les notaires, *(Décr. nº 2022-949 du 29 juin 2022, art. 67, en vigueur le 1er juill. 2022)* « les commissaires de justice », les greffiers des tribunaux de commerce, les anciens avoués, les experts-comptables, les commissaires aux comptes ayant exercé leur profession pendant cinq ans au moins ;

– les personnes titulaires de l'un des titres ou diplômes mentionnés à l'article R. 811-7 et justifiant de dix ans au moins de pratique professionnelle comptable, juridique ou financière *(Décr. n° 2016-1851 du 23 déc. 2016, art. 32-I, en vigueur le 1er janv. 2017)* « , dans le domaine de l'administration, du financement, de la restructuration, dont les fusions-acquisitions, » ou de la reprise d'entreprises, notamment en difficulté.

Pour l'entrée en vigueur des dispositions du Décr. n° 2016-400 du 1er avr. 2016, V. note ss. art. R. 811-13.

Art. R. 811-26 *(Décr. n° 2016-400 du 1er avr. 2016, art. 9)* I. – Les mandataires judiciaires qui ont été inscrits pendant cinq ans au moins sur la liste mentionnée à l'article L. 812-2 et qui ont, le cas échéant, effectué le stage dans les conditions prévues au II de l'article R. 811-25 sont dispensés de toutes les épreuves de l'examen d'aptitude. Ils sont inscrits sur la liste des administrateurs judiciaires *(Décr. n° 2018-262 du 11 avr. 2018, art. 4)* « avec la mention de la spécialité commerciale, » sous condition suspensive d'avoir été retirés de la liste des mandataires judiciaires dans les conditions prévues aux articles R. 811-36 et R. 812-20.

II. – Sont dispensés de l'épreuve de procédure civile et de droit pénal des affaires de l'examen d'aptitude :

1° Les avocats, les notaires, *(Décr. n° 2022-949 du 29 juin 2022, art. 67, en vigueur le 1er juill. 2022)* « les commissaires de justice », les greffiers des tribunaux de commerce ;

2° Les personnes titulaires de l'un des titres ou diplômes mentionnés à l'article R. 811-7 et justifiant de cinq ans au moins de pratique professionnelle juridique dans le domaine de l'administration, du financement, de la restructuration, dont les fusions-acquisitions, ou de la reprise d'entreprises, notamment en difficulté.

III. – Sont dispensés de l'épreuve de l'examen d'aptitude portant sur la gestion d'un cabinet d'administrateur judiciaire :

1° Les personnes ayant exercé pendant une durée de cinq ans au moins les fonctions de collaborateur d'un administrateur judiciaire ;

2° Les experts-comptables et les commissaires aux comptes ;

3° Les personnes titulaires de l'un des titres ou diplômes mentionnés à l'article R. 811-7 et justifiant de cinq ans au moins de pratique professionnelle comptable ou financière *(Décr. n° 2016-1851 du 23 déc. 2016, art. 32-II, en vigueur le 1er janv. 2017)* « , » dans le domaine de l'administration, du financement, de la restructuration, dont les fusions-acquisitions, ou de la reprise d'entreprises, notamment en difficulté.

IV. – Pour les personnes dispensées totalement de stage professionnel en application des dispositions du I de l'article R. 811-25, l'épreuve de l'examen d'aptitude de présentation et de discussion avec le jury portant sur un mémoire de stage est remplacée par une épreuve de présentation et de discussion avec le jury portant sur l'expérience professionnelle du candidat.

Pour l'entrée en vigueur des dispositions du Décr. n° 2016-400 du 1er avr. 2016, V. note ss. art. R. 811-13.

1. Dispense de stage. Pour un exemple de dispense totale de stage accordée à un mandataire judiciaire, V. • Paris, 28 oct. 1998 : *RPC 2000. 210, obs. Soinne.*

2. Pratique professionnelle. L'art. 13, al. 3 [anc.], du décret du 27 déc. 1985 n'imposait qu'une pratique professionnelle de quinze ans au moins dans les fonctions de direction ou d'encadrement, mais n'exigeait pas que cette activité soit exercée à plein temps. • Paris, 29 oct. 1986 : *D. 1987. Somm. 75, obs. Honorat.*

3. L'art. 13, al. 3 [anc.], du décret du 27 déc. 1985 ne demandait pas une justification tant théorique que pratique de nature à permettre en l'état d'assumer les fonctions de l'administrateur judiciaire dans les domaines juridique, fiscal et social ainsi que dans l'exercice d'un mandat judiciaire. • Paris, 29 oct. 1986 : *préc. note 2.*

Art. R. 811-27 Peuvent être inscrites sur la liste des administrateurs judiciaires *(Décr. n° 2018-262 du 11 avr. 2018, art. 4)* « avec la mention de la spécialité commerciale », en application du dernier alinéa de l'article L. 811-5, les personnes qui ont suivi avec succès un cycle d'études post-secondaires d'une durée minimale de trois ans ou d'une durée équivalente à temps partiel dans une université ou un établissement d'enseignement supérieur ou dans un autre établissement d'un niveau équivalent de formation, et, le cas échéant, la formation professionnelle requise en plus de ce cycle d'études et qui justifient :

1° De diplômes, certificats ou autres titres permettant l'exercice de la profession dans un État membre de la Communauté européenne ou dans un État partie à l'accord sur l'Espace économique européen délivrés :

a) Soit par l'autorité compétente de cet État et sanctionnant une formation acquise de façon prépondérante dans l'un de ces États ;

b) Soit par un pays tiers, à condition que soit fournie une attestation émanant de l'autorité compétente de l'État membre ou partie qui a reconnu les diplômes, certificats ou autres titres certifiant que leur titulaire a une expérience professionnelle de trois ans au moins dans cet État ;

2° Ou de l'exercice à plein temps de la profession pendant deux ans au moins au cours des dix années précédentes dans un État membre ou partie qui ne réglemente pas l'accès ou l'exercice de cette profession, à condition que cet exercice soit attesté par l'autorité compétente de cet État. Toutefois, la condition d'une expérience professionnelle de deux ans n'est pas exigée lorsque le ou les titres détenus par le demandeur sanctionnent une formation réglementée directement orientée vers l'exercice de la profession. – *[Décr. n° 85-1389 du 27 déc. 1985, art. 13-1, al. 1er à 6.]*

Art. R. 811-28 Sauf si les connaissances qu'elles ont acquises au cours de leur expérience professionnelle sont de nature à rendre cette vérification inutile, les personnes mentionnées à l'article R. 811-27 subissent devant le jury prévu à l'article R. 811-10 un examen de contrôle des connaissances, organisé par le Conseil national, dont le programme et les modalités sont fixés par arrêté du garde des sceaux, ministre de la justice :

1° Lorsque leur formation porte sur des matières substantiellement différentes de celles qui figurent au programme des titres et diplômes mentionnés aux articles R. 811-7 et R. 811-8 et de l'examen de stage professionnel mentionné au R. 811-9 ;

2° Ou lorsqu'une ou plusieurs des activités professionnelles dont l'exercice est subordonné à la possession de ces diplômes et de cet examen ne sont pas réglementées dans l'État membre d'origine ou de provenance ou sont réglementées de manière différente et que cette différence est caractérisée par une formation spécifique requise dans l'État membre d'accueil portant sur des matières substantiellement différentes de celles couvertes par le diplôme dont le demandeur fait état. – *[Décr. n° 85-1389 du 27 déc. 1985, art. 13-1, al. 7 à 9.]*

V. art. A. 811-31 s.

§ 2 *Des conditions d'expérience ou de stage complémentaires au diplôme de master mentionné à l'article L. 811-5*

(Décr. n° 2016-400 du 1er avr. 2016, art. 14)

L'art. 14 du Décr. n° 2016-400 du 1er avr. 2016 entre en vigueur à compter de la publication de l'arrêté prévu à l'art. R. 811-28-2 (Décr. préc., art. 22-III). Ledit Arr. du 7 mars 2017 a été publié au JO du 25 mars.

Art. R. 811-28-1 Peuvent solliciter leur inscription *(Décr. n° 2018-262 du 11 avr. 2018, art. 5)* « avec la mention de la spécialité commerciale » sur la liste mentionnée à l'article L. 811-2 auprès de la commission nationale d'inscription et de discipline :

1° Les personnes titulaires du diplôme de master mentionné au 5° de l'article L. 811-5, délivré par un établissement accrédité dans les conditions prévues à l'article L. 613-1 du code de l'éducation, qui justifient de cinq ans au moins d'expérience professionnelle en tant que collaborateur d'un administrateur judiciaire ;

2° Les personnes titulaires de ce diplôme de master qui justifient de huit ans au moins de pratique professionnelle comptable, juridique ou financière dans le domaine de l'administration, du financement, de la restructuration, dont les fusions-acquisitions, ou de la reprise d'entreprises, notamment en difficulté.

La commission procède à l'audition du candidat au cours d'un entretien portant sur son expérience professionnelle dans le domaine de l'administration ou de la liquidation des entreprises en difficulté et statue dans les conditions prévues aux articles R. 811-33 à R. 811-35.

V. art. A. 811-24.

Art. R. 811-28-2 Peuvent solliciter leur inscription *(Décr. n° 2018-262 du 11 avr. 2018, art. 5)* « avec la mention de la spécialité commerciale » sur la liste mentionnée à l'article L. 811-2 auprès de la commission nationale d'inscription et de discipline, statuant sur leur demande d'inscription dans les conditions prévues aux articles R. 811-33 à R. 811-35, les personnes titulaires du diplôme de master mentionné au 5° de l'article L. 811-5, délivré par un établissement accrédité dans les conditions prévues à l'article L. 613-1 du code de l'éducation, qui justifient avoir accompli un stage répondant aux conditions des articles R. 811-28-3 et R. 811-28-4 qui ne peut être inférieur à trente mois dans une étude d'administrateur judiciaire inscrit sur la liste mentionnée à l'article L. 811-2. Le stagiaire participe à l'activité professionnelle du maître de stage sous la direction et la responsabilité de celui-ci. Il exécute les actes juridiques et de gestion relatifs aux procédures de sauvegarde, de redressement judiciaire, de liquidation judiciaire et, le cas échéant, de mandat *ad hoc* ou d'administration provisoire prononcée sur le fondement de la loi n° 65-557 du 10 juillet 1965 fixant le statut de la copropriété des immeubles bâtis. La liste de ces actes est fixée par arrêté du garde des sceaux, ministre de la justice. Dans la mesure des mandats qui lui sont confiés, le maître de stage a l'obligation de faire exécuter ces actes au stagiaire.

Le stagiaire qui n'a pas, après trente-six mois de stage, exécuté l'ensemble de ces actes peut demander à être admis à se présenter à l'examen d'aptitude aux fonctions d'administrateur judiciaire dans les conditions prévues aux articles R. 811-19 à R. 811-24. La réussite à cet examen le dispense de justifier de l'exécution de ces actes lorsqu'il présente sa demande d'inscription devant la commission nationale d'inscription et de discipline.

Les dispositions des articles R. 811-14, R. 811-16 et R. 811-17 sont applicables au stage mentionné au premier alinéa.

V. art. A. 811-25.

Art. R. 811-28-3 Le stagiaire rédige un rapport de stage dans lequel il décrit les procédures auxquelles il a participé et les actes qu'il a accomplis ainsi qu'un mémoire de stage portant sur un sujet d'économie, de droit ou de gestion de son choix. Il remet ces documents au terme de son stage au maître de stage.

Le stage qui a été régulièrement accompli donne lieu à la délivrance d'une attestation établie par le maître de stage. Ce document atteste de la durée du stage et de l'exécution par le stagiaire de l'ensemble des actes juridiques et de gestion mentionnés au premier alinéa de l'article R. 811-28-2 ; il comporte également les appréciations portées sur la qualité de son travail par le maître de stage et les observations de celui-ci sur le mémoire de stage. Il est communiqué au stagiaire qui certifie en avoir pris connaissance et peut apporter ses observations écrites. Ce document, accompagné du mémoire et du rapport de stage, est ensuite transmis par le maître de stage à la commission nationale d'inscription et de discipline.

Le maître de stage adresse une copie de l'attestation et du rapport de stage au magistrat désigné par le garde des sceaux, ministre de la justice, en application du premier alinéa de l'article R. 811-40.

Art. R. 811-28-4 La commission nationale d'inscription et de discipline délivre le certificat de fin de stage au stagiaire qui a satisfait aux obligations mentionnées aux articles R. 811-28-2 et R. 811-28-3.

Si la commission estime que le stagiaire n'a pas satisfait à ces obligations, elle peut soit refuser la délivrance du certificat de fin de stage, soit prolonger le stage au sein d'une autre étude pour une période d'une année renouvelable une fois.

Dans ce dernier cas, la commission fixe, dans sa décision de prolongation de stage pour un an, la liste des actes juridiques et de gestion que l'intéressé doit exécuter, et dont il doit rendre compte dans le rapport de stage, et précise s'il doit rédiger un nouveau mémoire de stage.

Le stage accompli conformément à la décision de prolongation donne lieu à la délivrance d'une attestation établie par le maître de stage. Ce document atteste de la durée du stage et de l'exécution par le stagiaire de l'ensemble des actes juridiques et de gestion figurant dans la décision de prolongation ; il comporte également les appréciations portées sur la qualité de son travail par le maître de stage et, s'il y a lieu, les observations de celui-ci sur le mémoire de stage. Il est communiqué au stagiaire qui certifie en avoir pris connaissance et peut apporter ses observations écrites. Ce document, accompagné du rapport de stage et, s'il y a lieu, du mémoire de stage, est ensuite transmis par le maître de stage à la commission nationale d'inscription et de discipline. Le maître de stage adresse une copie de l'attestation et du rapport de stage au magistrat désigné par le garde des sceaux, ministre de la justice, en application du premier alinéa de l'article R. 811-40.

A l'issue de l'année de prolongation, la commission délivre le certificat de fin de stage au stagiaire qui a satisfait aux obligations fixées par elle dans sa décision de prolongation ou, si elle estime que le stagiaire n'a pas satisfait à ces obligations, elle peut soit refuser la délivrance du certificat de fin de stage, soit prolonger le stage au sein de la même étude pour une ultime période d'une année. Les dispositions des deux alinéas précédents sont applicables à la seconde prolongation de stage. A l'issue de la seconde année de prolongation, la commission peut, en fonction de son appréciation de la satisfaction par le stagiaire des obligations fixées dans la décision de seconde prolongation, soit délivrer le certificat de fin de stage, soit refuser la délivrance de celui-ci.

Lorsqu'elle statue sur la délivrance du certificat de fin de stage, la commission siège en présence du président et de deux au moins de ses membres. Lorsqu'un des membres ou le président de la commission a autorité sur le stagiaire ou a des liens de parenté ou d'alliance avec lui jusqu'au quatrième degré inclusivement, il s'abstient de siéger. Aucun refus de délivrance ne peut être prononcé par la commission sans que l'intéressé ait été entendu ou appelé quinze jours au moins à l'avance par lettre recommandée avec demande d'avis de réception.

Les décisions de refus de délivrance ou de prolongation de stage doivent être motivées. Elles sont notifiées à l'intéressé et au président du Conseil national des administrateurs judiciaires et des mandataires judiciaires. La lettre de notification, adressée par lettre recommandée avec demande d'avis de réception, fait mention, à peine de nullité, du délai de recours et des modalités suivant lesquelles ce recours peut être exercé.

Le silence gardé par la commission au terme d'un délai de quatre mois à compter de la réception du dossier complet de la demande de délivrance de certificat de fin de stage vaut décision d'acceptation.

§ 3 *De l'obtention d'une spécialité par l'administrateur judiciaire déjà inscrit sur la liste mentionnée à l'article L. 811-2*

(Décr. nº 2018-262 du 11 avr. 2018, art. 6)

Art. R. 811-28-5 L'administrateur justifiant d'une pratique professionnelle de quatre années au moins dans la spécialité sollicitée, sanctionnée par un examen de contrôle des connaissances, peut faire inscrire la mention de cette spécialité sur la liste prévue à l'article L. 811-2. – *V. art. A. 811-26 s.*

Art. R. 811-28-6 L'examen mentionné à l'article R. 811-28-5 est ouvert aux administrateurs judiciaires inscrits sur la liste nationale mentionnée à l'article L. 811-2. Il est organisé par le Conseil national des administrateurs judiciaires et des mandataires judiciaires selon un programme et des modalités fixés par arrêté du garde des sceaux, ministre de la justice. La réussite à cet examen donne lieu à la délivrance d'un certificat de réussite.

Art. R. 811-28-7 I. – Le jury de l'examen mentionné à l'article R. 811-28-5 est composé ainsi qu'il suit :

1° Un professeur de l'enseignement supérieur ou maître de conférences chargé d'un enseignement juridique dans le domaine de la spécialité demandée, président ;

2° Un magistrat de l'ordre judiciaire ;

3° Un administrateur judiciaire inscrit sur la liste prévue à l'article L. 811-2 avec la mention de la spécialité demandée.

II. – Les dispositions des articles R. 811-11 et R. 811-12 sont applicables à ce jury.

SOUS-SECTION 3 *De la procédure d'inscription sur la liste des administrateurs judiciaires et de la révision de la liste*

Art. R. 811-29 A la réception du dossier complet d'une personne mentionnée à l'article R. 811-27, un récépissé lui est délivré. La Commission nationale se prononce par décision motivée dans un délai de quatre mois à compter de la délivrance du récépissé.

La décision par laquelle la Commission nationale arrête la liste des candidats soumis à l'examen de contrôle des connaissances précise, le cas échéant, les matières sur lesquelles chacun des candidats est interrogé compte tenu de sa formation initiale et de son expérience professionnelle.

La commission statue dans les conditions prévues aux articles R. 811-33 à R. 811-35.

Nul ne peut se présenter plus de trois fois à l'examen. – *[Décr. n° 85-1389 du 27 déc. 1985, art. 13-1, al. 10 à 13.]*

Art. R. 811-30 *(Décr. n° 2017-796 du 5 mai 2017, art. 1er-1°)* « La commission nationale inscrit sur la liste les sociétés d'administrateurs judiciaires prévues par la première phrase du premier alinéa de l'article L. 811-7 et les sociétés pluriprofessionnelles d'exercice prévues par l'article L. 811-7-1-A ainsi que chacun des associés exerçant la profession. » Le nom de chacun de ceux-ci est suivi de la mention de la raison ou dénomination sociale.

L'appartenance aux autres groupements ou sociétés prévus par l'article L. 811-7 est immédiatement portée à la connaissance de la commission. – *[Décr. n° 85-1389 du 27 déc. 1985, art. 14.]*

Art. R. 811-31 La demande d'inscription sur la liste des administrateurs judiciaires est adressée par lettre recommandée avec demande d'avis de réception au secrétaire de la commission. Elle est accompagnée des pièces justificatives suivantes :

1° Les documents établissant l'état civil et la nationalité du candidat ;

2° Une copie des titres et diplômes dont il entend se prévaloir ou à défaut une attestation des autorités habilitées à les délivrer ;

3° Le cas échéant, l'attestation de réussite à l'examen d'aptitude ;

(Décr. n° 2016-400 du 1er avr. 2016, art. 10) « 4° Le cas échéant, les documents justifiant qu'il remplit les conditions du I de l'article R. 811-26 ;

« 5° Le cas échéant, les documents justifiant qu'il remplit les conditions de l'article R. 811-28-1 ;

« 6° Le cas échéant, le certificat de fin de stage mentionné à l'article R. 811-28-4. »

(Décr. n° 2018-262 du 11 avr. 2018, art. 7) « L'attestation prévue au 3° comporte la mention de l'option choisie. »

Le candidat indique en outre ses activités professionnelles antérieures et le lieu où il envisage d'établir son domicile professionnel.

(Décr. n° 2018-262 du 11 avr. 2018, art. 7) « Il précise la spécialité, civile ou commerciale, qu'il souhaite voir mentionner sur la liste. »

Le commissaire du Gouvernement demande le bulletin n° 2 du casier judiciaire de l'intéressé et fait diligenter une enquête de moralité.

Lorsque le dossier est complet, le président de la commission désigne un rapporteur parmi les membres titulaires ou suppléants de celle-ci. – *[Décr. n° 85-1389 du 27 déc. 1985, art. 15.]*

Pour l'entrée en vigueur des dispositions du Décr. n° 2016-400 du 1er avr. 2016, V. note ss. art. R. 811-13.

Art. R. 811-31-1 *(Décr. n° 2018-262 du 11 avr. 2018, art. 8)* Lorsque l'administrateur judiciaire souhaite modifier la mention de la spécialité, civile ou commerciale, sur la liste prévue à l'article L. 811-2 ou y adjoindre une nouvelle mention, sa demande de modification ou d'adjonction est adressée par lettre recommandée avec demande d'avis de réception au secrétariat de la commission.

Elle est accompagnée du certificat de réussite mentionné à l'article R. 811-28-6 correspondant à la mention de spécialité sollicitée.

La commission statue sur la demande de modification ou d'adjonction dans les conditions prévues aux articles R. 811-33 à R. 811-35.

Art. R. 811-32 La demande d'inscription d'une société *(Abrogé par Décr. n° 2016-902 du 1er juill. 2016, art. 1er-2°)* « *civile professionnelle ou d'une société d'exercice libéral* » est accompagnée des pièces mentionnées à l'article R. 814-60. – *[Décr. n° 85-1389 du 27 déc. 1985, art. 16, al. 1er.]*

Art. R. 811-33 Avant de statuer, la commission demande l'avis *(Décr. n° 2011-1660 du 29 nov. 2011, art. 2-1°, en vigueur le 1er déc. 2011)* « motivé » du Conseil national par lettre recommandée avec demande d'avis de réception. Le conseil dispose d'un mois pour donner cet avis.

La commission prend, après avoir entendu le commissaire du Gouvernement, une décision d'inscription ou de refus d'inscription ; elle peut aussi ordonner un complément d'information. Les décisions de refus doivent être motivées. – *[Décr. n° 85-1389 du 27 déc. 1985, art. 17.]*

(Décr. n° 2011-1660 du 29 nov. 2011, art. 2-2°, en vigueur le 1er déc. 2011) « La commission peut entendre toute personne dont l'audition lui paraît utile. »

Art. R. 811-34 La commission ne peut statuer, en matière d'inscription, qu'en présence du président et de *(Décr. n° 2016-109 du 3 févr. 2016, art. 4)* « cinq » au moins de ses membres. Lorsque l'un des membres ou le président de la commission a autorité sur le demandeur ou a des liens de parenté ou d'alliance avec lui jusqu'au quatrième degré inclusivement, il s'abstient de siéger. Aucun refus d'inscription ne peut être prononcé par la commission sans que l'intéressé ait été entendu ou appelé quinze jours au moins à l'avance par lettre recommandée avec demande d'avis de réception. – *[Décr. n° 85-1389 du 27 déc. 1985, art. 18.]*

Il n'est pas exigé que toutes les catégories auxquelles appartiennent les membres de la commission soient représentées lors de l'examen des candidatures. • Civ. 1re, 28 janv. 1992, n° 87-19.370 P : *D. 1992. Somm. 375, obs. Honorat*.

Art. R. 811-35 La décision de la commission est notifiée à l'intéressé, au président du Conseil national *(Décr. n° 2016-109 du 3 févr. 2016, art. 5)* « et au commissaire du Gouvernement par lettre recommandée avec demande d'avis de réception. Elle est également notifiée au garde des sceaux, ministre de la justice, en la forme administrative. » Lorsqu'une décision d'inscription est prise, une copie en est adressée au président de la caisse de garantie.

La lettre de notification fait mention, à peine de nullité, du délai de recours et des modalités suivant lesquelles ce recours peut être exercé. – *[Décr. n° 85-1389 du 27 déc. 1985, art. 19.]*

Les dispositions de l'art. 5 du Décr. n° 2016-109 du 3 févr. 2016 s'appliquent aux jurys dont les arrêtés de désignation seront publiés après l'entrée en vigueur de ce décret (Décr. préc., art. 19, JO 5 févr.).

Art. R. 811-36 La commission procède à la mise à jour de la liste des administrateurs judiciaires au moins une fois par an. Elle tient compte des transferts de domicile professionnel, des changements d'adresse des locaux professionnels et de la création ou de la suppression des bureaux annexes. Elle supprime le nom de ceux qui sont décédés, ont démissionné, ont fait l'objet d'une mesure de radiation ou de retrait. Les modifications sont adressées par la commission au procureur général près la cour d'appel dans le ressort de laquelle l'administrateur judiciaire concerné a son domicile professionnel, ainsi qu'à celui ou à ceux près les cours d'appel dans le ressort desquelles l'administrateur judiciaire a un ou plusieurs bureaux annexes.

L'administrateur judiciaire dont le nom a été retiré de la liste peut solliciter à nouveau son inscription lorsque la cause du retrait a disparu.

(Décr. n° 2011-1660 du 29 nov. 2011, art. 4, en vigueur le 1er déc. 2011) « Lorsqu'elle est saisie de cette demande ou en application de l'article L. 811-6, la commission statue dans les conditions mentionnées à l'article R. 811-43. »

La commission ne supprime de la liste le nom de l'administrateur judiciaire qui a démissionné qu'après avoir vérifié que ses dossiers ont été répartis entre les autres

administrateurs judiciaires *(Décr. n° 2006-1709 du 23 déc. 2006, art. 3)* **« et ont donné lieu à une reddition des comptes et que l'administrateur judiciaire démissionnaire ne détient plus de fonds de tiers. »** – *[Décr. n° 85-1389 du 27 déc. 1985, art. 21.] – Pour l'entrée en vigueur du Décr. n° 2006-1709 du 23 déc. 2006, V. note ss. art. R. 811-37.*

Pour l'application de l'art. R. 811-36, al. 2 et 3, le délai à l'expiration duquel le silence gardé par la commission vaut décision de rejet de la demande est fixé à huit mois (V. Décr. n° 2014-1277 du 23 oct. 2014, applicable aux demandes présentées à compter du 12 nov. 2014).

1. En ce sens que la commission est fondée à rejeter la demande de retrait de la liste des administrateurs lorsqu'elle constate que l'intéressé est encore en charge de plusieurs dossiers, V. • Com. 24 sept. 2003, n° 00-22.525 P : *D. 2003. AJ 2503 ; APC 2003, n° 226, obs. Regnaut-Moutier ; Rev. sociétés 2004. 153, note Bouloc ; RPC 2004. 54, obs. Soinne.* ♦ Comp., pour un arrêt ayant jugé qu'il résulte de l'art. 21 que la commission, qui n'est pas investie du pouvoir d'accepter ou de refuser la démission d'un administrateur judiciaire, ne peut que tirer les conséquences de cet acte unilatéral en procédant à la mise à jour de la liste des administrateurs judiciaires. • Paris, 16 déc. 1998 : *Gaz. Pal. 1999. 2. Somm. 610 ; RPC 2000. 214, obs. Soinne.*

2. Dans l'exercice de sa mission d'établissement de la liste des administrateurs judiciaires, la Commission nationale agit non comme un organe juridictionnel, mais comme une commission administrative ; il en résulte que la constatation du retrait d'une candidature par simple mention au procès-verbal de la séance est régulière (inapplicabilité de l'art. 384 NCPC [C. pr. civ.], relatif à l'extinction de l'instance). • Civ. 1re, 4 févr. 1997 : *RPC 2000. 214, obs. Soinne.*

Art. R. 811-37 *(Décr. n° 2006-1709 du 23 déc. 2006, art. 4)* **La demande de retrait de la liste des administrateurs judiciaires** *(Décr. n° 2011-1660 du 29 nov. 2011, art. 5, en vigueur le 1er déc. 2011)* **« présentée par un administrateur judiciaire » est adressée par lettre recommandée avec demande d'avis de réception au secrétaire de la commission. Elle est accompagnée :**

1° D'une attestation du commissaire aux comptes qui assure le contrôle de la comptabilité spéciale de l'administrateur judiciaire certifiant que l'ensemble des comptes de tiers ouverts au nom du professionnel à la Caisse des dépôts et consignations présente un solde nul en comptabilité et que les états de rapprochement bancaire ne font apparaître aucun chèque ou autre moyen de paiement en circulation ;

2° D'une attestation de la Caisse des dépôts et consignations certifiant que l'ensemble des comptes de tiers en numéraire, effets, valeurs et titres ouverts au nom du professionnel sont clôturés. – *[Décr. n° 85-1389 du 27 déc. 1985, art. 21-A.]*

Les dispositions des art. 3 et 4 du Décr. n° 2006-1709 du 23 déc. 2006 sont applicables aux demandes de retrait de la liste adressées à compter du 1er janv. 2008. Jusqu'à cette date, la demande de retrait de la liste des administrateurs judiciaires, adressée par lettre recommandée avec demande d'avis de réception au secrétaire de la commission, est accompagnée :

1° Du dernier état trimestriel que l'administrateur judiciaire a établi ;

2° D'une attestation du commissaire aux comptes qui assure le contrôle de la comptabilité spéciale de l'administrateur judiciaire portant sur le solde de ses comptes numéraires, effets, valeurs et titres ;

3° D'une attestation établie à la même date que celle du commissaire aux comptes par la Caisse des dépôts et consignations portant sur l'état des soldes des comptes en numéraire, effets, valeurs et titres ouverts dans ses livres au nom du professionnel ;

4° De la liste des opérations comptables en attente de rapprochement bancaire, identifiées par mandat en cours ou clôturé (Décr. préc., art. 75).

Pour l'application de l'art. R. 811-37, le délai à l'expiration duquel le silence gardé par la commission vaut décision d'acceptation de la demande de retrait est fixé à quatre mois (V. Décr. n° 2014-1278 du 23 oct. 2014, applicable aux demandes présentées à compter du 12 nov. 2014).

Art. R. 811-38 **Si l'administrateur judiciaire a été autorisé à poursuivre le traitement d'un ou de plusieurs dossiers, la commission s'assure qu'une décision motivée a été rendue pour chacun d'entre eux et que l'intéressé respecte et est en mesure de respecter les dispositions des articles L. 811-10, L. 811-16 et L. 814-5.** – *[Décr. n° 85-1389 du 27 déc. 1985, art. 21-1.]*

Art. R. 811-39 Chaque année, et au plus tard le 31 décembre, les administrateurs judiciaires retirés de la liste et autorisés à poursuivre le traitement d'un ou plusieurs dossiers en font la déclaration auprès du procureur de la République du lieu de leur domicile, du Conseil national des administrateurs judiciaires et des mandataires judiciaires, de la Caisse de garantie, du magistrat inspecteur régional compétent pour le ressort de la cour d'appel du lieu de leur domicile ainsi que du magistrat chargé de coordonner l'activité des magistrats inspecteurs régionaux. – *[Décr. n° 85-1389 du 27 déc. 1985, art. 21-2.]*

SECTION 2 *De la surveillance, de l'inspection et de la discipline*

SOUS-SECTION 1 *De la surveillance et de l'inspection*

Art. R. 811-40 Un magistrat désigné par le garde des sceaux, ministre de la justice, parmi les magistrats des parquets généraux est chargé, pour le ressort d'une ou plusieurs cours d'appel, de l'inspection des administrateurs judiciaires, y compris de ceux qui sont désignés dans les conditions du deuxième alinéa de l'article L. 811-2. Un magistrat suppléant est désigné dans les mêmes conditions.

Un magistrat désigné par le ministre et placé auprès du directeur des affaires civiles et du sceau coordonne l'activité des magistrats inspecteurs régionaux. *(Décr. n° 2016-1851 du 23 déc. 2016, art. 34, en vigueur le 1er janv. 2017)* « Un magistrat suppléant est désigné dans les mêmes conditions. » – *[Décr. n° 85-1389 du 27 déc. 1985, art. 55.]*

Art. D. 811-40-1 *(Décr. n° 2011-1908 du 20 déc. 2011, art. 1er)* La situation financière prévue à l'article L. 811-11 est adressée par le conseil national au magistrat coordonnateur mentionné à l'article R. 811-40.

Les dispositions du Décr. n° 2011-1908 du 20 déc. 2011 sont applicables aux exercices ouverts à compter du 1er janv. 2012 (Décr. préc., art. 3).

Art. R. 811-41 *(Décr. n° 2016-1851 du 23 déc. 2016, art. 35, en vigueur le 1er janv. 2017)* Les magistrats inspecteurs régionaux effectuent des inspections à la demande du commissaire du Gouvernement ou du magistrat coordonnateur. Ils peuvent également en effectuer d'office. Ils informent le magistrat coordonnateur des inspections qu'ils envisagent de réaliser.

Le magistrat coordonnateur peut, d'office, effectuer toute inspection.

Aucun texte n'interdit que les fonctions de magistrat de l'ordre judiciaire, chargé, selon l'art. 55 [R. 811-40], de l'inspection des administrateurs et celles de commissaire du Gouvernement soient remplies par une même personne, l'alternative prévue par l'art. 56 [R. 811-41] ouvrant la possibilité au commissaire du Gouvernement, s'il ne se confond pas avec le magistrat chargé de l'inspection, de « requérir » celui-ci, alors que, si les fonctions sont cumulées par une même personne, celle-ci agit d'office. • Civ. 1re, 26 nov. 1991, n° 90-21.835 P : *D. 1992. IR 12.*

Art. R. 811-42 Pour l'exercice de leurs attributions, ces magistrats disposent d'un pouvoir général d'investigation, de vérification et de contrôle.

Ils peuvent se faire assister pour procéder aux inspections de toutes personnes inscrites sur la liste des commissaires aux comptes établie en application de l'article L. 822-1 ainsi que de tout expert ou toute personne de leur choix. Les frais occasionnés par cette assistance sont avancés par le Conseil national. Ils sont recouvrés sur le professionnel inspecté si celui-ci est l'objet d'une sanction disciplinaire.

(Décr. n° 2016-1851 du 23 déc. 2016, art. 36, en vigueur le 1er janv. 2017) « Ils peuvent aussi se faire assister d'un ou plusieurs administrateurs judiciaires et solliciter le concours des inspections générales de l'État.

« Le professionnel inspecté peut demander à un *(Décr. n° 2017-1225 du 2 août 2017, art. 4-1°)* « autre professionnel de son choix exerçant des missions identiques ou similaires, » de l'assister lors de l'inspection. Il peut également demander au commissaire aux comptes ayant procédé à la vérification de sa comptabilité en application de l'article R. 814-29 ou à un expert-comptable de son choix, d'assister à l'inspection. »

L'audition d'un administrateur judiciaire *(Décr. n° 2017-1225 du 2 août 2017, art. 4-2°)* « ou d'une personne désignée dans les conditions du deuxième alinéa de l'article

L. 811-2 » par un magistrat inspecteur donne lieu à l'établissement d'un procès-verbal signé par l'intéressé et le magistrat. – *[Décr. n° 85-1389 du 27 déc. 1985, art. 57.]*

Art. R. 811-42-1 *(Décr. n° 2016-1851 du 23 déc. 2016, art. 37, en vigueur le 1er janv. 2017)* Dans un délai de deux mois à compter de l'achèvement des opérations d'inspection, le magistrat ayant procédé à l'inspection établit un projet de rapport et l'adresse par lettre recommandée avec demande d'avis de réception au professionnel inspecté. Celui-ci dispose d'un délai d'un mois à compter de la réception pour formuler ses observations.

A l'issue de ce délai, un rapport définitif est établi par le magistrat ayant procédé à l'inspection, auquel sont annexées les éventuelles observations du professionnel inspecté. Ce rapport est adressé à l'intéressé, au commissaire du Gouvernement, au président du Conseil national et, selon le cas, au magistrat inspecteur régional compétent ou au magistrat coordonnateur *(Décr. n° 2017-1225 du 2 août 2017, art. 5)* « ainsi que, le cas échéant, à l'ordre professionnel ou à l'organe représentatif dont relève le professionnel inspecté ».

SOUS-SECTION 2 *De la discipline*

§ 1 *De la procédure disciplinaire*

Art. R. 811-43 La commission ne peut statuer en matière disciplinaire qu'en présence du président et de *(Décr. n° 2016-109 du 3 févr. 2016, art. 6)* « huit » au moins de ses membres. – *[Décr. n° 85-1389 du 27 déc. 1985, art. 22.]*

Art. R. 811-44 Le président du Conseil national est tenu de signaler au commissaire du Gouvernement les faits dont il a connaissance et qui pourraient justifier une poursuite disciplinaire. – *[Décr. n° 85-1389 du 27 déc. 1985, art. 23.]*

Art. R. 811-45 L'administrateur judiciaire poursuivi disciplinairement est cité à comparaître par lettre recommandée avec demande d'avis de réception quinze jours au moins à l'avance. La citation précise, à peine de nullité, les faits qui la motivent. – *[Décr. n° 85-1389 du 27 déc. 1985, art. 24.]*

Art. R. 811-46 L'administrateur judiciaire cité à comparaître devant la commission peut prendre connaissance de son dossier auprès du secrétariat. Il comparaît en personne ; il peut se faire assister par un avocat de son choix et, s'il le désire, par un administrateur judiciaire inscrit. – *[Décr. n° 85-1389 du 27 déc. 1985, art. 25.]*

Art. R. 811-47 La commission peut entendre l'auteur de la plainte. Elle peut faire recueillir tous renseignements et faire procéder à toutes auditions. – *[Décr. n° 85-1389 du 27 déc. 1985, art. 26.]*

Art. R. 811-48 Le président de la commission désigne pour chaque affaire en qualité de rapporteur l'un de ses membres. Les débats devant la commission sont publics. Toutefois, celle-ci peut décider que les débats ne seront pas publics si l'administrateur judiciaire poursuivi en fait expressément la demande ou s'il doit résulter de leur publicité une atteinte à l'ordre public *(Décr. n° 2018-1126 du 11 déc. 2018, art. 1er)* « ou à un secret protégé par la loi ». Il en est fait mention dans la décision.

La commission statue publiquement après avoir entendu le rapporteur, le commissaire du Gouvernement et, s'il y a lieu, l'autorité qui a engagé l'action disciplinaire ainsi que l'administrateur judiciaire poursuivi, son conseil et, le cas échéant, le professionnel qui l'assiste.

Le commissaire du Gouvernement n'assiste pas au délibéré.

Le président du Conseil national peut présenter ses observations, le cas échéant, par l'intermédiaire d'un membre du conseil. – *[Décr. n° 85-1389 du 27 déc. 1985, art. 27.]*

En ce sens que la participation des rapporteurs à la délibération de la commission ne constitue pas une violation de l'art. 6, § 1, Conv. EDH dès lors qu'il ne résulte pas de la décision que les rapporteurs aient été chargés de procéder à une instruction sur les faits dont la commission était saisie, V. • Com. 14 mai 2002, n° 00-11.732 P : *D. 2002. AJ 2259*.

Art. R. 811-49 Le secrétaire de la commission notifie par lettre recommandée, avec demande d'avis de réception, la décision à l'intéressé, *(Abrogé par Décr. n° 2016-109 du 3 févr. 2016, art. 7-1°)* « *au garde des sceaux, ministre de la justice,* » au président du Conseil national, à la Caisse de garantie, au commissaire du Gouvernement et au procureur général lorsqu'il a engagé l'action disciplinaire. *(Décr. n° 2016-109 du 3 févr. 2016, art. 7-2°)* « Il notifie également cette décision au garde des sceaux, ministre de la justice, en la forme administrative. »

La notification indique le délai et les modalités du recours ouvert à l'encontre de la décision.

La décision est également portée à la connaissance du procureur général près la cour d'appel dans le ressort de laquelle l'administrateur judiciaire a son domicile professionnel et, le cas échéant, un bureau annexe.

Si l'action disciplinaire est consécutive à une plainte, l'auteur de celle-ci est informé par le commissaire du Gouvernement. – *[Décr. n° 85-1389 du 27 déc. 1985, art. 28.]*

§ 2 *De la suspension provisoire*

Art. R. 811-50 Dans les cas prévus à l'article L. 811-13 la suspension provisoire est prononcée par le *(Décr. n° 2019-966 du 18 sept. 2019, art. 8, en vigueur le 1er janv. 2020)* « tribunal judiciaire » saisi soit par le procureur de la République, soit par le président du Conseil national des administrateurs judiciaires et des mandataires judiciaires, par assignation à jour fixe.

Lorsque l'action est engagée par le procureur de la République, celui-ci en informe le président du Conseil national. Lorsque l'action est engagée par le président du Conseil national, celui-ci notifie au ministère public une copie de l'assignation qu'il a fait délivrer. – *[Décr. n° 85-1389 du 27 déc. 1985, art. 29.]*

Art. R. 811-51 Les débats devant le *(Décr. n° 2019-966 du 18 sept. 2019, art. 8, en vigueur le 1er janv. 2020)* « tribunal judiciaire » sont publics. Toutefois, celui-ci peut décider que les débats ne seront pas publics si l'administrateur judiciaire poursuivi en fait expressément la demande ou s'il doit résulter de leur publicité une atteinte à l'ordre public *(Décr. n° 2018-1126 du 11 déc. 2018, art. 1er)* « ou à un secret protégé par la loi ». Il en est fait mention dans la décision. La juridiction statue publiquement, après que le ministère public a prononcé ses conclusions et que l'administrateur judiciaire a été entendu ou appelé.

Le président du Conseil national peut présenter ses observations, le cas échéant, par l'intermédiaire d'un membre du conseil. – *[Décr. n° 85-1389 du 27 déc. 1985, art. 29-1.]*

Art. R. 811-52 La décision est notifiée par le greffe, par lettre recommandée avec demande d'avis de réception, à l'intéressé et au président du Conseil national. Elle indique le délai et les modalités du recours ouvert à l'encontre de la décision. – *[Décr. n° 85-1389 du 27 déc. 1985, art. 29-2.]*

Art. R. 811-53 La cessation de plein droit de la suspension provisoire en application de l'article L. 811-13 et les décisions mettant fin à la suspension provisoire sont immédiatement notifiées par le procureur de la République à l'administrateur judiciaire et à l'administrateur provisoire désigné.

La mission de l'administrateur provisoire prend fin dès réception de cette notification. – *[Décr. n° 85-1389 du 27 déc. 1985, art. 29-3.]*

Art. R. 811-54 L'appel en matière de suspension provisoire est formé par déclaration au greffe de la cour d'appel. L'appelant notifie son appel aux autres parties par lettre recommandée avec demande d'avis de réception. – *[Décr. n° 85-1389 du 27 déc. 1985, art. 29-4.]*

Art. R. 811-55 L'appel est formé dans un délai de quinze jours qui court, à l'égard du ministère public, du jour de la décision. Il en est de même pour l'administrateur judiciaire si la décision a été rendue en sa présence ou en présence de son défenseur. Dans les autres cas, le délai court à compter de la notification de la décision, et notamment lorsque le président du Conseil national a été à l'origine de la saisine du tribunal.

En cas d'appel d'une partie, un délai supplémentaire de huit jours est accordé à l'autre partie pour former un appel incident. – *[Décr. n° 85-1389 du 27 déc. 1985, art. 29-5.]*

Art. R. 811-56 Le recours est instruit et jugé selon les règles applicables à la procédure sans représentation obligatoire. *(Décr. n° 2006-1709 du 23 déc. 2006, art. 6)* « Le président du Conseil national ou son représentant peut être entendu, s'il en fait la demande, par la cour d'appel. »

La décision de la cour d'appel est notifiée, par lettre recommandée avec demande d'avis de réception, aux personnes mentionnées à l'article R. 811-50. – *[Décr. n° 85-1389 du 27 déc. 1985, art. 29-6.]*

Art. R. 811-57 *Al. abrogé par Décr. n° 2019-1333 du 11 déc. 2019, art. 16, à compter du 1er janv. 2020.*

Le commissaire du Gouvernement assure l'exécution des sanctions disciplinaires *(Abrogé par Décr. n° 2011-1660 du 29 nov. 2011, art. 6, à compter du 1er déc. 2011) « et des mesures de suspension provisoire »*. Il informe les procureurs généraux près les cours d'appel des décisions passées en force de chose jugée prononçant l'interdiction temporaire ou la radiation ou ordonnant une mesure de suspension provisoire ; ceux-ci portent ces décisions à la connaissance des juridictions de leur ressort.

En outre, le commissaire du Gouvernement requiert, le cas échéant, l'administrateur provisoire désigné dans les conditions prévues à l'article R. 811-58 de procéder à l'information des présidents des juridictions ayant décerné des mandats à l'administrateur judiciaire. – *[Décr. n° 85-1389 du 27 déc. 1985, art. 30.]*

Les dispositions issues du Décr. n° 2019-1333 du 11 déc. 2019 sont applicables aux instances introduites à compter du 1er janv. 2020 (Décr. préc., art. 55, mod. par Décr. n° 2019-1419 du 20 déc. 2019, art. 22).

SECTION 3 *De la désignation d'un administrateur provisoire*

Art. R. 811-58 Lorsque, pour quelque cause que ce soit, un administrateur judiciaire se trouve dans l'impossibilité d'exercer ses fonctions, le procureur de la République près le *(Décr. n° 2019-966 du 18 sept. 2019, art. 8, en vigueur le 1er janv. 2020)* « tribunal judiciaire » dans le ressort duquel l'administrateur judiciaire a son domicile professionnel requiert le président du *(Décr. n° 2019-966 du 18 sept. 2019, art. 8, en vigueur le 1er janv. 2020)* « tribunal judiciaire », statuant sur requête, de désigner sans délai, pour accomplir les actes nécessaires à la gestion du cabinet, un administrateur provisoire choisi parmi les personnes inscrites sur la liste des administrateurs judiciaires ou parmi celles qui remplissent les conditions pour y être inscrites.

L'administrateur provisoire est habilité à exercer les mandats de justice confiés à l'administrateur judiciaire empêché.

Aucun mandat de justice ne peut être confié à l'administrateur judiciaire qui se trouve dans l'impossibilité d'exercer ses fonctions par l'effet d'une peine d'interdiction temporaire. – *[Décr. n° 85-1389 du 27 déc. 1985, art. 31.]*

Art. R. 811-59 L'administrateur provisoire désigné dans les conditions prévues à l'article précédent a droit à une rémunération fixée par le président du *(Décr. n° 2019-966 du 18 sept. 2019, art. 8, en vigueur le 1er janv. 2020)* « tribunal judiciaire » qui a procédé à sa désignation.

Cette décision est susceptible de recours selon les dispositions des articles 714 à 718 du code de procédure civile. – *[Décr. n° 85-1389 du 27 déc. 1985, art. 32.]*

SECTION 4 *Du salariat*

(Décr. n° 2016-400 du 1er avr. 2016, art. 18)

SOUS-SECTION 1 *Dispositions générales*

Art. R. 811-60 L'administrateur judiciaire salarié ne peut exercer ses fonctions qu'au sein d'une seule étude.

Le titulaire de l'étude est civilement responsable du fait de l'activité professionnelle exercée pour son compte par l'administrateur judiciaire salarié.

La qualité d'administrateur judiciaire salarié est assimilée à celle d'administrateur judiciaire pour la collation au titre d'administrateur judiciaire honoraire.

Art. R. 811-61 L'administrateur judiciaire salarié investi d'un mandat de membre de la commission nationale d'inscription et de discipline ne peut pas participer aux délibérations ni aux votes sur des questions disciplinaires concernant l'administrateur judiciaire titulaire de l'étude ou les administrateurs judiciaires associés exerçant leurs fonctions au sein de la société titulaire de l'étude dans laquelle il est employé.

Ceux-ci ne peuvent, lorsqu'ils sont investis d'un tel mandat, participer aux délibérations et aux votes sur des questions disciplinaires concernant un administrateur salarié de l'étude.

Art. R. 811-62 Le contrat de travail est établi par écrit, sous la condition suspensive de l'inscription sur la liste mentionnée à l'article L. 811-2 du salarié en qualité d'administrateur judiciaire et de sa prestation de serment. La condition est réputée acquise à la date de la prestation de serment.

Il ne peut comporter aucune clause susceptible de limiter la liberté d'établissement ultérieur du salarié ou de porter atteinte à son indépendance. Il précise les conditions de sa rémunération.

Une copie du contrat de travail est adressée, dès sa signature, au président du Conseil national des administrateurs judiciaires et des mandataires judiciaires ; il en est de même pour toute modification à ce contrat.

Art. R. 811-63 Lorsque le nombre d'administrateurs judiciaires en exercice au sein de l'étude devient inférieur à la moitié du nombre d'administrateurs judiciaires salariés, le titulaire de l'étude a un délai d'un an pour se mettre en conformité avec les dispositions du deuxième alinéa de l'article L. 811-7-1.

SOUS-SECTION 2 *Litiges nés à l'occasion de l'exécution d'un contrat de travail*

Art. R. 811-64 Le président du Conseil national des administrateurs judiciaires et des mandataires judiciaires est saisi en qualité de médiateur de tout litige né à l'occasion de l'exécution du contrat de travail soit par requête déposée contre récépissé au secrétariat du Conseil national, soit par lettre recommandée avec demande d'avis de réception.

L'acte de saisine précise, à peine d'irrecevabilité, l'identité des parties, l'objet du litige et les prétentions du requérant.

Art. R. 811-65 Le président du Conseil national convoque les parties par lettre recommandée avec demande d'avis de réception dans les quinze jours de sa saisine et huit jours au moins avant la date de la séance de médiation.

Une copie de l'acte de saisine est jointe à la convocation de la partie qui n'a pas pris l'initiative de la médiation.

La convocation précise que les intéressés doivent se présenter en personne et peuvent se faire assister d'un conseil.

En cas d'absence ou d'empêchement, le président du Conseil national est remplacé par le vice-président qui est alors investi de la qualité de médiateur.

Art. R. 811-66 Le président du Conseil national, après avoir entendu les intéressés et recueilli toutes informations utiles, propose, si les parties n'ont pu se rapprocher, une solution au litige.

En cas d'accord, total ou partiel, celui-ci est constaté par écrit, signé par les intéressés et le président. L'original est conservé par le président ; une copie est remise à chacune des parties.

Si aucun accord n'est intervenu, ou en cas d'accord partiel, le président dresse un procès-verbal mentionnant la solution qu'il propose et les points demeurant en litige. Il en donne une copie à chacune des parties.

Le conseil de prud'hommes ne peut être saisi, à peine d'irrecevabilité, que si le demandeur justifie de la tentative de médiation préalable par une remise d'une copie du procès-verbal prévu au troisième alinéa.

SOUS-SECTION 3 *Cessation des fonctions d'administrateur judiciaire salarié en cas de rupture du contrat de travail*

Art. R. 811-67 La démission de l'administrateur judiciaire salarié, la rupture conventionnelle de son contrat de travail ou sa retraite est portée par l'employeur à la connaissance de la commission nationale d'inscription et de discipline et à celle du Conseil national des administrateurs judiciaires et des mandataires judiciaires.

Art. R. 811-68 Tout licenciement envisagé par l'employeur d'un administrateur judiciaire salarié est soumis à la procédure de médiation préalable prévue aux articles R. 811-65 à R. 811-67.

En cas de faute grave, l'employeur peut, avant de saisir le président du Conseil national, notifier à l'administrateur judiciaire salarié sa mise à pied immédiate, par lettre recommandée avec demande d'avis de réception. Si le président du Conseil national n'est pas saisi dans les huit jours de la notification, la mise à pied est de plein droit caduque.

La mise à pied entraîne, dès la notification qui lui en a été faite, la suspension de l'exercice des fonctions et des mandats professionnels de l'administrateur judiciaire salarié.

Dans les huit jours de la notification du licenciement ou de la mise à pied, l'employeur en informe, par lettre recommandée avec demande d'avis de réception, le président du Conseil national et la commission nationale d'inscription et de discipline.

CHAPITRE II *DES MANDATAIRES JUDICIAIRES*

SECTION 1 *De l'accès à la profession*

SOUS-SECTION 1 *Des mandataires judiciaires membres de la Commission nationale d'inscription et de discipline (Décr. n° 2016-109 du 3 févr. 2016, art. 8-I).*

Art. R. 812-1 et R. 812-2 *Abrogés par Décr. n° 2016-109 du 3 févr. 2016, art. 8-II.*

Art. R. 812-3 Les dispositions prévues aux articles R. 811-3, R. 811-4, R. 811-5 et R. 811-6 relatives à l'élection à la Commission nationale des administrateurs judiciaires et de leurs suppléants sont applicables à l'élection à la Commission nationale des mandataires judiciaires et de leurs suppléants. – *[Décr. n° 85-1389 du 27 déc. 1985, art. 35.]*

SOUS-SECTION 2 *Des conditions d'inscription sur les listes de mandataires judiciaires*

§ 1 *De l'examen d'accès au stage professionnel, du stage professionnel, de l'examen d'aptitude aux fonctions de mandataire judiciaire (Décr. n° 2016-400 du 1er avr. 2016, art. 11).*

Art. R. 812-4 Ne peuvent être admises à se présenter à l'examen d'accès au stage professionnel prévu à l'article L. 812-3 que les personnes titulaires des titres ou diplômes mentionnés *(Décr. n° 2007-1851 du 26 déc. 2007)* « aux articles R. 811-7 et R. 811-8 ». – *[Décr. n° 85-1389 du 27 déc. 1985, art. 36.]*

Art. R. 812-5 Les règles relatives au stage professionnel définies aux articles R. 811-9, R. 811-10, R. 811-11, R. 811-12, R. 811-14 et R. 811-16 sont applicables aux mandataires judiciaires. – *[Décr. n° 85-1389 du 27 déc. 1985, art. 36-1.] – Sur le programme et les modalités de l'examen d'accès au stage professionnel, V. art. A. 812-3 s.*

Art. R. 812-6 Le jury de l'examen d'accès au stage est celui prévu à l'article R. 811-10. Toutefois, le professeur ou le maître de conférences de sciences économiques ou de gestion est remplacé par un professeur ou un maître de conférences de droit et les deux administrateurs judiciaires sont remplacés par deux mandataires judiciaires désignés dans les mêmes conditions. – *[Décr. n° 85-1389 du 27 déc. 1985, art. 36-2.]*

Art. R. 812-7 En application des dispositions de l'article L. 812-3, bénéficient de la dispense de l'examen d'accès au stage :

1° Les administrateurs judiciaires ayant exercé leur profession pendant trois ans au moins ;

2° Les avocats, notaires, *(Décr. n° 2022-949 du 29 juin 2022, art. 67, en vigueur le 1er juill. 2022)* **« commissaires de justice », greffiers des tribunaux de commerce, experts-comptables, commissaires aux comptes ayant exercé leur profession pendant cinq ans au moins ;**

(Décr. n° 2016-400 du 1er avr. 2016, art. 12) **« 3° Les personnes ayant exercé les fonctions de collaborateur d'un mandataire judiciaire pendant une durée de cinq ans au moins ;**

« 4° Les personnes titulaires de l'un des titres ou diplômes mentionnés à l'article R. 811-7, justifiant de cinq ans au moins de pratique professionnelle comptable, juridique ou financière dans le domaine de l'administration, du financement, de la restructuration, dont les fusions-acquisitions, ou de la reprise d'entreprises, notamment en difficulté. » – *[Décr. n° 85-1389 du 27 déc. 1985, art. 37, al. 1er à 3.]*

Pour l'entrée en vigueur des dispositions du Décr. n° 2016-400 du 1er avr. 2016, V. note ss. art. R. 811-13.

Art. R. 812-8 **La durée du stage est de trois ans au moins et de six ans au plus.**

Le stage consiste dans la pratique d'activités permettant d'acquérir une expérience suffisante dans le domaine des procédures collectives, en qualité de collaborateur d'un mandataire judiciaire et sous son contrôle direct.

Le stage peut être accompli pour une période n'excédant pas le tiers de sa durée auprès d'une personne exerçant une profession juridique réglementée ou auprès d'un expert-comptable ou d'un commissaire aux comptes ou dans les services juridiques et financiers d'un établissement de crédit *(Décr. n° 2014-1315 du 3 nov. 2014, art. 9-10°)* **« ou d'une société de financement ».** – *[Décr. n° 85-1389 du 27 déc. 1985, art. 38.]*

Art. R. 812-9 **Les dispositions du premier alinéa de l'article R. 811-17 relatives au stage sont applicables aux personnes inscrites sur le registre de stage.** *(Abrogé par Décr. n° 2016-400 du 1er avr. 2016, art. 17)* ***« Le commissaire du Gouvernement adresse au garde des sceaux, ministre de la justice, dans les quinze jours de leur notification, les décisions de dispense fondées sur le deuxième alinéa de l'article R. 811-17. »*** – *[Décr. n° 85-1389 du 27 déc. 1985, art. 40.]*

L'art. 17 du Décr. n° 2016-400 du 1er avr. 2016 entre en vigueur à compter de la publication de l'arrêté prévu à l'art. R. 812-18-2 (Décr. préc., art. 22-III).

Art. R. 812-10 **Les dispositions de l'article R. 811-18 relatives au certificat de stage ainsi qu'au refus de délivrance de ce certificat sont applicables aux personnes inscrites sur le registre de stage.** – *[Décr. n° 85-1389 du 27 déc. 1985, art. 41.]*

Art. R. 812-11 **Le jury chargé de procéder à l'examen** *(Décr. n° 2016-1851 du 23 déc. 2016, art. 33, en vigueur le 1er janv. 2017)* **« d'aptitude » des mandataires judiciaires est celui prévu à l'article R. 811-19. Toutefois, les deux administrateurs judiciaires sont remplacés par deux mandataires judiciaires nommés après avis du Conseil national des administrateurs judiciaires et des mandataires judiciaires. Les articles R. 811-20 et R. 811-21 sont applicables.** – *[Décr. n° 85-1389 du 27 déc. 1985, art. 42.]*

Art. R. 812-12 **Les dispositions des articles R. 811-22 à R. 811-24 relatives à l'examen d'aptitude sont applicables aux candidats à la profession de mandataire judiciaire.**

L'examen est organisé dans les conditions définies à l'article R. 811-22. – *[Décr. n° 85-1389 du 27 déc. 1985, art. 43.]* – *V. art. A. 812-13 s.*

Art. R. 812-13 *(Décr. n° 2016-400 du 1er avr. 2016, art. 13)* **I. – En application des dispositions du huitième alinéa de l'article L. 812-3, sont dispensés de stage professionnel :**

– les administrateurs judiciaires, les avocats, les notaires, *(Décr. n° 2022-949 du 29 juin 2022, art. 67, en vigueur le 1er juill. 2022)* **« les commissaires de justice », les greffiers des tribunaux de commerce, les anciens avoués, les experts-comptables, les commissaires aux comptes ayant exercé leur profession pendant dix ans au moins ;**

– les personnes ayant exercé pendant une durée de dix ans au moins les fonctions de collaborateur d'un mandataire judiciaire ;

– les personnes titulaires de l'un des titres ou diplômes mentionnés à l'article R. 811-7 et justifiant de quinze ans au moins de pratique professionnelle comptable, juridique ou financière *(Décr. nº 2016-1851 du 23 déc. 2016, art. 32-I, en vigueur le 1er janv. 2017)* « , dans le domaine de l'administration, du financement, de la restructuration, dont les fusions-acquisitions, » ou de la reprise d'entreprises, notamment en difficulté.

II. – La durée du stage professionnel est d'un an au moins pour :

– les administrateurs judiciaires, les avocats, les notaires, *(Décr. nº 2022-949 du 29 juin 2022, art. 67, en vigueur le 1er juill. 2022)* « les commissaires de justice », les greffiers des tribunaux de commerce, les anciens avoués, les experts-comptables, les commissaires aux comptes ayant exercé leur profession pendant cinq ans au moins ;

– les personnes titulaires de l'un des titres ou diplômes mentionnés à l'article R. 811-7 et justifiant de dix ans au moins de pratique professionnelle comptable, juridique ou financière *(Décr. nº 2016-1851 du 23 déc. 2016, art. 32-I, en vigueur le 1er janv. 2017)* « , dans le domaine de l'administration, du financement, de la restructuration, dont les fusions-acquisitions, » ou de la reprise d'entreprises, notamment en difficulté.

Pour l'entrée en vigueur des dispositions du Décr. nº 2016-400 du 1er avr. 2016, V. note ss. art. R. 811-13.

Art. R. 812-14 *(Décr. nº 2016-400 du 1er avr. 2016, art. 13)* I. – Les administrateurs judiciaires qui ont été inscrits pendant cinq ans au moins sur la liste mentionnée à l'article L. 812-2 et qui ont, le cas échéant, effectué le stage dans les conditions prévues au II de l'article R. 812-13 sont dispensés de toutes les épreuves de l'examen d'aptitude. Ils sont inscrits sur la liste des mandataires judiciaires sous condition suspensive d'avoir été retirés de la liste des administrateurs judiciaires dans les conditions prévues aux articles R. 811-36 et R. 812-20.

II. – Sont dispensés de l'épreuve de procédure civile et de droit pénal des affaires de l'examen d'aptitude :

1° Les avocats, les notaires, *(Décr. nº 2022-949 du 29 juin 2022, art. 67, en vigueur le 1er juill. 2022)* « les commissaires de justice », les greffiers des tribunaux de commerce ;

2° Les personnes titulaires de l'un des titres ou diplômes mentionnés à l'article R. 811-7 et justifiant de cinq ans au moins de pratique professionnelle juridique dans le domaine de l'administration, du financement, de la restructuration, dont les fusions-acquisitions, ou de la reprise d'entreprises, notamment en difficulté.

III. – Sont dispensés de l'épreuve de l'examen d'aptitude portant sur la gestion d'un cabinet de mandataire judiciaire :

1° Les personnes ayant exercé pendant une durée de cinq ans au moins les fonctions de collaborateur d'un mandataire judiciaire ;

2° Les experts-comptables et les commissaires aux comptes ;

3° Les personnes titulaires de l'un des titres ou diplômes mentionnés à l'article R. 811-7 et justifiant de cinq ans au moins de pratique professionnelle comptable ou financière *(Décr. nº 2016-1851 du 23 déc. 2016, art. 32-II, en vigueur le 1er janv. 2017)* « , » dans le domaine de l'administration, du financement, de la restructuration, dont les fusions-acquisitions, ou de la reprise d'entreprises, notamment en difficulté.

IV. – Pour les personnes dispensées de stage professionnel en application des dispositions du I de l'article R. 812-13, l'épreuve de l'examen d'aptitude de présentation et de discussion avec le jury portant sur un mémoire de stage est remplacée par une épreuve de présentation et de discussion avec le jury portant sur l'expérience professionnelle du candidat.

Pour l'entrée en vigueur des dispositions du Décr. nº 2016-400 du 1er avr. 2016, V. note ss. art. R. 811-13.

Art. R. 812-15 Peuvent être inscrites sur la liste des mandataires judiciaires, en application du dernier alinéa de l'article L. 812-3, les personnes qui ont suivi avec succès un cycle d'études d'une durée minimale de trois ans ou d'une durée équivalente à temps partiel dans une université ou un établissement d'enseignement supérieur ou dans un autre établissement de même niveau de formation et, le cas échéant, la formation professionnelle requise en plus de ce cycle d'études et qui justifient :

1° De diplômes, certificats ou autres titres permettant l'exercice de la profession dans un État membre de la Communauté européenne ou dans un État partie à l'accord sur l'Espace économique européen délivrés :

a) Soit par l'autorité compétente de cet État et sanctionnant une formation acquise de façon prépondérante dans la Communauté européenne ou dans un État partie à l'accord sur l'Espace économique européen ;

b) Soit par un pays tiers, à condition que soit fournie une attestation émanant de l'autorité compétente de l'État membre qui a reconnu les diplômes, certificats ou autres titres certifiant que leur titulaire a une expérience professionnelle de trois ans au moins dans cet État ;

2° Ou de l'exercice à plein temps de la profession pendant deux ans au moins au cours des dix années précédentes dans un État membre qui ne réglemente pas l'accès ou l'exercice de cette profession, à condition que cet exercice soit attesté par l'autorité compétente de cet État. – *[Décr. n° 85-1389 du 27 déc. 1985, art. 45-1, al. 1er à 5.]*

Art. R. 812-16 Sauf si les connaissances qu'elles ont acquises au cours de leur expérience professionnelle sont de nature à rendre cette vérification inutile, les personnes mentionnées à l'article R. 812-15 subissent devant le jury chargé de l'examen d'accès au stage un examen de contrôle des connaissances, organisé par le Conseil national des administrateurs judiciaires et des mandataires judiciaires, dont le programme et les modalités sont fixés par arrêté du garde des sceaux, ministre de la justice :

1° Lorsque leur formation porte sur des matières substantiellement différentes de celles qui figurent au programme des titres et diplômes mentionnés à l'article R. 811-7 et de l'examen de stage professionnel mentionné à l'article R. 811-9 ;

2° Ou lorsqu'une ou plusieurs des activités professionnelles dont l'exercice est subordonné à la possession de ces diplômes et de cet examen ne sont pas réglementées dans l'État membre d'origine ou de provenance ou sont réglementées de manière différente et que cette différence est caractérisée par une formation spécifique requise dans l'État membre d'accueil portant sur des matières substantiellement différentes de celles couvertes par le diplôme dont le demandeur fait état. – *[Décr. n° 85-1389 du 27 déc. 1985, art. 45-1, al. 6 à 8.]*

V. art. A. 812-25 s.

Art. R. 812-17 A la réception du dossier complet d'une personne mentionnée à l'article R. 812-15, un récépissé lui est délivré. La Commission nationale se prononce par décision motivée dans un délai de quatre mois à compter de la délivrance du récépissé.

La décision par laquelle la Commission nationale arrête la liste des candidats soumis à l'examen de contrôle des connaissances précise, le cas échéant, les matières sur lesquelles chacun des candidats est interrogé compte tenu de sa formation initiale.

La commission statue dans les conditions prévues aux articles R. 811-33 à R. 811-35.

Nul ne peut se présenter plus de trois fois à l'examen. – *[Décr. n° 85-1389 du 27 déc. 1985, art. 45-1, al. 9 à 12.]*

Art. R. 812-18 *(Décr. n° 2017-796 du 5 mai 2017, art. 1er-2°)* « La commission nationale inscrit sur la liste les sociétés de mandataires judiciaires prévues par la première phrase du premier alinéa de l'article L. 812-5 et les sociétés pluri-professionnelles d'exercice prévues par l'article L. 812-5-1-A ainsi que chacun des associés exerçant la profession. » Le nom de chacun de ceux-ci est suivi de la mention de la raison ou dénomination sociale de la société.

L'appartenance aux autres groupements ou sociétés prévus par l'article L. 812-5 est immédiatement portée à la connaissance de la commission. – *[Décr. n° 85-1389 du 27 déc. 1985, art. 46.]*

§ 2 *Des conditions d'expérience ou de stage complémentaires au diplôme de master mentionné à l'article L. 812-3*

(Décr. n° 2016-400 du 1er avr. 2016, art. 15)

Les dispositions du présent paragraphe entrent en vigueur à compter de la publication de l'arrêté prévu à l'art. R. 812-18-2 (Décr. n° 2016-400 du 1er avr. 2016, art. 22-III).

Art. R. 812-18-1 Peuvent solliciter leur inscription sur la liste mentionnée à l'article L. 812-2 auprès de la commission nationale d'inscription et de discipline :

1° Les personnes titulaires du diplôme de master mentionné au 5° de l'article L. 812-3, délivré par un établissement accrédité dans les conditions prévues à l'article L. 613-1 du code de l'éducation, qui justifient de cinq ans au moins d'expérience professionnelle en tant que collaborateur d'un mandataire judiciaire ;

2° Les personnes titulaires de ce diplôme de master qui justifient de huit ans au moins de pratique professionnelle comptable, juridique ou financière dans le domaine de l'administration, du financement, de la restructuration, dont les fusions-acquisitions, ou de la reprise d'entreprises, notamment en difficulté.

La commission procède à l'audition du candidat au cours d'un entretien portant sur son expérience professionnelle dans le domaine de l'administration ou de la liquidation des entreprises en difficulté et statue dans les conditions prévues aux articles R. 811-33 à R. 811-35.

Art. R. 812-18-2 Peuvent solliciter leur inscription sur la liste mentionnée à l'article L. 812-2 auprès de la commission nationale d'inscription et de discipline, statuant sur leur demande d'inscription dans les conditions prévues aux articles R. 811-33 à R. 811-35, les personnes titulaires du diplôme de master mentionné au 5° de l'article L. 812-3, délivré par un établissement accrédité dans les conditions prévues à l'article L. 613-1 du code de l'éducation, qui justifient avoir accompli un stage répondant aux conditions des articles R. 812-18-3 et R. 812-18-4 qui ne peut être inférieur à trente mois dans une étude de mandataire judiciaire inscrit sur la liste mentionnée à l'article L. 812-2. Le stagiaire participe à l'activité professionnelle du maître de stage sous la direction et la responsabilité de celui-ci. Il exécute les actes juridiques et de gestion relatifs aux procédures de sauvegarde, de redressement judiciaire, de liquidation judiciaire et de rétablissement professionnel. La liste de ces actes est fixée par arrêté du garde des sceaux, ministre de la justice. Dans la mesure des mandats qui lui sont confiés, le maître de stage a l'obligation de faire exécuter ces actes au stagiaire.

Le stagiaire qui n'a pas, après trente-six mois de stage, exécuté l'ensemble de ces actes peut demander à être admis à se présenter à l'examen d'aptitude aux fonctions de mandataire judiciaire dans les conditions prévues aux articles R. 811-19 à R. 811-24. La réussite à cet examen le dispense de justifier de l'exécution de ces actes lorsqu'il présente sa demande d'inscription devant la commission nationale d'inscription et de discipline.

Les dispositions des articles R. 811-14, R. 811-16 et R. 811-17 sont applicables au stage mentionné au premier alinéa.

V. art. A. 812-24.

Art. R. 812-18-3 Le stagiaire rédige un rapport de stage dans lequel il décrit les procédures auxquelles il a participé et les actes qu'il a accomplis ainsi qu'un mémoire de stage portant sur un sujet d'économie, de droit ou de gestion de son choix. Il remet ces documents au terme de son stage au maître de stage.

Le stage qui a été régulièrement accompli donne lieu à la délivrance d'une attestation établie par le maître de stage. Ce document atteste de la durée du stage et de l'exécution par le stagiaire de l'ensemble des actes juridiques et de gestion mentionnés au premier alinéa de l'article R. 812-18-2 ; il comporte également les appréciations portées sur la qualité de son travail par le maître de stage et les observations de celui-ci sur le mémoire de stage. Il est communiqué au stagiaire qui certifie en avoir pris connaissance et peut apporter ses observations écrites. Il transmet ce document, accompagné du mémoire et du rapport de stage, à la commission nationale d'inscription et de discipline.

Le maître de stage adresse une copie de l'attestation et du rapport de stage au magistrat désigné par le garde des sceaux, ministre de la justice, en application du premier alinéa de l'article R. 811-40.

Art. R. 812-18-4 La commission nationale d'inscription et de discipline délivre le certificat de fin de stage au stagiaire qui a satisfait aux obligations mentionnées aux articles R. 812-18-2 et R. 812-18-3.

Si la commission estime que le stagiaire n'a pas satisfait à ces obligations, elle peut soit refuser la délivrance du certificat de fin de stage, soit prolonger le stage au sein d'une autre étude pour une période d'une année renouvelable une fois.

Dans ce dernier cas, la commission fixe, dans sa décision de prolongation de stage pour un an, la liste des actes juridiques et de gestion que l'intéressé doit exécuter, et dont il doit rendre compte dans le rapport de stage, et précise s'il doit rédiger un nouveau mémoire de stage.

Le stage accompli conformément à la décision de prolongation donne lieu à la délivrance d'une attestation établie par le maître de stage. Ce document atteste de la durée du stage et de l'exécution par le stagiaire de l'ensemble des actes juridiques et de gestion figurant dans la décision de prolongation ; il comporte également les appréciations portées sur la qualité de son travail par le maître de stage et, s'il y a lieu, les observations de celui-ci sur le mémoire de stage. Il est communiqué au stagiaire qui certifie en avoir pris connaissance et peut apporter ses observations écrites. Ce document, accompagné du rapport de stage et, s'il y a lieu, du mémoire de stage, est ensuite transmis par le maître de stage à la commission nationale d'inscription et de discipline. Le maître de stage adresse une copie de l'attestation et du rapport de stage au magistrat désigné par le garde des sceaux, ministre de la justice, en application du premier alinéa de l'article R. 811-40.

A l'issue de l'année de prolongation, la commission délivre le certificat de fin de stage au stagiaire qui a satisfait aux obligations fixées par elle dans sa décision de prolongation ou, si elle estime que le stagiaire n'a pas satisfait à ces obligations, elle peut soit refuser la délivrance du certificat de fin de stage, soit prolonger le stage au sein de la même étude pour une ultime période d'une année. Les dispositions des deux alinéas précédents sont applicables à la seconde prolongation de stage. A l'issue de la seconde année de prolongation, la commission peut, en fonction de son appréciation de la satisfaction par le stagiaire des obligations fixées dans la décision de seconde prolongation, soit délivrer le certificat de fin de stage, soit refuser la délivrance de celui-ci.

Lorsqu'elle statue sur la délivrance du certificat de fin de stage, la commission siège en présence du président et de deux au moins de ses membres. Lorsqu'un des membres ou le président de la commission a autorité sur le stagiaire ou a des liens de parenté ou d'alliance avec lui jusqu'au quatrième degré inclusivement, il s'abstient de siéger. Aucun refus de délivrance ne peut être prononcé par la commission sans que l'intéressé ait été entendu ou appelé quinze jours au moins à l'avance par lettre recommandée avec demande d'avis de réception.

Les décisions de refus de délivrance ou de prolongation de stage doivent être motivées. Elles sont notifiées à l'intéressé et au président du Conseil national des administrateurs judiciaires et des mandataires judiciaires. La lettre de notification, adressée par lettre recommandée avec demande d'avis de réception, fait mention, à peine de nullité, du délai de recours et des modalités suivant lesquelles ce recours peut être exercé.

Le silence gardé par la commission au terme d'un délai de quatre mois à compter de la réception du dossier complet de la demande de délivrance de certificat de fin de stage vaut décision d'acceptation.

SOUS-SECTION 3 *De la procédure d'inscription sur les listes de mandataires judiciaires*

Art. R. 812-19 Les dispositions relatives à la procédure d'inscription des administrateurs judiciaires prévues aux articles R. 811-31 à R. 811-35 *(Décr. nº 2018-262 du 11 avr. 2018, art. 9)* « , à l'exception des huitième et dixième alinéas de l'article R. 811-31 et à l'exception de l'article R. 811-31-1, » sont applicables aux mandataires judiciaires. – *[Décr. nº 85-1389 du 27 déc. 1985, art. 47.]*

Art. R. 812-20 Les dispositions des articles R. 811-36 à R. 811-39 relatives à la tenue et à la mise à jour de la liste des administrateurs judiciaires sont applicables *(Décr. nº 2011-1660 du 29 nov. 2011, art. 7, en vigueur le 1er déc. 2011)* « aux mandataires judiciaires ». – *[Décr. nº 85-1389 du 27 déc. 1985, art. 51.]*

SECTION 2 *De la surveillance, de l'inspection et de la discipline*

Art. R. 812-21 Les dispositions des articles R. 811-40 à *(Décr. n° 2016-1851 du 23 déc. 2016, art. 38, en vigueur le 1er janv. 2017)* « R. 811-42-1 » relatives à la surveillance et à l'inspection des administrateurs judiciaires sont applicables aux mandataires judiciaires *(Décr. n° 2017-1225 du 2 août 2017, art. 6)* « et aux personnes désignées dans les conditions du premier alinéa du II de l'article L. 812-2 ».

Art. R. 812-21-1 *(Décr. n° 2016-1851 du 23 déc. 2016, art. 12, en vigueur le 1er janv. 2017)* Les dispositions relatives à la surveillance et à l'inspection des mandataires judiciaires, sont applicables aux personnes mentionnées au III de l'article L. 812-2 sous réserve des dispositions suivantes :

1° Les dispositions relatives à la communication de la situation financière au Conseil national des administrateurs judiciaires et des mandataires judiciaires ne sont pas applicables ;

2° Les magistrats qui procèdent à l'inspection d'une personne mentionnée au III de l'article L. 812-2, peuvent se faire assister, en plus des personnes énumérées au *(Décr. n° 2017-1225 du 2 août 2017, art. 7-1°)* « troisième » alinéa de l'article *(Décr. n° 2017-1225 du 2 août 2017, art. 7-2°)* « R. 811-42 », d'un ou plusieurs *(Décr. n° 2022-949 du 29 juin 2022, art. 67, en vigueur le 1er juill. 2022)* « commissaires de justice », selon le cas ;

3° Les frais occasionnés par l'assistance des personnes mentionnées au 2° et de celles énumérées au deuxième alinéa de l'article *(Décr. n° 2017-1225 du 2 août 2017, art. 7-2°)* « R. 811-42 » sont pris en charge *(Décr. n° 2022-729 du 28 avr. 2022, art. 67, en vigueur le 1er juill. 2022)* « par la chambre régionale des commissaires de justice » compétente. Ils peuvent être recouvrés sur le professionnel inspecté si celui-ci fait l'objet d'une sanction disciplinaire ;

4° Le rapport mentionné au dernier alinéa de l'article R. 811-42-1 est également adressé *(Décr. n° 2022-729 du 28 avr. 2022, art. 67, en vigueur le 1er juill. 2022)* « au président de la chambre régionale des commissaires de justice » compétente.

Art. R. 812-22 Les dispositions des articles R. 811-43 à R. 811-56 relatives à la procédure disciplinaire devant la commission nationale et à la procédure de suspension provisoire devant le *(Décr. n° 2019-966 du 18 sept. 2019, art. 8, en vigueur le 1er janv. 2020)* « tribunal judiciaire » des administrateurs judiciaires sont applicables aux mandataires judiciaires. – *[Décr. n° 85-1389 du 27 déc. 1985, art. 53.]*

Art. R. 812-22-1 *(Décr. n° 2016-1851 du 23 déc. 2016, art. 13, en vigueur le 1er janv. 2017)* Les dispositions relatives à la procédure disciplinaire devant la Commission nationale d'inscription et de discipline des administrateurs judiciaires et des mandataires judiciaires et celles relatives à la procédure de suspension provisoire devant le *(Décr. n° 2019-966 du 18 sept. 2019, art. 8, en vigueur le 1er janv. 2020)* « tribunal judiciaire », des mandataires judiciaires, sont applicables aux personnes mentionnées au III de l'article L. 812-2 sous réserve des dispositions suivantes :

1° La commission ne peut statuer en matière disciplinaire qu'en présence du président et de dix au moins de ses membres ;

2° Le président de la *(Décr. n° 2022-729 du 28 avr. 2022, art. 67, en vigueur le 1er juill. 2022)* « chambre régionale des commissaires de justice » compétente à l'égard des personnes mentionnées au III de l'article L. 812-2 sont *[est]* soumis à l'obligation prévue à l'article R. 811-44. Ils disposent *[Il dispose]* des mêmes prérogatives et sont rendus destinataires *[est rendu destinataire]* des mêmes notifications que celles prévues au profit du président du Conseil national des administrateurs judiciaires et des mandataires judiciaires par les articles R. 811-48 et R. 811-49, s'agissant de la procédure disciplinaire, et par les articles R. 811-50 à R. 811-52, R. 811-55 et R. 811-56, s'agissant de la procédure de suspension provisoire ;

3° Le professionnel cité à comparaître peut se faire assister d'un mandataire judiciaire inscrit, *(Décr. n° 2022-949 du 29 juin 2022, art. 67, en vigueur le 1er juill. 2022)* « *[ou]* d'un commissaire de justice ».

Art. R. 812-23 Les dispositions des articles R. 811-57 à R. 811-59 relatives à l'exécution des sanctions disciplinaires et des mesures de suspension provisoire et relatives à l'administration provisoire sont applicables aux mandataires judiciaires.

Toutefois, pour l'application de l'article R. 811-58, l'administrateur provisoire est choisi parmi les personnes inscrites sur la liste des mandataires judiciaires ou parmi celles qui remplissent les conditions pour y être inscrites. – *[Décr. n° 85-1389 du 27 déc. 1985, art. 54.]*

Art. R. 812-23-1 *Al. abrogé par Décr. n° 2019-1333 du 11 déc. 2019, art. 16, à compter du 1er janv. 2020.*

(Décr. n° 2016-1851 du 23 déc. 2016, art. 14, en vigueur le 1er janv. 2017) Le commissaire du Gouvernement près la Commission nationale d'inscription et de discipline des administrateurs judiciaires et des mandataires judiciaires assure l'exécution des sanctions disciplinaires.

Il informe les procureurs généraux près les cours d'appel des décisions passées en force de chose jugée prononçant l'interdiction temporaire ou définitive ou ordonnant une mesure de suspension provisoire ; ceux-ci portent ces décisions à la connaissance des juridictions de leur ressort.

Pour les dispositions transitoires du Décr. n° 2019-1333 du 11 déc. 2019, V. note ss. art. R. 811-57.

Art. R. 812-23-2 *(Décr. n° 2016-1851 du 23 déc. 2016, art. 14, en vigueur le 1er janv. 2017)* Lorsqu'une personne mentionnée au III de l'article L. 812-2 se trouve dans l'impossibilité d'exercer ses fonctions en raison d'une mesure de suspension ou d'une mesure d'interdiction prononcée dans les conditions prévues aux 3° et 4° du II de l'article L. 814-10-2, le procureur de la République près le *(Décr. n° 2019-966 du 18 sept. 2019, art. 8, en vigueur le 1er janv. 2020)* « tribunal judiciaire » dans le ressort duquel cette personne a son domicile professionnel requiert le président du *(Décr. n° 2019-966 du 18 sept. 2019, art. 8, en vigueur le 1er janv. 2020)* « tribunal judiciaire », statuant sur requête, de désigner sans délai un administrateur provisoire pour exercer les mandats de justice confiés au professionnel empêché ainsi que les actes nécessaires à la gestion de ces mandats. L'administrateur est choisi *(Décr. n° 2022-949 du 29 juin 2022, art. 67, en vigueur le 1er juill. 2022)* « parmi les commissaires de justice ».

Le commissaire du Gouvernement près la Commission nationale requiert l'administrateur provisoire désigné de procéder à l'information des présidents des juridictions ayant décerné des mandats à la personne mentionnée au III de l'article L. 812-2.

Les dispositions relatives à la rémunération de l'administrateur provisoire prévues à l'article R. 811-59 sont applicables.

SECTION 3 *Du salariat*

(Décr. n° 2016-400 du 1er avr. 2016, art. 19)

Art. R. 812-24 Les dispositions des articles R. 811-60 à R. 811-68 sont applicables aux mandataires judiciaires salariés.

CHAPITRE III *DES EXPERTS EN DIAGNOSTIC D'ENTREPRISE*

Le présent chapitre ne comprend pas de dispositions réglementaires.

CHAPITRE IV *DISPOSITIONS COMMUNES*

SECTION 1 *De la Commission nationale d'inscription et de discipline et des recours contre les décisions de la commission* *(Décr. n° 2016-109 du 3 févr. 2016, art. 9).*

Art. R. 814-1 *(Décr. n° 2016-109 du 3 févr. 2016, art. 10)* I. – Les magistrats du parquet, commissaires du Gouvernement auprès de la Commission nationale d'inscription et de discipline des administrateurs judiciaires et des mandataires judiciaires, ainsi que leur suppléant, sont désignés par le garde des sceaux, ministre de la justice. *(Décr. n° 2016-1851 du 23 déc. 2016, art. 15, en vigueur le 1er juill. 2017)* « Les personnes, titulaires ou suppléantes, appelées à siéger au sein de cette commission en application du onzième alinéa de l'article L. 814-1, sont désignées dans les conditions prévues à l'article 32-A du décret du 19 décembre 1945 pris pour l'application du statut des commissaires-priseurs judiciaires et à l'article 74-2 du décret du 29 février 1956 pris pour l'application de l'ordonnance du 2 novembre 1945 relative au statut des huissiers de justice *[textes abrogés au 1er juill. 2022 ; ces conditions de désignation sont désormais prévues à l'art. 36 du Décr. n° 2022-729 du 28 avr. 2022 relatif à l'organisation de la profession de commissaire de justice]*. »

II. – Le mandat du président, du vice-président, des membres de la commission ainsi que celui de leurs suppléants prend effet à la date de la première réunion qui suit leur désignation. Pour cette première réunion, la commission se réunit sur convocation de son secrétaire.

Lorsqu'un membre est définitivement empêché en cours de mandat, il est procédé à son remplacement. Les fonctions du nouveau membre expirent à la date à laquelle auraient cessé celles du membre qu'il remplace.

III. – Le secrétariat de la commission est assuré par un ou plusieurs fonctionnaires du ministère de la justice. La commission rend compte de son activité dans un rapport annuel remis au garde des sceaux, ministre de la justice. Le secrétariat de la commission est chargé de la préparation du rapport annuel d'activité, sous l'autorité du président de la commission.

Les premières personnes désignées en application de l'art. 15 du Décr. n° 2016-1851 du 23 déc. 2016 [le texte vise par erreur l'art. 30] pour siéger au sein de la Commission nationale d'inscription et de discipline des administrateurs judiciaires et des mandataires judiciaires, le sont pour la durée du mandat restant à courir des membres de cette commission au jour de leur nomination (Décr. préc., art. 53-II).

Art. R. 814-1-1 *(Décr. n° 2016-109 du 3 févr. 2016, art. 11)* Les membres de la Commission nationale d'inscription et de discipline ont droit à la prise en charge de leurs frais de déplacement dans les conditions fixées par la réglementation applicable aux fonctionnaires de l'État.

Art. D. 814-1-2 *(Décr. n° 2019-276 du 4 avr. 2019)* Le président de la Commission nationale d'inscription et de discipline des administrateurs judiciaires et des mandataires judiciaires ou son suppléant perçoit, dans la limite d'un plafond annuel, une indemnité forfaitaire pour chaque séance de la commission qu'il préside.

Les membres de la commission titulaires ou suppléants autres que le président perçoivent, dans la limite d'un plafond annuel, soit une indemnité forfaitaire pour chaque séance de la commission à laquelle ils participent, soit une indemnité forfaitaire pour les rapports dont ils sont chargés par le président.

(Décr. n° 2020-1421 du 19 nov. 2020, en vigueur le 1er déc. 2020) « Les deux magistrats du parquet titulaires et leur suppléant, désignés pour exercer les fonctions de commissaire du Gouvernement auprès de la commission, perçoivent, dans la limite d'un plafond annuel, une indemnité forfaitaire pour chaque séance à laquelle ils participent. »

Le montant de ces indemnités et leurs plafonds annuels sont fixés par arrêté conjoint du garde des sceaux, ministre de la justice, du ministre chargé de la fonction publique et du ministre chargé du budget. – *V. Arr. du 11 avr. 2019 (JO 16 avr.), mod. par Arr. du 15 oct. 2020 (JO 21 nov.).*

Art. R. 814-2 Un recours contre la décision de la commission statuant en matière d'inscription peut être exercé devant la cour d'appel de Paris par l'intéressé, le garde des sceaux, ministre de la justice, le commissaire du Gouvernement et le président du Conseil national, dans le délai d'un mois à compter de la date de réception de la lettre de notification de la décision.

Le recours est formé soit par déclaration au greffe de la cour d'appel, soit par lettre recommandée avec demande d'avis de réception adressée au greffier en chef.

Le greffier en chef en avise, selon le cas, l'intéressé, le garde des sceaux, ministre de la justice, le commissaire du Gouvernement ou le président du Conseil national.

Le recours est instruit et jugé selon les règles applicables à la procédure sans représentation obligatoire. – *[Décr. n° 85-1389 du 27 déc. 1985, art. 20.]*

L'art. R. 814-1 a été renuméroté R. 814-2 par le Décr. n° 2016-109 du 3 févr. 2016, art. 12.

Art. R. 814-2-1 Un recours peut être exercé devant la cour d'appel de Paris, dans le délai d'un mois à compter de la notification de la décision de la commission statuant en matière disciplinaire *(Décr. n° 2011-1660 du 29 nov. 2011, art. 8-1°, en vigueur le 1er déc. 2011)* « ou sur le fondement du premier alinéa de l'article L. **811-6** », par l'intéressé, le garde des sceaux, ministre de la justice, et le commissaire du Gouvernement. Il peut également être exercé, dans le même délai, par *(Décr. n° 2011-1660 du 29 nov. 2011, art. 8-2°, en vigueur le 1er déc. 2011)* « le ministère public » *(Décr. n° 2016-1851 du 23 déc. 2016, art. 16, en vigueur le 1er janv. 2017)* « , le président du Conseil national et *(Décr. n° 2022-729 du 28 avr. 2022, art. 67, en vigueur le 1er juill. 2022)* « par le président de la chambre régionale des commissaires de justice » compétente » lorsqu'ils ont engagé l'action *(Abrogé par Décr. n° 2011-1660 du 29 nov. 2011, art. 8-2°, à compter du 1er déc. 2011)* « ***disciplinaire*** ». Il est formé soit par déclaration remise contre récépissé au greffe de la cour d'appel de Paris, soit par lettre recommandée avec demande d'avis de réception adressée au greffier en chef.

Le recours est instruit et jugé selon les règles applicables à la procédure sans représentation obligatoire.

La décision de la cour d'appel est notifiée, par le greffe, par lettre recommandée avec demande d'avis de réception, aux personnes mentionnées à l'alinéa premier. – *[Décr. n° 85-1389 du 27 déc. 1985, art. 28-1.]*

L'art. R. 814-2 a été renuméroté R. 814-2-1 par le Décr. n° 2016-109 du 3 févr. 2016, art. 12.

Si aucun texte ne prévoit l'intervention du président du Conseil national devant la cour d'appel lorsqu'il n'est pas l'autorité poursuivante, aucun texte ne lui interdit d'intervenir à l'instance, dès lors qu'il remplit les conditions de l'art. 554 C. pr. civ., selon les règles applicables à la procédure sans représentation obligatoire, laquelle n'exclut pas la représentation par avocat. • Com. 14 janv. 2014, n° 12-28.008 P : *LEDEN 4/2014. 4, obs. Pelletier ; BJE 2014. 160, note Favario.*

SECTION 2 *De la représentation des professions auprès des pouvoirs publics*

Art. R. 814-3 Le Conseil national établit un ensemble de règles professionnelles soumis à l'approbation du garde des sceaux, ministre de la justice. – *V. Arr. du 18 juill. 2018.*

Le garde des sceaux, ministre de la justice peut demander au Conseil national d'actualiser ou de réviser ces règles dans un délai qu'il lui impartit.

Ces règles prévoient notamment :

1° Les modalités d'organisation et de financement de la formation professionnelle ;

2° L'harmonisation des méthodes comptables utilisées par chaque professionnel, la tenue quotidienne obligatoire d'une comptabilité permettant de s'assurer de la représentation des fonds, effets, titres et autres valeurs appartenant à autrui, et l'agrément des systèmes informatiques de tenue de la comptabilité ;

3° Les conditions de délégation de signature au sein de l'étude et de conservation des pièces justificatives ainsi que les autres mesures propres à assurer la sécurité dans la gestion des dossiers *(Décr. n° 2006-1709 du 23 déc. 2006, art. 8)* « et la gestion des fonds de tiers » ;

4° Les conditions dans lesquelles l'administrateur judiciaire ou le mandataire judiciaire fait connaître à l'autorité mandante les intérêts économiques et financiers qu'il détient, directement ou indirectement, et qui peuvent faire obstacle à l'attribution d'un mandat dans une affaire déterminée ;

(Décr. n° 2006-1709 du 23 déc. 2006, art. 8) « 5° Les modalités de présentation des demandes des administrateurs judiciaires et des mandataires judiciaires aux fins d'arrêté de leurs émoluments ainsi que les autres mesures propres à permettre le contrôle du respect des règles relatives à leur tarif ;

« 6° L'harmonisation de la présentation de leur compte rendu de fin de mission par les administrateurs judiciaires et les mandataires judiciaires ;

« 7° Les conditions dans lesquelles les administrateurs judiciaires et les mandataires judiciaires portent à la connaissance du Conseil national les informations économiques et sociales issues des procédures au titre desquelles ils interviennent ;

« 8° Les conditions dans lesquelles l'administrateur judiciaire ou le mandataire judiciaire qui demande son retrait de la liste ou qui cesse l'exercice individuel de sa profession organise le transfert des dossiers qui lui ont été confiés et des fonds qu'il détient. »

(Décr. n° 2016-1851 du 23 déc. 2016, art. 39, en vigueur le 1er janv. 2017) « Le non-respect des règles professionnelles peut entraîner des poursuites disciplinaires. »

Si ces règles n'ont pas été actualisées ou révisées par le Conseil national dans le délai imparti, elles le sont par le garde des sceaux, ministre de la justice. – *[Décr. n° 85-1389 du 27 déc. 1985, art. 54-1, al. 2 à 10.]*

Pour un arrêt écartant l'application des dispositions de l'arrêté du 11 avr. 2001 au profit du droit commun lors de perquisitions au domicile professionnel d'un mandataire judiciaire, V. • Crim. 18 juin 2003, n° 03-81.979 P : *APC 2003, n° 234, obs. Cerf-Hollender ; RS crim. 2004. 422, obs. Buisson.*

Art. D. 814-3-1 *(Décr. n° 2011-1908 du 20 déc. 2011, art. 2)* Lorsqu'elles établissent ou sont tenues d'établir des comptes annuels dans les conditions définies aux articles L. 123-12 à L. 123-22, les personnes exerçant la profession d'administrateur judiciaire ou de mandataire judiciaire communiquent ces comptes au conseil national dans le délai mentionné au dernier alinéa de l'article L. 811-11.

Dans les autres cas, elles communiquent au conseil national, dans le même délai, les éléments suivants :

1° Une situation de trésorerie établie à l'ouverture de l'exercice comptable de l'étude ;

2° Une situation de trésorerie établie à la clôture de l'exercice comptable de l'étude ;

3° Le chiffre d'affaires hors taxes avant rétrocessions ;

4° Le montant des honoraires versés et rétrocédés ;

5° Les salaires et charges de personnel ;

6° Les dotations aux amortissements ;

7° Les redevances de crédit-bail ;

8° Les locations mobilières et immobilières ;

9° Le résultat net réalisé avant impôt ;

10° Le montant des investissements réalisés ;

11° Le montant détaillé des emprunts restant à rembourser et des concours bancaires courants ;

12° Le montant des loyers non échus sur les contrats de crédit-bail.

Les dispositions du Décr. n° 2011-1908 du 20 déc. 2011 sont applicables aux exercices ouverts à compter du 1er janv. 2012 (Décr. préc., art. 3).

Art. R. 814-3-2 *(Décr. n° 2016-1851 du 23 déc. 2016, art. 17, en vigueur le 1er janv. 2017)* Les règles professionnelles établies par le Conseil national relatives aux questions énumérées aux 2° à 6° et au 8° de l'article R. 814-3 sont applicables aux personnes mentionnées au *(Décr. n° 2017-1225 du 2 août 2017, art. 8)* « deuxième alinéa de l'article L. 811-2 et au premier alinéa du II et du » III de l'article L. 812-2. Leur non-respect peut entraîner des poursuites disciplinaires.

Art. R. 814-4 *(Décr. n° 2017-1225 du 2 août 2017, art. 2-1°, en vigueur le 1er oct. 2017)* « I. – » Pour l'exercice de ses attributions en matière de formation professionnelle, le Conseil national constitue une commission de formation professionnelle, composée des membres suivants :

1° Le président et le vice-président du Conseil national ;

2° Un administrateur judiciaire et un mandataire judiciaire désignés par *[le]* Conseil national ;

3° Un administrateur judiciaire et un mandataire judiciaire désignés par la caisse de garantie ;

4° Un magistrat de l'ordre judiciaire désigné par le garde des sceaux, ministre de la justice ;

5° Un juge consulaire désigné par la conférence des juges consulaires de France ;

6° Trois professeurs, maîtres de conférences ou chargés d'enseignement choisis par le Conseil national.

(Décr. n° 2017-1225 du 2 août 2017, art. 2-2°, en vigueur le 1er oct. 2017) « II. – » Cette commission assiste le Conseil national dans l'organisation de l'enseignement professionnel en vue de la préparation à l'examen d'aptitude aux fonctions d'adminis-

trateur judiciaire et de mandataire judiciaire. Elle met les candidats stagiaires en relation avec les professionnels, facilite la réalisation des stages et en assure le suivi. Elle recommande notamment l'affectation dans une étude des stagiaires qui n'ont pas trouvé de stage. Elle assiste le Conseil national dans l'organisation de la formation continue des professionnels en activité. Le Conseil national valide, après avis de la commission, les formations autres que celles qu'il organise. *(Décr. n° 2017-1225 du 2 août 2017, art. 2-2°, en vigueur le 1er oct. 2017)* « Il vérifie leur lien direct avec l'activité professionnelle exercée. » – *[Décr. n° 85-1389 du 27 déc. 1985, art. 54-1, al. 11 à 18.]*

(Décr. n° 2017-1225 du 2 août 2017, art. 2-3°, en vigueur le 1er oct. 2017) « III. – Le rapport mentionné au quatrième alinéa de l'article L. 814-2 expose les orientations générales retenues en matière de formation continue. Il précise le nombre et la nature des formations validées ainsi que la nature des organismes qui les ont dispensées. »

Art. R. 814-5 Le Conseil national des administrateurs judiciaires et des mandataires judiciaires est composé de seize membres, huit membres représentant les administrateurs judiciaires et huit membres représentant les mandataires judiciaires.

Les membres sont élus au scrutin de liste à la représentation proportionnelle par deux collèges, l'un composé des personnes physiques inscrites sur la liste nationale des administrateurs judiciaires, l'autre composé des personnes physiques inscrites sur la liste nationale des mandataires judiciaires. Chaque collège élit huit membres. Le vote a lieu sans panachage ni vote préférentiel.

Les membres du Conseil national sont élus pour une période de quatre ans, renouvelable une fois. Ils ne sont rééligibles pour un mandat supplémentaire qu'après un intervalle de quatre ans, après l'expiration, le cas échéant, de leur second mandat. – *[Décr. n° 85-1389 du 27 déc. 1985, art. 54-2.]*

Art. R. 814-6 Le bureau du Conseil national organise l'élection. Il détermine les modalités applicables, notamment celles du vote par correspondance, autres que celles prévues par le présent titre, selon des règles soumises à l'approbation du garde des sceaux, ministre de la justice.

Chaque déclaration de candidature indique le titre de la liste présentée. Elle comporte les nom et prénoms du candidat, son domicile professionnel, sa signature, la date à laquelle il a été inscrit sur la liste nationale, ou, lorsqu'il s'agit d'un mandataire judiciaire, la liste régionale si son inscription sur celle-ci est antérieure à l'établissement de la liste nationale.

Chaque liste comprend au moins quatre candidats. Nul ne peut être candidat sur plus d'une liste. – *[Décr. n° 85-1389 du 27 déc. 1985, art. 54-3.]*

Art. R. 814-7 Il est attribué à chaque liste autant d'élus que le nombre de suffrages lui revenant contient de fois le quotient électoral. Le quotient électoral est égal au nombre total des suffrages obtenus par les différentes listes divisé par le nombre de délégués à élire.

Au cas où aucun siège ne peut être pourvu ou s'il reste des sièges à pourvoir, les sièges restants sont attribués sur la base de la plus forte moyenne.

A cet effet, le nombre de voix obtenues par chaque liste est divisé par le nombre, augmenté d'une unité, des sièges attribués à la liste. Les différentes listes sont placées dans l'ordre décroissant des moyennes ainsi obtenues. Le premier siège non pourvu est attribué à la liste ayant la plus forte moyenne.

Il est procédé successivement à la même opération pour chacun des sièges non pourvus, jusqu'au dernier.

Dans le cas où deux listes ont la même moyenne et où il ne reste qu'un siège à pourvoir, il est attribué à la liste qui a obtenu le plus grand nombre de voix.

Si deux listes ont obtenu le même nombre de voix, le candidat le plus âgé est proclamé élu. – *[Décr. n° 85-1389 du 27 déc. 1985, art. 54-6.]*

Art. R. 814-8 Si un membre du Conseil national vient à cesser ses fonctions pour quelque cause que ce soit avant l'expiration de leur durée normale, il est pourvu à son remplacement, dans les trois mois, par le premier candidat non élu de la liste. S'il n'y a plus de candidat non élu sur la liste, il est procédé à une élection au scrutin majoritaire uninominal à un tour par le collège auquel appartenait l'intéressé.

Dans tous les cas, les fonctions du nouveau membre expirent à la date à laquelle auraient pris fin celles du membre qu'il remplace. Si la durée de son mandat est inférieure à deux ans, l'intéressé est éligible pour une période de quatre ans immédiatement renouvelable pour une durée égale. – *[Décr. n° 85-1389 du 27 déc. 1985, art. 54-8.]*

Art. R. 814-9 Tout administrateur judiciaire ou tout mandataire judiciaire peut déférer l'élection des membres du Conseil national à la cour d'appel de Paris dans un délai de dix jours à compter de la proclamation des résultats. La réclamation est remise contre récépissé ou adressée par lettre recommandée avec demande d'avis de réception au greffier en chef de la cour d'appel. Le recours est instruit et jugé selon les règles applicables à la procédure sans représentation obligatoire. – *[Décr. n° 85-1389 du 27 déc. 1985, art. 54-9.]*

Art. R. 814-10 Les membres du Conseil national élisent en leur sein, de manière paritaire, un président, un vice-président et quatre membres, qui constituent le bureau.

Le bureau est élu au scrutin uninominal majoritaire à un tour pour une période de deux ans.

En cas d'égalité des voix, le plus âgé des candidats est proclamé élu.

Le président et le vice-président appartiennent, en alternance, l'un à la profession des administrateurs judiciaires, l'autre à la profession des mandataires judiciaires.

Le président sortant n'est rééligible à cette fonction et à celle de vice-président qu'après un intervalle de quatre années au moins. – *[Décr. n° 85-1389 du 27 déc. 1985, art. 54-10.]*

Art. R. 814-11 Le mandat du président, du vice-président et des membres du bureau prend fin lorsqu'ils cessent de remplir les conditions pour être membres du Conseil national. Il est alors pourvu à leur remplacement dans le délai de trois mois. En ce cas, les fonctions du nouveau membre expirent à l'époque où auraient cessé celles du membre qu'il a remplacé. – *[Décr. n° 85-1389 du 27 déc. 1985, art. 54-11.]*

Art. R. 814-12 Les fonctions de membre du Conseil national et celles de membre du bureau de ce conseil sont gratuites et ne peuvent donner lieu qu'au remboursement de frais de voyage et de séjour, dans les conditions fixées par le Conseil national.

Le président peut percevoir, pour frais de représentation, une indemnité dont le montant est fixé par le Conseil national. – *[Décr. n° 85-1389 du 27 déc. 1985, art. 54-12.]*

Art. R. 814-13 Le Conseil national ne peut valablement délibérer qu'en présence de cinq membres au moins de chaque collège, le bureau de deux membres au moins de chaque profession.

En cas de partage égal des voix, le président a voix prépondérante. – *[Décr. n° 85-1389 du 27 déc. 1985, art. 54-13.]*

Art. R. 814-14 Le Conseil national des administrateurs judiciaires et des mandataires judiciaires établit son budget. Il dresse, le 1er mars de chaque année, son bilan pour les opérations de l'année précédente. Ce bilan est certifié par un commissaire aux comptes choisi par le bureau.

Il fixe le montant de la cotisation que verse annuellement au Conseil national chaque administrateur judiciaire et chaque mandataire judiciaire ainsi que la fraction de cette cotisation affectée à la formation professionnelle. – *[Décr. n° 85-1389 du 27 déc. 1985, art. 54-14.]*

Art. R. 814-15 Le Conseil national élabore un règlement intérieur qui régit son mode de fonctionnement et celui du bureau et fixe les prérogatives des organes du Conseil. Ce règlement et ses modifications ultérieures doivent être adoptées par une majorité des deux tiers du Conseil.

Le président du Conseil national convoque celui-ci au moins une fois par trimestre et chaque fois qu'il le juge utile. Il le convoque également sur un ordre du jour déterminé à la demande de quatre membres du Conseil ou du garde des sceaux, ministre de la justice. – *[Décr. n° 85-1389 du 27 déc. 1985, art. 54-15.]*

SECTION 3 *De la garantie de la représentation des fonds, de la responsabilité civile professionnelle, de la rémunération et de la formation professionnelle continue* (*Décr. n° 2017-1225 du 2 août 2017, art. 3-I, en vigueur le 1er oct. 2017*).

SOUS-SECTION 1 *De la garantie de la représentation des fonds et de la responsabilité civile professionnelle*

Art. R. 814-16 La caisse de garantie instituée à l'article L. 814-3 a son siège à Paris. – [*Décr. n° 85-1389 du 27 déc. 1985, art. 71.*]

Art. R. 814-17 La caisse de garantie est gérée par un conseil d'administration composé de douze membres, dont six administrateurs judiciaires et six mandataires judiciaires, inscrits sur les listes nationales.

Ces membres sont élus pour cinq ans. Les six administrateurs judiciaires sont élus par les personnes physiques inscrites sur la liste nationale des administrateurs judiciaires et les six mandataires judiciaires par celles inscrites sur la liste nationale des mandataires judiciaires.

En cas de vacance d'un siège pour quelque cause que ce soit, notamment lorsque le professionnel concerné a obtenu son transfert d'inscription de la liste nationale des administrateurs judiciaires sur la liste nationale des mandataires judiciaires ou réciproquement, le siège est pourvu par le premier candidat non élu dans la catégorie professionnelle concernée.

S'il n'y a plus de candidat non élu, il est procédé à une élection au scrutin uninominal majoritaire à un tour.

Dans tous les cas, les fonctions des nouveaux membres expirent à la date à laquelle auraient cessé celles des membres qu'ils remplacent. – [*Décr. n° 85-1389 du 27 déc. 1985, art. 72, al. 1er à 5.*]

Art. R. 814-18 Les élections sont organisées par le conseil d'administration de la caisse de garantie qui détermine les modalités qui leur sont applicables selon des règles soumises à l'approbation du garde des sceaux, ministre de la justice. Le bureau chargé du dépouillement des votes comprend le président, le vice-président, le secrétaire et le trésorier du conseil d'administration de la caisse.

Les candidats qui, dans chaque collège, ont obtenu le plus grand nombre de voix sont élus.

Les réclamations sont portées devant la cour d'appel de Paris.

Les membres de la caisse ne sont rééligibles qu'une fois.

Sous réserve des dispositions du présent article, les règles de l'article R. 811-3 sont applicables à l'élection des membres du conseil d'administration. – [*Décr. n° 85-1389 du 27 déc. 1985, art. 72, al. 6 à 10.*]

V. art. A. 814-3.

Art. R. 814-19 Le conseil d'administration élit parmi ses membres un président, un vice-président, un secrétaire et un trésorier.

Les décisions sont prises à la majorité des voix. En cas de partage égal des voix, celle du président est prépondérante.

Le magistrat du parquet chargé des fonctions de commissaire du Gouvernement auprès de la caisse de garantie et son suppléant sont désignés par le garde des sceaux, ministre de la justice.

Le président et le vice-président du Conseil national des administrateurs judiciaires et des mandataires judiciaires ou leur représentant désigné parmi les membres du Conseil national siègent au sein du conseil d'administration de la caisse avec voix consultative. – [*Décr. n° 85-1389 du 27 déc. 1985, art. 73.*]

Art. R. 814-20 Le conseil d'administration fixe les dépenses de gestion de la caisse de garantie et gère son actif.

Il établit, avant le 31 mars de chaque année, le bilan de la caisse pour les opérations de l'année précédente. Ce bilan est certifié par un commissaire aux comptes choisi par le conseil d'administration de la caisse de garantie.

Le conseil d'administration réunit une assemblée générale des cotisants pour lui présenter ce bilan. – *[Décr. n° 85-1389 du 27 déc. 1985, art. 74.]*

Art. R. 814-21 Le montant des cotisations des administrateurs judiciaires et des mandataires judiciaires inscrits est fixé chaque année par le conseil d'administration de la caisse de garantie sur la base du montant des fonds non distribués par le professionnel au 31 décembre de l'année précédente pour la garantie en matière de représentation des fonds et sur celle du chiffre d'affaires de l'étude pour la garantie concernant la responsabilité civile professionnelle.

En cas de désaccord du commissaire du Gouvernement sur le montant des cotisations, celui-ci est fixé par arrêté conjoint du ministre chargé de l'économie et du garde des sceaux, ministre de la justice. – *[Décr. n° 85-1389 du 27 déc. 1985, art. 75.]*

V. note ss. art. L. 814-3.

Art. R. 814-22 Les fonds disponibles de la caisse de garantie sont obligatoirement déposés à la Caisse des dépôts et consignations. Ils peuvent être placés en obligations et autres valeurs émises ou garanties par un État membre de la Communauté européenne. – *[Décr. n° 85-1389 du 27 déc. 1985, art. 76.]*

Art. R. 814-23 Les contrats d'assurance de responsabilité civile professionnelle doivent prévoir une garantie minimale de 800 000 € par sinistre et par an pour chaque personne assurée. – *[Décr. n° 85-1389 du 27 déc. 1985, art. 78.]*

Art. R. 814-24 Les garanties dont doivent justifier l'administrateur judiciaire non inscrit sur la liste nationale, désigné dans les conditions prévues par le deuxième alinéa de l'article L. 811-2 et le mandataire judiciaire non inscrit sur la liste nationale, désigné dans les conditions prévues par le premier alinéa du II *(Décr. n° 2016-1851 du 23 déc. 2016, art. 18, en vigueur le 1er janv. 2017)* « ou du III » de l'article L. 812-2, doivent être au moins équivalentes à celles prévues à l'article R. 814-23.

Lorsque l'assurance a été souscrite par l'intermédiaire de la caisse de garantie, ses modalités en sont fixées, après avis du commissaire du Gouvernement, par accord entre le professionnel non inscrit et la caisse. – *[Décr. n° 85-1389 du 27 déc. 1985, art. 79.]*

Art. R. 814-25 Le président du conseil d'administration de la caisse de garantie informe le procureur général près la cour d'appel dans le ressort de laquelle l'intéressé a son domicile professionnel, le commissaire du Gouvernement près la commission d'inscription et de discipline, le magistrat coordonnateur mentionné à l'article R. 811-40, ainsi que le président du Conseil national, de toute action en responsabilité civile professionnelle exercée contre un administrateur judiciaire ou un mandataire judiciaire. – *[Décr. n° 85-1389 du 27 déc. 1985, art. 79-1.]*

Art. R. 814-26 La caisse de garantie peut souscrire des contrats d'assurance groupe permettant le service, au profit de ses adhérents qui souhaitent en bénéficier, de prestations en matière de retraite complémentaire et de prévoyance sociale. – *[Décr. n° 85-1389 du 27 déc. 1985, art. 80.]*

SOUS-SECTION 2 *De la rémunération*

Art. R. 814-27 La rémunération des administrateurs judiciaires au titre des mandats qui leur sont confiés en matière civile est fixée sur justification de l'accomplissement de leur mission par le président de la juridiction les ayant désignés.

Cette décision est susceptible de recours selon les règles des articles 714 à 718 du code de procédure civile. – *[Décr. n° 85-1389 du 27 déc. 1985, art. 104.]*

1. Le président de la juridiction ayant confié un mandat en matière civile à un administrateur judiciaire qui fixe la rémunération de celui-ci n'est pas tenu de procéder selon la procédure de taxe et sa décision, prise conformément aux dispositions des art. 720 et 721 C. pr. civ., est, aux termes de l'art. R. 814-27 C. com., susceptible de recours selon les règles des art. 714 à 718 C. pr. civ. • Civ. 2e, 12 janv. 2017, n° 16-12.536 P : *D. 2017. Chron. C. cass. 610, obs. Touati et Becuwe*.

2. En dépit de l'effet rétroactif attaché à la rétractation de l'ordonnance ayant désigné, sur requête, un administrateur provisoire, celui-ci est bien fondé à solliciter une rémunération pour ses diligences. • Com. 24 janv. 2024, n° 22-11.768 B : *RJDA 2024, n° 286.*

Art. R. 814-28 Le président de la juridiction qui confie une mission à un administrateur judiciaire, en matière civile, peut fixer le montant d'une provision à valoir sur la rémunération de ce professionnel. – *[Décr. n° 85-1389 du 27 déc. 1985, art. 105.]*

SOUS-SECTION 3 *De la formation professionnelle continue*

(Décr. n° 2017-1225 du 2 août 2017, art. 3-II, en vigueur le 1er oct. 2017)

Art. R. 814-28-1 La durée de la formation professionnelle prévue par l'article L. 814-9 est de vingt heures au cours d'une année civile ou de quarante heures au cours de deux années consécutives.

Art. R. 814-28-2 La formation continue porte sur les domaines juridique, économique, financier, comptable, social et sur la déontologie. Elle est en lien direct avec l'activité professionnelle exercée.

Art. R. 814-28-3 Le Conseil national des administrateurs judiciaires et mandataires judiciaires définit les orientations générales et les différentes matières sur lesquelles porte l'obligation de formation.

Au cours des deux premières années d'exercice professionnel, la formation inclut dix heures au moins portant sur la déontologie des administrateurs judiciaires et mandataires judiciaires, le statut professionnel et la gestion d'un office.

Art. R. 814-28-4 Les activités validées au titre de l'obligation de formation continue sont :

1° La participation aux actions *(Décr. n° 2019-1143 du 7 nov. 2019, art. 7)* « d'adaptation et de développement des compétences, d'acquisition, d'entretien ou de perfectionnement des connaissances et de formation relatives à l'économie et à la gestion de l'entreprise ». Le Conseil national des administrateurs judiciaires et des mandataires judiciaires retient parmi elles celles qu'il estime prioritaires ;

2° L'assistance à des colloques, à des conférences ou à des séminaires *(Abrogé par Décr. n° 2019-1143 du 7 nov. 2019, art. 7)* « *organisés dans les conditions définies à l'article L. 6353-1 du code du travail* », dans la limite de dix heures par an ;

3° L'assistance à des programmes d'autoformation encadrée ou à des formations ou enseignements à distance, dans la limite de dix heures par an ;

4° L'animation de formation, de colloque, de conférence et de séminaire et la dispense d'enseignement dans un cadre professionnel ou universitaire ;

5° La publication de travaux à caractère technique ou la participation à ceux-ci.

Art. R. 814-28-5 Les formations mentionnées aux 1° à 4° de l'article R. 814-28-4 sont accomplies auprès du Conseil national des administrateurs judiciaires et des mandataires judiciaires, des établissements universitaires ou d'organismes de formation, enregistrés ou ayant déposé une déclaration d'activité en cours d'enregistrement, conformément aux dispositions des articles L. 6351-1 à L. 6351-8 et R. 6351-1 à R. 6351-7 du code du travail.

Art. R. 814-28-6 Les organismes dispensant des formations définies aux 1° à 4° de l'article R. 814-28-4 délivrent à la personne ayant accompli les activités validées au titre de la formation continue, une attestation mentionnant les objectifs, le contenu, la durée, et la date de réalisation de l'activité. Lorsqu'il s'agit d'un colloque, d'une conférence ou d'un séminaire, ce document atteste de la présence du professionnel à cette manifestation.

Art. R. 814-28-7 Les administrateurs judiciaires et mandataires judiciaires déclarent, au plus tard le 31 janvier, auprès du Conseil national des administrateurs judiciaires et mandataires judiciaires les conditions dans lesquelles ils ont satisfait à leur obligation de formation continue au cours de l'année écoulée. Les justificatifs utiles à la vérification du respect de cette obligation sont joints à cette déclaration.

Le Conseil national adresse chaque année, au plus tard le 31 mars, au magistrat coordonnateur mentionné au deuxième alinéa de l'article R. 811-40, la liste des administrateurs judiciaires et mandataires judiciaires qui n'ont pas satisfait à leur obligation de formation professionnelle continue et précise les mesures mises en œuvre aux fins de la faire respecter.

SECTION 4 *De la comptabilité, du dépôt de fonds, des contrôles et dispositions diverses*

SOUS-SECTION 1 *De la tenue de la comptabilité et du dépôt des fonds*

Art. R. 814-29 Les administrateurs judiciaires et les mandataires judiciaires ouvrent, pour chaque mandat reçu, dans le cadre d'une comptabilité spéciale, un compte qui enregistre l'ensemble des mouvements concernant ce mandat ainsi que les opérations liées à ces mouvements.

La comptabilité spéciale de chaque administrateur judiciaire et de chaque mandataire judiciaire, arrêtée au 30 juin et au 31 décembre, fait l'objet d'un contrôle effectué par un commissaire aux comptes. Le mandataire de justice avise par lettre recommandée avec demande d'avis de réception le commissaire aux comptes choisi qui donne sa réponse dans les mêmes formes.

L'administrateur judiciaire et le mandataire judiciaire désignent un commissaire aux comptes suppléant dont les fonctions sont exercées dans les conditions prévues à l'article L. 823-1.

Le magistrat inspecteur régional et le magistrat coordonnateur mentionné à l'article R. 811-40 sont informés, dans les quinze jours, de toutes les décisions de nomination et de cessation de fonctions du commissaire aux comptes et de son suppléant. – *[Décr. n° 85-1389 du 27 déc. 1985, art. 58.]*

Art. R. 814-30 Le commissaire aux comptes informe le magistrat inspecteur régional, le magistrat coordonnateur mentionné à l'article R. 811-40 et le président du Conseil national des anomalies ou irrégularités, affectant ou non la représentation des fonds, dont il a connaissance au cours de l'exécution de sa mission. Il révèle les faits délictueux dont il a connaissance aux procureurs de la République près les *(Décr. n° 2019-966 du 18 sept. 2019, art. 8, en vigueur le 1er janv. 2020)* « tribunaux judiciaires » dans le ressort desquels le mandataire de justice a son domicile professionnel et, le cas échéant, son ou ses bureaux annexes.

Le commissaire aux comptes fait parvenir, avant le 15 mars et le 15 septembre de chaque année, au magistrat inspecteur régional, au magistrat coordonnateur, au procureur de la République près le *(Décr. n° 2019-966 du 18 sept. 2019, art. 8, en vigueur le 1er janv. 2020)* « tribunal judiciaire » dans le ressort duquel le mandataire de justice a son domicile professionnel ou un bureau annexe et au président du conseil national, une attestation de vérification de la comptabilité spéciale du mandataire de justice intéressé.

Cette attestation indique le montant des fonds, effets, titres et autres valeurs détenus par catégorie de mission et par établissement de crédit et mentionne toute anomalie ou irrégularité constatée.

Tout professionnel faisant l'objet d'une décision de retrait de la liste professionnelle, pour quelque motif que ce soit, en avise sans délai le commissaire aux comptes qu'il a désigné conformément à l'article R. 814-29. Celui-ci, dans le délai d'un mois à compter de la réception de cet avis, remet aux autorités mentionnées au deuxième alinéa une attestation de vérification de la comptabilité spéciale, établie au jour de la cessation des fonctions. – *[Décr. n° 85-1389 du 27 déc. 1985, art. 58-2.]*

Art. R. 814-31 Chaque mandat, judiciaire ou amiable, reçu par l'administrateur judiciaire ou le mandataire judiciaire est inscrit par ordre chronologique d'arrivée à l'étude sur un répertoire mentionnant notamment le numéro d'ordre, le nom de la juridiction mandante ou la qualité du mandant, la date de la décision de désignation, le nom de l'affaire, la nature de la mission, l'identification des établissements financiers auprès desquels les fonds sont déposés, la date et les modalités de l'achèvement de la mission. – *[Décr. n° 85-1389 du 27 déc. 1985, art. 59.]*

Art. R. 814-32 La comptabilité spéciale des administrateurs judiciaires et des mandataires judiciaires est tenue en partie double. Elle comprend obligatoirement un livre journal, des journaux auxiliaires, un grand livre, des grands livres auxiliaires des comptes individuels ouverts pour chaque mandat, une balance, un recueil des états périodiques et des reçus pour les versements d'espèces.

Elle respecte les règles professionnelles prévues à l'article R. 814-3. – *[Décr. n° 85-1389 du 27 déc. 1985, art. 60.]*

Art. R. 814-33 Les journaux auxiliaires mentionnent par ordre chronologique l'ensemble des opérations mentionnées à l'article R. 814-29.

Ils indiquent pour chaque opération la date, le nom de l'affaire, le libellé de l'opération et son montant. S'il s'agit d'une recette en espèces, le numéro du reçu est indiqué au regard de celle-ci dans une colonne du livre journal réservée à cet effet. – *[Décr. n° 85-1389 du 27 déc. 1985, art. 61.]*

Art. R. 814-34 Des états sont établis chaque trimestre par les administrateurs judiciaires et les mandataires judiciaires pour tous les mandats n'ayant pas fait l'objet d'une reddition des comptes.

Ces états mentionnent pour chaque mandat : le numéro de l'affaire au répertoire, le nom de celle-ci, le nom de la juridiction mandante ou la qualité du mandant, la date de la décision de désignation, la nature de la mission concernée, les mouvements comptables enregistrés pour l'affaire depuis l'origine, les mouvements et le solde par compte ouvert à la Caisse des dépôts et consignations et dans d'autres établissements financiers, ainsi que l'ensemble des fonds, effets, titres ou valeurs appartenant à autrui et, le cas échéant, les espèces disponibles aux mains du professionnel. – *[Décr. n° 85-1389 du 27 déc. 1985, art. 63.]*

Art. R. 814-35 L'administrateur judiciaire ou le mandataire judiciaire adresse les états prévus à l'article précédent dans les quinze jours qui suivent l'achèvement du trimestre au greffe du tribunal de commerce et, s'il y a lieu, du *(Décr. n° 2019-966 du 18 sept. 2019, art. 8, en vigueur le 1er janv. 2020)* « tribunal judiciaire », ainsi qu'au procureur de la République près le *(Décr. n° 2019-966 du 18 sept. 2019, art. 8, en vigueur le 1er janv. 2020)* « tribunal judiciaire » dans le ressort duquel il a son domicile professionnel, pour l'ensemble de ses mandats. Il adresse ces mêmes états au greffe du tribunal de commerce et, s'il y a lieu, du *(Décr. n° 2019-966 du 18 sept. 2019, art. 8, en vigueur le 1er janv. 2020)* « tribunal judiciaire », ainsi qu'aux procureurs de la République près les *(Décr. n° 2019-966 du 18 sept. 2019, art. 8, en vigueur le 1er janv. 2020)* « tribunaux judiciaires » dans le ressort desquels il a son ou ses bureaux annexes, pour ses mandats concernant ces bureaux annexes. – *[Décr. n° 85-1389 du 27 déc. 1985, art. 64.]*

Art. R. 814-36 Un reçu numéroté est délivré pour toute remise du fonds en espèces. La série des numéros est ininterrompue, les reçus doivent être utilisés dans l'ordre numérique. Chaque reçu mentionne le nom et l'adresse du mandataire de justice, la date de la recette, son montant en lettres et en chiffres, le nom et l'adresse de la partie versante, le nom de l'affaire à laquelle ce règlement s'applique et la cause de celuici. – *[Décr. n° 85-1389 du 27 déc. 1985, art. 65.]*

Art. R. 814-37 A tout moment, le total des sommes dont l'administrateur judiciaire ou le mandataire judiciaire est comptable au titre d'un mandat doit être couvert par les fonds, effets, titres et autres valeurs appartenant à autrui déposés sur les comptes ouverts à la Caisse des dépôts et consignations et dans d'autres établissements financiers, et par les espèces en caisse.

Les fonds détenus au titre d'un mandat ne peuvent en aucun cas être utilisés au bénéfice d'un autre mandat. – *[Décr. n° 85-1389 du 27 déc. 1985, art. 66.]*

Art. D. 814-37-1 *(Décr. n° 2017-304 du 8 mars 2017, art. 1er, en vigueur le 1er mai 2017)* Les seuils mentionnés à l'article L. 814-15 sont fixés :

1° A 250 salariés employés par le débiteur à la date de la demande d'ouverture de la procédure *(Décr. n° 2020-101 du 7 févr. 2020, art. 11)* « , ce nombre étant déterminé conformément aux dispositions du 4° de l'article R. 621-1 » ;

2° A 20 millions d'euros de chiffre d'affaires, défini conformément aux dispositions du *(Décr. n° 2020-101 du 7 févr. 2020, art. 11)* « sixième » alinéa de l'article D. 123-200, apprécié à la date de clôture du dernier exercice comptable.

Les dispositions du Décr. n° 2017-304 du 8 mars 2017 ne s'appliquent qu'aux procédures ouvertes à compter du 1er mai 2017 (Décr. préc., art. 3).

Les dispositions de l'art. 11 du Décr. n° 2020-101 du 7 févr. 2020 ne s'appliquent pas aux procédures ouvertes à la date d'entrée en vigueur dudit Décr. (Décr. préc., art. 15, JO 8 févr.).

Art. R. 814-38 Les dispositions des articles R. 814-29 à R. 814-41 s'appliquent également aux mandataires de justice autorisés à poursuivre un ou plusieurs dossiers en cours après leur retrait de la liste professionnelle, dans les conditions prévues aux articles L. 811-8 et L. 812-6, ainsi qu'aux personnes physiques désignées par les tribunaux dans les conditions prévues par le deuxième alinéa de l'article L. 811-2 et par le premier alinéa du II de l'article L. 812-2. – *[Décr. n° 85-1389 du 27 déc. 1985, art. 66-1.]*

Art. R. 814-39 Les sommes disponibles déposées sur les comptes bancaires ouverts au nom du débiteur ayant fait l'objet d'un jugement arrêtant un plan de cession doivent être versées à la Caisse des dépôts et consignations dans les quinze jours du prononcé de ce jugement. Ces comptes bancaires peuvent néanmoins continuer à fonctionner, pour la couverture des effets ou moyens de paiement émis avant la date du jugement. – *[Décr. n° 85-1389 du 27 déc. 1985, art. 68.]*

Art. R. 814-40 Lorsqu'un administrateur judiciaire ou un mandataire judiciaire dépose des fonds à la Caisse des dépôts et consignations sur un compte global rémunéré, il fait apparaître une fois par trimestre et à la fin de sa mission, en comptabilité spéciale ainsi que sur les états prévus à l'article R. 814-34, les sommes provenant des intérêts produits au profit de chaque entreprise. Ces sommes sont calculées au prorata des soldes moyens de chaque entreprise tels qu'ils apparaissent dans la comptabilité spéciale. – *[Décr. n° 85-1389 du 27 déc. 1985, art. 68-1.]*

Art. R. 814-41 Les administrateurs judiciaires dans l'exercice des mandats qui leur sont confiés en matière civile sont tenus de déposer à un compte ouvert à leur nom à la Caisse des dépôts et consignations, dès leur réception, tous les fonds qu'ils ont reçus dans le cadre des missions de justice, y compris les provisions pour frais et honoraires.

Ces sommes ne peuvent faire l'objet d'un retrait à leur profit qu'après fixation de leurs honoraires ou provisions par le juge. De même, tous les titres dont ils assurent la gestion sont remis pendant la durée de leur mission à la Caisse des dépôts et consignations. – *[Décr. n° 85-1389 du 27 déc. 1985, art. 69.]*

Art. R. 814-41-1 *(Décr. n° 2016-1851 du 23 déc. 2016, art. 19, en vigueur le 1er janv. 2017)* Les dispositions de la présente sous-section sont applicables aux personnes mentionnées au III de l'article L. 812-2 à l'exception des articles R. 814-38 et R. 814-41, y compris lorsqu'elles ont été autorisées à poursuivre un ou plusieurs dossiers en cours après la cessation de *(Décr. n° 2017-1225 du 2 août 2017, art. 9)* « leurs » fonctions dans les conditions prévues à l'article L. 812-6.

Le président *(Décr. n° 2022-729 du 28 avr. 2022, art. 67, en vigueur le 1er juill. 2022)* « de la chambre régionale des commissaires de justice » compétente est également destinataire de l'information prévue au premier alinéa de l'article R. 814-30.

SOUS-SECTION 2 *Des contrôles*

Art. R. 814-42 *(Décr. n° 2016-1851 du 23 déc. 2016, art. 20, en vigueur le 1er janv. 2017)* Chaque professionnel est soumis tous les trois ans à un contrôle qui porte sur l'ensemble de son activité.

Par dérogation à l'alinéa précédent, la personne mentionnée au III de l'article L. 812-2 est soumise à un contrôle, qui porte sur l'activité pour laquelle elle a été désignée, lorsque le nombre des mandats ainsi exercés dépasse un seuil fixé par décret, sans que le délai entre deux contrôles puisse être inférieur à trois ans.

Les professionnels et personnes mentionnés aux alinéas précédents peuvent en outre, à tout moment, être soumis à un contrôle occasionnel qui porte soit sur une question particulière, soit sur l'ensemble de leur activité.

Peuvent également être soumis à un contrôle occasionnel les mandataires de justice retirés des listes professionnelles ou les personnes mentionnées au III de l'article L. 812-2, qui sont autorisés à poursuivre un ou plusieurs dossiers en cours en vertu des articles L. 811-8 et L. 812-6.

(Décr. n° 2017-1225 du 2 août 2017, art. 10) « Peuvent de même être soumis à un contrôle occasionnel les personnes mentionnées au deuxième alinéa de l'article L. 811-2 ou au premier alinéa du II de l'article L. 812-2. »

Pour la légalité du Décr. n° 2016-1851 du 23 déc. 2016, V. • CE 28 déc. 2017, n° 408420 : *APC 2018, n° 89, obs. F. Legrand.*

Art. D. 814-42-1 *(Décr. n° 2016-1851 du 23 déc. 2016, art. 20, en vigueur le 1er janv. 2017)* **Le seuil mentionné à l'article R. 814-42 est fixé à dix mandats.**

Art. R. 814-42-2 *(Décr. n° 2016-1851 du 23 déc. 2016, art. 20, en vigueur le 1er janv. 2017)* **Le contrôle occasionnel est prescrit par le président du Conseil national, le procureur de la République, le procureur général, le garde des sceaux, ministre de la justice, les commissaires du Gouvernement près la Commission nationale d'inscription et de discipline, les magistrats inspecteurs régionaux ou le magistrat coordonnateur mentionné à l'article R. 811-40.**

Les contrôleurs peuvent recueillir les observations des présidents des juridictions civiles et commerciales du premier degré dans le ressort desquelles le mandataire de justice contrôlé a son domicile professionnel, le cas échéant un bureau annexe, et dans le ressort desquelles il s'est vu confier une mission. Les contrôleurs peuvent recueillir les observations du procureur de la République près ces juridictions, du commissaire aux comptes chargé du contrôle de la comptabilité spéciale de l'intéressé, du trésorier-payeur général, le cas échéant des instances professionnelles représentatives, *(Décr. n° 2017-1225 du 2 août 2017, art. 11)* **« de l'ordre professionnel ou de l'organe représentatif dont relève le professionnel, » ainsi que de l'association pour la gestion du régime d'assurance des créances des salariés.**

Art. R. 814-43 **Avant la fin de chaque année, le président du Conseil national adresse au garde des sceaux, ministre de la justice, la liste des membres de l'une et de l'autre professions que le bureau du conseil a désignés comme devant faire l'objet du contrôle périodique au cours de l'année suivante. Cette liste est également adressée au commissaire du Gouvernement près** *(Décr. n° 2016-1851 du 23 déc. 2016, art. 21-1°, en vigueur le 1er janv. 2017)* **« de la Commission nationale d'inscription et de discipline », ainsi qu'au magistrat coordonnateur mentionné à l'article R. 811-40.** – *[Décr. n° 85-1389 du 27 déc. 1985, art. 54-17.]*

(Décr. n° 2016-1851 du 23 déc. 2016, art. 21-2°, en vigueur le 1er janv. 2017) **« Avant la fin de chaque année, les magistrats inspecteurs régionaux adressent au garde des sceaux, ministre de la justice et au magistrat coordonnateur mentionné à l'article R. 811-40, la liste des personnes mentionnées au III de l'article L. 812-2 devant faire l'objet du contrôle périodique au cours de l'année suivante. Le magistrat coordonnateur transmet cette liste au président du Conseil national, au commissaire du Gouvernement près la Commission nationale d'inscription et de discipline, et** *(Décr. n° 2022-729 du 28 avr. 2022, art. 67, en vigueur le 1er juill. 2022)* **« à la chambre régionale des commissaires de justice » compétente. »**

Art. R. 814-44 *(Décr. n° 2016-1851 du 23 déc. 2016, art. 22, en vigueur le 1er janv. 2017)* **I. – Avant la fin du troisième trimestre de chaque année, le président du Conseil national soumet à l'agrément du garde des sceaux, ministre de la justice, une liste des administrateurs judiciaires et des mandataires judiciaires susceptibles de procéder aux contrôles au cours de l'année suivante. Cette liste comprend au moins vingt administrateurs judiciaires et au moins quarante mandataires judiciaires.**

II. – Le président de *(Décr. n° 2022-729 du 28 avr. 2022, art. 67, en vigueur le 1er juill. 2022)* **« la Chambre nationale des commissaires de justice » soumettent** *[soumet]*, **selon les mêmes modalités, une liste des membres de leur profession respective** *[sa profession]* **susceptibles de procéder aux contrôles au cours de l'année suivante, à l'agrément du garde des sceaux, ministre de la justice. Cette liste comprend au moins quarante huissiers de justice et au moins vingt commissaires-priseurs judiciaires** *[à compter du 1er juill. 2022, les professions d'huissier de justice et de commissaire-priseur judiciaire sont fusionnées dans une nouvelle profession de commissaire de justice]*.

III. – Le garde des sceaux, ministre de la justice, peut refuser son agrément à l'un ou plusieurs des professionnels figurant sur les listes soumises. Le président du Conseil national et, selon le cas, celui de *(Décr. n° 2022-729 du 28 avr. 2022, art. 67, en vigueur le 1er juill. 2022)* **« la Chambre nationale des commissaires de justice » disposent d'un délai de quinze jours à compter de la notification de la décision de refus d'agrément pour proposer une liste complémentaire.**

IV. – Le garde des sceaux, ministre de la justice, agrée par arrêté les *(Abrogé par Décr. n° 2017-1225 du 2 août 2017, art. 12)* *« autres »* personnes spécialement habilitées à procéder à des contrôles occasionnels, dont les noms lui sont soumis par le président du Conseil national, et celui de *(Décr. n° 2022-729 du 28 avr. 2022, art. 67, en vigueur le 1er juill. 2022)* « la Chambre nationale des commissaires de justice ».

Art. R. 814-45 Le contrôle est effectué par trois contrôleurs :

1° Deux administrateurs judiciaires ou mandataires judiciaires figurant sur la liste prévue à l'article R. 814-44 et n'exerçant pas leur activité dans le même ressort de cour d'appel que le professionnel contrôlé, dont l'un peut être remplacé, dans le cas d'un contrôle occasionnel, par l'une des personnes spécialement habilitées à cette fin ;

2° Un commissaire aux comptes figurant sur une liste établie pour six ans par le garde des sceaux, ministre de la justice, sur proposition du Conseil national des administrateurs judiciaires et des mandataires judiciaires après avis de la Compagnie nationale des commissaires aux comptes, qui ne peut être celui habituellement chargé du contrôle de la comptabilité du professionnel ;

(Décr. n° 2016-1851 du 23 déc. 2016, art. 23-1°, en vigueur le 1er janv. 2017) « 3° Lorsque le contrôle porte sur une personne mentionnée au III de l'article L. 812-2, le second mandataire judiciaire mentionné au 1° est remplacé *(Décr. n° 2022-949 du 29 juin 2022, art. 67, en vigueur le 1er juill. 2022)* « par un commissaire de justice » n'exerçant pas son activité dans le même ressort de cour d'appel que le professionnel contrôlé. »

Ces contrôleurs sont désignés dans le cas d'un contrôle triennal *(Décr. n° 2016-1851 du 23 déc. 2016, art. 23-2°, en vigueur le 1er janv. 2017)* « ou périodique » par le président du Conseil national et dans le cas d'un contrôle occasionnel par l'autorité qui a prescrit celui-ci.

Un arrêté du garde des sceaux, ministre de la justice, fixe l'étendue minimale des vérifications auxquelles les contrôleurs doivent procéder. – *V. art. A. 814-4 s.*

Les frais occasionnés par la présence lors des contrôles du commissaire aux comptes prévu au 2° sont avancés par le Conseil national *(Décr. n° 2016-1851 du 23 déc. 2016, art. 23-3°, et 4°, en vigueur le 1er janv. 2017)* « lorsque le contrôle porte sur un administrateur judiciaire ou un mandataire judiciaire inscrit sur les listes nationales *(Décr. n° 2017-1225 du 2 août 2017, art. 13)* « ou sur une personne mentionnée au deuxième alinéa de l'article L. 811-2 ou au premier alinéa du II de l'article L. 812-2 ».

« Lorsque le contrôle porte sur *[une]* personne mentionnée au III de l'article L. 812-2, les frais occasionnés par la présence, lors des contrôles, d'un mandataire judiciaire et d'un *(Décr. n° 2022-949 du 29 juin 2022, art. 67, en vigueur le 1er juill. 2022)* « commissaire de justice », ainsi que du commissaire aux comptes, sont pris en charge *(Décr. n° 2022-729 du 28 avr. 2022, art. 67, en vigueur le 1er juill. 2022)* « par la chambre régionale des commissaires de justice » compétente. » – *[Décr. n° 85-1389 du 27 déc. 1985, art. 54-19.]*

Art. R. 814-46 Les contrôles occasionnels peuvent être effectués de manière inopinée. – *[Décr. n° 85-1389 du 27 déc. 1985, art. 54-20.]*

Art. R. 814-47 Le professionnel contrôlé peut demander à un confrère de son choix de l'assister lors du contrôle. Il peut également demander au commissaire aux comptes ayant procédé à la vérification de sa comptabilité en application de l'article R. 814-29 ou à un expert-comptable de son choix d'assister au contrôle. – *[Décr. n° 85-1389 du 27 déc. 1985, art. 54-21.]*

Art. R. 814-48 Si les contrôleurs découvrent des irrégularités ayant trait à la gestion et à la représentation des fonds, titres, effets et autres valeurs détenus pour le compte de tiers, ils en avisent immédiatement le procureur général, le magistrat inspecteur régional, le commissaire du Gouvernement près *(Décr. n° 2016-109 du 3 févr. 2016, art. 13-2°)* « la Commission nationale d'inscription et de discipline », le magistrat coordonnateur mentionné à l'article R. 811-40 *(Décr. n° 2016-1851 du 23 déc. 2016, art. 24, en vigueur le 1er janv. 2017)* « , le président du Conseil national et *(Décr. n° 2022-729 du 28 avr. 2022, art. 67, en vigueur le 1er juill. 2022)* « le président de la chambre régionale des commissaires de justice » compétente » *(Décr. n° 2017-1225 du*

2 août 2017, art. 14) « ainsi que l'ordre professionnel ou l'organe représentatif dont relève le professionnel ».

Dans un délai de deux mois à compter de l'achèvement des opérations de contrôle, les contrôleurs établissent un projet de rapport et l'adressent par lettre recommandée avec demande d'avis de réception au professionnel contrôlé. Celui-ci dispose d'un délai d'un mois à compter de la réception pour formuler ses observations.

A l'issue de ce délai, un rapport définitif est établi par les contrôleurs, auquel sont annexées les éventuelles observations du professionnel contrôlé. Ce rapport est adressé au président du Conseil national et aux autorités mentionnées au premier alinéa. – *[Décr. n° 85-1389 du 27 déc. 1985, art. 54-22.]*

Art. R. 814-49 Lorsque les contrôleurs font preuve de négligence ou d'incapacité dans l'accomplissement de leur mission, ils sont passibles de retrait d'agrément sans préjudice, le cas échéant, de poursuites disciplinaires. – *[Décr. n° 85-1389 du 27 déc. 1985, art. 54-23.]*

SOUS-SECTION 3 *De l'honorariat, du costume d'audience et du serment*

Art. R. 814-50 Le titre d'administrateur judiciaire honoraire ou de mandataire judiciaire honoraire peut être conféré par *(Décr. n° 2016-109 du 3 févr. 2016, art. 14-1°)* « la Commission nationale d'inscription et de discipline ».

L'honorariat ne peut être conféré qu'aux personnes ayant exercé leur activité pendant vingt ans au moins. Sont prises en compte les périodes pendant lesquelles l'intéressé a exercé en qualité de syndic administrateur judiciaire, d'administrateur judiciaire et liquidateur de sociétés, d'administrateur judiciaire séquestre près le *(Décr. n° 2019-966 du 18 sept. 2019, art. 8, en vigueur le 1er janv. 2020)* « tribunal judiciaire » de Paris, d'administrateur judiciaire, ou de mandataire judiciaire.

La demande est adressée par lettre recommandée avec demande d'avis de réception au commissaire du Gouvernement près *(Décr. n° 2016-109 du 3 févr. 2016, art. 14-2°)* « la Commission nationale d'inscription et de discipline ».

Le commissaire du Gouvernement fait procéder à une enquête par les procureurs généraux près les cours d'appel dans le ressort desquelles l'intéressé a eu ses domiciles professionnels. La commission se prononce *(Décr. n° 2016-109 du 3 févr. 2016, art. 14-3°)* « dans les conditions prévues à l'article **R. 811-34** ».

La décision est notifiée à l'intéressé par lettre recommandée avec demande d'avis de réception.

La décision de la commission qui rejette la demande tendant à l'attribution de l'honorariat est susceptible de recours dans les conditions prévues à l'article *(Décr. n° 2016-109 du 3 févr. 2016, art. 14-4°)* « **R. 814-2** ».

Le retrait de l'honorariat peut être prononcé par la commission sur la demande du commissaire du Gouvernement, selon les modalités prévues aux quatrième et sixième alinéas. – *[Décr. n° 85-1389 du 27 déc. 1985, art. 91.]*

Pour l'application de l'art. R. 814-50, le délai à l'expiration duquel le silence gardé par la commission vaut décision d'acceptation de la demande est fixé à quatre mois (V. Décr. n° 2014-1278 du 23 oct. 2014, applicable aux demandes présentées à compter du 12 nov. 2014).

Art. R. 814-51 Dans l'exercice de leurs fonctions, les administrateurs judiciaires et les mandataires judiciaires inscrits sur les listes dressées par *(Décr. n° 2016-109 du 3 févr. 2016, art. 13-3°)* « la Commission nationale d'inscription et de discipline » portent la toge, fermée par devant, à manches larges, la toque noire, et la cravate pareille à celle des juges. – *[Décr. n° 85-1389 du 27 déc. 1985, art. 92.]*

Art. R. 814-52 Dans le mois de leur inscription, les administrateurs judiciaires et les mandataires judiciaires prêtent serment devant la cour d'appel dans le ressort de laquelle est situé leur domicile professionnel, en ces termes : "Je jure d'exercer mes fonctions avec honneur, dignité, indépendance et probité, et de me conformer en toute occasion aux lois et règlements de ma profession".

Ils ne peuvent exercer leurs fonctions qu'à compter du jour de leur prestation de serment.

Tout administrateur judiciaire ou mandataire judiciaire qui ne prête pas serment dans le mois de son inscription est déclaré démissionnaire de ses fonctions et retiré des listes par *(Décr. n° 2016-109 du 3 févr. 2016, art. 13-4°)* « la Commission nationale d'inscription et de discipline », sauf s'il peut justifier d'un motif valable. – *[Décr. n° 85-1389 du 27 déc. 1985, art. 92-1.]*

SOUS-SECTION 4 *Du lieu d'exercice de la profession*

Art. R. 814-53 L'administrateur judiciaire ou le mandataire judiciaire, personne physique ou personne morale, déjà inscrit et titulaire d'une étude déclare toute ouverture d'un bureau annexe au commissaire du Gouvernement près *(Décr. n° 2016-109 du 3 févr. 2016, art. 13-4°)* « la Commission nationale d'inscription et de discipline » ainsi qu'au président du Conseil national.

Est considéré comme un bureau annexe tout local dans lequel l'administrateur judiciaire ou le mandataire judiciaire, personne physique ou personne morale, reçoit à titre professionnel des tiers et exerce ses missions légales, lorsqu'il est situé dans le ressort d'un *(Décr. n° 2019-966 du 18 sept. 2019, art. 8, en vigueur le 1er janv. 2020)* « tribunal judiciaire » autre que celui dans lequel est situé son domicile professionnel ou son siège social. – *[Décr. n° 85-1389 du 27 déc. 1985, art. 82-1.]*

Art. R. 814-54 La déclaration est adressée quatre mois au moins avant la date prévue pour l'ouverture du bureau, par lettre recommandée avec demande d'avis de réception. Elle indique :

1° Le lieu du domicile professionnel ou du siège social de l'intéressé et le lieu où il envisage d'ouvrir un bureau annexe ;

2° Les dispositions prises par l'intéressé pour assurer ses missions à son domicile professionnel ou à son siège social et dans le bureau annexe, les conditions de fonctionnement de celui-ci ainsi que les mesures adoptées pour assurer toute liaison avec le bureau principal. – *[Décr. n° 85-1389 du 27 déc. 1985, art. 82-2.]*

Art. R. 814-55 Le commissaire du Gouvernement fait diligenter une enquête. Il demande l'avis des procureurs de la République près les tribunaux dans le ressort desquels sont situés le domicile professionnel ou le siège social de l'intéressé et, le cas échéant, son ou ses bureaux annexes. Il demande également l'avis du Conseil national par lettre recommandée avec demande d'avis de réception.

Il peut refuser l'ouverture du bureau annexe si celle-ci ne permet pas au professionnel d'exercer ses mandats conformément aux règles de la profession. La décision du commissaire du Gouvernement, qui doit intervenir dans les trois mois à compter de la réception de la déclaration et qui doit être motivée en cas de refus, est notifiée à l'intéressé, aux procureurs de la République dont l'avis a été sollicité et au président du Conseil national par lettre recommandée avec demande d'avis de réception.

La décision du commissaire du Gouvernement peut être déférée à la commission par l'intéressé, les procureurs de la République dont l'avis a été sollicité et le président du Conseil national, dans le délai d'un mois à compter de la notification, par lettre recommandée avec demande d'avis de réception. La commission statue alors dans les conditions prévues aux articles **R. 811-33** à **R. 811-35** et *(Décr. n° 2016-109 du 3 févr. 2016, art. 17)* « **R. 814-2** ». – *[Décr. n° 85-1389 du 27 déc. 1985, art. 82-3.]*

Pour l'application de l'art. R. 814-55, le délai à l'expiration duquel le silence gardé par la commission vaut décision d'acceptation de la demande d'autorisation d'ouverture est fixé à quatre mois (Décr. n° 2014-1278 du 23 oct. 2014, applicable aux demandes présentées à compter du 12 nov. 2014).

Art. R. 814-56 *(Décr. n° 2006-1709 du 23 déc. 2006, art. 11-II)* L'administrateur judiciaire ou le mandataire judiciaire, personne physique ou personne morale, qui transfère son domicile professionnel ou son siège doit déclarer ce transfert au commissaire du Gouvernement près *(Décr. n° 2016-109 du 3 févr. 2016, art. 13-4°)* « la Commission nationale d'inscription et de discipline » ainsi qu'au président du Conseil national. La procédure prévue aux articles **R. 814-54** et **R. 814-55** est applicable. – *[Décr. n° 85-1389 du 27 déc. 1985, art. 82-5.]*

Art. R. 814-57 *(Décr. n° 2006-1709 du 23 déc. 2006, art. 11-II)* L'administrateur judiciaire ou le mandataire judiciaire, exerçant au sein d'une société, qui quitte cette société pour exercer sa profession à titre individuel doit déclarer son installation au commissaire du Gouvernement près *(Décr. n° 2016-109 du 3 févr. 2016, art. 13-4°)* « la Commission nationale d'inscription et de discipline » ainsi qu'au président du Conseil national. La procédure prévue aux articles R. 814-54 et R. 814-55 est applicable. – *[Décr. n° 85-1389 du 27 déc. 1985, art. 82-6.]*

Art. R. 814-58 Il est procédé comme en matière civile pour tout ce qui n'est pas réglé par le présent titre. – *[Décr. n° 85-1389 du 27 déc. 1985, art. 113-4.]*

SOUS-SECTION 5 *Du portail électronique*

(Décr. n° 2015-1009 du 18 août 2015, art. 2, en vigueur le 1er oct. 2015)

Art. R. 814-58-1 Sous réserve des dispositions de la présente sous-section, les dispositions du titre XXI du livre I du code de procédure civile s'appliquent à la communication électronique des actes de procédure que permet le portail électronique mis en place par le Conseil national des administrateurs judiciaires et des mandataires judiciaires en application des articles L. 814-2 et L. 814-13.

Art. R. 814-58-2 Les tiers destinataires ou émetteurs des actes de procédure, mentionnés au second alinéa de l'article L. 814-13, consentent ou demandent expressément à recourir à la communication électronique en s'inscrivant sur le portail électronique et en communiquant les données à caractère personnel et informations mentionnées en annexe au présent article. – *V. Annexe ci-dessous.*

Préalablement à leur inscription, ils sont informés de la faculté de révoquer à tout moment leur consentement à recourir au portail électronique ainsi que des droits d'accès et de rectification dont ils disposent en application des articles 39 et 40 de la loi n° 78-17 du 6 janvier 1978 relative à l'informatique, aux fichiers et aux libertés.

ANNEXE À L'ARTICLE R. 814-58-2 DU CODE DE COMMERCE

DONNÉES ET INFORMATIONS COMMUNIQUÉES LORS DE L'INSCRIPTION SUR LE PORTAIL

(Décr. n° 2015-1009 du 18 août 2015, art. 18, en vigueur le 1er oct. 2015)

Contenu de la déclaration	1° Identité de l'intéressé (nom de famille, prénoms), date et lieu de naissance et domicile pour les personnes physiques ; dénomination sociale, forme juridique, nom de famille et prénom du représentant légal, siège social pour les personnes morales ; 2° Adresse de courrier électronique, ainsi qu'un numéro de téléphone pouvant recevoir des messages rédigés si l'intéressé dispose de la possibilité d'accéder à un service de téléphonie permettant de recevoir des messages.

Art. D. 814-58-3 Peuvent faire l'objet d'une communication électronique, conformément à l'article L. 814-13, les actes de procédure suivants :

1° Concernant les créances :

a) La demande et les informations prévues par le second alinéa de l'article R. 621-19 ;

b) La déclaration prévue à l'article L. 622-24 ;

c) La transmission prévue au deuxième alinéa de l'article L. 628-7 ;

d) L'information prévue au IV des articles L. 622-17 et L. 641-13 ;

e) L'avis et la réponse du créancier prévus à l'article L. 622-27 ;

f) La déclaration de créance de dommages et intérêts prévue au V des articles L. 622-13 et L. 641-11-1 ;

2° Concernant les biens :

a) Les revendications et demandes de restitution prévues à la section 3 du chapitre IV du titre II du livre VI ;

b) L'acquiescement et la contestation par l'administrateur ou le liquidateur prévus aux articles L. 624-17 et L. 641-14-1 ;

3° Concernant les contrats en cours :

a) La mise en demeure adressée à l'administrateur ou au liquidateur conformément aux articles L. 622-13 ou L. 641-11-1 ;

b) La réponse faite à la mise en demeure par l'administrateur ou le liquidateur dans le délai prévu aux articles L. 622-13 ou L. 641-11-1.

Art. R. 814-58-4 La communication électronique des actes de procédure prévus par l'article D. 814-58-3 dont l'envoi doit être réalisé par lettre recommandée avec accusé de réception s'effectue par lettre recommandée électronique adressée par la voie du portail électronique. Le service d'envoi recommandé électronique offert par le portail électronique répond aux conditions fixées au paragraphe 36 de l'article 3 du règlement (UE) n° 910/2014 du Parlement européen et du Conseil du 23 juillet 2014 sur l'identification électronique et les services de confiance pour les transactions électroniques au sein du marché intérieur et abrogeant la directive 1999/93/CE.

V., ci-dessous, Arr. du 1er oct. 2015 relatif à la mise en œuvre du portail électronique prévu aux art. L. 814-2 et L. 814-13 C. com.

Arrêté du 1er octobre 2015,

Relatif à la mise en œuvre du portail électronique prévu aux articles L. 814-2 et L. 814-13 du code de commerce.

Art. 1er Lorsqu'ils sont effectués par voie électronique, les envois et les remises des actes mentionnés à l'article D. 814-58-3 du code de commerce et des pièces qui leur sont associées doivent répondre aux garanties fixées par le présent arrêté.

L'identification des parties à la communication électronique est garantie pour les administrateurs judiciaires, mandataires judiciaires et personnes désignées en application de l'article L. 811-2, deuxième alinéa, du code de commerce ou de l'article L. 812-2, II, premier alinéa, du code de commerce par une connexion par authentification forte au moyen du certificat d'authentification contenu dans la carte du professionnel.

Pour les déclarants, la connexion requiert une identification par le recours à l'adresse mél et au mot de passe définis à la création du compte via le formulaire d'inscription mentionné à l'article R. 814-58-2 du code de commerce. Cette adresse doit être valide et non associée à un compte déjà existant sur le site. Sa validité est vérifiée par l'envoi d'un lien d'activation sécurisé dès la première étape de la création du compte. L'identification du déclarant et la vérification de son identité sont réalisées conformément aux règles professionnelles.

Le cas échéant, les déclarants pourront utiliser une connexion par authentification forte au moyen du certificat d'authentification contenu sur un support cryptographique reconnu et accepté par le Conseil national des administrateurs judiciaires et des mandataires judiciaires. Lorsqu'ils sont remis par l'autorité d'enregistrement — Conseil national des administrateurs judiciaires et des mandataires judiciaires —, les certificats d'authentification sont générés par une autorité de certification certifiée selon le référentiel ETSI.

Art. 2 Les documents échangés au travers du portail sont signés électroniquement.

Le procédé de signature utilisé par les professionnels repose sur des certificats de signature électronique qualifiés, remis par l'autorité d'enregistrement — Conseil national des administrateurs judiciaires et des mandataires judiciaires.

Les déclarants utilisent les certificats de signature reconnus et acceptés par le Conseil national des administrateurs judiciaires et des mandataires judiciaires.

Le portail électronique mis en place par le Conseil national des administrateurs judiciaires et des mandataires judiciaires propose des fonctions de génération et de vérification de signature électronique. La validation des signatures inclut la vérification en ligne de la révocation des certificats des signataires. Toutes les signatures électroniques sont horodatées en utilisant une autorité d'horodatage certifiée selon le référentiel ETSI.

Les documents conservés par la plate-forme sont protégés individuellement par des fonctions de chiffrement cryptographique dans le but d'en garantir la confidentialité.

Art. 3 Les données échangées aux travers des canaux de communication sont protégées en intégrité et en confidentialité, via des mécanismes présumés fiables et respectant les préconisations cryptographiques du référentiel général de sécurité.

Art. 4 Les dates d'envoi et de réception sont établies de manière certaine au moyen de contre-marques *[contremarques]* de temps certifiées incluses dans les signatures des messages produits par le professionnel et le déclarant dans le cas d'envois par lettre recommandée électronique.

Si l'acte est déposé sur le portail sans utilisation du service de lettre recommandée électronique, un mél attestant du dépôt est envoyé au déclarant.

L'autorité d'horodatage utilisée pour l'émission des contremarques de temps est certifiée selon le référentiel ETSI.

Art. 5 Un exemplaire des actes de procédure électronique est gardé à disposition des utilisateurs dans l'espace personnel du déclarant pendant un délai conforme à l'article R. 814-58-7 du code de commerce. Les documents signés et les preuves associées sont signés et horodatés électroniquement par le service de notarisation et d'horodatage avant la conservation dans le système d'archivage électronique.

Un système d'archivage électronique conserve ces actes et leurs données de manière sécurisée conformément aux règles de l'art.

Art. R. 814-58-5 **I. – L'utilisation du portail électronique est gratuite pour les tiers mentionnés au second alinéa de l'article L. 814-13, sous réserve de l'alinéa suivant.**

Les frais de la lettre recommandée électronique adressée par la voie du portail électronique n'excèdent pas un montant fixé par arrêté du ministre de la justice. – *Ce montant est fixé à 3,94 € hors taxes pour l'envoi d'une lettre recommandée avec avis de réception dont le poids ne dépasse pas trente mégaoctets (Arr. du 17 sept. 2015, en vigueur le 1er oct. 2015, JO 22 sept.).*

Les sommes perçues en application de l'alinéa précédent sont versées sans délai à la Caisse des dépôts et consignations sur un compte de dépôt, ouvert au nom du Conseil national, dont les modalités de fonctionnement seront déterminées par arrêté du ministre de la justice. – *V. ci-dessous Arr. du 17 sept. 2015.*

II. – Le rapport prévu par le troisième alinéa de l'article L. 814-2 comporte une analyse des comptes relatifs à la gestion du portail électronique.

Arrêté du 17 septembre 2015,

Déterminant les modalités de fonctionnement du compte de dépôt mentionné à l'article R. 814-58-5 du code de commerce.

Art. 1er Le compte de dépôt mentionné à l'article R. 814-58-5 du code de commerce ne peut donner lieu à des retraits d'espèce, à la mise à disposition de formules de chèques, de cartes de paiement ou de crédit et ne peut domicilier aucune autorisation de prélèvement. Il ne peut faire l'objet d'une position débitrice.

Art. 2 Une convention est signée entre la Caisse des dépôts et consignations et le Conseil national des administrateurs judiciaires et des mandataires judiciaires afin de déterminer les modalités de fonctionnement du compte de dépôt mentionné à l'article précédent.

Art. 3 Le présent arrêté entre en vigueur le 1er octobre 2015.

Art. R. 814-58-6 **Les données à caractère personnel et informations enregistrées dans le portail électronique prévu au deuxième alinéa de l'article L. 814-2 sont les suivantes :**

1° S'agissant des débiteurs soumis à une procédure de sauvegarde, de redressement judiciaire ou de liquidation judiciaire, les informations mentionnées au cinquième alinéa de l'article R. 621-8 ;

2° S'agissant des personnes mentionnées au premier alinéa de l'article L. 814-13, les informations les concernant mentionnées au cinquième alinéa de l'article R. 621-8 ;

3° S'agissant des tiers destinataires ou émetteurs des actes mentionnés au second alinéa de l'article L. 814-13, les données et informations mentionnées à l'annexe de l'article R. 814-58-2 ainsi que, le cas échéant, les données et informations mentionnées en annexe au présent article. – *V. Annexe ci-dessous.*

ANNEXE À L'ARTICLE R. 814-58-6 DU CODE DE COMMERCE

DONNÉES ET INFORMATIONS POUVANT ÊTRE ENREGISTRÉES DANS LE PORTAIL ÉLECTRONIQUE S'AGISSANT DES TIERS DESTINATAIRES OU ÉMETTEURS DES ACTES MENTIONNÉS AU SECOND ALINÉA DE L'ARTICLE L. 814-13

(Décr. n° 2015-1009 du 18 août 2015, art. 18, en vigueur le 1er oct. 2015)

Pièces à joindre pour les personnes physiques non exploitant*[es]* d'une entreprise individuelle	1° Une copie *recto verso* de l'une des pièces d'identité en cours de validité suivantes : – carte nationale d'identité française ou étrangère ; – passeport français ou étranger ; – permis de conduire français ou étranger ; – carte de combattant délivrée par les autorités françaises ; – carte d'identité ou carte de circulation délivrée par les autorités militaires françaises ; – carte de séjour temporaire, carte de résident, carte de ressortissant d'un État membre de l'Union européenne ou de l'Espace économique européen ; 2° Un document officiel attestant de l'activité professionnelle, le cas échéant ; 3° Un justificatif d'identité de la personne physique ayant reçu pouvoir d'établir la déclaration au nom et pour le compte du déclarant ; 4° Les coordonnées bancaires.
Pièces à joindre pour une entreprise individuelle	1° Un des documents d'identification suivants : – extrait original attestant de l'existence juridique de l'entreprise établi par le greffe compétent et datant de moins de trois mois ; – certificat d'entreprise délivré par l'INSEE et comportant les numéros d'identification ; – carte d'identification d'entreprise délivrée par la chambre des métiers ; 2° Un justificatif d'identité de la personne physique ayant reçu pouvoir d'établir la déclaration au nom et pour le compte du déclarant ; 3° Les coordonnées bancaires.
Pièces à joindre pour une personne morale de droit privé	1° Un des documents d'identification suivants : – extrait original attestant de l'existence juridique de la société établi par le greffe compétent et datant de moins de trois mois ; – extrait original d'immatriculation au répertoire des métiers de moins de trois mois ; – journal d'annonces légales datant de moins de deux ans mentionnant le nom du représentant légal et l'adresse du siège de la personne morale ; – les statuts ou toutes autres pièces justificatives attestant de l'existence légale de la personne morale et faisant apparaître le nom de son représentant légal, l'adresse de son siège ainsi que la preuve de la déclaration auprès des organismes compétents ; 2° Un justificatif d'identité de la personne physique ayant reçu, le cas échéant, pouvoir d'établir la déclaration au nom et pour le compte de la personne morale ; 3° Les coordonnées bancaires.
Pièces à joindre pour une personne morale de droit public autre que l'État ou les collectivités territoriales	1° Les statuts établis par la loi, le règlement ou les délibérations et conventions constitutives ; 2° Un document émanant de l'organe compétent attestant de la capacité de l'auteur de la déclaration à engager la personne morale ; 3° Un justificatif d'identité de la personne physique ayant reçu pouvoir d'établir la déclaration au nom et pour le compte de la personne morale ; 4° Les coordonnées bancaires.
Pièces à joindre pour l'État et les collectivités territoriales	1° Un document émanant de l'organe compétent attestant de la capacité de l'auteur de la déclaration à engager la personne morale ; 2° Un justificatif d'identité de la personne physique ayant reçu pouvoir d'établir la déclaration au nom et pour le compte de la personne morale ; 3° Les coordonnées bancaires.

Art. R. 814-58-7 I. — Les données à caractère personnel et informations mentionnées à l'article R. 814-58-6 sont détruites à l'expiration d'un délai de cinq ans à compter de la révocation du consentement à la communication électronique ou, en l'absence de révocation, à compter de la décision définitive de clôture de la procédure de sauvegarde, de redressement judiciaire ou de liquidation judiciaire.

Lorsque l'ouverture de la procédure a fait l'objet d'une décision définitive de réformation ou d'annulation, elles sont détruites dans l'année de cette décision.

II. — Les actions réalisées dans le portail électronique font l'objet d'un enregistrement comprenant l'identifiant de la personne, la date et l'heure de l'accès. Ces informations sont conservées pendant la même durée que les données à caractère personnel et informations mentionnées à l'article R. 814-58-6 auxquelles elles ont été associées.

Art. R. 814-58-8 Les personnes mentionnées aux 2° et 3° de l'article R. 814-58-6 ainsi que leurs salariés habilités ou les personnes auxquelles a été donné pouvoir d'effectuer les actes de procédure dématérialisés en cause accèdent aux données et informations mentionnées à l'article R. 814-58-6, relatives aux actes de procédure qu'ils ont transmis ou dont ils ont été destinataires, dans la limite de leurs qualités, de leurs attributions et du besoin d'en connaître.

Art. R. 814-58-9 I. — Le droit d'opposition prévu à l'article 38 de la loi n° 78-17 du 6 janvier 1978 relative à l'informatique, aux fichiers et aux libertés ne s'applique pas au portail électronique en ce qui concerne les personnes mentionnées aux 1° et 2° de l'article R. 814-58-6.

II. — Les droits d'accès et de rectification prévus aux articles 39 et 40 de cette même loi s'exercent auprès du Conseil national des administrateurs judiciaires et des mandataires judiciaires.

SECTION 5 *Des sociétés d'administrateurs judiciaires et de mandataires judiciaires*

BIBL. GÉN. ▶ Brignon, *BJE 11-12/2024. 56* (Décr. du 13 nov. 2024).

SOUS-SECTION 1 *Dispositions communes aux diverses sociétés constituées pour l'exercice en commun de la profession (Décr. n° 2016-902 du 1er juill. 2016, art. 1er-3°).*

Art. R. 814-59 *(Décr. n° 2017-796 du 5 mai 2017, art. 1er-3°)* Les dispositions de la présente sous-section sont applicables aux sociétés constituées pour l'exercice de la profession d'administrateur judiciaire ou celle de mandataire judiciaire.

Sous réserve des dispositions du décret n° 2017-794 du 5 mai 2017 relatif à la constitution, au fonctionnement et au contrôle des sociétés pluri-professionnelles d'exercice de professions libérales juridiques, judiciaires et d'expertise-comptable prévues au titre IV *bis* de la loi n° 90-1258 du 31 décembre 1990, elles sont également applicables aux sociétés pluri-professionnelles d'exercice régies par le *(Décr. n° 2024-1021 du 13 nov. 2024, art. 2)* « livre IV de l'ordonnance n° 2023-77 du 8 février 2023 relative à l'exercice en société des professions libérales réglementées », à l'exception des articles R. 814-70 et R. 814-90. — *V. Ord. préc.* (**C. sociétés**).

Les sociétés disposent d'un délai d'un an pour se mettre en conformité avec les exigences du Décr. n° 2024-1021 du 13 nov. 2024, à l'exception des dispositions prévues aux art. 18 et 24 (Décr. préc., art. 26).

§ 1 *De la constitution, de l'inscription sur la liste, des statuts et de l'immatriculation*

Art. R. 814-60 La demande d'inscription d'une société est présentée collectivement par les associés *(Décr. n° 2016-902 du 1er juill. 2016, art. 1er-5°)* « ou par ceux des associés » exerçant en son sein ou par le représentant légal de la société. Elle est adressée à *(Décr. n° 2016-109 du 3 févr. 2016, art. 13-5°)* « la Commission nationale d'inscription et de discipline » par lettre recommandée avec demande d'avis de réception ou remise contre récépissé.

Elle est accompagnée d'un dossier qui comprend à peine d'irrecevabilité de la demande :

1° Un exemplaire des statuts de la société ;

2° Une copie de la décision d'inscription sur la liste nationale de chaque associé exerçant en son sein ;

3° Une attestation du greffier du tribunal de commerce du lieu du siège social, constatant le dépôt au greffe de la demande et des pièces nécessaires à l'immatriculation ultérieure de la société au registre du commerce et des sociétés ;

(Décr. n° 2016-902 du 1er juill. 2016, art. 1er-5°) « 4° La liste des associés exerçant la profession d'administrateur judiciaire ou de mandataire judiciaire au sein de la société avec leurs nom, prénoms et domicile ;

« 5° Dans le cas d'une demande d'inscription d'une société d'exercice libéral dont une part du capital social est détenu par des associés mentionnés *(Décr. n° 2024-1021 du 13 nov. 2024, art. 3)* « à l'article 4 de l'ordonnance n° 2023-77 du 8 février 2023 relative à l'exercice en société des professions libérales réglementées », la liste de ces associés précisant pour chacun d'eux leurs nom, prénoms, domicile et profession, la part de capital qu'ils détiennent et, si l'associé est une personne morale, la raison ou la dénomination sociale, le siège social et la part de capital que cette personne morale détient ; – *V. Ord. préc. (**C. sociétés**).*

« 6° Dans le cas d'une demande d'inscription d'une société prévue au deuxième alinéa de l'article L. 811-7 ou de l'article L. 812-5 *(Décr. n° 2017-796 du 5 mai 2017, art. 1er-4°)* « ou d'une société pluri-professionnelle d'exercice prévue à l'article L. 811-7-1-A ou à l'article L. 812-5-1-A », autre que celle mentionnée au 5°, la liste des associés qui n'exercent pas la profession d'administrateur judiciaire ou de mandataire judiciaire précisant pour chacun d'eux leurs nom, prénoms, domicile et profession, la part de capital qu'ils détiennent et, si l'associé est une personne morale, la raison ou la dénomination sociale, le siège social et la part du capital social que cette personne morale détient ainsi que tout élément permettant d'établir que les exigences de détention de capital prévues par *(Décr. n° 2024-1021 du 13 nov. 2024, art. 3)* « l'ordonnance n° 2023-77 du 8 février 2023 » sont satisfaites ; – *V. Ord. préc. (**C. sociétés**).*

« 7° » Le cas échéant, un exemplaire de la délibération de l'assemblée des associés habilitant le représentant légal à demander l'inscription.

Le commissaire du Gouvernement demande le bulletin n° 2 du casier judiciaire *(Décr. n° 2016-902 du 1er juill. 2016, art. 1er-5°)* « des associés et » des membres des organes de gestion, de direction, d'administration ou de surveillance qui ne sont pas administrateur ou mandataire judiciaire. – *[Décr. n° 85-1389 du 27 déc. 1985, art. 16, al. 2 à 4 ; Décr. n° 93-892 du 6 juill. 1993, art. 4 ; Décr. n° 93-1112 du 20 sept. 1993, art. 4.]*

Le délai à l'expiration duquel le silence gardé par l'administration sur les demandes d'inscription sur la liste des sociétés d'administrateurs judiciaires et sur la liste des sociétés de mandataires judiciaires présentées en application de l'art. R. 814-60 vaut décision d'acceptation est de quatre mois (Décr. n° 2016-902 du 1er juill. 2016, art. 2).

Pour les dispositions transitoires du Décr. n° 2024-1021 du 13 nov. 2024, V. note ss. art. R. 814-59.

Art. R. 814-61 La Commission nationale d'inscription et de discipline *(Abrogé par Décr. n° 2016-109 du 3 févr. 2016, art. 15-1°) « **des administrateurs judiciaires** »* statue sur la demande d'inscription dans les conditions prévues aux articles R. 811-33 à R. 811-35.

Al. 2 abrogé par Décr. n° 2016-109 du 3 févr. 2016, art. 15-2°.

Art. R. 814-62 *(Décr. n° 2016-902 du 1er juill. 2016, art. 1er-6°)* La Commission nationale d'inscription et de discipline ne peut refuser l'inscription de la société que si la société ne satisfait pas aux conditions d'exercice de la profession prévues au titre I du livre VIII ou aux conditions de détention du capital social et des droits de vote ou de composition des organes dirigeants prévues à l'article L. 811-7 ou à l'article L. 812-5 *(Décr. n° 2017-796 du 5 mai 2017, art. 1er-5°)* « ou, pour une société pluri-professionnelle d'exercice, à l'article L. 811-7-1-A ou à l'article L. 812-5-1-A et à l'article » *(Décr. n° 2024-1021 du 13 nov. 2024, art. 4)* « 101 de l'ordonnance n° 2023-77 du 8 février 2023 ». – *V. Ord. préc. (**C. sociétés**).*

Pour les dispositions transitoires du Décr. n° 2024-1021 du 13 nov. 2024, V. note ss. art. R. 814-59.

Art. R. 814-63 L'un des originaux de l'acte modificatif des statuts, si celui-ci est sous seing privé, ou une expédition de cet acte s'il a été établi en la forme authentique, est adressé par *(Décr. n° 2016-902 du 1er juill. 2016, art. 1er-7°)* « le représentant légal de la société », dans un délai d'un mois à compter de sa date, par lettre recommandée avec demande d'avis de réception, à la commission *(Décr. n° 2016-902 du 1er juill. 2016, art. 1er-7°)* « nationale d'inscription et de discipline ». Il est accompagné de toutes pièces justificatives, notamment, si la modification des statuts résulte d'une cession de parts sociales ou de titres de capital, de celles qui établissent le prix de cette cession. — *[Décr. n° 86-1176 du 5 nov. 1986, art. 39, al. 1er.]*

Art. R. 814-64 *(Décr. n° 2016-902 du 1er juill. 2016, art. 1er-8°)* « Toute modification de la répartition ou du nombre des actions ou parts sociales détenues par les associés exerçant la profession ou des droits de vote y afférents, ainsi que toute modification des statuts, fait l'objet, dans les trente jours, d'une déclaration à la Commission nationale d'inscription et de discipline, par lettre recommandée avec demande d'avis de réception, à la diligence de la société ou de l'un au moins des associés concernés. La déclaration est accompagnée de la copie des statuts et de tout document permettant d'établir l'accord de la société ou des autres associés lorsque celui-ci est requis. »

Al. 2 abrogé par Décr. n° 2016-109 du 3 févr. 2016, art. 16-2°.

Si *(Décr. n° 2016-902 du 1er juill. 2016, art. 1er-8°)* « la modification n'est pas conforme » aux dispositions législatives ou réglementaires, la commission *(Abrogé par Décr. n° 2016-109 du 3 févr. 2016, art. 16-3°)* « *concernée* » peut imposer un délai de régularisation ; s'il n'a pas été procédé à la régularisation dans le délai imparti, la commission prononce, même d'office, la radiation de la liste dans les formes prévues pour l'inscription. — *[Décr. n° 86-1176 du 5 nov. 1986, art. 39, al. 3 ; Décr. n° 93-892 du 6 juill. 1993, art. 7, al. 1er ; Décr. n° 93-1112 du 20 sept. 1993, art. 7, al. 1er.]*

Pour l'application de l'art. R. 814-64, le silence gardé pendant deux mois par la commission vaut décision de rejet de la demande d'approbation des modifications (V. Décr. n° 2014-1277 du 23 oct. 2014, applicable aux demandes présentées à compter du 12 nov. 2014).

Pour la légalité du Décr. n° 2016-902 du 1er juill. 2016, V. • CE 28 déc. 2017, n° 403106 : *APC 2018, n° 89, obs. F. Legrand.*

Art. R. 814-65 *(Décr. n° 2016-109 du 3 févr. 2016, art. 13-7°)* « La Commission nationale d'inscription et de discipline » procède aux modifications de la liste qui résultent de celles des statuts. — *[Décr. n° 86-1176 du 5 nov. 1986, art. 39, al. 2.]*

Art. R. 814-66 *(Décr. n° 2016-109 du 3 févr. 2016, art. 13-6°)* « La Commission nationale d'inscription et de discipline » est saisie de toute difficulté. Ses décisions sont susceptibles de recours, dans les conditions prévues à l'article *(Décr. n° 2016-109 du 3 févr. 2016, art. 17)* « **R. 814-2** ». — *[Décr. n° 93-892 du 6 juill. 1993, art. 8 et 45 ; Décr. n° 93-1112 du 20 sept. 1993, art. 8 et 45.]*

Art. R. 814-67 Si les statuts sont établis par acte sous seing privé, il en est dressé autant d'originaux qu'il est nécessaire pour la remise d'un exemplaire au siège social et à chaque associé et pour satisfaire aux dispositions de la présente section. — *[Décr. n° 86-1176 du 5 nov. 1986, art. 6.]*

Art. R. 814-68 Peuvent faire l'objet d'apports à une société d'administrateurs judiciaires et de mandataires judiciaires *(Décr. n° 2017-796 du 5 mai 2017, art. 1er-6°)* « ou à une société pluri-professionnelle d'exercice prévue à l'article L. 811-7-1-A ou à l'article L. 812-5-1-A », en propriété ou en jouissance :

1° Tous droits incorporels, à l'exclusion de ceux qui, d'une manière directe ou indirecte, auraient pour objet ou effet de conférer une valeur patrimoniale à l'activité de mandataire de justice, tous meubles et immeubles utiles à l'exercice de la profession ;

2° Toutes sommes en numéraire. — *[Décr. n° 86-1176 du 5 nov. 1986, art. 8, al. 1er à 3.]*

Art. R. 814-69 L'immatriculation de la société et les formalités de publicité au registre du commerce et des sociétés sont régies par la section 1 du chapitre III du titre II du livre I relative au registre du commerce et des sociétés, sous réserve des dispositions des articles R. 814-70 et R. 814-127. – *[Décr. n° 86-1176 du 5 nov. 1986, art. 14 ; Décr. n° 93-892 du 6 juill. 1993, art. 9, al. 1er ; Décr. n° 93-1112 du 20 sept. 1993, art. 9, al. 1er.]*

Art. R. 814-70 Une ampliation de la décision d'inscription de la société sur la liste des administrateurs judiciaires ou sur celle des mandataires judiciaires est adressée par les associés de la société au greffe du tribunal où a été déposée la demande d'immatriculation au registre du commerce et des sociétés.

Au reçu de l'ampliation, le greffier procède à l'immatriculation de la société.

En cas de refus d'immatriculation, il en informe *(Décr. n° 2017-796 du 5 mai 2017, art. 1er-7°)* « la Commission nationale d'inscription et de discipline ». – *[Décr. n° 86-1176 du 5 nov. 1986, art. 15 ; Décr. n° 93-892 du 6 juill. 1993, art. 9, al. 2 ; Décr. n° 93-1112 du 20 sept. 1993, art. 9, al. 2.]*

Art. R. 814-71 En cas de constitution de sociétés par voie de fusion ou de scission, les articles R. 814-59 à R. 814-62, R. 814-69, R. 814-70, R. 814-117 *(Décr. n° 2017-796 du 5 mai 2017, art. 1er-8°)* « , R. 814-122-1 » et R. 814-148 sont applicables. – *[Décr. n° 86-1176 du 5 nov. 1986, art. 57 ; Décr. n° 93-892 du 6 juill. 1993, art. 6 ; Décr. n° 93-1112 du 20 sept. 1993, art. 6.]*

§ 2 *De l'organisation et du fonctionnement de la société*

Art. R. 814-72 *(Décr. n° 2017-796 du 5 mai 2017, art. 1er-9°)* En aucun cas une valeur représentative d'une clientèle correspondant à l'activité d'administrateur judiciaire ou de mandataire judiciaire ne peut être inscrite à l'actif du bilan de la société, y compris lorsque celle-ci est une société pluri-professionnelle d'exercice prévue à l'article L. 811-7-1-A ou à l'article L. 812-5-1-A.

Art. R. 814-73 Si l'acte portant cession de titres de capital ou de parts sociales est établi sous seing privé, il en est dressé autant d'originaux qu'il est nécessaire pour la remise d'un exemplaire à chaque partie et pour satisfaire aux formalités requises. – *[Décr. n° 86-1176 du 5 nov. 1986, art. 24.]*

Art. R. 814-74 Toute convention par laquelle un des associés *(Décr. n° 2017-796 du 5 mai 2017, art. 1er-10°)* « exerçant la profession d'administrateur judiciaire ou celle de mandataire judiciaire » cède en vue de l'exercice de la profession au sein de la société la totalité ou une fraction de ses titres de capital ou parts sociales à un tiers *(Décr. n° 2017-796 du 5 mai 2017, art. 1er-10°)* « exerçant la même profession » est passée sous la condition suspensive de l'inscription de ce tiers sur la liste. – *[Décr. n° 86-1176 du 5 nov. 1986, art. 22, al. 2 ; Décr. n° 93-892 du 5 nov. 1993, art. 10, al. 1er ; Décr. n° 93-1112 du 20 sept. 1993, art. 10, al. 1er.]*

Art. R. 814-75 Tout nouvel associé qui entend exercer au sein de la société *(Décr. n° 2017-796 du 5 mai 2017, art. 1er-11°)* « la profession d'administrateur judiciaire ou celle de mandataire judiciaire » produit le certificat d'inscription sur la liste. – *[Décr. n° 93-892 du 6 juill. 1993, art. 16 ; Décr. n° 93-1112 du 20 sept. 1993, art. 16.]*

Art. R. 814-76 *Abrogé par Décr. n° 2016-902 du 1er juill. 2016, art. 1er-9°.*

Art. R. 814-77 Les articles *(Décr. n° 2016-902 du 1er juill. 2016, art. 1er-10°)* « R. 814-64 » et R. 814-80 sont également applicables à la transmission à titre gratuit de tout ou partie de ses titres de capital ou parts sociales consentie par l'un des associés. – *[Décr. n° 93-892 du 6 juill. 1993, art. 12 ; Décr. n° 93-1112 du 20 sept. 1993, art. 12.]*

Art. R. 814-78 Le commissaire du Gouvernement près la Commission nationale *(Abrogé par Décr. n° 2017-796 du 5 mai 2017, art. 1er-12°)* *« compétente »* peut solliciter du commissaire aux comptes mentionné à l'article R. 814-29 un rapport spécial sur les conditions financières de la cession des parts sociales ou titres de capital afin de permettre à la commission d'examiner, en application de l'article R. 814-64, leur conformité avec les dispositions législatives ou réglementaires. – *[Décr. n° 86-1176 du 5 nov. 1986, art. 23, al. 1er.]*

Art. R. 814-79 En aucun cas, une valeur représentative d'une clientèle *(Décr. n° 2017-796 du 5 mai 2017, art. 1er-13°)* « correspondant à l'activité d'un administrateur judiciaire ou d'un mandataire judiciaire » ne peut être prise en compte dans le calcul de la valeur des parts sociales ou des titres de capital. – *[Décr. nº 86-1176 du 5 nov. 1986, art. 23, al. 2.]*

Art. R. 814-80 L'associé qui a été radié de la liste en application de l'article L. 811-12 ou L. 812-9, qui a fait l'objet d'un retrait en application de l'article L. 811-6 ou L. 812-4, ou qui a été contraint de se retirer de la société en application de l'article R. 814-93 ou R. 814-140, dispose d'un délai de six mois à compter, selon le cas, du jour de l'acceptation de sa démission, du jour où la décision de radiation ou de retrait est devenue définitive, ou de celui où la décision des autres associés de l'exclure de la société lui a été notifiée par lettre recommandée avec demande d'avis de réception, *(Décr. nº 2016-902 du 1er juill. 2016, art. 1er-11º)* « pour reprendre l'exercice d'une profession juridique ou judiciaire ou, à défaut, pour céder ses actions ou parts sociales à la société, à ses coassociés ou à un tiers à la société, afin de satisfaire aux conditions de détention du capital social et des droits de vote prévues à l'article L. 811-7 ou à l'article L. 812-5 ». – *[Décr. nº 86-1176 du 5 nov. 1986, art. 28, al. 1er ; Décr. nº 93-892 du 6 juill. 1993, art. 13 et 14 ; Décr. nº 93-1112 du 20 sept. 1993, art. 13 et 14.]*

(Décr. nº 2017-796 du 5 mai 2017, art. 1er-14º) « Dans le cas d'une société pluri-professionnelle d'exercice, l'associé dispose du même délai pour reprendre l'exercice d'une profession mentionnée à l'article *(Décr. nº 2024-1021 du 13 nov. 2024, art. 5)* « 96 de l'ordonnance nº 2023-77 du 8 février 2023 » et correspondant à l'objet social de la société ou, à défaut, pour céder ses actions ou parts sociales dans la société à ses coassociés ou à un tiers à la société, dans les conditions prévues à l'article R. 814-64, de façon à satisfaire les conditions de détention du capital social et des droits de vote prévues à l'article » *(Décr. nº 2024-1021 du 13 nov. 2024, art. 5)* « 101 de la même ordonnance. » – *V. Ord. préc. (**C. sociétés**).*

Pour les dispositions transitoires du Décr. nº 2024-1021 du 13 nov. 2024, V. note ss. art. R. 814-59.

Art. R. 814-81 Toute décision de proroger la société est immédiatement portée à la connaissance de *(Décr. nº 2016-109 du 3 févr. 2016, art. 13-8º)* « la Commission nationale d'inscription et de discipline ». – *[Décr. nº 93-892 du 6 juill. 1993, art. 17 ; Décr. nº 93-1112 du 20 sept. 1993, art. 17.]*

§ 3 *De l'exercice de la profession sous la forme d'une société*

Art. R. 814-82 Sous réserve de l'application de la présente section, les dispositions législatives et réglementaires relatives à l'exercice de la profession d'administrateur judiciaire ou de mandataire judiciaire sont applicables aux associés *(Décr. nº 2016-902 du 1er juill. 2016, art. 1er-12º)* « exerçant la profession » et, lorsqu'elles peuvent être appliquées à des personnes morales, à la société elle-même. – *[Décr. nº 86-1176 du 5 nov. 1986, art. 40 ; Décr. nº 93-892 du 6 juill. 1993, art. 18 ; Décr. nº 93-1112 du 20 sept. 1993, art. 18.]*

Art. R. 814-83 *(Décr. nº 2017-796 du 5 mai 2017, art. 1er-15º)* Lorsque le tribunal nomme une société, il désigne en son sein un ou plusieurs associés exerçant l'activité d'administrateur judiciaire ou de mandataire judiciaire pour la représenter dans l'accomplissement du mandat qui lui est confié. – *[Décr. nº 86-1176 du 5 nov. 1986, art. 5.]*

Il résulte des art. L. 812-2-III et R. 814-83 C. com. qu'une société de mandataires judiciaires désignée en qualité de liquidateur est représentée, pour l'accomplissement de cette mission, par le ou les mandataires judiciaires associés nommés par le tribunal en application de ces textes. • Com. 22 janv. 2013, nº 11-29.028 P : *D. 2013. Actu. 302 ; JCP E 2013. 1216, nº 3, obs. Pétel ; BJS 2013. 216, note Saintourens ; LEDEN 3/2013. 5, obs. Rubellin ; APC 2013, nº 62, obs. Le Bars ; BJE 2013. 164, note Favario ; RPC 2013, nº 68, obs. F. et M.-N. Legrand.*

Art. R. 814-84 Un administrateur judiciaire ou un mandataire judiciaire associé exerçant au sein d'une société ne peut exercer sa profession à titre individuel ou en qualité de membre d'une autre société, quelle qu'en soit la forme. – *[Décr. n° 93-892 du 6 juill. 1993, art. 20 ; Décr. n° 93-1112 du 20 sept. 1993, art. 20.]*

Art. R. 814-85 Chaque administrateur judiciaire associé exerçant au sein d'une société exerce les fonctions d'administrateur judiciaire au nom de la société.

Chaque mandataire judiciaire associé exerçant au sein d'une société exerce les fonctions de mandataire judiciaire au nom de la société. – *[Décr. n° 93-892 du 6 juill. 1993, art. 21 ; Décr. n° 93-1112 du 20 sept. 1993, art. 21.]*

Lorsque le mandat de justice est exercé par une société de mandataires judiciaires, le juge désigne celui ou ceux des associés qui conduiront la mission au sein de la société et en son nom de sorte qu'un mandataire judiciaire associé exerçant au sein d'une société ne peut exercer sa profession à titre individuel et exerce nécessairement ses fonctions au nom de la société. • Com. 27 nov. 2012, n° 11-25.628 P : *D. 2012. Actu. 2887, obs. Lienhard ; JCP E 2013. 1216, n° 2, obs. Pétel ; LEDEN 1/2013. 4, obs. Berthelot ; APC 2013, n° 14, obs. Cagnoli ; Gaz. Pal. 18-19 janv. 2013, p. 24, obs. Gorrias ; RJDA 2013, n° 246 ; BJS 2013. 216, note Saintourens ; BJE 2013. 162, note Favario.* ♦ Dans le même sens, V. • Com. 3 avr. 2019, n° 17-14.584 : *BJS 9/2019. 49, note Saintourens.* ♦ L'action en responsabilité, à raison des fautes reprochées dans l'exécution de la mission de mandataire judiciaire, est recevable contre la société dès lors qu'à la date de la délivrance de l'assignation, celle-ci, représentée par son associé, est la titulaire du mandat judiciaire. • Com. 26 oct. 2022, n° 21-15.619 B : *D. actu. 15 nov. 2022, obs. Ferrari ; LEDEN 12/2022. 2, obs. J.-B. Barbièri ; APC 2022, n° 269, note Diesbecq ; JCP E 2023. 1009, note Dondero ; BJS 2/2023. 32, note F.-X. Lucas ; RJDA 2023, n° 208.*

Art. R. 814-86 Les associés exerçant au sein de la société doivent lui consacrer toute leur activité professionnelle, l'informer et s'informer mutuellement de cette activité. – *[Décr. n° 93-892 du 6 juill. 1993, art. 22 ; Décr. n° 93-1112 du 20 sept. 1993, art. 22.]*

Art. R. 814-87 Le nom de chacun des associés sur la liste nationale des administrateurs judiciaires ou sur la liste nationale des mandataires judiciaires est suivi de la mention de la raison ou dénomination sociale de la société au sein de laquelle il exerce.

En annexe de la liste nationale est dressée la liste des sociétés *(Abrogé par Décr. n° 2017-796 du 5 mai 2017, art. 1er-16°)* ***« d'administrateurs judiciaires ou de mandataires judiciaires »*** avec les indications suivantes :

1° Dénomination sociale ou raison sociale ;

2° Lieu du siège social ;

3° Noms de tous les associés exerçant en son sein ;

(Décr. n° 2017-796 du 5 mai 2017, art. 1er-16°) « 4° Dans le cas d'une société pluri-professionnelle d'exercice, le nom des associés exerçant l'une des autres professions prévue *[prévues] (Décr. n° 2024-1021 du 13 nov. 2024, art. 6)* « à l'article **96** de l'ordonnance n° **2023-77** du 8 février **2023** » précitée et leur profession exercée au sein de la société. » – *[Décr. n° 93-892 du 6 juill. 1993, art. 23 ; Décr. n° 93-1112 du 20 sept. 1993, art. 23.] – V. Ord. préc. (**C. sociétés**).*

Pour les dispositions transitoires du Décr. n° 2024-1021 du 13 nov. 2024, V. note ss. art. R. 814-59.

Art. R. 814-88 Tous les registres et documents prévus par les textes législatifs ou réglementaires sont ouverts et établis au nom de la société. – *[Décr. n° 86-1176 du 5 nov. 1986, art. 43 ; Décr. n° 93-892 du 6 juill. 1993, art. 24 ; Décr. n° 93-1112 du 20 sept. 1993, art. 24.]*

Art. R. 814-89 La dénomination ou la raison sociale d'une société *(Abrogé par Décr. n° 2017-796 du 5 mai 2017, art. 1er-17°)* ***« d'administrateurs judiciaires ou de mandataires judiciaires »*** figure dans tous documents et correspondances émanant de la société. Elle est complétée par les mentions prévues aux 1° et 2° de l'article R. 123-237.

Dans les actes professionnels, chaque associé exerçant au sein de la société indique la dénomination ou la raison sociale de la société *(Abrogé par Décr. n° 2017-796 du 5 mai 2017, art. 1er-17°)* ***« d'administrateurs judiciaires ou de mandataires judiciaires »*** dont il fait partie. – *[Décr. n° 86-1176 du 5 nov. 1986, art. 41 ; Décr. n° 93-892 du 6 juill. 1993, art. 19 et 43 ; Décr. n° 93-1112 du 20 sept. 1993, art. 19 et 43.]*

Art. R. 814-90 Les procès-verbaux des délibérations des associés ainsi que ceux des délibérations du conseil d'administration et du conseil de surveillance sont établis sur un registre spécial préalablement coté et paraphé par le secrétaire de *(Décr. n° 2016-109 du 3 févr. 2016, art. 13-9°)* « la Commission nationale d'inscription et de discipline ». Le registre est conservé au siège de la société.

Toutefois, les procès-verbaux peuvent être établis sur des feuilles mobiles numérotées sans discontinuité, paraphées dans les conditions prévues au premier alinéa. Dès qu'une feuille a été remplie, même partiellement, elle est jointe à celles précédemment utilisées. Toute addition, suppression, substitution ou inversion de feuilles est interdite. *– [Décr. n° 93-892 du 6 juill. 1993, art. 32 ; Décr. n° 93-1112 du 20 sept. 1993, art. 32.]*

Art. R. 814-91 La société adhère à la caisse de garantie prévue à l'article L. 814-3. Il lui appartient de justifier des assurances prévues par l'article L. 814-4, répondant aux conditions de l'article R. 814-23, notamment pour l'application du deuxième alinéa de l'article *(Décr. n° 2024-1021 du 13 nov. 2024, art. 7)* « **20 de l'ordonnance n° 2023-77 du 8 février 2023** » ou du deuxième alinéa de l'article *(Décr. n° 2024-1021 du 13 nov. 2024, art. 7)* « **43 de la même ordonnance** ». *– [Décr. n° 86-1176 du 5 nov. 1986, art. 44 ; Décr. n° 93-892 du 6 juill. 1993, art. 25 ; Décr. n° 93-1112 du 20 sept. 1993, art. 25.] – V. Ord. préc. (**C. sociétés**).*

(Décr. n° 2017-796 du 5 mai 2017, art. 1er-18°) « Dans les sociétés pluri-professionnelles d'exercice, la garantie offerte par la caisse de garantie ne couvre que les dommages survenus dans le cadre de l'exercice des professions d'administrateur judiciaire ou de mandataire judiciaire. »

Pour les dispositions transitoires du Décr. n° 2024-1021 du 13 nov. 2024, V. note ss. art. R. 814-59.

Art. R. 814-92 En cas d'interdiction temporaire ou de suspension provisoire d'un ou de plusieurs associés *(Décr. n° 2017-796 du 5 mai 2017, art. 1er-19°)* « exerçant la profession d'administrateur judiciaire ou de mandataire judiciaire », mais non de la totalité d'entre eux, ou de la société, il n'y a pas lieu de commettre d'administrateur provisoire.

En cas d'interdiction temporaire ou de suspension provisoire de la société ou de tous les associés *(Décr. n° 2017-796 du 5 mai 2017, art. 1er-19°)* « exerçant la profession d'administrateur judiciaire ou de mandataire judiciaire », le procureur de la République près le *(Décr. n° 2019-966 du 18 sept. 2019, art. 8, en vigueur le 1er janv. 2020)* « tribunal judiciaire » dans le ressort duquel la société a son siège *(Décr. n° 2016-902 du 1er juill. 2016, art. 1er-13°)* « ou, si son siège n'est pas situé en France, son domicile professionnel » requiert le président du *(Décr. n° 2019-966 du 18 sept. 2019, art. 8, en vigueur le 1er janv. 2020)* « tribunal judiciaire », statuant sur requête, de désigner sans délai, pour accomplir les actes nécessaires à la gestion de la société, un administrateur provisoire choisi parmi les personnes mentionnées, suivant la profession concernée, soit à l'article R. 811-58, soit à l'article R. 812-23. Les dispositions du deuxième alinéa de l'article R. 811-58, des articles R. 811-59 et R. 812-23 sont applicables selon que la société exerce l'une ou l'autre des professions. *– [Décr. n° 86-1176 du 5 nov. 1986, art. 47-1 et 47-2 ; Décr. n° 93-892 du 6 juill. 1993, art. 28, al. 2 à 4, et art. 30, al. 1er ; Décr. n° 93-1112 du 20 sept. 1993, art. 28, al. 2 à 4, et art. 30, al. 1er.]*

Art. R. 814-93 L'associé qui a été radié de la liste ou qui a été retiré de celle-ci en application de l'article L. 811-6, de l'article L. 811-12, de l'article L. 812-4 ou de l'article L. 812-9 perd sa qualité d'associé et cesse d'exercer son activité professionnelle dès que la décision prononçant la radiation ou le retrait est définitive.

Ses titres de capital ou parts sociales sont cédés *(Décr. n° 2016-902 du 1er juill. 2016, art. 1er-14°)* « , le cas échéant, » dans les conditions fixées aux articles R. 814-80 et R. 814-128.

Les dispositions des articles R. 814-92 et R. 814-153 sont applicables en cas de radiation ou de retrait de la liste.

Les effets de la radiation de la société ou de tous les associés *(Décr. n° 2017-796 du 5 mai 2017, art. 1er-19°)* « exerçant la profession d'administrateur judiciaire ou de mandataire judiciaire » ou du retrait de tous les associés *(Décr. n° 2017-796 du 5 mai 2017, art. 1er-19°)* « exerçant la profession d'administrateur judiciaire ou de mandataire judiciaire » sont régis par les dispositions des articles R. 814-100 à R. 814-108. – *[Décr. nº 86-1176 du 5 nov. 1986, art. 48 ; Décr. nº 93-892 du 6 juill. 1993, art. 29 ; Décr. nº 93-1112 du 20 sept. 1993, art. 29.]*

Art. R. 814-94 A la diligence de *(Décr. nº 2016-109 du 3 févr. 2016, art. 13-9º)* « la Commission nationale d'inscription et de discipline », une expédition de la décision passée en force de chose jugée prononçant la radiation ou le retrait de la liste de la société ou de tous les associés exerçant en son sein *(Décr. nº 2017-796 du 5 mai 2017, art. 1er-20º)* « la profession d'administrateur judiciaire ou de mandataire judiciaire » est versée au dossier ouvert au nom de la société au greffe chargé de la tenue du registre du commerce et des sociétés. – *[Décr. nº 93-892 du 6 juill. 1993, art. 41 ; Décr. nº 93-1112 du 20 sept. 1993, art. 41.]*

Art. R. 814-95 Les fonctions d'administrateur judiciaire associé sont assimilées à celles d'administrateur judiciaire pour la collation du titre d'administrateur judiciaire honoraire.

Les fonctions de mandataire judiciaire associé sont assimilées à celles de mandataire judiciaire pour la collation du titre de mandataire judiciaire honoraire. – *[Décr. nº 93-892 du 6 juill. 1993, art. 31 ; Décr. nº 93-1112 du 20 sept. 1993, art. 31.]*

§ 4 *De la nullité, de la dissolution et de la liquidation de la société*

Art. R. 814-96 La nullité de la société ne porte pas atteinte à la validité des actes professionnels accomplis par les administrateurs judiciaires ou les mandataires judiciaires associés avant la date où cette nullité est devenue définitive. – *[Décr. nº 93-892 du 6 juill. 1993, art. 39 ; Décr. nº 93-1112 du 20 sept. 1993, art. 39.]*

Art. R. 814-97 A la diligence de *(Décr. nº 2016-109 du 3 févr. 2016, art. 13-9º)* « la Commission nationale d'inscription et de discipline », toute décision judiciaire passée en force de chose jugée prononçant la nullité de la société fait l'objet d'un dépôt d'une de ses expéditions au dossier ouvert au nom de la société au greffe chargé de la tenue du registre du commerce et des sociétés. – *[Décr. nº 93-892 du 6 juill. 1993, art. 38 ; Décr. nº 93-1112 du 20 sept. 1993, art. 38.]*

Art. R. 814-98 La nullité de la société n'est opposable aux tiers qu'à compter de l'accomplissement des formalités de publicité prévues par la section 1 du chapitre III du titre II du livre I relative au registre du commerce et des sociétés. – *[Décr. nº 93-892 du 6 juill. 1993, art. 33 ; Décr. nº 93-1112 du 20 sept. 1993, art. 33.]*

Art. R. 814-99 La société prend fin dans les cas prévus à l'article 1844-7 du code civil. La dissolution anticipée prévue au 4º de cet article est décidée dans les conditions de majorité requises pour les modifications des statuts.

En outre, la société est dissoute de plein droit :

1º Par le décès du dernier survivant des associés *(Décr. nº 2016-902 du 1er juill. 2016, art. 1er-15º)* « exerçant la profession », sans qu'à cette date les parts sociales ou les titres de capital des autres associés aient été cédés à des tiers ;

2º Par la décision devenue définitive qui prononce la radiation ou le retrait de la liste de la société ou de tous les associés *(Décr. nº 2016-902 du 1er juill. 2016, art. 1er-15º)* « exerçant la profession » en application de l'article L. 811-6, de l'article L. 811-12, de l'article L. 812-4 ou de l'article L. 812-9. La décision qui prononce la radiation ou le retrait de la liste constate la dissolution de la société et ordonne sa liquidation. – *[Décr. nº 86-1176 du 5 nov. 1986, art. 49, al. 1er à 3 et 5 ; Décr. nº 93-892 du 6 juill. 1993, art. 40, al. 1er et 2 ; Décr. nº 93-1112 du 20 sept. 1993, art. 40, al. 1er et 2.]*

Art. R. 814-100 La dissolution de la société entraîne sa liquidation, hormis les cas prévus à l'article 1844-4 du code civil et au premier alinéa de l'article L. 236-3. – *[Décr. nº 86-1176 du 5 nov. 1986, art. 50.]*

Art. R. 814-101 La dissolution de la société n'est opposable aux tiers qu'à compter de l'accomplissement des formalités de publicité prévues par la section 1 du chapitre III du titre II du livre I relative au registre du commerce et des sociétés. – *[Décr. nº 86-1176 du 5 nov. 1986, art. 50 ; Décr. nº 93-892 du 6 juill. 1993, art. 33 ; Décr. nº 93-1112 du 20 sept. 1993, art. 33.] – V. C. com., art. R. 123-66 s. –* **C. com.**

Art. R. 814-102 La liquidation est régie par les statuts, sous réserve des dispositions du code civil et de celles du livre II du présent code et du présent paragraphe. – *[Décr. nº 93-892 du 6 juill. 1993, art. 34 ; Décr. nº 93-1112 du 20 sept. 1993, art. 34.]*

Art. R. 814-103 Le liquidateur est choisi parmi les associés ou, à défaut, parmi les administrateurs judiciaires ou les mandataires judiciaires inscrits, selon que la société exerce l'une ou l'autre de ces professions.

En aucun cas, les fonctions de liquidateur ne peuvent être confiées à une personne contre laquelle a été prononcée une sanction disciplinaire, une mesure de retrait ou de suspension provisoire.

Plusieurs liquidateurs peuvent être désignés.

Le liquidateur désigné remplit les fonctions de l'administrateur provisoire. – *[Décr. nº 86-1176 du 5 nov. 1986, art. 51 ; Décr. nº 93-892 du 6 juill. 1993, art. 35, al. 1er et 3, et art. 40, al. 3 et 4 ; Décr. nº 93-1112 du 20 sept. 1993, art. 35, al. 1er et 3, et art. 40, al. 3 et 4.]*

Art. R. 814-104 La décision judiciaire ou la décision de l'assemblée des associés qui nomme le liquidateur fixe sa rémunération. – *[Décr. nº 93-892 du 6 juill. 1993, art. 36 ; Décr. nº 93-1112 du 20 sept. 1993, art. 36.]*

Art. R. 814-105 Le liquidateur peut être remplacé pour cause d'empêchement ou tout motif grave, à la demande soit du liquidateur lui-même, soit des associés ou de leurs ayants droit, par *(Décr. nº 2019-1419 du 20 déc. 2019, art. 2)* « décision » du président du *(Décr. nº 2019-966 du 18 sept. 2019, art. 8, en vigueur le 1er janv. 2020)* « tribunal judiciaire » dans le ressort duquel est situé le siège social.

Le président statue *(Décr. nº 2019-1419 du 20 déc. 2019, art. 2)* « selon la procédure accélérée au fond ». – *[Décr. nº 86-1176 du 5 nov. 1986, art. 53 ; Décr. nº 93-892 du 6 juill. 1993, art. 35, al. 2 ; Décr. nº 93-1112 du 20 sept. 1993, art. 35, al. 2.]*

Les dispositions du Décr. nº 2019-1419 du 20 déc. 2019 s'appliquent aux demandes introduites à compter du 1er janv. 2020 (Décr. préc., art. 24-II).

Art. R. 814-106 Le liquidateur ne peut entrer en fonctions avant d'avoir accompli les formalités de publicité au registre du commerce et des sociétés et informé de la dissolution de la société *(Décr. nº 2016-109 du 3 févr. 2016, art. 13-10º)* « la Commission nationale d'inscription et de discipline », en joignant copie de l'acte qui l'a nommé. – *[Décr. nº 86-1176 du 5 nov. 1986, art. 52.]*

Art. R. 814-107 Le liquidateur ne peut exercer les mandats de justice confiés à la société que s'il y est habilité par la juridiction qui les a décernés. – *[Décr. nº 86-1176 du 5 nov. 1986, art. 54.]*

Art. R. 814-108 Le liquidateur informe *(Décr. nº 2017-796 du 5 mai 2017, art. 1er-21º)* « la Commission nationale d'inscription et de discipline des administrateurs judiciaires et des mandataires judiciaires » de la clôture de la liquidation. – *[Décr. nº 86-1176 du 5 nov. 1986, art. 55 ; Décr. nº 93-892 du 6 juill. 1993, art. 37 ; Décr. nº 93-1112 du 20 sept. 1993, art. 37.]*

SOUS-SECTION 2 *Dispositions applicables aux sociétés civiles professionnelles*

§ 1 *De la constitution*

Art. R. 814-109 Deux ou plusieurs personnes physiques inscrites sur la liste nationale prévue à l'article L. 811-2 ou sur la liste nationale prévue à l'article L. 812-2 peuvent constituer entre elles une société civile professionnelle pour l'exercice en commun de leur profession d'administrateur judiciaire ou de mandataire judiciaire.

La même faculté appartient aux personnes remplissant les conditions pour être inscrites sur cette liste, sous réserve que chacune d'elles obtienne son inscription au plus tard en même temps que celle de la société.

Ces sociétés reçoivent l'appellation de sociétés civiles professionnelles d'administrateurs judiciaires ou de mandataires judiciaires.

Chaque associé a la qualité d'administrateur judiciaire associé, ou de mandataire judiciaire associé. – *[Décr. nº 86-1176 du 5 nov. 1986, art. 1er et 2.]*

Art. R. 814-109-1 *(Décr. n° 2016-902 du 1er juill. 2016, art. 1er-16°)* La société est constituée sous la condition suspensive de son inscription sur la liste nationale des administrateurs judiciaires prévue par l'article L. 811-2 ou sur la liste nationale des mandataires judiciaires prévue par l'article L. 812-2.

Art. R. 814-110 Les sociétés civiles professionnelles d'administrateurs judiciaires et sociétés civiles professionnelles de mandataires judiciaires sont régies par les dispositions du décret n° 78-704 du 3 juillet 1978 relatif à l'application de la loi n° 78-9 du 4 janvier 1978 modifiant le titre IX du livre III du code civil, sous réserve des dispositions de la présente section. – *[Décr. n° 86-1176 du 5 nov. 1986, art. 56.] – V. Décr. préc. (**C. sociétés**).*

Art. R. 814-111 Les statuts satisfont aux prescriptions des articles *(Décr. n° 2024-1021 du 13 nov. 2024, art. 8)* « 12, 15, 18, 19, 23, 24 et 27 de l'ordonnance n° 2023-77 du 8 février 2023 ». Ils indiquent en outre :

1° Les nom, prénoms et domicile de chaque associé ;

2° La durée pour laquelle la société est constituée ;

3° L'adresse du siège social ;

4° La nature et l'évaluation distincte de chacun des apports faits par les associés ;

5° Le montant du capital social, le montant, le nombre et la répartition des parts sociales représentatives de ce capital ;

6° Le nombre des parts d'intérêts attribuées à chaque apporteur en industrie ;

7° L'affirmation de la libération totale ou partielle, selon le cas, des apports concourant à la formation du capital social. – *[Décr. n° 86-1176 du 5 nov. 1986, art. 7.] – V. Ord. préc. (**C. sociétés**).*

Pour les dispositions transitoires du Décr. n° 2024-1021 du 13 nov. 2024, V. note ss. art. R. 814-59.

Art. R. 814-112 Le siège social de la société civile professionnelle est fixé au domicile professionnel commun à plusieurs ou à tous les associés ou au domicile professionnel de l'un d'eux. – *[Décr. n° 86-1176 du 5 nov. 1986, art. 42.]*

Art. R. 814-113 *(Décr. n° 2017-796 du 5 mai 2017, art. 1er-22°)* « La Commission nationale d'inscription et de discipline » peut solliciter d'un commissaire aux comptes mentionné à l'article R. 814-29 un avis sur la valeur des apports en nature. – *[Décr. n° 86-1176 du 5 nov. 1986, art. 8, al. 4.]*

Art. R. 814-114 Les parts sociales ne peuvent être données en nantissement.

Leur montant nominal ne peut être inférieur à 150 €. – *[Décr. n° 86-1176 du 5 nov. 1986, art. 10.]*

Art. R. 814-115 Les parts d'intérêts attribuées aux apporteurs en industrie sont incessibles. Elles sont annulées lorsque leur titulaire perd la qualité d'associé pour quelque cause que ce soit. – *[Décr. n° 86-1176 du 5 nov. 1986, art. 11.]*

Art. R. 814-116 Les parts sociales correspondant à des apports en numéraire doivent être libérées, lors de la souscription, de la moitié au moins de leur valeur nominale.

La libération du surplus intervient, en une ou plusieurs fois, soit aux dates prévues par les statuts, soit par décision de l'assemblée des associés et au plus tard dans le délai de deux ans à compter de l'inscription de la société sur la liste.

Dans les huit jours de leur réception, les fonds provenant de la libération des apports en numéraire sont déposés, pour le compte de la société, à la Caisse des dépôts et consignations, chez un notaire ou dans un établissement de crédit.

Le retrait de ces fonds est effectué par le mandataire de la société sur la justification de l'inscription de celle-ci sur la liste des administrateurs judiciaires ou la liste des mandataires judiciaires. – *[Décr. n° 86-1176 du 5 nov. 1986, art. 12.]*

Art. R. 814-117 La société ou son liquidateur est dispensé d'insérer dans un *(Décr. n° 2020-106 du 10 févr. 2020, art. 12)* « support » habilité à recevoir des annonces légales les avis et actes prévus aux articles 22, 24, 26, 27 et 29 du décret n° 78-704 du 3 juillet 1978. – *[Décr. n° 86-1176 du 5 nov. 1986, art. 13.] – V. le Décr. préc. au **C. sociétés**.*

§ 2 *De l'organisation et du fonctionnement*

Art. R. 814-118 Les décisions qui excèdent les pouvoirs du ou des gérants sont prises par les associés réunis en assemblée générale.

L'assemblée est réunie au moins une fois par an. Elle est également réunie lorsqu'un ou plusieurs associés, représentant au moins la moitié en nombre de ceux-ci ou le quart du capital, en font la demande au gérant en indiquant l'ordre du jour.

A défaut de dispositions contraires des statuts, les convocations sont effectuées conformément à l'article 40 du décret n° 78-704 du 3 juillet 1978. – *[Décr. n° 86-1176 du 5 nov. 1986, art. 16.]*

Art. R. 814-119 Les procès-verbaux des délibérations des associés sont établis sur un registre spécial préalablement coté et paraphé par le greffier chargé de la tenue du registre du commerce et des sociétés où est immatriculée la société. Le registre est conservé au siège social. Il peut être consulté par tout associé. – *[Décr. n° 86-1176 du 5 nov. 1986, art. 17.]*

Art. R. 814-120 Chaque associé dispose d'un nombre de voix égal quel que soit le nombre de parts qu'il possède.

Un associé peut donner mandat écrit à un autre associé de le représenter à l'assemblée. Toutefois, un associé ne peut être porteur de plus de deux mandats.

L'assemblée ne délibère valablement que si les trois quarts au moins des associés sont présents ou représentés. Si ce quorum n'est pas atteint, les associés sont convoqués une nouvelle fois et l'assemblée délibère valablement si le tiers des associés au moins est présent ou représenté. – *[Décr. n° 86-1176 du 5 nov. 1986, art. 18.]*

Art. R. 814-121 Sous réserve des dispositions *(Décr. n° 2024-1021 du 13 nov. 2024, art. 9)* « des articles 23 et 30 de l'ordonnance n° **2023-77** du **8 février 2023** » et de celles des articles R. 814-99, R. 814-122, *(Décr. n° 2017-796 du 5 mai 2017, art. 1er-23°)* « R. 814-122-1, » R. 814-124, R. 814-130, R. 814-131, R. 814-140, les décisions sont prises à la majorité des voix des associés présents ou représentés. – *V. Ord. préc. (**C. sociétés**).*

Dans tous les cas, les statuts peuvent prévoir, pour certaines décisions, une majorité qualifiée ou l'unanimité des associés. – *[Décr. n° 86-1176 du 5 nov. 1986, art. 19.]*

Pour les dispositions transitoires du Décr. n° 2024-1021 du 13 nov. 2024, V. note ss. art. R. 814-59.

Art. R. 814-122 La modification des statuts, y compris la prorogation de la société, est décidée à la majorité des trois quarts des voix de l'ensemble des associés.

L'augmentation des engagements des associés ne peut être décidée qu'à l'unanimité. – *[Décr. n° 86-1176 du 5 nov. 1986, art. 20.]*

Art. R. 814-122-1 *(Décr. n° 2017-795 du 5 mai 2017, art. 1er)* La majorité requise pour approuver une des opérations mentionnées au *(Décr. n° 2024-1021 du 13 nov. 2024, art. 10)* « deuxième alinéa de l'article 30 de l'ordonnance n° **2023-77** du **8 février 2023** » est celle prévue au premier alinéa de l'article R. 814-122. – *V. Ord. préc. (**C. sociétés**).*

Pour les dispositions transitoires du Décr. n° 2024-1021 du 13 nov. 2024, V. note ss. art. R. 814-59.

Art. R. 814-123 La répartition des bénéfices a lieu conformément aux statuts.

Toutefois, la rémunération des apports en capital ne peut excéder les deux tiers des bénéfices. – *[Décr. n° 86-1176 du 5 nov. 1986, art. 21.]*

Art. R. 814-124 Sauf stipulation contraire des statuts, les parts sociales peuvent être librement cédées à un associé. – *[Décr. n° 86-1176 du 5 nov. 1986, art. 22, al. 1er.]*

Art. R. 814-125 Lorsqu'un associé décide de céder tout ou partie de ses parts à un tiers, le projet de cession est notifié à la société et à chaque associé par lettre recommandée avec demande d'avis de réception.

Dans les deux mois de la notification qui lui est faite du projet de cession, la société fait connaître, dans les mêmes formes, son consentement ou son refus. Le silence gardé par la société pendant ce délai vaut consentement implicite à la cession. – *[Décr. nº 86-1176 du 5 nov. 1986, art. 25.]*

Art. R. 814-126 Si la société refuse de consentir à la cession, elle est tenue, dans les six mois de la notification de son refus, de notifier à l'associé par lettre recommandée avec demande d'avis de réception un projet de cession ou de rachat de ses parts qui implique engagement du cessionnaire ou de la société de se porter acquéreur.

Si le prix proposé pour la cession ou le rachat n'est pas accepté par le cédant, il est fixé conformément aux dispositions de l'article 1843-4 du code civil.

Si l'associé cédant refuse de signer l'acte portant cession de ses parts au prix ainsi fixé, il est passé outre à ce refus deux mois après la sommation qui lui est adressée par lettre recommandée avec demande d'avis de réception par la société et qui est demeurée infructueuse.

Si la cession porte sur la totalité des parts sociales détenues par l'associé, celui-ci perd sa qualité d'associé à l'expiration du délai prévu à l'alinéa précédent.

Le prix de cession des parts est consigné à la diligence du cessionnaire à la Caisse des dépôts et consignations. – *[Décr. nº 86-1176 du 5 nov. 1986, art. 26.]*

Art. R. 814-127 Dans le cas prévu au troisième alinéa de l'article R. 814-126, la publicité de la cession des parts sociales est accomplie par le dépôt au registre du commerce et des sociétés de deux copies certifiées conformes de la sommation adressée au cédant accompagnées de la justification de la notification ou de la signification de cette sommation. – *[Décr. nº 86-1176 du 5 nov. 1986, art. 34.]*

Art. R. 814-128 Si à l'expiration du délai prévu à l'article R. 814-80 aucune cession n'est intervenue, la société procède à la cession ou au rachat des parts dans les conditions prévues aux deuxième et troisième alinéas de l'article R. 814-135. – *[Décr. nº 86-1176 du 5 nov. 1986, art. 28, al. 2.]*

Art. R. 814-129 Sous réserve des règles de protection et de représentation *(Décr. nº 2017-796 du 5 mai 2017, art. 1er-24º)* « des personnes protégées », les dispositions des articles R. 814-80 et R. 814-128 sont applicables à la cession des parts sociales de l'associé frappé d'interdiction légale ou placé sous le régime de la tutelle. – *[Décr. nº 86-1176 du 5 nov. 1986, art. 29.]*

Art. R. 814-130 Le délai prévu au *(Décr. nº 2024-1021 du 13 nov. 2024, art. 11)* « troisième alinéa de l'article 27 de l'ordonnance nº 2023-77 du 8 février 2023 » pour la cession des parts de l'associé décédé est fixé à un an à compter de la date du décès.

Il peut être prorogé une fois pour une durée d'un an par accord intervenu entre les ayants droit de l'associé décédé et la société, donné dans les conditions prévues pour la cession des parts sociales par le premier alinéa de *(Décr. nº 2024-1021 du 13 nov. 2024, art. 11)* « l'article 23 de la même ordonnance ». – *[Décr. nº 86-1176 du 5 nov. 1986, art. 30.] – V. Ord. préc. (**C. sociétés**).*

Pour les dispositions transitoires du Décr. nº 2024-1021 du 13 nov. 2024, V. note ss. art. R. 814-59.

Art. R. 814-131 Toute demande d'un ou plusieurs ayants droit d'un associé décédé tendant, par application du *(Décr. nº 2024-1021 du 13 nov. 2024, art. 12)* « troisième alinéa de l'article 27 de l'ordonnance nº 2023-77 du 8 février 2023 », à l'attribution préférentielle à leur profit des parts sociales de leur auteur est notifiée à la société et à chacun des associés par lettre recommandée avec demande d'avis de réception. En cas de désaccord, la valeur des droits sociaux est fixée dans les conditions prévues par l'article 1843-4 du code civil. – *[Décr. nº 86-1176 du 5 nov. 1986, art. 31.] – V. Ord. préc. (**C. sociétés**).*

Pour les dispositions transitoires du Décr. nº 2024-1021 du 13 nov. 2024, V. note ss. art. R. 814-59.

Art. R. 814-132 Si, à l'expiration du délai prévu à l'article R. 814-130, les ayants droit de l'associé décédé n'ont pas exercé la faculté de céder les parts sociales de leur auteur et si aucun consentement préalable à l'attribution préférentielle n'a été donné par la société, celle-ci dispose d'une année pour acquérir elle-même, ou faire acquérir par un ou plusieurs associés ou par un tiers, les parts sociales de l'associé décédé.

Le cas échéant, la procédure prévue par les deuxième, troisième et cinquième alinéas de l'article R. 814-126 est applicable. – *[Décr. n° 86-1176 du 5 nov. 1986, art. 32.]*

Art. R. 814-133 La cession de parts sociales est rendue opposable à la société et aux tiers dans les conditions prévues par l'article 1865 du code civil. – *[Décr. n° 86-1176 du 5 nov. 1986, art. 33.]*

Art. R. 814-134 Si les réserves constituées au moyen de bénéfices non distribués ou de plus-values d'actif dues à l'industrie des associés le permettent, il est procédé périodiquement, dans les conditions prévues aux statuts, à l'augmentation du capital social. Les parts sociales ainsi créées sont attribuées aux associés, y compris à ceux qui n'ont apporté que leur industrie, selon les critères de répartition des bénéfices fixés par l'article R. 814-123.

L'augmentation du capital social ne peut intervenir avant la libération totale des parts sociales correspondant à des apports en numéraire. – *[Décr. n° 86-1176 du 5 nov. 1986, art. 35.]*

Art. R. 814-135 Lorsqu'un associé entend se retirer de la société en application de l'article *(Décr. n° 2024-1021 du 13 nov. 2024, art. 13)* « 25 de l'ordonnance n° 2023-77 du 8 février 2023 », il notifie sa décision à la société par lettre recommandée avec demande d'avis de réception. – *V. Ord. préc.* (**C. *sociétés***).

Dans les six mois de cette notification, la société est tenue de notifier à l'associé, dans les mêmes formes, soit un projet de cession de ses parts à un ou plusieurs associés ou à un tiers inscrit, selon le cas, sur la liste des administrateurs judiciaires ou sur la liste des mandataires judiciaires sur laquelle la société est inscrite ou remplissant les conditions pour y être inscrit, soit un projet de rachat de ces parts par la société. Cette notification implique un engagement du cessionnaire ou de la société de se porter acquéreur.

Le cas échéant, il est fait application des deuxième, troisième, quatrième et cinquième alinéas de l'article R. 814-126. – *[Décr. n° 86-1176 du 5 nov. 1986, art. 27.]*

Pour les dispositions transitoires du Décr. n° 2024-1021 du 13 nov. 2024, V. note ss. art. R. 814-59.

Art. R. 814-136 Le retrait d'un associé qui a apporté exclusivement son industrie est notifié à la société par lettre recommandée avec demande d'avis de réception. Il prend effet à la date que l'associé indique ou, à défaut, à celle de cette notification.

Toutefois, les statuts peuvent prévoir que le retrait ne prendra effet qu'à l'expiration d'un délai, sans que celui-ci puisse excéder six mois à compter de la notification faite par l'associé. – *[Décr. n° 86-1176 du 5 nov. 1986, art. 36.]*

Art. R. 814-137 L'associé titulaire de parts sociales peut, à la condition d'en informer la société par lettre recommandée avec demande d'avis de réception, cesser l'activité professionnelle qu'il exerce au sein de cette société avant la fin de la procédure de cession ou de rachat de ses parts. Il respecte, le cas échéant, le délai fixé par les statuts, sans que celui-ci puisse excéder six mois à compter de la notification de la cessation d'activité. – *[Décr. n° 86-1176 du 5 nov. 1986, art. 37.]*

Art. R. 814-138 L'associé perd, à compter de sa cessation d'activité, les droits attachés à sa qualité d'associé, à l'exception toutefois des rémunérations afférentes aux apports en capital et de sa part éventuelle dans le capital, les réserves et les plus-values d'actif ; il cesse à la même date d'être soumis aux incompatibilités et interdictions attachées à sa qualité d'associé. – *[Décr. n° 86-1176 du 5 nov. 1986, art. 38.]*

Art. R. 814-139 La société peut faire l'objet de poursuites disciplinaires indépendamment de celles qui seraient intentées contre les associés. – *[Décr. n° 86-1176 du 5 nov. 1986, art. 45.]*

Art. R. 814-140 Tout associé qui fait l'objet d'une mesure disciplinaire définitive comportant une sanction égale ou supérieure à trois mois d'interdiction peut être contraint, à l'unanimité des autres associés, de se retirer de la société.

L'associé qui fait l'objet d'une suspension provisoire en application de l'article L. 811-13 ou L. 814-4 peut, à l'expiration d'un délai d'un an à compter de la date de la décision de suspension, s'il n'a pas été mis fin à celle-ci, être contraint de se retirer de la société suivant les modalités mentionnées à l'alinéa précédent.

Les associés exclus perdent du jour où la décision d'exclusion leur a été notifiée les droits attachés à la qualité d'associé, à l'exception des rémunérations afférentes à leurs apports en capital.

Ses parts sociales sont cédées dans les conditions prévues aux articles R. 814-80 et R. 814-128. – *[Décr. nº 86-1176 du 5 nov. 1986, art. 46.]*

Art. R. 814-141 L'associé interdit temporairement ou suspendu provisoirement ne peut exercer aucune activité professionnelle pendant la durée de la mesure d'interdiction ou de suspension, mais conserve pendant le même temps sa qualité d'associé avec tous les droits et obligations qui en découlent, à l'exclusion de sa vocation aux bénéfices professionnels. – *[Décr. nº 86-1176 du 5 nov. 1986, art. 47.]*

§ 3 *De la nullité, de la dissolution et de la liquidation*

Art. R. 814-142 La dissolution anticipée prévue au 4° de l'article 1844-7 du code civil est décidée à la majorité des trois quarts des voix de l'ensemble des associés.

Art. R. 814-143 En dehors des cas prévus au troisième alinéa de l'article R. 814-99, la société civile professionnelle est dissoute de plein droit par la notification à la société des demandes simultanées de retrait des associés faites en application de l'article *(Décr. nº 2024-1021 du 13 nov. 2024, art. 14)* « 25 de l'ordonnance nº 2023-77 du 8 février 2023 » ou, en cas de demandes successives, par la dernière d'entre elles, sans qu'à cette date les parts sociales des autres associés aient été cédées à des tiers. – *[Décr. nº 86-1176 du 5 nov. 1986, art. 49, al. 4.] – V. Ord. préc. (**C. sociétés**).*

Pour les dispositions transitoires du Décr. nº 2024-1021 du 13 nov. 2024, V. note ss. art. R. 814-59.

Art. R. 814-144 Dans le cas prévu par le second alinéa de l'article *(Décr. nº 2024-1021 du 13 nov. 2024, art. 15)* « 39 de l'ordonnance nº 2023-77 du 8 février 2023 », l'actif net de la société subsistant après extinction du passif et remboursement du capital est réparti entre les associés au prorata des parts détenues par chacun d'eux, y compris les parts correspondant aux apports en industrie. – *[Décr. nº 86-1176 du 5 nov. 1986, art. 58.] – V. Ord. préc. (**C. sociétés**).*

Pour les dispositions transitoires du Décr. nº 2024-1021 du 13 nov. 2024, V. note ss. art. R. 814-59.

SOUS-SECTION 3 *Dispositions applicables aux sociétés d'exercice libéral*

Art. R. 814-145 *(Décr. nº 2016-1218 du 13 sept. 2016, art. 1er-1º)* I. – Un ou plusieurs administrateurs judiciaires peuvent constituer, entre eux et avec les personnes mentionnées *(Décr. nº 2024-1021 du 13 nov. 2024, art. 16)* « aux articles 47 et 81 de l'ordonnance nº 2023-77 du 8 février 2023 », une société d'exercice libéral.

II. – Un ou plusieurs mandataires judiciaires peuvent constituer, entre eux et avec les personnes mentionnées *(Décr. nº 2024-1021 du 13 nov. 2024, art. 16)* « aux articles 47 et 81 de l'ordonnance nº 2023-77 du 8 février 2023 » précitée, une société d'exercice libéral.

III. – Les personnes physiques ou morales qui exercent la profession de greffier de tribunal de commerce ne peuvent détenir, ni directement ni indirectement, d'action ou de part sociale dans une société d'exercice libéral relevant du I ou du II. – *V. Ord. nº 2023-77 du 8 févr. 2023 (**C. sociétés**).*

Pour les dispositions transitoires du Décr. nº 2024-1021 du 13 nov. 2024, V. note ss. art. R. 814-59.

Art. R. 814-146 Les sociétés d'exercice libéral *(Décr. nº 2016-1218 du 13 sept. 2016, art. 1er-2º)* « constituées pour l'exercice de la profession » d'administrateurs judiciaires ou de mandataires judiciaires *(Abrogé par Décr. nº 2016-1218 du 13 sept. 2016, art. 1er-*

2°) « ***à responsabilité limitée, à forme anonyme*** (*Décr. n° 2012-536 du 20 avr. 2012, art. 4*) « ***, par actions simplifiées » et en commandite par actions*** » **sont régies par les dispositions du livre II** (*Décr. n° 2016-1218 du 13 sept. 2016, art. 1er-2°*) « **et de** » (*Décr. n° 2024-1021 du 13 nov. 2024, art. 17*) « **l'ordonnance n° 2023-77 du 8 février 2023** », **sous réserve des dispositions de la présente section.** – [*Décr. n° 93-892 du 6 juill. 1993, art. 1er ; Décr. n° 93-1112 du 20 sept. 1993, art. 1er.*] – *V. Ord. préc.* (**C. sociétés**).

Pour les dispositions transitoires du Décr. n° 2024-1021 du 13 nov. 2024, V. note ss. art. R. 814-59.

Art. R. 814-146-1 (*Décr. n° 2016-902 du 1er juill. 2016, art. 1er-17°*) **La société est constituée sous la condition suspensive de son inscription sur la liste nationale des administrateurs judiciaires prévue par l'article L. 811-2 ou sur la liste nationale des mandataires judiciaires prévue par l'article L. 812-2.**

(*Décr. n° 2017-796 du 5 mai 2017, art. 1er-25°*) « **Les dispositions du présent article ne sont pas applicables aux sociétés pluri-professionnelles d'exercice.** »

Art. R. 814-147 (*Abrogé par Décr. n° 2024-1021 du 13 nov. 2024, art. 18*) (*Décr. n° 2016-109 du 3 févr. 2016, art. 13-11°*) « ***La Commission nationale d'inscription et de discipline » est informée des modifications apportées à la liste des associés*** (*Abrogé par Décr. n° 2016-1218 du 13 sept. 2016, art. 1er-3°*) « ***mentionnés au deuxième alinéa de l'article 5 de la loi n° 90-1258 du 31 décembre 1990 » et au montant de leur participation au capital.*** – [*Décr. n° 93-892 du 6 juill. 1993, art. 7, al. 2 ; Décr. n° 93-1112 du 20 sept. 1993, art. 7, al. 2.*]

Art. D. 814-147-1 (*Décr. n° 2024-1021 du 13 nov. 2024, art. 18*) **Les documents mentionnés à l'article 44 de l'ordonnance n° 2023-77 du 8 février 2023 sont adressés à la Commission nationale d'inscription et de discipline avant le 1er mars de chaque année et seulement en cas de changement durant l'année qui précède.** – *V. Ord. préc.* (**C. sociétés**).

Art. R. 814-148 La société est dispensée de procéder aux formalités de publicité prévues aux articles R. 210-16 et suivants. – [*Décr. n° 93-892 du 6 juill. 1993, art. 9, al. 3 ; Décr. n° 93-1112 du 20 sept. 1993, art. 9, al. 3.*]

Art. R. 814-149 Lorsque le consentement de la société est acquis dans les conditions prévues par les articles L. 223-14 et L. 228-24 et (*Décr. n° 2024-1021 du 13 nov. 2024, art. 19*) « **52 de l'ordonnance n° 2023-77 du 8 février 2023** [*ancienne rédaction : 10 de la loi n° 90-1258 du 31 décembre 1990*] », **le cessionnaire demande à** (*Décr. n° 2016-109 du 3 févr. 2016, art. 13-12°*) « **la Commission nationale d'inscription et de discipline** », **par lettre recommandée avec demande d'avis de réception ou par remise contre récépissé, son inscription sur la liste mentionnée au deuxième alinéa de l'article R. 814-87.**

Sa demande est accompagnée, à peine d'irrecevabilité, d'une attestation du transfert sur les registres de titres de la société ou de l'acte de cession des titres de capital ou des parts sociales ainsi que de toutes pièces justificatives, notamment de celles qui sont exigées des personnes demandant leur inscription sur la liste. – [*Décr. n° 93-892 du 6 juill. 1993, art. 10, al. 2 et 3 ; Décr. n° 93-1112 du 20 sept. 1993, art. 10, al. 2 et 3.*] – *V. Ord. n° 2023-77 du 8 févr. 2023* (**C. sociétés**).

Pour les dispositions transitoires du Décr. n° 2024-1021 du 13 nov. 2024, V. note ss. art. R. 814-59.

Art. R. 814-150 Sous réserve des règles de protection et de représentation des (*Décr. n° 2017-796 du 5 mai 2017, art. 1er-26°*) « **personnes protégées** », **les dispositions de l'article R. 814-80 sont applicables à la cession des titres de capital ou parts sociales de l'associé placé sous le régime de la tutelle, s'il ne veut ou ne peut bénéficier des dispositions du** (*Décr. n° 2024-1021 du 13 nov. 2024, art. 20*) « **2° de l'article 47 de l'ordonnance n° 2023-77 du 8 février 2023** », **ou de l'associé frappé d'interdiction légale.** – [*Décr. n° 93-892 du 6 juill. 1993, art. 15 ; Décr. n° 93-1112 du 20 sept. 1993, art. 15.*] – *V. Ord. préc.* (**C. sociétés**).

Pour les dispositions transitoires du Décr. nº 2024-1021 du 13 nov. 2024, V. note ss. art. R. 814-59.

Art. R. 814-151 La société ne peut faire l'objet de poursuites disciplinaires indépendamment de celles qui seraient intentées contre les associés exerçant en son sein. – *[Décr. nº 93-892 du 6 juill. 1993, art. 26, al. 2 ; Décr. nº 93-1112 du 20 sept. 1993, art. 26, al. 2.]*

Art. R. 814-152 Tout associé exerçant *(Décr. nº 2017-796 du 5 mai 2017, art. 1er-27º)* « la profession d'administrateur judiciaire ou de mandataire judiciaire » au sein de la société, qui a fait l'objet d'une sanction disciplinaire définitive égale ou supérieure à trois mois d'interdiction d'exercice de sa profession ou d'une condamnation pénale définitive à une peine d'emprisonnement égale ou supérieure à trois mois peut être contraint, à l'unanimité des autres associés exerçant au sein de la société, de se retirer de celle-ci.

Ses titres de capital ou parts sociales sont cédés dans les conditions prévues *(Décr. nº 2017-796 du 5 mai 2017, art. 1er-27º)* « aux articles **R. 814-64**, **R. 814-74** » et **R. 814-149**. – *[Décr. nº 93-892 du 6 juill. 1993, art. 27 ; Décr. nº 93-1112 du 20 sept. 1993, art. 27.]*

Art. R. 814-153 L'associé interdit de ses fonctions n'est pas de ce seul fait privé de sa qualité d'associé. Il conserve tous les droits et obligations qui en découlent. – *[Décr. nº 93-892 du 6 juill. 1993, art. 28, al. 1er ; Décr. nº 93-1112 du 20 sept. 1993, art. 28, al. 1er.]*

Art. R. 814-154 L'associé provisoirement suspendu exerçant au sein de la société conserve, pendant la durée de sa suspension, sa qualité d'associé avec tous les droits et obligations qui en découlent. Toutefois, ses revenus liés à l'exercice professionnel sont réduits de moitié, l'autre moitié étant attribuée par parts égales aux administrateurs provisoires associés ou non ou, s'il n'est pas commis d'administrateur provisoire, à ceux des associés exerçant au sein de la société qui n'ont pas fait l'objet d'une suspension provisoire de leurs fonctions. – *[Décr. nº 93-892 du 6 juill. 1993, art. 30, al. 2 ; Décr. nº 93-1112 du 20 sept. 1993, art. 30, al. 2.]*

SOUS-SECTION 4 *Dispositions applicables aux sociétés en participation*

Art. R. 814-155 Les sociétés en participation prévues par *(Décr. nº 2024-1021 du 13 nov. 2024, art. 21)* « l'article 34 de l'ordonnance nº 2023-77 du 8 février 2023 » reçoivent l'appellation de sociétés en participation d'administrateurs judiciaires ou de mandataires judiciaires. – *V. Ord. préc. (**C. sociétés**).*

Leur constitution fait l'objet de l'insertion d'un avis dans le ***Bulletin officiel des annonces civiles et commerciales***.

L'avis contient la dénomination sociale et la liste des associés. – *[Décr. nº 93-892 du 6 juill. 1993, art. 42 ; Décr. nº 93-1112 du 20 sept. 1993, art. 42.]*

Pour les dispositions transitoires du Décr. nº 2024-1021 du 13 nov. 2024, V. note ss. art. R. 814-59.

Art. R. 814-156 Dans la quinzaine de la publication, une copie de cet avis et un exemplaire de la convention qui fonde la société en participation sont remis contre récépissé ou expédiés par lettre recommandée avec demande d'avis de réception à *(Décr. nº 2016-109 du 3 févr. 2016, art. 13-12º)* « la Commission nationale d'inscription et de discipline » qui peut, dans un délai d'un mois, mettre en demeure les associés, par lettre recommandée avec demande d'avis de réception, de modifier la convention pour la mettre en conformité avec les règles applicables à la profession. – *[Décr. nº 93-892 du 6 juill. 1993, art. 44 ; Décr. nº 93-1112 du 20 sept. 1993, art. 44.]*

Art. R. 814-157 Le retrait ou l'admission d'un associé donne lieu à la publication mentionnée aux deuxième et troisième alinéas de l'article **R. 814-155** et, pour le nouvel associé, les dispositions des articles **R. 814-66** et **R. 814-156** sont applicables. – *[Décr. nº 93-892 du 6 juill. 1993, art. 46 ; Décr. nº 93-1112 du 20 sept. 1993, art. 46.]*

SECTION 6 *Des sociétés de participations financières de professions libérales d'administrateurs judiciaires ou de mandataires judiciaires*

(Décr. n° 2012-536 du 20 avr. 2012, art. 5)

Art. R. 814-158 Les sociétés de participations financières de professions libérales *(Décr. n° 2016-1218 du 13 sept. 2016, art. 2-1°)* « constituées, en application du *(Décr. n° 2024-1021 du 13 nov. 2024, art. 22)* « livre V de l'ordonnance n° 2023-77 du 8 février 2023 », en vue de la détention de parts sociales ou d'action dans des sociétés exerçant la profession d'administrateur judiciaire ou celle de mandataire judicaire » sont régies par les dispositions du livre II, à l'exception de celles qui attribuent compétence au tribunal de commerce, sous réserve des dispositions de la présente section. *(Décr. n° 2016-1218 du 13 sept. 2016, art. 2-1°)* « Ces sociétés sont dénommées respectivement "société de participation financière de profession libérale d'administrateur judiciaire" et "société de participation financière de profession libérale de mandataire judiciaire". » — *V. Ord. préc. (**C. sociétés**).*

Pour les dispositions transitoires du Décr. n° 2024-1021 du 13 nov. 2024, V. note ss. art. R. 814-59.

Art. R. 814-158-1 *(Décr. n° 2024-1021 du 13 nov. 2024, art. 23)* Conformément au sixième alinéa de l'article 110 de l'ordonnance du 8 février 2023, les sociétés de participations financières de professions libérales définies à l'article R. 814-158 du présent code peuvent également détenir des parts sociales ou actions de sociétés commerciales, sous réserve que l'objet de ces dernières soit la réalisation de toute activité que les administrateurs judiciaires et les mandataires judiciaires détenant la société de participations financières de professions libérales sont autorisés à exercer conformément aux règles applicables à chacune de leur profession. Ces sociétés commerciales faisant l'objet d'une prise de participation sont constituées sous la forme de sociétés à responsabilité limitée, de sociétés anonymes, de sociétés par actions simplifiées ou de sociétés en commandite par actions. — *V. Ord. préc. (**C. sociétés**).*

Pour les dispositions transitoires du Décr. n° 2024-1021 du 13 nov. 2024, V. note ss. art. R. 814-59.

SOUS-SECTION 1 *De la constitution de la société*

Art. R. 814-159 *(Décr. n° 2016-1218 du 13 sept. 2016, art. 2-2°)* Les personnes physiques ou morales qui exercent la profession de greffier de tribunal de commerce ne peuvent détenir, ni directement ni indirectement, d'action ou de part sociale dans une société de participation financière de profession libérale d'administrateur judiciaire ou dans une société de participation financière de profession libérale de mandataire judiciaire.

Art. R. 814-160 La constitution de la société fait l'objet d'une déclaration adressée par lettre recommandée avec avis de réception par un mandataire commun désigné par les associés à la commission nationale d'inscription et de discipline compétente.

Une copie des statuts de la société est jointe à la déclaration qui comprend la liste des associés avec indication, selon le cas, de leur profession ou de leur qualité, suivie, pour chacun, de la mention de la part de capital qu'il détient dans la société.

Art. R. 814-161 Le secrétaire de la commission nationale d'inscription et de discipline compétente adresse une copie de la déclaration et des statuts au procureur général près la cour d'appel dans le ressort de laquelle la société a son siège *(Abrogé par Décr. n° 2016-1218 du 13 sept. 2016, art. 2-3°) « ainsi qu'au Conseil national des administrateurs judiciaires et des mandataires judiciaires »*.

Il dresse la liste des sociétés de participations financières de professions libérales d'administrateurs judiciaires ou de mandataires judiciaires dont les conditions de tenue et mise à jour sont fixées par arrêté du garde des sceaux. — *V. art. A. 814-7.*

Art. R. 814-162 L'immatriculation de la société au registre du commerce et des sociétés est régie par les articles R. 123-31 et suivants, sous réserve des dispositions ci-après.

Une copie de la déclaration mentionnée à l'article R. 814-160 est adressée par le mandataire des associés au greffe du tribunal où a été déposée la demande d'immatriculation au registre du commerce et des sociétés ; à la réception de ce document, le greffier procède à l'immatriculation et en informe la commission nationale d'inscription et de discipline compétente.

La société est dispensée de procéder aux formalités de publicité prévues aux articles R. 210-16 et suivants.

SOUS-SECTION 2 *Du fonctionnement de la société et de son contrôle*

Art. R. 814-163 La société de participations financières de professions libérales d'administrateurs judiciaires ou de mandataires judiciaires fait connaître à la commission nationale compétente ainsi qu'au procureur général près la cour d'appel dans le ressort de laquelle est situé son siège *(Abrogé par Décr. nº 2016-1218 du 13 sept. 2016, art. 2-4º)* « *et au Conseil national des administrateurs judiciaires et mandataires judiciaires* », dans un délai de trente jours à compter de la date à laquelle il se produit, tout changement dans la situation déclarée en application de l'article R. 814-160.

Art. D. 814-163-1 *(Décr. nº 2024-1021 du 13 nov. 2024, art. 24)* Les documents mentionnés à l'article 113 de l'ordonnance nº 2023-77 du 8 février 2023 sont adressés à *[la]* Commission nationale d'inscription et de discipline avant le 1er mars de chaque année et seulement en cas de changement durant l'année qui précède. – *V. Ord. préc. (**C. sociétés**).*

Art. R. 814-164 Si la société de participations financières de professions libérales d'administrateurs judiciaires ou de mandataires judiciaires ne se conforme pas aux dispositions législatives et réglementaires en vigueur, elle peut être invitée à régulariser la situation par le procureur général près la cour d'appel dans le ressort de laquelle est situé son siège ou le commissaire du Gouvernement près la commission nationale d'inscription et de discipline compétente. L'invitation est faite par lettre recommandée avec demande d'accusé de réception, dont copie est adressée au magistrat coordonnateur mentionné à l'article R. 811-40.

Si la société ne régularise pas la situation dans le délai indiqué, le procureur général ou le commissaire du Gouvernement peuvent inviter les associés, selon les mêmes modalités, à prononcer la dissolution anticipée de la société.

Art. R. 814-165 Lorsque plusieurs personnes désignées dans le cadre de la procédure collective détiennent, directement ou indirectement, des participations dans une même société, elles en informent sans délai la juridiction.

Art. R. 814-166 Chaque société de participations financières de professions libérales d'administrateurs judiciaires ou de mandataires judiciaires fait l'objet, au moins une fois tous les trois ans, d'un contrôle portant sur le respect des dispositions législatives et réglementaires qui régissent la composition de son capital et l'étendue de ses activités.

Avant la fin de chaque année, le président du conseil national adresse au garde des sceaux, ministre de la justice, la liste des sociétés que le bureau du conseil a désignées comme devant faire l'objet du contrôle périodique au cours de l'année suivante. Cette liste est également adressée au commissaire du Gouvernement près de la commission d'inscription et de discipline qui a procédé à leur inscription ainsi qu'au magistrat coordonnateur mentionné à l'article R. 811-40.

Chaque société de participations financières peut, en outre, être soumise à des contrôles occasionnels, prescrits conformément au *(Décr. nº 2016-1851 du 23 déc. 2016, art. 25, en vigueur le 1er janv. 2017)* « premier alinéa de l'article R. 814-42-2 ».

Les dispositions des articles R. 814-44 à R. 814-46, à l'exception du *(Décr. nº 2016-1851 du 23 déc. 2016, art. 25, en vigueur le 1er janv. 2017)* « sixième alinéa de l'article R. 814-45 », et du deuxième alinéa de l'article R. 814-48 sont applicables à ces contrôles.

Art. R. 814-167 Le non-respect des dispositions régissant la constitution et le fonctionnement des sociétés de participations financières de professions libérales par les administrateurs judiciaires ou les mandataires judiciaires *(Décr. nº 2016-1218 du*

13 sept. 2016, art. 2-5°) « associés d'une telle société » peut donner lieu à des poursuites disciplinaires.

SOUS-SECTION 3 *De la dissolution et de la liquidation de la société*

Art. R. 814-168 En cas de dissolution de la société de participations financières, le liquidateur est choisi parmi les associés ou, à défaut, par le président du *(Décr. n° 2019-966 du 18 sept. 2019, art. 8, en vigueur le 1er janv. 2020)* « tribunal judiciaire » du lieu du siège social de la société.

Le liquidateur peut être remplacé pour cause d'empêchement, ou pour tout autre motif grave, sur décision du président du *(Décr. n° 2019-966 du 18 sept. 2019, art. 8, en vigueur le 1er janv. 2020)* « tribunal judiciaire » du lieu du siège social de la société statuant sur requête, à la demande du liquidateur, des associés ou de leurs ayants droit, ou du procureur de la République.

En aucun cas les fonctions de liquidateur ne peuvent être confiées à un associé ayant fait l'objet d'une peine disciplinaire. Elles ne peuvent être confiées, pour une société de participations financières de professions libérales d'administrateurs judiciaires à un mandataire judiciaire et, pour une société de participations financières de professions libérales de mandataires judiciaires, à un administrateur judiciaire.

Art. D. 814-168-1 *(Décr. n° 2024-1021 du 13 nov. 2024, art. 25)* Le délai prévu au troisième alinéa de l'article 110 de l'ordonnance n° 2023-77 du 8 février 2023 est d'un an. – *V. Ord. préc.* (**C. *sociétés***).

Art. R. 814-169 La dissolution de la société est portée à la connaissance de la commission nationale d'inscription et de discipline compétente *(Décr. n° 2016-1218 du 13 sept. 2016, art. 2-6°)* « et du procureur général ». Le liquidateur fait parvenir à chacun d'eux une expédition de la délibération des associés ou de la décision de justice qui l'a nommé dans ses fonctions.

Le liquidateur dépose au greffe chargé de la tenue du registre du commerce et des sociétés où la société est inscrite, pour être versée au dossier ouvert au nom de la société, la copie de l'expédition prévue au premier alinéa dont tout intéressé peut obtenir communication.

Il ne peut entrer en fonctions avant l'accomplissement des formalités précitées.

Le liquidateur informe les personnes et organes mentionnés au premier alinéa de la clôture des opérations de liquidation.

TROISIÈME PARTIE : *PARTIE ARRÊTÉS*

(Arr. du 14 janv. 2009)

TITRE I DES ADMINISTRATEURS JUDICIAIRES, DES MANDATAIRES JUDICIAIRES ET DES EXPERTS EN DIAGNOSTIC D'ENTREPRISE

CHAPITRE I *DES ADMINISTRATEURS JUDICIAIRES*

SECTION 1 *De l'accès à la profession*

SOUS-SECTION 1 *De l'élection des administrateurs judiciaires membres de la Commission nationale d'inscription et de discipline des administrateurs judiciaires et des mandataires judiciaires (Arr. du 7 mars 2017, art. 2).*

Art. A. 811-1 Le règlement fixant les conditions d'élection des administrateurs judiciaires élus au sein de la *(Arr. du 7 mars 2017, art. 3)* « Commission nationale d'inscription et de discipline des administrateurs judiciaires et des mandataires judiciaires » établi, en vertu de l'article R. 811-6, par le bureau du Conseil national des administrateurs judiciaires et des mandataires judiciaires et approuvé par le garde des sceaux, ministre de la justice, figure à l'annexe 8-1 au présent livre. – *[Arr. du 18 avr. 2007.]* – *V. Annexe 8-1*.

SOUS-SECTION 2 *Des conditions d'inscription sur la liste des administrateurs judiciaires*

§ 1 *De l'examen d'accès au stage professionnel, du stage professionnel, de l'examen d'aptitude aux fonctions d'administrateur judiciaire*

(Arr. du 7 mars 2017, art. 9)

Art. A. 811-2 Les titres et diplômes sanctionnant un deuxième cycle d'enseignement supérieur ou d'un niveau équivalent, prévus au 4° de l'article R. 811-7, qui permettent l'accomplissement du stage professionnel d'administrateur judiciaire, sont les suivants :

1° Maîtrise de sciences et techniques comptables et financières ;

2° Maîtrise de méthodes informatiques appliquées à la gestion ;

3° Maîtrise d'économie appliquée de l'université Paris-IX ;

4° Diplôme d'un institut d'études politiques ;

5° Maîtrise d'administration économique et sociale, mention administration et gestion des entreprises ;

6° Titre d'ingénieur économiste délivré par le Conservatoire national des arts et métiers. – *[Arr. du 19 janv. 1987, art. 1er.]*

Art. A. 811-3 L'examen d'accès au stage professionnel d'administrateur judiciaire est organisé au moins une fois par an.

Les dates et lieux des épreuves sont fixés par le garde des sceaux, ministre de la justice, et publiés quatre mois avant la date de la première épreuve au *Journal officiel* de la République française. – *[Arr. du 22 oct. 2007, art. 1er.]*

Art. A. 811-4 I. – Les candidatures sont adressées au secrétaire de la *(Arr. du 7 mars 2017, art. 3)* « Commission nationale d'inscription et de discipline des administrateurs judiciaires et des mandataires judiciaires », par lettre recommandée avec demande d'avis de réception, au plus tard trois mois avant la date de la première épreuve de la session.

II. – Le dossier de candidature comprend :

1° Une requête de l'intéressé ;

2° Tous documents officiels justificatifs de l'identité et de la nationalité du candidat ;

3° Tous documents justificatifs du domicile du candidat ;

4° Une photocopie lisible de l'un des titres ou diplômes énumérés aux articles R. 811-7 et R. 811-8 ou la justification des dispenses prévues par la loi. – *[Arr. du 22 oct. 2007, art. 2.]*

Art. A. 811-5 La commission arrête, deux mois avant la date de la première épreuve de la session, la liste des candidats admis à subir les épreuves de l'examen d'accès au stage professionnel. Des convocations individuelles mentionnant le jour, l'heure et le lieu des épreuves sont adressées à chaque candidat au moins quinze jours à l'avance. – *[Arr. du 22 oct. 2007, art. 3.]*

Art. A. 811-6 L'examen comprend des épreuves écrites d'admissibilité et une épreuve orale d'admission.

Les sujets de ces épreuves sont arrêtés par le jury. – *[Arr. du 22 oct. 2007, art. 4.]*

Art. A. 811-7 Les épreuves écrites d'admissibilité comprennent :

1° Une épreuve d'une durée de trois heures portant sur le droit national des entreprises en difficulté.

La note est affectée d'un coefficient 6.

2° Une épreuve d'une durée de trois heures consistant en la résolution d'un cas pratique de comptabilité correspondant au programme de l'épreuve du DPECF.

La note est affectée d'un coefficient 3.

3° Une épreuve d'une durée de deux heures portant sur le droit des contrats.

La note est affectée d'un coefficient 3.

4° Une épreuve d'une durée d'une heure trente portant sur la gestion financière et le contrôle de gestion correspondant au programme de l'épreuve du DECF.

La note est affectée d'un coefficient 3.

5° Une épreuve d'une durée d'une heure trente portant sur le droit social lié aux procédures collectives.

La note est affectée d'un coefficient 3.

6° Une épreuve d'une durée de deux heures constituée d'une note de synthèse portant sur le droit européen et international des entreprises en difficulté réalisée à partir de documents fournis aux candidats.

La note est affectée d'un coefficient 2.

7° Une épreuve d'une durée d'une heure trente portant sur le droit des sociétés et des groupements.

La note est affectée d'un coefficient 2. – *[Arr. du 22 oct. 2007, art. 5.]*

Art. A. 811-8 Pour les épreuves d'admissibilité, les candidats peuvent utiliser les codes et recueils de lois et décrets comportant des références d'articles de doctrine et de jurisprudence. Ils peuvent également se servir de codes ou recueils de lois et décrets ne contenant aucune indication de doctrine ou de jurisprudence sans autre note que des références à des textes législatifs ou réglementaires. – *[Arr. du 22 oct. 2007, art. 6.]*

Art. A. 811-9 La correction des épreuves écrites est organisée de manière à préserver l'anonymat de chaque candidat. Chaque composition est examinée par deux correcteurs.

Chacune des épreuves d'admissibilité est notée de 0 à 20. Chaque note est affectée du coefficient prévu pour l'épreuve correspondante.

L'admissibilité est prononcée par le jury au vu de la moyenne des notes obtenues par le candidat à l'ensemble des épreuves écrites qu'il a subies, si celle-ci est égale ou supérieure à 10 sur 20.

Le jury arrête par ordre alphabétique la liste des candidats déclarés admissibles. Celle-ci est mise en ligne et consultable gratuitement sur le site internet du Conseil national des administrateurs judiciaires et des mandataires judiciaires.

L'admissibilité n'est valable que pour la session au cours de laquelle elle a été acquise. – *[Arr. du 22 oct. 2007, art. 7.]*

Art. A. 811-10 Nul ne peut se présenter à l'épreuve orale d'admission s'il n'a été déclaré admissible par le jury.

Une convocation individuelle mentionnant le jour, l'heure et le lieu de l'épreuve orale est adressée à chaque candidat admissible au moins quinze jours à l'avance.

L'épreuve est constituée d'une discussion de trente minutes avec le jury orientée sur l'exercice de la profession d'administrateur judiciaire. Elle se déroule en séance publique.

Cette épreuve est notée de 0 à 20. La note est affectée d'un coefficient 3. – *[Arr. du 22 oct. 2007, art. 8.]*

Art. A. 811-11 L'admission est prononcée par le jury au vu de la moyenne des notes obtenues par le candidat à l'ensemble des épreuves écrites et orale qu'il a subies, si celle-ci est égale ou supérieure à 10 sur 20. – *[Arr. du 22 oct. 2007, art. 9.]*

Art. A. 811-12 Le jury arrête la liste des candidats déclarés admis. Cette liste est publiée au *Journal officiel* de la République française. Les résultats sont notifiés individuellement à chaque candidat. – *[Arr. du 22 oct. 2007, art. 10.]*

Art. A. 811-13 L'examen d'aptitude à la profession d'administrateur judiciaire est organisé au moins une fois par an.

Les dates et lieux des épreuves sont fixés par le garde des sceaux, ministre de la justice, et publiés, quatre mois avant la date de la première épreuve, au *Journal officiel* de la République française. – *[Arr. du 22 mars 2006, art. 1er.]*

Art. A. 811-14 I. – Les candidatures sont adressées au secrétaire de la *(Arr. du 7 mars 2017, art. 3)* « Commission nationale d'inscription et de discipline des administrateurs judiciaires et des mandataires judiciaires », par lettre recommandée avec demande d'avis de réception, au plus tard trois mois avant la date de la première épreuve de la session.

II. – Le dossier de candidature comprend :

1° Une requête de l'intéressé *(Arr. du 25 avr. 2018)* « mentionnant la ou les options choisies » ;

2° Tous documents officiels justificatifs de l'identité et de la nationalité du candidat ;

3° Tous documents justificatifs du domicile du candidat ;

4° Une photocopie lisible de l'un des titres ou diplômes énumérés aux articles R. 811-7 et R. 811-8 *(Arr. du 7 mars 2017, art. 4-1°)* « ou du diplôme de master, mentionné au 5° de l'article L. 811-5 » ou la justification des dispenses prévues par la loi ;

5° Une copie du certificat de fin de stage ou la justification de la dispense partielle *(Arr. du 7 mars 2017, art. 4-2°)* « ou totale » de stage ;

6° Le cas échéant, la justification de la dispense d'une ou plusieurs épreuves de l'examen d'aptitude. – *[Arr. du 22 mars 2006, art. 2.]*

Art. A. 811-15 La commission arrête, deux mois avant la date de la première épreuve de la session, la liste des candidats admis à subir les épreuves de l'examen d'aptitude professionnelle. Des convocations individuelles mentionnant le jour, l'heure et le lieu des épreuves sont adressées à chaque candidat au moins quinze jours à l'avance. – *[Arr. du 22 mars 2006, art. 3.]*

Art. A. 811-16 *(Arr. du 25 avr. 2018)* « L'examen comprend des épreuves orales et une épreuve écrite. »

Les sujets des épreuves sont arrêtés et composés par le jury. – *[Arr. du 22 mars 2006, art. 4.]*

Art. A. 811-17 *(Arr. du 25 avr. 2018)* « Pour l'examen avec option en matière commerciale, » les épreuves orales comprennent :

1° Une épreuve d'une durée de trente minutes comportant un exposé de dix minutes sur un sujet de culture économique et financière suivie d'une discussion avec le jury.

Les candidats disposent d'une heure pour la préparation de cette épreuve.

La note est affectée d'un coefficient 3.

2° Une interrogation d'une durée de vingt minutes portant sur la procédure civile et le droit pénal des affaires.

La note est affectée d'un coefficient 3.

(Arr. du 7 mars 2017, art. 5) « 3° Une épreuve d'une durée de trente minutes de présentation et de discussion avec le jury portant sur le mémoire de stage que le candidat a rédigé et dont il a choisi le sujet d'économie, de droit ou de gestion ou, pour le candidat dispensé de stage professionnel en application du I de l'article R. 811-25, sur son expérience professionnelle. »

(Arr. du 25 avr. 2018) « La note est affectée d'un coefficient 3. »

4° Une interrogation d'une durée de vingt minutes portant sur le statut et la déontologie de la profession d'administrateur judiciaire.

La note est affectée d'un coefficient 3.

5° Une interrogation d'une durée de quinze minutes portant sur le droit social et le droit fiscal liés aux procédures collectives.

La note est affectée d'un coefficient 3.

6° Une interrogation d'une durée de vingt minutes portant sur la gestion d'un cabinet d'administrateur judiciaire.

La note est affectée d'un coefficient 2.

7° Une interrogation d'une durée de quinze minutes portant sur l'application du droit européen aux procédures collectives nationales.

La note est affectée d'un coefficient 1. – *[Arr. du 22 mars 2006, art. 5.]*

Art. A. 811-18 L'épreuve écrite *(Arr. du 25 avr. 2018)* « de l'option en matière commerciale », d'une durée de cinq heures, a pour objet le traitement d'un dossier portant sur l'une des missions susceptibles d'être confiées à un administrateur judiciaire *(Arr. du 25 avr. 2018)* « inscrit avec la mention de la spécialité commerciale ».

La note est affectée d'un coefficient 6. – *[Arr. du 22 mars 2006, art. 6.]*

Art. A. 811-19 *(Arr. du 25 avr. 2018)* Pour l'examen avec option en matière civile, les épreuves orales comprennent :

1° Une épreuve d'une durée de trente minutes comportant un exposé de dix minutes sur un sujet se rapportant aux mandats en matière civile, suivi d'une discussion avec le jury.

Les candidats disposent d'une heure pour la préparation de cette épreuve.

La note est affectée d'un coefficient 3 ;

2° Une interrogation d'une durée de vingt minutes portant sur la procédure civile et le droit pénal des affaires.

La note est affectée d'un coefficient 3 ;

3° Une épreuve d'une durée de trente minutes de présentation et de discussion avec le jury portant sur le mémoire de stage que le candidat a rédigé et dont il a choisi le sujet d'économie, de droit ou de gestion ou, pour le candidat dispensé de stage professionnel en application du I de l'article R. 811-25, sur son expérience professionnelle.

La note est affectée d'un coefficient 3 ;

4° Une interrogation d'une durée de vingt minutes portant sur le statut et la déontologie de la profession d'administrateur judiciaire.

La note est affectée d'un coefficient 3 ;

5° Une interrogation d'une durée de quinze minutes portant sur le droit des successions, des régimes matrimoniaux et le droit des incapacités.

La note est affectée d'un coefficient 2 ;

6° Une interrogation d'une durée de quinze minutes portant sur le droit de la copropriété et le droit des associations et fondations.

La note est affectée d'un coefficient 2 ;

7° Une interrogation d'une durée de vingt minutes portant sur la gestion d'un cabinet d'administrateur judiciaire.

La note est affectée d'un coefficient 2.

Art. A. 811-19-1 *(Arr. du 25 avr. 2018)* L'épreuve écrite de l'examen avec option en matière civile, d'une durée de cinq heures, a pour objet le traitement d'un dossier portant sur l'une des missions susceptibles d'être confiées à un administrateur judiciaire inscrit avec la mention de la spécialité civile.

La note est affectée d'un coefficient 6.

Art. A. 811-20 Chacune des épreuves est notée de 0 à 20. Chaque note est affectée du coefficient prévu pour l'épreuve correspondante.

L'aptitude est prononcée par le jury au vu de la moyenne des notes obtenues par le candidat à l'ensemble des épreuves qu'il a subies, si celle-ci est égale ou supérieure à 10 sur 20.

Pour les épreuves écrites, les candidats peuvent utiliser les codes et recueils de lois et décrets comportant des références d'articles de doctrine et de jurisprudence, à l'exclusion toutefois des codes annotés et commentés, article par article, par des professionnels du droit. Ils peuvent également se servir de codes ou recueils de lois et décrets ne contenant aucune indication de doctrine ou de jurisprudence sans autre note que des références à des textes législatifs ou réglementaires.

La correction des épreuves écrites est organisée de manière à préserver l'anonymat de chaque candidat. Chaque composition est examinée par deux correcteurs.

Les épreuves orales se déroulent en séance publique. – *[Arr. du 22 mars 2006, art. 9.]*

Art. A. 811-21 Le jury arrête la liste des candidats déclarés aptes. Cette liste est publiée au *Journal officiel* de la République française. Les résultats sont notifiés individuellement à chaque candidat. – *[Arr. du 22 mars 2006, art. 10.]*

Art. A. 811-22 Par application des dispositions du titre III du décret n° 56-585 du 12 juin 1956 portant fixation du système général de rétribution des agents de l'État ou des personnels non fonctionnaires assurant, à titre d'occupation accessoire, soit une tâche d'enseignement, soit le fonctionnement de jurys d'examens ou de concours, les jurys aux examens d'accès au stage professionnel et d'aptitude aux fonctions d'administrateur judiciaire sont classés dans le groupe I *bis*. – *[Arr. du 10 nov. 1987.]*

§ 2 *Des conditions d'expérience ou de stage complémentaires au diplôme de master mentionné à l'article L. 811-5*

(Arr. du 7 mars 2017, art. 10)

Art. A. 811-23 En application de l'article 1er de l'arrêté du 4 février 2014 fixant la nomenclature des mentions du diplôme national de master, l'intitulé du diplôme mentionné à l'article L. 811-5 est le suivant : diplôme national de master, mention "administration et liquidation des entreprises en difficulté".

Art. A. 811-24 Le secrétariat de la Commission nationale d'inscription et de discipline adresse au candidat au moins quinze jours avant l'audition mentionnée à l'article R. 811-28-1 une convocation mentionnant le jour, l'heure et le lieu de cette audition par lettre recommandée avec demande d'avis de réception.

Art. A. 811-25 La liste des actes accomplis par le stagiaire prévue à l'article R. 811-28-2 figure au I de l'annexe 8-1-1 au présent livre. — *V. Annexe 8-1-1* 🏛.

V. aussi le référentiel de compétences des métiers d'administrateur judiciaire et de mandataire judiciaire, reproduit en annexe de l'Arr. du 7 mars 2017 (JO 25 mars) 🏛.

§ 3 *De l'examen mentionné à l'article R. 811-28-5*

(Arr. du 25 avr. 2018, art. 8, en vigueur le 1er janv. 2019)

Art. A. 811-26 L'examen de contrôle des connaissances est organisé au moins une fois par an.

Les dates et lieux des épreuves sont fixés par le garde des sceaux, ministre de la justice, et publiés, quatre mois avant la date de la première épreuve, au *Journal officiel* de la République française.

Art. A. 811-27 Les candidatures sont adressées au secrétariat de la Commission nationale d'inscription et de discipline des administrateurs judiciaires et des mandataires judiciaires, par lettre recommandée avec demande d'avis de réception, au plus tard trois mois avant la date de la session.

Le dossier de candidature comprend :

1° Une requête de l'intéressé précisant la spécialité pour laquelle il entend subir un examen de contrôle de ses connaissances ;

2° Tout document justifiant d'une pratique professionnelle de quatre années dans la spécialité sollicitée.

Art. A. 811-28 La commission arrête, deux mois avant la date de la session, la liste des candidats admis à subir l'examen de contrôle des connaissances. Des convocations individuelles mentionnant le jour, l'heure et le lieu de l'épreuve sont adressées à chaque candidat au moins quinze jours avant la tenue de l'épreuve.

Art. A. 811-29 I. — L'examen mentionné à l'article R. 811-28-5 consiste en une épreuve orale qui se déroule en séance publique.

Pour la spécialité commerciale, l'épreuve orale porte sur le droit social et le droit fiscal appliqués aux procédures collectives et sur l'application du droit européen aux procédures collectives nationales.

Pour la spécialité civile, elle porte sur le droit de la copropriété, le droit des successions, le droit des régimes matrimoniaux, le droit des associations et fondations et le droit des incapacités.

II. — L'épreuve orale comprend un exposé de vingt minutes, après une préparation d'une heure, sur un sujet tiré au sort par le candidat.

Cet exposé est suivi d'un entretien avec le jury d'une durée de trente minutes portant sur l'expérience du candidat.

Art. A. 811-30 L'épreuve est notée de 0 à 20.

Le certificat de réussite mentionné à l'article R. 811-28-6 est délivré aux candidats ayant obtenu au moins 10 points sur 20.

§ 4 *De l'examen de contrôle des connaissances mentionné à l'article L. 811-5*

(Arr. du 2 déc. 2020, art. 2)

Art. A. 811-31 I. — Les demandes des personnes mentionnées à l'article R. 811-27 sont adressées au secrétariat de la Commission nationale d'inscription et de discipline des administrateurs judiciaires et des mandataires judiciaires, par lettre recommandée, avec demande d'avis de réception ou tout autre moyen permettant d'en assurer la réception ou d'en déterminer la date au plus tard trois mois avant la date de la première épreuve de la session.

II. – Le dossier comprend :

1° Une requête de l'intéressé ;

2° La copie des documents officiels justifiant de l'identité et de la nationalité du requérant ;

3° Un justificatif du domicile du demandeur ;

4° La copie des diplômes, certificats, titres, attestations visés à l'article R. 811-27 ;

5° Tous documents permettant d'apprécier si le demandeur remplit les conditions prévues par les articles L. 811-5 et R. 811-27 ainsi que le contenu détaillé de la formation ou cycle d'études suivi et de la formation professionnelle initiale et continue reçue ;

6° Un document de l'autorité compétente de son État d'origine attestant qu'il n'a pas fait l'objet des condamnations ou sanctions mentionnées aux 2° à 4° de l'article L. 811-5 dans la profession qu'il exerçait antérieurement, ou une attestation datant de moins de trois mois délivrée par l'autorité judiciaire ou administrative compétente et, le cas échéant, par un notaire ou un organisme professionnel, établissant que l'intéressé a déclaré sous serment ou solennellement, si un tel serment n'existe pas dans cet État, qu'il n'a pas fait l'objet de telles condamnations ou sanctions.

Le cas échéant, les pièces justificatives, sauf celles relatives à l'identité et à la nationalité du demandeur, doivent être accompagnées de leur traduction en langue française. A l'exception des documents mentionnés au 2° et au 5°, cette traduction est effectuée par un traducteur inscrit sur la liste nationale des experts judiciaires ou sur l'une des listes d'experts judiciaires dressées par les cours d'appel ou par un traducteur habilité à intervenir auprès des autorités judiciaires ou administratives d'un autre État membre de l'Union européenne ou d'un État partie à l'accord sur l'Espace économique européen.

Art. A. 811-32 L'examen de contrôle des connaissances est organisé au moins une fois par an.

Les dates et lieux des épreuves sont fixés par le garde des sceaux, ministre de la justice, et publiés, quatre mois avant la date de la première épreuve, au *Journal officiel* de la République française.

Art. A. 811-33 La Commission arrête, deux mois avant la date de la première épreuve de la session, la liste des candidats admis à subir les épreuves de l'examen de contrôle des connaissances.

Des convocations individuelles mentionnant le jour, l'heure et le lieu de l'épreuve sont adressées à chaque candidat, quinze jours au moins à l'avance par lettre recommandée avec demande d'avis de réception ou par tout autre moyen permettant d'en assurer la réception ou d'en déterminer la date.

Art. A. 811-34 L'examen de contrôle des connaissances se compose des épreuves suivantes :

1° Une épreuve écrite, d'une durée de cinq heures, ayant pour objet le traitement d'un dossier portant sur une ou plusieurs des missions susceptibles d'être confiées à un administrateur judiciaire.

La note est affectée d'un coefficient 2.

2° Un oral consistant en une interrogation d'une durée de trente minutes portant sur la déontologie, la réglementation de la profession et la gestion d'une étude.

La note est affectée d'un coefficient 1.

3° Un oral consistant en une interrogation d'une durée de trente minutes portant sur une ou plusieurs des matières suivantes, dont la ou les matières de cette même liste visées par la décision de la Commission, le cas échéant, en application de l'article R. 811-29 :

– Droit national des entreprises en difficulté ;
– Droit européen et international des entreprises en difficulté ;
– Droit social lié aux procédures collectives ;
– Droit fiscal lié aux procédures collectives ;
– Comptabilité correspondant au programme de l'épreuve du DSCG ;

– Gestion financière et contrôle de gestion correspondant au programme de l'épreuve du DSCG ;
– Droit des contrats ;
– Droit des sûretés ;
– Droit des sociétés et des groupements ;
– Droit pénal des affaires ;
– Procédure civile ;
– Droit des procédures civiles d'exécution.

La note est affectée d'un coefficient 1.

Les sujets des épreuves sont arrêtés et composés par le jury.

Art. A. 811-35 Pour l'épreuve écrite, les candidats peuvent utiliser les codes et recueils de lois et décrets comportant des références d'articles de doctrine et de jurisprudence, à l'exclusion toutefois des codes annotés et commentés, article par article, par des professionnels du droit.

Ils peuvent également se servir de codes ou recueils de lois et décrets ne contenant aucune indication de doctrine ou de jurisprudence sans autre note que des références à des textes législatifs ou réglementaires.

La correction de l'épreuve écrite est organisée de manière à préserver l'anonymat de chaque candidat. Chaque composition est examinée par deux correcteurs.

Les épreuves orales se déroulent en séance publique.

Art. A. 811-36 Chacune des épreuves est notée de 0 à 20. Chaque note est affectée du coefficient prévu pour l'épreuve correspondante.

L'admission est prononcée par le jury au vu de la moyenne des notes obtenues par le candidat à l'ensemble des épreuves, si celle-ci est égale ou supérieure à 10 sur 20.

Art. A. 811-37 Le jury arrête la liste des candidats déclarés admis. Cette liste est publiée au *Journal officiel* de la République française. Les résultats sont notifiés individuellement à chaque candidat.

Art. A. 811-38 La demande d'inscription sur la liste des personnes mentionnées à l'article R. 811-27 est examinée selon les modalités prévues aux articles R. 811-29 et R. 811-31 à R. 811-35.

SOUS-SECTION 3 *De la procédure d'inscription sur la liste des administrateurs judiciaires et de la révision de la liste*

La présente sous-section ne comprend pas de dispositions pour les arrêtés.

SECTION 2 *De la surveillance, de l'inspection et de la discipline*

La présente section ne comprend pas de dispositions pour les arrêtés.

SECTION 3 *De la désignation d'un administrateur provisoire*

La présente section ne comprend pas de dispositions pour les arrêtés.

CHAPITRE II *DES MANDATAIRES JUDICIAIRES*

SECTION 1 *De l'accès à la profession*

SOUS-SECTION 1 *De l'élection des mandataires judiciaires membres de la Commission nationale d'inscription et de discipline des administrateurs judiciaires et des mandataires judiciaires (Arr. du 7 mars 2017, art. 6).*

Art. A. 812-1 Le règlement fixant les conditions d'élection des mandataires judiciaires élus au sein de la *(Arr. du 7 mars 2017, art. 3)* « Commission nationale d'inscription et de discipline des administrateurs judiciaires et des mandataires judiciaires » établi, en vertu de l'article R. 812-3, par le bureau du Conseil national des administrateurs judiciaires et des mandataires judiciaires et approuvé par le garde des sceaux, ministre de la justice, figure à l'annexe 8-1 au présent livre. – *[Arr. du 18 avr. 2007.]* – *V. Annexe 8-1* 🏛.

SOUS-SECTION 2 *Des conditions d'inscription sur les listes de mandataires judiciaires*

§ 1 *De l'examen d'accès au stage professionnel, du stage professionnel, de l'examen d'aptitude aux fonctions de mandataire judiciaire*

(Arr. du 7 mars 2017, art. 11)

Art. A. 812-2 Les titres et diplômes sanctionnant un deuxième cycle d'enseignement supérieur ou d'un niveau équivalent, prévus au 4° de l'article R. 811-7, qui permettent l'accomplissement du stage professionnel de mandataire judiciaire conformément à l'article R. 812-4, sont les suivants :

1° Maîtrise de sciences et techniques comptables et financières ;

2° Maîtrise de méthodes informatiques appliquées à la gestion ;

3° Maîtrise d'économie appliquée de l'université Paris-IX ;

4° Diplôme d'un institut d'études politiques ;

5° Maîtrise d'administration économique et sociale, mention administration et gestion des entreprises ;

6° Titre d'ingénieur économiste délivré par le Conservatoire national des arts et métiers. – *[Arr. du 19 janv. 1987, art. 1er.]*

Art. A. 812-3 L'examen d'accès au stage professionnel de mandataire judiciaire est organisé au moins une fois par an.

Les dates et lieux des épreuves sont fixés par le garde des sceaux, ministre de la justice, et publiés quatre mois avant la date de la première épreuve au *Journal officiel* de la République française. – *[Arr. du 22 oct. 2007, art. 1er.]*

Art. A. 812-4 I. – Les candidatures sont adressées au secrétaire de la *(Arr. du 7 mars 2017, art. 3)* « Commission nationale d'inscription et de discipline des administrateurs judiciaires et des mandataires judiciaires », par lettre recommandée avec demande d'avis de réception, au plus tard trois mois avant la date de la première épreuve de la session.

II. – Le dossier de candidature comprend :

1° Une requête de l'intéressé ;

2° Tous documents officiels justificatifs de l'identité et de la nationalité du candidat ;

3° Tous documents justificatifs du domicile du candidat ;

4° Une photocopie lisible de l'un des titres ou diplômes énumérés aux articles R. 811-7 et R. 811-8 ou la justification des dispenses prévues par la loi. – *[Arr. du 22 oct. 2007, art. 2.]*

Art. A. 812-5 La commission arrête, deux mois avant la date de la première épreuve de la session, la liste des candidats admis à subir les épreuves de l'examen d'accès au stage professionnel. Des convocations individuelles mentionnant le jour, l'heure et le lieu des épreuves sont adressées à chaque candidat au moins quinze jours à l'avance. – *[Arr. du 22 oct. 2007, art. 3.]*

Art. A. 812-6 L'examen comprend des épreuves écrites d'admissibilité et une épreuve orale d'admission.

Les sujets de ces épreuves sont arrêtés par le jury. – *[Arr. du 22 oct. 2007, art. 4.]*

Art. A. 812-7 Les épreuves écrites d'admissibilité comprennent :

1° Une épreuve d'une durée de trois heures portant sur le droit national des entreprises en difficulté.

La note est affectée d'un coefficient 6.

2° Une épreuve d'une durée de trois heures consistant en la résolution d'un cas pratique de comptabilité correspondant au programme de l'épreuve du DPECF.

La note est affectée d'un coefficient 3.

3° Une épreuve d'une durée de deux heures portant sur le droit de la vente et le droit des sûretés.

La note est affectée d'un coefficient 3.

4° Une épreuve d'une durée d'une heure trente portant sur le droit social lié aux procédures collectives.

La note est affectée d'un coefficient 3.

5° Une épreuve d'une durée d'une heure trente portant sur le droit des procédures civiles d'exécution.

La note est affectée d'un coefficient 3.

6° Une épreuve d'une durée de deux heures constituée d'une note de synthèse portant sur le droit européen et international des entreprises en difficulté réalisée à partir de documents fournis aux candidats.

La note est affectée d'un coefficient 2. – *[Arr. du 22 oct. 2007, art. 5.]*

Art. A. 812-8 Pour les épreuves d'admissibilité, les candidats peuvent utiliser les codes et recueils de lois et décrets comportant des références d'articles de doctrine et de jurisprudence. Ils peuvent également se servir de codes ou recueils de lois et décrets ne contenant aucune indication de doctrine ou de jurisprudence sans autre note que des références à des textes législatifs ou réglementaires. – *[Arr. du 22 oct. 2007, art. 6.]*

Art. A. 812-9 La correction des épreuves écrites est organisée de manière à préserver l'anonymat de chaque candidat. Chaque composition est examinée par deux correcteurs.

Chacune des épreuves d'admissibilité est notée de 0 à 20. Chaque note est affectée du coefficient prévu pour l'épreuve correspondante.

L'admissibilité est prononcée par le jury au vu de la moyenne des notes obtenues par le candidat à l'ensemble des épreuves écrites qu'il a subies, si celle-ci est égale ou supérieure à 10 sur 20.

Le jury arrête par ordre alphabétique la liste des candidats déclarés admissibles. Celle-ci est mise en ligne et consultable gratuitement sur le site internet du Conseil national des administrateurs judiciaires et des mandataires judiciaires.

L'admissibilité n'est valable que pour la session au cours de laquelle elle a été acquise. – *[Arr. du 22 oct. 2007, art. 7.]*

Art. A. 812-10 Nul ne peut se présenter à l'épreuve orale d'admission s'il n'a été déclaré admissible par le jury.

Une convocation individuelle mentionnant le jour, l'heure et le lieu de l'épreuve orale est adressée à chaque candidat admissible au moins quinze jours à l'avance.

L'épreuve est constituée d'une discussion de trente minutes avec le jury, orientée sur l'exercice de la profession de mandataire judiciaire. Elle se déroule en séance publique.

Cette épreuve est notée de 0 à 20. La note est affectée d'un coefficient 3. – *[Arr. du 22 oct. 2007, art. 8.]*

Art. A. 812-11 L'admission est prononcée par le jury au vu de la moyenne des notes obtenues par le candidat à l'ensemble des épreuves écrites et orale qu'il a subies, si celle-ci est égale ou supérieure à 10 sur 20. – *[Arr. du 22 oct. 2007, art. 9.]*

Art. A. 812-12 Le jury arrête la liste des candidats déclarés admis. Cette liste est publiée au *Journal officiel* de la République française. Les résultats sont notifiés individuellement à chaque candidat. – *[Arr. du 22 oct. 2007, art. 10.]*

Art. A. 812-13 L'examen d'aptitude à la profession de mandataire judiciaire est organisé au moins une fois par an.

Les dates et lieux des épreuves sont fixés par le garde des sceaux, ministre de la justice, et publiés, quatre mois avant la date de la première épreuve, au *Journal officiel* de la République française. – *[Arr. du 22 mars 2006, art. 1er.]*

Art. A. 812-14 I. – Les candidatures sont adressées au secrétaire de la *(Arr. du 7 mars 2017, art. 3)* « Commission nationale d'inscription et de discipline des administrateurs judiciaires et des mandataires judiciaires », par lettre recommandée avec demande d'avis de réception, au plus tard trois mois avant la date de la première épreuve de la session.

II. – Le dossier de candidature comprend :

1° Une requête de l'intéressé ;

2° Tous documents officiels justificatifs de l'identité et de la nationalité du candidat ;

3° Tous documents justificatifs du domicile du candidat ;

4° Une photocopie lisible de l'un des titres ou diplômes énuméré aux articles R. 811-7 et R. 811-8 *(Arr. du 7 mars 2017, art. 7-1°)* « ou du diplôme de master mentionné au 5° de l'article L. 812-3 » ou la justification des dispenses prévues par la loi ;

5° Une copie du certificat de fin ou la justification de la dispense partielle *(Arr. du 7 mars 2017, art. 7-2°)* « ou totale » de stage ;

6° Le cas échéant, la justification de la dispense d'une ou plusieurs épreuves de l'examen d'aptitude. – *[Arr. du 22 mars 2006, art. 2.]*

Art. A. 812-15 La commission arrête, deux mois avant la date de la première épreuve de la session, la liste des candidats admis à subir les épreuves de l'examen d'aptitude professionnelle. Des convocations individuelles mentionnant le jour, l'heure et le lieu des épreuves sont adressées à chaque candidat au moins quinze jours à l'avance. – *[Arr. du 22 mars 2006, art. 3.]*

Art. A. 812-16 L'examen comprend des épreuves orales et une épreuve écrite.

Les sujets des épreuves sont arrêtés et composés par le jury. – *[Arr. du 22 mars 2006, art. 4.]*

Art. A. 812-17 Les épreuves orales comprennent :

1° Une épreuve d'une durée de trente minutes comportant un exposé de dix minutes sur un sujet de culture économique et financière suivie d'une discussion avec le jury.

Les candidats disposent d'une heure pour la préparation de cette épreuve.

La note est affectée d'un coefficient 3.

(Arr. du 7 mars 2017, art. 8) « 2° Une épreuve d'une durée de trente minutes de présentation et de discussion avec le jury portant sur le mémoire de stage que le candidat a rédigé et dont il a choisi le sujet d'économie, de droit ou de gestion ou, pour le candidat dispensé de stage professionnel en application du I de l'article R. 812-13, sur son expérience professionnelle. »

(Arr. du 25 avr. 2018) « La note est affectée d'un coefficient 3. »

3° Une interrogation d'une durée de vingt minutes portant sur la procédure civile et le droit pénal des affaires.

La note est affectée d'un coefficient 3.

4° Une interrogation d'une durée de quinze minutes portant sur le droit social et le droit fiscal liés aux procédures collectives.

La note est affectée d'un coefficient 3.

5° Une interrogation d'une durée de vingt minutes portant sur le statut et la déontologie de la profession de mandataire judiciaire.

La note est affectée d'un coefficient 3.

6° Une interrogation d'une durée de vingt minutes portant sur la gestion d'un cabinet de mandataire judiciaire.

La note est affectée d'un coefficient 2.

7° Une interrogation d'une durée de quinze minutes portant sur l'application du droit européen aux procédures collectives nationales.

La note est affectée d'un coefficient 1. – *[Arr. du 22 mars 2006, art. 5.]*

Art. A. 812-18 L'épreuve écrite, d'une durée de cinq heures, a pour objet le traitement d'un dossier portant sur l'une des missions susceptibles d'être confiées à un mandataire judiciaire.

La note est affectée d'un coefficient 6. – *[Arr. du 22 mars 2006, art. 6.]*

Art. A. 812-19 Chacune des épreuves est notée de 0 à 20. Chaque note est affectée du coefficient prévu pour l'épreuve correspondante.

L'aptitude est prononcée par le jury au vu de la moyenne des notes obtenues par le candidat à l'ensemble des épreuves qu'il a subies, si celle-ci est égale ou supérieure à 10 sur 20.

Pour les épreuves écrites, les candidats peuvent utiliser les codes et recueils de lois et décrets comportant des références d'articles de doctrine et de jurisprudence, à l'exclusion toutefois des codes annotés et commentés, article par article, par des professionnels du droit. Ils peuvent également se servir de codes ou recueils de lois et décrets ne contenant aucune indication de doctrine ou de jurisprudence sans autre note que des références à des textes législatifs ou réglementaires.

La correction des épreuves écrites est organisée de manière à préserver l'anonymat de chaque candidat. Chaque composition est examinée par deux correcteurs.

Les épreuves orales se déroulent en séance publique. – *[Arr. du 22 mars 2006, art. 8.]*

Art. A. 812-20 Le jury arrête la liste des candidats déclarés aptes. Cette liste est publiée au *Journal officiel* de la République française. Les résultats sont notifiés individuellement à chaque candidat. – *[Arr. du 22 mars 2006, art. 9.]*

Art. A. 812-21 Par application des dispositions du titre III du décret du 12 juin 1956 portant fixation du système général de rétribution des agents de l'État ou des personnels non fonctionnaires assurant, à titre d'occupation accessoire, soit une tâche d'enseignement, soit le fonctionnement de jurys d'examens ou de concours, les jurys aux examens d'accès au stage professionnel et d'aptitude aux fonctions de mandataire judiciaire sont classés dans le groupe I *bis*. – *[Arr. du 10 nov. 1987.]*

§ 2 *Des conditions d'expérience ou de stage complémentaires au diplôme de master mentionné à l'article L. 812-3*

(Arr. du 7 mars 2017, art. 12)

Art. A. 812-22 En application de l'article 1er de l'arrêté du 4 février 2014 fixant la nomenclature des mentions du diplôme national de master, l'intitulé du diplôme mentionné à l'article L. 812-3 est le suivant : diplôme national de master, mention "administration et liquidation des entreprises en difficulté".

Art. A. 812-23 Les dispositions de l'article A. 811-24 sont applicables aux mandataires judiciaires.

Art. A. 812-24 La liste des actes accomplis par le stagiaire prévue à l'article R. 812-18-2 figure au II de l'annexe 8-1-1 au présent livre. – *V. Annexe 8-1-1* .

V. aussi le référentiel de compétences des métiers d'administrateur judiciaire et de mandataire judiciaire, reproduit en annexe de l'Arr. du 7 mars 2017 (JO 25 mars) .

§ 3 *De l'examen de contrôle des connaissances mentionné à l'article L. 812-3*

(Arr. du 2 déc. 2020, art. 3)

Art. A. 812-25 I. – Les demandes des personnes mentionnées à l'article R. 812-15 sont adressées au secrétariat de la Commission nationale d'inscription et de discipline des administrateurs judiciaires et des mandataires judiciaires, par lettre recommandée, avec demande d'avis de réception ou tout autre moyen permettant d'en assurer la réception ou d'en déterminer la date, au plus tard trois mois avant la date de la première épreuve de la session.

II. – Le dossier comprend :

1° Une requête de l'intéressé ;

2° La copie des documents officiels justifiant de l'identité et de la nationalité du requérant ;

3° Un justificatif du domicile du demandeur ;

4° La copie des diplômes, certificats, titres, attestations visés à l'article R. 812-25 ;

5° Tous documents permettant d'apprécier si le demandeur remplit les conditions prévues par les articles L. 812-3 et R. 812-25 ainsi que le contenu détaillé de la formation ou cycle d'études suivi et de la formation professionnelle initiale et continue reçue ;

6° Un document de l'autorité compétente de son État d'origine attestant qu'il n'a pas fait l'objet des condamnations ou sanctions mentionnées aux 2° à 4° de l'article L. 812-3 dans la profession qu'il exerçait antérieurement, ou une attestation datant de moins de trois mois délivrée par l'autorité judiciaire ou administrative compétente et, le cas échéant, par un notaire ou un organisme professionnel, établissant que l'intéressé a déclaré sous serment ou solennellement, si un tel serment n'existe pas dans cet État, qu'il n'a pas fait l'objet de telles condamnations ou sanctions.

Le cas échéant, les pièces justificatives, sauf celles relatives à l'identité et à la nationalité du demandeur, doivent être accompagnées de leur traduction en langue française. A l'exception des documents mentionnés au 2° et au 5°, cette traduction est effectuée par un traducteur inscrit sur la liste nationale des experts judiciaires ou sur l'une des listes d'experts judiciaires dressées par les cours d'appel ou par un traducteur habilité à intervenir auprès des autorités judiciaires ou administratives d'un autre État membre de l'Union européenne ou d'un État partie à l'accord sur l'Espace économique européen.

Art. A. 812-26 Les dispositions des articles A. 811-32 à A. 811-33 sont applicables.

Art. A. 812-27 L'examen de contrôle des connaissances se compose des épreuves suivantes :

1° Une épreuve écrite, d'une durée de cinq heures, ayant pour objet le traitement d'un dossier portant sur une ou plusieurs des missions susceptibles d'être confiées à un mandataire judiciaire.

La note est affectée d'un coefficient 2.

2° Un oral consistant en une interrogation d'une durée de trente minutes par le jury portant sur la déontologie, la réglementation de la profession et la gestion d'une étude.

La note est affectée d'un coefficient 1.

3° Un oral consistant en une interrogation d'une durée de trente minutes par le jury portant sur une ou plusieurs des matières suivantes, dont la ou les matières de cette même liste visées par la décision de la Commission, le cas échéant, en application de l'article R. 812-17 :

– Droit national des entreprises en difficulté ;
– Droit européen et international des entreprises en difficulté ;
– Droit social lié aux procédures collectives ;
– Droit fiscal lié aux procédures collectives ;
– Comptabilité correspondant au programme de l'épreuve du DSCG ;
– Gestion financière et contrôle de gestion correspondant au programme de l'épreuve du DSCG ;
– Droit des contrats ;
– Droit des sûretés ;
– Droit des sociétés et des groupements ;
– Droit pénal des affaires ;
– Procédure civile ;
– Droit des procédures civiles d'exécution.

La note est affectée d'un coefficient 1.

Les sujets des épreuves sont arrêtés et composés par le jury.

Art. A. 812-28 Les dispositions des articles A. 811-35 à A. 811-37 sont applicables.

Art. A. 812-29 La demande d'inscription sur la liste des personnes mentionnées à l'article R. 812-15 est examinée selon les modalités prévues par les articles R. 812-17 et R. 812-19.

SOUS-SECTION 3 *De la procédure d'inscription sur les listes de mandataires judiciaires*

La présente sous-section ne comprend pas de dispositions pour les arrêtés.

SECTION 2 *De la surveillance, de l'inspection et de la discipline*

La présente section ne comprend pas de dispositions pour les arrêtés.

CHAPITRE III *DES EXPERTS EN DIAGNOSTIC D'ENTREPRISE*

Le présent chapitre ne comprend pas de dispositions pour les arrêtés.

CHAPITRE IV *DISPOSITIONS COMMUNES*

SECTION 1 *Du recours contre les décisions des commissions d'inscription et de discipline*

La présente section ne comprend pas de dispositions pour les arrêtés.

SECTION 2 *De la représentation des professions auprès des pouvoirs publics*

Art. A. 814-1 Les règles professionnelles établies, en vertu de l'article R. 814-3, par le Conseil national des administrateurs judiciaires et des mandataires judiciaires et approuvées par le garde des sceaux, ministre de la justice, figurent à l'annexe 8-2 au

présent livre. – *[Arr. du 11 avr. 2001.] – Pour lesdites règles professionnelles, V., désormais, Arr. du 18 juill. 2018* .

Art. A. 814-2 **Le règlement fixant les conditions d'élection des administrateurs judiciaires et des mandataires judiciaires au Conseil national prévu à l'article L. 814-2, établi en vertu de l'article R. 814-6 par le bureau du Conseil national des administrateurs judiciaires et des mandataires judiciaires et approuvé par le garde des sceaux, ministre de la justice, figure à l'annexe 8-3 au présent livre.** – *[Arr. du 22 nov. 2007.] – V. Annexe 8-3* .

SECTION 3 *De la garantie de la représentation des fonds, de la responsabilité civile professionnelle et de la rémunération*

SOUS-SECTION 1 *De la garantie de la représentation des fonds et de la responsabilité civile professionnelle*

Art. A. 814-3 **Le règlement fixant les conditions d'élection des administrateurs judiciaires et des mandataires judiciaires élus membres au sein du conseil d'administration de la caisse de garantie instituée à l'article L. 814-3, établi en vertu de l'article R. 814-18 et approuvé par le garde des sceaux, ministre de la justice, figure à l'annexe 8-4 au présent livre.** – *[Arr. du 29 sept. 2006.] – V. Annexe 8-4* .

SOUS-SECTION 2 *De la rémunération*

La présente sous-section ne comprend pas de dispositions pour les arrêtés.

SECTION 4 *De la comptabilité, du dépôt de fonds, des contrôles et dispositions diverses*

SOUS-SECTION 1 *De la tenue de la comptabilité et du dépôt de fonds*

La présente sous-section ne comprend pas de dispositions pour les arrêtés.

SOUS-SECTION 2 *Des contrôles*

Art. A. 814-4 **Les contrôleurs désignés, conformément aux dispositions de l'article R. 814-45, pour effectuer les contrôles des administrateurs judiciaires et des mandataires judiciaires procèdent concomitamment et personnellement aux vérifications minimales prévues** *(Arr. du 22 déc. 2016, art. 1er)* **« aux documents figurant aux annexes 8-5-1 et 8-5-2 au présent livre ».** – *Les dispositions de l'Arr. du 22 déc. 2016 s'appliquent aux contrôles effectués à compter du 1er janv. 2017 (Arr. préc., art. 3) – V. Annexes 8-5-1 et 8-5-2* .

A l'issue du contrôle et après un entretien contradictoire avec le professionnel contrôlé, un rapport commun est établi par les contrôleurs. – *[Arr. du 26 juin 2003, art. 1er.]*

Art. A. 814-5 **L'étendue des contrôles occasionnels est déterminée par l'autorité qui les prescrit. Ces contrôles peuvent comporter l'ensemble des vérifications minimales mentionnées à l'article A. 814-4.** – *[Arr. du 26 juin 2003, art. 2.]*

Art. A. 814-6 **Les contrôleurs demandent les documents et organisent les entretiens nécessaires à la réalisation de leur mission de contrôle dans le respect des dispositions du présent livre. Ils sont tenus au secret professionnel.**

Le professionnel contrôlé met à la disposition des contrôleurs tous les documents utiles à la réalisation de leur mission. – *[Arr. du 26 juin 2003, art. 3.]*

SOUS-SECTION 3 *De l'honorariat, du costume d'audience et du serment*

La présente sous-section ne comprend pas de dispositions pour les arrêtés.

SOUS-SECTION 4 *Du lieu d'exercice de la profession*

La présente sous-section ne comprend pas de dispositions pour les arrêtés.

SECTION 5 *Des sociétés d'administrateurs judiciaires et de mandataires judiciaires*

La présente section ne comprend pas de dispositions pour les arrêtés.

SECTION 6 *Des sociétés de participations financières de professions libérales d'administrateurs judiciaires et de mandataires judiciaires*

(*Arr. du 20 avr. 2012*)

Art. A. 814-7 Le secrétaire de la commission nationale d'inscription et de discipline compétente dresse la liste des sociétés de participations financières de professions libérales d'administrateurs judiciaires ou de mandataires judiciaires qui mentionne les informations suivantes :

a) La dénomination sociale, la forme juridique et le numéro d'inscription de la société ;

b) L'adresse du siège social ;

c) Les noms et adresses professionnelles des associés, des membres des organes de gestion, de direction, et, selon le cas, d'administration ou de surveillance de la société. Le secrétaire de la commission nationale assure la mise à jour de ces informations.

III PRÉVENTION DES DIFFICULTÉS DES ENTREPRISES

Procédure d'alerte dans les sociétés commerciales

Code de commerce

PREMIÈRE PARTIE : ***LÉGISLATIVE***

Art. L. 234-1 Lorsque le commissaire aux comptes d'une société anonyme relève, à l'occasion de l'exercice de sa mission, des faits de nature à compromettre la continuité de l'exploitation, il en informe le président du conseil d'administration ou du directoire dans des conditions fixées par décret en Conseil d'État.

A défaut de réponse sous quinze jours ou si celle-ci ne permet pas d'être assuré de la continuité de l'exploitation, le commissaire aux comptes invite *(L. n° 2005-845 du 26 juill. 2005, art. 162-II, en vigueur le 1er janv. 2006)* « , par un écrit dont copie est transmise au président du tribunal de commerce, » le président du conseil d'administration ou le directoire à faire délibérer le conseil d'administration ou le conseil de surveillance sur les faits relevés. Le commissaire aux comptes est convoqué à cette séance. *(L. n° 2005-845 du 26 juill. 2005, art. 162-II, en vigueur le 1er janv. 2006)* « La délibération du conseil d'administration ou du conseil de surveillance est communiquée au président du tribunal de commerce et au comité d'entreprise ou, à défaut, aux délégués du personnel *[au comité social et économique]*. » *(L. n° 2016-1547 du 18 nov. 2016, art. 99-II-1°)* « Le commissaire aux comptes peut demander à être entendu par le président du tribunal, auquel cas le second alinéa du I de l'article L. 611-2 est applicable. »

(L. n° 2011-525 du 17 mai 2011, art. 62-I) « Lorsque le conseil d'administration ou le conseil de surveillance n'a pas été réuni pour délibérer sur les faits relevés ou lorsque le commissaire aux comptes n'a pas été convoqué à cette séance » *(L. n° 2005-845 du 26 juill. 2005, art. 162-II, en vigueur le 1er janv. 2006)* « ou si le commissaire aux comptes constate qu'en dépit des décisions prises la continuité de l'exploitation demeure compromise, une assemblée générale est convoquée dans des conditions et délais fixés par décret en Conseil d'État. Le commissaire aux comptes établit un rapport spécial qui est présenté à cette assemblée. Ce rapport est communiqué au comité d'entreprise ou, à défaut, aux délégués du personnel *[au comité social et économique]*. »

Si, à l'issue de la réunion de l'assemblée générale, le commissaire aux comptes constate que les décisions prises ne permettent pas d'assurer la continuité de l'exploitation, il informe de ses démarches le président du tribunal de commerce et lui en communique les résultats. *(L. n° 2016-1547 du 18 nov. 2016, art. 99-II-2°)* « Il peut demander à être entendu par le président du tribunal, auquel cas le second alinéa du I de l'article L. 611-2 est applicable. »

(L. n° 2011-525 du 17 mai 2011, art. 62-I) « Dans un délai de six mois à compter du déclenchement de la procédure d'alerte, le commissaire aux comptes peut en reprendre le cours au point où il avait estimé pouvoir y mettre un terme lorsque, en dépit des éléments ayant motivé son appréciation, la continuité de l'exploitation demeure compromise et que l'urgence commande l'adoption de mesures immédiates. » – *[L. n° 66-537 du 24 juill. 1966, art. 230-1.]*

L'art. 62-I de la L. n° 2011-525 du 17 mai 2011 est applicable aux procédures en cours à la date de la publication de cette loi (L. préc., art. 62-II, JO 18 mai).

Sur l'information du président du tribunal par le commissaire aux comptes lorsque l'urgence commande l'adoption de mesures immédiates, V. C. com., art. L. 611-2-2.

Sur les mesures d'adaptation liées à l'urgence sanitaire (covid-19), V. Ord. n° 2020-596 du 20 mai 2020, art. 1er.

V. art. R. 234-1 s.

BIBL. ▶ LIÉNARD, *RPC 1996. 1* (responsabilité du commissaire aux comptes dans le cadre de la procédure d'alerte). – LEGROS, *Dr. sociétés 2005. Étude 9, nos 23 s.* (loi du 26 juill. 2005).

COMMENTAIRE

I. PROCÉDURE D'ALERTE EN TEMPS NORMAL

Parallèlement au développement des procédures de prévention reposant sur l'initiative du débiteur ou du dirigeant de l'entreprise en difficulté, la réforme du 26 juillet 2005, fort logiquement, a renforcé également le poids d'un autre acteur clé de la prévention, le commissaire aux comptes. Ce renforcement s'est traduit, à la fois, par le caractère moins « discret » de la procédure remodelée et l'accroissement du pouvoir d'intervention du commissaire aux comptes dans le fonctionnement de la société menacée.

Ainsi, depuis la réforme de 2005, l'« invitation » à faire délibérer le conseil d'administration (ou de surveillance) doit être transmise au président du tribunal de commerce, de même que la délibération qui s'ensuit de cet organe. Jusque-là, le commissaire aux comptes devait se borner à indiquer au président du tribunal de commerce que la procédure d'alerte a été déclenchée dans telle société et que le conseil d'administration s'est réuni à telle date (ou ne s'est pas réuni). Toute information supplémentaire pouvait être considérée comme une violation du secret professionnel (V. note 3).

L'obstacle du secret professionnel est dorénavant expressément levé par le législateur (V. C. com., art. L. 822-15, al. 1er).

On voit bien l'intérêt de cette information du président : celui-ci pourra convoquer le dirigeant pour un entretien, selon le mécanisme prévu par l'article L. 611-2. Et, bien sûr, planait alors, avant la décision du Conseil constitutionnel du 7 décembre 2012 (V. ss. art. L. 631-5 C. com., 1re partie), le risque de l'ouverture d'office d'une procédure collective.

Par ailleurs, en cas d'inobservation des mesures ou si, malgré celles-ci, la continuité de l'exploitation demeure compromise, le commissaire aux comptes n'a plus besoin d'attendre la prochaine assemblée générale pour présenter aux actionnaires son rapport spécial : une assemblée générale pourra être convoquée dans des conditions et délais fixés par les articles R. 234-1 et suivants.

Toujours dans l'esprit de favoriser les initiatives de prévention émanant des dirigeants eux-mêmes, la loi de 2005 a neutralisé la procédure d'alerte en cas de procédure de conciliation ou de sauvegarde (V. art. L. 234-1).

Notons encore que le texte précise expressément, depuis cette loi, afin d'améliorer l'information des salariés dans les petites entreprises, qu'à défaut de comité d'entreprise (désormais de comité social et économique), les communications qu'il prévoit sont faites aux délégués du personnel.

La loi « Warsmann » de simplification et d'amélioration de la qualité du droit, du 17 mai 2011, a notamment précisé que, lorsqu'elle a été interrompue par le commissaire aux comptes du fait de la transmission par les dirigeants d'informations en faveur de la continuité de l'exploitation ou de la prise de mesures de redressement, la procédure d'alerte peut être reprise à tout moment par le commissaire aux comptes, au stade où elle a été interrompue, dans les six mois de son déclenchement, dès lors que la continuité de l'exploitation demeure compromise et que des mesures immédiates doivent être prises. Cette faculté de reprendre la procédure d'alerte offre davantage de souplesse pour que le commissaire aux comptes puisse mieux adapter sa mission aux circonstances de l'activité de l'entreprise et à leur évolution.

Afin de renforcer le dispositif, la loi du 18 novembre 2016 a modifié les articles L. 234-1 et L. 234-2, pour autoriser le commissaire aux comptes à demander à être entendu par le président du tribunal de commerce. Le président du tribunal a alors les mêmes droits d'information et de communication que lorsqu'il déclenche lui-même l'alerte.

II. PROCÉDURE D'ALERTE DURANT LA CRISE SANITAIRE

Afin d'adapter la procédure à l'urgence de la crise sanitaire de covid-19, l'ordonnance n° 2020-596 du 20 mai 2020 (art. 1er, *supra*) a permis une transmission plus précoce et plus complète de l'information. Ainsi, pour les procédures en cours et jusqu'au 31 décembre 2021 inclus, le commissaire aux comptes peut, dès la première information faite au dirigeant puis à tout moment, s'il estime que l'urgence commande l'adoption de mesures immédiates et que le dirigeant s'y refuse ou adopte des mesures insuffisantes, informer le président du tribunal de commerce ou du tribunal judiciaire et lui transmettre toutes informations utiles sur la situation de l'entreprise. Cette transmission d'informations ne fait pas obstacle à la poursuite de la procédure d'alerte, ni à la transmission des informations sur la situation de l'entreprise aux étapes prévues par le droit commun.

On a cependant pu regretter que les auteurs de l'ordonnance n'aient pas fait preuve de plus d'audace, par exemple en reconnaissant l'existence d'une « phase zéro » (reconnue par le Haut Conseil du commissariat aux comptes et consacrée au dialogue informel avec le chef d'entreprise), et en se contentant de renforcer l'information du président de la juridiction, mais sans neutraliser les autres phases, très chronophages et dénuées d'intérêt dans ce contexte, de la procédure d'alerte (P. Merle, covid-19, les commissaires aux comptes et l'alerte, *D. 2020. 1117*). ❑

1. *Entrée en vigueur de la réforme de 2005.* Le commissaire aux comptes qui a déclenché une procédure d'alerte avant le 1er janv. 2006 doit continuer d'appliquer après cette date la procédure prévue par les textes avant leur modification par la loi du 26 juill. 2005 ; en effet, cette loi n'est pas applicable aux procédures en cours et la procédure d'alerte constitue bien une « procédure » au sens de ce texte (Avis CNCC : *Bull. CNCC déc. 2005, p. 686 ; BRDA 2006, n° 11, p. 6*).

2. *Absence de déclenchement de la procédure.* Pour l'absence de responsabilité d'un commissaire aux comptes à qui il était reproché de ne pas avoir déclenché la procédure d'alerte, dès lors que tous les actionnaires connaissaient la situation irrémédiablement compromise de la société, V. • Com. 3 mars 2004 : *BJS 2004. 945, note Le Cannu ; Dr. sociétés 2004, n° 218, note Hovasse.*

3. *Erreur d'appréciation.* Le commissaire aux comptes ne peut être relevé de ses fonctions pour erreur d'appréciation en cas de révélation de faits délictueux au procureur de la République ou de déclenchement de la procédure d'alerte, alors que respectivement l'art. 233, al. 2, et l'art. 234 [L. 225-240 et L. 225-241] écartent toute recherche de sa responsabilité en ces matières. • Paris, 3 juill. 1998 : *JCP E 1998, n° 41, p. 1574 ; Dr. sociétés 1999, n° 13, note Vidal ; Rev. sociétés 1998. 827, obs. Guyon.* ♦ Il s'ensuit qu'il ne peut être reproché à un commissaire d'avoir informé le Parquet de ce qui lui apparaissait anormal dans les comptes d'une société, ce qui était pour lui une obligation légale, ou d'avoir entamé une procédure d'alerte ; en toute hypothèse, il n'est nullement démontré qu'il ait accompli ces démarches afin d'assouvir une prétendue « vengeance personnelle ». • Même arrêt. ♦ La seule circonstance que l'alerte n'ait pas été suivie d'effet ne saurait permettre de caractériser la mauvaise foi du commissaire aux comptes, qui seule justifierait son relèvement. • Limoges, 6 oct. 2005 : *BJS 2006. 461, note Bouvier et Pouch.* ♦ En revanche, doit être accueillie l'action en relèvement d'un commissaire aux comptes qui a déclenché la procédure d'alerte de l'art. 230-1 [L. 234-1], en l'absence de faits de nature à compromettre la continuité de l'exploitation de l'entreprise, et envoyé dix-neuf lettres au Parquet, ayant abouti à un classement de l'affaire, mentionnant les difficultés rencontrées dans l'exercice de sa mission, à laquelle aucune entrave n'était pourtant apportée, et de prétendues pratiques illicites. • Com. 14 nov. 1995, n° 93-16.724 P : *D. Affaires 1996. 49 ; Dr. sociétés 1996, n° 42, obs. Vidal ; BJS 1996. 286 ; Rev. sociétés 1996. 279, note Pasqualini et Pasqualini-Salerno* (confirmant • Paris, 19 févr. 1993 : *JCP E 1993. II. 485, note J.-F. Barbièri ; Dr. sociétés 1993, n° 147, obs. Le Nabasque ; D. 1993. IR 126 ; Bull. CNCC 1994. 568, note Merle*). – V. Passemard et Aubigeon, *BJS 1996. 270.*

4. Un commissaire aux comptes est en droit de vérifier auprès du dirigeant la mise en œuvre des mesures de redressement prévues dans le cadre de la procédure d'alerte initiée par ce commissaire, et dont l'une d'elles consistait en des licenciements. En suggérant des mesures prudentes pour l'une des sociétés et en tentant de vérifier que le plan pour redresser l'une des filiales avait été respecté, le commissaire, qui n'avait pu avoir communication de certains documents, est resté dans sa mission, et a pu, à bon droit, refuser de certifier des comptes lui paraissant anormaux. Le dirigeant ayant pris la liberté d'envoyer aux administrations les comptes non certifiés, il était du devoir du commissaire aux comptes de signaler au Parquet les faits délictueux relevés. • Paris, 28 avr. 1993 : *JCP E 1994. I. 331, n° 4, obs. Viandier et Caussain.*

5. *Réaction du dirigeant.* Le redressement judiciaire de la société doit être étendu au dirigeant qui, malgré une procédure d'alerte déclenchée par le commissaire aux comptes, a maintenu une activité déficitaire. • Pau, 23 mai 1995 : *Dr. sociétés 1996, n° 6, obs. Chaput.*

Art. L. 234-2 **Dans les autres sociétés que les sociétés anonymes, le commissaire aux comptes demande au** *(L. n° 2005-845 du 26 juill. 2005, art. 162-III, en vigueur le 1er janv. 2006)* **« dirigeant », dans des conditions fixées par décret en Conseil d'État,**

des explications sur les faits visés au premier alinéa de l'article L. 234-1. Le *(L. n° 2005-845 du 26 juill. 2005, art. 162-III, en vigueur le 1er janv. 2006)* **« dirigeant » est tenu de lui répondre sous quinze jours. La réponse est communiquée au comité d'entreprise** *(L. n° 2005-845 du 26 juill. 2005, art. 162-III, en vigueur le 1er janv. 2006)* **« ou, à défaut, aux délégués du personnel »** *[au comité social et économique]* **et, s'il en existe un, au conseil de surveillance.** *(L. n° 2011-525 du 17 mai 2011, art. 62-I)* **« Dès réception de la réponse ou à défaut de réponse sous quinze jours, » le commissaire aux comptes en informe le président du tribunal de commerce.** *(L. n° 2016-1547 du 18 nov. 2016, art. 99-II-2°)* **« Il peut demander à être entendu par le président du tribunal, auquel cas le second alinéa du I de l'article L. 611-2 est applicable. »** – *V. art. R. 234-5.*

(L. n° 2011-525 du 17 mai 2011, art. 62-I) **« A défaut de réponse du dirigeant »** *(L. n° 2005-845 du 26 juill. 2005, art. 162-III, en vigueur le 1er janv. 2006)* **« ou s'il constate qu'en dépit des décisions prises la continuité de l'exploitation demeure compromise, le commissaire aux comptes établit un rapport spécial et invite, par un écrit dont la copie est envoyée au président du tribunal de commerce, le dirigeant à faire délibérer sur les faits relevés une assemblée générale convoquée dans des conditions et délais fixés par décret en Conseil d'État. »** – *V. art. R. 234-6.*

Si, à l'issue de la réunion de l'assemblée générale, le commissaire aux comptes constate que les décisions prises ne permettent pas d'assurer la continuité de l'exploitation, il informe de ses démarches le président du tribunal de commerce et lui en communique les résultats. *(L. n° 2016-1547 du 18 nov. 2016, art. 99-II-2°)* **« Il peut demander à être entendu par le président du tribunal, auquel cas le second alinéa du I de l'article L. 611-2 est applicable. »**

(L. n° 2011-525 du 17 mai 2011, art. 62-I) **« Le dernier alinéa de l'article L. 234-1 est applicable. »** – *[L. n° 66-537 du 24 juill. 1966, art. 230-2.]*

L'art. 62-I de la L. n° 2011-525 du 17 mai 2011 est applicable aux procédures en cours à la date de la publication de cette loi (L. préc., art. 62-II, JO 18 mai).

Sur les mesures d'adaptation liées à l'urgence sanitaire (covid-19), V. Ord. n° 2020-596 du 20 mai 2020, art. 1er.

V. art. R. 234-5 s.

BIBL. ▸ PAILLUSSEAU, *JCP 2000. I. 262* (alerte du commissaire aux comptes dans la SAS). – LEGROS, *Dr. sociétés 2005. Étude 9, nos 23 s.* (loi du 26 juill. 2005).

COMMENTAIRE

Quelques différences avec le nouveau dispositif prévu pour les sociétés anonymes par la réforme de 2005 (V. ss. art. L. 234-1) : l'écrit « invitant » le dirigeant à convoquer une assemblée générale est envoyé en copie au président du tribunal de commerce ; en revanche, la transmission du rapport au comité d'entreprise n'est plus prévue.

Quant à la substitution du mot « dirigeant » au mot « gérant », elle a ôté tout doute sur la question de savoir si la procédure d'alerte s'applique dans les sociétés par actions simplifiées (V., sur la question, J. Paillusseau, L'alerte du commissaire aux comptes dans la SAS, *JCP 2000. I. 262*) : la SAS doit suivre la procédure en trois phases, quelle que soit sa structure interne (J.-P. Legros, La loi du 26 juillet 2005 de sauvegarde des entreprises, Les mesures de prévention du nouveau titre I du livre VI du code de commerce [1re partie], *Dr. sociétés 2005. Étude 9, n° 34*).

Notons que, contrairement à l'article L. 234-1, l'article L. 234-2, alinéa 2, est muet sur la communication du rapport spécial du commissaire aux comptes au comité d'entreprise (désormais au comité social et économique) ou aux délégués du personnel. Mais sans doute ne s'agit-il là que d'une maladresse du législateur (J.-P. Legros, *préc., n° 38*).

Sur les modifications apportées par les lois du 17 mai 2011 et du 18 novembre 2016, voir le commentaire sous l'article L. 234-1. ❑

Art. L. 234-3 Le comité d'entreprise ou, à défaut, les délégués du personnel exercent *[Le comité social et économique exerce]* **dans les sociétés commerciales les attributions pré-**

vues aux articles L. 422-4 *[L. 2313-14]* et L. 432-5 *[L. 2323-50 à L. 2323-54]* du code du travail.

Le président du conseil d'administration, le directoire ou les gérants, selon le cas, communiquent aux commissaires aux comptes les demandes d'explication formées par le comité d'entreprise ou les délégués du personnel, les rapports adressés au conseil d'administration ou au conseil de surveillance, selon le cas, ainsi que les réponses faites par ces organes, en application des articles L. 422-4 et L. 432-5 *[L. 2323-50 à L. 2323-54]* du code du travail. – *[L. n° 66-537 du 24 juill. 1966, art. 230-3.]*

Art. L. 234-4 *(L. n° 2005-845 du 26 juill. 2005, art. 162-IV, en vigueur le 1er janv. 2006)* Les dispositions du présent chapitre ne sont pas applicables lorsqu'une procédure de conciliation ou de sauvegarde a été engagée par les dirigeants conformément aux dispositions des titres I et II du livre VI.

COMMENTAIRE

L'exception au secret professionnel vise à permettre l'information du président du tribunal de commerce (V. ss. art. L. 234-1).

DEUXIÈME PARTIE : *RÉGLEMENTAIRE*

Art. R. 234-1 Dans les sociétés anonymes, l'information prévue au premier alinéa de l'article L. 234-1 porte sur tout fait que le commissaire aux comptes relève lors de l'examen des documents qui lui sont communiqués ou sur tout fait dont il a connaissance à l'occasion de l'exercice de sa mission. Cette information est faite sans délai, par lettre recommandée avec demande d'avis de réception.

Le président du conseil d'administration ou le directoire répond par lettre recommandée avec demande d'avis de réception dans les quinze jours qui suivent la réception de l'information mentionnée ci-dessus. – *[Décr. n° 67-236 du 23 mars 1967, art. 251-1, al. 1er et 2.]*

Art. R. 234-2 L'invitation du commissaire aux comptes à faire délibérer le conseil d'administration ou le conseil de surveillance prévue au deuxième alinéa de l'article L. 234-1 est formulée par lettre recommandée avec demande d'avis de réception dans les huit jours qui suivent la réponse du président du conseil d'administration ou du directoire, ou la constatation de l'absence de réponse dans les délais prévus au deuxième alinéa de l'article R. 234-1. Une copie de cette invitation est adressée sans délai par le commissaire aux comptes au président du tribunal par lettre recommandée avec demande d'avis de réception.

Le président du conseil d'administration ou le directoire convoque, dans les huit jours qui suivent la réception de la lettre du commissaire aux comptes, le conseil d'administration ou le conseil de surveillance, en vue de le faire délibérer sur les faits relevés. Le commissaire aux comptes est convoqué à cette séance dans les mêmes conditions. La délibération intervient dans les quinze jours qui suivent la réception de cette lettre.

Un extrait du procès-verbal des délibérations du conseil d'administration ou du conseil de surveillance est adressé au président du tribunal, au commissaire aux comptes, au comité d'entreprise ou, à défaut, aux délégués du personnel *[au comité social et économique]*, par lettre recommandée avec demande d'avis de réception, dans les huit jours qui suivent la réunion du conseil. – *[Décr. n° 67-236 du 23 mars 1967, art. 251-1, al. 3 à 5.]*

Art. R. 234-3 A défaut de réponse par le président du conseil d'administration ou du directoire ou lorsque la continuité de l'exploitation demeure compromise en dépit des décisions arrêtées, le commissaire aux comptes les invite à faire délibérer une assemblée générale sur les faits relevés. Cette invitation est faite par lettre recommandée avec demande d'avis de réception dans le délai de quinze jours à compter de la réception de la délibération du conseil ou de l'expiration du délai imparti pour celle-ci. Elle est accompagnée du rapport spécial du commissaire aux comptes, qui est communiqué au comité d'entreprise ou, à défaut, aux délégués du personnel *[au comité social et économique]*, par le président du conseil d'administration ou du directoire, dans les huit jours qui suivent sa réception.

Le conseil d'administration ou le directoire procède à la convocation de l'assemblée générale dans les huit jours suivant l'invitation faite par le commissaire aux comptes, dans les conditions prévues par les articles R. 225-62 et suivants. L'assemblée générale doit, en tout état de cause, être réunie au plus tard dans le mois suivant la date de notification faite par le commissaire aux comptes.

En cas de carence du conseil d'administration ou du directoire, le commissaire aux comptes convoque l'assemblée générale dans un délai de huit jours à compter de l'expiration du délai imparti au conseil d'administration ou au directoire et en fixe l'ordre du jour. Il peut, en cas de nécessité, choisir un lieu de réunion autre que celui éventuellement prévu par les statuts, mais situé dans le même département. Dans tous les cas, les frais entraînés par la réunion de l'assemblée sont à la charge de la société. – *[Décr. n° 67-236 du 23 mars 1967, art. 251-1, al. 6 à 8.]*

Art. R. 234-4 Lorsque, en application du dernier alinéa de l'article L. 234-1, le commissaire aux comptes informe de ses démarches le président du tribunal, cette information est faite sans délai par lettre recommandée avec demande d'avis de réception. Elle comporte la copie de tous les documents utiles à l'information du président du tribunal ainsi que l'exposé des raisons qui l'ont conduit à constater l'insuffisance des décisions prises. – *[Décr. n° 67-236 du 23 mars 1967, art. 251-1, al. 9.]*

Art. R. 234-5 Dans les sociétés autres que les sociétés anonymes, la demande d'explications prévue à l'article L. 234-2 porte sur tout fait que le commissaire aux comptes relève lors de l'examen des documents qui lui sont communiqués ou sur tout fait dont il a connaissance à l'occasion de l'exercice de sa mission. *(Décr. n° 2006-448 du 14 avr. 2006, art. 3)* « Cette demande est adressée sans délai par lettre recommandée avec demande d'avis de réception. »

Le dirigeant répond par lettre recommandée avec demande d'avis de réception dans les quinze jours qui suivent la réception de la demande d'explication et adresse copie de la demande et de sa réponse, dans les mêmes formes et les mêmes délais, au comité d'entreprise ou, à défaut, aux délégués du personnel *[au comité social et économique]* et au conseil de surveillance, s'il en existe. Dans sa réponse, il donne une analyse de la situation et précise, le cas échéant, les mesures envisagées. Le commissaire aux comptes informe sans délai le président du tribunal de l'existence de cette procédure par lettre recommandée avec demande d'avis de réception. – *[Décr. n° 67-236 du 23 mars 1967, art. 251-2, al. 1er et 2.]*

Art. R. 234-6 L'invitation à faire délibérer l'assemblée sur les faits relevés prévue au deuxième alinéa de l'article L. 234-2 est adressée par le commissaire aux comptes au dirigeant, par lettre recommandée avec demande d'avis de réception, dans les quinze jours qui suivent la réception de la réponse du dirigeant ou la date d'expiration du délai imparti pour celle-ci. Elle est accompagnée du rapport spécial du commissaire aux comptes. Une copie de cette invitation est adressée sans délai au président du tribunal, par lettre recommandée avec demande d'avis de réception.

Dans les huit jours de leur réception, le dirigeant communique l'invitation et le rapport du commissaire aux comptes au comité d'entreprise ou, à défaut, aux délégués du personnel *[au comité social et économique]* et procède à la convocation de l'assemblée générale. Celle-ci doit, en tout état de cause, être réunie au plus tard dans le mois suivant la date de l'invitation faite par le commissaire aux comptes.

En cas de carence du dirigeant, le commissaire aux comptes convoque l'assemblée générale dans un délai de huit jours à compter de l'expiration du délai imparti au dirigeant. Il fixe l'ordre du jour de l'assemblée et peut, en cas de nécessité, choisir un lieu de réunion autre que celui éventuellement prévu par les statuts, mais situé dans le même département. Dans tous les cas, les frais entraînés par la réunion de l'assemblée sont à la charge de la société. – *[Décr. n° 67-236 du 23 mars 1967, art. 251-2, al. 3 à 5.]*

Art. R. 234-7 Lorsque, dans les conditions prévues au dernier alinéa de l'article L. 234-2, le commissaire aux comptes informe de ses démarches le président du tribunal, cette information est faite sans délai par lettre recommandée avec demande d'avis de réception. Elle comporte la copie de tous les documents utiles à l'information du président du tribunal ainsi que l'exposé des raisons qui l'ont conduit à constater l'insuffisance des décisions prises. – *[Décr. n° 67-236 du 23 mars 1967, art. 251-2, al. 6.]*

Procédure d'alerte dans les GIE

Code de commerce

PREMIÈRE PARTIE : *LÉGISLATIVE*

Art. L. 251-15 Lorsque le commissaire aux comptes relève, à l'occasion de l'exercice de sa mission, des faits de nature à compromettre la continuité de l'exploitation du groupement, il en informe les administrateurs, dans des conditions qui sont fixées par décret en Conseil d'État. Ceux-ci sont tenus de lui répondre sous quinze jours. La réponse est communiquée au comité d'entreprise *[au comité social et économique dans les GIE d'au moins cinquante salariés]*. Le commissaire aux comptes en informe le président du tribunal.

En cas d'inobservation de ces dispositions, ou s'il constate qu'en dépit des décisions prises la continuité de l'exploitation demeure compromise, le commissaire aux comptes établit un rapport spécial et invite par écrit les administrateurs à faire délibérer la prochaine assemblée générale sur les faits relevés. Ce rapport est communiqué au comité d'entreprise *[au comité social et économique dans les GIE d'au moins cinquante salariés]*.

Si, à l'issue de la réunion de l'assemblée générale, le commissaire aux comptes constate que les décisions prises ne permettent pas d'assurer la continuité de l'exploitation, il informe de ses démarches le président du tribunal et lui en communique les résultats. – *[Ord. n° 67-821 du 23 sept. 1967, art. 10-3.]*

V. art. R. 251-3.

Sur l'information du président du tribunal par le commissaire aux comptes lorsque l'urgence commande l'adoption de mesures immédiates, V. C. com., art. L. 611-2-2.

DEUXIÈME PARTIE : *RÉGLEMENTAIRE*

Art. R. 251-3 L'information prévue à l'article L. 251-15 que le commissaire aux comptes adresse aux administrateurs porte sur tout fait qu'il relève lors de l'examen des documents qui lui sont communiqués ou sur tout fait dont il a connaissance à l'occasion de l'exercice de sa mission.

Les administrateurs répondent par lettre recommandée avec demande d'avis de réception dans les quinze jours qui suivent la réception de l'information mentionnée ci-dessus et adressent copie de la demande et de sa réponse, dans les mêmes formes et les mêmes délais, au comité d'entreprise *[au comité social et économique dans les GIE d'au moins cinquante salariés]*. Dans leur réponse, ils donnent une analyse de la situation et précisent, le cas échéant, les mesures envisagées. Le commissaire aux comptes informe immédiatement le président du tribunal compétent de l'existence de cette procédure par lettre remise en mains propres contre récépissé au président ou à son délégataire, ou par lettre recommandée avec demande d'avis de réception.

La demande du commissaire aux comptes de communication du rapport qu'il a rédigé conformément au deuxième alinéa de l'article L. 251-15 est formulée par lettre recommandée avec demande d'avis de réception dans les quinze jours qui suivent la réception de la réponse des administrateurs. La demande du commissaire aux comptes et son rapport sont communiqués par les administrateurs au comité d'entreprise *[au comité social et économique dans les GIE d'au moins cinquante salariés]* dans les quinze jours qui suivent la réception de cette demande.

Lorsque, dans les conditions prévues au dernier alinéa de l'article L. 251-15, le commissaire aux comptes informe de ses démarches le président du tribunal compétent, cette information est faite immédiatement par lettre recommandée avec demande d'avis de réception. Cette information comporte la copie de tous les documents utiles à l'information du président du tribunal ainsi que l'exposé des raisons qui l'ont conduit à constater l'insuffisance des décisions prises. – *[Décr. n° 85-295 du 1er mars 1985, art. 21.]*

Droit d'alerte du comité social et économique

Code du travail

PREMIÈRE PARTIE : *LÉGISLATIVE*

(Ord. n° 2007-329 du 12 mars 2007, en vigueur le 1er mai 2008)

Les dispositions de l'Ord. n° 2017-1386 du 22 sept. 2017, dont sont issus les art. L. 2312-63 à L. 2312-67 reproduits ci-dessous, entrent en vigueur à la date d'entrée en vigueur des décrets pris pour leur application, et au plus tard le 1er janv. 2018, sous réserve des dispositions transitoires prévues à l'art. 9 de ce texte (V. Ord. préc., art. 9, JO 23 sept.).

Art. L. 2312-63 *(Ord. n° 2017-1386 du 22 sept. 2017, art. 1er-I)* **Lorsque le comité social et économique a connaissance de faits de nature à affecter de manière préoccupante la situation économique de l'entreprise, il peut demander à l'employeur de lui fournir des explications.**

Cette demande est inscrite de droit à l'ordre du jour de la prochaine séance du comité.

Si le comité n'a pu obtenir de réponse suffisante de l'employeur ou si celle-ci confirme le caractère préoccupant de la situation, il établit un rapport. Dans les entreprises employant au moins mille salariés et en l'absence d'accord prévu à l'article L. 2315-45, ce rapport est établi par la commission économique prévue par l'article L. 2315-46.

Ce rapport, au titre du droit d'alerte économique, est transmis à l'employeur et au commissaire aux comptes.

RÉP. TRAV. v° *Entreprise en difficulté : salariés,* par CESARO et DUCHANGE.

BIBL. ▸ N. PIERRE, *RTD com. 2006. 733.* – DONNETTE, *BJE 2012. 259.*

1. Droit réservé au CSE central. Dans les entreprises divisées en établissements distincts, l'exercice du droit d'alerte prévu à l'art. L. 2312-63 étant subordonné à l'existence de faits de nature à affecter de manière préoccupante la situation économique de l'entreprise, les comités sociaux et économiques d'établissement ne sont pas investis de cette prérogative qui appartient au seul comité social et économique central. • Soc. 15 juin 2022, n° 21-13.312 B : *D. 2022. Actu. 1158 ; Rev. sociétés 2022. 634, note Petit ; RTD com. 2022. 849, obs. Macorig-Venier ; LEDEN 10/2022. 2, obs. Urbain ; APC 2022, n° 241, obs. Fabriès-Lecea.* — V. déjà • Soc. 1er mars 2005, n° 03-20.429 P : *D. 2005. IR 736 ; BJS 2005. 846, note Saintourens ; Dr. soc. 2005. 587, obs. Couturier.*

2. Déclenchement de la procédure. La réorganisation d'une entreprise, qui concerne son activité ingénierie au niveau mondial, est de nature à affecter la situation de l'entreprise ; dès lors que les réponses de la direction aux questions du comité sont contradictoires, insuffisantes ou incohérentes, celui-ci peut décider sans abus d'exercer son droit d'alerte. • Soc. 18 janv. 2011, n° 10-30.126 P : *D. 2011. Actu. 382 ; RTD com. 2011. 411, obs. Macorig-Venier ; APC 2011, n° 68, obs. Fin-Langer ; RJDA 2011, n° 321 ; RLDA avr. 2011. 51, obs. Donnette.* ♦ Constitue un fait de nature à affecter de manière préoccupante la situation économique de l'entreprise, au sens de l'art. L. 432-5 [2312-63], l'instauration d'une ouverture de capital d'une société contrôlée depuis plus de cinquante ans par l'État au profit d'actionnaires privés, dans des conditions totalement indéterminées quant à l'identité des futurs investisseurs et à la nature du projet industriel justifiant cette opération. • Paris, 28 févr. 2008 : *RJDA 2008, n° 1039.* ♦ Sur les conditions d'exercice du droit d'alerte, V. aussi • Paris, 9 mai 1989 : *Dr. ouvrier 1989. 207, concl. Lupi ; JCP E 1989. II. 15623, n° 4, obs. Pétel* • Versailles, 25 juin 1993 : *RJS 1993. 594, n° 998 (2e esp.)* • Soc. 30 juin 1993 : *Dr. soc. 1993. 777, note Cohen ; RJS 1993. 594, n° 998 (1re esp.) ; CSB 1993. 229, A. 50* (insuffisance de l'annonce d'un projet de fusion).

3. Sur la possibilité, pour le comité social et économique d'une filiale, d'obtenir des informations sur la stratégie de la société mère à l'égard de sa filiale compte tenu de la situation de dépendance de cette dernière, V. • Soc. 21 sept. 2016, n° 15-17.658 P : *D. 2016. Actu. 1935 ; Rev. sociétés 2017. 378, note Petit ; RTD com. 2017. 169, obs. Macorig-Venier ; APC 2016, n° 248, obs. Rouspide-Katchadourian ; BJS 2016. 704, note Auzero ; RJDA 2016, n° 873 ; BJE 2017. 43, note Donnette-Boissière.*

4. La procédure d'alerte, qui n'est limitée ni dans son objet ni dans sa durée, n'interdit nullement, quand elle est engagée, le déclenchement des procédures normales d'information ou de consultation prévues par le C. trav. • Versailles,

6 déc. 1996 : *BICC 15 sept. 1997, n° 1061 ; JCP E 1997. Pan. 289.*

5. Le déclenchement d'une procédure d'alerte ne constitue pas un trouble manifestement illicite. • Soc. 8 mars 1995, n° 91-16.002 P : *D. 1995. IR 85 ; Dr. soc. 1995. 393, obs. Cohen ; RJS 1995. 266, n° 393* (cassation de l'arrêt ayant retenu l'existence d'un trouble manifestement illicite, tout en relevant le refus de l'employeur de fournir des explications au comité). ♦ Le recours au droit d'alerte est justifié dès lors que le comité invoque des faits qu'il estime être de nature préoccupante. • Même arrêt.

Art. L. 2312-64 *(Ord. n° 2017-1386 du 22 sept. 2017, art. 1er-I)* **Le comité social et économique ou, le cas échéant, la commission économique peut se faire assister, une fois par exercice comptable, de l'expert-comptable prévu à l'article L. 2315-92, convoquer le commissaire aux comptes et s'adjoindre avec voix consultative deux salariés de l'entreprise choisis pour leur compétence et en dehors du comité social et économique.**

Ces salariés disposent de cinq heures chacun pour assister le comité ou la commission économique en vue de l'établissement du rapport prévu à l'article L. 2312-63. Ce temps est rémunéré comme temps de travail.

1. Désignation d'un expert-comptable. Si le comité d'entreprise [comité social et économique] ne peut se faire assister qu'une seule fois par un expert-comptable lorsqu'il exerce son droit d'alerte, il conserve la faculté de préciser la mission de l'expert et de la compléter lorsque des faits en relation avec ceux ayant motivé l'exercice du droit sont portés à sa connaissance pendant le cours de la mission. • Soc. 28 oct. 1996, n° 95-10.274 P : *D. 1996. IR 257 ; Dr. soc. 1996. 1104, obs. Cohen ; RJS 1997. 111, n° 163.* ♦ Même si elle a été précédemment évoquée, la désignation d'un expert par le comité d'entreprise [comité social et économique] intervenue en même temps que sa décision d'établir un rapport est conforme aux prévisions de l'art. L. 432-5 [L. 2312-64]. • Soc. 19 févr. 2002, n° 00-14.776 P : *D. 2002. IR 1595 ; RTD com. 2002. 720, note Macorig-Venier ; RJS 2002. 446, n° 590.*

2. Mission de l'expert-comptable. La mission de l'expert-comptable s'étend aux faits de nature à confirmer la situation économique préoccupante de l'entreprise, qui sont la suite nécessaire de ceux ayant motivé l'exercice du droit d'alerte. • Soc. 28 oct. 1996, n° 95-10.274 P : *préc. note 1* • 29 sept. 2009, n° 08-15.035 P : *RDT 2010. 46, obs. Leclerc ; RJS 2009. 833, n° 956 ; JCP S 2009. 1598, obs. Kerbouc'h ; BJS 2010. 16, note Verkindt.*

Art. L. 2312-65 *(Ord. n° 2017-1386 du 22 sept. 2017, art. 1er-I)* **Le rapport du comité social et économique ou, le cas échéant, de la commission économique conclut en émettant un avis sur l'opportunité de saisir de ses conclusions l'organe chargé de l'administration ou de la surveillance dans les sociétés ou personnes morales qui en sont dotées, ou d'en informer les associés dans les autres formes de sociétés ou les membres dans les groupements d'intérêt économique.**

Au vu de ce rapport, le comité social et économique peut décider, à la majorité des membres présents de procéder à cette saisine ou de faire procéder à cette information. Dans ce cas, l'avis de l'expert-comptable est joint à la saisine ou à l'information.

V. art. R. 2312-29.

Art. L. 2312-66 *(Ord. n° 2017-1386 du 22 sept. 2017, art. 1er-I)* **Dans les sociétés à conseil d'administration ou à conseil de surveillance, la demande d'explication sur le caractère préoccupant de la situation économique de l'entreprise est inscrite à l'ordre du jour de la prochaine séance du conseil d'administration ou du conseil de surveillance, à condition que celui-ci ait pu être saisi au moins quinze jours à l'avance. La réponse de l'employeur est motivée.**

Dans les autres personnes morales, ces dispositions s'appliquent à l'organe chargé de l'administration ou de la surveillance, lorsqu'elles en sont dotées.

Dans les autres formes de sociétés ou dans les groupements d'intérêt économique, lorsque le comité social et économique a décidé d'informer les associés ou les membres de la situation de l'entreprise, le gérant ou les administrateurs leur communiquent le rapport de la commission économique ou du comité.

V. art. R. 2312-29 et R. 2312-30.

Art. L. 2312-67 *(Ord. n° 2017-1386 du 22 sept. 2017, art. 1er-I)* **Les informations concernant l'entreprise communiquées en application du présent paragraphe ont par**

nature un caractère confidentiel. Toute personne pouvant y accéder est tenue à leur égard à une obligation de discrétion.

DEUXIÈME PARTIE : *PARTIE RÉGLEMENTAIRE*

(Décr. n° 2008-244 du 7 mars 2008, en vigueur le 1er mai 2008)

Art. R. 2312-29 *(Décr. n° 2017-1819 du 29 déc. 2017, art. 1er, en vigueur le 1er janv. 2018)* **Lorsque le comité social et économique a saisi l'organe chargé de l'administration ou de la surveillance en application de l'article L. 2312-65 cet organe délibère dans le mois de la saisine.**

L'extrait du procès-verbal des délibérations où figure la réponse motivée à la demande d'explication faite en application de l'article L. 2312-66 est adressé au comité social et économique dans le mois qui suit la réunion de cet organe.

Art. R. 2312-30 *(Décr. n° 2017-1819 du 29 déc. 2017, art. 1er, en vigueur le 1er janv. 2018)* **Dans les sociétés autres que celles qui ont un conseil d'administration ou de surveillance ou dans les groupements d'intérêt économique, les administrateurs communiquent aux associés et aux membres du groupement le rapport du comité social et économique, ou le cas échéant de la commission économique, dans les huit jours de la délibération du comité social et économique demandant cette communication.**

Exploitations agricoles en difficulté

Code rural et de la pêche maritime

PARTIE LÉGISLATIVE (du livre III)

(L. n° 93-934 du 22 juill. 1993)

Règlement amiable des exploitations agricoles

BIBL. ▶ DE LA HOUPLIÈRE et DUFFOURE-BAZIN, *RD rur. 1994. 70* (pratique de la conciliation). - GOUEZIGOUX, *RD rur. 1994. 67* (règlement amiable judiciaire). - PETIT, *RD rur. 1990. 208.* - TAGLIARINO-VIGNAL, *LPA 26 janv. 2018* (l'exploitation agricole en difficulté). - Dossier « Les difficultés de l'entreprise agricole », *RPC 2018. Dossiers 27 à 41.*

Art. L. 351-1 **Il est institué une procédure de règlement amiable destinée à prévenir et à régler les difficultés financières des exploitations agricoles dès qu'elles sont prévisibles ou dès leur apparition, notamment par la conclusion d'un accord amiable entre le débiteur et ses principaux créanciers.**

Cette procédure, exclusive de celle prévue *(L. n° 2022-172 du 14 févr. 2022, art. 5, en vigueur le 15 mai 2022)* **« au chapitre I du titre I du livre VI du code de commerce », est applicable à toute personne physique ou morale de droit privé exerçant une activité agricole au sens de l'article L. 311-1** *(L. n° 2022-172 du 14 févr. 2022, art. 5, en vigueur le 15 mai 2022)* **« du présent code ».** — *V. cet art. au* **C. com.**

Toutefois, les sociétés commerciales exerçant une activité agricole demeurent soumises *(L. n° 2022-172 du 14 févr. 2022, art. 5, en vigueur le 15 mai 2022)* **« au chapitre I du titre I du livre VI du code de commerce ».** — *[L. n° 88-1202 du 30 déc. 1988, art. 22.] — V. les art. L. 611-1 s. C. com., 1re partie.*

(L. n° 2022-172 du 14 févr. 2022, art. 5, en vigueur le 15 mai 2022) **« La procédure de règlement amiable s'applique à l'entrepreneur dont le statut est défini à la section 3 du chapitre VI du titre II du livre V du même code, notamment en ce qu'elle concerne son patrimoine professionnel. »**

L'art. 5 de la L. n° 2022-172 du 14 févr. 2022 n'est pas applicable aux procédures en cours au jour de son entrée en vigueur (L. préc., art. 19-I).

Sur les mesures d'adaptation liées à l'urgence sanitaire (covid-19), V. Ord. n° 2020-341 du 27 mars 2020, art. 3.

1. QPC (non-lieu à renvoi). Pour le refus de renvoyer au Cons. const. une QPC portant sur l'exclusion des sociétés commerciales du bénéfice du règlement amiable agricole, V. • Com. 2 oct. 2024, n° 24-40.024 B : *D. actu. 4 nov. 2024, obs. Giorgini ; Rev. sociétés 2024. 740, obs. Roussel Galle ; APC 2024, n° 220, obs. Lebel.*

2. Difficultés financières. L'existence d'une dette impayée importante envers la MSA justifie la désignation d'un conciliateur par le président du tribunal de grande instance même si le débiteur conteste le paiement des cotisations demandées. • Com. 17 oct. 2000 : *RD rur. 2001. 3 et 179, 594, obs. Danet.*

3. Qualité d'agriculteur. Sur la question de savoir si un entraîneur de chevaux de course peut être qualifié d'agriculteur au sens de l'art. L. 311-1 C. rur., V. • Com. 21 nov. 1995, n° 93-14.548 P : *D. 1995. IR 272 ; RD rur. 1996. 3 ; Defrénois 1996. 1151, obs. Roussel* • 20 mars 2001, n° 98-14-492 : *RD rur. 2001. 427 et 595, obs. Danet ; APC 2001, n° 106.*

4. Pluriactivité. Par l'effet du principe d'unité du patrimoine, lorsqu'un exploitant agricole, par ailleurs commerçant, fait, au titre de cette dernière activité, l'objet d'un redressement judiciaire, le titulaire d'une créance née de son activité agricole et antérieure au jugement d'ouverture ne peut exercer une voie d'exécution sur ses meubles ou immeubles. • Com. 27 nov. 1991 : *D. 1992. 81, note Derrida .*

5. Conjoint. L'épouse d'un agriculteur, non cotisante à la MSA, fonctionnaire, qui aide son mari dans son activité agricole, n'exerce pas la profession agricole à titre habituel et ne peut donc se voir appliquer les dispositions légales relatives aux exploitations agricoles en difficulté. • Caen, 16 mai 1991 : *JCP 1992. IV. 1303.* ♦ Confirmé par : • Com. 5 avr. 1994, n° 91-18.766 P : *D. 1994. IR 109.* ♦ L'époux d'une exploitante en difficulté, bien que retraité, peut demander l'ouverture à son profit d'une procédure de redressement judiciaire lorsqu'il accomplit de façon continue des actes de gestion de l'exploitation. • Poitiers, 6 juill. 1995 : *RD rur. 1995. 100.* ♦ Les juges, qui prononcent l'extension de la procédure de liquidation judiciaire à l'épouse de l'exploitant, fonctionnaire à temps partiel aidant son époux à la direction et aux travaux de l'entreprise, et qui est associée financièrement au fonctionnement, sont mal fondés faute d'avoir vérifié si les activités litigieuses étaient exercées à titre habituel. • Com. 17 mars 1998 : *Dr. et patr. 5/1999, p. 110, obs. Roussel.*

Art. L. 351-2 **Les dirigeants des exploitations agricoles en difficulté ou leurs créanciers peuvent saisir le président du** *(Ord. n° 2019-964 du 18 sept. 2019, art. 35, en vigueur le 1er janv. 2020)* **« tribunal judiciaire » dans le ressort duquel se trouve le siège de l'exploitation d'une demande tendant à la désignation d'un conciliateur.** — *[L. n° 88-1202 du 30 déc. 1988, art. 23.]*

Sur la compétence, à titre expérimental, du président du tribunal des activités économiques pour connaître de la demande tendant à la désignation d'un conciliateur, V. L. n° 2023-1059 du 20 nov. 2023, art. 26, supra, 1re partie.

1. Cessation d'activité. Une procédure collective ne peut être ouverte que si le tribunal a été saisi dans le délai d'un an à partir de la cessation de l'activité du débiteur. La cessation d'activité est une notion de fait pour l'appréciation de laquelle la qualité d'exploitant agricole du débiteur au regard de la législation sociale applicable est indifférente. • Com. 1er juill. 1997 : *D. 1997. IR 200 ; RD rur. 1997. 451.*

2. Nouvelle procédure après infirmation. Suite à l'infirmation de la procédure collective par la cour d'appel, la nouvelle procédure de redressement judiciaire formée pour défaut de paiement des mêmes créances, doit être précédée d'une demande de désignation d'un conciliateur. • Com. 26 avr. 2000 : *D. 2000. AJ 312 ; RD rur. 2000. 638 ; ibid. 2001. 594, obs. Danet ; Dr. et patr. 10/2000, p. 111 ; RTD com. 2000. 1006, obs. Laude .* ♦ La décision de rejet de l'ouverture d'une procédure collective à la demande de la MSA ne fait pas obstacle à une nouvelle demande de la MSA d'ouvrir postérieurement une procédure collective contre le même débiteur. • Com. 14 janv. 2004, n° 00-21.262.

3. Résolution du plan de redressement. V. note 1 ss. art. L. 640-5 C. com., 1re partie.

4. Débiteur rapatrié. Une cour d'appel use de son pouvoir souverain en décidant qu'il n'y avait pas lieu d'ouvrir une procédure de règlement amiable à l'encontre d'un agriculteur rapatrié. • Civ. 1re, 19 mars 1996, *CRCAM de la Gironde c/ Deschazeaux,* n° 94-11.569.

5. Ministère d'avocat. Le Conseil d'État a rejeté un recours contre les dispositions du décret n° 89-339 du 29 mai 1989 (devenu art. R. 351-1, al. 5, C. rur.) autorisant les demandes de règlement amiable sans constitution d'avocat. • CE 19 mars 1993, *CSA et a.,* n° 108246 et n° 109457 : *RD rur. 1993. 338.*

Art. L. 351-3 **Le président du tribunal peut, nonobstant toute disposition législative ou réglementaire contraire, obtenir communication de tout renseignement lui permettant d'apprécier la situation économique et financière de l'exploitation agricole et ses**

perspectives de règlement. A cette fin, il peut également ordonner une expertise. – *[L. nº 88-1202 du 30 déc. 1988, art. 24.]*

Art. L. 351-4 Le président du tribunal nomme un conciliateur en lui fixant un délai pour l'accomplissement de sa mission ou rend une ordonnance de rejet. *(L. nº 2016-1547 du 18 nov. 2016, art. 99-XI-1º)* « Le débiteur peut proposer le nom d'un conciliateur. »

Le conciliateur auquel sont communiquées les informations obtenues en application de l'article L. 351-3 a pour mission de favoriser le règlement de la situation financière de l'exploitation agricole par la conclusion d'un accord amiable entre le débiteur et ses principaux créanciers sur des délais de paiement ou des remises de dettes.

(L. nº 2016-1547 du 18 nov. 2016, art. 99-XI-1º) « Le débiteur peut récuser le conciliateur dans des conditions et délais fixés par décret en Conseil d'État. » – *V. art. R. 351-4-1 s.*

(L. nº 2012-387 du 22 mars 2012, art. 76-I) « Les administrations financières, les organismes de sécurité sociale, les institutions gérant le régime d'assurance chômage prévu au chapitre II du titre II du livre IV de la cinquième partie du code du travail et les institutions régies par le livre IX du code de la sécurité sociale peuvent consentir des remises de dettes dans les conditions fixées à l'article L. 626-6 du code de commerce. Des cessions de rang de privilège ou d'hypothèque ou l'abandon de ces sûretés peuvent être consenties *[consentis]* dans les mêmes conditions. »

Le XI de l'art. 99 de la L. nº 2016-1547 du 18 nov. 2016 n'est pas applicable aux procédures en cours au jour de la publication de cette loi (L. préc., art. 114-XVI, JO 19 nov.).

1. Ministère public. Le ministère public est partie jointe à la procédure amiable agricole. • Cass., avis, 8 mars 1996, nº 09-60.002 P.

2. Rémunération du conciliateur. Hormis les effets d'une aide juridictionnelle dont bénéficierait l'une des parties, la rémunération du conciliateur ne peut être mise à la charge du Trésor public. • Cass., avis, 8 mars 1996 : *préc. note 1.*

3. Nature du règlement amiable. Le règlement amiable conclu en présence du conciliateur n'a pas le caractère d'un jugement et n'est pas susceptible de tierce opposition. • Civ. 3e, 18 mai 1994 : *D. 1994. IR 175 ; RD rur. 1994. 457.*

4. Sort du bail. Un bailleur peut obtenir la résiliation du bail lorsque le règlement amiable conclu en présence du conciliateur prévoit, hors de la présence de ce bailleur, que le fermier-débiteur n'exploiterait plus personnellement le fonds et que les travaux de ferme seraient exécutés par un tiers qui se comporte comme un maître du fonds loué et s'engage à régler les loyers. Ces éléments caractérisent une sous-location prohibée. • Civ. 3e, 18 mai 1994 : *préc. note 3.*

Art. L. 351-5 Le président du tribunal, qui nomme un conciliateur en application de l'article L. 351-4, peut également prononcer la suspension provisoire des poursuites pour un délai n'excédant pas deux mois. *(Ord. nº 2014-326 du 12 mars 2014, art. 103-1º, en vigueur le 1er juill. 2014)* « Ce délai peut être prorogé pour la même durée. »

Cette décision suspend ou interdit toute action en justice de la part de tous les créanciers dont la créance a son origine antérieurement à ladite décision et tendant :

1º A la condamnation du débiteur au paiement d'une somme d'argent ;

2º A la résolution d'un contrat pour défaut de paiement d'une somme d'argent.

Elle arrête ou interdit également toute voie d'exécution de la part de ces créanciers, tant sur les meubles que sur les immeubles.

Les délais impartis à peine de déchéance ou de résolution des droits sont, en conséquence, suspendus.

Sauf autorisation du président du tribunal, la décision qui prononce la suspension provisoire des poursuites interdit au débiteur, à peine de nullité, de payer, en tout ou partie, une créance quelconque née antérieurement à cette décision, ou de désintéresser les cautions qui acquitteraient des créances nées antérieurement, ainsi que de faire un acte de disposition étranger à la gestion normale de l'exploitation ou de consentir une hypothèque ou un nantissement. – *[L. nº 88-1202 du 30 déc. 1988, art. 26.]*

(L. nº 94-475 du 10 juin 1994) « Les dispositions *(Ord. nº 2014-326 du 12 mars 2014, art. 103-2º, en vigueur le 1er juill. 2014)* « de l'article L. 622-28 du code de commerce » sont applicables. » – *Dispositions du dernier al. applicables aux cautions souscrites à compter du 11 juin 1994. – V. art. L. 622-28 C. com.*

Art. L. 351-6 *(Ord. n° 2014-326 du 12 mars 2014, art. 104, en vigueur le 1er juill. 2014)* « Le président du tribunal, si le débiteur ne se trouve pas en cessation des paiements ou si l'accord y met fin, constate l'accord conclu en présence du conciliateur ou, sur son rapport, met fin à sa mission. A la demande du débiteur, le président du tribunal peut homologuer l'accord. L'accord constaté ou homologué entraîne la suspension, pendant la durée de son exécution, de toute action en justice et de toute poursuite individuelle, tant sur les meubles que sur les immeubles du débiteur, formée dans le but d'obtenir le paiement de créances qui font l'objet de l'accord.

« L'ordonnance homologuant l'accord fait l'objet des mêmes publicités que celles prévues pour la décision prévue par l'article L. 351-5. En cas d'ouverture d'une procédure de sauvegarde, de redressement judiciaire ou de liquidation judiciaire, les personnes qui avaient consenti, dans l'accord homologué ou dans le cadre des négociations pour parvenir à cet accord, un nouvel apport en trésorerie au débiteur *(L. n° 2016-1547 du 18 nov. 2016, art. 99-XI-2°)* « ou fourni, dans le même cadre, un nouveau bien ou service » en vue d'assurer la poursuite de l'exploitation et sa pérennité bénéficient du privilège prévu par l'article L. 611-11 du code de commerce. »

L'accord fait également obstacle, pendant la durée de son exécution, à ce que des sûretés soient prises pour garantir le paiement de ces créances.

Les délais qui, à peine de déchéance ou de résolution des droits afférents aux créances mentionnées à l'alinéa précédent, étaient impartis aux créanciers sont suspendus pendant la durée de l'accord.

Le conciliateur transmet au président du tribunal le compte rendu de sa mission. – *[L. n° 88-1202 du 30 déc. 1988, art. 27.]*

Le XI de l'art. 99 de la L. n° 2016-1547 du 18 nov. 2016 n'est pas applicable aux procédures en cours au jour de la publication de cette loi (L. préc., art. 114-XVI, JO 19 nov.).

V. art. R. 351-6 s.

Art. L. 351-6-1 *(Ord. n° 2014-326 du 12 mars 2014, art. 105, en vigueur le 1er juill. 2014)* L'accord homologué conformément à l'article L. 351-6 entraîne la levée de plein droit de toute interdiction d'émettre des chèques conformément à l'article L. 131-73 du code monétaire et financier, mise en œuvre à l'occasion du rejet d'un chèque émis avant l'ouverture de la procédure de règlement amiable. Lorsque le débiteur est un entrepreneur individuel à responsabilité limitée, cette interdiction est levée sur les comptes afférents au patrimoine sur lequel porte la procédure. – *V. art. R. 351-6-4.*

Art. L. 351-7 Toute personne qui est appelée au règlement amiable ou qui, par ses fonctions, en a connaissance est tenue *(L. n° 2005-845 du 26 juill. 2005, art. 183)* « à la confidentialité ». – *[L. n° 88-1202 du 30 déc. 1988, art. 28.]*

V. art. R. 351-1 s.

La confidentialité s'oppose à ce que le mandataire judiciaire désigné dans une procédure de redressement judiciaire consécutive à un règlement amiable agricole puisse faire état du rapport du conciliateur afin d'établir la connaissance, par un créancier, au cours de la période suspecte, de l'état de cessation des paiements du débiteur. • Angers, 25 janv. 2022, n° 20/00699 : *Gaz. Pal. 19 avr. 2022, p. 50, obs. Lebel.*

Art. L. 351-7-1 *(Ord. n° 2014-326 du 12 mars 2014, art. 106, en vigueur le 1er juill. 2014)* Les articles L. 680-1 à L. 680-5 du code de commerce sont applicables à la présente section.

PARTIE RÉGLEMENTAIRE (du livre III)

(Décr. n° 96-205 du 15 mars 1996)

Art. R. 351-1 La demande de règlement amiable prévue à l'article L. 351-2 est formée par *(Décr. n° 2019-1333 du 11 déc. 2019, art. 32, en vigueur le 1er janv. 2020)* « requête » adressée ou remise en trois exemplaires au greffe du *(Décr. n° 2019-966 du 18 sept. 2019, art. 8, en vigueur le 1er janv. 2020)* « tribunal judiciaire » du siège de l'exploitation par le ou les dirigeants de celle-ci, ou par un ou plusieurs créanciers.

Si la demande émane du débiteur, elle expose les difficultés financières qui la motivent, les mesures de règlement envisagées, ainsi que les délais de paiement ou les remises de dettes qui permettraient la mise en œuvre de ces mesures.

A cette demande sont annexés :

1° L'état des créances et des dettes, accompagné d'un échéancier, ainsi que la liste des créanciers ;

2° L'état actif et passif des sûretés ainsi que celui des engagements personnels du débiteur ;

3° Les comptes annuels des trois derniers exercices, s'ils ont été établis ;

4° L'état des actifs du débiteur.

Si la demande émane d'un ou plusieurs créanciers, elle comporte les indications relatives au montant et à la nature de leurs créances respectives ainsi que toutes les informations de nature à établir les difficultés financières de l'exploitation.

Les parties ne sont pas tenues de constituer avocat. – *[Décr. n° 89-339 du 29 mai 1989, art. 1er.]*

Le Décr. n° 2019-1333 du 11 déc. 2019 est applicable aux instances en cours au 1er janv. 2020 (Décr. préc., art. 55-I).

Art. R. 351-2 Dès réception de la demande, le président du tribunal fait convoquer le demandeur par le greffier ainsi que le débiteur s'il n'est pas l'auteur de la demande. Il fait aviser le procureur de la République, par le greffier, de la date de l'audience.

La demande est examinée en chambre du conseil, après avis du ministère public. – *[Décr. n° 89-339 du 29 mai 1989, art. 2 et 3.]*

Art. R. 351-3 Le conciliateur désigné en application de l'article *(Décr. n° 2017-1225 du 2 août 2017, art. 20)* « **L. 351-4** » doit être une personne physique.

Aucun parent ou allié jusqu'au 4e degré inclusivement des dirigeants de l'exploitation agricole ne peut être désigné comme conciliateur.

(Décr. n° 2014-736 du 30 juin 2014, art. 137) « Le conciliateur fait connaître sans délai au président du tribunal son acceptation ou son refus. »

En cas de suspension provisoire des poursuites, la mission du conciliateur ne peut excéder *(Décr. n° 2014-736 du 30 juin 2014, art. 137)* « le délai prévu par le premier alinéa de l'article **L. 351-5** ». – *[Décr. n° 89-339 du 29 mai 1989, art. 4.]*

Les dispositions des art. 20 à 22 du Décr. n° 2017-1225 du 2 août 2017 sont applicables aux procédures ouvertes à compter de la date d'entrée en vigueur de ce décret (Décr. préc., art. 27-II, JO 4 août).

Art. R. 351-4 Le président du tribunal détermine avec le demandeur le montant d'une provision à valoir sur la rémunération éventuelle du conciliateur et, le cas échéant, celle de l'expert qui serait désigné en application de l'article **L. 351-3**.

L'ordonnance du président du tribunal prend effet à compter de sa date. Elle est portée à la connaissance du débiteur et, le cas échéant, des créanciers demandeurs, du conciliateur et de l'expert par les soins du greffier en la forme qu'elle détermine. – *[Décr. n° 89-339 du 29 mai 1989, art. 5 et 6.]*

(Décr. n° 2017-1225 du 2 août 2017, art. 21) « La lettre d'accompagnement adressée au débiteur et au conciliateur désigné reproduit les dispositions des articles **R. 351-3**, **R. 351-4-1** et **R. 351-4-2.** » – *Sur les dispositions transitoires du Décr. n° 2017-1225 du 2 août 2017, V. note ss. art. R. 351-3.*

Art. R. 351-4-1 *(Décr. n° 2017-1225 du 2 août 2017, art. 22)* En application des dispositions de l'article **L. 351-4**, le débiteur peut demander la récusation du conciliateur si ce dernier se trouve dans l'une des situations suivantes :

1° Il a directement ou indirectement un intérêt personnel à la procédure ;

2° Il existe un lien direct ou indirect, quelle qu'en soit la nature, entre le conciliateur et l'un des créanciers ou l'un des dirigeants ou préposés de celui-ci ;

3° Il existe une cause de défiance entre le conciliateur et le débiteur ;

4° Il a été définitivement radié ou destitué d'une profession réglementée.

Sur les dispositions transitoires du Décr. n° 2017-1225 du 2 août 2017, V. note ss. art. R. 351-3.

Art. R. 351-4-2 *(Décr. nº 2017-1225 du 2 août 2017, art. 22)* La demande de récusation est formée dans les quinze jours qui suivent la date à laquelle la décision désignant le conciliateur a été portée à la connaissance du débiteur, par acte remis au greffe ou par une déclaration consignée par le greffier dans un procès-verbal.

Elle est motivée et, le cas échéant, accompagnée des pièces propres à la justifier.

Elle suspend la procédure jusqu'à ce qu'une décision définitive statue sur la récusation.

Sur les dispositions transitoires du Décr. nº 2017-1225 du 2 août 2017, V. note ss. art. R. 351-3.

Art. R. 351-4-3 *(Décr. nº 2017-1225 du 2 août 2017, art. 22)* Le greffier notifie la demande de récusation au conciliateur, par lettre recommandée avec demande d'avis de réception. La lettre de notification reproduit les deuxième et troisième alinéas du présent article.

Dès réception de la notification de la demande, le conciliateur s'abstient jusqu'à ce qu'il ait été statué sur la récusation.

Dans les huit jours de cette réception, il fait connaître par écrit au président du tribunal soit son acquiescement à la récusation, soit les motifs pour lesquels il s'y oppose.

Sur les dispositions transitoires du Décr. nº 2017-1225 du 2 août 2017, V. note ss. art. R. 351-3.

Art. R. 351-4-4 *(Décr. nº 2017-1225 du 2 août 2017, art. 22)* Si le conciliateur acquiesce, il est remplacé sans délai.

Sur les dispositions transitoires du Décr. nº 2017-1225 du 2 août 2017, V. note ss. art. R. 351-3.

Art. R. 351-4-5 *(Décr. nº 2017-1225 du 2 août 2017, art. 22)* Si le conciliateur s'oppose à la récusation ou ne répond pas, la demande est examinée par le président du tribunal, le débiteur et le conciliateur entendus ou dûment appelés.

L'ordonnance statuant sur la demande de récusation est notifiée par le greffier au débiteur.

Copie de cette décision est également remise ou adressée au conciliateur.

Sur les dispositions transitoires du Décr. nº 2017-1225 du 2 août 2017, V. note ss. art. R. 351-3.

Art. R. 351-4-6 *(Décr. nº 2017-1225 du 2 août 2017, art. 22)* Si la récusation est admise, il est procédé au remplacement du conciliateur sans délai.

Sur les dispositions transitoires du Décr. nº 2017-1225 du 2 août 2017, V. note ss. art. R. 351-3.

Art. R. 351-4-7 *(Décr. nº 2017-1225 du 2 août 2017, art. 22)* La décision qui rejette la demande de récusation peut être frappée de recours par le débiteur devant le premier président de la cour d'appel dans un délai de dix jours à compter de la notification.

Le recours est formé par la remise ou l'envoi au greffe de la cour d'appel d'une note en exposant les motifs.

Sur les dispositions transitoires du Décr. nº 2017-1225 du 2 août 2017, V. note ss. art. R. 351-3.

Art. R. 351-4-8 *(Décr. nº 2017-1225 du 2 août 2017, art. 22)* Le greffier de la cour d'appel convoque le débiteur et le conciliateur par lettre recommandée avec demande d'avis de réception adressée quinze jours au moins à l'avance. La note mentionnée au second alinéa de l'article R. 351-4-7 est jointe à la convocation adressée au conciliateur.

Le premier président ou son délégué les entend contradictoirement.

La décision est notifiée par le greffier au débiteur. Le conciliateur en est avisé.

Sur les dispositions transitoires du Décr. nº 2017-1225 du 2 août 2017, V. note ss. art. R. 351-3.

Art. R. 351-4-9 *(Décr. nº 2017-1225 du 2 août 2017, art. 22)* Le conciliateur fait connaître sans délai au président du tribunal tout élément qui pourrait constituer un motif de récusation ainsi que tout autre motif qui pourrait justifier qu'il soit mis fin à sa mission, dont il n'avait pas connaissance au moment de l'acceptation de sa mission.

Sur les dispositions transitoires du Décr. nº 2017-1225 du 2 août 2017, V. note ss. art. R. 351-3.

Art. R. 351-5 Si l'ordonnance mentionnée à l'article R. 351-4 prononce la suspension provisoire des poursuites, le greffier adresse immédiatement un avis pour insertion au *Bulletin officiel des annonces civiles et commerciales.* Cette insertion contient l'indication du nom du débiteur, du siège de son exploitation, de la date de l'ordonnance, le nom et l'adresse du conciliateur. *(Décr. n° 2022-890 du 14 juin 2022, art. 3)* « S'il y a lieu, elle comporte la dénomination de l'activité professionnelle exercée par l'entrepreneur. » Selon les mêmes modalités, une insertion est faite dans un journal d'annonces légales du lieu où le débiteur a le siège de son exploitation. *(Décr. n° 2014-736 du 30 juin 2014, art. 138-2° et 3°)* « L'ordonnance prorogeant le délai de suspension provisoire des poursuites, à la demande du débiteur, fait l'objet des mêmes publicités.

« Les ordonnances prononçant la suspension provisoire des poursuites ou en prorogeant le délai sont mentionnées sur les registres mentionnés aux *(Décr. n° 2022-1014 du 19 juill. 2022, art. 19, en vigueur le 1er janv. 2023)* « quatre » premiers alinéas de l'article R. 621-8 du code de commerce. »

Les publicités prévues ci-dessus sont faites d'office par le greffier aux frais du débiteur. – *[Décr. n° 89-339 du 29 mai 1989, art. 7.]*

Art. R. 351-6 *(Décr. n° 2014-736 du 30 juin 2014, art. 139)* L'accord établi entre le débiteur et les créanciers, portant également la signature du conciliateur, est déposé au greffe du tribunal ainsi que ses annexes. Ces documents sont communiqués au ministère public.

Pour l'application du premier alinéa de l'article L. 351-6, l'accord est constaté ou homologué par une ordonnance du président du tribunal qui y fait apposer la formule exécutoire par le greffier.

L'ordonnance ne reprend pas les termes de l'accord.

Des copies de l'accord ne peuvent être délivrées qu'aux parties et aux personnes qui peuvent se prévaloir de ses dispositions. Elles valent titre exécutoire.

La rémunération éventuelle du conciliateur et, s'il y a lieu, celle de l'expert sont arrêtées par le président du tribunal. A défaut d'accord entre les parties, le président désigne la ou les personnes qui en supporteront la charge. Les décisions arrêtant ces rémunérations sont communiquées par le greffier au ministère public.

En dehors de l'autorité judiciaire et du conciliateur, le rapport d'expertise ne peut être communiqué qu'au débiteur.

Art. R. 351-6-1 *(Décr. n° 2014-736 du 30 juin 2014, art. 140)* Lorsqu'il est saisi d'une demande d'homologation, le président du tribunal statue après avis du ministère public.

Art. R. 351-6-2 *(Décr. n° 2014-736 du 30 juin 2014, art. 140)* L'ordonnance homologuant l'accord mentionne les garanties et privilèges constitués pour en assurer l'exécution. Elle précise les montants garantis par le privilège institué par l'article L. 611-11 *(Décr. n° 2017-1771 du 27 déc. 2017, art. 6)* « du code de commerce ».

Elle est notifiée par le greffier au débiteur et aux créanciers signataires de l'accord et est communiquée au conciliateur et au ministère public.

Art. R. 351-6-3 *(Décr. n° 2014-736 du 30 juin 2014, art. 140)* Un avis de l'ordonnance d'homologation est adressé pour insertion au *Bulletin officiel des annonces civiles et commerciales. (Décr. n° 2022-890 du 14 juin 2022, art. 3)* « Cette insertion contient l'indication du nom du débiteur, du siège de son exploitation, de la date de l'ordonnance et du greffe du tribunal concerné, ainsi que, s'il y a lieu, de la dénomination de l'activité professionnelle exercée par l'entrepreneur. » Sont également mentionnés le numéro unique d'identification du débiteur ainsi que, le cas échéant, le nom de la ville où se trouve le greffe ou la chambre de l'agriculture où il est immatriculé.

L'avis mentionne que l'ordonnance est déposée au greffe où tout intéressé peut en prendre connaissance.

Le même avis est publié dans un journal d'annonces légales du lieu où le débiteur à son siège social ou, lorsqu'il s'agit d'une personne physique, celui de son exploitation.

Ces publicités sont faites d'office par le greffier dans les huit jours de la date du jugement.

Art. R. 351-6-4 *(Décr. n° 2014-736 du 30 juin 2014, art. 140)* Pour l'application de l'article L. 351-6-1, le débiteur justifie de la levée de l'interdiction d'émettre des chèques auprès de l'établissement de crédit qui est à l'origine de cette mesure par la remise d'une copie de l'ordonnance homologuant l'accord, à laquelle il joint un relevé des incidents de paiement.

L'établissement de crédit qui est à l'origine de l'interdiction informe la Banque de France de la levée de cette interdiction aux fins de régularisation.

Art. R. 351-7 Les ordonnances prises en application de la présente section sont exécutoires de droit à titre provisoire. *(Décr. n° 2019-1333 du 11 déc. 2019, art. 32, en vigueur le 1er janv. 2020)* « Les dispositions des articles **514-1** et **514-2** du code de procédure civile ne sont pas applicables. »

Elles sont susceptibles d'un recours en rétractation formé en référé par tout intéressé.

Les décisions prises par le président du tribunal sur ces recours peuvent être frappées d'appel dans les dix jours de leur prononcé. *(Décr. n° 2014-736 du 30 juin 2014, art. 141)* « Toutefois, pour les décisions soumises aux formalités d'insertion au *Bulletin officiel des annonces civiles et commerciales*, le délai ne court à l'égard des tiers qu'à compter de la publication. »

L'appel, non suspensif, est formé, instruit et jugé selon les règles de la procédure sans représentation obligatoire. – *[Décr. n° 89-339 du 29 mai 1989, art. 11.]*

Pour les dispositions transitoires du Décr. n° 2019-1333 du 11 déc. 2019, V. note ss. art. R. 351-1.

....

Les aides au redressement de l'exploitation

Art. D. 354-1 *(Décr. n° 2009-87 du 22 janv. 2009, art. 3)* En vue de faciliter le redressement des exploitations agricoles *(Abrogé par Décr. n° 2019-556 du 4 juin 2019, art. 1er)* « *dont la pérennité peut être assurée* », les aides suivantes peuvent être allouées :

1° Une aide *(Décr. n° 2019-556 du 4 juin 2019, art. 1er)* « pour la réalisation d'un audit global de l'exploitation » ;

(Décr. n° 2022-1131 du 5 août 2022, art. 1er) « 2° Une aide à la relance de l'exploitation. »

3° *Abrogé par Décr. n° 2022-1131 du 5 août 2022, art. 1er.*

Les demandes d'aides n'ayant pas fait l'objet, à la date d'entrée en vigueur du Décr. n° 2019-556 du 4 juin 2019, d'une décision sont régies par les dispositions du chapitre IV du titre V du livre III C. rur. dans leur rédaction antérieure audit décret (Décr. préc., art. 2, JO 5 juin).

Les dispositions du Décr. n° 2022-1131 du 5 août 2022 sont applicables aux demandes d'aides en cours d'instruction à la date de son entrée en vigueur (Décr. préc., art. 2, JO 6 août).

Art. D. 354-2 *(Décr. n° 2009-87 du 22 janv. 2009, art. 3)* Pour bénéficier des aides mentionnées à l'article D. 354-1, l'exploitant doit *(Décr. n° 2019-556 du 4 juin 2019, art. 1er)* « , à la date de dépôt de la demande d'aide :

« 1° Être âgé d'au moins 21 ans et ne pas avoir atteint l'âge mentionné à l'article L. 161-17-2 du code de la sécurité sociale diminué de deux ans, exercer une activité de production agricole en qualité de chef d'exploitation et ne pas être chef d'exploitation à titre secondaire depuis plus de trois ans ; »

2° Ne pas bénéficier d'autre avantage servi par un régime obligatoire d'assurance vieillesse qu'une pension de réversion ;

3° Justifier d'une capacité professionnelle agricole suffisante acquise :

(Décr. n° 2017-1771 du 27 déc. 2017, art. 6) « *a)* » soit conformément à l'article D. 343-4 relatif aux conditions d'accès *(Décr. n° 2019-556 du 4 juin 2019, art. 1er)* « aux aides » à l'installation ou par la possession d'un diplôme communautaire de niveau équivalent ;

(Décr. n° 2017-1771 du 27 déc. 2017, art. 6) « *b)* » soit par une expérience professionnelle sur une exploitation agricole, en qualité de chef d'exploitation *(Décr. n° 2019-556 du 4 juin 2019, art. 1er)* « , d'une durée minimale de trois années consécutives ;

« 4° Lorsqu'il a reçu une aide que la Commission européenne a déclarée illégale et incompatible avec le marché intérieur, avoir remboursé ou versé sur un compte bloqué le montant total de cette aide majoré des intérêts correspondants. »

Pour les dispositions transitoires du Décr. n° 2019-556 du 4 juin 2019, V. 1re note ss. art. D. 354-1.

Art. D. 354-2-1 *(Décr. n° 2019-556 du 4 juin 2019, art. 1er)* **Pour bénéficier** *(Décr. n° 2022-1131 du 5 août 2022, art. 1er)* **« de l'aide prévue au 2° » de l'article D. 354-1, l'exploitant doit justifier de l'exercice d'une activité de production agricole en qualité de chef d'exploitation depuis plus de trois ans.**

Pour les dispositions transitoires des Décr. n° 2019-556 du 4 juin 2019 et n° 2022-1131 du 5 août 2022, V. notes ss. art. D. 354-1.

Art. D. 354-2-2 *(Décr. n° 2019-556 du 4 juin 2019, art. 1er)* **Dans le cas d'une exploitation prenant la forme d'une personne morale, les conditions fixées par la présente sous-section sont réputées remplies lorsqu'au moins l'un des associés-exploitants satisfait à l'ensemble de ces conditions.**

Pour les dispositions transitoires du Décr. n° 2019-556 du 4 juin 2019, V. 1re note ss. art. D. 354-1.

Art. D. 354-3 *(Décr. n° 2009-87 du 22 janv. 2009, art. 3)* **Pour bénéficier des aides prévues à l'article D. 354-1, l'exploitation du demandeur doit :**

(Décr. n° 2019-556 du 4 juin 2019, art. 1er) **« 1° Prendre la forme soit d'une exploitation agricole individuelle dont la main-d'œuvre non salariée est constituée du chef d'exploitation, éventuellement assisté de son époux ou de son partenaire de pacte civil de solidarité ou de son concubin ou d'aides familiaux, soit d'une personne morale dont l'objet est exclusivement agricole à condition qu'au moins 50 % du capital social soit détenu par des agriculteurs ; »**

2° Employer au moins une unité de travail non salariée. Une personne travaillant sur l'exploitation ne peut être prise en compte pour plus d'une unité de travail. Les membres de la famille de l'exploitant ne peuvent être pris en compte que si leur participation aux travaux de l'exploitation représente au moins une demi-unité de travail. Ils sont pris en compte au prorata de leur activité ;

3° Ne pas employer annuellement une main-d'œuvre salariée permanente ou saisonnière supérieure à dix unités de travail équivalent temps plein.

4° Abrogé par Décr. n° 2022-1131 du 5 août 2022, art. 1er.

5° Abrogé par Décr. n° 2019-556 du 4 juin 2019, art. 1er.

Pour les dispositions transitoires des Décr. n° 2019-556 du 4 juin 2019 et n° 2022-1131 du 5 août 2022, V. notes ss. art. D. 354-1.

Art. D. 354-3-1 *(Décr. n° 2022-1131 du 5 août 2022, art. 1er)* **Pour bénéficier de l'aide mentionnée au 1° de l'article D. 354-1, l'exploitation du demandeur doit répondre au moins à l'un des critères suivants au vu du dernier exercice comptable clos ou sur la base du dernier arrêté des comptes :**

***a)* Un taux d'endettement supérieur ou égal à 50 % ;**

***b)* Un excédent brut d'exploitation rapporté au produit brut inférieur ou égal à 25 %.**

Les conditions prévues au présent article ne s'appliquent pas lorsque l'exploitation entre dans l'un des cas mentionnés à l'article D. 354-10.

Pour les dispositions transitoires du Décr. n° 2022-1131 du 5 août 2022, V. 2e note ss. art. D. 354-1.

Art. D. 354-3-2 *(Décr. n° 2022-1131 du 5 août 2022, art. 1er)* **Pour bénéficier de l'aide mentionnée au 2° de l'article D. 354-1, l'exploitation du demandeur doit :**

1° Avoir fait l'objet d'un audit, réalisé au cours des douze derniers mois précédant la date de dépôt de la demande de cette aide. Cet audit doit être réalisé par un expert choisi par l'exploitant sur une liste établie par le préfet, comporter les éléments et le plan d'action mentionnés à l'article D. 354-5 et démontrer une perspective de retour à la viabilité par un engagement dans un plan de restructuration ;

2° Répondre au moins à trois des critères suivants au vu du dernier exercice comptable clos ou sur la base du dernier arrêté des comptes :

***a)* Un taux d'endettement supérieur ou égal à 70 % ;**

***b)* Un niveau de trésorerie inférieur ou égal à zéro ;**

c) Un excédent brut d'exploitation rapporté au produit brut inférieur ou égal à 25 % ;

d) Un revenu disponible par unité de travail non salariée inférieur ou égal à un SMIC net annuel déterminé au 1er janvier de l'année du dépôt du dossier de la demande d'aide pour les exploitants à titre principal et à la moitié d'un SMIC net annuel pour les exploitants à titre secondaire ;

3° Justifier, au vu du dernier exercice comptable clos ou sur la base du dernier arrêté des comptes :

a) S'agissant des sociétés à responsabilité limitée, d'une réduction de plus de 50 % du montant du capital social souscrit en raison des pertes accumulées des réserves et de tous les autres éléments relevant des fonds propres ;

b) S'agissant des sociétés à responsabilité illimitée et des exploitations agricoles individuelles, d'une réduction de plus de 50 % des fonds propres.

Les conditions prévues au présent article ne s'appliquent pas lorsque l'exploitation entre dans l'un des cas mentionnés à l'article D. 354-10.

Pour les dispositions transitoires du Décr. n° 2022-1131 du 5 août 2022, V. 2e note ss. art. D. 354-1.

Art. D. 354-4 *(Décr. n° 2009-87 du 22 janv. 2009, art. 3) (Décr. n° 2019-556 du 4 juin 2019, art. 1er)* « L'exploitant adresse les demandes d'aides mentionnées à l'article D. 354-1 et les demandes de paiement correspondantes à la direction départementale des territoires ou la direction départementale des territoires et de la mer du lieu du siège de l'exploitation. » — *Pour les dispositions transitoires du Décr. n° 2019-556 du 4 juin 2019, V. 1re note ss. art. D. 354-1.*

Lorsque son exploitation fait l'objet d'une procédure de règlement amiable ou de redressement prévue aux articles L. 351-1 et suivants ou d'une procédure de sauvegarde des entreprises prévue à l'article L. 620-2 du code de commerce, l'exploitant doit en faire part au préfet lors du dépôt de sa demande.

Art. D. 354-5 *(Décr. n° 2022-1131 du 5 août 2022, art. 1er)* « L'audit, pour la réalisation duquel l'aide mentionnée au 1° de l'article D. 354-1 est attribuée, est réalisé au plus tard douze mois après la décision d'octroi de cette aide » *(Décr. n° 2019-556 du 4 juin 2019, art. 1er)* « , par un expert choisi par l'exploitant sur une liste établie par le préfet et doit comporter :

« 1° Les éléments permettant d'apprécier la situation de l'exploitation et les causes de ses difficultés sur les plans technique, économique, financier et social et d'évaluer sa viabilité ;

« 2° Un plan d'action définissant les moyens à mettre en œuvre pour répondre aux difficultés recensées ».

Pour les dispositions transitoires des Décr. n° 2019-556 du 4 juin 2019 et n° 2022-1131 du 5 août 2022, V. notes ss. art. D. 354-1.

Art. D. 354-6 *(Décr. n° 2019-556 du 4 juin 2019, art. 1er)* Le préfet adresse à la commission départementale d'orientation de l'agriculture un bilan anonymisé des avis rendus et des aides attribuées conformément au présent chapitre.

Pour les dispositions transitoires du Décr. n° 2019-556 du 4 juin 2019, V. 1re note ss. art. D. 354-1.

Art. D. 354-7 *(Décr. n° 2009-87 du 22 janv. 2009, art. 3) (Décr. n° 2022-1131 du 5 août 2022, art. 1er)* « Si, à partir de l'audit prévu au 1° de l'article D. 354-3-2, une restructuration apparaît nécessaire et de nature à permettre le redressement de l'exploitation, le préfet peut arrêter un plan de restructuration en accord avec les principaux créanciers de l'exploitation, pour une période qui n'excède pas sept ans. »

Ce plan comporte :

1° Une description des circonstances à l'origine des difficultés de l'exploitation issue du diagnostic économique et financier ;

2° Les dispositions économiques et techniques à mettre en œuvre pour améliorer la rentabilité et la compétitivité de l'exploitation ;

(Décr. n° 2022-1131 du 5 août 2022, art. 1er) « 3° Une description des engagements de l'exploitant comprenant notamment :

« *a)* L'engagement d'établir une contribution propre aux coûts de restructuration s'élevant à au moins 25 % ;

« *b)* L'engagement de ne pas augmenter sa capacité totale de production au cours du plan ;

« *c)* L'engagement de maintenir son activité de production agricole jusqu'au terme du plan de restructuration ; »

4° Les aménagements consentis par les principaux créanciers ;

5° Les aides financières de l'État et, le cas échéant, des *(Décr. n° 2019-556 du 4 juin 2019, art. 1er)* « autres financeurs publics ;

« 6° Une présentation des résultats escomptés. »

Pour les dispositions transitoires des Décr. n° 2019-556 du 4 juin 2019 et n° 2022-1131 du 5 août 2022, V. notes ss. art. D. 354-1.

Art. D. 354-8 *(Décr. n° 2009-87 du 22 janv. 2009, art. 3) (Décr. n° 2019-556 du 4 juin 2019, art. 1er)* « La conduite du plan de restructuration fait l'objet d'un suivi technico-économique. »

Il est réalisé par un expert choisi par l'exploitant sur une liste établie par le préfet.

La durée du suivi *(Décr. n° 2019-556 du 4 juin 2019, art. 1er)* « est au minimum de » trois ans.

Pour les dispositions transitoires du Décr. n° 2019-556 du 4 juin 2019, V. 1re note ss. art. D. 354-1.

Art. D. 354-9 *(Décr. n° 2019-556 du 4 juin 2019, art. 1er)* Une exploitation ne peut bénéficier à nouveau de l'attribution de l'une des aides prévues à l'article D. 354-1 avant le terme d'une période de cinq ans à compter de la date :

– de la décision d'octroi de l'aide pour l'aide mentionnée au 1° de cet article ;

– de la fin du plan de restructuration pour *(Décr. n° 2022-1131 du 5 août 2022, art. 1er)* « l'aide mentionnée au 2° » de ce même article.

Pour les dispositions transitoires des Décr. n° 2019-556 du 4 juin 2019 et n° 2022-1131 du 5 août 2022, V. notes ss. art. D. 354-1.

Art. D. 354-10 *(Décr. n° 2009-87 du 22 janv. 2009, art. 3)* Les aides prévues à l'article D. 354-1 du présent code peuvent être accordées nonobstant l'existence d'une procédure de règlement amiable ou de redressement prévue aux articles L. 351-1 et suivants du code rural et de la pêche maritime ou d'une procédure de sauvegarde des entreprises prévue à l'article L. 620-2 du code de commerce.

Art. D. 354-11 *(Décr. n° 2019-556 du 4 juin 2019, art. 1er)* Le montant de l'aide à l'audit mentionnée au 1° de l'article D. 354-1 correspond à tout ou partie du coût de la prestation hors taxes. *(Décr. n° 2022-1131 du 5 août 2022, art. 1er)* « Cette aide est prise en charge par l'État et ne peut donner lieu au versement d'un complément par d'autres financeurs publics. » Les règles de plafonnement de cette aide sont fixées par arrêté conjoint des ministres chargés de l'agriculture et du budget. – *V. Arr. du 5 août 2022, ss. art. D. 354-15.*

L'aide est versée à l'organisme qui a réalisé l'audit global de l'exploitation agricole.

Pour les dispositions transitoires des Décr. n° 2019-556 du 4 juin 2019 et n° 2022-1131 du 5 août 2022, V. notes ss. art. D. 354-1.

Art. D. 354-12 *(Décr. n° 2019-556 du 4 juin 2019, art. 1er) (Décr. n° 2022-1131 du 5 août 2022, art. 1er)* « L'aide à la relance de l'exploitation agricole mentionnée au 2° de l'article D. 354-1 correspond, selon le cas, à la prise en charge de tout ou partie des frais ou garanties bancaires liés à une restructuration, des intérêts bancaires, des intérêts des prêts ou facilités de paiement contractés auprès des fournisseurs, des dividendes correspondant aux intérêts dans le cas d'un plan de redressement ou de sauvegarde, et du coût de la prestation hors taxes du suivi technico-économique. »

Les financeurs publics autres que l'État peuvent également prendre en charge tout ou partie des frais d'adhésion de l'exploitation à une coopérative d'utilisation de matériel agricole prévue à l'article R. 522-1, ou à une association syndicale de propriétaires fonciers prévue par l'ordonnance n° 2004-632 du 1er juillet 2004 ou à un centre de gestion agréé prévu par la loi n° 74-1114 du 27 décembre 1974.

Le montant de l'aide comprend une participation de l'État et, le cas échéant, un complément par d'autres financeurs publics. Les règles de plafonnement et les modalités de calcul de cette aide sont fixées par arrêté conjoint des ministres chargés de l'agriculture et du budget. Cet arrêté précise les cas dans lesquels l'aide est versée à une autre personne que son bénéficiaire. – *V. Arr. du 5 août 2022, ss. art. D. 354-15.*

Les plafonds alloués par l'État s'appliquent sous réserve de l'enveloppe annuelle allouée au préfet de département.

Pour les dispositions transitoires des Décr. nº 2019-556 du 4 juin 2019 et nº 2022-1131 du 5 août 2022, V. notes ss. art. D. 354-1.

Art. D. 354-13 *Abrogé par Décr. nº 2022-1131 du 5 août 2022, art. 1er.*

Art. D. 354-14 *(Décr. nº 2009-87 du 22 janv. 2009, art. 3)* Les aides accordées par le préfet sont payées par *(Décr. nº 2009-340 du 27 mars 2009, art. 10-I)* « l'Agence de services et de paiement ».

Art. D. 354-15 *(Décr. nº 2009-87 du 22 janv. 2009, art. 3) (Décr. nº 2019-556 du 4 juin 2019, art. 1er)* « Si l'une des aides mentionnées à l'article D. 354-1 a été octroyée sur la base d'une erreur de déclaration de l'agriculteur, le préfet peut demander la restitution de tout ou partie de celle-ci. Si l'une de ces aides a été octroyée sur la base d'une fausse déclaration de l'agriculteur, celui-ci est tenu de la restituer en totalité, avec une majoration de 10 %, sans préjudice d'éventuelles sanctions pénales.

« Sauf en cas de force majeure ou de raisons sérieuses et légitimes, le préfet peut demander le remboursement de tout ou partie des aides perçues si le bénéficiaire ne respecte pas les engagements portés au plan ou s'il ne se conforme pas au suivi.

« Dans tous les cas, le montant du remboursement est de droit majoré du taux d'intérêt légal courant à la date de versement de l'aide. »

(Décr. nº 2009-340 du 27 mars 2009, art. 10-I) « L'Agence de services et de paiement » procède au recouvrement de la somme correspondante.

Pour les dispositions transitoires du Décr. nº 2019-556 du 4 juin 2019, V. 1re note ss. art. D. 354-1.

Arrêté du 5 août 2022,

Fixant le montant et certaines modalités de mise en œuvre des aides pour les exploitations agricoles en difficulté.

Art. 1er Le montant de l'aide pour la réalisation d'un audit global de l'exploitation agricole mentionnée au 1° de l'article D. 354-1 du code rural et de la pêche maritime ne peut excéder 1 500 euros.

Art. 2 Le plafonnement de l'aide à la relance de l'exploitation agricole mentionnée au 2° de l'article D. 354-1 du code rural et de la pêche maritime est apprécié au regard de la situation de l'exploitation au jour du dépôt de la demande d'aide :

— en fonction du nombre d'unité de travail non salariée de l'exploitation, dans la limite de deux unités, ou, dans le cas d'un groupement agricole d'exploitation en commun, du nombre d'associés ;

— et, pour les exploitations qui emploient de la main d'œuvre salariée, en fonction du nombre de salariés permanents ou saisonniers en équivalent temps plein, dans la limite de dix salariés.

L'aide de l'État est plafonnée à 10 800 euros pour la première unité de travail non salariée et à 10 000 euros par unité de travail non salariée supplémentaire. Le plafond par salarié est fixé à 2 000 euros.

La prise en charge par d'autres financeurs publics d'un complément à cette aide est plafonnée à 10 700 euros pour la première unité de travail non salariée et à 10 000 euros par unité de travail non salariée supplémentaire. Le plafond par salarié est fixé à 2 000 euros. Le plafond de l'aide de l'État est diminué du montant des cotisations sociales prises en charge en application de l'article R. 726-1 du code rural et de la pêche maritime et du surcoût induit par la mise en place d'un échéancier de règlement desdites cotisations. L'aide porte sur la prise en charge :

1° En cas de restructuration de l'endettement, d'au maximum 100 % du surcoût entre les prêts réaménagés ou consolidés et les anciens prêts, hors commission de garantie ;

2° Si la restructuration de l'endettement conduit à une consolidation bancaire, d'au maximum 100 % du coût de la garantie bancaire ;

3° D'une partie des intérêts bancaires dus sur les prêts de l'exploitation ;

4° D'une partie des intérêts des prêts ou facilités de paiement contractés auprès des fournisseurs ;

5° D'une partie des dividendes correspondant aux intérêts en cas de plan de redressement judiciaire ou de plan de sauvegarde ;

6° D'une partie ou de la totalité des frais d'adhésion de l'exploitation à une coopérative d'utilisation de matériel agricole prévue à l'article R. 522-1 du code rural et de la pêche maritime, ou à une association syndicale de propriétaires fonciers prévue par l'ordonnance *[n° 2004-632]* du 1er juillet 2004 susvisée ou à un centre de gestion agréé prévu par la loi *[n° 74-1114]* du 27 décembre 1974 susvisée ;

7° D'une partie ou de la totalité du coût hors taxe de la prestation de suivi technico-économique mentionné au 2° de l'article D. 354-1 du code rural et de la pêche maritime.

L'aide est versée au commissaire à l'exécution du plan dans le cas mentionné au 5° et à l'exploitant dans les autres cas.

Art. 3 L'arrêté du 4 juin 2019 fixant le montant et certaines modalités de mise en œuvre des aides pour les exploitations agricoles en difficulté est abrogé.

Garantie de paiement des entrepreneurs

Code civil

Art. 1799-1 *(L. n° 94-475 du 10 juin 1994, art. 5-I, en vigueur le 1er oct. 1994)* Le maître de l'ouvrage qui conclut un marché de travaux privé visé au 3° de l'article 1779 doit garantir à l'entrepreneur le paiement des sommes dues lorsque celles-ci dépassent un seuil fixé par décret en Conseil d'État. — *V. Décr. n° 99-658 du 30 juill. 1999, ci-dessous.*

Lorsque le maître de l'ouvrage recourt à un crédit spécifique pour financer les travaux, l'établissement de crédit ne peut verser le montant du prêt à une personne autre que celles mentionnées au 3° de l'article 1779 tant que celles-ci n'ont pas reçu le paiement de l'intégralité de la créance née du marché correspondant au prêt. Les versements se font sur l'ordre écrit et sous la responsabilité exclusive du maître de l'ouvrage entre les mains de la personne ou d'un mandataire désigné à cet effet.

Lorsque le maître de l'ouvrage ne recourt pas à un crédit spécifique ou lorsqu'il y recourt partiellement, et à défaut de garantie résultant d'une stipulation particulière, le paiement est garanti par un cautionnement solidaire consenti par un établissement de crédit, *(Ord. n° 2013-544 du 27 juin 2013, art. 18-1°, en vigueur le 1er janv. 2014)* « une société de financement, » une entreprise d'assurance ou un organisme de garantie collective, selon des modalités fixées par décret en Conseil d'État. Tant qu'aucune garantie n'a été fournie et que l'entrepreneur demeure impayé des travaux exécutés, celui-ci peut surseoir à l'exécution du contrat après mise en demeure restée sans effet à l'issue d'un délai de quinze jours.

(L. n° 95-96 du 1er févr. 1995, art. 12) « Les dispositions de l'alinéa précédent ne s'appliquent pas lorsque le maître de l'ouvrage conclut un marché de travaux pour son propre compte et pour la satisfaction de besoins ne ressortissant pas à une activité professionnelle en rapport avec ce marché. »

Les dispositions du présent article ne s'appliquent pas aux marchés conclus par un organisme visé à l'article L. 411-2 du code de la construction et de l'habitation *[organisme d'habitations à loyer modéré]*, ou par une société d'économie mixte, pour des logements à usage locatif aidés par l'État et réalisés par cet organisme ou cette société.

BIBL. ▶ DANEMANS, *Gaz. Pal. 2001. Doctr. 1018* (ordre public ?). – FABRE et SCHMITT, *RDI 1994. 347*. – DE LAPPARENT, *Gaz. Pal. 2001. Doctr. 1007*. – MAGNIN, *LPA, 8 et 13 juin 1994*. – OLIVIER, *RDI 1999. 613* (décret du 30 juill. 1999). – SAINT-ALARY-HOUIN, *RDI 1994. 339* ; *Mél. L. Boyer, PU Toulouse, 1996, p. 679.*

1. *Ordre public.* L'art. 1799-1 étant d'ordre public, les parties ne peuvent y déroger par des conventions particulières. • Civ. 3e, 1er déc. 2004, n° 03-13.949 P • 9 sept. 2009, n° 07-21.225 P : *D. 2009. AJ 2222*. ♦ Il ressort des dispositions d'ordre public de l'art. 1799-1 que le cautionnement, qui garantit le paiement des sommes dues en exécution du marché, ne doit être assorti d'aucune condition ayant pour effet d'en limiter la mise en œuvre (cautionnement assorti d'une condition subordonnant l'engagement de la caution à la notification du décompte final par le maître de l'ouvrage à l'entrepreneur, ce qui excluait de la garantie les sommes dues au cours de l'exécution du contrat d'entreprise ou avant notification de ce décompte). • Civ. 3e, 4 mars 2021, n° 19-25.964 P. ♦ La possibilité d'une compensation future avec une créance du maître de l'ouvrage, même certaine en son principe, ne dispense pas celui-ci de l'obligation légale de fournir la garantie de paiement du solde dû sur le marché. • Civ. 3e, 11 mai 2010, n° 09-14.558 P.

2. *Application immédiate.* Application immédiate de la loi du 10 juin 1994 et de son décret d'application, la garantie de paiement instituée par ces textes trouvant son fondement dans la volonté du législateur et non dans le contrat conclu entre les parties, duquel il n'est résulté aucun droit acquis. • Civ. 3e, 26 mars 2003, n° 01-01.281 P : *RDI 2003. 261, obs. B. B.*

3. *Assiette de la garantie.* Les sommes dues, au sens de l'art. 1799-1, al. 1er, s'entendent du prix convenu au titre du marché initial ou d'un nouveau montant qui doit résulter d'un accord des parties. • Civ. 3e, 4 janv. 2006, n° 04-17.226 P : *RDI 2006. 215, obs. Boubli*.

4. *Marché non professionnel.* Il appartient au maître de l'ouvrage qui prétend ne pas être tenu de fournir un cautionnement solidaire de prouver que le marché qu'il a conclu a pour objet la satisfaction de besoins ne ressortissant pas à son activité professionnelle. • Civ. 3e, 24 avr. 2003, n° 01-13.439 P : *RDI 2003. 262, obs. B. B.*

5. *Recours à un crédit spécifique.* V. • Civ. 3e, 3 mai 2018, n° 17-16.332 P : *D. 2018. Actu. 1011*.

6. *Date d'exigibilité de la garantie.* Le maître de l'ouvrage est débiteur de l'obligation de garantie dès la signature du marché. • Civ. 3e, 9 sept. 2009 : *préc. note 1*.

7. *Date d'exécution de la garantie.* La garantie peut être sollicitée à tout moment, même en cours d'exécution du marché. • Civ. 3e, 9 nov. 2005, n° 04-20.047 P : *D. 2005. IR 2898*. ♦ ... Ou même après la réalisation des travaux, par l'entrepreneur qui n'a pas été payé par le maître de l'ouvrage. • Civ. 3e, 15 sept. 2016, n° 15-19.648 P : *D. 2016. Chron. C. cass. 2237, obs. Georget* ; *RDI 2016. 646, obs. Boubli*.

8. *Garantie non fournie.* Dès lors que l'entreprise n'use pas de la faculté qui lui est offerte par l'art. 1799-1, al. 3, de suspendre l'exécution du marché, elle est tenue d'exécuter les travaux en vertu du contrat. • Civ. 3e, 12 sept. 2007, n° 06-14.540 P : *D. 2007. AJ 2388* ; *Defrénois 2009. 78, obs. Périnet-Marquet ; RDI 2007. 523, obs. Malinvaud*. ♦ V. aussi note 65 ss. art. L. 622-13 C. com., 1re partie.

Décret n° 99-658 du 30 juillet 1999,

Pris pour l'application de l'article 1799-1 du code civil et fixant un seuil de garantie de paiement aux entrepreneurs de travaux.

Art. 1er Le seuil prévu au premier alinéa de l'article 1799-1 du code civil est fixé, hors taxes, à 79 000 F et, à compter du 1er janvier 2002, à 12 000 €. Les sommes dues s'entendent du prix convenu au titre du marché, déduction faite des arrhes et acomptes versés lors de la conclusion de celui-ci.

Pour l'application du deuxième alinéa de l'article 1799-1 précité, le crédit auquel recourt le maître de l'ouvrage doit être destiné exclusivement et en totalité au paiement de travaux exécutés par l'entrepreneur.

Le cautionnement solidaire prévu au troisième alinéa de l'article 1799-1 du code civil doit être donné par un établissement de crédit *(Décr. n° 2014-1315 du 3 nov. 2014, art. 20-9°)* « , une société de financement », une entreprise d'assurance ou un organisme de garantie collective ayant son siège ou une succursale sur le territoire d'un État membre de la Communauté européenne ou d'un autre État partie à l'accord sur l'Espace économique européen. La caution est tenue sur les seules justifications présentées par l'entrepreneur que la créance est certaine, liquide et exigible et que le maître de l'ouvrage est défaillant. La mise en demeure visée au troisième alinéa de l'article 1799-1 du code civil est faite par lettre recommandée avec demande d'avis de réception.

Garantie des assurés

Code des assurances

PARTIE LÉGISLATIVE (du livre IV)

Art. L. 423-1 Les entreprises agréées en France soumises au contrôle de l'État en vertu de l'article L. 310-1, à l'exception de celles qui sont agréées pour des opérations citées au 3° du même article, *(Ord. n° 2017-484 du 6 avr. 2017, art. 1er-22°)* « ainsi que les fonds de retraite professionnelle supplémentaire » adhèrent à un fonds de garantie destiné à préserver les droits de leurs assurés, et des souscripteurs, adhérents et bénéficiaires de leurs contrats d'assurance vie, de capitalisation, couvrant des dommages corporels, ou prévus *(Ord. n° 2017-484 du 6 avr. 2017, art. 1er-22°)* « aux articles L. 143-1 et L. 441-1 ».

Sont exclus de toute indemnisation par le fonds de garantie les contrats d'assurance, bons ou contrats de capitalisation et contrats visés à l'article L. 441-1, souscrits par les personnes suivantes :

a) Administrateurs, dirigeants, associés personnellement responsables détenteurs, directement ou indirectement, d'au moins 5 % du capital de l'entreprise *(L. n° 2019-486 du 22 mai 2019, art. 206)* « ou du fonds de retraite professionnelle supplémentaire », commissaires aux comptes et assurés ayant les mêmes qualités dans d'autres sociétés du groupe ;

b) Tiers agissant pour le compte des assurés, souscripteurs de contrats, adhérents et bénéficiaires de prestations, cités au *a* ci-dessus ;

c) Entreprises d'assurance *(Ord. n° 2017-484 du 6 avr. 2017, art. 1er-22°)* « , fonds de retraite professionnelle supplémentaire, mutuelles et unions régies par le code la mutualité, y compris les mutuelles et unions de retraite professionnelle supplémentaire mentionnées à l'article L. 214-1 de ce code, institutions de prévoyance et unions régies par le titre III du livre IX du code de la sécurité sociale et par le II de l'article L. 727-2 du code rural et de la pêche maritime et institutions de retraite professionnelle supplémentaire mentionnées à l'article L. 942-1 du code de la sécurité sociale », sauf lorsqu'il s'agit de contrats souscrits au profit de leurs salariés ou de leurs clients ;

d) Sociétés entrant dans le périmètre de consolidation défini à l'article L. 233-16 du code de commerce dont relève l'entreprise d'assurance *(L. n° 2019-486 du 22 mai 2019, art. 206)* « ou le fonds de retraite professionnelle supplémentaire », sauf s'il s'agit de contrats souscrits au profit de leurs salariés ou de leurs clients ; — *V.* ***C. sociétés***.

e) Établissements de crédit *(Ord. n° 2013-544 du 27 juin 2013, art. 19-3°, en vigueur le 1er janv. 2014)* « , sociétés de financement » et personnes mentionnées à l'article L. 518-1 du code monétaire et financier, sauf pour les contrats souscrits pour le compte d'un emprunteur, d'un client ou de leurs salariés ; — *V.* ***C. mon. fin.***

f) Organismes de placement collectifs ;

g) Organismes de retraite, sauf lorsqu'il s'agit de contrats souscrits pour le compte des salariés ou retraités de leurs adhérents.

Art. L. 423-2 *(Ord. n° 2010-76 du 21 janv. 2010, art. 9-2°)* I. — *(L. n° 2016-1691 du 9 déc. 2016, art. 47-I-2°)* « Lorsque l'Autorité de contrôle prudentiel et de résolution prend à l'égard d'une *(L. n° 2019-486 du 22 mai 2019, art. 206)* « personne mentionnée au premier alinéa de l'article L. 423-1 » du présent code la mesure conservatoire prévue au 14° du I de l'article L. 612-33 du code monétaire et financier *[transfert d'office de tout ou partie du portefeuille de contrats d'assurance]*, elle recourt au fonds de garantie régi par le présent chapitre, après avoir consulté par écrit le président du directoire de ce fonds. » *(Ord. n° 2017-1608 du 27 nov. 2017, art. 3-15°)* « Lorsque le collège de résolution de l'Autorité prend à l'égard d'une entreprise mentionnée à l'article L. 311-1, la mesure de résolution prévue au 4° du I de l'article L. 311-30, il recourt au fonds de garantie mentionné à l'article L. 423-1 dans les mêmes conditions. »

S'il conteste la décision de l'Autorité, le président du directoire peut, dans un délai de quinze jours à compter de celle-ci, saisir le ministre chargé de l'économie. Celui-ci peut alors, dans l'intérêt des assurés et des souscripteurs, adhérents et bénéficiaires des contrats et dans un délai de quinze jours, demander à l'Autorité une nouvelle délibération après avoir recueilli l'avis écrit d'un collège arbitral dont la composition est fixée par décret en Conseil d'État.

La décision de *(L. n° 2013-672 du 26 juill. 2013, art. 24-I)* « l'Autorité de contrôle prudentiel et de résolution » de recourir au fonds de garantie est immédiatement notifiée à l'entreprise *(L. n° 2019-486 du 22 mai 2019, art. 206)* « ou au fonds de retraite professionnelle supplémentaire concerné ». En cas de mise en œuvre de la procédure décrite à l'alinéa précédent, seule la nouvelle délibération de l'Autorité est notifiée à l'entreprise.

(L. n° 2016-1691 du 9 déc. 2016, art. 47-I-2°) « II. — Dès cette notification, l'autorité communique au fonds de garantie l'appel d'offres qu'elle lance pour mettre en œuvre la mesure conservatoire mentionnée au 14° du I de l'article L. 612-33 du code monétaire et financier. »

III. — *Al. 1er et 2 abrogés par L. n° 2016-1691 du 9 déc. 2016, art. 47-I-2°.*

Lorsque la procédure de transfert du portefeuille n'a pas abouti, l'Autorité en informe le fonds de garantie.

IV. — Les engagements et les actifs transférés font l'objet d'une comptabilité distincte *(L. n° 2016-1691 du 9 déc. 2016, art. 47-I-2°)* « en application du II de l'article L. 612-33-2 du code monétaire et financier ». Les bénéfices éventuels dus à une sous-estimation des actifs ou à une surestimation des engagements dans le bilan de transfert reviennent aux assurés, souscripteurs de contrats, adhérents et bénéficiaires de prestations, dont les contrats ont été transférés.

V. — *(Ord. n° 2017-1608 du 27 nov. 2017, art. 3-15°)* « Dans le cadre de la procédure prévue au 14° du I de l'article L. 612-33 du code monétaire et financier, le transfert » de tout ou partie du portefeuille ou le constat de l'échec de la procédure de transfert emporte retrait, par l'Autorité, de tous les agréments administratifs de l'entreprise défaillante *(L. n° 2019-486 du 22 mai 2019, art. 206)* « ou du fonds de retraite professionnelle supplémentaire défaillant ». Le fonds de garantie accomplit, jusqu'à la nomination du liquidateur, les actes nécessaires à la gestion de la partie du portefeuille de contrats qui n'a pas été transférée. L'administrateur provisoire nommé, le cas échéant, par l'Autorité peut accomplir ces actes de gestion pour le compte du fonds de garantie.

Art. *[L.]* 423-3 En cas de transfert de portefeuille, la partie des droits des assurés, souscripteurs de contrats, adhérents et bénéficiaires de prestations éventuellement non couverte par le cessionnaire est garantie dans les limites prévues par décret en Conseil d'État par un versement du fonds de garantie au cessionnaire.

Lorsque la procédure de transfert de portefeuille n'a pas abouti *(Ord. n° 2017-1608 du 27 nov. 2017, art. 3-16°)* « ou que l'Autorité de contrôle prudentiel et de résolution a pris une décision entraînant la liquidation de l'entreprise en vertu de l'article L. 311-19 », les droits des assurés, souscripteurs de contrats, adhérents et bénéficiaires de prestations sont garantis par un versement, à leur profit, du fonds de garantie, dans les limites prévues par décret en Conseil d'État.

Le fonds de garantie dispose d'un droit d'accès aux documents justificatifs du calcul de sa contribution, dont le montant est arrêté par *(Ord. n° 2010-76 du 21 janv. 2010, art. 18 ; L. n° 2013-672 du 26 juill. 2013, art. 24-I)* « l'Autorité de contrôle prudentiel et de résolution ».

Art. *[L.]* 423-4 Le fonds de garantie est une personne morale de droit privé. Il est géré par un directoire agissant sous le contrôle d'un conseil de surveillance. Les membres du directoire et du conseil de surveillance doivent remplir les conditions énoncées à l'article L. 322-2.

Le conseil de surveillance exerce le contrôle permanent de la gestion du fonds de garantie. Il élabore les statuts et le règlement intérieur du fonds de garantie, qui sont homologués par un arrêté du ministre chargé de l'économie. Il élit en son sein son président.

Le conseil de surveillance approuve les comptes et nomme les commissaires aux comptes. A la fin de chaque exercice, il est remis au ministre chargé de l'économie un exemplaire des comptes approuvés. Le fonds de garantie est soumis au contrôle de l'inspection générale des finances.

Le conseil de surveillance comprend douze membres désignés par *(L. n° 2019-486 du 22 mai 2019, art. 206)* « les entreprises ou fonds de retraite professionnelle supplémentaire adhérents », chacun des membres représentant *(L. n° 2019-486 du 22 mai 2019, art. 206)* « un » ou plusieurs de ces *(L. n° 2019-486 du 22 mai 2019, art. 206)* « adhérents ». La composition du conseil de surveillance, précisée par les statuts du fonds de garantie, doit être représentative des différentes catégories d'entreprises d'assurance soumises au présent code *(L. n° 2019-486 du 22 mai 2019, art. 206)* « et des fonds de retraite professionnelle supplémentaire ».

Les décisions du conseil de surveillance sont prises à la majorité simple. Chaque membre siégeant au conseil de surveillance dispose d'un nombre de voix dépendant de sa contribution financière totale au fonds de garantie et de celles des entreprises *(L. n° 2019-486 du 22 mai 2019, art. 206)* « ou des fonds de retraite professionnelle supplémentaire » qui l'ont désigné comme leur représentant. En cas de partage égal des voix, le vote du président est prépondérant.

Le directoire est composé de trois membres nommés par le conseil de surveillance, qui confère à l'un d'eux la qualité de président. Les membres du directoire ne peuvent exercer en même temps des fonctions au sein des entreprises *(L. n° 2019-486 du 22 mai 2019, art. 206)* « ou des fonds de retraite professionnelle supplémentaire adhérents, ni recevoir de rétribution de l'un d'eux ». Son président ne peut exercer ses fonctions qu'après agrément du ministre chargé de l'économie.

Le ministre chargé de l'économie ou son représentant ainsi que le président de *(Ord. n° 2010-76 du 21 janv. 2010, art. 18 ; L. n° 2013-672 du 26 juill. 2013, art. 24-I)* « l'Autorité de contrôle prudentiel et de résolution » ou son représentant peuvent, à leur demande, être entendus par le conseil de surveillance et le directoire.

(Ord. n° 2010-76 du 21 janv. 2010, art. 18 ; L. n° 2013-672 du 26 juill. 2013, art. 24-I) « l'Autorité de contrôle prudentiel et de résolution » entend le président du directoire du fonds de garantie pour toute question concernant une entreprise d'assurance *(L. n° 2019-486 du 22 mai 2019, art. 206)* « ou un fonds de retraite professionnelle supplémentaire pour lequel » elle envisage de mettre en œuvre les dispositions du présent chapitre.

Le président du directoire est également entendu, à sa demande, par *(Ord. n° 2010-76 du 21 janv. 2010, art. 18 ; L. n° 2013-672 du 26 juill. 2013, art. 24-I)* « L'Autorité de contrôle prudentiel et de résolution ».

Art. L. 423-5 Le fonds de garantie est subrogé dans les droits des assurés, souscripteurs de contrats, adhérents et bénéficiaires de prestations, à concurrence du montant des sommes qu'il a versées.

Le fonds de garantie est également subrogé dans les mêmes limites dans les droits de l'entreprise défaillante *(L. n° 2019-486 du 22 mai 2019, art. 206)* « ou du fonds de retraite professionnelle supplémentaire défaillant » à concurrence des sommes exigibles en vertu de l'exécution des traités de réassurance en cours.

Le fonds de garantie peut engager toute action en responsabilité à l'encontre des dirigeants de droit ou de fait de l'entreprise d'assurance *(L. n° 2019-486 du 22 mai 2019, art. 206)* « ou du fonds de retraite professionnelle supplémentaire » dont la défaillance a entraîné son intervention, aux fins d'obtenir le remboursement de tout ou partie des sommes versées par lui. Il en informe *(Ord. n° 2010-76 du 21 janv. 2010, art. 18 ; L. n° 2013-672 du 26 juill. 2013, art. 24-I)* « l'Autorité de contrôle prudentiel et de résolution ». — *Le Fonds de garantie des assurances obligatoires de dommages, le Fonds de garantie des assurés contre la défaillance des sociétés d'assurance de personnes et le Fonds de garantie des dépôts et de résolution peuvent exercer à l'encontre des dirigeants de droit ou de fait des établissements pour lesquels ils interviennent les actions en responsabilité visées par les dispositions du troisième al. des art. L. 421-9-4 et L. 423-5 C. assur. et du second al. de l'art. L. 312-6 C. mon. fin., même pour des faits antérieurs à la date d'entrée en vigueur des textes précités (L. n° 2003-706 du 1er août 2003, art. 86).*

Art. L. 423-6 Les membres du directoire et du conseil de surveillance du fonds de garantie, ainsi que toute personne qui par ses fonctions a accès aux documents et informations détenus par le fonds de garantie, sont tenus au secret professionnel dans les conditions et sous les peines prévues à l'article **226-13** du code pénal. Ce secret n'est opposable ni à l'autorité judiciaire agissant dans le cadre d'une procédure pénale, ni aux juridictions civiles statuant sur un recours formé à l'encontre d'une décision du fonds de garantie, ni à *(Ord. n° 2010-76 du 21 janv. 2010, art. 18 ; L. n° 2013-672 du 26 juill. 2013, art. 24-I)* « l'Autorité de contrôle prudentiel et de résolution ».

Art. L. 423-7 Les *(L. n° 2019-486 du 22 mai 2019, art. 206)* « adhérents » au fonds de garantie lui fournissent les ressources financières nécessaires à l'accomplissement de ses missions, dans des conditions fixées par décret en Conseil d'État. Le fonds de garantie peut en outre émettre des certificats d'association, nominatifs et non négociables, que souscrivent les *(L. n° 2019-486 du 22 mai 2019, art. 206)* « adhérents » lors de leur adhésion.

Lorsque les pertes subies par le fonds de garantie ne peuvent être couvertes par les cotisations déjà appelées, les certificats d'association mentionnés au précédent alinéa ne peuvent plus faire l'objet d'une rémunération. Le nominal de chacun de ces certificats est alors réduit dans la proportion nécessaire pour absorber les pertes. Ces certificats d'association ne sont pas remboursables.

Le fonds de garantie peut emprunter auprès de ses adhérents. Il peut à cette fin constituer ou demander à ses adhérents de constituer pour son compte les garanties requises conventionnellement.

Le défaut d'adhésion ou l'absence de versement au fonds de garantie de la cotisation appelée sont passibles des sanctions prévues *(Ord. n° 2010-76 du 21 janv. 2010, art. 9, 3°)* « par l'article L. **612-39** du code monétaire et financier » et de pénalités de retard versées directement au fonds de garantie selon des modalités définies par le règlement intérieur de celui-ci.

Art. L. 423-8 Un décret en Conseil d'État précise :

– les conditions et les plafonds d'indemnisation par assuré, souscripteur, adhérent ou bénéficiaire, les modalités et délais d'indemnisation ainsi que les règles relatives à l'information de la clientèle ;

– les modalités de définition des taux de réduction en cas de transfert de portefeuille de l'entreprise défaillante *(L. n° 2019-486 du 22 mai 2019, art. 206)* « ou du fonds de retraite professionnelle supplémentaire défaillant » ;

– les caractéristiques des certificats d'association, ainsi que les conditions de leur rémunération ;

– le montant global des cotisations annuelles dues par les *(L. n° 2019-486 du 22 mai 2019, art. 206)* « adhérents » ;

– les conditions dans lesquelles une partie de ces cotisations peut ne pas être versée au fonds de garantie moyennant la constitution de garanties appropriées ;

– la formule de répartition de ces cotisations annuelles, dont l'assiette est constituée du montant des *(Ord. n° 2001-350 du 19 avr. 2001, art. 6-XXVI)* « provisions techniques », pondérée par les cotisations déjà versées ainsi que par les indicateurs de la situation financière de chacun des adhérents, et notamment leur solvabilité, reflétant les risques objectifs que l'adhérent fait courir au fonds ;

– les conditions et les modalités de nomination des membres du conseil de surveillance, ainsi que la durée de leur mandat.

Ce décret ne peut être modifié qu'après avis du président du directoire du fonds de garantie.

V. art. R. 423-1 s.

PARTIE RÉGLEMENTAIRE (du livre IV)

Art. R. 423-1 Le fonds de garantie des assurés institué par l'article L. **423-1** ne peut refuser l'adhésion d'une entreprise d'assurance mentionnée au même article, agréée dans les conditions prévues aux articles L. **321-1**, L. **321-7** ou *(Décr. n° 2015-513 du 7 mai 2015, art. 10-I-8°, en vigueur le 1er janv. 2016)* « L. **329-1** » *(Décr. n° 2017-1171 du 18 juill. 2017, art. 1er-18°)* « , ni d'un fonds de retraite professionnelle supplémentaire agréé dans les conditions prévues à l'article L. **382-1** ».

L'adhésion au fonds ne prend fin qu'en cas de retrait, de cessation ou de caducité de l'agrément.

Art. R. 423-2 Les assurés, souscripteurs de contrats, adhérents et bénéficiaires de prestations relevant des branches d'assurances 1, 2, 20 à 26 définies à l'article R. 321-1 souscrits auprès d'entreprises adhérentes *(Décr. n° 2017-1171 du 18 juill. 2017, art. 1er-19°)* « au fonds de garantie des assurés bénéficient de ce fonds.

« Les assurés, souscripteurs de contrats, adhérents et bénéficiaires de prestations relevant des activités de retraite professionnelle supplémentaire souscrits auprès de fonds de retraite professionnelle supplémentaire adhérents au fonds de garantie des assurés bénéficient de ce fonds. »

Il est interdit d'utiliser à des fins publicitaires le fait que des contrats d'assurance sont couverts par le mécanisme de garantie institué à l'article L. 423-1.

Art. R. 423-3 Le collège institué à l'article L. 423-2 est composé du directeur général du Trésor ou son représentant, du président de *(Ord. n° 2010-76 du 21 janv. 2010, art. 18 ; L. n° 2013-672 du 26 juill. 2013, art. 24-I)* « l'Autorité de contrôle prudentiel et de résolution » et du président du conseil de surveillance du fonds de garantie des assurés, ou de leurs représentants.

Art. R. 423-4 *(Ord. n° 2010-76 du 21 janv. 2010, art. 18 ; L. n° 2013-672 du 26 juill. 2013, art. 24-I)* « L'Autorité de contrôle prudentiel et de résolution » peut retenir un taux de réduction différent par ensemble de contrats présentant les mêmes caractéristiques. Tous les contrats d'un même ensemble ont le même taux de réduction.

Si *(Ord. n° 2010-76 du 21 janv. 2010, art. 18 ; L. n° 2013-672 du 26 juill. 2013, art. 24-I)* « l'Autorité de contrôle prudentiel et de résolution » décide le transfert de tout ou partie des contrats à une ou plusieurs entreprises, elle fait procéder, aux frais de l'entreprise défaillante, à l'évaluation des actifs de cette dernière, afin de procéder à leur attribution. *(Ord. n° 2010-76 du 21 janv. 2010, art. 18 ; L. n° 2013-672 du 26 juill. 2013, art. 24-I)* « L'Autorité de contrôle prudentiel et de résolution » notifie à chaque entreprise cessionnaire la liste des actifs accompagnant le transfert de portefeuille.

Si *(Ord. n° 2010-76 du 21 janv. 2010, art. 18 ; L. n° 2013-672 du 26 juill. 2013, art. 24-I)* « l'Autorité de contrôle prudentiel et de résolution » estime que les taux de réduction proposés sont excessifs, elle peut, sur le fondement de l'évaluation mentionnée à l'alinéa précédent, demander aux entreprises ayant répondu à l'appel d'offres d'améliorer leur offre dans un délai qu'elle fixe. En l'absence de réponse satisfaisante, elle peut rejeter leur candidature.

(Décr. n° 2006-740 du 27 juin 2006 ; L. n° 2006-1770 du 30 déc. 2006, art. 65-IV) « Si l'entreprise défaillante pratiquait les opérations relevant de l'article L. 441-1, de l'article *(Décr. n° 2014-1008 du 4 sept. 2014, art. 3-3°)* « L. 134-1 », de l'article L. 143-1, ainsi que de l'article L. 144-2 du code des assurances, les actifs affectés à ces opérations sont attribués aux cessionnaires des engagements correspondants. »

Art. R. 423-5 L'entreprise cessionnaire présente au fonds de garantie des assurés la demande de versement prévue au premier alinéa de l'article L. 423-3 dont elle calcule le montant sur la base des engagements arrêtés à la date de publication au *Journal officiel* du transfert de portefeuille et des actifs accompagnant ce transfert. Dans un délai de deux mois à compter de la date de la réception de cette demande, le fonds, après avoir vérifié que les contrats sont couverts par la garantie et contrôlé le montant garanti par contrat, notifie à l'entreprise cessionnaire le montant de la somme qui lui est due et qu'il lui verse en une seule fois.

A titre exceptionnel, *(Ord. n° 2010-76 du 21 janv. 2010, art. 18 ; L. n° 2013-672 du 26 juill. 2013, art. 24-I)* « l'Autorité de contrôle prudentiel et de résolution » peut, sur la demande du fonds de garantie, lui accorder une prolongation, qui ne saurait être supérieure à trois mois, du délai prévu à l'alinéa précédent.

Les sommes dues par le fonds de garantie et non versées portent intérêt aux taux éventuellement prévus dans les contrats transférés à compter de la date d'expiration du délai imparti au fonds pour en effectuer le versement.

L'entreprise cessionnaire informe chaque assuré, souscripteur de contrats, adhérent ou bénéficiaire de prestations, du montant de la reconstitution, effectuée par le fonds, de la provision attachée à son contrat.

Le cas échéant, le fonds de garantie dispose d'un délai de deux mois à compter de la date de versement prévue au présent article pour présenter à l'entreprise cessionnaire une demande de reversement.

Art. R. 423-6 Le liquidateur demande au fonds de garantie des assurés le versement prévu au deuxième alinéa de l'article L. 423-3, qu'il calcule sur la base des engagements arrêtés à la date de cessation des effets des contrats, déterminée dans les conditions prévues aux articles L. 326-12 et L. 326-13. Dans un délai de deux mois à compter de la date de réception de cette demande, le fonds, après avoir vérifié que les contrats sont couverts par la garantie et contrôlé le montant garanti par contrat, procède à un versement en une seule fois au profit de chaque assuré, souscripteur de contrats, adhérent ou bénéficiaire de prestations contre la remise par celui-ci d'un récépissé du versement.

A titre exceptionnel, *(Ord. n° 2010-76 du 21 janv. 2010, art. 18 ; L. n° 2013-672 du 26 juill. 2013, art. 24-I)* « l'Autorité de contrôle prudentiel et de résolution » peut, sur la demande du fonds de garantie, lui accorder une prolongation, qui ne saurait être supérieure à trois mois, du délai prévu à l'alinéa précédent.

Le fonds met en œuvre la garantie, selon la même procédure, si le liquidateur présente une demande complémentaire de versement en apportant la preuve que des assurés, souscripteurs de contrats, adhérents ou bénéficiaires de prestations concernés n'ont pas été en mesure de présenter à temps les contrats susceptibles de bénéficier de la garantie.

Les sommes dues par le fonds de garantie et non versées portent intérêt au taux légal, à compter de la date d'expiration du délai imparti au fonds pour en effectuer le versement.

Le cas échéant, le fonds de garantie dispose d'un délai de deux mois à compter de la date de versement prévue au premier alinéa du présent article pour présenter à l'assuré, souscripteur de contrats, adhérent ou bénéficiaire de prestations concerné une demande de reversement.

Art. R. 423-7 L'ensemble des provisions représentatives des droits résultant des contrats d'assurance, des bons ou contrats de capitalisation, afférentes à un même assuré, souscripteur ou bénéficiaire de contrats d'assurance et de capitalisation, est reconstitué :

1° Intégralement pour les prestations dues et échues à la date de notification mentionnée au I de l'article L. 423-2 ;

2° Intégralement pour les prestations des contrats des branches 1 et 2 mentionnées à l'article R. 321-1 dues et échues entre la date de notification prévue au I de l'article L. 432-2 et la date de publication du transfert des contrats ou de cessation des effets des contrats ;

3° Jusqu'à concurrence d'un montant de provisions techniques de 70 000 euros pour les prestations déterminées par le ou les contrats à devoir ou à échoir après la date de notification prévue au I de l'article L. 423-2, sauf pour les prestations mentionnées au 4° ;

4° Jusqu'à concurrence d'un montant de provisions techniques de 90 000 euros pour les rentes d'incapacité ou d'invalidité et les rentes résultant de contrats d'assurance en cas de décès, à devoir ou à échoir après la date de notification prévue au I de l'article L. 423-2, sans préjudice des dispositions prévues au 2°.

Art. R. 423-8 Dès la notification prévue au I de l'article L. 423-2, l'entreprise défaillante informe chaque assuré, souscripteur de contrats, adhérent ou bénéficiaire de prestations de la procédure en cours.

Les formalités à remplir par l'entreprise cessionnaire du portefeuille de contrats pour bénéficier du versement par le fonds de la garantie prévu au premier alinéa de l'article L. 423-3 sont précisées par le règlement intérieur du fonds de garantie. Celles qui devront être accomplies par le liquidateur en vue de permettre le versement de cette garantie aux assurés, souscripteurs de contrats, adhérents ou bénéficiaires de prestations sont également précisées par ce même règlement intérieur.

Art. R. 423-9 L'assuré, le souscripteur de contrats, l'adhérent, le bénéficiaire de prestations ou l'entreprise cessionnaire qui conteste une décision du fonds de garantie des assurés saisit la juridiction compétente du lieu de son domicile ou de son siège social.

Art. R. 423-10 Pour l'élection des membres du conseil de surveillance du fonds de garantie des assurés, chaque entreprise adhérente dispose d'un nombre de voix proportionnel à la part de ses cotisations dans le montant global prévu au premier alinéa de l'article R. 423-13.

Au moins un tiers des membres du conseil de surveillance représentent des sociétés anonymes d'assurance et au moins un tiers représentent des sociétés d'assurance mutuelles.

Les membres du conseil de surveillance du fonds de garantie sont élus pour une durée de cinq ans renouvelable.

En cas de démission ou de décès d'un membre, il est procédé à une nouvelle désignation pour la durée du mandat restant à courir.

Les statuts du fonds de garantie des assurés précisent en tant que de besoin les dispositions du présent article.

Art. R. 423-11 Les statuts du fonds de garantie des assurés déterminent la composition du directoire, la durée du mandat de ses membres, les conditions de leur remplacement, ainsi que les modalités de convocation et de réunion des membres des organes dirigeants du fonds.

Son règlement intérieur fixe les conditions de fonctionnement du fonds, de versement des sommes dues aux assurés, souscripteurs de contrats, adhérents ou bénéficiaires de prestations, ou aux entreprises cessionnaires, et de recouvrement des cotisations des entreprises adhérentes et des pénalités de retard prévues à l'article L. 423-7, ainsi que les règles relatives à la tenue de la comptabilité du fonds.

Art. R. 423-12 Les décisions du fonds de garantie des assurés sont communiquées au ministre chargé de l'économie.

Art. R. 423-13 Sous réserve des dispositions de l'article R. 423-15, le fonds doit disposer en permanence d'un montant global de ressources égal à 0,05 % du total des provisions mathématiques constatées au 31 décembre de l'année précédente pour l'ensemble des entreprises mentionnées à l'article L. 423-1. Le montant global est constitué par les entreprises adhérentes, après déduction des ressources propres du fonds qui comprennent les produits financiers, pour moitié par des cotisations versées au fonds et pour moitié par des cotisations non versées prenant la forme de réserves pour fonds de garantie.

Le fonds de garantie notifie à chaque entreprise adhérente le montant de sa cotisation annuelle qui correspond à sa quote-part du montant global prévu au premier alinéa. Cette quote-part est égale au pourcentage que représentent ses provisions techniques constatées au 31 décembre de l'année précédente, après un abattement des trois quarts pour les provisions des contrats en unités de compte, dans les provisions techniques de l'ensemble des entreprises adhérentes calculées avec le même abattement.

La cotisation annuelle d'une entreprise ne peut être inférieure à 15 000 euros. Cette cotisation minimale est calculée, s'il y a lieu, pour l'ensemble des sociétés entrant dans le périmètre de consolidation d'un même groupe. Elle ne s'applique pas aux entreprises ayant moins de trois années d'activité au 1er janvier de l'année de calcul de la cotisation.

Si le montant de sa cotisation de l'année est supérieur à celui de l'année précédente, chaque entreprise procède en une seule fois au versement au fonds et à la dotation à la réserve pour un montant égal à cette différence. Lorsque cette différence est négative, elle donne lieu, la même année, pour moitié à sa restitution par le fonds à l'entreprise concernée et pour moitié à une reprise par l'entreprise sur la réserve pour fonds de garantie.

Les entreprises adhérentes disposent d'un délai de 10 jours ouvrés pour verser au fonds leur cotisation à compter de la réception de la notification prévue au deuxième alinéa. Le fonds de garantie informe *(Ord. n° 2010-76 du 21 janv. 2010, art. 18 ; L. n° 2013-672 du 26 juill. 2013, art. 24-I)* « l'Autorité de contrôle prudentiel et de résolution » de tout retard de versement de plus d'un mois ou de tout refus de versement d'une entreprise d'assurance, afin que *(Ord. n° 2010-76 du 21 janv. 2010, art. 18 ; L. n° 2013-672 du 26 juill. 2013, art. 24-I)* « l'Autorité de contrôle prudentiel et de résolution » mette en œuvre, le cas échéant, les procédures de sanctions prévues *(Décr. n° 2010-217 du 3 mars 2010, art. 3-III)* « à la section 7 du chapitre II du titre I du livre VI du code monétaire et financier ». *(Ord. n° 2010-76 du 21 janv. 2010, art. 18 ;*

L. n° 2013-672 du 26 juill. 2013, art. 24-I) « L'Autorité de contrôle prudentiel et de résolution » peut également engager une procédure de sanction si elle constate que l'entreprise n'a pas doté la réserve pour fonds de garantie du montant prévu.

Les cotisations versées au fonds de garantie par les entreprises dont l'adhésion au fonds a pris fin ne peuvent faire l'objet d'un reversement par celui-ci.

Art. R. 423-14 Si le fonds de garantie des assurés intervient dans les conditions prévues à l'article L. 423-3, il utilise par priorité ses ressources disponibles, avant d'appeler, en tant que de besoin, les réserves pour fonds de garantie prévues à l'article R. 423-13.

Si la mise en jeu de la garantie du fonds excède le montant global prévu au premier alinéa de l'article R. 423-13, le fonds emprunte les sommes nécessaires à la préservation des droits des assurés, souscripteurs de contrats, adhérents ou bénéficiaires de prestations, dans la limite d'une fois ce montant global.

Art. R. 423-15 En cas d'intervention du fonds de garantie des assurés dans les conditions prévues à l'article L. 423-3, les entreprises reconstituent, au cours des trois années suivantes, le montant des sommes versées par le fonds par un versement complémentaire au fonds égal, pour chacune de ces trois années, au tiers des ressources disponibles utilisées par le fonds et, le cas échéant, par une dotation complémentaire de leur réserve pour fonds de garantie égale, pour chacune des trois années, au tiers du montant de cette réserve appelé par le fonds.

Art. R. 423-16 *(Décr. n° 2017-1171 du 18 juill. 2017, art. 1er-20°)* Les réserves pour fonds de garantie sont admises comme éléments constitutifs de la marge de solvabilité des entreprises et des fonds de retraite professionnelle supplémentaire adhérents dans les conditions prévues aux articles R. 334-3, R. 334-11, R. 334-17 et R. 385-1, à hauteur de la part de cotisation versée par l'entreprise ou le fonds de retraite professionnelle supplémentaire et non utilisée par le fonds de garantie.

Les certificats d'association éventuellement émis dans les conditions prévues à l'article L. 423-7 viennent en diminution de la marge de solvabilité des entreprises et des fonds de retraite professionnelle supplémentaire qui les souscrivent.

Art. R. 423-17 Le règlement intérieur du fonds de garantie des assurés détermine les conditions dans lesquelles celui-ci emprunte auprès de ses adhérents.

Chaque emprunt doit être remboursé dans un délai maximal de six ans à compter de la date de sa souscription.

La quote-part de chaque entreprise adhérente dans les emprunts du fonds vient en diminution de sa marge de solvabilité.

Art. R. 423-18 Une *(Décr. n° 2005-50 du 26 janv. 2005)* « provision » est constituée dans la comptabilité du fonds de garantie des assurés pour enregistrer les cotisations versées par les entreprises adhérentes, les produits financiers générés par ces cotisations, et toutes autres ressources du fonds, sous déduction de ses frais de gestion.

Le montant de cette provision est investi dans :

1° Des valeurs cotées sur un marché réglementé d'instruments financiers d'un État membre de l'Union européenne, à l'exclusion des valeurs émises par une entreprise adhérente au fonds de garantie ;

2° Des valeurs émises ou garanties par un État membre de l'Union européenne ;

3° Des liquidités ;

4° Des actions de sociétés d'investissement à capital variable et des parts de fonds communs de placement détenant exclusivement des actifs relevant des 1°, 2° et 3° *(Décr. n° 2005-8 du 5 janv. 2005)* « sans que soient prohibées les valeurs émises par des entreprises adhérentes au fonds de garantie dès lors que le montant total de ces valeurs n'excède pas 15 % de la valeur d'actif de chacun de ces organismes de placement collectif ».

Les placements sont comptabilisés au prix d'achat et les moins-values provisionnées ligne par ligne.

La provision ne peut être investie à hauteur de plus de 5 % dans des valeurs émises par un même organisme, à l'exception des valeurs émises ou garanties par un État membre de l'Union européenne.

Les liquidités doivent représenter à tout instant au moins 20 % des actifs du fonds.

Les valeurs et liquidités du fonds de garantie sont déposées auprès d'établissements de crédit ou d'entreprises d'investissement régulièrement habilités par un État membre de l'Union européenne. Aucun de ces établissements ou entreprises ne peut détenir plus de *(Décr. n° 2005-8 du 5 janv. 2005)* « 25 % » du montant de la provision.

La comptabilité du fonds doit permettre de distinguer le montant des cotisations versées par les entreprises adhérentes, le montant cumulé des produits financiers des cotisations et les autres ressources du fonds.

Garantie des déposants, des cautions et des investisseurs

Code monétaire et financier

Garantie des déposants

SECTION 3 (DU CHAPITRE II DU TITRE I DU LIVRE III) ***Fonds de garantie des dépôts et de résolution*** *(Ord. n° 2015-1024 du 20 août 2015, art. 1er-1°).*

SOUS-SECTION 1 *Dispositions générales (Ord. n° 2015-1024 du 20 août 2015, art. 1er-2°).*

Art. L. 312-4 *(Ord. n° 2015-1024 du 20 août 2015, art. 1er-3°)* I. — Les établissements de crédit, les entreprises d'investissement et les sociétés de financement mentionnées au II de l'article L. 511-1, agréés en France, de même que les compagnies financières holding et les compagnies financières holding mixtes ayant leur siège en France, *(Ord. n° 2017-1107 du 22 juin 2017, art. 3-1°, en vigueur le 3 janv. 2018)* « les entreprises de marché autorisées à fournir les services d'investissement mentionnés aux 8 et 9 de l'article L. 321-1, » adhèrent au fonds de garantie des dépôts et de résolution.

II. — Le fonds de garantie des dépôts et de résolution a pour mission de gérer et de mettre en œuvre :

1° Le mécanisme de garantie des dépôts et le dispositif de financement de la résolution dans les conditions de la présente section ;

2° Le mécanisme de garantie des cautions institué par l'article L. 313-50 ;

3° Les mécanismes de garantie des investisseurs prévus par les articles L. 322-1 et L. 322-5.

(Ord. n° 2020-1496 du 2 déc. 2020, art. 1er, en vigueur le 1er oct. 2021) « II *bis*. — A l'exception des fonds issus de dons, legs ou libéralités, les disponibilités du fonds de garantie des dépôts et de résolution sont déposées au Trésor et ne donnent lieu à aucune rémunération. » — *Un décret en Conseil d'État fixe les conditions dans lesquelles le fonds de garantie des dépôts et de résolution peut déroger à l'obligation de dépôt au Trésor de ses disponibilités, notamment au titre des sommes nécessaires à l'exécution d'opérations bancaires spécifiques (Ord. n° 2020-1496 du 2 déc. 2020, art. 5).*

III. — A la demande des autorités d'un autre État partie à l'accord sur l'Espace économique européen chargées de l'administration ou de la gestion d'un système de garantie des dépôts équivalent, le fonds de garantie des dépôts et de résolution peut indemniser, pour le compte et selon les instructions de ces autorités, les déposants d'une succursale située en France d'un établissement qui sont couverts par un système de garantie des dépôts de cet État.

IV. — Pour la mise en œuvre du mécanisme de résolution unique institué par le règlement (UE) n° 806/2014 du Parlement européen et du Conseil du 15 juillet 2014, le fonds de garantie des dépôts et de résolution mentionné au II est le fonds prévu au sein du système de garantie des dépôts pour la France.

V. ci-dessous, relatif à la mise en œuvre de la garantie des dépôts, au plafond d'indemnisation et aux modalités d'application de l'art. L. 312-4-1 C. mon. fin., Arr. du 27 oct. 2015. — V., relatif aux ressources financières du Fonds de garantie des dépôts et de résolution, Arr. du 27 oct. 2015. — ***C. mon. fin.*** *— V., relatif à l'information des déposants sur la garantie des dépôts, Arr. du 27 oct. 2015. —* ***C. mon. fin.***

Arrêté du 27 octobre 2015,

Relatif à la mise en œuvre de la garantie des dépôts, au plafond d'indemnisation et aux modalités d'application de l'article L. 312-4-1 du code monétaire et financier.

SECTION 1. *Champ de la garantie des dépôts*

Art. 1er *Champ d'application.* I. — Le présent arrêté s'applique aux établissements de crédit ayant leur siège social :

1° En France métropolitaine ;

2° Dans les départements et régions d'outre-mer ainsi qu'à Saint-Pierre-et-Miquelon, Saint-Barthélemy et Saint-Martin ;

3° Dans la Principauté de Monaco, pour les dépôts inscrits dans leurs livres sur ces mêmes territoires, ainsi que dans leurs succursales établies sur le territoire de la République française, sur le territoire de la Principauté de Monaco et, le cas échéant, dans les autres États membres de l'Union européenne ou dans les États parties à l'accord sur l'Espace économique européen.

II. — Il s'applique également aux établissements de crédit ayant leur siège social :

1° En Polynésie française ;

2° En Nouvelle-Calédonie ;

3° Dans les îles Wallis-et-Futuna, pour les dépôts inscrits dans leurs livres sur ces mêmes territoires, ainsi que dans leurs succursales établies sur le territoire de la République française ou sur le territoire de la Principauté de Monaco.

III. — Il s'applique également aux succursales d'établissements de crédit mentionnées au premier alinéa du I de l'article L. 511-10 du code monétaire et financier qui sont agréées en France et dont les dépôts ne bénéficient pas d'une protection équivalente à celle qui résulte des articles L. 312-4 à L. 312-18 du même code et des textes pris pour leur application.

Le collège de supervision de l'Autorité de contrôle prudentiel et de résolution publie la liste des succursales concernées.

Art. 2 *(Arr. du 18 févr. 2019, art. 1er)* *Champ de la garantie.* Les dépôts entrant dans le champ de la garantie instituée par l'article L. 312-4-1 du code monétaire et financier sont constitués par toutes les sommes, libellées en euros, en francs CFP ou dans la devise d'un autre État, laissées en compte auprès d'un établissement de crédit adhérent au Fonds de garantie des dépôts et de résolution et qu'il doit restituer en application des dispositions législatives, réglementaires ou contractuelles qui leur sont applicables.

Les dépôts mentionnés au premier alinéa incluent :

1° Les comptes courants ;

2° Les comptes de dépôts à vue et à terme ;

3° Les comptes et plans d'épargne, sur livret ou non ;

4° Les dépôts effectués sur les comptes-espèces des plans d'épargne en actions, des plans d'épargne-retraite, d'épargne salariale, ou équivalents ouverts auprès d'un établissement de crédit ;

5° Les dépôts bénéficiant de la garantie de l'État instituée par l'article 120 de la loi n° 2008-1443 du 30 décembre 2008 de finances rectificative pour 2008 effectués sur les livrets A, *(Arr. du 10 juin 2020, art. 2)* « livrets de développement durable et solidaire » et les comptes sur livrets d'épargne populaire ;

6° Les sommes dues en représentation de moyens de paiement émis par l'établissement de crédit adhérent, dont le bénéficiaire est identifié ;

7° Les sommes figurant au compte d'un client en contrepartie d'un crédit octroyé par l'établissement adhérent ;

8° *(Arr. du 18 févr. 2019, art. 1er)* « 8° Pour les opérations d'affacturage, le solde net global des opérations d'affacturage, compte-tenu des modalités de compensation et de garantie prévues par ces contrats, est constitué du total des encaissements sur remises laissés en compte, diminués des tirages et des commissions dues. » — *Pour les dispositions transitoires, V. ndlr ss. art. 3 et 4.*

9° Tout produit bancaire de nature similaire à ceux énumérés ci-dessus.

Les dépôts laissés en gage ou en garantie d'un engagement contracté auprès de l'établissement de crédit adhérent ainsi que les dépôts effectués en garantie ou en couverture de positions prises sur un marché d'instruments financiers, lorsque ces dépôts sont liés à un service d'investissement, à la compensation ou à la conservation d'instruments financiers fournis par l'établissement de crédit adhérent entrent dans le champ de la garantie du Fonds de garantie des dépôts et de résolution dès que leur titulaire en recouvre la libre disposition.

Art. 3 *Maintien de la garantie en cas de retrait d'agrément ou radiation.* Sous réserve des dispositions de l'article L. 613-64-2 du code monétaire et financier, les dépôts détenus au moment de la prise d'effet du retrait de l'agrément ou de la radiation d'un établissement de crédit restent couverts par le Fonds de garantie des dépôts et de résolution.

Pour les contrats d'affacturage conclus après la date d'entrée en vigueur de l'Arr. du 18 févr. 2019 [modifiant l'art. 2, 8°], les obligations de l'art. 3 ci-dessus s'appliquent à compter du 1er sept. 2019 (Arr. préc., art. 2, JO 22 févr.).

SECTION 2. *Personnes bénéficiaires de la garantie*

Art. 4 *Titulaires de dépôts.* Les personnes bénéficiaires éligibles à la garantie des dépôts sont les titulaires nominaux des comptes concernés, sous réserve des exceptions prévues aux articles suivants.

Les obligations prévues à l'art. 4 s'appliquent pour les contrats d'affacturage à compter du 1er déc. 2019 (Arr. du 18 févr. 2019, art. 2).

Art. 5 *Ayants droit et autres bénéficiaires.* I. — Les sommes dont le titulaire nominal d'un compte n'est pas l'ayant droit bénéficient de la garantie des dépôts et font l'objet d'une indemnisation séparée dans les limites mentionnées aux articles 7 à 9. Le bénéfice de la garantie est ouvert dès lors que l'ayant droit est identifié par l'établissement de crédit ou aurait pu l'être avant le constat de l'indisponibilité des dépôts.

S'il existe plusieurs ayants droit, il est tenu compte de la part revenant à chacun d'eux, conformément aux dispositions régissant la gestion des sommes figurant sur ce compte ; les sommes revenant à chacun des ayants droit font l'objet d'une indemnisation séparée dans les limites mentionnées aux articles 7 à 9.

Constituent des ayant droits au sens du présent article les personnes ayant des droits sur les comptes suivants :

1° Les comptes ouverts par un autre établissement de crédit, par une entreprise d'investissement, par une société de financement ou un établissement de paiement et de monnaie électronique, en particulier les comptes de cantonnement, pour y déposer exclusivement les fonds appartenant à leurs clients ;

2° Les comptes ouverts par les professionnels habilités par un texte législatif ou réglementaire à détenir des fonds pour leurs propres clients en vue de les reverser à un tiers, à condition que ces comptes soient exclusivement réservés à cet usage ;

3° Les comptes omnibus ou à rubrique ouverts par l'établissement de crédit lui-même pour y détenir des fonds appartenant à plusieurs personnes identifiées, en vue d'un usage déterminé.

II. — Lorsque le créancier d'un déposant, porteur d'un titre exécutoire, a procédé à la saisie-attribution de sa créance et bénéficie de ses effets au sens de l'article L. 211-2 du code des procédures civiles d'exécution, ou a notifié l'avis à tiers détenteur ou tout acte similaire entre les mains de l'établissement de crédit adhérent avant la date du constat d'indisponibilité des dépôts, mais n'a pas été réglé par cet établissement avant cette date, il reçoit du fonds une somme égale au montant de sa créance dans la limite, pour chaque déposant, de la différence entre le plafond défini à l'article 7 et l'indemnisation versée à ce déposant.

La créance détenue par le créancier subrogeant est transférée au Fonds de garantie des dépôts et de résolution à concurrence des sommes payées par ce dernier. Le Fonds de garantie des dépôts et de résolution est subrogé à concurrence de ces sommes à l'égard de la liquidation en application de l'article L. 312-6 du code monétaire et financier.

III. — La garantie des dépôts bénéficient *[bénéficie]* aux sommes revenant aux ayants droit et autres bénéficiaires définis au présent article quels que soient leur nature juridique et leur statut.

Art. 6 *Cas particuliers.* I. — Les dépôts sur lesquels deux personnes au moins ont des droits en leur qualité d'indivisaire, d'associé d'une société, de membre d'une association ou de tout groupement similaire non doté de la personnalité morale sont regroupés et traités comme ayant été effectués par un déposant unique distinct des indivisaires ou associés et font l'objet d'une indemnisation séparée dans les limites mentionnées aux articles 7 à 9.

II. — Les dépôts appartenant à un entrepreneur individuel à responsabilité limitée (EIRL), constitués afin d'y affecter les fonds et le patrimoine de son activité professionnelle, sont regroupés et traités comme ayant été effectués par un déposant unique distinct des autres dépôts de cette personne et font l'objet d'une indemnisation séparée dans les limites mentionnées aux articles 7 à 9.

III. — Les comptes joints sont répartis entre les cotitulaires à parts égales, sauf stipulation contractuelle prévoyant une autre clé de répartition, pour le calcul du montant cumulé mentionné à l'article 8 revenant à chacun des cotitulaires.

IV. — Sauf stipulation contractuelle contraire, les comptes démembrés en nue-propriété et usufruit sont indemnisés entre les mains de l'usufruitier, indépendamment de ses droits propres dans les limites mentionnées aux articles 7 à 9.

V. — Une fiducie ou tout autre dispositif équivalent est considérée comme un déposant autonome, quels que soient la nature juridique et le statut du fiduciaire, du constituant et du bénéficiaire.

SECTION 3. *Plafond d'indemnisation*

Art. 7 *Plafond de droit commun.* Le plafond d'indemnisation par déposant est de 100 000 euros.

Ce plafond s'applique au montant cumulé des comptes créditeurs d'un même déposant auprès du même établissement de crédit, quels que soient leur nombre et leur localisation dans le champ défini à l'article 1er.

Le plafond d'indemnisation des déposants clients des établissements de crédit dont le siège se trouve dans un territoire dont la monnaie est le franc CFP est égal à la contrevaleur en francs CFP du montant mentionné au premier alinéa, obtenue en appliquant la parité définie à l'article D. 712-1 du code monétaire et financier en vigueur à la date de déclaration d'indisponibilité des dépôts.

Pour le calcul du plafond mentionné ci-dessus, les livrets A, *(Arr. du 10 juin 2020, art. 2)* « livrets de développement durable et solidaire » et les comptes sur livrets d'épargne populaire d'un même déposant ne sont pas pris en compte. Ces livrets et comptes font l'objet d'une indemnisation séparée dans la limite d'un plafond propre de 100 000 euros.

Art. 8 *Calcul du montant cumulé.* Les comptes présentant un solde débiteur ne sont pas inclus dans le calcul du montant cumulé mentionné à l'article 7, sauf disposition légale ou contractuelle prévoyant leur compensation avec les comptes créditeurs.

Pour le calcul de ce montant, les parts revenant au déposant sur les comptes joints sont ajoutées aux dépôts et comptes lui appartenant en propre.

Les dépôts en devises autres que l'euro sont convertis en euros à la date d'indisponibilité, en appliquant le taux de change publié par la Banque centrale européenne pour la même date.

Pour le calcul, sont imputées au débit ou au crédit des comptes des clients toutes les opérations en cours, reçues ou émises par l'établissement de crédit dont les dépôts ont été déclarés indisponibles, qui peuvent être imputées par lui à la date d'indisponibilité conformément aux règles en vigueur.

Pour le calcul, il y a également lieu :

1° De déduire les débits différés liés à une carte de paiement attachée à un compte entrant dans le champ de la garantie et qui n'auraient pas encore été imputés sur ce compte à la date de constatation de l'indisponibilité des dépôts ;

2° D'imputer les agios débiteurs afférents à un compte entrant dans le champ de la garantie, arrêtés à la date de constatation de l'indisponibilité des dépôts et qui seraient dus par le déposant ;

3° De créditer, lorsqu'ils sont contractuellement dus au déposant, les intérêts échus et courus non échus ainsi que les autres revenus à raison des comptes et dépôts entrant dans le champ de la garantie, d'un montant net des prélèvements fiscaux et sociaux conformément aux lois et règlements en vigueur et aux stipulations contractuelles applicables ;

4° De déduire les sommes attribuées à un créancier conformément au II de l'article 5, si elles ne l'ont pas été précédemment.

Art. 9 *Dépôts exceptionnels temporaires.* Toute somme constituant un dépôt à caractère exceptionnel et temporaire ouvre droit à un rehaussement du plafond de la garantie dans la limite de 500 000 euros, pendant trois mois à compter de la date à laquelle elle a été portée au crédit d'un compte entrant dans le champ de la garantie des dépôts.

Sont considérées comme un dépôt à caractère exceptionnel et temporaire les sommes provenant :

1° De la vente d'un bien d'habitation appartenant au déposant ;

2° De la réparation en capital d'un dommage subi par le déposant, quelles que soient la nature de ce dommage, les conditions dans lesquelles cette somme a été fixée, et la partie versante ;

3° Du versement en capital d'un avantage retraite, d'une succession, d'un legs, d'une donation ;

4° D'une prestation compensatoire ou d'une indemnité transactionnelle ou contractuelle suite à la rupture d'un contrat de travail.

Par dérogation au premier alinéa, lorsque les sommes concernées proviennent du versement d'indemnités pour la réparation en capital de dommages corporels, le plafond de la garantie est rehaussé du montant de ces sommes.

Le rehaussement du plafond mentionné au premier alinéa s'applique à chacune des sommes versées en cas de pluralité d'évènements ouvrant droit au rehaussement ; dans ce cas, les rehaussements se cumulent.

SECTION 4. *Conditions et modalités d'indemnisation*

Art. 10 *Monnaie de règlement.* I. — Pour les établissements de crédit mentionnés au I de l'article 1er, l'indemnisation est versée en euros.

Toutefois, les déposants des succursales des établissements qui sont situées dans un autre État partie à l'accord sur l'Espace économique européen dont la monnaie n'est pas l'euro sont indemnisés dans la devise de cet État, à moins qu'il n'en soit convenu autrement avec le mécanisme de garantie des dépôts de cet État par l'intermédiaire duquel cette indemnisation est versée. Dans ce cas, le montant de l'indemnisation est converti dans cette devise au cours du jour de la déclaration d'indisponibilité des dépôts.

II. — L'indemnisation des déposants des établissements de crédit mentionnés au II de l'article 1er est effectuée en francs CFP. Les dépôts en euros sont convertis en francs CFP selon la parité définie à l'article D. 712-1 du code monétaire et financier en vigueur à la date de déclaration d'indisponibilité des dépôts. Pour ces mêmes déposants, leurs dépôts en devises sont convertis en francs CFP selon la parité de cette devise au jour de la déclaration d'indisponibilité des dépôts.

Art. 11 *Délais et procédure.* I. — L'établissement de crédit dont les dépôts ont été déclarés indisponibles transmet au Fonds de garantie des dépôts et de résolution toutes les informations nécessaires au calcul des indemnisations au plus tard dans un délai de deux jours ouvrables à compter de la date de déclaration d'indisponibilité. La transmission est signée par une personne exerçant la direction effective de l'établissement de crédit au sens de l'article L. 511-13 du code monétaire et financier ou, le cas échéant, par l'administrateur provisoire, l'administrateur temporaire, l'administrateur spécial ou le liquidateur nommé par le collège de supervision ou de résolution de l'Autorité de contrôle prudentiel et de résolution.

Le contenu et les modalités de ces transmissions sont déterminés par le Fonds de garantie des dépôts et de résolution.

Ces informations comportent notamment une information spécifique sur les comptes qui ont été classés dans la catégorie des comptes inactifs au sens de l'article L. 312-19 du code monétaire et financier.

II. — Après avoir transmis au Fonds de garantie des dépôts et de résolution les informations prévues au I, l'établissement de crédit dont les dépôts ont été déclarés indisponibles adresse à ses déposants, dans les meilleurs délais et au plus tard dans le délai de sept jours ouvrables à compter de la date de déclaration d'indisponibilité des dépôts, les relevés de leurs comptes arrêtés sur les mêmes bases et selon les mêmes modalités que celles qui ont été communiquées au Fonds de garantie des dépôts et de résolution. Ces relevés comportent notamment le détail des opérations décrites à l'article 8.

III. — A partir des informations transmises en application du I, le Fonds de garantie des dépôts et de résolution engage l'indemnisation des dépôts couverts par la garantie.

Le Fonds de garantie des dépôts et de résolution met à disposition l'indemnisation due aux déposants pour les dépôts couverts par la garantie sept jours ouvrables à compter de la date à laquelle le collège de supervision de l'Autorité de contrôle prudentiel fait le constat de l'indisponibilité des dépôts de l'établissement de crédit adhérent en application du premier alinéa du I de l'article L. 312-5 du code monétaire et financier.

IV. — Le Fonds de garantie des dépôts et de résolution peut mettre en œuvre l'indemnisation :

1° Soit par l'envoi d'une lettre-chèque envoyée en recommandé avec demande d'avis de réception ;

2° Soit par virement après que le déposant a fait connaître, sur un site internet ouvert spécialement à cet effet par le Fonds de garantie des dépôts et de résolution, le nouveau compte bancaire sur lequel il souhaite que l'indemnisation lui soit versée. Les données et informations requises sont mises à disposition de chaque déposant sur ce site internet. Ce site permet aux déposants d'accuser réception à date certaine de ces données et informations et d'autoriser la mise en place du virement.

Lorsque le fonds procède à l'indemnisation en application du 2° et que le déposant n'a pas accusé réception des données et informations mises à sa disposition dans un délai de vingt jours ouvrables après le constat d'indisponibilité des dépôts, le Fonds de garantie des dépôts et de résolution procède, dans les meilleurs délais, à l'indemnisation de ce déposant par lettre-chèque envoyée en recommandé avec demande d'avis de réception.

Lorsque aucun des dépôts d'un déposant n'a été admis au titre de la garantie des dépôts par le Fonds de garantie des dépôts et de résolution, ce dernier notifie sa décision au déposant concerné, par lettre recommandée avec demande d'avis de réception ou par tout autre moyen conférant une date certaine à la prise de connaissance de cette information dans un délai de vingt jours ouvrables après le constat de l'indisponibilité des dépôts.

V. — Le délai mentionné au III concerne les indemnisations qui n'impliquent aucun traitement particulier ni aucun complément d'information nécessaires à la détermination du montant indemnisable ou à l'identification du déposant. Si un traitement particulier ou un complément d'information sont nécessaires, le fonds informe le déposant dans un délai de vingt jours ouvrables après la date à laquelle les dépôts ont été déclarés indisponibles que leur indemnisation nécessite un traitement particulier.

Dans ce cas, le versement de l'indemnisation intervient, s'il y a lieu, dans un délai qui ne peut être supérieur à vingt jours ouvrables après exécution des traitements ou réception des informations nécessaires.

VI. — L'indemnisation des dépôts mentionnés à l'article 9, lorsqu'elle conduit à porter le plafond de la garantie à un montant supérieur à 100 000 €, est réalisée à la demande du déposant. Cette demande est présentée dans un délai de deux mois à compter de la date de réception de la lettre-chèque ou de la date à laquelle il est accusé réception sur le site internet des informations de notification relatives à l'indemnisation mentionnées au 2° du IV et accepté la mise en place du virement ; elle est accompagnée des pièces justificatives nécessaires. L'indemnisation des créances admises intervient dans le délai mentionné à l'alinéa précédent.

VII. — Le délai mentionné au III n'est pas applicable aux déposants dont les dépôts sont détenus par une succursale de l'établissement de crédit ayant fait l'objet de la déclaration d'indisponibilité, qui est située dans un autre État membre de l'Union européenne ou partie à l'accord sur l'Espace économique européen. Ces déposants sont indemnisés, sous la responsabilité du Fonds de garantie des dépôts et de résolution, par l'intermédiaire d'un mécanisme de garantie des dépôts qui a été établi ou reconnu dans cet État, selon les modalités prévues par l'accord conclu entre ce mécanisme et le fonds.

VIII. — Les sommes revenant aux ayants droit définis au I de l'article 5 sont versées au titulaire nominal du compte sur lequel les fonds figuraient. Cet envoi est accompagné d'un état récapitulatif des sommes revenant aux ayants droit après application à chacun d'entre eux, le cas échéant, du plafond mentionné à l'article 7. Cet état mentionne également les sommes qui n'ont pas été indemnisées par le fonds.

IX. — Le délai mentionné au III n'est pas applicable aux comptes déclarés inactifs en application du I. Ces comptes inactifs font l'objet de la procédure prévue à l'article L. 312-21.

Art. 12 *Notifications et informations accompagnant les indemnisations.* I. — Pour la mise en œuvre des indemnisations dans les conditions prévues au IV de l'article 11, le Fonds de garantie des dépôts et de résolution communique à chacun des déposants les informations suivantes, rédigées en français :

1° La nature et le montant des dépôts admis au titre de la garantie ;

2° Le montant de l'indemnisation versée ;

3° Le montant excédant le plafond de la garantie et qui n'a pas fait l'objet d'une indemnisation ;

4° Le montant correspondant aux dépôts qui sont exclus du champ de la garantie et qui lui ont été communiqués par l'établissement de crédit ayant fait l'objet de la déclaration d'indisponibilité.

5° Les sommes qui ont été attribuées à un créancier en application du II de l'article 5 ;

6° Le montant de l'indemnisation versée en application du dernier alinéa de l'article 7 pour l'indemnisation des livrets A, des *(Arr. du 10 juin 2020, art. 2)* « livrets de développement durable et solidaire » et des comptes sur livrets d'épargne populaire ;

7° En cas d'atteinte du plafond de la garantie, l'exposé des règles applicables pour l'indemnisation des dépôts à caractère exceptionnel et temporaire mentionnés à l'article 9 et la procédure d'indemnisation de ces dépôts en application du second alinéa du VI de l'article 11 ;

8° Les délais et voies de recours et de prescription mentionnés aux articles 15 et 16.

Ce document précise également que les sommes qui n'ont pas été indemnisées par le Fonds de garantie des dépôts et de résolution sont constitutives d'une créance sur l'établissement de crédit dont les dépôts ont été déclarés indisponibles. Il indique les modalités de déclaration des créances ne rentrant pas dans le champ de la garantie auprès du représentant des créanciers ou du liquidateur nommé par le tribunal de commerce.

II. — Lorsqu'il est procédé à l'indemnisation d'un déposant par l'envoi d'une lettre-chèque envoyée par lettre recommandée avec demande d'avis de réception, les informations mentionnées au I sont jointes à la lettre-chèque.

Lorsqu'il est procédé à l'indemnisation d'un déposant par virement dans les conditions prévues au 2° du IV de l'article 11, les informations mentionnées au I du présent article sont communiquées sur le site internet créé à cet effet. Ce site comporte un dispositif permettant de s'assurer que le déposant a pris connaissance des informations mentionnées au I et de certifier la date à laquelle cette prise de connaissance est intervenue.

Lorsqu'un déposant ne reçoit aucune indemnisation, les informations mentionnées au I sont jointes à la décision mentionnée au dernier alinéa du IV de l'article 11.

III. — Pour l'indemnisation des déposants dont les dépôts sont détenus par une succursale de l'établissement de crédit ayant fait l'objet de la déclaration d'indisponibilité située dans un autre État membre de l'Union européenne ou partie à l'accord sur l'Espace économique européen, la communication des informations est effectuée par l'intermédiaire du mécanisme de garantie des dépôts de cet État. Le contenu des informations à remettre à ces déposants et la langue dans laquelle ses informations sont rédigées sont prévus par la convention conclue entre ce mécanisme et le Fonds de garantie des dépôts et de résolution.

En l'absence d'accord, le Fonds de garantie des dépôts et de résolution procède lui-même à l'indemnisation des déposants dans les conditions de droit commun.

Pour l'indemnisation des déposants d'un établissement de crédit établi en France qui exerce directement ses activités dans d'un autre État membre de l'Union européenne sans y avoir établi de succursale, les informations mentionnées au I sont communiquées dans la langue choisie par le déposant lors de l'ouverture du compte sur la demande du déposant.

IV. — Pour l'indemnisation des sommes revenant aux ayants droit d'un compte, les informations mentionnées au I sont communiquées au titulaire nominal du compte. Elles sont présentées, le cas échéant, par ayant droit.

Art. 13 *Informations complémentaires du Fonds de garantie des dépôts et de résolution.* Outre les informations mentionnées au I de l'article 11, l'établissement de crédit dont les dépôts ont été déclarés indisponibles transmet dans les meilleurs délais au Fonds de garantie des dépôts et de résolution les informations et documents supplémentaires qui s'avèreraient nécessaires à la mise en œuvre de la procédure d'indemnisation des cas particuliers et au traitement des réclamations.

Le contenu et les modalités de ces transmissions sont déterminés par le Fonds de garantie des dépôts et de résolution.

SECTION 5. *Préparation des indemnisations*

Art. 14 *Transmission d'information au Fonds de garantie des dépôts et de résolution par les établissements de crédit adhérents.* Sans préjudice du I de l'article 11, les établissements de crédit adhérant au mécanisme de garantie des dépôts transmettent au Fonds de garantie des dépôts et de résolution toute information nécessaire en vue de préparer et d'exécuter la mission qui lui est impartie. Le Fonds de garantie des dépôts et de résolution détermine le contenu et le format de ces informations ainsi que les modalités de leur transmission.

Il rédige et diffuse les procédures correspondantes et procède à des tests de façon régulière avec ses adhérents.

Les informations transmises au Fonds de garantie des dépôts et de résolution sont signées par les dirigeants effectifs des établissements au sens de l'article L. 511-13 du code monétaire et financier ou, le cas échéant, par l'un des agents permanents désignés par un dirigeant et ayant une compétence et une position dans l'établissement lui permettant de s'engager sur la qualité des informations qu'ils transmettent. Les délégataires doivent justifier de leur délégation auprès du fonds.

SECTION 6. *Recours et réclamations*

Art. 15 *Recours contre les décisions du Fonds de garantie des dépôts et de résolution.* Toute contestation de la décision du Fonds de garantie des dépôts et de résolution relative à l'indemnisation des déposants d'un établissement de crédit dont les dépôts ont été déclarés indisponibles, avant d'être portée devant la juridiction administrative, est précédée d'un recours gracieux présenté devant le fonds dans un délai de deux mois.

Ce délai court :

1° A compter de la date de réception de la lettre-chèque, de la date à laquelle il est accusé réception sur le site internet des informations de notification relatives à l'indemnisation mentionnées au 2° du IV de l'article 11 et accepté la mise en place du virement, ou de la date à laquelle il est accusé réception de la notification de la décision mentionnée au dernier alinéa du IV de l'article 11 ;

2° S'il y a lieu, à compter de la date à laquelle est notifiée au déposant la décision du Fonds de garantie des dépôts et de résolution pour l'indemnisation des dépôts mentionnés au VI de l'article précité ;

Le délai du recours contentieux court à compter de la notification de la nouvelle décision du fonds.

Art. 16 *Prescription.* Sous réserve des réclamations et recours mentionnés à l'article 15, conformément au V de l'article L. 312-5, toute action à l'encontre du Fonds de garantie des dépôts et de résolution en relation avec son intervention auprès d'un établissement dont les dépôts ont été déclarés indisponibles est prescrite par deux ans à compter de la date de déclaration d'indisponibilité des dépôts. Toutefois, ce délai court à compter du jour où l'intéressé en a eu connaissance s'il prouve qu'il l'a ignorée jusque-là.

Art. 17 *Déclaration des créances.* Dans le cadre d'une procédure de sauvegarde, de redressement ou de liquidation judiciaires ouverte à l'égard d'un établissement de crédit dont les dépôts ont été déclarés indisponibles, le Fonds de garantie des dépôts et de résolution transmet au représentant des créanciers ou au liquidateur le détail par déposant des créances indemnisées par lui et de celles qui ne l'ont pas été en application du présent arrêté.

Cette transmission vaut déclaration de créance :

1° Pour le Fonds de garantie des dépôts et de résolution en ce qui concerne les indemnisations qu'il a versées, par subrogation aux droits des déposants, y compris les ayants droit ou bénéficiaires indemnisés ;

2° Pour les déposants, y compris les ayants droits *[ayants droit]* ou bénéficiaires en ce qui concerne les sommes éligibles à la garantie mais dépassant le montant des indemnisations qui leur ont été versées.

Les créances correspondant à des dépôts exclus du champ de la garantie des dépôts sont déclarées par leurs titulaires. Les informations mentionnées au I de l'article 12 comportent une indication en ce sens et une description des modalités de déclaration.

SECTION 7. *Dispositions diverses*

Art. 18 *Disposition transitoire.* Le délai de deux jours ouvrables mentionné au I de l'article 11 et le délai de sept jours ouvrables mentionné aux II et III de ce même article entrent en vigueur à compter du 1er juin 2016. Jusqu'à cette date, ces délais restent fixés respectivement à cinq et vingt jours ouvrables.

Art. 19 *Abrogation.* Le règlement du Comité de la réglementation bancaire et financière n° 99-05 du 9 juillet 1999 relatif à la garantie des dépôts et autres fonds reçus par les établissements de crédit ayant leur siège social en France ainsi que dans la Principauté de Monaco est abrogé.

Art. 20 *Application outre-mer.* Les dispositions du présent arrêté sont applicables en Nouvelle-Calédonie, en Polynésie française et dans les îles Wallis-et-Futuna.

SOUS-SECTION 2 *Mécanisme de garantie des dépôts et dispositif de financement de la résolution (Ord. n° 2015-1024 du 20 août 2015, art. 1er-2°).*

Art. L. 312-4-1 *(Ord. n° 2015-1024 du 20 août 2015, art. 1er-4°)* I. — Les établissements de crédit agréés en France adhèrent au fonds de garantie des dépôts et de résolution au titre du mécanisme de garantie des dépôts.

La garantie des dépôts couvre, dans la limite d'un plafond, les fonds laissés en compte auprès d'un établissement de crédit et libellés en euros ou dans la devise d'un autre État, dans les conditions suivantes :

1° Ces fonds doivent être restitués par l'établissement de crédit à leur titulaire en application des dispositions législatives, réglementaires ou contractuelles qui leur sont applicables ;

2° Ces fonds ne constituent pas le gage ou la garantie d'un engagement en vigueur contracté par leur titulaire envers l'établissement de crédit.

La garantie des dépôts couvre également les sommes correspondant à des opérations de paiement en cours ou à des opérations à caractère transitoire, effectuées au bénéfice d'une personne identifiée et provenant d'opérations bancaires normales.

II. — Les titulaires de comptes suivants ne peuvent bénéficier de la garantie des dépôts :

1° Les établissements de crédit et les entreprises d'investissement pour les dépôts qu'ils ont effectués en leur nom et pour leur compte propres ;

2° Les sociétés de financement définies au II de l'article L. 511-1 *(L. n° 2018-700 du 3 août 2018, art. 5)* « pour les dépôts qu'elles ont effectués en leur nom et pour leur compte propre » ;

3° Les compagnies financières holding et les entreprises mères de société de financement définies à l'article L. 517-1 ;

4° Les établissements de monnaie électronique *(L. n° 2018-700 du 3 août 2018, art. 5)* « pour les dépôts qu'ils ont effectués en leur nom et pour leur compte propre » ;

5° Les établissements de paiement *(L. n° 2018-700 du 3 août 2018, art. 5)* « pour les dépôts qu'ils ont effectués en leur nom et pour leur compte propre » ;

6° Les entreprises d'assurance et de réassurance ;

7° Les organismes de placement collectif ;

8° Les organismes de retraite ;

9° L'État, les collectivités territoriales et leurs établissements ou groupements de coopération, ainsi que leurs homologues étrangers ;

10° Les institutions et services mentionnés à l'article L. 518-1.

III. – Les fonds suivants sont exclus de la garantie des dépôts, quel que soit leur titulaire :

1° Les dépôts dont l'existence ne peut être prouvée que par un instrument financier au sens de l'article L. 211-1 ;

2° Les dépôts dont le principal n'est pas remboursable au pair, ou n'est remboursable au pair qu'en vertu d'une garantie spécifique ou d'un accord spécifique donnés par l'établissement de crédit qui reçoit les dépôts en question ou par un tiers ;

3° Les dépôts ayant le caractère de fonds propres ;

4° Les dépôts liés à des opérations pour lesquelles une condamnation pénale définitive pour blanchiment au sens des articles 324-1 et suivants du code pénal a été prononcée ;

5° Les dépôts anonymes ou les dépôts dont le titulaire n'est pas identifié en application des articles L. 561-5 et suivants ;

6° Les titres de créances négociables et autres titres de créances émis par l'établissement de crédit.

V. Arr. du 27 oct. 2015, ss. art. L. 312-4.

Art. L. 312-5 *(Ord. nº 2015-1024 du 20 août 2015, art. 1er-5º)* « I. – Le mécanisme de garantie des dépôts est mis en œuvre sur demande de l'Autorité de contrôle prudentiel et de résolution *(L. nº 2024-364 du 22 avr. 2024, art. 9)* « lorsque » celle-ci constate qu'un établissement de crédit n'est plus en mesure de restituer, immédiatement ou à terme rapproché, les fonds mentionnés au I de l'article L. 312-4-1 *(L. nº 2024-364 du 22 avr. 2024, art. 9)* « , et au plus tard cinq jours ouvrables après avoir établi pour la première fois que cet établissement de crédit ne les a pas restitués ». L'intervention du fonds de garantie des dépôts et de résolution au titre du mécanisme de garantie des dépôts entraîne la radiation ou le retrait d'agrément de cet établissement et l'annulation des certificats d'associés ou d'association mentionnés à l'article L. 312-7 qu'il détenait ; en ce cas, les sommes correspondant à ces certificats demeurent acquises au fonds de garantie des dépôts et de résolution. L'Autorité de contrôle prudentiel et de résolution demande, s'il y a lieu, à la Banque centrale européenne de prononcer le retrait total d'agrément.

« L'applicabilité de la garantie des dépôts aux fonds mentionnés à l'article L. 312-4-1 s'apprécie à la date du constat effectué en application du premier alinéa. »

II. – A titre préventif, sur proposition de l'Autorité de contrôle prudentiel et de résolution, *(Ord. nº 2015-1024 du 20 août 2015, art. 1er-5º)* « le mécanisme de garantie des dépôts » peut également intervenir auprès d'un établissement de crédit dont la situation laisse craindre à terme une indisponibilité *(Ord. nº 2015-1024 du 20 août 2015, art. 1er-5º)* « des fonds mentionnés au I de l'article L. 312-4-1 », compte tenu du soutien dont il peut par ailleurs bénéficier. Lorsque le fonds de garantie *(Ord. nº 2015-1024 du 20 août 2015, art. 1er-5º)* « des dépôts et de résolution » accepte d'intervenir à titre préventif auprès d'un établissement, il définit, après avis de l'Autorité de contrôle prudentiel et de résolution, les conditions de cette intervention. Il peut en particulier subordonner celle-ci à la cession totale ou partielle de l'établissement de crédit ou à l'extinction de son activité, notamment par la cession de son fonds de commerce.

(Ord. nº 2015-1024 du 20 août 2015, art. 1er-5º) « Les sommes versées par le fonds de garantie des dépôts et de résolution dans le cadre de cette intervention à titre préventif ne peuvent excéder celles qu'il aurait versées s'il avait dû intervenir auprès de l'établissement concerné en application du I.

« Ces sommes, à l'exception de celles qui correspondent à des titres de capital ou à des créances subordonnées, bénéficient du privilège mentionné à l'article L. 611-11 du code de commerce. »

(L. nº 2013-672 du 26 juill. 2013, art. 25-II) « III. – » *(Ord. nº 2015-1024 du 20 août 2015, art. 1er-5º)* « Le collège de résolution de l'Autorité de contrôle prudentiel et de résolution peut également saisir le fonds de garantie des dépôts et de résolution de la situation d'un établissement de crédit, d'une entreprise d'investissement mentionnée au 2° du I de l'article L. 613-34, d'une compagnie financière holding, d'une compagnie financière holding mixte et d'une société de financement mentionnée au II de

l'article L. 613-34 qui fait l'objet de l'une des mesures de résolution prévues à la sous-section 10 de la section 4 du chapitre III du titre I du livre VI.

« Le collège » *(L. n° 2013-672 du 26 juill. 2013, art. 25-II-2°)* « peut demander au fonds de garantie des dépôts et de résolution d'intervenir auprès de la personne agréée pour reprendre ou poursuivre les activités cédées ou transférées *(Abrogé par Ord. n° 2015-1024 du 20 août 2015, art. 1er-5°)* *« en application du même article »*. »

Al. *abrogé par Ord. n° 2015-1024 du 20 août 2015, art. 1er-5°.*

« Il intervient selon les modalités déterminées par *(Ord. n° 2015-1024 du 20 août 2015, art. 1er-5°)* « le collège de résolution de » l'Autorité de contrôle prudentiel et de résolution.

(Ord. n° 2015-1024 du 20 août 2015, art. 1er- 5°) « A ce titre, le fonds de garantie des dépôts et de résolution peut participer à la mise en œuvre d'une mesure de renflouement interne de la personne mentionnée au premier alinéa, dans les conditions et limites prévues aux articles L. 613-55-1 et L. 613-55-5. Le fonds de garantie des dépôts et de résolution ne peut être appelé au titre du mécanisme de garantie des dépôts pour un montant supérieur aux pertes que ce fonds aurait subies si la personne en cause avait fait l'objet d'une liquidation judiciaire dans le cadre du livre VI du code de commerce.

« Si la résolution à laquelle le fonds de garantie des dépôts et de résolution participe porte sur un groupe implanté dans plusieurs États membres de l'Union européenne, il intervient conformément aux dispositions de la sous-section 11 de la section 4 du chapitre III du titre I du livre VI.

« Sauf en cas d'application des articles L. 613-55-1 et L. 613-55-5, les sommes versées par le fonds de garantie des dépôts et de résolution, à l'exception de celles qui correspondent à des titres de capital ou à des créances subordonnées, constituent des créances sur l'établissement bénéficiaire de l'intervention venant au même rang que les dépôts qu'il garantit. »

(L. n° 2013-672 du 26 juill. 2013, art. 25-II) « IV. — Pour l'application des II et III, le fonds de garantie des dépôts et de résolution peut : »

(Ord. n° 2015-1024 du 20 août 2015, art. 1er-5°) « 1° Souscrire à une augmentation de capital, acquérir tout ou partie des actions, titres de capital, parts sociales ou autres titres de propriété de la personne concernée ;

« 2° Souscrire au capital ou à une augmentation de capital de l'établissement-relais ou de la structure de gestion des actifs mentionnés respectivement aux articles L. 613-13-53 ou L. 613-54, acquérir tout ou partie des actions, titres de capital, parts sociales ou autres titres de propriété de ces personnes ou leur fournir toute autre contribution ;

« 3° Garantir tout ou partie de l'actif ou du passif de la personne concernée, de ses filiales, de l'établissement-relais ou de la structure de gestion des actifs ;

« 4° Consentir des financements à la personne concernée, à ses filiales, à l'établissement-relais ou à la structure de gestion des actifs, sous quelque forme que ce soit, y compris sous la forme d'une garantie ;

« 5° Acquérir des éléments d'actif de l'établissement de crédit, de l'entreprise d'investissement ou de la société de financement concernés ;

« 6° » *(L. n° 2013-672 du 26 juill. 2013, art. 25-II)* « Participer, sur demande d'un organe central mentionné à l'article L. 511-30, à l'action de ce dernier en prenant en charge une partie du coût des mesures destinées à garantir la solvabilité d'un établissement de crédit affilié à cet organe central ou, en cas de nécessité constatée par l'Autorité de contrôle prudentiel et de résolution, intervenir sur demande de cette dernière. »

(Ord. n° 2015-1024 du 20 août 2015, art. 1er-5°) « Lorsque, après la mise en œuvre de l'une ou l'autre des mesures prises sur le fondement de la section 4 du chapitre III du titre I du livre VI, l'évaluation mentionnée au II de l'article L. 613-57 fait apparaître qu'un créancier de la personne concernée soumise à une procédure de résolution, ou le fonds de garantie des dépôts et de résolution au titre du mécanisme de garantie des dépôts, a subi des pertes supérieures à celles qu'il aurait encourues si la personne concernée avait fait l'objet d'une liquidation judiciaire dans le cadre du livre VI du code de commerce, l'indemnité à laquelle il a droit lui est versée par le dispositif de financement de la résolution sur instruction du collège de résolution de l'Autorité de contrôle prudentiel et de résolution. »

Al. abrogé par Ord. n° 2015-1024 du 20 août 2015, art. 1er-5°)

(L. n° 2013-672 du 26 juill. 2013, art. 25-II) **« Le fonds de garantie des dépôts et de résolution ne peut être tenu responsable des préjudices subis du fait des concours qu'il a consentis, sauf dans les cas limitativement énumérés à l'article L. 650-1 du** *(Ord. n° 2015-1024 du 20 août 2015, art. 1er-5°)* **« code de commerce ».**

« V. — Les recours de pleine juridiction contre les décisions du fonds de garantie des dépôts et de résolution au titre du présent article relèvent de la juridiction administrative. »

(Ord. n° 2015-1024 du 20 août 2015, art. 1er-5°) **« Toute action à l'encontre du fonds de garantie des dépôts et de résolution en relation avec son intervention au titre du présent article est prescrite par deux ans à compter de l'événement qui a donné lieu à cette intervention. Toutefois, en cas de mise en œuvre du I du présent article, ce délai court à compter du jour où l'intéressé a eu connaissance de l'événement en question s'il prouve qu'il l'a ignoré jusque-là.**

« La responsabilité du fonds de garantie des dépôts et de résolution au titre du I n'est engagée vis-à-vis des déposants des succursales d'un de ses adhérents situées dans un autre pays de l'Espace économique européen que si le fonds de garantie du pays dans lequel est située cette succursale a agi conformément aux instructions données par le fonds de garantie des dépôts et de résolution. »

« VI. — *(Ord. n° 2015-1024 du 20 août 2015, art. 1er-5°)* **« Le deuxième alinéa de l'article L. 613-58-1 » du présent code est applicable aux décisions prises par le fonds de garantie des dépôts et de résolution au titre des III et IV du présent article. »**

*V. Arr. du 11 sept. 2015 précisant les modalités d'intervention du fonds de garantie des dépôts et de résolution dans le cadre de la résolution. — **C. mon. fin.***

Art. L. 312-6 **Le** *(L. n° 2013-672 du 26 juill. 2013, art. 25-I)* **« fonds de garantie des dépôts et de résolution » est subrogé dans les droits des bénéficiaires de son intervention à concurrence des sommes qu'il a versées.**

Le fonds de garantie *(Ord. n° 2015-1024 du 20 août 2015, art. 1er-6°)* **« des dépôts et de résolution » peut engager toute action en responsabilité à l'encontre des dirigeants de droit ou de fait des établissements pour lesquels il intervient aux fins d'obtenir le remboursement de tout ou partie des sommes versées par lui.** *(L. n° 2013-672 du 26 juill. 2013, art. 25-II)* **« Il peut engager toute action en responsabilité à l'encontre des actionnaires ou détenteurs de titres représentatifs d'une fraction de capital social des établissements pour lesquels il intervient aux fins d'obtenir le remboursement de tout ou partie des sommes versées par lui. » Il en informe l'Autorité de contrôle prudentiel et de résolution.** — *[L. n° 84-46 du 24 janv. 1984, art. 52-3 et 52-4.]*

Le fonds de garantie des dépôts et de résolution peut exercer à l'encontre des dirigeants de droit ou de fait des établissements pour lesquels il intervient les actions en responsabilité visées par les dispositions du second alinéa de l'art. L. 312-6 C. mon. fin., même pour des faits antérieurs à la date d'entrée en vigueur du texte précité (L. n° 2003-706 du 1er août 2003, art. 86, JO 2 août).

BIBL. ▸ VAN DER HULST, *LPA 2 août 2001, p. 4* (action du fonds de garantie des dépôts contre les dirigeants des établissements bancaires : une exégèse).

1. Constitutionnalité. L'art. L. 312-6, al. 2, répond à la mission d'intérêt général que lui a confiée le législateur et l'action en responsabilité qu'il édicte ne porte atteinte ni au principe de liberté individuelle énoncé à l'art. 4 DDH, ni à la sécurité juridique, ni au principe de confiance légitime, et ne présente pas de caractère disproportionné, dès lors que les dirigeants en cause bénéficient des garanties de l'art. 16 DDH. • Com., QPC, 13 avr. 2012, n° 12-40.009 P : *D. 2012. Actu. 1116, obs. Delpech ; Gaz. Pal. 2012. 1418, note Lasserre Capdeville ; RDBF 2012, n° 140, obs. Crédot et Samin.*

2. Non-rétroactivité. Il résulte des termes même de la loi n° 99-532 du 25 juin 1999 que le législateur a entendu conférer au fonds de garantie des dépôts le pouvoir d'exercer à l'encontre des dirigeants des établissements de crédit à l'origine de la situation ayant rendu nécessaire son intervention, fût-ce à titre préventif, toutes les actions en responsabilité déjà existantes, de sorte que l'action engagée ne se heurtait pas au principe de non-rétroactivité de la loi. • Com. 6 déc. 2005, n° 03-11.858 P : *D. 2006. AJ 136, obs. Avena-Robardet ; BJB 2006. 31 ; APC 2006, n° 55, obs. Robine ; RDBF 2006, n° 51, obs. Crédot et Samin ; RTD com. 2006. 177, obs. Legeais ; Dr. et patr. 9/2006. 76, obs. Mattout et Prüm.*

Art. L. 312-6-1 *(Ord. nº 2015-1024 du 20 août 2015, art. 1er-7º)* Lorsque la Commission européenne prend en application du paragraphe 3 de l'article 19 du règlement (UE) nº 806/2014 du Parlement européen et du Conseil du 15 juillet 2014 une décision relative à la compatibilité d'un recours au Fonds de résolution unique avec les règles du marché intérieur, le collège de résolution veille au respect de cette décision par les personnes qui relèvent de sa compétence.

Lorsqu'en application du paragraphe 5 de l'article 19 de ce règlement, le collège de résolution est saisi d'une demande de la Commission européenne tendant à recouvrer les sommes, éventuellement augmentées d'intérêts, que celle-ci estime abusivement utilisées, il enjoint à la personne concernée de restituer sans délai ces sommes au fonds de garantie des dépôts et de résolution. Celui-ci transfère ces sommes au Conseil de résolution unique.

Pour l'application du présent article, le collège de résolution peut demander au collège de supervision de faire usage de ses pouvoirs d'injonction et de police administrative.

....

SOUS-SECTION 5 *Dispositions communes (Ord. nº 2015-1024 du 20 août 2015, art. 1er-2º).*

Art. L. 312-16 *(Ord. nº 2015-1024 du 20 août 2015, art. 1er-15º)* Des arrêtés du ministre chargé de l'économie précisent :

1º Les conditions, délais et modalités de mise en œuvre de la garantie prévue à l'article L. 312-4-1 et au I de l'article L. 312-5 ;

2º Le plafond d'indemnisation par adhérent et par déposant ou autre bénéficiaire ainsi que les conditions de dépassement de ce plafond, d'une part, sur demande du déposant en cas de dépôts exceptionnels temporaires résultant de circonstances particulières et, d'autre part, en application du 6º ci-après ;

3º Les caractéristiques juridiques des certificats d'associés et des certificats d'association ainsi que les plafonds éventuels dans lesquels le fonds de garantie des dépôts et de résolution peut recourir à ces certificats ;

4º Les critères que prend en compte l'Autorité de contrôle prudentiel et de résolution pour rendre l'avis prévu au troisième alinéa du I de l'article L. 312-10. Ces critères sont relatifs notamment au montant minimal de moyens financiers dont doit disposer le fonds de garantie des dépôts et de résolution pour l'exercice des missions mentionnées à l'article L. 312-5, aux règles de toute nature applicables aux contributions versées au fonds ainsi qu'à la prise en compte de la phase du cycle économique et de l'incidence des contributions appelées sur la situation des adhérents ; — *V. art. L. 312-10 et Arr. du 30 mai 2024 relatif aux modalités des avis et décisions de l'ACPR et de l'AMF sur les contributions versées au Fonds de garantie des dépôts et de résolution. —* ***C. mon. fin.***

5º Les conditions et limites dans lesquelles une partie des contributions peut ne pas être versée au fonds de garantie des dépôts et de résolution sous réserve de la souscription d'un engagement de paiement et la constitution de garanties appropriées, notamment sous forme de dépôts en espèces effectués dans les livres du fonds ;

6º Les conditions d'intervention du fonds de garantie des dépôts et de résolution et le calcul de l'assiette des contributions des adhérents en cas d'application du régime de garantie prévu par l'article 120 de la loi nº 2008-1443 du 30 décembre 2008 de finances rectificative pour 2008 ; — *V. Arr. du 27 oct. 2015 pris pour l'application du 6º de l'art. L. 312-16. —* ***C. mon. fin.***

7º Les modalités de calcul des voix des adhérents pour l'élection des membres du conseil de surveillance, le nombre minimal de voix attribué à un adhérent, les modalités de désignation des membres du conseil de surveillance ainsi que la durée de leur mandat ; — *V. Arr. du 16 mars 2016 pris pour l'application du 7º de l'art. L. 312-16. —* ***C. mon. fin.***

8º Les conditions dans lesquelles, sous l'autorité du collège de résolution de l'Autorité de contrôle prudentiel et de résolution, le fonds de garantie des dépôts et de résolution collecte et transfère la partie des contributions mentionnées au II de l'article L. 312-8-1 destinée au Fonds de résolution unique institué par le règlement (UE) nº 806/2014 du Parlement européen et du Conseil du 15 juillet 2014 ;

9° Les conditions dans lesquelles les succursales d'établissements de crédit mentionnées au I de l'article L. 511-10 qui ne disposent pas d'une protection équivalente à celle prévue par la présente section peuvent adhérer au fonds de garantie des dépôts et de résolution ;

10° Les modalités d'application de l'article L. 312-4-1, notamment :

a) Les conditions dans lesquelles l'ayant droit de tout ou partie des sommes figurant sur un compte, qui n'en est pas le titulaire nominal, peut bénéficier de la garantie des dépôts ;

b) Les modalités d'arrêté des comptes des déposants ainsi que d'imputation sur leurs comptes des opérations et des paiements en cours à la date d'indisponibilité ;

c) Les conditions d'exercice des droits d'un créancier, porteur d'un titre exécutoire notifié à l'adhérent faisant l'objet de l'intervention du fonds de garantie, sur les sommes dues par une personne bénéficiaire de la garantie ;

11° Les modalités selon lesquelles le fonds de garantie des dépôts et de résolution réalise de manière régulière des tests visant à s'assurer qu'il est en capacité de satisfaire aux dispositions du I de l'article L. 312-5 ;

12° Les conditions dans lesquelles le fonds de garantie des dépôts et de résolution intervient en application du III de l'article L. 312-4 et conclut les conventions ou accords prévus à l'article L. 312-8-2 ;

13° Les dispositions relatives aux informations, d'une part, que le fonds de garantie des dépôts et de résolution communique au public et, d'autre part, que les établissements adhérents communiquent :

a) A la clientèle potentielle de ces établissements ; ces informations sont notamment relatives au fonds de garantie des dépôts et de résolution et aux conditions de son intervention ainsi qu'aux modalités selon lesquelles les clients accusent réception de ces informations au moyen d'un formulaire d'information type intégré, le cas échéant, dans les conditions générales ou particulières applicables ;

b) Aux titulaires d'un dépôt éligible à la garantie, au moyen du relevé de compte qui leur est délivré et du formulaire d'information type mentionné au *a* qui leur est adressé au moins une fois par an ;

14° Les conditions dans lesquelles le fonds de garantie des dépôts et de résolution peut emprunter auprès des systèmes de garantie des dépôts ou des dispositifs de financement de la résolution des autres États parties à l'accord sur l'Espace économique européen, leur consentir des prêts ou garantir leurs emprunts ;

15° Les modalités selon lesquelles sont déterminés la forme, les conditions et le niveau d'intervention du fonds de garantie des dépôts et de résolution au titre du dispositif de financement de la résolution pour l'application du III de l'article L. 312-5 ;

(L. n° 2018-32 du 22 janv. 2018, art. 25) « 16° Les conditions et limites dans lesquelles le fonds de garantie des dépôts et de résolution peut contracter auprès d'un établissement de crédit ou d'une société de financement un emprunt dont le terme est supérieur à douze mois ou émettre un titre de créance dont le terme excède cette durée. »

Ces arrêtés sont pris ou modifiés après avis du président du directoire du fonds de garantie des dépôts et de résolution. — *V. notes ss. art. L. 312-4.*

V. aussi art. L. 312-18.

Art. L. 312-17 *Abrogé par Ord. n° 2015-1024 du 20 août 2015, art. 1er-16°.*

Art. L. 312-18 Un *(L. n° 2003-706 du 1er août 2003, art. 46-VI)* « arrêté du ministre chargé de l'économie » pris après avis *(L. n° 2003-706 du 1er août 2003, art. 46-V)* « de l'Autorité des marchés financiers » fixe les conditions dans lesquelles les établissements de crédit et les entreprises d'investissement agréés dans un autre État partie à l'accord sur l'Espace économique européen peuvent adhérer au fonds de garantie. — *[L. n° 99-532 du 25 juin 1999, art. 75 (VIII).]* — *V. notes ss. art. L. 312-4.*

....

Garantie des cautions

Art. L. 313-50 I. – Il est institué un mécanisme de garantie des cautions qui a pour objet d'honorer, en cas de défaillance d'un établissement de crédit *(Ord. n° 2013-544 du 27 juin 2013, art. 3-27°, en vigueur le 1er janv. 2014)* « ou d'une société de financement », les engagements de caution, exigés par un texte législatif ou réglementaire, pris par cet établissement *(Ord. n° 2013-544 du 27 juin 2013, art. 3-27°, en vigueur le 1er janv. 2014)* « ou cette société » au profit de personnes physiques ou morales de droit privé. Les établissements de crédit *(Ord. n° 2013-544 du 27 juin 2013, art. 3-27°, en vigueur le 1er janv. 2014)* « ou les sociétés de financement » dont l'agrément en France permet de délivrer de telles cautions adhèrent à ce mécanisme.

II. – Le fonds de garantie des dépôts et de résolution gère le mécanisme de garantie des cautions. *(Ord. n° 2015-1024 du 20 août 2015, art. 1er-18°)* « S'il y a lieu, les articles **L. 312-5** à **L. 312-15**, les 3°, 4°, 5°, 7° et 9° de l'article **L. 312-16** et l'article **L. 312-18** s'appliquent à ce mécanisme, notamment à son financement. » En outre, le fonds de garantie des dépôts et de résolution est subrogé dans les droits et obligations résultant des engagements pris par l'établissement de crédit *(Ord. n° 2013-544 du 27 juin 2013, art. 3, en vigueur le 1er janv. 2014)* « ou la société de financement » et honorés par le fonds à concurrence des montants versés à ce titre. *– V. art. R. 613-18.*

III. – Le mécanisme de garantie des cautions est mis en œuvre sur demande de l'Autorité de contrôle prudentiel et de résolution, dès que celle-ci constate qu'un établissement de crédit *(Ord. n° 2013-544 du 27 juin 2013, art. 3, en vigueur le 1er janv. 2014)* « ou une société de financement » n'est plus en mesure d'honorer, immédiatement ou à terme rapproché, les engagements de caution, mentionnés au I, qu'il a accordés. Le cas échéant, le mécanisme de garantie des cautions intervient conjointement avec *(Ord. n° 2015-1024 du 20 août 2015, art. 1er-18°)* « le mécanisme de garantie des dépôts », lorsque celui-ci est appelé au titre du premier alinéa de l'article **L. 312-5**.

(L. n° 2016-1691 du 9 déc. 2016, art. 150-II-2°) « L'intervention du fonds de garantie des dépôts et de résolution au titre du mécanisme de garantie des cautions entraîne la radiation ou le retrait d'agrément de cet adhérent. »

IV. – A titre préventif et sur proposition de l'Autorité de contrôle prudentiel et de résolution, le mécanisme de garantie des cautions peut également intervenir, indépendamment ou conjointement avec *(Ord. n° 2015-1024 du 20 août 2015, art. 1er-18°)* « le mécanisme de garantie des dépôts géré par » le fonds de garantie des dépôts et de résolution, dans les conditions prévues à l'article **L. 312-5**.

Un décret fixe la liste des cautions obligatoires couvertes par le mécanisme de garantie des cautions et définit les modalités d'information du public sur la garantie accordée. *– [L. n° 84-46 du 24 janv. 1984, art. 52-15.] – Pour l'entrée en vigueur, V. art. L. 313-51. – V. art. D. 313-26 s. et Règl. CRBF n° 99-12 du 9 juill. 1999 (Arr. du 8 sept. 1999).*

BIBL. ▸ Sur la loi du 25 juin 1999 relative à l'épargne et à la sécurité financière : BONNEAU, *JCP E 1999, n° 36, p. 1378.* - STOUFFLET, *RDBB 1999. 144* (systèmes de garantie des épargnants).

Arrêté du 8 septembre 1999,

Portant homologation d'un règlement du Comité de la réglementation bancaire et financière.

Art. 1er Le règlement n° 99-12 du 9 juillet 1999 du Comité de la réglementation bancaire et financière annexé au présent arrêté est homologué.

ANNEXE

RÈGLEMENT N° 99-12 DU 9 JUILLET 1999 RELATIF AUX MODALITÉS ET AUX DÉLAIS D'INDEMNISATION PAR LE MÉCANISME DE GARANTIE DES CAUTIONS

Article 1er

Nonobstant les cas d'ouverture d'une procédure de redressement et de liquidation judiciaires, *(Ord. n° 2010-76 du 21 janv. 2010, art. 18 ; L. n° 2013-672 du 26 juill. 2013, art. 24-I)* « l'Autorité de contrôle prudentiel et de résolution », après avoir constaté qu'un établissement de crédit n'est plus en mesure d'honorer, immédiatement ou à terme rapproché, les engagements de caution émunérés par le décret prévu au cinquième alinéa de l'article 52-15 de la loi *[nº 84-46]* du 24 janvier 1984 susvisée *[C. mon. fin., art. L. 313-50]*, demande immédiatement au *(L. nº 2013-672 du 26 juill. 2013, art. 25-I)* « fonds de garantie des dépôts et de résolution » l'intervention du mécanisme de garantie des cautions au titre du troisième alinéa de l'article 52-15 précité *[C. mon. fin., art. L. 313-50]*.

Article 2

Dès la notification de la décision de *(Ord. nº 2010-76 du 21 janv. 2010, art. 18 ; L. nº 2013-672 du 26 juill. 2013, art. 24-I)* « l'Autorité de contrôle prudentiel et de résolution », le *(L. nº 2013-672 du 26 juill. 2013, art. 25-I)* « fonds de garantie des dépôts et de résolution » ouvre, au titre du mécanisme de garantie des cautions, la procédure d'indemnisation, de reprise ou de transfert des engagements de l'établissement de crédit défaillant.

Dans un délai de deux mois courant à compter de cette notification, le *(L. nº 2013-672 du 26 juill. 2013, art. 25-I)* « fonds de garantie des dépôts et de résolution » recense l'ensemble des bénéficiaires des engagements de caution octroyés par l'établissement de crédit défaillant et les informe, par lettre recommandée *(Règl. nº 2002-06 du 15 juill. 2002 homologué par Arr. 22 août 2002)* « avec demande d'avis de réception », de la reprise de ces engagements. Cette lettre indique également à ces bénéficiaires les démarches qu'ils doivent accomplir et les pièces justificatives qu'ils doivent fournir pour être indemnisés ou permettre la reprise de ces engagements par le mécanisme de garantie des cautions. *(Règl. nº 2002-06 du 15 juill. 2002 homologué par Arr. 22 août 2002)* « Elle précise aussi la possibilité pour le bénéficiaire de choisir entre une indemnisation en euros ou en francs CFP et les modalités à suivre à cet effet. »

Lorsque les circonstances l'exigent, le fonds de garantie peut demander à *(Ord. nº 2010-76 du 21 janv. 2010, art. 18 ; L. nº 2013-672 du 26 juill. 2013, art. 24-I)* « l'Autorité de contrôle prudentiel et de résolution » une prolongation du délai prévu au deuxième alinéa ci-dessus. Cette prolongation ne peut dépasser deux mois. *(Ord. nº 2010-76 du 21 janv. 2010, art. 18 ; L. nº 2013-672 du 26 juill. 2013, art. 24-I)* « L'Autorité de contrôle prudentiel et de résolution » peut, à la demande du fonds de garantie, accorder au maximum deux nouvelles prolongations, sans que chacune de celles-ci puisse dépasser deux mois.

Article 3

L'indemnisation ou la reprise de l'engagement par le mécanisme de garantie des cautions est effectuée en euros et est limitée à 90 % du coût qui aurait dû être supporté par l'établissement défaillant au titre de l'exécution de ses engagements, sans que la fraction non indemnisée puisse être inférieure à 3 000 €.

(Règl. nº 2002-06 du 15 juill. 2002 homologué par Arr. du 22 août 2002) « L'indemnisation ou la reprise de l'engagement est, le cas échéant, effectuée en francs CFP. Dans ce cas, le montant mentionné à l'alinéa précédent est égal à la contre-valeur en francs CFP obtenue en appliquant la parité définie en application de l'article L. 712-2 du code monétaire et financier. »

Article 4

Les dispositions prévues à l'article précédent ne sont pas applicables aux interventions effectuées par le mécanisme de garantie des cautions dans le cadre du II de l'article 72 de la loi *[nº 99-532]* du 25 juin 1999 susvisée *[C. mon. fin., art. L. 313-51]*.

Art. L. 313-51 *(Ord. nº 2015-1024 du 20 août 2015, art. 1er-20º)* **« Un arrêté du ministre chargé de l'économie précise les modalités, les délais et le plafond d'indemnisation. »**

Al. 2 à 5 abrogés par Ord. nº 2015-1024 du 20 août 2015, art. 1er-20º.

Dans les conditions et selon les modalités prescrites à l'article L. 313-50 et au présent article, le mécanisme de garantie des cautions prend en charge rétroactivement les engagements de caution exigés par un texte législatif ou réglementaire octroyés par tout établissement de crédit *(Ord. nº 2013-544 du 27 juin 2013, art. 3-28º, en vigueur le 1er janv. 2014)* **« ou société de financement » ayant fait l'objet d'une procédure de redressement judiciaire ouverte après le 1er janvier 1996** *[ou d'une procédure de sauvegarde]* **et qui n'a pu intégralement honorer ces engagements.**

Pour l'application de ces dispositions, le *(L. nº 2013-672 du 26 juill. 2013, art. 25-I)* **« fonds de garantie des dépôts et de résolution » assume, dès l'agrément du président de son directoire, la charge financière de ces engagements de caution pour le compte**

du mécanisme de garantie des cautions jusqu'au premier appel des cotisations affectées à ce mécanisme. La charge supportée du fait de cette intervention par le *(L. n° 2013-672 du 26 juill. 2013, art. 25-I)* « fonds de garantie des dépôts et de résolution » est alors imputée sur le mécanisme de garantie des cautions.

Nonobstant les dispositions de l'article L. 621-46 *[L. 622-26]* du code de commerce, les sommes versées par le mécanisme de garantie à ce titre confèrent au fonds de garantie *(Ord. n° 2015-1024 du 20 août 2015, art. 1er-20°)* « des dépôts et de résolution » un droit à répartition de dividende identique à celui des autres créanciers chirographaires admis à cette répartition. – *[L. n° 84-46 du 24 janv. 1984, art. 52-16 ; L. n° 99-532 du 25 juin 1999, art. 72-II.]*

....

Art. D. 313-26 En application de l'article L. 313-50, sont couverts par le mécanisme de garantie des cautions les engagements de caution octroyés par un établissement de crédit *(Décr. n° 2014-1316 du 3 nov. 2014, art. 2-1°)* « ou une société de financement » agréé en France au titre :

1° De l'article 1799-1 du code civil, de l'article 1er de la loi n° 71-584 du 16 juillet 1971 modifiée tendant à réglementer les retenues de garantie en matière de marchés de travaux définis par le 3° de l'article 1779 du code civil et des articles 13-1 et 14 de la loi n° 75-1334 du 31 décembre 1975 modifiée relative à la sous-traitance ;

2° *(Ord. n° 2007-329 du 12 mars 2007, art. 3)* « Des articles L. 1251-49 à L. 1251-53 et des articles L. 7123-19, L. 7123-21 et L. 7123-22 » du code du travail ;

3° De l'article L. 530-1 du code des assurances ;

4° Du *h* de l'article L. 222-3, du *k* de l'article L. 231-2, du *g* de l'article L. 232-1 et des articles R. 222-9 et R. 222-11 du code de la construction et de l'habitation ;

5° Du *d* de l'article L. 261-11 et des articles R. 261-17 à R. 261-24 du code de la construction et de l'habitation et des articles 6 et 15 de la loi n° 84-595 du 12 juillet 1984 définissant la location-accession à la propriété immobilière ;

6° De l'article R. 141-2 du code rural et de la pêche maritime ;

7° De l'article 3 (2°) de la loi n° 70-9 du 2 janvier 1970 réglementant les conditions d'exercice des activités relatives à certaines opérations portant sur les immeubles et les fonds de commerce ;

8° Du deuxième alinéa de l'article 27 de la loi n° 71-1130 du 31 décembre 1971 portant réforme de certaines professions judiciaires et juridiques ;

9° Du I de l'article 7-1 de la loi n° 82-1153 du 30 décembre 1982 d'orientation des transports intérieurs *[codifié au C. transp.]* ;

10° De l'article L. 519-4 ;

11° Du *c* de l'article L. 212-2 du code du tourisme, du *b* de l'article L. 213-3 du même code jusqu'à la date prévue au premier alinéa de l'article 4 de l'ordonnance n° 2005-174 du 24 février 2005, puis, à compter de cette date, du *d* de l'article L. 213-3 et des articles L. 213-5 et L. 213-7 du même code jusqu'à la date prévue au premier alinéa de l'article 4 de l'ordonnance n° 2005-174 du 24 février 2005 ;

12° Des articles L. 522-11 et L. 522-12 du code de commerce ;

13° De l'article *(Décr. n° 2016-1550 du 17 nov. 2016, art. 3, en vigueur le 1er janv. 2017)* « R. 3211-8 du code des transports » ;

14° Des articles 7 et 14 du décret n° 90-200 du 5 mars 1990 relatif à l'exercice de la profession de commissionnaire de transport ; – *Lesdits art. ont été abrogés par le Décr. n° 2010-561 du 27 mai 2010, art. 4 (JO 29 mai).*

15° Du 2° de l'article 3 du décret n° 89-273 du 26 avril 1989 portant application du décret du 9 janvier 1852 modifié sur l'exercice de la pêche maritime en ce qui concerne la première mise en marché des produits de la pêche maritime et les règles relatives aux communications d'informations statistiques ;

16° Du 2° de l'article 9 du décret n° 98-58 du 28 janvier 1998 relatif aux conditions d'attribution de la carte d'identité de commerçant étranger *[abrogé et codifié à l'art. R. 122-9 C. com., abrogé depuis]* ;

17° De l'article 331-5 *[abrogé]* du Règlement général de l'Autorité des marchés financiers ;

18° De l'article 16 de l'arrêté du 6 mai 1995 relatif aux aérodromes et autres emplacements utilisés par les hélicoptères. – *[Décr. n° 99-776 du 8 sept. 1999, art. 1er.]*

Art. D. 313-27 Sont exclus de toute indemnisation ou de reprise d'engagement par le mécanisme de garantie des cautions :

1° Les engagements de caution effectués au profit des personnes suivantes :

a) Établissements de crédit *(Décr. n° 2014-1316 du 3 nov. 2014, art. 2-2°)* « , sociétés de financement » *(Décr. n° 2017-1324 du 6 sept. 2017, art. 2, en vigueur le 3 janv. 2018)* « , sociétés de gestion de portefeuille » et entreprises d'investissement, en leur nom et pour leur propre compte ;

b) Entreprises d'assurance ;

c) *(Décr. n° 2013-687 du 25 juill. 2013, art. 1er et 22)* « OPCVM et FIA relevant des paragraphes 1, 2 et 6 de la sous-section 2, du paragraphe 2 ou du sous-paragraphe 1 du paragraphe 1 de la sous-section 3, ou de la sous-section 4 de la section 2 du chapitre IV du titre I du livre II » ;

d) Organismes de retraite et fonds de pension ;

e) Personnes mentionnées à l'article L. 518-1 ;

f) Associés personnellement responsables et commanditaires, détenteurs d'au moins 5 % du capital de l'établissement de crédit *(Décr. n° 2014-1316 du 3 nov. 2014, art. 2-2°)* « ou de la société de financement », administrateurs, membres du directoire et du conseil de surveillance, dirigeants et *(Décr. n° 2014-1316 du 3 nov. 2014, art. 2-2°)* « commissaires aux comptes de l'entreprise », ainsi que tout bénéficiaire ayant les mêmes qualités dans d'autres sociétés du groupe ;

g) Sociétés ayant avec l'établissement de crédit *(Décr. n° 2014-1316 du 3 nov. 2014, art. 2-2°)* « ou la société de financement », directement ou indirectement, des liens de capital conférant à l'une des entreprises liées un pouvoir de contrôle effectif sur les autres ;

h) Autres établissements financiers au sens du 4 de l'article L. 511-21 ;

i) Tiers agissant pour le compte des personnes citées ci-dessus ;

2° Les engagements de caution garantissant des opérations pour lesquelles une condamnation pénale définitive a été prononcée à l'encontre du bénéficiaire pour un délit de blanchiment de capitaux, sur le fondement des articles 222-38, 324-1 et 324-2 du code pénal ou de l'article 415 du code des douanes ;

3° Les engagements de caution pour lesquels le bénéficiaire a obtenu de l'établissement de crédit, *(Décr. n° 2014-1316 du 3 nov. 2014, art. 2-2°)* « ou de la société de financement, à titre individuel, des avantages financiers qui ont contribué à aggraver la situation financière de cette entreprise ». – *[Décr. n° 99-776 du 8 sept. 1999, art. 2.]*

Art. D. 313-28 Les établissements de crédit *(Décr. n° 2014-1316 du 3 nov. 2014, art. 2-3°)* « et les sociétés de financement » fournissent aux bénéficiaires des engagements de caution mentionnés à l'article D. 313-26, de même qu'à toute personne qui en a fait la demande, toutes informations utiles sur le mécanisme de garantie des cautions, en particulier la nature et l'étendue de la couverture offerte. – *[Décr. n° 99-776 du 8 sept. 1999, art. 3.]*

Art. D. 313-29 Les établissements de crédit *(Décr. n° 2014-1316 du 3 nov. 2014, art. 2-3°)* « et les sociétés de financement » adhérant au mécanisme de garantie des cautions doivent insérer dans leurs contrats de cautionnement entrant dans le champ d'application des articles D. 313-26 à D. 313-31 la mention suivante : "Cet engagement est couvert par le mécanisme de garantie des cautions mentionné à l'article L. 313-50 du code monétaire et financier." – *[Décr. n° 99-776 du 8 sept. 1999, art. 4.]*

Art. D. 313-30 Les bénéficiaires des engagements de caution mentionnés à l'article D. 313-26 peuvent obtenir, sur simple demande auprès du *(L. n° 2013-672 du 26 juill. 2013, art. 25-I)* « fonds de garantie des dépôts et de résolution », des informations complémentaires sur les conditions ou délais d'indemnisation ainsi que sur les formalités à accomplir pour être indemnisés. – *[Décr. n° 99-776 du 8 sept. 1999, art. 5.]*

Art. D. 313-31 Les informations destinées aux bénéficiaires ainsi que les documents relatifs aux conditions et formalités à remplir pour bénéficier d'un versement au titre du mécanisme de garantie des cautions sont rédigés en langue française, de façon détaillée et aisément compréhensible. – *[Décr. n° 99-776 du 8 sept. 1999, art. 6.]*

Garantie des investisseurs

Art. L. 322-1 *(Abrogé par L. nº 2003-706 du 1er août 2003, art. 69)* **« Lorsqu'ils sont conservateurs d'instruments financiers confiés par des tiers, »** *(L. nº 2003-706 du 1er août 2003, art. 69)* « Les prestataires de services d'investissement, *(Ord. nº 2017-1107 du 22 juin 2017, art. 3-2º, en vigueur le 3 janv. 2018)* « autres que les » sociétés de gestion de portefeuille, » agréés en France, les intermédiaires habilités par *(Ord. nº 2010-76 du 21 janv. 2010, art. 18 ; L. nº 2013-672 du 26 juill. 2013, art. 24-I)* « l'Autorité de contrôle prudentiel et de résolution » au titre de la *(Ord. nº 2004-482 du 3 juin 2004, art. 1er)* « compensation ou pour leur activité d'administration ou de conservation d' » instruments financiers *(Ord. nº 2017-1107 du 22 juin 2017, art. 3-2º, en vigueur le 3 janv. 2018)* « , les entreprises de marché autorisées à fournir les services d'investissement mentionnés aux **8** et **9** de l'article **L. 321-1**, » adhèrent à un mécanisme de garantie des titres. Ce mécanisme a pour objet d'indemniser les investisseurs en cas d'indisponibilité de leurs instruments financiers ainsi que de leurs dépôts en espèces lorsqu'ils sont liés à un service d'investissement, à la compensation ou à la conservation d'instruments financiers et qu'ils n'entrent pas dans le champ d'application du *(Ord. nº 2015-1024 du 20 août 2015, art. 1er-21º)* « 1º du II de » l'article **L. 312-4**. Ne peuvent bénéficier du mécanisme de garantie les personnes et les fonds exclus de l'indemnisation par l'article *(Ord. nº 2015-1024 du 20 août 2015, art. 1er-21º)* « **L. 312-4-1** ». – *[L. nº 96-597 du 2 juill. 1996, art. 62.]*

Les prestataires de services d'investissement et les personnes mentionnés à l'art. L. 421-17 C. mon. fin. [membres d'un marché réglementé autres que les prestataires de services d'investissement] sont tenus d'informer les investisseurs, avant d'entrer en relations d'affaires avec eux, de l'existence d'un régime d'indemnisation applicable en ce qui concerne l'opération ou les opérations envisagées, du montant et de l'étendue de la couverture offerte et, s'il y a lieu, de l'identité du fonds indemnisation (C. mon. fin., art. L. 533-23, al. 1er).

BIBL. ▸ STOUFFLET, *RDBB 1999. 144* (systèmes de garantie des épargnants). – LÉGUEVAQUES, *Dr. et patr. 4/2000. 25* (égalité des créanciers et traitement des « faillites » bancaires et financières : un principe « peau de chagrin »).

Art. L. 322-2 Sous réserve des dispositions ci-après, le fonds de garantie des dépôts et de résolution gère le mécanisme de garantie des titres. *(Ord. nº 2015-1024 du 20 août 2015, art. 1er-22º)* « S'il y a lieu, les articles **L. 312-5** à **L. 312-15**, les 3º, 4º, 5º, 7º et 9º de l'article **L. 312-16** et l'article **L. 312-18** s'appliquent à ce mécanisme, notamment à son financement. » Pour l'application du premier alinéa de l'article **L. 312-5**, le mécanisme de garantie des titres est mis en œuvre sur demande de l'Autorité de contrôle prudentiel et de résolution après avis *(L. nº 2003-706 du 1er août 2003, art. 46-V)* « de l'Autorité des marchés financiers », dès que celle-ci constate que l'un des établissements mentionnés à l'article **L. 322-1** n'est plus en mesure de restituer, immédiatement ou à terme rapproché, les instruments financiers ou les dépôts qu'il a reçus du public dans les conditions législatives, réglementaires ou contractuelles applicables à leur restitution. L'intervention du fonds de garantie *(Ord. nº 2015-1024 du 20 août 2015, art. 1er-22º)* « des dépôts et de résolution » entraîne alors la radiation de cet adhérent. Pour les personnes mentionnées à l'article **L. 532-18** et aux articles **L. 511-22** et **L. 511-23**, cette radiation s'entend comme se traduisant par une interdiction faite à cet adhérent de continuer à fournir ses services sur le territoire de la République française. – *V. art. R. 613-18 au* ***C. mon. fin.***

Sur proposition de l'Autorité de contrôle prudentiel et de résolution et après avis *(L. nº 2003-706 du 1er août 2003, art. 46-V)* « de l'Autorité des marchés financiers », le mécanisme de garantie des titres peut également intervenir à titre préventif lorsque la situation d'un adhérent laisse craindre à terme une indisponibilité des dépôts ou instruments financiers qu'il a reçus du public, compte tenu du soutien dont il peut par ailleurs bénéficier. Lorsque le fonds de garantie *(Ord. nº 2015-1024 du 20 août 2015, art. 1er-22º)* « des dépôts et de résolution » accepte cette mise en œuvre à titre préventif, il définit, après avis de l'Autorité de contrôle prudentiel et de résolution et *(L. nº 2003-706 du 1er août 2003, art. 46-V)* « de l'Autorité des marchés financiers », les conditions de cette intervention. Il peut en particulier subordonner celle-ci à la cession totale ou partielle de l'entreprise concernée ou à l'extinction de son activité, notam-

ment par la cession de son fonds de commerce. Il peut également se porter acquéreur des actions d'un établissement adhérent. – *[L. n° 96-597 du 2 juill. 1996, art. 62-1.]*

Art. L. 322-3 *(Ord. n° 2015-1024 du 20 août 2015, art. 1er-23°)* **« Un arrêté du ministre chargé de l'économie, pris sur avis conforme de l'Autorité des marchés financiers, détermine le plafond d'indemnisation par investisseur, les modalités et délais d'indemnisation ainsi que les règles relatives à l'information de la clientèle. »**

Al. 2 et 3 abrogés par Ord. n° 2015-1024 du 20 août 2015, art. 1er-23°.

(Ord. n° 2015-1024 du 20 août 2015, art. 1er-23°) **« L'Autorité de contrôle prudentiel et de résolution arrête conjointement avec l'Autorité des marchés financiers la formule de répartition des cotisations annuelles dues par les établissements mentionnés à l'article L. 322-1 ainsi que le montant minimal dû par chaque adhérent. L'assiette des cotisations est constituée de la valeur des dépôts et des instruments financiers qui sont couverts par la garantie instituée par l'article L. 322-1 ; elle est pondérée par les cotisations déjà versées ainsi que par des indicateurs de situation financière des adhérents reflétant les risques objectifs que ceux-ci font courir au fonds. Cet arrêté précise également les conditions de restitution éventuelle en cas de variation à la baisse de l'assiette ou des indicateurs de risque. »**

Al. 5 et 6 abrogés par Ord. n° 2015-1024 du 20 août 2015, art. 1er-23°.

(Ord. n° 2015-1024 du 20 août 2015, art. 1er-23°) **« Les arrêtés mentionnés aux 3°, 4° et 5° de l'article L. 312-16 applicables aux adhérents du fonds de garanties des dépôts et de résolution au titre du mécanisme de garantie des titres sont pris sur avis conforme de l'Autorité des marchés financiers. »**

V. Arr. du 18 mars 2024 relatif à la mise en œuvre de la garantie des titres, au plafond d'indemnisation et aux modalités d'application de l'art. L. 322-3 C. mon. fin., infra.

Sur les ressources du mécanisme de garantie des titres, V. Arr. du 27 oct. 2015 relatif aux ressources financières du fonds de garantie des dépôts et de résolution ***(C. mon. fin.)****.*

Arrêté du 18 mars 2024,

Relatif à la mise en œuvre de la garantie des titres, au plafond d'indemnisation et aux modalités d'application de l'article L. 322-3 du code monétaire et financier.

SECTION 1. *Champ de la garantie des titres*

Art. 1er *Champ d'application.* I. — Le présent arrêté s'applique aux prestataires de services d'investissement autres que les sociétés de gestion de portefeuille, aux entreprises de marché autorisées à fournir les services d'investissement mentionnés aux 8 et 9 de l'article L. 321-1 du code monétaire et financier et aux intermédiaires habilités par l'Autorité de contrôle prudentiel et de résolution au titre de la compensation ou pour leur activité d'administration ou de conservation d'instruments financiers, qui ont leur siège social en métropole, à la Guadeloupe, à la Martinique, en Guyane, à la Réunion, à Mayotte ou à Saint-Martin, pour les comptes ouverts auprès de leurs établissements situés au sein de la République française, de l'Espace économique européen et de la Principauté de Monaco, ou qui ont leur siège social situé à Saint-Pierre-et-Miquelon, à Saint-Barthélemy, en Nouvelle-Calédonie, en Polynésie française, à Wallis-et-Futuna pour les comptes ouverts auprès de leurs établissements situés au sein de la République française et de la Principauté de Monaco.

Il s'applique également aux succursales d'entreprises de pays tiers mentionnées à l'article L. 532-47 du code monétaire et financier et aux succursales d'établissement de crédit mentionnées à l'article L. 511-10 du même code, agréées en qualité de prestataires de services d'investissement ou habilitées aux mêmes fins que dans le premier alinéa ci-dessus, pour les comptes ouverts auprès de leurs établissements situés au sein de la République française, lorsque :

1° Elles sont établies sur le territoire de la République française et leur siège social ou administration centrale est situé dans un État qui n'est pas partie à l'accord sur l'Espace économique européen ;

2° Elles sont établies à Saint-Barthélemy, à Saint-Pierre-et-Miquelon, en Nouvelle-Calédonie, en Polynésie française ou à Wallis-et-Futuna, et leur siège social ou administration centrale est situé dans un autre État partie à l'accord sur l'Espace économique européen.

II. — Le présent arrêté s'applique également aux établissements de crédit habilités à la conservation ou à l'administration d'instruments financiers ayant leur siège social dans la Principauté de Monaco et aux succursales d'établissement de crédit établies sur le territoire de la Principauté, habilitées aux mêmes fins, dont le siège social ou l'administration centrale est situé dans un autre État que la République française, pour les comptes ouverts auprès des établissements situés au sein de la Principauté de Monaco.

III. — Le présent arrêté s'applique également aux succursales d'entreprise d'investissement ou d'établissement de crédit établies conformément aux articles L. 532-18-1 et L. 511-22 du code monétaire et financier en France métropolitaine, en Guadeloupe, en Guyane, en Martinique, à La Réunion, à Mayotte ou à Saint-Martin qui adhèrent à titre complémentaire au mécanisme de garantie des titres mentionné au L. 322-1 du code monétaire et financier, si le système d'indemnisation des investisseurs dont relève leur siège social ou leur administration centrale dans leur État d'origine est moins favorable que ledit mécanisme, pour les comptes ouverts auprès de ces succursales.

IV. — Les établissements mentionnés aux I, II et III sont appelés les établissements adhérents.

Art. 2 *Instruments financiers et dépôts liés entrant dans le champ de la garantie.* I. — Entrent dans le champ de la garantie les instruments financiers définis à l'article L. 211-1 du code monétaire et financier détenus pour le compte d'un investisseur, que l'établissement adhérent doit restituer conformément aux dispositions législatives, réglementaires et contractuelles applicables.

II. — Entrent également dans le champ de la garantie les dépôts en espèces accessoires au compte-titre, libellés en euros, en francs CFP ou dans la monnaie d'un autre État, effectués par un investisseur auprès d'un établissement adhérent que celui-ci doit restituer à son titulaire conformément aux dispositions législatives, réglementaires et contractuelles applicables, lorsque ces dépôts sont liés à un service d'investissement, de compensation ou de conservation d'instruments financiers fourni par ledit établissement adhérent, et qu'ils ne bénéficient pas de la garantie des dépôts instituée aux articles L. 312-4-1 et suivants du code monétaire et financier, ci-après les "dépôts liés". Les comptes sur lesquels les dépôts liés sont déposés sont dénommés ci-après les "comptes espèces liés".

Les instruments financiers et les dépôts liés nantis ou transférés en garantie d'un engagement contracté auprès de l'établissement adhérent, ainsi que les instruments financiers et les dépôts affectés en garantie ou en couverture de positions prises sur une plateforme de négociation, entrent dans le champ de la garantie des titres dès que leur titulaire en recouvre la libre disposition.

III. — Sont exclus du champ de la garantie les instruments financiers et les dépôts liés répondant à l'une des conditions suivantes :

1° Les dépôts liés exclus en application du III de l'article L. 312-4-1 du code monétaire et financier ;

2° Les instruments financiers liés à des opérations pour lesquelles une condamnation pénale définitive pour blanchiment au sens des articles 324-1 et suivants du code pénal a été prononcée ; et

3° Les instruments financiers ou les dépôts liés figurant dans des comptes dont les détenteurs ne sont pas identifiés en application des articles L. 561-5 et suivants du code monétaire et financier.

Art. 3 *Maintien de la garantie en cas de retrait d'agrément ou radiation.* Les instruments financiers et les dépôts liés détenus au moment de la prise d'effet du retrait de l'agrément, de la radiation, de la perte de son habilitation au titre de la compensation ou pour l'activité d'administration ou de conservation d'instruments financiers, ou de l'autorisation de fournir les services d'investissement mentionnées aux 8 et 9 de l'article L. 321-1, d'un établissement adhérent à la garantie des titres restent couverts par le Fonds de garantie des dépôts et de résolution.

SECTION 2. *Détermination des bénéficiaires de la garantie*

Art. 4 *Titulaires nominaux des comptes.* Les titulaires nominaux des comptes sur lesquels sont inscrits les instruments financiers dont ils sont propriétaires et les titulaires nominaux des comptes où sont enregistrés les dépôts liés bénéficient de la garantie, sous réserve des exceptions prévues ci-après.

Ne peuvent bénéficier du mécanisme de garantie les personnes exclues de l'indemnisation par le II de l'article L. 312-4-1 du code monétaire et financier.

Art. 5 *Ayants droit.* Lorsque le titulaire nominal d'un compte n'est pas l'ayant droit des instruments financiers qui y sont inscrits ou des sommes qui y sont déposées, seul l'ayant droit bénéficie de la garantie dans les limites mentionnées aux articles 7 et 8, indépendamment des droits dont il pourrait bénéficier en application du premier alinéa de l'article 4. Le bénéfice de la garantie est ouvert dès lors que l'ayant droit est identifié par l'établissement adhérent ou aurait pu l'être avant le constat d'incapacité de restitution défini à l'article L. 322-2 du code monétaire et financier.

S'il existe plusieurs ayants droit, il est tenu compte de la part revenant à chacun d'eux, conformément aux dispositions régissant la gestion des instruments financiers ou des sommes figurant sur ces comptes. Les indemnisations revenant à chacun des ayants droit leur sont versées séparément dans les limites mentionnées aux articles 7 et 8.

Constituent des ayants droit au sens du présent article les personnes ayant des droits sur les comptes suivants :

1° Les comptes ségrégués ouverts au nom d'un prestataire de services d'investissement pour y déposer exclusivement des instruments financiers ou des fonds appartenant à ses clients ;

2° Les comptes ouverts sous leur nom par les professionnels habilités par un texte législatif ou réglementaire à détenir des instruments financiers ou des fonds pour leurs propres clients en vue de les reverser à un tiers, à condition que ces comptes soient exclusivement réservés à cet usage ;

3° Les comptes omnibus ou à rubrique ouverts par l'établissement adhérent lui-même pour y détenir des instruments financiers ou des fonds appartenant à plusieurs personnes identifiées, en vue d'un usage déterminé.

Les ayants droit définis au présent article bénéficient de la garantie des titres quels que soient leur nature juridique et leur statut.

Art. 6 *Cas particuliers.* I. — Les instruments financiers et les dépôts liés sur lesquels deux personnes au moins ont des droits en leur qualité d'indivisaire, d'associé d'une société, de membre d'une association ou de tout groupement similaire non doté de la personnalité morale sont regroupés et traités comme ayant été détenus pour le compte de, ou effectués par un investisseur unique distinct des indivisaires ou associés et font l'objet d'une indemnisation séparée dans les limites mentionnées aux articles 7 et 8.

II. — Le patrimoine professionnel et le patrimoine personnel des entrepreneurs individuels à responsabilité limitée au sens de l'article L. 526-6 du code de commerce ou des entrepreneurs individuels au sens de l'article L. 526-22 du même code sont réputés appartenir à deux investisseurs distincts. Les instruments financiers et dépôts liés y afférents font l'objet d'une indemnisation séparée dans les limites mentionnées à l'article *[aux articles]* 7 et 8.

III. — Sauf stipulation contractuelle prévoyant une autre clé de répartition, les comptes joints sont répartis entre les cotitulaires à parts égales pour le calcul du montant cumulé mentionné à l'article 8 revenant à chacun des cotitulaires.

IV. — Sauf stipulation contractuelle contraire, les comptes démembrés en nue-propriété et usufruit sont indemnisés entre les mains de l'usufruitier, indépendamment de ses droits propres, dans les limites mentionnées aux articles 7 et 8.

V. — Une fiducie ou tout autre dispositif équivalent est considérée comme un investisseur autonome, quels que soient la nature juridique et le statut du fiduciaire, du constituant et du bénéficiaire.

SECTION 3. *Plafonds d'indemnisation*

Art. 7 *Plafonds d'indemnisation.* I. — Le plafond d'indemnisation par bénéficiaire est de 70 000 euros pour les instruments financiers. Il s'applique au montant cumulé des instruments financiers entrant dans le champ de la garantie en application de l'article 2, détenus au sein d'un même établissement adhérent et que celui-ci n'est pas en mesure de restituer, quel que soit le nombre de comptes auprès de cet établissement adhérent.

II. — Le plafond d'indemnisation par bénéficiaire est de 70 000 euros pour les dépôts liés. Il s'applique au montant cumulé des dépôts liés entrant dans le champ de la garantie en application de l'article 2, qui ont été déposés auprès d'un même établissement adhérent et que celui-ci n'est pas en mesure de restituer, quel que soit le nombre de comptes espèces liés auprès de cet établissement adhérent.

Art. 8 *Calcul du montant cumulé.* I. — Les instruments financiers non restitués par l'établissement adhérent sont évalués à leur valeur vénale en euros à la date d'indisponibilité définie à l'article 10. La valeur des instruments financiers libellés en devises est convertie en euros en appliquant le taux de change publié pour cette même date par la Banque centrale européenne.

II. — Le solde créditeur des comptes espèces liés libellés en devises est converti en euros en appliquant le taux de change pour la date d'indisponibilité définie à l'article 10 publié par la Banque centrale européenne.

Les comptes espèces liés présentant un solde débiteur ne sont pas inclus dans le calcul du montant cumulé mentionné au II de l'article 7, sauf disposition légale ou contractuelle prévoyant leur compensation avec les comptes créditeurs.

III. — Pour le calcul des montants cumulés mentionnés à l'article 7, les parts revenant à un bénéficiaire sur les comptes joints sont ajoutées aux instruments financiers et aux dépôts liés lui appartenant en propre.

Pour le calcul, sont imputées au débit ou au crédit des comptes des bénéficiaires toutes les opérations en cours reçues ou émises par l'établissement adhérent faisant l'objet de l'intervention, qui peuvent être imputées à la date d'indisponibilité.

De plus, les opérations en cours dans le cadre du service de règlement et de livraison différés sont :

— soit résiliées et compensées conformément aux dispositions de l'article L. 211-36-1 du code monétaire et financier ;

— soit dénouées au plus tard le dernier jour de bourse du mois calendaire en cours par l'établissement adhérent ou, le cas échéant, par les personnes mentionnées au troisième alinéa de l'article 11. Le dernier jour de bourse est défini comme tout jour où la plateforme de négociation sur laquelle les instruments financiers en cause sont négociés fonctionne.

La détermination des instruments financiers et des dépôts liés à prendre en compte pour le calcul des montants cumulés mentionnés à l'article 7 se fait à l'issue de cette résiliation ou de ce dénouement par l'établissement adhérent ou, dans le cas prévu au troisième alinéa de l'article 11, par les personnes qui y sont mentionnées.

Pour le calcul, il y a également lieu :

1° D'imputer les agios débiteurs afférents à un compte entrant dans le champ de la garantie, arrêtés à la date d'indisponibilité et dus par le bénéficiaire ;

2° De créditer, lorsqu'ils sont contractuellement dus au bénéficiaire, les intérêts échus et courus non échus ainsi que les autres revenus à raison des instruments financiers et dépôts entrant dans le champ de la garantie, d'un montant net des prélèvements fiscaux et sociaux.

SECTION 4. *Conditions et modalités d'indemnisation*

Art. 9 *Monnaie de règlement.* L'indemnisation est versée en euros.

Toutefois, les bénéficiaires des succursales des établissements adhérents qui sont situées dans un autre État partie à l'accord sur l'Espace économique européen dont la monnaie n'est pas l'euro sont indemnisés dans la monnaie de cet État. Dans ce cas, le montant de l'indemnisation est converti dans cette devise au taux de change pour la date d'indisponibilité définie à l'article 10 publié par la Banque centrale européenne.

Art. 10 *Mise en œuvre de la garantie des titres.* Conformément à l'article L. 322-2 du code monétaire et financier, la garantie des titres est mise en œuvre sur demande de l'Autorité de contrôle prudentiel et de résolution lorsque celle-ci constate, après avis de l'Autorité des marchés financiers, qu'un établissement adhérent n'est plus en mesure de restituer, immédiatement ou à terme rapproché, les instruments financiers ou les dépôts liés entrant dans le champ de la garantie.

La date d'indisponibilité des instruments financiers et dépôts liés est celle à laquelle l'Autorité de contrôle prudentiel et de résolution effectue le constat mentionné au premier alinéa.

Art. 11 *Transmission et détermination des informations concernant les instruments financiers et dépôts liés couverts par la garantie.* L'établissement adhérent qui a fait l'objet du constat d'incapacité de restitution défini à l'article L. 322-2 du code monétaire et financier transmet au Fonds de garantie des dépôts et de résolution toutes les informations nécessaires au calcul des indemnisations, y compris les informations et documents supplémentaires que le Fonds de garantie des dépôts et de résolution pourrait juger nécessaires à la mise en œuvre de la procédure d'indemnisation des cas particuliers et au traitement des réclamations et notamment, le cas échéant, celles qui auraient été directement adressées au Fonds de garantie des dépôts et de résolution par des investisseurs, en ce qui concerne tant les instruments financiers présents et manquants que les dépôts liés entrant dans le champ de la garantie, que ces instruments financiers ou ces dépôts liés soient en compte chez lui, chez un dépositaire central ou chez un autre intermédiaire au nom de l'adhérent concerné. Ces informations comportent notamment une information spécifique sur les comptes qui ont été classés dans la catégorie des comptes inactifs au sens de l'article L. 312-19 du code monétaire et financier.

La transmission est signée par une personne exerçant la direction effective de l'établissement adhérent au sens de l'article L. 511-13 ou du 4 du premier alinéa de l'article L. 532-2 du code monétaire et financier.

En cas d'ouverture d'une procédure de redressement ou de liquidation judiciaires à l'égard de l'établissement adhérent, conformément à l'article L. 211-10 du code monétaire et financier, la collecte, la vérification des informations mentionnées ci-dessus et leur transmission au Fonds de garantie des dépôts et de résolution sont effectuées par l'administrateur judiciaire ou le liquidateur judiciaire, conjointement avec l'administrateur provisoire ou le liquidateur nommés, le cas échéant, par l'Autorité de contrôle prudentiel et de résolution.

Les instruments financiers et dépôts liés manquants à indemniser sont déterminés ligne à ligne.

Le contenu, les modalités et les délais de ces transmissions sont déterminés par le Fonds de garantie des dépôts et de résolution, de telle sorte que le délai d'indemnisation fixé à l'article 12 puisse être respecté.

Art. 12 *Délais et modalités d'indemnisation.* I. — A partir des informations transmises en application de l'article 11, le Fonds de garantie des dépôts et de résolution engage l'indemnisation des instruments financiers et des dépôts liés indisponibles couverts par la garantie.

Sous réserve de l'article 13, le Fonds de garantie des dépôts et de résolution met l'indemnisation à la disposition des bénéficiaires dans un délai de deux mois à compter de la date à laquelle le Fonds de garantie des dépôts et de résolution a établi l'éligibilité et le montant de la créance.

Lorsque des circonstances exceptionnelles l'exigent, le Fonds de garantie des dépôts et de résolution peut demander à l'Autorité de contrôle prudentiel et de résolution de prolonger ce délai. La décision de prolongation est publiée par le Fonds de garantie des dépôts et de résolution sur son site internet.

II. — Le Fonds de garantie des dépôts et de résolution peut procéder à l'indemnisation :

1° Soit par l'envoi d'une lettre-chèque en recommandé avec demande d'avis de réception ;

2° Soit par virement après que le bénéficiaire a fait connaître, sur un site internet ouvert spécialement à cet effet par le Fonds de garantie des dépôts et de résolution, le compte bancaire sur lequel il souhaite que l'indemnisation lui soit versée. Les données et informations requises sont mises à disposition de chaque bénéficiaire sur ce site internet. Ce site permet aux bénéficiaires d'accuser réception à date certaine de ces données et informations et d'autoriser la mise en place du virement. La date de mise à disposition est communiquée par le Fonds de garantie des dépôts et de résolution sur son site.

Lorsque le Fonds de garantie des dépôts et de résolution procède à l'indemnisation en application du 2° et que le bénéficiaire n'a pas accusé réception des données et informations mises à sa disposition dans un délai de vingt jours ouvrables à compter de la date à laquelle cette mise à disposition a été faite, le Fonds de garantie des dépôts et de résolution procède, dans les meilleurs délais, à l'indemnisation de ce bénéficiaire par lettre-chèque envoyée en recommandé avec demande d'avis de réception.

Lorsqu'aucun instrument financier ni aucun dépôt lié d'un investisseur n'a été admis au bénéfice de la garantie par le Fonds de garantie des dépôts et de résolution, ce dernier notifie sa décision à l'investisseur concerné, par lettre recommandée avec demande d'avis de réception ou par tout autre moyen conférant une date certaine à la prise de connaissance de cette information, au plus tard dans les délais prévus au II ci-dessus.

Art. 13 *Modalités particulières d'indemnisation.* I. — Le délai mentionné au deuxième alinéa du I de l'article 12 concerne les indemnisations qui n'impliquent aucun traitement particulier ni aucun complément d'information nécessaires à la détermination du montant indemnisable ou à l'identification du bénéficiaire. Si un traitement particulier ou un complément d'information est nécessaire, le Fonds de garantie des dépôts et de résolution informe l'investisseur au plus tard dans les délais prévus au II que son indemnisation nécessite un traitement particulier.

Dans ce cas, le versement de l'indemnisation intervient, s'il y a lieu, dans un délai qui ne peut être supérieur à vingt jours ouvrables après exécution des traitements ou réception des informations mentionnés à l'alinéa précédent.

II. — Le délai mentionné au deuxième alinéa du I de l'article 12 n'est pas applicable aux comptes inactifs. Le Fonds de garantie des dépôts et de résolution informe, sur le fondement des informations transmises en application de l'article 11, le titulaire du compte inactif, son représentant légal, la personne habilitée par lui ou, le cas échéant, ses ayants droit connus de l'établissement adhérent de la mise en œuvre du présent article. Lorsqu'aucune de ces personnes ne se manifeste, ces comptes inactifs font l'objet de la procédure prévue à l'article L. 312-21 du code monétaire et financier et leur solde est transféré à la Caisse des dépôts et consignations.

III. — Les sommes revenant aux ayants droit définis à l'article 5 sont mises à disposition du titulaire nominal du compte. Cet envoi est accompagné d'un état récapitulatif des sommes revenant aux ayants droit après application à chacun d'entre eux, le cas échéant, des plafonds mentionnés à l'article 7. Cet état mentionne également les sommes qui n'ont pas été indemnisées par le Fonds de garantie des dépôts et de résolution correspondant aux instruments financiers et aux dépôts liés éventuellement exclus du champ de la garantie.

Art. 14 *Notifications et informations accompagnant les indemnisations.* I. — Pour la mise en œuvre des indemnisations, le Fonds de garantie des dépôts et de résolution communique à chaque investisseur les informations suivantes, rédigées en français :

1° La nature et le montant des instruments financiers et des dépôts liés admis au titre de la garantie ;

2° Le montant des indemnisations versées ;

3° Les montants excédant les plafonds de la garantie et qui n'ont pas fait l'objet d'une indemnisation ;

4° Le montant correspondant aux instruments financiers et aux dépôts liés qui sont exclus du champ de la garantie et qui lui ont été communiqués par l'établissement adhérent ayant fait l'objet du constat d'incapacité de restitution défini à l'article L. 322-2 du code monétaire et financier ;

5° Les voies et délais de recours ainsi que le délai de prescription, mentionnés aux articles 16 et 17.

Ce document précise également que :

a) Les instruments financiers appartenant à l'investisseur et qui sont disponibles doivent être réclamés par lui à l'établissement adhérent ou, le cas échéant, à l'administrateur judiciaire ou au liquidateur judiciaire et à l'administrateur provisoire et au liquidateur nommé par l'Autorité de contrôle prudentiel et de résolution ; et que

b) Les sommes correspondant à ceux des instruments financiers ou des dépôts liés manquants qui n'ont pas été indemnisés par le Fonds de garantie des dépôts et de résolution sont constitutives d'une créance sur l'établissement adhérent qui a fait l'objet du constat d'incapacité de restitution.

Il indique les modalités de demande de transfert des instruments financiers disponibles auprès d'un nouvel intermédiaire agréé ainsi que les modalités de déclaration des créances n'entrant pas dans le champ de la garantie auprès du liquidateur judiciaire.

II. — Lorsqu'il est procédé à l'indemnisation par l'envoi d'une lettre-chèque en recommandé avec demande d'avis de réception, les informations mentionnées au I sont jointes à la lettre-chèque.

Lorsqu'il est procédé à l'indemnisation par virement dans les conditions prévues au 2° du II de l'article 12, les informations mentionnées au I du présent article sont communiquées sur le site internet créé à cet effet. Ce site comporte un dispositif permettant de s'assurer que l'investisseur a pris connaissance des informations mentionnées au I et de certifier la date à laquelle cette prise de connaissance est intervenue.

Lorsqu'un investisseur ne reçoit aucune indemnisation, les informations mentionnées au I sont jointes à la décision mentionnée au dernier alinéa du II de l'article 12.

III. — Lorsque l'établissement adhérent défaillant a, dans le cadre de la reconnaissance mutuelle de son agrément, établi une succursale dans un autre État membre de l'Union européenne ou partie à l'accord sur l'Espace économique européen, ou exercé directement ses activités dans un autre État membre de l'Union européenne ou partie à l'accord sur l'Espace économique européen, la communication des informations aux investisseurs situés dans cet État peut être effectuée dans la langue du pays d'implantation de cette succursale ou dans la langue convenue par l'investisseur avec l'établissement adhérent lors de l'ouverture du compte.

IV. — Pour l'indemnisation des sommes revenant aux ayants droit en application de l'article 5, les informations sont communiquées au titulaire nominal du compte. Elles sont présentées, le cas échéant, par ayant droit.

SECTION 5. *Préparation des indemnisations*

Art. 15 *Transmission d'informations au Fonds de garantie des dépôts et de résolution par les établissements adhérents.* Sans préjudice de l'article 11, les établissements adhérant au mécanisme de garantie des titres transmettent au Fonds de garantie des dépôts et de résolution toute information nécessaire en vue de préparer et d'exécuter la mission qui lui est impartie. Le Fonds de garantie des dépôts et de résolution détermine le contenu et le format de ces informations ainsi que les modalités de leur transmission.

Il rédige et diffuse les procédures correspondantes. Il détermine les modalités des tests à mettre en œuvre, auxquels ses adhérents sont soumis.

Les informations transmises au Fonds de garantie des dépôts et de résolution sont signées par les dirigeants effectifs des établissements adhérents au sens de l'article L. 511-13 ou du 4 de l'article L. 532-2 du code monétaire et financier, ou, le cas échéant, par l'un des mandataires permanents désignés par un dirigeant et ayant une compétence et une position dans l'établissement adhérent lui permettant de s'engager sur la qualité des informations qu'il transmet. Les délégataires doivent justifier de leur délégation auprès du Fonds de garantie des dépôts et de résolution.

SECTION 6. *Recours et réclamations*

Art. 16 *Recours et prescription contre les décisions du Fonds de garantie des dépôts et de résolution.* Toute contestation de la décision du Fonds de garantie des dépôts et de résolution relative à l'indemnisation des investisseurs clients d'un établissement adhérent ayant fait l'objet du constat d'incapacité de restitution défini à l'article L. 322-2 du code monétaire et financier est, avant d'être portée devant la juridiction administrative, précédée d'un recours présenté devant le Fonds de garantie des dépôts et de résolution dans un délai de deux mois.

Ce délai court à compter de la date de réception de la lettre-chèque, de la date à laquelle il est accusé réception sur le site internet des informations de notification relatives à l'indemnisation mentionnées au 2° du II de l'article 12 et accepté la mise en place du virement, ou de la date à laquelle il est accusé réception de la notification de la décision mentionnée au dernier alinéa du II de l'article 12.

Le délai du recours contentieux de deux mois court de nouveau à compter de la notification de la nouvelle décision du Fonds de garantie des dépôts et de résolution ou à compter du jour où l'intéressé en a eu connaissance s'il prouve qu'il l'a ignorée jusque-là.

Toute action à l'encontre du Fonds de garantie des dépôts et de résolution en relation avec son intervention auprès d'un établissement adhérent est prescrite par deux ans à compter du constat d'incapacité de restitution ou à compter du jour où l'intéressé en a eu connaissance s'il prouve qu'il l'a ignoré jusque-là, conformément au V de l'article L. 312-5 du code monétaire et financier.

Art. 17 *Déclaration des créances.* Dans le cadre d'une procédure de sauvegarde, de redressement ou de liquidation judiciaires ouverte à l'égard d'un établissement adhérent qui a fait l'objet du constat d'incapacité de restitution, le Fonds de garantie des dépôts et de résolution transmet au représentant des créanciers ou au liquidateur judiciaire le détail des indemnisations et des créances qui n'ont pas été indemnisées en application du présent arrêté.

Cette transmission vaut déclaration de créance :

1° Pour le Fonds de garantie des dépôts et de résolution en ce qui concerne les indemnisations qu'il a versées, par subrogation aux droits des bénéficiaires ;

2° Pour les bénéficiaires en ce qui concerne les instruments financiers et les dépôts liés entrant dans le champ de la garantie mais dépassant le montant des indemnisations qui leur ont été versées.

Les créances correspondant à des instruments financiers ou à des dépôts liés, exclus du champ de la garantie des titres, sont déclarées par leurs titulaires. Les informations mentionnées au I de l'article 14 comportent une indication en ce sens et une description des modalités de déclaration.

SECTION 7. *Information délivrée aux investisseurs*

Art. 18 *Information permanente délivrée par les établissements adhérents à la garantie des titres.* Les établissements adhérents fournissent aux investisseurs, de même qu'à toute personne qui en fait la demande, toutes informations utiles sur le mécanisme de garantie des titres, en particulier le montant et l'étendue de la couverture offerte. Ils précisent, en outre, que le mécanisme de garantie des titres a pour objet d'indemniser, conformément aux dispositions de l'article 2, les investisseurs en cas d'indisponibilité de leurs instruments financiers et de leurs dépôts liés, et non de garantir la valeur de ces instruments.

Les modifications éventuelles du mécanisme sont portées à la connaissance des investisseurs.

L'usage de ces mêmes informations à des fins publicitaires par les établissements adhérents est interdit.

Art. 19 *Information permanente délivrée par le Fonds de garantie des dépôts et de résolution.* Le Fonds de garantie des dépôts et de résolution fait figurer sur son site internet les informations suivantes :

1° Les instruments financiers et les dépôts liés qui entrent dans le champ de la garantie des titres, et ceux qui en sont exclus ;

2° Les personnes bénéficiaires de la garantie et celles qui en sont exclues ;

3° Les plafonds de la garantie et ses modalités de calcul ;

4° Le délai d'indemnisation et ses modalités ;

5° Les voies de réclamation et de recours.

Les dispositions de l'article 2 de l'arrêté du 27 octobre 2015 relatif à l'information des déposants sur la garantie des dépôts sont applicables à la garantie des titres. Les informations relatives à la garantie des titres peuvent figurer sur la même plaquette que celle mentionnée au dit article.

SECTION 8. *Adhésion à titre complémentaire*

Art. 20 *Adhésion à titre complémentaire.* La demande d'adhésion à titre complémentaire au mécanisme de garantie des titres est formulée auprès de l'Autorité de contrôle prudentiel et de résolution. L'Autorité de contrôle prudentiel et de résolution publie sur son site internet la liste des succursales adhérant à titre complémentaire au mécanisme de garantie des titres.

Lorsqu'elle est demandée par une succursale d'entreprise d'investissement, l'adhésion à titre complémentaire emporte couverture des seuls instruments financiers et dépôts liés entrant dans le champ de la garantie conservés ou détenus par la succursale. Lorsqu'elle est demandée par une succursale d'établissement de crédit, l'adhésion à titre complémentaire emporte couverture des seuls instruments financiers conservés ou détenus par la succursale.

Le déclenchement de la garantie intervient en conséquence de la décision ou du constat d'indisponibilité prise par l'autorité compétente de l'État dont relève le siège ou l'administration centrale de la succursale, conformément à la réglementation applicable dans cet État. La notion de direction effective et les procédures de redressement ou de liquidation judiciaire mentionnées au présent arrêté sont celles de cet État.

La succursale fournit à l'Autorité de contrôle prudentiel et de résolution toutes les informations nécessaires pour l'accomplissement de ses missions dont notamment pour le calcul des contributions ou celles concernant la conservation des titres et des dépôts liés. Elle se conforme aux instructions et aux demandes émanant de l'Autorité de contrôle prudentiel et de résolution, de l'Autorité des marchés financiers, et du Fonds de garantie des dépôts et de résolution nécessaires à la mise en œuvre et au financement du mécanisme.

Lorsqu'une succursale fait usage de la faculté d'adhésion à titre complémentaire au mécanisme de garantie des titres, le Fonds de garantie de dépôt et de résolution définit, avec le système d'indemnisation des investisseurs dont relève le siège social ou l'administration centrale de la succursale, les modalités d'indemnisation des investisseurs clients de cette succursale.

Le montant total maximal de l'indemnisation par le mécanisme de garantie des titres en application de l'adhésion complémentaire est égal à la différence entre le plafond mentionné à l'article 7 et le plafond d'indemnisation appliqué par le système d'indemnisation des investisseurs dont relève le siège ou l'administration centrale de la succursale dans son État d'origine conformément à la réglementation applicable dans cet État. En tout état de cause, l'indemnisation par le mécanisme de garantie des titres en application de l'adhésion complémentaire ne couvre pas l'éventuelle limitation de couverture prévue au paragraphe 4 de l'article 4 de la directive 97/9/CE.

Lorsqu'une succursale qui a fait usage de la faculté d'adhésion à titre complémentaire ne remplit pas les obligations qui lui incombent en tant qu'adhérent du mécanisme de garantie des titres à titre complémentaire, les autorités compétentes de l'État du siège ou de l'administration centrale de la succursale en sont informées par l'Autorité de contrôle prudentiel et de résolution aux fins de prendre, en collaboration avec le Fonds de garantie de dépôt et de résolution, toutes les mesures propres à faire respecter lesdites obligations.

Lorsqu'en dépit de ces mesures, la succursale ne respecte pas les obligations mentionnées à l'alinéa précédent, l'Autorité de contrôle prudentiel et résolution peut, avec l'accord des autorités compétentes de l'État du siège ou de l'administration centrale de la succursale, et avec un délai de préavis qui ne peut être inférieur à un an, mettre fin à son adhésion à titre complémentaire au mécanisme de garantie des titres. La décision de l'Autorité de contrôle prudentiel et de résolution est publiée sur son site internet. La succursale informe immédiatement les investisseurs du retrait de la couverture complémentaire.

SECTION 9. *Dispositions diverses*

Art. 21 *Abrogation.* Les règlements du Comité de la réglementation bancaire et financière n° 99-14 du 23 septembre 1999 relatif à la garantie des titres et n° 99-16 du 23 septembre 1999 relatif à la garantie des titres (succursales) détenus, pour le compte d'investisseurs par une succursale établie sur le territoire de la République française et de la principauté de Monaco, d'un établissement de crédit ou d'une entreprise d'investissement, ayant son siège social à l'étranger sont abrogés.

Art. 22 *Application à Saint-Barthélemy, à Saint-Pierre-et-Miquelon, en Nouvelle-Calédonie, en Polynésie française et dans les îles Wallis-et-Futuna.* I. — Les dispositions du III de l'article 1er, du second alinéa de l'article 9, du III de l'article 14 et de l'article 20 ne sont pas applicables à Saint-Barthélemy et à Saint-Pierre-et-Miquelon.

II. — Les dispositions du présent arrêté sont applicables en Nouvelle-Calédonie, en Polynésie française et dans les îles Wallis-et-Futuna, sous réserve des adaptations suivantes :

1° Le III de l'article 1er, le second alinéa de l'article 9, le III de l'article 14 et l'article 20 ne sont pas applicables ;

2° Au V de l'article 6, les références à la fiducie sont remplacées par les références aux dispositions équivalentes applicables localement ayant le même objet ;

3° A l'article 7, les montants en euros sont remplacés par leur contre-valeur en francs CFP ;

4° A la première phrase du I de l'article 8 et au premier alinéa de l'article 9, les références à l'euro sont remplacées par des références au franc CFP ;

5° Le I de l'article 8 et le premier alinéa de l'article 9 sont complétés par la phrase suivante : "Elle est convertie, le cas échéant, en francs CFP en vertu de la parité fixée par l'article D. 721-2 du code monétaire et financier." ;

6° Pour l'application des dispositions de l'article 6 en Nouvelle-Calédonie et en Polynésie française, les références au code de commerce sont remplacées par les références aux dispositions équivalentes applicables localement ayant le même objet ;

7° Pour l'application des dispositions des articles 11, 14 et 17 en Nouvelle-Calédonie et en Polynésie française, les références aux procédures de sauvegarde, de redressement et de liquidation judiciaires et à l'administrateur judiciaire, l'administrateur provisoire et au liquidateur judiciaire sont remplacées par les références aux dispositions et aux procédures équivalentes applicables localement ayant le même objet.

Art. L. 322-4 Deux membres représentant les adhérents au mécanisme de garantie des titres qui ne sont pas établissements de crédit participent avec voix délibérative au conseil de surveillance du fonds de garantie des dépôts et de résolution, sauf lorsque ce dernier prend des décisions *(Ord. n° 2015-1024 du 20 août 2015, art. 1er-24°)* « concernant les mécanismes de garantie des dépôts et de garantie des cautions ». *(Abrogé par Ord. n° 2015-1024 du 20 août 2015, art. 1er-24°)* « ***Dans ce cas, les contributions financières utilisées pour le décompte des voix en application de l'article L. 312-11 sont celles appelées au titre de l'article L. 322-3. Le** [L'] (L. n° 2003-706 du 1er août 2003, art. 46-VI)* « ***arrêté du ministre chargé de l'économie*** » ***mentionné à l'article L. 322-3 détermine les conditions et les modalités de nomination de ces deux représentants ainsi que la durée de leur mandat.*** »

(Ord. n° 2005-429 du 6 mai 2005, art. 6) « Les deux représentants mentionnés à l'alinéa précédent sont soumis aux incapacités énoncées à l'article L. 500-1. » — *[L. n° 96-597 du 2 juill. 1996, art. 62-3.] — V. ledit art. L. 500-1 et, sur les sanctions pénales, les art. L. 570-1 et L. 570-2. —* ***C. mon. fin.***

Art. L. 322-5 *(Ord. n° 2007-544 du 12 avr. 2007, art. 2-3°, en vigueur le 1er nov. 2007)* Les sociétés de gestion de portefeuille mentionnées à l'article L. 532-9, qui fournissent des services d'investissement mentionnés à l'article L. 321-1 ou inscrivent en compte sous forme nominative les parts ou actions d'organismes de placement collectifs qu'elles gèrent, adhèrent à un mécanisme de garantie distinct de celui mentionné à l'article L. 322-1.

Ce mécanisme a pour objet d'indemniser les investisseurs en cas d'indisponibilité des instruments financiers ou des dépôts d'espèces détenus en violation de l'article L. 533-21, au titre des activités mentionnées au premier alinéa, dans des conditions et limites fixées par l'arrêté prévu à l'article L. 322-9.

Ne peuvent bénéficier de ce mécanisme les personnes exclues de l'indemnisation par l'article *(Ord. n° 2015-1024 du 20 août 2015, art. 1er-25°)* « L. 312-4-1 ».

Art. L. 322-6 *(Ord. n° 2007-544 du 12 avr. 2007, art. 2, en vigueur le 1er nov. 2007)* Sous réserve des dispositions des articles L. 322-7 à L. 322-10, le fonds de garantie des dépôts et de résolution gère le mécanisme de garantie des investisseurs institué par l'article L. 322-5. *(Ord. n° 2015-1024 du 20 août 2015, art. 1er-26°)* « Les articles L. 312-5, L. 312-6, L. 312-8, L. 312-8-1, L. 312-9 à L. 312-15, les 3°, 4°, 5°, 7° et 9° de l'article L. 312-16 et l'article L. 312-18 s'appliquent à ce mécanisme. » Pour l'application de ces articles, l'Autorité des marchés financiers est substituée à l'Autorité de contrôle prudentiel et de résolution et les sociétés de gestion de portefeuille sont substituées aux établissements de crédit ou aux entreprises d'investissement.

Art. L. 322-7 *(Ord. n° 2007-544 du 12 avr. 2007, art. 2, en vigueur le 1er nov. 2007)* Les sociétés de gestion de portefeuille adhérant au mécanisme de garantie mentionné à l'article L. 322-5 lui procurent les ressources financières nécessaires à l'accomplissement de ses missions. *(Ord. n° 2015-1024 du 20 août 2015, art. 1er-27°)* « Sous réserve des dispositions ci-après, l'article L. 312-7 s'applique à ce mécanisme. »

Art. L. 322-8 *(Ord. n° 2007-544 du 12 avr. 2007, art. 2, en vigueur le 1er nov. 2007)* Tout membre qui ne verse pas au fonds de garantie *(Ord. n° 2015-1024 du 20 août 2015, art. 1er-28°)* « des dépôts et de résolution » sa cotisation appelée est passible des sanctions prévues par l'article L. 621-15 et de pénalités de retard versées directement au fonds de garantie *(Ord. n° 2015-1024 du 20 août 2015, art. 1er-28°)* « des dépôts et de résolution » selon des modalités fixées par le règlement intérieur de celui-ci.

Art. L. 322-9 *(Ord. n° 2015-1024 du 20 août 2015, art. 1er-29°)* « 1. Un arrêté du ministre chargé de l'économie, pris sur avis conforme de l'Autorité des marchés financiers, détermine le plafond d'indemnisation, les modalités et délais d'indemnisation ainsi que les règles relatives à l'information de la clientèle. – *V. Arr. du 5 août 2022*.

« 2. Les arrêtés mentionnés aux 3° et 5° de l'article L. 312-16 applicables aux adhérents du fonds de garantie des dépôts et de résolution au titre du mécanisme mentionné à l'article L. 322-5 sont pris sur avis conforme de l'Autorité des marchés financiers.

« 3. L'Autorité des marchés financiers arrête le montant minimal dû par chaque adhérent » *(Ord. n° 2007-1490 du 18 oct. 2007, art. 2, en vigueur le 1er nov. 2007)* « et la formule de répartition des cotisations annuelles, qui comprennent une part fixe et une part variable. L'assiette de la part variable est constituée de la valeur des actifs gérés sous mandat ainsi que des parts ou actions d'organismes de placement collectif inscrites en compte sous forme nominative qui sont couverts par la garantie en application du premier alinéa de l'article L. 322-5. Elle est pondérée par les cotisations déjà versées ainsi que par des indicateurs de la situation financière de chacune des sociétés de gestion de portefeuille concernées ». *(Ord. n° 2015-1024 du 20 août 2015, art. 1er-29°)* « L'Autorité des marchés financiers arrête également les conditions de restitution éventuelle de ces contributions en cas de variation à la baisse de l'assiette ou des facteurs de risque. »

Al. 5 et 6 abrogés par Ord. n° 2015-1024 du 20 août 2015, art. 1er-29°.

Arrêté du 5 août 2022,

Pris pour l'application du 1 de l'article L. 322-9 du code monétaire et financier et relatif à la garantie des services des sociétés de gestion.

Art. L. 322-10 *(Ord. n° 2007-544 du 12 avr. 2007, art. 2, en vigueur le 1er nov. 2007)* Un membre représentant les adhérents au mécanisme de garantie mentionné à l'article L. 322-5 participe avec voix délibérative au conseil de surveillance du fonds de garantie des dépôts et de résolution, sauf lorsque ce dernier prend des décisions concernant *(Ord. n° 2015-1024 du 20 août 2015, art. 1er-30°)* « les mécanismes de garantie des dépôts, de garantie des investisseurs mentionnée à l'article L. 322-1 ou de garantie des cautions ». *(Abrogé par Ord. n° 2015-1024 du 20 août 2015, art. 1er-30°)* « *Dans ce cas, les contributions financières utilisées pour le décompte des voix en application de l'article L. 312-11 sont celles appelées au titre de l'article L. 322-7. L'arrêté du ministre chargé de l'économie mentionné à l'article L. 322-9 détermine les conditions et les modalités de nomination de ce représentant ainsi que la durée de son mandat.* »

Ce représentant est soumis aux incapacités énoncées à l'article L. 500-1. – *V. ce texte au* ***C. mon. fin.***

Information des cautions

Code civil

Art. 2302 *(Ord. n° 2021-1192 du 15 sept. 2021, art. 4, en vigueur le 1er janv. 2022)* Le créancier professionnel est tenu, avant le 31 mars de chaque année et à ses frais, de faire connaître à toute caution personne physique le montant du principal de la dette, des intérêts et autres accessoires restant dus au 31 décembre de l'année précédente au titre de l'obligation garantie, sous peine de déchéance de la garantie des intérêts et pénalités échus depuis la date de la précédente information et jusqu'à celle de la communication de la nouvelle information. Dans les rapports entre le créancier et la caution, les paiements effectués par le débiteur pendant cette période sont imputés prioritairement sur le principal de la dette.

Le créancier professionnel est tenu, à ses frais et sous la même sanction, de rappeler à la caution personne physique le terme de son engagement ou, si le cautionnement est à durée indéterminée, sa faculté de résiliation à tout moment et les conditions dans lesquelles celle-ci peut être exercée.

Le présent article est également applicable au cautionnement souscrit par une personne morale envers un établissement de crédit ou une société de financement en garantie d'un concours financier accordée à une entreprise.

Les dispositions des art. 2302 à 2304 sont applicables dès l'entrée en vigueur de l'Ord. nº 2021-1192 du 15 sept. 2021 [1er janv. 2022], y compris aux cautionnements et aux sûretés réelles pour autrui constitués antérieurement (Ord. préc., art. 37-III).

BIBL. ▶ GOUËZEL, *D. 2024. Chron. 2118* (application dans le temps des nouveaux textes sur l'obligation d'information de la caution).

Art. 2303 *(Ord. nº 2021-1192 du 15 sept. 2021, art. 4, en vigueur le 1er janv. 2022)* **Le créancier professionnel est tenu d'informer toute caution personne physique de la défaillance du débiteur principal dès le premier incident de paiement non régularisé dans le mois de l'exigibilité de ce paiement, à peine de déchéance de la garantie des intérêts et pénalités échus entre la date de cet incident et celle à laquelle elle en a été informée.**

Dans les rapports entre le créancier et la caution, les paiements effectués par le débiteur pendant cette période sont imputés prioritairement sur le principal de la dette.

Pour les dispositions transitoires, V. note ss. art. 2302.

Art. 2304 *(Ord. nº 2021-1192 du 15 sept. 2021, art. 4, en vigueur le 1er janv. 2022)* **Dans le mois qui en suit la réception, la caution communique à ses frais à la sous-caution personne physique les informations qu'elle a reçues en application des articles 2302 et 2303.**

Pour les dispositions transitoires, V. note ss. art. 2302.

Protection de l'entrepreneur individuel

Code de commerce

PREMIÈRE PARTIE : *LÉGISLATIVE*

CHAPITRE VI (DU TITRE II DU LIVRE V) *DE LA PROTECTION DE L'ENTREPRENEUR INDIVIDUEL*

(L. nº 2003-721 du 1er août 2003, art. 8)

SECTION 1 *De l'insaisissabilité de la résidence principale* *(L. nº 2015-990 du 6 août 2015, art. 206-V).*

RÉP. COM. vº *Insaisissabilité des immeubles non professionnels,* par S. PIEDELIÈVRE.

Art. L. 526-1 *(L. nº 2015-990 du 6 août 2015, art. 206-I)* **Par dérogation aux articles 2284 et 2285 du code civil, les droits d'une personne physique immatriculée** *(Ord. nº 2021-1189 du 15 sept. 2021, art. 11, en vigueur le 1er janv. 2023)* **« au Registre national des entreprises » sur l'immeuble où est fixée sa résidence principale sont de droit insaisissables par les créanciers dont les droits naissent à l'occasion de l'activité professionnelle de la personne. Lorsque la résidence principale est utilisée en partie pour un**

usage professionnel, la partie non utilisée pour un usage professionnel est de droit insaisissable, sans qu'un état descriptif de division soit nécessaire. La domiciliation de la personne dans son local d'habitation en application de l'article L. 123-10 du présent code ne fait pas obstacle à ce que ce local soit de droit insaisissable, sans qu'un état descriptif de division soit nécessaire.

Par dérogation aux articles 2284 et 2285 du code civil, une personne physique immatriculée *(Ord. n° 2021-1189 du 15 sept. 2021, art. 11, en vigueur le 1er janv. 2023)* « au Registre national des entreprises » peut déclarer insaisissables ses droits sur tout bien foncier, bâti ou non bâti, qu'elle n'a pas affecté à son usage professionnel. Cette déclaration, publiée au fichier immobilier ou, dans les départements du Bas-Rhin, du Haut-Rhin et de la Moselle, au livre foncier, n'a d'effet qu'à l'égard des créanciers dont les droits naissent, après sa publication, à l'occasion de l'activité professionnelle du déclarant. Lorsque le bien foncier n'est pas utilisé en totalité pour un usage professionnel, la partie non affectée à un usage professionnel ne peut faire l'objet de la déclaration qu'à la condition d'être désignée dans un état descriptif de division.

L'insaisissabilité mentionnée aux deux premiers alinéas du présent article n'est pas opposable à l'administration fiscale lorsque celle-ci relève, à l'encontre de la personne, soit des manœuvres frauduleuses, soit l'inobservation grave et répétée de ses obligations fiscales *(Abrogé par L. n° 2022-172 du 14 févr. 2022, art. 4, à compter du 15 mai 2022)* ***« , au sens de l'article 1729 du code général des impôts ».***

Le premier al. des art. L. 526-1 et L. 526-3, dans leur rédaction résultant de l'art. 206 de la L. n° 2015-990 du 6 août 2015, n'a d'effet qu'à l'égard des créanciers dont les droits naissent à l'occasion de l'activité professionnelle postérieurement à la publication de la loi. Les déclarations et les renonciations portant sur l'insaisissabilité de la résidence principale publiées avant la publication de la loi continuent de produire leurs effets (L. préc., art. 206-IV, JO 7 août). — Pour le non-renvoi d'une QPC portant sur la constitutionnalité de cette disposition, V. Com., QPC, 12 avr. 2018, n° 18-40.004 : LEDEN 6/2018. 4, obs. Rubellin.

V. art. R. 526-1 et R. 526-2.

BIBL. ► Sur le régime issu de la loi du 6 août 2015 : LAUVERGNAT, *Dr. et pr. 2015. 110.* - S. PIEDELIÈVRE, *RDBF 2015, n° 161.* - MONTÉRAN, *Gaz. Pal. 2015. 2880.* - LE CORRE, *ibid. 2888.* - BORGA, *BJE 2015. 429.* - GAMALEU KAMENI, *Gaz. Pal. 19 janv. 2016, p. 17.* - BERT et KHERBOUCHE, *RTD com. 2016. 241.* - DALMAU, *RPC 2016. Étude 18* (l'insaisissabilité : protection du débiteur ou des créanciers auxquels elle est inopposable ?). - LISANTI, *JCP N 2017. 1330* (déclaration notariée d'insaisissabilité : une protection efficace du patrimoine de l'entrepreneur ?). ► Autres thèmes : CAZAJUS et SAINTOURENS, *BJE 3-4/2020. 61* (perte de la qualification de résidence principale en cours de procédure collective : incidence sur l'insaisissabilité). - LEYRAT, *BRDA 2024, n° 3, p. 32* (l'insaisissabilité de la résidence principale de l'entrepreneur individuel a-t-elle encore un avenir ?).

1. Domaine d'application. Lorsqu'une personne physique a établi sa résidence principale dans un immeuble appartenant à une société civile et qu'elle n'est titulaire que de parts sociales de cette société, elle ne peut pas bénéficier des dispositions des art. L. 526-1 et L. 526-2 (Rép. min. n° 52819 : *JOAN Q, 5 avr. 2005, p. 3540 ; D. 2005. 1018 ; Banque et Dr. 5-6/2005. 55, obs. Storck*). ♦ L'insaisissabilité de la résidence principale de l'entrepreneur ne bénéficie pas à l'associé d'un GAEC (Rép. min. n° 66042 : *JOAN Q, 2 août 2005, p. 7580*). ♦ Il résulte des art. L. 526-1 C. com. et 255, 3° et 4°, C. civ. que, lorsque, au cours de la procédure de divorce de deux époux dont l'un exerce une activité indépendante, le JAF a ordonné leur résidence séparée et attribué au conjoint de l'entrepreneur la jouissance du logement familial, la résidence principale de l'entrepreneur, à l'égard duquel a été ouverte postérieurement une procédure collective, n'est plus située dans l'immeuble appartenant aux deux époux dans lequel se trouvait le logement du ménage. Les droits qu'il détient sur ce bien ne sont donc plus de droit insaisissables par les créanciers dont les droits naissent à l'occasion de son activité professionnelle. • Com. 18 mai 2022, n° 20-22.768 B : *D. 2022. Pan. 1677, obs. Cagnoli ; Rev. sociétés 2022. 516, obs. Roussel Galle ; RTD civ. 2022. 687, obs. Dauriac ; LEDEN 6/2022. 5, obs. Rubellin ; APC 2022, n° 172, obs. Leprovaux ; RJDA 2022, n° 499 ; Gaz. Pal. 27 sept. 2022, p. 52, obs. Lebel ; BJE 9-10/2022. 11, note Sahel.*

2. Inscription d'une hypothèque judiciaire provisoire. L'art. L. 526-1, d'interprétation stricte, interdit la saisie du bien objet de la déclaration d'insaisissabilité, mais non l'inscription d'une hypothèque judiciaire à titre conservatoire sur ce bien. • Com. 11 juin 2014, n° 13-13.643 P : *D. 2014. Actu. 1326 ; RTD civ. 2014. 693, obs. Crocq ; JCP E 2014. 1380, note Lebel ; JCP 2014. 925, note J.-J. Barbièri ; BJE 2014. 305, note V.*

Legrand ; RDBF 2014, n° 176, obs. S. Piedelièvre.– V. Lauvergnat, *Procédures 2014. Étude 15.*

3. Renonciation à l'insaisissabilité. Sur les modalités, V. * Rép. min. n° 89031 : *JOAN Q, 31 mai 2016, p. 4704.*

4. Cessation de l'activité professionnelle. Les effets de la déclaration d'insaisissabilité subsistent aussi longtemps que les droits des créanciers auxquels elle est opposable ne sont pas éteints, sauf renonciation du déclarant lui-même, de sorte que la cessation de son activité professionnelle ne met pas fin, par elle-même, aux effets de la déclaration. • Com. 17 nov. 2021, n° 20-20.821 P : *D. 2022. Pan. 1675, obs. Cagnoli ; JCP E 2022. 1233, note Lebel ; APC 2022, n° 8, obs. Petit ; BJE 1-2/2022. 12, note Martineau-Bourgninaud ; RPC 2022, n° 6, obs. Reille ; RDBF 2022, n° 20, obs. S. Piedelièvre ; Gaz. Pal. 19 avr. 2022, p. 63, obs. Ferrari ; RJ com. 2022. 201, obs. Némoz-Rajot* • 11 sept. 2024, n° 22-13.482 B : *D. 2024. Actu. 1573 ; Rev. sociétés 2024. 741, obs. Reille ; AJ fam. 2024. 527, obs. Casey ; JCP E 2024. 1347, note Cerati ; APC 2024, n° 185, obs. Lafaurie ; LEDEN 11/2024. 5, obs. Rubellin.*

5. Procédures collectives. Il incombe au débiteur de rapporter la preuve qu'à la date du jugement d'ouverture de la procédure collective, les biens dont la vente est requise par le liquidateur constituaient sa résidence principale. • Com. 14 juin 2023, n° 21-24.207 B : *D. 2023. Actu. 1174 ; Rev. sociétés 2023. 550, obs. Roussel Galle ; JCP E 2023. 1307, note Cerati ; BJE 9-10/2023. 15, note Martineau-Bourgninaud ; RJDA 2023, n° 602 ; RPC 2024, n° 21, obs. Reille.* ♦ Il résulte de l'art. L. 526-1, dans sa rédaction antérieure à celle issue de la L. du 4 août 2008, que, lorsque la personne physique qui exerce une activité professionnelle indépendante a déclaré insaisissables des droits sur un bien foncier non affecté à son usage professionnel, cette déclaration n'a d'effet que si elle a été publiée antérieurement à l'ouverture de la procédure collective, fût-elle une procédure de sauvegarde, qui réunit les créanciers en une collectivité et emporte, dès ce moment, appréhension de l'immeuble dans leur gage commun. • Com. 10 mars 2021, n° 19-21.971 P : *D. 2021. Pan. 1736, obs. Cagnoli ; JCP E 2021. 1424, n° 21, obs. Pételet Tehrani ; LEDEN 4/2021. 1, obs. F.-X. Lucas ; APC 2021, n° 82, obs. Fin-Langer ; BJE 5-6/2021. 32, note Lisanti ; RDBF 2021, n° 67, obs. S. Piédelièvre ; RPC 2021, n° 131, obs. Macorig-Venier ; RJDA 2022, n° 31.* ♦ Sur l'opposabilité d'une déclaration d'insaisissabilité publiée, pendant l'exécution du plan de redressement, par le débiteur redevenu maître de ses biens, V. • Com. 17 nov. 2021, n° 20-15.395 : *LEDEN 12/2021. 6, obs. Rubellin ; RDBF 2022, n° 21, obs. S. Piedelièvre ; BJE 3-4/2022. 14, note Favre-Rochex ; RJ com. 2022. 199, obs. Chaumeton.* ♦ Le créancier auquel la déclaration d'insaisissabilité est inopposable bénéficie, indépendamment de ses droits dans la procédure collective de son débiteur, d'un droit de poursuite sur cet immeuble, qu'il doit être en mesure d'exercer en obtenant, s'il n'en détient pas un auparavant, un titre exécutoire par une action contre le débiteur tendant à voir constater l'existence, le montant et l'exigibilité de sa créance. • Com. 13 sept. 2017, n° 16-10.206 P : *D. 2017. Actu. 1759, obs. Lienhard ; Rev. sociétés 2017. 734, obs. Roussel Galle ; RTD com. 2017. 994, obs. Martin-Serf ; JCP E 2017. 1561, note Cerati-Gauthier ; APC 2017, n° 255, obs. Dols-Magneville ; BJE 2017. 416, note Lisanti ; RDBF 2017, n° 253, obs. S. Piedelièvre ; Gaz. Pal. 16 janv. 2018, p. 68, obs. Le Corre ; RJDA 2018, n° 169 ; RPC 2018, n° 99, obs. Cagnoli.* ♦ Ainsi, rien n'interdit au créancier, tant que sa créance n'est pas prescrite, de faire inscrire une hypothèque provisoire sur cet immeuble dans les conditions du droit commun, lequel s'applique aussi à la demande de mainlevée d'une telle mesure conservatoire. • Com. 7 oct. 2020, n° 19-13.560 P : *D. 2020. Actu. 2007 ; Rev. sociétés 2021. 205, obs. Reille ; RTD com. 2021. 189, obs. Martin-Serf ; JCP E 2020. 1535, n° 4, obs. Pétel ; APC 2020, n° 241, obs. Fin-Langer ; RPC 2020, n° 142, obs. Cagnoli ; BJE 1-2/2021. 31, note Borga ; RJDA 2021, n° 49 ; BJS 3/2021. 52, note Ansault ; RJ com. 2021. 275, obs. Némoz-Rajot.* ♦ Le créancier titulaire d'une sûreté réelle, à qui la déclaration d'insaisissabilité d'un immeuble appartenant à un débiteur en liquidation judiciaire est inopposable en application de l'art. L. 526-1, peut faire procéder à sa vente sur saisie, qui n'est pas une action tendant à la condamnation du débiteur au paiement d'une somme d'argent, prohibée par l'art. L. 622-21. • Com. 20 nov. 2024, n° 23-19.924 B : *D. 2024. Actu. 2004 .* ♦ V. aussi, sur la possibilité, pour le créancier auquel l'insaisissabilité de plein droit de la résidence principale est inopposable, d'exercer son droit de poursuite sur l'immeuble même après clôture de la liquidation judiciaire pour insuffisance d'actif : note 9 ss. art. L. 643-11 C. com., 1re partie. ♦ Sur la nullité de la déclaration d'insaisissabilité faite par le débiteur au cours de la période suspecte, V. C. com., art. L. 632-1 (13°), 1re partie. ♦ V. aussi note 6 ci-dessous, note 156 ss. art. L. 622-24, note 7 ss. art. L. 641-4, note 10 ss. art. L. 641-9 et note 11 ss. art. L. 643-2 C. com., 1re partie.

6. Droit transitoire. L'art. L. 526-1 dans sa rédaction issue de la L. n° 2015-990 du 6 août 2015, rendant de droit insaisissables les droits du débiteur sur l'immeuble où est fixée sa résidence principale, n'est pas applicable aux procédures collectives ouvertes avant l'entrée en vigueur de cette loi. • Com. 29 mai 2019, n° 18-16.097 : *Rev. sociétés 2019. 557, obs. Henry ; RJDA 2019, n° 580 ; LEDEN 11/2019. 5, obs. Rubellin ; RPC 2020, n° 90, obs. Lisanti.* ♦ L'insaisissabilité de plein droit de la résidence principale du débiteur résultant de l'art. L. 526-1 dans sa rédaction issue de la L. n° 2015-990 du 6 août 2015 n'a d'effet, en application de l'art. 206, IV, al. 1er, de cette loi, qu'à l'égard des créanciers dont les droits naissent à l'occasion de l'activité professionnelle après la publication de la loi *[JO 7 août]* ; il en résulte que le liquidateur ne peut agir en licitation-partage de l'immeuble indivis constituant la résidence principale de l'indivisaire en liquidation judiciaire que si tous les créanciers de la procédure ont des créances nées avant la publication de la loi, les droits du débiteur sur l'immeuble étant alors appréhendés par le gage commun. • Com. 13 avr. 2022, n° 20-23.165 B : *D. 2022. Pan. 1676, obs. Cagnoli ; Rev. sociétés 2022. 383, obs. Reille ; JCP E 2022. 1370, n° 6, obs. Pétel ; APC 2022, n° 119, obs. Petit ; RJDA 2022, n° 421 ; BJE 7-8/2022. 7, note Lisanti ; Gaz. Pal. 27 sept. 2022, p. 53, obs. Lebel.* ♦ V. aussi • Com. 13 déc. 2023, n° 22-16.752 B : *cité note 9 ss. art. L. 643-11 C. com., 1re partie.*

Art. L. 526-2 **La déclaration** *(L. n° 2015-990 du 6 août 2015, art. 206-II)* **« prévue au deuxième alinéa de l'article L. 526-1 », reçue par notaire sous peine de nullité, contient la description détaillée** *(L. n° 2008-776 du 4 août 2008, art. 14-I, 3°)* **« des biens et l'indication de leur caractère propre », commun ou indivis. L'acte est publié** *(Ord. n° 2010-638 du 10 juin 2010, art. 13-III, en vigueur le 1er janv. 2013)* **« au fichier immobilier » ou, dans les départements du Bas-Rhin, du Haut-Rhin et de la Moselle, au livre foncier, de sa situation.**

Lorsque la personne est immatriculée *(Ord. n° 2021-1189 du 15 sept. 2021, art. 11, en vigueur le 1er janv. 2023)* **« au registre du commerce et des sociétés, au registre spécial des agents commerciaux ou au registre spécial des entreprises à responsabilité limitée », la déclaration doit y être mentionnée.**

(Ord. n° 2021-1189 du 15 sept. 2021, art. 11, en vigueur le 1er janv. 2023) **« A défaut d'une telle immatriculation, la déclaration est mentionnée au Registre national des entreprises. »**

L'établissement de l'acte prévu au premier alinéa et l'accomplissement des formalités donnent lieu au versement aux notaires d'émoluments fixes dans le cadre d'un plafond déterminé par décret. — *V. Décr. n° 2004-303 du 26 mars 2004 (JO 30 mars).*

La publication dans un support habilité à recevoir des annonces légales dans le département dans lequel est exercée l'activité professionnelle réalisée par la personne en application de l'art. L. 526-2, dans sa rédaction antérieure à l'entrée en vigueur de l'Ord. n° 2021-1189 du 15 sept. 2021 [fixée au 1er janv. 2023], demeure régulière et continue de produire ses effets liés au bénéfice du 2e al. de l'art. L. 526-1 (Ord. préc., art. 45-I).

BIBL. ▶ Vauvillé, *BJS 2003. 1117 ; Defrénois 2003. 1197* (déclaration notariée). - Laugier, *JCP N 2003, n° 45, p. 1594* (même thème). - Sander, *ibid. 2004, n° 1-2, p. 9* (publicité au livre foncier). - Dagot, *JCP E 2004, n° 4, p. 113* (formules). - Doublon et Gelot, *Defrénois 2004. 865* (commentaires et formules). - Guilhaudis et Raffray, *JCP N 2005, n° 11, p. 605* (pratique de la déclaration notariée d'insaisissabilité).

Le tableau des avocats inscrits auprès d'un barreau ne constitue pas un registre de publicité légale à caractère professionnel au sens de l'art. L. 526-2, al. 2 ; la déclaration d'insaisissabilité faite par un avocat, outre les formalités de publicité au bureau des hypothèques, est, en conséquence, subordonnée à une publication dans un journal d'annonces. • Civ. 1re, 15 mai 2007, n° 05-19.189 P : *D. 2007. AJ 1511 ; RDBF 2007, n° 189, obs. S. Piedelièvre.*

Art. L. 526-3 *(L. n° 2015-990 du 6 août 2015, art. 206-III).* **En cas de cession des droits immobiliers sur la résidence principale, le prix obtenu demeure insaisissable, sous la condition du remploi dans le délai d'un an des sommes à l'acquisition par la personne mentionnée au premier alinéa de l'article L. 526-1 d'un immeuble où est fixée sa résidence principale.**

L'insaisissabilité des droits sur la résidence principale et la déclaration d'insaisissabilité portant sur tout bien foncier, bâti ou non bâti, non affecté à l'usage professionnel peuvent, à tout moment, faire l'objet d'une renonciation soumise aux conditions de validité et d'opposabilité prévues à l'article L. 526-2. La renonciation peut porter sur tout ou partie des biens ; elle peut être faite au bénéfice d'un ou de plusieurs créanciers mentionnés à l'article L. 526-1 désignés par l'acte authentique de renonciation. Lorsque le bénéficiaire de cette renonciation cède sa créance, le cessionnaire peut se prévaloir de celle-ci. La renonciation peut, à tout moment, être révoquée dans les conditions de validité et d'opposabilité prévues à l'article L. 526-2. Cette révocation n'a d'effet qu'à l'égard des créanciers mentionnés à l'article L. 526-1 dont les droits naissent postérieurement à sa publication.

Les effets de l'insaisissabilité et ceux de la déclaration subsistent après la dissolution du régime matrimonial lorsque la personne mentionnée au premier alinéa de l'article L. 526-1 ou le déclarant mentionné au deuxième alinéa du même article L. 526-1 est attributaire du bien. Ils subsistent également en cas de décès de la personne mentionnée au premier alinéa dudit article L. 526-1 ou du déclarant mentionné au deuxième alinéa du même article L. 526-1 jusqu'à la liquidation de la succession.

Sur les dispositions transitoires de la L. n° 2015-990 du 6 août 2015, V. note ss. art. L. 526-1.

V. art. R. 526-1 et R. 526-2.

BIBL. ▸ LEDAN-CABARROQUE et SAINTOURENS, *JCP N 2012. 1016* (décès du déclarant au cours de la liquidation judiciaire).

Renonciation à l'insaisissabilité légale. L'art. L. 526-3, qui ne fait aucune distinction entre l'insaisissabilité de droit et la déclaration d'insaisissabilité, impose dans les deux cas que l'acte de renonciation soit passé sous la forme authentique et fasse l'objet d'une double publicité. • Poitiers, 3 juill. 2018, n° 17/03843 : *LEDEN 10/2018. 5, obs. Rubellin.* ♦ En conséquence du défaut de publicité et de l'inopposabilité aux tiers de l'acte de renonciation à l'insaisissabilité de l'immeuble, le mandataire judiciaire ne pouvait en poursuivre la vente et c'est donc à tort que le juge commissaire a autorisé la vente de gré à gré de l'immeuble. • Même arrêt.

Art. L. 526-4 **Lors de sa demande d'immatriculation** *(Ord. n° 2021-1189 du 15 sept. 2021, art. 11, en vigueur le 1er janv. 2023)* **« au registre du commerce et des sociétés, au registre spécial des agents commerciaux, au registre spécial des entreprises individuelles à responsabilité limitée ou au Registre national des entreprises », la personne physique mariée sous un régime de communauté légale ou conventionnelle doit justifier que son conjoint a été informé des conséquences sur les biens communs des dettes contractées dans l'exercice de sa profession.**

Un décret en Conseil d'État précise en tant que de besoin les modalités d'application du présent article. — *V. art. R. 526-1 et R. 526-2.*

V. C. com., art. R. 123-37, R. 123-46 et R. 123-243. — ***C. com.***

Le justificatif doit être fourni même si les conjoints vivent séparément, sauf en cas de séparation de biens ou de corps ; il doit également être fourni, à titre déclaratif, lorsque le conjoint vit à l'étranger (Avis CCRCS n° 04-55 : *Bull. RCS 2005, n° 28 ; BRDA 2005, n° 2, p. 15*). ♦ Lorsqu'un commerçant déjà immatriculé au RCS se marie sous le régime de la communauté des biens, il n'est pas tenu de fournir, à l'appui de sa demande d'inscription modificative, une déclaration de son conjoint attestant qu'il a été informé des conséquences sur les biens communs des dettes contractées dans l'exercice de l'activité commerciale (Avis CCRCS n° 05-88 *bis* : *BRDA 2006, n° 6, p. 14*).

Code civil

Art. 1387-1 *(L. n° 2005-882 du 2 août 2005, art. 13)* Lorsque le divorce est prononcé, si des dettes ou sûretés ont été consenties par les époux, solidairement ou séparément, dans le cadre de la gestion d'une entreprise, le *(Ord. n° 2019-964 du 18 sept. 2019, art. 34, en vigueur le 1er janv. 2020)* « tribunal judiciaire » peut décider d'en faire supporter la charge exclusive au conjoint qui conserve le patrimoine professionnel ou, à défaut, la qualification professionnelle ayant servi de fondement à l'entreprise.

BIBL. ▸ BRÉMOND, *JCP N 2005. 1497.* - CHAZAL et FERRÉ-ANDRÉ, *D. 2006. 316*. - CROCQ, *D. 2005. 2025*. - JACOB, *Banque et Dr. 9-10/2005. 62.* - LARRIBAU-TERNEYRE, *Dr. fam. 2005. Étude 21.* - S. PIEDELIÈVRE, *D. 2005. 2138*. - REVET, *Dr. et patr. 11/2005. 91.* - CASTAGNÉ, *JCP N 2006, n° 45, p. 1951* (un mariage à trois : le commerçant, son conjoint et le fonds de commerce). - CASEY, *Gaz. Pal. 6-7 janv. 2012, p. 17* (analyse de la jurisprudence des cours d'appel et bilan quinquennal).

1. Domaine. L'art. 1387-1 ne constitue qu'une modalité de partage de la communauté entre les époux, laissée à l'appréciation du tribunal chargé de la liquidation de celle-ci ; il laisse subsister l'obligation contractée par l'épouse, codébiteur solidaire, envers le créancier. • Bourges, 24 janv. 2008 : *RJPF 2009-6/25, note Casey.*

2. Application dans le temps. L'art. 1387-1 n'est pas applicable aux dettes contractées avant son entrée en vigueur. • Douai, 20 oct. 2008 : *Dr. fam. 2009, n° 52, obs. Larribau-Terneyre ; RJPF 2009-6/25, note Casey.*

Art. L. 526-5 *(Ord. nº 2006-346 du 23 mars 2006, art. 43)* **Les dispositions des articles L. 313-14 à L. 313-14-2** *[abrogés]* **du code de la consommation sont applicables aux opérations de prêt consenties à toute personne physique immatriculée** *(Ord. nº 2021-1189 du 15 sept. 2021, art. 11, en vigueur le 1er janv. 2023)* **« au registre national des entreprises » ainsi qu'au gérant associé unique d'une société à responsabilité limitée, et garanties par une hypothèque rechargeable inscrite sur l'immeuble où l'intéressé a fixé sa résidence principale.**

SECTION 2 *De l'entrepreneur individuel à responsabilité limitée*

(L. nº 2010-658 du 15 juin 2010, art. 1er-2º)

Les dispositions des art. L. 526-6 à L. 526-21 ci-dessous entrent en vigueur à compter de la publication de l'ordonnance portant adaptation du droit des entreprises en difficulté à l'EIRL (L. nº 2010-658 du 15 juin 2010, art. 8-I et 14-I). Ladite ordonnance (nº 2010-1512 du 9 déc. 2010) a été publiée au Journal officiel du 10 déc. 2010.

A compter de la publication de la L. nº 2022-172 du 14 févr. 2022, nul ne peut affecter à son activité professionnelle un patrimoine séparé de son patrimoine personnel en application de l'art. L. 526-6 C. com. L'affectation à un patrimoine affecté déjà constitué ou le retrait d'éléments de celui-ci demeurent possibles. Les personnes physiques exerçant leur activité sous le régime de l'entrepreneur individuel à responsabilité limitée à la date de publication de la L. préc. demeurent régies par la section 2 du chapitre VI du titre II du livre V C. com., dans sa rédaction résultant de la L. préc. (L. préc., art. 6, al. 1er et 2, JO 15 févr.).

RÉP. COM. vº *Entreprise individuelle à responsabilité limitée – EIRL*, par HOUTCIEFF.

RÉP. SOCIÉTÉS vº *Entrepreneur individuel à responsabilité limitée – EIRL*, par QUIEVY.

BIBL. GÉN. ▶ Sur l'Ord. nº 2010-1512 du 9 déc. 2010 (adaptation du droit des entreprises en difficulté à l'EIRL), V. Bibl. gén. introduisant le livre VI nouveau C. com., 1re partie. ▶ Sur la loi PACTE du 22 mai 2019 : SAINTOURENS, *RTD com. 2019. 602* ✎.

Art. L. 526-6 *(L. nº 2019-486 du 22 mai 2019, art. 7)* **« Pour l'exercice de son activité en tant qu'entrepreneur individuel à responsabilité limitée, l'entrepreneur individuel affecte à son activité professionnelle un patrimoine séparé de son patrimoine personnel, sans création d'une personne morale, dans les conditions prévues à l'article L. 526-7. »**

Ce patrimoine est composé de l'ensemble des biens, droits, obligations ou sûretés dont l'entrepreneur individuel est titulaire, nécessaires à l'exercice de son activité professionnelle. Il peut comprendre également les biens, droits, obligations ou sûretés dont l'entrepreneur individuel est titulaire, utilisés pour l'exercice de son activité professionnelle *(L. nº 2019-486 du 22 mai 2019, art. 7)* **« , qu'il décide d'y affecter et qu'il peut ensuite décider de retirer du patrimoine affecté ». Un même bien, droit, obligation ou sûreté ne peut entrer dans la composition que d'un seul patrimoine affecté.** – *V. art. R. 526-3-1.*

(L. nº 2010-874 du 27 juill. 2010, art. 40-I) **« Par dérogation à l'alinéa précédent, l'entrepreneur individuel exerçant une activité agricole au sens de l'article L. 311-1 du code rural et de la pêche maritime peut ne pas affecter les terres utilisées pour l'exercice de son exploitation** *(L. nº 2011-525 du 17 mai 2011, art. 178-II)* **« à son activité professionnelle ». Cette faculté s'applique à la totalité des terres dont l'exploitant est propriétaire. »**

Pour l'exercice de l'activité professionnelle à laquelle le patrimoine est affecté, l'entrepreneur individuel utilise une dénomination incorporant son nom, précédé ou suivi immédiatement des mots : Entrepreneur individuel à responsabilité limitée ou des initiales : EIRL.

Un même entrepreneur individuel peut constituer plusieurs patrimoines affectés à compter du 1er janv. 2013 (L. nº 2010-658 du 15 juin 2010, art. 14-II).

V. 2e note en tête de la présente section.

1. La personne qui a choisi d'agir dans le cadre d'une société ne peut pas recourir au statut de l'EIRL ni cumuler les avantages conférés par la société et ceux offerts à l'entrepreneur individuel par le chapitre VI du livre V du code de commerce comprenant la déclaration d'insaisissabilité, d'une part, et le statut de l'EIRL, d'autre part (Rép. min. n° 81046 : *JOAN Q, 14 sept. 2010, p. 9981*).

2. Pour l'application aux négociateurs immobiliers indépendants, V. * Rép. min. n° 87875 : *JOAN Q, 21 déc. 2010, p. 13812*.

3. Sur la constitution d'un patrimoine affecté après l'ouverture d'une procédure de redressement judiciaire, V. * Rép. min. n° 53658 : *JOAN Q, 5 janv. 2016, p. 158*.

4. V. aussi note ss. art. L. 680-2 C. com.

Art. L. 526-7 **La constitution du patrimoine affecté résulte** *(Abrogé par L. n° 2019-486 du 22 mai 2019, art. 7)* ***« du dépôt »*** **d'une déclaration** *(L. n° 2019-486 du 22 mai 2019, art. 7)* **« effectuée » :**

(Ord. n° 2021-1189 du 15 sept. 2021, art. 11, en vigueur le 1er janv. 2023) **« 1° Pour une activité commerciale, au registre du commerce et des sociétés auprès duquel le commerçant est tenu de s'immatriculer ;**

« 2° Pour une activité relevant du secteur des métiers et de l'artisanat, au registre national des entreprises auprès duquel le chef d'entreprise est tenu de s'immatriculer en cette qualité ;

« 3° Pour une activité d'agent commercial, au registre spécial des agents commerciaux ;

« 4° Pour les activités ne relevant pas des cas prévus aux 1° à 3°, au registre spécial tenu au greffe du tribunal de commerce ou du tribunal judiciaire statuant commercialement dans le ressort duquel se trouve l'adresse de leur établissement principal.

« Lorsque l'activité exercée par l'entrepreneur individuel est inscrite à la fois au registre du commerce et des sociétés et au registre national des entreprises en tant qu'entreprise du secteur des métiers et de l'artisanat, la déclaration est effectuée auprès du registre du commerce et des sociétés. »

(L. n° 2014-626 du 18 juin 2014, art. 33-I-2°) **« Lorsque l'entrepreneur individuel est transféré dans le ressort d'un autre registre ou rattaché à un autre registre en cours d'activité,** *(Abrogé par L. n° 2019-486 du 22 mai 2019, art. 7)* ***« sa déclaration d'affectation, les autres déclarations prévues à la présente section, »*** **les mentions inscrites et l'ensemble des documents publics déposés sont transférés par le précédent organisme teneur de registre à celui nouvellement compétent. Dans ce cas,** *(Abrogé par L. n° 2019-486 du 22 mai 2019, art. 7)* ***« celui-ci est dispensé des vérifications prévues à l'article L. 526-8 et »*** **mention du transfert est portée au premier registre. Le transfert s'effectue par voie dématérialisée et ne donne pas lieu à émolument ou redevance. »**

Le 2° du I, le II et le III de l'art. 33 de la L. n° 2014-626 du 18 juin 2014 entrent en vigueur à une date fixée par décret et au plus tard douze mois à compter de la promulgation de cette loi (L. préc., art. 33-IV).

Sur le contenu de la déclaration d'affectation, V. art. R. 526-3.

Art. L. 526-8 *(L. n° 2019-486 du 22 mai 2019, art. 7)* **I. — Lors de la constitution du patrimoine affecté, l'entrepreneur individuel mentionne la nature, la qualité, la quantité et la valeur des biens, droits, obligations ou sûretés qu'il affecte à son activité professionnelle sur un état descriptif déposé au registre où est effectuée la déclaration prévue à l'article L. 526-7 pour y être annexé.**

En l'absence de bien, droit, obligation ou sûreté affectés en application du deuxième alinéa de l'article L. 526-6, aucun état descriptif n'est établi.

II. — La valeur inscrite est la valeur vénale ou, en l'absence de marché pour le bien considéré, la valeur d'utilité.

Sans préjudice du respect des règles d'affectation prévues à la présente section, l'entrepreneur individuel *(Abrogé par L. n° 2022-172 du 14 févr. 2022, art. 6)* ***« qui exerçait son activité professionnelle antérieurement à la déclaration mentionnée à l'article L. 526-7 »*** **peut présenter en qualité d'état descriptif le bilan de son dernier exercice, à condition que celui-ci soit clos depuis moins de quatre mois à la date de la déclaration. Dans ce cas, l'ensemble des éléments figurant dans le bilan compose l'état descriptif et les opérations intervenues depuis la date du dernier exercice clos sont comprises dans**

(L. n° 2022-172 du 14 févr. 2022, art. 6) **« l'exercice suivant » de l'entrepreneur individuel à responsabilité limitée.**

Lorsque l'entrepreneur individuel *(L. n° 2022-172 du 14 févr. 2022, art. 6)* **« à responsabilité limitée » n'a pas opté pour l'assimilation à une entreprise unipersonnelle à responsabilité limitée ou à une exploitation agricole à responsabilité limitée au sens de l'article 1655 *sexies* du code général des impôts, la valeur des éléments constitutifs du patrimoine affecté correspond à leur valeur nette comptable telle qu'elle figure dans les comptes du dernier exercice clos à la date de constitution du patrimoine affecté s'il est tenu à une comptabilité commerciale, ou à la valeur d'origine de ces éléments telle qu'elle figure au registre des immobilisations du dernier exercice clos, diminuée des amortissements déjà pratiqués, si l'entrepreneur n'est pas tenu à une telle comptabilité.**

Sur la sanction de l'absence de mention, dans la déclaration d'affectation, des éléments de l'état descriptif des biens, droits, obligations ou sûretés affectés à l'activité professionnelle, V. sous le régime antérieur à la L. du 22 mai 2019, note 67 ss. art. L. 621-2 C. com., 1re partie.

Art. L. 526-8-1 *(L. n° 2019-486 du 22 mai 2019, art. 7)* **Postérieurement à la constitution du patrimoine affecté, l'inscription ou le retrait en comptabilité d'un bien, droit, obligation ou sûreté emporte affectation à l'activité professionnelle ou retrait du patrimoine affecté.**

Sont de plein droit affectés, par l'effet d'une subrogation réelle, les créances et indemnités qui remplacent des biens affectés ainsi que les biens acquis en emploi ou remploi des biens affectés.

La comptabilité régulièrement tenue fait preuve à l'égard des tiers sous réserve des formalités prévues aux articles L. 526-9 et L. 526-11 et du respect des règles prévues au deuxième alinéa de l'article L. 526-6.

Art. L. 526-9 **L'affectation d'un bien immobilier ou d'une partie d'un tel bien est reçue par acte notarié et publiée au bureau des hypothèques** *[fichier immobilier]* **ou, dans les départements du Bas-Rhin, du Haut-Rhin et de la Moselle, au livre foncier de la situation du bien. L'entrepreneur individuel qui n'affecte qu'une partie d'un ou de plusieurs biens immobiliers désigne celle-ci dans un état descriptif de division.**

L'établissement de l'acte notarié et l'accomplissement des formalités de publicité donnent lieu au versement d'émoluments fixes dans le cadre d'un plafond déterminé par décret.

(L. n° 2019-486 du 22 mai 2019, art. 7) **« L'affectation ou le retrait d'un bien immobilier ou d'une partie d'un tel bien intervenant après la constitution du patrimoine affecté donne lieu aux formalités prévues au premier alinéa et au dépôt du document attestant de l'accomplissement de ces formalités au registre dont relève l'entrepreneur individuel à responsabilité limitée en application de l'article L. 526-7. »**

Le non-respect des règles prévues au présent article entraîne l'inopposabilité de l'affectation *(L. n° 2019-486 du 22 mai 2019, art. 7)* **« ou du retrait ».**

Selon les art. 11 et 25 de l'Ord. n° 2024-562 du 19 juin 2024 modifiant et codifiant le droit de la publicité foncière, les mots « bureau des hypothèques » devaient être remplacés, au plus tard le 31 déc. 2028, par les mots « fichier immobilier ». Faute de dépôt devant le Parlement d'un projet de loi de ratification dans le délai imparti (avant le 20 sept. 2024), l'Ord. préc. est caduque.

Art. L. 526-10 *Abrogé par L. n° 2019-486 du 22 mai 2019, art. 7.*

Art. L. 526-11 **Lorsque tout ou partie des biens affectés sont des biens communs ou indivis, l'entrepreneur individuel justifie de l'accord exprès de son conjoint ou de ses coïndivisaires et de leur information préalable sur les droits des créanciers mentionnés au 1°** *(L. n° 2019-486 du 22 mai 2019, art. 7)* **« du I » de l'article L. 526-12 sur le patrimoine affecté. Un même bien commun ou indivis ou une même partie d'un bien immobilier commun ou indivis ne peut entrer dans la composition que d'un seul patrimoine affecté.**

(L. n° 2019-486 du 22 mai 2019, art. 7) **« Lorsque l'affectation ou le retrait d'un bien commun ou indivis est postérieure** *[postérieur]* **à la constitution du patrimoine affecté, il donne lieu au dépôt au registre dont relève l'entrepreneur individuel à responsabilité limitée en application de l'article L. 526-7 du document attestant de l'accomplissement des formalités mentionnées au premier alinéa du présent article. »**

Le non-respect des règles prévues au présent article entraîne l'inopposabilité de l'affectation.

Art. L. 526-12 *(L. n° 2019-486 du 22 mai 2019, art. 7)* I. – La composition du patrimoine affecté est opposable de plein droit aux créanciers dont les droits sont nés postérieurement à la déclaration mentionnée à l'article L. 526-7.

Par dérogation aux articles 2284 et 2285 du code civil :

1° Les créanciers auxquels la déclaration est opposable et dont les droits sont nés à l'occasion de l'exercice de l'activité professionnelle à laquelle le patrimoine est affecté ont pour seul gage général le patrimoine affecté ;

2° Les autres créanciers auxquels la déclaration est opposable ont pour seul gage général le patrimoine non affecté.

Lorsque l'affectation procède d'une inscription en comptabilité en application de l'article L. 526-8-1 du présent code, elle est opposable aux tiers à compter du dépôt du bilan de l'entrepreneur individuel à responsabilité limitée ou, le cas échéant, du ou des documents résultant des obligations comptables simplifiées prévues au deuxième alinéa de l'article L. 526-13 auprès du registre où est immatriculé l'entrepreneur.

II. – Lorsque la valeur d'un élément d'actif du patrimoine affecté, autre que des liquidités, mentionnée dans l'état descriptif prévu à l'article L. 526-8 ou en comptabilité, est supérieure à sa valeur réelle au moment de son affectation, l'entrepreneur individuel à responsabilité limitée est responsable, pendant une durée de cinq ans, à l'égard des tiers sur la totalité de son patrimoine, affecté et non affecté, à hauteur de la différence entre la valeur réelle du bien au moment de l'affectation et la valeur mentionnée dans l'état descriptif ou en comptabilité.

Il est également responsable sur la totalité de ses biens et droits en cas de fraude ou en cas de manquement grave aux obligations prévues à l'article L. 526-13.

En cas d'insuffisance du patrimoine non affecté, le droit de gage général des créanciers mentionnés au 2° du I du présent article peut s'exercer sur le bénéfice réalisé par l'entrepreneur individuel à responsabilité limitée lors du dernier exercice clos.

Art. L. 526-13 L'activité professionnelle à laquelle le patrimoine est affecté fait l'objet d'une comptabilité autonome, établie dans les conditions définies aux articles L. 123-12 à L. 123-23 et L. 123-25 à L. 123-27. – *V.* **C. *com.***

Par dérogation à l'article L. 123-28 et au premier alinéa du présent article, l'activité professionnelle des personnes bénéficiant des régimes définis aux articles 50-0, *(L. n° 2019-486 du 22 mai 2019, art. 7)* « 64 *bis* » et 102 *ter* du code général des impôts fait l'objet d'obligations comptables simplifiées.

L'entrepreneur individuel à responsabilité limitée est tenu de faire ouvrir dans un établissement de crédit un ou plusieurs comptes bancaires exclusivement dédiés à l'activité à laquelle le patrimoine a été affecté.

V. art. R. 526-11.

Sur la sanction, en cas d'ouverture d'une procédure collective, V. C. com., art. L. 621-2, al. 3, 1re partie.

BIBL. ▸ BONHOMME, *BJE 2012. 125* (patrimoine affecté et convention d'unité de compte : quelle compatibilité ?).

Art. L. 526-14 *(L. n° 2014-626 du 18 juin 2014, art. 35-I-1°)* « Le bilan » de l'entrepreneur individuel à responsabilité limitée ou, le cas échéant, le ou les documents résultant des obligations comptables simplifiées prévues au deuxième alinéa de l'article L. 526-13 sont déposés chaque année au registre *(L. n° 2019-486 du 22 mai 2019, art. 7)* « dont relève l'entrepreneur individuel à responsabilité limitée en application de » l'article L. 526-7 pour y être annexés. *(Abrogé par L. n° 2016-1691 du 9 déc. 2016, art. 128-4°)* ***« Ils sont transmis, pour y être annexés, au registre prévu au 3° de l'article L. 526-7 lorsque le dépôt de la déclaration est effectué au répertoire des métiers dans le cas prévu au 1° du même article, et, s'il y a lieu, au registre du commerce et des sociétés dans le cas prévu au 2° du même article. »*** *(Abrogé par L. n° 2019-486 du 22 mai 2019, art. 7)* ***« A compter de leur dépôt, ils valent actualisation de la composition*** *(Abrogé par L. n° 2014-626 du 18 juin 2014, art. 35-I-1°)* ***« et de la valeur » du patrimoine affecté. »***

En cas de non-respect de l'obligation mentionnée au premier alinéa, le président du tribunal, statuant en référé, peut, à la demande de tout intéressé ou du ministère public, enjoindre sous astreinte à l'entrepreneur individuel à responsabilité limitée de procéder au dépôt de *(L. n° 2014-626 du 18 juin 2014, art. 35-I-2°)* « son bilan » ou, le cas échéant, du ou des documents résultant des obligations comptables simplifiées prévues au deuxième alinéa de l'article L. 526-13.

Art. L. 526-15 En cas de renonciation de l'entrepreneur individuel à responsabilité limitée à l'affectation ou en cas de décès de celui-ci, la déclaration *(L. n° 2019-486 du 22 mai 2019, art. 7)* « mentionnée à l'article L. 526-7 » cesse de produire ses effets. Toutefois, en cas de cessation, concomitante à la renonciation, de l'activité professionnelle à laquelle le patrimoine est affecté ou en cas de décès, les créanciers mentionnés aux 1° et 2° *(L. n° 2019-486 du 22 mai 2019, art. 7)* « du I » de l'article L. 526-12 conservent pour seul gage général celui qui était le leur au moment de la renonciation ou du décès.

En cas de renonciation, l'entrepreneur individuel en fait porter la mention au registre *(L. n° 2019-486 du 22 mai 2019, art. 7)* « dont il relève en application de » l'article L. 526-7. En cas de décès, un héritier, un ayant droit ou toute personne mandatée à cet effet en fait porter la mention au même registre. — *V. art. R. 526-12.*

BIBL. ▶ J.-P. Sénéchal, *BJE 2011. 218* (décès de l'EIRL et obligation de l'héritier aux dettes de la succession).

Art. L. 526-16 *Abrogé par L. n° 2022-172 du 14 févr. 2022, art. 6, à compter du 14 août 2022.*

Art. L. 526-17 I. — L'entrepreneur individuel à responsabilité limitée peut céder à titre onéreux, transmettre à titre gratuit entre vifs ou apporter en société l'intégralité de son patrimoine affecté et en transférer la propriété dans les conditions prévues aux II et III du présent article sans procéder à sa liquidation.

II. — La cession à titre onéreux ou la transmission à titre gratuit entre vifs du patrimoine affecté à une personne physique entraîne sa reprise avec maintien de l'affectation dans le patrimoine du cessionnaire ou du donataire. Elle donne lieu au dépôt par le cédant ou le donateur d'une déclaration de transfert au registre *(L. n° 2019-486 du 22 mai 2019, art. 7)* « dont relève l'entrepreneur individuel à responsabilité limitée en application de » l'article L. 526-7 et fait l'objet d'une publicité. La reprise n'est opposable aux tiers qu'après l'accomplissement de ces formalités.

La cession du patrimoine affecté *(L. n° 2022-172 du 14 févr. 2022, art. 6)* « à un entrepreneur individuel ou » à une personne morale ou son apport en société entraîne transfert de propriété dans le patrimoine du cessionnaire ou de la société, sans maintien de l'affectation. Elle donne lieu à publication d'un avis. Le transfert de propriété n'est opposable aux tiers qu'après l'accomplissement de cette formalité.

III. — La déclaration ou l'avis mentionnés au II sont accompagnés d'un état descriptif des biens, droits, obligations ou sûretés composant le patrimoine affecté.

Les articles *(L. n° 2019-744 du 19 juill. 2019, art. 1er)* « L. 141-2 » à L. 141-22 ne sont pas applicables à la cession ou à l'apport en société d'un fonds de commerce intervenant par suite de la cession ou de l'apport en société d'un patrimoine affecté.

Le cessionnaire, le donataire ou le bénéficiaire de l'apport est débiteur des créanciers de l'entrepreneur individuel à responsabilité limitée mentionnés au 1° *(L. n° 2019-486 du 22 mai 2019, art. 7)* « du I » de l'article L. 526-12 en lieu et place de celui-ci, sans que cette substitution emporte novation à leur égard.

Les créanciers de l'entrepreneur individuel à responsabilité limitée mentionnés au 1° *(L. n° 2019-486 du 22 mai 2019, art. 7)* « du I » de l'article L. 526-12 dont la créance est antérieure à la date de la publicité mentionnée au II du présent article, ainsi que les créanciers auxquels la déclaration n'est pas opposable et dont les droits sont nés antérieurement *(L. n° 2019-486 du 22 mai 2019, art. 7)* « à » la déclaration *(L. n° 2019-486 du 22 mai 2019, art. 7)* « mentionnée » à l'article L. 526-7 lorsque le patrimoine affecté fait l'objet d'une donation entre vifs, peuvent former opposition à la transmission du patrimoine affecté dans un délai fixé par voie réglementaire. Une décision de justice rejette l'opposition ou ordonne soit le remboursement des créances, soit la constitution de garanties, si le cessionnaire ou le donataire en offre et si elles sont jugées suffisantes. — *V. art. R. 526-14.*

A défaut de remboursement des créances ou de constitution des garanties ordonnées, la transmission du patrimoine affecté est inopposable aux créanciers dont l'opposition a été admise.

L'opposition formée par un créancier n'a pas pour effet d'interdire la transmission du patrimoine affecté.

BIBL. ▸ Lacroix-De Sousa, *D. 2012. Chron. 620*.

Art. L. 526-18 L'entrepreneur individuel à responsabilité limitée détermine les revenus qu'il verse dans son patrimoine non affecté.

Art. L. 526-19 *(L. n° 2018-1317 du 28 déc. 2018, art. 209)* « Sous réserve des dispositions » *(Ord. n° 2021-1189 du 15 sept. 2021, art. 11, en vigueur le 1er janv. 2023)* « de l'article L. 123-54, » le tarif des formalités de dépôt *(L. n° 2014-626 du 18 juin 2014, art. 33-III)* « et de transfert » des déclarations et d'inscription des mentions visées à la présente section ainsi que de dépôt *(L. n° 2014-626 du 18 juin 2014, art. 33-III et 35-II)* « et de transfert du bilan » ou du ou des documents résultant des obligations comptables simplifiées prévues au deuxième alinéa de l'article L. 526-13 est fixé par décret. — *Pour l'entrée en vigueur de l'art. 33-III de la L. n° 2014-626 du 18 juin 2014, V. note ss. art. L. 526-7.*

Dernier al. *abrogé par L. n° 2022-172 du 14 févr. 2022, art. 6.*

Art. L. 526-20 Le ministère public ainsi que tout intéressé peuvent demander au président du tribunal statuant en référé d'enjoindre sous astreinte à un entrepreneur individuel à responsabilité limitée de porter sur tous ses actes et documents sa dénomination, précédée ou suivie immédiatement et lisiblement des mots : Entrepreneur individuel à responsabilité limitée ou des initiales : EIRL.

Art. L. 526-21 Les conditions d'application de la présente section sont fixées par décret en Conseil d'État. — *V. art. R. 526-3 s.*

Sur les dispositions applicables à l'entrepreneur individuel à responsabilité limitée en difficulté, V. C. com., art. L. 680-1 s., 1re partie. — Sur la coordination avec les dispositions relatives au traitement des situations de surendettement, V. C. consom., art. L. 711-7 et L. 711-8, ss. C. com., art. L. 680-7, 1re partie.

SECTION 3 *Du statut de l'entrepreneur individuel*

(L. n° 2022-172 du 14 févr. 2022, art. 1er, en vigueur le 15 mai 2022)

Les art. L. 526-22 à L. 526-31 ci-dessous s'appliquent aux créances nées après l'entrée en vigueur des art. 1er à 5 de la L. n° 2022-172 du 14 févr. 2022 [15 mai 2022] (L. préc., art. 19-I, al. 2).

RÉP. COM. v° *Entrepreneur individuel*, par Jullian.

BIBL. GÉN. ▸ Dondero, *Rev. sociétés 2022. 199* ; *ibid. 327* (textes réglementaires). - Saintourens, *RTD com. 2022. 447*. - *BRDA 2022, n° 6, p. 25*. - Dossier spécial, *JCP E 2022. 1135 s.* - Colloque de l'université de Toulouse 1 du 4 mars 2022, *RJ com. 2022. 205*. - Poracchia et Stoffel, *BJS 9/2022. 52*. - Larcher et Leobon, *JCP N 2022. 1221* (responsabilité comparée de l'entrepreneur individuel et du dirigeant de société).

Art. L. 526-22 L'entrepreneur individuel est une personne physique qui exerce en son nom propre une ou plusieurs activités professionnelles indépendantes.

(L. n° 2024-42 du 26 janv. 2024, art. 29) « Le statut d'entrepreneur individuel n'est pas accessible aux étrangers ressortissants de pays non membres de l'Union européenne, d'un autre État partie à l'Espace économique européen ou de la Confédération suisse ne disposant pas d'un titre de séjour les autorisant à exercer sous ce statut. »

Les biens, droits, obligations et sûretés dont il est titulaire et qui sont utiles à son activité ou à ses activités professionnelles indépendantes constituent le patrimoine professionnel de l'entrepreneur individuel. Sous réserve du livre VI du présent code, ce patrimoine ne peut être scindé. Les éléments du patrimoine de l'entrepreneur individuel non compris dans le patrimoine professionnel constituent son patrimoine personnel.

La distinction des patrimoines personnel et professionnel de l'entrepreneur individuel ne l'autorise pas à se porter caution en garantie d'une dette dont il est débiteur principal.

Par dérogation aux articles 2284 et 2285 du code civil et sans préjudice des dispositions légales relatives à l'insaisissabilité de certains biens, notamment la section 1 du présent chapitre et l'article L. 526-7 du présent code, l'entrepreneur individuel n'est tenu de remplir son engagement à l'égard de ses créanciers dont les droits sont nés à l'occasion de son exercice professionnel que sur son seul patrimoine professionnel, sauf sûretés conventionnelles ou renonciation dans les conditions prévues à l'article L. 526-25.

Les dettes dont l'entrepreneur individuel est redevable envers les organismes de recouvrement des cotisations et contributions sociales sont nées à l'occasion de son exercice professionnel.

Seul le patrimoine personnel de l'entrepreneur individuel constitue le gage général des créanciers dont les droits ne sont pas nés à l'occasion de son exercice professionnel. Toutefois, si le patrimoine personnel est insuffisant, le droit de gage général des créanciers peut s'exercer sur le patrimoine professionnel, dans la limite du montant du bénéfice réalisé lors du dernier exercice clos. En outre, les sûretés réelles consenties par l'entrepreneur individuel avant le commencement de son activité ou de ses activités professionnelles indépendantes conservent leur effet, quelle que soit leur assiette.

La charge de la preuve incombe à l'entrepreneur individuel pour toute contestation de mesures d'exécution forcée ou de mesures conservatoires qu'il élève concernant l'inclusion ou non de certains éléments d'actif dans le périmètre du droit de gage général du créancier. Sans préjudice de l'article L. 121-2 du code des procédures civiles d'exécution, la responsabilité du créancier saisissant peut être recherchée pour abus de saisie lorsqu'il a procédé à une mesure d'exécution forcée ou à une mesure conservatoire sur un élément d'actif ne faisant manifestement pas partie de son gage général.

Dans le cas où un entrepreneur individuel cesse toute activité professionnelle indépendante, le patrimoine professionnel et le patrimoine personnel sont réunis. Il en est de même en cas de décès de l'entrepreneur individuel, sous réserve des articles L. 631-3 et L. 640-3 du présent code.

Les conditions d'application du présent article sont définies par décret en Conseil d'État. — *V. art. R. 526-26. — Sur la dénomination de l'entrepreneur individuel, V. art. R. 526-27 au* ***C. com.***

Art. L. 526-23 La dérogation prévue au quatrième alinéa de l'article L. 526-22 ne s'applique qu'aux créances nées à compter de l'immatriculation au registre dont relève l'entrepreneur individuel pour son activité, lorsque celle-ci est prévue. Lorsqu'il relève de plusieurs registres, la dérogation prend effet à compter de la date d'immatriculation la plus ancienne.

Lorsque la date d'immatriculation est postérieure à la date déclarée du début d'activité, la dérogation prend effet à compter de la date déclarée du début d'activité, dans les conditions prévues par décret en Conseil d'État.

A défaut d'obligation d'immatriculation, la dérogation court à compter du premier acte qu'il exerce en qualité d'entrepreneur individuel, cette qualité devant apparaître sur les documents et les correspondances à usage professionnel.

Art. L. 526-24 Le droit de gage de l'administration fiscale et des organismes de sécurité sociale porte sur l'ensemble des patrimoines professionnel et personnel de l'entrepreneur individuel en cas de manœuvres frauduleuses ou d'inobservation grave et répétée de ses obligations fiscales, dans les conditions prévues aux I et II de l'article L. 273 B du livre des procédures fiscales, ou d'inobservation grave et répétée dans le recouvrement des cotisations et contributions sociales, dans les conditions prévues à l'article L. 133-4-7 du code de la sécurité sociale. Le droit de gage de l'administration fiscale porte également sur l'ensemble des patrimoines professionnel et personnel de l'entrepreneur individuel pour les impositions mentionnées au III de l'article L. 273 B du livre des procédures fiscales.

Le droit de gage des organismes de recouvrement mentionnés aux articles L. 225-1 et L. 752-4 du code de la sécurité sociale porte également sur l'ensemble des patrimoines professionnel et personnel pour les impositions et contributions mentionnées au deuxième alinéa de l'article L. 133-4-7 du même code.

Les conditions d'application du présent article sont définies par décret en Conseil d'État.

Art. L. 526-25 L'entrepreneur individuel peut, sur demande écrite d'un créancier, renoncer à la dérogation prévue au quatrième alinéa de l'article L. 526-22, pour un engagement spécifique dont il doit rappeler le terme et le montant, qui doit être déterminé ou déterminable. Cette renonciation doit respecter, à peine de nullité, des formes prescrites par décret.

Cette renonciation ne peut intervenir avant l'échéance d'un délai de réflexion de sept jours francs à compter de la réception de la demande de renonciation. Si l'entrepreneur individuel fait précéder sa signature de la mention manuscrite énoncée par décret et uniquement de celle-ci, le délai de réflexion est réduit à trois jours francs. — *V. art. D. 526-28 et D. 526-29.*

Art. L. 526-26 La présente section s'entend sans préjudice des pouvoirs reconnus aux époux pour administrer leurs biens communs et en disposer.

SECTION 4 ***Du transfert du patrimoine professionnel de l'entrepreneur individuel*** *(L. n° 2022-172 du 14 févr. 2022, art. 1er, en vigueur le 15 mai 2022).*

BIBL. GÉN. ▸ MATTEI et MENJUCQ, *BRDA 2022, n° 10, p. 21.* - LE NORMAND-CAILLÈRE, MORTIER et JULLIAN, *JCP N 2022. 1246.* - VINCENT, *D. 2023. Chron. 305* (cession de l'entreprise en difficulté).

Art. L. 526-27 L'entrepreneur individuel peut céder à titre onéreux, transmettre à titre gratuit entre vifs ou apporter en société l'intégralité de son patrimoine professionnel, sans procéder à la liquidation de celui-ci. Le transfert non intégral d'éléments de ce patrimoine demeure soumis aux conditions légales applicables à la nature dudit transfert et, le cas échéant, à celle du ou des éléments transférés.

Le transfert universel du patrimoine professionnel emporte cession des droits, biens, obligations et sûretés dont celui-ci est constitué. Il peut être consenti à titre onéreux ou gratuit. Lorsque le bénéficiaire est une société, le transfert des droits, biens et obligations peut revêtir la forme d'un apport.

Sous réserve de la présente section, les dispositions légales relatives à la vente, à la donation ou à l'apport en société de biens de toute nature sont applicables, selon le cas. Il en est de même des dispositions légales relatives à la cession de créances, de dettes et de contrats.

Dans le cas où le cédant s'est obligé contractuellement à ne pas céder un élément de son patrimoine professionnel ou à ne pas transférer celui-ci à titre universel, l'inexécution de cette obligation engage sa responsabilité sur l'ensemble de ses biens, sans emporter la nullité du transfert.

Le transfert de propriété ainsi opéré n'est opposable aux tiers qu'à compter de sa publicité, dans des conditions prévues par décret. — *V. art. D. 526-30 au* ***C. com.***

V. art. D. 526-32.

Art. L. 526-28 Les créanciers de l'entrepreneur individuel dont la créance est née avant la publicité du transfert de propriété peuvent former opposition au transfert du patrimoine professionnel, dans un délai fixé par décret. — *V. art. D. 526-31.*

L'opposition formée par un créancier n'a pas pour effet d'interdire le transfert du patrimoine professionnel.

La décision de justice statuant sur l'opposition soit rejette celle-ci, soit ordonne le remboursement des créances ou la constitution de garanties, si le cessionnaire, le donataire ou le bénéficiaire en offre et si elles sont jugées suffisantes.

Lorsque la décision de justice lui ordonne le remboursement des créances, l'entrepreneur individuel auteur du transfert est tenu de remplir son engagement dans les conditions prévues à l'article 2284 du code civil, sans préjudice de l'article L. 526-1 du présent code.

Art. L. 526-29 Ne sont pas applicables au transfert universel du patrimoine professionnel d'un entrepreneur individuel, toute clause contraire étant réputée non écrite :

1° L'article 815-14 du code civil ;

2° L'article 1699 du même code ;

3° Les articles L. 141-12 à L. 141-22 du présent code.

Art. L. 526-30 A peine de nullité du transfert prévu à l'article L. 526-27 :

1° Le transfert doit porter sur l'intégralité du patrimoine professionnel de l'entrepreneur individuel, qui ne peut être scindé ;

2° En cas d'apport à une société nouvellement créée, l'actif disponible du patrimoine professionnel doit permettre de faire face au passif exigible sur ce même patrimoine ;

3° Ni l'auteur, ni le bénéficiaire du transfert ne doivent avoir été frappés de faillite personnelle ou d'une peine d'interdiction prévue à l'article L. 653-8 du présent code ou à l'article 131-27 du code pénal, par une décision devenue définitive.

BIBL. ▶ GALOKHO, *RLDA mai 2023. 18* (le transfert du patrimoine professionnel à l'épreuve des sanctions professionnelles).

Art. L. 526-31 Sous réserve des articles L. 223-9, L. 225-8-1 et L. 227-1, lorsque le patrimoine professionnel apporté en société contient des biens constitutifs d'un apport en nature, il est fait recours à un commissaire aux apports.

Sur les dispositions applicables à l'entrepreneur individuel en difficulté, V. C. com., art. L. 681-1 s., 1re partie.

Sur la coordination avec les dispositions relatives au traitement des situations de surendettement, V. C. consom., art. L. 711-9, ss. C. com., art. L. 681-4, 1re partie.

DEUXIÈME PARTIE : *RÉGLEMENTAIRE*

CHAPITRE VI *DE LA PROTECTION DE L'ENTREPRENEUR INDIVIDUEL ET DU CONJOINT*

SECTION 1 *De l'insaisissabilité* (*Décr. nº 2016-296 du 11 mars 2016, art. 10*).

Art. R. 526-1 (*Décr. nº 2016-296 du 11 mars 2016, art. 11*) Conformément à l'article R. 123-37, sont indiqués dans la demande d'immatriculation au registre du commerce et des sociétés de la personne physique :

1° La déclaration d'insaisissabilité de ses droits sur tout bien foncier non affecté à son usage professionnel, prévue à l'article L. 526-1 ;

2° La renonciation à l'insaisissabilité de ses droits sur la résidence principale prévue à l'article L. 526-3 ;

3° Dans tous les cas, le lieu de la publication de ces déclarations.

Art. R. 526-2 (*Décr. nº 2008-1488 du 30 déc. 2008, art. 9-IV*) Conformément aux dispositions de l'article R. 123-45 et du 2° de l'article R. 123-46, doivent, dans un délai d'un mois, faire l'objet d'une demande d'inscription modificative au registre du commerce et des sociétés :

(*Décr. nº 2016-296 du 11 mars 2016, art. 12*) « 1° La renonciation à l'insaisissabilité des droits sur la résidence principale de la personne physique immatriculée ou sa révocation, prévues à l'article L. 526-3 ;

« 2° La déclaration d'insaisissabilité des droits de la personne physique immatriculée sur tout bien foncier non affecté à son usage professionnel, prévue à l'article L. 526-1, ou sa révocation prévue à l'article L. 526-3. »

SECTION 2 *De l'entrepreneur individuel à responsabilité limitée*

(*Décr. nº 2010-1706 du 29 déc. 2010, art. 16-2°*)

SOUS-SECTION 1 *Dispositions communes*

Art. R. 526-3 La déclaration d'affectation mentionnée à l'article L. 526-7 contient les informations suivantes :

1° Les nom, nom d'usage, prénoms, date, lieu de naissance et domicile de l'entrepreneur individuel ;

2° La dénomination utilisée pour l'exercice de l'activité professionnelle à laquelle le patrimoine est affecté, comprenant au moins son nom ou son nom d'usage ; lorsque l'entrepreneur a procédé à plusieurs déclarations d'affectation, les dénominations utilisées pour chaque affectation de patrimoine doivent être distinctes ;

3° L'adresse de l'établissement principal où est exercée l'activité professionnelle à laquelle le patrimoine est affecté ou à défaut d'établissement l'adresse du local d'habitation où l'entreprise est fixée ;

4° L'objet de l'activité professionnelle à laquelle le patrimoine est affecté ;

5° La date de clôture de l'exercice comptable ;

6° Abrogé par Décr. n° 2019-987 du 25 sept. 2019, art. 19, à compter du 1er oct. 2019.

(Décr. n° 2017-630 du 25 avr. 2017, art. 6-I-1°) « 7° » Le numéro unique d'identification de l'entreprise délivré conformément à l'article D. 123-235 si la personne est déjà immatriculée ;

8° Abrogé par Décr. n° 2019-987 du 25 sept. 2019, art. 19, à compter du 1er oct. 2019.

(Décr. n° 2012-122 du 30 janv. 2012, art. 2) « La déclaration mentionnée au premier alinéa est accompagnée des pièces justifiant de l'identité de l'entrepreneur individuel et de l'obtention des autorisations prévues à l'article *(Décr. n° 2019-987 du 25 sept. 2019, art. 19, en vigueur le 1er oct. 2019)* « 388-1-2 » du code civil. »

(Décr. n° 2019-987 du 25 sept. 2019, art. 19, en vigueur le 1er oct. 2019) « Lorsque l'entrepreneur individuel affecte à son activité professionnelle des biens, droits, obligations ou sûretés, il dépose au registre, pour y être annexé, l'état descriptif prévu à l'article L. 526-8 ainsi, le cas échéant, que les documents attestant de l'accomplissement des formalités mentionnées aux articles L. 526-9 et L. 526-11. »

Art. R. 526-3-1 *(Décr. n° 2012-122 du 30 janv. 2012, art. 3)* Pour l'application du deuxième alinéa de l'article L. 526-6, les biens, droits, obligations et sûretés nécessaires à l'exercice de l'activité professionnelle s'entendent de ceux qui, par nature, ne peuvent être utilisés que dans le cadre de cette activité.

Art. R. 526-4 Un modèle type facultatif *(Décr. n° 2019-987 du 25 sept. 2019, art. 20, en vigueur le 1er oct. 2019)* « d'état descriptif » est approuvé par arrêté conjoint du garde des sceaux, ministre de la justice, et du ministre chargé de l'économie.

(Décr. n° 2021-300 du 18 mars 2021, art. 26, en vigueur le 1er janv. 2023) « L'organisme unique mentionné à l'article R. 123-1 met, gratuitement et par voie électronique, ce modèle de déclaration type à disposition de l'entrepreneur individuel. » — *V. art. A. 526-1 et Annexe 5-1.* — ***C. com.***

Art. D. 526-5 et R. 526-6 *Abrogés par Décr. n° 2019-987 du 25 sept. 2019, art. 21 et 22, à compter du 1er oct. 2019.*

Art. R. 526-7 Un modèle type facultatif d'accord du conjoint commun en biens ou des coïndivisaires donné en application de l'article L. 526-11 est approuvé par arrêté conjoint du garde des sceaux, ministre de la justice, et du ministre chargé de l'économie.

(Décr. n° 2021-300 du 18 mars 2021, art. 26, en vigueur le 1er janv. 2023) « L'organisme unique mentionné à l'article R. 123-1 met, gratuitement et par voie électronique, ce modèle à disposition de l'entrepreneur individuel. » — *V. art. A. 526-2 et Annexe 5-1.* — ***C. com.***

Art. R. 526-8 à R. 526-10 *Abrogés par Décr. n° 2017-630 du 25 avr. 2017, art. 7.*

Art. R. 526-10-1 Les personnes ayant effectué une déclaration d'affectation en application de l'article L. 526-7 et bénéficiant des régimes prévus aux articles 50-0, *(Décr. n° 2019-987 du 25 sept. 2019, art. 23, en vigueur le 1er oct. 2019)* « 64 *bis* » et 102 *ter* du code général des impôts tiennent :

1° Un livre des recettes et, lorsque la nature de leur activité le requiert, un registre des achats, tels que prévus à l'article L. 123-28 ;

2° En date du 31 décembre de chaque année, un relevé actualisant *(Décr. n° 2019-987 du 25 sept. 2019, art. 23, en vigueur le 1er oct. 2019)* « , en valeur et en nature, le patrimoine affecté », selon un modèle type approuvé par arrêté conjoint du garde des sceaux, ministre de la justice, et du ministre chargé de l'économie. Ce relevé fait l'objet d'un dépôt annuel au registre, dans les conditions prévues à l'article L. 526-14, dans le délai de six mois à compter de son établissement. — *V. art. A. 526-3 et Annexe 5-2.* — ***C. com.***

Art. R. 526-10-2 *Abrogé par Décr. n° 2017-630 du 25 avr. 2017, art. 7.*

Art. R. 526-11 Chaque compte bancaire ouvert par l'entrepreneur pour les besoins de l'activité professionnelle à laquelle un patrimoine a été affecté doit contenir dans son intitulé la dénomination prévue au 2° de l'article R. 526-3 ainsi que les mots : "entrepreneur individuel à responsabilité limitée" ou les initiales : "EIRL".

Art. R. 526-12 Dans le mois suivant la renonciation à l'affectation prévue à l'article L. 526-15, l'entrepreneur individuel en fait porter la mention au registre *(Décr. n° 2019-987 du 25 sept. 2019, art. 24, en vigueur le 1er oct. 2019)* « dont il relève en application de » l'article L. 526-7. Dans les deux mois suivant la renonciation, il dépose audit registre un état descriptif actualisé des biens, droits, obligations ou sûretés affectés à l'activité professionnelle en nature, qualité, quantité et valeur.

Art. R. 526-13 La cession à titre onéreux à une personne physique ou la transmission à titre gratuit entre vifs du patrimoine affecté *(Décr. n° 2022-709 du 26 avr. 2022, art. 1er)* « , la cession à un entrepreneur individuel ou à une personne morale de ce patrimoine » ou son apport en société sont publiés dans le mois de leur date à la diligence du cédant, du donateur ou de l'apporteur, sous forme d'avis au ***Bulletin officiel des annonces civiles et commerciales.***

Cet avis contient les indications suivantes :

1° S'agissant du cédant, du donateur ou de l'apporteur ainsi que du cessionnaire ou du donataire, personnes physiques : les nom, nom d'usage, prénoms, le cas échéant nom commercial ou professionnel, l'objet de l'activité professionnelle à laquelle le patrimoine est affecté, l'adresse de l'établissement principal où est exercée cette activité ou à défaut d'établissement l'adresse du local d'habitation où l'entreprise est fixée, le registre *(Décr. n° 2019-987 du 25 sept. 2019, art. 25, en vigueur le 1er oct. 2019)* « où est inscrite » la déclaration d'affectation mentionnée à l'article L. 526-7 et le numéro unique d'identification de l'entreprise délivré conformément à l'article D. 123-235 ;

2° S'agissant du cessionnaire ou du bénéficiaire de l'apport, personnes morales : la raison sociale ou la dénomination sociale suivie, le cas échéant, du sigle, de la forme, de l'adresse du siège, du montant du capital et du numéro unique d'identification de l'entreprise délivré conformément à l'article D. 123-235, ainsi qu'un état descriptif indiquant la valeur de l'actif, du passif et des sûretés composant le patrimoine affecté, actualisé à la date de la clôture du dernier exercice comptable, établi dans des formes prévues par arrêté conjoint du garde des sceaux, ministre de la justice, et du ministre chargé de l'économie ; — *V. art. A. 526-4.* — ***C. com.***

3° La date et le lieu du dépôt des déclarations mentionnées au II de l'article L. 526-17.

(Décr. n° 2022-1014 du 19 juill. 2022, art. 7, en vigueur le 1er janv. 2023) « L'avis prévu au présent article est établi et adressé soit par le greffier en cas d'immatriculation du cédant, du donateur ou de l'apporteur au registre du commerce et des sociétés, au registre spécial des agents commerciaux ou au registre spécial des entreprises individuelles à responsabilité limitée, soit par le président de la chambre des métiers et de l'artisanat en cas d'immatriculation du cédant, du donateur ou de l'apporteur au Registre national des entreprises en tant qu'entreprise du secteur des métiers et de l'artisanat. »

Art. R. 526-14 Les créanciers mentionnés au quatrième alinéa du III de l'article L. 526-17 saisissent le tribunal compétent selon les règles de droit commun de leur opposition dans le mois suivant la publication mentionnée à l'article R. 526-13.

Art. R. 526-14-1 *(Décr. n° 2015-913 du 24 juill. 2015, art. 7)* Lorsque l'entrepreneur individuel à responsabilité limitée modifie l'activité professionnelle au titre de laquelle il a *(Décr. n° 2019-987 du 25 sept. 2019, art. 26, en vigueur le 1er oct. 2019)* « effectué » une déclaration d'affectation de patrimoine et que cette modification lui impose de s'immatriculer à un autre registre *(Abrogé par Décr. n° 2022-1014 du 19 juill. 2022, art. 7, à compter du 1er janv. 2023)* ***« ou répertoire »***, il demande une nouvelle immatriculation *(Décr. n° 2021-300 du 18 mars 2021, art. 26, en vigueur le 1er janv. 2023)* « par l'intermédiaire de l'organisme unique mentionné à l'article R. 123-1 » et *(Décr. n° 2019-987 du 25 sept. 2019, art. 26, en vigueur le 1er oct. 2019)* « indique, conjointement à cette demande, le lieu et le registre de son immatriculation antérieure aux fins du transfert prévu au sixième alinéa de l'article L. 526-7 ». Si la modification de son activité professionnelle le justifie, l'entrepreneur individuel à responsabilité limitée procède, *(Décr. n° 2021-300 du 18 mars 2021, art. 26, en vigueur le 1er janv. 2023)* « par l'intermédiaire de l'organisme unique », à la modification *(Abrogé par Décr. n° 2019-987 du 25 sept. 2019, art. 26, à compter du 1er oct. 2019)* « ***, prévue par le 2° de l'article L. 526-8,*** » de l'objet de l'activité professionnelle mentionné dans la déclaration d'affectation du patrimoine et, le cas échéant, à la modification du patrimoine affecté *(Décr. n° 2021-300 du 18 mars 2021, art. 26, en vigueur le 1er janv. 2023)* « , auprès de l'organisme nouvellement compétent ».

L'organisme nouvellement compétent demande, dans le délai d'un jour franc ouvrable à compter de la nouvelle immatriculation, à l'organisme antérieurement compétent de procéder au transfert dans le délai d'un jour franc ouvrable à compter de la réception de sa demande. L'organisme antérieurement compétent procède d'office à la modification ou à la radiation de l'immatriculation de l'entrepreneur individuel de son registre et informe, par tous moyens, ce dernier des diligences accomplies.

Dernier al. *abrogé par Décr. n° 2021-300 du 18 mars 2021, art. 26, à compter du 1er janv. 2023.*

SOUS-SECTION 2 *Du registre spécial des entrepreneurs individuels à responsabilité limitée*

Art. R. 526-15 à R. 526-25 *V. ces art. au* ***C. com.***

SECTION 3 ***Du statut de l'entrepreneur individuel***

(Décr. n° 2022-725 du 28 avr. 2022, art. 2, en vigueur le 15 mai 2022)

Art. R. 526-26 I. — Pour l'application du deuxième alinéa de l'article L. 526-22, les biens, droits, obligations et sûretés dont l'entrepreneur individuel est titulaire, utiles à l'activité professionnelle, s'entendent de ceux qui, par nature, par destination ou en fonction de leur objet, servent à cette activité, tels que :

1° Le fonds de commerce, le fonds artisanal, le fonds agricole, tous les biens corporels ou incorporels qui les constituent et les droits y afférents et le droit de présentation de la clientèle d'un professionnel libéral ;

2° Les biens meubles comme la marchandise, le matériel et l'outillage, le matériel agricole, ainsi que les moyens de mobilité pour les activités itinérantes telles que la vente et les prestations à domicile, les activités de transport ou de livraison ;

3° Les biens immeubles servant à l'activité, y compris la partie de la résidence principale de l'entrepreneur individuel utilisée pour un usage professionnel ; lorsque ces immeubles sont détenus par une société dont l'entrepreneur individuel est actionnaire ou associé et qui a pour activité principale leur mise à disposition au profit de l'entrepreneur individuel, les actions ou parts d'une telle société ;

4° Les biens incorporels comme les données relatives aux clients, les brevets d'invention, les licences, les marques, les dessins et modèles, et plus généralement les droits de propriété intellectuelle, le nom commercial et l'enseigne ;

5° Les fonds de caisse, toute somme en numéraire conservée sur le lieu d'exercice de l'activité professionnelle, les sommes inscrites aux comptes bancaires dédiés à cette activité, notamment au titre des articles L. 613-10 du code de la sécurité sociale et L. 123-24 du présent code, ainsi que les sommes destinées à pourvoir aux dépenses courantes relatives à cette même activité.

II. — Lorsque l'entrepreneur individuel est tenu à des obligations comptables légales ou réglementaires, son patrimoine professionnel est présumé comprendre au moins l'ensemble des éléments enregistrés au titre des documents comptables, sous réserve qu'ils soient réguliers et sincères et donnent une image fidèle du patrimoine, de la situation financière et du résultat de l'entreprise. Sous la même réserve, les documents comptables sont présumés identifier la rémunération tirée de l'activité professionnelle indépendante, qui est comprise dans le patrimoine personnel de l'entrepreneur individuel.

Art. R. 526-27 *(Dénomination de l'entrepreneur individuel). — V.* ***C. com.***

Art. D. 526-28 *(Décr. n° 2022-799 du 12 mai 2022, art. 1er, en vigueur le 15 mai 2022)* I. — A peine de nullité, l'acte de renonciation prévu par l'article L. 526-25 du code de commerce contient les informations suivantes concernant l'entrepreneur individuel renonçant à la protection de son patrimoine personnel et le bénéficiaire de la renonciation :

1° En ce qui concerne l'entrepreneur individuel renonçant à la protection de son patrimoine personnel :

a) Les nom de naissance, nom d'usage, prénoms, nationalité, date et lieu de naissance et domicile de l'entrepreneur individuel ;

b) L'activité ou les activités professionnelles et, s'il en est utilisé, le nom commercial et l'enseigne ainsi que les numéros et codes caractérisant l'activité ou les activités visés aux 1° à 3° de l'article R. 123-223 ;

c) L'adresse de l'établissement principal où est exercée l'activité professionnelle, ou, à défaut d'établissement, l'adresse du local d'habitation où l'entreprise est fixée ;

d) Le numéro unique d'identification de l'entreprise, délivré conformément à l'article D. 123-235 si l'entrepreneur est déjà immatriculé, ou, lorsqu'elle est antérieure à la date d'immatriculation, la date déclarée du début d'activité ;

2° En ce qui concerne le bénéficiaire de la renonciation :

a) Si le bénéficiaire de la renonciation est une personne physique :

– les nom de naissance, nom d'usage, prénoms, date, lieu de naissance et domicile du bénéficiaire de la renonciation ;

– le cas échéant, l'activité ou les activités professionnelles exercées, l'adresse de l'établissement principal où est exercée l'activité professionnelle, ou, à défaut d'établissement, l'adresse du local d'habitation où l'entreprise est fixée et, s'il en est utilisé, le nom commercial et l'enseigne ainsi que les numéros et codes caractérisant l'activité ou les activités visés aux 1° à 3° de l'article R. 123-223 et le numéro unique d'identification de l'entreprise délivré conformément à l'article D. 123-235 ;

b) Si le bénéficiaire de la renonciation est une personne morale :

– la raison sociale ou la dénomination sociale, suivie, le cas échéant, du sigle et de la forme ;

– l'adresse du siège social ou de l'établissement, ou, à défaut, l'adresse du local d'habitation où l'entreprise est fixée ;

– le numéro unique d'identification de l'entreprise, délivré conformément à l'article D. 123-235 ;

– l'indication que le bénéficiaire de la renonciation est un établissement de crédit ou une société de financement au sens de l'article L. 511-1 du code monétaire et financier.

II. – Sous la même sanction, l'acte de renonciation contient les informations suivantes concernant l'engagement au titre duquel la renonciation est sollicitée :

1° La date de l'engagement ;

2° L'objet de l'engagement ;

3° La date d'échéance de l'engagement, c'est-à-dire la date contractuelle prévue pour le remboursement total des sommes dues au titre de l'engagement, étant précisé que celle-ci peut être prorogée soit par un accord des parties soit par une décision judiciaire ;

4° Le montant de l'engagement ou les éléments permettant de le déterminer ; ces éléments, une fois spécifiés dans l'acte de renonciation fixent définitivement le plafond pour lequel une même renonciation vaut ;

5° La date de demande de la renonciation.

III. – Le bénéficiaire de la renonciation informe l'entrepreneur individuel des conséquences de celle-ci sur ses patrimoines.

IV. – Lorsque l'entrepreneur individuel et le bénéficiaire de la renonciation entendent réduire le délai de réflexion au terme duquel la renonciation intervient, dans les conditions prévues au second alinéa de l'article L. 526-25, l'acte de renonciation porte, de la main de l'entrepreneur individuel, la mention manuscrite suivante : "Je déclare par la présente renoncer au bénéfice du délai de réflexion de sept jours francs, fixé conformément aux dispositions de l'article L. 526-25 du code de commerce. En conséquence, ledit délai est réduit à trois jours francs."

V. – A peine de nullité, l'entrepreneur individuel et le bénéficiaire de la renonciation apposent leur signature sur l'acte, ainsi que la date et le lieu. Il peut être fait usage d'une signature électronique qualifiée répondant aux exigences du décret n° 2017-1416 du 28 septembre 2017 relatif à la signature électronique.

Art. D. 526-29 *(Décr. n° 2022-799 du 12 mai 2022, art. 1er, en vigueur le 15 mai 2022)* Un modèle type d'acte de renonciation est approuvé par arrêté du ministre chargé de l'économie. – *V. art. A. 526-6 au* ***C. com.***

Si le bénéficiaire de la renonciation est un établissement de crédit ou une société de financement au sens de l'article L. 511-1 du code monétaire et financier, il remet gratuitement un exemplaire du modèle type à l'entrepreneur individuel qui en fait la demande.

Art. D. 526-30 *(Publicité du transfert universel de patrimoine professionnel). – V.* ***C. com.***

Art. D. 526-31 *(Décr. n° 2022-799 du 12 mai 2022, art. 2, en vigueur le 15 mai 2022)* Les créanciers mentionnés à l'article L. 526-28 saisissent le tribunal compétent selon les règles de droit commun de leur opposition dans le mois suivant la publication mentionnée à l'article D. 526-30 *[publication sous forme d'avis au BODACC du transfert universel de patrimoine professionnel].*

Art. D. 526-32 *(Décr. n° 2022-799 du 12 mai 2022, art. 2, en vigueur le 15 mai 2022)* Les dettes de cotisations et contributions sociales mentionnées au cinquième alinéa de l'article L. 526-22 ne peuvent faire l'objet du transfert prévu au deuxième alinéa de l'article L. 526-27.

Action des pouvoirs publics

BIBL. GÉN. ▶ Delattre, *RPC 2016. Étude 10* (intervention de l'État dans les entreprises en difficulté). - Rousselet, *BJE 2018. 229* (règles applicables en matière d'aides publiques). - Idot, *ibid. 1-2/2020. 59* (repreneurs d'entreprises en difficulté : attention au contrôle des aides d'État). - Buisine, *RPC 2020. Étude 27* (aides d'État et entreprises en difficulté). - Galokho, *ibid. 2021. Étude 15* (entreprises non viables et aides d'État liées à la crise du coronavirus).

Décret n° 2007-686 du 4 mai 2007,

Instituant dans chaque département une commission des chefs des services financiers et des représentants des organismes de sécurité sociale et de l'assurance chômage (CCSF) pour l'examen de la situation des débiteurs retardataires.

Art. 1er Il est institué, au chef-lieu de chaque département, une commission des chefs des services financiers et des représentants des organismes de recouvrement des cotisations de sécurité sociale et d'assurance chômage (CCSF) pour l'examen de la situation des agriculteurs, commerçants, artisans, professions libérales ou de toute personne morale de droit privé qui sont en retard pour le paiement de toute somme due au titre d'impôts, de taxes, de produits divers du budget de l'État, de cotisations de sécurité sociale des divers régimes obligatoires de base, et de cotisations ou contributions recouvrées *(Décr. n° 2019-814 du 31 juill. 2019, art. 2)* « pour le compte de l'organisme mentionné à l'article L. 5427-1 du code du travail et par les institutions prévues aux articles L. 922-1 et L. 922-4 du code de la sécurité sociale ».

Art. 2 Cette commission comprend :

– le *(Décr. n° 2012-431 du 29 mars 2012, art. 42)* « directeur départemental ou, le cas échéant, régional des finances publiques », président ;

Al. *abrogé par Décr. n° 2012-431 du 29 mars 2012, art. 42.*

Al. *abrogé par Décr. n° 2019-814 du 31 juill. 2019, art. 3.*

– les directeurs des organismes de sécurité sociale des divers régimes obligatoires de base chargés du recouvrement des cotisations dans le département ;

(Décr. n° 2019-814 du 31 juill. 2019, art. 3) « – le directeur régional de l'institution mentionnée à l'article L. 5312-1 du code du travail ; »

– le directeur du travail, chef du service régional de l'inspection du travail, de l'emploi et de la politique sociale agricoles, si la personne dont la situation doit être examinée est débitrice de cotisations envers les caisses de mutualité sociale agricole *(Abrogé par Décr. n° 2019-814 du 31 juill. 2019, art. 3)* ***« et les organismes visés à l'article 731-30 du code rural »*** ;

– le directeur régional des douanes, si le redevable est débiteur envers l'administration des douanes et droits indirects ;

(Décr. n° 2019-814 du 31 juill. 2019, art. 3) « – le représentant des institutions mentionnées aux articles L. 922-1 et L. 922-4 du code de la sécurité sociale. »

Chacun des membres de la commission peut se faire représenter.

Art. 3 La situation du débiteur est examinée par la commission du département de son domicile ou du département de son principal établissement.

Lorsque le débiteur a son domicile ou son siège social dans un département autre que celui où s'exerce son activité, ou dans le cas des entreprises à établissements multiples, la commission compétente, dite « CCSF pilote », est celle du département où se situe le domicile ou le principal établissement. Toutefois, lorsque le contribuable est une société à établissements multiples, la commission saisie peut être celle de l'un des autres lieux d'imposition retenu par l'administration fiscale, conformément à l'article 218 A du code général des impôts.

Art. 4 La commission étudie avec chaque comptable ou organisme chargé du recouvrement l'établissement d'un plan d'apurement échelonné d'une ou de plusieurs dettes du débiteur.

La commission décide, à l'unanimité de ses membres, de l'adoption de ce plan et en arrête les conditions. *(Décr. n° 2019-814 du 31 juill. 2019, art. 4)* « Sous réserve de la compétence déléguée à la mutualité sociale agricole en vertu de l'article L. 723-7 du code rural et de la pêche maritime, pour l'adoption de cette décision, les institutions mentionnées aux articles L. 922-1 et L. 922-4 du code de la sécurité sociale sont représentées par le directeur de l'organisme visé aux articles L. 213-1 ou L. 752-4 du code de la sécurité sociale ou à l'article 22 de l'ordonnance n° 96-1122 du 20 décembre 1996 relative à l'amélioration de la santé publique à Mayotte en application du mandat prévu à l'article L. 243-6-6 du même code. » Dans tous les cas, la décision prise à l'unanimité par la commission s'impose aux différentes administrations et différents organismes chargés du recouvrement qui ont participé à la décision *(Décr. n° 2019-814 du 31 juill. 2019, art. 4)* « ou ont été représentés lors de la commission », quelle que soit l'implantation des différents services ou organismes créanciers.

En cas de non-respect du plan, la commission constate sa résolution. Les créanciers ne peuvent former une assignation en redressement ou liquidation judiciaire qu'après en avoir informé le président de la commission, qui pourra leur demander de suspendre leur action pendant un délai de quinze jours, renouvelable une fois.

Art. 5 Dans le cadre des procédures de conciliation, de sauvegarde et de redressement judiciaire, la commission, saisie en vue de fédérer les efforts des créanciers publics en vertu des articles *(Décr. n° 2019-814 du 31 juill. 2019, art. 5)* « D. 626-9 » à *(Décr. n° 2019-814 du 31 juill. 2019, art. 5)* « D. 626-15 » du code de commerce, examine les demandes de remise de dette ainsi que, le cas échéant, les demandes de plan d'apurement échelonné d'une ou plusieurs dettes qui les accompagnent.

La demande est déposée par le débiteur ou le conciliateur, dans le cas d'une procédure de conciliation, l'administrateur judiciaire ou le mandataire judiciaire, dans le cas d'une procédure de sauvegarde ou de redressement judiciaire.

La commission peut alors s'adjoindre au cas par cas tout créancier, ou son représentant, mentionné à l'article *(Décr. n° 2019-814 du 31 juill. 2019, art. 5)* « D. 626-9 » du code de commerce et non mentionné à l'article 2 du présent décret.

Le défaut de réponse dans le délai imparti vaut décision de rejet de la demande.

Art. 6 Les cessions de rang de privilège ou d'hypothèque ou l'abandon de ces sûretés, prévus au quatrième alinéa de l'article L. 626-6 du code de commerce, peuvent, sans extinction préalable de la créance, être accordées après consultation de la commission. Les frais afférents à ces opérations sont à la charge du débiteur.

Art. 7 *Abroge le Décr. n° 97-656 du 30 mai 1997.*

Circulaire du 9 janvier 2015,

Relative aux modalités d'accueil et de traitement des dossiers des entreprises confrontées à des problèmes de financement.

La présente circulaire et ses annexes ont pour objet de moderniser le contenu des circulaires des 25 et 26 novembre 2004 relatives à l'action de l'État dans la prévention et le traitement des difficultés des entreprises, auxquelles elle se substitue, et de rationaliser l'organisation des dispositifs de détection et de soutien des entreprises en difficulté.

1. Les principes de l'accompagnement des entreprises en difficulté

Dans le cadre du traitement de leurs difficultés économiques et financières, les services de l'État peuvent aider les entreprises *in bonis* qui en font la demande à élaborer et à mettre en œuvre des solutions permettant d'assurer leur pérennité et leur développement. Cette démarche vise au maintien ou à la création d'emplois durables et poursuit la seule défense des intérêts de l'entreprise, qui peuvent être différents de ceux des actionnaires, clients ou créanciers.

En fonction de la nature de l'entreprise et de ses difficultés, ce travail se mène généralement en trois temps :

– vérifier la viabilité du modèle économique de l'entreprise ;

– quantifier le besoin de financement soutenant ce modèle et permettant le redressement de l'entreprise ;

– organiser le financement équilibré du tour de table. Les actionnaires doivent être les premiers contributeurs ou, à défaut, de nouveaux investisseurs, puis les partenaires de l'entreprise (banques, clients...) enfin, dans des cas très particuliers, l'État peut participer au tour de table en exigeant systématiquement des garanties de qualité et de premier rang.

A la demande de l'entreprise, l'État mène une action de médiation et de coordination de l'ensemble des acteurs publics et privés concernés par la situation de l'entreprise, au bénéfice exclusif du redressement de cette dernière.

A cet égard, il est rappelé que les pouvoirs publics n'ont pas vocation à se substituer à la responsabilité des acteurs privés : actionnaires, banquiers, clients ou fournisseurs. Ainsi, la mobilisation de fonds publics ne peut constituer un préalable au traitement d'un dossier et il doit être rappelé le rôle prioritaire des actionnaires et des établissements financiers.

L'État dispose de deux outils pouvant être utilisés en soutien des entreprises :

– des audits peuvent être commandés par les pouvoirs publics en accord avec l'entreprise et selon les modalités décrites à l'annexe 1 ;

– des prêts du fonds de développement économique et social (FDES) peuvent être octroyés dans des conditions détaillées à l'annexe 2.

L'État veille, dans ce cadre, à ce que les entreprises bénéficiant de concours publics aient des perspectives réelles de redressement de l'équilibre de leur exploitation, fondées sur des mesures économiques, industrielles, financières ou sociales.

Les services de l'État peuvent également accompagner les entreprises en procédures collectives, en lien avec les organes de la procédure, pour la définition et la mise en œuvre de plans de reprise ou de redressement susceptibles d'assurer durablement la continuité d'une activité.

Ce travail est mené par le CIRI/CODEFI en lien avec les CCSF.

1.1. *Le comité interministériel de restructuration industrielle (CIRI)*

Le CIRI, institué par arrêté du Premier ministre du 6 juillet 1982, est l'instance nationale de droit commun pour les entreprises employant plus de 400 salariés en France (sauf cas particuliers d'entreprises structurantes pour un secteur).

Le CIRI s'appuie sur un secrétariat général (SG), assuré par la direction générale du Trésor. Le SG CIRI réunit régulièrement les administrations qui composent le comité.

Le SG CIRI, sous l'autorité du CIRI, élabore un diagnostic sur la situation de l'entreprise en tenant compte du contexte de son secteur d'activité, fait émerger les propositions de redressement et mène les négociations avec les acteurs économiques (actionnaires, créanciers, clients, fournisseurs...). Il agit en concertation avec l'entreprise sans se substituer au chef d'entreprise ni, le cas échéant, au mandataire *ad hoc* ou au conciliateur.

Il dispense par ailleurs des formations aux commissaires au redressement productif au moins deux fois par an, selon un programme qu'il définit. Ces formations sont ouvertes aux membres des CCSF et des autres membres des CODEFI qui en font la demande, dans la limite des capacités d'accueil du SG CIRI.

1.2. *Comité départemental d'examen des problèmes de financement des entreprises (CODEFI)*

Les entreprises employant moins de 400 salariés en France relèvent des CODEFI, placés sous l'autorité du préfet de département.

Le CODEFI se réunit sur demande du préfet de département ou du directeur départemental des finances publiques. Il est recommandé de tenir des réunions mensuellement.

La direction départementale des finances publiques (DDFiP) assure le secrétariat permanent du CODEFI.

Le CRP *[commissaire au redressement productif]*, entièrement dédié au traitement des entreprises en difficultés, est membre de droit du CODEFI. Il peut, lorsque cela apparaît nécessaire, être assisté de CRP adjoints, désignés par le préfet de région.

La cellule opérationnelle de suivi (COS) prévue par la circulaire du 27 novembre 2008 devient la cellule opérationnelle de suivi du CODEFI. La COS constitue l'instance opérationnelle d'examen des dossiers, de répartition des rôles entre les différents participants, d'échange des informations et de décision concernant les modalités de traitement des dossiers associant les différents acteurs de l'État, notamment le CRP ou son adjoint, le secrétaire permanent du CODEFI, le DIRECCTE *[remplacé, à compter du 1er avr. 2021, par le DREETS]*, le directeur de la Banque de France et le représentant de la médiation nationale du crédit.

La COS définit les positions sur chaque dossier dont est saisi le CODEFI et répartit les rôles opérationnels entre le secrétaire permanent du CODEFI et le CRP.

Le secrétaire permanent du CODEFI et le CRP ont la responsabilité de l'instruction du dossier et disposent d'un rôle pivot dans la circulation de l'information. Ils assurent le premier contact avec l'entreprise pour identifier le niveau des difficultés et orientent l'entreprise vers le CODEFI pour une saisine ou vers le dispositif *ad hoc* (CCSF ou Médiation du crédit par exemple).

Ils dispensent par ailleurs des actions de communication (en direction notamment des chambres consulaires, des experts-comptables, des mandataires judiciaires...) sur le soutien que peut apporter le CODEFI aux entreprises.

Dans le cas d'une entreprise ou d'un groupe possédant des établissements dans plusieurs départements, le CODEFI compétent est celui du département du siège de l'entreprise ou tête de groupe, sauf accord différent des comités qui sont consultés à cette occasion. Il revient au CODEFI d'échanger systématiquement les informations et les dossiers conformément à cette répartition de compétences. Si le CODEFI le souhaite et si cela paraît plus approprié, il peut toutefois transmettre un dossier au CIRI avec l'accord de celui-ci.

1.2.1. *Les missions du CODEFI*

La détection des difficultés des entreprises

Elle doit se porter de manière privilégiée sur les entreprises dont l'éventuel arrêt d'activité aurait des conséquences importantes pour l'emploi, tant direct qu'indirect. Elle repose tout d'abord sur la connaissance de l'environnement économique qu'ont les membres du comité.

Cette mission nécessite, dès les premiers contacts avec le chef d'entreprise, une première analyse de la situation permettant d'identifier la nature et l'ampleur des difficultés.

En complément, le CODEFI étendra sa capacité de détection des entreprises en difficulté par des échanges avec d'autres détenteurs institutionnels d'informations sur la situation des entreprises : CCSF, parquet, tribunaux de commerce, centres d'information et de prévention des entreprises en difficulté (CIP), chambres consulaires, mutualité sociale agricole (MSA), groupements de prévention agréés. Pour ces derniers, il sera consulté préalablement à leur agrément (cf. § 3).

Le traitement des difficultés

Le secrétaire permanent du CODEFI ou le CRP élabore un diagnostic sur la situation de l'entreprise et de son secteur d'activité, fait émerger les propositions de redressement et mène les négociations avec les acteurs économiques (actionnaires, créanciers, clients, fournisseurs...). Il agit en concertation avec l'entreprise et ne doit pas se substituer au chef d'entreprise ni au mandataire *ad hoc* ou au conciliateur.

La réalisation d'un audit peut être décidée par le CODEFI, avec l'accord de l'entreprise, si la situation le justifie (cf. annexe 1). Quelles que soient les difficultés rencontrées, le secrétaire permanent du CODEFI ou le CRP doit jouer un rôle de médiateur, en appui éventuel des mandataires de justice désignés par le tribunal de commerce dans le cadre d'un mandat *ad hoc* ou d'une conciliation, pour dégager une solution collective de redressement rassemblant les actionnaires, les établissements financiers et les principaux clients. Le comité ne peut, en revanche, recommander la mobilisation des différents outils publics d'intervention (cf. annexe 2) que si ce diagnostic conclut à des perspectives concrètes de redressement.

Le diagnostic de la situation économique départementale

Lorsque le CODEFI se réunit pour aborder les sujets relatifs au financement de l'économie et effectuer un diagnostic de la situation locale, le préfet peut inviter les représentants des réseaux bancaires présents dans le département et de Bpifrance, les représentants des acteurs économiques locaux (MEDEF, CGPME et UPA) et les principales sociétés d'assurance-crédit et d'affacturage du département. Ces derniers peuvent apporter leurs compétences et leurs connaissances du monde économique local, notamment les informations qu'ils détiennent sur les différents secteurs ou branches économiques présents dans le département.

1.2.2. *La composition du CODEFI*

Le CODEFI est composé de :

– un président : le préfet de département ;

– un vice-président : le DDFiP ;

– un secrétaire permanent : un collaborateur du DDFiP *[Compte tenu de la place donnée à l'échange d'informations et aux négociations dans les missions des CODEFI, l'unicité et la continuité d'interlocuteur sont essentielles. A cet effet, le secrétaire permanent est désigné par le président du CODEFI, sur propositions du DDFiP. Sa nomination est notifiée à la DGFiP, qui en tient un annuaire actualisé disponible sur le site internet du ministère]* ;

– le commissaire au redressement productif ou son adjoint ;

– des membres de plein droit : le directeur de la DIRECCTE (direction régionale des entreprises, de la concurrence, de la consommation, du travail et de l'emploi) ou le responsable de l'UT DIRECCTE *[la DIRECCTE est remplacée, à compter du 1er avr. 2021, par la DREETS, direction régionale de l'économie, de l'emploi, du travail et des solidarités]*, le directeur de l'URSSAF et le directeur de la Banque de France ;

– plusieurs observateurs : le procureur de la République, le directeur départemental des territoires (si nécessaire), ou toute autre personne sur demande du président.

A la demande du président du comité, il est possible d'associer d'autres intervenants dont la participation est jugée pertinente, notamment le secrétaire général de la préfecture ou les sous-préfets d'arrondissement, tout autre représentant d'un service déconcentré de l'État, ainsi qu'un représentant des collectivités locales qui peut être associé aux réunions du CODEFI. Tous les membres du comité peuvent être représentés. Il convient en tout état de cause que la participation des membres au comité ou de leur représentant soit continue, stable et permette de garantir une stricte confidentialité des débats et des informations. Les décisions relatives à l'octroi de financements publics (audits, prêts) sont prises par le préfet, après avis du comité. Les réunions en comité font l'objet d'un relevé de décisions élaboré par le secrétaire permanent.

1.2.3. *La saisine*

Le comité est saisi à la demande du dirigeant de l'entreprise. La saisine fait ensuite l'objet d'une délibération du comité. Le comité ne peut pas être saisi formellement d'un dossier pour lequel un autre CODEFI a déjà été saisi, mais peut être associé aux analyses menées par le CODEFI compétent. En tout état de cause, le secrétaire permanent du CODEFI informe le comité des dossiers examinés pour lesquels il n'est pas proposé de délibération de saisine. Le comité se dessaisit lorsque le traitement du dossier est terminé.

1.3. *Commissions des chefs des services financiers (CCSF)*

Afin d'examiner la situation des agriculteurs, commerçants, artisans, professions libérales ou de toute personne morale de droit privé qui sont en retard pour le paiement de toute somme due au titre d'impôts, de taxes, de produits divers du budget de l'État, des cotisations de sécurité sociale des régimes obligatoires de base et des cotisations ou contributions prévues à l'article L. 351-21 du code du travail, il a été institué dans chaque département, par le décret n° 2007-686 du 4 mai 2007, une commission des chefs des services financiers et des représentants des organismes de recouvrement des cotisations de sécurité sociale et de l'assurance chômage (CCSF) qui peut accorder des délais de paiement et, dans le cadre des dispositions prévues par le code de commerce, des remises de dettes aux entreprises en difficulté.

2. Articulation entre le secrétaire permanent du CODEFI ou le CRP/SG CIRI et la CCSF en cas de passif public

Le traitement des entreprises en difficulté est par nature difficile et délicat, tout particulièrement lorsque du passif public a été constitué. Les différents services de l'État doivent donc collaborer avec fluidité.

Ainsi, lorsque du passif public a été constitué ou va l'être par une entreprise qui a saisi le CODEFI/ CIRI :

– la CCSF :

– alerte sans délai le secrétaire permanent du CODEFI ou le CRP/le SG CIRI de l'existence de ce passif ;

– tient régulièrement informé le secrétaire permanent du CODEFI ou le CRP/SG CIRI et l'administration centrale (bureau CL-2B de la DGFiP et bureau 5-C de la DSS) de l'évolution du dossier. Elle demande l'avis du secrétaire permanent du CODEFI ou du CRP/du SG CIRI avant de se prononcer et les tient informés de ses décisions ;

– peut accorder un plan temporaire durant le temps nécessaire aux négociations et, après échange préalable avec le secrétaire permanent du CODEFI ou le CRP/le SG CIRI, fixe les orientations en ce qui concerne la défense des intérêts de l'État créancier. A l'issue des négociations, conduites par le secrétaire permanent du CODEFI ou le CRP/le SG CIRI, la CCSF recueille les recommandations formulées sur les modalités d'apurement du passif, recommandations qui peuvent être différentes des orientations initiales de la CCSF et prennent en compte l'effort accepté par les autres partenaires de l'entreprise ;

– le secrétaire permanent du CODEFI ou le CRP/le SG CIRI :

– informe sans délai le président de la CCSF concernée de la saisine du CODEFI ou du CIRI ;

– demande à l'entreprise de saisir la CCSF compétente pour traiter le passif public ;

– échange régulièrement avec le président de la CCSF, ou son secrétariat sur l'avancée du dossier.

3. Les procédures d'agrément

Les agréments fiscaux et ceux des groupements de prévention agréés (GPA) sont régis par les dispositions détaillées à l'annexe 4.

ANNEXE 1

Les audits

1. La doctrine d'emploi

La mise en œuvre de procédures d'audits est fréquemment souhaitable. Il est donc apparu opportun d'en déconcentrer davantage l'usage, en donnant au préfet, président du CODEFI, le pouvoir d'en décider la réalisation avec l'accord du chef d'entreprise. L'efficacité de cet outil est sujette à l'observation de certains principes. Les audits poursuivent principalement l'un des objectifs suivants :

— valider certains éléments de la situation de l'entreprise (situation financière et commerciale, savoir-faire industriel, capacité à dégager des marges, pertinence de l'outil industriel) ou les hypothèses de redressement économique ou financier ;

— établir une situation de trésorerie et un prévisionnel.

La recherche de solution ou une simple étude de marché ne font toutefois pas partie des objectifs assignables à un audit. Le recours à un audit doit s'effectuer selon une démarche construite. L'utilisation de cet audit doit être prévue d'avance (exemple typique : établir une situation objective reconnue par l'ensemble des tiers et démarrer ainsi des négociations à partir d'un constat partagé) et s'inscrire dans un processus structuré. C'est la raison pour laquelle la réalisation d'un diagnostic général sur l'origine des difficultés de l'entreprise n'est pas encouragée. L'objectif de l'audit doit être approuvé sans réserve par la direction de l'entreprise, ce qui n'interdit pas de déterminer un objectif en partie dans l'idée de faire évoluer celle-ci au vu des conclusions. Sa transmission à des tiers requiert l'accord de l'entreprise qui peut être obtenu préalablement à sa réalisation.

2. Les caractéristiques

Le coût unitaire des audits que peut commander le CODEFI est limité à un plafond qui est porté à 40 000 €. Les entreprises *in bonis* sous forme de sociétés commerciales sont éligibles à l'exclusion notamment donc des entreprises individuelles, des sociétés unipersonnelles, des exploitations agricoles, des associations, des professions libérales, etc.

3. La procédure de commande

L'enveloppe de crédits du budget de l'État ouverte au bénéfice de l'ensemble des comités locaux est fixée en début d'année par le SG CIRI. Les audits sont gérés de façon déconcentrée par le préfet, président du comité, responsable de l'instruction du dossier de l'entreprise. Le préfet peut décider du lancement d'un audit, après saisine formelle du comité et délibération explicite décidant de ce lancement sur la base d'un projet de cahier des charges et d'une fiche de situation. Cette dernière doit mentionner les objectifs de cette démarche et l'exploitation escomptée de l'audit. Après avis du comité recueilli dans les conditions rappelées ci-dessus, le secrétaire permanent consulte au moins trois cabinets d'audit sur la base d'un cahier des charges. Après avoir discuté le contenu des offres et le coût des interventions, le secrétaire permanent établit un comparatif des offres et sélectionne l'offre la mieux-disante.

Afin de permettre l'engagement de la dépense et avant de procéder à la signature de l'engagement juridique, le secrétaire permanent fait parvenir par courriel au SG CIRI avec copie à la DGFiP un dossier de demande d'engagement de ladite étude comportant les pièces suivantes :

— fiche de situation de l'entreprise ;

— délibération du comité sur le lancement de l'audit ;

— décision du préfet sur le lancement de l'audit ;

— cahier des charges ;

— tableau comparatif des réponses avec la précision du cabinet retenu ;

— proposition du cabinet d'audit retenu ou contrat signé par le prestataire (mais non encore signé par le préfet) ;

— RIB et SIRET du cabinet d'audit retenu.

Lors de cette demande, le secrétaire permanent précise la date prévisionnelle de début de la mission d'audit, ainsi que sa durée. Dès lors que le dossier de demande est complet, le SG CIRI fait procéder à la saisie de l'engagement dans l'outil Chorus sur le programme 305 "stratégie économique et fiscale" et informe dans un délai de deux jours ouvrés le secrétaire permanent du CODEFI afin que le préfet procède à la signature du contrat d'audit.

Le préfet passe alors une lettre de commande de l'audit au cabinet retenu. Une copie de cette lettre est adressée au SG CIRI par courriel. Une fois l'audit réalisé, le secrétaire permanent du CODEFI adresse par courrier au SG CIRI l'original de la facture sur laquelle est apposée la mention "service fait" datée et signée. Il est précisé à cet égard que la prestation de services du cabinet d'audit est facturée au SG CIRI. Le courrier mentionnera le numéro d'engagement Chorus. Une copie de la facture scannée est adressée par courriel à la DGFiP. Dès que le SG CIRI a saisi le service facturier, elle en informe le secrétaire permanent du CODEFI.

Le contrôleur budgétaire et comptable ministériel placé auprès du ministre chargé de l'économie et des finances est comptable assignataire de la dépense.

Une fois l'audit réalisé, le secrétaire permanent du comité adresse au SG CIRI, avec copie à la DGFiP, une note sur les résultats de l'audit et les résultats effectivement obtenus par cet audit sur la démarche suivie.

ANNEXE 2

Les prêts du fonds de développement économique et social (FDES)

1. La doctrine d'emploi des prêts FDES

Un prêt FDES doit uniquement servir à financer l'avenir de l'entreprise, dans le cadre d'un plan de restructuration, ce qui suppose préalablement l'identification des difficultés industrielles et économiques dans lesquelles se trouve l'entreprise et l'intervention d'une décision sur les mesures destinées à répondre à ces difficultés. Les perspectives de redressement doivent être clairement exposées et les entreprises soutenues doivent disposer de perspectives de résultat et d'un marché. La mise en place de ces financements ne peut pas être envisagée au profit d'une entreprise dont les marchés souffrent d'une surcapacité de l'offre au niveau français ou européen. Le recours à des ressources publiques ne doit pas freiner la restructuration nécessaire d'un secteur et introduire un facteur de concurrence déloyale. Ce recours se fait dans le respect des règles européennes.

Un prêt FDES doit permettre de compléter un tour de table après des négociations financières avec l'ensemble des partenaires privés exposés dans le devenir de l'entreprise. Le recours à un tel prêt est donc exceptionnel, subsidiaire et suppose un effet de levier sur d'autres sources de financement.

2. Les caractéristiques des prêts FDES

Éligibilité — Est éligible toute entreprise en difficulté qui est en situation régulière par rapport à ses obligations fiscales et sociales ou bénéficiant d'un plan d'apurement accordé par les créanciers publics qui est respecté. Les prêts FDES peuvent faire l'objet d'une affectation : financement d'un investissement, financement du besoin en fonds de roulement, constitution d'un gage-espèce en garantie d'autres créanciers de l'entreprise (fournisseurs...).

Modalités — Les modalités d'utilisation des prêts FDES en termes de taux, de durée, d'amortissement (montant des échéances et, si nécessaire, niveau de différé) et de garanties associées ne doivent pas conduire l'État à prendre en charge un risque anormal par rapport aux autres créanciers de l'entreprise, ni l'exposer à des risques supérieurs à ceux supportés par les autres apporteurs de financements privés nouveaux. Le recours aux prêts FDES pourra être complémentaire d'autres interventions publiques.

Contrôle — Les entreprises bénéficiant déjà d'un prêt FDES ne peuvent pas bénéficier d'un nouveau prêt FDES. Les entreprises se soumettent contractuellement au contrôle des agents en charge du contrôle économique et financier de l'État, dans les conditions prévues à la présente annexe.

Montant — Le prêt ne peut dépasser un montant correspondant à 3 000 € par emploi en CDI à l'issue de la restructuration et cumulativement à 20 % du nouvel apport des fonds durables (fonds propres ou prêts moyen terme) d'origine privée. Si un projet devait justifier d'un montant excédant ce seuil, l'autorisation écrite du secrétariat général du CIRI serait requise.

Taux — Lors de l'octroi du prêt, le taux d'intérêt est fixé à deux cents points de base au-dessus de celui de l'obligation assimilable du Trésor (OAT) de référence à 10 ans. Le taux ainsi déterminé est délibérément supérieur à ceux du marché. Il s'agit d'exclure tout effet de substitution par rapport aux financements bancaires. Le taux finalement obtenu doit être supérieur au taux de référence publié par la Commission européenne. A défaut, le taux peut être aligné sur celui des concours bancaires si le prêt est octroyé dans les mêmes conditions.

Plafond — Dans le respect des principes d'une intervention subsidiaire et complémentaire et dans la limite d'un montant unitaire de 800 000 €, le CODEFI, en lien avec le SG CIRI, peut mettre en place de façon déconcentrée des prêts ordinaires au terme de négociations multilatérales tenues sous son égide, dans les conditions prévues à l'annexe 2.

3. La procédure de mise en place

L'enveloppe de crédits disponibles ouverte au bénéfice de l'ensemble des comités locaux est fixée en début d'année par le SG CIRI. Les prêts sont gérés dans le cadre d'une convention passée entre l'État et Bpifrance.

Le secrétaire permanent adresse une lettre du président du comité, spécifiant notamment l'identité du bénéficiaire, les conditions, engagements et garantie du prêt mis en place.

Il adresse, pour information, au SG CIRI et à la DGFiP un dossier de mise en place du prêt en réunissant :

— une copie de la décision du préfet sur les conditions d'octroi du prêt ;

— un compte rendu détaillé des échanges, avis et délibération du comité sur la mise en place du prêt ;

— une fiche présentant l'entreprise, ses difficultés, les mesures de redressement décidées et le plan de financement global.

En réponse, le SG CIRI indique si l'enveloppe ouverte en début d'année comme indiqué ci-dessus permet le financement de ce prêt. Ensuite, dès réception de la lettre de saisine du préfet, Bpifrance soumet au secrétaire permanent pour approbation le contrat de prêt entre Bpifrance et l'entreprise ; le secrétaire permanent doit vérifier que les conditions de mise en place du prêt sont bien respectées. Il convient de veiller à ce que le versement du prêt FDES n'intervienne qu'après celui des autres fonds prévus au plan de restructuration financière ; néanmoins, le préfet conserve la faculté de décider, après avis du comité, un premier versement à 50 % maximum qui peut intervenir sur simple engagement du bénéficiaire de constituer avant le versement du solde les garanties prévues. Bpifrance adresse ensuite au secrétaire permanent du comité un double de la notification du concours à l'emprunteur. Cette copie permet au secrétaire permanent de confirmer aux partenaires de l'entreprise, s'ils en font la demande, les concours prévus. Annuellement, au cours du mois de décembre, et ce jusqu'à extinction du prêt, le secrétaire permanent du comité adresse au SG CIRI et à la DGFiP un point sur la situation économique et financière des bénéficiaires de prêts en cours et la réalisation du plan de redressement. Il convient que le secrétaire permanent obtienne, lors de la mise en place du prêt, les engagements d'information nécessaires et que ceux-ci figurent dans le contrat de prêt. Les demandes de modification des conditions assortissant les prêts FDES ressortent de la compétence du SG CIRI ou de Bpifrance, par délégation. Aussi importe-t-il que le secrétaire permanent du CODEFI, saisi de telles demandes, les transmette sans délai avec l'avis du comité au SG CIRI.

4. Modalités de contrôle

Les entreprises bénéficiant d'un prêt FDES ne peuvent pas bénéficier d'un nouveau prêt FDES. Les entreprises se soumettent contractuellement au contrôle des agents en charge du contrôle économique et financier de l'État. Ce contrôle porte sur l'application de l'ensemble des engagements pris par les bénéficiaires des aides versées, notamment sur les conditions d'exécution des programmes pour le financement desquels a été accordé le concours de l'État, sur la mise en œuvre effective des moyens de financements autres que ceux apportés par l'État, qui doivent être dégagés conformément aux engagements pris par le bénéficiaire, et sur le respect des dispositions relatives aux redevances ou remboursements de prêts dus à l'État. Les contrats de prêt doivent donc comporter une clause prévoyant les modalités de ce contrôle. Les contrats de prêt doivent comporter une clause prévoyant l'approbation préalable de tout changement dans la direction ou l'actionnariat de l'entreprise, pendant la durée du prêt. Par ailleurs, en cas de changement de contrôle de l'entreprise, le prêt FDES pourra actionner la clause de remboursement obligatoire anticipé si celle-ci est retenue dans le contrat de prêt.

ANNEXE 3

LES RAPPORTS DU CODEFI

1. Tableau de bord relatif à la détection des entreprises en difficulté

Le secrétaire permanent du CODEFI est chargé de la tenue des tableaux de bord départementaux regroupant toutes les informations relatives aux entreprises en difficulté (voir le modèle de tableau ci-dessous), des documents diffusés en comité et du suivi des entreprises pour lesquelles une intervention financière a pu être décidée.

En particulier et en complément de la diffusion faite aux membres du CODEFI, le secrétaire permanent adresse, sous huit jours, au SG CIRI et à la DGFiP, toutes les délibérations du comité portant sur l'octroi de financement public.

Le SG CIRI fera de plus parvenir les fiches d'entreprise, diffusées aux membres du CIRI, aux CODEFI concernés. Le CODEFI transmettra dans les plus brefs délais au SG CIRI, avec copie à la DGFiP, tout signalement et information sur une entreprise en difficulté de plus de 400 salariés.

Modèle de tableau de bord départemental relatif à la détection des entreprises en difficulté (à adresser sous huitaine après chaque réunion au SG CIRI, à la DGFiP et au préfet de département)

RÉUNION DU CODEFI DE (DÉPARTEMENT) EN DATE DU (JJ/MM/AAAA)	
Nom de l'entreprise	
Secteur d'activité	
Localisations	
Nombre d'emplois	
Nombre d'emplois indirects	
Nature des difficultés	
Intervention (1)	
(1) Exemples : – orientation/transmission du dossier vers l'instance compétente : CCSF/CIRI ; – liaison avec le parquet ; – intervention auprès des partenaires, contact pris, auprès des services de l'État, DIRECCTE : chômage partiel, recherche partenaire, auprès de la Banque de France, des banquiers ; – intervention, auprès des créanciers, des fournisseurs ; – saisine du comité : nécessité éventuelle d'un audit ; nécessité éventuelle d'un prêt FDES.	

2. Évaluation annuelle

Le secrétaire permanent du CODEFI transmettra un rapport annuel d'activité des CODEFI de sa région à la DGFiP, et au SG CIRI, avec copie aux préfets de département et de région.

Annuellement, au cours du mois de mars suivant chaque exercice, le secrétaire permanent du CODEFI adresse au SG CIRI et à la DGFiP avec copie aux préfets de département et de région un tableau destiné à l'évaluation de l'action du comité et au suivi de l'activité du dispositif national. Ce tableau comporte les indicateurs de suivi annuel de l'activité mentionnés ci-dessous. La DGFiP établira un état national rassemblant l'ensemble de ces données. Il sera mené une analyse qualitative des difficultés rencontrées par les entreprises, en particulier de celles liées à la concurrence internationale, et notamment aux délocalisations.

Indicateurs de suivi annuel de l'activité

Indicateurs de suivi annuel de l'activité (destinés à être agrégés au niveau national)

Mission de détection et de prévention
- (a1) Nombre de réunions du CODEFI
- (a2) Nombre d'entreprises détectées

Mission de traitement des difficultés
- (b1) Nombre d'emplois couverts par les cas traités
- (b2) Estimation du nombre d'emplois indirects couverts par les cas traités
- (b3) Nombre de réunions du comité
- (b4) Nombre de saisines effectuées dans l'année
- (b5) Nombre de saisines ayant donné lieu à des négociations avec les partenaires de l'entreprise
- (b6) (b7) Nombre et montant des audits accordés
- (b8) (b9) (b10) Nombre et montant des prêts FDES accordés et ratio moyen prêt sur fonds d'origine privée
- (b10) (b11) Nombre et montant des prêts FDES en cours de remboursement
- (b12) Nombre d'avis sur des agréments fiscaux

ANNEXE 3

Les procédures d'agrément

1. Les agréments fiscaux (article 121 *quinquies* DB *quater* et 170 *quinquies* de l'annexe IV du CGI et article 1649 *nonies* du CGI)

Le CODEFI est compétent pour les dossiers de reprise d'entreprises en difficulté de moins de 400 salariés, incluant une demande d'avantage fiscal. Au-delà, les dossiers relèvent de la compétence du CIRI. L'octroi des avantages fiscaux prévus dans ce cadre est soumis à un agrément préalable délivré soit par le DDFiP ou le DRFiP au chef-lieu duquel est localisée la direction du contrôle fiscal (DIRCOFI) dans le ressort de laquelle est situé l'établissement, soit par le ministre chargé du budget et, par délégation, par le bureau des agréments de la DGFiP. Par conséquent, en deçà des seuils prévus par l'article 170 *quinquies* de l'annexe IV du code général des impôts (CGI), l'agrément fiscal est déconcentré.

L'agrément ne peut, en tout état de cause, être délivré qu'après que le CODEFI ou le CIRI a statué sur l'état de difficulté de l'entreprise et a approuvé le plan de reprise et de redressement ainsi que le plan de financement correspondant. En pratique, dès que le DDFiP ou DRFiP ou le bureau des agréments de la DGFiP est saisi d'une demande d'agrément, il vérifie immédiatement la recevabilité juridique de la demande avant transmission du dossier pour étude au fond par le CODEFI ou le CIRI. La DGFiP ne peut ainsi instruire que les demandes déposées par la société qui en sollicite le bénéfice ou par son représentant. Elle ne peut être directement saisie par un comité ou par la préfecture. De même, la demande d'agrément doit être déposée avant la réalisation de l'opération au titre de laquelle l'avantage est demandé (article 1649 *nonies* du CGI). Ainsi, après avoir vérifié que les conditions légales pour l'obtention de l'avantage sont remplies, le DDFiP ou DRFiP transmet, sans délai, une copie de la demande et du dossier, au secrétaire permanent du CODEFI du département dans le ressort duquel est situé l'établissement, en vue de l'examen, par le comité, du plan de reprise et de redressement ainsi que du plan de financement correspondant. Pour les dossiers de la compétence du ministre chargé du budget, l'exonération temporaire de cotisation foncière des entreprises prévue à l'article 1465 du code général des impôts et l'exonération de cotisation sur la valeur ajoutée (CVAE) prévue à l'article 1586 *nonies* du même code pouvant en résulter sont accordées après consultation du comité interministériel des aides à la localisation des activités (CIALA), dont le secrétariat est assuré par la délégation à l'aménagement du territoire et à l'action régionale (DATAR). Après réception des différents avis requis par la loi, la décision d'agrément est, selon les cas, délivrée par le DDFiP ou DRFiP ou le bureau des agréments de la DGFiP. Elle est notamment soumise au respect de conditions d'emplois et de durée pendant laquelle l'activité aidée doit être maintenue. Le non-respect de ces conditions entraîne la remise en cause des avantages accordés par la décision d'agrément. Cette remise en cause se traduit par l'obligation pour l'entreprise de verser les sommes qu'elle n'a pas acquittées pendant la période d'exonération.

2. Les agréments des groupements de prévention agréés (GPA) (articles D. 611-1 à D. 611-9 du C. com.)

L'action des groupements de prévention agréés (GPA), définis à l'article L. 611-1 du code de commerce, a été renforcée par la loi n° 2003-721 du 1er août 2003 pour l'initiative économique.

La loi prévoit ainsi que "toute personne immatriculée au registre du commerce et des sociétés ou au répertoire des métiers, ainsi *[que]* toute personne morale de droit privé, peut adhérer à un groupement de prévention agréé par arrêté du représentant de l'État dans la région". La création des GPA est soumise à l'agrément du représentant de l'État dans la région. Ce dernier doit consulter, préalablement à sa décision, le CODEFI du département dans lequel le groupement a son siège. La procédure d'agrément est régie par les articles D. 611-1 à D. 611-9 du code de commerce. La demande d'agrément doit être accompagnée des informations et pièces prévues par les articles D. 611-3, D. 611-4 et D. 611-5 du C. com. Il importe de traiter avec diligence les demandes d'agrément. L'attention est appelée sur le délai très court de trois mois imparti pour accorder ou refuser l'agrément (article D. 611-6 du code de commerce). La mission des GPA étant de fournir à ses adhérents une analyse des informations comptables, financières et économiques, le groupement sera tout naturellement amené à informer le chef d'entreprise des indices de difficulté et pourra lui proposer l'intervention d'un expert. En pareille hypothèse et dans le cas où il suggérerait à l'un de ses adhérents de saisir le CODEFI, il va de soi que le comité restera seul juge de l'opportunité de la saisine et du plan de restructuration à mettre en œuvre.

IV TRAITEMENT DES DIFFICULTÉS DES ENTREPRISES

Code civil

Dissolution des sociétés

Art. 1844-7 **La société prend fin :**

[...]

7° *(L. nº 88-15 du 5 janv. 1988)* **« Par l'effet d'un jugement ordonnant** *(Ord. nº 2014-326 du 12 mars 2014, art. 100, en vigueur le 1er juill. 2014)* **« la clôture de la liquidation judiciaire pour insuffisance d'actif »** *(Abrogé par L. nº 2005-845 du 26 juill. 2005, art. 189, à compter du 1er janv. 2006)* ***« ou la cession totale des actifs de la société »*** **;**

[...]

RÉP. SOCIÉTÉS vº *Dissolution*, par DE RAVEL D'ESCLAPON.

BIBL. ▸ DIESBECQ, *RJ com. 2002. 309* (représentation de la personne morale dissoute). – BORONAD-LESOIN, *RTD com. 2003. 1* (même thème). – LE CORRE, *Gaz. Pal. 2004. Doctr. 873* (vérification des créances et dissolution des sociétés). – CANTIN, *RPC 2008. 21* (représentation d'une société en liquidation judiciaire). – LEGROS, *Mél. Tricot, Dalloz-Litec, 2011, p. 507* (domaine d'application de l'art. 1844-7, 7°).

COMMENTAIRE

La modification de l'article 1844-7, 7°, du code civil, par l'ordonnance du 12 mars 2014, était expressément et précisément prévue par la loi d'habilitation (art. 2, 6°, *c*). Il s'agissait de : « supprimer les obstacles à une clôture de la procédure pour extinction du passif, comme celui résultant de la dissolution de plein droit de la société dès l'ouverture de la procédure prévue au 7° de l'article 1844-7 du code civil ». En réalité, la dissolution de droit de la société dès le jugement ouvrant ou prononçant la liquidation judiciaire présentait de nombreux inconvénients, tenant, notamment, à la disparition dès le début de la procédure des organes sociaux, qui privait la personne morale de représentant légal (V. sur le détail de cette difficulté, qui avait valu la condamnation de la France par la CEDH pour violation du droit d'accès à un tribunal reconnu par l'article 6, § 1, de la Conv. EDH, éd. 2013 du C. pr. coll.), mais aussi à l'impasse dans laquelle elle acculait les sociétés quand elles venaient finalement à bénéficier d'une clôture pour extinction de passif. Pour la Cour de cassation, hostile à la théorie du rétablissement de la société dans ses droits, le jugement de clôture pour extinction du passif était, en effet, sans influence sur la dissolution de la société dont la personnalité ne subsistait que pour les besoins de sa liquidation (Com. 26 oct. 1999 : *cité note 6 ss. anc. art. L. 625-10*).

Aussi la doctrine avait-elle, dès le début des années 2000, suggéré une intervention législative afin de modifier ce texte de sorte à différer la dissolution à la date de la clôture de la procédure (J. Vallansan, Liquidation judiciaire d'une société et représentation de la personne morale par ses dirigeants, *BJS 2002. 1154*). Mais la loi du 26 juillet 2005 n'avait pas touché à l'article 1844-7, 7° du code civil, préférant prévoir un autre palliatif, dans le livre VI du code de commerce, par l'introduction, à l'article L. 641-9, d'une règle de maintien des dirigeants sociaux en fonction. De la sorte, malgré quelques incertitudes encore, se trouvait réglée la question de la représentation de la société en cours de liquidation judiciaire. Demeurait cependant entier le problème de l'impossible « renaissance » de la société en cas de clôture pour extinction du passif, si bien qu'un auteur avait pu en appeler, à l'occasion de la réforme de 2008, à une abrogation pure et simple de l'article 1844-7, 7° (F.-X. Lucas, Pour en finir avec la peine de mort infligée aux sociétés, *BJS, mai 2008, Éditorial*). Toutefois, l'ordonnance du 18 décembre 2008 était restée totalement muette sur ce point.

Cinq ans plus tard, l'ordonnance de 2014 a enfin supprimé toute difficulté en modifiant l'article 1844-7, 7°, à deux égards. D'une part, en retardant la dissolution au jour de la clôture de la liquidation, le nouveau texte fait disparaître la cause de la disparition des organes sociaux, rendant sans objet l'article L. 641-9, II, du code de commerce, que l'ordonnance abroge d'ailleurs logiquement. D'autre part, en visant désormais exclusivement la clôture de la liquidation judiciaire pour insuffisance d'actif, l'article 1844-7, 7°, modifié, n'intente plus à l'existence juridique des sociétés dont la procédure de liquidation judiciaire s'achève par un jugement de clôture pour extinction du passif (V. M. Menjucq, Liquidation judiciaire et dissolution de la société débitrice : un nouveau principe nécessitant des précisions, *RPC 2014. Repère 3*). Désormais, comme l'a jugé la Cour de cassation, il résulte des articles 1844-7, 7°, du code civil et L. 641-9, II, du code de commerce, dans leur rédaction issue de l'ordonnance du 12 mars 2014, que le jugement de liquidation judiciaire d'une société n'entraîne plus sa dissolution de plein droit, de sorte que le dirigeant de cette société conserve le pouvoir de la représenter en dépit du jugement d'ouverture, et ce jusqu'au jugement de clôture de la liquidation judiciaire pour insuffisance d'actif (Com. 12 juin 2019, n° 18-14.395).

Reste cependant la difficulté suscitée par les actions dans lesquelles l'ex-liquidation judiciaire se retrouve « en défense », la nomination, dans cette hypothèse, d'un mandataire *ad hoc* n'apparaissant pas comme une solution satisfaisante (V. P. Gourdain, *D. 2016. 1576*). ❑

[Jurispr. antérieure à l'Ord. n° 2014-326 du 12 mars 2014]

1. Liquidation judiciaire ou cession totale des actifs. Dès lors que l'art. 1844-7 (7°) dispose, notamment, que la société prend fin par l'effet d'un jugement ordonnant la liquidation judiciaire, que la société est en liquidation dès l'instant de sa dissolution pour quelque cause que ce soit, et que les pouvoirs du conseil d'administration et du directoire ou des gérants prennent fin à la date de la dissolution de la société, un arrêt ne peut retenir, pour refuser la désignation d'un liquidateur judiciaire, que le jugement de liquidation n'a pas pour effet la dissolution de la société et que le conseil d'administration et le directoire sont seulement dessaisis dans les conditions prévues à l'art. 152 de la loi du 25 janv. 1985 [C. com., art. L. 622-9]. • Com. 3 juin 1997, n° 93-18.425 P : *D. 1998. 348, note Kenfack ; D. Affaires 1997. 838 ; BJS 1997. 768, note Calendini ; Dr. sociétés 1997, n° 139, note Bonneau ; RJ com. 1998. 190, note Granier.*

Selon l'art. 391 de la loi du 24 juill. 1966 [C. com., art. L. 237-2], la personnalité morale d'une société dissoute subsiste aussi longtemps que les droits et obligations à caractère civil ne sont pas liquidés. Il résulte de l'art. 403 de la même loi [C. com., art. L. 237-15] que les pouvoirs du conseil d'administration, du directoire ou des gérants prennent fin à la date de la dissolution de la société. • Paris, 2 juill. 1999 : *D. Affaires 1999. 1462, obs. A. L.* – V. aussi • Versailles, 15 juin 2000 : *RJDA 2000, n° 988* • Paris, 23 juin 2000 : *RJDA 2001, n° 332* • Versailles, 30 nov. 2000 : *BICC 2001, n° 612 ; JCP E 2001, n° 10, p. 399.*

En raison du prononcé de la liquidation judiciaire de la société, la personne agissant comme ancien gérant n'a plus qualité pour convoquer l'assemblée des associés. • Com. 17 juill. 2001, n° 97-20.018 P : *D. 2001. AJ 2519, obs. Lienhard ; D. 2002. Somm. 3261, obs. Hallouin ; LPA 24 sept. 2001, p. 10, note Cerati-Gauthier ; Dr. sociétés 2001, n° 158, note Bonneau ; BJS 2001. 1108, note Chazal ; JCP E 2002, 121, n° 7, obs. Pétel; Rev. sociétés 2002. 52, note Saintourens .* ♦ ... Et se trouve dans la situation de tout tiers pour l'application de l'art. 145 NCPC (désormais, art. 145 C. pr. civ., relatif à l'expertise *in futurum*). • Com. 16 janv. 2001 : *D. 2001. AJ 545, obs. Lienhard ; Dr. sociétés 2001, n° 55, note Bonneau ; RDBF 2001, n° 40, obs. Crédot et Gérard ; BJS 2001. 491, note Saintourens ; RJ com. 2001. 132, note Moulin.*

L'appel formé par l'administrateur provisoire d'une société mise en redressement judiciaire ne peut être déclaré irrecevable, alors que la mission de celui-ci aux fins de représentation de la société a été maintenue par une ordonnance postérieure au jugement arrêtant le plan de cession de la société et antérieure à l'appel litigieux, ce dont il résulte qu'il a reçu les pouvoirs d'un mandataire *ad hoc*. • Com. 20 févr. 2001, n° 97-22.019 P : *D. 2001. AJ 1032 ; BJS 2001. 602, note Constantin ; Dr. sociétés 2001, n° 92, note Bonneau ; JCP E 2001, n° 39, p. 1532, note Legros.*

2. Une société ne perd pas son existence légale en application de l'art. 1844-7 du seul fait qu'elle a été l'objet d'un plan de cession dans le cadre d'un redressement judiciaire, dès lors que la cession était partielle et que la société est redevenue *in bonis* à la suite de la cession. • Paris, 6 mai 1993 : *Dr. sociétés 1993, n° 203, obs. Chaput.* ♦ Sur la désignation d'un liquidateur en cas de plan de cession totale, V. • Poitiers, 7 déc. 1993 : *RPC 1994. 220, obs. Soinne.*

3. Les contrats non repris dans le plan de cession totale ne se trouvent pas résiliés par l'effet du jugement arrêtant ce plan. • Com. 6 oct. 2009 : *D. 2009. AJ 2484, obs. Lienhard .*

4. Lors d'une procédure de redressement judiciaire, le fait qu'il y ait eu cession des actifs, ce qui entraîne la disparition de la société pour l'avenir, n'enlève rien à ses droits et obligations préexistants et ne fait pas disparaître en l'espèce l'intérêt qu'elle a à agir avec l'assistance de son administrateur devenu commissaire à l'exécution du plan de cession. En conséquence, la demande de ladite société n'est donc pas irrecevable pour défaut de qualité à agir en paiement de la créance. • Paris, 3 nov. 1994 : *Dr. sociétés 1995, n° 99, obs. Chaput.*

5. La personne morale en liquidation judiciaire, dont le gérant est privé de ses pouvoirs, ne peut agir en récusation que par l'intermédiaire d'un mandataire *ad hoc.* • Civ. 2e, 4 juill. 2002, n° 02-01.276 P : *Dr. sociétés 2003, n° 91, note Legros (1re esp.).*

6. L'assignation délivrée à la demande de la société débitrice après le prononcé de sa liquidation judiciaire est nulle, l'art. 1844-7 (7°) ayant emporté dissolution de celle-ci et perte de sa capacité d'agir en justice. • Paris, 18 déc. 1996 : *Dr. sociétés 1998, n° 43, obs. Chaput.*

7. Si la société prend fin par l'effet d'un jugement ordonnant sa liquidation judiciaire, ainsi que le prévoit l'art. 1844-7 (7°), l'irrégularité de fond affectant, pour défaut de capacité à agir en justice, la validité des assignations délivrées par la société postérieurement à un tel jugement est couverte par la décision qui, avant que le juge ne statue, en arrête l'exécution provisoire. • Com. 3 juin 1998, n° 95-11.096 P : *D. 1998. IR 180 ; D. Affaires 1998. 1136, obs. A.L. ; Dr. sociétés 1998, n° 137, note Bonneau.* ♦ Comp., jugeant que la régularisation de la nullité de fond affectant l'appel formé au nom de la société en liquidation par une personne autre que son liquidateur doit intervenir avant l'expiration du délai d'appel : • Com. 14 déc. 1999, n° 97-15.361 P : *D. 2000. AJ 65*. – Dans le même sens, V. • Paris, 16 sept. 2003 : *D. 2004. 130, note Derrida et Julien* • 7 oct. 2003 : *D. 2003. AJ 2768*. ♦ Comp. également, pour un arrêt considérant que l'appel formé par une société dissoute en application de l'art. 1844-7 (7°) constitue une fin de non-recevoir, dont la régularisation peut intervenir dans le délai ouvert pour exercer cette voie de recours : • Reims, 6 sept. 2004 : *Dr. sociétés 2005, n° 67, note Legros (3e esp.).*

8. Est irrecevable le pourvoi formé au nom d'une société par son dirigeant, contre le jugement ayant prononcé la mise en liquidation judiciaire de celle-ci, seul un liquidateur amiable ou un mandataire *ad hoc* ayant le pouvoir d'exercer ce recours. • Com. 16 mars 1999, n° 96-19.078 P : *D. 2000. 513, note Kenfack ; BJS 1999. 1118, note Randoux ; RTD com. 2000. 130, obs. Champaud et Danet*. – V. Perdriau, *LPA 28 mai 2002, p. 11.* ♦ Dans le même sens : • Com. 16 oct. 2001 : *Dr. sociétés 2002, n° 39, note Legros* • Aix-en-Provence, 14 oct. 1999 : *D. 1999. AJ 102* • Paris, 9 nov. 1999 : *RJDA 2000, n° 275* • Nîmes, 12 juin 2003 : *Dr. sociétés 2004, n° 61, note Legros (1re esp.).* ♦ L'ancien dirigeant ne saurait utilement se prévaloir des dispositions de l'art. 534 NCPC [C. pr. civ.] pour faire appel du jugement d'ouverture de la liquidation judiciaire, l'exercice des voies de recours en matière de procédure collective étant régi par des dispositions spécifiques, exclusives de l'application des règles de droit commun. • Paris, 3e ch. C, 7 mars 2003 : *D. 2003. AJ 1038, obs. Lienhard ; Dr. sociétés 2003, n° 128, note Legros (2e esp.) ; RDBF 2003, n° 145, obs. F.-X. Lucas.* ♦ V. aussi, pour la cassation d'un arrêt ayant jugé recevable le recours exercé par l'ancien dirigeant au motif que celui-ci justifiait d'un intérêt personnel au sens de l'art. 534 NCPC [C. pr. civ.] : • Com. 28 janv. 2004 : *RJDA 2004, n° 563 (1re et 2e esp.) ; Dr. sociétés 2004, n° 103, note Legros ; RPC 2004. 264, obs. Dumont ;* pour des arrêts ayant retenu cette solution, V. • Paris, 3e ch. A, 24 mai 2002 : *D. 2002. AJ 2055, obs. Lienhard ; Dr. sociétés 2002, n° 174, note Legros ; Rev. sociétés 2002. 577, obs. Guyon* • Paris, 3e ch. B, 26 mars 2004 : *D. 2004. AJ 1168*. ♦ Comp., en ce sens que les art. 1844-7 (7°) C. civ., 391 et 403 de la loi de 1966 ne peuvent avoir pour effet, sauf dispositions statutaires en ce sens, de priver les mandataires sociaux de représenter la personne morale en appel en vue, précisément, de l'anéantissement de la décision qui est à l'origine de la perte de leur pouvoir : • Paris, 2 juill. 1999 : *préc. note 1.* ♦ Comp. également, jugeant : que la déclaration d'appel peut être formée par le débiteur représenté par ses anciens organes de direction, pourvu que dans les conclusions déposées dans le délai de l'art. 915 NCPC [C. pr. civ.] l'appel ait été régularisé par le mandataire *ad hoc* désigné à cet effet par le président du tribunal de la procédure collective. • Douai, 30 mai 2002 : *D. 2002. AJ 2333*.

V. aussi, pour l'irrecevabilité : du pourvoi exercé par le dirigeant d'une société dissoute en application de l'art. 1844-7 (7°) contre l'arrêt statuant sur la liquidation des actifs de cette société, • Com. 15 mai 2001 : *APC 2001, n° 168, obs. Vallansan ; Dr. sociétés 2001, n° 138, note Bonneau ; JCP E 2002, n° 2, 75, note Legros.* ♦ ... De l'appel ou du pourvoi en cassation formé par le dirigeant d'une société en liquidation judiciaire ou ayant fait l'objet d'un plan par cession totale contre la décision ayant admis une créance, • Com. 19 févr. 2002 : *RJDA 2002, n° 640* • Civ. 3e, 17 nov. 2004, n° 03-10.308 P : *D. 2005. AJ 300 ; Dr. sociétés 2005, n° 42, note Trébulle ; BJS 2005. 362, note F.-X. Lucas ; Rev. sociétés 2005. 690, note Le Corre* • Com. 15 nov. 2005, n° 04-19.293 P : *D. 2005. AJ 3013, obs. Lienhard ; Gaz. Pal. 30 avr.-4 mai 2006, p. 34, obs. Voinot.* ♦ ... Du pourvoi formé par le dirigeant contre la décision ayant rejeté la demande en résolution du plan de cession, • Com. 30 juin 2004 : *Dr. sociétés 2005, n° 8, note Legros (2e esp.).* ♦ ... Du recours exercé par l'associé d'une société en liquidation judiciaire contre le jugement de report de la date de cessation des paiements, celui-ci étant intervenu non comme mandataire *ad hoc* ou liquidateur amiable, mais comme associé majoritaire, • Com. 28 janv. 2004 : *RJDA 2004, n° 563 (3e esp.).* ♦ ... Du recours exercé par le dirigeant contre le jugement prononçant la réouverture de la procédure de liquidation judiciaire, • Com. 5 mai 2004 : *Dr. sociétés 2005, n° 8, note Legros (1re esp.).*

L'ancien représentant légal de la société, bien que privé de ses pouvoirs de représentation dès le prononcé de la liquidation judiciaire de la société, demeure une personne habilitée à recevoir la signification de l'arrêt confirmant le jugement de liquidation judiciaire. • Com. 30 juin 2004, n° 03-12.627 P : *D. 2004. 2429, note Derrida, Julien et Renucci ; ibid. AJ 2043, obs. Lienhard ; Rev. sociétés 2004. 959, note Le Corre ; Procédures 2004, n° 212, note Laporte ; APC 2004, n° 203, obs. Monsèrié-Bon ; Dr. et procédures 2004. 329, note Putman ; JCP E 2005, n° 1-2, p. 27, obs. Pétel ; Dr. sociétés 2005, n° 8, note Legros (5e esp.)* • 12 avr. 2005, n° 04-11.994 P : *D. 2005. AJ 1150, obs. Lienhard ; RDBF 2005, n° 99, obs. F.-X. Lucas ; Dr. sociétés 2005, n° 157, note Legros ; RPC 2005. 228, obs. Dumont ; BJS 2005. 1218, note Le Cannu ; Procédures 2005, n° 254, note Laporte.* ♦ Même solution pour la signification de l'ordonnance statuant sur l'admission d'une créance : • Com. 15 nov. 2005 : *préc.*

Pour les besoins de l'instance en révision à laquelle elle est partie, la société débitrice dissoute à la suite du jugement arrêtant le plan de cession totale de ses actifs et dont la personnalité morale subsiste doit être représentée à l'instance par un administrateur *ad hoc* désigné à la demande des auteurs du recours en révision • Civ. 2e, 6 mai 1999, n° 96-18.070 P : *D. 1999. IR 160 ; D. Affaires 1999. 908 ; Dr. sociétés 1999, n° 125, note Bonneau ; BJS 1999. 990, note Le Cannu ; Rev. sociétés 1999. 817, note Chartier.*

L'ancien représentant légal de la société dissoute par l'effet d'un plan de cession totale a qualité, comme tout intéressé, pour demander la désignation d'un mandataire *ad hoc* chargé de représenter cette société pour l'exercice de ses droits propres. • Com. 2 juin 2004, n° 03-11.090 P : *D. 2004. AJ 1815, obs. Lienhard ; APC 2004, n° 165, obs. Vallansan ; JCP E 2004, n° 43, p. 1690, note Vinckel ; BJS 2004. 1368, note Pétel ; Dr. sociétés 2005, n° 8, note Legros (3e esp.).* ♦ Il en va de même du commissaire à l'exécution du plan. • Com. 7 févr. 2006 : *Gaz. Pal. 30 avr.-4 mai 2006, p. 33, obs. Voinot.*

La désignation d'un mandataire chargé de représenter la société peut intervenir à tout moment au cours de l'instance. • Civ. 3e, 31 mai 2000, n° 98-19.435 P : *D. 2000. AJ 355, obs. Boizard ; RTD com. 2000. 680, obs. Monsèrié-Bon ; Dr. sociétés 2000, n° 134, note Bonneau ; BJS 2000. 987, note F.-X. Lucas.* ♦ Peut être saisi d'une demande de désignation d'un mandataire *ad hoc* chargé de représenter une société dissoute par l'effet d'un jugement ordonnant la liquidation judiciaire ou la cession totale de ses actifs, soit le tribunal compétent pour statuer sur l'action exercée par cette société, soit le tribunal de la procédure collective. • Com. 21 mars 2006, n° 04-17.995 P : *D. 2006. AJ 1043, obs. Lienhard ; RDBF 2006, n° 110, obs. F.-X. Lucas.* ♦ La demande de désignation d'un mandataire *ad hoc* ayant été formulée pour représenter la société débitrice dans une action en responsabilité civile dirigée contre le liquidateur judiciaire de sa procédure collective et constituant l'élément préalable et nécessaire à l'engagement d'une action en responsabilité civile, le président du tribunal de grande instance est compétent pour désigner un mandataire *ad hoc* dans ladite procédure qui relève de sa compétence. • Même arrêt. ♦ Sur les pouvoirs du mandataire *ad hoc*, V. • Com. 24 janv. 2006 : *RDBF 2006, n° 72, obs. F.-X. Lucas.* ♦ Sur la distinction entre le mandataire *ad hoc* chargé de représenter une société dissoute par l'effet de la cession totale de ses actifs et le mandataire nommé en application de l'art. 90 du décret n° 85-1388 du 27 déc. 1985 [désormais, art. L. 626-25 C. com.], V. • Com. 7 févr. 2006 : *ibid., n° 73, obs. F.-X. Lucas.*

9. Contrariété à la Conv. EDH. Par une décision du 8 mars 2007, la CEDH a condamné la France pour violation de l'art. 6, § 1, de la Conv. EDH, aux motifs que le dirigeant d'une société en liquidation judiciaire, qui n'a plus, selon la jurisprudence (V. notes 1 s.), la capacité d'agir au nom de la société, voit son droit d'accès à un tribunal limité de manière excessive : • CEDH 8 mars 2007 : *D. 2007. AJ 871, obs. Lienhard ; D. 2008. Pan. 571, obs. F.-X. Lucas ; BJS 2007. 820, note F.-X. Lucas ; RTD com. 2007. 454, obs. Vallens ; JCP 2007. II. 10187, note Monsallier-Saint Mleux ; JCP E 2007. 2119, n° 2, obs. Pétel ; Rev. sociétés 2007. 607, note Le Corre ; APC 2007, n° 191, obs. De Lamy et Kenfack.*

10. Jurisprudence postérieure à l'arrêt de la CEDH. Pour des arrêts postérieurs à l'arrêt de la CEDH du 8 mars 2007 (V. note 9) reconduisant la jurisprudence antérieure, V. • Com. 19 juin 2007 : *BJS 2008. 129, note Staes* • 18 sept. 2007 : *RJDA 2008, n° 1265.* ♦ Le délai de deux mois pour former un recours en révision institué par l'art. 596 C. pr. civ. confère au débiteur un temps suffisant pour obtenir judiciairement la désignation d'un mandataire *ad hoc* en vue d'introduire un recours à l'encontre du jugement d'ouverture de la procédure collective, et n'atteint pas dans sa substance même son droit d'accès à un tribunal. • Civ. 2e, 5 mars 2009 : *D. 2009. AJ 807, obs. Lienhard ; Dr. sociétés 2009, n° 101, note Legros ; LEDEN 5/2009. 5, obs. Staes.* ♦ V. aussi, à propos d'un appel formé contre une ordonnance d'admission de créance, • Com. 12 mai 2009 : *D. 2009. AJ 1477 ; Dr. sociétés 2009, n° 189, note Legros ; BJS 2009. 1003, note Staes.*

11. Nomination du liquidateur. Lorsque la société prend fin par l'effet d'un jugement ordonnant la liquidation judiciaire ou la cession totale de ses actifs, le liquidateur est nommé conformément aux statuts, ou, dans le silence de ceux-ci, par les associés ou, si les associés n'ont pu procéder à cette nomination, par décision de justice (application de l'art. 1844-8 C. civ.). • Com. 10 mars 2004, n° 02-17.820 P : *D. 2004. AJ 949, obs. Lienhard (1re esp.) ; Dr. sociétés 2004, n° 146, note Legros.* ♦ Les associés d'une société ayant fait l'objet d'un plan de cession totale ont un intérêt à ce qu'un liquidateur soit désigné conformément aux statuts afin d'exercer les droits propres au débiteur, à l'exclusion de tous autres pouvoirs qui sont dévolus aux organes de la procédure collective. • Paris, 8 mars 2002 : *RJDA 2002, n° 1279.*

12. *Pouvoirs du mandataire ad hoc.* Une société ayant fait l'objet d'un plan de cession totale, dès lors qu'elle est représentée par son liquidateur amiable ou un mandataire *ad hoc*, est recevable à engager contre l'établissement de crédit qui a rompu abusivement son concours antérieurement au jugement d'ouverture de la procédure collective une action contractuelle en réparation d'un préjudice distinct de celui subi par les créanciers de la procédure collective. • Com. 13 mars 2007, n° 06-13.325 P : *D. 2007. AJ 1020, obs. Lienhard ; APC 2007, n° 107, obs. Legeais ; BJS 2007. 839, note F.-X. Lucas ; Gaz. Pal. 20-21 juill. 2007, p. 49, obs. Routier.* – V. aussi Paclot et Roussel Galle, *JCP E 2008. 2101.* ♦ Comp., s'agissant d'une action en responsabilité quasi délictuelle : • Com. 30 mai 2006 : *APC 2006, n° 144, obs. Regnaut-Moutier.*

13. *Responsabilité du mandataire ad hoc.* Le droit d'accès au tribunal, consacré par la Conv. EDH, permet à l'ancien dirigeant social de provoquer la désignation d'un nouveau mandataire de la société dissoute pour rechercher la responsabilité du mandataire *ad hoc* précédemment désigné. • Toulouse, 4 oct. 2007 : *APC 2008, n° 13, obs. Vallansan.*

14. *Extinction du passif.* Il résulte des art. 1844-7, 7°, et 1844-8, al. 3, que le jugement de clôture pour extinction du passif est sans influence sur la dissolution, consécutive au prononcé de la liquidation judiciaire, de la personne morale dont la personnalité ne subsiste que pour les besoins de sa liquidation. • Com. 26 oct. 1999, n° 97-12.640 P : *D. 1999. AJ 77, obs. A. L. ; APC 1999, n° 245, obs. Regnaut-Moutier ; JCP E 2000, n° 4, p. 128, obs. Cabrillac et Pétel ; BJS 2000. 49, note Le Cannu ; Dr. sociétés 2000, n° 27, obs. Chaput ; RJ com. 2000. 130, note Convert ; RTD com. 2000. 124, obs. Champaud et Danet ; Defrénois 2000. 997, obs. Gibirila.* ♦ Viole ces textes l'arrêt qui, pour dire n'y avoir lieu à la désignation d'un liquidateur de la société, retient que l'art. 195 de la loi du 25 janv. 1985 [C. com., art. L. 625-10] doit être interprété comme rétablissant la société dans ses droits, et que celle-ci, qui avait été rétablie dans son existence sociale par l'effet de la clôture de sa liquidation judiciaire pour extinction du passif, disposait de ses organes sociaux. • Même arrêt. ♦ V. aussi • Com. 18 janv. 2023, n° 21-18.492 B : *cité note 1 ss. art. L. 631-12 C. com., 1re partie.*

15. *Inapplicabilité aux associations.* Une association ne prend pas fin par l'effet du jugement ordonnant sa liquidation judiciaire. • Com. 8 juill. 2003, n° 01-02.050 P : *D. 2003. AJ 2173 ; APC 2003, n° 201, obs. Legros ; Dr. sociétés 2003, n° 187, note F.-X. Lucas ; Rev. sociétés 2003. 887, note Le Cannu ; JCP E 2004, n° 5, p. 175, obs. Cabrillac ; BJS 2004. 103, note Neau-Leduc* • 19 oct. 2010 : *D. 2010. Actu. 2574, obs. Lienhard ; Rev. sociétés 2011. 191, obs. Roussel Galle ; RJDA 2011, n° 67 ; BJS 2011. 118, note F.-X. Lucas ; LPA 8 mars 2011, obs. Gibirila.* – V. aussi • Soc. 19 déc. 2018, n° 17-15.503 P : *D. 2019. Actu. 4 ; LEDEN 3/2019. 6, obs. Dedessus-Le-Moustier.*

16. *Incidence en matière fiscale.* Pour l'application de l'art. 201 CGI, aux termes duquel la cessation d'une entreprise commerciale entraîne l'imposition immédiate des bénéfices non taxés, à une société mise en liquidation judiciaire, V. • Com. 26 janv. 2010, n° 08-12.186 P : *D. 2010. AJ 381 ; Rev. sociétés 2011. 55, note Jambort ; JCP E 2010. 1784, note Ledan. LEDEN 3/2010. 4, obs. Mouial-Bassilana ; APC 2010, n° 83, obs. Serlooten ; RJDA 2010, n° 412 ; BJS 2010. 563, note De Bissy.*

Agent des sûretés

Art. 2488-9 *(Ord. n° 2017-748 du 4 mai 2017, art. 1er, en vigueur le 1er oct. 2017)* L'agent des sûretés peut, sans avoir à justifier d'un mandat spécial, exercer toute action pour défendre les intérêts des créanciers de l'obligation garantie et procéder à toute déclaration de créance.

Art. 2488-10 *(Ord. n° 2017-748 du 4 mai 2017, art. 1er, en vigueur le 1er oct. 2017)* Les droits et biens acquis par l'agent des sûretés dans l'exercice de sa mission ne peuvent être saisis que par les titulaires de créances nées de leur conservation ou de leur gestion, sous réserve de l'exercice d'un droit de suite et hors les cas de fraude.

L'ouverture d'une procédure de sauvegarde, de redressement judiciaire, de liquidation judiciaire *(L. n° 2019-486 du 22 mai 2019, art. 206)* « , de rétablissement professionnel, de surendettement ou de résolution bancaire » à l'égard de l'agent des sûretés est sans effet sur le patrimoine affecté à sa mission.

Art. 2488-11 *(Ord. n° 2017-748 du 4 mai 2017, art. 1er, en vigueur le 1er oct. 2017)* En l'absence de stipulations contractuelles prévoyant les conditions de son remplacement et si l'agent des sûretés manque à ses devoirs, met en péril les intérêts qui lui sont confiés ou fait l'objet de l'ouverture d'une procédure de sauvegarde, de redressement judiciaire, de liquidation judiciaire *(L. nº 2019-486 du 22 mai 2019, art. 206)* « , de rétablissement professionnel, de surendettement ou de résolution bancaire », tout créancier bénéficiaire des sûretés et garanties peut demander en justice la désignation d'un agent des sûretés provisoire ou le remplacement de l'agent des sûretés.

Tout remplacement conventionnel ou judiciaire de l'agent des sûretés emporte de plein droit transmission du patrimoine affecté au nouvel agent des sûretés.

Code général des impôts

(Décr. nº 50-478 du 6 avr. 1950)

Remise de pénalité

Art. 1756 *(Ord. nº 2005-1512 du 7 déc. 2005, art. 16-II, en vigueur le 1er janv. 2006)* I. – En cas de *(Ord. nº 2008-1345 du 18 déc. 2008, art. 168)* « sauvegarde ou de » redressement ou de liquidation judiciaires, les frais de poursuite et les pénalités fiscales encourues en matière d'impôts directs et taxes assimilées, de taxes sur le chiffre d'affaires et taxes assimilées, de droits d'enregistrement, taxe de publicité foncière, droits de timbre et autres droits et taxes assimilés, *(L. nº 2016-1917 du 29 déc. 2016, art. 60-I-B-36º)* « de retenue à la source prévue à l'article **204 A**, » dus à la date du jugement d'ouverture, sont remis, à l'exception des majorations prévues aux *b* et *c* du 1 de l'article **1728** et aux articles **1729** et **1732** et des amendes mentionnées aux articles **1737** et **1740 A** *(L. nº 2016-1917 du 29 déc. 2016, art. 60-I-B-36º)* « ainsi qu'aux 3º et 4º de l'article **1759-0 A** ».

(L. nº 2010-737 du 1er juill. 2010, art. 47, en vigueur le 1er nov. 2010) « II. – En cas de mise en œuvre de la procédure de rétablissement personnel prévue aux articles *(L. nº 2021-1900 du 30 déc. 2021, art. 130-III, en vigueur le 1er janv. 2022)* « **L. 741-1** à **L. 741-3** » *(Décr. nº 2017-698 du 2 mai 2017, art. 1er)* « et **L. 742-3** à **L. 742-7** » du code de la consommation, les majorations, frais de poursuites et pénalités fiscales encourus en matière d'impôts directs dus à la date à laquelle la commission recommande un rétablissement personnel sans liquidation judiciaire ou à la date du jugement d'ouverture d'une procédure de rétablissement personnel avec liquidation judiciaire sont remis, à l'exception des majorations prévues aux *b* et *c* du 1 de l'article **1728** *(L. nº 2021-1900 du 30 déc. 2021, art. 130-III, en vigueur le 1er janv. 2022)* « ainsi qu'aux articles **1729** et **1732** ». »

Les dispositions de la L. nº 2016-1917 du 29 déc. 2016 s'appliquent aux revenus perçus ou réalisés à compter du 1er janv. 2019 (L. préc., art. 60-I-G, mod. par Ord. nº 2017-1390 du 22 sept. 2017, art. 1er-1º).

L'art. 130-III de la L. nº 2021-1900 du 30 déc. 2021 s'applique aux procédures ouvertes à compter du 1er janv. 2022 ainsi qu'aux procédures antérieurement ouvertes et n'ayant pas encore donné lieu à une décision de remise, de rééchelonnement ou d'effacement (L. préc., art. 130-V-D).

L'ouverture d'une procédure de redressement ou de liquidation judiciaire n'est susceptible d'entraîner la remise de la pénalité que dans l'hypothèse où cette pénalité est due à la date d'ouverture de la procédure judiciaire, c'est-à-dire lorsque cette procédure est ouverte postérieurement à la notification à la société de l'avis de mise en recouvrement de cette pénalité. • CE 30 sept. 2019, nº 415333 : *BJE 1-2/2020. 47, note Dedeurwaerder ; RPC 2020, nº 70, obs. Vabres.*

Publicité du privilège du Trésor public

Art. 1929 *quater* 1. Donnent lieu à publicité, dans les conditions prévues aux 2 à 5, les sommes restant dues à titre privilégié par des commerçants et personnes morales de droit privé, même non commerçantes, au titre de l'impôt sur le revenu, de l'impôt sur les bénéfices des sociétés et autres personnes morales, de la taxe sur les salaires, de la *(L. nº 2009-1673 du 30 déc. 2009, art. 2, 7.1)* « cotisation foncière des entreprises » et des taxes annexes, des taxes sur le chiffre d'affaires et des taxes annexes, et des contributions indirectes.

(L. nº 94-1162 du 29 déc. 1994) « N'est pas soumise à la publicité la part de la *(L. nº 2009-1673 du 30 déc. 2009, art. 2, 7.1)* « cotisation foncière des entreprises » cor-

respondant à la réduction effectuée par le redevable au titre du plafonnement en fonction de la valeur ajoutée, en application des articles 1647 B *sexies* et 1679 *quinquies*. »

2. La publicité est faite à la diligence de l'administration chargée du recouvrement.

(L. nº 2019-486 du 22 mai 2019, art. 61) « 3. L'inscription ne peut être faite qu'à compter, selon la nature de la créance, de l'émission du titre exécutoire ou de la date à laquelle le redevable a encouru une majoration pour défaut de paiement.

« 4. La publicité est obligatoire lorsque le montant des sommes dues par un redevable à un même poste comptable ou service assimilé et susceptibles d'être publiées dépasse, au terme d'un semestre civil, un seuil fixé par décret. — *V. art. 416 bis de l'Annexe III.*

« Il n'est pas procédé à l'inscription des sommes mentionnées au premier alinéa lorsque le débiteur :

« 1° Respecte un plan d'apurement échelonné de sa dette ainsi que ses obligations fiscales courantes. Lorsque le plan est dénoncé, le comptable public procède à l'inscription dans un délai de deux mois ;

« 2° A déposé, dans les conditions prévues aux articles L. 196 et L. 197 du livre des procédures fiscales, une réclamation d'assiette recevable assortie d'une demande expresse de sursis de paiement prévue à l'article L. 277 du même livre. Dès l'expiration du délai dont dispose le redevable pour saisir le tribunal compétent après notification de la décision de l'administration ou, en cas de poursuite du litige, dès la notification du jugement de la juridiction saisie, le comptable public procède à l'inscription dans un délai de deux mois. » — *V. art. 416 ter de l'Annexe III.*

5. En cas de paiement avec subrogation, le subrogé aux droits du Trésor est tenu des obligations et formalités mises par le présent article à la charge de l'administration, quel que soit le montant du paiement.

Si le paiement par le subrogé a lieu sans émission de titre exécutoire prévu au 3, l'inscription ne peut être requise que six mois au moins après le paiement.

6. *(L. nº 85-1403 du 30 déc. 1985)* « Les frais de l'inscription du privilège sont à la charge du Trésor. »

7. *(Décr. nº 86-1086 du 7 oct. 1986)* « En cas *(Décr. nº 2006-356 du 24 mars 2006)* « de procédure de sauvegarde, » de redressement *(L. nº 94-475 du 10 juin 1994)* « ou de liquidation » judiciaire du redevable », ou d'un tiers tenu légalement au paiement des sommes visées au 1, le Trésor ou son subrogé ne peut exercer son privilège pour les créances qui étaient soumises à titre obligatoire à la publicité prévue aux 1 à 5 et dont l'inscription n'a pas été régulièrement requise à l'encontre du redevable.

(Abrogé par Ord. nº 2021-1192 du 15 sept. 2021, art. 31) ***« 8. Les inscriptions prises en application des 1 à 5 se prescrivent par quatre ans, sauf renouvellement. »***

(L. nº 2005-845 du 26 juill. 2005, art. 175-I, en vigueur le 1er janv. 2006) « **8 *bis*.** Le comptable compétent demande, dans un délai d'un mois, la radiation totale de l'inscription devenue sans objet, dès lors que le débiteur s'est acquitté de sa dette. »

9. Les modalités d'application du présent article et notamment les formes et délais des inscriptions et de leur radiation sont fixées par un décret en Conseil d'État *(Abrogé par Ord. nº 2021-1192 du 15 sept. 2021, art. 31)* ***« pris sur le rapport du ministre de l'économie et des finances et du garde des sceaux, ministre de la justice »***. — *V. art. 396 bis de l'Annexe II.*

L'art. 61 de la L. nº 2019-486 du 22 mai 2019 s'applique aux créances exigibles à compter d'une date fixée par décret, et au plus tard à compter du 1er janv. 2020 (L. préc., art. 61-III).

L'art. 31 de l'Ord. nº 2021-1192 du 15 sept. 2021 entrera en vigueur à une date qui sera fixée par décret et qui ne pourra être postérieure au 1er janv. 2023 (Ord. préc., art. 37-I).

COMMENTAIRE

I. RÉGIME ANTÉRIEUR À LA LOI PACTE DU 22 MAI 2019

La modification, par la loi du 26 juillet 2005, de l'article 1929 *quater* CGI, relatif au privilège du Trésor, est une pièce importante du dispositif de prévention renforcé mis en place par la loi du 26 juillet 2005. Il s'agissait, tout comme avec la création de l'article 379 *bis* du code des douanes (V. ci-dessous), de permettre une meilleure détection des difficultés en amont.

L'article 1929 *quater*, 4., CGI, issu de la loi de sauvegarde des entreprises, rendait obligatoire l'inscription du privilège du Trésor public dès que le débiteur n'a pas réglé ses créances fiscales, au titre d'un semestre civil, quel qu'en soit le montant. Cette disposition consistait donc à supprimer toute référence à un seuil légal ou réglementaire. En effet, la fixation d'un seuil quantitatif déclenchant l'inscription ne paraît pas totalement opérante, compte tenu de la grande variété des entreprises : tel seuil pourrait sembler dérisoire pour une grande entreprise, alors qu'il se révélerait au contraire beaucoup trop élevé pour une petite entreprise. Jusque-là, le seuil était fixé à 12 200 euros, or une petite entreprise qui connaît déjà des impayés dépassant ce montant en matière fiscale est souvent en bien mauvaise posture financière, d'autant qu'elle peut également cumuler des impayés d'un montant équivalent en matière de contributions sociales. Notons que la conférence des tribunaux de commerce, quant à elle, avait suggéré des seuils variables selon l'importance de l'entreprise (Rapport sur la prévention des difficultés des entreprises, Congrès national des tribunaux de commerce, 14 nov. 2003, *Les Annonces de la Seine, 17 nov. 2003, suppl.*), solution finalement retenue par la loi de finances rectificative pour 2005, à compter du 1er janvier 2007 (L. n° 2005-1720 du 30 déc. 2005, art. 102).

En réponse à la crise économique, la loi de finances rectificative pour 2008, du 30 décembre 2008, est venue assouplir ce dispositif. D'une part, en portant le délai de six mois à neuf mois. D'autre part, en excluant l'obligation de publicité lorsque le débiteur respecte un plan d'apurement échelonné de sa dette ainsi que ses obligations fiscales courantes. Dans ce cas, si le plan est dénoncé, le comptable public doit procéder à la publication dans un délai de deux mois. Un seuil unique de sommes dues par un même redevable à un même poste comptable, dont le dépassement rend la publicité obligatoire, a été fixé à 15 000 euros par le décret n° 2009-197 du 18 février 2009. Ces nouvelles dispositions s'appliquent aux créances nées à compter du 1er juillet 2008. Le décret n° 2009-985 du 20 août 2009 est venu adapter l'article 396 *bis* précité.

Le rapport « Attali » de la commission pour la libération de la croissance française a proposé la suppression des créances privilégiées du Trésor (décision 43). Cette proposition, qu'a faite sienne le MEDEF, a ressurgi durant la campagne électorale en mars 2012 (*Les Échos, 20 mars 2012, p. 4*). Un rapport (Rapport Frantz) de la CCIP du 4 octobre 2012 va dans le même sens, tout en suggérant de conserver un mécanisme d'alerte, de même qu'une proposition de loi (n° 185), déposée à l'Assemblée nationale le 12 septembre 2012.

II. RÉGIME ISSU DE LA LOI PACTE DU 22 MAI 2019

Jusque-là, le privilège général du Trésor public faisait l'objet d'une publicité effectuée sur un calendrier glissant au terme d'un délai de neuf mois. Cette modalité entraînait un manque de lisibilité tant pour les entreprises que les tiers (sans compter la complexité pour les administrations concernées, rendant toute automatisation impossible : *étude d'impact, p. 223*). De plus, cette publicité pouvait être effectuée alors même que l'entreprise contestait le montant de sa dette et demandait un sursis à paiement.

D'où les deux modifications principales apportées par la loi de 2019 à l'article 1929 *quater*, complétée par les décrets d'application n° 2019-683 du 28 juin 2019 et n° 2019-1473 du 26 décembre 2019.

D'une part, le texte modifié prévoit désormais (pour les créances exigibles à compter du 1er juill. 2019), que la publicité est obligatoire lorsque le montant des sommes dues dépasse, au terme d'un semestre civil, un seuil fixé à 200 000 €.

D'autre part, il n'est plus procédé à l'inscription, dorénavant, lorsque le débiteur a déposé une contestation d'un avis de mise en recouvrement assortie d'une demande expresse de sursis à paiement à laquelle il a été fait droit.

Le relèvement du seuil vise à « circonscrire la publicité aux cas présentant un réel enjeu financier en préservant l'information des tiers et *[à]* ne pas détériorer, pour les entreprises présentant des dettes d'un montant inférieur à ce seuil, leur santé économique par l'effet réputationnel de la publicité » (*étude d'impact, p. 226*). ❑

Code général des impôts

ANNEXE II

Art. 396 *bis* *(Décr. n° 2007-568 du 17 avr. 2007) (Décr. n° 2021-1887 du 29 déc. 2021, art. 6, en vigueur le 1er janv. 2023)* « 1. L'inscription des sommes privilégiées dues au Trésor prescrite au 1 de l'article 1929 *quater* du code général des impôts est soumise aux dispositions des articles R. 521-1 et suivants du code de commerce, sous réserve des dispositions du présent article. »

2. Lorsque la publicité est faite, en application du *(Décr. n° 2009-195 du 18 févr. 2009)* « premier alinéa du » 4 de l'article 1929 *quater* du code général des impôts, l'inscription des sommes déterminées dans les conditions fixées au 3 dudit article doit être requise *(Décr. n° 2019-1473 du 26 déc. 2019, art. 1er, en vigueur le 1er janv. 2020)* « dans le mois qui suit le semestre civil mentionné au 4 de l'article 1929 *quater* et au plus tard :

« *a)* Le 31 janvier pour les sommes dues au 31 décembre de l'année précédente ;

« *b)* Le 31 juillet pour les sommes dues au 30 juin de l'année courante. »

(Décr. n° 2021-1887 du 29 déc. 2021, art. 6, en vigueur le 1er janv. 2023) « 3. Le comptable public chargé du recouvrement requiert l'inscription des sommes privilégiées dues au Trésor auprès du greffier compétent.

« Le comptable public avise le redevable qu'il a requis une inscription à son encontre. »

4. Abrogé par Décr. n° 2021-1887 du 29 déc. 2021, art. 6, à compter du 1er janv. 2023.

5. Abrogé par Décr. n° 2019-1473 du 26 déc. 2019, art. 1er, à compter du 1er janv. 2020.

6. Chaque nouvelle inscription requise par un même comptable *(Décr. n° 2021-1887 du 29 déc. 2021, art. 6, en vigueur le 1er janv. 2023)* « public » à l'encontre du même redevable rend caduque l'inscription précédente.

(Décr. n° 2021-1887 du 29 déc. 2021, art. 6, en vigueur le 1er janv. 2023) « En cas de paiement partiel, le comptable public ayant requis l'inscription établit à la demande du redevable une attestation constatant ce paiement. En ce cas, le redevable pourra requérir du greffier compétent une inscription modificative.

« Toute inscription modificative consécutive à un dégrèvement partiel, ou toute radiation consécutive à un dégrèvement total est faite à l'initiative du comptable public qui avait requis l'inscription. Il est de même procédé à l'inscription modificative ou à la radiation sur l'initiative du comptable public en cas d'erreur commise par celui-ci sur le montant des sommes privilégiées ou sur l'identité du redevable. »

***Al.** abrogé par Décr. n° 2021-1887 du 29 déc. 2021, art. 6, à compter du 1er janv. 2023.*

Le greffier mentionne *(Décr. n° 2021-1887 du 29 déc. 2021, art. 6, en vigueur le 1er janv. 2023)* « les inscriptions modificatives et » les radiations en marge de l'inscription correspondante.

(Décr. n° 2021-1887 du 29 déc. 2021, art. 6, en vigueur le 1er janv. 2023) « 7. En cas de subrogation dans les droits du Trésor, le comptable public chargé du recouvrement établit pour le subrogé une attestation de subrogation.

« Pour inscrire son privilège, le subrogé produit cette attestation au greffier compétent. Si la créance ayant fait l'objet d'une subrogation est comprise dans une inscription, l'attestation est communiquée au greffier compétent pour requérir une inscription modificative de cette inscription, à due concurrence. »

8. et 9. Abrogés par Décr. n° 2021-1887 du 29 déc. 2021, art. 6, à compter du 1er janv. 2023.

(Décr. n° 2021-1887 du 29 déc. 2021, art. 6, en vigueur le 1er janv. 2023) « 10. Les attestations délivrées par le comptable public en cas de paiement partiel de la créance ou de subrogation sont déterminées par un arrêté. »

11. Abrogé par Décr. n° 2021-1887 du 29 déc. 2021, art. 6, à compter du 1er janv. 2023.

ANNEXE III

Art. 416 *bis* *(Décr. n° 2009-197 du 18 févr. 2009)* Le seuil de publicité obligatoire mentionné au premier alinéa du 4 de l'article 1929 *quater* du code général des impôts est fixé à *(Décr. n° 2019-683 du 28 juin 2019, art. 1er, en vigueur le 1er juill. 2019)* « 200 000 € ».

Art. 416 *ter* *(Décr. n° 2009-197 du 18 févr. 2009)* Le comptable de la direction générale des finances publiques *(Décr. n° 2011-1303 du 14 oct. 2011, art. 12, en vigueur le 1er oct. 2011)* « ou de la direction générale des douanes et des droits indirects » met fin au plan d'apurement échelonné mentionné au *(Décr. n° 2020-897 du 22 juill. 2020, art. 3)* « 1° » du 4 de l'article 1929 *quater* du code général des impôts par lettre recommandée avec accusé de réception et procède à l'inscription du privilège du Trésor dans le délai prévu au *(Décr. n° 2020-897 du 22 juill. 2020, art. 3)* « 1° » du 4 de l'article précité. Le délai court à compter de la réception de cette dénonciation par le redevable.

Livre des procédures fiscales

Droit de poursuite individuelle de l'Administration fiscale en cas de liquidation judiciaire

Art. L. 269 A *(Décr. n° 2006-357 du 24 mars 2006)* **Les conditions et les délais dans lesquels le Trésor public peut exercer son droit de poursuite individuelle dans le cadre d'une procédure de liquidation judiciaire sont fixés par le premier et le deuxième alinéas de l'article L. 643-2 du code de commerce.** – *V. cet art., 1re partie.*

Art. L. 269 B *(L. n° 2005-845 du 26 juill. 2005, art. 185)* **Le comptable public compétent, en cas d'exercice de son droit de poursuite individuelle pour ses créances privilégiées ou en cas d'encaissement provisionnel desdites créances en application des articles L. 622-8 ou L. 643-3 du code de commerce doit, sur ordonnance du juge-commissaire, restituer, à la première demande du liquidateur, l'excédent des sommes perçues par rapport à celles prévues au titre de la répartition des produits de la liquidation judiciaire, conformément aux règles du livre VI de ce code. Le comptable compétent restitue, en tout ou partie, l'encaissement provisionnel en tant que dépense de l'État.**

La L. n° 2005-845 du 26 juill. 2005 entre en vigueur le 1er janv. 2006 (L. préc., art. 190).

COMMENTAIRE

L'article L. 269 B est rédigé désormais de telle sorte que l'encaissement à titre provisionnel permette la restitution des sommes à tout moment. Auparavant, les répartitions provisionnelles étaient gênées par le refus de l'administration fiscale de rendre ce qu'elle avait perçu à tort (B. Soinne, La réforme des procédures collectives : la confusion des objectifs et des procédures, *RPC 2004, p. 1, n° 2*).

Cette disposition permet donc au comptable public de restituer, à la première demande du liquidateur, l'excédent des sommes perçues par rapport à celles prévues au titre de la répartition des produits de la liquidation judiciaire.

Les sommes concernées ont pu être encaissées soit :
– dans le cas où le comptable public a exercé son droit de poursuite individuelle, en application de l'article L. 269 A LPF. En effet, ce dernier article permet au comptable public d'exercer son droit de poursuite individuelle pour ses créances privilégiées déclarées si le liquidateur n'a pas procédé à la liquidation trois mois après le jugement la prononçant ;
– dans le cas où le comptable public a fait usage des articles L. 622-8 ou L. 643-3 C. com. (hypothèse de la situation dans laquelle est effectué un paiement, à titre provisoire, d'une quote-part de la créance définitivement admise).

En principe, les créanciers ayant bénéficié d'un encaissement provisionnel de leurs créances doivent constituer une garantie auprès d'un établissement de crédit. Or, l'article L. 643-3 exonère les comptables publics de cette obligation. D'où le dispositif institué par le nouvel article L. 269 B LPF. ❑

Code des assurances

PREMIÈRE PARTIE : ***LÉGISLATIVE***

(Décr. n° 76-666 du 16 juill. 1976)

Règles relatives aux assurances sur la vie et aux opérations de capitalisation

Art. L. 132-14 *(L. n° 2013-1117 du 6 déc. 2013, art. 41-IV)* **« Sous réserve des dispositions des articles** *(L. n° 2017-1775 du 28 déc. 2017, art. 73-VIII)* **« L. 262, L. 263 B et L. 273 A du livre des procédures fiscales, de l'article 387 *bis* du code des douanes », de l'article L. 1617-5 du code général des collectivités territoriales et du II de l'article 128 de la loi n° 2004-1485 du 30 décembre 2004 de finances rectificative pour**

2004, » *(L. n° 81-5 du 7 janv. 1981)* **« le capital ou la rente garantis au profit d'un bénéficiaire déterminé ne peuvent être réclamés par les créanciers du contractant. » Ces derniers ont seulement droit au remboursement des primes, dans le cas indiqué par l'article L. 132-13, deuxième alinéa** *[primes manifestement exagérées eu égard aux facultés du contractant]*, **en vertu soit de** *(Ord. n° 2016-131 du 10 févr. 2016, art. 6-II-3°, en vigueur le 1er oct. 2016)* **« l'article 1341-2 » du code civil,** *(L. n° 85-98 du 25 janv. 1985)* **« soit des articles L. 632-1 et L. 632-2 du code de commerce ».**

Les contrats conclus avant l'entrée en vigueur de l'Ord. n° 2016-131 du 10 févr. 2016 [1er oct. 2016] demeurent soumis à la loi ancienne. Lorsqu'une instance a été introduite avant l'entrée en vigueur de l'Ord. préc., l'action est poursuivie et jugée conformément à la loi ancienne. Cette loi s'applique également en appel et en cassation (Ord. préc., art. 9).

Le VIII de l'art. 73 de la L. n° 2017-1775 du 28 déc. 2017 entre en vigueur à une date fixée par décret, et au plus tard le 1er janv. 2019 (L. préc., art. 73-XVII).

…………………………………………………………………………

Art. L. 132-17 Les articles L. 621-112 et L. 621-114 *[abrogés par la L. n° 2005-845 du 26 juill. 2005 ; V. désormais, art. L. 624-8]* **du code de commerce concernant les droits** *(L. n° 81-5 du 7 janv. 1981)* **« du conjoint » du débiteur en redressement judiciaire** *[en sauvegarde ou en redressement judiciaire]* **sont sans application en cas d'assurance sur la vie contractée par un commerçant au profit** *(L. n° 81-5 du 7 janv. 1981)* **« de son conjoint ».**

Engagements de caution des entreprises d'assurances

Art. L. 443-1 *(L. n° 2010-737 du 1er juill. 2010, art. 26-III)* **Les entreprises d'assurance habilitées à pratiquer les opérations de caution ayant fourni un cautionnement, un aval ou une garantie, que ces derniers soient d'origine légale, réglementaire ou conventionnelle, disposent de plein droit et dans tous les cas d'un recours contre le client donneur d'ordre de l'engagement, ses coobligés et les personnes qui se sont portées caution et, pour les paiements effectués au titre de leur engagement, de la subrogation dans les droits du créancier prévue** *(Ord. n° 2016-131 du 10 févr. 2016, art. 6-II-4°, en vigueur le 1er oct. 2016)* **« à l'article 1346 » du code civil.**

La L. n° 2010-737 du 1er juill. 2010 entre en vigueur le 1er jour du 10e mois suivant celui de sa publication au Journal officiel [JO 2 juill.] (L. préc., art. 61-I).

Sur les dispositions transitoires de l'Ord. n° 2016-131 du 10 févr. 2016, V. note ss. C. assur., art. L. 132-14.

Code de la sécurité sociale

PREMIÈRE PARTIE : *LÉGISLATIVE*

(Décr. n° 85-1353 du 17 déc. 1985)

Art. L. 243-4 *(L. n° 99-641 du 27 juill. 1999)* **Le paiement des cotisations et des majorations et pénalités de retard est garanti pendant un an à compter de leur date d'exigibilité, par un privilège sur les biens meubles du débiteur, lequel privilège prend rang concurremment avec** *(Abrogé par Ord. n° 2021-1192 du 15 sept. 2021, art. 34-XV, à compter du 1er janv. 2022)* **« *celui des gens de service et* » celui des salariés établis** *(Abrogé par Ord. n° 2021-1192 du 15 sept. 2021, art. 34-XV, à compter du 1er janv. 2022)* **« *respectivement* » par l'article 2331 du code civil et les articles L. 625-7 et L. 625-8 du code de commerce.**

(L. n° 2002-73 du 17 janv. 2002) **« Le paiement des cotisations et des majorations et pénalités de retard est également garanti, à compter du 1er janvier 1956, par une hypothèque légale en exécution des prescriptions applicables en matière de publicité foncière. »**

BIBL. ► DE BOYSSON, *D. 2012. Chron. 118* (la caisse de sécurité sociale Carpimko bénéficie-t-elle d'un droit au paiement immédiat dans le cadre d'une procédure collective ?). – LE CORRE, *LPA 13 mars 2012* (cotisations sociales de retraite dues par un professionnel libéral et superprivilège des salaires).

1. L'hypothèque légale résultant de l'art. L. 243-4 ci-dessus est soumise aux règles de droit commun régissant les hypothèques légales et doit donc faire l'objet d'une inscription à la conservation des hypothèques conformément à l'art. 2426 [2421] C. civ. • Grenoble, 7 mai 2009 : *RPC 2010, n° 18, obs. F. et M.-N. Legrand.*

2. Le privilège garantissant le paiement de cotisations d'assurance sociale, majorations et pénalités de retard édicté à l'art. L. 243-4 CSS prend rang concurremment avec celui des gens de service et celui des salariés établis respectivement par l'art. 2331 C. civ. et les art. L. 625-7 et L. 625-8 C. com., et ne confère pas le droit d'être payé par priorité sur les premières rentrées de fonds. • Com. 18 juin 2013, n° 12-14.493 P : *D. 2013. Actu. 1617 ; RTD com. 2013. 808, obs. Martin-Serf ; JCP E 2013. 1472, note Ronet-Yague ; LEDEN 9/2013. 7, obs. Favario ; Gaz. Pal. 29 sept.-1er oct. 2013, p. 29, obs. Roussel Galle ; RPC 2013, n° 123, obs. F. et M.-N. Legrand ; BJE 2013. 368, note Macorig-Venier* • 9 juill. 2013 : *cité note 41 ss. art. L. 622-24 C. com.*

Art. L. 243-5 *(L. n° 2006-1640 du 21 déc. 2006, art. 39-III)* « Dès lors *(L. n° 2019-486 du 22 mai 2019, art. 62)* « qu'elle dépasse un montant fixé par décret, toute créance privilégiée » en application du premier alinéa de l'article L. 243-4, *(L. n° 2019-486 du 22 mai 2019, art. 62)* « due » par un commerçant, *(L. n° 2011-525 du 17 mai 2011, art. 90)* « une personne immatriculée *(Ord. n° 2021-1189 du 15 sept. 2021, art. 33, en vigueur le 1er janv. 2023)* « en tant qu'entreprise du secteur des métiers et de l'artisanat au registre national des entreprises », une personne physique exerçant une activité professionnelle indépendante, y compris une profession libérale, ou une personne morale de droit privé », *(L. n° 2019-486 du 22 mai 2019, art. 62)* « doit être inscrite » *(Ord. n° 2021-1192 du 15 sept. 2021, art. 31)* « dans un registre, selon des modalités déterminées par décret en Conseil d'État, » *(L. n° 2019-486 du 22 mai 2019, art. 62)* « au terme du semestre civil suivant sa » date limite de paiement ou, le cas échéant, la date de notification de l'avertissement ou de la mise en demeure prévus à l'article L. 244-2, lorsque la créance est constatée lors d'un contrôle organisé en application des dispositions de l'article L. 243-7. » *(L. n° 2006-1640 du 21 déc. 2006, art. 39-III, en vigueur le 1er janv. 2007)* « Le montant mentionné au présent alinéa est fixé en fonction de la catégorie à laquelle appartient le cotisant et de l'effectif de son entreprise. » — *V. art. D. 243-3.*

(L. n° 2008-1443 du 30 déc. 2008, art. 58-III) « Toutefois, l'organisme créancier n'est pas tenu d'inscrire ces créances lorsque le débiteur respecte un plan d'apurement échelonné de sa dette. Dès que le plan est dénoncé, l'organisme créancier doit procéder à l'inscription dans un délai de deux mois. »

(L. n° 94-475 du 10 juin 1994) « En cas *(L. n° 2005-845 du 26 juill. 2005, art. 165-II, en vigueur le 1er janv. 2006)* « de sauvegarde, » de redressement ou de liquidation judiciaires du redevable ou d'un tiers tenu légalement au paiement de ces sommes, le privilège dont l'inscription n'a pas été régulièrement requise à l'encontre du redevable ne peut plus être exercé pour les créances qui étaient soumises à titre obligatoire à cette inscription. »

Al. abrogé par Ord. n° 2021-1192 du 15 sept. 2021, art. 31.

Une inscription peut faire l'objet à tout moment d'une radiation totale ou partielle à la diligence des organismes de sécurité sociale ou du redevable *(Abrogé par Ord. n° 2021-1192 du 15 sept. 2021, art. 31)* « ***sur présentation au greffier d'un certificat délivré par l'organisme créancier ou d'un acte de mainlevée émanant du créancier subrogé*** ». *(L. n° 2005-845 du 26 juill. 2005, art. 184, en vigueur le 1er janv. 2006)* « Toutefois, lorsque l'inscription est devenue sans objet, dès lors que le débiteur s'est acquitté de sa dette et sous réserve du règlement, auprès de l'organisme créancier, des frais liés aux formalités d'inscription et de radiation, cet organisme en demande la radiation totale dans un délai d'un mois. »

(Ord. n° 2021-1192 du 15 sept. 2021, art. 31) « Le privilège est conservé au-delà du délai prévu par décret en Conseil d'État sur les biens qui ont fait l'objet d'une saisie avant l'expiration de ce délai. »

(L. n° 94-475 du 10 juin 1994) « En cas *(L. n° 2005-845 du 26 juill. 2005, art. 165-II, en vigueur le 1er janv. 2006)* « de sauvegarde, » de redressement ou de liquidation judiciaires, les pénalités, majorations de retard et frais de poursuites dus par le redevable à la date du jugement d'ouverture sont remis » *(L. n° 2010-1594 du 20 déc. 2010, art. 122)* « , sauf si le passif déclaré résulte en tout ou partie du constat de l'infraction mentionnée à l'article L. 8221-1 du code du travail *[relatif à l'interdiction du travail dissi-*

mulé]. » – *Pour l'entrée en vigueur de la L. n° 94-475 du 10 juin 1994, V. note ss. anc. art. L. 620-1 C. com., 1re partie.*

Dernier al. abrogé par Ord. n° 2021-1192 du 15 sept. 2021, art. 34-XV, à compter du 1er janv. 2022.

Les dispositions de la L. n° 2008-1443 du 30 déc. 2008 s'appliquent aux créances nées à compter du 1er juill. 2008 (L. préc., art. 58-IV).

L'art. 62 de la L. n° 2019-486 du 22 mai 2019 s'applique aux créances exigibles à compter d'une date fixée par décret, et au plus tard à compter du 1er janv. 2020 (L. préc., art. 62-II).

L'art. 31 de l'Ord. n° 2021-1192 du 15 sept. 2021 entrera en vigueur à une date qui sera fixée par décret et qui ne pourra être postérieure au 1er janv. 2023 (Ord. préc., art. 37-I).

Dans tous les textes législatifs et réglementaires, les références faites au redressement judiciaire sont remplacées par des références aux procédures de sauvegarde ou de redressement judiciaire (L. n° 2005-845 du 26 juill. 2005, art. 165-II, en vigueur le 1er janv. 2006).

Les dispositions des art. L. 243-4 et L. 243-5 ci-dessus sont applicables au paiement des cotisations sur les revenus de remplacement [avantages de retraite et d'invalidité, indemnités journalières, allocations de chômage et de préretraite] (CSS, art. L. 243-2) ; – ... de la contribution des entreprises de préparation de médicaments (CSS, art. L. 245-6) ; – ... des cotisations dues aux institutions de retraite complémentaire (CSS, art. L. 922-7). – **CSS.**

En ce qui concerne les cotisations d'assurances sociales agricoles, V. C. rur., art. L. 725-5 et L. 725-9. – **C. rur.**

V. aussi différents textes au **C. civ.**, *ss. l'anc. art. 2331 C. civ.*

COMMENTAIRE

I. RÉGIME ANTÉRIEUR À LA LOI PACTE DU 22 MAI 2019

L'article L. 243-5 a subi de nombreuses modifications. Deux nouveautés pour ce texte, d'interprétation souvent délicate, résultaient de la loi de sauvegarde des entreprises qui, sur les deux points, avait cherché à mettre le texte en harmonie avec l'article 1929 *quater* CGI, relatif à la publicité du privilège du Trésor public (V. ss. ce texte, ci-dessus).

D'abord, là aussi, la loi du 26 juillet 2005 avait supprimé toute référence à un seuil pour l'inscription des créances privilégiées des organismes de sécurité sociale. Mais, un an plus tard, le législateur est venu corriger sa copie : la loi du 21 décembre 2006 de financement de la sécurité sociale pour 2007 réintroduit, à compter du 1er janvier 2007, la référence à un montant de créances pour l'inscription obligatoire du privilège, en prévoyant toutefois des seuils différents selon les entreprises. Ces seuils, qui ont été fixés à l'article D. 243-3 du code de la sécurité sociale par le décret n° 2s007-459 du 25 mars 2007, sont déterminés d'une part pour les travailleurs indépendants et d'autre part pour les employeurs en fonction du nombre de salariés. Le texte issu de la loi de 2005, qui imposait donc aux organismes de recouvrement cette inscription, dans un délai maximum de six mois suivant la date limite de paiement et ce quelque soit le montant de la créance, avait des effets pervers, en ce sens que la publicité systématique du privilège dès le premier euro de dette emporte des conséquences parfois lourdes pour les débiteurs : au-delà du coût de l'inscription qu'ils doivent supporter, elle constitue une mesure de publicité dans certains cas disproportionnée, cause de rupture du crédit et de la confiance accordés à l'entreprise.

Ensuite, lorsque l'inscription est devenue sans objet, dès lors que le débiteur s'est acquitté de sa dette et sous réserve du règlement, auprès de l'organisme créancier, des frais liés aux formalités d'inscription et de radiation, c'est à l'organisme créancier d'en demander la radiation totale dans un délai d'un mois. Auparavant, était seulement prévue la possibilité de radier, totalement ou partiellement, l'inscription par l'organisme de sécurité sociale, sans qu'aucune obligation ne lui soit imposée en ce sens.

En réponse à la crise économique, la loi de finances rectificative pour 2008, du 30 décembre 2008, est venue assouplir ce dispositif. D'une part, en portant le délai de six mois à neuf mois. D'autre part, en excluant l'inscription lorsque le débiteur respecte un plan d'apurement échelonné de sa dette. Dans ce cas, si le plan est dénoncé, l'organisme créancier doit procéder à l'inscription dans un délai de deux mois. Ces nouvelles dispositions s'appliquent aux créances nées à compter du 1er juillet 2008. Un décret d'application concomitant (n° 2008-1544 du 30 décembre 2008) est venu augmenter les seuils fixés par l'article D. 243-3. Une circulaire du 23 mars 2009 (n° DSS/5C/2009/83) précise les modalités de traitement des demandes de délai de paiement et et les nouvelles modalités d'inscription obligatoire du privilège. La loi du 20 décembre 2010, de financement de la sécurité sociale pour 2011, a ajouté une restriction en cas de passif résultant d'une infraction pour travail dissimulé (l'idée, procédant de l'éthique, étant ici la même que celle s'agissant des remises des créanciers publics : V. ss. art. L. 626-6).

Enfin, notons ici une demande des URSSAF : leur permettre d'accorder des délais sur des cotisations non échues dans le cadre de la sauvegarde (Réforme des procédures collectives, Apports de l'URSSAF de Paris-Région parisienne, mars 2008). Dans le même ordre d'idées, la CCIP, après avoir proposé des ajustements au dispositif (Rapport Kling du 22 mai 2008), suggère aujourd'hui, purement et simplement, la suppression du privilège des créanciers fiscaux et sociaux, tout en conservant un mécanisme d'alerte (Rapport Frantz du 4 oct. 2012).

II. RÉGIME ISSU DE LA LOI PACTE DU 22 MAI 2019

Sur amendement du Sénat, la loi PACTE du 22 mai 2019 a aligné les modalités de publicité du privilège de la sécurité sociale sur celles prévues par l'article 1929 *quater* du code général des impôts modifié pour le privilège du Trésor.

Ainsi, désormais (pour les créances exigibles à compter d'une date fixée par décret, et au plus tard à compter du 1er janv. 2020), l'article L. 243-5 prévoit une publicité à date fixe, au dernier jour du semestre civil.

III. APPLICATION AUX PROFESSIONS LIBÉRALES

S'agissant de la jurisprudence, plusieurs arrêts de la Cour de cassation, prenant à la lettre le champ prévu initialement par l'alinéa 1er de l'article L. 243-5, qui ne visait que le commerçant, l'artisan et la personne morale de droit privé, avaient refusé la possibilité d'accorder une remise automatique des pénalités, majorations et frais, dus à un organisme social à la date du jugement d'ouverture, à un professionnel libéral (V. note 1 ci-dessous). La loi de simplification et d'amélioration de la qualité du droit du 17 mai 2011 est alors intervenue pour harmoniser le texte, d'autant plus opportunément que, dans le même temps, le 11 février 2011, saisi à cet égard d'une question prioritaire de constitutionnalité, le Conseil constitutionnel avait considéré qu'il était contraire au principe d'égalité de ne pas interpréter les dispositions contestées comme s'appliquant aux membres des professions libérales, sans distinguer selon le mode d'exercice de leur profession (V. note 1 ci-dessous). Ce dont la deuxième chambre civile de la Cour de cassation a aussitôt déduit, dans un arrêt du 17 février 2011 (V. note 1 ci-dessous), que cette solution s'impose même en présence de pénalités, majorations et frais de poursuites ayant fait l'objet de contraintes devenues définitives (V. aussi Civ. 2e, 12 juill. 2012, n° 11-19.861). ❑

1. Remise de pénalités. Les dispositions des premier et sixième [septième] al. de l'art. L. 243-5 ne sauraient, sans méconnaître le principe d'égalité devant la loi, être interprétées comme excluant les membres des professions libérales exerçant à titre individuel du bénéfice de la remise de plein droit des pénalités, majorations de retard et frais de poursuites dus aux organismes de sécurité sociale. • Cons. const., QPC, 11 févr. 2011 : *D. 2011. Actu. 513, obs. Lienhard ; Gaz. Pal. 1er-2 avr. 2011, p. 11, obs. Lebel ; LEDEN 4/2011. 4, obs. Rubellin ; BJE 2011. 128, note Rétif ; RJDA 2011, n° 644.* ♦ Solution confirmée par l'art. L. 243-5 dans sa réd. issue de la L. n° 2011-525 du 17 mai 2011. ♦ Appliquant la solution dégagée par le Conseil constitutionnel, la Cour de cassation a précisé qu'elle s'impose même en présence de pénalités, majorations de retard et frais de poursuites ayant fait l'objet de contraintes devenues définitives. • Civ. 2e, QPC, 17 févr. 2011 : *D. 2011. Actu. 673, obs. Lienhard.* ♦ Dès lors que l'inscription des créances privilégiées des organismes de sécurité sociale n'était pas exigée, avant la loi du 17 mai 2011, pour la conservation de leur privilège mobilier à l'égard des personnes physiques exerçant une activité professionnelle indépendante, y compris une profession libérale, la créance de la Carpimko pour l'année 2006 ne saurait être admise qu'à titre chirographaire au motif qu'elle ne justifie pas de l'inscription de son privilège mobilier. • Com. 16 oct. 2012, n° 11-22.750 P : *D. 2012. Actu. 2515, obs. Lienhard ; JCP E 2012. 1757, n° 4, obs. Pétel ; RJDA 2012, n° 1095 ; LEDEN 12/2012. 6, obs. Favario ; RPC*

2012, n° 218, obs. Lebel; BJE 2013. 20, note Macorig-Venier; Gaz. Pal. 18-19 janv. 2013, p. 31, obs. Roussel Galle. ♦ Pour la position antérieure de la Cour de cassation, jugeant non applicables aux professionnels libéraux les dispositions de l'art. L. 243-5 relatives aux remises de pénalités et majorations, V. • Civ. 2e, 12 févr. 2009 : *D. 2009. AJ 1085 ; Gaz. Pal. 26-28 avr. 2009, p. 28, obs. Roussel Galle ; LEDEN 4/2009. 1, obs. F.-X. Lucas ; RJ com. 2009. 238, note Sortais* • 14 janv. 2010, n° 09-65.485 P : *D. 2010. AJ 265, obs. Lienhard*. – V. aussi Lebel, *D. 2010. 835.*

2. L'art. L. 243-5, al. 6 [7], qui prévoit, en cas de procédure de sauvegarde, redressement ou liquidation judiciaires, la remise de plein droit des pénalités, majorations de retard et frais de poursuite dus par le redevable de cotisations sociales à la date du jugement d'ouverture de la procédure, s'applique sans distinction suivant le caractère privilégié ou chirographaire de la créance de majorations et frais. • Com. 16 oct. 2012 : *préc. note 1* • 9 juill. 2013 : *cité note 41 ss. art. L. 622-24 C. com.*

3. Il résulte de la combinaison des art. L. 243-5 CSS et D. 626-10 C. com. que les accessoires de la dette de cotisations sociales sont remis de plein droit, tandis que la remise facultative d'une partie des sommes dues en principal est laissée à l'appréciation de la commission instituée par l'art. D. 626-14 C. com. • Com. 27 janv. 2015, n° 13-25.649 P : *D. 2015. Actu. 318 ; LEDEN 3/2015. 2, obs. Favario ; RPC 2015, n° 30, obs. Lebel ; Gaz. Pal. 1er-5 mai 2015, p. 30, obs. Roussel Galle ; BJE 2015. 144, note Macorig-Venier ; RJDA 2015, n° 444* • 31 mai 2016, n° 14-20.075 P : *D. 2016. Actu. 1253 ; LEDEN 7/2016. 4, obs. Favario ; APC 2016, n° 165, obs. Vallansan ; RJDA 2016, n° 631 ; BJE 2016. 318, note Macorig-Venier ; Gaz. Pal. 18 oct. 2016, p. 58, obs. Lebel.*

4. Inscription du privilège. Il résulte des dispositions de l'art. L. 243-5, al. 1er, dans sa rédaction antérieure à la loi n° 2006-1640 du 21 déc. 2006, que l'inscription dans un registre public des créances privilégiées de cotisations sociales était requise sans considération de montant. • Com. 16 oct. 2012 : *préc. note 1.* ♦ Comp., désormais : CSS, art. D. 243-3.

DEUXIÈME PARTIE : *DÉCRETS EN CONSEIL D'ÉTAT*

Art. R. 243-23 *(Décr. n° 2007-242 du 22 févr. 2007)* **En cas de saisine de la commission départementale des chefs de services financiers et des représentants des organismes de sécurité sociale pour l'examen des demandes de remises de dettes prévues aux articles L. 611-7, L. 626-6 et L. 631-19 du code de commerce, le directeur de l'organisme de recouvrement habilité à siéger est compétent pour statuer sur la demande pour l'ensemble des cotisations et contributions relevant de la compétence de la commission, selon des modalités fixées par décret. Toutefois dans le cas où les créances concernent plusieurs organismes chargés du recouvrement, la décision de ce directeur est, en tant qu'elle concerne les créances d'organismes ne siégeant pas dans la commission, prise sur avis conforme des directeurs des organismes concernés.**

L'art. R. 243-20-2 devient l'art. R. 243-23 à compter du 1er janv. 2020 (Décr. n° 2019-1050 du 11 oct. 2019, art. 1er et 6).

Art. R. 243-24 *(Décr. n° 86-244 du 18 févr. 1986, art. 1er)* **Les cessions de rang, de privilège ou d'hypothèque ou l'abandon de ces sûretés prévus** *(Décr. n° 2007-242 du 22 févr. 2007)* **« aux articles L. 611-7, L. 626-6 et L. 631-19-I » du code de commerce peuvent, sans extinction préalable de la créance, être accordés** *(Décr. n° 2007-242 du 22 févr. 2007)* **« par le directeur » de l'organisme chargé du recouvrement pris après consultation de la commission des chefs des services financiers prévue par le décret n° 78-486 du 31 mars 1978. Les frais afférents à ces opérations sont à la charge du débiteur.**

L'art. R. 243-20-3 devient l'art. R. 243-24 à compter du 1er janv. 2020 (Décr. n° 2019-1050 du 11 oct. 2019, art. 1er et 6).

TROISIÈME PARTIE : *DÉCRETS*

Art. D. 243-3 *(Décr. n° 2008-1544 du 30 déc. 2008)* **Le montant mentionné au premier alinéa de l'article L. 243-5 est fixé à :**

a) **10 000 € pour les créances dues, à titre personnel, par les travailleurs indépendants ;**

b) **15 000 € pour les créances dues par les employeurs occupant moins de 50 salariés ;**

c) 20 000 € pour les autres créances.

Pour la détermination du seuil applicable, l'effectif des salariés est calculé au 31 décembre de chaque année.

Code des douanes

Publicité du privilège des douanes

Art. 379 *bis* *(L. n° 2005-845 du 26 juill. 2005, art. 175-III, en vigueur le 1er janv. 2006)* 1. Donnent lieu à publicité, dans les conditions prévues aux 2 à 5, les sommes restant dues à titre privilégié par des commerçants et personnes morales de droit privé, même non commerçantes, au titre des créances énumérées au 1 de l'article 379 *[V. commentaire]*.

2. La publicité est faite à la diligence de l'administration chargée du recouvrement.

3. L'inscription ne peut être requise, selon la nature de la créance, qu'à partir de la date à laquelle un titre exécutoire a été émis.

4. *(L. n° 2019-486 du 22 mai 2019, art. 61)* « La publicité est obligatoire lorsque le montant des sommes dues par un redevable à un même poste comptable ou service assimilé et susceptibles d'être publiées dépasse, au terme d'un semestre civil, un seuil fixé par décret. — *Seuil fixé à 200 000 € par le Décr. n° 2019-683 du 28 juin 2019, art. 2, en vigueur le 1er juill. 2019.*

« Il n'est pas procédé à l'inscription des sommes mentionnées au premier alinéa lorsque le débiteur :

« 1° Respecte un plan d'apurement échelonné de sa dette. Lorsque le plan est dénoncé, le comptable public procède à l'inscription dans un délai de deux mois ;

« 2° A déposé une contestation d'un avis de mise en recouvrement assortie d'une demande expresse de sursis de paiement à laquelle il a été fait droit. Lorsque le sursis de paiement prend fin, le comptable public procède à l'inscription dans un délai de deux mois. »

5. En cas de paiement avec subrogation, le subrogé aux droits du Trésor est tenu des obligations et formalités mises par le présent article à la charge de l'administration, quel que soit le montant du paiement.

Si le paiement par le subrogé a lieu sans émission de titre exécutoire prévu au 3, l'inscription ne peut être requise que six mois au moins après le paiement.

6. Les frais de l'inscription du privilège sont à la charge du Trésor.

7. En cas de sauvegarde, de redressement ou de liquidation judiciaire du redevable ou d'un tiers tenu légalement au paiement des sommes visées au 1, le Trésor ou son subrogé ne peut exercer son privilège pour les créances qui étaient soumises à titre obligatoire à la publicité prévue aux 1 à 5 et dont l'inscription n'a pas été régulièrement requise à l'encontre du redevable.

8. ***Abrogé par Ord. n° 2021-1192 du 15 sept. 2021, art. 31.***

9. Le comptable compétent demande, dans un délai d'un mois, la radiation totale de l'inscription devenue sans objet, dès lors que le débiteur s'est acquitté de sa dette.

10. Les modalités d'application du présent article et notamment les formes et délais des inscriptions et de leur radiation sont fixés par un décret en Conseil d'État. — *V. Décr. n° 2007-568 du 17 avr. 2007, art. 2.*

L'art. 61 de la L. n° 2019-486 du 22 mai 2019 s'applique aux créances exigibles à compter d'une date fixée par décret, et au plus tard à compter du 1er janv. 2020 (L. préc., art. 61-III).

L'art. 31 de l'Ord. n° 2021-1192 du 15 sept. 2021 entrera en vigueur à une date qui sera fixée par décret et qui ne pourra être postérieure au 1er janv. 2023 (Ord. préc., art. 37-I).

COMMENTAIRE

Dans le même esprit que l'article 1929 *quater* CGI, pour les créance fiscales, et l'article L. 243-5 CSS, pour les créances de cotisations sociales, l'article 379 *bis* C. douanes institue une obligation de publicité, à peine d'inopposabilité, des créances douanières privilégiées. Le texte concerne les impôts perçus en application du code des douanes : droits de douane, TVA à l'importation, taxe générale sur les activités polluantes (TGAP), taxe intérieure sur les produits pétroliers (TIPP), droit annuel sur les navires, taxe à l'essieu.

Rappelons que le privilège des douanes a le dernier rang des privilèges généraux sur les meubles, mais qu'il permet de délivrer un avis à tiers détenteur.

Le dispositif proposé est similaire à celui figurant au code général des impôts, puisque la charge de l'inscription est supportée définitivement par le Trésor, que la responsabilité de l'inscription est laissée à l'administration (ou au subrogé aux droits du Trésor public) et que le texte, qui ne comprend pas de seuil d'inscription, visait, jusqu'à la loi PACTE du 22 mai 2019, les sommes dues au titre d'un semestre civil. De plus, le privilège douanier non publié n'est pas opposable et les inscriptions sont prescrites au bout de quatre ans, sauf renouvellement. La loi de finances rectificative pour 2008 avait apporté les mêmes souplesses qu'à l'article 1929 *quater* CGI. Ces nouvelles dispositions s'appliquaient aux créances nées à compter du 1er juillet 2008.

Les modalités d'application avaient été fixées par le décret n° 2007-568 du 17 avril 2007, modifié par le décret n° 2009-985 du 20 août 2009.

Très logiquement, la loi PACTE a apporté les mêmes modifications à l'article 379 *bis* du code des douanes qu'à l'article 1929 *quater* du code général des impôts, pour les créances nées à compter du 1er juillet 2019 (V. comm. ss. cet art.). ❑

Décret n° 2007-568 du 17 avril 2007,

Relatif aux modalités de mise en œuvre de la publicité du privilège du Trésor pour les créances mentionnées à l'article 1929 quater du code général des impôts et aux articles 379 et 379 bis du code des douanes.

Art. 2 *(Décr. n° 2021-1887 du 29 déc. 2021, art. 7, en vigueur le 1er janv. 2023)* « I. — L'inscription des sommes privilégiées dues au Trésor prescrite au 1 de l'article 379 *bis* du code des douanes est soumise aux dispositions des articles R. 521-1 et suivants du code de commerce, sous réserve des dispositions du présent article. »

II. — Lorsque la publicité est effectuée en application du *(Décr. n° 2009-195 du 18 févr. 2009)* « premier alinéa du » 4 de l'article 379 *bis* du code des douanes, l'inscription des sommes déterminées dans les conditions fixées au 3 dudit article doit être requise *(Décr. n° 2019-1473 du 26 déc. 2019, art. 2, en vigueur le 1er janv. 2020)* « dans le mois qui suit le semestre civil de référence et au plus tard :

« *a)* Le 31 janvier pour les sommes dues au 31 décembre de l'année précédente ;

« *b)* Le 31 juillet pour les sommes dues au 30 juin de l'année courante ».

(Décr. n° 2021-1887 du 29 déc. 2021, art. 7, en vigueur le 1er janv. 2023) « III. — Le comptable de la direction générale des douanes et des droits indirects chargé du recouvrement requiert l'inscription des sommes privilégiées dues au Trésor auprès du greffier compétent.

« Le comptable de la direction générale des douanes et des droits indirects avise le redevable qu'il a requis une inscription à son encontre. »

IV. — Abrogé par Décr. n° 2021-1887 du 29 déc. 2021, art. 7, à compter du 1er janv. 2023.

V. — Abrogé par Décr. n° 2019-1473 du 26 déc. 2019, art. 2, à compter du 1er janv. 2020.

VI. — Chaque nouvelle inscription requise par un même comptable *(Décr. n° 2021-1887 du 29 déc. 2021, art. 7, en vigueur le 1er janv. 2023)* « de la direction générale des douanes et des droits indirects » à l'encontre du même redevable rend caduque l'inscription précédente.

(Décr. n° 2021-1887 du 29 déc. 2021, art. 7, en vigueur le 1er janv. 2023) « En cas de paiement partiel, le comptable de la direction générale des douanes et des droits indirects ayant requis l'inscription établit à la demande du redevable une attestation constatant ce paiement. En ce cas, le redevable pourra requérir du greffier compétent une inscription modificative.

« Toute inscription modificative consécutive à un dégrèvement partiel ou toute radiation consécutive à un dégrèvement total est faite à l'initiative du comptable de la direction générale des douanes et des droits indirects qui avait requis l'inscription. Il est de même procédé à l'inscription modificative ou à la radiation sur l'initiative du comptable de la direction générale des douanes et des droits indirects en cas d'erreur commise par celui-ci sur le montant des sommes privilégiées ou sur l'identité du redevable. »

***Al.** abrogé par Décr. n° 2021-1887 du 29 déc. 2021, art. 7, à compter du 1er janv. 2023.*

Le greffier mentionne *(Décr. n° 2021-1887 du 29 déc. 2021, art. 7, en vigueur le 1er janv. 2023)* « les inscriptions modificatives et » les radiations en marge de l'inscription correspondante.

(Décr. n° 2021-1887 du 29 déc. 2021, art. 7, en vigueur le 1er janv. 2023) « VII. — En cas de subrogation dans les droits du Trésor, le comptable de la direction générale des douanes et des droits indirects chargé du recouvrement établit pour le subrogé une attestation de subrogation.

« Pour inscrire son privilège, le subrogé produit cette attestation au greffier compétent. Si la créance ayant fait l'objet d'une subrogation est comprise dans une inscription, l'attestation est communiquée au greffier compétent pour requérir une inscription modificative de cette inscription, à due concurrence. »

VIII et IX. — Abrogés par Décr. n° 2021-1887 du 29 déc. 2021, art. 7, à compter du 1er janv. 2023.

(Décr. n° 2021-1887 du 29 déc. 2021, art. 7, en vigueur le 1er janv. 2023) « X. — Les attestations délivrées par le comptable de la direction générale des douanes et des droits indirects en cas de paiement partiel de la créance ou de subrogation sont déterminées par un arrêté. » — *V. Arr. du 17 avr. 2007 (JO 19 avr.).*

XI. — Abrogé par Décr. n° 2021-1887 du 29 déc. 2021, art. 7, à compter du 1er janv. 2023.

Décret n° 2009-197 du 18 février 2009,

Relatif à la mise en œuvre de la publicité du privilège du Trésor pour les créances mentionnées à l'article 1929 quater du code général des impôts et aux articles 379 et 379 bis du code des douanes.

Art. 3 Le seuil de publicité obligatoire mentionné au premier alinéa du 4 de l'article 379 *bis* du code des douanes est fixé à 15 000 € *[seuil désormais fixé à 200 000 € par le Décr. n° 2019-683 du 28 juin 2019, art. 2, en vigueur le 1er juill. 2019].*

Le comptable de la direction générale des douanes met fin au plan d'apurement échelonné mentionné au second alinéa du 4 de l'article 379 *bis* du code des douanes par lettre recommandée avec accusé de réception et procède à l'inscription du privilège du Trésor dans le délai prévu au même alinéa du 4 de l'article précité. Le délai court à compter de la réception de cette dénonciation par le redevable.

Code du travail

PARTIE LÉGISLATIVE

(Ord. n° 2007-329 du 12 mars 2007, ratifiée par L. n° 2008-67 du 21 janv. 2008)

Art. L. 3253-5 Les sommes dues aux façonniers par leurs donneurs d'ordres sont payées, lorsque ces derniers font l'objet d'une procédure de sauvegarde, de redressement ou de liquidation judiciaire, nonobstant l'existence de toute autre créance privilégiée à l'exception de celles garanties par l'article L. 3253-2, à due concurrence du montant total des rémunérations de toute nature dues aux salariés de ces façonniers, au titre des soixante derniers jours de travail ou d'apprentissage précédant l'ouverture de la procédure. — *[Anc. art. L. 786-1.]*

Entrée en vigueur le 1er mai 2008 (Ord. n° 2007-329 du 12 mars 2007, art. 14, mod. par L. n° 2008-67 du 21 janv. 2008, art. 2-X). — L'art. L. 3253-5 reprend les dispositions de l'ancien art. L. 786-1, issu de la L. n° 2005-845 du 26 juill. 2005, qui est entrée en vigueur le 1er janv. 2006 (art. 190).

COMMENTAIRE

Le Sénat avait défini le façonnier comme le propriétaire d'un fonds de commerce ou d'un fonds artisanal qui exécute un travail de transformation sans être propriétaire des matières transformées, pour le compte d'une entreprise industrielle ou commerciale qui est son donneur d'ordres. Mais la Commission mixte paritaire a mieux aimé supprimer toute définition légale, laissant à la jurisprudence le soin de préciser cette notion originale.

Par ailleurs, estimant que le fait d'accorder le même privilège aux salariés et aux façonniers pourrait être excessif, elle a préféré accorder aux façonniers un privilège de paiement, d'un rang inférieur à celui instauré au profit des salariés mais supérieur à celui de toute autre créance privilégiée, au titre de la rémunération de leurs salariés et apprentis pour leurs soixante derniers jours de travail ou d'apprentissage (V. aussi, jugeant l'assimilation excessive, P. Morvan, Le droit social dans la réforme du droit des entreprises en difficulté, *JCP E 2005, n° 42, p. 1751, n° 38*). ❑

Code de la propriété intellectuelle

PARTIE LÉGISLATIVE

(L. n° 92-597 du 1er juill. 1992)

Contrats d'édition et de production audiovisuelle

Art. L. 132-15 *(L. n° 2005-845 du 26 juill. 2005, art. 165)* **« La sauvegarde ou le redressement** *[ou la liquidation]* **judiciaire » de l'éditeur n'entraîne pas la résiliation du contrat.**

Lorsque l'activité est poursuivie en application des articles 31 et suivants de la loi n° 85-98 du 25 janvier 1985 relative au redressement et à la liquidation judiciaires des entreprises *[C. com., art. L. 622-1 s.]*, **toutes les obligations de l'éditeur à l'égard de l'auteur doivent être respectées.**

En cas de cession de l'entreprise d'édition *(L. n° 2005-845 du 26 juill. 2005, art. 165)* **« ordonnée en application de l'article L. 642-5 du code de commerce », l'acquéreur est tenu des obligations du cédant.**

(L. n° 2021-1901 du 30 déc. 2021, art. 3) **« Lorsque la cessation d'activité de l'entreprise d'édition est prononcée, soit conséquemment à une décision judiciaire de liquidation, soit du fait d'une cessation d'activité volontaire, un état des comptes à date de la cessation est produit et adressé à chaque auteur sous contrat avec l'entreprise par l'éditeur ou, le cas échéant, le liquidateur. Cet état des comptes doit faire apparaître le nombre d'exemplaires des ouvrages vendus depuis la dernière reddition des comptes établie, le montant des droits dus à leur auteur au titre de ces ventes ainsi que le nombre d'exemplaires disponibles dans le stock de l'éditeur. L'éditeur, en cas de cession volontaire, ou le liquidateur, en cas de décision judiciaire de liquidation, fournit à l'auteur les informations qu'il a recueillies auprès des distributeurs et des détaillants sur le nombre d'exemplaires restant disponibles. »**

Lorsque l'activité de l'entreprise a cessé depuis plus de *(L. n° 2021-1901 du 30 déc. 2021, art. 3)* **« six » mois ou lorsque la liquidation judiciaire est prononcée,** *(L. n° 2021-1901 du 30 déc. 2021, art. 3)* **« le contrat est résilié de plein droit. »**

Le liquidateur ne peut procéder à la vente en solde des exemplaires fabriqués ni à leur réalisation dans les conditions prévues aux articles 155 *[C. com., ancien art. L. 622-17, abrogé par L. n° 2005-845 du 26 juill. 2005]* **et 156** *[C. com., art. L. 642-19]* **de la loi n° 85-98 du 25 janvier 1985 précitée que quinze jours après avoir averti l'auteur de son intention, par lettre recommandée avec demande d'accusé de réception.**

L'auteur possède, sur tout ou partie des exemplaires, un droit de préemption. A défaut d'accord, le prix de rachat sera fixé à dire d'expert. – *[L. n° 57-298 du 11 mars 1957, art. 61.]*

Art. L. 132-30 *(L. n° 2005-845 du 26 juill. 2005, art. 165)* **« La sauvegarde ou le redressement** *[ou la liquidation]* **judiciaire » du producteur n'entraîne pas la résiliation du contrat de production audiovisuelle.**

Lorsque la réalisation ou l'exploitation de l'œuvre est continuée en application des articles 31 et suivants de la loi n° 85-98 du 25 janvier 1985 relative au redressement et à la liquidation judiciaires des entreprises *[C. com., art. L. 622-1 s.]*, **l'administrateur est tenu au respect de toutes les obligations du producteur, notamment à l'égard des coauteurs.**

En cas de cession de tout ou partie de l'entreprise ou de liquidation, l'administrateur, le débiteur, le liquidateur, selon le cas, est tenu d'établir un lot distinct pour chaque œuvre audiovisuelle pouvant faire l'objet d'une cession ou d'une vente aux enchères. Il

a l'obligation d'aviser, à peine de nullité, chacun des auteurs et des coproducteurs de l'œuvre par lettre recommandée, un mois avant toute décision sur la cession ou toute procédure de licitation. L'acquéreur est, de même, tenu aux obligations du cédant.

L'auteur et les coauteurs possèdent un droit de préemption sur l'œuvre, sauf si l'un des coproducteurs se déclare acquéreur. A défaut d'accord, le prix d'achat est fixé à dire d'expert.

Lorsque l'activité de l'entreprise a cessé depuis plus de trois mois ou lorsque la liquidation est prononcée, l'auteur et les coauteurs peuvent demander la résiliation du contrat de production audiovisuelle. — *[L. n° 57-298 du 11 mars 1957, art. 63-7.]*

BIBL. ▸ JAMET, *RPC 2014. Étude 30* (problématique de la cession des œuvres audiovisuelles dans le cadre des procédures collectives).

L'autorisation donnée par le juge-commissaire ne peut avoir pour effet d'écarter les dispositions impératives de l'art. L. 132-30. • Civ. 1re, 16 juill. 1997, n° 95-13.334 P : *D. Affaires 1997. 1192.*

Code monétaire et financier

Instruments financiers – Procédure collective d'un intermédiaire habilité

Art. L. 211-10 *(Ord. n° 2009-15 du 8 janv. 2009, art. 1er)* En cas d'ouverture d'une procédure de redressement ou de liquidation judiciaire d'un intermédiaire mentionné à l'article L. 211-3 *[intermédiaires habilités en vue de l'administration ou de la conservation d'instruments financiers]*, l'administrateur judiciaire ou le liquidateur, conjointement avec l'administrateur provisoire ou le liquidateur nommé, le cas échéant, par *(Ord. n° 2010-76 du 21 janv. 2010, art. 18 ; L. n° 2013-672 du 26 juill. 2013, art. 24-I)* « l'Autorité de contrôle prudentiel et de résolution », vérifie titre financier par titre financier que l'ensemble des titres financiers figurant en compte chez un dépositaire central ou chez un autre intermédiaire au nom de l'intermédiaire défaillant, quelle que soit la nature des comptes ouverts chez ces derniers, sont en nombre suffisant pour que l'intermédiaire puisse remplir ses obligations vis-à-vis des titulaires de compte.

En cas d'insuffisance du nombre de ces titres, il est procédé titre financier par titre financier à une répartition proportionnelle entre les titulaires de compte concernés ; ceux-ci peuvent faire virer à un compte-titres tenu par un autre intermédiaire ou par l'émetteur les titres dont ils obtiennent restitution.

Pour la créance correspondant aux titres financiers qui, faute d'une encaisse suffisante chez le dépositaire central ou chez un autre intermédiaire, n'auront pu être restitués aux titulaires de compte, ceux-ci sont dispensés de la déclaration prévue à l'article L. 622-24 du code de commerce.

Le juge commissaire est informé du résultat de la vérification opérée par l'administrateur judiciaire ou le liquidateur et, le cas échéant, de la répartition proportionnelle des titres financiers ainsi que des virements effectués à la demande des titulaires de compte.

Pour l'inapplicabilité des dispositions relatives au redressement et à la liquidation des établissements de crédit et des entreprises d'investissement prévues par l'art. L. 211-10 ci-dessus aux procédures judiciaires ouvertes avant le 29 juin 1999, V. C. mon. fin., art. L. 613-31.

Nantissement de comptes-titres et de titres financiers

Art. L. 211-20 *(Ord. n° 2009-15 du 8 janv. 2009, art. 1er)* I. — Le nantissement d'un compte-titres est *(Ord. n° 2021-1192 du 15 sept. 2021, art. 29, en vigueur le 1er janv. 2022)* « constitué », tant entre les parties qu'à l'égard de la personne morale émettrice et des tiers, par une déclaration signée par le titulaire du compte. Cette déclaration comporte les énonciations fixées par décret. Les titres financiers figurant initialement dans le compte nanti, ceux qui leur sont substitués ou les complètent en garantie de la créance initiale du créancier nanti, de quelque manière que ce soit, ainsi que *(Ord. n° 2021-1192 du 15 sept. 2021, art. 29, en vigueur le 1er janv. 2022)* « , sauf convention contraire des parties, » leurs fruits et produits en toute monnaie, sont compris dans l'assiette du nantissement. Les titres financiers et les sommes en toute monnaie postérieurement inscrits au crédit du compte nanti, en garantie de la créance initiale du créancier nanti, sont soumis aux mêmes conditions que ceux y figurant initialement et sont considérés comme ayant été remis à la date de déclaration de nantissement initiale. Le créancier nanti peut obtenir, sur simple demande au teneur de compte, une attestation de nantissement de *(Ord. n° 2009-107 du 30 janv. 2009, art. 5-I)* « compte-titres », comportant inventaire des titres financiers et sommes en toute monnaie inscrits en compte nanti à la date de délivrance de cette attestation.

(Ord. n° 2021-1192 du 15 sept. 2021, art. 29, en vigueur le 1er janv. 2022) « I *bis*. – Lorsqu'un même compte-titres fait l'objet de plusieurs nantissements successifs, le rang des créanciers est réglé par l'ordre de leur déclaration. Dans ce cas, le titulaire du compte ou le créancier nanti notifie successivement chacun des nantissements au teneur de compte. »

II. – Le compte nanti prend la forme d'un compte spécial ouvert au nom du titulaire et tenu par un intermédiaire mentionné à l'article L. **211-3**, un dépositaire central ou, le cas échéant, l'émetteur.

A défaut d'un compte spécial, sont réputés constituer le compte nanti les titres financiers mentionnés au premier alinéa, ainsi que *(Ord. n° 2021-1192 du 15 sept. 2021, art. 29, en vigueur le 1er janv. 2022)* « , le cas échéant, » les sommes en toute monnaie ayant fait l'objet d'une identification à cet effet par un procédé informatique.

(Ord. n° 2021-1192 du 15 sept. 2021, art. 29, en vigueur le 1er janv. 2022) « III. – Lorsque les titres financiers figurant dans le compte nanti sont inscrits dans un compte tenu par l'émetteur et que celui-ci n'est pas une personne autorisée à recevoir des fonds remboursables du public au sens de l'article L. **312-2**, les fruits et produits mentionnés au I versés en toute monnaie sont, lorsqu'ils n'ont pas été exclus de l'assiette du nantissement par convention des parties, inscrits au crédit d'un compte fruits et produits ouvert au nom du titulaire du compte nanti dans les livres d'un intermédiaire mentionné à l'article L. **211-3** ou d'un établissement de crédit. Cette inscription peut avoir lieu à tout moment. Les fruits et produits sont réputés faire partie intégrante du compte nanti à la date de signature de la déclaration de nantissement quelle que soit la date d'ouverture du compte fruits et produits. Le créancier nanti peut obtenir, sur simple demande au teneur du compte fruits et produits, une attestation comportant l'inventaire des sommes en toute monnaie inscrites au crédit de ce compte à la date de la délivrance de cette attestation.

« A défaut d'inscription au crédit d'un compte fruits et produits, à la date à laquelle la sûreté peut être réalisée, les fruits et produits sont exclus de l'assiette du nantissement. »

IV. – Le créancier nanti définit avec le titulaire du compte-titres les conditions dans lesquelles ce dernier peut disposer des titres financiers et des sommes en toute monnaie figurant dans le compte nanti. Le créancier nanti bénéficie en toute hypothèse d'un droit de rétention sur les titres financiers et sommes en toute monnaie figurant au compte nanti.

V. – Le créancier nanti titulaire d'une créance certaine, liquide et exigible peut, pour les titres financiers, français ou étrangers, *(Ord. n° 2021-1192 du 15 sept. 2021, art. 29, en vigueur le 1er janv. 2022)* « admis sur une plateforme de négociation », les parts ou actions d'organismes de placement collectif, ainsi que pour les sommes en toute monnaie, réaliser le nantissement, civil ou commercial, huit jours – ou à l'échéance de tout autre délai préalablement convenu avec le titulaire du compte – après mise en demeure du débiteur remise en mains propres ou adressée par courrier recommandé. Cette mise en demeure du débiteur est également notifiée au constituant du nantissement lorsqu'il n'est pas le débiteur ainsi qu'au teneur de compte lorsque ce dernier n'est pas le créancier nanti. La réalisation du nantissement intervient selon des modalités fixées par décret.

(Ord. n° 2021-1192 du 15 sept. 2021, art. 29, en vigueur le 1er janv. 2022) « Pour les instruments financiers autres que ceux mentionnés à l'alinéa précédent, le créancier nanti titulaire d'une créance certaine, liquide et exigible peut réaliser le nantissement, civil ou commercial, huit jours après mise en demeure du débiteur remise en mains propres ou adressée par lettre recommandée avec demande d'avis de réception, à défaut d'un autre délai préalablement convenu avec le titulaire du compte. Cette mise en demeure du débiteur est également notifiée au constituant du nantissement lorsqu'il n'est pas le débiteur ainsi qu'au teneur de compte lorsque ce dernier n'est pas le

créancier nanti. La réalisation du nantissement intervient par vente publique. Le créancier peut également demander l'attribution judiciaire des titres nantis ou convenir de son appropriation conformément aux articles 2347 et 2348 du code civil. »

VI. — Les dispositions du V du présent article relatives à la réalisation du nantissement s'appliquent aux nantissements de titres financiers constitués antérieurement au 4 juillet 1996.

(Ord. n° 2017-1674 du 8 déc. 2017, art. 2) **« VII. — Un décret en Conseil d'État précise les modalités d'application du présent article au nantissement de titres financiers inscrits** *(Ord. n° 2024-936 du 15 oct. 2024, art. 5, en vigueur le 30 déc. 2024)* **« au moyen d'une technologie des registres distribués mentionnée** *[ancienne rédaction : dans un dispositif d'enregistrement électronique partagé mentionné]* **» à l'article L. 211-3. »** — *Les dispositions de l'Ord. n° 2017-1674 du 8 déc. 2017 entrent en vigueur à la date de publication du décret prévu au 2° de l'art. 2 [V. C. mon. fin., art. L. 211-3, al. 3. —* ***C. mon. fin.****] et, au plus tard, le 1er juill. 2018 (Ord. préc., art. 8).*

V., ci-dessous, art. D. 211-10 à R. 211-14-1.

BIBL. ▸ Régime de l'Ord. du 15 sept. 2021 : JULIENNE, *BJB 11-12/2021. 41 ; RTDF 2021, n° 3, p. 15.* — AUCKENTHALER, *RDBF 2021. Étude 17.*

1. Constitution en gage. La constitution en gage d'un compte d'instruments financiers est réalisée, tant entre les parties qu'à l'égard de la personne morale émettrice et des tiers, par la seule déclaration de gage signée par le titulaire du compte. • Com. 20 juin 2018, n° 17-12.559 P : *D. 2018. Actu. 1381 ; JCP E 2018. 1422, note Legeais ; RJDA 2018, n° 736 ; Banque et Dr. 9-10/2018. 59, obs. Rontchevsky.* ♦ Il résulte de l'art. L. 211-20, I, dans sa rédaction issue de l'Ord. n° 2009-15 du 8 janv. 2009, que, nonobstant toute clause contraire du contrat de nantissement, le nantissement est valable et opposable aux tiers, par le seul effet de la déclaration signée par le titulaire du compte, sans qu'aucune notification au teneur du compte-titres nanti ne soit requise. • Com. 30 nov. 2022, n° 20-23.554 B : *D. 2023. 452, note Lledo ; BJS 2/2023. 18, note Reygrobellet ; BJB 3-4/2023. 32, note Julienne.*

2. Réalisation du nantissement : défaut de mise en demeure. Le défaut de mise en demeure [prévue par l'art. L. 211-20, V], par le créancier gagiste d'un compte d'instruments financiers, du débiteur fait obstacle à la réalisation du gage, de sorte que le premier doit restituer au second l'intégralité du portefeuille de titres indûment réalisés. • Com. 18 nov. 2008 : *D. 2008. AJ 3009 ; RDBF 2009, n° 34, obs. Bonneau ; RJDA 2009, n° 232.* ♦ V. aussi note ss. art. D. 211-11.

Code monétaire et financier

PARTIE RÉGLEMENTAIRE

Art. D. 211-10 *(Décr. n° 2009-297 du 16 mars 2009, art. 1er-2°)* La déclaration de nantissement d'un compte-titres tenu par un intermédiaire mentionné à l'article L. 211-3, un dépositaire central ou, le cas échéant, l'émetteur *(Décr. n° 2018-1226 du 24 déc. 2018, art. 5)* « ou la déclaration de nantissement de titres financiers inscrits dans un dispositif d'enregistrement électronique partagé » doit être datée et contenir :

1° La dénomination "Déclaration de nantissement de compte de titres financiers" *(Décr. n° 2018-1226 du 24 déc. 2018, art. 5)* « ou "Déclaration de nantissement de titres financiers inscrits dans un dispositif d'enregistrement électronique partagé" » ;

2° La mention que la déclaration est soumise aux dispositions de l'article L. 211-20 ;

3° Le nom ou la dénomination sociale ainsi que l'adresse du constituant et du créancier nanti ou de leur siège social s'il s'agit de personnes morales ;

4° Le montant de la créance garantie ou, à défaut, les éléments permettant d'assurer l'identification de cette créance ;

5° Les éléments d'identification du compte spécial prévu au II de l'article L. 211-20 lorsqu'un tel compte existe *(Décr. n° 2018-1226 du 24 déc. 2018, art. 5)* « ou, à défaut, les éléments d'identification des titres financiers identifiés par le procédé informatique prévu au second alinéa du même II » ;

6° La nature et le nombre des titres financiers inscrits initialement au compte nanti.

Art. D. 211-11 *(Décr. n° 2009-297 du 16 mars 2009, art. 1er-2°)* La mise en demeure prévue au V de l'article L. 211-20 contient, à peine de nullité, les indications suivantes :

1° Faute de paiement, le nantissement pourra être réalisé par le créancier dans les huit jours ou à l'échéance de tout autre délai préalablement convenu avec le *(Décr. n° 2018-1226 du 24 déc. 2018, art. 5)* « constituant du nantissement » ;

2° Le *(Décr. n° 2018-1226 du 24 déc. 2018, art. 5)* « constituant du nantissement » peut, jusqu'à l'expiration du délai mentionné ci-dessus, faire connaître au teneur de compte *(Décr. n° 2018-1226 du 24 déc. 2018, art. 5)* « ou au gestionnaire du procédé informatique d'identification » l'ordre dans lequel les sommes ou titres financiers devront être attribués en pleine propriété ou vendus, au choix du créancier.

Dès lors que les mentions exigées par l'art. 2 du Décr. n° 97-509 du 21 mai 1997 [C. mon. fin., art. D. 211-11] ne concernent pas les modalités de l'envoi de la lettre de mise en demeure mais son contenu même, la nullité prévue par ce texte n'est pas soumise au régime applicable à la nullité des notifications. • Com. 28 mars 2006, n° 04-19.181 P : *D. 2006. AJ 1046, obs. Lienhard ; BJB 2006. 328, note Robine et Marotte ; Banque et Dr. 7-8/2006. 57, obs. Rontchevsky ; Dr. sociétés 2006, n° 146, note Bonneau.*

Art. D. 211-12 *(Décr. n° 2009-297 du 16 mars 2009, art. 1er-2°)* Dans la limite du montant de la créance garantie et, le cas échéant, dans le respect de l'ordre indiqué par le *(Décr. n° 2018-1226 du 24 déc. 2018, art. 5)* « constituant du nantissement », la réalisation du nantissement *(Décr. n° 2018-1226 du 24 déc. 2018, art. 5)* « du compte nanti ou des titres » prévue aux IV et V de l'article L. 211-20 intervient :

1° Pour les sommes en toute monnaie *(Abrogé par Décr. n° 2018-1226 du 24 déc. 2018, art. 5)* « *figurant dans le compte nanti* », directement par transfert en pleine propriété au créancier nanti ;

2° Pour les titres financiers, français ou étrangers admis aux négociations sur *(Décr. n° 2021-1889 du 29 déc. 2021, art. 1er, en vigueur le 1er janv. 2022)* « une plateforme de négociations » que le *(Décr. n° 2018-1226 du 24 déc. 2018, art. 5)* « constituant du nantissement » ou, à défaut, le créancier nanti a désignés, par vente sur *(Décr. n° 2021-1889 du 29 déc. 2021, art. 1er, en vigueur le 1er janv. 2022)* « une plateforme de négociations ou selon une offre visée au 1° de l'article L. 411-2 » ou attribution en propriété de la quantité déterminée par le créancier nanti. Cette quantité est établie, par le créancier nanti, sur la base du dernier cours de clôture disponible sur *(Décr. n° 2021-1889 du 29 déc. 2021, art. 1er, en vigueur le 1er janv. 2022)* « une plateforme de négociations » ;

3° Pour les parts ou actions d'organisme de placement collectif au sens du 3 du II de l'article L. 211-1, que le *(Décr. n° 2018-1226 du 24 déc. 2018, art. 5)* « constituant du nantissement » ou, à défaut, le créancier nanti a désignées, par présentation au rachat ou attribution en propriété de la quantité qu'il détermine. Cette quantité est établie, par le créancier nanti, sur la base de la dernière valorisation disponible desdites parts ou actions.

Le *(Décr. n° 2018-1226 du 24 déc. 2018, art. 5)* « constituant du nantissement » supporte tous les frais résultant de la réalisation du nantissement. Ces frais sont imputés sur le montant résultant de cette réalisation.

Art. D. 211-13 *(Décr. n° 2018-1226 du 24 déc. 2018, art. 5)* Lorsque le créancier nanti a autorisé le constituant du nantissement à disposer des titres financiers et des sommes en toute monnaie, objets du nantissement, le constituant du nantissement et le créancier nanti informent par écrit le teneur de compte ou le gestionnaire du procédé informatique d'identification des conditions de cette disposition. Le teneur de compte ou le gestionnaire du procédé informatique d'identification ne peut déroger aux instructions reçues sans l'accord du créancier nanti.

Lorsque le créancier nanti estime réunies les conditions de la réalisation du nantissement, il demande par écrit au teneur de compte ou au gestionnaire du procédé informatique d'identification de procéder à cette réalisation dans les conditions prévues à l'article D. 211-12. Le teneur de compte ou le gestionnaire du procédé informatique d'identification exécute, aux frais du créancier nanti, les instructions reçues.

Les dispositions des deux alinéas précédents ne s'appliquent pas lorsque le créancier nanti est le teneur de compte mentionné au II de l'article L. 211-20 ou le gestionnaire du procédé informatique d'identification.

Art. D. 211-14 *(Décr. n° 2009-297 du 16 mars 2009, art. 1er-2°)* Les dispositions des articles D. 211-10 à D. 211-13 ne s'appliquent pas aux nantissements portant sur des parts de sociétés civiles de placement immobilier ou des parts de sociétés d'épargne forestière, qui demeurent soumis aux dispositions des articles 1866 à 1868 du code civil.

Art. R. 211-14-1 *(Décr. nº 2018-1226 du 24 déc. 2018, art. 5)* I. — Si l'émetteur ou son mandataire chargé de l'inscription des titres financiers dans le dispositif d'enregistrement électronique partagé conformément à l'article R. 211-3 n'est pas une personne autorisée à recevoir des fonds remboursables du public au sens de l'article L. 312-2, les fruits et produits des titres financiers versés en toute monnaie doivent être inscrits au crédit d'un compte ouvert dans les livres d'un intermédiaire mentionné à l'article L. 211-3 ou d'un établissement de crédit dans les conditions prévues au III de l'article L. 211-20.

II. — Pour l'application du IV de l'article L. 211-20, le créancier nanti définit avec le constituant du nantissement les conditions dans lesquelles ce dernier peut disposer des titres financiers nantis et des sommes en toute monnaie figurant dans le compte ouvert dans les livres d'un intermédiaire mentionné à l'article L. 211-3 ou d'un établissement de crédit mentionné au I.

III. — Le gestionnaire du procédé informatique d'identification fournit les attestations mentionnées au I et au III de l'article L. 211-20.

Opérations sur instruments financiers

BIBL. GÉN. ▶ Compensation et cession de créance (régime de l'Ord. du 24 févr. 2005) : BONNEAU, *Dr. sociétés 2005, nº 120.* - ELIET et GAUVIN, *RDBF 2005, nº 74.* - PRAICHEUX, *RDBF mai-juin 2005. 56.* - M. STORCK, *RTD com. 2005. 375* ⊘. - DAIGRE et ROUSSILLE, *Dr. et patr. 9/2005. 24.* - AUCKENTHALER, *JCP E 2005, nº 43, p. 1800.* - BOUCHETA, *Banque et Dr. 3-4/2006. 24* (compensation et règlement-livraison dans l'Union européenne : aspects juridiques).

Art. L. 211-36 *(Ord. nº 2009-15 du 8 janv. 2009, art. 1er)* **I. — Les dispositions du présent paragraphe** *[relatif à la compensation et aux cessions de créances]* **sont applicables :**

1° Aux obligations financières résultant d'opérations sur instruments financiers *(L. nº 2019-486 du 22 mai 2019, art. 77 et 80)* **« ou sur des unités mentionnées à l'article L. 229-7 du code de l'environnement, d'opérations de change au comptant ou d'opérations de vente, d'achat ou de livraison d'or, d'argent, de platine, de palladium ou d'autres métaux précieux, ou aux marchandises représentées par un reçu d'entreposage mentionné à l'article L. 522-37-1 du code de commerce, » lorsque l'une au moins des parties à l'opération est un établissement de crédit** *(Ord. nº 2013-544 du 27 juin 2013, art. 2-3°, en vigueur le 1er janv. 2014)* **« , une société de financement », un prestataire de services d'investissement** *(Ord. nº 2017-1107 du 22 juin 2017, art. 2-1°, en vigueur le 3 janv. 2018)* **« autre qu'une société de gestion de portefeuille », un établissement public, une collectivité territoriale, une institution, une personne ou entité bénéficiaire des dispositions de l'article L. 531-2** *(L. nº 2019-486 du 22 mai 2019, art. 77)* **« du présent code », une chambre de compensation, un établissement non résident ayant un statut comparable, une organisation ou organisme financier international dont la France ou l'Union européenne est membre ;**

2° Aux obligations financières résultant de tout contrat donnant lieu à un règlement en espèces ou à une livraison d'instruments financiers *(L. nº 2019-486 du 22 mai 2019, art. 80)* **« ou aux marchandises représentées par un reçu d'entreposage mentionné à l'article L. 522-37-1 du code de commerce, » lorsque toutes les parties appartiennent à l'une des catégories de personnes mentionnées à l'alinéa précédent, à l'exception des personnes mentionnées aux alinéas** *(Ord. nº 2009-107 du 30 janv. 2009, art. 5-I)* **«** ***c*** **à** ***n*** **» du 2° de l'article L. 531-2 ;**

3° Aux obligations financières résultant de tout contrat conclu dans le cadre d'un système mentionné à l'article L. 330-1 ;

(L. nº 2016-1691 du 9 déc. 2016, art. 56-1°) **« 4° Aux obligations financières résultant de contrats conclus entre une ou plusieurs chambres de compensation et un de leurs adhérents, entre cet adhérent et un client auquel il fournit, directement ou indirectement, un service de compensation, et entre ce client et la ou les chambres de compensation mentionnées au présent 4°.**

« Pour l'application du 4° du présent I, le mot "client" désigne, si les parties en sont convenues, l'ensemble des personnes morales faisant partie d'un même périmètre de consolidation. »

(L. nº 2010-1249 du 22 oct. 2010, art. 28-I) « II. – Pour l'application de la présente section, sont également des instruments financiers les contrats d'option, contrats à terme ferme, contrats d'échange et tous autres contrats à terme autres que ceux mentionnés au III de l'article L. **211-1**, à condition que, lorsque ces instruments doivent être réglés par livraison physique, ils fassent l'objet d'un enregistrement par une chambre de compensation reconnue ou d'appels de couverture périodiques. »

Art. L. 211-36-1 *(Ord. nº 2009-15 du 8 janv. 2009, art. 1er)* I. – Les conventions relatives aux obligations financières mentionnées *(Ord. nº 2009-107 du 30 janv. 2009, art. 5-I)* « à l'article L. **211-36** » sont résiliables, et les dettes et les créances y afférentes sont compensables *(L. nº 2016-1691 du 9 déc. 2016, art. 56-2º)* « entre toutes les parties ». Les parties peuvent prévoir l'établissement d'un solde unique, que ces obligations financières soient régies par une ou plusieurs conventions ou conventions-cadres.

II. – Les modalités de résiliation, d'évaluation et de compensation des opérations et obligations mentionnées *(Ord. nº 2009-107 du 30 janv. 2009, art. 5-I)* « à l'article L. **211-36** et au I du présent article » sont opposables aux tiers. Ces modalités peuvent être notamment prévues par des conventions ou conventions-cadres. Toute opération de résiliation, d'évaluation ou de compensation faite en raison d'une procédure civile d'exécution ou de l'exercice d'un droit d'opposition est réputée être intervenue avant cette procédure.

III. – Abrogé par L. nº 2010-1249 du 22 oct. 2010, art. 28-I.

Art. L. 211-37 *(Ord. nº 2009-15 du 8 janv. 2009, art. 1er)* La cession de créances afférentes aux obligations financières mentionnées à l'article L. **211-36** est opposable aux tiers du fait de la notification de la cession au débiteur. La cession de contrats afférents aux obligations financières mentionnées à l'article L. **211-36** est opposable aux tiers du fait de l'accord écrit des parties.

Art. L. 211-38 *(Ord. nº 2009-15 du 8 janv. 2009, art. 1er)* I. – A titre de garantie des obligations financières présentes ou futures mentionnées à l'article L. **211-36**, les parties peuvent prévoir des remises en pleine propriété, opposables aux tiers sans formalités, d'instruments financiers *(L. nº 2019-486 du 22 mai 2019, art. 80)* « , marchandises représentées par un reçu d'entreposage », effets, créances, contrats ou sommes d'argent, ou la constitution de sûretés sur de tels biens ou droits, réalisables, même lorsque l'une des parties fait l'objet d'une des procédures prévues par le livre VI du code de commerce, ou d'une procédure judiciaire ou amiable équivalente sur le fondement d'un droit étranger, ou d'une procédure civile d'exécution ou de l'exercice d'un droit d'opposition.

(L. nº 2016-1691 du 9 déc. 2016, art. 56-3º) « Les remises et sûretés mentionnées au premier alinéa du présent I peuvent être effectuées ou constituées par les parties elles-mêmes ou par des tiers. »

Les dettes et créances relatives à ces garanties et celles afférentes à ces obligations sont alors compensables conformément au I de l'article L. **211-36-1**.

II. – Lorsque les garanties mentionnées au I sont relatives aux obligations financières mentionnées aux 2º *(L. nº 2016-1691 du 9 déc. 2016, art. 56-3º)* « , 3º et 4º du I » de l'article *(L. nº 2009-526 du 12 mai 2009, art. 138-XII-1º)* « L. **211-36** » :

1º La constitution de telles garanties et leur opposabilité ne sont subordonnées à aucune formalité. Elles résultent du transfert des biens et droits en cause, de la dépossession du constituant ou de leur contrôle par le bénéficiaire ou par une personne agissant pour son compte ;

2º L'identification des biens et droits en cause, leur transfert, la dépossession du constituant ou le contrôle par le bénéficiaire doivent pouvoir être attestés par écrit ;

3º La réalisation de telles garanties intervient à des conditions normales de marché, par compensation, appropriation ou vente, sans mise en demeure préalable, selon les modalités d'évaluation prévues par les parties dès lors que les obligations financières couvertes sont devenues exigibles.

III. – L'acte prévoyant la constitution des sûretés mentionnées au I peut définir les conditions dans lesquelles le bénéficiaire de ces sûretés peut utiliser ou aliéner les biens ou droits en cause, à charge pour lui de restituer au constituant des biens ou droits équivalents. Les sûretés concernées portent alors sur les biens ou droits équivalents ainsi restitués comme si elles avaient été constituées dès l'origine sur ces biens ou droits équivalents. Cet acte peut permettre au bénéficiaire de compenser sa dette de restitution des biens ou droits équivalents avec les obligations financières au titre desquelles les sûretés ont été constituées, lorsqu'elles sont devenues exigibles.

Par biens ou droits équivalents, on entend :

1° Lorsqu'il s'agit d'espèces, une somme de même montant et dans la même monnaie ;

2° Lorsqu'il s'agit d'instruments financiers, des instruments financiers ayant le même émetteur ou débiteur, faisant partie de la même émission ou de la même catégorie, ayant la même valeur nominale, libellés dans la même monnaie et ayant la même désignation, ou d'autres actifs, lorsque les parties le prévoient, en cas de survenance d'un fait concernant ou affectant les instruments financiers constitués en sûreté.

Lorsqu'il s'agit d'autres biens ou droits que ceux mentionnés aux 1° et 2°, la restitution porte sur ces mêmes biens ou droits.

IV. — Les modalités de réalisation et de compensation des garanties mentionnées au I et des obligations mentionnées à l'article L. 211-36 sont opposables aux tiers. Toute réalisation ou compensation effectuée en raison d'une procédure civile d'exécution ou de l'exercice d'un droit d'opposition est réputée être intervenue avant cette procédure.

BIBL. ▶ Régime issu de l'Ord. du 24 févr. 2005 : ROBINE, *BJB 2005. 521.* - PAROLAI, STOFFEL-MUNCK et ARMAND, *Banque et Dr. 11-12/2005. 3* (droit d'utilisation). - CREMERS, *ibid. mai-juin 2006. 3* (réhypothécation et substitution des garanties financières). - Dossier « Les garanties financières », *RDBF janv.-févr. 2007. 81.*

Art. L. 211-38-1 *(L. n° 2016-1691 du 9 déc. 2016, art. 56-4°)* **Aucun créancier du bénéficiaire autre que le constituant de garanties financières mentionnées à l'article L. 211-38 et constituées à titre de marge initiale en application de l'article 11 du règlement (UE) n° 648/2012 du Parlement européen et du Conseil du 4 juillet 2012 sur les produits dérivés de gré à gré, les contreparties centrales et les référentiels centraux ne peut se prévaloir d'un droit quelconque sur les biens ou droits sur lesquels portent ces garanties, même sur le fondement du livre VI du code de commerce ou d'une procédure équivalente sur le fondement d'un droit étranger.**

Art. L. 211-39 *(Ord. n° 2009-15 du 8 janv. 2009, art. 1er)* **Les droits ou obligations du constituant, du bénéficiaire ou de tout tiers relatifs aux garanties mentionnées au I de l'article L. 211-38 portant sur des titres financiers sont déterminés par la loi de l'État où est situé le compte dans lequel ces titres sont remis ou constitués en garantie.**

Art. L. 211-40 *(Ord. n° 2009-15 du 8 janv. 2009, art. 1er)* **Les dispositions du livre VI du code de commerce, ou celles régissant toutes procédures judiciaires ou amiables équivalentes ouvertes sur le fondement de droits étrangers, ne font pas obstacle à l'application des dispositions de la présente section** *[relative aux « règles communes applicables aux opérations sur instruments financiers » et comprenant les art. L. 211-36 à L. 211-40.]*

(L. n° 2019-486 du 22 mai 2019, art. 77) **« L'article 1343-2 du code civil ne fait pas obstacle à ce que la capitalisation des intérêts dus en application d'une convention ou d'une convention-cadre mentionnée à l'article L. 211-36-1 du présent code soit prévue par celles-ci. »**

Les dispositions des art. L. 211-36 s. C. mon. fin., qui posent le principe de la liberté contractuelle des modalités de résiliation, y compris en cas d'ouverture d'une procédure collective, font obstacle à l'application de l'art. L. 622-13 C. com. • Paris, 21 juin 2011 : *RJDA 2011, n° 940.*

Crédit d'exploitation aux entreprises – Rupture de crédit et crédit abusif

Art. L. 313-12 **Tout concours à durée indéterminée, autre qu'occasionnel, qu'un établissement de crédit** *(Ord. n° 2013-544 du 27 juin 2013, art. 3-7°, en vigueur le 1er janv. 2014)* **« ou une société de financement » consent à une entreprise, ne peut être réduit ou interrompu que sur notification écrite et à l'expiration d'un délai de préavis fixé lors de l'octroi du concours.** *(L. n° 2003-721 du 1er août 2003, art. 24)* **« Ce délai ne peut, sous peine de nullité de la rupture du concours, être inférieur à** *(L. n° 2009-1255 du 19 oct. 2009, art. 1er)* **« soixante jours. Dans le respect des dispositions légales applicables, l'établissement de crédit** *(Ord. n° 2013-544 du 27 juin 2013, art. 3-7°, en* *vigueur le 1er janv. 2014)* **« ou la société de financement » fournit, sur demande de l'entreprise concernée, les raisons de cette réduction ou interruption, qui ne peuvent être demandées par un tiers, ni lui être communiquées ». L'établissement de crédit** *(Ord. n° 2013-544 du 27 juin 2013, art. 3-7°, en vigueur le 1er janv. 2014)* **« ou la société de financement » ne peut être tenu pour responsable des préjudices financiers éventuellement subis par d'autres créanciers du fait du maintien de son engagement durant ce délai. »** — *Le délai de préavis minimal est de soixante jours pour toutes les catégories de crédits (C. mon. fin., art. D. 313-14-1, issu du Décr. n° 2005-1743 du 30 déc. 2005).*

L'établissement de crédit *(Ord. n° 2013-544 du 27 juin 2013, art. 3-7°, en vigueur le 1er janv. 2014)* **« ou la société de financement » n'est pas tenu de respecter un délai de préavis, que l'ouverture de crédit soit à durée indéterminée ou déterminée, en cas de comportement gravement répréhensible du bénéficiaire du crédit ou au cas où la situation de ce dernier s'avérerait irrémédiablement compromise.**

Le non-respect de ces dispositions peut entraîner la responsabilité pécuniaire de l'établissement de crédit *(Ord. n° 2013-544 du 27 juin 2013, art. 3-7°, en vigueur le 1er janv. 2014)* **« ou de la société de financement ».** — *[L. n° 84-46 du 24 janv. 1984, art. 60.]*

Sur la responsabilité des fournisseurs de crédit en cas de procédure collective du débiteur, V. C. com., art. L. 650-1, 1re partie.

RÉP. COM. v° *Responsabilité du banquier dispensateur de crédit de l'entreprise,* par PASQUALINI et MARAIN.

BIBL. ▶ BOUCHERY, *Dr. et patr. 2/1998. 53* (responsabilité des banques dans les procédures : comment prévenir le risque de rupture ou de soutien abusif ?). – BON-GARCIN, *Cah. dr. entr. 1998, n° 6, p. 4* (abus de droit dans les contrats de crédit). – R. MARTIN, *Banque et Dr. 11-12/1999. 3* (de la causalité dans la responsabilité civile du prêteur). – PIEDELIÈVRE, *Dr. et patr. 1/2001. 62* (responsabilité liée à une opération de crédit). – GUYON, *RDBF 2002. 369* (rupture abusive de crédit). – CRÉDOT et GÉRARD, *RDBF 2003, n° 211* (loi n° 2003-721 pour l'initiative économique). – LEGEAIS, *RTD com. 2003. 787* (même thème). – LASSERRE CAPDEVILLE, *Banque et Dr. 3-4/2005. 11* (que reste-t-il du devoir de non-ingérence du banquier ?). – BOURDALLE et LASSERE CAPDEVILLE, *Banque et Dr. 5-6/2006. 17* (développement jurisprudentiel de l'obligation de mise en garde du banquier). – Dossier « Le devoir de mise en garde du banquier », *RDBF 11-12/2007. 73.* – DJOUDI et BOUCARD, *D. 2008. Chron. 500* (protection de l'emprunteur profane). – GALLOIS-COCHET, *RLDA 2008, n° 24, p. 107* (devoir de mise en garde). – LEGEAIS, *ibid., p. 113* (devoir du banquier d'éclairer le client). – BOUTEILLER, *JCP E 2008. 1495* (faute du banquier et moyens de défense de la caution poursuivie). – REIFEGERSTE, *LPA 9 oct. 2008* (la rupture de crédit aux entreprises). – BOYER et VALLANSAN, *JCP E 2008. 2243* (de quelques conséquences pratiques de l'obligation de mise en garde de l'un des codébiteurs solidaires qualifié de non averti). – STORCK, *RLDA 2008, n° 31, p. 82* (obligation d'information, de conseil et de mise en garde du banquier dispensateur de crédit). – BURY, *Gaz. Pal. 2009. Doctr. 896* (la bonne foi dans la relation contractuelle du banquier avec son client). – BOISMAIN, *JCP 2010. 301* (obligation de mise en garde du banquier dispensateur de crédit). – LEGEAIS, *RDBF 2010. Étude 4* (responsabilité du banquier en matière de crédit). – BAZIN, *Banque et Dr. 3-4/2010. 23* (retour sur le devoir de mise en garde du prêteur). – GUERCHOUN, *RLDC juin 2010. 25* (devoir de mise en garde de la caution par le banquier dispensateur de crédit). – FAVARIO, *RDBF 2010. Étude 12* (contours jurisprudentiels du devoir de mise en garde du banquier à l'égard de l'emprunteur non averti). – ALBARIAN, *LPA 30 déc. 2010* (droit de rupture unilatérale des contrats bancaires pour cause de perte de confiance : exemple de l'ouverture de crédit). – LAMANDA, *Mél. Tricot, Dalloz-Litec, 2011, p. 21* (responsabilité du banquier dans la délivrance du crédit). – GOURIO, *Dr. et patr. 11/2011. 55* (le devoir de mise en garde du banquier menacé d'éviction par le devoir d'abstention). – ATTARD, *RTD com. 2013. 639* (exécution de son devoir de conseil par le banquier). – PÉRIN-DUREAU, *JCP E 2016. 1304* (variations sur l'obligation de mise en garde au terme de dix ans de décisions). – BOUCARD, *AJ contrat 2018. 65* (la disgrâce du devoir de conseil du banquier). – Dossier « Les devoirs généraux du banquier dispensateur de crédit aujourd'hui et demain », *RDBF 2023. Dossiers 1 à 5.* – MIGNOT, *Gaz. Pal. 16 janv. 2024, p. 45* (vulnérabilité de l'emprunteur non averti à l'égard du risque du crédit). – ALAMOWITCH, *Gaz. Pal. 16 janv. 2024, p. 54* (rupture abusive de concours bancaires et clauses de résiliation). – ATTARD, *JCP E 2024. 1328* (consécrations légales du devoir de mise en garde dans les opérations de crédit et de cautionnement : quelles conséquences sur les solutions prétoriennes antérieures ?).

I. RUPTURE DES CONCOURS BANCAIRES ACCORDÉS AUX ENTREPRISES

A. CHAMP D'APPLICATION

1. Notion d'entreprise. Les dispositions de l'art. L. 313-12 ne concernent que les concours à durée indéterminée consentis à une entreprise et non à des particuliers. • Paris, 5 juin 2008 : *JCP E 2009. 1582, n° 27, obs. Routier.* ♦ Pour une application du texte à une entreprise artisanale, V. • Com. 10 juin 1997 : *D. Affaires 1997. 896 ; RDBB 1997. 218, obs. Crédot et Gérard ; RTD com. 1997. 657, obs. Cabrillac.*

2. Concours bancaires : insuffisance d'un simple accord de principe. Dès lors qu'une banque n'avait donné à une SCI, qui sollicitait son concours, qu'un accord de principe l'obligeant seulement à poursuivre de bonne foi les négociations entreprises avec celle-ci, ce dont il se déduisait que les conditions définitives de l'octroi de son concours restaient à préciser, n'est pas abusif le refus d'accorder le prêt dès lors que la SCI n'a pas respecté les obligations convenues. • Com. 2 juill. 2002 : *RJDA 2003, n° 52 ; RTD civ. 2003. 76, obs. Mestre et Fages.*

3. Découvert autorisé. BIBL. Martin et Gérard Godard, *RLDA juin 2011. 78* (souplesse de l'ouverture de crédit et du découvert). ♦ La permanence des soldes négatifs d'un compte courant qui fonctionne constamment en position débitrice montre l'existence d'un découvert autorisé par la banque à hauteur du solde moyen. • Paris, 31 janv. 1991 : *D. 1992. 298, note Tridi.* ♦ V. aussi, déduisant l'existence d'un découvert important habituellement consenti de la caution donnée par le président de la société à la banque. • Com. 2 juin 1992, n° 90-17.667 P. ♦ Comp., déduisant de la brève durée d'un découvert (deux mois) son caractère de tolérance exceptionnelle : • Com. 30 juin 1992, n° 90-18.639 P. ♦ Jugeant qu'un banquier, qui a mis fin à l'autorisation de découvert octroyé à son client, n'a pas consenti un nouveau découvert en acceptant un plan d'apurement de la dette proposé par le débiteur, lequel peut être dénoncé sans que l'art. L. 313-12 ait vocation à s'appliquer : • Com. 18 juin 2002 : *Banque et Dr. 11-12/2002. 54, obs. Bonneau ; RJDA 2003, n° 414.*

4. Montant du découvert autorisé. Pour déterminer le montant du découvert tacitement consenti, les juges ne sont pas tenus d'adopter la méthode dite « du plus fort découvert ». • Com. 16 janv. 1990 : *Banque 1990. 538, note Rives-Lange* • T. com. Paris, 1er juill. 1992 : *ibid. 1992. 1169, obs. Rives-Lange* • Rennes, 28 mai 1997 : *JCP E 1999, n° 4, p. 167, obs. Belleil.* ♦ V. aussi, en ce sens qu'en présence de dépassements seulement ponctuels, le recours à une telle méthode est exclu, • Com. 4 mars 1997, n° 95-10.507 P : *D. Affaires 1997. 473 ; RDBB 1997. 116, obs. Crédot et Gérard ; Rev. huiss. 1998. 669, note Courtier.* ♦ Dès lors que la banque a toléré avec continuité que le montant du découvert consenti à son client fût constamment supérieur au montant initialement déterminé par écrit, elle ne pouvait rompre brutalement ce crédit à une époque où le montant utilisé était en régression par rapport à ce qu'elle avait antérieurement accordé. • Com. 23 oct. 2001 : *RJDA 2002, n° 292.* ♦ Comp., en ce sens que ne constitue pas une rupture abusive de crédit le refus de paiement d'un créancier qui, s'il avait eu lieu, aurait généré un découvert supérieur au montant du découvert moyen autorisé par la banque, les dépassements ponctuels dont a pu bénéficier le client dans le passé, qui ne constituaient que des concours occasionnels laissés à la discrétion de la banque, ne pouvant être pris en compte. • Com. 17 juill. 2001 : *RJDA 2002, n° 78.* ♦ De la même façon, viole l'art. L. 313-12, la cour d'appel qui, pour retenir la responsabilité de la banque à la suite du rejet d'un chèque pour défaut de provision a pris en compte un découvert moyen tacitement autorisé et tenu compte d'un solde débiteur limité compte tenu d'un versement ultérieur, se fondant ainsi sur une remise postérieure à la date de présentation du chèque pour apprécier l'existence de la provision. • Com. 12 mai 2004 : *JCP E 2004, n° 25, p. 982.* ♦ Une banque, qui est libre de ne pas laisser s'aggraver le déficit du compte au-delà du montant autorisé, n'a, en rejetant les ordres de virement litigieux, commis aucune faute. • Com. 11 juill. 2006, n° 04-18.810 P : *RTD com. 2006. 889, obs. Legeais ; JCP E 2006, n° 38, p. 1569 ; Banque et Dr. 11-12/2006. 25, obs. Bonneau ; RJDA 2006, n° 1256.*

5. Opérations de bourse. Sur la distinction entre autorisation de découvert et opération d'achat sur le marché à règlement mensuel, V. • Paris, 11 mars 2003 : *Banque et Dr. 9-10/2003. 51, obs. de Vauplane et Daigre.* ♦ En laissant son client acheter des titres alors que le solde de son compte titres s'est constamment dégradé, la banque a consenti un concours dont la rupture brutale sans information est constitutive d'une faute. • Paris, 9 déc. 2003 : *Banque et Dr. 5-6/2004. 28, obs. de Vauplane et Daigre (2e esp.).*

6. Ligne de crédit. Une ligne de crédit documentaire import constitue une forme de crédit ou de concours justiciable de l'art. L. 313-12. • Lyon, 13 janv. 2005 : *JCP E 2005, n° 47, p. 1976, obs. Stoufflet.*

7. Non-renouvellement des formules de chèques. L'absence de renouvellement des formules de chèques n'est pas constitutive d'une rupture de crédit. • Com. 6 mai 1997, n° 94-19.017 P : *D. Affaires 1997. 760 ; JCP E 1997. II. 996, note Legeais ; RTD com. 1997. 488, obs. Cabrillac.*

8. Non-renouvellement d'un crédit à durée déterminée. Une cour d'appel a pu considérer qu'une banque n'a pas commis de faute en ne renouvelant pas une nouvelle fois ses crédits après avoir constaté que cette banque avait refusé de les maintenir après l'expiration du terme pour lequel ils avaient été consentis et relevé que la situation du débiteur était très obérée, qu'il n'était pas parvenu à trouver les concours d'autres entreprises et que la poursuite du soutien bancaire aurait pu être tenue pour abusive. • Com. 3 déc. 1991, nº 90-16.905 P : *Banque 1992. 842, obs. Rives-Lange.* ♦ Un crédit consenti pour une durée déterminée prend fin sans préavis au terme convenu, ce qui est le cas de l'ouverture de crédit consentie pour les besoins de la poursuite de l'exploitation de l'entreprise durant la période d'observation et qui a trouvé nécessairement son terme à la date du jugement qui y a mis fin. • Com. 3 mai 2006 : *RJDA 2006, nº 1158.* ♦ La décision d'un établissement de crédit de ne pas renouveler un concours revêt un caractère discrétionnaire, de sorte que le banquier n'est responsable du fait d'une telle décision de refus que s'il est tenu par un engagement ; le renouvellement de concours bancaires à durée déterminée succédant à un concours à durée indéterminée, auquel il a été mis fin avec préavis, n'est pas, à lui seul, de nature à caractériser l'existence d'une promesse de reconduction du crédit au-delà du terme. • Com. 25 oct. 2017, nº 16-16-839 P : *cité note 13.*

B. RÉDUCTION OU INTERRUPTION DES CONCOURS BANCAIRES MOYENNANT UN PRÉAVIS SUFFISANT

9. Notification écrite. Sur la nécessité d'une notification écrite, V. • Com. 22 mai 2002 : *Banque et Dr. 11-12/2002. 54, obs. Bonneau ; BRDA 2002, nº 12, p. 8.* ♦ De simples lettres de mise en garde au client contre les insuffisances de sa structure financière ne constituent pas une notification en des termes non équivoques de la décision de ne plus accorder de crédit. • Com. 18 mai 1993, nº 91-17.675 P : *Rev. huiss. 1993. 1415, note Courtier ; Banque 1993. 100, obs. Guillot.* – Dans le même sens : • Com. 2 nov. 1994 : *RJDA 1995, nº 311.* ♦ V. aussi note 20.

10. Motivation de la rupture. BIBL. Mathey, *JCP E 2010. 1550* (vers une remise en cause de la liberté du banquier en matière de crédit ?). ♦ L'art. L. 313-12 n'exige pas que le banquier invoque, dans la lettre de notification de la rupture, le motif de sa décision. • Com. 22 févr. 2005 : *RDBF 2005, nº 157, obs. Crédot et Gérard ; RJDA 2005, nº 744.* ♦ Il résulte de l'art. L. 313-12 que l'entreprise qui subit la réduction ou l'interruption d'un concours bancaire peut, même après l'expiration du délai de préavis, en demander les raisons à la banque et qu'à défaut de réponse, la banque est susceptible de voir sa responsabilité engagée. • Com. 30 nov. 2022, nº 21-17.703 B : *D. 2022. Actu. 2157 ; RTD civ. 2023. 203, obs. Legeais ; JCP E 2023. 1021, note Lasserre Capdeville ; RJDA 2023, nº 103.*

11. Aménagements conventionnels de la rupture. Sur la possibilité d'aménager par une convention écrite les modalités de la dénonciation d'un découvert, V. • Com. 10 juin 1997 : *préc. note 1.* ♦ Pour une rupture fautive, les causes autorisant la banque à mettre fin aux concours bancaires limitativement énoncés à l'acte de prêt ne visant pas le motif invoqué, V. • Com. 13 mars 2007, nº 06-13.325 P : *D. 2007. AJ 1020, obs. Lienhard ; JCP E 2008. 2101, note Paclot et Roussel Galle ; RLDA 2007, nº 16, p. 30, obs. Cerati-Gauthier ; Banque et Dr. 3-4/2007. 21, obs. Bonneau.*

12. Effet de la notification. La cessation de l'ouverture de crédit ne pouvant prendre effet que du jour de la réception par le crédité de la notification de la rupture, commet une faute la banque qui n'honore pas les chèques émis avant la date de réception de l'avis de rupture, dès lors que leur paiement n'entraîne pas un dépassement du montant du crédit promis. • Paris, 24 juin 1992 : *Banque 1992. 1057, obs. Rives-Lange.* ♦ Sur le respect par la banque de son obligation de notification lors de l'interruption des concours bancaires ayant entraîné la résiliation de la convention initiale sans mise en demeure préalable d'en exécuter les obligations, V. • Com. 8 oct. 2002, nº 01-01.200 P : *LPA 10 janv. 2003, p. 6, obs. E. C. ; RJDA 2003, nº 105.* ♦ La notification par une banque, en application de l'art. L. 313-12, de la résiliation d'un concours à durée indéterminée à l'expiration d'un délai de préavis ne le transforme pas en concours à durée déterminée. • Com. 20 sept. 2023, nº 22-15.878 B : *D. 2023. Actu. 1644 ; RTD com. 2023. 927, obs. Legeais ; JCP E 2023. 1359, note Lasserre Capdeville ; RJDA 2024, nº 48.*

13. Durée et respect du préavis. Sur le délai minimal de 60 jours de préavis, V. art. L. 313-12, dans sa réd. issue de L. nº 2009-1255 du 19 oct. 2009, et D. 313-14-1 C. mon. fin. ♦ Les dispositions de l'art. L. 442-6-I-5º C. com. relatives à la responsabilité encourue pour rupture brutale d'une relation commerciale établie ne s'appliquent pas à la rupture ou au non-renouvellement de crédits consentis par un établissement de crédit à une entreprise, opérations exclusivement régies par les dispositions du code monétaire et financier. • Com. 25 oct. 2017, nº 16-16.839 P : *D. 2017. Pan. 2449, obs. Riéra ; AJ contrat 2017. 530, obs. Lasserre Capdeville ; RTD com. 2017. 972, obs. Legeais ; JCP E 2017, nº 1665, note Dissaux ; RJDA 2018, nº 166 ; Banque et Dr. 11-12/2017. 64, obs. Netter ; RDBF 2018, nº 26, obs. Samin et Torck.* ♦ Sauf stipulation contractuelle, une ouverture de crédit consentie à une entreprise pour une durée déterminée ne peut être réduite ou interrompue avant son terme que dans les cas prévus par l'art. L. 313-12, al. 2 ; si c'est à tort que, après avoir constaté que la banque ne rapportait pas la preuve du caractère irrémédiablement compromis de la situation de l'EURL, la cour d'appel en a déduit qu'elle était tenue de respecter le délai de préavis de soixante jours fixé par l'al. 1er de ce texte, qui ne concerne que les concours à durée indéterminée, l'arrêt n'encourt pas pour autant la censure dès lors que n'était invoquée aucune autre cause de rupture anticipée. • Com. 24 mars 2015, n° 13-16.076 P : *D. 2015. Actu. 797, obs. Avena-Robardet ; AJCA 2015. 273, obs. Albiges ; RTD com. 2015. 338, obs. Legeais ; RJDA 2015, n° 517 ; Banque et Dr. 7-8/2015. 24, obs. Bonneau ; Rev. dr. bancaire 2015, n° 81, obs. Cerles ; RPC 2015, n° 194, obs. Martin-Serf.*

14. Exclusion du préavis par accord de volonté des parties. Lorsque la décision de réduire le découvert n'est pas unilatérale mais résulte d'un accord de volonté des parties (accord de désengagement) la nécessité d'un préavis est exclue. • Com. 14 janv. 1992, n° 90-10.966 P : *Rev. dr. bancaire 1992. 72, obs. Crédot et Gérard.* ♦ V. aussi note 11.

C. COMPORTEMENT GRAVEMENT RÉPRÉHENSIBLE OU SITUATION IRRÉMÉDIABLEMENT COMPROMISE

15. Dispense de préavis. L'éventuel manquement de l'établissement de crédit à son obligation de vérifier que le déposant était le bénéficiaire des chèques ne le prive pas de la faculté, qu'il tient de l'art. L. 313-12, de rompre sans préavis les concours accordés en cas de comportement gravement répréhensible du bénéficiaire du crédit ou au cas où la situation de ce dernier s'avérerait irrémédiablement compromise. • Com. 11 sept. 2019, n° 17-26.594 P : *D. 2019. Actu. 1756 ; JCP E 2019. 1510, note Rodriguez ; RJDA 2020, n° 37 ; Banque et Dr. 11-12/2019. 21, obs. Bonneau.*

16. Comportement gravement répréhensible établi. Constituent des comportements gravement répréhensibles : la cession, dans le cadre de la loi Dailly du 2 janv. 1981, de créances manifestement éteintes. • Aix-en-Provence, 14 déc. 1990 : *Banque 1991. 657, obs. Rives-Lange.* ♦ ... La présentation à la banque par un dirigeant, caution de la société emprunteuse, d'une fausse attestation notariée certifiant sa solvabilité. • Poitiers, 5 déc. 1990 : *Dr. sociétés 1992, n° 112, obs. Chaput.* ♦ ... Le fonctionnement du compte sans versements au crédit, l'aggravation permanente de la situation et la carence de la société à fournir les documents et la sûreté demandés. • Com. 2 juin 1992, n° 90-18.313 P : *Defrénois 1992. 1577, obs. J. Honorat.* ♦ ... Des dépassements importants et répétés des autorisations de trésorerie consenties nonobstant les rappels et mises en garde répétés du banquier. • Com. 2 nov. 1994 : *RJDA 1995, n° 310.* ♦ ... Le refus de remédier aux dysfonctionnements dans la mobilisation des créances « Dailly », de se conformer aux modalités de suivi de ces créances fixées par les parties et de fournir les documents comptables indispensables à l'examen des concours à court terme réclamés par la banque. • Com. 26 nov. 2002 : *RJDA 2003, n° 422, (2e esp.)* • Paris, 1er oct. 2002 : *ibid. (3e esp.).* ♦ ... L'ouverture auprès d'un établissement bancaire tiers d'un compte destiné à recevoir la dotation mensuelle que le client s'était engagé à céder à la banque en contrepartie de divers concours. • Com. 5 nov. 2002 : *ibid. (1re esp.).* ♦ ... La participation à un circuit d'effets de complaisance. • Com. 14 févr. 2006 : *RJDA 2006, n° 689.* ♦ ... La production d'un compte de résultats non sincère. • Com. 20 juin 2006, n° 04-16.238 P : *RTD com. 2006. 891, obs. Legeais ; JCP E 2006, n° 48, p. 2036, obs. Stoufflet ; Banque et Dr. 11-12/2006. 24, obs. Bonneau ; RJDA 2006, n° 1257.* ♦ ... La fourniture délibérée et réitérée d'informations inexactes en violation des engagements contractuels. • Com. 28 juin 2011 : *RTD com. 2011. 787, obs. Legeais ; JCP E 2012.1373, n° 19, obs. Causse ; RJDA 2012, n° 192 ; RDBF 2011, n° 192, obs. Crédot et Samin ; Banque et Dr. 9-10/2011. 20, obs. Bonneau.*

17. Comportement gravement répréhensible non établi. Ne constituent pas le comportement gravement répréhensible prévu à l'art. 60, al. 2 [C. mon. fin., art. L. 313-12, al. 2] : ... la mise en examen de l'emprunteur pour faux et escroquerie, une mise en examen ne suffisant pas, en raison de la présomption d'innocence, à établir sa culpabilité. • Rouen, 6 mai 1999 : *JCP E 2000, n° 26, p. 1014.* ♦ ... La perte de confiance des banquiers, qu'elle soit fondée ou pas. • Même arrêt. ♦ ... Le comportement d'une société, qui n'avait pas laissé s'aggraver la situation de son compte et avait commencé à apurer sa dette de façon significative. • Com. 8 mars 2005 : *RJDA 2005, n° 875.*

18. Situation irrémédiablement compromise établie. L'impossibilité de l'entreprise de faire face à la poursuite de son exploitation caractérise suffisamment la situation irrémédiablement compromise visée par l'art. 60, al. 2 [C. mon. fin., art. L. 313-12, al. 2]. • Douai, 17 janv. 1991 : *Banque 1991. 657, obs. Rives-Lange.* ♦ La légitimité d'une brusque rupture d'une ouverture de crédit peut résulter des termes de la requête tendant à la désignation d'un mandataire *ad hoc* pour aider au redressement de l'entreprise, ainsi que de la situation irrémédiablement compromise d'autres sociétés du groupe. • Paris, 24 juin 1992 : *préc. note 12.* – V. aussi • Com. 28 mars 1995 : *Banque 1995. 91, obs. Guillot.* ♦ Dès lors que la situation du bénéficiaire de l'autorisation de découvert en compte courant était irrémédiablement compromise, il importe peu que le montant du solde débiteur de ce compte ait été, au moment de la dénonciation par la banque, inférieur à celui du découvert autorisé. • Com. 8 juill. 1997 : *D. Affaires 1997. 1077.*

19. Situation irrémédiablement compromise et procédure collective. Ne donne pas de base légale à sa décision la cour d'appel qui, pour rejeter le moyen de défense d'une banque tendant à la constatation de la situation irrémédiablement compromise de la société débitrice, retient qu'une telle prétention se heurte au fait que la société après avoir été admise au redressement judiciaire a été en mesure de bénéficier d'un plan de continuation, l'adoption d'un tel plan, assorti d'un report de l'exigibilité des créances, et de diverses mesures de restructuration, étant impropre à exclure que l'entreprise ait été en situation irrémédiablement compromise, avant l'ouverture de la procédure de redressement judiciaire, lors de la rupture de ses crédits par la banque. • Com. 19 oct. 1999, n° 96-16.377 P : *D. 1999. AJ 74, obs. J. F. ; RTD com. 2000. 155. obs. Cabrillac ; RDBF 2000, n° 6, obs. Crédot et Gérard.* ♦ Mais la notion de situation irrémédiablement compromise, dispensant de préavis l'établissement de crédit qui souhaite interrompre une ouverture de crédit ne saurait se confondre avec celle de cessation des paiements ou avec l'état de redressement judiciaire, V. • Paris, 28 oct. 1998 : *RDBB 1999. 30, obs. crit. Crédot et Gérard.* ♦ En écartant l'existence d'une situation irrémédiablement compromise, un arrêt antérieur n'a pas statué sur l'état de cessation des paiements. • Com. 31 mars 2004, n° 02-16.437 P : *D. 2004. AJ 1231, obs. Avena-Robardet ; RTD com. 2004. 582, obs. Legeais ; JCP E 2004, n° 23, p. 887 ; RDBF 2004, n° 195, obs. Crédot et Gérard ; Banque et Dr. 7-8/2004. 59, obs. Bonneau ; RJDA 2004, n° 1347.*

20. *Notification obligatoire de la rupture.* Si, en raison de la situation irrémédiablement compromise d'une société cliente, la banque est dispensée de respecter un délai de préavis, elle n'en est pas moins tenue de lui notifier l'interruption de son concours. • Com. 19 févr. 1991 : *D. 1992. Somm. 27, obs. Vasseur ; RTD com. 1991. 421, obs. Cabrillac et Teyssié ; Banque 1991. 431, obs. Rives-Lange.* – V. aussi • Com. 18 mars 2014, n° 12-29.583 P : *D. 2014. Actu. 772 ; Gaz. Pal. 2014. 1623, note Lasserre Capdeville ; Banque et Dr. 2014. 35, obs. Bonneau ; RDBF 2014, n° 127, obs. Crédot et Samin.* ♦ La banque doit mettre en demeure le débiteur de combler le déficit avant de sanctionner le dépassement du découvert par la clause résolutoire prévue dans la convention dès lors que cette dernière ne comporte aucune dispense de mise en demeure. • Paris, 20 déc. 2007 : *RJDA 2008, n° 701.*

21. *Situation irrémédiablement compromise non établie.* Si des informations précises concernant des dangers croissants justifiaient des inquiétudes de la part de la banque, celle-ci ne pouvait pour autant considérer la situation de sa cliente comme étant prochainement et irrémédiablement compromise. • Com. 2 nov. 1994 : *RJDA 1995, n° 311.* ♦ Ayant relevé l'importance des capitaux propres et des réserves, l'existence d'apports en compte courant faits par le dirigeant, le fait que ce dernier ait pris diverses mesures, notamment de délocalisation de la fabrication et de diversification de la production, ainsi que l'absence d'inscription de privilège du Trésor et de l'Urssaf, les juges ont pu retenir que la situation de l'entreprise n'était pas irrémédiablement compromise au moment de la rupture de crédit. • Com. 17 juill. 2001 : *RJDA 2002, n° 79.* ♦ Il appartient à la banque de démontrer en quoi la situation de son client était irrémédiablement compromise, sachant que cette preuve ne peut résulter de la seule apparition d'un résultat déficitaire, d'autant qu'il ressort des documents comptables fournis par le client que ce dernier a procédé à d'importantes modifications des conditions de son exploitation. • Grenoble, 29 mars 2001 : *JCP E 2002, n° 14, 553.*

D. SANCTION DE LA RUPTURE ABUSIVE DES CONCOURS BANCAIRES

22. *Intervention du juge des référés.* Le juge des référés, par application de l'art. 873 NCPC [C. pr. civ.], peut, devant le péril imminent que provoque la brusque cessation, par une banque, de la garantie financière qu'elle accordait depuis plusieurs années à une agence immobilière, prendre la mesure conservatoire de prolonger la garantie financière. • Aix-en-Provence, 23 févr. 1996 : *Gaz. Pal. 1996. 2. 367.*

23. *Réparation du dommage causé au client.* BIBL. Poitrinal, *Dr. et patr. 9/1994. 41.* ♦ Le banquier qui interrompt brusquement le crédit ouvert à un client sans que les conditions légales soient réunies commet un abus de droit l'obligeant à réparer le dommage causé à son client. • Com. 13 janv. 1987 : *D. 1987. IR 17 ; Rev. dr. bancaire 1987. 53, obs. Crédot et Gérard.* ♦ V. aussi • Com. 2 oct. 1990, n° 88-11.198 P • 3 déc. 1991 : *Banque 1992. 734, obs. Rives-Lange* • 5 mars 1996 : *D. 1996. IR 97 ; D. Affaires 1996. 485.* ♦ Pour la brutale limitation du montant d'un découvert toléré, • Paris, 31 janv. 1991 : *préc. note 3.* ♦ Sur la responsabilité d'une banque ayant rétracté sa décision de rupture immédiate du crédit, cette rupture étant finalement intervenue après un délai de préavis de deux mois, V. • Com. 4 juill. 1995 : *RJDA 1995, n° 1402.* ♦ Est responsable une banque qui, connaissant la situation difficile d'une société, a pourtant diminué puis interrompu soudainement son concours dans des circonstances anormales en utilisant, pour justifier son comportement, des lettres qui n'ont pas été expédiées aux dates indiquées parmi lesquelles figurait celle dénonçant le concours adressée non aux dirigeants, mais au seul directeur administratif, le retrait brusque du concours ayant entraîné inéluctablement la déclaration de cessation des paiements, V. • Com. 5 janv. 1999, n° 96-20.591 P : *JCP E 1999, n° 7, p. 297 ; RTD com. 1999. 476, obs. Cabrillac .* ♦ Il résulte du principe de la réparation intégrale du préjudice sans perte ni profit pour la victime que la réparation du dommage doit correspondre au préjudice subi et ne peut être appréciée de manière forfaitaire. • Com. 30 nov. 2022, n° 21-17.703 B : *préc. note 10.*

24. *Procédure collective.* Sur l'exercice de l'action en responsabilité en cas de procédure collective de la victime de la rupture abusive de crédit,

V. notes 3 et 18 ss. art. L. 626-25, et note 4 ss. art. L. 650-1 C. com., 1re partie.

25. *Exigence d'un lien de causalité.* Une rupture fautive de crédit étant intervenue après la date de l'état de cessation des paiements fixée par le jugement d'ouverture de la procédure collective, c'est à bon droit qu'une cour d'appel, se fondant sur la date de survenance de cet état et non sur celle de sa constatation, en déduit que la faute du banquier était sans relations de cause à effet avec la cessation d'activité de la société débitrice. • Com. 3 nov. 1992 : *JCP 1993. II. 21993, note Vidal.* ♦ En revanche, pour une brusque rupture fautive de crédit ayant compromis les chances de poursuite de l'exploitation, V. • Paris, 30 oct. 1992 : *Dr. sociétés 1993, n° 35, obs. Chaput.* ♦ Pour la rupture fautive d'une convention de prorogation de crédits, signée dans le cadre de négociations conclues par un mandataire *ad hoc*, puis un conciliateur, V. • Paris, 5 juill. 1996 : *Dr. sociétés 1996, n° 233, obs. Chaput.* ♦ Pour un arrêt établissant un lien de causalité entre une rupture de crédit et la liquidation judiciaire de la société débitrice, dès lors qu'une corrélation avait pu être établie entre la rupture, la connaissance qu'en ont eue les fournisseurs, les autres banquiers, et une baisse importante du chiffre d'affaires, V. • Com. 14 déc. 1999, n° 97-14.500 P : *D. 2000. AJ 90, obs. Faddoul ; RTD com. 2000. 157, obs. Cabrillac ; JCP E 2000, n° 27, p. 1087, obs. Gavalda et Stoufflet ; RDBF 2000, n° 8, obs. Crédot et Gérard.* ♦ Pour l'absence de responsabilité d'une banque dans le suicide de son client, qui imputait son geste au comportement de la banque, en l'absence de lien de causalité entre la faute de cette dernière, résultant d'une rupture de crédit sans préavis, et le geste du client, V. • Com. 4 déc. 2001 : *D. 2002. AJ 719 ; RDBF 2002, n° 5, obs. Crédot et Gérard ; Banque et Dr. 3-4/2002. 56, obs. Bonneau.*

26. *Incidence à l'égard de la caution.* La caution du débiteur peut être indemnisée de la perte d'une chance de ne pas être poursuivie. • Paris, 27 janv. 1995 : *JCP 1995. IV. 1420.* ♦ La caution peut obtenir réparation du préjudice subi en cas de rupture abusive des crédits consentis au débiteur principal dès lors que la rupture a aggravé la dette de ce dernier. • Com. 21 juin 2005 : *RDBF 2005, n° 169, obs. Legeais.* ♦ Jugeant que le retrait brutal de tout concours par la banque créancière, sans raisons suffisantes, après qu'elle a obtenu d'être garantie par un cautionnement, entraîne la nullité de celui-ci pour absence de cause, V. • Paris, 6 juin 2003 : *RTD com. 2004. 143, obs. Legeais.*

27. *Responsabilité délictuelle de la banque à l'égard des tiers.* Sur la responsabilité délictuelle d'une banque à l'égard des tirés ayant subi un dommage du fait de l'inexécution de la convention initiale, constitutive d'une rupture abusive de crédit, V. • Paris, 28 sept. 1998 : *Gaz. Pal. 11-12 déc. 1998, p. 31.*

28. *Prescription.* Sur la prescription de l'action en responsabilité pour rupture abusive de crédit, V. • Com. 9 mai 2007, n° 06-10.185 P : *D. 2007. AJ 1497, obs. Delpech ; APC 2007, n° 141, obs. Fraimout ; RDBF 2007. 22, obs. F.-X. Lucas ; RTD com. 2007. 581, obs. Legeais.*

II. RESPONSABILITÉ BANCAIRE EN MATIÈRE D'OCTROI DE CRÉDIT

Jurisprudence antérieure à la L. n° 2005-845 du 26 juill. 2005. – V. désormais, 1re partie, art. L. 650-1 C. com.

BIBL. Crédot, *Dr. et patr. 1/1994. 34* (obligation de conseil du banquier). – P. Leclercq, *RJDA 1995. 322* (même thème). – Urbain-Parléani, *RDBF 2002. 365* (octroi abusif de crédit). – F.-X. Lucas, *ibid. 2004. 271* (responsabilité bancaire : le banquier, administrateur de fait). – Teboul, *RJ com. 2005. 114* (financement des entreprises en difficulté pendant la période de prévention). – Macorig-Venier, *RLDA 2008, n° 24, p. 119* (soutien abusif). – Attard, *RTD com. 2011. 11* (champ d'application du devoir de conseil du banquier). – Juredieu, *Gaz. Pal. 2011. Doctr. 603* (perte d'une chance et devoir de mise en garde du banquier). – Mathey, *JCP E 2011. 1542* (devoir de mise en garde du banquier à l'égard de l'emprunteur professionnel). – Vabres, *ibid. 2012. 1052* (devoir de ne pas contracter). – Parachkévova, *RDBF 2013. Dossier 9* (devoir d'alerte dans la distribution du crédit). – Mathey, *ibid. 48* (portée du devoir de vigilance). ♦ Sur la loi du 26 juill. 2005, V. bibl. ss. C. com., art. L. 650-1, 1re partie.

29. *Pouvoir discrétionnaire.* Hors le cas où il est tenu par un engagement antérieur, le banquier est toujours libre, sans avoir à justifier sa décision qui est discrétionnaire, de proposer ou de consentir un crédit quelle qu'en soit la forme, de s'abstenir ou de refuser de le faire. • Cass., ass. plén., 9 oct. 2006 : *BICC 15 déc. 2006, p. 19, rapp. Petit et avis Lafortune ; D. 2007. Pan. 758, obs. D.-R. Martin ; JCP 2006. II. 10175, note Bonneau ; RDBF 2006, n° 188, obs. Crédot et Samin ; Banque et Dr. 1-2/2007. 25, obs. Bonneau.*

A. PRINCIPE DE NON-IMMIXTION ET DEVOIR DE VIGILANCE DU BANQUIER

30. *Principe de non-immixtion.* Le banquier n'a pas à s'immiscer dans les affaires de son client. • Com. 11 mai 1999, n° 96-16.088 P : *D. 1999. IR 155 ; D. Affaires 1999. 990, obs. J. F. ; JCP E 1999, n° 29, p. 1218, obs. Bouteiller ; RJDA 1999. 495, concl. Piniot ; RDBB 1999. 184, obs. Crédot et Gérard.* ♦ Un établissement de crédit, qui n'a pas, en sa qualité de prêteur ou de garant, à s'immiscer dans les affaires de son client, ne commet pas de faute du seul fait de l'octroi d'un concours à une entreprise concurrente. • Com. 19 nov. 2002, n° 99-20.828 P : *D. 2003. AJ 420 ; JCP E 2003, n° 3, p. 105 ; RTD com. 2003. 150, obs. Legeais ; Banque et Dr. 3-4/2003. 61, obs. Bonneau ; RJDA*

2003, n° 421. ♦ Sur la responsabilité d'une banque pour le financement d'une opération qu'elle savait être irrégulière (achat de ses propres parts par une SARL), V. • Rennes, 23 févr. 2010 : *RDBF 2011, n° 127, obs. Crédot et Samin.*

Sauf disposition légale ou contractuelle contraire, la banque n'est pas tenue à une obligation de conseil à l'égard de son client et n'est susceptible d'engager sa responsabilité que dans le cas où elle lui a fourni un conseil inadapté à sa situation dont elle a connaissance ; après avoir relevé que la banque n'avait pas été consultée pour réaliser le plan de financement de la société, l'arrêt en a exactement déduit qu'elle n'avait pas de conseil à donner à ce sujet. • Com. 13 janv. 2015, n° 13-25.856 : *D. 2015. Pan. 2151, obs. D. R. Martin ; AJCA 2015. 172, obs. Gourio ; RTD com. 2015. 340, obs. Legeais ; RJDA 2015, n° 301 ; RDBF 2015, n° 71, obs. Crédot et Samin.*

La clause contenue dans un contrat de prêt consenti à une société civile de construction vente, rédigée dans les termes suivants : « le versement des fonds interviendra entre les mains des entrepreneurs au fur et à mesure de l'avancement des travaux sur présentation de leurs situations dûment approuvées par l'emprunteur et vérifiée par nos soins », a pour seul objet le contrôle de l'emploi des fonds empruntés pour le financement d'une opération immobilière et n'est pas susceptible de conférer à la banque un pouvoir de direction sur l'activité de son client ; dès lors, les demandes tendant à la condamnation de la banque pour soutien abusif et pour immixtion dans la gestion de la société emprunteuse doivent être rejetées. • Com. 30 oct. 2007, n° 06-12.677 P : *D. 2007. AJ 2870, obs. Delpech ; RDBF 2008, n° 35, obs. Crédot et Samin ; Banque et Dr. 1-2/2008. 26, obs. Bonneau ; Dr. et patr. 3/2008. 81, obs. Mattout et Prüm.*

31. Devoir de vigilance et droit d'information du banquier. Il est de la plus élémentaire prudence que les banques, dans le souci de ne pas compromettre les relations commerciales en accordant inconsidérément des crédits à un client dont la situation aurait été désespérée, exigent d'une société anonyme qui sollicite des concours très importants, la présentation de bilans dont la régularité et la sincérité se trouvent certifiées par des commissaires aux comptes. • Com. 22 mai 1985, n° 84-10.499 P. ♦ Sur le devoir de vigilance, V. aussi • Com. 18 janv. 1994 : *BJS 1994. 323.* ♦ Sur le droit d'information de la banque sur la situation de la société, V., considérant comme non fautif le fait de se renseigner auprès des clients, • Com. 31 mai 1994 : *BJS 1994. 967, note Bonneau ; Rev. sociétés 1995. 496, note Stoufflet ; Rev. dr. bancaire 1994. 236, obs. Crédot et Gérard.* ♦ Pour la réticence dolosive d'une banque résultant d'un défaut d'information des cautions sur l'état du fonds de commerce acquis au moyen du prêt cautionné et sur le caractère illusoire des engagements de remboursement pris par l'emprunteur, V. • Paris, 12 oct. 2001 : *BRDA 2001, n° 22, p. 6.* ♦ Pour une solution inverse dès lors que l'opération financée l'était sur la base d'un prévisionnel sérieux, • Com. 11 juin 2003 : *RDBF 2003, n° 225, obs. Legeais.* ♦ Sur l'obligation de conseil du banquier envers les associés mineurs d'une société civile emprunteuse, V. • Civ. 3e, 28 sept. 2005 : *JCP E 2006, n° 22, p. 962, obs. Mathey ; Rev. sociétés 2006. 103, note Dom.* ♦ V. et comp. notes 41 s.

A privé sa décision de base légale au regard de l'art. 1147 [1231-1] C. civ. une cour d'appel qui a accueilli la demande de dommages-intérêts des emprunteurs, alors qu'à la date de leur octroi, les prêts litigieux auraient été excessifs au regard des facultés de remboursement des emprunteurs, compte tenu des revenus produits par les locations escomptées des biens acquis au moyen de ces prêts, ce dont elle aurait pu déduire que l'établissement de crédit avait manqué à son devoir de mise en garde. • Com. 3 mai 2006 : *D. 2006. 1618, note J. François ; JCP E 2006, n° 23, p. 996, note Legeais ; JCP 2006. II. 10122, note Gourio ; Banque et Dr. 7-8/2006. 53, obs. Rontchevsky.* ♦ Une cour d'appel, qui retient que des époux se sont engagés dans une opération commerciale importante dans laquelle ils sont directement impliqués et qu'ils ne démontrent pas que la crédit-bailleresse ait eu sur leur situation et leurs facultés de remboursement raisonnablement prévisibles en l'état du succès escompté de l'opération entreprise par la SCI, des informations qu'eux-mêmes auraient ignorées, constatations dont il se déduit que les intéressés détenaient toutes les informations utiles pour leur permettre d'apprécier la portée des engagements qu'ils souscrivaient, a pu décider que la crédit-bailleresse n'était tenue d'aucun devoir de mise en garde à l'égard de ces cautions. • Com. 3 mai 2006 : *eod. loc. (3e esp.).* – V. aussi • Com. 12 déc. 2006, n° 03-20.176 P : *JCP E 2007. 1310, note Legeais ; RTD com. 2007. 214, obs. Legeais ; RDI 2007. 270, obs. Heugas-Darraspen.* ♦ Il revient à la banque de rechercher si la charge du remboursement du prêt, en s'ajoutant aux autres charges du fonds, peut être supportée par l'exploitation du fonds à l'acquisition duquel le prêt était affecté, peu important que les emprunteurs, profanes, aient disposé des mêmes informations que la banque. • Com. 20 juin 2006, n° 04-14.114 P : *D. 2006. AJ 1887, obs. Delpech (2e esp.) ; JCP E 2006, n° 36, p. 1466, note Legeais ; JCP 2006. II. 10122, note Gourio (4e esp.) ; Banque et Dr. 9-10/2006. 49, obs. Bonneau.* – V. aussi • Civ. 1re, 12 juill. 2006, n° 05-12.699 P : *JCP E 2007. 1079, note Le Goff ; LPA 12 oct. 2006, note Boismain ; RJDA 2007, n° 87.* ♦ Sur l'obligation de motivation des juges du fond, V. • Civ. 1re, 13 févr. 2007, n° 04-17.287 P : *D. 2007. AJ 723, obs. Avena-Robardet ; RTD com. 2007. 427, obs. Legeais ; Banque et Dr. 5-6/2007. 41, obs. Bonneau.* ♦ La banque qui consent un prêt à un emprunteur non averti est tenue à son égard, lors de la conclusion du contrat, d'un devoir de mise en garde en considération de ses capacités financières et des risques de l'endettement né de l'octroi du prêt, dont elle ne peut être dispensée par la présence au côté de l'emprunteur d'une personne avertie, peu important qu'elle soit tiers ou partie. • Civ. 1re, 30 avr. 2009, n° 07-18.334 P : *D. 2009. AJ 1351, obs. Avena-Robardet ; RTD com. 2009. 604, obs. Legeais ; JCP E 2009. 1583, note Legeais ; JCP 2009. 242, avis Mellotée ; RDBF 2009, n° 117, obs. Crédot et Samin ; Banque et Dr. 7-8/2009. 20, obs. Bonneau ; RJDA 2009, n° 882 ; Gaz. Pal. 2009. 1979, note Piedelièvre.* ♦ Prive sa décision de base légale au regard de l'art. 1147 [1231-1] C. civ. la cour d'appel qui retient qu'un établissement bancaire qui consent un prêt n'est débiteur d'aucune obligation à l'égard du professionnel emprunteur, sans préciser si l'intéressé était un emprunteur non averti et, dans l'affirmative, si, conformément au devoir de mise en garde auquel elle était tenue à son égard lors de la conclusion du contrat, la banque justifiait avoir satisfait à cette obligation à raison des capacités financières de l'emprunteur et des risques de l'endettement né de l'octroi des prêts. • Cass., ch. mixte, 29 juin 2007, n° 05-21.104 P : *BICC 15 oct. 2007, p. 12, rapp. Betch, avis Maynial ; D. 2007. 2081, note S. Piedelièvre ; RTD com. 2007. 579, obs. Legeais ; JCP 2007. II. 10146, note Gourio ; RDBF 2007, n° 174, obs. Crédot et Samin ; Banque et Dr. 9-10/2007. 31, obs. Bonneau ; RPC 2007. 237, obs. Martin-Serf* • Civ. 1re, 6 déc. 2007, n° 06-15.258 P : *D. 2008. AJ 80, obs. Avena-Robardet ; RTD com. 2008. 163, obs. Legeais ; JCP 2008. II. 10055, note Gourio ; Banque et Dr. 3-4/2008. 17, obs. Bonneau* • Com. 11 déc. 2007, n° 03-20.747 P : *D. 2008. AJ 220, obs. Avena-Robardet ; RTD com. 2008. 165, obs. Legeais ; JCP 2008. II. 10055, note Gourio ; Banque et Dr. 3-4/2008. 17, obs. Bonneau* • Civ. 1re, 20 déc. 2007 : *D. 2008. AJ 220, obs. Avena-Robardet .* – V. et Comp. : • Paris, 11 oct. 2007 : *RJDA 2008, n° 180.* ♦ Les juges du fond doivent préciser si les emprunteurs étaient des emprunteurs non avertis et, dans l'affirmative, si conformément au devoir de mise en garde dont il était tenu à leur égard lors de la conclusion du contrat, le banquier justifiait avoir satisfait à cette obligation au regard non seulement des « charges du prêt » mais aussi de leurs capacités financières et du risque de l'endettement né de l'octroi du prêt. • Civ. 1re, 18 sept. 2008, n° 07-17.270 P : *D. 2008. AJ 2343, obs. Avena-Robardet ; RTD com. 2008. 830, obs. Legeais ; JCP E 2008. 2461, n° 19, obs. Stoufflet ; Gaz. Pal. 2008. 3990, note Huchet ; RDBF 2008, n° 161, obs. Crédot et Samin ; Banque et Dr. 11-12/2008. 21, obs. Bonneau.* – V. aussi • Civ. 1re, 24 sept. 2009, n° 08-16.345 P : *D. 2009. AJ 2341 ; RDBF 2009, n° 191, obs. Legeais ; Banque et Dr. 11-12/2009. 38, obs. Bonneau ; RJDA 2010, n° 280.* ♦ Mais faute d'avoir mis la cour d'appel en mesure de constater l'existence d'un risque d'endettement né de l'octroi de la somme prêtée, l'emprunteur n'est pas fondé à lui reprocher d'avoir omis de rechercher s'il était non averti et, dans l'affirmative, si la banque avait satisfait à son devoir de mise en garde. • Civ. 1re, 18 févr. 2009, n° 08-11.221 P : *D. 2009. Chron. C. cass. 756, obs. Creton ; ibid. 1179, note Lasserre Capdeville ; RDI 2009. 235, obs. Heugas-Darraspen ; JCP E 2009. 1364, note S. Piedelièvre ; JCP 2009. II. 10091, note Gourio ; RTD com. 2009. 422, obs. Legeais ; RTD civ. 2009. 536, obs. Jourdain ; RDBF 2009, n° 117, obs. Crédot et Samin ; Banque et Dr. 5-6/2009. 25, obs. Bonneau.* ♦ Dès lors qu'à la date de la conclusion du contrat de prêt le crédit était adapté au regard des capacités financières des emprunteurs et du risque de l'endettement né de l'octroi de ce prêt, la banque, en l'absence d'un tel risque, n'était pas tenue à l'égard de ceux-ci d'un devoir de mise en garde. • Com. 7 juill. 2009, n° 08-13.536 P : *D. 2009. Chron. C. cass. 2580, obs. Bélaval ; ibid. 2009. 2318, note Lasserre Capdeville ; JCP E 2009. 1948, note Legeais ; Banque et Dr. 9-10/2009. 26, obs. Bonneau ; RJDA 2009, n° 1110.* ♦ Les juges n'ont pas à rechercher, au préalable, si le débiteur avait la qualité d'emprunteur non averti s'ils font apparaître que le crédit était adapté aux capacités financières de celui-ci. • Civ. 1re, 19 nov. 2009, n° 08-13.601 P : *D. 2010. Chron. C. cass. 530, obs. Creton ; D. 2009. AJ 2859, obs. Avena-Robardet ; RTD civ. 2010. 109, obs. Jourdain ; JCP E 2009. 2140, note Legeais ; Gaz. Pal. 2010. 240, note Guerchoun ; Banque et Dr. 1-2/2010. 21, obs. Bonneau ; RJDA 2010, n° 995.* ♦ ... Mais ils doivent le faire dans le cas contraire. • Civ. 1re, 19 nov. 2009, n° 07-21.382 P : *eod. loc.* ♦ Le banquier auquel il appartient de démontrer qu'il a rempli son obligation de mise en garde est dispensé de cette obligation s'il établit que son client a la qualité d'emprunteur averti. • Com. 17 nov. 2009, n° 08-70.197 P : *D. 2009. AJ 2926 ; RDBF 2010, n° 8, obs. Legeais ; Banque et Dr. 1-2/2010. 22, obs. Bonneau ; RJDA 2010, n° 281.* ♦ En l'état des constatations et appréciations, dont elle a pu déduire que, compte tenu de la profession exercée ou ayant été exercée par les époux et de leur expérience en matière de crédit immobilier, ceux-ci devaient être considérés comme des emprunteurs avertis, aptes à comprendre les informations qui leur étaient fournies et capables d'apprécier la nature et la portée de leurs engagements, ainsi que de mesurer les risques encourus, et que la banque avait satisfait à son obligation d'information, la cour d'appel a pu décider que la banque n'était débitrice à leur égard d'aucune obligation de mise en garde. • Civ. 1re, 29 mars 2017, n° 16-13.050 P : *D. 2017. Chron. C. cass. 1860, obs. Barel ; ibid. 1893, note Kleiner ; AJ contrat 2017. 278, note Brignon ; AJDI 2017. 596, note Moreau ; RTD com. 2017. 409, obs. Legeais ; JCP E 2017. 1267, note Lasserre Capdeville ; Banque et Dr. 7-8/2017. 24, obs. Helleringer ; RDBF 2017. Étude 15, obs. Danos.* ♦ Le caractère averti d'un emprunteur, personne morale, s'apprécie en la personne de son représentant légal et non en celle de ses associés, fussent-ils fondateurs. • Com. 4 mars 2014 : *RJDA 2014, n° 719.*

Le caractère averti de l'emprunteur, personne morale, s'apprécie en la personne de son représentant légal et non en celle de ses associés, même si ces derniers sont tenus solidairement des dettes sociales. • Com. 11 avr. 2018, n° 15-27.133 P : *D. 2018. Actu. 844 ; RTD com. 2018. 427, obs. Legeais ; RJDA 2018, n° 524 ; BJS 2018. 319, obs. Barbièri.* ♦ Si un établissement de crédit est tenu d'une obligation de mise en garde envers un emprunteur averti si, au moment de l'octroi du prêt, il a, sur les revenus et le patrimoine de celui-ci, ou ses facultés de remboursement raisonnablement prévisibles, des informations que lui-même ignorait, il n'en demeure pas moins que, lorsque l'emprunteur est une société, seule celle-ci, et non ses associés, est créancière de cette obligation. • Même arrêt. ♦ L'obligation de mise en garde à laquelle peut être tenu un établissement de crédit à l'égard d'un emprunteur averti avant de lui consentir un prêt ne porte que sur l'inadaptation de celui-ci aux capacités financières de l'emprunteur et sur le risque de l'endettement qui résulte de son octroi et non sur l'opportunité ou les risques de l'opération financée. • Même arrêt.

B. FAUTES DU BANQUIER

1° OCTROI DE CRÉDIT AUX ENTREPRISES

32. Crédit ruineux ou soutien artificiel d'une entreprise en situation irrémédiablement compromise. Une cour d'appel ne peut retenir la responsabilité d'une banque par des motifs impropres à caractériser que celle-ci avait soit pratiqué une politique de crédit ruineux, soit apporté un soutien artificiel à des entreprises dont elle connaissait ou aurait dû connaître, si elle s'était informée, la situation irrémédiablement compromise. V. • Com. 26 mars 2002 : *Banque et Dr. 9-10/2002, p. 47, obs. Bonneau.* ♦ Une cour d'appel a légalement justifié sa décision de rejeter l'action en responsabilité contre une banque en constatant qu'à aucun moment elle n'avait accordé ou maintenu un crédit à une entreprise dont elle savait ou aurait dû savoir, en faisant preuve d'une diligence normale, que la situation était irrémédiablement compromise, ou octroyé, en connaissance de cause, un crédit dont le coût était insupportable pour l'équilibre de la trésorerie de la société et incompatible pour elle avec toute rentabilité, V. • Com. 24 sept. 2003, n° 00-19.067 P : *D. 2003. AJ 2568 ; JCP E 2004, n° 6, p. 231, note Lamoril ; Banque et Dr. 11-12/2003. 50, obs. Rontchevsky ; RJDA 2004, n° 227 ; Dr. sociétés 2004, n° 52, obs. Trébulle ; BJS 2003. 1260, note Barbièri.*

Dès lors qu'il est constaté que les marges de l'entreprise demeuraient suffisantes pour couvrir les coûts correspondants et laisser subsister un résultat d'exploitation positif, la concomitance entre l'état de cessation des paiements et le manque d'avenir de la société n'était pas suffisamment établie, de telle sorte que le liquidateur de la société ne pouvait invoquer la responsabilité quasi-délictuelle de la banque pour soutient abusif. • Versailles, 29 sept. 2006 : *BICC 15 févr. 2007, n° 349 ; JCP E 2006, n° 51-52, p. 2200.* ♦ Mais le professionnel de la banque qui éprouve de vives inquiétudes à l'égard de son débiteur qui se trouve dans une situation difficile caractérisée par le dépassement du découvert autorisé ainsi que par l'impossibilité de produire son bilan doit, à défaut de rompre l'ensemble des concours accordés, limiter au moins le montant des concours. • Lyon, 1er juin 2006 : *BICC 15 nov. 2006, n° 2265.*

33. Crédit ruineux ou financement d'une opération dépourvue de viabilité. Pour engager la responsabilité de la banque les juges doivent constater qu'au moment de son octroi, le crédit était destiné à financer une opération dépourvue de viabilité : • Com. 7 janv. 2004, n° 01-11.947 P : *D. 2004. AJ 345 ; JCP E 2004, n° 10, p. 346 ; RTD com. 2004. 354, obs. Legeais ; RDBF 2004, n° 110, obs. Crédot et Gérard ; RJDA 2004, n° 622* (crédit-relais). ♦ Commet une faute le créancier qui consent un prêt en vue d'une opération immobilière qu'il sait non viable (crédit-bail immobilier). • Com. 23 juin 1998, n° 95-16.117 P. – V. aussi • Com. 20 sept. 2005, n° 03-19.732 P : *Banque et Dr. 11-12/2005. 76, obs. Rontchevsky* (crédit-bail mobilier). ♦ V. aussi, pour la responsabilité d'une banque qui avait consenti aux acquéreurs d'un fonds de commerce un prêt disproportionné avec leurs facultés de remboursement, • Caen, 11 oct. 2001 : *D. 2002. AJ 87*. ♦ Mais l'action en responsabilité dirigée contre une banque sur le fondement de l'octroi de crédits excessifs doit être rejetée dès lors que l'analyse de la situation financière de l'emprunteur, telle que pouvait la connaître cet établissement de crédit, permet de déduire qu'eu égard aux finalités des emprunts contractés (acquisition et rénovation d'immeubles), dont le montant devait être couvert par le prix de revente d'immeubles, ceux-ci n'étaient pas disproportionnés par rapport aux capacités de remboursement de l'emprunteur. • Com. 11 mai 1999 : *JCP E 1999, n° 43, p. 1730, note Legeais.* ♦ Retenant la responsabilité de la banque au motif que, s'il appartient aux banques de prendre des risques pour accompagner le développement économique, ces risques ne doivent pas être déraisonnables, les banques devant vérifier les possibilités de réalisation des projets qu'elles financent : • Paris, 26 nov. 2002 : *RTD com. 2003. 348, obs. Legeais*.

34. Crédit consenti à une société en formation. La circonstance que le crédit de trésorerie ait été accordé à une entreprise, avant toute activité et pour en permettre le démarrage, afin de financer l'activité d'achat et de revente de produits, n'est pas de nature à elle seule à caractériser un comportement fautif de la banque. • Com.

22 mars 2005, n° 02-20.678 P : *D. 2005. AJ 1020, obs. Lienhard (2e esp.)* ; *JCP E 2005, n° 47, p. 1975, obs. Dumoulin* ; *RDBF 2005, n° 86, obs. Legeais* ; *Banque et Dr. 5-6/2005. 62, obs. Rontchevsky* ; *RTD com. 2005. 402, obs. Legeais* ; *RJDA 2005, n° 874* ; *BJS 2005. 1213, obs. Lucas.* ♦ Si la banque qui finance un projet de création d'entreprise a une obligation d'information à l'égard de l'emprunteur, il ne lui appartient pas de se faire juge de l'opportunité du crédit, en particulier il ne peut lui être reproché de ne pas avoir fourni des documents prévisionnels ou des études de marché, alors que ces diligences incombent au premier chef au créateur d'entreprise. • Paris, 19 mai 2005 : *Gaz. Pal. 2006. Somm. 1264, obs. Vray.* ♦ Mais la banque commet une faute en accordant un prêt avant toute activité de la société, pour en permettre le démarrage, sans que lui fussent présentés des éléments comptables prévisionnels, de telle sorte que la banque n'était pas en mesure d'apprécier l'adaptation de ce crédit aux capacités financières de la société. • Com. 11 avr. 2012, n° 10-25.904 P : *Rev. sociétés 2012. 562, note Legeais* ; *JCP E 2012. 1646, n° 14, obs. Dumoulin* ; *RJDA 2012, n° 888* ; *Banque et Dr. 7-8/2012. 19, obs. Bonneau* ; *BJS 2012. 548, note Routier.*

35. Soutien abusif : illustrations. A commis une faute entraînant sa responsabilité dans l'aggravation du passif de la société à l'encontre de laquelle a été ouverte une procédure collective, une banque qui a continué d'accorder à une société, dont il importe peu que la situation n'ait pas alors été irrémédiablement compromise, des crédits considérables, et les a même accrus à certains moments, en méconnaissance des résultats d'une étude à laquelle elle avait elle-même fait procéder, et alors que n'apparaissait aucune contrepartie dans la gestion de l'entreprise. • Com. 2 mai 1983, n° 81-14.223 P : *D. 1984. IR 12, obs. Derrida* ; *ibid. 89, obs. Vasseur.* – V. aussi • Com. 26 janv. 1993 : *RTD com. 1993. 345, obs. Cabrillac et Teyssié*. ♦ Et, pour une banque associée de SCI, V. • Com. 8 oct. 1991 : *D. 1993. Somm. 357, obs. Magnin*. ♦ Sur la responsabilité d'un banquier pour soutien ruineux, dès lors qu'en participant à des financements par crédits de « cavalerie » il avait permis à un emprunteur, alors même que sa situation n'était pas irrémédiablement compromise, de se constituer une trésorerie fictive et ce, à un coût excessif, V. • Com. 6 oct. 1998 : *D. Affaires 1998. 1904.* ♦ Comp., pour des exemples de financements jugés non abusifs, • Com. 15 juin 1993, n° 91-17.660 P • 10 oct. 2000 : *RDBF 2001, n° 7, obs. Crédot et Gérard* • 9 mai 2001 : *RJDA 2001, n° 1019* (et sur renvoi : • Versailles, 22 avr. 2003 : *RJDA 2003, n° 993*) • 22 mai 2001 : *RDBF 2001, n° 179, obs. Crédot et Gérard* ; *JCP E 2003, n° 11, p. 466, obs. Stoufflet.* ♦ Commet une faute de nature à engager sa responsabilité la banque qui, bien que disposant d'informations qui auraient dû alerter sa vigilance et lui faire renforcer ses contrôles, maintient, sans garanties sérieuses, des facilités de caisse, créant ainsi, par un concours financier abusif, une apparence trompeuse de solvabilité de l'entreprise, mise en liquidation judiciaire, au détriment de ceux qui avaient contracté avec elle. • Com. 18 janv. 1994 : *BJS 1994. 323.* ♦ Pour une banque n'ayant pas tenu compte d'un rapport d'audit, • Com. 26 mars 1996, n° 94-13.907 P : *D. Affaires 1996. 580.* ♦ Pour un exemple de soutien abusif à un groupe de sociétés, V. • Dijon, 18 juill. 2000 : *RDBF 2000, n° 188, obs. crit. Crédot et Gérard* (partiellement censurée par • Com. 19 nov. 2003 : *RTD com. 2004. 145, obs. Legeais* ; *RDBF 2004, n° 192, obs. Crédot et Gérard*). ♦ Sur la condamnation d'un établissement de crédit alors même que le crédit en cause ayant aggravé le passif de la société irrémédiablement conduite au redressement judiciaire avait été octroyé, non à celle-ci, mais à sa société-mère, V. • Com. 25 mars 2003, n° 01-01.690 P : *D. 2003. AJ 1291* ; *JCP E 2004, n° 25, p. 1007, note Croze* ; *Banque et Dr. 9-10/2003. 65, obs. Urban* ; *RDBF 2003, n° 177, obs. Crédot et Gérard* ; *RTD com. 2003. 557, obs. Legeais* ; *Rev. sociétés 2003. 859, note Daigre* ; *Dr. sociétés 2003, n° 186, obs. Trébulle* ; *BJS 2003. 765, note Dom* ; *RJDA 2003, n° 982.*

36. Connaissance de la situation irrémédiablement compromise. Ne donne pas de base légale à sa décision, au regard de l'art. 1147 [1231-1] C. civ., l'arrêt qui, pour retenir la responsabilité d'une banque dans l'octroi d'un découvert excessif en compte courant, retient que le banquier ne pouvait ignorer, à la date de cet octroi, que la situation du chef d'entreprise était « très obérée », sans relever que la banque savait que la situation de l'entreprise était irrémédiablement compromise, et, sans rechercher, dans le cas où elle l'aurait été, si par suite de circonstances exceptionnelles, le chef d'entreprise l'ignorait. • Com. 11 mai 1999 : *préc. note 30.* ♦ Une cour d'appel a pu exclure la responsabilité civile d'une banque dans l'octroi de crédits en relevant que la preuve n'est pas rapportée de ce que au moment de l'octroi des crédits, la situation du fonds de commerce était irrémédiablement compromise. • 18 févr. 1997, n° 95-10.840 P. ♦ Rappr., s'agissant d'un créancier fournisseur qui a reporté les échéances de lettres de change : • Com. 30 oct. 2000, n° 97-21.154 P : *D. 2001. AJ 231*. ♦ Sur les investigations qu'est tenue de pratiquer la banque, V. • Paris, 26 janv. 1996 : *Dr. sociétés 1996, n° 191, obs. Chaput.* ♦ Il ne peut être fait grief à une banque, même si elle n'ignorait rien de la situation compromise d'une personne morale, d'avoir, aux côtés des pouvoirs publics dans le cadre d'un projet de restructuration approuvé par le trésorier-payeur général, accordé un concours bancaire que sollicitait lui-même le chef d'entreprise désireux de maintenir l'activité de sa société. • Com. 9 nov. 1993, n° 91-18.337 P : *Gaz.*

Pal. 1994. 2. 638, note J.-P. M. ; Dr. sociétés 1994, n° 30, obs. Chaput. – V. aussi • Com. 26 avr. 1994 : *Rev. huiss. 1996. 328, note Vidal.*

Le caractère abusif du soutien bancaire accordé au débiteur principal s'apprécie à la date des concours pour lesquels la caution a fourni sa garantie. • Rennes, 24 févr. 2004 : *JCP E 2004, n° 49, p. 1904.* ♦ Pour rechercher l'éventuelle faute de la banque, il convient de se situer à la date de l'octroi du crédit pour apprécier si la situation de l'entreprise était irrémédiablement compromise, une insuffisance de trésorerie, même grave, ne suffisant pas à caractériser une situation sans issue. • Paris, 15 déc. 1995 : *D. 1996. IR 65 ; RJDA 1996, n° 656.* ♦ L'existence d'un soutien abusif est établie lorsqu'il est prouvé qu'une banque, au jour de l'ouverture d'un crédit consenti à une société, mise par la suite en redressement judiciaire, aurait pu ou dû prévoir l'aggravation de la situation financière de cette société ou que cet octroi y a contribué substantiellement, ce qui n'est pas le cas, lorsqu'au jour de l'octroi du crédit, une assemblée générale a décidé la continuation de la société malgré un actif net devenu inférieur à la moitié du capital social. • Paris, 11 déc. 2001 : *BICC 2002, n° 839.* ♦ Une mesure d'interdiction bancaire ne suffisant pas à caractériser la situation obérée de l'emprunteur, une banque n'est pas tenue à un devoir de mise en garde à son égard. • Com. 3 juill. 2012, n° 11-18.945 P : *D. 2012. Actu. 1878, obs. Avena-Robardet ; JCP E 2012. 1519, note Legeais ; RDBF 2012, n° 141, obs. Crédot et Samin ; Banque et Dr. 9-10/2012. 19, obs. Bonneau ; RJDA 2013, n° 151.*

37. Appréciation du soutien abusif. Jugeant que l'appréciation du soutien abusif doit être faite en considération de la situation de la société emprunteuse mais aussi de celles auxquelles elle est liée, et plus précisément celles dont elle est associée et donc solidairement et indéfiniment responsable : • Paris, 14 mai 2003 : *BJS 2003. 1015 ; RJDA 2004, n° 881.* ♦ L'appréciation de la gravité de la situation de l'entreprise soutenue par la banque ressortit à l'appréciation souveraine des juges du fond. • Com. 1er févr. 1994 : *RJDA 1994, n° 683.*

38. Soutien abusif de fournisseurs de crédit non banquiers. Une caisse de mutualité sociale agricole engage sa responsabilité à l'égard des créanciers de l'entreprise à laquelle elle a conféré une apparence trompeuse de solvabilité en accordant des délais de paiement à un de ses ressortissants dont elle savait ou aurait dû savoir la situation irrémédiablement compromise. • Com. 10 déc. 2003 : *D. 2004. AJ 136, obs. Delpech ; JCP E 2004, n° 7, p. 282, note Legeais ; Gaz. Pal. 2004. 434, avis Lafortune ; RTD com. 2004. 139, obs. Legeais ; RDBF 2004, n° 109, obs. Crédot et Gérard ; Banque et Dr. 11-12/2004. 19, note Likillimba ; BJS 2004. 491, note Lucas ; RJDA 2004, n° 595.* – Comp. • Com. 30 oct. 2000 : *préc. note 36* (connaissance de la situation irrémédiablement compromise du bénéficiaire du crédit non établie). ♦ Le concédant, en fournissant au concessionnaire une trésorerie totalement fictive et en lui permettant de poursuivre une activité irrémédiablement compromise, commet une faute en relation directe avec la création du passif, qui justifie, en cas de procédure collective ouverte à l'encontre du concessionnaire, sa condamnation à payer l'insuffisance d'actif. • Pau, 28 avr. 1993 : *D. 1995. Somm. 79, obs. Ferrier ; RJ com. 1994. 23, note Grua,* conf. par • Com. 9 mai 1995 : *D. 1997. Somm. 54, obs. Ferrier ; RJDA 1995, n° 1288.* ♦ V. aussi, dans d'autres domaines, • Com. 22 févr. 1994 : *RJDA 1994, n° 859* (location-gérance) • 14 janv. 2004, n° 02-15.541 P : *D. 2004. AJ 278, obs. Lienhard ; JCP E 2004, n° 11, p. 398 ; BRDA 2004, n° 2, p. 7* (franchise).

39. Défaut de contrôle de l'affectation des fonds. Une banque ne peut favoriser, consciemment ou imprudemment, au mépris des termes des contrats de mandat et de prêt, l'utilisation du montant de ce prêt pour d'autres fins que le financement des travaux auquel il est destiné. • Com. 18 mai 1993, n° 91-16.700 P : *D. 1993. 609, note Bénabent ; RTD com. 1994. 84, obs. Cabrillac et Teyssié.* ♦ Comp., jugeant, à propos d'un prêt contractuellement soumis à l'Ord. n° 67-838 du 28 sept. 1967 [C. mon. fin., art. L. 313-36 s.], qu'aucune disposition ne prévoit la nullité d'un contrat de prêt qui a financé un objet différent de celui apparemment prévu mais entrant cependant dans le champ de l'activité économique de l'emprunteur : • Paris, 19 sept. 1995 : *D. Affaires 1995. 110.* ♦ V. aussi, refusant la condamnation pour soutien abusif, dès lors que le prêt a été consenti à titre personnel aux associés, qui ont seuls pris l'initiative d'injecter les capitaux obtenus dans la société, • Com. 12 nov. 1996 : *RJDA 1997, n° 236.* ♦ Jugeant que le gérant est tenu de rembourser le prêt dès lors que l'acte de prêt avait été conclu par lui et que le prêteur avait remis les fonds au notaire pour être affectés par celui-ci selon les instructions de l'emprunteur (affectation à la société) • Civ. 1re, 22 juin 2004, n° 01-14.165 P : *D. 2004. IR 2477 ; JCP E 2004, n° 50, p. 1984, note S. Piedelièvre ; CCC 2004, n° 153 ; BRDA 2004, n° 13, p. 9.* ♦ Pour l'absence de responsabilité d'une banque à l'égard d'entrepreneurs qui n'avaient pas été payés des travaux faits pour le compte de la SCI emprunteuse, aux motifs que cette dernière avait la libre disposition des fonds empruntés et que la clause contractuelle prévoyant l'exigibilité anticipée des sommes empruntées en cas d'emploi à un autre objet que celui indiqué avait été stipulée dans le seul intérêt du prêteur, V. • Com. 27 mars 2001 : *Banque et Dr. 3-4/2002. 61, obs. Guillot.* – Et sur renvoi • Paris, 23 oct. 2002 : *RDBF 2003, n° 103, obs. Crédot et Gérard ; Banque et Dr. 5-6/2004. 54, obs. Guillot.* ♦ V. aussi, écartant la responsabilité de la banque, en l'absence d'engagement de celle-ci d'opérer un contrôle *a posteriori* de l'utilisation effective des fonds : • Com. 3 juill. 2001 : *RJDA 2001, n° 1243.* ♦ ... Et jugeant que la clause contractuelle faisant référence à l'emploi des fonds n'est stipulée que dans le seul intérêt du prêteur : • Com. 8 juill. 2003 : *RJDA 2004, n° 86* • 20 juin 2006 : *RTD com. 2006. 649, obs. Legeais ; RDBF 2006, n° 189, obs. Crédot et Samin* • 14 nov. 2006 : *JCP E 2007, n° 22, p. 18, obs. Stoufflet.* ♦ Sur la clause de contrôle d'emploi des fonds et les risques d'immixtion de la banque, V. • Com. 30 oct. 2007 : *préc. note 30.* ♦ Sur la responsabilité à l'égard de la caution, V. note 54.

40. Délégation. Sur la responsabilité d'une banque délégataire de créance qui, tenue d'une obligation d'information et de conseil vis-à-vis de l'emprunteur délégant, commet une faute en versant les fonds prêtés à la société déléguée alors qu'elle connaissait la situation irrémédiablement compromise de cette société, et en n'alertant pas l'emprunteur du risque qu'il encourt dans ces conditions à donner son accord pour une telle réalisation du prêt bancaire. • Dijon, 30 janv. 1998 : *JCP E 1998, n° 51, p. 1997.*

2° OCTROI DE CRÉDIT AUX PARTICULIERS

41. Devoir de conseil et de mise en garde. **BIBL.** Lasserre Capdeville, *RDBF 2015. Dossier 47* (l'avènement du devoir de mise en garde). ♦ L'obligation de mise en garde à laquelle peut être tenu un établissement de crédit à l'égard d'un emprunteur non averti avant de lui consentir un prêt ne porte que sur l'inadaptation de celui-ci aux capacités financières de l'emprunteur et sur le risque de l'endettement qui résulte de son octroi, et ce, que le prêt soit remboursable par échéances ou en une seule fois à la fin. • Com. 8 oct. 2023, n° 22-13.750 B : *D. 2023. Actu. 2004* . ♦ La présentation d'une offre préalable conforme à la législation sur les prêts immobiliers aux consommateurs ne dispense pas l'établissement de crédit de son devoir de conseil à l'égard de l'emprunteur, en particulier lorsqu'il apparaît que les charges du prêt sont excessives par rapport à la modicité des ressources du consommateur. • Civ. 1re, 27 juin 1995, n° 92-19.856 P : *D. 1995. IR 178 ; JCP E 1996. II. 772, note Legeais.* – Sur cet arrêt, V. Scholastique, *Defrénois 1996. 689.* – Dans le même sens : • Versailles, 5 avr. 1996 : *BICC 1996, n° 1190.* ♦ V. aussi, pour un exemple de réduction de la créance d'un établissement financier, justifiée par la « légèreté blâmable » avec laquelle le prêt avait été consenti, • Civ. 1re, 8 juin 1994, n° 92-16.142 P : *JCP E 1995. II. 652, note Legeais.* ♦ Manque à son devoir de mise en garde, la banque qui, n'ayant pas vérifié les capacités financières d'emprunteurs profanes, accorde à ceux-ci un prêt excessif au regard de leurs capacités financières. • Civ. 1re, 12 juill. 2005, n° 03-10.921 P : *D. 2005. 3084, note Parance (3e esp.) ; RTD com. 2005. 820, obs. Legeais ; JCP E 2005, n° 38, p. 1521, note Legeais (1re esp.) ; JCP 2005. II. 10140, note Gourio (2e esp.) ; RDBF 2005, n° 203, obs. Crédot et Gérard ; Banque et Dr. 11-12/2005. 80, obs. Bonneau ; RJDA 2006, n° 319* • 2 nov. 2005, n° 03-17.443 P : *D. 2005. AJ 3084, obs. Avena-Robardet ; RTD com. 2006. 171, obs. Legeais ; JCP E 2005, n° 50, p. 2147 ; RJDA 2006, n° 452.* ♦ Une banque, en fournissant à son client un conseil inadapté à sa situation personnelle dont elle avait connaissance, a commis une faute sans laquelle ce dernier n'aurait pas procédé aux opérations génératrices de pertes. • Com. 8 avr. 2008, n° 07-13.013 P : *D. 2008. AJ 1202, obs. Delpech ; RDBF 2008, n° 96, obs. Crédot et Samin.* ♦ Jugeant que la mise en garde faite par une banque à deux époux quant à leurs facultés de remboursement (prévisibilité d'un endettement excessif) ne peut bénéficier à l'établissement de crédit qui a finalement octroyé le prêt : • Civ. 1re, 8 juin 2004, n° 02-12.185 P : *D. 2004. AJ 1897 ; JCP 2004. II. 10142, note Dagorne-Labbe ; Gaz. Pal. 2005. 1183, note Boucard ; RDBF 2004, n° 158, obs. Crédot et Gérard ; Banque et Dr. 11-12/2004. 56, obs. Bonneau ; RTD com. 2004. 581, obs. Legeais ; RJDA 2004, n° 1367.* ♦ Un crédit de restructuration, qui permet la reprise du passif et son rééchelonnement à des conditions moins onéreuses, sans aggraver la situation économique de l'emprunteur, ne crée pas de risque d'endettement nouveau. • Com. 17 avr. 2019, n° 18-11.895 P : *D. 2019. 1380, note Lasserre Capdeville ; AJ contrat 2019. 294, obs. Moreau ; JCP E 2019. 1382, note Bazin ; JCP 2019. 514, note Kilgus ; Banque et Dr. 7-8/2019. 28, obs. Gjidara-Decaix.*

Sur la position de la chambre commerciale, V. • Com. 3 mai 2006 : *préc. note 31.*

Ayant constaté que l'emprunteur avait dissimulé à la société de crédit l'existence de prêts en cours de remboursement, de sorte que les éléments d'information qu'il avait, sur la demande de cette société, portés à la connaissance de celle-ci étaient compatibles avec l'octroi de l'ouverture de crédit litigieuse, le tribunal en a exactement déduit que l'emprunteur, eu égard à sa déloyauté que la banque ne pouvait normalement déceler, n'était pas fondé à imputer, de ce chef, à la société un manquement au devoir de mise en garde auquel est tenu le professionnel du crédit à l'égard de son client non averti. • Civ. 1re, 30 oct. 2007, n° 06-17.003 P : *D. 2008. 256, note Bazin ; ibid. Chron. C. cass. 645, obs. Creton ; RTD com. 2008. 163, obs. Legeais ; JCP 2008. II. 10055, note Gourio ; Banque et Dr. 1-2/2008. 27, obs. Bonneau.* ♦ Dans le même sens, pour une espèce où les emprunteurs n'avaient pas mis la banque en mesure de constater l'existence d'un risque né de l'octroi du crédit, V. • Com. 23 sept. 2014, n° 13-20.874 P : *RTD com. 2014. 839, obs. Legeais ; RDI 2014. 632, obs. Heugas-Darraspen ; JCP E 2015. 1254, n° 2, obs. Lassalas ; RJDA 2014, n° 931 ; Gaz. Pal. 2014. 3691, note Lasserre Capdeville ; Banque et Dr. 1-2/2015. 42, obs. Helleringer.*

42. *Devoir d'éclairer le choix de l'emprunteur.* BIBL. Legeais, *RDBF 2015. Dossier 48* (arrêt Grimaldi : naissance du devoir d'éclairer). ♦ La banque auprès de laquelle un client a ouvert un compte de dépôt, un compte d'épargne logement et un plan d'épargne populaire, est tenue, en tant que gestionnaire de ces comptes, d'éclairer son client sur les avantages et inconvénients du choix qui s'offre à celui-ci, pour couvrir le solde débiteur de son compte de dépôt, entre le recours au crédit et la mobilisation de l'épargne figurant sur ses autres comptes. • Civ. 1re, 12 juill. 2005, nº 03-10.115 P : *D. 2005. 3094, note Parance (4e esp.) ; D. 2006. Pan. 167, obs. Martin ; RTD com. 2005. 820, obs. Legeais ; JCP 2005. II. 10140, note Gourio (3e esp.) ; Banque et Dr. 11-12/2005. 83, obs. Bonneau.*

43. *Emprunteur averti.* Une cour d'appel, qui a relevé que des époux, cadres supérieurs clients d'une banque, ayant créé une société qui avait pour objet la réalisation d'opérations immobilières, étaient des emprunteurs avertis, qu'aux revenus certains dont ils faisaient état en 1990 au titre de leurs emplois, devaient être ajoutés les revenus allant raisonnablement leur échoir au titre de leurs activités professionnelles secondaires, qu'il y avait lieu ainsi de prendre en compte les dividendes et la rémunération que l'un des époux entendait percevoir au titre de la société créée dont ils étaient les seuls actionnaires, ainsi que ses prévisions de résultats et ses perspectives, celle-ci ayant démarré sous les meilleurs auspices, et qu'en outre les époux percevaient d'autres revenus tirés de diverses activités, a pu en déduire que l'établissement de crédit n'avait pas commis de faute en consentant aux emprunteurs un prêt dont les échéances étaient supérieures à leur revenus. • Civ. 1re, 12 juill. 2005, nº 02-13.155 P : *D. 2005. 3094, note Parance (2e esp.) ; D. 2006. Pan. 167, obs. Martin ; RTD com. 2005. 820, obs. Legeais ; JCP 2005. II. 10140, note Gourio (1re esp.) ; Banque et Dr. 11-12/2005. 82, obs. Bonneau.* ♦ C'est à bon droit qu'une cour d'appel énonce que, ne prétendant pas que l'établissement de crédit prêteur aurait eu sur sa situation financière des renseignements que lui-même aurait ignorés, un emprunteur averti ne peut faire grief à cette banque de lui avoir accordé un prêt qu'il avait lui-même sollicité. • Civ. 1re, 12 juill. 2005, nº 03-10.770 P : *D. 2005. 3094, note Parance (1re esp.) ; D. 2006. Pan. 167, obs. Martin ; RTD com. 2005. 820, obs. Legeais ; JCP 2005. II. 10140, note Gourio (4e esp.) ; Banque et Dr. 11-12/2005. 81, obs. Bonneau.* – V. aussi • Civ. 1re, 21 févr. 2006, nº 02-19.066 P : *D. 2006. 1618, note J. François (1re esp.) ; RTD com. 2006. 462, obs. Legeais ; Banque et Dr. 7-8/2006. 62, obs. Bonneau ; RJDA 2006, nº 820.* ♦ Une cour d'appel, relevant que les prêts litigieux avaient été souscrits par une personne, pour financer les travaux d'aménagement et d'extension d'une villa lui appartenant et que, pour cette opération, elle avait été assistée de son conjoint, présent lors de la signature des actes, lequel exerçait alors des fonctions de cadre supérieur au sein même de l'établissement prêteur et présentait, de ce fait, toute compétence pour apprécier la portée des obligations ainsi contractées par rapport aux capacités pécuniaires du ménage, a pu décider, en l'état de ces constatations et appréciations, dont il se déduisait que l'intéressée avait été en mesure d'obtenir de son conjoint toutes les informations utiles pour lui permettre d'apprécier l'opportunité des engagements qu'elle souscrivait pour l'amélioration de son propre patrimoine, que la banque, qui n'avait dès lors aucun devoir de mise en garde, n'avait pas commis de faute. • Com. 3 mai 2006, nº 02-11.211 P : *D. 2006. 1618, note J. François (3e esp.) ; JCP E 2006, nº 23, p. 996, note Legeais ; JCP 2006. II. 10122, note Gourio ; RDBF 2006, nº 128, obs. Crédot et Samin ; Banque et Dr. 9-10/2006. 50, obs. Bonneau.* ♦ Sur l'obligation de rechercher si l'intéressé peut être considéré comme un emprunteur averti, indépendamment de savoir s'il était moins bien informé sur sa situation financière que ne l'était le banquier, V. • Civ. 1re, 27 juin 2006, nº 04-18.845 P : *D. 2006. AJ 1887, obs. Delpech (1re esp.) ; JCP 2006. IV. 2603 ; Banque et Dr. 9-10/2006. 50, obs. Bonneau.* ♦ Appréciant la qualité d'emprunteur averti d'une personne morale au regard du dirigeant de celle-ci, V. • Paris, 5 févr. 2009 : *RJDA 2009, nº 572.* ♦ Est emprunteur averti le client qui dispose soit d'une expérience du type d'opérations pour lequel il demande un nouveau financement, soit d'un savoir-faire professionnel en relation au moins indirecte avec les opérations de crédit, soit d'une tactique de gestion – domestique ou entrepreneuriale, selon les cas – qui traduit une volonté forte d'aboutir dans son projet sur le moyen et le long terme ; le caractère averti ou pas du client s'analyse par surcroît en considération de la complexité de l'opération et de la clarté de l'information dont la banque est, en toute hypothèse, débitrice. • Paris, 14 mai 2009 : *RJDA 2010, nº 169.*

C. MISE EN JEU DE LA RESPONSABILITÉ DU BANQUIER

44. *Prescription.* La prescription d'une action en responsabilité court à compter de la réalisation du dommage ou de la date à laquelle il est révélé à la victime si celle-ci établit qu'elle n'en avait pas eu précédemment connaissance ; le dommage résultant d'un manquement à l'obligation de mise en garde consistant en une perte de chance de ne pas contracter se manifeste dès l'octroi des crédits. • Com. 26 janv. 2010, nº 08-18.354 P : *D. 2010. 934, note Lasserre Capdeville ; JCP E 2010. 1153, note Legeais ; JCP 2010. 354, note Gourio ; RJDA 2010, nº 580 ; Gaz. Pal. 2010. 829, note S. Piedelièvre.* ♦ Saisie d'une action en responsabilité engagée à titre principal par des cautions contre une banque pour soutien abusif de crédit, une cour d'appel décide exactement que le point de départ du délai de prescription de l'art. L. 110-4 C. com. doit être fixé au jour où les cautions ont su que les obligations résultant de leurs engagements étaient mises à exécution du fait de la défaillance du débiteur principal, en l'espèce à la date à laquelle l'assignation en paiement leur a été délivrée. • Com. 24 juin 2003, n° 00-12.566 P : *D. 2003. AJ 2308, obs. Avena-Robardet (3e esp.)* ; *JCP E 2003, n° 37, p. 1409 ; Banque et Dr. 11-12/2003. 56, obs. Bonneau ; RJDA 2004, n° 98 ; BJS 2004. 35, note Routier.* ♦ Comp., retenant que le délai de prescription commence à courir à compter de la mise en demeure de la caution et non nécessairement à la date de son assignation devant les tribunaux : • Com. 12 mai 2004, n° 02-17.735 P : *D. 1994. Somm. 2708, obs. Aynès* ; *Banque et Dr. 7-8/2004. 53, obs. Rontchevsky ; RJDA 1994, n° 1287 ; Defrénois 2005. 892, obs. Honorat* (cautionnement disproportionné). ♦ Pour un arrêt retenant comme point de départ de la prescription le jour d'un commandement aux fins de saisie, V. • Com. 12 mai 2004, n° 02-10.653 P : *JCP E 2004, n° 27, p. 1079 ; RDBF 2004, n° 160, obs. Legeais ; RJDA 2004, n° 1288 ; Defrénois 2005. 892, obs. Honorat.* ♦ Jugeant que, s'agissant d'une action en responsabilité pour soutien abusif, le point de départ de la prescription court à compter du jour de la connaissance par les créanciers du principe du dommage et de l'imputabilité de ce dommage aux concours financiers consentis par la banque. • Paris, 13 janv. 2005 : *RDBF 2005, n° 100, obs. Lucas.* ♦ Le point de départ du délai de prescription de l'action en responsabilité exercée par la caution contre la banque est fixé au jour où la caution a su, par la mise en demeure qui lui était adressée, que les obligations résultant de son engagement allaient être mises à exécution du fait de la défaillance du débiteur principal. • Com. 4 mai 2017, n° 15-22.830 : *RJDA 2017, n° 653.*

45. *Opposabilité du secret bancaire.* Sur l'opposabilité du secret bancaire par le banquier partie au procès, V. note 19 ss. C. mon. fin., art. L. 511-33. – **C. mon. fin.** ♦ Pour un arrêt refusant d'ordonner la communication du dossier de l'analyse faite par la banque lors de la mise en place du financement, au motif que la charge de la preuve incombait à la caution, V. • Versailles, 19 févr. 1998 : *Banque et Dr. 9-10/1998. 34, obs. Guillot.*

1° ACTION EN RESPONSABILITÉ DES CRÉANCIERS DU BÉNÉFICIAIRE DU CRÉDIT

46. *Apparence trompeuse de solvabilité.* Sur la prise en compte de la création, par la banque, d'une apparence trompeuse de solvabilité à l'égard des tiers, V. • Com. 18 juin 1996, n° 94-14.567 P : *D. Affaires 1996. 1059 ; JCP E 1996. II. 896, note Legeais* • 9 juill. 2002 : *RJDA 2003, n° 53.*

47. *Étendue de la réparation du préjudice.* L'établissement de crédit qui a fautivement retardé l'ouverture de la procédure collective de son client n'est tenu de réparer que l'aggravation de l'insuffisance d'actif qu'il a ainsi contribué à créer. • Com. 22 mars 2005, n° 03-12.922 P : *D. 2005. AJ 1020, obs. Lienhard* (1re esp.) ; *RTD com. 2005. 578, obs. Legeais* ; *JCP E 2005, n° 47, p. 1975, obs. Dumoulin ; Banque et Dr. 7-8/2005. 71, obs. Bonneau ; RJDA 2005, n° 873 (1re esp.) ; BJS 2005. 1212, obs. Lucas* • Civ. 2e, 17 mars 2016, n° 14-10.066 P : *D. 2016. Actu. 702*. ♦ Comp., 1re partie, note 13 ss. art. L. 622-20 C. com. ♦ Le montant de l'aggravation de l'insuffisance d'actif est égal à la différence entre le montant de l'insuffisance d'actif à la date à laquelle le juge statue et le montant de l'insuffisance d'actif au jour de l'octroi du soutien abusif. • Com. 22 mars 2016, n° 14-10.066 P : *D. 2016. Actu. 702* ; *RDBF 2016, n° 153, obs. Crédot et Samin.* ♦ Les provisions correspondant à la dépréciation des titres des sociétés filiales de la société mère mise en liquidation judiciaire « victime » du soutien abusif, de même que les résultats exceptionnels, n'étant pas directement liés au soutien abusif de la banque, il n'y a pas lieu de les prendre en compte dans le calcul de l'aggravation de l'insuffisance d'actif dont la banque est seule redevable. • Com. 23 avr. 2013, n° 12-22.843 P : *D. 2013. Actu. 1129* ; *JCP E 2013. 1662, n° 18, obs. Dumoulin ; Gaz. Pal. 2013. 2408, obs. Routier ; RDBF 2013, n° 122, obs. Crédot et Samin ; BJS 2013. 410, note F.-X. Lucas ; RPC 2013, n° 181, obs. Martin-Serf.* ♦ Le banquier qui a permis par ses agissements la continuation d'une exploitation déficitaire et a contribué à la création d'un passif supplémentaire est tenu de réparer le préjudice qu'il a causé aux créanciers de la société et non à ceux de l'associé. • Aix-en-Provence, 21 juin 2007 : *JCP E 2007. 2462.* ♦ Le passif créé postérieurement à la cessation des concours bancaires doit être pris en considération dans l'évaluation du préjudice car la poursuite de l'activité n'a été rendue possible que grâce au crédit antérieurement et abusivement accordé. • Même arrêt.

48. *Procédure collective.* Sur l'exercice de l'action en responsabilité en cas de redressement et de liquidation judiciaires, V. 1re partie, note 1 ss. art. L. 622-20 et notes ss. art. L. 650-1 C. com.

49. *Compétence territoriale.* V. note 12 ss. art. L. 622-20 C. com.

2° ACTION EN RESPONSABILITÉ DU BÉNÉFICIAIRE DU CRÉDIT

50. *Vice du consentement.* Sur la nécessité, lorsque la faute de la banque est invoquée par le bénéficiaire du crédit, d'apporter la preuve d'un vice du consentement, V. • Com. 24 janv. 1995 : *RJDA 1995, n° 605.* – V. aussi • Versailles, 18 déc. 1998 : *RJDA 1998, n° 320.*

51. *Emprunteur averti.* Un emprunteur ne saurait invoquer le manquement à son obligation de conseil de la banque qui lui avait octroyé un crédit, dès lors que, homme d'affaires expérimenté, il connaissait les risques inhérents aux opérations dont il avait pris l'initiative. • Com. 11 mai 1999 : *JCP E 1999, n° 43, p. 1730, note Legeais.* ♦ Rejetant la responsabilité de la banque dès lors qu'il n'est pas démontré qu'elle aurait eu des informations sur les capacités de remboursement de l'emprunteur ou sur les risques de l'opération financée que, par suite de circonstances exceptionnelles, celui-ci aurait pu ignorer : • Com. 1er juill. 2003 : *RJDA 2004, n° 82 (2 arrêts).* ♦ V. aussi, sur la prise en compte de la connaissance par l'emprunteur des risques encourus, s'agissant d'un prêt contracté par des parents pour aider leur enfant à rembourser un prêt destiné à financer l'acquisition d'un fonds de commerce, • Com. 9 oct. 2001 : *RJDA 2002, n° 345.*

52. *Préjudice de l'emprunteur.* Le préjudice né du manquement par un établissement de crédit à son obligation de mise en garde s'analyse en la perte d'une chance de ne pas contracter. • Com. 20 oct. 2009, n° 08-20.274 P : *D. 2009. 2971, note Houtcieff ; JCP E 2009. 2053, note Legeais ; JCP 2009. 482, note S. Piedelièvre ; Gaz. Pal. 2009. 3779, note Guerchoun ; Banque et Dr. 11-12/2009. 62, obs. Rontchevsky ; RDBF 2010, n° 7, obs. Legeais ; RJDA 2010, n° 68.* ♦ Les juges du fond en évaluent souverainement le montant. • Com. 26 janv. 2010 : *RJDA 2010, n° 423.* ♦ Le manquement d'une banque à son obligation de mettre en garde un emprunteur non averti sur le risque d'endettement excessif, né de l'octroi d'un prêt, prive cet emprunteur d'une chance d'éviter le risque qui s'est réalisé, la réalisation de ce risque supposant que l'emprunteur ne soit pas en mesure de faire face au paiement des sommes exigibles au titre du prêt ; dès lors que le terme du prêt, remboursable *in fine*, n'était pas échu, le risque, sur lequel la banque s'est abstenue de mettre l'emprunteur en garde, ne s'est pas réalisé, de telle sorte que la cour d'appel a indemnisé un préjudice éventuel. • Com. 13 févr. 2019, n° 17-14.785 P : *D. 2019. Chron. C. cass. 1373, obs. Barbot ; RJDA 2019, n° 366 ; Banque et Dr. 3-4/2019. 78, obs. Leroy.*

3° ACTION EN RESPONSABILITÉ DE LA CAUTION

BIBL. Legeais, *LPA 5 mars 1997 ; RDBB 1998. 193 ; Banque et Dr. 1-2/2000. 38.* – Paul, *Dr. et patr. 6/2002. 40* (ampleur de la décharge directe de la caution en raison de la faute du créancier) – Arlie, *LPA 24 sept. 2002* (responsabilité civile du banquier : une voie étroite de libération pour la caution). – Farge, *D. 2003. 892* (recours personnel de la caution : la voie possible d'un renouveau du cautionnement). – Roman, *ibid. 2156* (la caution et l'action paulienne) ; *Dr. et patr. 3/2004. 50* (les moyens de défense de la caution : l'importance accrue des aspects procéduraux). – Gallois-Cochet, *JCP 2006. I. 175* (responsabilité civile du banquier comme moyen de défense de la caution en cas de cession de créance). – SDECC, *BICC 15 janv. 2010, p. 31* (obligations du banquier au regard des cautions). – Crédot et Bouteiller, *JCP E 2010. 1785* (de quel manquement au devoir de mise en garde la caution peut-elle se prévaloir ?).

53. *Défaut d'information de la caution.* Manque à son obligation de renseignement l'établissement de crédit qui omet d'informer les cautions de l'arrêt par le débiteur principal du paiement des cotisations du contrat d'assurance de groupe couvrant les risques invalidité-décès souscrits par ce dernier en même temps que l'emprunt, et les met dans l'impossibilité de se substituer au débiteur principal dans le paiement de cotisations et donc de maintenir le contrat. • Civ. 1re, 27 juin 1995, n° 92-21.085 P. ♦ La banque est tenue à un devoir de mise en garde à l'égard d'une caution non avertie lorsque, au jour de son engagement, celui-ci n'est pas adapté aux capacités financières de la caution ou lorsqu'il existe un risque de l'endettement né de l'octroi du prêt garanti, lequel résulte de l'inadaptation du prêt aux capacités financières de l'emprunteur. • Com. 15 nov. 2017, n° 16-16.790 P : *D. 2017. 2573, note Albiges ; RTD civ. 2018. 185, obs. Crocq ; JCP 2017. 1256, obs. Lasserre Capdeville ; RJDA 2018. 237, note Robert-Nicoud ; Banque et Dr. 1-2/2018. 22, obs. Bonneau ; RLDA févr. 2018. 36, note Guyader ; BJS 2018. 34, obs. Juillet.*

54. *Absence de contrôle de l'affectation des fonds.* Sur la responsabilité d'une banque à l'égard de la caution d'un prêt affecté, l'établissement de crédit n'ayant effectué aucun contrôle quant à l'affectation des fonds, V. • Com. 26 avr. 2000 : *BRDA 2000, n° 11, p. 8* • 10 juill. 2001 : *RDBF 2001, n° 221, obs. Legeais.* ♦ V., au contraire, écartant la responsabilité de la banque à l'égard de la caution en l'absence de clause d'affectation dans l'acte de prêt, • Com. 17 juill. 2001 : *RDBF 2001, n° 220, obs. Legeais.* ♦ Sur l'effet relatif de la convention d'affectation, V. • Com. 8 oct. 2002, n° 00-12.156 P : *RTD com. 2003. 144, obs. Cabrillac ; LPA 10 janv. 2003, p. 4, obs. E. C.* ♦ V. aussi note 39.

55. *Cautionnement disproportionné.* La sanction de la disproportion entre la situation de la caution et le montant de son engagement souscrit envers un établissement de crédit ne peut être recherchée que sur le terrain de la responsabilité civile du banquier et ne saurait consister en l'annulation du cautionnement. • Civ. 1re, 29 juin 2004, n° 02-13.424 P. ♦ Mais des cautions dirigeantes, n'ayant jamais prétendu ni démontré que la banque envers laquelle ils avaient souscrit un cautionnement auraient eu sur leurs revenus, leurs patrimoines et leurs facultés de remboursement raisonnablement prévisibles en l'état du succès escompté de l'opération immobilière entreprise par la société, des informations qu'eux-mêmes auraient ignorées, ne sont pas fondées à rechercher la responsabilité civile de cette banque en raison d'une disproportion entre le montant de leur engagement et leur capacité financière. • Com. 8 oct. 2002, n° 99-18.619 P : *D. 2003. 414, note Koering ; JCP 2003. II. 10017, note Picod ; RTD civ. 2003. 125, obs. Crocq* .

56. Caution avertie. Lorsqu'en qualité de dirigeant de la société cautionnée la caution avait une parfaite connaissance de la situation de l'entreprise, elle ne peut reprocher à la banque d'avoir accordé des crédits inconsidérés. • Com. 15 févr. 1994, n° 92-11.591 P : *Rev. dr. bancaire 1994. 236, obs. Crédot et Gérard* • 21 févr. 1995 : *RJDA 1995, n° 868* • 18 mars 2003 : *RJDA 2003, n° 1109.* ♦ Ainsi, le gérant de société, caution solidaire des dettes sociales et assigné en exécution de ses engagements par la banque, ne peut, à défaut de circonstances exceptionnelles, mettre en œuvre la responsabilité de cette dernière pour soutien abusif de crédit. • Com. 12 nov. 1997, n° 95-13.681 P : *D. Affaires 1998. 22, obs. X. D. ; JCP E 1998, n° 5, p. 182, note Legeais ; BJS 1998. 105, note Delebecque ; RTD com. 1999. 683, obs. Champaud et Danet* . – V. Niki, *LPA 8 mars 1996, p. 6.* – V. aussi • Com. 6 févr. 2001 : *D. 2001. AJ 1024* . ♦ Le fait, pour un président-directeur général, de diriger la société qu'il cautionne, et ce, jusqu'à son dépôt de bilan, laisse nécessairement supposer qu'il est informé quotidiennement de la situation de ladite société, et qu'il est à même de percevoir la portée et l'étendue de l'engagement souscrit. • Versailles, 24 sept. 1998 : *Gaz. Pal. 1999. 2. Somm. 543.* ♦ Dans le même sens s'agissant d'associés fondateurs et bailleurs de fonds de la société, V. • Com. 15 oct. 2002 : *RJDA 2003, n° 190.* ♦ Pour un arrêt ayant en revanche admis la responsabilité d'un établissement de crédit-bail envers des cautions dirigeantes en présence de circonstances exceptionnelles (connaissance par la banque d'informations sur la non-viabilité de l'opération non transmises aux cautions), V. • Com. 20 sept. 2005 : *préc. note 33.* ♦ Jugeant qu'une caution dirigeante peut se prévaloir du dol commis par un établissement de crédit dans l'octroi d'un prêt, V. • Com. 23 juin 1998 : *JCP E 1998, n° 47, p. 1831, note Legeais* • 3 mai 2000 : *Dr. et patr. 2001. 92, obs. Saint-Alary.* – V. aussi Legeais, *RDBB 1998. 193.*

57. Préjudice de la caution. En dehors des cas visés par l'art. 2037 [2314] C. civ., la faute du créancier ne peut donner lieu qu'à l'allocation de dommages et intérêts à la mesure du préjudice subi. • Civ. 1re, 17 mars 1998, n° 96-16.190 P : *D. Affaires 1998. 668, obs. J. F. ; Dr. sociétés 1998, n° 84, note Bonneau.* ♦ Le préjudice né du manquement par un établissement de crédit à son obligation de mise en garde s'analyse en la perte d'une chance de ne pas contracter. • Com. 20 oct. 2009 : *préc. note 52* • 1er déc. 2009 : *Gaz. Pal. 2010. 330, obs. Dumont-Lefrand ; Dr. et patr. 9/2010. 89, obs. Dupichot.*

58. Défense au fond ou demande reconventionnelle de la caution. La caution qui, poursuivie en paiement par le créancier, demande à être déchargée de son obligation en raison de la faute commise par celui-ci à l'encontre du débiteur principal, sans prétendre obtenir un avantage autre que le simple rejet de la prétention de son adversaire, peut procéder par voie de défense au fond ; elle peut aussi, par voie de demande reconventionnelle, demander à être déchargée indirectement en sollicitant des dommages et intérêts puis la compensation entre le montant de sa dette et celui des dommages et intérêts. • Com. 26 oct. 1999, n° 96-16.837 P : *D. 2000. Somm. 340, obs. Jobard-Bachellier ; JCP 1999. II. 10262, note Legeais ; Procédures 2000, n° 36, obs. H. C. ; RTD com. 2000. 157, obs. Cabrillac* • 26 avr. 2000, n° 96-21.941 P : *D. 2000. 665, note Grimaldi ; RDBF 2000, n° 151, obs. Legeais* • Civ. 1re, 4 oct. 2000, n° 98-10.075 P : *D. 2000. AJ 401, obs. Avena-Robardet ; RDBF 2000, n° 223, obs. Legeais ; Banque et Dr. 3-4/2001. 45, obs. Jacob.* – V. aussi Legeais, *RDBB 1999. 196.* ♦ Comp. en ce sens que lorsqu'elle se situe en dehors du cadre de l'art. 2037 [2314] C. civ., la caution ne peut agir en responsabilité à l'encontre de la banque pour faute de cette dernière envers la société, que par voie de demande reconventionnelle et non pas par voie d'exception. • Com. 22 avr. 1997, n° 95-11.532 P : *D. Affaires 1997. 666 ; LPA 4 mars 1998, p. 25, note D. Boccara* • Civ. 1re, 24 juin 1997, n° 95-15.055 P : *D. Affaires 1997. 958.* – V. déjà • Com. 16 mars 1993, n° 90-20.614 P : *D. 1993. Somm. 314, obs. Aynès* • 3 mai 1994 : *CCC 1994, n° 160, note Leveneur* • 25 juin 1996, n° 94-20.100 P : *D. Affaires 1996. 1091 ; JCP 1996. II. 22687, rapp. Rémery* (donneur d'aval). – V. aussi Haehl, *RTD com. 1990. 275* . ♦ Les demandes reconventionnelles et les moyens de défense étant formés de la même manière à l'encontre des parties à l'instance, la cour d'appel doit répondre à la demande de la caution qui invoque la faute du créancier pour s'opposer au paiement, quelle qu'en soit la qualification procédurale. • Cass., ch. mixte, 21 févr. 2003, n° 99-18.759 P : *D. 2003. AJ 829, obs. Avena-Robardet ; JCP E 2003, n° 28-29, p. 1194, note Legeais ; RJDA 2003, p. 495, concl. de Gouttes ; JCP 2003. I. 128, n° 19, obs. Cadiet ; RTD com. 2003. 353, obs. Legeais ; Banque et Dr. 7-8/2003. 60, obs. Jacob ; Gaz. Pal. 2003. Somm. 2482, obs. S. Piedelièvre.*

La caution qui demande reconventionnellement des dommages-intérêts à une banque, en raison du préjudice personnel qu'elle allègue contre cette dernière, n'est pas tenue de mettre en cause le débiteur principal ou les organes de la procédure collective de celui-ci. • Com. 25 juin 1996 : *D. Affaires 1996. 1068 ; JCP E 1997. II. 900, note Legeais.*

59. Défense de la caution à une action paulienne de la banque. Dès lors que la banque justifie d'un principe certain de créance, la faute de cette dernière ne peut être invoquée par voie d'exception dans le cadre d'une défense à une action paulienne. • Cass., ch. mixte, 21 févr. 2003, n° 99-13.563 P : *D. 2003. AJ 829, obs. Avena-Robardet ; RJDA 2003, p. 495, concl. de Gouttes ; RDBF 2003, n° 70, obs. Legeais ; Dr. et patr. juill.-août 2003. 81, obs. Chauvel ; JCP E 2004, n° 3, p. 77, obs. Simler.*

60. Autres recours de la caution. Avant même d'avoir payé, la caution qui dispose contre le débiteur d'une créance personnelle d'indemnité, peut agir contre celui-ci, bien qu'il soit lui-même poursuivi en paiement par le créancier. • Com. 21 janv. 2003, n° 00-21.654 P : *D. 2003. AJ 620 ; JCP E 2003, n° 11, p. 438 ; RDBF 2003, n° 71, obs. Legeais ; RDC 2003. 177, obs. Houtcieff ; RJDA 2003, n° 642.* ♦ La caution, poursuivie en paiement par le créancier, dispose, avant même d'avoir payé, d'une créance personnelle d'indemnité contre les héritiers de l'emprunteur, de sorte que du chef de cette créance, elle était recevable à agir, par voie oblique, contre la compagnie d'assurance en exécution du contrat d'assurance. • Civ. 1re, 25 mai 2005 : *JCP E 2005, n° 29, p. 1220 ; RDBF 2005, n° 122, obs. Legeais ; Banque et Dr. 7-8/2005. 62, obs. Rontchevsky ; RJDA 2005, n° 1151.*

61. Cumul des actions. Jugé que, dans le cadre de la responsabilité bancaire en matière d'octroi de crédit, la caution peut se prévaloir du devoir de mise en garde et de la responsabilité fondée sur le soutien abusif de crédit de l'art. L. 650-1 C. com. : • Versailles, 26 mai 2011 : *RDBF 2012, n° 7, obs. Legeais.*

Crédits aux entreprises – Engagements de garantie

Art. L. 313-22-1 *(L. n° 2010-737 du 1er juill. 2010, art. 26-II)* **Les établissements de crédit** *(Ord. n° 2013-544 du 27 juin 2013, art. 3-14°, en vigueur le 1er janv. 2014)* **« ou les sociétés de financement » ayant fourni un cautionnement, un aval ou une garantie, que ces derniers soient d'origine légale, réglementaire ou conventionnelle, disposent de plein droit et dans tous les cas d'un recours contre le client donneur d'ordre de l'engagement, ses coobligés et les personnes qui se sont portées caution et, pour les paiements effectués au titre de leur engagement, de la subrogation dans les droits du créancier prévue à** *(Ord. n° 2016-131 du 10 févr. 2016, art. 6-IX-2°, en vigueur le 1er oct. 2016)* **« l'article 1346 » du code civil.**

La L. n° 2010-737 du 1er juill. 2010 entre en vigueur le premier jour du dixième mois suivant celui de sa publication au Journal officiel [JO 2 juill.] (L. préc., art. 61-I).

Les contrats conclus avant l'entrée en vigueur de l'Ord. n° 2016-131 du 10 févr. 2016 [1er oct. 2016] demeurent soumis à la loi ancienne. Lorsqu'une instance a été introduite avant l'entrée en vigueur de l'Ord. préc., l'action est poursuivie et jugée conformément à la loi ancienne. Cette loi s'applique également en appel et en cassation (Ord. préc., art. 9).

Systèmes de règlements interbancaires et systèmes de règlement et de livraison d'instruments financiers

Art. L. 330-1 *(Ord. n° 2011-398 du 14 avr. 2011, art. 1er-1°, en vigueur le 30 juin 2011)* **« I. – Un système de règlements interbancaires ou de règlement et de livraison d'instruments financiers s'entend d'une procédure nationale ou internationale organisant les relations entre trois participants au moins, sans compter le gestionnaire du système, défini au 5° du II du présent article, ni d'éventuels participants***[,]* **indirects, définis au dernier alinéa du même II, permettant conformément à des règles communes et des procédures normalisées au sens de la directive 98/26/CE du Parlement européen et du Conseil du 19 mai 1998 concernant le caractère définitif du règlement dans les systèmes de paiement et de règlement des opérations sur titres, l'exécution à titre habituel, par compensation ou non, de paiements ainsi que, pour ce qui concerne les systèmes de règlement et de livraison d'instruments financiers, la livraison d'instruments financiers entre lesdits participants. »**

(Ord. n° 2009-15 du 8 janv. 2009, art. 2) **« Le système doit soit avoir été institué par une autorité publique, soit être régi par une convention-cadre respectant les principes généraux d'une convention-cadre de place ou par une convention type. Le ministre chargé de l'économie notifie à** *(L. n° 2013-100 du 28 janv. 2013, art. 34)* **« l'Autorité européenne des marchés financiers » la liste des systèmes bénéficiant des »** *(Ord. n° 2009-866 du 15 juill. 2009, art. 8, 2°, en vigueur le 1er nov. 2009)* **« articles L. 330-1 et L. 330-2 »** *(L. n° 2019-486 du 22 mai 2019, art. 84)* **« régis par le droit français »** *(Ord. n° 2011-398 du 14 avr. 2011, art. 1er-2° et 3°, en vigueur le 30 juin 2011)* **« et leurs gestionnaires respectifs.**

(L. n° 2019-486 du 22 mai 2019, art. 84) **« Constitue un système :**

« 1° Tout système désigné en tant que système et notifié à l'Autorité européenne des marchés financiers par l'État membre *(L. n° 2021-1308 du 8 oct. 2021, art. 44)* « de l'Union européenne ou l'État partie à l'accord sur l'Espace économique européen » dont la législation est applicable, conformément à la directive 98/26/CE du Parlement européen et du Conseil du 19 mai 1998 précitée ;

« 2° Tout système régi par le droit d'un pays tiers destiné à régler des opérations de change en mode paiement contre paiement et en monnaie de banque centrale auquel une personne régie par le droit français mentionnée au II du présent article est participant direct, lorsque ce système, homologué par arrêté du ministre chargé de l'économie, après avis de la Banque de France, présente un risque systémique et un niveau de sécurité réglementaire et opérationnel équivalent à celui des systèmes régis par le droit français ;

« 3° Tout système régi par le droit d'un pays tiers agissant principalement en monnaie de banque centrale et destiné à exécuter des paiements ou à effectuer le règlement et la livraison d'instruments financiers, auquel une personne régie par le droit français mentionnée au même II est participant direct, lorsque ce système, homologué par arrêté du ministre chargé de l'économie, après avis de la Banque de France, présente un risque systémique et un niveau de sécurité réglementaire et opérationnel équivalent à celui des systèmes régis par le droit français ;

« 4° Une chambre de compensation reconnue par l'Autorité européenne des marchés financiers, à laquelle une personne régie par le droit français mentionnée audit II est participant direct, lorsque ce système, homologué par arrêté du ministre chargé de l'économie, après avis de la Banque de France, présente un risque systémique.

« Les systèmes mentionnés aux 2°, 3° et 4° doivent satisfaire à tout moment aux conditions de leur homologation. Toute modification des conditions de cette homologation doit faire l'objet d'une déclaration auprès du ministre chargé de l'économie. Un arrêté du même ministre définit les modalités de cette déclaration et les conséquences qui peuvent en être tirées. »

« Un accord d'interopérabilité peut être conclu entre les gestionnaires de deux systèmes ou plus, impliquant entre les participants des systèmes l'exécution de paiements ainsi que, pour ce qui concerne les systèmes de règlement et de livraison d'instruments financiers, la livraison d'instruments financiers. Un tel accord ne constitue pas un système. »

(Ord. n° 2009-15 du 8 janv. 2009, art. 2) « II. — Seuls peuvent avoir la qualité de participants d'un système de règlements interbancaires ou d'un système de règlement et de livraison d'instruments financiers :

« 1° Les établissements de crédit et les entreprises d'investissement ayant leur siège social *(Ord. n° 2015-1686 du 17 déc. 2015, art. 4-I-1° et 2°)* « en France ainsi que les succursales, établies sur le territoire français, d'établissements de crédit ayant leur siège social dans un État qui n'est ni membre de l'Union européenne ni partie à l'accord sur l'Espace économique européen ;

« 2° Les établissements de crédit et les entreprises d'investissement ayant leur siège social ou, à défaut de siège social, leur direction effective dans un État membre de l'Union européenne ou dans un État partie à l'accord sur l'Espace économique européen autre que la France ; »

« 3° Les adhérents d'une chambre de compensation mentionnés à l'article L. 440-2 ;

« 4° Les dépositaires centraux *(Ord. n° 2015-1686 du 17 déc. 2015, art. 4-I-3°)* « agréés ou reconnus en application des articles 16 ou 25 du règlement (UE) n° 909/2014 du Parlement et du Conseil du 23 juillet 2014 concernant l'amélioration du règlement de titres dans l'Union européenne et les dépositaires centraux de titres » ;

« 5° Les gestionnaires de système de *(Ord. n° 2011-398 du 14 avr. 2011, art. 1er-4°, en vigueur le 30 juin 2011)* « règlements interbancaires ou de » règlement et de livraison d'instruments financiers *(Ord. n° 2011-398 du 14 avr. 2011, art. 1er-4°, en vigueur le 30 juin 2011)* « , qui sont les entités responsables de l'exploitation d'un tel système » ;

(Ord. n° 2015-1686 du 17 déc. 2015, art. 4-I-4°) « 6° Dans les conditions fixées par le règlement général de l'Autorité des marchés financiers, les établissements de crédit et les entreprises d'investissement autres que ceux mentionnés aux 1° et 2°, ainsi que d'autres personnes morales non établies en France ayant une activité comparable à celle des personnes mentionnées du 3° au 5° ainsi qu'aux 7° et 8° ; »

(L. n° 2014-1662 du 30 déc. 2014, art. 27-II-1°) « 7° Les chambres de compensation établies ou reconnues en application des articles 14 ou 25 du règlement (UE) n° 648/2012 du Parlement européen et du Conseil du 4 juillet 2012 sur les produits dérivés de gré à gré, les contreparties centrales et les référentiels centraux ; »

(Ord. n° 2015-1686 du 17 déc. 2015, art. 4-I-5°) « 8° Les institutions ou entreprises mentionnées à l'article L. 518-1 ;

« 9° Les organisations ou organismes financiers internationaux, les autres organismes publics ainsi que les entreprises contrôlées opérant sous garantie d'un État, qui ne sont pas des personnes mentionnées aux 1° à 8°, désignés sur une base individuelle ou par catégorie par un arrêté du ministre chargé de l'économie, ainsi que les banques centrales ; »

(L. n° 2019-486 du 22 mai 2019, art. 84) « 10° Les organismes et entreprises, autres que les personnes mentionnées aux 1° à 9°, supervisés par l'Autorité des marchés financiers, l'Autorité de contrôle prudentiel et de résolution ou une autorité homologue d'un autre État membre de l'Union européenne ou partie à l'accord sur l'Espace économique européen, à condition, d'une part, que leur participation soit justifiée au regard du risque systémique et, d'autre part, qu'au moins trois participants au système concerné entrent dans les catégories des établissements de crédit, des entreprises d'investissement, des organismes publics ou des entreprises contrôlées opérant sous garantie de l'État. Ces conditions sont précisées par décret. »

« L'accès des établissements de crédit et des entreprises d'investissement ayant leur siège social ou, à défaut de siège social, leur direction effective dans un autre État membre de l'Union européenne ou un autre État partie à l'accord sur l'Espace économique européen est soumis aux mêmes critères non discriminatoires, transparents et objectifs que ceux qui s'appliquent aux participants ayant leur siège social en France.

« Un système de règlement et de livraison d'instruments financiers peut refuser, pour des raisons commerciales légitimes, l'accès d'un établissement de crédit ou d'une entreprise d'investissement ayant leur siège social ou, à défaut de siège social, leur direction effective dans un autre État membre de l'Union européenne ou un autre État partie à l'accord sur l'Espace économique européen.

« Lorsqu'une procédure de sauvegarde, de redressement ou de liquidation judiciaire est ouverte à l'encontre d'un participant à un système de règlement interbancaire ou de règlement et de livraison d'instruments financiers *(L. n° 2019-486 du 22 mai 2019, art. 84)* « mentionné aux 1°, 2°, 3° ou 4° du I », les droits et obligations découlant de sa participation ou liés à cette participation audit système sont déterminés par la loi qui régit le système *(Abrogé par L. n° 2019-486 du 22 mai 2019, art. 84)* « ***, sous réserve que cette loi soit celle d'un État partie à l'accord sur l'Espace économique européen*** ». *(L. n° 2021-1308 du 8 oct. 2021, art. 44)* « S'agissant des systèmes mentionnés au 1° du même I, l'application, par le juge ou par toute autorité d'un État tiers, d'une loi autre que celle qui régit le système est de nature à faire échec à la reconnaissance et à l'exécution en France de la décision étrangère. »

(Ord. n° 2011-398 du 14 avr. 2011, art. 1er-5° à 7°, en vigueur le 30 juin 2011) « Les institutions mentionnées *(L. n° 2019-486 du 22 mai 2019, art. 84)* « aux 1° à 10° » peuvent avoir la qualité de participant indirect dans l'un des systèmes mentionnés au I lorsque leurs instructions de paiement ou de livraison d'instruments financiers sont introduites dans le système par l'intermédiaire d'un participant direct. Les relations entre un participant indirect et le participant direct par l'intermédiaire duquel le participant indirect introduit ses instructions dans le système font l'objet d'un contrat. Les stipulations de ce contrat ne peuvent limiter la responsabilité incombant au participant direct au titre des ordres qu'il introduit pour le compte du participant indirect. Le participant indirect doit être connu du gestionnaire du système.

« III. – Les instructions et opérations de compensation introduites dans l'un des systèmes mentionnés au I produisent leurs effets en droit et sont opposables aux tiers, y compris si elles ont été introduites avant l'expiration du jour ouvrable où est rendu un jugement d'ouverture de sauvegarde, de redressement ou de liquidation judiciaires *(Ord. n° 2015-1686 du 17 déc. 2015, art. 4-II)* « ou une procédure d'un État membre ou d'un pays tiers ayant un effet comparable à celui de ces procédures » à l'encontre d'un participant direct ou indirect et ce nonobstant toute disposition législative contraire et toute mention contraire de ce jugement. Le jour ouvrable est défini, nonobstant les dispositions de l'article L. 133-4, par les règles de fonctionnement du système. Cessent de produire leurs effets en droit et d'être opposables aux tiers les instructions qui ne sont pas devenues irrévocables au moment où le jugement est notifié au gestionnaire du système ou au moment où celui-ci en est informé par *(L. nº 2013-672 du 26 juill. 2013, art. 24-I)* « l'Autorité de contrôle prudentiel et de résolution » dans des conditions fixées par décret en Conseil d'État.

« IV. — Les dispositions du présent article sont également applicables dans le cas où la procédure de sauvegarde, de redressement ou de liquidation judiciaires *(Ord. nº 2015-1686 du 17 déc. 2015, art. 4-II)* « ou une procédure d'un État membre ou d'un pays tiers ayant un effet comparable à celui de ces procédures » a été ouverte à l'encontre d'un participant à un autre système lié par un accord d'interopérabilité ou du gestionnaire d'un système interopérable qui n'est pas un participant.

« Le moment et les modalités selon lesquels une instruction est considérée comme introduite dans un système sont définis par les règles de fonctionnement de ce système, qui doivent également définir le moment et les modalités selon lesquels une instruction est considérée comme irrévocable dans le système.

« Dans le cas de systèmes liés par un accord d'interopérabilité, chaque système détermine dans ses propres règles le moment de l'introduction dans son système et le moment de l'irrévocabilité afin de coordonner les règles de tous les systèmes interopérables concernés. Sauf disposition contraire expresse des règles de l'ensemble des systèmes liés par des contrats d'interopérabilité, les règles relatives au moment de l'introduction et celles relatives au moment de l'irrévocabilité propres à un système ne sont affectées par aucune règle des autres systèmes avec lesquels il est interopérable. »

(L. nº 2014-1662 du 30 déc. 2014, art. 27-II-2º) « Lorsqu'un gestionnaire d'un système a fourni une garantie à un autre gestionnaire de système dans le cadre d'un accord d'interopérabilité entre les deux systèmes, les droits de celui qui a constitué la garantie ne sont pas affectés par l'ouverture d'une procédure de sauvegarde, de redressement ou de liquidation judiciaires *(Ord. nº 2015-1686 du 17 déc. 2015, art. 4-II)* « ou une procédure d'un État membre ou d'un pays tiers ayant un effet comparable à celui de ces procédures » à l'encontre du gestionnaire de système qui a reçu la garantie. »

(L. nº 2021-1308 du 8 oct. 2021, art. 44) « V. — Aucun jugement ni aucune décision émanant d'un État tiers et rendu contrairement aux III ou IV, en ce qui concerne un système mentionné au 1º du I, ne peut obtenir reconnaissance ni recevoir exécution en France pour sa partie contraire aux III ou IV. »

V. art. R. 330-1 s.

Si le bénéficiaire d'un virement acquiert le droit définitif sur les fonds dès que, selon l'art. L. 330-1, III, ci-dessus, l'ordre est devenu irrévocable, à une date et selon les modalités conformes aux règles de fonctionnement du Système interbancaire de télécompensation (SIT), son droit de créance sur son propre banquier, chargé d'un mandat général d'encaissement, n'existe qu'à compter de la réception effective de ces fonds par ce dernier, qui les détient alors, pour le compte de son client, en sa qualité de dépositaire. • Com. 18 sept. 2007, nº 06-14.161 P : *D. 2007. Chron. C. cass. 2765, obs. Bélaval ; ibid. AJ 2464, obs. Avena-Robardet ; JCP E 2007. 2499, note Mathey ; ibid. 2008. 1207, nº 17, obs. Cabrillac ; Gaz. Pal. 26-27 oct. 2007, p. 17, note Routier ; RTD com. 2008. 180, obs. Martin-Serf*. – V. aussi Despaquis, *Banque et Dr. 7-8/2008. 3.* ♦ En retenant que la dette de la banque vis-à-vis de sa cliente n'avait eu d'existence qu'à compter du moment où les fonds, objet du virement, avaient été réglés à la première pour le compte de la seconde, soit le jour de l'ouverture de la procédure collective de cette dernière, et qu'ainsi la compensation légale, invoquée par la banque, n'avait pu avoir lieu la veille, une cour d'appel justifie sa décision de condamner la banque à payer au liquidateur le montant de la somme virée. • Même arrêt. ♦ V. aussi note 4 ss. art. L. 632-2 C. com., 1re partie.

Art. L. 330-2 *(Ord. nº 2005-171 du 24 févr. 2005, art. 4)* « I. — Les règles de fonctionnement, la convention-cadre ou la convention type régissant tout système mentionné à l'article L. 330-1 peuvent *(Abrogé par Ord. nº 2011-398 du 14 avr. 2011, art. 2-1º, à compter du 30 juin 2011)* « ***, lorsqu'ils organisent les relations entre plus de deux parties,*** » exiger des *(Ord. nº 2011-398 du 14 avr. 2011, art. 2-1º, en vigueur le 30 juin 2011)* « institutions » participant, directement ou indirectement, à un tel système *(Ord. nº 2011-398 du 14 avr. 2011, art. 2-1º, en vigueur le 30 juin 2011)* « ou à un système lié par un accord d'interopérabilité, » des garanties constituées et susceptibles de réalisation conformément aux dispositions de l'article *(Ord. n° 2009-15 du 8 janv. 2009, art. 2)* « L. 211-38 » ou l'affectation spéciale des valeurs, titres, effets, créances ou sommes d'argent pour satisfaire aux obligations de paiement découlant de la participation à un tel système *(Ord. n° 2011-398 du 14 avr. 2011, art. 2-1°, en vigueur le 30 juin 2011)* « ou à un système lié par un accord d'interopérabilité ».

« II. – Les règles de fonctionnement, la convention-cadre ou la convention type précisent les modalités de constitution, d'affectation, de réalisation ou d'utilisation des biens ou droits constitués en garantie.

« III. – Les dispositions du livre VI du code de commerce ou celles équivalentes régissant toutes procédures judiciaires ou amiables ouvertes hors de France ainsi que toutes procédures civiles d'exécution ou tout exercice d'un droit d'opposition ne font pas obstacle à l'application *(Ord. n° 2009-866 du 15 juill. 2009, art. 8, 3°, en vigueur le 1er nov. 2009)* « des articles L. 330-1 et L. 330-2 ».

« Aucun créancier *(Ord. n° 2011-398 du 14 avr. 2011, art. 2-2°, en vigueur le 30 juin 2011)* « d'une institution » participant, directement ou indirectement, à un tel système, ou*[,]* selon le cas, *(Ord. n° 2011-398 du 14 avr. 2011, art. 2-2°, en vigueur le 30 juin 2011)* « du tiers qui a constitué les garanties dans le système, du gestionnaire » du système lui-même *(Ord. n° 2011-398 du 14 avr. 2011, art. 2-2°, en vigueur le 30 juin 2011)* « ou du gestionnaire d'un système lié par un accord d'interopérabilité, » ne peut se prévaloir d'un droit quelconque sur ces garanties, même sur le fondement des dispositions susmentionnées. »

(L. n° 2001-420 du 15 mai 2001) « IV. – Lorsque les instruments financiers, effets, créances, sommes d'argent ou tout instrument similaire émis sur le fondement d'un droit étranger sont inscrits dans un registre, un compte ou auprès d'un dépositaire central ou d'un système, régi par un droit étranger, de dépôt centralisé situés dans un État partie à l'accord sur l'Espace économique européen *(L. n° 2019-486 du 22 mai 2019, art. 84)* « ou dans l'État dont le droit régit le système concerné mentionné aux 2°, 3° ou 4° du I de l'article L. 330-1 », et remis ou constitués en garantie pour satisfaire aux obligations de paiement découlant de la participation à un système de règlement interbancaire ou de règlement et de livraison d'instruments financiers tel que défini à l'article L. 330-1, les droits du bénéficiaire de ladite garantie *(Ord. n° 2011-398 du 14 avr. 2011, art. 2-3°, en vigueur le 30 juin 2011)* « , ou celui de tout mandataire, agent ou tiers agissant pour leur compte » sont déterminés par la loi applicable au lieu de ladite inscription. »

(L. n° 2021-1308 du 8 oct. 2021, art. 44) « V. – Aucun jugement ni aucune décision émanant d'un État tiers qui serait contraire aux dispositions des III ou IV du présent article en ce qui concerne un système mentionné au 1° du I de l'article L. 330-1 ne peut obtenir reconnaissance ni recevoir exécution en France pour sa partie contraire aux III ou IV du présent article. »

Art. R. 330-1 La liste des systèmes de règlements interbancaires et des systèmes de règlement et de livraison d'instruments financiers notifiés à *(Décr. n° 2013-388 du 10 mai 2013, art. 1er)* « l'Autorité européenne des marchés financiers » par le ministre chargé de l'économie, en application du I de l'article L. 330-1, est publiée au *Journal officiel* de la République française. – *[Décr. n° 2003-195 du 7 mars 2003, art. 1er.]*

Art. R. 330-2 Les gestionnaires des systèmes mentionnés à l'article R. 330-1 communiquent à la Banque de France ainsi que, concernant les systèmes de règlement et de livraison d'instruments financiers, à l'Autorité des marchés financiers la liste des personnes qui y participent directement ou indirectement et les informent sans délai de toute modification de cette liste.

La Banque de France et l'Autorité des marchés financiers tiennent ces informations, ainsi que l'identité et l'adresse des gestionnaires des systèmes, à la disposition de toute personne qui en fait la demande. – *[Décr. n° 2003-195 du 7 mars 2003, art. 2.]*

Art. R. 330-3 Toute personne participant à un des systèmes mentionnés à l'article R. 330-1 est tenue de fournir à tout demandeur, y ayant un intérêt légitime, des informations sur ce système et sur ses règles de fonctionnement. Ces informations sont relatives aux conditions et modalités d'adhésion, aux devises ou aux instruments financiers traités, aux opérations effectuées, au statut de l'agent de règlement, aux mécanismes de gestion des risques, aux modalités propres à assurer le caractère irrévocable des instructions de paiement et de livraison d'instruments financiers, ainsi que des paiements et des livraisons d'instruments financiers.

Il peut, le cas échéant, être satisfait à cette obligation par un renvoi aux règles de fonctionnement publiées par l'Autorité des marchés financiers. – *[Décr. n° 2003-195 du 7 mars 2003, art. 3.]*

Art. D. 330-4 *(Décr. n° 2019-944 du 9 sept. 2019, art. 1er)* I. – La demande d'homologation d'un système mentionné au 2°, 3° ou 4° du I de l'article L. 330-1 est présentée par écrit et par tout moyen de nature à conférer date certaine au ministre chargé de l'économie. Elle est accompagnée des documents justifiant que le système remplit les conditions des articles L. 330-1 et L. 330-2.

Les documents qui doivent être fournis par le gestionnaire du système à l'appui de sa demande d'homologation comprennent notamment :

a) Les règles de fonctionnement, la convention-cadre ou la convention-type régissant le système ;

b) La liste des participants directs au système ;

c) Un argumentaire précis justifiant que l'entité remplit les conditions de son homologation. Cet argumentaire est accompagné, pour les systèmes mentionnés au 2° et au 3° du I de l'article L. 330-1, d'un avis juridique, émis par un cabinet juridique qualifié et indépendant du gestionnaire de système, certifiant sans réserve substantielle que le niveau de sécurité réglementaire est équivalent à celui des systèmes régis par le droit français. Les systèmes notifiés à l'Autorité européenne des marchés financiers, conformément à l'article 10 de la directive européenne 98/26/ CE du Parlement européen et du Conseil du 19 mai 1998 modifiée concernant le caractère définitif du règlement dans les systèmes de paiement et de règlement des opérations sur titres, avant la date de retrait de l'Union européenne de l'État membre dont le droit les régit, sont réputés avoir rempli la condition de fourniture de cet avis juridique, sous réserve de l'article D. 330-5.

Le ministre chargé de l'économie peut demander tout élément d'information complémentaire nécessaire pour l'instruction du dossier.

II. – Le ministre transmet le dossier d'homologation pour avis consultatif à la Banque de France dans un délai de cinq jours ouvrés à compter de la date de la réception du dossier complet.

La Banque de France rend son avis dans le délai de trente jours suivant la transmission du dossier d'homologation par le ministre.

La décision du ministre est notifiée au gestionnaire du système par courrier recommandé avec accusé de réception ou par tout moyen de nature à conférer date certaine.

Art. D. 330-5 *(Décr. n° 2019-944 du 9 sept. 2019, art. 1er)* Le gestionnaire d'un système régi par le droit d'un pays tiers mentionné au 2°, 3° ou 4° du I de l'article L. 330-1 et homologué conformément à ce même article informe sans délai et par écrit le ministre chargé de l'économie de toute modification, y compris de toute modification du cadre juridique qui lui est applicable, qui pourrait entraîner le non-respect des conditions de son homologation.

Le ministre chargé de l'économie peut demander toute information ou documentation supplémentaires.

Après avis de la Banque de France, le ministre chargé de l'économie qui a eu connaissance d'une modification susceptible d'entraîner le non-respect des conditions d'homologation d'un système conformément au premier alinéa du présent article ou par tout autre moyen peut :

1° Soit considérer que les modifications ne remettent pas en cause l'homologation du système ;

2° Soit considérer que le système ne répond plus aux conditions de l'homologation. Dans ce cas, le ministre chargé de l'économie retire l'homologation. Le retrait de l'homologation est notifié au gestionnaire du système par courrier recommandé avec accusé de réception ou par tout moyen de nature à conférer date certaine.

Adhérents d'une chambre de compensation

Art. L. 440-7 *(L. n° 2013-672 du 26 juill. 2013, art. 45-5°)* « Les dépôts effectués par les donneurs d'ordre auprès des prestataires de services d'investissement *(Ord. n° 2017-1107 du 22 juin 2017, art. 4-14°, en vigueur le 3 janv. 2018)* « autres que les sociétés de gestion de portefeuille », des adhérents d'une chambre de compensation ou effectués par ces adhérents auprès d'une telle chambre en couverture ou garantie des positions prises sur des instruments financiers prennent la forme d'une garantie financière prévue à l'article L. 211-38 ou de toute autre forme prévue par les règles de fonctionnement. »

Aucun créancier d'un adhérent d'une chambre de compensation, d'un prestataire mentionné à l'alinéa précédent, ou selon le cas, de la chambre elle-même, ne peut se prévaloir d'un droit quelconque sur ces dépôts même sur le fondement *(Abrogé par Ord. n° 2011-398 du 14 avr. 2011, art. 3, à compter du 30 juin 2011) « du titre I ou du titre II »* du livre VI du code de commerce. – *[L. n° 96-597 du 2 juill. 1996, art. 49.]*

BIBL. ▶ ROBINE, *D. 2013. 2281* (réforme des couvertures par la L. du 26 juill. 2013).

Ne sont transférés en pleine propriété au prestataire de services d'investissement habilité, dès leur constitution, que les dépôts effectués par les donneurs d'ordre en couverture des positions prises par ces derniers sur un marché d'instruments financiers ; dès lors que la preuve n'est pas rapportée que les titres saisis à l'initiative d'un créancier ont été affectés à la couverture des opérations à terme du débiteur, le prestataire de services d'investissement n'est pas fondé à se prévaloir des dispositions de l'art. L. 440-7 C. mon. fin. • Com. 26 juin 2012, n° 11-18.337 P : *D. 2012. Actu. 1818 ; BJB 2012. 341, obs. Goutay ; RDBF 2012, n° 159, obs. S. Piedelièvre ; ibid., n° 198, obs. Muller ; Dr. sociétés 2012, n° 187, note Torck ; Banque et Dr. 9-10/2012. 32 ; RJDA 2013, n° 46.*

Art. L. 440-8 *(L. n° 2013-672 du 26 juill. 2013, art. 45-6°)* Aucun créancier d'un donneur d'ordre, d'un prestataire de services d'investissement *(Ord. n° 2017-1107 du 22 juin 2017, art. 4-15°, en vigueur le 3 janv. 2018)* « autre qu'une société de gestion de portefeuille » mentionné à l'article L. 440-7, d'un adhérent d'une chambre de compensation ou, selon le cas, de la chambre elle-même ni aucun mandataire de justice désigné dans le cadre du livre VI du code de commerce ne peut se prévaloir d'un droit quelconque sur les dépôts qui prennent la forme d'une garantie financière prévue à l'article L. 211-38 du présent code, même sur le fondement du livre VI du code de commerce.

Les interdictions mentionnées au premier alinéa sont également applicables aux procédures judiciaires ou amiables ouvertes hors de France, équivalentes ou similaires à celles prévues au livre VI du code de commerce.

Art. L. 440-9 *(L. n° 2013-672 du 26 juill. 2013, art. 45-7°)* En cas d'ouverture d'une procédure de sauvegarde, de redressement ou de liquidation judiciaires mentionnées au livre VI du code de commerce ou de toute procédure équivalente ouverte sur le fondement d'un droit étranger à l'encontre d'un adhérent d'une chambre de compensation ou de tout autre cas de défaillance de cet adhérent, la chambre peut, de plein droit et sans formalité :

1° Transférer chez un autre adhérent les dépôts effectués auprès de cet adhérent et afférents aux positions prises par les donneurs d'ordre non défaillants ;

2° Transférer chez un autre adhérent les positions enregistrées chez elle pour le compte des donneurs d'ordre de cet adhérent et les dépôts y afférents ;

3° Prendre toute autre disposition autorisée par ses règles de fonctionnement de nature à limiter ou à supprimer les risques auxquels elle est exposée, y compris, le cas échéant, la liquidation des actifs et positions détenus par l'adhérent compensateur défaillant pour le compte du donneur d'ordre.

Tout excédent dont la chambre de compensation est redevable une fois qu'elle a achevé le processus de gestion de la défaillance de l'adhérent compensateur est restitué sans délai aux donneurs d'ordre lorsqu'ils sont connus de la contrepartie centrale ou, s'ils ne le sont pas, à l'adhérent compensateur pour le compte de ses donneurs d'ordre.

Sociétés de crédit foncier

Art. L. 513-13 *(L. nº 2003-706 du 1er août 2003, art. 96-III)* **La cession à une société de crédit foncier des prêts** *(Ord. nº 2007-571 du 19 avr. 2007, art. 2-4º)* **« et expositions » mentionnés à l'article** *(Ord. nº 2013-544 du 27 juin 2013, art. 35, en vigueur le 1er janv. 2014)* **« L. 513-2 » et des créances assimilées s'effectue par la seule remise d'un bordereau au cessionnaire, dont les énonciations sont fixées par décret. Nonobstant l'ouverture éventuelle de toute** *(Ord. nº 2007-571 du 19 avr. 2007, art. 2-4º)* **« procédure de sauvegarde, de redressement » ou de liquidation judiciaires à l'encontre du cédant postérieurement à la cession, la cession prend effet entre les parties et devient opposable aux tiers à la date apposée sur le bordereau lors de sa remise, quelle que soit la date de naissance, d'échéance ou d'exigibilité des créances, sans qu'il soit besoin d'autre formalité, et ce quelle que soit la loi applicable aux créances et la loi du pays de résidence des débiteurs. La remise du bordereau entraîne de plein droit le transfert des sûretés, des garanties et des accessoires attachés à chaque prêt** *(Ord. nº 2007-571 du 19 avr. 2007, art. 2-4º)* **« et chaque exposition », y compris les sûretés hypothécaires, ainsi que son opposabilité aux tiers sans qu'il soit besoin d'autre formalité.**

Lorsque les créances résultent d'un contrat de crédit-bail, la survenance *(Ord. nº 2007-571 du 19 avr. 2007, art. 2-4º)* **« d'une procédure de sauvegarde, de redressement ou de liquidation judiciaires » du crédit-bailleur cédant en cours de contrat ne peut remettre en cause la poursuite du contrat de crédit-bail.**

Par suite de la renumérotation opérée par l'Ord. nº 2013-544 du 27 juin 2013, l'art. L. 515-21 est devenu l'art. L. 513-13 (V. Ord. préc., art. 4-48º, en vigueur le 1er janv. 2014).

BIBL. ▶ BUREAU, *RDC 2004. 445* (conflits de lois relatifs à l'opposabilité des transferts de créance par bordereau).

……………………………………………………………………

Art. L. 513-18 Les dispositions de l'article L. 632-2 du code de commerce ne sont pas applicables aux contrats conclus par ou avec une société de crédit foncier, ni aux actes juridiques accomplis par une société de crédit foncier ou à son profit, dès lors que ces contrats ou ces actes sont directement relatifs aux opérations prévues à l'article *(Ord. nº 2013-544 du 27 juin 2013, art. 35, en vigueur le 1er janv. 2014)* **« L. 513-2 ».** — *[L. nº 99-532 du 25 juin 1999, art. 101.]*

Par suite de la renumérotation opérée par l'Ord. nº 2013-544 du 27 juin 2013, l'art. L. 515-25 est devenu l'art. L. 513-18 (V. Ord. préc., art. 4-48º, en vigueur le 1er janv. 2014).

Art. L. 513-19 Lorsqu'un administrateur provisoire ou un liquidateur a été nommé auprès d'une société de crédit foncier, conformément *(Ord. nº 2010-76 du 21 janv. 2010, art. 5, 12º)* **« aux articles L. 612-34 et L. 613-24 », les dispositions de l'article L. 613-25 sont applicables.** — *[L. nº 99-532 du 25 juin 1999, art. 102.] — V. art. L. 613-25.*

Par suite de la renumérotation opérée par l'Ord. nº 2013-544 du 27 juin 2013, l'art. L. 515-26 est devenu l'art. L. 513-19 (V. Ord. préc., art. 4-48º, en vigueur le 1er janv. 2014).

Art. L. 513-20 *(L. nº 2008-776 du 4 août 2008, art. 78-I)* **Nonobstant toutes dispositions contraires, et notamment des titres II à IV du livre VI du code de commerce, la procédure de sauvegarde, de redressement ou de liquidation judiciaires d'une société détenant des actions d'une société de crédit foncier ne peut être étendue à la société de crédit foncier.**

Par suite de la renumérotation opérée par l'Ord. nº 2013-544 du 27 juin 2013, l'art. L. 515-27 est devenu l'art. L. 513-20 (V. Ord. préc., art. 4-48º, en vigueur le 1er janv. 2014).

Art. L. 513-21 *(L. nº 2008-776 du 4 août 2008, art. 78-II)* **En cas de procédure de sauvegarde, de redressement ou de liquidation judiciaires d'une société chargée de la gestion ou du recouvrement, pour le compte d'une société de crédit foncier, des prêts, expositions, créances assimilées, titres et** *(Ord. nº 2021-858 du 30 juin 2021, art. 2, en vigueur le 8 juill. 2022)* **« dépôts », des obligations ou des autres ressources prévus à l'article** *(Ord. nº 2013-544 du 27 juin 2013, art. 35, en vigueur le 1er janv. 2014)*

« L. 513-2 », les contrats qui prévoient cette gestion ou ce recouvrement peuvent être immédiatement résiliés, nonobstant toutes dispositions contraires et notamment celles des titres II à IV du livre VI du code de commerce.

Par suite de la renumérotation opérée par l'Ord. n° 2013-544 du 27 juin 2013, l'art. L. 515-28 est devenu l'art. L. 513-21 (V. Ord. préc., art. 4-48°, en vigueur le 1er janv. 2014).

Traitement des établissements de crédit, des sociétés de financement, des établissements de monnaie électronique, des établissements de paiement et des entreprises d'investissement en difficulté

Art. L. 613-24 *(Ord. n° 2010-76 du 21 janv. 2010)* **Lorsqu'un établissement de crédit,** *(Ord. n° 2013-544 du 27 juin 2013, art. 5-11°, en vigueur le 1er janv. 2014)* **« une société de financement, »** *(L. n° 2013-100 du 28 janv. 2013, art. 17-IV)* **« un établissement de monnaie électronique, » un établissement de paiement ou une des personnes mentionnées au 2° du A du I de l'article L. 612-2** *[entreprises d'investissement autres que les sociétés de gestion de portefeuille, entreprises de marché, adhérents aux chambres de compensation et personnes habilitées à exercer les activités de conservation ou d'administration d'instruments financiers]* **a fait l'objet d'une mesure de radiation** *(Ord. n° 2014-1332 du 6 nov. 2014, art. 5-6°)* **« ou d'interdiction totale d'activité, selon les cas, » ou lorsqu'une entreprise exerce irrégulièrement l'activité définie à l'article L. 311-1** *[relatif aux opérations de banque]*, **au II de l'article L. 314-1** *[relatif aux services de paiement]* **et à l'article L. 511-1** *[relatif aux établissements de crédit]* **ou enfreint l'une des interdictions définies à l'article L. 511-5** *[interdiction à toute personne autre qu'un établissement de crédit d'effectuer des opérations de banque à titre habituel] (L. n° 2013-100 du 28 janv. 2013, art. 17-IV)* **« , à l'article L. 521-2 ou à l'article L. 525-3 »** *[interdiction à toute personne autre qu'un prestataire de services de paiement de fournir des services de paiement à titre habituel], (L. n° 2013-672 du 26 juill. 2013, art. 24-I)* **« l'Autorité de contrôle prudentiel et de résolution » peut** *(L. n° 2010-1249 du 22 oct. 2010, art. 12-III-18°)* **« , dans les conditions prévues à l'article L. 612-35, » nommer un liquidateur auquel sont transférés tous les pouvoirs d'administration, de direction et de représentation de la personne morale.**

(L. n° 2013-672 du 26 juill. 2013, art. 27-5°) **« Lorsque la situation laisse craindre à terme une incapacité de l'établissement de crédit ou d'une des personnes soumises au contrôle de l'Autorité de contrôle prudentiel et de résolution à assurer la rémunération du liquidateur ainsi que les frais engagés par celui-ci, le fonds de garantie des dépôts et de résolution ou le Trésor public peuvent, dans les conditions et selon les modalités prévues à l'article L. 612-34, décider d'en garantir le paiement. »** — *V. C. mon. fin., art. L. 612-34.* — ***C. mon. fin.***

Art. L. 613-25 **Lorsqu'un administrateur provisoire ou un liquidateur a été nommé auprès d'un établissement de crédit conformément** *(Ord. n° 2010-76 du 21 janv. 2010, art. 6)* **« aux articles L. 612-34 et L. 613-24 », l'Autorité de contrôle prudentiel et de résolution peut, après avoir recueilli l'avis du fonds de garantie sollicité au titre de l'article L. 312-5, saisir le** *(Ord. n° 2019-964 du 18 sept. 2019, art. 35, en vigueur le 1er janv. 2020)* **« tribunal judiciaire » afin que lorsqu'elle estime que l'intérêt des déposants le justifie, soit ordonnée la cession des actions détenues par un ou plusieurs dirigeants de droit ou de fait rémunérés ou non, de cet établissement. Le prix de cession est fixé après expertise judiciaire. Il est procédé à l'évaluation des actions selon les méthodes pratiquées en cas de cession d'actifs selon les pondérations appropriées à chaque cas, en fonction de la valeur des actifs, des bénéfices réalisés, de l'existence de filiales et des perspectives d'activité et, pour les sociétés dont les titres sont admis aux négociations sur un marché réglementé, de la valeur boursière. L'action est introduite par voie d'assignation délivrée aux actionnaires concernés. Le** *(Ord. n° 2019-964 du 18 sept. 2019, art. 35, en vigueur le 1er janv. 2020)* **« tribunal judiciaire » compétent est celui dans le ressort duquel se situe le siège de l'établissement de crédit.**

Dans les mêmes conditions, le *(Ord. n° 2019-964 du 18 sept. 2019, art. 35, en vigueur le 1er janv. 2020)* **« tribunal judiciaire » peut décider que le droit de vote attaché à des actions ou certificats de droit de vote détenus par un ou plusieurs dirigeants de droit ou de fait, rémunérés ou non, sera exercé, pour une durée qu'il fixe, par un mandataire de justice désigné à cet effet.**

Dans les mêmes conditions, le *(Ord. n° 2019-964 du 18 sept. 2019, art. 35, en vigueur le 1er janv. 2020)* « tribunal judiciaire » peut également ordonner la cession de la totalité des actions de l'établissement, ou des actions et parts sociales qui n'ont pas été cédées en application des dispositions prévues au premier alinéa du présent article. Lorsque les actions sont admises aux négociations sur un marché réglementé, les modalités de la cession sont précisées par le *(L. n° 2003-706 du 1er août 2003, art. 46-V)* « règlement général de l'Autorité des marchés financiers ». — *V. Règl. gén. AMF.* — ***C. mon. fin.***

Le montant de l'indemnisation revenant aux détenteurs non identifiés est consigné. — *[L. n° 84-46 du 24 janv. 1984, art. 46-1.]*

Sur l'application de l'art. L. 613-25, lorsqu'un administrateur provisoire ou un liquidateur a été nommé auprès d'une société de crédit foncier, V. art. L. 513-19.

BIBL. ► BONNEAU, *JCP E 1999, n° 36, p. 1378* (apports de la loi du 25 juin 1999). – LE NABASQUE, *RDBB 1999. 148* (adaptation du droit des procédures collectives à la situation des établissements financiers). – BOILLOT, *D. 2003. 2741* (droit bancaire et financier et droit des procédures collectives). – BIENVENU, *RDBF 2012. Étude 9 ; RPC 2012. Étude 31* (traitement juridique de la faillite des entreprises d'investissement : réflexions à partir d'un exemple franco-italien). – Dossier « Les défaillances bancaires et financières : un droit spécial ? », *RDBF 2014. Dossiers 44 à 57.*

Art. L. 613-26 Par dérogation aux dispositions de l'article *(L. n° 2005-845 du 26 juill. 2005, art. 173-III)* « L. 631-1 » du code de commerce, sont en état de cessation des paiements les établissements de crédit *(Ord. n° 2013-544 du 27 juin 2013, art. 5-12°, en vigueur le 1er janv. 2014)* « ou les sociétés de financement » qui ne sont pas en mesure d'assurer leurs paiements, immédiatement ou à terme rapproché. *(Ord. n° 2020-1636 du 21 déc. 2020, art. 1er, en vigueur le 28 déc. 2020)* « Par dérogation aux mêmes dispositions, un organe central mentionné à l'article L. 511-30 ou un de ses affiliés est déclaré en état de cessation des paiements si, après mise en œuvre des mesures mentionnées à l'article L. 511-31, cet organe central et l'ensemble des affiliés sont également dans cet état.

« Par dérogation aux dispositions des articles L. 632-1 et L. 632-2 du code de commerce, ne peuvent être annulés les actes accomplis par l'organe central à compter de la date de cessation des paiements dans le cadre des missions qu'il exerce en application de l'article L. 511-31. »

La procédure de liquidation judiciaire peut être ouverte à l'égard des établissements de crédit *(Ord. n° 2013-544 du 27 juin 2013, art. 5-12°, en vigueur le 1er janv. 2014)* « ou des sociétés de financement » qui ont fait l'objet d'une mesure de radiation *(Ord. n° 2014-1332 du 6 nov. 2014, art. 5-6°)* « ou d'interdiction totale d'activité, selon les cas, » prononcée par *(Ord. n° 2010-76 du 21 janv. 2010, art. 18 ; L. n° 2013-672 du 26 juill. 2013, art. 24-I)* « l'Autorité de contrôle prudentiel et de résolution » et dont le passif, dont ils sont tenus envers les tiers, à l'exception des dettes qui ne sont remboursables qu'après désintéressement complet des créanciers chirographaires, est effectivement supérieur à l'actif diminué des provisions devant être constituées. — *[L. n° 84-46 du 24 janv. 1984, art. 46-2.]*

Art. L. 613-27 Les procédures *(L. n° 2005-845 du 26 juill. 2005, art. 165-II)* « de sauvegarde, » de redressement et de liquidation judiciaires instituées par le titre II *[les titres II à IV]* du livre VI du code de commerce ne peuvent être ouvertes à l'égard d'un établissement de crédit, *(Ord. n° 2009-866 du 15 juill. 2009, art. 15-XVII, en vigueur le 1er janv. 2009 ; L. n° 2013-100 du 28 janv. 2013, art. 17-V ; Ord. n° 2013-544 du 27 juin 2013, art. 5-13°, en vigueur le 1er janv. 2014 ; Ord. n° 2015-1024 du 20 août 2015, art. 3-18° ; Ord. n° 2021-796 du 23 juin 2021, art. 9, en vigueur le 26 juin 2021)* « d'une société de financement, d'un établissement de monnaie électronique, d'un établissement de paiement, d'une entreprise d'investissement, d'une compagnie financière holding, d'une compagnie holding d'investissement, d'une compagnie financière holding mixte ou d'une compagnie holding mixte mentionnées aux 4° à 6° du I de l'article L. 613-34 » qu'après avis *(Ord. n° 2010-76 du 21 janv. 2010, art. 18 ; L. n° 2013-672 du 26 juill. 2013, art. 24-I et 27-6°)* « conforme de l'Autorité de contrôle prudentiel et de résolution ». *(Ord. n° 2020-1636 du 21 déc. 2020, art. 2, en vigueur le 28 déc. 2020)*

« Les procédures de liquidation judiciaires à l'égard des mêmes personnes peuvent également être ouvertes à la requête du collège de résolution de cette autorité. »

Le président du tribunal ne peut être saisi d'une demande d'ouverture *(L. n° 2005-845 du 26 juill. 2005, art. 165-I)* « de la procédure de conciliation » institué*[e]* par le titre I du livre VI du code de commerce à l'égard d'un établissement de crédit, *(Ord. n° 2009-866 du 15 juill. 2009, art. 15-XVII, en vigueur le 1er nov. 2009 ; L. n° 2013-100 du 28 janv. 2013, art. 17-V ; Ord. n° 2013-544 du 27 juin 2013, art. 5-13°, en vigueur le 1er janv. 2014)* « d'une société de financement, d'un établissement de monnaie électronique, d'un établissement de paiement » ou d'une entreprise d'investissement qu'après avis *(L. n° 2013-672 du 26 juill. 2013, art. 27-6°)* « conforme » de *(Ord. n° 2010-76 du 21 janv. 2010, art. 18 ; L. n° 2013-672 du 26 juill. 2013, art. 24-I)* « l'Autorité de contrôle prudentiel et de résolution ».

Un décret en Conseil d'État précise les modalités selon lesquelles sont donnés les avis prévus aux premier et deuxième alinéas ci-dessus. – *[L. n° 84-46 du 24 janv. 1984, art. 46-3.] – V. C. mon. fin., art. R. 613-14 s.* – ***C. mon. fin.***

Art. L. 613-28 Lorsqu'un administrateur provisoire a été désigné par *(Ord. n° 2010-76 du 21 janv. 2010, art. 18 ; L. n° 2013-672 du 26 juill. 2013, art. 24-I)* « l'Autorité de contrôle prudentiel et de résolution » en application de *(Ord. n° 2010-76 du 21 janv. 2010, art. 6-2°)* « l'article L. 612-34 », le tribunal ne peut charger l'administrateur judiciaire que de la surveillance des opérations de gestion, telle qu'elle est prévue au 1° du II *[au II]* de l'article L. 622-1 du code de commerce. – *[L. n° 84-46 du 24 janv. 1984, art. 46-4.]*

Art. L. 613-29 En cas d'ouverture ou de prononcé d'une procédure de liquidation judiciaire à l'égard d'un établissement de crédit, *(Ord. n° 2013-544 du 27 juin 2013, art. 5-14°, en vigueur le 1er janv. 2014)* « d'une société de financement, » *(Ord. n° 2009-866 du 15 juill. 2009, art. 15-XVII, en vigueur le 1er nov. 2009 ; L. n° 2013-100 du 28 janv. 2013, art. 17-VI)* « d'un établissement de monnaie électronique, d'un établissement de paiement » ou d'une entreprise d'investissement, *(Ord. n° 2010-76 du 21 janv. 2010, art. 18 ; L. n° 2013-672 du 26 juill. 2013, art. 24-I)* « l'Autorité de contrôle prudentiel et de résolution » nomme un liquidateur qui procède à l'inventaire des actifs, aux opérations de liquidation ainsi qu'aux licenciements, dans les conditions et selon les modalités prévues au *(L. n° 2005-845 du 26 juill. 2005, art. 173-III)* « titre IV » du livre VI du code de commerce.

Le liquidateur judiciaire désigné par le tribunal procède, en application des articles *(L. n° 2005-845 du 26 juill. 2005, art. 173-III)* « L. 641-1 » ou L. 641-5 du code de commerce, aux opérations prévues respectivement aux *(L. n° 2005-845 du 26 juill. 2005, art. 173-III)* « trois premiers alinéas de l'article L. 641-4 » ou *(L. n° 2005-845 du 26 juill. 2005, art. 173-III)* « à » l'article L. 641-5 du même code, à l'exclusion de l'inventaire des biens de l'entreprise et des opérations de liquidation.

(Ord. n° 2020-1636 du 21 déc. 2020, art. 2, en vigueur le 28 déc. 2020) « Dans les cas où la procédure de liquidation judiciaire concerne un groupe constitué d'un organe central mentionné à l'article L. 511-30 et de ses affiliés, un même liquidateur est désigné pour l'ensemble constitué de cet organe et de ses affiliés, respectivement par l'Autorité de contrôle prudentiel et de résolution au titre du premier alinéa, et par le tribunal au titre du deuxième alinéa.

« Ces liquidateurs mettent en œuvre de façon coordonnée la procédure de liquidation à l'égard d'un organe central mentionné à l'article L. 511-30 et de l'ensemble des affiliés. Les dispositions du livre VI du code de commerce ne font pas obstacle à la mise en œuvre, par ces liquidateurs, à tout instant de la procédure, des pouvoirs de l'organe central prévus à l'article L. 511-31. Ils veillent à ce que les détenteurs de titres de capital et les créanciers de même rang ou jouissant de droits identiques en liquidation soient traités de manière égale, proportionnellement à leurs créances admises, quelle que soit l'entité considérée, affiliés et organe central confondus.

« Par dérogation aux articles L. 662-8 et L. 721-8 du code de commerce, le tribunal de commerce spécialisé compétent pour connaître des procédures de liquidation des affiliés est celui dans le ressort duquel se situe l'organe central. » – *[L. n° 84-46 du 24 janv. 1984, art. 46-5.]*

Art. L. 613-30 En cas d'ouverture d'une procédure *(L. n° 2005-845 du 26 juill. 2005, art. 165-II)* « de sauvegarde, » de redressement ou de liquidation judiciaires à l'égard d'un établissement de crédit ou d'une entreprise d'investissement, sont dispensés de la déclaration prévue à l'article L. 622-24 du code de commerce, le fonds de garantie et les déposants pour leurs créances entrant pour tout ou partie dans le champ d'intervention du fonds.

Le fonds informe les déposants du montant des créances exclues du champ d'intervention et précise les modalités de déclaration desdites créances auprès du *(L. n° 2005-845 du 26 juill. 2005, art. 165-III)* « mandataire judiciaire ».

Le *(L. n° 2005-845 du 26 juill. 2005, art. 165-III)* « mandataire judiciaire » établit les relevés de toutes les créances. Ces relevés doivent être mentionnés par le juge commissaire, déposés au greffe du tribunal de commerce et faire l'objet d'une mesure de publicité. En cas de contestation, le déposant saisit à peine de forclusion le tribunal dans un délai de deux mois à compter de l'accomplissement de la mesure de publicité.

Un décret en Conseil d'État fixe les conditions d'application du présent article. – *[L. n° 84-46 du 24 janv. 1984, art. 46-6.] – V. art. R. 613-19 s., ss. art. L. 613-31.*

Dans tous les textes législatifs et réglementaires, les références faites au redressement judiciaire sont remplacées par des références aux procédures de sauvegarde ou de redressement judiciaire (L. n° 2005-845 du 26 juill. 2005, art. 165-II).

Art. L. 613-30-1 *(Ord. n° 2009-866 du 15 juill. 2009, art. 15-XVII, en vigueur le 1er nov. 2009)* L'ouverture d'une procédure de sauvegarde, de redressement judiciaire ou de liquidation judiciaire ainsi que toute procédure d'exécution et toute procédure judiciaire équivalente ouverte sur le fondement d'un droit étranger à l'encontre d'un établissement de paiement n'affectent pas les fonds reçus des utilisateurs de services de paiement déposés ou investis en instruments financiers conservés dans les comptes ouverts spécialement à cet effet dans les conditions prévues à l'article L. 522-17.

En cas d'ouverture d'une procédure de sauvegarde, de redressement ou de liquidation judiciaires d'un établissement de paiement, l'administrateur judiciaire ou le liquidateur, conjointement avec l'administrateur provisoire ou le liquidateur nommé, le cas échéant, par *(Ord. n° 2010-76 du 21 janv. 2010, art. 18 ; L. n° 2013-672 du 26 juill. 2013, art. 24-I)* « l'Autorité de contrôle prudentiel et de résolution », vérifie que les fonds reçus des utilisateurs de services de paiement déposés ou investis en instruments financiers conservés dans des comptes ouverts spécialement à cet effet dans les conditions prévues à l'article L. 522-17 sont suffisants pour que l'établissement de paiement puisse remplir ses obligations vis-à-vis de ses utilisateurs. En cas d'insuffisance de ces fonds, il est procédé à une répartition proportionnelle des fonds déposés entre ces utilisateurs. Ces fonds sont restitués aux utilisateurs qui sont dispensés de la déclaration prévue à l'article L. 622-24 du code de commerce.

Pour la créance correspondant aux fonds dont la disposition n'aura pu être rendue à ces utilisateurs, en raison de l'insuffisance constatée, ceux-ci sont dispensés de la déclaration prévue à l'article L. 622-24 du code de commerce.

Le juge commissaire est informé du résultat de la vérification opérée par l'administrateur judiciaire ou le liquidateur et, le cas échéant, de la répartition proportionnelle des fonds.

(L. n° 2013-100 du 28 janv. 2013, art. 17-VII) « Le présent article s'applique aux fonds collectés au profit d'un établissement de monnaie électronique en vue de la fourniture de services de paiement. »

Un décret en Conseil d'État précise les conditions d'application du présent article. – *V. art. R. 613-20-1, ss. art. L. 613-31.*

Art. L. 613-30-2 *(L. n° 2013-100 du 28 janv. 2013, art. 17-VIII)* L'ouverture d'une procédure de sauvegarde, de redressement ou de liquidation judiciaires ainsi que toute procédure d'exécution et toute procédure judiciaire équivalente ouverte sur le fondement d'un droit étranger à l'encontre d'un établissement de monnaie électronique n'affectent pas les fonds collectés des détenteurs de monnaie électronique déposés ou investis en instruments financiers conservés dans les comptes ouverts spécialement à cet effet dans les conditions prévues à l'article L. 526-32.

En cas d'ouverture d'une procédure de sauvegarde, de redressement ou de liquidation judiciaires d'un établissement de monnaie électronique, l'administrateur judiciaire ou le liquidateur, conjointement avec l'administrateur provisoire ou le liquidateur nommé, le cas échéant, par *(L. n° 2013-672 du 26 juill. 2013, art. 24-I)* « l'Autorité de contrôle prudentiel et de résolution », vérifie que les fonds collectés en contrepartie de l'émission de monnaie électronique déposés ou investis en instruments financiers conservés dans des comptes ouverts spécialement à cet effet dans les conditions prévues à l'article L. 526-32 sont suffisants pour que l'établissement de monnaie électronique puisse remplir ses obligations vis-à-vis de ses détenteurs. En cas d'insuffisance de ces fonds, il est procédé à une répartition proportionnelle des fonds déposés entre ces détenteurs. Ces fonds sont restitués aux détenteurs qui sont dispensés de la déclaration prévue à l'article L. 622-24 du code de commerce.

Pour la créance correspondant aux fonds dont la disposition n'aura pu être rendue à ces détenteurs en raison de l'insuffisance constatée, ceux-ci sont dispensés de la déclaration prévue au même article L. 622-24.

Le juge commissaire est informé du résultat de la vérification opérée par l'administrateur judiciaire ou le liquidateur et, le cas échéant, de la répartition proportionnelle des fonds.

Un décret en Conseil d'État précise les conditions d'application du présent article.

Art. L. 613-30-3 *(Ord. n° 2015-1024 du 20 août 2015, art. 3-19°) (L. n° 2016-1691 du 9 déc. 2016, art. 151-I-1°)* « I. — » Dans le cas où une procédure de liquidation judiciaire est ouverte à l'encontre d'un établissement de crédit dans le cadre du livre VI du code de commerce, concourent aux répartitions dans la proportion de leurs créances admises après les créanciers titulaires d'un privilège, d'un gage, d'un nantissement ou d'une hypothèque *(Abrogé par Ord. n° 2020-1636 du 21 déc. 2020, art. 2, à compter du 28 déc. 2020)* « ***, mais avant les créanciers*** *(L. n° 2016-1691 du 9 déc. 2016, art. 151-I-2°)* « ***titulaires de titres subordonnés*** » » :

1° En premier lieu, les créanciers titulaires de dépôts pour la partie de leurs dépôts couverte par la garantie instituée en application du 1° du II de l'article L. 312-4, et le fonds de garantie des dépôts et de résolution pour les créances qu'il détient sur l'établissement concerné au titre des sommes versées en application du I ou du III de l'article L. 312-5 ;

2° En *(L. n° 2016-1691 du 9 déc. 2016, art. 151-I-3°)* « deuxième » lieu, les personnes physiques ainsi que les micros, petites et moyennes entreprises mentionnées au paragraphe 1 de l'article 2 de l'annexe à la recommandation 2003/361/CE du 6 mai 2003 de la Commission européenne définies en fonction de leur chiffre d'affaires annuel :

a) Pour la partie de leurs dépôts éligibles à la garantie mentionnée au 1° qui excède le plafond d'indemnisation prévu en application de l'article L. 312-16 ;

b) Pour leurs dépôts qui seraient éligibles à cette garantie s'ils n'étaient pas effectués auprès des succursales de l'établissement concerné situées dans un État non membre de l'Union européenne et non partie à l'accord sur l'Espace économique européen ;

(L. n° 2016-1691 du 9 déc. 2016, art. 151-I-4° et 5°) « 3° En troisième lieu, les créanciers qui ne sont pas mentionnés au 4° *(Ord. n° 2020-1636 du 21 déc. 2020, art. 2, en vigueur le 28 déc. 2020)* « ni au 5° » ;

« 4° En quatrième lieu, les créanciers chirographaires constitués des seuls :

(Ord. n° 2020-1636 du 21 déc. 2020, art. 2, en vigueur le 28 déc. 2020) « *a)* Propriétaires d'un titre de créance mentionné au II de l'article L. 211-1 non structuré ou créanciers en vertu d'un prêt non structuré répondant aux conditions auxquelles doivent satisfaire les engagements éligibles pour remplir l'exigence mentionnée au IV de l'article L. 613-44 ; »

« *b)* Propriétaires ou titulaires d'un instrument ou droit mentionné à l'article L. 211-41 présentant des caractéristiques analogues à un titre de créance mentionné au *a* du présent 4° ;

« *c)* Propriétaires ou titulaires d'un bon de caisse, au sens de l'article L. 223-1, ou de tout instrument, droit ou créance émis sur le fondement du droit d'un autre État membre de l'Union européenne et présentant des caractéristiques analogues à celles prévues à la première phrase du premier alinéa du même article L. 223-1, dès lors qu'ils sont non structurés *(Ord. n° 2019-1067 du 21 oct. 2019, art. 14)* « et qu'ils n'ont pas fait l'objet, lors de leur émission, d'une offre au public ou ont fait l'objet d'une offre au public s'adressant exclusivement à des investisseurs qualifiés mentionnés au 1°

de l'article L. 411-2 ou d'une offre au public portant sur un prêt supérieur ou égal à un montant fixé par décret »,

« pour les sommes qui leur sont dues au titre de ces titres, créances, instruments ou droits, dont l'échéance initiale ne peut être inférieure à un an et à condition que *(L. n° 2019-486 du 22 mai 2019, art. 200-I-1°)* « la documentation contractuelle et, le cas échéant, le prospectus au sens du règlement (UE) 2017/1129 du Parlement européen et du Conseil du 14 juin 2017' concernant le prospectus à publier en cas d'offre au public de valeurs mobilières ou en vue de l'admission de valeurs mobilières à la négociation sur un marché réglementé, et abrogeant la directive 2003/71/CE prévoient » *(Ord. n° 2020-1636 du 21 déc. 2020, art. 2, en vigueur le 28 déc. 2020)* « que leur propriétaire ou titulaire est chirographaire au sens du présent 4°, et pour les titres, créances, instruments ou droits émis à compter du 28 décembre 2020, que leur valeur nominale unitaire à l'émission soit d'au moins cinquante mille euros.

« 5° En cinquième lieu, les créanciers subordonnés, y compris les titulaires de créances mentionnées à l'article L. 228-97 du code de commerce. Parmi ces créanciers, les créanciers titulaires de titres, créances, instruments ou droits subordonnés qui ne sont pas, et n'ont pas été avant le 28 décembre 2020, retenus comme instruments de fonds propres additionnels de catégorie 1 ou comme instruments de fonds propres de catégorie 2, concourent aux répartitions, dans la proportion de leurs créances admises, avant les créanciers titulaires de titres, créances, instruments ou droits subordonnés qui sont, ou ont été avant le 28 décembre 2020, retenus, entièrement ou partiellement, comme instruments de fonds propres additionnels de catégorie 1 ou comme instruments de fonds propres de catégorie 2.

« I *bis*. — Concourent aux répartitions dans la proportion de leurs créances admises après les créanciers titulaires d'un privilège, d'un gage, d'un nantissement ou d'une hypothèque, en premier lieu, les créanciers mentionnés au 3° du I, en second lieu, les créanciers mentionnés au 4° du même I, et en troisième lieu, les créanciers mentionnés au 5° du même I, dans le cas où une procédure de liquidation judiciaire est ouverte dans le cadre du livre VI du code de commerce à l'encontre de l'une des personnes suivantes : »

« 1° *(L. n° 2019-486 du 22 mai 2019, art. 200-I-2°)* Les entreprises d'investissement au sens de l'article L. 531-4 du présent code, à l'exception de celles qui fournissent exclusivement un ou plusieurs des services d'investissement mentionnés aux 1, 2, 4 ou 5 de l'article L. 321-1 et qui ne sont pas habilitées à fournir le service connexe de tenue de compte-conservation d'instruments financiers mentionné au 1 de l'article L. 321-2 ;

« 2° Les établissements financiers au sens du 4 de l'article L. 511-21 qui sont des filiales d'un établissement de crédit, d'une entreprise d'investissement ou d'une compagnie mentionnée aux 3° à 5° du présent I *bis* et auxquels s'applique la surveillance sur une base consolidée de leur entreprise mère, sur le fondement des articles 6 à 17 du règlement (UE) n° 575/2013 du Parlement européen et du Conseil du 26 juin 2013 concernant les exigences prudentielles applicables aux établissements de crédit et aux entreprises d'investissement et modifiant le règlement (UE) n° 648/2012 ;

« 3° Les compagnies financières *holding* et les compagnies financières *holding* mères dans un État membre ou dans l'Union au sens du 1 de l'article 4 du règlement (UE) n° 575/2013 du Parlement européen et du Conseil du 26 juin 2013 précité ;

(Ord. n° 2021-796 du 23 juin 2021, art. 9, en vigueur le 26 juin 2021) « 3° *bis* Les compagnies holding d'investissement et les compagnies holding d'investissement mère dans l'Union ; »

« 4° Les compagnies financières *holding* mixtes et les compagnies financières *holding* mixtes mères dans un État membre ou dans l'Union au sens du 1 de l'article 4 du règlement (UE) n° 575/2013 du Parlement européen et du Conseil du 26 juin 2013 précité ;

« 5° Les compagnies *holding* mixtes au sens du 1 de l'article 4 du règlement (UE) n° 575/2013 du Parlement européen et du Conseil du 26 juin 2013 précité. »

« II. — Un décret en Conseil d'État précise les conditions dans lesquelles un titre, une créance, un instrument ou un droit est considéré comme non structuré au sens

du 4° du I du présent article. Ce décret peut prévoir que l'échéance initiale minimale des titres, créances, instruments et droits mentionnés au même 4° est supérieure à un an. »

Le 4° du I de l'art. L. 613-30-3 est applicable aux titres, créances, instruments ou droits émis à compter de l'entrée en vigueur de la L. n° 2016-1691 du 9 déc. 2016. Les 3° et 4° du I du même art. L. 613-30-3 s'appliquent aux procédures de liquidation ouvertes à compter de l'entrée en vigueur la L. préc. (L. préc., art. 151-II et III, JO 10 déc.).

Les titres, créances, instruments ou droits rattachés au rang mentionné au 4° du I de l'art. L. 613-30-3 avant la publication de la L. n° 2019-486 du 22 mai 2019 occupent le même rang que ceux qui sont émis ou souscrits à compter de cette publication.

Le 2° du I de l'art. 200 de la L. n° 2019-486 du 22 mai 2019 est applicable aux procédures de liquidation ouvertes à l'encontre des personnes qui y sont mentionnées à compter du lendemain de la publication de cette loi (L. préc., art. 200-II, JO 23 mai).

Art. L. 613-31 **Les dispositions relatives au redressement et à la liquidation des établissements de crédit et des entreprises d'investissement prévues aux articles L. 613-25 à L. 613-30 et** *(Ord. n° 2009-15 du 8 janv. 2009, art. 5)* **« L. 211-10 » ne sont pas applicables aux procédures judiciaires ouvertes avant le 29 juin 1999.** – *[L. n° 99-532 du 25 juin 1999, art. 92 (I).]*

Code monétaire et financier

PARTIE RÉGLEMENTAIRE

Art. R. 613-19 En cas d'ouverture d'une procédure *(L. n° 2005-845 du 26 juill. 2005, art. 165)* « de sauvegarde, » de redressement ou de liquidation judiciaires à l'égard d'un établissement de crédit ou d'une entreprise d'investissement, le *(L. n° 2013-672 du 26 juill. 2013, art. 25-I)* « fonds de garantie des dépôts et de résolution » mentionné à l'article L. 312-4, s'il intervient, informe chaque déposant du montant des créances exclues de son champ d'intervention dans le même temps qu'il lui indique le montant et la nature des créances couvertes par le mécanisme de garantie des dépôts ou par le mécanisme de garantie des titres prévu par le présent code.

Il lui indique également que le montant des créances entrant en tout ou partie dans son champ d'intervention, y compris la partie excédant le plafond d'indemnisation relatif au mécanisme de garantie applicable, n'a pas à être déclaré au mandataire judiciaire. Le fonds précise au déposant, en ce qui concerne les créances totalement exclues de son champ d'intervention, les modalités de déclaration prévues par l'article L. 622-24 du code de commerce et le décret n° 85-1388 du 27 décembre 1985 relatif au redressement et à la liquidation judiciaires des entreprises *[abrogé et remplacé par le Décr. n° 2005-1677 du 28 déc. 2005, désormais codifié au C. com.]* ainsi que par les articles R. 613-21 et R. 613-22.

Le fonds de garantie informe le mandataire judiciaire ou le liquidateur judiciaire des éventuelles prolongations de délais accordées par *(Ord. n° 2010-76 du 21 janv. 2010, art. 18 ; L. n° 2013-672 du 26 juill. 2013, art. 24-I)* « l'Autorité de contrôle prudentiel et de résolution » en vue de l'indemnisation des déposants. – *[Décr. n° 84-408 du 24 juill. 1984, art. 12-3, I.]*

Art. R. 613-20 Au vu des documents et à partir des informations fournis par le débiteur, les déposants, le fonds de garantie, les administrateurs désignés par *(Ord. n° 2010-76 du 21 janv. 2010, art. 18 ; L. n° 2013-672 du 26 juill. 2013, art. 24-I)* « l'Autorité de contrôle prudentiel et de résolution » et par le tribunal, ainsi que par le liquidateur nommé par *(Ord. n° 2010-76 du 21 janv. 2010, art. 18 ; L. n° 2013-672 du 26 juill. 2013, art. 24-I)* « l'Autorité de contrôle prudentiel et de résolution », le mandataire judiciaire ou le liquidateur judiciaire vérifie les créances mentionnées au premier alinéa de l'article L. 613-30.

Les relevés de ces créances sont établis par le mandataire judiciaire ou le liquidateur judiciaire au plus tard neuf mois après le prononcé du jugement d'ouverture. Ils mentionnent l'identité de chacun des déposants, le nombre, la nature et le montant des dépôts en précisant le montant non couvert par les mécanismes de garantie des dépôts ou des titres. Les relevés sont, à la diligence du mandataire judiciaire ou du liquidateur judiciaire, remis au fonds de garantie après avoir été mentionnés par le juge commissaire et déposés au greffe du tribunal de commerce. – *[Décr. n° 84-408 du 24 juill. 1984, art. 12-3, II.]*

Art. R. 613-20-1 *(Décr. n° 2010-257 du 12 mars 2010, art. 4, 3°)* Au vu des documents et à partir des informations fournies par le débiteur, les utilisateurs de services de paiement, les administrateurs désignés par *(L. n° 2013-672 du 26 juill. 2013, art. 24-I)* « l'Autorité de contrôle prudentiel et de résolution » et par le tribunal, ainsi que par le liquidateur nommé par *(L. n° 2013-672 du 26 juill. 2013, art. 24-I)* « l'Autorité de contrôle prudentiel et de résolution », le représentant des créanciers ou le liquidateur judiciaire vérifie les créances correspondant aux fonds mentionnés au deuxième alinéa de l'article L. 613-30-1.

Les relevés de ces créances sont établis par le représentant des créanciers ou le liquidateur judiciaire au plus tard neuf mois après le prononcé du jugement d'ouverture. Ils mentionnent l'identité de chacun des utilisateurs de services de paiement, le nombre, la nature des créances mentionnées aux deuxième et troisième alinéas de l'article L. 613-30-1 et le montant des fonds correspondants.

Art. R. 613-20-2 *(Décr. n° 2013-383 du 6 mai 2013, art. 4-12°)* Au vu des documents et à partir des informations fournies par le débiteur, les détenteurs de monnaie électronique, les administrateurs désignés par *(L. n° 2013-672 du 26 juill. 2013, art. 24-I)* « l'Autorité de contrôle prudentiel et de résolution » et par le tribunal, ainsi que par le liquidateur nommé par *(L. n° 2013-672 du 26 juill. 2013, art. 24-I)* « l'Autorité de contrôle prudentiel et de résolution », le représentant des créanciers ou le liquidateur judiciaire vérifie les créances correspondant aux fonds mentionnés au deuxième alinéa de l'article L. 613-30-2.

Les relevés de ces créances sont établis par le représentant des créanciers ou le liquidateur judiciaire au plus tard neuf mois après le prononcé du jugement d'ouverture. Ils mentionnent l'identité de chacun des détenteurs de monnaie électronique, le nombre, la nature des créances mentionnées aux deuxième et troisième alinéas de l'article L. 613-30-2 et le montant des fonds correspondants.

Art. R. 613-21 Les créances mentionnées à l'article R. 613-20 font l'objet, à la diligence du mandataire judiciaire ou du liquidateur judiciaire, de la publication, au Bulletin officiel des annonces civiles et commerciales et dans un journal habilité à recevoir des annonces légales dans le département du siège du débiteur, d'un avis indiquant que les relevés de ces créances sont déposés au greffe du tribunal de commerce. Cet avis est signé par le mandataire judiciaire ou le liquidateur judiciaire et daté du jour de la publication au Bulletin officiel susmentionné. Cette date fait courir le délai de forclusion fixé au troisième alinéa de l'article L. 613-30.

Parallèlement, le mandataire judiciaire ou le liquidateur judiciaire informe par tout moyen chaque déposant et le fonds de garantie de la nature et du montant de leurs créances en précisant celles qui ont été admises ou rejetées et lui indique la date du dépôt au greffe du relevé les concernant. Il lui rappelle que le délai de forclusion prévu au troisième alinéa de l'article L. 613-30 court à compter de la publication mentionnée au précédent alinéa.

Les déposants peuvent être relevés de leur forclusion dans les conditions prévues à l'article L. 621-46 *[abrogé ; V., désormais, art. L. 622-26]* du code de commerce et dans le délai d'un an à compter de la mesure de publicité prévue au premier alinéa.

Le *(L. n° 2013-672 du 26 juill. 2013, art. 25-I)* « fonds de garantie des dépôts et de résolution », les administrateurs désignés par *(Ord. n° 2010-76 du 21 janv. 2010, art. 18 ; L. n° 2013-672 du 26 juill. 2013, art. 24-I)* « l'Autorité de contrôle prudentiel et de résolution » et par le tribunal, ainsi que le liquidateur nommé par *(Ord. n° 2010-76 du 21 janv. 2010, art. 18 ; L. n° 2013-672 du 26 juill. 2013, art. 24-I)* « l'Autorité de contrôle prudentiel et de résolution », fournissent au mandataire judiciaire ou au liquidateur judiciaire toutes les informations utiles sur les contestations ou instances en cours relatives à ces créances. – *[Décr. n° 84-408 du 24 juill. 1984, art. 12-3, III.]*

Art. R. 613-22 Les créances qui ne sont pas mentionnées à l'article R. 613-20 peuvent, par dérogation aux dispositions de l'article 66 du décret n° 85-1388 du 27 décembre 1985 susmentionné *[abrogé ; V., désormais, C. com., art. R. 622-24]*, être déclarées jusqu'à l'expiration d'un délai de deux mois à compter de la mesure de publicité prévue à l'article R. 613-21.

Ces créances font ensuite l'objet, à la diligence du mandataire judiciaire ou du liquidateur judiciaire, d'une publication d'un avis au *Bulletin officiel des annonces civiles et commerciales* et dans un journal habilité à recevoir des annonces légales dans le département du siège du débiteur. Cet avis indique que les relevés de ces créances sont déposés au greffe du tribunal de commerce. Il est signé par le mandataire judiciaire ou le liquidateur judiciaire et daté du jour de la publication au *Bulletin officiel* susmentionné. Cette date fait courir le délai de forclusion fixé au troisième alinéa de l'article L. 613-30.

Les créanciers dont la créance n'a pas été déclarée peuvent être relevés de leur forclusion dans les conditions prévues à l'article L. 621-46 *[abrogé ; V., désormais, art. L. 622-26]* du code de commerce et dans le délai d'un an à compter de la mesure de publicité prévue à l'alinéa précédent. – *[Décr. n° 84-408 du 24 juill. 1984, art. 12-3, IV.]*

Art. R. 613-23 Par dérogation aux dispositions des articles R. 814-27 et R. 814-28 du code de commerce, la rémunération de l'administrateur judiciaire, du mandataire judiciaire et du liquidateur judiciaire d'un établissement de crédit, *(Décr. n° 2014-1315 du 3 nov. 2014, art. 5-34°)* « d'une société de financement[,] » *(Décr. n° 2010-257 du 12 mars 2010, art. 4 ; Décr. n° 2013-383 du 6 mai 2013, art. 4-13°)* « d'un établissement de monnaie électronique, d'un établissement de paiement » ou d'une entreprise d'investissement est, au vu d'un état de frais et sur justifications, arrêtée par le président du tribunal, après avis du juge commissaire et du procureur de la République. – *[Décr. n° 84-408 du 24 juill. 1984, art. 12-3, V.]*

Mesures d'assainissement et de liquidation des établissements de crédit et des entreprises d'investissement

Art. L. 613-31-1 *(Ord. n° 2015-1024 du 20 août 2015, art. 3-21°)* La présente sous-section *[sous-section 2 de la section 4 du chapitre III du titre I du livre IV, comprenant les art. L. 613-31-1 à L. 613-31-10]* s'applique aux mesures d'assainissement et aux procédures de liquidation des établissements de crédit, des entreprises d'investissement *(Ord. n° 2017-1107 du 22 juin 2017, art. 11-9°, en vigueur le 3 janv. 2018)* « autres que des sociétés de gestion de portefeuille », et de leurs succursales établies sur le territoire d'un État membre de l'Union européenne autre que celui du siège social. Sont assimilés aux États membres de l'Union européenne les États parties à l'accord sur l'Espace économique européen.

La présente sous-section s'applique également :

1° Aux succursales d'établissements de crédit mentionnés au I de l'article L. 511-10, à la condition que ces établissements de crédit disposent de succursales établies dans au moins deux États membres ;

2° Aux personnes mentionnées aux 3° à 6° du I de l'article L. 613-34 à l'encontre desquelles est prise une mesure de résolution par une autorité de résolution compétente.

Art. L. 613-31-2 *(Ord. n° 2004-1127 du 21 oct. 2004, art. 1er)* I. – Les mesures d'assainissement mentionnées à la présente sous-section sont les mesures prises en France ou dans tout autre État membre par les autorités administratives ou judiciaires, destinées à préserver ou rétablir la situation financière d'un établissement de crédit *(Ord. n° 2015-1024 du 20 août 2015, art. 3-22°)* « ou d'une entreprise d'investissement » et qui affectent les droits préexistants des tiers.

Lorsqu'elles sont prises en France et qu'elles affectent ces droits, ces mesures sont :

1° Les mesures mentionnées *(Ord. n° 2010-76 du 21 janv. 2010, art. 6-2° ; L. n° 2013-672 du 26 juill. 2013, art. 39-I-9° ; Ord. n° 2014-158 du 20 févr. 2014, art. 4-25°)* « au 3° du I de l'article L. 612-33 ou au 3° de l'article L. 612-39 » ;

(Ord. n° 2015-1024 du 20 août 2015, art. 3-22°) « 2° Les mesures mentionnées aux sections 4 et 5 du présent chapitre ; »

3° *(L. n° 2005-845 du 26 juill. 2005, art. 165-II)* « Les procédures de sauvegarde ou de redressement judiciaire » mentionnées au *(Abrogé par L. n° 2005-845 du 26 juill. 2005, art. 174-I)* « *titre II du* » livre VI du code de commerce.

II. – Les mesures de liquidation mentionnées à la présente sous-section sont les procédures collectives ouvertes et contrôlées en France ou dans tout autre État membre par les autorités administratives ou judiciaires, destinées à réaliser le patrimoine sous la surveillance de ces autorités.

Lorsqu'elles sont prises en France, ces mesures sont celles qui font l'objet du *(L. nº 2005-845 du 26 juill. 2005, art. 174-I)* « titre IV » du livre VI du code de commerce.

Art. L. 613-31-3 *(Ord. nº 2004-1127 du 21 oct. 2004, art. 1er)* Sous réserve des dispositions des articles L. **613-31-5** et L. **613-31-6** :

1º Les mesures d'assainissement et de liquidation décidées par les autorités compétentes d'un État membre autre que la France à l'égard d'un établissement de crédit *(Ord. nº 2015-1024 du 20 août 2015, art. 3-23º)* « ou d'une entreprise d'investissement » ayant son siège sur le territoire de cet État produisent tous leurs effets en France métropolitaine *(Ord. nº 2013-79 du 25 janv. 2013, art. 1er, en vigueur le 1er janv. 2014)* « , dans les départements d'outre-mer et dans le Département de Mayotte » *(Ord. nº 2008-698 du 11 juill. 2008, art. 1er ; Ord. nº 2011-1920 du 22 déc. 2011, art. 1er)* « ainsi qu'à Saint-Martin » sans aucune autre formalité, y compris à l'égard des tiers, dès qu'elles produisent leurs effets dans cet État. Il en va de même lorsque ces mesures sont prises à l'égard d'une *(Ord. nº 2015-558 du 21 mai 2015, art. 2-3º)* « succursale d'un établissement de crédit mentionnée au I de l'article L. **511-10** » ; *(Ord. nº 2015-1024 du 20 août 2015, art. 3-23º)* « ou à l'égard d'une personne mentionnée aux 3º à 6º du I de l'article L. **613-34** dans le cadre de la section 4 du présent chapitre » ;

2º Lorsqu'elles sont prises par l'autorité publique française compétente à l'égard d'un *(Ord. nº 2015-558 du 21 mai 2015, art. 2-3º ; Ord. nº 2015-1024 du 20 août 2015, art. 3-23º)* « établissement de crédit ou d'une entreprise d'investissement agréé en France, d'une personne mentionnée aux 3º à 6º du I de l'article L. **613-34** établie en France, y compris d'une succursale en France d'un établissement de crédit mentionnée au I de l'article L. **511-10** », ces mesures produisent tous leurs effets sur le territoire des autres États membres, y compris à l'égard des tiers situés dans d'autres États membres.

Art. L. 613-31-4 *(Ord. nº 2004-1127 du 21 oct. 2004, art. 1er)* L'ouverture d'une procédure de liquidation judiciaire à l'encontre d'un établissement de crédit *(Ord. nº 2013-544 du 27 juin 2013, art. 5, en vigueur le 1er janv. 2014 ; Ord. nº 2015-1024 du 20 août 2015, art. 3-24º)* « , d'une entreprise d'investissement ou d'une société de financement » entraîne *(Ord. nº 2014-1332 du 6 nov. 2014, art. 5-7º)* « , selon les cas, le dépôt d'une demande de retrait d'agrément auprès de la Banque centrale européenne ou sa radiation de la liste » *(Ord. nº 2013-544 du 27 juin 2013, art. 5, en vigueur le 1er janv. 2014 ; Ord. nº 2015-1024 du 20 août 2015, art. 3-24º)* « des entreprises d'investissement ou des sociétés de financement ».

Art. L. 613-31-5 *(Ord. nº 2004-1127 du 21 oct. 2004, art. 1er)* Par dérogation aux dispositions de l'article L. **613-31-3**, les effets d'une mesure d'assainissement ou d'une procédure de liquidation définies à l'article L. **613-31-2** sur les contrats, droits et instances énumérés ci-après sont déterminés par les règles suivantes :

1º Les contrats de travail et les relations de travail sont exclusivement régis par la loi de l'État membre applicable à ce contrat ou à cette relation ;

2º Les contrats donnant le droit de jouir d'un bien immobilier ou de l'acquérir sont exclusivement régis par la loi de l'État membre sur le territoire duquel ce bien est situé. Cette loi détermine également si ce bien est meuble ou immeuble ;

3º Les droits sur un bien immobilier, un navire ou un aéronef qui sont soumis à inscription sur un registre public sont exclusivement régis par la loi de l'État membre sous l'autorité duquel ce registre est tenu ;

4º Les conventions de compensation, celles portant cession temporaire d'instruments financiers et celles régissant les transactions effectuées dans le cadre d'un marché réglementé demeurent exclusivement régies par la loi applicable à ces conventions *(Ord. nº 2015-1024 du 20 août 2015, art. 3-25º)* « sans préjudice des mesures prises par une autorité de résolution compétente sur le fondement de la section 4 du présent chapitre ou de la législation d'un autre État membre qui poursuit les mêmes finalités » ;

5º Les droits sur des instruments financiers supposant l'inscription dans un registre, sur un compte ou auprès d'un système de dépôt centralisé détenus ou situés dans un État membre sont exclusivement régis par la loi de cet État membre ;

6° Les instances en cours à la date de la mesure d'assainissement ou de l'ouverture de la procédure de liquidation concernant un bien ou un droit dont l'établissement de crédit est dessaisi sont exclusivement régies par la loi de l'État membre sur le territoire duquel l'instance se déroule.

Art. L. 613-31-6 *(Ord. n° 2004-1127 du 21 oct. 2004, art. 1er)* I. – Par dérogation aux dispositions de l'article L. 613-31-3, la décision d'adopter une mesure d'assainissement ou d'ouvrir une procédure de liquidation n'affecte pas :

1° Les droits réels, au sens du droit applicable, d'un créancier ou d'un tiers sur des biens corporels ou incorporels, meubles ou immeubles, appartenant à l'établissement de crédit *(Ord. n° 2015-1024 du 20 août 2015, art. 3-26°)* « , à l'entreprise d'investissement ou à une personne mentionnée aux 3° à 6° du I de l'article L. 613-34 » et qui se trouvent sur le territoire d'un autre État membre à la date de la décision ;

2° Les droits du vendeur fondés sur une réserve de propriété, lorsque ce bien se trouvait sur le territoire d'un autre État membre à la date de la décision ;

3° Le droit de l'acheteur d'acquérir un bien vendu par l'établissement de crédit, *(Ord. n° 2015-1024 du 20 août 2015, art. 3-26°)* « l'entreprise d'investissement ou une personne mentionnée aux 3° à 6° du I de l'article L. 613-34, » lorsque ce bien se trouvait sur le territoire d'un autre État membre à la date de la décision et une fois la livraison effectuée ;

4° Le droit d'un créancier d'invoquer la compensation de sa créance avec celle de l'établissement de crédit, *(Ord. n° 2015-1024 du 20 août 2015, art. 3-26°)* « de l'entreprise d'investissement ou d'une personne mentionnée aux 3° à 6° du I de l'article L. 613-34, » lorsque la loi applicable à *(Ord. n° 2015-1024 du 20 août 2015, art. 3-26°)* « la créance le permet sans préjudice des mesures prises par une autorité de résolution compétente sur le fondement de la section 4 du présent chapitre ou de la législation d'un autre État membre de l'Union européenne qui poursuit les mêmes finalités ».

II. – Les dispositions qui précèdent ne font pas obstacle aux actions en nullité, en annulation ou en inopposabilité des actes préjudiciables à l'ensemble des créanciers, prévues par la loi de l'État membre sur le territoire duquel se trouve le siège de l'établissement de crédit *(Ord. n° 2015-1024 du 20 août 2015, art. 3-26°)* « , de l'entreprise d'investissement ou d'une personne mentionnée aux 3° à 6° du I de l'article L. 613-34 ».

Art. L. 613-31-7 *(Ord. n° 2004-1127 du 21 oct. 2004, art. 1er)* Par dérogation aux dispositions de l'article L. 613-31-3 et du II de l'article L. 613-31-6, les dispositions de la loi de l'État membre dans lequel la procédure de liquidation a été ouverte *(Abrogé par Ord. n° 2015-1024 du 20 août 2015, art. 3-27°) « à l'égard d'un établissement de crédit communautaire »* relatives à la nullité, à l'annulation ou à l'inopposabilité des actes préjudiciables à l'ensemble des créanciers ne sont pas applicables si le bénéficiaire d'un tel acte apporte la preuve que ce dernier est soumis à la loi d'un autre État membre et que cette loi ne permet par aucun moyen d'attaquer cet acte dans l'affaire en cause.

S'agissant des mesures d'assainissement, la règle prévue à l'alinéa précédent ne s'applique qu'aux actes préjudiciables aux créanciers réalisés avant l'adoption d'une telle mesure.

Art. L. 613-31-8 *(Ord. n° 2004-1127 du 21 oct. 2004, art. 1er)* Lorsque, par un acte conclu après l'adoption d'une mesure d'assainissement ou l'ouverture d'une procédure de liquidation, l'établissement de crédit *(Ord. n° 2015-1024 du 20 août 2015, art. 3-28°)* « , l'entreprise d'investissement ou une personne mentionnée aux 3° à 6° du I de l'article L. 613-34 » aliène à titre onéreux :

1° Un bien immobilier ;

2° Un navire ou un aéronef soumis à inscription dans un registre public ;

3° Des instruments ou des droits sur de tels instruments dont l'existence ou le transfert suppose une inscription dans un registre, un compte ou auprès d'un système de dépôts centralisés tenus ou situés dans un État membre.

La validité de cet acte est régie par la loi de l'État membre sur le territoire duquel ce bien immobilier est situé ou sous l'autorité duquel ce registre, ce compte ou ce système de dépôts est tenu.

Art. L. 613-31-9 *(Ord. n° 2004-1127 du 21 oct. 2004, art. 1er)* L'administrateur ou liquidateur désigné par l'autorité compétente d'un autre État membre est habilité à exercer en France métropolitaine *(Ord. n° 2013-79 du 25 janv. 2013, art. 1er, en vigueur le 1er janv. 2014)* « , dans les départements d'outre-mer et dans le Département de Mayotte » *(Ord. n° 2008-698 du 11 juill. 2008 ; Ord. n° 2011-1920 du 22 déc. 2011, art. 1er-9°, en vigueur le 1er janv. 2012)* « ainsi qu'à Saint-Martin » tous les pouvoirs qu'il est habilité à exercer sur le territoire de cet État.

Dans l'exercice de ces pouvoirs, l'administrateur ou le liquidateur respecte la loi française, en particulier pour ce qui concerne les modalités de réalisation des biens ou l'information des salariés. Ces pouvoirs ne peuvent pas inclure des mesures d'exécution nécessitant l'emploi de la force ou le droit de statuer sur un litige ou un différend.

L'administrateur ou le liquidateur peuvent désigner des personnes chargées de les assister ou de les représenter, notamment dans les États membres sur lesquels sont établies les succursales de l'établissement de crédit *(Ord. n° 2015-1024 du 20 août 2015, art. 3-29°)* « ou de l'entreprise d'investissement ».

Art. L. 613-31-10 *(Ord. n° 2015-1024 du 20 août 2015, art. 3-30°)* « Les obligations de publicité à l'étranger des mesures mentionnées à l'article L. 613-31-3, d'information des créanciers et de notification de ces mesures à d'autres autorités publiques intéressées sont satisfaites en application de l'article L. 613-59-2 lorsqu'elles résultent de l'adoption d'une mesure de résolution. »

(Ord. n° 2004-1127 du 21 oct. 2004, art. 1er) Un décret en Conseil d'État fixe, en tant que de besoin, les modalités d'application de la présente sous-section et notamment celles relatives à la publicité à l'étranger des mesures mentionnées à l'article L. 613-31-3, ainsi que les informations adressées aux créanciers, *(Ord. n° 2015-1024 du 20 août 2015, art. 3-30°)* « dans les autres cas ». — *V. art. R. 613-25 s.*

Code monétaire et financier

PARTIE RÉGLEMENTAIRE

Art. R. 613-24 I. — Lorsque le tribunal compétent ou *(Ord. n° 2010-76 du 21 janv. 2010, art. 18 ; L. n° 2013-672 du 26 juill. 2013, art. 24-I)* « l'Autorité de contrôle prudentiel et de résolution » décide de prendre une mesure d'assainissement ou de liquidation à l'égard d'un établissement de crédit ayant une ou plusieurs succursales dans un autre État membre au sens de l'article L. 613-31-1, *(Ord. n° 2010-76 du 21 janv. 2010, art. 18 ; L. n° 2013-672 du 26 juill. 2013, art. 24-I)* « l'Autorité de contrôle prudentiel et de résolution » en informe sans délai l'autorité compétente pour la surveillance des établissements de crédit de chaque État membre concerné.

Lorsque le tribunal compétent ou *(Ord. n° 2010-76 du 21 janv. 2010, art. 18 ; L. n° 2013-672 du 26 juill. 2013, art. 24-I)* « l'Autorité de contrôle prudentiel et de résolution » décide de prendre une mesure d'assainissement ou de liquidation à l'égard d'une succursale en France d'un établissement de crédit ayant son siège hors de l'Espace économique européen, *(Ord. n° 2010-76 du 21 janv. 2010, art. 18 ; L. n° 2013-672 du 26 juill. 2013, art. 24-I)* « l'Autorité de contrôle prudentiel et de résolution » en informe sans délai l'autorité compétente pour la surveillance des établissements de crédit de chaque État membre dans lequel cet établissement dispose d'une succursale.

Cette information précise les effets que cette décision peut emporter.

II. — L'administrateur ou le liquidateur, désigné dans le cadre d'une procédure ouverte à l'égard d'une succursale d'établissement ayant son siège hors de l'Espace économique européen, s'efforce de coordonner ses actions avec ses homologues désignés, le cas échéant, dans les autres États membres où l'établissement a créé des succursales.

III. — Lorsque le tribunal compétent ou *(Ord. n° 2010-76 du 21 janv. 2010, art. 18 ; L. n° 2013-672 du 26 juill. 2013, art. 24-I)* « l'Autorité de contrôle prudentiel et de résolution » estime nécessaire de mettre en œuvre une mesure d'assainissement à l'égard d'une succursale en France d'un établissement de crédit ayant son siège dans un autre État membre, *(Ord. n° 2010-76 du 21 janv. 2010, art. 18 ; L. n° 2013-672 du 26 juill. 2013, art. 24-I)* « l'Autorité de contrôle prudentiel et de résolution » en informe sans délai l'autorité compétente pour la surveillance des établissements de crédit de cet autre État membre.

IV. — Les informations relatives aux mesures d'assainissement prises par les autorités compétentes d'un État membre accueillant une succursale d'un établissement de crédit ayant son siège en France sont communiquées à *(Ord. n° 2010-76 du 21 janv. 2010, art. 18 ; L. n° 2013-672 du 26 juill. 2013, art. 24-I)* « l'Autorité de contrôle prudentiel et de résolution ». – *[Décr. n° 2005-468 du 12 mai 2005, art. 1er.]*

Art. R. 613-25 I. — L'administrateur ou le liquidateur, désigné dans le cadre d'une procédure ouverte à l'égard d'un établissement de crédit ayant son siège en France, fait procéder à la publication dans les meilleurs délais au *Journal officiel de l'Union européenne* et dans deux journaux à diffusion nationale de chaque État membre dans lequel l'établissement a une succursale d'un extrait des mesures suivantes :

1° Les mesures mentionnées au 3 du I de l'article L. 613-21 ;

2° Le jugement ouvrant *(L. n° 2005-845 du 26 juill. 2005, art. 165)* « une procédure de conciliation ou une procédure de sauvegarde ou de redressement judiciaire » ;

3° Le jugement arrêtant *(L. n° 2005-845 du 26 juill. 2005, art. 165)* « un plan de sauvegarde ou de redressement » ou de cession ;

4° Le jugement ouvrant ou prononçant une liquidation judiciaire ;

5° La *(L. n° 2005-845 du 26 juill. 2005, art. 165)* « cession de l'entreprise ordonnée en application de l'article L. 642-5 » du code de commerce.

L'extrait prévu au premier alinéa doit mentionner, dans la langue ou les langues officielles des États membres concernés, notamment l'objet et le fondement juridique de la mesure adoptée, les délais de recours et la date d'expiration de ces derniers ainsi que l'adresse de la juridiction compétente pour connaître d'un recours.

II. — S'agissant des décisions mentionnées aux 4° et 5° du I, l'extrait doit préciser en outre que tout créancier peut prendre connaissance du rapport de liquidation auprès du greffe du tribunal compétent, conformément à l'article 123 du décret n° 85-1388 du 27 décembre 1985 relatif au redressement et à la liquidation judiciaires des entreprises *[abrogé ; V., désormais, C. com., art. R. 641-38]*. – *[Décr. n° 2005-468 du 12 mai 2005, art. 2.]*

Art. R. 613-26 I. — En application de l'article 66 du décret n° 85-1388 du 27 décembre 1985 *[abrogé ; V., désormais, C. com., art. R. 622-21]* mentionné au II de l'article R. 613-25, le mandataire judiciaire avertit les créanciers connus d'avoir à lui déclarer leurs créances. Cet avertissement est intitulé : "Invitation à produire une créance. Délais à respecter". Cet intitulé est rédigé dans toutes les langues officielles de l'Union européenne.

Le mandataire judiciaire adresse en outre aux créanciers connus un formulaire intitulé : "Production de créance". Cet intitulé est également rédigé dans toutes les langues officielles de l'Union européenne.

Le créancier connu peut remplir le formulaire mentionné à l'alinéa précédent en recourant à la ou à l'une des langues officielles de l'État membre dans lequel il a son domicile, sa résidence habituelle ou son siège statutaire.

II. — Pour l'application de l'article 72 du décret du 27 décembre 1985 *[abrogé ; V., désormais, C. com., art. R. 624-1]* mentionné au II de l'article R. 613-25, le mandataire judiciaire avise le créancier de la possibilité de présenter des observations relatives à sa créance. Cet avis est intitulé : "Invitation à présenter les observations relatives à une créance. Délais à respecter". Cet intitulé est rédigé dans toutes les langues officielles de l'Union européenne.

Le mandataire judiciaire joint à cet avis un formulaire intitulé : "Présentation des observations relatives aux créances". Cet intitulé est rédigé dans toutes les langues officielles de l'Union européenne.

Le créancier peut remplir le formulaire mentionné à l'alinéa précédent en recourant à la ou à l'une des langues officielles de l'État membre dans lequel il a son domicile, sa résidence habituelle ou son siège statutaire.

III. — Dans tous les cas, le mandataire judiciaire peut exiger d'un créancier une traduction en langue française de la production de la créance et des observations y afférentes. – *[Décr. n° 2005-468 du 12 mai 2005, art. 3.]*

V. aussi, sur les mesures de prévention et de gestion des crises bancaires, C. mon. fin., art. L. 613-34 s. et R. 613-40 s. – ***C. mon. fin.***

Loi n° 75-1334 du 31 décembre 1975,

Relative à la sous-traitance.

Action directe du sous-traitant

Art. 12 Le sous-traitant a une action directe contre le maître de l'ouvrage si l'entrepreneur principal ne paie pas, un mois après en avoir été mis en demeure, les sommes qui sont dues en vertu du contrat de sous-traitance ; copie de cette mise en demeure est adressée au maître de l'ouvrage.

Toute renonciation à l'action directe est réputée non écrite.

Cette action directe subsiste même si l'entrepreneur principal est en état de liquidation des biens *[liquidation judiciaire]*, de règlement judiciaire *[redressement judiciaire]* ***ou de suspension provisoire des poursuites.***

(L. n° 94-475 du 10 juin 1994) « Les dispositions du deuxième alinéa de l'article 1799-1 du code civil sont applicables au sous-traitant qui remplit les conditions édictées au présent article. » – *La L. n° 94-475 du 10 juin 1994 entre en vigueur à une date fixée par décret et au plus tard le 1er oct. 1994 (L. préc., art. 99).*

BIBL. ▶ Gatsi, *JCP E 2000, n° 8, p. 308* (action directe du sous-traitant en cas de redressement ou liquidation judiciaires de l'entrepreneur principal).

1. La mise en demeure adressée à un entrepreneur principal dessaisi par l'effet d'un jugement de liquidation des biens [liquidation judiciaire] est inopérante. • Civ. 3e, 3 juill. 1996, n° 94-18.325 P : *D. Affaires 1996. 1123 ; LPA 25 oct. 1996, p. 19, note Coffy de Boisdeffre ; Gaz. Pal. 20-22 déc. 1998, p. 19, obs. Peisse.*

2. Sur l'absence de nécessité d'une déclaration des créances des sous-traitants au passif de la procédure collective ouverte à l'encontre de l'entrepreneur principal, V. 1re partie, note 88 ss. art. L. 622-24.

3. Sur la possibilité d'adresser une mise en demeure malgré l'ouverture d'une procédure collective, V. note 92 ss. art. L. 622-21 C. com., 1re partie.

4. La créance produite pour un montant inférieur à celui de la demande présentée dans l'action directe laisse subsister les droits du sous-traitant contre le maître de l'ouvrage. • Com. 11 avr. 1995, 93-12.524 P : *D. 1995. IR 124 ; BRDA 1995, n° 9, p. 8 ; Quot. jur. 30 mai 1995, p. 2.*

5. Sur l'absence de droit de priorité du sous-traitant sur les sommes que l'entrepreneur a reçues du maître de l'ouvrage, V. • Civ. 3e, 9 janv. 1991 : *D. 1992. Somm. 116, obs. Bénabent.*

6. Sur l'exclusion de la règle de l'arrêt du cours des intérêts en cas d'action directe, V. • Paris, 18 déc. 1990 : *D. 1991. IR 48* (loi de 1967, art. 39).

Loi n° 86-1067 du 30 septembre 1986,

Relative à la liberté de la communication.

Cession des entreprises titulaires d'une autorisation relative à un service de communication audiovisuelle

Art. 42-12 *(L. n° 94-88 du 1er févr. 1994 ; L. n° 2009-1572 du 17 déc. 2009, art. 17)* « Lorsqu'un débiteur soumis à une procédure de sauvegarde, de redressement judiciaire ou de liquidation judiciaire est titulaire d'une autorisation relative à un service de communication audiovisuelle et que la cession d'une activité ou de l'entreprise est envisagée dans les conditions prévues aux articles L. 626-1, L. 631-22 ou L. 642-1 et suivants du code de commerce, le tribunal peut, à la demande du procureur de la République et après que ce magistrat a obtenu, dans un délai d'un mois, l'avis favorable *(L. n° 2021-1382 du 25 oct. 2021, art. 33)* « de l'Autorité de régulation de la communication audiovisuelle et numérique », dans des conditions prévues par décret, autoriser la conclusion d'un contrat de location-gérance conformément aux articles L. 642-13 et suivants du code de commerce. » Pendant la durée de cette location-gérance, le cessionnaire bénéficie, nonobstant les dispositions de l'article 42-3 de la présente loi, de l'autorisation qui avait été accordée *(L. n° 2009-1572 du 17 déc. 2009, art. 17)* « au débiteur ». – *V. ledit art. 42-3 au* ***C. pén.***

Si, au cours de la location-gérance, le cessionnaire n'obtient pas l'autorisation nécessaire *(L. n° 2021-1382 du 25 oct. 2021, art. 33)* « de l'Autorité de régulation de la communication audiovisuelle et numérique », le tribunal, d'office ou à la demande du commissaire à l'exécution du plan *(L. n° 2009-1572 du 17 déc. 2009, art. 17)* « de sauvegarde ou de redressement, du liquidateur » ou du procureur de la République,

ordonne la résiliation du contrat de location-gérance et la résolution du plan. Dans ce cas, il n'y a pas lieu à application des dispositions de l'article *(L. n° 2009-1572 du 17 déc. 2009, art. 17)* **« L. 642-17 du code de commerce ni à versement de dommages et intérêts ».**

L'autorisation mentionnée à l'alinéa précédent est délivrée hors appel aux candidatures.

(L. n° 2009-1572 du 17 déc. 2009, art. 17) **« Le présent article n'est pas applicable lorsque la cession de l'entreprise ou de l'activité porte sur un ensemble autre que celui au titre duquel l'autorisation mentionnée au premier alinéa avait été accordée au débiteur. »**

V., ci-dessous, Décr. n° 2010-709 du 28 juin 2010.

Pour des applications, V. • T. com. Châlons-sur-Marne, 28 avr. 1994 : *D. 1994. Somm. 282, obs. Hassler* • T. com. Beauvais, 16 avr. 1996 : *LPA 18 sept. 1996, p. 16, note Brouant* • Metz, 21 oct. 1997 : *D. 1998. Somm. 131, obs. Hassler et Lapp*. – V. Soinne, *RPC 1996. 460.*

Décret n° 2010-709 du 28 juin 2010,

Portant application de l'article 42-12 de la loi n° 86-1067 du 30 septembre 1986 modifiée relative à la liberté de communication.

Art. 1er Lorsqu'un débiteur soumis à une procédure de sauvegarde, de redressement judiciaire ou de liquidation judiciaire est titulaire d'une autorisation relative à un service de communication audiovisuelle et que la cession d'une activité ou de l'entreprise est envisagée dans les conditions prévues aux articles L. 626-1, L. 631-22 ou L. 642-1 et suivants du code de commerce, le procureur de la République, avant de demander au tribunal d'autoriser la conclusion d'un contrat de location-gérance, saisit le Conseil supérieur de l'audiovisuel *[devenu l'Autorité de régulation de la communication audiovisuelle et numérique]* d'une demande d'avis, dans les conditions suivantes.

Art. 2 La saisine du Conseil supérieur de l'audiovisuel *[devenu l'Autorité de régulation de la communication audiovisuelle et numérique]* est écrite. Elle peut être effectuée par voie électronique.

Elle est accompagnée du jugement de sauvegarde, de redressement judiciaire ou de liquidation judiciaire, de l'ensemble des offres de reprise et de toute autre pièce du dossier nécessaire à l'information du Conseil supérieur de l'audiovisuel.

Le Conseil supérieur de l'audiovisuel peut demander au procureur de la République toute pièce complémentaire utile.

Art. 3 Le Conseil supérieur de l'audiovisuel *[devenu l'Autorité de régulation de la communication audiovisuelle et numérique]* donne son avis au regard, notamment, des critères énumérés à l'article 29 de la loi du 30 septembre 1986 susvisée *[n° 86-1067 du 30 sept. 1986]. – V. ledit art. 29 au* ***C. communic.***

Art. 4 Le Conseil supérieur de l'audiovisuel *[devenu l'Autorité de régulation de la communication audiovisuelle et numérique]* accuse réception de la saisine sans délai. Il rend son avis dans un délai d'un mois à compter de la date de réception.

En l'absence de réponse du Conseil supérieur de l'audiovisuel dans le délai imparti, son avis est réputé favorable.

Art. 5 L'avis du Conseil supérieur de l'audiovisuel *[devenu l'Autorité de régulation de la communication audiovisuelle et numérique]* est adressé au procureur de la République qui le transmet sans délai au président du tribunal.

Cet avis est versé au dossier.

Art. 6 Le procureur de la République communique sans délai au Conseil supérieur de l'audiovisuel *[devenu l'Autorité de régulation de la communication audiovisuelle et numérique]* copie du jugement statuant sur la cession d'une activité ou de l'entreprise. Il lui adresse également un certificat du greffe de la cour attestant de l'absence de recours ou indiquant la date du recours s'il en a été formé un.

Art. 7 Le décret n° 94-789 du 2 septembre 1994 portant application de l'article 42-12 de la loi n° 86-1067 du 30 septembre 1986 modifiée relative à la liberté de communication est abrogé.

Toutefois, il demeure applicable aux procédures de sauvegarde, de redressement judiciaire ou de liquidation judiciaire ouvertes ou prononcées avant l'entrée en vigueur du présent décret. – *V. Décr. n° 94-789 du 2 sept. 1994 abrogé (JO 9 sept.).*

Art. 8 Le présent décret est applicable dans les îles Wallis-et-Futuna, en Nouvelle-Calédonie et en Polynésie française.

Pour son application en Polynésie française, les références à des dispositions du code de commerce sont remplacées par les références aux dispositions ayant le même objet applicables localement.

Art. 9 Le présent décret est applicable aux procédures de sauvegarde, de redressement judiciaire ou de liquidation judiciaire ouvertes ou prononcées après son entrée en vigueur *[1er juill. 2010].*

TABLE CHRONOLOGIQUE

NOTA. Avant la table chronologique proprement dite, on trouvera ci-dessous la liste, classée par ordre alphabétique, des différents codes reproduits en extraits dans le présent ouvrage. Les textes postérieurs à la codification des livres VI et VIII du code de commerce, qui ont modifié, ajouté ou abrogé des articles de ceux-ci, sont suivis d'un renvoi à l'article concerné. Il en va de même pour les textes et codes complémentaires reproduits dans l'ouvrage. Pour ces derniers, seuls les textes modificateurs insérés depuis la dernière édition sont mentionnés. Le picto 🏛 signale que le texte est accessible intégralement ou partiellement en hyperlien dans le supplément en ligne.

Code des assurances

– Art. L. 132-14, L. 132-17 *(contrats d'assurance-vie)*, **p. 1564.**
– Art. L. 423-1 à L. 423-8, R. 423-1 à R. 423-18 *(garantie des assurés)*, **p. 1488.**
– Art. L. 443-1 *(engagements de caution des entreprises d'assurances)*, **p. 1565.**

Code civil

– Art. 1387-1 *(charge des dettes professionnelles en cas de divorce)*, **p. 1530.**
– Art. 1799-1 *(garantie de paiement des entrepreneurs)*, **p. 1486.**
– Art. 1844-7 (7°) *(dissolution des sociétés)*, **p. 1555.**
– Art. 2302 à 2304 *(information des cautions)*, **p. 1525.**
– Art. 2488-9 à 2488-11 *(agent des sûretés)*, **p. 1559.**

Code de commerce

– Art. L. 234-1 à L. 234-4, R. 234-1 à R. 234-7 *(procédure d'alerte dans les sociétés commerciales)*, **p. 1465.**
– Art. L. 251-15, R. 251-3 *(procédure d'alerte dans les GIE)*, **p. 1471.**
– Art. L. 444-1 à L. 444-7, R. 444-1 à R. 444-35, R. 444-41 *(tarifs réglementés)*, **p. 907.**
– Art. L. 526-1 à L. 526-31, R. 526-1 à R. 526-14-1, R. 526-26, D. 526-28, D. 526-29, D. 526-31, D. 526-32 *(protection de l'entrepreneur individuel)*, **p. 1526.**
– Art. L. 610-1 à L. 696-1, R. 600-1 à R. 695-4, A. 623-1, A. 663-3 à A. 663-29 *(difficultés des entreprises)*, **p. 10.**
– Anciens art. L. 620-1 à L. 627-6 *(difficultés des entreprises)*, **p. 1147.**
– Art. L. 721-8, D. 721-19, D. 721-19-1 *(compétence particulière à certains tribunaux de commerce)*, **p. 897.**
– Art. L. 811-1 à L. 814-16, R. 811-1 à R. 814-169, A. 811-1 à A. 811-25, A. 812-1 à A. 812-24, A. 814-1 à A. 814-7 *(administrateurs judiciaires, mandataires judiciaires et experts en diagnostic d'entreprise)*, **p. 1361.**

Code de la consommation

– Art. L. 711-7, L. 711-8 *(surendettement d'un entrepreneur individuel à responsabilité limitée)*, **p. 931.**
– Art. L. 711-9 *(surendettement de l'entrepreneur individuel)*, **p. 1465.**

Code des douanes

– Art. 379 *bis* *(publicité du privilège des douanes)*, **p. 1570.**

Code général des impôts

– Art. 1756 *(remise de pénalités)*, **p. 1560.**
– Art. 1929 *quater* ; Annexe II, art. 396 *bis* ; Annexe III, art. 416 *bis*, 416 *ter* *(publicité du privilège du Trésor public)*, **p. 1560.**

Code monétaire et financier

– Art. L. 211-10 (*intermédiaire teneur de comptes de titres financiers*), **p. 1574.**

– Art. L. 211-20, D. 211-10 à D. 211-14-1 (*nantissement de comptes-titres et de titres financiers*), **p. 1574.**

– Art. L. 211-36 à L. 211-40 (*opérations sur instruments financiers*), **p. 1578.**

– Art. L. 312-4 à L. 312-6-1, L. 312-16 à L. 312-18 (*garantie des déposants*), **p. 1496.**

– Art. L. 313-12 (*crédit d'exploitation aux entreprises*), **p. 1580.**

– Art. L. 313-22-1 (*engagements de garantie des établissements de crédit*), **p. 1597.**

– Art. L. 313-50, L. 313-51, D. 313-26 à D. 313-31 (*garantie des cautions*), **p. 1510.**

– Art. L. 322-1 à L. 322-10 (*garantie des investisseurs*), **p. 1514.**

– Art. L. 330-1, L. 330-2, R. 330-1 à D. 330-5 (*systèmes de règlements interbancaires et systèmes de règlement et de livraison d'instruments financiers*), **p. 1597.**

– Art. L. 440-7 à L. 440-9 (*adhérents d'une chambre de compensation*), **p. 1603.**

– Art. L. 513-13, L. 513-18 à L. 513-21 (*sociétés de crédit foncier*), **p. 1604.**

– Art. L. 613-24 à L. 613-31, R. 613-19 à R. 613-24 (*établissements de crédit, sociétés de financement, établissements de paiement, établissements de monnaie électronique et entreprises d'investissement en difficulté*), **p. 1605.**

– Art. L. 613-31-1 à L. 613-31-10, R. 613-25, R. 613-26 (*mesures d'assainissement et de liquidation des établissements de crédit et des entreprises d'investissement*), **p. 1611.**

Code de la propriété intellectuelle

– Art. L. 132-15, L. 132-30 (*contrats d'édition et de production audiovisuelle*), **p. 1573.**

Code rural et de la pêche maritime

– Art. L. 351-1 à L. 351-7-1, R. 351-1 à R. 351-7, D. 354-1 à D. 354-15 (*exploitations agricoles en difficulté*), **p. 1474.**

Code de la sécurité sociale

– Art. L. 243-4, L. 243-5, D. 243-3 (*privilège de la sécurité sociale*), **p. 1565.**

– Art. R. 243-23, R. 243-24 (*remise de dettes et cession de rang de privilège ou d'hypothèque*), **p. 1569.**

Code du travail

– Art. L. 2312-63 à L. 2312-67, R. 2312-29, R. 2312-30 (*droit d'alerte du comité social et économique*), **p. 1472.**

– Art. L. 3253-2 à L. 3253-4, L. 3253-6 à L. 3253-21 (*privilèges et assurances*), **p. 382.**

– Art. L. 3253-5 (*privilège du façonnier*), **p. 1572.**

Livre des procédures fiscales

– Art. L. 269 A, L. 269 B (*droit de poursuite individuelle de l'Administration fiscale*), **p. 1564.**

1975	31 déc.	Loi n° 75-1334. Sous-traitance. – Art. 12, *Traitement des difficultés des entreprises*, **p. 1618.**
1985	27 déc.	Décret n° 85-1388 *[abrogé]*. Redressement et liquidation judiciaires des entreprises, **p. 1242.**
1985	27 déc.	Décret n° 85-1389. Administrateurs judiciaires, mandataires judiciaires et experts en diagnostic d'entreprise. – Abrogé et codifié au C. com., art. R. 811-1 s., *Mandataires judiciaires*, **p. 1387.**
1986	30 sept.	Loi n° 86-1067. Liberté de communication. – Art. 42-12, *Traitement des difficultés des entreprises*, **p. 1618.**
1999	30 juill	Décret n° 99-658. Application de l'art. 1799-1 du code civil et fixation d'un seuil de garantie de paiement aux entrepreneurs de travaux. – Art. 1er, *Prévention des difficultés des entreprises*, **p. 1487.**
1999	8 sept.	Arrêté. Homologation d'un règlement du Comité de la réglementation bancaire et financière. – V. Règl. n° 99-12 (*modalités et délais d'indemnisation par le mécanisme de garantie des cautions*), *Prévention des difficultés des entreprises*, **p. 1510.**
2000	29 mai	Règlement CE n° 1346-2000 *[abrogé]*. Procédures d'insolvabilité, *Droit européen*, **p. 1340.**
2005	22 juill.	Circulaire. Mesures d'application immédiate de la loi de sauvegarde des entreprises, – V. ce texte, 🏛.
2005	26 juill.	Loi n° 2005-845. Sauvegarde des entreprises : – Art. 1er à 160, 163. – V. C. com., livre VI mod., **p. 10.** – Art. 164. – V. C. com., art. L. 814-10, *Mandataires judiciaires*, **p. 1367.** – Art. 165, 190 à 192, **p. 7.**
2005	28 déc.	Décret n° 2005-1677. Application de la loi n° 2005-845 du 26 juill. 2005 de sauvegarde des entreprises. – Abrogé et codifié au C. com., art. R. 600-1 s., **p. 947.**
2006	9 janv.	Circulaire. Mesures législatives et réglementaires applicables de la loi de sauvegarde des entreprises applicables aux procédures en cours. – V. ce texte, 🏛.
2006	23 mars	Ordonnance n° 2006-346. Sûretés. – Art. 47, 48. – V. C. com., art. L. 622-7, L. 624-16 à L. 624-18.
2006	21 avr.	Ordonnance n° 2006-461. Réformant la saisie immobilière. – Art. 14. – V. C. com., art. L. 642-18.
2006	5 oct.	Ordonnance n° 2006-1225. Coopératives agricoles. – Art. 6-III. – V. C. com., art. L. 612-1.
2006	16 nov.	Circulaire. Intervention des ordres professionnels ou des autorités compétentes dans le cours des procédures du livre VI du code de commerce ouvertes à l'égard de professionnels libéraux appartenant à des professions réglementées. – V. ce texte, 🏛.
2006	15 déc.	Circulaire. Relative au règlement n° 1346-2000 du 29 mai 2000 (*procédures d'insolvabilité*), V. ce texte, 🏛.

2006	23 déc.	Décret n° 2006-1709. Pris en application de la loi n° 2005-845 du 26 juill. 2005 *(sauvegarde des entreprises)* et portant diverses dispositions relatives aux administrateurs judiciaires et aux mandataires judiciaires : – Art. 1er à 11, 75. – V. Décr. n° 85-1389 du 27 déc. 1985, art. 4-2, 10, 21, 21-A, 28-1, 29-6, 51, 54-1, 58-1, 58-2, 82-5, 82-6. – Abrogé et codifié au C. com., art. R. 811-1 s., *Mandataires judiciaires*, **p. 1387.** – Art. 43 à 74. – V. Décr. n° 2005-1677 du 28 déc. 2005, art. 50, 67, 76, 80, 86, 90, 110, 111, 133, 134, 136, 138, 159, 159-1, 163-1, 170, 181, 185, 192, 207, 219, 224, 233-1, 233-2, 254, 286, 304, 312, 315, 317-1, 318, 324, 328, 330, 348, 351-1. – Abrogé et codifié au C. com., art. R. 600-1 s., **p. 947.**
2007	5 févr.	Décret n° 2007-154. Désignation des autorités compétentes au sein des administrations financières pour statuer sur les demandes de remise présentées en application de l'art. L. 626-6 C. com. – V. ce texte, **p. 414.**
2007	19 févr.	Loi n° 2007-211. Institution de la fiducie. – Art. 18. – V. C. com., art. L. 632-1.
2007	25 mars	Décret n° 2007-431. Partie réglementaire du code de commerce : – Art. 4, **p. 1197.** – Art. R. 600-1 s., **p. 947.** – Art. R. 811-1 s., *Mandataires judiciaires*, **p. 1387.**
2007	6 avr.	Circulaire. Application du décret n° 2006-1709 du 23 décembre 2006 pris en application de la loi de sauvegarde des entreprises et portant diverses dispositions relatives aux administrateurs judiciaires et aux mandataires judiciaires, V. ce texte.
2007	17 avr.	Décret n° 2007-568. Modalités de mise en œuvre de la publicité du privilège du Trésor pour les créances mentionnées à l'art. 1929 *quater* CGI et aux art. 379 et 379 *bis* C. douanes. – Art. 2. – V. *Traitement des difficultés des entreprises*, **p. 1571.**
2007	4 mai	Décret n° 2007-686. Instituant dans chaque département une commission des chefs des services financiers et des représentants des organismes de sécurité sociale et de l'assurance chômage (CCSF) pour l'examen de la situation des débiteurs retardataires. – V. ce texte, *Prévention des difficultés des entreprises*, **p. 1544.**
2007	10 mai	Décret n° 2007-812. Tarif des greffiers des tribunaux de commerce et modification du code de commerce (partie réglementaire). – Art. 6 à 8. – V. C. com., art. R. 612-4.
2007	26 déc.	Décret n° 2007-1851. Modification du code de commerce (partie réglementaire) et relatif au tarif des huissiers de justice : – Art. 2-6° à 8°. – V. C. com., art. R. 631-31, R. 641-31, R. 652-1. – Art. 2-11°. – V. C. com., art. R. 812-4, *Mandataires judiciaires*, **p. 1375.**
2008	4 août	Loi n° 2008-776. Modernisation de l'économie. – Art. 70-I, 2°, 76, 77. – V. C. com., art. L. 611-7, L. 626-26, L. 643-11 (note), L. 653-11 (note), L. 654-5.

2008	18 déc.	Ordonnance n° 2008-1345. Réforme du droit des entreprises en difficulté – Ratifiée par L. n° 2009-526 du 12 mai 2009, art. 138. – Art. 1er à 166. – V. C. com., livre VI mod., **p. 10.**
2009	14 janv.	Arrêté. Partie Arrêtés du code de commerce : – V. C. com., art. A. 623-1, **p. 1102.** – V. C. com., art. A. 811-1 à A. 811-22, A. 812-1 à A. 812-21, A. 814-1 à A. 814-6, *Mandataires judiciaires*, **p. 1449.**
2009	22 janv.	Ordonnance n° 2009-80. Appel public à l'épargne et diverses dispositions en matière financière. – Art. 9. – V. C. com., art. L. 612-1.
2009	30 janv.	Ordonnance n° 2009-112. Diverses mesures relatives à la fiducie. – Art. 11, 12. – V. C. com., art. L. 621-4, L. 622-6-1, L. 626-25, L. 631-3, L. 640-3, L. 654-8.
2009	12 févr.	Décret n° 2009-160. Application de l'Ord. n° 2008-1345 du 18 déc. 2008 (réforme du droit des entreprises en difficulté) et modification des procédures de saisie immobilière et de distribution du prix d'un immeuble : – Art. 1er à 122. – V. livre VI C. com. mod. (partie réglementaire). – Art. 155-I (entrée en vigueur), **p. 946.**
2009	17 févr.	Loi n° 2009-179. Accélération des programmes de construction et d'investissement publics et privés. – Art. 20. – V. C. com., art. L. 626-6.
2009	6 avr.	Décret n° 2009-385. Application de l'art. L. 626-6 C. com. – V. C. com., art. D. 626-9 à D. 626-15.
2009	12 mai	Loi n° 2009-526. Simplification et clarification du droit et allègement des procédures : – Art. 138-I (ratification de l'Ord. n° 2008-1345 du 18 déc. 2008). – Art. 138-IX. – V. C. com., art. L. 622-26, L. 631-14.
2009	15 juill.	Ordonnance n° 2009-866. Conditions régissant la fourniture de services de paiement et création des établissements de paiement. – Art. 17. – V. C. com., art. L. 623-2, L. 651-4.
2009	7 oct.	Décret n° 2009-1193. Livre foncier et son informatisation dans les départements du Bas-Rhin, du Haut-Rhin et de la Moselle. – Art. 101. – V. C. com., art. R. 670-6.
2009	28 déc.	Décret n° 2009-1661. Frais de justice en matière commerciale et auxiliaires de justice. – Art. 1er, 7, 8. – V. C. com., art. R. 626-20 (note), R. 661-1.
2010	13 avr.	Décret n° 2010-368. Installations classées pour la protection de l'environnement et procédure d'enregistrement applicable à certaines de ces installations. – Art. 43. – V. C. com., art. R. 621-1, R. 631-1.
2010	28 juin	Décret n° 2010-709. Application de l'art. 42-12 de la loi n° 86-1067 du 30 sept. 1986 *(liberté de communication)*. – V. ce texte, *Traitement des difficultés des entreprises*, **p. 1619.**
2010	22 oct.	Loi n° 2010-1249. Régulation bancaire et financière. – Art. 58. – V. C. com., art. L. 626-5, L. 626-18, L. 626-21.

2010	9 déc.	Ordonnance n° 2010-1512. Adaptation du droit des entreprises en difficulté et des procédures de traitement des situations de surendettement à l'entrepreneur individuel à responsabilité limitée. – Ratifiée par L. n° 2012-387 du 22 mars 2012, art. 114. – Art. 1er à 8. – V. C. com., art. L. 611-1, L. 611-2, L. 611-4, L. 611-10-2, L. 611-13, L. 620-2, L. 621-1, L. 621-2, L. 621-4, L. 622-6, L. 622-14, L. 624-19, L. 631-2, L. 640-2, L. 641-4, L. 641-9, L. 641-12, L. 642-3, L. 642-5, L. 643-11, L. 651-2 , L. 651-4,L. 653-3, L. 653-6, L. 654-9, L. 654-14, L. 661-1, L. 680-1 à L. 680-7.
2010	23 déc.	Décret n° 2010-1619. Droits des actionnaires de sociétés cotées. – Art. 10. – V. C. com., art. R. 626-3.
2011	25 janv.	Loi n° 2011-94. Réforme de la représentation devant les cours d'appel. – Art. 32-11°. – V. C. com., art. L. 663-1.
2011	3 mars	Décret n° 2011-236. Application des art. 57 et 58 de la loi n° 2010-1249 du 22 oct. 2010 *(régulation bancaire et financière)*. – V. C. com., art. R. 611-38-1, R. 621-1, R. 626-7, R. 626-8, R. 626-33, R. 628-1 à R. 628-14, R. 631-1.
2011	28 mars	Loi n° 2011-331. Modernisation des professions judiciaires ou juridiques et certaines professions réglementées. – Art. 20, 23. – V. C. com., art. L. 811-4, L. 811-14, L. 812-2-2, L. 811-11, L. 813-1, L. 814-2, L. 814-12, L. 814-13, *Mandataires judiciaires*, **p. 1364.**
2011	17 mai	Loi n° 2011-525. Simplification et amélioration de la qualité du droit. – Art. 62, 135. – V. C. com., art. L. 612-3, L. 670-1, L. 670-4.
2011	20 juill.	Loi n° 2011-850. Libéralisation des ventes volontaires de meubles aux enchères publiques. – Art. 37. – V. C. com., art. L. 622-6-1.
2011	29 nov.	Décret n° 2011-1660. Application des 1°, 2° et 4° de l'art. 20 de la loi n° 2011-331 du 28 mars 2011 *(modernisation des professions judiciaires ou juridiques et certaines professions réglementées)*. – V. C. com., art. L. 811-2 (note), L. 812-2 (note), R. 811-33, R. 811-36, R. 811-37, R. 811-57, R. 812-20, R. 814-2-1, *Mandataires judiciaires*, **p. 1363.**
2011	13 déc.	Loi n° 2011-1862. Répartition des contentieux et allègement de certaines procédures juridictionnelles. – Art. 55. – V. C. com., art. L. 670-1-1.
2011	20 déc.	Décret n° 2011-1908. Application du 3° de l'art. 20 de la loi n° 2011-331 du 28 mars 2011 *(modernisation des professions judiciaires ou juridiques et certaines professions réglementées)*. – V. C. com., art. D. 811-40-1, D. 814-3-1, *Mandataires judiciaires*, **p. 1399.**
2012	12 mars	Loi n° 2012-346. Mesures conservatoires en matière de procédures de sauvegarde, de redressement judiciaire ou de liquidation judiciaire et biens qui en font l'objet. – V. C. com., art. L. 621-2, L. 631-10-1, L. 631-10-2, L. 651-4, L. 663-1-1.
2012	20 avr.	Décret n° 2012-536. Application aux professions de greffier de tribunal de commerce, d'administrateur judiciaire et de mandataire judiciaire de la loi n° 90-1258 du 31 déc. 1990 *(exercice sous forme de sociétés des professions libérales soumises à un statut législatif ou réglementaire ou*

		dont le titre est protégé et aux sociétés de participations financières de professions libérales). – Art. 3 à 5. – V. C. com., art. R. 814-146, R. 814-158, R. 814-160 à R. 814-169, *Mandataires judiciaires,* **p. 1444.**
2012	20 avr.	Arrêté. Conditions de tenue et de mise à jour de la liste des sociétés de participations financières de professions libérales d'administrateurs judiciaires ou de mandataires judiciaires. – V. C. com., art. A. 814-7, *Mandataires judiciaires,* **p. 1463.**
2012	3 mai	Décret n° 2012-634. Fusion des professions d'avocat et d'avoué près les cours d'appel. – Art. 21-5°. – V. C. com., art. R. 611-26, R. 611-42.
2012	9 mai	Décret n° 2012-721. Diverses dispositions relatives à la participation des employeurs à l'effort de construction pris en application de l'art. L. 313-36 CCH. – Art. 6-1°. – V. C. com., art. R. 612-1.
2012	30 mai	Décret n° 2012-783. Partie réglementaire du code des procédures civiles d'exécution. – Art. 5-I. – V. C. com., art. R. 642-27, R. 642-29-1, R. 642-29-2.
2012	13 sept.	Décret n° 2012-1047. Suppression des tribunaux de commerce de Lille et de Roubaix-Tourcoing et création du tribunal de commerce de Lille Métropole. – Art. 3. – V. Annexe 6-1 ss. C. com., art. R. 600-3.
2012	25 oct.	Décret n° 2012-1190. Application de la loi n° 2012-346 du 12 mars 2012 *(mesures conservatoires en matière de sauvegarde, de redressement judiciaire ou de liquidation judiciaire).* – V. C. com., art. R. 621-8-2, R. 631-7-1, R. 631-14-1, R. 641-1, R. 651-5, R. 661-1, R. 662-1-1, R. 662-1-2, R. 662-17, R. 663-45.
2012	26 déc.	Décret n° 2012-1462. Application de l'Ordonnance n° 2010-638 du 10 juin 2010 *(suppression du régime des conservateurs des hypothèques et adaptation de la publicité foncière).* – Art. 35. – V. C. com., art. R. 642-23, R. 642-24, R. 643-3, R. 643-4, R. 643-9, R. 670-5.
2013	28 janv.	Loi n° 2013-100. Diverses dispositions d'adaptation de la législation au droit de l'Union européenne en matière économique et financière. – Art. 22. – V. C. com., art. L. 622-6, L. 623-2, L. 651-4.
2013	14 juin	Loi n° 2013-504. Sécurisation de l'emploi. – Art. 18-XXIII. – V. C. com., art. L. 631-17, L. 641-4.
2013	27 juin	Ordonnance n° 2013-544. Établissements de crédit et sociétés de financement. – Ratifiée par L. n° 2014-1 du 2 janv. 2014, art. 18-I-2°. – Art. 7. – V. C. com., art. L. 611-1, L. 622-6, L. 622-8, L. 623-2, L. 643-3, L. 651-4.
2013	30 juill.	Décret n° 2013-692. Formes de procéder applicables devant les tribunaux de grande instance des départements du Bas-Rhin, du Haut-Rhin et de la Moselle dans les matières régies par le livre VI du code de commerce. – Art. 1er. – V. C. com., art. R. 670-1.
2014	12 mars	Ordonnance n° 2014-326. Réforme de la prévention des difficultés des entreprises et des procédures collectives. Ratifiée par L. n° 2016-1547 du 18 nov. 2016, art. 99-I-1° : – Art. 1er à 92, 94 à 97. – V. C. com., art. L. 611-2-1, L. 611-3, L. 611-6 à L. 611-8-1, L. 611-10-1 à L. 611-11, L. 611-13, L. 611-14,

		L. 611-16, L. 621-1, L. 621-2, L. 621-4, L. 621-7, L. 621-10, L. 621-12, L. 622-7, L. 622-10, L. 622-13, L. 622-17, L. 622-20, L. 622-22, L. 622-24, L. 622-25-1 à L. 622-28, L. 623-2, L. 624-1, L. 624-2, L. 624-20, L. 626-1, L. 626-3, L. 626-16-1, L. 626-18, L. 626-20, L. 626-26, L. 626-27, L. 631-3, L. 631-3-1, L. 631-4, L. 631-8 à L. 631-9-1, L. 631-14, L. 631-22, L. 632-1, L. 640-3-1 à L. 640-5, L. 641-1 à L. 641-4, L. 641-9, L. 641-10, L. 641-13 à L. 641-14-1, L. 642-2, L. 642-5, L. 642-7, L. 642-12, L. 642-18, L. 642-20, L. 643-7-1, L. 643-9, L. 643-11 à L. 643-13, L. 644-1-1, L. 644-2, L. 644-4 à L. 644-6, L. 645-1 à L. 645-12, L. 651-3, L. 653-5, L. 653-7, L. 653-8, L. 661-11, L. 662-2, L. 662-3, L. 663-1, L. 663-1-1, L. 663-2, L. 663-3-1. – Art. 98, 99. – V. C. com., art. L. 811-10, L. 812-8, *Mandataires judiciaires*, **p. 1367.** – Art. 116, **p. 9.**
2014	29 mars	Loi n° 2014-384. Visant à reconquérir l'économie réelle. – Art. 4. – V. C. com., art. L. 631-13.
2014	27 mai	Décret n° 2014-551. Adaptation de dispositions pour faire suite à la fusion de la direction générale des impôts et de la direction générale de la comptabilité publique. – Art. 4. – V. C. com., art. R. 621-7.
2014	18 juin	Loi n° 2014-626. Artisanat, commerce et très petites entreprises. – Art. 15. – V. C. com., art. L. 642-7.
2014	30 juin	Décret n° 2014-736. Application de l'ordonnance n° 2014-326 du 12 mars 2014 *(réforme de la prévention des difficultés des entreprises et des procédures collectives)*. – Art. 1er à 130. – V. C. com., art. R. 611-10 à R. 611-11, R. 611-13, R. 611-14, R. 611-16, R. 611-19, R. 611-20, R. 611-21-1, R. 611-22, R. 611-26-2, R. 611-34-1, R. 611-35, R. 611-38, R. 611-38-2, R. 611-40-1, R. 611-43, R. 611-46 à R. 611-47-1, R. 611-49 à R. 611-52, R. 621-1, R. 621-2-1, R. 621-4, R. 621-5, R. 621-7-1 à R. 621-8-1, R. 621-9, R. 621-17, R. 621-21 à R. 621-24, R. 622-1, R. 622-4, R. 622-5, R. 622-6, R. 622-10, R. 622-15, R. 622-20 à R. 622-22, R. 622-24, R. 622-25, R. 624-1, R. 624-2, R. 624-4 à R. 624-6, R. 624-13-1, R. 624-17, R. 624-18, R. 626-32-1, R. 626-33-1, R. 626-34, R. 626-39, R. 626-42, R. 626-45, R. 626-47-1 à R. 626-49, R. 628-1, R. 628-2, R. 628-4, R. 628-6 à R. 628-12, R. 631-1 à R. 631-5, R. 631-11, R. 631-18, R. 631-23, R. 631-34-5 à R. 631-34-7, R. 631-36, R. 631-43, R. 640-1, R. 640-1-1, R. 641-1, R. 641-5, R. 641-7, R. 641-11, R. 641-31, R. 641-32-1, R. 641-35, R. 641-39, R. 642-1, R. 642-5, R. 642-39, R. 642-40, R. 643-5, R. 643-17 à R. 643-19, R. 643-21, R. 644-1, R. 644-2, R. 644-4, R. 645-1 à R. 645-4, R. 645-6 à R. 645-25, R. 651-1, R. 651-5, R. 651-6, R. 661-1 à R. 661-3, R. 662-1, R. 662-3-1, R. 662-7, R. 662-9, R. 662-12-1, R. 662-17, R. 663-13-1 anc., R. 663-27-1 anc., R. 663-31-1 anc., R. 663-34 anc., R. 663-40-1 anc. à R. 663-41.
2014	25 juill.	Arrêté. Fixation de la quote-part mentionnée à l'article L. 611-16 du code de commerce dans sa rédaction issue de l'ordonnance

		n° 2014-326 du 12 mars 2014 portant réforme de la prévention des difficultés des entreprises et des procédures collectives. – V. ce texte ss. C. com., art. L. 611-16.
2014	31 juill.	Loi n° 2014-856. Économie sociale et solidaire. – Art. 60, 73. – V. C. com., art. L. 612-4, L. 626-2-1, L. 631-19, L. 642-4-1.
2014	26 sept.	Ordonnance n° 2014-1088. Complément de l'ordonnance n° 2014-326 du 12 mars 2014 *(réforme de la prévention des difficultés des entreprises et des procédures collectives)*. – Ratifiée par L. n° 2016-1547 du 18 nov. 2016, art. 99-I-2°. – V. C. com., art. L. 621-12, L. 631-7, L. 631-22, L. 641-1, L. 641-3, L. 643-13, L. 645-11, L. 663-1.
2014	13 oct.	Loi n° 2014-1170. D'avenir pour l'agriculture, l'alimentation et la forêt. – Art. 32. – V. C. com., art. L. 642-1.
2014	3 nov.	Décret n° 2014-1315. Diverses dispositions d'adaptation au droit de l'Union européenne en matière financière et relatif aux sociétés de financement. – Art. 9. – V. C. com., art. R. 811-15, R. 812-8, *Mandataires judiciaires*, **p. 1014.**
2014	3 nov.	Décret n° 2014-1316. Diverses dispositions d'adaptation au droit de l'Union européenne en matière financière et relatif aux sociétés de financement. – Art. 7. – V. C. com., art. D. 611-8.
2014	20 déc.	Loi n° 2014-1545. Simplification de la vie des entreprises. – Art. 41. – V. L. n° 84-148 du 1er mars 1984, art. 30, ss. C. com., art. L. 612-5.
2015	9 janv.	Circulaire. Modalités d'accueil et de traitement des dossiers des entreprises confrontées à des problèmes de financement. – V. ce texte, *Prévention des difficultés des entreprises*, **p. 1546.**
2015	20 mai	Règlement UE n° 2015-848. Procédures d'insolvabilité. – V. ce texte, *Droit européen*, **p. 1295.**
2015	23 juill.	Décret n° 2015-903. Obligations comptables des commerçants. – Art. 3. – V. C. com., art. R. 621-1, R. 621-11, R. 631-1, D. 641-10.
2015	6 août	Loi n° 2015-990. Croissance, activité et égalité des chances économiques : – Art. 232, 233, 235, 237 à 239. – V. C. com., art. L. 621-4, L. 621-4-1, L. 631-9, L. 631-19-2, L. 641-1, L. 641-1-2, L. 653-8, L. 661-1, L. 662-2, L. 662-8, L. 663-2, L. 663-3. – Art. 61, 63, 236. – V. C. com., art. L. 811-1, L. 811-3, L. 811-5, L. 811-7, L. 811-7-1, L. 812-1, L. 812-2-1, L. 812-3, L. 812-5, L. 812-5-1, L. 814-3, L. 814-12, L. 814-14, *Mandataires judiciaires*, **p. 1361.**
2015	18 août	Décret n° 2015-1009. Mise en œuvre du portail électronique prévu aux articles L. 814-2 et L. 814-13 du code de commerce : – Art. 2, 18. – V. C. com., R. 814-58-1 à R. 814-58-9, *Mandataires judicaires*, **p. 1371.** – Art. 3 à 11. – V. C. com., art. R. 621-8, R. 621-26, R. 622-5, R. 622-21, R. 628-10, R. 631-4, R. 640-1, R. 642-40, R. 662-12-1.

2015	20 août	Ordonnance n° 2015-1024. Diverses dispositions d'adaptation de la législation au droit de l'Union européenne en matière financière. Ratifiée par L. n° 2016-1691 du 9 déc. 2016, art. 150-I. – Art. 4. – V. C. com., art. L. 811-10, L. 812-8, *Mandataires judiciaires*, **p. 1367.**
2015	17 sept.	Arrêté. Modalités de fonctionnement du compte de dépôt mentionné à l'article R. 814-58-5 du code de commerce. – V. ss. C. com., art. R. 814-58-5, *Mandataires judiciaires*, **p. 1429.**
2015	1er oct.	Arrêté. Mise en œuvre du portail électronique prévu aux articles L. 814-2 et L. 814-13 du code de commerce. – V. ss. C. com., art. R. 814-58-4, *Mandataires judiciaires*, **p. 1428.**
2015	14 oct.	Loi n° 2015-1268. Actualisation du droit des outre-mer. – Art. 2. – V. C. com., art. L. 611-2.
2015	15 oct.	Ordonnance n° 2015-1287. Fusion de la Commission nationale d'inscription et de discipline des administrateurs judiciaires et de la Commission nationale d'inscription et de discipline des mandataires judiciaires. Ratifiée par L. n° 2016-1547 du 18 nov. 2016, art. 99-I-3°. – V. C. com., art. L. 811-4, L. 811-8, L. 812-2-2, L. 814-1, L. 814-1-1, *Mandataires judiciaires*, **p. 1381.**
2015	21 déc.	Loi n° 2015-1702. Financement de la sécurité sociale pour 2016. – Art. 93. – V. C. com., art. L. 643-11, L. 645-11.
2015	29 déc.	Loi n° 2015-1786. De finances rectificative pour 2015. – Art. 46-III. – V. C. com., art. L. 641-3.
2016	3 févr.	Décret n° 2016-109. Commission nationale d'inscription et de discipline des administrateurs judiciaires et des mandataires judiciaires. – V. C. com., art. R. 811-1, R. 811-2, R. 811-11, R. 811-20, R. 811-34, R. 811-35, R. 811-43, R. 811-49, R. 812-1, R. 812-2, R. 814-1, R. 814-1-1, R. 814-2 (note), R. 814-2-1 (note), R. 814-48, R. 814-50 à R. 814-53, R. 814-55 à R. 814-57, R. 814-60, R. 814-61, R. 814-64 à R. 814-66, R. 814-81, R. 814-90, R. 814-94, R. 814-97, R. 814-106, R. 814-147, R. 814-149, R. 814-156, *Mandataires judiciaires*, **p. 1387.**
2016	10 févr.	Ordonnance n° 2016-131. Réforme du droit des contrats, du régime général et de la preuve des obligations. – Art. 6. – V. C. com., art. L. 611-10-1, L. 622-28.
2016	26 févr.	Décret n° 2016-230. Tarifs de certains professionnels du droit et fonds interprofessionnel de l'accès au droit et à la justice. – Art. 4, 10. – V. C. com., art. R. 662-19 à R. 662-21, R. 663-3 à R. 663-9, R. 663-11, R. 663-12, R. 663-13 à R. 663-15, R. 663-16, R. 663-40-4.
2016	31 mars	Ordonnance n° 2016-394. Sociétés constituées pour l'exercice en commun de plusieurs professions libérales soumises à un statut législatif ou réglementaire ou dont le titre est protégé. – Art. 5. – V. C. com., art. L. 811-7-1-A, L. 811-10, L. 812-5-1-A, L. 812-8, *Mandataires judiciaires*, **p. 1365.**
2016	1er avr.	Décret n° 2016-400. Administrateurs judiciaires et mandataires judiciaires : – Art. 2 et 3. – V. C. com., art. R. 621-11-1, R. 641-3.

		– Art. 4 à 19. – V. C. com., art. R. 811-13, R. 811-17, R. 811-18, R. 811-22, R. 811-25, R. 811-26, R. 811-28-1 à R. 811-28-4, R. 811-31, R. 811-60 à R. 811-68, R. 812-7, R. 812-9, R. 812-13, R. 812-14, R. 812-18-1 à R. 812-18-4, R. 812-24, *Mandataires judiciaires*, **p. 1389.**
2016	28 mai	Arrêté. Fixation des tarifs réglementés applicables aux administrateurs judiciaires, commissaires à l'exécution du plan, mandataires judiciaires et liquidateurs. – V. C. com., art. A. 663-3 à A. 663-9, A. 663-11, A. 663-12, A. 663-13 à A. 663-15, A. 663-16 à A. 663-21, A. 663-22 à A. 663-29.
2016	2 juin	Ordonnance n° 2016-727. Désignation en justice, à titre habituel, des huissiers de justice et des commissaires-priseurs judiciaires en qualité de liquidateur ou d'assistant du juge commis dans certaines procédures prévues au titre IV du livre VI du code de commerce. – Ratifiée par L. n° 2016-1547 du 18 nov. 2016, art. 99-I-4° : – Art. 2 à 7. – V. C. com., art. L. 641-1, L. 645-4, L. 645-7, L. 645-8, L. 645-10, L. 654-12. – Art. 8 à 12, 14 à 17. – V. C. com., art. L. 812-2, L. 812-6, L. 812-8, L. 812-10, L. 814-1, L. 814-8, L. 814-9, L. 814-10-1, L. 814-10-2, *Mandataires judiciaires*, **p. 1373.**
2016	1er juill.	Décret n° 2016-902. Exercice sous forme de société ou d'autre entité dotée de la personnalité morale de la profession d'administrateur judiciaire ou de mandataire judiciaire. – V. C. com., art. R. 811-32, R. 814-60, R. 814-62 à R. 814-64, R. 814-76, R. 814-77, R. 814-80, R. 814-82, R. 814-92, R. 814-93, R. 814-99, R. 814-109-1, R. 814-146-1, R. 814-152, *Mandataires judiciaires*, **p. 1396.**
2016	8 août	Loi n° 2016-1087. Reconquête de la biodiversité, de la nature et des paysages. – Art. 128. – V. C. com., art. L. 642-2.
2016	13 sept.	Décret n° 2016-1218. Sociétés constituées pour l'exercice de certaines professions réglementées du droit ou du chiffre relevant du code de commerce et sociétés de participations financières dans ces sociétés. – Art. 1er et 2. – V. C. com., art. R. 814-145, R. 814-146, R. 814-147, R. 814-158, R. 814-159, R. 814-161, R. 814-163, R. 814-167, R. 814-169, *Mandataires judiciaires*, **p. 1444.**
2016	18 nov.	Loi n° 2016-1547. Modernisation de la justice du XXIe siècle : – Art. 97. – V. C. com., art. L. 811-2, L. 811-3, L. 811-10, L. 811-12, L. 811-15-1, L. 812-2, L. 812-8, L. 812-9, L. 814-9, L. 814-15, L. 814-16, *Mandataires judiciaires*, **p. 1362.** – Art. 99, 100. – V. C. com., art. L. 611-3, L. 611-6, L. 611-13, L. 621-1, L. 621-3, L. 621-4, L. 621-12, L. 622-10, L. 626-3, L. 626-10, L. 626-15 à L. 626-18, L. 626-25, L. 626-30-2, L. 631-9-1, L. 641-1, L. 641-2, L. 641-13, L. 642-2, L. 642-19, L. 645-1, L. 645-11, L. 653-1, L. 661-6, L. 662-7, L. 663-2.
2016	25 nov.	Décret n° 2016-1608. Attribution de compétence à des tribunaux de grande instance en matière de procédures prévues par le livre VI du code de commerce applicables aux personnes qui ne sont ni commerçants ni artisans. – V. Annexe 6-2 ss. C. com., art. R. 600-3.

2016	1er déc.	Ordonnance n° 2016-1635. Renforcement du dispositif français de lutte contre le blanchiment et le financement du terrorisme. – Art. 16. – V. C. com., art. L. 811-12, L. 814-10-2, *Mandataires judiciaires*, **p. 1369.**
2016	9 déc.	Loi n° 2016-1691. Transparence, lutte contre la corruption et modernisation de la vie économique. – Art. 42, 146. – V. C. com., art. L. 631-19-2, L. 651-2.
2016	22 déc.	Arrêté. Modification de l'annexe 8-5 au livre VIII du code de commerce. – V. C. com., art. A. 814-4, *Mandataires judiciaires*, **p. 1462** ; annexes 8-5-1 et 8-5-2, ss. C. com., art. 814-4.
2016	23 déc.	Décret n° 2016-1851. Désignation des huissiers de justice et des commissaires-priseurs judiciaires dans certaines procédures relatives aux entreprises en difficulté et modification du code de commerce : – Art. 2 à 11, 27 à 30. – V. C. com., art. R. 611-23-1, R. 621-13, R. 641-8, D. 641-8-1, R. 645-5, R. 645-8 à R. 645-13, R. 645-20, R. 645-24, R. 645-25, R. 662-4, R. 662-18, R. 663-50. – Art. 12 à 25, 31 à 39. – V. C. com., art. R. 811-24 à R. 811-26, R. 811-40, R. 811-41 à R. 811-42-1, R. 812-11, R. 812-13, R. 812-14, R. 812-21, R. 812-21-1, R. 812-22-1, R. 812-23-1, R. 812-23-2, R. 814-1, R. 814-2-1, R. 814-3, R. 814-3-2, R. 814-24, R. 814-41-1 à R. 814-45, R. 814-48, R. 814-166, *Mandataires judiciaires*, **p. 1391.**
2016	30 déc.	Décret n° 2016-1996. Modification du ressort de certaines juridictions à la suite de la création de communes nouvelles. – Art. 1er. – V. C. com., annexes 6-1 et 6-2.
2017	7 mars	Arrêté. Accès aux professions d'administrateur judiciaire et de mandataire judiciaire. – V. C. com., art. A. 811-1, A. 811-4, A. 811-14, A. 811-17, A. 811-23 à A. 811-25, A. 812-1, A. 812-4, A. 812-14, A. 812-17, A. 812-22 à A. 812-24, *Mandataires judiciaires*, **p. 1449** ; Annexe 8-1-1.
2017	8 mars	Décret n° 2017-304. Seuils d'ouverture par un administrateur judiciaire ou un mandataire judiciaire d'un compte distinct par procédure de sauvegarde, de redressement judiciaire ou de liquidation judiciaire. – V. C. com., art. D. 814-37-1, *Mandataires judiciaires*, **p. 1421.**
2017	5 mai	Décret n° 2017-795. Application de l'article 27 de la loi n° 66-879 du 29 novembre 1966 et fixation de la majorité requise pour la transformation d'une société civile professionnelle en une société pluri-professionnelle d'exercice ou pour la participation d'une société civile professionnelle à la constitution d'une telle société. – Art. 1er. – V. C. com., art. R. 814-122-1, *Mandataires judiciaires*, **p. 1441.**
2017	5 mai	Décret n° 2017-796. Exercice de la profession d'administrateur judiciaire ou de mandataire judiciaire par une société pluri-professionnelle d'exercice. – Art. 1er. – V. C. com., art. R. 811-30, R. 812-18, R. 814-59, R. 814-60, R. 814-62, R. 814-68, R. 814-70 à R. 814-72, R. 814-74, R. 814-75, R. 814-78 à R. 814-80, R. 814-83, R. 814-87, R. 814-89, R. 814-91 à R. 814-94, R. 814-108, R. 814-113, R. 814-121, R. 814-129, R. 814-146-1, R. 814-150, R. 814-152, *Mandataires judiciaires*, **p. 1396.**

2017	6 mai	Décret n° 2017-891. Exceptions d'incompétence et appel en matière civile. – Art. 5. – V. C. com., art. R. 624-5.
2017	22 juin	Ordonnance n° 2017-1107. Marchés d'instruments financiers et séparation du régime juridique des sociétés de gestion de portefeuille de celui des entreprises d'investissement. – Art. 15. – V. C. com., art. L. 654-4.
2017	2 août	Décret n° 2017-1225. Modification des dispositions régissant les professionnels intervenant dans les procédures relatives aux entreprises en difficulté et application de la loi n° 2016-1547 du 18 novembre 2016. – Art. 1er à 17, 26. – V. C. com., art. L. 811-3 (note), R. 611-16, R. 645-9, R. 811-10, R. 811-19, R. 811-42, R. 811-42-1, R. 812-21, R. 812-21-1, R. 814-3-2, R. 814-4, R. 814-28-1 à R. 814-28-7, R. 814-41-1, R. 814-42, R. 814-42-2, R. 814-44, R. 814-45, R. 814-48, *Mandataires judiciaires*, **p. 952.**
2017	2 nov.	Ordonnance n° 2017-1519. Adaptation du droit français au règlement (UE) n° 2015/848 du Parlement européen et du Conseil du 20 mai 2015 relatif aux procédures d'insolvabilité. – Ratifiée par L. n° 2019-486 du 22 mai 2019, art. 206-XXIII. – V. C. com., art. L. 643-11, L. 690-1 à L. 696-1.
2017	28 déc.	Loi n° 2017-1775. De finances rectificative pour 2017. – Art. 73. – V. C. com., art. L. 632-2.
2018	23 mars	Décret n° 2018-200. Modification de certaines dispositions de la partie réglementaire du code de commerce et du décret n° 2016-230 du 26 février 2016 *(tarifs de certains professionnels du droit et fonds interprofessionnel de l'accès au droit et à la justice)*. – Art. 4 et 5. – V. C. com., art. R. 663-3, R. 663-4, R. 663-9.
2018	11 avr.	Décret n° 2018-262. Modalités d'inscription de la mention de la spécialité civile ou commerciale sur la liste nationale des administrateurs judiciaires. – V. C. com., art. R. 811-19, R. 811-23, R. 811-26, R. 811-27, R. 811-28-1, R. 811-28-2, R. 811-28-5 à R. 811-28-7, R. 811-31, R. 811-31-1, R. 812-19, *Mandataires judiciaires*, **p. 1390.**
2018	25 avr.	Arrêté. Obtention de la mention de spécialité des administrateurs judiciaires. – V. C. com., art. A. 811-14, A. 811-16 à A. 811-19-1, A. 811-26 à A. 811-30, A. 812-17, *Mandataires judiciaires*, **p. 1454.**
2018	5 juin	Décret n° 2018-452. Application du règlement (UE) n° 2015/848 du Parlement européen et du Conseil du 20 mai 2015 relatif aux procédures d'insolvabilité et de l'ordonnance n° 2017-1519 portant adaptation du droit français à ce règlement. – Art. 4 à 8. – V. C. com., art. R. 600-1, R. 621-8, R. 661-6, R. 662-1-1, R. 690-1 à R. 695-4.
2018	18 juill.	Arrêté. Approbation des règles professionnelles établies par le Conseil national des administrateurs judiciaires et des mandataires judiciaires.
2018	11 déc.	Décret n° 2018-1126. Protection du secret des affaires. – Art. 1er. – V. C. com., art. R. 811-48, R. 811-51, *Mandataires judiciaires*, **p. 1400.**

2019	4 avr.	Décret n° 2019-276. Institution d'une indemnité pour les membres de la Commission nationale d'inscription et de discipline des administrateurs judiciaires et des mandataires judiciaires. – V. C. com., art. D. 814-1-2, *Mandataires judiciaires*, **p. 1412.**
2019	22 mai	Loi n° 2019-486. Croissance et transformation des entreprises. – Art. 7, 56 à 59, 63, 64, 67, 68. – V. C. com., art. L. 611-5, L. 611-6, L. 612-1, L. 612-4, L. 620-2, L. 621-2, L. 622-24, L. 626-12, L. 626-27, L. 631-2, L. 631-7, L. 631-9, L. 631-11, L. 640-2, L. 641-1, L. 641-2-1, L. 641-3, L. 641-11, L. 642-7, L. 644-2, L. 644-5, L. 645-1, L. 645-3, L. 645-9, L. 653-3, L. 670-1-1, L. 670-6.
2019	20 juin	Directive (UE) 2019/1023. Cadres de restructuration préventive, remise de dettes et déchéances, et mesures à prendre pour augmenter l'efficacité des procédures en matière de restructuration, d'insolvabilité et de remise de dettes, et modification de la directive (UE) 2017/1132 *(directive sur la restructuration et l'insolvabilité)*, V. *Droit européen* 🏛.
2019	17 juill.	Ordonnance n° 2019-738. Application de l'article 28 de la loi n° 2019-222 du 23 mars 2019 de programmation 2018-2022 et de réforme pour la justice. – Art. 3. – V. C. com., art. L. 631-19-2.
2019	19 juill.	Loi n° 2019-744. Simplification, clarification et actualisation du droit des sociétés. – Art. 2. – V. C. com., art. L. 642-14.
2019	30 août	Décret n° 2019-913. Application de l'article 95 de la loi n° 2019-222 du 23 mars 2019 *(programmation 2018-2022 et réforme pour la justice)*. – Art. 7. – V. C. com., annexes 6-1 et 6-2, ss. art. R. 600-3, annexe 6-4, ss. art. R. 600-4.
2019	25 sept.	Décret n° 2019-987. Simplification du droit de l'entrepreneur individuel à responsabilité limitée, qualification artisanale et répertoire des métiers. – Art. 32. – V. C. com., R. 611-43.
2019	7 nov.	Décret n° 2019-1143. Dispositions spécifiques applicables aux centres de formation d'apprentis et aux obligations des organismes prestataires d'actions de développement des compétences. – Art. 7. – V. C. com., art. R. 814-28-4, V. *Mandataires judiciaires*, **p. 1419.**
2019	21 nov.	Décret n° 2019-1208. Diverses dispositions relatives à la liquidation judiciaire simplifiée. – V. C. com., art. D. 641-10.
2019	11 déc.	Décret n° 2019-1333. Réforme de la procédure civile. – Art. 16. – V. C. com., art. R. 621-8-1, R. 621-15, R. 621-21, R. 624-10, R. 626-45, R. 626-63, R. 641-7, R. 642-5, R. 642-33, R. 642-38, R. 643-11, R. 645-19, R. 661-1, R. 663-46 ; C. com., art. R. 811-57, R. 812-23-1, V. *Mandataires judiciaires*, **p. 1402.**
2019	20 déc.	Décret n° 2019-1419. Procédure accélérée au fond devant les juridictions judiciaires. – Art. 2. – V. C. com., art. R. 611-35, R. 692-9 ; C. com., art. R. 814-105, V. *Mandataires judiciaires*, **p. 1439.**
2020	7 févr.	Décret n° 2020-100. Modalités de calcul du seuil d'effectif salarié dans le code de commerce et le décret n° 2017-564 du 19 avril 2017. – Art. 6 à 11. – V. C. com., art. R. 621-1, R. 621-2-1, R. 621-11, R. 621-11-1, R. 631-1, R. 663-3.

2020	7 févr.	Décret n° 2020-101. Modalités de calcul du seuil d'effectif salarié dans le code de commerce : – Art. 9, 10. – V. C. com., art. D. 641-8-1, D. 641-10. – Art. 11. – V. C. com., art. D. 814-37-1, V. *Mandataires judiciaires*, **p. 1421.**
2020	10 févr.	Décret n° 2020-106. Formalités de publicité légale en matière de droit commercial. – Art. 12, 13. – V. C. com., art. R. 611-43, R. 621-8, R. 625-3, R. 626-8, R. 643-6, R. 644-2, R. 645-19, R. 661-2 ; C. com., art. R. 814-117, V. *Mandataires judiciaires*, **p. 1440.**
2020	28 févr.	Arrêté. Tarifs réglementés applicables aux administrateurs judiciaires, commissaires à l'exécution du plan, mandataires judiciaires et aux liquidateurs. – V. C. com., art. A. 663-16, A. 663-18, A. 663-20 à A. 663-22, A. 663-24 à A. 663-28.
2020	27 mars	Ordonnance n° 2020-341. Adaptation des règles relatives aux difficultés des entreprises et des exploitations agricoles à l'urgence sanitaire et modification de certaines dispositions de procédure pénale, **p. 1110.**
2020	30 mars	Circulaire. Présentation des articles 1er, 2, 3 et 5 de l'ordonnance n° 2020-341 du 27 mars 2020 *(adaptation des règles relatives aux difficultés des entreprises et des exploitations agricoles à l'urgence sanitaire et modifiant certaines dispositions de procédure pénale)*, **p. 1112.**
2020	20 mai	Ordonnance n° 2020-596. Adaptation des règles relatives aux difficultés des entreprises et des exploitations agricoles aux conséquences de l'épidémie de covid-19 : – Art. 1er à 8, 10, **p. 1117.** – Art. 9. – V. Ord. n° 2020-341 du 27 mars 2020, art. 1er à 3, 5, **p. 1111.**
2020	16 juin	Circulaire. Présentation de l'ordonnance n° 2020-596 du 20 mai 2020 *(adaptation des règles relatives aux difficultés des entreprises et des exploitations agricoles aux conséquences de l'épidémie de covid-19)*, **p. 1122.**
2020	16 sept.	Ordonnance n° 2020-1142. Création, au sein du code de commerce, d'un chapitre relatif aux sociétés dont les titres sont admis aux négociations sur un marché réglementé ou sur un système multilatéral de négociation. – Art. 8. – V. C. com., art. L. 632-1.
2020	19 nov.	Décret n° 2020-1421. Modification de l'article D. 814-1-2 du code de commerce relatif à l'indemnisation des commissaires du Gouvernement et de leur suppléant auprès de la Commission nationale d'inscription et de discipline des administrateurs judiciaires et des mandataires judiciaires. – V. C. com., art. D. 814-1-2, V. *Mandataires judiciaires*, **p. 1412.**
2020	25 nov.	Ordonnance n° 2020-1443. Adaptation des règles relatives aux difficultés des entreprises aux conséquences de l'épidémie de covid-19, **p. 1130.**
2020	2 déc.	Arrêté. Modalités et programme de l'examen de contrôle des connaissances mentionné aux articles L. 811-5 et L. 812-3 du code de commerce pour l'accès aux professions d'administrateur judiciaire et de mandataire judiciaire. – V. C. com., art. A. 811-31 à A. 811-38, A. 812-25 à A. 812-29, V. *Mandataires judiciaires*, **p. 1460.**

2020	15 déc.	Arrêté. Adaptation temporaire des tarifs applicables aux administrateurs judiciaires et commissaires à l'exécution du plan pour l'application des ordonnances n° 2020-341 du 27 mars 2020 et n° 2020-596 du 20 mai 2020 portant adaptation des règles relatives aux difficultés des entreprises et des exploitations agricoles - épidémie de covid-19, **p. 1120.**
2021	21 mai	Décret n° 2021-631. Suppression de l'exigence de présentation par les entreprises d'un extrait d'immatriculation au registre du commerce et des sociétés ou au répertoire des métiers dans leurs démarches administratives. – Art. 4. – V. C. com., art. R. 611-22, R. 621-1, R. 631-1.
2021	31 mai	Loi n° 2021-689. Gestion de la sortie de crise sanitaire. – Art. 13, V. **p. 1131.**
2021	1er juill.	Loi n° 2021-874. En faveur de l'engagement associatif. – Art. 1er. – V. C. com., art. L. 651-2.
2021	24 août	Loi n° 2021-1109. Respect des principes de la République. – Art. 21. – V. C. com., art. L. 612-4.
2021	15 sept.	Ordonnance n° 2021-1189. Création du Registre national des entreprises. – Art. 12. – V. C. com., art. L. 611-1.
2021	15 sept.	Ordonnance n° 2021-1192. Réforme du droit des sûretés. – Art. 34-V. – V. C. com., art. L. 624-11, L. 625-7 ; C. com., art. L. 814-3, V. *Mandataires judiciaires*, **p. 1361.**
2021	15 sept.	Ordonnance n° 2021-1193. Modification du livre VI du code de commerce : – Art. 2 à 70. – V. C. com., art. L. 611-2, L. 611-2-2, L. 611-3, L. 611-6, L. 611-7, L. 611-8-1, L. 611-9, L. 611-10-2, L. 611-10-4, L. 611-11, L. 612-2, L. 612-3, L. 620-1, L. 621-1, L. 621-3, L. 621-4, L. 621-7, L. 622-7, L. 622-8, L. 622-10, L. 622-17, L. 622-21, L. 622-25, L. 622-26, L. 622-33, L. 622-34, L. 623-3, L. 624-2, L. 624-3-1, L. 624-21, L. 626-2, L. 626-2-1, L. 626-5, L. 626-8, L. 626-10, L. 626-18, L. 626-20, L. 626-22, L. 626-25, L. 626-26, L. 626-29 à L. 626-34, L. 628-1 à L. 628-8, L. 631-1, L. 631-6, L. 631-7, L. 631-10-2, L. 631-13 à L. 631-15, L. 631-19 à L. 631-20-1, L. 631-22, L. 632-1, L. 640-6, L. 641-1, L. 641-1-1, L. 641-2, L. 641-4, L. 641-13, L. 641-14, L. 642-5, L. 642-6, L. 642-9, L. 642-12, L. 642-13, L. 642-17, L. 643-3, L. 643-8, L. 644-4, L. 645-1, L. 651-2 (ndlr), L. 661-1, L. 661-7, L. 661-10, L. 662-4, L. 692-5. – Art. 71 à 73. – V. **p. 9.**
2021	23 sept.	Décret n° 2021-1218. Modification du livre VI du code de commerce. – V. C. com., art. R. 611-11, R. 611-12, R. 611-35, R. 611-39-1, R. 611-44, R. 611-46, R. 621-1, R. 621-3, R. 621-9, R. 621-14, R. 621-26, R. 622-5-1, R. 622-7, R. 622-23, R. 624-3, R. 624-8, D. 626-12, D. 626-13, R. 626-17, R. 626-21, R. 626-45, R. 626-52 à D. 626-65, R. 628-2 à R. 628-5, R. 628-8, R. 628-10, R. 628-11, R. 628-13 à R. 628-19, R. 631-1, R. 631-7-1-A, R. 631-18, R. 631-26, R. 631-34, R. 631-34-1, R. 631-36, R. 631-37, R. 641-14, R. 644-2, R. 645-1, R. 653-3, R. 661-5, R. 661-6, R. 691-1, R. 695-4.

2021	16 oct.	Décret n° 2021-1354. Procédure de traitement de sortie de crise. – V. **p. 1133.**
2021	16 oct.	Décret n° 2021-1355. Diverses mesures d'application de l'article 13 de la loi n° 2021-689 du 31 mai 2021 relative à la gestion de la sortie de crise sanitaire et fixant notamment les seuils prévus par le A du I de cet article. – V. **p. 1141.**
2021	5 nov.	Arrêté. Adaptation temporaire des tarifs applicables aux administrateurs judiciaires, mandataires judiciaires et commissaires à l'exécution du plan pour l'application des dispositions de l'article 13 de la loi n° 2021-689 du 31 mai 2021 relative à la gestion de la sortie de crise sanitaire. – V. **p. 1141.**
2021	27 déc.	Décret n° 2021-1821. Désignation d'un tribunal judiciaire à compétence départementale pour connaître des procédures collectives en matière civile ainsi qu'en matière rurale et de pêche maritime en application de l'article L. 211-9-3 du code de l'organisation judiciaire. – V. C. com., annexe 6-2, ss. art. R. 600-3.
2021	29 déc.	Décret n° 2021-1887. Registre des sûretés mobilières et autres opérations connexes. – Art. 3. – V. C. com., art. R. 622-14, R. 626-25 à R. 626-30, R. 641-22, R. 642-12 à R. 642-17.
2021	29 déc.	Décret n° 2021-1888. Application de l'ordonnance n° 2021-1192 du 15 septembre 2021 (*réforme du droit des sûretés*). – Art. 5. – V. C. com., art. R. 626-36, R. 643-4.
2022	14 févr.	Loi n° 2022-172. En faveur de l'activité professionnelle indépendante. – Art. 5. – V. C. com., art. L. 611-13, L. 611-17, L. 620-2, L. 621-2, L. 622-6, L. 624-19, L. 626-13, L. 631-1 à L. 631-3, L. 631-11, L. 632-1, L. 640-2, L. 640-3, L. 641-2, L. 641-4, L. 641-9, L. 641-15, L. 642-22, L. 642-22-1, L. 643-1, L. 643-11, L. 643-12, L. 645-1, L. 645-11, L. 651-1 à L. 651-4, L. 653-3, L. 653-6, L. 654-9, L. 654-14, L. 681-1 à L. 681-4.
2022	23 févr.	Arrêté. Tarifs réglementés applicables aux administrateurs judiciaires, commissaires à l'exécution du plan, mandataires judiciaires et aux liquidateurs. – V. C. com., art. A. 663-3.
2022	14 juin	Décret n° 2022-890. Traitement des difficultés de l'entrepreneur individuel. – Art. 1er. – V. C. com., art. R. 611-10, R. 611-11, R. 611-19, R. 611-46-1, R. 621-8, R. 621-8-1, R. 622-16, R. 624-13-1, R. 631-1, R. 641-7, R. 642-40, R. 643-5, R. 643-21, R. 651-5, R. 651-6, R. 681-1 à R. 681-7.
2022	19 juill.	Décret n° 2022-1014. Registre national des entreprises et adaptation d'autres registres d'entreprises. – Art. 8. – V. C. com., art. R. 611-43, R. 621-8, R. 621-9, R. 622-1, R. 622-10, R. 626-20, R. 626-42, R. 631-7-1-A, R. 631-23, R. 631-43, R. 642-5, R. 644-1, R. 644-4, R. 645-19, R. 662-7.
2022	5 août	Arrêté. Montant et certaines modalités de mise en œuvre des aides pour les exploitations agricoles en difficulté, V. *Prévention des difficultés des entreprises*, **p. 1485.**

2022	5 août	Arrêté. Application du 1 de l'article L. 322-9 du code monétaire et financier et garantie des services des sociétés de gestion, V. *Prévention des difficultés des entreprises*, .
2022	23 déc.	Loi n° 2022-1616. De financement de la sécurité sociale pour 2023. – Art. 98. – V. C. com., art. L. 643-11.
2023	8 févr.	Ordonnance n° 2023-77. Exercice en société des professions libérales réglementées. – Art. 131 à 133. – V. C. com., art. L. 811-7, L. 811-7-1-A, L. 811-10, L. 812-5, L. 812-5-1-A, L. 812-8, V. *Mandataires judiciaires*, **p. 1365.**
2023	11 mai	Décret n° 2023-369. Complément et modification des dispositions relatives au registre des sûretés mobilières et autres opérations connexes. – Art. 1er. – V. C. com., art. R. 624-15.
2023	3 juin	Décret n° 2023-434. Rémunération des administrateurs judiciaires et des mandataires judiciaires. – Art. 2 à 15. – V. C. com., art. R. 641-38, R. 663-1-1, R. 663-9, R. 663-10, R. 663-12-1, R. 663-13, R. 663-15, R. 663-15-1, R. 663-25, R. 663-31, R. 663-34, R. 663-36 à R. 663-38.
2023	22 août	Arrêté. Rémunération des administrateurs judiciaires et des mandataires judiciaires. – V. C. com., art. A. 663-10, A. 663-12-1, A. 663-15, A. 663-15-1, A. 663-22.
2023	23 oct.	Loi n° 2023-973. Industrie verte. – Art. 14. – V. C. com., art. L. 641-13, L. 643-8, L. 644-4.
2023	20 nov.	Loi n° 2023-1059. Orientation et programmation du ministère de la justice 2023-2027 : – Art. 26, **p. 1143.** – Art. 45. – V. C. com., art. L. 814-2, L. 814-13, V. *Mandataires judiciaires*, **p. 1381.** – Art. 46. – V. L. n° 2021-689 du 31 mai 2021, art. 13 (note), **p. 1132.**
2023	6 déc.	Ordonnance n° 2023-1142. Publication et certification d'informations en matière de durabilité et obligations environnementales, sociales et de gouvernement d'entreprise des sociétés commerciales. – Art. 31. – V. C. com., art. L. 612-1, L. 612-4.
2023	29 déc.	Décret n° 2023-1391. Simplification de la procédure d'appel en matière civile. – Art. 12. – V. C. com., art. R. 661-6.
2024	26 janv.	Loi n° 2024-42. Contrôle de l'immigration, amélioration de l'intégration. – Art. 29. – V. C. com., art. L. 526-22, V. *Prévention des difficultés des entreprises*, **p. 1536.**
2024	28 févr.	Arrêté. Objectif de taux de résultat moyen et tarifs réglementés des administrateurs judiciaires et mandataires judiciaires : – Art. 1er, 2. – V. C. com., art. R. 444-7 (note), ss. C. com., art. L. 663-2. – Art. 3 à 10. – V. C. com., art. A. 663-3 à A. 663-5, A. 663-8, A. 663-11, A. 663-13, V. *Mandataires judiciaires*, **p. 1103.**
2024	18 mars	Arrêté. Mise en œuvre de la garantie des titres, plafond d'indemnisation et modalités d'application de l'article L. 322-3 du code monétaire et financier. – V. *Prévention des difficultés des entreprises*, **p. 1515.**

2024	22 avr.	Loi n° 2024-364. Diverses dispositions d'adaptation au droit de l'Union européenne en matière d'économie, de finances, de transition écologique, de droit pénal, de droit social et en matière agricole. – Art. 9. – V. C. mon. fin., art. L. 312-5, V. *Prévention des difficultés des entreprises,* **p. 1505.**
2024	19 juin	Ordonnance n° 2024-562. Modification et codification du droit de la propriété foncière. – Art. 11. – V. C. com., art. L. 626-14 (note), L. 642-10 (note) ; art. L. 526-9 (note), V. *Prévention des difficultés des entreprises,* **p. 1533.**
2024	26 juin	Décret n° 2024-606. Organisation et fonctionnement de l'opérateur France Travail. – Art. 11. – V. C. com., art. D. 626-9, D. 626-10.
2024	5 juill.	Arrêté. Expérimentation du tribunal des affaires économiques, **p. 1144.**
2024	15 oct.	Ordonnance n° 2024-936. Marchés de crypto-actifs. – Art. 5. – V. C. mon. fin., art. L. 211-20, V. *Traitement des difficultés des entreprises,* **p. 1574.**
2024	13 nov.	Décret n° 2024-1021. Exercice en société des professions d'administrateur judiciaire et de mandataire judiciaire. – V. C. com., art. R. 814-59, R. 814-60, R. 814-62, R. 814-80, R. 814-87, R. 814-91, R. 814-111, R. 814-121, R. 814-122-1, R. 814-130, R. 814-131, R. 814-135, R. 814-143 à R. 814-146, R. 814-147, D. 814-147-1, R. 814-149, R. 814-150, R. 814-155, R. 814-158, R. 814-158-1, D. 814-163-1, D. 814-168-1, V. *Mandataires judiciaires,* **p. 1431.**

TABLE ALPHABÉTIQUE

NOTA. Régime en vigueur
Nota Les nombres renvoient aux articles des livres VI et VIII du code de commerce.
La lettre J. entre parenthèses indique que l'on renvoie aux annotations de jurisprudence (sur deux colonnes). Exemple : L. 620-1 (J. 2 s.) signifie que l'on renvoie aux numéros 2 et suivants des annotations de jurisprudence situées sous l'article L. 620-1 du code de commerce
Les caractères italiques indiquent un mot de renvoi. Ceux de ces mots qui sont en caractères gras et précédés d'une flèche rouge renvoient à un autre mot en caractères gras de la table, les autres, en caractères maigres et sans flèche rouge, renvoient à une autre subdivision du même mot en caractères gras.

A

Abus de biens sociaux, L. 651-2 (J. 90).

Actif,
- Réalisation,
  - liquidation judiciaire, L. 642-1 s., R. 642-1 s.

Action en distraction, L. 624-9 (J. 48).

Action oblique, L. 622-20 (J. 10), L. 622-21 (J. 51), L. 641-9 (J. 45).

Action paulienne, L. 621-2 (J. 55), L. 622-20 (J. 10), L. 622-21 (J. 50), L. 626-25 (J. 18), L. 632-1 (J. 1), L. 632-4 (J. 16), L. 641-4 (J. 5), L. 642-18 (J. 24).

Action publique,
- Banqueroute, infractions diverses, L. 654-16.

Action en répétition de l'indu, L. 622-21 (J. 42).

Administrateurs judiciaires, L. 811-1 s., L. 814-1 s., **p. 1361** ; art. R. 811-3 s., R. 814-1 s., **p. 1387** ; art. A. 811-1 s., A. 814-1 s., **p. 1449.**
- Aides à l'installation ou au maintien, C. com., art. R. 444-22 s., **p. 915.**
- Contrats en cours, L. 622-13.
- Délit de diffamation, L. 811-1 (J. 4).
- Délit de malversation, L. 654-12.
- Désignation, L. 621-4, L. 621-5.
- Mission,
  - modification, L. 661-6, R. 622-1.
  - plan de sauvegarde, L. 626-24.
  - redressement judiciaire, L. 631-12.
  - sauvegarde, L. 622-1.
- Période d'observation, L. 622-4 s.
- Portail électronique, L. 814-2, L. 814-13, R. 814-58-1 s.
- Prise illégale d'intérêts, L. 621-4 (J. 23).
- Rapport sur l'entreprise, L. 623-1 s.
- Règles professionnelles, A. 814-1 ; Arr. du 18 juill. 2018 🏛.
- Remplacement et administrateurs supplémentaires, L. 621-4, L. 621-4-1, L. 621-7, R. 621-11-1.
- Rémunération, L. 663-2, R. 663-3 s., R. 663-32 s., A. 663-3 s. ; C. com., art. L. 444-1 s., R. 444-1 s., **p. 907** ; Circ. 6 avr. 2007 🏛.
- Responsabilité, L. 621-4 (J. 13 s.), L. 626-9 (J. 7), L. 811-1 (J. 3).
- Salarié, L. 811-1, L. 811-3, L. 811-7-1, L. 814-3, L. 814-14, R. 811-60 s.
- Sociétés, L. 811-7, L. 811-7-1 A.
  - sociétés civiles professionnelles, art. R. 814-59 s.
  - sociétés d'exercice libéral, art. R. 814-59 s., R. 814-145 s.
  - sociétés en participation, art. R. 814-155 s.
  - sociétés de participations financières, R. 814-158 s., A. 814-7, **p. 1447.**

Administration de l'entreprise
▸ V. *Période d'observation (sauvegarde).*

Admission des créances,
- Liquidation judiciaire, L. 641-3 s., L. 641-14, R. 641-27 s.
- Redressement judiciaire, L. 631-18 (renvoi), R. 631-29.
- Sauvegarde, L. 624-2 s., R. 624-3 s.

Agent des sûretés,
– Déclaration de créance, C. civ., art. 2488-9, **p. 1559.**
– Procédure collective, C. civ., art. 2488-10, 2488-11, **p. 1559.**

Agriculteur
▸ V. *Exploitations agricoles.*

AGS, L. 625-9 ; C. trav., art. L. 3253-6, ss. L. 625-9.

Aides publiques, Circ. 9 janv. 2015, **p. 1546.**

Alerte
▸ V. *Procédure d'alerte.*

Alsace-Moselle, L. 670-1 s., R. 670-1.

Appel, L. 661-1 s., L. 661-11, R. 661-3 s.
– Appel-nullité, L. 661-1 (J. 7), L. 661-5 (J.), L. 661-6 (J. 25 s.), R. 661-3 (J. 7).

Apport de trésorerie, L. 622-17, L. 626-2, L. 626-10, L. 626-26.

Apurement du passif,
– Liquidation judiciaire, L. 643-1 s., R. 643-1 s.
– Plan de cession, L. 642-1.
– Plan de sauvegarde, L. 626-18 s., R. 626-33 s.
– Sauvegarde, L. 624-1 s., R. 624-1 s.

Arbitrage, L. 622-21 (J. 43), L. 622-22 (J. 20), L. 622-24 (J. 38), L. 624-2 (J. 17).

Artisans,
– Liquidation judiciaire, L. 640-2.
– Redressement judiciaire, L. 631-2.
– Sauvegarde, L. 620-2.

Associations,
– Associations recevant des subventions publiques, L. 612-4.
– Continuation des contrats, L. 622-13 (J. 20).
– Dirigeants, L. 653-8 (J. 1).
– Éligibilité aux procédures collectives, L. 620-2 (J. 27).

Associé,
– Continuation des contrats, L. 622-13 (J. 15).

Assurances,
– Action directe, L. 622-24 (J. 84).
– Attribution de l'indemnité, L. 622-24 (J. 85), L. 642-12 (J. 27).
– Entreprise d'assurance,
  • caution, C. assur., art. L. 443-1, **p. 1565.**
– Réserve de propriété, L. 632-1 (J. 26), L. 624-16 (J. 18).
▸ V. *Assurance vie.*

Assurance maladie,
– Continuation des contrats, L. 622-13 (J. 11).

Assurance vie, L. 622-21 (J. 67), L. 622-24 (J. 55), L. 641-9 (J. 57) ; C. assur., art. L. 132-14, L. 132-17, **p. 1564.**

Avis à tiers détenteur, L. 622-7 (J. 14), L. 622-13 (J. 60), L. 622-21 (J. 87), L. 632-1 (J. 52), L. 632-2, R. 662-3 (J. 3).

B

Banques
▸ V. *Crédit abusif, Établissements de crédit, Établissements de paiement, Rupture de crédit.*

Banqueroute, L. 654-1 s., R. 654-1.

Baux,
– Cession des contrats, L. 641-12, L. 642-7, R. 642-7, R. 661-3, al. 2.
– Congé avec refus de renouvellement, L. 622-21 (J. 72), L. 642-7 (J. 41).
– Continuation des contrats, L. 622-13 s., R. 622-13.
– Droit au bail,
  • cession, L. 642-1 (J. 9), L. 642-7 (J. 8).
– Liquidation judiciaire, L. 641-12, R. 641-21.

Bilan économique, social et environnemental,
– Élaboration, L. 623-1 s., R. 623-1, R. 623-2, A. 623-1.
– Redressement judiciaire, L. 631-18 (renvoi), R. 631-8.

Billets à ordre
▸ V. *Effets de commerce.*

Bons de caisse, L. 622-7 (J. 78).

C

Caisse des dépôts et consignations,
- Dépôt obligatoire des fonds, L. 622-8 (administrateur et mandataire judiciaire), L. 626-25 (commissaire à l'exécution du plan), L. 641-8 (liquidateur), L. 662-5 (syndic).
  - compte distinct par procédure, L. 814-15, L. 814-16, D. 814-37-1, **p. 1387.**
- Insaisissabilité des fonds, L. 662-1.

Capital social,
- Libération, L. 622-7 (J. 53), L. 632-1 (J. 17), L. 643-1 (J. 3).
- Modification, L. 626-3, L. 627-3, al. 3, L. 631-9-1, L. 631-19-2, R. 626-1 s., R. 631-34-5 s.
- Montant non libéré,
  - exigibilité, L. 622-20, L. 624-20, R. 624-17, R. 624-18.

Cautions et coobligés, L. 622-31 s., L. 626-11.
- Admission des créances, L. 624-1, (J. 5), L. 624-2 (J. 20, 21, 39, 43), R. 624-3 (J. 2 s.).
- Arrêt du cours des intérêts, L. 622-28.
- Cession de contrat,
  - cession judiciaire, L. 642-7 (J. 21).
  - maintien du cautionnement, L. 642-7 (J. 33).
- Compensation, L. 622-7 (J. 65).
- Décharge, L. 622-7 (J. 80), L. 622-21 (J. 69), L. 624-9 (J. 42), L. 624-16 (J. 2), L. 626-11 (J. 11, 12), L. 642-12 (J. 16, 21).
- Déchéance du terme, L. 622-29 (J. 2), L. 643-1 (J. 1).
- Déclaration des créances, L. 622-24 (J. 60, 61), L. 622-26 (J. 30), L. 622-33, L. 622-34.
  - nullité, L. 622-24 (J. 112).
- Entreprise d'assurance, C. assur., art. L. 443-1, **p. 1565.**
- Établissement de crédit, C. mon. fin., art. L. 313-22-1, **p. 1597.**
- Information des cautions, C. civ., art. 2302 s.
- Information du mandataire judiciaire, R. 622-5-1.
- Inopposabilité des créances non déclarées, L. 622-26.
- Liquidation judiciaire,
  - dispense de vérification des créances, L. 641-4 (J. 22, 23).
  - poursuite après clôture, L. 643-11, R. 643-20.
- Plan de cession, L. 642-11 (J. 2, 3).
- Recours anticipé, L. 622-24 (J. 62).
- Restitution amiable par le créancier après nullité de droit,
  - opposabilité, L. 632-4 (J. 25).
- Suspension des poursuites, L. 611-10-2, L. 621-10, L. 622-28, R. 622-26.

▸ V. *Garantie des cautions.*

Cautionnement pénal, L. 622-21 (J. 30), L. 641-9 (J. 77).

Cautionnement réel, L. 622-24 (J. 61), L. 643-1 (J. 1).

Cessation des paiements, L. 611-4, L. 620-1, L. 621-12, L. 626-27, L. 631-1, L. 631-3-1, L. 631-8, L. 631-20, L. 640-1, L. 640-3-1, L. 641-1, R. 631-1, R. 631-2.
- Actes ultérieurs,
  - nullité, L. 632-1 s.
- Cas particuliers, L. 631-3, L. 640-3, R. 631-5 s.
- Déclaration, L. 631-4, L. 640-4.
- Effets en cas de procédure de sauvegarde, L. 621-12.
- Omission de déclaration, L. 653-8, R. 653-1.
- Report de la date, L. 631-8, L. 641-1, R. 631-13, R. 641-9.
  - recours du dirigeant, L. 653-8 (J. 3).

Cession de créance,
- Acte de gestion courante, L. 622-3 (J. 3).
- Arrêt des poursuites, L. 622-21 (J. 44).
- Conflit entre cessionnaire et vendeur sous réserve de propriété, L. 624-18 (J. 17).
- Déclaration des créances, L. 622-24 (J. 81), L. 622-25.
- Nullités de la période suspecte, L. 632-1, L. 632-2 (J. 9 s.).

Cession de l'entreprise,
- Conciliation, L. 611-7, R. 611-26-2.
- Liquidation judiciaire, L. 642-1 s., L. 642-22 s., R. 642-1 s., R. 642-40.
- Plan de sauvegarde, L. 626-1.
- Redressement judiciaire, L. 631-13, L. 631-22, R. 631-39 s.

Cession des actifs, L. 626-23, L. 642-18 s., R. 642-22 s., R. 642-39, R. 642-40.

– Voies de recours, L. 661-5 *[abrogé]*.
► V. *Cession de l'entreprise.*

Cession du bail rural, L. 642-1, al. 3.

Cession forcée des contrats, L. 642-7, R. 642-7, R. 642-8, R. 661-3, al. 2.

Chèques,
– Émission par le débiteur dessaisi, L. 641-9 (J. 50).
– Interdiction d'émission, L. 631-12.
– Levée de l'interdiction d'émission, L. 611-10-2, L. 626-13, R. 611-45, R. 626-24.
– Suspension de l'interdiction d'émission, L. 643-12, R. 643-22, R. 643-23.
► V. *Effets de commerce.*

Clause d'inaliénabilité en cas de cession, L. 642-10, R. 642-12 s.
– Sanction pénale, L. 654-8.

Clause de non-recours, L. 631-5 (J. 1).

Clause pénale, L. 622-13 (J. 46), L. 624-2 (J. 4).

Clause de renonciation à la règle de l'accession, L. 624-16 (J. 19).

Clauses de réserve de propriété
► V. *Réserve de propriété.*

Clause de retour à meilleure fortune, L. 622-24 (J. 76).

Clause résolutoire, L. 622-13 (J. 51), L. 622-14 (J. 4, 5).

Clôture des opérations de liquidation judiciaire, L. 643-9 s., R. 643-16 s.

CODEFI, Circ. 9 janv. 2015, **p. 1546.**

Comités de créanciers, L. 626-29 s. anc., ss. L. 626-34, R. 626-52 s. anc., ss. D. 626-65.

Comité social et économique, L. 611-8-1, L. 621-4, L. 621-7, L. 623-3, L. 626-6, L. 640-6, L. 661-1, L. 661-10, L. 662-4, R. 621-1 s., R. 621-26, R. 623-1, R. 626-17, R. 626-21, R. 626-45, R. 626-59, R. 631-1, R. 631-36, R. 661-5.
– Droit d'alerte, C. trav., art. L. 2312-63 s., **p. 1472** ; art. R. 2312-29, R. 2312-30, **p. 1474.**

Commerçants,
– Liquidation judiciaire, L. 640-2.
– Redressement judiciaire, L. 631-2.
– Sauvegarde, L. 620-2.

Commissaire aux comptes,
– Procédure d'alerte,
• personnes morales de droit privé ayant une activité économique, L. 612-3, R. 612-4.
• sociétés commerciales, C. com., art. L. 234-1 s., R. 234-1 s., **p. 1465.**
• urgence, L. 611-2-2.
– Secret professionnel, L. 811-11-3.
► V. *Entreprises publiques, Personnes morales de droit privé non commerçantes ayant une activité économique.*

Commissaire à l'exécution du plan, L. 626-25 s., R. 626-25 s.
– Délit de malversation, L. 654-12.
– Rémunération, L. 663-2, R. 663-14 s., R. 663-32 s., A. 663-3, A. 663-14 s. ; C. com., art. L. 444-1 s., R. 444-1 s., **p. 907** ; Circ. du 6 avr. 2007.

Commission des chefs des services financiers, Décr. n° 2007-686 du 4 mai 2007, **p. 1544.**

Compensation,
– Après jugement d'ouverture, L. 622-7.
– Augmentation de capital, L. 626-3.
– Marchés financiers, C. mon. fin., art. L. 211-36 s., **p. 1578** ; art. L. 440-7 s., **p. 1578.**
– Nullités de la période suspecte, L. 632-1 (J. 16, 17).

Compétence juridictionnelle, L. 610-1, L. 621-2, R. 600-1.
– Renvoi de l'affaire, L. 662-2, R. 662-7, R. 662-8.
– Tribunal de la procédure, R. 662-3 s.
– Tribunal spécialisé, C. com., art. L. 721-8, D. 721-19, D. 721-19-1, **p. 897.**

Comptabilité (défaut ou irrégularité), L. 653-5, L. 654-2.

Comptes annuels,
- Injonction de dépôt des comptes, L. 611-2, II, R. 611-13 s.
- Personnes morales de droit privé ayant une activité économique, L. 612-1, L. 612-2, R. 612-1 s.

Conciliateur, L. 611-6, L. 611-7, L. 611-13 s., R. 611-18, R. 611-25 s., R. 611-47 s.

Conciliation, L. 611-4 s., R. 611-22 s.
- Voies de recours, R. 611-26-1, R. 661-1 s.

Concours bancaires
▸ V. *Crédit abusif, Établissements de crédit, Rupture de crédit.*

Confusion des patrimoines
▸ V. *Extension de la procédure.*

Conjoint du débiteur, L. 624-5 s., R. 624-12.
- Arrêt des poursuites individuelles, L. 622-21 (J. 16 s.).
- Dessaisissement, L. 641-9 (J. 10).
- Hypothèque sur bien commun, L. 622-30 (J. 6), L. 632-1 (J. 43).
- Information et protection, C. com., art. L. 526-4, **p. 1540** ; C. civ., art. 1387-1, **p. 1530.**
- Liquidation judiciaire, L. 641-14 (renvoi), R. 641-30.
- Plan de redressement,
  • opposabilité aux créanciers du conjoint, L. 626-11 (J. 4).
- Redressement judiciaire, L. 631-18, R. 631-30.

Conseil des prud'hommes, L. 625-1 s ; R. 662-3 (J. 18).

Constitution de partie civile, L. 622-21 (J. 14, 33), L. 641-9, L. 654-17, R. 654-1.

Continuation de l'entreprise
▸ V. *Plan de sauvegarde.*

Contrats en cours,
- Continuation, L. 622-13 s., L. 624-9, L. 627-2, L. 631-14, L. 641-11-1, R. 622-13, R. 641-21.
- Procédure de conciliation,
  • clauses interdites, L. 611-16.
- Revendications, L. 624-10-1.

Contrats d'édition et de production audiovisuelle, CPI, art. L. 132-15, L. 132-30, **p. 1573**.

Contrat d'entreprise, C. civ., art. 1799-1, **p. 1486** ; Décr. n° 99-658 du 30 juill. 1999, art. 1er, **p. 1487.**

Contrats publiés,
- Avertissement d'avoir à déclarer la créance, L. 622-24, R. 622-21.
- Dispense de revendication, L. 624-10, R. 624-14, R. 624-15.

Contrats de travail,
- Cession judiciaire, L. 642-7 (J. 18).
- Créances,
  • vérification, L. 625-1 s., R. 625-1 s.
- Information de l'administrateur, L. 622-6.
- Paiement des salaires,
  • assurance, L. 625-9 ; C. trav., art. L. 3253-6 s., ss. L. 625-9.
  • créances postérieures à la liquidation judiciaire, L. 641-13.
  • créances postérieures à l'ouverture de la sauvegarde, L. 622-15.

Contrôleur, L. 621-10, L. 621-11, L. 622-20, L. 641-1, R. 622-18.

Conventions réglementées,
- Personnes morales de droit privé ayant une activité économique, L. 612-5, R. 612-6, R. 612-7.

Courrier du débiteur, L. 641-15, R. 641-40.

Covid-19,
- Adaptation du droit des entreprises en difficulté, Ord. n° 2020-341 du 27 mars 2020, **p. 1110** ; Circ. du 30 mars 2020, **p. 1112** ; Ord. n° 2020-596 du 20 mai 2020, **p. 1117** ; Circ. du 16 juin 2020, **p. 1122** ; Ord. n° 2020-1443 du 25 nov. 2020, **p. 1130.**
- Sortie de crise,
  • procédure de traitement, L. n° 2021-689 du 31 mai 2021, art. 13, **p. 1131** ; Décr. n° 2021-1354 du 16 oct. 2021, **p. 1133** ; Décr. n° 2021-1355 du 16 oct. 2021, **p. 1141** ; Arr. du 5 nov. 2021, **p. 1141.**

Créances,
- Compensation, L. 622-7, L. 632-1 (J. 16, 17).

– Créances alimentaires, L. 622-7, L. 622-24.
– Créances garanties,
• substitution, L. 622-8, L. 626-22, R. 622-8, R. 626-35, R. 626-36.
– Créances postérieures au jugement de liquidation judiciaire, L. 641-13, R. 641-22, R. 641-39.
– Créances postérieures à l'ouverture de la sauvegarde, L. 622-7, L. 622-17, L. 622-24, R. 622-14, R. 622-15, R. 622-21 s.
– Déclaration, L. 622-24 s., R. 622-21 s.
– État des créances, R. 624-8 s.
– Paiement des créances antérieures au jugement, L. 622-7.
– Paiement provisionnel, L. 622-8, L. 643-3, R. 622-7, R. 643-2.
– Rang des créances, L. 643-7-1, L. 643-8.
– Vérification et admission, L. 624-1 s., R. 624-1 s.
► V. *Salariés.*

Créanciers,
– Cession de l'entreprise, L. 642-12, R. 642-19, R. 642-20.
– Comités, L. 626-29 s. anc., ss. art. L. 626-34, R. 626-52 s. anc., ss. art. D. 626-65.
– Consultation,
• plan de sauvegarde, L. 626-5 s., R. 626-7, R. 626-8.
– Droit de poursuite individuelle, L. 611-10-1, L. 622-21 s., L. 643-2 s., R. 622-19, R. 622-20, R. 643-1 s.
– Information, R. 621-19.
– Parties affectées (classes de), L. 626-29 s., R. 626-52 s.
– Période d'observation, L. 622-20 s., R. 621-19.
– Plan de sauvegarde,
• délais et remises, L. 626-18 s., R. 626-33, R. 626-34.
– Règle d'égalité des créanciers,
• paiement reçu en violation, L. 643-7-1.
– Règlement,
• liquidation judiciaire, L. 643-1 s., R. 643-1 s.
– Reprise des poursuites après clôture de la procédure, L. 643-11, R. 643-20.
– Responsabilité du fait des concours consentis, L. 650-1.
– Saisine sur assignation, L. 631-5, L. 640-5, R. 631-2, R. 640-1.
► V. *Créances, Mandataires judiciaires.*

Créanciers gagistes
► V. *Gage, Nantissement.*

Créanciers postérieurs à l'ouverture de la procédure,
– Liquidation judiciaire, L. 641-13, R. 641-22, R. 641-39.
– Redressement judiciaire, L. 631-14 (renvoi).
– Sauvegarde, L. 622-17, R. 622-14, R. 622-15.

Crédit abusif, L. 650-1 ; C. mon. fin., art. L. 313-12 (J. 14 s.), **p. 1584.**

Crédit-bail,
– Cession de contrat, L. 642-7, R. 642-7, R. 642-8, R. 661-3, al. 2.
– Délais de paiement et remises, L. 626-18, al. 4.
– Levée d'option, L. 622-7.
– Restitution et revendication, L. 624-10, R. 624-14, R. 624-15.

Crédit-bail immobilier, L. 622-13 (J. 14), L. 622-14 (J. 2), L. 622-24 (J. 11).

D

Débiteur,
– Actes nuls, L. 632-1 s.
– Activités interdites, L. 641-9, III.
– Audition, L. 621-1, L. 626-8.
– Dessaisissement, L. 641-9, R. 641-37.
– Période d'observation, L. 622-1, L. 622-3, L. 627-1 s.
– Rémunération, L. 631-11, L. 641-11, R. 631-15.
– Représentation en justice, L. 622-1 (J. 3).

Décès du débiteur, L. 631-3, L. 640-3, R. 631-5.

Déchéance du terme, L. 622-29, L. 643-1.

Déclaration des créances, L. 622-24 s., R. 622-21 s.
– Caducité, L. 622-17, IV, L. 641-13, IV.
– Clients d'une banque,
• dispense, C. mon. fin., art. L. 613-30, **p. 1608** ; art. R. 613-19 s., **p. 1611.**
– Créance supposée,
• sanction, L. 653-5.
– Liquidation judiciaire, L. 641-3, al. 2, R. 641-25, R. 641-26.
– Redressement judiciaire, L. 631-14 (renvoi), R. 631-27.
► V. *Cautions et coobligés.*

Déclaration d'insaisissabilité
► V. *Entrepreneur individuel.*

Délit de malversation, L. 654-12.

Dépôt de bilan
► V. *Cessation des paiements.*

Dessaisissement
► V. *Débiteur.*

Détournement d'actif, L. 653-4, L. 654-2.

Dirigeants sociaux,
- Cession de titres, L. 631-10, L. 631-19-1, R. 631-15, R. 631-34-3.
- Convocation par le président du tribunal (prévention), L. 611-2, L. 611-2-1, R. 600-2 s.
- Mesures conservatoires, L. 631-10-1, L. 651-4, R. 631-14-1, R. 651-5.
- Obligation aux dettes sociales, L. 652-1 s. R. 652-1, R. 652-2 *[abrogés]*.
- Personnes morales ayant une activité économique, L. 651-1.
- Remplacement, L. 631-19-1, R. 631-34-1, R. 631-34-2.
- Rémunération, L. 631-11, L. 641-11, R. 631-15.
- Responsabilité fiscale (LPF, art. L. 267), L. 643-11 (J. 22), L. 651-2 (J. 57).
- Responsabilité pour insuffisance d'actif, L. 651-2 s., R. 651-1 s.

Dispositions transitoires, L. 26 juill. 2005, **p. 9** ; Circ. 22 juill. 2005, 🏛 ; Circ. 9 janv. 2006, 🏛 ; Ord. 18 déc. 2008, art. 173, **p. 9.**

Dissimulation d'actif, L. 654-2.

Douanes,
- Publicité du privilège, C. douanes, art. 379 *bis*, **p. 1570** ; Décr. n° 2007-568 du 17 avr. 2007, **p. 1571.**

Droit d'alerte
► V. *Comité social et économique, Président du tribunal.*

Droit de poursuite individuelle, L. 611-10-1, L. 622-21 s., L. 643-2, R. 622-19, R. 622-20, R. 643-1 s.
- Trésor public, LPF, art. L. 269 A, L. 269 B, **p. 1564.**

Droit de préemption, L. 642-5, al. 4, L. 642-18 (J. 5).

Droit de rétention, L. 622-7, L. 622-21, L. 624-9 (J. 5), L. 624-14, L. 632-1, L. 641-3, L. 641-13, L. 642-20-1.
► V. *Gage, Nantissement, Sûreté réelle.*

E

Effets de commerce, L. 622-7 (J. 8), L. 622-24 (J. 42), L. 624-15, L. 632-1, L. 632-3.

Emploi de moyens ruineux, L. 654-2.

Entrée en vigueur
► V. *Dispositions transitoires.*

Entrepreneur individuel, C. com., art. L. 526-22 s., R. 526-26 s., **p. 1536.**
- Droit des entreprises en difficulté, application, L. 681-1 s., R. 681-1 s.
  - liquidation judiciaire, L. 640-2, L. 640-3, L. 641-15, L. 641-9, L. 642-22, L. 643-11, L. 643-12, L. 645-1.
  - prévention des difficultés, L. 611-13, L. 611-17.
  - redressement judiciaire, L. 631-1 s., L. 632-1.
  - sanctions, L. 651-1 à L. 651-4, L. 653-3, L. 653-6, L. 654-9, L. 654-14.
  - sauvegarde, L. 620-2, L. 621-2, L. 622-6, L. 624-19, L. 626-13.
- Résidence principale, insaisissabilité, C. com., art. L. 526-1 s., R. 526-1, R. 526-2, **p. 1526.**
  - nullité de la déclaration, L. 632-1.
  - opposabilité au liquidateur, L. 641-9 (J. 10).
- Surendettement, C. consom., art. L. 711-9, **p. 936.**

► V. *Entrepreneur individuel à responsabilité limitée.*

Entrepreneur individuel à responsabilité limitée, C. com., art. L. 526-6 s., R. 526-3 s., **p. 1531.**
- Droit des entreprises en difficulté, application, L. 680-1 s.
  - liquidation judiciaire, L. 640-2, L. 643-11.
  - prévention des difficultés, L. 611-1, L. 611-2, L. 611-10-2, L. 611-13.

• sanctions, L. 651-1 à L. 651-4, L. 653-3, L. 653-6, L. 654-9, L. 654-14.
• sauvegarde, L. 621-1, L. 622-21 (J. 22), R. 624-13-1.
– Surendettement, C. consom., art. L. 711-7, L. 711-8, **p. 931.**
▸ V. *Entrepreneur individuel.*

Entreprises d'investissement,
– Traitement des difficultés, C. mon. fin., art. L. 613-31-1 s., **p. 1613.**

Entreprises publiques, L. du 1er mars 1984, art. 30 à 32, **p. 69** ; Décr. du 1er mars 1985, art. 33, 34, **p. 70.**

Entreprise titulaire d'une autorisation relative à un service de communication audiovisuelle, L. n° 86-1067 du 30 sept. 1986, art. 42-12, **p. 1618** ; Décr. n° 2010-709 du 28 juin 2010, **p. 1619.**

Époux
▸ V. *Conjoint du débiteur.*

Établissements de crédit,
– Comités de créanciers, L. 626-29 anc. s., ss. art. L. 626-34, R. 626-52 s. anc., ss. art. D. 626-65.
– Complicité de banqueroute, L. 654-2 (J. 30).
– Crédits d'exploitation,
• maintien après le jugement d'ouverture, L. 622-13 (J.).
• rupture de crédit, C. mon. fin., art. L. 313-12, **p. 1580.**
– Engagements de garantie, C. mon. fin., art. L. 313-22-1, **p. 1597.**
– Traitement des difficultés, C. mon. fin., art. L. 613-24 s., **p. 1605** ; art. R. 613-19 s., **p. 1611.**

Établissements de monnaie électronique, C. mon. fin., art. L. 613-30-2, **p. 1613.**

Établissements de paiement, C. mon. fin., art. L. 613-24, L. 613-27, L. 613-29, L. 613-30-1, **p. 1606.**

État des créances, L. 624-3-1, R. 624-8 s.

Exécution provisoire, R. 661-1.

Experts, L. 621-4, L. 621-5, L. 621-9, R. 621-17.

Experts en diagnostic d'entreprise, L. 813-1 s., **p. 1379.**

Exploitations agricoles,
– Aides au redressement, C. rur., art. D. 354-1 s., **p. 1481** ; Arr. du 5 août 2022, **p. 1485.**
– Désignation d'un conciliateur, L. 631-5, L. 640-5.
– Liquidation judiciaire, L. 640-2, L. 640-5, L. 641-10, L. 642-1, R. 642-37.
– Personne physique,
• convocation par le président du tribunal, L. 611-2-1, R. 611-10 s.
– Plan de sauvegarde, L. 626-12.
– Producteur agricole,
• Privilège, L. 624-21.
– Redressement judiciaire, L. 631-2.
– Règlement amiable, C. rur., art. L. 351-1 s., R. 351-1 s., **p. 1474.**
– Reprise du bail rural, L. 642-1, al. 3, R. 661-3, al. 2.
– Sauvegarde, L. 620-2, L. 621-3.

Expulsion, L. 622-21 (J. 90).

Extension de la procédure, L. 621-2, R. 621-8-1, R. 641-7.
– Voies de recours, L. 661-1.

F

Façonnier,
– Privilège, C. trav., art. L. 3253-5, **p. 1572.**

Faillite internationale, L. 620-2 (J. 33 s.), L. 622-21 (J. 12), L. 622-24 (J. 3), L. 624-16 (J. 58), R. 600-1 (J. 6, 7) ; C. trav., art. L. 3253-6 (J. 7 s.), ss. art. L. 625-9.
– Droit européen, Règl. UE n° 2015-848 du 20 mai 2015, **p. 1295** ; Règl. CE n° 1346-2000 du 29 mai 2000, **p. 1340** ; Circ. 15 déc. 2016 🏛 ; Dir. UE 2019/1023 du 20 juin 2019 🏛.

Faillite personnelle, L. 653-1 s., R. 653-1 s.

Fictivité de la personne morale
▸ V. *Extension de la procédure.*

Fiducie,
– Liquidation judiciaire, L. 641-11-1, L. 641-12-1, L. 642-1 (J. 27), L. 642-7.
– Redressement judiciaire, L. 632-1.

– Sauvegarde, L. 622-7, L. 622-13,VI, L. 622-23-1, L. 624-16, L. 626-33.

Fonds de commerce,
– Cession, L. 642-1 (J. 22 s.), L. 642-8, L. 642-19 (J. 17 s.).
– Radiation des inscriptions, R. 642-10, R. 642-38.
▸ V. *Location-gérance.*

Forclusion
▸ V. *Déclaration des créances.*

Frais de procédure, L. 663-1 s., R. 663-1 s., A. 663-3 s.
– Créance postérieure privilégiée, L. 622-17, L. 641-13.

Franchise, L. 642-7 (J. 13), L. 651-2 (J. 21).

G

Gage, L. 622-4, L. 622-21 (J. 88), L. 622-30, L. 642-12, L. 642-20-1, L. 643-2, R. 622-7.
▸ V. *Nantissement, Sûreté réelle.*

Garantie des assurés, C. assur., art. L. 423-1 s., **p. 1488** ; art. R. 423-1 s., **p. 1491.**

Garantie des cautions, C. mon. fin., art. L. 313-50, L. 313-51, D. 313-26 s., **p. 1510** ; Règl. CRBF n° 99-12, **p. 1510.**

Garantie des dépôts, C. mon. fin., art. L. 312-4 s., **p. 1496** ; Arr. du 27 oct. 2015, **p. 1497.**

Garantie des investisseurs, C. mon. fin., art. L. 322-1 à L. 322-10, **p. 1514** ; Arr. du 18 mars 2024, **p. 1515** ; Arr. du 5 août 2022 🏛.

Garantie de paiement des entrepreneurs, C. civ., art. 1799-1, **p. 1486** ; Décr. n° 99-658 du 30 juill. 1999, art. 1er, **p. 1487.**

Garantie à première demande, L. 622-7 (J. 52), L. 622-24 (J. 63), L. 631-1 (J. 13).

Groupements agricoles d'exploitation en commun, L. 626-11 (J. 18).

Groupements d'intérêt économique (GIE),
– Cession judiciaire de contrat, L. 642-7 (J. 16).
– Procédure d'alerte, C. com., art. L. 251-15, R. 251-3, **p. 1471.**
  • urgence, L. 611-2-2.

Groupements de prévention agréés, L. 611-1.

H

Hypothèques, L. 622-4, L. 622-30, L. 632-1, L. 641-13.
– Cession de bien grevé,
  • liquidation judiciaire, L. 642-12, R. 642-19, R. 642-20.
  • période d'observation, L. 622-8, R. 622-7.
  • plan de sauvegarde, L. 626-22, R. 626-35, R. 626-36.
– Cession de rang, L. 611-7, L. 626-6.
– Droit de poursuite individuelle, L. 643-2, R. 643-1 s.
▸ V. *Sûreté réelle.*

I

Impôts
▸ V. *Trésor public.*

Inaliénabilité des biens,
– Plan de cession, L. 642-10, R. 642-12 s.
– Plan de sauvegarde, L. 626-14, R. 626-25, R. 626-31.

Indivision, L. 622-21 (J. 25), L. 622-24 (J. 125 s.), L. 626-14 (J. 2), L. 641-9 (J. 33), L. 642-18 (J. 14).

Information du tribunal, R. 621-2 s.

Infractions, L. 654-1 s., L. 654-8 s., R. 654-1.

Inscriptions,
– Interdiction, L. 622-30.

Installation classée (exploitant d'une),
– Bilan économique et social, L. 623-1, R. 623-2.
– Insuffisance d'actif,

• action contre la société mère, L. 651-2 (note).
– Liquidateur,
• rémunération, R. 663-27.
– Ouverture de la procédure, R. 621-1, R. 631-1.

Insuffisance d'actif,
– Action contre les dirigeants, L. 651-1 s., R. 651-1 s.
– Clôture de la liquidation judiciaire, L. 643-11 s., R. 643-20.

Interdiction bancaire
► V. *Chèques.*

Interdictions, déchéances ou incapacités, L. 653-1 s., R. 653-1 s.
– Interdiction de gérer, L. 653-8, R. 653-1.

Intérêts,
– Arrêt, L. 622-28.

Intermédiaire teneur de comptes de titres financiers, C. mon. fin., art. L. 211-10, **p. 1574.**

Inventaire du patrimoine, L. 621-4, L. 621-12, L. 622-6, L. 622-6-1, L. 622-10, L. 631-9, L. 641-1, L. 641-2, L. 644-1-1, L. 663-1, R. 622-4, R. 622-4-1, R. 640-1-1, R. 663-27-1, A. 663-25.

J

Juge-commissaire,
– Attributions, L. 621-9, R. 621-21 s.
– Créances,
• admission, L. 624-2, R. 622-15, R. 622-25, R. 624-2, R. 624-8.
– Décisions,
• recours, R. 621-21.
– Désignation, L. 621-4, L. 621-5, R. 621-10.
– Fin des fonctions, R. 621-25.
– Information, L. 621-8, R. 621-20.
– Interdiction de siéger, L. 662-7.
– Rapport, R. 662-12.
– Récusation, L. 621-4 (J. 2).
– Remplacement, L. 621-9.

Jugement d'ouverture,
– Publicité, R. 621-8.
► V. *Ouverture de la procédure.*

L

Lettres de change
► V. *Effets de commerce.*

Licenciements,
– Liquidation judiciaire, L. 641-4.
– Période d'observation (redressement judiciaire), L. 631-17, R. 631-26.
– Plan de cession, L. 642-5, R. 642-3.
– Plan de redressement, L. 631-19, R. 631-36.
– Représentant des salariés, L. 662-4, R. 621-16.

Liquidateur
► V. *Liquidation judiciaire, Mandataires judiciaires.*

Liquidation judiciaire, L. 640-1 s., R. 640-1 s.
– Admission des créances, L. 641-4, L. 641-5, L. 641-14, R. 641-27 s.
– Agriculteurs, L. 640-2, L. 642-1, R. 642-37.
– Apurement du passif, L. 643-1 s., R. 643-1 s.
– Cession de l'entreprise, L. 642-1 s., R. 642-1 s.
– Clôture, L. 643-9 s., R. 643-16 s.
– Commissaire-priseur judiciaire,
• désignation en qualité de liquidateur, L. 812-2, L. 814-10-1, L. 814-10-2.
– Comptes annuels, L. 641-3.
– Conditions d'ouverture, L. 640-1 s., R. 640-1, R. 640-2.
– Conversion d'une procédure de redressement judiciaire, L. 631-15, R. 631-23, R. 631-24.
– Conversion d'une procédure de sauvegarde, L. 622-10, L. 622-11, R. 622-10, R. 622-11.
– Créances postérieures,
• postérieures, L. 641-13, R. 641-22, R. 641-39.
• rang, L. 643-7-1, L. 643-8.
– Date de cessation des paiements, L. 641-1, IV, R. 641-9.
– Déclaration de créance, L. 641-3, al. 2, R. 641-25, R. 641-26.
– Délai de grâce,
• maison d'habitation, L. 642-18.
– Dessaisissement du débiteur, L. 641-9.
• comptes bancaires et postaux, R. 641-37.
– Dissolution des sociétés, C. civ., art. 1844-7, 7°, **p. 1555.**
– Huissier de justice,

• désignation en qualité de liquidateur, L. 812-2, L. 814-10-1, L. 814-10-2.
– Jugement de liquidation judiciaire, L. 641-1 s., R. 641-1 s.
– Liquidateur, L. 641-1 à L. 641-1-2, L. 641-3 s., R. 641-3, R. 641-11, R. 641-12, R. 641-14 s.
• rémunération, L. 663-2 s., R. 663-18 s., A. 663-18 s.
– Maintien de l'activité, L. 641-10, R. 641-18 s.
– Mesures conservatoires, L. 641-4, R. 641-14 s.
– Organes de la procédure, L. 641-1, R. 641-11 s.
– Procédure simplifiée, L. 641-2, L. 644-1 s., D. 641-10, R. 644-1 s.
– Produit,
• répartition, L. 643-4 s.
– Rapport sur la situation du débiteur, L. 641-2.
– Réalisation de l'actif, L. 642-1 s., R. 642-1 s.
– Rétablissement professionnel, L. 645-1 s., R. 645-1 s.
– Revendications et restitutions, L. 641-14 (renvoi), L. 641-14-1, R. 641-31, R. 641-32.
– Succession, L. 641-9, IV.
– Tribunal,
• saisine et décision, L. 640-3 s., R. 641-1 s.
– Unicité de la procédure, L. 640-2, al. 2.
► V. ***Plan de cession.***

Liquidation judiciaire simplifiée, L. 641-2, L. 644-1 s., D. 641-10, R. 644-1 s.

Liste des créanciers, L. 622-6, R. 622-5.

Location-gérance,
– Entreprise titulaire d'une autorisation relative à un service de communication audiovisuelle, L. n° 86-1067 du 30 sept. 1986, art. 42-12, **p. 1618** ; Décr. n° 2010-709 du 28 juin 2010, **p. 1619.**
– Plan de cession, L. 642-13 s., R. 642-21.

M

Mandat *ad hoc*, L. 611-3, L. 611-13 s., R. 600-2, R. 611-18 s., R. 611-47 s.
– Voies de recours, R. 611-20, R. 661-1 s.

Mandataires judiciaires, L. 812-1 s., L. 814-1 s., **p. 1371** ; art. R. 812-3 s., R. 814-1 s., **p. 1404** ; art. A. 812-1 s., **p. 1456** ; art. A. 814-1 s., **p. 1461.**
– Aides à l'installation ou au maintien, C. com., art. R. 444-22 s., **p. 915.**
– Attributions,
• période d'observation, L. 622-20.
– Délit de diffamation, L. 811-1 (J. 4).
– Délit de malversation, L. 654-12.
– Désignation, L. 621-4.
– Portail électronique, L. 814-2, L. 814-13, R. 814-58-1 s.
– Prise illégale d'intérêts, L. 621-4 (J. 23).
– Règles professionnelles, A. 814-1 ; Arr. du 18 juill. 2018 🏛.
– Remplacement, L. 621-4, L. 621-7, R. 621-17, R. 621-18.
– Rémunération, L. 663-2, R. 663-18 s., A. 663-3, A. 663-18 s. ; C. com., art. L. 444-1 s., R. 444-1 s., **p. 907** ; Circ. 6 avr. 2007 🏛.
– Responsabilité, L. 622-20 (J. 30 s.), L. 811-1 (J. 3).
– Salarié, L. 812-1, L. 812-2-1, L. 812-5-1, L. 814-3, L. 814-14, R. 812-24.
– Sociétés, L. 812-5, L. 812-5-1-A.
• sociétés civiles professionnelles, art. R. 814-59 s.
• sociétés d'exercice libéral, art. R. 814-145 s., **p. 1431.**
• sociétés en participation, art. R. 814-155 s.
• sociétés de participations financières, R. 814-158 s., A. 814-7, **p. 1447.**
– Vérification et admission des créances, L. 624-1 s., R. 624-1 s.
► V. ***Liquidation judiciaire.***

Marchés financiers,
– Compensation, C. mon. fin., art. L. 211-36 s., **p. 1578** ; art. L. 440-7 s., **p. 1578.**
– Garantie des obligations financières, C. mon. fin., art. L. 211-38 s., **p. 1579.**

Marchés publics, L. 622-13 (J. 19).

Mesures conservatoires,
– Cession du bien, L. 663-1-1, R. 662-17.
– Frais de procédure, L. 663-1, R. 663-27-1, L. 663-1, R. 663-29, R. 663-45.
– Liquidation judiciaire, L. 641-4, R. 641-14 s.
– Mise en œuvre, R. 662-1-1, R. 662-1-2.

– Redressement judiciaire, L. 631-10-1, L. 631-10-2, L. 631-14, R. 631-7-1, R. 631-14-1, R. 631-18.
– Responsabilité pour insuffisance d'actif, L. 651-4, R. 651-5.
– Sauvegarde, L. 621-2, L. 622-4 s., R. 621-8-2, R. 622-2 s.
– Voies de recours, R. 661-1.

Meubles,
– Revendication, L. 624-9 s., R. 624-13 s.

Modification du capital, L. 626-3, L. 627-3, al. 3, L. 631-9-1, L. 631-19-2, R. 626-1 s., R. 631-34-5 s.

Mutuelles, L. 620-2 (J. 26).

N

Nantissement, L. 622-4, L. 622-30.
– Cession de bien grevé, L. 642-12, R. 642-19, R. 642-20.
– Droit de poursuite individuelle, L. 643-2, R. 643-1 s.
– Titres financiers, C. mon. fin., art. L. 211-20, D. 211-10 s., **p. 1574.**
▸ V. *Gage, Sûreté réelle.*

Notifications,
– Forme, R. 662-1.

Nullité,
– Actes accomplis en période suspecte, L. 632-1 s.
– Personne morale,
  • ouverture de la procédure, L. 620-2 (J. 30).

O

Obligataires, L. 626-31 s., R. 626-60 s.

Obligation aux dettes sociales, L. 652-1 s., R. 652-1, R. 652-2 *[abrogés].*

Offres de reprise, L. 631-13, L. 642-2 s., R. 642-1.

Organes de la procédure
▸ V. *Liquidation judiciaire, Redressement judiciaire, Sauvegarde.*

Ouverture de la procédure,
– Liquidation judiciaire, L. 640-1 s., R. 640-1 s.
– Redressement judiciaire, L. 631-1 s., R. 631-1 s.
– Sauvegarde, L. 620-1 s., R. 621-1 s.
– Voies de recours, L. 661-1, L. 661-2, R. 661-1 s.

P

Pacte commissoire, L. 622-7.

Pacte de préférence, L. 642-7 (J. 38).

Parties affectées (classes de), L. 626-29 s., R. 626-52 s.
– Conversion de la procédure, L. 622-10.
– Projet de plan de redressement, L. 631-19, R. 631-14.

Patrimoine de l'entreprise, L. 624-1 s., R. 624-1 s.

Pénalités fiscales, L. 622-21 (J. 34) ; CGI, art. 1756, **p. 1560.**

Péremption d'instance, L. 622-24 (J. 10), L. 624-2 (J. 46), L. 643-9 (J. 20).

Période d'observation (redressement judiciaire), L. 631-14 s., R. 631-17 s.
– Durée, L. 631-7, R. 631-7-1-A.

Période d'observation (sauvegarde), L. 622-1 s., R. 622-1 s.
– Administration de l'entreprise, L. 622-1 s., R. 622-6 s.
– Cautions et coobligés, L. 622-28 s., R. 622-26.
– Cessation de l'activité, L. 622-10, L. 622-11, R. 622-10, R. 622-11.
– Clôture, L. 622-12, R. 622-12.
– Cours des intérêts, L. 622-28.
– Déchéance du terme, L. 622-29.
– Durée, L. 621-3, L. 621-12, L. 622-10, R. 621-9.
– Inscriptions,
  • interdiction, L. 622-30.
– Mesures conservatoires, L. 621-2, L. 622-4 s., R. 621-8-2, R. 622-2 s.
– Nouvelle période après appel, L. 661-9, R. 661-1.

- Poursuite de l'activité, L. 622-9 s., R. 622-9 s.
- Procédure sans désignation d'un administrateur, L. 621-4, L. 627-1 s., R. 621-11, R. 627-1.
- Situation des créanciers, L. 622-20 s.
- Situation des salariés, L. 625-1 s.

Période suspecte (nullités de la), L. 632-1 s.

Personnes de droit public, L. 651-2 (J. 32 s.).

Personnes morales de droit privé non commerçantes ayant une activité économique, L. 612-1 s., R. 612-1 s.

Plan de cession, L. 642-1 s., R. 642-1 s.
- Location-gérance, L. 642-13 s., R. 642-21.
- Modification, L. 642-6, R. 642-5, R. 642-6.
- Redressement judiciaire, L. 631-13, L. 631-22, R. 631-39 s.
- Résolution, L. 642-11, L. 661-6 (J. 22), R. 642-18.
- Substitution de cessionnaire, L. 642-9.
- Voies de recours, L. 661-6 s.
- ▸ V. *Cession forcée des contrats.*

Plan de redressement, L. 631-19 s., R. 631-35 s.
- Voies de recours, L. 661-1, L. 661-3.

Plan de sauvegarde, L. 626-1 s., R. 626-1 s.
- Inexécution, L. 626-27, R. 626-47 s.
- Jugement arrêtant le plan, L. 626-9 s., R. 626-17 s.
- Modification, L. 626-26, R. 626-45, R. 626-46.
- Projet, L. 623-1 s., L. 626-2, R. 626-1 s.
  - • procédure sans administrateur, L. 627-3, L. 627-4.
- Réserve de propriété, L. 624-16 (J. 45).
- Résolution, L. 626-27, R. 626-47 s.
- Voies de recours, L. 661-1, L. 661-3.
- ▸ V. *Parties affectées (classes de).*

Poursuite de l'activité, L. 622-9 s., R. 622-9 s.
- Créances nouvelles, L. 622-17, R. 622-14, R. 622-15.

Poursuites individuelles,
- Arrêt, L. 611-10-1, L. 622-21 s., L. 643-2, R. 622-19, R. 622-20, R. 643-1.

Pourvoi en cassation, L. 661-1 s., R. 661-8.

Prepack cession, L. 611-7, R. 611-26-2.

Président du tribunal,
- Interdiction de siéger, L. 662-7.
- Missions de prévention, L. 611-2 s., R. 600-2 s.

Prévention des difficultés, L. 610-1 s., R. 600-1 s.

Prisée des actifs, L. 621-12, L. 622-6, L. 622-10, L. 622-11, L. 631-9, L. 631-14, L. 641-1, L. 644-1-1.

Privilèges,
- Bailleur d'immeuble, L. 622-14.
- Cession de bien grevé, L. 642-12, R. 642-19, R. 642-20.
- Cession de rang, L. 611-7, L. 626-6.
- Douanes, C. douanes, art. 379 *bis*, **p. 1570** ; Décr. n° 2007-568 du 17 avr. 2007, **p. 1571.**
- Droit de poursuite individuelle, L. 643-2, R. 643-1.
- Façonnier, C. trav., art. L. 3253-5, **p. 1572.**
- Ordre des privilèges,
  - • paiement reçu par erreur, L. 643-7-1.
- Période d'observation, L. 622-30.
- Producteur agricole, L. 624-21.
- Salariés, L. 622-17, L. 625-7 s. ; C. trav., art. L. 3253-2 s., ss. L. 625-9.
- Sécurité sociale, CSS, art. L. 243-4 s., **p. 1565.**
- Trésor public,
  - • publicité des créances privilégiées, CGI, art. 1929 *quater*, **p. 1560** ; Ann. II, art. 396 *bis*, **p. 1563** ; Ann. III, art. 416 *bis*, **p. 1563.**
- Vendeur de fonds de commerce, L. 622-30.
- Vendeur de meubles, L. 624-11 s.

Privilège de procédure, L. 621-11, L. 622-17, L. 641-13, R. 611-40, R. 622-15, R. 641-22, R. 641-39.

Procédure, L. 661-1 s., R. 661-1 s.
- Banqueroute et infractions diverses, L. 654-16 s.
- Durée excessive, L. 643-9 (J. 19).

Procédure d'alerte,
- Comité social et économique, C. trav., art. L. 2312-63 s., **p. 1472** ; R. 2312-29, R. 2312-30, **p. 1474.**

- Groupements d'intérêts économiques, C. com., art. L. 251-15, R. 251-3, **p. 1471.**
- Personnes morales de droit privé ayant une activité économique, L. 612-3, R. 612-4.
- Président du tribunal, L. 611-2 s., R. 600-2 s.
- Sociétés commerciales, C. com., art. L. 234-1 s., R. 234-1 s., **p. 1465.**

Procédures d'exécution, L. 622-21, L. 622-23.

Procédure d'insolvabilité, L. 690-1 s., R. 690-1 s. ; Règl. UE n° 2015-848 du 20 mai 2015, **p. 1295** ; Règl. CE n° 1346-2000 du 29 mai 2000 (abrogé depuis le 26 juin 2017), **p. 1340** ; Circ. 15 déc. 2006, ; Dir. UE 2019/1023 du 20 juin 2019 .

Procédures d'ordre, R. 643-6 s.

Profession libérale,
- Cession de l'entreprise, L. 642-1.
- Conciliation, L. 611-5, R. 611-22.
- Liquidation judiciaire, L. 640-2, L. 640-3, R. 641-15, R. 641-36.
- Ordre professionnel,
  - intervention dans les procédures, Circ. 16 nov. 2006, .
  - représentation, R. 662-11.
- Personne physique,
  - convocation par le président du tribunal, L. 611-2-1, R. 611-10 s.
- Redressement judiciaire, L. 631-2, R. 631-1.
- Sauvegarde, L. 620-2, L. 621-1, R. 621-1.

Publicité des débats, L. 662-3, R. 662-9.

R

Réalisation de l'actif, L. 642-1 s., R. 642-1 s.

Recours en révision, L. 661-1 (J. 26, 41), L. 661-7 (J. 20, 21).

Redressement judiciaire, L. 631-1 s., R. 631-1 s.
- Administrateur,
  - mission, L. 631-12, R. 631-17.
- Capital social,
  - augmentation, L. 631-19-2.
  - reconstitution, L. 631-9-1, R. 631-34-5 s.
- Clôture de la procédure, L. 631-16, R. 631-25, R. 631-43.
- Contrats en cours, L. 631-14.
- Date de cessation des paiements, L. 631-8, R. 631-13.
- Dirigeants sociaux, L. 631-10, L. 631-11, R. 631-14, R. 631-15.
- Mesures conservatoires, L. 631-10 s., L. 631-14, R. 631-14-1, R. 631-18.
- Nécessité, L. 640-1 (J. 1).
- Licenciements, L. 631-17, L. 631-19, R. 631-26.
- Nullités de la période suspecte, L. 632-1 s.
- Organes de la procédure, L. 631-9 (renvoi), R. 631-16.
- Ouverture de la procédure, L. 631-1 s., R. 631-1 s.
- Parts sociales ou actions,
  - cession forcée, L. 631-19-1, L. 631-19-2.
- Période d'observation,
  - durée, L. 631-7, R. 631-7-1-A.
- Plan de cession, L. 631-22, R. 631-39 s.
  - offres, L. 631-13.
- Plan de redressement, L. 631-19 s., R. 631-34 s.
- Poursuite de l'activité, L. 631-15, R. 631-20 s.
- Procédure sans administrateur, L. 631-21, R. 631-38.

Redressement judiciaire civil, L. 620-2 (J. 16 s.), L. 651-2 (J. 88).

Régime matrimonial,
- Changement, L. 632-1 (J. 3).

Registre du commerce,
- Défaut d'inscription, L. 631-5 (J. 15).
- Défaut de radiation, L. 631-5 (J. 12 s.).

Règlement amiable (exploitations agricoles), C. rur., art. L. 351-1 s., **p. 1474** ; art. R. 351-1 s., **p. 1474.**

Règlements interbancaires, C. mon. fin., art. L. 330-1, **p. 1597.**

Relevé de déchéance, L. 653-11, R. 653-4.

Relevé de forclusion, L. 622-26, R. 622-25.
- Recours, L. 622-26 (J. 29), R. 621-21, R. 624-2.

Remplacement des dirigeants, L. 631-19-1, R. 631-34-1, R. 631-34-2.

Renvoi de l'affaire, L. 662-2, R. 662-7, R. 662-8.

Représentant des salariés,
- Contrats de travail,
  - relevé des créances, L. 625-1, L. 625-2, R. 625-1.
- Désignation, L. 621-4 s., R. 621-12, R. 621-15.
- Licenciement, L. 662-4, R. 621-16.
- Remplacement, L. 621-7.

Reprise du bail rural, L. 642-1, al. 3.

Reprise de l'entreprise
▸ V. *Cession de l'entreprise, Plan de cession.*

Réserve de propriété, L. 622-6, L. 624-16 s., R. 622-4, R. 624-13 s.
- Déclaration de créance, L. 622-25 (J. 16).
- Nullités de la période suspecte, L. 632-1 (J. 46).

Responsabilité pour insuffisance d'actif, L. 651-1 s., R. 651-1 s.

Restitutions et revendications, L. 622-6, L. 624-9 s., R. 624-13 s.

Rétablissement professionnel, L. 645-1 s., R. 645-1 s.

Retrait litigieux, L. 622-7.

Rupture de crédit, C. mon. fin., art. L. 313-12, **p. 1580.**

S

Saisies
▸ V. *Voies d'exécution.*

Saisine du tribunal,
- Liquidation judiciaire, L. 640-4 s., R. 640-1.
- Redressement judiciaire, L. 631-4 s., R. 631-1 s.
- Sauvegarde, L. 620-1, R. 621-1.

Salaires,
- Non-paiement,
  - assurance, L. 625-9 ; C. trav., art. L. 3253-6 s., ss. L. 625-9.

Salariés,
- Créances salariales,
  - dispense de déclaration, L. 622-24.
- Offres de reprise,
  - information, L. 631-13.
- Paiement, L. 625-1 s., R. 625-1 s.
  - assurance, L. 625-9 ; C. trav., art. L. 3253-6 s., ss. L. 625-9.
  - liquidation judiciaire, L. 641-13, L. 641-14, R. 641-33 s.
  - redressement judiciaire, L. 631-18, R. 631-32, R. 631-33.
- Période d'observation, L. 625-2 s.
- Privilèges, L. 625-7 s. ; C. trav., art. L. 3253-2 s., ss. L. 625-9.

▸ V. *Licenciements, Représentant des salariés.*

Sanctions pénales, L. 654-1 s., R. 654-1.

Sauvegarde, L. 620-1 s., R. 621-1 s.
- Actes et documents,
  - communication, L. 621-8.
- Clôture de la procédure, L. 622-12, R. 622-12.
- Cessation de l'activité, L. 622-10, R. 622-10, R. 622-11.
- Conversion en liquidation judiciaire, L. 621-10, L. 622-11, R. 622-10, R. 622-11.
- Conversion en redressement judiciaire, L. 621-12, L. 622-10, R. 621-26, R. 622-10, R. 622-11.
- Organes de la procédure, L. 621-4 s., R. 621-10 s.
- Ouverture de la procédure, L. 621-1 s., R. 621-1 s.
- Période d'observation, L. 622-1 s., R. 622-1 s.
- Procédure sans désignation d'un administrateur, L. 621-4, L. 627-1 s., R. 621-11.
- Unicité de la procédure, L. 620-2, al. 2.

▸ V. *Période d'observation (sauvegarde), Plan de sauvegarde, Sauvegarde accélérée.*

Sauvegarde accélérée, L. 628-1 s., R. 628-1 s.
- Sauvegarde financière accélérée, L. 628-9 anc., L. 628-10 anc., ss. L. 628-8.

Sécurité sociale,
- Cession de rang de privilège ou d'hypothèque, CSS, art. R. 243-24, **p. 1569.**
- Cotisations,
  - admission des créances, L. 622-24, al. 3.
- Privilège, CSS, art. L. 243-4 s., **p. 1565.**
- Remise de dette, L. 626-6, D. 626-9 s. ; CSS, art. R. 243-23, **p. 1569.**

Séquestre, L. 622-7 (J. 52), L. 622-21 (J. 39, 92), L. 622-24 (J. 56).

Siège social,
- Compétence, R. 600-1.

Société,
- Capital social,
  • modification, L. 626-3, L. 627-3, al. 3, L. 631-9-1, L. 631-19-2, R. 626-1 s., R. 631-34-5 s.
  • montant non libéré, exigibilité, L. 622-20, L. 624-20, R. 624-17, R. 624-18.
- Dissolution, C. civ., art. 1844-7, 7°, **p. 1555.**
- Participation détenue par les associés ou actionnaires,
  • cession forcée, L. 631-19-2.
- Société absorbée, L. 620-2 (J. 25).
- Société contrôlée,
  • mandataires judiciaires communs, L. 662-8, R. 662-18.
- Statuts,
  • modification, L. 626-3, L. 627-3, al. 3, R. 626-1 s.

Sociétés civiles immobilières,
- Confusion de patrimoines, L. 621-2 (J. 18).

Sociétés civiles professionnelles,
- Administrateurs judiciaires ou mandataires judiciaires, R. 814-59 s., **p. 1431.**

Sociétés de crédit foncier, C. mon. fin., art. L. 513-13, L. 513-18 à L. 513-21, **p. 1604.**

Sociétés d'exercice libéral,
- Administrateurs judiciaires ou mandataires judiciaires, R. 814-59 s., R. 814-145 s., **p. 1431.**

Sociétés de financement,
- Engagements de garantie, C. mon. fin., art. L. 313-22-1, **p. 1597.**
- Traitement des difficultés, C. mon. fin., art. L. 613-24 s., **p. 1605.**

Sociétés en formation, L. 620-2 (J. 21, 22).

Sociétés non immatriculées, L. 620-2 (J. 23).

Sociétés en participation, L. 642-7 (J. 17), R. 814-155 s., **p. 1446.**

Sociétés de participations financières de profession libérale,
- Administrateurs judiciaires ou mandataires judiciaires, R. 814-158 s., A. 814-7, **p. 1447.**

Sous-location, L. 642-7 (J. 11).

Sous-traitance,
- Action directe, L. 622-24 (J. 88) ; L. n° 75-1334 du 31 déc. 1975, art. 12, **p. 1618.**
- Contrat en cours, L. 622-13 (J. 4).

Superprivilège des salariés, L. 622-17, L. 625-7 s., L. 626-20, L. 641-13.

Sûreté réelle,
- Accroissement de l'assiette, L. 622-21.
- Autorisation par le juge-commissaire, L. 622-7.
- Cession d'un bien grevé,
  • période d'observation, L. 622-8, R. 622-7.
  • plan de cession, L. 642-12, R. 642-19, R. 642-20.
  • plan de sauvegarde, L. 626-22, R. 626-35, R. 626-36.
- Déclaration de créance, L. 622-25.
- Nullité (période suspecte), L. 632-1.
▸ V. *Gage, Hypothèques, Nantissement.*

Suspension des poursuites individuelles
▸ V. *Cautions et coobligés, Créanciers.*

Suspension provisoire des poursuites,
- Cautions, L. 611-10, L. 622-28, R. 622-26.
- Conciliation, L. 611-10.

Syndicats de copropriétaires, L. 622-24 (J. 14), L. 624-2 (J. 10).

T

Technicien,
- Désignation, L. 621-9, R. 621-23.

Teneur de compte de titres financiers, C. mon. fin., art. L. 211-10, **p. 1574.**

Tierce opposition, L. 661-2 s., L. 661-6 (J. 26), L. 661-7, R. 661-2.

Transaction, L. 622-7, L. 632-1 (J. 8, 11), L. 642-24, L. 651-2 (J. 86), L. 653-7 (J. 4), R. 622-6, R. 642-41.

Trésor public,
- Admission des créances, L. 622-24, al. 4, L. 641-3.
- Cession de rang de privilège ou d'hypothèque, L. 611-7, L. 626-6.
- Droit de poursuite individuelle,
  • liquidation judiciaire, L. 643-2, R. 643-1 ; LPF, art. L. 269 A, L. 269 B, **p. 1564.**
- Pénalités fiscales, CGI, art. 1756, **p. 1560.**
- Publicité des créances privilégiées, CGI, art. 1929 *quater*, **p. 1560** ; Ann. II, art. 396 *bis*, **p. 1563** ; Ann. III, art. 416 *bis*, **p. 1563.**
- Remise de dette, L. 626-6, D. 626-9 s. ; Décr. n° 2007-154 du 5 févr. 2007, **p. 1003.**

▸ V. *Avis à tiers détenteur.*

Tribunal des affaires économiques,
- Expérimentation, L. n° 2023-1059 du 20 nov. 2023, art. 26, **p. 1143** ; Arr. du 5 juill. 2024, **p. 1144.**

U

Unicité de la procédure, L. 620-2, al. 2, L. 631-2, al. 2, L. 640-2, al. 2.

Urgence sanitaire
▸ V. *Covid-19.*

V

Vendeur de meubles,
- Droits, L. 624-11 s.

Vente d'un bien grevé, L. 622-8, L. 626-22, L. 642-12, R. 622-7, R. 626-35, R. 626-36, R. 642-19, R. 642-20.

Vérification des créances, L. 624-1 s., R. 624-1 s.
- Contrats de travail, L. 625-1 s., R. 625-1 s.

Viager, L. 622-7 (J. 24), L. 622-13 (J. 2), L. 622-21 (J. 61).

Vice caché, L. 622-21 (J. 48), L. 622-24 (J. 36).

Victimes d'infractions
▸ V. *Constitution de partie civile.*

Voies d'exécution, L. 622-21, L. 622-23, L. 632-2.

Voies de recours, L. 661-1 s., R. 661-1 s.
- Recours-nullité, L. 661-5 (J.), L. 661-6 (J. 25 s.).

W

Warrant agricole, L. 622-8 (J. 2).

TABLE ALPHABÉTIQUE

NOTA. Régime antérieur à la loi du 26 juillet 2005
NOTA Les nombres renvoient aux anciens articles du livre VI et aux anciens articles du livre VIII du code de commerce. La mention « Décr. 27 déc. 1985 » renvoie au décret n° 85-1388 du 27 décembre 1985 abrogé. La lettre J. entre parenthèses indique que l'on renvoie aux annotations de jurisprudence anc. (sur deux colonnes). Exemple : L. 620-1 anc. (J. 2 s.) signifie que l'on renvoie aux numéros 2 et suivants des annotations de jurisprudence situées sous l'anc. article L. 620-1 du code de commerce. Les caractères italiques indiquent un mot de renvoi. Ceux de ces mots qui sont en caractères gras et précédés d'une flèche rouge renvoient à un autre mot en caractères gras de la table, les autres, en caractères maigres et sans flèche rouge, renvoient à une autre subdivision du même mot en caractères gras.

A

Actif,
- Réalisation,
  - liquidation judiciaire, L. 622-16 s. anc. ; Décr. 27 déc. 1985, art. 125 s.

Action en comblement de passif, L. 624-3 anc. ; Décr. 27 déc. 1985, art. 163, 164, 167.

Action paulienne, L. 621-46 anc. (J. 58).

Action publique,
- Banqueroute, infractions diverses, L. 626-15 anc.

Administrateurs judiciaires, L. 811-1 s., **p. 1361** ; art. R. 811-3 s., **p. 1387**, R. 814-1 s., **p. 1387** ; art. A. 811-1 s., **p. 1449**, A. 814-1 s., **p. 1461.**
- Délit de malversation, L. 626-12 anc.
- Redressement judiciaire, L. 620-1 anc. s.
  - contrats en cours, L. 621-28 anc.
  - désignation, L. 621-8 anc.
  - mission, L. 621-22 anc., L. 621-23 anc., L. 621-27 anc.
  - période d'observation, L. 621-16 anc. s.
  - rapport sur l'entreprise, L. 621-54 anc. s.
  - remplacement et administrateurs supplémentaires, L. 621-10 anc. s.
- Sociétés civiles professionnelles, R. 814-59 s.
- Sociétés d'exercice libéral, R. 814-59 s., R. 814-145 s.
- Sociétés en participation, R. 814-155 s.
- Sociétés de participations financières, R. 814-158 s., A. 814-7.

Administration de l'entreprise
▸ V. ***Période d'observation.***

Admission des créances, L. 621-102 anc. s. ; Décr. 27 déc. 1985, art. 71 s. ; Décr. n° 2007-431 du 25 mars 2007, art. 4, **p. 1197.**

Agriculteurs
▸ V. ***Exploitation agricole.***

AGS, L. 621-132 anc.

Aides publiques, Circ. 9 janv. 2015, **p. 1546.**

Alerte
▸ V. ***Procédure d'alerte.***

Appel, L. 623-1 anc. s. ; Décr. 27 déc. 1985, art. 157 s.
- Appel-nullité, L. 623-4 anc. (J. 23 s.).

Apurement du passif,
- Continuation de l'entreprise, L. 621-76 anc. s. ; Décr. 27 déc. 1985, art. 96-1 s.
- Liquidation judiciaire, L. 622-22 anc. s. ; Décr. 27 déc. 1985, art. 152 s.
- Plan de cession, L. 621-83 anc.

Arbitrage, L. 621-46 anc. (J. 22).

Artisans, L. 620-2 anc., L. 621-15 anc.

Associé de société civile, L. 621-46 anc. (J. 47).

Associé de société en nom collectif,
- Effets de l'ouverture de la procédure à l'égard de la société, L. 624-1 anc.

Assurances
▸ V. *Assurance vie.*

Assurance vie, C. assur., art. L. 132-14, L. 132-17, **p. 1564.**

Avis à tiers détenteur, L. 621-32 anc. (J. 19, 71, 80, 82).

B

Banques
▸ V. *Crédit abusif, Établissements de crédits, Rupture de crédit.*

Banqueroute, L. 626-1 s. anc.

Baux,
- Cession des contrats, L. 621-30 anc., L. 621-88 anc.
- Continuation des contrats, L. 621-29 anc. s.
- Liquidation judiciaire, L. 622-13 anc.

Bilan économique et social,
- Élaboration, L. 621-54 s. anc. ; Décr. 27 déc. 1985, art. 32 s.

Billets à ordre
▸ V. *Effets de commerce.*

C

Caisse des dépôts et consignations,
- Dépôt obligatoire des fonds,
  • administrateur et représentant des créanciers, L. 621-33 anc.
  • commissaire à l'exécution du plan, L. 621-68 anc.
  • liquidateur, L. 622-8 anc.
  • syndic, L. 627-6 anc.
- Insaisissabilité des fonds, L. 627-1 anc.

Capital social,
- Modification, L. 621-58 anc.

Cautions et coobligés, L. 621-51 s. anc., L. 621-65, anc.
- Arrêt du cours des intérêts, L. 621-48 anc.
- Décharge, L. 621-46 anc. (J. 27).
- Déclaration des créances, L. 621-46 anc. (J. 8).
- Liquidation judiciaire,
  • poursuite après clôture, L. 622-32 anc. ; Décr. 27 déc. 1985, art. 154.
- Recours après paiement, L. 621-32 anc. (J. 45).
- Résolution du plan de continuation, L. 621-82 anc. (J. 18).
- Suspension des poursuites, L. 621-48 anc., al. 2 et 3 ; Décr. 27 déc. 1985, art. 70-1.
- Transaction, L. 621-46 anc. (J. 32).
▸ V. *Garantie des cautions.*

Caution de retenue de garantie, L. 621-46 anc. (J. 51).

Cessation des paiements, L. 621-1 s. anc., L. 621-7 anc. ; Décr. 27 déc. 1985, art. 6 s.
- Actes ultérieurs,
  • nullité, L. 621-107 s. anc.
- Cas particuliers, L. 621-14 s. anc. ; Décr. 27 déc. 1985, art. 10.
- Omission de déclaration, L. 625-5 anc.
- Report de la date, L. 621-7 anc. ; Décr. 27 déc. 1985, art. 155.

Cession de l'actif, L. 622-16 s. anc.
- Recours, L. 623-4 anc. (J. 5).

Cession du bail rural, L. 621-84 anc., al. 3.

Cession de l'entreprise, L. 621-62 anc. s., L. 621-83 anc. s. ; Décr. 27 déc. 1985, art. 103-2 s.
▸ V. *Plan de cession.*

Cession forcée des contrats, L. 621-88 anc. ; Décr. 27 déc. 1985, art. 105.

Chèques,
- Régularisation, L. 621-46 anc., dernier al. , L. 622-33 anc.
- Suspension de l'interdiction d'émission, L. 621-71 anc. ; Décr. 27 déc. 1985, art. 103-1.
▸ V. *Effets de commerce.*

Clause d'inaliénabilité en cas de cession, L. 621-92 anc. ; Décr. 27 déc. 1985, art. 87-1.

Clauses de réserve de propriété
▸ V. *Réserve de propriété.*

Clôture de la procédure pour insuffisance d'actif, L. 622-30 s. anc. ; Décr. 27 déc. 1985, art. 152.

Codébiteurs solidaires, L. 621-46 anc. (J. 38).

CODEFI, Circ. 9 janv. 2015, **p. 1546.**

Comité d'entreprise et délégués du personnel, L. 621-8 anc., L. 621-10 anc., L. 621-34 s. anc., L. 621-56 anc., L. 621-59 s. anc., L. 621-62 anc., L. 622-17 anc., L. 623-1 anc., L. 623-10 anc., L. 627-5 anc. ; Décr. 27 déc. 1985, art. 6, 12 s., 15 s., 41 s., 63 s., 76 s., 86, 116 s., 139, 159 s.

Commissaire aux comptes,
- Procédure d'alerte, C. com., art. L. 234-1 s., R. 234-1 s., **p. 1465.**
- Rémunération, L. 621-32 anc. (J. 59).
- Secret professionnel, L. 621-22-1 anc.
- ▸ V. *Entreprises publiques*, .

Commissaire à l'exécution du plan, L. 621-68 s. anc. ; Décr. 27 déc. 1985, art. 90 s.
- Délit de malversation, L. 626-12 anc.

Compensation,
- Marchés financiers, C. mon. fin., art. L. 211-36 s., **p. 1578** ; art. L. 440-7 s., **p. 1578.**

Compétence juridictionnelle, L. 621-2 anc. ; Décr. 27 déc. 1985, art. 1er.
- Action en revendication, L. 621-123 anc. ; Décr. 27 déc. 1985, art. 85-1.
- Tribunal de la procédure, Décr. 27 déc. 1985, art. 174.

Comptabilité (défaut ou irrégularité), L. 624-5 anc., L. 625-3 anc., L. 626-2 anc.

Conciliateur, L. 621-2 anc., L. 621-4 anc. ; Décr. 27 déc. 1985, art. 7.

Concours bancaires
▸ V. *Banques.*

Conjoint du débiteur, L. 621-111 s. anc.
- Créancier du conjoint,
  - déclaration, L. 621-46 anc. (J. 16).
- Dissolution de la communauté en cours de procédure, Décr. 27 déc. 1985, art. 20-1.
- Information et protection, C. com., art. L. 526-4, **p. 1530** ; C. civ., art. 1387-1, **p. 1530.**

Conseil des prud'hommes, L. 621-125 s. anc.

Constitution de partie civile, L. 626-16 anc.

Continuation de l'entreprise, L. 621-70 s. anc. ; Décr. 27 déc. 1985, art. 96-1 s.
▸ V. *Plan de continuation.*

Contrats en cours,
- Continuation, L. 621-28 s. anc., L. 621-115 s. anc., L. 622-12 anc. ; Décr. 27 déc. 1985, art. 61, 61-1, 66.

Contrat d'entreprise, C. civ., art. 1799-1, **p. 1486** ; Décr. n° 99-658 du 30 juill. 1999, art. 1er, **p. 1487.**

Contrats d'édition et de production audiovisuelle, CPI, art. L. 132-15, L. 132-30, **p. 1573.**

Contrats de travail,
- Créances,
  - vérification, L. 621-125 s. anc. ; Décr. 27 déc. 1985, art. 76 s.
- Salaires,
  - Paiement, L. 621-132 anc.

Contrôleur,
- Créanciers,
  - désignation, L. 621-13 anc. ; Décr. 27 déc. 1985, art. 31-1 s.

Courrier du débiteur, L. 621-20 anc., L. 622-15 anc.

Créances,
- Compensation, L. 621-24 anc.
- Créances antérieures privilégiées,
  - liquidation, L. 621-32-II anc.
- Créances garanties,
  - substitution, L. 621-25 anc., L. 621-80 anc. ; Décr. 27 déc. 1985, art. 56, 100.
- Déclaration, L. 621-43 s. anc. ; Décr. 27 déc. 1985, art. 66 s.
- Paiement des créances antérieures au jugement, L. 621-24 anc.
- Paiement provisionnel, L. 621-25 anc., L. 622-24 anc. ; Décr. 27 déc. 1985, art. 55-1, 102.
- Vérification et admission, L. 621-102 s. anc. ; Décr. 27 déc. 1985, art. 71 s.
  ▸ V. *Créances, Créanciers.*

Créanciers,
- Cession de l'entreprise, L. 621-94 s. anc. ; Décr. 27 déc. 1985, art. 106.
- Consultation, L. 621-60 anc.
- Continuation de l'entreprise,
  - délais et remises, L. 621-76 s. anc. ; Décr. 27 déc. 1985, art. 101, 102-1.
- Droit de poursuite individuelle, L. 621-40 s. anc., L. 621-95 anc., L. 622-23 s. anc., Décr. 27 déc. 1985, art. 65, 65-1.
- Information, Décr. 27 déc. 1985, art. 27.
- Période d'observation, L. 621-39 s. anc. ; Décr. 27 déc. 1985, art. 27.
- Règlement,
  - liquidation judiciaire, L. 622-22 s. anc. ; Décr. 27 déc. 1985, art. 152 s.
- Reprise des poursuites après clôture de la procédure, L. 622-32 anc.
- Saisine sur assignation, L. 621-2 anc. ; Décr. 27 déc. 1985, art. 7.

▸ V. *Représentant des créanciers.*

Créanciers de l'art. L. 621-32
▸ V. *Créanciers postérieurs à l'ouverture de la procédure.*

Créanciers gagistes
▸ V. *Gage, Nantissement.*

Créanciers postérieurs à l'ouverture de la procédure, L. 621-32 anc. ; Décr. 27 déc. 1985, art. 62-1, 121-1.

Crédit abusif, C. mon. fin., art. L. 313-12 (J. 15 s.), **p. 1584.**

Crédit-bail,
- Avertissement d'avoir à déclarer la créance, L. 621-43 anc. ; Décr. 27 déc. 1985, art. 66.
- Cession, L. 621-88 anc. ; Décr. 27 déc. 1985, art. 105-2.
- Délais de paiement et remises, L. 621-76 anc., al. 3.
- Restitution et revendication, L. 621-116 anc. ; Décr. 27 déc. 1985, art. 85-4, 85-5.

D

Débiteur,
- Actes nuls, L. 621-107 s. anc.
- Audition, L. 621-4 anc., L. 621-62 anc.
- Dessaisissement, L. 622-9 anc. ; Décr. 27 déc. 1985, art. 121.
- Période d'observation, L. 621-23 s. anc.

Décès du débiteur, L. 621-14 anc. ; Décr. 27 déc. 1985, art. 10.

Déchéance du terme, L. 621-49 anc., L. 621-94 anc., L. 622-22 anc.

Déclaration des créances, L. 621-43 s. anc. ; Décr. 27 déc. 1985, art. 66 s.
- Clients d'une banque,
  - dispense, C. mon. fin., art. L. 613-30, **p. 1608** ; art. R. 613-19 s., **p. 1611.**

Délit de malversation, L. 626-12 anc.

Dépôt de bilan
▸ V. *Cessation des paiements.*

Dessaisissement
▸ V. *Débiteur.*

Détournement d'actif, L. 626-2 anc.

Dirigeants sociaux,
- Cession de titres, L. 621-19 anc., L. 621-59 anc. ; Décr. 27 déc. 1985, art. 52.
- Extension de la procédure, L. 624-5 anc.
- Insuffisance d'actif, L. 624-3 s. anc. ; Décr. 27 déc. 1985, art. 163 s.
- Personnes morales ayant une activité économique, L. 624-2 anc.
- Remplacement, L. 621-59 anc.
- Rémunération, L. 621-21 anc.

Dispositions transitoires, Décr. 27 déc. 1985, art. 195 ; L. 10 juin 1994 (note), Décr. 21 oct. 1994 (note), ss. L. 620-1.

Domaine d'application, L. 620-2 anc.

Droit d'alerte
▸ V. *Comité d'entreprise et délégués du personnel, .*

Droit de poursuite individuelle, L. 621-40 anc., L. 622-23 anc. ; Décr. 27 déc. 1985, art. 65.
- Trésor public, LPF, art. L. 269 A, **p. 1564.**

Droit de préemption, L. 622-17 anc. (J. 8).

Droit de rétention, L. 621-24 anc., L. 621-120 anc., L. 622-21 anc.
▸ V. *Gage, Nantissement.*

E

Effets de commerce, L. 621-107 anc., L. 621-109 anc., L. 621-121 anc.

Emploi de moyens ruineux, L. 626-2 anc.

Enquête, L. 621-136 anc.
▸ V. *Information du tribunal.*

Entrepreneur individuel,
- Résidence principale, insaisissabilité, C. com., art. L. 526-1 s., R. 526-1, R. 526-2, **p. 1526.**

Entreprises d'investissement,
- Traitement des difficultés, C. mon. fin., art. L. 613-31-1 s., **p. 1613.**

Entreprises publiques, L. 1er mars 1984, art. 30 à 32, **p. 69** ; Décr. 1er mars 1985, art. 33 s., **p. 70.**

Époux
▸ V. *Conjoint du débiteur.*

Établissements de crédits,
- Traitement des difficultés, C. mon. fin., art. L. 613-24 s., **p. 1605** ; art. R. 613-19 s., **p. 1611.**

▸ V. *Banques.*

Exécution provisoire, Décr. 27 déc. 1985, art. 155.

Experts, L. 621-8 anc., L. 621-10 anc. ; Décr. 27 déc. 1985, art. 30.
- Désignation par le juge-commissaire, Décr. 27 déc. 1985, art. 164 anc. (J. 14).

Experts en diagnostic d'entreprise, L. 813-1 s.

Exploitation agricole,
- Aides publiques, C. rur., art. D. 354-1 s. **p. 1481.**
- Application du redressement judiciaire, L. 620-2 anc.
- Délai de grâce,
  - maison d'habitation, L. 622-16 anc. ; Décr. 27 déc. 1985, art. 124-1.
- Désignation d'un conciliateur, L. 621-2 anc.
- Liquidation judiciaire, L. 622-10 anc., L. 622-16 anc.
- Plan de continuation ou de cession, L. 621-66 anc.
- Procédure simplifiée, L. 621-139 anc.
- Règlement amiable, C. rur., art. L. 351-1 s. **p. 1474** ; art. R. 351-1 s., **p. 1477.**
- Reprise du bail rural, L. 621-84 anc., al. 3 ; Décr. 27 déc. 1985, art. 157, al. 2.

Extension de la procédure
▸ V. *Dirigeants sociaux.*

F

Faillite internationale, L. 621-46 anc. (J. 63), L. 624-5 anc. (J. 29).
- Droit européen, Règl. CE n° 1346-2000 du 29 mai 2000, **p. 1340** ; Circ. 15 déc. 2006, .

Faillite personnelle, L. 625-1 s. anc. ; Décr. 27 déc. 1985, art. 156 s.

Fonds de commerce,
- Cession, L. 622-17 anc. (J. 2, 3) ; Décr. 27 déc. 1985, art. 104.
- Radiation des inscriptions, Décr. 27 déc. 1985, art. 151-1.

▸ V. *Location-gérance.*

Forclusion
▸ V. *Déclaration des créances.*

Frais et débours,
- Trésor public,
  - avance, L. 627-3 anc.

G

Gage, L. 621-16 anc., L. 621-24 anc., L. 622-21 anc. ; Décr. 27 déc. 1985, art. 55-1.
▸ V. *Nantissement.*

Garantie des assurés, C. assur., art. L. 423-1 s., **p. 1488** ; art. R. 423-1 s., **p. 1491.**

Garantie des cautions, C. mon. fin., art. L. 313-50, L. 313-51, D. 313-26 s., **p. 1510** ; Règl. CRBF n° 99-12, **p. 1510.**

Garantie des dépôts, C. mon. fin., art. L. 312-4 s., **p. 1496** ; Arr. du 27 oct. 2015, **p. 1497.**

Garantie des investisseurs, C. mon. fin., art. L. 322-1 à L. 322-10, **p. 1514.**

Garantie de paiement des entrepreneurs, C. civ., art. 1799-1, **p. 1486** ; Décr. n° 99-658 du 30 juill. 1999, art. 1er, **p. 1487.**

Garantie à première demande, L. 621-46 anc. (J. 27).

Gestion de l'entreprise, L. 621-22 s. anc.

Groupements d'intérêt économique anc. (GIE), L. 620-2 anc., L. 624-1 anc. (J. 4).
– Procédure d'alerte, C. com., art. L. 251-15, R. 251-3, **p. 1471.**

H

Hypothèques, L. 621-16 anc., L. 621-25 anc., L. 621-32 anc., L. 621-50 anc., L. 621-107 anc.
– Cession de bien grevé, L. 621-96 anc. ; Décr. 27 déc. 1985, art. 105, 105-1, 108.
– Cession de rang, L. 621-60 anc.
– Droit de poursuite individuelle, L. 622-23 anc.
– Extinction de la créance, L. 621-46 anc. (J. 16).

I

Impôts
► V. *Trésor public.*

Inaliénabilité des biens, L. 621-72 anc. ; Décr. 27 déc. 1985, art. 87-1, 98.

Information du tribunal, Décr. 27 déc. 1985, art. 12 s.

Infractions, L. 626-1 s. anc., L. 626-8 s. anc.

Inscriptions,
– Interdiction, L. 621-50 anc.

Insuffisance d'actif,
– Dirigeants, L. 624-3 anc. ; Décr. 27 déc. 1985, art. 163 s.
► V. *Clôture de la procédure pour insuffisance d'actif.*

Interdictions, déchéances ou incapacités, L. 625-2 anc., L. 625-8 s. anc. ; Décr. 27 déc. 1985, art. 170 s.

Intérêts,
– Arrêt, L. 621-48 anc.

Intermédiaire teneur de comptes de titres financiers, C. mon. fin., art. L. 211-10, **p. 1574.**

Inventaire des biens, L. 621-18 anc. ; Décr. 27 déc. 1985, art. 49 s.

J

Juge-commissaire,
– Attributions, L. 621-12 anc. ; Décr. 27 déc. 1985, art. 24 s., 89.
– Créances,
• admission, L. 621-104 anc. ; Décr. 27 déc. 1985, art. 73, 82 ; Décr. n° 2007-431 du 25 mars 2007, art. 4, **p. 1197.**
– Décisions,
• recours, Décr. 27 déc. 1985, art. 25.
– Désignation, L. 621-8 anc. ; Décr. 27 déc. 1985, art. 23.

Jugement d'ouverture, L. 621-4 anc., L. 621-57 anc.
► V. *Ouverture de la procédure, Publicité du jugement.*

L

Lettres de change
► V. *Effets de commerce.*

Licenciements,
– Liquidation judiciaire, L. 622-4 anc.
– Période d'observation, L. 621-37 anc. ; Décr. 27 déc. 1985, art. 63.
– Plan de redressement, L. 621-64 anc. ; Décr. 27 déc. 1985, art. 64.

– Représentant des salariés, L. 627-5 anc. ; Décr. 27 déc. 1985, art. 17.

Liquidateur
► V. ***Liquidation judiciaire, Mandataires judiciaires.***

Liquidation judiciaire, L. 620-1 anc., L. 621-27 anc., L. 621-32 anc., L. 622-1 s. anc. ; Décr. 27 déc. 1985, art. 118-1 s.
– Agriculteurs, L. 622-10 anc., L. 622-16 anc.
– Apurement du passif, L. 622-22 s. anc. ; Décr. 27 déc. 1985, art. 152 s.
– Clôture, L. 622-30 anc.
– Dessaisissement du débiteur, L. 622-9 anc.
– Dispositions applicables, L. 622-3 anc., L. 622-14 anc.
– Dissolution des sociétés, C. civ., art. 1844-7 anc. (7°), **p. 1555.**
– Liquidateur, L. 622-2 anc., L. 622-4 s. anc. ; Décr. 27 déc. 1985, art. 120 s.
– Liquidation judiciaire sans période d'observation, L. 622-1 s. anc. ; Décr. 27 déc. 1985, art. 118-1, 118-2.
– Maintien de l'activité, L. 622-10 anc. ; Décr. 27 déc. 1985, art. 119-2.
– Organes de la procédure, L. 622-2 anc.
– Produit,
  • répartition, L. 622-25 s. anc.
– Réalisation de l'actif, L. 622-16 s. anc. ; Décr. 27 déc. 1985, art. 125 s.

Location-gérance,
– Cession de l'entreprise, L. 621-62 anc., L. 621-97 s. anc. ; Décr. 27 déc. 1985, art. 109.
– Extinction de la créance,
  • effet pour le loueur, L. 621-46 anc. (J. 40).
– Période d'observation, L. 621-34 s. anc. ; Décr. 27 déc. 1985, art. 59.

Loi nouvelle,
– Entrée en vigueur, L. 10 juin 1994, **p. 1618** (note).

M

Mandataires judiciaires, L. 812-1 s., **p. 1371** ; art. R. 812-3 s., **p. 1404**, R. 814-1 s., **p. 1412** ; art. A. 812-1 s., **p. 1456**, A. 814-1 s., **p. 1461.**
– Délit de malversation, L. 626-12 anc.
– Opérations de liquidation, L. 622-1 anc.
– Sociétés civiles professionnelles, R. 814-59 s.
– Sociétés d'exercice libéral, R. 814-59 s., R. 814-145 s.
– Sociétés en participation, R. 814-155 s.
– Sociétés de participations financières, R. 814-158 s., A. 814-7.
► V. ***Liquidation judiciaire.***

Marchés financiers,
– Compensation, C. mon. fin., art. L. 211-36 s., **p. 1578** ; art. L. 440-7 s., **p. 1578.**
– Garantie des obligations financières, C. mon. fin., art. L. 211-38 s., **p. 1579.**

Meubles,
– Revendication, L. 621-115 s. anc. ; Décr. 27 déc. 1985, art. 85-1 s.

Modification du capital, L. 621-58 anc., L. 621-73 anc. ; Décr. 27 déc. 1985, art. 33.

N

Nantissement, L. 621-16 anc., L. 621-50 anc., L. 621-107 anc.
– Cession de bien grevé, L. 621-96 anc. ; Décr. 27 déc. 1985, art. 105, 105-1, 108.
– Droit de poursuite individuelle, L. 622-23 anc.
– Titres financiers, C. mon. fin., art. L. 211-20, D. 211-10 s., **p. 1574.**
► V. *Gage.*

Nullité,
– Actes du débiteur, L. 621-107 s. anc.

O

Offres de reprise, L. 621-57 anc., L. 621-85 s. anc.

Opposition, L. 623-3 s. anc. ; Décr. 27 déc. 1985, art. 156.

Organes de la procédure
► V. ***Redressement judiciaire.***

Ouverture de la procédure, L. 621-1 s. anc.
– Décès du débiteur, L. 621-14 anc.
– Délai, L. 621-5 anc.

P

Pacte de préférence, L. 622-17 anc. (J. 7).

Patrimoine de l'entreprise, L. 621-102 s. anc. ; Décr. 27 déc. 1985, art. 71 s., 82 s.

Pénalités fiscales, CGI, art. 1756, **p. 1560.**

Période d'observation, L. 620-1 anc., L. 621-6 anc., L. 621-16 s. anc. ; Décr. 27 déc. 1985, art. 20, 46, al. 1er s.
- Administration de l'entreprise, L. 621-22 s. anc. ; Décr. 27 déc. 1985, art. 21, 54 s.
- Cautions et coobligés, L. 621-51 s. anc.
- Cessation de l'activité, L. 621-27 anc. ; Décr. 27 déc. 1985, art. 58.
- Clôture, L. 621-27 anc.
- Cours des intérêts, L. 621-48 anc.
- Déchéance du terme, L. 621-49 anc.
- Durée, L. 621-136 anc. ; Décr. 27 déc. 1985, art. 20.
- Inscriptions,
  - interdiction, L. 621-50 anc.
- Mesures conservatoires, L. 621-16 s. anc. ; Décr. 27 déc. 1985, art. 46, al. 1er s.
- Nouvelle période après appel, L. 623-9 anc. ; Décr. 27 déc. 1985, art. 155.
- Poursuite de l'activité, L. 621-26 s. anc. ; Décr. 27 déc. 1985, art. 57 s.
- Procédure simplifiée, L. 621-136 s. anc. ; Décr. 27 déc. 1985, art. 110 s.
- Prolongation, Décr. 27 déc. 1985, art. 155 (J. 12).
- Situation des créanciers, L. 621-39 s. anc. ; Décr. 27 déc. 1985, art. 27 s., 65 s., 85.
- Situation des salariés, L. 621-36 s. anc. ; Décr. 27 déc. 1985, art. 63.

Période suspecte, L. 621-7 anc., L. 621-107 s. anc.

Plan de cession, L. 620-1 anc., L. 621-62 s. anc., L. 621-83 s. anc. ; Décr. 27 déc. 1985, art. 86 s.
- Recours, L. 623-6 anc.

Plan de continuation, L. 620-1 anc., L. 621-62 s. anc. ; Décr. 27 déc. 1985, art. 86 s.
- Résolution, L. 621-82 anc.

► V. *Plan de redressement.*

Plan de redressement, L. 621-62 s. anc. ; Décr. 27 déc. 1985, art. 86 s.
- Procédure simplifiée, L. 621-139 s. anc. ; Décr. 27 déc. 1985, art. 116 s.
- Projet, L. 621-54. anc.

Poursuite de l'activité, L. 621-26 s. anc.
- Créances nouvelles, L. 621-32 anc. ; Décr. 27 déc. 1985, art. 60 s.

Poursuites individuelles,
- Arrêt, L. 621-40 s. anc., L. 622-23 anc. ; Décr. 27 déc. 1985, art. 65.

Pourvoi en cassation, L. 623-1 s. anc. ; Décr. 27 déc. 1985, art. 162.

Privilèges,
- Bailleur d'immeuble, L. 621-31 anc.
- Cession de bien grevé, L. 621-96 anc. ; Décr. 27 déc. 1985, art. 105, 105-1, 108.
- Cession de rang, L. 621-60 anc.
- Droit de poursuite individuelle, L. 622-23 anc.
- Période d'observation, L. 621-5 anc.
- Salariés, L. 621-32 anc, L. 621-130 s. anc.
- Sécurité sociale, CSS, art. L. 243-4 s., **p. 1565.**
- Trésor public,
  - publicité des créances privilégiées, CGI, art. 1929 *quater*, **p. 1560** ; Ann. II, art. 396 *bis*, **p. 1563.**
- Vendeur de fonds de commerce, L. 621-50 anc.
- Vendeur de meubles, L. 621-117 s. anc.

Privilège de procédure, Décr. 27 déc. 1985, art. 62-1, 121-1.

Procédure,
- Banqueroute et infractions diverses, L. 626-15 s. anc.

Procédure d'alerte,
- Groupements d'intérêts économiques, C. com., art. L. 251-15, R. 251-3, **p. 1471.**
- Sociétés commerciales, C. com., art. L. 234-1 s., R. 234-1 s., **p. 1465** .

Procédure d'insolvabilité, Règl. CE n° 1346-2000 du 29 mai 2000, **p. 1340** ; Circ. 15 déc. 2006.

Procédure d'observation, L. 621-1 s. anc. ; Décr. 27 déc. 1985, art. 6 s.

Procédures d'ordre, Décr. 27 déc. 1985, art. 65-1, 140 s.

Procédure simplifiée de redressement judiciaire, L. 620-2 anc., L. 621-133 s. anc. ; Décr. 27 déc. 1985, art. 110 s.

Publicité du jugement, Décr. 27 déc. 1985, art. 21, 22.
- Reprise de la procédure, art. 154-1.

R

Réalisation de l'actif, L. 622-16 s. anc. ; Décr. 27 déc. 1985, art. 125 s.

Redressement judiciaire, L. 621-1 s. anc. ; Décr. 27 déc. 1985, art. 6 s.
- Actes et documents,
  - communication, L. 621-11 anc.
- Dirigeants sociaux, L. 624-1 s. anc. ; Décr. 27 déc. 1985, art. 163 s.
- Membres ou associés, L. 624-1 anc.
- Nécessité, L. 620-1 anc., al. 3.
- Organes de la procédure, L. 621-8 s. anc. ; Décr. 27 déc. 1985, art. 15 s., 23 s., 89.
- Procédure simplifiée, L. 621-133 s. anc. ; Décr. 27 déc. 1985, art. 110 s.
- Tribunal,
  - saisine et décision, L. 621-1 s. anc., L. 621-15 anc. ; Décr. 27 déc. 1985, art. 6 s.

Règlement amiable,
- Exploitations agricoles, C. rur., art. L. 351-1 s., R. 351-1 s., **p. 1474.**
- Inexécution, L. 621-3 anc., L. 621-56 anc.

Règlements interbancaires, C. mon. fin., art. L. 330-1, **p. 1597.**

Relevé de déchéance, L. 625-10 anc.

Relevé de forclusion, L. 621-46 anc.
- Recours, L. 623-4 anc. (J. 2) ; Décr. 27 déc. 1985, art. 25, 68.

Remplacement des dirigeants, L. 621-59 anc. ; Décr. 27 déc. 1985, art. 41.

Renseignements sur la situation de la société, Décr. 27 déc. 1985, art. 13.

Représentant des créanciers,
- Attributions,
  - période d'observation, L. 621-39 anc. ; Décr. 27 déc. 1985, art. 25 s.
- Consultation des créanciers, L. 621-60 anc.
- Délit de malversation, L. 626-12 anc.
- Désignation, L. 621-8 anc.
- Nomination,
  - liquidateur, L. 622-2 anc.
- Remplacement, L. 621-10 anc. ; Décr. 27 déc. 1985, art. 30.
- Vérification et admission des créances, L. 621-103 s. anc. ; Décr. 27 déc. 1985, art. 72 s.

► V. *Mandataires judiciaires.*

Représentant des salariés,
- Contrats de travail,
  - relevé des créances, L. 621-36 anc., L. 621-125 anc. ; Décr. 27 déc. 1985, art. 76.
- Désignation, L. 621-8 s. anc. ; Décr. 27 déc. 1985, art. 15 s.
- Licenciement, L. 627-5 anc. ; Décr. 27 déc. 1985, art. 17.
- Procédure simplifiée, L. 621-135 anc.
- Remplacement, L. 621-10 anc.

Reprise du bail rural, L. 621-84, al. 3 anc.

Reprise de l'entreprise

► V. *Cession de l'entreprise, Plan de cession.*

Réserve de propriété, L. 621-122 s. anc. ; Décr. 27 déc. 1985, art. 85-1 s.
- Cession de marchandises comprises dans le plan de cession, L. 621-32 anc. (J. 48).

Restitution et revendications, L. 621-18 anc., L. 621-115 s. anc. ; Décr. 27 déc. 1985, art. 85-1 s.

Rupture de crédit, C. mon. fin., art. L. 313-12, **p. 1582.**

S

Saisies

► V. *Voies d'exécution.*

Saisine du tribunal, L. 621-2 anc. ; Décr. 27 déc. 1985, art. 7, 8.

Salaires,
- Non-paiement,
  • assurance, L. 621-132 anc.

Salariés,
- Licenciements, L. 621-37 anc., L. 621-64 anc., L. 622-4 s. anc., L. 622-10 anc., L. 627-5 anc. ; Décr. 27 déc. 1985, art. 17, 63 s.
- Paiement,
  • assurance, L. 621-132 anc.
  ▸ V. *Représentant des salariés.*
- Période d'observation, L. 621-36 anc.
- Privilèges, L. 621-130 anc.

Sanctions pénales, L. 626-1 s. anc.

Scellés, L. 621-16 anc. ; Décr. 27 déc. 1985, art. 48 s.

Sécurité sociale,
- Cotisations,
  • admission des créances, L. 621-43 anc., al. 3.
- Privilège, CSS, art. L. 243-4 s., **p. 1565.**

Siège social,
- Compétence, Décr. 27 déc. 1985, art. 1er.

Société,
- Dissolution, C. civ., art. 1844-7, 7°, **p. 1555.**

Sociétés de caution mutuelle, L. 621-46 anc. (J. 51).

Sociétés civiles professionnelles,
- Administrateurs judiciaires ou mandataires judiciaires, R. 814-59 s., **p. 1431.**

Sociétés de crédit foncier, C. mon. fin., art. L. 513-13, L. 513-18 à L. 513-21, **p. 1604.**

Sociétés d'exercice libéral,
- Administrateurs judiciaires ou mandataires judiciaires, R. 814-59 s., R. 814-145 s., **p. 1431.**

Sociétés de financement,
- Engagements de garantie, C. mon. fin., art. L. 313-22-1, **p. 1597.**
- Traitement des difficultés, C. mon. fin., art. L. 613-24 s., **p. 1605.**

Sociétés en nom collectif
▸ V. *Associé de société en nom collectif.*

Sociétés en participation,
- Administrateurs judiciaires ou mandataires judiciaires, R. 814-59 s., R. 814-145 s., **p. 1431.**

Sociétés de participations financières de profession libérale,
- Administrateurs judiciaires ou mandataires judiciaires, R. 814-158 s., A. 814-7, **p. 1447.**

Sous-traitance,
- Action directe, L. 621-46 anc. (J. 52) ; L. n° 75-1334 du 31 déc. 1975, art. 12, **p. 1618.**

Superprivilège des salariés, L. 621-32 anc., L. 621-78 anc., L. 621-130 anc., L. 621-132 anc.

Suspension des poursuites individuelles
▸ V. *Créanciers.*

T

Teneur de compte de titres financiers, C. mon. fin., art. L. 211-10, **p. 1574.**

Tierce opposition, L. 623-2 s. anc., L. 623-7 anc. ; Décr. 27 déc. 1985, art. 156.

Transaction, L. 621-24 anc., L. 621-46 anc. (J. 32), L. 622-20 anc.

Trésor public,
- Admission des créances, L. 621-43 anc., al. 3.
- Droit de poursuite individuelle,
  • liquidation judiciaire, L. 622-23 anc. ; LPF, art. L. 269 A, **p. 1564.**
- Pénalités fiscales, CGI, art. 1756, **p. 1560.**
- Publicité des créances privilégiées, CGI, art. 1929 *quater*, **p. 1560** ; Ann. II, art. 396 *bis*, **p. 1563.**
▸ V. *Avis à tiers détenteur.*

U

Unités de production,
- Cession, L. 622-17 anc. ; Décr. 27 déc. 1985, art. 138-1 s.
- Recours, L. 623-4 anc. (J. 5).

V

Vendeur de meubles,
- Droits, L. 621-117 s. anc.

Vente d'un bien grevé, L. 621-25 anc., L. 621-80 anc., L. 621-96 anc.

Vérification des créances, L. 621-102 s. anc. ; Décr. 27 déc. 1985, art. 71 s.
- Contrats de travail, L. 621-125 s. anc. ; Décr. 27 déc. 1985, art. 76 s.

Victimes d'infractions
▸ V. *Constitution de partie civile.*

Voies d'exécution, L. 621-32 anc. (J. 80), L. 621-40 anc., L. 621-42 anc.
▸ V. *Avis à tiers détenteur.*

Voies de recours, L. 623-1 s. anc. ; Décr. 27 déc. 1985, art. 155 s.

Photocomposé, traité sur ordinateur par :
LUMINESS SAS, 561 rue Saint Léonard - 53100 MAYENNE

Achevé d'imprimer en février 2025 sur les presses de
Druckerei C.H.Beck
Dépôt légal : février 2025
723743 – OSB – P50 – JOU – MLN
Imprimé en Allemagne

Codes Dalloz

	Parution
CIVIL	
Code civil	juin
Code du divorce, *commenté*	novembre
Code de procédure civile	juin
Code des procédures civiles d'exécution, *commenté*	mars
AFFAIRES	
Code des assurances – Code de la mutualité, *commenté*	mai
Code de commerce	juin
Code de la communication, *commenté*	novembre
Code de la compliance, *commenté*	octobre
Code de la consommation, *commenté*	août
Code de la cybersécurité, *commenté*	juin
Code des douanes, *commenté*	mars
Code général des impôts	juin
Code monétaire et financier, *commenté*	mai
Code des procédures collectives, *commenté*	février
Code de la propriété intellectuelle, *commenté*	janvier
Code des sociétés, *commenté*	septembre
Code de procédure fiscale, *commenté*	juin
Code de la protection des données personnelles, *commenté*	novembre
SOCIAL	
Code de l'action sociale et des familles, *commenté*	mai
Code de la santé publique, *commenté en ligne*	juin
Code de la sécurité sociale	avril
Code du travail, *commenté en ligne*	mars

Codes Dalloz

	Parution
PÉNAL	
Code pénal	juin
Code de la justice pénale des mineurs, *commenté*	août
Code de procédure pénale	juin
Code de la route, *commenté*	février
IMMOBILIER	
Code des baux, *commenté*	janvier
Code de la construction et de l'habitation, *commenté*	avril
Code de la copropriété, *commenté*	janvier
Code de l'urbanisme, *commenté*	avril
PUBLIC	
Code de la commande publique, *commenté*	janvier
Code constitutionnel et des droits fondamentaux, *commenté en ligne*	août
Code de l'éducation, *commenté*	août
Code électoral, *commenté*	novembre
Code de l'entrée et du séjour des étrangers et du droit d'asile, *commenté*	octobre
Code de l'environnement, *commenté*	mars
Code général de la fonction publique, *commenté*	mars
Code général des collectivités territoriales, *commenté en ligne*	novembre
Code général de la propriété des personnes publiques, *commenté*	mai
Code de justice administrative, *commenté*	septembre
Code des relations entre le public et l'administration, *commenté*	septembre
Code rural et de la pêche maritime, *commenté*	avril